Pourquoi activer mon Code en ligne :

Selon mon édition, l'activation de mon Code me permet d'accéder aux enrichissements suivants, sur ordinateur, tablette et smartphone :

	CODE ÉDITION LIMITÉE*	CODE ÉDITION CLASSIQUE
Lettre d'actualité du Code	✓*	✓*
Accès aux codes officiels secs	✓	✓
Mise à jour en continu		✓
Liens vers la jurisprudence		✓
Accès aux commentaires et textes complémentaires		✓
Accès aux articles des revues Dalloz		✓

www.activation-dalloz.fr

La clé d'activation se trouve sous l'étiquette de couverture

* Disponible pour les titres suivants :
Code civil, Code de procédure civile, Code pénal, Code de procédure pénale, Code de commerce et Code du travail.

15e édition

CODE
DE L'ENTRÉE ET DU SÉJOUR DES ÉTRANGERS ET DU DROIT D'ASILE

Annoté & commenté

Papier & numérique

Lefebvre Dalloz

DALLOZ

15e édition

Commentaires et annotations établis par

XAVIER VANDENDRIESSCHE
Agrégé des Facultés de Droit
Professeur à Sciences-Po Lille - CRDP (ULR 4487)
Ancien Président de l'Université Lille 2 Droit et Santé

Coordination éditoriale par

ZÉHINA AIT-EL-KADI
Rédactrice aux Editions DALLOZ

Lefebvre Dalloz

DALLOZ

ÉDITIONS DALLOZ
Tour Lefebvre Dalloz - 10, place des Vosges
92072 Paris La Défense Cedex - CS 90358

ISBN 978-2-247-23010-5

Avant-propos

Affirmer que le droit des étrangers est une discipline complexe marquée par une inflation législative sans précédent relève de la litote. Ainsi, près d'une vingtaine de lois se sont succédé depuis la loi Bonnet du 10 janvier 1980 jusqu'à la loi n° 2024-42 du 26 janvier 2024 pour contrôler l'immigration et améliorer l'intégration. Ce désordre législatif s'est « logiquement » accompagné d'une multiplication de textes réglementaires, circulaires, notes et autres instructions ne figurant pas tous dans la partie réglementaire du Code ci-dessous (depuis le 1er mars 2005, le droit des étrangers est désormais régi par le CESEDA, lequel intègre également les dispositions de la L. n° 52-893 du 25 juill. 1952 relative au droit d'asile). Au surplus, le droit interne des étrangers est de plus en plus concurrencé par les sources internationales et notamment européennes : qui songerait à méconnaître l'importance de la Convention européenne des droits de l'homme, mais également des nombreuses conventions bilatérales en matière fiscale, sociale ou de circulation ? Comment nier la « communautarisation » croissante de ce droit, et pas seulement pour le statut et les règles applicables aux ressortissants des pays membres de l'Union européenne et aux membres de leur famille ? Et, pour couronner le tout, les règles applicables aux étrangers sont constituées d'un droit jurisprudentiel foisonnant et passablement casuistique qui en rendent extrêmement malaisés le maniement et la compréhension.

C'est cet ensemble de paramètres qui a fait apparaître l'urgence et la nécessité d'une présentation de cet ensemble normatif d'une manière cohérente et coordonnée ayant tout à la fois le souci de l'exhaustivité et de la simplicité.

Le code de l'entrée et du séjour des étrangers et du droit d'asile, tel qu'il est en vigueur depuis le 1er mai 2021, est issu de l'ordonnance n° 2020-1733 du 16 décembre 2020 qui a procédé à une renumérotation d'ensemble dans le but de renforcer la clarté et l'accessibilité de ses dispositions. Le titre VII de la loi n° 2024-42 du 26 janvier 2024 et le décret n° 2024-799 du 2 juillet 2024, visant à simplifier les règles du contentieux, modifient les règles du contentieux relatif à l'entrée, au séjour et à l'éloignement des étrangers devant les juridictions administratives et judiciaires et transfèrent ces règles dans un neuvième livre. Le code est ainsi organisé autour de neuf livres thématiques relatifs aux dispositions générales (livre I), aux citoyens de l'Union européenne (livre II), à l'entrée en France (livre III), au séjour en France (livre IV), à l'asile (livre V), aux décisions d'éloignement (livre VI), à leur exécution (livre VII), aux contrôles et sanctions (livre VIII) et aux procédures contentieuses devant le juge administra-

tif (livre IX). Le livre I reste consacré aux dispositions générales. Les dispositions relatives aux champs d'application matériel, personnel et géographique du code sont rassemblées dans un titre ad hoc qui ouvre le nouveau code.

Les articles législatifs du code de l'entrée et du séjour des étrangers et du droit d'asile font ainsi l'objet de commentaires et d'annotations ainsi que de renvois aux dispositions pertinentes à la partie réglementaire.

Ces textes doivent être lus à la lumière des accords bilatéraux, publiés ensuite, qui, en application de l'article 55 de la Constitution, prévalent sur le droit interne.

Un traitement particulier a été réservé à la Convention européenne des droits de l'homme et des libertés fondamentales, et notamment à ses deux stipulations emblématiques en droit des étrangers : l'interdiction des traitements inhumains ou dégradants (art. 3) et le droit au respect d'une vie personnelle et familiale normale (art. 8).

Les liens entre le droit des étrangers et le droit de la nationalité sont évidemment récurrents, qu'il s'agisse de déterminer le champ d'application du code de l'entrée et du séjour des étrangers et du droit d'asile, ou d'envisager les modalités selon lesquelles les étrangers peuvent acquérir la nationalité française ; les articles pertinents du code civil sont ainsi accompagnés de commentaires et annotations propres à éclairer le lecteur sur ces questions sujettes à un large contentieux judiciaire.

Enfin, car la question est souvent essentielle s'agissant du séjour sur le territoire français, le lecteur trouvera les divers textes applicables en matière de protection sociale.

Liste des abréviations

- Hyperlien vers la décision intégrale accessible sur le Code en ligne
- Hyperlien vers un texte complémentaire accessible sur le Code en ligne
- Hyperlien vers l'article de revue accessible sur le Code en ligne

ACOSS Agence centrale des organismes de sécurité sociale
ACS Aide à la complémentaire santé
ADA Allocation pour demandeur d'asile
AFD Agence française de développement
Aff. Affaire
AIJC Annuaire international de justice constitutionnelle
AJDA Actualité juridique droit administratif (Dalloz)
AJDI Actualité juridique droit immobilier (Dalloz, à partir de 1998)
AJ fam. Actualité juridique famille (Dalloz)
Al. Alinéa
ALD Actualité législative Dalloz (années 1983-1995)
AME Aide médicale d'État
ANAEM Agence nationale de l'accueil des étrangers et des migrations
ANAFE Association nationale d'assistance aux frontières pour les étrangers
APE Arrêté préfectoral d'expulsion
App. Appendice
APRF Arrêté préfectoral de reconduite à la frontière
APS Autorisation provisoire de séjour
APT Autorisation provisoire de travail
ARF Arrêté de reconduite à la frontière
Arr. Arrêté
Art. Article
ARV Aide au retour volontaire
Ass. nat. Assemblée nationale
Ass. plén. Assemblée plénière de la Cour de cassation
Assoc. Association
AT Arrêt de travail
ATA Allocation temporaire d'attente

BIBL. Bibliographie
BIBL. GÉN. Bibliographie générale
BICC Bulletin d'information de la Cour de cassation
Bull. civ. Bulletin des arrêts des chambres civiles de la Cour de cassation

Bull. crim.	Bulletin des arrêts de la chambre criminelle de la Cour de cassation

C.	Code
c/	Contre
CAA	Cour administrative d'appel
CADA	Centre d'accueil de demandeurs d'asile
Cah. dr. eur.	Cahier de droit européen
CAI	Contrat d'accueil et d'intégration
CASF	Code de l'action sociale et des familles Dalloz
C. assoc.	Code des associations et fondations Dalloz
C. avocat	Code de l'avocat Dalloz
CCAS	Centre communal d'aide sociale
CCH	Code de la construction et de l'habitation Dalloz
C. civ.	Code civil Dalloz
C. com.	Code de commerce Dalloz
C. comptes	Cour des comptes
C. const.	Code constitutionnel et des droits fondamentaux Dalloz
CCP	Code de la commande publique Dalloz
C. données personnelles	Code de la protection des données personnelles Dalloz
CE	Conseil d'État
CEDH	Cour européenne des droits de l'homme
C. éduc.	Code de l'éducation Dalloz
C. expr.	Code de l'expropriation pour cause d'utilité publique Dalloz
CGFP	Code de la fonction publique Dalloz
Charte UE	Charte des droits fondamentaux de l'Union européenne
Chron.	Chronique
CIDE	Convention internationale des droits de l'enfant
CIMADE	Comité inter-mouvements auprès des évacués, service œcuménique d'entraide
Circ.	Circulaire
CJA	Code de justice administrative Dalloz
CJCE	Cour de justice des Communautés européennes
CJEG	Cahiers juridiques de l'électricité et du gaz
CJF	Code des juridictions financières
CJUE	Cour de justice de l'Union européenne
C. marchés	Code des marchés publics et autres contrats Dalloz
C. mon. fin.	Code monétaire et financier Dalloz
CMU	Couverture maladie universelle
Cne	Commune
CNIL	Commission nationale de l'informatique et des libertés
COJ	Code de l'organisation judiciaire
Com.	Chambre commerciale de la Cour de cassation
Comm. EDH	Commission européenne des droits de l'homme
Comp.	Comparer
CNCDH	Commission nationale consultative des droits de l'homme
CNDA	Cour nationale du droit d'asile
concl.	Conclusions
conf.	Solution conforme

Cons. const. Conseil constitutionnel
Const. Constitution
Contra Solution contraire
Conv. EDH Convention européenne de sauvegarde des droits de l'homme et des libertés fondamentales
COREP Commissaire de la République
C. patr. Code du patrimoine Dalloz
C. pén. Code pénal Dalloz
C. pr. civ. Code de procédure civile Dalloz
C. pr. pén. Code de procédure pénale Dalloz
Crim. Chambre criminelle de la Cour de cassation
crit. Critique
C. route Code de la route Dalloz
CRR Commission de recours des réfugiés
CSI Code de la sécurité intérieure Dalloz
CSP Code de la santé publique Dalloz
CSS Code de la sécurité sociale Dalloz
CST Carte de séjour temporaire
Cté Communauté
C. trav. Code du travail Dalloz
Cts Consorts
C. urb. Code de l'urbanisme Dalloz

D. Recueil Dalloz
DA Recueil analytique de jurisprudence et de législation Dalloz (années 1941 à 1944)
DC Recueil critique de jurisprudence et de législation Dalloz (années 1941 à 1944)
DDASS Direction départementale de l'action sanitaire et sociale
DDE Direction départementale de l'équipement
DDH Déclaration des droits de l'homme et du citoyen de 1789
Décis. Décision
Décr. Décret
Décr.-L. Décret-loi
DH Recueil hebdomadaire de jurisprudence Dalloz (années antérieures à 1941)
Doc. fr. Documentation française
Doctr. Doctrine
DP étrangers Dictionnaire permanent Droit des étrangers
Dpt Département
Dpts et cnes Départements et communes (revue)
DR Décision et rapports de la Commission européenne des droits de l'homme
Dr. adm. Droit administratif
Dr. fisc. Droit fiscal

---

ecqc En ce qui concerne
EDCE Études et documents du Conseil d'État
EEE Espace économique européen
ELOI Fichier sur les étrangers faisant l'objet d'une mesure d'éloignement

eod. loc.	Au même endroit
eod. v°, eisd. v^is	Même(s) mot(s) que celui (ceux) qui vient (viennent) d'être cité(s)
EPA	Établissement public administratif
EPCI	Établissement public de coopération intercommunale
EPIC	Établissement public industriel et commercial
Épx	Époux
Err.	Erratum
esp.	Espèce
EURODAC	Système européen de comparaison d'empreintes digitales des demandeurs d'asile et des personnes ayant franchi irrégulièrement une frontière

---

FASILD	Fonds d'aide et de soutien pour l'intégration et la lutte contre les discriminations
FNAD	Fichiers des non-admis
FNR	Fin de non-recevoir
FPR	Fichier des personnes recherchées

GACE	Les grands avis du Conseil d'État (Dalloz)
GAJA	Les grands arrêts de la jurisprudence administrative (Dalloz)
GAJF	Les grands arrêts de la jurisprudence fiscale
Gaz. Pal.	Gazette du Palais
GDCC	Les grandes décisions du Conseil constitutionnel (Dalloz)
GIP	Groupement d'intérêt public
GISTI	Groupe d'information et de soutien des immigrés, anciennement Groupe d'information et de soutien des travailleurs immigrés
Gpt	Groupement
GUDA	Guichets uniques pour demandeurs d'asile

HALDE	Haute Autorité de lutte contre les discriminations et pour l'égalité
HCI	Haut Conseil à l'intégration
HCR	Haut Commissariat des Nations unies pour les réfugiés

IAT	Interdiction administrative du territoire
ibid.	Au même endroit
ICC	Instructions consulaires communes
IJT	Instruction judiciaire du territoire
infra	Ci-dessous
Instr.	Instruction
IR	Informations rapides du Recueil Dalloz
ITF	Interdiction du territoire français

J.	Jurisprudence
J.-Cl. Adm.	Juris-Classeur administratif
J.-Cl. Europe	Juris-Classeur Europe

JCP	Juris-Classeur périodique (Semaine juridique), édition générale
JCP Adm.	Juris-Classeur périodique, édition Administration et collectivités territoriales
JDI	Journal de droit international (Clunet)
JLD	Juge des libertés et de la détention
JO	Journal officiel
JOAN Q	Journal officiel, Assemblée nationale, Questions écrites
JOCE	Journal officiel des Communautés européennes
JO Doc. AN	Journal officiel, document de l'Assemblée nationale
JONC	Journal officiel, numéro complémentaire
JOUE	Journal officiel de l'Union européenne
Journ. maires	Journal des maires

L.	Loi
LDH	Ligue des droits de l'homme
Lebon	Recueil des décisions du Conseil d'État (Dalloz)
Lebon T	Recueil des décisions du Conseil d'État (Dalloz), Tables
LF	Loi de finances
LFI	Loi de finances initiale
LFR	Loi de finances rectificative
Liv.	Livre
L. org.	Loi organique
LOLF	Loi organique relative aux lois de finances
LPA	Les Petites Affiches
LPF	Livre des procédures fiscales
LR	Loi de règlement

MIIIDS	Ministère de l'Immigration, de l'Intégration, de l'Identité nationale et du Développement solidaire
Min.	Ministre
Min. publ.	Ministère public
Mod.	Modifié
MP	Maladie professionnelle

---

n°	Numéro
not.	notamment
Nouv.	Nouveau

---

obs.	Observations
occ.	En l'occurrence
OFII	Office français de l'immigration et de l'intégration
OFPRA	Office français de protection des réfugiés et apatrides
OPHLM	Office public d'habitation à loyer modéré
OQTF	Obligation de quitter le territoire français
Ord.	Ordonnance

P	Arrêt publié au bulletin civil ou au bulletin criminel de la Cour de cassation
p.	Page

Pan.	Panorama
Pan. dr. adm.	Panorama de droit administratif
PIDCP	Pacte international relatif aux droits civils et politiques du 16 décembre 1966
PIDESC	Pacte international relatif aux droits économiques, sociaux et culturels du 16 décembre 1966
POS	Plan d'occupation des sols
Pouvoirs	Revue Pouvoirs
préc.	Précité
Proc. gén.	Procureur général
Prot. add.	Protocole additionnel

QPC	Question prioritaire de constitutionnalité
Quinzaine jur.	La Quinzaine juridique
Quot. jur.	Le Quotidien juridique

Rapport public	Rapport public annuel du Conseil d'État
Rappr.	Rapprocher
RCC	Revue de la concurrence et de la consommation
RD publ.	Revue du droit public et de la science politique en France et à l'étranger
RDSS	Revue de droit sanitaire et social (Dalloz)
RDUE	Revue de droit de l'Union européenne
Rec. CJCE	Recueil de la Cour de justice et du tribunal de première instance des Communautés européennes
Rec. Cons. const.	Recueil des décisions du Conseil constitutionnel
Rect.	Rectificatif
Rec. TA	Recueil de jurisprudence des tribunaux administratifs et des cours administratives d'appel
RÉP. CONT. ADM.	Répertoire de contentieux administratif Dalloz
RÉP. EUR.	Répertoire de droit européen Dalloz
RÉP. INTERNAT.	Répertoire de droit international Dalloz
Rép. min.	Réponse ministérielle
RÉP. RESP. PUISS. PUBL.	Répertoire Responsabilité de la puissance publique Dalloz
Req.	Chambre des requêtes de la Cour de cassation
req.	Requête
Rev. adm.	Revue administrative
Rev. crit. DIP	Revue critique de droit international privé (Dalloz)
Rev. jur. et pol. Indépendance et Coopération	Revue juridique et politique Indépendance et Coopération
Rev. Marché commun	Revue du Marché commun et de l'Union européenne
Rev. pol. parl.	Revue politique et parlementaire
Rev. sc. législ. fin.	Revue de science et de législation financières
Rev. sociétés	Revue des sociétés (Dalloz)
Rev. UE	Revue de l'Union européenne (Dalloz)
RFDA	Revue française de droit administratif (Dalloz)
RFDC	Revue française de droit constitutionnel
RF décentr.	Revue française de la décentralisation
RFFP	Revue française des finances publiques
RGDIP	Revue générale de droit international public
RJC	Recueil de jurisprudence constitutionnelle

RMUE	Revue du Marché unique européen
RMV	Réseau Mondial Visa
RPDA	Revue pratique de droit administratif
RRJ	Revue de recherche juridique – Droit prospectif
RSC	Revue de science criminelle et de droit pénal comparé (Dalloz)
RTD com.	Revue trimestrielle de droit commercial (Dalloz)
RTD eur.	Revue trimestrielle de droit européen (Dalloz)
RTDH	Revue trimestrielle des droits de l'homme
RUDH	Revue universelle des droits de l'homme

s.	Et suivants
SA	Société anonyme
SAFER	Société d'aménagement foncier et d'établissement rural
SCEA	Société civile d'exploitation agricole
SCI	Société civile immobilière
SIS	Système d'information Schengen
SIS II	Système d'information de Schengen de deuxième génération
Sté	Société
sol. impl.	Solution implicite
Somm.	Sommaire
SPA	Service public administratif
SPIC	Service public industriel et commercial
SPM	Saint-Pierre-et-Miquelon
ss.	Sous
supra	Ci-dessus

t.	Tome
TA	Tribunal administratif
T. civ.	Tribunal, chambre civile
T. com.	Tribunal de commerce
T. confl.	Tribunal des conflits
T. corr.	Tribunal, chambre correctionnelle
TI	Tribunal d'instance
Tit.	Titre
TJ	Tribunal judiciaire
TPG	Trésorier-payeur général
TPI	Tribunal pénal international
TPICE	Tribunal de première instance des Communautés européennes
Trib. UE	Tribunal de l'Union européenne

V.	Voir
Vie cnale et dptale	La Vie communale et départementale
VIS	Système d'information sur les visas
VISABIO	Visa de données biométriques
v° ou v[is]	Mot ou mots

TABLE DES MATIÈRES

CODE DE L'ENTRÉE ET DU SÉJOUR DES ÉTRANGERS ET DU DROIT D'ASILE

LIVRE I

DISPOSITIONS GÉNÉRALES

LIVRE II

DISPOSITIONS APPLICABLES AUX CITOYENS DE L'UNION EUROPÉENNE ET AUX MEMBRES DE LEUR FAMILLE

LIVRE III

ENTRÉE EN FRANCE

LIVRE IV
SÉJOUR EN FRANCE

LIVRE V

DROIT D'ASILE ET AUTRES PROTECTIONS INTERNATIONALES

LIVRE VI
DÉCISIONS D'ÉLOIGNEMENT

LIVRE VII
EXÉCUTION DES DÉCISIONS D'ÉLOIGNEMENT

LIVRE VIII
CONTRÔLES ET SANCTIONS

L. 810-1 – L. 837-4
R. 810-1 – R. 836-3

LIVRE IX
PROCÉDURES CONTENTIEUSES DEVANT LE JUGE ADMINISTRATIF

ANNEXES

APPENDICE

CODE DE L'ENTRÉE ET DU SÉJOUR DES ÉTRANGERS ET DU DROIT D'ASILE *[ANCIEN]*

CODE DE L'ENTRÉE ET DU SÉJOUR DES ÉTRANGERS ET DU DROIT D'ASILE

Rapport au Président de la République,

Relatif à l'ordonnance n° 2020-1733 du 16 décembre 2020 portant partie législative du code de l'entrée et du séjour des étrangers et du droit d'asile.

Monsieur le Président de la République,

La présente ordonnance, prise sur le fondement de l'article 38 de la Constitution, a pour objet de permettre l'adoption de la partie législative du code de l'entrée et du séjour des étrangers et du droit d'asile.

Le code de l'entrée et du séjour des étrangers et du droit d'asile est en vigueur depuis le 1er mars 2005. Afin de renforcer la clarté et l'accessibilité des dispositions de ce code, tel qu'il résulte des modifications législatives et réglementaires intervenues depuis lors, l'article 52 de la loi du 10 septembre 2018 pour une immigration maîtrisée, un droit d'asile effectif et une intégration réussie a autorisé le Gouvernement à procéder à une nouvelle rédaction de la partie législative du code afin d'en aménager le plan et d'en clarifier la rédaction.

Cette refonte intervient à droit constant, sous la réserve de modifications rendues nécessaires pour assurer le respect de la hiérarchie des normes et la cohérence rédactionnelle de l'ensemble des dispositions du code, harmoniser l'état du droit, remédier aux éventuelles erreurs et abroger des dispositions devenues sans objet.

Pour donner sa pleine mesure à l'objectif de simplification et d'accessibilité, les travaux menés se sont attachés à définir un plan clair et catégoriel respectant dans la mesure du possible une logique chronologique. Le code est ainsi organisé autour de huit livres thématiques relatifs aux dispositions générales (livre I), aux citoyens de l'Union européenne (livre II), à l'entrée en France (livre III), au séjour en France (livre IV), à l'asile (livre V), aux décisions d'éloignement (livre VI), à leur exécution (livre VII) et aux contrôles et sanctions (livre VIII).

Le livre I reste consacré aux dispositions générales. Les dispositions relatives au champ d'application matériel, personnel et géographique du code, sont rassemblées dans un titre *ad hoc* qui ouvre le nouveau code. En outre, certaines dispositions procédurales actuellement disséminées entre plusieurs livres mais s'appliquant dans les champs respectifs de l'entrée, de l'éloignement et de l'asile (langue de procédure, transport des étrangers maintenus en zone d'attente ou retenus) figurent désormais au livre I, dans un titre ainsi consacré à la procédure administrative. Enfin, ce livre contient de nouvelles dispositions, d'ordre institutionnel, relatives aux acteurs administratifs et juridictionnels de la politique migratoire (administrations centrales, Office français de l'immigration et de l'intégration, Office français de protection des réfugiés et apatrides et administrations déconcentrées, Cour nationale du droit d'asile).

Le nouveau livre II regroupe, pour la première fois dans un livre dédié, les dispositions relatives aux citoyens de l'Union européenne, qui étaient jusqu'alors inscrites au livre I et réparties dans le reste du code, afin d'offrir une version consolidée du droit qui leur est applicable. Cette évolution significative permet de mieux rendre compte du statut entièrement spécifique dont ils jouissent au regard du droit au séjour et qui les distingue fondamentalement des ressortissants de pays tiers.

Le nouveau livre III est relatif à l'entrée en France. Les dispositions relatives aux conditions d'admission sur le territoire national ont été clarifiées, en distinguant notamment mieux les conditions de fond des documents qui sont requis des étrangers souhaitant entrer en France. Un chapitre est désormais dédié à la procédure applicable en matière de délivrance de visas. Enfin, les dispositions relatives à l'exécution des décisions de refus d'entrée et en particulier aux modalités de placement en zone d'attente ont été réorganisées.

L'actuel livre III relatif au séjour, transformé en livre IV, a été profondément remodelé dans sa structure afin de substituer à une organisation par nature de titre de séjour une organisation par grands motifs de délivrance des titres (professionnel, familial, humanitaire, etc.). Cette évolution devrait permettre aux étrangers comme à l'administration d'identifier plus aisément les dispositions du code applicables à chacun de ces motifs d'admission au séjour. Les dispositions de procédure ont également été rassemblées dans une subdivision *ad hoc*, qui comprend notamment les dispositions relatives à la procédure de regroupement familial.

Les dispositions du livre VII, consacrées à l'asile, sont désormais reprises au livre V. L'emplacement de ces dispositions en fin de code, résultat de la codification originelle, apparaissait en contradiction avec la nature même de la procédure d'asile, voie d'accès au séjour en France. Il a donc semblé logique de les déplacer afin de les faire figurer directement après le nouveau livre consacré au séjour et avant les dispositions relatives aux procédures d'éloignement. Le nouveau plan de ce livre tente de refléter autant que possible le parcours du demandeur d'asile en présentant successivement l'accès à la procédure d'asile, l'examen des demandes, le droit au maintien, les conditions d'accueil et le contenu et la fin de la protection. Par ailleurs, les dispositions applicables lorsque l'examen de la demande d'asile relève de la compétence d'un autre État dans le cadre du règlement (UE) n° 604/2013 sont rassemblées dans un titre *ad hoc* afin de mieux les autonomiser.

Le choix a par ailleurs été fait de scinder l'actuel livre V relatif aux mesures d'éloignement en deux livres consacrés, pour l'un, aux décisions d'éloignement (livre VI), pour l'autre, à l'exécution de ces décisions (livre VII). Au livre VI, quatre titres dédiés à l'obligation de quitter le territoire français, à la remise, à l'expulsion et à la peine d'interdiction du territoire français permettent de présenter les décisions d'éloignement, les cas dans lesquels elles peuvent être prises ainsi que les procédures administrative et contentieuse afférentes. Les dispositions relatives à l'assignation à résidence et à la rétention administrative (nouveau livre VII) ont été réorganisées afin de mieux faire apparaître leurs différentes phases et le rôle de l'autorité judiciaire dans leur contrôle.

Le nouveau livre VIII, consacré aux contrôles et aux sanctions, reprend pour l'essentiel le périmètre de l'actuel livre VI.

La refonte du code a par ailleurs mis en lumière la nécessité de revoir la place accordée, en son sein, au droit applicable en outre-mer. En premier lieu il est apparu utile, sur le fondement de l'article 74-1 de la Constitution, de codifier les textes spécifiques qui régissent l'entrée et le séjour des étrangers dans les îles Wallis-et-Futuna, en Polynésie française, en Nouvelle-Calédonie et dans les Terres australes et antarctiques françaises. Cette transformation, qui a fait l'objet d'une consultation des collectivités concernées, permet au code de présenter la vision du droit la plus complète possible dans toutes les collectivités ultramarines. En second lieu, il était indispensable de corriger l'organisation actuelle du code qui ne fait apparaître que très partiellement les modalités d'application du droit outre-mer, soit que le droit commun applicable en métropole s'y applique tel quel, soit qu'il fasse l'objet d'adaptations ponctuelles ou que des dispositions spécifiques à certaines collectivités aient été mises en place. Le nouveau code s'attache donc à faire apparaître ces distinctions, dans un titre dédié qui conclue chaque livre thématique.

L'article 1er de la présente ordonnance prévoit que les dispositions qui lui sont annexées constituent désormais la partie législative du code de l'entrée et du séjour des étrangers et du droit d'asile.

L'article 2 prévoit la mise à jour des dispositions des autres codes ou d'autres lois auxquelles renvoie le projet de code, dans le cas où ces dispositions seraient modifiées.

L'article 3 remplace des références aux dispositions abrogées par les références correspondantes du projet de code.

Les articles 4 à 16 adaptent les dispositions figurant dans d'autres codes afin d'opérer les ajustements induits par l'exercice de codification.

L'article 17 procède à l'abrogation des textes spécifiques qui régissent l'entrée et le séjour des étrangers à Wallis-et-Futuna, en Polynésie française, en Nouvelle-Calédonie et dans les Terres australes et antarctiques françaises.

L'article 18 remplace la référence aux dispositions du code de l'entrée et du séjour des étrangers et du droit d'asile et des textes cités à l'article 17 de la présente ordonnance par les références au code dans sa nouvelle rédaction, dans toutes les autres dispositions législatives en vigueur.

L'article 19 précise l'applicabilité des dispositions de l'ordonnance dans les collectivités d'outre-mer.

L'article 20 fixe la date d'entrée en vigueur de l'ordonnance au 1er mai 2021. Bien que l'exercice de recodification ait été mené à droit constant, cette entrée en vigueur différée permettra aux usagers du code de l'entrée et du séjour des étrangers et du droit d'asile de s'approprier dans les meilleures conditions la nouvelle organisation du code.

Tel est l'objet de la présente ordonnance que nous avons l'honneur de soumettre à votre approbation.

Veuillez agréer, Monsieur le Président, l'assurance de notre profond respect.

PREMIÈRE PARTIE : LÉGISLATIVE

(Ord. n° 2020-1733 du 16 déc. 2020, en vigueur le 1er mai 2021 ; Rect. JO du 27 févr. 2021 ; Rect. JO du 24 avr. 2021 ; Ratifiée par L. n° 2022-217 du 21 févr. 2022, art. 252)

BIBL. GÉN. ▶ **Ouvrages, thèses, rapports :** AEBERHARD et LEBAS, L'accès aux soins des migrants, des sans-papiers et des personnes précaires : pour un droit universel aux soins, *Les Études hospitalières 2001.* – Agence des droits fondamentaux de l'Union européenne, Manuel de droit européen en matière d'asile, de frontières et d'immigration, *https://fra.europa.eu/sites/default/files/fra_uploads/fra-2020-handbook-law-asylum-migration-borders-2020-ed_fr.pdf.* – AUBIN, Droit des étrangers, *Gualino, Lextenso Éditions, 3e éd. 2014.* – BAROU, Europe, terre d'immigration, *2e éd. PUG 2006.* – BARREAU, De l'immigration en général et de la nation française en particulier, *Le Pré aux clercs 1992.* – BERNARD, L'immigration, *Le Monde éd. 1993.* – BIGO (dir.), L'Europe des polices et de la sécurité intérieure, *éd. Complexes, Espace international 1992* ; Circuler, enfermer, éloigner (zones d'attente et centres de rétention des démocraties occidentales), *L'Harmattan 1997.* – BOUVERESSE, ILIOPOULOU-PENOT, RONDU (dir.), La citoyenneté européenne : quelle valeur ajoutée ? *European Citizenship : What Added Value ?, Bruxelles, Bruylant, coll. Droit de l'Union européenne, 2023.* – BUFFET, Services de l'État et immigration : retrouver sens et efficacité, *Rapport fait au nom de la commission des lois du Sénat, n° 626 (2021-2022).* – CARLIER (dir.), L'étranger face au droit, XXes journées d'études juridiques Jean Dabin, Bruxelles, *Bruylant, Bibliothèque de l'Université catholique de Louvain, 2010.* – CHEMILLIER-GENDREAU, L'injustifiable. Les politiques françaises de l'immigration, *Bayard 1998.* – CHETAIL et LALY-CHEVALIER (dir.), Asile et extradition. Théorie et pratique de l'exclusion du statut de réfugié, *Bruylant 2014.* – CLÉMENT et LARRIVÉ, Rapport d'information sur l'application de la loi n° 2016-274 du 7 mars 2016 relative au droit des étrangers en France, *JOAN, n° 669.* – Conseil d'État, 20 propositions pour simplifier le contentieux des étrangers dans l'intérêt de tous, *mars 2020, https://www.conseil-etat.fr/actualites/simplifier-le-contentieux-des-etrangers-dans-l-interet-de-tous.* – COULON, Des droits de l'homme en peau de chagrin : le droit des étrangers dans la jurisprudence du Conseil constitutionnel, *L'Harmattan 2000.* – Cour des comptes, L'accueil des immigrants et l'intégration des populations issues de l'immigration, *Rapport au Président de la République nov. 2004* ; L'entrée, le séjour et le premier accueil des personnes étrangères, *Rapport public thématique janv. 2020.* – COURNIL, Le statut interne de l'étranger et les normes internationales, *L'Harmattan, coll. Logiques juridiques 2005.* – DAADOUCH, La commune et les étrangers, *éd. Le Moniteur 2004.* – DEKEUWER-DÉFOSSEZ (dir.), Le droit de la famille à l'épreuve des migrations transnationales, *Colloque du LERADP, LGDJ 1993.* – DELARUE, Les droits fondamentaux des étrangers, *in* T.-S. Renoux (dir.), Protection des libertés et droits fondamentaux, *Les notices de La documentation française, 2007.* – DO et DUMONT, Rapport d'information déposé par le comité d'évaluation et de contrôle des politiques publiques sur l'évaluation des coûts et bénéfices de l'immigration en matière économique et sociale, *JOAN n° 2615, 22 janv. 2020.* – EFTIMIE, La citoyenneté de l'Union : contribution à l'étude d'une communauté politique plurielle, *Thèse, Université de Bordeaux, 2012.* – FASSIN, MORICE et QUIMINAL (dir.), Les lois de l'inhospitalité, les politiques de l'immigration à l'épreuve des sans-papiers, *éd. La Découverte 1997.* – FULCHIRON, Réforme du droit des étrangers, *Litec 1999.* – FLEURY-GRAFF, Définitions de l'étranger et enfermement de celui-ci : retours choisis sur la jurisprudence 2021 en matière de migrations, *Rev. crit. DIP 2022. 273.* – FLEURY-GRAFF et GIAUFFRET, Droit des étrangers et des migrations : entre protection de l'ordre public et définitions de la liberté, *Rev. crit. DIP 2021. 79.* – GAUTHIER C. et GAUTIER M. (dir.), L'immigration légale : aspects de droits européens : *Bruylant 2011.* – GISTI, Guide de l'entrée et du séjour des étrangers en France, *ibid. 2004* ; Les droits des étrangers en France, *2e éd. sept. 2005* ; Les jeunes et la nationalité française, *ibid.* – GUIMEZANES, Le droit des étrangers, l'entrée et le séjour, *A. Colin 1986.* – GUIRAUDON, Les politiques de gestion des frontières et de l'immigration, *in* O. Borraz et V. Guiraudon, *Politiques publiques, 1. La France dans la gouvernance européenne, Presses Sciences Po, 2008, p. 173 s.* – KAHN (dir.), L'étranger et le droit de la famille, pluralité ethnique, pluralisme juridique, *Mission de recherche Droit et Justice, Doc. fr. 2001.* – ISRAËL, Droit des libertés fondamentales, *LGDJ 1998.* – JULIEN-LAFERRIÈRE, Droit des étrangers, *PUF 2000.* – KISSANGOULA, La Constitution française et les étrangers, *LGDJ, Bibl. constitutionnelle et de science politique, t. 102, 2001.* – KLOTGEN, La situation irrégulière de l'étranger en droit comparé français et allemand, *Thèse Paris I, 2001.* – LECUCQ, Le statut constitutionnel des étrangers en situation irrégulière, *Thèse droit Aix-Marseille, 30 janv. 1999.* – LE MOIGNE, L'immigration en France, *PUF, Que sais-je ?, 1986.* – LOSCHAK, Étrangers : de quel droit ?, *PUF 1985.* – MICHELET, Les droits sociaux des étrangers, *L'Harmattan, Coll. Logiques juridiques, 2002.* – MILLET-DEVALLE (dir.), L'Union européenne et la protection des migrants et réfugiés, *Pedone 2010.* – NOIREL, La tyrannie du national, le droit d'asile en Europe 1793-1993, *Calmann-Lévy 1991* ; Le creuset français. Histoire de l'immigration, *Le Seuil 1988*. – Néraudau-Marrier d'Unienville, Ordre public et droit des étrangers en Europe, *Thèse Paris-Sud 2004*. – Parrot, Carte blanche. L'État contre les étrangers, *La Fabrique 2019*. – Robert et Dufar, Droits de l'homme et libertés fondamentales, *7e éd. 1999*. – Saulnier-Cassia et Tchen, Unité du droit des étrangers et égalité de traitement, *Dalloz 2009*. – Tapinos, L'immigration en France 1946-1973, *PUF Paris 1975*. – Teitgen-Colly, Textes de droit des étrangers, *PUF, Que sais-je ?, 1999*. – Tchen, Le droit des étrangers, *Ellipses, coll. Mise au point, 2006* ; Code de l'entrée et du séjour des étrangers en France, *Juriscode Litec 2008*. – Toppino, Les droits des étrangers, *ESF 2005*. – Tribalat, De l'immigration à l'assimilation, enquête sur les populations d'origine étrangère en France, *La Découverte INED, mars 1996*. – Tuot, Rapport au Premier ministre sur la refondation des politiques d'intégration : la grande Nation pour une société inclusive, *1er févr. 2013, https://www.cnle.gouv.fr/IMG/pdf/rapport_au_premier_ministre_sur_la_refondation_des_politiques_d_integration.pdf*. – Turpin, Les libertés publiques, *Gualino 5e éd. 2000*. – Vandendriessche, Le droit des étrangers, *Dalloz, Connaissance du droit, 5e éd. 2012*. – Van Yen, Droit de l'immigration, *PUF, Thémis 1986*. – Weil, La France et ses étrangers, *Calmann-Lévy 1991* ; Mission d'étude des législations de la nationalité et de l'immigration, *Doc.fr.1997*.

▸ **Articles :** Abraham, L'État de droit au quotidien, le cas du droit des étrangers, *LPA 24 nov. 1993* ; La jurisprudence du Conseil d'État relative à la condition des étrangers, *in* Comité français de droit international privé, *Rev. crit. DIP janv.-mars 1997. 194*. – Aubin, La loi du 7 mars 2016 : le changement en droit des étrangers, c'est maintenant ?, *AJDA 2017. 677*. – Avena-Robardet, Impact de la loi « Immigration » sur les familles, *AJ fam. 2018. 494* ; Séjour et intégration des familles depuis le 1er mars 2019, *ibid. 2019. 108*. – Azoulai, Le droit européen de l'immigration, une analyse existentielle, *RTD eur. 2018. 519*. – Barats-Malbrel, La législation sur l'entrée et le séjour des étrangers en France et son évolution depuis 1945, *LPA 23 oct. 1996*. – Barbé, La loi relative à l'immigration, à l'intégration et à la nationalité, *JCP Adm. 4 juill. 2011, no 2243*. – Barbou des Places, L'empreinte des nationalismes sur le droit de l'immigration de l'Union européenne, *RTD eur. 2018. 725*. – Bergé, La distinction « national-étranger-européen » et le droit international privé : question de vocabulaire ou problème arithmétique ?, *LPA 4 nov. 2008*. – D'Harcourt et Savy, Repenser un code à droit constant. L'élaboration d'un nouveau code de l'entrée et du séjour des étrangers et du droit d'asile, *AJDA 2021. 839*. – Bonnet, Le Conseil d'État et la CIDE à l'heure du bilan. De l'art du pragmatisme, *D. 2010. 1031*. – Boskovic, Corneloup, Jault-Seseke, Joubert et Parrot, Droit des étrangers et de la nationalité, Chron. annuelle au *Dalloz* ; La loi du 10 septembre 2018 pour une immigration maîtrisée, un droit d'asile effectif et une intégration réussie, *Rev. crit. DIP 2019. 5*. – Bouveresse, Martucci et Mayeur-Carpentier, Droit de l'Union européenne et droit administratif français, *RFDA 2019. 921* ; *ibid. 2020. 157 ; ibid. 2021. 153 ; ibid. 787 ; ibid. 2022. 137 ; ibid. 899 ; ibid. 2023. 149*. – Broussolle, Les principales dispositions de la loi relative à l'immigration, à l'intégration et à la nationalité, *Gaz. Pal. 29-30 juin 2011, p. 8*. – Butruille-Cardew, Le pacte civil de solidarité et éléments d'extranéité, *AJ fam. 2012. 528*. – Caiola, La nécessité d'une stratégie pour la gestion des migrations, *RTD eur. 2019. 31*. – Carlier, Politique migratoire européenne : hasard ou nécessité ?, *RTD eur. 2019. 27*. – Collectif, Dossier « Mineurs isolés étrangers », *AJ fam. 2014. 84*. – Cassia, Le véritable sens de la décision no 2004-496 du Conseil constitutionnel, *AJDA 2004. 1385*. – Catteau, Le contrôle des régularisations exceptionnelles entre fait majoritaire et fait du prince, *AJDA 2007. 403*. – Chaltiel, Commentaire de la décision du Conseil constitutionnel relative au Traité d'Amsterdam, *Rev. Marché commun 1998. 73* ; Le juge administratif, juge de l'immigration, *RD publ. 2000. 153* ; L'ordre public devant la CJCE (à propos de l'arrêt *Olazabal* du 26 nov. 2002), *Rev. Marché commun févr. 2003* ; Une nouvelle autorité administrative indépendante : le contrôleur général des lieux de privation de liberté, à propos de la loi du 30 octobre 2007, *LPA 2007, no 224, p. 3* ; Actualité des circulaires, *AJDA 2011. 1930*. – Combeau, Le statut de la circulaire administrative fait peau neuve, *AJDA 2019. 927*. – Costa, Des directives aux lignes directrices : une variation en clairs-obscurs, *AJDA 2015. 806* ; Les ombres portées des lignes directrices, *AJDA 2019. 922*. – Cournil, Les réfugiés écologiques : quelle(s) protection(s), quel(s) statut(s) ?, *RD publ. 2006. 1035*. – Déau, Les liens unissant l'erreur manifeste d'appréciation et les contrôles « entiers » en matière de droit des étrangers, *RFDA 2005. 1188*. – de Bruycker et Labayle, L'impact de la jurisprudence de la CJUE et de la CEDH sur l'asile et l'immigration, *Études du Parlement européen 2012*. – Dekeuwer-Défossez, L'effectivité de la CIDE : rapport de synthèse, *LPA 7 oct. 2010 no 200, p. 35*. – Delarue, Julien-Laferrière, Tchen et Vérot, Le droit des étrangers. – Table ronde, *Dr. adm. no 2, févr. 2008*. – Delile, L'invocabilité des accords internationaux, *RD publ. 2016. 1725*. – De Silva, Extradition et prescription dans l'espace Schengen, concl. sur CE 14 janv. 2005, *Cuccu, LPA 2006, no 148, p. 18*. – Doutriaux, La crise des migrants ou la crise de l'accueil des migrants dans l'Union ?, *Rev. UE 2020. 4*. – Dumas, L'accès des mineurs non accompagnés à la protection dans les États membres de l'Union européenne, *RTD eur. 2013. 35*. – Durmarque, L'injonction de la loi du 8 février 1995 et le droit des étrangers, *LPA 22 juin 1998*. – Even, La loi du 24 juillet 2006 relative à l'immigration est un échec en matière de contentieux, *AJDA 2007. 2060*. – Fabre-Alibert, Réflexions sur le nouveau régime juridique des étrangers en France, *RD publ. 1994. 1165*. – Favoreu, La notion de liberté fondamentale devant le juge administratif des référés, *D. 2001. 1739*. – Fleury Graff, Accueil, protection et éloignement des étrangers : la loi du 10 septembre 2018 à l'aune de quelques développements jurisprudentiels récents, *Rev. crit. DIP 2019. 749*. – Fulchiron, Le droit français et les mariages homosexuels étrangers, *D. 2006. Chron. 1253* ; Les droits de l'enfant à la mesure de l'intérêt de l'enfant, *Gaz. Pal. 8 déc. 2009, n° 342, p. 15*. – Gautier, La question de constitutionnalité peut-elle rester prioritaire ?, *RFDA 2010. 449* ; Une autre traversée du Rhin. A propos de l'acte administratif transnational, *AJDA 2015. 1139*. – Gisti, Entrée, séjour et éloignement des étrangers après la loi Sarkozy, *Les cahiers juridiques juin 2004*. – Gouttenoire, Une année riche d'évolutions pour les droits de l'enfant, *Gaz. Pal. 20 avr. 2010 n° 110, p. 24 ;* Le domaine de l'article 3-1 de la CIDE : la mise en œuvre du principe de primauté de l'intérêtsupérieurde l'enfant, *LPA, 7 oct. 2010, n° 200, p. 24*. – Gouttenoire, Bonfils, Chronique Droits de l'enfant (juin 2009-mai 2010), *D. 2010. 1904*. – Guerchoun, La *kafala*, c'est toujours non !, *Gaz. Pal. 30 avr. 2009, n° 120, p. 18*. – Gros, L'âge juridique, *AJDA 2012. 2045*. – Guimezanes, L'arrêt de l'immigration en France ? Commentaire de la loi du 24 août 1993 sur la maîtrise de l'immigration, *JCP 1993. I. 3728* ; Commentaire d'une loi dont la mort est annoncée, *JCP 1997. I. 4040* ; La loi du 24 juillet 2006 relative à l'immigration et à l'intégration, *JCP 2006. I. 1695*. La loi relative à la maîtrise de l'immigration, à l'intégration et à l'asile, *JCP 2007. I. 215 ; ibid. 2007. Actu. 569*. – Julien-Laferrière, Le mythe de l'immigration zéro, *AJDA 1994. 83* ; A propos du droit de l'extradition, le Conseil d'État s'estime compétent pour dégager un principe fondamental reconnu par les lois de la République, *D. 1996. 509* ; Le Conseil constitutionnel et la loi Debré, *AJDA 1997. 524* ; note ss. Cons. const. n° 97-389 DC du 22 avr. 1997 ; Une modification d'ampleur de l'ordonnance du 2 novembre 1945, *ibid. 2004. 260*. – Katz, Principe de non-discrimination et cristallisation des pensions, *RFDA 2010. 333*. – Kissangoula, Pour une définition constitutionnelle des étrangers, *LPA 6 nov. 2002*. – Labayle, La loi relative à l'immigration, l'intégration et la nationalité du 16 juin 2011 réformant le droit des étrangers : le fruit de l'arbre empoisonné, *RFDA 2011. 934*. – Labbée, La liberté de contracter mariage de l'étranger de bonne foi, *D. 2006. 709*. – Lavigne, La suppression du mot « race » des textes juridiques français, *RD publ. 2016. 917*. – Leboeuf, La Cour de justice face aux dimensions externes de la politique commune de l'asile et de l'immigration. Un défaut de constitutionnalisation ?, *RTD eur. 2019. 55*. – Lecucq, L'examen par le Conseil constitutionnel de la nouvelle législation sur l'immigration, *AJDA 2004. 599* ; La loi du 20 novembre 2007 relative à la maîtrise de l'immigration, à l'intégration et à l'asile, et sa constitutionnalité, *ibid. 2008. 141* ; L'éloignement des étrangers sous l'empire de la loi du 16 juin 2011, *ibid. 2011. 1936* ; Le contentieux des étrangers : un contentieux de masse auquel il faut faire face, *ibid. 2012. 1210*. – Lepoutre, Citoyenneté de l'Union et nationalités des États membres. Entre romantisme et réalisme, *RTD eur. 2024. 9* ; Intégration et régularisation des étrangers. Durcissement réel et progrès incertains, *AJDA 2024. 658*. – Levade, Directive retour : le retour... à suivre, *Constitutions 2012. 63*. – Limousin, L'histoire de l'immigration en France : une histoire impossible, *Pouvoirs, n° 47, p. 5*. – Loschak, L'entrée et le séjour des étrangers en France : une législation sous influence, *AJDA 1989. 586* ; La dénonciation, stade suprême ou perversion de la démocratie, *in* L'État de droit, *Mél. en l'honneur de Guy Braibant, Dalloz 1996, p. 451*. – Luchaire, Le Conseil constitutionnel et la loi du 24 avril 1997 sur l'immigration, *RD publ. 1997. 931* ; Le traité d'Amsterdam et la Constitution, *ibid. 1998. 331*. – Malabre, L'étranger à la recherche de son juge, *Gaz. Pal. 1995. 3. Doctr. 1356*. – Mallol, La régularisation du statut administratif des étrangers dépourvus de titres de séjour, *D. 1997. Chron. 79*. – Masing, Unité et diversité dans la protection européenne des droits fondamentaux, *RD publ. 2016. 623*. – Mathieu, La Cour de cassation tente de faire invalider la question prioritaire de constitutionnalité par la Cour de Luxembourg, *JCP 26 avr. 2010. Actu. 464*. – Melleray, Brèves observations sur les « petites » sources du droit administratif, *AJDA 2019. 917*. – Merino, La réforme du contentieux des étrangers. Aspects positifs et négatifs d'une réforme contestée, *Dr. adm. 2008. Étude 3*. – Molinier-Dubost, Le Contrôleur général des lieux de privation de liberté. Commentaire de la loi n° 2007-1545 du 30 octobre 2007, *AJDA 2008. 84*. – Muzny, Une contribution majeure en faveur de la protection des mineurs étrangers isolés, note ss. CEDH 12 oct. 2006, *D. 2007. 771* ; Protection des mineurs étrangers isolés, *D. 2007. 771*. – Normand, Le juge judiciaire, gardien non exclusif des libertés. Le cas des étrangers, *RTD civ. 1996. 235*. – Parrot, Aperçu critique de la loi du 10 septembre 2018 relative à une immigration maîtrisée, un droit d'asile effectif et une intégration réussie, *D. 2018. 2431*. – Pataut, Étranger, européen, national : le droit international privé a-t-il besoin de savoir compter jusqu'à trois ?, *LPA 4 nov.*

2008 ; Citoyenneté de l'Union européenne et nationalité étatique, *RTD eur. 2010. 617*. – Poncela, Étrangers et droit des sanctions pénales, *RSC 2004. 434*. – Platon, Le champ d'application des droits du citoyen européen après les arrêts *Zambrano, McCarthy* et *Dereci*. De la boîte de Pandore au labyrinthe du Minotaure, *RTD eur. 2012. 23*. – Pironon, Droit des étrangers et droits de l'homme : l'apport de la Cour de cassation, *D. 2009. Chron. 388*. – Pouly, Le référé administratif à l'épreuve du droit des étrangers, *Gaz. Pal. 29-30 juill. 2005, p. 2* ; Migrants de Calais : les recommandations du Défenseur des droits, *D. 2013. 424*. – Rapoport, Typologie des accords externes de l'Union européenne, *RD publ. 2016. 1695*. – Renchon, Peut-on déterminer l'intérêt de l'enfant ?, *LPA 7 oct. 2010, n° 200, p. 29*. – Rousseau et Lévy, La Cour de cassation et la question prioritaire de constitutionnalité : pourquoi tant de méfiance ?, *Gaz. Pal. 27 avr. 2010, p. 12*. – Seguin, Le statut des étrangers malades, *Dr. adm. 2009, n° 117*. – Starita, Le hasard dans le droit de l'Union européenne en matière d'accès au territoire de l'Union, *RTD eur. 2019. 43*. – Tchen, D'une réforme à l'autre. Bilan des pratiques réglementaires et jurisprudentielles en droit des étrangers, *Constitutions 2010. 311* ; Actualité du droit des étrangers, *Constitutions 2010. 437* ; *ibid. 2011. 117* ; *ibid. 597* ; Étrangers : regards critiques sur la réforme du 16 juin 2011, *Dr. adm. 2011, Étude 17* ; La loi pour une immigration maîtrisée, un droit d'asile effectif et une intégration réussie. Des moyens juridiques à la hauteur des ambitions affichées ?, *JCP 2018. 976*. – Terré, Les chemins de la vérité. – Sur les tests ADN, *JCP 2008. I. 100*. – Trassoudaine, L'interpellation de l'étranger convoqué en préfecture, note ss. Civ. 1re, 6 févr. 2007, *D. 2007. 917* ; V. aussi *Dr. adm. 2006, n° 187*. – Tribolo, La crise migratoire dans le Calaisis : de quelques usages de la police administrative, *RFDA 2021. 547*. – Turpin, La loi du 10 janvier 1990, *Rev. crit. DIP 1990. 393* ; La loi n° 2007-1631 du 20 novembre 2007 relative à la maîtrise de l'immigration, à l'intégration et à l'asile : précisions techniques et symboles républicains, *D. 2008. Chron. 930* ; La loi n° 2011-672 du 16 juin 2011 relative à l'immigration, à l'intégration et à la nationalité : de l'art de profiter de la transposition des directives pour durcir les prescriptions nationales, *Rev. crit. DIP 2011. 499* ; La loi du 7 mars 2016 : mieux accueillir les uns, mieux éloigner les autres, *ibid. 2016. 235*. – La loi n° 2024-42 du 26 janvier 2024 pour contrôler (beaucoup) l'immigration, améliorer (un peu) l'intégration, *RFDA 2024. 311*. – Vandendriessche, Le droit public face à l'insertion familiale, *in* Le droit de la famille à l'épreuve des migrations transnationales, *Colloque du LERADP, LGDJ 1993* ; L'entrée et le séjour des étrangers. – Le juge administratif et la libre circulation des personnes, *in* Le juge administratif et l'Europe : le dialogue des juges, *PU de Grenoble, Coll. Europa, déc. 2004, p. 73* ; La loi Immigration et asile, une nouvelle occasion manquée ?, *AJDA 2018. 2234*. – Verpeaux, Des jurisprudences classiques au service de la prudence du juge. – A propos de la décision n° 2007-557 DC du 15 novembre 2007, Loi relative à la maîtrise de l'immigration, à l'intégration et à l'asile, *JCP 2008. I. 101*.

▸ Étrangers : entre impératifs de sécurité et droit à la liberté, *AJ pénal 2008. 9* ; Évolution récentes du droit des étrangers, *ibid. 2011. 491 s.* ; Regroupement familial, *AJ fam. 2009. 280* ; Droit au logement et à l'hébergement des étrangers en situation irrégulière ou précaire sur le territoire français, *AJDI 2010. 610*.

LIVRE I DISPOSITIONS GÉNÉRALES

COMMENTAIRE

Les dispositions relatives au champ d'application matériel, personnel et géographique du code sont rassemblées dans un titre *ad hoc* qui ouvre le nouveau code. En outre, certaines dispositions procédurales qui étaient disséminées entre plusieurs livres, mais s'appliquant dans les champs respectifs de l'entrée, de l'éloignement et de l'asile (langue de procédure, transport des étrangers maintenus en zone d'attente ou retenus) figurent désormais au livre I, dans un titre ainsi consacré à la procédure administrative. Enfin, ce livre contient de nouvelles dispositions, d'ordre institutionnel, relatives aux acteurs administratifs et juridictionnels de la politique migratoire (administrations centrales, OFII, OFPRA, administrations déconcentrées, CNDA) (V. Rapp. au Président de la République relatif à l'Ord. n° 2020-1733 du 16 déc. 2020 portant partie législative du code de l'entrée et du séjour des étrangers et du droit d'asile). ❑

TITRE I CHAMP D'APPLICATION

Art. L. 110-1 Le présent code régit, sous réserve du droit de l'Union européenne et des conventions internationales, l'entrée, le séjour et l'éloignement des étrangers en France ainsi que l'exercice du droit d'asile. — *[Anc. art. L. 111-2, al. 1er, ecqc le champ d'application du code ; anc. art. L. 111-2, al. 3.]*

BIBL. ▸ Dossier « Gestation pour autrui », *AJ fam. 2018. 571* ✎. - BARBOU DES PLACES, Chronique Droit de l'asile et de l'immigration - Pacte sur la migration et l'asile. Du consensus au « pacte » ? (Communication du 23 sept. sur un nouveau pacte sur la migration et l'asile, COM(2020) 609 final), *RTD eur. 2021. 205* ✎. - BERRAMDANE, Vingt ans de la Charte des droits fondamentaux de l'Union européenne, *Rev. UE 2020. 542* ✎ ; Le champ d'application de la Charte, *ibid. 2020. 548* ✎. - BIDAUD, La transcription des actes de l'état civil étrangers sur les registres français. Cesser de déformer et enfin réformer..., *Rev. crit. DIP 2020. 247*. - BOITEUX-PICHERAL, La Charte des droits fondamentaux de l'Union saisie par la Cour européenne des droits de l'homme, *Rev. UE 2020. 576* ✎. - BONNEFOY, Dignité de la personne humaine et police administrative, *AJDA 2016. 418* ✎. - BRONNENKANT, Pour redonner du sens au contentieux des étrangers, *AJDA 2022. 454* ✎. - BURRIEZ, Retour sur les critères de l'effet direct depuis l'arrêt GISTI du Conseil d'État du 11 avril 2012, *RFDA. 2015. 1031*. - L'étatisation de la protection des mineurs isolés étrangers, *AJDA 2019. 802* ✎ ; La protection des mineurs isolés demandeurs d'asile. Vers une nouvelle confrontation entre l'État et les départements ?, *ibid. 2020. 2125* ✎. - CASSIA et VON COESTER, L'application de la Charte des droits fondamentaux de l'Union européenne par le juge national, *JCP 2012. 298*. - CIAUDO, L'invocation de la Déclaration universelle des droits de l'homme devant le juge administratif, *RFDA 2019. 711* ✎. - COURBE, L'applicabilité directe de la convention des Nations unies sur les droits de l'enfant, *D. 2006. Chron. 1484*. - COUTRON, La lente conversion du Conseil d'État à l'effet direct des directives, *AJDA 2010. 1412* ✎. - CYTERMANN, Le droit souple, un nouveau regard sur la jurisprudence *Crédit foncier de France*, *RFDA 2013. 1119* ✎. - DAADOUCH et MARTINI, Les mineurs isolés étrangers : enfants pauvres de la réforme, *AJ fam. 2022. 325*. - DELESALLE, Asile et apatridie : silence vaut rejet ?, *AJDA 2017. 458* ✎. - EL BOUDOUHI, Le juge interne, juge de droit commun du droit international ? État des lieux de l'invocabilité du droit international conventionnel en droit interne, *RFDA 2014. 371* ✎. - FERRAN, La politique des flux migratoires et le respect des droits et libertés constitutionnels, *RDP 2004. 275*. - GENEVOIS, Un statut constitutionnel pour les étrangers, *RFDA 1993. 875* ✎. - GKEGKA, L'identité de l'Union européenne à l'aune du droit de l'immigration et de l'asile. Analyse institutionnelle, *Rev. UE 2024. 335*. - GLÉNARD, La dignité de la personne humaine : un ordre de valeurs ?, *RFDA 2015. 869* ✎. - HUMBERT, Directive « Retour » : quel bilan après cinq années intenses en contentieux ?, *ibid. 2016. 1235* ✎. - JULIEN-LAFERRIÈRE, LABAYLE et EDSTRÖM, La politique européenne d'immigration et d'asile : bilan critique cinq ans après le traité d'Amsterdam, *Bruylant 2005*. - LANGRONET, L'intérêt supérieur de l'enfant lors de l'éloignement des étrangers, *RFDA 2014. 1131* ✎. - LELEU, La dignité de la personne humaine comme fondement des mesures de police administrative, *RFDA 2015. 883* ✎. - MADELAINE, L'application de la Charte des droits fondamentaux de l'UE par les juridictions nationales, *Rev. UE 2020. 567* ✎. - MASING, Unité et diversité dans la protection européenne des droits fondamentaux, *RDP 2016. 623*. - MAUBERNARD, Les incidences de la Charte des droits fondamentaux sur l'action extérieure de l'Union : bien, mais peut mieux faire..., *Rev. UE 2020. 559* ✎. - MINET, Le statut particulier du droit de l'Union européenne en droit français, *RFDA 2013. 1199* ✎. - MUTELET, La dignité et le droit des étrangers, *ibid. 2015. 1088* ✎. - PELISSIER, Le statut constitutionnel des droits et libertés des étrangers. A propos de la décision du Conseil constitutionnel n° 97-389 DC du 2 avril 1997, *LPA 1997. 770.* – Pichard, L'enfant : à propos d'une polysémie, *in* Au-delà des codes, Mél. en l'honneur de Marie-Stéphane Payet, *Dalloz 2011, p. 469.* – Platon, L'articulation entre la Charte, les droits fondamentaux nationaux et le droit de la convention européenne des droits de l'homme, *Rev. UE 2020. 553* . – Poulet, Le contentieux des étrangers, *AJDA 2020. 221* . – Schoettl, Commentaire de la décision du Conseil constitutionnel n° 98-399 du 5 mai 1998, *ibid. 1998. 489* . – Stillmunkes, L'article 41 de la Charte des droits fondamentaux de l'Union européenne, le droit d'être entendu et la police des étrangers, *RFDA 2013. 839* . – Valette, La vulnérabilité de l'enfant au gré des migrations, *RTDH 2012. 103.* – Vandendriessche, Statut constitutionnel de l'étranger ou érosion des droits fondamentaux ? Aperçu de la jurisprudence constitutionnelle, *in* Le Front national au regard du droit, *Septentrion nov. 2001, p. 97.*

▸ **Sur les circulaires :** Chaltiel, Actualité des circulaires, *AJDA 2011. 1930* . – Combeau et Formery, Le décret du 8 décembre 2008 : un nouvel éclairage sur le « droit souterrain », *ibid. 2009. 809* . – Domino et Bretonneau, Les joies de la modernité : une décennie de contentieux des circulaires, *ibid. 2012. 691* . – Donnat et Casas, Chronique générale de jurisprudence administrative française, *ibid. 2003. 487.* – Koubi, Les circulaires administratives, *Economica 2003.* – Untermaier-Kerleo, Le droit souple, un regard circonspect sur la jurisprudence *Crédit Foncier de France, RFDA 2014. 1029* .

▸ **Sur les accords Communauté européenne-États tiers :** Pataut, Le lien d'intégration à l'épreuve d'un accord d'association : les travailleurs turcs, *RTDE 2012. 630.* – Retterer, Le juge administratif et l'application de l'accord d'association CEE-Turquie, *AJDA 2012. 2209* .

V. Circ. du 2 nov. 2016 relative à l'application de la L. n° 2016-274 du 7 mars 2016 relative au droit des étrangers en France (NOR : INTV1631686J).

V. Circ. du 31 déc. 2018 relative à l'application de la L. du 10 sept. 2018 pour une immigration maîtrisée, un droit d'asile effectif et une intégration réussie (NOR : INTV1835403J).

COMMENTAIRE

LES SOURCES DU DROIT DES ÉTRANGERS EN FRANCE

Le droit des étrangers relève à l'évidence du droit des libertés publiques et constitue ainsi, par excellence, une matière ressortissant à la compétence législative. En effet, la formule apparemment restrictive utilisée par l'article 34 de la Constitution (compétence législative pour fixer les « garanties fondamentales accordées aux citoyens pour l'exercice des libertés publiques ») a été logiquement neutralisée par le Conseil constitutionnel qui en étend le champ d'application aux nationaux comme aux étrangers (Cons. const. 13 août 1993, n° 93-325 DC). Comme indiqué ci-dessus, c'est désormais la partie législative du code de l'entrée et du séjour des étrangers et du droit d'asile (CESEDA) (entrée en vigueur le 1er mars 2005) qui exprime cette compétence législative en matière de droit des étrangers.

Le droit moderne des étrangers est né en France avec l'ordonnance n° 45-2658 du 2 novembre 1945 qui n'a fait l'objet que de peu de modifications jusqu'au début des années 1980. En revanche, depuis lors, le droit des étrangers est marqué en France par une succession effrénée de réformes législatives (L. n° 80-9 du 10 janv. 1980 dite « Bonnet », L. « Questiaux » n° 81-973 du 29 oct. 1981, 1re L. « Pasqua » n° 86-1025 du 9 sept. 1986, L. « Joxe » n° 89-548 du 2 août 1989, L. « Quilès » n° 92-625 du 6 juill. 1992, 2e et 3e L. « Pasqua » n° 93-1027 du 24 août 1993 et n° 93-1417 du 30 déc. 1993, L. « Debré » n° 97-396 du 24 avr. 1997, L. « Chevènement » n° 98-349 du 11 mai 1998, 1re L. « Sarkozy » n° 2003-1119 du 26 nov. 2003, L. « de Villepin » n° 2003-1176 du 10 déc. 2003, 2e L. « Sarkozy » n° 2006-911 du 24 juill. 2006, L. « Hortefeux » n° 2007-1631 du 20 nov. 2007, L. n° 2011-672 du 16 juin 2011 relative à l'immigration, à l'intégration et à la nationalité, L. n° 2015-925 du 29 juill. 2015 relative à la réforme du droit d'asile et n° 2016-274 du 7 mars 2016 relative au droit des étrangers en France, L. n° 2018-778 du 10 sept. 2018 pour une immigration maîtrisée, un droit d'asile effectif et une intégration réussie, Ord. n° 2020-1733 du 16 déc. 2020 portant partie législative du code de l'entrée et du séjour des étrangers et du droit d'asile ; L. « Darmanin » n° 2024-42 du 26 janv. 2024).

Ainsi, depuis 1980, le droit des étrangers fait l'objet d'une réforme législative en moyenne tous les seize mois. Objet d'affrontements politiques parfois violents, le droit des étrangers a donc été marqué par une grande instabilité juridique, les règles applicables évoluant au gré des alternances politiques. Ce droit se caractérise aussi par son extrême complexité, le législateur ayant multiplié, tant pour l'entrée que pour le séjour et l'éloignement des étrangers, des dispositifs imbriqués, comportant de nombreuses exceptions et dérogations, tout en affirmant, texte après texte, sa volonté de simplification.

I. LES SOURCES INTERNES INFRACONSTITUTIONNELLES

A. LE CESEDA

L'article 52 de la loi n° 2018-778 du 10 septembre 2018 a habilité le Gouvernement à légiférer par ordonnances afin de procéder, à droit constant, à une nouvelle rédaction de la partie législative du CESEDA. Cette refonte, réalisée par l'ordonnance n° 2020-1733 du 16 décembre 2020 portant partie législative du code de l'entrée et du séjour des étrangers et du droit d'asile, est intervenue à droit constant, sous la réserve de modifications rendues nécessaires pour assurer le respect de la hiérarchie des normes et la cohérence rédactionnelle de l'ensemble des dispositions du code, harmoniser l'état du droit, remédier aux éventuelles erreurs et abroger des dispositions devenues sans objet. Le code est désormais organisé autour de huit livres thématiques relatifs aux dispositions générales (livre I), aux citoyens de l'Union européenne (livre II), à l'entrée en France (livre III), au séjour en France (livre IV), à l'asile (livre V), aux décisions d'éloignement (livre VI), à leur exécution (livre VII) et aux contrôles et sanctions (livre VIII). Le livre I reste consacré aux dispositions générales. Les dispositions relatives au champ d'application matériel, personnel et géographique du code sont rassemblées dans un titre *ad hoc* qui ouvre le nouveau code. En outre, certaines dispositions procédurales actuellement disséminées entre plusieurs livres mais s'appliquant dans les champs respectifs de l'entrée, de l'éloignement et de l'asile (langue de procédure, transport des étrangers maintenus en zone d'attente ou retenus) figurent désormais au livre I, dans un titre ainsi consacré à la procédure administrative. Enfin, ce livre contient de nouvelles dispositions, d'ordre institutionnel, relatives aux acteurs administratifs et juridictionnels de la politique migratoire (administrations centrales, Office français de l'immigration et de l'intégration, Office français de protection des réfugiés et apatrides et administrations déconcentrées, Cour nationale du droit d'asile).

Reste que le CESEDA ne peut suffire à régir l'ensemble de ce droit ; il convient en effet de signaler que les règles en matière d'acquisition et de perte de la nationalité française sont codifiées au sein du code civil (C. civ., art. 17 à 33-2, issus de la L. n° 93-933 du 22 juill. 1993 ; V. ces textes, App., v° *Nationalité*). Le droit de l'extradition fait l'objet d'une codification aux articles 696 et suivants du code de procédure pénale.

Par ailleurs, il faut également tenir compte des conventions internationales générales relatives au statut des réfugiés ou des apatrides ainsi que des instruments de protection des droits de l'homme (Conv. EDH, V. App., v° *Droits de l'homme*) et des droits de l'enfant (Conv. de New York). Toujours au plan international, les conventions bilatérales (notamment avec les pays du Maghreb) prévoient des règles spécifiques aux ressortissants de certains États et dérogeant au CESEDA.

B. LA JURISPRUDENCE

Depuis que le juge administratif s'est reconnu compétent pour apprécier la légalité des mesures de police administrative intervenant dans le domaine du droit des étrangers, il a progressivement étendu son contrôle et il exerce aujourd'hui, dans la plupart des domaines concernant le droit des étrangers, un véritable contrôle de proportionnalité. Il en résulte que le droit des étrangers entraîne un contentieux particulièrement abondant.

En effet, le juge administratif intervient tout d'abord au titre de son contrôle des actes du pouvoir réglementaire dérivé, c'est-à-dire aujourd'hui des textes d'application du CESEDA. Les associations de protection des étrangers en France sont particulièrement vigilantes à cet égard et ne manquent pas de déférer au juge de l'excès de pouvoir les actes en cause. Mais l'essentiel du contentieux résulte évidemment des recours formés contre les mesures individuelles prises par l'autorité administrative en matière d'entrée (refus de visa, refus d'entrée, demandes d'asile et maintien en zone d'attente), de séjour (refus de titre de séjour, conditions de circulation) et d'éloignement des étrangers (obligation de quitter le territoire français, reconduite à la frontière, expulsion et mesures connexes telles que l'assignation à résidence ou la fixation du pays de destination). D'après le rapport public 2020 du Conseil d'État, le contentieux des étrangers a représenté en 2019 41 % des entrées devant les tribunaux administratifs, 51 % devant les cours administratives d'appel et 20,34 % pour le Conseil d'État. Pour sa part, la Cour nationale du droit d'asile a, en 2019, connu une nouvelle hausse de son activité (+ 40 %) et a jugé 66 500 affaires. La crise sanitaire a entraîné logiquement une baisse d'activité en 2020 avec 42 025 décisions rendues par la Cour.

Compte tenu de l'ampleur de ce contentieux, le Conseil d'État a cherché à en répartir la charge et l'on constate ainsi une montée en puissance, ces dernières années, des cours administratives d'appel qui constituent aujourd'hui les juges d'appel de droit commun du droit des étrangers, le Conseil d'État tentant d'exercer son rôle d'unification du contentieux par le jeu de la cassation.

S'agissant d'un contentieux essentiellement « factuel » (par ex. l'appréciation de l'atteinte portée par une mesure d'éloignement au droit de mener une vie familiale normale), ce travail d'unification est relativement difficile à réaliser. Il en résulte qu'il existe incontestablement une diversité d'approches selon la juridiction saisie, certains tribunaux administratifs étant réputés plus « sévères » que d'autres, plus ouverts à la préservation des droits des étrangers en France.

Reste que le juge administratif, sous l'impulsion du Conseil d'État, a toujours eu le souci d'assurer un équilibre entre les droits des étrangers et la volonté des pouvoirs publics de sauvegarder l'ordre public. Ceci explique que, dans la plupart des domaines, le juge ait abandonné le contrôle minimum pour réaliser un contrôle normal des décisions administratives en matière de droit des étrangers ; ceci explique également l'extension progressive de l'applicabilité de la convention européenne de sauvegarde des droits de l'homme et des libertés fondamentales (V. nos comm. et annotations, App., v° *Droits de l'homme*) et notamment de son article 8 protégeant le droit à une vie privée et familiale normale. Il est possible d'affirmer que, dans le dialogue des juges avec la Cour de Strasbourg, le juge administratif français se montre aujourd'hui plus « protecteur » des droits des étrangers que la Cour européenne des droits de l'homme.

Il s'agit souvent d'un contentieux passablement complexe dans la mesure où le CESEDA prévoit de nombreuses règles, notamment procédurales, spécifiques à la matière et dérogeant ainsi au droit commun du contentieux administratif. Celui-ci retrouve toutefois toute sa place à défaut de dispositifs spécifiques. Par exemple, le juge administratif accueille dans ce contentieux la notion de « liberté fondamentale » au sens de l'article L. 521-2 du code de justice administrative.

C. L'IMPORTANCE DES CIRCULAIRES

Il faut insister sur la place considérable qu'occupent en cette matière les circulaires du Premier ministre, voire des ministres. Certes, conformément à la théorie générale, les circulaires ministérielles réglementaires sont illégales (sauf délégation ou habilitation) ; elles étaient néanmoins fréquemment appliquées dans une relative impunité dès lors qu'elles n'étaient pas publiées. Le droit en cette matière a toutefois profondément évolué depuis le décret n° 2008-1281 du 8 décembre 2008 relatif aux conditions de publication des instructions et circulaires (*JO 10 déc. 2008 ; AJDA 2009. 809, comm. Combeau et Formery* ⊘). La matière est désormais régie par les articles L. 312-2 et suivants du CRPA.

Font l'objet d'une publication les instructions, les circulaires ainsi que les notes et réponses ministérielles qui comportent une interprétation du droit positif ou une description des procédures administratives. Les instructions et circulaires sont réputées abrogées si elles n'ont pas été publiées, dans des conditions et selon des modalités fixées par décret (CRPA, art. L. 312-2). Ces documents sont publiés dans des bulletins ayant une périodicité au moins trimestrielle et comportant dans leur titre la mention *« Bulletin officiel »* (CRPA, art. R. 312-3-1). Les instructions ou circulaires qui n'ont pas été publiées sur l'un de ces supports ne sont pas applicables et leurs auteurs ne peuvent s'en prévaloir à l'égard des administrés. A défaut de publication sur l'un de ces supports dans un délai de quatre mois à compter de leur signature, elles sont réputées abrogées (CRPA, art. R. 312-3-7).

Toute personne peut se prévaloir de ces documents publiés sur des sites internet désignés par décret ; toute personne peut se prévaloir de l'interprétation d'une règle, même erronée, opérée par ces documents pour son application à une situation qui n'affecte pas des tiers, tant que cette interprétation n'a pas été modifiée (CRPA, art. L. 312-3).

Les circulaires et instructions adressées par les ministres aux services et établissements de l'État sont publiées sur un site relevant du Premier ministre (Légifrance). Elles sont classées et répertoriées de manière à faciliter leur consultation (CRPA, art. R. 312-8).

Un arrêté du Premier ministre peut prévoir que, pour les circulaires et instructions intervenant dans certains domaines marqués par un besoin régulier de mise à jour portant sur un nombre important de données, la publication sur un site internet autre que celui qui est mentionné à l'article R. 312-8 CRPA produit les mêmes effets que la publication sur ce site (c'est le cas notamment du site www.interieur.gouv.fr) ; l'adresse des sites faisant l'objet d'un arrêté pris en application du présent article est référencée sur le site Légifrance (CRPA, art. R. 312-9).

Les circulaires viennent très fréquemment compléter le dispositif issu de la loi et l'on constate que l'autorité administrative se fonde bien souvent directement sur ces circulaires alors qu'elles sont en principe dénuées de toute valeur juridique. En effet, l'interprétation que l'autorité administrative donne, notamment par voie de circulaires ou d'instructions, des lois et règlements qu'elle a pour mission de mettre en œuvre, n'est pas susceptible d'être déférée au juge de l'excès de pouvoir lorsque, étant dénuée de caractère impératif, elle ne saurait, quel qu'en soit le bien-fondé, faire grief.

Le Conseil d'État a cependant sensiblement infléchi les règles applicables à la recevabilité des recours formés contre des circulaires. Tout d'abord, en application de la jurisprudence *Duvignères* (CE, sect., 18 déc. 2002, *Duvignères*, n° 233618 A), le recours formé contre les dispositions impératives à caractère général d'une circulaire ou d'une instruction doit être accueilli si ces dispositions fixent, dans le silence des textes, une règle nouvelle entachée d'incompétence, si l'interprétation qu'elles prescrivent d'adopter méconnaît le sens et la portée des dispositions législatives ou réglementaires qu'elle entend expliciter ou encore si cette interprétation réitère une règle contraire à une norme juridique supérieure. Ensuite, avec la jurisprudence *Jousselin* (CE 19 sept. 2014, *Jousselin*, n° 364385 A : *AJDA 2014. 2262, concl. Dumortier*) le Conseil d'État a affirmé que constitue une norme invocable au sein d'une circulaire une « ligne directrice » qui fixe des orientations au vu desquelles seront prises par l'autorité compétente, qui dispose à cet effet d'un large pouvoir d'appréciation, des décisions individuelles. Dans un arrêt du 12 juin 2020 (CE, sect., 12 juin 2020, n° 418142 A : *AJDA 2020. 1196* ; *ibid. 1407, chron. Malverti et Beaufils* ; *RFDA 2020. 785*), le Conseil d'État va encore plus loin en considérant que les documents de portée générale émanant d'autorités publiques, matérialisés ou non, tels que les circulaires, instructions, recommandations, notes, présentations ou interprétations du droit positif peuvent être déférés au juge de l'excès de pouvoir lorsqu'ils sont susceptibles d'avoir des effets notables sur les droits ou la situation d'autres personnes que les agents chargés, le cas échéant, de les mettre en œuvre. Ont notamment de tels effets ceux de ces documents qui ont un caractère impératif ou présentent le caractère de lignes directrices. Il appartient ainsi au juge d'examiner les vices susceptibles d'affecter la légalité du document en tenant compte de la nature et des caractéristiques de celui-ci ainsi que du pouvoir d'appréciation dont dispose l'autorité dont il émane. Le recours formé à son encontre doit être accueilli notamment s'il fixe une règle nouvelle entachée d'incompétence, si l'interprétation du droit positif qu'il comporte en méconnaît le sens et la portée ou s'il est pris en vue de la mise en œuvre d'une règle contraire à une norme juridique supérieure.

II. LES SOURCES CONSTITUTIONNELLES

A l'inflation législative évoquée ci-dessus a logiquement répondu une multiplication de décisions du Conseil constitutionnel, donnant ainsi au droit des étrangers ses fondements constitutionnels. On distinguera les textes (A) et la jurisprudence (B) constitutionnels.

A. LES TEXTES CONSTITUTIONNELS

1° LE TEXTE DE LA CONSTITUTION

Si certains auteurs considèrent qu'il existe un statut constitutionnel de l'étranger en droit français (Genevois, Un statut constitutionnel pour les étrangers, *RFDA 1993. 871*), un tel « statut » ne peut reposer sur les textes constitutionnels eux-mêmes qui font preuve d'un grand laconisme en la matière. En effet, au sein même de la Constitution de 1958, il n'existe que deux dispositions qui concernent les étrangers : l'article 3 tout d'abord, qui réserve la qualité d'électeur aux nationaux français (sous réserve de l'art. 88-3 qui étend cette qualité aux ressortissants des États membres de l'UE pour les élections municipales et européennes) ; ensuite, l'article 53-1 (issu de la révision constitutionnelle du 25 nov. 1993) qui prévoit que les autorités de la République ont toujours le droit de donner asile à tout étranger persécuté en raison de son action en faveur de la liberté, ou qui sollicite la protection de la France pour un autre motif. Encore convient-il de signaler que cette dernière disposition est issue d'un compromis entre le président de la République et le Gouvernement de l'époque et n'a guère reçu de traduction concrète depuis lors.

2° LA DÉCLARATION DE 1789

Mais le « bloc de constitutionnalité » s'étend également, par référence au Préambule de la Constitution de 1958 (« Le peuple français proclame solennellement son attachement aux Droits de l'homme et aux principes de la souveraineté nationale tels qu'ils ont été définis par la Déclaration de 1789, confirmée et complétée par le préambule de la Constitution de 1946 »), à la Déclaration des droits de l'homme et du citoyen du 26 août 1789 et au Préambule de la Constitution de 1946. S'agissant tout d'abord de la Déclaration de 1789, on serait en droit de penser qu'elle établit une distinction entre deux catégories de bénéficiaires des droits qu'elle institue : les hommes en général (et donc les nationaux et les étrangers) et les citoyens en particulier (donc, aujourd'hui au moins, les seuls nationaux français). Tel n'est pas le cas dans la mesure où la Déclaration utilise des expressions les plus variées, sans qu'il soit possible de leur accorder une valeur autre que « littéraire ». Pour se borner à quelques exemples, on relèvera que l'article 11 prévoit que la libre communication des pensées et des opinions est un des droits les plus précieux de l'homme et en déduit que tout citoyen peut donc parler, écrire, imprimer librement ; de même, l'article 7 dispose que nul homme ne peut être accusé, arrêté ou détenu que dans les cas déterminés par la loi, mais ajoute que tout citoyen appelé ou saisi en vertu de la loi doit obéir à l'instant.

Reste qu'il existe des hypothèses dans lesquelles le champ d'application général du droit protégé est attesté par l'utilisation d'expressions telles que « les hommes » (DDH, art. 1er, égalité de droit), « tout homme » (art. 9, présomption d'innocence) ou « nul » (DDH, art. 10, liberté d'opinion). On peut ainsi considérer qu'il existe un corpus de droits fondamentaux applicables indistinctement aux nationaux et aux étrangers, et la Déclaration se fixe pour objectif d'exposer les « droits naturels, inaliénables et sacrés de l'Homme » que sont la liberté, la propriété, la sûreté et la résistance à l'oppression (DDH, art. 2) ; il convient d'y ajouter le principe d'égalité entre les hommes (DDH, art. 1er et 6), le droit à la liberté (DDH, art. 4), les principes fondamentaux du droit pénal (DDH, art. 7, 8 et 9), la liberté d'opinion, notamment religieuse (DDH, art. 10), et la liberté de communication des pensées et des opinions (DDH, art. 11).

3° LE PRÉAMBULE DE 1946

Le Préambule de 1946 réaffirme que « tout être humain, sans distinction de race, de religion ni de croyance, possède des droits inaliénables et sacrés », et fournit une énumération de droits dont le champ d'application n'est pas conditionné par la nationalité : égalité entre les hommes et les femmes (Préamb., art. 3), droit au travail (Préamb., art. 5), à l'action syndicale (Préamb., art. 6), à la détermination des conditions de travail (Préamb., art. 8), au développement (Préamb., art. 10), à la protection de la santé, à la sécurité matérielle, au repos et aux loisirs (Préamb., art. 11), à l'instruction, à la formation professionnelle et à la culture (Préamb., art. 13).

Droits sociaux. Si le Préambule de la Constitution de 1946 assure à l'individu et à la famille les conditions nécessaires à leur développement, il appartient au législateur d'apprécier les conditions dans lesquelles les droits de la famille peuvent être conciliés avec les impératifs d'intérêt public (Cons. const. 3 sept. 1986, n° 86-216 DC). La jouissance des droits sociaux est en principe de même nature pour les étrangers que pour les nationaux sous certaines réserves tirées de l'application du principe d'égalité (V. ci-dessous).

Il convient par ailleurs de signaler que le Préambule de 1946 contient une disposition spécifique aux étrangers puisque « tout homme persécuté en raison de son action en faveur de la liberté a droit d'asile sur les territoires de la République » (Préamb., art. 4).

4° LA CHARTE DE L'ENVIRONNEMENT

Quant à la Charte de l'environnement de 2004 (intégrée au Préamb. de la Const. par la L. const. du 1er mars 2005), elle affirme notamment que l'environnement est le patrimoine commun des êtres humains et en déduit le droit de chacun à vivre dans un environnement équilibré et respectueux de la santé (Charte envir., art. 1er) ainsi que le droit d'accéder aux informations relatives à l'environnement détenues par les autorités publiques et de participer à l'élaboration des décisions publiques ayant une incidence sur l'environnement (Charte envir., art. 7).

Après le rocambolesque échec de la révision constitutionnelle en mars 2016 pour y introduire la déchéance de nationalité visant les auteurs d'actes terroristes, on peut considérer que les textes constitutionnels applicables aux étrangers en France sont peu susceptibles d'évoluer dans l'avenir. Reste que la mise en œuvre de la question prioritaire de constitutionnalité (Const., art. 61-1, issu de la révision const. du 23 juill. 2008) est de nature à donner une vitalité nouvelle à ces dispositions constitutionnelles désormais directement invocables à l'encontre de lois n'ayant pas auparavant été déférées au Conseil constitutionnel (sous réserve de changement de circonstances).

C'est ainsi la jurisprudence qui a donné corps à l'existence d'un statut constitutionnel des étrangers en France.

B. LA JURISPRUDENCE CONSTITUTIONNELLE

Au-delà de la reconnaissance par le Conseil d'État (CE 3 juill. 1996, *Koné*, n° 169219 A) d'un principe fondamental reconnu par les lois de la République selon lequel l'État doit refuser l'extradition d'un étranger lorsque celle-ci est demandée dans un but politique, c'est bien le Conseil constitutionnel qui est devenu, au fil des multiples modifications dont l'ordonnance de 1945 a fait l'objet, un acteur à part entière de l'évolution du droit des étrangers.

Cette importance est encore renforcée par l'introduction en droit français de la question prioritaire de constitutionnalité. En effet, l'article 61-1, C, issu de la révision constitutionnelle du 23 juill. 2008, prévoit que, lorsqu'à l'occasion d'une instance en cours devant une juridiction il est soutenu qu'une disposition législative porte atteinte aux droits et libertés que la Constitution garantit, le Conseil constitutionnel peut être saisi de cette question sur renvoi du Conseil d'État ou de la Cour de cassation (V. Ord. n° 58-1067 du 7 nov. 1958, art. 23-1 à 23-12 ; CJA, art. L.O. 771-1 et L.O. 771-2 ; COJ, art. L.O. 461-1 et L.O. 461-2 ; C. pr. pén., art. L.O. 630 et CJF, art. L.O. 142-2, insérés par la L. org. n° 2009-1523 du 10 déc. 2009 relative à l'application de l'art. 61-1 Const. ; CJA, art. R.* 771-3 à R.* 771-21 ; C. pr. civ., art. 126-1 à 126-12 ; C. pén., art. R.* 49-21 à R.* 49-33 ; COJ, art. R.* 461-1 à R.* 461-5, insérés par Décr. n° 2010-148 du 16 févr. 2010 portant application de la L. org. n° 2009-1523 du 10 déc. 2009. – V. égal. Décr. n° 2010-149 du 16 févr. 2010 sur la continuité de l'aide juridictionnelle en cas d'examen de la QPC par le Conseil d'État, la Cour de cassation et le Cons. const.). C'est ainsi dans une affaire concernant le droit des étrangers (dite de la « cristallisation des pensions ») que le Conseil constitutionnel a rendu sa première décision « QPC » (Cons. const. 28 mai 2010, n° 2010-1 QPC : *AJDA 2010. 1606, note Dord* ; *RFDA 2010. 717, note Katz*).

La jurisprudence constitutionnelle repose sur trois principes : une préoccupation nettement affirmée de sauvegarde de l'ordre public ; l'absence d'égalité de principe entre nationaux et étrangers ; la préservation de droits fondamentaux reconnus à tous.

1° LA SAUVEGARDE DE L'ORDRE PUBLIC

De façon constante, le Conseil constitutionnel considère que la sauvegarde de l'ordre public constitue un objectif de valeur constitutionnelle, le législateur pouvant, s'agissant des mesures applicables au séjour des étrangers en France, décider que les modalités de mise en œuvre de cet objectif reposeront soit sur des règles de police spécifiques aux étrangers, soit sur un régime de sanctions pénales, soit même sur une combinaison de ces deux régimes (Cons. const. 28 juill. 1989, n° 89-261 DC). Le Conseil constitutionnel a également précisé que la lutte contre l'immigration irrégulière participe de la sauvegarde de l'ordre public qui est une exigence de valeur constitutionnelle (Cons. const. 20 nov. 2003, n° 2003-484 DC) ; cette précision a pu être interprétée (Ferran, *RDP 2004. 275*) comme indiquant que, pour le Conseil constitutionnel, l'entrée et le séjour irréguliers sont regardés comme portant atteinte à l'ordre public.

Il appartient ainsi au législateur d'assurer la conciliation entre la sauvegarde de l'ordre public, qui est un objectif de valeur constitutionnelle, et le droit de mener une vie familiale normale (Cons. const. 15 déc. 2005, n° 2005-528 DC).

2° LE PRINCIPE D'ÉGALITÉ

Le Conseil constitutionnel a affirmé à plusieurs reprises qu'aucun principe non plus qu'aucune règle de valeur constitutionnelle ne confère aux étrangers des droits de caractère général et absolu d'accès et de séjour sur le territoire national. Ainsi, les conditions d'entrée et de séjour en France des étrangers sont soumises à un régime juridique qui confère à l'autorité administrative des pouvoirs étendus.

C'est au regard du *principe d'égalité* que la jurisprudence constitutionnelle s'est d'abord développée. Dans sa décision n° 89-269 DC du 22 janvier 1990, le Conseil a indiqué que « le législateur peut prendre à l'égard des étrangers des dispositions spécifiques », justifiant ainsi l'ensemble du droit des étrangers. Autrement dit, le Conseil considère qu'il existe une différence objective de situation entre nationaux et étrangers, pouvant ainsi par exemple justifier une inégalité dans la mise en œuvre de prestations sociales au détriment des étrangers. C'est cette différence de situation, combinée avec l'*objectif de sauvegarde de l'ordre public*, constamment rappelé par le Conseil constitutionnel, qui va justifier les règles spécifiques applicables aux étrangers en France.

Reste que la discrimination ainsi opérée doit être fondée sur des critères objectifs et en rapport direct avec l'objet même de la loi. Parmi ces critères, il est notamment impossible de prendre en considération des différences d'origine, de race ou de religion (Const., art. 2).

Ainsi, le principe d'égalité est appliqué en droit des étrangers dans les mêmes conditions que dans le droit commun, c'est-à-dire que la différence de traitement doit être la conséquence directe d'une loi, reposer sur une nécessité d'intérêt général ou résulter d'une différence de situation objective et non discriminatoire.

Les juges constitutionnel et administratif ont ainsi développé une jurisprudence assez subtile, distinguant nationaux et étrangers mais également entre les étrangers eux-mêmes. Ainsi, il n'est pas question de mettre sur le même plan les étrangers en situation régulière et les autres. En effet, les étrangers qui résident régulièrement en France, sans pouvoir prétendre à l'égalité avec les nationaux, bénéficient de droits de même nature que ceux-ci ; c'est le cas notamment du droit à la protection sociale. A l'exception des droits expressément réservés aux nationaux, il existe ici une égalité de principe entre les citoyens français et les ressortissants étrangers en situation régulière.

Les distinctions se compliquent encore lorsqu'il s'agit de prendre en considération la nationalité de l'étranger en cause. Est-il nécessaire de rappeler que les ressortissants des États membres de l'Union européenne et assimilés ne sont pas placés dans la même situation que les autres étrangers (V. *infra*, notes ss. art. L. 200-1 s.) ? Que des droits spécifiques sont reconnus aux étrangers « non communautaires » membres de la famille de ressortissants des États membres de l'Union européenne ? Que le touriste venu des États-Unis ou d'Australie ne sera pas placé dans la même situation que le ressortissant afghan candidat à l'asile ?

Au-delà même de ces distinctions fondées sur la nationalité, il existe des différences de situation entre étrangers en fonction de la catégorie à laquelle ils appartiennent. Ainsi, l'étudiant étranger n'aura pas les mêmes droits que l'étranger salarié ou commerçant, le père étranger d'enfants français sera placé dans une situation différente de l'étranger célibataire, le réfugié statutaire ou le bénéficiaire de la protection subsidiaire de l'étranger de droit commun, etc.

3° LES DROITS FONDAMENTAUX RECONNUS À TOUS

Si le législateur peut prendre à l'égard des étrangers des dispositions spécifiques, c'est à la condition de respecter les engagements internationaux souscrits par la France et les *libertés et droits fondamentaux de valeur constitutionnelle reconnus à tous ceux qui résident sur le territoire de la République* (Cons. const. 22 janv. 1990, n° 89-269 DC) indépendamment donc de leur situation juridique, régulière ou non. Figurent parmi ces droits la liberté individuelle et la sûreté (notamment la liberté d'aller et venir), la liberté du mariage (rappelée notamment dans la Décis. n° 2003-484 DC du 20 nov. 2003) et le droit de mener une vie familiale normale qui résulte, selon le Conseil, du dixième alinéa du Préambule de la Constitution de 1946 selon lequel « La Nation assure à l'individu et à la famille les conditions nécessaires à leur développement » (Cons. const. 15 déc. 2005, n° 2005-528 DC).

On peut y ajouter le principe de légalité des délits et des peines (à propos de l'interdiction du territoire automatique en cas de reconduite à la frontière), les principes du droit de la défense et notamment l'existence de recours et la possibilité de demander le sursis à exécution des décisions contestées ainsi que le droit de quitter le territoire national (Cons. const. 22 avr. 1997, n° 97-389 DC). Si le Conseil constitutionnel affirme ainsi l'existence de droits fondamentaux, inhérents à la nature humaine, il reconnaît toujours au législateur la faculté de mettre en œuvre ces dispositions à l'égard des étrangers, éventuellement même en faisant prévaloir les nécessités de l'ordre public (par ex. Cons. const. 3 sept. 1986, n° 86-216 DC).

III. LES SOURCES INTERNATIONALES

La Commission supérieure de codification a relevé, dans son trentième rapport (2019), « qu'une part importante des règles applicables dans la matière régie par le CESEDA provient du droit international (conventions bilatérales sur l'entrée et le séjour des étrangers) et du droit de l'Union européenne (règlements et directives). Il n'est pas possible de codifier ces règles dans le corps du code, l'État n'étant pas compétent pour abroger les textes sources dont elles sont issues. Il n'est pas davantage envisageable de les regrouper dans des annexes traditionnelles. Mais on mesure l'inconvénient que présentent, en termes d'accessibilité du droit, ces limites inhérentes à l'entreprise de codification qui ne peut procéder, dans le champ du code, au recueil exhaustif auquel peuvent se livrer les éditeurs dans un travail de simple consolidation ». La Commission suggère ainsi de reproduire, en annexe du code, les conventions internationales et les dispositions de droit européen (hors directives) pertinentes.

A. RÈGLES GÉNÉRALES

1° AUTORITÉ DES TRAITÉS EN DROIT INTERNE

En application de l'article 55 de la Constitution, les traités régulièrement ratifiés ou publiés ont, dès leur publication, une autorité supérieure à celle des lois. Cette supériorité dans la hiérarchie des normes juridiques est par conséquent conditionnée par la double exigence de ratification et de publication. S'y ajoute, sauf exception concernant notamment les traités de protection des droits de l'homme, l'exigence de réciprocité.

Il convient donc, au cas par cas, de déterminer si tel traité multilatéral ou telle convention bilatérale ne contient pas de dispositions spécifiques ; dans ce cas, les dispositions du CESEDA seront écartées.

2° SOURCES INTERNATIONALES UNIVERSELLES

Il existe d'abondantes sources internationales universelles, notamment les pactes internationaux relatifs aux droits civils et politiques et aux droits économiques, sociaux et culturels adoptés par l'Assemblée générale des Nations unies le 19 décembre 1966 et ratifiés par la France en 1981, la convention internationale sur l'élimination de toutes formes de discrimination raciale (Résol. de l'Assemblée générale des Nations unies du 21 déc. 1965) ou encore la convention contre la torture et autres peines ou traitements cruels, inhumains ou dégradants (Résol. de l'Assemblée générale des Nations unies du 10 déc. 1984) dont la ratification a été autorisée par la loi n° 85-1173 du 12 novembre 1985 et dont le texte a été publié en vertu du décret n° 87-916 du 9 novembre 1987.

3° LES CONVENTIONS SUR L'ASILE ET L'APATRIDIE

Il convient de faire une place particulière à la **convention de Genève du 28 juillet 1951 relative au statut des réfugiés** (publiée par le Décr. n° 54-1065 du 14 oct. 1954, *JO 29 oct.*) modifiée par le protocole de New York du 31 janv. 1967 (publié par le Décr. n° 71-289 du 9 avr. 1971, *JO 18 avr.*) qui définit le réfugié comme « toute personne qui, craignant avec raison d'être persécutée du fait de sa race, de sa religion, de sa nationalité, de son appartenance à un certain groupe social ou de ses opinions politiques, se trouve hors du pays dont elle a la nationalité et qui ne peut ou, du fait de cette crainte, ne veut se réclamer de la protection de ce pays » (art. 1er). Elle fonde ainsi un *principe de non-refoulement* : le demandeur d'asile ne peut être pénalement poursuivi pour entrée et séjour irréguliers à la double condition qu'il provienne du pays où il est menacé et qu'il prévienne sans délai les autorités (art. 31, al. 1er) ; en second lieu, seules des restrictions nécessaires pourront être appliquées aux déplacements des réfugiés (art. 31, al. 2) ; enfin, le réfugié ne peut être refoulé sur la frontière où sa vie ou sa liberté pourraient être menacées (art. 33, al. 1er). Les dispositions du livre VII du CESEDA (V. notes ss. art. L. 711-1 s.) ne s'appliqueront par conséquent que sous réserve des stipulations de la convention de Genève.

C'est dans le même esprit que s'applique la **convention de New York du 28 septembre 1954 relative au statut des apatrides** (publiée par le Décr. n° 60-1066 du 4 oct. 1960, *JO 6 oct.*), laquelle définit l'apatride comme une personne qu'aucun État ne considère comme son ressortissant par application de sa législation. En d'autres termes, l'apatride est celui qui ne peut bénéficier d'une protection réelle des autorités d'un État. A la différence de la convention de Genève concernant les réfugiés, la convention de New York ne détermine pas un statut protecteur au profit des apatrides qui ne sont, *a priori*, pas menacés dans leur vie ou leur liberté ; dans le cas contraire, ils peuvent prétendre au statut de réfugié. La convention de 1954 a été complétée par la convention sur la réduction des cas d'apatridie adoptée le 30 août 1961 dont on peut regretter qu'elle n'ait toujours pas été ratifiée par la France.

B. LA CONVENTION INTERNATIONALE SUR LES DROITS DE L'ENFANT

La convention de New York sur les droits de l'enfant du 26 janvier 1990 (publiée par le Décr. n° 90-917 du 8 oct. 1990, *JO 12 oct.*), adoptée dans le cadre de l'Organisation des Nations unies, garantit un certain nombre de droits au profit de l'enfant, considéré comme tout être humain âgé de moins de dix-huit ans, sauf si la majorité est atteinte plus tôt en vertu de la législation qui lui est applicable (art. 1er). La jurisprudence semble ainsi considérer que la convention ne concerne pas l'enfant à naître (CE 7 avr. 2006, *Préfet du Val-d'Oise c/ Mme Eggley*, n° 274713 A).

Du reste, la convention ne contient qu'une seule disposition de nature à s'appliquer prioritairement aux enfants étrangers ; en effet, l'article 10 stipule que toute demande faite par un enfant ou ses parents en vue d'entrer dans un État partie ou de le quitter aux fins de réunification familiale est considérée par les États parties dans un esprit positif, avec humanité et diligence. Ce même article ajoute qu'un enfant dont les parents résident dans des États différents a le droit d'entretenir, sauf circonstances exceptionnelles, des relations personnelles et des contacts directs réguliers avec ses deux parents ; par suite, les États parties respectent le droit qu'ont l'enfant et ses parents de quitter tout pays, y compris le leur, et de revenir dans leur propre pays.

On mentionnera encore la réaffirmation du principe de non-discrimination fondée notamment sur l'origine nationale (art. 2) et la nécessité de préserver l'identité de l'enfant dont la nationalité est un élément constitutif (art. 8).

Le décret n° 2016-500 du 22 avril 2016 (*JO 24 avr. ; AJ fam. 2016. 231*) a publié le troisième protocole additionnel à la convention internationale relative aux droits de l'enfant ; ceci ouvre la possibilité aux enfants et aux avocats qui les accompagnent de saisir directement le Comité des droits de l'enfant en cas de violation de leurs droits fondamentaux, facilitant ainsi l'application effective de la convention et des deux autres protocoles (vente et prostitution d'enfants, implication d'enfants dans les conflits armés).

1° LA QUESTION DE L'EFFET DIRECT

Si donc la convention ne concerne pas spécifiquement les étrangers, elle peut évidemment s'appliquer, par ricochet, aux enfants de nationalité étrangère. La difficulté principale résulte toutefois de l'absence d'effet direct de l'intégralité des stipulations de la convention. En effet, après quelques hésitations, juges judiciaire et administratif procèdent à l'identique en opérant un tri entre les dispositions de la convention selon qu'elles régissent exclusivement les relations entre États et celles qui créent des droits directement au profit des particuliers et peuvent être invoquées directement au contentieux.

De nombreuses dispositions de la convention ont été considérées comme ne créant d'obligations qu'entre les États signataires. Il en va ainsi en particulier lorsque la convention elle-même prévoit expressément que ce sont les États parties qui s'engagent à respecter tel principe ou à promouvoir tel droit. Tel est le cas en particulier du principe d'égalité et de la protection contre les discriminations, du principe du respect de l'identité de l'enfant ou des obligations positives à la charge des États afin d'assurer la reconnaissance du principe selon lequel les deux parents ont une responsabilité commune, d'aider les parents dans l'exercice de leurs responsabilités à l'égard des enfants et de promouvoir les services de garde d'enfants.

Cette jurisprudence sur l'absence d'effet direct s'applique également aux droits créances garantis par la convention comme par exemple le devoir d'assurer à l'enfant la protection et les soins nécessaires à son bien-être, notamment pour l'enfant privé de son milieu familial, ou de veiller à la qualité des institutions, services et établissements qui ont la charge des enfants (art. 3, § 3), le droit à la survie et au développement (art. 6) ou le droit à l'éducation. La même solution a été retenue pour le droit à la santé (art. 24-1), à la sécurité sociale (art. 26-1) et à un niveau de vie suffisant ainsi qu'aux objectifs de l'éducation de l'enfant.

On pourra en revanche s'étonner que la même position ait été retenue s'agissant du droit à la vie protégé par l'article 6 ou du droit d'expression (art. 12) et de la liberté de pensée, de conscience et de religion.

D'autres stipulations de la convention ont été reconnues d'applicabilité directe dès lors qu'elles créent des droits au bénéfice direct des intéressés. Tel est le cas du droit de l'enfant et de ses parents de quitter tout pays, de la possibilité pour l'enfant d'être entendu dans les procédures judiciaires ou administratives l'intéressant, du droit de l'enfant au respect de sa vie privée et familiale ou encore des mécanismes de protection de l'enfant en cas d'arrestation, de détention ou d'emprisonnement. La même interprétation est retenue s'agissant de l'article 9-1 garantissant le droit de l'enfant à ne pas être séparé de ses parents.

2° L'INTÉRÊT SUPÉRIEUR DE L'ENFANT

Reste que l'effectivité de la convention de New York en droit français réside essentiellement dans la reconnaissance de l'applicabilité directe de l'article 3-1 qui stipule que « Dans toutes les décisions qui concernent les enfants, qu'elles soient le fait des institutions publiques ou privées de protection sociale, des tribunaux, des autorités administratives ou des organes législatifs, l'intérêt supérieur de l'enfant doit être une considération primordiale ». Cette stipulation est fréquemment invoquée en complément de l'article 8 Conv. et impose à l'administration de prendre en considération de manière spécifique l'intérêt supérieur de l'enfant lorsqu'elle est amenée à prendre une décision ayant un impact direct ou indirect sur lui.

Au titre des décisions ayant un impact direct, il faut citer évidemment les mesures de *regroupement familial*. Ainsi, le pouvoir du préfet de refuser une demande de regroupement familial est limité par la nécessaire prise en considération de l'intérêt primordial de l'enfant. Il en va de même dans le cas de décisions de refus de séjour, opposées à des enfants mineurs.

S'agissant de l'impact indirect, on peut évoquer les *décisions applicables aux parents* et donc, par voie de conséquence, aux enfants qui les accompagnent, en particulier les décisions de refus de visa et de refus de titre de séjour.

Par ailleurs, il va de soi que la *mesure d'éloignement* frappant l'un des parents, voire les deux, est susceptible de porter atteinte à l'intérêt supérieur de l'enfant. Ce sera *a fortiori* le cas lorsque la mesure d'éloignement aurait pour effet de rompre les liens avec les parents.

Il résulte de la jurisprudence que le juge administratif s'oriente dans le sens d'une application de l'article 3-1 similaire à celle de l'article 8 de la convention européenne des droits de l'homme dès lors que les parents peuvent emmener le ou les enfants avec eux, il n'y a pas atteinte à la convention de New York.

C. CONVENTIONS BILATÉRALES

L'article D. 110-1 fournit, en annexe, la liste des accords et conventions bilatéraux qui déterminent les conditions d'entrée et de séjour sur le territoire français des ressortissants des États avec lesquels ils ont été conclus.

Ces conventions bilatérales prévalent sur le droit commun tiré du CESEDA en vertu du principe classique de la *lex specialis*. Le code ne retrouve à s'appliquer que lorsque la convention ne contient aucune stipulation ayant la même portée. Cette combinaison est souvent source d'une certaine complexité dès lors qu'il convient de déterminer, au cas par cas, si telle disposition du CESEDA se retrouve ou non dans la convention en cause (V. par ex. s'agissant des ressortissants algériens). La convention bilatérale est écartée pour l'application des dispositions de procédure afférentes à la délivrance, au renouvellement et au refus de titre de séjour qui concernent tous les étrangers, sauf stipulation contraire. Le silence d'une convention internationale entraîne le retour à l'application du CESEDA. Reste que l'on constate que les stipulations de ces conventions se rapprochent de plus en plus du droit commun, abandonnant ainsi l'idée d'un « régime de faveur » au profit des ressortissants des États anciennement sous influence française.

D'autres conventions bilatérales trouvent également à s'appliquer : conventions de sécurité sociale (près de trois quarts des étrangers résidant en France sont couverts par une telle convention), fiscales (dans le but d'éliminer les doubles impositions), relatives au service national (dans le but d'éviter le cumul des obligations militaires), etc.

IV. LE DROIT DE L'UNION EUROPÉENNE

Signée le 13 décembre 1957 à Paris et ratifiée par la France le 14 mai 1986 (*JO 15 mai*), la **convention européenne d'extradition** définit les conditions de l'extradition entre les États parties et fixe un certain nombre de règles générales : obligation de procéder à l'extradition lorsque les conditions fixées par la convention sont réunies ; non-extradition quand la peine de mort est encourue ou lorsque la situation de la personne réclamée risque d'être aggravée en raison de sa race, de sa religion, de sa nationalité ou de ses opinions politiques. Cette convention a été complétée par les accords européens du 25 juin 2003 avec les États-Unis qui prévoit que l'extradition ne peut être accordée qu'à la condition que la peine de mort ne soit pas prononcée ou exécutée.

Le droit « communautaire » est longtemps resté relativement indifférent au droit des étrangers en dehors de la question de la libre circulation des travailleurs (V. Dir. 2014/54/UE du Parlement européen et du Conseil du 16 avr. 2014, *JOUE n° L 128 du 30 avr.*).

Le traité sur l'Union européenne, issu du traité de Maastricht du 7 février 1992, prévoit que, dans le but de réalisation des objectifs de l'Union (spécialement la libre circulation des personnes), les États membres considèrent comme des questions d'intérêt commun, notamment, la politique d'asile, les règles concernant le franchissement des frontières et l'exercice du contrôle, la politique d'immigration, les conditions d'entrée et de circulation des étrangers, les conditions de séjour, le regroupement familial et l'accès à l'emploi des étrangers, et la lutte contre l'immigration, le séjour et le travail clandestins. Cette coopération sera mise en œuvre dans le cadre du troisième « pilier », Justice et affaires intérieures. Avec le traité d'Amsterdam (2 oct. 1997), la matière sera désormais entièrement « communautarisée ».

A cet égard, l'article 67 du traité sur le fonctionnement de l'Union européenne (TFUE) stipule que « L'Union constitue un espace de liberté, de sécurité et de justice dans le respect des droits fondamentaux et des différents systèmes et traditions juridiques des États membres.

Elle assure l'absence de contrôles des personnes aux frontières intérieures et développe une politique commune en matière d'asile, d'immigration et de contrôle des frontières extérieures qui est fondée sur la solidarité entre États membres et qui est équitable à l'égard des ressortissants des pays tiers. Aux fins du présent titre, les apatrides sont assimilés aux ressortissants des pays tiers. »

Le traité signé à Lisbonne le 13 décembre 2007 (entré en vigueur le 1er déc. 2009) prévoit, au sein du TFUE, un chapitre II (du titre V de la IIIe partie : Les politiques et actions internes de l'Union) intitulé : Politiques relatives aux contrôles aux frontières, à l'asile et à l'immigration (art. 77 s.). Son article 6 a intégré dans le droit primaire la Charte des droits fondamentaux de l'Union européenne, directement applicable dans les États membres.

L'encadrement juridique offert par les institutions de l'Union européenne a montré ses limites dans le cadre de la crise sans précédent qui a vu affluer aux portes de l'Union des centaines de milliers de personnes fuyant la guerre ou les actes terroristes : au 30 septembre 2015, les États de l'Union européenne avaient ainsi enregistré près de 700 000 demandes de protection internationale et près de 950 000 arrivées sur le territoire de l'Union. La Commission européenne a présenté, le 13 mai 2015, un agenda européen en matière d'immigration (Doc. COM(2015) 240 final, 13 mai 2015), puis proposé, le 27 mai 2015, des mesures d'urgence essentiellement dans le but de répartir les demandeurs de protection internationale entre les États de l'Union européenne et de renforcer le contrôle des frontières extérieures et la lutte contre les réseaux de passeurs via l'agence Frontex (V. Règl. (UE) 2016/1624 du 14 sept. 2016 relatif à l'Agence européenne de garde-frontières et de garde-côtes, nouvelle dénomination de l'Agence Frontex). Plusieurs pays membres ont par ailleurs rétabli les contrôles aux frontières intérieures en raison d'un « contexte particulier d'afflux exceptionnel de personnes en demande de protection internationale ». Cette crise majeure a également mis en lumière les carences du système européen d'asile dès lors qu'en raison de leur situation géographique deux pays en particulier (la Grèce et l'Italie) étaient « responsables de la demande d'asile » au sens du règlement dit « Dublin » (V. *infra*). L'accord obtenu le 18 mars 2016 entre l'Union européenne et la Turquie va dans le même sens (V. Communiqué de presse du Conseil n° 144/16 du 18 mars 2016 ; V. aussi le plan d'action commune adopté le 15 oct. 2015 dont les principes ont été détaillés dans une communication du 16 mars 2016 : Doc. COM(2016) 166 final). La Commission européenne a d'ailleurs précisé que « l'arrivée massive et incontrôlée de migrants et de demandeurs d'asile a mis à mal non seulement le régime d'asile de nombreux États membres, mais aussi le régime d'asile européen commun dans son ensemble » (Doc. COM(2016) 197 final du 6 avr. 2016).

Enfin, la nouvelle Commission von der Leyen (installée le 1er déc. 2019) a présenté un « nouveau pacte sur la migration et l'asile » consistant à mettre en place « un système permettant à la fois de maîtriser et de normaliser la migration à long terme, tout en étant pleinement ancré dans les valeurs européennes et le droit international ». Les textes composant ce pacte ont été adoptés par le Conseil de l'Union européenne le 14 mai 2024 (V. ces textes, 🏛, App., v° *Asile et migration*) :

– règlement établissant le filtrage des ressortissants de pays tiers aux frontières ;

– règlement instituant une procédure de retour à la frontière ;

– règlement relatif à la gestion de l'asile et de la migration qui, notamment, abroge le règlement « Dublin » ;

– règlement instituant une procédure commune en matière de protection internationale dans l'Union ;

– règlement concernant les normes relatives aux conditions que doivent remplir les ressortissants des pays tiers ou les apatrides pour pouvoir bénéficier d'une protection internationale, à un statut uniforme pour les réfugiés ou les personnes pouvant bénéficier de la protection subsidiaire et au contenu de cette protection ;

– directive établissant des normes pour l'accueil des personnes demandant une protection internationale (refonte de la précédente Dir. « Accueil ») ;

– règlement relatif à la création d'"Eurodac"pour la comparaison des données biométriques ;

– règlement établissant un cadre de l'Union pour la réinstallation et l'admission humanitaire ;

– règlement visant à faire face aux situations de crise et aux cas de force majeure dans le domaine de la migration et de l'asile, dit règlement « Gestion de crise ».

La question de la *valeur juridique du droit de l'Union européenne* reste complexe. En effet, il convient tout d'abord de distinguer selon qu'il s'agit du droit originaire (traités) ou dérivé (règlements et directives). Au sein du droit originaire, un traitement particulier doit être réservé à celles des stipulations qui sont mentionnées dans la Constitution (Const., art. 88-1 s.) et qui acquièrent, de ce fait, valeur constitutionnelle. Si les règlements communautaires sont d'applicabilité directe dès leur publication au *Journal officiel de l'Union européenne*, il n'en va pas de même des directives qui doivent faire l'objet de mesures nationales de transposition. Reste qu'en toute hypothèse le droit communautaire prévaudra sur les actes administratifs susceptibles d'intervenir en droit des étrangers.

A. LES ACCORDS DE SCHENGEN ET LE « CODE FRONTIÈRES SCHENGEN »

C'est par la coopération intergouvernementale que l'objectif visant à l'établissement d'un espace sans frontières intérieures, dans lequel la libre circulation des personnes est assurée, allait d'abord être mis en œuvre : les accords de Schengen du 14 juin 1985 (Benelux, Allemagne, France) s'assimilaient à une déclaration d'intention : « En matière de circulation des personnes, les parties chercheront à supprimer les contrôles aux frontières communes et à les transférer à leurs frontières externes » (art. 17). C'est la raison pour laquelle la convention d'application du 19 juin 1990 reste le document essentiel ; elle comprend 142 articles complétés par un acte final. Du point de vue du droit des étrangers, le système repose sur la mise en œuvre d'un « espace Schengen » composé du territoire européen des États membres dans lequel s'exerce la libre circulation des personnes. Par voie de conséquence, les contrôles aux frontières extérieures de l'espace Schengen sont renforcés, supposant notamment la mise en œuvre d'une coopération policière internationale et l'utilisation d'un vaste fichier informatique dénommé « Système d'information Schengen » (SIS). L'application des accords a également entraîné une harmonisation en matière de visa (« visa uniforme Schengen ») et de traitement des demandes d'asile. Ces textes fondateurs ont été mis en vigueur à compter du 26 mars 1995 entre sept des États les ayant ratifiés (Allemagne, Belgique, Espagne, France, Luxembourg, Pays-Bas, Portugal).

Le TFUE prévoit que l'Union développe une politique visant à assurer l'absence de tout contrôle des personnes, quelle que soit leur nationalité, lorsqu'elles franchissent les frontières intérieures, à assurer le contrôle des personnes et la surveillance efficace du franchissement des frontières extérieures et à mettre en place progressivement un système intégré de gestion des frontières extérieures.

Le traité d'Amsterdam a intégré l'acquis de Schengen (c'est-à-dire les textes mentionnés ci-dessus auxquels s'ajoutent les décisions et déclarations adoptées par le Comité exécutif) dans le cadre juridique et institutionnel de l'Union européenne. La matière est désormais régie par le règlement (UE) 2016/399 du Parlement européen et du Conseil du 9 mars 2016 « concernant un code de l'Union relatif au régime de franchissement des frontières par les personnes (code frontières Schengen modifié en dernier lieu par le Règl. (UE) 2017/458 du Parlement et du Conseil du 15 mars 2017, *JOUE n° L 74 du 18 mars*) et par le règlement (CE) n° 810/2009 du Parlement européen et du Conseil du 13 juillet 2009 (*JOUE n° L 243 du 15 sept.*, mod. par Règl. (UE) n° 610/2013 du Parlement européen et du Conseil du 26 juin 2013) établissant un code communautaire des visas (code des visas) qui régit en particulier les visas uniformes pour les transits et les séjours inférieurs à trois mois et les visas de transit aéroportuaire. Ce texte a été actualisé par un nouveau règlement (UE) 2019/1155 du Parlement européen et du Conseil du 20 juin 2019 (*JOUE n° L 188 du 12 juill.*), entré en vigueur le 2 février 2020.

L'espace Schengen a initialement été constitué entre cinq États de l'Union (Allemagne, Belgique, France, Luxembourg et Pays-Bas) auxquels se sont joints l'Italie (1990), l'Espagne et le Portugal (1991), la Grèce (1992), l'Autriche (1995) et le Danemark, la Finlande et la Suède (1996). En outre, neuf des dix États membres qui ont adhéré à l'Union européenne en 2004 font partie de l'espace Schengen depuis le 21 décembre 2007 : Estonie, Lituanie, Lettonie, Hongrie, Malte, Pologne, République tchèque, Slovaquie et Slovénie. Deux États européens qui ne sont pas membres de l'Union européenne mais de l'Espace économique européen (l'Islande et la Norvège) se sont associés à l'espace Schengen en 1999 par un accord de coopération. Depuis le 25 mars 2001, l'acquis de Schengen est pleinement en vigueur dans ces deux pays. Enfin, la Suisse a conclu un accord d'association à l'espace Schengen en 2004 qui a été approuvé par référendum en juin 2005. Une décision du Conseil de l'Union européenne du 28 janvier 2008 a approuvé l'accord signé le 26 octobre 2004 par la Communauté européenne et la Suisse étendant l'applicabilité du règlement « Dublin II » (critères et mécanismes de détermination de l'État responsable d'une demande d'asile) aux relations entre les États membres et la Suisse (*JOUE n° L 53 du 27 févr.*). Les États membres de l'Union européenne ont approuvé, le 27 novembre 2008, l'adhésion de la Suisse à l'espace Schengen. Le Liechtenstein a rejoint l'espace Schengen en décembre 2011.

L'espace Schengen recouvre ainsi aujourd'hui 42 673 kilomètres de frontières maritimes et 7 721 kilomètres de frontières extérieures terrestres, dans laquelle plus de quatre cents millions d'Européens de vingt-six pays peuvent voyager sans passeport.

Le code frontières Schengen permet aux États Schengen de réintroduire temporairement des contrôles à leurs frontières intérieures pour des durées limitées, mais pouvant être importantes, en cas de menace grave pour l'ordre public ou la sécurité intérieure à l'occasion d'événements « prévisibles » (événements sportifs, réunions type G8 ou G20, etc.) ou en cas d'urgence ; les mêmes règles s'appliquent en cas de lacunes graves d'un État aux frontières extérieures lors de situations d'afflux d'étrangers, pour une période pouvant aller jusqu'à deux ans.

On notera enfin que tous les candidats à l'adhésion à l'Union européenne doivent accepter intégralement l'acquis Schengen.

Le règlement (UE) 2018/1861 du Parlement européen et du Conseil du 28 novembre 2018 sur l'établissement, le fonctionnement et l'utilisation du système d'information Schengen dans le domaine de vérification aux frontières, entré en vigueur le 28 décembre 2021, a pour ambition de rénover l'architecture du SIS et de préciser les modalités du signalement et d'accès aux données.

B. POLITIQUE COMMUNE EN MATIÈRE D'ASILE

L'article 78 TFUE prévoit que l'Union développe une politique commune en matière d'asile, de protection subsidiaire et de protection temporaire visant à offrir un statut approprié à tout ressortissant d'un pays tiers nécessitant une protection internationale et à assurer le respect du principe de non-refoulement. Cette politique doit être conforme à la convention de Genève du 28 juillet 1951 et au protocole du 31 janvier 1967 relatifs au statut des réfugiés, ainsi qu'aux autres traités pertinents. Le Parlement européen et le Conseil, statuant conformément à la procédure législative ordinaire, adoptent les mesures relatives à un système européen commun d'asile comportant : un statut uniforme d'asile en faveur de ressortissants de pays tiers, valable dans toute l'Union ; un statut uniforme de protection subsidiaire pour les ressortissants des pays tiers qui, sans obtenir l'asile européen, ont besoin d'une protection internationale ; un système commun visant, en cas d'afflux massif, une protection temporaire des personnes déplacées ; des procédures communes pour l'octroi et le retrait du statut uniforme d'asile ou de protection subsidiaire ; des critères et mécanismes de détermination de l'État membre responsable de l'examen d'une demande d'asile ou de protection subsidiaire ; des normes concernant les conditions d'accueil des demandeurs d'asile ou de protection subsidiaire ; le partenariat et la coopération avec des pays tiers pour gérer les flux de personnes demandant l'asile ou une protection subsidiaire ou temporaire.

Sur tous ces points, voir notamment le règlement (CE) n° 343/2003 du Conseil du 18 février 2003 établissant les critères et mécanismes de détermination de l'État membre responsable de l'examen d'une demande d'asile présentée dans l'un des États membres par un ressortissant d'un pays tiers (*JOUE n° L 50 du 25 févr.*) refondu par le règlement (UE) n° 604/2013 du Parlement européen et du Conseil du 26 juin 2013 établissant les critères et mécanismes de détermination de l'État membre responsable de l'examen d'une demande de protection internationale introduite dans l'un des États membres par un ressortissant de pays tiers ou un apatride (Règl. « Dublin III », refonte de « Dublin II »). A noter que la Commission européenne (Doc. COM(2016) 270 final, 4 mai 2016) propose de faire évoluer encore le système vers un règlement « Dublin IV », notamment en mettant en place un système visant à renforcer la solidarité entre les États membres (mécanisme d'équité et de répartition correcteur, afin de faire face aux situations faisant peser une pression disproportionnée sur le régime d'asile des États membres au regard de leur taille et de leur richesse). Voir aussi la directive 2011/95/UE du Parlement européen et du Conseil du 13 décembre 2011 concernant les normes relatives aux conditions que doivent remplir les ressortissants des pays tiers ou les apatrides pour pouvoir bénéficier d'une protection internationale, à un statut uniforme pour les réfugiés ou les personnes pouvant bénéficier de la protection subsidiaire, et au contenu de cette protection (*JOUE n° L 337 du 20 déc.*) qui remplace la directive 2004/83/CE du Conseil du 29 avril 2004 concernant les normes minimales relatives aux conditions que doivent remplir les ressortissants des pays tiers ou les apatrides pour pouvoir prétendre au statut de réfugié ou les personnes qui, pour d'autres raisons, ont besoin d'une protection internationale, et relatives au contenu de ces statuts (*JOUE n° L 304 du 30 sept.*).

C. POLITIQUE COMMUNE DE L'IMMIGRATION

L'article 79 TFUE régit pour sa part la politique commune de l'immigration visant à assurer, à tous les stades, une gestion efficace des flux migratoires, un traitement équitable des ressortissants de pays tiers en séjour régulier dans les États membres, ainsi qu'une prévention de l'immigration illégale et de la traite des êtres humains et une lutte renforcée contre celles-ci. Le Parlement européen et le Conseil, statuant conformément à la procédure législative ordinaire, adoptent les mesures dans les domaines suivants : les conditions d'entrée et de séjour, ainsi que les normes concernant la délivrance par les États membres de visas et de titres de séjour de longue durée, y compris aux fins du regroupement familial ; la définition des droits des ressortissants des pays tiers en séjour régulier dans un État membre, y compris les conditions régissant la liberté de circulation et de séjour dans les autres États membres ; l'immigration clandestine et le séjour irrégulier, y compris l'éloignement et le rapatriement des personnes en séjour irrégulier ; la lutte contre la traite des êtres humains, en particulier des femmes et des enfants. L'Union peut conclure avec des pays tiers des accords visant la réadmission, dans les pays d'origine ou de provenance, de ressortissants de pays tiers qui ne remplissent pas ou qui ne remplissent plus les conditions d'entrée, de présence ou de séjour sur le territoire de l'un des États membres.

Sur ces points, voir notamment la directive 2004/38/CE du Parlement européen et du Conseil du 29 avril 2004 relative au droit des citoyens de l'Union et des membres de leurs familles de circuler et de séjourner librement sur le territoire des États membres (*JOUE n° L. 229 du 29 juin 2004*).

Le Parlement européen et le Conseil, statuant conformément à la procédure législative ordinaire, peuvent établir des mesures pour encourager et appuyer l'action des États membres en vue de favoriser l'intégration des ressortissants de pays tiers en séjour régulier sur leur territoire, à l'exclusion de toute harmonisation des dispositions législatives et réglementaires des États membres. Le pacte sur l'immigration et l'asile du 16 octobre 2008 a ainsi fixé cinq engagements fondamentaux : organiser l'immigration légale en tenant compte des priorités, des besoins et des capacités d'accueil déterminés par chaque État membre et favoriser l'intégration ; lutter contre l'immigration irrégulière, notamment en assurant le retour des étrangers concernés ; renforcer l'efficacité des contrôles aux frontières ; inviter les acteurs à élaborer une procédure unique et des statuts uniformes des demandes d'asile afin de bâtir une « Europe de l'asile » ; créer un partenariat global avec les pays d'origine et de transit favorisant les synergies entre les migrations et le développement (pour un premier bilan, V. le 1er rapport annuel de la Commission, Doc. COM(2010) 214 final, 6 mai 2010).

D. CHARTE DES DROITS FONDAMENTAUX DE L'UNION EUROPÉENNE

Il convient enfin de signaler que l'entrée en vigueur du traité de Lisbonne permet de doter la Charte des droits fondamentaux de l'Union européenne d'une valeur juridique contraignante dont l'application a été confirmée par la Cour de justice de l'Union européenne (CJUE 22 nov. 2012, *M. M. c/ Minister for Justice, Irlande*, n° C-277/11 ; *RTD eur. 2013. 77, étude Galetta*). Les droits fondamentaux de l'Union ont pour finalité de protéger contre des actes juridiques de l'Union européenne. Toutefois, la Charte ne lie pas exclusivement les organes de l'Union et s'applique aux États membres dès lors qu'ils agissent en tant qu'organes d'exécution de l'Union. La Charte prévoit notamment le droit d'asile (Charte UE, art. 18), une protection à l'égard des mesures d'éloignement, notamment les expulsions collectives (Charte UE, art. 19), le droit à une bonne administration qui comporte notamment, en son § 2-a : « Le droit de toute personne d'être entendue avant qu'une mesure individuelle qui l'affecterait défavorablement ne soit prise à son encontre (Charte UE, art. 41), la consécration des libertés de circulation et de séjour pour les ressortissants des États tiers résidant régulièrement sur le territoire d'un État membre (Charte UE, art. 45, 2°) ainsi que la protection des données personnelles (Charte UE, art. 10). Le 3e alinéa de l'article 6, § 1, du traité sur l'Union européenne indique que « Les libertés et les principes énoncés dans la Charte sont interprétés conformément aux dispositions générales du titre VII de la Charte régissant l'interprétation et l'application de celle-ci et en prenant dûment en considération les explications visées dans la Charte, qui indiquent les sources de ces dispositions » (explications publiées au *JOUE* le 14 déc. 2007). L'article 51 de la Charte indique, dans son § 1, que « Les dispositions de la présente Charte s'adressent aux institutions, organes et organismes de l'Union dans le respect du principe de subsidiarité » et ajoute qu'elle s'applique « aux États membres uniquement lorsqu'ils mettent en œuvre le droit de l'Union ».

Si l'article 6, § 2, du traité sur l'Union européenne prévoit que « L'Union adhère à la convention européenne de sauvegarde des droits de l'homme et des libertés fondamentales », la Cour de justice de l' Union européenne a toutefois considéré que cette adhésion était incompatible avec le droit de l'Union. L'article 52, § 3, de la Charte règle la question de la cohérence avec la convention européenne de sauvegarde des droits de l'homme et des libertés fondamentales : « Dans la mesure où la présente Charte contient des droits correspondant à des droits garantis par la convention européenne de sauvegarde des droits de l'homme et des libertés fondamentales, leur sens et leur portée sont les mêmes que ceux que leur confère ladite convention. Cette disposition ne fait pas obstacle à ce que le droit de l'Union accorde une protection plus étendue ».

E. LES ACCORDS COMMUNAUTÉ EUROPÉENNE - ÉTATS TIERS

Le Conseil de l'Union européenne a conclu divers accords d'association ou de partenariat avec des États tiers.

– Accord d'association du 12 septembre 1963 (*JOCE n° L 217 du 29 déc. 1964*) avec la République de Turquie et protocole additionnel du 23 novembre 1970 (*JOCE n° L 293 du 29 déc. 1972*) ; cet accord comporte des stipulations en matière de droit du travail (par ex. le renouvellement automatique du « permis » de travail, y compris pour les membres de la famille), fixe le principe d'égalité de traitement pour les étudiants et régit également les conditions de délivrance et renouvellement des titres de séjour ainsi que les modalités de mise en œuvre de la protection sociale.

– Accord de partenariat signé le 23 juin 2000 (*JOCE n° L 317 du 15 déc. 2000* et Décr. n° 2003-348 du 7 avr. 2003, *JO 16 avr.*) avec les soixante-dix-sept membres du groupe des États d'Afrique, des Caraïbes et du Pacifique (ACP) qui succède à la convention de Lomé ; cet accord prévoit notamment le principe d'égalité de traitement en matière de travail, de rémunération et de licenciement et vise à favoriser la lutte contre la discrimination et la politique d'intégration des migrants.

– Accords euro-méditerranéens : Algérie (22 avr. 2002, *JOUE n° L 265 du 10 oct. 2005*) ; Égypte (25 juin 2001, *JOUE n° L 304 du 30 sept. 2004*) ; Israël (20 nov. 1995, *JOCE n° L 147 du 21 janv. 2000*) ; Jordanie (24 nov. 1997, *JOCE n° L 129 du 15 mai 2002*) ; Liban (17 juin 2002, *JOUE n° L 143 du 30 mai 2006*) ; Maroc (26 févr. 1996, *JOCE n° L 70 du 18 mars 2000*) ; Tunisie (17 juill. 1995, *JOCE n° L 97 du 30 mars 1998*). Ces accords visent à la définition d'un espace commun de paix et de stabilité tout en prévoyant la construction d'une « zone de prospérité partagée » ; ils comportent également des dispositions en matière d'immigration (protection des travailleurs salariés et des membres de leur famille, égalité de traitement en matière de protection sociale, droit d'établissement et libre prestation de services).

– Accords de partenariat et de coopération : Arménie (22 avr. 1996, *JOCE n° L 239 du 9 sept. 1999*) ; Azerbaïdjan (22 avril 1996, *JOCE n° L 246 du 17 sept. 1999*) ; Fédération de Russie (24 juin 1994, *JOCE n° L 327 du 28 nov. 1997*) ; Géorgie (22 avr. 1996, *JOCE n° L 205 du 25 mai 1999*) ; Kazakhstan (23 janv. 1995, *JOCE n° L 196 du 28 juill. 1999*) ; Moldavie (28 nov. 1994, *JOCE n° L 181 du 24 juin 1998*) ; Ouzbékistan (21 juin 1996, *JOCE n° L 229 du 31 août 1999*) ; République kirghize (9 févr. 1995, *JOCE n° L 239 du 9 sept. 1999*) ; Ukraine (14 juin 1994, *JOCE n° L 49 du 19 févr. 1998*). Ces accords fixent notamment le principe de non-discrimination en matière de travail (rémunérations, licenciements), un droit d'établissement et de libre prestation de services et mettent en place une coopération dans le domaine de la prévention et du contrôle de l'immigration clandestine.

– Accords de réadmission : Albanie (14 avr. 2005, *JOUE n° L 124 du 17 mai 2005*) ; Arménie (27 oct. 2016, Décr. n° 2021-354 du 30 mars 2021) ; Chine Hong Kong (27 nov. 2002, *JOUE n° L 17 du 24 janv. 2004*) ; Chine Macao (13 oct. 2003, *JOUE n° L 143 du 30 avr. 2004*) ; Russie (25 mai 2006, non encore en vigueur) ; Ukraine (27 oct. 2006, *JOUE n° L 332 du 18 déc. 2007*) ; Pakistan (26 oct. 2009, *JOUE n° L 287 du 4 nov. 2010*) ; Géorgie (18 janv. 2011, *JOUE n° L 052 du 25 févr.*) ; Turquie

(16 déc. 2013, *JOUE n° L 134 du 7 mai 2014*), Azerbaïdjan (28 févr. 2014, *JOUE n° L 128 du 30 avr. 2014*). Initiés par le Conseil européen à Tampere, ces accords fixent l'obligation de réadmission dans le pays d'origine de toute personne qui ne remplit pas ou plus les conditions d'entrée et de séjour fixées par le droit interne. La réadmission doit ainsi intervenir sans autre formalité. Ces accords font partie intégrante de l'ordre juridique communautaire, sachant que leur effet direct dépend de leur caractère clair, précis et inconditionnel.

L'Union européenne a également signé des partenariats avec des États tiers pour gérer la migration et la mobilité (Albanie, Arménie, Bosnie-Herzégovine, Macédoine, Moldavie, Monténégro, Russie, Serbie, Ukraine, Géorgie et Cap-Vert) fixant un ensemble d'objectifs liés au contrôle migratoire et à la facilitation de la mobilité régulière. Selon la Commission européenne, « les partenariats pour la mobilité constituent un cadre flexible, juridiquement non contraignant, pour la bonne gestion de la circulation des personnes entre l'Union européenne et un pays tiers. Ils visent, grâce au dialogue et à une coopération concrète, à une gestion commune et responsable des flux migratoires dans l'intérêt de l'Union, de ses partenaires et des migrants eux-mêmes ».

V. LA PLACE PARTICULIÈRE DE LA CONVENTION EUROPÉENNE DES DROITS DE L'HOMME

Voir nos commentaires et annotations, Appendice, v° *Droits de l'homme.* ❑

PLAN DES ANNOTATIONS

I. SOURCES INTERNES INFRA CONSTITUTIONNELLES

1. Les dispositions du présent code constituent une législation spécifique ; le moyen tiré de ce que le régime applicable aux étrangers doit être aligné sur celui des nationaux doit être écarté. • CE 23 sept. 1988, *Min. Intérieur c/ Mme Robalo-Lopès*, n° 77464 : *RDP 1990. 882.*

A. EXTENSION DU CONTRÔLE DU JUGE ADMINISTRATIF

2. *Contrôle du juge administratif.* Pendant de nombreuses années, le juge administratif s'interdisait d'exercer un véritable contrôle sur les mesures administratives applicables aux étrangers ; par exemple, l'expulsion a longtemps été considérée comme un acte exprimant la souveraineté de l'État qualifié par le juge comme un acte « de haute police » insusceptible de contrôle juridictionnel. • CE 24 janv. 1867, *Radziwill : Lebon 94.* ♦ Il faut ainsi attendre 1884 pour que le Conseil d'État accepte un recours formé contre une expulsion. • CE 14 mars 1884, *Morphy : Rec. CE, p. 215.* ♦ Même quand il se reconnaissait compétent, le juge laissait une grande liberté d'action à l'autorité de police dans des domaines qualifiés de « haute police ». • CE 22 avr. 1955, *Assoc. franco-russe dite Rousky-Dom : Rev. adm. 1955, p. 404, concl. Heumann.* ♦ Ces restrictions ont été progressivement abandonnées et le juge exerce aujourd'hui, dans la plupart des domaines concernant le droit des étrangers, un véritable contrôle de proportionnalité.

3. Liberté fondamentale. Le Conseil d'État a progressivement admis l'applicabilité, en droit des étrangers, du référé-liberté de l'art. L. 521-2 CJA. • CE 5 mars 2001, *Préfet de l'Hérault c/ Hajjaj,* n° 230873 B : *Gaz. Pal. 8-10 avr. 2001, Pan. dr. adm.* ♦ Celle-ci englobe notamment le droit de ne pas subir de traitements inhumains ou dégradants. • CE 27 mars 2001, *Djalout,* n° 231735 A : *Gaz. Pal. 13-14 juill. 2001, Pan. dr. adm. ; JCP 2002. II. 10003, note Lichère ; RFDA 2001. 766.* ♦ ... Le droit de mener une vie familiale normale. • CE 30 oct. 2001, *Min. Intérieur c/ Tliba,* n° 238211 B : *RFDA 2002. 324, concl. de Silva ; AJDA 2001. 1054.* ♦ ... Le droit d'asile conventionnel. • CE 12 janv. 2001, *Hyacinthe,* n° 229039 A : *RFDA 2001. 589, note Morri et Slama ; Gaz. Pal. 8-10 avr. 2001, Pan. dr. adm.* ♦ ... Le droit constitutionnel d'asile. • CE 2 mai 2001, *Min. Intérieur c/ Mme Dziri,* n° 232997 A : *D. 2001. 3479, note Julien-Laferrière* • 25 mars 2003, *Min. Intérieur c/ M. et Mme Sulaimanov,* n° 255237 A : *AJDA 2003. 1662, note Lecucq.* ♦ ... Le droit de poursuivre une scolarité normale et de passer un examen préparé depuis plusieurs mois. • TA Rennes, 29 avr. 2005, *Ahamadi,* n° 0501759. ♦ ... Le droit de se marier. • CE 9 juill. 2014, n° 382145 B : *AJDA 2014. 1418.*

B. CIRCULAIRE

4. Si l'autorité administrative se fonde sur une circulaire, par exemple pour refuser une régularisation, sa décision sera annulée par le juge administratif au motif que la circulaire en cause ne pouvait avoir pour effet de poser légalement des règles de droit nouvelles. • CE 18 nov. 1988, *Min. Intérieur c/ Ben Ezzine,* n° 58385 • 29 déc. 1993, *Mme Banzuzi,* n° 141318.

5. Les circulaires ne confèrent en principe aucun droit aux personnes qu'elles visent et le Conseil d'État leur refuse toute valeur juridique. Pour la Circ. Fabius du 17 mai 1985, V. • CE 13 déc. 1991, *Préfet de l'Hérault c/ Dakoury et Nkodia,* n° 120560 B : *AJDA 1992. 114, chron. Maugüé et Schwartz ; RFDA 1992. 90, concl. Abraham ; D. 1992. 447, note Julien-Laferrière.* ♦ Pour la Circ. du 18 janv. 1989, V. • CE 21 févr. 1996, *M. Jlassi,* n° 143271. ♦ Pour la Circ. du 23 juill. 1991, V. • CE 15 janv. 1996, *M. Matondo,* n° 142051. ♦ Pour la Circ. « Chevènement » du 24 juin 1997, V. • CE 31 mars 1999, *M. Fofana,* n° 199055. ♦ Pour la Circ. du 13 juin 2006 relative à l'admission exceptionnelle au séjour des parents d'enfants scolarisés, V. • CAA Bordeaux, 25 mars 2008, *Préfet de la Haute-Garonne c/ Bakir,* n° 07BX01743. ♦ Face à une demande fondée sur cette circulaire, l'administration est toutefois tenue de considérer les mesures à prendre pour exercer son pouvoir de régularisation. • CAA Paris, 2 nov. 2009, *Issaadi,* n° 08PA03236. ♦ Pour la Circ. « Sarkozy » du 23 juin 2006, V. • TA Rennes, 23 oct. 2006, *Manantsoa,* n° 0604062. ♦ Pour la Circ. du 28 nov. 2012 sur les conditions d'examen des demandes d'admission au séjour des étrangers en situation irrégulière, V. • CAA Paris, 17 oct. 2013, n° 13PA00222 • CAA Versailles, 27 mai 2013, n° 13VE01615 • CAA Bordeaux, 14 oct. 2013, n° 12BX03235 • CAA Douai, 15 oct. 2013, n° 13DA00811 • CAA Lyon, 11 juill. 2013, n° 13LY01110 • CAA Marseille, 18 avr. 2013, n° 11MA01440.

6. Une circulaire peut être compétemment édictée par deux ministres au titre de leur pouvoir hiérarchique, faisant application de la jurisprudence *Jamart* du 7 févr. 1936. V. pour la Circ. « Collomb » du 12 déc. 2017 relative à l'examen des situations administratives dans l'hébergement d'urgence : • CE 11 avr. 2018, *Féd. des acteurs de la solidarité et a.,* n° 417206 B : *AJDA 2018. 985, concl. Odinet.*

7. Lignes directrices (jurisprudence Jousselin). Les lignes directrices contenues dans la Circ. du 28 nov. 2012 sur les conditions d'examen des demandes d'admission au séjour des étrangers en situation irrégulière sont invocables devant le juge administratif à l'appui d'un recours contre le refus de délivrer un titre de séjour. • TA Paris, 18 déc. 2013, *M. C. O.,* n° 1306958 : *AJDA 2014. 454, concl. Fort-Besnard.* ♦ Jurisprudence confirmée. • CAA Paris, 4 juin 2014, *Préfet de police,* n° 14PA00226 : *AJDA 2014. 1181.* ♦ Une ligne directrice est une disposition figurant dans un texte infra réglementaire qui fixe des orientations au vu desquelles seront prises par l'autorité compétente, qui dispose à cet effet d'un large pouvoir d'appréciation, des décisions individuelles et, en particulier, détermine des critères d'attribution de ces décisions. Toutefois, l'auteur de la décision individuelle a toujours le devoir de procéder à un examen individuel de la situation du demandeur et le pouvoir de déroger aux critères définis par la ligne directrice pour des motifs tenant à la situation du demandeur ou pour des motifs d'intérêt général. La ligne directrice est une norme invocable à l'encontre des décisions individuelles entrant dans son champ d'application. • CAA Paris, 20 juin 2014, n° 14PA00001 : *AJDA 2014. 1541, note Boissy.* ♦ La CAA de

Lyon a toutefois retenu une position plus nuancée : s'il est loisible à l'administration, même lorsqu'elle ne dispose pas du pouvoir réglementaire, de définir dans un texte général, sans édicter aucune condition nouvelle ni méconnaître l'objet de la législation, les orientations qu'elle entend appliquer pour traiter, sans renoncer à exercer son pouvoir d'appréciation, les demandes individuelles qui lui sont faites au titre de son pouvoir discrétionnaire, et que ces orientations peuvent lui être opposées, il en va différemment lorsque, statuant en matière de régularisation des étrangers, elle exerce un pouvoir à titre gracieux et exceptionnel au regard de la situation particulière qui lui est soumise ; dans ce cas, l'administré ne peut pas utilement invoquer les prévisions de ce texte, lequel ne saurait lui conférer aucun droit ; si, en se référant aux situations administratives décrites dans un texte non réglementaire émanant de l'administration, le demandeur peut être regardé comme invoquant le principe d'égalité, il résulte du caractère gracieux et exceptionnel d'une mesure de régularisation que le préfet ne saurait être tenu de faire droit à une demande de régularisation ou de régulariser la situation administrative d'un étranger ; pour contester l'appréciation faite par l'administration de sa situation particulière, l'étranger ne peut donc utilement faire valoir qu'il est placé dans une situation administrative semblable à celle d'un autre étranger ou que sa situation entrerait dans les prévisions d'une circulaire. • CAA Lyon, 2 oct. 2014, *M. H.*, n° 14LY01620 : *AJDA 2014. 2112, note Samson-Dye ; RFDA 2014. 1039, concl. Lévy Ben Cheton* • 2 déc. 2014, *M. M.*, n° 14LY00140 : *AJDA 2015. 1005, concl. Lévy Ben Cheton*.

8. Le Conseil d'État a clairement indiqué qu'il convenait de distinguer les « lignes directrices », invocables devant le juge, des « orientations générales », non invocables dès lors qu'elles sont toujours relatives à des mesures purement gracieuses ; ainsi, la notion de « lignes directrices » ne pouvait s'appliquer aux circulaires dites de régularisation : s'il est loisible au ministre de l'Intérieur, chargé de mettre en œuvre la politique du Gouvernement en matière d'immigration et d'asile, alors même qu'il ne dispose en la matière d'aucune compétence réglementaire, d'énoncer des orientations générales destinées à éclairer les préfets dans l'exercice de leur pouvoir de prendre des mesures de régularisation, sans les priver de leur pouvoir d'appréciation, c'est au préfet qu'il revient d'apprécier dans chaque cas particulier, compte tenu de l'ensemble des éléments caractérisant la situation personnelle de l'étranger, l'opportunité de prendre une mesure de régularisation favorable à l'intéressé. • CE 4 févr. 2015, *Min. Intérieur*, n° 383267 A : *AJDA 2015. 191 ; ibid. 443, chron. Lessi et Dutheillet de Lamothe ; RFDA. 2015. 471, concl. Bourgeois-Machureau*. ♦ Solution confirmée après la modification de l'art. L. 312-3 CRPA par la loi ESSOC (n° 2018-727 du 10 août 2018), par • CE, avis, 14 oct. 2022, n° 462784 A : *AJDA 2022. 1982 ; ibid. 2461, chron. Janicot et Wadjinny-Green*.

9. Dispositions impératives (jurisprudence Duvignères). Les dispositions impératives à caractère général d'une circulaire ou d'une instruction font grief, tout comme le refus de les abroger. Le recours formé contre les dispositions impératives à caractère général d'une circulaire ou d'une instruction doit être accueilli si ces dispositions fixent, dans le silence des textes, une règle nouvelle entachée d'incompétence, si l'interprétation qu'elles prescrivent d'adopter méconnaît le sens et la portée des dispositions législatives ou réglementaires qu'elle entend expliciter ou encore si cette interprétation réitère une règle contraire à une norme juridique supérieure. • CE 18 déc. 2002, *Mme Duvignères*, n° 233618 A : *GAJA n° 118 ; AJDA 2003. 487, chron. Donnat et Casas ; RFDA 2003. 274, concl. Fombeur ; ibid. 510, note Petit ; JCP Adm. 2003, n° 5, note Moreau ; LPA 23 juin 2003, note Combeau* • 7 févr. 2007, *Ligue des droits de l'homme*, n° 292607 A : *AJDA 2007. 814, note Lecucq ; LPA 2007, n° 138, p. 19, concl. Aguilla ; RFDA 2007. 430*. ♦ Le juge a en outre précisé que la circonstance qu'une circulaire n'ait qu'un caractère purement descriptif et ne comporterait pas d'interprétation n'empêche pas qu'elle puisse être considérée comme étant impérative au sens de la jurisprudence *Duvignères*. • CE 6 mars 2006, *Synd. nat. des enseignants et artistes*, n° 262982 A. ♦ En effet, les dispositions impératives à caractère général d'une circulaire ou d'une instruction doivent être regardées comme faisant grief, alors même qu'elles se borneraient à réitérer une règle déjà contenue dans une norme juridique supérieure, le cas échéant en en reprenant les termes exacts. • CE 13 mars 2006, *Chauderlot*, n° 275416. ♦ Le Conseil d'État a enfin considéré que la QPC est recevable dès lors qu'elle est soulevée à l'appui d'un recours pour excès de pouvoir dirigé contre une circulaire (en l'espèce, une instruction fiscale). • CE 9 juill. 2010, *M. et Mme Mathieu*, n° 339081.

10. Publication. Lorsqu'une circulaire ou une instruction ne figure pas sur le site internet relevant du Premier ministre créé en application de l'art. 1er du Décr. du 8 nov. 2008, elle doit être regardée comme abrogée à compter du 1er mai 2009 ; en outre, cette jurisprudence s'applique aux instructions non écrites. • CE 16 avr. 2010, *M. Azelvandre*, n° 279817 B : *AJDA 2010. 813 ; ibid. 1726 ; RTD eur. 2010. 975, chron. Ritleng, Kovar et Bouveresse*. ♦ Une circulaire abrogée pour n'avoir pas été mise en ligne peut toutefois faire l'objet d'un recours pour excès de pouvoir dès lors qu'elle a reçu application avant son abrogation. • CE 16 avr. 2012, *Comité Harkis et vérité*, n° 335140 B. ♦ Une circulaire qui n'a pas été mise en ligne sur le site internet avant le 1er mai 2009 se trouve automatiquement abrogée ; sa mise en ligne à une date postérieure au

1er mai 2009 n'a pas eu pour effet de la remettre en vigueur. • CE 23 févr. 2011, *Assoc. La Cimade et a.*, n° 334022 B : *AJDA 2011. 415 ; RDSS 2011. 514, note Koubi*. ♦ La publicité assurée aux actes administratifs mis en ligne sur le site internet créé en application du Décr. du 8 déc. 2008 n'a ni pour objet ni pour effet de faire courir à l'égard des tiers le délai de recours contentieux contre ces mêmes actes. • CE 7 avr. 2011, *La Cimade et le GISTI*, n° 335924 B.

11. Les directives, les instructions, les circulaires, ainsi que les notes et réponses ministérielles qui comportent une interprétation du droit positif ou une description des procédures administratives sont, aux termes de l'art. 29 du Décr. du 30 déc. 2005 pris pour l'application de la L. du 17 juill. 1978, publiés dans des bulletins ayant une périodicité au moins trimestrielle et comportant dans leur titre la mention « *Bulletin officiel* » ; aux termes de l'art. 3 du Décr. du 8 déc. 2008 relatif aux conditions de publication des instructions et circulaires : « Les circulaires et instructions adressées par les ministres aux services et établissements de l'État sont tenues à la disposition du public sur un site internet relevant du Premier ministre. Elles sont classées et répertoriées de manière à faciliter leur consultation./Une circulaire ou une instruction qui ne figure pas sur le site mentionné au précédent alinéa n'est pas applicable. Les services ne peuvent en aucun cas s'en prévaloir à l'égard des administrés » ; la portée que le Décr. du 8 déc. 2008 confère à la mise en ligne ne saurait toutefois s'étendre, en cas de mise en ligne partielle de la circulaire, qu'à ses dispositions effectivement consultables sur le site ; peu importe que la version mise en ligne de la circulaire renvoie au *bulletin officiel* dans laquelle elle a été publiée. • CE 24 oct. 2011, *Min. Intérieur c/ M. Shala*, n° 345514 B : *AJDA 2012. 43, concl. Thiellay*.

12. Si, aux termes de l'art. R. 312-8 CRPA, une circulaire qui n'est pas reprise sur le site circulaires.legifrance.gouv.fr n'est « pas applicable », les services ne pouvant « en aucun cas s'en prévaloir à l'égard des administrés », ceux-ci peuvent toutefois en demander l'abrogation au ministre compétent et contester son refus devant le juge. • CE 26 juill. 2018, n° 414151 B : *AJDA 2018. 1582*.

II. SOURCES CONSTITUTIONNELLES

13. Le Conseil constitutionnel a considéré que les conditions d'entrée et de séjour en France des étrangers sont soumises en vertu du présent code à un régime juridique qui confère à l'autorité administrative des pouvoirs étendus. • Cons. const. 9 janv. 1990, n° 89-266 DC : *Rec. Cons. const. 15 ; RJC I-378 ; JCP 1990. II. 21591, note Guimezanes ; RFDC 1990. 326, note Renoux ; Rev. adm. 1990. 40, obs. Fialaire ; RDSS 1990. 437, obs. Prétot*.

14. Il convient de préciser que le Conseil constitutionnel ne peut être saisi, au titre de la QPC, que d'une disposition législative ; par suite, une loi autorisant la ratification d'un traité ne peut être considérée comme « applicable au litige » au sens de l'art. 61-1 Const. et, par sa nature même, est insusceptible de porter atteinte à des droits et libertés constitutionnellement protégés. • CE 14 mai 2010, *Rujovic*, n° 312305 B.

A. SAUVEGARDE DE L'ORDRE PUBLIC

15. Si la sauvegarde de l'ordre public constitue un objectif de valeur constitutionnelle, le législateur peut, s'agissant des mesures applicables au séjour des étrangers en France, décider que les modalités de mise en œuvre de cet objectif reposeront, soit sur des règles de police spécifiques aux étrangers, soit sur un régime de sanctions pénales, soit même sur une combinaison de ces deux régimes. • Cons. const. 28 juill. 1989, n° 89-261 DC : *Rec. Cons. const. 81 ; RJC I-370 ; AJDA 1989. 619, note Chevallier ; AIJC 1989. 510, note Genevois ; D. 1990. 161, note Prétot ; RFDA 1989. 691, obs. Genevois ; Gaz. Pal. 1990. 1. Doctr. 133, obs. Osman*. ♦ Le Conseil constitutionnel a également précisé que la lutte contre l'immigration irrégulière participe de la sauvegarde de l'ordre public qui est une exigence de valeur constitutionnelle ; cette précision a pu être interprétée comme indiquant que, pour le Conseil constitutionnel, l'entrée et le séjour irréguliers sont regardés comme portant atteinte à l'ordre public. • Cons. const. 20 nov. 2003, n° 2003-484 DC : *Rec. Cons. const. 438 ; LPA 20 et 21 janv. 2004, note Schoettl ; ibid. 27 déc. 2004, note Mathieu et Janicot ; RFDC 2004. 96, note Domingo ; RDP 2004. 275, note Ferran ; D. 2004. 1278, note Domingo ; AJDA 2004. 599, note Lecucq ; JCP 2003. 2169, note Guimezanes ; JCP 2003. 2249, obs. Zarka*.

16. Aucun principe non plus qu'aucune règle de valeur constitutionnelle ne confère aux étrangers des droits de caractère général et absolu d'accès et de séjour sur le territoire national ; il appartient au législateur d'assurer la conciliation entre la sauvegarde de l'ordre public, qui est un objectif de valeur constitutionnelle, et le droit de mener une vie familiale normale. • Cons. const. 15 déc. 2005, n° 2005-528 DC : *RFDA 2006. 126, note Schoettl ; LPA 20 janv. 2006, note Fraisse et Chamussy ; AJDA 2005. 44, note Brondel*.

17. Le Conseil constitutionnel a rappelé que l'objectif constitutionnel de sauvegarde de l'ordre public ne pouvait être rangé parmi les droits et obligations que la Constitution garantit au sens de l'art. 61-1 Const. • Cons. const. 17 oct. 2014, *Chambre syndicale des cochers chauffeurs CGT-Taxis*, n° 2014-422 QPC : *AJDA 2015. 226, note Haquet ; D. 2014. 2046 ; ibid. 2015. 1457, obs. Gay et Mangiavillano ; Constitutions 2015. 378*.

B. PRINCIPE D'ÉGALITÉ

18. Le législateur peut prendre à l'égard des étrangers des dispositions spécifiques à la condition de respecter les libertés et droits fondamentaux de valeur constitutionnelle reconnus à tous ceux qui résident sur le territoire de la République. • Cons. const. 22 janv. 1990, n° 89-269 DC : *Rec. Cons. const. 33 ; RJC I-392 ; AJDA 1990. 471, note Rohmer-Benoit ; RDSS 1990. 437, obs. Prétot ; ibid. 637, note Dubouis ; RFDC 1990. 330, note Favoreu ; RGDIP 1990. 497, note Simon-Depitre ; RFDA 1990. 406, obs. Genevois ; Dr. soc. 1990. 352, obs. Prétot .* ♦ Le principe d'égalité entre Français et étrangers résidant régulièrement en France ne joue qu'en l'absence de dispositions particulières. • CE 26 juill. 1982, *GISTI*, n°s 22931 et 22934 A. ♦ Ainsi, aucun principe non plus qu'aucune règle de valeur constitutionnelle n'assure aux étrangers des droits de caractère général et absolu d'accès et de séjour sur le territoire national. Le principe d'égalité ne s'oppose ni à ce que le législateur règle de façon différente des situations différentes ni à ce qu'il déroge à l'égalité pour des raisons d'intérêt général pourvu que, dans l'un et l'autre cas, la différence de traitement qui en résulte soit en rapport direct avec l'objet de la loi qui l'établit. • Cons. const. 13 août 1993, n° 93-325 DC : *RJC I-539 ; RFDC 1993. 587, note Favoreu ; RDP 1994. 5, note Luchaire ; Dr. soc. 1994. 69, note Dupeyroux et Prétot ; LPA 9 sept. 1994, note Mathieu et Verpeaux ; Pouvoirs 1993. 166, obs. Giquel et Avril ; RFDA 1993. 871, obs. Genevois ; JCP 1994. I. 3728, obs. Guimezanes ; Rev. crit. DIP 1994. 1, obs. Turpin ; RDP 1994. 1165, obs. Fabre-Alibert* • Cons. const. 22 avr. 1997, n° 97-389 DC : *Rec. Cons. const. 45 ; JO 25 avr. ; RJC I-707 ; RFDC 1997. 571, note Lecucq ; JCP 1997. II. 22890, note Zarka ; LPA 17 oct. 1997, note Mathieu ; AJDA 1997. 524, obs. Julien-Laferrière ; LPA 27 juin 1997, obs. Pélissier ; RDP 1997. 931, note Luchaire.* ♦ Ainsi, par exemple, les étrangers titulaires d'une autorisation provisoire de travail temporaire ne peuvent bénéficier des prestations d'assurance chômage, étant démunis d'une autorisation pour l'exercice d'une activité professionnelle en France. • CE 29 déc. 2000, *GISTI*, n° 210231 A : *RFDA 2001. 270 .*

19. *Position de la CEDH.* La CEDH considère que les situations de l'immigré de longue durée et du ressortissant national ne sont pas susceptibles d'être confondues : même si un ressortissant étranger possède un statut non précaire de résident et qu'il a atteint un haut degré d'intégration, sa situation ne peut être mise sur le même pied que celle du ressortissant de l'État lorsqu'il s'agit du pouvoir des États d'expulser des étrangers. • CEDH 18 oct. 2006, *Üner c/ Pays-Bas*, n° 46410/99 : *RFDA 2007. 119 ; RTDH 2007. 837, note Raux ; GACEDH n° 53.*

1° TRAITEMENT DIFFÉRENT SELON LA NATIONALITÉ

20. *Cristallisation des pensions.* Dans l'affaire dite de la cristallisation des pensions des étrangers, le Conseil d'État a annulé le dispositif prévoyant un traitement différent selon la nationalité des personnes titulaires de la pension militaire de retraite. • CE 30 nov. 2001, *Min. Défense c/ Diop*, n° 212179 A : *AJDA 2001. 1039, chron. Guyomar et Collin ; GAJA, 15e éd., Dalloz, 2005, n° 114.* ♦ Il l'a en revanche validé dès lors que la différence de traitement est fondée sur le critère de résidence. • CE, avis, 18 juill. 2006, *Ka*, n° 286122 A : *RFDA 2006. 1201, concl. Vallée* • CE 18 juill. 2006, *GISTI*, n° 274664 A : *RFDA 2006. 1201, concl. Vallée .* ♦ Le Conseil d'État a considéré que cette question de cristallisation des pensions était sérieuse, justifiant sa transmission au Conseil constitutionnel. • CE 14 avr. 2010, *M. et Mme Labane*, n° 336753 A : *AJDA 2010. 1013, concl. Courrèges .* – V. aussi C. comptes, La décristallisation des pensions des anciens combattants issus de territoires anciennement sous la souveraineté française : une égalité de traitement trop longtemps retardée, 2010.

21. Dans sa première décision rendue sur QPC, le Conseil constitutionnel a considéré que, si le législateur pouvait fonder une différence de traitement sur le lieu de résidence en tenant compte des différences de pouvoir d'achat, il ne pouvait établir, au regard de l'objet de la loi, de différence selon la nationalité entre titulaires d'une pension civile ou militaire de retraite payée sur le budget de l'État ou d'établissements publics de l'État et résidant dans un même pays étranger ; l'abrogation de l'art. 26 de la L. du 3 août 1981 et de l'art. 68 de la L. du 30 déc. 2002 a pour effet d'exclure les ressortissants algériens du champ des dispositions de l'art. 100 de la L. du 21 déc. 2006 ; il en résulte une différence de traitement fondée sur la nationalité entre les titulaires de pensions militaires d'invalidité et des retraites du combattant selon qu'ils sont ressortissants algériens ou ressortissants des autres pays ou territoires ayant appartenu à l'Union française ou à la Communauté ou ayant été placés sous le protectorat ou sous la tutelle de la France ; cette différence est injustifiée au regard de l'objet de la loi qui vise à rétablir l'égalité entre les prestations versées aux anciens combattants qu'ils soient français ou étrangers ; par voie de conséquence, l'art. 100 de la L. du 21 déc. 2006 doit également être déclaré contraire au principe d'égalité. • Cons. const. 28 mai 2010, *Cts L.*, n° 2010-1 QPC : *AJDA 2010. 1606, note Dord ; RFDA 2010. 717, note Katz .*

22. Le Conseil constitutionnel a également constaté une violation du principe d'égalité s'agissant de l'attribution de la carte de combattant aux membres des forces supplétives françaises ayant servi pendant la guerre d'Algérie ou les combats en Tunisie et au Maroc : le législateur ne pouvait établir, au regard de l'objet de la loi et pour cette attribution, une différence de traitement selon la nationalité ou le domicile entre les membres des forces supplétives ; dès lors, l'exigence d'une condition de nationalité et de domiciliation est contraire au principe d'égalité. • Cons. const. 23 juill. 2010, *M. Lahcène Aoued,* n° 2010-18 QPC.

23. S'agissant de l'allocation versée aux anciens harkis, moghaznis et personnels des diverses formations supplétives ayant servi en Algérie, le dispositif législatif maintient la double condition de nationalité et de résidence en France ou dans un État membre de la Communauté européenne ; selon le Conseil d'État, le moyen tiré, notamment, de ce que ces dispositions portent atteinte au principe d'égalité devant la loi qui découle de l'art. 6 DDH, à laquelle renvoie le Préambule de la Constitution, soulève une question présentant un caractère sérieux justifiant la transmission de la QPC au Conseil constitutionnel. • CE 24 nov. 2010, *Comité Harkis et vérité,* n° 342957. ♦ Le Conseil constitutionnel estime que le critère de résidence (en France ou dans un autre État membre de l'UE) ne méconnaît pas le principe d'égalité ; tel n'est pas le cas en revanche du critère de nationalité ; en conséquence, sont déclarées contraires aux droits et libertés que la Constitution garantit toutes les dispositions en cause imposant un critère de nationalité. • Cons. const. 4 févr. 2011, *Comité Harkis et vérité,* n° 2010-93 QPC.

24. Par l'art. 13 de la L. du 31 juill. 1963, le législateur a créé un régime d'indemnisation des personnes de nationalité française victimes de dommages physiques subis en Algérie entre le 31 oct. 1954 et le 29 sept. 1962 du fait d'un attentat ou de tout autre acte de violence, ainsi que de leurs ayants droit de nationalité française. Poursuivant un objectif de solidarité nationale, le législateur a ainsi entendu garantir le paiement de rentes aux personnes ayant souffert de préjudices résultant de dommages qui se sont produits sur un territoire français à l'époque. Toutefois, d'une part, le législateur ne pouvait, sans méconnaître le principe d'égalité, établir, au regard de l'objet de la loi, une différence de traitement entre les victimes françaises et celles de nationalité étrangère résidant sur le territoire français au moment du dommage qu'elles ont subi. D'autre part, l'objet de la pension servie à l'ayant droit étant de garantir à celui-ci la compensation de la perte de la pension servie au bénéficiaire décédé, le législateur ne pouvait établir, au regard de cet objet, une différence de traitement entre les ayants droit selon leur nationalité. Par suite, les mots « de nationalité française » figurant deux fois au 1er al. de l'art. 13 de la L. du 31 juill. 1963 doivent être déclarés contraires à la Constitution. • Cons. const. 8 févr. 2018, *M. Abdelkader K.,* n° 2017-690 QPC : *AJDA 2018. 308 ; ibid. 1225, note Belrhali ; Constitutions 2018. 108, note Le Bot ; Rev. crit. DIP 2018. 353.*

25. Prestations sociales. Il résulte des dispositions combinées de l'art. 3 CIDE et des art. 8 et 14 Conv. EDH que le refus des prestations familiales fondé exclusivement sur une caractéristique personnelle comme la nationalité constitue une discrimination prohibée si cette distinction ne repose pas sur une justification objective et raisonnable ; le fait de subordonner à la production d'un justificatif de la régularité du séjour de ses enfants étrangers mineurs le bénéfice pour la mère des prestations familiales, alors qu'elle se trouve régulièrement en France avec eux, constitue une différence de traitement par rapport aux nationaux ou aux membres d'un pays de l'Union reposant sur la seule nationalité des enfants. • CAA Rennes, 1er juin 2011, n° 09/04720 : *JCP 7 nov. 2011, p. 1189.*

26. Les art. L. 512-2 et D. 512-2, 2°, CSS, qui soumettent le bénéfice des prestations familiales pour les étrangers de pays tiers, séjournant régulièrement en France, à la production d'un document attestant d'une entrée régulière en France des enfants au titre desquels les prestations sont demandées, constituent une discrimination directement fondée sur la nationalité, laquelle est interdite en matière de sécurité sociale par les accords d'association signés entre l'UE et l'Algérie et la Turquie ; l'absence de toute discrimination fondée sur la nationalité dans le domaine d'application de ces accords (art. 68 de l'accord UE-Algérie et 3, § 1, de la Décis. 3/ 80 du conseil d'association CEE-Turquie) implique qu'un ressortissant algérien [ou turc] résidant légalement dans un État membre soit traité de la même manière que les nationaux de l'État membre d'accueil. • Cass., ass. plén., 5 avr. 2013, nos 11-17.520 et 11-18.947 :*AJ fam. 2013. 305*. ♦ Même solution s'agissant de l'accord entre l'UE et le Maroc. • Civ. 2e, 12 févr. 2015, n° 13-26.821.

27. En réservant le bénéfice de l'indemnisation aux personnes de nationalité française à la date de promulgation de cette loi, les dispositions contestées instaurent une différence de traitement qui n'est justifiée ni par une différence de situation ni par l'objectif de solidarité nationale poursuivi par le législateur ; le Conseil constitutionnel constate ainsi une méconnaissance du principe d'égalité dès lors qu'au regard de l'objet de la loi les personnes visées ne sont pas dans une situation différente selon qu'elles possédaient ou non la nationalité française à la date de promulgation de la loi créant le régime d'indemnisation dès lors qu'elles satisfont aux autres conditions posées par le législateur. • Cons. const. 23 mars 2016, *M. Chérif Y.,* n° 2015-530 QPC : *D. 2016. 708 ; NCCC 2016, n° 2, p. 133, chron. Gahdoun.*

28. Aux termes de l'art. 2, § 1, du Règl. (CE) n° 883/2004, les ressortissants d'un État membre de l'UE bénéficient des mêmes prestations que ceux de l'État membre d'accueil où ils résident ; la Cour précise qu'en vertu du § 4 de cet art., l'octroi de ces prestations intervient conformément à la législation de l'État membre de résidence et peut à ce titre être soumis à la condition que le demandeur dispose d'un droit de séjour au titre de la Dir. 2004/38/CE. • CJUE 11 nov. 2014, *Dano*, n° C-333/13 : *AJDA 2015. 337, chron. Broussy, Cassagnabère et Gänser ; ibid. 821, note Aubin*. ♦ N'est pas contraire au principe d'égalité de traitement le fait de refuser le bénéfice de certaines prestations spéciales en espèces à caractère non contributif à un citoyen de l'Union dont le droit de séjour dans un État membre est justifié par la recherche d'un emploi ; admettre que des personnes qui ne bénéficient pas d'un droit de séjour en vertu de la Dir. 2004/38/CE puissent réclamer un droit à des prestations d'assistance sociale dans les mêmes conditions que celles qui sont applicables pour les ressortissants nationaux irait à l'encontre d'un objectif de la directive visant à éviter que les citoyens de l'Union ressortissants d'autres États membres deviennent une charge déraisonnable pour le système d'assistance sociale de l'État membre d'accueil. Si le travailleur se trouve en chômage involontaire dûment constaté à la fin de son contrat de travail à durée déterminée inférieure à un an ou après avoir été involontairement au chômage pendant les douze premiers mois et qu'il s'est fait enregistrer en qualité de demandeur d'emploi auprès du service de l'emploi compétent, il conserve le statut de travailleur pendant au moins six mois ; en revanche, s'il n'a pas encore travaillé ou lorsque la période de six mois a expiré, le droit de séjour cesse et les autorités nationales peuvent refuser toute prestation d'assistance sociale. • CJUE 15 sept. 2015, *Alimanovic*, n° C-67/14. ♦ La Cour a précisé qu'à partir du moment où le demandeur était susceptible de constituer une charge déraisonnable pour le système d'assurance sociale, il ne pouvait se prévaloir du principe de non-discrimination prévu par l'art. 24 de la Dir. 2004/38. Toutefois, le refus opposé par les autorités nationales d'octroyer une prestation d'assistance ne doit pas exposer le demandeur à un risque concret et actuel de violation de ses droits fondamentaux tels que consacrés par la Charte. • CJUE 15 juill. 2021, n° C-709/20.

29. Le Règl. (CE) n° 883/2004 n'exige pas qu'une personne exerce une activité dans un État membre pour y bénéficier de prestations familiales pour ses enfants résidant dans un autre État membre. • CJUE 7 févr. 2019, n° C-322/17 : *AJ fam. 2019. 161*.

30. Élections professionnelles. Il n'existe pas de différence de situation entre les artisans résultant de leur nationalité qui justifierait une différence de traitement pour l'attribution du droit de vote aux élections des membres de chambres des métiers et de l'artisanat ; les artisans étrangers y sont donc électeurs et éligibles. • CE 31 mai 2006, *GISTI*, n°s 273638 et 273639 A : *AJDA 2006. 1830, chron. Landais et Lenica ; RFDA 2006. 1194, concl. Casas*. ♦ V. déjà pour l'électorat et l'éligibilité d'enseignants étrangers aux conseils d'administration des établissements d'enseignement du second degré ; • CE 20 janv. 1975, *Élection des représentants du personnel au conseil d'administration du CES François-Mauriac*, n° 93626 A. ♦ ... D'étudiants étrangers aux conseils d'administration des CROUS : • CE 12 mai 1978, *Élection des membres du conseil d'administration du CROUS de Nancy-Metz*, n° 07407 A (concl. Denoix de Saint Marc). ♦ Même solution quant à l'attribution d'aides à l'agriculture. • CE 24 janv. 2007, *GISTI*, n° 243976 : *AJDA 2007. 653*. ♦ Même solution s'agissant sur l'exigence de nationalité française pour pouvoir être élu, en qualité de représentant du personnel, au conseil d'administration de l'Agence France-Presse. • Cons. const. 6 mai 2011, *Synd. SUD AFP*, n° 2011-128 QPC : *Constitutions 2011. 396*.

31. Droits d'inscription universitaire. Eu égard aux objectifs poursuivis par le service public de l'enseignement supérieur, parmi lesquels figure celui de former les individus susceptibles de contribuer à la vie économique, sociale, scientifique et culturelle de la nation et à son développement, il était loisible aux ministres de fixer les montants des frais d'inscription applicables aux étudiants inscrits dans les établissements publics d'enseignement supérieur en vue de la préparation d'un diplôme national ou d'un titre d'ingénieur diplômé en distinguant la situation, d'une part, des étudiants ayant, quelle que soit leur origine géographique, vocation à être durablement établis sur le territoire national, et d'autre part, des étudiants venus en France spécialement pour s'y former. La différence de traitement qui en résulte concernant les montants de frais d'inscription est en rapport avec cette différence de situation et n'est pas manifestement disproportionnée au regard de l'objectif poursuivi de formation de la population appelée à contribuer à la vie économique, sociale, scientifique et culturelle de la Nation et à son développement. • CE 1er juill. 2020, *UNEF et a.*, n° 430121 : *AJDA 2020. 1325 ; ibid. 1783, chron. Malverti et Beaufils ; ibid. 2037, note Legrand ; D. 2021. 255, obs. Boskovic, Corneloup, Jault-Seseke, Joubert et Parrot ; RFDA 2021. 97, concl. Dieu*.

32. Conv. EDH. S'il existe une différence de traitement entre les requérants et les parents recevant ces prestations, fondée sur un critère lié à la nationalité et au respect par certains parents étrangers des dispositions légales applicables au regroupement familial, celle-ci intervient dans le domaine économique et social et n'est pas exclusivement fondée sur la nationalité ; or, une ample marge d'appréciation doit être laissée à l'État dans pareille situation. • CEDH 1er oct. 2015, *Okitaloshima Okonda Osungu c/ France*, n° 76860/11 : *AJDA 2015. 1833* • 1er oct. 2015, *Selpa Lokongo c/ France*, n° 51354/13 : *AJ fam. 2015. 689*.

33. Art. 14 Conv. EDH. L'inégalité de traitement fondée sur la nationalité ne doit pas constituer une discrimination au sens de l'art. 14 Conv. EDH. Constitue par exemple une telle discrimination la différence de traitement selon leur nationalité entre les ayants cause des titulaires des pensions auxquelles la loi en cause ouvre droit. • CE 4 mars 2009, *Min. Défense c/ Mme Lebrache veuve Tazamoucht*, n° 302058 B. ♦ V. aussi s'agissant de l'allocation aux adultes handicapés : • CEDH 30 sept. 2003, *Koua Poirrez c/ France*, n° 40892/98 • CE 12 déc. 2003, *Ammouche et Mme Bangue Nambea*, n° 235234 • Civ. 2e, 28 mai 2009, *Ammouche c/ CAF de Seine-et-Marne et a.*, n° 08-13.939 P : *Gaz. Pal. 17 nov. 2009, n° 321, p. 15.* ♦ Pour les prestations familiales : • Cass., ass. plén., 16 avr. 2004, *Lingouala*, n° 02-30.157. ♦ Violation de l'art. 14 par la législation grecque refusant le bénéfice de l'allocation de mère de famille nombreuse aux non-nationaux, lésant en l'espèce une requérante bénéficiaire du statut de réfugié. • CEDH 28 oct. 2010, *Fawsie c/ Grèce*, n° 40080/07. ♦ L'art. L. 145-13 C. com., en ce qu'il subordonne, sans justification d'un motif d'intérêt général, le droit au renouvellement du bail commercial, protégé par l'art. 1er du 1er Prot. add. de la Conv. EDH, à une condition de nationalité, constitue une discrimination prohibée par l'art. 14 de cette même convention. • Civ. 3e, 9 nov. 2011, n° 10-18.473 : *D. 2012. 532, obs. Rouquet, note Monéger ; ibid. 1208, chron. Monge, Guillaudier et Goanvic ; ibid. 1844, obs. Dumont-Lefrand ; ibid. 2331, obs. d'Avout et Bollée ; AJDI 2012. 111, obs. Dumont-Lefrand ; Rev. crit. DIP 2012. 568.*

34. Droit de l'UE. On rappellera que le droit de l'UE prohibe les distinctions opérées entre citoyens de l'UE et fondées sur la nationalité ; par exemple, la condition de nationalité exigée dans plusieurs États européens pour l'accès à la profession de notaire entrave le droit d'établissement. • CJUE 24 mai 2011, *Commission c/ Belgique*, n° C-47/08 : *AJDA 2011. 1614, chron. Aubert, Broussy et Donnat* • 24 mai 2011, *Commission c/ France*, n° C-50/08 : *AJDA 2011. 1058 ; ibid. 1614, chron. Aubert, Broussy et Donnat ; D. 2011. 1417 ; ibid. 1401, édito Rome ; ibid. 1544, entretien Tarrade* • 24 mai 2011, *Commission c/ Luxembourg*, n° C-51/08 : *Constitutions 2011. 332, obs. Levade.* ♦ V. aussi Sibony et Defossez, La condition de nationalité exigée dans plusieurs États européens pour l'accès à la profession de notaire entrave le droit d'établissement, *RTDE 2011. 590.* ♦ Même solution s'agissant de l'accord entre l'Union européenne et le Maroc. • Civ. 2e, 12 févr. 2015, n° 13-26.821 : *AJ fam. 2015. 233.*

35. Art. 18 TFUE. Le principe de non-discrimination en raison de la nationalité énoncé à l'art. 18 TFUE ne concerne que les situations relevant du champ d'application du traité ; ainsi, si ce principe trouve à s'appliquer en cas de discriminations subies par le ressortissant d'un État membre par rapport au ressortissant d'un autre État membre, il n'a pas vocation à s'appliquer aux éventuelles différences de traitement entre les ressortissants des États membres et ceux des pays tiers. • CE 22 juin 2012, *Muntean*, n° 347545 : *AJDA 2013. 863, note Gicquel.*

36. Origine ethnique. Le Conseil d'État a annulé la Circ. du 5 août 2010 visant à faire évacuer de manière prioritaire les campements illicites de Roms ; il a considéré que cette circulaire est intervenue en méconnaissance du principe d'égalité devant la loi en désignant certains occupants des camps en cause en raison de leur origine ethnique. • CE 7 avr. 2011, *Assoc. SOS Racisme*, n° 343387 : *AJDA 2011. 1438, note Bailleul ; RFDA 2011. 635 ; D. 2011. 1083 ; Constitutions 2011. 383, note Le Bot ; RTD eur. 2012. 887, note Ritleng.*

37. Étudiants hors UE. Statuant au titre du référé-liberté, le juge administratif a admis que des droits d'inscription plus élevés soient appliqués aux étudiants étrangers ressortissants d'un État non-membre de l'UE dès lors qu'ils viennent en France dans le seul but d'y poursuivre des études, étant ainsi placés dans une situation qui peut être regardée comme différente de celle des étrangers ayant vocation à résider durablement sur le territoire ; le juge n'aborde pas toutefois la question de la rupture éventuelle d'égalité entre étudiants selon leur origine géographique. • CE 21 mai 2019, n° 430122 : *AJDA 2019. 1080.*

2° RÉGULARITÉ DU SÉJOUR

38. La jouissance de droits sociaux est souvent subordonnée à la condition de régularité du séjour, par ex. s'agissant des diverses prestations sociales. • Cons. const. 13 août 1993, n° 93-325 DC. ♦ Les étrangers résidant régulièrement en France avec leurs enfants mineurs bénéficient de plein droit des prestations familiales. • Cass., ass. plén, 16 avr. 2004, n° 02-30.157 : *D. 2004. 2614, obs. Prétot ; RDSS 2004. 964, note Daugareilh ; Rev. crit. DIP 2005. 47, note Klötgen ; Dr. fam. 2004. Comm. 135, note Devers* • Civ. 2e, 6 déc. 2006, n° 05-12.666 : *D. 2007. 21 ; ibid. 2192, obs. Gouttenoire et Brunet ; Dr. fam. 2006. Comm. 74, note Devers.*

39. La Cour de cassation a considéré que la condition d'antériorité de présence de dix ans requise des personnes étrangères pour bénéficier de l'allocation de solidarité aux personnes âgées (art. L. 815-1 CSS), prestation non contributive de vieillesse, ne violait ni l'art. 14 Conv. EDH, ni l'art. 1er de son Prot. add. n° 12, ni les art. 1er et 25 de la Charte UE. • Civ. 2e, 4 mai 2016, n° 15-18.957.

40. La CJUE a considéré qu'un État membre peut conditionner le bénéfice d'allocations familiales, prestations de sécurité sociale entrant dans le champ d'application du Règl. (CE) 883/2004, à une condition de régularité du séjour au sens de la

Dir. 2004/38/CE du 29 avr. 2004 relative à la circulation et au séjour des citoyens de l'UE. • CJUE 14 juin 2016, *Commission c/ Royaume-Uni,* n° C-308/14.

41. Regroupement familial. Le Conseil constitutionnel a validé la disposition selon laquelle, pour ouvrir droit à des prestations familiales, les enfants d'un ressortissant étranger doivent soit être nés en France, soit y être entrés régulièrement dans le cadre de la procédure de regroupement familial, soit avoir un parent titulaire de la carte de séjour « vie privée et familiale » visée au 7° de l'art. L. 313-11 CESEDA [devenu L. 423-23 CESEDA] et être entrés en France au plus tard en même temps que lui, soit relever d'une situation particulière en qualité d'enfant de réfugié, d'apatride, de bénéficiaire de la protection subsidiaire ou de titulaire du titre de séjour délivré en qualité de scientifique-chercheur ; en effet, le législateur a entendu éviter que l'attribution de prestations familiales au titre d'enfants entrés en France en méconnaissance des règles du regroupement familial ne prive celles-ci d'effectivité et n'incite un ressortissant étranger à faire venir ses enfants sans que soit vérifiée sa capacité à leur offrir des conditions de vie et de logement décentes, qui sont celles qui prévalent en France, pays d'accueil. En portant une telle appréciation, le législateur n'a pas opéré, entre les exigences constitutionnelles en cause, une conciliation manifestement déséquilibrée. Au surplus, la différence établie par le législateur entre les enfants entrés en France dans le cadre de la procédure de regroupement familial et ceux qui y sont entrés en méconnaissance de cette procédure est en rapport avec l'objectif qu'il s'est fixé ; doit être dès lors rejeté le moyen tiré d'une rupture d'égalité. • Cons. const. 15 déc. 2005, n° 2005-528 DC.

42. La Cour de cassation a validé le refus du droit aux prestations sociales pour les enfants étrangers entrés en France hors regroupement familial. • Cass., ass. plén., 3 juin 2011, n° 09-69.052. ♦ Plusieurs cours d'appel refusent toutefois de suivre cette jurisprudence, estimant qu'imposer à l'enfant l'obligation de retourner dans son pays d'origine pour y entamer la procédure de regroupement familial constitue une atteinte disproportionnée à son droit à une vie familiale normale et à son intérêt supérieur. • Besançon, 4 mai 2012, n°s 12/307, 12/308 et 12/309 • Colmar, 24 mai 2012, n° 2012/877. ♦ La Cour de cassation a toutefois estimé que cette condition constitue une discrimination directe prohibée par les accords d'association signés entre l'UE et respectivement la Turquie et l'Algérie. • Cass., ass. plén., 5 avr. 2013, n° 11-17.520 • Cass. ass. plén., 5 avr. 2013, n° 11-18.947. ♦ La cour d'appel de Paris a étendu ce principe d'égalité de traitement à la convention bilatérale de sécurité sociale franco-ivoirienne. • Paris, 27 mars 2014, n° 11/01019. ♦ La seule circonstance qu'un refus de regroupement familial, opposé en raison de la présence en France de l'enfant, fasse obstacle à la perception des prestations familiales, ne saurait en principe faire regarder cette décision comme méconnaissant le droit au respect de la vie privée et familiale du demandeur ou l'intérêt supérieur de l'enfant ; il ne saurait en aller autrement qu'en raison de circonstances très particulières tenant à la fois à la situation du demandeur et à celle de l'enfant, notamment à son état de santé, justifiant du caractère indispensable de l'ouverture du droit aux prestations sociales. • CE 11 mai 2016, *Min. Intérieur,* n° 392191 B : *AJDA 2016. 985 ; AJ fam. 2016. 391.*

43. L'exigence d'une entrée et d'un séjour réguliers des enfants étrangers pour l'obtention des prestations familiales empêche l'attribution de l'allocation d'études de l'enfant handicapé (AEEH) ; la Cour de cassation considère comme inopérant le moyen retenu par la cour d'appel selon lequel l'intérêt supérieur de l'enfant gravement handicapé, qui avait justifié le maintien de sa mère en France, devait également conduire à attribuer cette aide afin qu'une prise en charge effective de cet enfant puisse avoir lieu. • Civ. 2e, 17 mars 2022, n° 20-22.917.

44. Le fait de subordonner, pour les étrangers, le droit aux prestations familiales à la production d'un certificat de contrôle médical délivré par l'Office français de l'immigration et de l'intégration au terme de la procédure de regroupement familial revêt un caractère objectif justifié par la nécessité dans un État démocratique d'exercer un contrôle des conditions d'accueil des enfants. • Cass., ass. plén., 3 juin 2011, n° 09-69.052 : *AJDA 2011. 1920 ; Dr. soc. 2011. 813, avis Azibert ; RDSS 2011. 738, note Tauran ; RTD civ. 2011. 735, obs. Rémy-Corlay.*

45. Logement. Le droit d'hébergement opposable ne constitue qu'une simple modalité du droit au logement opposable qui exige que le demandeur réside sur le territoire de manière régulière. • CAA Lyon, 7 mars 2011, n° 10LY01383. ♦ Si la personne de nationalité étrangère qui sollicite un logement locatif social sur le fondement de l'art. L. 300-1 CCH doit être en situation régulière, aucune disposition législative ou réglementaire ne prévoit que la régularité du séjour des autres membres de la famille du demandeur vivant dans le même logement conditionnerait la recevabilité d'un recours amiable devant la commission de médiation. • CAA Versailles, 28 juin 2011, *Min. Écologie c/ M. Karia,* n° 10VE02545.

46. Selon le TA de Rouen, il ne ressort d'aucune disposition de la L. n° 90-449 du 31 mai 1990 visant la mise en œuvre du droit au logement ou du CASF que le préfet dispose de la compétence pour exclure les étrangers faisant l'objet d'une OQTF exécutoire de l'accueil au sein du dispositif d'insertion et ainsi arrêter des règles d'éligibilité des demandeurs à l'accès à ce dispositif. • TA Rouen, 22 nov. 2022, n° 2102218. ♦ Le droit au logement opposable prioritaire et urgent suppose non seulement un séjour régulier, mais aussi une résidence en France, excluant les personnes en attente de regroupement familial résidant encore à l'étranger. • CE 29 nov. 2022, n° 460679 B : *AJDA 2022. 2330*. – V. déjà : • CE 26 nov. 2012, n° 352420 : *D. 2013. 324, obs. Joubert ; AJDA 2012. 2294 ; AJDI 2013. 298, obs. Brouant ; ibid. 489, étude Zitouni*.

47. Si le droit à un logement décent et indépendant ou, le cas échéant, à un hébergement est en principe ouvert aux seules personnes qui résident sur le territoire français de façon régulière et dans des conditions de permanence définies par décret en Conseil d'État, elles ouvrent néanmoins à la commission de médiation la possibilité de faire droit à la demande présentant un caractère prioritaire et urgent d'une personne qui ne remplit pas ces conditions de résidence régulière, mais uniquement par un accueil dans une structure d'hébergement. Les ressortissants étrangers qui font l'objet d'une OQTF ou dont la demande d'asile a été définitivement rejetée et qui doivent ainsi quitter le territoire en vertu des dispositions de l'art. L. 542-4 CESEDA ne peuvent prétendre à un accueil dans une structure d'hébergement, sauf circonstances exceptionnelles le justifiant. • CE 31 mai 2024, n° 473746 : *AJDA 2024. 1134*.

48. *Aide juridictionnelle.* L'aide juridictionnelle allouée par l'État peut être demandée par tout justiciable et lui est accordée s'il satisfait aux conditions de son attribution ; si le 2e al. de l'art. 3 de la L. du 10 juill. 1991 subordonne l'octroi de l'aide juridictionnelle, s'agissant des personnes de nationalité étrangère qui ne sont pas ressortissantes des États membres de l'UE, à la condition qu'elles résident habituellement et régulièrement en France, les dispositions du 3e al. du même art. permettent d'accorder l'aide juridictionnelle, à titre exceptionnel, aux personnes de nationalité étrangère qui ne remplissent pas ces conditions, lorsque leur situation apparaît particulièrement digne d'intérêt au regard de l'objet du litige ou des charges prévisibles du procès ; en outre, les dispositions du 4e al. prévoient que la condition de résidence ne s'applique pas à l'ensemble des procédures énumérées par cet al., en particulier, outre la matière pénale, en cas de maintien en zone d'attente ou en rétention ou lorsque intervient une obligation de quitter le territoire français ou une expulsion ; les dispositions du 5e al. dispensent de la condition de résidence régulière en France le bénéfice de l'aide juridictionnelle devant la CNDA. Ces dispositions, eu égard aux aménagements qu'elles apportent à la condition tenant à la résidence régulière et habituelle en France des personnes de nationalité étrangère qui demandent l'aide juridictionnelle, ne peuvent être regardées comme portant d'atteintes substantielles au droit d'exercer un recours effectif devant une juridiction. • CE 12 juin 2013, *M. A.*, n° 367004 : *AJDA 2013. 2413*. ♦ Jugé que l'art. L. 262-2 CASF est conforme à la Constitution ; cet article prévoit que l'attestation d'élection de domicile ouvrant droit au bénéfice de l'aide juridictionnelle ne peut être délivrée à un étranger en situation irrégulière ; le Conseil constitutionnel a en effet considéré que ledit art. n'a ni pour objet ni pour effet de déroger à l'art. 3 de la L. du 10 juill. 1991 qui prévoit les hypothèses dans lesquelles un étranger en situation irrégulière dépourvu de domicile peut bénéficier de l'aide juridictionnelle. • Cons. const. 11 oct. 2013, n° 2013-347 QPC : *AJDA 2013. 2001*.

49. La Cour de cassation a interrogé le Conseil constitutionnel par voie de QPC s'agissant de la différence de traitement instituée selon que l'étranger réside ou non de manière régulière en France au regard du principe d'égalité devant la loi et du droit à un procès équitable. • Civ. 2e, 29 févr. 2024, nos 23-40.019, 23-40.021 et 23-40.022 : *DP étrangers, Bull. n° 341, mars 2024.* ♦ Le Conseil constitutionnel a considéré que même si le législateur peut prévoir des règles différentes pour des situations différentes, « ces dispositions instaurent ainsi une différence de traitement entre les étrangers selon qu'ils se trouvent ou non en situation régulière en France » et « méconnaissent le principe d'égalité devant la justice ». • Cons. const. 28 mai 2024, n° 2024-1091-1092-1093 *QPC : AJDA 2024. 1086 ; D. 2024. 1023*.

50. *Autres situations.* En revanche, la délibération d'un conseil municipal exigeant la régularité du séjour des parents de nationalité étrangère pour pouvoir bénéficier d'une exonération de paiement ou d'une réduction de tarif pour la restauration des enfants scolarisés ne repose sur aucune loi ni nécessité d'intérêt général et n'est pas la conséquence d'une différence de situation au regard des charges occasionnées par l'alimentation des enfants. • TA Marseille, 21 janv. 2002, *M. Sow*, n° 017590 : *AJDA 2002. 362, note Blachèr*.

51. La mesure réservant le bénéfice de la gratuité d'accès aux musées aux personnes de 18 à 25 ans qui sont soit nationaux français, soit ressortissants d'un autre État membre de l'UE ou de l'EEE, soit titulaires en France d'un visa de longue durée ou d'un titre de séjour, ainsi qu'aux résidents de longue durée dans un État membre de l'UE ou de l'EEE, repose sur des critères objectifs qui sont en rapport direct avec son objet ; la différence de traitement qui en résulte n'est pas manifestement disproportionnée au regard de l'objectif qu'elle poursuit. • CE 18 janv. 2013, *Assoc. SOS Racisme*, nos 328230 et 332624 : *AJDA 2013. 1010, concl. Hedary*.

3° DURÉE DU SÉJOUR

52. Le bénéfice de certains droits sociaux est parfois subordonné à une certaine durée de séjour, comme c'est le cas par exemple pour l'allocation simple aux personnes âgées pour laquelle une durée de quinze ans de résidence est exigée, durée qui n'a pas été censurée par le Conseil constitutionnel. • Cons. const. 23 janv. 1987, n° 86-225 DC.

53. Si les exigences constitutionnelles relatives au respect des droits fondamentaux reconnus à tous ceux qui résident sur le territoire de la République, conciliés avec la sauvegarde de l'ordre public, ne s'opposent pas à ce que le bénéfice de certaines prestations sociales dont jouissent les étrangers en situation régulière sur le territoire français soit soumis à une condition de durée de résidence ou d'activité, « cette durée ne saurait être telle qu'elle prive de garanties légales ces exigences ». Or, en subordonnant le bénéfice de prestations sociales pour l'étranger en situation régulière non ressortissant de l'UE à une condition de résidence en France d'une durée d'au moins cinq ans ou d'affiliation au titre d'une activité professionnelle d'une durée d'au moins trente mois, les dispositions de l'art. 1er de la proposition de loi visant à réformer l'accès aux prestations sociales des étrangers (référendum d'initiative partagée) portent une atteinte disproportionnée à ces exigences. • Cons. const. 11 avr. 2024, n° 2024-6-RIP : *AJDA 2024. 814*.

54. Revenu de solidarité active. Le Conseil constitutionnel a validé l'art. L. 262-4 CASF qui impose aux étrangers demandeurs du revenu de solidarité active (RSA) d'être titulaires, depuis au moins cinq ans, d'un titre de séjour les autorisant à travailler ; il considère que le RSA a pour principal objet d'inciter à l'exercice ou à la reprise d'une activité professionnelle ; le législateur a pu estimer que la stabilité de la présence sur le territoire national était une des conditions essentielles à l'insertion professionnelle ; en réservant le bénéfice du RSA à ceux qui, parmi les étrangers, sont titulaires depuis au moins cinq ans d'un titre de séjour les autorisant à travailler, le législateur a institué entre les Français et les étrangers, d'une part, et entre les étrangers, d'autre part, selon qu'ils ont ou non une résidence stable en France, une différence de traitement en rapport direct avec l'objet de la loi ; il a fixé un critère qui n'est pas manifestement inapproprié au but poursuivi ; de même, les ressortissants de l'UE, d'un autre État partie à l'accord sur l'EEE ou de la Confédération suisse sont, au regard de l'objet de la loi, dans une situation différente de celle des autres étrangers. • Cons. const. 17 juin 2011, *M. Smiljanic,* n° 2011-137 QPC.

55. Le Conseil constitutionnel a censuré la disposition de la LF pour 2019 qui prévoyait, pour les étrangers non ressortissants d'un État membre de l'UE, d'un autre État partie à l'accord sur l'EEE ou de la Confédération suisse et qui résident en Guyane, des délais spécifiques de détention d'un titre de séjour pour bénéficier du RSA (en l'espèce, 15 ans au lieu de 5 pour les étrangers demandeurs en métropole) : en imposant un délai de détention plus long en Guyane que sur le reste du territoire national, aux seules fins de lutte contre l'immigration irrégulière, le législateur a introduit une condition spécifique pour l'obtention de cette prestation sans lien pertinent avec l'objet de celle-ci ; au surplus, ces dispositions avaient vocation à s'appliquer, en Guyane, à l'ensemble des étrangers en situation régulière, y compris ceux légalement entrés sur son territoire et s'y étant régulièrement maintenus de manière continue ainsi qu'à des étrangers ayant résidé précédemment sur une autre partie du territoire national en ayant un titre de séjour les autorisant à travailler. Ainsi, s'il appartient au législateur de définir les mesures qu'il estime utiles pour lutter contre l'immigration irrégulière, la différence de traitement instituée pour l'accès au RSA ne saurait être regardée comme justifiée au regard de l'objet de la loi. • Cons. const. 28 déc. 2018, n° 2017-777 DC : *AJDA 2019. 4*.

56. Le Conseil d'État a précisé que les conditions de résidence pour permettre aux étrangers de bénéficier du RSA sont compatibles avec la Conv. EDH et la convention internationale relative aux droits de l'enfant. • CE 10 juill. 2015, nos 375886 et 375887 : *AJDA 2015. 2243*. ♦ En estimant que le bénéfice du RSA doit être réservé à ceux des ressortissants de l'UE (ainsi que de l'EEE et de la Confédération suisse) qui, bénéficiant d'un droit de séjour, ont vocation à résider en France, le législateur a institué entre ces ressortissants et ceux ne remplissant pas les conditions prévues une différence de traitement en rapport avec l'objet de la loi ; il a donc refusé de transmettre au Conseil constitutionnel une QPC fondée sur une prétendue violation du principe d'égalité. • CE 14 juin 2017, n° 406930. ♦ La détention depuis au moins cinq ans d'un titre de séjour autorisant un demandeur du RSA à occuper un emploi, si elle doit être continue, n'est pas affectée par une interruption pendant la durée nécessaire à l'examen d'une demande de renouvellement ou d'obtention d'un nouveau titre de séjour permettant l'exercice d'une activité professionnelle. • CE 22 oct. 2018, n° 413592 B.

57. Le juge veille à ce que les critères posés par la loi soient effectivement respectés ; ainsi, si le législateur a entendu réserver le bénéfice du RMI aux seuls étrangers titulaires, pendant 3 années consécutives, de titres les autorisant à travailler, aucune disposition législative ou réglementaire n'exige que cette autorisation porte sur une activité salariée ou soit celle accordée en complément de la carte de séjour temporaire mention « vie privée et familiale » ; aucune disposition n'impose non plus que les 3 années de résidence aient été couvertes par le même titre de séjour ou par des titres de même catégorie. • CE 2 avr. 2003, *GISTI,* n° 248889 B.

58. CMU. Jugé que repose sur un critère objectif et rationnel la discrimination opérée entre les assurés CMU sur critère socioprofessionnel (exercice d'un emploi, bénéficie d'une pension) et les ayants droit qui doivent justifier d'une résidence de trois mois. • CE 23 déc. 2010, *Assoc. AIDES et a.*, n° 335738 B.

59. Logement opposable. La HALDE a considéré que l'art. R. 300-2 CCH qui prévoit que les ressortissants non communautaires titulaires d'un titre de séjour d'un an doivent remplir une condition supplémentaire pour pouvoir engager une procédure de mise en œuvre du droit au logement opposable (satisfaire à la condition de résidence supérieure à deux ans sur le territoire national) est disciminatoire puisque cette condition n'est pas exigée des ressortissants de l'UE. • HALDE, 30 nov. 2009, Délib. n° 2009-385.

60. Allocations chômage. Un demandeur d'emploi qui n'a jamais été soumis à la législation sociale de l'État membre dans lequel il demande à bénéficier des prestations de chômage et n'a donc pas accompli, en dernier lieu, des périodes d'assurance ou d'emploi conformément aux dispositions de la législation de cet État membre, ne peut pas bénéficier des prestations de chômage au titre de l'art. 67 du Règl. (CEE) n° 1408/71 du 14 juin 1971 abrogé par le Règl. (CE) n° 883/2004 du Parlement européen et du Conseil du 29 avr. 2004 *(JOCE n° L 166 du 30 avr.)* ; par suite, l'art. 67, § 3, du Règl. (CEE) n° 1408/71 ne s'oppose pas à ce qu'un État membre refuse la totalisation des périodes d'emploi nécessaires à l'admissibilité au bénéfice d'une allocation de chômage. • CJUE 7 avr. 2016, *ONEm et M.*, n° C-284/15.

61. Aide médicale de l'État. L'art. 264 de la LF pour 2020 a modifié le régime du dispositif d'aide médicale de l'État (AME) (art. L. 251-2 CASF) et a prévu que la prise en charge des soins d'un étranger majeur en situation irrégulière peut être subordonnée, pour certains frais, à un délai d'ancienneté de bénéfice de l'AME. Cette prise en charge peut toutefois être accordée dans certains cas avant l'expiration de ce délai, avec l'accord préalable du service du contrôle médical. Le Conseil constitutionnel a considéré que ces dispositions visent à lutter contre les usages abusifs de l'AME par des étrangers dont le séjour aurait pour seul objet le bénéfice de cette aide, en limitant la prise en charge de soins dont le coût peut être élevé et qui n'apparaissent pas immédiatement nécessaires pour les intéressés ; en adoptant ces dispositions, le législateur a poursuivi les objectifs de valeur constitutionnelle de bon usage des deniers publics et de lutte contre la fraude en matière de protection sociale. En outre, le délai d'ancienneté du bénéfice de l'AME ne peut excéder neuf mois et n'est susceptible de s'appliquer qu'à des frais relatifs à des prestations programmées et non urgentes dispensées aux personnes majeures. Par dérogation, la prise en charge peut être accordée après un accord du service du contrôle médical si le respect de ce délai peut avoir des conséquences vitales ou graves et durables sur l'état de santé de la personne. Cette faculté permet de tenir compte des situations particulières dans lesquelles une pathologie dont la prise en charge ne revêt pas, en principe, un caractère urgent justifie néanmoins une intervention médicale rapide. Il ne résulte pas des dispositions contestées des contraintes administratives excessives pour les bénéficiaires de l'AME. • Cons. const. 27 déc. 2019, n° 2019-796 DC. ♦ V. Décr. n° 2020-1325 du 30 oct. 2020. ♦ Le défenseur des droits a considéré qu'un enfant de parent étranger non éligible à l'AME car en situation régulière doit néanmoins bénéficier de l'AME. • Défenseur des droits, 14 oct. 2020, Décis. n° 2020-174.

4° Nature du séjour

62. Inscription à Pôle emploi. Au regard de l'objet de l'inscription sur la liste des demandeurs d'emploi, qui est de bénéficier de prestations de placement et d'accompagnement pour accéder à un emploi, les étrangers titulaires d'une carte de séjour temporaire « éudiant » sont dans une situation différente des étrangers titulaires d'un titre les autorisant à exercer toute activité professionnelle sans limitation de durée ainsi que de ceux admis au séjour spécifiquement pour y exercer une activité professionnelle. Les titulaires de la carte « entrepreneur/profession libérale » sont dans une situation différente des étrangers titulaires d'un titre les autorisant à exercer une activité professionnelle salariée et des étrangers titulaires d'une carte « recherche d'emploi ou création d'entreprise ». Ces différences de situation sont en rapport avec l'objet de l'inscription sur la liste des demandeurs d'emploi et ne sont pas manifestement disproportionnées. • CE 1er mars 2023, nos 456329 et 459364 : *DP étrangers, Bull. n° 331, avr. 2023, note Baudet-Caille.*

III. SOURCES INTERNATIONALES

63. En application du principe de supériorité du droit international sur le droit interne, le CESEDA ne s'applique que dans l'hypothèse où une convention spéciale ne régit pas le statut de telle catégorie d'étranger. • Cons. const. 22 janv. 1990, n° 89-269 DC • CE 8 juill. 1998, *Min. Travail c/ M. Abatchou*, n° 177487. ♦ Les dispositions du code ne s'appliquent que « sous réserve des conventions internationales » ; cette réserve vise en particulier la convention de Genève du 28 juill. 1951 relative au statut des réfugiés (publiée par le Décr. n° 54-1065 du 14 oct. 1954, *JO 29 oct.*) mod. par le Prot. de New York du 31 janv. 1967 (publié par le Décr. n° 71-289 du 9 avr. 1971, *JO 18 avr.*) • Cons. const. 9 janv. 1980, n° 79-109 DC : *Rec. Cons. const. 29 ; RJC I-74 ; RDP 1980. 1631, note Favoreu ; D D. 1980. 249, note Auby ; ibid. 420, note Hamon ; AJDA 1980. 356, note Franck ; RGDIP 1980. 31, note Turpin ; Rev. adm. 1980. 363, note Vincent ; Gaz. Pal. 1980. 1. 258, note Hamon* • 25 févr. 1992, n° 92-307 DC : *Rec. Cons. const. 48 ; RJC I-493 ; RFDC 1992. 311, note Gaia ; JDI 1992. 677, note Loschak ; JCP 1992. II. 21848,* *note Van Tuong ; AIJC 1992. 516 ; Dr. ouvrier 1992. 146, note Bonnechère ; RFDA 1992. 185, obs. Genevois ; AJDA 1992. 656, obs. Julien-Laferrière ; LPA 6 nov. 1992, obs. Turpin* • CE 27 sept. 1985, *France Terre d'Asile*, n°s 44484 et 44485 : *Lebon 253.* ♦ Le Conseil d'État a ainsi dégagé un principe général du droit applicable aux réfugiés, à savoir le principe du non-refoulement qui s'applique même en cas d'extradition. • CE 1er avr. 1988, *Bereciartua Echarri*, n° 85234 : *Lebon 135.* ♦ V. aussi • CE 13 déc. 1991, *Préfet de l'Hérault c/ Dakoury et Nkodia*, n° 120560 : *Lebon 439 ; AJDA 1992. 114, chron. Maugüé et Schwartz ; RFDA 1992. 90, concl. Abraham ; D. 1992. 447, note Julien-Laferrière .* ♦ V. aussi s'agissant de la protection subsidiaire : • CE 30 janv. 2017, *M. Gjini*, n°s 394172 et 394173 A : *AJDA 2017. 204 ; ibid. 521, chron. Dutheillet de Lamothe et Odinet .*

64. Aux termes du 2 de l'art. 22 de la convention de Genève relative au statut des réfugiés : « Les États contractants accorderont aux réfugiés un traitement aussi favorable que possible, et en tout cas non moins favorable que celui qui est accordé aux étrangers en général, dans les mêmes circonstances, quant aux catégories d'enseignement autres que l'enseignement primaire et notamment en ce qui concerne (...) la reconnaissance de certificats d'études, de diplômes et de titres universitaires délivrés à l'étranger » ; les ministres chargés de l'enseignement supérieur et de la santé ont autorisé, par voie de circulaire, les candidats aux diplômes de formation spécialisée et de formation médicale spécialisée approfondie ayant accompli l'intégralité de leurs études en langue française à produire une attestation, nominativement délivrée par leur établissement d'origine, les dispensant de passer un test de connaissance de la langue française ou d'obtenir un diplôme d'étude en langue française ; dès lors que les réfugiés et apatrides sont, en raison même de leur statut, susceptibles de se voir refuser, par les autorités universitaires de leur pays d'origine, la production de cette attestation, l'application de la règle générale posée par la circulaire implique qu'ils sont susceptibles de se voir appliquer un traitement moins favorable que celui effectivement appliqué aux autres étrangers, en violation des stipulations précitées. • CE 26 oct. 2011, *Assoc. d'accueil aux médecins et personnels de santé réfugiés en France*, n° 339816 B.

A. RÈGLES GÉNÉRALES

65. Dans le cas de concours de plusieurs engagements internationaux, il y a lieu d'en définir les modalités d'application respectives conformément à leurs stipulations et en fonction des principes du droit coutumier relatifs à la combinaison entre elles des conventions internationales. • CE 21 avr. 2000, *Zaidi*, n° 206902 : *Lebon 159.* ♦ Face à deux conventions internationales comportant des dispositions contradictoires, le juge appliquera celle ayant la date d'entrée en vigueur la plus récente. • CE 5 sept. 2001, *Préfet des Alpes-Maritimes c/ M. Benkhnata*, n° 211853 A : *RFDA 2001. 1334.* ♦ Il lui incombe également de vérifier le champ d'application territorial pour déterminer la convention applicable, notamment en matière d'extradition. • CE 26 juill. 2006, *M. Otto*, n° 284513 B. ♦ Saisi d'un recours contre un acte portant publication d'un traité ou d'un accord international, il n'appartient pas au Conseil d'État de se prononcer sur la validité de ce traité ou de cet accord au regard d'autres engagements internationaux de la France. • CE 23 déc. 2011, *Kandyrine de Brito Paiva*, n° 303678 : *D. 2012. 98 ; AJDA 2012. 201, chron. Domino et Bretonneau ; RFDA 2012. 1, concl. Boucher ; avis d'amicus curiae Guillaume ; note Alland.*

66. La CJUE a ainsi été amenée à vérifier la compatiblité de l'art. 54 de la Conv. d'application des accords de Schengen (« une personne qui a été définitivement jugée par une partie contractante ne peut, pour les mêmes faits, être poursuivie par une autre partie contractante, à condition que, en cas de condamnation, la sanction ait été subie ou soit actuellement en cours d'exécution ou ne puisse plus être exécutée selon les lois de la partie contractante de condamnation ») avec l'art. 50 de la Charte UE (« Nul ne peut être poursuivi ou puni pénalement en raison d'une infraction pour laquelle il a déjà été acquitté ou condamné dans l'Union par un jugement pénal définitif conformément à la loi »). Si la Conv. Schengen subordonne l'application du principe *ne bis in idem* à une « condition d'exécution », l'art. 52 de la Charte prévoit explicitement que des limitations peuvent être apportées à l'exercice des droits et libertés qu'elle reconnaît si elles sont prévues par la loi, respectent le contenu essentiel du droit ou de la liberté concerné et sont proportionnées. • CJUE 27 mai 2014, *Spasic*, n° C-129/14 : *AJDA 2014. 1651, chron. Aubert, Broussy et Cassagnabère .*

67. Le droit commun tiré du CESEDA trouvera à s'appliquer en cas de suspension unilatérale de l'application d'un accord par la France. • CE, ass., 18 déc. 1992, *Préfet de Gironde c/ Mhamedi*, n° 120461 A : *RFDA 1993, p. 333, concl. Lamy, note Ruzié ; Juris-Data n° 048205 ; JCP 1993. IV. 503* • CE 12 nov. 1997, *Préfet de la Drôme c/ Kumbo Diallo*, n° 180983. ♦ Le juge a rappelé qu'une telle décision de suspension n'est pas détachable de la conduite des relations internationales et n'est pas susceptible d'un recours contentieux. • CE 30 juill. 1997, *Étienne*, n° 155760 B : *Juris-Data n° 050944.* ♦ Toutefois, si le juge ne contrôle pas la légalité de la mesure de suspension, il se réserve le droit d'en constater l'existence, notamment au regard de ses formalités de publicité qui en conditionnent l'opposabilité. • CE 18 déc. 1992, *Préfet de la Gironde c/ Mhamedi*, n° 120461 A : *préc.*

68. La détermination du droit applicable peut parfois poser des problèmes épineux, par exemple en présence de demandes de regroupement familial concernant des conjoints de nationalité différente. • CE 19 sept. 1990, *M. Bouaoud*, n° 91801 A : *RFDA 1990. 1098.*

69. Interprétation. On rappellera enfin que, depuis 1990, le Conseil d'État se reconnaît directement compétent pour interpréter les conventions internationales, sans avoir à renvoyer préalablement au ministère des Affaires étrangères. • CE 29 juin 1990, *GISTI*, n° 78519 A : *AJDA 1990. 621, concl. Abraham ; RFDA 1990. 923, note Lachaume ; RDP 1990. 1579, note Sabiani.* ♦ Le Conseil d'État n'appliquait toutefois pas cette solution lorsque était posée la question de l'interprétation de la condition de réciprocité. • CE 9 avr. 1999, *Mme Chevrol-Benkeddach*, n° 180277 : *RFDA 1999. 940 ; AJDA 1999. 401, chron. Raynaud et Fombeur.* ♦ A cet égard, la CEDH considère que le renvoi préjudiciel au ministre des Affaires étrangères est licite, à condition que le juge ne s'estime pas lié par l'avis ainsi rendu. • CEDH 13 févr. 2003, *Chevrol c/ France*, n° 49636/99 : *AJDA 2003. 1984, note Rambaud.* ♦ Désormais, le Conseil d'État s'estime compétent pour examiner la question de la réciprocité des traités internationaux sans renvoi au ministre des Affaires étrangères. • CE 9 juill. 2010, *Mme Cheriet-Benseghir*, n° 317747 A : *AJDA 2010. 1396 ; ibid. 1635, chron. Liéber et Botteghi.* ♦ On rappellera en outre que lorsqu'une difficulté sérieuse d'interprétation du droit communautaire originaire ou dérivé apparaît, le juge doit procéder au renvoi préjudiciel à la juridiction communautaire. Le juge, qu'il soit judiciaire ou administratif, s'estime lié par l'ensemble de la décision rendue par la CJCE même si celle-ci excède la limite de la question posée. • Com. 26 juill. 1985, *Sté Roquette : D. 1986. 250* • Crim. 26 sept. 1994, *Trehel : RJF 1994, n° 1393* • CE, ass., 11 déc. 2006, *Sté De Groot En Slot Allium BV c/ Sté Bejo Zaden BV*, n° 234560 A : *AJDA 2007. 136, chron. Landais et Lenica.*

1° APPLICABILITÉ

70. Il appartient au juge administratif, saisi d'un moyen en ce sens, de s'assurer qu'un traité ou un accord a été régulièrement ratifié ou approuvé, non seulement lorsqu'un tel moyen est invoqué à l'appui d'un recours pour excès de pouvoir directement formé à l'encontre du décret de publication qui en a permis l'introduction dans l'ordre juridique interne, mais aussi par voie d'exception, à l'occasion d'un litige mettant en cause l'application de cet engagement international, sans que puisse y faire obstacle la circonstance que le décret de publication, dont la légalité est ainsi nécessairement contestée, n'a pas été attaqué dans le délai de recours contentieux. • CE, ass., 5 mars 2003, *M. Aggoun*, n° 242860 A : *AJDA 2003. 728 ; RFDA 2003. 651.*

71. Par exemple, un ressortissant tunisien entré en France le jour même de la publication au *JO* d'une décision de suspension de l'accord franco-tunisien du 29 janv. 1964 ne justifie pas d'une entrée régulière sur le territoire français dès lors que son passeport était dépourvu de visa d'entrée et alors même que l'accord de 1964 prévoyait une dispense de visa d'entrée pour les ressortissants tunisiens. • CE 19 mars 1993, *Préfet des Alpes-Maritimes c/ Gachar*, n° 129014 A.

a. Ratification

72. Les engagements internationaux ne sont applicables en France que lorsqu'ils ont été ratifiés ou approuvés. • Cons. const. 29 avr. 1978, n° 78-93 DC : *Rec. Cons. const. 23 ; RJC I-58 ; JO 30 avr., p. 1943.* ♦ Ainsi, parce qu'elle n'a pas été ratifiée par la France (il s'agit d'une résolution de l'ONU), la Déclaration universelle des droits de l'homme ne peut être invoquée par les requérants. • CE 18 avr. 1951, *Élections de Nolay : Lebon 189* • CE, ass., 23 nov. 1984, *Roujanski*, n° 60106 : *Rec. 283 ; AJDA 1985. 216, concl. Labetoulle* • CE 21 déc. 1990, *Conf. nat. assoc. familiales catholiques*, nos 105743, 105810, 105811 et 105812 A : *AJDA 1991. 91, chron. C. M. ; RDP 1991. 525, note Auby ; D. 1991. 283, note Sabourin ; RUDH 1991. 1, note Ruiz-Fabri* • 5 janv. 2005, *Deprez et Baillard*, nos 257341 et 257634 A : *Dr. adm. 2005. 51 ; RFDA 2005. 56, note Bonnet ; AJDA 2005. 845, note Burgorgue-Larsen ; JCP Adm. 2005. 1075, concl. Chauvaux.* ♦ Il en allait de même de la Charte UE. • CE, sect., 10 avr. 2008, *Conseil nat. des barreaux*, n° 296845 A : *AJDA 2008. 1089, chron. Boucher et Bourgeois-Machureau ; RFDA 2008. 575, concl. Guyomar ; ibid. 606, chron. Rambaud et Roblot-Trozier ; ibid. 711, note Labaye et Mehdi.* ♦ Depuis l'entrée en vigueur du traité de Lisbonne, la Charte a la même valeur que les traités (art. 6, § 1, TFUE), même si son applicabilité horizontale, entre particuliers, n'a pas encore été clairement affirmée. • CJUE 15 janv. 2014, *Assoc. de médiation sociale*, n° C-176/12.

73. On analysera l'adhésion à un traité comme une ratification. C'est donc le défaut d'adhésion ou de ratification qui empêche que le traité soit applicable • CE, sect., 30 nov. 1962, *Cie de développement agricole et industriel : Lebon 644 ; AJDA 1963. 92, chron. Gentot et Fourré* • T. com. Paris, 4 déc. 1991, *Cté économique des États de l'Ouest africain : JDI 1992. 693, note Mahiou.* ♦ En revanche, une fois la ratification effectuée (sous réserve des autres éléments), il n'est plus possible d'écarter l'application des dispositions du traité. • Civ. 1re, 6 juill. 1988, *Bouzlifa : AFDI 1989. 845.* ♦ ... A moins que le traité ne soit pas encore internationalement en vigueur. V. note 38.

74. Le juge a toujours vérifié l'existence de la ratification, il s'est longtemps refusé à en vérifier la régularité. • CE, ass., 16 nov. 1956, *Villa : Lebon 433 ; RDP 1957. 123, concl. Laurent ; AJDA 1956.*

487, chron. Fournier et Braibant • CE 3 mars 1961, *André et Sté des tissages « Nicolas Gaimant » : Rec CE 154* • Cass., ass. plén., 11 mars 1953, *Gambino c/ Arcens : Bull. n° 1 ; Rev. crit. DIP 1953. 113, rapport Lagarde ; D. 1953. 297, concl. Blanchet ; JCP 1953, n° 7673, note Ourliac et de Juglart.* ♦ ... Et de vérifier la compétence, au regard des règles constitutionnelles, de l'autorité ayant procédé à la ratification. • CE, ass., 13 juill. 1965, *Sté Navigator : Lebon 423, concl. Fournier ; AJDA 1965. 470, chron. Puybasset et Puissochet ; AFDI 1966. 846, obs. Kiss ; JDI 1967. 385, note Pinto.*

75. Le juge admet maintenant de vérifier le respect des dispositions de l'art. 53, al. 1er, Const. et donc l'existence de l'autorisation législative préalable à la ratification. • CE, ass., 18 déc. 1998, *SARL Parc d'activité de Blotzheim*, n° 181249 : *Lebon 483, concl. Bachelier ; AJDA 1999. 127, chron. Raynaud et Fombeur ; RGDIP 1999. 540, concl. ; ibid. 753, note Poirat ; RFDA 1999. 315, concl. ; JDI 1999. 675, note Dehaussy ; LPA 23 mai 2000, p. 6, note Béquain* • Civ. 1re, 29 mai 2001, *Assoc. pour la sécurité et la navigation aérienne en Afrique et à Madagascar*, n° 99-16.673 : *RGDIP 2001. 1033, note Ondoua.* ♦ ... Y compris par la voie de l'exception d'irrecevabilité. • CE, ass., 5 mars 2003, *Aggoun*, n° 242860 : *préc. note 70* • CE 16 juin 2003, *Cavaciuti*, n° 246794 B : *RFDA 2003. 1235, chron. Ruzié* • 9 juill. 2010, *Féd. nat. de la libre pensée et a.*, n° 327663 : *RFDA 2010. 995, chron. Rambaud et Roblot-Troizier.* ♦ Cependant, il ne s'agit pas là d'un moyen d'ordre public, qui dès lors ne peut être soulevé pour la première fois en cassation. • CE 27 avr. 2001, *Mehyaoui*, n° 188155.

76. La ratification peut être faite avec des réserves dont il faut dès lors tenir compte. Dans ce cas, il faut écarter les dispositions réservées ou ne les appliquer que dans le sens fixé par la réserve. • CE 6 juill. 1992, *Stephan*, n° 122874 B • Crim. 20 juin 1996, *Ponsetti : Bull. n° 269* • 27 nov. 1996, *« Commandos anti-IVG » : Bull. n° 431 ; RGDIP 1998. 205* • Civ. 1re, 11 juill. 2006, n° 02-20.389 P • CE 13 févr. 2008, *Licéa*, n° 306787 : *RFDA 2008. 781.*

77. Lorsqu'un traité ou un accord a fait l'objet de réserves, visant, pour l'État qui exprime son consentement à être lié par cet engagement, à exclure ou à modifier l'effet juridique de certaines de ses clauses dans leur application à son endroit, il incombe au juge administratif, après s'être assuré qu'elles ont fait l'objet des mêmes mesures de publicité que ce traité ou cet accord, de faire application du texte international en tenant compte de ces réserves. De telles réserves définissant la portée de l'engagement que l'État a entendu souscrire et n'étant pas détachables de la conduite des relations internationales, il n'appartient pas au juge administratif d'en apprécier la validité. • CE, ass., 12 oct. 2018, *SARL Super coiffeur*, n° 408567 A : *AJDA 2018. 1991.*

78. Dans le cas d'un accord non soumis à ratification dit « en forme simplifiée », l'approbation, qui tient lieu d'engagement de l'État, peut résulter de la signature par le président de la République d'un décret de publication dudit accord au *JO*. • CE, ass., 13 juill. 1965, *Sté Navigator : préc. note 74.*

b. Publication

79. Un traité non publié n'est pas susceptible de produire des effets de droit en France et les requérants ne peuvent, dès lors, s'en prévaloir. • CE, sect., 13 juill. 1961, *Sté indochinoise d'électricité : Lebon 519* • CE 5 nov. 1971, *Erdinger : Lebon T. 901* • 23 déc. 1981 *Cne de Thionville : Lebon 484* • 12 nov. 2001, *Watenne*, n° 217491 : *RFDA 2002. 403, chron. Ruzié.* ♦ A l'inverse, la publication permet au traité ratifié de produire ses effets. • Paris, 18 juin 1968 : *Dame Klarsfeld c/ OFAJ : JCP 1969. 15725* • CE 16 déc. 1991, *SA « Ressources Management Corporation » : Lebon T. 804.*

80. Il importe peu que l'accord ait été largement diffusé et qu'il soit mentionné dans la liste des traités liant la France. • CE 19 juill. 1991 : *Uny et Auban : RFDA 1991. 990, obs. Ruzié.* ♦ Ces principes s'appliquent à la décision de suspension de l'application d'un traité. • CE, ass., 18 déc. 1992, *Préfet de Gironde c/ Mahmedi*, n° 120461 : *préc. note 67.*

81. L'application d'une convention non publiée constitue une erreur de droit. • CE 17 févr. 1971, *Hagège et Chiche : Lebon 131 ; D. 1971. 729, note Silvera.* ♦ ... Et est susceptible d'engager la responsabilité de l'État. • CE 24 janv. 1958, *Sté Ultrabois : Lebon 39.* ♦ En revanche, la décision de publier ou non un accord international est un acte insusceptible de recours pour excès de pouvoir (acte de gouvernement) et ne peut, dès lors, engager la responsabilité de l'État. • CE 4 nov. 1970, *de Malglaive : Lebon 635.*

82. Pour être régulière, la publication doit être faite au *JO*. • CE 30 oct. 1964 : *Sté « Prosagor », Sté « Les films Sacha Gordine » et Sacha Gordine : Lebon 496* • 20 oct. 1967, *Sté française d'entreprise de dragages et de travaux publics : JCP 1968. 15393, note Ruzié* • TGI Seine, 13 oct. 1959 : *Rev. crit. DIP 1961. 140* • Cons. const. 9 avr. 1992, *Maastricht I*, n° 92-308 DC : *RJC I-496 ; JO 11 avr., p. 5354.* ♦ ... Ou au *JOUE*. • Cons. const. 9 avr. 1992, *Maastricht I*, n° 92-308 DC : *préc.* • CJCE 2 févr. 1977, *Amsterdam Bulb*, n° 50/76 : *Rec. CJCE 137.*

83. Il convient que cette publication ait été faite conformément au Décr. du 14 mars 1953, par décret du président de la République. • CE, ass., 13 juill. 1965, *Sté Navigator : préc. note 74.*

84. Le texte publié doit être conforme à l'original ; les rectificatifs éventuels doivent répondre aux mêmes exigences. • CE 16 mars 1966, *Cartel d'action morale et sociale et Union féminine civi-*

que et sociale : Lebon 211, concl. Bertrand ; JCP 1967. 15057, note Rousseau.

85. Entrée en vigueur au plan interne. La date de publication est également la date d'entrée en vigueur, en France, de la convention et non de son entrée en vigueur sur le plan international. • Cons. const. 25 févr. 1992, n° 92-307 DC : *Rec. Cons. const. 48 ; RJC I-493 ; JO 12 mars, p. 3003 ; rect. JO p. 3591* • CE, ass., 30 juin 2000, *Ligue Française des droits de l'homme,* n° 210412 A : *AJDA 2000. 831, concl. Fombeur ; Europe 2001. n° 11, obs. Cassia* • CE 17 déc. 2003, *Heskes,* n° 239677 A : *RFDA 2004, 364*.

86. Il en va de même pour les règlements communautaires. • CJCE 10 oct. 1973, *Variola,* n° 34/73 : *Rec. CJCE 981.* ♦ S'agissant des directives, elles entrent en vigueur à l'expiration de la période de transposition. • CJCE 5 avr. 1979, *Ratti,* n° 178/78 : *Rec. CJCE 1629* • CE, ass., 3 févr. 1989, *Cie Alitalia,* n° 74052 A : *GAJA, 14e éd., n° 97 ; AJDA 1989. 387, note Fouquet ; RFDA 1989. 391, concl. Chahid-Nouraï, note Beaud.* ♦ La transposition en droit interne des directives communautaires, qui est une obligation résultant du traité instituant la Communauté européenne, revêt, en outre, en vertu de l'art. 88-1 Const., le caractère d'une obligation constitutionnelle ; pour chacun de ces deux motifs, il appartient au juge national, juge de droit commun de l'application du droit communautaire, de garantir l'effectivité des droits que toute personne tient de cette obligation à l'égard des autorités publiques ; que tout justiciable peut en conséquence demander l'annulation des dispositions règlementaires qui seraient contraires aux objectifs définis par les directives et, pour contester une décision administrative, faire valoir, par voie d'action ou par voie d'exception, qu'après l'expiration des délais impartis les autorités nationales ne peuvent ni laisser subsister des dispositions réglementaires, ni continuer de faire application des règles, écrites ou non écrites, de droit national qui ne seraient pas compatibles avec les objectifs définis par les directives ; en outre, tout justiciable peut se prévaloir, à l'appui d'un recours dirigé contre un acte administratif non réglementaire, des dispositions précises et inconditionnelles d'une directive, lorsque l'État n'a pas pris, dans les délais impartis par celle-ci, les mesures de transposition nécessaires. • CE 30 oct. 2009, *Mme Perreux,* n° 298348 A. ♦ Cependant, entre la publication et l'expiration de la période de transposition, les États doivent s'abstenir de prendre des dispositions qui viendraient compromettre la réalisation de l'objectif prescrit. • CJCE 18 déc. 1997, *Inter-environnement Walonnie,* n° C-129/96 : *Rec. CJCE I-7411 ; AJDA 1998. 451, note Couvert-Castera ; Europe 1998, n° 42, note Rigaux* • CE 10 janv. 2001, *France Nature Environnement,* n° 217237 A : *RFDA 2001. 536 ; Europe 2001, n° 152 ; Dr. adm. 2001, n° 69 ; Courrier jur. fin. 2001, n° 8* • 29 oct. 2004, *Sueur,* n° 269814 A : *RFDA 2004. 1103, concl. Casas*.

87. Cependant, lorsque la France ratifie et publie un traité qui n'a pas encore recueilli le nombre nécessaire de signatures pour être internationalement en vigueur, le traité ne deviendra applicable en France que lorsque tous les instruments de ratification exigés par le traité auront été déposés. • Cons. const. 3 août 1993, n° 93-324 DC : *Rec. Cons. const. 208 ; RJC I-537.* ♦ ... Ou à la date fixée par le traité lui-même après le dernier dépôt exigé. • Soc. 29 avr. 1993, *Caisse autonome mutuelle de retraite des agents des chemins de fer c/ Djaidir,* n° 91-13.978 : *Gaz. Pal. 11 et 12 mars 1994, p. 13, concl. Chauvy.* ♦ Il en va de même lorsque le traité prévoit une date d'entrée en vigueur postérieure à celle de sa publication. • Crim. 7 juin 1988, *Monllo : Bull. n° 257* • CE 14 mars 2001, *Benattia,* n° 189272 A.

88. Lorsque le traité prévoit que son entrée en vigueur est subordonnée à une condition (en l'espèce, signature d'un accord complémentaire), il est nécessaire que cette condition soit remplie pour que le traité s'applique. • CE, ass., 27 mai 1955 : *Sté Kovit : Lebon 308.*

89. Sortie de vigueur. Le traité restera en vigueur jusqu'à la date prévue par son dispositif ou jusqu'à sa dénonciation ou sa suspension par les autorités françaises. A compter de ces dates, si la mesure est régulièrement prise par le Gouvernement et portée à la connaissance du public, il n'est plus possible de s'en prévaloir. • CE 18 déc. 1992, *Mhamedi,* n° 120461 • 19 mars 1993, *Gachar,* n° 129014 A.

c. *Réciprocité*

90. Pour le Conseil constitutionnel, l'exigence de réciprocité est réputée remplie, s'agissant d'un traité multilatéral, dès lors que le dernier État signataire a déposé son instrument de ratification. • Cons. const. 9 avr. 1992, n° 92-308 DC : *RJC I-496* • 20 mai 1998, n° 98-400 DC : *Rec. Cons. const. 251 ; RJC I-749.*

91. Le Conseil constitutionnel estime que la règle de réciprocité n'a d'autre portée que de constituer une réserve mise à l'application de l'art. 55 Const. et ne trouve donc à s'appliquer que dans le cas où il existe une discordance entre un texte de loi et les stipulations d'un traité. En effet, cette règle, si elle affecte la supériorité des traités ou accords sur les lois, n'est pas une condition de la conformité des lois à la Constitution. • Cons. const. 30 déc. 1980, *LF pour 1981,* n° 80-126 DC : *Rec. Cons. const. 53 ; RJC I-89.*

92. Conditions de mise en œuvre. Le juge ne recherche si la condition de réciprocité est bien respectée que si le moyen est soulevé devant lui par l'une des parties ; il ne s'agit pas d'un moyen d'ordre public. • Civ. 1re, 6 mars 1984, *M. Krylac c/ Mme L. : Bull. civ. I, n° 85 ; RGDIP 1985. 358.* ♦ Cependant, la chambre criminelle soulève d'office le moyen. • Crim. 2 mars 1972, *Krstic : Bull. crim. n° 81.*

93. Les stipulations d'une convention internationale non réciproquement appliquée ne peuvent plus être utilement invoquées devant un juge pour contester l'application de la loi française. • CE, ass., 9 avr. 1999, Mme *Chevrol-Benkeddach,* n° 180277 : *préc. note 69* • Civ. 1re, 23 mars 1994, *N'Guyen : Bull. civ. I, n° 105.* ♦ A noter toutefois que les traités de protection des droits de l'homme ne sont pas soumis à cette condition. • Cons. const. 22 janv. 1999, n° 98-408 DC. ♦ Par ailleurs, on rappellera que la condition de réciprocité est sans objet pour les traités communautaires qui prévoient un mécanisme de « manquement » permettant d'assurer le respect du droit communautaire et refusent donc les mécanismes de justice privée entre les États membres (contre-mesures et exception d'inexécution notamment). Il en va ainsi aussi bien pour les traités communautaires, c'est-à-dire le droit originaire. • CJCE 22 mars 1977, *Steinike et Weinling c/ RFA,* n° 78/76 : *Rec. CJCE 595 ; JDI 1978. 373, note Kovar* • Cass., ch. mixte, 24 mai 1975, *Sté Cafés J. Vabre,* n° 73-13.556 : *D. 1975. 497, concl. Touffait ; AJDA 1975. 567, note Boulouis ; JDI 1975. 802, note Ruzié ; Cah. dr. eur. 1975. 655, note Kovar ; Rev. Marché commun, sept. 1975, note Druesne ; Rev. crit. DIP 1976. 347, note Foyer et Holleaux ; RGDIP 1976. 690, obs. Rousseau* • Cons. const. 22 janv. 1999, n° 98-400 DC. ♦ ... Que pour le droit communautaire dérivé. • CJCE 11 janv. 1990, *Blanguernon,* n° C-38/89 : *Rec. CJCE I-83 ; RJF 1990, n° 501 ; Rev. sociétés 1990. 276, note Bouloc.*

2° INVOCABILITÉ

94. *Abandon de la « loi écran ».* Se fondant sur la théorie de la loi écran, le Conseil d'État s'est refusé pendant de nombreuses années à faire application directe des stipulations des traités et conventions internationales. • CE 25 juill. 1980, *Touami Ben Abdeislem : JCP 1981. II. 19613, note Pacteau.* ♦ En revanche, la Cour de cassation accepte de faire prévaloir les stipulations du traité sur la loi postérieure contraire depuis 1975. • Cass., ch. mixte, 24 mai 1975, *Sté Cafés J. Vabre,* n° 73-13.556 : *préc. note 93.* ♦ Le Conseil d'État s'est finalement rangé à la même interprétation en 1989. • CE 20 oct. 1989, *Nicolo,* n° 108243 A : *GAJA, 14e éd., n° 98 ; JCP 1989. II. 21371 ; RFDA 1989. 812 ; ibid. 824, note Genevois ; ibid. 993, note Favoreu ; ibid. 1000, note Dubouis ; AJDA 1989. 756, chron. Honorat et Baptiste ; ibid. 788, note Simon ; LPA 15 nov. 1989, note Gruber ; ibid. 7 févr. 1990, note Flauss ; RTD eur. 1989. 787, note Isaac ; D. 1990. 57, chron. Kovar ; ibid. 135, note Sabourin ; JDI 1990. 5, chron. Dehaussy ; RGDIP 1990. 91, note Boulouis ; Rev. crit. DIP 1990. 139, note Lagarde ; Rev. Marché commun 1990. 384, note Lachaume ; RDP 1990. 801, note Touchard.*

95. Reste qu'en principe les traités n'engendrent de droits et d'obligations que pour les États signataires et ne peuvent dès lors être invoqués devant un juge par les particuliers pour qui ils n'engendrent pas de droits. • Crim. 20 déc. 1951, *Montaud dit Johnston : JCP 1952. 7014, obs. Blin* • CE 20 avr. 1984 : *Valton : Lebon 148.* ♦ C'est le cas en particulier de la Charte sociale européenne. • CE 15 mai 1995, *Raut : Lebon 610* • 7 juin 2006, *Assoc. AIDES et a.,* n° 285576 A : *AJDA 2006. 2233, note Rihal ; Dr. soc. 2006. 1037, concl. Devys ; RDSS 2006. 1047, note Gay.* ♦ Le Conseil d'État a toutefois reconnu l'effet direct de l'art. 24 de la Charte relatif aux droits des travailleurs à ne pas être licenciés sans motif valable. • CE 10 janv. 2014, n° 358992 : *AJDA 2014. 380.* ♦ ... Du pacte international relatif aux droits économiques, sociaux et culturels. • CE, ass., 5 mars 1999, *Rouquette,* nos 194658 et 196116 A : *RFDA 1999. 357, concl. Maugüé, note de Béchillon et Terneyre ; AJDA 1999. 420, chron. Raynaud et Fombeur ; RDP 1999. 1223, note Camby ; LPA 1er nov. 1999, p. 13, note Matt ; Dr. adm. 1999. 138, obs. C. M.* • 7 juin 2006, *Assoc. AIDES et a.,* n° 285576.

96. Par ailleurs, comme pour les lois, les dispositions du traité régulièrement ratifié et publié ne peuvent être invoquées devant un juge que si elles ne nécessitent pas l'édiction de mesures d'application. • CE 4 août 2006, *Comité de reflexion, d'information et de lutte antinucléaire,* n° 254948 A : *Dr. adm. 2006. 151 ; Dr. env. 2006. 365, note Gros.*

97. *Effet direct.* Les stipulations d'un traité ou d'un accord régulièrement introduit dans l'ordre juridique interne conformément à l'art. 55 Const. peuvent utilement être invoquées à l'appui d'une demande tendant à ce que soit annulé un acte administratif ou écartée l'application d'une loi ou d'un acte administratif incompatible avec la norme juridique qu'elles contiennent, dès lors qu'elles créent des droits dont les particuliers peuvent directement se prévaloir ; sous réserve des cas où est en cause un traité pour lequel la CJUE dispose d'une compétence exclusive pour déterminer s'il est d'effet direct, une stipulation doit être reconnue d'effet direct par le juge administratif lorsque, eu égard à l'intention exprimée des parties et à l'économie générale du traité invoqué, ainsi qu'à son contenu et à ses termes, elle n'a pas pour objet exclusif de régir les relations entre États et ne requiert l'intervention d'aucun acte complémentaire pour produire des effets à l'égard des particuliers ; l'absence de tels effets ne saurait être déduite de la seule circonstance que la stipulation désigne les États parties comme sujets de l'obligation qu'elle définit. • CE 11 avr. 2012, *GISTI et FAPIL,* n° 322326 : *AJDA 2012. 735 ; ibid. 936, chron. Domino et Bretonneau ; RFDA 2012. 547, concl. Dumortier ; ibid. 560, note Gautier.* ♦ En l'espèce, l'art. 6-1 de la Conv. int. du travail n° 97 du 1er juill. 1949 concernant les travailleurs migrants, régulièrement ratifiée, et publiée par le Décr. du 4 août 1954, stipule que : « Tout Membre pour lequel la présente convention est en vigueur s'engage à appliquer, sans discrimination de nationalité, de race, de religion ni de sexe, aux immigrants qui se trouvent légalement dans les limites de son territoire, un traitement qui ne soit pas moins favorable que celui qu'il applique à ses propres ressortissants en ce qui concerne les matières suivantes : *a)* dans la mesure où ces questions sont réglementées par la législation ou dépendent des autorités administratives : (...) *iii)* le logement (...) *d)* les actions en justice concernant les questions mentionnées dans la convention » ; l'art. 11 de la convention définit le travailleur migrant comme la personne qui émigre d'un pays vers un autre en vue d'occuper un emploi autrement que pour son propre compte ; l'engagement d'appliquer aux travailleurs migrants un traitement qui ne soit pas moins favorable que celui appliqué aux ressortissants nationaux en matière de droit au logement et d'accès aux procédures juridictionnelles permettant de faire valoir ce droit ne saurait être interprété comme se bornant à régir les relations entre États et, ne requérant l'intervention d'aucun acte complémentaire pour produire des effets, se suffit à lui-même ; par suite, les stipulations préc. peuvent utilement être invoquées à l'encontre du Décr. n° 2008-908 du 8 sept. 2008 qui n'est pas compatible avec ces stipulations en tant, d'une part, qu'il subordonne le droit au logement opposable de certains travailleurs migrants au sens de cette convention à une condition de résidence préalable de deux ans sur le territoire national qui ne s'applique pas aux ressortissants nationaux, d'autre part, qu'il exclut de son champ d'application des titres de séjour susceptibles d'être attribués à des personnes pouvant avoir la qualité de travailleur migrant au sens de cette convention, tels que les travailleurs temporaires ou les salariés en mission. • Même arrêt.

98. Il est toutefois en général admis que les traités relatifs aux droits de l'homme créent des droits dans le patrimoine des particuliers. • CE 15 févr. 1999, *Cimpœsu,* n° 196667 B. ♦ C'est le cas de la Conv. EDH (V. *infra*). ♦ Même pour ces conventions, le juge procède parfois à un « tri », considérant que seules certaines stipulations du traité sont directement invocables par les particuliers ; c'est le cas en particulier pour la CIDE (V. ce texte) ou de la Conv. contre la torture du 10 déc. 1984. • CE 7 nov. 2001, *Elser,* n° 228817 B • CAA Douai, 8 juin 2010, *Mawolo Soba,* n° 09DA01787.

B. LA CONVENTION INTERNATIONALE SUR LES DROITS DE L'ENFANT

99. La convention de New York figure au nombre des instruments internationaux concernant la protection des droits de l'homme dont la CJUE tient compte pour l'application des principes généraux du droit de l'Union. • CJCE 27 juin 2006, *Parlement c/ Conseil,* n° C-540/03 : *RFDA 2007. 126.*

1° LA QUESTION DE L'EFFET DIRECT

100. La Cour de cassation avait, dans un premier temps, adopté une position particulièrement restrictive, considérant globalement que la convention n'était pas d'applicabilité directe. • Civ. 1re, 10 mars 1993, *Le Jeune,* n° 91-11.310 : *JCP 1993. I. 3677.* ♦ La Cour a, depuis lors, opéré un revirement de jurisprudence en opérant une sélection parmi les stipulations de la convention entre celles directement invocables par les particuliers et celles ne créant d'obligations qu'entre les États signataires. • Civ. 1re, 18 mai 2005, nos 02-16.336 et 02-20.613. ♦ La Cour de cassation reprenait ainsi le raisonnement du Conseil d'État qui distinguait déjà les dispositions qui régissent exclusivement les relations entre États (soit parce que l'objet de la disposition est dans ce sens, soit lorsque la disposition vise à protéger des droits des particuliers mais qu'elle est formulée en termes trop généraux) et celles qui créent des droits à l'égard des particuliers. • CE 23 avr. 1997, *GISTI,* n° 163043 A : *AJDA 1997. 435, chron. Chauvaux et Girardot ; RFDA 1997. 585, concl. Abraham.*

101. Absence d'effet direct. Ont été jugés sans effet direct : les art. 2-1 [principe d'égalité] et 2-2 [protection contre les discriminations]. • CE 30 juin 1999, *M. Guichard,* n° 191232. ♦ ... Les art. 3, § 2 [soins nécessaires au bien-être de l'enfant], et 8, § 1 [respect de l'identité]. • CE 30 déc. 1998, *M. Cetinkaya,* n° 160422. ♦ ... Les art. 6 [droit à la vie, à la survie et au développement] et 28 [droit à l'éducation]. • CE 29 déc. 1997, *M. et Mme Soba,* nos 170098, 173011 et 173012 B. ♦ ... L'art. 8 [droit de l'enfant à son identité]. • CE 1er avr. 1998, *Mme Auble,* n° 155096 : *Lebon T. 668.* ♦ *Contra* : • Civ. 1re, 6 janv. 2010, n° 08-18.871 : *D. 2010. 207 ; AJ fam. 2010. 89, obs. Chénedé ; RTD civ. 2010. 296, obs. Hauser.* ♦ ... L'art. 9 [conditions de séparation d'avec les parents]. • CE 29 juill. 1994, *Préfet de la Seine-Maritime c/ M. et Mme Abdelmoula,* n° 143866 B : *AJDA 1994. 841, concl. Denis-Linton.* ♦ ... Les art. 12 [droit d'expression] et 14 [liberté de pensée, de conscience et de religion]. • CE 3 juill. 1996, *Paturel,* n° 140872 : *Lebon 256 ; JCP 1996. I. 2279, obs. Rouault.* ♦ ... L'art. 18 [obligations positives à la charge des États afin d'assurer la reconnaissance du principe selon lequel les deux parents ont une responsabilité commune, d'aider les parents dans l'exercice de leurs responsabilités à l'égard des enfants et de promouvoir les services de gardes d'enfants]. • CE 28 déc. 2001, *Zinoun,* n° 211760. ♦ ... Les art. 20 [protection due à l'enfant privé de son milieu familial] et 29 [objectifs de l'éducation de l'enfant]. • CE 6 juin 2001, *Mme Mosquera,* n° 213745. ♦ ... Les art. 24-1 [droit à la santé], 26-1 [droit à la sécurité sociale] et 27-1 [droit à un niveau de vie suffisant]. • CE 23 avr. 1997, *GISTI*, n° 163043 : *AJDA 1997. 435, obs. Chauvaux et Girardot ; ibid. 482* • 14 janv. 1998, *GISTI et Assoc. FTA*, n°s 174219, 174220 et 176805 : *Lebon T. 704.*

102. Effet direct. Ont été reconnus d'applicabilité directe : l'art. 3-1 [intérêt supérieur de l'enfant dans toutes les décisions qui le concernent]. • CE 22 sept. 1997, *Mlle Cinar*, n° 161364 : *Lebon 319 ; AJDA 1997. 815 ; RDSS 1998, n° 1, note Monéger ; JDI 1998. 721, note Barrière Brousse ; LPA 26 janv. 1998, note Reydellet* • 6 nov. 2000, *GISTI*, n° 204787 : *préc. note 101.* ♦ ... L'art. 10 [droit de l'enfant et de ses parents de quitter tout pays]. • CE 1er avr. 1998, *Mme Auble*, n° 155096 : *Lebon T. 668.* ♦ ... L'art. 12, § 2 [possibilité pour l'enfant d'être entendu dans les procédures judiciaires ou administratives l'intéressant]. • CE 27 juin 2008, *Mme Etarh*, n° 291561 : *Lebon 242 ; Rev. adm. août 2008, n° 115, p. 38.* ♦ ... L'art. 16 [droit de l'enfant au respect de sa vie privée et familiale]. • CE 10 mars 1995, *Demirpence*, n° 141083 : *Lebon T. 610 ; RGDIP 1995. 1013, note Alland.* ♦ ... L'art. 37 [protection de l'enfant en cas d'arrestation, de détention ou d'emprisonnement]. • CE 14 févr. 2001, *Nezdulkins*, n° 220271 : *Lebon 58 ; RFDA 2001. 528* .

2° INTÉRÊT SUPÉRIEUR DE L'ENFANT

a. Principes

103. L'art. 5 de la Dir. 2008/115/CE du Parlement européen et du Conseil, du 16 déc. 2008, relative aux normes et procédures communes applicables dans les États membres au retour des ressortissants de pays tiers en séjour irrégulier, lu en combinaison avec l'art. 24 de la Charte des droits fondamentaux de l'Union européenne, doit être interprété en ce sens que les États membres sont tenus de prendre dûment en compte l'intérêt supérieur de l'enfant avant d'adopter une décision de retour, assortie d'une interdiction d'entrée, même lorsque le destinataire de cette décision est non pas un mineur, mais le père de celui-ci. • CJUE 11 mars 2021, n° C-112/20 : *D. 2021. 575* .

104. Les stipulations de l'art. 3 CIDE sont applicables non seulement aux décisions qui ont pour objet de régler la situation personnelle d'enfants mineurs mais aussi à celles qui ont pour effet d'affecter, de manière suffisamment directe et certaine, leur situation ; le refus de délivrance d'une autorisation de séjour provisoire à la requérante au motif que l'état de santé de son enfant mineur ne justifiait pas son maintien sur le territoire français constitue une décision concernant un enfant au sens de ces stipulations. • CE 25 juin 2014, n° 359359 : *AJDA 2014. 1415* • CAA Bordeaux, 21 oct. 2014, n° 14BX00912. ♦ Annulation du refus de titre de séjour opposé à la mère d'une enfant mineure reconnue réfugiée statutaire. • CAA Lyon, 4 déc. 2018, n° 17LY03883 : *AJDA 2019. 558* .

105. Lien avec l'art. 8 Conv. EDH. Quand la CEDH s'interroge sur le droit d'un mineur à mener une vie familiale normale, elle le fait à l'aulne de l'intérêt supérieur de l'enfant garanti par l'art. 3-1 CIDE. • CEDH 18 oct. 2006, *Üner c/ Pays-Bas*, n° 46410/99 : *RFDA 2007. 119 ; RTDH 2007. 837, note Raux ; GACEDH, n° 53.*

106. Dispositions législatives. L'inconventionnalité tirée de la violation de l'art. 3-1 peut également être invoquée à l'encontre d'une disposition législative qui aurait pour conséquence, par exemple, d'entraîner des restrictions dans l'accès aux soins nécessaires à la santé des enfants. • CE 7 juin 2006, *Assoc. AIDES et a.*, n° 285576 : *Lebon 282 ; AJDA 2006. 2233 ; RFDA 2006. 886* .

107. Nature des liens avec l'enfant. Dans son appréciation, le juge ne s'arrête pas à une conception stricte de la famille mais tient effectivement compte de l'intérêt de l'enfant dans les relations qui sont les siennes avec la personne qui en a la charge. V. par ex. pour un refus de séjour opposé à une ressortissante marocaine qui avait recueilli à l'âge d'un an un enfant abandonné et de père inconnu. • CAA Paris, 29 janv. 2002, *Guessous c/ Min. Intérieur*, n° 01PA00557. ♦ Refus de séjour opposé à une femme qui, après le décès de sa sœur qu'elle était venue assister pendant sa maladie, a pris en charge l'éducation et l'entretien de sa nièce dont elle est la parente la plus proche. • CAA Versailles, 27 mars 2007, *Elokan*, n° 05VE00376. ♦ Reste que seuls les enfants avec lesquels l'intéressé entretient un lien fort et qui sont directement concernés par les conséquences de la décision entrent dans le champ des stipulations de l'art. 3-1 ; par suite, une requérante ne peut se prévaloir d'une violation de ces stipulations par le refus de titre de séjour qui lui a été opposé, alors même qu'elle a eu un enfant avec son compagnon, lequel exerce l'autorité parentale sur une autre enfant issue d'une première union avec une réfugiée russe qui vit en France avec cette enfant ; la requérante soutenait que cette enfant serait privée de son père si celui-ci devait retourner en Angola et que, si celui-ci restait en France, ce serait son enfant à elle qui serait privé de son père. • CAA Lyon, 26 févr. 2009, *Mme Mamengi*, n° 08LY01779. ♦ De même, ne peut invoquer l'intérêt d'un enfant le père de celui-ci qui ne subvient pas effectivement à ses besoins. • CE 10 mars 1999, *M. Mbunga*, n° 199049. ♦ La circonstance qu'un étranger élève l'enfant, de nationalité française, de sa compagne ne fait pas forcément obstacle à la reconstitution de la cellule familiale dans le pays d'origine avec sa compagne, de même nationalité, sans emploi. • CE 23 oct. 2013, *M. B.*, n° 349042 : *AJDA 2014. 595* .

b. Regroupement familial

108. Les mesures intervenant en matière de regroupement familial doivent être prises en tenant compte de l'intérêt supérieur de l'enfant. • CE 22 sept. 1997, *Mlle Cinar,* n° 161364 : *préc. note 102* • CE 6 nov. 2000, *GISTI,* n° 204787 B. ♦ C'est le cas : des décisions préfectorales de refus de regroupement familial. • CE 1er déc. 2010, n° 328063. ♦ ... Des refus de visa d'entrée consécutifs à une autorisation de regroupement familial. • CE 23 déc. 2011, n° 336390.

109. Jugé que violait l'art. 3-1 le refus d'admission au titre du regroupement familial opposé au petit-fils, atteint d'un handicap mental, d'un ressortissant algérien alors que la prise en charge par ses grands-parents était dans l'intérêt de cet enfant. • TA Versailles, 3 déc. 1998, *M. Bouafia c/ Préfet de l'Essonne,* n° 97592. ♦ Mais l'intérêt supérieur de l'enfant peut, au contraire, précisément justifier la décision de refus de regroupement familial, notamment lorsque celle-ci est motivée par la présence dans le pays d'origine des parents, frères et sœurs de l'enfant et qu'il n'est ni établi ni même allégué que sa famille ne serait pas en mesure d'assurer son entretien et son éducation. • CAA Versailles, 20 sept. 2007, *M. Saïd Ibersiene,* n° 05VE01465. ♦ Par analogie, la violation de l'art. 3-1 pourra résider dans l'impossibilité juridique de recourir à la procédure de regroupement familial (par ex. refus de séjour notifié au père d'un enfant, qui a souscrit un PACS avec la mère de celui-ci dès lors que la procédure de regroupement familial n'est pas applicable et qu'il n'est pas établi que la mère pourrait rejoindre l'intéressé dans son pays d'origine ou tout autre pays). • TA Paris, 21 juin 2007, *Ngoma,* n° 0704677/5-2.

c. Mineurs isolés

110. Le juge des enfants, lorsqu'il décide de confier un enfant à un service départemental de l'aide sociale à l'enfance, et le procureur de la République, lorsqu'il prend une telle mesure à titre provisoire en cas d'urgence, doivent choisir ce service départemental dans l'intérêt de l'enfant ; cette obligation s'applique, y compris aux mineurs isolés, pour lesquels il n'y a pas lieu de rechercher un lieu d'accueil qui facilite le maintien des liens avec le ou les parents ; par suite, en énonçant, au 3e al. du pt 3 de la Circ. du 31 mai 2013 relative aux modalités de prise en charge des jeunes isolés étrangers, qu'en l'absence de titulaire de l'autorité parentale sur le territoire français il n'existe pas de critère législatif présidant au choix d'un département d'accueil définitif, le garde des Sceaux, ministre de la Justice, a commis une illégalité. Relève en revanche de l'intérêt de l'enfant la prise en considération de la capacité du département d'accueil à le prendre en charge dans des conditions satisfaisantes. • CE 30 janv. 2015, *Dpt des Hauts-de-Seine,* n° 371415 : *AJDA 2015. 1320, note Rihal et Cavaniol.* ♦ Sur l'articulation des régimes juridiques en matière de prise en charge des mineurs isolés étrangers, V. Circ. du 25 janv. 2016 (NOR : JUSF1602101C). ♦ Le refus d'assurer dans les plus brefs délais un accueil d'urgence des personnes se déclarant mineurs non accompagnés (MNA) constitue, lorsqu'elle entraîne des conséquences graves, une carence caractérisée dans l'accomplissement de la mission de protection qui incombe aux autorités du département et porte une atteinte grave et manifestement illégale à une liberté fondamentale. • CE 25 janv. 2019, n°s 426949, 426950, 427167, 427169 et 427170.

d. Refus de visa et séjour

111. Refus de visa. Viole l'art. 3-1 le refus de visa d'entrée en France opposé à la mère d'un enfant dont le séjour dans un hôpital en France devait être prolongé. • CE 5 juill. 2010, *Ebang,* n° 329522. ♦ Si la Conv. de New York peut être invoquée à l'encontre du refus de visa opposé à un enfant mineur, elles ne sont plus applicables dès lors que l'enfant a atteint la majorité au moment où le juge de cassation statue. • CE 7 oct. 2013, *Min. Intérieur,* n° 360972 B : *AJDA 2013. 2005.*

112. Refus de séjour. Les décisions de refus de séjour opposées à des mineurs doivent tenir compte de l'intérêt supérieur de l'enfant. V. par ex. un refus fondé sur le seul motif qu'un enfant âgé de 14 ans ne s'était pas soumis à un examen médical en Algérie. • CE 9 nov. 1998, *M. Hellal,* n° 169952. ♦ V. aussi le refus concernant un enfant marocain âgé de 5 ans, adopté à l'âge de 3 semaines et ayant depuis vécu auprès de ses parents, en invoquant la possibilité d'un retour de l'enfant au foyer de son père biologique. • CAA Paris, 5 déc. 2000, *Épx Neggaoui,* n° 98PA02437 : *Lebon T. 1037.* ♦ V. aussi s'agissant d'enfants n'ayant jamais vécu à l'étranger, attestant de la très grande qualité de leur insertion en France et qui ne pourraient reprendre une scolarité normale dans leur pays d'origine. • CAA Bordeaux, 8 mars 2010, *Mme Aslanyan,* n° 09BX01240.

113. Il en va de même des refus de séjour opposés aux parents d'enfants mineurs, par ex. un refus de séjour opposé à un ressortissant géorgien dont le fils réside en France auprès de ses grands-parents, réfugiés statutaires, et dont l'intérêt supérieur est de ne pas retourner en Géorgie et de ne pas être séparé de son père. • CAA Nancy, 30 avr. 2008, *Tatunashvili,* n° 07NC01197 • CAA Bordeaux, 17 févr. 2009, *Préfet de la Haute-Garonne c/ Betterki et Medjeded,* n° 08BX01852. ♦ Même solution s'agissant d'un refus de séjour opposé au père qui assure l'entretien et l'éducation de son enfant français, même sans pouvoir lui verser une pension ; en l'espèce, le père exerce conjointement avec la mère l'autorité parentale sur sa fille et bénéficie d'un droit de visite ; un jugement a constaté son état d'impécuniosité et supprimé son obligation de versement d'une pension alimentaire mais de nombreux témoignages, y compris de la mère de l'enfant, établissent l'intensité des liens avec sa fille et l'intérêt porté à son éducation et son entretien. • CAA Nantes, 27 mars 2012, *Soumah,* n° 12NT00019. ♦ Le refus de titre de séjour qui prive le requérant de la possibilité de contribuer par son travail à l'entretien des enfants du foyer, alors qu'il dispose d'une promesse d'embauche, porte une atteinte excessive à l'intérêt supérieur de ces enfants. • CAA Bordeaux, 2 oct. 2014, n° 14BX00694.

e. Mesures d'éloignement

114. Le juge procèdera à l'annulation d'une décision d'éloignement pour non-respect de l'intérêt supérieur de l'enfant, par exemple lorsque l'état de santé de l'enfant nécessite un traitement médical indisponible dans le pays d'origine du père dont la présence est nécessaire auprès de l'enfant. • CAA Versailles, 8 nov. 2005, *Mbembe,* n° 05VE00169 • 29 janv. 2009, *Mme Mébiame,* n° 07VE02549. ♦ Même solution pour une mesure d'éloignement concernant la mère de deux enfants mineurs enlevés par des personnes non identifiées pendant la garde à vue de l'intéressée. • CAA Versailles, 29 juin 2006, *Préfet de la Moselle c/ Matondo,* n° 05VE01655. ♦ Même solution encore quand l'exécution de la mesure d'éloignement aurait pour effet de priver l'enfant soit de la présence de son père, débouté du droit d'asile, soit de celle de sa mère, réfugiée statutaire. • CAA Lyon, 16 juill. 2007, *Zeinalian,* n° 06LY02319 • CE 2 juin 2003, *Préfet de police c/ Swieca,* n° 236148 • CAA Versailles, 2 févr. 2006, *Préfet du Val-d'Oise c/ Anoah,* n° 05VE01152. ♦ V. aussi s'agissant de l'éloignement de la mère d'un enfant dont le père est incarcéré en France : • CAA Bordeaux, 15 mai 2007, *Bellabchir,* n° 07BX00033.

115. Reste que toute mesure d'éloignement frappant l'un des deux parents, voire les deux, n'est pas nécessairement constitutive d'une violation de l'art. 3-1. • CE 11 juin 1999, *Mme Despas,* n° 201674. ♦ C'est en particulier le cas lorsque la résidence des parents en France est très récente. • TA Rennes, 30 mai 1997, *M. et Mme Vassilev,* nos 971180, 971185 et 971186. ♦ ... Lorsque la mesure contestée n'a pas pour effet de contraindre les parents à se séparer de leurs enfants. • CE 10 juin 1998, *Mme Sanches Lopez,* n° 165388. ♦ ... Lorsque aucune circonstance de l'espèce n'exige le maintien en France de la famille. • CE 21 févr. 1997, *Mme Douad,* n° 171893. ♦ ... Ou lorsque rien ne s'oppose à ce que les parents emmènent leurs enfants avec eux. • TA Paris, 19 déc. 1997, *M. et Mlle Karamoko,* n° 9408830/4 • CE 3 mars 2002, *Aït-Benali,* n° 248655 • 27 juin 2003, *Essaddek,* n° 251582 • CAA Versailles, 12 oct. 2006, *Achour,* n° 05VE02330.

116. Règl. « Dublin III ». La CJUE considère que l'intérêt supérieur de l'enfant ne saurait remettre en cause la liberté de l'État membre d'actionner ou non la clause discrétionnaire permettant à un État membre de prendre en charge une demande d'asile alors qu'il n'en est pas responsable au sens du Règl. « Dublin III », même si l'intérêt supérieur de l'enfant impose « de traiter la situation de cet enfant de manière indissociable de celle de ses parents ». • CJUE 23 janv. 2019, n° C-661/17.

f. Gestation pour autrui

117. V. aussi notes 13 s. ss. art. 18 C. civ., App. v° *Nationalité.* ♦ Le Conseil constitutionnel a déclaré conforme à la Constitution l'interdiction législative de la GPA par la loi bioéthique du 29 juill. 1994. • Cons. const. 27 juill. 1994, n° 94-343/344 DC : *D. 1995. 237, note Mathieu ; ibid. 205, chron. Edelman ; ibid. 299, obs. Favoreu ; RFDA 1994. 1019, note Mathieu ; RTD civ. 1994. 831, obs. Hauser ; ibid. 840, obs. Hauser.*

118. Position initiale de la Cour de cassation. La Cour de cassation estimait qu'il est contraire au principe d'indisponibilité de l'état des personnes, principe essentiel du droit français, de faire produire effet, au regard de la filiation, à une convention portant sur la gestation pour autrui qui, fût-elle licite à l'étranger, est nulle et d'une nullité d'ordre public aux termes des art. 16-7 et 16-9 C. civ. • Civ. 1re, 6 avr. 2011, n° 09-66.486 : *D. 2011. 1522, note Berthiau et Brunet ; ibid. 1585, obs. Granet-Lambrechts ; AJ fam. 2011. 262, obs. Haftel ; Dr. fam. 2011. Étude 14, obs. Neirinck.* ♦ Elle affirmait ainsi l'impossibilité de faire transcrire sur les registres d'état civil français l'acte de naissance résultant d'une gestation pour autrui. • Civ. 1re, 13 sept. 2013, n° 12-30.138 : *AJ fam. 2018. 613* • 13 sept. 2013, n° 12-18.315. ♦ Cette contrariété à l'ordre public international français faisait, de même, obstacle aux effets en France d'une possession d'état invoquée pour l'établissement de la filiation en conséquence d'une convention de gestation pour autrui. • Civ. 1re, 6 avr. 2011, n° 09-17.130 P : *D. 2011. 1522, et les obs., note Berthiau et Brunet ; ibid. 1001, édito. Rome ; ibid. 1064, entretien Labbée ; ibid. 1585, obs. Granet-Lambrechts ; ibid. 1995, obs. Bonfils et Gouttenoire ; ibid. 2012. 308, obs. Galloux et Gaumont-Prat ; ibid. 1033, obs. Douchy-Oudot ; ibid. 1228, obs. Gaudemet-Tallon et Jault-Seseke ; AJ fam. 2011. 262 ; ibid. 265, obs. Haftel ; ibid. 266, interview Domingo ; AJCT 2011. 301, obs. Siffrein-Blanc ; Rev. crit. DIP 2011. 722, note Hammje ; RTD civ. 2011. 340, obs. Hauser.* ♦ La Cour de cassation s'était également opposée à l'établissement de la filiation du père biologique en raison de la fraude à la loi française commise par celui-ci. • Civ. 1re, 13 sept. 2013, n° 12-18.315 : *AJ fam. 2013. 579, obs. Chénedé ; ibid. 532, obs. Dionisi-Peyrusse ; ibid. 600, obs. Clélia Richard et Berdeaux-Gacogne ; D. 2013. 2382, obs.*

Gallmeister ; ibid. 2349, chron. Fulchiron et Bidaud-Garon ; ibid. 2377, avis Petit ; ibid. 2384, note Fabre-Magnan ; ibid. 2014. 689, obs. Douchy-Oudot ; AJCT 2013. 517, obs. Mésa ; Rev. crit. DIP 2013. 909, note Hammje ; RTD civ. 2013. 816, obs. Hauser . ♦ V. aussi • Civ. 1re, 19 mars 2014, n° 13-50.005 : *AJ fam. 2014. 244, note Chénedé .*

119. Position du Conseil d'État. Le Conseil d'État se montrait toutefois plus réceptif à l'application de l'art. 3-1 CIDE : ainsi, un refus de document de voyage permettant à des enfants de pénétrer sur le territoire national ne peut être fondé sur une suspicion de naissances obtenues au terme d'une procédure de GPA dès lors que, compte tenu des effets attachés par l'art. 47 C. civ. à un acte d'état civil étranger, sauf s'il est établi que cet acte est irrégulier, falsifié ou que les faits qui y sont déclarés ne correspondent pas à la réalité, il y a lieu de tenir la filiation pour établie, les enfants concernés ayant été reconnus par leur père français, ce qu'un test ADN, diligenté par le requérant, a confirmé ; la circonstance que la conception de ces enfants aurait pour origine un contrat frappé de nullité au regard de l'ordre public français est sans incidence sur l'obligation faite à l'administration, par les stipulations de l'art. 3 CIDE, d'accorder une attention primordiale à l'intérêt supérieur des enfants. • CE 4 mai 2011, *Min. des Aff. étrangères c/ M. Morin*, nos 348778 et 348779 : *D. 2011. 1347 ; AJ fam. 2011. 328, obs. Miloudi* • 3 août 2016, n° 401924.

120. Une circulaire avait invité les procureurs de la République à ne pas s'opposer aux délivrances de certificat de nationalité française aux enfants nés d'une GPA à l'étranger ; il est suffisant de vérifier que l'acte d'état civil étranger remplit les conditions de régularité au sens de l'art. 47 C. civ. établissant le lien de filiation avec un Français. * Circ. 25 janv. 2013 (NOR : JUSC1301528C) : *AJ fam. 2013. 74.* ♦ Le Conseil d'État avait validé cette circulaire, la seule naissance par GPA conclue à l'étranger ne suffisant pas à refuser un certificat de nationalité française à un enfant dès lors que les actes d'état civil local attestant de son lien de filiation avec un Français pouvaient, sous le contrôle de l'autorité judiciaire, être regardés comme probants. • CE 12 déc. 2014, *Assoc. Juristes pour l'enfance et a.*, n° 367324 A : *AJDA 2014. 2451 ; ibid. 2015. 357, note Lepoutr e ; AJ fam. 2015. 53* • 12 déc. 2014, *M. Larrivé et a.*, n° 365779 : *RFDA 2015. 163, concl. Domino .*

121. Condamnation par la CEDH. La CEDH a jugé que le refus de transcription des actes d'état civil étrangers établis aux États-Unis pour les enfants nés par GPA portait atteinte au droit de ces enfants au respect de leur vie privée, protégée par l'art. 8 Conv. EDH. Selon la CEDH, il est concevable que la France puisse souhaiter décourager ses ressortissants de recourir à l'étranger à une méthode de procréation qu'elle prohibe sur son territoire ; toutefois, les effets de la non-reconnaissance en droit français du lien de filiation entre les enfants ainsi conçus et les parents d'intention ne se limitent pas à la situation de ces derniers, qui seuls ont fait le choix des modalités de procréation que leur reprochent les autorités françaises : ils portent aussi sur celle des enfants eux-mêmes, dont le droit au respect de la vie privée, qui implique que chacun puisse établir la substance de son identité, y compris sa filiation, se trouve significativement affecté. • CEDH 26 juin 2014, *Mennesson c/ France*, n° 65192/11 : *D. 2014. 1773, chron. Fulchiron et Bidaud-Garon ; ibid. 1787, obs. Bonfils et Gouttenoire ; ibid. 1797, et les obs., note Chénedé ; ibid. 1806, note d'Avout ; AJ fam. 2014. 396, obs. Dionisi-Peyrusse ; ibid. 499, obs. Haftel ; RDSS 2014. 887, note Bergoignan Esper ; RTD civ. 2014. 616, obs. Hauser* • 26 juin 2014, *Labassée c/ France*, n° 65941/11 : *AJDA 2014. 1763, chron. Burgorgue-Larsen ; D. 2014. 1787, obs. Bonfils et Gouttenoire ; ibid. 1797, et les obs., note Chénedé ; ibid. 1806, note d'Avout ; AJ fam. 2014. 396, obs. Dionisi-Peyrusse ; ibid. 499, obs. Haftel ; RTD civ. 2014. 616, obs. Hauser ; ibid. 835, obs. Marguénaud .* ♦ V. aussi • CEDH 21 juill. 2016, *Foulon et Bouvet c/ France*, nos 90363/14 et 10410/14 : *AJDA 2016. 1748, chron. Burgorgue-Larsen .* ♦ Il est nécessaire qu'un enfant ne soit pas désavantagé du fait qu'il a été mis au monde par une mère porteuse, à commencer par la citoyenneté ou l'identité qui revêtent une importance primordiale ; l'intérêt supérieur de l'enfant (ici privé pendant plusieurs années de toute identité) prime sur l'ordre public, malgré l'absence de tout lien biologique entre l'enfant et les parents d'intention et la brièveté de la période pendant laquelle ces derniers se sont occupés de lui. • CEDH 27 janv. 2015, *Paradiso et Campanelli c/ Italie*, n° 25358/12 : *DP étrangers, Bull. n° 241, févr. 2015, note Haftel.*

122. Avis consultatif rendu au titre du Prot. n° 16 sur saisine de la Cour de cassation. • Cass., ass. plén., 5 oct. 2018, n° 12-30.138 • 5 oct. 2018, n° 10-19.053 : *D. 2019. 228, note Deumier et Fulchiron ; ibid. 663, obs. Granet-Lambrechts ; AJ fam. 2018. 613 ; ibid. 2019. 592 ; RTD civ. 2018. 847, obs. Marguénaud ; ibid. 2019. 90, obs. Leroyer ; JCP 2018. 1190, note Gouttenoire et Sudre.* ♦ V. aussi : • Civ. 1re, 20 mars 2019, n° 18-11.815. ♦ La CEDH a indiqué que la reconnaissance nécessaire du lien de filiation n'exige pas la transcription sur les registres de l'état civil de l'acte de naissance également établi à l'étranger, mais peut se faire par une autre voie, telle que l'adoption de l'enfant par la mère d'intention. • CEDH, avis, 10 avr. 2019, n° P16-2018-001 : *AJ fam. 2019. 289 ; Gaz. Pal. 9 juill. 2019, note Andrianstimbazovina ; D. 2019. 1404, note Larrouturou ; ibid. 1084, note Fulchiron ; RTD civ. 2019. 286, note Marguénaud .* ♦ Le refus de transcrire l'acte de naissance d'un enfant né à l'étranger d'une GPA ne porte pas atteinte au respect de la vie privée pour autant que la procédure d'adoption permet de reconnaître un lien de filiation. • CEDH 16 juill. 2020, n° 11288/18 : *D. 2020. 1572* ; *AJ fam. 2020. 588*. ♦ Même solution dès lors que la vie familiale avec l'enfant est préservée par d'autres moyens, en l'espèce le placement de l'enfant en accueil familial auprès de ses mères d'intention. • CEDH 18 mai 2021, n° 71552/17 : *Rev. crit. DIP 2022. 35, note Bidaud*.

123. *Position actuelle du juge judiciaire.* La Cour de cassation estime désormais qu'une convention de GPA ne fait pas obstacle à la transcription d'un acte de naissance dressé à l'étranger, ni irrégulier ni falsifié et dont les faits déclarés correspondent à la réalité ; la Cour observe que l'acte de naissance concernant un Français, dressé en pays étranger et rédigé dans les formes usitées dans ce pays, est transcrit sur les registres de l'état civil sauf si d'autres actes ou pièces détenus, des données extérieures ou des éléments tirés de l'acte lui-même établissent, le cas échéant après toutes vérifications utiles, que cet acte est irrégulier, falsifié ou que les faits qui y sont déclarés ne correspondent pas à la réalité ; elle estime que la convention de GPA conclue entre le ressortissant français et la mère porteuse ne faisait pas obstacle à la transcription de l'acte de naissance. • Cass., ass. plén., 3 juill. 2015, n° 14-21.323 : *AJ fam. 2015. 496* • 3 juill. 2015, n° 15-50.002. ♦ Toutefois, ne peut faire l'objet d'une transcription à l'état civil en France l'acte établi à l'étranger mentionnant la mère d'intention comme étant la mère biologique de l'enfant né par GPA. • Civ. 1re, 29 nov. 2017, n° 16-50.061 : *AJ fam. 2018. 122*.

124. La cour de Rennes est allée plus loin encore en validant la transcription à l'état civil français de l'acte de naissance dressé en Ukraine d'un enfant né en ce pays d'une mère porteuse alors même que cet acte les désigne comme les parents de l'enfant, conformément à la loi ukrainienne ; la Cour estime en effet que la transcription de l'acte de naissance est conforme à l'intérêt supérieur de l'enfant qui est de bénéficier de la protection et de l'éducation du couple parental, de la stabilité des liens familiaux et de la sécurité juridique complète dans sa famille. • Rennes, 12 déc. 2016, n° 15/08549 : *AJ fam. 2017. 68, note Viganotti*. ♦ L'existence d'une convention de GPA ne fait pas en soi obstacle à la transcription de l'acte de naissance établi à l'étranger, dès lors qu'il n'est ni irrégulier ni falsifié et que les faits qui y sont déclarés correspondent à la réalité biologique. • Cass., ass., 5 oct. 2018, n° 12-30.138 : *D. 2018. 1912* ; *AJ fam. 2018. 569, obs. Dionisi-Peyrusse* ; *ibid. 613, obs. Saulier* ; *ibid. 640* ; *D. actu. 10 oct. 2018, obs. Coustet* ; *RJPF 2018-11/26, obs. Le Boursicot.*

125. *Adoption.* La Cour de cassation avait jugé que la voie de l'adoption ne peut être utilisée pour permettre à la mère d'intention d'établir un lien de filiation avec l'enfant né d'une GPA. • Civ. 1re, 9 déc. 2003, n° 01-03.927 : *D. 2004. 1998, note Poisson-Drocourt* ; *ibid. 2005. 536, obs. Galloux et Gaumont-Prat* ; *AJ fam. 2004. 62, obs. F. B.* ; *RTD civ. 2004. 75, obs. Hauser*. ♦ Elle considère désormais que l'épouse du père ne peut légalement être la mère de l'enfant né d'une GPA sans l'adopter, bien qu'elle apparaisse comme telle sur l'acte de naissance établi dans l'État dans lequel la GPA a été pratiquée. • Civ. 1re, 5 juill. 2017, n° 15-28.597 : *AJ fam. 2017. 482, obs. Dionisi-Peyrusse* ; *ibid. 375, point de vue Chénedé* ; *D. 2017. 1737, note Fulchiron* ; *ibid. 1727, obs. Bonfils et Gouttenoire*. ♦ Jugé que le recours à la GPA à l'étranger ne fait pas, en lui-même, obstacle au prononcé de l'adoption, par l'époux du père, de l'enfant né de cette procréation, si les conditions légales de l'adoption sont réunies et si elle est conforme à l'intérêt de l'enfant. • Civ. 1re, 5 juill. 2017, n° 16-16.455 : *AJ fam. 2017. 482*. ♦ V. aussi • Rennes, 25 nov. 2019, nos 18/01936, 18/01497 et 18/01155 : *AJ fam. 2020. 71* • Civ. 1re, 4 nov. 2020, n° 19-15.739 : *D. 2020. 2172*. ♦ En présence d'une action aux fins de transcription de l'acte de naissance étranger de l'enfant, qui n'est pas une action en reconnaissance ou en établissement de la filiation, ni la circonstance que l'enfant soit né à l'issue d'une convention de GPA ni celle que cet acte désigne le père biologique de l'enfant et un deuxième homme comme père ne constituent des obstacles à la transcription de l'acte sur les registres de l'état civil, lorsque celui-ci est probant au sens de l'art. 47 C. civ. • Civ. 1re, 18 déc. 2019, nos 18-12.327 et 18-11.815 : *AJ fam. 2020. 131* ; *Rev. crit. DIP 2020. 267, note Bollée et Haftel*.

126. Saisie d'une demande d'avis consultatif par la Cour de cassation, la CEDH a considéré que l'art. 8 Conv. EDH, s'il requiert une reconnaissance d'un lien de filiation entre l'enfant et sa mère d'intention, cela n'implique pas nécessairement la transcription de l'acte de naissance ; l'adoption de l'enfant peut suffire. • CEDH, avis, 10 avr. 2019, n° P16-2018-001.

127. Dans l'affaire *Mennesson*, s'agissant de la mère d'intention, la Cour de cassation indique qu'il convient de privilégier tout mode d'établissement de la filiation permettant au juge de contrôler notamment la validité de l'acte ou du jugement d'état civil étranger au regard de la loi du lieu de son établissement, et d'examiner les circonstances particulières dans lesquelles se trouve l'enfant ; elle écarte en l'espèce l'adoption en raison du temps écoulé depuis la concrétisation du lien entre les enfants et la mère d'intention, contraire au respect du droit à la vie privée des enfants ; elle écarte également la possession d'état en raison de l'absence de garanties de sécurité juridique suffisantes ; elle conclut ainsi à la transcription sur les registres de l'état civil français des actes de naissance établis à l'étranger. • Civ. 1re, 12 sept. 2019, n° 10-20.472 : *AJ fam. 2019. 481*, *note Brunet* ; *ibid. 2019. 487, obs. Dionisi-Peyrusse* ; *ibid. 531.* ♦ V. aussi Guillaumé, La saga Mennesson : les premières fois..., *D. 2019. 2000* ; Fulchiron, Transcription dans l'affaire *Mennesson* aujourd'hui. Et demain ?, *D. 2019. 2228.*

128. La L. n° 2021-1017 du 2 août 2021 relative à la bioéthique a modifié l'art. 47 C. civ. qui dispose désormais que « tout acte de l'état civil des Français et des étrangers fait en pays étranger et rédigé dans les formes usitées dans ce pays fait foi, sauf si d'autres actes ou pièces détenus, des données extérieures ou des éléments tirés de l'acte lui-même établissent, le cas échéant, après toutes vérifications utiles, que cet acte est irrégulier, falsifié ou que les faits qui y sont déclarés ne correspondent pas à la réalité. Celle-ci est appréciée au regard de la loi française ». Or, la réalité juridique, en matière de filiation, est la suivante : la mère est celle qui accouche (C. civ., art. 311-25) ; le père est l'époux de la mère (C. civ., art. 312) ou celui qui a reconnu l'enfant (C. civ., art. 316). La référence à tout autre évènement sur un acte de naissance étranger est, dans ces conditions, nécessairement issue d'une réalité juridique différente et doit dès lors faire l'objet d'un contrôle juridictionnel. V. Karila-Danziger et Joly, Transcription à l'état civil français des actes de naissance étrangers dressés dans le cadre d'une GPA, « Fin de partie », *AJ fam. 2021. 582.* ♦ Cette réforme répond ainsi principalement au souci de rétablir un contrôle de l'autorité judiciaire en matière de GPA. Comme l'indiquait le garde des Sceaux lors du débat parlementaire : « Dans un arrêt du 18 déc. 2019, la Cour de cassation a soustrait les GPA réalisées à l'étranger à tout contrôle du juge. Or, il est indispensable, à mes yeux, qu'un contrôle s'exerce [...]. La Cour de cassation a établi le principe selon lequel la GPA ne devrait plus être soumise au contrôle du juge ; le ministre de la Justice que je suis souhaite qu'il y en ait un, exercé par le juge de l'adoption ». Rapp. AN, 9 juin 2021, compte rendu, 1re séance, p. 5962 à 5967.

IV. DROIT DE L'UNION EUROPÉENNE

A. DROIT ORIGINAIRE ET RÈGLEMENTS

1° PRINCIPES

129. La Cour de justice a, depuis longtemps, affirmé la primauté du droit communautaire. • CJCE 15 juill. 1964, *Costa c/ Enel*, n° 6/64 : *Rec. CJCE 1141.* ♦ Elle considère qu'aucune disposition de droit interne, fût-elle constitutionnelle, ne peut justifier qu'un acte communautaire ne reçoive pas application sur le territoire d'un État membre. • CJCE 17 déc. 1970, *Internationale Handelsgesellschaft*, n° 11/70 : *Rec. CJCE 1125* • 2 juill. 1996, *Commission c/ Luxembourg*, n° C-473/93 : *Rec. CJCE I-3207* • 16 déc. 2008, *Michaniki*, n° C-213/07 : *AJDA 2009. 252, chron. Broussy, Donnat et Lambert*. ♦ En revanche, pour le Conseil d'État, la Constitution garde sa suprématie sur le droit communautaire, y compris ses principes généraux. • CE 3 déc. 2001 *Synd nat. industrie pharmaceutique*, n° 226514 : *Dr. adm. 2002, n° 55, note Cassia ; RFDA 2002. 166* ; *Europe 2002, n° 4, p. 6, note Rigaux et Simon ; AJDA 2002. 1219, note Valembois* • CE, réf., 3 juin 2005, *Olziibat*, n° 281001 : *Dr. adm. 2005. 14, note Cassia.*

130. Dès lors que les traités communautaires sont mentionnés dans la Constitution (art. 88-1, 88-2 et 88-3 Const.), le Conseil Constitutionnel, en contrôlant la constitutionnalité de la loi à la disposition constitutionnelle visant le traité, doit nécessairement, « selon la volonté même du constituant », vérifier que la loi adoptée par le Parlement n'en viole pas les dispositions conventionnelles. • Cons. const. 3 août 1993, n° 93-324 DC. ♦ Ce contrôle se réalise aussi par rapport aux actes dérivés du traité ainsi mentionné. • Cons. const. 20 mai 1998, n° 98-400.

131. Il appartient au juge national d'exclure ou de laisser inappliquées les dispositions nationales susceptibles de faire obstacle à la pleine exécution du droit communautaire. • CJCE 9 mars 1978, *Simmenthal*, n° 106/77 : *Rec. CJCE 629, concl. Reischl* • CE 29 mars 2006, *Centre d'exportation du livre français*, n° 274923 : *Lebon 173 ; AJDA 2006. 1396, note Cartier-Bresson* ; *CJEG 2006. 375, note Girardot ; Dr. adm. 2006. 112, note Bazex et Blazy.*

132. De même, un texte législatif doit être écarté dans la mesure où il est incompatible avec des actes de droit dérivé pris sur le fondement des traités communautaires. • CE 20 déc. 2000, *Géniteau*, n° 213415 : *Lebon 634 ; D. 2001. 1713, note Raynouard* ; *ibid. 383, obs. Lienhard* ; *RTD civ. 2001. 238, obs. Molfessis* ; *AJDA 2001. 489, note Pontier* ; *Gaz. Pal. 8 juill. 2001, note Mitrovic.* ♦ Il appartient donc aux autorités administratives nationales, sous le contrôle du juge, d'exercer les pouvoirs qui leur sont conférés par la loi en donnant à celle-ci, dans tous les cas où elle se trouve dans le champ d'application d'une règle communautaire, une interprétation qui, dans la mesure où son texte le permet, soit conforme au droit communautaire et notamment aux objectifs fixés par les directives. Il leur appartient encore, dans l'hypothèse où des dispositions législatives se révèleraient incompatibles avec des règles communautaires, de donner instruction à leurs services de n'en point faire application. • CE 30 juill. 2003, *Assoc. « Avenir de la langue française »*, n° 245076 : *Lebon 347 ; RFDA 2003. 1039* ; *AJDA 2003. 2156, note Pontier* ; *Dr. adm. 2003 n° 219, note Lombard ; LPA 20 avr. 2004, note Melleray* • 27 juill. 2006, *Assoc. « Avenir de la langue française »*, n° 281629 : *Lebon 380 ; Dr. adm. 2007. 24, note E. G.*

2° CHARTE UE

133. Mise en œuvre du droit de l'Union. Aux termes de l'art. 51 de la Charte UE : « 1. Les dispositions de la présente Charte s'adressent aux institutions, organes et organismes de l'Union dans le respect du principe de subsidiarité, ainsi qu'aux États membres uniquement lorsqu'ils mettent en œuvre le droit de l'Union » ; le moyen tiré de la méconnaissance de l'art. 21 de cette Charte ne peut être accueilli, dès lors que le décret contesté et les dispositions législatives pour l'application desquelles il est pris ne mettent pas en œuvre le droit de l'Union. • CE 4 juill. 2012, *Conféd. française pour la promotion sociale des aveugles et des amblyopes,* n° 341533. ♦ La protection des droits fondamentaux sur la base du droit de l'Union, y compris de la Charte, ne joue que pour autant que la situation relève du champ d'application du droit communautaire. • CJUE 12 nov. 2010, *Asparuhov Estov et a.,* n° C-339/10 : *Europe 2011. Comm. 1, Rigaux* • CJUE 1er mars 2011, *Chartry,* n° C-547/09 : *Europe 2011. Comm. 154, obs. Simon.*

134. Il résulte, en substance, de la jurisprudence constante de la Cour que les droits fondamentaux garantis dans l'ordre juridique de l'Union ont vocation à être appliqués dans toutes les situations régies par le droit de l'Union, mais pas en dehors de telles situations. C'est dans cette mesure que la Cour a déjà rappelé qu'elle ne peut apprécier, au regard de la Charte, une réglementation nationale qui ne se situe pas dans le cadre du droit de l'Union. En revanche, dès lors qu'une telle réglementation entre dans le champ d'application de ce droit, la Cour, saisie à titre préjudiciel, doit fournir tous les éléments d'interprétation nécessaires à l'appréciation, par la juridiction nationale, de la conformité de cette réglementation avec les droits fondamentaux dont elle assure le respect. On peut en déduire que toutes les mesures prises sur le fondement des textes ayant fait l'objet d'une transposition de la Dir. 2008/115/CE du 16 déc. 2008 relative aux normes et procédures communes applicables dans les États membres au retour des ressortissants de pays tiers en séjour irrégulier, dite directive « Retour », sont des actes pris par les États membres pour mettre en œuvre le droit de l'Union. • CJUE 26 févr. 2013, *Aklagaren c/ Hans Akerberg Fransson,* n° C-617/10 : *AJDA 2013. 1154, chron. Aubert, Broussy* et *Cassagnabère ; AJ pénal 2013. 270, note Copain ; RTD eur. 2013. 267, note Ritleng.* ♦ Comme dans le cas de la CIDE, il appartient de discerner parmi les stipulations de la Charte celles qui s'adressent non pas aux États membres mais uniquement aux institutions, organes et organismes de l'Union (en l'espèce s'agissant de l'art. 41 Charte UE). • CE 30 déc. 2015, n° 386532.

135. Applications de la Charte. Le Conseil d'État a estimé que les stipulations suivantes de la Charte étaient opérantes : Art. 1er (dignité humaine). • CE 23 déc. 2016, n° 394819. ♦ ... Art. 4 et 19 (interdiction du refoulement si le requérant encourt un risque réel et sérieux d'être soumis à des traitements inhumains et dégradants). • CE 26 juin 2018, n° 421565 • 27 mars 2021, n° 450402. ♦ ... Art. 6 (droit à la liberté et à la sûreté). • CE 6 mai 2019, n° 416088. ♦ ... Art. 7 (respect de la vie privée et familiale). • CE 28 nov. 2016, *La Cimade,* n° 394114. ♦ ... Art. 8 (droit à la protection des données à caractère personnel). • CE 30 janv. 2017, n°s 394686 et 394770. ♦ ... Art. 18 (droit d'asile). • CE 26 janv. 2018, n° 397611. ♦ ... Art. 21 (interdiction de toute discrimination fondée sur le handicap ou en fonction de l'âge). • CE 8 juin 2016, n° 388603. ♦ ... Art. 24 (intérêt supérieur de l'enfant). • CE 12 févr. 2021, *GISTI, Assoc. Avocats pour la défense des droits des étrangers,* n°s 448294 et 448307. ♦ ... Art. 26 (droit des personnes handicapées à bénéficier de mesures visant à assurer leur autonomie, leur intégration sociale et professionnelle et leur participation à la vie de la communauté). • CE 20 juin 2016, n° 387796. ♦ ... Art. 41 (droits de la défense). • CE 30 janv. 2019, n° 415818. ♦ ... Art. 45, § 1 (droit pour tout citoyen de l'Union de circuler et de séjourner librement sur le territoire des États membres). • CE 2 juin 2020, *Ligue des droits de l'homme,* n° 440449. ♦ ... Art. 47 (droit à un recours effectif et principe d'impartialité). • CE 23 août 2013, n° 371318 • 16 août 2018, *Assoc. Avocats pour la défense des droits des étrangers,* n° 406424. ♦ Ainsi, la Charte UE est applicable au refus d'un visa Schengen ; en vertu de son art. 47, il est nécessaire de prévoir un recours de nature juridictionnelle. • CJUE 13 déc. 2017, *El Hassani,* n° C-403/16 : *D. 2018. 313, chron. Boskovic, Corneloup, Jault-Seseke, Joubert et Parrot.*

136. Droit d'être entendu. Le TA de Melun a interrogé la CJUE par voie de question préjudicielle afin de savoir si le droit d'être entendu dans toute procédure, consacré par l'art. 41 de la Charte UE, impose à l'administration de mettre préalablement l'intéressé en mesure de présenter ses observations lorsqu'elle envisage de prendre une décision de retour pour un étranger en situation irrégulière, que cette décision soit ou non consécutive à un refus de séjour, notamment dans la circonstance où existe un risque de fuite. Le tribunal demande également si le caractère suspensif de la procédure devant la juridiction administrative permet de déroger au caractère préalable de la possibilité pour l'étranger de faire connaître son point de vue. • TA Melun, 8 mars 2013, *Mme Mukarubega,* n° 13011686/12 : *AJDA 2013. 663.* ♦ La CAA de Lyon a répondu directement, sans saisir la CJUE : dans le cadre d'une OQTF, le préfet doit appliquer les principes généraux du droit de l'UE, dont celui du droit à une bonne administration ; parmi les principes que sous-tend ce dernier, figure celui du droit de toute personne d'être entendue avant qu'une mesure individuelle qui l'affecterait défavorablement ne soit prise à son encontre, tel qu'il est énoncé notamment au 2 de l'art. 41 de la Charte UE. Ce droit n'implique pas systématiquement l'obligation, pour l'administration, d'organiser, de sa propre initiative, un entretien avec l'intéressé, ni même d'inviter ce dernier à produire ses observations, mais suppose seulement que, informé de ce qu'une décision lui faisant grief est susceptible d'être prise à son encontre, il soit en mesure de présenter spontanément des observations écrites ou de solliciter un entretien pour faire valoir ses observations orales ; une atteinte à ce droit n'est susceptible d'affecter la régularité de la procédure à l'issue de laquelle la décision faisant grief est prise que si la personne concernée a été privée de la possibilité de présenter des éléments pertinents qui auraient pu influer sur le contenu de la décision, ce qu'il lui revient, le cas échéant, d'établir devant la juridiction saisie. • CAA Lyon, 14 mars 2013, *M. Saïd Halifa*, n° 12LY02704 : *AJDA 2013. 1425*. ♦ La même solution a été retenue : pour les demandeurs d'asile. • CAA Lyon, 23 avr. 2013, n° 13LY00336. ♦ ... Pour les étrangers n'ayant pas demandé leur admission au séjour, l'audition par les services de police permettant toutefois aux intéressés de faire valoir tout élément pertinent susceptible d'influer sur la reconnaissance d'un droit au séjour. • CAA Lyon, 30 mai 2013, n° 13LY00578 • 30 mai 2013, n° 13LY00494. ♦ ... Pour l'étranger en situation irrégulière faisant l'objet d'une mesure de placement en rétention administrative avant éloignement. • CAA Nancy, 9 déc. 2013, *M. O.*, n° 12NC01705 : *AJDA 2014. 42, note Wiernasz*.

137. Le Conseil d'État a désormais fixé la jurisprudence : lorsqu'une OQTF est prise concomitamment au refus de délivrance d'un titre de séjour, le droit d'être entendu est satisfait si l'intéressé a pu présenter ses observations avant que n'intervienne la décision de refus de titre de séjour ; l'administration n'est alors pas tenue de permettre à l'étranger de réitérer ses observations, de façon spécifique, sur l'OQTF. • CE 4 juin 2014, n° 370515 A : *AJDA 2014. 1183 ; ibid. 1501*. ♦ Le droit d'être entendu préalablement à l'adoption d'une décision de retour n'implique pas que l'administration ait l'obligation de mettre l'intéressé à même de présenter ses observations de façon spécifique sur la décision l'obligeant à quitter le territoire français ou sur la décision le plaçant en rétention dans l'attente de l'exécution de la mesure d'éloignement, dès lors qu'il a pu être entendu sur l'irrégularité du séjour ou la perspective de l'éloignement. • CE 5 juin 2015, *Min. Intérieur*, n° 375423 B : *AJDA 2015. 1125*. ♦ Le demandeur d'asile qui présente une demande de réexamen d'un refus qui lui a été opposé ne peut pas exiger d'être entendu une nouvelle fois par l'Office français de protection des réfugiés et apatrides (OFPRA) sur le fondement de la Charte UE. • CE 9 nov. 2015, n° 381171 B : *AJDA 2015. 2175*. ♦ La Dir. « Procédure » de 2013 (Dir. 2013/32/UE du 26 juin 2013) ne prévoit plus ce cas de dispense d'entretien et, depuis la L. « Asile » du 29 juill. 2015, l'anc. art. L. 723-6 [devenu L. 531-12 à L. 531-18] ne permet plus directement à l'OFPRA de se dispenser d'entretien en cas de demande manifestement infondée. En revanche, selon l'art. 32 de la Dir. de 2013 et l'anc. art. L. 723-11, 3° [devenu L. 531-32], une demande de réexamen dépourvue d'élément nouveau peut être considérée « irrecevable » au terme d'un simple examen préliminaire au cours duquel l'OFPRA peut « ne pas procéder à un entretien » (anc. art. L. 723-16, devenu L. 531-42). Une demande de réexamen peut donc toujours être rejetée par l'OFPRA sans que le demandeur ait été entendu en entretien.

138. La CJUE a précisé que, lorsque la prolongation d'une mesure de rétention a été décidée dans le cadre d'une procédure administrative en méconnaissance du droit d'être entendu, le juge national chargé de l'appréciation de la légalité de cette décision ne saurait accorder la levée de la mesure de rétention que s'il considère, eu égard à l'ensemble des circonstances de fait et de droit de chaque cas d'espèce, que cette violation a effectivement privé celui qui l'invoque de la possibilité de mieux faire valoir sa défense dans une mesure telle que cette procédure administrative aurait pu aboutir à un résultat différent. • CJUE 10 sept. 2013, *Staatssecretaris van Veiligheid en Justitie*, n° C-383/13 PPU : *AJDA 2013. 1717*. ♦ La CJUE a considéré que le droit d'être entendu dans toute procédure ne s'oppose pas à ce qu'une autorité nationale n'entende pas le ressortissant d'un pays tiers spécifiquement au sujet d'une décision de retour lorsque, après avoir constaté le caractère irrégulier de son séjour sur le territoire national à l'issue d'une procédure ayant pleinement respecté son droit d'être entendu, elle envisage de prendre à son égard une telle décision, que cette décision de retour soit consécutive ou non à un refus de titre de séjour. • CJUE 5 nov. 2014, *Mme Mukarubega c/ Préfet de police*, n° C-166/13 : *AJDA 2014. 2158 ; ibid. 2015. 334, chron. Broussy, Cassagnabère et Gänser*. ♦ Appliquant ces principes, le Conseil d'État considère que le manquement au droit d'être entendu n'est pas de nature à entacher systématiquement d'illégalité la décision de retour (ici une OQTF) ; il revient à l'intéressé d'établir que les éléments qu'il n'a pu présenter, faute d'avoir été entendu, auraient pu influer sur le sens de la décision. • CE 9 août 2023, n° 455146 : *DP étrangers, Bull. n° 335, sept. 2023.*

139. Le droit d'être entendu comprend, pour un ressortissant d'un pays tiers en séjour irrégulier, le droit d'exprimer, avant l'adoption d'une décision de retour le concernant, son point de vue sur la légalité de son séjour, sur l'éventuelle application des art. 5 et 6, § 2 à 5, de la Dir. 2008/115/CE du Parlement européen et du Conseil du 16 déc. 2008 ainsi que sur les modalités de son retour ; en revanche, il n'oblige l'autorité nationale compétente ni à prévenir ce ressortissant, préalablement à l'audition organisée en vue de ladite adoption, de ce qu'elle envisage d'adopter à son égard une décision de retour, ni à lui communiquer les éléments sur lesquels elle entend fonder celle-ci, ni à lui laisser un délai de réflexion avant de recueillir ses observations, dès lors que ledit ressortissant a la possibilité de présenter, de manière utile et effective, son point de vue au sujet de l'irrégularité de son séjour et des motifs pouvant justifier, en vertu du droit national, que cette autorité s'abstienne de prendre une décision de retour. • CJUE 11 déc. 2014, *Khaled Boudjlida c/ Préfet des Pyrénées-Atlantiques,* n° C-249/13 : *AJDA 2014. 2445 ; ibid. 2158 ; ibid. 2015. 334, chron. Broussy, Cassagnabère et Gänser*.

3° RÈGLEMENTS

140. Les règlements communautaires sont obligatoires dans tous leurs éléments. • CJCE 7 févr. 1973, *Commission c/ Italie,* n° 39/72 : *Rec. CJCE 101.* ♦ Ils sont directement applicables dans les États membres sans mesure de réception ou mise en œuvre de modalités d'exécution dont la conséquence pourrait faire obstacle à cet effet direct. • CJCE 7 févr. 1973, *Commission c/ Italie,* n° 39/72 : *préc.* • Cons. const. 30 déc. 1977, n° 77-89 DC • CE 24 sept. 1990, *Boisdet,* n° 58657 A : *AJDA 1990. 863, chron. Honorat et Schwartz ; LPA 12 oct. 1990, concl. Laroque ; RFDA 1991. 172, note Dubouis ; RGDIP 1991. 964, note Rousseau* • Crim. 22 oct. 1970, *Sté « Les fils d'Henri Ramel »,* n° 69-90.850 P : *D. 1971. 221, rapp. Mazard, note Rideau.* ♦ Ils produisent donc des effets immédiats et accordent aux particuliers des droits que les juridictions nationales ont l'obligation de protéger. • CJCE 14 déc. 1972, n° 43/71 : *Rec. CJCE 1049* • 10 oct. 1973, *Variola,* n° 34/73 : *préc. note 86.* ♦ Que le règlement prévoie l'existence de mesures d'application ou non, les autorités nationales doivent donc prendre les mesures nécessaires à son application pour que celui-ci puisse produire tous ses effets juridiques. • CJCE 7 déc. 1995, *Commission c/ France,* n° C-52/95 : *Rec. CJCE I-4443.*

141. Le Conseil constitutionnel applique aux lois ayant pour objet d'adapter le droit interne à un règlement de l'UE sa jurisprudence relative aux lois de transposition des directives ; ainsi, une telle loi ne saurait aller à l'encontre d'une règle ou d'un principe inhérent à l'identité constitutionnelle de la France, sauf à ce que le constituant y ait consenti ; au-delà, le Conseil constitutionnel n'est pas compétent pour contrôler la conformité à la Constitution de dispositions législatives qui se bornent à tirer les conséquences nécessaires de dispositions inconditionnelles et précises d'un règlement de l'UE ; saisi sur le fondement de l'art. 61 Const., le Conseil n'a pas la possibilité de saisir la CJUE sur le fondement de l'art. 2678 TFUE ; par suite, il ne saurait déclarer non conforme à l'art. 88-1 Const. qu'une disposition législative manifestement incompatible avec le règlement auquel elle adapte le droit interne. • Cons. const. 12 juin 2018, n° 2018-765 DC : *AJDA 2018. 1191*.

B. DIRECTIVES

1° OBLIGATION DE TRANSPOSITION

142. C'est sur la base de l'art. 88-1 Const. que le Conseil constitutionnel estime que l'obligation de transposition des directives est non seulement une obligation communautaire mais également une obligation constitutionnelle. • Cons. const. 10 juin 2004, n° 2004-496 DC • 1er juill. 2004, n° 2004-497 DC • 29 juill. 2004, n° 2004-498 DC • 27 juill. 2006, n° 2006-540 DC. ♦ Il ne peut être fait obstacle à cette transposition que si la directive à transposer allait à l'encontre d'une règle ou d'un principe inhérent à l'identité constitutionnelle de la France, à moins que le constituant n'y ait consenti. • Cons. const. 27 juill. 2006, n° 2006-540 DC • 19 juin 2008, n° 2008-564 DC.

143. Le Conseil constitutionnel est habilité à vérifier que le législateur ne s'est pas soustrait à son devoir de transposition d'une directive communautaire. Il doit donc s'assurer que la loi de transposition ne contrevient pas aux dispositions expresses de la directive. • Cons. const. 27 juill. 2006, n° 2006-540 DC • 19 juin 2008, n° 2008-564 DC.

144. Le Conseil d'État applique cette jurisprudence aux actes règlementaires internes de transposition en estimant qu'il appartient au juge administratif, saisi d'un moyen tiré de la méconnaissance d'une disposition ou d'un principe de valeur constitutionnelle, de rechercher s'il existe une règle ou un principe général du droit communautaire qui, eu égard à sa nature et à sa portée, tel qu'il est interprété en l'état actuel de la jurisprudence du juge communautaire, garantit par son application l'effectivité du respect de la disposition ou du principe constitutionnel invoqué ; dans l'affirmative, il recherche si la directive transposée est conforme à cette règle ou à ce principe général du droit communautaire. En l'absence de difficulté sérieuse, il écarte le moyen invoqué. En cas de difficulté, il saisit la CJUE d'une question préjudicielle. S'il n'existe pas de règle ou de principe général du droit communautaire garantissant l'effectivité du respect de la disposition ou du principe constitutionnel invoqué, le juge administratif examine directement la constitutionnalité des dispositions réglementaires contestées. • CE, ass., 8 févr. 2007, *Sté Arcelor Atlantique et Lorraine,* n° 287110 A : *RFDA 2007. 384, concl. Guyomar ; ibid. 564, note Levade ; ibid. 578, note Magnon ; ibid. 789, note Canedo-Paris ; AJDA 2007. 577, chron. Lenica et Boucher ; JCP Adm. 2007. 2081, note Drago.* ♦ Il en résultera qu'un règlement de transposition, contraire à une loi, mais conforme aux objectifs de la directive, sera régulier, le moyen tiré de la violation de la loi ne pouvant être qu'écarté. • CE

20 déc. 2000, *Géniteau*, n° 213415 : *D. 2001. 1713, note Raynouard ; ibid. 383, obs. Lienhard ; RTD civ. 2001. 238, obs. Molfessis ; AJDA 2001. 489, note Pontier ; Gaz. Pal. 8 juill. 2001, note Mitrovic.*

2° INVOCABILITÉ

145. Antérieurement au délai de transposition, les États doivent s'abstenir de prendre des dispositions de nature à compromettre sérieusement les chances d'atteindre l'objectif visé par la directive. • CJCE 18 déc. 1997, *Inter-environnement Wallonie*, n° C-129/96 : *préc. note 86* • CE 10 janv. 2001, *France Nature Environnement*, n° 217237 : *Lebon 9 ; RFDA 2001. 536 ; Europe 2001, n° 152 ; Dr. adm. 2001, n° 69.* ♦ Un État membre ne peut invoquer les dispositions d'une directive non transposée (invocabilité verticale descendante). • CJUE 19 sept. 2013, *Gjoko Filev et Adnan Osmani*, n° C-297/12.

146. Une fois transposée, une directive peut être invoquée par le particulier. • CE 6 déc. 2006, *Assoc. utilisateurs et distributeurs de l'agrochimie européenne*, n° 282417 B : *RDSS 2007. 165, note Megerlin .* ♦ La directive peut être invoquée, y compris par voie d'exception. • CE 8 juill. 1991, *Palazzi : Lebon 276 ; AJDA 1991. 827, note Julien-Laferrière ; LPA 17 juill. 1992, note de Béchillon ; JCP 1992. 21870, note Haïm.* ♦ Le juge doit contrôler la compatibilité des actes administratifs assurant la transposition des directives aux objectifs de celles-ci. • CE 9 mai 2001, *Assoc. ornithologique et mammalogique de Saône et Loire*, n° 223314. ♦ ... Au besoin telles qu'elles ont été interprétées par la CJCE. • CE 28 avr. 2006, *Dellas*, n° 242727 A : *AJDA 2006. 1462 ; RJS 2006. 564, concl. Devys, RDSS 2006. 722, note Boulmier .*

147. Suite à l'abandon de la jurisprudence *Cohn-Bendit* (• CE, ass., 22 déc. 1978, *Cohn-Bendit*, n° 11604 : *D. 1979. 155, concl. Genevois, note Pacteau ; ibid. 89, obs. Delvolvé ; JCP 1979. 19158, note Kovar ; Gaz. Pal. 1979. 1. 212, note Ruzié ; AJDA 1979. 27, chron. Dutheillet de Lamothe et Robineau ; Rev. adm. 1979. 630, note Vincent ; RGDIP 1979. 832, note Vallée ; Rev. crit. DIP 1979. 647, note Lyon-Caen ; JDI 1979. 589, note Goldman ; RTD eur. 1979. 169, note Dubouis ; Rev. Marché commun 1979. 104, note Boulouis ; GAJA, 14e éd., n° 93*), le Conseil d'État considère désormais que tout justiciable peut se prévaloir, à l'appui d'un recours dirigé contre un acte administratif non réglementaire, des dispositions précises et inconditionnelles d'une directive, lorsque l'État n'a pas pris, dans les délais impartis par celle-ci, les mesures de transposition nécessaires. • CE 30 oct. 2009, *Mme Perreux*, n° 398348 : *RFDA 2009. 1125, concl. Guyomar, note Cassia .* ♦ Les règles internes (législatives ou réglementaires) contraires aux objectifs des directives communautaires doivent être écartées, une fois passé le délai de transposition. • CE 8 juill. 1991, *Palazzi : préc. note 146* • CE, ass., 28 févr. 1992, *SA Rothmans international France : Lebon 81* • Crim. 10 avr. 1995, *Gelain : Bull. n° 152* • CJCE 19 sept. 2000, *Linster*, n° C-287/98 : *RFDA 2003. 568, note Dubos .* ♦ Ainsi par exemple est-il possible dans le cadre du référé-suspension d'invoquer, au titre du doute sérieux, un moyen tiré de l'incompatibilité du droit national avec une directive communautaire. • CE 3 mars 2004, *Sté Ploudalmezeau Breiz Avel : Dr. adm. 2004, n° 82, note Cassia.* ♦ Le juge doit annuler les actes réglementaires d'exécution des lois contraires aux objectifs d'une directive même non transposée. • CE 24 févr. 1999, *Assoc. patients de la médecine d'orientation anthroposophique : Lebon 29 ; AJDA 1999. 823, note Ricci ; Dr. adm. 1999, n° 227, obs. J.-C. B. ; RFDA 1999. 437 .*

148. Dans tous les cas où les dispositions d'une directive apparaissent, du point de vue de leur contenu, inconditionnelles et suffisamment précises, les particuliers sont fondés à les invoquer devant les juridictions nationales à l'encontre de l'État, soit lorsque celui-ci s'est abstenu de transposer dans les délais la directive en droit national, soit lorsqu'il en a fait une transposition incorrecte. • CJCE 19 janv. 1982, *Becker*, n° C-8/81 : *Rec. CJCE 53, pt 25* • CJUE 24 janv. 2012, *Dominguez*, n° C-282/10. ♦ La CJCE admet en effet que les particuliers puissent invoquer la directive contre les autorités de l'État qui n'ont pas procédé à la transposition. • CJCE 26 févr. 1986, n° 152/84 : *Rec. CJCE 723.* ♦ Pour sa part, la CEDH admet même que les directives peuvent, dans certaines circonstances, avoir un effet direct entre État et particulier. • CEDH 30 juin 2005, *Bosphorus Hava Yollari Turizm Ve Ticaret Anonim Sirketi c/ Irlande*, n° 45036/98 : *JCP Adm. 2005, n° 1311, note Szymczak ; AJDA 2005. 1886, chron. Flauss .* ♦ De même, le Conseil constitutionnel admet que des directives peuvent comporter des dispositions inconditionnelles et précises. • Cons. const. 10 juin 2004, n° 2004-496 DC.

149. En vertu de l'art. 288, al. 3, TFUE, le caractère contraignant d'une directive sur lequel est fondée la possibilité d'invoquer celle-ci n'existe qu'à l'égard de « tout État membre destinataire ». Il s'ensuit qu'une directive ne peut par elle-même créer d'obligations dans le chef d'un particulier et ne peut donc être invoquée en tant que telle à l'encontre d'une telle personne devant une juridiction nationale. • CJCE 8 oct. 1987, *Kolpinghuis Nijmegen*, n° C-80/86 : *Rec. CJCE 3969* • 14 juill. 1994, *Faccini Dori*, n° C-91/92 : *Rec. CJCE I-3325, pt 20.*

150. Sauf à priver le droit de l'UE d'effet utile, les autorités étatiques peuvent légitimement invoquer les dispositions d'une directive qu'elles n'ont pas transposée dans les délais impartis. • CJUE 12 déc. 2013, *Portgás – Sociedade de Produção e Distribuição de Gás SA*, n° C-425/12 : *AJDA 2014. 630, note Amilhat .*

C. ACCORDS COMMUNAUTÉ-ÉTATS TIERS

151. Ces accords font partie intégrante de l'ordre juridique communautaire. • CJCE 20 sept. 1990, *Sevince c/ Staatssecretaris van Justitie,* n° C-192/89. ♦ Ils peuvent être soumis à l'interprétation préjudicielle de la Cour. • CJCE 30 sept. 1987, *Demirel c/ Ville de Schwäbisch Gmünd,* n° 12/86. ♦ Il en va de même de l'accord de Cotonou, la CJCE étant compétente pour son interprétation à titre préjudiciel. • CJCE 16 déc. 1992, *Poirrez c/ CAF de la Région parisienne,* n° C-206/91.

152. L'effet direct de ces accords varie selon la disposition concernée qui doit être suffisamment claire, précise et inconditionnelle. • CJCE 14 mars 2000, *Kocak et a.,* n° C-102/98 • 11 mai 2000, *Savas,* n° C-37/98. ♦ V. pour les accords euro-méditérranéens : • CJCE 13 juin 2006, *Ameur Echouikh c/ Secrétaire d'État aux anciens combattants,* n° C-336/05 • 14 déc. 2006, *Gattoussi,* n° C-97/05. ♦ Pour les accords de partenariat et de coopération avec les pays de l'est de l'Asie centrale, V. • CJCE 27 sept. 2001, *Gloszcuk Wieslaw,* n° C-63/99 : *Rec. CJCE I. 6369* • 12 avr. 2005, *Simutenkov c/ Ministerio de Educacion y Cultura,* n° C-265/03.

153. Accord CEE-Turquie. Le Conseil d'État a ainsi reconnu l'effet direct d'une décision prise par le conseil d'association créé en application de l'accord avec la Turquie. • CE 26 juill. 2006, *M. Orçun Hasan Bolukbas,* n° 275895 B : *AJDA 2006. 1895, concl. de Silva*. ♦ V. aussi • CJCE 18 juill. 2007, *Derin c/ Landkreis Darmstadt-Deiburg,* n° C-325/05.

154. Ainsi, un ressortissant turc a droit au renouvellement de son titre de séjour obtenu pour se marier, même si son mariage a été dissous, dès lors que ce renouvellement est indispensable à l'exercice de son activité salariée. • CAA Lyon, 25 mai 2010, *Préfet de Saône-et-Loire c/ Caglayan,* n° 09LY00233.

155. Le membre de la famille du travailleur migrant turc doit résider auprès de celui-ci durant les 3 premières années ; après 5 ans, il est titulaire d'un droit inconditionnel à l'emploi et d'un droit corrélatif au séjour. • CJCE 18 juill. 2007, *Derin c/ Landkreis Darmstadt-Deiburg,* n° C-325/05.

156. Un travailleur turc qui remplit les conditions visées par la Décis. n° 1 du Conseil d'association CE-Turquie peut obtenir, outre la prorogation de son autorisation de travail, celle du titre de séjour, l'exercice du droit de séjour étant indispensable à l'accès et à l'exercice d'une activité salariée. • TA Rennes, 4 oct. 2007, *Sezgin,* n° 072815. ♦ V. aussi • CJCE 24 janv. 2008, *Payir et a. c/ Secretary of State for the Home Department,* n° C-294/06. ♦ V. aussi • CJCE 17 sept. 2009, *Sahin,* n° C-242/06.

157. La perte des droits de travail et de séjour ne peut intervenir qu'en cas de danger effectif et grave pour l'ordre, la sécurité ou la santé publics ou lorque l'intéressé a quitté le territoire de l'État d'accueil pendant une période significative et sans motif légitime. • CJCE 11 nov. 2004, *Cetinkaya,* n° C-467/02. ♦ Le droit au séjour est indépendant du fait que le membre de la famille exerce ou non un emploi dès lors que c'est la résidence régulière auprès du travailleur migrant turc qui est déterminante ; ainsi, le divorce est sans influence sur le bénéfice de ces droits. • CJUE 22 déc. 2010, *Bozkurt,* n° C-308/08. ♦ Il résulte de la jurisprudence de la CJUE que l'art. 6, § 1, 1er tiret, de la Décis. du 19 sept. 1980 du conseil d'association, qui a un effet direct en droit interne, doit être interprété en ce sens que, d'une part, un ressortissant turc qui a obtenu un permis de séjour sur le territoire d'un État membre et y a travaillé depuis plus d'un an auprès du même employeur sous le couvert d'un permis de travail valide a droit au renouvellement de son permis de travail en vertu de cette disposition et que, d'autre part, un travailleur turc qui remplit les conditions de l'art. 6, § 1, 1er tiret, de la décision susmentionnée peut obtenir, outre la prorogation du permis de travail, celle du permis de séjour, le droit de séjour étant indispensable à l'accès et à l'exercice d'une activité salariée ; l'exercice des droits que les ressortissants turcs tirent de la Décis. n° 1/80 du conseil d'association du 19 sept. 1980 n'est subordonné à aucune condition relative au motif pour lequel un droit d'entrée et de séjour leur a été initialement accordé par l'État membre d'accueil ; la circonstance que le requérant avait, préalablement à sa demande de titre de séjour, été admis sur le territoire français au titre de demandeur d'asile, statut qui lui permettait régulièrement d'avoir accès au marché du travail d'un État membre, ne pouvait fonder le refus de titre de séjour qui lui a été opposé. • CAA Douai, 25 nov. 2010, *Préfet de la Seine-maritime c/ M. Mehmet Yilmaz,* n° 10DA00546. ♦ Il résulte des dispositions de l'art. 6 de la Décis. du 19 sept. 1980 du conseil d'association institué par l'accord d'association conclu le 12 sept. 1963 entre la CEE et la République de Turquie, lesquelles ont un effet direct en droit interne, que, d'une part, un ressortissant turc qui a obtenu un permis de séjour sur le territoire d'un État membre au titre de sa vie privée et familiale et a travaillé depuis plus d'un an auprès du même employeur sous couvert d'un permis de travail valide, a droit au renouvellement de son permis de travail en vertu de cette disposition, même si, au moment où il est statué sur sa demande de renouvellement, son mariage a été dissous et que, d'autre part, un travailleur turc qui remplit les conditions définies dans cet art., peut obtenir, outre la prorogation du permis de travail, celle du permis de séjour, le droit de séjour étant considéré comme indispensable à l'accès et à l'exercice d'une activité salariée. • CAA Lyon, 5 mai 2011, *M. S.,* n° 10LY02500. ♦ Les membres de la famille d'un travailleur turc appartenant au marché du travail d'un État membre de l'Union peuvent se prévaloir des dispositions de l'accord d'association alors même qu'il a acquis la nationalité du pays d'accueil. • CJUE 29 mars 2012, *Staatsecretaris van Justitie c/ Kahveci et Inan*, n^{os} C-7/10 et C-9/10. ♦ L'art. 7 de la Décis. n° 1/80 doit être interprété en ce sens qu'un membre de la famille d'un travailleur turc, ressortissant d'un pays tiers autre que la Turquie, peut invoquer les droits qui résultent de cette disposition, dès lors que toutes les autres conditions prévues par celle-ci sont remplies ; une ressortissante thaïlandaise ayant acquis un droit de travail et de séjour au titre de l'accord peut donc s'en prévaloir. • CJUE 19 juill. 2012, *Dülger c/ Wetteraukreis,* n° C-451-11.

158. Dès lors qu'un ressortissant turc peut se prévaloir de droits au titre de la Décis. n° 1/80, ces droits ne dépendent plus de la persistance des circonstances qui leur avaient donné naissance, une condition de cette nature n'étant pas imposée par cette décision. • CJUE 29 sept. 2011, *Unal*, n° C-187/10. ♦ Ainsi, s'il a accompli au moins un an de travail régulier sur le territoire d'un État membre, un Turc ne peut se voir retirer son titre de séjour avec effet rétroactif que si les faits pour lesquels il lui a été délivré relèvent d'une fraude. • CJUE 8 nov. 2012, *Atilla Gülbahce c/ Freie und Hansestadt Hamburg,* n° C-268/11.

159. Le séjour sous couvert d'une autorisation provisoire de séjour délivrée dans l'attente de la décision définitive sur le droit au séjour ne peut être considéré comme « régulier » au sens de l'art. 13 de la Décis. n° 1/80 du conseil d'association CE-Turquie. • CJUE 7 nov. 2013, *Demir c/ Staatssecretaris van Justitie,* n° C-225/12.

160. Rappelant qu'un accord international doit être interprété en fonction de ses termes, mais également à la lumière de ses objectifs, la CJUE constate que l'accord d'association UE-Turquie du 12 sept. 1963 ne poursuit pas les mêmes objectifs que le droit de l'Union et que, par conséquent, « il n'est pas possible d'opérer une [...] transposition du régime de protection dont bénéficient les citoyens de l'Union contre l'éloignement, tel que prévu [par] la Dir. 2004/38, aux garanties contre l'expulsion des ressortissants turcs pour les besoins de l'application de l'art. 14, § 1 de la Décis. n° 1/80 » ; par suite, un ressortissant turc ne peut bénéficier du régime applicable aux ressortissants européens en matière d'éloignement et l'expulsion doit être justifiée, aux termes de l'art. 12 de la Dir. 2003/109/CE du 25 nov. 2003 relative au statut des ressortissants de pays tiers, par une menace réelle et suffisamment grave pour l'ordre public ou la sécurité publique. • CJUE 8 déc. 2011, *Ziebell c/ Land Baden-Württemberg,* n° C-371/08.

161. La CJUE considère que le fait de subordonner le regroupement familial à l'obligation de démontrer que les liens avec le pays d'accueil sont plus forts que ceux entretenus avec un pays tiers (en général, le pays d'origine) est impropre à garantir la réalisation de l'objectif légitime d'intégration. • CJUE 10 juill. 2019, n° C-89/18. ♦ La décision n° 1/80, prise dans le cadre de l'accord CEE-Turquie, interdit aux États membres d'ajouter de nouvelles conditions au regroupement familial sollicité par un travailleur turc (en l'espèce, la loi danoise exigeait la réussite par le demandeur d'un examen linguistique). Il y serait dérogé si la condition litigieuse satisfaisait un objectif d'intérêt général, tel l'intégration des étrangers, et la Cour d'indiquer que l'échec à l'examen ne saurait être synonyme d'absence de capacité d'intégration, ce qui suffit à disqualifier la condition. • CJUE 22 déc. 2022, n° C-279/21.

162. V. nos comm. et annotations, App., v° *Droits de l'homme.*

Art. L. 110-2 Le présent code est applicable sur l'ensemble du territoire de la République. – *[Anc. art. L. 111-2, al. 1er, ecqc le champ d'application géographique.]*

1. Principe d'égalité. L'anc. art. L. 111-3 [abrogé] n'excluait pas des dispositions propres à certaines parties du territoire en raison de circonstances particulières en matière de circulation internationale des personnes. Il n'en résultait aucune atteinte au principe d'égalité. • Cons. const. 22 avr. 1997, n° 97-389 DC : *Rec. Cons. const. 45 ; RJC I-707 ; RFDC 1997. 571, note Lecucq ; JCP 1997. II. 22890, note Zarka ; LPA 17 oct. 1997, note Mathieu ; AJDA 1997. 524, obs. Julien-Laferrière ; LPA 27 juin 1997, obs. Pélissier ; RDP 1997. 931, note Luchaire.*

2. Droit de l'UE. Les accords de Schengen ne sont applicables qu'au territoire européen de la France ; un refus de visa à La Réunion fondé sur ces stipulations est ainsi entaché d'illégalité. • CE 10 janv. 2003, *M. Joorawon*, n° 223395 A : *AJDA 2003. 683, note Magnon ; RFDA 2003. 421* . ♦ En revanche, la CJUE a précisé que les dispositions du traité et du droit dérivé doivent s'appliquer de plein droit aux départements d'outre-mer, en tant qu'ils font partie intégrante de la République française, étant cependant entendu qu'il reste toujours possible de prévoir ultérieurement des mesures spécifiques en vue de répondre aux besoins de ces territoires. • CJCE 10 oct. 1978, *Hanzen et Hauptzollamt Flensburg,* n° 147/77 : *Rec. CJCE, p. 1787.*

3. La Dir. « Retour » s'applique aux départements d'outre-mer, à Saint-Pierre-et-Miquelon, à Saint-Barthélemy et à Saint-Martin ; en effet, la L. du 16 juin 2011 a procédé à la transposition, dans l'ordre juridique interne, des dispositions de la Dir. du 16 déc. 2008, dite Dir. « Retour », qui, en l'absence de mention contraire, est applicable dans les départements d'outre-mer, bien que ces derniers ne soient pas intégrés à l'espace de circulation dit « espace Schengen », auquel se réfère la directive. En particulier, cette loi a modifié les dispositions de l'anc. art. L. 511-1 [devenu art. L. 611-1] du présent code qui définissent les conditions dans lesquelles les étrangers non ressortissants d'un État membre de l'UE, d'un État partie à l'accord sur l'EEE ou de la Confédération suisse, et qui ne sont pas membres de la famille de ces ressortissants, peuvent faire l'objet d'une décision les obligeant à quitter le territoire français. Il résulte de l'anc. art. L. 111-3 du même code que cet anc. art. L. 511-1 [devenu art. L. 611-1] est lui-même applicable, outre la France métropolitaine, dans les départements d'outre-mer, à Saint-Pierre-et-Miquelon, à Saint-Barthélemy et à Saint-Martin. L'étranger qui fait ainsi l'objet d'une obligation de quitter le territoire peut former un recours suspensif contre cette mesure d'éloignement et les décisions qui l'accompagnent, y compris, le cas échéant, celle refusant de lui accorder un délai de départ volontaire. • CE, avis, 1er mars 2012, *M. Calixte*, n° 355133 : *JCP Adm. 2012. Actu. 182, note Erstein.*

Art. L. 110-3 Sont considérées comme étrangers au sens du présent code les personnes qui n'ont pas la nationalité française, soit qu'elles aient une nationalité étrangère, soit qu'elles n'aient pas de nationalité. – *[Anc. art. L. 111-1.]*

COMMENTAIRE

S'agissant de son champ d'application, le droit français des étrangers se caractérise apparemment par une très grande simplicité puisque l'étranger est tout simplement la personne qui ne possède pas la nationalité française. Cette définition négative a le mérite évident d'une certaine simplicité : le citoyen français (même s'il dispose d'une ou plusieurs autres nationalités) n'est, à première vue, jamais concerné par les dispositions de ce droit et le « non-Français » (même apatride par exemple) l'est en principe toujours. Mais, pour être parfaitement intelligible, cette définition n'en est pas moins d'une simplicité excessive.

En premier lieu, il résulte des textes eux-mêmes et de la jurisprudence (notamment au sujet du principe d'égalité) que la notion juridique « étrangers » n'est pas homogène. Il existe en effet différentes catégories d'étrangers qui ne sont pas tous soumis au même régime juridique. Il suffira ici d'évoquer le cas des ressortissants des pays membres de l'Union européenne et les membres de leur famille (V. notes ss. art. L. 200-1 s., anc. art. L. 121-1 s.).

En effet, le lien de nationalité a fait l'objet d'une sensible rénovation depuis la mise en œuvre des accords de Schengen et du traité d'Amsterdam. Le principe de liberté de circulation possède désormais une réalité tangible pour les « citoyens européens » qui peuvent franchir les frontières de l'espace Schengen sans être soumis à quelque formalité que ce soit. Certes, la convention de Schengen ne modifie en rien les dispositions du code de la nationalité française et n'assimile nullement, pour l'application du droit de la nationalité, la résidence ou le séjour dans un des États signataires autres que la France à une résidence en France (Cons. const. 25 juill. 1991, n° 91-294 DC). Reste que, pour cette catégorie d'étrangers, le code affirme aujourd'hui un véritable droit au séjour et limite sensiblement la marge de manœuvre des autorités administratives dans le domaine des mesures d'éloignement. C'est dans le même esprit qu'un arrêté du 10 mai 2010 relatif aux documents et visas exigés pour l'entrée des étrangers sur le territoire européen de la France (*JO 20 mai*) définit l'étranger comme « tout individu qui n'est pas un citoyen de l'Union européenne au sens de l'article, paragraphe 1 du traité sur le fonctionnement de l'Union européenne ou un ressortissant d'un État tiers avec lequel l'Union européenne a conclu un accord leur attribuant un droit à la libre circulation équivalent ».

Dans le même esprit, cette catégorisation des étrangers résulte encore des conditions d'application des stipulations de l'article 8 de la convention européenne de sauvegarde des droits de l'homme et des libertés fondamentales (V. App., v° *Droits de l'homme*, notes ss. ce texte), entraînant une protection particulière par exemple pour les immigrés dits de la deuxième génération.

En deuxième lieu, l'étranger peut disposer de liens particuliers avec des nationaux français qui auront, là encore, des conséquences importantes sur le régime juridique applicable, notamment s'agissant de la délivrance des titres de séjour ou de l'applicabilité des mesures d'éloignement.

Enfin, le droit des étrangers aura vocation à retrouver sa pleine et entière application en cas de perte de la nationalité française (V. App., v° *Nationalité*, notes ss. art. 23 s. C. civ.).

1. Ne peut faire l'objet de l'une des mesures prévues par le présent code, et notamment d'une mesure d'éloignement, une personne qui, à la date de cette mesure, possède la nationalité française, alors même qu'elle aurait également une nationalité étrangère. • CAA Bordeaux, 9 sept. 2014, n° 14BX00554 • CAA Douai, 1er oct. 2014, n° 12DA01040 • CAA Marseille, 30 nov. 2015, n° 14MA04190.

2. La nationalité française reconnue par une décision juridictionnelle, même postérieure à un refus de séjour opposé à celui qui obtient cette reconnaissance, rend illégal ce refus. • CAA Bordeaux, 21 mars 2011, *M. G.*, n° 10BX02519. ♦ Un recours formé contre un refus de titre de séjour devient sans objet dès lors que la preuve de la nationalité française du requérant est rapportée. • CAA Versailles, 12 nov. 2013, n° 12VE00328.

Art. L. 110-4 Sans préjudice du droit de l'Union européenne, le livre II du présent code régit l'entrée, le séjour et l'éloignement des citoyens de l'Union européenne, des étrangers qui leur sont assimilés ainsi que des étrangers membres de leur famille ou entretenant avec eux des liens privés et familiaux.

Les citoyens de l'Union européenne et les étrangers mentionnés au premier alinéa exercent le droit d'asile dans les conditions prévues par le même livre II.

Les dispositions des autres livres ne leurs *[leur]* **sont applicables que dans les conditions précisées par le livre II et rappelées dans chacun des autres livres.**

Art. L. 110-5 A l'exception des dispositions du livre V relatives à l'asile, les dispositions du présent code ne sont pas applicables aux agents diplomatiques et aux consuls de carrière. – *[Anc. art. L. 111-4.]*

V. Conv. de Vienne sur les relations diplomatiques du 18 avr. 1961 et Conv. de Vienne sur les relations consulaires du 24 avr. 1963.

V. Conv. relative aux privilèges et immunités des institutions spécialisées, adoptée à New York, le 21 nov. 1947, par l'Assemblée générale des Nations unies.

COMMENTAIRE

Il est de tradition que les agents des gouvernements étrangers ne sont pas soumis au droit commun des étrangers dans l'État dans lequel ils assurent leur mission.

Il convient toutefois de distinguer différents cas de figure. S'agissant des agents diplomatiques et consulaires au sens strict, ils bénéficient d'une immunité complète pour l'ensemble des actes accomplis pendant la durée de leurs fonctions. Ils sont donc totalement hors champ d'application du droit des étrangers et, partant, du CESEDA.

En revanche, les agents des organisations internationales ne bénéficient d'une immunité de juridiction que pour ce qui concerne leurs fonctions. Ils restent donc soumis au droit commun des étrangers pour l'exercice de leur vie personnelle et familiale.

L'annexe VII du code frontières Schengen prévoit que les titulaires de passeports diplomatiques, officiels ou de service, ainsi que les membres d'organisations internationales, compte tenu des privilèges particuliers ou des immunités dont ils jouissent, peuvent se voir accorder la priorité sur les autres voyageurs lors des vérifications aux points de passage frontaliers tout en restant, le cas échéant, soumis à visa. Ils sont dispensés de produire certains documents (notamment la preuve de moyens de subsistance suffisants). L'entrée sur le territoire ne peut être refusée aux titulaires de passeports diplomatiques, officiels ou de service sans avoir préalablement consulté les autorités nationales compétentes, y compris lorsque la personne intéressée est signalée dans le SIS. ❑

1. Responsabilité. Si les agents diplomatiques et consulaires ne sont pas concernés par le droit des étrangers, ils peuvent être amenés à causer des préjudices sur le sol français ; dans une telle hypothèse, la réparation pourra être assurée par le biais d'un contentieux en responsabilité contre l'État français, pour rupture d'égalité devant les charges publiques. • CE 29 oct. 1976, *Mme Burgat*, n° 94218 : *JDI 1977. 630, note Burdeau ; JCP 1977. 18606, note Julien-Laferrière ; AJDA 1997. 30, chron. Nauwelaers et Fabius ; D. 1978. 76, note Viers et Lamoureux.*

2. Titres de séjour. Les titres de séjour spécifiques délivrés à ces personnes peuvent entraîner l'application de certaines dispositions du présent code. Ainsi, le délai prévu à l'anc. art. L. 314-11, 10° (devenu art. L. 425-3), pour la délivrance de plein droit de la carte de résident comprend les périodes de séjour effectuées sous couvert d'autorisations délivrées en application d'accords internationaux définissant les privilèges et immunités accordés aux fonctionnaires internationaux et à leurs familles, en l'occurrence des fonctionnaires de l'UNICEF. • CE, sect., 25 juin 1993, *Min.*

Intérieur c/ Hanna, n° 105827 A : *RDP 1994. 271, concl. Abraham.*

3. En revanche, ne peut être considérée comme une demande de renouvellement la demande présentée par un Béninois entré en France sous couvert d'un visa diplomatique et titulaire d'une carte spéciale délivrée par le ministère des Affaires étrangères ; en effet, si cette carte spéciale tenait lieu de titre de séjour, elle n'était pas une carte de séjour temporaire. • CAA Paris, 30 août 1996, *M. Houndjo,* n° 95PA03858.

4. La mesure par laquelle le ministre des Affaires étrangères, après avoir déclaré un membre du personnel d'une mission diplomatique non acceptable en France, refuse à l'intéressé et à sa famille l'autorisation de séjourner en France en qualité de membre d'une mission diplomatique étrangère se rattache aux rapports de l'État français avec un État étranger et constitue un acte de gouvernement. Suite à ce refus, une mesure d'éloignement peut intervenir dans les conditions de droit commun. • CE 16 nov. 1998, *M. Lombo,* n°s 161188 et 161189 A : *Lebon 407 ; JCP 1999. I. 1299, note Toulemonde.* ♦ Les agents diplomatiques et consulaires peuvent faire l'objet de mesures d'expulsion. • CE 8 juill. 1991, *Faker,* n° 108810 : *Lebon 275.*

5. La seule circonstance que le requérant se soit vu confier par le consulat général de Tunisie à Paris la charge d'assurer un enseignement de langue arabe dans des écoles primaires entre 1990 et 1994 ne saurait le faire regarder comme un agent consulaire au sens des stipulations de la Conv. de Vienne du 24 avr. 1963 sur les relations consulaires (publiée par le Décr. n° 71-288 du 29 mars 1971, *JO 18 avr.*). • CE 12 juin 1998, *M. Dardour,* n° 180421.

6. Pour bénéficier, en application de l'art. 46 de la Conv. de Vienne, d'un titre de séjour spécial, les membres de la famille d'un fonctionnaire ou d'un employé consulaire doivent avoir notifié leur présence en France au ministère des Affaires étrangères (art. 24 de la Conv.). • CE 24 avr. 2013, *M. Fehri,* n° 354575 B : *AJDA 2013. 888.*

7. Par extension et en application de la Conv. de Londres du 9 avr. 1965, le présent code n'est pas applicable aux membres de l'équipage des navires, porteurs de la « pièce d'identité des gens de mer ». • CE 5 sept. 2001, *Préfet des Alpes-maritimes c/ Benkhnata,* n° 211853. ♦ Si cette qualité permet d'être dispensé d'une obligation de visa, ceci ne concerne que les personnes qui regagnent le navire à l'expiration de l'escale ; le requérant ne saurait invoquer cette qualité pour prétendre à un droit au séjour (art. L. 211-2-1) en qualité de conjoint d'un ressortissant français. • CAA Paris, 28 janv. 2010, *Erray,* n° 09PA00136.

Art. L. 110-6 Tout étranger, quelle que soit la catégorie à laquelle il appartient en raison de son séjour en France, peut acquérir la nationalité française dans les conditions prévues par le titre I *bis* du livre I du code civil. – *[Anc. art. L. 111-5.]*

Sur les conditions d'attribution de la nationalité française, V. nos commentaires et annotations ss. C. civ., art. 17 s., App. v° Nationalité.

TITRE II ADMINISTRATIONS EN CHARGE DE L'ENTRÉE ET DU SÉJOUR DES ÉTRANGERS ET DU DROIT D'ASILE

CHAPITRE I ÉTABLISSEMENTS PUBLICS

SECTION 1 Office français de l'immigration et de l'intégration

SOUS-SECTION 1 Missions et exercice des missions

Art. L. 121-1 L'Office français de l'immigration et de l'intégration est un établissement public administratif de l'État chargé, sur l'ensemble du territoire, du service public de l'accueil des étrangers titulaires, pour la première fois, d'un titre les autorisant à séjourner durablement en France. Il coordonne, dans ce cadre, la gestion de l'hébergement dans les lieux d'hébergement mentionnés à l'article L. 552-1.

Il a également pour mission de participer à toutes actions administratives, sanitaires et sociales relatives :

1° A l'entrée des étrangers et à leur séjour d'une durée inférieure ou égale à trois mois ;

2° A l'accueil des demandeurs d'asile et à la gestion de l'allocation pour demandeur d'asile prévue au chapitre III du titre V du livre V ;

3° A l'introduction en France, au titre du regroupement familial, du mariage avec un Français ou en vue d'y effectuer un travail salarié, d'étrangers ressortissants de pays tiers à l'Union européenne ;

4° A la visite médicale des étrangers admis à séjourner en France pour une durée supérieure à trois mois, qui permet notamment un repérage des troubles psychiques ;

5° Au retour et à la réinsertion des étrangers dans leur pays d'origine depuis le territoire national ou depuis les pays de transit ;

6° A l'intégration en France des étrangers, pendant une période de cinq années au plus à compter de la délivrance d'un premier titre de séjour les autorisant à séjourner durablement en France ou, pour la mise en œuvre des dispositifs d'apprentissage et d'amélioration de la maîtrise de la langue française adaptés à leurs besoins, le cas échéant en partenariat avec d'autres opérateurs, quelle que soit la durée de leur séjour ;

7° A la procédure d'instruction des demandes de titre de séjour en qualité d'étranger dont l'état de santé nécessite une prise en charge médicale prévue à l'article L. 425-9. – *[Anc. art. L. 744-4, al. 1er ; C. trav., art. L. 5223-1, al. 1er à 9 ; C. trav., art. L. 5223-2.]*

COMMENTAIRE

L'Office français de l'immigration et de l'intégration (OFII) est placé sous la tutelle des ministres chargés de l'immigration et de l'intégration (CESEDA, art. R. 121-1). Il met en œuvre les missions définies à l'article L. 121-1. Pour la mise en œuvre de la politique d'accueil des demandeurs d'asile, l'office assure le pilotage d'un réseau de structures de premier accueil, d'information, d'orientation et d'accompagnement dont les missions sont définies par le ministère chargé de l'asile et dont il peut déléguer la gestion, par convention, à des personnes morales de droit privé (CESEDA, art. R. 121-2). En application des dispositions des articles L. 552-5 et L. 552-6 du CESEDA, l'office assure également, pour le compte du ministère chargé de l'asile, la coordination du dispositif national d'hébergement des demandeurs d'asile et des réfugiés (CESEDA, art. R. 121-2). L'OFII peut, par convention, associer à ses missions tout organisme privé ou public, notamment les collectivités territoriales et les organismes de droit privé à but non lucratif (CESEDA, art. R. 121-4).

La mise en œuvre des missions de l'OFII fait l'objet d'un contrat d'objectifs et de performance conclu avec l'État. ❑

SOUS-SECTION 2 Organisation et fonctionnement

Art. L. 121-2 L'Office français de l'immigration et de l'intégration est administré par un conseil d'administration composé :

1° D'un président nommé par décret ;

2° D'un député et d'un sénateur ;

3° De représentants de l'État ;

4° De représentants du personnel de l'office ;

5° De personnalités qualifiées. – *[C. trav., art. L. 5223-3.]*

COMMENTAIRE

Aux termes de l'article R. 121-5, le conseil d'administration de l'OFII comprend, outre son président et deux parlementaires désignés l'un par l'Assemblée nationale et l'autre par le Sénat, quinze membres :

1° Huit membres représentant l'État :

a) le représentant du ministre chargé de l'immigration ;
b) le représentant du ministre chargé de l'intégration ;
c) le représentant du ministre chargé de l'emploi ;
d) le représentant du ministre chargé des affaires étrangères ;
e) le représentant du ministre chargé des affaires sociales ;
f) le représentant du ministre chargé de l'enseignement supérieur ;
g) le représentant du ministre chargé de la santé ;
h) le représentant du ministre chargé du budget ;

2° Deux représentants du personnel élus dans les conditions fixées par le chapitre II du titre II de la loi n° 83-675 du 26 juillet 1983 relative à la démocratisation du secteur public, à l'exception des dispositions relatives à la durée de leur mandat, qui est de trois ans ;

3° Cinq personnalités qualifiées désignées par les ministres chargés de l'immigration et de l'intégration en raison de leur expérience dans les domaines de compétences de l'office.

C'est l'article R. 121-9 du CESEDA qui fixe la liste des compétences du conseil d'administration. ❑

Art. L. 121-3 Le conseil d'administration de l'Office français de l'immigration et de l'intégration délibère sur le rapport annuel d'activité présenté par le directeur général, qui comporte des données quantitatives et qualitatives par sexe ainsi que des données sur les actions de formation des agents, en particulier sur la prise en compte des enjeux relatifs au sexe et à la vulnérabilité dans l'accueil des demandeurs d'asile. – *[C. trav., art. L. 5223-1, al. 11.]*

Art. L. 121-4 L'Office français de l'immigration et de l'intégration comprend un service médical. – *[C. trav., art. L. 5223-1, al. 10.]*

(L. n° 2022-1726 du 30 déc. 2022, art. 160-II) « L'article L. 556-11-1 du code général de la fonction publique est applicable aux médecins contractuels engagés par l'Office français de l'immigration et de l'intégration pour exercer les missions définies aux 4° et 7° de l'article L. 121-1 du présent code. »

Art. L. 121-5 Les règles d'organisation et de fonctionnement de l'Office français de l'immigration et de l'intégration sont déterminées par décret en Conseil d'État. – *[C. trav., art. L. 5223-5.]*

COMMENTAIRE

Les articles R. 121-21 à R. 121-25 déterminent les modalités de désignation, le rôle et les compétences du directeur général de l'office. ❑

SOUS-SECTION 3 Ressources

Art. L. 121-6 Les ressources de l'Office français de l'immigration et de l'intégration sont constituées par des taxes, des redevances et des subventions de l'État. – *[C. trav., art. L. 5223-6.]*

V. art. R. 121-28, infra.

SECTION 2 Office français de protection des réfugiés et apatrides

SOUS-SECTION 1 Missions et exercice des missions

Art. L. 121-7 L'Office français de protection des réfugiés et apatrides est un établissement public doté de la personnalité civile et de l'autonomie financière et administrative placé auprès du ministre chargé de l'asile. Il reconnaît la qualité de réfugié ou d'apatride, ou accorde le bénéfice de la protection subsidiaire aux personnes remplissant les conditions mentionnées au titre I ou au chapitre II du titre VIII du livre V.

Il exerce la protection juridique et administrative des réfugiés ainsi que celle des bénéficiaires de la protection subsidiaire ou du statut d'apatride.

L'office exerce en toute impartialité les missions mentionnées ci-dessus et ne reçoit, dans leur accomplissement, aucune instruction. – *[Anc. art. L. 721-1 ; anc. art. L. 721-2, al. 1er à 3.]*

COMMENTAIRE

Depuis la loi n° 2007-1631 du 20 novembre 2007 (*JO 21 nov.*) et le décret n° 2007-999 du 31 mai 2007 (*JO 1er juin*), la tutelle de l'Office français de protection des réfugiés et apatrides (OFPRA) n'est plus confiée au ministre des Affaires étrangères mais au ministre chargé de l'immigration. Les dépenses de l'OFPRA sont couvertes par une subvention de l'État (art. L. 121-16). ❑

Art. L. 121-8 L'Office français de protection des réfugiés et apatrides assure, en liaison avec les autorités administratives compétentes, le respect des garanties fondamentales offertes par le droit national, l'exécution des conventions, accords ou arrangements internationaux intéressant la protection des réfugiés sur le territoire de la République, et notamment la protection prévue par la convention de Genève du 28 juillet 1951 et par le protocole de New York du 31 janvier 1967 relatifs au statut des réfugiés.

Il coopère avec le haut-commissaire des Nations unies pour les réfugiés et facilite sa mission de surveillance dans les conditions prévues par les accords internationaux. – *[Anc. art. L. 721-2, al. 5 et 6.]*

Art. L. 121-9 L'Office français de protection des réfugiés et apatrides est habilité à délivrer aux réfugiés et bénéficiaires de la protection subsidiaire ou du statut d'apatride, après enquête s'il y a lieu, les pièces nécessaires pour leur permettre soit d'exécuter les divers actes de la vie civile, soit de faire appliquer les dispositions de la législation interne ou des accords internationaux qui intéressent leur protection, notamment les pièces tenant lieu d'actes d'état civil.

Le directeur général de l'office authentifie les actes et documents qui lui sont soumis. Les actes et documents qu'il établit ont la valeur d'actes authentiques.

Ces diverses pièces suppléent à l'absence d'actes et de documents délivrés dans le pays d'origine. Les pièces délivrées par l'office ne sont pas soumises à l'enregistrement ni au droit de timbre. – *[Anc. art. L. 721-3.]*

COMMENTAIRE

Selon l'ancien article R. 722-4 (art. R. 121-35), le directeur général de l'OFPRA est notamment habilité à :

– Certifier la situation de famille et l'état civil des intéressés tels qu'ils résultent d'actes passés ou de faits ayant eu lieu dans le pays à l'égard duquel les craintes de persécution du réfugié ont été tenues pour fondées et, le cas échéant, d'événements postérieurs les ayant modifiés ; les actes et documents établis par l'office ont la valeur d'actes authentiques ;

– Attester la conformité avec les lois du pays des actes passés dans ce pays ;

– Signaler, le cas échéant, les intéressés à l'attention des autorités compétentes, en particulier pour les questions de visa, de titre de séjour, d'admission aux établissements d'enseignement et, d'une manière générale, pour l'accès aux droits sociaux auxquels peuvent prétendre les bénéficiaires de l'asile ;

– Signaler aux autorités compétentes les bénéficiaires de la protection subsidiaire auxquels un titre de voyage doit être délivré et indiquer pour chaque cas la liste des pays autorisés. ❑

1. Aucune disposition législative ni aucun principe s'imposant au pouvoir réglementaire n'exigent qu'il soit délivré aux étrangers bénéficiant de la protection subsidiaire un titre de séjour leur permettant de quitter la France à destination du pays de leur choix. • CE 12 oct. 2005, *GISTI et a.*, n° 273198 B.

2. Permis de conduire. L'OFPRA est incompétent pour procéder à l'échange du permis de conduire « local » du réfugié contre un permis français ; seul le préfet peut y pourvoir et, s'il conteste l'authenticité du permis de conduire initial, il lui appartient d'en apporter la preuve. • CAA Paris, 17 mars 2009, *Préfet de police*, n° 07PA03685. ♦ Eu égard aux stipulations de l'art. 25 de la Conv. de Genève, l'obligation faite par l'art. 8 de l'Arr. du 8 févr. 1999 de présenter le titre de conduite dont l'échange est demandé ne peut faire obstacle à ce qu'une personne à laquelle la qualité de réfugié a été reconnue puisse valablement demander un permis de conduire français lorsque, étant dans l'impossibilité de présenter le titre délivré dans son pays d'origine, elle fournit des éléments permettant de tenir pour suffisamment établi qu'elle en est titulaire. • CE 1er juill. 2011, *M. Fatah*, n° 345369 B. ♦ Eu égard aux stipulations de l'art. 25 de la Conv. de Genève du 28 juill. 1951 relative au statut des réfugiés, la procédure prévue à l'art. 11 de l'Arr. du 8 févr. 1999 pour authentifier un titre de conduite étranger n'est pas applicable à une personne demandant l'échange d'un titre délivré dans son État d'origine, à qui a été reconnue la qualité de réfugié ; ces stipulations ne font en revanche pas obstacle à ce que les autorités françaises refusent cet échange, sous le contrôle du juge de l'excès de pouvoir, au motif qu'elles ont établi elles-mêmes l'inauthenticité du titre. • CE 7 déc. 2011, *M. A.*, n° 340612 B.

3. Un réfugié statutaire ne peut obtenir un certificat d'authenticité de son permis de conduire de son État d'origine au risque d'entraîner la cessation de son statut ; si le préfet a un doute sur la validité du permis d'origine, il lui incombe de saisir l'OFPRA. • TA Strasbourg, 28 mars 2003, *Badalyan : AJDA 2003. 1562*.

4. Caractère authentique. Dans la mesure où le procureur de la République a ordonné à l'OFPRA de mentionner le mariage de l'intéressé sur le certificat de naissance délivré par l'office à M. A. en application du présent art., cette mention avait un caractère authentique qui fait obstacle à ce que les autorités consulaires la contestent sur le fondement de l'anc. art. L. 111-6 (CESEDA, art. L. 811-2) du même code qui concerne les actes d'état civil étrangers ; en déniant tout caractère authentique aux documents établis par l'OFPRA produits par le requérant, le ministre a commis une erreur de droit ; en estimant que ces documents et les autres pièces produites par l'intéressé n'étaient pas de nature à établir avec certitude ses liens de mariage et de filiation, le ministre a entaché sa décision d'une erreur d'appréciation. • CE 27 juin 2008, *M. Diougal A.*, n° 304197.

5. Le récépissé constatant le dépôt d'une demande de statut de réfugié valant justificatif d'identité, il peut être présenté pour toute démarche, par exemple pour l'ouverture d'un compte auprès d'un établissement bancaire. • Com. 18 déc. 2007, *Kizaza c/ La Poste*, n° 07-12.382.

6. Le certificat établi par l'OFPRA attestant du mariage d'un étranger placé sous sa protection fait foi jusqu'à inscription de faux. • CAA Nantes, 28 févr. 2018, n° 17NT00136.

7. Les actes établis par l'OFPRA sur le fondement du présent art., en cas d'absence d'acte d'état civil ou de doute sur leur authenticité, et produits à l'appui d'une demande de visa d'entrée pour un séjour d'une durée supérieure à trois mois, présentée pour les membres de la famille d'un réfugié ou d'un bénéficiaire de la protection subsidiaire dans le cadre d'une réunification familiale, ont, dans les conditions qu'elles prévoient, valeur d'actes authentiques qui fait obstacle à ce que les autorités consulaires en contestent les mentions, sauf en cas de fraude à laquelle il appartient à l'autorité administrative de faire échec. • CE 20 sept. 2019, n° 418842 B : *AJDA 2019. 1839*.

8. Les litiges relatifs à la délivrance aux réfugiés et bénéficiaires de la protection subsidiaire ou du statut d'apatride de certificats tenant lieu d'acte d'état civil relèvent de la seule compétence du juge judiciaire. Aux termes de l'art. 2 du Décr. du 6 mai 2017 relatif à l'état civil, les agents de l'OFPRA exerçant les fonctions d'officier d'état civil sont placés sous l'autorité du procureur de la République de Paris. La demande présentée par un réfugié au juge administratif des référés pour qu'il enjoigne à l'OFPRA de lui délivrer un acte de naissance doit être rejetée comme portée devant une juridiction incompétente. • CE 28 oct. 2021, n° 453810 B : *AJDA 2021. 2190*.

9. Il résulte des al. 1er et 2 du présent art. que l'OFPRA est habilité à délivrer aux réfugiés et bénéficiaires de la protection subsidiaire, après enquête s'il y a lieu, les pièces nécessaires pour leur permettre soit d'exécuter les divers actes de la vie civile, soit de faire appliquer les dispositions de la législation interne ou des accords internationaux qui intéressent leur protection, notamment les pièces tenant lieu d'actes d'état civil. Le directeur général de l'office authentifie les actes et documents qui lui sont soumis. Les actes et documents qu'il établit ont la valeur d'actes authentiques. Aux termes de l'art. 1371, al. 1er, C. civ., l'acte authentique fait foi jusqu'à inscription de faux de ce que l'officier public dit avoir personnellement accompli ou constaté. Il résulte de ce texte, applicable, sauf disposition légale spécifique y dérogeant, aux pièces tenant lieu d'actes d'état civil établis par l'OFPRA, que les énonciations ne portant pas sur des faits personnellement constatés par l'officier public font foi jusqu'à la preuve contraire et non jusqu'à inscription de faux. • Civ. 1re, 15 mars 2023, n° 22-18.147 : *D. 2023. 554*.

Art. L. 121-10 **L'anonymat des agents de l'Office français de protection des réfugiés et apatrides chargés de l'instruction des demandes d'asile et de l'entretien personnel mené avec les demandeurs est assuré.**

Tous les membres du personnel de l'office sont tenus au secret professionnel en ce qui concerne les renseignements qu'ils auront reçus dans l'exercice de leurs fonctions.

Toutefois, conformément au second alinéa de l'article 40 du code de procédure pénale, le directeur général de l'office transmet au procureur de la République tout renseignement utile ayant conduit au rejet d'une demande d'asile ou d'apatridie motivé par l'une des clauses d'exclusion définies à la section F de l'article 1er de la convention de Genève du 28 juillet 1951, aux 1°, 2° ou 3° de l'article L. 512-2 du présent code ou au *iii* du 2 de l'article 1er de la convention de New York du 28 septembre 1954. – *[Anc. art. L. 721-2, al. 4 ; anc. art. L. 722-3.]*

COMMENTAIRE

L'article 22 de la directive 2005/85/CE du Conseil du 1er décembre 2005, refondue par la directive 2013/32/UE du Parlement européen et du Conseil du 26 juin 2013 relative à des procédures communes pour l'octroi et le retrait de la protection internationale (*JOUE 29 juin*), prévoit que les États membres ne doivent pas divulguer des informations concernant une demande d'asile à l'auteur ou aux auteurs présumés des persécutions. Les États membres ne doivent pas non plus chercher à obtenir des informations, dès lors que cette recherche conduit à informer l'auteur ou les auteurs de persécution d'une demande d'asile et que l'intégrité physique du demandeur d'asile, ou celles de ses proches du pays d'origine, pourrait s'en trouver menacée. ❑

1. Respect de la confidentialité des informations. Le principe de confidentialité constitue une garantie essentielle du droit d'asile. • Cons. const. 22 avr. 1997, n° 97-389 DC : *Rec. 45 ; AJDA 1997. 524, note Julien-Laferrière ; D. 1999. 237, note Melin-Soucramanien* • 4 déc. 2003, n° 2003-485 DC : *Rec. 455 ; D. 2004. 1279, obs. Le Bot*. ♦ Cette confidentialité constitue une exigence découlant de la Conv. de Genève relative au statut des réfugiés. • CE 1er oct. 2014, n° 349560 B : *AJDA 2014. 1855 ; ibid. 2185, chron. Lessi et Dutheillet de Lamothe ; D. 2015. 450, obs. Boskovic, Corneloup, Jault-Seseke, Joubert et Parrot*.

2. L'obligation pour les autorités du pays responsable de l'examen des demandes d'asile d'assurer le respect de la confidentialité résulte également des dispositions législatives relatives à l'inviolabilité des documents détenus par l'OFPRA, tels qu'interprétés à la lumière de la Dir. du 1er déc. 2005. • CNDA 1er juin 2007, n° 561440.

3. Demandes en cours d'examen. Pour les demandes d'asile en cours d'examen, la transmission à l'OFPRA par l'autorité administrative doit être réalisée dans des conditions garantissant la confidentialité. • CE 30 juill. 2014, *La Cimade*, n° 375430 A : *AJDA 2014. 1630*. ♦ S'il est loisible à l'autorité administrative d'adresser aux autorités du pays d'origine d'un ressortissant étranger en situation irrégulière tout élément en vue de son identification pour assurer la mise en œuvre d'une mesure d'éloignement prise à son encontre, la transmission à ces autorités, après qu'une demande d'asile a été définitivement rejetée, d'informations relatives au contenu de cette demande constitue un fait nouveau justifiant un nouvel examen à la demande d'asile. • CE 5 nov. 2014, *M. Doner*, n° 369658 B : *D. 2015. 450, obs. Boskovic, Corneloup, Jault-Seseke, Joubert et Parrot*. ♦ La transmission d'informations relatives à l'existence de cette demande constitue, à elle seule, un fait nouveau. • CE 10 févr. 2016, n° 373529 B : *AJDA 2016. 291 ; ibid. 1081, concl. Bretonneau* • CAA Bordeaux, 6 juin 2019, n° 19BX00180. ♦ V. aussi art. L. 723-10 et L. 733-4, *infra*.

4. Dès lors que la préfecture a engagé une enquête relative à la demande d'asile, cette démarche est susceptible de mettre les requérants en danger en cas de retour dans leur pays d'origine. • CNDA 16 juill. 2009, n° 07016818 : *Dr. adm. 2010. Comm. 4, note Seguin*. ♦ En revanche, le non-respect de l'obligation de confidentialité n'a pour effet de créer une présomption de crainte de persécution en cas de retour dans son pays du demandeur d'asile. • CE 6 déc. 2010, *Oumar Bocar*, n° 311671.

5. L'art. 2 du Décr. n° 2004-814 du 14 août 2004 a pu légalement prévoir que le directeur de l'OFPRA ferait connaître le caractère positif ou négatif de sa décision au préfet compétent sans méconnaître l'exigence de confidentialité qui s'attache aux informations dont dispose l'Office. • CE 12 oct. 2005, *GISTI et a.*, n° 273198 B.

6. S'il incombe à l'OFPRA de garantir la confidentialité des éléments d'information susceptibles de mettre en danger les personnes qui sollicitent l'asile ainsi que le respect de la vie privée ou du secret médical, aucune règle ni aucun principe ne font obstacle, de manière absolue, à ce qu'il se fonde, pour apprécier le bien-fondé d'une demande d'asile, sur des éléments issus du dossier d'un tiers ; lorsqu'elle est saisie d'un recours dirigé contre une décision de l'OFPRA et qu'il apparaît que celui-ci s'est fondé, de manière déterminante, sur de tels éléments pour rejeter la demande d'asile, la Cour ne peut, sans erreur de droit, refuser d'en demander communication à l'Office et d'en tenir compte au seul motif que le tiers dans le dossier duquel se trouvent ces éléments s'oppose à leur communication. • CE 27 juill. 2016, n° 386797 B : *AJDA 2016. 1603*.

7. EURODAC. Le Conseil d'État a considéré que la consultation, par une instance spécialisée de la direction centrale de la police aux frontières, du fichier EURODAC mis en place par le Règl. (CE) n° 343/2003 du Conseil du 18 févr. 2003 (refondu par Règl. (UE) n° 604/2013 du Parlement européen et du Conseil du 26 juin 2013 établissant les critères et mécanismes de détermination de l'État membre responsable de l'examen d'une demande de protection internationale introduite dans l'un des États membres par un ressortissant de pays tiers ou un apatride (Règl. « Dublin III »), ne porte pas atteinte à la confidentialité du droit d'asile ; en effet, ce règlement est d'application immédiate et ne nécessite par conséquent aucune mesure de transposition ; au surplus, cette procédure permet aux préfectures de s'assurer que les empreintes digitales qu'elles ont recueillies l'ont également été dans un autre État membre. • CE 6 mars 2008, *Min. de l'Immigration, de l'Intégration, de l'Identité nationale et du Codéveloppement c/ M. Dociev*, n° 313915 : *AJDA 2009. 102, note Le Bot*.

8. L'anc. art. R. 741-3, al. 6 [devenu art. R. 521-7], prévoit que, si le demandeur d'asile est âgé de 14 ans au moins, il est procédé au relevé des empreintes digitales de tous ses doigts, conformément au Règl. (UE) n° 603/2013 du 26 juin 2013 (système dit « Eurodac » pour la comparaison des empreintes digitales des demandeurs d'asile aux fins de l'application efficace du Règl. (UE) n° 604/2013 du 26 juin 2013 établissant les critères et mécanismes de détermination de l'État membre responsable de l'examen d'une demande de protection internationale introduite dans l'un des États membres et relatif aux demandes de comparaison avec les données d'EURODAC présentées par les autorités répressives des États membres et Europol à des fins répressives) ; l'art. 19 du Règl. (UE) n° 603/2013 prévoit que « les autorités chargées de la prévention ou de la détection des infractions terroristes ou d'autres infractions pénales graves » ainsi que l'« unité opérationnelle d'Europol compétente pour collecter, conserver, traiter, analyser et échanger des informations afin de soutenir et renforcer l'action des États membres en matière de prévention ou de détection des infractions terroristes ou d'autres infractions pénales graves [...] peuvent présenter à l'autorité chargée de la vérification une demande électronique motivée de comparaison de données dactyloscopiques [...] avec le numéro de référence qu'elles lui ont attribué, qui sera transmise au système central par l'intermédiaire du point d'accès national » ; les art. 20 et 21 de ce même règlement prévoient qu'une telle demande, qui ne peut porter que sur les données dactyloscopiques, ne peut être présentée que lorsque : « a) la comparaison est nécessaire aux fins de la prévention ou de la détection des infractions terroristes ou d'autres infractions pénales graves, et des enquêtes en la matière, en ce sens qu'il existe un intérêt supérieur de sécurité publique qui rend la consultation de la base de données proportionnée ; /b) la comparaison est nécessaire dans un cas précis (c'est-à-dire [que] des comparaisons systématiques ne peuvent être effectuées) ; /c) il existe des motifs raisonnables de penser que la comparaison contribuera de manière significative à la prévention ou à la détection de l'une des infractions pénales en question ou aux enquêtes en la matière. De tels motifs raisonnables existent en particulier lorsqu'il existe des motifs de soupçonner que le suspect, l'auteur ou la victime d'une infraction terroriste ou d'une autre infraction pénale grave relève d'une catégorie couverte par le présent règlement. » Il ressort de la jurisprudence de la CJUE que constitue un objectif d'intérêt général de l'Union la lutte contre le terrorisme international en vue du maintien de la paix et de la sécurité internationales ainsi que la lutte contre la criminalité grave afin de garantir la sécurité publique ; sans qu'il y ait lieu de saisir la CJUE d'une question préjudicielle, compte tenu des critères permettant l'accès aux données contenues dans le système EURODAC par les autorités compétentes et des garanties prévues pour que ces données soient utilisées au regard de l'objectif poursuivi, il résulte clairement des dispositions litigieuses du Règl. (UE) n° 603/2013 que la consultation du système EURODAC à des fins répressives ne méconnaît pas les art. 8 et 18 de la Charte UE. • CE 30 janv. 2017, *La Cimade et a.*, n° 394686 : *AJDA 2017. 821, concl. Domino*.

9. V. aussi notes ss. art. L. 532-9, *infra*.

Art. L. 121-11 L'Office français de protection des réfugiés et apatrides peut effectuer des missions déconcentrées dans les territoires. – *[Anc. art. L. 723-4, al. 4.]*

Art. L. 121-12 L'Office français de protection des réfugiés et apatrides établit chaque année un rapport retraçant son activité, fournissant des données quantitatives et qualitatives présentées par sexe sur la demande d'asile et l'apatridie et présentant les actions de formation délivrées aux agents, notamment en matière de persécutions en raison du sexe et de prise en compte de la vulnérabilité des demandeurs d'asile. Ce rapport est transmis au Parlement et rendu public. – *[Anc. art. L. 721-4.]*

https://ofpra.gouv.fr/fr/l-ofpra/actualites/publication-du-rapport-d-activite-8.

SOUS-SECTION 2 Organisation et fonctionnement

Art. L. 121-13 L'Office français de protection des réfugiés et apatrides est administré par un conseil d'administration qui fixe les orientations générales concernant l'activité de l'office et délibère sur les modalités de mise en œuvre des dispositions relatives à l'octroi du statut de réfugié, de la protection subsidiaire et du statut d'apatride. Le conseil d'administration fixe également la liste des pays considérés comme des pays d'origine sûrs dans les conditions prévues à l'article L. 531-25.

Le conseil d'administration comprend :

1° Deux députés et deux sénateurs ;

2° Deux représentants de la France au Parlement européen, une femme et un homme, désignés par décret ;

3° Des représentants de l'État ; il s'agit de deux personnalités, un homme et une femme, nommées par le Premier ministre, d'un représentant du ministre de l'intérieur, d'un représentant du ministre chargé de l'asile, du secrétaire général du ministère des affaires étrangères, du directeur des affaires civiles et du sceau au ministère de la justice, d'un représentant du ministre chargé des affaires sociales, d'un représentant du ministre chargé des droits des femmes, d'un représentant du ministre chargé des outre-mer et du directeur du budget au ministère chargé du budget ;

4° Un représentant du personnel de l'office.

Le président du conseil d'administration est nommé parmi ses membres par décret sur proposition du ministre chargé de l'asile.

Le délégué du haut-commissaire des Nations unies pour les réfugiés ainsi que trois personnalités qualifiées nommées par décret assistent aux séances du conseil d'administration et peuvent y présenter leurs observations et leurs propositions. Au moins l'une de ces trois personnalités qualifiées représente les organismes participant à l'accueil et à la prise en charge des demandeurs d'asile et des réfugiés. Les personnalités qualifiées ont voix délibérative concernant la détermination de la liste des pays considérés comme des pays d'origine sûrs. – *[Anc. art. L. 722-1, al. 1er à 7, 13 et 14.]*

BIBL. ▶ Fernandez et Viel, Le concept de « pays tiers sûr » en droit de l'asile, *AJDA 2018. 322*.

COMMENTAIRE

I. COMPOSITION DU CONSEIL D'ADMINISTRATION

Les représentants de l'État au conseil d'administration sont :

1° Deux personnalités, un homme et une femme, nommés par décret du Premier ministre pour une durée de trois ans ;

2° Le secrétaire général du ministère de l'Intérieur ;

3° Le directeur général des étrangers en France au ministère chargé de l'asile ;

4° Le secrétaire général du ministère des Affaires étrangères ;

5° Le directeur des affaires civiles et du Sceau au ministère de la Justice ;

6° Le directeur général de la cohésion sociale au ministère chargé des affaires sociales ;

7° Le chef du service chargé des droits des femmes au ministère chargé des droits des femmes ;

8° Le directeur général des outre-mer au ministère chargé des outre-mer ;

9° Le directeur du budget au ministère chargé du budget (CESEDA, art. R. 121-3).

Le représentant du personnel de l'office au conseil d'administration et son suppléant sont élus pour une durée de trois ans par le personnel de l'office dans des conditions fixées par arrêté du ministre chargé de l'asile.

Les trois personnalités qualifiées qui assistent aux séances du conseil d'administration sont nommées pour trois ans par décret sur proposition du ministre chargé de l'asile après avis des ministres représentés au conseil d'administration.

Le directeur général participe avec voix consultative aux séances du conseil d'administration (sur les attributions du directeur général, V. CESEDA, art. R. 121-35 à R. 121-37). Le conseil d'administration peut inviter toute personne concernée par l'ordre du jour à assister à ses délibérations.

Le président du conseil d'administration est nommé pour une durée de trois ans, renouvelable. En cas d'empêchement du président, la présidence du conseil est assurée par le secrétaire général du ministère chargé de l'asile et, à défaut, par le représentant de l'État le plus ancien dans ses fonctions.

II. RÔLE DU CONSEIL D'ADMINISTRATION

Aux termes de l'article R. 121-33 (anc. art. R. 722-2) du CESEDA, le conseil d'administration de l'office délibère sur les objets suivants :

1° L'organisation générale de l'établissement ;

2° Le rapport d'activité qui sera communiqué au Parlement (anc. art. L. 721-4, art. L. 121-12) ;

3° Le budget et ses modifications ;

4° Le compte financier ;

5° Les dons et legs ;

6° Les projets d'achat, d'échange, de vente ou de location d'immeubles.

Les délibérations sur les matières énumérées aux 3°, 4°, 5° et 6° deviennent exécutoires de plein droit quinze jours après leur réception par le ministre chargé de l'asile et le ministre chargé du budget, sauf opposition ou demande de surseoir à exécution adressée au directeur général de l'office.

Le conseil arrête son règlement intérieur. Il émet un avis sur les nominations aux emplois de directeur général adjoint, de secrétaire général, de secrétaire général adjoint et de chef de division. Il étudie et propose au Gouvernement toutes mesures propres à améliorer le sort des réfugiés et le fonctionnement de l'office.

Le conseil d'administration se réunit au moins deux fois par an et chaque fois que cela est nécessaire, sur convocation de son président ou à la demande d'au moins quatre de ses membres adressée au président et comportant un projet d'ordre du jour précis.

Le conseil ne peut délibérer que si sont présents au moins six de ses membres titulaires ou suppléants. Les délibérations sont prises à la majorité relative des membres présents. En cas de partage égal des voix, celle du président est prépondérante.

III. PAYS D'ORIGINE SÛRS

La notion de pays d'origine sûr est issue du droit de l'Union : le protocole annexé au traité d'Amsterdam du 2 octobre 1997 prohibe ainsi les demandes d'asile entre pays membres de l'Union européenne. La directive 2005/85/CE du 1er décembre 2005 (art. 31-2), refondue par la directive 2013/32/UE du 26 juin 2013 relative à des procédures communes pour l'octroi et le retrait de la protection internationale (*JOUE 29 juin*), considère comme « infondée » la demande présentée par le ressortissant d'un pays « sûr » et l'article 23-4 autorise les États membres à faire usage d'une procédure prioritaire. Cette notion n'induit donc qu'une présomption réfutable de sécurité. En raison de l'absence d'accord entre les États membres, seules des listes nationales existent. Cette notion a été introduite en droit français par la loi du 10 décembre 2003 : les demandeurs issus de ces États peuvent se voir refuser l'admission provisoire au séjour, l'Office français de protection des réfugiés et apatrides (OFPRA) statue par priorité sur leur demande et ils bénéficient de la possibilité (et non du droit) de se maintenir en France jusqu'à la décision de l'OFPRA.

Aux termes de l'article unique du Protocole n° 24 sur le fonctionnement de l'Union européenne relatif au droit d'asile pour les ressortissants des États membres de l'Union européenne : « Vu le niveau de protection des droits fondamentaux et des libertés fondamentales dans les États membres de l'Union européenne, ceux-ci sont considérés comme constituant des pays d'origine sûrs les uns vis-à-vis des autres pour toutes les questions juridiques et pratiques liées aux affaires d'asile. En conséquence, toute demande d'asile présentée par un ressortissant d'un État membre ne peut être prise en considération ou déclarée admissible pour instruction par un autre État membre que dans les cas suivants : « b) si la procédure prévue à l'article 7, paragraphe 1, du traité sur l'Union européenne a été déclenchée et jusqu'à ce que le Conseil, ou le cas échéant le Conseil européen, prenne une décision à ce sujet à l'égard de l'État membre dont le demandeur est ressortissant ; ». Aux termes de l'article 7 du traité sur l'Union européenne : « 1. Sur proposition motivée d'un tiers des États membres, du Parlement européen ou de la Commission, le Conseil, statuant à la majorité des quatre cinquièmes de ses membres après approbation du Parlement européen, peut constater qu'il existe un risque clair de violation grave par un État membre des valeurs visées à l'article 2 ».

Selon la directive du 26 juin 2013, un pays est considéré comme sûr s'il veille au respect des principes de la liberté, de la démocratie et de l'État de droit, ainsi que des droits de l'homme et des libertés fondamentales. L'annexe I de la directive 2013/32/UE du 26 juin 2013 précise que, pour réaliser l'évaluation de la situation des pays susceptibles d'être inscrits sur la liste des pays d'origine sûrs : « il est tenu compte, entre autres, de la mesure dans laquelle le pays offre une protection contre la persécution et les mauvais traitements, grâce aux éléments suivants : / a) les dispositions législatives et réglementaires adoptées en la matière et la manière dont elles sont appliquées ; / b) la manière dont sont respectées les droits et libertés définis dans la convention européenne de sauvegarde des droits de l'homme et des libertés fondamentales et/ou dans le pacte international relatif aux droits civils et politiques et/ou la convention des Nations unies contre la torture, en particulier les droits pour lesquels aucune dérogation ne peut être autorisée conformément à l'article 15, paragraphe 2, de ladite convention européenne ; / c) la manière dont est respecté le principe de non-refoulement conformément à la convention de Genève ; / d) le fait qu'il dispose d'un système de sanctions efficaces contre les violations de ces droits et libertés ». L'annexe II de la directive prévoit ainsi qu'un « pays est considéré comme un pays d'origine sûr lorsque, sur la base de la situation légale, de l'application du droit dans le cadre d'un régime démocratique et des circonstances politiques générales, il peut être démontré que, d'une manière générale et uniformément, il n'y est jamais recouru à la persécution ni à la torture ni à des peines ou traitements inhumains ou dégradants et qu'il n'y a pas de menace en raison de violences indiscriminées dans des situations de conflit armé international ou interne.

La loi du 22 juillet 2015 s'est emparée des critères fixés par le droit européen (la définition légale comportant en outre un renvoi à l'annexe I de la directive « Procédures ») pour préciser les critères de détermination de la liste des pays d'origine sûrs : un pays est considéré comme un pays d'origine sûr lorsque, sur la base de la situation légale, de l'application du droit dans le cadre d'un régime démocratique et des circonstances politiques générales, il peut être démontré que, d'une manière générale et uniformément pour les hommes comme pour les femmes, quelle que soit leur orientation sexuelle, il n'y est jamais recouru à la persécution, ni à la torture, ni à des peines ou traitements inhumains ou dégradants et qu'il n'y a pas de menace en raison d'une violence qui peut s'étendre à des personnes sans considération de leur situation personnelle dans des situations de conflit armé international ou interne.

C'est le conseil d'administration de l'OFPRA qui fixe la liste des pays d'origine sûrs. La liste actuelle comprend désormais les pays suivants : l'Albanie, l'Arménie, la Bosnie-Herzégovine, le Cap-Vert, la Géorgie, le Ghana, l'Inde, le Kosovo, l'ancienne République yougoslave de Macédoine (ARYM), Maurice, la Moldavie, la Mongolie, le Monténégro, le Sénégal et la Serbie (Décis. OFPRA, 9 oct. 2015, *JO 17 oct.*, Décis. validée par le Conseil d'État, 30 déc. 2016, n°s 395058, 395075, 395133 et 395383). Cette liste est établie sous le contrôle éventuel du Conseil d'État. Le commissaire aux droits de l'homme du Conseil de l'Europe (rapport du 20 nov. 2008, *Comm. EDH 2008 XX, p. 23*) a invité « les autorités françaises à faire une utilisation des plus prudentes de cette liste et à garantir qu'elle n'aura pas un effet automatique sur le traitement de la demande d'asile qui doit toujours être individuellement analysée ». Reste que les demandes d'asile qui entrent dans ce cas de figure sont en principe examinées selon la procédure accélérée. On rappellera en outre qu'en vertu du protocole additionnel au traité d'Amsterdam, dit « Protocole Aznar », les pays de l'Union européenne sont considérés comme pays d'origine sûrs, la jurisprudence ayant toutefois exigé un examen au cas par cas, en particulier s'agissant de la Grèce. ❑

1. Compétence de l'OFPRA. Le Conseil constitutionnel a validé l'attribution de compétence à l'OFPRA pour fixer la liste des pays d'origine sûrs en indiquant que le pays d'origine sûr est celui qui veille au respect des principes de la liberté, de la démocratie et de l'État de droit ; cette attribution de compétence ne viole donc pas l'art. 34 Const. aux termes duquel la loi fixe les règles concernant les garanties fondamentales accordées aux citoyens pour l'exercice des libertés publiques. • Cons. const. 4 déc. 2003, n° 2003-485 DC. ♦ Le Conseil constitutionnel a souligné que ces demandeurs bénéficiaient, comme les autres, du droit à un examen individuel, tout en relevant l'absence de violation du principe d'égalité, les uns et les autres n'étant pas placés dans la même situation. • Même arrêt.

2. La circonstance que le ministère des Affaires étrangères aurait préparé un projet de liste de pays d'origine sûrs soumis ensuite au conseil d'administration de l'OFPRA ne saurait permettre d'affirmer que ledit conseil n'est pas l'auteur de la décision attaquée. • CE 5 avr. 2006, *GISTI et a.*, n° 284706 A : *JCP 2006. 2030.*

3. Procédure. L'établissement d'une liste de pays d'origine sûrs a pour effet de permettre l'application d'une procédure prioritaire pour l'examen par l'OFPRA des demandes d'asile et ne saurait exempter l'administration de procéder à l'examen individuel de chaque dossier. • CE 5 avr. 2006, *GISTI et a.*, n° 284706 : *préc. note 2.* ♦ Les demandeurs d'asile provenant de pays considérés comme sûrs se trouvent placés dans une situation différente de celle des demandeurs d'asile venant d'autres pays ; ainsi, la circonstance que les règles de procédure soient différentes n'est pas contraire aux stipulations de la Conv. de Genève, notamment de son art. 3. • Même décision. ♦ Il ressort de l'art. 31 de la Dir. 2005/85/CE du 1er déc. 2005 (refondue par Dir. 2013/32.UE du 26 juin 2013 relative à des procédures communes pour l'octroi et le retrait de la protection internationale, *JOUE 29 juin*) que, si ce n'est qu'après un examen individuel de sa demande qu'un pays peut être regardé comme un pays d'origine sûr pour un demandeur d'asile déterminé, ces dispositions ne sauraient avoir pour effet de réserver cet examen préalable, qui a uniquement pour objet de déterminer la procédure selon laquelle sera examiné le bien-fondé de cette demande d'asile à l'OFPRA. • CE 30 déc. 2013, *La Cimade*, n° 350193 B : *AJDA 2014. 13*.

4. Le préfet n'est pas lié par la liste des pays d'origine sûrs pour refuser l'admission au séjour d'un demandeur d'asile. • CAA Lyon, 9 mai 2006, *Préfet du Rhône c/ Sarkissian*, n° 05LY01784.

5. Les étrangers demandant à bénéficier de l'asile et qui ont la nationalité d'un pays considéré comme sûr peuvent, s'ils font l'objet d'une mesure d'éloignement, bénéficier devant la juridiction administrative d'un recours suspensif, à l'occasion duquel peut notamment être discuté le choix du pays de renvoi, au regard notamment des risques auxquels l'intéressé soutiendrait, le cas échéant, être exposé dans ce pays ; par suite, il n'apparaît pas que les étrangers seraient, en raison de la procédure prioritaire d'examen de leurs demandes d'asile dont il est fait application, privés d'un droit au recours effectif en méconnaissance des stipulations de l'art. 13 Conv. EDH ou des dispositions de l'art. 30 de la Dir. du Conseil du 1er déc. 2005 relative à des normes minimales concernant la procédure d'octroi et de retrait du statut de réfugié dans les États membres. • CE 6 avr. 2010, *M. Sourik Djalilian et a.*, nos 338163, 338164 et 338165.

6. Contentieux. La liste des pays d'origine sûrs fixée par l'OFPRA peut faire l'objet d'un recours pour excès de pouvoir. • Cons. const. 4 déc. 2003, n° 2003-485 DC.

7. Le Conseil d'État s'assure que l'OFPRA n'a pas inexactement apprécié la situation des pays retenus lors de la fixation de cette liste. • CE 5 avr. 2006, *GISTI et a.*, n° 284706 A : *RFDA 2006. 646*. ♦ Exerçant un contrôle normal, le Conseil d'État a ainsi considéré que ne pouvaient être considérés comme pays d'origine sûrs l'Albanie et le Niger en raison de l'instabilité du contexte politique et social propre à ces deux pays. • CE 13 févr. 2008, *Forum Réfugiés*, n° 295443 B : *JCP Adm. 2008. Actu. 177 ; JCP 2008. Actu. 159 ; Dr. adm. 2008. Comm. 68 ; RFDA 2008. 535, note Vidal-Naquet*. ♦ Le Conseil d'État a ainsi censuré l'inscription sur cette liste de l'Arménie (en raison des violences dont sont victimes les opposants au pouvoir), de la Turquie (du fait des violences dont sont souvent victimes les ressortissants turcs d'origine kurde et des limitations à la liberté d'expression) et de Madagascar (compte tenu de la grande instabilité politique du pays et des violences et persécutions dont sont victimes les opposants). • CE 23 juill. 2010, *Amnesty International et a.*, n° 336034 B : *Dr. adm. 2010. Comm. 144, note Tchen.* ♦ Le seul taux d'octroi de la qualité de réfugié aux ressortissants d'un pays ne saurait, par lui-même, démontrer que ce pays ne constitue pas un pays d'origine sûr ; il en va de même de la seule circonstance qu'un pays n'ait pas aboli la peine de mort ou du nombre d'affaires en instance devant la CEDH concernant ce pays. • CE 7 avr. 2011, *Amnesty International Section française et GISTI*, n° 343594 B. ♦ Jugé qu'en dépit des progrès accomplis l'Albanie et le Kosovo ne présentent pas, eu égard notamment à l'instabilité du contexte politique et social propre à ces pays ainsi qu'aux violences auxquelles sont exposées certaines catégories de leurs populations, sans garantie de pouvoir trouver, auprès des autorités publiques, une protection suffisante, les caractéristiques justifiant leur inscription sur la liste des pays d'origine sûrs. • CE 26 mars 2012, *Action syndicale libre (OFPRA)*, n° 349174 B : *AJDA 2012. 679*. ♦ V. Circ. du 4 avr. 2012 (NOR : IOCL1209299C). ♦ Compte tenu des violences auxquelles sont exposés au Bangladesh des opposants politiques ainsi que certaines catégories de la population en raison de leur religion, de leur origine ou de leurs opinions, sans garantie de pouvoir disposer d'une protection suffisante de la part des autorités publiques, ainsi que des violations des droits des minorités et des personnes déplacées dans certaines régions, la République populaire du Bangladesh ne pouvait être regardée comme présentant les caractéristiques permettant son inscription sur la liste des pays d'origine sûrs au sens du 2° du présent art. (anc. art. L. 741-4). • CE 4 mars 2013, *Assoc. des avocats Elena France et a.*, n° 356490 : *AJDA 2013. 553*.

8. La jurisprudence tient compte de l'évolution de la situation des pays concernés ; ainsi, s'agissant de l'Albanie, le Conseil d'État estime que, compte tenu des évolutions constatées depuis 2011 dans le sens d'un affermissement du processus démocratique, et alors même que persistent certaines difficultés dans la lutte des pouvoirs publics contre le crime organisé, cet État peut être inscrit sur la liste des pays d'origine sûrs ; même solution pour la Géorgie qui s'est engagée dans la voie de réformes profondes de son système politique et judiciaire dans le sens d'une consolidation de l'État de droit conformément aux exigences du partenariat conclu avec l'UE, en dépit de difficultés persistantes dans l'affirmation de l'autorité de l'État ; en revanche, en dépit des progrès accomplis, le Kosovo, dont les institutions sont encore largement dépendantes du soutien des organisations et missions internationales, ne présentait pas, à la date de la décision attaquée, eu égard à l'instabilité du contexte politique et social propre à ce pays ainsi qu'aux violences auxquelles restent exposées certaines catégories de sa population, sans garantie de pouvoir trouver auprès des autorités publiques une protection suffisante, les caractéristiques justifiant son inscription sur la liste des pays d'origine sûrs. • CE 10 oct. 2014, *Assoc. Elena et a.*, n° 375474 B : *AJDA 2014. 1980*. ♦ Il ne peut être utilement soutenu que la décision de l'OFPRA serait illégale du seul fait du délai de plus de quatre ans qui s'est écoulé depuis la précédente fixation de la liste des pays d'origine sûrs. • CE 2 juill. 2021, nos 437141 B, 437142 B et 437365 B : *AJDA 2021. 1418 ; ibid. 2022. 1239, note Aubin*.

9. Dès lors qu'il constatait une dégradation rapide de la situation dans un pays (le Bénin) figurant sur la liste et son évolution incertaine, le conseil d'administration de l'office ne pouvait légalement se borner à prévoir le réexamen de l'inscription de ce pays à l'issue d'une période de 6 mois, sans en tirer immédiatement de conséquence. • CE 2 juill. 2021, nos 437141 B, 437142 B et 437365 B : *préc. note 8*.

10. Le législateur a entendu qu'une attention particulière soit accordée, pour l'établissement et la révision de la liste des pays d'origine sûrs, aux risques de persécutions ou de traitements inhumains et dégradants en raison de l'orientation sexuelle des ressortissants de ce pays. Compte tenu de l'existence de dispositions législatives pénalisant les relations homosexuelles au Sénégal et au Ghana et de la persistance de comportements, encouragés, favorisés ou simplement tolérés par les autorités de ces pays, conduisant à ce que des personnes puissent effectivement craindre d'y être exposées à de tels risques, l'OFPRA ne pouvait, sans commettre d'erreur d'appréciation, tenir ces États pour des pays d'origine sûrs dans l'examen des demandes présentées par leurs ressortissants. • CE 2 juill. 2021, n°s 437141 B, 437142 B et 437365 B : *préc. note 8.* ♦ L'annulation de l'inscription d'un État sur la liste des pays d'origine sûrs prive de base légale l'OQTF frappant un demandeur d'asile ressortissant de cet État et doit entraîner le placement de sa demande d'asile en procédure normale. • CAA Versailles, 3 févr. 2022, n° 21VE01677.

11. États membres de l'UE. Les États membres de l'UE sont considérés comme des pays d'origine sûrs ; dès lors, une demande d'asile présentée par un ressortissant d'un État membre de l'UE ne peut être prise en considération ou déclarée admissible pour instruction par un autre État membre que dans quatre cas limitativement énumérés : non-respect de la Conv. EDH par l'État d'origine du demandeur ; mise en œuvre de la procédure de prévention ou de la procédure de sanction d'une violation des droits fondamentaux garantis par le traité sur l'UE ; traitement de la demande sur la base de la présomption qu'elle est manifestement non fondée. • CE 30 déc. 2009, *OFPRA c/ Cosmin Covaciu*, n° 305226 B : *AJDA 2010. 796, note Aubin ; D. 2010. 2868, obs. Boskovic, Corneloup, Jault-Seseke, Joubert et Parrot.*

12. Changement de circonstances. Saisi de conclusions à fin d'annulation recevables, le juge peut également l'être, à titre subsidiaire, de conclusions tendant à ce qu'il prononce l'abrogation du même acte au motif d'une illégalité résultant d'un changement de circonstances de droit ou de fait postérieur à son édiction, afin que puissent toujours être sanctionnées les atteintes illégales qu'un acte règlementaire est susceptible de porter à l'ordre juridique. Il statue alors prioritairement sur les conclusions à fin d'annulation. Dans l'hypothèse où il ne ferait pas droit aux conclusions à fin d'annulation et où l'acte n'aurait pas été abrogé par l'autorité compétente depuis l'introduction de la requête, il appartient au juge, dès lors que l'acte continue de produire des effets, de se prononcer sur les conclusions subsidiaires. Le juge statue alors au regard des règles applicables et des circonstances prévalant à la date de sa décision. S'il constate, au vu des échanges entre les parties, un changement de circonstances tel que l'acte est devenu illégal, le juge en prononce l'abrogation. Il peut, eu égard à l'objet de l'acte et à sa portée, aux conditions de son élaboration ainsi qu'aux intérêts en présence, prévoir dans sa décision que l'abrogation ne prend effet qu'à une date ultérieure qu'il détermine. • CE 19 nov. 2021, n° 437141 A : *AJDA 2021. 2303 ; ibid. 2582, chron. Malverti et Beaufils.*

Art. L. 121-14 **L'Office français de protection des réfugiés et apatrides est géré par un directeur général nommé par décret, sur proposition conjointe du ministre des affaires étrangères et du ministre chargé de l'asile.** – *[Anc. art. L. 722-2.]*

COMMENTAIRE

Le directeur général de l'office est nommé pour une durée de trois ans, renouvelable (CESEDA, anc. art. R. 722-4 devenu art. R. 121-35). Le directeur général prépare et exécute les délibérations du conseil d'administration. Il exerce notamment les compétences suivantes :

– il est l'ordonnateur des recettes et des dépenses ;

– il représente l'office en justice et dans tous les actes de la vie civile ;

– il pourvoit aux emplois et gère le personnel, notamment en affectant les agents titulaires de l'office et en recrutant les agents contractuels ;

– il préside le comité technique paritaire et le comité d'hygiène et de sécurité ;

– il conclut les contrats et conventions engageant l'établissement. Il est la personne responsable des marchés ;

– il peut créer des régies de recettes et d'avances sur avis conforme de l'agent comptable ;

– il rend compte de sa gestion au conseil d'administration. ❑

Art. L. 121-15 **Les locaux de l'Office français de protection des réfugiés et apatrides ainsi que ses archives et, d'une façon générale, tous les documents lui appartenant ou détenus par lui sont inviolables.**

A l'expiration de leur période d'administration courante par l'office, les dossiers des demandeurs d'asile dont la demande aura été définitivement rejetée sont confiés à la garde des services du ministre chargé de l'asile. Seules les personnes autorisées par le directeur général de l'office y ont accès. Ces archives ne peuvent être librement consul-

tées qu'à l'issue des délais prévus à l'article L. 213-2 du code du patrimoine. – *[Anc. art. L. 722-4.]*

Art. L. 121-16 **Les dépenses de l'Office français de protection des réfugiés et apatrides sont couvertes par une subvention de l'État.** – *[Anc. art. L. 722-5.]*

COMMENTAIRE

Les crédits de l'Office français de protection des réfugiés et apatrides (OFPRA) sont rattachés à la mission « Immigration, asile et intégration » tandis que ceux de la Cour nationale du droit d'asile le sont à la mission « Conseil et contrôle de l'État » depuis le 1er janvier 2009 (LF pour 2009).

Aux termes de l'article R. 121-38 (anc. art. R 722-8), les opérations financières et comptables de l'office sont effectuées conformément aux dispositions des titres I et III du décret n° 2012-1246 du 7 novembre 2012 relatif à la gestion budgétaire et comptable publique. L'office est soumis au contrôle financier de l'État dans les conditions prévues par le décret n° 2005-757 du 4 juillet 2005 relatif au contrôle économique et financier au sein des établissements publics administratifs de l'État. Le directeur général de l'office peut créer des régies de recettes et d'avances sur avis conforme de l'agent comptable, dans les conditions prévues par le décret n° 92-681 du 20 juillet 1992 relatif aux régies de recettes et aux régies d'avances des organismes publics. ❑

CHAPITRE I *BIS* FRANCE ASILE

(L. n° 2024-42 du 26 janv. 2024, art. 62)

Art. L. 121-17 **Des pôles territoriaux dénommés "France asile" peuvent être progressivement déployés sur l'ensemble du territoire français après la mise en place de trois sites pilotes. Ces pôles territoriaux effectuent :**

1° L'enregistrement de la demande d'asile par l'autorité compétente, conformément au chapitre I du titre II du livre V ;

2° L'octroi des conditions matérielles d'accueil du demandeur d'asile prévues au titre V du même livre V ainsi que l'évaluation de sa vulnérabilité et de ses besoins particuliers par l'Office français de l'immigration et de l'intégration, conformément aux articles L. 522-1 à L. 522-5 ;

3° L'introduction de la demande d'asile auprès de l'Office français de protection des réfugiés et apatrides, dans les conditions prévues à l'article L. 531-2, sans préjudice de l'indépendance de ses agents garantie à l'article L. 121-7. Le délai prévu à la première phrase du premier alinéa de l'article L. 531-2 ne s'applique pas.

Le demandeur d'asile peut compléter sa demande auprès de l'Office français de protection des réfugiés et apatrides de tout élément ou de toute pièce utile jusqu'à l'entretien personnel mentionné à l'article L. 531-12, qui ne peut intervenir avant un délai de vingt et un jours à compter de l'introduction de la demande d'asile, hormis les cas où l'office prend une décision d'irrecevabilité en application des 1° ou 2° de l'article L. 531-32 ou statue dans le cadre des procédures prévues aux articles L. 531-24, L. 531-26 et L. 531-27 ;

4° L'entretien personnel prévu aux articles L. 531-12 à L. 531-21, lorsqu'il est mené par un moyen de communication audiovisuelle dans les conditions prévues à l'article L. 531-21 ou dans le cadre d'une mission déconcentrée prévue à l'article L. 121-11.

COMMENTAIRE

D'après les travaux préparatoires de la loi n° 2024-42 du 26 janvier 2024, ces pôles offriront aux demandeurs d'asile un parcours administratif simplifié entre les différentes administrations compétentes (préfecture, Office français de l'immigration et de l'intégration, Office français de protection des réfugiés et des apatrides).

Ces pôles territoriaux auraient vocation à **se substituer aux guichets uniques d'accueil des demandeurs d'asile (GUDA)**, au nombre de trente-trois en France hexagonale, qui ne permettent aujourd'hui d'effectuer que les deux premières étapes du parcours du demandeur d'asile.

L'enregistrement de la demande d'asile, l'octroi des conditions matérielles d'accueil et l'introduction de la demande d'asile pourront ainsi être effectués au sein d'un même pôle.

Le dispositif pourra être déployé progressivement sur le territoire, en fonction des besoins et des capacités locales, afin de favoriser un rééquilibrage territorial de l'accueil des demandeurs d'asile et de mettre à disposition un service public de proximité. Ce dispositif doit permettre de réduire les délais de l'ensemble de la procédure d'asile. Compte tenu du caractère expérimental du dispositif, la question a été évoquée d'une possible rupture d'égalité entre demandeurs d'asile dès lors qu'ils seront soumis à une procédure différente selon le lieu où ils se trouveraient en France. ❑

CHAPITRE II COMPÉTENCE DES ADMINISTRATIONS DÉCONCENTRÉES

Le présent chapitre ne comprend pas de dispositions législatives.

CHAPITRE III RAPPORT ANNUEL SUR LES ORIENTATIONS DE LA POLITIQUE D'ASILE, D'IMMIGRATION ET D'INTÉGRATION

Art. L. 123-1 *(L. nº 2024-42 du 26 janv. 2024, art. 1er) [Dispositions déclarées non conformes à la Constitution par la décision du Conseil constitutionnel nº 2023-863 DC du 25 janvier 2024.]*

Le Gouvernement remet au Parlement, avant le 1er juin de chaque année, un rapport qui indique et commente, pour les dix années précédentes, en métropole et dans les outre-mer :

1° Le nombre des différents visas accordés et celui des demandes rejetées. Pour les visas de long séjour portant la mention "étudiant", le rapport indique, par pays, le nombre de visas accordés et rejetés, en précisant si l'étudiant dispose d'un baccalauréat français ou d'un diplôme étranger, le délai moyen d'instruction des demandes, le nombre des avis, positifs et négatifs, émis par Campus France pour des demandes de départ vers la France et le nombre d'étudiants qui abandonnent leurs études en France en cours de cursus ;

2° Le nombre des différents titres de séjour accordés et celui des demandes rejetées et des renouvellements refusés ;

3° Le nombre d'étrangers admis au titre du regroupement familial et des autres formes de rapprochement familial ;

4° Le nombre d'étrangers admis aux fins d'immigration de travail ;

5° Le nombre d'étrangers ayant obtenu le statut de réfugié, le bénéfice de la protection subsidiaire ou le statut d'apatride ainsi que celui des demandes rejetées ;

6° Le nombre de mineurs non accompagnés pris en charge par l'aide sociale à l'enfance et les conditions de leur prise en charge ;

7° Le nombre d'étrangers mineurs ayant fait l'objet d'un placement en rétention ou en zone d'attente et la durée de celui-ci ;

8° Le nombre d'autorisations de travail accordées ou refusées ;

9° Le nombre d'étrangers ayant fait l'objet de mesures d'éloignement effectives comparé à celui des décisions prononcées ;

10° Les moyens et le nombre de procédures, ainsi que leur coût, mis en œuvre pour lutter contre l'entrée et le séjour irréguliers des étrangers ;

11° Le nombre d'attestations d'accueil présentées pour validation et le nombre d'attestations d'accueil validées ;

12° Les moyens mis en œuvre et les résultats obtenus dans le domaine de la lutte contre les trafics de main-d'œuvre étrangère ;

13° Les actions entreprises avec les pays d'origine pour mettre en œuvre une politique de gestion concertée des flux migratoires et de codéveloppement ;

14° Le nombre de contrats d'intégration républicaine souscrits en application de l'article L. 413-2 ainsi que les actions entreprises au niveau national pour favoriser l'intégration des étrangers en situation régulière, en facilitant notamment leur accès à l'emploi, au logement et à la culture ;

15° Le nombre d'acquisitions de la nationalité française, pour chacune des procédures ;

16° Des indicateurs permettant d'estimer le nombre d'étrangers se trouvant en situation irrégulière sur le territoire français ;

17° Le nombre de personnes ayant fait l'objet d'une mesure d'assignation à résidence, le nombre des mesures de placement en rétention et la durée globale moyenne de ces dernières ;

18° Une évaluation qualitative du respect des orientations fixées par le schéma national d'accueil des demandeurs d'asile ;

19° Une indication du nombre de demandes d'asile comparant, pour chaque nationalité, le nombre de demandes déposées depuis le pays d'origine et le nombre de demandes déposées depuis le territoire français ;

20° Une évaluation de l'application des accords internationaux conclus avec les pays d'émigration ainsi qu'avec leurs organismes de sécurité sociale.

Le Gouvernement présente, en outre, les conditions démographiques, économiques, géopolitiques, sociales et culturelles dans lesquelles s'inscrit la politique nationale d'immigration et d'intégration. Il précise les capacités d'accueil de la France. Il rend compte des actions qu'il mène pour que la politique européenne d'immigration et d'intégration soit conforme à l'intérêt national ainsi que des actions conduites par les collectivités territoriales compte tenu de la politique nationale d'immigration et d'intégration.

Sont jointes au rapport du Gouvernement les observations de :

a) L'Office français de l'immigration et de l'intégration ;

b) L'Office français de protection des réfugiés et apatrides, qui indique l'évolution de la situation dans les pays considérés comme des pays d'origine sûrs.

Ancien art. L. 123-1 *Chaque année avant le 1er octobre, le Gouvernement dépose devant le Parlement un rapport sur les orientations pluriannuelles de la politique d'asile, d'immigration et d'intégration.*

Ce rapport indique et commente les données quantitatives relatives à l'année civile précédente, à savoir :

1° Le nombre des différents titres de séjour accordés et celui des demandes rejetées et des renouvellements refusés ;

2° Le nombre d'étrangers admis au titre du regroupement familial ;

3° Le nombre d'étrangers ayant obtenu le statut de réfugié, le bénéfice de la protection subsidiaire ou le statut d'apatride, ainsi que celui des demandes rejetées ;

4° Le nombre d'attestations d'accueil présentées pour validation et le nombre d'attestations d'accueil validées ;

5° Le nombre d'étrangers ayant fait l'objet de mesures d'éloignement effectives comparé à celui des décisions prononcées ;

6° Les moyens et le nombre de procédures, ainsi que leur coût, mis en œuvre pour lutter contre l'entrée et le séjour irréguliers des étrangers ;

7° Les moyens mis en œuvre et les résultats obtenus dans le domaine de la lutte contre les trafics de main-d'œuvre étrangère ;

8° Les actions entreprises avec les pays d'origine pour mettre en œuvre une politique d'immigration fondée sur le codéveloppement et le partenariat ;

9° Le nombre de contrats d'intégration républicaine souscrits en application de l'article L. 413-2 ainsi que les actions entreprises au niveau national pour favoriser l'intégration des étrangers en situation régulière en facilitant notamment leur accès à l'emploi, au logement et à la culture ;

10° Le nombre des acquisitions de la nationalité française ;

11° Le nombre de personnes ayant fait l'objet d'une mesure d'assignation à résidence, le nombre des mesures de placement en rétention et la durée globale moyenne de ces dernières ;

12° Une évaluation qualitative du respect des orientations fixées par le schéma national d'accueil des demandeurs d'asile.

Ce rapport propose également des indicateurs permettant d'estimer le nombre d'étrangers se trouvant en situation irrégulière sur le territoire français.

Ce rapport contient également les évaluations, pour l'année en cours, des données quantitatives énumérées aux 1° à 12° du présent article, ainsi que les projections relatives à ces mêmes données pour l'année suivante.

Les données quantitatives énumérées au présent article font l'objet d'une présentation distincte pour la France métropolitaine et pour chacune des collectivités mentionnées à l'article 72-3 de la Constitution.

L'Office français de protection des réfugiés et apatrides, l'Office français de l'immigration et de l'intégration et le délégué interministériel chargé de l'accueil et de l'intégration des réfugiés joignent leurs observations au rapport. – [Anc. art. L. 111-10.]

COMMENTAIRE

Prévu initialement par la loi n° 2007-1631 du 20 novembre 2007, le rapport sur les orientations pluriannuelles de la politique d'immigration ne constituait guère un outil performant de l'information parlementaire en raison notamment du retard avec lequel il intervenait chaque année et des informations qu'il contenait. C'est la raison pour laquelle le législateur de 2018 a modifié l'ancien article L. 111-10 (devenu art. L. 123-1) en prévoyant que le rapport sur les orientations pluriannuelles de la politique d'asile, d'immigration et d'intégration doit désormais être déposé par le Gouvernement avant le 1er octobre ; surtout, il complète les données à fournir au Parlement qui doivent être relatives à l'année civile précédente ainsi que les évaluations, pour l'année en cours, des mêmes données quantitatives et les projections relatives à ces mêmes données pour l'année suivante.

La loi n° 2024-42 du 26 janvier 2024 a introduit de nouveaux indicateurs afin d'élargir le champ du rapport annuel : répartition par pays des décisions relatives à la délivrance des visas ; nombre des étrangers admis aux fins d'immigration de travail ; nombre de mineurs pris en charge par l'aide sociale à l'enfance ; nombre de mineurs ayant fait l'objet d'un placement en rétention ou en zone d'attente ; indication du nombre de demandes d'asile incluant une comparaison avec celles déposées dans le pays d'origine et sur le territoire français ; évaluation de l'application des accords internationaux conclu avec les pays d'émigration et avec leurs organismes de sécurité sociale.

De manière tout à fait opportune, le législateur de 2018 avait prévu que le délégué interministériel chargé de l'accueil et de l'intégration des réfugiés (et non plus seulement l'Office français de protection des réfugiés et apatrides, le Haut Conseil à l'intégration et l'Office français de l'immigration et de l'intégration) joignent leurs observations au rapport. Cette précision a disparu suite à la loi n° 2024-42 du 26 janvier 2024.

Le texte voté par le Parlement imposait la tenue d'un débat annuel sur la politique d'immigration au Parlement ; il insérait également un nouvel article L. 123-2 prévoyant la fixation par le Parlement du nombre d'étrangers autorisés à s'installer en France. C'est très logiquement que le Conseil constitutionnel (Cons. const. 25 janv. 2024, n° 2023-863 DC : *AJDA 2024. 650, note Bonnet et Gadhoun* ; *D. 2024. 170* et *219*, *pt de vue Esplugas-Labatut* ; *AJCT 2024. 70, obs. Pailler*), reprenant une position déjà exprimée (Cons. const. 20 nov. 2003, n° 2003-484 DC – *Loi relative à la maîtrise de l'immigration, au séjour des étrangers en France et à la nationalité*) a considéré qu'il ne résulte ni de l'article 48 de la Constitution ni d'aucune autre exigence constitutionnelle que le législateur peut imposer au Parlement l'organisation d'un débat en séance publique ou la fixation par ce dernier de certains objectifs chiffrés en matière d'immigration. Une telle obligation pourrait faire obstacle aux prérogatives que le Gouvernement ou chacune des assemblées, selon les cas, tiennent de la Constitution pour la fixation de l'ordre du jour. Ces dispositions ont ainsi été censurées. ❑

En l'absence de dispositions constitutionnelles l'y autorisant, il n'appartient pas au législateur d'imposer l'organisation d'un débat en séance publique car une telle obligation pourrait faire obstacle aux prérogatives que le Gouvernement ou chacune des assemblées, selon les cas, tiennent de la Constitution pour la fixation de l'ordre du jour ; par suite, la loi ne peut prévoir que le dépôt du rapport du Gouvernement sur les orientations pluriannuelles de la politique d'immigration sera suivi d'un débat. • Cons. const. 20 nov. 2003, n° 2003-484 DC.

TITRE III COUR NATIONALE DU DROIT D'ASILE

CHAPITRE UNIQUE

SECTION 1 Compétence

Art. L. 131-1 **La Cour nationale du droit d'asile est une juridiction administrative, placée sous l'autorité d'un président, conseiller d'État, désigné par le vice-président du Conseil d'État.** – *[Anc. art. L. 731-1.]*

COMMENTAIRE

C'est l'article 29 de la loi n° 2007-1631 du 20 novembre 2007 qui a retenu la nouvelle appellation de « Cour nationale du droit d'asile » (CNDA), abandonnant ainsi l'ancienne « Commission de recours des réfugiés » et marquant la volonté du législateur d'insister sur le statut de juridiction de cette cour. Cette volonté s'est traduite également du point de vue fonctionnel ; en effet, jusqu'au 31 décembre 2008, le budget de la CNDA était inscrit dans le budget de l'OFPRA. Depuis le 1er janvier 2009, en vertu du décret n° 2008-1481 du 30 décembre 2008, la CNDA est rattachée au Conseil d'État et fait désormais partie du programme 165 « Conseil d'État et autres juridictions administratives » de la mission « Conseil et contrôle de l'État ».

Le président de la Cour est nommé pour une durée de cinq ans, renouvelable. Il est responsable de l'organisation et du fonctionnement de la juridiction qu'il préside. Il assure la direction des services de cette juridiction et le maintien de la discipline intérieure. Il affecte les membres des formations de jugement et les personnels. Il répartit les affaires entre chacune d'elles. Il désigne parmi les personnels de la Cour des rapporteurs chargés de l'instruction écrite des affaires. Il peut présider chacune des formations de jugement. Il est assisté par un ou des vice-présidents qu'il désigne parmi les présidents de section. En cas d'absence ou d'empêchement, le président de la Cour est suppléé par le vice-président ou le plus ancien des vice-présidents (CESEDA, art. R. 131-1). Le président de la CNDA est institué ordonnateur secondaire des dépenses de fonctionnement de la juridiction qu'il préside. Il peut déléguer sa signature au secrétaire général et aux secrétaires généraux adjoints de la Cour (CESEDA, art. R. 131-3).

Le **secrétariat de la CNDA** est assuré par un secrétaire général nommé par le vice-président du Conseil d'État sur proposition du président de la Cour. Sous l'autorité du président de la Cour, le secrétaire général encadre les services de la juridiction et veille à leur bon fonctionnement. Il est assisté par des secrétaires généraux adjoints. Sous l'autorité du président de la Cour, le secrétaire général est également chargé du bon déroulement de la procédure juridictionnelle. L'exécution des actes de procédure est assurée par le secrétaire général et les agents qu'il désigne. A cet effet, le secrétaire général peut signer les courriers informant les parties des mesures prises par la Cour pour la mise en état et l'instruction des recours, et la convocation des parties à l'audience. Il peut également, avec l'accord du président de la Cour, déléguer sa signature pour une partie de ses attributions aux agents placés sous son autorité (CESEDA, art. R. 131-2).

Le **vice-président du Conseil d'État** ordonnance les dépenses de la CNDA. Il peut, à cet effet, déléguer sa signature au secrétaire général et aux secrétaires généraux adjoints du Conseil d'État. Délégation peut également être donnée, aux mêmes fins, aux chefs de service du Conseil d'État et aux fonctionnaires du secrétariat général appartenant à un corps de catégorie A ainsi qu'aux agents contractuels chargés de fonctions d'un niveau équivalent. Délégation peut en outre être donnée aux autres agents en fonctions au Conseil d'État à l'effet de signer, sous la responsabilité des personnes mentionnées ci-dessus, toute pièce relative aux dépenses et aux ordres de recettes (CESEDA, art. R. 131-3). Les actes relatifs à la gestion et à l'administration des personnels de la CNDA sont pris sous les réserves prévues par l'article R. 121-13 du code de justice administrative par le vice-président du Conseil d'État sur proposition du président de la Cour. Le vice-président peut, par arrêté, déléguer ses pouvoirs au président de la Cour pour les actes de gestion qui ne sont pas soumis à l'avis préalable des commissions administratives paritaires (CESEDA, art. R. 131-5). ❑

1. Avant l'intervention du Décr. du 30 déc. 2008, le Conseil d'État avait considéré que la circonstance que le directeur général de l'OFPRA mette à disposition de la CNDA les moyens nécessaires à son fonctionnement n'est pas de nature à porter atteinte à l'indépendance de cette juridiction et ne méconnaît pas les exigences rappelées par les art. 6 et 13 Conv. EDH. • CE 12 oct. 2005, *GISTI et a.*, n° 273198 B.

2. Tout en étant qualifiée de juridiction administrative, la CNDA n'applique pas, par principe, le droit commun du contentieux administratif. • CE 28 févr. 1996, *Kola Olang*, n° 148062. ♦ Elle doit cependant observer toutes les règles générales de procédure dont l'application ne lui a pas été formellement écartée et qui ne sont pas inconciliables avec son organisation. • CE 21 juill. 2009, *OFPRA c/ M. et Mme Baliershvili*, nos 306490 et 306491 : *Rec. CNDA 9*. ♦ Au nombre de ces règles figure celle d'après laquelle les jugements doivent mentionner les noms des juges qui les ont rendus. • CE 26 nov. 2003, *M. C.*, n° 249672.

Art. L. 131-2 La Cour nationale du droit d'asile est saisie des recours formés contre les décisions mentionnées aux articles L. 532-1 et L. 532-4.

SECTION 2 Organisation et fonctionnement

(L. n° 2024-42 du 26 janv. 2024, art. 70)

Art. L. 131-3 Les formations de jugement de la Cour nationale du droit d'asile sont regroupées en chambres, elles-mêmes regroupées en sections. Le nombre de sections et de chambres est fixé par décret en Conseil d'État.

La Cour peut comprendre, en dehors de son siège, des chambres territoriales. Le siège et le ressort des chambres sont fixés par décret en Conseil d'État.

Le président de la Cour affecte les membres des formations de jugement dans les chambres.

Il peut en outre spécialiser les chambres en fonction du pays d'origine et des langues utilisées.

COMMENTAIRE

L'article L. 131-3 permet de **territorialiser la CNDA** en autorisant le pouvoir réglementaire à créer des « chambres territoriales » en dehors du siège de la CNDA ; cette démarche a été justifiée (Ass. Nat., Rapp. n° 1943) par « l'augmentation du nombre de demandes émanant de demandeurs habitant en dehors de l'Île-de-France, du fait notamment de la montée en puissance du dispositif d'orientation régionale des demandeurs d'asile opérationnel depuis 2021 en application de la loi n° 2018-778 du 10 septembre 2018 qui a favorisé une meilleure répartition géographique des demandeurs sur l'ensemble du territoire. Ces demandeurs sont contraints de se rendre à Montreuil, parfois à plusieurs reprises, où siège la CNDA. La vidéo-audience demeure peu développée ».

Selon le rapport sénatorial (n° 433), « les chambres territoriales pourraient, *in fine*, juger entre 25 % et 33 % des recours. La difficulté de trouver des interprètes dans certaines langues rares en région obligera très certainement la Cour à conserver le jugement à Montreuil de certaines affaires dans des chambres spécialisées ». La création de chambres est envisagée à Lyon, Marseille, Nantes, Bordeaux, Nancy ou, le cas échéant, Toulouse, où la Cour pourrait, utiliser les salles d'audiences des cours administratives d'appel.

L'art. R. 131-5-1 (Décr. n° 2024-800 du 8 juill. 2024) prévoit ainsi que la Cour comprend vingt-trois chambres, dont cinq chambres territoriales (Bordeaux, Lyon, Nancy, Toulouse) et dix-huit chambres au siège de la Cour à Montreuil. C'est l'art. R. 131-6-1 qui fixe le ressort territorial de chacune des chambres territoriales dont la compétence est déterminée par le domicile du requérant à la date de la décision de l'OFPRA sauf lorsque l'affaire relève de l'une des chambres spécialisées. ❑

Art. L. 131-4 Les membres de la Cour nationale du droit d'asile ne peuvent exercer leurs fonctions au-delà de l'âge de soixante-quinze ans.

La durée du mandat des membres de la Cour nationale du droit d'asile est fixée par décret en Conseil d'État.

Tous les membres des formations de jugement participent à plus de douze journées d'audience par an.

Art. L. 131-5 Chaque formation de jugement de la Cour nationale du droit d'asile est présidée par un magistrat permanent affecté dans la juridiction ou par un magistrat non permanent ayant au moins six mois d'expérience en formation collégiale à la Cour, nommé :

1° Soit par le vice-président du Conseil d'État parmi les membres du Conseil d'État ou du corps des tribunaux administratifs et des cours administratives d'appel, en activité ou honoraires, ou parmi les membres du Conseil d'État ou du corps des tribunaux administratifs et des cours administratives d'appel à la retraite disposant d'une compétence particulière en matière de droit d'asile ;

2° Soit par le premier président de la Cour des comptes parmi les magistrats de la Cour des comptes et des chambres régionales des comptes, en activité ou honoraires, ou parmi les magistrats de la Cour des comptes ou des chambres régionales des comptes à la retraite disposant d'une compétence particulière en matière de droit d'asile ;

3° Soit par le ministre de la justice parmi les magistrats du siège en activité et les magistrats honoraires de l'ordre judiciaire ou parmi les magistrats de l'ordre judiciaire à la retraite disposant d'une compétence particulière en matière de droit d'asile.

Art. L. 131-6 Lorsqu'elle siège en formation collégiale, la formation de jugement comprend, outre son président, les membres suivants :

1° Un deuxième membre choisi parmi les personnes mentionnées aux 1° à 3° de l'article L. 131-5 ou une personnalité qualifiée de nationalité française nommée par le vice-président du Conseil d'État en raison de ses compétences dans le domaine juridique ou géopolitique ;

2° Une personnalité qualifiée de nationalité française nommée par le vice-président du Conseil d'État, en raison de ses compétences dans le domaine juridique ou géopolitique, sur proposition du représentant en France du haut-commissaire des Nations unies pour les réfugiés.

COMMENTAIRE

Lorsque la CNDA statue en formation collégiale, elle est présidée par un magistrat professionnel (en activité ou honoraire, en poste permanent à la CNDA ou vacataire) auquel se joignent deux assesseurs non professionnels, nommés en fonction de leurs compétences dans les domaines juridiques ou géopolitiques.

Jusqu'à la loi n° 2024-42 du 26 janv. 2024, l'un des assesseurs était nommé par le haut-commissaire des Nations unies pour les réfugiés (HCR) sur avis conforme du vice-président du Conseil d'État. Désormais, **le second assesseur est nommé par le vice-président du Conseil d'État et non par le HCR**, « ce qui permet opportunément de normaliser la nature juridictionnelle de la Cour sans retirer l'initiative des nominations au HCR qui proposera au vice-président du Conseil d'État de nommer des profils qu'il juge adaptés au droit d'asile » (Sénat, Rapp. n° 433).

L'autre assesseur est nommé par le vice-président du Conseil d'État. ❑

1. Si, en principe, des fonctions inséparables de l'exercice de la souveraineté nationale, telles que les fonctions juridictionnelles, ne sauraient être confiées à des personnes de nationalité étrangère ou représentant un organisme international dès lors que les juridictions, tant judiciaires qu'administratives, statuent « au nom du peuple français », il peut toutefois être dérogé à ce principe dans la mesure nécessaire à la mise en œuvre d'un engagement international de la France et sous réserve qu'il ne soit pas porté atteinte aux conditions essentielles d'exercice de la souveraineté nationale ; la CNDA est une juridiction administrative instituée pour connaître des recours formés contre les décisions de l'OFPRA statuant sur les demandes tendant à la reconnaissance de la qualité de réfugié présentées par toute personne sur laquelle le HCR exerce son mandat, aux termes des art. 6 et 7 de son statut, ou qui se réclament des définitions de l'art. 1er de la Conv. de Genève du 28 juill. 1951 relative au statut des réfugiés ; elle a ainsi vocation à mettre en œuvre la protection des réfugiés résultant d'engagements internationaux souscrits par la France ; la présence de représentants du HCR ne porte pas atteinte, compte tenu du caractère minoritaire de cette présence, aux conditions essentielles d'exercice de la souveraineté nationale. • Cons. const. 5 mai 1998, n° 98-399 DC.

2. La décision de la CNDA est entachée d'irrégularité si elle ne mentionne pas le nom du représentant du haut-commissaire des Nations unies pour les réfugiés qui a participé à la délibération. • CE 10 avr. 2009, *Mme U. épse T.*, n° 284856 : *Rec. CNDA 16.*

3. Lorsque le président et les présidents de section de la CNDA règlent par ordonnance certaines affaires, l'absence du représentant du HCR ne méconnaît pas les droits international et de l'UE. • CE 9 juill. 2014, n° 366578 B : *AJDA 2014. 1465*.

Art. L. 131-7 A moins que, de sa propre initiative ou à la demande du requérant, le président de la Cour nationale du droit d'asile ou le président de formation de jugement désigné à cette fin décide, à tout moment de la procédure, d'inscrire l'affaire devant une formation collégiale ou de la lui renvoyer s'il estime qu'elle pose une question qui le justifie, les décisions de la Cour nationale du droit d'asile sont rendues par le président de la formation de jugement statuant seul.

COMMENTAIRE

C'est la loi n° 2015-925 du 29 juillet 2015 relative à la réforme du droit d'asile qui avait ouvert la possibilité de statuer dans le cadre d'une formation à juge unique lorsque la décision de l'OFPRA a été prise en **procédure accélérée** en application de l'article L. 531-24, lorsque :
– le demandeur provient d'un pays considéré comme un pays d'origine sûr ;
– le demandeur a présenté une demande de réexamen qui n'est pas irrecevable ;
– le demandeur est maintenu en rétention en application de l'article L. 754-3.

La procédure accélérée est encore mise en œuvre, en application de l'article L. 531-27, à la demande de l'autorité administrative chargée de l'enregistrement de la demande d'asile :
– si le demandeur refuse de se conformer à l'obligation de donner ses empreintes digitales ;
– si le demandeur, lors de l'enregistrement de sa demande, a présenté de faux documents d'identité ou de voyage, fournit de fausses indications ou dissimulé des informations ou des documents concernant son identité, sa nationalité ou les modalités de son entrée en France afin d'induire en erreur l'autorité administrative ou a présenté plusieurs demandes d'asile sous des identités différentes ;
– si, sans motif légitime, le demandeur qui est entré irrégulièrement en France ou s'y est maintenu irrégulièrement n'a pas présenté sa demande d'asile dans le délai de quatre-vingt-dix jours à compter de son entrée en France ;
– si la demande d'asile n'a été présentée qu'en vue de faire échec à une mesure d'éloignement ;
– si la présence en France du demandeur constitue une menace grave pour l'ordre public, la sécurité publique ou la sûreté de l'État ;
– si le demandeur est assigné à résidence ou placé en rétention en application de l'article L. 753-1.

L'OFPRA peut encore (art. L. 531-26) statuer de sa propre initiative en procédure accélérée :
– si le demandeur a présenté de faux documents d'identité ou de voyage, fourni de fausses indications ou dissimulé des informations ou des documents concernant son identité, sa nationalité ou les modalités de son entrée en France afin de l'induire en erreur ou a présenté plusieurs demandes d'asile sous des identités différentes ;
– si le demandeur n'a soulevé à l'appui de sa demande que des questions sans pertinence au regard de la demande d'asile qu'il formule ;
– si le demandeur a fait à l'office des déclarations manifestement incohérentes et contradictoires, manifestement fausses ou peu plausibles qui contredisent des informations vérifiées relatives au pays d'origine.

Enfin, la procédure à juge unique s'applique lorsque la demande est considérée par l'OFPRA comme irrecevable en application de l'article L. 531-32 ; tel est le cas lorsque le demandeur bénéficie d'une protection effective au titre de l'asile dans un État membre de l'Union européenne ; lorsqu'il bénéficie du statut de réfugié et d'une protection effective dans un État tiers et y est effectivement réadmissible ; en cas de demande de réexamen lorsque les éléments nouveaux invoqués « n'augmentent pas de manière significative la probabilité que le demandeur justifie des conditions requises pour prétendre à une protection » (art. L. 531-42).

En 2022, sur 67 142 affaires jugées, 48 752 l'ont été au cours d'une audience (soit 73 % du total des décisions) dont 79 % en formation collégiale et 21 % par une formation à juge unique.

Le rapport du Sénat (n° 433) relevait ainsi que « le critère actuel de recours au juge unique ne repose pas sur une appréciation du fond du dossier devant la Cour mais sur la procédure suivie devant l'autorité administrative. Si, par exemple, certains dossiers examinés à juge unique en raison d'une demande d'asile tardive – au-delà de 90 jours dans le droit en vigueur – mériteraient d'être examinés en formation collégiale du fait de la nationalité du requérant, à l'inverse, d'autres dossiers relevant de la procédure normale devant l'OFPRA ne requièrent pas toujours un examen collégial. La Cour connaît à cet égard un nombre important de dossiers présentant des demandes stéréotypées émanant de pays sans réelles difficultés géopolitiques. Dans ce cas, l'apport des deux assesseurs est, en réalité, assez faible ». Toujours selon ce rapport, « ce système engendre des délais de jugement importants. La Cour renvoie ainsi près de 20 % des dossiers de juge unique en formation collégiale en raison d'erreurs procédurales devant l'OFPRA, ce qui entraîne un délai supplémentaire de deux à trois mois. Dans ces conditions, il est alors impossible de respecter le délai de jugement en cinq semaines auquel sont pourtant soumis ces dossiers ».

La loi procède donc à une inversion du principe actuel en prévoyant, par ce nouvel article L. 131-7, que le président de la formation de jugement statue seul, sauf si, de sa propre initiative ou à la demande du requérant, lui ou le président de la Cour nationale du droit d'asile « ne décide, à tout moment de la procédure, d'inscrire l'affaire devant une formation collégiale ou de la lui renvoyer s'il estime qu'elle pose une question qui le justifie ». Il s'agit, selon les travaux parlementaires, de réserver à la formation collégiale les affaires concernant des personnes ayant des vulnérabilités particulières (les mineurs non accompagnés, les personnes LGBT, par ex.), présentant des questions juridiques complexes ou relevant d'une appréciation des faits dans un contexte géopolitique troublé en constante évolution comme, en pratique, pour la Libye, l'Érythrée, la Somalie ou l'Afghanistan. Quoi qu'il en soit, c'est la juridiction qui seule pourra estimer de la pertinence du renvoi sur chaque affaire individuelle, ce qui lui permettrait de préserver une part importante de collégialité.

On notera enfin que, dans sa décision du 25 janvier 2024 (n° 2023-863 DC : *AJDA 2024. 650, note Bonnet et Gadhoun* ; *D. 2024. 170* et *219* , *pt de vue Esplugas-Labatut* ; AJCT 2024. 70, obs. Pailler), le Conseil constitutionnel a considéré que « le fait que la Cour nationale du droit d'asile statue à juge unique ne porte pas, par lui-même, atteinte aux droits de la défense. D'autre part, le président de la Cour nationale du droit d'asile ou le président de la formation de jugement peut décider de sa propre initiative ou à la demande du requérant, de renvoyer l'examen d'une affaire à une formation collégiale à tout moment de la procédure, s'il estime que celle-ci pose une question qui le justifie. En laissant au président de la Cour nationale du droit d'asile ou au président de la formation de jugement le soin d'apprécier si une affaire requiert un examen devant une formation collégiale, le législateur n'a pas instauré de discrimination injustifiée entre les demandeurs d'asile auxquels sont assurées des garanties égales ». ❑

Jugé (sous l'empire des dispositions antérieures à la L. n° 2024-42 du 26 janv. 2024) que le refus de la CNDA de renvoyer l'affaire à une formation collégiale ne faisait l'objet que d'un contrôle de son usage abusif ; en l'espèce, le demandeur avait été informé par la Cour de la possibilité qu'une clause d'exclusion soit retenue à son encontre ; cette circonstance ne révèle pas, « à elle seule », une difficulté sérieuse imposant le renvoi de l'affaire à une formation collégiale. • CE 6 déc. 2023, n° 464542 : *DP étrangers, Bull. n° 339, janv. 2024.*

Art. L. 131-8 **Le rapport d'activité de la Cour nationale du droit d'asile est rendu public. Il comprend notamment des données quantitatives et qualitatives présentées par sexe et les actions de formation des agents et des membres des formations de jugement, en particulier sur les persécutions en raison du sexe.**

Art. L. 131-9 **Les modalités d'application de la présente section sont fixées par décret en Conseil d'État.**

SECTION 2 *[ABROGÉE]* Organisation et fonctionnement

(Abrogée par L. n° 2024-42 du 26 janv. 2024, art. 70)

Ancien art. L. 131-3 *V. cet ancien art. ss. Dalloz.fr* .

Ancien art. L. 131-4 *V. cet ancien art. ss. Dalloz.fr* .

TITRE IV PROCÉDURES ADMINISTRATIVES ET TRAITEMENTS DE DONNÉES

Art. L. 140-1 **Conformément à l'article L. 210-1, les dispositions des articles L. 141-1 à L. 141-9 ainsi que les dispositions des 3° et 4° de l'article L. 142-1 et des articles L. 142-2 à L. 142-5 sont applicables à l'étranger dont la situation est régie par le livre II.**

COMMENTAIRE

L'article L. 140-1, introduit par l'ordonnance n° 2020-1733 du 16 décembre 2020 de recodification, étend l'applicabilité des dispositions du présent titre aux ressortissants européens et assimilés, régis par le livre II de ce code. ❑

CHAPITRE I PROCÉDURES ADMINISTRATIVES

SECTION 1 Interprètes-traducteurs

Art. L. 141-1 Sous réserve des dispositions du présent code, l'usage de la langue française est prescrit dans les échanges entre le public et l'administration, conformément à la loi n° 94-655 du 4 août 1994 relative à l'emploi de la langue française.

COMMENTAIRE

L'article L. 141-1, introduit par l'ordonnance n° 2020-1733 du 16 décembre 2020 de recodification, devra, à l'évidence, se combiner avec les difficultés particulières rencontrées, dans l'usage de la langue française, en particulier par les demandeurs d'asile pour lesquels, si nécessaire, l'audition par l'officier de protection de l'OFPRA et l'audience devant la CNDA se déroulent avec le concours d'un interprète. ❑

Art. L. 141-2 Lorsqu'un étranger fait l'objet d'une décision de refus d'entrée en France, de placement en rétention ou en zone d'attente, de retenue pour vérification du droit de circulation ou de séjour ou de transfert vers l'État responsable de l'examen de sa demande d'asile et qu'il ne parle pas le français, il indique au début de la procédure une langue qu'il comprend. Il indique également s'il sait lire.

Ces informations sont mentionnées sur la décision de refus d'entrée, de placement ou de transfert ou dans le procès-verbal prévu au premier alinéa de l'article L. 813-13. Ces mentions font foi sauf preuve contraire. La langue que l'étranger a déclaré comprendre est utilisée jusqu'à la fin de la procédure.

Si l'étranger refuse d'indiquer une langue qu'il comprend, la langue utilisée est le français. – *[Anc. art. L. 111-7 ; anc. art. L. 213-2, al. 4.]*

COMMENTAIRE

Si les dispositions du droit des étrangers prévoient un certain nombre de garanties, notamment procédurales, au bénéfice des intéressés, celles-ci ne leur sont évidemment d'aucun secours s'ils ne peuvent pas les comprendre. Par suite, la première garantie réside dans l'utilisation, pour dialoguer avec l'étranger, d'une langue qu'il indique comprendre.

Le présent article (anc. art. L. 111-7) institue par ailleurs une disposition à l'effet « tranchant » : si l'étranger refuse d'indiquer la langue qu'il comprend (ce qui peut être le cas de certains demandeurs d'asile), toutes les notifications et informations le concernant seront transmises en français. Il s'agit d'une précaution de bon sens prise ici par le législateur mais qui peut avoir un effet pervers sérieux : que l'intéressé reste au final « étranger » à toutes les procédures qui le concernent pour non-compréhension de la langue utilisée. ❑

Art. L. 141-3 Lorsque les dispositions du présent code prévoient qu'une information ou qu'une décision doit être communiquée à un étranger dans une langue qu'il comprend, cette information peut se faire soit au moyen de formulaires écrits dans cette langue, soit par l'intermédiaire d'un interprète. L'assistance de l'interprète est obligatoire si l'étranger ne parle pas le français et qu'il ne sait pas lire.

En cas de nécessité, l'assistance de l'interprète peut se faire par l'intermédiaire de moyens de télécommunication. Dans une telle hypothèse, il ne peut être fait appel qu'à un interprète inscrit sur une liste établie par le procureur de la République ou à un organisme d'interprétariat et de traduction agréé par l'administration. Le nom et les coordonnées de l'interprète ainsi que le jour et la langue utilisée sont indiqués par écrit à l'étranger. – *[Anc. art. L. 111-8.]*

COMMENTAIRE

La rédaction du présent article (anc. art. L. 111-8) recèle une certaine ambiguïté dans la mesure où l'obligation du recours à un interprète semble limitée à l'hypothèse dans laquelle l'étranger, non seulement ne parle pas le français, mais en outre ne sait pas lire.

Par conséquent, cette obligation disparaît dès lors que l'étranger sait lire, alors même qu'il ne parle pas le français. On doit en déduire que, dans ce cas, l'information de l'étranger est considérée comme suffisante sur la base de formulaires écrits.

Le recours à un interprète est ainsi prévu en cas de maintien en zone d'attente (art. L. 342-17 et L. 343-1), en cas de contestation du refus d'entrée (art. L. 352-4), d'audition par la Commission du titre de séjour (art. L. 432-15), lors de l'entretien du demandeur d'asile avec l'OFPRA (art. L. 531-17) et de l'audience devant la CNDA (art. L. 532-3 et L. 532-12), en présence d'une obligation de quitter le territoire français (L. 614-5, L. 614-10 et L. 614-14) ou d'une mesure d'expulsion (audition par la Commission d'expulsion, art. L. 632-2), en cas de rétention administrative (art. L. 744-4) et de retenue pour vérification du droit de circulation et de séjour (art. L. 813-5).

Enfin, diverses dispositions prévoient l'obligation de fournir la traduction de documents par un traducteur-interprète agréé.

Reste la question de la prise en charge des frais occasionnés par l'intervention de l'interprète. L'article R. 342-17 (anc. art. L. 222-7) évoque cette question en précisant que ces frais sont à la charge de l'État s'agissant des mesures intervenant en cas de maintien de l'étranger en zone d'attente. L'article R. 343-1 (anc. art. R. 221-3) précise toutefois que l'administration met un interprète à la disposition des étrangers maintenus en zone d'attente qui ne comprennent pas le français, dans le seul cadre des procédures de non-admission ou d'éloignement dont ils font l'objet. Dans les autres cas, la rétribution du prestataire est à la charge de l'étranger. Par ailleurs, l'ancien article R. 213-2 (art. R. 351-1) prévoit que lorsque l'audition d'un demandeur d'asile nécessite l'assistance d'un interprète, sa rétribution est prise en charge par l'État. Enfin, en application de l'article R. 776-18 du code de justice administrative, les frais d'interprète sont liquidés dans les conditions prévues par l'article R. 122 du code de procédure pénale. ❑

1. L'interprète doit être inscrit sur l'une des listes prévues ou à un organisme d'interprétariat et de traduction agréé par l'administration et ses coordonnées doivent figurer dans le procès-verbal de notification. • Civ. 1re, 30 oct. 2006, *Diarra,* n° 04-50.162.

2. La nécessité du recours à un interprète par l'intermédiaire de moyens de télécommunication doit être caractérisée et les diligences accomplies pour obtenir la présence physique de l'interprète doivent être mentionnées. • Paris 26 mai 2006, *Procureur général et Préfet de police de Paris c/ Sivalingam,* n° B/06/01270.

3. Il résulte du présent art. que, lorsqu'il est prévu qu'une décision ou une information doit être communiquée à un étranger dans une langue qu'il comprend par l'intermédiaire d'un interprète, cette assistance ne peut se faire par l'intermédiaire de moyens de télécommunication qu'en cas de nécessité. Tel n'est pas le cas s'agissant de la procédure de notification de la décision de placement en rétention dès lors que la nécessité du recours à l'interprétariat par téléphone ne résultait pas, d'une part, de ce que l'interprète ne se tenait pas dans les locaux de la gendarmerie à la disposition de l'agent notificateur, d'autre part, de ce que l'intéressé s'était présenté volontairement pour satisfaire à son obligation de pointage et devait donc être entendu immédiatement sur sa volonté de quitter la France, puis, compte tenu du refus opposé, sur son placement en rétention. • Civ. 1re, 24 juin 2020, n° 18-22.543 : *D. 2020. 1464 ; AJDA 2020. 2062 .*

4. Aucune disposition législative ni aucun principe s'imposant au pouvoir réglementaire ne met à la charge de l'État une obligation de mise à disposition des demandeurs d'asile d'interprètes et d'assistance juridique en cas de demande prioritaire. • CE 12 oct. 2005, *GISTI et a.,* n° 273198 B.

5. Rétention. Lorsqu'il constate que l'étranger a indiqué au début de la procédure administrative ne pas comprendre la langue française ou que, contrairement à ses déclarations, il ne comprend pas le français, le JLD doit accomplir toute diligence pour permettre à l'étranger d'être assisté d'un interprète, en recourant si nécessaire à des moyens de télécommunication ou en reportant l'audience si le délai pour statuer le permet ; l'audience ne pouvant se tenir sans une telle assistance, il ne peut qu'ordonner la mainlevée de la mesure de rétention dans le cas d'une impossibilité d'en bénéficier. • Civ. 1re, 20 mars 2024, n° 22-21.728 : *AJDA 2024. 641 ; DP étrangers, Bull. n° 342, avr. 2024, note Pouly ; D. 2024. 601 .*

Art. L. 141-4 **Les modalités d'application des articles L. 141-2 et L. 141-3, et notamment les conditions dans lesquelles les interprètes*[-]*traducteurs sont inscrits sur la liste prévue au second alinéa de l'article L. 141-3 et en sont radiés, sont fixées par décret en Conseil d'État.** – *[Anc. art. L. 111-9.]*

COMMENTAIRE

Ce sont les articles R. 141-1 à R. 141-12 qui régissent les modalités de sélection et de désignation des interprètes. ❑

SECTION 2 Transport des étrangers placés ou maintenus en zone d'attente ou en centre de rétention administrative

Art. L. 141-5 **Dans les conditions prévues par le code de la commande publique, l'État peut passer des marchés relatifs aux transports de personnes placées ou maintenues en zones d'attente ou en centres de rétention administrative avec des personnes de droit public ou des personnes de droit privé bénéficiant d'un agrément délivré en application du titre I du livre VI du code de la sécurité intérieure.** – *[Anc. art. L. 821-1.]*

Art. L. 141-6 **Les marchés mentionnés à l'article L. 141-5 ne peuvent porter que sur la conduite des véhicules de transport et les mesures de sécurité inhérentes à cette dernière, à l'exclusion de ce qui concerne la surveillance des personnes retenues ou maintenues au cours du transport qui demeure assurée par l'État.** – *[Anc. art. L. 821-2.]*

Aux termes mêmes du présent art. (anc. art. L. 821-2), les marchés en cause « ne peuvent porter que sur la conduite et les mesures de sécurité inhérentes à cette dernière, à l'exclusion de ce qui concerne la surveillance des personnes retenues ou maintenues au cours du transport qui demeure assurée par l'État » ; une telle habilitation limite strictement l'objet des marchés à la mise à disposition de personnels compétents, à la fourniture de matériels adaptés ainsi qu'aux prestations de conduite des véhicules ; par l'exclusion de toute forme de surveillance des personnes transportées, elle réserve l'ensemble des tâches indissociables des missions de souveraineté dont l'exercice n'appartient qu'à l'État. • Cons. const. 20 nov. 2003, n° 2003-484 DC : *Rec. Cons. const. 438 ; LPA 20 et 21 janv. 2004, note Schoettl ; ibid. 27 déc. 2004, note Mathieu et Janicot ; RFDC 2004. 96, note Domingo ; RDP 2004. 275, note Ferran ; D. 2004. 1278, note Domingo ; AJDA 2004. 599, note Lecucq ; JCP 2003. 2169, note Guimezanes ; JCP 2003. 2249, obs. Zarka.*

Art. L. 141-7 **Chaque agent concourant aux missions définies à l'article L. 141-6 doit être désigné par l'entreprise attributaire du marché et faire l'objet d'un agrément préalable de l'autorité administrative compétente ainsi que du procureur de la République. La durée de cet agrément est limitée.**

Les agents mentionnés au premier alinéa bénéficient d'une formation adaptée et doivent avoir subi avec succès un examen technique. – *[Anc. art. L. 821-3.]*

Art. L. 141-8 **L'agrément mentionné à l'article L. 141-5 est refusé, ou le cas échéant retiré, lorsque la moralité ou le comportement de la personne concernée apparaissent incompatibles avec l'exercice des missions qui lui sont dévolues. Il ne peut être retiré par l'autorité administrative ou par le procureur de la République qu'après que l'intéressé a été mis en mesure de présenter ses observations. Il peut toutefois faire l'objet d'une suspension immédiate en cas d'urgence.**

Dans le cadre de tout marché visé à la présente section, l'autorité publique peut décider, de manière générale ou au cas par cas, que le transport de certaines personnes, en raison de risques particuliers d'évasion ou de troubles à l'ordre public, demeure effectué par les agents de l'État, seuls ou en concours. – *[Anc. art. L. 821-4.]*

Art. L. 141-9 **Les conditions d'application de la présente section ainsi que celles dans lesquelles les agents de sécurité privée investis des missions définies à l'article L. 141-6 peuvent, le cas échéant, être armés, sont déterminées par décret en Conseil d'État.** – *[Anc. art. L. 821-5.]*

La possibilité d'être armés donnée aux agents privés chargés des transferts, dans le but d'assurer, en cas de besoin, leur protection personnelle, n'a pas pour objet et ne saurait avoir pour effet de permettre à ces agents d'exercer des missions de surveillance des personnes transportées ; il reviendra, d'une part, au décret en Conseil d'État prévu au présent art. (anc. art. L. 821-9) et, d'autre part, aux autorités publiques, lors de l'application des dispositions légales et réglementaires en cause, de faire respecter strictement cette limitation. • Cons. const. 20 nov. 2003, n° 2003-484 DC : *Rec. Cons. const. 438 ; LPA 20 et 21 janv. 2004, note Schoettl ; ibid. 27 déc. 2004, note Mathieu et Janicot ; RFDC 2004. 96, note Domingo ; RDP 2004. 275, note Ferran ; D. 2004. 1278, note Domingo ; AJDA 2004. 599, note Lecucq ; JCP 2003. 2169, note Guimezanes ; JCP 2003. 2249, obs. Zarka.*

CHAPITRE II TRAITEMENTS AUTOMATISÉS DE DONNÉES À CARACTÈRE PERSONNEL

Art. L. 142-1 Afin de mieux garantir le droit au séjour des personnes en situation régulière et de lutter contre l'entrée et le séjour irréguliers des étrangers en France, peuvent être relevées, mémorisées et faire l'objet d'un traitement automatisé de données à caractère personnel dans les conditions prévues par le règlement (UE) 2016/679 du 27 avril 2016 relatif à la protection des personnes physiques à l'égard des traitements des données à caractère personnel et à la libre circulation de ces données et par la loi n° 78-17 du 6 janvier 1978 relative à l'informatique, aux fichiers et aux libertés, les empreintes digitales ainsi qu'une photographie des ressortissants étrangers :

1° Qui sollicitent la délivrance, auprès d'un consulat ou à la frontière extérieure des États parties à la convention signée à Schengen le 19 juin 1990, d'un visa afin de séjourner en France ou sur le territoire d'un autre État partie à ladite convention ; ces empreintes et cette photographie sont obligatoirement relevées en cas de délivrance d'un visa ;

2° Qui, non ressortissants d'un État membre de l'Union européenne, de la République d'Islande, de la Principauté du Liechtenstein, du Royaume de Norvège ou de la Confédération suisse, sollicitent la délivrance d'un titre de séjour en application de l'article L. 411-1 ;

3° Qui sont en situation irrégulière en France, qui font l'objet d'une décision d'éloignement du territoire français ou qui, ayant été contrôlés à l'occasion du franchissement de la frontière en provenance d'un pays tiers aux États parties à la convention signée à Schengen le 19 juin 1990, ne remplissent pas les conditions d'entrée prévues à l'article 6 du règlement (UE) 2016/399 du Parlement européen et du Conseil du 9 mars 2016 concernant un code de l'Union relatif au régime de franchissement des frontières par les personnes (code frontières Schengen) ou à l'article L. 311-1 ;

4° Qui bénéficient de l'aide au retour prévue par l'article L. 711-2. – *[Anc. art. L. 611-3 (sauf al. 2, 2e phr.) ; anc. art. L. 611-6.]*

Sur le traitement automatisé de données à caractère personnel dénommé « VISABIO », V. infra art. R. 142-1 à R. 142-10.

Sur le traitement automatisé de données à caractère personnel dénommé « Outil de statistique et de contrôle de l'aide au retour », V. infra art. R. 142-33 à R. 142-40.

1. Le Conseil constitutionnel a considéré ce dispositif conforme à la Constitution au motif essentiellement que ce nouveau fichier doit respecter les dispositions de la L. n° 78-17 du 6 janv. 1978. • Cons. const. 22 avr. 1997, n° 97-389 DC : *Rec. Cons. const. 45 ; JO 25 avr. ; RJC I-707 ; RFDC 1997. 571, note Lecucq ; JCP 1997. II. 22890, note Zarka ; LPA 27 juin 1997, obs. Pélissier ; ibid. 17 oct. 1997, note Mathieu ; AJDA 1997. 524, obs. Julien-Laferrière ; RDP 1997. 931, note Luchaire.*

2. Jugé que la prise le refus de se soumettre à la prise d'empreintes digitales justifie le refus de la délivrance ou du renouvellement du titre de séjour ; cette obligation n'est contraire ni à l'art. 8 Conv. EDH ni aux art. 4 *bis* et 4 *ter* du Règl. (CE) n° 1030/2002 du 13 juin 2002 modifié établissant un modèle uniforme de titre de séjour pour les ressortissants de pays tiers. • CAA Versailles, 12 avr. 2018, nos 17VE00057 et 17VE00058.

3. Biométrie appliquée aux demandeurs de visa (BIODEV). Il est désormais procédé à l'intégration dans les vignettes visas de la photographie d'identité ainsi que des empreintes digitales des demandeurs (BIODEV) dans le but de permettre l'identification certaine de tout porteur d'un visa. On notera pourtant que la Commission nationale informatique et libertés (CNIL) a considéré que le projet de création d'une base centralisée visant à enregistrer et à conserver des données biométriques des personnes auxquelles un refus de visa a été opposé n'est pas pertinent et justifié au regard de la finalité du contrôle aux frontières ; la CNIL rappelle en effet que le fait d'avoir préalablement demandé un visa est sans influence sur le droit d'entrer sur le territoire français. • Délib. CNIL, 5 oct. 2004, n° 2004-075 : *JO 4 déc. 2004.*

4. Fichier ELOI (art. R. 142-26 à R. 142-32). Eu égard, d'une part, à l'objet du fichier « ELOI » dont la finalité est de faciliter l'éloignement des étrangers en situation irrégulière et, d'autre part, à la nature des informations collectées, qui incluent notamment une photographie d'identité des intéressés, seul un décret en Conseil d'État, pris après avis de la CNIL, pouvait fixer les modalités de mise en œuvre du traitement automatisé de ce fichier : annulation de l'Arr. du 30 juill. 2006. • CE 12 mars 2007, *GISTI et a.*, n° 297888 : *Lebon 120 ; RFDA 2007. 645.* ♦ Le fichier ELOI a été remplacé par l'application GESI. V. Arr. du

21 sept. 2011 (*JO 13 oct.*) et Délib. CNIL n° 2011-175 du 16 juin 2011 (*JO 13 oct.*).

5. Eu égard à l'objet du traitement automatisé qui consiste à faciliter et à améliorer la gestion des procédures d'éloignement depuis le prononcé de la mesure jusqu'à son exécution, l'indication, par l'utilisation d'un pictogramme de couleur sans précision quant à la nature des faits pouvant être reprochés, de la nécessité d'une surveillance particulière, au regard de l'ordre public, de l'étranger faisant l'objet d'une procédure d'éloignement constitue une donnée pertinente dans le cadre des procédures d'éloignement mises en œuvre par l'administration ; qu'il en va de même de la collecte d'informations relatives aux nom, prénom, et à l'âge des enfants mineurs de l'intéressé, compte tenu, notamment, de la nécessité de permettre le cas échéant à l'ensemble de la famille de la personne faisant l'objet d'une telle mesure de l'accompagner et d'assurer dans l'attente de l'éloignement un hébergement adapté ; constituent également des données pertinentes celles relatives aux étrangers faisant l'objet d'une mesure d'éloignement alors qu'ils sont détenus ainsi que celles relatives à l'hospitalisation et aux expertises médicales concernant l'intéressé, dès lors que le traitement ELOI, contrairement à ce que soutiennent les associations requérantes, se borne à prévoir la collecte des seules informations pratiques qui doivent être prises en compte dans l'organisation de la procédure d'éloignement. • CE 30 déc. 2009, *Assoc. SOS Racisme, GISTI et a.*, n° 312051 : *Lebon 538 ; JCP Adm. 2010. 2148, note Marti.*

6. Le décret attaqué prévoit l'enregistrement, au sein du traitement automatisé de données ELOI, du numéro national d'identification utilisé, en application de l'art. D. 611-2 CESEDA, dans le système informatisé de gestion des dossiers des ressortissants étrangers en France ayant demandé un titre de séjour ; le ministre se borne à soutenir que ce numéro national d'identification constitue un critère de recherche pour les différents utilisateurs du traitement ELOI ; cependant, le traitement ayant pour finalité l'exécution des mesures d'éloignement de toutes natures, le ministre n'indique en aucune manière en quoi la facilitation de l'accès aux données relatives aux demandes de titre de séjour présenterait une utilité pour mettre en œuvre lesdites mesures d'éloignement ; la pertinence et l'adéquation de cette donnée aux finalités du traitement ne sont ainsi pas établies ; les associations requérantes sont fondées à demander, dans cette mesure, l'annulation du Décr. du 26 déc. 2006. • CE 30 déc. 2009, *Assoc. SOS Racisme, GISTI et a.*, n° 312051 : *préc. note 5.*

7. La circonstance que la conservation de certaines données essentielles pourrait permettre de faciliter une nouvelle mesure d'éloignement, qui s'avérerait nécessaire à l'encontre d'un étranger ayant déjà fait l'objet d'une telle mesure dans l'hypothèse où il viendrait à nouveau à séjourner irrégulièrement sur le territoire national, ne suffit pas à justifier la conservation de ces données, relatives à l'ensemble des étrangers faisant l'objet d'une mesure d'éloignement, pendant une durée de trois ans après la date de l'éloignement effectif ; il n'est pas établi, ni même sérieusement allégué, que l'élaboration de statistiques relatives à l'ensemble des mesures d'éloignement et à leur taux d'exécution serait rendue impossible en l'absence d'une conservation des données susmentionnées pendant une durée de trois ans. • CE 30 déc. 2009, *Assoc. SOS Racisme, GISTI et a.*, n° 312051 : *préc. note 5.*

8. AGDREF2 (Application de gestion des dossiers des ressortissants étrangers en France. V. art. R. 142-11 à R. 142-24). En mentionnant au 2° de l'art. R. 611-1, parmi les finalités du traitement, l'objectif d'une meilleure coordination des services chargés de mettre en œuvre les procédures intéressant les ressortissants étrangers, le pouvoir réglementaire n'a pas méconnu les dispositions des art. L. 611-3 et L. 611-5, la finalité ainsi retenue étant déterminée, explicite et légitime, au regard notamment de l'objet principalement assigné au traitement par le législateur ; en prévoyant au dernier al. de l'art. R. 611-1 que le traitement pourrait être consulté et mis en relation avec d'autres traitements concernant les procédures intéressant les ressortissants étrangers, le décret n'a pas non plus méconnu les dispositions des art. L. 611-3 et L. 611-5 ; les requérants ne sont pas fondés à soutenir que ces dispositions autoriseraient des utilisations ultérieures des données incompatibles avec les finalités du traitement, ou qui ne seraient pas adéquates et pertinentes, dès lors qu'il résulte de l'ensemble des dispositions du décret que celui-ci a encadré de façon précise les catégories de personnes autorisées à accéder aux données enregistrées dans le traitement et les fins en vue desquelles une consultation peut avoir lieu. • CE 7 mai 2012, *GISTI*, n° 351396 : *AJDA 2012. 979.* ♦ Le législateur a expressément autorisé, à l'art. L. 611-3, le recueil, la conservation et le traitement automatisé des empreintes digitales et de la photographie des ressortissants étrangers mentionnés par cet art., notamment ceux qui sollicitent un titre de séjour, sont en situation irrégulière ou font l'objet d'une mesure d'éloignement ; le relevé et la mémorisation des empreintes digitales de certains ressortissants étrangers et la possibilité d'un traitement automatisé de ces informations conformément aux garanties prévues par la L. du 6 janv. 1978, justifiés par la protection de l'ordre public et les objectifs d'intérêt général poursuivis par le législateur, ne portent pas d'atteinte excessive à la protection de la vie privée garantie par l'art. 8 Conv. EDH ; le recueil, la consultation et le traitement des données sont de nature à garantir l'efficacité de la lutte contre la fraude et à faciliter les démarches des usagers souhaitant renouveler leur titre de séjour ou en obtenir un duplicata, notamment en permettant l'identification des personnes ou l'authentification des documents ; dès lors, la collecte des images numérisées du visage et des empreintes digitales des ressortissants étrangers, compte tenu des restrictions et précautions dont ce traitement est assorti, est adéquate, pertinente et non excessive par rapport aux finalités légitimes du traitement ainsi institué. • Même arrêt. ♦ En autorisant la collecte de données relatives aux décisions de l'OFPRA ou de la CNDA ou aux demandes d'asile présentées devant l'OFPRA, ainsi que l'accès à ces données par différentes catégories d'agents, les dispositions réglementaires ne méconnaissent pas le droit d'asile dès lors que n'est prévue que la collecte des dates et références de décisions ou d'actes de procédure associés, à l'exclusion de toute information relative au contenu des demandes d'asile ; la collecte de ces informations, strictement procédurales, est nécessaire tant à l'examen des demandes de titres de séjour qu'à la mise en œuvre éventuelle de procédures d'éloignement. • Même arrêt. ♦ Le Conseil d'État a enfin également écarté les arguments relatif d'une part, aux destinataires et aux personnes habilitées à consulter les données et, d'autre part, au délai de conservation des données (trente ans pour les données relatives à un arrêté d'expulsion ou à une peine d'interdiction définitive du territoire et cinq ans, à compter de la caducité de la peine, pour la peine d'interdiction du territoire à temps). • Même arrêt.

9. Dans le cadre de la procédure de détermination de l'État responsable de l'examen d'une demande d'asile, le préfet doit démontrer qu'il a informé l'étranger de l'identité du responsable du traitement et du destinataire des données dans le cadre de la prise de ses empreintes digitales, mais également de l'obligation qui lui était faite d'accepter que ses empreintes digitales soient relevées ; à défaut, il prive l'intéressé d'une garantie essentielle au regard de l'art. 18 du Règl. « EURODAC » et entache la procédure d'irrégularité. • CAA Paris, 31 juill. 2014, n° 14PA00421. ♦ Le juge annule un refus d'admission provisoire au séjour au titre de l'asile opposé à un couple de demandeurs d'asile, les intéressés n'ayant pas reçu les informations prévues à l'art. 18, § 1, du Règl. « EURODAC » du 11 déc. 2000. • CAA Nantes, 5 déc. 2014, n° 13NT01769. ♦ *Contra* : • CAA Lyon, 17 déc. 2015, n°s 15LY02579 et 15LY02629.

10. Il ressort de la jurisprudence de la CJUE que constitue un objectif d'intérêt général de l'Union la lutte contre le terrorisme international en vue du maintien de la paix et de la sécurité internationales ainsi que la lutte contre la criminalité grave afin de garantir la sécurité publique ; sans qu'il y ait lieu de saisir la CJUE d'une question préjudicielle, compte tenu des critères permettant l'accès aux données contenues dans le système Eurodac par les autorités compétentes et des garanties prévues pour que ces données soient utilisées au regard de l'objectif poursuivi, il résulte clairement des dispositions litigieuses du Règl. (UE) n° 603/2013 que la consultation du système Eurodac à des fins répressives ne méconnaît pas les art. 8 et 18 de la Charte UE. • CE 30 janv. 2017, n° 394686 : *AJDA 2017. 821, concl. Domino*.

11. Le droit à l'effacement des données du fichier dit « AGDREF », prévu par l'art. R. 142-21, n'implique pas par lui-même, dans l'exercice du pouvoir de police reconnu à l'autorité préfectorale en matière d'éloignement des étrangers en situation irrégulière, un droit à l'oubli faisant nécessairement obstacle à la prise en compte des mesures d'éloignement antérieures. • TA Lyon, 1er févr. 2024, n° 2307309 : *AJDA 2024. 624, concl. Reymond-Kellal*.

Art. L. 142-2 **En vue de l'identification d'un étranger qui n'a pas justifié des pièces ou documents mentionnés à l'article L. 812-1 ou qui n'a pas présenté à l'autorité administrative compétente les documents de voyage permettant l'exécution d'une décision de refus d'entrée en France, d'une interdiction administrative du territoire français, d'une décision d'expulsion, d'une mesure de reconduite à la frontière, d'une décision portant obligation de quitter le territoire français, d'une interdiction de retour sur le territoire français ou d'une peine d'interdiction du territoire français ou qui, à défaut de ceux-ci, n'a pas communiqué les renseignements permettant cette exécution, les données des traitements automatisés des empreintes digitales mis en œuvre par le ministère de l'intérieur peuvent être consultées par les agents expressément habilités des services de ce ministère dans les conditions prévues par le règlement (UE) 2016/679 du 27 avril 2016 relatif à la protection des personnes physiques à l'égard des traitements des données à caractère personnel et à la libre circulation de ces données et par la loi n° 78-17 du 6 janvier 1978 relative à l'informatique, aux fichiers et aux libertés.** – *[Anc. art. L. 611-4.]*

1. La possibilité donnée à l'autorité administrative de consulter le fichier de l'OFPRA a été censurée par le Conseil qui a estimé que « la confidentialité des éléments d'information détenus par l'Office français de protection des réfugiés et des apatrides relatifs à la personne sollicitant en France la qualité de réfugié est une garantie essentielle du droit d'asile (...) qu'il en résulte que seuls les agents habilités à mettre en œuvre le droit d'asile, notamment par l'octroi du statut de réfugié, peuvent avoir accès à ces informations, en particulier aux empreintes digitales des demandeurs du statut de réfugié ». • Cons. const. 22 avr. 1997, n° 97-389 DC : *Rec. Cons. const. 45 ; RJC I-707 ; RFDC 1997. 571, note Lecucq ; JCP 1997. II. 22890, note Zarka ; LPA 27 juin 1997, obs. Pélissier ; ibid. 17 oct. 1997, note Mathieu ; AJDA 1997. 524, obs. Julien-Laferrière ; RDP 1997. 931, note Luchaire.*

2. Les données des fichiers automatisés des empreintes digitales gérés par le ministère de l'Intérieur ne peuvent être consultées que par les agents expressément habilités des services du ministère de l'Intérieur et de la gendarmerie nationale désignés par les deux derniers de ces textes, dans les conditions fixées par la L. n° 78-17 du 6 janv. 1978 relative à l'informatique, aux fichiers et aux libertés. Au regard de l'ingérence dans le droit au respect de la vie privée que constituent la conservation dans un fichier automatisé des empreintes digitales d'un individu identifié ou identifiable et la consultation de ces données, l'habilitation des agents est une garantie institutionnelle édictée pour la protection des libertés individuelles. S'il ne résulte pas des pièces du dossier que l'agent ayant consulté les fichiers d'empreintes était expressément habilité à cet effet, la procédure de rétention administrative se trouve entachée d'une nullité d'ordre public sans que l'étranger qui l'invoque ait à démontrer l'existence d'une atteinte portée à ses droits. • Civ. 1re, 14 oct. 2020, n° 19-19.234 : *AJDA 2020. 1994.*

3. L'ingérence dans l'exercice du droit de toute personne au respect de sa vie privée que constituent la collecte, la conservation et le traitement, par une autorité publique, d'informations personnelles nominatives, ne peut être légalement autorisée que si elle répond à des finalités légitimes et que le choix, la collecte et le traitement des données sont effectués de manière adéquate et proportionnée au regard de ces finalités. • CE 26 oct. 2011, *Assoc. pour la promotion de l'image et a.*, n° 317827 : *AJDA 2012. 35, chron. Guyomar et Domino ; RFDA 2011. 1252.*

4. Viole le présent art. (anc. art. L. 611-4) l'ordonnance du premier président d'une cour d'appel qui avait retenu, lors de l'audience de prolongation de rétention, que la consultation des fichiers biométriques a nécessairement été effectuée par des personnes habilitées, qui disposent d'un code qui leur est propre ; en se déterminant ainsi, sans rechercher, comme il le lui était demandé, s'il résultait des actes de la procédure, notamment des mentions, faisant foi jusqu'à preuve contraire, du procès-verbal contenant le résultat de la consultation des fichiers, que le fonctionnaire de police les ayant consultés était expressément habilité à cet effet, le premier président a privé sa décision de base légale. • Civ. 1re, 17 oct. 2018, n° 17-16.852 : *D. 2018. 2094.*

5. Il résulte de la combinaison des art. R. 611-8, R. 611-9, R. 611-11 [devenus art. R. 142-1, R. 142-2, R. 142-7] CESEDA et de l'art. 7 de l'Arr. du 26 sept. 2017 que « la durée de conservation des données à caractère personnel figurant dans Visabio, au nombre desquelles figurent les informations relatives à l'état civil du demandeur de visa, est de cinq ans à compter de leur inscription ; si à la date à laquelle ces données ont été consultées, elles auraient dû [...] être supprimées, le préfet ne pouvait se fonder sur ces éléments pour refuser un titre de séjour ». • CAA Nantes, 27 nov. 2020, n° 20NT01002 : *AJDA 2021. 430.*

Art. L. 142-3 **Afin de mieux garantir la protection de l'enfance et de lutter contre l'entrée et le séjour irréguliers des étrangers en France, les empreintes digitales ainsi qu'une photographie des ressortissants étrangers se déclarant mineurs privés temporairement ou définitivement de la protection de leur famille peuvent être relevées, mémorisées et faire l'objet d'un traitement automatisé dans les conditions prévues par le règlement (UE) 2016/679 du 27 avril 2016 relatif à la protection des personnes physiques à l'égard des traitements des données à caractère personnel et à la libre circulation de ces données et par la loi n° 78-17 du 6 janvier 1978 relative à l'informatique, aux fichiers et aux libertés.**

Le traitement de données ne comporte pas de dispositif de reconnaissance faciale à partir de la photographie.

Les données peuvent être relevées dès que la personne se déclare mineure. La conservation des données des personnes reconnues mineures est limitée à la durée strictement nécessaire à leur prise en charge et à leur orientation, en tenant compte de leur situation personnelle. – *[Anc. art. L. 611-6-1, al. 1er à 3.]*

V. Décr. n° 2019-57 du 30 janv. 2019 relatif aux modalités d'évaluation des personnes se déclarant mineures et privées temporairement ou définitivement de la protection de leur famille et autorisant la création d'un traitement de données à caractère personnel relatif à ces personnes (JO 31 janv.).

Le traitement automatisé de données à caractère personnel d'appui à l'évaluation de la minorité des personnes se déclarant mineures et privées temporairement ou définitivement de la protection de leur famille (AEM), mentionné à l'art. L. 142-3, est régi par les art. R. 221-15-1 à R. 221-15-9 CASF.

1. Le juge des référés du Conseil d'État a refusé de suspendre le Décr. n° 2019-57 du 30 janv. 2019 créant le traitement de données à caractère personnel relatif aux mineurs non accompagnés. • CE 3 avr. 2019, n° 428477 : *AJDA 2019. 78*. ♦ Il a toutefois considéré que constituait un moyen sérieux l'argument selon lequel ce fichier méconnaissait l'exigence constitutionnelle de protection de l'intérêt supérieur de l'enfant et le droit au respect de la vie privée ; il a donc transmis la QPC au Conseil constitutionnel. • CE 15 mai 2019, n° 428478 : *AJDA 2019. 1079 ; ibid. 2020. 1958, note Glinel*.

2. Le Conseil constitutionnel a écarté la QPC en considérant que la majorité d'un individu ne saurait être déduite ni de son refus opposé au recueil de ses empreintes ni de la seule constatation, par une autorité chargée d'évaluer son âge, qu'il est déjà enregistré dans le fichier en cause ou dans un autre fichier alimenté par les données de celui-ci ; le nouveau fichier, en empêchant un jeune de réitérer sa demande de protection devant plusieurs départements, vise à faciliter l'action des autorités en charge de la protection des mineurs et à lutter contre l'entrée et le séjour irréguliers des étrangers en France. Ce faisant, et alors qu'aucune norme constitutionnelle ne s'oppose par principe à ce qu'un traitement automatisé poursuive plusieurs finalités, le législateur a entendu mettre en œuvre l'exigence constitutionnelle de protection de l'intérêt supérieur de l'enfant et poursuivi l'objectif de valeur constitutionnelle de lutte contre l'immigration irrégulière. • Cons. const. 26 juill. 2019, n° 2019-797 QPC : *AJDA 2019. 1606 ; ibid. 2133, note [critique] Burriez ; Constitutions 2019. 387, note Carayon*.

Code de l'action sociale et des familles

LIVRE II. DIFFÉRENTES FORMES D'AIDE ET D'ACTION SOCIALES

TITRE II. ENFANCE

CHAPITRE I. *SERVICE DE L'AIDE SOCIALE À L'ENFANCE*

SECTION 4. *Conditions d'accueil et d'évaluation de la situation des mineurs privés temporairement ou définitivement de la protection de leur famille*

SOUS-SECTION 1. *Conditions d'évaluation de la situation des mineurs privés temporairement ou définitivement de la protection de leur famille*

Art. R. 221-11 *(Décr. n° 2023-1240 du 22 déc. 2023, art. 1er)* I. — La durée de l'accueil provisoire d'urgence prévu au I de l'article L. 221-2-4 est de cinq jours à compter du premier jour de la prise en charge de la personne se déclarant mineure et privée temporairement ou définitivement de la protection de sa famille. L'accueil peut être prolongé deux fois pour la même durée. Le président du conseil départemental informe sans délai le procureur de la République de cet accueil et de ses éventuelles prolongations.

II. — L'évaluation de la minorité et de l'isolement prévue au II de l'article L. 221-2-4 est réalisée pendant la période d'accueil provisoire d'urgence et après que la personne accueillie a bénéficié d'un temps de répit.

III. — Au cours du temps de répit, le président du conseil départemental identifie les besoins en santé de la personne accueillie en vue, le cas échéant, d'une orientation vers une prise en charge adaptée. Les éléments obtenus à cette occasion ne peuvent pas être utilisés pour évaluer la minorité et la situation d'isolement de la personne accueillie.

La durée du temps de répit est déterminée par le président du conseil départemental en fonction de la situation de la personne accueillie au moment où elle se présente, en particulier de son état de santé physique et psychique ainsi que du temps nécessaire pour que la personne soit informée, dans une langue qu'elle comprend, des modalités et des enjeux attachés à l'évaluation.

IV. — L'évaluation de la minorité et de l'isolement est organisée selon les modalités précisées dans un référentiel national fixé par arrêté des ministres de la justice et de l'intérieur ainsi que des ministres chargés de l'enfance, des collectivités territoriales et de l'outre-mer.

Les entretiens sont conduits par des professionnels justifiant d'une formation ou d'une expérience définie par arrêté des ministres mentionnés à l'alinéa précédent dans le cadre d'une approche pluridisciplinaire. Ces entretiens se déroulent dans une langue comprise par la personne accueillie.

V. — Pour l'application du troisième alinéa du II de l'article L. 221-2-4, le président du conseil départemental conclut avec le préfet de département et, à Paris, avec le préfet de police, une convention qui fixe les modalités selon lesquelles l'action de leurs services est coordonnée, notamment en ce qui concerne la présentation de la personne aux fins de renseigner le traitement de données prévu à l'article R. 221-15-1. Cette convention est établie sur la base d'une convention-type dont le contenu est fixé par arrêté du ministre de l'intérieur et du ministre chargé de l'enfance. – *V. Arr. du 1er févr. 2024, infra.*

Le président du conseil départemental organise l'accompagnement à la préfecture des personnes accueillies.

Lorsqu'une personne refuse de communiquer toute donnée utile à son identification ou de communiquer les données à caractère personnel mentionnées à l'article R. 221-15-2, le préfet en informe le président du conseil départemental chargé de l'évaluation.

VI. — Au terme du délai mentionné au I ou avant l'expiration de ce délai si l'évaluation a été conduite avant son terme, le président du conseil départemental rend la décision prévue par le septième alinéa du II de l'article L. 221-2-4 et, le cas échéant, saisit le procureur de la République en vertu du quatrième alinéa de l'article L. 223-2 aux fins d'application du deuxième alinéa de l'article 375-5 du code civil. Dans ce cas, l'accueil provisoire d'urgence mentionné au I se prolonge jusqu'à la décision de l'autorité judiciaire.

Si le président du conseil départemental estime que la situation de la personne accueillie ne justifie pas la saisine de l'autorité judiciaire, il notifie à cette personne une décision de refus de prise en charge délivrée dans les conditions de l'article R. 223-2 du code de l'action sociale et des familles. Dans ce cas, l'accueil provisoire d'urgence prend fin.

VII. — Lorsqu'une personne qui a été évaluée majeure saisit l'autorité judiciaire en application de l'article 375 du code civil, le président du conseil départemental, dès qu'il en a connaissance, en informe le préfet de département et, à Paris, le préfet de police, et lui notifie la date de la mesure d'assistance éducative éventuellement prononcée par l'autorité judiciaire.

Arrêté du 1er février 2024,

Relatif à la convention-type prévue à l'article R. 221-11 du code de l'action sociale et des familles.

Art. 1er La convention-type mentionnée au V de l'article R. 221-11 du code de l'action sociale et des familles est annexée au présent arrêté.

Art. 2 L'arrêté du 16 octobre 2020 relatif à la convention-type prévue à l'article R. 221-12 du code de l'action sociale et des familles, précédemment en vigueur, est abrogé (NOR : INTV2019857A).

Art. 3 Le présent arrêté sera publié au *Journal officiel* de la République française.

ANNEXE

CONVENTION-TYPE ENTRE LE REPRÉSENTANT DE L'ÉTAT DANS LE DÉPARTEMENT ET LE PRÉSIDENT DU CONSEIL DÉPARTEMENTAL POUR L'APPUI À L'ÉVALUATION DE LA SITUATION DES PERSONNES SE PRÉSENTANT COMME MINEURES ET PRIVÉES TEMPORAIREMENT OU DÉFINITIVEMENT DE LA PROTECTION DE LEUR FAMILLE

Lieu, Date

Cette convention-type, appelée aussi protocole-type, peut être complétée et/ou adaptée aux besoins et circonstances locales *[Ce protocole peut soit compléter un protocole existant ou constituer un protocole autonome, le cas échéant il peut être complété ultérieurement pour prévoir le concours de l'État élargi à la vérification documentaire et à la coordination avec la justice (Procureur de la République).]*

L'État, représenté par le préfet de [...] et le conseil départemental de [...], représenté par son président soussignés ;

Vu le code de l'entrée et du séjour des étrangers et du droit d'asile, notamment son article L. 142-3 ;

Vu le code de l'action sociale et des familles, notamment ses articles L. 112-3, L. 221-2-4, L. 222-5, R. 221-11 et R. 221-12, R. 221-15-1 et suivants ;

Vu le code général des collectivités territoriales, notamment son article L. 3221-9 ;

Ont convenu de mettre en œuvre le protocole suivant :

Préambule et objet du protocole.

Afin de coordonner le dispositif national d'accueil et d'évaluation des personnes se présentant comme mineures et privées temporairement ou définitivement de la protection de leur famille, et d'assurer la mobilisation des services de l'État auprès des conseils départementaux, le présent protocole s'attache à définir les engagements réciproques des parties et les modalités de la coordination des services placés sous leur autorité, dans le cadre de la mise en œuvre du traitement de données à caractère personnel dénommé "appui à l'évaluation de la minorité" (AEM) prévu à l'article R. 221-15-1 du code de l'action sociale et des familles.

1 *Les référents AEM.*

Chaque partie désigne au sein de son service un référent AEM [qui peut être le référent MNA lorsque celui-ci est désigné au sein de la structure].

Le cas échéant il peut remplacer, dans la suite du protocole, respectivement le [chef du bureau du séjour de la préfecture] et le [directeur du service de l'aide sociale à l'enfance] du conseil départemental.

Le référent AEM est chargé de veiller au respect par chaque partie des engagements pris au titre du présent protocole pour ce qui la concerne et d'assurer une veille partagée sur les questions liées aux personnes se présentant comme mineures et privées temporairement ou définitivement de la protection de leur famille. Chaque partie s'engage alors également à nommer un nouveau référent dès le départ du titulaire et à communiquer le nom du nouveau référent à l'autre partie.

2 *Périmètre du concours de l'État aux opérations d'évaluation.*

Les parties conviennent que lorsqu'une personne se présente auprès du conseil départemental ou de l'organisme mandaté par lui, comme mineure privée temporairement ou définitivement de la protection de sa famille, elle est accompagnée à la préfecture selon les modalités retenues au paragraphe 3 du présent protocole.

En cas de minorité manifeste, le service de l'aide sociale à l'enfance [ou l'organisme mandaté par le président du conseil départemental] conclut, sans que le dispositif "AEM" soit mobilisé, à la nécessité de protéger une personne se présentant comme mineure et privée temporairement ou définitivement de la protection de leur *[sa]* famille en application de l'article L. 221-2-4 du code de l'action sociale et des familles.

Dans le cas où le jeune refuse d'être présenté en préfecture, le conseil départemental lui fait signer un document en attestant sa position.

3 *Modalités de prise de rendez-vous et de transport des personnes en préfecture.*

[L'une des deux hypothèses ci-dessous est à déterminer localement entre la préfecture et le conseil départemental.]

Cas A : les personnes sont présentées à la préfecture au fil de l'eau

Le conseil départemental présente, sauf minorité manifeste, les personnes se déclarant mineures privées temporairement ou définitivement de la protection de leur famille à la préfecture, et cela au fur et à mesure de leurs arrivées.

Le conseil départemental organise les modalités de transport et l'accompagnement des personnes se présentant comme mineures privées temporairement ou définitivement de la protection de leur famille à la préfecture. [en fonction des circonstances locales préciser les modalités de transport et le cas échéant d'accompagnement par un travailleur social]

La préfecture s'engage à mettre en place une permanence continue pour recevoir [...] personnes par jour, de [...] heures à [...] heures du lundi au vendredi en assurant un accueil [en fonction des circonstances locales (flux moyen des jeunes à évaluer) préciser les modalités d'organisation de la préfecture].

Cas B : les personnes sont présentées à la préfecture de manière groupée

Le conseil départemental présente, sauf minorité manifeste, les personnes se déclarant mineures privées temporairement ou définitivement de la protection de leur famille à la préfecture de manière groupée.

Le conseil départemental organise les modalités de transport et l'accompagnement des personnes se présentant comme mineures privées temporairement ou définitivement de la protection de leur famille à la préfecture. [en fonction des circonstances locales préciser les modalités de transport et le cas échéant d'accompagnement par un travailleur social].

La préfecture organise des plages horaires [journalières, hebdomadaires] de nature à permettre de recevoir [...] à [...] personnes par semaine. [en fonction des circonstances locales préciser les modalités d'organisation de la préfecture].

4 *Information de la personne évaluée.*

Les parties s'engagent à informer les jeunes des modalités de la procédure d'évaluation, de la prise d'empreintes et de la photographie du visage, de la collecte d'autres informations à caractère personnel, et de l'utilisation qui sera faite de l'ensemble de ces données.

Une notice récapitulant ces informations, disponible en plusieurs langues sur le site intranet de la DGEF, est remise au jeune lors de sa présentation en préfecture.

5 *Accueil de la personne en préfecture.*

[Le conseil départemental s'engage à dispenser aux agents de préfecture une information sur les bonnes pratiques pour l'accueil des personnes se présentant comme mineures et privées temporairement ou définitivement de la protection de leur famille.]

La préfecture s'engage à affecter un local spécifique, présentant des garanties de confidentialité, et à prévoir une signalétique pour l'accès au local, adaptés à ce public.

6 *Coordination préfecture/conseil départemental.*

a) À la suite de l'enrôlement :

La préfecture s'engage à communiquer de façon sécurisée, aux agents spécialement habilités à en connaître par le président du conseil départemental, dans les meilleurs délais suivants la réception de la personne se déclarant mineure et privée temporairement ou définitivement de sa famille, les informations extraites des traitements AEM, VISABIO et AGDREF/ANEF.

b) À la suite de l'évaluation :

Le conseil départemental communique mensuellement aux agents habilités de la préfecture, le sens et la date des décisions mentionnées au III de l'article L. 221-2-4 du code de l'action sociale et des familles concernant toutes les personnes évaluées. Cet envoi est effectué de manière sécurisée par courriel via un tableau récapitulatif. Un modèle de tableau est fourni en pièce jointe.

La préfecture complète le dispositif "AEM" des informations transmises par le conseil départemental correspondant aux données visées à l'article R. 221-15-2 du CASF, uniquement pour les personnes déjà enrôlées.

Au plus tard au [15] du mois suivant le trimestre échu, la préfecture transmet au conseil départemental un document signé, attestant du nombre de jeunes reçus en préfecture au cours du dernier trimestre et du nombre de jeunes pour lesquels le sens et la date de la décision d'évaluation ont été transmis. Un modèle d'attestation est annexé en pièce jointe.

Ce document permettra au conseil départemental d'établir auprès de l'agence de services et de paiement, le nombre de dossiers pour lesquels les obligations prévues par l'article L. 221-2-4 du code de l'action sociale et des familles ont été respectées.

Dans le cas où une personne évaluée majeure saisit le juge judiciaire, le président du conseil départemental doit en informer le préfet dès qu'il en a connaissance et lui notifie, le cas échéant, la date de la mesure d'assistance éducative prononcée par l'autorité judiciaire. Les services du préfet doivent saisir cette information dans la fiche AEM de l'intéressé, si celle-ci existe.

c) Lors de l'examen anticipé du droit au séjour :

Le conseil départemental s'engage à communiquer à la préfecture le plus en amont possible (6 mois avant la majorité) les dossiers des futurs jeunes majeurs dans le cadre de l'examen anticipé, afin de prévenir toute rupture de droits conformément à l'instruction du 21 septembre 2020 (NOR : INTV2012657J).

La préfecture indiquera au conseil départemental ses conclusions sur la première phase de l'examen anticipé (expertise documentaire notamment).

7 *Modalités d'échanges d'information.*

La sécurisation des données échangées entre les parties est essentielle s'agissant du public visé par la convention. Les modalités décrites ci-dessous doivent être appliquées avec attention.

Les parties conviennent d'échanger les informations visées par les dispositions de l'article R. 221-11 du code de l'action sociale et des familles de manière sécurisées *[sécurisée]* selon les modalités suivantes :

— les échanges d'informations se feront uniquement par l'envoi de documents par courriel sous format pdf, après chiffrement du PDF ;

— les parties conviennent d'utiliser le logiciel [ZED] comme logiciel de chiffrement ;

— les parties s'engagent à utiliser exclusivement les adresses e-mail [fonctionnelles] suivantes : [...] ;

— les parties s'engagent à communiquer le mot de passe permettant le déchiffrement aux seuls agents habilités à consulter les données visées aux articles R. 221-15-3 et R. 221-15-4 du CASF ;

— la liste des agents habilités à consulter les données visées aux articles R. 221-15-3 et R. 221-15-4 du CASF est mise à jour mensuellement et ponctuellement à l'occasion d'un départ ou d'une arrivée d'un personnel habilité ou encore en cas d'accès illégitime aux données ;

— le mot de passe est arrêté par [le chef de bureau du séjour] de la préfecture.

Il est modifié tous les [3] mois [max].

Il contient au moins 8 caractères comportant au minimum 2 lettres, 2 chiffres et 2 caractères spéciaux ;

— [Le chef de bureau du séjour] de la préfecture communique sous pli confidentiel le mot de passe aux agents habilités au sens de l'article R. 221-15-3 du CASF ainsi qu'au [directeur du service de l'aide sociale à l'enfance] du conseil départemental.

Le conseil départemental s'engage à :

— habiliter le [directeur du service de l'aide sociale à l'enfance] du conseil départemental qui recevra communication du mot de passe et sera chargé de le communiquer aux autres agents habilités par le conseil départemental ;

— prendre toutes les mesures utiles pour prévenir un accès illégitime aux données communiquées par la préfecture ;

— informer [le chef de bureau du séjour] de la préfecture sans délai s'il constate un accès illégitime aux données communiquées.

La préfecture s'engage à :

— mettre à disposition une assistance pour l'installation du logiciel ZED ;

— habiliter le [chef du bureau du séjour] qui sera chargé de communiquer le mot de passe aux agents habilités de la préfecture ainsi qu'au [directeur du service de l'aide sociale à l'enfance] du conseil départemental ;

— informer [le directeur du service en charge de l'aide sociale à l'enfance] du conseil départemental sans délai de toute indisponibilité d'AEM.

8 *Durée du contrat – clause de revoyure.*

La convention est valable 1 an à compter de sa signature. Elle est reconduite tacitement à l'échéance du terme fixé.

[La précédente convention signée le est abrogée à compter de la signature de cette nouvelle convention].

Les parties conviennent [de se revoir à l'issue de la période de test du logiciel AEM et, par la suite,] d'organiser des réunions de bilan [annuelles] entre les signataires du protocole afin de procéder à d'éventuels ajustements des pratiques, des formations, de l'organisation, des échanges d'informations notamment.

La convention peut être dénoncée par l'une des parties, si l'autre ne respecte pas les engagements pris.

Fait le...

Le préfet,

PJ 1 : MODÈLE TABLEAU — transmission mensuelle du sens et de la date du résultat des évaluations des personnes se déclarant mineures et privées temporairement ou définitivement de la protection de leur famille

Date de transmission à la préfecture (= date de notification au préfet) : ____________

	Nom	Prénom	Date de naissance déclarée	Evaluation sociale		
				Enrôlé dans AEM (OUI/NON)	Date de conclusion	Résultat (mineur non accompagné/ majeur/mineur accompagné)
1						
2						
3						
4						
5						
6						
7						
8						
9						
10						
11						
12						
13						
14						
15						

TOTAL jeunes enrôlés :	0
TOTAL résultats transmis :	

PJ 2 : MODÈLE ATTESTATION

MINISTÈRE DE L'INTÉRIEUR ET DES OUTRE-MER

Liberté
Égalité
Fraternité

[Logo préfecture]

ATTESTATION DE TRANSMISSION D'INFORMATIONS DANS LE CADRE DE L'ÉVALUATION DES PERSONNES SE PRÉSENTANT COMME MINEURES ET PRIVÉES TEMPORAIREMENT OU DÉFINITIVEMENT DE LA PROTECTION DE LEUR FAMILLE

Conformément à l'article L. 221-2-4 du CASF et à la convention signée entre le préfet de [...] et le président du conseil départemental en date du XX/XX/XXXX, le préfet atteste que :

Pour la période du 01/XX/20XX au XX/XX/20XX :

— XX personnes ont été enrôlées dans le dispositif "AEM" ;

— XX résultats (date et sens) d'évaluation de personnes ont été transmis.

Transmis au président du conseil départemental pour faire valoir ce que de droit.

Fait à [...], le [...]

Art. R. 221-12 *(Décr. n° 2020-768 du 23 juin 2020, art. 1er)* I. — Font l'objet de contributions forfaitaires de l'État :

1° Les missions des départements relatives à la mise à l'abri des personnes se déclarant mineures et privées temporairement ou définitivement de la protection de leur famille ;

2° Les missions des départements relatives à l'évaluation de la situation de ces personnes au regard notamment de leurs déclarations sur leur identité, leur âge, leur famille d'origine, leur nationalité et leur état d'isolement, ainsi que *(Décr. n° 2023-1240 du 22 déc. 2023, art. 1er)* « l'identification » de leurs besoins en santé.

Un arrêté conjoint des ministres chargés *(Décr. n° 2023-1240 du 22 déc. 2023, art. 1er)* « de l'enfance » et du budget précise les modalités de calcul de ces contributions et définit le modèle d'attestation à produire par le président du conseil départemental pour en bénéficier.

(Décr. n° 2023-1240 du 22 déc. 2023, art. 1er et 2, en vigueur le 1er janv. 2024) « II. — La contribution prévue au 2° du I du présent article est réduite, en tout ou partie, dans une mesure fixée par arrêté des ministres chargés de l'enfance et du budget, lorsque le président du conseil départemental :

« 1° N'a pas conclu avec le préfet de département ou, à Paris, avec le préfet de police, la convention mentionnée au V de l'article R. 221-11 qui fixe les modalités selon lesquelles l'action de leurs services est coordonnée et ne justifie pas avoir pris de mesures d'organisation de présentation des personnes accueillies ;

« 2° A conclu avec le préfet de département ou, à Paris, avec le préfet de police, la convention mentionnée au V de l'article R. 221-11, mais ne justifie pas avoir pris les mesures prévues par cette convention ;

« 3° N'a pas transmis les informations prévues au III de l'article L. 221-2-4. »

Arrêté du 16 octobre 2020 [ABROGÉ],

Relatif à la convention-type prévue à l'article R. 221-12 du code de l'action sociale et de la famille.

(Abrogé par Arr. du 1er févr. 2024)

....

ANNEXE

CONVENTION-TYPE ENTRE LE REPRÉSENTANT DE L'ÉTAT DANS LE DÉPARTEMENT ET LE PRÉSIDENT DU CONSEIL DÉPARTEMENTAL POUR L'APPUI À L'ÉVALUATION DE LA SITUATION DES PERSONNES SE PRÉSENTANT COMME MINEURES ET PRIVÉES TEMPORAIREMENT OU DÉFINITIVEMENT DE LA PROTECTION DE LEUR FAMILLE

(Abrogée par Arr. du 1er févr. 2024) (Arr. du 16 oct. 2020, art. 1er)

Cette convention-type, appelée aussi protocole-type, peut être complétée et/ou adaptée aux besoins et circonstances locales [Ce protocole peut soit compléter un protocole existant ou constituer un protocole autonome, le cas échéant il peut être complété ultérieurement pour prévoir le concours de l'État élargi à la vérification documentaire et à la coordination avec la justice (Procureur de la République).]

L'État, représenté par le préfet de ... et le conseil départemental de ... représenté par son président soussignés... ;

Vu le code de l'entrée et du séjour des étrangers et du droit d'asile, notamment ses articles L. 611-3, L. 611-6 et L. 611-6-1 ;

Vu le code de l'action sociale et des familles, notamment ses articles L. 112-3, L. 221-2-2, L. 223-2, L. 222-5, R. 221-11 et R. 221-12 ;

Vu le code général des collectivités territoriales, notamment l'article L. 3221-9 ;

Ont convenu de mettre en œuvre le protocole suivant :

Préambule et objet du protocole.

Afin de consolider le dispositif national d'accueil et d'évaluation des personnes se présentant comme mineurs non accompagnés, et renforcer la mobilisation des services de l'État auprès des conseils départementaux, le présent protocole s'attache à définir les engagements réciproques des parties et les modalités de la coordination des services placés sous leur autorité, dans le cadre de la mise en œuvre du traitement de données à caractère personnel dénommé "appui à l'évaluation de la minorité" (AEM) prévu à l'article R. 221-15-1 du code de l'action sociale et des familles.

1 *Les référents AEM.*

[Lorsque les parties ont désigné au sein de leur structure un référent "MNA", celui-ci peut devenir le référent "AEM".

Le cas échéant il peut remplacer, dans la suite du protocole, respectivement le [chef du bureau du séjour de la préfecture] et le [directeur du service de l'aide sociale à l'enfance] du conseil départemental.

Il sera chargé en outre de veiller au respect par chaque partie des engagements pris au titre du présent protocole pour ce qui la concerne et d'assurer une veille partagée sur les questions liées aux personnes se présentant comme mineures et privées temporairement ou définitivement de la protection de leur famille.

Chaque partie s'engage alors également à nommer un nouveau référent dès le départ du titulaire et à communiquer le nom du nouveau référent à l'autre partie.]

2 *Périmètre du concours de l'État aux opérations d'évaluation.*

Les parties conviennent que lorsqu'une personne se présente auprès du conseil départemental ou de l'organisme mandaté par lui, comme mineure privée temporairement ou définitivement de la protection de sa famille, elle peut être adressée à la préfecture selon les modalités retenues au chapitre 3 du présent protocole.

Le service de l'aide sociale à l'enfance [ou l'organisme mandaté par le président du conseil départemental] conserve la faculté de conclure immédiatement, sans que le dispositif "AEM" soit mobilisé, à la nécessité de protéger une personne se présentant comme mineure et privée temporairement ou définitivement de la protection de leur [sa] famille, notamment lorsque la minorité et la vulnérabilité de cette personne sont manifestes.

3 *Modalités de prise de rendez-vous et de transport des personnes en préfecture.*

L'une des deux hypothèses ci-dessous est à déterminer localement entre la préfecture et le conseil départemental.

Cas n° A : les personnes sont orientées vers la préfecture au fil de l'eau

Le conseil départemental oriente, dès lors qu'il le considère utile à son travail d'évaluation, les personnes se présentant comme mineures privées temporairement ou définitivement de la protection de leur famille vers la préfecture, et cela au fur et à mesure de leurs arrivées.

Le conseil départemental prend en charge le transport et, dans le cadre de la mise à l'abri, l'accompagnement des personnes se présentant comme mineures privées temporairement ou définitivement de la protection de leur famille à la préfecture.

[en fonction des circonstances locales[,] préciser les modalités de transport et le cas échéant[,] d'accompagnement par un travailleur social]

La préfecture s'engage à mettre en place une permanence continue pour recevoir [**] personnes par jour, de [**] heures à [**] heures du lundi au vendredi.

[en fonction des circonstances locales[,] préciser les modalités d'organisation de la préfecture]

Cas n° B : les personnes sont orientées vers la préfecture de manière groupée

Le conseil départemental oriente, dès lors qu'il le considère utile à son travail d'évaluation, les personnes se présentant comme mineures privées temporairement ou définitivement de la protection de leur famille vers la préfecture de manière groupée.

La préfecture s'engage à mettre à disposition du conseil départemental des plages horaires [journalières, hebdomadaires] de nature à permettre de recevoir [**] à [**] personnes par semaine.

[en fonction des circonstances locales[,] préciser les modalités d'organisation de la préfecture]

Le conseil départemental prend en charge le transport et, dans le cadre de la mise à l'abri, l'accompagnement des personnes se présentant comme mineures privées temporairement ou définitivement de la protection de leur famille à la préfecture.

[en fonction des circonstances locales[,] préciser les modalités de transport et le cas échéant d'accompagnement par un travailleur social]

4 *Information de la personne évaluée.*

Les parties s'engagent à informer les personnes des modalités de la procédure d'évaluation, de la prise d'empreintes et de la photographie du visage, de la collecte d'autres informations à caractère personnel, et de l'utilisation qui sera faite de l'ensemble de ces données.

La préfecture s'engage à délivrer cette information par écrit ou, à défaut, sous toute autre forme orale appropriée, avant de procéder aux opérations de collecte de données, d'enrôlement et d'interrogation des fichiers.

5 *Accueil de la personne en préfecture.*

[Le conseil départemental s'engage à dispenser aux agents de préfecture habilités à collecter les données des personnes se présentant comme mineures et privées temporairement ou définitivement de la protection de leur famille une information sur les bonnes pratiques pour l'accueil de mineurs.]

La préfecture s'engage à affecter un local spécifique, présentant des garanties de confidentialité, et [à] *prévoir une signalétique pour l'accès au local, adaptés à ce public.*

6 *Modalités d'échanges d'information et de coordination État/conseil départemental.*

La préfecture s'engage à communiquer de façon sécurisée, aux agents spécialement habilités à en connaître par le président du conseil départemental, le jour-même [jour même] *de la réception de la personne se déclarant mineure et privée temporairement ou définitivement de* [la protection] *sa famille, les informations extraites des traitements AEM, VISABIO et AGDREF.*

Le conseil départemental s'engage à communiquer aux agents habilités de la préfecture, sans délais, les informations visées au 10° de l'article R. 221-15-2 du CASF.

Les parties conviennent d'échanger les informations visées par les dispositions de l'article R. 221-11 du code de l'action sociale et des familles de manière sécurisées [sécurisée] *selon les modalités suivantes :*

— Les envois se feront uniquement par l'envoi par courriel de documents sous format pdf, après chiffrement du PDF.

— Les parties conviennent d'utiliser le logiciel [ZED] comme logiciel de chiffrement.

*— Les parties s'engagent à utiliser exclusivement les adresses e-mail [fonctionnelles] suivantes : [***@***].*

— Les parties s'engagent à communiquer le mot de passe permettant le déchiffrement aux seuls agents habilités à consulter les données visées aux articles R. 221-15-3 et R. 221-15-4 du CASF.

— La liste des agents habilités à consulter les données visées aux articles R. 221-15-3 et R. 221-15-4 du CASF est mise à jour mensuellement et ponctuellement à l'occasion d'un départ ou d'une arrivée d'un personnel habilité ou encore en cas d'accès illégitime aux données.

— Le mot de passe est arrêté par [le chef de bureau du séjour] de la préfecture.

— Il est modifié tous les [3] mois [max].

— Il contient au moins 8 caractères comportant au minium 2 lettres, 2 chiffres et 2 caractères spéciaux.

— [Le chef de bureau du séjour] de la préfecture communique sous pli confidentiel le mot de passe aux agents habilités au sens de l'article R. 221-15-3 du CASF ainsi qu'au [directeur du service de l'aide sociale à l'enfance] du conseil départemental.

Le conseil départemental s'engage à :

— Habiliter le [directeur du service de l'aide sociale à l'enfance] du conseil départemental qui recevra communication du mot de passe et sera chargé de le communiquer aux autres agents habilités par le conseil départemental ;

— Prendre toutes les mesures utiles pour prévenir un accès illégitime aux données communiquées par la préfecture ;

— Informer [le chef de bureau du séjour] de la préfecture sans délai s'il constate un accès illégitime aux données communiquées.

La préfecture s'engage à :

— Mettre à disposition une assistance pour l'installation du logiciel ZED ;

— Habiliter le [chef du bureau du séjour] qui sera chargé de communiquer le mot de passe aux agents habilités de la préfecture ainsi qu'au [directeur du service de l'aide sociale à l'enfance] du conseil départemental ;

— Informer [le directeur du service en charge de l'aide sociale à l'enfance] du conseil départemental sans délai de toute indisponibilité d'AEM.

7 *Clause de revoyure.*

Les parties conviennent de se revoir à l'issue de la période de test du logiciel AEM et, par la suite, d'organiser des réunions de bilan [annuelles] entre les signataires du protocole afin de procéder à d'éventuels ajustements des pratiques, des formations, de l'organisation, des échanges d'informations notamment.

....

SOUS-SECTION 3. *Appui à l'évaluation de la minorité* *(Décr. n° 2019-57 du 30 janv. 2019, art. 2)*

Les dispositions du Décr. n° 2019-57 du 30 janv. 2019 sont applicables à Saint-Barthélemy et à Saint-Martin (Décr. préc., art. 5).

Art. R. 221-15-1 Le ministre de l'intérieur (direction générale des étrangers en France) est autorisé à mettre en œuvre un traitement automatisé de données à caractère personnel dénommé "appui à l'évaluation de la minorité" (AEM), ayant pour finalités de mieux garantir la protection de l'enfance et de lutter contre l'entrée et le séjour irréguliers des étrangers en France et, à cet effet :

1° D'identifier, à partir de leurs empreintes digitales, les personnes se déclarant mineures et privées temporairement ou définitivement de la protection de leur famille et ainsi de lutter contre la fraude documentaire et la fraude à l'identité ;

2° De permettre une meilleure coordination des services de l'État et des services compétents en matière d'accueil et d'évaluation de la situation des personnes mentionnées au 1° ;

3° D'améliorer la fiabilité de l'évaluation et d'en raccourcir les délais ;

4° D'accélérer la prise en charge des personnes évaluées mineures ;

5° De prévenir le détournement du dispositif de protection de l'enfance par des personnes majeures ou des personnes se présentant successivement dans plusieurs départements.

Art. R. 221-15-2 I. — Peuvent être enregistrées dans le traitement mentionné à l'article R. 221-15-1 les images numérisées du visage et des empreintes digitales de deux doigts des personnes qui se déclarent mineures et privées temporairement ou définitivement de la protection de leur famille.

II. — Peuvent également être enregistrées dans ce traitement les données à caractère personnel et les informations relatives aux personnes qui se déclarent mineures et privées temporairement ou définitivement de la protection de leur famille suivantes :

1° État civil : nom, prénom(s), date et lieu de naissance, sexe, situation familiale ;

2° Nationalité ;

3° Commune de rattachement ou adresse de l'organisme d'accueil auprès duquel la personne est domiciliée ;

4° Coordonnées téléphoniques et électroniques ;

5° Langue(s) parlée(s) ;

6° Données relatives à la filiation de la personne (noms, prénoms des parents) ;

7° Références des documents d'identité et de voyage détenus et du visa d'entrée délivré ;

8° Date et conditions d'entrée en France ;

9° Conseil départemental chargé de l'évaluation ;

10° Données transmises par le conseil départemental chargé de l'évaluation :

a) Numéro de procédure du service de l'aide sociale à l'enfance ;

b) Date à laquelle l'évaluation de la situation de la personne a pris fin et indications des résultats de l'évaluation au regard de la minorité et de l'isolement ;

c) Le cas échéant, existence d'une saisine de l'autorité judiciaire par une personne évaluée majeure et date de la mesure d'assistance éducative lorsqu'une telle mesure est prononcée ;

11° Données enregistrées par l'agent de préfecture responsable du traitement :

a) Numéro de procédure attribué par le traitement AEM ;

b) Date de la notification au préfet de département et, à Paris, au préfet de police de la date à laquelle l'évaluation de la situation de la personne a pris fin.

III. — Le traitement ne comporte pas de dispositif de recherche permettant l'identification à partir de l'image numérisée du visage.

Art. R. 221-15-3 I. — Peuvent accéder, à raison de leurs attributions et dans la limite du besoin d'en connaître, à tout ou partie des données à caractère personnel et informations mentionnées à l'article R. 221-15-2 :

1° Les agents des préfectures et des sous-préfectures chargés de la mise en œuvre de la réglementation concernant les ressortissants étrangers, individuellement désignés et spécialement habilités par le préfet et, à Paris, par le préfet de police ;

2° Aux fins d'administration du traitement, les agents relevant des services centraux du ministère de l'intérieur chargés de l'immigration et du séjour ainsi que des applications et des systèmes d'information relatifs aux étrangers en France, individuellement désignés et spécialement habilités par le ministre de l'intérieur.

II. — Peuvent accéder, à des fins exclusives d'établissement de statistiques, aux informations anonymisées obtenues à partir du traitement mentionné à l'article R. 221-15-1 les agents chargés des études et des statistiques affectés à la direction générale des étrangers en France et à la direction de la recherche, des études, de l'évaluation et des statistiques du ministère chargé des affaires sociales, dans le respect de l'article 7 bis de la loi n° 51-711 du 7 juin 1951 modifiée sur l'obligation, la coordination et le secret en matière de statistiques.

Art. R. 221-15-4 Peuvent être destinataires des données à caractère personnel et informations mentionnées à l'article R. 221-15-2, à raison de leurs attributions et dans la limite du besoin d'en connaître, à l'exclusion de l'image numérisée des empreintes digitales :

1° Le procureur de la République territorialement compétent et les personnes individuellement désignées et spécialement habilitées par ce dernier ;

2° Les agents en charge de la protection de l'enfance du conseil départemental compétent, individuellement désignés et spécialement habilités par le président du conseil départemental.

Art. R. 221-15-5 Lorsque la personne mentionnée au 1° de l'article R. 221-15-1 est de nationalité étrangère et qu'elle a été évaluée majeure à l'issue de la procédure prévue par l'article L. 221-2-2, les agents mentionnés au 1° du I de l'article R. 221-15-3 ouvrent dans le traitement mentionné à l'article *(Décr. n° 2020-1734 du 16 déc. 2020, art. 4, en vigueur le 1er mai 2021)* « R. 142-11 *[ancienne rédaction : R. 611-1]* » du code de l'entrée et du séjour des étrangers et du droit d'asile un dossier qui permet le transfert des données de la personne concernée qui figurent dans le traitement mentionné à l'article R. 221-15-1 vers celui mentionné à l'article *(Décr. n° 2020-1734 du 16 déc. 2020, art. 4)* « R. 142-11 *[ancienne rédaction : R. 611-1]* » précité.

Art. R. 221-15-6 Les données sont effacées du traitement mentionné à l'article R. 221-15-1 au terme d'un délai maximal d'un an à compter de la notification au préfet de département et, à Paris, au préfet de police de la date à laquelle l'évaluation de la situation de la personne a pris fin.

Lorsque le président du conseil départemental n'a pas procédé à la notification mentionnée au précédent alinéa, les données sont effacées au terme d'un délai de dix-huit mois à compter de leur enregistrement.

Art. R. 221-15-7 Les opérations de création, de modification, de consultation, de communication, de transfert et de suppression des données à caractère personnel et informations du traitement mentionné à l'article R. 221-15-1 font l'objet d'un enregistrement comprenant l'identifiant de l'auteur, la date, l'heure, la nature de l'opération et le numéro de procédure. Ces informations sont conservées pendant six ans.

Art. R. 221-15-8 Préalablement à la collecte de ses données, la personne mentionnée au 1° de l'article R. 221-15-1 est informée par un formulaire dédié et rédigé dans une langue qu'elle comprend ou dont il est raisonnable de supposer qu'elle la comprend ou, à défaut, sous toute autre forme orale appropriée :

1° De la nature des données à caractère personnel et informations enregistrées dans le traitement mentionné à l'article R. 221-15-1 ;

2° De l'enregistrement de ses empreintes digitales dans ce traitement ;

3° Si elle est de nationalité étrangère et évaluée majeure, du transfert des données la concernant vers le traitement prévu à l'article *(Décr. n° 2020-1734 du 16 déc. 2020, art. 4, en vigueur le 1er mai 2021)* « R. 142-11 *[ancienne rédaction : R. 611-1]* » du code de l'entrée et du séjour des étrangers et du droit d'asile ;

4° Qu'en cas de refus de communiquer toute information utile à son identification ou de refus de communiquer ses données à caractère personnel dans le traitement mentionné à l'article R. 221-15-1, le président du conseil départemental compétent en est informé ;

5° Si elle est de nationalité étrangère et évaluée majeure, qu'elle fera l'objet d'un examen de sa situation et, le cas échéant, d'une mesure d'éloignement ;

6° Des autres informations prévues à l'article 13 du règlement (UE) 2016/679 du 27 avril 2016 relatif à la protection des personnes physiques à l'égard du traitement des données à caractère personnel et à la libre circulation de ces données, et abrogeant la directive 95/46/CE.

Art. R. 221-15-9 I. — Afin de garantir l'objectif d'intérêt public général de protection de l'enfance, le droit d'opposition prévu à l'article 21 du règlement (UE) 2016/679 du 27 avril 2016 précité ne s'applique pas au présent traitement en application de l'article 23 du même règlement et de l'article 38 de la loi n° 78-17 du 6 janvier 1978 modifiée relative à l'informatique, aux fichiers et aux libertés.

II. — Les droits d'accès, de rectification et à la limitation s'exercent auprès du préfet de département et, à Paris, du préfet de police dans les conditions prévues respectivement aux articles 15, 16 et 18 du même règlement.

Art. L. 142-3-1 *(L. n° 2024-42 du 26 janv. 2024, art. 39)* **Afin de faciliter l'identification des mineurs se déclarant privés temporairement ou définitivement de la protection de leur famille à l'encontre desquels il existe des indices graves ou concordants rendant vraisemblable qu'ils aient pu participer, comme auteurs ou complices, à des infractions à la loi pénale ou l'établissement d'un lien entre plusieurs infractions commises par un seul de ces mineurs, les empreintes digitales ainsi qu'une photographie de ces derniers peuvent être relevées dans les conditions prévues aux articles L. 413-16 et L. 413-17 du code de la justice pénale des mineurs, être mémorisées et faire l'objet d'un traitement automatisé dans les conditions prévues par le règlement (UE) 2016/679 du Parlement européen et du Conseil du 27 avril 2016 relatif à la protection des personnes physiques à l'égard du traitement des données à caractère personnel et à la libre circulation de ces données, et abrogeant la directive 95/46/CE (règlement général sur la protection des données) et par la loi n° 78-17 du 6 janvier 1978 relative à l'informatique, aux fichiers et aux libertés.**

Le traitement de données ne comporte pas de dispositif de reconnaissance faciale à partir de la photographie.

Les données peuvent être relevées dès que la personne se déclare mineure. La conservation des données des personnes reconnues mineures est limitée à la durée strictement nécessaire à leur prise en charge et à leur orientation, en tenant compte de leur situation personnelle.

COMMENTAIRE

Le fichier prévu par l'article L. 142-3-1 constitue une forme de synthèse entre le fichier « Appui à l'évaluation de la minorité » (AEM régi par l'art. L. 142-3), relatif aux mineurs non accompagnés (MNA), et le traitement des antécédents judiciaires (TAJ, C. pr. pén., art. 230-6), qui recense les données relatives aux personnes soupçonnées d'avoir participé à la commission d'une infraction sans limitation d'âge. La Commission des lois de l'Assemblée nationale (Rapp. n° 1943) n'avait pas jugé ce dispositif opportun dès lors que le TAJ ne prévoit pas de seuil d'âge s'agissant des personnes qui y sont inscrites. Il a pourtant été rétabli. ❑

Art. L. 142-4 **Dans le cadre de sa mission de coordination de la gestion de l'hébergement dans les lieux d'hébergement, prévue à l'article L. 121-1, l'Office français de l'immigration et de l'intégration conçoit, met en œuvre et gère, dans les conditions prévues par le règlement (UE) 2016/679 du 27 avril 2016 relatif à la protection des personnes physiques à l'égard des traitements des données à caractère personnel et à la libre circulation de ces données et par la loi n° 78-17 du 6 janvier 1978 relative à l'informatique, aux fichiers et aux libertés, un traitement automatisé de données relatives aux capacités des lieux d'hébergement, à l'utilisation de ces capacités et aux demandeurs d'asile qui y sont accueillis.**

Les personnes morales chargées de la gestion des lieux d'hébergement mentionnés à l'article L. 552-1 sont tenues de déclarer à l'office, dans le cadre du traitement automatisé de données, les places disponibles dans les lieux d'hébergement. Ces personnes morales sont tenues d'alerter l'autorité administrative compétente en cas d'absence injustifiée et prolongée des personnes qui y ont été orientées pour la durée de la procédure et en cas de comportement violent ou de manquement grave au règlement du lieu d'hébergement. – *[Anc. art. L. 744-4.]*

V. art. R. 142-51 à R. 142-58.

Art. L. 142-5 **Les modalités d'application du présent chapitre sont fixées, pour chacun des traitements mentionnés aux articles L. 142-1 à L. 142-4, par décret en Conseil d'État, pris après avis de la Commission nationale de l'informatique et des libertés. Ces décrets précisent, notamment, la durée de conservation et les conditions de mise à jour des données à caractère personnel et des informations enregistrées, les catégories de personnes pouvant y accéder et les modalités d'habilitation de celles-ci ainsi que, les conditions dans lesquelles les personnes intéressées peuvent exercer leurs droits.** – *[Anc. art. L. 611-5 ; anc. art. L. 611-6-1, al. 4 ; anc. art. L. 611-7.]*

TITRE V DISPOSITIONS RELATIVES À L'OUTRE-MER

Dans les collectivités qui relèvent de l'art. 74 de la Const., à l'exception de Saint-Pierre-et-Miquelon, en Nouvelle-Calédonie et dans les Terres australes et antarctiques françaises, les dispositions et modifications introduites par la L. n° 2024-42 du 26 janv. 2024 entrent en vigueur à une date fixée par décret en Conseil d'État, et au plus tard le 1er sept. 2025 (L. préc., art. 86-V).

CHAPITRE I DISPOSITIONS PARTICULIÈRES AUX COLLECTIVITÉS RÉGIES PAR L'ARTICLE 73 DE LA CONSTITUTION ET À SAINT-PIERRE-ET-MIQUELON

Art. L. 151-1 **Les dispositions du présent livre sont applicables de plein droit en Guadeloupe, en Guyane, en Martinique, à La Réunion, à Mayotte et à Saint-Pierre-et-Miquelon sous réserve des adaptations prévues au présent chapitre.**

BIBL. ▶ Slama et Hervieu, Lacunes et infortunes de l'état de droit(s) à Mayotte, *AJDA 2014. 1849*. – Vatna, Le contentieux de l'éloignement des étrangers dans certaines collectivités territoriales d'outre-mer, *RFDA 2014. 239*.

Mayotte. Il résultait des dispositions de l'anc. art. L. 111-3 [abrogé] que les conditions d'entrée et de séjour d'un étranger à Mayotte ne sont pas régies par les règles de droit commun posées par le CESEDA mais sont soumises aux règles spécifiques issues de l'Ord. n° 2014-464 du 7 mai 2014 ; les titres délivrés pour l'entrée et le séjour à Mayotte en application de cette ordonnance n'autorisent pas leurs détenteurs à entrer et séjourner en France métropolitaine ; les étrangers séjournant à Mayotte et désirant se rendre en France métropolitaine sont tenus de solliciter à cette fin la délivrance d'un titre d'entrée ou de séjour en application des dispositions du CESEDA ; le régime de l'entrée et du séjour des étrangers défini par les dispositions de l'Ord. n° 2014-464 du 7 mai 2014 tend à prendre en compte une situation particulière tenant à l'éloignement et à l'insularité de cette collectivité, ainsi qu'à l'importance des flux migratoires dont elle est spécifiquement l'objet et aux contraintes d'ordre public qui en découlent ; les étrangers séjournant à Mayotte peuvent obtenir, sans aucune distinction en fonction de leurs origines, un titre d'entrée ou de séjour en France métropolitaine dans les conditions de droit commun ; par ailleurs, l'État est en droit de définir des conditions d'admission des étrangers sur son territoire, sous réserve des engagements internationaux de la France et du respect des principes à valeur constitutionnelle ; en prévoyant l'octroi d'un titre d'entrée ou de séjour spécifique à la collectivité de Mayotte, ne dispensant pas son titulaire de solliciter un titre d'entrée ou de séjour en application du CESEDA pour accéder à la métropole, le législateur n'a pas porté à la liberté d'aller et venir reconnue aux étrangers séjournant régulièrement sur le territoire une atteinte disproportionnée. • CE 4 avr. 2011, *Mme Moussa*, n° 345661. ♦ Le régime de l'entrée et du séjour des étrangers tend à prendre en compte une situation particulière tenant à l'éloignement et à l'insularité de la collectivité de Mayotte, ainsi qu'à l'importance des flux migratoires dont elle est spécifiquement l'objet et aux contraintes d'ordre public qui en découlent ; les étrangers séjournant à Mayotte peuvent par ailleurs obtenir un titre d'entrée ou de séjour en France métropolitaine dans les conditions de droit commun ; par suite, Mlle A. n'est pas fondée à soutenir que méconnaîtrait le principe d'égalité devant la loi la circonstance que le titre d'entrée et de séjour délivré à un étranger résidant à Mayotte ne l'autorise pas à entrer et séjourner également en France métropolitaine. • CE 1er juill. 2011, *Mlle Liouze*, n° 347322. ♦ La légalité de l'Ord. n° 2014-464 du 7 mai 2014 a été confirmée par le Conseil d'État. • CE 22 juill. 2015, *GISTI et a.*, n° 381550 B : *AJDA 2015. 1512*. ♦ Même position s'agissant du Décr. n° 2014-527 du 23 mai 2014 portant modification du CESEDA concernant notamment Mayotte. • CE 22 juill. 2015, *La Cimade*, n° 383034 B : *AJDA 2015. 1512*.

Art. L. 151-2 Pour l'application de l'article L. 141-2 en Guadeloupe, en Guyane, en Martinique, à La Réunion, à Mayotte à Saint-Pierre-et-Miquelon, les mots : "ou de transfert vers l'État responsable de l'examen de sa demande d'asile" sont supprimés.

Art. L. 151-3 *(L. n° 2024-42 du 26 janv. 2024, art. 80-II)* Pour l'application du présent livre à Saint-Pierre-et-Miquelon, les références au règlement (UE) 2016/679 du Parlement européen et du Conseil du 27 avril 2016 relatif à la protection des personnes physiques à l'égard du traitement des données à caractère personnel et à la libre circulation de ces données, et abrogeant la directive 95/46/CE (règlement général sur la protection des données) sont remplacées par la référence aux règles en vigueur en métropole en application du même règlement.

CHAPITRE II DISPOSITIONS APPLICABLES À SAINT-BARTHÉLEMY

Art. L. 152-1 Sous réserve des adaptations prévues par le présent chapitre, les dispositions suivantes sont applicables à Saint-Barthélemy dans leur rédaction résultant de l'ordonnance n° 2020-1733 du 16 décembre 2020, sauf mention contraire ou mention de leur application de plein droit dans le tableau ci-dessous.

Articles applicables	Dans leur rédaction résultant de
Au titre I	
L. 110-1 à L. 110-6	
Au titre II	
L. 121-1 à L. 121-16	
L. 123-1	Application de plein droit
Au titre III	
L. 131-1 à L. 131-4	Application de plein droit

Articles applicables	Dans leur rédaction résultant de
Au titre IV	
L. 140-1	
L. 141-1 à L. 142-5	

Art. L. 152-2 Pour l'application du présent livre à Saint-Barthélemy :

1° A l'article L. 141-2, les mots : "ou de transfert vers l'État responsable de l'examen de sa demande d'asile" sont supprimés ;

2° Aux articles L. 142-1 à L. 142-4, les références au règlement (UE) 2016/679 du 27 avril 2016 relatif à la protection à la protection des personnes physiques à l'égard des traitements des données à caractère personnel et à la libre circulation de ces données et à la loi n° 78-17 du 6 janvier 1978 relative à l'informatique, aux fichiers et aux libertés sont remplacées par la référence aux règles en vigueur en métropole en vertu du règlement (UE) 2016/679 du 27 avril 2016.

CHAPITRE III DISPOSITIONS APPLICABLES À SAINT-MARTIN

Art. L. 153-1 Sous réserve des adaptations prévues par le présent chapitre, les dispositions suivantes sont applicables à Saint-Martin dans leur rédaction résultant de l'ordonnance n° 2020-1733 du 16 décembre 2020, sauf mention contraire ou mention de leur application de plein droit dans le tableau ci-dessous.

Articles applicables	Dans leur rédaction résultant de
Au titre I	
L. 110-1 à L. 110-6	
Au titre II	
L. 121-1 à L. 121-16	
L. 123-1	Application de plein droit
Au titre III	
L. 131-1 à L. 131-4	Application de plein droit
Au titre IV	
L. 140-1	
L. 141-1 à L. 142-5	

Art. L. 153-2 Pour l'application de l'article L. 141-2 à Saint-Martin, les mots : "ou de transfert vers l'État responsable de l'examen de sa demande d'asile" sont supprimés.

CHAPITRE IV DISPOSITIONS APPLICABLES DANS LES ÎLES WALLIS-ET-FUTUNA

Art. L. 154-1 Sous réserve des adaptations prévues par le présent chapitre, les dispositions suivantes sont applicables dans les îles Wallis-et-Futuna dans leur rédaction résultant de l'ordonnance n° 2020-1733 du 16 décembre 2020, sauf mention contraire dans le tableau ci-dessous.

Articles applicables	Dans leur rédaction résultant de
Au titre I	
L. 110-1 à L. 110-6	
Au titre II	
L. 121-7 à L. 121-16	
L. 123-1	
Au titre III	
L. 131-1 à L. 131-4	
Au titre IV	
L. 140-1	
L. 141-1 à L. 142-3	
L. 142-5	

Art. L. 154-2 Pour l'application du présent livre dans les îles Wallis-et-Futuna :

1° A l'article L. 140-1, la référence à l'article L. 142-4 est supprimée ;

2° A l'article L. 141-2, les mots : "ou de transfert vers l'État responsable de l'examen de sa demande d'asile" sont supprimés ;

3° L'article L. 142-1 est ainsi rédigé :

Art. L. 142-1 Afin de mieux garantir le droit au séjour des personnes en situation régulière et de lutter contre l'entrée et le séjour irréguliers des étrangers dans les îles Wallis-et-Futuna, peuvent être relevées, mémorisées et faire l'objet d'un traitement automatisé de données à caractère personnel dans les conditions fixées par les règles en vigueur en métropole en vertu du règlement (UE) 2016/679 du 27 avril 2016 et par la loi n° 78-17 du 6 janvier 1978 relative à l'informatique, aux fichiers et aux libertés, les empreintes digitales ainsi qu'une photographie des ressortissants étrangers :

1° Qui sollicitent la délivrance, auprès d'un consulat, d'un visa afin de séjourner en France. Ces empreintes et cette photographie sont obligatoirement relevées en cas de délivrance d'un visa ;

2° Qui, non ressortissants d'un État membre de l'Union européenne, sollicitent la délivrance d'un titre de séjour en application de l'article L. 411-1 ;

3° Qui sont en situation irrégulière dans les îles Wallis-et-Futuna, qui font l'objet d'une mesure d'éloignement du territoire des îles Wallis-et-Futuna ou qui ne remplissent pas les conditions d'entrée prévues à l'article L. 311-1.

4° L'article L. 142-2 est ainsi rédigé :

Art. L. 142-2 Les données des fichiers automatisés des empreintes digitales gérés par le ministère de l'intérieur peuvent être consultées par les agents expressément habilités des services du ministère de l'intérieur, dans les conditions fixées par les règles en vigueur en métropole en vertu du règlement (UE) 2016/679 du 27 avril 2016 et par la loi n° 78-17 du 6 janvier 1978 relative à l'informatique, aux fichiers et aux libertés, en vue de l'identification d'un étranger :

1° Qui n'a pas justifié des pièces ou documents sous le couvert desquels il est autorisé à circuler ou à séjourner dans les îles Wallis-et-Futuna ;

2° Qui n'a pas présenté à l'autorité administrative compétente les documents de voyage ;

3° Ou qui, à défaut de ceux-ci, n'a pas communiqué les renseignements permettant l'exécution d'une mesure de refus d'entrée dans les îles Wallis-et-Futuna, d'une interdiction administrative du territoire, d'un arrêté d'expulsion ou d'une obligation de quitter le territoire français ou qui, expulsé ou ayant fait l'objet d'une interdiction administrative ou judiciaire du territoire, aura pénétré de nouveau sans autorisation dans les îles Wallis-et-Futuna.

5° A l'article L. 142-3, les références au règlement (UE) 2016/679 du 27 avril 2016 relatif à la protection à la protection des personnes physiques à l'égard des traitements des données à caractère personnel et à la libre circulation de ces données sont remplacées par la référence aux règles en vigueur en métropole en vertu du règlement (UE) 2016/679 du 27 avril 2016 ;

6° A l'article L. 142-5, les références aux articles L. 142-1 à L. 142-4 sont remplacées par les références aux articles L. 142-1 à L. 142-3.

CHAPITRE V **DISPOSITIONS APPLICABLES EN POLYNÉSIE FRANÇAISE**

Art. L. 155-1 Sous réserve des adaptations prévues par le présent chapitre, les dispositions suivantes sont applicables en Polynésie française dans leur rédaction résultant de l'ordonnance n° 2020-1733 du 16 décembre 2020, sauf mention contraire ou mention de leur application de plein droit dans le tableau ci-dessous.

Articles applicables	Dans leur rédaction résultant de
Au titre I	
L. 110-1 à L. 110-6	
Au titre II	
L. 121-7 à L. 121-16	
L. 123-1	Application de plein droit
Au titre III	
L. 131-1 à L. 131-4	Application de plein droit
Au titre IV	
L. 140-1	
L. 141-1 à L. 142-3	
L. 142-5	

Art. L. 155-2 Pour l'application du présent livre en Polynésie française :

1° A l'article L. 140-1, la référence à l'article L. 142-4 est supprimée ;

2° A l'article L. 141-2, les mots : "ou de transfert vers l'État responsable de l'examen de sa demande d'asile" sont supprimés ;

3° L'article L. 142-1 est ainsi rédigé :

Art. L. 142-1 Afin de mieux garantir le droit au séjour des personnes en situation régulière et de lutter contre l'entrée et le séjour irréguliers des étrangers en Polynésie française, peuvent être relevées, mémorisées et faire l'objet d'un traitement automatisé de données à caractère personnel dans les conditions fixées par les règles en vigueur en métropole en vertu du règlement (UE) 2016/679 du 27 avril 2016 et par la loi n° 78-17 du 6 janvier 1978 relative à l'informatique, aux fichiers et aux libertés, les empreintes digitales ainsi qu'une photographie des ressortissants étrangers :

1° Qui sollicitent la délivrance, auprès d'un consulat, d'un visa afin de séjourner en France. Ces empreintes et cette photographie sont obligatoirement relevées en cas de délivrance d'un visa ;

2° Qui, non ressortissants d'un État membre de l'Union européenne, sollicitent la délivrance d'un titre de séjour en application de l'article L. 411-1 ;

3° Qui sont en situation irrégulière en Polynésie française, qui font l'objet d'une mesure d'éloignement du territoire en Polynésie française ou qui ne remplissent pas les conditions d'entrée prévues à l'article L. 311-1.

4° L'article L. 142-2 est ainsi rédigé :

Art. L. 142-2 Les données des fichiers automatisés des empreintes digitales gérés par le ministère de l'intérieur peuvent être consultées par les agents expressément habilités des services du ministère de l'intérieur, dans les conditions fixées par les règles en vigueur en métropole en vertu du règlement (UE) 2016/679 du 27 avril 2016 et par la loi n° 78-17 du 6 janvier 1978 relative à l'informatique, aux fichiers et aux libertés, en vue de l'identification d'un étranger :
1° Qui n'a pas justifié des pièces ou documents sous le couvert desquels il est autorisé à circuler ou à séjourner en Polynésie française ;
2° Qui n'a pas présenté à l'autorité administrative compétente les documents de voyage ;
3° Ou qui, à défaut de ceux-ci, n'a pas communiqué les renseignements permettant l'exécution d'une mesure de refus d'entrée en Polynésie française, d'une interdiction administrative du territoire, d'un arrêté d'expulsion ou d'une obligation de quitter le territoire français ou qui, expulsé ou ayant fait l'objet d'une interdiction administrative ou judiciaire du territoire, aura pénétré de nouveau sans autorisation en Polynésie française.

5° A l'article L. 142-3, les références au règlement (UE) 2016/679 du 27 avril 2016 relatif à la protection à la protection des personnes physiques à l'égard des traitements des données à caractère personnel et à la libre circulation de ces données sont remplacées par la référence aux règles en vigueur en métropole en vertu du règlement (UE) 2016/679 du 27 avril 2016 ;
6° A l'article L. 142-5, les références aux articles L. 142-1 à L. 142-4 sont remplacées par les références aux articles L. 142-1 à L. 142-3.

CHAPITRE VI **DISPOSITIONS APPLICABLES EN NOUVELLE-CALÉDONIE**

Art. L. 156-1 Sous réserve des adaptations prévues par le présent chapitre, les dispositions suivantes sont applicables en Nouvelle-Calédonie dans leur rédaction résultant de l'ordonnance n° 2020-1733 du 16 décembre 2020, sauf mention contraire ou mention de leur application de plein droit dans le tableau ci-dessous.

Articles applicables	Dans leur rédaction résultant de
Au titre I	
L. 110-1 à L. 110-6	
Au titre II	
L. 121-7 à L. 121-16	
L. 123-1	Application de plein droit
Au titre III	
L. 131-1 à L. 131-4	Application de plein droit
Au titre IV	
L. 140-1	
L. 141-1 à L. 142-3	
L. 142-5	

Art. L. 156-2 Pour l'application du présent livre en Nouvelle-Calédonie :

1° A l'article L. 140-1, la référence à l'article L. 142-4 est supprimée ;

2° A l'article L. 141-2, les mots : "ou de transfert vers l'État responsable de l'examen de sa demande d'asile" sont supprimés ;

3° L'article L. 142-1 est ainsi rédigé :

Art. L. 142-1 Afin de mieux garantir le droit au séjour des personnes en situation régulière et de lutter contre l'entrée et le séjour irréguliers des étrangers en Nouvelle-Calédonie, peuvent être relevées, mémorisées et faire l'objet d'un traitement automatisé de données à caractère personnel dans les conditions fixées par les règles en vigueur en métropole en vertu du règlement (UE) 2016/679 du 27 avril 2016 et par la loi n° 78-17 du 6 janvier 1978 relative à l'informatique, aux fichiers et aux libertés, les empreintes digitales ainsi qu'une photographie des ressortissants étrangers :

1° Qui sollicitent la délivrance, auprès d'un consulat, d'un visa afin de séjourner en France. Ces empreintes et cette photographie sont obligatoirement relevées en cas de délivrance d'un visa ;

2° Qui, non ressortissants d'un État membre de l'Union européenne, sollicitent la délivrance d'un titre de séjour en application de l'article L. 411-1 ;

3° Qui sont en situation irrégulière en Nouvelle-Calédonie, qui font l'objet d'une mesure d'éloignement du territoire en Nouvelle-Calédonie ou qui ne remplissent pas les conditions d'entrée prévues à l'article L. 311-1.

4° L'article L. 142-2 est ainsi rédigé :

Art. L. 142-2 Les données des fichiers automatisés des empreintes digitales gérés par le ministère de l'intérieur peuvent être consultées par les agents expressément habilités des services du ministère de l'intérieur, dans les conditions fixées par les règles en vigueur en métropole en vertu du règlement (UE) 2016/679 du 27 avril 2016 et par la loi n° 78-17 du 6 janvier 1978 relative à l'informatique, aux fichiers et aux libertés, en vue de l'identification d'un étranger :

1° Qui n'a pas justifié des pièces ou documents sous le couvert desquels il est autorisé à circuler ou à séjourner en Nouvelle-Calédonie ;

2° Qui n'a pas présenté à l'autorité administrative compétente les documents de voyage ;

3° Ou qui, à défaut de ceux-ci, n'a pas communiqué les renseignements permettant l'exécution d'une mesure de refus d'entrée en Nouvelle-Calédonie, d'une interdiction administrative du territoire, d'un arrêté d'expulsion ou d'une obligation de quitter le territoire français ou qui, expulsé ou ayant fait l'objet d'une interdiction administrative ou judiciaire du territoire, aura pénétré de nouveau sans autorisation en Nouvelle-Calédonie.

5° A l'article L. 142-3, les références au règlement (UE) 2016/679 du 27 avril 2016 relatif à la protection à la protection des personnes physiques à l'égard des traitements des données à caractère personnel et à la libre circulation de ces données et à la loi n° 78-17 du 6 janvier 1978 relative à l'informatique, aux fichiers et aux libertés sont remplacées par la référence aux règles en vigueur en métropole en vertu du règlement (UE) 2016/679 du 27 avril 2016 ;

6° A l'article L. 142-5, les références aux articles L. 142-1 à L. 142-4 sont remplacées par les références aux articles L. 142-1 à L. 142-3.

CHAPITRE VII DISPOSITIONS APPLICABLES DANS LES TERRES AUSTRALES ET ANTARCTIQUES FRANÇAISES

Art. L. 157-1 Sous réserve des adaptations prévues par le présent chapitre, les dispositions suivantes sont applicables dans les Terres australes et antarctiques françaises dans leur rédaction résultant de l'ordonnance n° 2020-1733 du 16 décembre 2020, sauf mention contraire ou mention de leur application de plein droit dans le tableau ci-dessous.

Articles applicables	Dans leur rédaction résultant de
Au titre I	
L. 310-1	
L. 311-1 à L. 312-6	
L. 313-1 à L. 313-5	
L. 313-7 et L. 313-8	
Au titre II	
L. 320-1	
L. 321-1 à L. 323-2	
Au titre III	
L. 330-1	
L. 331-2	
L. 332-1 et L. 332-2	
L. 333-1 à L. 333-5	
Au titre IV	
L. 340-1	
L. 341-1 à L. 343-11	
Au titre V	
L. 350-1	
L. 351-1 à L. 352-3	
L. 352-4 à L. 352-6	Application de plein droit
L. 352-7 et L. 352-8	
L. 352-9	Application de plein droit

Art. L. 157-2 Pour l'application du présent livre dans les Terres australes et antarctiques françaises :

1° A l'article L. 140-1, les références aux 3° et 4° de l'article L. 142-1 et aux articles L. 142-2 à L. 142-5 sont supprimées ;

2° A l'article L. 141-2, les mots : "ou de transfert vers l'État responsable de l'examen de sa demande d'asile" sont supprimés.

CHAPITRE VIII **DISPOSITIONS ADMINISTRATIVES DIVERSES**

Art. L. 158-1 En Guadeloupe, en Martinique, en Guyane, à Mayotte et à La Réunion, un observatoire de l'immigration évalue l'application de la politique de régulation des flux migratoires et les conditions d'immigration dans chacune de ces collectivités.

Il se réunit une fois par semestre.

Chaque observatoire peut proposer au Gouvernement les mesures d'adaptation rendues nécessaires par les caractéristiques et contraintes particulières de ces collectivités.

Il comprend les parlementaires, des représentants de l'État et des collectivités territoriales, ainsi que des représentants des milieux économiques et sociaux de la collectivité concernée.

L'observatoire de la Guadeloupe est également compétent pour Saint-Barthélemy et Saint-Martin. – *[Anc. art. L. 111-11, I.]*

Art. L. 158-2 Un observatoire de l'asile évalue l'application de la politique de l'asile dans les collectivités mentionnées à l'article 72-3 de la Constitution.

Cet observatoire transmet un rapport au Parlement avant le 1er octobre de chaque année.

Cet observatoire comprend un représentant du ministre de l'intérieur, du ministre chargé de l'asile, du ministre chargé de l'outre-mer, du ministre chargé du budget, de l'Office français de protection des réfugiés et apatrides, de l'Office français de l'immigration et de l'intégration ainsi que trois députés et trois sénateurs. – *[Anc. art. L. 111-11, II.]*

LIVRE II DISPOSITIONS APPLICABLES AUX CITOYENS DE L'UNION EUROPÉENNE ET AUX MEMBRES DE LEUR FAMILLE

COMMENTAIRE

Le nouveau livre II regroupe, pour la première fois dans un livre consacré, les dispositions relatives aux citoyens de l'Union européenne, qui étaient jusqu'alors inscrites au livre I et réparties dans le reste du code, afin d'offrir une version consolidée du droit qui leur est applicable. Cette évolution significative permet de mieux rendre compte du statut entièrement spécifique dont ils jouissent au regard du droit au séjour et qui les distingue fondamentalement des ressortissants de pays tiers (Rapport au Président de la République relatif à l'ordonnance n° 2020-1733 du 16 déc. 2020 portant partie législative du code de l'entrée et du séjour des étrangers et du droit d'asile). ❑

Art. L. 200-1 Le présent livre détermine les règles applicables à l'entrée, au séjour et à l'éloignement :

1° Des citoyens de l'Union européenne, tels que définis à l'article L. 200-2 ;

2° Des étrangers assimilés aux citoyens de l'Union européenne, tels que définis à l'article L. 200-3 ;

3° Des membres de famille des citoyens de l'Union européenne et des étrangers qui leur sont assimilés, tels que définis à l'article L. 200-4 ;

4° Des étrangers entretenant avec les citoyens de l'Union européenne et les étrangers qui leur sont assimilés des liens privés et familiaux, tels que définis à l'article L. 200-5.

Sur les conséquences du Brexit, V. Accord UE - Royaume-Uni du 17 oct. 2019 (JOUE n° L 29 du 31 janv. 2020) ; DP étrangers, Bull. n° 296, févr. 2020, note Pouly.

BIBL. ▸ Candela-Soriano, Droit au regroupement familial et droit au mariage du citoyen de l'Union européenne et des membres de sa famille à la lumière de la directive 2004/38/CE, *RTDH 2005. 923.* - Carlier et Guild, L'avenir de la libre circulation des personnes dans l'Union européenne, *Bruylant 2006.* - Carpentier, L'application aux travailleurs salariés du principe de non-discrimination en raison de la nationalité, *Europe 1992, n° 755.* - Cursoux-Bruyère, Le sentiment d'appartenance à l'Union européenne : une citoyenneté à redéfinir, *Rev. UE 2021. 8* ✎. - Fulchiron, La reconnaissance de la filiation des enfants nés dans des couples de même sexe devant les juridictions européennes : entre autolimitation et dynamique commune, *D. 2022. 565* ✎. - Iliopoulou, « Le temps des gitans » : à propos de la libre circulation des Roms dans l'Union, *Europe 2011, Étude 1.* - Mayeur-Carpentier, Clément-Wilz et Martucci, Droit de l'Union européenne et droit administratif français, *RFDA 2013. 1231* ✎ ; *ibid. 2014. 335* ✎ ; *ibid. 985* ✎ ; *ibid. 2015. 387* ✎ ; *ibid. 999* ✎ ; *ibid. 2016. 577* ✎ ; *ibid. 2017. 155* ✎ ; *ibid. 989* ✎ ; *ibid. 2019. 149* ✎. - Morel, Le long chemin du droit de séjour des ressortissants extracommunautaires membres de la famille d'un citoyen de l'Union, *Rev. UE 2018. 177* ✎. - Muir, Libre circulation des citoyens de l'Union et liste noire de Schengen, note ss. CJCE 31 janv. 2006, *Commission c/ Espagne*, n° C-503/03, *RDUE 2006. 172.* - Saas, Espace Schengen, liberté de circulation et juge communautaire, ss. CJCE 31 janv. 2006, *Commission c/ Espagne*, n° C-503/03, *D. 2006. 1508* ✎.

COMMENTAIRE

I. PRINCIPE DE LIBRE CIRCULATION

La libre circulation des personnes constitue l'un des principes fondateurs du droit de l'Union européenne affirmé sans ambiguïté depuis l'Acte unique européen entré en vigueur le 1er janvier 1986 par l'article 21 du traité sur le fonctionnement de l'Union européenne. Ce droit constitue aujourd'hui l'un des attributs de la citoyenneté européenne mise en œuvre par le traité de Maastricht du 7 février 1992 et rappelé par la directive 2004/38/CE du 29 avril 2004 du Parlement et du Conseil relative au droit des citoyens de l'Union et des membres de leurs familles de circuler et de séjourner librement sur le territoire des États membres : « La citoyenneté de l'Union confère à chaque citoyen de l'Union un droit fondamental et individuel de circuler et de séjourner librement sur le territoire des États membres, sous réserve des limitations et des restrictions fixées par le traité et des mesures adoptées en vue de leur application ». Le droit de l'Union européenne consacre ainsi, par voie de conséquence, un droit de séjour au profit des ressortissants des États membres. A noter que le Conseil d'État accepte de vérifier que les conditions posées par la directive précitée sont effectivement remplies (CE 9 oct. 2006, *M. Mbarek*, n° 280348). Il ne résulte toutefois pas de cette directive que les États seraient dans l'obligation de maintenir ou prendre, en faveur des citoyens de l'Union et des membres de leurs familles, des dispositions plus favorables que celles visées par la directive (CE 2 janv. 2009, *M. Claudiu Vaduva et Mme Speranta Lazar*, nos 323854 et 323855).

II. EXCLUSIVITÉ DES DISPOSITIONS APPLICABLES AUX RESSORTISSANTS EUROPÉENS

Les conditions d'entrée et de séjour en France des ressortissants européens et assimilés sont entièrement régies par le présent titre qui énonce à leur profit des règles spécifiques, distinctes des règles générales de droit commun posées dans les livres II et III, qui ne leur sont pas applicables, même dans l'hypothèse où elles leur seraient plus favorables.

La circulaire du 10 septembre 2010 relative aux conditions du droit de séjour des ressortissants de l'UE, des autres États parties à l'Espace économique européen et de la Confédération suisse, ainsi que des membres de leur famille (NOR : IMIM1000116C) prévoit, dans son point 1.5., qu'un étranger européen doit tout d'abord voir sa situation examinée au regard des articles du code de l'entrée et du séjour des étrangers et du droit d'asile (CESEDA) relatifs aux citoyens de l'Union, et c'est seulement si sa demande n'a pas abouti que sa situation peut être appréciée au regard du régime général applicable aux étrangers ordinaires. Les autorités nationales doivent « apprécier si le citoyen de l'UE concerné aurait pu prétendre à un droit de séjour en application des dispositions prévues par le régime général » et, « dans l'affirmative, [elles doivent délivrer] l'une des cartes prévues à l'ancien article L. 121-1 [art. L. 233-1] (travailleur, non actif, étudiant, membre de la famille) équivalentes en termes de durée de validité et de droit au travail ».

III. CHAMP D'APPLICATION

Les dispositions du livre II concernent tout d'abord les ressortissants des États membres de l'UE et, par analogie, tout ressortissant d'un autre État partie à l'accord sur l'Espace économique européen (soit l'Islande, la Norvège et le Liechtenstein) ou de la Confédération suisse. La Cour de justice de l'Union européenne a précisé que cette protection ne valait qu'à la condition que le ressortissant de l'Union européenne séjourne dans un autre État que le sien.

Se limiter à un tel champ d'application reviendrait à méconnaître le droit des citoyens européens à bénéficier d'une vie personnelle et familiale normale. C'est la raison pour laquelle, sous un certain nombre de conditions, le bénéfice de ces dispositions a été étendu aux membres de la famille des citoyens européens (et assimilés), c'est-à-dire :

– le conjoint ou le partenaire (s'agissant du pacte civil de solidarité (PACS), V. Circ. du 16 oct. 2006, NOR : INTD0600091C) d'un citoyen de l'Union ;

– les descendants directs âgés de moins de 21 ans à la charge du ressortissant communautaire et de son conjoint ou partenaire ;

– les ascendants directs à la charge du ressortissant communautaire et de son conjoint ou partenaire.

La directive de 2004 précitée ajoute qu'il incombe aux États membres de « favoriser » l'entrée et le séjour des autres membres de la famille (non énumérés ci-dessus) qui sont à la charge du ressortissant communautaire ou pour des raisons de santé graves.

La directive envisage également l'hypothèse de la **cessation de la vie commune** avec le ressortissant communautaire : « il convient d'offrir une protection juridique aux membres de la famille en cas de décès du citoyen de l'Union, de divorce, d'annulation du mariage ou de cessation de partenariat enregistré. Dans le respect de la vie familiale et de la dignité humaine, et sous certaines conditions pour éviter les abus, il est donc nécessaire de prendre des mesures pour veiller à ce que, dans de telles hypothèses, les membres de la famille qui séjournent déjà sur le territoire de l'État membre d'accueil conservent leur droit de séjour sur une base exclusivement individuelle ».

Par suite (Dir. préc., art. 12), le décès ou le départ du citoyen de l'Union n'affecte pas le droit au séjour des membres de la famille qui résidaient en tant que membres de la famille depuis un an au moins. Avant l'acquisition du droit de séjour permanent, le droit de séjour des intéressés reste soumis à l'obligation de pouvoir démontrer qu'ils sont travailleurs salariés ou non, ou qu'ils disposent, pour eux-mêmes et pour les membres de leur famille, de ressources suffisantes pour ne pas devenir une charge pour le système d'assistance sociale de l'État membre d'accueil pendant la durée de leur séjour, et qu'ils sont entièrement couverts par une assurance maladie dans l'État membre d'accueil. La même solution s'applique aux enfants sous la seule condition de l'inscription dans un établissement scolaire et jusqu'à la fin de leurs études.

Le divorce ou la rupture de PACS (Dir. préc. 2004/38/CE, art. 13) n'a pas de conséquence sur le droit de séjour des membres de la famille si l'union a duré au moins trois ans (dont au moins un an dans l'État membre d'accueil) ou si le membre de la famille s'est vu confier la garde des enfants (ou bénéficie d'un droit de visite s'exerçant sur le territoire de l'État membre) ou encore lorsque des situations particulièrement difficiles l'exigent (par ex. violences conjugales). La condition de ressources ci-dessus évoquée reste applicable avant l'acquisition du droit au séjour permanent.

Les membres de la famille ne bénéficient de ces droits qu'à la condition que le ressortissant de l'UE ait lui-même fait usage de son droit à la liberté de circulation ; à défaut, c'est le regroupement familial qui s'appliquera (Dir. 2003/86/CE et CESEDA, art. L. 411-1 s., *infra*). ❑

1. Exclusivité des dispositions spécifiques aux ressortissants européens. Les conditions dans lesquelles les ressortissants des États membres de l'UE peuvent exercer leur droit au séjour sur le territoire français et se voir délivrer, le cas échéant, un titre de séjour sont régies par les dispositions du titre II du livre premier du présent code, qui dérogent aux dispositions de droit commun ; il ne résulte pas, en revanche, des dispositions de ce code que les ressortissants des États membres peuvent se prévaloir, à titre subsidiaire, des dispositions applicables aux ressortissants des pays tiers ; il suit de là que le ressortissant d'un État membre de l'UE qui ne remplit pas l'une des conditions prévues à l'art. L. 233-1 CESEDA (anc. art. L. 121-1) pour bénéficier du droit de séjourner en France pour une durée supérieure à trois mois, s'il peut toujours se prévaloir des stipulations d'un accord international et notamment de l'art. 8 Conv. EDH pour justifier d'un droit au séjour, ne peut, en revanche, invoquer le bénéfice des dispositions nationales de droit commun pour obtenir la délivrance d'un titre de séjour. • CE 22 juin 2012, *Muntean*, n° 347545 : *AJDA 2013. 863, note Gicquel*. ♦ Les conditions d'entrée et de séjour en France des ressortissants européens sont entièrement régies par le présent titre qui énonce à leur profit des règles spécifiques, distinctes des règles générales de droit commun, qui ne leur sont pas applicables, même dans l'hypothèse où elles leur seraient plus favorables. Ainsi, un ressortissant européen ne peut pas utilement revendiquer le bénéfice de la carte de séjour temporaire prévue au 11° de l'art. L. 313-11 (devenu art. L. 425-9) en faveur des étrangers malades. • CAA Lyon, 7 oct. 2010, *Préfet du Rhône c/ M. M.*, n° 10LY00348.

2. Les dispositions relatives à la libre circulation sont d'effet direct. • CJCE 4 déc. 1974, *Van Duyn*, n° C-41/74.

3. Retour au droit commun. Si l'art. 37 de la Dir. 2004/38/CE autorise, sans toutefois les y obliger, les États membres à maintenir ou à prendre en faveur des citoyens de l'Union et de leurs familles des dispositions plus favorables que celles visées par la directive, aucun texte du présent code ne permet d'exclure les ressortissants communautaires, qui n'ont plus droit au séjour sur le fondement du droit communautaire, du champ d'application du régime de droit commun applicable en matière de séjour des étrangers, alors en outre qu'aucun texte législatif ni principe général du droit n'implique une soumission des ressortissants communautaires à un régime moins favorable que les ressortissants non communautaires. • TA Lyon 20 oct. 2009, *M. Marcel Covaci*, n° 0904808 : *AJDA 2010. 574*.

Art. L. 200-2 Est citoyen de l'Union européenne toute personne ayant la nationalité d'un État membre.

Les citoyens de l'Union européenne exercent le droit de circuler et de séjourner librement en France qui leur est reconnu par les articles 20 et 21 du traité sur le fonctionnement de l'Union européenne, dans les conditions et limites définies par ce traité et les dispositions prises pour son application.

Sur la situation privilégiée des ressortissants européens, V. Dir. 2004/38/CE du Parlement européen et du Conseil du 29 avr. 2004 relative au droit des citoyens de l'Union et des membres de leurs familles de circuler et de séjourner librement sur le territoire des États membres, modifiant le Règl. (CEE) n° 1612/68 et abrogeant les Dir. 64/221/CEE, 68/360/CEE, 72/194/CEE, 73/148/CEE, 75/34/CEE, 75/35/CEE, 90/364/CEE, 90/365/CEE et 93/96/CEE (JOUE n° L 158 du 30 avr. 2004).

BIBL. ▸ LEPOUTRE, Citoyenneté européenne : clôture des ventes, *D. 2020. 2337* ; Nationalité et souveraineté, *Dalloz, Bibl. des thèses, éd. 2020.* – RÉVEILLÈRE, Chronique Citoyenneté de l'UE – Citoyenneté de l'Union, nationalité et souveraineté des États membres, *RTD Eur. 2022. 569.*

I. NATIONALITÉ ET CITOYENNETÉ DE L'UNION

1. Perte de la nationalité de l'État membre. Le droit de la nationalité n'est plus hors du champ du droit de l'UE en raison de l'importance prise par la notion de citoyenneté européenne qui ouvre des droits au profit de ses bénéficiaires, notamment le droit à la non-discrimination ; ceci conditionne en particulier la possibilité pour un État membre de retirer sa nationalité à l'un de ses nationaux ; l'État est ainsi invité à prendre en considération les conséquences que la décision de retrait emporte sur la situation de la personne concernée au regard du droit de l'Union, outre, le cas échéant, l'examen de la proportionnalité de cette décision au regard du droit national. • CJUE, 2e ch., 2 mars 2010, *Janko Rottmann,* n° C-135/08 : *Rec. I-1449 ; AJDA 2010. 937, chron. Aubert, Broussy et Donnat ; RTD eur. 2010. 599, chron. Coutron ; ibid. 617, chron. Pataut ; Rev. crit. DIP 2010. 540, note Lagarde .*

2. Pour apprécier la compatibilité avec le droit de l'Union du droit néerlandais qui prévoit qu'un citoyen néerlandais majeur perd automatiquement la nationalité néerlandaise s'il réside, pendant une période ininterrompue de dix ans en dehors de l'UE et possède une autre nationalité, la Cour se place sur le terrain du principe de proportionnalité : dans la mesure où elle entraîne également la perte du statut de citoyen de l'Union, la perte de plein droit de la nationalité néerlandaise serait incompatible avec ce principe si le droit national ne permettait pas un examen individuel des conséquences qui en découlent pour les personnes concernées au regard du droit de l'Union. Celui-ci peut avoir lieu lors de la demande d'un document de voyage, ce qui doit permettre aux autorités néerlandaises « de faire recouvrer *ex tunc* la nationalité de la personne concernée ». La Cour donne des illustrations de critères permettant d'évaluer la proportionnalité de la mesure : vie familiale, possibilité d'entrer, de circuler et d'exercer une activité professionnelle dans l'UE, absence de la protection consulaire en raison de la perte du statut de citoyen de l'UE. • CJUE 12 mars 2019, n° C-221/17 : *AJDA 2019. 1050, chron. Bonneville, Markarian, Cassagnabère et Gänser ; D. 2019. 875, obs. Lepoutre .* – V. aussi • CJUE 5 sept. 2023, n° C-689/21 : *D. 2023. 1590 ; ibid. 228, chron. Boskovic, Corneloup, Jault-Seseke, Joubert et Parrot .*

3. La définition des conditions d'acquisition et de perte de la nationalité relève, conformément au droit international, de la compétence de chaque État membre, compétence qui doit être exercée dans le respect du droit de l'Union. Il n'appartient pas, par contre, à la législation d'un État membre de restreindre les effets de l'attribution de la nationalité d'un autre État membre, en exigeant une condition supplémentaire pour la reconnaissance de cette nationalité en vue de l'exercice des libertés fondamentales prévues par le traité. • CJCE 16 juill. 1992, *Micheletti,* n° C-369/90 : *Rec. CJCE I-4239.*

4. Les autorités nationales compétentes et, le cas échéant, les juridictions nationales de l'État membre d'accueil sont tenues de vérifier si la décision de révoquer l'assurance portant sur l'octroi de la nationalité de cet État membre, qui rend définitive la perte du statut de citoyen de l'Union pour la personne concernée, est compatible avec le principe de proportionnalité au regard des conséquences qu'elle emporte sur la situation de cette personne. Cette exigence de compatibilité avec le principe de proportionnalité n'est pas satisfaite lorsqu'une telle décision est motivée par des infractions administratives au code de la route, qui, selon le droit national applicable, entraînent une simple sanction pécuniaire. • CJUE 18 janv. 2022, n° C-118/20 : *D. 2022. 933 ; Rev. crit. DIP 2022. 331, note Pataut ; RTD eur. 2022. 367, note Rondu, et 570, note Réveillère .*

5. L'art. 20 TFUE ne s'oppose pas à une réglementation nationale prévoyant, à moins que les intéressés obtiennent l'autorisation préalable de conserver leur nationalité, qu'en cas d'acquisition volontaire de la nationalité d'un pays tiers la nationalité d'un État membre est perdue de plein droit, entraînant, pour les personnes n'ayant pas la nationalité d'un autre État membre, la perte de la citoyenneté de l'Union, à condition d'un examen préalable de la proportionnalité des conséquences de la perte de la nationalité au regard du droit de l'UE. • CJUE 25 avr. 2024, nos C-684/22, C-685/22 et C-686/22 : *DP étrangers, Bull. n° 343, mai 2024, note Pouly.*

6. Conséquences de la citoyenneté européenne. La CJUE a considéré que les dispositions de l'art. 20 TFUE relatives à la citoyenneté de l'Union s'opposaient à ce qu'un État membre d'une part refuse à un ressortissant d'un État tiers, qui assume la charge de ses enfants en bas âge, citoyens de l'Union, le séjour dans l'État membre de résidence de ces derniers et dont ils ont la nationalité, et d'autre part refuse au ressortissant de l'État tiers un permis de travail, dans la mesure où de telles décisions priveraient les enfants de la jouissance effective de l'essentiel des droits attachés au statut de citoyen de l'Union. • CJUE 8 mars 2011, *M. Ruiz Zambrano,* n° C-34/09 : *AJDA 2011. 1007, chron. Aubert, Broussy et Donnat ; ibid. 1082, note Houser ; RTD eur. 2011. 564, note Pataut ; D. 2011. 1325, note Corneloup ; RDSS 2011. 449, note Boutayeb et Raccah ; Europe 2011. 149, obs. Rigaux ; Rev. crit. DIP 2012.*

352, note Heymann. ♦ Ce moyen est écarté en l'espèce au motif que la fille française de la requérante est née en Côte d'Ivoire où elle a vécu jusqu'à l'âge de cinq ans, la France ne pouvant être regardée comme l'État de résidence de l'enfant dont le père résidait toujours en Côte d'Ivoire à la date de la décision en litige. • CAA Lyon, 19 oct. 2011, *Mme T. B.*, n° 11LY00762.

7. L'obligation issue de la jurisprudence *Zambrano* peut être la conséquence d'une « relation de dépendance » entre le citoyen de l'Union en bas âge et le ressortissant d'un pays tiers qui aboutirait à ce que le citoyen de l'Union se voie dans l'obligation, en fait, de quitter le territoire de l'Union pris dans son ensemble ; la Cour vérifie ainsi si le demandeur assumait la « charge légale, financière ou affective » des enfants ; la dérogation *Ruiz Zambrano*, pour exceptionnelle qu'elle soit, ne saurait être réservée à des situations dans lesquelles il existe une relation de cette nature entre le demandeur de titre de séjour et le citoyen européen. « La porte n'est donc pas fermée pour les familles recomposées dans lesquelles, pour prendre un exemple, un titre de séjour serait refusé à un "beau-parent extracommunautaire" – même de même sexe que son conjoint, du reste... – dès lors qu'il assume légalement, financièrement et/ou affectivement la charge d'enfants français. » • CJUE 6 déc. 2012, *O. et S.*, nos C-356/11 et C-357/11 : *AJDA 2013. 336, chron. Aubert, Broussy et Cassagnabère*.

8. Il n'existe pas de contradiction entre les arrêts *McCarthy* et *Zambrano* dans la mesure où, dans l'affaire *Zambrano*, les enfants concernés, citoyens européens, auraient été contraints de quitter la Belgique en cas d'éloignement de leurs parents, étant ainsi privés des droits attachés à la citoyenneté européenne ; il n'en allait pas de même de Mme McCarthy qui n'était pas contrainte de quitter le territoire britannique en cas d'éloignement de son mari, situation qui serait dès lors contraire aux droits fondamentaux garantis par la Conv. EDH, car l'éloignement de M. McCarthy constituerait probablement une atteinte disproportionnée au droit de mener une vie familiale normale. Le critère relatif à la privation de l'essentiel des droits conférés par ce statut, au sens de la jurisprudence *Zambrano*, concerne des situations caractérisées par la circonstance qu'un citoyen de l'Union se voit obligé, en fait, de quitter le territoire non seulement de l'État membre dont il est ressortissant, mais également celui de l'Union ; un droit de séjour, qui n'est pourtant pas ouvert au titre du droit secondaire, ne saurait, exceptionnellement, être cependant refusé à un ressortissant d'un État tiers, membre de la famille d'un ressortissant d'un État membre, sous peine de méconnaître l'effet utile de la citoyenneté de l'Union dont jouit ce dernier ressortissant en vertu du droit primaire. • CJUE 15 nov. 2011, *Dereci et a.*, n° C-256/11 : *AJDA 2012. 306, chron. Aubert, Broussy et Donnat*.

9. Un parent, ressortissant de pays tiers qui séjourne dans un État membre en raison du droit qu'il tire de la qualité de citoyen de l'Union de son enfant mineur, peut se prévaloir de ce séjour auprès des autorités de cet État pour obtenir un statut de résident de longue durée. • CJUE 7 sept. 2022, *Staatssecretaris van Justitie en Veiligheid*, n° C-624/20 : *AJDA 2022. 1657 ; D. 2022. 1559*. ♦ Un ressortissant de pays tiers, parent d'un enfant mineur, citoyen de l'Union, peut bénéficier d'un droit de séjour dérivé, fondé sur les dispositions de l'art. 20 TFUE, dans l'État membre dont son enfant possède la nationalité, alors que cet enfant réside depuis sa naissance en dehors du territoire de l'Union. • CJUE 22 juin 2023, n° C-459/20 : *RTD eur. 2023. 553, obs. Réveillère ; D. 2023. 1358 ; ibid. 2024. 228, chron. Boskovic, Corneloup, Jault-Seseke, Joubert et Parrot*.

II. SITUATION PRIVILÉGIÉE DES RESSORTISSANTS EUROPÉENS

10. Les ressortissants communautaires sont placés dans une situation « privilégiée », la Cour de justice ayant considéré qu'en tant que citoyens européens ils peuvent se prévaloir du principe de l'interdiction des discriminations fondées sur la nationalité. • CJCE 20 sept. 2001, *Grezlczyk c/ CPAS Ottignies-Louvain-la-Neuve*, n° C-184/99 : *RTD eur. 2003. 553, note David*. ♦ Dans le même esprit, les discriminations fondées sur le lieu de résidence sont en principe interdites par le droit de l'UE car les personnes concernées sont le plus souvent des non-nationaux ; seules des considérations d'intérêt général peuvent justifier de telles discriminations, sous le contrôle du juge. • CJCE 1er oct. 2009, *Gottwald c/ Bezirkhauptmannschaft Bregenz*, n° C-103/08. ♦ V. Dir. 2004/38/CE du Parlement européen et du Conseil du 29 avr. 2004 relative au droit des citoyens de l'Union et des membres de leurs familles de circuler et de séjourner librement sur le territoire des États membres, modifiant le Règl. (CEE) n° 1612/68 et abrogeant les Dir. 64/221/CEE, 68/360/CEE, 72/194/CEE, 73/148/CEE, 75/34/CEE, 75/35/CEE, 90/364/CEE, 90/365/CEE et 93/96/CEE, *JOUE n° L 158 du 30 avr. 2004*.

III. EXERCICE DU DROIT À LA LIBERTÉ DE CIRCULATION

11. Le droit au séjour est en principe subordonné à l'exercice de la liberté de circulation. • CJCE 19 oct. 2004, *Zhu et Chen*, n° C-200/02 : *Rec. CJCE I-9925 ; AJDA 2004. 2237 ; D. 2004. 3036*. ♦ La Dir. 2004/38/CE du 29 avr. 2004 réglemente les conditions dans lesquelles les citoyens de l'UE et les membres de leur famille peuvent circuler et séjourner librement sur le territoire des États membres. Conformément à son art. 3, elle s'applique aux citoyens communautaires qui mettent en œuvre, sur ce fondement, leur droit à la libre circulation en séjournant dans un État membre autre que celui dont ils ont la nationalité. Il en résulte que les citoyens de l'Union qui ne quittent pas l'État membre dont ils sont ressortissants pour séjourner dans un autre pays membre ne bénéficient pas des droits conférés par la législation communautaire relative à la libre circulation des personnes. Par voie de conséquence, les ressortissants de pays tiers, membres de la famille d'un citoyen de l'Union qui demeure dans son pays, restent soumis à la législation de ce pays en matière d'immigration. La législation européenne relative au droit de séjour des citoyens communautaires n'a, en effet, pas vocation à se substituer à la législation interne des États membres en ce qui concerne le séjour des ressortissants de pays tiers liés à des nationaux n'ayant pas fait jouer leur droit à la libre circulation. • CJCE 21 janv. 2008, ⚖ n° C-229/07. ♦ Ainsi, l'art. 21 TFUE n'est pas applicable à un citoyen de l'Union qui n'a jamais fait usage de son droit de libre circulation, qui a toujours séjourné dans un État membre dont il possède la nationalité et qui jouit, par ailleurs, de la nationalité d'un autre État membre, pour autant que la situation de ce citoyen ne comporte pas l'application de mesures d'un État membre qui auraient pour effet de le priver de la jouissance effective de l'essentiel des droits conférés par le statut de citoyen de l'Union ou d'entraver l'exercice de son droit de circuler et de séjourner librement sur le territoire des États membres. • CJUE 5 mai 2011, *Mme McCarthy*, n° C-434/99 : *AJDA 2011. 1614, chron. Aubert, Broussy et Donnat ; D. 2011. 1604, note Corneloup ; RTD eur. 2011. 564, note Pataut ; Europe 2011. 239, obs. Rigaux ; JCP 2011. 800, note Hennion.*

12. Plus largement, il incombe aux citoyens de l'Union d'apporter la preuve qu'ils remplissent les conditions réglementaires. • CJCE 11 avr. 2000, ⚖ *Kaba c/ Secretary of State for the Home Department*, n° C-356/98 : *D. 2000. 134* • 23 mars 2006, ⚖ *Commission c/ Royaume de Belgique*, n° C-408/03 : *AJDA 2006. 1156*. ♦ Par suite, les États membres sont fondés à mettre en place des bases de données permettant de s'assurer du respect des conditions fixées pour le droit au séjour ; toutefois, l'objectif légitime de sauvegarde de l'ordre public ne saurait être invoqué pour justifier le traitement de données des seuls citoyens de l'UE. • CJCE 16 déc. 2008, ⚖ *Huber*, n° C-524/06.

Art. L. 200-3 **Pour l'application du présent livre, et dans les conditions qu'il prévoit, les ressortissants des États, non membres de l'Union européenne, parties à l'accord sur l'Espace économique européen, ainsi que les ressortissants de la Confédération suisse, sont assimilés aux citoyens de l'Union européenne.**

Outre les ressortissants de la Confédération suisse, les ressortissants mentionnés au premier alinéa sont ceux de la République d'Islande, de la Principauté du Liechtenstein et du Royaume de Norvège.

Art. L. 200-4 **Par membre de famille d'un citoyen de l'Union européenne, on entend le ressortissant étranger, quelle que soit sa nationalité, qui relève d'une des situations suivantes :**

1° Conjoint du citoyen de l'Union européenne ;

2° Descendant direct âgé de moins de vingt-et-un ans du citoyen de l'Union européenne ou de son conjoint ;

3° Descendant direct à charge du citoyen de l'Union européenne ou de son conjoint ;

4° Ascendant direct à charge du citoyen de l'Union européenne ou de son conjoint.
– *[Anc. art. L. 121-1, ecqc la définition des membres de famille.]*

COMMENTAIRE

La directive 2004/38/CE indique que « Le droit de tous les citoyens de l'Union de circuler et de séjourner librement sur le territoire des États membres devrait, pour qu'il puisse s'exercer dans des conditions objectives de liberté et de dignité, être également accordé aux membres de leur famille quelle que soit leur nationalité. Aux fins de la présente directive, la définition de « membre de la famille » devrait aussi comprendre les partenaires enregistrés si la législation de l'État membre d'accueil considère le partenariat enregistré comme équivalent à un mariage. En vue de maintenir l'unité de la famille au sens large du terme et sans préjudice de l'interdiction des discriminations fondées sur la nationalité, la situation des personnes qui ne sont pas englobées dans la définition des membres de la famille au titre de la présente directive et qui ne bénéficient donc pas d'un droit automatique d'entrée et de séjour dans l'État membre d'accueil devrait être examinée par ce dernier sur la base de sa législation nationale, afin de décider si le droit d'entrée ou de séjour ne pourrait pas être accordé à ces personnes, compte tenu de leur lien avec le citoyen de l'Union et d'autres circonstances telles que leur dépendance pécuniaire ou physique envers ce citoyen ».

Elle s'applique (art. 3 – Bénéficiaires) « à tout citoyen de l'Union qui se rend ou séjourne dans un État membre autre que celui dont il a la nationalité, ainsi qu'aux membres de sa famille (...) qui l'accompagnent ou le rejoignent ».

1. Les dispositions du présent art., qui transposent la définition de « membre de la famille » résultant de l'art. 2 de la Dir. 2004/38/CE, y incluent tant les descendants directs à charge du citoyen de l'UE que ceux de son conjoint. Les dispositions de l'art. L. 236-1 CESEDA reconnaissent quant à elles à « l'enfant à charge » d'un citoyen de l'UE satisfaisant aux conditions énoncées au 3° de l'art. L. 233-1 du même code le droit de se voir délivrer de plein droit un document de circulation pour étranger mineur. Dès lors, le moyen tiré de ce que les dispositions des art. L. 200-4 et L. 236-1 CESEDA seraient contradictoires en tant qu'elles consacrent d'une part la notion de descendant direct à charge et d'autre part celle d'enfant à charge doit être écarté comme manquant en fait. • CE 24 févr. 2022, n° 450285 B : *AJDA 2022. 431*.

2. Les « membres de la famille » sont limitativement énumérés à l'art. 2, § 2, de la Dir. 2004/38/CE, comme étant, d'une part, le conjoint ou le partenaire, d'autre part, les descendants directs (de moins de 21 ans ou à charge) et les ascendants directs à charge, ainsi que ceux du conjoint ou du partenaire ; il est toutefois prévu au § 2 de l'art. 3 que « l'État membre d'accueil favorise conformément à sa législation nationale, l'entrée et le séjour » des autres personnes si, en substance, elles sont à la charge d'un citoyen de l'Union, c'est-à-dire ont un lien avec un citoyen de l'Union envers qui elles ont une dépendance pécuniaire ou physique ; la demande de ces personnes doit être soumise à un examen particulier et approfondi de leur situation personnelle. Le refus qui leur serait opposé devrait se fonder sur des critères légalement définis, être motivé et susceptible de recours juridictionnel. • CJUE 5 sept. 2012, *Rahman et a.*, n° C-83/11 : *AJDA 2012. 2267, chron. Aubert, Broussy et Cassagnabère ; D. 2013. 324, obs. Boskovic, Corneloup, Jault-Seseke, Joubert et Parrot*.

3. Le droit au séjour permanent du citoyen européen et le droit dérivé de son parent qui assure effectivement sa garde sont conservés même s'ils ne disposent pas d'une assurance maladie complète. • CJUE 10 mars 2022, n° C-247/20 : *D. 2022. 512*.

4. Regroupement familial. L'art. 20 TFUE doit être interprété en ce sens qu'il s'oppose à ce qu'un État membre rejette une demande de regroupement familial introduite au profit d'un ressortissant d'un pays tiers, membre de la famille d'un citoyen de l'Union qui possède la nationalité de cet État membre et qui n'a jamais exercé sa liberté de circulation, au seul motif que ce citoyen de l'Union ne dispose pas, pour lui et ce membre de sa famille, de ressources suffisantes afin de ne pas devenir une charge pour le système national d'assistance sociale, sans qu'il ait été examiné s'il existe une relation de dépendance entre ledit citoyen de l'Union et ledit membre de sa famille d'une nature telle que, en cas de refus d'octroi d'un droit de séjour dérivé à ce dernier, le même citoyen de l'Union serait contraint de quitter le territoire de l'UE pris dans son ensemble et serait ainsi privé de la jouissance effective de l'essentiel des droits conférés par son statut de citoyen de l'Union. • CJUE 5 mai 2022, n° C-451/19 : *D. 2022. 901 ; RTD eur. 2022. 585, note Réveillère*.

I. CONJOINT DU CITOYEN DE L'UE

5. Le membre de la famille d'un citoyen de l'Union, ressortissant de pays tiers, acquiert un droit au séjour permanent s'il séjourne légalement pendant une période ininterrompue de cinq ans avec le citoyen de l'Union dans l'État membre d'accueil (Dir. 2004/38/CE du 29 avr. 2004, art. 16, § 2) ; les périodes de séjour accomplies avant la date d'expiration pour la transposition de la directive dans les législations nationales doivent être comptées dans les cinq années requises pour l'acquisition du droit au séjour permanent. • CJUE 7 oct. 2010, *Lassal*, n° C-162/09.

6. Le ressortissant d'un pays tiers, conjoint d'un citoyen de l'Union séjournant dans un État membre dont il n'a pas la nationalité, qui accompagne ou rejoint ce citoyen de l'Union, bénéficie des dispositions de la Dir. du 29 avr. 2004, quels que soient le lieu et la date de leur mariage ainsi que la manière dont ce ressortissant d'un pays tiers est entré dans l'État membre d'accueil. • CJUE 25 juill. 2008, *Metock c/ Minister for Justice, Equality and Law Reform*, n° C-127/08 : *AJDA 2009. 321, note Alcaraz ; RTD eur. 2009. 91, note Hammamoun et Neuwahl*. ♦ Ceci s'applique également aux mariages homosexuels, alors même que ceux-ci seraient proscrits par le droit national. • CJUE 5 juin 2018, *Coman c/ Inspectoratul General pentru Imigrări*, n° C-673/16 : *AJDA 2018. 1127 ; ibid. 1604, chron. Bonneville, Broussy, Cassagnabère et Gänser ; D. 2018. 1674, note Fulchiron et Panet*.

7. Les art. 4, § 2, 20 et 21 TFUE ainsi que les art. 7, 24 et 45 Charte UE, lus en combinaison avec l'art. 4, § 3, de la Dir. 2004/38/CE du 29 avr. 2004, doivent être interprétés en ce sens que, s'agissant d'un enfant mineur, citoyen de l'Union dont l'acte de naissance délivré par les autorités compétentes de l'État membre d'accueil désigne comme ses parents 2 personnes de même sexe, l'État membre dont cet enfant est ressortissant est obligé, d'une part, de lui délivrer une carte d'identité ou un passeport, sans requérir l'établissement préalable d'un acte de naissance par ses autorités nationales, ainsi que, d'autre part, de reconnaître, à l'instar de tout autre État membre, le document émanant de l'État membre d'accueil permettant audit enfant d'exercer, avec chacune de ces deux personnes, son droit de circuler et de séjourner librement sur le territoire des États membres. • CJUE 14 déc. 2021, n° C-490/20 : *D. 2022. 331, note d'Avout et Legendre ; AJ fam. 2022. 5, obs. Dionisi-Peyrusse ; RTD civ. 2022. 352, obs. Usunier ; RTD eur. 2022. 391, note Benoit-Rohmer*.

8. Le ressortissant d'un pays tiers conjoint d'un citoyen de l'Union ne dispose plus de la qualité de « bénéficiaire » des droits prévus par la directive s'il se maintient sur le territoire de l'État membre d'accueil alors qu'il n'y séjourne plus avec son conjoint ; l'intéressé est dés lors privé du droit de circulation et de séjour sur le territoire de l'État membre d'accueil, mais cela n'implique pas la disparition des garanties procédurales afférentes au droit au séjour fixées par l'art. 15 de la Dir. 2004/38/CE. • CJUE 10 sept. 2019, n° C-94/18 : *D. 2019. 1709 ; RTD eur. 2020. 734, obs. Réveillère*.

9. Un étranger ne peut se prévaloir de sa qualité de conjoint d'un ressortissant de la Communauté européenne pour obtenir un titre de séjour que s'il est en situation régulière à la date de son mariage. • CE 21 avr. 2000, *Saïs*, n° 208665 B.

10. PACS. Le partenaire lié à un ressortissant communautaire par un PACS est considéré comme un membre de la famille au sens de la Dir. 2004/38/CE. • TA Nice, 16 oct. 2009, *Alves do Couto*, n° 0902958 • CAA Bordeaux, 5 juill. 2012, *Préfet de la Vienne c/ Teran*, n° 12BX00532. ♦ La Cour a toutefois considéré qu'afin de bénéficier des droits reconnus par le droit communautaire l'intéressé devait séjourner légalement dans un État membre au moment de son déplacement dans un autre État membre dans lequel le citoyen de l'Union migrait. • CJCE 23 sept. 2003, *Alkirch*, n° C-109/01 : *Rec. CJCE I-9607 ; AJDA 2004. 320*. ♦ Jugé qu'en omettant d'inclure les personnes ayant conclu un PACS dans la définition des membres de la famille des ressortissants de l'UE, la L. du 24 juill. 2006 a méconnu les objectifs de la Dir. 2004/38/CE. • CAA Paris, 29 nov. 2016, *Préfet de police*, n° 16PA02340 : *AJDA 2017. 175, concl. Oriol ; RTD eur. 2017. 330, note Bouveresse*. ♦ Le législateur a fait le choix de réserver le bénéfice du régime des dispositions de l'art. L. 121-1, qui transposent le droit de séjourner librement sur le territoire des États membres prévu par la Dir. du 29 avr. 2004, aux seuls conjoints ; les partenaires liés par un PACS bénéficient des dispositions de l'art. 12 de la L. du 15 nov. 1999 relative au PACS qui favorisent leur droit au séjour, conformément aux objectifs fixés par l'art. 3, § 2, de la Dir. préc. • CE 22 oct. 2018, *Min. Intérieur*, n° 407687 B : *AJDA 2018. 2052 ; RTD eur. 2019. 544, obs. A. Bouveresse*.

11. Union homosexuelle. Il résulte de l'art. 21, § 1, TFUE que la vie de famille qu'un citoyen européen a menée dans un État membre peut être poursuivie lors de son retour dans l'État membre dont il possède la nationalité par l'octroi d'un droit de séjour dérivé au membre de la famille ressortissant d'un État tiers ; si l'état des personnes relève de la compétence des États membres qui sont libres de prévoir ou non le mariage pour des personnes de même sexe, un État membre ne peut opposer sa législation en la matière au droit de séjour du conjoint de même sexe ressortissant d'un État tiers. • CJUE 5 juin 2018, *M. Coman c/ Inspectoratul General pentru Imigrări*, n° C-673-16 : *AJDA 2018. 1127 ; D. 2018. 1207*.

12. Dissolution du lien conjugal. Le lien conjugal ne peut être considéré comme dissous tant qu'il n'y a pas été mis un terme par l'autorité compétente et que tel n'est pas le cas des époux qui vivent simplement de façon séparée, même s'ils ont l'intention de divorcer ultérieurement. • CJUE 13 févr. 1985, *Diatta*, n° C-267/83. ♦ La notion de « membre de la famille » d'un citoyen de l'Union, définie à l'art. 2 de la Dir. 2004/38/CE, ne repose pas sur le constat d'une vie commune des époux ; le conjoint du citoyen de l'Union entre dans le champ d'application de la directive si le lien conjugal n'a pas été dissous, alors même que les époux seraient séparés. • CJUE 8 nov. 2012, n° C-40/11 : *AJDA 2013. 335, chron. Aubert, Broussy et Cassagnabère ; D. 2013. 324, obs. Boskovic, Corneloup, Jault-Seseke, Joubert et Parrot*. ♦ La séparation de fait d'un citoyen de l'Union et de son conjoint est sans incidence sur le droit au séjour permanent de ce dernier sur le territoire de l'Union, y compris lorsque les époux vivent depuis plusieurs années avec d'autres partenaires. • CJUE 10 juill. 2014, *Ogieriakhi c/ Minister for Justice and Equality et a.*, n° C-244/13. ♦ La notion de « membre de la famille » d'un citoyen de l'Union repose sur sa seule qualité de conjoint et pas sur le constat d'une vie commune ; le conjoint entre dans le champ d'application de la directive si le lien conjugal n'a pas été dissous alors même que les conjoints seraient séparés ; par suite, le conjoint ne doit pas nécessairement habiter en permanence avec le citoyen de l'Union pour être titulaire d'un droit dérivé au séjour. • CAA Paris, 22 sept. 2015, *Préfet de police*, n° 14PA05228 : *AJDA 2015. 2337, concl. Cantié ; RTD eur. 2017. 330, note A. Bouveresse*.

13. L'art. 13 de la Dir. 2004/38/CE précise que le divorce n'entraîne pas la perte du droit de séjour des membres de la famille d'un citoyen de l'Union qui n'ont pas la nationalité d'un État membre lorsque le mariage a duré au moins trois ans avant le début de la procédure judiciaire de divorce, dont un an au moins dans l'État membre d'accueil ; cette disposition ne s'applique que si le ressortissant de l'État membre réside dans l'État membre d'accueil à la date du début de la procédure judiciaire de divorce. • CJUE 16 juill. 2015, *Singh et a.*, n° C-218/14 : *AJDA. 2015, chron.*

Broussy, Cassagnabère et Gänser. ♦ L'art. 13, § 2, al. 1er, ss. c), de la Dir. 2004/38/CE, prévoit que le divorce n'entraîne pas la perte du droit au séjour des membres de la famille d'un citoyen de l'Union qui n'ont pas la nationalité d'un État membre « lorsque des situations particulièrement difficiles l'exigent, par exemple le fait d'avoir été victime de violence domestique lorsque le mariage ou le partenariat enregistré subsistait "encore" » ; l'application de cette disposition est subordonnée au divorce de l'intéressé et au fait que le citoyen de l'Union doit séjourner dans l'État membre d'accueil au moins jusqu'à la date du début de la procédure de divorce pour qu'elle s'applique. • CJUE 30 juin 2016, *N. A.*, n° C-115/15 : *AJDA 2016. 1684, chron. Broussy, Cassagnabère et Gänser*. ♦ La CJUE a opéré un revirement partiel de jurisprudence en considérant qu'aux fins du maintien du droit de séjour d'un ressortissant d'un pays tiers, victime de violences domestiques, la procédure judiciaire de divorce peut être entamée après le départ de son conjoint, citoyen de l'Union ; la procédure de divorce doit toutefois être introduite dans un délai raisonnable après le départ du citoyen de l'Union. • CJUE 2 sept. 2021, *État belge*, n° C-930/19 : *AJDA 2021. 2390, chron. Bonneville, Gänser et Iljic ; D. 2022. 244, chron. Boskovic, Corneloup, Jault-Seseke, Joubert et Parrot*.

II. MINEUR

14. Conditions. Les dispositions de l'art. 20 TFUE et de l'art. 7 de la Dir. 2004/38/CE du 29 avr. 2004, telles qu'interprétées par la CJUE, confèrent au ressortissant mineur d'un État membre, en sa qualité de citoyen de l'Union, ainsi que, par voie de conséquence, au ressortissant d'un État tiers, parent de ce mineur et qui en assume la charge, un droit de séjour dans l'État membre d'accueil à la double condition que cet enfant soit couvert par une assurance maladie appropriée et que le parent qui en assume la charge dispose de ressources suffisantes ; l'État membre d'accueil, qui doit assurer aux citoyens de l'Union la jouissance effective des droits que leur confère ce statut, ne peut refuser à l'enfant mineur, citoyen de l'Union, et à son parent le droit de séjourner sur son territoire que si l'une au moins de ces deux conditions, dont le respect permet d'éviter que les intéressés ne deviennent une charge déraisonnable pour ses finances publiques, n'est pas remplie ; dans pareille hypothèse, l'éloignement forcé du ressortissant de l'État tiers et de son enfant mineur ne pourrait, le cas échéant, être ordonné qu'à destination de l'État membre dont ce dernier possède la nationalité ou de tout État membre dans lequel ils seraient légalement admissibles. • CE 9 déc. 2014, n° 386029 : *AJDA 2015. 1116, note Gautier*. ♦ Il suffit que des enfants, citoyens de l'Union, disposent, par leurs parents, de revenus, pour qu'ils remplissent la condition relative aux ressources financières et puissent bénéficier d'un droit de séjour dans l'État membre d'accueil en vertu de la Dir. 2004/38/CE. Le refus opposé au parent qui a effectivement la garde d'un mineur, citoyen de l'Union, de séjourner avec lui dans l'État membre d'accueil priverait de tout effet utile son droit de séjour puisque la jouissance de ce droit par un enfant en bas âge implique nécessairement qu'il soit accompagné par la personne exerçant effectivement sa garde et que cette personne soit en mesure de résider avec lui dans l'État membre d'accueil. L'art. 21 TFUE et la Dir. 2004/38/CE permettent donc au parent qui a effectivement la garde de cet enfant de séjourner avec lui dans l'État membre d'accueil. • CJCE 19 oct. 2004, *Kunqian Catherine Zhu, Man Lavette Chen c/ Secretary of State for the Home Department*, n° C-200/02 : *AJDA 2004. 2237 ; D. 2004. 3036*. ♦ V. aussi. • CJUE 15 nov. 2011, *Dereci et a.*, n° C-256/11 : *Rec. CJUE I-11315 ; AJDA 2012. 306* • CE 9 déc. 2014, *Mme A.*, n° 386029 A : *AJDA 2015. 1116, note M. Gautier ; ibid. 2014. 2393 ; D. 2015. 450, obs. Boskovic, Corneloup, Jault-Seseke, Joubert et Parrot*.

15. Faisant application des stipulations des art. 20 et 21 TFUE et des dispositions de la Dir. 2004/38/CE du 29 avr. 2004, la CJUE a considéré qu'une ressortissante togolaise, mère de deux enfants français mais résidant avec eux au Luxembourg, ne disposait d'aucun droit au séjour dans ce pays dès lors que ce droit devait être accordé par les autorités françaises. • CJUE 10 oct. 2013, *Alopka et a.*, n° C-86/12 : *AJDA 2013. 2307, chron. Aubert, Broussy et Cassagnabère*.

16. Relation de dépendance. La circonstance que l'autre parent, citoyen de l'Union, est réellement capable et prêt à assumer seul la charge quotidienne et effective de l'enfant citoyen de l'UE constitue un élément pertinent, mais n'est pas à lui seul suffisant pour pouvoir constater qu'il n'existe pas, entre le parent ressortissant d'un pays tiers et l'enfant, une relation de dépendance telle que ce dernier serait contraint de quitter le territoire de l'Union si un droit de séjour était refusé à ce ressortissant d'un pays tiers. Une telle constatation doit être fondée sur la prise en compte, dans l'intérêt supérieur de l'enfant concerné, de l'ensemble des circonstances de l'espèce. Il s'agit notamment de son âge, de son développement physique et émotionnel, du degré de sa relation affective tant avec le parent citoyen de l'Union qu'avec le parent ressortissant d'un pays tiers, ainsi que du risque que la séparation d'avec ce dernier engendrerait pour l'équilibre de cet enfant. • CJUE 10 mai 2017, *Mme Chavez-Vilchez et a. c/ Raad van bestuur van de Sociale verzekeringsbank et a.*, n° C-133/15 : *AJDA 2017. 1534 ; D. 2018. 313, chron. Boskovic, Corneloup, Jault-Seseke, Joubert et Parrot*. ♦ Le statut du citoyen européen (TFUE, art. 20) exige de rechercher s'il existe entre les époux une relation de dépendance qui conduirait le citoyen à quitter le territoire de l'Union en cas de refus, mais cette dépendance ne découle pas du seul mariage et de l'obligation de vie commune susceptible d'en résulter. • CJUE 27 févr. 2020, n° C-836/18 : *RTD eur. 2020. 721, obs. Réveillère*.

17. Le droit de l'Union ne pose pas d'exigence quant à la provenance des ressources qui ne doivent donc pas nécessairement être personnelles et peuvent être fournies par les parents, ressortissants de pays tiers, du citoyen de l'Union concerné. La Cour ajoute que rien dans le libellé de l'art. 7, § 1, sous b), de la Dir. 2004/38/CE ne permet de considérer que seules les ressources tirées d'un emploi exercé par un ressortissant d'un État tiers, parent d'un citoyen de l'Union mineur, sous couvert d'un titre de séjour et d'un permis de travail, peuvent être prises en considération aux fins de cette disposition. Le fait que ces ressources soient obtenues par le parent dépourvu d'autorisation de travail ne peut constituer une menace à l'ordre public, notion qui doit être interprétée strictement. • CJUE 2 oct. 2019, n° C-93/18.

18. Kafala. Le placement d'un enfant sous le régime de la *kafala* algérienne ne crée pas de lien de filiation entre l'enfant et son tuteur ; un enfant placé sous la tutelle légale de citoyens de l'Union au titre de ce régime ne peut pas être considéré comme un « descendant direct » d'un citoyen de l'Union. • CJUE 26 mars 2019, n° C-129/18 : *AJ fam. 2019. 283*.

III. MEMBRE DE LA FAMILLE « À CHARGE »

19. Le droit de l'Union ne permet pas à un État membre d'exiger que, pour pouvoir être considéré comme étant à charge et relever ainsi de la définition de la notion de « membre de la famille » d'un citoyen de l'Union, le descendant en ligne directe âgé de 21 ans ou plus doive établir avoir vainement tenté de trouver un travail ou de recevoir une aide à la subsistance des autorités du pays d'origine et/ou essayé par tout autre moyen d'assurer sa subsistance. La situation de dépendance doit exister, dans le pays de provenance du membre de la famille concerné, au moment où il demande à rejoindre le citoyen de l'Union dont il est à la charge. Le fait qu'un membre de la famille, en raison de circonstances personnelles telles que son âge, ses qualifications professionnelles et son état de santé, est considéré comme ayant des chances raisonnables de trouver un emploi et, en outre, entend travailler dans l'État membre d'accueil n'a pas d'incidence sur l'interprétation de la condition d'être « à charge ». • CJUE 16 janv. 2014, *Flora May Reyes c/ Migrationsverket*, n° C-423/12 : *AJDA 2014. 1240*. ♦ La notion de « membre de famille à charge » implique pour l'intéressé de nécessiter le soutien matériel du ressortissant européen ou de son conjoint afin de subvenir à ses besoins essentiels ; la preuve de la nécessité d'un soutien matériel peut être faite par tout moyen approprié. • CJCE 9 janv. 2007, *Jia*, n° C-1/05.

20. Exercice de la liberté de circulation. Pour ouvrir droit au séjour en qualité de « membre de famille il est nécessaire que le membre de famille accompagne ou rejoigne un citoyen de l'Union qui exerce son droit à la libre circulation ; le droit d'un ressortissant d'un pays tiers, membre de la famille d'un citoyen de l'Union ayant exercé son droit de libre circulation, de s'installer avec celui-ci au titre de la Dir. 2004/38/CE ne peut être invoqué que dans l'État membre d'accueil où réside ce citoyen (en l'espèce, le père réside en Allemagne tandis que son épouse et sa fille habitent en Autriche). • CJUE 8 nov. 2012, *Iida c/ Stadt Ulm*, n° C-40/11. ♦ L'art. 21 TFUE ne s'oppose pas à une réglementation d'un État membre qui ne prévoit pas l'octroi d'un droit de séjour dérivé, au titre du droit de l'Union, à un ressortissant d'un État tiers, membre de la famille d'un citoyen de l'Union qui a la nationalité de cet État membre et qui y retourne après avoir séjourné, en vertu et dans le respect du droit de l'Union, dans un autre État membre, lorsque ledit membre de la famille du citoyen de l'Union concerné n'est pas entré sur son territoire ou n'y a pas introduit une demande de titre de séjour « dans le prolongement naturel » du retour, dans cet État membre, du citoyen de l'Union en question. • CJUE 22 juin 2018, n° C-230/17 : *AJDA 2018. 2375*.

21. Activité professionnelle. Le ressortissant d'un État tiers, membre de la famille d'un travailleur qui retourne dans l'État membre dont il possède la nationalité, dispose d'un droit de séjour dans l'État membre dont le travailleur a la nationalité, même si ce dernier n'y exerce pas une activité économique réelle et effective. A défaut, le travailleur ne pourrait pas avoir la certitude de pouvoir poursuivre une vie familiale commencée dans l'État d'accueil après son retour dans son pays d'origine. • CJUE 11 déc. 2007, *Eind*, n° C-291/05 : *Rec. CJCE I-10719*. ♦ Cette jurisprudence s'applique également en cas d'usage du droit de libre circulation et de séjour fondé sur l'art. 21 TFUE, à l'exclusion des séjours de courte durée (week-ends ou vacances). • CJUE 12 mars 2014, *O. et B.*, n° C-456/12 : *AJDA 2014. 1151, chron. Aubert, Broussy et Cassagnabère* ; *RTD eur. 2014. 787, obs. Pataut*. ♦ Même solution pour les ressortissants d'États tiers revendiquant le bénéfice du droit de séjour dérivé de celui de citoyens de l'Union qui, vivant dans l'État membre dont ils ont la nationalité, exerçaient une activité salariée dans un autre État membre. • CJUE 12 mars 2014, *S. et G.*, n° C-457/12 : *AJDA 2014. 1151, chron. Aubert, Broussy et Cassagnabère*. ♦ Jugé encore que l'art. 21, § 1, TFUE confère au ressortissant d'un État tiers, membre de la famille d'un citoyen de l'Union, un droit de séjour dérivé dans l'État membre dont ce citoyen de l'Union a acquis la nationalité. • CJUE 14 nov. 2017, *Lounes*, n° C-165/16 : *AJDA 2018. 329, chron.*

Bonneville et Broussy ; Rev. crit. DIP 2018. 241, note Pataut ; RTD eur. 2018. 587, note Heymann .

22. La CJUE a précisé que les ressortissants européens ayant occupé un emploi dans un État membre peuvent se prévaloir d'un droit au séjour sans avoir à remplir les conditions posées par la Dir. 2004/38/CE en se fondant sur l'art. 12 du Règl. (CEE) n° 1612/68 prévoyant le droit pour l'enfant d'un travailleur migrant de poursuivre, dans les meilleures conditions, sa scolarité dans l'État membre d'accueil. • CJUE 23 févr. 2010, *Teixeira,* n° C-480/08. ♦ Peu importe à cet égard que le parent ait conservé ou non son statut de travailleur. • CJUE 6 oct. 2020, n° C-181/19. ♦ Fondé sur l'art. 10 du Règl. (UE) n° 492/2011 du 5 avr. 2011, ce droit de séjour peut se poursuivre à la majorité des enfants si ceux-ci continuent d'avoir besoin de la présence et des soins de ce parent afin de poursuivre et de terminer leurs études dans l'État membre d'accueil ; s'agissant du droit au séjour permanent, la Dir. 2004/38/CE envisage deux hypothèses : séjourner légalement pendant une période ininterrompue de cinq ans avec le citoyen de l'Union sur le territoire de l'État membre d'accueil (art. 16) ; exercer une activité professionnelle ou disposer pour eux-mêmes et pour les membres de leur famille de ressources suffisantes et d'une assurance maladie (art. 18). • CJUE 8 mai 2013, *Alarape et a. c/ Secretary of State for the Home Department,* n° C-529/11. ♦ Le conjoint d'un citoyen de l'UE, même si ce dernier n'exerce plus d'activités professionnelles, dispose d'un droit au séjour dès lors que ses enfants sont scolarisés. • CAA Douai, 13 nov. 2013, n° 13DA00515. ♦ La cour de Bordeaux a toutefois considéré, de façon contestable, que cette règle ne pouvait recevoir application s'agissant d'enfants scolarisés à l'école maternelle. ♦ • CAA Bordeaux, 17 févr. 2014, n° 13BX01544.

23. Retrait du titre de séjour. Les autorités d'un État membre ne peuvent pas retirer ou refuser de délivrer un titre de séjour à un ressortissant d'un pays tiers membre de la famille de citoyens de l'Union « sans avoir, au préalable, examiné s'il existe entre ce ressortissant d'un pays tiers et ces citoyens de l'Union une relation de dépendance qui contraindrait, de fait, lesdits citoyens de l'Union à quitter le territoire de l'UE, pris dans son ensemble, pour accompagner ce membre de leur famille ». Le droit de l'UE « doit être interprété en ce sens qu'il s'oppose à une réglementation nationale qui impose aux autorités nationales de retirer ou de refuser de délivrer un titre de séjour, pour un motif de sécurité nationale, à un ressortissant d'un pays tiers susceptible de bénéficier d'un droit de séjour dérivé [...], sur la seule base d'un avis contraignant non motivé adopté par un organe chargé de fonctions spécialisées liées à la sécurité nationale, sans examen rigoureux de l'ensemble des circonstances individuelles et de la proportionnalité de cette décision de retrait ou de refus ». La même contrariété au droit de l'UE est constatée au sujet d'un texte national qui empêche un membre de la famille d'un citoyen de l'Union auquel, sur la base d'informations confidentielles, un titre de séjour a été retiré ou son octroi refusé, de se voir « communiquer même la substance des motifs sur lesquels sont fondées de telles décisions et sui ne peut, en tout état de cause, pas utiliser, aux fins des procédures administrative ou juridictionnelle, les informations auxquelles il aurait pu avoir accès ». • CJUE 25 avr. 2024, n° C-420/22 : *AJDA 2024. 932 .*

Art. L. 200-5 Par étranger entretenant des liens privés et familiaux avec un citoyen de l'Union européenne on entend le ressortissant étranger, quelle que soit sa nationalité, ne relevant pas de l'article L. 200-4 et qui, sous réserve de l'examen de sa situation personnelle, relève d'une des situations suivantes :

1° Étranger qui est, dans le pays de provenance, membre de famille à charge ou faisant partie du ménage d'un citoyen de l'Union européenne ;

2° Étranger dont le citoyen de l'Union européenne, avec lequel il a un lien de parenté, doit nécessairement et personnellement s'occuper pour des raisons de santé graves ;

3° Étranger qui atteste de liens privés et familiaux durables, autres que matrimoniaux, avec un citoyen de l'Union européenne. — *[Anc. art. R. 121-2-1, ecqc la définition des étrangers ayant un autre lien avec un citoyen de l'UE.]*

COMMENTAIRE

L'ordonnance n° 2020-1733 du 16 décembre 2020 a, par l'article L. 200-5, conféré valeur législative à l'ancien article R. 121-2-1. ❑

La notion de « tout autre membre de la famille qui fait partie du ménage du citoyen de l'Union bénéficiaire du droit de séjour à titre principal » désigne les personnes qui entretiennent avec ce citoyen une relation de dépendance, fondée sur des liens personnels, étroits et stables, tissés au sein d'un même foyer, dans le cadre d'une communauté de vie domestique allant au-delà d'une simple cohabitation temporaire, déterminée par des raisons de pure convenance. • CJUE 15 sept. 2022, *SRS et AA c/ Minister for Justice and Equality,* n° C-22/21 : *AJDA 2022. 1760 : D. 2022. 1597 .*

Art. L. 200-6 **Les restrictions au droit de circuler et de séjourner librement en France prononcées à l'encontre de l'étranger dont la situation est régie par le présent livre ne peuvent être motivées que par un comportement qui constitue, du point de vue de l'ordre public et de la sécurité publique, une menace réelle, actuelle et suffisamment grave à l'encontre d'un intérêt fondamental de la société.**

Il en va de même lorsque l'étranger dont la situation est régie par le présent livre a fait l'objet d'une peine d'interdiction du territoire, d'une décision d'expulsion, d'une interdiction de circulation sur le territoire français ou d'une interdiction administrative du territoire.

COMMENTAIRE

L'article L. 200-6, issu de l'ordonnance n° 2020-1733 du 16 décembre 2020, reprend les principes dégagés par la jurisprudence de la Cour de justice de l'Union européenne relative à une conception particulièrement stricte de la notion de menace à l'ordre public pour les ressortissants européens et assimilés qui doivent constituer une menace réelle, actuelle et suffisamment grave à l'encontre d'un intérêt fondamental de la société.

L'article R. 231-2 indique en outre qu'aux fins d'établir si l'intéressé représente un danger pour l'ordre public ou la sécurité publique le préfet peut, s'il le juge indispensable et sans y procéder de façon systématique, lors de la délivrance de l'attestation d'enregistrement, demander aux autorités de l'État membre de l'UE d'origine de l'étranger, et éventuellement à d'autres États membres, des renseignements sur les antécédents judiciaires de l'intéressé. Les autorités ainsi consultées bénéficient d'un délai de deux mois pour faire parvenir leur réponse. ❑

1. Citoyen européen et assimilé. La CJCE a précisé que la notion d'ordre public au sens de la Dir. 2004/38/CE du Parlement européen et du Conseil du 29 avr. 2004 (qui n'autorise un État membre à limiter la circulation des ressortissants européens et des membres de leur famille que pour des raisons d'ordre public, de sécurité publique ou de santé publique) ne correspond pas à celle de l'art. 96 de la Conv. d'application des accords de Schengen ; l'inscription au SIS d'un ressortissant européen ou d'un membre de sa famille constitue un indice qui doit être corroboré par des informations permettant à l'État membre de constater que la présence de l'intéressé constitue une menace réelle, actuelle et suffisamment grave affectant un intérêt fondamental de la société ; il convient ainsi de consulter les autorités ayant procédé au signalement. • CJCE 14 avr. 2005, *Commission c/ Espagne,* n° C-157 /03 : *Rec. CJCE I-2911 ; RTD eur. 2017. 361, obs. Benoît-Rohmer ; ibid. 362, obs. Benoît-Rohmer ; ibid. 364, obs. Benoît-Rohmer* • 31 janv. 2006, *Commission c/ Royaume d'Espagne,* n° C-503/03 : *AJDA 2006. 1154.*

2. Les États membres doivent accorder à un étranger membre de la famille d'un citoyen européen toutes facilités pour obtenir un visa ; avant de refuser la délivrance d'un visa Schengen motivé par l'inscription au SIS, les autorités doivent vérifier que la présence de la personne constitue une menace réelle, actuelle et suffisamment grave pour un intérêt fondamental de la société. • CJCE 31 janv. 2006, *Commission c/ Royaume d'Espagne,* n° C-503/03 : *préc. note 1.*

TITRE I DISPOSITIONS GÉNÉRALES

Art. L. 210-1 **Sont applicables aux étrangers dont la situation est régie par le présent livre les dispositions des articles L. 141-1 à L. 141-9, des 3° et 4° de l'article L. 142-1 et des articles L. 142-2 à L. 142-5.**

COMMENTAIRE

Les dispositions des articles L. 141-1 à L. 141-9 sont relatives aux interprètes. Les 3° et 4° de l'article L. 142-1 et les articles L. 142-2 à L. 142-5 regroupent les dispositions relatives au traitement automatisé de données à caractère personnel. ❑

TITRE II ENTRÉE EN FRANCE

CHAPITRE I CONDITIONS D'ADMISSION SUR LE TERRITOIRE FRANÇAIS

Art. L. 221-1 **Pour entrer en France, les étrangers dont la situation est régie par le présent livre doivent être munis des documents prévus par décret en Conseil d'État.** – *[Anc. art. R. 121-1, ecqc le principe de l'obligation des documents.]*

COMMENTAIRE

L'entrée des ressortissants de l'Union européenne sur le territoire des États membres constitue un droit directement conféré par les traités, droit qui ne peut subir de restriction puisqu'il est la condition de l'exercice des libertés prévues par le droit communautaire. Cela se traduit concrètement par le principe de liberté de franchissement des frontières intérieures. Le code frontières Schengen prévoit expressément que « La définition de règles communes en matière de franchissement des frontières par les personnes ne remet pas en cause ni n'affecte les droits en matière de libre circulation dont jouissent les citoyens de l'Union et les membres de leur famille, ainsi que les ressortissants de pays tiers et les membres de leur famille qui, en vertu d'accords conclus entre la Communauté et ses États membres, d'une part, et ces pays, d'autre part, bénéficient de droits en matière de libre circulation équivalents à ceux des citoyens de l'Union ». La directive de 2004 indique à cet égard que l'admission sur le territoire est réalisée sur la foi d'un document d'identité ou d'un passeport en cours de validité et qu'aucun visa d'entrée ou obligation équivalente ne peuvent être imposés.

L'article R. 221-1 (anc. art. R. 121-1) prévoit ainsi que les citoyens de l'Union européenne munis d'une carte d'identité ou d'un passeport en cours de validité sont admis sur le territoire français. S'agissant des membres de la famille, ils doivent être munis d'un passeport en cours de validité et d'un visa ou, s'ils en sont dispensés, d'un document établissant leur lien familial (art. R. 221-2). La possession du titre de séjour délivré par un État membre de l'Union européenne portant la mention « Carte de séjour de membre de la famille d'un citoyen de l'Union » en cours de validité dispense les membres de la famille concernés de l'obligation d'obtenir un visa. Toutes facilités doivent être accordées pour l'obtention du visa. ❑

1. Refus d'entrée. Les autorités d'un État membre ne peuvent se contenter de constater l'inscription au système d'information Schengen pour refuser l'accès à l'espace Schengen de conjoints étrangers de ressortissants communautaires ; il leur incombe également de vérifier si leur présence constitue une menace réelle, actuelle et suffisamment grave pour un intérêt fondamental de la société. • CJCE 31 janv. 2006, *Commission des Ctés européennes c/ Royaume d'Espagne*, n° C-503/03 : *AJDA 2006. 1154 ; RTD eur. 2006. 559, note Martin*.

2. Toute décision en ce sens doit être notifiée avec « les motifs précis et complets d'ordre public » qui fondent la décision ; ces motifs doivent être portés à la connaissance de l'intéressé « à moins que des motifs relevant de la sûreté de l'État ne s'y opposent ». Cette dérogation doit être interprétée strictement sans pour autant la priver de son effet utile. Cette procédure doit enfin être conforme aux exigences de l'art. 47 de la Charte UE (droit à un recours effectif) devant un juge, ce qui implique que toute limitation apportée à ce droit soit proportionnelle, nécessaire et conforme « à des objectifs d'intérêt général reconnus par le droit de l'Union ». C'est à l'autorité nationale compétente d'apporter « la preuve que la sûreté de l'État serait effectivement compromise par une communication à l'intéressé des motifs précis et complets qui fondent sa décision prise en application de l'art. 27 ». Quoi qu'il en soit, le respect du principe du contradictoire exige « que soit communiquée à l'intéressé la substance des motifs sur lesquels est fondée une décision de refus d'entrée prise en application de l'art. 27, la protection nécessaire de la sûreté de l'État ne pouvant avoir pour effet de priver l'intéressé de son droit d'être entendu et, partant, de rendre ineffectif son droit de recours tel que prévu à l'art. 31 de cette directive ». • CJUE 4 juin 2013, *ZZ*, n° C-300/11 : *AJDA 2013. 1684, chron. Aubert, Broussy et Cassagnabère ; RTD eur. 2014. 478, obs. Coutron*.

3. Visa. Les ressortissants de pays tiers membres de la famille de citoyens européens sont placés dans une situation juridique privilégiée, interdisant à un État membre d'exiger la détention d'un visa de long séjour pour obtenir un titre de séjour. • CJCE 25 juill. 2002, *MRAX*, n° C-459/99 : *Rec. CJCE I-6591 ; AJDA 2002. 1122, chron. Belorgey, Gervasoni et Lambert ; D. 2003. 597, obs. Sousse* • 7 juill. 1992, *Singh*, n° C-370/90 :

Rec. CJCE I-4265 ; RTD eur. 1992. 687, chron. Huglo . ♦ Si les ressortissants de pays tiers, membres de la famille d'un ressortissant européen qui a exercé son droit à la libre circulation, peuvent être soumis à une obligation de visa pour accéder à ce pays, la délivrance du visa ne doit pas « conduire à soumettre ces personnes à une procédure d'immigration » ; la Cour estime ainsi qu'il s'agit simplement du visa de courte durée de trois mois dont l'obtention doit être facilitée par le pays d'accueil. • CJCE 14 avr. 2005, *Commission c/ Espagne*, n° C-157/03 : *préc. note 1 ss. art. L. 200-6.* ♦ Lorsqu'un citoyen de l'Union installé dans un État membre retourne dans l'État membre dont il possède la nationalité, ce dernier doit favoriser l'octroi d'une autorisation de séjour au partenaire ressortissant d'un État tiers, avec lequel le citoyen a une relation durable. • CJUE 12 juill. 2018, *Secretary of State for the Home Department c/ Rozanne Banger*, n° C-89/17 : *AJDA 2018. 1477* ; *D. 2018. 1555* ; *ibid. 2019. 347, obs. Boskovic, Corneloup, Jault-Seseke, Joubert et Parrot* ; *RTD eur. 2019. 403, obs. Benoît-Rohmer* ; *ibid. 717, obs. Pataut* ; *Rev. crit. DIP 2019. 958, note Réveillère* .

4. L'art. 5, § 2, de la Dir. 2004/38/CE du Parlement européen et du Conseil du 29 avr. 2004, relative au droit des citoyens de l'Union et des membres de leurs familles de circuler et de séjourner librement sur le territoire des États membres, doit être interprété en ce sens que la possession de la carte de séjour permanent visée à l'art. 20 de cette directive dispense une personne qui n'a pas la nationalité d'un État membre, mais qui est membre de la famille d'un citoyen de l'Union et qui est titulaire d'une telle carte, de l'obligation d'obtenir un visa pour entrer sur le territoire des États membres. Il en va ainsi même lorsque cette carte a été délivrée par un État membre ne faisant pas partie de l'espace Schengen. L'art. 20 de la Dir. 2004/38/CE doit être interprété en ce sens que la possession de la carte de séjour visée à cet art. constitue une preuve suffisante de ce que le titulaire de cette carte a la qualité de membre de la famille d'un citoyen de l'Union, de telle sorte que l'intéressé a le droit, sans qu'une vérification ou une justification supplémentaire soit nécessaire, d'entrer sur le territoire d'un État membre en étant dispensé de l'obligation d'obtenir un visa en vertu de l'art. 5, § 2, de ladite directive. • CJUE 18 juin 2020, n° C-754/18 : *D. 2020. 1359* ; *DP étrangers, Bull. n° 302, sept. 2020, note Dejaegher.*

5. Il résulte des dispositions des art. R. 221-1 et R. 221-2, transposant la Dir. 2004/38/CE du Parlement européen et du Conseil du 29 avr. 2004, que les ressortissants d'un pays tiers membres de la famille d'un citoyen non français de l'UE séjournant en France ont droit, lorsqu'ils ne disposent pas d'un titre de séjour délivré par un État membre de l'UE portant la mention « Carte de séjour de membre de la famille d'un citoyen de l'Union », et sous réserve que leur présence ne constitue pas une menace pour l'ordre public, à la délivrance d'un visa d'entrée en France, aux seules conditions de disposer d'un passeport et de justifier de leur lien familial avec le citoyen de l'UE qu'ils entendent accompagner ou rejoindre en France. Figure au nombre des motifs tenant à l'existence d'une menace pour l'ordre public l'absence de caractère authentique des actes d'état civil produits. En revanche, les dispositions des art. L. 233-1 et L. 232-1 CESEDA étant seulement applicables au séjour du ressortissant de pays tiers membre de la famille d'un citoyen non français de l'UE, le motif tiré de ce qu'il existe un risque que le demandeur de visa devienne une charge déraisonnable pour le système d'assistance sociale ne peut légalement fonder une décision de refus de visa d'entrée en France opposée à un tel ressortissant ; cette condition ne s'applique en effet qu'au citoyen de l'UE. • CAA Nantes, 10 juin 2022, n° 21NT01461.

Art. L. 221-2 **Les étrangers dont la situation est régie par le présent livre qui ne disposent pas des documents d'entrée mentionnés à l'article L. 221-1 se voient accorder tous les moyens raisonnables leur permettant de se les procurer dans un délai raisonnable ou de faire confirmer ou prouver par d'autres moyens leur qualité de bénéficiaires du droit de circuler et de séjourner librement en France, avant qu'il soit procédé à leur refoulement.** – *[Anc. art. R. 121-2.]*

CHAPITRE II **INTERDICTION ADMINISTRATIVE DU TERRITOIRE**

Art. L. 222-1 **L'étranger dont la situation est régie par le présent livre peut, dès lors qu'il ne réside pas habituellement en France et ne se trouve pas sur le territoire national, faire l'objet de la décision d'interdiction administrative du territoire prévue à l'article L. 321-1 lorsque sa présence en France constituerait, en raison de son comportement personnel, du point de vue de l'ordre ou de la sécurité publics, une menace réelle, actuelle et suffisamment grave pour un intérêt fondamental de la société.** – *[Anc. art. L. 214-1.]*

1. Interdiction du territoire. La Dir. 2004/38/CE, qui précise les conditions dans lesquelles une décision d'interdiction du territoire peut être adoptée et dont l'art. 27 impose en particulier qu'elle soit fondée sur des raisons d'ordre public, de sécurité publique ou de santé publique, n'indique rien pour le cas où la personne revient dans l'État membre en violation de cette décision. L'art. 32 de la directive, qui fixe les conditions dans lesquelles cette interdiction peut être levée sur demande de l'intéressé, passé un délai raisonnable, précise que cette personne n'a « aucun droit d'accès au territoire » de l'État membre concerné pendant l'examen de sa demande. Dès lors, cette directive n'empêche pas un État membre d'adopter une décision de retour à l'égard d'une personne qui a demandé la levée de l'interdiction dont elle fait l'objet, tant que l'examen de cette demande n'a pas abouti favorablement et qu'il en va nécessairement de même pour une personne revenue sur le territoire sans avoir demandé la levée de l'interdiction du territoire qui la frappe. Il n'est pas nécessaire dans ce cas qu'une nouvelle appréciation de la menace à l'ordre public soit réalisée. • CJUE 14 sept. 2017, *Petrea,* n° C-184/16 : *AJDA 2017. 2302, chron. Bonneville, Broussy, Cassagnabère et Gänser*.

2. L'art. 30 de la Dir. 2004/38/CE impose aux États membres de prendre toute mesure utile pour que l'intéressé comprenne le contenu et les effets d'une décision de retour et d'interdiction du territoire mais il n'exige pas qu'elle lui soit notifiée dans une langue qu'il comprend, ou dont il est raisonnable de supposer qu'il la comprend, alors qu'il n'a pas introduit de demande en ce sens. • CJUE 14 sept. 2017 : *Petrea, n° C/184/16 : préc. note 1.*

Art. L. 222-2 **Lorsque la décision d'interdiction administrative du territoire est notifiée aux étrangers mentionnés à l'article L. 222-1 alors qu'ils sont présents en France, ils bénéficient à compter de cette date d'un délai pour quitter le territoire français qui, sauf urgence, ne peut être inférieur à un mois.**

Ils ne peuvent être reconduits d'office à la frontière avant l'expiration de ce délai s'il leur a été accordé. – *[Anc. art. L. 214-4, al. 2, 1re phr.]*

CHAPITRE III AUTRES DISPOSITIONS APPLICABLES

Art. L. 223-1 **Outre les dispositions du présent titre, sont également applicables aux étrangers dont la situation est régie par le présent livre les dispositions des articles L. 311-2, L. 321-1 à L. 323-2, L. 331-1 à L. 331-3, L. 332-1, L. 332-2, L. 333-1 et L. 333-2, L. 341-1 à L. 343-11, et L. 351-1 à L. 352-9 à l'exception de celles relatives au règlement (UE) n° 604/2013 du Parlement européen et du Conseil, du 26 juin 2013, et à la décision de transfert mentionnée à l'article L. 572-1.**

COMMENTAIRE

L'article L. 223-1 rend applicable aux ressortissants européens et assimilés les dispositions suivantes :

– l'article L. 311-2, aux termes duquel un étranger ne satisfait pas aux conditions d'entrée sur le territoire français lorsque sa présence en France constituerait une menace pour l'ordre public, s'il fait l'objet d'un signalement aux fins de non-admission sur le territoire français introduit dans le système d'information Schengen ou d'une peine d'interdiction judiciaire du territoire, d'une décision d'expulsion, d'une interdiction de retour sur le territoire français, d'une interdiction de circulation sur le territoire français ou d'une interdiction administrative du territoire ;

– l'interdiction administrative du territoire, lorsque sa présence en France constituerait une menace grave pour l'ordre public, la sécurité intérieure ou les relations internationales de la France (art. L. 321-1 à L. 323-2) ;

– les contrôles aux frontières intérieures et extérieures de l'espace Schengen (art. L. 331-1 à L. 331-3) dans les conditions prévues par le règlement (UE) 2016/399 du Parlement européen et du Conseil du 9 mars 2016 (code frontières Schengen) ;

– la forme, la notification de la décision de refus d'entrée (art. L. 332-2), le droit de l'intéressé de refuser d'être rapatrié avant l'expiration du délai d'un jour franc (art. L. 333-2), sauf en cas de notification à la frontière terrestre (art. L. 333-2, dernier al.), la possibilité d'exécution d'office de la décision de refus d'entrée (art. L. 333-1) ;

– le placement et maintien en zone d'attente (art. L. 341-1 à L. 343-11) ;

– l'examen de la demande d'asile à la frontière et le refus d'entrée au titre de l'asile (art. L. 351-1 à L. 352-9 à l'exception des dispositions relatives au règlement (UE) n° 604/2013 du Parlement européen et du Conseil du 26 juin 2013, et à la décision de transfert mentionnée à l'art. L. 572-1). ❑

TITRE III SÉJOUR EN FRANCE

V. Circ. du 10 sept. 2010 relative aux conditions d'exercice du droit de séjour des ressortissants de l'UE, des autres États parties à l'Espace économique européen et de la Confédération suisse, ainsi que des membres de leur famille, https://www.legifrance.gouv.fr/download/file/pdf/cir_32884/CIRC.

V. Inf. du 20 nov. 2020 relative au traitement des demandes de titre de séjour des ressortissants britanniques et des autres ressortissants étrangers membres de leur famille bénéficiaires de l'accord sur le retrait du Royaume-Uni de l'UE conclu le 17 oct. 2019, NOR : INTV2029235C.

CHAPITRE I DISPOSITIONS COMMUNES

Art. L. 231-1 Les citoyens de l'Union européenne ne sont pas tenus de détenir un titre de séjour. Toutefois, s'ils en font la demande, il leur en est délivré un. – *[anc. art. L. 121-2, al. 2 ; anc. art. L. 121-5.]*

COMMENTAIRE

Droit au séjour. Le droit au séjour des ressortissants européens et assimilés fait l'objet de distinctions en fonction de la durée de celui-ci. S'agissant du séjour de moins de trois mois, il doit pouvoir s'exercer sans que l'intéressé soit soumis à aucune condition ni à aucune formalité autre que l'obligation de posséder une carte d'identité ou un passeport en cours de validité. Ceci s'applique également aux membres de la famille. Reste que l'article L. 232-1 (anc. art. L. 121-4-1) réserve l'hypothèse de l'intéressé qui constitue une charge déraisonnable pour le système d'assistance sociale, notamment l'assurance maladie et l'aide sociale.

L'article R. 233-3 précise que les citoyens de l'Union européenne entrés en France pour y rechercher un emploi ne peuvent être éloignés pour un motif tiré de l'irrégularité de leur séjour tant qu'ils sont en mesure d'apporter la preuve qu'ils continuent à rechercher un emploi et qu'ils ont des chances réelles d'être engagés.

Dans le même esprit (art. R. 233-7), les citoyens de l'Union européenne conservent leur droit au séjour en qualité de travailleur salarié ou de non-salarié s'ils ont été frappés d'une incapacité de travail temporaire résultant d'une maladie ou d'un accident, s'ils se trouvent en chômage involontaire dûment constaté après avoir exercé leur activité professionnelle pendant plus d'un an et sont inscrits sur la liste des demandeurs d'emploi, s'ils entreprennent une formation professionnelle devant être en lien avec l'activité professionnelle antérieure à moins d'avoir été mis involontairement au chômage. Ils conservent au même titre leur droit de séjour pendant six mois s'ils sont involontairement privés d'emploi dans les douze premiers mois qui suivent le début de leur activité professionnelle et sont inscrits sur la liste des demandeurs d'emploi.

Sur le séjour de plus de trois mois, voir les articles L. 233-1 à L. 233-6.

Sur le droit au séjour permanent, voir les articles L. 234-1 à L. 234-3.

1. Dès lors que les ressortissants européens et assimilés disposent d'un droit d'entrée sur le territoire des États membres, ce n'est que lors de la délivrance d'un titre de séjour que les autorités de l'État membre peuvent demander la preuve que l'intéressé appartient à l'une des catégories ouvrant droit au séjour. • CJCE 2 févr. 1989, *Cowan*, n° C-186/87 : *Rev. crit. DIP 1990. 83, note Simon-Depitre* • 30 mai 1991, *Commission c/ Pays-Bas*, n° C-68/99.

2. Les dispositions du présent art., si elles ouvrent la possibilité aux ressortissants communautaires de solliciter un titre de séjour même s'ils ne sont pas tenus d'en détenir un, ne dispensent pas le préfet de s'assurer dans un tel cas que le demandeur satisfait à l'une des conditions posées par l'art. L. 233-1 (anc. art. L. 121-1). • CAA Bordeaux, 6 déc. 2011, *Épx Pascanu*, n° 11BX00869.

Art. L. 231-2 Les citoyens de l'Union européenne qui souhaitent établir en France leur résidence habituelle se font enregistrer auprès du maire de leur commune de résidence dans les trois mois suivant leur arrivée. Ceux qui n'ont pas respecté cette obligation d'enregistrement sont réputés résider en France depuis moins de trois mois. – *[Anc. art. L. 121-2, al. 1er ; anc. art. L. 121-5.]*

COMMENTAIRE

Une attestation, conforme au modèle fixé par arrêté du ministre chargé de l'immigration, est remise immédiatement par le maire aux citoyens de l'Union européenne qui se soumettent à l'obligation d'enregistrement prévue à l'article L. 231-2. Cette attestation n'établit pas un droit au séjour. Sa possession ne peut en aucun cas constituer une condition préalable à l'exercice d'un droit ou à l'accomplissement d'une autre formalité administrative. Le maire communique au préfet et, à Paris, au préfet de police, copie des attestations qu'il a délivrées (art. R. 231-1).

Aux termes de l'article R. 231-2, aux fins d'établir si le ressortissant européen ou assimilé représente un danger pour l'ordre public ou la sécurité publique, le préfet peut, s'il le juge indispensable et sans y procéder de façon systématique, lors de la délivrance de l'attestation d'enregistrement, demander aux autorités de l'État membre de l'Union européenne d'origine de l'étranger et, éventuellement, à d'autres États membres, des renseignements sur les antécédents judiciaires de l'intéressé. Les autorités ainsi consultées bénéficient d'un délai de deux mois pour faire parvenir leur réponse. Le texte ne précise toutefois pas les conséquences d'une absence de réponse des autorités étrangères.

A noter enfin que les citoyens de l'Union européenne et les ressortissants mentionnés à l'article L. 200-4 sont dispensés de la signature du contrat d'intégration républicaine prévu au second alinéa de l'article L. 413-2 (art. R. 231-3). ❑

Art. L. 231-3 Les conditions d'application du présent chapitre sont fixées par décret en Conseil d'État. – *[Anc. art. L. 121-5.]*

CHAPITRE II SÉJOUR DE MOINS DE TROIS MOIS

Art. L. 232-1 Tant qu'ils ne deviennent pas une charge déraisonnable pour le système d'assistance sociale mentionné par la directive 2004/38 du Parlement européen et du Conseil du 29 avril 2004 relatif au droit des citoyens de l'Union et des membres de leurs familles de circuler et de séjourner librement sur le territoire des États membres, les citoyens de l'Union européenne ainsi que les membres de leur famille, tels que définis aux articles L. 200-4 et L. 200-5 et accompagnant ou rejoignant un citoyen de l'Union européenne, ont le droit de séjourner en France pour une durée maximale de trois mois, sans autre condition ou formalité que celles prévues pour l'entrée sur le territoire français.

Les dispositions du premier alinéa sont applicables aux ressortissants étrangers définis à l'article L. 200-5.

Un décret en Conseil d'État fixe les conditions d'application du présent article. – *[Anc. art. L. 121-4-1 ; anc. art. L. 121-5.]*

COMMENTAIRE

D'après le rapport de la commission des lois de l'Assemblée nationale (AN n° 2814, 16 sept. 2010), « Ces dispositions ont pour objectif de permettre à la France de mettre fin à des séjours inférieurs à trois mois de ressortissants européens qui ne respectent pas les conditions nécessaires à la mise en œuvre de ce droit par la directive 2004/38/CE relative au droit des citoyens de l'Union et des membres de leur famille de circuler et de séjourner librement sur le territoire des États membres. L'article 14 de la directive permet en effet de mettre fin au droit au séjour d'un citoyen de l'Union qui devient une charge déraisonnable pour le système d'assistance sociale du pays d'accueil ». L'appréciation de cette notion de « charge déraisonnable » est laissée à l'autorité administrative, sous le contrôle du juge. La circulaire du 17 juin 2011 précise à cet égard qu'en lui-même le recours au système d'assistance sociale ne peut justifier une remise en cause automatique du droit au séjour. Il convient donc de réaliser une analyse au cas par cas et de tenir compte notamment des difficultés rencontrées, de leur caractère temporaire ou non, du montant et de la nature de l'aide accordée, de l'état de santé de l'intéressé, de sa situation familiale et de tout autre élément à caractère personnel et humanitaire.

« Quant à l'article 35 de cette même directive, il permet "d'adopter les mesures nécessaires pour refuser, annuler ou retirer tout droit conféré par la présente directive en cas d'abus de droit ou de fraude, tels les mariages de complaisance". » C'est l'article L. 511-3-1 qui assure la transposition de cette disposition. ❑

1. Aux termes de la Dir. 2004/38/CE, les personnes exerçant leur droit au séjour ne doivent pas devenir une charge déraisonnable pour le système d'assistance sociale de l'État membre d'accueil. Cette condition peut venir limiter le séjour de moins de trois mois, ce que le Conseil d'État n'a pas jugé contraire à la Dir. de 2004. • CE 19 mai 2008, *Assoc. SOS Racisme*, n° 305670.

2. La CJUE a considéré que la notion de « système d'assistance sociale » fait référence à l'ensemble des régimes d'aides institués par les autorités publiques, que ce soit au niveau national, régional ou local, auxquels a recours un individu qui ne dispose pas de ressources suffisantes pour faire face à ses besoins élémentaires ainsi qu'à ceux de sa famille et qui risque, de ce fait, de devenir pendant son séjour une charge pour les finances publiques de l'État d'accueil. La Cour considère toutefois que la législation d'un État membre ne peut prévoir qu'une prestation d'aide sociale sera refusée systématiquement à un citoyen de l'UE inactif du seul fait qu'il ne dispose pas de ressources suffisantes et, par voie de conséquence, d'un droit au séjour. • CJUE 19 sept. 2013, *Brey*, n° C-140/12 : *RDSS 2013. 1039, note Boutayeb*.

3. La notion de « charge déraisonnable » est laissée à l'appréciation de l'autorité administrative ; l'insuffisance des ressources peut être opposée à un ressortissant Union européenne alors même que l'intéressé n'est pas encore effectivement pris en charge par le système d'aide sociale. • CAA Lyon, 30 mai 2013, *Préfet du Rhône*, n° 13LY00578 : *AJDA 2013. 1837*.

4. Le délai de trois mois pendant lequel un citoyen de l'UE peut séjourner en France sans autre condition que celle de ne pas devenir une charge déraisonnable pour le système d'assistance sociale est opposable à un mineur. • CAA Bordeaux, 4 mars 2014, n° 13BX02097 : *AJDA 2014. 1469*.

5. Bien que dépourvu de ressources et vivant de la mendicité et de l'aide associative humanitaire, l'intéressé n'a jamais demandé à bénéficier d'une quelconque aide sociale. Il ne peut donc être regardé comme constituant une charge déraisonnable, une telle charge devant par ailleurs être appréciée « en prenant notamment en compte le montant des prestations sociales non contributives » dont il ne bénéficiait pas en l'espèce. • CAA Bordeaux, 17 oct. 2013, n° 13BX00934.

6. Un citoyen européen ayant fait l'objet d'une mesure d'éloignement en raison de la perte de son droit au séjour doit, pour pouvoir se prévaloir d'un nouveau droit de séjour, « non seulement quitter physiquement ledit territoire, mais également avoir mis fin à son séjour sur le même territoire de manière réelle et effective, de telle sorte que, à l'occasion de son retour sur le territoire de l'État membre d'accueil, il ne saurait être considéré que son séjour s'inscrive, en réalité, dans la continuité de son séjour précédent sur ce territoire ». S'il s'avère que le citoyen de l'Union n'a pas transféré le centre de ses intérêts personnels, professionnels ou familiaux vers un autre État au cours de ladite période, cet État membre n'est pas obligé d'adopter une nouvelle décision d'éloignement sur la base des mêmes faits ayant donné lieu à la décision d'éloignement déjà prise à l'encontre de ce citoyen de l'Union, mais peut se fonder sur cette dernière décision afin d'obliger celui-ci à quitter son territoire. • CJUE 22 juin 2021, n° C-179/19.

CHAPITRE III SÉJOUR DE PLUS DE TROIS MOIS

Art. L. 233-1 Les citoyens de l'Union européenne ont le droit de séjourner en France pour une durée supérieure à trois mois s'ils satisfont à l'une des conditions suivantes :

1° Ils exercent une activité professionnelle en France ;

2° Ils disposent pour eux et pour leurs membres de famille de ressources suffisantes afin de ne pas devenir une charge pour le système d'assistance sociale, ainsi que d'une assurance maladie ;

3° Ils sont inscrits dans un établissement fonctionnant conformément aux dispositions législatives et réglementaires en vigueur pour y suivre à titre principal des études ou, dans ce cadre, une formation professionnelle, et garantissent disposer d'une assurance maladie ainsi que de ressources suffisantes pour eux et pour leurs conjoints ou descendants directs à charge qui les accompagnent ou les rejoignent, afin de ne pas devenir une charge pour le système d'assistance sociale ;

4° Ils sont membres de famille accompagnant ou rejoignant un citoyen de l'Union européenne qui satisfait aux conditions énoncées aux 1° ou 2° ;

5° Ils sont le conjoint ou le descendant direct à charge accompagnant ou rejoignant un citoyen de l'Union européenne qui satisfait aux conditions énoncées au 3°. – *[Anc. art. L. 121-1.]*

Les art. L. 233-1 et L. 233-2, dans leur rédaction issue de l'Ord. n° 2020-1733 du 16 déc. 2020, sont annulés en tant qu'ils excluent le droit au séjour de plus de 3 mois de l'enfant à charge du citoyen de l'UE qui vient faire des études ou suivre une formation professionnelle en France lorsqu'il n'est pas son descendant direct (CE 24 févr. 2022, Décis. nos 450285 et 450288).

COMMENTAIRE

Le séjour de plus de trois mois ne constitue un droit garanti par la directive de 2004 (art. 7) que pour certaines catégories de ressortissants communautaires :

– travailleur salarié ou non salarié dans l'État membre d'accueil (carte de séjour « Citoyen UE/EEE/Suisse – Toutes activités professionnelles », art. R. 233-11) ;

– personne disposant, pour elle et les membres de sa famille, de ressources suffisantes afin de ne pas devenir une charge pour le système d'assistance sociale de l'État membre d'accueil au cours de son séjour, et d'une assurance maladie complète dans l'État membre, c'est-à-dire couvrant les prestations prévues aux articles L. 321 et suivants du code de la sécurité sociale (carte de séjour « Citoyen UE/EEE/Suisse – Non actif », art. R. 233-12) ;

– étudiant inscrit dans un établissement privé ou public qui dispose d'une assurance maladie dans l'État membre d'accueil et garantissant à l'autorité nationale compétente, par le biais d'une déclaration ou par tout autre moyen équivalent de son choix, qu'il dispose de ressources suffisantes pour lui-même et pour les membres de sa famille afin d'éviter de devenir une charge pour le système d'assistance sociale de l'État membre d'accueil (carte de séjour « Citoyen UE/EEE/Suisse – Étudiant », art. R. 233-13) ;

– membre de la famille accompagnant ou rejoignant un citoyen de l'Union (carte de séjour « Carte de séjour de membre de la famille d'un citoyen de l'Union/EEE/Suisse – Toutes activités professionnelles », art. R. 233-14).

Les intéressés doivent être munis de leur carte d'identité ou de leur passeport en cours de validité. L'assurance maladie mentionnée à l'article L. 233-1 doit couvrir les prestations prévues aux articles L. 160-8, L. 160-9 et L. 321-1 du code de la sécurité sociale. Lorsqu'il est exigé, le caractère suffisant des ressources est apprécié en tenant compte de la situation personnelle de l'intéressé. En aucun cas, le montant exigé ne peut excéder le montant forfaitaire du revenu de solidarité active mentionné à l'article L. 262-2 du code de l'action sociale et des familles. La charge pour le système d'assistance sociale que peut constituer l'intéressé est évaluée en prenant notamment en compte le montant des prestations sociales non contributives qui lui ont été accordées, la durée de ses difficultés et de son séjour (art. R. 233-1).

S'agissant des personnes exerçant une activité professionnelle (salariée ou non), la directive de 2004 prévoit qu'elles conservent cette qualité si elles ont été frappées par une incapacité de travail temporaire résultant d'une maladie ou d'un accident ou si elles se trouvent en chômage involontaire après avoir été employées pendant plus d'un an, voire moins d'un an lorsque la cessation d'activité intervient à la fin d'un contrat de travail à durée déterminée inférieure à un an ou pendant les douze premiers mois de séjour. La même solution est retenue pour les personnes qui entreprennent une formation professionnelle. Ces dispositions ont été transposées à l'article R. 233-7.

Le séjour de plus de trois mois entraîne l'obligation d'enregistrement des intéressés (V. *supra*, art. L. 231-2). C'est à cette occasion que les intéressés fourniront les documents attestant de leur appartenance à l'une des catégories visées ci-dessus. Par ailleurs, la détention d'un titre de séjour n'est obligatoire que pour les membres de la famille non ressortissants communautaires.

Il résulte des dispositions des articles L. 233-1 et L. 233-2 qu'elles ne reconnaissent un droit au séjour de plus trois mois qu'au conjoint et aux descendants directs à charge du citoyen de l'UE relevant du 3° de l'article L. 233-1. Il s'ensuit que, en tant qu'elles excluent le droit au séjour de plus de 3 mois de l'enfant à charge du conjoint du citoyen de l'UE, qui n'est pas le descendant direct de ce dernier, ces dispositions méconnaissent l'objectif de l'article 7 de la directive 2004/38/CE (CE 24 févr. 2022, n° 450285 B : *AJDA 2022. 431* ✎). Le Conseil d'État a ainsi annulé les articles L. 233-1 et L. 233-2 en tant qu'ils excluent le droit au séjour de plus de trois mois de l'enfant à charge du citoyen de l'UE qui vient faire des études ou suivre une formation professionnelle en France lorsqu'il n'est pas son descendant direct et annulé l'article L. 554-1 en tant qu'il exclut l'accès au marché du travail des demandeurs d'asile faisant l'objet d'une décision de transfert en application du Règlement (UE) n° 604/2013. ❑

I. ACTIVITÉ PROFESSIONNELLE

1. Selon la CAA de Bordeaux, les conditions posées par l'art. L. 233-1 pour autoriser le séjour des membres de la famille d'un citoyen de l'UE (exercice d'une activité professionnelle en France ; ressources suffisantes) ne sont pas cumulatives. Ainsi, l'épouse marocaine d'un Espagnol exerçant une activité professionnelle en France a droit à un titre de séjour même en l'absence de ressources suffisantes. • CAA Bordeaux, 23 mai 2023, n° 23BX00008 : *D. 2023. 1358 ; ibid. 2024. 228, chron. Boskovic, Corneloup, Jault-Seseke, Joubert et Parrot*.

2. Notion. Si le 1° de l'art. L. 233-1 autorise tout citoyen de l'UE à séjourner en France pour une durée supérieure à trois mois s'il « exerce une activité professionnelle », l'art. R. 233-11 prévoit notamment que la délivrance du titre de séjour portant la mention « Citoyen UE/EEE/Suisse – Toutes activités professionnelles » « est subordonnée à la production par le demandeur [...] d'une déclaration d'engagement ou d'emploi établie par l'employeur, d'une attestation d'emploi ou d'une preuve attestant d'une activité non salariée. Ainsi doit être regardé comme exerçant une activité professionnelle un récupérateur ambulant de métaux et de ferrailles qui s'est fait connaître comme autoentrepreneur, qui bénéfice à cet effet d'un numéro SIRET et du régime fiscal des micro-entreprises et qui a réalisé un chiffre d'affaires de 838 € au cours de sa première année d'exercice ». • CAA Bordeaux, 23 déc. 2011, n° 11BX01864. ♦ Solution contraire pour un commerçant ambulant qui, à l'appui de sa demande de titre, n'avait justifié que de son inscription au répertoire des entreprises (SIRENE), sans fournir aucun autre élément « de nature à justifier que son activité était effective au jour où la décision attaquée a été prise ». • CAA Bordeaux, 18 oct. 2012, n° 12BX00523. ♦ Dès lors que le requérant a produit trois factures d'achat de vêtements, bijoux et matériel électroménager, la copie d'un livre de recettes manuscrit, de nombreux tickets de droit de place pour divers marchés de la région de Dunkerque, un certificat d'immatriculation auprès de la chambre de commerce de Dunkerque et plusieurs déclarations trimestrielles de chiffre d'affaires au régime social des travailleurs indépendants, le préfet ne pouvait lui refuser le titre de séjour sollicité en se fondant sur le caractère modique de ces revenus. • CAA Douai, 17 sept. 2013, *M. Costache*, n° 13DA00415 : *AJDA 2013. 2150, chron. Marjanovic*.

3. Il résulte de la jurisprudence de la CJUE que la notion de travailleur doit être interprétée comme s'étendant à toute personne qui exerce des activités réelles et effectives, à l'exclusion d'activités tellement réduites qu'elles se présentent comme purement marginales et accessoires. La relation de travail est caractérisée par la circonstance qu'une personne accomplit pendant un certain temps, en faveur d'une autre et sous la direction de celle-ci, des prestations en contrepartie desquelles elle touche une rémunération. Ni la nature juridique particulière de la relation d'emploi au regard du droit national, ni la productivité plus ou moins élevée de l'intéressé, ni l'origine des ressources pour la rémunération, ni encore le niveau limité de cette dernière ne peuvent avoir de conséquences quelconques sur la qualité de travailleur. Ainsi, un ressortissant de l'UE titulaire d'un contrat d'insertion par l'activité économique, conclu sur le fondement de l'art. L. 5132-1 C. trav., peut se prévaloir d'un droit au séjour au titre des dispositions du présent art. • CE 24 juill. 2019, n° 417572 : *AJDA 2019. 2340*.

4. Un engagement de service civique ne peut s'assimiler ni à une formation professionnelle, au sens du 3° de l'art. L. 233-1, ni à une activité professionnelle, en l'absence notamment de tout lien de subordination avec l'association auprès de laquelle l'intéressé effectuait son engagement volontaire. • CAA Lyon, 27 mars 2018, n° 17LY03583 : *AJDA 2018. 1706*.

5. Cessation de l'activité professionnelle. Selon l'art. 7, § 3, b), de la Dir. 2004/38/CE, « le citoyen de l'Union qui n'exerce plus d'activité salariée ou non salariée conserve la qualité de travailleur salarié ou de non salarié dans les cas suivants : [...] b) s'il se trouve en chômage involontaire dûment constaté après avoir été employé pendant plus d'un an et s'est fait enregistrer en qualité de demandeur d'emploi auprès du service de l'emploi compétent » ; la CJUE considère que ces dispositions s'appliquent tant à la perte involontaire d'un emploi salarié qu'à un état de cessation de travail non salarié pour des raisons indépendantes de la volonté de la personne concernée. • CJUE 20 déc. 2017, *Gusa*, n° C-442/16. ♦ L'art. 7, § 1, a), et § 3, c), de la Dir. doit être interprété en ce sens qu'un ressortissant d'un État membre ayant exercé son droit à la libre circulation, qui a acquis dans un autre État membre la qualité de travailleur en raison de l'activité qu'il y a exercée pendant une période de deux semaines, autrement qu'en vertu d'un contrat de travail à durée déterminée, avant de se trouver en chômage involontaire, conserve le statut de travailleur pendant une période supplémentaire d'au moins six mois au sens de ces dispositions, pour autant qu'il se soit fait enregistrer en qualité de demandeur d'emploi auprès du service de l'emploi compétent. • CJUE 11 avr. 2019, *M. Tarola c/ Minister for Social Protection*, n° C-483/17 : *AJDA 2019. 1620*.

6. Pour pouvoir bénéficier du RSA, les ressortissants des États membres de l'UE, des autres États parties à l'accord sur l'EEE ou de la Confédération suisse doivent remplir les conditions exigées pour bénéficier d'un droit au séjour. Au-delà de trois mois, un tel droit au séjour est notamment ouvert au ressortissant qui exerce une activité professionnelle en France et, au-delà de cinq ans de résidence légale et ininterrompue, il est acquis à titre permanent. Enfin, le droit au séjour supérieur à trois mois au titre de l'exercice d'une activité professionnelle est maintenu, pendant six mois, au ressortissant qui se trouve en chômage involontaire dûment constaté à la fin d'un contrat de travail à durée déterminée inférieure à un an et, sans limitation de durée, au ressortissant qui se trouve dans une telle situation après avoir été employé pendant plus d'un an et s'est fait enregistrer en qualité de demandeur d'emploi auprès du service de l'emploi compétent. Il suit de là que la seule circonstance que le contrat ayant précédé l'inscription en qualité de demandeur d'emploi ait été d'une durée de moins d'un an n'est pas de nature à limiter le droit au séjour de l'intéressé à une période de six mois. • CE 18 févr. 2019, n° 417021 A : *AJDA 2019. 370* ; *RTD eur. 2019. 940, obs. Bouveresse*.

II. RESSOURCES SUFFISANTES

7. Origine des ressources. Une interprétation de la condition relative au caractère suffisant des ressources au sens de la Dir. 2004/38/CE du 29 avr. 2004, selon laquelle l'intéressé doit disposer lui-même de telles ressources sans qu'il puisse se prévaloir des ressources d'un membre de sa famille qui l'accompagne, ajouterait à cette condition une exigence relative à la provenance des ressources qui constituerait une ingérence disproportionnée dans l'exercice du droit fondamental de libre circulation et de séjour garanti par l'art. 18 du Traité CE. • CJCE 19 oct. 2004, *Chen et a.*, n° C-200/02 : *Rec. P. I-9925* ; *AJDA 2004. 2237* ; *Europe, déc. 2004. Comm. n° 401, p. 14-16, note Simon* • CAA Douai, 5 juin 2008, *M. Halupka*, n° 07DA01750 : *AJDA 2008. 1676*. • CE 9 janv. 2009, *Mme Khai*, n° 312125. ♦ Les ressources en cause peuvent provenir d'un partenaire ne pouvant se prévaloir d'un lien familial au sens juridique du terme. • CJCE 23 mars 2006, *Commission c/ Royaume de Belgique*, n° C-408/03 : *AJDA 2006. 1156*.

8. Activité illégale. Selon la CJUE, l'art. 7, § 1, b), de la Dir. 2004/38/CE se borne à exiger que les citoyens de l'UE concernés aient la disposition de ressources suffisantes « pour éviter qu'ils ne deviennent, pendant leur séjour, une charge déraisonnable pour le système d'assistance sociale de l'État membre d'accueil, sans établir aucune autre condition, notamment en ce qui concerne l'origine de ces ressources ». Ainsi, la condition de « ressources suffisantes » s'apprécie « même lorsque ces ressources proviennent des revenus tirés de l'emploi exercé de manière illégale ». • CJUE 2 oct. 2019, *Secretary of State for the Home Department*, n° C-93/18 : *AJDA 2020. 203*.

9. Est contraire au droit de l'Union comme manifestement disproportionnée la législation nationale prévoyant, pour les ressortissants européens dits « inactifs », qu'ils apportent la preuve de ressources suffisantes pour une durée d'au moins un an. • CJCE 10 avr. 2008, *Commission c/ Pays-Bas*, n° C-398/06.

10. Mesure d'éloignement. L'insuffisance des ressources peut être opposée par le préfet pour prendre une décision d'éloignement à l'encontre d'un ressortissant européen qui séjourne en France depuis plus de trois mois, alors même que l'intéressé n'est pas encore effectivement pris en charge par le système d'aide sociale. • CE, avis, 26 nov. 2008, *Silidor*, n° 315441 A : *AJDA 2009. 270, concl. Guyomar* ; *RFDA 2009. 183*. ♦ Application à un ressortissant communautaire sans domicile fixe, ne disposant d'aucune ressource ni d'aucune assurance maladie (on peut s'interroger sur la conformité au droit de l'Union de cette décision qui évoque un « intérêt légitime » pour justifier une mesure d'éloignement – protection de l'ordre public ou des finances publiques lorsque l'intéressé constitue une charge déraisonnable pour le système d'assistance sociale, ce qui n'est pas le cas en l'espèce). • CAA Lyon, 8 oct. 2009, *Iancovici*, n° 09LY01119.

11. Charge déraisonnable pour le système d'assistance sociale. Jugé que ne constitue pas une charge pour le système d'assistance sociale la ressortissante portugaise ayant dû interrompre toute activité professionnelle à la suite d'un accident de la circulation, titulaire de l'allocation aux adultes handicapés mentionnée à l'art. L. 821 CSS, à laquelle s'ajoutaient, comme prestations sociales non contributives, l'allocation de logement et les allocations familiales. • CAA Nantes, 8 avr. 2011, *M. Haci Koroglu*, n° 10NT00410.

12. Le Conseil d'État a partiellement annulé la Circ. du 22 déc. 2006 relative aux modalités d'admission au séjour et d'éloignement des ressortissants roumains et bulgares à compter du 1er janv. 2007. Cette circulaire prévoyait que le droit de séjour de ces ressortissants dans les trois mois suivant leur entrée en France cesserait s'ils deviennent une charge déraisonnable pour le système d'assistance sociale français. En effet, ni le CESEDA ni aucune autre disposition législative ou réglementaire ne prévoit de disposition sur le droit au séjour de moins de 3 mois des ressortissants communautaires. S'agissant des longs séjours, est également annulée la disposition selon laquelle le niveau de ressources est fixé par référence au montant du RMI ou de l'allocation de solidarité aux personnes âgées dès lors que l'art. L. 233-1 impose seulement une condition de ressources suffisantes afin de ne pas devenir une charge pour le système d'assistance sociale ainsi que d'une assurance maladie. Est enfin annulée, par voie de conséquence, la disposition prévoyant la possibilité d'une OQTF pour ces ressortissants constituant une charge déraisonnable pour le système d'assistance sociale français. • CE 19 mai 2008, *Assoc. SOS Racisme, Ligue des droits de l'homme et a.*, n° 301813. ♦ V. aussi : • CAA Douai, 26 mars 2009, *Préfet de la Seine-Maritime c/ M. Vasile Bogatu*, n° 08DA01567 : *AJDA 2009. 1425, chron. Lepers*.

Art. L. 233-2 Les ressortissants de pays tiers, membres de famille d'un citoyen de l'Union européenne satisfaisant aux conditions énoncées aux 1° ou 2° de l'article L. 233-1, ont le droit de séjourner sur le territoire français pour une durée supérieure à trois mois.

Il en va de même pour les ressortissants de pays tiers, conjoints ou descendants directs à charge accompagnant ou rejoignant un citoyen de l'Union européenne satisfaisant aux conditions énoncées au 3° de l'article L. 233-1. – *[Anc. art. L. 121-3, al. 1er.]*

Les art. L. 233-1 et L. 233-2, dans leur rédaction issue de l'Ord. n° 2020-1733 du 16 déc. 2020, sont annulés en tant qu'ils excluent le droit au séjour de plus de 3 mois de l'enfant à charge du citoyen de l'UE qui vient faire des études ou suivre une formation professionnelle en France lorsqu'il n'est pas son descendant direct (CE 24 févr. 2022, Décis. nos 450285 et 450288).

COMMENTAIRE

S'agissant des **membres de la famille** du ressortissant européen ou assimilé, ils disposent d'un droit de séjour de plus de trois mois s'ils exercent une activité professionnelle en France et s'ils disposent pour eux et pour les membres de leur famille de ressources suffisantes afin de ne pas devenir une charge pour le système d'assistance sociale, ainsi que d'une assurance maladie.

Ils présentent dans les trois mois de leur entrée en France leur demande de titre de séjour avec leur passeport en cours de validité ainsi que les justificatifs établissant leur lien familial et garantissant le droit au séjour du citoyen de l'Union européenne accompagné ou rejoint. Lorsque le citoyen de l'Union européenne qu'ils accompagnent ou rejoignent n'exerce pas d'activité professionnelle, ils justifient en outre des moyens dont celui-ci dispose pour assurer leur prise en charge financière et d'une assurance offrant les prestations mentionnées aux articles L. 160-8 et L. 160-9 du code de la sécurité sociale. Ils reçoivent une carte de séjour portant la mention « Carte de séjour de membre de la famille d'un citoyen de l'Union/EEE/Suisse – Toutes activités professionnelles ». Sa durée de validité est fixée à cinq ans, sauf si le citoyen de l'Union européenne qu'ils accompagnent ou rejoignent déclare vouloir séjourner pendant une durée inférieure à cinq ans. Dans cette situation, la durée de validité de la carte de séjour correspond à la durée du séjour envisagée. La validité de la carte de séjour n'est pas affectée par des absences temporaires ne dépassant pas six mois par an, ni par des absences d'une durée plus longue pour l'accomplissement des obligations militaires ou par une absence de douze mois consécutifs pour une raison importante, telle qu'une grossesse, un accouchement, une maladie grave, des études, une formation professionnelle ou un détachement pour raisons professionnelles dans un autre État membre ou un État tiers. Le renouvellement du titre de séjour doit être sollicité dans le délai de deux mois précédant sa date d'expiration (art. R. 233-15). Ces dispositions s'appliquent également aux ressortissants de pays tiers, conjoints ou descendants directs à charge. Le fait pour les membres de famille ressortissants de pays tiers mentionnés à l'article L. 233-2 de ne pas solliciter la délivrance de la carte de séjour mentionnée à l'article R. 233-15 dans les délais prévus au même article est puni de la peine d'amende prévue pour les contraventions de cinquième classe (art. R. 270-2).

L'article R. 233-8 précise que les membres de la famille conservent leur droit au séjour en cas de décès du ressortissant accompagné ou rejoint ou si celui-ci quitte la France, et en cas de divorce ou d'annulation du mariage avec le ressortissant accompagné ou rejoint.

S'agissant des **ressortissants de pays tiers, conjoints ou descendants directs à charge** accompagnant ou rejoignant un citoyen de l'Union européenne, ce même droit de séjour leur est ouvert s'ils sont inscrits dans un établissement fonctionnant conformément aux dispositions législatives et réglementaires en vigueur pour y suivre à titre principal des études ou, dans ce cadre, une formation professionnelle, et garantissent disposer d'une assurance maladie ainsi que de ressources suffisantes, pour eux et pour leurs conjoints ou descendants directs à charge qui les accompagnent ou les rejoignent, afin de ne pas devenir une charge pour le système d'assistance sociale.

Ces ressortissants de pays tiers conservent leur droit au séjour en cas de décès du ressortissant accompagné ou rejoint, et à condition d'avoir établi leur résidence en France en tant que membre de sa famille depuis plus d'un an avant ce décès. Ils le conservent également en cas de divorce ou d'annulation du mariage avec le ressortissant accompagné ou rejoint, dès lors que le mariage a duré au moins trois ans avant le début de la procédure judiciaire de divorce ou d'annulation, dont un an au moins en France, ou lorsque la garde des enfants du ressortissant accompagné ou rejoint leur est confiée en qualité de conjoint, par accord entre les conjoints ou par décision de justice, ou lorsque des situations particulièrement difficiles l'exigent, notamment lorsque la communauté de vie a été rompue à l'initiative du membre de la famille en raison de violences conjugales qu'il a subies ou enfin lorsque le conjoint bénéficie, par accord entre les époux ou par décision de justice, d'un droit de visite à l'enfant mineur, à condition que ce droit s'exerce en France et pour la durée nécessaire à son exercice (art. R. 233-9).

Enfin (art. R. 233-10), en cas de décès du citoyen de l'Union européenne accompagné ou rejoint, ou si celui-ci quitte la France, les enfants et le membre de la famille qui en a la garde conservent ce droit de séjour jusqu'à ce que ces enfants achèvent leur scolarité dans un établissement français d'enseignement secondaire. ❑

1. Exercice du droit à la liberté de circulation. La Dir. 2004/38/CE régit uniquement les conditions d'entrée et de séjour d'un citoyen de l'Union dans les États membres autres que celui dont il a la nationalité et elle ne permet pas de fonder un droit de séjour dérivé en faveur des ressortissants d'un État tiers, membres de la famille d'un citoyen de l'Union, dans l'État membre dont celui-ci possède la nationalité. • CJUE 5 juin 2018, *Coman c/ Inspectoratul General pentru Imigrări*, n° C-673/16 : *AJDA 2018. 1127 ; ibid. 1604, chron. Bonneville, Broussy, Cassagnabère et Gänser ; D. 2018. 1674, note Fulchiron et Panet*. ♦ Les droits conférés aux ressortissants de pays tiers, membres de la famille d'un citoyen de l'Union, par la Dir. 2004/38/CE ne sont pas autonomes mais dérivés de l'exercice de libre circulation par le citoyen de l'Union. Lorsque ce dernier se rend ou séjourne dans un État membre autre que celui dont il a la nationalité, les membres de sa famille doivent l'accompagner ou le rejoindre pour bénéficier de cette directive. • CJUE 16 juill. 2015, *Singh et a.*, n° C-218/14 : *AJDA 2015., chron. Broussy, Cassagnabère et Gänser ; AJ fam. 2015. 495, obs. Viganotti*. ♦ Si le membre de la famille est entré sur le territoire de l'État membre après une période de retour du citoyen de l'UE, les autorités nationales sont fondées à vérifier la pérennité de la vie familiale. • CJUE 27 juin 2018, n° C-230/17 : *AJDA 2018. 2375*.

2. Un ressortissant d'un État tiers membre de la famille d'un citoyen de l'Union peut bénéficier d'un droit de séjour, sur le fondement de l'art. 21, 1er TFUE dans l'État membre dans lequel ce citoyen a séjourné avant d'en acquérir la nationalité en sus de sa nationalité d'origine. Et, ajoute la CJUE, les conditions d'octroi de ce droit de séjour ne doivent pas être plus strictes que celles prévues par la directive sur le droit de libre circulation des citoyens de l'Union. • CJUE 14 nov. 2017, *Secretary of State for the Home Department*, n° C-165/16 : *AJDA 2017. 2220 ; D. 2018. 313, chron. Boskovic, Corneloup, Jault-Seseke, Joubert et Parrot ; Rev. crit. DIP 2018. 241, note Pataut*.

3. L'acquisition du droit de séjour permanent par les membres de la famille d'un citoyen de l'Union qui n'ont pas la nationalité d'un État membre dépend, en tout état de cause, du fait que, d'une part, ce citoyen remplisse lui-même les conditions énoncées à l'art. 16, § 1, de la Dir. 2004/38/CE et que, d'autre part, les membres de sa famille aient séjourné avec lui pendant la période concernée de façon ininterrompue. • CJUE 8 mai 2013, *Alarape et Tijani*, n° C-529/11.

4. Le droit au séjour ouvert à l'ascendant d'un citoyen de l'UE au titre du 4° de l'art. L. 233-1 est subordonné à la condition que le citoyen de l'UE accompagné ou rejoint par l'intéressé se prévalant de sa qualité d'ascendant satisfasse lui-même aux conditions énoncées aux 1° ou 2° du même art., c'est-à-dire que ce citoyen de l'UE, accompagné ou rejoint, séjourne lui-même en France en exerçant le droit au séjour résultant de ces dispositions. Or, un ressortissant français, lorsqu'il réside en France, n'exerce pas un droit qui lui serait ouvert en qualité de citoyen de l'UE au sens et pour l'application de la Dir. 2004/38/CE, cette directive ne s'appliquant, ainsi que l'indique son art. 3, qu'aux citoyens de l'Union qui, faisant usage de leur droit de libre circulation, se rendent ou séjournent dans un État membre autre que celui dont ils ont la nationalité, ainsi qu'aux membres de leur famille qui les accompagnent ou les rejoignent. • CE 19 nov. 2021, n° 448443 B : *AJDA 2021. 2312*.

5. Menace à l'ordre public. Est conforme au droit de l'Union un refus du droit de séjour fondé sur l'existence d'une menace réelle, actuelle et suffisamment grave pour l'ordre public ou la sécurité publique, compte tenu des infractions pénales commises par un ressortissant d'un État tiers ayant la garde exclusive d'enfants, citoyens de l'Union. Toutefois, cette conclusion ne saurait être tirée de manière automatique sur la seule base des antécédents pénaux de l'intéressé. Elle ne saurait découler, le cas échéant, que d'une appréciation concrète, par la juridiction de renvoi, de l'ensemble des circonstances actuelles et pertinentes de l'espèce, à la lumière du principe de proportionnalité, de l'intérêt supérieur de l'enfant et des droits fondamentaux dont la Cour assure le respect. • CJUE 13 sept. 2016, n^{os} C-165/14 et C-304/14 : *AJDA 2016. 1663 ; AJ fam. 2016. 493*.

6. Titre de séjour (délai d'obtention). Les membres de la famille d'un ressortissant européen qui a exercé son droit à la libre circulation doivent obtenir une décision sur leur demande de titre de séjour dans les plus brefs délais, au plus tard 6 mois après l'introduction de leur demande. • CJCE 14 avr. 2005, *Commission c/ Espagne*, n° C-157/03. ♦ Le délai de 6 mois fixé par l'art. 10 de la Dir. 2004/38/CE pour permettre aux autorités nationales de statuer sur le droit de séjour des membres de la famille d'un citoyen de l'UE s'impose à celles-ci. La directive s'oppose à ce que le silence gardé par l'administration pendant ce délai vaille acceptation implicite de la carte de séjour. Lorsqu'une décision refusant la délivrance d'un titre de séjour est annulée par une décision de justice, l'autorité nationale compétente doit adopter une nouvelle décision dans un délai raisonnable. • CJUE 27 juin 2018, n° C-246/17 : *AJDA 2018. 1305 ; ibid. 1609, chron. Bonneville, Broussy, Cassagnabère et Gänser*.

7. En fixant à 2 mois seulement le délai qu'il impartit aux membres de la famille d'un citoyen de l'UE, ressortissants d'un État tiers, pour présenter une demande de titre de séjour, le 1er al. l'anc. art. R. 121-14 CESEDA avait édicté une disposition incompatible avec celles de l'art. 9 de la Dir. du 29 avr. 2004 qui fixe ce délai à 3 mois minimum. • CE 19 mai 2008, *Assoc. SOS Racisme*, n° 305670.

8. Autorisation de travail (dispense). Les conjoints de personnes admises sur le marché du travail français pour une durée égale ou supérieure à douze mois à la date de l'adhésion de leur État à l'UE ou postérieurement sont dispensés de l'autorisation de travail. Ils peuvent bénéficier, à leur demande, d'un titre de séjour « Carte de séjour de membre de la famille d'un citoyen de l'Union/EEE/Suisse – Toutes activités professionnelles ». Il leur appartient dès lors de produire un passeport ou un visa, tout document établissant leur lien familial ainsi que le titre de séjour de la personne qu'ils accompagnent. Le préfet ne peut conditionner cette demande à la production d'un contrat de travail. • TA Montreuil, 28 avr. 2011, *Mme M.*, n° 1012557 : *AJDA 2011. 1918*.

9. Validité du titre de séjour délivré par un autre État. Les États membres sont tenus de reconnaître les cartes de séjour délivrées par un autre État, à moins qu'un examen individuel ne révèle des indices concrets permettant de conclure à l'existence d'un abus de droit ou d'une fraude. • CJUE 18 déc. 2014, *McCarthy*, n° C-202/13 : *AJDA 2015. 336, chron. Broussy, Cassagnabère et Gänser*.

10. Nature du séjour. Il n'est pas exigé que l'étranger soit en situation régulière à la date de son mariage avec un ressortissant européen pour se prévaloir de sa qualité de conjoint d'un ressortissant de l'UE. • CAA Paris, 18 févr. 2010, *Karmani Seffar*, n° 09PA04280. ♦ L'intéressé ne saurait se prévaloir d'avoir effectué un séjour d'une durée suffisante en invoquant les périodes effectuées avant et après son emprisonnement. • CJUE 16 janv. 2014, *M. Onuekwere*, n° C-378/12.

11. Ressortissants algériens. Jugé que, si l'accord franco-algérien du 27 déc. 1968 mod. régit d'une manière complète les conditions dans lesquelles les ressortissants algériens peuvent être admis à séjourner en France, ces stipulations ne font pas obstacle à ce que ces ressortissants algériens, en leur qualité de conjoint de citoyens de l'UE, se prévalent des dispositions de l'art. L. 233-2. • CAA Marseille, 9 juin 2011, *Préfet des Bouches-du-Rhône c/ Mme Mehnane épse Marir*, n° 09MA04680 : *AJDA 2011. 1486, note Marcovici*. ♦ Le ressortissant mineur d'un État membre dispose d'un droit de séjour à condition d'être couvert par une assurance maladie. Par suite, le parent dont il est à la charge, ressortissant d'un État tiers, a également le droit de séjourner avec l'enfant mineur dans l'État membre d'accueil. Ces dispositions peuvent être invoquées par un ressortissant algérien, cette situation n'étant pas régie par l'accord franco-algérien du 27 déc. 1968. • CAA Bordeaux, 8 juill. 2011, *Mme Bourebga*, n° 10BX01839.

Art. L. 233-3 Les ressortissants étrangers mentionnés à l'article L. 200-5 peuvent se voir reconnaître le droit de séjourner sur l'ensemble du territoire français pour une durée supérieure à trois mois dans les mêmes conditions qu'à l'article L. 233-2. – *[Anc. art. R. 121-4-1.]*

COMMENTAIRE

L'ordonnance n° 2020-1733 du 16 décembre 2020 a, par l'article L. 233-3, conféré valeur législative à l'ancien article R. 121-4-1, lequel précisait toutefois que la possibilité de reconnaissance du droit de séjour était subordonnée à l'examen préalable de la situation personnelle du demandeur. ❑

Art. L. 233-4 Demeurent soumis à l'obligation de détention d'un titre de séjour durant le temps de validité des mesures transitoires éventuellement prévues en la matière par le traité d'adhésion du pays dont ils sont ressortissants, sauf si ce traité en

stipule autrement, les citoyens l'Union européenne qui souhaitent exercer en France une activité professionnelle.

S'ils souhaitent exercer, dans le respect des dispositions de l'article L. 5221-2 du code du travail, une activité salariée dans un métier caractérisé par des difficultés de recrutement et figurant sur une liste établie, au plan national, par l'autorité administrative, ils ne peuvent se voir opposer la situation de l'emploi.

Lorsqu'ils ont achevé avec succès, dans un établissement d'enseignement supérieur habilité au plan national, un cycle de formation conduisant à un diplôme au moins équivalent au master, ils ne sont pas soumis à la détention d'un titre de séjour pour exercer une activité professionnelle en France. – *[Anc. art. L. 121-2, al. 3 à 5.]*

Art. L. 233-5 Sauf application des mesures transitoires prévues par le traité d'adhésion du pays dont ils sont ressortissants, les ressortissants de pays tiers mentionnés aux articles L. 200-4 ou L. 200-5 âgés de plus de dix-huit ans ou, lorsqu'ils souhaitent exercer une activité professionnelle, d'au moins seize ans, doivent être munis d'un titre de séjour. Ce titre, dont la durée de validité correspond à la durée de séjour envisagée du citoyen de l'Union européenne qu'il accompagne ou rejoint dans la limite de cinq années, porte la mention "Carte de séjour de membre de la famille d'un citoyen de l'Union" et donne à son titulaire le droit d'exercer une activité professionnelle. – *[Anc. art. L. 121-3, al. 2.]*

Art. L. 233-6 Les conditions d'application du présent chapitre sont fixées par décret en Conseil d'État. – *[Anc. art. L. 121-5.]*

CHAPITRE IV **DROIT AU SÉJOUR PERMANENT**

Art. L. 234-1 Les citoyens de l'Union européenne mentionnés à l'article L. 233-1 qui ont résidé de manière légale et ininterrompue en France pendant les cinq années précédentes acquièrent un droit au séjour permanent sur l'ensemble du territoire français.

Les ressortissants de pays tiers, membres de famille, acquièrent également un droit au séjour permanent sur l'ensemble du territoire français à condition qu'ils aient résidé en France de manière légale et ininterrompue pendant les cinq années précédentes avec le citoyen de l'Union européenne mentionné au premier alinéa. Une carte de séjour d'une durée de validité de dix ans renouvelable de plein droit leur est délivrée. – *[Anc. art. L. 122-1.]*

COMMENTAIRE

Le droit de séjour permanent est ouvert aux citoyens de l'Union et aux membres de leur famille ayant séjourné légalement pendant une période ininterrompue de cinq ans sur le territoire de l'État d'accueil. Les citoyens européens peuvent ainsi se voir délivrer une carte de séjour « Citoyen UE/EEE/Suisse – Séjour permanent – Toutes activités professionnelles », valable dix ans renouvelable de plein droit (art. R. 234-1).

Les membres de la famille de ressortissants de pays tiers sollicitent la délivrance d'une carte de séjour portant la mention « Directive 2004/38/CE – Séjour permanent – Toutes activités professionnelles » dans le délai de deux mois qui précède l'échéance de la période ininterrompue de cinq ans de séjour régulier. Cette carte, d'une durée de validité de dix ans, doit être délivrée dans un délai maximum de six mois à compter du dépôt de la demande. Son renouvellement doit être demandé dans un délai de deux mois avant sa date d'expiration (art. R. 234-2).

Selon l'article 16 de la directive (transposé par l'art. R. 234-3), la continuité du séjour n'est pas affectée par des absences temporaires ne dépassant pas au total six mois par an, ni par des absences plus longues pour l'accomplissement d'obligations militaires ou par une absence ininterrompue de douze mois consécutifs au maximum pour des raisons importantes, telles qu'une grossesse et un accouchement, une maladie grave, des études ou une formation professionnelle, ou le détachement pour raisons professionnelles dans un autre État membre ou un pays tiers.

Des réductions de ce délai de cinq ans sont prévues (art. R. 234-4), notamment pour les travailleurs mis à la retraite (activité professionnelle de douze mois minimum et résidence de trois ans), cessant leur activité en raison d'une incapacité permanente de travail (activité professionnelle de deux ans minimum sauf en cas d'accident du travail ou de maladie professionnelle, aucune durée minimale n'étant alors exigée) ou exerçant une activité professionnelle sur le territoire d'un autre État membre (activité professionnelle de trois ans minimum).

Les périodes de chômage involontaire dûment constatées par le service de l'emploi compétent, les périodes d'arrêt d'activité indépendantes de la volonté de l'intéressé ainsi que l'absence de travail ou l'arrêt pour cause de maladie ou d'accident sont considérées comme des périodes d'emploi (art. R. 234-5).

En outre, les membres de la famille qui résident avec le citoyen de l'Union européenne acquièrent un droit au séjour permanent sur le territoire français avant l'écoulement de la période ininterrompue de cinq ans de séjour régulier lorsque le travailleur décède alors qu'il exerçait encore une activité professionnelle en France à la suite d'un accident du travail ou d'une maladie professionnelle, ou lorsque le conjoint du travailleur décédé a perdu la nationalité française à la suite de son mariage avec ce travailleur (art. R. 234-6).

On signalera enfin que le droit de l'Union européenne suppose également que les ressortissants européens bénéficient, sous la seule réserve de l'exercice d'attributions inséparables de la souveraineté nationale ou comportant une participation directe ou indirecte à l'exercice de prérogatives de puissance publique, d'un véritable droit d'accès à la fonction publique, aujourd'hui aménagé par un décret du 22 mars 2010 (Décr. n° 2010-311 du 22 mars 2010 relatif aux modalités de recrutements et d'accueil des ressortissants des États membres de l'UE ou d'un autre État partie à l'accord sur l'EEE dans un corps, un cadre d'emplois ou un emploi de la fonction publique française). ❑

1. La CJUE a considéré que la computation du délai de cinq ans comprenait la durée de séjour antérieur à la date limite de transposition de la Dir. du 29 avr. 2004, c'est-à-dire le 30 avr. 2006. • CJUE 7 oct. 2010, *Secretary of State for Work and Pensions c/ Lassal*, n° C-162/09 : *Europe 2010. Comm. 398, obs. Kauff-Gazin.* ♦ Les périodes d'absence sont assimilées aux « périodes de présence dans l'État membre d'accueil accomplies sur le seul fondement d'une carte de séjour valablement délivrée en vertu de la Dir. n° 68/360 et sans que soient satisfaites les conditions pour bénéficier d'un quelconque droit de séjour, intervenues avant le 30 avr. 2006 et postérieurement à un séjour légal ininterrompu de 5 ans accompli avant cette date ». Des périodes de présence, comme une période de chômage étant inférieure à deux ans consécutifs, n'empêchent pas l'acquisition du droit de séjour permanent. • CJUE 21 juill. 2011, *Dias*, n° C-325/09 : *Europe 2011. Comm. 337, obs. Kauff-Gazin.* ♦ L'art. 16, § 1, de la Dir. 2004/38/CE du 29 avr. 2004 doit être interprété en ce sens qu'un citoyen de l'Union ayant accompli un séjour de plus de cinq ans sur le territoire de l'État membre d'accueil sur le seul fondement du droit national de celui-ci ne saurait être considéré comme ayant acquis le droit au séjour permanent conformément à cette disposition, alors que, durant ce séjour, il ne satisfaisait pas aux conditions énoncées à l'art. 7, § 1, de la même directive. Les périodes de séjour d'un ressortissant d'un État tiers sur le territoire d'un État membre, accomplies antérieurement à l'adhésion de cet État tiers à l'UE, doivent, à défaut de dispositions spécifiques dans l'acte d'adhésion, être prises en considération aux fins de l'acquisition du droit de séjour permanent au titre de l'art. 16, § 1, de la Dir. 2004/38/CE, pour autant qu'elles ont été effectuées conformément aux conditions énoncées à l'art. 7, § 1, de celle-ci. • CJUE 21 déc. 2011, *M. Ziolkowski*, n° C-424/10 : *Europe 2012. Comm. 63, Michel.*

2. Le bénéfice des dispositions l'art. L. 234-1 ne peut intervenir dès lors que la résidence du membre de la famille avec le ressortissant européen en France est d'une durée inférieure à cinq ans. • CAA Paris, 19 janv. 2011, *Guo*, n° 10PA03472.

3. Un séjour « légal » de cinq ans permettant d'acquérir un droit de séjour permanent doit s'entendre d'un séjour conforme aux conditions prévues par la Dir. 2004/38/CE et non d'un séjour légal au regard du droit national. Le séjour accompli sur le territoire d'un État membre par un ressortissant d'un autre État avant son adhésion à l'Union peut être pris en compte. • CJUE 21 déc. 2011, *Ziolkowski et a.*, nos C-424/10 et C-425/10 : *AJDA 2012. 308, chron. Aubert, Broussy et Donnat.*

4. Le droit des citoyens de l'UE et de leurs familles de séjourner librement sur le territoire des États membres est régi par la Dir. 2004/38/CE du 29 avr. 2004 qui rappelle le principe selon lequel « le droit fondamental et personnel de séjour dans un autre État membre est conféré directement aux citoyens de l'Union par le traité et ne dépend pas de l'accomplissement de procédures administratives ». Il s'ensuit que les titres de séjour délivrés par les États membres aux ressortissants communautaires, lesquels ne déterminent pas leur droit au séjour, n'ont qu'un effet déclaratif et ne sont donc pas créateurs de droits. En l'espèce, une requérante, qui bénéficiait de prestations non contributives, sous la forme de l'allocation de solidarité aux personnes âgées et de la couverture maladie universelle [désormais « Protection universelle maladie, PUMa » depuis l'art. 59 de L.

n° 2015-1702 du 21 déc. 2015], n'a pas rempli la condition de séjour légal de cinq ans permettant d'acquérir le droit au séjour permanent, nonobstant la circonstance qu'elle avait bénéficié d'une carte de séjour en qualité de ressortissante européenne. • CAA Paris, 6 mai 2015, n° 14PA01799 : *AJDA 2015. 2016*.

5. La Dir. 2004/38/CE impose que les citoyens de l'Union aient séjourné légalement pendant une période ininterrompue de cinq ans sur le territoire de l'État membre d'accueil pour acquérir un droit de séjour permanent. Lorsque ce n'est pas le cas, l'art. 17, § 1, a), prévoit qu'un droit de séjour permanent peut être accordé pour « le travailleur salarié ou non salarié qui, au moment où il cesse son activité, a atteint l'âge prévu par la législation de cet État membre pour faire valoir ses droits à une pension de vieillesse ou le travailleur qui cesse d'exercer une activité salariée à la suite d'une mise à la retraite anticipée, lorsqu'il y a exercé son activité pendant les douze derniers mois au moins et y réside sans interruption depuis plus de 3 ans". • CJUE 22 janv. 2020, *Pensionsversicherungsanstalt*, n° C-32/19.

6. La Dir. 2003/86/CE (art. 15) prévoit que le droit au séjour permanent est de droit au terme d'un séjour de cinq ans dans un État membre, tout en laissant les États membres en définir les conditions. Un État peut ainsi subordonner ce droit à la validation d'un examen d'intégration civique portant sur la langue et la société de l'État. • CJUE 7 nov. 2018, n° C-257/17.

Art. L. 234-2 **Une absence du territoire français pendant une période de plus de deux années consécutives fait perdre à son titulaire le bénéfice du droit au séjour permanent.** – *[Anc. art. L. 122-2.]*

Art. L. 234-3 **Les citoyens de l'Union européenne ayant cessé leur activité professionnelle en France et les membres de leur famille peuvent acquérir le droit au séjour permanent dans des conditions dérogatoires au délai de cinq ans et celles relatives à la continuité de séjour, de l'article L. 234-1, selon des modalités fixées par décret en Conseil d'État.** – *[Anc. art. L. 122-3.]*

V. notes ss. art. L. 234-1, *supra*.

CHAPITRE V **REFUS DE SÉJOUR**

Art. L. 235-1 **Les étrangers dont la situation est régie par le présent livre qui ne peuvent justifier d'un droit au séjour en application du présent titre peuvent faire l'objet, selon le cas, d'une décision de refus de séjour, d'un refus de délivrance ou de renouvellement d'une carte de séjour ou d'un retrait de celle-ci ainsi que d'une décision d'éloignement, conformément au titre IV.**

Les conditions d'application du présent article sont fixées par décret en Conseil d'État. – *[Anc. art. L. 121-4 ; anc. art. L. 121-5.]*

1. L'État d'accueil peut prendre une mesure d'éloignement lorsque le citoyen de l'Union n'a pas fourni la preuve que les conditions du droit au séjour sont réunies. • CJCE 17 févr. 2005, *Oulane*, n° C-215/03 : *Rec. I-1215.* ♦ Toutefois, une mesure d'éloignement automatique dans cette hypothèse porte atteinte à la substance même du droit de séjour directement conféré par le droit de l'Union. • CJCE 23 mars 2006, *Commission c/ Royaume de Belgique*, n° C-408/03.

2. Les réserves d'ordre public et de santé publique, dès lors qu'elles dérogent à un principe fondamental du traité, sont d'interprétation stricte. • CJCE 26 févr. 1975, *Bonsignore*, n° C-67/74 • 9 nov. 2000, *Yiadom*, n° C-357/98.

3. Membres de la famille. La CJCE a précisé que les États membres ne sont pas en situation de compétence liée pour prendre une mesure d'éloignement à l'égard d'un membre de la famille se trouvant en situation irrégulière. Il s'agit d'une simple possibilité et non d'une obligation tirée du code frontières Schengen. • CJCE 22 oct. 2009, *Zurita Garcia*, n° C-261/08.

4. Mineur en situation de dépendance. Le statut de citoyen de l'UE d'un enfant mineur peut conférer au parent, ressortissant d'un pays tiers, un droit de séjour dérivé dans l'État membre d'accueil dans la mesure où la garde du mineur est assurée par ce parent. Toutefois, l'expulsion de ce dernier pour des motifs d'ordre public peut intervenir dans les conditions fixées par le droit de l'UE et en veillant tout particulièrement à l'intérêt supérieur de l'enfant. • 13 sept. 2016, *M. Rendón Marín*, n° C-165/14 • CJUE 13 sept. 2016, *Mme C. S.*, n° C-304/14 : *AJDA 2016. 2214, chron. Broussy, Cassagnabère et Gänser*. ♦ Le refus d'accorder un droit de séjour au parent est susceptible d'obliger son enfant à partir avec lui dans la mesure où il existe « une relation de dépendance effective » entre eux. A cet égard, la circonstance que l'autre parent, citoyen de l'Union, est réellement capable et prêt à assumer la charge de l'enfant n'est pas déterminante. S'il appartient au parent concerné d'apporter la preuve qu'en cas de refus de séjour l'enfant serait contraint de quitter le territoire de l'UE, il incombe aux autorités de l'État de procéder à toute recherche portant notamment sur la situation de l'autre parent (et sa capacité à assumer seul la charge de l'enfant) et sur l'appréciation de la relation de dépendance entre le parent étranger et l'enfant. • CJUE 10 mai 2017, *Chavez-Vilchez,* n° C-133/15 : *AJDA 2017. 1709, chron. Bonneville, Broussy, Cassagnabère et Gänser.*

5. Interdiction d'entrée. Selon la CJUE, l'art. 20 du traité s'oppose à une pratique d'un État membre consistant à ne pas prendre en considération une demande de regroupement familial pour le seul motif que le demandeur, ressortissant d'un pays tiers, membre de la famille d'un citoyen de l'UE n'ayant jamais exercé sa liberté de circulation, frappé par une interdiction d'entrée sur le territoire, sans qu'il ait été examiné s'il existe une relation de dépendance entre ce citoyen de l'Union et ce ressortissant d'un pays tiers d'une nature telle que, en cas de refus d'octroi d'un droit de séjour dérivé à ce dernier, ledit citoyen de l'Union serait, dans les faits, contraint de quitter le territoire de l'Union pris dans son ensemble et serait ainsi privé de la jouissance effective de l'essentiel des droits conférés par son statut. S'agissant d'un majeur, une relation de dépendance n'est envisageable que dans des cas exceptionnels, dans lesquels, eu égard à l'ensemble des circonstances pertinentes, la personne concernée ne peut, d'aucune manière, être séparée du membre de sa famille dont elle dépend. En revanche, pour le mineur, il faut prendre en compte, dans l'intérêt supérieur de l'enfant, son âge, son développement physique et émotionnel, le degré de sa relation affective avec chacun de ses parents ou le risque que la séparation d'avec le parent ressortissant d'un pays tiers engendrerait pour son équilibre. Mais l'existence d'un lien familial avec ce ressortissant, qu'il soit de nature biologique ou juridique, n'est pas suffisante et une cohabitation avec ce dernier n'est pas nécessaire aux fins d'établir pareille relation de dépendance. • CJUE 8 mai 2018, n° C-82/16 : *AJDA 2018. 943 ; RTD eur. 2018. 668, obs. Pataut.*

CHAPITRE VI CONDITIONS DE CIRCULATION

Art. L. 236-1 Un document de circulation pour étranger mineur est délivré de plein droit à l'étranger mineur résidant en France qui est :

1° Un descendant direct d'un citoyen de l'Union européenne satisfaisant aux conditions énoncées aux 1° ou 2° de l'article L. 233-1 ou l'enfant à charge d'un citoyen de l'Union européenne satisfaisant aux conditions énoncées au 3° du même article ;

2° Un descendant direct à charge du conjoint d'un citoyen de l'Union européenne satisfaisant aux conditions énoncées aux 1° ou 2° de l'article L. 233-1.

Le document de circulation pour étranger mineur est délivré dans des conditions fixées par décret. – *[Anc. art. L. 321-4, al. 1er, 3, 4 et 11.]*

COMMENTAIRE

Le fait pour les citoyens de l'Union européenne de ne pas se conformer à la formalité d'enregistrement prévue au présent article est puni de la peine d'amende prévue pour les contraventions de quatrième classe (art. R. 270-1). ❑

CHAPITRE VII AUTRES DISPOSITIONS APPLICABLES

Art. L. 237-1 Outre les dispositions du présent titre, sont également applicables aux étrangers dont la situation est régie par le présent livre les dispositions des articles L. 414-2, L. 414-4 à L. 414-9, L. 424-1 à L. 424-4, L. 424-6, L. 424-7, L. 424-9 à L. 424-13, L. 424-15 et L. 424-16.

Les dispositions des articles L. 436-4 et L. 436-5 sont également applicables aux étrangers mentionnés aux articles L. 200-4 et L. 200-5.

COMMENTAIRE

L'article L. 237-1 renvoie au droit de quitter librement le territoire français (art. L. 414-2), au document de circulation pour étranger mineur (art. L. 414-4 à L. 414-9), au titre de séjour attribué à l'étranger reconnu réfugié (art. L. 424-1 à L. 424-4) et aux conséquences de la fin de protection (art. L. 424-6 et L. 424-7), et au titre de séjour attribué à l'étranger bénéficiaire de la protection subsidiaire (art. L. 424-9 à L. 424-13) et aux conséquences de la fin de sa protection (art. L. 424-15 et L. 424-16).

Les membres de la famille et les étrangers entretenant des liens privés et familiaux avec un citoyen de l'Union européenne sont soumis au paiement du droit de visa de régularisation dans les conditions prévues aux articles L. 436-4 et L. 436-5. ❑

TITRE IV DROIT D'ASILE ET AUTRES PROTECTIONS INTERNATIONALES

Art. L. 240-1 Les dispositions du livre V sont applicables aux étrangers dont la situation est régie par le présent livre à l'exclusion des dispositions de l'article L. 521-1 relatives à la détermination de l'État responsable de l'examen de la demande d'asile, des dispositions des articles L. 521-2, L. 521-5, L. 522-1 à L. 522-5 et du 1° de l'article L. 531-27 ainsi que des dispositions du titre VII.

Les dispositions des titres V et VIII du livre V ne sont pas non plus applicables aux citoyens de l'Union européenne.

Les dispositions du chapitre II du titre VIII du livre V ne sont pas non plus applicables aux étrangers ressortissants de pays tiers mentionnés aux articles L. 200-3, L. 200-4 et L. 200-5.

TITRE V DÉCISIONS D'ÉLOIGNEMENT

COMMENTAIRE

L'ordonnance n° 2020-1733 du 16 décembre 2020 a inséré, dans le livre II, les dispositions relatives aux mesures d'éloignement dans la mesure où elles sont applicables aux ressortissants européens et assimilés : obligation de quitter le territoire français (art. L. 251-1 à L. 251-8), expulsion (art. L. 252-1 et L. 252-2) et mesures d'exécution de ces décisions (art. L. 261-1 à L. 263-2), à savoir l'assignation à résidence et la rétention administrative. ❑

CHAPITRE I OBLIGATION DE QUITTER LE TERRITOIRE FRANÇAIS

SECTION 1 Décision portant obligation de quitter le territoire français

Art. L. 251-1 L'autorité administrative compétente peut, par décision motivée, obliger les étrangers dont la situation est régie par le présent livre, à quitter le territoire français lorsqu'elle constate les situations suivantes :

1° Ils ne justifient plus d'aucun droit au séjour tel que prévu par les articles L. 232-1, L. 233-1, L. 233-2 ou L. 233-3 ;

2° Leur comportement personnel constitue, du point de vue de l'ordre public ou de la sécurité publique, une menace réelle, actuelle et suffisamment grave à l'encontre d'un intérêt fondamental de la société ;

3° Leur séjour est constitutif d'un abus de droit.

Constitue un abus de droit le fait de renouveler des séjours de moins de trois mois dans le but de se maintenir sur le territoire alors que les conditions requises pour un séjour d'une durée supérieure à trois mois ne sont pas remplies, ainsi que le séjour en France dans le but essentiel de bénéficier du système d'assistance sociale.

L'autorité administrative compétente tient compte de l'ensemble des circonstances relatives à leur situation, notamment la durée du séjour des intéressés en France, leur âge, leur état de santé, leur situation familiale et économique, leur intégration sociale et culturelle en France, et l'intensité des liens avec leur pays d'origine. – *[Anc. art. L. 511-3-1, al. 1er à 5.]*

COMMENTAIRE

Les ressortissants européens peuvent faire l'objet d'une obligation de quitter le territoire français dans trois hypothèses.

I. SITUATION IRRÉGULIÈRE

Les ressortissants européens et assimilés pourront faire l'objet d'une obligation de quitter le territoire français (OQTF) dès lors qu'ils ne justifient plus d'aucun droit au séjour tel que prévu par les articles L. 232-1, L. 233-1, L. 233-2 ou L. 233-3. Compte tenu de la situation « privilégiée » qui est la leur, ces hypothèses sont extrêmement rares tout en rappelant qu'une OQTF pourra également intervenir à l'égard d'un ressortissant européen ou d'un membre de sa famille dont le séjour en France est inférieur à une durée de trois mois qui serait devenu une « charge déraisonnable pour le système d'assistance sociale ».

La directive 2004/38/CE du 29 avril 2004 dispose que les États sont fondés à prendre les mesures destinées à éviter que les personnes exerçant leur droit de séjour ne deviennent une charge déraisonnable pour le système d'assistance sociale de l'État membre d'accueil pendant une première période de séjour. En effet, les bénéficiaires du droit de séjour ne devraient pas faire l'objet de mesures d'éloignement aussi longtemps qu'ils ne deviennent pas une charge déraisonnable pour le système d'assistance sociale de l'État membre d'accueil. Par suite, une telle mesure ne peut intervenir automatiquement en cas de recours à l'assistance sociale, l'État devant prendre en considération les circonstances particulières (caractère temporaire des difficultés rencontrées, durée du séjour, situation personnelle, montant de l'aide accordée).

L'article R. 233-3 précise que les citoyens de l'Union européenne entrés en France pour y rechercher un emploi ne peuvent être éloignés pour un motif tiré de l'irrégularité de leur séjour tant qu'ils sont en mesure d'apporter la preuve qu'ils continuent à rechercher un emploi et qu'ils ont des chances réelles d'être engagés.

Les citoyens de l'Union européenne conservent leur droit au séjour en qualité de travailleur salarié ou de non-salarié s'ils ont été frappés d'une incapacité de travail temporaire résultant d'une maladie ou d'un accident ; se trouvent en chômage involontaire dûment constaté après avoir exercé leur activité professionnelle pendant plus d'un an et sont inscrits sur la liste des demandeurs d'emploi ; entreprennent une formation professionnelle devant être en lien avec l'activité professionnelle antérieure à moins d'avoir été mis involontairement au chômage ; s'ils sont involontairement privés d'emploi dans les douze premiers mois qui suivent le début de leur activité professionnelle et sont inscrits sur la liste des demandeurs d'emploi (art. R. 233-7).

S'agissant des membres de famille, ils conservent leur droit au séjour en cas de décès du ressortissant accompagné ou rejoint ou si celui-ci quitte la France, et en cas de divorce ou d'annulation du mariage avec le ressortissant accompagné ou rejoint (art. R. 233-8).

Pour les ressortissants de pays tiers mentionnés à l'article L. 233-2, admis au séjour en leur qualité de membre de famille, les conditions du maintien du droit au séjour sont plus restrictives (art. R. 233-9). En cas de décès du ressortissant accompagné ou rejoint, le droit au séjour n'est maintenu qu'à la condition d'avoir établi leur résidence en France en tant que membre de sa famille depuis plus d'un an avant ce décès. En cas de divorce ou d'annulation du mariage avec le ressortissant accompagné ou rejoint, le droit au séjour sera maintenu :

– lorsque le mariage a duré au moins trois ans avant le début de la procédure judiciaire de divorce ou d'annulation, dont un an au moins en France ;

– lorsque la garde des enfants du ressortissant accompagné ou rejoint leur est confiée en qualité de conjoint, par accord entre les conjoints ou par décision de justice ;

– lorsque des situations particulièrement difficiles l'exigent, notamment lorsque la communauté de vie a été rompue à l'initiative du membre de famille en raison de violences conjugales qu'il a subies ;

– lorsque le conjoint bénéficie, par accord entre les époux ou par décision de justice, d'un droit de visite à l'enfant mineur, à condition que ce droit s'exerce en France et pour la durée nécessaire à son exercice.

Enfin, l'article R. 233-10 précise qu'en cas de décès du citoyen de l'Union européenne accompagné ou rejoint, ou si celui-ci quitte la France, les enfants et le membre de la famille qui en a la garde conservent ce droit de séjour jusqu'à ce que ces enfants achèvent leur scolarité dans un établissement français d'enseignement secondaire.

II. ABUS DE DROIT

L'OQTF peut encore intervenir lorsque le séjour de l'intéressé est constitutif d'un abus de droit. Cette notion, définie, dans la communication de la Commission européenne du 2 juillet 2009 comme « un comportement artificiel adopté dans le seul but d'obtenir le droit de séjourner ou de circuler librement [...] malgré un respect formel des conditions prévues par la réglementation communautaire », vise « le fait par le titulaire d'un droit de le mettre en œuvre en dehors de sa finalité » (Guillien et Vincent, Lexique des termes juridiques, *Dalloz*). L'abus de droit fait ainsi son apparition en droit des étrangers, le législateur ayant pris soin de définir, de manière limitative (le 2° de l'art. L. 251-1 n'étant pas assorti de l'adverbe « notamment ») les hypothèses dans lesquelles un tel abus de droit est susceptible d'être constaté : renouvellement de séjours de moins de trois mois (dont on rappellera qu'en application de l'art. L. 121-4-1 ils ne sont soumis à aucune condition) dans le but de se maintenir sur le territoire alors que les conditions requises pour un séjour supérieur à trois mois ne sont pas réunies ; séjour dans le but essentiel de bénéficier du système d'assistance sociale. La circulaire du 21 novembre 2011 précise qu'il convient de réaliser une analyse au cas par cas, tenant compte notamment de la nature des difficultés rencontrées, de leur caractère temporaire ou non, du montant et de la nature de l'aide accordée, de l'état de santé de l'intéressé, de sa situation familiale et de tout autre élément à caractère personnel et humanitaire.

III. MENACE À L'ORDRE PUBLIC

La directive de 2004 (art. 27) rappelle que des limitations à l'exercice du droit de circuler et de séjourner librement justifiées par des raisons d'ordre public, de sécurité publique ou de santé publique (maladies potentiellement épidémiques et autres maladies infectieuses ou parasitaires contagieuses) sont permises par le traité, sans toutefois pouvoir être invoquées à des fins économiques.

Le même texte ajoute que « L'éloignement des citoyens de l'Union et des membres de leur famille pour des raisons d'ordre public ou de sécurité publique constitue une mesure pouvant nuire gravement aux personnes qui, ayant fait usage des droits et libertés conférés par le traité, se sont véritablement intégrées dans l'État membre d'accueil. Il convient dès lors de limiter la portée de ces mesures, sur la base du principe de proportionnalité, afin de tenir compte du degré d'intégration des personnes concernées, de la durée de leur séjour dans l'État membre d'accueil, de leur âge, de leur état de santé, de leur situation familiale et économique et de leurs liens avec leur pays d'origine ».

Le citoyen européen et assimilé pourra faire l'objet d'une OQTF lorsque son comportement révèle une menace réelle, actuelle et suffisamment grave pour un intérêt fondamental de la société française. Cette disposition est issue de la transposition des articles 27 et 28 de la directive 2004/38/CE du 29 avril 2004 relative au droit des citoyens de l'Union et des membres de leurs familles de circuler et de séjourner librement sur le territoire des États membres. Ainsi, les mesures d'éloignement doivent respecter le principe de proportionnalité et être fondées exclusivement sur le comportement personnel de l'individu concerné. L'existence de condamnations pénales antérieures ne peut à elle seule motiver de telles mesures. Des justifications non directement liées au cas individuel concerné ou tenant à des raisons de prévention générale ne peuvent être retenues. La situation individuelle du ressortissant et la durée de son séjour sur le territoire doivent être prises en considération (Dir. 2004/38/CE, art. 28 : « Avant de prendre une décision d'éloignement du territoire pour des raisons d'ordre public ou de sécurité publique, l'État membre d'accueil tient compte notamment de la durée du séjour de l'intéressé sur son territoire, de son âge, de son état de santé, de sa situation familiale et économique, de son intégration sociale et culturelle dans l'État membre d'accueil et de l'intensité de ses liens avec son pays d'origine ».

Les ressortissants qui ont acquis un droit de séjour permanent sur le territoire de l'Union ne peuvent ainsi être éloignés « sauf pour des raisons impérieuses d'ordre public ou de sécurité publique ». Ceux qui ont séjourné sur le territoire de l'État dans les dix années précédentes ne peuvent être éloignés « à moins que la décision ne se fonde sur des motifs graves de sécurité publique définis par les États membres ». Il en va de même pour les mineurs. Ce dernier cas de figure fait écho aux dispositions de l'article L. 235-1 (anc. art. L. 121-4) qui prévoient que les ressortissants européens et assimilés qui ne peuvent justifier d'un droit au séjour ou dont la présence constitue une menace à l'ordre public peuvent faire l'objet, selon le cas, d'une décision de refus de séjour, d'un refus de délivrance ou de renouvellement d'une carte de séjour ou d'un retrait de celle-ci, ainsi que d'une mesure d'éloignement prévue au livre V.

Une incertitude subsiste quant à la combinaison entre l'OQTF prévue au présent article motivée par l'existence d'une « menace réelle et suffisamment grave à l'encontre d'un intérêt fondamental de la société » et l'expulsion qui est fondée exactement sur le même motif (art. L. 252-1). Ce sentiment de confusion est encore renforcé par la suppression, par la loi n° 2016-274 du 7 mars 2016, de la condition selon laquelle le comportement de l'étranger avait été constaté dans les trois mois à compter de son entrée en France.

Ainsi, l'OQTF apparaît ici comme un substitut à la procédure d'expulsion, sans nécessairement connaître les mêmes garanties, notamment du point de vue procédural.

IV. PROCÉDURE

Aux termes de l'article R. 251-2, la notification de la décision portant OQTF prononcée en application de l'article L. 251-1 mentionne le délai imparti pour quitter le territoire. Plus largement, la présentation, l'instruction et le jugement des recours mentionnés à l'article L. 251-7 obéissent aux règles mentionnées à l'art. R. 614-1.

La volonté de clarification et de simplification de l'ordonnance n° 2020-1733 du 16 déc. 2020 trouve ses limites dans les renvois auxquels elle procède s'agissant ici des ressortissants européens et assimilés. A cet égard, l'article L. 253-1 indique expressément que leur sont applicables les dispositions de l'article L. 611-3 qui fixent la liste des personnes ne pouvant faire l'objet d'une décision portant OQTF :
– l'étranger mineur de dix-huit ans ;
– l'étranger qui justifie par tous moyens résider habituellement en France depuis qu'il a atteint au plus l'âge de treize ans ;
– l'étranger qui réside régulièrement en France depuis plus de dix ans, sauf s'il a été, pendant toute cette période, titulaire d'une carte de séjour temporaire ou pluriannuelle portant la mention « étudiant » ;
– l'étranger qui réside régulièrement en France depuis plus de vingt ans ;
– l'étranger ne vivant pas en état de polygamie qui est père ou mère d'un enfant français mineur résidant en France, à condition qu'il établisse contribuer effectivement à l'entretien et à l'éducation de l'enfant dans les conditions prévues par l'article 371-2 du code civil depuis la naissance de celui-ci ou depuis au moins deux ans ;
– l'étranger marié depuis au moins trois ans avec un conjoint de nationalité française, à condition que la communauté de vie n'ait pas cessé depuis le mariage et que le conjoint ait conservé la nationalité française ;
– l'étranger qui réside régulièrement en France depuis plus de dix ans et qui, ne vivant pas en état de polygamie, est marié depuis au moins trois ans avec un ressortissant étranger relevant du 2° de l'article L. 611-3, à condition que la communauté de vie n'ait pas cessé depuis le mariage ;
– l'étranger titulaire d'une rente d'accident du travail ou de maladie professionnelle servie par un organisme français et dont le taux d'incapacité permanente est égal ou supérieur à 20 % ;
– l'étranger résidant habituellement en France si son état de santé nécessite une prise en charge médicale dont le défaut pourrait avoir pour lui des conséquences d'une exceptionnelle gravité et si, eu égard à l'offre de soins et aux caractéristiques du système de santé du pays de renvoi, il ne pourrait pas y bénéficier effectivement d'un traitement approprié.

Ce même article L. 253-1 rend applicable aux ressortissants européens et assimilés :
– le second alinéa de l'article L. 613-3 aux termes duquel, lorsque le délai de départ volontaire n'a pas été accordé, l'étranger est mis en mesure, dans les meilleurs délais, d'avertir un conseil, son consulat ou une personne de son choix ;
– et la première phrase de l'article L. 613-6 qui dispose que, lorsque la qualité de réfugié ou d'apatride est reconnue ou le bénéfice de la protection subsidiaire accordé à un étranger ayant antérieurement fait l'objet d'une décision portant OQTF, l'autorité administrative abroge cette décision.

Plus largement, c'est l'ensemble du chapitre IV du titre I du livre VI qui s'applique ici, à l'exception du régime contentieux spécifique des OQTF assorties d'un délai de départ volontaire (art. L. 614-5). ❑

I. IRRÉGULARITÉ DU SÉJOUR

1. Un ressortissant européen séjournant en France depuis moins de trois mois ne peut faire l'objet d'une OQTF. • CAA Nantes, 8 juin 2009, *Préfet de Loire-Atlantique c/ Badea*, n° 08NT02418 • CE 7 avr. 2010, *Min. Immigration c/ M. Baranga*, n° 314756.

2. La jurisprudence communautaire considère que l'entrée irrégulière sur le territoire d'un État membre ne suffit pas pour refuser aux conjoints étrangers de ressortissants communautaires l'accès au territoire et la délivrance d'un titre de séjour, ou pour fonder à leur égard une mesure d'éloignement. • CJCE 25 juill. 2002, *MRAX c/ État belge*, n° C-459/99 : *D. 2003. 597, obs. Sousse*.

3. Préalablement à une décision de refus de séjour valant OQTF, le préfet n'a pas à rechercher si une ressortissante roumaine, interpellée alors qu'elle pratiquait la mendicité, constituait déjà une charge pour l'assurance maladie. • TA Paris, 28 nov. 2007, *Muntean,* n° 0713072/3/2.

4. Il incombe à l'administration, en cas de contestation sur la durée du séjour d'un citoyen de l'UE dont elle a décidé l'éloignement, de faire valoir les éléments sur lesquels elle se fonde pour considérer qu'il ne remplit plus les conditions pour séjourner en France. L'administration peut notamment s'appuyer sur des données émanant des organismes pourvoyeurs d'aide lorsqu'elle invoque la charge que constitue le ressortissant communautaire pour le système d'aide sociale, ou sur les déclarations préalablement faites par l'intéressé. Il appartient à l'étranger qui demande l'annulation de cette décision d'apporter tout élément de nature à en contester le bien-fondé, selon les modalités habituelles de l'administration de la preuve. • CE, avis, 26 nov. 2008, *Silidor,* n° 315441 : *AJDA 2009. 270, concl. Guyomar*. ♦ Cette solution semble en marge de la jurisprudence de la CJCE qui considère que les ressortissants communautaires tirent directement leur droit d'entrée et de séjour du traité sans autre formalité que la présentation d'un titre d'identité en cours de validité. • CJCE 23 mars 2006, *Commission c/ Belgique,* n° C-408/03. ♦ La même juridiction considère que la liberté de circulation ne peut être limitée que par des mesures nationales compatibles avec les principes de proportionnalité et de nécessité. • CJCE 19 janv. 1999, *Calfa,* n° C-348/96 : *D. 1999. 275, obs. Renucci*.

II. ABUS DE DROIT

5. Notion. Les justiciables ne sauraient se prévaloir frauduleusement ou abusivement des normes du droit de l'Union et les juridictions nationales peuvent, au cas par cas, en se fondant sur des éléments objectifs, tenir compte du comportement abusif ou frauduleux des personnes concernées pour leur refuser, le cas échéant, le bénéfice des dispositions dudit droit. Toutefois, lesdites juridictions sont tenues, dans l'appréciation d'un tel comportement, de prendre en considération les objectifs poursuivis par les dispositions du droit de l'Union en cause. • CJCE 9 mars 1999, *Centros,* n° C-212/97 • 21 nov. 2002, *X et Y,* n° C-436/00 : *Europe 2003. Comm. 18, obs. Idot* • CJUE 21 juill. 2011, *Tural Oguz,* n° C-186/10 : *Europe 2011. Comm. 345, obs. Kauff-Gazin.*

6. Pour que l'on puisse éventuellement parler d'abus de droit, il faut qu'il ressorte d'un ensemble de circonstances objectives que, malgré un respect formel des conditions prévues par la législation communautaire, l'objectif poursuivi par cette législation n'a pas été atteint. • CJCE 19 oct. 2004, *Zhu et Chen c/ Royaume-Uni,* n° C-200/02. ♦ Il pourrait ainsi s'agir de la volonté d'obtenir un avantage résultant de la réglementation communautaire en créant artificiellement les conditions requises pour son obtention. • CJCE 14 déc. 2000, *Emsland-Stärke,* n° C-110/99.

7. Le fait de séjourner en France dans le but essentiel de bénéficier du système d'assurance sociale constitue un abus du droit. Tel est le cas d'une ressortissante roumaine, entrée en France depuis moins de trois mois et qui, depuis au moins six mois, bénéficie (avec son conjoint et leur enfant mineur) d'un hébergement social d'urgence dont le coût est évalué entre 20 et 34 euros par jour et par personne. • CAA Lyon, 30 mai 2013, n° 12LY02929.

8. Bien que dépourvu de ressources et vivant de la mendicité et de l'aide associative humanitaire, l'intéressé n'a jamais demandé à bénéficier d'une quelconque aide sociale ; il ne peut donc être regardé comme constituant une charge déraisonnable, une telle charge devant par ailleurs être appréciée « en prenant notamment en compte le montant des prestations sociales non contributives », dont il ne bénéficiait pas en l'espèce. • CAA Bordeaux, 17 oct. 2013, n° 13BX00934.

9. Répétition de séjours de moins de trois mois. En précisant qu'est constitutif d'un abus de droit « le fait de renouveler des séjours de moins de trois mois en France dans le but de se maintenir sur le territoire alors que les conditions requises pour un séjour d'une durée supérieure à trois mois ne sont pas remplies », les dispositions de l'art. L. 251-1 ne définissent pas comme un abus de droit le seul fait de renouveler des séjours de moins de trois mois en France. Elles entendent, au contraire, viser les cas dans lesquels la répétition et le rapprochement dans le temps de séjours de moins de trois mois en France révéleraient, de la part d'un ressortissant d'un autre État membre de l'UE ne remplissant pas les conditions requises pour séjourner en France plus de trois mois, sa volonté de se maintenir sur le territoire afin de bénéficier des avantages procurés aux résidents de longue durée et notamment du système français d'assistance sociale et de soins. Ces dispositions législatives, qui ne définissent pas ainsi de façon excessivement large le cas d'abus de droit qu'elles visent, n'ont pas méconnu le droit conféré aux États membres par l'art. 35 de la Dir. 2004/38/CE du Parlement européen et du Conseil du 29 avr. 2004, relative au droit des citoyens de l'Union et des membres de leurs familles de circuler et de séjourner librement sur le territoire des États membres, de prendre les mesures permettant de refuser ou de retirer à un citoyen de l'UE le droit de séjour tel que défini par l'art. 6 de la directive. • CAA Bordeaux, 30 oct. 2012, *M. Yankov,* n° 12BX00601 : *AJDA 2013. 18*. ♦ Si l'intéressé a effectué de fréquents allers et retours entre la France et la Roumanie, cette seule circonstance ne suffit pas à établir qu'il a organisé ses courts séjours et ses déplacements afin de parvenir à se maintenir illégalement sur le territoire français sans que les conditions d'un séjour de plus de trois mois fussent remplies. En outre, si l'autorité administrative souligne également, dans sa décision, que l'intéressé n'exerce pas d'activité professionnelle et n'apporte pas la preuve qu'il dispose de revenus propres, ces autres circonstances ne sont pas davantage, en l'espèce, de nature à établir que le séjour contesté de l'appelant en France est motivé par le souhait de bénéficier du système d'assistance sociale national. • CAA Douai, 25 oct. 2012, *M. Fanica*, n° 12DA00853 : *AJDA 2013. 504*. ♦ Solution contraire s'agissant d'un ressortissant roumain qui multipliait les séjours d'une durée inférieure à trois mois sur le territoire français, qui n'établissait pas rechercher effectivement un emploi et avoir une chance réelle d'être engagé, et ne disposait pas, pour lui et sa famille, d'une assurance maladie ni de ressources suffisantes afin de ne pas devenir une charge pour le système d'assistance sociale. • CAA Lyon, 29 nov. 2012, *Préfet du Rhône c/ M. D.*, n° 12LY00483 : *AJDA 2013. 609*.

10. La seule circonstance d'effectuer de fréquents allers-retours entre la France et son pays d'origine ne suffit pas à établir que l'intéressé a organisé ses courts séjours et ses déplacements afin de parvenir à se maintenir illégalement sur le territoire français sans que les conditions d'un séjour de plus de trois mois fussent remplies ; le fait que l'étranger n'exerce aucune activité professionnelle et ne dispose pas de ressources suffisantes n'est pas de nature à démontrer que son séjour a pour but essentiel de bénéficier du système d'assistante sociale. • CAA Douai, 25 oct. 2012, n° 12DA00853. ♦ La cour administrative de Lyon a pourtant adopté la solution exactement inverse. • CAA Lyon, 29 nov. 2012, *Préfet du Rhône c/ Dimitru*, n° 12LY00483. ♦ Les circonstances que la requérante effectue depuis sept ans trois à quatre allers-retours par an entre la Roumanie et la France, déclare « vivre de la ferraille » et des revenus de son mari, a répondu « oui » à la question « avez-vous multiplié les séjours de moins de trois mois en France dans le but de vous maintenir sur le territoire français alors que vous ne remplissez pas les conditions de séjour fixées par les textes pour une durée supérieure à trois mois ? » sont de nature à révéler que l'appelante a multiplié volontairement les séjours de moins de trois mois dans le but de se maintenir sur le territoire français. Son séjour est ainsi constitutif d'un abus de droit. • CAA Marseille, 27 févr. 2018, n° 17MA02273.

III. MENACE RÉELLE, ACTUELLE ET SUFFISAMMENT GRAVE POUR UN INTÉRÊT FONDAMENTAL DE LA SOCIÉTÉ FRANÇAISE

11. L'appréciation, par l'autorité administrative, de la menace que constitue le comportement de l'intéressé ne saurait se fonder sur la seule existence d'une infraction à la loi. L'autorité administrative est tenue d'examiner, d'après l'ensemble des circonstances de l'affaire, si la présence de l'intéressé sur le territoire français est de nature à constituer une menace réelle, actuelle et suffisamment grave pour un intérêt fondamental de la société française, ces conditions étant appréciées en fonction de sa situation individuelle, notamment de la durée de son séjour en France, de sa situation familiale et économique et de son intégration. En l'espèce, une telle menace est avérée s'agissant d'une ressortissante roumaine qui avait déjà fait précédemment l'objet de signalements pour des faits similaires et qui ne disposait d'aucun moyen d'existence autre que la mendicité. Mère de quatre enfants, l'un d'entre eux seulement était à sa charge. • CE 1er oct. 2014, *Mme A.*, n° 365054 A : *AJDA 2014. 1916 ; ibid. 2015. 64, note Aubin ; ibid. 2014. 1916 ; D. 2015. 450, obs. Boskovic, Corneloup, Jault-Seseke, Joubert et Parrot*.

12. Incriminations. L'existence de condamnations pénales antérieures ne peut, à elle seule, motiver de telles mesures. Le comportement de l'intéressé doit présenter une menace réelle, actuelle et suffisamment grave pour un intérêt fondamental de la société. Tel est le cas d'une personne condamnée à douze ans d'emprisonnement pour des infractions répétées d'abus sexuels sur mineurs, alors même qu'elle n'avait purgé que la moitié de sa peine. • CJUE 13 juill. 2017, n° C-193/16 : *AJDA 2017. 1712, chron. Bonneville, Broussy, Cassagnabère et Gänser ; D. 2018. 313, chron. Boskovic, Corneloup, Jault-Seseke, Joubert et Parrot*.

13. Une restriction apportée aux libertés de circulation et de séjour d'une personne qui a fait l'objet, dans le passé, d'une décision d'exclusion du statut de réfugié au motif qu'il y avait de sérieuses raisons de penser qu'il a commis un crime de guerre ou un crime contre l'humanité est susceptible de relever de la notion de mesures d'ordre public ou de sécurité publique. Une telle circonstance ne saurait automatiquement conduire à la constatation que sa simple présence sur le territoire de l'État membre d'accueil constitue une menace réelle, actuelle et suffisamment grave pour un intérêt fondamental de la société. Une appréciation au cas par cas est ainsi nécessaire, prenant en considération la nature et la gravité du comportement de l'individu, la durée et, le cas échéant, le caractère légal de son séjour dans cet État membre, la période qui s'est écoulée depuis le comportement qui lui est reproché, sa conduite pendant cette période, le degré de sa dangerosité actuelle pour la société, ainsi que la solidité des liens sociaux, culturels et familiaux avec ledit État membre. • CJUE 2 mai 2018, n° C-366/16 : *AJDA 2018. 948*.

14. Constitue une menace réelle, actuelle et suffisamment grave pour les intérêts fondamentaux de la société française le fait pour des ressortissants de l'UE d'avoir pénétré par effraction dans la zone protégée de la centrale nucléaire de Fessenheim après avoir usé de manœuvres de diversion et refusé d'obtempérer aux injonctions des forces de l'ordre leur intimant de ne pas entrer dans ce site placé sous le statut de zone protégée. Dans le cadre de cette opération au cours de laquelle des bousculades avec les gendarmes se sont produites, plusieurs personnes sont montées sur le toit des bâtiments « réacteur » et « combustibles » et trois d'entre elles s'y sont entravées avec des cordes, perturbant le fonctionnement normal de l'installation nucléaire dans laquelle toute opération de maintenance ou de sécurisation aurait été rendue plus difficile. • CAA Nancy, 19 févr. 2015, *Muller*, n° 14NC01442 : *AJDA 2015. 1276, concl. (contraires) Favret*. ♦ Tel n'est pas le cas en revanche s'agissant d'un étranger interpellé pour des faits de vol de matériel sur un chantier de démolition en compagnie de trois autres individus et pour conduite sous l'empire d'un état alcoolique et conduite sans permis en 2011. • CAA Lyon, 25 juill. 2017, n° 17LY00640.

IV. PROCÉDURE

15. Examen particulier. L'OQTF prise dans ces conditions doit être précédée d'un examen particulier de la situation personnelle de l'intéressé. • TA Lyon, 16 nov. 2010, *Mme Dumitru*, n° 1005389 : *AJDA 2011. 1153, note Meillier*. ♦ Le préfet ne peut se borner à indiquer que l'intéressé ne justifie pas de droit au séjour ; il lui incombe de réunir, avant de prendre la décision d'éloignement, les éléments personnalisés qui lui auraient permis de décider du sort de l'intéressé en toute connaissance de cause et de procéder à un examen particulier de sa situation préalablement à la décision. • CAA Lyon, 28 juin 2011, *M. Marginean*, n° 11LY00023.

16. Motivation. Les art. 28 et 30 de la Dir. du 29 avr. 2004 relative au droit des citoyens de l'Union et des membres de leur famille de circuler et séjourner librement sur le territoire des États membres, qui imposent aux États membres de prendre en compte la situation personnelle d'un citoyen de l'Union avant d'édicter à son encontre une mesure d'éloignement et de motiver celle-ci, avaient fait l'objet d'une transposition en droit français avant même la L. du 16 juin 2011 et l'introduction de l'art. L. 251-1. En effet, l'obligation de quitter le territoire français est une mesure qui doit, en tant que telle, être motivée en application des règles de forme édictées, pour l'ensemble des décisions administratives, par l'art. 1er de la L. du 11 juill. 1979 relative à la motivation des actes administratifs et à l'amélioration des relations entre l'administration et le public. Le prononcé des décisions de retour ne revêt jamais un caractère automatique dès lors qu'il appartient, dans tous les cas, à l'autorité administrative de se livrer à un examen de la situation personnelle et familiale de l'étranger et de prendre en compte les éventuelles circonstances faisant obstacle à l'adoption d'une mesure d'éloignement à son encontre. • CE 24 avr. 2013, *Mme A.*, n° 351460 B : *AJDA 2013. 889* ; *RTD eur. 2013. 874, obs. Ritleng*.

17. Quand le préfet se borne à indiquer qu'un ressortissant européen ne dispose plus d'aucun droit au séjour en France, il ne prend pas de décision relative au droit au séjour mais se borne à motiver la décision portant OQTF. • CAA Lyon, 22 juin 2010, *Mlle Gheorghian*, n° 09LY02161.

18. Contradictoire. A l'instar des règles applicables aux étrangers « de droit commun », le Conseil d'État a considéré que le principe du contradictoire prévu à l'art. 24 de la L. du 12 avr. 2000 ne s'applique pas à un refus de séjour portant OQTF opposé à un ressortissant européen. Toutefois, si la décision de refus de séjour, de refus de délivrance ou de renouvellement d'une carte de séjour ou de retrait de celle-ci est prise sans être assortie d'une OQTF, elle ne peut intervenir qu'après que la personne intéressée a été mise à même de présenter des observations écrites ou orales. • CE, avis, 26 nov. 2008, *Silidor*, n° 315441 : *préc. note 4*.

19. Substitution de motif. Les dispositions de l'art. L. 622-1, au visa duquel le préfet a pris l'arrêté litigieux, permettent de remettre le ressortissant d'un État non membre de l'UE, ou de la Confédération suisse, à destination de l'État de l'Union qui a admis ce ressortissant au séjour (ou de la Suisse, si elle a délivré le titre de séjour valant autorisation de circuler), tandis que le présent art., que le préfet demande de substituer comme fondement de son arrêté, permet d'obliger à quitter le territoire français le ressortissant d'un État de l'UE (ou de la Confédération suisse) sans destination fixée, celui-ci demeurant libre de séjourner ailleurs qu'en France en vertu du principe de libre circulation prévalant dans les limites du territoire de l'Union et des États qui lui sont associés. Par suite, la substitution demandée par le préfet de l'Ain aurait nécessairement pour effet de modifier, non pas la base légale de l'arrêté de remise litigieux, mais l'objet même de l'arrêté et ses effets, en substituant à la décision de remise aux autorités suisses prise initialement une décision obligeant l'intéressé, ressortissant européen, à quitter le territoire français sans destination déterminée. Dans ces conditions, la substitution de base légale sollicitée par le préfet ne saurait être effectuée. • CAA Lyon, 3 juin 2021, n° 20LY02914 : *AJDA 2021. 663.*

20. Les dispositions de droit de l'Union ne s'opposent pas à une réglementation nationale qui applique aux citoyens de l'Union et aux membres de leurs familles, pendant le délai qui leur est imparti pour quitter le territoire de l'État membre d'accueil à la suite de l'adoption d'une décision d'éloignement prise à leur égard pour des raisons d'ordre public ou pendant la prolongation de ce délai, des dispositions visant à éviter le risque de fuite qui sont similaires à celles qui, en ce qui concerne les ressortissants de pays tiers, visent à transposer dans le droit national l'art. 7, § 3, de la Dir. 2008/115/CE du Parlement européen et du Conseil du 16 déc. 2008 relative aux normes et procédures communes applicables dans les États membres au retour des ressortissants de pays tiers en séjour irrégulier, à condition que les premières dispositions respectent les principes généraux prévus à l'art. 27 de la Dir. 2004/38/CE et qu'elles ne soient pas moins favorables que les secondes. • CJUE 22 juin 2021, n° C-718/19 : *AJDA 2021. 1682, chron. Bonneville, Gänser et Iljic ; D. 2021. 1239 ; RTD eur. 2021. 733, note Réveillère .*

Art. L. 251-2 **Ne peuvent faire l'objet d'une décision portant obligation de quitter le territoire français en application de l'article L. 251-1 les citoyens de l'Union européenne ainsi que les membres de leur famille qui bénéficient du droit au séjour permanent prévu par l'article L. 234-1.** – *[Anc. art. L. 511-4, al. 1er et 12.]*

SECTION 2 Décisions pouvant assortir l'obligation de quitter le territoire français

SOUS-SECTION 1 Délai de départ volontaire

Art. L. 251-3 **Les étrangers dont la situation est régie par le présent livre disposent, pour satisfaire à l'obligation qui leur a été faite de quitter le territoire français, d'un délai de départ volontaire d'un mois à compter de la notification de la décision.**

L'autorité administrative ne peut réduire le délai prévu au premier alinéa qu'en cas d'urgence et ne peut l'allonger qu'à titre exceptionnel. – *[Anc. art. L. 511-3-1, al. 6.]*

1. Délai pour quitter le territoire. En application de l'art. R. 251-2, la mesure d'éloignement doit indiquer à l'intéressé le délai qui lui est imparti pour quitter le territoire. • CAA Bordeaux, 19 juin 2008, *Préfet des Pyrénées-Atlantiques c/ Ferreira,* n° 07BX02416.

2. L'indication, dans la notification de la décision d'éloignement, du délai imparti au ressortissant européen pour quitter le territoire ne constitue pas une simple mesure d'exécution de la décision d'éloignement mais un élément constitutif de celle-ci. Par suite, la méconnaissance des dispositions de l'art. R. 251-2 est de nature à affecter la légalité de la mesure. • CAA Nantes, 31 déc. 2007, *Mme Rostas,* n° 07NT03054 • CE 13 janv. 2010, *Min. Immigration c/ M. Rostas,* n° 316488.

3. Les OQTF prises à l'encontre de citoyens de l'Union doivent toujours, sauf urgence, être assorties d'un délai de départ volontaire qui ne peut être inférieur à trente jours. Viole l'art. L. 251-3 le préfet ayant estimé que le comportement de l'intéressé, interpellé en flagrant délit de vol à l'étalage, caractérisait un trouble à l'ordre public d'une gravité telle que le délai de départ volontaire ne pouvait être accordé que de manière exceptionnelle sans invoquer l'urgence de nature à justifier le refus de l'octroi d'un délai de départ volontaire. • CAA Lyon, 29 déc. 2015, n° 15LY03076.

SOUS-SECTION 2 Interdiction de circulation sur le territoire français

COMMENTAIRE

Dès lors que la Commission européenne (Doc. COM (2013) 837 final du 25 nov. 2013) admet que les mesures d'éloignement prises pour abus de droit ou pour des considérations de protection de l'ordre public peuvent être assorties d'une interdiction de circulation sur le territoire de l'État membre qui la décide, la loi du 7 mars 2016 a créé une mesure d'interdiction de circulation sur le territoire français qui pourra intervenir en complément d'une OQTF visant un ressortissant européen. En raison de la rédaction même du présent art., cette mesure d'interdiction de circulation ne pourra concerner les ressortissants européens ne justifiant plus d'aucun droit au séjour.

De manière assez contestable, le législateur a prévu, pour l'éventuelle abrogation de la mesure d'interdiction de circulation, une condition plus stricte que celles s'appliquant aux ressortissants d'États tiers en matière d'abrogation de l'interdiction du territoire ; en effet, lorsque le ressortissant européen sollicite l'abrogation de l'interdiction de circulation sur le territoire français, sa demande n'est recevable que s'il justifie résider hors de France depuis un an au moins. ❑

1. Lorsqu'il prononce une interdiction de circulation, le préfet doit être regardé comme mettant en œuvre le droit de l'UE ; il lui appartient, dès lors, d'en appliquer les principes généraux, dont celui du droit à une bonne administration ; parmi les principes que sous-tend ce dernier figure celui du droit de toute personne d'être entendue avant qu'une mesure individuelle qui l'affecterait défavorablement ne soit prise à son encontre, tel qu'il est énoncé notamment par l' al. 2 de l'art. 41 Charte UE ; selon la jurisprudence de la CJUE, ce droit se définit comme celui de toute personne à faire connaître, de manière utile et effective, ses observations écrites ou orales au cours d'une procédure administrative, avant l'adoption de toute décision susceptible de lui faire grief ; ce droit n'implique pas systématiquement l'obligation, pour l'administration, d'organiser, de sa propre initiative, un entretien avec l'intéressé, ni même d'inviter ce dernier à produire ses observations, mais suppose seulement que, informé de ce qu'une décision lui faisant grief est susceptible d'être prise à son encontre, il soit en mesure de présenter spontanément des observations écrites ou de solliciter un entretien pour faire valoir ses observations orales ; enfin, une atteinte à ce droit n'est susceptible d'affecter la régularité de la procédure à l'issue de laquelle la décision faisant grief est prise que si la personne concernée a été privée de la possibilité de présenter des éléments pertinents qui auraient pu influer sur le contenu de la décision, ce qu'il lui revient, le cas échéant, d'établir devant la juridiction saisie. • CAA Paris, 20 juin 2017, n° 17PA00337.

2. Le contrôle juridictionnel de l'interdiction de circulation réside en fait de l'appréciation des motifs ayant justifié l'OQTF ; il en va de même s'agissant de l'appréciation du droit à mener une vie familiale et personnelle normale. Exemples : • CAA Marseille, 26 juin 2018, n° 17MA02271 • CAA Bordeaux, 10 juill. 2018, n° 18BX01148 • CAA Paris, 26 juin 2018, n° 17PA03978.

3. Eu égard à la multiplicité des interpellations de l'intimé pour organisation de jeux de hasard et d'argent sur la voie publique, quand bien même elles n'ont pas donné lieu ultérieurement à des poursuites pénales, et aux nombreuses mesures d'éloignement précédentes exécutées, mais ne dissuadant pas le retour régulier de l'intéressé en France, le préfet de police pouvait légalement, sans entacher sa décision d'erreur d'appréciation, prononcer à son encontre une interdiction de circulation sur le territoire français de 24 mois. • CAA Paris, 13 mars 2018, n° 17PA02173.

Art. L. 251-4 **L'autorité administrative peut, par décision motivée, assortir la décision portant obligation de quitter le territoire français édictée sur le fondement des 2° ou 3° de l'article L. 251-1 d'une interdiction de circulation sur le territoire français d'une durée maximale de trois ans.** – *[Anc. art. L. 511-3-2, al. 1er.]*

Art. L. 251-5 **L'autorité administrative peut à tout moment abroger l'interdiction de circulation sur le territoire français.**

Lorsque l'étranger sollicite l'abrogation de l'interdiction de circulation sur le territoire français, sa demande n'est recevable que s'il justifie résider hors de France depuis un an au moins. Cette condition ne s'applique pas :

1° Pendant le temps où l'étranger purge en France une peine d'emprisonnement ferme ;

2° Lorsque l'étranger fait l'objet d'une mesure d'assignation à résidence prise en application de l'article *(Rect. JO du 24 avr. 2021)* **« L. 262-1 ».** – *[Anc. art. L. 511-3-2, al. 2 à 5.]*

Art. L. 251-6 **Le sixième alinéa de l'article L. 251-1 et les articles L. 251-3, L. 251-7 et L. 261-1 sont applicables à l'interdiction de circulation sur le territoire français.** – *[Anc. art. L. 511-3-2, al. 6.]*

SECTION 3 Procédure contentieuse

Art. L. 251-7 **Les décisions portant obligation de quitter le territoire français et les interdictions de circulation sur le territoire français prises en application du présent chapitre peuvent être contestées devant le tribunal administratif dans les conditions prévues** *(L. n° 2024-42 du 26 janv. 2024, art. 72)* **« aux articles L. 614-1 à L. 614-3** *[ancienne rédaction : au chapitre IV du titre I du livre VI]* **».** *(Abrogé par L. n° 2024-42 du 26 janv. 2024, art. 72)* ***« L'article L. 614-5 n'est toutefois pas applicable. »*** – *[Anc. art. L. 511-3-1, al. 8.]*

Les dispositions issues de l'art. 72 de L. n° 2024-42 du 26 janv. 2024 entrent en vigueur à une date fixée par Décr. en Conseil d'État, et au plus tard le 1er août 2024. Ces dispositions s'appliquent à la contestation des décisions prises à compter de leur entrée en vigueur (L. préc., art. 86-IV).

V. NDLR ss. art. L. 614-1 s. et L. 911-1 s., infra.

Art. L. 251-8 **Si la décision relative au délai de départ volontaire est annulée, une nouvelle décision est prise en application de l'article L. 251-3.**

CHAPITRE II EXPULSION

Art. L. 252-1 **L'étranger dont la situation est régie par le présent livre peut faire l'objet d'une décision d'expulsion, prévue à l'article L. 631-1, sous réserve que son comportement personnel représente une menace réelle, actuelle et suffisamment grave pour un intérêt fondamental de la société.**

Pour prendre une telle décision, l'autorité administrative tient compte de l'ensemble des circonstances relatives à sa situation, notamment la durée de son séjour sur le territoire national, son âge, son état de santé, sa situation familiale et économique, son intégration sociale et culturelle dans la société française ainsi que l'intensité de ses liens avec son pays d'origine. – *[Anc. art. L. 521-5.]*

COMMENTAIRE

Les ressortissants européens et les membres de leurs familles ne sont pas à l'abri de mesures d'éloignement du territoire français, ce qui est parfaitement conforme à la jurisprudence de la CJUE. On rappellera qu'ils peuvent ainsi faire l'objet d'une obligation de quitter le territoire (V. *infra* notes ss. art. L. 611-1), notamment lorsqu'ils ne peuvent se prévaloir d'aucun droit au séjour ou que leur résidence en France, pour des périodes de moins de trois mois, est de nature à s'assimiler à un « abus de droit ».

Le présent article rend les ressortissants européens et assimilés justiciables des différentes procédures d'expulsion dès lors que leur comportement personnel représente une « menace réelle, actuelle et suffisamment grave pour un intérêt fondamental de la société ». Il s'agit par conséquent du même motif que celui pouvant présider à une OQTF intervenant pendant la période de trois mois à compter de l'entrée en France de l'intéressé (art. L. 610-1).

Il ne sera pas possible de recourir à l'expulsion « simple » (V. *infra*, notes ss. art. L. 631-1) si l'intéressé justifie d'un séjour régulier en France depuis dix ans (V. art. L. 631-2) ; seule l'expulsion pour nécessité impérieuse pour la sûreté de l'État ou la sécurité publique sera donc ici envisageable. Cette gradation dans l'ampleur de la menace à l'ordre public devra satisfaire aux exigences posées par la jurisprudence européenne. ❑

1. Les dispositions du droit de l'Union relatives à la liberté de circulation et d'établissement n'interdisent pas le recours à la procédure d'expulsion s'agissant d'un ressortissant européen qui représente une menace grave pour l'ordre public. • TA Marseille, 2 mai 2001, n° 99-2822. ♦ La Cour de Luxembourg a confirmé que la réserve d'ordre public était opposable aux ressortissants communautaires. • CJCE 4 déc. 1974, *Van Duyn,* n° C-41/74 • CJCE 26 nov. 2002 : *Oteiza Olazabal, n° C-100/01 : AJDA 2003. 377, chron. Belorgey, Gervasoni et Lambert* . ♦ La mesure d'éloignement doit être justifiée par une menace réelle et suffisamment grave affectant un intérêt fondamental de la société. • CJCE 27 oct. 1977, *Bouchereau,* n° 30/77 : *Rec. CJCE 1977. 2012.*

2. La mesure doit être fondée exclusivement sur le comportement personnel de l'individu. • CJCE 8 avr. 1976, *Royer,* n° 48/75. ♦ Elle ne peut ainsi reposer sur des motifs d'intérêt général. • CJCE 19 janv. 1999, *Calfa,* n° C-348/96. ♦ L'affiliation à une organisation dont les pratiques sont contestées par l'État d'accueil constitue un comportement volontaire et personnel de l'intéressé. • CJCE 4 déc. 1974, *Van Duyn,* n° 41/74.

3. Une condamnation pénale ne justifie pas nécessairement d'une telle menace à l'ordre public. • CJCE 29 avr. 2004, *Orfanopoulos,* n° C-482/01.

4. Ne justifie pas d'une telle menace : une interpellation pour racolage. • TA Nantes, 7 juin 2007, *Mica,* n° 073176. ♦ ... Une condamnation à une peine correctionnelle de 4 ans d'emprisonnement pour avoir, en bande organisée, détenu et transporté sans justificatif d'origine et en violation des dispositions légales et réglementaires, des marchandises fortement taxées, en l'espèce, des cigarettes. • CAA Douai, 18 oct. 2007, *M. W.,* n° 07DA01151 : *AJDA 2008. 308, concl. Lepers* . ♦ ... L'exercice de la prostitution. • CAA Lyon, 9 juill. 2008, *Préfet de Saône-et-Loire c/ Hassemeyer,* n° 08LY00411. ♦ ... Le jet d'un cocktail molotov contre la permanence d'un parti politique dans le cadre d'un engagement en faveur de la lutte des sans-logis. • CAA Lyon, 3 juill. 2008, *Bengier,* n° 07LY02653. ♦ ... Une condamnation pour port d'arme illicite et homicide involontaire. • CJCE 27 févr. 1975, *Bonsignore,* n° 67/74. ♦ ... Une condamnation pour détention de stupéfiants. • CJCE 29 avr. 2004, *Orfanopoulos,* n° C-482/01. • CJCE 7 juin 2007, *Commission c/ Pays-Bas,* n° C-50/06. ♦ ... L'omission des formalités en vue d'obtenir un titre de séjour. • CJCE 12 déc. 1989, *Messner,* n° C-265/88. ♦ L'occupation illégale d'un terrain, même s'il porte atteinte à la salubrité publique. • CAA Versailles, 28 avr. 2009, *Préfet du Val-d'Oise c/ Mihai,* n° 08VE02978 • TA Lille, 27 août 2010, n° 1005249 : *JCP*

20 sept. 2010, 916, note Sorbara • CAA Versailles, 15 juill. 2009, n° 09VE01053. ♦ ... La tentative de vol d'une bouteille de whisky dans un magasin. • CAA Douai, 30 juill. 2009, *Préfet de la Somme c/ Horvat,* n° 09DA00377. ♦ L'existence d'une dette contractée à l'égard d'une personne privée. • CJUE 4 oct. 2012, *Hristo Byankov c/ Glaven sekretar na Ministerstvo na vatreshnite raboti,* n° C-249-11.

5. Jugé en revanche que constitue une menace réelle, actuelle et grave pour un intérêt fondamental de la société l'étranger communautaire ayant reconnu avoir commis des vols à l'étalage à deux reprises, dans le même magasin à 2 jours d'intervalle. • CAA Lyon, 3 oct. 2008, *Préfet de la Drôme c/ Balan,* n° 08LY00585. ♦ De même, et en l'absence même de condamnations pénales, la participation à un vol par effraction commis en réunion sur la voie publique constitue une menace réelle, actuelle et suffisamment grave pour justifier une mesure d'éloignement. • CAA Lyon, 8 juill. 2008, *Préfet de l'Ain c/ Alexandru,* n° 07LY01551. ♦ Le CE a considéré que constitue une telle menace un membre des brigades rouges condamné en Italie à 8 ans d'emprisonnement. • CE 24 oct. 1990, *Ragusi,* n° 81333 : *AJDA 1991. 322, note Julien-Laferrière.* ♦ Même solution pour un ressortissant espagnol condamné à 12 ans de réclusion criminelle pour homicide volontaire. • Marseille, 9 nov. 1999, *Cardenas,* n° 97-7026 TA. ♦ Ressortissant roumain convoqué devant le tribunal correctionnel pour vol en réunion après avoir été interpellé pour vol de portable, mais sans avoir été poursuivi (solution qui semble peu compatible avec la jurisprudence de la CJUE). • CAA Lyon, 27 sept. 2009, *Préfet du Jura,* n° 09LY00111. ♦ Condamnation pour vol et récidive de vol ayant valu une peine d'un an d'emprisonnement. • CAA Lyon, 10 juin 2010, *Préfet du Rhône c/ Lukanov,* n° 09LY02615. ♦ Organisateur et complice de faits, manifestement susceptibles d'être qualifiés par le juge pénal de vol en réunion et d'escroquerie à la charité. • CAA Versailles, 26 juin 2012, *Préfet d'Eure-et-Loir,* n° 11VE03012.

6. La notion de « raisons impérieuses de sécurité publique » (art. 28, § 3, Dir. de 2004) doit être entendue comme considérablement plus stricte que celle de « motifs graves » (art. 28 § 2) ; il doit s'agir de circonstances exceptionnelles impliquant une atteinte à la sécurité publique présentant un degré de gravité particulièrement élevé ; la notion de sécurité publique concerne tout à la fois la sécurité intérieure et la sécurité extérieure ainsi que l'atteinte au fonctionnement des institutions et services publics ; elle peut s'étendre à des objectifs tels que la lutte contre la criminalité liée au trafic de stupéfiants en bande organisée ; quoi qu'il en soit, le comportement de l'intéressé doit révéler une menace réelle et actuelle pour un intérêt fondamental de la société ou de l'État. • CJUE 23 nov. 2010, *Baden-Würtemberg c/ Panagiotis Tsakouridis,* n° C-145/09 : *AJDA 2011. 265, chron. Aubert, Broussy et Donnat.* ♦ La CJUE a précisé dans quelles conditions une infraction pénale particulièrement grave, telle qu'une agression sexuelle sur mineur, peut constituer une « raison impérieuse de sécurité publique » justifiant qu'un État membre prenne une mesure d'éloignement à l'encontre d'un ressortissant de l'Union : il est loisible aux États membres de considérer que des infractions pénales telles que [celles de l'espèce] constituent une atteinte particulièrement grave à un intérêt fondamental de la société, susceptible de représenter une menace directe pour la tranquillité et la sécurité physique de la population, et, partant, de relever de la notion de « raisons impérieuses de sécurité publique » pouvant justifier une mesure d'éloignement [...], à condition que la façon selon laquelle de telles infractions ont été commises présente des caractéristiques particulièrement graves, ce qu'il appartient à la juridiction de renvoi de vérifier ; toute mesure d'éloignement est subordonnée à ce que le comportement de la personne concernée représente une menace réelle et actuelle pour un intérêt fondamental de la société ou de l'État membre d'accueil [...]. Avant de prendre une décision d'éloignement, l'État membre d'accueil doit tenir compte notamment de la durée du séjour de l'intéressé sur son territoire, de son âge, de son état de santé, de sa situation familiale et économique, de son intégration sociale et culturelle dans cet État et de l'intensité de ses liens avec son pays d'origine. • CJUE 22 mai 2012, *P. I. c/ Oberbürger-meisterin der Stadt Remscheid,* n° C-348/09 : *AJDA 2012. 1034* • CJUE 9 févr. 2023, n° C-402/21.

7. Aux termes de l'art. 30 de la Dir. du 19 avr. 2004 : 1. Toute décision prise en application de l'art. 27, § 1, est notifiée par écrit à l'intéressé dans des conditions lui permettant d'en saisir le contenu et les effets. / 2. Les motifs précis et complets d'ordre public, de sécurité publique ou de santé publique qui sont à la base d'une décision le concernant sont portés à la connaissance de l'intéressé, à moins que des motifs relevant de la sûreté de l'État ne s'y opposent ; en retenant pour son arrêté une motivation qui ne comporte pas l'exposé précis des faits ayant conduit à l'édiction de la mesure de reconduite à la frontière, le préfet n'a pas suffisamment motivé sa décision au regard des exigences posées par ces dispositions. • CAA Versailles, 26 juin 2012, *Préfet d'Eure-et-Loir,* n° 11VE03012.

8. Le droit de l'Union s'oppose aux dispositions nationales qui s'appuient sur la présomption selon laquelle la condamnation à certaines peines pour des délits spécifiques doit entraîner l'expulsion. En cas d'expulsion, le ressortissant communautaire doit pouvoir bénéficier des garanties matérielles et procédurales prévues par le droit communautaire et notamment par la Dir. 2004/38/CE du 29 avr. 2004. • CJCE 7 juin 2007, *Commission c/ Pays-Bas,* n° C-50/06.

Art. L. 252-2 **Sous réserve que l'article L. 631-3 n'y fasse pas obstacle, le citoyen de l'Union européenne qui séjourne régulièrement en France depuis dix ans ne peut faire l'objet d'une décision d'expulsion, en application de l'article L. 631-2, que si elle constitue une nécessité impérieuse pour la sûreté de l'État ou la sécurité publique.**

(L. n° 2024-42 du 26 janv. 2024, art. 35) **« Par dérogation au sixième alinéa de l'article L. 631-2, la circonstance qu'il a déjà fait l'objet d'une condamnation définitive pour des crimes ou des délits punis de trois ans ou plus d'emprisonnement n'a pas pour effet de le priver du bénéfice des dispositions du présent article. »**

Ancien art. L. 252-2 ***Sous réserve que l'article L. 631-3 n'y fasse pas obstacle, le citoyen de l'Union européenne qui séjourne régulièrement en France depuis dix ans ne peut faire l'objet d'une décision d'expulsion, en application de l'article L. 631-2, que si elle constitue une nécessité impérieuse pour la sûreté de l'État ou la sécurité publique.***

Par dérogation au dernier alinéa de l'article L. 631-2, la circonstance qu'il a été condamné définitivement à une peine d'emprisonnement ferme au moins égale à cinq ans n'a pas pour effet de le priver du bénéfice des dispositions du présent article. – *[Anc. art. L. 521-2, al. 1er et 7.]*

COMMENTAIRE

L'ordonnance n° 2020-1733 du 16 décembre 2020 procède ici, à nouveau, par renvoi aux dispositions de droit commun, en l'espèce relatives à l'expulsion. Cette méthode n'est pas exempte de critiques dans la mesure où l'article L. 631-2 est relatif à l'expulsion « simple », c'est-à-dire pour menace grave à l'ordre public alors que l'article L. 252-2 est relatif à l'expulsion pour nécessité impérieuse pour la sûreté de l'État ou la sécurité publique. C'est donc à la liste des étrangers protégés contre l'expulsion « simple » (art. L. 631-2) et contre l'expulsion pour des comportements de nature à porter atteinte aux intérêts fondamentaux de l'État, ou liés à des activités à caractère terroriste, ou constituant des actes de provocation explicite et délibérée à la discrimination, à la haine ou à la violence contre une personne déterminée ou un groupe de personnes (art. L. 631-3) que l'article L. 252-2 fait référence.

On en déduit par conséquent qu'est protégé contre l'expulsion pour nécessité impérieuse pour la sûreté de l'État ou la sécurité publique le citoyen européen et assimilé qui :

– ne vivant pas en état de polygamie, est père ou mère d'un enfant français mineur résidant en France, à condition qu'il établisse contribuer effectivement à l'entretien et à l'éducation de l'enfant dans les conditions prévues par l'article 371-2 du code civil depuis la naissance de celui-ci ou depuis au moins un an ;

– est marié depuis au moins trois ans avec un conjoint de nationalité française, à condition que la communauté de vie n'ait pas cessé depuis le mariage et que le conjoint ait conservé la nationalité française ;

– réside régulièrement en France depuis plus de dix ans, sauf s'il a été pendant toute cette période titulaire d'une carte de séjour temporaire ou pluriannuelle portant la mention « étudiant » ;

– est titulaire d'une rente d'accident du travail ou de maladie professionnelle servie par un organisme français et dont le taux d'incapacité permanente est égal ou supérieur à 20 % ;

– justifie par tous moyens résider habituellement en France depuis qu'il a atteint au plus l'âge de treize ans ;

– réside régulièrement en France depuis plus de vingt ans ;

– réside régulièrement en France depuis plus de dix ans et qui, ne vivant pas en état de polygamie, est marié depuis au moins quatre ans soit avec un ressortissant français ayant conservé la nationalité française, soit avec un ressortissant étranger relevant de l'article L. 632-1, 1°, à condition que la communauté de vie n'ait pas cessé depuis le mariage ;

– réside régulièrement en France depuis plus de dix ans et qui, ne vivant pas en état de polygamie, est père ou mère d'un enfant français mineur résidant en France, à condition qu'il établisse contribuer effectivement à l'entretien et à l'éducation de l'enfant dans les conditions prévues par l'article 371-2 du code civil depuis la naissance de celui-ci ou depuis au moins un an ;

– réside habituellement en France si son état de santé nécessite une prise en charge médicale dont le défaut pourrait avoir pour lui des conséquences d'une exceptionnelle gravité et si, eu égard à l'offre de soins et aux caractéristiques du système de santé du pays de renvoi, il ne pourrait pas y bénéficier effectivement d'un traitement approprié.

Si les citoyens européens et assimilés restent protégés contre l'expulsion même en cas de condamnation pour des crimes ou délits punis de trois ans ou plus d'emprisonnement, la protection tombe lorsque les faits à l'origine de la décision d'expulsion ont été commis à l'encontre de son conjoint, d'un ascendant ou de ses enfants ou de tout enfant sur lequel il exerce l'autorité parentale. Il en va de même lorsque les faits ont été commis à l'encontre du titulaire d'un mandat électif public ou de toute personne dépositaire de l'autorité publique ou chargée d'une mission de service public (L. n° 2024-42 du 26 janv. 2024). ❑

1. Pour apprécier le critère de la durée de dix ans de séjour antérieurement à une mesure d'éloignement, durée faisant obstacle à cette mesure, il doit être tenu compte de la totalité des aspects pertinents dans chaque cas d'espèce, notamment la durée de chacune des absences de l'intéressé de l'État d'accueil, la durée cumulée et la fréquence de ces absences ainsi que les raisons qui ont guidé l'intéressé, permettant éventuellement de considérer que l'intéressé a déplacé vers un autre État le centre de ses intérêts personnels, familiaux et professionnels. • CJUE 23 nov. 2010, *Baden-Würtemberg c/ Panagiotis Tsakouridis*, n° C-145/09 : *AJDA 2011. 265, chron. Aubert, Broussy et Donnat*.

2. Si les périodes d'emprisonnement ne peuvent être prises en considération aux fins de l'octroi de la protection renforcée et qu'une telle période interrompt, en principe, la continuité du séjour, les autorités doivent néanmoins, au moment où se pose la question de l'éloignement, effectuer une appréciation globale de la situation de l'intéressé qui tienne compte de la totalité des aspects pertinents de l'affaire. Ainsi, les périodes d'emprisonnement peuvent, ensemble avec les autres éléments pertinents de l'affaire, et notamment la circonstance que l'intéressé a déjà séjourné dans l'État membre d'accueil pendant les dix ans précédant son emprisonnement, être prises en compte par les autorités nationales pour déterminer si les liens d'intégration tissés précédemment avec l'État membre ont réellement été rompus. • CJUE 16 janv. 2014, *Secretary of State for the Home Department c/ Mme G.*, n° C-400/12 : *AJDA 2014. 340, chron. Aubert, Broussy et Cassagnabère*.

CHAPITRE III AUTRES DISPOSITIONS APPLICABLES

Art. L. 253-1 **Outre les dispositions du présent titre, sont également applicables aux étrangers dont la situation est régie par le présent livre les dispositions de l'article L. 611-3, du second alinéa de l'article L. 613-3,** *(L. n° 2024-42 du 26 janv. 2024, art. 72)* **« de l'article L. 613-5-1, » de la première phrase de l'article L. 613-6, du chapitre IV du titre I du livre VI** *(Abrogé par L. n° 2024-42 du 26 janv. 2024, art. 72)* ***« à l'exception de celles de l'article L. 614-5, »*** **et des articles L. 631-1 à L. 631-4, L. 632-1 à L. 632-7 et L. 641-1 à L. 641-3.**

Les dispositions issues de l'art. 72 de L. n° 2024-42 du 26 janv. 2024 entrent en vigueur à une date fixée par Décr. en Conseil d'État, et au plus tard le 1er août 2024. Ces dispositions s'appliquent à la contestation des décisions prises à compter de leur entrée en vigueur (L. préc., art. 86-IV).

TITRE VI EXÉCUTION DES DÉCISIONS D'ÉLOIGNEMENT

CHAPITRE I EXÉCUTION D'OFFICE DE LA DÉCISION PORTANT OBLIGATION DE QUITTER LE TERRITOIRE FRANÇAIS

Art. L. 261-1 **La décision portant obligation de quitter le territoire français prévue à l'article L. 251-1 mentionne le pays, fixé en application de l'article L. 721-4, à destination duquel les étrangers dont la situation est régie par le présent livre sont renvoyés en cas d'exécution d'office.** – *[Anc. art. L. 511-3-1, al. 7.]*

Une décision d'éloignement frappant un citoyen de l'Union qui a perdu le droit de séjourner sur le territoire d'un État membre n'est pas pleinement exécutée du seul fait que ledit citoyen de l'Union a quitté physiquement ledit territoire dans le délai que ladite décision fixe pour son départ volontaire ». Il « doit non seulement avoir quitté physiquement le territoire de l'État membre d'accueil, mais également avoir mis fin à son séjour sur ce territoire de manière réelle et effective (durée passée par le citoyen en dehors du territoire de l'État membre, résiliation d'un contrat de bail, déménagement), de telle sorte que, à l'occasion de son retour sur ledit territoire, il ne saurait être considéré que son séjour s'inscrit, en réalité, dans la continuité de son séjour précédent sur le même territoire ». « S'il résulte d'une telle vérification que le citoyen de l'Union n'a pas mis fin à son séjour temporaire sur le territoire de l'État membre d'accueil de manière réelle et effective, cet État membre n'est pas obligé d'adopter une nouvelle décision d'éloignement sur la base des mêmes faits ayant donné lieu à la décision d'éloignement déjà prise à l'encontre de ce citoyen de l'Union, mais peut se fonder sur cette dernière décision afin d'obliger celui-ci à quitter son territoire ». • CJUE 22 juin 2021, n° C-719/19 : *AJDA 2021. 1301 ; D. 2021. 1238 ; ibid. 2021. 1682, chron. Bonneville, Gänser et Iljic*.

CHAPITRE II ASSIGNATION À RÉSIDENCE

Art. L. 262-1 Les étrangers dont la situation est régie par le présent livre peuvent être assignés à résidence dans les conditions et selon les modalités prévues :

1° Au 1° de l'article L. 731-1 et au 1° de l'article L. 731-3, lorsqu'ils font l'objet d'une décision portant obligation de quitter le territoire français prise en application de l'article L. 251-1 ;

2° Au 2° de l'article L. 731-1 et au 2° de l'article L. 731-3, lorsqu'ils font l'objet d'une interdiction de circulation sur le territoire français prise en application de l'article L. 251-4.

CHAPITRE III RÉTENTION ADMINISTRATIVE

Art. L. 263-1 Les étrangers dont la situation est régie par le présent livre peuvent être placés en rétention administrative dans les conditions et selon les modalités prévues aux articles L. 741-1, L. 741-4, L. 741-5 et L. 741-7 lorsqu'ils font l'objet d'une décision portant obligation de quitter le territoire français ou d'une interdiction de circulation sur le territoire français prise en application du chapitre I du titre IV.

CHAPITRE IV AUTRES DISPOSITIONS APPLICABLES

Art. L. 264-1 Outre les dispositions du présent titre, sont également applicables aux étrangers dont la situation est régie par le présent livre les dispositions des articles L. 711-1, du troisième alinéa de l'article L. 711-2, des articles L. 721-2 à L. 721-5, L. 722-1 à L. 722-8, L. 722-11, des 6°, 7° et 8° et du dernier alinéa de l'article L. 731-1, de l'article L. 731-2, des 6°, 7° et 8° de l'article L. 731-3, des articles L. 731-4, L. 731-5, L. 732-1 à L. 732-9, L. 733-1 à L. 733-17, L. 741-1 à L. 744-17, L. 752-1 à L. 752-12, L. 753-1 à L. 753-12, L. 754-1 et L. 754-3 à L. 754-8.

TITRE VII CONTRÔLES ET SANCTIONS

Art. L. 270-1 Sont applicables aux étrangers dont la situation est régie par le présent livre les dispositions du titre I du livre VIII ainsi que les dispositions des articles L. 821-3 à L. 821-5, L. 822-1 à L. 822-6, L. 823-1 à L. 823-10, L. 823-11 à L. 823-17, L. 824-1 à L. 824-9 et L. 824-11.

TITRE VII *BIS* PROCÉDURE CONTENTIEUSE

(L. n° 2024-42 du 26 janv. 2024, art. 72)

Les dispositions du présent titre introduites par l'art. 72 de la L. n° 2024-42 du 26 janv. 2024 entrent en vigueur à une date fixée par Décr. en Conseil d'État, et au plus tard le 1er août 2024. Ces dispositions s'appliquent à la contestation des décisions prises à compter de leur entrée en vigueur (L. préc., art. 86-IV).

Art. L. 271-1 Les dispositions du livre IX sont applicables aux étrangers dont la situation est régie par le présent livre.

TITRE VIII DISPOSITIONS RELATIVES À L'OUTRE-MER

Dans les collectivités qui relèvent de l'art. 74 de la Const., à l'exception de Saint-Pierre-et-Miquelon, en Nouvelle-Calédonie et dans les Terres australes et antarctiques françaises, les dispositions et modifications introduites par la L. n° 2024-42 du 26 janv. 2024 entrent en vigueur à une date fixée par Décr. en Conseil d'État, et au plus tard le 1er sept. 2025 (L. préc., art. 86-V). Ces dispositions entrent en vigueur le 15 juill. 2024 (Décr. n° 2024-799 du 2 juill. 2024, art. 9-I).

CHAPITRE I DISPOSITIONS PARTICULIÈRES AUX COLLECTIVITÉS RÉGIES PAR L'ARTICLE 73 DE LA CONSTITUTION ET À SAINT-PIERRE-ET-MIQUELON

Art. L. 281-1 Les dispositions du présent livre sont applicables de plein droit en Guadeloupe, en Guyane, en Martinique, à La Réunion, à Mayotte et à Saint-Pierre-et-Miquelon, sous réserve des adaptations prévues au présent chapitre.

Art. L. 281-2 Pour l'application du présent livre en Guadeloupe, à l'article L. 264-1, les références aux articles L. 722-3, L. 722-7, L. 732-8 et L. 754-3 à L. 754-5 sont supprimées.

Art. L. 281-3 Pour l'application du présent livre en Guyane à l'article L. 264-1, les références aux articles L. 722-3, L. 722-7, L. 732-8 et L. 754-3 à L. 754-5 sont supprimées.

Art. L. 281-4 Pour l'application du présent livre en Martinique :

(Abrogé par L. n° 2024-42 du 26 janv. 2024, art. 80-II) « 1° La dernière phrase de l'article L. 251-7 est supprimée ; »

2° A l'article L. 264-1, la référence à l'article L. 754-3 est supprimée.

Les modifications du présent art. issues de l'art. 80 de la L. n° 2024-42 du 26 janv. 2024 entrent en vigueur à une date fixée par Décr. en Conseil d'État, et au plus tard le 1er août 2024. Ces dispositions s'appliquent à la contestation des décisions prises à compter de leur entrée en vigueur (L. préc., art. 86-IV). Toutes ces dispositions entrent en vigueur le 15 juill. 2024 (Décr. n° 2024-799 du 2 juill. 2024, art. 9-I).

Art. L. 281-5 Pour l'application du présent livre à La Réunion :

(Abrogé par L. n° 2024-42 du 26 janv. 2024, art. 80-II) « 1° La dernière phrase de l'article L. 251-7 est supprimée ; »

2° A l'article L. 264-1, la référence à l'article L. 754-3 est supprimée.

Sur l'entrée en vigueur des modifications du présent art. issues de l'art. 80 de la L. n° 2024-42 du 26 janv. 2024, V. note ss. art. L. 281-4.

Art. L. 281-6 Pour l'application du présent livre à Mayotte, à l'article L. 264-1, les références aux articles L. 722-3, L. 732-8 et L. 754-3 à L. 754-5 sont supprimées.

Art. L. 281-7 Pour l'application du présent livre à Saint-Pierre-et-Miquelon :

1° Les références à la directive 2004/38 du Parlement européen et du Conseil du 29 avril 2004 relatif au droit des citoyens de l'Union et des membres de leurs familles de circuler et de séjourner librement sur le territoire des États membres sont supprimées ;

(Abrogé par L. n° 2024-42 du 26 janv. 2024, art. 80-II) « 2° La dernière phrase de l'article L. 251-7 est supprimée ; »

3° A l'article L. 264-1, la référence à l'article L. 754-3 est supprimée.

Sur l'entrée en vigueur des modifications du présent art. introduites par l'art. 80 de la L. n° 2024-42 du 26 janv. 2024, V. note ss. art. L. 281-4.

CHAPITRE II DISPOSITIONS APPLICABLES À SAINT-BARTHÉLEMY

Art. L. 282-1 Sous réserve des adaptations prévues par le présent chapitre, les dispositions suivantes sont applicables à Saint-Barthélemy dans leur rédaction résultant de l'ordonnance n° 2020-1733 du 16 décembre 2020, sauf mention contraire ou mention de leur application de plein droit dans le tableau ci-dessous.

Articles applicables	Dans leur rédaction résultant de
L. 200-1 à L. 200-6	
Au titre I	
L. 210-1	

Articles applicables	Dans leur rédaction résultant de
Au titre II	
L. 221-1 à L. 223-1	
Au titre III	
L. 231-1 à L. 237-1	
Au titre IV	
L. 240-1	
Au titre V	
L. 251-1 à L. 251-6	
L. 251-7	Application de plein droit
L. 251-8	
L. 252-1 à L. 253-1	
Au titre VI	
L. 261-1 à L. 264-1	
Au titre VII	
L. 270-1	

Art. L. 282-2 Pour l'application du présent livre à Saint-Barthélemy :

1° L'accès au travail des étrangers s'exerce dans les conditions prévues par la législation et de la réglementation applicables localement et dans le respect des compétences de la collectivité de Saint-Barthélemy ;

2° Les références à la directive 2004/38 du Parlement européen et du Conseil du 29 avril 2004 relatif au droit des citoyens de l'Union et des membres de leurs familles de circuler et de séjourner librement sur le territoire des États membres sont supprimées ;

3° A l'article L. 223-1, la référence à l'article L. 332-4 est supprimée ;

4° Le deuxième alinéa de l'article L. 233-4 est supprimé ;

5° A l'article L. 264-1, les références aux articles L. 722-7, L. 732-8 et L. 754-3 à L. 754-5 sont supprimées.

CHAPITRE III DISPOSITIONS APPLICABLES À SAINT-MARTIN

Art. L. 283-1 Sous réserve des adaptations prévues par le présent chapitre, les dispositions suivantes sont applicables à Saint-Martin dans leur rédaction résultant de l'ordonnance n° 2020-1733 du 16 décembre 2020, sauf mention contraire dans le tableau ci-dessous.

Articles applicables	Dans leur rédaction résultant de
L. 200-1 à L. 200-6	
Au titre I	
L. 210-1	

Articles applicables	Dans leur rédaction résultant de
Au titre II	
L. 221-1 à L. 223-1	
Au titre III	
L. 231-1 à L. 237-1	
Au titre IV	
L. 240-1	
Au titre V	
L. 251-1 à L. 251-6	
L. 251-7	Application de plein droit
L. 251-8	
L. 252-1 à L. 253-1	
Au titre VI	
L. 261-1 à L. 264-1	
Au titre VII	
L. 270-1	

Art. L. 283-2 Pour l'application du présent livre à Saint-Martin :

1° L'accès au travail des étrangers s'exerce dans les conditions prévues par la législation et de la réglementation applicables localement et dans le respect des compétences de la collectivité de Saint-Martin ;

2° A l'article L. 223-1, la référence à l'article L. 332-4 est supprimée ;

3° Le deuxième alinéa de l'article L. 233-4 est supprimé ;

4° A l'article L. 264-1, les références aux articles L. 722-7, L. 732-8 et L. 754-3 à L. 754-5 sont supprimées.

CHAPITRE IV DISPOSITIONS APPLICABLES DANS LES ÎLES WALLIS-ET-FUTUNA

Art. L. 284-1 Sous réserve des adaptations prévues par le présent chapitre, les dispositions suivantes sont applicables dans les îles Wallis-et-Futuna dans leur rédaction résultant de l'ordonnance n° 2020-1733 du 16 décembre 2020, sauf mention contraire dans le tableau ci-dessous.

Articles applicables	Dans leur rédaction résultant de
L. 200-1 et L. 200-2	
L. 200-4 à L. 200-6	
Au titre I	
L. 210-1	

Articles applicables	Dans leur rédaction résultant de
Au titre II	
L. 221-1 à L. 223-1	
Au titre III	
L. 231-1 à L. 237-1	
Au titre IV	
L. 240-1	
Au titre V	
L. 251-1 à L. 253-1	
Au titre VI	
L. 261-1 à L. 264-1	
Au titre VII	
L. 270-1	

Art. L. 284-2 Pour l'application du présent livre dans les îles Wallis-et-Futuna :

1° L'accès au travail des étrangers s'exerce dans les conditions prévues par la législation et la réglementation applicables localement et dans le respect des compétences de la collectivité des îles Wallis-et-Futuna ;

2° Le présent livre ne régit pas l'entrée et le séjour des ressortissants de la République d'Islande, de la Principauté du Liechtenstein, du Royaume de Norvège et de la Confédération suisse dans les îles Wallis-et-Futuna ;

3° Les références au système d'assistance sociale sont remplacées par la référence au régime d'assistance sociale applicable localement ;

4° Les références au maire et à la commune sont respectivement remplacées par la référence au chef de la circonscription et à la circonscription ;

5° Les références à la directive 2004/38 du Parlement européen et du Conseil du 29 avril 2004 relatif au droit des citoyens de l'Union et des membres de leurs familles de circuler et de séjourner librement sur le territoire des États membres sont supprimées ;

6° A l'article L. 200-1, les dispositions du 2° ne sont pas applicables ;

7° A l'article L. 210-1, les références aux articles L. 142-1 à L. 142-5 sont remplacées par les références aux articles L. 142-1 à L. 142-3 et L. 142-5 ;

8° A l'article L. 223-1, la référence à l'article L. 332-4 est supprimée ;

9° A l'article L. 232-1, les mots : "mentionné par la directive 2004/38 du Parlement européen et du Conseil du 29 avril 2004 relatif au droit des citoyens de l'Union et des membres de leurs familles de circuler et de séjourner librement sur le territoire des États membres" sont supprimés ;

10° Le deuxième alinéa de l'article L. 233-4 est supprimé ;

11° La dernière phrase de l'article L. 251-7 est supprimée ;

12° A l'article L. 264-1, les références aux articles L. 743-10 et L. 754-3 sont supprimées ;

13° A l'article L. 270-1, les références aux articles L. 812-3, L. 812-4 et L. 822-4 sont supprimées.

CHAPITRE V DISPOSITIONS APPLICABLES EN POLYNÉSIE FRANÇAISE

Art. L. 285-1 Sous réserve des adaptations prévues par le présent chapitre, les dispositions suivantes sont applicables en Polynésie française dans leur rédaction résultant de l'ordonnance n° 2020-1733 du 16 décembre 2020, sauf mention contraire ou mention de leur applicabilité de plein droit dans le tableau ci-dessous.

Articles applicables	Dans leur rédaction résultant de
L. 200-1 et L. 200-2	
L. 200-4 à L. 200-6	
Au titre I	
L. 210-1	
Au titre II	
L. 221-1 à L. 223-1	
Au titre III	
L. 231-1 à L. 237-1	
Au titre IV	
L. 240-1	
Au titre V	
L. 251-1 à L. 251-6	
L. 251-7	Application de plein droit
L. 251-8	
L. 252-1 à L. 253-1	
Au titre VI	
L. 261-1 à L. 264-1	
Au titre VII	
L. 270-1	

Art. L. 285-2 Pour l'application du présent livre en Polynésie française :

1° L'accès au travail des étrangers s'exerce dans les conditions prévues par la législation et de la réglementation applicables localement et dans le respect des compétences de la Polynésie française ;

2° Le présent livre ne régit pas l'entrée et le séjour des ressortissants de la République d'Islande, de la Principauté du Liechtenstein, du Royaume de Norvège et de la Confédération suisse en Polynésie française ;

3° Les références au système d'assistance sociale sont remplacées par la référence au régime d'assistance sociale applicable localement ;

4° Les références à la directive 2004/38 du Parlement européen et du Conseil du 29 avril 2004 relatif au droit des citoyens de l'Union et des membres de leurs familles de circuler et de séjourner librement sur le territoire des États membres sont supprimées ;

5° A l'article L. 200-1, les dispositions du 2° ne sont pas applicables ;

6° A l'article L. 210-1, les références aux articles L. 142-1 à L. 142-5 sont remplacées par les références aux articles L. 142-1 à L. 142-3 et L. 142-5 ;

7° A l'article L. 223-1, la référence à l'article L. 332-4 est supprimée ;

8° Le deuxième alinéa de l'article L. 233-4 est supprimé ;

9° La dernière phrase de l'article L. 251-7 est supprimée ;

10° A l'article L. 264-1, les références aux articles L. 743-10 et L. 754-3 sont supprimées ;

11° A l'article L. 270-1, les références aux articles L. 812-3, L. 812-4 et L. 822-4 sont supprimées.

CHAPITRE VI DISPOSITIONS APPLICABLES EN NOUVELLE-CALÉDONIE

Art. L. 286-1 Sous réserve des adaptations prévues par le présent chapitre, les dispositions suivantes sont applicables en Nouvelle-Calédonie dans leur rédaction résultant de l'ordonnance n° 2020-1733 du 16 décembre 2020, sauf mention contraire ou mention de leur applicabilité de plein droit dans le tableau ci-dessous.

Articles applicables	Dans leur rédaction résultant de
L. 200-1 et L. 200-2	
L. 200-4 à L. 200-6	
Au titre I	
L. 210-1	
Au titre II	
L. 221-1 à L. 223-1	
Au titre III	
L. 231-1 à L. 237-1	
Au titre IV	
L. 240-1	
Au titre V	
L. 251-1 à L. 251-6	
L. 251-7	Application de plein droit
L. 251-8	
L. 252-1 à L. 253-1	
Au titre VI	
L. 261-1 à L. 264-1	
Au titre VI	
L. 270-1	

Art. L. 286-2 Pour l'application du présent livre en Nouvelle-Calédonie :

1° L'accès au travail des étrangers s'exerce dans les conditions prévues par la législation et de la réglementation applicables localement et dans le respect des compétences de la Nouvelle-Calédonie ;

2° Le présent livre ne régit pas l'entrée et le séjour des ressortissants de la République d'Islande, de la Principauté du Liechtenstein, du Royaume de Norvège et de la Confédération suisse en Nouvelle-Calédonie ;

3° Les références au système d'assistance sociale sont remplacées par la référence au régime d'assistance sociale applicable localement ;

4° Les références à la directive 2004/38 du Parlement européen et du Conseil du 29 avril 2004 relatif au droit des citoyens de l'Union et des membres de leurs familles de circuler et de séjourner librement sur le territoire des États membres sont supprimées ;

5° A l'article L. 200-1, les dispositions du 2° ne sont pas applicables ;

6° A l'article L. 210-1, les références aux articles L. 142-1 à L. 142-5 sont remplacées par les références aux articles L. 142-1 à L. 142-3 et L. 142-5 ;

7° A l'article L. 223-1, la référence à l'article L. 332-4 est supprimée ;

8° Le deuxième alinéa de l'article L. 233-4 est supprimé ;

9° La dernière phrase de l'article L. 251-7 est supprimée ;

10° A l'article L. 264-1, les références aux articles L. 743-10 et L. 754-3 sont supprimées ;

11° A l'article L. 270-1, les références aux articles L. 812-3, L. 812-4 et L. 822-4 sont supprimées.

CHAPITRE VII DISPOSITIONS APPLICABLES DANS LES TERRES AUSTRALES ET ANTARCTIQUES FRANÇAISES

Le présent chapitre ne comprend pas de dispositions législatives.

LIVRE III ENTRÉE EN FRANCE

COMMENTAIRE

Le nouveau livre III est relatif à l'entrée en France. Les dispositions relatives aux conditions d'admission sur le territoire national ont été clarifiées, en distinguant notamment mieux les conditions de fond des documents qui sont requis des étrangers souhaitant entrer en France. Un chapitre est désormais consacré à la procédure applicable en matière de délivrance de visas. Enfin, les dispositions relatives à l'exécution des décisions de refus d'entrée, et en particulier aux modalités de placement en zone d'attente, ont été réorganisées (Rapp. au Président de la République relatif à l'ordonnance n° 2020-1733 du 16 déc. 2020 portant partie législative du code de l'entrée et du séjour des étrangers et du droit d'asile).

Pour l'année 2021, ce sont 271 675 premiers titres de séjour qui ont été délivrés (+ 21,9 %) dont 43 200 titres humanitaires (+ 31 %) ; 16 819 étrangers en situation irrégulière ont quitté le territoire (+ 8,2 %). Enfin, 104 577 premières demandes d'asile ont été enregistrées ; l'OFPRA a pris 139 513 décisions et la CNDA, 68 403. ❑

TITRE I CONDITIONS D'ADMISSION SUR LE TERRITOIRE FRANÇAIS

Art. L. 310-1 **Conformément à l'article L. 223-1, les dispositions de l'article L. 311-2 sont applicables à l'étranger dont la situation est régie par le livre II.**

CHAPITRE I DISPOSITIONS COMMUNES

Art. L. 311-1 **Pour entrer en France, tout étranger doit être muni :**

1° Sauf s'il est exempté de cette obligation, des visas exigés par les conventions internationales et par l'article 6, paragraphe 1, points a et b, du règlement (UE) 2016/399 du Parlement européen et du Conseil du 9 mars 2016 concernant un code de l'Union relatif au régime de franchissement des frontières par les personnes (code frontières Schengen) ;

2° Sous réserve des conventions internationales, et de l'article 6, paragraphe 1, point c, du code frontières Schengen, du justificatif d'hébergement prévu à l'article L. 313-1, s'il est requis, et des autres documents prévus par décret en Conseil d'État relatifs à l'objet et aux conditions de son séjour et à ses moyens d'existence, à la prise en charge par un opérateur d'assurance agréé des dépenses médicales et hospitalières, y compris d'aide sociale, résultant de soins qu'il pourrait engager en France, ainsi qu'aux garanties de son rapatriement ;

3° Des documents nécessaires à l'exercice d'une activité professionnelle s'il se propose d'en exercer une. – *[Anc. art. L. 211-1.]*

V. Arr. du 26 juill. 2011 relatif aux documents et visas exigés pour l'entrée des étrangers sur le territoire de la Guadeloupe, la Guyane, la Martinique, La Réunion et de la collectivité de Saint-Pierre-et-Miquelon, mod. par Arr. du 7 févr. 2013 (JO 28 févr.), Arr. du 27 juin 2014 (JO 5 juill.), Arr. du 11 mars 2016 (JO 19 mars), Arr. du 21 févr. 2017 (JO 1er mars), Arr. du 28 déc. 2020 (JO 30 déc.), Arr. du 8 juill. 2021 (JO 21 juill.) et Arr. du 3 mai 2022 (JO 6 mai).

BIBL. ► AUBIN, La convention de Schengen devant le Conseil d'État. Le contrôle juridictionnel des refus de visa, *JCP 13 févr. 2002, p. 333* ; L'européanisation de la politique des visas : les nouvelles frontières du droit des étrangers, *RFDA 2017. 914* ✎. – BARBOU DES PLACES, Le code des visas, nouveau « levier » de la politique d'éloignement des étrangers en situation irrégulière [Règl. (UE) 2019/1155 du Parlement européen et du Conseil du 20 juin 2019 portant modification du Règl. (CE) n° 810/2009 établissant un code communautaire des visas (code des visas), *JOUE n° L 188/25 du 12 juill. 2019*], *RTD eur. 2020. 127* ✎. – FARGE, La lutte contre les *kafalas* de complaisance met en exergue la dualité de finalités de l'institution étrangère en France, *Dr. fam. 2010. Comm. 160.* . – SYLLA M'JID EL GUERRAB, Rapport d'information sur la politique des visas, *JOAN n° 3728, 12 janv. 2021.*

COMMENTAIRE

I. L'IMPORTANCE DU DROIT DE L'UNION EUROPÉENNE

Les politiques en matière de visas, d'asile, d'immigration et de libre circulation ont fait l'objet d'une communautarisation croissante. Ainsi, désormais, le règlement (UE)

2016/399 du Parlement et du Conseil du 9 mars 2016 concernant un code de l'Union relatif au régime de franchissement des frontières par les personnes (code frontières Schengen) prévoit (art. 1er) l'absence de contrôle aux frontières des personnes franchissant les frontières intérieures entre les États membres de l'Union européenne mais établit les règles applicables au contrôle aux frontières des personnes franchissant les frontières extérieures des États membres de l'Union européenne. Les frontières extérieures sont définies comme les frontières terrestres des États membres, y compris les frontières fluviales et lacustres, les frontières maritimes, ainsi que leurs aéroports, ports fluviaux, ports maritimes et ports lacustres, pour autant qu'ils ne soient pas des frontières intérieures. Ainsi, les dispositions du présent chapitre constituent très largement la mise en œuvre du code frontières Schengen. Celui-ci prévoit que le ressortissant d'un pays tiers titulaire d'un visa de long séjour délivré par un État membre doit être autorisé à se rendre dans d'autres États membres pour une durée de trois mois sur toute période de six mois, dans les mêmes conditions que les titulaires d'un titre de séjour.

L'article 6 du code frontières Schengen fixe les conditions d'entrée pour les ressortissants de pays tiers pour un séjour n'excédant pas trois mois sur une période de six mois. Il faut ainsi être en possession :

– du document ou de documents de voyage en cours de validité permettant le franchissement de la frontière ;

– d'un visa en cours de validité si celui-ci est requis en vertu du règlement (CE) n° 539/2001 du Conseil du 15 mars 2001 fixant la liste des pays tiers dont les ressortissants sont soumis à l'obligation de visa pour franchir les frontières extérieures des États membres et la liste de ceux dont les ressortissants sont exemptés de cette obligation, sauf s'ils sont titulaires d'un titre de séjour en cours de validité (un Règl. (CE) n° 1244/2009 du 30 nov. 2009, *JOUE n° L 336 du 18 déc. 2009*, a ajouté à la « liste blanche » les titulaires de passeports biométriques ressortissants de Macédoine, Monténégro et Serbie. – V. aussi pour les ressortissants de Taïwan : Règl. (UE) n° 1211/2010 du 15 déc. 2010, *JOUE n° L 339 du 22 déc. 2010*, et Règl. (UE) n° 509/2014 du 15 mai 2014, *JOUE n° L 149/67 du 20 mai 2014*). A noter que le règlement (UE) n° 1289/2013 du 11 décembre 2013 (*JOUE n° L 347 du 20 déc. 2013*) permet de rétablir l'obligation de visa à l'encontre d'étrangers qui en sont dispensés si les autorités de leur État imposent une exigence de visa aux ressortissants d'un ou plusieurs États de l'Union européenne. Il en va de même en cas de situation d'urgence (« afflux substantiel et soudain » de migrants en situation irrégulière, de demandes d'asile non fondées ou de demandes de réadmission rejetées) à laquelle un État membre est confronté pendant six mois et à laquelle il ne peut remédier seul ;

– de documents justifiant l'objet et les conditions du séjour envisagé et de moyens de subsistance suffisants, tant pour la durée du séjour envisagé que pour le retour dans le pays d'origine ou le transit vers un pays tiers dans lequel l'admission est garantie, ou d'être en mesure d'acquérir légalement ces moyens.

Au surplus, l'intéressé ne doit pas être signalé aux fins de non-admission dans le système d'information Schengen (SIS) et ne pas être considéré comme constituant une menace pour l'ordre public, la sécurité intérieure, la santé publique ou les relations internationales de l'un des États membres et, en particulier, ne pas avoir fait l'objet d'un signalement aux fins de non-admission dans les bases de données nationales des États membres pour ces mêmes motifs.

Rétablissement du contrôle aux frontières. Les articles 25 et 27 du code frontières Schengen permettent à un État de réintroduire temporairement un contrôle aux frontières intérieures de l'espace Schengen ; si la notification de la décision de la France de réintroduire temporairement le contrôle aux frontières intérieures n'est pas détachable de la procédure d'information des autres États membres et de la Commission dans laquelle elle s'inscrit, la décision nationale que cette notification porte à connaissance constitue une décision administrative dont il appartient au juge administratif de connaître par la voie du recours pour excès de pouvoir (elle ne constitue donc pas un acte de gouvernement). Le juge exerce ici un contrôle de proportionnalité (en l'espèce au regard de l'actualité de la menace terroriste) ; dans l'hypothèse où la menace justifiant le rétablissement des contrôles aux frontières intérieures est d'une durée prévisible supérieure à trente jours sans que son terme puisse raisonnablement être fixé, l'État peut décider de rétablir d'emblée le contrôle temporaire pour la durée maximale de six mois. Cette durée maximale ne fait pas obstacle, en cas de nouvelle menace ou de menace renouvelée pour l'ordre public ou la sécurité intérieure, à la mise en place à nouveau d'un contrôle aux frontières pour une autre période d'une durée maximale de six mois (CE 28 déc. 2017, *ANAFÉ*, n° 415291 A : *AJDA 2018. 6* ; *ibid. 1613, note Escach-Dubourg* ; *D. 2018. 313, chron. Boskovic, Corneloup, Jault-Seseke, Joubert et Parrot* ; *RFDA 2018. 375, note Mayeur-Carpentier* ; *RTDE 2018. 389, note Ritleng*). La Cour de justice de l'Union européenne a toutefois considéré que la durée de six mois « est impérative, de telle sorte que son dépassement entraîne nécessairement l'incompatibilité avec le code frontières Schengen de tout contrôle aux frontières intérieures réintroduit [...] après l'écoulement de cette période ». Toutefois, une nouvelle période pourra être appliquée dans le cas où l'État montre l'existence d'une nouvelle menace grave affectant son ordre public ou sa sécurité intérieure (CJUE 26 avr. 2022, n° C-368/20 : *AJDA 2022. 842* ; *ibid. 1677, chron. Bonneville, Gänser et Ilic* ; *D. 2022. 838* ; *RTD eur. 2023. 122, note Barbou des Places*). Le Conseil d'État a éclairé cette notion de « nouvelle » menace en considérant qu'une menace ne peut être regardée comme telle si elle est d'une nature différente de celles des menaces précédemment identifiées ou lorsque des circonstances ou évènements nouveaux en font évoluer les caractéristiques dans des conditions telles qu'elles en modifient l'actualité, la portée ou la consistance ; tel est le cas, par exemple, s'agissant de la pandémie de covid, de l'arrivée de nouveaux variants (CE 27 juill. 2022, *ANAFE*, n° 463850 : *AJDA 2022. 1591*).

En dehors des cas de dispense (V. *infra* notes ss. art. L. 312-6), les étrangers désireux d'entrer en France devront être en mesure de justifier de l'objet et des conditions de leur séjour (1), de leurs moyens d'existence (2), du bénéfice d'une assurance médicale (3) et enfin de garanties de rapatriement (4).

II. OBJET ET CONDITIONS DU SÉJOUR

S'agissant des documents attestant de l'objet et conditions du séjour (art. R. 313-1), ils varient en fonction de la nature du séjour :

– s'il s'agit d'un séjour touristique, l'intéressé devra produire tout document de nature à établir l'objet et les conditions de ce séjour, et notamment sa durée (réservations d'hôtel, circuit touristique). L'annexe I du code frontières Schengen distingue les justificatifs concernant l'hébergement (invitation de l'hôte en cas d'hébergement chez une personne privée ; pièce justificative de l'établissement d'hébergement ou tout autre document approprié indiquant le type d'hébergement envisagé), l'itinéraire (confirmation de la réservation d'un voyage organisé ou tout autre document approprié indiquant le programme de voyage envisagé) et le retour (billet de retour ou billet circulaire) ;

– dans le cas d'un séjour professionnel, il s'agira de tout document relatif à la profession ou à la qualité du voyageur et aux établissements ou organismes dans lesquels il est attendu. L'annexe I du code frontières Schengen évoque ainsi les documents suivants : l'invitation d'une entreprise ou d'une autorité à participer à des réunions, à des conférences ou à des manifestations à caractère commercial, industriel ou professionnel ; d'autres documents qui font apparaître l'existence de relations commerciales ou professionnelles ; des cartes d'entrée à des foires et à des congrès en cas de participation à un événement de ce genre ;

– pour un séjour motivé par une hospitalisation, l'intéressé devra produire tout document justifiant qu'il satisfait aux conditions requises par l'article R. 6145-4 du code de la santé publique (engagement d'acquitter les frais de consultations, d'actes ou d'hospitalisation) pour l'admission dans les établissements publics de santé, sauf dans le cas de malades ou blessés graves venant recevoir des soins en urgence dans un établissement français ;

– pour un séjour motivé par des travaux de recherche au sens de l'article L. 422-12, le demandeur devra produire le titre de séjour délivré par un État membre de l'Union européenne, un autre État partie à l'Espace économique européen ou par la Confédération suisse, la convention d'accueil signée dans le même État ainsi que l'un des justificatifs de moyens d'existence. Enfin, en cas de visite privée, l'étranger devra fournir un justificatif d'hébergement (V. *infra*) ;

– l'annexe I du code frontières Schengen ajoute le cas des voyages entrepris pour une manifestation à caractère politique, scientifique, culturel, sportif ou religieux, et mentionne les invitations, cartes d'entrée, inscriptions ou programmes indiquant, dans la mesure du possible, le nom de l'organisme d'accueil et la durée du séjour, ou tout autre document approprié indiquant l'objet de la visite ;

– le même texte évoque enfin les voyages effectués dans le cadre d'études ou d'un autre type de formation. Le demandeur devra produire le certificat d'inscription à un institut d'enseignement en vue de prendre part à des cours d'enseignement professionnel ou théoriques dans le cadre d'une formation de base ou d'une formation continue ainsi que les cartes d'étudiant ou certificats relatifs aux cours suivis.

III. MOYENS D'EXISTENCE

D'après l'article 6, 4, du code frontières Schengen, l'appréciation des moyens de subsistance est réalisée en fonction de la durée et de l'objet du séjour et par référence aux prix moyens en matière d'hébergement et de nourriture dans l'État membre pour un logement à prix modéré, multipliés par le nombre de jours de séjour. Ces moyens doivent permettre à l'étranger d'assurer les frais de retour du lieu situé en France jusqu'au pays de résidence habituelle. Ils peuvent prendre la forme d'espèces, de chèques de voyage, de chèques certifiés, de cartes de paiement à usage international ou encore de lettres de crédit (art. R. 313-2).

IV. ASSURANCE MÉDICALE

Le 2° du présent article prévoit également la présentation par le demandeur de la prise en charge par un opérateur d'assurance agréé des dépenses médicales et hospitalières, y compris d'aide sociale, résultant de soins qu'il pourrait engager en France, ainsi que des garanties de son rapatriement. L'attestation d'accueil précise également si l'étranger envisage de satisfaire lui-même à l'obligation d'assurance ou si, conformément à l'article L. 313-7, l'obligation sera satisfaite par une assurance souscrite à son profit par la personne qui se propose de l'héberger. L'article R. 313-3 prévoit que le contrat d'assurance souscrit par l'étranger ou par l'hébergeant pour le compte de celui-ci doit couvrir, à hauteur d'un montant minimum fixé à 30 000 euros, l'ensemble des dépenses médicales et hospitalières, y compris d'aide sociale, susceptibles d'être engagées pendant toute la durée du séjour en France.

V. GARANTIES DE RAPATRIEMENT

Les documents relatifs aux garanties de son rapatriement doivent permettre à l'étranger qui pénètre en France d'assumer les frais afférents à son retour du lieu, situé sur le territoire métropolitain ou dans un département d'outre-mer, où il a l'intention de se rendre, jusqu'au pays de sa résidence habituelle (art. R. 313-4).

Le demandeur devra ainsi être en mesure de fournir les titres de transport maritime, ferroviaire, routier ou aérien valables pour revenir dans le pays de résidence habituelle ou les attestations, accompagnées d'une traduction en français si elles sont établies dans une langue étrangère, d'établissements bancaires situés en France ou à l'étranger garantissant le rapatriement de l'intéressé au cas où celui-ci ne serait pas en mesure d'en assumer lui-même les frais (art. R. 313-5).

On signalera enfin que l'article R. 311-3 prévoit que, lorsque l'entrée en France est motivée par un transit, l'étranger est tenu de justifier qu'il satisfait aux conditions d'entrée dans le pays de destination. ❑

1. Dispenses. Les demandeurs d'asile ne peuvent se voir imposer de produire les documents prévus au présent art. pour entrer en France aux fins de présenter leur demande. • CE 27 sept. 1985, *France Terre d'asile*, n°s 44484 et 44485 A : *JDI 1986. 347, note Julien-Laferrière.*

2. Un ressortissant étranger qui a pénétré dans l'espace Schengen par la frontière extérieure d'un autre État membre, sous couvert d'un visa délivré par les autorités françaises en qualité de « membre de famille de Français », n'est pas tenu de se déclarer à l'occasion de son entrée sur le territoire français pour être regardé comme étant entré régulièrement. • CAA Douai, 25 mars 2019, n° 18DA01973.

3. Ressources suffisantes. Le pouvoir réglementaire peut légalement exiger la preuve de moyens d'existence suffisants préalablement à l'entrée en France. • CE 24 nov. 1989, *MRAP*, n° 91870 B : *Dr. adm. 1990, n° 36.* ♦ Ces ressources doivent permettre au demandeur de vivre en France ; tel n'est pas le cas de dons versés par les fidèles à un imam. • CE 5 juill. 2000, *Sadouki*, n° 207592.

4. Raisons médicales. S'agissant d'un séjour motivé par une hospitalisation, le juge vérifie que l'intéressé a produit les documents exigés par le CSP. • CAA Paris, 3 mars 1998, *Tabissi Mouni,* n° 96PA02580 B.

5. Le refus d'entrée est légalement justifié par le fait que les intéressées ont omis de présenter les justificatifs d'hébergement et de prise en charge de leurs dépenses médicales. • CE 21 sept. 2007, *Min. Intérieur c/ Mayela et Lloki,* n° 309497 B : *AJDA 2008. 763, note Gueguen.*

Arrêté du 25 octobre 2010,

Pris pour l'application du décret n° 2010-1274 du 25 octobre 2010 portant création d'un traitement automatisé de données à caractère personnel dénommé PARAFE.

Art. 1er Pour justifier de sa qualité lors de l'inscription au programme PARAFE, le conjoint d'un citoyen de l'Union européenne ou d'un ressortissant d'un autre État partie à l'accord sur l'Espace économique européen ou de la Confédération suisse, ressortissant de pays tiers, mentionné au deuxième alinéa de l'article 1er du décret du 25 octobre 2010 susvisé, présente, outre son passeport en cours de validité, la carte de séjour de membre de famille d'un citoyen de l'Union mentionnée à l'article L. 121-3 *[devenu art. L. 233-2 et L. 233-5]* du code de l'entrée et du séjour des étrangers et du droit d'asile ou, s'il est conjoint de Français, la carte de séjour temporaire portant la mention « vie privée et familiale » mentionnée au 4° de l'article L. 313-11 *[devenu art. L. 423-1]* du même code ou la carte de résident mentionnée à l'article L. 314-9 *[devenu art. L. 423-6, L. 423-10 et L. 423-16]* du même code.

Art. 2 *(Arr. du 20 mai 2011)* Les personnes éligibles au programme PARAFE telles que mentionnées au second alinéa de l'article 1er du décret n° 2010-1274 du 25 octobre 2010 et titulaires d'un passeport en cours de validité doté d'une bande de lecture optique conforme aux recommandations du document 9309 de l'Organisation de l'aviation civile internationale, doivent s'inscrire préalablement au programme pour avoir accès au sas PARAFE. Pour l'entrée dans le sas PARAFE, elles présentent ce passeport.

Les personnes éligibles au programme titulaires d'un passeport dit "biométrique" sont dispensées de toute inscription préalable.

Arrêté du 26 septembre 2017 *[ABROGÉ]*,

Portant création d'un traitement automatisé de données à caractère personnel relatif aux étrangers sollicitant la délivrance d'un visa, dénommé France-Visas.

(Abrogé par Décr. n° 2024-810 du 6 juill. 2024, art. 4, à compter du 17 juill. 2024)

Le présent arrêté est abrogé, toutefois le ministre de l'intérieur (direction générale des étrangers en France) et le ministre des affaires étrangères (direction des Français à l'étranger et de l'administration consulaire) sont autorisés à utiliser les données enregistrées dans ce traitement jusqu'au terme de la durée de conservation qui en était fixée par cet arrêté, aux fins qu'il autorisait (Décr. n° 2024-810 du 6 juill. 2024, art. 4).

Art. 1er *Est autorisée la création d'un traitement automatisé de données à caractère personnel dénommé France-Visas, relevant du ministère de l'intérieur et du ministère des affaires étrangères.*

Ce traitement a pour finalités :

— d'instruire les demandes de visas en procédant notamment à l'échange d'informations, d'une part, avec les autorités nationales, d'autre part, avec les autorités des États mettant en œuvre l'acquis Schengen au travers du système d'information sur les visas (VIS) pour les données se rapportant aux visas pour un séjour d'une durée inférieure à trois mois délivrés par les autorités françaises ;

— d'améliorer les conditions de délivrance des visas au moyen, d'une part, d'un portail internet et d'un téléservice destinés à informer les demandeurs et à leur permettre de présenter des demandes de visa en ligne, et, d'autre part, pour les entreprises et institutions habilitées, d'un espace de dépôt d'invitation en faveur de leurs partenaires étrangers soumis à l'obligation de visa ;

— dans le cadre de l'instruction des demandes de visas, de lutter contre l'entrée et le séjour irréguliers des étrangers en France, en prévenant les fraudes documentaires, les usurpations d'identité et les détournements de procédure ;

— de faciliter le suivi et le traitement des recours administratifs et contentieux se rapportant aux visas.

Ce traitement permet d'établir des statistiques en matière de délivrance et de refus de visas.

Art. 2 *Le traitement France-Visas procède, lors du dépôt d'une demande de visa, à la consultation automatique et systématique des traitements de données à caractère personnel suivants :*

— le système informatique national dénommé N-SIS II ;

— le système européen d'information sur les visas (VIS) ;

— le fichier des personnes recherchées ;

— le fichier des documents de voyage volés ou perdus d'INTERPOL.

Le traitement France-Visas peut procéder à une mise en relation avec les traitements de données à caractère personnel suivants :

— le traitement automatisé d'informations nominatives dénommé Réseau Mondial Visa 2 (RMV2) ;

— le traitement automatisé de données à caractère personnel dénommé VISABIO ;

— l'application de gestion des dossiers des ressortissants étrangers en France (AGDREF 2) ;

— le traitement automatisé de données à caractère personnel dénommé "Études en France".

Art. 3 *Les données à caractère personnel et informations enregistrées dans le traitement prévu à l'article 1er sont énumérées dans l'annexe du présent arrêté.*

Art. 4 *Les données à caractère personnel et informations mentionnées en annexe sont collectées par :*

1° Les chancelleries consulaires et les consulats français ;

2° Les points de passage aux frontières extérieures Schengen ;

3° Les préfectures.

Art. 5 *Les données à caractère personnel et informations mentionnées en annexe peuvent également être collectées, à la condition que la collecte présente un niveau de protection et des garanties équivalents à ceux du droit français par les prestataires de services externalisés, désignés par les autorités chargées de la délivrance des visas et sous la responsabilité de ces dernières, dans le respect des garanties prévues par le règlement (CE) n° 390/2009 du Parlement européen et du Conseil du 23 avril 2009 ; les personnels des prestataires de services externalisés chargés de cette collecte sont individuellement habilités par ces mêmes autorités.*

Art. 6 *I. — Peuvent avoir accès aux données à caractère personnel et informations enregistrées dans le traitement prévu à l'article 1er, dans le cadre de leurs attributions légales et pour les besoins exclusifs des missions qui leur sont confiées :*

1° Les agents des services centraux du ministère de l'intérieur et du ministère des affaires étrangères participant à l'instruction des demandes de visa et à la gestion des recours administratifs et contentieux, individuellement désignés et habilités par le chef de service dont ils relèvent ;

2° Les agents des missions diplomatiques et des postes consulaires chargés de l'instruction des demandes de visas, individuellement désignés et habilités par le chef de mission diplomatique ou de poste consulaire dont ils relèvent ;

3° Les agents des préfectures chargés de l'instruction des demandes de visas, individuellement désignés et habilités par le préfet et, à Paris, par le préfet de police ;

4° Les agents des préfectures chargés de l'application de la réglementation relative à la délivrance des titres de séjour, au traitement des demandes d'asile et à la préparation et à la mise en œuvre des mesures d'éloignement, individuellement désignés et habilités par le préfet et, à Paris, par le préfet de police ;

5° Les agents de la police nationale et les militaires de la gendarmerie nationale chargés de l'instruction des demandes de délivrance de visas aux frontières et des vérifications aux frontières extérieures des documents de voyage des ressortissants des pays tiers, individuellement désignés et habilités par le chef de service dont ils relèvent ;

6° Les agents de la commission de recours contre les décisions de refus de visa d'entrée en France, individuellement désignés et habilités par le président de la commission ;

7° Pour les besoins de la procédure d'attestation visée au treizième alinéa de l'article R. 311-3 [devenu art. R. 431-16] *du code de l'entrée et du séjour des étrangers et du droit d'asile, les agents de l'Office français de l'immigration et de l'intégration, chargés des procédures d'admission au séjour, individuellement désignés et habilités par le directeur général de l'office.*

II. — Peuvent être destinataires des données à caractère personnel et informations enregistrées dans le traitement prévu à l'article 1er, dans le cadre de leurs attributions légales et pour les besoins exclusifs des missions qui leurs sont confiées, les agents des services du ministère de l'intérieur (direction générale de la sécurité intérieure, direction du renseignement de la préfecture de police de Paris, direction centrale de la police aux frontières) et du ministère de la défense (direction générale de la sécurité extérieure, direction du renseignement et de la sécurité de la défense, direction du renseignement militaire).

Art. 7 *Les données à caractère personnel enregistrées dans le traitement mentionné à l'article 1er sont conservées pendant une période maximale de cinq ans à compter :*

— de la date d'expiration du visa, en cas de délivrance d'un visa ;

— de la nouvelle date d'expiration du visa, en cas de prorogation d'un visa ;

— de la date de la création du dossier de demande en cas de retrait, de clôture ou d'interruption de la demande ;

— de la date de la décision en cas de refus, d'annulation, de réduction ou de retrait d'un visa.

Les données à caractère personnel enregistrées dans les comptes utilisateur et de partenaires habilités mentionnés en annexe sont effacées :

— sans délai à la demande du titulaire du compte ;

— à l'initiative de l'administration, après information du titulaire du compte, en cas d'inactivité du compte pendant une durée ininterrompue d'un an.

Les données à caractère personnel enregistrées au titre des demandes en ligne incomplètes sont conservées pendant une durée de trois mois, conformément aux dispositions du code communautaire des visas.

Art. 8 *Le droit d'accès et de rectification s'exerce dans les conditions fixées aux articles 39 et 40 de la loi du 6 janvier 1978 susvisée :*

1° S'agissant des demandes de visa déposées hors du territoire français, auprès de la représentation diplomatique ou consulaire saisie de la demande, de la direction de l'immigration du ministère de l'intérieur ou de la direction des Français à l'étranger et de l'administration consulaire du ministère des affaires étrangères ;

2° S'agissant des demandes de visa déposées sur le territoire français, auprès de la direction centrale de la police aux frontières et de la préfecture. Les services ci-dessus mentionnés, saisis de demandes tendant à l'exercice du droit de rectification, informent par écrit et sans frais leurs auteurs des éventuelles rectifications auxquelles ils ont procédé.

Art. 9 *Les créations, mises à jour, suppressions et consultations font l'objet d'un enregistrement comprenant l'identifiant de l'auteur, la date, l'heure et l'objet de l'opération. Les informations relatives à ces opérations sont conservées pendant un an.*

Art. 10 *Le droit d'opposition prévu à l'article 38 de la loi du 6 janvier 1978 susvisée ne s'applique pas au présent traitement.*

ANNEXE

TYPE DE DONNÉES	DETAILS DES DONNÉES A CARACTÈRE PERSONNEL ET INFORMATIONS
Image numérisée des pièces du dossier de demande de visa	
Compte utilisateur (demande en ligne)	Nom de l'utilisateur
	Prénom de l'utilisateur
	Date de naissance de l'utilisateur
	Adresse électronique de l'utilisateur
	Mot de passe associé au compte utilisateur
	Date de création du compte
	Date de dernière connexion
	Date de suppression/désactivation du compte
Données contenues dans un dossier de demande de visa	Identité du demandeur
Demandeur de visa	Nom
	Nom de naissance
	Noms antérieurs
	Prénoms
	Date de naissance
	Ville et pays de naissance
	Nom du père
	Nom de la mère
	Nationalité actuelle
	Nationalité à la naissance (si différente)
	Sexe
	État Civil
	Numéro national d'identité
	Pour les mineurs:
	Identité et coordonnées de chaque titulaire de l'autorité parentale/du tuteur légal
	Document de voyage
	Autorité de délivrance
	Type de document de voyage
	Numéro du document de voyage
	Date de délivrance
	Date d'expiration
	Coordonnées du demandeur
	Adresse
	Adresse électronique
	Numéro de téléphone
	Indicateur de non résidence du demandeur

TYPE DE DONNÉES	DETAILS DES DONNÉES A CARACTÈRE PERSONNEL ET INFORMATIONS
	Numéro du titre de séjour Date de délivrance du titre de séjour Date d'expiration du titre de séjour
	Profession du demandeur
	Activité actuelle Autre activité Secteur d'activité Nom et coordonnées de l'employeur du demandeur
	Pour les étudiants
	Nom et coordonnées de l'établissement d'enseignement Indicateur d'étudiant boursier ou non Nom et coordonnées de l'organisme attribuant la bourse d'études Montant de la bourse d'étude Numéro de dossier « études en France »
	En cas de visa pour le long séjour sollicité en vue de l'obtention d'une carte de séjour délivrée par le service du protocole du MEAE Nom du diplomate remplacé Fonction exercée dans le cadre de la prise de fonction Situation particulière du demandeur
	En cas de parenté avec un ressortissant de l'UE/EEE/Suisse: identité du parent, nationalité, numéro de passeport ou de carte nationale d'identité et lien de parenté En cas de parenté avec un ressortissant français: identité du parent, type et numéro de pièce d'identité et lien de parenté
	Objet du voyage
	Motif principal du séjour Motif principal du séjour 2 Motif principal du séjour n
	Séjour
	Type de visa demandé (A, C ou D) Destination principale Destination principale 2 Destination principale n Première frontière d'entrée prévue ou itinéraire de transit prévu Nombre d'entrées

TYPE DE DONNÉES	DETAILS DES DONNÉES A CARACTÈRE PERSONNEL ET INFORMATIONS
	Durée du séjour
	Date prévue d'arrivée dans l'espace Schengen
	Date prévue de départ de l'espace Schengen
	Nombre de séjours envisagés en France pour l'année à venir
	Pour les transits (information sur le pays de destination finale)
	Autorité de délivrance de l'autorisation d'entrée
	Date de début de validité de l'autorisation d'entrée
	Date de fin de validité de l'autorisation d'entrée
	Antécédents séjours
	Informations relatives aux autres visas Schengen obtenus durant les 5 dernières années (dates de début et de fin de validité)
	Motifs des séjours précédents de plus de 3 mois
	Adresses des séjours précédents en France
	Numéro du dernier visa biométrique Schengen obtenu par le demandeur
	Date du précédent relevé des empreintes digitales (aux fins d'une demande de visa Schengen)
	Numéro de la demande précédente
	Possession d'un document de séjour délivré par la France
	Numéro d'étranger inscrit sur ce document de séjour
	Mention inscrite sur ce document de séjour
	Possession d'un document de séjour délivré par un autre État membre de l'Union européenne
	Invitant
	Si l'invitant est une personne:
	Identité et coordonnées de la personne invitante
	Si l'invitant est une société, un organisme ou un établissement d'accueil:
	Nom de la société ou organisation invitante ou établissement d'accueil et coordonnées
	Identité et coordonnées de la personne de contact
	Adresse de séjour si différente de celle de la personne invitante
	Nom de l'hôtel ou de la résidence en France
	Informations relatives à l'adresse de séjour
	Informations relatives aux conditions de financement du voyage
	Personne finançant le séjour
	Moyens de subsistance
	En cas de visa sollicité pour soins médicaux
	Établissement d'accueil (public ou privé)
	Service de l'établissement d'accueil où seront prodigués les soins médicaux

TYPE DE DONNÉES	DETAILS DES DONNÉES A CARACTÈRE PERSONNEL ET INFORMATIONS
	En cas de nationalité soumise à la consultation pour des raisons de sécurité
	Nom (ou raison sociale) et coordonnées du répondant
	Lien du répondant avec le demandeur
Traitement de la demande de visa	Référence de la demande
	Lien avec d'autres dossiers, appartenance à un groupe de dossiers
	Référence du groupe auquel appartient la demande
	Modalité de dépôt de la demande (en personne ou par courrier)
	Informations relatives au rendez-vous
	Date de dépôt de la demande
	Date et motif de retrait du dossier ou d'abandon de la demande par l'intéressé
	Nom (individu) ou raison sociale (organisme) du déposant
	Identité et coordonnées de la personne à joindre
	Mode de transmission du document de voyage et des originaux
	Mode de transmission du document de voyage et des pièces associées au demandeur de visa
	Modalité de retour des documents
	Identité du tiers (individu ou organisme) autorisé à récupérer les documents
	Adresse de retour des documents par courrier
	État de la procédure de la demande de visa
	Autorité (représentation française) à laquelle la demande est présentée
	Biométrie
	Motif de l'absence de recueil des empreintes digitales (juridique ou technique)
	Photographie du demandeur aux normes OACI
	Pièces justificatives
	Type de pièces
	Nom du fichier
	Format du fichier
	Taille du fichier
	Date et heure d'ajout du fichier
	Origine des justificatifs
	Informations relatives aux flux des documents originaux
	Indications qu'un document a été réclamé par un service
	Paiement
	Droits de visa à percevoir
	Frais de service et autres frais supplémentaires à percevoir
	Droits de visa acquittés
	Frais de service et autres frais supplémentaires acquittés
	Devise et contre-valeur en euros

TYPE DE DONNÉES	DETAILS DES DONNÉES A CARACTÈRE PERSONNEL ET INFORMATIONS
	Mode de paiement
	Date et heure du paiement
	Nom de l'agent ayant constaté le paiement
	Nom de l'agent ayant perçu les droits en numéraire
	Nom de l'agent ayant établi la quittance
	Informations relatives à une erreur de perception
	Instruction de la demande
	Nom(s) et prénom(s) des agents qui instruisent successivement le dossier
	Informations relatives au service auquel l'agent est rattaché
	État membre représenté
	Type réglementaire de dossier
Consultation	Demande de consultation
	Poste ou service consultant
	Service consulté (nationalité, nom et localisation)
	Date de la consultation
	Date d'accusé de réception de la demande par le service consulté
	Avis du service consultant
	Commentaire accompagnant la consultation d'un service
	Degré d'urgence de la consultation
	Indicateur d'attention particulière du service consulté
	Demande de prolongation
	Délai demandé par la demande de prolongation
	Date de clôture de la consultation émise auprès d'un service
	Commentaire accompagnant la demande de prolongation d'un service
	Indicateur de relance et date de relance
	Réponse de consultation
	Réponse obtenue
	Date de réception ou de saisie de la réponse
	Référence de la réponse à la consultation
	Commentaire accompagnant la réponse
	Nom et prénom de l'agent qui indique la réponse
	Date de l'accusé de réception d'une réponse transmise à un poste
	Date d'annulation de la réponse
En cas de délivrance d'un visa	Lieu et date de délivrance
	Pays au nom duquel le visa est délivré
	Dates de début et de fin de validité du visa délivré
	Nombre d'entrées autorisées
	Indicateur de visa délivré sur un feuillet séparé
	Numéro de la vignette utilisée

TYPE DE DONNÉES	DETAILS DES DONNÉES A CARACTÈRE PERSONNEL ET INFORMATIONS
	Référence de l'avis de délivrance d'un visa délivré par un partenaire Schengen
	Validité territoriale du visa délivré
	Mention(s) inscrite(s) sur la vignette
	Indicateur de visa de circulation
	Durée de validité du visa de circulation
En cas d'interruption de la demande	Nom de l'agent et localisation de l'autorité à l'origine de l'interruption
	Lieu et date de l'interruption
	État membre compétent pour traiter la demande
En cas de refus	Lieu et date de la décision
	Nom de l'agent et localisation de l'autorité à l'origine du refus
	Indicateur d'inscription au SIS
	Indicateur d'inscription au FPR
	Motivation du refus le cas échéant
	Date de notification de la décision de refus
En cas de réduction de la durée de validité	Lieu de date de la décision
	Nom de l'agent et localisation de l'autorité à l'origine de la décision
	Motif de la réduction de la durée de validité
En cas de retrait ou d'annulation	Lieu de date de la décision
	Nom de l'agent et localisation de l'autorité à l'origine de la décision
	Motif de la décision
	Date d'expiration du visa dont la durée de validité a été réduite ou prorogée et numéro de la nouvelle vignette visa le cas échéant
En cas de prorogation de la validité du visa	Lieu de date de la décision
	Numéro de la vignette si nouveau visa.
	Date début et fin de la prorogation.
	Période de la prorogation.
	Territoire couvert par la prorogation.
	Type de visa prorogé.
	Motifs de la prorogation de la durée de validité obligatoire
	Nom de l'agent et localisation de l'autorité auteur de la décision.
Suivi du retour	Date prévue pour la convocation pour constater le retour
	Date de relance si non-présentation à la convocation
	Date du retour constaté
	Motifs avancés par le demandeur justifiant le retour tardif
	Date du signalement pour refus de répondre aux convocations
	Date du signalement pour absence de retour

TYPE DE DONNÉES	DETAILS DES DONNÉES A CARACTÈRE PERSONNEL ET INFORMATIONS
Recours gracieux	Date de réception du recours Référence du recours Identité et coordonnées du requérant (si différent du demandeur de visa) Qualité du requérant (demandeur, mandataire, personne ayant intérêt à agir) Décision Motif de la décision Auteur de la décision Date de notification de la décision au requérant
Recours hiérarchique	Date de réception du recours Référence du recours Identité et coordonnées du requérant (si différent du demandeur de visa) Qualité du requérant (demandeur, mandataire, personne ayant intérêt à agir) Autorité hiérarchique compétente Recevabilité du recours Date de la demande éventuelle d'éléments complémentaires au service saisi de la demande de visa (plusieurs dates possibles) Références de la demande éventuelle d'éléments complémentaires au service saisi de la demande de visa (plusieurs références possibles) Décision prise par l'autorité hiérarchique Motif de la décision Auteur de la décision Date et référence de l'instruction adressée au service saisi de la demande de visa Date de notification de la décision au requérant
Recours CRRV	
	Date d'envoi du recours ou de la demande de communication de motifs Date de réception du recours ou de la demande de communication de motifs Référence du recours ou de la demande de communication de motifs Identité et coordonnées du requérant (s'il ne s'agit pas du demandeur de visa) Qualité du requérant (demandeur, mandataire, personne ayant intérêt à agir) Date de réception de relances Identité et coordonnées de l'auteur des relances (s'il ne s'agit pas du requérant) Recevabilité du recours ou de la demande de communication de motifs (oui/non) Pour le recours, date de rejet implicite

TYPE DE DONNÉES	DETAILS DES DONNÉES A CARACTÈRE PERSONNEL ET INFORMATIONS
	Si le recours est recevable :
	Date d'envoi d'un courrier accusant réception
	Identité du rapporteur
	Date de prise en charge du dossier par le rapporteur
	Date de la rédaction du rapport
	En cas de décision du président prise hors commission :
	Date de la décision
	Date limite de régularisation (en cas de demande de régularisation d'une irrecevabilité)
	Décision
	Motifs
	Date d'envoi de la décision au requérant
	Mode d'envoi de la décision au requérant (en recommandé ou envoi simple)
	En cas de décision prise en commission :
	Date de la commission
	Décision
	Motifs et commentaires
	En cas de recommandation :
	Date d'envoi de la lettre informant le requérant
	Date de la transmission de la recommandation à l'autorité hiérarchique compétente
	En cas de décision autre qu'une recommandation :
	Date d'envoi de la décision au requérant
	Mode d'envoi de la décision au requérant (en recommandé ou envoi simple)
Traitement des recommandations de la CRRV	En cas de recommandation de la CRRV de délivrer le visa :
	Décision de l'autorité hiérarchique
	Date de la décision de l'autorité hiérarchique
	En cas de suivi de la recommandation :
	Date et références de la transmission de l'instruction au poste
	Date de la notification de la décision au requérant
	En cas de maintien du refus :
	Motif de la décision
	Date de la notification au requérant
Recours contentieux	Plusieurs contentieux possibles relatifs à la même demande de visa.
	Enregistrement
	Autorité hiérarchique compétente
	En cas d'erreur de transmission, date du renvoi à la juridiction saisie
	Date de réception par le service traitant
	Date d'enregistrement au service traitant
	Date limite de traitement

TYPE DE DONNÉES	DETAILS DES DONNÉES A CARACTÈRE PERSONNEL ET INFORMATIONS
	Requête :
	Juridiction saisie
	Numéro d'enregistrement de la requête auprès de la juridiction saisie
	Date d'enregistrement de la requête par la juridiction saisie
	Type de contentieux
	Montants demandés
	Dates de réception de la mise en demeure
	Nom du requérant
	Prénom du requérant
	Identité et coordonnées de l'avocat
	Traitement du recours :
	Rédacteur du mémoire
	Décision après analyse
	Date et référence de l'instruction donnée au poste de délivrer le visa (au cas où l'administration a l'intention de plaider un non-lieu à statuer)
	Date de production du mémoire en défense
	Texte du mémoire en défense
	Date de réception d'un mémoire en réplique
	Rédacteur du mémoire en défense
	Audience :
	Date
	Heure
	Décision de la juridiction saisie :
	Date
	Décision
	Date de réception de la décision par l'autorité hiérarchique
	Suivi de la décision de la juridiction saisie :
	Décision de l'autorité hiérarchique
	Date de la décision de l'autorité hiérarchique
	Date et référence de l'instruction donnée au service chargé de la délivrance du visa (rappels possibles)
	Date de la saisie des services comptables (montant de la condamnation)
	Date de relance de la juridiction saisie
	Date de réponse à la juridiction saisie
Données contenues dans un dossier de signalement sur les personnes	
Enregistrement du signalement	Origine du signalement
	Type de signalement sur des personnes
	Numéro d'identification d'un dossier de signalement
	Date de création du signalement
	Référence du signalement

TYPE DE DONNÉES	DETAILS DES DONNÉES A CARACTÈRE PERSONNEL ET INFORMATIONS
Identité de la personne signalée	(un signalement peut comporter plusieurs fiches d'état civil)
	Nom
	Prénom
	Date et lieu de naissance
	Nationalité de la personne signalée
	Date de mise à jour de l'état civil
Motif	(un signalement peut comporter plusieurs motifs)
	Motif du signalement
	Complément du motif du signalement
	Durée du motif du signalement
	Date d'effet du signalement
Données contenues dans un dossier de signalement sur les répondants	
	Origine du signalement
	Numéro d'identification d'un dossier de signalement
	Date de création du signalement
	Référence du signalement
	Nom (individu) ou raison sociale (organisme) du répondant signalé
	Coordonnées du répondant signalé
	Indicateur: signalement positif, négatif ou neutre
	Commentaire sur le signalement
Données contenues dans un dossier de signalement sur les titres de voyage	
	Origine du signalement
	Numéro d'identification d'un dossier de signalement
	Date de création du signalement
	Référence du signalement
	Type de document de voyage
	Etat ou organisme émetteur du document de voyage
	Numéro de titre de voyage signalé
	Etat du titre de voyage signalé : volé, vierge, délivré, falsifié, etc
Données contenues dans un dossier d'authentification d'actes d'état civil	
	Nom et coordonnées du service demandeur de la vérification
Le demandeur du regroupement ou du rapprochement familial.	Demandeur du regroupement ou du rapprochement familial (identité, adresse)
	Nationalité du demandeur
	Numéro d'enregistrement
	Date d'enregistrement

TYPE DE DONNÉES	DETAILS DES DONNÉES A CARACTÈRE PERSONNEL ET INFORMATIONS
	Type de dossier (regroupement familial, rapprochement de famille de réfugiés, famille de Français)
	Agent traitant
Pour les dossiers de demande de réunification familiale de réfugié statutaire	Numéro OFPRA
	Type de protection accordée par l'OFPRA
La personne dont l'authenticité de l'état civil est vérifiée	Un dossier peut contenir plusieurs références de personnes pour lesquelles la vérification d'authentification des actes d'état civil est demandée aux fins d'obtenir un visa.
	Pour chaque personne dont l'état civil est vérifié :
	Identité (nom, prénom, date de naissance) et adresse
	Nationalité
	Lien familial déclaré
	Type de visa (court séjour ou long séjour, territoire du séjour)
	Poste auprès duquel la demande de visa est ou sera déposée
Traitement du dossier	Service chargé de la consultation des autorités ayant émis l'acte d'état civil
	Date de la consultation
	Date de la réponse
	Réponse
	Conclusions relatives à l'authentification de l'acte d'état civil
	Date de l'envoi des conclusions au service demandeur de la vérification d'authentification
	Poste auprès duquel la demande de visa a été ou sera déposée
Données contenues dans un dossier d'intervention	
Enregistrement	Service recevant l'intervention
	Autorité hiérarchique compétente
	En cas d'erreur de transmission, date de transmission à l'autorité hiérarchique compétente
	Date d'enregistrement au service traitant
	Références de l'intervention
	Lien avec d'autres interventions
	Agent(s) traitant(s)
Bénéficiaire de l'intervention	Identité (nom, prénoms, date de naissance, sexe) du demandeur de visa
	Nationalité
	Lieu et pays de naissance du demandeur de visa
	Coordonnées
Intervenant	(un dossier peut contenir plusieurs intervenants ou interlocuteurs)
	Identité de l'intervenant

TYPE DE DONNÉES	DETAILS DES DONNÉES A CARACTÈRE PERSONNEL ET INFORMATIONS
L'intervention	Coordonnées de l'intervenant Fonction Qualité Nationalité Objectif de l'intervention Motif de l'intervention Type de demande de visa (ordinaire, diplomatique, service) Type de visa et territoire concerné Motif(s) du séjour Poste où il est prévu que la demande de visa sera déposée
Traitement du dossier	Décision Date et référence de la transmission au poste Lien sur un dossier
Données contenues dans un dossier de partenaires habilités	
Données de France-Connect pour les entités françaises	Numéro Siret, Siren, ou RNA Nom, prénom du représentant légal (auteur de la demande d'habilitation) Adresse électronique
Données utiles de l'APIENTREPRISE SGMAP (habilitation)	Date de naissance du représentant légal Fonction déclarée du représentant légal (Kbis Infogreffe) Activité exercée NAF Indicateurs profession règlementée ou déclarée ex : « exportateur agréé » Tranche d'effectifs Chiffre d'affaires Nom du délégataire ayant déposé l'intervention Noms des délégataires du responsable légal
Données des entreprises étrangères	Raison sociale de l'entreprise ou identité de la structure intervenante Nom, prénom du représentant légal (auteur de la demande d'habilitation) Adresse électronique Activité exercée par l'entreprise ou l'entité
Données de l'habilitation des salariés de l'entité	Date de la demande d'habilitation Date de refus d'habilitation Date de création d'habilitation Numéro d'enregistrement de l'habilitation Noms et prénoms des délégataires du responsable légal habilités Fonction dans l'entreprise ou l'entité invitante

TYPE DE DONNÉES	DETAILS DES DONNÉES A CARACTÈRE PERSONNEL ET INFORMATIONS
Données des invitations	Adresses électroniques Date de début et de fin de l'habilitation par délégataire Nombre d'invitations déposées (compteur) total et par délégataires Nom du délégataire ayant déposé l'invitation Intitulé de la manifestation ou de l'objet de l'invitation Date de début Date de fin Nom du correspondant de l'invité si différent du délégataire Lieu de réalisation de l'invitation Nature des frais pris en charge par la société invitante Codification de l'invitation
Données de l'invité	Identité du demandeur de visa Données indiquées sur le document de voyage Profession exercée Lien professionnel avec l'invitant Nombre d'invitations déposées par invité (compteur)

Art. L. 311-2 Un étranger ne satisfait pas aux conditions d'entrée sur le territoire français lorsqu'il se trouve dans les situations suivantes :

1° Sa présence en France constituerait une menace pour l'ordre public ;

2° Il fait l'objet d'un signalement aux fins de non-admission sur le territoire français introduit dans le système d'information Schengen, conformément au règlement (UE) n° 2018/1861 du Parlement européen et du Conseil du 28 novembre 2018 sur l'établissement, le fonctionnement et l'utilisation du système d'information Schengen (SIS) dans le domaine des vérifications aux frontières, modifiant la convention d'application de l'accord de Schengen et modifiant et abrogeant le règlement (CE) n° 1987/2006 ;

3° Il fait l'objet d'une peine d'interdiction judiciaire du territoire, d'une décision d'expulsion, d'une interdiction de retour sur le territoire français, d'une interdiction de circulation sur le territoire français ou d'une interdiction administrative du territoire. – *[Anc. art. L. 213-1.]*

CHAPITRE II VISAS

COMMENTAIRE

Demandes et délivrances de visas

		2016	2017	2018	2019	2020 provisoire	2020/2019
Visas demandés		**3 551 864**	**4 002 677**	**4 291 040**	**4 290 482**	**870 318**	- 79,7 %
Visas refusés		390 750	537 479	674 798	686 862	168 228	- 75,5 %
délivrés	court séjour ou transit	2 879 587	3 210 173	3 348 269	3 298 753	563 750	- 82,9 %
	long séjour	195 014	210 223	224 057	236 246	148 567	- 37,1 %

	2016	2017	2018	2019	2020 provisoire	2020/ 2019
Total visas délivrés	**3 074 601**	**3 420 396**	**3 572 326**	**3 534 999**	**712 317**	- 79,8 %
Évolution (délivrés)	- 3,8 %	+ 11,2 %	+ 4,4 %	- 1,0 %	- 79,8 %	

Sources : SDV – DSED
Champ : France entière, toutes nationalités
Note de lecture : en 2020, on enregistre 870 318 demandes, 168 275 refus et 712 311 délivrances de visas.

Champ : France entière, toutes nationalités

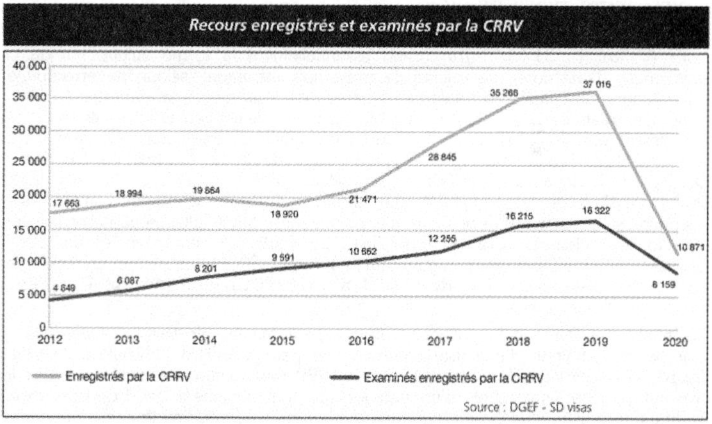

La différence entre le nombre des recours enregistrés et celui des recours examinés correspond essentiellement à des rejets implicites, ayant donné lieu à 607 demandes de communication des motifs en 2020. Celles-ci sont traitées dans un délai d'un mois.

Le visa d'entrée constitue la manifestation la plus forte du pouvoir souverain de chaque État d'autoriser l'entrée d'un étranger sur son territoire. Par voie de conséquence, les États disposent d'un très large pouvoir d'appréciation, pouvant ainsi se fonder sur tout type de considération pour refuser un visa. Si le visa constitue une condition obligatoire pour l'entrée en France, il ne confère pas un droit à son titulaire de pénétrer sur le territoire national.

Le règlement (UE) n° 610/2013 du 26 juin 2013 définit le visa comme « l'autorisation accordée par un État membre en vue [...] du transit ou du séjour prévu sur le territoire des États membres, pour une durée totale n'excédant pas trois mois sur une période de six mois à compter de la date de la première entrée sur le territoire des États membres ». Le code communautaire des visas (Règl. (CE) n° 810/2009 du 13 juill. 2009 mod. par le Règl. (UE) n° 610/2013 du Parlement européen et du Conseil du 26 juin 2013) rassemble désormais toutes les dispositions juridiques existantes relatives aux visas d'une durée maximale de trois mois et définit des règles communes quant aux conditions et procédures de leur délivrance. Il comporte notamment des dispositions générales ainsi que des règles déterminant l'État membre responsable d'une demande de visa ; il harmonise les dispositions relatives au traitement des demandes et aux décisions. Afin de garantir l'égalité de traitement des demandeurs de visa, la Commission a rédigé un manuel relatif au traitement des demandes de visa (qu'elle a adopté le 19 mars 2010) mis à la disposition de l'ensemble du personnel consulaire des États membres.

Par principe, tous les étrangers sont soumis à l'obligation du visa. Toutefois, des dispenses (art. L. 312-5) sont prévues pour les séjours inférieurs à trois mois, notamment pour les ressortissants des États ayant conclu avec la France un accord de circulation portant suppression de cette formalité ainsi que pour les personnes qui sont simplement en transit sur le territoire français (par la voie maritime ou aéroportuaire). Depuis la loi du 11 mai 1998, une nouvelle dispense de visa d'entrée bénéficie aux étrangers détenteurs d'un titre de séjour. Dès lors qu'un ressortissant est titulaire d'un titre de séjour en cours de validité, il peut revenir en France sans avoir à solliciter un visa d'entrée.

Reste qu'en ce domaine, comme plus généralement en droit des étrangers, les considérations relatives au respect des droits des demandeurs sont de plus en plus importantes, faisant ainsi reculer le pouvoir discrétionnaire de l'administration.

I. DÉLIVRANCE DU VISA

A. DIFFÉRENTS TYPES DE VISA

Il existe désormais deux grandes catégories de visa. En premier lieu, *le visa de court séjour* (V. art. L. 312-1, *infra*) prend essentiellement la forme aujourd'hui du visa dit « uniforme », d'une durée de validité de trois mois maximum (séjour ininterrompu ou plusieurs séjours dont la durée totale ne dépasse pas trois mois par semestre à partir de la dernière entrée). Les dispositions du code frontières Schengen relatives au visa uniforme ne régissent que les visas ayant une durée maximale de trois mois. Ce sont les instructions consulaires communes (ICC, Décis. 2004/14/CE du Conseil du 22 déc. 2003, *JOUE n° L 5 du 9 janv. 2004, p. 76* ; Décis. 2008/374/CE du Conseil du 29 avr. 2008, *JOUE n° L 129 du 17 mai 2008*) qui fixent le mode d'emploi des visas Schengen, sans toutefois disposer d'une portée normative. Elles sont désormais complétées par le règlement (CE) n° 810/2009 du Parlement européen et du Conseil du 13 juillet 2009 (*JOUE n° L 243/1 du 15 sept. 2009*) établissant un code communautaire des visas (mod. par Règl. (UE) n° 610/2013 du Parlement européen et du Conseil du 26 juin 2013).

La mise en œuvre de la politique commune en matière de visas s'est traduite notamment par la définition d'une liste commune de pays soumis à l'obligation de visa (Règl. (CE) n° 574/1999 du Conseil du 12 mars 1999 déterminant les pays tiers dont les ressortissants doivent être munis d'un visa lors du franchissement des frontières extérieures des États membres, *JOCE n° L 72 du 18 mars 1999*). Cette liste est périodiquement actualisée et figure en annexe aux instructions consulaires communes.

Le visa uniforme est valable sur le territoire européen de tous les États parties. Il est en principe délivré par le pays de destination principale (à défaut, le poste diplomatique ou consulaire de première entrée). Il permet à un étranger de solliciter l'entrée sur le territoire Schengen pour des motifs autres que l'immigration. Les visas uniformes représentent plus de 90 % du total des visas délivrés par la France.

Il existe en outre certains visas de court séjour permettant l'établissement en France qui restent régis par les dispositions nationales. C'est le cas tout d'abord du visa « étudiant-concours » qui permet à un étranger d'entrer sur le territoire français afin de pouvoir passer un concours dans le but de s'inscrire dans un établissement d'enseignement supérieur ; en cas de succès, l'intéressé se verra délivrer une carte de séjour portant la mention « étudiant ». Il s'agit ensuite du visa « carte de séjour à délivrer dès l'entrée en France » qui concerne les personnes ayant vocation à se voir attribuer une carte de séjour temporaire ou une carte de résident sans avoir à produire un visa de long séjour, en particulier les conjoints de ressortissants français.

En second lieu, *le visa de long séjour* (V. art. L. 312-2 à L. 312-4, *infra*), dit visa d'établissement, constitue en principe une condition nécessaire à l'obtention d'un titre de séjour. Comme l'indiquent les instructions consulaires communes (pt 1), les visas pour un séjour de plus de trois mois restent soumis aux procédures nationales et ne permettent le séjour que sur le seul territoire national. Néanmoins, les titulaires de tels visas pourront transiter par le territoire des autres parties contractantes en vue de se rendre sur le territoire de la partie contractante qui a délivré le visa, sauf s'ils ne satisfont pas aux conditions d'entrée.

Le visa de long séjour concerne les séjours de plus de trois mois ; sa validité est d'un an maximum pour plusieurs voyages, chacun n'excédant pas trois mois (V. tableau *supra*).

B. COMPÉTENCE

En application du décret n° 2008-1176 du 13 novembre 2008, la délivrance du visa d'entrée aux étrangers résidant habituellement dans leur circonscription consulaire (sauf motifs imprévisibles et impérieux n'ayant pas permis aux intéressés de déposer leur demande dans la circonscription où ils résident habituellement) est une compétence propre des chefs de poste consulaire. En l'absence d'une représentation diplomatique ou consulaire française dans l'État en cause, le visa uniforme peut être délivré par les services d'un autre État Schengen, après autorisation préalable des autorités françaises.

En l'état du droit antérieur à la loi n° 2018-778 du 10 septembre 2018 pour une immigration maîtrisée, un droit d'asile effectif et une intégration réussie, la vignette visa, considérée comme une décision individuelle de l'administration, devait, en application de l'article L. 212-1 du code des relations entre le public et l'administration, être signée par son auteur. Cela représentait une charge de travail certaine puisqu'en 2017, 3 432 982 visas avaient été délivrés par les postes consulaires français. Cette formalité largement inutile est désormais supprimée.

C. PROCÉDURE DE DÉLIVRANCE

La procédure de délivrance est régie par l'instruction générale sur les visas, qui n'est toutefois pas communicable au public ni opposable juridiquement aux postes diplomatiques et consulaires.

Selon le III-4 des instructions consulaires communes, le demandeur doit, en règle générale, être invité à se présenter personnellement aux fins d'exposer oralement les motifs de sa demande, tout particulièrement lorsqu'il existe des doutes quant à l'objet effectif du séjour ou à l'intention de retour vers le pays de provenance. Il pourra être dérogé à ce principe compte tenu de la notoriété du demandeur ou de la distance que celui-ci doit parcourir pour se rendre à la représentation diplomatique ou consulaire, s'il n'existe aucun doute fondé quant à sa bonne foi ainsi que dans les cas de voyage en groupe, lorsqu'un organisme renommé et digne de confiance répond de la bonne foi des intéressés. L'entretien avec le demandeur doit permettre de s'assurer de l'objet du voyage et d'apprécier le risque migratoire.

Le point V des instructions consulaires communes rappelle que les préoccupations essentielles qui doivent guider l'instruction des demandes de visa sont la sécurité des parties contractantes et la lutte contre l'immigration clandestine.

La délivrance d'un visa donne lieu à une consultation de fichiers informatiques, notamment du fichier des personnes recherchées (sur le FPR, V. Décr. n° 2010-569 du 28 mai 2010) et surtout du système d'information Schengen (SIS). L'inscription d'un étranger au fichier des personnes recherchées peut être réalisée pour l'un des motifs suivants :

– les étrangers pour lesquels il existe, eu égard aux informations recueillies, des éléments sérieux de nature à établir que leur présence en France constituerait une menace pour l'ordre public susceptible de justifier que l'accès au territoire français leur soit refusé dans les conditions prévues à l'article L. 311-2 ;

– les ressortissants d'un État non membre de l'Union européenne faisant l'objet d'une mesure restrictive de voyage, interdisant l'entrée sur le territoire ou le transit par le territoire, adoptée par l'Union européenne ou une autre organisation internationale et légalement applicable en France ;

– les personnes faisant l'objet de recherches pour prévenir des menaces graves pour la sécurité publique ou la sûreté de l'État, dès lors que des informations ou des indices réels ont été recueillis à leur égard ;

– les étrangers faisant l'objet d'une mesure d'éloignement (OQTF non exécutée ; expulsion ; interdiction de retour) ;

– les étrangers faisant l'objet d'une assignation à résidence ou d'une interdiction administrative du territoire.

Le système d'information Schengen constitue un vaste fichier informatique opérationnel depuis la fin de l'année 1994. Sa mise en place a été approuvée par la délibération 95-047 du 25 avril 1995 de la Commission nationale de l'informatique et des libertés (CNIL) et mis en œuvre par le décret n° 95-577 du 6 mai 1995. Le système d'information

Schengen, aujourd'hui régi par les articles R. 231-1 à 231-16 du code de la sécurité intérieure, contient des données relatives aux objets (véhicules volés ou perdus, armes à feu, documents vierges d'identité, billets de banque) et aux personnes (état civil, signes physiques particuliers, indications relatives à la détention d'armes, à la violence de la personne, motif du signalement, conduite à tenir, c'est-à-dire arrestation, garde à vue, contrôle spécifique ou surveillance discrète). Peuvent être signalées (CSI, art. R. 231-6) :
– les personnes recherchées pour arrestation aux fins d'extradition ;
– les étrangers signalés aux fins de non-admission à la suite d'une décision administrative ou judiciaire ;
– les personnes disparues et les personnes qui, dans l'intérêt de leur propre protection ou pour la prévention de menaces, doivent être placées provisoirement en sécurité ;
– les personnes recherchées par l'autorité judiciaire dans le cadre d'une procédure pénale ;
– les personnes recherchées par l'autorité judiciaire pour la notification ou l'exécution d'une décision pénale.

Le signalement d'un étranger a en principe pour effet d'interdire son entrée dans l'espace Schengen.

Le traitement automatisé de données à caractère personnel dénommé « VISABIO » permet aux différents postes consulaires d'opérer certaines vérifications (ordre public, risque migratoire, etc.). Ce fichier est par ailleurs connecté sur le système d'information Schengen, ce qui permet notamment de retrouver les demandes multiples. Ce fichier comprend les ressortissants des États « sensibles » qui ont fait une demande de visa auprès d'au moins un État Schengen (V. art. R. 142-1 s., *infra*).

II. REFUS DE VISA

A. OBLIGATION DE MOTIVATION DU REFUS DE VISA

Dans la mesure où le visa est une expression de la souveraineté de l'État, il pouvait apparaître légitime qu'un éventuel refus ne soit pas soumis à l'obligation de motivation issue de la loi n° 79-587 du 11 juillet 1979. Toutefois, le progrès des exigences de transparence de l'action administrative et la prise en considération de catégories particulières d'étrangers avaient conduit le législateur à fixer une liste de personnes pour lesquelles un refus de visa devait nécessairement être motivé, sous la seule réserve de considérations tenant à la sûreté de l'État. Cette liste était fondée essentiellement sur les liens familiaux des demandeurs et sur les services rendus à la France (étrangers ayant combattu pour la France). Depuis la loi n° 2016-274 du 7 mars 2016, l'obligation de motiver les refus de visa s'applique à l'ensemble des visas.

B. MOTIFS DE REFUS

L'administration dispose d'un très large pouvoir d'appréciation pour refuser un visa qui exprime le pouvoir souverain de l'État de ne pas accorder le droit d'entrée sur son territoire. En pratique, les refus sont fondés sur quatre causes principales.

Il s'agit tout d'abord, comme toujours en droit des étrangers, de la *menace à l'ordre public*, qui repose souvent sur l'existence d'infractions pénales, sans que cela constitue une condition nécessaire ou suffisante. Il convient pour l'autorité administrative de se livrer à une analyse de la situation particulière du demandeur et pour le juge de se livrer à un contrôle de proportionnalité entre la menace à l'ordre public et le droit de l'intéressé à mener une vie familiale normale. Les refus de visa pour motif d'ordre public sont fréquemment justifiés par l'inscription de l'intéressé au système d'information Schengen, soit par les autorités françaises, soit par les autorités étrangères. En présence d'un tel signalement, l'administration est en principe fondée à refuser la délivrance d'un visa uniforme ou d'un visa d'établissement. A noter que le juge administratif s'est autorisé à vérifier le motif du signalement, même émanant d'une autorité étrangère. En effet, le droit d'accès au système d'information Schengen par une personne ayant fait l'objet d'un signalement aux fins de non-admission s'exerce dans le cadre des dispositions de l'article 39 de la loi du 6 janvier 1978 ; quand un traitement intéresse la sûreté de l'État, la défense ou la sécurité publique, il peut comprendre des informations dont la communication à l'intéressé, serait susceptible de mettre en cause les fins assignées à ce traitement, pour lesquelles seul le droit d'accès indirect est organisé ; en revanche, pour les informations dont la communication ne mettrait pas en cause ces mêmes fins et notamment des décisions administratives ou juridictionnelles qui ont été ou auraient dû être préalablement communiquées à l'intéressé il appartient au gestionnaire du traitement ou à la CNIL, saisis par l'intéressé, de lui en donner communication.

Le refus de visa sera ensuite légalement fondé sur la constatation de l'existence de *manœuvres frauduleuses* révélant notamment un projet d'installation durable en France par détournement de l'objet du visa. Les instructions consulaires communes précisent ainsi : « S'agissant du risque migratoire, l'appréciation relève de l'entière responsabilité de la représentation diplomatique ou consulaire. L'examen des demandes vise à détecter les candidats à l'immigration qui cherchent à pénétrer et à s'établir dans le territoire des parties contractantes, sous le couvert de visa pour tourisme, études, affaires, visite familiale. Il convient à cet effet d'exercer une vigilance particulière sur les "populations à risque", chômeurs, personnes démunies de ressources stables, etc. En cas de doute portant, notamment, sur l'authenticité des documents et la réalité des justificatifs présentés, la représentation diplomatique ou consulaire s'abstiendra de délivrer le visa » (ICC, pt V).

Les deux autres motifs les plus fréquemment invoqués sont *l'insuffisance des moyens d'existence* et *l'absence de sérieux du projet d'études*.

D'autres considérations peuvent toutefois justifier un tel refus, telles que les insuffisances et incohérences de la demande présentée ou l'absence de justification réelle de la volonté de venir en France. Reste que l'administration ne peut fonder son refus sur des considérations totalement étrangères à la demande. On signalera en particulier, car cela donne lieu à une jurisprudence aussi abondante que constante, que les bénéficiaires d'une autorisation de regroupement familial ne peuvent se voir refuser un visa d'entrée en se fondant sur l'intérêt supérieur de l'enfant au sens de la convention de New York (sur ce texte, V. *supra*, notes ss. art. L. 110-1).

III. CONTRÔLE DU REFUS DE VISA

A. RECOURS ADMINISTRATIF PRÉALABLE

La commission de recours contre les décisions de refus de visa, autorité administrative mise en place par le décret n° 2000-1093 du 10 novembre 2000 (*JO 11 nov.*), dont la composition est fixée par l'article D. 312-5, a pour but de filtrer les recours formés contre les refus de visa et de désengorger ainsi le prétoire du juge administratif. Si cet objectif n'a pas été atteint, reste que la commission doit être obligatoirement saisie préalablement à tout recours juridictionnel contre un refus de visa de long séjour.

S'agissant des recours administratifs formés contre les décisions de refus de visa de court séjour prises par les autorités diplomatiques et consulaires, c'est le sous-directeur des visas au sein de la direction générale des étrangers en France qui est compétent. C'est la même autorité qui est compétente pour les recours formés contre les décisions de refus d'autorisation de voyage prises par l'unité nationale ETIAS (Règl. (UE) 2018/1240 du 12 sept. 2018, art. 88,).

Les recours administratifs doivent être formés dans un délai de deux mois à compter de la notification de la décision de refus. Ils doivent être motivés et rédigés en langue française. Ils sont seuls de nature à conserver le délai de recours contentieux. La commission ou le sous-directeur des visas ne peut être régulièrement saisie que par une personne justifiant d'un intérêt lui donnant qualité pour contester la décision de refus de visa ou par un mandataire dûment habilité (art. D. 312-4). Dans les deux cas, le recours administratif est un préalable indispensable à l'exercice d'un recours contentieux.

Le président de la commission peut rejeter, sans réunir la commission, les recours manifestement irrecevables ou mal fondés. La commission peut soit rejeter le recours, soit recommander au ministre des Affaires étrangères et au ministre chargé de l'immigration d'accorder le visa demandé (art. D. 312-5-1). Le sous-directeur des visas, s'il estime que le visa devait être accordé, donne instruction à l'autorité diplomatique ou consulaire de le délivrer.

Si la commission ou le sous-directeur des visas n'a pas statué dans le délai de deux mois, le recours administratif est réputé rejeté pour les mêmes motifs que ceux de la décision contestée (art. D. 312-8-1).

B. CONTRÔLE JURIDICTIONNEL DU REFUS DE VISA

Depuis l'entrée en vigueur du décret n° 2010-164 du 22 février 2010 (*JO 23 févr.*), l'article R. 312-18 du code de justice administrative prévoit que les litiges relatifs au rejet des demandes de visa d'entrée sur le territoire de la République française relevant des autorités consulaires ressortissent de la compétence du tribunal administratif de Nantes.

En raison de la nature même du visa, le juge administratif n'exerce qu'un contrôle restreint sur l'appréciation portée par l'administration sur la réalité des raisons invoquées au soutien de la demande de visa lorsque le demandeur invoque des raisons autres que familiales. Il exerce en revanche un contrôle normal sur l'appréciation à laquelle se livre l'autorité administrative pour estimer que les documents produits à l'appui d'une demande de visa ne permettent pas d'établir la réalité des liens familiaux dont se prévaut le demandeur. Il vérifie, au titre du contrôle de proportionnalité, que le refus de visa ne porte pas une atteinte disproportionnée au droit de l'intéressé à mener une vie familiale normale.

A noter que les procédures d'urgence (référé-suspension et référé-liberté) restent applicables aux décisions de refus de visa. Par ailleurs, l'annulation d'un refus de visa pourra donner lieu à la mise en œuvre, par le juge administratif, de son pouvoir d'injonction pouvant aller jusqu'à ordonner à l'administration de délivrer le visa en cause. ❑

Plan des annotations

I. DÉLIVRANCE DU VISA

1. Différents types de visa. Le seul timbre de la police de l'air et des frontières apposé sur le passeport de l'intéressée, même assorti de la mention « visa collectif », qui n'est accordé que pour un temps limité à un groupe de touristes pour la durée de leur voyage en France, ne suffit pas à établir une entrée en France sous couvert d'un visa de long séjour. • CE 1er févr. 1995, *Mme Iosif*, n° 133102.

2. Compétence. La délivrance du visa d'entrée est une compétence propre des consuls, sur instructions du ministre des Affaires étrangères ; par suite, le ministre de l'Intérieur est incompétent pour refuser un visa. • CE 14 juin 1995, *M. Azizy*, n° 102678. ♦ Aucune convention internationale ou aucune règle de droit interne ne fait obligation à un étranger de solliciter le visa dans son pays d'origine. • CE 6 mars 2002, *Gelli*, n° 220232 A : *RFDA 2002. 669*.

3. Procédure. La procédure de délivrance est régie par l'instruction générale sur les visas, qui n'est toutefois pas communicable au public ni opposable juridiquement aux postes diplomatiques et consulaires ; le Conseil d'État a réaffirmé le caractère non communicable de l'instruction générale sur les visas en estimant que l'art. 6 de la L. n° 78-753 du 17 juill. 1978 était applicable au titre du secret de la politique extérieure. • CE 17 févr. 1997, *Assoc. nat. d'assistance aux frontières pour les étrangers (ANAFÉ)*, n° 150242.

4. Une demande de visa exige une comparution personnelle du demandeur ; par suite, une demande écrite, motivée par le refus de l'intéressée de se prêter au contrôle d'identité établi à l'entrée du consulat, lequel exigeait le retrait momentané de son voile, ne peut être regardée comme une demande de visa dans les formes requises. • CE 7 déc. 2005, *M. El Morsli*, n° 264464 A.

5. A l'occasion d'une demande de visa, la filiation d'un enfant peut être établie par tout moyen. • CE 28 sept. 2007, *M. Tsaty*, n° 308826 A.

6. L'autorité consulaire est fondée à retirer un visa précédemment accordé dès lors que les raisons invoquées par l'étranger au soutien de sa demande de visa étaient sans rapport avec l'objet réel de celle-ci. • CE 9 mars 2005, *M. Birbach,* n° 215260.

7. Obligation de délivrer le visa. Même lorsque le demandeur remplit toutes les conditions pour l'attribution d'un visa, celle-ci ne constitue jamais un droit. • CE 6 déc. 2000, *El Mouden,* n° 211012. ♦ Toutefois, l'administration est tenue de délivrer un visa de court séjour lorsque l'étranger doit se voir reconnaître le bénéfice des garanties tirées des art. 6 et 13 Conv. EDH, notamment quand l'intéressé doit comparaître personnellement, à la demande d'une juridiction, à l'audience au cours de laquelle un tribunal français doit se prononcer sur un litige auquel l'intéressé est partie, sauf s'il a la faculté de se faire représenter. • CE 6 juin 2007, *M. Baghdali,* n° 292076 B : *LPA 2007, n° 215. 18, concl. Aguila.* ♦ C'est le cas notamment s'agissant de la participation à une audience de tentative de conciliation dans le cadre d'une procédure de divorce. • CE 20 mars 2002, *Ait Essarghini,* n° 204254 • CE 18 sept. 2008, *Benzineb,* n° 320384 • 19 avr. 2011, *Mme Akarkoub,* n° 337002. ♦ Même solution lorsque l'autorité judiciaire a ordonné une expertise génétique afin de déterminer la filiation d'un étranger. • CE 4 mars 2010, *Mme Élise Soignet et Mlle Gaëlle Balezou,* n° 336700 : *AJDA 2010. 1206, note Le Bot ; JCP 19 avr. 2010, n° 16, 450, note Corneloup.* ♦ Dans la mesure où le juge considère que la possibilité d'assurer de manière effective sa défense devant le juge a le caractère d'une liberté fondamentale, le refus de visa opposé à un étranger convoqué pour une tentative de conciliation précédant le divorce ne peut qu'être annulé. • CE 18 sept. 2008, *Benzineb,* n° 320384 : *préc.* ♦ Même solution s'agissant d'une comparution devant le juge pénal. • CE 19 mai 2010, *Fanny,* n° 339421. ♦ Ces principes sont écartés dès lors que l'étranger peut valablement se faire représenter par un avocat pour une audience du tribunal des affaires de la sécurité sociale. • CE 21 juin 2000, *Tabrhouet,* n° 207116 • 6 déc. 2000, *Gazouri,* n° 209173. ♦ ...Pour une audience du tribunal départemental des pensions militaires d'invalidité. • CE 20 oct. 2000, *Chebaane,* n° 206053. ♦ ...Pour un appel formé contre un jugement prononçant le divorce aux torts exclusifs de l'intéressé. • CE 5 mai 2000, *El Aoumrouni,* n° 202388. ♦ Par analogie, la CJUE a considéré que l'art. 8, § 2, de la Dir. 2016/343 du 9 mars 2016 doit être interprété en ce sens qu'il s'oppose à une réglementation d'un État membre permettant la tenue d'un procès en l'absence du suspect ou de la personne poursuivie, alors que cette personne se trouve en dehors de cet État membre et dans l'impossibilité d'entrer sur le territoire de celui-ci, en raison d'une interdiction d'entrée adoptée à son égard par les autorités compétentes dudit État membre. • CJUE 15 sept. 2022, n° C-420/20.

8. En revanche, la décision d'un tribunal marocain de confier la tutelle d'un enfant mineur de nationalité étrangère à une personne de nationalité française ne saurait, par elle-même, conférer à cet enfant mineur le droit d'obtenir un visa d'entrée et de long séjour sur le territoire français. • CE 25 oct. 2004, *Mme Siyate,* n° 255329. ♦ Même solution s'agissant d'une requérante ayant la volonté de faire valoir ses droits devant les cours d'assises saisies des poursuites engagées contre les accusés de l'assassinat de son mari, dès lors qu'elle ne justifie d'aucune constitution de partie civile à cette fin. • CE 11 mai 2011, *Mme Khalfa,* n° 335498.

9. Preuve. Le demandeur de visa peut, en l'absence d'actes d'état civil probants, justifier par tout moyen du lien de parenté ou de filiation qu'il revendique. La preuve de ce lien au moyen de la possession d'état n'est apportée que si un mode de preuve de la filiation comparable à la possession d'état est admis par la loi personnelle applicable, soit, en principe, la loi de la mère au jour de la naissance de l'enfant. Dès lors que l'application par le juge administratif d'un texte étranger est une question de fait, celui-ci n'a pas à rechercher d'office les dispositions de droit étranger applicables mais statue au vu des pièces du dossier. • CAA Nantes, 24 juin 2022, n° 22NT00726.

II. REFUS DE VISA

10. Existence d'un recours juridictionnel. En application du code communautaire des visas, un recours de nature juridictionnelle doit être prévu, selon les modalités propres à chaque État membre, contre les refus de visa. • CJUE 13 déc. 2017, *El Hassani,* n° C-403/16 : *D. 2018. 313, chron. Boskovic, Corneloup, Jault-Seseke, Joubert et Parrot .* ♦ D'après la CJUE, c'est au demandeur de visa que doit être ouvert ce recours et à lui seul ; lorsqu'un accord bilatéral prévoit que la décision finale sur la demande de visa est prise par le consulat de l'État membre représentant, le recours doit être formé auprès de cet État ; en tout état de cause, le respect des droits fondamentaux, notamment le droit à une protection juridictionnelle effective, doit être assuré. • CJUE 29 juill. 2019, n° C-680/17.

11. Les dispositions de la Charte UE, et notamment son art. 47 (protection juridictionnelle effective), ne sont pas applicables aux refus opposés aux demandes de visa de long séjour, lesquelles ne sont pas régies par le droit de l'Union en l'absence d'acte régissant les procédures et les conditions de délivrance des visas de long séjour adopté en application du TFUE (art. 79, 2, a). • CJUE 10 mars 2021, n° C-949/19 : *D. 2022. 244, chron. Boskovic, Corneloup, Jault-Seseke, Joubert et Parrot .*

12. Réalité du motif de refus. Il importe en tout état de cause que le motif allégué par l'administration soit avéré en fait ; à défaut, le refus de visa encourt l'annulation contentieuse. • CE 17 juin 1996, *Alira c/ Min. Affaires étrangères,* n° 162746 : *D. 1997. Somm. 36, comm. Julien-Laferrière* • 19 févr. 1997, *Mlle Tonbazian,* n° 149154. ♦ Encourt ainsi l'annulation un refus de visa fondé sur l'absence de moyens d'existence en France alors que le requérant résidait en France depuis plus de 30 ans, y avait continuellement exercé une activité salariée et n'avait démissionné de son dernier poste que pour se rendre temporairement dans son pays d'origine. • CE 27 avr. 1998, *M. Berrada,* nos 181636 et 185534. ♦ Même solution s'agissant d'un refus de visa motivé par l'absence de sincérité du mariage de l'intéressé alors qu'aucune action en annulation n'a été diligentée contre ce mariage et que les époux ont mené une vie commune jusqu'au départ du requérant. • CE 8 sept. 2006, *M. Charukhchyan,* n° 296613. ♦ V. aussi en présence d'un enfant né de l'union matrimoniale : • CE 11 sept. 2006, *M. Jeddi,* n° 287101. ♦ Ressortissante algérienne faisant l'objet d'un refus de visa motivé par le risque de détournement de l'objet du visa de court séjour (installation durable en France) alors qu'elle ne peut pas s'éloigner de l'Algérie plus de deux mois compte tenu de la gravité de l'état de santé de son fils. • CE 27 juill. 2006, *Mme Souilem,* n° 284437. ♦ Le refus de visa ne doit pas porter atteinte à une liberté fondamentale au sens de l'art. L. 521-2 CJA ; le droit de se marier constitue une telle liberté fondamentale. • CE 9 juill. 2014, n° 382145 : *AJDA 2014. 1418*.

13. Substitution de motifs. Le juge peut, à la demande de l'administration, procéder à une substitution de motifs à condition que l'intéressé ait pu présenter ses observations, que le nouveau motif soit susceptible de fonder légalement la décision et qu'il soit avéré que l'administration aurait pris la même décision sur ce nouveau motif. • CE 6 févr. 2004, *Mme Hallal,* n° 240560 A : *AJDA 2004. 436 ; RFDA 2004. 740, concl. de Silva* • 20 avr. 2005, *Mme Chafoulais,* n° 261219 B. ♦ La substitution de motifs ne peut intervenir à la seule initiative du juge ; une demande de l'administration est nécessaire. • CAA Paris, 8 oct. 2010, *Bathily,* n° 08PA02929 • CAA Lyon, 29 mars 2016, n° 15LY02368. ♦ En l'absence de demande de l'administration, le juge ne peut procéder d'office à la substitution de motifs. • CE 18 déc. 2009, *M. Pham,* n° 316974. ♦ La substitution de motifs ne doit pas avoir pour effet de priver l'intéressé d'une garantie essentielle. • CE 6 févr. 2004, *Mme Hallal,* n° 240560 : *préc.* ♦ Il peut s'agir notamment de la consultation de la commission du titre de séjour dans les cas où l'étranger y avait droit. • CAA Paris, 20 juin 2005, *M. et Mme Erdogan,* n° 04PA03625. ♦ Même solution dès lors que la commission s'était déclarée incompétente au motif qu'aucune demande de visa n'avait été présentée par l'intéressé alors qu'il n'est pas contesté qu'une demande avait été présentée et rejetée. • CE 16 mai 2007, *M. Joseph,* n° 304966 : *AJDA 2007. 1819, note Raux*. ♦ La substitution de motifs est impossible lorsque l'administration a refusé d'octroyer un visa de long séjour pour un motif propre à ce type de visa alors qu'elle était saisie d'une demande de visa de court séjour. • CE 15 juin 2007, *M. et Mme Djabeur Djezzar,* n° 289612 B. ♦ Le juge a refusé de substituer au motif de l'insuffisance des ressources celui du risque de détournement de l'objet du visa à des fins migratoires dès lors que ce dernier n'était pas fondé : la seule circonstance que l'intéressé avait sollicité un visa de long séjour avant la demande de visa de court séjour ne suffit pas à caractériser un tel risque dès lors que l'intéressé a toujours vécu en Algérie avec ses trois enfants. • CE 24 août 2011, *Hadra,* n° 332412.

14. A l'inverse, il appartient à l'autorité chargée de statuer sur une demande de visa de se prononcer en fonction du motif d'entrée en France invoqué par le demandeur ; celui-ci ne saurait invoquer, pour la première fois devant la commission de recours ou devant le juge, un nouveau motif tendant à l'obtention du visa. • CE 4 févr. 2011, *M. Lamouchi,* n° 322345.

A. MENACE À L'ORDRE PUBLIC

1° RÈGLES GÉNÉRALES

15. Réfugiés. L'administration dispose d'un très large pouvoir d'appréciation pour refuser un visa ; les autorités consulaires peuvent ainsi se fonder sur des considérations d'ordre public. • CE 22 avr. 1992, *Alkan,* n° 118336. ♦ Cela concerne également les étrangers ayant la qualité de réfugié statutaire, en fonction de la gravité des faits qui leur sont reprochés. • CE 6 avr. 2001, *M. Guler,* n° 213061 B. ♦ Lorsque la venue de personnes en France a été autorisée au titre de la procédure de famille rejoignante d'un réfugié statutaire, l'autorité consulaire n'est en droit de rejeter la demande de visa que pour un motif d'ordre public, notamment l'absence de caractère probant des actes d'état civil produits. • CE 17 déc. 2010, *M. Christophe Junior Zogo,* n° 334539. ♦ Jugé que constitue un motif d'ordre public justifiant un refus de visa au conjoint et aux enfants mineurs d'un réfugié statutaire le fait que l'intéressé a participé, pendant toute la durée des massacres perpétrés au Rwanda d'avr. à juill. 1994, au gouvernement de ce pays en qualité de ministre des Transports et des Communications, bien que, d'une part, il ait été acquitté par le Tribunal pénal international pour le Rwanda des chefs d'accusation de génocide pour lesquels il était personnellement poursuivi, et que, d'autre part, le Conseil de sécurité des Nations unies ait demandé aux États membres de faciliter la réinstallation des personnes acquittées par ce tribunal. • 3 févr. 2012, *Min. Intérieur,* n° 353952 A : *RFDA 2012. 409 ; Dr. adm. mai 2012. Comm. 49, note Tchen.*

16. Infractions pénales. Le refus de visa pour motif d'ordre public se fonde fréquemment sur l'existence antérieure de condamnations pénales. C'est le cas par ex. s'agissant d'un étranger ayant été condamné pénalement à deux reprises pour s'être soustrait à l'exécution d'une mesure de reconduite à la frontière. • CE 9 oct. 2006, *M. Ferchachi*, n° 282191. ♦ Même solution par ex. s'agissant d'un étranger s'étant vu opposer un refus de visa en raison des violences conjugales qu'il faisait subir à sa femme et alors même que celle-ci déclarait vouloir reprendre la vie commune. • CE 11 avr. 2008, *M. et Mme Erdogan*, n° 304045 B. ♦ Des condamnations prononcées par les juridictions pénales du pays d'origine justifient le refus de visa pour menace à l'ordre public. • CE 15 avr. 2005, *Chrouda*, n° 279551.

17. Mais les condamnations pénales ne sont pas une condition nécessaire pour caractériser une menace à l'ordre public. V., par ex., s'agissant d'un requérant appartenant à une organisation islamiste et ayant des relations avec des activistes de cette organisation ayant été expulsés hors de France : • CE 3 mai 2002, *Abada*, n° 217261 B. ♦ Figure au nombre des motifs d'ordre public justifiant un refus de visa l'absence de caractère probant des actes de mariage ou de filiation produits. • CE 22 nov. 2006, *M. Nzaou*, n° 284128 B • 19 déc. 2007, *Begum et Appel*, n° 296448 • 10 oct. 2008, *Doho*, n° 312685.

18. En autorisant la consultation des traitements d'antécédents judiciaires (art. L. 234-3 et L. 234-4 CSI) pour l'instruction des demandes de visa de court séjour et de long séjour ainsi que des demandes d'autorisation de voyage pour certains ressortissants de pays tiers exemptés de l'obligation de visa et souhaitant se rendre dans l'« espace Schengen », le législateur a poursuivi l'objectif de valeur constitutionnelle de sauvegarde de l'ordre public ; dès lors que la consultation ne peut être opérée que par des agents individuellement désignés et spécialement habilités, le grief tiré de la méconnaissance du droit au respect de la vie privée doit être écarté. • Cons. const. 19 janv. 2023, n° 2022-846 DC.

19. Expulsion. Le refus de visa pour motif d'ordre public est légalement fondé lorsque le demandeur a fait l'objet d'un arrêté d'expulsion. • CE 17 nov. 1997, *Meghari*, n° 171860 • 6 avr. 2001, *Mme Maazouz, n° 201465 B.* ♦ Les autorités consulaires sont tenues de refuser un visa à un étranger sous le coup d'un arrêté d'expulsion. • CE 10 janv. 2007, *M. Rennou*, n° 277418 A : *AJDA 2007. 810, concl. Guyomar*. ♦ *Contra* : • CE 25 oct. 2000, *Khlailia*, n° 212311 A • CE 29 nov. 2006, *Gacem*, n° 247705.

20. Abrogation de l'arrêté d'expulsion. Alors même que l'arrêté d'expulsion a été ultérieurement abrogé, le refus de visa peut être fondé sur la persistance de la menace à l'ordre public. • TA Nantes, 6 nov. 1997, *Labani*, n° 96-3288. ♦ Tel n'est pas le cas s'agissant d'un étranger dont l'arrêté d'expulsion a été abrogé, qui ne s'est pas signalé défavorablement depuis les infractions pénales ayant motivé son expulsion, ayant des liens anciens et intenses avec la France et ne pouvant subvenir à ses besoins qu'avec l'aide des membres de sa famille installés en France, l'isolement dans son pays d'origine ayant une incidence négative sur son état de santé. • 15 sept. 2006, *M. Djamal Benammou*, n° 296576.

21. Interdiction du territoire. L'autorité consulaire est tenue de refuser un visa à un étranger frappé d'une peine d'interdiction du territoire, sauf le cas où la demande de visa est motivée par l'obligation faite à l'étranger de comparaître personnellement devant une juridiction française. • CE 15 nov. 2000, *Amri*, n° 203942 A : *D. 2000. 299* ; *Dr. adm. 2001, n° 62* • 5 juin 2009, *Mme Taibi*, n° 317050. ♦ Étranger sous le coup d'un mandat d'arrêt européen après sa condamnation à une peine d'emprisonnement. • CE 4 juin 2008, *M. Oullaf*, n° 304422. ♦ Un refus de visa peut être fondé sur le risque de trouble à l'ordre public alors même que l'étranger concerné a été relevé par le juge pénal de la mesure d'interdiction du territoire dont il faisait l'objet. • CE 21 janv. 2008, *Ahssaini*, n° 300316.

22. Réalité de la menace. La menace à l'ordre public doit néanmoins être avérée : révèle ainsi une erreur manifeste d'appréciation un refus motivé par un engagement politique auprès des milieux intégristes algériens fondé sur le seul port d'un foulard sur la photographie et lors de la visite au consulat. • TA Nantes, 6 nov. 1997, *M. et Mme Cherigui*, n° 97-1103. ♦ Le simple fait pour un étranger d'avoir enfreint la législation sur le séjour des étrangers d'un autre État membre n'entraîne pas *ipso facto* la qualification de menace à l'ordre public. • CE 30 déc. 2003, *Serghini*, n° 237808. ♦ Le juge, saisi de conclusions dirigées contre un refus de visa justifié par un motif d'ordre public, doit être en mesure d'apprécier, à partir d'éléments précis, le bien-fondé du motif retenu par l'administration ; celle-ci doit donc verser au dossier, dans le respect des exigences liées à la sécurité nationale, les renseignements nécessaires pour que le juge statue en pleine connaissance de cause. • CE 1er juin 2011, *M. Beddiaf*, n° 337992 A : *AJDA 2011. 2182, note Delabie* ; *RFDA 2011. 864*.

23. Contrôle de proportionnalité. Le juge se livre à un contrôle de proportionnalité entre la menace à l'ordre public et le droit de l'intéressé à mener une vie familiale normale. L'atteinte à ce droit a ainsi été jugée disproportionnée s'agissant d'un étranger ayant été condamné à des peines d'emprisonnement pour trafic de stupéfiants mais dont l'épouse et les deux enfants vivent en France, ont la nationalité française et connaissent des difficultés en raison de l'absence de l'intéressé. • CE 25 juin 2004, *M. Mokni*, n° 253521. ♦ Même solution s'agissant d'un ressortissant centrafricain qui avait utilisé des faux documents pour tenter de pénétrer ou séjourner en France mais n'avait commis aucune autre infraction depuis quatre ans. • CE 7 août 2008, *M. Negba-Fonoba,* n° 289842 B.

24. En revanche, la vulnérabilité de l'intéressé au moment des faits (complicité de vol avec effraction), son mariage après qu'il eut purgé sa peine et le regret qu'il exprime en même temps que sa volonté de réinsertion sont insuffisants à démontrer une absence de risque pour l'ordre public. • CE 27 oct. 2006, *M. Nihad Nuhanovic,* n° 297975.

25. Le droit à un recours effectif consacré à l'art. 47 de la Charte exige que le demandeur qui s'est vu refuser la délivrance d'un visa en raison d'une objection émise par un État membre pour l'un des motifs visés à l'art. 32, § 1, sous *a),* vi), du code des visas (en l'espèce, menace pour l'ordre public, la sécurité intérieure, la santé publique ou pour les relations internationales d'un État membre) puisse connaître le motif de refus spécifique sous-tendant cette décision ainsi que l'identité de l'État membre qui a émis l'objection à la délivrance de ce document. Si les juridictions de l'État membre qui a pris une décision définitive de refus de visa en raison de l'émission d'une objection par un autre État membre doivent avoir la possibilité de s'assurer que la procédure de consultation préalable des autorités centrales des autres États membres a été appliquée correctement, elles ne sauraient contrôler la légalité au fond d'une telle objection. « Afin de mettre le demandeur de visa concerné en mesure d'exercer, conformément à l'art. 47 de la charte, son droit de recours contre une telle objection, il incombe aux autorités compétentes de l'État membre qui a pris la décision finale de refus de visa d'indiquer l'autorité à laquelle le demandeur de visa peut s'adresser pour connaître les voies de recours disponibles à cette fin dans cet autre État membre ». • CJUE 24 nov. 2020 : *C-225/19 : AJDA 2021. 596 ; RTD eur. 2021. 901, note Coutron ; Rev. crit. DIP 2021. 815, note Jault-Seseke.*

2° SIGNALEMENT AU SIS

26. L'administration peut refuser un visa de long séjour au motif d'une inscription au SIS dès lors qu'elle ne s'estime pas liée par cette inscription ; en effet, c'est en principe à l'égard des demandes de visa de court séjour que ce motif peut être opposé. • CE 4 oct. 2000, *Detchev,* n° 200536 B • 14 juin 2002, *Ipek,* n° 227061. ♦ Un signalement ne dispense pas l'autorité compétente d'examiner, au cas où le demandeur s'en prévaut ou même d'office, la possibilité qu'il soit dérogé au principe de non-admission pour des motifs humanitaires ou d'intérêt national ou en raison d'obligations internationales, notamment relatives à la protection des droits de l'homme et des libertés fondamentales. • CE 29 juin 2006, *Mme Moon,* n° 294649 B. ♦ A noter que le refus de visa opposé à un ressortissant roumain, car il faisait l'objet d'un signalement par la France, aux fins de non-admission dans le SIS, a été jugé conforme à la Conv. EDH. • CEDH 2 févr. 2010, *Dalea c/ France,* n° 964/07.

27. Pouvoirs du juge. Lorsque la menace à l'ordre public est fondée sur une inscription de l'intéressé au SIS, il n'appartient pas au juge administratif saisi d'un recours contre un arrêté préfectoral de reconduite à la frontière de statuer sur le bien-fondé des informations contenues audit fichier. • TA Strasbourg, 8 avr. 1997, *Kostov c/ Préfet du Bas-Rhin,* n° 962798 • CE 23 nov. 2001, *Sekrane,* n° 220543 • 23 mai 2003, *Catrina,* n° 237934 B : *AJDA 2003. 1576.* ♦ Le juge n'est pas compétent pour statuer sur la légalité des décisions des autorités étrangères fondant le signalement. • CE 23 mai 2003, *Catrina,* n° 237934 B : *préc.*

28. Toutefois, le juge administratif est fondé à ordonner avant dire droit au ministre des Affaires étrangères la communication de tous éléments relatifs à cette inscription et notamment l'indication de l'autorité nationale qui a procédé au signalement ainsi que son motif. • CE 9 nov. 1998, *M. Bafandi,* n° 186082 • 6 déc. 2002, *Bolatdemirci,* n° 200898. ♦ Si le ministre refuse de communiquer les raisons du signalement d'un étranger au SIS, refus motivé par des nécessités de l'ordre public, le refus de visa fera l'objet d'une annulation. • CE 9 nov. 1998, *M. Bafandi,* n° 186082 : *préc.* ♦ Il en va de même si le ministre ne donne aucune indication sur les motifs qui avaient entraîné le signalement. • CE 30 juill. 2003, *Sarikaya,* n° 223074 B. ♦ V. aussi s'agissant d'un cas d'homonymie : • CE 30 avr. 2004, *M. Balde,* n° 221951. ♦ Encourt également l'annulation le refus de visa fondé sur le signalement SIS par les autorités espagnoles dès lors que celles-ci ont refusé d'apporter des précisions sur les motifs de l'inscription. • CE 31 juill. 2009, *Heguehoug,* n° 300873.

29. La CEDH considère qu'une instance relative à l'inscription d'un individu au SIS présente des liens étroits avec la réglementation relative à l'entrée et au séjour des étrangers, et notamment avec les procédures de délivrance de visas. Elle observe, en effet, que c'est à la suite des refus opposés aux demandes de visas qu'il a présentées auprès des autorités françaises ou allemandes que le requérant a été informé de son inscription dans le fichier Schengen. En outre, il ressort du dossier que l'intéressé, en saisissant la CNIL puis le Conseil d'État, avait pour but ultime d'obtenir le droit d'entrer et de circuler dans les pays composant l'espace Schengen, notamment en France et en Allemagne. Dès lors, eu égard à la connexité de la procédure litigieuse avec une matière qui échappe au champ d'application de l'art. 6, la Cour estime que ladite procédure n'avait pas pour objet de décider d'une contestation sur un droit de caractère civil du requérant ou du bien-fondé d'une accusation en matière pénale dirigée contre lui, au sens de cette disposition. • CEDH 2 févr. 2010,

Gheorghe Dalea c/ France, n° 964/07 : *LPA 23 juin 2010, n° 124, p. 10, note Mouron.*

30. Par ailleurs, le juge s'autorise à vérifier le motif du signalement pourtant émanant d'une autorité étrangère. Si l'inscription n'est motivée que par le rejet d'une demande d'asile, elle n'est pas conforme aux § 2 et 3 de l'art. 96 de la Conv. de Schengen et constitue une erreur de droit. • CE 9 juin 1999, *M. et Mme Forabosco B,* n° 190384 B*AJDA 1999. 725, concl. Martin Laprade* • 20 févr. 2002, *Souane,* n° 219934. ♦ De même, une simple « opposition non motivée », émanant en l'espèce de l'Autriche, ne peut s'assimiler à un signalement au sens de la Conv. de Schengen. • CE 29 déc. 2000, *Rosenthal,* n° 204173. ♦ Le fait de s'être maintenu irrégulièrement sur le territoire d'un autre État après le rejet d'une demande d'asile ne justifie pas un signalement aux fins de non-admission. • CE 11 juill. 2001, *M. et Mme Iqbal,* n° 206644. ♦ Dès lors que le requérant a bénéficié d'une réhabilitation pénale (C. pén., art. 133-13), la mesure de signalement est privée de base légale. • CE 3 juin 2002, *Serdoun,* n° 228737.

31. En revanche, fonde un signalement une mesure d'éloignement intervenue en raison du caractère irrégulier du séjour de l'intéressé et de sa condamnation pour vol à l'étalage. • CE 3 juill. 2002, *Boudraf,* n° 229346. ♦ ... Une mesure d'expulsion assortie d'une interdiction d'entrée et de séjour. • CE 12 juin 2002, *Brahimi,* n° 223171. ♦ ... Une procédure d'expulsion engagée dans un État signataire des accords de Schengen. • CE 10 janv. 2003, *Abdelmoumene,* n° 229222.

32. A l'occasion de son contrôle de la mesure de signalement, le juge peut être amené à constater qu'il existe une erreur d'identité. • CE 29 sept. 1999, *Sebbar,* n° 196825. ♦ ... Une erreur sur le nom (homonymie en particulier), rendant de ce fait sans fondement le refus de visa. • CE 9 janv. 2002, *Nicolau,* n° 222470. ♦ Le juge procède ainsi à l'annulation d'un refus de visa fondé sur l'inscription au SIS par les autorités allemandes, celles-ci ayant reconnu que l'inscription litigieuse était le fruit d'une confusion d'identité. • CE 23 nov. 2001, *Mayimona,* n° 217415. ♦ Même solution, le requérant soutenant que le motif de l'inscription était matériellement inexact sans être contredit par le ministre des Affaires étrangères. • CE 6 juin 2001, *Daka,* n° 211544 B. ♦ V. aussi s'agissant d'un refus fondé sur un signalement au SIS alors que l'intéressé n'avait fait l'objet d'aucune mesure de signalement : • CE 6 juin 2003, *Jbilou,* n° 223173.

33. Droit d'accès et de rectification. Le droit d'accès au SIS est en principe le droit d'accès indirect prévu par l'art. 39 de la L. du 6 janv. 1978 (traitement intéressant la sûreté de l'État, la défense ou la sécurité publique). • CE 30 mai 2001, *Bafandi,* n° 218108 B • 6 nov. 2002, *M. Moon Sun Myung,* n° 194295 A : *AJDA 2002. 1337, chron. Donnat et Casas*. ♦ En application des stipulations de l'art. 106 de la convention d'application de l'accord de Schengen, il incombe aux autorités françaises, saisies par une personne qui conteste son inscription, de procéder, dans le cas d'un signalement opéré par la France, à l'effacement des données entachées d'erreur de droit ou de fait ; dans le cas d'un signalement opéré par un autre État, il appartient aux autorités françaises, si elles estiment disposer d'indices faisant présumer qu'une donnée est entachée d'erreur de droit ou de fait, d'en aviser les autorités de cet État. Le juge administratif se limite au contrôle minimum de cette appréciation réalisée par les autorités françaises. • CE 2 juin 2003, *Mme Hak Ja Han Moon,* n° 194295 B.

34. Saisie par le Conseil d'État, il incombe à la CNIL de verser au dossier de l'instruction tous les éléments d'information appropriés sur la nature des pièces écartées de la transmission et les raisons de leur exclusion de façon à permettre au juge de se prononcer en connaissance de cause sans porter, directement ou indirectement, atteinte aux secrets garantis par la loi ou imposés par des considérations tenant à la sûreté de l'État, à la défense et la sécurité publique. • CE 27 févr. 2006, *Cherney,* n° 274928 B. ♦ Si la CNIL considère que les motifs du signalement, ou certains d'entre eux, sont couverts par l'un des secrets garantis par la loi, il lui appartient de verser au dossier de l'instruction tous éléments d'information appropriés sur la nature des pièces écartées et les raisons de leur exclusion, de façon à permettre au Conseil d'État de se prononcer en connaissance de cause. • CE 16 févr. 2005, *Dalea,* n° 261358. ♦ Pour justifier son refus de verser au débat contradictoire certains éléments, plus précis, détenus par les services de renseignements au sujet du demandeur et qui sont à l'origine de son inscription au fichier des personnes recherchées sur le fondement du 1° du III de l'art. 2 du Décr. du 28 mai 2010 relatif à ce fichier et, à ce titre, de son signalement dans le SIS, le ministre de l'Intérieur fait valoir qu'ils font mention de faits, d'identités et d'indications divers dont la communication serait susceptible de révéler les moyens d'investigation et de recherche dont usent les services de renseignement et de compromettre tant les sources à l'origine des renseignements que la finalité de ces traitements de données. Les motifs tenant à la préservation des finalités de ce fichier sont en outre de nature à justifier légalement le refus de communication à l'intéressé. Ce dernier connaît par ailleurs le fondement de ce signalement et des mentions le concernant qui y figurent. • CE 28 déc. 2017, n° 408672 • 23 août 2006, *M. Dalea,* n° 261358. ♦ Lorsqu'elle saisit l'autorité de contrôle d'un État signalant en vue de la vérification et de l'effacement d'une inscription, la CNIL est tenue de procéder à l'examen de ce signalement en étroite collaboration avec celle-ci, sans que sa responsabilité puisse être transférée à l'autorité requise ; elle doit demander l'ensemble des informations lui permettant de procéder à ce contrôle et, en cas de désaccord avec l'autorité requise, saisir l'autorité de contrôle commune (art. 106 Conv. de Schengen). • CE 7 avr. 2006, *M. Skandrani*, n° 275216 : *RFDA 2006. 647*.

35. Signalement au SIS et art. 8 Conv. EDH. La mise en œuvre de la Conv. de Schengen ne fait pas obstacle à l'application de l'art. 8 Conv. EDH. • CE 25 oct. 2000, *Mme Cucicea-Lamblot*, n° 212315 A : *D. 2000. 300 ; AJDA 2001. 284, concl. Maugüé ; LPA 23 oct. 2001, obs. Cournil.* ♦ Le juge a ainsi procédé à l'annulation du refus de visa pour violation du droit à mener une vie familiale normale s'agissant d'un étranger faisant l'objet d'un signalement en raison de l'existence d'un arrêté d'expulsion remontant à 1973, mais qui entretenait des liens étroits avec sa mère résidant en France, dont l'âge et l'invalidité ne permettaient pas d'entreprendre un voyage en Algérie. • CE 23 nov. 2001, *Lekhlef*, n° 220716. ♦ Si la Conv. de Schengen (art. 5, § 2) prévoit que l'entrée doit être refusée notamment à l'étranger faisant l'objet d'un signalement au SIS, cette même stipulation prévoit une dérogation possible pour des motifs humanitaires ou d'intérêt national ou en raison d'obligations internationales ; dès lors que l'autorité consulaire a estimé qu'elle était tenue de rejeter la demande de visa du seul fait de l'invocation par un autre État partie de motifs d'ordre public et sans rechercher une éventuelle violation de l'art. 8 Conv. EDH, le moyen tiré de ce que la décision de refus de visa serait entachée d'une erreur de droit est propre à créer un doute sérieux quant à la légalité de la mesure de refus et à ouvrir droit à une mesure de référé-suspension. • CE 19 juill. 2006, *Mme Aicha Khamallah épse Ralem*, n° 294906 B.

36. L'État membre qui, dans le cadre de la procédure de consultation prévue par le « code des visas » (Règl. (CE) n° 810/2009, 13 juill. 2009 du *JOUE n° L. 243/1 du 15 sept. 2009*, mod., art. 22), refuse de délivrer un visa Schengen en raison de l'objection émise par un autre État membre, doit, dans sa décision, identifier ce dernier ainsi que le motif précis du refus et l'autorité à laquelle le demandeur de visa peut s'adresser pour connaître les voies de recours disponibles dans cet autre État membre. • CJUE 24 nov. 2020, nos C-225/19 et C-226/19 : *DP étrangers, Bull. n° 306, janv. 2021, p. 7.*

B. MANŒUVRES FRAUDULEUSES

37. Le refus de visa sera légalement fondé sur la constatation de l'existence de manœuvres frauduleuses. • CE 23 mars 1998, *Mme Ntyam Mba et M. Gaucher*, n° 181667. ♦ C'est le cas par ex. lorsque le requérant n'établit pas que l'objet réel de son séjour est celui indiqué dans ses déclarations. • CE 29 juill. 1998, *Mme Cordée*, n° 190870. ♦ ... Quand il existe des incertitudes quant à l'intention réelle de l'intéressée par la durée de son séjour. • CE 10 mars 1999, *Mme Ayachi*, n° 199187. ♦ ... En cas d'usurpation d'identité : • CE 26 oct. 1998, *M. Baya*, n° 189058. ♦ ... De l'existence d'un séjour irrégulier antérieur et du fait que les déclarations de l'intéressé relatives à sa nationalité sont mensongères. • CE 30 déc. 1998, *Mme Lewis*, n° 188237. ♦ ... De la production d'actes de naissance entachés de fraude. • CE 30 déc. 2002, *Épx Matali*, n° 236203. ♦ ...Du fait que le demandeur réside déjà en France. • CE 4 févr. 2004, *Mme Boumaza*, n° 250820. ♦ ... S'agissant d'un enfant mineur désireux d'entrer en France au titre du regroupement familial, mais qui avait dissimulé son mariage. • CAA Nantes, 21 mars 2014, n° 13NT00134.

38. Refus de visa fondé sur le fait que le mariage avait été contracté dans le seul but d'obtenir un titre de séjour. • CE 29 mai 2006, *Azougagh*, n° 281089. ♦ Un tel motif est suffisamment avéré s'agissant d'un étranger s'étant marié trois mois après son arrivée en France, n'ayant pas de communauté de langue avec son conjoint et n'ayant eu aucune relation épistolaire ou téléphonique durant la séparation. • CE 29 janv. 2007, *Assimi*, n° 283279. ♦ Tel n'est pas le cas en revanche s'agissant d'une ressortissante marocaine, dont le divorce a été prononcé seulement sept mois avant son mariage, les intéressés ne disposant d'aucune langue commune, dès lors qu'ils entretiennent effectivement des relations suivies. • CE 11 mai 2011, *Mme El Alami épse Héliot*, nos 330292 et 330318.

39. Risque de détournement de l'objet du visa. Plus largement, le visa peut être refusé lorsqu'il apparaît qu'il existe un risque de détournement de l'objet du visa, c'est-à-dire, s'agissant d'un visa de court séjour, un projet d'installation durable en France. • CE 26 nov. 2001, *Daghbouche*, n° 221359 • 30 déc. 2002, *Rabhi*, n° 229690 • 24 janv. 2003, *Komarova*, n° 230699 • 14 janv. 2004, *M. Iazzi*, n° 250361. ♦ ... Et alors même que le requérant est titulaire d'une autorisation de travail délivrée par la direction départementale du travail et de l'emploi. • CE 10 janv. 2001, *Anglares*, n° 216728. ♦ Jugé que l'administration ne commet pas d'erreur manifeste d'appréciation en refusant de délivrer un visa de court séjour en retenant le risque de détournement de l'objet du visa à des fins migratoires du seul fait que le requérant a sollicité l'aide médicale d'État (AME) lors d'un précédent séjour. • CAA Nantes, 7 oct. 2022, n° 21NT02427.

40. L'administration ne peut se fonder sur l'existence d'un risque avéré de détournement du visa à des fins migratoires s'agissant d'un visa de long séjour en qualité de visiteur, qui permet de séjourner en France pendant une durée supérieure à trois mois et de solliciter, le cas échéant, avant l'expiration de la durée du visa, la délivrance d'un titre de séjour. Toutefois, dans l'hypothèse où le motif de la demande d'un visa de long séjour visiteur est de s'installer durablement en France, ce visa peut être refusé si l'administration établit que l'étranger n'est manifestement pas susceptible de remplir les conditions lui permettant d'obtenir le titre de séjour qui lui sera nécessaire après la période couverte par le visa. • CE 4 févr. 2021, n° 434302 B : *AJDA 2021. 306 ; DP étrangers, Bull. n° 308, mars 2021, note Dejaegher.*

41. Tel n'est pas le cas en revanche s'agissant d'un fonctionnaire algérien qui a déjà bénéficié à deux reprises d'un visa de court séjour et ce, alors même que plusieurs membres de sa famille résident en France. • CE 26 mars 2007, *M. Maalem*, n° 266199. ♦ Même solution s'agissant d'un ressortissant marocain disposant d'une situation socioprofessionnelle stable au Maroc et justifiant de ressources suffisantes. • CE 9 janv. 2009, *M. Achkra*, n° 290759. ♦ Même solution encore lorsque le demandeur apporte la preuve que le centre de sa vie privée et familiale se trouve dans son pays. • CE 11 juill. 2008, *Mme Ait Abed*, n° 294026.

42. Âge du demandeur. Si l'autorité consulaire a un doute sur l'âge des demandeurs, il lui appartient d'inviter les intéressés à se soumettre à un contrôle médical afin de vérifier que leur âge correspond à la date de naissance mentionnée sur les pièces d'état civil présentées et de statuer, sans être liée par les résultats de cet examen, sur la demande de visa. • CE 25 oct. 2004, *M. Yiadom Kwadwo*, n° 252392 A : *RFDA 2004. 1234.* ♦ Il n'appartient pas au juge administratif d'ordonner des mesures d'instruction propres à établir le lien de filiation, en particulier sous forme d'expertise biologique ; le juge administratif est en effet incompétent pour se prononcer, en cas de doute sérieux, sur l'état des personnes. • CE 28 déc. 2007, *Nkouka*, n° 291219. ♦ Par ailleurs, il n'appartient pas aux autorités administratives françaises de mettre en doute le bien-fondé d'une décision rendue par une autorité juridictionnelle étrangère, hormis le cas où le document aurait un caractère frauduleux. • CE 20 nov. 2009, *Mvuama Ntima et a.*, n° 332639.

43. Adoption. L'irrégularité de l'adoption, notamment au regard de la Conv. de La Haye de 1993, est un motif de refus du visa de long séjour adoption. • CAA Nantes, 2 mars 2021, n° 19NT04742 • 26 oct. 2021, n° 20NT02425 : *D. 2022. 244, chron. Boskovic, Corneloup, Jault-Seseke, Joubert et Parrot .* ♦ V. déjà : • TA Nantes, 16 oct. 2020, n° 2003824 : *AJDA 2021. 108, concl. Chabernaud .*

44. Salarié. Un consulat peut refuser de délivrer un visa à un salarié malgré l'avis favorable de la Direction du travail et de l'emploi, compte tenu du caractère lacunaire et partiellement contradictoire des informations fournies par l'intéressé sur ses qualifications professionnelles. • CE 17 juill. 2008, *Pham*, n° 316975.

C. INSUFFISANCE DES MOYENS D'EXISTENCE

45. Pour refuser le visa, l'autorité consulaire peut se fonder sur l'insuffisance des moyens d'existence du demandeur. • CE 17 juin 1996, *M. et Mme Haddou*, n° 162415 • 16 nov. 2001, *Mansor*, n° 213725 • 4 févr. 2004, *Hchaichi*, n° 242041. ♦ Cette règle s'applique aux ressortissants tunisiens. • CE 20 févr. 2002, *Torkmen*, n° 219317. ♦ Le juge exerce un contrôle normal sur l'appréciation portée par l'administration sur les ressources dont dispose un étranger lorsqu'elle refuse la délivrance d'un visa d'entrée en France au motif que l'intéressé ne justifie pas de ressources personnelles suffisantes au sens de la Conv. de Schengen. • CE 10 janv. 2001, *Mme Douhab*, n° 209782 B. ♦ Par ex., est entaché d'illégalité le refus opposé à une personne dont les ressources personnelles ne sont pas suffisantes mais qui peut être hébergée en France par une famille disposant de 2 419 € par mois. • CE 12 mai 2006, *El Rhalia C.*, n° 275986. ♦ Même solution s'agissant d'un praticien hospitalier disposant d'un revenu annuel de 40 000 € pour une famille comportant deux enfants mineurs. • CE 22 déc. 2006, *Mme Ettayeb*, n° 285766.

46. Preuve. Lorsque le demandeur établit qu'il dispose de ressources suffisantes en faisant la preuve du retrait d'une somme d'argent, c'est à l'administration de démontrer en quoi cette somme n'est pas véritablement à la disposition de l'intéressé. • CE 10 oct. 2007, *Mme Mokhtari*, n° 281842 B • CAA Nantes, 20 oct. 2020, n° 19NT03419 : *AJDA 2021. 20 .* ♦ Le demandeur de visa qui ne dispose pas de ressources personnelles suffisantes doit apporter la preuve que la personne qui l'héberge s'est engagée à y pourvoir. Cependant, c'est à l'administration d'apporter la preuve de l'insuffisance des ressources de l'hébergeant. • CE 27 mars 2009, *M. Merzougui*, n° 309071 B. ♦ Le juge n'hésite pas à censurer le refus de visa lorsque l'autorité administrative se contente d'allégations sommaires ou ne fournit aucun élément probant. • CE 16 juill. 2010, *Mimi*, n° 328164 • 16 juill. 2010, *Rouziq et a.*, n° 330862.

47. Dès lors que le requérant justifie, à l'appui de sa demande d'un visa de long séjour en France, de moyens d'existence suffisants, et en l'absence de toute autre considération de nature à justifier la décision implicite du consul général de France rejetant ladite demande, la décision de refus de visa doit être annulée. • CE 23 sept. 1998, *M. Zgaya*, n° 186928. ♦ V. par ex., pour un requérant disposant d'un virement mensuel de son père de 570 €, d'un compte bancaire créditeur de 18 622 € et d'un livret d'épargne d'environ 1 500 € : • CE 3 févr. 2003, *Akaazoul*, n° 228729. ♦ V. encore un exemple d'un ressortissant russe, directeur général d'un parc d'attraction dans son pays, disposant d'une épargne de 60 000 € et d'une propriété dans le sud de la France : • CE 27 oct. 2008, *M. Kulikov,* n° 273975.

48. La condition relative aux moyens d'existence s'apprécie à la date à laquelle la décision a été prise. Le juge peut toutefois tenir compte des justifications apportées devant lui, si elles sont antérieures à la décision contestée et si l'administration n'en avait pas connaissance. • CE 31 mars 2003, *Mohammad Rezaei,* n° 230990.

49. Vie familiale. Alors même que l'exigence de ressources suffisantes est prévue par le Code frontières Schengen, l'autorité consulaire n'est pas en situation de compétence liée pour refuser le visa dans cette hypothèse ; il lui appartient en particulier de prendre en compte les conséquences d'un éventuel refus sur le droit à mener une vie familiale normale. • CE 20 déc. 2000, *El Abd,* n° 202207 A : *Dr. adm. avr. 2001. 26, n° 91 ; RFDA 2001. 267*. ♦ Le refus de visa opposé à la mère vietnamienne d'une ressortissante française ne viole pas l'art. 8 Conv. EDH dès lors qu'il est motivé par l'insuffisance des ressources de la fille en France. • CE 30 juin 2000, *Mme Luu,* n° 200897 B. ♦ La circonstance que le visa était sollicité pour célébrer un mariage en France ne permet pas d'établir une violation du droit au respect de la vie familiale ou au droit de se marier, la décision de refus étant motivée par l'insuffisance des moyens d'existence du demandeur. • CE 22 févr. 2002, *Mme Bouazza,* n° 219937. ♦ En revanche, malgré l'insuffisance des ressources, le refus de visa opposé à une étrangère qui souhaitait entrer en France afin de s'occuper de sa petite-fille, durant l'hospitalisation de son autre petite-fille nécessitant la présence permanente de sa mère, viole l'art. 8 Conv. EDH. • CE 21 avr. 2000, *Mme Bencheikh,* n° 207266 B.

50. Il incombe également à l'autorité consulaire d'envisager les conséquences du refus sur la situation personnelle de l'intéressé. • CE 29 déc. 2000, *Ammouta,* n° 207578.

51. Dès lors que le visa est strictement personnel, il a été jugé que l'autorité consulaire ne commettait pas d'erreur manifeste d'appréciation en exigeant du demandeur d'un visa Schengen qu'il dispose de ressources personnelles, même si des membres de sa famille peuvent subvenir à ses besoins en France. • CE 1er avr. 1998, *El Achiqui,* n° 182576 • 1er avr. 1998, *Aaziz,* n° 181634.

52. Aucune disposition n'impose à un ascendant de nationalité française, qui dispose des ressources nécessaires pour pourvoir aux besoins de son enfant étranger majeur, de justifier d'un logement lui permettant de l'accueillir dans des conditions satisfaisantes. • CAA Nantes, 13 mai 2020, n° 19NT02846.

D. ÉTUDIANTS

53. Sur les conditions d'attribution du visa de long séjour « étudiant », V. Circ. du 27 janv. 2006 (NOR : MAEC0600001C).

54. Position de la CJUE. La CJUE a précisé que les États membres ne peuvent refuser l'admission à des fins d'études à un ressortissant d'un pays tiers hors les cas prévus par le droit de l'Union, à savoir la Dir. 2004/114/CE du 13 déc. 2004 relative aux conditions d'admission des ressortissants de pays tiers à des fins d'études, d'échange d'élèves, de formation non rémunérée ou de volontariat, en particulier ses art. 6 et 7. • CJUE 10 sept. 2014, *Ben Alaya c/ Allemagne,* n° C-491/13 : *AJDA 2014. 1689 ; ibid. 2300, chron. Broussy, Cassagnabère et Gänser*. ♦ L'admission d'un ressortissant d'un pays tiers peut être refusée si les autorités nationales estiment, sur la base d'une évaluation des faits, que ce dernier représente une menace, fût-elle « potentielle », pour la sécurité publique. Cette évaluation peut ainsi prendre en compte non seulement le comportement personnel du demandeur, mais également d'autres éléments ayant trait, notamment, à son parcours professionnel (en l'espèce, l'intéressée était diplômée d'une université iranienne faisant l'objet de mesures restrictives, ses recherches doctorales portant sur le domaine sensible de la sécurité des technologies de l'information). • CJUE 4 avr. 2017, *Sahar Fahimian c/ Bundesrepublik Deutschland,* n° C-544/15 : *AJDA 2017. 715 ; ibid. 1111, chron. Broussy, Cassagnabère, Bonneville et Gänser ; RFDA 2017. 929, note Mazille ; D. 2018. 313, chron. Boskovic, Corneloup, Jault-Seseke, Joubert et Parrot*.

55. Sérieux du projet d'études. Les autorités consulaires doivent apprécier le sérieux du projet d'études de l'intéressé en tenant compte notamment de son âge, de ses diplômes et de son éventuel parcours professionnel antérieur ; elles doivent réaliser un examen particulier du dossier qui leur est soumis. • CE 8 nov. 2006, *Lanto Harimalala,* n° 298008 • 5 déc. 2007, *M. Mogoba Paul Dao,* n° 310567 B : ♦ L'art. 20 de la Dir. du 11 mai 2016, qui régit les conditions d'entrée et de séjour des ressortissants des pays tiers à des fins d'études, permet à un État membre de rejeter une demande d'admission au séjour « s'il possède des preuves ou des motifs sérieux et objectifs pour établir que l'auteur de la demande souhaite séjourner sur son territoire à d'autres fins que celles pour lesquelles il demande son admission ». Par conséquent, l'autorité consulaire peut, le cas échéant, et sous le contrôle du juge de l'excès de pouvoir restreint à l'erreur manifeste, rejeter la demande de visa de long séjour pour effectuer des études en se fondant sur le défaut de caractère sérieux et cohérent des études envisagées, de nature à révéler que l'intéressé sollicite ce visa à d'autres fins que son projet d'études. • CE, avis, 24 févr. 2022, n° 457798 A : *AJDA 2022. 433*.

56. Ont été retenus comme des motifs légaux de refus de visa : une connaissance insuffisante de la langue française pour venir suivre des études en France. • CE 9 mars 1998, *MM. Salad et*

Mohamed Asbahi, n° 179490. ♦ ... L'absence de sérieux d'un projet d'études. • CE 24 oct. 2001, *Mlle Maali*, n° 202709 • 24 oct. 2001, *Bouhadja*, n° 221321. ♦ ... L'absence de projet d'études précis, le requérant n'ayant au surplus pris aucun contact avec un établissement de formation en France. • CE 16 nov. 2001, *Ding*, n° 214634. ♦ ... La possibilité qu'a l'étranger de suivre les mêmes études dans son pays. • CE 9 févr. 1998, *M. Lohore Dakouri*, n° 176483. ♦ ...Les mauvais résultats universitaires obtenus dans le pays d'origine. • CE 24 oct. 2001, *Mlle Tilli*, n° 202671 B.

57. En revanche, un refus de visa opposé à un étudiant fondé sur le seul motif d'une longue interruption de ses études est entaché d'illégalité. • 25 févr. 2002, *Chelghouf*, n° 222556. • CE 16 oct. 2002, *Sayah*, n° 227652 ♦ C'est tout particulièrement le cas quand cette interruption n'est due qu'à un précédent refus illégal, annulé par le Conseil d'État. • CE 13 déc. 2002, *Achouhal*, n° 246603.

E. AUTRES MOTIFS

58. Hors le cas prévu au dernier al. du présent art., justifie légalement une décision de refus de visa la circonstance que le demandeur réside déjà sur le territoire national. • CE 27 nov. 2006, *Mme Debabha, épse Dausque*, n° 255964. ♦ Une telle décision encourt toutefois l'annulation si elle est de nature à porter atteinte à l'intérêt supérieur de l'enfant (art. 3-1 Conv. de New York sur les droits de l'enfant du 26 janv. 1990) ; tel est le cas si la décision de refus de visa avait pour conséquence d'éloigner l'enfant de son milieu familial qui se situait en France. • CE 30 déc. 2009, *M. Badachi*, n° 298970. ♦ Si la délivrance d'un visa de long séjour répond à l'intérêt supérieur de l'enfant, la circonstance que la délégation d'autorité parentale aurait pour motivation de permettre à l'enfant de s'installer durablement en France ne saurait caractériser un détournement de l'objet du visa, qui répond au contraire à un projet de cette nature. • CE 29 janv. 2010, *Mme Plimgah*, n° 320183.

59. Justifient également un refus de visa : le caractère précaire des conditions d'accueil en France. • CE 27 avr. 1998, *M. Ait Lho*, n° 170086 • 16 nov. 2001, *Semaï*, n° 218300. ♦ ... La possibilité qu'a l'étranger de subir une intervention chirurgicale dans son pays d'origine, même si son médecin lui avait conseillé de venir en France. • CE 8 avr. 1998, *M. Katukujrunde-Hewage*, n° 185587 B. ♦ ... L'absence de circonstances particulières justifiant une demande fondée sur la volonté de l'intéressé de venir rendre visite à son neveu et à son fils en France. • CE 19 févr. 2001, *Aouichi*, n° 211891 A : *RFDA 2001. 529*. ♦ ... L'absence d'expérience nécessaire à l'emploi proposé, alors même que le demandeur est en possession d'un contrat de travail visé par l'autorité administrative. • CE 11 déc. 2009, *Suissi*, n° 312968.

60. Absence de nécessité d'un séjour permanent en France. Pour un séjour en qualité de visiteur, V. • CAA Nantes, 7 févr. 2014, n° 12NT02506 • 21 mai 2021, n° 20NT02333. ♦ Pour un séjour en vue d'exercer une activité professionnelle non salariée, V. • CAA Nantes, 1er juin 2022, n° 21NT01934.

61. L'absence de pertinence des raisons familiales invoquées par la requérante ne constitue pas une motivation suffisante d'un refus de visa opposé à une étrangère désireuse de se rendre en France afin de rencontrer ses deux petits-enfants, âgés de quatre et deux ans, qu'elle n'avait encore jamais vus. • CE 20 déc. 2000, *Mme Briouel*, n° 210802 A : *D. 2001. 829* ; *RFDA 2001. 267*.

62. Le refus de visa peut encore résulter de l'application d'un accord bilatéral ayant fixé des quotas de visas pouvant être attribués aux ressortissants de l'État concerné. • CE 27 nov. 2002, *Mlle Yonetsu*, n° 238982 B : *AJDA 2003. 631*.

63. Ascendant à charge. Les autorités consulaires peuvent légalement fonder leur décision de refus sur la circonstance que le demandeur ne saurait être regardé comme étant à la charge de son descendant, dès lors qu'il dispose de ressources propres lui permettant de subvenir aux besoins de la vie courante dans des conditions décentes, que son descendant de nationalité française ne pourvoit pas régulièrement à ses besoins ou qu'il ne justifie pas des ressources nécessaires pour le faire. • CE 6 oct. 2008, *M. Dorofeev*, n° 289492 A : *RFDA 2008. 1275*. ♦ Toutefois, si cette qualité d'ascendant à charge résulte d'une décision du juge judiciaire passée en force de chose jugée, il n'appartient pas à l'autorité administrative de remettre en cause cette appréciation. • CE 30 sept. 2011, *Cts Agossou*, n° 332536.

64. Le fait pour un étranger d'avoir précédemment obtenu une aide financière pour favoriser sa réinsertion dans son pays d'origine ne fait pas obstacle à la délivrance d'un visa afin d'exercer en France une activité saisonnière. • CE 27 juill. 2001, *M'Hadhbi*, n° 214679 B.

III. RETRAIT DE VISA

65. Le pouvoir réglementaire est compétent pour définir les conditions dans lesquelles un étranger admis sur le territoire national sous couvert d'un visa peut s'y maintenir pendant une période d'une durée maximale de trois mois sans être muni d'une carte de séjour. Toutefois, aucune disposition législative ne permet à l'autorité réglementaire d'autoriser le retrait d'un visa d'entrée et de séjour, qui crée des droits au profit de son bénéficiaire pendant toute la durée de validité de ce titre. • CE 29 mars 1996, *Assoc. « Comité tous Frères »*, n° 132090.

IV. CONTRÔLE DU REFUS DE VISA

66. Sur la commission de recours contre les décisions de refus de visa d'entrée en France, V. Décr. n° 2000-1093 du 10 nov. 2000.

67. Il résulte des dispositions de l'art. 8 du Règl. du 13 juill. 2009 établissant un code communautaire des visas que, lorsqu'un État membre a confié à un autre État membre, par voie d'accord de représentation conclu sur le fondement du d) du § 4 de l'art. 8 de ce règlement, la compétence pour instruire et rejeter au nom de l'État membre représenté les demandes de visas de court séjour Schengen, les autorités consulaires de l'État membre agissant en représentation doivent être regardées comme les auteurs de la décision finale de refus au sens de l'art. 32 du même règlement. Dès lors, en application des dispositions de ce dernier art., le recours formé contre une décision de refus de visa ainsi rendue par les autorités consulaires de l'État membre agissant en représentation doit être exercé conformément à la législation nationale de cet État membre. • CAA Nantes, 17 oct. 2016, *Min. Intérieur*, n° 16NT01001 : *AJDA 2017. 31, note Durup de Baleine*.

68. La CEDH a considéré que l'art. 3 Conv. EDH (prohibition des traitements inhumains et dégradants) n'était pas applicable à une demande de visa aux fins d'obtention d'une protection internationale, formulée par des personnes de nationalité étrangère n'ayant aucun lien de rattachement avec le pays (en l'espèce, la Belgique) en cause. • CEDH 5 mai 2020, *M.N. et a. c/ Belgique*, n° 3599/18 : *AJDA 2020. 921* ; *D. 2020. 1348, note Collin*.

A. RECOURS ADMINISTRATIF PRÉALABLE

69. Délai. Le délai dans lequel doit être formé le recours administratif préalable obligatoire contre les décisions de rejet d'une demande de visa d'entrée ou de séjour ou d'une demande d'autorisation de voyage est de trente jours ; aucun texte ni aucun principe ne s'oppose à ce que l'autorité investie du pouvoir réglementaire instaure un délai plus court que le délai de recours contentieux pour l'introduction d'un recours administratif préalable obligatoire ; eu égard à l'absence de formalisme d'un tel recours et à son objet, ce délai ne méconnaît pas le droit à un recours effectif garanti par l'art. 16 DDH et par l'art. 13 Conv. EDH. • CE 21 avr. 2023, n° 467208.

70. Le délai de recours contentieux, de deux mois, contre la décision implicite rejetant un recours administratif préalable obligatoire dirigé contre une décision de refus de visa ou d'autorisation de voyage, court à compter de la date à laquelle la décision implicite est née ; aucun délai de distance ne s'ajoute à ce délai, ce qui n'a pas été jugé comme contraire au principe d'égalité. • CE 21 avr. 2023, n° 467208.

71. Le demandeur de visa ou d'autorisation de voyage est en mesure, même en cas de décision implicite de rejet et dès lors qu'un accusé de réception est transmis par l'autorité chargée d'examiner le recours administratif préalable, de déterminer la date précise à laquelle naît la décision et commence à courir le délai de recours contentieux de deux mois prévu à l'art. R. 421-1 CJA. A défaut d'un tel accusé de réception ou de son insuffisance, le délai de recours contentieux de deux mois n'est pas opposable à l'intéressé. Il est loisible, en outre, au demandeur d'adresser, par voie électronique, une requête sommaire dans le délai de recours, dans les conditions prévues par l'art. R. 414-2 CJA et de compléter cette requête par un mémoire complémentaire selon la même voie. Enfin, si les jugements rendus pas le tribunal administratif de Nantes en la matière ne sont pas susceptibles d'appel, aucun texte ni aucun principe général du droit ne consacre l'existence d'une règle du double degré de juridiction qui s'imposerait au pouvoir réglementaire, compétent pour déterminer les cas dans lesquels les juridictions administratives statuent en premier et dernier ressort. • CE 21 avr. 2023, n° 467208.

72. Autorité administrative compétente. Aucun texte ni aucun principe ne fait obstacle à ce qu'un recours administratif préalable obligatoire soit examiné par une autorité rattachée à un ministre. Le sous-directeur des visas au sein de la direction générale des étrangers en France du ministère de l'Intérieur et des outre-mer est, comme toute autorité administrative, soumis au principe d'impartialité. • CE 21 avr. 2023, n° 467208.

73. Décision implicite. Aux termes de l'art. D. 312-8-1 CESEDA, si le recours administratif préalable obligatoire formé contre une décision de refus d'une demande de visa fait l'objet d'une décision implicite de rejet, cette décision implicite, qui se substitue à la décision initiale, doit être regardée comme s'étant appropriée les motifs de la décision initiale. Dans le cadre de la procédure de recours administratif préalable obligatoire applicable aux refus de visa, il en va de même, avant l'entrée en vigueur de ces dispositions, si le demandeur a été averti au préalable par la commission de recours contre les décisions de refus de visa d'une telle appropriation en cas de rejet implicite de sa demande. • CE 21 avr. 2023, n° 468836.

74. Motivation. Si la décision consulaire n'est pas motivée, le demandeur qui n'a pas sollicité, sur le fondement de l'art. L. 232-4 CRPA, la communication des motifs de la décision implicite de rejet prise sur son recours préalable obligatoire, ne peut utilement soutenir devant le juge qu'aurait été méconnue l'obligation de motivation imposée par l'art. L. 211-2 du même code. Si la décision consulaire est motivée, l'insuffisance de cette motivation peut être utilement soulevée devant le juge, sans qu'une demande de communication de motifs ait été faite préalablement. Si, dans l'hypothèse où la décision consulaire était motivée, une telle demande a néanmoins été présentée et l'autorité administrative y a explicitement répondu, cette réponse doit être regardée comme une décision explicite se substituant à la décision implicite de rejet initiale du recours administratif préalable obligatoire. • CE 21 avr. 2023, n° 468836.

75. Le mécanisme d'appropriation des motifs ne fait pas obstacle à ce que l'administration puisse faire valoir devant le juge un ou plusieurs autres motifs et que le juge fasse droit, dans les conditions de droit commun, à cette demande de substitution de motifs dès lors que celle-ci ne prive pas le requérant d'une garantie procédurale liée au motif substitué. La circonstance que l'administration puisse faire valoir un ou plusieurs autres motifs ne peut être regardée comme privant l'intéressé de la garantie que constituerait l'examen de son recours administratif préalable obligatoire. • CE 21 avr. 2023, n° 468836.

B. COMMISSION DE RECOURS CONTRE LES DÉCISIONS DE REFUS DE VISA D'ENTRÉE EN FRANCE

76. Saisine préalable de la Commission. Les décisions de refus de visa prises postérieurement au 1er déc. 2000, date de mise en œuvre du Décr. n° 2000-1093 du 10 nov. 2000 relatif à la commission de recours contre les décisions de refus de visa d'entrée en France, ne peuvent plus faire l'objet d'un recours direct pour excès de pouvoir devant le Conseil d'État. • CE 19 févr. 2001, *El Hirach,* n° 228994 A : *RFDA 2001. 530* • 27 nov. 2002, *M. Aïssaoui,* n° 234211 B. ♦ La saisine de la commission est un préalable obligatoire à l'exercice d'un recours contentieux, à peine d'irrecevabilité de ce dernier. Les décisions par lesquelles la commission rejette les recours introduits devant elle se substituent à celles des autorités diplomatiques et consulaires qui lui sont déférées. • CE 16 févr. 2004, *M. Ba,* n° 242846. ♦ L'exercice du recours devant la commission, dont la décision se substitue à celle prise par l'autorité consulaire, a pour effet de dessaisir l'autorité consulaire, quelle que soit la forme de la décision, implicite ou expresse. • CE 23 mars 2018, n° 415010. ♦ Il en va de même des décisions par lesquelles le ministre des Affaires étrangères décide de confirmer le refus de visa en dépit de la recommandation favorable émise par la commission. • CE 27 nov. 2002, *Mlle Bellout,* n° 236208 B : *RFDA 2003. 188*. ♦ La décision prise à la suite du recours, soit par la commission, soit par le ministre, se substitue nécessairement à la décision initiale et elle est seule susceptible d'être déférée au juge ; par suite, une demande de suspension de la décision initiale est sans objet dès lors qu'est intervenue la décision administrative consécutive au recours formé devant la commission. • CE 27 nov. 2002, *Mlle Yonestu,* n° 238982 B : *préc. note 62* • 24 nov. 2005, *Mounir Jeddi,* n° 286733 B. ♦ Cette solution s'applique, que le rejet du recours par la commission soit exprès ou implicite. • CE 26 juill. 2006, *Ndobo Leng,* n° 294741 B. ♦ Le juge accepte toutefois de requalifier les conclusions du requérant dirigées contre la décision du consul en recours contre la décision implicite de rejet de la commission de recours contre les refus de visa. • CE 21 janv. 2007, *Mme Tientcheu Ngoungue, épse Langer,* n° 289811 B : *AJDA 2007. 701, concl. Aguila*. ♦ A noter toutefois qu'un refus de visa peut être contesté par la voie de l'exception d'illégalité à l'occasion du recours formé contre le refus de titre de séjour, tant que ce refus de visa n'est pas définitif. • CAA Marseille, 20 avr. 2010, *Aydin,* n° 08MA02314.

77. Cette procédure particulière ne fait pas obstacle à la possibilité pour l'intéressé d'introduire un recours hiérarchique devant le ministre des Affaires étrangères contre le refus de visa, mais cela n'a pas pour effet de soustraire le requérant à l'obligation de saisir la commission préalablement à l'introduction d'un recours contentieux, alors même qu'il se bornerait à demander l'annulation de la décision prise par le ministre sur le recours hiérarchique. • CE 18 juin 2003, *M. Anwarul,* n° 240290 B : *AJDA 2003. 1998* • 13 févr. 2006, *Mme Hinopay,* n° 281840.

78. Il est possible de saisir le juge de l'urgence au titre d'un référé suspension sans attendre que la commission ait statué sur le recours obligatoire préalable, dès lors que le requérant a déjà engagé cette démarche ; dès l'instant où la commission s'est prononcée, de façon explicite ou implicite, sa décision s'est ainsi substituée à celle de l'autorité consulaire, les conclusions présentées au titre de la demande de suspension sont dépourvues d'objet. • CE 22 juin 2022, n° 462341.

79. Délai de saisine. Il résulte des dispositions des art. D. 312-3 et D. 312-4 [anc. art. D. 211-5 et D. 211-6] que la saisine de la commission de recours contre les décisions de refus de visa d'entrée en France constitue un préalable obligatoire à l'exercice d'un recours contentieux contre ces décisions, à peine d'irrecevabilité de ce dernier. En l'absence de dispositions spéciales contraires, d'une part, le délai de deux mois dans lequel ce recours administratif, ne revêtant pas un caractère juridictionnel, doit être formé est un délai non franc et, d'autre part, lorsqu'il expire normalement un samedi, un dimanche ou un jour férié ou chômé, il est, à l'instar de tout délai de procédure, prolongé jusqu'au premier jour ouvrable suivant. Pour justifier du respect du délai imparti, l'intéressé peut, ainsi que le prévoient les art. L. 112-1 et L. 112-13 CRPA, se prévaloir de la date d'envoi de son recours au moyen, dans le cas d'une correspondance adressée par voie postale, du cachet apposé par les prestataires de services postaux autorisés au titre de l'art. L. 3 CPCE ou, dans le cas d'une correspondance adressée par voie électronique, d'un accusé de réception ou d'enregistrement. Dans le cas où il est adressé selon d'autres modalités, notamment par voie de télécopie, il appartient à son auteur, en vue d'en établir le caractère non tardif, de démontrer qu'il a été réceptionné avant l'expiration du délai. • CAA Nantes, 12 mars 2019, n° 17NT03771 : *AJDA 2019. 856, chron. Derlange*. ♦ L'absence d'accusé de réception ou d'enregistrement par la Commission à un courrier électronique de saisine qui avait été envoyé dans les délais ne permet pas à celle-ci de considérer le recours comme tardif. • CE 7 juill. 2021, n° 432564.

80. Procédure. Si le demandeur a donné procuration à un tiers afin qu'il effectue en son nom les démarches administratives liées à sa demande de visa, il doit être réputé avoir pris connaissance en temps et en heure de la décision de refus notifiée à la personne qu'il a désignée ; ainsi, la remise en mains propres de la décision de refus à une personne ayant reçu procuration déclenche le délai de deux mois dont dispose l'étranger pour contester la décision de l'autorité consulaire devant la commission de recours. • CAA Nantes, 5 févr. 2016, n° 15NT00181.

81. Si le recours formé par le demandeur n'est pas signé, il appartient à la commission de l'inviter à régulariser ce recours ; la mention de la décision de la commission selon laquelle il pouvait « réadresser un recours signé dans les délais impartis », au demeurant de nature à induire en erreur le requérant sur les formalités à accomplir, ne constituait pas une demande de régularisation. • CE 8 juin 2011, *M. El Fahsi*, n° 337788 B. ♦ Si l'art. D. 312-7 [anc. art. D. 211-9] permet au président de la commission de rejeter la requête d'un étranger comme manifestement irrecevable, il doit préalablement inviter le requérant à régulariser son recours. • CAA Nantes, 7 juin 2013, n° 11NT02494. ♦ La commission des recours contre les refus de visa ne peut rejeter un recours au seul motif de son absence de motivation, qui constitue un vice de forme, sans inviter son auteur à le régulariser (CRPA, art. 114-6). • CAA Nantes, 29 mai 2017, n° 16NT00880.

82. Le demandeur ne saurait avancer pour la première fois devant la commission un nouveau motif tendant à l'obtention d'un visa ; il lui appartient de formuler, le cas échéant, une nouvelle demande à l'autorité compétente. • CE 7 mai 2004, *M. Boubaker*, n° 257363.

83. L'art. L. 114-5 CRPA impose à l'administration, à peine d'illégalité de sa décision, d'indiquer au demandeur, lorsque la demande de ce dernier est incomplète, les pièces ou informations manquantes dont la production est requise par un texte pour permettre l'instruction de sa demande. En revanche, elles n'ont pas pour objet d'imposer à l'administration d'inviter le demandeur à produire les justifications de nature à établir le bien-fondé de cette demande. Par suite, la commission de recours contre les décisions de refus de visa d'entrée en France n'était pas tenue d'inviter la personne souhaitant accueillir les requérants à justifier de ses ressources en vue d'établir qu'elle était en mesure de les accueillir dans de bonnes conditions. • CAA Nantes, 9 juill. 2021, n° 20NT01421 : *AJDA 2021. 2142*.

84. Décision de la commission. La commission constitue une autorité administrative au sens de l'art. 1er de la L. du 12 avr. 2000 ; ses décisions doivent par conséquent porter la signature de son président, accompagnée des mentions, en caractères lisibles, du nom, du prénom et de la qualité de celui-ci. • CE 5 juill. 2004, *M. Asabre*, n° 252843 • 4 mai 2007, *Heddane*, n° 288526. ♦ Aucune disposition législative ou réglementaire n'impose que la décision de la commission indique le nom des membres qui ont siégé lors de la séance. • CE 7 déc. 2005, *M. El Morsli*, n° 264464 A. ♦ Les décisions de la commission, lorsqu'elle statue sur une demande des intéressés, sont prises selon une procédure qui échappe au champ d'application de l'art. 24 de la L. du 12 avr. 2000. • CE 30 mars 2005, *M. Kwantwoo*, n° 260707. ♦ L'art. 6, § 1, Conv. EDH ne lui est pas applicable. • CE 17 déc. 2004, *M. Dwamena*, n° 247438. ♦ La notification à l'avocat de l'étranger de la décision de la commission fait courir le délai de recours contre celle-ci. • CE 13 mars 2006, *M. Ait Mbarek*, n° 269029 B.

85. Le silence gardé par la commission pendant plus de 2 mois fait naître une décision implicite de rejet. • CE 20 juill. 2006, *Ndodo Leng*, n° 294741. ♦ Aucune disposition législative ou réglementaire n'oblige la Commission à se réunir pour statuer par une décision expresse sur un recours formé devant elle ; un tel moyen ne peut en particulier être utilement soulevé à l'encontre d'une décision implicite. • CAA Nantes, 10 déc. 2021, n° 21NT01510.

86. Un refus implicite contre un refus de visa est illégal si l'administration n'est pas en mesure de justifier que la Commission des recours contre les refus de visas s'est réunie valablement pour examiner le recours qui lui a été soumis. • TA Nantes, 12 avr. 2021, n° 2002568.

87. La commission de recours contre les décisions de refus de visa doit, pour apprécier la situation de droit ou de fait dans laquelle se trouve un requérant, se placer à la date à laquelle elle statue et non pas à celle de la demande de visa. A défaut, elle entache sa décision d'erreur de droit. • CE 4 févr. 2004, *Mlle Kharraki*, n° 244785. ♦ En revanche, lorsque la commission est saisie d'une demande de visa formée pour l'enfant d'un réfugié, cette qualité doit subsister à la date à laquelle la commission statue. • CE 8 juin 2011, *Mme Maduwe Guruge*, n° 332433 B.

C. EXERCICE DU CONTRÔLE JURIDICTIONNEL

88. Intérêt à agir. L'époux d'une ressortissante étrangère justifie d'un intérêt lui donnant qualité pour agir contre le refus opposé à la demande de visa de long séjour que son épouse avait présenté pour venir le rejoindre en France. • CE 30 sept. 1998, *Kurekci*, n° 186185 B • 25 oct. 2000, *Khlailia*, n° 212311. ♦ Un parent a intérêt à agir pour contester le refus de visa opposé à son enfant dès lors que celui-ci est mineur ; la minorité s'apprécie au regard de la loi nationale de l'enfant. • CAA Nantes, 17 juill. 2020, n° 19NT03688 : *AJDA 2020. 2299*.

89. Tel n'est pas le cas, en revanche, de l'employeur de l'étranger auquel un refus de visa a été opposé. • CE 13 déc. 2006, *Coubard*, n° 284404. ♦ Même solution concernant la mère d'une ressortissante algérienne majeure. • CE 18 juill. 2008, *Mme Boutiche*, n° 292006 B.

90. Non-lieu. Le juge prononcera une décision de non-lieu lorsque l'intéressé a obtenu, en cours d'instance, le visa sollicité. • CE 8 déc. 2000, *Mlle Cherraj*, n° 214479 B. ♦ Il convient toutefois que le demandeur ait obtenu entièrement satisfaction par rapport à sa demande initiale. Il n'y aura par conséquent pas non-lieu si le demandeur s'est vu octroyer un visa d'une durée différente de celle sollicitée. • CE 29 sept. 1999, *M. Tataran*, n° 191489. ♦ ... Ou pour un objet différent. • CE 4 déc. 2002, *M. Miski*, n° 209135. ♦ Le Conseil d'État a estimé que l'attribution d'une carte de séjour d'un an, dès lors qu'elle confère des droits au moins équivalents à ceux du visa sollicité, rend sans objet le recours formé contre la décision de refus de visa. • CE 11 janv. 2007, *M. Mallek*, n° 286327 : *AJDA 2007. 701, concl. Aguila*.

91. Compétence juridictionnelle. Un refus de visa opposé par l'autorité consulaire agissant dans l'exercice d'un pouvoir conféré à l'administration n'est pas manifestement insusceptible d'être rattaché à un pouvoir appartenant à l'autorité administrative. Ainsi, à supposer même que ce refus soit entaché d'illégalité, il ne peut constituer une voie de fait. • T. confl. 23 oct. 2000, *Boussadar*, n° 3227 A : *D. 2001. 2332, concl. Sainte-Rose* ; *AJDA 2001. 143, chron. Guyomar et Collin* ; *ibid. 145*. ♦ Depuis le 1er avr. 2010 (CJA, art. R. 312-18), les litiges relatifs au rejet des demandes de visa d'entrée sur le territoire de la République française relevant des autorités consulaires ressortissent de la compétence du tribunal administratif de Nantes. • CE 15 avr. 2010, *Mme Dürdane Gunes*, n° 338323.

1° NATURE DU CONTRÔLE

92. Les décisions émanant de la commission de recours contre les refus de visa ne font l'objet que d'un contrôle minimum (reprise jurisp. antérieure au Décr. du 10 nov. 2000). • CE 4 févr. 2004, *Mme Boukhit*, n° 236413 B : *AJDA 2004. 1102*.

93. Le juge administratif se limite au contrôle restreint de l'erreur manifeste d'appréciation. • 28 févr. 1986, *Ngako Jeuga*, nos 41550 et 46278 A : *D. 1987. Somm. 220, obs. Wacquet et Julien-Laferrière*. • CE 22 avr. 1992, *Alkan*, n° 118336 ♦ Le juge administratif exerce un contrôle restreint sur l'appréciation portée par l'administration sur la réalité des raisons invoquées au soutien de la demande de visa lorsque le demandeur invoque des raisons autres que familiales. • CE 20 déc. 2000, *Mme Zeitoun*, n° 212972 B. ♦ V. aussi sur l'appréciation du caractère sérieux d'un projet d'études d'un ressortissant algérien. • CE 25 juill. 2001, *Mlle Lenouar*, n° 221356 B. ♦ Même solution pour une demande de visa de long séjour par un étranger titulaire d'un contrat de travail visé par la direction départementale du travail et de l'emploi (C. trav., art. L. 341-2). • CE 7 mai 2007, *Mlle Adiepi*, n° 289827 B. ♦ Jugé que le moyen tiré de la méconnaissance de l'art. 3 Conv. EDH ne peut être utilement invoqué à l'encontre d'un refus de visa de séjour. • CE 14 déc. 2011, *M. Jerfel*, n° 337022.

94. Il exerce en revanche un contrôle normal sur l'appréciation à laquelle se livre l'autorité administrative pour estimer que les documents produits à l'appui d'une demande de visa ne permettent pas d'établir la réalité des liens familiaux dont se prévaut le demandeur. • CE 9 nov. 2007, *Mlle Kouadio*, n° 294281 B. ♦ Il exerce également désormais un contrôle normal sur l'adéquation entre la qualification et l'expérience professionnelle du demandeur de visa en tant que travailleur salarié et l'emploi proposé. • CE 30 déc. 2010, *M. Sahnoune*, n° 335170 A : *RFDA 2011. 213* • CAA Bordeaux, 13 juin 2013, n° 12BX02797.

2° MOTIVATION

95. Les décisions des autorités consulaires portant refus d'une demande de visa doivent être motivées en vertu des dispositions de l'art. L. 211-2 CRPA. Il en va de même pour les décisions de rejet des recours administratifs préalables obligatoires formés contre ces décisions. • CE 21 avr. 2023, n° 468836.

96. L'absence de communication des motifs de refus malgré la demande de la requérante fait naître un doute sérieux quant à la légalité de la décision de refus. • CE 11 mai 2009, *Wunba Dintuta*, n° 326430.

97. Décision implicite. Une décision implicite de rejet d'une demande de visa n'est pas illégale du seul fait qu'elle est dépourvue de motivation. • CE 27 nov. 2002, *Tarak*, n° 216532 B. ♦ Dans le cas d'une décision implicite de rejet, l'autorité administrative doit, sur demande de l'intéressé, communiquer les motifs de la décision dans le délai d'un mois de la demande ; à défaut de respecter ce délai, la décision de refus de visa est entachée d'illégalité. • CE 5 avr. 2006, *Mlle Amefia,v et Mme Gassou*, n° 278588. ♦ Si le recours administratif préalable obligatoire formé contre une décision de refus de visa fait l'objet d'une décision implicite de rejet, cette décision implicite, qui se substitue à la décision initiale, doit être regardée comme s'étant approprié les motifs de la décision initiale (art. D. 312-8-1). • CE, avis, 21 avr. 2023, n° 468836 : *AJDA 2023. 819*.

98. En annulant une décision implicite de refus de la Commission de recours contre les décisions de refus de visa alors qu'une décision explicite de rejet postérieure s'y est substituée, le TA s'est mépris sur la portée des conclusions dont il était saisi et a entaché son jugement d'irrégularité. • CAA Nantes, 12 mars 2024, n° 22NT02385 : *DP étrangers, Bull. n° 341, mars 2024.*

99. Motivation par référence. L'exigence de motivation ne peut être considérée comme satisfaite par la seule mention de l'existence du signalement au SIS. • CE 9 juin 1999, *Mme Hamssaoui : Lebon 172 ; D. 1999 SC. 185.* ♦ Si le refus de visa est fondé sur une menace pour la sûreté de l'État et non sur un signalement au SIS, il n'a pas à être motivé. • CE 8 oct. 2001, *Mikhailov,* n° 221211.

3° APPLICABILITÉ DE L'ART 8 CONV. EDH

100. Le juge administratif vérifie, au titre du contrôle de proportionnalité, que le refus de visa ne porte pas une atteinte disproportionnée au droit de l'intéressé à mener une vie familiale normale. • CE 11 juin 1997, *M. et Mme Talipoglu,* n° 163633 B • 4 juill. 1997, *Bourezak,* n° 156298 A • CE 18 févr. 1998, *M. et Mme Mersin,* n° 184182 B. ♦ Cela s'applique particulièrement en présence d'un refus fondé sur une menace à l'ordre public. • CE 28 avr. 2006, *M. Belagrouz,* n° 275849.

101. Dès lors qu'une demande de visa est fondée sur des motifs professionnels, son refus est sans incidence sur le droit au respect de la vie privée et familiale du demandeur. • CE 26 nov. 2008, *M. Aimeche,* n° 290670.

102. Violation de l'art. 8. C'est en 1996 que le Conseil d'État a, pour la première fois, annulé un refus de visa pour atteinte excessive au droit de mener une vie familiale normale concernant un ressortissant tunisien marié à une Française, un enfant étant né de cette union. • CE 31 juill. 1996, *M. Ajili et Mme Wieczorek épse Ajili,* n° 137815.

103. Le juge a retenu la même solution s'agissant : d'un refus fondé sur le fait que les époux n'ont jamais eu de vie commune, alors même que le caractère frauduleux du mariage n'est pas prouvé. • CE 17 nov. 1997, *M. et Mme Herbomel,* n° 183481. ♦ ... D'un étranger marié avec une Française dont il a un enfant. • CE 21 févr. 1997, *M. Badaoui,* n° 142234 B. ♦ ... D'une étrangère née en France, y ayant toujours vécu jusqu'à l'âge de 16 ans, ne s'étant rendue en Tunisie que pour prendre soin de sa grand-mère grabataire et ayant formulé une demande de visa pour rentrer en France après la mort de celle-ci. • CE 18 févr. 1998, *Mlle Alaoui,* n° 182695. ♦ ... De l'enfant mineur d'un Français au motif que l'enfant vivait auprès de ses grands-parents à l'étranger. • CE 11 déc. 1998, *M. Erdal,* n° 190962. ♦ ... De la mère d'un enfant français résidant à l'étranger avec l'enfant, dès lors que ce refus empêche l'enfant de voir son père qui exerce partiellement l'autorité parentale. • CE 23 sept. 1998, *Mlle Tiemoko,* n° 188057. ♦ ... D'un conjoint de Français. • CE 22 févr. 1999, *Mme Jelloul,* n° 190942. ♦ ... De la fille célibataire et majeure d'un étranger bénéficiaire du droit d'asile ; la requérante a toujours vécu avec sa famille résidant maintenant en France, son père réfugié politique et handicapé ne pouvant lui rendre visite dans son pays d'origine. • CE 7 juin 1999, *Mlle Begum Shahanaz,* n° 197607. ♦ ... D'un ressortissant marocain ayant fait l'objet d'un arrêté d'expulsion désormais abrogé ; l'intéressé est père de deux enfants français et est uni avec une ressortissante algérienne résidant régulièrement en France. • CE 29 sept. 1999, *M. Sebbar,* n° 196825. ♦ ... D'une Algérienne ayant été titulaire d'une carte de résident, rentrée en Algérie pour soigner ses parents malades et ayant négligé de demander le renouvellement de sa carte ; elle vivait en France avec son époux en situation régulière et leurs trois enfants, dont un Français. • CE 14 janv. 2004, *M. Chaabna,* n° 247653. ♦ ... De quatre enfants camerounais dont les deux parents sont décédés ; la sœur de leur mère a été désignée tutrice légale par un jugement du tribunal de Yaoundé ayant reçu l'exequatur. • CE 16 févr. 2004, *Mme Mandjou,* n° 252052. ♦ ... D'un ressortissant algérien, marié à une compatriote résidant régulièrement en France avec leurs trois enfants, rendant régulièrement visite à sa famille sous couvert de visas de court séjour dont il a toujours respecté la date d'expiration. • CE 10 mars 2004, *M. Chahmi,* n° 250358. ♦ ...D'un étranger souffrant d'un handicap important nécessitant la présence constante d'une tierce personne à ses côtés. • CE 25 oct. 2004, *M. Bettayeb,* n° 247671. ♦ ... D'une étrangère âgée de 72 ans vivant seule au Vietnam et dont les quatre enfants résident en France. • CE 3 déc. 2004, *Mme Tran,* n° 263250. ♦ ... D'une étrangère souhaitant venir en France sans son époux ni sa fille mineure pour se recueillir, pour la première fois, sur la tombe de son père venant d'être retrouvée. • CE 28 juin 2006, *Mme Guendouzi épse Adjeroud,* n° 281436. ♦ ...D'un ressortissant algérien souhaitant visiter son père en France lequel, atteint de la maladie de Parkinson, est dans l'impossibilité de se rendre en Algérie. • CE 23 juin 2008, *Mme Fodil,* n° 307636. ♦ ...D'un étranger voulant venir assister aux obsèques de sa fille. • CE 20 avr. 2009, *Elkhazarani,* n° 327162. ♦ ...D'un ressortissant ivoirien ayant conclu un PACS et entretenant une relation stable et durable avec son compagnon. • CE 12 mai 2010, *M. Akre,* n° 326162.

104. Absence de violation de l'art. 8 Conv. EDH. Ressortissant turc condamné à quatre ans d'emprisonnement en Allemagne pour participation à un trafic de drogue, marié avec une Française pendant sa période de détention, eu égard à la menace que sa présence sur le territoire français aurait fait peser sur l'ordre public. • CE 10 avr. 1992, *Aykan*, n° 75006 A : *AJDA 1992. 372* ; *RFDA 1993. 540, concl. Denis-Linton*. ♦ Étudiant étranger adopté par un ressortissant français, mais qui avait conservé des attaches familiales dans son pays d'origine. • CE 21 janv. 1998, *M. M'Barki-Reymond*, n° 169086. ♦ Étranger qui déclare avoir l'autorité parentale sur sa fille née de sa première union, alors qu'il l'a abandonnée à l'âge de sept mois, la laissant à la charge de ses grands-parents maternels après le décès de sa mère. • CE 30 déc. 1998, *M. Sbini*, n° 189222. ♦ Conjoints séparés. • CE 22 févr. 1999, *Mme Pykhtina*, n° 173076. ♦ Absence de vie commune du requérant avec son épouse française. • CE 12 mars 1999, *M. Mechakra*, n° 190281. ♦ Ressortissante algérienne dont le mari est titulaire d'un certificat de résidence et dont les trois filles et huit petits-enfants résident en France, l'intéressée pouvant saisir le préfet d'une demande de titre de séjour en faisant valoir l'intensité de ses liens familiaux en France. • CE 5 oct. 2005, *Mme Bensahla*, n° 248026.

4° PROCÉDURE

105. Procédures d'urgence. La procédure du référé-liberté (CJA, art. L. 521-1) est applicable aux refus de visa dans les conditions de droit commun. • CE 18 déc. 2003, *M. Ambdi Houmadi*, n° 262654. ♦ Si la saisine de la commission est un préalable obligatoire à l'exercice d'un recours contentieux, cela ne fait pas obstacle à la saisine du juge des référés sur le fondement de l'art. L. 521-1 CJA, à la condition que l'intéressé justifie avoir effectivement saisi la commission. Le juge de l'urgence peut même être saisi sur le fondement de l'art. L. 521-2 CJA en l'absence de tout recours en annulation. • CE 9 août 2004, *M. et Mme Ylmaz*, n° 270860. ♦ Le juge de l'urgence accepte dans ce cadre d'accueillir le moyen tiré de la violation de la convention internationale sur les droits de l'enfant. • CE 5 août 2004, *M. El Bachir Gourmat*, n° 270139 • 27 mai 2005, *Mernissi*, n° 280612. ♦ Le doute sérieux peut également exister en présence de moyens fondés sur la violation du droit à une vie familiale normale. • CE 31 août 2005, *Aliouat*, n° 283925. ♦ Le juge ne cherche pas à déterminer si la condition d'urgence est remplie dès lors qu'il constate qu'aucun des moyens invoqués n'est de nature à créer un doute sérieux quant à la décision de refus de visa. • CE 17 mars 2005, *Launay et Benfdil*, n° 278000. ♦ Il considère par ailleurs qu'en principe, sous réserve de circonstances particulières, le refus de délivrance d'un visa ne fait pas apparaître une situation d'urgence qui justifie l'intervention à bref délai d'une mesure que peut ordonner le juge du référé-liberté. • CE 12 févr. 2007, *Mme Azarha Qudaih*, n° 301352. ♦ Jugé toutefois que le refus de délivrer un visa à une famille syrienne qui souhaitait demander l'asile en France portait une atteinte grave et manifestement illégale à une liberté fondamentale, en l'espèce le droit constitutionnel d'asile. • TA Nantes, 16 sept. 2014, *Mme K. et a.*, n° 1407765 : *AJDA 2014. 1799*. ♦ Le Conseil d'État a toutefois précisé que les garanties attachées à ce droit fondamental reconnu aux étrangers se trouvant sur le territoire de la République n'emportent aucun droit à la délivrance d'un visa en vue de déposer une demande d'asile en France. Par suite, dans le cas où l'administration peut légalement accorder une mesure de faveur au bénéfice de laquelle l'intéressé ne peut faire valoir aucun droit, il est loisible à l'autorité compétente de définir des orientations générales aux services consulaires pour l'instruction des demandes de visa, en l'espèce par des ressortissants syriens. • CE 9 juill. 2015, n° 391392 B : *AJDA 2015. 1394* • 16 oct. 2017, nos 408344 A et 408374 : *AJDA 2017. 1983* ; *ibid. 2424, concl. Odinet* ; *D. 2018. 313, chron. Boskovic, Corneloup, Jault-Seseke, Joubert et Parrot*.

106. Si la procédure de référé-suspension est applicable aux refus de visa dans les conditions de droit commun, le Conseil d'État a tendance à rejeter les requêtes sur le fondement de l'art. L. 522-3 CJA (demande ne présentant pas de caractère d'urgence, irrecevable ou mal fondée). • CE 17 mai 2004, *L'Houssaine Nadim*, n° 267427 • 2 juin 2004, *Bonifay*, n° 268151. ♦ Il a par ex. considéré que n'était pas constitutive d'urgence la seule circonstance que l'étranger ne puisse pas rendre visite à sa mère et à son père adoptif en France, dès lors que ceux-ci peuvent lui rendre visite au Maroc. • CE 5 mai 2004, *Ouidad Campillo*, n° 267082. ♦ La condition d'urgence a en revanche été considérée comme remplie s'agissant d'une ressortissante sénégalaise souhaitant se rendre en France pour s'occuper de sa nièce polyhandicapée, en raison de la période de fermeture de l'établissement spécialisé qui accueillait la fillette. • CE 6 juill. 2005, *Mane*, n° 281773. ♦ Même solution s'agissant d'une ressortissante ivoirienne souhaitant se rendre en France pour assister au mariage imminent de sa fille. • CE 20 oct. 2006, *Mme Mabindou Bamba*, n° 298215. ♦ Même solution encore s'agissant de la nécessité pour un enfant de pouvoir poursuivre sa scolarité. • CE 22 janv. 2008, *Mme Guibner épse Kambarov*, n° 311235. ♦ La condition d'urgence est appréciée *in concreto* et le juge prend en considération des circonstances de fait telles que les conséquences des « tragiques événements survenus en Haïti ». • CE 18 janv. 2010, *Mme Alexandre*, n° 333870.

107. Pouvoir d'injonction. L'annulation d'un refus de visa peut d'abord avoir pour effet de saisir à nouveau de plein droit le ministre des Affaires étrangères et implique qu'il prenne une décision après une nouvelle instruction. • CE 25 mai 1998, *M. Nwosu,* n° 185270. ♦ C'est le cas notamment s'agissant d'une annulation fondée sur un motif matériellement inexact. • CE 4 mars 1998, *M. El Fourti,* n° 186780. ♦ C'est encore le cas lorsque le refus de visa a été annulé comme émanant d'une autorité incompétente. • TA Nantes, 6 déc. 1996, *Épx Khanouche : RFDA 1997. 312, concl. Millet*. ♦ En cas d'annulation d'une décision de refus de la commission de recours contre les refus de visa pour défaut de motivation, le juge administratif peut faire application des dispositions de l'art. L. 911-1 CJA et enjoindre à la commission de procéder à un nouvel examen de la demande. • CE 10 mars 2004, *M. et Mme El Ghouass,* n° 244582.

108. Il appartient au juge d'ordonner une mesure d'instruction afin de déterminer si un changement de circonstances de droit ou de fait est intervenu depuis le jugement d'annulation du refus. • CE 4 juill. 1997, *M. Leveau,* n° 161105 : *RFDA 1997. 815, concl. Stahl*. ♦ S'agissant d'une annulation fondée sur la violation de l'art. 8 Conv. EDH et dès lors qu'aucun changement de circonstance n'est intervenu, l'autorité administrative doit délivrer le visa. • CE 25 mai 1998, *M. Nwosu,* n° 185270. • 30 avr. 2004, *Mlle Aberkane,* n° 251632. ♦ Même solution s'agissant de l'annulation d'un refus faisant suite à une décision accordant le regroupement familial. • CE 4 juill. 1997, *M. Bourezak,* n° 156298 A : *AJDA 1997. 584, chron. Chauvaux et Girardot ; RFDA 1997. 815, concl. Abraham*. ♦ L'annulation d'un refus de visa qui aurait dû normalement être octroyé en raison de l'autorisation de regroupement familial donnée par le préfet, et en l'absence de tout motif d'ordre public permettant de s'y opposer, entraîne en principe l'obligation pour l'administration, statuant à nouveau sur la demande, de délivrer le visa sollicité. Il en va ainsi même si le bénéficiaire du regroupement familial a atteint l'âge de dix-huit ans à la date à laquelle les autorités consulaires statuent à nouveau sur sa demande. • CE 27 mars 2009, *M. Benarab et Mme Kias,* n° 286886 A : *AJDA 2009. 1102, concl. Boucher ; RFDA 2009. 630*. ♦ Même solution encore dès lors qu'aucun des motifs avancés par l'administration n'est présent en fait, et ce, d'autant plus que l'administration a commis une erreur de droit, le visa ayant été demandé non pour suivre des études en France mais pour un placement au pair, lequel avait fait l'objet d'un avis favorable de l'administration. • CE 13 janv. 2003, *Bouraza,* n° 232898.

109. Dès lors que la situation de l'intéressé n'a pas été modifiée, en droit ou en fait, depuis l'intervention de la décision de refus de visa, l'annulation de celle-ci pour erreur manifeste d'appréciation de la qualité d'ascendant à charge implique nécessairement la délivrance d'un visa de long séjour. • CE 23 févr. 2005, *M. et Mme Lebbad,* n° 255066. ♦ Même solution dès lors que le refus de visa était motivé par le fait que le mariage de l'intéressé avait été contracté dans un but étranger à l'union matrimoniale, refus annulé pour erreur manifeste d'appréciation. • CE 21 sept. 2005, *Mme Saouir,* n° 274935 • 12 déc. 2007, *M. Aydin et Mme Brossard épse Aydin,* n° 294797.

110. Si l'autorité administrative ne répond pas à la demande du juge visant à évaluer l'existence d'un changement de circonstances, le juge n'hésite pas à prononcer l'injonction. • CE 20 mai 1998, *M. et Mme Saglan,* n° 183579.

111. L'annulation d'un arrêté d'expulsion sur le fondement de l'art. 8 Conv. EDH fait revivre le titre de séjour pour la durée de validité restante. S'agissant d'un titre renouvelable de plein droit, le précédent arrêt implique nécessairement le renouvellement. L'étranger étant hors de France, l'exécution implique nécessairement la délivrance du visa d'entrée. • CAA Lyon, 1er avr. 1999, *M. Omer Kilic,* n° 98LY02313.

112. Des conclusions tendant à ce que le juge des référés enjoigne à l'autorité administrative de délivrer le visa sollicité excèdent la compétence du juge de l'urgence. • CE 20 oct. 2006, *Mme Mabindou Bamba,* n° 298174. ♦ La délivrance d'un visa n'entre pas davantage dans le champ des mesures utiles, de nature provisoire ou conservatoire, que le juge des référés peut ordonner sur le fondement de l'art. L. 521-3 CJA. • CE 8 nov. 2006, *Aubert,* n° 298489.

113. Responsabilité. L'annulation d'un refus de visa pour violation de l'art. 8 Conv. EDH constitue une illégalité de nature à engager la responsabilité de l'État. • CE 17 mars 2004, *Mona,* n° 224051. ♦ Même solution s'agissant de l'annulation de décisions de refus de visa entachés d'illégalité fautive. • CAA Nantes, 4 oct. 2022, n° 20NT03891.

114. Abrogation d'un visa. S'agissant des étrangers se trouvant sur le territoire sous couvert d'un visa de court séjour, les art. R. 312-9 et R. 312-10 [anc. art. R. 321-6 et R. 311-3, al. 23] fixent les conditions permettant l'abrogation du visa et donnent compétence au préfet du département où séjourne l'étranger comme autorité compétente. La contestation de la décision préfectorale d'abrogation relève alors du tribunal administratif territorialement compétent pour connaître des décisions de ce préfet. Lorsque l'abrogation du visa est décidée par les autorités diplomatiques ou consulaires, l'intérêt d'une bonne administration de la justice conduit à attribuer au tribunal administratif de Nantes, dont relèvent déjà en vertu de l'art. R. 312-18 CJA les litiges relatifs au rejet par les autorités diplomatiques et consulaires des demandes de visa d'entrée sur le territoire français, les litiges relatifs à l'abrogation d'un visa par ces autorités. • CE, avis, 11 déc. 2020, n° 443382 : *AJDA 2020. 2464*.

Art. L. 312-1 A *(L. n° 2024-42 du 26 janv. 2024, art. 61)* **Sans préjudice des conditions mentionnées à l'article L. 311-2, les visas mentionnés aux articles L. 312-1 à L. 312-4 ne sont pas délivrés à l'étranger qui a fait l'objet d'une obligation de quitter le territoire français depuis moins de cinq ans et n'apporte pas la preuve qu'il a quitté le territoire français dans le délai qui lui a été accordé au titre de l'article L. 612-1 ou, le cas échéant, dans les conditions prévues à l'article L. 612-2.**

Dans le cas où des circonstances humanitaires de même nature que celles prises en compte pour l'application des articles L. 612-6 et L. 612-7 sont constatées à l'issue d'un examen individuel de la situation de l'étranger, le premier alinéa du présent article n'est pas applicable.

SECTION 1 Visa de court séjour

Art. L. 312-1 **Tout étranger souhaitant entrer en France en vue d'y séjourner pour une durée n'excédant pas trois mois doit solliciter auprès des autorités diplomatiques et consulaires françaises un visa de court séjour, dans les conditions prévues à l'article 6 du règlement 2016/399 du Parlement européen et du Conseil du 9 mars 2016.**

Les demandes de visa de court séjour sont déposées et instruites dans les conditions prévues par les chapitres II et III du titre III du règlement n° 810/2009 du Parlement européen et du Conseil du 13 juillet 2009 établissant un code communautaire des visas.

BIBL. ▸ Aubin, Le juge administratif français face à l'application de la convention de Schengen dans ses dispositions sur le droit d'asile. Bilan juridictionnel de l'application en France des accords de Schengen, *RD Publ. 2000. 829* ; La convention de Schengen devant le Conseil d'État. Le contrôle juridictionnel des refus de visa, *JCP 2002. 333*. – Gautier, Le dépassement du caractère national de la juridiction administrative : le contentieux Schengen, *Dr. adm. mai 2005. Chron. n° 8*. – Vaiter-Romain, Le visa délivré par les autorités consulaires, *ibid. 2011, Étude 8*.

COMMENTAIRE

L'admission sur le territoire français d'un étranger porteur d'un visa peut être subordonnée à un examen de ses empreintes digitales, aux fins de comparaison avec les données enregistrées dans le traitement automatisé mentionné au 1° de l'article L. 142-1, lors de la présentation de la demande de visa (art. R. 311-1). ❑

Art. L. 312-1-1 *(L. n° 2024-42 du 26 janv. 2024, art. 47)* **Le visa de court séjour sollicité par le titulaire d'un passeport diplomatique ou d'un passeport de service peut être refusé au ressortissant d'un État coopérant insuffisamment en matière de réadmission de ses ressortissants en situation irrégulière ou ne respectant pas un accord bilatéral ou multilatéral de gestion des flux migratoires.**

SECTION 2 Visa de long séjour

Art. L. 312-2 **Tout étranger souhaitant entrer en France en vue d'y séjourner pour une durée supérieure à trois mois doit solliciter auprès des autorités diplomatiques et consulaires françaises un visa de long séjour dont la durée de validité ne peut être supérieure à un an.**

Ce visa peut autoriser un séjour de plus de trois mois à caractère familial, en qualité de visiteur, d'étudiant, de stagiaire ou au titre d'une activité professionnelle, et plus généralement tout type de séjour d'une durée supérieure à trois mois conférant à son titulaire les droits attachés à une carte de séjour temporaire ou à la carte de séjour pluriannuelle prévue aux articles *(L. n° 2024-42 du 26 janv. 2024, art. 30)* **« L. 421-9, L. 421-11 et L. 421-14 » à L. 421-24.** – *[Anc. art. L. 211-2-1, al. 2 et 3.]*

1. Visas uniformes. Le système de visas Schengen suppose une harmonisation des conditions de délivrance des visas uniformes qui impose que les motifs de refus soient les mêmes dans tous les États. Par conséquent, les autorités compétentes d'un État membre ne peuvent refuser, au terme de l'examen d'une demande de visa uniforme, de délivrer un tel visa à un demandeur que dans le cas où l'un des motifs de refus de visa énumérés à l'art. 32 de ce code peut être opposé à ce demandeur. Toutefois, ces autorités disposent d'une large marge d'appréciation en ce qui concerne les conditions d'application de ces dispositions et l'évaluation des faits pertinents en vue de déterminer si l'un de ces motifs de refus peut être opposé au demandeur. Il n'est nullement exigé que les autorités compétentes acquièrent, en vue de déterminer si elles sont tenues de délivrer un visa, une certitude quant à la volonté du demandeur de quitter ou non le territoire des États membres avant l'expiration du visa demandé. Il leur incombe, en revanche, de déterminer s'il existe un doute raisonnable quant à cette volonté. Pour ce faire, elles doivent procéder à un examen individuel de la demande de visa, prenant en compte, d'une part, la situation générale du pays de résidence du demandeur et, d'autre part, les caractéristiques propres à ce dernier, notamment sa situation familiale, sociale et économique, l'existence éventuelle de séjours légaux ou illégaux antérieurs dans l'un des États membres, ainsi que ses liens dans le pays de résidence et dans les États membres. • CJUE 19 déc. 2013, *Koushkaki c/ Allemagne*, n° C-84/12 : *AJDA 2014. 16*.

2. Un État membre ne dispose pas d'une marge d'appréciation lui permettant de refuser l'entrée d'un ressortissant de pays tiers sur son territoire en application d'une condition qui n'est pas prévue par le code frontières Schengen. En l'espèce, l'État en cause avait estimé que l'annulation d'un passeport entraînait automatiquement l'invalidité du visa uniforme délivré par un État membre et apposé sur ce passeport ; or, il ressort de l'art. 34 du code des visas que « l'annulation ou l'abrogation d'un visa uniforme nécessite l'adoption d'une décision spécifique à cet effet par les autorités compétentes de l'État membre de délivrance ou d'un autre État membre. Une autorité d'un pays tiers n'est donc pas compétente pour annuler un visa uniforme (...) la décision, adoptée par une telle autorité, d'annuler un document de voyage sur lequel est apposé un visa uniforme ne saurait donc être considérée comme emportant, de plein droit, l'annulation ou l'abrogation de ce visa ». • CJUE 4 sept. 2014, *Air Baltic Corporation AS*, n° C-575/12 : *AJDA 2014. 1687 ; ibid. 2300, chron. Broussy, Cassagnabère et Gänser*.

3. Visa de long séjour. Le juge des référés considère que c'est un visa de long séjour qui doit être sollicité en vue de conclure un PACS avec un ressortissant français ; le moyen tiré de la violation du respect de la vie privée et familiale ne peut ainsi prospérer s'agissant d'un refus de visa de court séjour. • CE 15 janv. 2008, *M. S.*, n° 311775.

4. L'étranger qui sollicite un visa de long séjour afin d'y exploiter une entreprise doit fournir des éléments attestant de la viabilité financière et de la réalité de son projet (engagement de cautionnement, attestation de solde créditeur d'un compte bancaire, budget pluriannuel, etc.). • CE 18 févr. 2011, *M. Bradaric*, n° 332233 B.

5. L'étranger qui sollicite un VLS « visiteur » doit justifier de la nécessité dans laquelle il se trouve de résider en France pour un séjour de plus de trois mois et, en l'absence de toute disposition conventionnelle, législative ou réglementaire déterminant les cas où ce visa peut être refusé, les autorités françaises saisies d'une telle demande disposent, sous le contrôle du juge de l'excès de pouvoir, d'un large pouvoir d'appréciation ; elles peuvent donc se fonder non seulement sur des motifs tenant à l'ordre public (le détournement de l'objet du visa, par exemple) mais aussi sur toute considération d'intérêt général. • CE 7 nov. 2022, n° 449990 A : *AJDA 2022. 2148*.

6. Visa humanitaire pour demandeur d'asile. La CJUE a considéré qu'aucun acte n'a, à ce jour, été adopté par le législateur de l'Union en ce qui concerne les conditions de délivrance, par les États membres, de visas ou de titres de séjour de longue durée à des ressortissants de pays tiers pour les raisons humanitaires ; ces demandes relèvent du droit national. • CJUE 7 mars 2017, n° C-638/16 : *AJDA 2017. 497 ; ibid. 1111, chron. Broussy, Cassagnabère, Bonneville et Gänser ; Constitutions 2017. 299, note Imbert ; D. 2017. 570 ; ibid. 2018. 313, chron. Boskovic, Corneloup, Jault-Seseke, Joubert et Parrot ; Rev. crit. DIP 2018. 59, note Parrot*.

Art. L. 312-3 Le visa de long séjour est délivré de plein droit au conjoint de ressortissant français. Il ne peut être refusé qu'en cas de fraude, d'annulation du mariage ou de menace à l'ordre public. – *[Anc. art. L. 211-2-1, al. 4.]*

COMMENTAIRE

L'article L. 312-3 précise que le visa de long séjour est délivré « de plein droit », sous réserve qu'il en remplisse les conditions de délivrance (absence de fraude, d'annulation du mariage et de menace à l'ordre public), au ressortissant étranger conjoint de Français, avec pour objectif de leur simplifier l'accès au séjour en France dans les meilleurs délais. Si le Défenseur des droits avait considéré que l'exigence de visa de long séjour était contraire au droit européen et constituait une discrimination à rebours fondée sur la nationalité (Défenseur des droits, 9 avr. 2014, MLD/2014-071), le législateur a estimé qu'il n'était pas possible d'écarter par principe les cas de fraude ou, par exemple, de menace à l'ordre public.

Les démarches des conjoints de Français en vue de l'obtention d'un visa sont facilitées. En particulier, est prévue la possibilité d'introduire une demande de visa sur le territoire national pour le conjoint de Français séjournant en France depuis plus de six mois.

L'autorité préfectorale remet à l'étranger, admis à déposer sa demande de visa de long séjour, une autorisation provisoire de séjour de deux mois qui ne pourra être assortie d'une autorisation provisoire de travail. Le consul instruit la demande de visa de long séjour en tenant compte du fait que la sincérité de l'intention matrimoniale et l'absence d'une annulation du mariage ont déjà été établies par l'autorité préfectorale. L'autorité consulaire se prononce au plus tard un mois après avoir reçu le dossier. L'absence de réponse à une demande de visa à l'issue d'un délai de deux mois est considérée comme un refus implicite.

Enfin, une circulaire du 19 mars 2007 précise que l'instruction de la demande de visa de long séjour d'un ressortissant étranger conjoint de Français ne donne pas lieu à perception de frais de dossier par les autorités diplomatiques et consulaires, et que ces ressortissants ne sont pas soumis au paiement de la taxe de chancellerie dès lors qu'ils sont entrés régulièrement sur le territoire sous couvert d'un visa de court séjour ou en en étant dispensés en vertu de conventions internationales. ❑

1. S'agissant des conjoints, enfants de moins de vingt et un ans ou à charge, et ascendants de ressortissants français, dès lors qu'un dossier complet attestant du lien familial est présenté, un visa portant la mention « Famille de Français » est délivré ; aucun autre justificatif ne doit être sollicité dès lors que ces personnes peuvent se voir délivrer de plein droit une carte de séjour. Ainsi, seule une menace à l'ordre public peut justifier un refus de visa. * Rép. min. n° 18239 : *JOAN Q. 19 oct. 1998, p. 5680.*

2. Lorsqu'il sollicite un visa d'entrée, l'étranger doit établir de façon incontestable son lien de filiation avec un ressortissant français. • CE 13 nov. 2006, 🏛 *M. B.*, n° 283962.

I. MOTIFS DE REFUS

3. Caractère frauduleux du mariage. L'autorité consulaire doit apporter la preuve du caractère frauduleux du mariage. • CE 21 janv. 1998, 🏛 *M. et Mme Benhouidheg,* n° 178814. ♦ C'est le cas par ex. s'agissant d'un ressortissant turc dont l'épouse française a quitté la Turquie dans les jours suivant le mariage, le requérant vivant avec son ex-épouse. • CE 16 févr. 2004, 🏛 *M. Sahin,* n° 246756. ♦ Même solution s'agissant d'un requérant n'ayant pu indiquer aux services consulaires ni le prénom ni l'activité professionnelle de son épouse demeurée en France et avec laquelle il n'a pas entretenu de relations téléphoniques ou épistolaires. • CE 13 juill. 2007, 🏛 *Mme Fathi,* n° 287085. ♦ L'administration peut fonder un refus de visa sur des irrégularités dûment prouvées et qui pourraient motiver une annulation du mariage. • CE 23 mars 1998, 🏛 *Mme Ntyam Ba et M. Gaucher,* n° 181667. ♦ V. aussi, s'agissant d'un précédent mariage de complaisance annulé par le juge civil : • CE 29 juill. 1998, 🏛 *Mme Beekhorry,* n° 186359 B. ♦ Refus opposé à une étrangère dont l'époux, de nationalité française, en était à son cinquième mariage, le premier lui ayant permis d'acquérir la nationalité française et les trois suivants ayant permis à ses épouses successives d'obtenir le même résultat ; ces quatre mariages avaient été dissous peu après leur célébration. • CE 3 juin 2005, 🏛 *M. et Mme Y,* n° 280432. ♦ Époux ne s'étant rencontrés qu'à deux reprises avant le mariage, ne parlant pas la même langue, en dépit du fait qu'il n'a pas été recouru, à l'occasion de la transcription du mariage par le consul, à la procédure prévue à l'art. 170-1 C. civ. • CE 23 nov. 2005, 🏛 *Mme Onur,* n° 246924 B. ♦ L'autorité administrative peut refuser un visa d'entrée au conjoint de Français alors même qu'elle ne conteste pas la sincérité de l'intention matrimoniale de ce dernier dès lors qu'elle apporte la preuve que l'étranger n'avait aucune intention matrimoniale réelle. • CE 16 avr. 2010, 🏛 *M. Yldirim,* n° 324782 B. ♦ Le préfet peut procéder à l'abrogation du visa accordé au conjoint de Français dès lors qu'il « existe des indices concordants permettant de présumer que l'intéressé a obtenu son visa frauduleusement ou qu'il est entré en France pour s'y établir à d'autres fins que celles qui ont justifié la délivrance du visa, ou si le comportement de l'intéressé trouble l'ordre public ». Tel était le cas en l'espèce, l'étranger ayant, à son arrivée en France, rejoint le domicile de son frère et non celui de son épouse, celle-ci ayant, en outre, déposé une demande de divorce. • CAA Douai, 24 oct. 2013, 🏛 n° 13DA00540.

4. La jurisprudence semble être moins sévère concernant ces conditions de preuve, se contentant par ex. du constat, étayé par certains éléments du dossier, selon lequel l'intention de vie commune peut être regardée comme douteuse. • CE 3 déc. 2008, 🏛 *Mme Sehono Miadana Rakoto-Andriantsoa,* n° 321866. ♦ En revanche, la preuve n'est pas rapportée du caractère frauduleux d'un mariage par la seule évocation de la différence d'âge entre les futurs époux. • CE 22 juin 2001, 🏛 *Mlle Ouaaziz,* n° 217453 A : *RFDA 2001. 970* ✎. ♦ Ainsi, en l'absence de toute vie commune et de toute pièce de nature à accréditer la réalité de l'intention matrimoniale du couple, le refus de visa est légalement fondé sur le fait que le mariage n'avait été conclu que dans le but exclusif de permettre l'obtention d'un visa d'entrée en France. • CE 13 nov. 2006, 🏛 *M. et Mme A.,* n° 285432.

5. Menace pour l'ordre public. Dès lors que la régularité du mariage n'est pas contestée, seule une menace pour l'ordre public constitue un motif valable de refus de visa. • TA Nantes, 8 janv. 1998, *Mohad Chikhi,* n° 97-2377. ♦ Cette menace ne doit pas être trop antérieure au mariage. • CE 9 juin 2005, *Bahri,* n° 280820. ♦ Constitue par ex. une telle menace le fait que l'intéressé a exercé de graves violences sur son épouse alors enceinte et l'a menacée de mort. • CE 30 déc. 2009, *M. Aboulhouda,* n° 312518. ♦ Même solution pour un ressortissant rwandais ayant fait l'objet, en Autriche où il réside, de huit condamnations pénales dont plusieurs assorties de peines d'emprisonnement. • CE 21 janv. 2011, *M. Gatera,* n° 336777. ♦ Légalité du refus de visa opposé à un conjoint de ressortissant français au motif qu'il a été impliqué dans des crimes graves, en l'espèce s'agissant d'un ancien ministre du Rwanda en fonctions pendant toute la durée des massacres d'avr. à juill. 1994. • CE 11 avr. 2018, n° 409512 : *AJDA 2018. 1813*.

6. Constitue ainsi une erreur manifeste d'appréciation un refus fondé sur l'un des motifs suivants : moyens d'existence insuffisants. • CE 25 mai 1998, *M. Nwosu,* n° 185270. ♦ ... Séjour antérieur irrégulier. • CE 27 avr. 1998, *M. et Mme Chiriac,* n° 186131. ♦ ... Absence de maîtrise de la langue française. • CE 4 mars 1998, *M. et Mme Bensmaini,* n° 184979. ♦ ... Possibilité pour le couple de s'installer dans un pays autre que la France. • CE 29 juill. 1998, *M. Bamba,* n° 185406. ♦ Le juge de l'urgence a considéré que ne pouvait être assimilée à une fraude justifiant le refus de visa une fausse déclaration de vol du passeport du demandeur dictée par la crainte d'un refus de visa opposé par la France. • CE 21 juin 2010, *Achandir,* n° 338979.

7. Intérêt de l'enfant. L'intérêt d'un enfant est en principe de vivre auprès de la personne qui, en vertu d'une décision de justice qui produit des effets juridiques en France, est titulaire à son égard de l'autorité parentale ; lorsqu'un visa de long séjour est sollicité en vue de permettre à l'enfant de rejoindre en France la personne ayant reçu délégation de l'autorité parentale, ce visa ne peut, en règle générale, être refusé pour un motif tiré de ce que l'intérêt de l'enfant serait au contraire de demeurer auprès de ses parents ou d'autres membres de sa famille. En revanche, le refus peut légalement être fondé sur l'atteinte à l'ordre public ou sur le motif tiré de ce que les conditions d'accueil de l'enfant en France seraient, compte tenu notamment des ressources et des conditions de logement du titulaire de l'autorité parentale, contraires à l'intérêt de l'enfant. • CE 9 déc. 2009, *M. Sekpon,* n° 305031 A : *RFDA 2010. 234* • 13 juill. 2010, *M. et Mme A.,* n° 337091 : *JCP adm. et Coll. terr. n° 30, 25 juill. 2011, 2272* • CE 1er déc. 2010, *Mme Naili, épse Hocini,* n° 328063 B. ♦ Si la condition de l'intérêt de l'enfant est réputée satisfaite lorsque la personne a reçu délégation de l'autorité parentale par décision de justice, cela ne vaut pas pour une *kafala* dressée devant notaire. • CE 22 oct. 2010, *Mme Fournel,* n° 321645 B. ♦ En présence d'une *kafala* adoulaire qui est, au Maroc, dressée devant notaire, le juge local se bornant à en assurer la retranscription, l'administration doit vérifier, au cas par cas, l'effectivité de l'intérêt supérieur de l'enfant ; le Conseil d'État limite l'effet de la présomption selon laquelle l'intérêt de l'enfant est de vivre auprès de la personne titulaire de l'autorité parentale en vertu d'une *kafala* homologuée par un juge. • CE 22 févr. 2013, n° 330211 B.

8. Défaut de transcription. En application de l'art. 171-5 C. civ., l'absence de transcription sur les registres de l'état civil français de l'acte de mariage d'un Français célébré par une autorité étrangère est susceptible de justifier légalement une décision refusant de délivrer un visa d'entrée et de long séjour en qualité de conjoint de ressortissant français, cette qualité n'étant dans ce cas pas opposable aux autorités publiques. • CAA Nantes, 1er avr. 2022, n° 21NT01271 : *AJDA 2022. 1619, chron. Bréchot*.

II. DEMANDE DE VISA EN FRANCE

9. Lorsque la demande de visa de long séjour émane d'un étranger entré régulièrement en France, marié en France avec un ressortissant de nationalité française et que le demandeur séjourne en France depuis plus de six mois avec son conjoint, la demande de visa de long séjour est présentée à l'autorité administrative compétente pour la délivrance d'un titre de séjour. C'est donc le préfet qui est compétent. S'il peut saisir pour avis les autorités consulaires, cet avis ne saurait faire grief. • CE 19 janv. 2011, *M. Mazroui,* n° 332635 A : *RFDA 2011. 440*. ♦ Le Conseil d'État a précisé que l'intéressé peut présenter à la préfecture de son domicile une demande de visa de long séjour ; il appartient au préfet d'examiner si le demandeur remplit les conditions fixées et, dans l'affirmative, de transmettre la demande aux autorités consulaires françaises qui ne pourront la refuser qu'en cas de fraude, d'annulation du mariage ou de menace à l'ordre public. • CE 28 nov. 2007, *M. Hassan Mezzan,* n° 310286 B : *AJDA 2007. 2411*. ♦ Le préfet est seul compétent pour délivrer le visa dans ce cadre. • TA Paris, 20 mars 2008, *M. Moussinga,* n° 0719367 : *AJDA 2008. 2079, concl. Villalba*. ♦ Lorsque le préfet est saisi d'une demande de titre de séjour en qualité de conjoint de français par un étranger régulièrement entré en France et y résidant depuis plus de six mois, il est également saisi de la demande de visa de long séjour qu'il doit transmettre aux autorités consulaires compétentes ; le défaut de transmission justifie l'annulation de la décision de refus de titre de séjour. • CAA Versailles, 23 mars 2010, *Trabelsi,* n° 09VE00303. ♦ La commission de recours contre les refus de visa est incompétente pour se prononcer sur un refus opposé par le préfet dans ce cadre. • CE 26 déc. 2008, *M. Diop,* n° 322158 B • CE 25 mars 2009, *Mme Victoria Idukwu,* n° 325670. ♦ Si elle est saisie, la commission doit transmettre le recours au ministre chargé de l'immigration et la décision attaquée doit être considérée comme ayant été prise par le ministre. C'est le tribunal administratif de Paris qui est dès lors compétent pour accueillir le recours contre la décision de refus. • CE 23 févr. 2011, *Etyo Bobedogo Bolaue*, n° 342549. ♦ Dès lors que la décision de refus de visa doit être regardée comme émanant du préfet et non des autorités consulaires, le litige n'est pas né hors des territoires soumis à la juridiction d'un tribunal administratif et ne relève pas de la compétence du Conseil d'État en premier et dernier ressort. • CE 26 mars 2010, *Nguyon et a.*, n° 336726.

10. L'étranger qui est entré régulièrement en France et qui a épousé en France un ressortissant français peut ainsi présenter au préfet une demande de visa de long séjour sans avoir à retourner à cette fin dans son pays d'origine, à condition d'avoir séjourné en France plus de six mois avec son conjoint ; cette durée de six mois de vie commune s'apprécie, quelle que soit la date du mariage. • CE 26 août 2008, *M. Ali Raza*, n° 319941 B. ♦ Il convient que l'étranger soit entré régulièrement en France. Tel n'est pas le cas d'une étrangère qui n'était titulaire que d'un visa espagnol ne l'autorisant pas à circuler sur le territoire de l'espace Schengen, son passeport ne portant aucune mention de son entrée sur le territoire. • CAA Douai, 2 déc. 2010, *Mme El Faiza Barczenski née El Khaoua*, n° 10DA00858. ♦ Même solution pour un Algérien, titulaire d'un visa espagnol et marié avec une Française, mais qui est entré en France sans satisfaire à la condition de déclaration prévue à l'art. 22 Conv. de Schengen. • CAA Bordeaux, 16 déc. 2010, *Bettahar*, n° 10BX00070.

11. Si la Circ. n° INT/D/07/00031/C du 19 mars 2007 prévoit que l'autorité préfectorale « invite » les intéressés, s'ils en remplissent les conditions, à déposer un dossier de demande de visa de long séjour, elle est dépourvue de caractère réglementaire et ne présente pas d'énonciation à caractère impératif. Par suite, les intéressés ne peuvent utilement s'en prévaloir à l'appui d'un recours formé contre une décision de refus de séjour. • CAA Douai, 20 janv. 2009, *M. Mezmizi*, n° 08DA00880.

12. Si l'intéressé est entré irrégulièrement en France, il a toutefois obtenu par la suite et pendant trois années des cartes de séjour temporaire en qualité de conjoint de Française ; la délivrance de ces titres de séjour a eu pour effet de régulariser sa situation quant aux conditions de son entrée en France. Ainsi, le préfet ne pouvait pas lui opposer cette entrée irrégulière en France pour refuser de lui délivrer un visa de long séjour et ensuite lui opposer l'absence d'un tel visa pour rejeter sa demande de titre de séjour. • CAA Lyon, 4 avr. 2013, *M. D.*, n° 12LY02240 : *AJDA 2013. 1488*.

13. Cas particulier du conjoint victime de violences conjugales. Si les dispositions du présent code subordonnent la délivrance de la carte de séjour « vie privée et familiale » au conjoint d'un Français à la condition d'être en possession d'un visa de long séjour, elles n'impliquent pas que celui-ci fasse l'objet d'une demande expresse distincte de la demande du titre de séjour sollicité auprès de l'autorité préfectorale. Dès lors que la cessation de la vie commune ne peut être opposée à l'étranger victime de violences conjugales de la part de son conjoint français lorsqu'il sollicite la délivrance d'un premier titre de séjour « vie privée et familiale », la condition de séjour en France depuis plus de six mois avec son conjoint ne peut davantage lui être opposée lorsqu'il demande la délivrance d'un visa de long séjour et satisfait aux autres conditions nécessaires pour son obtention. Ainsi, lorsqu'un étranger, entré régulièrement sur le territoire français, marié en France avec un ressortissant français et dont la communauté de vie a cessé avant l'expiration d'un délai de six mois suivant le mariage en raison des violences subies de la part du conjoint français, présente à l'autorité préfectorale une demande de carte de séjour temporaire portant la mention « vie privée et familiale », il doit être regardé comme demandant également la délivrance d'un visa de long séjour. • CE 10 déc. 2012, *Mme T.*, n° 353997 : *AJDA 2013. 892*.

Art. L. 312-3-1 *(L. n° 2024-42 du 26 janv. 2024, art. 47)* **Sans préjudice de l'article L. 312-3, le visa de long séjour peut être refusé au ressortissant d'un État coopérant insuffisamment en matière de réadmission de ses ressortissants en situation irrégulière ou ne respectant pas un accord bilatéral ou multilatéral de gestion des flux migratoires.**

Art. L. 312-4 **Un visa de retour est délivré par les autorités diplomatiques et consulaires françaises à la personne de nationalité étrangère bénéficiant d'un titre de séjour en France en vertu des articles L. 423-1, L. 423-7, L. 423-13, L. 423-14, L. 423-15, L. 423-17, L. 423-18, L. 423-21, L. 423-22, L. 423-23, L. 425-9 ou L. 426-5 dont le conjoint a, lors d'un séjour à l'étranger, dérobé les documents d'identité et le titre de séjour.** — *[Anc. art. L. 211-2-2.]*

Loi n° 2010-769 du 9 juillet 2010,

Relative aux violences faites spécifiquement aux femmes, aux violences au sein des couples et aux incidences de ces dernières sur les enfants.

Art. 34 Les autorités consulaires françaises prennent les mesures adaptées pour assurer, avec leur consentement, le retour sur le territoire français des personnes de nationalité française ou qui résident habituellement de manière régulière sur le territoire français *(L. n° 2014-873 du 4 août 2014, art. 54)* « , y compris celles retenues à l'étranger contre leur gré depuis plus de trois ans consécutifs, » lorsque ces personnes ont été victimes à l'étranger de violences volontaires ou d'agressions sexuelles commises dans le cadre d'un mariage forcé ou en raison de leur refus de se soumettre à un mariage forcé.

SECTION 3 Dispenses de visa et autorisations de voyage

SOUS-SECTION 1 Dispenses de visa

Art. L. 312-5 Par dérogation aux dispositions de l'article L. 311-1, les étrangers titulaires d'un titre de séjour ou du document de circulation délivré aux mineurs en application de l'article L. 414-4 sont admis sur le territoire au seul vu de ce titre et d'un document de voyage. – *[Anc. art. L. 212-1.]*

COMMENTAIRE

Dispense de visa. Si l'arrêté du 10 mai 2010 relatif aux documents et visas exigés pour l'entrée des étrangers sur le territoire européen de la France (mod. par Arr. du 28 oct. 2016) prévoit que tout étranger souhaitant entrer en France dans le but d'y séjourner pendant une période d'une durée supérieure à trois mois doit se faire préalablement délivrer un visa de long séjour, il fixe également la liste des étrangers dispensés de cette obligation (V. Arr. du 10 mai 2010, *infra*). ❑

1. Le refus d'entrée opposé à un étranger titulaire d'un titre de séjour, même provisoire, porte atteinte à sa liberté d'aller et venir, et autorise la mise en œuvre de la procédure du référé-liberté ; le titre de séjour en cours de validité autorise l'étranger à entrer sur le territoire sans que puisse être exigé de lui quelque visa ou autorisation que ce soit. • TA Dijon, 10 nov. 2006, *Badre,* n° 0602601.

2. Un refus de visa opposé à un étranger titulaire d'une carte de séjour temporaire viole les dispositions du présent art., alors même que l'intéressé fait l'objet d'une inscription dans le fichier d'information Schengen. • CE 4 déc. 2009, *M. Norbert Bayoulath,* n° 332913.

3. Dès lors qu'un ressortissant est titulaire d'un titre de séjour en cours de validité, il peut revenir en France sans avoir à solliciter un visa d'entrée ; celui-ci ne peut lui être refusé alors même que le titre de séjour aurait été égaré. • CE 22 févr. 2002, *Houari,* n° 226419 B. ♦ Dans ce cas, le visa ne peut être refusé, même en raison d'une menace pour l'ordre public ; en effet, dans cette hypothèse, seul le chef du service de la police nationale ou des douanes chargé du contrôle aux frontières, ou un fonctionnaire désigné par lui (art. R. 213-1), a le pouvoir de s'opposer à l'entrée en France par une décision écrite et motivée. • CAA Nantes, 30 janv. 2020, n° 19NT02490.

4. Un étranger titulaire d'un titre de séjour peut quitter le territoire national et y revenir tant que ce titre n'est pas expiré en se voyant délivrer un visa de retour, alors même que le titre de séjour n'avait pas encore été remis en mains propres à l'intéressé. • CAA Nantes, 31 mars 2023, n° 21NT03081.

5. Le document de circulation pour étranger mineur ayant pour seul objet et pour seul effet de permettre à son détenteur de circuler librement entre la France et l'étranger sans être soumis à l'obligation de visa d'entrée sur le territoire français, il ne peut être regardé comme emportant des effets équivalents à ceux d'une autorisation de regroupement familial ; dès lors, un litige relatif à un refus d'autorisation de regroupement familial ne saurait être privé d'objet par l'octroi, en cours d'instance, d'un document de circulation pour étranger mineur. • CE 22 juin 2012, *Min. Intérieur c/ Mme Ghali,* n° 346377 B : *AJDA 2012. 1257.*

6. Visa de transit aéroportuaire. En vertu des stipulations de l'Ann. 9 de la Conv. de Chicago du 7 déc. 1944 sur l'aviation civile internationale, les ressortissants étrangers ont le droit de descendre de l'avion afin de circuler à des fins de transit dans les zones internationales des aéroports, en escale entre deux vols, sans avoir l'obligation d'être munis d'un visa. La convention prévoit toutefois des possibilités de dérogation à ce principe. Une action commune de l'UE du 4 mars 1996 fixe une liste de douze pays tiers dont les ressortissants sont soumis, pour transiter par un pays de l'Union, à l'obligation d'être munis d'un visa de transit aéroportuaire. Cette action commune reconnaît aux États membres le droit de compléter la liste commune par des listes énumérant les pays dont les ressortissants seront soumis à un visa de transit aéroportuaire sur leur propre territoire. Les ministres chargés des affaires étrangères et de l'immigration sont compétents pour établir une liste d'États dont les ressortissants se voient imposer une obligation de visa de transit aéroportuaire. Cette obligation répond à des nécessités d'ordre public tenant à éviter, à l'occasion d'une escale ou d'un changement d'avion, le détournement du transit aux seules fins d'entrée en France et ne porte par elle-même aucune atteinte au droit d'asile. Si le juge se limite au contrôle de l'erreur manifeste d'appréciation, il considère toutefois que cette liste ne peut ajouter au critère de la nationalité des personnes un critère relatif à l'aéroport de provenance. • CE 25 juill. 2008, *ANAFÉ et GISTI,* nos 313710 et 313713 A : *RFDA 2008. 1084*. ♦ V. Arr. du 15 janv. 2008 mod. Arr. du 23 févr. 2010, *JO 12 mars*. ♦ Le Règl. (CE) n° 810/2009 du Parlement et du Conseil du 13 juill. 2009 établissant un code communautaire des visas fixe une liste de pays tiers dont les ressortissants doivent être munis d'un visa de transit aéroportuaire pour passer par la zone internationale de transit des États membres et prévoit que chaque État peut, après en avoir informé la Commission européenne, imposer une telle exigence aux ressortissants d'autres pays tiers « en cas d'urgence due à un afflux massif de migrants clandestins » ; or, après la fermeture du consulat de France à Damas, plusieurs centaines de ressortissants syriens se sont présentés dans les consulats des pays limitrophes, notamment l'Égypte, la Jordanie et le Liban, pour demander des visas de court ou de long séjour. Le nombre des demandes d'asile présentées par des ressortissants syriens est passé de 20 en 2010 à 54 en 2011 et 180 en 2012 ; dans ce contexte, les autorités françaises n'ont pas porté une appréciation manifestement erronée des circonstances en estimant que la situation répondait à la condition d'urgence qui permet le rétablissement du visa de transit aéroportuaire pour éviter un afflux massif de migrants clandestins. • CE 15 févr. 2013, *ANAFÉ et GISTI,* n° 365709 • 20 mars 2013, *ANAFÉ et GISTI,* n° 366308. ♦ L'obligation de disposer d'un visa de transit aéroportuaire, qui ne peut être imposée par les États membres, en vertu du Règl. du 13 juill. 2009, qu'en cas d'urgence due à un afflux massif de migrants clandestins et qui répond ainsi à des nécessités d'ordre public tenant à éviter, à l'occasion d'une escale ou d'un changement d'avion, le détournement du transit aux seules fins d'entrée en France, ne porte par elle-même aucune atteinte au droit d'asile, ni au droit à la vie ou à la protection contre les traitements inhumains ou dégradants. En raison du conflit en cours en Syrie, qui a entraîné un important exode de population vers les pays voisins, un nombre important et sans cesse croissant de ressortissants syriens, principalement en provenance du Liban et de Jordanie, et devant, en principe, seulement transiter par la zone internationale de transit des aéroports français, a tenté, à compter de l'année 2012, d'entrer irrégulièrement sur le territoire français à l'occasion de ce transit. Ces circonstances permettent d'établir l'existence d'une situation d'urgence due à un afflux massif de migrants clandestins, qui a d'ailleurs conduit plusieurs autres États membres de l'UE, notamment la Belgique, la République tchèque, l'Allemagne, la Grèce, l'Espagne, l'Italie, les Pays-Bas et l'Autriche, à prendre une décision identique. Il résulte de ce qui précède que le ministre de l'Intérieur n'a pas fait une inexacte application des dispositions de l'art. 3 du Règl. du 13 juill. 2009 en soumettant les ressortissants syriens munis d'un passeport ordinaire passant par la zone internationale de transit des aéroports situés sur le territoire français à l'obligation d'être muni d'un visa de transit aéroportuaire. • CE 18 juin 2014, *ANAFÉ et GISTI,* n° 366307 B : *AJDA 2014. 1298 ; ibid. 2014. 1714, concl. Domino*.

7. Le Conseil d'État a considéré qu'en raison de la pression migratoire pesant sur la France, la liste nationale d'étrangers soumis au visa de transit aéroportuaire (VTA) (qui figure à l'Ann. D de l'Arr. du 10 mai 2010, *infra*) est proportionnée au sens où elle ne porte qu'une atteinte limitée à la liberté de transit consacrée par l'Ann. 9 de la Conv. de Chicago relative à l'aviation civile internationale, ratifiée par la France, et ne porte atteinte ni au droit de solliciter l'asile, ni à la liberté d'aller et venir. • CE 28 mai 2024, n° 487656.

Arrêté du 10 mai 2010,

Relatif aux documents et visas exigés pour l'entrée des étrangers sur le territoire européen de la France.

Art. 1er 1. Dans le présent arrêté :

— les termes "frontières extérieures" et "frontières intérieures" sont entendus au sens qui leur est donné par l'article 2 du *(Arr. du 28 oct. 2016, art. 2)* « règlement (UE) n° 2016/399 du Parlement européen et du Conseil du 9 mars 2016 concernant un code de l'Union relatif au régime de franchissement des frontières par les personnes (code frontières Schengen) » ;

— le terme "régime de circulation" s'entend comme l'ensemble des règles en matière de visa d'entrée (obligation ou dispense) s'appliquant lors du franchissement d'une frontière extérieure ou intérieure ;

— le terme "étranger" s'entend comme tout individu qui n'est pas un citoyen de l'Union européenne au sens de l'article 17, paragraphe 1, du traité sur le fonctionnement de l'Union européenne ou un ressortissant d'un État tiers avec lequel l'Union européenne a conclu un accord leur attribuant un droit à la libre circulation équivalent.

2. Les dispositions du présent arrêté s'appliquent sans préjudice des dispenses de visa prévues par le droit communautaire dont bénéficient les membres de famille des citoyens de l'Union européenne définis à l'article 2, paragraphe 2, de la directive 2004/38 du 29 avril 2004 relative au droit des citoyens de l'Union et des membres de leurs familles de circuler et de séjourner librement sur le territoire des États membres.

Art. 2 *(Arr. du 31 mars 2011)* « 1. Pour franchir les frontières du territoire européen de la France, tout étranger doit être muni d'un document de voyage répondant aux critères définis aux b et c de l'article 12 du règlement (CE) n° 810/2009 susvisé » et présentant une durée de validité supérieure d'au moins trois mois à la date d'expiration du visa sollicité. Toutefois, en cas d'urgence dûment justifiée, il peut être dérogé à ce dernier critère. »

2. Tout étranger souhaitant entrer en France dans le but d'y séjourner pendant une période d'une durée supérieure à trois mois doit se faire préalablement délivrer par une autorité française sur son document de voyage un visa pour un long séjour, valide pour ce territoire.

3. Les étrangers dispensés du visa prévu à l'alinéa précédent, en application d'une disposition communautaire ou d'un accord bilatéral répondant aux critères énoncés à l'article 20 de la convention d'application de l'accord de Schengen susvisé, sont désignés à l'annexe A.

Art. 3 En application des dispositions nationales autorisées par *(Arr. du 19 févr. 2024, art. 2)* « l'article 6 du règlement (UE) n° 1806/2018 » précité, les étrangers qui franchissent les frontières extérieures du territoire européen de la France dans le but d'y séjourner pendant une période d'une durée inférieure à trois mois :

— sont dispensés du visa d'entrée s'ils sont mentionnés à l'annexe B du présent arrêté ;

— sont soumis au visa d'entrée s'ils sont mentionnés à l'annexe C du présent arrêté.

Art. 4 Sont également dispensés de visa :

— les étrangers transitant par le territoire métropolitain de la France en empruntant exclusivement la voie aérienne, sous réserve qu'ils ne sortent pas des limites de la zone de transit international de l'aéroport durant les escales, à l'exception des étrangers mentionnés à l'annexe D du présent arrêté ;

— les passagers se trouvant dans un port français à bord d'un navire y faisant escale, en provenance ou à destination de l'étranger, dès lors qu'ils ne quittent pas le navire.

Art. 5 Les étrangers qui ne sont pas titulaires d'un titre de séjour délivré par un État membre ou associé à la convention d'application de l'accord de Schengen et qui bénéficient d'une dispense de visa doivent pouvoir justifier d'une entrée régulière sur le territoire des États parties ou associés à la convention d'application de l'accord de Schengen au moyen d'un cachet apposé sur leur document de voyage par les autorités chargées du contrôle aux frontières aux points de passage contrôlés. Par défaut, ils sont réputés être en situation irrégulière, sauf cas de force majeure ou exemptions prévues par les dispositions de *(Arr. du 28 oct. 2016, art. 3)* « l'article 11, paragraphe 3, du règlement (UE) n° 2016/399 du Parlement européen et du Conseil du 9 mars 2016 concernant un code de l'Union relatif au régime de franchissement des frontières par les personnes (code frontières Schengen) ».

Art. 6 Le régime de circulation défini aux articles 3 et 5 s'applique au franchissement des frontières intérieures du territoire européen de la France, sous réserve des dispositions des articles 19 à 21 de la convention d'application de l'accord de Schengen susvisée.

Art. 7 Sont réadmis sur le territoire européen de la France les écoliers étrangers y résidant participant à un voyage organisé dans le cadre d'un groupe scolaire accompagné d'un enseignant de l'établissement, qui figurent sur la liste de l'annexe I au *(Arr. du 19 févr. 2024, art. 3)* « règlement (UE) 1806/2018 » susvisé, dans les conditions fixées par la décision n° 94/795/JAI du Conseil du 30 novembre 1994 ci-dessus visée et validées par l'autorité préfectorale compétente.

Art. 8 1. Sont soumis à l'obligation de présenter une autorisation d'entrée en France les étrangers dispensés de visa en application des dispositions des articles 2 à 6 du présent arrêté, qui font l'objet d'une mesure d'expulsion ou d'une peine d'interdiction du territoire prévue au deuxième alinéa de l'article 131-30 du code pénal et sollicitent leur entrée en France, soit pour comparaître devant une juridiction française, soit pour des raisons humanitaires.

2. L'autorisation prévue à l'alinéa précédent se présente sous la forme d'un visa d'entrée pour un court séjour dont la validité est limitée au territoire européen de la France.

Art. 9 Sont abrogés :

— l'arrêté du 10 avril 1984 modifié relatif aux conditions d'entrée des étrangers sur le territoire métropolitain et dans les départements d'outre-mer français ;

— l'arrêté du 15 janvier 2008 modifié fixant la liste des États dont les ressortissants sont soumis au visa consulaire de transit aéroportuaire et les exceptions à cette obligation.

Les références aux arrêtés abrogés, mentionnées par les textes et réglementations en vigueur, s'entendent comme faites au présent arrêté.

ANNEXES
ANNEXE A

ÉTRANGERS DÉSIGNÉS À L'ARTICLE 2 DISPENSÉS DE VISA DE LONG SÉJOUR POUR FRANCHIR UNE FRONTIÈRE FRANÇAISE

Le tableau de l'annexe A est modifié par l'Arr. du 28 oct. 2016, art. 4 (JO 30 oct.).

PERSONNES DÉSIGNÉES	TEXTES APPLICABLES	CONDITIONS D'APPLICATION DE LA DISPENSE
Étranger titulaire de la carte de résident de longue durée-UE accordée dans un autre État membre de l'Union européenne et les membres de sa famille.	Directive 2003/109/CE du Conseil du 25 novembre 2003 relative au statut des ressortissants de pays tiers résidents de longue durée. Articles L. 313-4-1 et L. 313-11-1 du code de l'entrée et du séjour des étrangers et du droit d'asile.	La notion de membre de famille d'un étranger titulaire d'une carte de résident de longue durée-UE est définie à l'article 2, paragraphe 2, de la directive 2004/38 du 29 avril 2004 relative au droit des citoyens de l'Union et des membres de leurs familles de circuler et de séjourner librement sur le territoire des États membres.
Ressortissants et résidents d'Andorre.	Convention entre la République française, le Royaume d'Espagne et la Principauté d'Andorre, relative à l'entrée, à la circulation, au séjour et à l'établissement de leurs ressortissants du 4 décembre 2000, entrée en vigueur le 1er juillet 2003 (décret n° 2003-739 du 30 juillet 2003, JO du 6 août 2003).	
Ressortissants et résidents de Monaco.	Convention de voisinage du 18 mai 1963 (JO du 27 septembre 1963) modifiée.	
Ressortissants et résidents de Saint-Marin.	Convention d'établissement du 15 janvier 1954 (JO du 1er juin 1956).	
Membres des forces armées des États parties à l'OTAN.	Convention entre les États parties à l'Organisation du traité de l'Atlantique Nord sur le statut de leurs forces du 19 juin 1951 (OTAN).	Le membre d'une force armée de l'OTAN doit être muni : — d'un document d'identité délivré par l'État d'origine, muni d'une photographie et mentionnant, outre l'état civil complet du titulaire, son grade et le service dont il dépend ; — et d'un ordre de mission collectif ou individuel ou d'un titre de permission dans la langue de l'État d'origine, ainsi qu'en français, délivré par le service compétent du pays d'envoi ou de l'OTAN et attestant l'appartenance de la personne ou de l'unité à une force de l'OTAN.

PERSONNES DÉSIGNÉES	TEXTES APPLICABLES	CONDITIONS D'APPLICATION DE LA DISPENSE
Fonctionnaires et employés civils de l'OTAN titulaires.	Convention entre les États parties à l'Organisation du traité de l'Atlantique Nord sur le statut de leurs forces du 19 juin 1951 (OTAN).	Le fonctionnaire ou employé civil doit être titulaire d'un passeport valide mentionnant son appartenance au service de l'OTAN.
Étranger titulaire d'un titre de séjour délivré aux fins d'un transfert temporaire intragroupe dans un autre État membre de l'Union européenne et portant la mention "ICT" et les membres de sa famille.	Directive 2014/66/ UE du Parlement européen et du Conseil du 15 mai 2014 établissant les conditions d'entrée et de séjour des ressortissants de pays tiers dans le cadre d'un transfert temporaire intragroupe. Articles L. 313-7-2 et L. 313-24 du code de l'entrée et du séjour des étrangers et du droit d'asile	L'étranger et les membres de sa famille doivent effectuer une mobilité au sein de l'Union européenne et doivent être en possession d'un titre de séjour valide délivré par un autre État membre de l'Union européenne portant la mention "ICT". Lorsqu'ils sont détenteurs d'un titre de séjour délivré par un État non membre de la zone Schengen, l'étranger et les membres de sa famille doivent présenter une lettre de l'entreprise d'accueil en France précisant la durée de la mobilité et l'adresse de cette entreprise. La notion de membre de famille d'un étranger titulaire d'un titre de séjour portant la mention "ICT" est définie à l'article 4, paragraphe 1, de la directive 2003/86/CE du Conseil du 22 septembre 2003 relative au droit au regroupement familial.

ANNEXE B

EXCEPTIONS À L'OBLIGATION DE VISA VISÉES À L'ARTICLE 3 POUR LES RESSORTISSANTS DES PAYS OU ENTITÉS INSCRITS À L'ANNEXE I AU RÈGLEMENT (UE) N° 2018/1806 *(Arr. du 28 oct. 2016, art. 5 ; Arr. du 19 févr. 2024).*

1. Liste des pays ou des entités territoriales dont les titulaires de passeport diplomatique, d'un passeport de service ou autre passeport officiel sont dispensés de visa pour entrer sur le territoire européen de la France afin d'y effectuer un séjour dont la durée n'excède pas trois mois au titre de l'exception prévue au a du premier paragraphe de l'article 4 du *(Arr. du 19 févr. 2024, art. 4)* « règlement (UE) n° 2018/1806 » : — *Tableau mod. par Arr. du 19 févr. 2024, art. 4.*

PAYS OU ENTITÉ	ÉTENDUE DE LA DISPENSE DE VISA
Afrique du Sud	Dispense s'appliquant seulement aux titulaires d'un passeport diplomatique ou de service/ officiel.
Algérie	Dispense s'appliquant seulement aux titulaires d'un passeport diplomatique ou de service/ officiel.
Angola	Dispense de visa s'appliquant seulement aux titulaires d'un passeport diplomatique ou de service/ officiel.
Arabie saoudite	Dispense s'appliquant seulement aux titulaires d'un passeport diplomatique ou spécial
Arménie	Dispense s'appliquant seulement aux titulaires d'un passeport diplomatique
Azerbaïdjan	Dispense s'appliquant seulement aux titulaires d'un passeport diplomatique
Bélize	Dispense s'appliquant seulement aux titulaires d'un passeport diplomatique

PAYS OU ENTITÉ	ÉTENDUE DE LA DISPENSE DE VISA
Bahreïn	Dispense s'appliquant seulement aux titulaires d'un passeport diplomatique ou spécial.
Bénin	Dispense s'appliquant seulement aux titulaires d'un passeport diplomatique sécurisé
Biélorussie	Dispense s'appliquant seulement aux titulaires d'un passeport diplomatique
Bolivie	Dispense s'appliquant seulement aux titulaires d'un passeport diplomatique, de service/ officiel, ou spécial.
Cap Vert	Dispense de visa s'appliquant seulement aux titulaires d'un passeport diplomatique ou de service/ officiel
Chine	Dispense de visa s'appliquant seulement aux titulaires d'un passeport diplomatique.
Congo (Brazzaville)	Dispense de visa s'appliquant jusqu'au 30 septembre 2024 seulement aux titulaires d'un passeport diplomatique sécurisé.
République dominicaine	Dispense de visa s'appliquant seulement aux titulaires d'un passeport diplomatique ou de service/ officiel.
Equateur	Dispense de visa s'appliquant seulement aux titulaires d'un passeport diplomatique ou de service/ officiel.
Gabon	Dispense de visa s'appliquant seulement aux titulaires d'un passeport diplomatique ou de service/ officiel
Inde	Dispense de visa s'appliquant seulement aux titulaires d'un passeport diplomatique
Indonésie	Dispense de visa s'appliquant seulement aux titulaires d'un passeport diplomatique ou de service/ officiel.
Jordanie	Dispense de visa s'appliquant seulement aux titulaires d'un passeport diplomatique
Kazakhstan	Dispense de visa s'appliquant seulement aux titulaires d'un passeport diplomatique.
Kirghizistan	Dispense s'appliquant seulement aux titulaires d'un passeport diplomatique
Koweït	Dispense de visa s'appliquant seulement aux titulaires d'un passeport diplomatique ou spécial.
Maroc	Dispense de visa s'appliquant seulement aux titulaires d'un passeport diplomatique ou de service/ officiel.
Mongolie	Dispense de visa s'appliquant seulement aux titulaires d'un passeport diplomatique
Namibie	Dispense de visa s'appliquant seulement aux titulaires d'un passeport diplomatique.
Oman	Dispense de visa s'appliquant seulement aux titulaires d'un passeport diplomatique, spécial ou de service/ officiel.

PAYS OU ENTITÉ	ÉTENDUE DE LA DISPENSE DE VISA
Qatar	Dispense de visa s'appliquant seulement aux titulaires d'un passeport diplomatique ou spécial.
Sénégal	Dispense de visa s'appliquant seulement aux titulaires d'un passeport diplomatique.
Thaïlande	Dispense de visa s'appliquant seulement aux titulaires d'un passeport diplomatique
Tunisie	Dispense de visa s'appliquant seulement aux titulaires d'un passeport diplomatique ou spécial.
Turquie	Dispense de visa s'appliquant seulement aux titulaires d'un passeport diplomatique, de service/ officiel ou spécial.
Vietnam	Dispense de visa s'appliquant seulement aux titulaires d'un passeport diplomatique.

2. Liste des étrangers membres d'équipage civil des avions et navires dispensés de visa pour entrer sur le territoire européen de la France afin d'y effectuer un séjour dont la durée n'excède par 3 mois au titre de l'exception prévue au b du premier paragraphe de l'article 4 du règlement (CE) n° 539/2001.

PAYS OU ENTITÉ ayant délivré le document de voyage	ÉTENDUE DE LA DISPENSE DE VISA
État partie à la convention de Chicago relative à l'aviation civile internationale.	Dispense s'étendant aux seuls membres de l'équipage civil des avions (le personnel navigant technique et le personnel navigant commercial des compagnies aériennes) titulaires d'une licence de personnel navigant ou d'un certificat de membre d'équipage en cours de validité pour circuler dans l'aéroport et dans les localités avoisinantes pendant la durée des escales dans le cadre d'un déplacement de service.
État partie aux conventions de l'Organisation internationale du travail n° 108 de 1958 et n° 185 de 2003 et de la convention visant à faciliter le trafic maritime international signée à Londres le 9 avril 1965.	Dispense s'étendant aux seuls membres de l'équipage civil des navires titulaires d'une pièce d'identité des gens de mer, délivrée conformément aux conventions de l'Organisation internationale du travail n° 108 de 1958 et n° 185 de 2003 et de la convention visant à faciliter le trafic maritime international signée à Londres le 9 avril 1965, en cas de permission à terre lors d'une escale dans le cadre d'un déplacement de service pour circuler dans la zone portuaire, sur le territoire de la commune du port de relâche et sur celui des communes avoisinantes tel que défini par le préfet.

3. Les étrangers membres d'équipage et accompagnateurs d'un vol d'assistance ou de sauvetage et autres personnes assurant les secours en cas de catastrophes et d'accidents mentionnés sur une liste établie par l'autorité diplomatique ou consulaire compétente dans le lieu d'origine du vol ou par l'autorité préfectorale compétente pour le lieu du séjour en France, sont dispensés de visa pour entrer sur le territoire européen de la France afin d'y effectuer un séjour dont la durée n'excède par trois mois au titre de l'exception prévue au c du premier paragraphe de l'article 4 du règlement (CE) n° 539/2001.

4. Sont dispensés de visa pour entrer sur le territoire européen de la France afin d'y effectuer un séjour dont la durée n'excède par trois mois, au titre de l'exception prévue au d du 1er paragraphe de l'article 4 du règlement (CE) n° 539/2001 pour les étrangers membres d'équipage civil de navires opérant sur les voies fluviales internationales, les titulaires d'un document de voyage contenant un cachet ou mention trilingue faisant état de leur qualité de batelier du Rhin conformément aux résolutions de la Commission centrale pour la navigation du Rhin.

5. Sont dispensés de visa au titre de l'exception prévue par l'article 4, paragraphe 2, c du règlement (CE) n° 539/2001, les membres des forces armées se déplaçant dans le cadre de l'OTAN ou du partenariat pour la paix, qui sont titulaires des documents d'identité et ordres de mission prévus par la convention entre les États parties à l'organisation du traité de l'Atlantique Nord sur le statut de leurs forces du 19 juin 1951.

ANNEXE C

Exceptions à la dispense de visa prévue à l'article 3 pour les ressortissants des pays ou entités inscrits à l'annexe II au règlement n° 539/2001

1. Liste des pays ou des entités dont les titulaires de passeport diplomatique, d'un passeport de service ou autre passeport officiel sont soumis à l'obligation de visa pour entrer sur le territoire européen de la France afin d'y effectuer un séjour dont la durée n'excède par trois mois au titre de l'exception prévue au a du premier paragraphe de l'article 4 du règlement (CE) n° 539/2001).

PAYS OU ENTITÉ	ÉTENDUE DE LA DISPENSE DE VISA
États-Unis d'Amérique	Exigence de visa s'appliquant aux seuls titulaires d'un passeport diplomatique ou de service effectuant un séjour en France pour des raisons professionnelles.

2. Liste des pays ou entités dont les titulaires de document de voyage sont soumis à l'obligation de visa pour effectuer un séjour d'une durée n'excédant pas trois mois afin d'exercer en France une activité rémunérée, au titre de l'exception prévue au paragraphe 3 de l'article 4 du règlement (CE) n° 539/2001.

États concernés : Australie, Brésil, Corée du Sud, États-Unis, Japon, Mexique, Singapour, Venezuela.

Pour ces États, l'exigence de visa s'applique seulement si les conditions suivantes sont simultanément réunies :

— une autorisation de travail est exigée par la réglementation française pour exercer cette activité ;

— et le ressortissant étranger n'est pas en mesure de présenter cette autorisation de travail lors du franchissement de la frontière.

ANNEXE D

Liste des étrangers soumis au visa de transit aéroportuaire par la France

1. Sont soumis au visa de transit aéroportuaire les étrangers mentionnés à l'annexe IV du règlement (CE) n° 810/2009 du 13 juillet 2009.

(Arr. du 19 févr. 2024, art. 5) « 2. Sont en outre soumis au visa de transit aéroportuaire :

« — les titulaires d'un document de voyage délivré par les pays ou entités suivants : – *Tableau mod. par Arr. du 19 févr. 2024, art. 5.*

PAYS OU ENTITÉ	CATEGORIES CONCERNEES
Angola	L'obligation de visa s'applique seulement aux titulaires d'un passeport ordinaire
Bolivie	L'obligation de visa s'applique seulement aux titulaires d'un passeport ordinaire
Cameroun	L'obligation de visa s'applique seulement aux titulaires d'un passeport ordinaire.
Centrafrique	L'obligation de visa s'applique seulement aux titulaires d'un passeport ordinaire.
Congo (République du)	L'obligation de visa s'applique seulement aux titulaires d'un passeport ordinaire.

PAYS OU ENTITÉ	CATEGORIES CONCERNEES
Côte d'Ivoire	L'obligation de visa s'applique seulement aux titulaires d'un passeport ordinaire.
Cuba	L'obligation de visa s'applique seulement aux titulaires d'un passeport ordinaire.
République dominicaine	L'obligation de visa s'applique seulement aux titulaires d'un passeport ordinaire
Guinée (Conakry)	L'obligation de visa s'applique aux titulaires d'un passeport ordinaire et de service
Haïti	L'obligation de visa s'applique seulement aux titulaires d'un passeport ordinaire.
Inde	L'obligation de visa s'applique seulement aux titulaires d'un passeport ordinaire.
Mali	L'obligation de visa s'applique seulement aux titulaires d'un passeport ordinaire.
Mauritanie	L'obligation de visa s'applique seulement aux titulaires d'un passeport ordinaire.
Népal	L'obligation de visa s'applique seulement aux titulaires d'un passeport ordinaire
Philippines	L'obligation de visa s'applique seulement aux titulaires d'un passeport ordinaire, à l'exception des marins munis d'une pièce d'identité des gens de mer, délivrée conformément aux conventions de l'Organisation internationale du travail (OIT) sur les pièces d'identité des gens de mer n° 108 (de 1958) ou n° 185 (de 2003), à la convention visant à faciliter le trafic maritime international (convention FAL) ainsi qu'au droit national pertinent.
Russie	Disposition s'appliquant seulement aux ressortissants russes titulaires d'un passeport ordinaire provenant d'un aéroport situé en Arménie, Azerbaïdjan, Géorgie, Ukraine, Biélorussie, Moldavie, Turquie ou Egypte.
Sénégal	L'obligation de visa s'applique seulement aux titulaires d'un passeport ordinaire.
Sierra Leone	L'obligation de visa s'applique seulement aux titulaires d'un passeport ordinaire.
Soudan	L'obligation de visa s'applique seulement aux titulaires d'un passeport ordinaire.
Soudan du Sud	L'obligation de visa s'applique seulement aux titulaires d'un passeport ordinaire.
Syrie	L'obligation de visa s'applique seulement aux titulaires d'un passeport ordinaire.
Tchad	L'obligation de visa s'applique seulement aux titulaires d'un passeport ordinaire.
Turquie	L'obligation de visa s'applique seulement aux titulaires d'un passeport ordinaire

« — les titulaires d'un document de voyage pour réfugiés palestiniens. »

3. Sont exemptés du visa de transit aéroportuaire les étrangers mentionnés aux paragraphes 1 et 2 de la présente annexe et entrant dans les dispositions de l'article 3.5 du règlement n° 810/2009 ci-dessus visé.

Art. L. 312-6 **Les documents mentionnés aux 2° et 3° de l'article L. 311-1 ne sont pas exigés :**

1° D'un étranger venant rejoindre son conjoint régulièrement autorisé à résider en France ;

2° Des enfants mineurs de dix-huit ans venant rejoindre leur père ou leur mère régulièrement autorisé à résider en France ;

3° Des personnes qui peuvent rendre, par leurs capacités ou leurs talents, des services importants à la France, ou se proposent d'y exercer des activités désintéressées. – *[Anc. art. L. 212-2.]*

1. La dispense prévue au profit du conjoint et des enfants mineurs ne peut être accordée que dans le respect de la procédure de regroupement familial ; à défaut, la condition de visa est exigible, même pour les enfants mineurs. • CE 7 mai 1997, *M. Nabal,* n°s 155023 et 155733.

2. La dispense ne vaut que pour les enfants du demandeur ; par suite, elle ne peut concerner les petits-enfants, même si les grands-parents ont reçu délégation de l'autorité parentale. • CE 18 oct. 1996, *M. Oustou,* n° 153669.

3. La dispense au profit de l'étranger venant rejoindre son conjoint régulièrement autorisé à résider sur le territoire français n'a ni pour objet ni pour effet d'obliger l'administration à délivrer un visa à un étranger qui désire se rendre en France. • CE 9 sept. 1996, *Mme Necira et M. Abdelghani Necira,* n° 163127 • 2 avr. 1997, *M. Labadi,* n° 162854.

SOUS-SECTION 2 Autorisations de voyage

Art. L. 312-7 **Une autorisation de voyage est exigée des étrangers exemptés de visa dans les conditions prévues par le règlement (UE) 2018/1240 du Parlement européen et du Conseil du 12 septembre 2018 portant création d'un système européen d'information et d'autorisation concernant les voyages (ETIAS).**

CHAPITRE III DOCUMENTS ET FORMALITÉS

SECTION UNIQUE Attestations d'accueil

COMMENTAIRE

Mis en place par un décret du 27 mai 1982, le justificatif d'hébergement est destiné aux étrangers désireux de se rendre en France pour une visite privée ou familiale, qui seront accueillis et hébergés sur le territoire national par un citoyen français ou un ressortissant étranger en situation régulière (ce qui représente 80 % des visas de court séjour).

Le justificatif d'hébergement, qui prend la forme de l'attestation d'accueil, a pour but de s'assurer du consentement et de l'engagement de l'hébergeant et permet au visiteur de justifier des motifs de son séjour et de se voir ainsi accorder un traitement plus favorable quant aux ressources et garanties financières à présenter. Elle a également pour objectif de s'assurer que le signataire de l'attestation est bien la personne qui déclare accueillir une ou plusieurs personnes déterminées et de vérifier qu'il dispose bien de la capacité d'héberger ses visiteurs dans des conditions normales.

Champ d'application (V. art. R. 313-14 à R. 313-18). L'attestation d'accueil est en principe exigée pour tous les étrangers, même ceux qui ne sont pas soumis à l'obligation de visa. N'en sont dispensées que certaines catégories d'étrangers :

– *en fonction de leur nationalité ou de leur statut* : les ressortissants européens et assimilés, les ressortissants andorrans et monégasques, les membres des missions diplomatiques et des postes consulaires et les membres de leur famille à charge, les membres des assemblées parlementaires des États étrangers, les fonctionnaires, officiers et agents des services publics étrangers lorsqu'ils sont porteurs d'un ordre de mission de leur gouvernement, les fonctionnaires d'une organisation intergouvernementale dont la France est membre, munis d'un ordre de mission délivré par cette organisation, et les membres des équipages des navires et aéronefs effectuant des déplacements de service sous couvert des documents prévus par les conventions internationales ;

– *selon qu'ils sont titulaires des titres suivants :* titre de séjour ou document de circulation délivré aux mineurs en application de l'article L. 414-4 ; visa portant la mention « famille de Français », délivré aux conjoints de ressortissants français et aux membres de leur famille ; visa portant la mention « carte de séjour à solliciter dès l'arrivée en France » ; visa de circulation défini par la convention d'application de l'accord de Schengen, valable pour plusieurs entrées, d'une durée de validité au moins égale à un an et délivré par une autorité consulaire française ou par celle d'un État mettant en vigueur cette convention et agissant en représentation de la France ; visa pour un séjour d'une durée supérieure à trois mois et au plus égale à un an, et portant la mention « passeport talent » ; visa « visiteur », « stagiaire », « jeune au pair » ;

– *en fonction de leur situation personnelle ou familiale* : parent à charge d'un Français ; enfant étranger d'un ressortissant français (art. L. 423-11 et L. 423-12) ; conjoints d'un ressortissant français, séjournant en France sous couvert d'un visa pour un séjour d'une durée supérieure à trois mois et portant la mention « vie privée et familiale » ; conjoint d'un ressortissant étranger, séjournant en France sous couvert d'un visa pour un séjour d'une durée supérieure à trois mois et portant la mention « vie privée et familiale » ;

– *en fonction de leur situation professionnelle* : personnes qui, de l'avis d'une commission, peuvent rendre, par leurs capacités ou leurs talents, des services importants à la France, ou se proposent d'y exercer des activités désintéressées (V. art. L. 312-6, 3°) ; étrangers séjournant en France pour l'exercice d'une activité salariée sous contrat de travail à durée indéterminée sous couvert d'un visa pour un séjour d'une durée supérieure à trois mois et au plus égale à un an, et portant la mention « salarié » ; étrangers séjournant en France pour l'exercice d'une activité salariée sous contrat de travail à durée déterminée ou dans les cas prévus aux articles L. 1262-1 et L. 1262-2 du code du travail sous couvert d'un visa pour un séjour d'une durée supérieure à trois mois et équivalente à la durée de l'emploi, et portant la mention « travailleur temporaire » ; porteurs d'un visa pour un séjour d'une durée supérieure à trois mois et au plus égale à un an, et portant la mention « étudiant » ou « étudiant – programme de mobilité » ;

Peuvent être dispensés d'attestation d'accueil pour raison médicale les personnes dont le séjour est justifié par une cause médicale urgente, la maladie grave (art. R. 313-17) ou les obsèques d'un proche (art. R. 313-18) ; enfin, les autorités consulaires françaises peuvent également accorder une telle dispense.

Contenu de l'attestation d'accueil (V. art. R. 313-6 à R. 313-8). L'attestation d'accueil indique l'identité du signataire (s'il agit comme représentant d'une personne morale, sa qualité), le lieu d'accueil de l'étranger (la justification du domicile peut être produite par un faisceau d'indices concordants, conformément à l'article 102 C. civ., tels que titre de propriété, bail locatif, facture d'eau ou d'électricité, quittance de loyer), l'identité et la nationalité de la personne accueillie (le conjoint et les enfants mineurs de dix-huit ans de l'étranger accueillispeuvent figurer sur l'attestation d'accueil souscrite à son profit), les dates d'arrivée et de départ prévues, le lien de parenté, s'il y a lieu, du signataire de l'attestation d'accueil avec la personne accueillie, les caractéristiques du lieu d'hébergement et l'engagement de l'hébergeant de subvenir aux frais de séjour de l'étranger.

Si l'attestation d'accueil est souscrite par un Français ou un ressortissant européen (ou assimilé), elle comporte l'indication du lieu et de la date de délivrance d'un document établissant l'identité et la nationalité de celui-ci. Si l'attestation d'accueil est souscrite par un étranger qui n'est pas dispensé de l'obligation de détenir un titre de séjour, elle comporte également l'indication du lieu, de la date de délivrance et de la durée de validité du titre de séjour du signataire. Une attestation d'accueil ne pourra être validée sur présentation d'une autorisation provisoire de séjour, d'un récépissé de première demande de titre de séjour ou de demande d'asile.

Validation de l'attestation d'accueil (V. art. L. 313-2 et R. 313-11 à R. 313-13). L'attestation d'accueil, signée par l'hébergeant et accompagnée des pièces justificatives, est présentée pour validation au maire de la commune du lieu d'hébergement ou, à Paris, Lyon et Marseille, au maire d'arrondissement, agissant en qualité d'agent de l'État. Le signataire de l'attestation d'accueil doit se présenter personnellement en mairie, muni de ses documents d'identité, d'un document attestant de sa qualité de propriétaire, de locataire ou d'occupant du logement dans lequel il se propose d'héberger le visiteur, ainsi que de tout document permettant d'apprécier ses ressources et sa capacité d'héberger l'étranger accueilli dans un logement décent dans des conditions normales d'occupation. Chaque demande de validation d'attestation d'accueil donne lieu à la perception d'une taxe d'un montant de 50 € par étranger accueilli (V. art. L. 313-6).

Vérification des conditions de logement (V. art. L. 313-4). A la demande du maire, des agents spécialement habilités des services de la commune chargés des affaires sociales ou du logement, ou de l'Agence nationale de l'accueil des étrangers et des migrations (ANAEM) peuvent procéder à des vérifications sur place. Les agents qui sont habilités à procéder à ces vérifications ne peuvent pénétrer chez l'hébergeant qu'après s'être assurés du consentement, donné par écrit, de celui-ci. En cas de refus de l'hébergeant, les conditions d'un accueil dans des conditions normales de logement sont réputées non remplies.

La circulaire du 23 novembre 2004 indique que les conditions normales de logement doivent être appréciées eu égard aux considérations de lieu et de temps, le maire disposant d'un large pouvoir d'appréciation et n'étant pas lié par les normes d'occupation et de superficie contenues notamment dans le code de la construction et de l'habitation (à l'exception des logements locatifs à usage d'habitation).

Silence du maire. L'article R. 313-11 prévoit que, par dérogation à l'article L. 213-1 du code des relations entre le public et les administrations, le silence gardé pendant plus d'un mois par le maire sur la demande de validation de l'attestation d'accueil ou par le préfet sur le recours administratif (art. R. 313-12) vaut décision de rejet.

Recours administratif préalable obligatoire. Tout recours contentieux dirigé contre un refus de validation d'une attestation d'accueil doit être précédé, à peine d'irrecevabilité, d'un recours administratif auprès du préfet territorialement compétent dans un délai de deux mois à compter du refus. Le préfet peut soit rejeter le recours, soit valider l'attestation d'accueil, le cas échéant après vérification par l'Agence nationale de l'accueil des étrangers et des migrations des conditions de logement (art. L. 211-6).

Fichier informatique des demandes de validation des attestations d'accueil. (V. art. L. 313-5). Selon l'article R. 142-47, la durée de conservation des données contenues dans le traitement est de cinq ans à compter de la date de validation ou du refus de validation par le maire de l'attestation d'accueil. Le droit d'accès s'exerce conformément à l'article 39 de la loi n° 78-17 du 6 janvier 1978 relative à l'informatique, aux fichiers et aux libertés auprès de la mairie du lieu d'hébergement (art. R. 211-23). Enfin, l'article R. 142-50 prévoit que les données enregistrées dans le traitement mentionné à l'article R. 142-43 ne peuvent faire l'objet d'interconnexion, mise en relation ou rapprochement avec tout autre traitement automatisé de données à caractère personnel. ❑

Art. L. 313-1 **Tout étranger qui déclare vouloir séjourner en France pour une durée n'excédant pas trois mois dans le cadre d'une visite familiale ou privée doit présenter un justificatif d'hébergement qui prend la forme d'une attestation d'accueil, signée par la personne qui se propose d'assurer le logement de l'étranger, ou son représentant légal. Cette attestation est validée par l'autorité administrative, et constitue le document prévu par la convention signée à Schengen le 19 juin 1990 pour justifier les conditions de séjour dans le cas d'une visite familiale ou privée.** – *[Anc. art. L. 211-3.]*

1. Selon l'art. R. 313-9, la demande de validation de l'attestation d'accueil repose notamment sur tout document permettant d'apprécier les ressources de la personne qui se propose d'héberger l'étranger ; le Conseil d'État a considéré que le pouvoir réglementaire n'a pas entendu fixer une condition de ressources minimales de l'hébergeant. Il incombe seulement au maire de vérifier que les mentions portées sur l'attestation d'accueil ne sont pas inexactes. • CE 26 juill. 2006, *GISTI*, n° 276777 B.

2. Le Conseil d'État a considéré que les maires tiennent du présent art. la possibilité de procéder à la vérification des ressources de l'hébergeant, le fichier automatisé prévu par l'art. L. 313-5 pouvant ainsi porter sur les données relatives à la situation financière de l'hébergeant, nécessaires pour apprécier la capacité de prise en charge des frais de séjour et d'hébergement de l'étranger. • CE 26 juill. 2006, *GISTI*, n° 285714 A : *RFDA 2006. 1093*.

3. Le maire n'est pas compétent pour refuser de valider une attestation d'accueil au motif que les ressources de l'intéressé seraient illicites ; il peut seulement en informer le procureur de la République. * Rép. min. n° 60356, *JOAN Q 17 mai 2005, p. 5139*.

4. La prise en charge éventuelle par l'hébergeant des frais de séjour de la personne qu'il reçoit dans le cadre d'une visite familiale et privée, dans la limite du montant des ressources exigées d'un étranger pour une entrée sur le territoire en l'absence d'attestation d'accueil, ne méconnaît pas l'art. 13 DDH et ne porte pas atteinte au droit au respect de la vie privée et familiale des intéressés. • Cons. const. 20 nov. 2003, n° 2003-484 DC : *Rec. Cons. const. 438 ; JO 27 nov., p. 20154 ; LPA 20 et 21 janv. 2004, note Schoettl ; ibid. 27 déc. 2004, note Mathieu et Janicot ; RFDC 2004. 96, note Domingo ; RD Publ. 2004. 275, note Ferran ; D. 2004. 1278, note Domingo ; AJDA 2004. 599, note Lecucq ; JCP 2003. 2169, note Guimezanes ; ibid. 2249, obs. Zarka.*

5. En revanche, en mettant à la charge de l'hébergeant les frais de rapatriement éventuel de l'étranger accueilli, sans prévoir un plafonnement de ces frais, sans tenir compte ni de la bonne foi de l'hébergeant ni du comportement de l'hébergé, et sans fixer un délai de prescription adapté, le législateur a rompu de façon caractérisée l'égalité des citoyens devant les charges publiques. • Cons. const. 20 nov. 2003, n° 2003-484 DC : *préc. note 4.*

Art. L. 313-2 L'attestation d'accueil, signée par l'hébergeant et accompagnée des pièces justificatives déterminées par décret en Conseil d'État, est présentée pour validation au maire de la commune du lieu d'hébergement ou, à Paris, Lyon et Marseille, au maire d'arrondissement, agissant en qualité d'agent de l'État.

Elle est accompagnée de l'engagement de l'hébergeant de prendre en charge, pendant toute la durée de validité du visa ou pendant une durée de trois mois à compter de l'entrée de l'étranger sur le territoire des États parties à la convention signée à Schengen le 19 juin 1990, et au cas où l'étranger accueilli n'y pourvoirait pas, les frais de séjour en France de celui-ci, limités au montant des ressources exigées de la part de l'étranger pour son entrée sur le territoire en l'absence d'une attestation d'accueil. – *[Anc. art. L. 211-4.]*

Art. L. 313-3 Le maire peut refuser de valider l'attestation d'accueil dans les cas suivants :

1° L'hébergeant ne peut pas présenter les pièces justificatives requises ;

2° Il ressort, soit de la teneur de l'attestation et des pièces justificatives présentées, soit de la vérification effectuée au domicile de l'hébergeant, que l'étranger ne peut être accueilli dans des conditions normales de logement ;

3° Les mentions portées sur l'attestation sont inexactes ;

4° Les attestations antérieurement signées par l'hébergeant ont fait apparaître, le cas échéant après enquête demandée par l'autorité chargée de valider l'attestation d'accueil aux services de police ou aux unités de gendarmerie, un détournement de la procédure. – *[Anc. art. L. 211-5.]*

Art. L. 313-4 A la demande du maire, des agents communaux chargés des affaires sociales ou du logement, ou des agents de l'Office français de l'immigration et de l'intégration, peuvent procéder à des vérifications sur place. Ces agents, spécialement habilités à procéder à ces vérifications, ne peuvent pénétrer chez l'hébergeant qu'après s'être assurés du consentement, donné par écrit, de celui-ci. En cas de refus, les conditions normales de logement sont réputées non remplies. – *[Anc. art. L. 211-6.]*

Art. L. 313-5 Les demandes de validation des attestations d'accueil peuvent être mémorisées et faire l'objet d'un traitement automatisé afin de lutter contre les détournements de procédure. Les fichiers correspondants sont mis en place par les maires, selon des dispositions déterminées par un décret en Conseil d'État, pris après avis de la Commission nationale de l'informatique et des libertés.

Ce décret précise la durée de conservation et les conditions de mise à jour des informations enregistrées, les modalités d'habilitation des personnes qui seront amenées à consulter ces fichiers ainsi que, le cas échéant, les conditions dans lesquelles les personnes intéressées peuvent exercer leur droit d'accès. – *[Anc. art. L. 211-7.]*

COMMENTAIRE

En application de l'article L. 313-5, le maire de la commune du lieu d'hébergement ou, à Paris, Lyon et Marseille, le maire d'arrondissement peut, en qualité d'agent de l'État mettre en œuvre des traitements automatisés de données à caractère personnel relatifs aux demandes de validation des attestations d'accueil, dont la finalité est de lutter contre les détournements de procédure favorisant l'immigration irrégulière (art. R. 142-43). ❑

La finalité des traitements automatisés des demandes de validation des attestations d'accueil que les maires peuvent instituer en leur qualité d'agents de l'État, est la lutte contre l'immigration irrégulière. Cette finalité participe de la sauvegarde de l'ordre public qui est une exigence de valeur constitutionnelle. La loi renvoie à un décret en Conseil d'État, pris après avis de la Commission nationale de l'informatique et des libertés, le soin de fixer les garanties des personnes qui pourront faire l'objet du traitement automatisé, dans le respect de la L. du 6 janv. 1978 ; eu égard aux motifs qu'elle fixe pour la consultation des données nominatives, comme aux restrictions et précautions dont elle assortit leur traitement, notamment en prévoyant la limitation de la durée de leur conservation, la loi déférée opère, entre le respect de la vie privée et la sauvegarde de l'ordre public, une conciliation qui n'est pas manifestement déséquilibrée. • Cons. const. 20 nov. 2003, n° 2003-484 DC : *préc. note 4 ss. art. L. 313-1.*

Art. L. 313-6 **Chaque demande de validation d'une attestation d'accueil donne lieu à la perception d'une taxe d'un montant de 30 euros acquittée par l'hébergeant, recouvrée comme en matière de droit de timbre.** – *[Anc. art. L. 211-8.]*

Art. L. 313-7 **Pour les séjours visés par la présente section, l'obligation d'assurance prévue au 2° de l'article L. 311-1 peut être satisfaite par une assurance ayant la même portée souscrite au profit de l'étranger par la personne qui se propose de l'héberger.** – *[Anc. art. L. 211-9.]*

Art. L. 313-8 **Les conditions d'application de la présente section, notamment les conditions dans lesquelles l'étranger peut être dispensé du justificatif d'hébergement en cas de séjour à caractère humanitaire ou d'échange culturel, ou lorsqu'il demande à se rendre en France pour une cause médicale urgente ou en raison des obsèques ou de la maladie grave d'un proche, sont fixées par décret en Conseil d'État.** – *[Anc. art. L. 211-10.]*

TITRE II INTERDICTION ADMINISTRATIVE DU TERRITOIRE

COMMENTAIRE

L'interdiction administrative du territoire français a été instaurée par l'article 2 de la loi du 13 novembre 2014 dans le but d'empêcher l'accès au territoire d'individus au sujet desquels il y aurait des informations crédibles donnant des motifs raisonnables de croire qu'ils cherchent à participer à des actes de terrorisme. Le champ d'application de la mesure a depuis lors été étendu.

Elle peut s'appliquer aux ressortissants européens et assimilés (art. L. 320-1) pour menace réelle, actuelle et suffisamment grave pour un intérêt fondamental de la société. La seule exception concerne les étrangers mineurs (art. L. 322-2).

L'interdiction du territoire constitue une mesure de police administrative qui relève de la compétence du ministre de l'Intérieur (art. R. 321-1), décision prise hors procédure contradictoire mais devant faire l'objet d'une motivation, sauf si des considérations relevant de la sûreté de l'État s'y opposent (art. L. 321-2).

Cette mesure peut, à tout moment, être abrogée par l'autorité administrative ; l'étranger peut solliciter une telle abrogation après un délai d'un an à compter de son prononcé. Le silence gardé pendant plus de quatre mois sur la demande de levée vaut décision de rejet (art. L. 323-1). Tous les cinq ans, les motifs de l'interdiction administrative du territoire doivent être réexaminés d'office (art. L. 323-2).

L'interdiction du territoire s'accompagne de l'inscription de l'intéressé dans différents fichiers : le fichier des personnes recherchées (FPR) et le système d'information Schengen (SIS).

L'étranger qui fait l'objet d'une interdiction administrative du territoire peut faire l'objet d'un refus d'entrée (art. L. 322-1). Comme l'a précisé le Conseil d'État (V. *infra* note 1), l'étranger sous le coup d'une interdiction du territoire ne peut être empêché de solliciter une protection internationale.

En cas de présence sur le territoire français, il s'expose à une mesure de reconduite à la frontière (art. L. 322-2) ; les ressortissants européens et assimilés bénéficient dans ce cas d'un délai d'un mois pour quitter le territoire.

L'interdiction du territoire peut également entraîner la mise en œuvre d'une assignation à résidence (art. L. 731-1) ou d'une mesure de rétention administrative (art. L. 741-1). L'article L. 733-7 aménage la possibilité de recours à des visites domiciliaires sur autorisation du magistrat du siège du tribunal judiciaire.

La violation d'une interdiction administrative du territoire est sanctionnée pénalement (art. L. 824-3). ❑

1. Droit d'asile. Le Conseil d'État a refusé de transmettre au Conseil constitutionnel une QPC portant sur les dispositions relatives à l'interdiction du territoire introduites par la L. du 13 nov. 2014. Il a considéré que les dispositions des art. L. 214-1 [devenu art. L. 222-1], L. 214-2 [devenu art. L. 321-1] et du second al. de l'art. L. 214-4 [devenu art. L. 322-2] ne font pas obstacle à ce que l'étranger visé par une interdiction administrative du territoire, alors qu'il est présent sur le territoire national au moment où cette interdiction lui est notifiée, puisse solliciter, en France, la qualité de réfugié. Par ailleurs, les interdictions administratives du territoire peuvent être contestées devant le juge administratif auquel il appartient d'apprécier si la mesure d'interdiction est justifiée par la nécessité de prévenir les menaces visées aux art. L. 214-1 [devenu art. L. 222-1] et L. 214-2 [devenu art. L. 321-1] et, le cas échéant, de vérifier qu'elle ne porte pas une atteinte disproportionnée au droit au respect de la vie privée et familiale de l'intéressé. • CE 13 avr. 2016, *La Cimade et a.*, n° 394114 : *AJDA 2016. 1667*.

2. Contentieux de l'urgence. Les interdictions administratives du territoire, qui sont des mesures de police administrative, peuvent être contestées devant le juge administratif, y compris par la voie des référés ouverte aux art. L. 521-1 et L. 521-2 CJA. Dans ce cas, il appartient au juge d'apprécier, au regard des éléments débattus contradictoirement devant lui et, au besoin, en ordonnant des mesures d'instruction supplémentaires, si cette mesure d'interdiction poursuit effectivement un but légitime de prévention des menaces visées aux art. L. 222-1 et L. 321-1. Lorsque cette interdiction vise un étranger majeur déjà présent sur le territoire et qu'elle donne lieu à une mesure de reconduite à la frontière, cette dernière peut également être contestée par l'exercice des voies de recours ouvertes à l'encontre des mesures d'éloignement forcé. • CE 28 nov. 2016, n° 394114.

3. Art. 8 Conv. EDH. Il appartient au ministre de l'Intérieur, lorsqu'il prend une mesure d'interdiction administrative du territoire, de s'assurer, sous le contrôle du juge administratif, que cette décision ne porte pas, par rapport aux buts en vue desquels elle a été prise, une atteinte disproportionnée au droit au respect de la vie privée et familiale de l'intéressé. Les dispositions de l'art. L. 323-1 prévoient que l'étranger peut introduire une demande de levée de la mesure après un délai d'un an à compter de son prononcé, ce qui permet à l'intéressé, le cas échéant, de faire état d'éléments nouveaux qui auraient rendu l'interdiction disproportionnée au regard de son droit au respect de la vie privée et familiale. En outre, les motifs justifiant cette mesure sont, aux termes de l'art. L. 323-2, réexaminés d'office, par l'autorité administrative, tous les cinq ans à compter de la date de la décision. Enfin, l'art. L. 322-2 exclut que l'étranger mineur puisse être reconduit d'office à la frontière lorsqu'il fait l'objet d'une interdiction administrative du territoire alors qu'il est présent sur le territoire français. • CE 28 nov. 2016, n° 394114.

Art. L. 320-1 **Conformément à l'article L. 223-1, les dispositions du présent titre sont applicables à l'étranger dont la situation est régie par le livre II.**

CHAPITRE I ÉDICTION

Art. L. 321-1 **Tout étranger peut, dès lors qu'il ne réside pas habituellement en France et ne se trouve pas sur le territoire national, faire l'objet d'une interdiction administrative du territoire lorsque sa présence en France constituerait une menace grave pour l'ordre public, la sécurité intérieure ou les relations internationales de la France.** – *[Anc. art. L. 214-2.]*

Le Conseil d'État a admis, implicitement, qu'une mesure d'interdiction du territoire pouvait faire l'objet d'une procédure de référé-liberté au sens de l'art. L. 522-3 CJA. • CE 21 déc. 2021, n° 459133.

Art. L. 321-2 **L'interdiction administrative du territoire fait l'objet d'une décision écrite rendue après une procédure non contradictoire. Elle est motivée, à moins que des considérations relevant de la sûreté de l'État ne s'y opposent.**

Si l'étranger est entré en France alors que la décision d'interdiction administrative du territoire prononcée antérieurement ne lui avait pas déjà été notifiée, il est procédé à cette notification sur le territoire national. – *[Anc. art. L. 214-3, al. 1er et 2.]*

CHAPITRE II EXÉCUTION

Art. L. 322-1 L'étranger qui fait l'objet d'une interdiction administrative du territoire et qui s'apprête à entrer en France peut faire l'objet d'un refus d'entrée, dans les conditions prévues au titre III.

Art. L. 322-2 Lorsque l'étranger qui fait l'objet d'une interdiction administrative du territoire est présent sur le territoire français, il peut être reconduit d'office à la frontière dans les conditions prévues au livre VII.

Le présent article n'est pas applicable à l'étranger mineur. – *[Anc. art. L. 214-7.]*

CHAPITRE III ABROGATION

Art. L. 323-1 L'autorité administrative peut à tout moment abroger l'interdiction administrative du territoire. L'étranger peut introduire une demande de levée de la mesure après un délai d'un an à compter de son édiction. Le silence gardé pendant plus de quatre mois sur la demande de levée vaut décision de rejet. – *[Anc. art. L. 214-5.]*

Art. L. 323-2 Sans préjudice des dispositions de l'article L. 323-1, les motifs de l'interdiction administrative du territoire donnent lieu à un réexamen tous les cinq ans à compter de la date de la décision. – *[Anc. art. L. 214-6.]*

TITRE III CONTRÔLES AUX FRONTIÈRES ET REFUS D'ENTRÉE SUR LE TERRITOIRE FRANÇAIS

Art. L. 330-1 Conformément à l'article L. 223-1, les dispositions des articles L. 331-1 à L. 331-3, L. 332-1, L. 332-2, L. 333-1 et L. 333-2 sont applicables à l'étranger dont la situation est régie par le livre II.

CHAPITRE I CONTRÔLES AUX FRONTIÈRES

Art. L. 331-1 Conformément à l'article 2 du règlement (UE) 2016/399 du Parlement européen et du Conseil du 9 mars 2016 concernant un code de l'Union relatif au régime de franchissement des frontières par les personnes (code frontières Schengen), les frontières intérieures sont les frontières terrestres communes, y compris fluviales et lacustres, des États membres, leurs aéroports pour les vols intérieurs ainsi que leurs ports maritimes, fluviaux et lacustres pour les liaisons régulières intérieures par transbordeur.

Les frontières extérieures sont les frontières terrestres, y compris fluviales et lacustres, des États membres, leurs frontières maritimes ainsi que, pour autant qu'ils ne soient pas des frontières intérieures, leurs aéroports, ports fluviaux, maritimes et lacustres.

Art. L. 331-2 Les contrôles aux frontières extérieures sont exercés dans les conditions prévues au chapitre II du titre II du règlement 2016/399 du Parlement européen et du Conseil du 9 mars 2016.

Art. L. 331-3 Dans les cas prévus au chapitre II du titre III du règlement 2016/399 du Parlement européen et du Conseil du 9 mars 2016, des contrôles aux frontières intérieures peuvent être réintroduits à titre temporaire.

Ces contrôles sont effectués dans les conditions prévues par ce règlement.

1. Réintroduction provisoire d'un contrôle aux frontières de l'UE. Dans le cadre de la réintroduction temporaire du contrôle aux frontières intérieures de l'Union, le juge des référés du Conseil d'État a admis la mise en place de ce que l'on pourrait qualifier de « zone d'attente de fait ». Il a en effet considéré qu'il appartient aux autorités compétentes de s'assurer que les ressortissants de pays tiers se présentant à la frontière remplissent les conditions requises pour être admis à entrer sur le territoire, et, à défaut, de leur notifier une décision de refus d'entrée selon les modalités prévues par l'art. L. 213-2 du présent code [devenu art. L. 332-2] ; la situation des étrangers concernés n'entre pas, en tant que telle, dans les prévisions des dispositions relatives aux zones d'attente. Les vérifications à effectuer et le respect des règles de forme et de procédure édictées dans l'intérêt même des personnes intéressées impliquent que celles-ci, qui, dès lors qu'elles ont été contrôlées à l'un des points de passage de la frontière, ne peuvent être regardées comme étant entrées sur le territoire français, puissent être retenues le temps strictement nécessaire à ces opérations. S'il appartient aux autorités compétentes de prendre toutes les mesures utiles pour que ce délai soit le plus réduit possible, il convient également de tenir compte, à cet égard, des difficultés que peut engendrer l'afflux soudain d'un nombre inhabituel de personnes en un même lieu et des contraintes qui s'attachent à l'éventuelle remise des intéressés aux autorités de l'État frontalier. • CE 5 juill. 2017, *ANAFÉ et a.*, n° 411575 B : *AJDA 2017. 1480 ; D. 2018. 313, chron. Boskovic, Corneloup, Jault-Seseke, Joubert et Parrot.*

2. Dans le cadre de la réintroduction du contrôle aux frontières, la France a décidé, en vertu du a), § 2, de l'art. 2 de la Dir. « Retour » 2008/115/CE de ne pas appliquer la directive « Retour » et a choisi de mettre en œuvre la procédure de refus d'entrée prévue à l'art. 14 du C. frontières Schengen (V. art. L. 332-2 et L. 332-3, *supra*) ; compte tenu de l'interprétation à donner à l'art. 2, § 2, sous a), de la Dir. 2008/115/CE du Parlement européen et du Conseil du 16 déc. 2008, lu en combinaison avec l'art. 32 du Règl. (UE) 2016/399 du Parlement européen et du Conseil du 9 mars 2016 (C. frontières Schengen), l'incompatibilité des dispositions des art. L. 332-2 et L. 332-3 CESEDA avec les règles du droit de l'UE n'apparaît pas manifeste. • CE, ord., 23 avr. 2021, n° 450879 : *AJDA 2021. 2283, note Bories.*

CHAPITRE II **DÉCISION DE REFUS D'ENTRÉE À LA FRONTIÈRE**

COMMENTAIRE

L'accès au territoire français peut être refusé à tout étranger qui ne présente pas les documents exigés (V. art. L. 332-1, *infra*), notamment en application du code frontières Schengen (V. art. L. 332-3, *infra*), dont la présence constituerait une menace pour l'ordre public ou qui fait l'objet d'une mesure d'éloignement.

La décision écrite et motivée refusant l'entrée en France à un étranger est prise, sauf en cas de demande d'asile, par le chef du service de la police nationale ou des douanes, chargé du contrôle aux frontières, par un fonctionnaire désigné par lui, titulaire au moins du grade de brigadier dans le premier cas et d'agent de constatation principal de deuxième classe dans le second (art. R. 332-1).

Cette décision est notifiée à l'intéressé avec mention de son droit d'avertir ou de faire avertir la personne chez laquelle il a indiqué qu'il devait se rendre, son consulat ou le conseil de son choix ; sauf s'il est mineur non accompagné d'un représentant légal, l'étranger peut refuser d'être rapatrié avant l'expiration du délai d'un jour franc (art. L. 333-2). A noter qu'en raison de la très forte pression migratoire existant à Mayotte, le droit au délai d'un jour franc n'est pas applicable dans ce département. Depuis la loi n° 2018-778 du 10 septembre 2018 pour une immigration maîtrisée, un droit d'asile effectif et une intégration réussie, il ne l'est pas davantage aux frontières terrestres de la France.

Durant ce délai d'un jour, l'étranger est en principe maintenu en zone internationale. Ce n'est qu'en cas de nécessité absolue que l'intéressé peut être maintenu dans des locaux ne relevant pas de l'administration pénitentiaire pendant le temps strictement nécessaire à son départ (V. notes ss. art. L. 341-1 s., *infra*). Cette hypothèse se rencontrera notamment lorsqu'il n'y a pas de zone internationale délimitée à la frontière par laquelle l'étranger a tenté de pénétrer en France, lorsque, faute d'installations suffisantes, l'étranger ne peut être laissé en zone internationale au-delà d'une certaine durée ou encore lorsqu'il existe un risque sérieux de fuite en dehors de la zone internationale ou que l'étranger y trouble l'ordre public.

La décision de refus d'entrée peut faire l'objet d'une exécution d'office (art. L. 333-1).

Le refus d'entrée s'accompagne en outre d'une sanction indirecte à l'égard du transporteur (V. *infra*, art. L. 333-3 à L. 333-5) qui est dans l'obligation de réacheminer l'étranger concerné à son point de départ et qui doit assumer les frais de prise en charge de celui-ci.

Sur le refus d'entrée opposé au demandeur d'asile, voir les notes sous les articles L. 352-1 et suivants ci-dessous. ❑

Art. L. 332-1 L'étranger qui ne satisfait pas aux conditions d'admission prévues au titre I peut faire l'objet d'une décision de refus d'entrée, sans préjudice des dispositions particulières relatives au droit d'asile et à la protection internationale ou à la délivrance de visas de long séjour.

A la suite de la réintroduction temporaire du contrôle aux frontières intérieures de l'Union, ont été aménagés dans une salle du poste de police aux frontières ou dans des constructions modulaires attenantes, tant à Menton-Pont Saint-Louis qu'à Montgenèvre, des locaux où sont maintenus à titre provisoire des étrangers qui font l'objet d'un refus d'entrée sur le territoire avant leur remise aux autorités italiennes. De tels lieux, au statut qualifié de *sui generis*, qui ne sont pas prévus par un texte, ne sont assimilables ni à des zones d'attente qui sont destinées aux personnes arrivant en France à une frontière extérieure au sens du règlement frontières Schengen par la voie ferroviaire, maritime ou aérienne, ni à des centres de rétention administrative. Ces locaux répondent cependant à un triple objectif, d'une part, de « mise à l'abri » des personnes étrangères dépourvues de lieux d'accueil afin de garantir le respect de leurs droits fondamentaux et de leur dignité dans l'attente d'un réacheminent vers le poste frontière italien le plus proche, d'autre part, de préservation de l'ordre public aux abords de la frontière et, enfin, de mise en place d'une politique efficace d'éloignement. Le respect des droits des intéressés, auquel l'administration ne saurait se soustraire, implique, le cas échéant, si ces droits se trouvaient méconnus de façon grave et manifestement illégale, une saisine dans chaque cas du juge des référés statuant sur ce fondement et non, dans les circonstances de l'espèce, des mesures à caractère général. En l'état, les conditions dans lesquelles sont retenus provisoirement dans les locaux de la police à la frontière franco-italienne des ressortissants de pays tiers à l'Union européenne faisant l'objet d'un refus d'entrée en France en attente de leur réacheminement vers l'Italie ne révèlent pas une atteinte grave et manifestement illégale aux libertés fondamentales de nature à justifier la fermeture immédiate de ces locaux de mise à l'abri et de rétention. • CE, ord., 23 avr. 2021, n° 450879.

Art. L. 332-2 **La décision de refus d'entrée, qui est écrite et motivée, est prise par un agent relevant d'une catégorie fixée par voie réglementaire.**

La notification de la décision de refus d'entrée mentionne le droit de l'étranger d'avertir ou de faire avertir la personne chez laquelle il a indiqué qu'il devait se rendre, son consulat ou le conseil de son choix. Elle mentionne le droit de l'étranger de refuser d'être rapatrié avant l'expiration du délai d'un jour franc dans les conditions prévues à l'article L. 333-2.

La décision et la notification des droits qui l'accompagne lui sont communiquées dans une langue qu'il comprend.

Une attention particulière est accordée aux personnes vulnérables, notamment aux mineurs accompagnés ou non d'un adulte. – *[Anc. art. L. 213-2, al. 1er, 2 (sauf 2e phr.) et 6.]*

COMMENTAIRE

Sur la question de la prise en charge particulière des personnes vulnérables, l'instruction n° INTV1824378J du 11 septembre 2018 indique que cette mention n'emporte pas de garanties procédurales spécifiques mais renvoie à une exigence générale de proportionnalité. ❑

1. Les dispositions du présent art., qui prévoient que la notification à un étranger du refus de son entrée en France doit s'accompagner de la mention de son droit de faire avertir le conseil de son choix, ne consacrent pas un droit de l'étranger à exiger l'assistance d'un avocat lors des auditions organisées par l'administration dans le cadre de l'instruction de sa demande d'entrée en France ou pendant son maintien en zone d'attente. Ces auditions n'ont pour objet que de permettre de vérifier que l'étranger satisfait aux conditions d'entrée en France et, à défaut, d'organiser son départ. Elles ne relèvent donc pas d'une procédure de recherche d'auteurs d'infractions. La décision de maintien en zone d'attente et celles relatives à l'organisation du départ de l'étranger ne constituent pas des sanctions ayant le caractère de punition mais des mesures de police administrative. Dès lors, la circonstance que les auditions mentionnées ci-dessus puissent se dérouler sans l'assistance d'un avocat ne peut être contestée sur le fondement des art. 7, 9 et 16 DDH. • Cons. const. 6 déc. 2019, n° 2019-818 QPC : *AJDA 2019. 2520 ; D. 2019. 2356.*

I. MOTIVATION

2. La décision de refus d'entrée doit être spécialement motivée en droit et en fait. • CE 10 déc. 1997, *Cts Mukwayanzo,* n° 183739. ♦ Ainsi, un tel refus seulement motivé par l'opposition du ministre de l'Intérieur, sans mentionner aucune circonstance de fait ou de droit, est illégal. • TA Besançon, 9 mai 1996, *M. Tariq Ramadan : Gaz. Pal. 1996. 2. 347, note Mallol.*

3. Le défaut de motivation ne peut être couvert par un exposé postérieur à la décision qu'il est censé expliciter. • CE 5 mai 1986, *Leblanc et Tissier,* n° 59121 A : *AJDA 1986. 390, note Richer ; Rev. adm. 1986. 463, note Pacteau.* ♦ La décision de refus d'entrée doit être écrite ; à défaut, elle doit être annulée même si, dans la décision ordonnant le maintien en zone d'attente, sont mentionnés les motifs qui auraient pu légalement justifier un refus d'entrée. • TA Paris, 6 déc. 1996, *M. Villanueva-Quispe*, nos 9413160/4 et 941359/4.

4. Ordre public. La décision ne peut se contenter de simplement mentionner la menace contre l'ordre public. • CE 18 oct. 1995, *Min. Intérieur c/ Karboua*, n° 117754 A : *D. 1996. Somm. 100, comm. Julien-Laferrière*. ♦ C'est à l'autorité administrative d'apporter la preuve de la menace à l'ordre public justifiant le refus d'entrée. • CAA Paris, 17 févr. 1998, *Sumiko Kawana*, n° 96PA01880.

5. Un refus d'entrée motivé par un risque de trouble à l'ordre public peut se fonder sur une simple note « blanche » établie par les renseignements généraux versée au dossier et débattue dans le cadre de l'instruction écrite contradictoire ; les documents révélant l'absence de condamnation et d'inculpation de l'intéressé pour l'exercice d'une activité criminelle ne sauraient constituer des éléments de nature à ne pas tenir compte de ces renseignements. • CE 3 mars 2003, *Min. Intérieur c/ Rakhimov*, n° 238662 A : *AJDA 2003. 1343, note Lecucq ; RFDA 2003. 638*. ♦ V. aussi en matière d'expulsion : • CE 4 oct. 2004, *Min. Intérieur c/ M. Bouziane*, n° 266948 : *AJDA 2004. 98, note Lecucq*. ♦ Dès lors que les informations contenues dans les notes des renseignements généraux n'ont été communiquées ni au requérant ni à son conseil, le préfet ne peut se fonder sur le fait que la présence en France de l'intéressé représenterait une menace grave pour l'ordre public. • TA Versailles, 21 févr. 2005, *M. B. : AJDA 2005. 1301, note Alzamora*. ♦ Dans ce cas, le juge peut, par une décision avant-dire droit, ordonner à l'administration de produire les éléments pouvant être versés au dossier dans le respect des exigences liées à la sécurité nationale, afin de permettre au juge de se prononcer sur le bien-fondé du motif d'ordre public retenu. • CE 1er juin 2011, *M. B.*, n° 337992 A : *AJDA 2011. 2182, note Delabie ; RFDA 2011. 864*.

6. Défaut de documents. La liberté d'aller et venir s'exerce, en ce qui concerne le franchissement des frontières, dans les limites découlant de la souveraineté de l'État et des accords internationaux et n'ouvre pas aux étrangers un droit général et absolu d'accès sur le territoire français ; un refus d'entrée est ainsi valablement opposé à une étrangère dépourvue de documents de voyage en cours de validité. • CE, ord., 11 avr. 2018, n° 418027 A : *AJDA 2018. 820*.

II. CONTENTIEUX

7. Si la décision de refuser l'entrée sur le territoire français est une décision individuelle prise par une autorité administrative dans l'exercice de ses pouvoirs de police, le tribunal administratif territorialement compétent pour statuer sur la légalité de cette mesure est, au regard de l'objet de cette décision et dans l'intérêt d'une bonne administration de la justice, le tribunal dans le ressort duquel a son siège l'autorité qui a pris la décision attaquée en application de l'al. 1er de l'art. R. 312-1 CJA. Le recours contre le refus d'entrée sur le territoire pris par la police aux frontières de l'aéroport de Paris-Charles-de-Gaulle relève de la compétence du TA de Montreuil. • CE 5 avr. 2022, n° 460466 B : *AJDA 2022. 721*.

8. La décision de refus d'entrée est susceptible de recours pour excès de pouvoir dans les deux mois. • CE 26 mars 1997, *M. Kasmi*, n° 152789. ♦ La CJUE considère que l'art. 13, § 3, du code des frontières ne prévoit l'obligation, pour les États membres, d'établir une voie de recours qu'à l'encontre des décisions de refus d'entrée ; en l'absence d'une telle décision, l'étranger ne peut se prévaloir du droit de recours prévu par le code frontières Schengen. • CJUE 17 janv. 2013, *Zakaria*, n° C-23/12.

9. Compétence. Une décision de refus d'entrée, même si elle n'a pas été prise sur le territoire français (en l'espèce, poste de police de Genève-Cornavin), émane d'une autorité dont le siège n'est pas situé hors des territoires soumis à la juridiction des tribunaux administratifs. Par suite, cette décision ne ressortit pas de la compétence en premier ressort du Conseil d'État. • CE 21 avr. 2000, *Ramadan*, n° 188548 B.

10. Nature du contrôle juridictionnel. Le Conseil d'État exerce un contrôle normal sur le refus d'entrée fondé sur une menace à l'ordre public. • CE 3 mars 2003, *Min. Intérieur c/ Rakhimov*, n° 238662 : *préc. note 5.*

11. Procédures d'urgence. Le Conseil d'État considère qu'une demande de référé-suspension contre un refus d'entrée est irrecevable dès lors qu'en tout état de cause elle ne modifie pas la situation de droit ou de fait de l'intéressé. • CE 27 janv. 1984, *Eksir*, n° 55609 A.

12. Le juge des référés n'est pas compétent pour ordonner à l'administration d'organiser le retour en France d'un étranger auquel un refus d'admission illégal a été opposé ; il appartient le cas échéant à l'intéressé de rechercher la responsabilité de l'État en raison de l'illégalité commise. • CE 21 sept. 2007, *Min. Intérieur c/ Mayela et Lloki*, n° 309497 B : *AJDA 2008. 763, note Gueguen*.

13. Conséquences de l'annulation. L'annulation d'un refus d'entrée n'implique pas nécessairement l'admission sur le territoire. • TA Marseille, 11 mars 1997, *Mme Belharfi*, n° 96-4595.

Art. L. 332-3 La procédure prévue à l'article L. 332-2 est applicable à la décision de refus d'entrée prise à l'encontre de l'étranger en application de l'article 6 du règlement 2016/399 du Parlement européen et du Conseil du 9 mars 2016. Elle est également

ment applicable lors de vérifications effectuées à une frontière intérieure en cas de réintroduction temporaire du contrôle aux frontières intérieures dans les conditions prévues au chapitre II du titre III du même règlement. – *[Anc. art. L. 213-3.] – Sur les conditions d'annulation de la seconde phrase du présent art., V. CE 2 févr. 2024, n° 450285 : infra.*

COMMENTAIRE

On rappellera que l'article 6 du code frontières Schengen (Règl. (UE) 2016/399 du Parlement européen et du Conseil du 9 mars 2016) prévoit que, pour un séjour n'excédant pas trois mois sur une période de six mois, les conditions d'entrée pour les ressortissants de pays tiers sont les suivantes :

a) être en possession d'un document ou de documents de voyage en cours de validité permettant le franchissement de la frontière ;

b) être en possession d'un visa en cours de validité si celui-ci est requis en vertu du règlement (CE) n° 539/2001 du Conseil du 15 mars 2001 fixant la liste des pays tiers dont les ressortissants sont soumis à l'obligation de visa pour franchir les frontières extérieures des États membres et la liste de ceux dont les ressortissants sont exemptés de cette obligation, sauf s'ils sont titulaires d'un titre de séjour en cours de validité ;

c) justifier l'objet et les conditions du séjour envisagé, et disposer des moyens de subsistance suffisants, tant pour la durée du séjour envisagé que pour le retour dans le pays d'origine ou le transit vers un pays tiers dans lequel leur admission est garantie, ou être en mesure d'acquérir légalement ces moyens ;

d) ne pas être signalé aux fins de non-admission dans le système d'information Schengen ;

e) ne pas être considéré comme constituant une menace pour l'ordre public, la sécurité intérieure, la santé publique ou les relations internationales de l'un des États membres et, en particulier, ne pas avoir fait l'objet d'un signalement aux fins de non-admission dans les bases de données nationales des États membres pour ces mêmes motifs.

Le présent article, issu de la loi n° 2018-778 du 10 septembre 2018 pour une immigration maîtrisée, un droit d'asile effectif et une intégration réussie, introduit une modification importante en matière de refus d'entrée. En effet, face à l'afflux de personnes de nationalité étrangère aux frontières terrestres (notamment en provenance d'Italie), le Gouvernement a choisi de réintroduire les contrôles aux frontières intérieures de l'espace Schengen (chapitre II du titre III du Règl. (UE) 2016/399 du Parlement européen et du Conseil du 9 mars 2016, code frontières Schengen). Si l'étranger est intercepté à la frontière, il fera l'objet d'un refus d'entrée « classique » au sens de l'article L. 332-1 ; il est toutefois fréquent que les forces de police et de gendarmerie interceptent les étrangers qui empruntent des pistes et des itinéraires secondaires pour entrer illégalement sur le territoire français. Juridiquement, ces personnes ne sont donc plus « à la frontière » mais bien sur le territoire français, en situation irrégulière. Le législateur de 2018 a donc choisi d'utiliser une « fiction géographique » en indiquant qu'un refus d'entrée « à la frontière » pouvait intervenir en cas d'interpellation dans une zone comprise entre cette frontière et une ligne tracée à dix kilomètres en deçà. La circulaire du 31 décembre 2018 prise en application de la loi du 10 septembre 2018 pour une immigration maîtrisée, un droit d'asile effectif et une intégration réussie (NOR : INTV1835403J) insiste sur la nécessité de ne prononcer un refus d'entrée au titre du présent article qu'aux étrangers qui viennent d'entrer sur le territoire national. Cette condition est réputée satisfaite si le franchissement irrégulier a été dûment constaté, même à distance, d'un point de passage autorisé ; il en ira de même en présence d'éléments concordants. Lorsque le refus d'entrée ne peut être exécuté, la situation doit être appréhendée dans le cadre des procédures de séjour et d'éloignement. ❑

1. En ce qu'elles permettent d'opposer un refus d'entrée à un étranger qui a pénétré sur le territoire métropolitain en franchissant une frontière intérieure terrestre alors que lui sont applicables les dispositions relatives au retour des ressortissants de pays tiers en séjour irrégulier prises pour la transposition de la Dir. 2008/115/CE du 16 déc. 2008, les dispositions du présent art. sont incompatibles avec les objectifs de celle-ci, ceci justifiant l'annulation de l'art. 2 du Décr. n° 2018-1159, pris pour l'application de ces dispositions législatives. • CE 27 nov. 2020, *La Cimade*, n° 428178 : *AJDA 2020. 2344*. ♦ En effet, cette disposition est clairement contraire à la jurisprudence de la CJUE. • CJUE 19 mars 2019, *Arib*, n° C-444/17 : *AJDA 2019. 613 ; ibid. 1047, chron. Bonneville, Markarian, Cassagnabère et Gänser ; Rev. crit. DIP 2019. 749, note Fleury Graff.*

2. Dans son arrêt du 19 mars 2019, *Arib e.a.* (n° C-444/17), la CJUE a dit pour droit que : « L'article 2, paragraphe 2, sous a), de la directive 2008/115/CE du Parlement européen et du Conseil, du 16 décembre 2008 [...] lu en combinaison avec l'article 32 du [code frontières Schengen], doit être interprété en ce sens qu'il ne s'applique pas à la situation d'un ressortissant de pays tiers, arrêté à proximité immédiate d'une frontière intérieure et en séjour irrégulier sur le territoire d'un État membre, même lorsque cet État membre a réintroduit, en vertu de l'article 25 de ce règlement, le contrôle à cette frontière, en raison d'une menace grave pour l'ordre public ou la sécurité intérieure dudit État membre. » Eu égard aux motifs de cet arrêt, la question de savoir si, en cas de réintroduction temporaire du contrôle aux frontières intérieures, dans les conditions prévues au chapitre II du titre III du Règl. (UE) 2016/399, l'étranger en provenance directe du territoire d'un État partie à la convention signée à Schengen le 19 juin 1990 qui se présente à un point de passage frontalier autorisé, fixe ou mobile, sans être en possession des documents permettant de justifier d'une autorisation d'entrée ou du droit de séjourner en France, peut se voir opposer une décision de refus d'entrée, lors des vérifications effectuées à cette frontière, sur le fondement de l'art. 14 de ce règlement, sans que soit applicable la Dir. 2008/115/CE, est déterminante pour la solution du litige que doit trancher le Conseil d'État et présente une difficulté sérieuse d'interprétation du droit de l'UE. Il y a lieu, par suite, d'en saisir la CJUE en application de l'art. 267 TFUE et, jusqu'à ce que celle-ci se soit prononcée, de surseoir à statuer sur les conclusions de la req. n° 450285 dirigées contre l'art. L. 332-3. • CE 24 févr. 2022, n° 450285 B : *AJDA 2022. 431*.

3. La CJUE a considéré que le Règl. (UE) 2016/399 du Parlement européen et du Conseil du 9 mars 2016 (code frontières Schengen) et la Dir. 2008/115/CE du 16 déc. 2008 (Dir. "Retour") doivent être interprétés en ce sens que, lorsqu'un État membre a réintroduit des contrôles à ses frontières intérieures, il peut adopter, à l'égard d'un ressortissant d'un pays tiers qui se présente à un point de passage frontalier autorisé situé sur son territoire et où s'exercent de tels contrôles, une décision de refus d'entrée en vertu d'une application *mutatis mutandis* de l'art. 14 de ce Règl., pour autant que les normes et les procédures communes prévues par cette Dir. soient appliquées à ce ressortissant en vue de son éloignement. • CJUE 21 sept. 2023, n° C-143/22. ♦ Dès lors, si un État membre peut, en cas de rétablissement des contrôles aux frontières intérieures, prendre à l'encontre d'un ressortissant d'un pays tiers qui se présente à un point de passage frontalier autorisé situé sur son territoire une décision ne visant pas le retour de l'intéressé dans son pays d'origine, une telle décision ne peut être prise qu'en vue de sa reprise par l'État membre dont il provient, en application d'un accord ou d'un arrangement existant à la date d'entrée en vigueur de la Dir. 2008/115/CE, dans le cadre des normes et des procédures communes établies par cette Dir. Le Conseil d'État en a logiquement déduit que la seconde phr. du présent art., dans sa rédaction résultant de l'Ord. du 16 déc. 2020, est incompatible, dans cette mesure, avec les objectifs de la Dir. 2008/115/CE du 16 déc. 2008 en tant qu'elle ne limite pas l'édiction de refus d'entrée aux frontières intérieures aux cas dans lesquels ils sont pris en vue de la réadmission de l'intéressé par l'État membre dont il provient en application d'un accord ou d'un arrangement passé par la France avec cet État existant le 13 janv. 2009. • CE 2 févr. 2024, n° 450285 : *AJDA 2024. 858, concl. Malverti*.

CHAPITRE III EXÉCUTION D'OFFICE DE LA DÉCISION DE REFUS D'ENTRÉE À LA FRONTIÈRE

Art. L. 333-1 La décision de refus d'entrée sur le territoire français dont l'étranger fait l'objet peut être exécutée d'office par l'autorité administrative. – *[Anc. art. L. 213-2, al. 5.]*

1. Le principe de l'exécution d'office de la mesure a été admis par le juge constitutionnel. • Cons. const. 13 août 1993, n° 93-325 DC : *RJC I-539 ; RFDC 1993. 587, note Favoreu ; RD publ. 1994. 5, note Luchaire ; ibid. 1165, obs. Fabre-Alibert ; Dr. soc. 1994. 69, note Dupeyroux et Prétot ; LPA 9 sept. 1994, note Mathieu et Verpeaux ; Pouvoirs 1993. 166, obs. Giquel et Avril ; RFDA 1993. 871, obs. Genevois ; JCP 1994. I. 3728, obs. Guimezanes ; Rev. crit. DIP 1994. 1, obs. Turpin*. ♦ Les étrangers qui font l'objet d'une décision de refus d'entrée sont dûment informés, dans une langue qu'ils comprennent, de la possibilité qu'ils ont de demander à bénéficier d'un jour franc avant d'être rapatriés ; par suite, en plaçant chaque étranger devant le même choix, la disposition critiquée ne méconnaît pas le principe d'égalité. • Cons. const. 20 nov. 2003, n° 2003-484 DC : *préc. note 4 ss. art. L. 313-1.*

2. Le Conseil d'État a précisé que les mesures d'éloignement du territoire national, notamment l'OQTF, ne sont pas applicables à la situation d'un étranger qui n'est pas entré sur le territoire. Dès lors qu'un étranger se trouve en zone aéroportuaire, en transit ou en zone d'attente, il peut faire l'objet d'un refus d'entrée, lequel pourra être exécuté d'office, mais non d'une OQTF. Il n'y a pas lieu de distinguer, à cet égard, entre une situation où cet étranger exprime le désir d'entrer sur le territoire français et une situation où il ne formule pas ce souhait. L'intéressé ne peut être regardé comme entré en France que s'il a été placé en garde à vue à la suite de son refus d'obtempérer à un réacheminement suite à la décision de refus d'entrée, à moins que les locaux de la garde à vue soient situés dans la zone d'attente. • CE, avis, 28 juin 2019, n° 426666 B : *AJDA 2019. 1375*.

3. Lorsque l'étranger arrive en France à bord d'un navire, il est fréquent qu'il ne soit pas autorisé à quitter le bord, le privant ainsi de la possibilité de faire état de sa situation, notamment dans le cadre d'une demande d'asile. Il faudra l'intervention du garde des Sceaux pour que le tribunal des conflits puisse conclure à l'absence de voie de fait en considérant que les mesures en cause, même illégales, ne sont pas insusceptibles de se rattacher au pouvoir d'exécution forcée des décisions de refus d'entrée sur le territoire. • T. confl. 12 mai 1997, *Préfet de police c/ TGI de Paris,* n° 3056 *AJDA 1997. 575, chron. Chauvaux et Girardot ; ibid. 635 ; Gaz. Pal. 1997. 1. 386, concl. Arrighi de Casanova ; LPA 21 janv. 1998, note Viala ; RFDA 1997. 514, concl. Arrighi de Casanova .*

Art. L. 333-2 **L'étranger peut refuser d'être rapatrié avant l'expiration du délai d'un jour franc.**

L'étranger mineur non accompagné d'un représentant légal ne peut être rapatrié avant l'expiration du même délai.

Le présent article n'est pas applicable aux refus d'entrée notifiés à la frontière terrestre de la France. – *[Anc. art. L. 213-2, al. 3 (sauf ecqc Mayotte).]*

Le droit de refuser d'être rapatrié avant l'expiration du délai d'un jour franc ne concerne que les décisions de refoulement aux frontières aériennes et maritimes, aucune mesure de rapatriement n'étant nécessaire pour mettre à exécution une décision de refus d'entrée à la frontière terrestre ; cette disposition, introduite par la Circ. du 2 août 1989 (relative à l'application de la L. n° 89-548 du 2 août 1989, *JO 8 août*), a été jugée conforme à la loi. • CE 23 janv. 1991, *GISTI c/ Min. Intérieur,* n° 115876.

Art. L. 333-3 **Lorsque l'entrée en France est refusée à un étranger, l'entreprise de transport aérien ou maritime qui l'a acheminé est tenue de le ramener sans délai, à la requête des autorités chargées du contrôle des personnes à la frontière, au point où il a commencé à utiliser le moyen de transport de cette entreprise. En cas d'impossibilité, l'étranger est ramené dans l'État qui a délivré le document de voyage avec lequel il a voyagé ou en tout autre lieu où il peut être admis.** *(L. n° 2024-42 du 26 janv. 2024, art. 2)* **« Si l'entreprise de transport aérien ou maritime se trouve dans l'impossibilité de réacheminer l'étranger en raison de son comportement récalcitrant, seules les autorités chargées du contrôle des personnes à la frontière sont compétentes pour l'y contraindre. »**

Il en va de même lorsqu'il est acheminé par une entreprise de transport routier exploitant des liaisons internationales sous la forme de lignes régulières, de services occasionnels ou de navette, à l'exclusion des trafics frontaliers.

Lorsqu'il est acheminé par une entreprise de transport ferroviaire, cette dernière est tenue, à la requête des autorités chargées du contrôle des personnes à la frontière, de mettre à la disposition de ces autorités des places permettant le réacheminement de cet étranger au-delà de la frontière française. – *[Anc. art. L. 213-4 ; anc. art. L. 213-7 ; anc. art. L. 213-8.]*

1. Le Cons. const. a été saisi par le Conseil d'État d'une QPC relative à la conformité aux droits et libertés que la Constitution garantit du présent art. au motif que ces dispositions auraient pour effet de déléguer à une personne privée des compétences de police administrative générale inhérentes à l'exercice de la force publique, en violation de l'art. 12 DDH. • CE 9 juill. 2021, n° 450480 B. ♦ Le Cons. const. constate qu'en application de l'art. 26 de la convention d'application de l'accord de Schengen signée le 19 juin 1990, les États signataires se sont engagés à instaurer l'obligation pour les entreprises de transport de « reprendre en charge sans délai » les personnes étrangères dont l'entrée sur le territoire de ces États a été refusée et de les ramener vers un État tiers ; cette obligation a été reprise et précisée par la Dir. 2001/51/CE du 28 juin 2001. Les dispositions du présent art. se bornent ainsi à tirer les conséquences nécessaires de dispositions inconditionnelles et précises de la Dir. 2001/51/CE du 28 juin 2001. En outre, la décision de mettre en œuvre le réacheminement d'une personne non admise sur le territoire français relève de la compétence exclusive des autorités chargées du contrôle des personnes à la frontière. En application des dispositions contestées, les entreprises de transport aérien ne sont tenues, à la requête de ces autorités, que de prendre en charge ces personnes et d'assurer leur transport. Ces dispositions n'ont ni pour objet ni pour effet de mettre à la charge de ces entreprises une obligation de surveiller la personne devant être réacheminée ou d'exercer sur elle une contrainte, de telles mesures relevant des seules compétences des autorités de police. Elles ne privent pas non plus le commandant de bord de sa faculté de débarquer une personne présentant un danger pour la sécurité, la santé, la salubrité ou le bon ordre de l'aéronef, en application de l'art. L. 6522-3 C. transp. Le Conseil relève que l'interdiction de déléguer à des personnes privées des compétences de police administrative générale inhérentes à l'exercice de la force publique constitue un principe inhérent à l'identité constitutionnelle de la France. • Cons. const. 15 oct. 2021, n° 2021-940 QPC : *AJDA 2021. 2060 ; D. 2022. 50, note Roux ; ibid. 244, chron. Boskovic, Corneloup, Jault-Seseke, Joubert et Parrot.*

2. L'obligation de réacheminement s'applique au transporteur qui a acheminé l'étranger depuis un pays tiers, donc uniquement à la frontière « extérieure » des parties à la CAAS, et consiste à « reprendre en charge » celui-ci en l'acheminant « vers le pays tiers d'où il a été transporté » ou vers un autre pays tiers ; la réintroduction du contrôle aux frontières intérieures n'a pas pour effet d'imposer, à un transporteur qui a amené un ressortissant d'un État tiers à la frontière intérieure d'un État membre depuis un autre État membre, une quelconque obligation de réacheminement, laquelle s'applique exclusivement au transporteur qui a fait franchir à un étranger la frontière extérieure et implique nécessairement le transport de l'étranger vers un État tiers. • CAA Paris, 12 janv. 2024, n° 22PA04287 : *AJDA 2024. 511, concl. Lipsos.*

Art. L. 333-4 **L'obligation de réacheminer un étranger prévue à l'article L. 333-3 est applicable, en cas de transit aérien ou maritime, dans les situations suivantes :**

1° L'entreprise de transport qui devait acheminer l'étranger dans le pays de destination ultérieure refuse de l'embarquer ;

2° Les autorités du pays de destination ont refusé l'entrée à l'étranger et l'ont renvoyé en France. — *[Anc. art. L. 213-5.]*

Art. L. 333-5 **Lorsqu'un refus d'entrée a été prononcé, les frais de réacheminement de l'étranger incombent à l'entreprise de transport aérien, maritime ou ferroviaire ou de transport routier exploitant des liaisons internationales sous la forme de lignes régulières, de services occasionnels ou de navette, à l'exclusion des trafics frontaliers, qui l'a acheminé en France. Il en est de même lorsque l'étranger est placé en zone d'attente en application du deuxième alinéa de l'article L. 341-1.**

Incombent également à cette entreprise les frais de prise en charge de l'étranger placé ou maintenu en zone d'attente en application du titre IV, à compter de la décision de placement jusqu'à la fin du placement ou du maintien. — *[Anc. art. L. 213-6.]*

TITRE IV ZONE D'ATTENTE

BIBL. ▸ ANAFÉ, Zones d'attente : en marge de l'État de droit, *mai 2001* ; La frontière et le droit : la zone d'attente de Roissy sous le regard de l'Anafé. Bilan de six mois d'observation associative, *nov. 2004* ; La zone des enfants perdus. Mineurs isolés en zone d'attente de Roissy, *nov. 2004*. La procédure en zone d'attente, guide théorique et pratique, *févr. 2006* - Bonnotte, La contestation des décisions de maintien en rétention administrative et en zone d'attente devant le juge judiciaire et le juge administratif, *AJDA 2004. 694* . - Caloz-Tschopp, Les étrangers aux frontières de l'Europe et le spectre des camps, *éd. La Dispute 2004*. - de Loisy, Bienvenue en France, six mois d'enquête clandestine dans la zone d'attente de Roissy, *Le Cherche-Midi janv. 2005*. - Genevois, L'entrée des étrangers en France : le rappel des exigences constitutionnelles, *RFDA 1992. 185* . - Julien-Laferrière, De l'application des accords de Schengen au statut des zones d'attente, chronique d'une loi annoncée, *AJDA 1992. 656* ; Le statut du mineur étranger retenu en zone d'attente, *D. 2001. 2773*. - Loschak, Bulletin de jurisprudence française, décision du Conseil constitutionnel n° 92-307 du 25 février 1992, *JDI 1992. 669*. - Mariani, Rapport d'information déposé en application de l'article 145 du règlement par la commission des lois constitutionnelles, de la législation et de l'administration générale de la République sur les centres de rétention administrative et les zones d'attente, *24 juin 2009*. - Slama, Roissy-Paris via Strasbourg : les aléas de la protection juridictionnelle des demandeurs d'asile à la frontière, *AJDA 2005. 2134*. - Turpin, La loi du 6 juillet 1992 sur la zone d'attente des ports et des aéroports, *LPA 6 nov. 1992*.

COMMENTAIRE

C'est dans le but d'assurer l'efficacité des décisions de refus d'entrée que la loi n° 92-625 du 6 juillet 1992 sur la zone d'attente des ports et des aéroports (*JO 9 juill.*) a introduit la possibilité de maintenir un étranger en « zone d'attente » pendant le temps strictement nécessaire à son départ.

Ce mécanisme a été validé par les plus hautes juridictions nationales et internationales, malgré la position contraire du Haut Commissariat aux réfugiés.

La loi n° 2011-672 du 16 juin 2011 relative à l'immigration, à l'intégration et à la nationalité (*JO 17 juin*) a mis en œuvre une importante innovation en prévoyant la possibilité de création de zones d'attente temporaires (pour une durée maximale de vingt-six jours) pouvant se situer n'importe où sur le territoire, à la seule condition qu'un groupe d'au moins dix étrangers soit arrivé en France en un même lieu ou sur un ensemble de lieux distants d'au plus dix kilomètres. On remarquera à cet égard que l'article 18 de la directive « Retour » du 16 décembre 2008 limite cette hypothèse à des situations d'urgence et de caractère exceptionnel, notions non reprises par le législateur de 2011. La circulaire du 17 juin 2011 indique toutefois que ce dispositif n'aura vocation à être utilisé que de manière exceptionnelle, pour des cas d'entrée en France manifestement irrégulière.

Le maintien en zone d'attente concerne principalement les étrangers auxquels une décision de refus d'entrée est notifiée (V. *supra*, art. L. 332-1) ; mais, peut également être placé en zone d'attente l'étranger qui se trouve en transit dans une gare, un port ou un aéroport si l'entreprise de transport qui devait l'acheminer dans le pays de destination ultérieure refuse de l'embarquer ou si les autorités du pays de destination lui ont refusé l'entrée et l'ont renvoyé en France. Il en va de même enfin lorsqu'il est manifeste qu'un étranger appartient à un groupe d'au moins dix étrangers venant d'arriver en France en dehors d'un point de passage frontalier, en un même lieu ou sur un ensemble de lieux distants d'au plus dix kilomètres. S'agissant du demandeur d'asile, la possibilité du maintien en zone d'attente (art. L. 351-1) ne peut intervenir que si l'examen de sa demande relève de la compétence d'un autre État en application du règlement (UE) n° 604/2013 du Parlement européen et du Conseil du 26 juin 2013 (règlement « Dublin ») ou si sa demande n'est pas irrecevable ou manifestement infondée.

I. DURÉE DU MAINTIEN EN ZONE D'ATTENTE

L'étranger peut être maintenu en zone d'attente pour une durée maximale de vingt jours (voire trente pour le demandeur d'asile) qui se décompose en trois périodes distinctes.

L'autorité administrative (V. *infra*, art. R. 341-1) peut décider le maintien en zone d'attente pour une durée qui ne peut excéder quatre jours (depuis la L. du 20 nov. 2007, V. *infra*, art. L. 341-2). Cette durée a été considérée par le Parlement comme conforme à l'exigence du Conseil constitutionnel de voir l'autorité judiciaire intervenir « dans les meilleurs délais », c'est-à-dire au-delà de quatre jours. En effet, le magistrat du siège du tribunal judiciaire peut seul prononcer le maintien en rétention pour une durée qui ne peut être supérieure à huit jours (V. *infra*, notes ss. art. L. 342-1). Il statue par ordonnance dans les mêmes conditions qu'en cas de prolongation d'une mesure de rétention administrative. Enfin, à titre exceptionnel ou en cas de volonté délibérée de l'étranger de faire échec à son départ, le maintien en zone d'attente au-delà de douze jours peut être renouvelé par le magistrat du siège du tribunal judiciaire pour une durée qu'il détermine et qui ne peut être supérieure à huit jours (V. *infra*, notes ss. art. L. 342-4).

S'agissant des *demandeurs d'asile*, le législateur a mis en place une procédure relativement complexe :

– si l'étranger a présenté sa demande d'asile avant le quatorzième jour du maintien en zone d'attente, il est soumis aux mêmes règles que les autres étrangers et le maintien ne pourra excéder une durée totale de vingt jours ;

– si l'étranger présente sa demande d'asile entre le quatorzième et le vingtième jour du maintien en zone d'attente, celui-ci est prorogé d'office (c'est-à-dire sans intervention du juge) de six jours (art. L. 342-4, al. 2), portant ainsi la durée totale potentielle de maintien à vingt-six jours ;

– enfin, lorsqu'un étranger, dont l'entrée sur le territoire français au titre de l'asile a été refusée, dépose un recours en annulation sur le fondement de l'art. L. 352-4 dans les quatre derniers jours de la période de maintien en zone d'attente fixée par la dernière décision de maintien (donc entre le vingt-deuxième et le vingt-sixième jour), celle-ci est prorogée d'office de quatre jours à compter du dépôt du recours (art. L. 352-7), portant ainsi la durée totale potentielle de maintien à trente jours.

Le magistrat du siège du tribunal judiciaire est informé immédiatement des prorogations d'office évoquées ci-dessus et peut toujours y mettre un terme.

Si la prolongation du maintien est autorisée, l'autorité administrative est habilitée, soit à rechercher un moyen de rapatrier l'intéressé, soit à instruire sa demande d'asile.

Si l'ordonnance du magistrat du siège du tribunal judiciaire met fin au maintien en zone d'attente, la libération de l'étranger ne sera pas immédiate puisque l'étranger est maintenu à la disposition de la justice pendant une durée de dix heures à compter de la notification de l'ordonnance au procureur de la République (sauf si ce dernier en dispose autrement). Autrement dit, un magistrat du parquet a ainsi le pouvoir de faire échec, certes seulement pour une durée de quatre heures, à une décision d'un magistrat du siège prescrivant la fin du maintien en zone d'attente. Ce délai de quatre heures sera mis à profit par le procureur de la République pour éventuellement interjeter appel contre l'ordonnance et demander que cet appel soit déclaré suspensif (V. *infra*, art. L. 342-11).

II. CONDITIONS DU MAINTIEN EN ZONE D'ATTENTE

Si le maintien en zone d'attente n'est pas considéré comme une mesure privative de liberté, c'est parce que l'étranger a la possibilité, à tout moment, d'y mettre fin, tout simplement en quittant le territoire national (V. *infra*, notes ss. art. L. 343-1). Le législateur joue toutefois sur les mots : si l'étranger a fait l'objet d'une décision de refus d'entrée, c'est précisément parce qu'il a manifesté sa volonté d'entrer en France. Le maintien en zone d'attente permet justement de l'empêcher de mener à bien ce projet et constitue ainsi, en fait, une mesure limitant sa liberté personnelle.

Pour le surplus, le législateur a pris soin de mentionner expressément les droits dont l'étranger maintenu bénéficie : assistance d'un avocat (art. L. 342-16), d'un interprète (art. L. 342-17), d'un médecin (art. L. 342-18), consignation des conditions du maintien sur un registre (mentionné à l'art. L. 341-2) et contrôle par l'autorité judiciaire (information immédiate du procureur de la République et, à l'issue des quatre premiers jours, du magistrat du siège du tribunal judiciaire, qui peuvent se rendre sur place pour vérifier les conditions du maintien et se faire communiquer le registre).

S'agissant de l'interprète, on rappellera que l'administration met un interprète à la disposition des étrangers maintenus en zone d'attente qui ne comprennent pas le français dans le seul cadre des procédures de non-admission ou d'éloignement dont ils font l'objet. Dans les autres cas, la rétribution du prestataire est à la charge de l'étranger (art. R. 343-1).

Si l'étranger maintenu en zone d'attente est un mineur isolé, le procureur de la République lui désignera un administrateur *ad hoc* (art. L. 343-2 et R. 343-2 à R. 343-11). En cas de danger pour un mineur, les articles 375 et suivants du code civil permettent au tribunal pour enfants de prendre toutes les mesures de protection qu'il estime utiles, y compris confier l'enfant à un parent, à un tiers digne de confiance ou à une institution. Une telle décision implique l'admission du mineur sur le territoire.

Les administrateurs *ad hoc* (art. L. 343-4), les parlementaires (art. L. 343-5), le délégué du Haut Commissariat des Nations unies pour les réfugiés ou ses représentants (art. R. 343-12 à R. 343-17), les associations humanitaires (art. L. 343-6 et R. 343-18 à R. 343-24) et les journalistes (art. L. 343-7 et R. 343-25 à R. 343-34) ont accès à la zone d'attente.

III. SORTIE DE LA ZONE D'ATTENTE

La fin du maintien en zone d'attente peut tout d'abord résulter de l'éloignement effectif de l'intéressé. Dans ce cas (V. *supra*, art. L. 333-3), l'entreprise de transport aérien ou maritime qui l'a acheminé est tenue de le ramener sans délai, à la requête des autorités chargées du contrôle des personnes à la frontière au point où il a commencé à utiliser le moyen de transport de cette entreprise, ou, en cas d'impossibilité, dans l'État qui a délivré le document de voyage avec lequel il a voyagé ou en tout autre lieu où il peut être admis.

En revanche, si le maintien en zone d'attente n'est pas prolongé au terme du délai fixé par la dernière décision de maintien, l'étranger se verra attribuer un visa de régularisation de huit jours, lui permettant de déposer une demande d'asile ou de titre de séjour et, par voie de conséquence, de disposer d'une autorisation provisoire de séjour ou d'un récépissé de demande de carte de séjour. ❑

Art. L. 340-1 Conformément à l'article L. 223-1, les dispositions du présent titre sont applicables à l'étranger dont la situation est régie par le livre II.

CHAPITRE I PLACEMENT EN ZONE D'ATTENTE

SECTION 1 Décision de placement en zone d'attente

Art. L. 341-1 L'étranger qui arrive en France par la voie ferroviaire, maritime ou aérienne et qui n'est pas autorisé à entrer sur le territoire français peut être placé dans une zone d'attente située dans une gare ferroviaire ouverte au trafic international figurant sur une liste définie par voie réglementaire, dans un port ou à proximité du lieu de débarquement ou dans un aéroport, pendant le temps strictement nécessaire à son départ.

Peut également être placé en zone d'attente l'étranger qui se trouve en transit dans une gare, un port ou un aéroport si l'entreprise de transport qui devait l'acheminer dans le pays de destination ultérieure refuse de l'embarquer ou si les autorités du pays de destination lui ont refusé l'entrée et l'ont renvoyé en France.

Il en est de même lorsqu'il est manifeste qu'un étranger appartient à un groupe d'au moins dix étrangers venant d'arriver en France en dehors d'un point de passage frontalier, en un même lieu ou sur un ensemble de lieux distants d'au plus dix kilomètres. – *[Anc. art. L. 221-1, al. 1er et 5 ; anc. art. L. 221-1, al. 2.]*

1. Position du Conseil constitutionnel. Le Conseil constitutionnel a estimé que le maintien d'un étranger en zone de transit dans les conditions définies au présent art. n'entraîne pas à l'encontre de l'intéressé un degré de contrainte sur sa personne comparable à celui qui résulterait de son placement dans un centre de rétention en application de l'art. L. 741-1. Il est toutefois nécessaire de réserver la possibilité pour l'autorité judiciaire d'intervenir dans les meilleurs délais. • Cons. const. 25 févr. 1992, n° 92-307 DC : *Rec. Cons. const. 48 ; AJDA 1992. 656, obs. Julien-Laferrière ; Dr. ouvrier 1992. 146, note Bonnechère ; JCP 1992. II. 21848, note Van Tuong ; AIJC 1992. 516 ; LPA 6 nov. 1992, obs. Turpin ; RJC I-493 ; RFDA 1992. 185, note Genevois ; RFDC 1992. 311, note Gaia ; JDI 1992. 677, note Loschak.* ♦ Ainsi, le maintien en zone d'attente pendant un délai de 4 jours sans l'intervention du juge judiciaire ne porte pas atteinte à la liberté individuelle. • Cons. const. 17 mars 2022, n° 2021-983 QPC : *AJDA 2022. 609 ; D. 2022. 608.*

2. CEDH. Pourtant, la CEDH a considéré que les demandeurs d'asile maintenus en zone internationale de transit subissent une privation de liberté au sens de l'art. 5-1 Conv. EDH. • CEDH 25 juin 1996, *Amuur c/ France,* n° 19776/92 : *AJDA 1996. 1016 ; RFDA 1997. 276.* ♦ Plus récemment, et malgré la position contraire du Haut Commissariat aux réfugiés, la Cour a considéré que la détention régulière d'une personne pour l'empêcher de pénétrer irrégulièrement sur le territoire de l'État n'est pas contraire à la Conv. EDH à condition de ne pas être arbitraire. La Cour exerce un contrôle de proportionnalité fondé sur quatre critères : bonne foi des autorités, lien avec le souci d'éviter l'entrée irrégulière, caractère approprié du lieu et des conditions de détention, durée raisonnable pour atteindre le but poursuivi. • CEDH 29 janv. 2008, *Saadi c/ Royaume-Uni,* n° 13229/03 : *JCP 2008 I 167, n° 8, chron. Sudre.* ♦ Tel peut être le cas si un ressortissant d'un pays tiers franchit, de manière irrégulière, les frontières d'un État membre de l'UE et cela même s'il présente, à son arrivée, une demande de protection internationale. Cette dernière n'a pas pour effet de régulariser l'entrée irrégulière, et ne constitue pas en tant que telle une « autorisation » au sens de l'arrêt de la CEDH. Ainsi, l'absence de coopération d'un demandeur de protection internationale peut justifier, en dernier ressort, son placement en rétention afin de l'identifier et de déterminer les raisons justifiant sa demande. • CJUE 14 sept. 2017, *K.,* n° C-18/16 : *AJDA 2017. 2307, chron. Bonneville, Broussy, Cassagnabère et Gänser ; D. 2018. 313, chron. Boskovic, Corneloup, Jault-Seseke, Joubert et Parrot.*

3. La Belgique a fait l'objet d'une condamnation par la CEDH pour violation de l'art. 3 Conv. EDH pour avoir maintenu des personnes pendant plus de dix jours en zone de transit sans aucun accompagnement juridique et social, sans aucun moyen de subsistance, sans hébergement ou commodités pour dormir ou se laver et aucun lieu où mener une vie privée, sans accès à des moyens de communication, sans possibilité de recevoir des visites et sans aucune possibilité de contrôle des conditions de détention par des organismes extérieurs et indépendants. • CEDH 24 janv. 2008, *Ryad et Idiab c/ Belgique,* nos 29787/03 et 29810/03.

4. Contrôle du juge administratif. Lorsque l'étranger arrive en France à bord d'un navire, l'administration ne dispose pas d'une faculté de choix entre la consignation à bord et le maintien en zone d'attente ; seule cette dernière solution est envisageable. • CE 29 juill. 1998, *Min. Intérieur c/ Mwinyl,* n° 169139 B : *AJDA 1998. 936, concl. Abraham* • 1er oct. 2001, *Assoc. nat. d'assistance aux frontières pour les étrangers,* n° 199337 A.

5. L'illégalité d'une décision de maintien en zone d'attente est susceptible d'engager la responsabilité de l'État. • TA Cergy-Pontoise, 28 nov. 2006, *Atonishe-Mpembe*, n° 0304968.

6. Le juge administratif vérifie que le placement en zone d'attente est justifié, notamment par la nécessité de régler les formalités de départ de l'étranger. • CE 18 oct. 1995, *Min. Intérieur c/ Karboua*, n° 117754 A : *D. 1996. Somm. 100, comm. Julien-Laferrière*.

7. La décision initiale de maintien en zone d'attente peut faire l'objet du référé-liberté de l'art. L. 521-2 CJA. • CE 20 août 2003, *Mlle Batamboula Ngheri*, n° 259494.

Ordonnance n° 45-2658 du 2 novembre 1945,

Relative aux conditions d'entrée et de séjour des étrangers en France (L. n° 86-1025 du 9 sept. 1986).

Art. 35 *septies* *(Abrogé par Ord. n° 2015-899 du 23 juill. 2015, art. 102) (L. n° 2003-1119 du 26 nov. 2003, art. 52) Par dérogation aux dispositions des articles 7 et 18 de la loi n° 85-704 du 12 juillet 1985 relative à la maîtrise d'ouvrage publique et à ses rapports avec la maîtrise d'œuvre privée, l'État peut confier à une personne ou à un groupement de personnes, de droit public ou privé, une mission portant à la fois sur la conception, la construction, l'aménagement, l'entretien, l'hôtellerie et la maintenance de centres de rétention ou de zones d'attente.*

L'exécution de cette mission résulte d'un marché passé entre l'État et la personne ou le groupement de personnes selon les procédures prévues par le code des marchés publics. Si le marché est alloti, les offres portant simultanément sur plusieurs lots peuvent faire l'objet d'un jugement global.

Les marchés passés par l'État pour l'exécution de cette mission ne peuvent comporter de stipulations relevant des conventions mentionnées aux articles L. 34-3-1 et L. 34-7-1 du code du domaine de l'État et à l'article L. 1311-2 du code général des collectivités territoriales.

L'enregistrement et la surveillance des personnes retenues ou maintenues sont confiés à des agents de l'État.

Art. L. 341-2 **Le placement en zone d'attente est prononcé pour une durée qui ne peut excéder quatre jours par une décision écrite et motivée d'un agent relevant d'une catégorie fixée par voie réglementaire.**

Cette décision est inscrite sur un registre mentionnant l'état civil de l'intéressé et la date et l'heure auxquelles la décision de placement lui a été notifiée. Elle est portée sans délai à la connaissance du procureur de la République. – *[Anc. art. L. 221-3.]*

1. Le contentieux de la décision initiale de maintien relève de la compétence du juge administratif de droit commun. • TA Rouen, 11 sept. 1995, *Ojo : Lebon T. 833.* ♦ Il peut ainsi être conduit à contrôler le caractère manifestement infondé de la demande d'asile. • CE, ass., 18 déc. 1996, *Min. Intérieur c/ Rogers*, n° 160856 A : *D. 1997. 393, note Julien-Laferière et Créach ; RGDIP 1997. 784, note Alland ; JDI 1997. 783, note Chappez.*

2. La décision initiale de placement en zone d'attente doit être motivée en droit et en fait. • CE 18 oct. 1995, *Min. Intérieur c/ Karboua*, n° 117754 A : *préc. note 6 ss. art. L. 341-1.*

3. L'annulation de la décision de refus d'entrée entraîne, par voie de conséquence, l'annulation de la décision administrative de maintien en zone d'attente. • CAA Paris, 17 févr. 1998, *Mme Sumiko Kawana*, n° 96PA01880 B : *RFDA 1999. 509, concl. Corouge*.

4. L'information du procureur de la République est réputée réalisée dès lors qu'il y est fait mention expressément dans la décision de maintien en zone d'attente. • Civ. 2e, 7 oct. 2004, *Ibouroi*, n° 03-50.093.

Art. L. 341-3 **L'étranger placé en zone d'attente est informé de ses droits dans les conditions prévues à l'article L. 343-1.** – *[Anc. art. L. 221-4 (ecqc le droit d'être informé).]*

Art. L. 341-4 **Les modalités d'application de la présente section sont fixées par décret en Conseil d'État.** – *[Anc. art. L. 221-1, al. 7, 1re phr.]*

SECTION 2 Délimitation de la zone d'attente

Art. L. 341-5 **Les locaux des zones d'attente ne relèvent pas de l'administration pénitentiaire. Ils sont matériellement distincts et séparés des lieux de rétention mentionnés au livre VII.** – *[Anc. art. L. 221-2, al. 4.]*

Art. L. 341-6 **La zone d'attente s'étend des points d'embarquement et de débarquement à ceux où sont effectués les contrôles des personnes.**

Elle est délimitée par l'autorité administrative compétente. Elle peut inclure, sur l'emprise, ou à proximité, de la gare, du port ou de l'aéroport ou à proximité du lieu de débarquement, un ou plusieurs lieux d'hébergement assurant aux étrangers concernés des prestations de type hôtelier.

Dans ces lieux d'hébergement, un espace permettant aux avocats de s'entretenir confidentiellement avec les étrangers est prévu. A cette fin, sauf en cas de force majeure, il est accessible en toutes circonstances sur demande de l'avocat.

Dans le cas où un groupe d'au moins dix étrangers est arrivé en France en dehors d'un point de passage frontalier, prévu au troisième alinéa de l'article L. 341-1, la zone d'attente s'étend, pour une durée maximale de vingt-six jours, du ou des lieux de découverte des intéressés jusqu'au point de passage frontalier le plus proche. – *[Anc. art. L. 221-2, al. 1er et 2.]*

COMMENTAIRE

Depuis la loi n° 2011-672 du 16 juin 2011 relative à l'immigration, à l'intégration et à la nationalité (*JO 17 juin*), il existe désormais deux catégories de zones d'attente : tout d'abord, celles se situant aux abords des gares, ports, aéroports et lieux de débarquement ; ensuite, des zones se définissant, non pas territorialement, mais en fonction de la constatation de l'arrivée en France d'un groupe d'au moins dix étrangers. Ces nouvelles zones d'attente peuvent ainsi se situer sur n'importe quel point du territoire national. Comme l'indiquait le rapporteur de la commission des lois du Sénat, « en dépit de ses caractéristiques géographiques, la zone d'attente est avant tout une fiction juridique, permettant de considérer qu'un étranger, bien que physiquement présent sur le territoire français, n'a pas été juridiquement admis à entrer sur ce territoire » (*Sénat, n° 239, p. 72*). Par définition, ces zones d'attente « mobiles » concerneront des étrangers en situation irrégulière déjà présents sur le territoire mais qui relèveront, non des procédures d'éloignement, mais des procédures de refus d'entrée.

La notion de « groupe d'étrangers » évoquée à l'alinéa 2 du présent article est ambiguë puisque chacun des dix étrangers en cause peut être éloigné de dix kilomètres des autres ; comme l'avaient indiqué les sénateurs dans leur saisine du Conseil constitutionnel, « Mathématiquement, si l'on retient l'hypothèse de 10 personnes – qui impliquent chacune un rayon potentiel de 10 kilomètres – le périmètre couvert pourra être d'environ 3 141 km^2 [10 × (π × 102)]. Dans ces conditions, il est manifestement déraisonnable d'envisager que sur pareille surface 10 personnes puissent constituer un groupe ».

L'innovation mise en œuvre par le législateur de 2011 n'est, par ailleurs, pas exempte d'incertitudes :

– si le texte prévoit que la zone d'attente ne peut être créée que pour une durée maximale de vingt-six jours, il reste muet s'agissant de l'éventuelle reconduction ; il faudra une réserve d'interprétation du Conseil constitutionnel pour venir préciser que ce délai ne peut être ni prolongé ni renouvelé ;

– le législateur indique que le groupe d'étrangers « vient d'arriver », sans autre précision de délai, ouvrant droit à toutes les interprétations possibles.

La circulaire du 17 juin 2011 indique que « ce dispositif a vocation à être utilisé de manière exceptionnelle, pour les cas d'entrée en France manifestement irrégulière » ; elle ajoute que le franchissement de la frontière concerne l'entrée en France par une frontière extérieure au sens du code frontières Schengen. Par ailleurs, les étrangers concernés ont vocation à être transférés, dès que possible, au point de passage frontalier le plus proche auquel est rattachée une zone d'attente pérenne, la zone d'attente temporaire constituant une sorte de prolongation de celle-ci. ❑

1. Zones d'attente « mobiles ». Le Conseil constitutionnel a considéré que les dispositions relatives aux zones d'attente « mobiles » tendent à répondre aux difficultés de traitement, au regard des règles d'entrée sur le territoire français, de la situation d'un groupe de personnes venant d'arriver en France en dehors des points de passage frontaliers. L'extension de la zone d'attente entre le lieu de découverte des intéressés et le point de passage frontalier le plus proche ne concerne que les seuls étrangers du groupe dont l'arrivée a justifié la mise en œuvre de ce dispositif. Cette extension est sans incidence sur le régime juridique applicable aux autres étrangers qui se trouveraient dans cette zone sans appartenir à ce groupe ; dès lors, les griefs tirés de l'atteinte au principe d'indivisibilité de la République et à l'exercice effectif du droit d'asile doivent être écartés. • Cons. const. 9 juin 2011, n° 2011-631 DC.

2. Le Conseil a toutefois pris la précaution d'insister sur certaines garanties procédurales de nature à garantir contre le risque d'arbitraire : tous les membres du groupe en cause doivent avoir été identifiés à l'intérieur du périmètre défini par la loi, lequel ne peut être étendu ; les points de passage frontaliers sont précisément définis et rendus publics en application du b) de l'art. 34 du code frontières Schengen ; la zone d'attente n'est créée que pour un délai de vingt-six jours qui ne peut être prolongé ou renouvelé. Le dispositif critiqué ne peut être mis en œuvre, sous le contrôle du juge compétent, que s'il est manifeste qu'un groupe vient d'arriver en France. • Cons. const. 9 juin 2011, n° 2011-631 DC.

3. Il n'appartient pas au juge judiciaire, saisi d'une demande de maintien en zone d'attente, d'apprécier la légalité de l'arrêté préfectoral ayant créé la zone d'attente temporaire. • Civ. 1re, 9 févr. 2022, n° 19-15.655 : *AJDA 2022. 311* ; *D. 2022. 282*.

4. Compte tenu des circonstances exceptionnelles – accueil de 189 personnes descendues de l'Ocean Viking ; état sanitaire nécessitant une prise en charge particulière et urgent ; considérations d'ordre public –, le préfet, qui a créé une zone d'attente temporaire pour une durée de vingt-six jours, ne saurait être regardé comme ayant porté une atteinte grave et manifestement illégale à une liberté fondamentale. • CE, ord., 19 nov. 2022, *ANAFE*, n° 468917 : *AJDA 2022. 2271*.

Art. L. 341-7 **La zone d'attente s'étend, sans qu'il soit besoin de prendre une décision particulière, aux lieux dans lesquels l'étranger doit se rendre soit dans le cadre de la procédure en cours, soit en cas de nécessité médicale.** – *[Anc. art. L. 221-2, al. 3.]*

CHAPITRE II MAINTIEN EN ZONE D'ATTENTE

SECTION 1 Conditions dans lesquelles l'étranger peut être maintenu en zone d'attente

Art. L. 342-1 **Le maintien en zone d'attente au-delà de quatre jours à compter de la décision de placement initiale peut être autorisé, par le** *(L. n° 2023-1059 du 20 nov. 2023, art. 44-I ; Décr. n° 2024-570 du 20 juin 2024, art. 5, en vigueur le 1er sept. 2024)* **« magistrat du siège du tribunal judiciaire » statuant sur l'exercice effectif des droits reconnus à l'étranger, pour une durée qui ne peut être supérieure à huit jours.** – *[Anc. art. L. 222-1.]*

COMMENTAIRE

La prolongation du maintien en zone d'attente au-delà de la durée initiale de quatre jours relève de la compétence exclusive du juge judiciaire. La loi n° 2011-672 du 16 juin 2011 relative à l'immigration, à l'intégration et à la nationalité (*JO 17 juin*) a précisé que le juge devait statuer dans un délai de vingt-quatre ou quarante-huit heures à compter de sa saisine ; le législateur a également entendu supprimer la faculté pour le juge de décider de la remise en liberté de l'étranger en cas de garanties de représentation suffisantes (cette possibilité ne vaut plus ainsi que pour le maintien en rétention administrative) visant ainsi à remettre en cause la jurisprudence classique de la Cour de cassation en cette matière. Le Conseil constitutionnel (Décis. n° 2011-631 DC du 9 juin 2011) a considéré que cette disposition ne portait pas atteinte à l'office du juge dans son rôle de gardien de la liberté individuelle et ne méconnaissait pas le principe selon lequel la privation de liberté constitue une mesure d'exception et ne saurait devenir le principe. La circulaire du 17 juin 2011 a précisé que le raisonnement suivi par les juges était, de son point de vue, contraire à la « séparation des pouvoirs » (*sic*) dès lors que la décision judiciaire aboutissait à faire automatiquement obstacle à la mesure administrative de non-admission. ❑

1. Contrôle du juge judiciaire. Le délai de 96 heures court à compter de la notification de la mesure de maintien en zone d'attente. • Civ. 2e, 24 avr. 2003, n° 01-50.099. ♦ Le juge doit apprécier si le maintien en zone d'attente est indispensable pour assurer l'exécution de la décision administrative de refus d'entrée. • Civ. 2e, 15 nov. 1995, *Préfet de la Seine-Saint-Denis c/ Mme Isey*, n° 45-2658 : *D. 1996. Somm. 108.* ♦ En tout état de cause, le maintien en zone d'attente au-delà de quatre jours n'est qu'une faculté. • Civ. 2e, 15 nov. 1995, n° 94-50.045 P.

2. Le juge ne peut se prononcer que sur la nécessité du maintien en zone d'attente et non sur la légalité de la décision de refus d'entrée. • Civ. 2e, 9 févr. 1994, *Bayemy : Bull. civ. II, n° 53 ; D. 1994. Somm. 254, obs. Julien-Laferrière ; Gaz. Pal. 1994. 2. Pan. 154.* ♦ Il est en particulier incompétent pour se prononcer sur l'absence ou le retard de notification préalable de la décision de refus d'admission sur le territoire. • Civ. 2e, 9 déc. 2004, n° 03-50.094. ♦ En tout état de cause, le juge doit se borner à statuer sur le maintien en zone d'attente, y compris lorsqu'il s'agit d'un étranger ayant fait l'objet d'un refus de reconnaissance de la qualité de réfugié. • Civ. 2e, 9 févr. 1994, *Bayemy : préc.* ♦ Il en va de même dans l'attente de la décision à intervenir sur la demande d'asile de l'étranger. • Civ. 2e, 30 juin 2004, *Min. de l'Intérieur c/ Kadhim,* n° 03-50.017. ♦ Par suite, il ne lui appartient pas d'apprécier la légalité ni des décisions de refus d'admission ou de placement en zone d'attente ni de leur notification. • Civ. 2e, 23 mai 2001, n° 00-50.026.

3. En revanche, le juge judiciaire est compétent pour contrôler la régularité de la privation de liberté de l'étranger, laquelle débute dès l'interpellation. • Civ. 2e, 5 juill. 2001, n° 99-50.072 • 21 févr. 2002, n° 00-50.091. ♦ Si le juge judiciaire refuse le renouvellement du maintien en zone d'attente, il n'est pas tenu de motiver sa décision. • Civ 2e, 26 avr. 2001, *Obianke,* n° 00-50.001.

4. La suspension des vols internationaux en raison de la crise sanitaire due à l'épidémie de coronavirus a conduit plusieurs cours d'appel à refuser la prolongation du maintien en zone d'attente en raison de l'impossibilité pour l'autorité administrative d'apporter la preuve que le départ de l'étranger sera possible dans le délai de maintien. • Colmar, 23 mars 2020, n° 20/01206.

5. Pièces. Aux termes de l'art. R. 342-2 CESEDA, la requête aux fins de maintien en zone d'attente formée par l'autorité administrative est accompagnée, à peine d'irrecevabilité, « de toutes pièces justificatives utiles, notamment d'une copie du registre prévu au second al. de l'art. L. 341-2 » ; l'arrêté préfectoral portant création d'une zone d'attente, qui est un acte réglementaire faisant l'objet d'une publication, ne constitue pas une telle pièce et peut être produit au cours de la procédure. • Civ. 1re, 15 mai 2024, n° 22-23.507 : *AJDA 2024. 1048*.

Art. L. 342-2 **La requête aux fins de maintien en zone d'attente expose les raisons pour lesquelles l'étranger n'a pu être rapatrié ou, s'il a demandé l'asile, admis, et le délai nécessaire pour assurer son départ de la zone d'attente.** – *[Anc. art. L. 222-3, al. 1er.]*

Art. L. 342-3 **L'étranger est maintenu à disposition de la justice dans des conditions fixées par le procureur de la République pendant le temps strictement nécessaire à la tenue de l'audience et au prononcé de l'ordonnance.** – *[Anc. art. L. 222-4, al. 5.]*

Art. L. 342-4 **A titre exceptionnel ou en cas de volonté délibérée de l'étranger de faire échec à son départ, le maintien en zone d'attente au-delà de douze jours peut être renouvelé, dans les conditions prévues au présent chapitre, par le** *(L. n° 2023-1059 du 20 nov. 2023, art. 44-I ; Décr. n° 2024-570 du 20 juin 2024, art. 5, en vigueur le 1er sept. 2024)* **« magistrat du siège du tribunal judiciaire », pour une durée qu'il détermine et qui ne peut être supérieure à huit jours.**

Toutefois, lorsque l'étranger dont l'entrée sur le territoire français a été refusée dépose une demande d'asile dans les six derniers jours de cette nouvelle période de maintien en zone d'attente, celle-ci est prorogée d'office de six jours à compter du jour de la demande. Cette décision est mentionnée sur le registre prévu au second alinéa de l'article L. 341-2 et portée à la connaissance du procureur de la République dans les conditions prévues au même article. Le *(L. n° 2023-1059 du 20 nov. 2023, art. 44-I ; Décr. n° 2024-570 du 20 juin 2024, art. 5, en vigueur le 1er sept. 2024)* **« magistrat du siège du tribunal judiciaire » est informé immédiatement de cette prorogation. Il peut y mettre un terme.** – *[Anc. art. L. 222-2, al. 1er et 2.]*

1. Le maintien en zone d'attente pour une durée de 8 jours supplémentaires ne peut être justifié que par des circonstances exceptionnelles. • Civ. 2e, 15 mars 2001, n° 00-50.001.

2. La seule volonté délibérée de l'étranger de faire échec à son départ ne constitue pas une circonstance exceptionnelle autorisant la prolongation exceptionnelle du maintien en zone d'attente. • Civ. 2e, 15 mars 2001, n° 00-50.002.

3. Pour un exemple de prolongation en cas de volonté de l'étranger de faire échec à son départ forcé, V. : • Civ. 2e, 3 juin 2004, *Sulaimanov,* n° 03-50.018.

4. L'administration justifie avoir, d'abord, dû tenir compte du délai nécessaire à l'instruction de la demande d'asile, ensuite, rencontré des difficultés particulières dans l'organisation d'un vol aérien vers Colombo pour rapatrier l'intéressé ainsi que les autres ressortissants sri-lankais retenus en zone d'attente, notamment du fait de l'annulation d'un vol en raison d'une fête religieuse, enfin, effectué toutes les diligences en vue d'un rapatriement dans les plus brefs délais en faisant valider un nouveau plan de vol, en affrétant un avion et en s'assurant de la disponibilité d'un équipage ; le renouvellement exceptionnel du maintien en zone d'attente pour une période de 8 jours est ainsi validé. • Civ. 1re, 14 avr. 2021, n° 19-21.037 : *AJDA 2021. 832*.

SECTION 2 Jugement de la requête aux fins de maintien en zone d'attente

Sur la procédure applicable devant le JLD, V. infra, art. R. 342-2 à R. 342-8.

Art. L. 342-5 *(L. n° 2024-42 du 26 janv. 2024, art. 77)* **Le** *(L. n° 2023-1059 du 20 nov. 2023, art. 44-I ; Décr. n° 2024-570 du 20 juin 2024, art. 5, en vigueur le 1er sept. 2024)* **Le « magistrat du siège du tribunal judiciaire » statue par ordonnance dans un délai de vingt-quatre heures à compter de sa saisine.**

Le délai mentionné au premier alinéa peut être porté à quarante-huit heures lorsque les nécessités de l'instruction l'imposent ou, par ordonnance du premier président, en cas de placement en zone d'attente simultané d'un nombre important d'étrangers au regard des contraintes du service juridictionnel.

Le *(L. n° 2023-1059 du 20 nov. 2023, art. 44-I ; Décr. n° 2024-570 du 20 juin 2024, art. 5, en vigueur le 1er sept. 2024)* **« magistrat du siège du tribunal judiciaire » statue après audition de l'intéressé, ou de son conseil s'il en a un, ou celui-ci dûment averti.**

Ancien art. L. 342-5 ***Le juge des libertés et de la détention statue par ordonnance dans les vingt-quatre heures de sa saisine ou, lorsque les nécessités de l'instruction l'imposent, dans les quarante-huit heures de celle-ci. Il statue après audition de l'intéressé, ou de son conseil s'il en a un, ou celui-ci dûment averti.*** – *[Anc. art. L. 222-3, al. 2.]*

COMMENTAIRE

L'administration peut décider de placer en zone d'attente l'étranger qui n'est pas autorisé à entrer sur le territoire français ainsi que l'étranger qui demande à entrer en France au titre de l'asile. Le maintien en zone d'attente au-delà de quatre jours à compter de la décision de placement initiale peut être autorisé par le magistrat du siège du tribunal judiciaire qui statue normalement dans le délai de vingt-quatre heures de sa saisine.

C'est l'affaire de l'accostage de l'*Ocean Viking* dans le port de Toulon le 11 novembre 2022 qui a entraîné la rédaction de l'alinéa 2 de l'article L. 342-5. En effet, les cinq juges de la liberté et de la détention mobilisés pour traiter les requêtes aux fins de maintien en rétention des passagers du navire (qui étaient 234 au total) n'a pas permis de respecter le délai de vingt-quatre heures, alors uniquement prévu par la loi. La cour d'appel d'Aix-en-Provence (ord., 16 nov. 2022, n° 2022-01209) avait jugé que, « si l'article L. 342-5 du CESEDA prévoit que ce délai peut être porté à 48 heures, c'est à la condition que les nécessités de l'instruction l'imposent. Cependant, le premier juge n'a pas estimé que les nécessités de l'instruction l'imposaient et aucun élément du dossier ne permet de le soutenir. Par ailleurs, le grand nombre de saisines concomitantes ne peut être considéré comme une nécessité de l'instruction, les nécessités de l'instruction s'entendant des vérifications que le juge estime indispensables à effectuer avant de prendre une décision de maintien en zone d'attente ».

La nouvelle rédaction issue de la loi du 26 janvier 2024 permet désormais de **prendre en compte des contraintes opérationnelles liées au traitement simultané d'un nombre important de requêtes**.

Il existe donc désormais un double dispositif : la possibilité d'allongement du délai « pour les nécessités de l'instruction » est à la discrétion du magistrat du siège du tribunal judiciaire mais, en cas de placement d'un nombre important d'étrangers en zone d'attente, il reviendra au premier président de la cour d'appel, appréciant les contraintes du service juridictionnel, d'ouvrir par ordonnance au magistrat du siège du tribunal judiciaire la faculté de statuer sur les requêtes aux fins de maintien en zone d'attente dans un délai de 48 heures.

Le Conseil constitutionnel (25 janv. 2024, n° 2023-863 DC : *AJDA 2024. 650, note Bonnet et Gadhoun* ; *D. 2024. 170* *et 219, pt de vue Esplugas-Labatut* ; *AJCT 2024. 70, obs. Pailler*) s'est prononcé sur les dispositions de l'alinéa 2 de l'article L. 342-5 qui prévoient que ce délai peut être porté à quarante-huit heures en cas de placement en zone d'attente simultané d'un nombre important d'étrangers au regard des contraintes du service juridictionnel. Le Conseil a considéré que, « si le délai imparti au magistrat du siège du tribunal judiciaire pour statuer peut conduire à priver de liberté la personne placée en zone d'attente pendant une durée supplémentaire de quarante-huit heures, la privation de liberté en résultant, jusqu'au prononcé de l'ordonnance, ne peut excéder une durée totale de six jours (...). Le délai de jugement ne peut être allongé que sur décision du premier président, qui doit apprécier si la présence simultanée d'un nombre important d'étrangers en zone d'attente est, au regard des contraintes du service juridictionnel, effectivement de nature à justifier cet allongement. » Le Conseil en a déduit l'absence de contrariété aux exigences de l'article 66 de la Constitution. ❑

Art. L. 342-6 *(L. n° 2024-42 du 26 janv. 2024, art. 76)* **Afin d'assurer une bonne administration de la justice et de permettre à l'étranger de présenter ses explications, l'audience se tient dans la salle d'audience attribuée au ministère de la justice spécialement aménagée à proximité immédiate de la zone d'attente.**

Le juge *(Abrogé par L. n° 2023-1059 du 20 nov. 2023, art. 44-I) (Décr. n° 2024-570 du 20 juin 2024, art. 5, à compter du 1er sept. 2024)* ***« des libertés et de la détention »*** **peut toutefois siéger au tribunal judiciaire dans le ressort duquel se situe la zone d'attente. Les deux salles d'audience sont alors ouvertes au public et reliées entre elles en direct par un moyen de communication audiovisuelle garantissant la confidentialité et la qualité de la transmission.**

Dans le cas mentionné au deuxième alinéa, le conseil de l'étranger, de même que le représentant de l'administration, peut assister à l'audience dans l'une ou l'autre salle. Il a le droit de s'entretenir avec son client de manière confidentielle. Une copie de l'intégralité du dossier est mise à la disposition du requérant. Un procès-verbal attestant de la conformité des opérations effectuées au présent article est établi dans chacune des salles d'audience.

Le juge des libertés et de la détention peut, de sa propre initiative ou à la demande des parties, suspendre l'audience lorsqu'il constate que la qualité de la retransmission ne permet pas à l'étranger ou à son conseil de présenter ses explications dans des conditions garantissant une bonne administration de la justice.

Par dérogation au premier alinéa, lorsqu'aucune salle n'a été spécialement aménagée à proximité immédiate ou en cas d'indisponibilité de cette salle, l'audience se tient au siège du tribunal judiciaire dans le ressort duquel se situe la zone d'attente.

Les dispositions du présent art. introduites par l'art. 76 de la L. n° 2024-42 du 26 janv. 2024 entrent en vigueur à une date fixée par Décr. en Conseil d'État, et au plus tard le 1er août 2024. Ces dispositions s'appliquent à la contestation des décisions prises à compter de leur entrée en vigueur (L. préc., art. 86-IV).

Ancien art. L. 342-6 ***Le juge des libertés et de la détention statue au siège du tribunal judiciaire. Toutefois, si une salle d'audience attribuée au ministère de la Justice lui permettant de statuer publiquement a été spécialement aménagée sur l'emprise ferroviaire, portuaire ou aéroportuaire, il statue dans cette salle.***

Sous réserve de l'application de l'article 435 du code de procédure civile, le juge des libertés et de la détention statue publiquement.

En cas de nécessité, le président du tribunal judiciaire peut décider de tenir une seconde audience au siège du tribunal judiciaire, le même jour que celle qui se tient dans la salle spécialement aménagée. — *[Anc. art. L. 222-4, al. 1er, 2 et 4.]*

COMMENTAIRE

Jusqu'à la loi n° 2024-42 du 26 janvier 2024, l'audience de prolongation du maintien en zone d'attente se tenait, en principe, au siège de la juridiction et ce n'était que par exception qu'elle pouvait se tenir à proximité de la zone d'attente ; l'article L. 342-6 inverse donc cette logique en prévoyant que, **par principe, l'audience se tient dans la salle d'audience** attribuée au ministère de la Justice à **proximité immédiate de la zone d'attente**. En outre, le recours à la vidéo-audience, qui n'est plus subordonné à l'accord de l'étranger depuis la loi n° 2018-778 du 10 septembre 2018 (Cons. const. 6 sept. 2018, n° 2018-770 DC), n'est plus conditionné à une demande de la part de l'autorité administrative.

Ce dispositif est assorti de garanties au profit de l'étranger lors de la **vidéo-audience** : **la copie intégrale de son dossier est mise à sa disposition** et le magistrat du siège du tribunal judiciaire peut toujours **suspendre l'audience lorsque la qualité de la retransmission n'est pas satisfaisante**.

Le Conseil constitutionnel (du 25 janv. 2024, n° 2023-863 DC : *AJDA 2024. 650, note Bonnet et Gadhoun* ; *D. 2024. 170, et 219, pt de vue Esplugas-Labatut ; AJCT 2024. 70, obs. Pailler*) a souligné qu'en « permettant que les audiences puissent se tenir au moyen d'une communication audiovisuelle, le législateur a entendu contribuer à la bonne administration de la justice ». Il a par ailleurs insisté sur les garanties prévues par le législateur : « l'avocat de l'étranger peut assister à l'audience dans l'une ou l'autre salle. Il peut ainsi faire le choix d'être physiquement présent à ses côtés et a, en toute hypothèse, le droit de s'entretenir avec son client de manière confidentielle. D'autre part, une copie de l'intégralité du dossier est mise à la disposition de l'intéressé. En outre, les deux salles d'audience sont ouvertes au public et un procès-verbal attestant de la conformité des opérations effectuées est établi dans chacune des salles d'audience ». Il a enfin souligné que « le moyen de communication audiovisuelle auquel il est recouru doit garantir la confidentialité et la qualité de la transmission. A ce titre, le (...) magistrat du siège du tribunal judiciaire peut, de sa propre initiative ou à la demande des parties, suspendre l'audience lorsqu'il constate que la qualité de la retransmission ne permet pas à l'étranger ou à son conseil de présenter ses explications dans des conditions garantissant une bonne administration de la justice ». Le Conseil en a déduit que le présent article ne méconnaît pas le droit à un procès équitable. ❑

Sur les conditions requises des salles d'audience installées à proximité de la zone d'attente, V. • Civ. 1re, 11 juill. 2018, n° 18-10.062 : *D. 2018. 1495 ; AJDA 2018. 1478.*

Art. L. 342-7 *(L. n° 2024-42 du 26 janv. 2024, art. 76)* **Sauf exception prévue par décret en Conseil d'État, le** *(L. n° 2023-1059 du 20 nov. 2023, art. 44-I ; Décr. n° 2024-570 du 20 juin 2024, art. 5, en vigueur le 1er sept. 2024)* **« magistrat du siège du tribunal judiciaire » statue publiquement.**

Sur l'entrée en vigueur des dispositions du présent art. introduites par l'art. 76 de la L. n° 2024-42 du 26 janv. 2024, V. note ss. art. L. 342-6.

Ancien art. L. 342-7 ***Par décision du juge des libertés et de la détention prise sur une proposition de l'autorité administrative, les audiences prévues à la présente section peuvent se dérouler avec l'utilisation de moyens de télécommunication audiovisuelle garantissant la confidentialité de la transmission. Il est alors dressé, dans chacune des deux salles d'audience ouvertes au public, un procès-verbal des opérations effectuées.*** – *[Anc. art. L. 222-4, al. 3 ; anc. art. L. 222-6, al. 1er, 3e phr.]*

COMMENTAIRE

La loi n° 2018-778 du 10 septembre 2018 pour une immigration maîtrisée, un droit d'asile effectif et une intégration réussie a supprimé l'exigence du consentement du requérant pour le recours à des moyens de communication audiovisuelle pour l'organisation des audiences concernant le refus d'entrée sur le territoire. Le Conseil constitutionnel (Cons. const. 6 sept. 2018, n° 2018-770 DC) a validé cette suppression au motif principal que le législateur a entendu contribuer à la bonne administration de la justice et au bon usage des deniers publics. Il estime que les garanties prévues par le législateur (confidentialité de la transmission entre le tribunal et la salle d'audience spécialement aménagée à cet effet, ouverte au public et située dans des locaux relevant du ministère de la Justice, assistance des intéressés par leur conseil) sont suffisantes pour écarter le grief d'une violation des droits de la défense et du droit au procès équitable. ❑

Sur les conditions requises des salles d'audience installées à proximité de la zone d'attente, V. Civ. 1re, 11 juill. 2018, n° 18-10.062 : *D. 2018. 1495 ; AJDA 2018. 1478.*

Art. L. 342-7-1 *(L. n° 2024-42 du 26 janv. 2024, art. 76)* **Le juge des libertés et de la détention, saisi aux fins de maintien en zone d'attente, rappelle à l'étranger les droits qui lui sont reconnus et s'assure que celui-ci a été, dans les meilleurs délais, pleinement informé de ses droits et placé en état de les faire valoir.**

Il tient compte des circonstances particulières liées notamment au placement en zone d'attente simultané d'un nombre important d'étrangers pour l'appréciation des délais relatifs à la notification de la décision, à l'information sur les droits et à leur prise d'effet.

Sur l'entrée en vigueur des dispositions du présent art. introduites par l'art. 76 de la L. n° 2024-42 du 26 janv. 2024, V. note ss. art. L. 342-6.

Art. L. 342-8 A peine d'irrecevabilité, prononcée d'office, aucune irrégularité antérieure à l'audience relative à la première prolongation du maintien en zone d'attente

ne peut être soulevée lors de l'audience relative à la seconde prolongation. – *[Anc. art. L. 222-3, al. 5.]*

COMMENTAIRE

La loi n° 2011-672 du 16 juin 2011 relative à l'immigration, à l'intégration et à la nationalité a consacré un principe de « purge des nullités ». En effet, les conditions de l'interpellation d'un étranger ne peuvent être discutées qu'à l'occasion de l'instance ouverte sur la première demande de prolongation du maintien en rétention de cet étranger et ne peuvent plus l'être devant le juge saisi d'une nouvelle demande de prolongation ; les irrégularités qui ne pourront plus être soulevées postérieurement à la première audience de prolongation sont celles qu'il était possible d'invoquer lors de celle-ci. En exigeant que ces irrégularités soient soulevées lors de la première audience devant le magistrat du siège du tribunal judiciaire, ces dispositions poursuivent l'objectif de valeur constitutionnelle de bonne administration de la justice sans méconnaître le droit à un recours juridictionnel effectif (Cons. const. 9 juin 2011, n° 2011-631 DC § 27). On relèvera que les parlementaires auteurs de la saisine avaient toutefois demandé au Conseil constitutionnel de réserver les cas dans lesquels les irrecevabilités ont été révélées postérieurement à la première audience, ce que le Conseil n'a pas fait. ❑

Art. L. 342-9 En cas de violation des formes prescrites par la loi à peine de nullité ou d'inobservation des formalités substantielles, le *(L. n° 2023-1059 du 20 nov. 2023, art. 44-I ; Décr. n° 2024-570 du 20 juin 2024, art. 5, en vigueur le 1er sept. 2024)* **« magistrat du siège du tribunal judiciaire » saisi d'une demande sur ce motif ou qui relève d'office une telle irrégularité ne peut prononcer la mainlevée du maintien en zone d'attente que lorsque cette irrégularité a eu pour effet de porter atteinte aux droits de l'étranger.** – *[Anc. art. L. 222-8.]*

COMMENTAIRE

L'article L. 342-9, qui a été introduit par la loi n° 2011-672 du 16 juin 2011, cherche à contraindre le juge judiciaire dans sa possibilité de prononcer la mainlevée de la mesure de maintien en zone d'attente en lui enjoignant de ne retenir, dans ce cadre, que les irrégularités (violation des formes prescrites par la loi à peine de nullité ou inobservation des formalités substantielles) ayant eu pour effet de porter atteinte aux droits de l'étranger (la même disposition est reprise s'agissant de la rétention administrative par l'art. L. 743-12). Il s'agit d'une transposition des règles applicables en procédure pénale (C. pr. pén., art. 802) et civile (C. pr. civ., art. 114).

Cette nouvelle disposition est critiquable à un double point de vue : *primo*, elle entraînera, mécaniquement, une régression de la garantie des droits des personnes maintenues en zone d'attente puisqu'il conviendra d'apporter la preuve que l'irrégularité a effectivement préjudicié à l'exercice d'un droit ; *secundo*, elle n'exclut pas une grande part de subjectivité. Comme le relevaient les parlementaires dans leur saisine du Conseil constitutionnel, « Il suffira au juge, après avoir constaté l'irrégularité, de considérer qu'il n'est pas démontré que celle-ci a porté atteinte aux droits du retenu (par ex., parce qu'il pouvait exercer ses droits d'une autre manière que celle prévue par le texte, et qu'il n'établit pas qu'il n'a pas pu le faire) pour prolonger le maintien ».

On peut en outre considérer, s'agissant d'une mesure portant atteinte à la liberté individuelle, que toute irrégularité préjudicie nécessairement aux droits de la personne qui en est victime, sans qu'il soit nécessaire d'avoir à prouver, en outre, le grief qui en découle. Le Conseil constitutionnel a pourtant validé cette disposition sans y voir aucune atteinte à l'art. 7 de la Déclaration des droits de l'homme et du citoyen (« Nul homme ne peut être accusé, arrêté ou détenu que dans les cas déterminés par la loi et selon les formes qu'elle a prescrites ») ni à l'article 66 de la Constitution. Enfin, cette nouvelle disposition méritera certainement d'être confrontée à la garantie du droit au procès équitable prévue par l'article 6 de la convention européenne de sauvegarde des droits de l'homme et des libertés fondamentales.

Ces griefs n'ont toutefois pas été entendus par le Conseil constitutionnel qui a considéré que ces dispositions ont pour objet de consacrer, tant pour la rétention administrative que pour le maintien en zone d'attente, et de généraliser à l'ensemble des irrégularités la jurisprudence de la Cour de cassation en vertu de laquelle les conditions de l'interpellation d'un étranger ne peuvent être discutées qu'à l'occasion de l'instance ouverte sur la première demande de prolongation du maintien en rétention de cet étranger et ne peuvent plus l'être devant le juge saisi d'une nouvelle demande de prolongation ; les irrégularités qui ne pourront plus être soulevées postérieurement à la première audience de prolongation sont celles qu'il était possible d'invoquer lors de celle-ci. En exigeant que ces irrégularités soient soulevées lors de la première audience devant le magistrat du siège du tribunal judiciaire, les dispositions contestées poursuivent l'objectif de valeur constitutionnelle de bonne administration de la justice sans méconnaître le droit à un recours juridictionnel effectif (Cons. const. 9 juin 2011, n° 2011-631 DC § 27). ❑

Lorsqu'en application de l'art. 65 C. pr. pén., une personne gardée à vue est entendue pour des faits autres que ceux ayant motivé son placement en rétention, l'officier de police judiciaire doit, afin de permettre un contrôle effectif de la mesure, informer sans délai le procureur de la République, tant des soupçons pesant sur l'intéressé que de la qualification susceptible de lui être notifiée. Si l'absence d'une telle information fait nécessairement grief aux intérêts de la personne gardée à vue, au sens de l'art. 802 C. pr. pén., et entraîne la nullité des procès-verbaux de son audition sur les nouveaux faits, ainsi que, le cas échéant, celle des actes subséquents qui trouvent dans ceux-ci leur support nécessaire et exclusif, elle n'entraîne pas la nullité de la garde à vue en son ensemble. L'intéressé ne rapporte pas la preuve d'une atteinte à ses droits au sens du présent art. • Civ. 1re, 23 juin 2021, n° 19-22.678 : *D. 2021. 1242*.

Art. L. 342-10 L'existence de garanties de représentation de l'étranger n'est pas à elle seule susceptible de justifier le refus de prolongation de son maintien en zone d'attente. – *[Anc. art. L. 222-3, al. 3.]*

Art. L. 342-11 Lorsqu'une ordonnance du *(L. n° 2023-1059 du 20 nov. 2023, art. 44-I ; Décr. n° 2024-570 du 20 juin 2024, art. 5, en vigueur le 1er sept. 2024)* **« magistrat du siège du tribunal judiciaire » met fin au maintien en zone d'attente, elle est immédiatement notifiée au ministère public.**

L'étranger est maintenu à la disposition de la justice pendant un délai de dix heures à compter de cette notification, à moins que le procureur de la République n'en dispose autrement. – *[Anc. art. L. 222-5, 1re et 2e phr.]*

COMMENTAIRE

Le législateur avait initialement prévu le maintien à la disposition de la justice pendant quatre heures pour permettre au procureur de la République de décider de l'opportunité d'interjeter appel de l'ordonnance ayant mis fin au maintien de l'étranger en zone d'attente. Le Conseil constitutionnel avait estimé que l'allongement de quatre à six heures de ce délai ne méconnaissait pas l'article 66 de la Constitution (Cons. const. 9 juin 2011, n° 2011-631 DC § 32). Il a, laconiquement, considéré que la fixation à dix heures opérée par la loi n° 2018-778 du 10 septembre 2018 pour une immigration maîtrisée, un droit d'asile effectif et une intégration réussie ne méconnaissait aucune exigence constitutionnelle (Cons. const. 6 sept. 2018, n° 2018-770 DC). Si le législateur a pris soin de préciser que, durant ce délai de désormais dix heures, l'étranger peut, s'il le souhaite, contacter son avocat et un tiers, rencontrer un médecin et s'alimenter, on peine toujours à déterminer le statut exact de l'intéressé, privé de sa liberté d'aller et venir alors qu'il bénéficie d'une décision rendue par un magistrat du siège. ❑

SECTION 3 Voies de recours

Sur les voies de recours, V. infra, art. R. 342-10 à R. 342-19.

Art. L. 342-12 Les ordonnances du *(L. n° 2023-1059 du 20 nov. 2023, art. 44-I ; Décr. n° 2024-570 du 20 juin 2024, art. 5, en vigueur le 1er sept. 2024)* **« magistrat du siège du tribunal judiciaire mentionnées au présent chapitre » mentionnées à la présente section sont susceptibles d'appel devant le premier président de la cour d'appel ou son délégué.**

L'appel peut être formé par l'étranger, le ministère public et l'autorité administrative compétente.

Le premier président de la cour d'appel ou son délégué est saisi sans forme et doit statuer dans les quarante-huit heures de sa saisine. – *[Anc. art. L. 222-6, al. 1er, 1re, 2e et 4e phr.]*

Art. L. 342-13 **L'appel n'est pas suspensif.**

Toutefois, le ministère public peut demander au premier président de la cour d'appel ou à son délégué de déclarer son recours suspensif. Dans ce cas, l'appel, accompagné de la demande, est formé dans un délai de dix heures à compter de la notification de l'ordonnance au procureur de la République et transmis au premier président de la cour d'appel ou à son délégué. Celui-ci décide, sans délai, s'il y a lieu, au vu des pièces du dossier, de donner à cet appel un effet suspensif. Il statue par une ordonnance motivée rendue contradictoirement qui n'est pas susceptible de recours.

L'intéressé est maintenu à la disposition de la justice jusqu'à ce que cette ordonnance soit rendue et, si elle donne un effet suspensif à l'appel du ministère public, jusqu'à ce qu'il soit statué sur le fond. – *[Anc. art. L. 222-6, al. 1er (6e phr.) et 2.]*

1. Il appartient au garde des Sceaux, dans le cadre de la politique gouvernementale de lutte contre l'immigration irrégulière, d'adresser des instructions de portée générale aux magistrats du ministère public pour la mise en œuvre des pouvoirs qui leur sont dévolus par le présent art. ; la Circ. du 9 mars 2011 a ainsi donné diverses recommandations à ces magistrats en vue de mieux appréhender les cas dans lesquels des demandes d'appel suspensif peuvent être présentées, notamment en l'absence de garanties de représentation de l'étranger ; eu égard à sa teneur et à ses destinataires, ladite circulaire n'a pas eu pour objet ou pour effet de donner des instructions à des autorités administratives ne relevant pas de l'autorité hiérarchique du ministre ou des procureurs généraux ; aucun texte ni aucun principe ne fait obstacle à ce que ces derniers se rapprochent des autorités ou services administratifs participant à la politique de lutte contre l'immigration irrégulière, afin de recueillir les éléments d'information leur permettant d'exercer en connaissance de cause, dans le bref délai qui leur est imparti par la loi, les attributions qu'ils tiennent du présent art. La circulaire souligne, au demeurant, que les instructions qu'elle contient ne remettent pas en cause le pouvoir d'appréciation qu'il appartient aux magistrats du ministère public d'exercer en cette matière au cas par cas ; dans ces conditions, la circulaire ne saurait être regardée comme conduisant à subordonner l'appréciation de l'autorité judiciaire, dont fait partie le parquet, à celle d'une autorité administrative. Par suite, les moyens tirés de ce que la circulaire serait entachée d'incompétence et aurait méconnu les principes d'impartialité et de séparation des pouvoirs doivent être écartés. • CE 30 janv. 2013, *Syndic. nat. de la magistrature*, n° 354407 B : *AJDA 2013. 266*.

2. Dès lors que le parquet, qui reçoit notification de l'ordonnance de fin de la détention, précise qu'il ne présente pas une demande d'appel à caractère suspensif, l'étranger est remis immédiatement en liberté. • Civ. 1re, 23 mai 2006, *Procureur général près la Cour d'appel de Montpellier c/ Hadzovic*, n° 05-14.860.

Art. L. 342-14 **Le premier président de la cour d'appel ou son délégué peut, par ordonnance motivée et sans avoir préalablement convoqué les parties, rejeter les déclarations d'appel manifestement irrecevables.** – *[Anc. art. L. 222-6, al. 1er (6e phr. 2.]*

COMMENTAIRE

La loi n° 2018-778 du 10 septembre 2018 pour une immigration maîtrisée, un droit d'asile effectif et une intégration réussie a entendu faciliter le traitement de ces appels en permettant au premier président de la cour d'appel ou à son délégué de rejeter par ordonnance motivée les déclarations manifestement irrecevables sans avoir préalablement convoqué les parties. L'article R. 342-14 prévoit toutefois que, lorsque le premier président envisage de rejeter la déclaration d'appel comme manifestement irrecevable, il lui incombe de recueillir par tout moyen les observations des parties. Ce même article donne deux exemples de déclarations d'appel manifestement irrecevables : celles qui sont formées tardivement et celles qui ne sont pas motivées.

Comme l'indiquait le Conseil d'État dans son avis sur le projet de loi, une telle possibilité est déjà reconnue pour le juge d'appel des ordonnances de maintien en rétention par l'article L. 743-21 dont les conditions procédurales d'intervention sont très largement similaires. ❑

Art. L. 342-15 **Les règles de procédure ou de forme prévues aux articles L. 342-7 à L. 342-10 ainsi qu'au premier alinéa de l'article L. 342-11 sont applicables en appel.**

Les règles prévues aux articles L. 342-8, L. 342-9 et L. 342-10 sont également applicables devant la Cour de cassation.

(L. no 2024-42 du 26 janv. 2024, art. 76) **« Afin d'assurer une bonne administration de la justice et de permettre à l'étranger de présenter ses explications, l'audience peut,**

par décision du premier président de la cour d'appel ou de son délégué, d'office ou à la demande d'une partie, se dérouler avec l'utilisation de moyens de télécommunication audiovisuelle garantissant la confidentialité et la qualité de la transmission, dans les conditions prévues aux deuxième et troisième alinéas de l'article L. 342-6. »

Les dispositions du présent art. introduites par l'art. 76 de la L. n° 2024-42 du 26 janv. 2024 entrent en vigueur à une date fixée par Décr. en Conseil d'État, et au plus tard le 1er août 2024. Ces dispositions s'appliquent à la contestation des décisions prises à compter de leur entrée en vigueur (L. préc., art. 86-IV).

1. Le délai de quarante-huit heures au cours duquel le juge d'appel doit statuer (art. R. 342-18) court à compter du moment où la déclaration d'appel est faite ou remise au greffe du TGI ou de la cour d'appel ; quand ce délai a expiré, le maintien en zone d'attente est devenu caduc. • Civ. 2e, 19 juin 2003, n° 02-50.050 • 7 mai 2002, n° 00-50.128. ♦ L'intérêt qui s'attache au règlement rapide de la procédure d'appel suspensif engagée par le ministère public est de nature à justifier que la procédure d'appel applicable soit la plus courte possible et, notamment, le ministère public ayant quatre [six depuis la L. du 16 juin 2011] heures pour présenter, une demande d'appel suspensif, que, conformément à l'art. 7 du Décr. n° 2004-1215 du 17 nov. 2004, l'étranger ait, dans ce cas, deux heures pour présenter par tout moyen, des observations en réponse. • CE 12 oct. 2005, *Assoc. Avocats pour la défense des droits des étrangers,* n° 276626. ♦ Ne viole pas les stipulations de l'art. 6 Conv. EDH la disposition du Décr. du 17 nov. 2004 prévoyant que la déclaration d'appel doit être transmise au seul greffe de la Cour d'appel et non également, comme dans le droit antérieur, au greffe du TGI, d'autant plus que le recours peut être transmis par tout moyen au greffe de la cour d'appel. Même arrêt.

2. L'intéressé et son avocat doivent être avisés de la date de l'audience d'appel. • Civ. 2e, 3 juin 2004, *Sulaimanov,* n° 03-50.018 : *préc. note 3 ss. art. L. 342-4.*

3. L'instance d'appel ne devient pas sans objet alors même que l'étranger a quitté la zone d'attente. • Civ. 2e, 23 sept. 2004, *Osman,* n° 03-50.060.

SECTION 4 Droits garantis à l'étranger au cours de la procédure juridictionnelle

Art. L. 342-16 **L'étranger peut demander au** *(L. n° 2023-1059 du 20 nov. 2023, art. 44-I ; Décr. n° 2024-570 du 20 juin 2024, art. 5, en vigueur le 1er sept. 2024)* **« magistrat du siège du tribunal judiciaire » qu'il lui soit désigné un conseil d'office.**

Le mineur non accompagné est assisté d'un avocat choisi par l'administrateur *ad hoc* ou, à défaut, commis d'office. – *[Anc. art. L. 222-3, al. 4, 1re et 2e phr.]*

Art. L. 342-17 **L'étranger peut demander au** *(L. n° 2023-1059 du 20 nov. 2023, art. 44-I ; Décr. n° 2024-570 du 20 juin 2024, art. 5, en vigueur le 1er sept. 2024)* **« magistrat du siège du tribunal judiciaire » le concours d'un interprète et la communication de son dossier. Il en va de même de l'administrateur *ad hoc* dans le cas du mineur mentionné à l'article L. 343-2.**

Sont à la charge de l'État et sans recours contre l'étranger, dans les conditions prévues pour les frais de justice criminelle, correctionnelle ou de police, les honoraires et indemnités des interprètes désignés pour l'assister au cours de la procédure juridictionnelle de maintien en zone d'attente prévue par le présent chapitre. – *[Anc. art. L. 222-3, al. 4, 3e phr ; anc. art. L. 222-7.]*

Art. L. 342-18 **Durant la période pendant laquelle il est maintenu à disposition de la justice, dans les conditions prévues à l'article L. 342-3, l'étranger est mis en mesure, s'il le souhaite, de contacter son avocat et un tiers, de rencontrer un médecin et de s'alimenter.** – *[Anc. art. L. 222-5, 3e phr.]*

SECTION 5 Fin du maintien en zone d'attente

Art. L. 342-19 **Si le maintien en zone d'attente n'est pas prolongé au terme du délai fixé par la dernière décision de maintien, l'étranger est autorisé à entrer en France sous couvert d'un visa de régularisation de huit jours. Il devra avoir quitté le territoire français à l'expiration de ce délai, sauf s'il obtient une autorisation provisoire de séjour, un document provisoire délivré à l'occasion d'une demande de titre de séjour ou une attestation de demande d'asile.** – *[Anc. art. L. 224-1.]*

1. La délivrance d'un tel visa de régularisation fait obstacle à une mesure d'éloignement. • CAA Bordeaux, 14 févr. 2008, *Hafizulah,* n° 07BX00950.

2. Doit être regardé comme entré sur le territoire français l'étranger ayant fait l'objet d'une décision de refus d'entrée et pénétrant sur le territoire en application du présent art. à l'issue de la dernière prolongation, par le juge des libertés et de la détention, de son maintien en zone d'attente. • CE, avis, 28 juin 2019, n° 426666 B : *AJDA 2019. 1375*.

CHAPITRE III RÉGIME DE LA ZONE D'ATTENTE

SECTION 1 Droits des étrangers en zone d'attente

Art. L. 343-1 **L'étranger placé en zone d'attente est informé, dans les meilleurs délais, qu'il peut demander l'assistance d'un interprète et d'un médecin, communiquer avec un conseil ou toute personne de son choix et quitter à tout moment la zone d'attente pour toute destination située hors de France. Il est également informé des droits qu'il est susceptible d'exercer en matière de demande d'asile. Ces informations lui sont communiquées dans une langue qu'il comprend. Mention en est faite sur le registre mentionné au second alinéa de l'article L. 341-2, qui est émargé par l'intéressé.**

En cas de placement simultané en zone d'attente d'un nombre important d'étrangers, la notification des droits mentionnés au premier alinéa s'effectue dans les meilleurs délais, compte tenu du nombre d'agents de l'autorité administrative et d'interprètes disponibles. De même, dans ces mêmes circonstances particulières, les droits notifiés s'exercent dans les meilleurs délais. – *[Anc. art. L. 221-4 (ecqc l'information).]*

COMMENTAIRE

Les dispositions du présent article concernent les deux catégories de zones d'attente visées à l'article L. 341-6 en déterminant les obligations d'information pesant sur l'autorité administrative ; la question se pose de savoir à quel moment cette information doit être donnée aux personnes intéressées. Dans le cas général (al. 1er), le texte évoque la notion de « meilleurs délais », laquelle ne brille guère par sa précision. Mais le législateur de 2011 a en outre prévu (al. 2) que cette notion devait être interprétée à la lumière des contraintes pesant sur l'autorité administrative (nombre d'agents et nombre d'interprètes disponibles) en cas de maintien simultané en zone d'attente (permanente ou « mobile ») d'un nombre important d'étrangers. Bien plus, ces circonstances autorisent un exercice différé des droits ainsi notifiés alors qu'elle souffre d'un certain manque de précision s'agissant en particulier du « nombre important » d'étrangers. ❑

1. Avocat. En vertu des dispositions du présent art., l'étranger est informé, lors de son maintien en zone d'attente, qu'il peut communiquer avec le conseil de son choix ; ces dispositions ne consacrent pas un droit de l'étranger à exiger l'assistance d'un avocat lors des auditions organisées par l'administration dans le cadre de l'instruction de sa demande d'entrée en France ou pendant son maintien en zone d'attente. Ces auditions n'ont pour objet que de permettre de vérifier que l'étranger satisfait aux conditions d'entrée en France et d'organiser à défaut son départ. Elles ne relèvent donc pas d'une procédure de recherche d'auteurs d'infractions. La décision de maintien en zone d'attente et celles relatives à l'organisation du départ de l'étranger ne constituent pas des sanctions ayant le caractère de punition, mais des mesures de police administrative. Dès lors, la circonstance que les auditions mentionnées ci-dessus puissent se dérouler sans l'assistance d'un avocat ne peut être contestée sur le fondement des art. 7, 9 et 16 DDH. • Cons. const. 6 déc. 2019, n° 2019-818 QPC : *AJDA 2019. 2520*.

2. L'étranger maintenu en zone d'attente a droit à l'assistance d'un conseil de son choix. Le refus d'admettre l'entrée d'un avocat dans la zone d'attente, en application d'horaires interdisant durant douze heures consécutives les visites, porte atteinte au droit de l'étranger à l'assistance d'un conseil de son choix. • Civ. 2e, 25 janv. 2001, n° 99-50.067. ♦ Si le législateur a prévu que la faculté de communiquer avec un conseil doit s'exercer « pendant toute la durée du maintien en zone d'attente », cette disposition implique seulement que les personnes dans cette situation puissent demander l'assistance d'un conseil, sans qu'il soit nécessaire qu'un avocat soit, grâce à une permanence sur place, accessible à tout moment. • CE 30 juill. 2003, *Synd. des avocats de France*, n° 247940 A : *RFDA 2003. 1031*.

3. Selon le Conseil d'État, les conditions de travail des avocats et des interprètes doivent être « adéquates ». • CE 30 juill. 2003, *Synd. des avocats de France*, n° 247940. ♦ Toutefois, la loi n'impose pas la création d'une permanence judiciaire mais impose seulement le droit de demander l'assistance d'un avocat. • Même arrêt.

4. Le juge judiciaire des référés peut ordonner qu'un huissier constate les difficultés rencontrées par des avocats en zone d'attente aéroportuaire au motif que le constat pouvait, le cas échéant, être produit devant le juge des libertés et de la détention à l'occasion d'une éventuelle prolongation du maintien en zone d'attente d'un étranger et n'était ainsi pas manifestement insusceptible d'être utile lors d'un litige relevant de la compétence des juridictions de l'ordre judiciaire. • Civ. 1re, 1er oct. 2014, *ANAFÉ*, n° 13-22.853 : *AJDA 2014. 1922*.

5. Interprète. L'étranger placé en zone d'attente doit pouvoir bénéficier de l'assistance d'un interprète afin de comprendre les raisons pour lesquelles le placement a été décidé. • Civ. 2e, 5 juill. 2001, n° 99-50.072. ♦ S'il apparaît que l'étranger n'a pas sollicité l'assistance d'un interprète et qu'il a suffisamment compris les différentes mesures prises à son encontre, la procédure est régulière alors même que le PV d'interpellation indiquait qu'il s'exprimait dans une langue inconnue. • Civ. 2e, 13 mars 2003, n° 01-50.080.

6. Demandeur d'asile. Aux termes de l'art. R. 213-2 (devenu art. R. 351-1), dans sa rédaction en vigueur à la date de la décision contestée, « Lorsque l'étranger qui se présente à la frontière demande à bénéficier du droit d'asile, il est informé sans délai, dans une langue dont il est raisonnable de penser qu'il la comprend, de la procédure de demande d'asile, de ses droits et obligations au cours de cette procédure, des conséquences que pourrait avoir le non-respect de ses obligations ou le refus de coopérer avec les autorités et des moyens dont il dispose pour l'aider à présenter sa demande. La décision de refus d'entrée ne peut être prise qu'après consultation de l'OFPRA, qui procède à l'audition de l'étranger. Lorsque l'audition du demandeur d'asile nécessite l'assistance d'un interprète, sa rétribution est prise en charge par l'État. Cette audition fait l'objet d'un rapport écrit » ; ces dispositions, qui ont assuré la transposition de l'art. 10 de la Dir. 2005/85/CE, exigent que l'étranger qui se présente à la frontière et demande à bénéficier du droit d'asile soit informé du déroulement de la procédure dont il fait l'objet et des moyens dont il dispose pour satisfaire à son obligation de justifier du bien-fondé de sa demande ; elles impliquent notamment que l'étranger soit informé de la possibilité de communiquer avec un représentant du Haut Commissariat des Nations unies pour les réfugiés (HCR). • CE 8 juin 2016, n° 386558 B : *AJDA 2016. 1206 ; DP étrangers, Bull. n° 258, sept. 2016, note Julien-Laferrière.*

Art. L. 343-2 Lorsqu'un étranger mineur non accompagné d'un représentant légal n'est pas autorisé à entrer en France, le procureur de la République, avisé immédiatement par l'autorité administrative, lui désigne sans délai un administrateur *ad hoc*. Celui-ci assiste le mineur durant son maintien en zone d'attente et assure sa représentation dans le cadre des procédures administratives et juridictionnelles relatives à ce maintien.

Il assure également la représentation du mineur dans toutes les procédures administratives et juridictionnelles afférentes à son entrée en France.

L'administrateur *ad hoc* est désigné par le procureur de la République compétent sur une liste de personnes morales ou physiques dont les modalités de constitution sont fixées par décret en Conseil d'État. Ce décret précise également les conditions de leur indemnisation. – *[Anc. art. L. 221-5.]*

BIBL. ▸ Bouix, État civil étranger et preuve de la minorité. Incivilités et soupçon des autorités françaises à l'égard des personnes mineures isolées étrangères, *AJ fam. 2019. 497*. – Guitton, Droits des mineurs isolés étrangers tout au long de leur parcours – Tableau récapitulatif, *ibid. 504*. – Sarcelet, La protection du mineur isolé en zone d'attente, *D. 2009. 1793*.

COMMENTAIRE

Dans un avis du 19 décembre 2012 (n° MDE-2012-179), le Défenseur des droits, se fondant largement sur la convention internationale relative aux droits de l'enfant, a souligné la prédominance de l'intérêt de l'enfant s'agissant des mineurs isolés qui, arrivant en France seuls, sans représentant légal et sans proche pour les accueillir, doivent être considérés en toute hypothèse comme des enfants en danger. Avant toute intervention policière, le mineur isolé arrivant en France doit être pris en charge par les services socio-éducatifs compétents. Une prise en charge éducative doit être organisée dès l'évaluation de la situation de l'enfant et une attention particulière doit être accordée aux mineurs pouvant bénéficier du statut de réfugié ou de la protection subsidiaire. Les jeunes approchant la majorité demeurent en situation de danger et doivent par conséquent bénéficier également du dispositif de protection de l'enfance. La prise en charge éducative ne peut se cantonner à l'hébergement mais doit s'étendre à un accompagnement par des personnels qualifiés dans le cadre de l'élaboration d'un « projet de vie ».

S'agissant de la contestation de la minorité, le Défenseur des droits souligne les limites de la détermination de l'âge par examen osseux et rappelle qu'en application de l'article 47 du code civil c'est à celui qui conteste la régularité (présumée) des actes d'état civil produits de saisir le juge ; plus généralement, selon le Défenseur des droits, « le doute doit profiter au jeune ». Le Conseil constitutionnel (Cons. const. 21 mars 2019, n° 2018-768 QPC : *AJDA 2019. 662* ; *ibid. 1448, note Escach-Dubourg* ; *AJ fam. 2019. 222* ; *D. 2019. 709, obs. Fulchiron*) a cependant validé le dispositif en considérant que seule l'autorité judiciaire peut ordonner les examens critiqués et seulement si la personne en cause n'a pas de document d'identité et que l'âge qu'elle allègue n'est pas vraisemblable. Le consentement éclairé de l'intéressé doit être recueilli. Enfin, le législateur a pris en compte la marge d'erreur entourant les conclusions des examens radiologiques. En particulier, il a exclu que ces conclusions puissent constituer l'unique fondement dans la détermination de l'âge de la personne. Il appartient donc à l'autorité judiciaire d'apprécier la minorité ou la majorité de celle-ci en prenant en compte les autres éléments ayant pu être recueillis, tels que l'évaluation sociale ou les entretiens réalisés par les services de la protection de l'enfance. Enfin, si les conclusions des examens radiologiques sont en contradiction avec les autres éléments d'appréciation susvisés et que le doute persiste au vu de l'ensemble des éléments recueillis, ce doute doit profiter à la qualité de mineur de l'intéressé. ❑

1. Administrateur ad hoc. Si l'administrateur *ad hoc* n'a été désigné qu'après un délai de trente-neuf heures, sans que ce délai fût justifié par des circonstances particulières, la prolongation du maintien en zone d'attente est entachée d'irrégularité dès lors que tout retard dans la mise en œuvre de cette obligation, en l'absence d'une telle circonstance, porte nécessairement atteinte aux intérêts du mineur. • Civ. 1re, 22 mai 2007, *Croix-Rouge française*, n° 06-17.238 : *JCP 2007. IV. 2325.*

2. L'absence de délai fixé pour la désignation de l'administrateur *ad hoc* par le procureur de la République ne permet pas de retenir l'existence d'un retard du seul fait que la désignation n'est pas intervenue immédiatement, lors de l'interpellation de la personne ou lorsque la connaissance de sa qualité de mineur a été acquise. • Civ. 1re, 25 mars 2009, *Imad X.*, n° 08-14.125 : *D. 2009. 1793, concl. Sarcelet*.

3. Mesures de protection. En cas de danger pour un mineur, les art. 375 s. C. civ. permettent au tribunal pour enfants de prendre toutes les mesures de protection qu'il estime utiles, y compris confier l'enfant à un parent, à un tiers digne de confiance ou à une institution. Une telle décision implique l'admission du mineur sur le territoire. • T. enfants Bobigny, 22 août 2004. ♦ La Cour de cassation a considéré que la zone d'attente se trouve sous contrôle administratif et juridictionnel national ; par suite, les mesures de protection tirées de l'art. 375 C. civ. peuvent s'appliquer à un mineur qui est en zone d'attente alors même qu'au sens strict celle-ci n'est pas située sur le territoire français. • Civ. 1re, 25 mars 2009, *Imad X.*, n° 08-14.125 P : *préc. note 2.*

4. Examen osseux. Si l'examen osseux ne permet pas de garantir la majorité d'un étranger se déclarant mineur, le doute profite au mineur. • CAA Douai, 19 sept. 2017, n° 17DA00024 : *AJDA 2017. 2341*. ♦ La Cour de cassation a précisé que ce principe ne s'appliquait qu'en présence d'un tel test. • Civ. 1re, 19 sept. 2019, n° 19-15.976 : *AJDA 2019. 1840* • Civ. 1re, 12 janv. 2022, n° 20-17.343 : *AJDA 2022. 70 ; AJ fam. 2022. 88 ; D. 2022. 71*.

5. Le juge judiciaire, saisi au titre de l'art. 388 C. civ., ne doit pas statuer au vu des seules conclusions de l'expertise ni méconnaître le principe selon lequel le doute sur la majorité ou la minorité, après l'examen radiologique, profite à l'intéressé. • Civ. 1re, 3 oct. 2018, n° 18-19.442 : *AJDA 2018. 1936*.

6. Mettant en œuvre les réserves retenues par le Cons. const. dans sa Décis. n° 2018-768 QPC, la Cour de cassation confirme qu'il appartient au juge judiciaire de se prononcer sur l'âge d'un mineur présumé au vu de l'ensemble des pièces du dossier. • Civ. 1re, 21 nov. 2019, *Dpt du Cantal*, nos 19-17.726 et 19-15.890 : *AJDA 2019. 2407* ; *D. 2019. 2301*.

7. Lorsque le juge, saisi d'une demande de protection d'un mineur au titre de l'assistance éducative, constate que les actes de l'état civil étrangers produits ne sont pas probants au sens de l'art. 47 C. civ., il ne peut rejeter cette demande sans examiner le caractère vraisemblable de l'âge allégué et, le cas échéant, ordonner un examen radiologique osseux. • Civ. 1re, 15 oct. 2020, n° 20-14.993 : *AJDA 2020. 1994*.

8. Les incohérences concernant les conditions dans lesquelles a été obtenu un acte d'état civil ne neutralisent pas nécessairement la présomption de régularité de l'art. 47 C. civ. ; en effet, les faits dont il est fait état dans l'art. 47 se rapportent à ceux qui sont relatés par l'acte et non ceux qui, notamment, ont permis d'en obtenir une copie auprès des services de l'état civil. • Civ. 1re, 6 juill. 2022, n° 22-12.506.

9. En revanche, il n'est pas utile de recourir à une expertise d'âge osseux lorsque les documents d'état civil établissent la minorité. • Crim. 5 janv. 2022, n° 21-80.516 : *D. actu. 19 janv. 2022, obs. Engel ; AJ fam. 2022. 86 ; AJ pénal 2022. 84*.

10. Le procureur de la République est une autorité judiciaire compétente pour ordonner les examens radiologiques osseux prévus à l'art. 388 C.

civ. Le procureur de la République, qui n'est pas une partie poursuivante en assistance éducative, s'est borné à émettre un avis sur la suite à donner à la procédure. En se fondant sur les conclusions d'une expertise osseuse qu'il avait ordonnée, la cour d'appel n'a pas méconnu le principe de l'égalité des armes garanti par l'art. 6, § 1, de la Conv. EDH. • Civ. 1re, 21 nov. 2019, n° 19-15.890 : *D. 2019. 2300*.

11. Dès lors qu'un étranger est en possession d'un passeport établissant sa minorité, que le support matériel de l'acte est authentique et qu'aucun élément tiré de cet acte ne remet en cause son authenticité, la minorité du demandeur doit être tenue pour établie et celui-ci doit être confié au service de l'aide sociale à l'enfance. • Dijon, 26 déc. 2017, n° 17/01228 : *AJ fam. 2018. 175*.

Art. L. 343-3 **Pendant toute la durée du maintien en zone d'attente, l'étranger dispose des droits qui lui sont reconnus à l'article L. 343-1.**

Le procureur de la République ainsi que, à l'issue des quatre premiers jours, le *(L. n° 2023-1059 du 20 nov. 2023, art. 44-I ; Décr. n° 2024-570 du 20 juin 2024, art. 5, en vigueur le 1er sept. 2024)* **« magistrat du siège du tribunal judiciaire », peuvent se rendre sur place pour vérifier les conditions de ce placement et se faire communiquer le registre mentionné au second alinéa de l'article L. 341-2.**

Le procureur de la République visite les zones d'attente chaque fois qu'il l'estime nécessaire et au moins une fois par an. – *[Anc. art. L. 223-2, al. 1er (sauf dernière phr.).]*

1. Conditions du maintien en zone d'attente. L'étranger placé en zone d'attente doit être traité dignement et sa situation doit recevoir un traitement juridique approprié, notamment dans l'hypothèse où il exprime son intention d'entrer en France afin de solliciter l'asile. • Paris, 29 déc. 2001, n° 2402Q01. ♦ La Cour de cassation a pourtant admis le placement en zone d'attente d'un étranger et de sa fille mineure dans les locaux d'un poste de police où ils ont passé deux nuits, à même le sol ; la Haute Juridiction considère que le présent art. n'impose pas un lieu d'hébergement assurant aux intéressés des prestations de type hôtelier. • Civ. 2e, 11 janv. 2001, n° 00-50.006.

2. La Cour de cassation vérifie que les droits de l'étranger placé en zone d'attente lui ont été immédiatement notifiés ; elle estime qu'un retard de 1 h 15 n'est pas excessif à cet égard. • Civ. 2e, 14 mars 2002, n° 00-20.081. ♦ Des moyens tirés de l'irrégularité de l'interpellation (conditions d'interprétariat, tardiveté de la notification des droits) sont purgés par la première ordonnance ayant statué sur la prolongation du maintien en zone d'attente ; ils ne peuvent être invoqués à nouveau devant le juge amené à statuer sur la prolongation exceptionnelle. • Civ. 2e, 29 mars 2001, n° 00-50.072.

SECTION 2 Accès à la zone d'attente

Art. L. 343-4 **Tout administrateur *ad hoc* désigné en application des dispositions de l'article L. 343-2 doit, pendant la durée du maintien en zone d'attente du mineur qu'il assiste, se rendre sur place.** – *[Anc. art. L. 223-2, al. 1er (dernière phr.).]*

Art. L. 343-5 **Les députés et les sénateurs ainsi que les représentants au Parlement européen élus en France sont autorisés à visiter à tout moment les zones d'attente.**

Ils peuvent être accompagnés par un ou plusieurs journalistes titulaires de la carte d'identité professionnelle mentionnée à l'article L. 7111-6 du code du travail. – *[C. pr. pén., art. 719 (ecqc les zones d'attente).]*

Art. L. 343-6 **Le délégué du Haut-Commissariat des Nations unies pour les réfugiés ou de ses représentants, et les associations humanitaires ou ayant pour objet d'aider les étrangers à exercer leurs droits peuvent accéder aux zones d'attente.** – *[Anc. art. L. 223-1, al. 2.]*

1. En considérant que son choix devait se porter sur des associations à compétence nationale disposant des moyens adaptés à la visite des zones d'attente sur l'ensemble du territoire, le ministre de l'Intérieur n'a pas entaché sa décision d'erreur de droit ou d'une erreur manifeste d'appréciation. • CE 5 mai 1999, *Comité rhodanien d'accueil des réfugiés et de défense du droit d'asile*, n° 196155 : *Lebon 149.* ♦ V. déjà : • CE 3 oct. 1997, *Assoc. nat. d'assistance aux frontières pour les étrangers*, n° 158921 : *Lebon 328.* ♦ En revanche, le ministre de l'Intérieur n'apporte aucune précision de nature à identifier les motifs propres à écarter la demande du Mouvement contre le racisme et pour l'amitié entre les peuples. • CE 6 nov. 2000, *MRAP c/ Min. Intérieur : LPA 1er févr. 2001 ; RFDA 2001. 264*.

2. En prévoyant, de manière générale, que l'accès des associations à la zone d'attente ne doit pas entraver le fonctionnement de cette dernière et les activités qu'y exercent les services de l'État, les entreprises de transport et les exploitants d'infrastructures, l'al. 1er de l'art. R. 343-18 ne méconnaît, par lui-même, ni le principe constitutionnel de fraternité dont découle la liberté d'aider autrui dans un but humanitaire, ni les dispositions du § 2 de l'art. 8 de la Dir. 2013/32/UE. • CE 24 févr. 2022, n° 450285 B : *AJDA 2022. 431*.

Art. L. 343-7 **Sous réserve de ne pas porter atteinte à la dignité des personnes et aux exigences de sécurité et de bon fonctionnement de la zone d'attente, les journalistes titulaires de la carte d'identité professionnelle mentionnée à l'article L. 7111-6 du code du travail peuvent être autorisés à accéder aux zones d'attente.**

Les prises d'images et de son des étrangers, des personnels et des intervenants dans les zones d'attente, de même que leur diffusion, ne sont autorisées qu'avec leur accord préalable. Elles se déroulent dans le respect de l'anonymat patronymique et physique des mineurs et, sauf accord contraire exprès, des majeurs. – *[Anc. art. L. 221-6.]*

COMMENTAIRE

Le décret n° 2016-1457 du 28 octobre 2016 est venu fixer les dispositions applicables à l'accès des journalistes aux zones d'attente. L'article R. 343-25 prévoit que tout journaliste titulaire de la carte d'identité professionnelle mentionnée à l'article L. 7111-6 du code du travail peut demander à l'autorité administrative compétente à être autorisé à accéder à une zone d'attente. Toute demande mentionne l'objet, la date, la durée et les modalités du reportage. Elle est accompagnée de la copie de la carte de presse du demandeur et, le cas échéant, d'une copie d'un titre d'identité des personnes dont la présence est nécessaire à la réalisation du reportage et qui n'auraient pas la qualité de journaliste.

L'autorité administrative compétente pour autoriser ou refuser l'accès des journalistes aux zones d'attente est le préfet de département dans lequel se situe la zone d'attente et, à Paris, le préfet de police (art. R. 343-26). Tout refus d'accès est motivé (art. R. 343-27).

L'accès des journalistes à la zone d'attente ne doit pas entraver son fonctionnement, les activités qu'y exercent les services de l'État et les tiers qui y participent, notamment les entreprises de transport et les exploitants d'infrastructures. Les journalistes respectent les consignes de sécurité et les conditions de la visite établies par le responsable de la zone d'attente ou son représentant (art. R. 343-28).

Les journalistes ont accès, dans le respect des règles sanitaires et de sécurité et de la vie privée des personnes maintenues en zone d'attente, aux locaux accessibles à celles-ci ainsi qu'aux locaux mis à disposition des tiers exerçant une activité dans la zone avec l'accord de ces derniers (art. R. 343-29).

L'article R. 343-31 prévoit que le responsable de la zone d'attente ou son représentant ne peut s'opposer à l'entrée de journalistes titulaires de la carte d'identité professionnelle mentionnée à l'article L. 7111-6 du code du travail accompagnant, conformément à l'article 719 du code de procédure pénale, un député, un sénateur ou un représentant au Parlement européen élu en France que pour des motifs impératifs liés à la sécurité, au bon ordre, à l'intérêt public dans la zone d'attente et aux intérêts des personnes retenues, des personnels et des tiers présents dans celle-ci. Il peut mettre fin, à tout moment, à leur présence pour ces motifs. Le nombre de journalistes accompagnant une visite parlementaire peut, de manière permanente ou occasionnelle, être limité par le responsable de la zone en fonction de considérations tirées des mêmes motifs ou des particularités de la zone. Leur entrée est concomitante à celle des parlementaires qu'ils accompagnent dans leur parcours. Leur sortie ne peut être postérieure à celle des parlementaires.

L'article R. 343-33 ajoute que les écrits, photographies, croquis, prises de vue et de son que les journalistes effectuent sont circonscrits au cadre de la visite du parlementaire.

Lorsque les productions des journalistes sont de nature à permettre l'identification des étrangers, des personnels et des intervenants dans les zones d'attente, ceux-ci doivent consentir par écrit à la diffusion ou à l'utilisation de leur image ou de leur voix. Un mineur ne peut être filmé, enregistré ou photographié qu'avec l'autorisation conjointe des titulaires de l'autorité parentale ou des représentants légaux. L'accord devra être donné selon les mêmes modalités, qu'il s'agisse de l'utilisation de l'image ou de celle de la voix ainsi captée. Dans tous les cas, les journalistes devront veiller à ce qu'aucun élément concernant l'identité ou la personnalité qui permettrait d'identifier les mineurs ne soit, de quelque manière que ce soit, révélé. Les obligations relatives à la diffusion des productions des journalistes s'imposent aux directeurs de publication, éditeurs et distributeurs de ces productions (art. R. 343-30). ❑

Art. L. 343-8 Les conditions d'accès aux zones d'attente du délégué du Haut-Commissariat des Nations unies pour les réfugiés ou de ses représentants, des associations humanitaires ou ayant pour objet d'aider les étrangers à exercer leurs droits, ainsi que des journalistes titulaires de la carte d'identité professionnelle mentionnée à l'article L. 7111-6 du code du travail sont fixées par décret en Conseil d'État.

SECTION 3 Transfert de l'étranger vers une autre zone d'attente

Art. L. 343-9 Si le départ de l'étranger ne peut être réalisé à partir de la gare, du port ou de l'aéroport dont dépend la zone d'attente dans laquelle il est placé ou maintenu, il peut être transféré vers toute zone d'attente d'une gare, d'un port ou d'un aéroport à partir desquels son départ peut effectivement avoir lieu.

En cas de nécessité, l'étranger peut également être transféré dans une zone d'attente dans laquelle les conditions requises pour son placement ou son maintien, prévues au présent titre, sont réunies. – *[Anc. art. L. 224-2.]*

Art. L. 343-10 Lorsque la décision de transfert prise en application de l'article L. 343-9 doit intervenir dans le délai de quatre jours à compter de la décision de placement en zone d'attente, elle est prise dans les conditions prévues à l'article L. 341-2.

Lorsque le transfert est envisagé alors que le délai de quatre jours à compter de la décision de placement en zone d'attente est expiré, l'autorité administrative en informe le *(L. n° 2023-1059 du 20 nov. 2023, art. 44-I ; Décr. n° 2024-570 du 20 juin 2024, art. 5, en vigueur le 1er sept. 2024)* « tribunal judiciaire » au moment où elle le saisit dans les conditions prévues au chapitre II. – *[Anc. art. L. 224-3.]*

Art. L. 343-11 Dans les cas où la prolongation ou le renouvellement du maintien en zone d'attente a été accordé, l'autorité administrative informe le *(L. n° 2023-1059 du 20 nov. 2023, art. 44-I ; Décr. n° 2024-570 du 20 juin 2024, art. 5, en vigueur le 1er sept. 2024)* « tribunal judiciaire » ainsi que le procureur de la République de la nécessité de transférer l'étranger dans une autre zone d'attente et procède à ce transfert.

La prolongation ou le renouvellement du maintien en zone d'attente n'est pas interrompu par le transfert de l'étranger dans une autre zone d'attente.

L'autorité administrative avise immédiatement le *(L. n° 2023-1059 du 20 nov. 2023, art. 44-I ; Décr. n° 2024-570 du 20 juin 2024, art. 5, en vigueur le 1er sept. 2024)* « tribunal judiciaire » et le procureur de la République territorialement compétent de l'arrivée de l'étranger dans la nouvelle zone d'attente. – *[Anc. art. L. 224-4.]*

TITRE V ASILE À LA FRONTIÈRE

Art. L. 350-1 Conformément à l'article L. 223-1, les dispositions des articles L. 351-1 à L. 352-9, à l'exception de celles relatives au règlement (UE) n° 604/2013 du Parlement européen et du Conseil, du 26 juin 2013, et à la décision de transfert mentionnée à l'article L. 572-1, sont applicables à l'étranger dont la situation est régie par le livre II.

CHAPITRE I EXAMEN DE LA DEMANDE D'ASILE À LA FRONTIÈRE

Art. L. 351-1 L'étranger qui demande à entrer en France au titre de l'asile peut être placé en zone d'attente selon les modalités prévues au titre IV à l'exception de l'article L. 341-1, le temps strictement nécessaire pour vérifier :

1° Si l'examen de sa demande relève de la compétence d'un autre État en application du règlement (UE) n° 604/2013 du Parlement européen et du Conseil, du 26 juin 2013, établissant les critères et mécanismes de détermination de l'État membre responsable de l'examen d'une demande de protection internationale introduite dans l'un des États membres par un ressortissant de pays tiers ou un apatride, ou en application d'engagements identiques à ceux prévus par le même règlement ;

2° Ou, si sa demande n'est pas irrecevable ;

3° Ou, si sa demande n'est pas manifestement infondée. – *[Anc. art. L. 221-1, al. 2.]*

COMMENTAIRE

Comme les étrangers de droit commun, les demandeurs d'asile peuvent faire l'objet d'un maintien en zone d'attente afin de déterminer si la demande relève de la compétence d'un autre État au sens du règlement « Dublin III », ou n'est pas irrecevable ou « manifestement infondée » (sur cette notion, V. *infra*, notes ss. art. L. 352-1). ❑

1. Le placement en zone d'attente d'un demandeur d'asile qui éprouve des difficultés pour être admis dans un pays autre que son pays d'origine porte, par lui-même, une atteinte suffisamment grave et immédiate à la situation du demandeur d'asile pour que la condition d'urgence soit, sauf circonstances particulières, satisfaite dans le cadre de la procédure du référé-liberté. • CE 24 oct. 2005, *Min. Intérieur c/ M. M.*, n° 286247 : *AJDA 2006. 496, note Slama*.

2. Jugé que l'administration commet une voie de fait en procédant à deux tentatives d'embarquement d'un demandeur d'asile sans attendre qu'il ait été statué sur sa demande. • Civ. 2e, 30 juin 2004, *Min. Intérieur c/ Kadhim*, n° 03-50.017.

Art. L. 351-2 **Le placement et le maintien en zone d'attente d'un mineur non accompagné, le temps strictement nécessaire à l'examen tendant à déterminer si sa demande d'asile n'est pas irrecevable ou manifestement infondée, ne sont possibles que de manière exceptionnelle et seulement dans les cas prévus aux 1° et 2° de l'article L. 531-24, au 1° de l'article L. 531-26 et au 5° de l'article L. 531-27.** – *[Anc. art. L. 221-1, al. 4.]*

COMMENTAIRE

S'agissant des mineurs isolés demandeurs d'asile, seuls quatre cas limitatifs peuvent justifier le maintien en zone d'attente pendant le temps nécessaire pour déterminer si sa demande de protection n'est pas irrecevable ou manifestement infondée : il provient d'un pays considéré comme un pays d'origine sûr (art. L. 531-24, 1°) ; il présente une demande de réexamen recevable (art. L. 531-24, 2°) ; il a présenté de faux documents d'identité ou de voyage, fourni de fausses indications ou dissimulé des informations ou des documents concernant son identité, sa nationalité ou les modalités de son entrée en France ou a présenté plusieurs demandes d'asile sous des identités différentes (art. L. 531-26, 1°) ; sa présence en France constitue une menace grave pour l'ordre public, la sécurité publique ou la sûreté de l'État (art. L. 531-27, 5°). ❑

Art. L. 351-3 **Lorsque l'Office français de protection des réfugiés et apatrides, dans le cadre de l'examen tendant à déterminer si la demande d'asile n'est pas irrecevable ou manifestement infondée, considère que le demandeur d'asile, notamment en raison de sa minorité ou du fait qu'il a été victime de torture, de viol ou d'une autre forme grave de violence psychologique, physique ou sexuelle, nécessite des garanties procédurales particulières qui ne sont pas compatibles avec sa présence en zone d'attente, il y est mis fin. L'étranger est alors muni d'un visa de régularisation de huit jours. Dans ce délai, l'autorité administrative compétente lui délivre, à sa demande, une attestation de demande d'asile lui permettant d'introduire cette demande auprès de l'office.** – *[Anc. art. L. 221-1, al. 3.]*

COMMENTAIRE

Transposant les termes de la directive « Procédure », le législateur de 2015 a prévu un encadrement spécifique s'agissant des personnes en situation de particulière vulnérabilité. Ainsi, si à l'occasion de l'entretien avec le demandeur d'asile, l'Office français de protection des réfugiés et apatrides (OFPRA) considère que celui-ci, « notamment en raison de sa minorité ou du fait qu'il a été victime de torture, de viol ou d'une autre forme grave de violence psychologique, physique ou sexuelle, nécessite des garanties procédurales particulières qui ne sont pas compatibles avec le maintien en zone d'attente, il est mis fin à ce maintien », le préfet étant en situation de compétence liée (art. R. 351-6). Le demandeur d'asile se voit alors délivrer « un visa de régularisation de huit jours » dans le délai duquel le préfet « lui délivre, à sa demande, une attestation de demande d'asile lui permettant d'introduire sa demande auprès de l'OFPRA ».

Toute personne intervenant en zone d'attente peut signaler au responsable de la zone ou à son représentant la situation de vulnérabilité d'un demandeur d'asile qu'elle aurait constatée, ou dont le demandeur d'asile aurait fait état. Il incombe au responsable de la zone d'attente de déterminer les modalités particulières de maintien tenant compte de la situation de vulnérabilité du demandeur (art. R. 351-2). ❑

Art. L. 351-4 L'étranger autorisé à entrer en France au titre de l'asile est muni sans délai d'un visa de régularisation de huit jours. Dans ce délai, l'autorité administrative compétente lui délivre, à sa demande, une attestation de demande d'asile lui permettant d'introduire sa demande auprès de l'Office français de protection des réfugiés et apatrides. – *[Anc. art. L. 213-8-1, al. 8.]*

Art. L. 351-5 Les modalités d'application des articles L. 351-1 à L. 351-3 sont fixées par décret en Conseil d'État. Il précise les modalités de prise en compte de la vulnérabilité du demandeur d'asile et, le cas échéant, de ses besoins particuliers. – *[Anc. art. L. 221-1, al. 7, 1re et 2e phr..]*

CHAPITRE II REFUS D'ENTRÉE AU TITRE DE L'ASILE

Art. L. 352-1 La décision de refuser l'entrée en France à un étranger qui se présente à la frontière et demande à bénéficier du droit d'asile ne peut être prise que dans les cas suivants :

1° L'examen de la demande d'asile relève de la compétence d'un autre État en application du règlement (UE) n° 604/2013 du Parlement européen et du Conseil du 26 juin 2013 ou en application d'engagements identiques à ceux prévus par ce règlement avec d'autres États ;

2° La demande d'asile est irrecevable en application de l'article L. 531-32 ;

3° La demande d'asile est manifestement infondée.

Constitue une demande d'asile manifestement infondée une demande qui, au regard des déclarations faites par l'étranger et des documents le cas échéant produits, est manifestement dénuée de pertinence au regard des conditions d'octroi de l'asile ou manifestement dépourvue de toute crédibilité en ce qui concerne le risque de persécutions ou d'atteintes graves. – *[Anc. art. L. 213-8-1, al. 1er à 5.]*

COMMENTAIRE

Outre la menace « grave » à l'ordre public, trois motifs peuvent justifier un refus d'entrée à un demandeur d'asile à la frontière :

– il relève du règlement « Dublin III » dès lors que l'examen de sa demande d'asile est susceptible de relever de la responsabilité d'un autre État ; l'autorité administrative compétente pour procéder à la détermination de l'État responsable de l'examen d'une demande d'asile et prendre la décision de transfert vers cet État est le ministre chargé de l'immigration. La décision de refuser l'entrée en France au titre de l'asile n'a pas à faire l'objet d'une motivation distincte de celle de la décision de transfert (art. R. 352-2) ;

– sa demande est irrecevable ; l'article L. 531-32 prévoit en effet que l'Office français de protection des réfugiés et apatrides (OFPRA) peut prendre une décision d'irrecevabilité écrite et motivée, sans vérifier si les conditions d'octroi de l'asile sont réunies, lorsque le demandeur bénéficie d'une protection effective au titre de l'asile dans un État membre de l'Union européenne ; lorsqu'il bénéficie du statut de réfugié et d'une protection effective dans un État tiers et y est effectivement réadmissible ; en cas de demande de réexamen lorsque les éléments nouveaux invoqués « n'augmentent pas de manière significative la probabilité que le demandeur justifie des conditions requises pour prétendre à une protection (art. L. 531-42) ;

– sa demande est manifestement infondée, c'est-à-dire « manifestement dénuée de pertinence au regard des conditions d'octroi de l'asile ou manifestement dépourvue de toute crédibilité en ce qui concerne le risque de persécutions ou d'atteintes graves ».

Lorsque l'étranger qui se présente à la frontière demande à bénéficier du droit d'asile, il est informé sans délai, dans une langue qu'il comprend ou dont il est raisonnable de penser qu'il la comprend, de la procédure de demande d'asile et de son déroulement, de ses droits et obligations au cours de cette procédure, des conséquences que pourrait avoir le non-respect de ses obligations ou le refus de coopérer avec les autorités, et des moyens dont il dispose pour l'aider à présenter sa demande (art. R. 351-1).

Sauf dans le cas où l'examen de la demande d'asile relève de la compétence d'un autre État, l'étranger est entendu par l'Office français de protection des réfugiés et apatrides

OFPRA selon les modalités prévues par les articles R. 531-11 à R. 531-16 (V. art. R. 351-3). L'office transmet son avis au ministre chargé de l'immigration dans le délai de deux jours ouvrés à compter de la demande à bénéficier de l'asile consignée par procès-verbal (art. R. 351-4).

Lorsque le ministre prend une décision de refus d'entrée au titre de l'asile, l'office transmet sous pli fermé à l'étranger une copie de la transcription mentionnée au I de l'article L. 531-19. Cette transmission est faite au plus tard en même temps que la notification de la décision du ministre (art. R. 351-6). ❑

1. Demande d'asile manifestement infondée. Si le demandeur se présente à un point d'entrée non pourvu d'une zone d'attente, il ne peut se voir refuser l'accès au territoire au motif que sa demande d'asile serait manifestement infondée. • TA Paris, 3 mars 1995, *UDAF du Finistère*, n° 9411188/4. ♦ Le ministre chargé de l'immigration peut rejeter la demande d'asile présentée par un étranger se présentant aux frontières du territoire national lorsque ses déclarations et les documents qu'il produit à leur appui, du fait notamment de leur caractère incohérent, inconsistant ou trop général, sont manifestement dépourvus de crédibilité et font apparaître comme manifestement dénuées de fondement les menaces de persécutions alléguées par l'intéressé au titre de l'art. 1er-A (2) de la Conv. de Genève du 28 juill. 1951 relative au statut des réfugiés. • CE 28 nov. 2011, *Min. Intérieur*, n° 343248 : *AJDA 2011. 2324* ; *D. 2012. 390, obs. Boskovic, Corneloup, Jault-Seseke, Joubert et Parrot*. ♦ N'est pas manifestement infondée la demande d'asile présentée par un couple tchétchène appartenant à un orchestre de musique traditionnelle dont deux autres membres ont disparu après leur arrestation et dont l'un des fils, qui avait été arrêté, n'a été libéré qu'après le versement d'une somme d'argent, alors même que les intéressés sont restés plusieurs mois en Jordanie avant de demander l'asile en France. • CE 25 mars 2003, *Min. Intérieur c/ M. et Mme Sulaimanov*, n° 255237 : *AJDA 2003. 1662, note Lecucq*. ♦ En revanche, une demande d'asile peut être considérée comme manifestement infondée en raison du caractère très général des documents produits. • CE 8 déc. 2003, *Abdi Karim Abdul Kadir Abdi*, n° 262446. ♦ C'est à tort qu'un tribunal administratif limite la possibilité pour le ministre chargé de l'immigration de déterminer si une demande est manifestement infondée aux seules demandes reposant sur des motifs manifestement insusceptibles de se rattacher aux critères prévus par la Conv. de Genève. • CAA Paris, 2 mai 2011, *Min. Intérieur c/ M. Clément Obaweya alias Enrique Riema*, n° 10PA05857.

2. La circonstance que le demandeur ait omis de demander la protection à un pays signataire de la Conv. de Genève n'est pas au nombre de celles dont le ministre de l'Intérieur pouvait légalement tenir compte pour regarder la demande comme manifestement infondée. • CE, ass., 18 déc. 1996, *Min. Intérieur c/ Rogers*, n° 160856 A : *préc. note 1 ss. art. L. 341-2.*

3. Si la demande d'asile est considérée comme manifestement infondée, cela n'interdit pas à l'étranger de saisir l'OFPRA et les autorités de police aux frontières ont l'obligation d'enregistrer la demande ; à défaut, l'administration commettrait une voie de fait. • Paris, 29 déc. 2001, *Diallo*, n° 2402Q01.

4. La circonstance qu'un demandeur d'asile s'est volontairement soustrait au relevé de ses empreintes ne saurait suffire à établir que les éléments fournis à l'appui de sa demande d'asile sont manifestement infondés sans un examen individuel de son dossier ; dès lors, la note du directeur général de l'OFPRA du 3 nov. 2011 méconnaît le caractère obligatoire de l'examen individuel des demandes d'asile et, en dehors des exceptions prévues par la loi, de l'audition préalable des demandeurs d'asile. • CE 3 oct. 2012, *La Cimade et a.*, n° 354995 B : *AJDA 2012. 1877*. ♦ Selon le Conseil d'État, les décisions de refus intervenues en application de la note du 3 nov. 2011, prises sans examen de la demande au fond, constituent, non des refus d'enregistrement de la demande mais des refus du bénéfice de l'asile sur le fondement de l'art. L. 532-1 ; par suite, seule la CNDA est compétente pour connaître de contestations contre ces décisions. • CE 28 déc. 2011, *OFPRA*, n° 355022. ♦ C'est donc fort logiquement que la CNDA renvoie à l'OFPRA les demandes d'asile ayant été rejetées au motif d'empreintes digitales rendues inexploitables. • CNDA 21 févr. 2012, n° 11032252.

5. Il n'appartient pas au juge de l'urgence d'enjoindre à l'administration de délivrer un visa de régularisation, injonction qui va au-delà des mesures provisoires nécessaires à l'examen régulier d'une demande d'asile, alors même que ce même juge avait considéré que la demande n'était pas manifestement infondée. En revanche, le juge peut ordonner à l'administration de prendre les dispositions nécessaires pour que la requérante soit admise à demeurer à titre provisoire sur le territoire français jusqu'à ce qu'il ait été statué sur sa demande d'admission au statut de réfugié. • CE 11 mai 2006, *Min. Intérieur c/ Issandja*, n° 293061 B.

6. Information du demandeur d'asile. Aux termes de l'art. R. 351-1, lorsque l'étranger qui se présente à la frontière demande à bénéficier du droit d'asile, il est informé sans délai, dans une langue qu'il comprend ou dont il est raisonnable de penser qu'il la comprend, de la procédure de demande d'asile et de son déroulement, de ses droits et obligations au cours de cette procédure, des conséquences que pourrait avoir le non-respect de ses obligations ou le refus de coopérer avec les autorités, et des moyens dont il dispose pour l'aider à présenter sa demande. Il résulte de ces dispositions que l'étranger qui se présente à la frontière disposera des informations nécessaires lui permettant d'accéder à la procédure d'asile. Par suite, le moyen tiré de ce que l'information sur le droit de demander l'asile serait limitée aux seules personnes faisant l'objet d'une décision administrative de maintien en zone d'attente manque en fait. • CE 30 janv. 2017, n° 394686 : *AJDA 2017. 821, concl. Domino*.

7. Document d'information sur les droits et obligations des demandeurs d'asile. En vertu de l'art. R. 521-16, l'étranger présent sur le territoire français qui, n'étant pas déjà admis à séjourner en France, sollicite son admission au séjour au titre de l'asile est informé par les services de la préfecture des pièces à fournir en vue de cette admission et doit se voir remettre un document d'information sur ses droits et sur les obligations qu'il doit respecter, ainsi que sur les organisations susceptibles de lui procurer une assistance juridique, de l'aider ou de l'informer sur les conditions d'accueil offertes aux demandeurs d'asile. Cette information doit être faite dans une langue dont il est raisonnable de penser que l'intéressé la comprend. Le moyen tiré de l'omission, par les services de la préfecture, de la remise à l'intéressé du document d'information peut ainsi être utilement invoqué à l'encontre de la décision du préfet portant refus d'admission provisoire au séjour au titre de l'asile. • CE 30 déc. 2013, *Okosun,* n° 367615 A : *AJDA 2014. 7 ; ibid. 222, chron. Bretonneau et Lessi*.

8. Eu égard à l'objet du document d'information sur les droits et obligations des demandeurs d'asile, sur les organisations susceptibles de leur procurer une assistance juridique, de les aider ou de les informer sur les conditions d'accueil qui peuvent leur être proposées, la remise de ce document doit intervenir au début de la procédure d'examen des demandes d'asile pour permettre aux intéressés de présenter utilement leur demande aux autorités compétentes, dans le respect notamment des délais prévus. Le défaut de remise de ce document à ce stade est ainsi de nature à faire obstacle au déclenchement du délai de vingt et un jours prévu par l'art. R. 531-2 pour saisir l'OFPRA. En revanche, il ne peut être utilement invoqué à l'appui d'un recours mettant en cause la légalité de la décision par laquelle le préfet statue, en fin de procédure, après intervention de l'OFPRA et, le cas échéant, après celle de la CNDA, sur le séjour en France au titre de l'asile ou à un autre titre. • CE, avis, 1er févr. 2013, *M. Benahmed,* n° 363581 B : *AJDA 2013. 262*. ♦ Le moyen tiré de l'omission de remettre ce document est opérant à l'encontre du refus d'autorisation provisoire de séjour (APS) ; l'obligation de remise de ce document est constitutive d'une garantie. Par suite, il appartient au juge d'apprécier si l'intéressé a été privé de cette garantie ou, à défaut, si cette irrégularité a été susceptible d'exercer, en l'espèce, une influence sur le sens de cette décision. Toutefois, l'annulation du refus d'APS pour ce motif n'implique pas que le juge enjoigne de délivrer une telle APS ; elle peut seulement le conduire à enjoindre au préfet d'informer l'étranger et de réexaminer la demande de l'intéressé. • CE 30 déc. 2013, *Okosun,* n° 367615 : *préc. note 7.* ♦ Jugé que l'absence de traduction en langue ourdou ou anglaise, par écrit, de la note d'information n'a pas, dans les circonstances de l'espèce, privé l'intéressé du bénéfice de la garantie prévue par le § 4 de l'art. 3 du règlement ; cette absence de traduction écrite n'a, en outre, exercé aucune influence sur le sens des décisions contestées. • CAA Douai, 27 nov. 2013, *Préfet de la Seine-Maritime,* n° 13DA00992 : *AJDA 2014. 1188*.

9. Procédures d'urgence. Le Conseil d'État a estimé que la condition d'urgence n'était pas remplie s'agissant de la contestation déposée par un étranger ayant annoncé son intention de déposer une demande d'asile alors qu'une autre demande était pendante devant les autorités italiennes et que l'intéressé bénéficiait d'un droit à se maintenir sur le territoire italien jusqu'à la décision. • CE 14 janv. 2019, n° 426084. ♦ Même solution s'agissant d'une étrangère, refoulée à la frontière franco-italienne ; si le refus d'entrée porte une atteinte grave et manifestement illégale au droit d'asile, la condition d'urgence fait défaut au motif que l'intéressée peut déposer sa demande d'asile en Italie, État partie à la Conv. de Schengen. • CE 8 juill. 2020, n° 440756.

Art. L. 352-2 Sauf dans le cas où l'examen de la demande d'asile relève de la compétence d'un autre État, la décision de refus d'entrée ne peut être prise qu'après consultation de l'Office français de protection des réfugiés et apatrides, qui rend son avis dans un délai fixé par voie réglementaire et dans le respect des garanties procédurales prévues au titre III du livre V. L'office tient compte de la vulnérabilité du demandeur d'asile.

L'avocat ou le représentant d'une des associations mentionnées à l'article L. 531-15, désigné par l'étranger, est autorisé à pénétrer dans la zone d'attente pour l'accompagner à son entretien dans les conditions prévues au même article.

Sauf si l'accès de l'étranger au territoire français constitue une menace grave pour l'ordre public, l'avis de l'office, s'il est favorable à l'entrée en France de l'intéressé au titre de l'asile, lie le ministre chargé de l'immigration. — *[Anc. art. L. 213-8-1, al. 6 et 7.]*

Art. L. 352-3 **La décision de refus d'entrée mentionnée à l'article L. 352-1 est écrite et motivée.**

La notification de la décision de refus d'entrée mentionne le droit de l'étranger d'avertir ou de faire avertir la personne chez laquelle il a indiqué qu'il devait se rendre, son consulat ou le conseil de son choix. Elle mentionne également le droit de l'étranger d'introduire un recours en annulation sur le fondement de l'article L. 352-4 et précise les voies et délais de ce recours. Elle mentionne aussi le droit de l'étranger de refuser d'être rapatrié avant l'expiration du délai d'un jour franc.

La décision et la notification des droits qui l'accompagne lui sont communiquées dans une langue qu'il comprend.

Une attention particulière est accordée aux personnes vulnérables, notamment aux mineurs accompagnés ou non d'un adulte. – *[Anc. art. L. 213-2, al. 2 (2e phr.).]*

Art. L. 352-4 *(L. n° 2024-42 du 26 janv. 2024, art. 72)* **La décision de refus d'entrée sur le territoire français au titre de l'asile et la décision de transfert mentionnée à l'article L. 572-1 qui l'accompagne le cas échéant peuvent être contestées devant le tribunal administratif selon la procédure prévue à l'article L. 921-2.**

Les dispositions du présent art. introduites par l'art. 72 de la L. n° 2024-42 du 26 janv. 2024 entrent en vigueur à une date fixée par Décr. en Conseil d'État, et au plus tard le 1er août 2024. Ces dispositions s'appliquent à la contestation des décisions prises à compter de leur entrée en vigueur (L. préc., art. 86-IV). Ces dispositions entrent en vigueur le 15 juill. 2024 (Décr. n° 2024-799 du 2 juill. 2024, art. 9-I).

Ancien art. L. 352-4 ***L'étranger qui a fait l'objet d'un refus d'entrée sur le territoire français au titre de l'asile et, le cas échéant, d'une décision de transfert mentionnée à l'article L. 572-1 peut, dans les quarante-huit heures suivant la notification de ces décisions, en demander l'annulation au président du tribunal administratif. Aucun autre recours ne peut être introduit contre la décision de refus d'entrée au titre de l'asile et, le cas échéant, contre la décision de transfert.***

Le président, ou le magistrat qu'il désigne à cette fin parmi les membres de sa juridiction ou les magistrats honoraires inscrits sur la liste mentionnée à l'article L. 222-2-1 du code de justice administrative, statue dans un délai de soixante-douze heures à compter de sa saisine.

L'étranger peut demander au président du tribunal ou au magistrat désigné à cette fin le concours d'un interprète. L'étranger est assisté de son conseil s'il en a un. Il peut demander au président ou au magistrat désigné à cette fin qu'il lui en soit désigné un d'office. – *[Anc. art. L. 2113-9, al. 1er à 3 et 4 (sauf la dernière phr.).]*

COMMENTAIRE

Le législateur a aménagé un recours contentieux suspensif d'exécution contre le refus d'entrée ou la décision de transfert à un autre État opposé au demandeur d'asile. C'est dans le but de satisfaire à l'exigence d'effectivité du recours prévue par l'article 13 de la Convention européenne de sauvegarde des droits de l'homme et des libertés fondamentales que le présent article permet à l'étranger, dans les quarante-huit heures suivant la notification de cette décision, d'en demander l'annulation, par requête motivée, au président du tribunal administratif. Ce délai, insusceptible de prorogation, court à compter de la notification à l'étranger de la décision (CJA, art. 777-1-1).

Le président, ou le magistrat qu'il désigne à cette fin, statue dans un délai de soixante-douze heures à compter de sa saisine. Aucun autre recours ne peut être introduit contre la décision, laquelle ne peut être exécutée avant l'expiration d'un délai de quarante-huit heures suivant sa notification ou, en cas de saisine du président du tribunal administratif, avant que ce dernier ou le magistrat désigné à cette fin n'ait statué. En effet, la Cour européenne des droits de l'homme (CEDH 26 avr. 2007, *Gebremedhin [Gaberamadhien] c/ France*, n° 25389/05 : *AJDA 2007. 940* ; *D. 2007. AJ 1339* ; *ibid. 2780, note Marguénaud*) avait constaté que la saisine du juge des référés par un demandeur d'asile auquel l'entrée en France avait été refusée n'a pas d'effet suspensif de plein droit, de sorte que l'intéressé peut, en toute légalité, être réacheminé avant que le juge ait statué. Compte tenu de l'importance que la Cour attache à l'article 3 de la convention et de la nature irréversible du dommage susceptible d'être causé en cas de réalisation du risque de torture ou de mauvais traitements, l'article 13 exige que l'intéressé ait accès à un recours de plein droit suspensif. Si la décision de refus d'entrée est annulée, le demandeur d'asile est muni d'un visa de régularisation pour demander l'admission provisoire au séjour et déposer une demande auprès de l'Office français de protection des réfugiés et apatrides. La CEDH a, depuis lors, donné un satisfecit à la France compte tenu des modifications législatives et réglementaires ayant affecté la procédure de contestation (CEDH 22 juill. 2021, n° 39126/18 : *AJDA 2021. 1595* ; *ibid. 2021. 1910, chron. Burgorgue-Larsen*).

Le délai d'appel de quinze jours court à compter de la notification du jugement attaqué. La notification mentionne la possibilité de faire appel et le délai dans lequel cette voie de recours peut être exercée. Le président de la cour administrative d'appel ou le magistrat qu'il désigne à cet effet peut statuer par ordonnance dans les cas prévus à l'article R. 222-1. Il peut, dans les mêmes conditions, rejeter les requêtes qui ne sont manifestement pas susceptibles d'entraîner l'infirmation de la décision attaquée. Le président de la formation de jugement peut dispenser le rapporteur public, sur sa proposition, de prononcer des conclusions à l'audience (CJA, art. R. 777-1-6).

Le décret n° 2015-1364 du 28 octobre 2015 a fixé les dispositions du code de justice administrative relatives au contentieux des refus d'entrée sur le territoire français au titre de l'asile et des décisions de transfert prononcées à la frontière. Il prévoit notamment que la présentation, l'instruction et le jugement des recours obéissent aux règles définies aux articles R. 776-7, R. 776-18, R. 776-19, R. 776-20-1, R. 776-22 à R. 776-26 et aux trois premiers alinéas de l'article R. 776-27. ❑

1. Conformité au droit de l'UE. L'étranger qui a fait l'objet d'un refus d'entrée sur le territoire français au titre de l'asile dispose d'un recours juridictionnel suspensif lui permettant de contester cette décision dans un délai de quarante-huit heures à compter de sa notification ; la règle imposant au juge de prononcer le jugement à l'audience contribue au respect du délai de soixante-douze heures et ne saurait être regardée comme ayant pour effet de porter atteinte au caractère effectif du recours. Par suite, le moyen tiré de la méconnaissance de l'art. 13 Conv. EDH ne peut qu'être écarté. • CE 29 avr. 2013, *ANAFÉ*, n° 357848 : *AJDA 2013. 1696, note Brami*.

2. La procédure contentieuse prévue au présent art. relatif à la contestation des décisions de refus d'entrée au titre de l'asile est conforme à l'art. 46 de la Dir. « Procédures » en tant qu'elle garantit le droit à un recours effectif ; le Conseil d'État relève en effet que le recours prévu au 7e al. du présent art. est un recours suspensif. Par suite, dès lors qu'il permet au demandeur de rester sur le territoire national jusqu'à l'issue de son recours sur la décision prise sur sa demande d'asile à la frontière, conformément au § 5 de l'art. 46 de la directive, le Décr. n° 2015-1364 n'avait pas à reprendre les conditions prévues aux § 6 et 7 de l'art. 46 de la Dir. 2013/32/UE qui ne s'appliquent qu'en l'absence d'un tel recours suspensif. • CE 20 oct. 2016, *La Cimade*, n° 395105 : *AJDA 2016. 2358*.

3. Conv. EDH. L'administration doit prendre en considération les stipulations de l'art. 8 Conv. EDH pour les décisions de refus d'admission au séjour, au motif en l'espèce que la demande d'asile relevait de la compétence d'un autre État. • CE 15 juill. 2004, *M. Khamzalatov*, n° 263501. ♦ Quoi qu'il en soit, le moyen tiré de la violation prétendue de l'art. 8 Conv. EDH doit être assorti de précisions suffisantes permettant d'en apprécier le bien-fondé. • CAA Paris, 2 mai 2011, *Min. Intérieur c/ M. Bafodé Diaby*, n° 10PA04853.

Art. L. 352-5 *(Abrogé par L. n° 2024-42 du 26 janv. 2024, art. 72)* ***Lorsque l'étranger conteste la décision de refus d'entrée, conformément à l'article L. 352-4, l'audience se tient dans les locaux du tribunal administratif compétent.***

L'audience peut également se tenir dans la salle d'audience de la zone d'attente. Dans ce cas le président du tribunal ou le magistrat désigné à cette fin peut siéger au tribunal dont il est membre. Les salles d'audience sont alors reliées en direct par un moyen de communication audiovisuelle garantissant la confidentialité de la transmission.

La salle d'audience de la zone d'attente et celle du tribunal administratif sont ouvertes au public.

L'étranger est assisté de son conseil s'il en a un.

L'audience se déroule sans conclusions du rapporteur public. – *[Anc. art. L. 213-9, al. 4 (dernière phr.) et 6.]*

Les modifications du présent art. introduites par l'art. 72 de la L. n° 2024-42 du 26 janv. 2024 entrent en vigueur à une date fixée par Décr. en Conseil d'État, et au plus tard le 1er août 2024. Ces dispositions s'appliquent à la contestation des décisions prises à compter de leur entrée en vigueur (L. préc., art. 86-IV). Ces dispositions entrent en vigueur le 1er sept. 2024 (Décr. n° 2024-570 du 20 juin 2024, art. 5-I).

Art. L. 352-6 *(Abrogé par L. n° 2024-42 du 26 janv. 2024, art. 72)* ***Le président du tribunal administratif ou le magistrat désigné à cette fin peut, par ordonnance motivée, donner acte des désistements, constater qu'il n'y a pas lieu de statuer sur un recours et rejeter les recours ne relevant manifestement pas de la compétence de la juridiction administrative ou***

entachés d'une irrecevabilité manifeste non susceptible d'être couverte en cours d'instance. – *[Anc. art. L. 213-9, al. 5.]*

Sur l'entrée en vigueur des dispositions du présent art. introduites par l'art. 72 de la L. n° 2024-42 du 26 janv. 2024, V. note ss. art. L. 352-5.

Art. L. 352-7 Lorsqu'un étranger dont l'entrée sur le territoire français au titre de l'asile a été refusée dépose un recours en annulation sur le fondement de l'article L. 352-4 dans les quatre derniers jours de la période de maintien en zone d'attente fixée par la dernière décision de maintien, celle-ci est prorogée d'office de quatre jours à compter du dépôt du recours. Cette décision est mentionnée sur le registre prévu au second alinéa l'article L. 341-2 et portée à la connaissance du procureur de la République dans les conditions prévues au même article. Le *(L. n° 2023-1059 du 20 nov. 2023, art. 44-I ; Décr. n° 2024-570 du 20 juin 2024, art. 5, en vigueur le 1er sept. 2024)* « tribunal judiciaire » est informé immédiatement de cette prorogation. *(L. n° 2023-1059 du 20 nov. 2023, art. 44-I ; Décr. n° 2024-570 du 20 juin 2024, art. 5, en vigueur le 1er sept. 2024)* « Le magistrat du tribunal judiciaire » peut y mettre un terme. – *[Anc. art. L. 222-2, al. 3.]*

Art. L. 352-8 La décision de refus d'entrée au titre de l'asile et, le cas échéant, la décision de transfert ne peuvent être exécutées avant l'expiration d'un délai de quarante-huit heures suivant leur notification ou, en cas de saisine du président du tribunal administratif, avant que ce dernier ou le magistrat désigné à cette fin n'ait statué.

Les dispositions du titre IV sont applicables. – *[Anc. art. L. 213-9, al. 7 et 8.]*

Art. L. 352-9 Le jugement du président du tribunal administratif ou du magistrat désigné par lui est susceptible d'appel dans un délai de quinze jours devant le président de la cour administrative d'appel territorialement compétente ou un magistrat désigné par ce dernier. Cet appel n'est pas suspensif.

Si le refus d'entrée au titre de l'asile et, le cas échéant, la décision de transfert sont annulés, il est immédiatement mis fin au maintien en zone d'attente de l'étranger, qui est autorisé à entrer en France muni d'un visa de régularisation de huit jours. Dans ce délai, l'autorité administrative compétente lui délivre, à sa demande, l'attestation de demande d'asile lui permettant d'introduire sa demande d'asile auprès de l'Office français de protection des réfugiés et apatrides.

La décision de refus d'entrée au titre de l'asile et, le cas échéant, la décision de transfert qui n'ont pas été contestées dans le délai prévu au premier alinéa ou qui n'ont pas fait l'objet d'une annulation dans les conditions prévues au présent article peuvent être exécutées d'office par l'autorité administrative. – *[Anc. art. L. 213-9, al. 9 à 11.]*

TITRE VI DISPOSITIONS RELATIVES À L'OUTRE-MER

Dans les collectivités qui relèvent de l'art. 74 de la Const. à l'exception de Saint-Pierre-et-Miquelon, en Nouvelle-Calédonie et dans les Terres australes et antarctiques françaises, les dispositions et modifications introduites par la L. n° 2024-42 du 26 janv. 2024 entrent en vigueur à une date fixée par décret en Conseil d'État, et au plus tard le 1er sept. 2025 (L. préc., art. 86-V).

CHAPITRE I DISPOSITIONS PARTICULIÈRES AUX COLLECTIVITÉS RÉGIES PAR L'ARTICLE 73 DE LA CONSTITUTION ET À SAINT-PIERRE-ET-MIQUELON

Art. L. 361-1 Les dispositions du présent livre sont applicables de plein droit en Guadeloupe, en Guyane, en Martinique, à La Réunion, à Mayotte et à Saint-Pierre-et-Miquelon, sous réserve des adaptations prévues au présent chapitre.

Art. L. 361-2 Pour l'application du présent livre en Guadeloupe, en Guyane, en Martinique, à La Réunion, à Mayotte et à Saint-Pierre-et-Miquelon :

1° Sauf dispositions contraires, les références au règlement (UE) 2016/399 du Parlement européen et du Conseil du 9 mars 2016 concernant un code de l'Union relatif au régime de franchissement des frontières par les personnes (code frontières Schengen) et au code frontières Schengen sont supprimées ;

2° Le 2° de l'article L. 311-2, n'est pas applicable ;

3° A l'article L. 312-1, les mots : "à l'article 6 du règlement 2016/399 du Parlement européen et du Conseil du 9 mars 2016" et les mots : "par les chapitres II et III du titre III du règlement n° 810/2009 du Parlement européen et du Conseil du 13 juillet 2009 établissant un code communautaire des visas" sont remplacés par les mots : "par les conventions internationales et les règlements en vigueur" ;

4° L'article L. 312-7 n'est pas applicable ;

5° A l'article L. 313-1, les mots : ", et constitue le document prévu par la convention signée à Schengen le 19 juin 1990 pour justifier les conditions de séjour dans les cas d'une visite familiale ou privée" sont supprimés ;

6° A l'article L. 313-2, les mots : "ou pendant une durée de trois mois à compter de l'entrée de l'étranger sur le territoire des États parties à la convention signée à Schengen le 19 juin 1990" sont supprimés ;

7° L'article L. 331-1 n'est pas applicable ;

8° A l'article L. 331-2, les mots : "frontières extérieures" et *(L. n° 2024-42 du 26 janv. 2024, art. 80-II)* « la référence au règlement 2016/399 du Parlement européen et du Conseil du 9 mars 2016 » sont respectivement remplacés par les mots : "frontières" et par les mots : "par les conventions internationales et les règlements en vigueur" ;

9° L'article L. 331-3 n'est pas applicable ;

10° L'article L. 332-3 n'est pas applicable ;

11° Le 1° de l'article L. 351-1 n'est pas applicable ;

12° Le 1° de l'article L. 352-1 n'est pas applicable ;

13° A l'article L. 352-2, les mots : "Sauf dans le cas où l'examen de la demande d'asile relève de la compétence d'un autre État," sont supprimés ;

(L. n° 2024-42 du 26 janv. 2024, art. 80-II) « 14° Pour l'application de l'article L. 352-4 :

« *a)* En Martinique, à La Réunion et à Saint-Pierre-et-Miquelon, les mots : "et la décision de transfert mentionnée à l'article L. 572-1 qui l'accompagne le cas échéant peuvent être contestées" sont remplacés par les mots : "peut être contestée" ;

« *b)* Dans les collectivités territoriales de Guadeloupe et de Guyane et à Mayotte, il est abrogé ; »

15° A l'article L. 352-8, les mots : "et, le cas échéant, la décision de transfert ne peuvent être exécutées" sont remplacés par les mots : "ne peut être exécutée" ;

16° A l'article L. 352-9, les mots : "et, le cas échéant, la décision de transfert sont annulés" sont remplacés par les mots : "est annulé" et les mots : "et, le cas échéant, la décision de transfert qui n'ont pas été contestées" sont remplacés par les mots : "qui n'a pas été contestée". — *[Anc. art. L. 213-8-2.]*

Ancien art. L. 361-2 *Pour l'application du présent livre en Guadeloupe, en Guyane, en Martinique, à La Réunion, à Mayotte et à Saint-Pierre-et-Miquelon :*

1° Sauf dispositions contraires, les références au règlement (UE) 2016/399 du Parlement européen et du Conseil du 9 mars 2016 concernant un code de l'Union relatif au régime de franchissement des frontières par les personnes (code frontières Schengen) et au code frontières Schengen sont supprimées ;

2° Le 2° de l'article L. 311-2, n'est pas applicable ;

3° A l'article L. 312-1, les mots : "à l'article 6 du règlement 2016/399 du Parlement européen et du Conseil du 9 mars 2016" et les mots : "par les chapitres II et III du titre III du règlement n° 810/2009 du Parlement européen et du Conseil du 13 juillet 2009 établissant un code communautaire des visas" sont remplacés par les mots : "par les conventions internationales et les règlements en vigueur" ;

4° L'article L. 312-7 n'est pas applicable ;

5° A l'article L. 313-1, les mots : ", et constitue le document prévu par la convention signée à Schengen le 19 juin 1990 pour justifier les conditions de séjour dans les cas d'une visite familiale ou privée" sont supprimés ;

6° A l'article L. 313-2, les mots : "ou pendant une durée de trois mois à compter de l'entrée de l'étranger sur le territoire des États parties à la convention signée à Schengen le 19 juin 1990" sont supprimés ;

7° L'article L. 331-1 n'est pas applicable ;

8° A l'article L. 331-2, les mots : "frontières extérieures" et les mots : "au chapitre II du titre II du règlement 2016/399 du Parlement européen et du Conseil du 9 mars 2016" sont respectivement remplacés par les mots : "frontières" et par les mots : "par les conventions internationales et les règlements en vigueur" ;

9° L'article L. 331-3 n'est pas applicable ;

10° L'article L. 332-3 n'est pas applicable ;

11° Le 1° de l'article L. 351-1 n'est pas applicable ;

12° Le 1° de l'article L. 352-1 n'est pas applicable ;

13° A l'article L. 352-2, les mots : "Sauf dans le cas où l'examen de la demande d'asile relève de la compétence d'un autre État," sont supprimés ;

14° A l'article L. 352-4, les mots : "et, le cas échéant, d'une décision de transfert mentionnée à l'article L. 572-1" et les mots : "et, le cas échéant, contre la décision de transfert" sont supprimés ;

15° A l'article L. 352-8, les mots : "et, le cas échéant, la décision de transfert ne peuvent être exécutées" sont remplacés par les mots : "ne peut être exécutée" ;

16° A l'article L. 352-9, les mots : "et, le cas échéant, la décision de transfert sont annulés" sont remplacés par les mots : "est annulé" et les mots : "et, le cas échéant, la décision de transfert qui n'ont pas été contestées" sont remplacés par les mots : "qui n'a pas été contestée". – [Anc. art. L. 213-8-2.]

Art. L. 361-3 Les dispositions de la section 1 du chapitre I du titre IV et celles du chapitre II du même titre sont également applicables, en Guyane, à l'étranger qui arrive par la voie fluviale ou terrestre. – *[Anc. art. L. 221-1, al. 6.]*

Art. L. 361-4 Pour l'application du présent livre à Mayotte :

1° Les références à la cour d'appel sont remplacées par la référence à la chambre d'appel de la cour d'appel de Saint-Denis de La Réunion à Mamoudzou ;

2° La seconde phrase du deuxième alinéa de l'article L. 332-2 et l'article L. 333-2 ne sont pas applicables aux refus d'entrée notifiés sur le territoire de la collectivité ;

3° La seconde phrase de l'article L. 341-5 n'est pas applicable pendant cinq ans à compter de la publication de la loi n° 2018-778 du 10 septembre 2018 pour une immigration maîtrisée, un droit d'asile effectif et une intégration réussie. – *[Anc. art. L. 213-2, al. 3 (ecqc Mayotte) ; anc. art. L. 221-2-1.]*

Art. L. 361-5 Pour l'application du présent livre à Saint-Pierre-et-Miquelon :

1° Les références à la cour d'appel sont remplacées par la référence au tribunal supérieur d'appel ;

2° Les références au tribunal judiciaire sont remplacées par la référence au tribunal de première instance.

CHAPITRE II DISPOSITIONS APPLICABLES À SAINT-BARTHÉLEMY

Art. L. 362-1 Sous réserve des adaptations prévues par le présent chapitre, les dispositions suivantes sont applicables à Saint-Barthélemy dans leur rédaction résultant de l'ordonnance n° 2020-1733 du 16 décembre 2020, sauf mention contraire ou mention de leur application de plein droit dans le tableau ci-dessous. – *Tableau mod. par L. n° 2023-1059 du 20 nov. 2023, art. 58-II ; Décr. n° 2024-570 du 20 juin 2024, art. 5, en vigueur le 1er sept. 2024.*

Articles applicables	Dans leur rédaction résultant de
Au titre I	
L. 310-1	
L. 311-1 à L. 312-6	
L. 313-1 à L. 313-8	
Au titre II	
L. 320-1	
L. 321-1 à L. 323-2	
Au titre III	
L. 330-1	
L. 331-2	
L. 332-1 et L. 332-2	
L. 333-1 à L. 333-5	
Au titre IV	
L. 340-1	
L. 341-1 à L. 341-7	

Articles applicables	Dans leur rédaction résultant de
L. 342-1	Loi n° 2023-1059 du 20 novembre 2023 d'orientation et de programmation du ministère de la justice 2023-2027
L. 342-2 et L. 342-3	
L. 342-4 à L. 342-7	Loi n° 2023-1059 du 20 novembre 2023 d'orientation et de programmation du ministère de la justice 2023-2027
L. 342-8	
L. 342-9	Loi n° 2023-1059 du 20 novembre 2023 d'orientation et de programmation du ministère de la justice 2023-2027
L. 342-10	
L. 342-11 et L. 342-12	Loi n° 2023-1059 du 20 novembre 2023 d'orientation et de programmation du ministère de la justice 2023-2027
L. 342-13 à L. 342-15	
L. 342-16 et L. 342-17	Loi n° 2023-1059 du 20 novembre 2023 d'orientation et de programmation du ministère de la justice 2023-2027
L. 342-18 à L. 343-2	
L. 343-3	Loi n° 2023-1059 du 20 novembre 2023 d'orientation et de programmation du ministère de la justice 2023-2027
L. 343-4 à L. 343-9	
L. 343-10 et L. 343-11	Loi n° 2023-1059 du 20 novembre 2023 d'orientation et de programmation du ministère de la justice 2023-2027
Au titre V	
L. 350-1	
L. 351-1 à L. 352-3	
L. 352-4 à L. 352-6	Application de plein droit
L. 352-7	Loi n° 2023-1059 du 20 novembre 2023 d'orientation et de programmation du ministère de la justice 2023-2027
L. 352-8	
L. 352-9	Application de plein droit

Art. L. 362-2 Pour l'application du présent livre à Saint-Barthélemy :

1° Sauf dispositions contraires, les références au règlement (UE) 2016/399 du Parlement européen et du Conseil du 9 mars 2016 concernant un code de l'Union relatif au régime de franchissement des frontières par les personnes (code frontières Schengen) et au code frontières Schengen sont supprimées ;

2° Le 2° de l'article L. 311-2, n'est pas applicable ;

3° A l'article L. 312-1, les mots : "à l'article 6 du règlement 2016/399 du Parlement européen et du Conseil du 9 mars 2016" et les mots : "par les chapitres II et III du titre III du règlement n° 810/2009 du Parlement européen et du Conseil du 13 juillet 2009 établissant un code communautaire des visas" sont remplacés par les mots : "par les conventions internationales et les règlements en vigueur" ;

4° A l'article L. 313-1, les mots : ", et constitue le document prévu par la convention signée à Schengen le 19 juin 1990 pour justifier les conditions de séjour dans les cas d'une visite familiale ou privée" sont supprimés ;

5° A l'article L. 313-2, les mots : "ou pendant une durée de trois mois à compter de l'entrée de l'étranger sur le territoire des États parties à la convention signée à Schengen le 19 juin 1990" sont supprimés ;

6° A l'article L. 331-2, les mots : "frontières extérieures" et les mots : "au chapitre II du titre II du règlement 2016/399 du Parlement européen et du Conseil du 9 mars 2016" sont respectivement remplacés par les mots : "frontières" et par les mots : "par les conventions internationales et les règlements en vigueur" ;

7° Le 1° de l'article L. 351-1 n'est pas applicable ;

8° Les dispositions du 1° de l'article L. 352-1 ne sont pas applicables ;

9° A l'article L. 352-2, les mots : "Sauf dans le cas où l'examen de la demande d'asile relève de la compétence d'un autre État" sont supprimés ;

10° A l'article L. 352-4, les mots : "et, le cas échéant, d'une décision de transfert mentionnée à l'article L. 572-1" et les mots : "et, le cas échéant, contre la décision de transfert" sont supprimés ;

11° A l'article L. 352-8, les mots : "et, le cas échéant, la décision de transfert ne peuvent être exécutées" sont remplacés par les mots : "ne peut être exécutée" ;

12° A l'article L. 352-9, les mots : "et, le cas échéant, la décision de transfert sont annulés" sont remplacés par les mots : "est annulé" et les mots : "et, le cas échéant, la décision de transfert qui n'ont pas été contestées" sont remplacés par les mots : "qui n'a pas été contestée". – *[Anc. art. L. 213-8-2.]*

CHAPITRE III DISPOSITIONS APPLICABLES À SAINT-MARTIN

Art. L. 363-1 Sous réserve des adaptations prévues par le présent chapitre, les dispositions suivantes sont applicables à Saint-Martin dans leur rédaction résultant de l'ordonnance n° 2020-1733 du 16 décembre 2020, sauf mention contraire ou mention de leur application de plein droit dans le tableau ci-dessous. – *Tableau mod. par L. n° 2023-1059 du 20 nov. 2023, art. 58-II ; Décr. n° 2024-570 du 20 juin 2024, art. 5, en vigueur le 1er sept. 2024.*

Articles applicables	Dans leur rédaction résultant de
Au titre I	
L. 310-1	
L. 311-1 à L. 312-6	
L. 313-1 à L. 313-8	
Au titre II	
L. 320-1	
L. 321-1 à L. 323-2	
Au titre III	
L. 330-1	
L. 331-2	
L. 332-1 et L. 332-2	
L. 333-1 à L. 333-5	
Au titre IV	
L. 340-1	
L. 341-1 à L. 341-7	
L. 342-1	Loi n° 2023-1059 du 20 novembre 2023 d'orientation et de programmation du ministère de la justice 2023-2027
L. 342-2 et L. 342-3	
L. 342-4 à L. 342-7	Loi n° 2023-1059 du 20 novembre 2023 d'orientation et de programmation du ministère de la justice 2023-2027

Articles applicables	Dans leur rédaction résultant de
L. 342-8	
L. 342-9	Loi n° 2023-1059 du 20 novembre 2023 d'orientation et de programmation du ministère de la justice 2023-2027
L. 342-10	
L. 342-11 et L. 342-12	Loi n° 2023-1059 du 20 novembre 2023 d'orientation et de programmation du ministère de la justice 2023-2027
L. 342-13 à L. 342-15	
L. 342-16 et L. 342-17	Loi n° 2023-1059 du 20 novembre 2023 d'orientation et de programmation du ministère de la justice 2023-2027
L. 342-18 à L. 343-2	
L. 343-3	Loi n° 2023-1059 du 20 novembre 2023 d'orientation et de programmation du ministère de la justice 2023-2027
L. 343-4 à L. 343-9	
L. 343-10 et L. 343-11	Loi n° 2023-1059 du 20 novembre 2023 d'orientation et de programmation du ministère de la justice 2023-2027
Au titre V	
L. 350-1	
L. 351-1 à L. 352-3	
L. 352-4 à L. 352-6	Application de plein droit
L. 352-7	Loi n° 2023-1059 du 20 novembre 2023 d'orientation et de programmation du ministère de la justice 2023-2027
L. 352-8	
L. 352-9	Application de plein droit

Art. L. 363-2 Pour l'application du présent livre à Saint-Martin :

1° Sauf dispositions contraires, les références au règlement (UE) 2016/399 du Parlement européen et du Conseil du 9 mars 2016 concernant un code de l'Union relatif au régime de franchissement des frontières par les personnes (code frontières Schengen) et au code frontières Schengen sont supprimées ;

2° Le 2° de l'article L. 311-2, n'est pas applicable ;

3° A l'article L. 312-1, les mots : "à l'article 6 du règlement 2016/399 du Parlement européen et du Conseil du 9 mars 2016" et les mots : "par les chapitres II et III du titre III du règlement n° 810/2009 du Parlement européen et du Conseil du 13 juillet 2009 établissant un code communautaire des visas" sont remplacés par les mots : "par les conventions internationales et les règlements en vigueur" ;

4° A l'article L. 313-1, les mots : ", et constitue le document prévu par la convention signée à Schengen le 19 juin 1990 pour justifier les conditions de séjour dans les cas d'une visite familiale ou privée" sont supprimés ;

5° A l'article L. 313-2, les mots : "ou pendant une durée de trois mois à compter de l'entrée de l'étranger sur le territoire des États parties à la convention signée à Schengen le 19 juin 1990" sont supprimés ;

6° A l'article L. 331-2, les mots : "frontières extérieures" et les mots : "au chapitre II du titre II du règlement 2016/399 du Parlement européen et du Conseil du 9 mars 2016" sont respectivement remplacés par les mots : "frontières" et par les mots : "par les conventions internationales et les règlements en vigueur" ;

7° Le 1° de l'article L. 351-1 n'est pas applicable ;

8° Les dispositions du 1° de l'article L. 352-1 ne sont pas applicables ;

9° A l'article L. 352-2, les mots : "Sauf dans le cas où l'examen de la demande d'asile relève de la compétence d'un autre État" sont supprimés ;

10° A l'article L. 352-4, les mots : "et, le cas échéant, d'une décision de transfert mentionnée à l'article L. 572-1" et les mots : "et, le cas échéant, contre la décision de transfert" sont supprimés ;

11° A l'article L. 352-8, les mots : "et, le cas échéant, la décision de transfert ne peuvent être exécutées" sont remplacés par les mots : "ne peut être exécutée" ;

12° A l'article L. 352-9, les mots : "et, le cas échéant, la décision de transfert sont annulés" sont remplacés par les mots : "est annulé" et les mots : "et, le cas échéant, la décision de transfert qui n'ont pas été contestées" sont remplacés par les mots : "qui n'a pas été contestée". – *[Anc. art. L. 213-8-2.]*

CHAPITRE IV DISPOSITIONS APPLICABLES DANS LES ÎLES WALLIS-ET-FUTUNA

Art. L. 364-1 Sous réserve des adaptations prévues par le présent chapitre, les dispositions suivantes sont applicables dans les îles Wallis-et-Futuna dans leur rédaction résultant de l'ordonnance n° 2020-1733 du 16 décembre 2020, sauf mention contraire dans le tableau ci-dessous. – *Tableau mod. par L. n° 2023-1059 du 20 nov. 2023, art. 58-II ; Décr. n° 2024-570 du 20 juin 2024, art. 5, en vigueur le 1er sept. 2024.*

Articles applicables	Dans leur rédaction résultant de
Au titre I	
L. 310-1	
L. 311-1 à L. 312-6	
L. 313-1 à L. 313-5	
L. 313-7 et L. 313-8	
Au titre II	
L. 320-1	
L. 321-1 à L. 323-2	
Au titre III	
L. 330-1	
L. 331-2	
L. 332-1 et L. 332-2	
L. 333-1 à L. 333-5	
Au titre IV	
L. 340-1	
L. 341-1 à L. 341-7	
L. 342-1	Loi n° 2023-1059 du 20 novembre 2023 d'orientation et de programmation du ministère de la justice 2023-2027
L. 342-2 et L. 342-3	
L. 342-4 à L. 342-7	Loi n° 2023-1059 du 20 novembre 2023 d'orientation et de programmation du ministère de la justice 2023-2027
L. 342-8	
L. 342-9	Loi n° 2023-1059 du 20 novembre 2023 d'orientation et de programmation du ministère de la justice 2023-2027

Articles applicables	Dans leur rédaction résultant de
L. 342-10	
L. 342-11 et L. 342-12	Loi n° 2023-1059 du 20 novembre 2023 d'orientation et de programmation du ministère de la justice 2023-2027
L. 342-13 à L. 342-15	
L. 342-16 et L. 342-17	Loi n° 2023-1059 du 20 novembre 2023 d'orientation et de programmation du ministère de la justice 2023-2027
L. 342-18 à L. 343-2	
L. 343-3	Loi n° 2023-1059 du 20 novembre 2023 d'orientation et de programmation du ministère de la justice 2023-2027
L. 343-4 à L. 343-9	
L. 343-10 et L. 343-11	Loi n° 2023-1059 du 20 novembre 2023 d'orientation et de programmation du ministère de la justice 2023-2027
Au titre V	
L. 350-1	
L. 351-1 à L. 352-6	
L. 352-7	Loi n° 2023-1059 du 20 novembre 2023 d'orientation et de programmation du ministère de la justice 2023-2027
L. 352-8	

Art. L. 364-2 Pour l'application du présent livre dans les îles Wallis-et-Futuna :

1° Les références au maire de la commune et au maire sont remplacées par la référence au chef de circonscription ;

2° A l'exception des articles L. 321-1 à L. 322-1 et L. 343-5, les mots : "en France" sont remplacés par les mots : "dans les îles Wallis-et-Futuna" ;

3° Les références au refus d'entrée sur le territoire français sont remplacées par la référence au refus d'entrée sur le territoire des îles Wallis-et-Futuna ;

4° L'article L. 311-1 est ainsi rédigé :

Art. L. 311-1 Pour entrer dans les îles Wallis-et-Futuna, tout étranger doit être muni :

1° Des documents et visas exigés par les conventions internationales et les règlements en vigueur ;

2° Sous réserve des conventions internationales, du justificatif d'hébergement prévu à l'article L. 313-1, s'il est requis, et des autres documents prévus par décret en Conseil d'État relatifs, d'une part, à l'objet et aux conditions de son séjour et, d'autre part, s'il y a lieu, à ses moyens d'existence, à la prise en charge par un opérateur d'assurance agréé des dépenses médicales et hospitalières, y compris d'aide sociale, résultant de soins qu'il pourrait engager dans les îles Wallis-et-Futuna, ainsi qu'aux garanties de son rapatriement ;

3° Des documents nécessaires à l'exercice d'une activité professionnelle s'il se propose d'en exercer une.

Par dérogation aux dispositions du présent article, les étrangers titulaires d'un titre de séjour ou du document de circulation délivré aux mineurs sont admis dans les îles Wallis-et-Futuna au seul vu de la présentation de ce titre et d'un document de voyage.

5° Le 2° de l'article L. 311-2, n'est pas applicable ;

6° A l'article L. 312-1, les mots : "à l'article 6 du règlement 2016/399 du Parlement européen et du Conseil du 9 mars 2016" et les mots : "par les chapitres II et III du titre III du règlement n° 810/2009 du Parlement européen et du Conseil du 13 juillet 2009 établissant un code communautaire des visas" sont remplacés par les mots : "par les conventions internationales et les règlements en vigueur" ;

7° A l'article L. 312-2 :

a) Les références aux articles *(L. n° 2024-42 du 26 janv. 2024, art. 30)* « L. 421-9, L. 421-11 », L. 421-15, L. 421-16, L. 421-23 et L. 421-24 sont supprimées ;

b) L'article est complété par un alinéa ainsi rédigé :

"L'assemblée territoriale des îles Wallis-et-Futuna est consultée préalablement à la délivrance du visa mentionné au présent article à la condition qu'il confère à son titulaire les droits attachés à un titre de séjour. A cette fin, les communications, transmissions et notifications entre les autorités consulaires et les services de l'administrateur supérieur des îles Wallis-et-Futuna peuvent s'effectuer par voie électronique, selon des modalités fixées par décret en Conseil d'État." ;

8° A l'article L. 312-4, la référence à l'article L. 426-5 est supprimée ;

9° A l'article L. 312-6, le quatrième alinéa est ainsi rédigé :

"3° Des personnes qui, après avis du conseil territorial, peuvent être regardées comme susceptibles de rendre, par leurs capacités ou leurs talents, des services importants aux îles Wallis-et-Futuna, ou se proposent d'y exercer des activités désintéressées."

10° A l'article L. 313-1, les mots : ", et constitue le document prévu par la convention signée à Schengen le 19 juin 1990 pour justifier les conditions de séjour dans les cas d'une visite familiale ou privée" sont supprimés ;

11° L'article L. 313-2 est ainsi rédigé :

Art. L. 313-2 L'attestation d'accueil, signée par l'hébergeant et accompagnée des pièces justificatives déterminées par décret en Conseil d'État, est présentée pour validation au chef de circonscription.

Elle est accompagnée de l'engagement de l'hébergeant à prendre en charge, pendant toute la durée de validité du visa, et au cas où l'étranger accueilli n'y pourvoirait pas, les frais de séjour dans les îles Wallis-et-Futuna de celui-ci, limités au montant des ressources exigées de la part de l'étranger pour son entrée dans les îles Wallis-et-Futuna en l'absence d'une attestation d'accueil.

12° L'article L. 313-4 est ainsi rédigé :

Art. L. 313-4 A la demande du chef de circonscription, des agents spécialement habilités des services de l'administrateur supérieur des îles Wallis-et-Futuna chargés des affaires sociales ou du logement peuvent procéder à des vérifications sur place. Les agents qui sont habilités à procéder à ces vérifications ne peuvent pénétrer chez l'hébergeant qu'après s'être assurés du consentement, donné par écrit, de celui-ci. En cas de refus de l'hébergeant, les conditions normales de logement sont réputées non remplies.

13° A l'article L. 331-2, les mots : "frontières extérieures" et les mots : "au chapitre II du titre II du règlement 2016/399 du Parlement européen et du Conseil du 9 mars 2016" sont respectivement remplacés par les mots : "frontières" et par les mots : "par les conventions internationales et les règlements en vigueur" ;

14° L'article L. 341-2 est complété par un alinéa ainsi rédigé :

"La décision peut être renouvelée dans les mêmes conditions et pour la même durée. Lorsque la notification faite à l'étranger mentionne que le procureur de la République a été informé sans délai de la décision de maintien en zone d'attente ou de son renouvellement, cette mention fait foi sauf preuve contraire."

15° A l'article L. 342-1, les mots : "de quatre jours" et les mots : "huit jours" sont respectivement remplacés par les mots : "d'une durée maximale de quatre jours, renouvelable une fois pour la même durée" et par les mots : "dix jours" ;

16° A l'article L. 342-4, les mots : "douze jours", "huit jours", "six derniers jours" et "six jours" sont respectivement remplacés par les mots : "dix-huit jours", "dix jours", "quatre derniers jours" et "quatre jours" ;

17° A l'article L. 342-5, les mots : "dans les vingt-quatre heures de sa saisine ou, lorsque les nécessités de l'instruction l'imposent, dans les quarante-huit heures de celle-ci" sont supprimés ;

18° L'article L. 342-6 est ainsi rédigé :

Art. L. 342-6 Le juge *(Abrogé par L. n° 2023-1059 du 20 nov. 2023, art. 44-I ; Décr. n° 2024-570 du 20 juin 2024, art. 5, en vigueur le 1er sept. 2024)* « *des libertés et de la détention* » statue au siège du tribunal de première instance. Toutefois, si une salle d'audience attribuée au ministère de la Justice lui permettant de statuer publiquement a été spécialement aménagée sur l'emprise portuaire ou aéroportuaire, il statue dans cette salle.

Sauf s'il en résulte une atteinte à l'intimité de la vie privée, ou si toutes les parties le demandent, ou s'il survient des désordres de nature à troubler la sérénité de la justice, le juge *(Abrogé par L. n° 2023-1059 du 20 nov. 2023, art. 44-I ; Décr. n° 2024-570 du 20 juin 2024, art. 5, en vigueur le 1er sept. 2024)* « *des libertés et de la détention* » statue publiquement.

En cas de nécessité, le président du tribunal de première instance peut décider de tenir une seconde audience au siège du tribunal de première instance, le même jour que celle qui se tient dans la salle spécialement aménagée.

19° L'article L. 342-12 est complété par l'alinéa suivant :
"Par décision du premier président de la cour d'appel ou de son délégué, sur proposition de l'administrateur supérieur dans les îles Wallis-et-Futuna, l'audience peut se dérouler avec l'utilisation de moyens de télécommunication audiovisuelle dans les conditions prévues à l'article L. 342-7."

20° A l'article L. 343-1, les mots : "hors de France" sont remplacés par les mots : "hors du territoire des îles Wallis-et-Futuna" ;

21° Aux articles L. 343-5, L. 343-7 et L. 343-8, après les mots : "mentionnée à l'article L. 7111-6 du code du travail" sont insérés les mots : "ou reconnus comme journalistes en application des dispositions ayant le même objet applicables dans la collectivité" ;

22° Le 1° de l'article L. 351-1 n'est pas applicable ;

23° Le 1° de l'article L. 352-1, n'est pas applicable ;

24° A l'article L. 352-2, les mots : "Sauf dans le cas où l'examen de la demande d'asile relève de la compétence d'un autre État" sont supprimés ;

25° A l'article L. 352-4, les mots : "et, le cas échéant, d'une décision de transfert mentionnée à l'article L. 572-1" sont supprimés ;

26° A l'article L. 352-8, les mots : "et, le cas échéant, la décision de transfert ne peuvent être exécutées" sont remplacés par les mots : "ne peut être exécutée" ;

27° A l'article L. 352-9, les mots : "et, le cas échéant, la décision de transfert sont annulés" sont remplacés par les mots : "est annulé" et les mots : "et, le cas échéant, la décision de transfert qui n'ont pas été contestées" sont remplacés par les mots : "qui n'a pas été contestée".

CHAPITRE V DISPOSITIONS APPLICABLES EN POLYNÉSIE FRANÇAISE

Art. L. 365-1 **Sous réserve des adaptations prévues par le présent chapitre, les dispositions suivantes sont applicables en Polynésie française dans leur rédaction résultant de l'ordonnance n° 2020-1733 du 16 décembre 2020, sauf mention contraire ou mention de leur application de plein droit dans le tableau ci-dessous.** — *Tableau mod. par L. n° 2023-1059 du 20 nov. 2023, art. 58-II ; Décr. n° 2024-570 du 20 juin 2024, art. 5, en vigueur le 1er sept. 2024.*

Articles applicables	Dans leur rédaction résultant de
Au titre I	
L. 310-1	
L. 311-1 à L. 312-6	
L. 313-1 à L. 313-5	
L. 313-7 et L. 313-8	
Au titre II	
L. 320-1	
L. 321-1 à L. 323-2	

Articles applicables	Dans leur rédaction résultant de
Au titre III	
L. 330-1	
L. 331-2	
L. 332-1 et L. 332-2	
L. 333-1 à L. 333-5	
Au titre IV	
L. 340-1	
L. 341-1 à L. 341-7	
L. 342-1	Loi n° 2023-1059 du 20 novembre 2023 d'orientation et de programmation du ministère de la justice 2023-2027
L. 342-2 et L. 342-3	
L. 342-4 à L. 342-7	Loi n° 2023-1059 du 20 novembre 2023 d'orientation et de programmation du ministère de la justice 2023-2027
L. 342-8	
L. 342-9	Loi n° 2023-1059 du 20 novembre 2023 d'orientation et de programmation du ministère de la justice 2023-2027
L. 342-10	
L. 342-11 et L. 342-12	Loi n° 2023-1059 du 20 novembre 2023 d'orientation et de programmation du ministère de la justice 2023-2027
L. 342-13 à L. 342-15	
L. 342-16 et L. 342-17	Loi n° 2023-1059 du 20 novembre 2023 d'orientation et de programmation du ministère de la justice 2023-2027
L. 342-18 à L. 343-2	
L. 343-3	Loi n° 2023-1059 du 20 novembre 2023 d'orientation et de programmation du ministère de la justice 2023-2027
L. 343-4 à L. 343-9	
L. 343-10 et L. 343-11	Loi n° 2023-1059 du 20 novembre 2023 d'orientation et de programmation du ministère de la justice 2023-2027
Au titre V	
L. 350-1	
L. 351-1 à L. 352-3	
L. 352-4 à L. 352-6	Application de plein droit
L. 352-7	Loi n° 2023-1059 du 20 novembre 2023 d'orientation et de programmation du ministère de la justice 2023-2027
L. 352-8	
L. 352-9	Application de plein droit

Art. L. 365-2 Pour l'application du présent livre en Polynésie française :

1° A l'exception des articles L. 321-1 à L. 322-1 et L. 343-5, les mots : "en France" sont remplacés par les mots : "sur le territoire de la Polynésie française" ;

2° Les références au refus d'entrée sur le territoire français sont remplacées par la référence au refus d'entrée sur le territoire de la Polynésie française ;

3° L'article L. 311-1 est ainsi rédigé :

Art. L. 311-1 Pour entrer en Polynésie française, tout étranger doit être muni :

1° Des documents et visas exigés par les conventions internationales et les règlements en vigueur ;

2° Sous réserve des conventions internationales, du justificatif d'hébergement prévu à l'article L. 313-1, s'il est requis, et des autres documents prévus par décret en Conseil d'État relatifs, d'une part, à l'objet et aux conditions de son séjour et, d'autre part, s'il y a lieu, à ses moyens d'existence, à la prise en charge par un opérateur d'assurance agréé des dépenses médicales et hospitalières, y compris d'aide sociale, résultant de soins qu'il pourrait engager en Polynésie française, ainsi qu'aux garanties de son rapatriement ;

3° Des documents nécessaires à l'exercice d'une activité professionnelle s'il se propose d'en exercer une.

Par dérogation aux dispositions du présent article, les étrangers titulaires d'un titre de séjour ou du document de circulation délivré aux mineurs sont admis en Polynésie française au seul vu de la présentation de ce titre et d'un document de voyage.

4° Le 2° de l'article L. 311-2 n'est pas applicable ;

5° A l'article L. 312-1, les mots : "à l'article 6 du règlement 2016/399 du Parlement européen et du Conseil du 9 mars 2016" et les mots : "par les chapitres II et III du titre III du règlement n° 810/2009 du Parlement européen et du Conseil du 13 juillet 2009 établissant un code communautaire des visas" sont remplacés par les mots : "par les conventions internationales et les règlements en vigueur" ;

6° A l'article L. 312-2 :

a) les références aux articles *(L. n° 2024-42 du 26 janv. 2024, art. 30)* « L. 421-9, L. 421-11 », L. 421-15, L. 421-16, L. 421-23 et L. 421-24 sont supprimées ;

b) l'article est complété par un alinéa ainsi rédigé :

"Le gouvernement de la Polynésie française est consulté préalablement à la délivrance du visa mentionné au deuxième alinéa du présent article à la condition qu'il confère à son titulaire les droits attachés à un titre de séjour. A cette fin, les communications, transmissions et notifications entre les autorités consulaires et les services du haut-commissariat de la République en Polynésie française peuvent s'effectuer par voie électronique, selon des modalités fixées par décret en Conseil d'État."

7° A l'article L. 312-6, le quatrième alinéa est ainsi rédigé :

"3° Des personnes qui, après avis du conseil des ministres, peuvent être regardées comme susceptibles de rendre, par leurs capacités ou leurs talents, des services importants à la Polynésie française, ou se proposent d'y exercer des activités désintéressées."

8° A l'article L. 313-1, les mots : ", et constitue le document prévu par la convention signée à Schengen le 19 juin 1990 pour justifier les conditions de séjour dans les cas d'une visite familiale ou privée" sont supprimés ;

9° L'article L. 313-2 est ainsi rédigé :

Art. L. 313-2 L'attestation d'accueil, signée par l'hébergeant et accompagnée des pièces justificatives déterminées par décret en Conseil d'État, est présentée pour validation au maire de la commune du lieu d'hébergement, agissant en qualité d'agent de l'État.

Elle est accompagnée de l'engagement de l'hébergeant à prendre en charge, pendant toute la durée de validité du visa, et au cas où l'étranger accueilli n'y pourvoirait pas, les frais de séjour en Polynésie française de celui-ci, limités au montant des ressources exigées de la part de l'étranger pour son entrée en Polynésie française en l'absence d'une attestation d'accueil.

10° L'article L. 313-4 est ainsi rédigé :

Art. L. 313-4 A la demande du maire, des agents spécialement habilités des services de la commune peuvent procéder à des vérifications sur place. Les agents qui sont habilités à procéder à ces vérifications ne peuvent pénétrer chez l'hébergeant qu'après s'être assurés du consentement, donné par écrit, de celui-ci. En cas de refus de l'hébergeant, les conditions normales de logement sont réputées non remplies.

11° A l'article L. 313-5, les mots : "les maires" sont remplacés par les mots : "le haut-commissaire de la République en Polynésie-française et mis à la disposition des maires" ;

12° A l'article L. 331-2, les mots : "frontières extérieures" et les mots : "au chapitre II du titre II du règlement 2016/399 du Parlement européen et du Conseil du 9 mars 2016" sont respectivement remplacés par les mots : "frontières" et par les mots : "par les conventions internationales et les règlements en vigueur" ;

13° L'article L. 341-2 est complété par un alinéa ainsi rédigé :

"La décision peut être renouvelée dans les mêmes conditions et pour la même durée. Lorsque la notification faite à l'étranger mentionne que le procureur de la République a été informé sans délai de la décision de maintien en zone d'attente ou de son renouvellement, cette mention fait foi sauf preuve contraire."

14° A l'article L. 342-1, les mots : "de quatre jours" et "huit jours" sont respectivement remplacés par les mots : "d'une durée maximale de quatre jours, renouvelable une fois pour la même durée" et "dix jours" ;

15° A l'article L. 342-4, les mots : "douze jours", "huit jours", "six derniers jours" et "six jours" sont respectivement remplacés par les mots : "dix-huit jours", "dix jours", "quatre derniers jours" et "quatre jours" ;

16° A l'article L. 342-5, les mots : "dans les vingt-quatre heures de sa saisine ou, lorsque les nécessités de l'instruction l'imposent, dans les quarante-huit heures de celle-ci" sont supprimés ;

17° L'article L. 342-6 est ainsi rédigé :

Art. L. 342-6 Le juge *(Abrogé par L. n° 2023-1059 du 20 nov. 2023, art. 44-I ; Décr. n° 2024-570 du 20 juin 2024, art. 5, en vigueur le 1er sept. 2024) « des libertés et de la détention »* statue au siège du tribunal de première instance. Toutefois, si une salle d'audience attribuée au ministère de la Justice lui permettant de statuer publiquement a été spécialement aménagée sur l'emprise portuaire ou aéroportuaire, il statue dans cette salle.

Sauf s'il en résulte une atteinte à l'intimité de la vie privée, ou si toutes les parties le demandent, ou s'il survient des désordres de nature à troubler la sérénité de la justice, le juge *(Abrogé par L. n° 2023-1059 du 20 nov. 2023, art. 44-I ; Décr. n° 2024-570 du 20 juin 2024, art. 5, en vigueur le 1er sept. 2024) « des libertés et de la détention »* statue publiquement.

En cas de nécessité, le président du tribunal de première instance peut décider de tenir une seconde audience au siège du tribunal de première instance, le même jour que celle qui se tient dans la salle spécialement aménagée.

18° L'article L. 342-12 est complété par un alinéa ainsi rédigé :

"Par décision du premier président de la cour d'appel ou de son délégué, sur proposition du haut-commissaire de la République en Polynésie française, et avec le consentement de l'étranger, l'audience peut se dérouler avec l'utilisation de moyens de télécommunication audiovisuelle dans les conditions prévues à l'article L. 342-7."

19° A l'article L. 343-1, les mots : "hors de France" sont remplacés par les mots : "hors du territoire de la Polynésie française" ;

20° Aux articles L. 343-5, L. 343-7 et L. 343-8, après les mots : "mentionnée à l'article L. 7111-6 du code du travail" sont insérés les mots : "ou reconnus comme journalistes en application des dispositions ayant le même objet dans la collectivité" ;

21° Le 1° de l'article L. 351-1 n'est pas applicable ;

22° Le 1° de l'article L. 352-1 n'est pas applicable ;

23° A l'article L. 352-2, les mots : "Sauf dans le cas où l'examen de la demande d'asile relève de la compétence d'un autre État" sont supprimés ;

24° A l'article L. 352-4, les mots : "et, le cas échéant, d'une décision de transfert mentionnée à l'article L. 572-1" et les mots ; "et, le cas échéant, contre la décision de transfert" sont supprimés ;

25° A l'article L. 352-8, les mots : "et, le cas échéant, la décision de transfert ne peuvent être exécutées" sont remplacés par les mots : "ne peut être exécutée" ;

26° A l'article L. 352-9, les mots : "et, le cas échéant, la décision de transfert sont annulés" sont remplacés par les mots : "est annulé" et les mots : "et, le cas échéant, la décision de transfert qui n'ont pas été contestées" sont remplacés par les mots : "qui n'a pas été contestée".

CHAPITRE VI DISPOSITIONS APPLICABLES EN NOUVELLE-CALÉDONIE

Art. L. 366-1 Sous réserve des adaptations prévues par le présent chapitre, les dispositions suivantes sont applicables en Nouvelle-Calédonie dans leur rédaction résultant de l'ordonnance n° 2020-1733 du 16 décembre 2020, sauf mention contraire ou mention de leur application de plein droit dans le tableau ci-dessous. – *Tableau mod. par L. n° 2023-1059 du 20 nov. 2023, art. 58-II ; Décr. n° 2024-570 du 20 juin 2024, art. 5, en vigueur le 1er sept. 2024.*

Articles applicables	Dans leur rédaction résultant de
Au titre I	
L. 310-1	
L. 311-1 à L. 312-6	
L. 313-1 à L. 313-5	
L. 313-7 et L. 313-8	
Au titre II	
L. 320-1	
L. 321-1 à L. 323-2	
Au titre III	
L. 330-1	
L. 331-2	
L. 332-1 et L. 332-2	
L. 333-1 à L. 333-5	
Au titre IV	
L. 340-1	
L. 341-1 à L. 341-7	
L. 342-1	Loi n° 2023-1059 du 20 novembre 2023 d'orientation et de programmation du ministère de la justice 2023-2027
L. 342-2 et L. 342-3	
L. 342-4 à L. 342-7	Loi n° 2023-1059 du 20 novembre 2023 d'orientation et de programmation du ministère de la justice 2023-2027
L. 342-8	
L. 342-9	Loi n° 2023-1059 du 20 novembre 2023 d'orientation et de programmation du ministère de la justice 2023-2027
L. 342-10	
L. 342-11 et L. 342-12	Loi n° 2023-1059 du 20 novembre 2023 d'orientation et de programmation du ministère de la justice 2023-2027
L. 342-13 à L. 342-15	
L. 342-16 et L. 342-17	Loi n° 2023-1059 du 20 novembre 2023 d'orientation et de programmation du ministère de la justice 2023-2027
L. 342-18 à L. 343-2	
L. 343-3	Loi n° 2023-1059 du 20 novembre 2023 d'orientation et de programmation du ministère de la justice 2023-2027
L. 343-4 à L. 343-9	

Articles applicables	Dans leur rédaction résultant de
L. 343-10 et L. 343-11	Loi n° 2023-1059 du 20 novembre 2023 d'orientation et de programmation du ministère de la justice 2023-2027
Au titre V	
L. 350-1	
L. 351-1 à L. 352-3	
L. 352-4 à L. 352-6	Application de plein droit
L. 352-7	Loi n° 2023-1059 du 20 novembre 2023 d'orientation et de programmation du ministère de la justice 2023-2027
L. 352-8	
L. 352-9	Application de plein droit

Art. L. 366-2 Pour l'application du présent livre en Nouvelle-Calédonie :

1° A l'exception des articles L. 321-1 à L. 322-1 et L. 343-5, les mots : "en France" sont remplacés par les mots : "sur le territoire de la Nouvelle-Calédonie" ;

2° Les références au refus d'entrée sur le territoire français sont remplacées par la référence au refus d'entrée sur le territoire de la Nouvelle-Calédonie ;

3° L'article L. 311-1 est ainsi rédigé :

Art. L. 311-1 Pour entrer sur le territoire de la Nouvelle-Calédonie, tout étranger doit être muni :

1° Des documents et visas exigés par les conventions internationales et les règlements en vigueur ;

2° Sous réserve des conventions internationales, du justificatif d'hébergement prévu à l'article L. 313-1, s'il est requis, et des autres documents prévus par décret en Conseil d'État relatifs, d'une part, à l'objet et aux conditions de son séjour et, d'autre part, s'il y a lieu, à ses moyens d'existence, à la prise en charge par un opérateur d'assurance agréé des dépenses médicales et hospitalières, y compris d'aide sociale, résultant de soins qu'il pourrait engager en Nouvelle-Calédonie, ainsi qu'aux garanties de son rapatriement ;

3° Des documents nécessaires à l'exercice d'une activité professionnelle s'il se propose d'en exercer une.

Par dérogation aux dispositions du présent article, les étrangers titulaires d'un titre de séjour ou du document de circulation délivré aux mineurs sont admis en Nouvelle-Calédonie au seul vu de la présentation de ce titre et d'un document de voyage.

4° Le 2° de l'article L. 311-2 n'est pas applicable ;

5° A l'article L. 312-1, les mots : "à l'article 6 du règlement 2016/399 du Parlement européen et du Conseil du 9 mars 2016" et les mots : "par les chapitres II et III du titre III du règlement n° 810/2009 du Parlement européen et du Conseil du 13 juillet 2009 établissant un code communautaire des visas" sont remplacés par les mots : "par les conventions internationales et les règlements en vigueur" ;

6° A l'article L. 312-2 :

a) les références aux articles *(L. n° 2024-42 du 26 janv. 2024, art. 30)* « L. 421-9, L. 421-11 », L. 421-15, L. 421-16, L. 421-23 et L. 421-24 sont supprimées ;

b) l'article est complété par un alinéa ainsi rédigé :

"Le gouvernement de la Nouvelle-Calédonie est consulté par le haut-commissaire de la République en Nouvelle-Calédonie préalablement à la délivrance du visa mentionné au deuxième alinéa du présent article. A cette fin, les communications, transmissions et notifications entre les autorités consulaires et les services du haut-commissariat en Nouvelle-Calédonie peuvent s'effectuer par voie électronique, selon des modalités fixées par décret en Conseil d'État."

7° A l'article L. 312-6, le quatrième alinéa est ainsi rédigé :

"3° Des personnes qui, de l'avis du gouvernement de la Nouvelle-Calédonie, consulté en application de L. 312-2, peuvent rendre, par leurs capacités ou leurs talents, des services importants à la Nouvelle-Calédonie ou se proposent d'y exercer des activités désintéressées."

8° A l'article L. 313-1, les mots : ", et constitue le document prévu par la convention signée à Schengen le 19 juin 1990 pour justifier les conditions de séjour dans les cas d'une visite familiale ou privée" sont supprimés ;

9° L'article L. 313-2 est ainsi rédigé :

Art. L. 313-2 L'attestation d'accueil, signée par l'hébergeant et accompagnée des pièces justificatives déterminées par décret en Conseil d'État, est présentée pour validation au maire de la commune du lieu d'hébergement, agissant en qualité d'agent de l'État.

Elle est accompagnée de l'engagement de l'hébergeant à prendre en charge, pendant toute la durée de validité du visa, et au cas où l'étranger accueilli n'y pourvoirait pas, les frais de séjour en Nouvelle-Calédonie de celui-ci, limités au montant des ressources exigées de la part de l'étranger pour son entrée en Nouvelle-Calédonie en l'absence d'une attestation d'accueil.

10° L'article L. 313-4 est ainsi rédigé :

Art. L. 313-4 A la demande du maire, des agents spécialement habilités des services de la commune peuvent procéder à des vérifications sur place. Les agents qui sont habilités à procéder à ces vérifications ne peuvent pénétrer chez l'hébergeant qu'après s'être assurés du consentement, donné par écrit, de celui-ci. En cas de refus de l'hébergeant, les conditions normales de logement sont réputées non remplies.

11° A l'article L. 313-5, les mots : "les maires" sont remplacés par les mots : "le haut-commissaire de la République en Nouvelle-Calédonie et mis à la disposition des maires" ;

12° A l'article L. 331-2, les mots : "frontières extérieures" et les mots : "au chapitre II du titre II du règlement 2016/399 du Parlement européen et du Conseil du 9 mars 2016" sont respectivement remplacés par les mots : "frontières" et par les mots : "par les conventions internationales et les règlements en vigueur" ;

13° L'article L. 341-2 est complété par un alinéa ainsi rédigé :

"La décision peut être renouvelée dans les mêmes conditions et pour la même durée. Lorsque la notification faite à l'étranger mentionne que le procureur de la République a été informé sans délai de la décision de maintien en zone d'attente ou de son renouvellement, cette mention fait foi sauf preuve contraire."

14° A l'article L. 342-1, les mots : "de quatre jours" et "huit jours" sont respectivement remplacés par les mots : "d'une durée maximale de quatre jours, renouvelable une fois pour la même durée" et "dix jours" ;

15° A l'article L. 342-4, les mots : "douze jours", "huit jours", "six derniers jours" et "six jours" sont respectivement remplacés par les mots : "dix-huit jours", "dix jours", "quatre derniers jours" et "quatre jours" ;

16° A l'article L. 342-5, les mots : "dans les vingt-quatre heures de sa saisine ou, lorsque les nécessités de l'instruction l'imposent, dans les quarante-huit heures de celle-ci" sont supprimés ;

17° L'article L. 342-6 est ainsi rédigé :

Art. L. 342-6 Le juge *(Abrogé par L. n° 2023-1059 du 20 nov. 2023, art. 44-I ; Décr. n° 2024-570 du 20 juin 2024, art. 5, en vigueur le 1er sept. 2024)* « *des libertés et de la détention* » statue au siège du tribunal de première instance. Toutefois, si une salle d'audience attribuée au ministère de la Justice lui permettant de statuer publiquement a été spécialement aménagée sur l'emprise portuaire ou aéroportuaire, il statue dans cette salle.

Sauf s'il en résulte une atteinte à l'intimité de la vie privée, ou si toutes les parties le demandent, ou s'il survient des désordres de nature à troubler la sérénité de la justice, le juge *(Abrogé par L. n° 2023-1059 du 20 nov. 2023, art. 44-I ; Décr. n° 2024-570 du 20 juin 2024, art. 5, en vigueur le 1er sept. 2024)* « *des libertés et de la détention* » statue publiquement.

En cas de nécessité, le président du tribunal de première instance peut décider de tenir une seconde audience au siège du tribunal de première instance, le même jour que celle qui se tient dans la salle spécialement aménagée.

18° L'article L. 342-12, est complété par un alinéa ainsi rédigé :

"Par décision du premier président de la cour d'appel ou de son délégué, sur proposition du haut-commissaire de la République en Nouvelle-Calédonie, et avec le consentement de l'étranger, l'audience peut se dérouler avec l'utilisation de moyens de télécommunication audiovisuelle dans les conditions prévues à l'article L. 342-7."

19° A l'article L. 343-1, les mots : "hors de France" sont remplacés par les mots : "hors du territoire de la Nouvelle-Calédonie" ;

20° Aux articles L. 343-5, L. 343-7 et L. 343-8, après les mots : "mentionnée à l'article L. 7111-6 du code du travail" sont insérés les mots : "ou reconnus comme journalistes en application des dispositions ayant le même objet dans la collectivité" ;

21° Le 1° de l'article L. 351-1 n'est pas applicable ;

22° Les dispositions du 1° de l'article L. 352-1 ne sont pas applicables ;

23° A l'article L. 352-2, les mots : "Sauf dans le cas où l'examen de la demande d'asile relève de la compétence d'un autre État" sont supprimés ;

24° A l'article L. 352-4, les mots : "et, le cas échéant, d'une décision de transfert mentionnée à l'article L. 572-1" et les mots : "et, le cas échéant, contre la décision de transfert" sont supprimés ;

25° A l'article L. 352-8, les mots : "et, le cas échéant, la décision de transfert ne peuvent être exécutées" sont remplacés par les mots : "ne peut être exécutée" ;

26° A l'article L. 352-9, les mots : "et, le cas échéant, la décision de transfert sont annulés" sont remplacés par les mots : "est annulé" et les mots : "et, le cas échéant, la décision de transfert qui n'ont pas été contestées" sont remplacés par les mots : "qui n'a pas été contestée".

CHAPITRE VII **DISPOSITIONS APPLICABLES DANS LES TERRES AUSTRALES ET ANTARCTIQUES FRANÇAISES**

Art. L. 367-1 Pour entrer dans les Terres australes et antarctiques françaises, tout étranger doit être muni des documents et visas exigés par les conventions internationales et les règlements en vigueur. Lorsqu'un visa est requis, il est délivré après accord de l'administrateur supérieur des Terres australes et antarctiques françaises.

Les dispositions du présent chapitre ne sont pas applicables aux agents diplomatiques et aux consuls de carrière. – *[L. n° 71-569 du 15 juill. 1971, art. 7.]*

Art. L. 367-2 L'accord mentionné à l'article L. 367-1 doit être demandé un mois au moins avant la date d'arrivée sur le territoire. L'autorité diplomatique ou consulaire peut solliciter une réduction de ce délai dans les situations d'urgence.

L'administrateur supérieur précise la durée et les conditions du séjour de l'intéressé dans le territoire des Terres australes et antarctiques françaises. – *[L. n° 71-569 du 15 juill. 1971, art. 8.]*

Art. L. 367-3 Dans l'hypothèse où un étranger débarque dans les Terres australes et antarctiques sans être muni des documents et visas mentionnés à l'article L. 367-1, le chef de district peut refuser son admission sur le territoire ; en ce cas, il l'invite à quitter le territoire dès que possible. – *[L. n° 71-569 du 15 juill. 1971, art. 9.]*

Art. L. 367-4 Lorsque l'admission d'un étranger est refusée dans les Terres australes et antarctiques françaises, la personne qui l'a acheminé est tenue de le ramener, à la requête de l'administrateur supérieur, sans délai et à ses frais, au point où il a commencé à utiliser le moyen de transport de cette personne, ou, en cas d'impossibilité, dans l'État qui a délivré le document de voyage avec lequel il a voyagé, ou en tout autre lieu où il peut être admis. – *[L. n° 71-569 du 15 juill. 1971, art. 10, al. 1er.]*

Art. L. 367-5 Si l'étranger qui n'a pas été admis à entrer dans les Terres australes et antarctiques françaises n'a pu être débarqué sur un territoire étranger dans les conditions prévues à l'article L. 367-4, les autorités du bord sont chargées de le remettre aux autorités chargées du contrôle des personnes à la frontière à la prochaine escale française. – *[L. n° 71-569 du 15 juill. 1971, art. 11.]*

Art. L. 367-6 Des arrêtés conjoints du ministre de l'intérieur et du ministre chargé de l'outre-mer fixent, en tant que de besoin, les modalités d'application des dispositions du présent chapitre. – *[L. n° 71-569 du 15 juill. 1971, art. 16 (applicable pour les dispositions de ses art. 7 à 15).]*

LIVRE IV SÉJOUR EN FRANCE

BIBL. ▶ Dossier « Titres de séjour », *AJ fam. n° 3/2021*. – ZOUINE, Le passage d'un titre de séjour à un autre, *AJ fam. 150* ; Catégories des titres de séjour dans le nouveau CESEDA à compter du 1er mai 2021, *ibid. 151* ; Rupture du droit au séjour due aux délais excessifs de convocation et dématérialisation de l'accès aux guichets, *ibid. 154* ; Accès au séjour des familles avec ou sans enfants, *ibid. 157* ; Le droit au séjour des ressortissants britanniques et de leur famille, *ibid. 176*. – JAULT-SESEKE, Le séjour des membres de la famille : regard sur la jurisprudence récente de la CJUE, *ibid. 155*. – GUITTON, L'accès au séjour des mineur(e)s et jeunes majeur(e)s isolé(e)s, *ibid. 161* ; Articulation de la demande d'asile des mineur(e)s isolé(e)s avec les voies d'accès au séjour réservées aux mineur(e)s confié(e)s à l'aide sociale à l'enfance, *ibid. 173*. – BRUGGIAMOSCA, Le défi de la régularisation pour les jeunes majeurs isolés étrangers, *ibid. 174*. – FERMAUD, Le droit au séjour de l'étranger salarié : entre incitation et encadrement, *JCP Adm. 2009, nos 11-12, p. 59*. – GISTI, Travailler après des études en France : le changement de statut : Les notes pratiques, 2e éd., oct. 2022. – JAULT-SESEKE, Dossier « Mariage, PACS, concubinage : le guide » : Droit de séjour des étrangers, *AJ fam. 2015. 40*. – PRADA-BORDENAVE, Le refus de renouvellement d'un certificat de résidence pour des raisons d'ordre public, *RFDA 2001. 817*. – PÉTOT, La régularisation de la situation des étrangers dépourvus de titre de séjour, *RDP 1997. 1217*.

V. liste des pièces justificatives exigées pour la délivrance des titres de séjour prévus par le présent Liv. (Annexe 10 du CESEDA), infra, ss. fin du Liv. IV.

COMMENTAIRE

L'ordonnance n° 2020-1733 du 16 décembre 2020 de recodification a profondément modifié la structure de ce livre IV consacré au séjour : il comprend désormais quatre titres respectivement consacrés aux dispositions générales (conditions de séjour et intégration républicaine), aux catégories de titres de séjour (en distinguant selon les motifs : professionnel, études, motif familial, bénéficiaires d'une protection internationale, autres motifs), à la procédure administrative (demande, renouvellement, refus et retrait des titres de séjour ; regroupement familial et admission exceptionnelle au séjour) et enfin aux dispositions applicables outre-mer.

Cet effort de clarification n'a toutefois pas fait disparaître la complexité des dispositions relatives aux titres de séjour en raison de leur diversité. En effet, la *summa divisio* en la matière était fondée sur la nature juridique du titre de séjour, distinguant ainsi la carte de séjour temporaire (valable seulement un an et ne devant ainsi pas nécessairement conduire à l'établissement en France) de la carte de résident (valable dix ans et pouvant mener à l'attribution de la nationalité française). Cette distinction existe toujours mais elle a sensiblement perdu de sa vertu explicative, notamment depuis que la loi n° 2016-274 du 7 mars 2016 relative au droit des étrangers en France a procédé à la généralisation d'un titre de séjour pluriannuel pour réduire le nombre de passages en préfecture. On dénombre en effet aujourd'hui cinq millions de passages par an, 99 % d'entre eux visant à renouveler un titre. Aussi, plutôt qu'un renouvellement annuel, les étrangers peuvent, au bout d'un an de séjour, se voir délivrer un titre d'une validité maximale de quatre ans (V. art. L. 433-4 à L. 433-6). Ce n'est qu'à l'issue de ce délai qu'ils pourront prétendre à la délivrance de la carte de résident de dix ans. Le texte unifie ensuite le régime des titres pouvant être délivrés aux talents étrangers avec la création d'un unique « passeport talent », valable jusqu'à quatre ans pour l'étranger et sa famille. Seront concernés les investisseurs, les chercheurs, les artistes et les salariés qualifiés.

Titres valides et documents provisoires de séjour par type de document

	2016	2017	2018	2019	2020	2020/2019
Documents provisoires	249 617	251 650	272 565	303 393	269 852	- 11,1 %
Visa long séjour valant titre de séjour	60 867	68 324	72 441	108 299	73 707	- 31,9 %
Carte de séjour temporaire	470 852	246 110	210 619	203 402	207 356	+ 1,9 %

	2016	2017	2018	2019	2020	2020/2019
Carte de séjour pluriannuelle	30 202	303 613	437 654	508 832	581 170	+ 14,2 %

	2016	2017	2018	2019	2020	2020/2019
Compétences et talents	1 527	851	366	-	-	-
Retraite	4 770	4 944	5 170	5 199	4 881	- 6,1 %
Certificat de résidence pour Algérien	564 936	579 614	591 410	590 131	599 738	+ 1,6 %
Carte de résident et résident longue durée	1 412 222	1 475 279	1 494 272	1 530 550	1 562 077	+2,1 %
Titres communautaires	31 350	35 249	38 651	42 878	45 935	+ 7,1 %
Total	**2 826 343**	**2 965 634**	**3 123 148**	**3 292 684**	**3 334 716**	**+ 1,6 %**

Source : AGDREF/DSED
Champ : France métropolitaine/Ressortissants pays tiers

D'après le ministère de l'Intérieur, ce sont plus de 320 000 premiers titres de séjour qui ont été délivrés en 2022, principalement au profit d'étudiants (près de 110 000 titres) et au titre de l'immigration familiale (un peu plus de 90 000 titres).

Bien plus, les titres de séjour (et en particulier la carte de séjour temporaire) font désormais l'objet d'une spécialisation en fonction de leur nature. Il existe ainsi diverses catégories de cartes de séjour temporaire qui obéissent à des modes de délivrance différents et n'autorisent que certaines activités. Cette diversité pose en outre de redoutables difficultés en cas de volonté de l'étranger de changer de statut (par ex. l'étudiant qui, une fois son cursus terminé, souhaite une carte lui permettant d'exercer une activité professionnelle).

Primodélivrance de titres de séjour par motif d'admission

	2016	2017	2018	2019	2020	2020/2019
Économique	22 982	27 467	33 675	39 131	26 583	- 32,1 %
Familial	89 124	88 737	91 017	90 502	75 482	- 16,6 %
Étudiant	73 644	80 339	83 700	90 336	72 306	- 20,0 %
Humanitaire	29 862	36 429	34 979	37 851	30 739	- 18,8 %
Divers	14 741	14 464	15 558	19 586	14 192	- 27,5 %
Total	**230 353**	**247 436**	**258 929**	**277 406**	**219 302**	**- 20,9 %**

Source : AGDREF/DSED
Champ : France métropolitaine/Ressortissants pays tiers

On constate ainsi que la plupart des titres de séjour concernent les familles (34 %) et les étudiants (33 %) ; les bénéficiaires d'une protection internationale (réfugiés, apatrides, bénéficiaires de la protection subsidiaire) représentent 14 % du total tandis que les motifs économiques regroupent 12 % du total des titres de séjour délivrés.

Comme le relève la Cour des comptes dans son rapport thématique de janvier 2020, « Bien qu'ils soient en augmentation, ces chiffres placent la France parmi les grands pays les plus restrictifs en termes de séjour. Avec une moyenne de 3,72 titres de séjour accordés pour 1 000 habitants en 2016, la France se situe nettement en deçà ; de la Suède (14,53 titres), de l'Allemagne (12,18 titres) ou de l'Espagne (7,65 titres), seuls les États-Unis délivrant moins de titres que notre pays (3,67 titres). Par ailleurs, dans le contexte de "la crise européenne de l'asile", la France a accueilli 1,86 demandeur d'asile pour 1 000 habitants en 2018, derrière la Grèce (5,99) et l'Allemagne (2,25) mais devant l'Italie (1,01) et le Royaume-Uni (0,57) ».

La Cour indique encore que « la présentation des données additionne des personnes ayant un projet d'installation durable et d'autres qui n'effectueront en France qu'un séjour de quelques mois, et ne permet pas de faire aisément la différence entre les titres attribués à des personnes qui arrivent et ceux délivrés à des personnes déjà présentes ». Elle propose ainsi de distinguer quatre ensembles homogènes :
– immigration en vue de séjours durables : 85 665 premiers titres, soit 21,7 %,
– étudiants, travailleurs temporaires et courts séjours : 98 529 premiers titres, soit 24,9 %,
– asile et régularisation de personnes déjà présentes : 71 762 premiers titres, soit 18 %,
– demandeurs d'asile en attente : 139 240 premiers titres, soit 35,23 %.

Le droit applicable aux titres de séjour connaît enfin une autre distinction essentielle au regard des modes de délivrance de ces titres puisque, dans certains cas, le titre sera délivré « de plein droit » tandis que, dans les autres cas, la délivrance sera subordonnée à une appréciation de l'autorité administrative. Reste que cette distinction perd beaucoup de sa pertinence puisqu'il n'est pas rare que la délivrance de plein droit laisse place à un pouvoir d'appréciation de l'administration. Ainsi, par exemple, que signifie la délivrance de plein droit de la carte de séjour « vie privée et familiale » fondée sur le droit au respect de la vie privée et familiale de l'intéressé ? Dans l'exercice de sa compétence, l'administration aura en effet à apprécier si l'étranger justifie bien de ce droit, cette part de pouvoir d'appréciation étant précisément aux antipodes de la notion de délivrance de plein droit.

On notera enfin que le Conseil constitutionnel a censuré la disposition de la loi n° 2021-1109 du 24 août 2021 confortant le respect des principes de la République qui visait à subordonner le séjour d'un étranger en France à l'absence de manifestation d'un rejet des principes de la République en considérant que, s'il est loisible au législateur de prévoir des mesures de police administrative à cette fin, il n'a pas, en faisant référence aux « principes de la République », sans autre précision, et en se bornant à exiger que la personne étrangère ait « manifesté un rejet » de ces principes, adopté des dispositions permettant de déterminer avec suffisamment de précision les comportements justifiant le refus de délivrance ou de renouvellement d'un titre de séjour ou le retrait d'un tel titre (V. Cons. const. 13 août 2021, n° 2021-823 DC). ❑

TITRE I DISPOSITIONS GÉNÉRALES

Art. L. 410-1 Conformément à l'article L. 237-1, les dispositions des articles L. 414-2 et L. 414-4 à L. 414-9 sont applicables à l'étranger dont la situation est régie par le livre II.

CHAPITRE I DOCUMENTS DE SÉJOUR

Art. L. 411-1 Sous réserve des engagements internationaux de la France ou du livre II, tout étranger âgé de plus de dix-huit ans qui souhaite séjourner en France pour une durée supérieure à trois mois doit être titulaire de l'un des documents de séjour suivants :

1° Un visa de long séjour ;

2° Un visa de long séjour conférant à son titulaire, en application du second alinéa de l'article L. 312-2, les droits attachés à une carte de séjour temporaire ou à la carte de séjour pluriannuelle prévue aux articles *(L. n° 2024-42 du 26 janv. 2024, art. 30)* **« L. 421-9, L. 421-11 ou L. 421-14 » à L. 421-24, ou aux articles L. 421-26 et L. 421-28 lorsque le séjour envisagé sur ce fondement est d'une durée inférieure ou égale à un an ;**

3° Une carte de séjour temporaire ;
4° Une carte de séjour pluriannuelle ;
5° Une carte de résident ;
6° Une carte de résident portant la mention "résident de longue durée – UE" ;
7° Une carte de séjour portant la mention "retraité" ;
8° L'autorisation provisoire de séjour prévue aux articles L. 425-4, L. 425-10 ou L. 426-21. – *[Anc. art. L. 311-1, al. 1er à 7.]*

V. art. R. 431-16 qui fixe une liste de dix-huit catégories d'étrangers dispensés de l'obligation de souscrire une demande de carte de séjour.

COMMENTAIRE

TITRES DE SÉJOUR DÉLIVRÉS EN APPLICATION DU CESEDA

MOTIF PROFESSIONNEL	
Activité salariée	L. 421-1 à L. 421-4
Activité non salariée	L. 421-5 et L. 421-6
Passeport talent	L. 421-7 à L. 421-25
Détachement temporaire intra-groupe	L. 421-26 à L. 421-33
Emploi saisonnier	L. 421-34
Mineur (16 à 18 ans) souhaitant exercer une activité professionnelle	L. 421-35
MOTIF ÉTUDES / RECHERCHE	
Étudiant	L. 422-1 à L. 422-3
Programme de mobilité	L. 422-4 à L. 422-7
Étudiant ou chercheur étranger prolongeant son séjour ou revenant sur le territoire	L. 422-8 à L. 422-14
MOTIF FAMILIAL	
Conjoint de Français	L. 423-1 à L. 423-6
Parent d'enfant français	L. 423-7 à L. 423-11
Enfant étranger d'un Français	L. 423-12
Étranger né en France	L. 423-13
Regroupement familial	L. 423-14 à L. 423-20
Résidence en France depuis l'âge de 13 ans	L. 423-21
Étranger confié à l'Aide sociale à l'enfance	L. 423-22
Liens personnels et familiaux	L. 423-23
BÉNÉFICIAIRES D'UNE PROTECTION INTERNATIONALE	
Réfugié	L. 424-1 à L. 424-8
Bénéficiaire de la protection subsidiaire	L. 424-9 à L. 424-17
Apatride	L. 424-18 à L. 424-21

MOTIF HUMANITAIRE	
Victime de traite d'êtres humains, proxénétisme ou engagé dans un parcours de sortie de la prostitution	L. 425-1 à L. 425-5
Étranger placé sous ordonnance de protection	L. 425-6 à L. 425-8
État de santé nécessitant une prise en charge médicale	L. 425-9 et L. 425-10
AUTRES MOTIFS	
Liens particuliers avec la France	L. 426-1 à L. 426-4
Titulaire d'une rente ou d'une pension de retraite	L. 426-5 à L. 426-10
Résident longue durée – UE	L. 426-11 à L. 426-16
Résidence régulière ininterrompue d'au moins 5 ans en France, ressources stables, régulières et suffisantes pour subvenir à ses besoins et une assurance maladie	L. 426-17 à L. 426-19
Visiteur	L. 426-20
Mission de volontariat	L. 426-21
Jeune au pair	L. 426-22
Stagiaire	L. 426-23

1. Aucune disposition n'impose à un mineur d'être en possession d'un document de nature à établir la régularité de son séjour en France. • Paris, 24 janv. 2002, n° 1999/23024. ♦ Par suite, les mineurs sont toujours considérés comme étant en situation régulière au regard du séjour en France. • Même arrêt. ♦ Un mineur n'a pas droit à la délivrance d'un titre de séjour, sauf s'il entre dans le champ d'application de l'art. L. 421-35. • CAA Nancy, 16 févr. 2006, *Min. Intérieur c/ Mme Azouggah,* n° 03NC00241 : *AJDA 2006. 1172, note Burg-Boillot.*

2. Régularité du séjour. Si la délivrance de plein droit d'une carte de résident est subordonnée à la régularité du séjour du demandeur, cette régularité peut valablement être établie par la production d'un visa de court séjour en cours de validité ; l'apposition, sur le visa délivré à la requérante par le consul général de France à Casablanca, de la mention « ascendant non à charge » n'était pas à elle seule de nature à la faire regarder comme n'étant pas à la charge de ses enfants de nationalité française. S'il appartenait, le cas échéant, au préfet de constater qu'entrée sur le territoire français sous couvert d'un visa obtenu sur le fondement des renseignement erronés donnés de manière frauduleuse à l'administration consulaire l'intéressée ne pouvait être regardée comme en situation régulière, le motif sur lequel il s'est fondé pour lui refuser la carte de résident qu'elle sollicitait est entaché d'erreur de droit. • CE 24 sept. 2003, *Mme Boudi,* n° 228956 : *JCP Adm. 2003. 1478, note Tchen.*

3. Entrée régulière. C'est à l'étranger d'apporter la preuve de son entrée régulière. • CE 19 janv. 1996, *M. Akemoudun,* n° 140352. ♦ La preuve de l'entrée régulière résulte dans la plupart des cas de la production du visa. ♦ Si la Circ. du 10 janv. 2003 prévoit que la preuve de l'arrivée sur le territoire français « doit être apportée par un document irréfutable : visa, récépissé de demande de titre de séjour, récépissé de demande d'asile... », cette disposition, qui comporte une énumération non limitative de documents permettant d'établir la date d'entrée en France, n'a pas pour objet de restreindre les modes de preuve en matière de durée de séjour. • CE 14 déc. 2005, *GISTI,* n° 254934.

Art. L. 411-2 A l'expiration de la durée de validité de son document de séjour, l'étranger doit quitter la France, à moins qu'il n'en obtienne le renouvellement ou qu'il ne lui en soit délivré un autre.

En cas de refus de délivrance ou de renouvellement de tout titre de séjour ou autorisation provisoire de séjour, l'étranger est tenu de quitter le territoire.

Il en va de même en cas de retrait du titre de séjour ou autorisation provisoire de séjour dont il est titulaire. – *[Anc. art. L. 313-1, al. 3 ; anc. art. R. 311-13 ; anc. art. R. 311-16.]*

Sur les conditions de refus de délivrance ou de renouvellement et de retrait des titres de séjour, V. infra, Tit. III, Chap. II.

Art. L. 411-3 Les visas de long séjour mentionnés aux 1° et 2° de l'article L. 411-1 ont une durée de validité maximale d'un an.

Une carte de séjour temporaire a une durée de validité maximale d'un an.

Une carte de séjour pluriannuelle a une durée de validité maximale de quatre ans.

Une carte de résident est valable dix ans. – *[Anc. art. L. 311-1, ecqc la durée des visas long séjour ; anc. art. L. 313-1, al. 1er et 2 ; anc. art. L. 314-1, 1re phr.]*

COMMENTAIRE

L'article L. 411-3 énumère au total trois catégories de titre de séjour essentiellement en fonction de leur durée de validité : un an pour les visas de long séjour et la carte de séjour temporaire, quatre ans maximum pour la carte de séjour pluriannuelle et dix ans pour la carte de séjour « retraité » (pour des séjours fractionnés) et pour la carte de résident (pour un séjour continu). Le dispositif mis en place par la loi n° 2016-274 du 7 mars 2016 fixe ainsi une certaine progressivité puisque la carte de séjour pluriannuelle ne pourra en principe être obtenue qu'après avoir bénéficié d'une carte de séjour d'un an.

L'innovation majeure introduite par la loi du 7 mars 2016 résidait à cet égard dans la consécration de la carte de séjour pluriannuelle, qui avait été notamment suggérée par Mathias Felk (M. Felk, Sécuriser les parcours des ressortissants étrangers en France, Rapport au Premier ministre, *La Doc. fr. 14 mai 2013*), qui avait pu déplorer que « la plupart des ressortissants étrangers sont condamnés à subir, pendant plusieurs années, ce qui peut être assimilé à un parcours du combattant avant d'accéder à un statut administratif offrant un minimum de garanties de sécurité et de stabilité ». La loi vise ainsi à « inverser la situation juridique actuelle fondée sur l'annualité en principe général et sur la pluriannualité par dérogation » en mettant en place une « progressivité de la durée du droit au séjour et des modalités d'accès à la carte de séjour pluriannuelle identiques pour tous les étrangers placés dans des situations similaires » (V. Étude d'impact du 22 juill. 2014, annexée au projet de loi relatif au droit des étrangers, § 2.1.2.1).

Le dispositif issu de la loi de 2016 reste toutefois marqué par une grande complexité : tout d'abord, la carte de séjour temporaire fait toujours l'objet d'une spécialisation en fonction de la nature du séjour en France attestée par la mention apposée sur la carte. Ensuite, à côté de la carte de séjour pluriannuelle « générale » délivrée au terme d'une première année de séjour régulier, existent plusieurs cartes destinées à des publics spécifiques, portant les mentions « passeport talent », « travailleur saisonnier », « salarié détaché ICT ».

Instituée par la loi n° 84-622 du 17 juillet 1984, la *carte de résident* est valable dix ans et confère à son titulaire la possibilité d'exercer en France la profession salariée ou non de son choix. Elle est renouvelée de plein droit sauf si son bénéficiaire vit en état de polygamie ou a quitté le territoire français pendant plus de trois ans consécutifs (mais l'intéressé peut faire une demande de prolongation, soit avant son départ, soit pendant son séjour à l'étranger). On rappellera que le refus de renouvellement de la carte de résident est subordonné à l'avis préalable de la commission du titre de séjour (V. *infra*, notes ss. art. L. 432-13).

Au-delà des modalités de délivrance de droit commun (art. L. 426-17 et L. 426-18), la carte de résident se verra délivrée à plusieurs catégories de personnes énumérées dans divers articles du CESEDA :

– étranger marié avec un Français depuis au moins trois ans (art. L. 423-6) ;

– parent d'enfant français titulaire d'une carte de séjour depuis au moins trois ans (art. L. 423-10) ;

– parent à charge d'un Français et de son conjoint (art. L. 423-11) ;

– jeune majeur étranger, enfant d'un ressortissant français (art. L. 423-12) ;

– conjoint d'un étranger titulaire d'une carte de résident autorisé à séjourner en France au titre du regroupement familial et résidant régulièrement en France depuis au moins trois ans (art. L. 423-16) ;

– réfugié (art. L. 424-1) ;

– bénéficiaires de la protection subsidiaire (et membres de leur famille) justifiant de quatre années de résidence régulière en France (art. L. 424-13) ;

– bénéficiaires du statut d'apatride (et membres de leur famille) justifiant de quatre années de résidence régulière en France (art. L. 424-21) ;

– étranger ayant porté plainte pour des faits de violence commis à son encontre (art. L. 425-8) ;

– étranger qui remplit les conditions d'acquisition de la nationalité française (art. L. 426-1) ;

– étranger ayant servi dans une unité combattante de l'armée française (art. L. 426-2) ou dans la Légion étrangère après trois années de service (art. L. 426-3) ;

– étranger titulaire d'une rente d'accident du travail ou de maladie professionnelle avec un taux d'incapacité permanente d'au moins 20 % (art. L. 426-6) ;

– étranger titulaire d'une carte de séjour « retraité » qui justifie de sa volonté de s'installer en France et y réside à titre principal (art. L. 426-10).

Dans tous les cas, et conformément à une règle récurrente en droit des étrangers, la délivrance de la carte de résident est subordonnée à la réserve d'ordre public (art. L. 432-1), qui sera appréciée dans les conditions habituelles.

La loi n° 2006-911 du 24 juillet 2006 a ajouté une condition générale à la délivrance de la carte de résident : l'intégration républicaine de l'étranger (art. L. 413-7) dont les critères d'appréciation sont voisins de ceux qui permettent de mesurer l'assimilation d'un étranger dans le cadre de la procédure de naturalisation (V. App., v° *Nationalité*, notes ss. C. civ., art. 21-27). ❑

Art. L. 411-4 La carte de séjour pluriannuelle a une durée de validité de quatre ans, sauf lorsqu'elle est délivrée :

1° A l'étranger mentionné à l'article L. 421-11 ; dans ce cas sa durée de validité est égale à celle de son contrat de travail dans la limite de quatre ans ;

2° A l'étranger mentionné à l'article L. 421-22 ; dans ce cas sa durée est égale à celle restant à courir de la carte de séjour délivrée au conjoint ou parent mentionné aux articles *(L. n° 2024-42 du 26 janv. 2024, art. 30)* **« L. 421-9, L. 421-11 ou L. 421-14 » à L. 421-21 ;**

3° A l'étranger mentionné à l'article L. 421-26 ; dans ce cas sa durée est égale à celle du détachement temporaire dans la limite de trois ans ;

4° A l'étranger mentionné au troisième alinéa de l'article L. 421-27 ; dans ce cas sa durée est égale à celle de la mission envisagée dans la limite de trois ans ;

5° A l'étranger mentionné à l'article L. 421-28 ; dans ce cas sa durée est égale à celle restant à courir de la carte de séjour du conjoint ou parent mentionné à l'article L. 421-26 ;

6° A l'étranger mentionné à l'article L. 421-29 ; dans ce cas sa durée est égale à celle restant à courir de la carte de séjour du conjoint ou parent mentionné à l'article L. 421-27 ;

7° A l'étranger mentionné à l'article L. 421-34 ; dans ce cas, sa durée maximale est de trois ans ;

8° Aux étrangers mentionnés aux articles L. 422-1, L. 422-2 et L. 422-5 ; dans ce cas, sa durée est égale à celle restant à courir du cycle d'études dans lequel est inscrit l'étudiant, sous réserve du caractère réel et sérieux des études, apprécié au regard des éléments produits par les établissements de formation et par l'intéressé, un redoublement par cycle d'études ne remettant pas en cause, par lui-même, le caractère sérieux des études ;

9° A l'étranger mentionné à l'article L. 422-6 ; dans ce cas sa durée est égale à celle du programme ou de la convention qui ne peut être inférieure à deux ans ;

10° Aux étrangers mentionnés aux articles L. 423-1, L. 423-7 et L. 423-23 ; dans ce cas, sa durée est de deux ans ;

11° A l'étranger mentionné à l'article L. 425-9 ; dans ce cas, sa durée est égale à celle des soins. – *[Anc. art. L. 313-18.]*

COMMENTAIRE

L'ancien article L. 313-18 ne prévoyait que cinq catégories d'étrangers pour lesquels la carte pluriannuelle avait une durée spécifique (étudiants, conjoints de Français, parents d'enfants français, étrangers ayant des liens personnels et familiaux particuliers en France, étrangers malades). L'ordonnance n° 2020-1733 du 16 décembre 2020 a ajouté plusieurs catégories d'étrangers titulaires de certains emplois :

Catégorie	Réf.	Durée
Emploi hautement qualifié	L. 421-11	Durée de validité égale à celle du contrat de travail dans la limite de quatre ans
Passeport talent (famille)	L. 421-22	Durée égale à celle restant à courir de la carte de séjour du conjoint ou parent
Salarié détaché ICT	L. 421-26	Durée égale à celle du détachement temporaire dans la limite de trois ans
Salarié détaché mobile ICT	L. 421-27, al. 3	Durée égale à celle de la mission envisagée dans la limite de trois ans
Salarié détaché ICT (famille)	L. 421-28	Durée égale à celle restant à courir de la carte de séjour du conjoint ou parent
Salarié détaché mobile ICT (famille)	L. 421-29	Durée égale à celle restant à courir de la carte de séjour du conjoint ou parent
Travailleur saisonnier	L. 421-34	Durée maximale de trois ans
Étudiant	L. 422-1, L. 422-2, L. 422-5	Durée égale a celle restant a courir du cycle d'études, sous réserve du caractere réel et sérieux des études ; un redoublement par cycle d'études ne remet pas en cause, par lui-même, le caractère sérieux des études
Étudiant – programme de mobilité	L. 422-6	Durée égale à celle du programme ou de la convention qui ne peut être inférieure à deux ans
Conjoint de Français	L. 423-1,	Durée de deux ans
Parent d'enfant français	L. 423-7,	
Liens personnels et familiaux	L. 423-23	
État de santé	L. 425-9	Durée égale à celle des soins

Art. L. 411-5 **La carte de résident d'un étranger qui a quitté le territoire français et a résidé à l'étranger pendant une période de plus de trois ans consécutifs est périmée, de même que la carte de résident portant la mention "résident de longue durée – UE" accordée par la France lorsque son titulaire a résidé en dehors du territoire des États membres de l'Union européenne pendant une période de plus de trois ans consécutifs.**

(Abrogé par L. n° 2024-42 du 26 janv. 2024, art. 46) ***« La période mentionnée au premier alinéa peut être prolongée si l'intéressé en a fait la demande avant son départ de France ou pendant son séjour à l'étranger. »***

En outre, est périmée la carte de résident portant la mention "résident de longue durée – UE" accordée par la France lorsque son titulaire a, depuis sa délivrance, acquis ce statut dans un autre État membre de l'Union européenne, ou lorsqu'il a résidé en dehors du territoire national pendant une période de six ans consécutifs. – *[Anc. art. L. 314-7.]*

COMMENTAIRE

Si la carte de résident est renouvelable de plein droit (V. *infra*, notes ss. art. L. 433-2), elle peut toutefois faire l'objet d'une péremption en cas d'absence prolongée de son titulaire du territoire national (ou du territoire des États membres de l'UE s'agissant des titulaires de la carte « longue durée – UE »).

Mais le législateur n'a pas entendu que cette péremption soit automatique puisque le titulaire de la carte de résident peut faire une demande de prolongation de la durée d'absence, évitant ainsi la perte de son titre de séjour. La prolongation sera accordée pour motif professionnel ou familial, survenance d'événements particuliers, hospitalisation ou service militaire. Il appartient à l'autorité administrative d'apprécier si les motifs avancés justifient la prorogation. Enfin, l'absence de plus de trois ans n'est pas opposable à l'étranger en raison d'un cas de force majeure (par ex., arrestation de l'étranger dans son pays d'origine, détention et dépouillement de tous ses papiers). Il convient encore de préciser que la demande de renouvellement doit être présentée dans les deux mois de la péremption de la carte ; à défaut, elle sera traitée comme une première demande. ❑

1. Le renouvellement de plein droit n'est pas applicable à l'étranger ayant quitté le territoire français pendant plus de 3 ans consécutifs. • CE 28 juin 1996, *Mme Boukhriss,* n° 168088. ♦ *A contrario* : • CE 27 sept. 1996, *M. Aghris,* n° 147509.

2. Lorsque le délai de 3 ans n'était pas écoulé à la date de la décision attaquée, le juge annule le refus en assortissant, le cas échéant, sa décision d'une injonction de restituer le titre illégalement retiré. • CE 30 déc. 1998, *Mme Zebidi,* n° 191470.

3. Prolongation. La péremption de la carte de résident n'est toutefois pas applicable lorsque l'intéressé a introduit une demande de prolongation avant son départ ou pendant son séjour à l'étranger, la condition d'absence étant interprétée strictement par le juge. • CE 26 juin 1996, *Min. Intérieur,* n° 164732. ♦ De même, ne peut être regardé comme ayant été absent pendant plus de 3 ans l'étranger qui est revenu régulièrement et à plusieurs reprises en France pendant les 3 années litigieuses. • TA Paris, 21 nov. 1997, *M. Traoré,* n° 9706969/4.

4. L'absence de plus de 3 ans n'est pas opposable à l'étranger en raison d'un cas de force majeure : par ex., arrestation de l'étranger dans son pays d'origine, détention et dépouillement de tous ses papiers. • TA Versailles, 6 avr. 1995, *Hamady c/ Préfet de l'Essonne,* n° 925822 : *Lebon 830.* ♦ *A contrario,* pour une requérante qui soutenait avoir été retenue contre son gré au Maroc : • CE 29 déc. 1997, *Mme Taabani,* n° 156639.

5. Pour les enfants mineurs admis au séjour dans le cadre d'une mesure de regroupement familial, aucune disposition législative ou réglementaire n'a prévu la caducité du bénéfice de la carte de résident lorsqu'il atteint l'âge de 18 ans, en cas d'absence prolongée du territoire national. • CE 10 mai 1995, *Min. délégué auprès du Min. Intérieur c/ Tokatli,* n° 122056.

6. Ressortissants algériens. Aux termes de l'art. 8 de l'accord franco-algérien du 27 déc. 1968, le certificat de résidence d'un ressortissant algérien qui a quitté le territoire français pendant une période de plus de 3 ans consécutifs est périmé. Un certificat de résidence n'est périmé qu'en cas d'absence du territoire français pendant une période de plus de 3 années consécutives, qui n'est interrompue par aucun séjour en France ou par des retours qui, étant purement ponctuels, ne permettent pas de regarder l'intéressé comme ayant interrompu son absence du territoire national. En soumettant l'absence de péremption du certificat de résidence d'un ressortissant algérien ayant quitté le territoire national à un nouveau transfert en France du centre de ses intérêts personnels avant l'expiration du délai de 3 ans, la cour a commis une erreur de droit. • CE 14 juin 2018, n° 410721 B : *AJDA 2018. 2225.*

7. Ressortissants tunisiens. Le retrait de la carte de résident en raison d'une absence de plus de 3 ans est applicable aux ressortissants tunisiens, ce point n'étant pas traité par l'accord franco-tunisien. • CE 30 déc. 1998, *Mme Zebidi,* n° 191470.

CHAPITRE II CONDITIONS GÉNÉRALES DE SÉJOUR

SECTION 1 Détention préalable d'un visa de long séjour

Art. L. 412-1 Sous réserve des engagements internationaux de la France et des exceptions prévues aux articles L. 412-2 et L. 412-3, la première délivrance d'une carte de

séjour temporaire ou d'une carte de séjour pluriannuelle est subordonnée à la production par l'étranger du visa de long séjour mentionné aux 1° ou 2° de l'article L. 411-1. – *[Anc. art. L. 313-2.]*

COMMENTAIRE

L'obtention d'un premier titre de séjour est en principe subordonnée à la possession d'un visa de long séjour par le demandeur, sous réserve du respect des engagements internationaux ; ceci concerne prioritairement les bénéficiaires d'une protection internationale (réfugiés, apatrides, protection subsidiaire) ainsi que les ressortissants algériens conjoints de Français qui relèvent des dispositions de l'article 6.2 de l'accord franco-algérien du 27 décembre 1968 modifié. Ces derniers ne sont donc pas concernés par l'obligation de présentation d'un visa de long séjour et pourront solliciter un certificat de résidence algérien d'un an en qualité de conjoint de Français sur justification d'une entrée régulière sur le territoire (V. Circ. interministérielle du 19 mars 2007, NOR : INT/D/07/00031/C). L'article L. 412-2 énumère ensuite les catégories d'étrangers qui sont dispensées de plein droit de l'obligation de visa de long séjour tandis que l'article L. 412-3 fixe une liste d'étrangers pour lesquels une dispense peut être accordée par l'autorité administrative.

Le visa permet à son titulaire de séjourner en France au-delà d'une période de trois mois à la condition que l'intéressé, dans un délai de trois mois à compter de la date de son entrée en France, ait présenté à l'Office français de l'immigration et de l'intégration les indications relatives à son état civil et à son domicile en France ainsi qu'une photographie tête nue, et se soit fait délivrer un certificat médical (art. R. 313-1, 3°). Si ces personnes souhaitent se maintenir en France au-delà de la durée de validité du visa, elles doivent solliciter une carte de séjour temporaire dans le courant des deux derniers mois précédant l'expiration de leur visa.

Lorsqu'un étranger est autorisé à séjourner en France sous couvert d'un titre de voyage revêtu du visa requis pour un séjour d'une durée supérieure à trois mois et au plus égale à un an, ce visa peut être abrogé par le préfet du département où séjourne l'étranger qui en est titulaire, ou par le préfet du département où la situation de cet étranger est contrôlée, s'il existe des indices concordants permettant de présumer que l'intéressé a obtenu son visa frauduleusement ou qu'il est entré en France pour s'y établir à d'autres fins que celles qui ont justifié la délivrance du visa, ou si le comportement de l'intéressé trouble l'ordre public. Le préfet qui a prononcé l'abrogation en avertit sans délai l'autorité qui a délivré le visa.

Ces dispositions ne sont pas applicables aux ressortissants algériens (V. Circ. du 29 mai 2009, NOR : IMIM0900067C). ❑

1. Un visa Schengen de 4 mois ne peut être assimilé au visa de long séjour exigible pour la délivrance d'un titre de séjour en France. • TA Versailles, 2 févr. 1999, *M. Serradii*, n° 97483. ♦ Il en va de même s'agissant du visa « saisonnier OMI » de 4 mois. • CAA Lyon, 17 juin 2004, *Babali*, n° 00LY00947. ♦ ... Ou d'un visa de transit. • CE 12 janv. 2007, *Diallo*, n° 265932 B.

2. On rappellera que les ressortissants européens ne sont pas soumis à l'obligation de visa ; cette dispense s'applique également au conjoint non communautaire d'un ressortissant communautaire. • TA Paris, 30 mars 1998, *M. et Mme Sanches Soares*, n° 9617595/4.

3. Changement de catégorie. Si, en vertu du présent art., la première délivrance d'une carte de séjour temporaire (et d'une carte pluriannuelle) est, en principe, sous réserve des engagements internationaux de la France et des exceptions prévues par la loi, subordonnée à la production par l'étranger d'un visa d'une durée supérieure à 3 mois, il en va différemment pour l'étranger déjà admis à séjourner en France et qui sollicite le renouvellement, même sur un autre fondement, de la carte de séjour temporaire. Ainsi, en jugeant que le préfet pouvait légalement refuser à la requérante la délivrance de la carte de séjour temporaire qu'elle sollicitait en qualité de salariée au seul motif qu'elle ne pouvait présenter un visa d'une durée supérieure à 3 mois, alors même qu'elle avait séjourné régulièrement sur le territoire national en vertu d'une carte de séjour temporaire délivrée sur un autre fondement, la cour a commis une erreur de droit. • CE 10 juill. 2013, *Mme A.*, n° 356911 B : *AJDA 2013. 1485* • CAA Lyon, 18 mai 2017, *Préfet de l'Isère*, n° 16LY03438 : *AJDA 2017. 1698*.

4. Nouvelle demande de titre. L'obligation de produire un visa d'établissement concerne notamment l'étranger qui était déjà titulaire d'une carte de séjour mais qui a quitté le territoire français au moment de l'expiration de la validité du titre ; il s'agit donc d'une nouvelle demande. • CE 22 janv. 1996, *Min. Intérieur*, n° 142116.

5. Appréciation par l'autorité administrative. En tout état de cause, le préfet n'est pas en situation de compétence liée dès lors que le visa de 3 mois fait défaut ; il lui appartient d'examiner si le refus du titre de séjour fondé sur le défaut de visa de long séjour ne comporte pas des conséquences d'une gravité exceptionnelle sur la situation personnelle de l'intéressé. • CE 16 oct. 1998, *Mlle Aidara,* nos 147141 et 154883 : *Lebon 357* • CAA Versailles, 11 juin 2009, *Mme Coulibaly épse. Dosso,* n° 08VE00380.

6. Le juge a ainsi considéré que le préfet avait commis une erreur manifeste d'appréciation dans les hypothèses suivantes : refus de titre de séjour à une ressortissante yougoslave compte tenu de l'état du pays et des risques sérieux exposés par la requérante. • CE 22 janv. 1996, *Min. Intérieur c/ Mme Omanovic,* n° 151635. ♦ ... Sol. identique dans le cadre franco-algérien. • CE, avis, 10 mai 1996, n° 177117. ♦ ... Étrangère sourde et muette, prise en charge par son frère résidant régulièrement en France. • TA Paris, 3 mars 1995, *Zéroual,* n° 9406571/4. ♦ ... Étrangère en attente d'une greffe en France. • Même arrêt.

7. Le refus de titre fondé sur le défaut de visa de long séjour a en revanche été admis dans les hypothèses suivantes : requérant n'invoquant que les frais importants par lui exposés pour installer un commerce en France. • CE 10 juill. 1996, *M. Bakri,* n° 138913. ♦ ... Requérante n'invoquant que les motifs tirés d'un précédent refus de titre de séjour. • CE 10 juill. 1996, *Mme Besbes,* n° 154268.

8. Le défaut de visa de long séjour entraînera un refus systématique du titre sollicité dans la mesure où il existe des indices concordants permettant de présumer que l'intéressé est venu en France pour s'y établir durablement ; dans cette hypothèse, le visa de court séjour qui a permis l'entrée sur le territoire national pourra même être abrogé par l'autorité préfectorale (V. *infra,* art. R. 312-9). C'est le cas notamment lorsque l'intéressé présente une demande de titre de séjour quelques jours après son entrée en France avec un visa de court séjour. • TA Versailles, 4 juill. 1995, *Benhamza c/ Préfet des Yvelines : JCP 1996. II. 22607, concl. Haïm.*

9. Accord franco-marocain. Il résulte des stipulations de l'accord franco-marocain du 9 oct. 1987 que celui-ci renvoie, sur tous les points qu'il ne traite pas, à la législation nationale, en particulier aux dispositions pertinentes du présent code, pour autant qu'elles ne sont pas incompatibles avec les stipulations de l'accord. Les stipulations de l'art. 3 de cet accord ne traitent que de la délivrance d'un titre de séjour pour exercer une activité salariée et cet accord ne comporte aucune stipulation relative aux conditions d'entrée sur le territoire français des ressortissants marocains. Par suite, les dispositions du présent art., qui subordonnent de manière générale la délivrance de toute carte de séjour à la production par l'étranger d'un visa de long séjour, ne sont pas incompatibles avec les stipulations de cet accord ; en conséquence, le préfet avait pu légalement refuser au requérant la délivrance d'un titre de séjour en qualité de salarié au motif qu'il ne justifiait pas d'un visa de long séjour. • CE 5 avr. 2023, n° 462770.

10. Ressortissants tunisiens. Il résulte des art. 3 et 11 de l'accord franco-tunisien du 17 mars 1988 « que celui-ci renvoie, sur tous les points qu'il ne traite pas, à la législation nationale, en particulier aux dispositions pertinentes du [CESEDA], pour autant qu'elles ne sont pas incompatibles avec les stipulations de l'accord. Les stipulations de l'art. 3 de cet accord ne traitent que de la délivrance d'un titre de séjour pour exercer une activité salariée et cet accord ne comporte aucune stipulation relative aux conditions d'entrée sur le territoire français des ressortissants tunisiens ». Par conséquent, les dispositions de l'art. L. 412-1 CESEDA, « qui subordonnent de manière générale la délivrance de toute carte de séjour à la production par l'étranger d'un visa de long séjour, sont applicables aux ressortissants tunisiens sollicitant un titre de séjour mention "salarié" ». • CE 26 avr. 2024, n° 468274 : *AJDA 2024. 937.*

Art. L. 412-2 Par dérogation à l'article L. 412-1 l'étranger est exempté de la production du visa de long séjour mentionné au même article pour la première délivrance des cartes de séjour suivantes :

1° La carte de séjour temporaire portant la mention "stagiaire mobile ICT" prévue à l'article L. 421-31 ;

2° La carte de séjour temporaire portant la mention "vie privée et familiale" prévue aux articles L. 423-7, L. 423-13, L. 423-21, L. 423-22, L. 423-23, L. 425-9 ou L. 426-5 ;

3° La carte de séjour temporaire portant la mention "salarié", "travailleur temporaire", "entrepreneur/profession libérale", "étudiant" ou "visiteur" délivrée sur le fondement de l'article L. 426-11 ;

4° La carte de séjour temporaire portant la mention "vie privée et familiale" prévue aux articles L. 426-12 ou L. 426-13 ;

5° La carte de séjour temporaire portant la mention "vie privée et familiale" prévue aux articles L. 425-1 ou L. 425-5 ;

6° La carte de séjour temporaire portant la mention "salarié", "travailleur temporaire" ou "vie privée et familiale" délivrée sur le fondement des articles L. 435-1 ou L. 435-2 ;

7° La carte de séjour temporaire portant la mention "salarié" ou "travailleur temporaire" délivrée sur le fondement de l'article L. 435-3 ;

8° La carte de séjour pluriannuelle portant la mention "talent – carte bleue européenne" délivrée sur le fondement du dernier alinéa de l'article L. 421-11 ;

9° La carte de séjour pluriannuelle portant la mention "talent (famille)" délivrée sur le fondement de l'article L. 421-23 ;

10° La carte de séjour pluriannuelle portant la mention "salarié détaché mobile ICT" prévue à l'article L. 421-27 ;

11° La carte de séjour pluriannuelle portant la mention "salarié détaché mobile ICT (famille)" prévue à l'article L. 421-29 ;

12° La carte de séjour pluriannuelle portant la mention "talent – chercheur" ou "talent" délivrée sur le fondement de l'article L. 426-11.

1. Conjoint de Français. La L. n° 2006-911 du 24 juill. 2006 a réaffirmé le principe de la nécessité, pour l'étranger qui souhaite s'établir en France, de détenir un visa de long séjour. Elle subordonne la délivrance d'une carte de séjour au conjoint de ressortissant français à la présentation d'un tel visa et non plus seulement à la régularité de son entrée en France. Lorsque le mariage est célébré à l'étranger devant les autorités locales, l'acte de mariage étranger doit en outre faire l'objet d'une transcription au consulat de France compétent. En effet, conformément à l'art. 71-5 C. civ, « l'acte de mariage d'un ressortissant français célébré par une autorité étrangère doit être transcrit sur les registres d'état civil français pour être opposable aux tiers en France ». Une fois la transcription de l'acte de mariage effectuée, le conjoint étranger peut solliciter un visa d'établissement s'il souhaite s'établir en France auprès de son conjoint. Dans ce cas, et excepté pour les ressortissants algériens régis par l'accord franco-algérien de 1968 qui restent soumis au visa de court séjour d'établissement, les postes consulaires instruisent des demandes de visa de long séjour. Les autorités diplomatiques et consulaires sont tenues de statuer sur la demande de visa de long séjour dans les meilleurs délais. Ce visa ne peut être refusé à un conjoint étranger qu'en cas de fraude, d'annulation du mariage ou de menace à l'ordre public. Depuis le 1er juin 2009, ce visa est délivré pour une durée d'un an et dispense son titulaire de souscrire une demande de carte de séjour durant la première année de son séjour en France, à la condition d'avoir effectué les démarches d'enregistrement auprès de l'OFII. S'agissant des mariages célébrés en France, le conjoint étranger est autorisé, sous certaines conditions, à déposer directement auprès de la préfecture compétente une demande de visa de long séjour (art. L. 423-2). Le dernier al. de cet art. n'ouvre cependant cette possibilité qu'à l'étranger entré en France régulièrement et qui est en mesure de faire la preuve d'une communauté de vie de 6 mois. Cette procédure ne peut pas s'appliquer au ressortissant étranger qui a contracté mariage avec un Français devant une autorité étrangère. Dans l'attente de la transcription du mariage, l'étranger qui a épousé, à l'étranger, un ressortissant français peut se rendre en France muni d'un visa de court séjour pour une visite privée, mais il ne peut solliciter à cette occasion un titre de séjour en qualité de conjoint de Français. * Rép. min. n° 124092 : *JOAN 22 mai 2012, p. 4122 ; Rev. crit. DIP 2012. 682.*

2. Carte de séjour « vie privée et familiale » (art. L. 423-23). Si tout étranger doit, à la date de la décision attaquée, pour entrer en France, être muni d'un passeport national ou titre de voyage en cours de validité et revêtu d'un visa, et si le présent art. subordonne en principe l'octroi de la carte de séjour temporaire à la production par l'étranger d'un visa pour un séjour d'une durée supérieure à trois mois, ces conditions ne sont pas applicables aux étrangers relevant notamment de l'art. L. 423-23, eu égard au caractère dérogatoire des règles qu'il énonce ; il suit de là que le préfet ne pouvait légalement imposer aux requérants qui sollicitent, sur le fondement des dispositions de l'art. L. 423-23, l'octroi d'une carte de séjour temporaire portant la mention « vie privée et familiale », la présentation d'un passeport en cours de validité comme une condition pour la délivrance de cette carte. • TA Nantes, 3 août 2012, nos 1003371 et 1003373 : *Dr. adm. n° 11, nov. 2012, comm. 91*

Art. L. 412-3 Par dérogation à l'article L. 412-1 l'autorité administrative peut, sans que soit exigée la production du visa de long séjour mentionné au même article, accorder les cartes de séjour suivantes :

1° La carte de séjour temporaire portant la mention "étudiant" prévue à l'article L. 422-1 ;

2° La carte de séjour temporaire portant la mention "stagiaire" prévue à l'article L. 426-23 ;

3° La carte de séjour pluriannuelle portant la mention "étudiant – programme de mobilité" prévue à l'article L. 422-6.

Le préfet dispose d'un pouvoir discrétionnaire pour exempter l'étranger de l'obligation de présenter le visa ; dans l'exercice de son pouvoir, il lui appartient d'apprécier, compte tenu de l'ensemble des éléments de la situation personnelle d'un étranger, l'opportunité d'une mesure de régularisation. • CAA Lyon, 8 juin 2017, n° 16LY01944.

Art. L. 412-4 **Lorsque l'autorité diplomatique ou consulaire a délivré le visa de long séjour prévu au 2° de l'article L. 411-1 conférant à son titulaire les droits attachés à la carte de séjour pluriannuelle portant la mention "talent" prévue aux articles L. 421-9,** *(Abrogé par L. n° 2024-42 du 26 janv. 2024, art. 30)* **« *L. 421-10, L. 421-13* » ou L. 421-16 à L. 421-21, à la carte de séjour pluriannuelle portant la mention "talent – chercheur" ou "talent – chercheur – programme de mobilité" prévue à l'article L. 421-14, à la carte de séjour pluriannuelle portant la mention "talent (famille)" prévue aux articles L. 421-22 ou L. 421-24, à la carte de séjour pluriannuelle portant la mention "salarié détaché ICT" prévue à l'article L. 421-26, à la carte de séjour pluriannuelle portant la mention salarié détaché mobile ICT (famille)" prévue à l'article L. 421-28 ou à la carte de séjour pluriannuelle portant la mention "étudiant – programme de mobilité" prévue à l'article L. 422-6, le préfet délivre la carte de séjour pluriannuelle correspondante.** – *[Anc. art. L. 313-2, al. 2.]*

SECTION 2 Réserves liées à l'ordre public et à la polygamie *(L. n° 2021-1109 du 24 août 2021, art. 25)*

Art. L. 412-5 **La circonstance que la présence d'un étranger en France constitue une menace pour l'ordre public fait obstacle à la délivrance et au renouvellement de la carte de séjour temporaire, de la carte de séjour pluriannuelle et de l'autorisation provisoire de séjour prévue aux articles L. 425-4 ou L. 425-10 ainsi qu'à la délivrance de la carte de résident et de la carte de résident portant la mention "résident de longue durée – UE".**

Un prêche tenu par un imam contenant des propos discriminatoires à l'égard des femmes, tenus en public devant une centaine d'auditeurs, enregistrés depuis la rue, n'a pas eu un retentissement national voire même local, relève du choix d'un ministre du culte et n'a pas incité les fidèles à adopter des comportements contraires aux valeurs constitutives de la société française ; l'invocation des propos tenus lors de ce prêche ne suffit pas à établir que la présence de l'intéressé sur le territoire national constituerait une menace pour l'ordre public. • TA Lyon, 18 mars 2022, n° 2108865 : *AJDA 2022. 1234, concl. Habchi*.

Art. L. 412-6 *(L. n° 2021-1109 du 24 août 2021, art. 25)* **Aucun document de séjour ne peut être délivré à un étranger qui vit en France en état de polygamie. Tout document de séjour détenu par un étranger dans une telle situation est retiré.**

La situation du conjoint d'un étranger mentionné au premier alinéa fait l'objet d'un examen individuel. Pour statuer sur son droit au séjour, l'autorité administrative tient compte du caractère non consenti de la situation de polygamie.

COMMENTAIRE

L'article L. 412-6, issu de la loi n° 2021-1109 du 24 août 2021 confortant le respect des principes de la République, place la polygamie au ban de la délivrance de tout titre de séjour. S'agissant des mariages forcés, il est important que « dans l'hypothèse où l'un des conjoints n'a pas consenti à un mariage polygamique, y a consenti de manière forcée ou ignore la présence sur le territoire d'autres conjoints, le préfet prenne en compte cette circonstance lors de l'examen du droit au séjour » (Rapp. AN 9 juin 2021, n° 4239).

SECTION 3 CONTRAT D'ENGAGEMENT AU RESPECT DES PRINCIPES DE LA RÉPUBLIQUE

(L. n° 2024-42 du 26 janv. 2024, art. 46)

Art. L. 412-7 **L'étranger qui sollicite un document de séjour s'engage, par la souscription d'un contrat d'engagement au respect des principes de la République, à respecter la liberté personnelle, la liberté d'expression et de conscience, l'égalité entre les femmes et les hommes, la dignité de la personne humaine, la devise et les symboles de la**

République au sens de l'article 2 de la Constitution, l'intégrité territoriale, définie par les frontières nationales, et à ne pas se prévaloir de ses croyances ou de ses convictions pour s'affranchir des règles communes régissant les relations entre les services publics et les particuliers.

Les modalités d'application du présent article sont fixées par décret en Conseil d'État.

V. Annexe 12 mentionnée à l'art. R. 412-2, Contrat d'engagement à respecter les principes de la République (issue du Décr. n° 2024-811 du 8 juill. 2024).

COMMENTAIRE

Dans sa décision du 13 août 2021 (n° 2021-823 DC), le Conseil constitutionnel avait considéré que, « s'il est loisible au législateur de prévoir des mesures de police administrative à cette fin, il n'a pas, en faisant référence aux "principes de la République", sans autre précision, et en se bornant à exiger que la personne étrangère ait "manifesté un rejet" de ces principes, adopté des dispositions permettant de déterminer avec suffisamment de précision les comportements justifiant le refus de délivrance ou de renouvellement d'un titre de séjour ou le retrait d'un tel titre ».

Tirant les leçons de cette jurisprudence du Conseil constitutionnel, la loi du 26 janvier 2024 a choisi de déterminer certains des éléments structurant des principes de la République : liberté personnelle, liberté d'expression et de conscience, égalité entre les femmes et les hommes, dignité de la personne humaine, devise et les symboles de la République au sens de l'article 2 de la Constitution, fait ne pas se prévaloir de ses croyances ou convictions pour s'affranchir des règles communes régissant les relations entre les services publics et les particuliers.

Examinant les dispositions de l'article L. 412-7, le Conseil constitutionnel (du 25 janv. 2024, n° 2023-863 DC : *AJDA 2024. 650, note Bonnet et Gadhoun* ; *D. 2024. 170* et *219*, *pt de vue Esplugas-Labatut* ; *AJCT 2024. 70, obs. Pailler*) a écarté le grief tiré de la méconnaissance de l'objectif de valeur constitutionnelle d'accessibilité et d'intelligibilité de la loi et a précisé : « le législateur a pu, pour assurer la protection de la liberté d'opinion et la libre communication des pensées, prévoir qu'un étranger qui sollicite la délivrance d'un document de séjour doit s'engager à respecter des principes, parmi lesquels figure la liberté d'expression et de conscience, qui s'imposent à tous ceux qui résident sur le territoire de la République. A cette fin, c'est à bon droit qu'il a imposé aux ressortissants étrangers, qui ne se trouvent pas dans la même situation que celle des nationaux, la souscription d'un contrat prévoyant l'engagement de respecter la liberté personnelle, la liberté d'expression et de conscience, l'égalité entre les femmes et les hommes, la dignité de la personne humaine, la devise et les symboles de la République au sens de l'article 2 de la Constitution, l'intégrité territoriale, définie par les frontières nationales, et de ne pas se prévaloir de ses croyances ou de ses convictions pour s'affranchir des règles communes régissant les relations entre les services publics et les particuliers ».

Ainsi, aux termes du présent article, la délivrance d'un document de séjour, quelle qu'en soit la nature, est désormais subordonnée à la souscription d'un contrat d'engagement au respect de ces principes. Aux termes de l'article L. 412-8, l'autorité administrative est en situation de compétence liée et doit refuser de délivrer le document de séjour dès lors que **le demandeur refuse de s'engager** au respect des principes de la République ou que son comportement manifeste un rejet de ces principes. Elle retrouve un pouvoir d'appréciation **pour retirer le titre ou refuser son renouvellement sur le même fondement** (art. L. 412-9 et L. 412-10). ❑

Art. L. 412-8 Aucun document de séjour ne peut être délivré à un étranger qui refuse de souscrire le contrat d'engagement au respect des principes de la République ou dont le comportement manifeste qu'il n'en respecte pas les obligations.

Le manquement au contrat d'engagement au respect des principes de la République résulte d'agissements délibérés de l'étranger portant une atteinte grave à un ou à plusieurs principes de ce contrat et constitutifs d'un trouble à l'ordre public.

La condition de gravité est présumée constituée, sauf décision de l'autorité administrative, en cas d'atteinte à l'exercice par autrui des droits et libertés mentionnés à l'article L. 412-7.

COMMENTAIRE

La loi du 26 janvier 2024 a prévu deux critères cumulatifs pour caractériser l'**atteinte aux principes de la République** : sa **gravité** et **le trouble à l'ordre public qui en résulte**. Reste qu'il semble possible de considérer que toute atteinte grave et délibérée aux principes de la République est de nature à être considérée comme entraînant un trouble à l'ordre public.

L'étude d'impact accompagnant le projet de loi avait indiqué qu'il s'agissait de « permettre aux préfets de tenir compte de la situation des étrangers en considérant leur seul comportement, ou leurs pratiques, sans nécessairement se fonder sur la menace à l'ordre public ou des infractions pénales, au demeurant, limitativement énumérées par la loi ». Il reviendra à la jurisprudence de soin de déterminer la frontière entre le simple *« trouble »* à l'ordre public et la *« menace »* qui permet déjà dans certains cas un refus ou un retrait de titre de séjour.

Cette même étude d'impact a fourni quelques exemples de rejet des principes de la République en précisant qu'ils doivent véritablement traduire un défaut d'intégration dans la société française :

– le fait, pour les parents d'élèves, d'encourager ces derniers au port ostensible de signes et de tenues religieux, de les inciter à la prière au sein de l'école, de contester un enseignement ou de refuser une activité scolaire ;

– le refus d'être reçu dans un service public par un agent du sexe opposé en raison de considérations religieuses ;

– des propos radicaux tenus dans un lieu de culte tendant à encourager la diffusion de thèses contraires ou hostiles aux valeurs de la République ;

– le refus de participer à une minute de silence ;

– des outrages aux symboles de la République, tels que le drapeau ou l'hymne, commis lors de représentations publiques ou diffusés publiquement ;

– le refus de soins médicaux de la part d'un soignant pour des motifs religieux – par exemple, le refus d'être examiné pour ce motif par un gynécologue masculin. ❑

Art. L. 412-9 **Peut ne pas être renouvelé le document de séjour de l'étranger qui n'a pas respecté le contrat d'engagement au respect des principes de la République. Tout document de séjour détenu par un étranger dans une telle situation peut être retiré.**

Art. L. 412-10 **Lorsque la décision de refus de renouvellement ou de retrait concerne une carte de séjour pluriannuelle ou une carte de résident, l'autorité administrative prend en compte la gravité ou la réitération des manquements au contrat d'engagement au respect des principes de la République ainsi que la durée du séjour effectuée sous le couvert d'un document de séjour en France. Cette décision ne peut être prise si l'étranger bénéficie des articles L. 424-1, L. 424-9, L. 424-13 ou L. 611-3.**

La décision de refus de renouvellement ou de retrait d'une carte de séjour pluriannuelle ou d'une carte de résident est prise après avis de la commission du titre de séjour prévue à l'article L. 432-14.

COMMENTAIRE

L'atteinte aux principes de la République peut encore justifier le refus de renouvellement ou le retrait de titres de séjour de longue durée, le législateur exigeant toutefois en ce cas que l'administration prenne en considération la **durée du séjour en France de l'étranger** et se fonde sur un **manquement caractérisé et réitéré troublant l'ordre public**. L'autorité administrative exercera alors un **contrôle classique de proportionnalité** entre le risque d'atteinte à l'ordre public et la nécessité de protéger la vie familiale de l'étranger.

Dans son avis sur le projet de loi (CE, avis, 26 janv. 2023, n° 406453), le Conseil d'État avait considéré que ce dispositif « qui n'a pas d'autre effet que d'obliger l'étranger à s'engager à respecter des principes et règles qui s'imposent à tous indépendamment de tout engagement » devrait logiquement s'appliquer **à tous**. L'article L. 412-10 prévoit toutefois des exceptions concernant les réfugiés (art. L. 424-1), les bénéficiaires de la protection subsidiaire (art. L. 424-9 et L. 424-13) et les mineurs (art. L. 611-3). On peut y ajouter les **ressortissants étrangers dont la situation est régie par des accords internationaux spécifiques** (accord franco-algérien du 27 déc. 1968, par ex.). ❑

CHAPITRE III INTÉGRATION RÉPUBLICAINE

SECTION 1 Parcours personnalisé et contrat d'intégration républicaine

Sur le parcours d'intégration républicaine, V. Instr. du 8 févr. 2023, NOR : IOMV2303177J.

BIBL. ▸ Lepoutre, Intégration et régularisation des étrangers. Durcissement réel et progrès incertains, *AJDA 2024. 658* .

Art. L. 413-1 **Dans le pays d'origine, l'État met à la disposition de l'étranger qui souhaite s'installer durablement sur le territoire français une information, dans une langue qu'il comprend, sur la vie en France ainsi que sur les droits et devoirs qui y sont liés.** – *[Anc. art. L. 311-9, al. 1er.]*

COMMENTAIRE

Le dispositif antérieur à la loi n° 2016-274 du 7 mars 2016 (évaluation préalable de la connaissance de la langue française et des valeurs de la République avant l'entrée en France, puis contrat d'accueil et d'intégration) avait fait l'objet de nombreuses critiques tenant notamment à son absence de personnalisation, à la nécessité d'un renforcement significatif de l'apprentissage du français ou à son coût très élevé au regard de ses résultats (Rapp. IGA/IGAS sur l'évaluation de la politique d'accueil des étrangers primoarrivants, oct. 2013 ; CNCDH, Avis sur la réforme du droit des étrangers, 21 mai 2015 : *JO 11 juill.*). La loi de 2016 a ainsi cherché à passer d'une logique « de contrainte » à une logique « d'accompagnement ». L'étude d'impact du 22 juillet 2014, annexée au projet de loi relatif au droit des étrangers précise qu'elle « se concrétisera par la mise à disposition d'informations plus adaptées aux besoins des migrants » et qu'un « dispositif d'apprentissage linguistique à distance sera mis à disposition des migrants afin de permettre, à ceux qui le souhaitent, d'aguerrir leur niveau de français ou de s'initier à la langue » (V. Étude préc., § 1.2.2).

L'information, visée au présent article, conçue par la direction générale des étrangers en France du ministère de l'Intérieur, est accessible sur les sites du ministère de l'Intérieur (www.immigration.interieur.gouv.fr) et de l'Office français de l'immigration et de l'intégration (www.ofii.fr). ❑

Art. L. 413-2 **L'étranger admis pour la première fois au séjour en France ou qui entre régulièrement en France entre l'âge de seize ans et l'âge de dix-huit ans révolus, et qui souhaite s'y maintenir durablement s'engage dans un parcours personnalisé d'intégration républicaine. Ce parcours a pour objectifs la compréhension par l'étranger primo-arrivant des valeurs et principes de la République, l'apprentissage de la langue française, l'intégration sociale et professionnelle et l'accès à l'autonomie.** *(L. n° 2024-42 du 26 janv. 2024, art. 20 et 86-II, en vigueur au plus tard le 1er janv. 2026)* **« S'il est parent, l'étranger s'engage également à assurer à son enfant une éducation respectueuse des valeurs et des principes de la République et à l'accompagner dans sa démarche d'intégration à travers notamment l'acquisition de la langue française. »**

Sous réserve des exceptions prévues à l'article L. 413-5, l'étranger qui s'engage dans le parcours personnalisé d'intégration républicaine conclut avec l'État un contrat d'intégration républicaine par lequel il s'engage à suivre les formations et dispositifs d'accompagnement qui lui sont prescrits *(Abrogé par L. n° 2024-42 du 26 janv. 2024, art. 46)* ***« et à respecter les valeurs et principes de la République »***. – *[Anc. art. L. 311-9, al. 2 et 11.]*

Les dispositions issues de l'art. 20 de la L. n° 2024-42 du 26 janv. 2024 entrent en vigueur à une date fixée par décret en Conseil d'État, et au plus tard le 1er janv. 2026 (L. préc., art. 86-II).

COMMENTAIRE

A noter qu'en application de l'article L. 6321-3 du code du travail tel qu'il résulte de la loi n° 2024-42 du 26 janvier 2024, pour les salariés allophones signataires du contrat mentionné à l'article L. 413-2 du CESEDA et engagés dans un parcours de formation linguistique visant à atteindre une connaissance de la langue française au moins égale à un niveau déterminé par décret, les actions permettant la poursuite de celui-ci constituent un temps de travail effectif, dans la limite d'une durée fixée par décret en Conseil d'État, et donnent lieu au maintien de la rémunération par l'employeur pendant leur réalisation.

Aux termes de l'article L. 6323-17 du même code, pour les formations en français langue étrangère choisies par les salariés allophones signataires du contrat mentionné au présent article, financées par le compte personnel de formation et réalisées en tout ou partie durant le temps de travail, l'autorisation d'absence est de droit, dans la limite d'une durée fixée par décret en Conseil d'État. ❑

1. La HALDE a considéré que ne violait pas les stipulations des art. 9 et 14 Conv. EDH et 2 du Prot. n° 1 l'obligation faite aux personnes bénéficiant de la formation linguistique dans le cadre du contrat d'accueil et d'intégration de quitter la burqa ou le niqab en raison des exigences pédagogiques de l'enseignement linguistique. • HALDE, 15 sept. 2008, Délib. n° 2008-193 :

2. Il revient au juge national de vérifier concrètement si une mesure d'intégration est conforme à la Dir. 2003/109/CE, eu égard à ses conditions pratiques de mise en œuvre ; ainsi, il convient de prendre en compte le niveau des connaissances exigibles pour réussir l'examen, l'accessibilité aux cours et au matériel nécessaire pour le préparer, le montant des droits applicables ainsi que la prise en considération des circonstances individuelles particulières telles que l'âge, l'analphabétisme ou le niveau d'éducation. • CJUE 4 juin 2015, *P.*, n° C-579/13 : *AJDA 2015. 1589, chron. Broussy, Cassagnabère et Gänser*. ♦ V. aussi en matière de regroupement familial : • CJUE 9 juill. 2015, *Minister van Buitenlandse Zaken c/ K. et A.*, n° C-153/14.

3. Jugé, sous l'empire des dispositions antérieures à la L. du 7 mars 2016, que la violation du contrat d'accueil et d'intégration n'est pas susceptible d'entraîner une suspension des prestations familiales mais seulement de conduire à la signature d'un contrat de responsabilité dont le non-respect peut entrainer la suspension de ces prestations (CASF, art. L. 222-4-1). • CE 19 mai 2010, *Cimade et GISTI*, n° 323758 B.

Art. L. 413-3 Le parcours personnalisé d'intégration républicaine prévu à l'article L. 413-2 comprend notamment :

1° La formation civique prescrite par l'État, relative aux valeurs, aux principes, et aux institutions de la République, à l'exercice des droits et devoirs liés à la vie en France ainsi qu'à l'organisation *(L. n° 2024-42 du 26 janv. 2024, art. 20 et 86-II, en vigueur au plus tard le 1er janv. 2026)* **« , l'histoire et la culture » de la société française ;**

2° La formation linguistique prescrite par l'État, visant à l'acquisition de la langue française ;

3° Un conseil en orientation professionnelle et un accompagnement destiné à favoriser son insertion professionnelle, en association avec les structures du service public de l'emploi. *(L. n° 2024-42 du 26 janv. 2024, art. 20 et 86-II, en vigueur au plus tard le 1er janv. 2026)* **« Cet accompagnement est subordonné à l'assiduité de l'étranger et au sérieux de sa participation aux formations mentionnées aux 1° et 2° du présent article ; »**

4° Un accompagnement adapté à ses besoins pour faciliter ses conditions d'accueil et d'intégration.

(L. n° 2024-42 du 26 janv. 2024, art. 20 et 86-II, en vigueur au plus tard le 1er janv. 2026) **« La formation civique mentionnée au 1° donne lieu à un examen. L'étranger peut se représenter à cet examen, à sa demande et à tout moment, lorsqu'il a obtenu un résultat inférieur aux seuils mentionnés au premier alinéa de l'article L. 413-7 et au 2° de l'article L. 433-4. »**

La formation linguistique mentionnée au 2° comprend un nombre d'heures d'enseignement de la langue française suffisant pour permettre à l'étranger primo-arrivant d'occuper un emploi et de s'intégrer dans la société française. Cette formation peut donner lieu à une certification standardisée permettant d'évaluer le niveau de langue de l'étranger. A la demande motivée de l'étranger, il peut être dispensé du conseil mentionné au 3°.

La formation civique et l'accompagnement mentionnés aux 1° et 4° sont pris en charge par l'État. Ils peuvent être organisés en association avec les acteurs économiques, sociaux et citoyens, nationaux ou locaux. — *[Anc. art. L. 311-9, al. 3 à 7, 9 et 10.]*

Sur la formation civique, V. art. R. 413-12, infra.

Sur la formation linguistique, V. art. R. 413-13, infra.

Les dispositions issues de l'art. 20 de la L. n° 2024-42 du 26 janv. 2024 entrent en vigueur à une date fixée par décret en Conseil d'État, et au plus tard le 1er janv. 2026 (L. préc., art. 86-II).

COMMENTAIRE

Le parcours personnalisé d'intégration républicaine s'applique à tous les étrangers, y compris ceux ayant obtenu le statut de réfugié ou le bénéfice de la protection subsidiaire (art. L. 751-1). N'en sont dispensés que les étrangers mentionnés à l'article L. 413-5 ainsi que les citoyens de l'Union européenne et les ressortissants mentionnés à l'article L. 200-4 (art. R. 231-3).

Le parcours d'intégration doit se caractériser par une cohérence entre les dispositifs mis en place dès le pays d'origine (information sur la vie en France) et ceux mis en place par les plateformes de l'Office français de l'immigration et de l'intégration (OFII) sur le territoire français.

Par ce parcours d'intégration républicaine, l'étranger s'engage à respecter les principes et valeurs de la société française et de la République, et à suivre avec sérieux et assiduité les formations prescrites. S'il ne l'a pas conclu lorsqu'il a été admis pour la première fois au séjour en France (et sauf s'il a un titre de séjour dispensant de le signer), l'étranger qui réside régulièrement en France « peut » également signer le contrat d'intégration républicaine. Il y sera incité par le lien organisé depuis la loi du 7 mars 2016 entre le contrat d'intégration républicaine et l'attribution de la carte de séjour pluriannuelle. En effet, l'article L. 433-4 prévoit qu'au terme d'une première année de séjour régulier en France l'étranger qui a conclu avec l'État un contrat d'accueil et d'intégration bénéficie de la délivrance d'une carte de séjour pluriannuelle dès lors qu'il a obtenu un résultat à l'examen mentionné au sixième alinéa du présent article L. 413-3 supérieur ou égal à un seuil fixé par décret et qu'il justifie d'une connaissance de la langue française lui permettant au moins de comprendre des expressions fréquemment utilisées dans le langage courant, de communiquer lors de tâches habituelles et d'évoquer des sujets qui correspondent à des besoins immédiats.

Le contrat d'intégration républicaine est préparé par l'OFII qui le présente à l'étranger au cours d'un « entretien personnalisé » (V. art. R. 413-8 et R. 413-9, *infra*) qui permettra également d'évaluer ses compétences linguistiques en français.

Le contrat signé (environ 100 000 chaque année) prescrit la formation civique obligatoire et, le cas échéant, la formation linguistique obligatoire (art. R. 413-3).

C' est l'OFII qui organise ces formations qui sont dispensées gratuitement (art. R. 413-10).

Le contrat est conclu pour une durée d'un an. Il est considéré comme respecté dès lors que les formations qu'il prévoit ont été suivies avec assiduité et sérieux et que l'étranger n'a pas manifesté de rejet des valeurs essentielles de la société française et de la République (art. R. 413-4).

Si l'étranger, sans motif légitime, ne participe pas ou plus à une formation prescrite ou ne respecte pas les engagements souscrits, le préfet peut résilier le contrat. ❑

Art. L. 413-4 **L'étranger n'ayant pas conclu le contrat d'intégration républicaine prévu au second alinéa de l'article L. 413-2 lorsqu'il a été admis pour la première fois au séjour en France peut demander à le signer ultérieurement dans les conditions définies par voie réglementaire.** – *[Anc. art. L. 311-9, al. 14.]*

Art. L. 413-5 **Est dispensé de la signature du contrat d'intégration républicaine prévu au second alinéa de l'article L. 413-2 l'étranger titulaire :**

1° De la carte de séjour temporaire portant la mention "travailleur temporaire" prévue à l'article L. 421-3 ;

2° De la carte de séjour temporaire portant la mention "étudiant" prévue aux articles L. 422-1 ou L. 422-2 ;

3° De la carte de séjour temporaire portant la mention "étudiant – programme de mobilité" prévue à l'article L. 422-5 ;

4° De la carte de séjour temporaire portant la mention "vie privée et familiale" prévue aux articles L. 423-13 ou L. 425-9 ;

5° De la carte de séjour temporaire portant la mention "visiteur" prévue à l'article L. 426-20 ;

6° De la carte de séjour temporaire portant la mention "stagiaire" prévue à l'article L. 426-23 ;

7° De la carte de séjour pluriannuelle portant la mention "talent" prévue aux articles L. 421-9 *(Abrogé par L. n° 2024-42 du 26 janv. 2024, art. 30)* « , L. 421-10, L. 421-13 » ou L. 421-16 à L. 421-21 ;

8° De la carte de séjour pluriannuelle portant la mention "talent – carte bleue européenne" prévue à l'article L. 421-11 ;

9° De la carte de séjour pluriannuelle portant la mention "talent – chercheur" ou "talent – chercheur – programme de mobilité" prévue à l'article L. 421-14 ;

10° De la carte de séjour pluriannuelle portant la mention "talent (famille)" prévue aux articles L. 421-22, L. 421-23 ou L. 421-24 ;

11° De la carte de séjour pluriannuelle portant la mention "salarié détaché ICT" prévue à l'article L. 421-26 ;

12° De la carte de séjour pluriannuelle portant la mention "salarié détaché mobile ICT" prévue à l'article L. 421-27 ;

13° De la carte de séjour pluriannuelle portant la mention "salarié détaché ICT (famille)" prévue à l'article L. 421-28 ;

14° De la carte de séjour pluriannuelle portant la mention "salarié détaché mobile ICT (famille)" prévue à l'article L. 421-29 ;

15° De la carte de séjour pluriannuelle portant la mention "travailleur saisonnier" prévue à l'article L. 421-34 ;

16° De la carte de résident prévue à l'article L. 426-3.

Est également dispensé de la signature de ce contrat l'étranger ayant effectué sa scolarité dans un établissement d'enseignement secondaire français pendant au moins trois années scolaires ou qui a suivi des études supérieures en France d'une durée au moins égale à une année universitaire. Il en est de même de l'étranger âgé de seize à dix-huit ans révolus pouvant prétendre à un titre de séjour et relevant de l'article L. 426-1. – *[Anc. art. L. 311-9, al. 12 et 13.]*

Art. L. 413-6 Les conditions d'application de la présente section, et notamment la durée du contrat d'intégration républicaine, les formations prévues et les conditions de leur suivi et de leur validation, dont la reconnaissance de l'acquisition d'un niveau satisfaisant de maîtrise de la langue française et la remise à l'étranger d'un document permettant de s'assurer de l'assiduité de celui-ci aux formations qui lui sont prescrites, sont fixées par décret en Conseil d'État. – *[Anc. art. L. 311-9, al. 15.]*

SECTION 2 Appréciation de la condition d'intégration pour la délivrance de la carte de résident

Art. L. 413-7 La première délivrance de la carte de résident prévue aux articles L. 423-6, L. 423-10 ou L. 423-16, de la carte de résident portant la mention "résident de longue durée – UE" prévue aux articles L. 421-12, L. 421-25, L. 424-5, L. 424-14 ou L. 426-19, ainsi que de la carte de résident permanent prévue à l'article L. 426-4 est subordonnée à l'intégration républicaine de l'étranger dans la société française, appréciée en particulier au regard *(L. n° 2024-42 du 26 janv. 2024, art. 20 et 86-II, en vigueur au plus tard le 1er janv. 2026)* « du résultat obtenu à l'examen mentionné au sixième alinéa de l'article L. 413-3, qui doit être supérieur à un seuil fixé par décret, » *(Abrogé par L. n° 2024-42 du 26 janv. 2024, art. 46)* *« de son engagement personnel à respecter les principes qui régissent la République française, du respect effectif de ces principes [et] »* de sa connaissance de la langue française *(L. n° 2024-42 du 26 janv. 2024, art. 20 et 86-II, en vigueur au plus tard le 1er janv. 2026)* « de nature à lui permettre au moins de comprendre des conversations suffisamment claires, de produire un discours simple et cohérent sur des sujets courants et d'exposer succinctement une idée ».

Pour l'appréciation de la condition d'intégration, l'autorité administrative *(L. n° 2024-42 du 26 janv. 2024, art. 20 et 86-II, en vigueur au plus tard le 1er janv. 2026)* « tient compte, lorsqu'il a été souscrit, du respect, par l'étranger, de l'engagement défini à l'article L. 413-2 et » saisit pour avis le maire de la commune dans laquelle l'étranger réside. Cet avis est réputé favorable à l'expiration d'un délai de deux mois à compter de la saisine du maire par l'autorité administrative.

Les étrangers âgés de plus de soixante-cinq ans ne sont pas soumis à la condition relative à la connaissance de la langue française. – *[Anc. art. L. 314-2.]*

V. Arr. du 25 avr. 2023 fixant la liste des diplômes et certifications attestant du niveau de maîtrise du français requis pour l'obtention d'une carte de résident, d'une carte de résident permanent ou d'une carte de résident portant la mention « résident de longue durée-UE », NOR : IOMV2310709A, etInf. min. Intérieur, 31 mai 2023, NOR : IOMV2314625J.

Les dispositions issues de l'art. 20 de la L. n° 2024-42 du 26 janv. 2024 entrent en vigueur à une date fixée par décret en Conseil d'État, et au plus tard le 1er janv. 2026 (L. préc., art. 86-II).

COMMENTAIRE

Introduite par la loi n° 2003-1119 du 26 novembre 2003 relative à la maîtrise de l'immigration, au séjour des étrangers en France et à la nationalité, la condition d'intégration républicaine doit permettre de s'assurer que la demande de l'étranger s'inscrit dans un parcours d'insertion sociale et professionnelle en France. D'après les travaux préparatoires à la loi n° 2003-1119 du 26 novembre 2003 (T. Mariani, Rapport AN n° 949, p. 22), cette condition d'intégration républicaine, exigée pour la délivrance de toute carte de résident, « sera appréciée à partir d'un faisceau d'indices tels que la scolarisation, l'apprentissage de la langue, la formation professionnelle, la participation à la vie associative ou encore le suivi du contrat d'accueil et d'intégration ». Un rapprochement est ainsi suggéré avec le critère de l'« assimilation » utilisé en matière d'acquisition de la nationalité. Il est par conséquent possible d'interpréter cette condition d'intégration à la lumière des règles applicables en matière de naturalisation (V. App., v° *Nationalité*, notes ss. C. civ., art. 21-27). Seront ainsi pris en considération notamment la laïcité, le respect des droits des femmes, l'éducation et la scolarisation des enfants, l'interdiction de faire subir des violences aux femmes et aux enfants.

A noter que l'article 2 de la loi du 7 mars 2016 renforce le niveau de connaissance de la langue française requis pour obtenir une première carte de résident. Selon l'étude d'impact du 22 juillet 2014, annexée au projet de loi relatif au droit des étrangers, le niveau requis pour accéder à la carte de résident correspondra donc désormais au niveau A2 du cadre européen commun de référence pour les langues, qui permet une communication simple (V. Étude préc., § 1.2.2).

La loi n° 2024-42 du 26 janvier 2024 a désormais prévu des modalités d'évaluation de l'intégration dans la société française, faisant notamment référence à l'examen prévu à l'alinéa 6 de l'article L. 413-3 et exigeant que la connaissance de la langue française permette à l'étranger au moins de comprendre des conversations suffisamment claires, de produire un discours simple et cohérent sur des sujets courants et d'exposer succinctement une idée. ❑

1. Eu égard à l'objectif d'intérêt général qu'il s'est assigné, tendant à instituer un statut de résident de longue durée, le législateur a pu exiger que l'obtention de la carte de résident soit soumise à la double condition d'une durée de résidence ininterrompue de 2 ou 5 ans sur le territoire français et d'une intégration dans la société française. • Cons. const. 20 nov. 2003, n° 2003-484 DC : *préc. note 4 ss. art. L. 313-1.* ♦ La saisine facultative du maire par le préfet, pour l'appréciation de la condition d'intégration, revêt un caractère consultatif ; par suite, le législateur ne peut être considéré comme ayant délégué à un élu local une prérogative incombant par nature à l'État. • Cons. const. 20 nov. 2003, n° 2003-484 DC : *préc. note 4 ss. art. L. 313-1.*

2. La condition tenant à l'intégration républicaine ne fait l'objet que d'un contrôle restreint du juge administratif. • CAA Nantes, 8 févr. 2013, *Mme Champiaux*, n° 11NT02170 • CAA Versailles, 9 nov. 2010, *M. Oluc*, n° 10VE00161. ♦ Si une condamnation pour proxénétisme aggravé est incompatible avec les principes républicains de la France, le requérant bénéficie de la réhabilitation visée à l'art. L. 133-14 C. pén. dès lors que la personne condamnée à une peine n'excédant pas un an d'emprisonnement n'a, dans un délai de 5 ans à compter de l'exécution de la peine, subi aucune nouvelle condamnation à une peine criminelle ou correctionnelle. Par ailleurs, sa condamnation est isolée et aucun élément du dossier ne révèle que l'intéressée aurait, depuis lors, été poursuivie à raison d'un comportement pénalement répréhensible ; enfin, le maire de la commune de résidence a attesté de la parfaite intégration de la requérante, qui réside depuis 7 ans dans le village où elle entretient d'excellentes relations de voisinage et où elle participe au quotidien à la vie communale ; il résulte de ce qui précède que le refus de carte de résident encourt l'annulation. • CAA Bordeaux, 11 juill. 2013, *Mme T.*, n° 12BX03218 : *AJDA 2013. 2169, concl. Normand*.

3. Jugé que le fait de porter un voile intégral établit le défaut d'intégration républicain au sens du présent art. • TA Châlons-en-Champagne, 23 sept. 2010, *Mme El Mchachti*, n° 1000648 : *AJDA 2010. 2378, concl. Nizet*. ♦ Tel n'est pas le cas en revanche s'agissant d'un arrêté d'expulsion de logement pris à l'encontre de l'épouse du requérant ; en effet, cette circonstance n'est pas, à elle seule, de nature à révéler une méconnaissance des principes qui régissent la République française, dès lors en outre que la dette locative a été contractée antérieurement à l'union matrimoniale et qu'elle est en cours d'apurement. • TA Amiens, 7 juill. 2011, *M. Ozdemir,* n° 1001842.

CHAPITRE IV DROITS ATTACHÉS AUX TITRES DE SÉJOUR

SECTION 1 Séjour et circulation sur le territoire français

SOUS-SECTION 1 Séjour

Art. L. 414-1 A l'exception de la carte de séjour pluriannuelle portant la mention "travailleur saisonnier" et de la carte de séjour portant la mention "retraité", respectivement prévues aux articles L. 421-34 et L. 426-8, les documents de séjour mentionnés à l'article L. 411-1 permettent à leur titulaire de séjourner en France pendant toute leur durée de validité.

SOUS-SECTION 2 Circulation

Art. L. 414-2 Tout étranger résidant en France, quelle que soit la nature de son titre de séjour, peut quitter librement le territoire français. – *[Anc. art. L. 321-1.]*

Art. L. 414-3 Sous réserve des dispositions du titre IV, les étrangers séjournant régulièrement en France y circulent librement. – *[Anc. art. L. 321-2 ; anc. art. R. 321-1, al. 1er]*

1. Interrogée par le Conseil d'État sur question préjudicielle, la CJCE a considéré que les art. 12, 19 et 39 du Traité CE et le principe de proportionnalité ne s'opposent pas à ce qu'un État puisse prononcer à l'égard d'un ressortissant d'un autre État membre une mesure de police administrative limitant le séjour de ce ressortissant à une partie du territoire national lorsque des raisons d'ordre public font obstacle à sa présence sur le reste du territoire, à condition que des motifs d'ordre public ou de sécurité publique fondés sur son comportement individuel le justifient, que, en l'absence d'une telle possibilité, ces motifs ne puissent conduire, en raison de leur gravité, qu'à une mesure d'interdiction de séjour ou d'éloignement de l'ensemble du territoire national et que le comportement que l'État membre concerné vise à prévenir donne lieu, lorsqu'il est le fait de ses propres ressortissants, à des mesures répressives ou à d'autres mesures réelles et effectives destinées à le combattre. • CJCE 26 nov. 2002, *Min. Intérieur c/ Aitor Oteiza Olazabal,* n° C-100/01 : *AJDA 2003. 377, chron. Belorgey, Gervasoni et Lambert.* ♦ Le Conseil d'État a fait application de ces principes s'agissant d'un ressortissant espagnol condamné à 18 mois d'emprisonnement et 4 ans d'interdiction de séjour pour association, de malfaiteurs ayant pour but de troubler l'ordre public par l'intimidation et la terreur, ayant continué d'entretenir des rapports avec des mouvements terroristes. • CE 23 avr. 2003, *Min. Intérieur c/ M. Olazabal,* n° 206913 : *Lebon 172 ; RFDA 2003. 640.*

2. Qu'il s'agisse de l'interdiction par le ministre de l'Intérieur de l'installation d'un étranger dans certaines parties du territoire ou des mesures dites de « surveillance spéciale », le juge n'exerce qu'un contrôle restreint. • CE 27 mai 1994, *M. Olazabal Ezeiza,* n° 70998. ♦ Le juge se borne à vérifier l'existence de la motivation fondée sur le risque d'atteinte à l'ordre public, même si le requérant a trouvé du travail dans la zone qui lui est interdite. • CE 6 févr. 1991, *M. Taileb,* n° 118166.

3. Le Conseil d'État a admis l'applicabilité de l'art. 8 Conv. EDH à ces mesures restreignant les conditions de circulation des étrangers. • CE 27 oct. 1993, *M. Stangret,* n° 126320.

Art. L. 414-4 Un document de circulation pour étranger mineur est délivré à l'étranger mineur résidant en France :

1° Dont au moins l'un des parents est titulaire d'une carte de séjour temporaire, d'une carte de séjour pluriannuelle ou d'une carte de résident ;

2° Qui est l'enfant étranger d'un ressortissant français ou un descendant direct d'un citoyen de l'Union européenne, d'un ressortissant de la République d'Islande, de la Principauté du Liechtenstein, du Royaume de Norvège ou de la Confédération suisse satisfaisant aux conditions énoncées aux 1° ou 2° de l'article L. 233-1 ou qui est l'enfant à charge d'un ressortissant d'un de ces mêmes États satisfaisant aux conditions énoncées au 3° du même article L. 233-1 ;

3° Qui est un descendant direct à charge du conjoint d'un citoyen de l'Union européenne, d'un ressortissant de la République d'Islande, de la Principauté du Liechtenstein, du Royaume de Norvège ou de la Confédération suisse satisfaisant aux conditions énoncées aux 1° ou 2° de l'article L. 223-1 ;

4° Dont au moins l'un des parents a acquis la nationalité française ;

5° Qui relève, en dehors de la condition de majorité, des prévisions de l'article L. 423-22 ;

6° Qui s'est vu reconnaître la qualité de réfugié ou s'est vu accorder le bénéfice de la protection subsidiaire ;

7° Qui est entré en France sous couvert d'un visa d'une durée supérieure à trois mois en qualité d'enfant de Français ou d'adopté ;

8° Qui est entré en France avant l'âge de treize ans sous couvert d'un visa d'une durée supérieure à trois mois délivré en qualité de visiteur et qui justifie avoir résidé habituellement en France depuis.

Le document de circulation pour étranger mineur est délivré dans des conditions fixées par voie réglementaire. – *[Anc. art. L. 321-4.]*

COMMENTAIRE

La loi n° 2018-778 du 10 septembre 2018 pour une immigration maîtrisée, un droit d'asile effectif et une intégration réussie est venue considérablement simplifier les dispositions applicables aux documents de circulation délivrés aux mineurs étrangers (DCEM). Il n'existe ainsi plus de différence entre les mineurs nés en France (qui se voyaient attribuer un titre d'identité républicain) et les autres mineurs. Il existe désormais un document unique de circulation pour étranger mineur, dont les conditions de délivrance sont clarifiées.

Le présent article prévoit les cas de délivrance de plein droit de DCEM. Ceux-ci concernent l'étranger mineur résidant en France. Les articles L. 414-6 et L. 414-7 fixent la durée des DCEM : si une durée générale de cinq ans est retenue, celle-ci peut être inférieure lorsque le ou les parents sont titulaires d'un des documents de séjour dont la liste est fixée par l'article L. 414-8.

L'article L. 414-9 envisage enfin l'hypothèse du retrait du DCEM. ❑

1. Le refus de délivrance d'un document de circulation à un mineur qui n'entre pas dans un cas de délivrance de plein droit ne doit pas porter atteinte à l'intérêt supérieur de l'enfant au sens de l'art. 3 CIDE. • CAA Marseille, 21 nov. 2019, n° 19MA00342.

2. Un acte de recueil légal dit de *kafala*, sanctionné par une décision de l'autorité judiciaire marocaine, n'a pas, même lorsque l'exequatur du jugement marocain a été prononcé par une juridiction française, le caractère d'une mesure d'adoption et n'a pas davantage pour objet de modifier le lien de filiation qui unit ledit enfant à ses parents naturels. Par suite, un tel acte n'est pas susceptible d'être pris en compte pour l'application des dispositions du présent art. • TA Montpellier, 7 mai 2009, *M. et Mme El Barahi*, n° 0802179 : *AJDA 2009. 1497, concl. Baux*. ♦ Cette solution a été confirmée par le Conseil d'État. • CE 3 oct. 2012, *M. A.*, n° 351906 B : *AJDA 2012. 1885*.

Art. L. 414-5 **Le titulaire du document de circulation pour étranger mineur prévu à l'article L. 414-4 peut être réadmis en France, en dispense de visa, sur présentation de ce titre accompagné d'un document de voyage en cours de validité.** – *[Anc. art. L. 321-3.]*

Art. L. 414-6 **Dans les cas prévus aux 2° à 8° de l'article L. 414-4 le document de circulation pour étranger mineur a une durée de validité de cinq ans.**

Il est renouvelé pour la même durée. – *[Anc. art. L. 321-5, I.]*

Art. L. 414-7 **Dans le cas prévu au 1° de l'article L. 414-4, et lorsqu'au moins l'un des parents du mineur est titulaire d'une carte de séjour ne figurant pas à l'article L. 414-8, le document de circulation pour étranger mineur a une durée de validité de cinq ans.**

Il peut avoir une durée inférieure à cinq ans, sans pouvoir être inférieure à un an, dans les conditions suivantes :

1° Lorsque l'un des parents est titulaire d'une carte de séjour mentionnée à l'article L. 414-8, le document arrive à expiration à la même date que la carte de séjour du parent ;

2° Lorsque les deux parents sont titulaires d'une carte de séjour mentionnée à l'article L. 414-8, le document arrive à expiration à la même date que la carte de séjour du parent dont l'expiration est la plus lointaine. – *[Anc. art. L. 321-5, II, ecqc le principe.]*

Art. L. 414-8 Les cartes de séjour mentionnées à l'article L. 414-7 sont les suivantes :

1° La carte de séjour temporaire portant la mention "travailleur temporaire" prévue à l'article L. 421-3 ;

2° La carte de séjour temporaire portant la mention "stagiaire ICT" prévue à l'article L. 421-30 ;

3° La carte de séjour temporaire portant la mention "stagiaire mobile ICT" prévue à l'article L. 421-31 ;

4° La carte de séjour temporaire portant la mention "stagiaire ICT (famille)" prévue à l'article L. 421-32 ;

5° La carte de séjour temporaire portant la mention "stagiaire mobile ICT (famille)" prévue à l'article L. 421-33 ;

6° La carte de séjour temporaire portant la mention "étudiant" prévue à l'article L. 422-1 ou L. 422-2 ;

7° La carte de séjour temporaire portant la mention "étudiant – programme de mobilité" prévue à l'article L. 422-5 ;

8° La carte de séjour temporaire portant la mention "recherche d'emploi ou création d'entreprise" prévue aux articles L. 422-10 ou L. 422-14 ;

9° La carte de séjour temporaire portant la mention "vie privée et familiale" prévue aux articles L. 425-1 ou L. 425-9 ;

10° La carte de séjour temporaire portant la mention "visiteur" prévue à l'article L. 426-20 ;

11° La carte de séjour temporaire portant la mention "stagiaire" prévue à l'article L. 426-23 ;

12° La carte de séjour pluriannuelle portant la mention "salarié détaché ICT" prévue à l'article L. 421-26 ;

13° La carte de séjour pluriannuelle portant la mention "salarié détaché mobile ICT" prévue à l'article L. 421-27 ;

14° La carte de séjour pluriannuelle portant la mention "salarié détaché ICT (famille)" prévue à l'article L. 421-28 ;

15° La carte de séjour pluriannuelle portant la mention "salarié détaché mobile ICT (famille)" prévue à l'article L. 421-29 ;

16° La carte de séjour pluriannuelle portant la mention "talent (famille)" prévue à l'article L. 422-13. – *[Anc. art. L. 321-5, II, ecqc les titres.]*

Art. L. 414-9 Si l'étranger cesse de remplir l'une des conditions pour la délivrance d'un document de circulation pour étranger mineur, ce document peut lui être retiré. La décision de retrait ne peut intervenir qu'après que le représentant légal du mineur a été mis à même de présenter ses observations dans les conditions prévues aux articles L. 121-1 et L. 121-2 du code des relations entre le public et l'administration. – *[Anc. art. L. 321-6.]*

Les ressortissants tunisiens ne sont pas concernés par le présent art. mais par l'art. 7 *ter* de l'accord franco-tunisien. Le juge accepte toutefois une substitution de motifs dès lors que le requérant n'est privé d'aucune garantie de procédure. • CAA Lyon, 26 mai 2009, *Dalhoumi,* n° 06LY02466.

SECTION 2 Exercice d'une activité professionnelle

Art. L. 414-10 La possession d'une carte de séjour temporaire, d'une carte de séjour pluriannuelle ou d'une carte de résident par un étranger résidant sur le territoire métropolitain lui confère, sous réserve des exceptions prévues à l'article L. 414-11, le droit d'exercer une activité professionnelle, sur ce même territoire, dans le cadre de la législation en vigueur.

Art. L. 414-11 L'article L. 414-10 ne s'applique pas lorsque l'étranger est titulaire de l'une des cartes de séjour suivantes :

1° La carte de séjour temporaire portant la mention "stagiaire ICT" prévue à l'article L. 421-30 ;

2° La carte de séjour temporaire portant la mention "stagiaire mobile ICT" prévue à l'article L. 421-31 ;

3° La carte de séjour temporaire portant la mention "vie privée et familiale" prévue à l'article L. 426-12, pour l'année qui suit la première délivrance ;

4° La carte de séjour temporaire portant la mention "visiteur" prévue à l'article L. 426-20 ;

5° La carte de séjour temporaire portant la mention "stagiaire" prévue à l'article L. 426-23 ;

6° La carte de séjour portant la mention "retraité" prévue à l'article L. 426-8.

Art. L. 414-12 La délivrance des cartes de séjour portant la mention "salarié", "travailleur temporaire" et "travailleur saisonnier", respectivement prévues aux articles L. 421-1, L. 421-3 et L. 421-34, est subordonnée à la détention préalable de l'autorisation de travail prévue aux articles L. 5221-2 et suivants du code du travail. Cette autorisation est délivrée dans les conditions prévues par le code du travail.

Art. L. 414-13 Lorsque la délivrance du titre de séjour est subordonnée à la détention préalable de l'autorisation de travail prévue à l'article L. 5221-2 du code du travail, la situation du marché de l'emploi est opposable au demandeur sauf lorsque le présent code en dispose autrement, et notamment lorsque la demande de l'étranger concerne un métier et une zone géographique caractérisée par des difficultés de recrutement.

La liste de ces métiers et zones géographiques est établie *(L. n° 2024-42 du 26 janv. 2024, art. 28)* « et actualisée au moins une fois par an » par l'autorité administrative après consultation des organisations syndicales représentatives d'employeurs et de salariés.

Art. L. 414-14 L'employeur qui a fait l'objet d'une décision portant obligation de quitter le territoire français en raison du retrait, prononcé en application de l'article L. 432-11, de sa carte de résident peut, dans les trois années qui suivent cette décision d'éloignement, se voir refuser le droit d'exercer une activité professionnelle en France. – *[Anc. art. L. 314-6, al. 2.]*

Art. L. 414-15 L'exercice par les étrangers de certaines activités professionnelles non salariées peut être soumis à autorisation par décret en Conseil d'État. – *[Anc. art. L. 322-2.]*

TITRE II CATÉGORIES DE TITRES DE SÉJOUR

Sur l'expérimentation introduite par l'art. 14 de la L. n° 2024-42 du 26 janv. 2024, lorsque l'autorité administrative envisage de refuser de délivrer ou de renouveler l'un des titres de séjour mentionnés aux chap. I à III, aux sect. 1 et 2 du chap. V et au chap. VI du présent titre, V. ss. art. L. 420-1.

Art. L. 420-1 Conformément à l'article L. 237-1, les dispositions des articles L. 424-1 à L. 424-4, L. 424-6, L. 424-7, L. 424-9 à L. 424-13, L. 424-15 et L. 424-16 sont applicables à l'étranger dont la situation est régie par le livre II.

Loi n° 2024-42 du 26 janvier 2024,

Pour contrôler l'immigration, améliorer l'intégration.

Art. 14 I. — A titre expérimental, lorsque l'autorité administrative envisage de refuser de délivrer ou de renouveler l'un des titres de séjour mentionnés aux chapitres I à III, aux sections 1 et 2 du chapitre V et au chapitre VI du titre II du livre IV du code de l'entrée et du séjour des étrangers et du droit d'asile, elle examine tous les motifs susceptibles de fonder la délivrance de ces titres de séjour.

Cette expérimentation est mise en œuvre dans au moins cinq départements et au plus dix départements déterminés par arrêté du ministre chargé de l'immigration et pour une durée maximale de trois ans à compter du premier jour du sixième mois suivant la promulgation de la présente loi.

II. — Pour l'application du I, le demandeur transmet, à l'appui de sa demande, l'ensemble des éléments justificatifs nécessaires à l'autorité administrative pour prendre une décision.

III. — A l'issue de la procédure d'examen, l'autorité administrative peut, parmi les titres de séjour mentionnés au premier alinéa du I, délivrer à l'intéressé, sous réserve de son accord, un titre de séjour différent de celui qui faisait l'objet de sa demande initiale.

IV. — Dans les cas où l'autorité administrative a opposé, moins d'un an auparavant, un refus d'admission au séjour examiné selon les modalités prévues aux I à III, elle déclare irrecevable toute nouvelle demande présentée par l'étranger. Le caractère abusif ou dilatoire de cette nouvelle demande est présumé, ce qui justifie le refus de l'enregistrer. Dans ces conditions, il appartient à l'étranger d'attester d'éléments de fait ou de droit nouveaux susceptibles de permettre la délivrance d'un titre de séjour *[Dispositions déclarées non conformes à la Constitution par la décision du Conseil constitutionnel n° 2023-863 DC du 25 janvier 2024]*.

Un élément est nouveau si son apparition est postérieure à la décision de refus ou s'il est avéré que l'étranger n'a pu en avoir connaissance qu'après cette décision.

V. — Six mois avant la fin de l'expérimentation, le Gouvernement remet au Parlement un rapport visant à apprécier l'opportunité de sa généralisation. Ce rapport expose notamment les effets de l'expérimentation sur le nombre de demandes de titres de séjour et de recours contentieux introduits.

CHAPITRE I TITRES DE SÉJOUR POUR MOTIF PROFESSIONNEL

Sur l'expérimentation introduite par l'art. 14 de la L. n° 2024-42 du 26 janv. 2024, lorsque l'autorité administrative envisage de refuser de délivrer ou de renouveler l'un des titres de séjour mentionnés aux chap. I à III, aux sect. 1 et 2 du chap. V et au chap. VI du présent titre, V. ss. art. L. 420-1.

V. Décr. n° 2021-360 du 31 mars 2021 relatif à l'emploi d'un salarié étranger (JO 1er avr.).

COMMENTAIRE

Le présent chapitre distingue six catégories d'étrangers (et de titres de séjour correspondants) selon le motif professionnel justifiant leur présence en France :

– activité salariée : la carte de séjour « salarié » est délivrée pour l'exercice d'une activité salariée sous contrat de travail à durée indéterminée (art. L. 421-1 et L. 421-2) visé par la direction régionale des entreprises, de la concurrence, de la consommation, du travail et de l'emploi (Direccte ; C. trav., art. L. 5221-2). La validité de la carte est prolongée d'un an si l'étranger se trouve involontairement privé d'emploi (C. trav., art. R. 5221-33). Par la suite, la carte sera prolongée pour une durée équivalente à celle des droits acquis à l'allocation d'assurance chômage versée par l'opérateur France Travail ;

– la carte « travailleur temporaire » est délivrée pour l'exercice d'une activité salariée sous contrat de travail à durée déterminée (art. L. 421-3) ou sous détachement temporaire (C. trav., art. L. 1262-1 et L. 1262-2) visé par la Direccte. Elle est délivrée pour une durée identique à celle du contrat de travail ou du détachement, dans la limite d'un an. Elle est renouvelée pour une durée identique à celle du contrat de travail ou du détachement ;

– activité non salariée (carte « entrepreneur/profession libérale » : art. L. 421-5 et L. 421-6) : la carte de séjour temporaire « entrepreneur/profession libérale » est délivrée pour l'exercice d'une activité non salariée, économiquement viable et dont l'étranger tire des moyens d'existence suffisants. Cette carte rassemble les anciennes cartes « commerçant » et travailleurs indépendants ;

– étranger bénéficiaire du « passeport talent » : salariés qualifiés (art. L. 421-9 à L. 421-13), chercheurs (art. L. 421-14 et L. 421-15), création d'entreprise et investissement (art. L. 421-16 à L. 421-18), représentant légal d'un établissement établi en France (art. L. 421-19), profession artistique (art. L. 421-20), étranger de renommée internationale (art. L. 421-21) ; membres de la famille (art. L. 421-22 à L. 421-25) ;

– étranger effectuant un détachement temporaire intragroupe : étranger résidant hors de l'Union européenne ou ayant été admis au séjour dans un autre état membre et membres de famille (salarié détaché ICT, art. L. 421-26 à L. 421-29) ;

– étranger effectuant un stage dans un établissement ou entreprise du même groupe qui l'emploie et membres de famille (stagiaire ICT : art. L. 421-30 à L. 421-33) ;

– étranger exerçant un emploi à caractère saisonnier (art. L. 421-34) ;
– étranger âgé de seize à dix-huit ans déclarant vouloir exercer une activité professionnelle (art. L. 421-35). ❑

Sur l'expérimentation introduite par l'art. 14 de la L. n° 2024-42 du 26 janv. 2024, lorsque l'autorité administrative envisage de refuser de délivrer ou de renouveler l'un des titres de séjour mentionnés aux chap. Ier à III, aux sect. 1 et 2 du chap. V et au chap. VI du présent titre, V. ss. art. L. 420-1.

SECTION 1 Étranger exerçant une activité salariée

SOUS-SECTION 1 Étranger salarié sous contrat de travail à durée indéterminée

Art. L. 421-1 L'étranger qui exerce une activité salariée sous contrat de travail à durée indéterminée se voit délivrer une carte de séjour temporaire portant la mention "salarié" d'une durée maximale d'un an.

La délivrance de cette carte de séjour est subordonnée à la détention préalable d'une autorisation de travail, dans les conditions prévues par les articles L. 5221-2 et suivants du code du travail.

Par dérogation aux dispositions de l'article L. 433-1, elle est prolongée d'un an si l'étranger se trouve involontairement privé d'emploi. Lors du renouvellement suivant, s'il est toujours privé d'emploi, il est statué sur son droit au séjour pour une durée équivalente à celle des droits qu'il a acquis à l'allocation d'assurance mentionnée à l'article L. 5422-1 du code du travail. – *[Anc. art. L. 313-10, al. 1er à 3.]*

V. C. trav., art. R. 5221-1 s. – ***C. trav.***

COMMENTAIRE

L'article L. 5221-2 du code du travail prévoit que l'entrée en France du travailleur salarié est subordonnée à la production d'un contrat de travail (sur le type de contrat, V. C. trav., art. R. 5221-6) visé par l'autorité administrative (en l'occurrence la direction départementale du travail, de l'emploi et de la formation professionnelle) ou d'une autorisation de travail. Cette condition n'est pas exigée de l'étranger qui entre en France afin d'y exercer une activité salariée pour une durée inférieure ou égale à trois mois dans un domaine figurant sur une liste fixée par décret (C. trav., art. L. 5221-2-1) « afin de s'assurer que la mesure bénéficiera bien aux secteurs professionnels pertinents (mode, culture, recherche, audit, conseil juridique, expertise, etc., dès lors que l'activité conserve un caractère ponctuel) et ne risquera pas d'être détournée » (Rapp. AN n° 3423, 20 janv. 2016). ❑

1. Compétence. Le préfet de département, en matière de délivrance des autorisations de travail des ressortissants étrangers, peut donner délégation de signature aux chefs de service des DIRECCTE et aux responsables de leurs unités et délégations territoriales sur le fondement de l'art. 43 du Décr. du 29 avr. 2004. • CE 5 juill. 2013, *M. A.*, n° 365886 B : *AJDA 2013. 2063*.

I. CHAMP D'APPLICATION

2. Ressortissants algériens. Si l'accord franco-algérien régit d'une manière complète les conditions dans lesquelles les ressortissants algériens peuvent être admis à séjourner en France et y exercer une activité professionnelle, ainsi que les règles concernant la nature des titres de séjour qui peuvent leur être délivrés, cette circonstance ne saurait faire obstacle à ce que leur soient appliqués les textes de portée générale relatifs à l'exercice, par toute personne, de l'activité professionnelle envisagée, ainsi d'ailleurs que le rappellent, pour l'exercice de certaines professions par les étrangers d'autres nationalités, les dispositions du 2° de l'art. L. 313-10 [devenu art. L. 421-1]. • CE 23 nov. 2011, *Min. Immigration c/ M. Yesni*, n° 343083 A : *RFDA 2011. 208*. ♦ Pour refuser le renouvellement d'un titre de séjour « commerçant » à un ressortissant algérien, le préfet ne peut légalement se borner à relever que l'intéressé ne justifie pas d'une activité professionnelle économiquement viable, ces dispositions n'étant pas applicables aux ressortissants algériens. • TA Montreuil, 17 nov. 2011, *Mme Laib*, n° 1107858.

3. La règle posée par l'art. L. 5221-1 C. trav. a été reproduite dans certaines conventions bilatérales, alors même qu'elles prévoient, en ce qui concerne l'exercice des activités professionnelles salariées, que les ressortissants de chacun des États contractants sont assimilés aux ressortissants de l'autre État. • CE 8 avr. 1994 : *Akouete : Lebon T. 940.* ♦ Les dispositions du 1° de l'art. L. 313-10 [devenu art. L. 421-1] ne sont pas applicables aux ressortissants tunisiens. • CAA Douai, 29 mars 2011, *M. Ouissameddine Nattahi*, n° 10DA00028.

4. Ressortissants marocains. L'accord franco-marocain renvoie ainsi, sur tous les points qu'il ne traite pas, à la législation nationale, en particulier aux dispositions pertinentes du présent code et du C. trav. pour autant qu'elles ne sont pas incompatibles avec les stipulations de l'accord et nécessaires à sa mise en œuvre. Il en va notamment ainsi, pour le titre de séjour « salarié » mentionné à l'art. 3 de l'accord délivré sur présentation d'un contrat de travail « visé par les autorités compétentes », des dispositions des art. R. 5221-17 s. C. trav., qui précisent les modalités selon lesquelles et les éléments d'appréciation en vertu desquels le préfet se prononce, au vu notamment du contrat de travail, pour accorder ou refuser une autorisation de travail. • CE, avis, 17 sept. 2014, n° 381256 B : *AJDA 2014. 1797*.

5. Ressortissants tunisiens. L'article R. 5221-20 C. trav. relatif à la délivrance des autorisations de travail est applicable aux Tunisiens candidats à un titre « salarié » dans le cadre de l'art. 3 de l'accord franco-tunisien. Par conséquent, l'examen de la demande doit tenir compte notamment de l'adéquation entre la qualification, l'expérience, les diplômes de l'étranger et les caractéristiques de l'emploi auquel il postule. • CE 19 juin 2015, n° 384301.

II. AUTORISATION DE TRAVAIL

6. Pièces. Dès lors que le directeur du travail, de l'emploi et de la formation professionnelle a indiqué aux services consulaires qu'il retirait son visa, sur le contrat de travail du demandeur, les autorités consulaires sont tenues de rejeter la demande de visa et les moyens tirés du défaut de notification du retrait de l'avis favorable au contrat de travail et de l'erreur manifeste d'appréciation qui entacherait le refus de visa sont dès lors inopérants. • CE 13 juill. 2007, *M. Ableke Djoman,* n° 286573.

7. Si le préfet rejette la demande de titre de séjour « salarié » aux motifs que l'intéressé ne pouvait justifier d'un visa de long séjour et d'un contrat de travail visé par l'autorité administrative ou d'une autorisation de travail, il ne s'est pas borné à constater que la demande présentée présentait un caractère incomplet au sens des dispositions de l'art. 2 du Décr. du 6 juin 2001, mais a légalement opposé à l'intéressé, d'une part, qu'il n'était pas titulaire d'un visa de long séjour lors de son entrée sur le territoire français, et, d'autre part, que les démarches entreprises, le cas échéant, par son employeur n'ont pas abouti au visa du contrat de travail ou à la délivrance d'une autorisation de travail ; le préfet, qui a ainsi procédé à la vérification des conditions requises pour la délivrance du titre de séjour demandé, n'était donc pas tenu d'inviter le demandeur à compléter sa demande de titre de séjour. • TA Montreuil, 17 nov. 2011, *M. Doucoure,* n° 1105487.

8. Il existe une distinction juridique nette entre la décision autorisant l'activité salariée et la décision d'accorder un titre de séjour. Par suite, la décision accordant une carte de séjour portant la mention « salarié » n'a pas pour effet de rapporter une décision antérieure refusant une autorisation de travail. • CE 24 oct. 1997, *Mme Mahdjoubi née Djellouli,* n° 170957. ♦ L'obtention de l'autorisation de travail ne vaut évidemment pas titre de séjour ; il appartient à l'intéressé de solliciter du préfet la délivrance du titre sur ce fondement. • CE 12 mars 1993, *M. Weng : Lebon 778.* ♦ L'illégalité du refus de délivrance de l'autorisation de travail entraîne l'illégalité, sur ce fondement, du refus de délivrance du titre de séjour ; la procédure de l'exception d'illégalité peut donc trouver à s'appliquer dans cette hypothèse. • TA Rennes, 24 sept. 1996, *M. Dali Yussef,* n° 96646. ♦ Le préfet doit refuser de délivrer le titre de séjour lorsque l'autorisation de travail n'a pas été accordée. • CE 27 juill. 1988, *M. Peric,* n° 86589. ♦ La demande d'autorisation de travail doit d'abord être réalisée par l'employeur (C. trav., art. R. 5221-11) avant que l'étranger puisse déposer une demande de titre de séjour portant la mention « salarié ». • CAA Versailles, 24 juin 2010, *Boussa,* n° 09VE03303.

9. Est illégal le refus de titre de séjour opposé à un maître auxiliaire fondé sur le refus de renouvellement de ses fonctions, alors que le recteur ne l'avait prononcé que dans l'attente du renouvellement du titre de séjour. • CE 28 févr. 1997, *Préfet de police c/ Riffi,* n° 172623.

10. Un refus d'autorisation de travail est légalement motivé par le fait que le demandeur n'a pas les qualifications requises pour occuper l'emploi qui lui est proposé ; en l'espèce, l'étranger était titulaire d'un diplôme d'ingénieur et devait occuper les fonctions d'animateur culturel et d'enseignant en langue arabe. • CAA Nantes, 2 juin 2009, *Benami,* n° 08NT03318. ♦ L'expérience professionnelle acquise à titre accessoire pendant les études peut permettre d'établir une adéquation entre le profil du salarié et le poste proposé. • CE 3 févr. 2016, n° 386416 B. ♦ *Contra* : • CAA Paris, 1er févr. 2012, n° 11PA01886.

11. L'inadéquation homme/poste fait l'objet d'un contrôle normal par le juge administratif. • CE 30 déc. 2010, n° 335170. ♦ Elle ne peut être opposée du seul fait que le demandeur est en possession d'un diplôme de niveau supérieur à celui requis pour exercer l'emploi sollicité. • CAA Paris, 28 sept. 2015, n° 14PA02938 • CE 3 févr. 2016, n° 386416 B.

12. Renouvellement. Il n'existe aucun droit à renouvellement de l'autorisation de travail. • CAA Versailles, 17 févr. 2022, n° 21VE01919. ♦ Le refus peut être justifié par le fait que l'intéressé exerce un autre emploi que celui pour lequel il avait obtenu l'autorisation. • CAA Paris, 11 avr. 2022, n° 21PA03025. ♦ ... Par l'absentéisme de l'intéressé. • CAA Versailles, 17 févr. 2022, n° 21VE01919.

13. Le refus opposé à une demande d'autorisation de travail doit être motivé. En présence d'une décision implicite de refus, l'autorité administrative doit communiquer les motifs de la décision dans le délai d'un mois de la demande ; à défaut de respecter cette règle, la décision de refus est entachée d'illégalité. • CAA Nancy, 10 déc. 2007, *Royal Kebab,* n° 06NC00839.

14. Un refus de délivrance de l'autorisation provisoire de travail peut faire l'objet d'une procédure de référé-suspension. • CE 29 juill. 2002, *Tursucu,* n° 243892.

15. L'illégalité d'un acte administratif, qu'il soit ou non réglementaire, ne peut être utilement invoquée à l'appui de conclusions dirigées contre une décision administrative que si cette dernière a été prise pour son application ou s'il en constitue la base légale. • CE, sect., 30 déc. 2013, *Mme Okosun,* n° 367615 : *préc. note 7 ss. art. L. 352-1.* ♦ Un refus de séjour n'est pas pris pour l'application du refus d'autorisation de travail opposé à l'employeur par le préfet et n'en constitue pas la base légale ; par suite, l'exception tirée de l'illégalité de ce refus d'autorisation de travail ne peut être accueillie. • CAA Bordeaux, 24 mai 2018, n° 17BX04111 : *AJDA 2018. 1943* • TA Paris, 6 avr. 2022, n° 2201294 : *AJDA 2022. 1289, concl. (contraires) Pottier.*

16. Il résulte des dispositions de l'art. R. 5221-33 C. trav. que la validité de l'autorisation de travail est prorogée d'un an lorsque l'étranger est involontairement privé d'emploi à la date de première demande de renouvellement ; ces dispositions s'appliquent dans le cas où l'étranger est titulaire d'un visa délivré pour un séjour d'une durée supérieure à trois mois et portant la mention « salarié ». • CE 23 janv. 2012, *M. Mihindukulasuriya,* n° 348861 B : *AJDA 2012. 184.* ♦ Alors même qu'à la date du dépôt de la première demande de renouvellement de titre de séjour l'étranger n'est pas privé d'emploi, il incombe au préfet, si cette condition est remplie au moment où il statue, d'examiner si la privation d'emploi peut être regardée comme involontaire. • CAA Bordeaux, 24 mai 2018, n° 18BX00446 : *AJDA 2018. 1755.*

17. Le préfet ne peut refuser le titre de séjour mention « salarié » en l'absence de l'avis définitif formulé par la DIRECCTE. • CAA Douai, 2 mai 2013, n° 12DA01542.

18. Lorsque l'étranger est dépourvu du titre l'autorisant à exercer une activité salariée en France, il ne peut bénéficier des dispositions du C. trav. relatives au licenciement des délégués du personnel. • CE 13 avr. 1988, *SARL Informatis,* n° 74346 : *Lebon 140.*

III. CONTRAT DE TRAVAIL

19. Le préfet doit vérifier la réalité du contrat ; il peut ainsi parfaitement refuser de délivrer le titre lorsqu'il constate qu'un contrat de travail a été délivré par une société qui avait cessé toute activité. • CE 2 oct. 1995, *M. Nzili Wa Nzili,* n° 156226.

20. Le refus sera fondé en l'absence de contrat de travail. • CE 28 juin 2004, *Guibinga,* n° 262797.

21. Renouvellement. L'arrivée à échéance d'un contrat emploi-solidarité et l'absence de présentation d'un contrat de travail ou d'une promesse d'embauche permettent de refuser le renouvellement d'une carte de séjour « salarié ». • CAA Marseille, 23 nov. 1998, *Mlle Ravao,* n° 96MA11418.

22. Travailleur involontairement privé d'emploi. Requérant ayant démissionné de son emploi pour pouvoir effectuer un stage rémunéré d'électricien en équipement industriel dans un organisme de formation professionnelle agréé : il doit être regardé en l'espèce comme involontairement privé d'emploi au sens des dispositions de l'art. R. 5221-33 C. trav. et le préfet ne pouvait légalement lui refuser la prolongation d'un an de validité de son titre de séjour. • CE 25 nov. 1998, *M. Divimba,* n° 171115. ♦ En se bornant, pour rejeter la demande de titre de séjour, à relever que l'intéressé avait perdu son emploi au sein d'une société, le préfet a commis une erreur de droit dans la mesure où l'intéressé avait été involontairement privé de cet emploi et qu'il avait, avant l'expiration de validité de son visa, sollicité une carte de séjour « salarié » en produisant un nouveau contrat de travail établi par une autre entreprise. • CE 25 nov. 2005, *M. Egilmez,* n° 267574 B.

23. Le refus de renouvellement de la carte de séjour portant la mention « salarié » est constitutif de l'urgence au sens de l'art. L. 521-1 CJA dès lors que ce refus a pour effet de priver l'intéressée de son emploi et de ses ressources. • TA Orléans, 19 sept. 2005, *Daoudi,* n° 0502844.

IV. CONTRÔLE DU JUGE

24. Le juge administratif n'exerce qu'un contrôle restreint sur les décisions refusant l'octroi d'une autorisation de travail. • CE 1er avr. 1992, *Lucena,* n° 100151. ♦ Pour un ex. d'annulation en cas d'erreur manifeste d'appréciation, V. • CE 19 juin 1992, *Mayasmi,* n° 126380.

25. Le moyen tiré de la méconnaissance de l'art. 8 Conv. EDH est inopérant au soutien d'un recours dirigé contre une décision de refus d'autorisation de travail. • CE 12 juill. 1993, *Min. Solidarité c/ Aggad,* n° 117478 • 24 oct. 1997, *Mme Mahdjoubi née Djellouli,* n° 170957. ♦ Il en va de même s'agissant d'un recours dirigé contre le refus de renouvellement d'un titre de séjour sur le fondement du 3° du présent art. • CE 12 oct. 2011, *Min. Intérieur c/ Mme Terao,* n° 346909.

Art. L. 421-2 Par dérogation à l'article L. 433-6, l'étranger qui sollicite la délivrance d'une carte de séjour pluriannuelle portant la mention "salarié" et qui est titulaire d'une carte de séjour délivrée pour un autre motif bénéficie d'une carte de séjour temporaire d'une durée d'un an portant la mention demandée lorsque les conditions de délivrance de cette carte sont remplies.

A l'expiration de la durée de validité de cette carte, s'il continue à en remplir les conditions de délivrance, il bénéficie, à sa demande, d'une carte de séjour pluriannuelle portant la même mention.

Lorsque l'étranger sollicite la délivrance d'une première carte de séjour pluriannuelle dans les conditions prévues au présent article, il doit en outre justifier du respect des conditions prévues *(L. n° 2024-42 du 26 janv. 2024, art. 20)* « aux 1° et 2° » de l'article L. 433-4.

SOUS-SECTION 2 Étranger salarié sous contrat de travail à durée déterminée

Art. L. 421-3 L'étranger qui exerce une activité salariée sous contrat de travail à durée déterminée ou qui fait l'objet d'un détachement conformément aux articles L. 1262-1, L. 1262-2 et L. 1262-2-1 du code du travail se voit délivrer une carte de séjour temporaire portant la mention "travailleur temporaire" d'une durée maximale d'un an.

La délivrance de cette carte de séjour est subordonnée à la détention préalable d'une autorisation de travail, dans les conditions prévues par les articles L. 5221-2 et suivants du code du travail.

Elle est délivrée pour une durée identique à celle du contrat de travail ou du détachement, dans la limite d'un an.

Elle est renouvelée pour une durée identique à celle du contrat de travail ou du détachement. – *[Anc. art. L. 313-10, al. 1er et 4.]*

1. L'art. L. 411-1 impose, sous réserve de stipulations particulières d'un accord international, à tout ressortissant étranger âgé de plus de 18 ans qui entend séjourner en France au-delà d'un délai de 3 mois d'être titulaire d'une carte de séjour, sauf s'il est citoyen de l'UE ou ressortissant d'un autre État partie à l'accord sur l'EEE ou de la Confédération suisse. Cette règle s'applique aux ressortissants de pays tiers, en situation régulière dans un État membre de l'UE, qui sont détachés en France dans le cadre d'une prestation de service, lesquels doivent ainsi, au-delà d'une période de 3 mois à compter de leur entrée en France, être munis d'un titre de séjour délivré par les autorités françaises. Cette obligation, qui se rattache aux conditions générales de séjour applicables à tous les étrangers, ne constitue pas une autorisation préalable au détachement de travailleurs sur le territoire français et ne porte pas d'atteinte injustifiée à la libre prestation de service résultant de l'art. 56 TFUE. • CE 30 janv. 2019, n° 415818 B : *AJDA 2019. 256* • 15 mai 2019, n° 407395.

2. Les étrangers bénéficiant d'une autorisation provisoire de travail sont seulement autorisés à exercer une activité professionnelle par nature et chez un employeur temporaire déterminé, et ne peuvent être considérés en principe, à l'expiration de leur contrat, comme autorisés à procéder à la recherche d'un nouvel emploi sur le marché du travail en France. • CE 29 déc. 2000, *GISTI : Lebon 649.*

SOUS-SECTION 3 Dispositions communes

Art. L. 421-4 Conformément à l'article L. 414-13, lorsque la demande de l'étranger concerne un métier et une zone géographique caractérisés par des difficultés de recrutement, les cartes de séjour prévues aux articles L. 421-1 et L. 421-3 lui sont délivrées sans que lui soit opposable la situation de l'emploi.

Il en va de même de l'étudiant étranger qui, ayant obtenu un diplôme au moins équivalent au grade de master ou figurant sur une liste fixée par décret dans un établissement d'enseignement supérieur habilité au plan national, souhaite exercer un emploi salarié et présente un contrat de travail, à durée indéterminée ou à durée déterminée, en relation avec sa formation et assorti d'une rémunération supérieure à un seuil déterminé par décret et modulé, le cas échéant, selon le niveau de diplôme concerné. – *[Anc. art. L. 313-10, al. 6 et 7.]*

COMMENTAIRE

Dans son rapport public thématique de janvier 2020, la Cour des comptes note que « la liste des « métiers en tension » mise en place en 2008, qui est supposée déterminer pour quels métiers l'immigration professionnelle est ouverte, est aujourd'hui dépassée : elle ne désigne quasiment aucun des secteurs dans lesquels l'opérateur Franc Travail constate des difficultés de recrutement. Ce contexte suggère que la politique d'immigration professionnelle pourrait être modernisée et diversifiée en s'inspirant du modèle canadien, fondé sur des cibles quantitatives pluriannuelles, d'une part, et un système de sélection individuel sur critères, d'autre part ». La Cour recommande d'engager une expérimentation en ce sens.

Le présent article précise que la situation de l'emploi pour les métiers en tension n'est pas opposable aux demandeurs de la carte mention « salarié » (art. L. 421-1) et « travailleur temporaire » (art. L. 421-3) ; il en va de même pour l'étudiant étranger diplômé au niveau master qui souhaite exercer un emploi salarié et présente un contrat de travail, à durée indéterminée ou déterminée, en relation avec sa formation et assorti d'une rémunération supérieure à un seuil déterminé par décret. ❑

I. CHAMP D'APPLICATION

1. L'autorité administrative peut opposer au demandeur la situation de l'emploi présente ou à venir dans la profession demandée et dans la zone géographique concernée. • TA Paris, 4 déc. 1991, *M. Rakotomanga : AJDA 1992. 311, obs. Lascombe*. ♦ La situation de l'emploi n'est pas opposable dans le cas de l'exercice d'une activité professionnelle salariée dans un métier et une zone géographique caractérisés par des difficultés de recrutement et figurant sur une liste établie au plan national, laquelle, aujourd'hui, est annexée à l'arrêté des ministres chargés de l'emploi et de l'immigration du 18 janv. 2008. • CAA Versailles, 29 juin 2010, *M. Brahima B.*, n° 09VE03507.

2. Agents de droit public. Si la situation de l'emploi n'est opposable ni au conjoint de Français ni au conjoint d'un étranger ayant obtenu le statut de réfugié, elle l'est en revanche aux agents de droit public et notamment aux emplois temporaires occupés par des étudiants dans l'Éducation nationale. • CE 6 oct. 1995, *Min. Solidarité c/ Bouzid*, n° 115639 : *Lebon 352 ; D. 1996. 525, note Artus ; AJDA 1996. 87 ; RFDA 1995. 1265* • CE 10 juill. 1996, *Assoc. Intercapa solidarité étudiants étrangers*, n°s 161461, 161635, 162547 et 162741 • CAA Paris, 28 nov. 1996, *Min. Intérieur c/ M. Riffi*, n° 96PA02287.

3. La situation de l'emploi n'est pas opposable à une demande de renouvellement. • TA Versailles, 22 nov. 1996, *M. Ravindran*, n° 936008. ♦ Elle ne l'est pas davantage aux étrangers ayant servi dans une unité combattante de l'armée française. Application en l'espèce s'agissant d'un Algérien ayant appartenu au 1er régiment de tirailleurs. • CE 9 déc. 1998, *M. Aissat*, n° 170218 : *Lebon T. 963.*

II. CRITÈRES D'APPRÉCIATION

4. Le refus d'autorisation de travail est justifié dès lors qu'il y avait dans le secteur professionnel considéré une disproportion entre les demandes d'emploi insatisfaites et les offres. C'est le cas, par exemple, en présence de 680 demandes contre 8 offres. • CE 2 juin 1997, *M. Mahtout*, n° 161203. ♦ Si l'ANPE n'a pas été en mesure de présenter des demandeurs d'emploi répondant aux qualifications requises par l'employeur qui s'engageait à recruter le requérant, le juge annule pour erreur manifeste d'appréciation le refus de titre de séjour mention « salarié » alors même que quatre-vingt-quinze demandeurs d'emploi étaient inscrits dans ce domaine. • TA Limoges, 6 mai 2004, *Gherman c/ Préfet de la Haute-Vienne.*

5. La circonstance que le demandeur exerce déjà sans autorisation la profession faisant l'objet de la demande d'autorisation est sans influence sur la légalité du refus fondé sur la situation de l'emploi. • CE 15 mars 1996, *Min. Affaires sociales c/ M. Boudallah*, n° 141492. ♦ Il en va de même d'un demandeur disposant d'une promesse d'embauche. • CE 18 mai 1998, *M. Cissé*, n° 158710. ♦ Toutefois, il appartient à l'autorité administrative de tenir compte de ce paramètre sans se fonder exclusivement sur la situation de l'emploi. • CE 14 janv. 1998, *M. Lachkar*, n° 165451.

6. Dans le cadre de l'examen de la situation de l'emploi, l'appréciation de l'autorité administrative ne peut se fonder seulement sur la profession considérée mais doit se référer aux caractéristiques de l'emploi considéré. • CE 23 févr. 1994, *Min. Affaires sociales c/ Mme Florescu*, n°s 127874 et 127971.

SECTION 2 **Étranger exerçant une activité non salariée**

Art. L. 421-5 L'étranger qui exerce une activité non salariée, économiquement viable et dont il tire des moyens d'existence suffisants, dans le respect de la législation en vigueur, se voit délivrer une carte de séjour temporaire portant la mention "entrepreneur/profession libérale" d'une durée maximale d'un an. – *[Anc. art. L. 313-10, al. 1er et 5.]*

V. art. R. 421-7 à R. 421-10.

1. Viabilité économique. La délivrance d'une carte de séjour temporaire autorisant l'exercice d'une activité professionnelle à l'étranger qui vient exercer en France une profession commerciale, industrielle ou artisanale est subordonnée, notamment, à la viabilité économique de l'activité envisagée ; lorsque l'étranger est lui-même le créateur de l'activité qu'il vient exercer, il lui appartient de présenter à l'appui de sa demande les justificatifs permettant d'évaluer la viabilité économique de son activité ou entreprise, que celle-ci soit encore au stade de projet ou déjà créée ; lorsque l'étranger n'est pas le créateur de l'activité qu'il entend exercer, il lui appartient de présenter les justificatifs permettant de s'assurer de son effectivité et d'apprécier la capacité de cette activité ou de cette entreprise à lui procurer des ressources au moins équivalentes au SMIC correspondant à un emploi à temps plein. • CE 24 oct. 2012, *M. Yaqing B.*, n° 345931. • CAA Bordeaux, 17 oct. 2017, n° 17BX01502.

2. Requérant ayant créé une société exerçant une activité de services informatiques en rapport direct avec son cursus universitaire ; les devis, factures et attestations produits démontrent qu'il dispose d'un nombre de clients conséquent, que les bilans prévisionnels établis par un expert-comptable font état d'un chiffre d'affaires en progression devant atteindre les sommes de 45 100 € à la clôture de l'année 2010 et 64 200 € à la clôture de l'exercice 2011, que les activités exercées par l'intéressé lui ont permis de générer pour lui-même des revenus mensuels supérieurs à 2 000 € et que le requérant a démontré qu'il était en règle au regard des obligations fiscales et cotisations sociales ; ces éléments établissent la viabilité économique de la société créée par le requérant, alors même que le domaine économique concerné est fortement concurrentiel. • CAA Marseille, 15 févr. 2013, *M. D.*, n° 11MA00729.

3. La présentation d'un seul bilan prévisionnel ne suffit pas pour permettre d'apprécier la viabilité économique du projet ; il incombe au demandeur de faire état d'éléments constitutifs des besoins et du projet ainsi que de la stratégie commerciale. • CAA Paris, 26 janv. 2017, n° 16PA02082. ♦ Même solution s'agissant de la présentation de bulletins de paie justifiant le salaire perçu par une gérante de l'entreprise, que le demandeur a vocation à remplacer. • CAA Paris, 30 déc. 2016, n° 16PA01574.

4. Les ressources tirées de l'activité ne peuvent comprendre les revenus du conjoint. • CAA Paris, 4 déc. 2008, n° 07PA04057 • CAA Marseille, 13 mars 2017, n° 16MA02749. ♦ ... Les revenus accessoires de l'exploitant, tirés d'une activité salariée qu'il exerce par ailleurs. • CAA Bordeaux, 14 déc. 2017, n° 17BX02679.

5. Pour apprécier la viabilité d'une création d'activité, le préfet peut se fonder sur des éléments objectifs tels que l'environnement concurrentiel. • CAA Lyon, 21 avr. 2016, n° 15LY02102. ♦ ... Les résultats de l'activité précédemment exercée par le cédant du fonds de commerce, si celle-ci était identique à celle officiellement déclarée au registre du commerce par le demandeur. • CAA Bordeaux, 14 déc. 2017, n° 17BX02679.

6. La circonstance qu'un autoentrepreneur n'a eu aucune activité depuis près de deux ans ne permet pas « à elle seule d'établir que l'activité de cette entreprise n'était pas économiquement viable ». • CAA Paris, 30 mars 2016, n° 15PA01945.

7. Erreur de fait. Le refus de séjour opposé à la requérante en sa qualité de gérante d'une société de restauration rapide était fondé sur le motif unique qu'elle n'avait perçu qu'un revenu mensuel moyen de 364 € au cours de l'année 2009. Or, il ressort des pièces du dossier et notamment des déclarations de revenus adressées à l'administration fiscale qu'au cours de l'année 2010, suivant la première année d'exercice de cette société, créée en oct. 2008, la requérante a perçu des revenus d'un montant net de 13 363 € et qu'elle bénéficiait, depuis plusieurs mois à la date de la décision attaquée, de tels revenus d'un montant mensuel supérieur au SMIC correspondant à un emploi à temps plein de 1 056 € pour l'année 2010 ; le refus de séjour contesté est ainsi entaché d'une erreur de fait et doit, dès lors, être annulé. • CAA Marseille, 3 juin 2013, *Mme B.*, n° 10MA03558.

8. Adéquation du projet et des études antérieures. Si l'adéquation entre les études du demandeur et son domaine d'activité n'est pas une condition permettant de s'assurer de la viabilité économique du projet, elle est au nombre des éléments dont le préfet peut légalement tenir compte. • CAA Lyon, 1er mars 2012, *M. Zhi Chun A.*, n° 11LY00705 • CAA Bordeaux, 20 déc. 2012, *Mme Wenting X.*, n° 12BX01275 : *AJDA 2013. 1467, concl. Normand* • CAA Paris, 11 févr. 2016, n° 15PA00805. ♦ Une inadéquation peut entraîner le rejet du titre alors même que l'avis de la DDFIP était favorable. • CAA Bordeaux, 20 déc. 2012, n° 12BX01222.

9. Renouvellement. Le renouvellement de la carte de séjour est subordonné « à la justification des mêmes conditions que celles prévues pour son attribution initiale, au nombre desquelles figure notamment celle de la viabilité économique de l'activité commerciale ». • CAA Douai, 14 avr. 2015, n° 14DA00784. ♦ Un résultat déficitaire peut légalement fonder un refus. • CAA Marseille, 12 sept. 2016, n° 15MA04228. ♦ Les revenus générés par l'activité commerciale doivent être supérieurs ou égaux au SMIC correspondant à un emploi à temps plein, exigé par les dispositions de l'art. R. 313-36-1, al. 2 [devenu art. R. 421-5]. • CAA Paris, 17 janv. 2013, *Mlle A. B.*, n° 12PA03011. ♦ Refus de renouvellement, l'intéressé n'ayant réalisé qu'un chiffre d'affaires très faible, très en deçà du seuil de ressources exigé, sans qu'il ne puisse se prévaloir de comptes de résultats prévisionnels ou de ressources qu'il pourrait tirer à l'avenir d'une activité accessoire. • CAA Lyon, 5 avr. 2012, n° 11LY02074. ♦ Même solution dès lors que l'intéressé a exercé en fait une activité salariée sans autorisation en lieu et place d'une activité de commerçant. • CAA Versailles, 15 nov. 2016, n° 16VE02411.

10. Ressortissants algériens. L'exercice d'une activité indépendante est régi exclusivement par l'accord conclu entre le Gouvernement de la République française et le Gouvernement de la République algérienne, signé le 27 déc. 1968. • CE 25 mai 1988, n° 81420.

11. La délivrance d'un titre de séjour en qualité de commerçant à un ressortissant algérien est subordonnée à la production d'un visa de long séjour. • CE 18 févr. 2005, n° 268078. ♦ Cette exigence reste valable en cas de demande de changement de statut. • CAA Paris, 29 janv. 2010, n° 09PA01087. ♦ Même solution alors même que le demandeur bénéficie d'un titre de séjour délivré par un État membre de l'UE qui ne l'autorise pas à résider sur le territoire pour une durée supérieure à 3 mois. • CAA Nantes, 24 avr. 2018, n° 17NT01467. ♦ L'exigence du visa disparaît dès lors que l'intéressé a déjà été admis à résider sur le territoire français au titre de l'un des articles de l'accord, dès lors qu'il a présenté une demande de changement de statut avant l'expiration du certificat de résidence en sa possession. • CAA Nantes, 12 oct. 2009, n° 08NT01155.

12. Une Circ. de 29 oct. 2007 (NOR : IMID0700008C) indique qu'il n'est pas exigé que le demandeur justifie de la viabilité économique de son projet. Il doit toutefois établir « la consistance réelle et les perspectives d'avenir de ses activités commerciales ». • CE 21 déc. 2007, n° 280264. ♦ En cas de reprise d'une activité existante, le demandeur doit démontrer que cette société dégage des bénéfices et dispose d'une capacité financière suffisante. • CE 22 mai 2009, n° 325858.

13. Par ailleurs, il appartient à l'administration, dans le cadre de l'instruction d'une demande de renouvellement d'un titre de séjour en qualité de commerçant, de vérifier le caractère effectif de l'activité commerciale dont se prévaut l'intéressé. • CAA Douai, 14 juin 2012, n° 12DA00236.

14. La jurisprudence relative à l'appréciation de l'adéquation entre l'activité et les compétences du demandeur s'applique à l'identique pour les ressortissants algériens. • CE 23 nov. 2011, n° 343083.

15. Ni les stipulations de l'accord franco-algérien, ni les dispositions législatives ou réglementaires de procédure régissant la délivrance, le renouvellement ou le refus de titres de séjour qui concernent tous les étrangers, ne subordonnent le renouvellement d'un certificat de résidence à la justification que les ressources tirées d'une activité atteignent un niveau équivalent au SMIC correspondant à un emploi à temps plein. Dès lors, saisi d'une demande de renouvellement d'un certificat de résidence « commerçant » par un ressortissant algérien, le préfet peut seulement s'assurer que l'étranger tire des ressources suffisantes de son activité commerciale. • CAA Lyon, 18 sept. 2014, n° 14LY00104.

Art. L. 421-6 **Par dérogation à l'article L. 433-6, l'étranger qui sollicite la délivrance d'une carte de séjour pluriannuelle portant la mention "entrepreneur/profession libérale" et qui est titulaire d'une carte de séjour délivrée pour un autre motif bénéficie d'une carte de séjour temporaire d'une durée d'un an portant la mention demandée lorsque les conditions de délivrance de cette carte sont remplies.**

A l'expiration de la durée de validité de cette carte, s'il continue à en remplir les conditions de délivrance, il bénéficie, à sa demande, d'une carte de séjour pluriannuelle portant la même mention.

Lorsque l'étranger sollicite la délivrance d'une première carte de séjour pluriannuelle dans les conditions prévues au présent article, il doit en outre justifier du respect des conditions prévues *(L. n° 2024-42 du 26 janv. 2024, art. 20)* **« aux 1° et 2° » de l'article L. 433-4.** – *[Anc. art. L. 313-19, II (ecqc la mention « entrepreneur/profession libérale ») et III.]*

SECTION 3 Étranger bénéficiaire d'un titre de séjour portant la mention "talent" *(L. n° 2024-42 du 26 janv. 2024, art. 30-I).*

Nota. *Dans l'ensemble des dispositions législatives, les mots : « passeport talent » sont remplacés par le mot : « talent » (L. n° 2024-42 du 26 janv. 2024, art. 30-I).*

COMMENTAIRE

La carte de séjour pluriannuelle portant la mention « passeport talent » innove davantage par sa durée et son appellation que par les situations auxquelles elle renvoie dès lors que le législateur a, pour partie, repris ici des dispositions qui régissaient certaines cartes de séjour spécifiques (carte bleue européenne ; carte « salarié en mission » ; « carte scientifique-chercheur » ; carte de séjour temporaire portant la mention « profession artistique et culturelle »). Néanmoins, à la différence de la carte de séjour pluriannuelle générale, la carte « passeport talent » est délivrée dès la première admission au séjour. Les dix catégories de bénéficiaires potentiels de cette nouvelle carte ont pour points communs d'avoir un haut niveau d'études et d'être particulièrement investis dans une démarche de développement économique et d'innovation.

Ceci concerne en premier lieu l'étranger qui exerce une activité professionnelle salariée et a obtenu dans un établissement d'enseignement supérieur habilité au plan national (y compris hors de France selon l'Instr. du 28 févr. 2019, NOR : INTV1906328) un diplôme au moins équivalent au grade de master ou figurant sur une liste fixée par décret (art. L. 421-9), ou est recruté dans une jeune entreprise innovante (art. L. 421-10) pour exercer des fonctions en lien avec le projet de recherche et de développement de cette entreprise ou avec le développement économique, social, international et environnemental de ce projet.

Cette carte sera également délivrée à l'étranger qui occupe un emploi hautement qualifié, pour une durée égale ou supérieure à un an, et justifie d'un diplôme sanctionnant au moins trois années d'études supérieures ou d'une expérience professionnelle d'au moins cinq ans d'un niveau comparable (art. L. 421-11). Cette carte, d'une durée égale à celle figurant sur le contrat de travail, porte la mention « carte bleue européenne » dont le régime avait été fixé par la loi n° 2011-672 du 16 juin 2011 relative à l'immigration, à l'intégration et à la nationalité (*JO 17 juin*) ayant transposé la directive 2009/50/CE du Conseil du 25 mai 2009 établissant les conditions d'entrée et de séjour des ressortissants de pays tiers aux fins d'un emploi hautement qualifié. Cette directive visait à améliorer la capacité des États membres de l'Union européenne à attirer et à conserver la main-d'œuvre hautement qualifiée provenant de pays tiers ; selon la Commission, la directive constitue un outil de renforcement de la compétitivité économique de l'Union européenne en contribuant à :

– l'élaboration d'une politique commune en matière d'immigration de main-d'œuvre hautement qualifiée provenant de pays tiers ;
– l'accroissement du nombre de travailleurs hautement qualifiés ;
– la simplification et l'harmonisation des procédures d'admission applicables aux travailleurs hautement qualifiés des pays tiers ;
– la promotion de leur intégration socio-économique lorsqu'ils ont vocation à s'établir durablement ;
– l'encouragement de la mobilité au sein de l'Union européenne.

Cette directive prévoit que le titulaire de la carte bleue européenne accède plus aisément au marché du travail de l'État membre d'accueil dans le secteur concerné et profite de conditions facilitées pour le regroupement familial. Il bénéficie également de l'égalité de traitement avec les nationaux, notamment pour ce qui concerne les conditions de travail, la liberté d'association, la formation, certaines dispositions des législations nationales en matière de sécurité sociale et de retraite, l'accès aux biens et aux services (obtention d'un logement, services d'information et de conseil ...) le libre accès à l'ensemble du territoire de l'État membre concerné dans les limites prévues par la législation nationale.

La carte bleue favorise également la mobilité de l'intéressé et de sa famille à l'intérieur de l'Union européenne : après dix-huit mois de séjour à ce titre dans le premier État membre, ils peuvent se rendre dans un autre État membre aux fins d'un nouvel emploi hautement qualifié. Par ailleurs, elle permet à son titulaire, sans que soient perdus les avantages qu'elle dispense, de revenir dans son pays d'origine pendant douze mois consécutifs, sans dépasser dix-huit mois au total sur cinq années.

A noter que la directive 2009/50/CE a été abrogée par la directive (UE) 2021/1883 du 20 octobre 2021 dont la complète transposition devra intervenir avant le 18 novembre 2023 : les demandeurs d'une carte bleue européenne devront présenter un contrat de travail valide ou une offre ferme pour un emploi hautement qualifié d'une durée d'au moins six mois (et non plus douze mois) ; le demandeur devra présenter les documents de nature à confirmer qu'il dispose bien des qualifications professionnelles requises. Le seuil salarial sera fixé dans une fourchette comprise entre une fois le salaire annuel brut moyen et 1,6 fois. La possibilité de solliciter une carte bleue européenne dans tous les États membres sera étendue aux bénéficiaires d'une protection internationale. La nouvelle directive précise en outre les critères de rejet des demandes : situation de l'emploi, violation par l'employeur de ses obligations légales, mise en liquidation ou absence d'activité économique de l'entreprise, condamnation de l'employeur pour emploi irrégulier de travailleurs étrangers. La nouvelle carte bleue sera valable au minimum vingt-quatre mois (entre un et quatre ans actuellement) ; le regroupement familial sera facilité, de même que l'obtention du statut de résident de longue durée UE (V. *DP étrangers, Bull. n° 315/316, nov.-déc. 2021, p. 1*).

L'article. L. 421-13 reprend le régime de l'ancienne carte de séjour « salarié en mission » (V. C. trav., art. R. 5221-30 et R. 5221-31), puisque la carte pluriannuelle sera délivrée à l'étranger qui vient en France dans le cadre d'une mission entre établissements d'une même entreprise ou entre entreprises d'un même groupe et qui justifie, outre d'une ancienneté professionnelle d'au moins trois mois dans le groupe ou l'entreprise établie hors de France, d'un contrat de travail conclu avec l'entreprise établie en France.

Les articles L. 421-14 et L. 421-15 renvoient à l'ancienne carte de séjour temporaire portant la mention « scientifique-chercheur » et concernent l'étranger titulaire d'un diplôme équivalent au grade de master qui mène des travaux de recherche ou dispense un enseignement de niveau universitaire dans le cadre d'une convention d'accueil signée avec un organisme public ou privé ayant une mission de recherche ou d'enseignement supérieur préalablement agréé. Cette carte porte la mention « chercheur » ou la mention « chercheur – programme de mobilité » lorsque le chercheur relève d'un programme de l'Union européenne, d'un programme multilatéral comportant des mesures de mobilité dans un ou plusieurs États membres de l'Union européenne ou d'une convention d'accueil signée avec un organisme public ou privé ayant une mission de recherche ou d'enseignement supérieur préalablement agréé.

L'étranger ayant été admis dans un autre État membre de l'Union européenne conformément à la directive (UE) 2016/801 du Parlement européen et du Conseil du 11 mai 2016 peut séjourner en France après notification de sa mobilité auprès des autorités administratives compétentes pour mener une partie de ses travaux en France sur la base de la convention d'accueil conclue dans le premier État membre, pour autant qu'il dispose de ressources suffisantes, sans que soit exigée la détention d'un visa de long séjour. La mobilité de longue durée a une durée maximale de douze mois. La mobilité de courte durée a une durée de cent quatre-vingts jours sur toute période de trois-cent-soixante jours. Le conjoint et les enfants du couple sont admis au séjour dans les mêmes conditions que le chercheur et ont droit à l'exercice d'une activité professionnelle en cas de mobilité de longue durée.

Une circulaire du 26 juillet 2010 indiquait que la qualité de « scientifique-chercheur » résulte de la détention d'un diplôme de l'enseignement supérieur donnant accès aux programmes de doctorat (ce qui couvre notamment les doctorants eux-mêmes). C'est l'organisme d'accueil qui doit apprécier l'adéquation entre la qualification du postulant et les travaux de recherche ou d'enseignement qu'il est envisagé de confier au demandeur. L'autorité administrative n'aura à se pencher sur cette question qu'en cas « d'incohérence manifeste ». L'étranger doit produire une convention d'accueil conclue avec un établissement de recherche ou d'enseignement agréé qui dispense son titulaire d'obtenir une autorisation de travail (ou de produire un contrat de travail visé par la direction départementale du travail, de l'emploi et de la formation professionnelle). L'agrément est accordé par le ministère chargé de l'enseignement supérieur ou de la recherche après avis du ministre chargé de l'immigration (une liste actualisée est disponible sur le site du ministère de l'Enseignement supérieur, https://www.enseignementsup-recherche.gouv.fr). L'agrément peut être retiré par le ministère chargé de l'Enseignement supérieur, soit de sa propre initiative, soit sur proposition du ministre chargé de l'immigration en cas de non-respect des engagements. La convention doit préciser les motifs du séjour en décrivant la nature et la durée des recherches engagées ; quoi qu'il en soit, la situation de l'emploi ne peut être opposée au demandeur mais l'organisme d'accueil doit s'engager à ce que le scientifique dispose des ressources nécessaires pour couvrir ses frais de séjour en France et ceux destinés à son retour, d'une assurance maladie et d'une assurance personnelle.

S'agissant des doctorants, ils doivent produire un contrat de travail ou un contrat de droit public d'agent non titulaire de l'État (par ex., contrat doctoral, convention CIFRE, contrat d'allocataire de recherche, contrat d'attaché temporaire d'enseignement et de recherche). A l'échéance d'un premier titre de séjour, le scientifique-chercheur peut en solliciter le renouvellement, soit pour terminer les travaux en cours, soit sur le fondement d'une nouvelle convention d'accueil.

La carte pluriannuelle « passeport talent » peut encore être délivrée à six catégories d'étrangers :

– étranger qui a obtenu un diplôme équivalent au grade de master ou qui peut attester d'une expérience professionnelle d'au moins cinq ans d'un niveau comparable et qui, justifiant d'un projet économique réel et sérieux, crée une entreprise en France (art. L. 421-16). L'étude d'impact du 22 juillet 2014, annexée au projet de loi relatif au droit des étrangers, précise que sont visés « les étrangers qui réalisent en France leur projet professionnel de création d'entreprise » (V. Étude préc., § 2.2.2.2).

– étranger qui justifie d'un projet économique innovant, si ce projet est reconnu par un organisme public (art. L. 421-17) ;

– étranger qui procède à un investissement économique direct en France (art. L. 421-18) ;

– étranger qui occupe la fonction de représentant légal dans un établissement ou une société établie en France, dès lors qu'il est salarié ou mandataire social dans un établissement ou une société du même groupe (mandataires sociaux qui relevaient de la carte de séjour temporaire « commerçant » ou de la carte « compétences et talents » (art. L. 421-19) ;

– étranger qui exerce la profession d'artiste-interprète (telle que définie à l'art. L. 212-1 CPI) ou qui est auteur d'une œuvre littéraire ou artistique (art. L. 421-20) ;

– étranger dont la renommée nationale ou internationale est établie ou susceptible de participer de façon significative et durable au développement économique, au développement de l'aménagement du territoire ou au rayonnement de la France et qui vient exercer en France une activité dans un domaine scientifique, littéraire, artistique, artisanal, intellectuel, éducatif ou sportif (art. L. 421-21).

L'instruction du 28 février 2019 (NOR : INTV1906328), renvoyant à l'article R. 421-11, précise que l'étranger qui présente un visa de long séjour portant la mention « passeport-talent » doit se voir remettre systématiquement une autorisation provisoire de séjour de six mois dans l'attente de la remise effective de son titre de séjour. En cas de soupçon de fraude, il convient d'utiliser les possibilités offertes par le contrôle des titres en cours de validité dans le cadre du plan de contrôle des titres pluriannuels.

Passeports talents attribués depuis 2018

		Année de début de validité					
		2018		2019 (définitif)		2020 (provisoire)	
		Création	Renouvellement	Création	Renouvellement	Création	Renouvellement
Économique	Actif non salarié	280	263	289	343	209	383
	Scientifique	4 660	7 329	5 131	7 573	3 160	7 826
	Artiste	174	503	109	499	104	619
	Salarié	3 261	11 605	4 059	12 846	2 591	10 444
Total Économique		**8 375**	**19 700**	**9 588**	**21 261**	**6 064**	**19 272**
Total Familial (membre de famille)		**2 513**	**2 043**	**3 976**	**2 185**	**3 312**	**2 204**
Total général		**10 888**	**21 743**	**13 564**	**23 446**	**9 375**	**21 476**

Source : AGDREF/DSED
Champ : France métropolitaine/Ressortissants pays tiers

❑

SOUS-SECTION 1 Dispositions communes

Art. L. 421-7 Les cartes de séjour pluriannuelles portant la mention "talent", "talent – carte bleue européenne", "talent – chercheur" et "talent – chercheur – programme de mobilité" prévues aux articles *(L. n° 2024-42 du 26 janv. 2024, art. 30)* « L. 421-9, L. 421-11 et L. 421-14 » à L. 421-21 peuvent être délivrées dès la première admission au séjour de l'étranger. – *[Anc. art. L. 313-20, al. 1er (ecqc la 1re délivrance).]*

Un requérant entré irrégulièrement sur le territoire français, démuni de visa, ne peut se voir délivrer un titre de séjour sur le fondement du présent art. • CAA Nancy, 22 mars 2018, n° 17NC02131.

Art. L. 421-8 Les conditions d'application des articles *(L. n° 2024-42 du 26 janv. 2024, art. 30)* « L. 421-9, L. 421-11 et L. 421-14 » à L. 421-21 sont fixées par décret en Conseil d'État. Ce décret précise notamment les conditions de délivrance de la carte pour les catégories d'étrangers mentionnées aux articles L. 421-16, *(Abrogé par L. n° 2024-42 du 26 janv. 2024, art. 30)* « L. 421-17, L. 421-18, » L. 421-20 et L. 421-21. – *[Anc. art. L. 313-20, al. 16 (ecqc les conditions d'application).]*

SOUS-SECTION 2 Salariés qualifiés

V. art. D. 421-16 à R. 421-25, infra.

Art. L. 421-9 *(L. n° 2024-42 du 26 janv. 2024, art. 30)* Sous réserve de justifier du respect d'un seuil de rémunération fixé par décret en Conseil d'État, se voit délivrer une carte de séjour pluriannuelle portant la mention "talent-salarié qualifié" d'une durée maximale de quatre ans, l'étranger qui se trouve dans l'une des situations suivantes :

1° Il exerce une activité professionnelle salariée et a obtenu, dans un établissement d'enseignement supérieur habilité au plan national, un diplôme au moins équivalent au grade de master ou figurant sur une liste fixée par décret ;

2° Il est recruté dans une jeune entreprise innovante réalisant des projets de recherche et de développement, définie à l'article 44 *sexies*-0 A du code général des impôts, ou dans une entreprise innovante reconnue par un organisme public pour exercer des fonctions en lien avec le projet de recherche et de développement de cette entreprise ou avec son développement économique, social, international et environnemental ;

3° Il vient en France dans le cadre d'une mission entre établissements d'une même entreprise ou entre entreprises d'un même groupe et qui justifie, outre une ancienneté professionnelle d'au moins trois mois dans le groupe ou l'entreprise établi hors de France, d'un contrat de travail conclu avec l'entreprise établie en France.

Les critères permettant à un organisme public de reconnaître une entreprise innovante, mentionnée au 2° du présent article sont définis par décret et leur liste est publiée par voie réglementaire.

Cette carte permet l'exercice de l'activité professionnelle salariée ayant justifié sa délivrance.

Par dérogation à l'article L. 433-1, lorsque l'étranger bénéficiaire de cette carte dans les conditions prévues aux 1° et 2° du présent article se trouve involontairement privé d'emploi à la date du renouvellement de sa carte, celle-ci est renouvelée pour une durée équivalente à celle des droits qu'il a acquis à l'allocation d'assurance mentionnée à l'article L. 5422-1 du code du travail.

Ancien art. L. 421-9 *L'étranger qui exerce une activité professionnelle salariée et a obtenu, dans un établissement d'enseignement supérieur habilité au plan national, un diplôme au moins équivalent au grade de master ou figurant sur une liste fixée par décret se voit délivrer une carte de séjour pluriannuelle portant la mention "talent" d'une durée maximale de quatre ans, sous réserve de justifier du respect d'un seuil de rémunération fixé par décret en Conseil d'État.*

Cette carte permet l'exercice de l'activité professionnelle salariée ayant justifié sa délivrance.

Par dérogation aux dispositions de l'article L. 433-1, lorsque l'étranger bénéficiaire de cette carte se trouve involontairement privé d'emploi à la date du renouvellement de sa carte, celle-ci est renouvelée pour une durée équivalente à celle des droits qu'il a acquis à l'allocation d'assurance mentionnée à l'article L. 5422-1 du code du travail. – [Anc. art. L. 313-20, 1° (1re partie), et al. 15 et 16 ; anc. art. R. 313-46 (ecqc la 1re partie du 1° de l'art. L. 313-20.]

Art. L. 421-10 *(Abrogé par L. n° 2024-42 du 26 janv. 2024, art. 30)* ***L'étranger qui est recruté dans une jeune entreprise innovante réalisant des projets de recherche et de développement, telle que définie à l'article 44 sexies-0 A du code général des impôts, ou dans une entreprise innovante reconnue par un organisme public pour exercer des fonctions en lien avec le projet de recherche et de développement de cette entreprise ou avec son développement économique, social, international et environnemental se voit délivrer une carte de séjour pluriannuelle portant la mention "talent" d'une durée maximale de quatre ans, sous réserve de justifier du respect d'un seuil de rémunération fixé par décret en Conseil d'État.***

Les critères permettant à un organisme public de reconnaître une entreprise innovante sont définis par décret et leur liste est publiée par voie réglementaire.

Cette carte permet l'exercice de l'activité professionnelle salariée ayant justifié sa délivrance.

Par dérogation aux dispositions de l'article L. 433-1, lorsque l'étranger bénéficiaire de cette carte se trouve involontairement privé d'emploi à la date du renouvellement de sa carte, celle-ci est renouvelée pour une durée équivalente à celle des droits qu'il a acquis à l'allocation d'assurance mentionnée à l'article L. 5422-1 du code du travail. – *[Anc. art. L. 313-20, 1° (2de partie), et al. 15 et 16 ; anc. art. R. 313-46 (ecqc la 2de partie du 1° de l'art. L. 313-20.]*

V. Décr. n° 2020-283 du 20 mars 2020 modifiant les critères permettant de qualifier une entreprise innovante au sens du 1° de l'art. L. 313-20 CESEDA (JO 21 mars), et art. D. 421-17, infra.

Le requérant ne justifie pas du caractère innovant de l'activité projetée, ni de la reconnaissance de ce caractère innovant par un organisme public ; par ailleurs, en se bornant à affirmer sans l'établir qu'il bénéficie du soutien financier de son épouse et que ses ressources seront assurées dès la création de sa structure d'accompagnement via des prestations de service scientifiques, il ne justifie pas disposer des ressources suffisantes lui permettant de subvenir à ses besoins : rejet de la demande de carte pluriannuelle. • CAA Bordeaux, 27 avr. 2018, n° 18BX00227.

Art. L. 421-11 **L'étranger qui occupe un emploi hautement qualifié, pour une durée égale ou supérieure à un an, et justifie d'un diplôme sanctionnant au moins trois années d'études supérieures ou d'une expérience professionnelle d'au moins cinq ans d'un niveau comparable se voit délivrer une carte de séjour pluriannuelle portant la mention "talent – carte bleue européenne" d'une durée égale à celle figurant sur le contrat de travail dans la limite de quatre ans, sous réserve de justifier du respect d'un seuil de rémunération fixé par décret en Conseil d'État.**

Cette carte permet l'exercice de l'activité professionnelle salariée correspondant aux critères ayant justifié la délivrance.

Par dérogation aux dispositions de l'article L. 433-1, lorsque l'étranger bénéficiaire de cette carte se trouve involontairement privé d'emploi à la date du renouvellement de sa carte, celle-ci est renouvelée pour une durée équivalente à celle des droits qu'il a acquis à l'allocation d'assurance mentionnée à l'article L. 5422-1 du code du travail.

L'étranger qui justifie avoir séjourné au moins dix-huit mois dans un autre État membre de l'Union européenne sous couvert d'une carte identique à celle définie au premier alinéa obtient la même carte de séjour, sous réserve qu'il en fasse la demande dans le mois qui suit son entrée en France, sans que soit opposable la condition prévue à l'article L. 412-1. – *[Anc. art. L. 313-20, 2°, et al. 15 et 16 ; anc. art. R. 313-48.]*

Un tribunal administratif a jugé que, dès lors que les conditions posées par le présent art. étaient réunies (en l'espèce, étranger titulaire d'un diplôme de niveau I ayant signé un CDI avec un employeur établi en France entraînant une rémunération supérieure à deux fois le SMIC), le préfet était tenu de délivrer la carte « talent ». Cette décision semble en tous points conforme à l'intention du législateur, qui était de faciliter le séjour des étrangers « dont l'expérience et la qualification doivent être reconnues » (Circ. du 2 nov. 2016, NOR : INTV1631686J). • TA Cergy-Pontoise, 22 janv. 2019, n° 1808224 : *AJDA 2019. 1236 ; DP étrangers, Bull. n° 285, p. 5.*

Art. L. 421-12 **L'étranger titulaire de la carte de séjour pluriannuelle portant la mention "talent – carte bleue européenne" prévue à l'article L. 421-11 et qui justifie d'une résidence ininterrompue, conforme aux lois et règlements en vigueur, d'au moins cinq années sur le territoire d'un État membre de l'Union européenne sous couvert d'une carte identique, peut se voir délivrer une carte de résident portant la mention "résident de longue durée – UE" d'une durée de dix ans, à condition que, sur ces cinq années, il ait résidé en France les deux années précédant sa demande de délivrance de la carte de résident.**

La décision d'accorder cette carte de résident est subordonnée au respect des conditions d'intégration républicaine prévues à l'article L. 413-7.

Les absences du territoire de l'Union européenne ne suspendent pas le calcul de la période de résidence ininterrompue d'au moins cinq années mentionnée au premier alinéa si elles ne s'étendent pas sur plus de douze mois consécutifs et ne dépassent pas au total dix-huit mois sur l'ensemble de cette période.

L'étranger mentionné au premier alinéa doit également justifier de ressources stables, régulières et suffisantes dans les conditions prévues à l'article L. 426-17. – *[Anc. art. L. 314-8-1, al. 1er à 3 ; anc. art. L. 314-10 (ecqc l'art. L. 314-8-1).]*

V. art. R. 421-21 à R. 421-25, infra.

COMMENTAIRE

L'article 19 de la loi n° 2011-672 du 16 juin 2011 relative à l'immigration, à l'intégration et à la nationalité (*JO 17 juin*) avait prévu la possibilité pour le titulaire d'une carte bleue européenne d'accéder au statut de résident de longue durée dès lors qu'il justifiait d'une durée de cinq années de résidence régulière sur le territoire d'un autre État membre (et pas seulement celles effectuées en France), les deux années précédant la demande devant toutefois avoir été passées sur le territoire où est déposée la demande. Le législateur de 2016 reprend la même logique par référence à la carte de séjour pluriannuelle « passeport talent ». ❑

Art. L. 421-13 *(Abrogé par L. n° 2024-42 du 26 janv. 2024, art. 30)* ***L'étranger qui vient en France dans le cadre d'une mission entre établissements d'une même entreprise ou entre entreprises d'un même groupe et qui justifie, outre d'une ancienneté professionnelle d'au moins trois mois dans le groupe ou l'entreprise établi hors de France, d'un contrat de travail conclu avec l'entreprise établie en France se voit délivrer une carte de séjour pluriannuelle portant la mention "talent" d'une durée maximale de quatre ans, sous réserve de justifier du seuil de rémunération fixé par décret en Conseil d'État.***

Cette carte permet l'exercice d'une activité professionnelle salariée dans le cadre de la mission ayant justifié la délivrance du titre de séjour. – *[Anc. art. L. 313-20, 3°, et al. 16 ; anc. art. R. 313-52.]*

La demande de carte « passeport talent » visée au présent art. fera l'objet d'une décision de rejet en raison du défaut de contrat de travail. • CAA Paris, 22 mars 2018, n° 17PA02479.

Art. L. 421-13-1 *(L. n° 2024-42 du 26 janv. 2024, art. 31)* **L'étranger qui bénéficie d'une décision d'affectation, d'une attestation permettant un exercice temporaire ou d'une autorisation d'exercer mentionnées aux articles L. 4111-2 et L. 4221-12 du code de la santé publique, qui occupe un emploi au titre d'une des professions mentionnées aux articles L. 4111-1 et L. 4221-12-1 du même code et qui justifie du respect d'un seuil de rémunération fixé par décret en Conseil d'État se voit délivrer une carte pluriannuelle portant la mention "talent-profession médicale et de la pharmacie" d'une durée maximale quatre ans, sous réserve de la signature de la charte des valeurs de la République et du principe de laïcité.**

La carte mentionnée au premier alinéa du présent article permet l'exercice de l'activité professionnelle ayant justifié sa délivrance.

SOUS-SECTION 3 Chercheurs

V. art. R. 421-26 à R. 421-32, infra.

Art. L. 421-14 **L'étranger titulaire d'un diplôme équivalent au grade de master qui mène des travaux de recherche ou dispense un enseignement de niveau universitaire, dans le cadre d'une convention d'accueil signée avec un organisme public ou privé ayant une mission de recherche ou d'enseignement supérieur préalablement agréé se voit délivrer une carte de séjour pluriannuelle portant la mention "talent – chercheur" d'une durée maximale de quatre ans. Lorsque la convention d'accueil fait état de l'appartenance à un programme de mobilité, la carte de séjour porte la mention "talent – chercheur – programme de mobilité".**

Cette carte permet l'exercice d'une activité professionnelle salariée dans le cadre de la convention d'accueil ayant justifié la délivrance du titre de séjour.

Par dérogation aux dispositions de l'article L. 433-1, lorsque l'étranger bénéficiaire de cette carte se trouve involontairement privé d'emploi à la date du renouvellement de sa carte, celle-ci est renouvelée pour une durée équivalente à celle des droits qu'il a acquis à l'allocation d'assurance mentionnée à l'article L. 5422-1 du code du travail. – *[Anc. art. L. 313-20, 4° (1re partie) et al. 15 ; anc. art. R. 313-53, I, al. 4 ; anc. art. R. 313-55.]*

Art. L. 421-15 L'étranger ayant été admis dans un autre État membre de l'Union européenne conformément à la directive (UE) 2016/801 du Parlement européen et du Conseil du 11 mai 2016 relative aux conditions d'entrée et de séjour des ressortissants de pays tiers à des fins de recherche, d'études, de formation, de volontariat et de programmes d'échange d'élèves ou de projets éducatifs et de travail au pair peut séjourner en France, après notification de sa mobilité aux autorités administratives compétentes, pour mener une partie de ses travaux en France sur la base de la convention d'accueil conclue dans le premier État membre, pour autant qu'il dispose de ressources suffisantes, sans que soit opposable la condition prévue à l'article L. 412-1.

La mobilité de longue durée a une durée maximale de douze mois. La mobilité de courte durée a une durée maximale de cent quatre-vingts jours sur toute période de trois cent soixante jours. – *[Anc. art. L. 313-20, 4° (2de partie, sauf la dernière phr.).]*

SOUS-SECTION 4 **Création d'entreprise et investissement**

V. art. R. 421-33 à R. 421-36, infra.

Art. L. 421-16 *(L. n° 2024-42 du 26 janv. 2024, art. 30)* Se voit délivrer une carte de séjour pluriannuelle portant la mention "talent-porteur de projet" d'une durée maximale de quatre ans, l'étranger qui se trouve dans l'une des situations suivantes :

1° Ayant obtenu un diplôme équivalent au grade de master ou pouvant attester d'une expérience professionnelle d'au moins cinq ans d'un niveau comparable, il justifie d'un projet économique réel et sérieux et crée une entreprise en France ;

2° Il justifie d'un projet économique innovant, reconnu par un organisme public ;

3° Il procède à un investissement économique direct en France.

Cette carte permet l'exercice d'une activité commerciale en lien avec le projet économique ayant justifié sa délivrance.

Ancien art. L. 421-16 *L'étranger ayant obtenu un diplôme équivalent au grade de master ou pouvant attester d'une expérience professionnelle d'au moins cinq ans d'un niveau comparable et qui, justifiant d'un projet économique réel et sérieux, crée une entreprise en France, se voit délivrer une carte de séjour pluriannuelle portant la mention "passeport talent" d'une durée maximale de quatre ans.*

Cette carte permet l'exercice d'une activité commerciale en lien avec la création de l'entreprise ayant justifié sa délivrance. – [Anc. art. L. 313-20, 5° ; anc. art. R. 313-58.]

Art. L. 421-17 (Abrogé par L. n° 2024-42 du 26 janv. 2024, art. 30) *L'étranger qui justifie d'un projet économique innovant, reconnu par un organisme public, se voit délivrer une carte de séjour pluriannuelle portant la mention "talent" d'une durée maximale de quatre ans.*

Cette carte permet l'exercice d'une activité commerciale en lien avec le projet économique innovant ayant justifié sa délivrance. – [Anc. art. L. 313-20, 6° ; anc. art. R. 313-62.]

Art. L. 421-18 (Abrogé par L. n° 2024-42 du 26 janv. 2024, art. 30) *L'étranger qui procède à un investissement économique direct en France se voit délivrer une carte de séjour pluriannuelle portant la mention "talent" d'une durée maximale de quatre ans.*

Cette carte permet l'exercice d'une activité commerciale en lien avec le projet d'investissement ayant justifié sa délivrance. – [Anc. art. L. 313-20, 7° ; anc. art. R. 313-64-1.]

SOUS-SECTION 5 **Représentant légal d'un établissement établi en France**

Art. L. 421-19 L'étranger qui occupe la fonction de représentant légal dans un établissement ou une société établie en France, dès lors qu'il est salarié ou mandataire social dans un établissement ou une société du même groupe, se voit délivrer une carte de séjour pluriannuelle portant la mention "talent" d'une durée maximale de quatre ans, sous réserve de justifier du seuil de rémunération fixé par décret en Conseil d'État.

Cette carte permet l'exercice de l'activité commerciale ayant justifié sa délivrance. – *[Anc. art. L. 313-20, 8°, et al. 16 ; anc. art. R. 313-66.]*

SOUS-SECTION 6 **Profession artistique**

Art. L. 421-20 L'étranger qui exerce la profession d'artiste-interprète, définie à l'article L. 212-1 du code de la propriété intellectuelle, ou qui est auteur d'une œuvre littéraire ou artistique mentionnée à l'article L. 112-2 du même code se voit délivrer une carte de séjour pluriannuelle portant la mention "talent" d'une durée maximale de quatre ans, sous réserve de justifier du seuil de rémunération fixé par décret en Conseil d'État.

Lorsque cet étranger exerce une activité salariée, la délivrance du titre est conditionnée par la durée des contrats d'engagement conclus avec une entreprise ou un établissement dont l'activité principale comporte la création ou l'exploitation d'une œuvre de l'esprit. La durée minimale exigée pour la délivrance du titre est fixée par voie réglementaire.

Cette carte permet l'exercice de l'activité professionnelle ayant justifié la délivrance. – *[Anc. art. L. 313-20, 9°, et al. 16 ; anc. art. R. 313-69.]*

SOUS-SECTION 7 **Renommée internationale**

Art. L. 421-21 L'étranger dont la renommée nationale ou internationale est établie ou susceptible de participer de façon significative et durable au développement économique, à l'aménagement du territoire ou au rayonnement de la France et qui vient y exercer une activité dans un domaine scientifique, littéraire, artistique, artisanal, intellectuel, éducatif ou sportif se voit délivrer une carte de séjour pluriannuelle portant la mention "talent" d'une durée maximale de quatre ans.

Cette carte permet l'exercice de toute activité professionnelle. – *[Anc. art. L. 313-20, 10° ; anc. art. R. 313-71.]*

SOUS-SECTION 8 **Membres de famille des étrangers titulaires de la carte de séjour pluriannuelle portant la mention "talent", "talent – carte bleue européenne", "talent – chercheur" ou "talent – chercheur – programme de mobilité"**

V. art. R. 421-37, infra.

Art. L. 421-22 S'il est âgé d'au moins dix-huit ans, le conjoint de l'étranger mentionné aux articles *(L. n° 2024-42 du 26 janv. 2024, art. 30)* « L. 421-9, L. 421-11 et L. 421-14 » à L. 421-21 se voit délivrer une carte de séjour pluriannuelle portant la mention "talent (famille)" d'une durée égale à la période de validité restant à courir de la carte de séjour de son conjoint.

Cette carte est délivrée, dans les mêmes conditions, aux enfants du couple entrés mineurs en France, dans l'année qui suit leur dix-huitième anniversaire ou lorsqu'ils entrent dans les prévisions de l'article L. 421-35, pour une durée égale à la période de validité restant à courir de la carte de séjour de leur parent.

Elle est renouvelée de plein droit pour une durée de quatre ans lorsque son titulaire réside en France depuis au moins cinq ans. – *[Anc. art. L. 313-21, al. 1er (1re et 2e phr.) et 2 (3e phr.).]*

COMMENTAIRE

La loi n° 2011-672 du 16 juin 2011 relative à l'immigration, à l'intégration et à la nationalité (*JO 17 juin*) avait prévu l'attribution de plein droit de la carte de séjour « vie privée et familiale » au conjoint et aux enfants majeurs du titulaire d'une carte « scientifique-chercheur ». Le législateur de 2016 avait repris la même logique s'agissant de la carte pluriannuelle « passeport talent » dès lors que les membres de la famille (conjoint et enfants mineurs) des étrangers titulaires d'une carte de séjour pluriannuelle « passeport talent » obtenaient un titre de séjour sans passer par la procédure du regroupement familial. La loi n° 2018-778 du 10 septembre 2018 pour une immigration maîtrisée, un droit d'asile effectif et une intégration réussie a, très opportunément, substitué les « enfants du couple » aux seuls enfants du demandeur, avec le souci légitime de préserver l'unité familiale qui concerne également les enfants du conjoint de l'étranger nés d'une précédente union. ❑

Art. L. 421-23 **Lorsque la famille était déjà constituée dans un État membre de l'Union européenne où elle était admise au séjour, le conjoint et les enfants de l'étranger titulaire de la carte de séjour portant la mention "talent – carte bleue européenne" prévue à l'article L. 421-11 se voient délivrer la carte de séjour mentionnée à l'article L. 421-22 portant la mention "talent (famille)", à condition qu'ils en fassent la demande dans le mois qui suit leur entrée en France et sans que soit opposable la condition prévue à l'article L. 412-1.** – *[Anc. art. L. 313-21, al. 2.]*

Art. L. 421-24 **Le conjoint de l'étranger chercheur mentionné à l'article L. 421-15, ainsi que les enfants du couple, sont admis au séjour dans les mêmes conditions que cet étranger, sans que soit opposable la condition prévue à l'article L. 412-1, et ont droit à l'exercice d'une activité professionnelle en cas de mobilité de longue durée.** – *[Anc. art. L. 313-20, 4° (dernière phr. de la 2de partie).]*

Art. L. 421-25 **Lorsqu'ils sont admis au séjour en France conformément aux articles L. 421-22 ou L. 421-23, le conjoint de l'étranger mentionné à l'article L. 421-12 et les enfants de ce dernier dans l'année qui suit leur dix-huitième anniversaire ou entrant dans les prévisions de l'article L. 421-35, peuvent se voir délivrer une carte de résident portant la mention "résident de longue durée – UE" dans les conditions prévues à l'article L. 426-17.**

La décision d'accorder cette carte de résident est subordonnée au respect des conditions d'intégration républicaine prévues à l'article L. 413-7. – *[Anc. art. L. 314-8-1, al. 4 ; anc. art. L. 314-10 (ecqc les membres de familles de l'art. L. 314-8-1.]*

SECTION 4 **Étranger effectuant un détachement temporaire intragroupe**

V. art. R. 421-38 à R. 421-50, infra.

SOUS-SECTION 1 **Étranger résidant hors de l'Union européenne ou ayant été admis au séjour dans un autre État membre et membres de famille**

Art. L. 421-26 **L'étranger résidant hors de l'Union européenne qui vient en France pour effectuer un détachement temporaire intragroupe, prévu au 2° de l'article L. 1262-1 du code du travail, afin d'occuper un poste d'encadrement supérieur ou d'apporter une expertise dans un établissement ou une entreprise du groupe qui l'emploie, et qui justifie d'une ancienneté professionnelle d'au moins six mois au sein de ce groupe, se voit délivrer une carte de séjour pluriannuelle portant la mention "salarié détaché ICT" valable pour la durée du détachement temporaire, dans la limite de trois ans.**

Par dérogation aux dispositions de l'article L. 433-1, cette carte n'est pas renouvelable.

Après une période de séjour de six mois cumulés hors de l'Union européenne, une nouvelle carte peut être délivrée à l'étranger qui vient effectuer un nouveau détachement temporaire intragroupe en France.

Les conditions de l'exercice du détachement temporaire intragroupe sont précisées par décret en Conseil d'État. – *[Anc. art. L. 313-24, I.]*

COMMENTAIRE

Par la mise en place de la carte de séjour pluriannuelle « salarié détaché ICT » (*Intra Corporate Transferees*), la loi transpose en droit interne la directive 2014/66/UE du 15 mai 2014 établissant les conditions d'entrée et de séjour des ressortissants de pays tiers dans le cadre d'un transfert temporaire intragroupe. ❑

Art. L. 421-27 **L'étranger ayant été admis au séjour dans un autre État membre de l'Union européenne pour les mêmes motifs que ceux mentionnés au premier alinéa de l'article L. 421-26 peut effectuer en France une mission d'une durée inférieure ou égale à quatre-vingt-dix jours, dans le cadre du détachement temporaire prévu au 2° de l'article L. 1262-1 du code du travail, afin d'occuper un poste d'encadrement supérieur ou d'apporter son expertise dans un établissement ou une entreprise du groupe**

qui l'emploie, sous couvert du titre de séjour portant la mention "ICT" délivré dans le premier État membre aux fins d'un détachement temporaire intragroupe.

L'établissement ou l'entreprise établi dans le premier État membre notifie au préalable le projet de mobilité de l'étranger, dès lors qu'il est connu, aux autorités administratives compétentes du premier État membre ainsi qu'à l'autorité administrative compétente désignée par arrêté du ministre chargé de l'immigration.

Lorsque cette mission est d'une durée supérieure à quatre-vingt-dix jours, l'étranger qui justifie de ressources suffisantes est autorisé à travailler et à séjourner en France au titre d'une carte de séjour pluriannuelle portant la mention "salarié détaché mobile ICT" d'une durée identique à celle de la mission envisagée, dans la limite d'une durée maximale de trois ans diminuée, le cas échéant, de la durée des séjours déjà effectués dans les autres États membres dans le cadre d'une mission similaire, sans que soit opposable la condition prévue à l'article L. 412-1. – *[Anc. art. L. 313-24, III et IV, 1er al.]*

Art. L. 421-28 S'il est âgé d'au moins dix-huit ans, le conjoint de l'étranger mentionné à l'article L. 421-26 se voit délivrer une carte de séjour pluriannuelle portant la mention "salarié détaché ICT (famille)" d'une durée égale à la période de validité restant à courir de la carte de séjour de leur conjoint.

Cette carte est délivrée, dans les mêmes conditions, aux enfants du couple entrés mineurs en France, dans l'année qui suit leur dix-huitième anniversaire ou lorsqu'ils entrent dans les prévisions de l'article L. 421-35, pour une durée égale à la période de validité restant à courir de la carte de séjour de leur parent. – *[Anc. art. L. 313-24, II.]*

Art. L. 421-29 Le conjoint de l'étranger mentionné au troisième alinéa de l'article L. 421-27, ainsi que les enfants du couple, se voient délivrer une carte de séjour pluriannuelle portant la mention "salarié détaché mobile ICT (famille)" dans les mêmes conditions que celles prévues à l'article L. 421-28, sans que soit opposable la condition prévue à l'article L. 412-1. – *[Anc. art. L. 313-23, IV, 2e al.]*

SOUS-SECTION 2 Étranger effectuant un stage dans un établissement ou entreprise du même groupe qui l'emploie et membres de famille

V. art. R. 421-51 à R. 421-58, infra.

Art. L. 421-30 L'étranger résidant hors de l'Union européenne qui vient en France, dans le cadre des dispositions du 2° de l'article L. 1262-1 du code du travail, effectuer un stage dans un établissement ou une entreprise du groupe qui l'emploie, se voit délivrer une carte de séjour temporaire portant la mention "stagiaire ICT" s'il justifie d'une ancienneté d'au moins six mois au sein de ce groupe, de moyens d'existence suffisants et d'un diplôme de l'enseignement supérieur.

Cette carte n'est pas renouvelable.

Par dérogation à l'article L. 414-10, elle n'autorise pas l'exercice d'une activité professionnelle salariée.

Après une période de séjour de six mois cumulés hors de l'Union européenne, cette carte peut être délivrée à l'étranger qui vient effectuer un nouveau stage. – *[Anc. art. L. 313-7-2, I, al. 1er.]*

COMMENTAIRE

La loi du 7 mars 2016 a procédé à la transposition de la directive 2014/66/UE du 15 mai 2014 qui établit les conditions d'entrée et de séjour des ressortissants de pays tiers dans le cadre d'un transfert temporaire intragroupe et qui, notamment, fixe la durée maximale de séjour des employés stagiaires à un an. Le présent article crée ainsi les cartes de séjour temporaire « stagiaire ICT » et « stagiaire mobile ICT » (s'agissant de la carte pluriannuelle, V. art. L. 421-26, *supra*).

La loi n° 2018-778 du 10 septembre 2018 pour une immigration maîtrisée, un droit d'asile effectif et une intégration réussie a choisi de durcir les conditions de délivrance de ces titres au motif que « des suspicions de détournement ont été signalées en 2017 par quelques consulats (introduction de travailleurs salariés déguisés en détachements ; qualification d'experts douteux, etc.) » (V. Étude d'impact du 20 févr. 2018, annexée au projet de loi pour une immigration maîtrisée et un droit d'asile effectif). Le législateur a ainsi cherché à utiliser les marges de manœuvre prévues par la directive afin de prévenir l'utilisation frauduleuse de ce dispositif.

La carte visée au présent article est désormais non renouvelable et n'est accordée qu'à l'étranger résidant en dehors de l'Union européenne (Dir. 2014/66/UE, art. 2). La durée minimale exigée de l'expérience professionnelle au sein du groupe qui emploie le stagiaire passe de trois à six mois (Dir. préc., art. 5) tandis qu'un délai de six mois est prévu entre la fin d'un transfert temporaire intragroupe en France et une nouvelle demande. Enfin, le texte prévoit que l'entreprise établie dans le premier État membre notifie au préalable le projet de mobilité à l'étranger, dès lors qu'il est connu, aux autorités administratives compétentes du premier État membre ainsi qu'à l'autorité administrative compétente désignée par arrêté du ministère chargé de l'immigration (Dir. préc., art. 11).

La carte de séjour « famille » est octroyée aux enfants du couple et non plus seulement aux enfants du titulaire de la carte ICT (art. L. 421-32), assurant ainsi une meilleure transposition de l'article 19 de la directive.

L'article R.* 421-52 (dans sa rédaction issue du Décr. n° 2016-1456 du 28 oct. 2016) prévoit que le silence gardé par le préfet sur une demande de visa d'une convention de stage en vue de l'obtention de la carte de séjour temporaire mentionnée au présent article vaut décision de rejet. Toutefois, le silence gardé sur une demande de visa d'un avenant de prolongation de la durée du stage d'une durée maximale d'un an incluant le stage initial vaut décision d'acceptation.

La convention de stage est transmise au préfet par lettre recommandée avec demande d'avis de réception, au moins deux mois avant la date de début du stage, par l'établissement ou l'entreprise qui souhaite accueillir un stagiaire. Le préfet vise la convention de stage dans les trente jours suivant sa réception ; il la transmet à l'étranger et en informe la personne qui la lui a transmise. Il refuse de viser la convention si la réalité du projet de stage n'est pas établie ou lorsque l'établissement ou l'entreprise d'accueil ne respecte pas la législation relative au travail ou à la protection sociale ; dans ce cas, il notifie sa décision de refus à l'étranger et renvoie la convention à la personne qui la lui a transmise. La convention de stage, son avenant éventuel et les éléments de preuve du visa par le préfet sont présentés à toute demande des agents de contrôle mentionnés à l'article L. 8271-1-2 du code du travail. ❑

Art. L. 421-31 **L'étranger ayant été admis au séjour dans un autre État membre de l'Union européenne pour les mêmes motifs que ceux mentionnés à l'article L. 421-30 peut effectuer une mission en France d'une durée inférieure ou égale à quatre-vingt-dix jours dans le cadre du 2° de l'article L. 1262-1 du code du travail, afin d'effectuer un stage dans un établissement ou une entreprise du groupe qui l'emploie sous couvert du titre de séjour portant la mention "ICT" délivré dans le premier État membre.**

L'établissement ou l'entreprise établi dans le premier État membre notifie au préalable le projet de mobilité de l'étranger, dès lors qu'il est connu, aux autorités administratives compétentes du premier État membre ainsi qu'à l'autorité administrative compétente désignée par arrêté du ministre chargé de l'immigration.

Lorsque cette mission est d'une durée supérieure à quatre-vingt-dix jours, l'étranger qui justifie de ressources suffisantes est autorisé à travailler et à séjourner en France au titre d'une carte de séjour temporaire portant la mention "stagiaire mobile ICT" d'une durée identique à celle de la mission envisagée, dans la limite d'une durée maximale d'un an diminuée, le cas échéant, de la durée des séjours déjà effectués dans les autres États membres de l'Union européenne dans le cadre d'une mission similaire, sans que soit opposable la condition prévue à l'article L. 412-1.

Par dérogation à l'article L. 414-10, la carte prévue au troisième alinéa n'autorise pas l'exercice d'une activité professionnelle salariée. – *[Anc. art. L. 313-7-2, I (al. 4) et II (al. 1er).]*

Art. L. 421-32 **S'il est âgé d'au moins dix-huit ans, le conjoint de l'étranger mentionné à l'article L. 421-30 se voit délivrer une carte de séjour temporaire portant la mention "stagiaire ICT (famille)" d'une durée égale à la période de validité restant à courir de la carte de séjour de son conjoint.**

Cette carte est délivrée, dans les mêmes conditions, aux enfants du couple entrés mineurs en France, dans l'année qui suit leur dix-huitième anniversaire ou lorsqu'ils entrent dans les prévisions de l'article L. 421-35, pour une durée égale à la période de

validité restant à courir de la carte de séjour de leur parent. – *[Anc. art. L. 313-7-2, I, al. 2 et 3.]*

Art. L. 421-33 **Le conjoint de l'étranger mentionné au troisième alinéa l'article L. 421-31, ainsi que les enfants du couple, se voient délivrer une carte de séjour temporaire portant la mention "stagiaire mobile ICT (famille)" dans les conditions prévues à l'article L. 421-32, sans que soit opposable la condition prévue à l'article L. 412-1.** – *[Anc. art. L. 313-7-2, II, al. 2 et 3.]*

SECTION 5 Étranger exerçant un emploi à caractère saisonnier

V. art. R. 421-59 et R. 421-60, infra.

Art. L. 421-34 **L'étranger qui exerce un emploi à caractère saisonnier, tel que défini au 3° de l'article L. 1242-2 du code du travail, et qui s'engage à maintenir sa résidence habituelle hors de France, se voit délivrer une carte de séjour pluriannuelle portant la mention "travailleur saisonnier" d'une durée maximale de trois ans.**

Cette carte peut être délivrée dès la première admission au séjour de l'étranger.

Elle autorise l'exercice d'une activité professionnelle et donne à son titulaire le droit de séjourner et de travailler en France pendant la ou les périodes qu'elle fixe et qui ne peuvent dépasser une durée cumulée de six mois par an.

La délivrance de cette carte de séjour est subordonnée à la détention préalable d'une autorisation de travail dans les conditions prévues par les articles L. 5221-2 et suivants du code du travail. – *[Anc. art. L. 313-23.]*

SECTION 6 Étranger âgé de seize à dix-huit ans déclarant vouloir exercer une activité professionnelle

Art. L. 421-35 **Les étrangers âgés de seize à dix-huit ans qui déclarent vouloir exercer une activité professionnelle se voient délivrer l'un des titres de séjour suivants :**

1° Une carte de séjour temporaire portant la mention "vie privée et familiale" s'ils remplissent les conditions prévues aux articles L. 423-1, L. 423-7, L. 423-13, L. 423-14, L. 423-15, L. 423-21, L. 423-22, L. 423-23, L. 425-9 ou L. 426-5 ;

2° Une carte de séjour portant la mention "talent (famille)" s'ils remplissent les conditions prévues aux articles L. 421-22 ou L. 421-23 ;

3° Une carte de résident s'ils remplissent les conditions prévues aux articles L. 423-11, L. 423-12, L. 424-1, L. 424-3, L. 424-4, L. 424-13, L. 424-21, L. 425-3, L. 426-2, L. 426-3, L. 426-6, L. 426-7 ou L. 426-10.

Ils peuvent, dans les autres cas, solliciter une carte de séjour temporaire, la carte de résident prévue aux articles L. 423-6, L. 423-10 ou L. 423-16, ou la carte de résident portant la mention "résident de longue durée – UE" prévue à l'article L. 426-17. – *[Anc. art. L. 311-3.]*

1. En refusant pendant plus de 2 ans de remettre un titre de séjour à un étranger ayant déposé un dossier complet à sa majorité, l'administration porte une atteinte grave et manifestement illégale à plusieurs des libertés fondamentales au sens de l'art. L. 521-2 CJA. • CE 12 nov. 2001, *Min. Intérieur c/ Mlle Bechar,* n° 239794 B. ♦ Le juge enjoint au préfet de délivrer un récépissé dès notification de la décision et d'achever l'instruction dans un délai de 15 jours sous astreinte de 150 € par jour de retard. • CE 7 mai 2003, *Boumaiza,* n° 250002. ♦ Dès lors que le demandeur fournit un dossier complet, le préfet est tenu de délivrer l'APS, à charge pour lui de porter ensuite une appréciation sur l'authenticité et la valeur probante des documents produits par le demandeur. • CAA Lyon, 29 août 2019, n° 18LY02398.

2. La décision de refus de titre de séjour opposée à un mineur de 16 ans ayant lui-même demandé la délivrance d'un tel titre est valablement notifiée à l'intéressé dès lors que l'intéressé était à même soit de mesurer la portée de la décision soit d'en transmettre le contenu à son représentant légal. • CE 25 oct. 2000, *Id Lahcen,* n° 214919 B.

3. Aucune disposition du code ne s'oppose à ce qu'un mineur sollicite la délivrance d'un titre de séjour et le préfet n'est pas en situation de compétence liée pour le lui accorder. Par suite, en cas de refus, le mineur est en situation irrégulière après un mois et une mesure d'éloignement pourra être exécutée lors de la majorité de l'intéressé. • CE 25 juin 1993, *Mlle Brandao,* n° 132047 B. ♦ Un mineur ne peut prétendre obtenir un titre de séjour dès lors qu'il ne relève pas de la catégorie des jeunes de 16 à 18 ans déclarant vouloir exercer une activité professionnelle. • CAA Nancy, 16 févr. 2006, *Min. Intérieur c/ A.,* n° 03NC00241.

CHAPITRE II TITRES DE SÉJOUR POUR MOTIF D'ÉTUDES

Sur l'expérimentation introduite par l'art. 14 de la L. n° 2024-42 du 26 janv. 2024, lorsque l'autorité administrative envisage de refuser de délivrer ou de renouveler l'un des titres de séjour mentionnés aux chap. I à III, aux sect. 1 et 2 du chap. V et au chap. VI du présent titre, V. ss. art. L. 420-1.

BIBL. ▶ Fialaire, Quelle place pour la liberté de l'enseignement dans le droit au séjour des étrangers ?, *AJDA 2021. 1187* .

SECTION 1 Étranger étudiant en France

Art. L. 422-1 **L'étranger qui établit qu'il suit un enseignement en France ou qu'il y fait des études et qui justifie disposer de moyens d'existence suffisants se voit délivrer une carte de séjour temporaire portant la mention "étudiant" d'une durée inférieure ou égale à un an.**

En cas de nécessité liée au déroulement des études ou lorsque l'étranger a suivi sans interruption une scolarité en France depuis l'âge de seize ans et y poursuit des études supérieures, l'autorité administrative peut accorder cette carte de séjour sous réserve d'une entrée régulière en France et sans que soit opposable la condition prévue à l'article L. 412-1.

Cette carte donne droit à l'exercice, à titre accessoire, d'une activité professionnelle salariée dans la limite de 60 % de la durée de travail annuelle. – *[Anc. art. L. 313-7, I, al. 1er (sauf dernière phr.) et 3 (1re phr.).]*

COMMENTAIRE

La délivrance de la carte de séjour temporaire mention « étudiant » est subordonnée à trois conditions principales. En premier lieu, le futur étudiant doit, *a minima*, être entré régulièrement en France. La production d'un visa d'établissement est en principe exigée, sous réserve de nécessités liées au déroulement des études, quand l'étranger a suivi une scolarité en France depuis l'âge de seize ans au moins ou quand il a satisfait aux épreuves d'un concours d'entrée dans un établissement d'enseignement supérieur ayant passé une convention avec l'État (art. L. 422-2).

En deuxième lieu, il doit apporter la preuve qu'il dispose de moyens d'existence suffisants, laquelle peut résulter de l'exercice d'une activité professionnelle, dans la limite toutefois de 60 % de la durée annuelle de travail. Les articles R. 5221-26 et suivants du code du travail prévoient ainsi que les étudiants désirant travailler ne sont plus soumis à l'obligation d'obtenir une autorisation provisoire de travail. La carte de séjour « étudiant » ouvre droit à l'exercice de toute activité professionnelle sur l'ensemble du territoire dans les conditions fixées par l'article R. 5221-26 du code du travail : durée annuelle maximale de 964 heures – pas de contrats aidés relevant de la politique de l'emploi – ; nécessité pour l'employeur d'effectuer une déclaration nominative d'embauche auprès de l'autorité administrative (C. trav., art. L. 5221-9 et R. 5221-27). Concrètement, le niveau de ressources exigé doit être au minimum de 70 % du montant de l'allocation d'entretien mensuelle de base versée aux boursiers du Gouvernement français.

Enfin, l'intéressé doit produire un certificat d'immatriculation, d'inscription ou de préinscription dans un établissement public ou privé d'enseignement, de formation initiale ou de formation professionnelle.

On rappellera qu'en application de l'article R. 422-2, le préfet peut prescrire que les demandes de carte de séjour « étudiant » peuvent être déposées auprès des établissements d'enseignement supérieur ayant souscrit une convention avec l'État. La décision préfectorale sur la demande doit intervenir dans un délai maximal de quatre-vingt-dix jours après le dépôt du dossier complet, le silence gardé pendant cette durée valant décision implicite de rejet (art. R. 422-5).

Au terme de sa première année de séjour en France, l'étudiant peut demander le renouvellement de son droit au séjour et bénéficier alors d'une carte de séjour pluriannuelle d'une durée équivalente à son cycle d'études restant à courir, sous réserve du caractère réel et sérieux des études, apprécié au regard des éléments produits par les établissements de formation et par l'intéressé.

Une circulaire du 7 octobre 2008 (NOR : IMII0800042C) a fixé les critères d'appréciation de la réalité des études : assiduité et présence aux examens, obtention de la licence en principe en cinq ans maximum, ne pas échouer successivement à trois reprises pour valider une année d'études sauf motif sérieux (santé, événement familial), apprécier les changements d'orientation au regard du projet professionnel et appréhender avec rigueur un second changement d'orientation vers une discipline ne présentant aucun lien avec la filière initialement choisie. Cette circulaire synthétise la jurisprudence antérieure du juge administratif qui analysait la réalité des études au regard du degré de réussite du demandeur, de l'appréciation de sa progression et des changements éventuels d'orientation tout en prenant en compte la situation particulière de l'intéressé. ❑

PLAN DES ANNOTATIONS

I. MOYENS D'EXISTENCE

A. ORIGINE DES RESSOURCES

1. Les ressources prises en compte sont constituées par les revenus de toute nature, y compris les sommes versées par la caisse d'allocations familiales. • CE 30 avr. 1997, *Mme Kamgan,* n° 167846.

2. Avant même l'intervention de la L. du 24 juill. 2006 qui autorise expressément l'étudiant étranger à exercer une activité professionnelle, il avait été jugé que, si l'étranger qui demande à bénéficier en France d'une carte de séjour portant la mention « étudiant » doit pouvoir bénéficier de moyens d'existence suffisants sans avoir à exercer une activité professionnelle, la circonstance qu'il soit salarié à temps partiel ne lui fait pas automatiquement perdre la qualité d'étudiant. • TA Lyon, 23 juin 1987, *Larry-Egoundoukpe : Lebon 854* • CE 28 oct. 1996, *Préfet des Yvelines,* n° 157807 • 14 janv. 1998, *Min. Intérieur c/ Bahou,* n° 168943.

3. Ainsi, les revenus provenant d'une activité salariée peuvent être pris en compte dans l'appréciation du caractère suffisant des ressources. • CE 14 mars 1986, *GISTI : Lebon T. 337.*

4. Ressortissants algériens. Les stipulations du premier avenant à l'accord franco-algérien du 27 déc. 1968 ne comportent, en ce qui concerne les étudiants algériens, aucune règle qui leur interdise d'exercer une activité salariée en même temps qu'ils poursuivent leurs études ou lorsqu'ils entendent exercer une telle activité à titre accessoire. • CE 29 déc. 2000, *Abbas,* n° 176117 : *Lebon T. 1032.*

B. CARACTÈRE SUFFISANT DES RESSOURCES

5. En alignant le niveau des ressources exigées d'un étranger souhaitant obtenir une carte de séjour temporaire en qualité d'étudiant sur le niveau de l'allocation mensuelle de base versée aux boursiers du Gouvernement français, le Décr. n° 2011-1049 du 6 févr. 2011, qui n'a pas pour objet, ni ne saurait avoir pour effet, d'exclure un examen individuel de chaque cas, fixe une condition de ressources minimales à un niveau approprié pour couvrir les frais de séjour et d'études d'un étudiant en France. • CE 13 févr. 2013, *GISTI,* n° 353864 B : *AJDA 2013. 374.*

6. Comme dans le cas des visiteurs, l'appréciation par l'administration du caractère suffisant des ressources fait désormais l'objet d'un contrôle normal par le juge administratif. • CE 10 déc. 1997, *M. Rached,* n° 169276.

7. Le caractère suffisant des ressources s'apprécie à la date de la décision ; si l'étranger concerné a produit ultérieurement des justificatifs de ressources suffisantes, il lui appartient de présenter une nouvelle demande de titre de séjour. • CE 29 déc. 1997, *M. Backabana,* n° 185286.

8. Boursiers. A noter que le fait qu'un étudiant bénéficie d'une bourse est sans influence sur la légalité d'un refus de séjour fondé par ex. sur l'absence de réalité des études. • CAA Nantes, 13 nov. 1997, *Mlle Émilienne Missamou,* n° 96NT00150.

9. La Circ. n° 2003-061 du 23 avr. 2003 relative aux modalités d'attribution des bourses d'enseignement supérieur sur critères sociaux prévoit, pour les demandeurs étrangers, l'obligation notamment de la régularité du séjour ; cette exigence ne méconnaît ni le Préamb. de 1946 (égal accès à l'instruction) ni l'art. L. 111-1 C. éduc. (l'acquisition d'une culture générale et d'une qualification est assurée à tous les jeunes). • CE 2 févr. 2005, *Docquier,* n° 257984.

10. Couverture sociale. Est entaché d'erreur manifeste d'appréciation le refus de renouvellement d'une carte « étudiant » au motif que la direction de l'action sanitaire et sociale avait pris la décision de ne plus prendre en charge les cotisations personnelles de l'intéressée ; toutefois, la requérante n'était pas, de ce seul fait, privée de couverture sociale puisqu'elle acquittait une cotisation forfaitaire d'assurance personnelle que ses ressources lui permettaient de régler. • CAA Paris, 20 août 1998, *Mlle Boussetta Idrissi*, n° 96PA02786.

11. La délivrance à un ressortissant étranger d'un pays tiers d'un titre de séjour « étudiant » lui permet d'exercer parallèlement à ses études une activité professionnelle dans un quota d'heures autorisé ou même, à titre dérogatoire, à temps plein mais ne lui ouvre pas droit à percevoir des allocations chômage en cas de rupture de son contrat de travail. Toutefois, lorsque l'administration lui permet d'exercer une activité professionnelle à temps plein, cette autorisation lui ouvre droit à être inscrit sur la liste des demandeurs d'emploi de Pôle emploi et à bénéficier de ces allocations en cas de rupture du contrat de travail à l'initiative de l'employeur. • CAA Paris, 12 nov. 2012, *M. Soro Sona*, n° 11PA03865 : *AJDA 2013. 62, concl. Ladreyt*.

II. INSCRIPTION DANS UN ÉTABLISSEMENT D'ENSEIGNEMENT

12. Seuls les établissements d'enseignement supérieur sont habilités à statuer sur la demande d'inscription d'un étudiant étranger ; les services diplomatiques et consulaires sont incompétents pour ce faire. • CE 26 janv. 2007, *Chenah*, n° 280912.

13. L'obligation de produire un certificat d'inscription, de préinscription ou d'immatriculation dans un établissement public ou privé reconnu par le ministère de l'Éducation nationale peut s'appliquer : à des formations dépendant d'un groupement d'établissements publics d'enseignement (GRETA). • TA Versailles, 30 nov. 1995, *M. B. Derradji*, n° 93-1790. ♦ ... A l'inscription à un stage en vue de l'obtention d'un brevet d'études professionnelles. • CE 30 juill. 1997, *Min. Intérieur*, n°s 155909 et 156047. ♦ ... A l'inscription dans un établissement dans lequel les cours sont uniquement dispensés le soir. • CE 7 mai 1997, *Préfet de la Somme c/ M. Metougue Nang*, n° 155777 • TA Rennes, 12 oct. 2006, *Soirimi*, n° 042624.

14. La même obligation pèse sur le demandeur qui souhaite le renouvellement de son titre de séjour « étudiant ». • CAA Lyon, 25 avr. 2017, n° 15LY01047.

15. En revanche, ne justifie pas de la qualité d'étudiant ou de stagiaire l'étranger : inscrit dans un établissement n'assurant qu'une formation continue. • TA Marseille, 1er juill. 1996, *Mlle Bakir*, n° 93-6065. ♦ ... Suivant des enseignements en tant qu'auditeur libre. • TA Marseille, 21 oct. 1997, *M. Fennouh Abdelhak*, n°s 971557 et 971558. ♦ ... Suivant des études par correspondance ne nécessitant pas la présence de l'étranger en France. • CE 14 déc. 1992, *Min. Intérieur c/ Mrani : Lebon 970*. ♦ ... Suivant des cours de perfectionnement en anglais. • CAA Lyon, 1er mars 2016, n° 14LY03487.

16. Une attestation de présence délivrée par les services d'une université pour les deux années précédentes ne peut être regardée comme un certificat d'inscription à l'université. • CAA Paris, 30 déc. 1997, *M. Bambara*, n° 96PA00117.

17. Les services académiques ne peuvent subordonner l'inscription d'un étranger dans un établissement d'enseignement à la production d'un titre de séjour. • CE 24 janv. 1996, *MM. Lusilavana : Lebon 13 ; Gaz. Pal. 1996. 28, note Malabre*. ♦ Principe rappelé par la Circ. n° 2002-063 du 20 mars 2002, *BOEN n° 13, 28 mars 2002*. ♦ De même, est illégal le refus du préfet de police de Paris de délivrer une carte de séjour à un étudiant justifiant d'une inscription en maîtrise de psychologie et remplissant par ailleurs toutes les conditions posées par les textes. • CE 30 nov. 1994, *Palacio Sanudo : Lebon 941*.

18. Même si l'année universitaire est révolue, la délivrance du titre de séjour modifie rétroactivement la situation du demandeur et justifie une injonction à l'administration de délivrer le titre de séjour « étudiant ». • CAA Paris, 27 oct. 1998, *M. Nkouakoua*, n° 97PA00391.

III. RÉALITÉ DES ÉTUDES

19. L'administration peut opposer l'insuffisance de sérieux des études lors d'une demande de premier titre de séjour. • CE 30 nov. 1994, *Palacio Sanudo : préc. note 17*. ♦ C'est toutefois essentiellement lorsque le préfet est saisi d'une demande de renouvellement de titre de séjour portant la mention « étudiant » qu'il lui appartient de vérifier la réalité des études. • CE 9 nov. 1992, *Mlle Boni : Lebon T. 970* • 23 nov. 1992, *Mouyenne : Lebon T. 1168*. ♦ Saisi d'un refus de renouvellement de titre, le juge statue au vu des éléments présents au moment de la décision préfectorale. • CAA Douai, 29 mars 2011, *M. Zouhair Sajid*, n° 10DA01305.

20. Le juge exerce un contrôle normal sur l'appréciation portée par le préfet et recherche, à partir de l'ensemble du dossier, si l'intéressé peut être raisonnablement regardé comme poursuivant effectivement ses études. • CE 26 juin 1996, *M. Chraibi : Lebon 251* • CAA Douai, 11 mars 2003, *Ahmed El Khali : AJDA 2003. 1939*.

21. Ce contrôle ne peut toutefois porter sur l'intérêt des études pour le demandeur. • CAA Paris, 11 juill. 2007, *Tarehy*, n° 06PA03852.

A. DEGRÉ DE RÉUSSITE DU DEMANDEUR

22. Dès lors que l'étudiant progresse dans son cursus, le préfet ne peut refuser le renouvellement de la carte de séjour « étudiant » au motif que les diplômes obtenus n'étaient pas reconnus par l'État. • CAA Versailles, 15 juill. 2011, *Zhao*, n° 11VE00245.

23. Échecs répétés. Lorsque l'étudiant étranger n'a obtenu aucun diplôme après plusieurs années d'études, il se verra refuser le renouvellement de sa carte de séjour. Par exemple, en cas : d'échec 2 années consécutives à un examen. • CE 11 mars 1988, *Min. Intérieur c/ El Hasni*, n° 79004. ♦ *Contra* : • CAA Paris, 17 sept. 1998, *M. Nadji*, n° 97PA01052. ♦ ...D'inscription en 1re année d'histoire pour la 3e année consécutive. • CE 1er déc. 1993, *Kotani : Lebon 332.* ♦ ... D'échecs universitaires répétés pendant 6 ans. • CE 26 juin 1996, *M. Chraibi*, n° 148541. ♦ ... 5e inscription consécutive en maîtrise d'informatique. • CE 24 nov. 1999, *Préfet du Bas-Rhin c/ M. Nabilsi*, n° 206523.

24. La légalité du refus s'apprécie à la date de la décision et le requérant ne peut se prévaloir du fait qu'il a obtenu un diplôme postérieurement à la décision attaquée. • CE 29 nov. 1995, *Mlle Aleka-Rayonne*, n° 155599. ♦ Le juge n'est toutefois pas toujours aussi sévère, annulant par ex. un refus alors que l'étudiant a validé son diplôme un mois après celui-ci. • TA Marseille, 16 juin 1997, *M. Souleiman Salem*, n° 96.4245. ♦ A la date du refus, il restait 2 mois à l'intéressé pour terminer l'année scolaire et les notes et appréciations de ses professeurs attestent du caractère sérieux des études. • CE 9 déc. 1998, *Préfet de police c/ Mlle Adja Rokhaya Faye*, n° 188705. ♦ Jugé que l'obtention d'un doctorat après l'arrêté de reconduite à la frontière atteste du caractère sérieux des études. • CE 9 déc. 1998, *Préfet de la Gironde c/ Lassane Ntsiba Madzou*, n° 188056.

B. APPRÉCIATION DE LA PROGRESSION

25. Très lente progression. Le renouvellement du titre de séjour sera également refusé lorsque le requérant ne progresse que trop lentement dans ses études : obtention d'une seule unité de valeur après 8 ans d'études. • CE 15 avr. 1996, *Mme Rakotomavo*, n° 136079. ♦ ... Sept ans pour parvenir en licence. • CE 8 juill. 1996, *Min. Intérieur*, n° 147882. ♦ ... Cinquième inscription en DEA (master 2 aujourd'hui). • CE 28 févr. 1997, *Préfet du Val-de-Marne c/ Mlle Opangault*, n° 172127. ♦ ... Étudiant inscrit en doctorat depuis 7 ans. • CE 30 mars 1998, *M. Banamba*, n° 171458. ♦ ... Études de pharmacie débutées en 1989, doctorat en pharmacie non obtenu en 2002 et absence d'inscription en 2002-2003. • CE 18 févr. 2004, *M. Ahdane*, n° 257588.

26. Obtention de tout ou partie du diplôme. Même si les études apparaissent assez laborieuses, l'obtention de tout ou partie du diplôme poursuivi conduira en principe l'autorité administrative à renouveler le titre de séjour dès lors que l'intéressé a effectivement progressé dans son cursus. • CE 2 déc. 1996, *Mme Khaled*, n° 177484. ♦ Étranger bénéficiant d'autorisations annuelles de séjour depuis 10 ans, ayant obtenu le DEUG de droit et 2 certificats de licence. • CE 22 janv. 1996, *M. Marzouki*, n° 162030. ♦ Trois échecs répétés au DEUG mais validation de 2 unités de valeur du diplôme préparatoire aux études comptables et financières. • CE 8 juill. 1996, *Hamza*, n° 142924. ♦ Étudiant ayant obtenu un doctorat de psychologie. • CE 9 déc. 1998, *Préfet de la Gironde c/ M. Lassane Ntsiba Madzou*, n° 188056 : *préc. note 24.* ♦ Requérant qui venait d'être régulièrement admis à s'inscrire dans un établissement d'enseignement en dernière année d'un cycle d'études au terme duquel il pouvait prétendre acquérir un diplôme d'ingénieur informaticien. • CE 23 sept. 1998, *M. Haouaneb*, n° 169575. ♦ Étudiant en 5e année de médecine qui n'avait échoué qu'une seule fois aux examens de passage en 6e année ; s'il n'avait pu se présenter à ces examens au cours des deux années universitaires précédentes, il avait notamment suivi durant cette période des stages hospitaliers qui ont été validés. • CE 16 oct. 1998, *M. Chahed*, n° 175802. ♦ Étrangère n'ayant pas obtenu de diplôme en 2000 et 2001, notamment pour raisons médicales, ayant changé d'orientation dans un but professionnel précis et obtenu son diplôme en 2002. • CE 7 juill. 2003, *Préfet du Val-d'Oise c/ Mouwengue*, n° 249629. ♦ Étudiant en master 2 ayant eu les plus grandes difficultés à obtenir un stage mais ayant validé la partie académique de son diplôme. • CAA Versailles, 16 sept. 2008, *Pochangou Mouafeyap*, n° 07VE01881.

C. CHANGEMENTS D'ORIENTATION

27. Nombreux changements d'orientation. Les nombreux changements d'orientation plaident également en faveur de l'absence de réalité des études. Par ex., étranger ayant suivi des cours de bureautique, puis une capacité en droit puis enfin des cours de modélisme-stylisme. • CE 9 nov. 1992, *Mlle Boni : préc. note 19.* ♦ Obtention en 4 ans d'un diplôme de comptabilité informatique puis inscription pour suivre des études paramédicales. • CE 30 juill. 1997, *Préfet de police c/ Kaddouri*, n° 181355. ♦ Requérante qui a été inscrite durant les années 1992 à 1995 en DEUG de psychologie sans obtenir de résultat, puis durant l'année 1995-1996 dans un institut en vue de la préparation du concours d'infirmière puis qui a suivi durant les mois de janv. et févr. 1997 un stage « d'assistant de vie » pour les personnes âgées et handicapées ; l'intéressée ne justifie de l'obtention d'aucun diplôme. • CE 21 oct. 1998, *Mlle Kungba*, n° 189436.

28. Toutefois, si le changement d'orientation est bénéfique, le titre de séjour pourra être renouvelé : étudiante ayant changé d'orientation à la suite d'un échec en 1re année mais ayant obtenu l'admissibilité à l'ensemble des TP de licence ; le coresponsable du jury atteste qu'il s'agit d'une étudiante sérieuse. • TA Marseille, 17 déc. 1996, *Mlle Kpan*, n°s 96-3051 et 96-3052. ♦ De même, les études présentent un caractère réel et sérieux dans l'hypothèse suivante : le requérant a obtenu un diplôme national d'arts plastiques avant de suivre par correspondance un enseignement de brevet de technicien supérieur en diététique. Il a ensuite été admis en 2e année d'architecture intérieure à l'académie Charpentier de Paris et, alors même qu'il était admis à s'inscrire en 3e année d'architecture intérieure, il a interrompu sa formation artistique en s'inscrivant à l'Institut national des langues et civilisations orientales en vue de préparer un diplôme de japonais afin de compléter sa formation artistique initiale et de se perfectionner dans cette langue en vue de sa carrière future en Asie. • CE 16 déc. 1998, *Préfet de police c/ M. Kim*, n° 194237. ♦ Étudiant en doctorat de physique s'étant inscrit en DEUG d'allemand dans le but de poursuivre ses études de doctorat dans un laboratoire allemand. • CAA Paris, 17 oct. 2006, *Ouddane*, n° 06PA01319.

D. SITUATION PARTICULIÈRE DU REQUÉRANT

29. Prise en compte de la difficulté des études. Lorsque les études suivies sont particulièrement difficiles et longues, le titre de séjour pourra être renouvelé malgré des échecs durant le parcours. Le juge se livre à un contrôle relativement précis, prenant en compte le fait qu'un diplôme se prépare en plusieurs années et examinant en détail les résultats obtenus par le requérant. • CE 13 juin 1997, *Mme Gnahore Gokou*, n° 156364. ♦ Étudiant inscrit en doctorat depuis 7 ans dont le directeur de thèse indique que cette durée s'explique par l'importance et la difficulté des recherches. • TA Marseille, 27 mars 1997, *M. Choi*, n° 96-4617. ♦ Obtention d'une maîtrise de neurosciences du comportement et admission directe en maîtrise de biologie cellulaire, malgré deux échecs antérieurs. • CE 6 mai 1996, *M. Boungou*, n° 170141. ♦ Étudiant ayant suivi avec succès des études de mathématiques et préparant le concours d'agrégation. • CE 29 déc. 1997, *Préfet de la Savoie c/ M. Sene*, n° 185584.

30. État de santé. Le préfet doit tenir compte : de la survenance d'un grave accident ayant entraîné une hospitalisation longue et des séquelles. • CE 21 juill. 1995, *Min. Intérieur c/ M. Abid*, n° 146115. ♦ ... D'un état de santé qui a nécessité plusieurs opérations chirurgicales et de nombreuses hospitalisations, expliquant que le requérant ne se soit pas présenté à ses examens pendant trois ans. • CE 22 oct. 1993, *M. Camara*, n° 112091. ♦ ... De la situation du requérant progressant lentement, mais atteint d'une tumeur au cerveau. • TA Marseille, 3 févr. 1998, *M. Mbenoun*, n°s 96-4258 et 96-4259.

31. Il importe que la preuve soit rapportée que l'état de santé du requérant a nécessité une interruption des études. • CE 2 mars 1998, *M. Mona*, n° 184685. ♦ Cette preuve n'est pas rapportée s'agissant d'un étranger ayant obtenu au mois de sept. 1993 une maîtrise de droit mais qui a été inscrit pour 2 années consécutives sans succès, en 1994-1995 et en 1995-1996, à la préparation à la formation d'avocat de l'université Paris XII ; s'il n'a échoué aux examens que la 1re année et soutient qu'il n'aurait pas été en mesure de se présenter aux examens l'année suivante en raison de maux de dents, attestés par des consultations pour soins dentaires, durant la période des examens, il n'apporte toutefois pas d'éléments suffisants au soutien de ses allégations. • CE 21 oct. 1998, *Préfet du Val-de-Marne c/ M. Jean-Claude Mve*, n° 188157. ♦ Même solution s'agissant d'une étrangère n'ayant obtenu aucun diplôme en 4 ans d'études ; si elle invoque son état de santé, il apparaît qu'elle ne suit un traitement médical que depuis 1993, alors qu'elle est entrée en France en 1989. • CE 5 nov. 1999, *Mme Ouabi-Coles*, n° 169232.

32. Circonstances diverses. Le juge tiendra également compte par ex. de la survenance du décès des 2 frères puis du père du requérant. • CE 14 oct. 1996, *M. Hocine Kaddour*, n° 173479. ♦ Même solution s'agissant d'un étudiant ayant certes échoué 2 fois en 1re année de droit, mais qui n'avait appris le français qu'en tant que langue étrangère et qui obtenait de bons résultats dans sa nouvelle orientation. • TA Marseille, 23 sept. 1997, *M. Fabre*, n° 97-3739.

33. En revanche, l'absence d'inscription aux examens entraînera, sauf circonstance particulière, le rejet de la demande de renouvellement. • CAA Bordeaux, 16 févr. 1998, *Min. Intérieur*, n° 96BX00186.

34. On rappellera enfin que le juge a considéré que les stipulations de l'art. 8 Conv. EDH sont sans incidence sur l'appréciation qui doit être portée sur le sérieux des études. • CE 15 févr. 1996, *Mme Rakotomavo*, n° 136079.

Art. L. 422-2 **La carte de séjour prévue à l'article L. 422-1 est également délivrée lors de sa première admission au séjour, sans avoir à justifier de ses conditions d'existence et sans que soit exigée la condition prévue à l'article L. 412-1, à l'étranger ayant satisfait aux épreuves du concours d'entrée dans un établissement d'enseignement supérieur ayant signé une convention avec l'État.** — *[Anc. art. L. 313-7, II, al. 1er et 3.]*

Art. L. 422-3 **Les établissements d'enseignement supérieur sont responsables du suivi sanitaire préventif des étudiants étrangers.**

Les conditions d'application de la présente section, en particulier en ce qui concerne les ressources exigées, les conditions d'inscription dans un établissement d'enseignement et celles dans lesquelles l'étranger entrant dans les prévisions de l'article L. 422-2 peut être dispensé de l'obligation prévue à l'article L. 412-1, sont précisées par décret en Conseil d'État. – *[Anc. art. L. 313-7, II, al. 10 et 11, ecqc l'étudiant en France.]*

SECTION 2 **Étranger inscrit dans un programme de mobilité**

Art. L. 422-4 L'étranger ayant été admis au séjour dans un autre État membre de l'Union européenne et inscrit dans un programme de mobilité conformément à la directive (UE) 2016/801 du Parlement européen et du Conseil du 11 mai 2016 peut séjourner en France, après notification de sa mobilité aux autorités administratives compétentes, pour une durée maximale de douze mois, pour effectuer une partie de ses études au sein d'un établissement d'enseignement supérieur, à condition qu'il dispose de ressources suffisantes, sans que soit opposable la condition prévue à l'article L. 412-1.

Il est autorisé à exercer, à titre accessoire, une activité professionnelle salariée dans la limite de 60 % de la durée de travail annuelle. – *[Anc. art. L. 313-7, I, al. 2 et 3 (dernière phr.).]*

COMMENTAIRE

La loi n° 2018-778 du 10 septembre 2018 pour une immigration maîtrisée, un droit d'asile effectif et une intégration réussie a réalisé la transposition de plusieurs dispositions de la directive (UE) 2016/801 du Parlement européen et du Conseil du 11 mai 2016 relative aux conditions d'entrée et de séjour des ressortissants de pays tiers à des fins de recherche, d'études, de formation, de volontariat et de programmes d'échange d'élèves ou de projets éducatifs et de travail au pair : elle crée ainsi deux nouvelles cartes de séjour « étudiant – programme de mobilité », l'une temporaire, l'autre pluriannuelle (V. art. L. 422-6, *infra*). Elles pourront être délivrées aux étudiants relevant d'un programme de l'Union européenne, d'un programme multilatéral comportant des mesures dans un ou plusieurs États membres de l'Union européenne ou d'une convention entre au moins deux établissements d'enseignement supérieur situés dans au moins deux États membres de l'Union européenne ; l'étranger ayant été admis au séjour dans un autre État membre et inscrit dans un programme de mobilité peut séjourner en France après notification de sa mobilité auprès des autorités pour une durée maximale d'un an pour effectuer une partie de ses études, au sein d'un établissement supérieur, pour autant qu'il dispose de ressources suffisantes.

Le décret n° 2019-141 du 27 février 2019 (art. R. 422-8 à R. 422-11) a notamment déterminé les cas dans lesquels le ministre chargé de l'immigration peut refuser (ou retirer l'autorisation d'exercer) la mobilité de l'étranger. Il s'agit tout d'abord des hypothèses de défaut de document obligatoire (documents de voyage, titre de séjour valable délivré par le premier État membre, assurance maladie, ressources suffisantes, inscription dans un établissement d'enseignement supérieur) ; d'autres cas sont manifestement liés à la volonté de lutter contre la fraude : l'établissement d'accueil de l'étranger a été créé dans le but principal de faciliter l'entrée des étrangers ; l'étranger ne respecte pas la limite de la durée de travail annuelle prévue au présent article ; l'étranger séjourne sur le territoire à d'autres fins que celles pour lesquelles son séjour a été autorisé. On retrouve enfin, classiquement, la réserve fondée sur l'existence d'une menace pour l'ordre public, la sécurité publique ou la santé publique. ❑

Art. L. 422-5 L'étudiant étranger qui relève d'un programme de l'Union européenne, d'un programme multilatéral comportant des mesures de mobilité dans un ou plusieurs États membres de l'Union européenne ou d'une convention entre au moins deux établissements d'enseignement supérieur situés dans au moins deux États membres de l'Union européenne se voit délivrer une carte de séjour temporaire d'une durée inférieure ou égale à un an et renouvelable qui porte la mention "étudiant – programme de mobilité".

Il est autorisé à exercer, à titre accessoire, une activité professionnelle salariée dans la limite de 60 % de la durée de travail annuelle. – *[Anc. art. L. 313-7, I, al. 1er (dernière phr.) et 3 (1re phr.).]*

Art. L. 422-6 L'étudiant étranger relevant d'un programme mentionné à l'article L. 422-5 et qui justifie qu'il dispose de moyens d'existence suffisants se voit délivrer, sous réserve d'une entrée régulière en France, une carte de séjour pluriannuelle portant la mention "étudiant – programme de mobilité". L'autorité administrative peut accorder cette carte de séjour sans que soit opposable la condition prévue à l'article L. 412-1.

Cette carte peut être délivrée dès la première admission au séjour de l'étranger.

Elle est d'une durée équivalente à la durée du programme ou de la convention, qui ne peut être inférieure à deux ans. – *[Anc. art. L. 313-27.]*

Art. L. 422-7 Les établissements d'enseignement supérieur sont responsables du suivi sanitaire préventif des étudiants étrangers.

Les conditions d'application de la présente section, en particulier en ce qui concerne les ressources exigées, les conditions d'inscription dans un établissement d'enseignement et celles relatives à l'étranger ayant été admis conformément à la directive (UE) 2016/801 du Parlement européen et du Conseil du 11 mai 2016 sont précisées par décret en Conseil d'État. – *[Anc. art. L. 313-7, II, al. 10 et 11, ecqc la mobilité.]*

SECTION 3 Étudiant ou chercheur étranger prolongeant son séjour ou revenant sur le territoire

SOUS-SECTION 1 Dispositions communes

Art. L. 422-8 La carte de séjour temporaire portant la mention "recherche d'emploi ou création d'entreprise" autorise l'étranger à exercer une activité professionnelle salariée jusqu'à la conclusion de son contrat ou l'immatriculation de son entreprise. – *[Anc. art. R. 313-11-4, al. 3.]*

Art. L. 422-9 Par dérogation aux dispositions de l'article L. 433-1 la carte de séjour temporaire portant la mention "recherche d'emploi ou création d'entreprise" n'est pas renouvelable. L'autorité administrative ne peut procéder à des vérifications qu'à l'expiration d'un délai de trois mois suivant sa délivrance. – *[Anc. art. L. 313-8, I (ecqc le caractère non renouvelable) et III.]*

SOUS-SECTION 2 Prolongation du séjour des étudiants et chercheurs

Art. L. 422-10 L'étranger titulaire d'une assurance maladie qui justifie soit avoir été titulaire d'une carte de séjour temporaire ou pluriannuelle portant la mention "étudiant" délivrée sur le fondement des articles L. 422-1, L. 422-2 ou L. 422-6 et avoir obtenu dans un établissement d'enseignement supérieur habilité au plan national un diplôme au moins équivalent au grade de master ou figurant sur une liste fixée par décret, soit avoir été titulaire d'une carte de séjour pluriannuelle portant la mention "talent – chercheur" délivrée sur le fondement de l'article L. 421-14 et avoir achevé ses travaux de recherche, se voit délivrer une carte de séjour temporaire portant la mention "recherche d'emploi ou création d'entreprise" d'une durée d'un an dans les cas suivants :

1° Il entend compléter sa formation par une première expérience professionnelle, sans limitation à un seul emploi ou à un seul employeur ;

2° Il justifie d'un projet de création d'entreprise dans un domaine correspondant à sa formation ou à ses recherches. – *[Anc. art. L. 313-8, I et II (1re phr. du 1° et 1er al. du 2°.]*

COMMENTAIRE

L'article L. 422-10, transpose plusieurs dispositions de la directive (UE) 2016/801 du Parlement européen et du Conseil du 11 mai 2016 relative aux conditions d'entrée et de séjour des ressortissants de pays tiers à des fins de recherche, d'études, de formation, de volontariat et de programmes d'échange d'élèves ou de projets éducatifs et de travail au pair.

La loi du 7 mars 2016 avait ouvert la possibilité aux étudiants d'accéder plus simplement au marché du travail en France grâce à un titre de séjour d'un an pour recherche d'emploi et à l'absence d'opposabilité de la situation de l'emploi sous conditions ; la loi n° 2018-778 du 10 septembre 2018 procède à la transformation de l'autorisation provisoire de séjour actuellement délivrée à certains étudiants ayant obtenu leur diplôme en carte de séjour temporaire « recherche d'emploi ou création d'entreprise » non renouvelable. Cette nouvelle carte concerne l'étranger qui a été titulaire soit d'une carte de séjour temporaire ou pluriannuelle « étudiant » et qui a obtenu un niveau au moins égal au master ou figurant sur une liste établie par décret, soit d'une carte de séjour pluriannuelle « passeport talent – chercheur » et qui a achevé ses travaux de recherche.

Le décret n° 2016-1463 du 28 octobre 2016 avait déjà assoupli les conditions d'accès au marché du travail pour les ressortissants étrangers ayant achevé avec succès des études supérieures en France et trouvant un emploi qualifié. Dans un souci d'attractivité, ces facilités jusqu'alors réservées aux étudiants titulaires d'un diplôme au moins équivalent au grade de master sont élargies aux étudiants détenteurs d'autres diplômes (diplômes de niveau I labellisés par la Conférence des grandes écoles ; diplômes de licence professionnelle : V. art. D. 422-13). ❑

Art. L. 422-11 **Lorsque la carte de séjour temporaire portant la mention "recherche d'emploi ou création d'entreprise" est délivrée en application du 1° de l'article L. 422-10, son titulaire est autorisé, pendant la durée de validité de cette carte, à chercher et à exercer un emploi en relation avec sa formation ou ses recherches, assorti d'une rémunération supérieure à un seuil fixé par décret et modulé, le cas échéant, selon le niveau de diplôme concerné.**

A l'issue de cette période d'un an, l'intéressé pourvu d'un emploi ou d'une promesse d'embauche satisfaisant aux conditions énoncées au 1° de l'article L. 422-10 se voit délivrer la carte de séjour temporaire portant la mention "salarié" ou "travailleur temporaire" prévue aux articles L. 421-1 ou L. 421-3, ou la carte de séjour pluriannuelle portant la mention "talent", "talent – carte bleue européenne" ou "talent – chercheur" prévue aux articles L. 421-9, *(Abrogé par L. n° 2024-42 du 26 janv. 2024, art. 30)* ***« L. 421-10, »*** **L. 421-11, L. 421-14 ou L. 421-20, sans que lui soit opposable la situation de l'emploi.** – *[Anc. art. L. 313-8, II, 1° (sauf 1re phr.).]*

Art. L. 422-12 **Lorsque la carte de séjour temporaire portant la mention "recherche d'emploi ou création d'entreprise" est délivrée en application du 2° de l'article L. 422-10, l'intéressé justifiant de la création et du caractère viable d'une entreprise répondant à la condition énoncée au même 2° se voit délivrer, à l'issue de la période d'un an, la carte de séjour temporaire portant la mention "entrepreneur/profession libérale" prévue à l'article L. 421-5 ou la carte de séjour pluriannuelle portant la mention "talent" prévue à l'article L. 421-16.** – *[Anc. art. L. 313-8, II, 2° (al. 2).]*

Art. L. 422-13 **Les membres de la famille de l'étranger qui s'est vu délivrer la carte de séjour temporaire portant la mention "recherche d'emploi ou création d'entreprise" prévue à l'article L. 422-10 après avoir été titulaire de la carte de séjour pluriannuelle portant la mention "talent – chercheur" prévue à l'article L. 421-14, se voient délivrer une carte de séjour pluriannuelle portant la mention "talent (famille)" d'une durée identique à la période de validité restant à courir de la carte de séjour de leur conjoint ou parent.** – *[Anc. art. L. 313-21, al. 1er, 3e phr.]*

SOUS-SECTION 3 Étranger ayant quitté le territoire français à l'issue de ses études et revenant en France

Art. L. 422-14 **L'étranger qui a obtenu, dans un établissement d'enseignement supérieur habilité au plan national, un diplôme au moins équivalent au grade de master ou figurant sur une liste fixée par décret et qui, à l'issue de ses études, a quitté le territoire national peut se voir délivrer, dans un délai maximal de quatre ans à compter de l'obtention dudit diplôme en France, une carte de séjour temporaire portant la mention "recherche d'emploi ou création d'entreprise" d'une durée d'un an.** – *[Anc. art. L. 313-8, IV.]*

CHAPITRE III TITRES DE SÉJOUR POUR MOTIF FAMILIAL

Sur l'expérimentation introduite par l'art. 14 de la L. n° 2024-42 du 26 janv. 2024, lorsque l'autorité administrative envisage de refuser de délivrer ou de renouveler l'un des titres de séjour mentionnés aux chap. I à III, aux sect. 1 et 2 du chap. V et au chap. VI du présent titre, V. ss. art. L. 420-1.

COMMENTAIRE

L'attribution de la carte de séjour « vie privée et familiale » constitue, pour l'essentiel, la traduction en droit français des stipulations de l'article 8 de la convention de sauvegarde des droits de l'homme et des libertés fondamentales, et constitue le prélude à la délivrance de la carte de résident de dix ans.

Avant l'intervention de l'ordonnance n° 2020-1733 du 16 décembre 2020, le code prévoyait des hypothèses dans lesquelles le titre de séjour pour motif familial était attribué « de plein droit » sous la seule réserve générale de la menace à l'ordre public. Si, dans la plupart des cas, il appartiendra ainsi au demandeur d'apporter la preuve qu'il entre objectivement dans telle ou telle catégorie, toute marge d'appréciation au profit de l'administration n'a pas disparu. En effet, dans un certain nombre de cas, les catégories sont définies de manière tellement vague que l'administration bénéficie à nouveau d'une assez grande marge de manœuvre. Deux hypothèses peuvent ainsi se rencontrer : soit l'étranger appartient à une catégorie purement objective (par ex. mineur entré en France au titre du regroupement familial) et la délivrance de plein droit du titre ne sera subordonnée qu'à la preuve de cette appartenance, soit l'intéressé soutient appartenir à telle ou telle catégorie dont la définition laisse place à une appréciation plus subjective (par ex. : notion d'enfant à charge de ses parents ; appréciation de l'intensité des liens familiaux et personnels en France). On observera que le principe de recodification à droit constant n'a pas empêché l'ordonnance du 16 décembre 2020 de supprimer ce mécanisme de délivrance « de plein droit » pour lui substituer une formulation encore plus ambiguë aux termes de laquelle les huit catégories de personnes « se voient délivrer » la carte de séjour ou la carte de résident.

La réserve d'ordre public reste justifiée par le fait que les étrangers ne disposent d'aucun droit de caractère général et absolu d'accès et de séjour sur le territoire national. Ainsi, avant de délivrer un titre de séjour, les services préfectoraux doivent consulter le fichier des personnes recherchées et, le cas échéant, effectuer des enquêtes de police. Si l'étranger est signalé au système d'information Schengen, il convient de consulter la partie signalante et, en principe, le titre de séjour ne sera pas délivré sauf motifs sérieux, d'ordre humanitaire (par ex. maladie grave) ou résultant d'obligations internationales (par ex. la Conv. EDH). Le juge valide ainsi notamment des refus de titre de séjour fondés sur des condamnations pénales révélant la dangerosité de l'individu. Les faits invoqués par l'autorité administrative ne doivent pas être trop anciens et être suffisamment graves. Dans le même esprit, la délivrance de plein droit ne concernera pas l'étranger qui vit en France en état de polygamie (à l'exclusion par conséquent des étrangers monogames mais mariés sous un régime polygamique). Il incombe ainsi au demandeur ressortissant d'un État qui autorise la polygamie de produire une déclaration sur l'honneur selon laquelle il ne vit pas en France en état de polygamie.

Enfin, selon les cas, l'étranger devra ou non apporter la preuve de son entrée régulière et, le cas échéant, produire un visa de long séjour pour justifier de la délivrance de plein droit.

L'attribution concerne essentiellement des étrangers dont les liens familiaux sont tels qu'un refus de titre de séjour porterait une atteinte grave à leur droit à mener une vie familiale normale (*I*). Elle s'étend ensuite à des catégories d'étrangers en fonction de la durée de leur présence en France (*II*) ou des liens personnels et familiaux qu'ils ont pu tisser en France (*III*).

I. LIENS FAMILIAUX

Les liens familiaux constituent un critère de délivrance d'un titre s'agissant des effets du mariage et de la filiation. En revanche, il n'est pas tenu compte ici des liens forgés avec les ascendants ou les collatéraux.

A. MARIAGE

Le mariage d'un étranger avec un ressortissant français (art. L. 423-1 à L. 423-5) ouvre droit à l'attribution d'une carte de séjour « vie privée et familiale ». On signalera que le même régime est applicable au conjoint d'un étranger titulaire de statut de résident de longue durée – CE dans un autre État membre de l'Union européenne et d'une carte de séjour temporaire sous condition de résidence régulière, de ressources stables et suffisantes, et d'une assurance maladie.

Aux termes de l'article L. 423-6, l'étranger marié depuis au moins trois ans avec un ressortissant français se voit délivrer une carte de résident d'une durée de dix ans à condition qu'il séjourne régulièrement en France depuis trois ans et que la communauté de vie entre les époux n'ait pas cessé depuis le mariage, que le conjoint ait conservé la nationalité française et, lorsque le mariage a été célébré à l'étranger, qu'il a été transcrit préalablement sur les registres de l'état civil français. La délivrance de cette carte est subordonnée au respect des conditions d'intégration républicaine.

En toute hypothèse, la communauté de vie ne doit pas avoir cessé depuis le mariage. La vie commune peut être attestée par différents indices : bail, quittances de loyer ou EDF, avis d'imposition, déclaration de revenus signée par les deux époux, compte bancaire joint, indices auxquels s'ajoute une déclaration sur l'honneur du demandeur. En revanche, la communauté de vie n'implique pas nécessairement la cohabitation (C. civ., art. 108) ; en cas de doute, le préfet devra faire diligenter une enquête notamment afin de déterminer si le mariage n'a pas été contracté dans le but exclusif d'obtenir un titre de séjour. Enfin, la rupture de la vie commune n'est pas opposable lorsqu'elle est imputable au décès du conjoint (art. L. 423-4) ou à des violences familiales ou conjugales (art. L. 423-5).

A noter que le mariage ne donne droit à la carte de séjour que pour autant que l'étranger dispose d'un visa de long séjour.

On remarquera que le législateur a retenu une conception stricte du mariage, refusant en particulier d'y assimiler les unions hors mariage (concubinage ou PACS) qui ne seront appréhendées que sous l'angle des liens personnels et familiaux en France de sorte que le refus d'autoriser le séjour porterait au droit au respect de la vie privée et familiale une atteinte disproportionnée au regard des motifs du refus (art. L. 423-23). L'exclusion du PACS a d'ailleurs été validée par le Conseil constitutionnel au titre d'une question prioritaire de constitutionnalité (Décis. n° 2013-312 QPC du 23 mai 2013 : *D. 2013. 1282*).

B. FILIATION

1° PARENT D'ENFANT FRANÇAIS

L'étranger parent d'un enfant français mineur résidant en France se verra attribuer la carte de séjour d'un an (art. L. 423-7) dès lors qu'il contribue effectivement à l'entretien et à l'éducation de l'enfant au sens de l'article 371-2 du code civil depuis la naissance de l'enfant ou depuis au moins deux ans.

C'est une carte de résident d'une durée de dix ans qui sera délivrée dès lors que l'intéressé, père ou mère d'un enfant français résidant en France, est titulaire depuis au moins trois années de la carte de séjour temporaire (art. L. 423-7) ou d'une carte de séjour pluriannuelle délivrée au conjoint de Français (art. L. 423-1), ou a des liens personnels et familiaux particuliers en France (art. L. 423-23). Dans ces différentes hypothèses, la délivrance de cette carte de résident est subordonnée au respect des conditions d'intégration républicaine.

L'étude d'impact du projet de la loi de 2018 avait souligné que la délivrance de ce titre est très vulnérable à la fraude. Les préfectures ont ainsi recensé 400 reconnaissances frauduleuses de paternité en 2015 et presque 600 en 2016 (par ex. mère française acceptant de faire reconnaître son enfant par un étranger, devenant ainsi parent d'enfant français ayant droit au séjour, sous réserve de contribuer à l'entretien et à l'éducation de l'enfant ; hommes français reconnaissant des enfants étrangers.

Dès lors, depuis la loi n° 2018-778 du 10 septembre 2018 pour une immigration maîtrisée, un droit d'asile effectif et une intégration réussie, lorsque la filiation est établie à l'égard d'un parent par une reconnaissance de paternité ou de maternité, le demandeur du titre de séjour qui n'est pas l'auteur de la reconnaissance doit justifier que celui-ci contribue effectivement à l'entretien et à l'éducation de l'enfant (art. L. 423-8). Aux termes de l'instruction du 28 février 2019 (NOR : INTV1906328), cette contribution, à la charge des deux parents, s'établit par tout moyen : versements d'argent pour l'entretien de l'enfant, achats divers le concernant, mais aussi preuve de relations affectives (visites, échanges épistolaires, de courriels, garde, suivi scolaire, etc.). En cas de difficulté pour produire ces éléments (notamment dans l'hypothèse de séparation ou de différends conjugaux), la loi offre au demandeur la possibilité de produire une décision de justice relative à la contribution à l'entretien et à l'éducation de l'enfant par l'auteur de la reconnaissance (ordonnance ou jugement rendu par le juge aux affaires familiales fixant le montant de la pension alimentaire et condamnant l'auteur de la reconnaissance à verser au demandeur une pension alimentaire). Le même texte précise qu'en l'absence de cette justification l'autorité administrative est invitée à apprécier la demande de titre au regard du droit au respect de la vie privée et familiale du demandeur et de l'intérêt supérieur de l'enfant. La loi de 2018 modifie par ailleurs la procédure d'enregistrement des reconnaissances de lien de filiation (C. civ., art. 316 à 316-5) en conditionnant l'établissement d'un acte de reconnaissance à la production de justificatifs d'identité et de domicile datés de moins de trois mois.

L'article 316-1 du code civil dispose que, lorsqu'il existe des indices sérieux laissant présumer que la reconnaissance de l'enfant est frauduleuse, l'officier de l'état civil saisit sans délai le procureur de la République et en informe l'auteur de la déclaration. Le procureur de la République décide dans un délai de quinze jours, soit de laisser enregistrer la demande, soit d'y surseoir en diligentant une enquête, soit d'y faire opposition. Le sursis ne peut excéder un mois (deux si l'enquête se déroule à l'étranger), renouvelable une fois par décision spécialement motivée. A l'expiration du délai, le procureur informe l'officier de l'état civil ainsi que l'auteur de la déclaration de sa décision qui doit être motivée ; l'auteur de la déclaration peut contester la décision de sursis ou de renouvellement de celui-ci devant le tribunal judiciaire, qui statue dans un délai de dix jours. En cas d'appel, la cour statue dans le même délai.

L'article 316-2 du code civil prévoit que l'acte d'opposition mentionne les prénom et nom de l'auteur de la reconnaissance, ainsi que les prénom et nom, date et lieu de naissance de l'enfant concerné ou, en cas de reconnaissance prénatale, toute indication communiquée à l'officier de l'état civil relative à l'identification de l'enfant à naître. A peine de nullité, tout acte d'opposition à l'enregistrement d'une reconnaissance ou à sa mention en marge de l'acte de naissance de l'enfant énonce la qualité de l'auteur de l'opposition ainsi que les motifs de celle-ci. L'acte d'opposition est signé, sur l'original et sur la copie, par l'opposant et notifié à l'officier de l'état civil, qui met son visa sur l'original. L'officier de l'état civil fait, sans délai, une mention sommaire de l'opposition sur le registre d'état civil. Il mentionne également, en marge de l'inscription de ladite opposition, les éventuelles décisions de mainlevée dont expédition lui a été remise. En cas d'opposition, il ne peut, sous peine de 3 000 euros d'amende, enregistrer la reconnaissance ou la mentionner sur l'acte de naissance de l'enfant, sauf si une expédition de la mainlevée de l'opposition lui a été remise.

L'article 316-3 du code civil prévoit que le tribunal judiciaire se prononce, dans un délai de dix jours à compter de sa saisine, sur la demande de mainlevée de l'opposition formée par l'auteur de la reconnaissance, même mineur. En cas d'appel, il est statué dans le même délai, et, si le jugement dont il est fait appel a donné mainlevée de l'opposition, la cour devra statuer même d'office. Le jugement rendu par défaut, rejetant l'opposition à l'enregistrement de la reconnaissance ou à sa mention en marge de l'acte de naissance de l'enfant, ne peut être contesté.

Lorsque la saisine du procureur de la République concerne une reconnaissance prénatale ou concomitante à la déclaration de naissance, l'acte de naissance est dressé sans indication de cette reconnaissance (C. civ., art. 316-4). Lorsque la reconnaissance est enregistrée, ses effets pour les règles de dévolution du nom de famille remontent à la date de la saisine du procureur de la République (C. civ., art. L. 316-5).

2° ENFANT ÉTRANGER D'UN RESSORTISSANT FRANÇAIS

Une carte de résident de dix ans sera délivrée à l'enfant étranger d'un ressortissant français, âgé de seize à dix-huit ans, souhaitant exercer une activité professionnelle (art. L. 421-35) ou majeur entre dix-huit ans et vingt et un ans ou à la charge de ses parents (art. L. 423-12), sous réserve de la production du visa de long séjour et de la régularité du séjour.

C. REGROUPEMENT FAMILIAL

L'étranger qui a été autorisé à séjourner en France au titre du regroupement familial et :

– dont le conjoint est titulaire d'une carte de séjour temporaire, d'une carte de séjour pluriannuelle ou d'une carte de résident, se voit délivrer une carte de séjour temporaire portant la mention « vie privée et familiale » d'une durée d'un an, sous condition de l'entrée régulière en France (art. L. 423-14).
– dont l'un des parents au moins est titulaire d'une carte de séjour temporaire, d'une carte de séjour pluriannuelle ou d'une carte de résident, se voit délivrer, dans l'année qui suit son dix-huitième anniversaire (art. L. 423-15) ou entre ses seize et dix-huit ans s'il souhaite exercer une activité professionnelle (art. L. 421-35).

Le conjoint d'un étranger titulaire de la carte de résident, qui a été autorisé à séjourner en France au titre du regroupement familial et qui justifie d'une résidence régulière non interrompue d'au moins trois années en France, se voit délivrer une carte de résident d'une durée de dix ans. La délivrance de cette carte de résident est subordonnée au respect des conditions d'intégration républicaine. Cette carte est délivrée, dans les mêmes conditions, aux enfants de l'étranger dans l'année qui suit leur dix-huitième anniversaire (art. L. 423-16).

II. DURÉE DE LA RÉSIDENCE EN FRANCE

La présence prolongée de l'étranger en France lui permettra également de bénéficier de l'attribution d'une carte de séjour « vie privée et familiale ». C'est le cas de l'étranger qui justifie avoir résidé habituellement en France avec au moins un de ses parents depuis qu'il a atteint au plus l'âge de 13 ans (art. L. 423-21), de l'étranger qui a été confié au service de l'aide sociale à l'enfance au plus tard le dernier jour de sa quinzième année (art. L. 423-22) et de l'étranger né en France qui justifie par tout moyen y avoir résidé pendant au moins huit ans de façon continue et suivi, après l'âge de dix ans, une scolarité d'au moins cinq ans dans un établissement scolaire français, à la condition qu'il fasse sa demande entre l'âge de seize ans et vingt et un ans (art. L. 423-13). Dans ces trois cas, la condition de présentation d'un visa (art. L. 412-1) n'est pas exigée.

La difficulté réside ici bien souvent dans l'administration de la preuve du séjour ou de la résidence habituels ; si la preuve peut être apportée par tout moyen (documents administratifs ou privés, simples témoignages), la pratique administrative reste relativement restrictive et la charge de la preuve incombe, en tout état de cause, au demandeur. Il faut préciser que la résidence « continue » signifie que l'intéressé ne doit pas, au cours de ces huit années, avoir quitté le territoire français pour une durée annuelle excédant celle des congés scolaires. L'intéressé doit être en mesure de justifier de son séjour en France mois par mois (par ex. attestation de scolarité).

III. LIENS PERSONNELS ET FAMILIAUX

Il faut rappeler que, depuis 1998, le droit des étrangers aménage la délivrance de la carte de séjour à l'étranger n'entrant dans aucune catégorie ni dans le cadre du regroupement familial mais dont les liens personnels et familiaux en France sont tels qu'un refus porterait une atteinte excessive à son droit au respect de sa situation personnelle ou de sa vie familiale (art. L. 423-23). Le législateur de 1998 avait ainsi voulu permettre à l'étranger de bénéficier directement de l'article 8 de la convention européenne de sauvegarde des droits de l'homme et des libertés fondamentales sans attendre un débat contentieux. En effet, le contentieux des refus de titre de séjour se fonde fréquemment sur la violation du droit à mener une vie familiale normale. L'administration conserve ici un pouvoir important dès lors qu'il lui revient d'apprécier l'intensité des liens personnels et familiaux de l'intéressé et ce, le cas échéant, sous le contrôle du juge de l'excès de pouvoir.

L'étranger qui invoque la protection due à son droit au respect de sa vie privée et familiale en France doit apporter toute justification permettant d'apprécier la réalité et la stabilité de ses liens personnels et familiaux effectifs en France au regard de ceux qu'il a conservés dans son pays d'origine. Une circulaire du 30 octobre 2004 (NOR : INTDO400134C) indique que la stabilité du lien personnel est établie si les intéressés justifient d'une durée de vie commune en France égale à un an. L'appréciation de la stabilité du lien ainsi établi se réalise au regard de la vie commune en France, ce qui présente l'inconvénient de priver le partenaire de nationalité française de poursuivre en France sa vie de couple dès lors qu'elle aurait commencé à l'étranger. On notera que la loi du 15 novembre 1999 relative au pacte civil de solidarité (PACS) indique dans son article 12 que « la conclusion d'un PACS constitue l'un des éléments d'appréciation des liens personnels en France » de l'article L. 423-23 du code.

Premiers titres délivrés pour motif familial : données détaillées

	2013	2014	2015	2016	2017	2018	2019	2020 (provisoire)
TOTAL	**93 714**	**92 326**	**90 113**	**89 124**	**88 737**	**91 017**	**90 502**	**75 482**
1. Famille de Français	**50 245**	**50 920**	**50 143**	**49 559**	**50 047**	**48 747**	**46 941**	**38 102**
a. Conjoints des Français	38 831	39 308	39 639	38 946	39 098	38 313	36 891	29 078
b. Ascendants étrangers et enfants étrangers de Français	1 427	1 426	1 257	1 252	1 350	1 316	1 541	1 148
c. Parents de Français	9 987	10 187	9 247	9 361	9 599	9 118	8 509	7 876
2. Membres de famille	**23 127**	**23 099**	**23 786**	**24 152**	**23 293**	**26 543**	**28 709**	**23 537**
a. Regroupement familial	11 292	12 121	11 545	11 005	10 835	12 149	11 113	9 989
b. Membre de famille d'un ressortissant de l'UE	2 731	4 375	5 177	5 252	5 687	6 320	6 976	5 793
c. Membre de famille de titulaires de titres Compétence et talents, carte bleue européenne, salarié en mission, scientifique chercheur	2 216	1 857	2 315	2 348	2 519	3 385	4 950	3 729
d. Conjoint d'étranger en situation régulière	1 943	1 816	1 925	2 193	1 557	1 750	1 696	1 534
e. Parents d'enfants scolarisés	4 955	2 930	2 824	3 354	2 695	2 939	2 974	2 492
3. Liens personnels et familiaux	**20 342**	**18 307**	**16 184**	**15 413**	**15 397**	**15 727**	**14 852**	**13 843**
a. Motifs humanitaires	6 206	5 597	4 790	4 319	3 375	3 280	3 209	3 082
b. Mineur devenu majeur	573	648	691	881	687	697	657	643
c. Résident en France depuis 10 ans ou 15 ans pour les étudiants	1 573	1 120	982	929	662	631	565	444
d. Talent exceptionnel/service rendu à la collectivité	12	6	8	6	2	7	4	8
e. Vie privée et familiale	11 978	10 936	9 713	9 278	10 671	11 112	10 418	9 666

Source : DGEF-DSED, AGDREF, métropole, pays tiers

❑

1. Le Conseil constitutionnel a apporté trois séries de précisions quant aux modalités d'application du présent art. En premier lieu, la réserve d'ordre public est parfaitement conforme à la Constitution dès lors que les étrangers ne disposent d'aucun droit de caractère général et absolu d'accès et de séjour sur le territoire national. En second lieu, l'exclusion du bénéfice de la carte temporaire de séjour de l'étranger qui vit en état de polygamie doit être entendue comme n'étant applicable qu'aux étrangers vivant en France dans cet état. Enfin, doit être considéré comme subvenant aux besoins de son enfant le père ou la mère qui a pris les mesures nécessaires, compte tenu de ses ressources, pour assurer l'entretien de celui-ci ; toute autre interprétation méconnaîtrait le droit des intéressés à mener une vie familiale normale. • Cons. const. 22 avr. 1997, n° 97-389 DC : *Rec. Cons. const. 45 ; RJC I-707 ; RFDC 1997. 571, note Lecucq ; JCP 1997. II. 22890, note Zarka ; LPA 17 oct. 1997, note Mathieu ; ibid. 27 juin 1997, obs. Pélissier ; AJDA 1997. 524, obs. Julien-Laferrière ; RD publ. 1997. 931, note Luchaire.*

2. Saisie d'une demande de titre de séjour sur le fondement du présent art., l'administration est tenue de réaliser un examen préalable et particulier qui ne se réduit pas à l'enregistrement des pièces produites par l'administré pour justifier de la particularité de sa situation et implique que l'administration, en procédant à l'analyse des pièces produites, caractérise fidèlement la situation soumise à son appréciation. • TA Cergy-Pontoise, 21 déc. 2006, *Mme Fatma Ouddane,* n° 036695 : *AJDA 2007. 419, concl. Muller.* ♦ La décision de refus du préfet ne peut se contenter d'une motivation stéréotypée et doit indiquer les éléments propres à la situation personnelle et familiale du demandeur. • CAA Nantes, 16 févr. 2009, *Sankhon,* n° 08NT01241.

3. L'administration peut opposer un refus à une demande de carte de séjour « vie privée et familiale » pour un motif d'ordre public suffisamment grave pour que ce refus ne porte pas une atteinte disproportionnée au droit au respect de la vie privée et familiale du demandeur ; elle peut prendre en compte, sur un tel fondement, le fait qu'un demandeur a été impliqué dans des crimes graves contre les personnes et que sa présence régulière sur le territoire national, eu égard aux principes qu'elle mettrait en cause et à son retentissement, serait de nature à porter atteinte à l'ordre public. • CE 5 juin 2013, *Min. Intérieur,* n° 366219 B : *AJDA 2013. 1194.*

SECTION 1 Étranger conjoint de Français

Art. L. 423-1 **L'étranger** *(Abrogé par L. n° 2021-1109 du 24 août 2021, art. 25)* ***« ne vivant pas en état de polygamie, »*** **marié avec un ressortissant français, se voit délivrer une carte de séjour temporaire portant la mention "vie privée et familiale" d'une durée d'un an lorsque les conditions suivantes sont réunies :**

1° La communauté de vie n'a pas cessé depuis le mariage ;

2° Le conjoint a conservé la nationalité française ;

3° Lorsque le mariage a été célébré à l'étranger, il a été transcrit préalablement sur les registres de l'état civil français. – *[Anc. art. L. 313-11, 4°.]*

1. PACS : rejet de la QPC. Selon le Conseil d'État, le moyen tiré de ce que les dispositions du 4° [de l'anc. art. L. 313-11, devenu L. 423-1], en tant qu'elles réservent aux conjoints mariés à des ressortissants français le bénéfice, dans les conditions qu'elles fixent, de l'accès à une carte de séjour mention « vie privée et familiale », sans prévoir de dispositions spécifiques pour les étrangers liés par un PACS avec un ressortissant français, méconnaîtraient le principe d'égalité soulève une question présentant un caractère sérieux au sens et pour l'application de l'art. 23-5 de l'Ord. du 7 nov. 1958. • CE 22 févr. 2013, *M. Torres Moye,* n° 354341. ♦ Le Conseil constitutionnel a toutefois rejeté la QPC en considérant que les griefs fondés sur la situation particulière des personnes liées par un pacte civil de solidarité, dirigés contre le 4° de l'art. L. 313-11 [devenu art. L. 423-1] sont inopérants dans la mesure où la question de la conformité aux droits et libertés que la Constitution garantit des dispositions de l'art. 12 de la L. du 15 nov. 1999 (« la conclusion d'un PACS constitue l'un des éléments d'appréciation des liens personnels en France au sens du 7° de l'art. 12 *bis* de l'Ord. n° 45-2658 du 2 nov. 1945 relative aux conditions d'entrée et de séjour des étrangers en France, pour l'obtention d'un titre de séjour ») n'a pas été renvoyée au Conseil constitutionnel par le Conseil d'État ; que n'a pas davantage été renvoyée celle des dispositions du 7° de l'art. L. 313-11 CESEDA [devenu art. L. 423-23]. • Cons. const. 22 mai 2013, n° 2013-312 QPC : *D. 2013. 1282.*

2. Entrée régulière. Visa de long séjour. La condition d'entrée régulière est applicable. • CE 9 févr. 2001, *Préfet de la Haute-Savoie c/ Khan,* n° 222678 • CAA Paris, 23 avr. 2007, *Préfet d'Eure-et-Loir c/ Foued Ben Mohammed Essid,* n° 06PA03703 B. ♦ Si la délivrance de la carte de séjour temporaire « vie privée et familiale » au conjoint d'un Français est subordonnée à la condition d'être en possession d'un visa de long séjour, celui-ci ne doit pas faire l'objet d'une demande expresse distincte de celle du titre de séjour sollicité auprès de l'autorité préfectorale, compétente pour procéder à cette double instruction. • CAA Nancy, 24 nov. 2011, *M. T.,* n° 10NC01654.

3. Jugé qu'en déposant une demande de visa de long séjour auprès du préfet sur le fondement de la procédure réservée aux conjoints de Français dépourvus de visa de long séjour, mais qui remplissent les autres conditions prévues aux art. L. 423-1 et L. 423-2, la requérante a implicitement mais nécessairement demandé au préfet un titre de séjour en qualité de conjoint de Français. • TA Versailles, 26 mai 2009, *Mme Échat épse*

Chaharoumane, n° 0901791. ♦ Le visa de long séjour ne doit pas nécessairement faire l'objet d'une demande expresse distincte du titre de séjour sollicité auprès de l'autorité préfectorale compétente pour procéder à cette double instruction. • CE 4 déc. 2009, *Mme Djalo,* n° 316959 B. ♦ Un conjoint de Français, entré en France sans être titulaire d'un visa de long séjour, ne peut formuler une demande de titre de séjour sur le fondement de l'art. L. 423-1 en excipant de l'ancienneté de son séjour, de sa bonne insertion et de la stabilité de sa relation avec une Française ; ces dispositions ne lui sont en effet pas applicables. • CAA Paris, 18 nov. 2010, *Gashi,* n° 09PA01310. ♦ Quoi qu'il en soit, la délivrance de plein droit d'une carte de séjour temporaire portant la mention « vie privée et familiale » à un étranger marié avec un ressortissant de nationalité française est subordonnée non seulement aux conditions énoncées par les art. L. 423-1 et L. 423-23, mais également à la justification d'une entrée régulière sur le territoire français. • CAA Lyon, 1er avr. 2010, *M. A.,* n° 09LY00633.

4. La transcription du mariage sur les registres de l'état civil n'est pas une condition de recevabilité de la demande de titre de séjour. • CAA Nancy, 22 déc. 2005, *Préfet des Ardennes c/ Kilic,* n° 05NC00526.

5. Ressortissants algériens. L'art. 6 de l'accord franco-algérien du 27 déc. 1968 relatif à la circulation, à l'emploi et au séjour en France des ressortissants algériens et de leurs familles stipule que : « Le certificat de résidence d'un an portant la mention "vie privée et familiale" est délivré de plein droit : (...) 2. Au ressortissant algérien, marié avec un ressortissant de nationalité française, à condition que son entrée sur le territoire français ait été régulière, que le conjoint ait conservé la nationalité française et, lorsque le mariage a été célébré à l'étranger, qu'il ait été transcrit préalablement sur les registres de l'état civil français ». La circonstance qu'un ressortissant algérien, régulièrement entré en France sous un visa de court séjour, ait fait l'objet, au-delà de la durée de validité de ce visa, de décisions de refus de titre de séjour assorties d'invitations à quitter le territoire et d'une mesure de reconduite à la frontière, régulièrement notifiées, ne fait pas obstacle à ce que la condition d'entrée régulière en France continue d'être regardée comme remplie, dès lors que l'étranger s'est maintenu sur le territoire. Par suite, il est fondé à se prévaloir des effets juridiques attachés, par les stipulations du 2 de l'art. 6 de l'accord franco-algérien du 27 déc. 1968, à son entrée régulière sur le territoire français, notamment à l'encontre d'un refus de certificat de résidence assorti d'une obligation de quitter le territoire français, lorsqu'il a contracté mariage avec un ressortissant français, même si le mariage est postérieur à ces décisions. • CE, avis, 19 févr. 2009, *Préfet de la Drôme c/ Boureghad,* n° 315725 B • CAA Lyon, 17 mars 2009, *Iguer,* n° 08LY00606. ♦ Justifie d'une entrée régulière le ressortissant algérien entré en France sous couvert d'un visa de court séjour Schengen délivré par l'Espagne. • CAA Bordeaux, 17 févr. 2009, *Préfet des Deux-Sèvres c/ Touati,* n° 08BX01362.

6. L'accord franco-algérien du 27 déc. 1968 précise que le premier renouvellement du titre de séjour est subordonné à une communauté de vie entre les époux. En revanche, les renouvellements de certificat de résidence suivants sont simplement subordonnés au maintien des liens du mariage à la date de la décision. • CAA Douai, 15 nov. 2007, *M. Abdelhamid Aouimer,* n° 07DA00833 • CAA Versailles, 27 août 2009, *Mme Soraya Aouar,* n° 08VE00386. ♦ *Contra* : • CAA Lyon, 15 déc. 2022, n° 21LY03394.

Art. L. 423-2 L'étranger, *(Abrogé par L. n° 2021-1109 du 24 août 2021, art. 25)* ***« ne vivant pas en état de polygamie, »*** **entré régulièrement et marié en France avec un ressortissant français avec lequel il justifie d'une vie commune et effective de six mois en France, se voit délivrer une carte de séjour temporaire portant la mention "vie privée et familiale" d'une durée d'un an. La condition prévue à l'article L. 412-1 n'est pas opposable.** – *[Anc. art. L. 211-2-1, al. 6.]*

Art. L. 423-3 Lorsque la rupture du lien conjugal ou la rupture de la vie commune est constatée au cours de la durée de validité de la carte de séjour prévue aux articles L. 423-1 ou L. 423-2, cette dernière peut être retirée.

Le renouvellement de la carte est subordonné au maintien du lien conjugal et de la communauté de vie avec le conjoint qui doit avoir conservé la nationalité française. – *[Anc. art. L. 313-12, al. 2 (1re phr.).]*

Si, à la différence de l'art. L. 313-12, le nouvel art. L. 423-3 dispose que le renouvellement de la carte est en principe subordonné, et au « maintien de la communauté de vie », et au « maintien du lien conjugal », alors que l'art. L. 423-5 se limite à énoncer que « la rupture de la vie commune » n'est pas opposable « lorsqu'elle est imputable à des violences familiales ou conjugales », ces dernières dispositions ne sauraient être lues, sans méconnaître leur objet même, comme excluant le droit au renouvellement du titre de séjour des étrangers victimes de violences familiales ou conjugales qu'elles garantissent au seul motif que le lien conjugal aurait été rompu à la suite de telles violences. Au demeurant, le Conseil d'État, saisi d'un recours pour excès de pouvoir contre l'ordonnance de codification à l'origine de cette nouvelle rédaction, a jugé, par sa Décis. du 14 févr.

2022, *ADDE et a.*, n° 450285, que le moyen tiré de ce que ces dispositions méconnaîtraient la règle de codification à droit constant énoncée par l'art. 52 de la L. n° 2018-778 du 10 sept. 2018 était infondé, de sorte que ces nouvelles dispositions ne sauraient être interprétées différemment que les dispositions de l'art. L. 313-12 en vigueur avant le 1er mai 2021. • TA Melun, 18 janv. 2024, n° 2208759 : *AJDA 2024. 743, concl. Leboeuf*.

Art. L. 423-4 **La rupture du lien conjugal n'est pas opposable lorsqu'elle résulte du décès du conjoint. Il en va de même de la rupture de la vie commune.** – *[Anc. art. L. 313-12, al. 2 (2e phr.).]*

Art. L. 423-5 **La rupture de la vie commune n'est pas opposable lorsqu'elle est imputable à des violences familiales ou conjugales** *(L. n° 2021-1109 du 24 août 2021, art. 28)* **« ou lorsque l'étranger a subi une situation de polygamie ».**

En cas de rupture de la vie commune imputable à des violences familiales ou conjugales subies après l'arrivée en France du conjoint étranger, mais avant la première délivrance de la carte de séjour temporaire, le conjoint étranger se voit délivrer la carte de séjour prévue à l'article L. 423-1 sous réserve que les autres conditions de cet article soient remplies. – *[Anc. art. L. 313-12, al. 2 (2e et 3e phr.).]*

V. Instr. du 23 déc. 2021 relative à la délivrance des titres de séjour pour les victimes de violences conjugales et familiales (NOR : INTA2137559J).

COMMENTAIRE

Le principe est clairement posé que le renouvellement de la carte de séjour attribuée de plein droit au conjoint de Français est subordonné au maintien de la communauté de vie. Le législateur a cherché à lutter contre les mariages frauduleux, c'est-à-dire conclus dans le but exclusif d'obtenir un titre de séjour. Il en résulte toutefois une très grande incertitude pour le conjoint de Français qui se trouve en quelque sorte emprisonné dans ce statut, au risque de ne pas obtenir le renouvellement de la carte de séjour. Cette situation est même de nature à devenir particulièrement insupportable lorsque le conjoint de Français fait l'objet de violences conjugales. Soit il les dénonce et quitte le domicile conjugal, rompant ainsi la communauté de vie ; soit il les supporte pour ne pas craindre un non-renouvellement de la carte de séjour. C'est pour éviter ce choix impossible que le législateur a prévu l'obligation (et non plus la simple possibilité comme avant la loi du 7 mars 2016) pour l'autorité administrative d'accorder le renouvellement de la carte de séjour alors même que la communauté de vie a été rompue précisément en raison de violences conjugales.

Le législateur de 2016 a étendu le bénéfice du renouvellement du titre de séjour au conjoint étranger de Français lorsque ce conjoint a subi des violences familiales, et non plus seulement conjugales. L'objectif est ici de garantir « la stabilité du séjour de personnes qui, par exemple, sont victimes de violences de la part de leur beau-frère ou de leur belle-mère, violences qui ont souvent des conséquences sur la vie conjugale et peuvent être à l'origine de la rupture de la vie commune » (Rapp. AN n° 3423 du 20 janv. 2016). ❑

Les dispositions de l'art. L. 423-5 ont créé un droit particulier au séjour au profit des personnes victimes de violences conjugales ayant conduit à la rupture de la vie commune avec un conjoint de nationalité française ; alors même qu'aucune suite judiciaire n'a été donnée à la plainte pénale, il appartient au juge administratif, saisi du refus de titre, d'apprécier si l'existence de violences conjugales est corroborée par d'autres éléments du dossier qui lui est soumis (en l'espèce, certificat médical et témoignages de voisins). • CE 19 avr. 2023, n° 454072.

Art. L. 423-6 **L'étranger marié depuis au moins trois ans avec un ressortissant français se voit délivrer une carte de résident d'une durée de dix ans à condition qu'il séjourne régulièrement en France depuis trois ans et que la communauté de vie entre les époux n'ait pas cessé depuis le mariage, que le conjoint ait conservé la nationalité française et, lorsque le mariage a été célébré à l'étranger, qu'il ait été transcrit préalablement sur les registres de l'état civil français.**

La délivrance de cette carte est subordonnée au respect des conditions d'intégration républicaine prévues à l'article L. 413-7.

Elle peut être retirée en raison de la rupture de la vie commune dans un délai maximal de quatre années à compter de la célébration du mariage.

Toutefois, lorsque la communauté de vie a été rompue par le décès de l'un des conjoints ou en raison de violences familiales ou conjugales, l'autorité administrative ne peut pas procéder au retrait pour ce motif.

En outre, lorsqu'un ou des enfants sont nés de cette union et sous réserve que l'étranger titulaire de la carte de résident établisse contribuer effectivement, depuis la naissance, à l'entretien et à l'éducation du ou des enfants dans les conditions prévues à l'article 371-2 du code civil, l'autorité administrative ne peut pas procéder au retrait au motif de la rupture de la vie commune. – *[Anc. art. L. 314-5-1 ; anc. art. L. 314-9, 3°.]*

BIBL. ▸ M'SILI, Pouvoir et mariages mixtes, des rapports anciens et évolutifs, *Rev. d'études et d'informations de la gendarmerie, 2e trim. 1997, n° 184, p. 13.* – RUBELLIN-DEVICHI, La justice et les mariages blancs, *RFDA 1993. 166* ; Mariages de complaisance : premières applications des art. 146-1, 175-2 et 190-1 C. civ., *JCP 1998. I. 101.* – SHARSHAR, Le rôle de l'officier d'état civil dans le mariage naturalisant, *RF décentr. 1996, n° 3, p. 31.*

COMMENTAIRE

Dès lors que la carte de résident peut être accordée à l'étranger marié depuis au moins trois ans avec un ressortissant de nationalité française sous condition du maintien de la communauté de vie, se pose immanquablement la question de l'éventualité du retrait de ce titre lorsque la communauté de vie vient à disparaître. On constate que les dispositions applicables à la carte de résident sont infiniment plus strictes que celles qui régissent le retrait de la carte de séjour pour rupture de la vie commune.

En effet, le retrait pour rupture de la communauté de vie ne peut intervenir que durant les quatre premières années du mariage. Même dans ce cas, le retrait sera impossible lorsque l'étranger titulaire de la carte de résident contribue effectivement à l'entretien et à l'éducation du ou des enfants nés de cette union et quand la vie commune a été rompue par le décès de l'un des conjoints en raison de violences familiales ou conjugales (sur l'appréciation de cette condition, V. *supra*, notes ss. art. L. 423-3).

La jurisprudence a posé, plus largement, la question des mariages frauduleux. S'il convient évidemment de lutter contre les mariages de complaisance, il appartiendra à l'administration d'apporter la preuve que l'union matrimoniale n'avait d'autre but que l'attribution du titre de séjour. En cette matière également, la jurisprudence est extrêmement nuancée puisque, si le juge ne s'estime pas nécessairement lié par la simple constatation du mariage et son opposabilité aux tiers, il recherchera en toute hypothèse la volonté réelle des époux. Et c'est à l'administration qu'incombe la charge de la preuve. ❑

I. ANTÉRIORITÉ DU MARIAGE

1. La circonstance que le mariage a été précédé d'une période plus ou moins longue de concubinage est sans influence sur la computation du délai de 3 ans prévu au présent art. • CE 17 oct. 1997, *M. Acheraiou,* n° 185976. ♦ La condition d'antériorité de 3 ans du mariage s'apprécie à la date de la décision. • CAA Marseille, 23 nov. 1998, *M. Hassan Hussein Abd El Fattah,* n° 96MA01030.

II. COMMUNAUTÉ DE VIE

2. La communauté de vie entre les époux ne doit pas avoir cessé. Pour un ex. de cessation de la communauté de vie : V. • TA Montpellier, 7 avr. 1994, *Karbab c/ Préfet de l'Hérault.*

3. Un rapport de police révélant l'absence de communauté de vie et justifiant le refus de titre du préfet n'a pas à être communiqué à l'intéressé. • TA Marseille, 29 juin 1999, *Mme Hasni,* n° 98-3923.

4. Le caractère effectif de la communauté de vie s'apprécie à la date à laquelle l'administration statue sur la demande de titre de séjour. • CAA Paris, 8 avr. 1999, *Ammari,* n° 98PA00934.

5. Divorce. Alors même qu'une ordonnance de non-conciliation enjoignant au requérant de quitter le domicile familial a été rendue par le JAF, la communauté de vie n'a pas disparu dès lors qu'il ressort de diverses attestations de proches et du syndic de l'immeuble que le requérant vit auprès de sa femme, attestations confirmées par celle-ci. • CE 22 avr. 2005, *M. Boudebza,* n° 270399. ♦ Même en présence d'un jugement de divorce, la délivrance du titre de séjour peut intervenir dès lors que le jugement a été frappé d'appel et n'est donc pas encore passé en force de chose jugée à la date de la décision. • CE 23 nov. 1992 : *Mokhefi : Lebon 421.* ♦ Toutefois, le préfet peut légalement refuser le titre de séjour au motif que la communauté de vie n'était pas effective. • CE 9 oct. 1996, *Mamouni,* n° 164727 : *D. 1996. 248*. ♦ Alors même qu'un jugement de divorce n'a pas encore été transcrit sur les registres d'état civil en France, ledit divorce doit être considéré comme effectif et opposable. • CE 6 juin 1997, *Préfet des Yvelines c/ Fougou,* n° 172030.

6. Annulation du mariage. La communauté

de vie a disparu lorsque l'épouse de l'étranger a introduit une procédure judiciaire en annulation du mariage. • TA Marseille, 13 nov. 1995, *M. Salmouni Zerhouni,* n° 973707. ♦ En revanche, la circonstance qu'un jugement postérieur au refus de titre de séjour ait annulé le mariage est sans influence sur la légalité de la décision de refus qui doit donc être annulée. • CE 21 oct. 1996, *Préfet de l'Ain c/ M. Bekkari,* n° 161808. ♦ Saisi d'une demande d'une carte de résident émanant d'un étranger invoquant un mariage déclaré nul par l'autorité judiciaire, le préfet se trouve placé en situation de compétence liée et est tenu de refuser la demande présentée à ce titre. • CE 29 avr. 1994, *Tsouli,* n° 132430 : *RFDA 1994. 836*.

7. La bonne foi du requérant n'entre pas en ligne de compte ; a ainsi été considéré comme légal le refus de titre de séjour à un conjoint de Français, le mariage ayant été annulé au motif que l'épouse française était déjà mariée. • CE 27 sept. 1996, *M. Amor,* n° 149693.

8. Rupture de la vie commune. La rupture de la vie commune fait en principe obstacle à la délivrance du titre même si le mariage n'avait aucun caractère fictif et si le conjoint étranger n'est pas responsable de cette rupture. • TA Marseille, 19 févr. 1996, *Mme Bardin c/ Préfet des Bouches-du-Rhône,* n° 93-6307.

9. Cohabitation. En revanche, la communauté de vie n'implique pas nécessairement la cohabitation. • TA Marseille, 16 févr. 1996, *M. Najahi,* n° 94-6833. ♦ L'existence de résidences séparées peut résulter de circonstances matérielles qui ne traduisent pas la volonté des époux de mettre fin à la communauté de vie. • CE 29 juill. 2002, *Zafar,* n° 244880. ♦ V. par ex., pour des raisons professionnelles, les documents présentés par l'intéressé attestant qu'il retrouve son épouse en fin de semaine. • CE 28 mars 2007, *Moteng,* n° 295432. ♦ Jugé également qu'il y avait maintien de la communauté de vie s'agissant d'un ressortissant turc qui avait vainement tenté d'obtenir un visa d'entrée, sachant qu'il n'est pas établi que les époux n'ont pas entretenu de liens durant la séparation. • CAA Douai, 20 sept. 2005, *Buyukertas,* n° 05DA00686. ♦ Époux qui résident séparément mais l'époux rejoint le domicile conjugal une à deux fois par mois, il contribue financièrement à l'entretien du ménage et le bail est au nom des deux époux. • CAA Douai, 1er oct. 2009, *Karim,* n° 09DA00548.

10. Par analogie, le fait que l'étranger soit absent toute la semaine pour raisons professionnelles mais présent le week-end n'établit pas l'absence de communauté de vie. • CAA Versailles, 9 avr. 2009, *Bouqsimi,* n° 08VE01911.

11. Charge de la preuve. La charge de la preuve de la rupture de la vie commune incombe au préfet. • TA Marseille, 22 sept. 1995, *Min. Intérieur,* n° 93-1362. ♦ L'absence de vie commune peut être prouvée par un rapport d'enquête de la police nationale produit par le préfet. • TA Versailles, 13 avr. 1995, *Mlle Nacel c/ Préfet des Yvelines,* n° 935560. ♦ En tout état de cause, il appartient à l'autorité administrative d'apporter la preuve de l'absence du caractère stable de la communauté de vie ; à défaut, le refus peut constituer une violation de l'art. 8 Conv. EDH. • CE 30 oct. 1996, *Mme Protiere,* n° 161342. ♦ Des témoignages concordants des voisins et du gardien de l'immeuble suffisent à attester de l'existence de la communauté de vie. • TA Marseille, 6 févr. 1997, *M. Mourad Selmi,* n° 96-3497 • CAA Lyon, 24 avr. 2007, *Taf Taf,* n° 05LY00637.

12. Incarcération. En cas d'emprisonnement d'un des conjoints, l'existence d'une communauté de vie effective entre les époux doit être appréciée au regard du maintien et de l'intensité des liens qu'ils entretiennent pendant cette détention, et qui peuvent se traduire, notamment, par des communications téléphoniques ou des correspondances écrites, ou encore par la mise en œuvre d'un des dispositifs de politiques publiques de réinsertion, tels que des visites aux parloirs ou dans des unités de vie familiale. • TA Montreuil, 6 mars 2018, n° 1800327 : *AJDA 2018. 1593*.

III. MARIAGE FRAUDULEUX

13. Sur les sanctions pénales en cas de mariage frauduleux, V. *infra* art. L. 823-11.

14. Le Conseil d'État s'est prononcé sur le problème de l'opposabilité d'un mariage contracté par un étranger sur la question suivante : en présence d'un mariage présentant les apparences formelles de la régularité, le préfet est-il en situation de compétence liée pour délivrer le titre de séjour prévu à l'anc. article L. 314-11, 1°, ou dispose-t-il d'un pouvoir d'appréciation lui permettant d'estimer que ledit mariage est entaché d'un vice du consentement, révélant une tentative de fraude à la loi ? Le Conseil d'État articule son raisonnement en 3 temps : 1° un acte de droit privé opposable aux tiers est en principe opposable dans les mêmes conditions à l'administration tant qu'il n'a pas été déclaré nul par le juge judiciaire ; 2° il appartient cependant à l'administration, lorsque se révèle une fraude commise en vue d'obtenir l'application de dispositions de droit public, d'y faire échec même dans le cas où cette fraude revêt la forme d'un acte de droit privé ; 3° ce principe peut conduire l'administration à ne pas tenir compte d'actes de droit privé opposables aux tiers. • CE, sect., avis cont., 9 oct. 1992, *Abihilali,* n° 137342 : *Lebon 364*. ♦ Par suite, si le mariage d'un étranger avec un ressortissant de nationalité française est opposable aux tiers, il appartient néanmoins au préfet, s'il est établi de façon certaine que le mariage a été contracté dans le but exclusif d'obtenir un titre de séjour, de faire échec à cette fraude et de refuser à l'intéressé, sous le contrôle du juge de l'excès de pouvoir, la carte de résident. • CE 11 déc. 1996, *Préfet de la Gironde*, n° 163065.

15. Le juge exige en tout état de cause qu'il soit apporté la preuve du caractère frauduleux du mariage, et notamment que le mariage a été contracté dans le but exclusif d'obtenir un titre de séjour. • CE 22 janv. 1996, *Min. Intérieur c/ Mme Kebir*, n° 147945. ♦ C'est à l'administration d'apporter la preuve du caractère frauduleux du mariage. • CE 23 sept. 1998, *M. et Mme Ouakach*, n° 167919.

16. Le juge administratif n'a pas à renvoyer au juge judiciaire si la fraude au mariage est manifeste. • CE 5 mai 2000, *El Hammoumi*, n° 205626. ♦ Si le juge administratif est tenu par les constatations opérées par le juge pénal qui sont le support de la décision, la constatation faite de l'existence d'un mariage blanc, alors que ce fait n'était pas celui poursuivi, ne lie pas le juge administratif qui est tenu d'apprécier si le mariage avait été contracté dans le but exclusif d'obtenir un titre de séjour. • CE 29 déc. 1997, *M. Meddaoui*, n° 150370 : *Lebon T. 863.*

17. Ne permettent pas d'affirmer le caractère frauduleux de l'union : le fait que l'étranger était en situation irrégulière au moment du mariage et qu'il n'a pas toujours habité avec son conjoint depuis. • CE 29 déc. 1995, *Préfet du Val-de-Marne*, n° 159488. ♦ ... La brièveté de la vie commune. • TA Orléans, 5 févr. 1991, *Mouileh : Lebon 619.* ♦ ... Le départ du domicile conjugal de l'époux un mois et demi après le mariage, alors même que l'épouse avait entamé une procédure de divorce ; le mariage avait en effet été immédiatement consécutif à l'entrée en France et un enfant était né avant l'union. • CE 3 juill. 1995, *Préfet de la Somme*, n° 156650. ♦ ... La situation d'une étrangère ayant fait l'objet d'une contravention pour racolage sur la voie publique un an avant son mariage. • TA Marseille, 25 nov. 1996, *Mme Bakiri*, n° 961285. ♦ ... Le départ de l'étrangère du domicile conjugal environ un mois après le mariage, l'époux ayant écrit au procureur de la République pour lui faire connaître son souhait de faire annuler le mariage. • CE 27 févr. 1998, *Mme Mihoub veuve Bouteira*, n° 170271. ♦ ... La production d'un rapport de police établissant qu'il a été impossible de vérifier la communauté de vie. • TA Paris, 30 mars 1998, *Mme Lannabi*, n° 9517687/4. • CE 13 nov. 1998, *Préfet du Val-de-Marne c/ Mme Messaoudi épse Remadna*, n° 189749. ♦ ... La différence d'âge entre les futurs époux. • CE 22 juin 2001 : *Mlle Ouaaziz : Lebon 280.* ♦ V. aussi : • Paris, 14 mars 2003, *Gracia Guillen et Boulsane : inédit.* ♦ Même solution dès lors que le conjoint étranger d'une Française était dans l'ignorance que celle-ci était déjà mariée. • CAA Versailles, 13 mars 2008, *Préfet du Val-d'Oise c/ Sadik*, n° 07VE01580.

18. Principe de liberté du mariage. La liberté du mariage, composante de la liberté personnelle protégée par les art. 2 et 4 DDH, ne fait pas obstacle à ce que le législateur prenne des mesures de prévention ou de lutte contre les mariages contractés à des fins étrangères à l'union matrimoniale. • Cons. const. 9 nov. 2006, n° 2006-542 DC : *LPA 22 déc. 2006, p. 19, note Schoettl.* ♦ Il incombe au législateur de prendre en compte la diversité des situations au regard du respect de la liberté du mariage, de prévoir des délais adaptés aux caractéristiques de chacune de ces situations et de garantir des recours juridictionnels effectifs contre les décisions, explicites ou implicites, des autorités concernées ; en particulier, dès lors qu'aucune disposition ne fait par elle-même obstacle à la célébration d'un mariage par l'autorité étrangère et que la transcription ayant pour seul objet et pour seul effet l'opposabilité du mariage aux tiers dans l'ordre juridique français, son absence ne prive le mariage d'aucun de ses effets civils entre les époux eux-mêmes, ni entre ceux-ci et leurs enfants. • Cons. const. 9 nov. 2006, n° 2006-542 DC : *préc.*

19. Mariage contracté dans le but unique d'obtenir la carte de résident. Dans de telles hypothèses, la carte de résident sera refusée : mariage contracté en échange d'une somme d'argent et d'une promesse de divorce rapide. • CE 11 déc. 1992, *Arokeum : Rec CE 969* • 2 déc. 1992, *Souab : Lebon 433.* ♦ ... Vie commune d'une seule semaine et formulation d'une demande d'annulation par l'épouse française. • CE 3 juin 1994, *Rachi*, n° 142395. ♦ ... Communauté de vie ayant cessé dix mois après le mariage et quelques jours après la remise du titre de séjour ; au surplus, l'épouse avait introduit une procédure de divorce à la suite de la rupture de la vie commune. • TA Besançon, 5 oct. 1995, *M. Chelha*, n° 940585. ♦ ... Mariage moins de 2 mois après l'entrée en France avec une ressortissante française qui, 4 mois auparavant, avait envisagé de se marier avec un ressortissant turc afin de lui permettre de rester en France, union à laquelle le parquet avait fait opposition ; au surplus, les deux époux ont des résidences séparées et la communauté de vie n'est pas effective. • CE 13 mai 1996, *Min. Intérieur c/ M. Benhalim*, n° 157646. ♦ ... Déclaration du conjoint français avouant avoir contracté un mariage de complaisance. • CAA Nancy, 7 nov. 1996, *Mme Hadj Said*, n° 96NC00134. ♦ ... Conjoint étranger ayant continué à entretenir des relations avec sa concubine pendant toute la durée de son mariage, a eu des enfants avec elle et l'a épousée immédiatement après le divorce. • TA Besançon, 25 janv. 1996, *M. Hasan Duraksashin*, n° 95-1099.

20. Étranger en situation irrégulière. Si le caractère irrégulier du séjour d'un étranger peut constituer dans certaines circonstances, rapproché d'autres éléments, un indice sérieux laissant présumer que le mariage est envisagé dans un autre but que l'union matrimoniale, le législateur, en estimant que le fait pour un étranger de ne pouvoir justifier de la régularité de son séjour constituerait dans tous les cas un indice sérieux de l'absence de consentement, a porté atteinte au principe constitutionnel de la liberté du mariage. • Cons. const. 20 nov. 2003, n° 2003-484 DC : *préc. note 4 ss. art. L. 313-1.* ♦ En prévoyant, d'une part, le signalement à l'autorité préfectorale de la situation d'un étranger accomplissant les formalités de mariage sans justifier de la régularité de son séjour et, d'autre part, la transmission au préfet de la décision du procureur de la République de s'opposer à la célébration du mariage, d'ordonner qu'il y soit sursis ou de l'autoriser, les dispositions contestées sont de nature à dissuader les intéressés de se marier et portent également atteinte au principe constitutionnel de la liberté du mariage. • Même décision.

21. Contrôle du juge. L'intervention d'un arrêté de reconduite à la frontière alors qu'un mariage est programmé n'a en principe ni pour objet ni pour effet d'interdire de se marier et ne porte pas atteinte, en lui-même, à l'art. 12 Conv. EDH. • CE 10 nov. 1995, *Préfet des Yvelines c/ Mlle El Azzousi : Lebon T. 793.* ♦ Toutefois, si l'administration agit de manière précipitée dans le but de faire échec à la célébration du mariage, le juge n'hésite pas à censurer l'arrêté de reconduite à la frontière pour détournement de pouvoir. • CE 29 juill. 2002, *Préfet de l'Hérault c/ Akalaï*, n° 237832 B • 8 juin 2005, *M. Tutar*, n° 265004. ♦ Ce n'est pas le cas dès lors que le procureur de la République avait fait opposition au mariage. • CE 8 juill. 2005, *Préfet des Yvelines c/ M. Ousmane*, n° 264511.

SECTION 2 Étranger parent d'un Français

Art. L. 423-7 L'étranger *(Abrogé par L. n° 2021-1109 du 24 août 2021, art. 25)* ***« ne vivant pas en état de polygamie, »*** **qui est père ou mère d'un enfant français mineur résidant en France et qui établit contribuer effectivement à l'entretien et à l'éducation de l'enfant dans les conditions prévues par l'article 371-2 du code civil, depuis la naissance de celui-ci ou depuis au moins deux ans, se voit délivrer une carte de séjour temporaire portant la mention "vie privée et familiale" d'une durée d'un an, sans que soit opposable la condition prévue à l'article L. 412-1.** – *[Anc. art. L. 313-11, 6°, al. 1er.]*

1. Position du Conseil constitutionnel. Le Conseil constitutionnel a indiqué que doit être regardé comme subvenant effectivement aux besoins de son enfant le père ou la mère qui a pris les mesures nécessaires, compte tenu de ses ressources, pour assurer l'entretien de celui-ci ; toute autre interprétation méconnaîtrait le droit des intéressés à mener une vie familiale normale. • Cons. const. 22 avr. 1997, n° 97-389 DC : *préc. note 1 ss. Chap. III du Tit. II du livre IV.*

2. Autorité parentale. Prouve sa volonté de contribuer effectivement à l'entretien et à l'éducation de son fils le requérant qui a obtenu du JAF l'autorité parentale partagée, un droit de visite et d'hébergement, et l'exigence de la signature des deux parents pour autoriser l'enfant à quitter le territoire ; le requérant a en outre fait parvenir de l'argent à l'enfant et il l'a hébergé lors de son retour en France. • CAA Paris, 9 févr. 2006, *Sidibe*, n° 05PA02979.

3. Même solution s'agissant d'un ressortissant marocain qui a produit un certificat de nationalité française selon lequel son fils était français depuis sa naissance ; le JAF lui a accordé le bénéfice de l'exercice conjoint de l'autorité parentale avec la mère de l'enfant, comportant un droit de visite un samedi sur deux, et lui a imposé le versement mensuel de la somme de 50 € au profit de son enfant. La cour a entaché son arrêt d'erreur de droit en constatant, d'une part, que l'intéressé s'est conformé en tous points à la décision du JAF, et, d'autre part, qu'il ne fournissait pas d'attestations suffisantes sur la contribution à l'éducation de son enfant. • CE 29 juin 2018, n° 408778 B.

4. La carte sera refusée à l'étranger qui soutient être le père d'un enfant français, ce qui est contredit par les décisions juridictionnelles figurant au dossier, et qui ne justifie pas, en tout état de cause, exercer même partiellement l'autorité parentale à l'égard de cet enfant ni subvenir à ses besoins. • CE 20 janv. 1999, *M. El Messaoudi*, n° 170946. ♦ Justifie en revanche de la délivrance de plein droit de la carte de séjour l'étranger ayant reconnu un enfant de nationalité française, le JAF lui ayant confié, conjointement avec la mère, l'exercice de l'autorité parentale, qui verse une pension alimentaire pour sa fille et participe effectivement, dans la mesure de ses moyens, à l'entretien de son enfant. • CE 19 janv. 2005, *M. Perks*, n° 268369. ♦ La même solution a été retenue par le juge de l'urgence alors même que la mère de l'enfant avait introduit une action en contestation de paternité. • CE 13 mars 2009, *M. Léon Cyrus Galamo Kameni*, n° 325855.

5. L'ordonnance de non-conciliation a décidé que le requérant exercerait, conjointement avec son épouse, l'autorité parentale sur leur enfant, disposerait d'un droit de visite au sein d'une association et serait dispensé de verser une pension alimentaire, compte tenu de ses revenus ; le requérant a, en outre, déposé de nombreuses mains courantes pour non-représentation d'enfant et établit avoir régulièrement cherché à rencontrer son enfant et s'être heurté à d'importantes difficultés ; dans ces conditions, l'autorité administrative, qui ne pouvait se fonder sur la non-justification, par le requérant, de sa participation à l'entretien et à l'éducation de son enfant pour lui refuser le titre de séjour sollicité, a méconnu les dispositions du présent art. en refusant de lui délivrer une carte de séjour temporaire portant la mention « vie privée et familiale » en sa qualité de parent d'enfant français. • CAA Douai, 10 nov. 2010, *M. Mohamed Awad,* n° 10DA00601.

6. Étranger sans emploi. Même solution s'agissant d'un étranger qui, bien que sans emploi, contribue par sa présence au quotidien auprès de l'enfant à son éducation et son entretien. • CAA Lyon, 11 déc. 2008, *Préfet du Rhône c/ Singou Malela,* n° 08LY01167. ♦ Même solution encore concernant la mère d'un enfant français qui n'a pas d'activité salariée mais qui s'occupe de son fils depuis sa naissance. • TA Limoges, 20 mars 2008, *Boinaidi et Ahamadi,* n° 0700318.

7. Contribution financière. Ne peut être considéré comme subvenant aux besoins de sa fille l'étranger qui ne verse pas régulièrement la pension alimentaire due et qui n'a pas maintenu avec sa fille des relations suivies. • CE 9 sept. 1996, *Min. Intérieur c/ M. Dogansoy,* n° 147920.

8. Résidence avec l'enfant. Est censurée une cour qui, après avoir constaté que l'intéressé contribuait financièrement à l'entretien de l'enfant par l'envoi régulier de mandats cash à la mère, s'est fondée, d'une part, sur ce qu'il n'établissait ni n'alléguait vivre habituellement avec l'enfant, qui résidait au domicile de sa mère et, d'autre part, sur ce que, selon elle, les attestations qu'il produisait ne justifiaient pas suffisamment de la réalité et de l'intensité des liens noués avec l'enfant. • CE 29 juin 2018, n° 407087 B : *AJDA 2018. 1360 ; AJ fam. 2018. 463.*

9. Un étranger incarcéré ne peut être considéré comme subvenant « effectivement » aux besoins de son enfant. • CAA Paris, 11 déc. 2007, *Bechrouri,* n° 06PA03234.

10. Assistance éducative. La circonstance qu'un enfant français ait fait l'objet d'une mesure d'assistance éducative ne fait pas obstacle, par elle-même, à ce que son père ou sa mère étrangers puisse obtenir un titre de séjour en tant que parent de cet enfant s'il contribue effectivement à son entretien et à son éducation conformément aux décisions de justice en définissant les modalités. • CE 20 déc. 2019, n° 420321 B : *AJDA 2020. 534, concl. Le Corre.*

11. Résidence stable et durable. L'enfant français mineur, présent sur le territoire national par la seule volonté de la personne exerçant sur lui l'autorité parentale, ne saurait en raison de cette nationalité faire l'objet d'une mesure d'éloignement et a, par suite, la qualité d'enfant français mineur résidant en France, sans qu'une condition de durée de présence puisse être exigée, au sens et pour l'application des dispositions du 6° du présent art. Ainsi, la personne se présentant comme père ou mère d'un enfant français résidant en France peut, sous réserve de la possibilité, pour le préfet, d'invoquer la fraude, se prévaloir de ces dispositions pour l'examen de sa demande de titre de séjour. • TA Poitiers, 22 janv. 2014, *Mme L. H.,* n° 1302299 : *AJDA 2014. 804, concl. Bonnelle.* ♦ Cette solution tranche avec celle adoptée par plusieurs cours administratives qui exigent une durée minimale de séjour. • CAA Bordeaux, 17 janv. 2013, *Mme Faoula,* n° 12BX01178 • CAA Nancy, 15 mars 2012, *Préfet du Haut-Rhin c/ Mme Nafoussia,* n° 11NC00415. ♦ Le Conseil d'État a précisé que le législateur, pour le cas où la carte de séjour temporaire « vie privée et familiale » est demandée par un étranger au motif qu'il est parent d'un enfant français, a subordonné la délivrance de plein droit de ce titre à la condition, notamment, que l'enfant réside en France. Ce faisant, le législateur n'a pas requis la simple présence de l'enfant sur le territoire français, mais a exigé que l'enfant réside en France, c'est-à-dire qu'il y demeure effectivement de façon stable et durable. • CE, avis, 29 déc. 2014, *Préfet de la Charente,* n° 381329 : *AJDA 2015. 9.*

12. Un enfant illégalement soustrait à la garde de l'un de ses parents « ne peut qu'être regardé comme résidant chez ce parent ». • CAA Marseille, 11 févr. 2016, n° 15MA00854.

13. Nationalité de l'enfant. Dès lors que la reconnaissance d'un enfant naturel présente un caractère déclaratif, une décision de refus de carte séjour opposée à la mère de l'enfant encourt l'annulation, alors même qu'elle est intervenue avant la reconnaissance par le père de nationalité française. En effet, la nationalité française de l'enfant préexistait à la décision préfectorale de refus de séjour et l'étrangère possédait bien ainsi la qualité de parent d'enfant français. • CAA Lyon, 15 mars 2012, *Préfet de Saône-et-Loire c/ Mengue,* n° 11LY02030.

14. Fraude. Si la reconnaissance d'un enfant est opposable aux tiers, en tant qu'elle établit un lien de filiation et, le cas échéant, en tant qu'elle permet l'acquisition par l'enfant de la nationalité française, dès lors que cette reconnaissance a été effectuée conformément aux conditions prévues par le C. civ., et s'impose donc en principe à l'administration tant qu'une action en contestation de filiation n'a pas abouti, il appartient néanmoins au préfet, s'il est établi, lors de l'examen d'une demande de titre de séjour présentée sur le fondement du présent art., que la reconnaissance de paternité a été souscrite dans le but de faciliter l'obtention de la nationalité française ou d'un titre de séjour, de faire échec à cette fraude et de refuser, sous le contrôle du juge de l'excès de pouvoir, tant que la prescription prévue par les art. 321 et 335 C. civ. n'est pas acquise, la délivrance de la carte de séjour temporaire sollicitée par la personne se présentant comme père ou mère d'un enfant français. • CE 10 juin 2013, *Min. Intérieur,* n° 358835 A • CAA Douai, 13 nov. 2013, n° 13DA00533.

15. Ressortissants algériens. L'art. 6, 4, de l'accord franco-algérien prévoit la délivrance de plein droit d'un certificat de résidence à l'Algérien parent d'un enfant français sur lequel il exerce, même partiellement, l'autorité parentale ou qu'il subvienne effectivement à ses besoins ; le respect de la condition tenant à l'exercice de l'autorité parentale n'est pas subordonné à l'effectivité de l'exercice de l'autorité parentale. • CAA Douai, 16 févr. 2012, *M. A.*, n° 11DA01697.

Art. L. 423-8 **Pour la délivrance de la carte de séjour prévue à l'article L. 423-7, lorsque la filiation est établie à l'égard d'un parent en application de l'article 316 du code civil, le demandeur, s'il n'est pas l'auteur de la reconnaissance de paternité ou de maternité, doit justifier que celui-ci contribue effectivement à l'entretien et à l'éducation de l'enfant, dans les conditions prévues à l'article 371-2 du code civil, ou produire une décision de justice relative à la contribution à l'éducation et à l'entretien de l'enfant.**

Lorsque le lien de filiation est établi mais que la preuve de la contribution n'est pas rapportée ou qu'aucune décision de justice n'est intervenue, le droit au séjour du demandeur s'apprécie au regard du respect de sa vie privée et familiale et au regard de l'intérêt supérieur de l'enfant. – *[Anc. art. L. 313-11, 6°, al. 2.]*

1. Depuis la L. n° 2018-778 du 10 sept. 2018, l'art. L. 423-8 prévoit qu'un parent d'enfant français doit également rapporter la preuve que l'autre parent, auteur de la reconnaissance, s'intéresse de manière effective à son enfant ; si tel n'est pas le cas, le préfet n'est pas dans l'obligation de délivrer une carte de séjour. Toutefois, l'art. L. 611-3, 5°, interdit au préfet de prendre une OQTF à l'encontre du parent d'enfant français « père ou mère d'un enfant français mineur résidant en France » et qui établit « contribuer effectivement à l'entretien et à l'éducation de l'enfant dans les conditions prévues par l'art. 371-2 du code civil depuis la naissance de celui-ci ou depuis au moins deux ans ». • CAA Versailles, 8 mars 2022, n° 21VE00949.

2. Pour obtenir la carte de séjour visée à l'art. L. 423-8 en qualité de parent d'enfant français, le demandeur doit justifier de sa contribution effective à l'entretien et à l'éducation de l'enfant, mais également de celle de l'autre parent lorsque la filiation a été établie par reconnaissance en application de l'art. 316 C. civ. ; cette contribution de l'autre parent doit être regardée comme remplie dès lors qu'est rapportée la preuve de sa contribution effective ou qu'est produite une décision de justice relative à celle-ci ; peu importent les mentions de celles-ci, notamment constatant l'impécuniosité ou la défaillance du parent français auteur de la reconnaissance ; la circonstance que la décision de justice ne serait pas exécutée est également sans incidence. • CE, avis, 27 oct. 2022, n° 464655 B : *AJDA 2022. 2089*.

Art. L. 423-9 **L'accès de l'enfant français à la majorité ne fait pas obstacle au renouvellement de la carte de séjour prévue à l'article L. 423-7.** – *[Anc. art. L. 313-12, al. 3.]*

Art. L. 423-10 **L'étranger** *(Abrogé par L. n° 2021-1109 du 24 août 2021, art. 25)* ***« ne vivant pas en état de polygamie, »*** **qui est père ou mère d'un enfant français résidant en France et titulaire depuis au moins trois années de la carte de séjour temporaire prévue à l'article L. 423-7 ou d'une carte de séjour pluriannuelle délivrée aux étrangers mentionnés aux articles L. 423-1, L. 423-7 et L. 423-23, sous réserve qu'il continue de remplir les conditions prévues pour l'obtention de cette carte de séjour, se voit délivrer une carte de résident d'une durée de dix ans.**

La délivrance de cette carte de résident est subordonnée au respect des conditions d'intégration républicaine prévues à l'article L. 413-7.

L'enfant visé au premier alinéa s'entend de l'enfant ayant une filiation légalement établie, y compris l'enfant adopté, en vertu d'une décision d'adoption, sous réserve de la vérification par le ministère public de la régularité de cette décision lorsqu'elle a été prononcée à l'étranger. – *[Anc. art. L. 314-9, 2°.]*

1. La carte de résident peut faire l'objet d'un refus de délivrance en cas de menace grave à l'ordre public ; tel est le cas par ex. pour une étrangère condamnée à 3 ans d'emprisonnement et 10 000 € d'amende pour aide à l'entrée, à la circulation ou au séjour irréguliers d'étrangers et exercice dissimulé d'activités rémunérées. Le juge a pris en compte en particulier la nature et le caractère répété des infractions. • CAA Lyon, 24 sept. 2009, *Bezara*, n° 09LY00555.

2. Aux termes de l'art. 6 de l'accord franco-algérien du 27 déc. 1968 : « Le certificat de résidence d'un an portant la mention « vie privée et familiale » est délivré de plein droit : (...) 4. au ressortissant algérien ascendant direct d'un enfant français mineur résidant en France, à la condition qu'il exerce même partiellement l'autorité parentale à l'égard de cet enfant ou qu'il subvienne effectivement à ses besoins. Lorsque la qualité d'ascendant direct d'un enfant français résulte d'une reconnaissance de l'enfant postérieure à la naissance, le certificat de résidence d'un an n'est délivré au ressortissant algérien que s'il subvient à ses besoins depuis sa naissance ou depuis au moins un an » ; aux termes de l'art. 372

C. civ. : « Les père et mère exercent en commun l'autorité parentale. Toutefois, lorsque la filiation est établie à l'égard de l'un d'entre eux plus d'un an après la naissance d'un enfant dont la filiation est déjà établie à l'égard de l'autre, celui-ci reste seul investi de l'exercice de l'autorité parentale ». • CAA Douai, 24 nov. 2011, *M. Yahyaoui,* n° 11DA01020 : *AJDA 2012. 92, chron. Larue*. ♦ La résidence de l'enfant en France doit dans ce cadre être stable et durable. Tel n'est pas le cas d'un enfant de 5 mois né en France d'une mère algérienne arrivée en France enceinte et munie d'un visa court séjour, le juge signalant en outre que la mère a vécu dans son pays d'origine jusqu'à son arrivée en France, à l'âge de 39 ans, pays dans lequel résident son mari et ses enfants majeurs. • CAA Douai, 28 sept. 2015, n° 15DA00778.

Art. L. 423-11 **L'étranger, parent à charge d'un français** *[Français]* **et de son conjoint, se voit délivrer une carte de résident d'une durée de dix ans sous réserve de la production du visa de long séjour prévu au 1° de l'article L. 411-1 et de la régularité du séjour.**

1. Ne peuvent être considérés comme étant à la charge d'un ressortissant français : la mère de celui-ci, âgée de 48 ans, qui est en mesure de travailler et donc de subvenir à ses besoins, alors même qu'elle est effectivement à la charge de sa fille depuis son entrée en France. • TA Lyon, 27 nov. 1996, *Mme Angèle Ngapeth,* n° 9603802. ♦ ... Une personne disposant de ressources personnelles dont le montant atteignait une fois et demie le revenu minimal marocain, et alors même que le fils de l'intéressé lui versait mensuellement de l'argent. • CE 10 janv. 2003, *M. et Mme Fataicha,* n° 226421 B. ♦ ... Une femme qui dispose de ressources tirées d'une pension de reversion et de la location d'un bien immobilier. • CE 19 mars 2003, *Kothandapani,* n° 244837. ♦ ... Un couple d'Algériens disposant d'une retraite de 250 € par mois. • CE 3 mars 2004, *M. et Mme Ammarguellat,* n° 254229.

2. L'autorité administrative ne peut, pour refuser une carte de résident, se fonder sur le critère de l'absence « d'isolement dans le pays d'origine » qui n'a aucun fondement légal. • CE 5 nov. 2003, *Salim,* n° 238573 : *AJDA 2004. 337, concl. de Silva*. ♦ Le préfet ne peut s'estimer lié par l'apposition, sur le visa de court séjour, de la mention « ascendant non à charge » pour refuser une carte de résident sur ce seul motif. • CAA Douai, 15 nov. 2007, *Néné Conte,* n° 07DA00713 • CAA Bordeaux, 18 déc. 2008, *Préfet de la Haute-Garonne c/ Rafi,* n° 08BX01121. ♦ La circonstance qu'un ascendant de ressortissant français soit entré en France muni d'un visa portant la mention « soins médicaux » n'est pas de nature à justifier le refus de carte de résident dès lors que l'intéressé est bien à la charge de sa fille française. • CAA Paris, 19 nov. 2007, *Mankita,* n° 06PA02991. ♦ En revanche, pour apprécier la qualité d'ascendant à charge, l'administration peut examiner si un soutien a été régulièrement apporté au demandeur par les membres de sa famille installés en France avant son entrée sur le territoire. • CE 6 nov. 2009, *Benachour,* n° 316374.

3. Doit bénéficier d'une carte de résident : la mère de 2 enfants de nationalité française, propriétaire de son logement, les revenus de ses enfants français majeurs étant suffisants pour la prendre en charge avec ses 2 enfants mineurs. • CE 7 nov. 2001, *Babassana,* n° 232754. ♦ ... Une ressortissante équatorienne sans ressources prise en charge par sa fille et son gendre depuis son divorce. • CAA Bordeaux, 16 févr. 2007, *Najanjo Vaca,* n° 06BX02242.

4. La délivrance de la carte de résident n'est pas ouverte aux collatéraux étrangers d'un ressortissant français. • CE 1er avr. 1998, *Mme Auble,* n° 155096 : *Lebon T. 668.*

5. Dès lors qu'un étranger s'est vu délivrer une carte de résident sur le fondement du présent art., il ne peut prétendre au bénéfice du RMI, étant entièrement pris en charge, en l'espèce, par son fils. • CE 27 juin 2001, *Mme Haddad,* n° 216335 A.

6. Bénéfice du RSA. La circonstance qu'un étranger soit, en sa qualité d'ascendant à charge d'un ressortissant français, titulaire d'une carte de résident sur le fondement du présent art. ne fait pas obstacle, « par elle-même », à ce qu'il puisse bénéficier du RSA ; pour autant, le titulaire d'une telle carte est réputé entièrement pris en charge par son descendant ; il ne peut dès lors, « en principe », être regardé comme remplissant la condition de ressources prévue par les art. L. 262-2, L. 262-3 et L. 262-4 CASF. • CE 26 avr. 2022, n° 449780 B.

7. Ressortissants algériens. Il résulte de la combinaison des art. 7 *bis* et 9 de l'accord franco-algérien que la délivrance d'un certificat de résidence valable 10 ans n'est pas subordonnée à la présentation d'un visa de long séjour en ce qui concerne les ascendants d'un ressortissant français et de son conjoint qui sont à sa charge. • CE 12 déc. 2005, *Préfet de la Seine-Saint-Denis c/ Mme Ziat,* n° 267269.

SECTION 3 **Enfant étranger d'un Français**

Art. L. 423-12 **S'il est âgé de dix-huit à vingt et un ans, ou qu'il entre dans les prévisions de l'article L. 421-35, ou qu'il est à la charge de ses parents, l'enfant étranger**

d'un ressortissant français se voit délivrer une carte de résident d'une durée de dix ans sous réserve de la production du visa de long séjour prévu au 1° de l'article L. 411-1 et de la régularité du séjour.

Pour l'application du premier alinéa, la filiation s'entend de la filiation légalement établie, y compris en vertu d'une décision d'adoption, sous réserve de la vérification par le ministère public de la régularité de cette décision lorsqu'elle a été prononcée à l'étranger.

1. L'enfant de plus de 21 ans et qui n'est pas à la charge de ses parents ne peut bénéficier des dispositions du présent art. • TA Montpellier, 4 nov. 1993, *Rasolomampionona c/ Préfet de l'Hérault : Juris-Data 21 déc. 1995, n° 364.*

2. Un enfant de plus de 21 ans ne peut être considéré comme à la charge de ses parents que si ceux-ci disposent de ressources suffisantes ; ce n'est pas le cas s'agissant d'un étranger disposant d'un revenu de 915 € ne lui permettant pas de prendre en charge sa fille. • TA Marseille, 7 janv. 1997, *Mlle Ahamada,* n° 96-2577.

3. L'attribution de la carte de résident concerne notamment l'enfant qui a fait l'objet d'une adoption simple ou plénière. • CE 9 juin 1995, *Min. Intérieur c/ Diomande Granier,* n° 139299 : *AJDA 1995. 760.* ♦ V. aussi, s'agissant d'une adoption simple : • CE 19 mars 1997, *Cts Paiten,* n° 146990. ♦ A cet égard, un visa d'entrée en France ne peut être refusé à un enfant de Français sous le seul motif qu'il a fait l'objet d'une adoption simple. • CE 23 juill. 2010, *M. Aman Clair,* n° 330503 B.

4. En revanche, un enfant orphelin de père et de mère, et dont la tutelle a été confiée à sa tante de nationalité française, ne peut bénéficier des dispositions du présent art. • CE 8 déc. 2000, *Abdallah,* n° 173070.

5. Il appartient à l'autorité administrative de s'assurer que l'adoption n'a pas été réalisée dans l'unique but de la délivrance du titre de séjour. • CE 29 oct. 1997, *Mlle Rasolomanpionona,* n° 155993. ♦ La condition que l'enfant soit âgé de moins de 21 ans ou à la charge d'un ressortissant français subsiste évidemment. • CE 2 févr. 1998, *M. Tolocoa-Guyot,* n° 181678 : *Dr. adm. oct. 1999, p. 4, obs. Vandendriessche.*

SECTION 4 **Étranger né en France**

Art. L. 423-13 L'étranger né en France qui justifie par tout moyen y avoir résidé pendant au moins huit ans de façon continue et suivi, après l'âge de dix ans, une scolarité d'au moins cinq ans dans un établissement scolaire français, se voit délivrer, s'il en fait la demande entre l'âge de seize ans et l'âge de vingt-et-un ans, une carte de séjour temporaire portant la mention "vie privée et familiale" *(Rect. JO du 27 févr. 2021)* **« d'une durée d'un an ». La condition prévue à l'article L. 412-1 n'est pas opposable.** — *[Anc. art. L. 313-11, 8°.]*

En prévoyant que l'étranger doit être en mesure de justifier de son séjour en France « mois par mois », la Circ. du 12 mai 1998 a ajouté, dans certains cas, une condition supplémentaire à celles prévues par le présent art. ; elle encourt de ce fait l'annulation. • CE 30 juin 2000, *GISTI,* n° 199336 A.

SECTION 5 **Étranger autorisé à séjourner en France au titre du regroupement familial**

Art. L. 423-14 L'étranger qui a été autorisé à séjourner en France au titre du regroupement familial dans les conditions prévues au chapitre IV du titre III, entré en France régulièrement et dont le conjoint est titulaire d'une carte de séjour temporaire, d'une carte de séjour pluriannuelle ou d'une carte de résident, se voit délivrer une carte de séjour temporaire portant la mention "vie privée et familiale" d'une durée d'un an. — *[Anc. art. L. 313-11, 1° (ecqc le conjoint).]*

En disposant que, si l'étranger a la possibilité de venir légalement en France sous couvert du regroupement familial, il conviendra de rejeter sa demande d'admission au séjour sur le fondement de l'art. L. 423-23, la Circ. du 12 mai 1998 s'est bornée à tirer les conséquences dudit art. • CE 30 juin 2000, *GISTI,* n° 199336 A. ♦ Solution réaffirmée au sujet de la Circ. du 10 janv. 2003. • CE 14 déc. 2005, *GISTI,* n° 254934. ♦ Le préfet ne peut toutefois fonder sa décision de refus de la carte de séjour « vie privée et familiale » sur le seul motif que l'intéressée n'entrait pas dans les catégories de personnes ouvrant droit au regroupement familial en raison de sa résidence sur le territoire français. • TA Lyon, 1er mars 2000, *Mme Beyeke,* n° 9901909. ♦ Ainsi, alors même que l'intéressé entre dans le champ du regroupement familial, il revient à l'autorité administrative de s'assurer qu'une décision de refus de titre ne porte par une atteinte disproportionnée à son droit à une vie personnelle et familiale normale. • CAA Versailles, 18 nov. 2010, *Abassan,* n° 10VE00092.

Art. L. 423-15 L'étranger qui a été autorisé à séjourner en France au titre du regroupement familial dans les conditions prévues au chapitre IV du titre III et dont l'un des parents au moins est titulaire d'une carte de séjour temporaire, d'une carte de séjour pluriannuelle ou d'une carte de résident se voit délivrer, dans l'année qui suit son dix-huitième anniversaire ou entre ses seize et dix-huit ans s'il entre dans les prévisions de l'article L. 421-35, une carte de séjour temporaire portant la mention "vie privée et familiale" d'une durée d'un an. – *[Anc. art. L. 313-11, 1° (ecqc les parents).]*

Art. L. 423-16 Le conjoint d'un étranger titulaire de la carte de résident, qui a été autorisé à séjourner en France au titre du regroupement familial dans les conditions prévues au chapitre IV du titre III et qui justifie d'une résidence régulière non interrompue d'au moins trois années en France, se voit délivrer une carte de résident d'une durée de dix ans.

La délivrance de cette carte de résident est subordonnée au respect des conditions d'intégration républicaine prévues à l'article L. 413-7.

Cette carte est délivrée, dans les mêmes conditions, aux enfants de l'étranger mentionné au premier alinéa, dans l'année qui suit leur dix-huitième anniversaire ou lorsqu'ils entrent dans les prévisions de l'article L. 421-35. – *[Anc. art. L. 314-9, 1°.]*

1. Le présent art., dans sa version antérieure à la L. n° 2003-1119 du 26 nov. 2003 relative à la maîtrise de l'immigration, au séjour des étrangers en France et à la nationalité, prévoyait la délivrance de plein droit de la carte de résident au conjoint et aux enfants mineurs, ou dans l'année qui suit leur 18e anniversaire, d'un étranger titulaire de la carte de résident, qui ont été autorisés à séjourner en France au titre du regroupement familial ; il ne s'agit plus désormais que d'une simple faculté, au surplus subordonnée à une résidence ininterrompue d'au moins 2 ans. • CE 30 juill. 1997, *Min. Intérieur et Sécurité publique c/ M. Demir,* n° 143045 : *Lebon T. 854.*

2. Ressortissants tunisiens. En application de l'art. 10, *c)*, de l'accord franco-tunisien du 17 mars 1988, un ressortissant tunisien devenant majeur peut prétendre à la délivrance d'un titre de séjour d'une durée de 10 ans même si les conditions du regroupement familial ne sont plus réunies. • TA Lyon, 10 avr. 1996, *M. Hichem Smat,* nos 9504804 et 9504805 • CAA Lyon, 10 févr. 2000, *Min. Intérieur c/ M. Hichem Smat,* n° 96LY01475 B.

Art. L. 423-17 En cas de rupture de la vie commune ne résultant pas du décès de l'un des conjoints, le titre de séjour qui a été remis au conjoint d'un étranger peut, pendant les trois années suivant l'autorisation de séjourner en France au titre du regroupement familial, faire l'objet d'un retrait ou d'un refus de renouvellement.

Lorsque la rupture de la vie commune est antérieure à la demande de titre, l'autorité administrative refuse d'accorder ce titre.

Les dispositions du premier alinéa ne s'appliquent pas si un ou plusieurs enfants sont nés de cette union, lorsque l'étranger est titulaire de la carte de résident et qu'il établit contribuer effectivement, depuis la naissance, à l'entretien et à l'éducation du ou des enfants dans les conditions prévues à l'article 371-2 du code civil. – *[Anc. art. L. 431-2, al. 1er à 3.]*

1. Effectivité de la rupture de communauté de vie. Le législateur n'a pas entendu limiter les cas de rupture de la vie commune aux cas de divorce ou d'autorisation de résidence séparée ; il suffit que la communauté de vie ne soit plus effective. • CE 5 sept. 2001, *El Bouroumi,* n° 226040. ♦ Peu importe que le conjoint du bénéficiaire du regroupement familial ait obtenu la nationalité française postérieurement à la demande de regroupement familial. • CAA Marseille, 23 janv. 2003, *Min. Intérieur c/ M. Hassan Boussairi,* n° 00MA00319. ♦ En revanche, jugé que le retrait du titre de séjour consécutif à une répudiation concernant une étrangère vivant et travaillant en France auprès de ses 2 enfants violait son droit à une vie familiale normale. • CE 25 mars 2002, *Daif,* n° 235970.

2. Le juge vérifie que le retrait ne porte pas une atteinte disproportionnée au droit de l'intéressé à mener une vie familiale normale. Tel est le cas par ex. s'agissant d'un ressortissant marocain ayant divorcé 2 ans après son entrée en France au titre du regroupement familial, mais père de 2 enfants sur lesquels il exerce conjointement l'autorité parentale, à un droit de visite et d'hébergement et contribue à leur entretien. • CE 30 juill. 2003, *Bouzid,* n° 253916. ♦ Même solution pour le père d'une enfant handicapée dont la mère a la garde, mais sur laquelle il exerce l'autorité parentale, et qui bénéficie d'un droit de visite et d'hébergement et participe à la prise en charge financière de sa fille. • CAA Lyon, 28 déc. 2006, *Préfet du Rhône c/ Ozdemir,* n° 04LY00652.

Art. L. 423-18 **Lorsque l'étranger a subi des violences familiales ou conjugales et que la communauté de vie a été rompue, l'autorité administrative ne peut procéder au retrait du titre de séjour de l'étranger admis au séjour au titre du regroupement familial et en accorde le renouvellement. En cas de violence commise après l'arrivée en France du conjoint mais avant la première délivrance de la carte de séjour temporaire, le conjoint se voit délivrer une carte de séjour temporaire portant la mention "vie privée et familiale" d'une durée d'un an.** – *[Anc. art. L. 431-2, al. 4.]*

V. Instr. du 23 déc. 2021 relative à la délivrance des titres de séjour pour les victimes de violences conjugales et familiales (NOR : INTA2137559J).

COMMENTAIRE

Lorsque la communauté de vie a été rompue à l'initiative de l'étranger admis au séjour au titre du regroupement familial en raison de violences familiales ou conjugales, l'autorité administrative ne peut procéder au retrait de son titre de séjour et en accorde le renouvellement.

En outre, le juge vérifie que le retrait ne porte pas une atteinte disproportionnée au droit de l'intéressé à mener une vie familiale normale (V. Conv. EDH, art. 8, App., v° *Droits de l'homme*).

I. CHAMP D'APPLICATION

1. En fixant à 3 ans à compter de la délivrance d'une autorisation de séjour au titre du regroupement familial la possibilité de retirer cette autorisation au bénéficiaire dès lors que la vie commune a cessé et en excluant ce retrait lorsque la rupture de la vie commune résulte du décès de son conjoint, lorsqu'elle intervient à son initiative en raison de violences conjugales subies, ou lorsque le conjoint, titulaire d'une carte de résident, justifie contribuer, depuis la naissance, à l'entretien ou à l'éducation des enfants, le législateur n'a pas méconnu la liberté personnelle du bénéficiaire et s'est borné à définir les conditions, relatives à l'effectivité de la vie commune, du maintien de cette autorisation ; dès lors, l'appréciation à laquelle s'est ainsi livré le législateur n'est entachée d'aucune erreur manifeste. • Cons. const. 20 juill. 2006, n° 2006-539 DC. ♦ V. déjà : • Cons. const. 20 nov. 2003, n° 2003-484 DC : *préc. note 4 ss. art. L. 313-1.*

2. Si, à la date de sa demande de titre de séjour, l'intéressée avait rompu la vie commune avec son conjoint français en portant plainte pour violences, elle était encore mariée avec lui et justifiait ainsi de la délivrance de plein droit de la carte de séjour. • CE 28 juin 2004, *Préfet de la Marne c/ Mme Atangana épse Gillain,* n° 256452.

3. Premier titre de séjour. Les violences conjugales ne peuvent être utilement invoquées pour contester le refus de délivrance d'un premier titre de séjour. • CAA Douai, 3 oct. 2006, *Allicio,* n° 05DA01413.

4. Plainte. Depuis l'entrée en vigueur de la L. de 2016, l'administration est en situation de compétence liée pour accorder le renouvellement du titre de séjour en présence de violences conjugales avérées ; peu importe à cet égard que la victime n'ait pas porté plainte contre son époux. • CAA Douai, 29 juin 2017, n° 16DA02329 : *DP étrangers, Bull. n° 269, p. 6.*

5. Premier renouvellement. Si le préfet est tenu de délivrer le titre de séjour concerné lors du premier renouvellement, les dispositions du présent art. n'ont cependant ni pour objet ni pour effet d'ouvrir un droit au renouvellement lors des demandes ultérieures sans que puisse être portée par l'autorité administrative une appréciation sur la situation de l'intéressé. • CAA Nancy, 6 déc. 2018, n° 18NC00256.

6. PACS, concubinage. Le moyen tiré de ce que les dispositions du présent art., en ce qu'elles concernent exclusivement le mariage et non le PACS, porteraient atteinte au principe d'égalité, soulève une question présentant un caractère sérieux justifiant sa transmission au Conseil constitutionnel. • CE 4 oct. 2013, n° 369971 B. ♦ Les conditions de renouvellement de la carte de séjour d'un étranger lié par un PACS avec un ressortissant français ou vivant en concubinage avec lui sont fixées par les dispositions de l'art. L. 423-23. Le Conseil constitutionnel considère que ces dispositions n'ont pas été renvoyées à son examen mais, en l'espèce, le grief fondé sur la situation particulière des conjoints pacsés ou vivant en concubinage est, donc, inopérant ; les dispositions contestées, en tant qu'elles concernent les personnes mariées, ne méconnaissent aucun droit ou liberté que la Constitution garantit et sont donc conformes à celle-ci. • Cons. const. 29 nov. 2013, n° 2013-358 QPC : *AJDA 2013. 2411 ; AJ fam. 2014. 60.*

7. Ressortissants algériens. Jugé que les dispositions du présent art. n'étaient pas applicables aux ressortissants algériens, l'accord franco-algérien du 27 déc. 1968 régissant de manière complète les conditions dans lesquelles les ressortissants algériens peuvent être admis à séjourner en France. • TA Toulouse, 19 déc. 2007, *Mme D. épse R.,* n° 0704288 : *AJDA 2008. 995, note*

Sevely-Fournié • TA Cergy-Pontoise, 26 nov. 2009, *Mme Fatima Zohra S.*, n° 0903748 : *AJDA 2010. 502, note Costa*. ♦ *Contra* : • CAA Bordeaux, 27 avr. 2006 n° 05BX02394 • CAA Douai, 24 sept. 2015, n° 15DA00414.

8. Si une ressortissante algérienne ne peut utilement invoquer les dispositions du présent art., il appartient au préfet, dans l'exercice du pouvoir discrétionnaire dont il dispose sur ce point, d'apprécier, compte tenu de l'ensemble des éléments de la situation personnelle de l'intéressée et notamment des violences conjugales alléguées, l'opportunité d'une mesure de régularisation ; dans cette hypothèse, le juge se limite au contrôle de l'erreur manifeste d'appréciation de ladite situation personnelle. • CE 30 juin 2016, n° 391489 B : *AJDA 2016. 1371*.

9. Si ces dispositions ne sont pas applicables aux ressortissants algériens, le préfet ne doit néanmoins pas s'abstenir de porter une appréciation sur la rupture de l'effectivité de la communauté de vie, quelle que soit sa forme, lorsque cette dernière résulte de violences conjugales ; à défaut, le juge annulera le refus de renouvellement du certificat de résidence. • TA Nice, 10 janv. 2009, *Chaa*, n° 0900037.

10. Ressortissants tunisiens. Même solution pour les ressortissants tunisiens. • CAA Douai, 14 juin 2012, *Ben Aissa*, n° 12DA00044. ♦ Le législateur a entendu créer un droit particulier au séjour au profit des personnes victimes de violences conjugales ayant conduit à la rupture de la vie commune avec leur conjoint de nationalité française. La circonstance que l'art. 10 de l'accord franco-tunisien ne prévoit pas le cas des personnes pour lesquelles la communauté de vie a été rompue, pour le motif évoqué ci-dessus, ne fait pas obstacle à l'application des dispositions du présent art. • CE 22 févr. 2017, n° 393100 B : *AJDA 2017. 851 ; D. 2018. 313, chron. Boskovic, Corneloup, Jault-Seseke, Joubert et Parrot*.

II. EXERCICE DU CONTRÔLE JURIDICTIONNEL

11. Nature du contrôle. Le juge exerce un contrôle normal sur l'appréciation portée par l'autorité administrative. • CE 24 mai 2006, *Mme El Kird épse Margaillan*, n° 275087 B : *AJDA 2006. 1507, concl. de Silva*. ♦ V. aussi : • CAA Paris, 9 août 2006, *Mme X. c/ Préfet de police de Paris*, n° 06PA00728 : *AJDA 2006. 2345, note Dupuy*. ♦ Le préfet qui s'est borné à prendre acte de la rupture de la communauté de vie, sans prendre en compte les éléments portés à sa connaissance évoquant des violences conjugales ayant pu causer cette rupture, a, dans les circonstances de l'espèce, entaché sa décision de refus de renouvellement de titre de séjour d'une erreur de droit. • CAA Douai, 6 oct. 2016, n° 16DA00340 : *AJDA 2017. 89*. ♦ Commet une erreur de droit le préfet qui refuse de renouveler un titre de séjour sans avoir tenu suffisamment compte des pièces faisant état de violences conjugales. • CAA Douai, 12 juill. 2018, n° 17DA02142 : *AJDA 2019. 82*.

12. Pouvoir d'injonction. La cour de Nancy, considérant que la preuve est bien rapportée que la rupture de la vie commune est consécutive aux violences conjugales dont la requérante a été victime, n'a pas hésité à enjoindre à l'autorité préfectorale de délivrer une carte de séjour temporaire. • CAA Nancy, 17 mars 2011, *Mme Samyrah B. épse T.*, n° 10NC00736.

13. Mesures d'urgence. En présence d'une demande de renouvellement d'un titre de séjour, il incombe au préfet de s'assurer que l'intéressée ne peut bénéficier des dispositions du présent art. ; à défaut, la décision de refus de renouvellement peut faire l'objet d'un référé-suspension, la condition tenant à l'existence d'un moyen propre à créer un doute sérieux quant à la légalité de la décision étant remplie. • CE 13 oct. 2006, *Mme El Bouakil*, n° 293019.

14. Lien de causalité. Le refus de renouvellement du titre de séjour sera confirmé dès lors que le requérant n'établit pas l'existence d'un lien de causalité entre la rupture de la vie commune constatée à la date du refus de séjour et les violences subies un an auparavant. • CAA Versailles, 20 sept. 2012, *Ben Yahiaten*, n° 11VE03594.

15. Illustrations. Pour un ex. de disparition de la communauté de vie en raison de violences conjugales subies par le mari (annulation du refus de renouvellement du titre de séjour), V. • CE 16 nov. 2005, *M. Sghiri*, n° 268876. ♦ Par analogie, on signalera l'annulation du refus de renouvellement de titre de séjour et de l'OQTF concernant une étrangère chassée du domicile conjugal par son mari français quelques jours après son arrivée en France ; le mari français vivait en situation de concubinage et le JAF a prononcé le divorce à ses torts exclusifs. • CE 8 juill. 2009, *Mme Rehaz*, n° 321399. ♦ Si le requérant soutient que sa femme l'a quitté pour vivre avec son frère et que ce comportement s'apparente à un fait de violence eu égard à ses répercussions psychiatriques particulièrement graves qui affectent son état de santé, cette circonstance ne permet toutefois pas de le faire regarder comme ayant subi des violences conjugales de la part de sa conjointe au sens des dispositions susmentionnées de l'[anc.] art. L. 313-12 CESEDA. • CAA Douai, 5 nov. 2009, *M. Hassan Jalil*, n° 09DA00260. ♦ Pour une application dans le cas de violences psychologiques, V. • CAA Versailles, 14 nov. 2011, *Mme A.*, n° 10VE00451 B : *AJDA 2012. 1349, note Duvignau*.

16. La CJUE a considéré qu'une mesure d'éloignement obligatoirement prononcée en cas de violences familiales n'était pas contraire au droit de l'UE, le droit d'audition de la victime ne faisant pas obstacle à l'existence de peines obligatoires d'une durée minimale. • CJUE 15 sept. 2011, n[os] C-483/09 et C-1/10 : *RTD eur. 2012. 408, note Benoît-Rohmer*.

Art. L. 423-19 Le titre de séjour d'un étranger qui n'entre pas dans les catégories mentionnées aux articles L. 631-2, L. 631-3 et L. 631-4 peut faire l'objet d'un retrait lorsque son titulaire a fait venir son conjoint ou ses enfants en dehors de la procédure du regroupement familial. La décision de retrait du titre de séjour est prise après avis de la commission du titre de séjour prévue à l'article L. 432-14. – *[Anc. art. L. 431-3.]*

1. La Dir. 2003/86/CE « prévoit que les États membres peuvent retirer le titre de séjour d'un membre de la famille s'il est établi que des informations fausses ou trompeuses ou des documents faux ou falsifiés ont été utilisés ou qu'il a été recouru à la fraude ou à d'autres moyens illégaux ». La directive « n'identifie pas la personne ayant fourni ou utilisé ces documents ou ayant commis cette fraude ni n'exige que le membre de la famille concerné ait eu connaissance de celle-ci ». Ainsi, alors même qu'ils ignoraient les agissements frauduleux de l'étranger, son épouse et à son fils pouvaient valablement se voir retirer leurs permis de séjour accordés au titre du regroupement familial et en tant que résidents de longue durée. • CJUE 14 mars 2019, n° C-557/17 : *AJDA 2019. 608*.

2. En revanche, le retrait d'un titre de séjour ne saurait intervenir de manière automatique. L'État membre doit effectuer au préalable un examen individualisé de la situation du membre de la famille concerné en procédant à une appréciation équilibrée et raisonnable de tous les intérêts en présence. • CJUE 14 mars 2019, n° C-557/17 : *préc. note 1.*

Art. L. 423-20 Les conditions d'application des articles L. 423-17 et L. 423-19 sont fixées par décret en Conseil d'État. – *[Anc. art. L. 441-1 (ecqc les art. L. 431-2 et L. 431-3).]*

SECTION 6 Étranger résidant en France depuis l'âge de treize ans

Art. L. 423-21 Dans l'année qui suit son dix-huitième anniversaire ou s'il entre dans les prévisions de l'article L. 421-35, l'étranger qui justifie par tout moyen avoir résidé habituellement en France depuis qu'il a atteint au plus l'âge de treize ans avec au moins un de ses parents se voit délivrer une carte de séjour temporaire portant la mention "vie privée et familiale" d'une durée d'un an. La condition prévue à l'article L. 412-1 n'est pas opposable.

Pour l'application du premier alinéa, la filiation s'entend de la filiation légalement établie, y compris en vertu d'une décision d'adoption, sous réserve de la vérification par le ministère public de la régularité de cette décision lorsqu'elle a été prononcée à l'étranger. – *[Anc. art. L. 313-11, 2°.]*

I. CHAMP D'APPLICATION

1. S'agissant des ressortissants tunisiens, l'art. 1er de l'avenant du 8 sept. 2000 (entré en vigueur le 1er nov. 2003) prévoit la délivrance de plein droit en cas de justification d'une résidence habituelle en France depuis plus de 10 ans, le séjour en qualité d'étudiant n'étant pas pris en compte dans la limite de 5 ans. • CE 7 mars 2005, *Mcharek*, n° 270048. ♦ Pour les ressortissants algériens, l'accord de 1968 pose lui-même le principe de la condition de 15 ans de résidence habituelle. • CE 16 févr. 2001, *Laribi*, n° 220601.

2. En abrogeant la disposition qui accorde de plein droit, sauf en cas de menace pour l'ordre public, la carte de séjour temporaire portant la mention « vie privée et familiale » à l'étranger ne vivant pas en état de polygamie, qui justifie par tout moyen résider en France habituellement depuis plus de 10 ans ou plus de 15 ans si, au cours de cette période, il a séjourné en qualité d'étudiant, le législateur s'est borné à modifier les catégories d'étrangers bénéficiant de plein droit d'un titre de séjour et ne saurait, de ce seul fait, porter atteinte au principe du respect de la dignité de la personne humaine consacré par le Préamb. de 1946. • Cons. const. 20 juill. 2006, n° 2006-539 DC.

3. Polygamie. La circonstance que ses parents vivent en France en situation de polygamie ne peut faire obstacle à la délivrance de plein droit de la carte de séjour à un étranger mineur entrant dans le champ du présent art. • CAA Douai, 31 mai 2001, *Keita*, n° 99DA00319 B.

II. COMPUTATION DE LA DURÉE DE RÉSIDENCE

4. Les périodes durant lesquelles un étranger se maintient en France en méconnaissance des peines d'interdiction du territoire prononcées contre lui par le juge pénal, fussent-elles non exécutées, ne sauraient, pour la durée de celles-ci, être prises en compte au titre de la condition de résidence habituelle en France. • CE 26 juill. 2007, *M. Ziani*, n° 298717 B. ♦ Doivent être soustraites de la durée de séjour exigée de l'étranger qui sollicite un titre de séjour les seules périodes durant lesquelles il s'est frauduleusement prévalu de ces documents ou de cette identité. En revanche, peuvent être prises en compte les autres périodes de résidence même comprises entre deux périodes entachées de fraude. • CE 24 oct. 2012, *M. M.*, n° 339364 B : *AJDA 2012. 2030*. ♦ Le fait pour un étranger d'avoir quitté le territoire national et rejoint son pays d'origine pour échapper aux poursuites dont il faisait l'objet à la suite du meurtre qu'il venait de commettre a constitué une interruption de son séjour en France. • CAA Versailles, 6 nov. 2008, *M. A.*, n° 07VE02472. ♦ En revanche, l'autorité administrative doit prendre en considération le séjour effectué sous couvert de récépissés de demande de renouvellement de titre de séjour, s'agissant en l'espèce de l'application de l'art. 10 de l'accord franco-tunisien du 17 mars 1988 qui prévoit la délivrance de plein droit d'une carte de résident pour les Tunisiens pouvant faire état d'une résidence régulière et ininterrompue de 5 années. • CE 11 oct. 2010, *Mme Hsini*, n° 331370 B. ♦ Il incombe au juge administratif, pour apprécier la réalité du séjour de l'étranger et la consistance de ses liens personnels et familiaux, d'apprécier l'ensemble des pièces produites par l'intéressé, en tenant compte de la nature particulière des documents produits sous couvert d'une usurpation d'identité. • CE 17 oct. 2014, *M. A.*, n° 365325 B : *AJDA 2014. 2037*.

5. Court séjour à l'étranger. Une absence de courte durée du territoire national ne remet pas nécessairement en cause le caractère habituel de la résidence en France ; le présent art. a, par ex., été reconnu applicable dans l'hypothèse suivante : court séjour dans le pays d'origine pour, selon les indications de l'administration française, permettre à l'étranger de régulariser sa situation. • CE 5 sept. 2001, *Préfet de police c/ Cissé*, n° 227263. ♦ En revanche, le fait d'avoir passé quelques mois en France chaque année en qualité de travailleur saisonnier ne peut s'assimiler à une résidence habituelle. • CE 24 mai 2000, *Bouzerda*, n° 206426. ♦ Il en va différemment lorsque l'étranger a bénéficié pendant de nombreuses années de contrats de travailleur saisonnier agricole prolongés systématiquement pour une durée de 8 mois, l'intéressé ayant vécu en France les trois quarts de l'année, n'en ayant jamais été éloigné plus de 4 mois et ayant travaillé pour une durée égale ou supérieure à la durée annuelle du travail ; l'intéressé a fixé en France le centre de ses intérêts professionnels et justifie ainsi d'une résidence habituelle en France. • CE 25 mai 2010, *M. Aït Baloua*, n° 320116 B : *AJDA 2010. 1055*. ♦ Un court séjour effectué par l'étranger en Tunisie pour voir sa mère qui était malade n'a pas interrompu la continuité de sa résidence en France. • CE 29 juill. 2002, *M. F.*, n° 241279. ♦ Même solution s'agissant d'un court séjour de l'étranger pour se marier. • CE 14 janv. 2002, *M. B.*, n° 224501. ♦ *Idem*, s'agissant de courts séjours à l'étranger pour ramener la fille de l'intéressée sur autorisation du juge des enfants. • CAA Bordeaux, 15 oct. 2013, n° 13BX00933.

III. ADMINISTRATION DE LA PREUVE

6. N'ont pas été considérés comme des justificatifs de résidence habituelle : des attestations sur l'honneur, des résultats d'examens médicaux, la prise en charge de gérance d'un café et une garantie d'achat. • CAA Paris, 18 mars 1999, *M. Id Mouloud*, n° 97PA01391. ♦ ... De simples lettres adressées à un étranger en France. • CE 28 déc. 2001, *Touré*, n° 229415. ♦ ... Des attestations fournies par des proches. • CE 28 déc. 2001, *Gueribi*, n° 214099.

7. En revanche, le juge a admis la production des pièces suivantes : bulletins de paie, avis de paiement des ASSEDIC et divers documents administratifs. • CE 15 oct. 2001, *Préfet de Seine-et-Marne c/ Marega*, n° 228954. ♦ ... Certificat médical et attestation de l'association Emmaüs. • CE 15 oct. 2001, *Préfet de police c/ Waggeh*, n° 230121. ♦ ... Lettres adressées à l'intéressé par des membres de sa famille résidant dans son pays d'origine, factures de téléphone et attestations émanant de plusieurs personnes. • CE 16 mai 2003, *Préfet de police c/ Opinion*, n° 233149. ♦ ... Relevés d'immatriculation à la sécurité sociale, relevés bancaires et certificats médicaux couvrant l'ensemble de la période. • CE 30 juill. 2003, *Bouasria*, n° 250309. ♦ ... Attestation délivrée par l'OPAC de Paris selon laquelle le requérant occupait un logement « sans droit ni titre ». • CE 9 juin 2004, *Préfet de police c/ M. Ba*, n° 256647. ♦ ... Attestations émanant d'une part de la Maison de l'immigration à Paris selon laquelle l'intéressé est intervenu comme bénévole en charge des personnes en difficulté et d'autre part d'une association indiquant que l'intéressé avait été employé comme bénévole en charge de la lutte contre l'exclusion. • CAA Douai, 30 juin 2009, *Préfet de l'Eure c/ Guedri*, n° 08DA01826.

8. La charge de la preuve incombe à l'étranger. • CE 3 févr. 1999, *M. Ayachi*, n° 198528. ♦ V. aussi s'agissant de l'état de santé, l'intéressé ne pouvant utilement invoquer le principe du secret médical pour prétendre échapper à l'obligation qui lui incombe d'apporter la preuve de ses allégations : • CE 10 févr. 1999, *M. Sacko*, n° 199212.

SECTION 7 **Étranger confié au service de l'aide sociale à l'enfance**

Art. L. 423-22 Dans l'année qui suit son dix-huitième anniversaire ou s'il entre dans les prévisions de l'article L. 421-35, l'étranger qui a été confié au service de l'aide sociale à l'enfance *(L. n° 2022-140 du 7 févr. 2022, art. 41)* « ou à un tiers digne de

confiance » *(Rect. JO du 24 avr. 2021)* **« au plus tard le jour de ses seize ans » se voit délivrer une carte de séjour temporaire portant la mention "vie privée et familiale" d'une durée d'un an, sans que soit opposable la condition prévue à l'article L. 412-1.**

Cette carte est délivrée sous réserve du caractère réel et sérieux du suivi de la formation qui lui a été prescrite, de la nature des liens de l'étranger avec sa famille restée dans son pays d'origine et de l'avis de la structure d'accueil *(L. n° 2022-140 du 7 févr. 2022, art. 41)* **« ou du tiers digne de confiance » sur son insertion dans la société française.** — *[Anc. art. L. 313-11, 2° bis.]*

1. Le préfet ne peut refuser la délivrance du titre qu'en raison de la situation de l'intéressé appréciée de façon globale au regard du caractère réel et sérieux du suivi de sa formation, de la nature de ses liens avec la famille restée dans le pays d'origine et de l'avis de la structure d'accueil sur l'insertion de cet étranger dans la société française ; le juge de l'excès de pouvoir exerce sur cette appréciation un entier contrôle. • CAA Lyon, 11 oct. 2016, n° 16LY00429 : *AJDA 2016. 1951*.

2. Il résulte des art. 375-3 et 375-5 C. civ. qu'un mineur étranger ne peut être regardé comme ayant été confié au service départemental de l'aide sociale à l'enfance que s'il l'a été en vertu d'un jugement ou d'une ordonnance de l'autorité judiciaire sur le fondement des art. 375-3 ou 375-5 C. civ. • CAA Lyon, 16 mars 2017, n° 16LY03420.

3. La L. n° 2022-140 du 7 févr. 2022 relative à la protection des enfants (art. L. 222-5 CASF) prévoit que les jeunes majeurs de moins de 21 ans ayant été pris en charge par le service de l'aide sociale à l'enfance d'un département avant leur majorité bénéficient d'un droit à une nouvelle prise en charge par ce service lorsqu'ils ne disposent pas de ressources ou d'un soutien familial suffisants ; le Conseil d'État en déduit que le droit à une prise en charge d'un jeune qui avait été confié à l'aide sociale à l'enfance à sa majorité, constitue une liberté fondamentale au sens de l'art. L. 521-2 CJA. • CE 31 oct. 2022, n° 468374 • CE 28 nov. 2022, n° 468184. ♦ Le juge administratif n'hésite ainsi pas à enjoindre au président d'un conseil départemental de proposer un « contrat jeune majeur » à un jeune qui, mineur, avait été pris en charge par l'aide sociale à l'enfance (Ase), alors même que celui-ci a fait l'objet d'un refus de délivrance de titre de séjour assorti d'une OQTF à sa majorité. • CE 12 déc. 2022, n° 469133.

4. En se fondant sur des signalements révélés par la consultation du Traitement des antécédents judiciaires (TAJ) pour en déduire que l'intéressé ne justifiait pas d'une intégration en France, sans procéder à la saisine préalable des services de police ou de gendarmerie et du procureur de la République (art. R. 40-29 C. pr. pén.) sur les suites judiciaires pour complément d'information, l'autorité administrative a privé l'intéressé d'une garantie entraînant l'annulation de la décision de refus de titre de séjour. • CAA Bordeaux, 31 mai 2023, n° 23BX00139.

SECTION 8 Étranger ayant des liens personnels et familiaux en France

Art. L. 423-23 L'étranger *(Abrogé par L. n° 2021-1109 du 24 août 2021, art. 25)* ***« ne vivant pas en état de polygamie, »*** **qui n'entre pas dans les catégories prévues aux articles L. 423-1, L. 423-7, L. 423-14, L. 423-15, L. 423-21 et L. 423-22 ou dans celles qui ouvrent droit au regroupement familial, et qui dispose de liens personnels et familiaux en France tels que le refus d'autoriser son séjour porterait à son droit au respect de sa vie privée et familiale une atteinte disproportionnée au regard des motifs du refus, se voit délivrer une carte de séjour temporaire portant la mention "vie privée et familiale" d'une durée d'un an, sans que soit opposable la condition prévue à l'article L. 412-1.**

Les liens mentionnés au premier alinéa sont appréciés notamment au regard de leur intensité, de leur ancienneté et de leur stabilité, des conditions d'existence de l'étranger, de son insertion dans la société française ainsi que de la nature de ses liens avec sa famille restée dans son pays d'origine.

L'insertion de l'étranger dans la société française est évaluée en tenant compte notamment de sa connaissance des valeurs de la République. — *[Anc. art. L. 313-11, 7°.]*

I. PRINCIPES

1. En subordonnant l'octroi d'un titre de séjour portant la mention « vie privée et familiale » au constat par l'administration de l'intensité des liens existant en France, le législateur s'est borné à préciser, en se référant à la jurisprudence administrative, les critères au vu desquels les étrangers peuvent bénéficier de plein droit d'une carte de séjour temporaire au titre de la vie privée et familiale ; dans ces conditions, il n'a porté atteinte ni aux art. 2 et 4 DDH ni à l'art. 34 Const. • Cons. const. 20 juill. 2006, n° 2006-539 DC.

2. Dès lors que le refus de séjour est justifié par le juge comme ne violant par l'art. 8 Conv. EDH, l'intéressé ne peut se prévaloir des dispositions du présent art. Le préfet n'a donc pas davantage à consulter la commission du titre de séjour. • CE 19 mai 2000, *M. Moshen Azzouni : Lebon 179.*

3. Demandeur d'asile. Jugé que le préfet n'est pas incompétent pour refuser un titre de séjour à un demandeur d'asile sur le fondement du présent art. avant que la décision de l'OFPRA ne soit devenue définitive ou que la CNDA n'ait statué sur le recours contre cette décision. A noter qu'en l'espèce l'OFPRA et la CNDA avaient déjà statué négativement, l'OFPRA étant saisi d'une nouvelle demande. • TA Lyon, 15 déc. 2009, *Mme Gayane Kalashyan,* n° 090612 : *AJDA 2010. 863.*

4. Ressortissants algériens. Aux termes de l'art. 6 de l'accord franco-algérien du 27 déc. 1968, « le certificat de résidence d'un an portant la mention « vie privée et familiale » est délivré de plein droit :/1. Au ressortissant algérien, qui justifie par tout moyen résider en France depuis plus de dix ans ou plus de quinze ans si, au cours de cette période, il a séjourné en qualité d'étudiant » ; ces stipulations ne privent pas l'autorité compétente du pouvoir qui lui appartient de refuser à un ressortissant algérien la délivrance du certificat de résidence d'un an lorsque sa présence en France constitue une menace pour l'ordre public. En l'espèce, le préfet pouvait légalement prendre en considération la nature, le caractère répété et la gravité des faits pour lesquels l'intéressé a fait l'objet de multiples condamnations, dont le quantum dépasse 18 années d'emprisonnement, en vue d'apprécier la menace pour l'ordre public qu'il continuait de présenter à la date de sa décision. • CE 11 juill. 2018, n° 409090 B : *AJDA 2019. 82.*

II. LIENS DE COUPLE

5. Concubinage. En prévoyant que la reconnaissance du caractère effectif du concubinage était notamment subordonnée à la présence d'enfants issus, à la date de la demande de titre de séjour, de cette relation, le ministre de l'Intérieur a édicté une disposition réglementaire et excédé sa compétence. • CE 30 juin 2000, *GISTI,* n° 199336 : *Lebon 260.*

6. PACS. En indiquant que la stabilité du lien personnel dont se prévaut le demandeur d'un titre de séjour doit notamment être regardée comme établie lorsque celui-ci justifie d'une ancienneté de vie commune avec son partenaire de 3 ans si ce dernier a la nationalité française et de 5 ans dans les autres cas, la Circ. du 10 déc. 1999 a méconnu la portée de l'art. 15 de la L. du 15 nov. 1999 qui n'introduit aucune distinction entre les demandeurs selon la nationalité de leur partenaire. • CE 29 juill. 2002, *GISTI,* n° 231158 B. ♦ De même, la L. du 15 nov. 1999 n'exclut pas par principe de son champ d'application les étrangers qui ont conclu un PACS avec le titulaire d'une carte de séjour portant la mention « étudiant ». • Même décision. ♦ L'appréciation de la stabilité du lien ainsi établi se réalise au regard de la vie commune en France, ce qui présente l'inconvénient de priver le partenaire de nationalité française de poursuivre en France sa vie de couple dès lors qu'elle aurait commencé à l'étranger. • CAA Douai, 25 févr. 2003, *M. X.,* n° 02DA00731 : *LPA 2 juin 2004, concl. Michel.* ♦ Cet arrêt a été cassé par le Conseil d'État : le critère tiré du lieu de la relation n'a aucune pertinence pour en apprécier la stabilité et l'ancienneté. • CE 24 févr. 2006, *M. Iswahyudi,* n° 257927 A : *AJDA 2006. 824, concl. Aguila ; RFDA 2006. 424.*

7. La conclusion d'un PACS par un ressortissant étranger n'emporte pas la délivrance de plein droit d'une carte de séjour au titre du présent art. En effet, un PACS n'est qu'un élément parmi d'autres permettant à l'autorité administrative d'apprécier l'existence de liens personnels en France. • TA Lille, 4 juill. 2002, *M. Milan Rodolfo c/ Préfet du Pas-de-Calais,* n° 022435.

8. Justifie ainsi de la délivrance d'une carte « vie privée et familiale » l'étranger ayant conclu un PACS en août 2000 après avoir rencontré son partenaire en avr. 1997 et mené avec lui une vie commune depuis oct. 1998. • CE 9 févr. 2004, *Préfet de police c/ M. Dante,* n° 243514 B. ♦ Même solution s'agissant d'un ressortissant algérien ayant conclu un PACS avec un ressortissant français, les deux partenaires entretenant une relation stable depuis plus de 4 ans : cette circonstance imposait au préfet la délivrance de plein droit de la carte de séjour. • CE 21 sept. 2007, *Benamieur,* n° 265178. ♦ V. aussi pour une ressortissante marocaine, répudiée par son mari et hors d'état de subvenir à ses besoins, venue rejoindre son fils français en France : • CAA Lyon, 24 mai 2007, *Ghazoui,* n° 04LY00593.

9. Polygamie. Les dispositions du présent art. ne peuvent être invoquées par un étranger polygame. • CE 29 déc. 2000, *Halidi,* n° 221581 • 16 nov. 2001, *Sarr,* n° 229861.

III. ANCIENNETÉ DU SÉJOUR

10. En disposant, à propos de l'ancienneté de la vie privée et familiale, qu'il y avait lieu de prendre en considération de manière cumulative l'ancienneté du séjour en France de l'étranger demandeur, l'ancienneté du séjour en France de sa famille, lesquelles ne pourraient être qu'exceptionnellement inférieures à 5 ans, et en disposant qu'au moins un des membres de ladite famille devait soit avoir un titre de séjour en cours de validité, soit être de nationalité française, la Circ. du 12 mai 1998 n'a pas édicté de dispositions à caractère réglementaire. • CE 30 juin 2000, *GISTI,* n° 199336 A. ♦ Même solution s'agissant de l'exclusion des couples du même sexe par la mention « relation maritale ». • Même décision.

11. Dans son appréciation, l'autorité administrative ne peut se contenter de prendre en compte les éléments antérieurs à l'arrivée en France du demandeur ; en l'espèce, celui-ci séjournait depuis 4 ans avec son épouse et sa fille mineure, ses 4 enfants majeurs et ses petits-enfants y étaient installés et il soutenait ne plus avoir d'attache familiale en Algérie. • CE 2 déc. 2020, n° 435776.

12. Lorsque l'ensemble de la famille vit à l'étranger, l'intéressé ne peut se prévaloir d'une atteinte excessive à sa vie privée et familiale alors même qu'il a séjourné près de 10 ans en France. • CE 8 janv. 2020, n° 419279.

IV. INSERTION DANS LA SOCIÉTÉ FRANÇAISE

13. Le juge utilise de plus en plus largement le critère tiré de l'insertion du demandeur dans la société française et celui, tiré du droit de la nationalité, de la fixation du centre des attaches personnelles et familiales pour annuler des refus de séjour sur le fondement du présent art. • CAA Lyon, 8 juin 2008, *Ahmed*, n° 07LY02492 • CAA Paris, 9 juin 2008, *Préfet de Seine-et-Marne c/ Locko*, n° 07PA04557 • CAA Versailles, 17 juin 2008, *Mbele*, n° 08VE00120. ♦ V., par ex., pour un étranger qui dispose de nombreux soutiens, tant associatifs que politiques, et participe activement à la vie associative et artistique régionale, ceci attestant de son intégration. • CAA Douai, 12 mars 2009, *Préfet de la Seine-Maritime c/ Tebani*, n° 08DA01115. ♦ Étranger qui bénéficie d'une intégration économique et sociale. • CAA Bordeaux, 20 janv. 2009, *Préfet de la Haute-Garonne c/ Alickaj*, n° 08BX01035. ♦ Étrangers dont les enfants poursuivent leur scolarité en France avec assiduité et sérieux, et qui ont déployé de réels efforts d'intégration en suivant des cours de français. • CAA Nantes, 4 déc. 2009, *Januzi*, n° 08NT02098. ♦ Ressortissant chinois ayant suivi, depuis plus d'un an, des cours de français à raison de plusieurs heures par semaine auprès d'une association d'assistance scolaire, linguistique et culturelle, agréée pour délivrer des diplômes. • CAA Versailles, 26 nov. 2009, *Préfet de l'Essonne c/ Xu*, n° 09VE00967. ♦ Intégration professionnelle et maîtrise de la langue française. • CAA Paris, 13 oct. 2009, *Sissoko*, n° 09PA00025. ♦ Étranger qui travaille depuis longtemps pour le même employeur sous le régime d'un contrat de travail à durée indéterminée, qui a suivi durant au moins une année des cours de langue française pour adultes, organisés par la mairie de Paris, et qui a acquis depuis lors une bonne maîtrise du français, tant à l'oral qu'à l'écrit, et dont la fille aînée, âgée de 12 ans, est scolarisée depuis son arrivée en France et, après des débuts difficiles, a vu ses efforts récompensés par des résultats prometteurs et par une admission en collège. • CAA Douai 4 nov. 2009, *Préfet de l'Eure c/ M. Diego Hurtado Vargas*, n° 09DA00781.

14. L'étranger pris en charge par l'ASE doit se voir délivrer un titre de séjour « vie privée et familiale » s'il s'est maintenu sur le territoire avec la volonté de s'intégrer. • CE 29 juin 2020, n° 428159 : *AJ fam. 2020. 481, obs. Bruggiamosca*.

Loi n° 99-944 du 15 novembre 1999,

Relative au pacte civil de solidarité.

Art. 12 La conclusion d'un pacte civil de solidarité constitue l'un des éléments d'appréciation des liens personnels en France, au sens *(Ord. n° 2020-1733 du 16 déc. 2020)* « de l'article L. 423-23 *[ancienne rédaction : du 7° de l'article L. 313-11]* » du code de l'entrée et du séjour des étrangers et du droit d'asile, pour l'obtention d'un titre de séjour.

CHAPITRE IV **TITRES DE SÉJOUR ACCORDÉS AUX BÉNÉFICIAIRES D'UNE PROTECTION INTERNATIONALE**

SECTION 1 **Réfugiés**

Art. L. 424-1 **L'étranger auquel la qualité de réfugié a été reconnue en application du livre V se voit délivrer une carte de résident d'une durée de dix ans.** – *[Anc. art. L. 314-11, 8°, 1er al.]*

1. Le Conseil d'État a estimé que la différence de traitement s'agissant de la durée de validité du titre de séjour entre les réfugiés d'une part, les bénéficiaires de la protection subsidiaire et les apatrides d'autre part, n'était pas contraire au principe d'égalité « compte tenu de ce que les personnes concernées relèvent de régimes juridiques différents ». • CE, avis, 15 févr. 2018, n° 394206.

2. Le refus de délivrance de la carte de résident peut être contesté en invoquant la violation de l'art. 8 Conv. EDH. • TA Paris, 17 mars 1995, *Mme Esen épse Ipek*, n° 9403175/4 B. ♦ Le refus de titre de séjour opposé au demandeur d'asile débouté doit faire l'objet d'une motivation permettant à l'étranger de comprendre et/ou contester le fondement légal de la décision de refus, et ce, alors même que l'intéressé ne remplissait aucune des conditions pour obtenir le titre de séjour sollicité. • CAA Lyon, 19 juin 2012, *Préfet de l'Ardèche c/ Koudjoyan,* n° 11LY02812 • 19 juin 2012, *Préfet de l'Ardèche c/ Vardanyan,* n° 11LY02807.

3. Lorsque l'OFPRA et la CNDA ont refusé la reconnaissance du statut de réfugié, le préfet est tenu de refuser de délivrer la carte sur le fondement du présent art. • CE 29 déc. 1997, *M. et Mme Soba,* nos 170098, 173011 et 173012 : *Lebon T. 626 et 852.*

4. La circonstance qu'un réfugié statutaire a obtenu une nouvelle carte de résident en qualité de parent d'enfants français sans que la qualité de réfugié lui ait été retirée est sans influence sur le droit des enfants de se prévaloir de cette qualité de leur mère pour demander une carte de résident. • TA Bordeaux, 14 déc. 1998, *Mlle Aura Popitu : Lebon T. 950.*

5. Principe d'unité de famille. Les principes généraux du droit applicables aux réfugiés imposent, en vue d'assurer pleinement la protection du réfugié, que la même qualité soit reconnue à la personne de même nationalité unie à celui-ci par le mariage à la date à laquelle il a demandé son admission au statut, ainsi qu'à ses enfants qui étaient mineurs au moment de leur entrée en France. • CE 2 déc. 1994, *Mme Agyepong,* n° 112842 : *Lebon 523, concl. Denis-Linton ; RFDA 1995. 86, concl. Denis-Linton ; AJDA 1994. 878, chron. Touvet et Stahl* • 21 mai 1997, *Sirzum,* n° 172161 : *Lebon 193* • 11 mai 2016, n° 385788 B : *AJDA 2016. 983*. ♦ S'ils sont tous deux de même nationalité, la personne qui avait une liaison suffisamment stable et continue pour former une famille avec un réfugié lorsque ce dernier a déposé sa demande d'asile doit pouvoir bénéficier du principe de l'unité de famille, à la condition que cette liaison soit toujours actuelle. • CE 21 mai 1997, n° 159999 • 26 juill. 2023, n° 469273 : *D. 2023. 1358 ; ibid. 228, chron. Boskovic, Corneloup, Jault-Seseke, Joubert et Parrot*. ♦ La compagne sans nationalité d'un refugié de nationalité éthiopienne bénéficie du principe de l'unité de famille dès lors que l'Éthiopie est son pays de résidence habituelle et qu'elle ne peut se prévaloir de la protection d'aucun autre État. • CNDA 4 mars 2022, n° 20011942.

6. La possession par un enfant, entré mineur en France, d'une nationalité distincte de celle de son parent réfugié ne fait pas obstacle à l'application à son profit du principe de l'unité de famille. • CNDA 8 avr. 2022, nos 20015144, 20015145 et 20015146. ♦ Jugé en revanche que le principe d'unité de famille ne trouve pas à s'appliquer dans le cas où la personne qui sollicite le bénéfice du statut de réfugié peut se prévaloir de la protection d'un autre pays dont elle a la nationalité ; ainsi, le conjoint d'un réfugié, qui possède la nationalité d'un autre pays dont il est en mesure d'obtenir la protection, ne peut bénéficier du principe de l'unité de famille. • CNDA 22 déc. 2022, nos 20029566, 20029567 et 20029589.

7. Jugé que les principes généraux du droit applicables aux réfugiés, qui s'appliquent également aux personnes bénéficiaires de la protection subsidiaire, imposent, en vue d'assurer pleinement leur protection et l'unité de leur cellule familiale, que la même qualité soit reconnue à la personne de même nationalité qui leur est unie par le mariage. • CAA Versailles, 29 nov. 2012, *M. Daffe,* n° 11VE03565 : *AJDA 2013. 722*.

8. Conjoint. Pour que le conjoint du réfugié obtienne la carte de résident, il faut que le mariage soit antérieur à l'obtention du statut ou célébré depuis au moins un an. Toutefois, un refus opposé dans ce cadre peut porter une atteinte disproportionnée au droit à une vie familiale normale. • TA Melun, 22 juin 2007, *Mme Bunul,* n° 0701887-2 : *AJDA 2007. 1938, concl. Dewailly* • CAA Versailles, 6 nov. 2012, *Srimurukanantham,* n° 11VE01638. ♦ Dès lors qu'une personne n'a obtenu le statut de réfugié qu'au titre du principe d'unité de famille, le prononcé du divorce doit entraîner le retrait du titre de réfugié, alors même que la requérante était chargée de la garde des enfants. • CE 25 nov. 1998, *Mme Niangi,* n° 164682 : *Lebon 434.*

9. Autres personnes à charge. Ces principes n'imposent pas que le même statut soit reconnu à l'ensemble des personnes qui se trouvent, ou se trouvaient, dans le pays d'origine, à la charge d'un réfugié. • CE 7 oct. 1998, *Mme Kanagaratnam,* n° 176259 : *Lebon T. 706.* ♦ Ils peuvent néanmoins être invoqués par un ascendant, incapable, dépendant matériellement et moralement d'un réfugié, à la double condition que cette situation particulière de dépendance ait existé dans le pays d'origine du réfugié avant l'arrivée de celui-ci en France et qu'elle ait donné lieu à une mesure de tutelle plaçant l'intéressé sous la responsabilité du réfugié. • CE 28 juill. 2004, *Mme Trin épse Mer,* n° 229053 A : *AJDA 2004. 1874, concl. Donnat ; RFDA. 2004. 1041*.

10. Le bénéfice du principe d'unité de famille ne peut être accordé à la mère d'un réfugié dès lors qu'il n'est pas établi qu'elle était en situation de dépendance dans son pays d'origine. • CE 21 déc. 2007, *Khatoueva,* n° 288351.

11. Clause d'exclusion. Quoi qu'il en soit, le principe d'unité de famille ne peut trouver à s'appliquer à une personne exclue du statut de réfugié par la Conv. de Genève, en l'espèce s'agissant d'un individu s'étant rendu coupable d'agissements contraires aux buts et principes des Nations unies. • CE 24 oct. 2001, *M. Wingi Dimawete,* n° 211309 A : *RFDA 2001. 1336 ; RGDIP 2002. 455, note Poirat.* ♦ Même solution pour un requérant, condamné à vingt ans de réclusion pour avoir infligé de graves sévices à sa mère réfugiée, la Cour constatant une altération des liens familiaux telle que le requérant ne peut plus être reconnu réfugié sur le fondement du principe d'unité de famille. • CNDA 23 mai 2023, n° 21065942. ♦ La perte du statut de réfugié (art. L. 511-7) met fin à la protection accordée aux membres de la famille en application du principe d'unité de famille. • CNDA 22 déc. 2022, n°s 22024535 et 22025037.

12. Polygamie. L'impossibilité de délivrer une carte de résident de 10 ans aux réfugiés politiques vivant en état de polygamie est, en elle-même, sans incidence sur le statut des personnes protégées par la Conv. de Genève ; dans cette hypothèse, la pratique administrative qui consiste à délivrer une carte de séjour mention « salarié » est conforme à l'art. 17 de la Conv. préc. • CAA Lyon, 29 sept. 2005, *M. Pang Cheng Xiong*, n° 00LY01472 : *AJDA 2006. 47, concl. Besle*.

Art. L. 424-2 Après avoir déposé sa demande de carte de résident, et dans l'attente de la délivrance de cette carte, l'étranger mentionné à l'article L. 424-1 a le droit d'exercer la profession de son choix dans les conditions prévues à l'article L. 414-10.

Les conditions dans lesquelles l'étranger est autorisé à séjourner en France dans l'attente de la délivrance de la carte de résident sont déterminées par décret en Conseil d'État. – *[Anc. art. L. 311-5-1.]*

Art. L. 424-3 La carte de résident prévue à l'article L. 424-1, délivrée à l'étranger reconnu réfugié, est également délivrée à :

1° Son conjoint, son partenaire avec lequel il est lié par une union civile ou son concubin, s'il a été autorisé à séjourner en France au titre de la réunification familiale dans les conditions prévues aux articles L. 561-2 à L. 561-5 ;

2° Son conjoint ou son partenaire avec lequel il est lié par une union civile, âgé d'au moins dix-huit ans, si le mariage ou l'union civile est postérieur à la date d'introduction de sa demande d'asile, à condition que le mariage ou l'union civile ait été célébré depuis au moins un an et sous réserve d'une communauté de vie effective entre époux ou partenaires, sans que la condition de régularité du séjour ne soit exigée ;

3° Ses enfants dans l'année qui suit leur dix-huitième anniversaire ou qui entrent dans les prévisions de l'article L. 421-35 ;

4° Ses parents si l'étranger qui a obtenu le bénéfice de la protection est un mineur non marié, sans que la condition de régularité du séjour ne soit exigée.

L'enfant visé au présent article s'entend de l'enfant ayant une filiation légalement établie, y compris l'enfant adopté, en vertu d'une décision d'adoption, sous réserve de la vérification par le ministère public de la régularité de cette décision lorsqu'elle a été prononcée à l'étranger. – *[Anc. art. L. 314-11, 8°, al. 2 à 5 et 7 (ecqc la filiation).]*

Art. L. 424-4 Le délai pour la délivrance de la carte de résident prévue à l'article L. 424-1 après la décision de reconnaissance de la qualité de réfugié par l'Office français de protection des réfugiés et apatrides ou la Cour nationale du droit d'asile est fixé par décret en Conseil d'État. – *[Anc. art. L. 314-11, 8°, al. 6.]*

Art. L. 424-5 L'étranger titulaire de la carte de résident prévue à l'article L. 424-1 peut se voir délivrer une carte de résident portant la mention "résident de longue durée – UE" d'une durée de dix ans dans les conditions prévues à l'article L. 426-17.

Par dérogation à l'article L. 426-17 est prise en compte dans le calcul des cinq années de résidence régulière ininterrompue la période comprise entre la date de dépôt de la demande d'asile, sur la base de laquelle a été reconnue la qualité de réfugié, et la date de délivrance de la carte de résident.

Son conjoint, le partenaire avec lequel il est lié par une union civile, son concubin et ses enfants dans l'année qui suit leur dix-huitième anniversaire ou qui entrent dans les prévisions de l'article L. 421-35, admis en France conformément à l'article L. 424-3, peuvent également se voir délivrer une carte de résident portant la mention "résident de longue durée – UE", dans les conditions prévues à l'article L. 426-17.

La décision d'accorder la carte de résident portant la mention "résident de longue durée – UE" prévue au présent article est subordonnée au respect des conditions d'intégration républicaine prévues au à l'article L. 413-7. – *[Anc. art. L. 314-8-2 (ecqc les réfugiés) ; anc. art. L. 314-10 (ecqc l'art. L. 314-8-2).]*

Art. L. 424-6 Lorsqu'il est mis fin au statut de réfugié par décision définitive de l'Office français de protection des réfugiés et apatrides ou par décision de justice ou lorsque l'étranger renonce à ce statut, la carte de résident prévue aux articles L. 424-1 et L. 424-3 est retirée.

L'autorité administrative statue sur le droit au séjour des intéressés à un autre titre dans un délai fixé par décret en Conseil d'État.

(L. n° 2024-42 du 26 janv. 2024, art. 46) **« Sous réserve de menace grave à l'ordre public ou que l'intéressé ne soit pas retourné volontairement dans le pays qu'il a quitté ou hors duquel il est demeuré de crainte d'être persécuté, » la carte de résident ne peut être retirée en application du premier alinéa quand l'étranger est en situation régulière depuis au moins cinq ans.** – *[Anc. art. L. 311-8-1, ecqc les réfugiés ; anc. art. L. 314-10 (ecqc le 3° de l'art. L. 314-9).]*

Art. L. 424-7 **L'autorité administrative ne peut procéder au retrait de la carte de résident délivrée en application du 2° de l'article L. 424-3 lorsque la communauté de vie a été rompue en raison de violences conjugales ou familiales.** – *[Anc. art. L. 314-11, al. 20.]*

Art. L. 424-8 **La carte de résident portant la mention "résident de longue durée - UE" délivrée en application de l'article L. 424-5 peut être retirée à l'étranger lorsqu'il perd la qualité de réfugié en application du F de l'article 1er de la convention de Genève du 28 juillet 1951 relative au statut des réfugiés, ainsi qu'en cas d'obtention frauduleuse de cette qualité.** – *[Anc. art. L. 314-7-1 (ecqc les réfugiés).]*

SECTION 2 Bénéficiaires de la protection subsidiaire

Art. L. 424-9 **L'étranger qui a obtenu le bénéfice de la protection subsidiaire se voit délivrer une carte de séjour pluriannuelle portant la mention "bénéficiaire de la protection subsidiaire" d'une durée maximale de quatre ans.**

Cette carte est délivrée dès la première admission au séjour de l'étranger. – *[Anc. art. L. 313-25, 1° et al. 7 (1re phr.).]*

COMMENTAIRE

Jusqu'à la loi n° 2018-778 du 10 septembre 2018 pour une immigration maîtrisée, un droit d'asile effectif et une intégration réussie, les bénéficiaires de la protection subsidiaire ne pouvaient se voir attribuer qu'une carte de séjour d'un an mention « vie privée et familiale ». Désormais, c'est une carte de séjour pluriannuelle d'une durée maximale de quatre ans qui leur délivrée dès la première admission au séjour. Il en va de même pour les membres de sa famille :

– le conjoint, s'il a été autorisé à séjourner en France au titre de la réunification familiale, mais à la condition que le mariage ou l'union civile ait été célébré depuis au moins un an lorsqu'il intervient postérieurement à l'introduction de la demande d'asile ;
– ses enfants dans l'année qui suit leur dix-huitième anniversaire ;
– ses ascendants directs si la personne protégée est un mineur non marié.

C'est le décret n° 2019-141 du 27 février 2019 qui est venu fixer les règles applicables à la délivrance (art. R. 313-75-1) et au renouvellement (art. R. 313-83) de la carte de séjour pluriannuelle « bénéficiaire de la protection subsidiaire » ou « membre de la famille d'un bénéficiaire de la protection subsidiaire ». ❑

V. note 1 ss. art. L. 424-1.

Art. L. 424-10 **Après avoir déposé sa demande de carte de séjour pluriannuelle, et dans l'attente de la délivrance de cette carte, l'étranger mentionné à l'article L. 424-9 a le droit d'exercer la profession de son choix dans les conditions prévues à l'article L. 414-11.**

Les conditions dans lesquelles l'étranger est autorisé à séjourner en France dans l'attente de la délivrance de cette carte de séjour sont déterminées par décret en Conseil d'État. – *[Anc. art. L. 311-5-2 ; anc. art. L. 314-10 (ecqc le 2° de l'art. L. 314-9) ; anc. art. R. 313-75-1, III, al. 1er.]*

Art. L. 424-11 **Une carte de séjour pluriannuelle portant la mention "membre de la famille d'un bénéficiaire de la protection subsidiaire", identique à la carte prévue à l'article L. 424-9 délivrée à l'étranger qui a obtenu le bénéfice de la protection subsidiaire, est délivrée à :**

1° Son conjoint, son partenaire avec lequel il est lié par une union civile ou à son concubin, s'il a été autorisé à séjourner en France au titre de la réunification familiale dans les conditions prévues aux articles L. 561-2 à L. 561-5 ;

2° Son conjoint ou partenaire avec lequel il est lié par une union civile, âgé d'au moins dix-huit ans, si le mariage ou l'union civile est postérieur à la date d'introduction de sa demande d'asile, à condition que le mariage ou l'union civile ait été célébré depuis au moins un an et sous réserve d'une communauté de vie effective entre époux ou partenaires ;

3° Ses enfants dans l'année qui suit leur dix-huitième anniversaire ou entrant dans les prévisions de l'article L. 421-35 ;

4° Ses parents si l'étranger qui a obtenu le bénéfice de la protection est un mineur non marié. — *[Anc. art. L. 313-25, 2° à 5° et al. 7 (1re phr.) ; anc. art. L. 314-11, 2° (ecqc les ascendants).]*

Le principe d'unité de famille n'est pas applicable aux bénéficiaires de la protection subsidiaire. • CE 18 déc. 2008, *OFPRA c/ Mme Ananian épouse Arakelian*, n° 283245 B • CE 29 avr. 2013, n° 346095.

Art. L. 424-12 Le délai pour la délivrance de la carte de séjour pluriannuelle prévue à l'article L. 424-9 à compter de la décision accordant le bénéfice de la protection subsidiaire par l'Office français de protection des réfugiés et apatrides ou la Cour nationale du droit d'asile est fixé par décret en Conseil d'État. — *[Anc. art. L. 313-25, al. 8 ; anc. art. L. 314-11, 2° (ecqc l'enfant) et al. 19 (ecqc le 2°).]*

Art. L. 424-13 L'étranger titulaire de la carte de séjour pluriannuelle délivrée aux bénéficiaires de la protection subsidiaire et aux membres de leur famille, prévue aux articles L. 424-9 et L. 424-11, et justifiant de quatre années de résidence régulière en France, se voit délivrer une carte de résident d'une durée de dix ans, sous réserve de la régularité du séjour. — *[Anc. art. L. 314-11, 12°.]*

Art. L. 424-14 L'étranger titulaire de la carte de séjour pluriannuelle prévue à l'article L. 424-9 peut se voir délivrer une carte de résident portant la mention "résident de longue durée – UE", dans les conditions prévues à l'article L. 426-17.

Par dérogation à l'article L. 426-17 est prise en compte dans le calcul des cinq années de résidence régulière ininterrompue la période comprise entre la date de dépôt de la demande d'asile, sur la base de laquelle a été accordé le bénéfice de la protection subsidiaire, et la date de délivrance de la carte de séjour pluriannuelle.

Son conjoint, le partenaire avec lequel il est lié par une union civile, son concubin et ses enfants dans l'année qui suit leur dix-huitième anniversaire ou entrant dans les prévisions de l'article L. 421-35, admis en France conformément à l'article L. 424-11 peuvent également se voir délivrer une carte de résident portant la mention "résident de longue durée – UE", dans les conditions prévues à l'article L. 426-17.

La décision d'accorder la carte de résident portant la mention "résident de longue durée – UE" prévue au présent article est subordonnée au respect des conditions d'intégration républicaine prévues à l'article L. 413-7. — *[Anc. art. L. 314-8-2 (ecqc la protection subsidiaire) ; anc. art. L. 314-10 (ecqc l'art. L. 314-8-2).]*

Art. L. 424-15 Lorsqu'il est mis fin au bénéfice de la protection subsidiaire par décision définitive de l'Office français de protection des réfugiés et apatrides ou par décision de justice ou lorsque l'étranger renonce à ce bénéfice, la carte de séjour pluriannuelle prévue aux articles L. 424-9 et L. 424-11 est retirée.

L'autorité administrative statue sur le droit au séjour des intéressés à un autre titre dans un délai fixé par décret en Conseil d'État.

(L. n° 2024-42 du 26 janv. 2024, art. 46) « Sous réserve de menace à l'ordre public ou que l'intéressé a perdu le bénéfice de la protection subsidiaire du fait d'un changement de circonstances lié à un retour volontaire dans le pays où existait le risque réel mentionné à l'article L. 512-1, » la carte de séjour pluriannuelle ne peut être retirée en application du premier alinéa quand l'étranger est en situation régulière depuis au moins cinq ans. — *[Anc. art. L. 311-8-1, ecqc la protection subsidiaire.]*

Art. L. 424-16 La carte délivrée en application du 2° de l'article L. 424-11 ne peut être retirée par l'autorité administrative lorsque la communauté de vie a été rompue

en raison de violences familiales ou conjugales. – *[Anc. art. L. 313-25, al. 7 (3e phr.) ; anc. art. L. 314-10 (ecqc le 1° de l'art. L. 314-9).]*

Art. L. 424-17 **La carte de résident portant la mention "résident de longue durée – UE" délivrée à l'étranger en application de l'article L. 424-14 peut lui être retirée lorsqu'il perd le bénéfice de la protection subsidiaire en application de l'article L. 512-3, ainsi qu'en cas d'obtention frauduleuse** – *[Anc. art. L. 314-7-1 (ecqc la protection subsidiaire).]*

SECTION 3 Bénéficiaires du statut d'apatride

Art. L. 424-18 **L'étranger qui a obtenu le statut d'apatride en application du livre V se voit délivrer une carte de séjour pluriannuelle portant la mention "bénéficiaire du statut d'apatride" d'une durée maximale de quatre ans.**

Cette carte est délivrée dès la première admission au séjour de l'étranger. – *[Anc. art. L. 313-26, 1° et al. 7 (1re phr.).]*

COMMENTAIRE

S'agissant des bénéficiaires du statut d'apatride, la loi n° 2018-778 du 10 septembre 2018 pour une immigration maîtrisée, un droit d'asile effectif et une intégration réussie a mis en œuvre des dispositions analogues à celles applicables aux bénéficiaires de la protection subsidiaire (V. art. L. 424-9 s., *supra*) par l'attribution d'une carte de séjour pluriannuelle de quatre ans. Le législateur a également procédé à l'alignement des conditions d'admission de la famille sur celles jusqu'ici applicables aux seuls bénéficiaires de la protection subsidiaire en y incluant notamment les parents s'il s'agit d'un mineur non marié.

Comme le soulignait l'étude d'impact du 20 février 2014, annexée au projet de loi pour une immigration maîtrisée et un droit d'asile effectif, cet alignement conduit à harmoniser le droit applicable aux membres de famille des personnes protégées par l'Office français de protection des réfugiés et des apatrides : quelle que soit la protection reconnue à l'étranger, réfugié, protection subsidiaire ou apatride, les mêmes règles d'entrée en France et d'admission au séjour seront désormais applicables. ❑

1. V. note 1 ss. art. L. 424-1.

2. Un étranger privé de sa nationalité turque pour s'être soustrait à ses obligations militaires peut prétendre à la délivrance du titre de séjour en tant qu'apatride alors même qu'il serait réintégré dans la nationalité turque en cas de retour dans son pays. En effet, les risques de persécution dus à ses origines kurdes l'exposeraient à des traitements inhumains ou dégradants. • CE 29 déc. 2000, *Préfet de police c/ Sarigul*, n° 216121 A : *RFDA 2001. 268*.

Art. L. 424-19 **Une carte de séjour pluriannuelle portant la mention "membre de la famille d'un bénéficiaire du statut d'apatride", identique à la carte prévue à l'article L. 424-18, délivrée à l'étranger qui a obtenu le statut d'apatride, est délivrée à :**

1° Son conjoint, son partenaire avec lequel il est lié par une union civile ou à son concubin, s'il a été autorisé à séjourner en France au titre de la réunification familiale, conformément à l'article L. 582-5, dans les conditions prévues aux articles L. 561-2 à L. 561-5 ;

2° Son conjoint ou partenaire avec lequel il est lié par une union civile, âgé d'au moins dix-huit ans, si le mariage ou l'union civile est postérieur à la date d'introduction de sa demande d'asile, à condition que le mariage ou l'union civile ait été célébré depuis au moins un an et sous réserve d'une communauté de vie effective entre époux ou partenaires ;

3° Ses enfants dans l'année qui suit leur dix-huitième anniversaire ou entrant dans les prévisions de l'article L. 421-35 ;

4° Ses ascendants directs au premier degré si l'étranger qui a obtenu le bénéfice de la protection est un mineur non marié. – *[Anc. art. L. 313-26, 2° à 5° et al. 7 (2e phr.).]*

Art. L. 424-20 **La carte délivrée en application du 2° de l'article L. 424-19 ne peut être retirée par l'autorité administrative lorsque la communauté de vie a été rompue en raison de violences familiales ou conjugales.** – *[Anc. art. L. 313-26, al. 7 (3e phr.).]*

Art. L. 424-21 **L'étranger titulaire de la carte de séjour pluriannuelle délivrée aux bénéficiaires du statut d'apatride et aux membres de leur famille, prévue aux articles L. 424-18 et L. 424-19, et justifiant de quatre années de résidence régulière en France, se voit délivrer une carte de résident d'une durée de dix ans, sous réserve de la régularité du séjour.**

L'enfant concerné par les dispositions du premier alinéa s'entend de l'enfant ayant une filiation légalement établie, y compris l'enfant adopté, en vertu d'une décision d'adoption, sous réserve de la vérification par le ministère public de la régularité de cette décision lorsqu'elle a été prononcée à l'étranger. — *[Anc. art. L. 314-11, 9° et al. 19 (ecqc le 9°).]*

1. L'apatridie doit être réelle, et non volontaire, comme par ex. dans le cas de la renonciation à sa nationalité pour échapper à une mesure d'éloignement. • CE 21 nov. 1994, *Popescu,* n° 147193 B. ♦ Ainsi, un ressortissant turc s'étant soustrait aux obligations militaires dans son pays et qui n'a rien fait pour régulariser sa situation, alors qu'il savait que ce manquement pouvait le priver de sa nationalité, doit être regardé comme s'étant volontairement placé dans la situation d'être privé de sa nationalité et ne peut être considéré comme apatride. • CAA Bordeaux, 19 juill. 1999, *Bayram,* n° 98BX00688. ♦ Par ailleurs, n'est pas entaché d'illégalité le refus de reconnaissance de la qualité d'apatride pour un Roumain qui n'a pas encore perdu sa nationalité en l'absence de publication de l'approbation des autorités roumaines. • CE 17 mars 1999, *M. Buta,* n° 160895.

2. Les décisions de l'OFPRA refusant de reconnaître le statut d'apatride ne relèvent pas de la CNDA mais du juge administratif de droit commun. • CE 9 oct. 1981, *Subramaniam,* n° 28945 : *Lebon 362 ; D. 1982. 98, concl. Bacquet ; JDI 1982. 130, note Julien-Laferrière* • 22 juill. 1994, *Jabl : Lebon T. 950 ; Gaz. Pal. 1995. 1, Pan. 52* • 30 déc. 1996, *Thammi : D. 1998, somm. 20, obs. Julien-Laferrière.* ♦ La voie du référé-suspension est par ailleurs ouverte contre ces décisions. • CE 29 mars 2002, *Bonny,* n° 244523. ♦ Jugé que n'était pas contraire à l'autorité de la chose jugée la décision de l'OFPRA refusant de reconnaître la qualité d'apatride, alors même qu'un tribunal administratif avait annulé une mesure de reconduite à la frontière frappant le même demandeur en raison précisément de son apatridie. • CAA Versailles, 10 sept. 2009, *Hossain,* n° 08VE02863.

CHAPITRE V TITRES DE SÉJOUR POUR MOTIF HUMANITAIRE

SECTION 1 Étranger victime de traite des êtres humains ou de proxénétisme ou engagé dans un parcours de sortie de la prostitution

Sur l'expérimentation introduite par l'art. 14 de la L. n° 2024-42 du 26 janv. 2024, lorsque l'autorité administrative envisage de refuser de délivrer ou de renouveler l'un des titres de séjour mentionnés aux chap. I à III, aux sect. 1 et 2 du chap. V et au chap. VI du présent titre, V. ss. art. L. 420-1.

Art. L. 425-1 **L'étranger qui dépose plainte contre une personne qu'il accuse d'avoir commis à son encontre des faits constitutifs des infractions de traite des êtres humains ou de proxénétisme, visées aux articles 225-4-1 à 225-4-6 et 225-5 à 225-10 du code pénal, ou témoigne dans une procédure pénale concernant une personne poursuivie pour ces mêmes infractions, se voit délivrer, sous réserve qu'il ait rompu tout lien avec cette personne, une carte de séjour temporaire portant la mention "vie privée et familiale" d'une durée d'un an. La condition prévue à l'article L. 412-1 n'est pas opposable.**

Elle est renouvelée pendant toute la durée de la procédure pénale, sous réserve que les conditions prévues pour sa délivrance continuent d'être satisfaites. — *[Anc. art. L. 316-1, al. 1er ; anc. art. R. 316-3, al. 1er (ecqc la rupture du lien).]*

COMMENTAIRE

C'est la directive 2004/81/CE du Conseil du 29 avril 2004 qui a prévu la délivrance d'un titre de séjour aux ressortissants de pays tiers qui sont victimes de la traite des êtres humains ou ont fait l'objet d'une aide à l'immigration clandestine et qui coopèrent avec les autorités compétentes ; cette directive a pour objet de définir les conditions d'octroi de titres de séjour de durée limitée, en fonction de la longueur de la procédure nationale applicable, aux ressortissants de pays tiers qui coopèrent à la lutte contre la traite des êtres humains ou contre l'aide à l'immigration clandestine. L'article 6 de cette directive prévoit que les États membres garantissent que les ressortissants de pays tiers concernés bénéficient d'un délai de réflexion leur permettant de se rétablir et de se soustraire à l'influence des auteurs des infractions, de sorte qu'ils puissent décider en connaissance de cause de coopérer ou non avec les autorités compétentes. Pendant ce délai de réflexion, et en attendant que les autorités compétentes se soient prononcées, aucune mesure d'éloignement frappant les ressortissants de pays tiers concernés ne peut être exécutée à leur égard.

Cette directive a été transposée en droit interne par la loi du 24 juillet 2006 et le décret n° 2007-1352 du 13 septembre 2007 relatif à l'admission au séjour, à la protection, à l'accueil et à l'hébergement des étrangers victimes de la traite des êtres humains et du proxénétisme et modifiant le code de l'entrée et du séjour des étrangers et du droit d'asile (dispositions réglementaires).

L'article 8 de la loi du 13 avril 2016 a supprimé la compétence discrétionnaire du préfet. Désormais, la carte de séjour temporaire « vie privée et familiale » est délivrée à l'étranger qui dépose plainte contre une personne qu'il accuse d'avoir commis à son encontre l'infraction de traite des êtres humains. Cette carte de séjour temporaire ouvre droit à l'exercice d'une activité professionnelle. Elle est renouvelée pendant toute la durée de la procédure pénale, sous réserve que les conditions prévues pour sa délivrance continuent d'être satisfaites. ❑

1. Champ d'application. Selon la CAA de Marseille, ces dispositions ne sont pas applicables si la plainte déposée pour traite des êtres humains concerne des faits qui se sont déroulés à l'étranger et est dirigée contre des ressortissants étrangers. • CAA Marseille, 31 déc. 2021, n° 21MA00481.

2. Ces dispositions ne sont pas applicables aux ressortissants algériens. • CAA Marseille, 11 juin 2009, *M. M'hamed Mezili,* n° 07MA04517 • CAA Paris, 26 avr. 2012, *Brahim A.,* n° 11PA00708.

3. La délivrance de la carte de séjour n'est pas subordonnée à l'existence d'une décision judiciaire préalable ; justifie ainsi de la délivrance de ce titre la personne ayant porté plainte pour rétribution inexistante ou insuffisante du travail d'une personne vulnérable et soumission à des conditions de travail ou d'hébergement incompatibles avec la dignité humaine, toutes infractions visées à l'art. L. 225-4-1 C. pén. au titre de la traite des êtres humains. • TA Paris, 22 sept. 2011, *Fanghou Hoketchiang,* n° 0915938.

4. Ces dispositions ne sont pas applicables en cas de condamnation d'un employeur pour travail dissimulé. • CAA Bordeaux, 22 déc. 2017, n° 17BX03280.

5. Obligation d'information. Les dispositions de l'art. R. 425-1 chargent les services de police d'une mission d'information, à titre conservatoire et préalablement à toute qualification pénale, des victimes potentielles de faits de traite d'êtres humains. Ainsi, lorsque ces services ont des motifs raisonnables de considérer que l'étranger pourrait être reconnu victime de tels faits, il leur appartient d'informer ce dernier de ses droits en application de ces dispositions ; en l'absence d'une telle information, l'étranger est fondé à se prévaloir du délai de réflexion pendant lequel aucune mesure de reconduite à la frontière ne peut être prise, ni exécutée, notamment dans l'hypothèse où il a effectivement porté plainte par la suite. • CE 15 juin 2012, *Shankar,* n° 339209 • CAA Douai, 13 nov. 2013, *Préfet de la Seine-Maritime c/ Mme B.,* n° 13DA00679 : *AJDA 2014. 774*. ♦ La circonstance qu'aucune plainte n'ait été déposée à la date de la reconduite ne saurait faire obstacle à ce que l'étranger susceptible d'être reconnu victime de faits de traite d'êtres humains puisse se prévaloir des dispositions préc. à cette date. • Même arrêt.

6. Mesures d'éloignement. En raison des objectifs tant humanitaires à l'égard des victimes que d'efficacité à l'encontre des auteurs des infractions en cause poursuivis par les dispositions du présent art., la circonstance qu'un étranger n'a pas contesté un refus de titre de séjour assorti d'une OQTF, alors même que l'autorité préfectorale aurait ainsi refusé une précédente demande fondée sur les dispositions du présent art., ne saurait faire obstacle, notamment en cas de changement de circonstance de fait, à ce que la victime visée par ces dispositions puisse ressaisir l'autorité administrative d'une demande de titre de séjour sur ce fondement. S'il appartient à l'autorité préfectorale de mettre en place, en vue d'améliorer le service rendu aux administrés, une plateforme téléphonique destinée à accorder des rendez-vous à ces derniers pour leur permettre de formuler au guichet leur demande, cette formalité ne saurait avoir pour effet de faire obstacle à ce que ces derniers puissent effectivement se présenter pour déposer un dossier de demande de titre de séjour ; un refus de rendez-vous, qui fait obstacle au déroulement de la procédure de réception et d'instruction des demandes, constitue une décision faisant grief et, par suite, susceptible de recours pour excès de pouvoir. • TA Poitiers, 18 sept. 2012, n° 1202119 : *AJDA 2012. 2416*.

7. L'art. 6, § 2, de la Dir. 2004/81/CE s'oppose à ce qu'une décision de transfert, prise en application du Règl. UE 604/2013, d'un ressortissant de pays tiers soit exécutée pendant le délai de réflexion garanti au § 1 de cet art. 6, mais ne s'oppose à l'adoption ni d'une telle décision, ni de mesures préparatoires à l'exécution de cette dernière, à la condition que ces mesures préparatoires ne privent pas d'effet utile un tel délai de réflexion, ce qu'il appartient à la juridiction de renvoi de vérifier. • CJUE 20 oct. 2022, n° 66/21 : *D. 2022. 1904* ✎. ♦ Jugé que les États membres peuvent accorder un effet suspensif d'exécution d'une décision de transfert (Dublin III) en cas de recours contre un refus de titre de séjour à l'encontre d'une personne victime de traite des êtres humains dans le cadre de la Dir. du 29 avr. 2004 ; une telle décision ne présente toutefois aucun effet suspensif ou interruptif du délai de transfert. • CJUE 30 mars 2023, n° C-338/21.

Art. L. 425-2 **L'étranger titulaire de la carte de séjour temporaire prévue à l'article L. 425-1 peut bénéficier de l'allocation mentionnée à l'article L. 553-1 pendant une durée déterminée s'il satisfait à des conditions d'âge et de ressources.** – *[Anc. art. L. 744-10, al. 1er et 3.]*

Art. L. 425-3 **L'étranger mentionné à l'article L. 425-1 se voit délivrer, en cas de condamnation définitive de la personne mise en cause, et sous réserve de la régularité du séjour, une carte de résident d'une durée de dix ans.** – *[Anc. art. L. 314-11, 10° ; anc. art. L. 316-1, al. 2.]*

Art. L. 425-4 **L'étranger victime des infractions de traite des êtres humains ou de proxénétisme, visées aux articles 225-4-1 à 225-4-6 et 225-5 à 225-10 du code pénal qui, ayant cessé l'activité de prostitution, est engagé dans le parcours de sortie de la prostitution et d'insertion sociale et professionnelle mentionné à l'article L. 121-9 du code de l'action sociale et des familles, peut se voir délivrer une autorisation provisoire de séjour d'une durée minimale de six mois. La condition prévue à l'article L. 412-1 n'est pas opposable.**

Cette autorisation provisoire de séjour ouvre droit à l'exercice d'une activité professionnelle.

Elle est renouvelée pendant toute la durée du parcours de sortie de la prostitution et d'insertion sociale et professionnelle, sous réserve que les conditions prévues pour sa délivrance continuent d'être satisfaites. – *[Anc. art. L. 316-1-1.]*

COMMENTAIRE

La personne étrangère engagée dans ce parcours peut se voir délivrer une autorisation provisoire de séjour d'une durée minimale de six mois, sauf si sa présence constitue une menace pour l'ordre public et à la condition d'avoir cessé l'activité de prostitution. La délivrance de l'autorisation provisoire de séjour est donc discrétionnaire. Le visa de long séjour n'est pas requis. ❑

Art. L. 425-5 **Les conditions d'application des articles L. 425-1 et L. 425-4, et notamment les conditions de la délivrance, du renouvellement et du retrait de la carte de séjour temporaire et de l'autorisation provisoire de séjour ainsi que les modalités de protection, d'accueil et d'hébergement de l'étranger auquel cette carte ou cette autorisation provisoire de séjour est accordée, sont précisées par décret en Conseil d'État.** – *[Anc. art. L. 316-2.]*

SECTION 2 Étranger placé sous ordonnance de protection

Sur l'expérimentation introduite par l'art. 14 de la L. n° 2024-42 du 26 janv. 2024, lorsque l'autorité administrative envisage de refuser de délivrer ou de renouveler l'un des titres de séjour mentionnés aux chap. I à III, aux sect. 1 et 2 du chap. V et au chap. VI du présent titre, V. ss. art. L. 420-1.

Art. L. 425-6 **L'étranger qui bénéficie d'une ordonnance de protection en vertu de l'article 515-9 du code civil, en raison des violences exercées au sein du couple ou par un ancien conjoint, un ancien partenaire lié par un pacte civil de solidarité ou un ancien concubin se voit délivrer, dans les plus brefs délais, une carte de séjour temporaire mention "vie privée et familiale" d'une durée d'un an. La condition prévue à l'article L. 412-1 n'est pas opposable.**

Une fois arrivée à expiration*[,]* **elle est renouvelée de plein droit à l'étranger qui continue à bénéficier d'une telle ordonnance de protection.**

Lorsque l'étranger a porté plainte contre l'auteur des faits*[,]* **elle est renouvelée de plein droit pendant la durée de la procédure pénale afférente, y compris après l'expiration de l'ordonnance de protection.** – *[Anc. art. L. 316-3, al. 1er, 2 et 4.]*

V. Instr. du 23 déc. 2021 relative à la délivrance des titres de séjour pour les victimes de violences conjugales et familiales du (NOR : INTA2137559J).

COMMENTAIRE

L'article 515-9 du code civil prévoit que, lorsque les violences exercées au sein du couple ou par un ancien conjoint, un ancien partenaire lié par un pacte civil de solidarité ou un ancien concubin, mettent en danger la personne qui en est victime, un ou plusieurs enfants, le juge aux affaires familiales peut délivrer en urgence à cette dernière une ordonnance de protection. Dans cette hypothèse, la délivrance ou le renouvellement de la carte de séjour n'est plus une simple faculté pour l'autorité administrative (comme dans le cas des conjoints victimes de violences conjugales non « couverts » par une ordonnance de protection) mais un droit qui doit être mis en œuvre « dans les plus brefs délais ». L'instruction du 9 septembre 2011 a d'ailleurs précisé que, dans ce cas, la délivrance du titre de séjour est de plein droit en raison de l'existence d'un acte formel de l'autorité judiciaire (l'ordonnance de protection), sans marge d'appréciation du préfet sur ce point. La loi du 7 mars 2016 a étendu ce dispositif aux bénéficiaires d'une ordonnance de protection en raison d'un mariage forcé (C. civ., art. 515-13).

La loi n° 2018-778 du 10 septembre 2018 pour une immigration maîtrisée, un droit d'asile effectif et une intégration réussie corrige une imperfection du texte de 2016 car, si l'article L. 316-3 autorise les étrangers victimes de violences conjugales titulaires d'une carte de séjour temporaire à exercer une activité professionnelle, il n'en allait pas de même des étrangers exposés à un risque de mariage forcé et placés sous ordonnance de protection.

Issu d'un amendement présenté au nom de la délégation aux droits des femmes, le dernier alinéa du présent article permet aux personnes étrangères victimes de violences conjugales ou familiales ou menacées de mariage forcé d'obtenir de plein droit le renouvellement de leur carte de séjour temporaire même dans les cas où l'ordonnance de protection n'est plus en vigueur dès lors que la victime a porté plainte contre l'auteur des faits. La carte restera valable pendant la durée de la procédure pénale.

On précisera enfin que, si ces dispositions ne sont pas applicables aux ressortissants algériens, l'instruction du 9 septembre 2011 invite les préfets, dans l'exercice de leur pouvoir discrétionnaire, à tenir compte de la circonstance de violences conjugales pour décider du droit au séjour. ❑

1. Le fait pour une étrangère ayant porté plainte contre son époux en raison de violences conjugales de ne pas avoir demandé le renouvellement de l'ordonnance de protection, n'empêche pas la délivrance d'un premier titre de séjour. • CAA Lyon, 23 févr. 2023, n° 22LY01745 : *DP étrangers, Bull. n° 331, avr. 2023.*

2. Même si elle ne bénéficie pas d'une ordonnance de protection, une ressortissante étrangère doit se voir délivrer un titre de séjour en raison des violences commises par son époux si ce dernier a été condamné à une peine assortie d'obligations à l'égard de sa victime équivalentes à celles prononcées par le JAF dans le cadre d'une ordonnance de protection. • CAA Marseille, 12 févr. 2024, n° 23MA01295 : *DP étrangers, Bull. n° 343, mai 2024, note Baudet-Caille.*

Art. L. 425-7 La carte de séjour prévue à l'article L. 425-6 est délivrée, dans les mêmes conditions, à l'étranger qui bénéficie d'une ordonnance de protection en application de l'article 515-13 du code civil en raison de la menace d'un mariage forcé. – *[Anc. art. L. 316-3, al. 3.]*

V. Instr. du 23 déc. 2021 relative à la délivrance des titres de séjour pour les victimes de violences conjugales et familiales (NOR : INTA2137559J).

Art. L. 425-8 En cas de condamnation définitive de la personne mise en cause, l'étranger détenteur de la carte de séjour prévue aux articles L. 425-6 et L. 425-7 ayant déposé plainte pour des faits de violences commis à son encontre par son conjoint, son concubin ou le partenaire auquel il est lié par un pacte civil de solidarité, ou pour des faits de violences commis à son encontre en raison de son refus de contracter un mariage ou de conclure une union ou afin de le contraindre à contracter un mariage ou à conclure une union, se voit délivrer une carte de résident d'une durée de dix ans.

Le refus de délivrer la carte de résident prévue au premier alinéa ne peut être motivé par la rupture de la vie commune avec l'auteur des faits. – *[Anc. art. L. 316-4.]*

COMMENTAIRE

La loi n° 2018-778 du 10 septembre 2018 pour une immigration maîtrisée, un droit d'asile effectif et une intégration réussie a entendu renforcer la protection des personnes victimes de faits de violences commis à leur encontre par leur conjoint, concubin ou partenaire lié par un pacte civil de solidarité ; en effet, en cas de condamnation définitive de la personne mise en cause, l'administration perd tout pouvoir d'appréciation dès lors que le premier alinéa prévoit que la carte de résident est délivrée. On s'étonnera toutefois de constater que l'alinéa 2 envisage le refus de délivrer ladite carte, même si c'est pour l'exclure en cas de rupture de la vie commune avec l'auteur des faits. ❑

SECTION 3 Étranger dont l'état de santé nécessite une prise en charge médicale

Art. L. 425-9 **L'étranger, résidant habituellement en France, dont l'état de santé nécessite une prise en charge médicale dont le défaut pourrait avoir pour lui des conséquences d'une exceptionnelle gravité et qui, eu égard à l'offre de soins et aux caractéristiques du système de santé dans le pays dont il est originaire, ne pourrait pas y bénéficier effectivement d'un traitement approprié, se voit délivrer une carte de séjour temporaire portant la mention "vie privée et familiale" d'une durée d'un an. La condition prévue à l'article L. 412-1 n'est pas opposable.**

La décision de délivrer cette carte de séjour est prise par l'autorité administrative après avis d'un collège de médecins du service médical de l'Office français de l'immigration et de l'intégration, dans des conditions définies par décret en Conseil d'État.

Sous réserve de l'accord de l'étranger et dans le respect des règles de déontologie médicale, les médecins de l'office peuvent demander aux professionnels de santé qui en disposent les informations médicales nécessaires à l'accomplissement de cette mission. Les médecins de l'office accomplissent cette mission dans le respect des orientations générales fixées par le ministre chargé de la santé.

Si le collège de médecins estime dans son avis que les conditions précitées sont réunies, l'autorité administrative ne peut refuser la délivrance du titre de séjour que par une décision spécialement motivée.

Chaque année, un rapport présente au Parlement l'activité réalisée au titre du présent article par le service médical de l'office ainsi que les données générales en matière de santé publique recueillies dans ce cadre. – *[Anc. art. L. 313-11, 11°.]*

La composition de la commission médicale mentionnée à l'art. L. 425-9 CESEDA est fixée dans les conditions prévues au titre IV du livre IV de ce code (Arr. du 29 avr. 2021, art. 24).

BIBL. ▸ Comité médical pour les exilés, Guide pratique destiné aux professionnels, *Comede 2008*. - COURNIL, Quand les politiques migratoires françaises « contaminent » l'accueil sanitaire et l'accès aux soins des étrangers, *RTDH 2007. 1017*. - EVEN, La Voie, la Vérité, l'Avis, *AJDA 2021. 1968* ✎. - GUIMEZANES, L'éloignement du territoire de l'étranger malade, *JCP n° 24, 14 juin 2010*. - JULIEN-LAFERRIÈRE, L'éloignement des étrangers malades : faut-il préférer les réalités budgétaires aux préoccupations humanitaires ?, *RTDH 2009. 261*. - RUBIO, L'influence du droit de l'UE sur le droit au séjour de l'étranger malade, *RDSS 2010. 265*. - SEGUIN, Le statut des étrangers malades, *Dr. adm. n° 8, août 2009, comm. 117*. - SLAMA et DEMAGNY, Le préfet, le médecin et le droit au séjour des étrangers malades : quelles garanties déontologiques et procédurales ?, *JCP Adm. 2009, n° 43, p. 2244*.

COMMENTAIRE

Bénéficie de plein droit de la carte de séjour « vie privée et familiale » l'étranger résidant habituellement en France dont l'état de santé nécessite une prise en charge médicale dont le défaut pourrait entraîner pour lui des conséquences d'une exceptionnelle gravité et si, eu égard à l'offre de soins et aux caractéristiques du système de santé dans le pays dont il est originaire, il ne pourrait pas y bénéficier effectivement d'un traitement approprié. La loi n° 2011-672 du 15 juin 2011 avait ainsi substitué à la notion « d'accès effectif » au traitement approprié celle « de l'absence » d'un tel traitement. La loi du 7 mars 2016 revient à la prise en compte de l'effectivité de l'accès aux soins. En effet, selon le rapporteur devant l'Assemblée nationale, « la seule existence d'un traitement approprié ne garantit pas un accès concret à ces soins. L'appréciation de l'effectivité de cet accès requiert de prendre en compte les caractéristiques du système de santé dans le pays concerné » (Rapp. AN n° 3423, 20 janv. 2016).

« Pour le Conseil d'État, la vérification de la condition d'accès "effectif" aux soins implique de prendre en compte à la fois l'existence de structures médicales adéquates, la disponibilité actuelle et future de l'offre de soins et des traitements appropriés en nombre et en qualité suffisants tenant compte le cas échéant des ruptures d'approvisionnement et des aléas techniques, et l'accessibilité économique (coûts des soins, ressources de l'intéressé et bénéfice éventuel d'une prise en charge financière des soins par la collectivité) et géographique de cette prise en charge médicale, ainsi que d'éventuelles discriminations ou "toute autre circonstance exceptionnelle tirée des particularités de la situation de l'intéressé" risquant de restreindre l'accès effectif aux soins » (Demagny et Slama, La prise en compte de l'accès effectif aux soins dans le droit au séjour et l'éloignement des étrangers malades : mieux vaut tard que jamais, *JCP Adm. 2010, n° 29, p. 2238*).

L'étranger qui a déposé une demande de délivrance ou de renouvellement de carte de séjour temporaire est tenu de faire établir un rapport médical relatif à son état de santé par un médecin agréé ou par un médecin praticien hospitalier. Si l'étranger est incarcéré ou placé en rétention administrative, le rapport est établi par l'unité de consultations et de soins ambulatoires ou le médecin du centre de rétention administrative. Au vu des informations médicales qui lui sont communiquées par l'intéressé ou, à la demande de celui-ci, par tout autre médecin, et au vu de tout examen qu'il jugera utile de prescrire, le médecin agréé ou le médecin praticien hospitalier établit un rapport précisant le diagnostic des pathologies en cours, le traitement suivi et sa durée prévisible ainsi que les perspectives d'évolution. Il transmet ce rapport médical, sous pli confidentiel, au service médical de l'Office français de l'immigration et de l'intégration (OFII) (et non plus au médecin de l'ARS comme avant la L. du 7 mars 2016 ; V. C. trav., art. L. 5223-1).

En transférant cette compétence à l'OFII, le législateur s'est fixé pour objectif de « garantir l'homogénéité des décisions prises sur l'ensemble du territoire national », alors que les disparités actuelles « portent préjudice au droit des usagers à un traitement égal » (Rapp. AN n° 2923, 2 juill. 2015). Au vu de ce rapport médical et des informations dont il dispose, le collège de médecins de l'OFII émet un avis transmis au préfet (V. art. R. 425-12 dans sa rédaction issue des Décr. n° 2016-1456 du 28 oct. 2016 et n° 2019-141 du 27 févr. 2019). La loi n° 2018-778 du 10 septembre 2018 pour une immigration maîtrisée, un droit d'asile effectif et une intégration réussie a remédié à une lacune des textes dans la mesure où aucune base légale ne prévoyait de dérogation au secret médical, défini à l'article L. 1110-4 du code de la santé publique. Il n'était donc pas explicitement prévu, au niveau législatif, que le médecin de l'OFII ou le collège puisse solliciter le médecin qui suit habituellement le demandeur. Il est ainsi désormais prévu que, sous réserve de l'accord de l'étranger et dans le respect des règles de déontologie médicale, les médecins de l'OFII peuvent demander aux professionnels de santé qui en disposent les informations médicales nécessaires à l'accomplissement de leur mission.

Dans un rapport publié le 13 mai 2019 (Défenseur des droits, personnes malades étrangères : des droits fragilisés, des protections à renforcer), le Défenseur des droits relève que, sur 225 500 titres de séjour délivrés à l'issue d'une première demande en 2018, moins de 2 % l'étaient pour raisons médicales. Il rappelle que l'enregistrement d'une demande de séjour pour raison médicale ne peut être subordonné à la production d'un passeport en cours de validité ou à une condition de résidence habituelle en France depuis plus d'un an. Il préconise que des listes exhaustives de pièces, certifiées par le ministère de l'Intérieur, soient publiées et diffusées dans les préfectures. ❑

Plan des annotations

1. L'étranger qui n'est pas titulaire d'une attestation de demande d'asile et sollicite en préfecture la délivrance d'un titre de séjour a en principe droit, s'il a déposé un dossier complet, d'obtenir, dans un délai raisonnable, un récépissé de sa demande de titre qui vaut APS. S'agissant d'une première demande de délivrance d'un titre de séjour présentée sur le fondement de l'art. L. 425-9, il résulte des dispositions combinées des art. R. 425-11, R. 425-12 et R. 431-12 que le récépissé ne peut être délivré à l'étranger que lorsque le médecin de l'OFII a transmis son rapport médical au collège de médecins de l'office. • CE 5 avr. 2024, n° 488821 : *AJDA 2024. 763*.

I. CHAMP D'APPLICATION

2. Ressortissants européens et assimilés. Les conditions d'entrée et de séjour en France des ressortissants communautaires sont entièrement régies par le livre II du CESEDA qui énonce à leur profit des règles spécifiques, distinctes des règles générales de droit commun qui ne leur sont pas applicables, même dans l'hypothèse où elles leur seraient plus favorables. Ainsi, un ressortissant communautaire ne peut pas utilement revendiquer le bénéfice de la carte de séjour temporaire prévue au présent art. en faveur des étrangers malades. • CAA Lyon, 7 oct. 2010, *Préfet du Rhône c/ M. M.*, n° 10LY00348. ♦ L'art. 37 de la Dir. 2004/38/CE du 29 avr. 2004 selon lequel « les dispositions de la présente directive ne portent pas atteinte aux dispositions législatives, réglementaires et administratives d'un État membre qui seraient plus favorables aux personnes visées par la présente directive » n'implique pas qu'un ressortissant communautaire ne remplissant pas les conditions fixées au livre II du présent code doive se voir appliquer d'autres dispositions dudit code, applicables aux non-communautaires, alors même qu'elles seraient plus favorables. • CAA Lyon, 19 oct. 2011, *Préfet du Rhône c/ Épx Dumitru*, n° 10LY02128.

3. Résidence habituelle. La délivrance du titre de séjour « étranger malade » suppose que le demandeur réside habituellement en France ; tel n'est pas le cas d'un requérant ne justifiant que de 2 mois de résidence. • CAA Lyon, 25 janv. 2011, *Chorfa*, n° 10LY01360. ♦ Même solution s'agissant des ressortissants algériens en application du 7 de l'art. 6 de l'accord franco-algérien du 27 déc. 1968 mod. • CAA Lyon, 25 janv. 2011, *Préfet du Rhône c/ Mlle X.*, n° 10LY01389.

4. L'art. R. 425-14 permet à l'étranger malade qui ne remplit pas la condition de résidence habituelle ouvrant droit à la délivrance de la carte de séjour temporaire « vie privée et familiale » de recevoir une APS renouvelable pendant la durée de son traitement ; pour apprécier si les conditions de délivrance de cette APS sont remplies, « il est loisible à l'administration, ainsi qu'au juge saisi d'un recours, de tenir compte de la diligence de l'étranger dans le suivi des soins » et des éventuelles difficultés qu'il a pu rencontrer. • CE 30 déc. 2013, n° 359144 B.

5. Identité du demandeur. En demandant à la requérante, dans sa lettre lui annonçant la délivrance d'une carte de séjour temporaire, de produire un document officiel d'identité afin que son titre de séjour lui soit remis, alors que les dispositions applicables n'exigent que la production d'indications relatives à l'état civil et qu'il ne ressort pas des pièces du dossier que ces indications n'auraient pas été fournies par l'intéressée, le préfet a commis une erreur de droit. • CAA Nantes, 20 févr. 2009, *Préfet du Maine-et-Loire*, n° 08NT01449 : *Dr. adm. n° 8, comm. 117, note Seguin*. ♦ Reste que, désormais, l'art. R. 425-12 prévoit que le demandeur présente les documents justifiant de son identité.

6. La présentation d'un passeport en cours de validité ne saurait être imposée à un étranger qui sollicite, sur le fondement des dispositions du 11° [de l'anc. art. L. 313-11, devenu L. 425-9], l'octroi d'une carte de séjour temporaire portant la mention « vie privée et familiale » en qualité d'étranger malade comme une condition pour la délivrance de cette carte. • CE 30 nov. 2011, *M. Da Costa*, n° 351584 B.

7. Nationalité de l'étranger. L'erreur sur la nationalité de l'étranger malade a, évidemment, un caractère substantiel et entraînera l'annulation du refus de titre de séjour. • CAA Lyon, 3 mars 2011, *Mme Davidhashvili*, n° 10LY01344.

II. ACCÈS EFFECTIF AUX SOINS

8. Il appartient à l'autorité administrative, lorsqu'elle envisage de refuser la délivrance d'un titre de séjour à un étranger qui en fait la demande au titre des dispositions du présent art., de vérifier, au vu de l'avis émis par le collège de médecins mentionné à l'art. R. 425-11, que cette décision ne peut avoir de conséquences d'une exceptionnelle gravité sur l'état de santé de l'intéressé et, en particulier, d'apprécier, sous le contrôle du juge de l'excès de pouvoir, la nature et la gravité des risques qu'entraînerait un défaut de prise en charge médicale dans le pays dont l'étranger est originaire. Lorsque le défaut de prise en charge risque d'avoir des conséquences d'une exceptionnelle gravité sur la santé de l'intéressé, l'autorité administrative ne peut légalement refuser le titre de séjour sollicité que s'il existe des possibilités de traitement approprié de l'affection en cause dans son pays d'origine ; si de telles possibilités existent mais que l'étranger fait valoir qu'il ne peut en bénéficier, soit parce qu'elles ne sont pas accessibles à la généralité de la population, eu égard notamment aux coûts du traitement ou à l'absence de modes de prise en charge adaptés, soit parce qu'en dépit de leur accessibilité des circonstances exceptionnelles tirées des particularités de sa situation personnelle l'empêcheraient d'y accéder effectivement, il appartient à cette même autorité, au vu de l'ensemble des informations dont elle dispose, d'apprécier si l'intéressé peut ou non bénéficier effectivement d'un traitement approprié dans son pays d'origine. • CE 7 avr. 2010, *Min. Immigration*, n° 316625 A : *AJDA 2010. 885, chron. Liéber et Botteghi ; Dr. adm. 2010, n° 8-9, p. 33, note Benessiano ; RFDA 2010. 643*. ♦ Ainsi, par ex., fera l'objet d'une annulation le refus de séjour opposé à un ressortissant malien atteint d'une hépatite C qui ne pourrait bénéficier du traitement approprié dans son pays d'origine faute de disposer de ressources. • CE 16 juill. 2010, *Min. Immigration c/ Traoré*, n° 319960.

9. Alors même que des possibilités de traitement existent dans le pays d'origine, l'autorité administrative doit s'assurer que l'intéressé pourra effectivement en bénéficier en vérifiant notamment l'accessibilité réelle (coûts du traitement, modes de prise en charge) et l'existence de circonstances exceptionnelles liées à la situation particulière de l'intéressé. • CE 16 févr. 2011, *Benabid*, n° 329450. ♦ L'indigence d'un étranger dépourvu d'attaches familiales proches dans son pays d'origine susceptibles de lui apporter une assistance dans la prise en charge, notamment financière, des soins adaptés à son état de santé, combinée à une inéligibilité, dans ce pays, au bénéfice de la protection sociale susceptible de lui permettre de bénéficier d'une prise en charge financière appropriée, justifie la délivrance, à l'intéressé, d'un titre de séjour « état de santé ». • CAA Lyon, 1er déc. 2010, *M. Lamri*, n° 10LY00505.

10. Le juge administratif peut prescrire un supplément d'information afin de déterminer l'effectivité de la disponibilité du traitement dans le pays d'origine. • CAA Lyon, 31 déc. 2009, *Merzoug*, n° 07LY01219. ♦ L'erreur quant à la nationalité du demandeur d'un titre de séjour en qualité d'étranger malade constitue une erreur substantielle entachant d'illégalité la décision de refus dudit titre lorsque ce refus se fonde exclusivement sur le motif tiré de ce que l'intéressé peut effectivement bénéficier d'un traitement approprié dans son pays d'origine. • CAA Lyon, 21 oct. 2010, *M. et Mme B.*, n°s 10LY01191, 10LY02205 et 10LY02227. ♦ La circonstance que l'étranger pourrait bénéficier d'un traitement médical approprié dans un État dans lequel il est légalement admissible n'est pas de nature à justifier le refus de titre de séjour dès lors que le présent art. évoque seulement le pays « d'origine » ; le juge précise ainsi que le législateur n'a pas prévu que soit prise en considération l'existence d'un traitement approprié dans le pays dans lequel l'étranger est susceptible d'être renvoyé s'il est distinct du pays dont il est originaire. • CAA Douai, 16 nov. 2017, n° 16DA00787 : *AJDA 2018. 429*.

11. Une absence de traitement disponible dans le pays de destination qui expose l'intéressé à des conséquences d'une exceptionnelle gravité constitue un traitement inhumain et dégradant au sens de l'art. 3 Conv. EDH. • CAA Lyon 30 nov. 2010, *Préfet du Rhône c/ M. B*, n° 10LY00056.

12. Les conséquences d'une exceptionnelle gravité d'un défaut de prise en charge médicale, au sens du présent art., doivent être regardées comme se limitant au risque vital ou au risque d'être atteint d'un handicap rendant la personne dans l'incapacité d'exercer seule les principaux actes de la vie courante ; le risque d'amputation d'une jambe encouru par l'appelant, à le supposer même établi et pour regrettable soit-il, ne peut être juridiquement regardé comme un risque d'une exceptionnelle gravité au sens du présent art. • CAA Marseille, 17 juill. 2012, *M. Kaya*, n° 10MA04395 : *AJDA 2012. 2200*.

13. De façon inédite, une cour a considéré que l'intéressé ne pouvait être regardé comme pouvant bénéficier effectivement d'un traitement approprié au Bangladesh dès lors que dans ce pays, où le taux de particules fines de polluants est l'un des plus élevés au monde, la mortalité liée à l'asthme est de 12,92 pour 100 000 habitants contre 0,82 en France. Le requérant se trouverait ainsi, en cas de renvoi dans son pays d'origine, exposé à un risque d'aggravation de son état de santé et à une mort prématurée. • CAA Bordeaux, 18 déc. 2020, n°s 20BX02193 et 20BX02195.

14. En cas de doute sérieux sur la possibilité pour l'intéressé de bénéficier de soins appropriés dans son pays d'origine, le juge peut ordonner la suspension de la décision de refus de renouvellement du titre de séjour. • CE 19 juin 2002, *Min. Intérieur c/ Filahi*, n° 243481 • TA Limoges, 8 juin 2005, *Touahria*, n° 0500589.

15. La CAA a relevé, après avoir considéré que l'état de santé de l'intéressé nécessitait une prise en charge médicale dont le défaut pourrait entraîner des conséquences d'une exceptionnelle gravité, qu'il n'était pas contesté que l'accès aux soins et la qualité de service des soins au Bangladesh n'était pas « comparable aux standards européens » et qu'en outre il serait confronté, dans son pays d'origine, à une aggravation de sa pathologie en raison de la pollution atmosphérique. En déduisant de ces éléments que le requérant ne pouvait être regardé comme pouvant bénéficier effectivement, dans son pays d'origine, d'un traitement approprié, alors qu'elle devait seulement s'assurer, eu égard à la pathologie de l'intéressé, de l'existence d'un traitement approprié et de sa disponibilité dans des conditions permettant d'y avoir accès, la cour, qui n'avait pas à rechercher si les soins dans le pays d'origine étaient équivalents à ceux offerts en France ou en Europe, et pas davantage à prendre en compte des facteurs étrangers à ces critères, tels que la pollution atmosphérique, a entaché son arrêt d'erreurs de droit. • CE 30 déc. 2021, n° 449917 B : *AJDA 2022. 10*.

16. La circonstance que seule la douleur liée à la maladie grave d'un ressortissant d'un pays tiers, en séjour irrégulier sur le territoire d'un État membre, risque de s'aggraver, en cas de retour de ce ressortissant, ne suffit pas à exclure qu'un tel retour puisse être contraire à l'art. 4 de la Charte UE. Il en va d'autant plus ainsi qu'une augmentation de la douleur liée à une maladie peut, elle-même, aboutir à une détérioration de l'état de santé physique ou mental, proprement dit, de la personne concernée. Ceci s'applique s'il existe des motifs sérieux et avérés de croire que, en cas de retour, ce ressortissant serait exposé au risque réel que sa douleur augmente de manière rapide, significative et irrémédiable ; en l'espèce, un ressortissant russe atteint d'un cancer bénéficiait aux Pays-Bas de l'administration de cannabis thérapeutique, interdit dans son pays. A noter enfin que la CJUE considère qu'il ne résulte pas de ce qui précède que l'État est dans l'obligation de délivrer un titre de séjour à l'intéressé. • CJUE 22 nov. 2022, *X. c/ Staatsecretaris van Justitie en Villigheid*, n° C-69/21 : *AJDA 2022. 2270* ; *D. 2022. 2100*.

III. SAISINE DU SERVICE MÉDICAL DE L'OFII (JURISPRUDENCE ANTÉRIEURE À LA L. DU 7 MARS 2016, NÉANMOINS TRANSPOSABLE)

17. Saisi d'une demande de titre de séjour sur le fondement du présent art., le préfet est tenu de saisir le médecin inspecteur [le service médical de l'OFII] ; à défaut, la mesure d'éloignement est entachée d'illégalité. • CAA Marseille, 19 janv. 2006, *Ogikyan*, n° 05MA02142 • CE 28 avr. 2006, *Préfet de police c/ M. Beekawa*, n° 264042 B : *AJDA 2006. 1351*. ♦ L'autorité préfectorale compétente doit permettre à l'intéressé de soumettre son dossier médical au médecin inspecteur de santé publique [le service médical de l'OFII] pour que celui-ci puisse rendre son avis. A défaut, la mesure d'éloignement de l'étranger doit être annulée. • CAA Douai, 15 juill. 2005, *Préfet de la Seine-Maritime c/ M. Georgi Perekreshvili*, n° 05DA00588 B • CAA Marseille, 19 janv. 2006, *Ogikyan*, n° 05MA02142.

18. Le préfet ne peut se dispenser de la saisine que dans l'hypothèse où le médecin de l'ARS [le service médical de l'OFII] se serait trouvé dans l'impossibilité de se prononcer sur l'état de santé du demandeur, faute pour ce dernier d'avoir fourni un rapport médical et les éléments d'information suffisants ; il lui appartient, en cas de contestation sur ce point, de justifier de cette impossibilité devant le juge de l'excès de pouvoir. • CAA Marseille, 19 oct. 2009, *Préfet des Bouches-du-Rhône*, n° 07MA04871 • CAA Paris, 18 sept. 2014, n° 13PA03903.

19. Lorsque le médecin de l'OFII chargé d'établir un rapport médical n'a pu se prononcer sur l'état de santé du demandeur, faute d'avoir reçu de la part du médecin de l'étranger ou du médecin praticien hospitalier le certificat médical que celui-ci doit établir, il lui appartient d'en informer l'autorité préfectorale qui doit en informer le demandeur afin qu'il choisisse un autre médecin ; à défaut, la demande de titre de séjour ne peut faire l'objet d'un refus. • CAA Nancy, 18 juin 2019, n° 18NC02208.

20. L'art. 2 du Décr. n° 2011-492 du 6 juin 2001, définissant les conditions dans lesquelles l'autorité administrative doit inviter un demandeur à compléter son dossier en lui fournissant les pièces manquantes indispensables à l'instruction de sa demande, n'est pas applicable à la situation particulière de l'étranger tenu de faire établir un rapport médical pour l'instruction de sa demande de séjour au titre du présent art. Toutefois, dans le cas où le médecin chargé d'émettre un avis destiné au préfet auquel a été adressée une demande de titre de séjour en qualité d'étranger malade n'est pas à même de se prononcer sur l'état de santé du demandeur, faute d'avoir reçu, de la part du médecin agréé choisi par le demandeur, le rapport médical que celui-ci doit établir ou les pièces complémentaires à ce rapport qui lui ont été réclamées, il appartient au médecin de l'ARS [au service médical de l'OFII] d'en informer l'autorité préfectorale. Il incombe alors à cette dernière de porter cet élément, qui fait obstacle à la poursuite de l'instruction de la demande de séjour, à la connaissance de l'étranger afin de le mettre à même soit d'obtenir du médecin agréé qu'il a choisi qu'il accomplisse les diligences nécessaires, soit, le cas échéant, de choisir un autre médecin agréé. • CE 9 nov. 2015, n° 380864 B : *AJDA 2015. 2173* ; *ibid. 2016. 868, note Le Bourssois*. ♦ Lorsque le demandeur qui doit transmettre le certificat médical au service médical de l'OFII dans un délai d'un mois à compter de l'enregistrement de sa demande en préfecture, et qui a été dûment informé d'une telle obligation, ne transmet pas de certificat médical à l'OFII, le préfet peut rejeter sa demande sans disposer de l'avis du collège de médecins, celui-ci n'étant pas en mesure de se prononcer. • TA Paris, 9 mars 2022, n° 2124595 : *AJDA 2022. 1107, concl. Pottier*.

21. Même dans le cadre d'une procédure pénale, le juge judiciaire ne peut se substituer à l'autorité préfectorale pour apprécier l'état de santé de l'étranger. • Crim. 26 juin 2013, n° 13-80.594.

22. Mesure d'éloignement. Dès lors qu'elle dispose d'éléments suffisamment précis permettant d'établir qu'un étranger, résidant habituellement en France, présente un état de santé susceptible de le faire entrer dans la catégorie des étrangers qui ne peuvent faire l'objet d'une mesure d'éloignement, l'autorité préfectorale doit, alors même que l'intéressé n'a pas sollicité le bénéfice d'une prise en charge médicale en France, recueillir préalablement l'avis du médecin inspecteur [du service médical de l'OFII]. • CAA Douai, 5 déc. 2007, *Préfet de la Seine-Maritime c/*

Teloian, n° 07DA01169 • 12 nov. 2009, *M. Voskan Voskanyan,* n° 09DA00603. ♦ La même solution s'applique lorsque le préfet envisage de prendre une mesure d'obligation de quitter le territoire français. • CAA Douai, 13 févr. 2008, *M. Danilo Mayele Esebwen,* n° 07DA01106 : *AJDA 2008. 1206, concl. Le Garzic.*

IV. AVIS MÉDICAL

A. SIGNATURE DE L'AVIS MÉDICAL [SERVICE MÉDICAL DE L'OFII]

23. Le refus de délivrance d'un titre de séjour est fondé sur une procédure irrégulière dès lors que les avis des médecins comportent une signature illisible empêchant d'en identifier les auteurs. • CAA Lyon, 8 févr. 2007, *Hedna,* n° 06LY00910 • CAA Douai, 30 mai 2007, *Préfet de la Seine-Maritime c/ Mme Z.,* n° 07DA00045 : *AJDA 2007. 1463, obs. Le Garzic.* ♦ *Contra* : • CAA Paris, 20 juin 2008, *Fadika,* n° 07PA00590. ♦ Le Conseil d'État a considéré qu'il s'agissait là d'une formalité substantielle issue de l'art. R. 4127-76 CSP selon lequel « tout certificat, ordonnance, attestation ou document délivré par un médecin doit être rédigé lisiblement en langue française et daté, permettre l'identification du praticien dont il émane et être signé par lui ». • CE, avis, 19 juin 2009, *M. Hossain,* n° 325913 A : *RFDA 2009. 873 ; JCP Adm. n° 43, 19 oct. 2009, p. 2244, note Slama et Demagny.* ♦ Pour une application au contentieux : • CE 16 avr. 2010, *M. M.,* n° 311316 B. ♦ Tel est encore le cas lorsque l'avis médical n'est pas signé du médecin chef du service médical de la préfecture mais d'un autre médecin, en l'absence de toute délégation. • CAA Paris, 4 déc. 2008, *Préfet de police c/ Mansouri,* n° 08PA03172. ♦ C'est le cas en particulier lorsque le certificat est signé du médecin-inspecteur régional dont les fonctions ne recouvrent pas celles des médecins inspecteurs départementaux. • CAA Nantes, 6 avr. 2010, *Préfet d'Eure-et-Loir,* n° 09NT01186. ♦ Même solution lorsque le préfet se fonde sur un avis incomplet du médecin inspecteur. • CAA Versailles, 12 nov. 2008, *M. Gassama,* n° 07VE03138.

B. IDENTIFICATION DU MÉDECIN

24. Jugé que l'avis rendu par le collège de médecins doit comporter notamment le nom du médecin de l'OFII qui a établi le rapport médical de façon à permettre à l'autorité administrative de s'assurer, préalablement à sa décision, que ce médecin ne siège pas au sein du collège qui rend l'avis. • CAA Bordeaux, 26 janv. 2018, n° 17BX03206 : *AJDA 2018. 1200.* ♦ La cour de Lyon s'est montrée moins rigoriste en considérant que la régularité de la procédure implique que les documents soumis à l'appréciation du préfet comportent l'avis du collège de médecins et soient établis de telle manière que, lorsqu'il statue sur la demande de titre de séjour, le préfet puisse vérifier que l'avis au regard duquel il se prononce a bien été rendu par un collège de médecins tel que prévu par l'art. L. 425-9. L'avis doit, en conséquence, permettre l'identification des médecins dont il émane. L'identification des auteurs de cet avis constitue ainsi une garantie dont la méconnaissance est susceptible d'entacher l'ensemble de la procédure. Il en résulte également que, préalablement à l'avis rendu par ce collège de médecins, un rapport médical, relatif à l'état de santé de l'intéressé et établi par un médecin de l'OFII, doit lui être transmis et que le médecin ayant établi ce rapport médical ne doit pas siéger au sein du collège de médecins qui rend l'avis transmis au préfet. En cas de contestation devant le juge administratif portant sur ce point, il appartient à l'autorité administrative d'apporter les éléments qui permettent l'identification du médecin qui a rédigé le rapport au vu duquel le collège de médecins a émis son avis et, par suite, le contrôle de la régularité de la composition du collège de médecins. Le respect du secret médical s'oppose toutefois à la communication à l'autorité administrative, à fin d'identification de ce médecin, de son rapport, dont les dispositions de l'art. R. 425-12 ne prévoient la transmission qu'au seul collège des médecins de l'OFII et, par suite, à ce que le juge administratif sollicite la communication par le préfet ou par le demandeur d'un tel document. • CAA Lyon, 10 juill. 2018, *Préfet de la Haute-Savoie,* n° 18LY01522 : *AJDA 2018. 2325.* ♦ Il appartient au demandeur de lever le secret relatif aux informations médicales le concernant afin de permettre au juge de se prononcer en prenant en considération l'ensemble des éléments pertinents, notamment l'entier dossier du rapport médical au vu duquel s'est prononcé le collège de médecins de l'OFII, en sollicitant sa communication. • CE 28 juill. 2022, n° 441481 A : *AJDA 2022. 1589.*

25. Le Conseil d'État a précisé qu'il ne résulte d'aucune règle, non plus que d'aucun principe, que l'avis du collège de médecins de l'OFII devrait porter mention du nom du médecin qui a établi le rapport médical, prévu par l'art. R. 425-11, qui est transmis au collège de médecins. • CE 7 déc. 2018, *Min. Intérieur,* n° 419226 B : *AJDA 2018. 2426.* ♦ Les médecins signataires de l'avis ne sont pas tenus de procéder à des échanges entre eux et l'avis ne présente ainsi pas de caractère collégial. • CE, avis, 25 mai 2023, n° 471239 : *AJDA 2023. 976.*

26. Si l'avis du collège de médecins de l'OFII porte la mention « après en avoir délibéré, le collège des médecins de l'OFII émet l'avis suivant », cette mention fait foi de son caractère collégial jusqu'à preuve du contraire. • CAA Nantes, 25 avr. 2019, n° 18NT04162.

27. Aucune disposition législative ou réglementaire n'impose que l'intéressé soit mis en mesure de présenter ses observations avant que le médecin inspecteur [le médecin de l'OFII] ne produise son avis sur son état de santé. • CE 10 déc. 2004, *M. Gounane*, n° 258151. ♦ De même, aucune disposition n'impose au préfet de communiquer au requérant l'avis du médecin inspecteur de santé publique [le médecin de l'OFII]. • CE 20 mai 2005, *M. Diallo*, n° 271654.

28. Si le médecin de l'ARS [le médecin de l'OFII] estime que l'étranger ne peut bénéficier d'un tel traitement dans son pays d'origine, le préfet est alors tenu, s'il entend s'écarter de cet avis et refuser à un étranger malade un titre de séjour pour raison de santé, de vérifier à partir des éléments dont il dispose si l'étranger est en capacité de voyager sans risque. En revanche, il n'est pas tenu, à peine d'irrégularité de sa décision, d'inviter expressément l'étranger à mentionner s'il estime se trouver dans l'incapacité de voyager sans risque. • CAA Lyon, 7 mai 2019, n° 19LY00062.

C. MOTIVATION DE L'AVIS

29. Il incombe au médecin de l'ARS [le service médical de l'OFII] de se prononcer sur l'intégralité de la situation médicale de l'intéressé ; le refus de séjour sera ainsi annulé lorsque des certificats médicaux attestent de l'existence de troubles non pris en compte. • CAA Douai, 16 févr. 2012, *Kongo Mbala Loboko*, n° 11DA01622.

30. Le moyen tiré de ce que l'avis du médecin inspecteur de la santé publique [le service médical de l'OFII] serait insuffisamment motivé peut être utilement invoqué pour contester la légalité tant d'un refus de délivrance ou de renouvellement d'un titre de séjour que d'une mesure d'éloignement. Néanmoins, est suffisamment motivé l'avis qui n'a pas indiqué si l'intéressé pouvait supporter le voyage de retour dans son pays d'origine, dès lors qu'il n'y a eu aucune contestation sur ce point. • CE 12 mars 2014, n° 350646 B : *AJDA 2014. 590*.

31. Possibilité de voyager. Le médecin inspecteur n'est pas contraint de se prononcer, dans son avis, sur la possibilité pour l'étranger de voyager sans risque vers le pays de renvoi. • CAA Paris, 14 juin 2013, n° 12PA04190. ♦ Mais l'absence, dans l'avis médical établi en vue de la délivrance d'un titre de séjour pour raison de santé, de l'indication de la capacité pour l'étranger de voyager sans risque vers son pays d'origine peut être utilement invoquée pour contester la légalité du refus de titre de séjour. • CE 13 févr. 2013, *Min. Intérieur c/ Mme Belqadi*, n° 349738 B : *AJDA 2013. 377*. ♦ Le moyen tiré du fait que l'avis du médecin ne comportait pas d'indication sur la possibilité pour l'interessé de voyager est inopérant à l'encontre d'une décision de refus de titre de séjour ne comportant aucune mesure d'éloignement. • CAA Paris, 31 déc. 2008, *Préfet de police c/ Nasir Khan*, n° 08PA00073 • 12 févr. 2010, *M. Abdel Ben Hedi Ghrab*, n° 08PA04020 : *AJDA 2010. 1497, concl. (contraires) Bachini*.

32. Est suffisamment motivé l'avis du médecin inspecteur [le service médical de l'OFII] qui indique que l'intéressé peut suivre le traitement médical approprié dans son pays d'origine, alors même qu'il avait émis un avis contraire auparavant. • CE 24 janv. 2007, *Min. Intérieur c/ M. Doumbia*, n° 290476 : *Lebon 885*. ♦ L'absence, dans l'avis médical, de la mention indiquant si l'état de santé de l'étranger lui permet de voyager sans risque vers le pays de renvoi n'affecte pas la légalité de la décision de renvoi dès lors qu'il ne ressort pas du certificat que l'état de santé de l'étranger soulevait des questions sur sa capacité à voyager. • CE 29 oct. 2012, *M. Salhi*, n° 355648 B : *AJDA 2012. 2089*.

33. Motivation évasive ou lapidaire. Le certificat médical rédigé de façon évasive entache d'irrégularité la décision préfectorale. • CAA Paris, 23 janv. 2008, *Dehshia*, n° 07PA00871. ♦ Même solution s'agissant d'un certificat se bornant à indiquer que l'intéressé n'entre pas dans les prévisions du 11° du présent art. [devenu art. L. 425-9]. • CE 27 juill. 2005, *Mlle Aduako*, n° 266826. ♦ En se fondant sur un avis rendu par le médecin-chef du service médical de la préfecture de police qui se limitait à la seule mention « séjour non justifié », la décision de refus de séjour a été prise selon une procédure irrégulière. • CE 29 juill. 2002, *Préfet de police c/ Mlle Asawu Omekoko*, n° 241912 B : *AJDA 2002. 1294*. ♦ Même solution s'agissant d'une lettre de la directrice départementale des affaires sanitaires et sociales. • CAA Paris, 2 mars 2006, *Dembele*, n° 05PA03742. ♦ Le refus de séjour opposé à un étranger désireux d'assister son fils, victime d'un AVC, dans les tâches de la vie quotidienne est insuffisamment motivé dès lors qu'il se bornait à reprendre l'avis du médecin de l'ARS [du service médical de l'OFII] avec la mention « la demande n'est pas justifiée ». • CAA Douai, 27 sept. 2012, *Préfet du Nord c/ Mboukpemade*, n° 12DA00599 : *AJDA 2013. 268*.

34. En se bornant à indiquer que le maintien en France pour raison médicale de la requérante n'était pas justifié et que la surveillance médicale dont elle bénéficiait pouvait, sans risque excessif, être poursuivie dans son pays d'origine, l'avis du médecin inspecteur [le service médical de l'OFII] ne comportait pas les précisions requises et le préfet n'a pas statué au vu des informations qui lui étaient nécessaires. • CE 28 avr. 2004, *Préfet de l'Eure c/ Mme Lhessani-Rahmani*, n° 253576 • 3 mai 2004, *M. Cheroud*, n° 253013 B : *LPA 2005, n° 111, p. 12, concl. de Silva.*

D. PORTÉE DE L'AVIS

35. L'autorité administrative n'est pas liée par l'avis du médecin inspecteur [le service médical de l'OFII] et peut se fonder sur un certificat médical établi par un autre médecin concluant à la nécessité du maintien en France pour le suivi des soins. • CE 26 oct. 2001, *Préfet de police c/ Minthe*, n° 227664 • 3 déc. 2004, *M. Benhenia,* n° 262651. ♦ Le juge peut ainsi écarter l'avis du médecin inspecteur de santé publique [service médical de l'OFII] qui avait estimé que l'intéressé pouvait bénéficier des soins appropriés dans son pays d'origine dès lors que cette circonstance est contredite par des pièces médicales postérieures. • CE 29 juin 2005, *M. Sy,* n° 272224. ♦ Même solution dès lors que le consulat général du Mali atteste que les soins liés à la pathologie du requérant ne peuvent être assurés dans son pays d'origine. • CAA Paris, 9 févr. 2006, *Préfet de police c/ Camara,* n° 05PA02768.

36. Il appartient au préfet de vérifier la possibilité pour l'étranger de voyager sans risque vers le pays de renvoi, indépendamment de l'appréciation portée par le médecin de l'ARS [le service médical de l'OFII]. • CAA Lyon, 15 mars 2016, n° 14LY02906.

37. Si une expertise médicale confirme la nécessité des soins sans considérer que le défaut de ceux-ci entraînerait des conséquences d'une exceptionnelle gravité, le titre de séjour ne sera pas délivré. • CE 3 mars 2004, *Préfet du Val-d'Oise c/ Mme Arif épse Mohammad,* n° 242590.

38. Secret médical. Le préfet ne peut, sans méconnaître sa propre compétence, se contenter de se conformer aux avis médicaux émis en refusant de leur substituer sa propre appréciation. • CE 21 oct. 2005, *Préfet de la Seine-et-Marne,* n° 274904. ♦ Le préfet ne peut toutefois, en raison du secret médical, avoir accès au rapport médical du demandeur et est donc conduit à s'approprier l'avis du médecin de l'ARS [le service médical de l'OFII]. • CE 15 déc. 2010, *Min. Immigration c/ Fall,* n° 325119. ♦ La circonstance que le préfet ait décidé de ne pas suivre l'avis du médecin de l'ARS [le service médical de l'OFII], qui ne le liait pas, ne permet pas de déduire, à elle seule, que le préfet aurait pris connaissance d'éléments relatifs au dossier médical de l'intéressé en violation du secret médical. Pour refuser de suivre l'avis médical, le préfet a pu se fonder, pour adopter sa propre position, sur les éléments à sa disposition telles que la nationalité du requérant et la situation générale du système de santé dans son pays d'origine. • CAA Lyon, 10 avr. 2014, n° 13LY02263 : *AJDA 2014. 1544, note Samson-Dye*.

39. L'étranger qui invoque les dispositions du présent art. ne peut se fonder sur le respect du secret médical pour ne pas apporter la preuve de la gravité de la pathologie qu'il invoque. • CAA Paris, 25 juin 2008, *Cissoko,* n° 07PA02071. ♦ En revanche, s'il appartient à l'autorité administrative de produire tous éléments permettant d'apprécier l'état de santé de l'étranger et, le cas échéant, l'existence d'un traitement approprié dans le pays d'origine, elle ne peut se fonder sur des éléments couverts par le secret médical sauf si un intérêt public majeur le justifie. • CAA Lyon, 10 juill. 2018, n° 17LY04375 : *AJDA 2018. 1553, note Vienet*.

40. Le collège des médecins de l'OFII doit accomplir sa mission dans le respect des orientations générales définies par l'Arr. du ministre chargé de la santé du 5 janv. 2017 et émettre son avis dans les conditions fixées par l'Arr. du 27 déc. 2016 des ministres chargés de l'immigration et de la santé. S'il appartient au préfet, lorsqu'il statue sur la demande de carte de séjour, de s'assurer que l'avis a été rendu par le collège de médecins conformément aux règles procédurales fixées par le CESEDA et par l'Arr. du 27 déc. 2016, il ne saurait, en revanche, porter d'appréciation sur le respect, par le collège des médecins, des orientations générales définies par l'Arr. du 5 janv. 2017, en raison du respect du secret médical qui interdit aux médecins de donner à l'administration, de manière directe ou indirecte, aucune information sur la nature des pathologies dont souffre l'étranger. • CE 9 oct. 2019, *Min. Intérieur,* n° 422974 B : *AJDA 2019. 2024*.

41. Substitution de motif. Le préfet, qui avait rejeté une demande de titre de séjour sur le motif initial de l'absence de conséquences d'une exceptionnelle gravité en cas de défaut de suivi médical, peut, devant le juge, fonder sa décision sur l'existence du traitement dans le pays d'origine. • CAA Nantes, 31 déc. 2014, n° 14NT00934.

42. Administration de la preuve. C'est au préfet qu'il appartient d'administrer la preuve que l'interruption des traitements suivis en France est sans conséquence sur l'état de santé dès lors qu'il existe des possibilités de traitement approprié dans le pays de renvoi. • CE 14 févr. 2007, *M. Hafed,* n° 281220 B : *AJDA 2007. 1135, note Cournil*. ♦ Toutefois, l'étranger qui invoque l'absence de possibilité d'un traitement approprié dans son pays d'origine en raison du lien existant entre des événements traumatisants subis dans ce pays et les pathologies dont il souffre doit démontrer la réalité de ces événements et le fait qu'ils ont eu lieu dans ce pays. • CAA Lyon, 5 oct. 2010, *M. D.,* n° 09LY01643.

43. La partie qui justifie d'un avis du collège de médecins de l'OFII qui lui est favorable doit être regardée comme apportant des éléments de fait susceptibles de faire présumer l'existence ou l'absence d'un état de santé de nature à justifier la délivrance ou le refus d'un titre de séjour. Dans ce cas, il appartient à l'autre partie, dans le respect des règles relatives au secret médical, de produire tous éléments permettant d'apprécier l'état de santé de l'étranger et, le cas échéant, l'accès effectif ou non à un traitement approprié dans le pays de renvoi. La conviction du juge, à qui il revient d'apprécier si l'état de santé d'un étranger justifie la délivrance d'un titre de séjour dans les conditions ci-dessus rappelées, se détermine au vu de ces échanges contradictoires. En cas de doute, il lui appartient de compléter ces échanges en ordonnant toute mesure d'instruction utile. • CAA Lyon, 24 avr. 2014, n° 13LY01822.

44. Le fait d'avoir maintenu abusivement une

personne sous récépissés de demandes de titre de séjour durant une période de 26 mois après l'avis médical constitue un détournement de procédure ouvrant droit au prononcé d'une injonction à réexaminer la demande. • CAA Lyon, 2 juin 2021, n° 20LY02858.

45. Si l'étranger fait état pour la première fois devant le juge d'une pathologie différente de celle qui justifiait sa demande et avait été examinée par le médecin inspecteur, le refus de titre de séjour n'est pas entaché d'illégalité dès lors qu'il appartenait à l'étranger d'informer l'administration de ce nouvel élément afin qu'elle fasse soumettre l'intéressé à un nouvel examen médical. • CAA Marseille, 15 juin 2009, *M. Krimo Meliani*, n° 07MA02524.

46. Illustrations. Application du présent art. à un étranger souffrant d'une grave maladie cardiaque, un médecin français et un médecin marocain ayant indiqué qu'il ne pouvait subir un traitement approprié dans son pays d'origine, certificats non démentis par le médecin inspecteur de la santé publique. • TA Besançon, 30 sept. 1999, *M. El Kebir Ouadié c/ Préfet du Doubs*, n° 990304. ♦ Requérant atteint d'une pathologie psychotique qui nécessite un traitement médicamenteux auquel il ne peut avoir accès dans son pays d'origine. • CE 29 juill. 2002, *Haji*, n° 235562. ♦ Personne devenue aveugle à laquelle la qualité de travailleur handicapé avait été reconnue et qui avait obtenu un stage de formation afin d'acquérir une autonomie dans sa vie personnelle ; le médecin inspecteur avait souligné les conséquences graves du défaut de prise en charge de sa dépendance dans le pays d'origine du requérant. • TA Orléans, 7 nov. 2006, *Kola Mbende*, n° 0600176. ♦ Alors même que l'intéressé bénéficie de soins en France sur la base de molécules qui ne sont pas disponibles dans son pays d'origine, la maladie dont il est atteint est connue et facilement traitée avec d'autres molécules disponibles au Cameroun. • CE 19 janv. 2005, *M. Konango Mbon*, n° 264388. ♦ La circonstance que le traitement de substitution prescrit au requérant dans le but de guérir sa toxicomanie n'avait pas reçu l'avis de mise sur le marché en Algérie entache d'illégalité le refus de renouvellement du titre de séjour. • TA Orléans, 7 nov. 2006, *Graoua*, n° 053266. ♦ Annulation du refus de séjour opposé à un ressortissant camerounais dont l'épouse est séropositive aux virus VIH et de l'hépatite B, et présentant une immunodépression sévère. • CAA Bordeaux, 12 févr. 2009, *Ondoua*, n° 08BX01515. ♦ Annulation du refus de renouvellement d'un titre de séjour alors que le traitement que doit suivre l'intéressée s'inscrit dans la continuité des soins destinés à pallier l'infection nosocomiale dont elle a été victime ; peu importe dès lors que le traitement soit disponible dans son pays d'origine. • CAA Lyon, 9 juin 2009, *Saidi*, n° 08LY02540. ♦ Production de courriers émanant de laboratoires locaux confirmant l'absence de commercialisation de certains des médicaments nécessaires au traitement. • CAA Lyon, 21 oct. 2009, *Abalo*, n° 08LY02473.

47. Circonstances humanitaires exceptionnelles. Le préfet peut, après avis du directeur général de l'ARS [d'un collège de médecins à compétence nationale de l'OFII depuis le Décr. n° 2016-1456], prendre en considération une circonstance humanitaire exceptionnelle pour délivrer la carte de séjour temporaire même s'il existe un traitement approprié dans le pays d'origine de l'intéressé ; en l'espèce, il ne ressort pas des pièces du dossier (notamment des attestations de l'association des paralysés de France, des certificats médicaux établis par plusieurs médecins généralistes et par un médecin psychiatre) que les éléments relatifs à la situation médicale de l'intéressé constitueraient, en eux-mêmes, des circonstances humanitaires exceptionnelles. La décision de refus de séjour n'était donc pas irrégulière. • CAA Douai, 24 oct. 2013, n° 13DA00738. ♦ Alors même que le traitement médical approprié existe dans le pays d'origine de l'intéressée, la situation de violence généralisée dans ce pays l'empêcherait d'y accéder effectivement et constitue en cela une circonstance humanitaire exceptionnelle ; le juge constate en effet que la situation de conflit armé interne particulièrement volatile avait pour conséquence une crise humanitaire et sanitaire de la plus grande importance. • TA Toulouse, 31 oct. 2014, n° 1403345.

48. Délivrance du récépissé. Il résulte des dispositions combinées des art. R. 425-11, R. 425-12 et R. 431-12 que le récépissé ne peut être délivré à l'étranger que lorsque le médecin de l'OFII a transmis son rapport médical au collège de médecins de l'office. • CE 5 avr. 2024, n° 488821 : *DP étrangers, Bull. n° 342, avr. 2024, note Baudet-Caille.*

Art. L. 425-9-1 *(L. n° 2024-42 du 26 janv. 2024, art. 75)* **Lorsque le juge administratif saisi, à l'appui de conclusions tendant à l'annulation d'une décision de refus du titre de séjour mentionné au premier alinéa de l'article L. 425-9, d'un moyen relatif à l'état de santé du demandeur, appelle l'Office français de l'immigration et de l'intégration à présenter des observations, celles-ci peuvent comporter toute information couverte par l'article L. 1110-4 du code de la santé publique en lien avec cette décision.**

Art. L. 425-10 **Les parents étrangers de l'étranger mineur qui remplit les conditions prévues à l'article L. 425-9, ou l'étranger titulaire d'un jugement lui ayant conféré l'exercice de l'autorité parentale sur ce mineur, se voient délivrer, sous réserve qu'ils**

justifient résider habituellement en France avec lui et subvenir à son entretien et à son éducation, une autorisation provisoire de séjour d'une durée maximale de six mois. La condition prévue à l'article L. 412-1 n'est pas opposable.

Cette autorisation provisoire de séjour ouvre droit à l'exercice d'une activité professionnelle.

Elle est renouvelée pendant toute la durée de la prise en charge médicale de l'étranger mineur, sous réserve que les conditions prévues pour sa délivrance continuent d'être satisfaites.

Elle est délivrée par l'autorité administrative, après avis d'un collège de médecins du service médical de l'Office français de l'immigration et de l'intégration, dans les conditions prévues à l'article L. 425-9. – *[Anc. art. L. 311-12.]*

COMMENTAIRE

L'article L. 425-10, tel qu'issu de la loi du 7 mars 2016, prévoit qu'une autorisation provisoire de séjour est délivrée aux parents étrangers de l'étranger mineur qui remplit les conditions mentionnées à l'article L. 425-9, ou à l'étranger titulaire d'un jugement lui ayant conféré l'exercice de l'autorité parentale sur ce mineur, sous réserve qu'ils justifient résider habituellement en France avec lui et subvenir à son entretien et à son éducation, sans que la condition d'entrée régulière soit exigée. Cette autorisation provisoire de séjour ouvre droit à l'exercice d'une activité professionnelle. Elle est renouvelée pendant toute la durée de la prise en charge médicale de l'étranger mineur, sous réserve que les conditions prévues pour sa délivrance continuent d'être satisfaites.

Par analogie, bénéficiera également de la carte « vie privée et familiale » l'étranger titulaire d'une rente d'accident du travail ou de maladie professionnelle servie par un organisme français et dont le taux d'incapacité permanente est égal ou supérieur à 20 %. ❑

SECTION 4 **Étrangers victimes de soumission à des conditions d'hébergement incompatibles avec la dignité humaine**

(L. n° 2024-42 du 26 janv. 2024, art. 55)

Art. L. 425-11 L'étranger qui dépose plainte contre une personne qu'il accuse d'avoir commis à son encontre des faits constitutifs de l'infraction de soumission à des conditions d'hébergement incompatibles avec la dignité humaine, mentionnée à l'article 225-14 du code pénal, se voit délivrer une carte de séjour temporaire portant la mention "vie privée et familiale" d'une durée d'un an. La condition prévue à l'article L. 412-1 du présent code n'est pas opposable. La carte est renouvelée pendant toute la durée de la procédure pénale, sous réserve que les conditions prévues pour sa délivrance continuent d'être satisfaites.

CHAPITRE VI **TITRES DE SÉJOUR DÉLIVRÉS POUR UN AUTRE MOTIF**

Sur l'expérimentation introduite par l'art. 14 de la L. n° 2024-42 du 26 janv. 2024, lorsque l'autorité administrative envisage de refuser de délivrer ou de renouveler l'un des titres de séjour mentionnés aux chap. I à III, aux sect. 1 et 2 du chap. V et au chap. VI du présent titre, V. ss. art. L. 420-1.

SECTION 1 **Étranger ayant des liens particuliers avec la France**

SOUS-SECTION 1 **Étranger remplissant les conditions d'acquisition de la nationalité française**

Art. L. 426-1 L'étranger qui remplit les conditions d'acquisition de la nationalité française prévues à l'article 21-7 du code civil se voit délivrer une carte de résident d'une durée de dix ans. – *[Anc. art. L. 314-12.]*

SOUS-SECTION 2 **Étranger ayant combattu dans l'armée française, les rangs des forces françaises de l'intérieur, une armée alliée ou la Légion étrangère**

Art. L. 426-2 L'étranger qui a servi dans une unité combattante de l'armée française se voit délivrer une carte de résident d'une durée de dix ans, sous réserve de la régularité du séjour.

Cette carte est également délivrée, dans les mêmes conditions, à l'étranger se trouvant dans l'une des situations suivantes :

1° Il a effectivement combattu dans les rangs des forces françaises de l'intérieur et est titulaire du certificat de démobilisation délivré par la commission d'incorporation de ces formations dans l'armée régulière ou, quelle que soit la durée de son service dans ces mêmes formations, il a été blessé en combattant l'ennemi ;

2° Il a servi en France dans une unité combattante d'une armée alliée ou, résidant antérieurement sur le territoire de la République, il a également combattu dans les rangs d'une armée alliée. – *[Anc. art. L. 314-11, 4°, 5° et 6°.]*

1. Pour une application, V. : • TA Marseille, 1er juill. 1996, *M. Kiro Popovski,* n° 96-2657.

2. Ces dispositions ne concernent pas les descendants des personnes ici visées, s'agissant en l'espèce du fils d'un ancien combattant de l'armée française. • CE 30 juill. 2003, *Khebchi,* n° 239018.

3. Ressortissants algériens. Les ressortissants algériens ne peuvent se prévaloir du 4° [de l'anc. art. L. 314-11, devenu art. L. 426-2]. • CAA Versailles, 27 mai 2008, *Arab,* n° 07VE02564.

4. Ressortissants tunisiens. Il en va de même des ressortissants tunisiens. • TA Lyon, 28 nov. 1990, *Tlaili B. : Lebon 774.*

Art. L. 426-3 L'étranger qui sert ou a servi dans la Légion étrangère, comptant au moins trois ans de services *[service]* dans l'armée française, et qui est titulaire du certificat de bonne conduite, se voit délivrer une carte de résident d'une durée de dix ans.

S'il fait l'objet d'un retrait du certificat de bonne conduite pour cause de désertion ou de comportement ultérieur inadapté aux exigences des forces armées, la carte de résident prévue au premier alinéa peut lui être retirée. – *[Anc. art. L. 314-6-2 ; anc. art. L. 314-11, 7°.]*

Quels que soient les motifs pour lesquels le certificat de bonne conduite n'a pas été attribué, l'intéressé ne peut prétendre à la délivrance d'une carte de résident. • TA Marseille, 27 oct. 1998, *M. Popovski,* n° 96MA02426.

SOUS-SECTION 3 **Carte de résident permanent**

Art. L. 426-4 A l'expiration de la carte de résident prévue aux articles L. 423-6, L. 423-10, L. 423-11, L. 423-12, L. 423-16, L. 424-1, L. 424-3, L. 424-13, L. 424-21, L. 425-3, L. 426-1, L. 426-2, L. 426-3, L. 426-6, L. 426-7 ou L. 426-10, ou de la carte de résident portant la mention "résident de longue durée – UE" prévue aux articles L. 421-12, L. 421-25, ou L. 426-17, dont il est titulaire, une carte de résident permanent, à durée indéterminée, peut être délivrée à l'étranger qui en fait la demande, à condition que sa présence ne constitue pas une menace pour l'ordre public et qu'il satisfasse aux conditions prévues à l'article L. 413-7.

La délivrance de la carte de résident permanent est de droit dès le deuxième renouvellement d'une carte de résident, sous réserve des mêmes conditions que celles prévues au premier alinéa.

L'étranger âgé de plus de soixante ans titulaire d'une carte de résident dont il sollicite le renouvellement, et qui remplit les conditions définies au premier alinéa, se voit délivrer la carte de résident permanent même s'il n'en fait pas la demande, sauf s'il demande la délivrance ou le renouvellement de la carte de résident portant la mention "résident de longue durée – UE" prévue à l'article L. 426-17.

Lors du dépôt de sa demande de renouvellement d'une carte de résident, l'étranger est dûment informé des conditions dans lesquelles il pourra se voir accorder une carte de résident permanent.

Les articles L. 411-5, L. 414-10 et L. 414-14, les troisième, quatrième et cinquième alinéas de l'article L. 423-6, le deuxième alinéa de l'article L. 426-3 et les articles L. 432-3, L. 432-10, L. 432-11 et L. 432-12 sont applicables à la carte de résident permanent.

Lorsque la carte de résident permanent est retirée à un étranger qui ne peut faire l'objet d'une décision d'expulsion en application des articles L. 631-2 ou L. 631-3, une carte de séjour temporaire lui est délivrée. – *[Anc. art. L. 314-14.]*

COMMENTAIRE

Aboutissement « naturel » du parcours d'intégration, la carte de résident permanent a été créée par la loi du 20 novembre 2007 et permet à un étranger de résider régulièrement en France et d'exercer une activité professionnelle sous couvert d'un titre de séjour dont la durée de validité n'est pas limitée.

Cette carte de résident permanent ne peut être attribuée qu'à l'expiration d'une carte de résident « simple ». Le législateur de 2011 en a étendu logiquement le bénéfice au titulaire d'une carte bleue européenne ayant accédé au statut de résident (art. L. 314-8-1). ❑

1. Le Conseil d'État a accepté de renvoyer une QPC au Cons. const. dirigée contre le 2e al. de l'art. L. 426-4 dont les dispositions subordonnent à l'absence de menace pour l'ordre public la délivrance de plein droit d'une carte de résident permanent dès le deuxième renouvellement d'une carte de résident; le moyen tiré de ce qu'elles portent atteinte au 10e al. du Préambule à la Constitution du 27 oct. 1946 selon lequel la Nation assure à l'individu et à la famille les conditions nécessaires à leur développement, soulève une question présentant un caractère sérieux. • CE 28 févr. 2023, n° 468561. ♦ Dans une précédente décision, le Cons. const. avait souligné qu'au moment où il formule une demande de renouvellement de sa carte de résident, l'étranger peut se prévaloir d'une présence régulière sur le territoire français d'une durée de dix ans au moins ; en raison d'une telle stabilité, de nature à avoir fait naître entre l'étranger et le pays d'accueil des liens multiples, une simple menace pour l'ordre public ne saurait suffire à fonder un refus de renouvellement de ce titre de séjour sans atteintes excessives au droit de l'intéressé au respect de sa vie familiale et privée, alors qu'à tout moment la préservation de l'ordre public permet à l'autorité administrative, en cas de menace grave, de prononcer son expulsion. • Cons. const. 22 avr. 1997, n° 97-389 DC.

2. En subordonnant la délivrance de plein droit d'une carte de résident permanent à l'absence de menace à l'ordre public, le législateur a poursuivi l'objectif de valeur constitutionnelle de sauvegarde de l'ordre public ; par ailleurs, le refus de délivrance est sans incidence sur le droit au séjour de l'intéressé. • Cons. const. 4 mai 2023, n° 2023-1048 QPC : *D. 2023. 892*.

SECTION 2 Étranger titulaire d'une rente ou d'une pension de retraite

SOUS-SECTION 1 Étranger titulaire d'une rente d'accident du travail ou de maladie professionnelle

Art. L. 426-5 **L'étranger titulaire d'une rente d'accident du travail ou de maladie professionnelle servie par un organisme français et dont le taux d'incapacité permanente est égal ou supérieur à 20 % se voit délivrer une carte de séjour temporaire portant la mention "vie privée et familiale" d'une durée d'un an. La condition prévue à l'article L. 412-1 n'est pas opposable.** – *[Anc. art. L. 313-11, 9°.]*

Art. L. 426-6 **L'étranger titulaire d'une rente d'accident de travail ou de maladie professionnelle versée par un organisme français et dont le taux d'incapacité permanente est égal ou supérieur à 20 % se voit délivrer une carte de résident d'une durée de dix ans sous réserve de la régularité du séjour.** – *[Anc. art. L. 314-11, 3° (ecqc l'étranger titulaire de la rente).]*

Pour une application, V. : • CE 27 mai 1994, *M. Mong'anabola*, n° 143079 : *RFDA 1994. 839* ; *JCP 1994. IV. 1783.* ♦ V. aussi : • CE 14 nov. 2005, *M. Benbrahim*, n° 272585.

Art. L. 426-7 **Les ayants droit d'un étranger bénéficiaires d'une rente de décès pour accident de travail ou maladie professionnelle versée par un organisme français se voient délivrer une carte de résident d'une durée de dix ans sous réserve de la régularité du séjour.** – *[Anc. art. L. 314-11, 3° (ecqc les ayants droit).]*

Pour une application, V. : • CE 27 mai 1994, *Mong'anabola*, n° 143079 : *préc. ss. art. L. 426-6.*

SOUS-SECTION 2 Étranger retraité

Art. L. 426-8 **L'étranger titulaire d'une pension contributive de vieillesse, de droit propre ou de droit dérivé, liquidée au titre d'un régime de base français de sécurité sociale et qui, après avoir résidé en France sous couvert d'une carte de résident, a établi ou établit sa résidence habituelle hors de France bénéficie, à sa demande, d'une carte de séjour portant la mention "retraité" d'une durée de dix ans.**

Cette carte lui permet d'entrer en France à tout moment pour y effectuer des séjours n'excédant pas un an. Elle est renouvelée de plein droit.

Par dérogation à l'article L. 414-10 cette carte n'autorise pas l'exercice d'une activité professionnelle. — *[Anc. art. L. 317-1, al. 1er.]*

COMMENTAIRE

La carte de séjour portant la mention « retraité », issue de la loi n° 98-349 du 11 mai 1998, constitue bien davantage une sorte de visa permanent qu'un véritable titre de séjour ; en effet, cette carte n'autorise pas son titulaire à séjourner de manière durable en France puisque les séjours sont limités à une année et exclut l'exercice d'une activité professionnelle. En réalité, en instituant cette carte, le législateur a entendu répondre aux cas d'étrangers souhaitant résider dans leur pays d'origine tout en revenant périodiquement en France afin de rendre visite aux membres de leurs familles, sans être contraints de solliciter systématiquement un visa d'entrée sur le territoire français. ❑

1. Si l'intéressé peut présenter sa demande de carte de séjour auprès de la représentation consulaire française du pays où il a établi sa résidence habituelle, l'autorité compétente pour délivrer cette carte est le préfet du département où l'étranger déclare vouloir séjourner. • CE 27 juill. 2005, *M. Belkacem,* n° 265328 : *Lebon T. 911* • 4 juill. 2007, *Benyoucef,* n° 294391.

2. Le titulaire d'une carte de séjour « retraité » qui apporte la preuve qu'il réside plus de 180 jours par an en France doit être considéré comme ayant sa résidence habituelle en France ; par suite, il peut prétendre au bénéfice de l'allocation de solidarité aux personnes âgées. • Civ. 2e, 14 janv. 2010, *Arhab c/ Caisse régionale d'assurance maladie Rhône-Alpes,* n° 08-20.782.

3. Dès lors que la carte portant la mention « retraité » ne peut s'assimiler à une carte de résident ou permettre de considérer son titulaire comme résidant en France, elle ne permet pas d'ouvrir droit à l'APL. • TA Limoges, 12 juill. 2010, *M. K.,* n° 0901826. ♦ Même solution s'agissant du RSA. • TA Limoges, 18 nov. 2010, *M. A. c/ Dpt de la Haute-Vienne,* n° 1000510 : *AJDA 2011. 571, concl. Labouysse.*

4. Ressortissants algériens. Il résulte des stipulations de l'accord franco-algérien, dans sa rédaction issue de l'avenant du 11 juill. 2001, que la délivrance du certificat de résidence portant la mention « retraité » est prévue pour les ressortissants algériens ayant été titulaires d'un certificat de résidence valable 10 ans mais non pour ceux d'entre eux ayant bénéficié de titres de séjour d'une validité moindre, quand bien même la succession de ces titres leur permettrait de justifier d'une durée de séjour continue égale ou supérieure à 10 ans. • CE 26 nov. 2012, *M. Chettah,* n° 349293 B : *AJDA 2012. 2294.* ♦ Si le retraité doit apporter la preuve qu'il a résidé régulièrement en France sous couvert d'un certificat de résidence de 10 ans, une telle condition n'est pas exigée de son conjoint pour obtenir un titre de séjour lui conférant les mêmes droits ; l'art. 7 *ter* de l'accord franco-algérien stipule seulement que l'épouse doit avoir résidé régulièrement en France avec son époux. • CAA Marseille, 7 nov. 2014, n° 13MA03981 : *DP étrangers, Bull. n° 241, févr. 2015.*

5. Il résulte de l'art. 7 *ter* de l'accord franco-algérien du 27 déc. 1968 que le certificat de résidence portant la mention « retraité », valable 10 ans, dont peuvent bénéficier les ressortissants algériens est renouvelé de plein droit à l'étranger, sous réserve que la résidence habituelle de l'intéressé se situe toujours hors de France et que chacun des séjours qu'il a effectués en France sous le couvert de ce titre n'a pas excédé une année. • CE 7 févr. 2022, n° 451318 B.

Art. L. 426-9 Le conjoint du titulaire d'une carte de séjour portant la mention "retraité", ayant résidé régulièrement en France avec lui, bénéficie d'un titre de séjour conférant les mêmes droits. — *[Anc. art. L. 317-1, al. 2.]*

Il résulte du présent art. que le conjoint lui-même retraité du titulaire d'une carte de séjour « retraité » a droit à la carte susmentionnée de façon autonome au titre du premier al. du présent art. ; la seule condition exigée du conjoint non retraité lui-même est d'avoir résidé régulièrement avec son conjoint. En disposant que ce conjoint devait avoir résidé avec son conjoint « pendant la durée de validité de la dernière carte de résident de ce dernier », la Circ. du 12 mai 1998 n'a pas entendu imposer au conjoint intéressé d'avoir résidé avec son conjoint pendant l'intégralité de la durée de validité de la dernière carte de résident de ce dernier. • CE 30 juin 2000, *GISTI,* n° 199336 : *Lebon 260.*

Art. L. 426-10 L'étranger, titulaire d'une carte de séjour portant la mention "retraité" prévue à l'article L. 426-8, qui justifie de sa volonté de s'établir en France et d'y résider à titre principal se voit délivrer une carte de résident d'une durée de dix ans sous réserve de la régularité du séjour. — *[Anc. art. L. 314-11, 11°.]*

SECTION 3 Étranger titulaire du statut de résident longue durée – UE dans un autre État membre de l'Union européenne et membres de famille

SOUS-SECTION 1 Étranger titulaire du statut de résident longue durée – UE dans un autre État membre de l'Union européenne

Art. L. 426-11 L'étranger titulaire de la carte de résident de longue durée – UE, définie par les dispositions de la directive 2003/109/CE du Conseil du 25 novembre 2003 relative au statut des ressortissants de pays tiers résidents de longue durée, accordée dans un autre État membre de l'Union européenne, et qui justifie de ressources stables et suffisantes pour subvenir à ses besoins et, le cas échéant, à ceux de sa famille, ainsi que d'une assurance maladie obtient, sous réserve qu'il en fasse la demande dans les trois mois qui suivent son entrée en France, et sans que la condition prévue à l'article L. 412-1 soit opposable :

1° La carte de séjour temporaire portant la mention portant la mention "salarié", "travailleur temporaire" ou "entrepreneur/profession libérale" s'il remplit les conditions prévues aux articles L. 421-1, L. 421-3 ou L. 421-5 ;

2° La carte de séjour temporaire portant la mention "étudiant" s'il remplit les conditions prévues aux articles L. 422-1, L. 422-2, L. 422-4 ou L. 422-5 ;

3° La carte de séjour temporaire portant la mention "visiteur" s'il remplit les conditions prévues à l'article L. 426-20 ;

4° La carte de séjour pluriannuelle portant la mention "talent – chercheur" s'il remplit les conditions prévues à l'article L. 421-14 ;

5° La carte de séjour pluriannuelle portant la mention "talent" s'il remplit les conditions prévues à l'article L. 421-20 ;

Pour l'application du présent article, sont prises en compte toutes les ressources propres du demandeur et, le cas échéant, de son conjoint, indépendamment des prestations familiales et des allocations prévues à l'article L. 262-1 du code de l'action sociale et des familles, à l'article L. 815-1 du code de la sécurité sociale et aux articles L. 5423-1, L. 5423-2 et L. 5423-3 du code du travail. Ces ressources doivent atteindre un montant au moins égal au salaire minimum de croissance et sont appréciées au regard des conditions de logement.

Les dispositions du présent article ne sont pas applicables lorsque l'étranger séjourne en tant que travailleur salarié détaché par un prestataire de services dans le cadre d'une prestation transfrontalière ou en tant que prestataire de services transfrontaliers.

Les conditions d'application du présent article sont précisées par décret en Conseil d'État. – *[Anc. art. L. 313-4-1.]*

1. Champ d'application. Les dispositions du présent art. sont inapplicables aux demandes formulées avant l'intervention de la Dir. 2003/109/CE du 25 nov. 2003. • CAA Paris, 9 avr. 2009, *Mme Jamila Baaziz épse Boumtira,* n° 08PA05462.

2. Le juge s'autorise à vérifier que le titre de séjour présenté par l'intéressé équivaut bien au permis de séjour de résident de longue durée – CE, lequel est d'une durée de 5 ans et doit correspondre au modèle type prévu par le Règl. (CE) n° 1030/2002 du 13 juin 2002. • CAA Douai, 29 oct. 2009, *Esmel,* n° 09DA00297.

3. En dehors des cas liés à un motif tiré de l'ordre public ou de la sécurité publique, les ressortissants de pays tiers titulaires d'un titre de séjour en cours de validité délivré par les autorités d'un État membre de l'UE, se trouvant en situation irrégulière sur le territoire d'un autre État membre, doivent quitter immédiatement le territoire de ce dernier ; ainsi, le deuxième État membre sur le territoire duquel le ressortissant d'un pays tiers séjourne irrégulièrement doit d'abord inviter celui-ci à quitter son territoire et, en cas d'inexécution de cette invitation, le deuxième État membre peut prendre une mesure d'éloignement. • TA Amiens, 12 oct. 2012, *M. Aayssi,* n° 1201581 : *AJDA 2013. 504*. ♦ Les personnes concernées feront ainsi l'objet d'une invitation à quitter le territoire français susceptible de transformation en OQTF en cas d'inexécution ; cette invitation a été considérée comme une décision faisant grief devant faire l'objet d'une motivation en application de l'art. L. 211-2 CRPA. • TA Paris, 16 déc. 2021, n° 2114131 : *AJDA 2022. 589, concl. Pottier*.

4. Ressortissants algériens. Entre dans le champ d'application du 1 de l'art. 3 de la Dir. 2003/109/CE du Conseil du 25 nov. 2003 sans qu'y fassent obstacle les dispositions de l'accord franco-algérien du 27 déc. 1968 mod., le ressortissant algérien (donc ressortissant de pays tiers, à savoir l'Algérie), résidant légalement sur le territoire d'un État membre, en l'espèce l'Italie. • CAA Bordeaux, 29 nov. 2011, *Mahiddine,* n° 10BX02679 • CAA Versailles, 14 juin 2012, *Préfet des Yvelines c/ Chelli,* n° 11VE02105.

5. Taxes. La CJUE considère que l'application de

droits fiscaux excessifs et disproportionnés aux ressortissants de pays tiers sollicitant le statut de résident de longue durée est susceptible de créer un obstacle à l'exercice des droits conférés par la Dir. 2003/109/CE du 25 nov. 2003. • CJUE 26 avr. 2012, *Commission c/ Pays-Bas,* n° C-508/10. ♦ Les États peuvent soumettre la délivrance de permis et de titres de séjour au titre de la Dir. 2003/109/CE au paiement de droits et jouissent d'une marge d'appréciation, celle-ci n'étant pas illimitée. Ainsi, ils ne sauraient appliquer une réglementation susceptible de mettre en péril la réalisation des objectifs poursuivis par la directive, en particulier l'intégration des ressortissants de pays tiers installés durablement dans les États membres. En l'espèce, la Cour considère qu'un droit compris entre 80 et 200 € est disproportionné au regard de l'objectif poursuivi par cette directive et est susceptible de créer un obstacle à l'exercice des droits conférés par celle-ci. • CJUE 2 sept. 2015, *CGIL et INCA,* n° C-309/14.

SOUS-SECTION 2 **Conjoint et enfant de l'étranger titulaire du statut de résident longue durée – UE dans un autre État membre de l'Union européenne**

Art. L. 426-12 Sous réserve qu'il en fasse la demande dans les trois mois qui suivent son entrée en France, le conjoint d'un étranger titulaire du statut de résident de longue durée – UE dans un autre État membre de l'Union européenne et d'une carte de séjour temporaire délivrée en application de l'article L. 426-11 se voit délivrer, s'il justifie avoir résidé légalement avec le résident de longue durée – UE dans l'autre État membre, disposer de ressources stables et suffisantes ainsi que d'une assurance maladie, une carte de séjour temporaire portant la mention "vie privée et familiale". La condition prévue à l'article L. 412-1 n'est pas opposable.

Par dérogation à l'article L. 414-10, cette carte *(Rect. JO du 27 févr. 2021)* « n'autorise » pas l'exercice d'une activité professionnelle dans l'année qui suit sa première délivrance. — *[Anc. art. L. 313-11-1, I ; anc. art. L. 313-12, al. 4 (ecqc l'activité professionnelle pour la carte de séjour délivrée sur le fondement du I de l'art. L. 313-11-1).]*

Art. L. 426-13 La carte de séjour prévue à l'article L. 426-12 est également délivrée, lorsqu'il atteint l'âge de dix-huit ans, à l'enfant, entré mineur en France, d'un étranger titulaire du statut de résident de longue durée – UE dans un autre État membre de l'Union européenne et d'une carte de séjour temporaire délivrée en application de l'article L. 426-11 sous réserve qu'il en fasse la demande dans les trois mois qui suivent son dix-huitième anniversaire ou lorsqu'il entre dans les prévisions de l'article L. 421-35. La condition prévue à l'article L. 412-1 n'est pas opposable.

L'enfant mentionné au premier alinéa est celui qui répond à l'une des définitions données aux articles L. 434-2 à L. 434-5. Il doit justifier avoir résidé légalement avec le résident de longue durée – UE dans l'autre État membre et disposer d'une assurance maladie. Il doit également disposer de ressources stables et suffisantes ou être pris en charge par son parent titulaire de la carte de séjour temporaire délivrée en application de l'article L. 426-11.

Lorsqu'elle est délivrée en application du premier alinéa, la carte prévue à l'article L. 426-12 autorise l'exercice d'une activité professionnelle à condition que son bénéficiaire séjourne en France depuis au moins un an. — *[Anc. art. L. 313-11-1, II ; anc. art. L. 313-12, al. 4 (ecqc l'activité professionnelle pour la carte de séjour délivrée sur le fondement du II de l'art. L. 313-11-1).]*

Art. L. 426-14 Pour l'application des articles L. 426-12 et L. 426-13, sont prises en compte toutes les ressources propres du demandeur et, le cas échéant, de son conjoint ou parent, indépendamment des prestations familiales et des allocations prévues à l'article L. 262-1 du code de l'action sociale et des familles, à l'article L. 815-1 du code de la sécurité sociale et aux articles L. 5423-1, L. 5423-2 et L. 5423-3 du code du travail.

Les ressources doivent atteindre un montant qui tient compte de la taille de la famille du demandeur. Ce montant, qui doit être au moins égal au salaire minimum de croissance mensuel et au plus égal à ce salaire majoré d'un cinquième, est fixé par décret en Conseil d'État. — *[Anc. art. L. 313-11-1, III.]*

Art. L. 426-15 La date d'expiration de la carte de séjour temporaire délivrée dans les conditions définies aux articles L. 426-12 et L. 426-13 ne peut être postérieure à celle de la carte de séjour temporaire délivrée, en application de l'article L. 426-11, à l'étranger titulaire du statut de résident de longue durée – UE dans un autre État membre de l'Union européenne. – *[Anc. art. L. 313-11-1, IV.]*

Art. L. 426-16 Les conditions d'application de la présente section sont précisées par décret en Conseil d'État. – *[Anc. art. L. 313-11-1, V.]*

SECTION 4 **Étranger justifiant d'une résidence régulière ininterrompue en France, d'un certain niveau de ressources et d'une assurance maladie**

Art. L. 426-17 L'étranger qui justifie d'une résidence régulière ininterrompue d'au moins cinq ans en France au titre d'une carte de séjour temporaire ou pluriannuelle ou d'une carte de résident, de ressources stables, régulières et suffisantes pour subvenir à ses besoins et d'une assurance maladie se voit délivrer, sous réserve des exceptions prévues à l'article L. 426-18, une carte de résident portant la mention "résident de longue durée – UE" d'une durée de dix ans.

Les années de résidence sous couvert d'une carte de séjour temporaire portant la mention "vie privée et familiale" retirée par l'autorité administrative sur le fondement d'un mariage ayant eu pour seules fins d'obtenir un titre de séjour ou d'acquérir la nationalité française ne peuvent être prises en compte pour obtenir la carte de résident prévue au premier alinéa.

Les ressources mentionnées au premier alinéa doivent atteindre un montant au moins égal au salaire minimum de croissance. Sont prises en compte toutes les ressources propres du demandeur, indépendamment des prestations familiales et des allocations prévues à l'article L. 262-1 du code de l'action sociale et des familles ainsi qu'aux articles L. 5423-1, L. 5423-2 et L. 5423-3 du code du travail.

La condition de ressources prévue au premier alinéa n'est pas applicable lorsque la personne qui demande la carte de résident est titulaire de l'allocation aux adultes handicapés mentionnée à l'article L. 821-1 du code de la sécurité sociale ou de l'allocation supplémentaire mentionnée à l'article L. 815-24 du même code.

Les modalités d'application du présent article sont définies par décret en Conseil d'État. – *[Anc. art. L. 314-8 (sauf exceptions du 1°).]*

COMMENTAIRE

S'agissant des ressources exigées du demandeur, le législateur retient la notion de « ressources stables, régulières et suffisantes », se mettant ainsi en parfaite conformité avec l'article 5 de la directive du 25 novembre 2003 selon lequel « les États membres exigent du ressortissant d'un pays tiers de fournir la preuve qu'il dispose pour lui et pour les membres de sa famille qui sont à sa charge [...] de ressources stables, régulières et suffisantes pour subvenir à ses propres besoins et à ceux des membres de sa famille sans recourir au système d'aide sociale de l'État membre concerné » (Rapp. AN n° 3423, 20 janv. 2016). En outre, le législateur a pris soin de préciser que la condition de ressources n'est pas applicable lorsque la personne qui demande la carte de résident est titulaire de l'allocation aux adultes handicapés (AAH) ou de l'allocation supplémentaire invalidité (ASI). ❑

I. DURÉE DE RÉSIDENCE

1. Dès lors qu'aucun principe non plus qu'aucune règle de valeur constitutionnelle n'assure aux étrangers des droits de caractère général et absolu d'accès et de séjour sur le territoire national et eu égard à l'objectif d'intérêt général qu'il s'est assigné, tendant à instituer un statut de résident de longue durée, le législateur a pu exiger que l'obtention de la carte de résident délivrée en vertu du présent art. soit soumise à la double condition d'une durée de résidence ininterrompue de 5 ans sur le territoire français et d'une intégration dans la société française. • Cons. const. 20 nov. 2003, n° 2003-484 DC : *préc. note 4 ss. art. L. 313-1.*

2. L'obtention d'une carte de résident est subordonnée à la condition préalable de justifier d'une résidence non interrompue, conforme aux lois et règlements en vigueur, d'au moins 5 années (depuis la L. n° 2003-1119 du 26 nov. 2003). • TA Montpellier, 29 juin 1994, *Touaouch c/ Préfet du Gard : Juris-Data 21 déc. 1995, n° 118.* ♦ Un travailleur saisonnier ne remplit pas cette condition car il n'a pas vécu en France de manière ininterrompue, même s'il y est venu régulièrement. • CE 7 mai 1997, *M. Jadi,* n° 152301. ♦ Ne justifie pas davantage de cette condition de durée l'étranger qui a résidé en France de manière irrégulière, même partiellement. • TA Montpellier, 29 juin 1994, *Touaouch c/ Préfet du Gard : préc.* ♦ Le Conseil d'État a considéré que les périodes au cours desquelles un ressortissant tunisien a résidé en France en y étant autorisé par des récépissés de demande de délivrance ou de renouvellement de titre de séjour doivent être prises en compte pour apprécier le respect de la condition de résidence régulière ininterrompue de 5 ans posée à l'art. 10 de l'accord franco-tunisien du 17 mars 1988 pour l'octroi de plein droit d'un titre de séjour de 10 ans. • CE 11 oct. 2010, *Mme Hsini*, n° 331370 B. ♦ A noter que le législateur de 2011 a précisé que ne pouvaient entrer dans le décompte des 5 ans visés au présent art. les années de résidence effectuées au titre d'une carte de séjour « vie privée et familiale » ayant été retirée pour mariage frauduleux ou de complaisance.

3. Une Circ. du 25 juin 2013 relative aux conditions de renouvellement des titres de séjour (NOR : INTV1316280C) précise que la durée des récépissés attestant d'un séjour régulier dans l'attente de la délivrance d'un titre de séjour doit être incluse dans le calcul des 5 années de présence régulière en France.

4. La condition de résidence légale et ininterrompue sur le territoire de l'État membre concerné pendant les 5 années précédant l'introduction de la demande en cause est une condition indispensable pour pouvoir acquérir le statut de résident de longue durée prévu par cette directive, de sorte qu'un ressortissant d'un pays tiers peut présenter une demande afin d'acquérir ce statut uniquement s'il remplit lui-même, à titre personnel, cette condition. • CJUE 17 juill. 2014, n° C-469/13 : *AJDA 2014. 1524*.

5. Ressortissants algériens. Les ressortissants algériens peuvent obtenir un certificat de résidence s'ils justifient résider en France depuis au moins 10 ans à la date de la demande de titre de séjour ; la période durant laquelle l'intéressé avait dû séjourner hors de France consécutivement à une mesure d'éloignement faisant suite à un refus de séjour jugé illégal postérieurement à l'exécution de son éloignement ne peut être prise en compte dans le calcul de la durée de son séjour en France. • CAA Nancy, 7 févr. 2013, n° 12NC01051.

II. MOYENS D'EXISTENCE

6. La décision d'accorder ou de refuser la carte de résident est prise en tenant compte des moyens d'existence dont l'étranger peut faire état, parmi lesquels les conditions de son activité professionnelle. Le requérant ne peut se prévaloir de ressources tirées d'une activité salariée exercée irrégulièrement, le contrat de travail n'ayant pas été visé par la direction départementale du travail et de l'emploi en raison de la situation locale de l'emploi. • CE 22 sept. 1997, *M. Hannachi*, n° 156414.

7. A l'inverse, commet une erreur de fait le préfet qui refuse une carte de résident au motif que le requérant n'avait pu produire ni extrait du registre du commerce, ni justification de déclarations fiscales alors qu'il venait de vendre un fonds de commerce et qu'il était sur le point d'en acheter un autre. • CE 7 févr. 1994, *Yacia*, n° 140422 : *Lebon 946.* ♦ Un congé parental doit être assimilé à un contrat de travail simplement suspendu pendant la durée du congé ; il en résulte l'illégalité du refus de carte de résident pour défaut de moyens d'existence. • TA Lyon, 8 sept. 1999, *Mme Fatiha Benamara*, n° 98-051139.

8. Dans son appréciation des moyens d'existence du requérant, l'administration n'a pas à tenir compte de la situation de la société qui l'emploie et ne peut ainsi exclusivement se fonder sur le fait qu'elle est déficitaire depuis trois exercices. • CE 18 févr. 1998, *M. Kacem*, n° 171194 : *Lebon T. 953.* ♦ Jugé que ne justifie pas de ressources insuffisantes un couple avec 3 enfants mineurs disposant de 14 000 F par mois, 40 % des revenus provenant d'allocations de chômage. • TA Marseille, 21 sept. 1999, *Mme Hassen Abdi*, n° 98-6954.

9. L'application de la condition de ressources ne doit pas aboutir à la mise en œuvre d'une discrimination, notamment en raison de l'état de santé du demandeur ; ainsi encourt l'annulation le refus de carte de résident opposé au titulaire de l'allocation adulte handicapé qui est dans l'impossibilité de travailler et dispose de ressources nécessairement inférieures au SMIC. • TA Limoges, 12 mai 2010, *Khatchikian c/ Préfet de la Haute-Vienne*, n° 0902011.

III. RESSOURCES STABLES, RÉGULIÈRES ET SUFFISANTES

10. Selon la CJUE, cette notion doit être appréhendée comme une notion autonome du droit de l'Union, interprétée de manière uniforme sur le territoire de l'Union, indépendamment des qualifications utilisées dans les États membres en tenant compte de l'objectif d'intégration des ressortissants de pays tiers installés durablement dans les États membres, pour laquelle, selon une jurisprudence constante, le critère principal est la durée de la résidence légale et ininterrompue de 5 ans. La provenance des ressources dont doit disposer un demandeur du statut de résident longue durée – UE n'est pas un critère décisif ; ainsi, les ressources provenant d'un tiers ou d'un membre de la famille du demandeur ne sont pas exclues pourvu qu'elles soient stables, régulières et suffisantes. • CJUE 3 oct. 2019, n° C-302/18.

11. Prestations sociales. Les dispositions du présent art. doivent être interprétées conformément aux objectifs de la Dir. du 25 nov. 2003, dont elles assurent la transposition et qui visent à permettre la délivrance d'un titre de séjour de longue durée, valable dans l'ensemble du territoire de l'Union, aux ressortissants de pays tiers résidant dans un État membre et remplissant certaines conditions, dont celle de disposer de ressources suffisantes pour ne pas être à la charge de l'État, ainsi qu'à uniformiser la définition des ressources prises en compte à cette fin. Il résulte des dispositions de l'art. 5 de la directive qu'elles ne permettent aux États membres de ne prendre en compte que les ressources propres du demandeur, sans y adjoindre les prestations dont il peut bénéficier au titre de l'aide sociale ; les dispositions du présent art. doivent dès lors être interprétées comme excluant la prise en compte non seulement des prestations qu'elles mentionnent mais également des autres prestations d'aide sociale, notamment l'allocation de solidarité aux personnes âgées et l'AAH. • CE 16 déc. 2013, n° 366722 B. ♦ Le § 1 de l'art. 5 de la Dir. du 25 nov. 2003 subordonne la reconnaissance du statut de résident de longue durée à l'existence, pour le demandeur et les membres de sa famille, de ressources stables, régulières et suffisantes pour subvenir à leurs besoins sans recourir au système d'aide sociale de l'État membre concerné, afin d'éviter que l'étranger ne devienne une charge pour celui-ci ; la condition ainsi posée est liée aux caractéristiques propres du statut de résident de longue durée, dont le titulaire bénéficie, notamment, du droit de séjourner au-delà de 3 mois dans un autre État membre. L'art. 13 de la directive permet aux États membres de délivrer des titres de séjour à des conditions plus favorables que celles établies au § 1 de l'art. 5, dès lors que de tels titres de séjour ne donnent pas accès au droit de séjour dans les autres États membres ; le refus de délivrance du titre de séjour de résident de longue durée, qui ne fait pas obstacle à la délivrance d'un autre titre de séjour et n'emporte, par lui-même, aucune conséquence sur le droit au séjour de l'intéressé, ne porte pas atteinte au droit au respect de la vie privée et familiale garanti par l'art. 8 Conv. EDH, qui ne saurait être regardé comme imposant à un État de délivrer un type particulier de titre de séjour. L'exigence fixée par le § 1 de l'art. 5 de la directive, justifiée par l'objectif légitime de n'ouvrir le statut de résident de longue durée qu'aux étrangers jouissant d'une autonomie financière, est nécessaire et proportionnée au but en vue duquel elle a été prise ; doit être écarté le moyen tiré de ce qu'elle méconnaîtrait les stipulations des art. 8 et 14 Conv. EDH et de l'art. 5 de la Conv. relative aux droits des personnes handicapées, qui proscrit les discriminations fondées sur le handicap ; les dispositions du présent art. procèdent à l'exacte transposition du § 1 de l'art. 5 de la Dir. du 25 nov. 2003 en n'autorisant les États membres à ne prendre en compte que les ressources propres du demandeur, sans y adjoindre les prestations dont il peut bénéficier au titre de l'aide sociale ; elles doivent être interprétées comme excluant la prise en compte non seulement des prestations qu'elles mentionnent mais également des autres prestations d'aide sociale, notamment l'allocation de solidarité aux personnes âgées mentionnée aux art. L. 815-1 s. CSS et l'AAH mentionnée aux art. L. 821-1 s. du même code. • CE 20 juin 2016, n° 383333 B : *AJDA 2016. 1268*. ♦ V. déjà : • CAA Bordeaux, 19 janv. 2016, n° 15BX02285.

12. Bénéficiaires de l'AAH. La L. du 7 mars 2016 a dispensé celui qui demande la délivrance d'une carte « résident de longue durée – UE » de la condition tenant à l'existence de ressources stables et suffisantes pour subvenir aux besoins de sa famille, dans le cas où il est titulaire de l'AAH ; le législateur n'a pas entendu limiter le champ de la dérogation qu'il instituait aux seuls titulaires de l'AAH qui en bénéficient au titre de l'art. L. 821-1 CSS, mais a entendu viser l'ensemble des personnes titulaires de cette allocation. • CAA Bordeaux, 19 janv. 2021, n°s 20BX02742 et 20BX02743.

13. Substitution de motif. A l'instar de la jurisprudence en matière de refus de visa (V. ci-dessus, notes 10 s. ss. Chap. II du Tit. I du livre III), le juge administratif s'autorise à procéder à une substitution de motif s'agissant du refus d'une carte de résident. • TA Marseille, 10 mai 2004, *Ait M'Ahmed*, n° 01-5639.

Art. L. 426-18 L'article L. 426-17 ne s'applique pas lorsque l'étranger réside en France au titre :

1° De la carte de séjour temporaire portant la mention "stagiaire ICT" prévue à l'article L. 421-30 ;

2° De la carte de séjour temporaire portant la mention "stagiaire mobile ICT" prévue à l'article L. 421-31 ;

3° De la carte de séjour temporaire portant la mention "stagiaire ICT (famille)" prévue à l'article L. 421-32 ;

4° De la carte de séjour temporaire portant la mention "stagiaire mobile ICT (famille)" prévue à l'article L. 421-33 ;

5° De la carte de séjour temporaire portant la mention "étudiant" prévue à l'article L. 422-1 ou L. 422-2 ;

6° De la carte de séjour temporaire portant la mention "étudiant – programme de mobilité" prévue à l'article L. 422-5 ;

7° De la carte de séjour temporaire portant la mention "stagiaire" prévue à l'article L. 426-23 ;

8° De la carte de séjour pluriannuelle portant la mention "talent" prévue *(L. n° 2024-42 du 26 janv. 2024, art. 30)* « au 3° de l'article L. 421-9 » ;

9° De la carte de séjour pluriannuelle portant la mention "talent (famille)" prévue aux articles L. 421-22 ou L. 421-23 lorsqu'il s'agit du conjoint ou des enfants du couple de l'étranger titulaire de la carte de séjour pluriannuelle prévue *(L. n° 2024-42 du 26 janv. 2024, art. 30)* « au 3° de l'article L. 421-9 » ;

10° De la carte de séjour pluriannuelle portant la mention "salarié détaché ICT" prévue à l'article L. 421-26 ;

11° De la carte de séjour pluriannuelle portant la mention "salarié détaché mobile ICT" prévue à l'article L. 421-27 ;

12° De la carte de séjour pluriannuelle portant la mention "salarié détaché ICT (famille)" prévue à l'article L. 421-28 ;

13° De la carte de séjour pluriannuelle portant la mention "salarié détaché mobile ICT (famille)" prévue à l'article L. 421-29 ;

14° De la carte de séjour pluriannuelle portant la mention "travailleur saisonnier" prévue à l'article L. 421-34 ;

15° De la carte de séjour pluriannuelle portant la mention "bénéficiaire de la protection subsidiaire" prévue à l'article L. 424-9 ;

16° De la carte de séjour portant la mention "retraité" prévue aux articles L. 426-8 ou L. 426-9 ;

17° De la carte de résident prévue aux articles L. 424-1 ou L. 424-3. – *[Anc. art. L. 314-8 (exceptions du 1°).]*

Art. L. 426-19 La décision d'accorder la carte de résident portant la mention "résident de longue durée – UE" prévue à l'article L. 426-17 est subordonnée au respect des conditions d'intégration républicaine prévues à l'article L. 413-7. – *[Anc. art. L. 314-10 (ecqc l'art. L. 314-8).]*

SECTION 5 Étranger visiteur

Art. L. 426-20 L'étranger qui apporte la preuve qu'il peut vivre de ses seules ressources, dont le montant doit être au moins égal au salaire minimum de croissance net annuel, indépendamment de l'allocation aux adultes handicapés mentionnée à l'article L. 821-1 du code de la sécurité sociale et de l'allocation supplémentaire mentionnée à l'article L. 815-24 du même code, se voit délivrer une carte de séjour temporaire portant la mention "visiteur" d'une durée d'un an.

Il doit en outre justifier de la possession d'une assurance maladie couvrant la durée de son séjour et prendre l'engagement de n'exercer en France aucune activité professionnelle.

Par dérogation à l'article L. 414-10, cette carte n'autorise pas l'exercice d'une activité professionnelle.

Les conditions d'application du présent article sont précisées par décret en Conseil d'État. – *[Anc. art. L. 313-6.]*

COMMENTAIRE

Par définition, l'étranger titulaire de la carte de séjour temporaire « visiteur » n'exerce pas d'activité professionnelle en France. Par suite, le présent article exige que le demandeur soit autonome financièrement et ne risque pas de devenir une charge pour l'assurance maladie en France. A ces fins, le législateur de 2018 a entendu préciser le niveau de ressources exigé du titulaire de la carte portant la mention « visiteur » ; ces ressources doivent être au moins égales au salaire minimum de croissance net annuel, soit 14 048,30 euros, indépendamment des prestations liées au revenu de solidarité active et à l'allocation de solidarité spécifique. Ces précisions ont été reprises de celles exigées pour la carte de résident portant la mention « résident de longue durée – UE » (article L. 314-8). Le demandeur doit également bénéficier d'une assurance maladie couvrant toute la durée du séjour. ❑

1. La carte de séjour temporaire délivrée à l'étranger qui apporte la preuve qu'il peut vivre de ses seules ressources et qui prend l'engagement de n'exercer en France aucune activité professionnelle soumise à autorisation porte la mention « visiteur ». L'étranger doit par conséquent justifier de moyens d'existence suffisants (attestation bancaire ou caution de personnes solvables), le juge exerçant désormais un contrôle normal sur cette condition. • CAA Lyon, 19 déc. 1996, *M. Bouresk,* n° 95LY01932 • CE 10 oct. 1997, *M. Ait El Kaid et Assoc. cultuelle et culturelle Daoua tabligislamique de Lens,* n° 168251.

2. Un ressortissant étranger qui souhaite obtenir une carte visiteur doit pouvoir vivre de ses ressources, sans exercer d'activité professionnelle, c'est-à-dire sans être titulaire, par exemple, d'un contrat de travail sur le territoire français. • CAA Paris, 6 avr. 2017, n° 16PA02428. ♦ Un étranger qui présente un contrat de travail ou même une promesse d'embauche ne peut prétendre à la délivrance d'un titre de séjour visiteur. • CAA Marseille, 28 avr. 2015, n° 14MA02233 • CAA Douai, 8 avr. 2021, n° 20DA02022.

3. L'appréciation réalisée par l'autorité administrative doit tenir compte du droit de l'intéressé au respect de sa vie privée et familiale. • CAA Paris, 11 juill. 2001, *Bedda,* n° 98PA02278.

4. Dès lors que la carte de séjour « visiteur » interdit à son titulaire de travailler, sa délivrance, aux lieu et place de la carte « vie privée et familiale », peut constituer une violation du droit de l'intéressé à une vie familiale normale ; en l'espèce, l'épouse du demandeur ne pouvait travailler en raison de son état de santé. • CAA Bordeaux, 16 oct. 2008, *Demir,* n° 07BX02243.

5. Les dispositions du présent art. sont applicables aux ressortissants tunisiens. • CE 9 juill. 2001, *Min. Intérieur c/ Hamza,* n° 227127.

I. ORIGINE DES RESSOURCES

6. Tous les revenus sont pris en compte, notamment les aides financières fournies par des membres de la famille. • TA Marseille, 7 oct. 1997, *Mlle Ziani,* n° 95-5575. ♦ ... Ou les allocations familiales et indemnités de chômage. • CE 27 janv. 1997, *Min. Intérieur,* n° 142025.

7. Les ressources peuvent également provenir de personnes extérieures à la famille, y compris par ex. un « secours mensuel » versé à un imam, au surplus logé gratuitement par une association cultuelle. • CE 10 oct. 1997, *M. Ait El Kaid et Assoc. cultuelle et culturelle Daoua tabligislamique de Lens,* n° 168251. ♦ En revanche, le requérant ne peut se prévaloir du fait que ses besoins seraient partiellement pris en charge par la communauté Emmaüs. • TA Marseille, 8 nov. 1996, *M. Sadouki,* n° 93-5195. ♦ De même, l'obligation alimentaire qui existe entre ascendant et descendant ne saurait constituer une justification de ressources suffisantes. • CE 8 déc. 1997, *M. Tebani,* n° 168558.

8. Il va de soi que des ressources tirées d'une activité salariée sont incompatibles avec la délivrance d'un titre portant la mention « visiteur ». • CE 21 avr. 1997, *Mlle Usop,* n° 156468.

II. MONTANT DES RESSOURCES

A. RESSOURCES PERSONNELLES

9. Ne justifie pas de moyens d'existence suffisants : le titulaire d'une pension d'un montant de 1 350 € par trimestre. • TA Marseille, 22 sept. 1995, *Mme Zoubir,* n° 95-1337. ♦ ... L'étranger qui bénéficie de ressources mensuelles d'environ 410 € et d'un logement à titre gratuit. • TA Marseille, 23 oct. 1995, *M. Krelil,* n° 94-3137. ♦ ... Le bénéficiaire de retraites d'un montant annuel d'environ 1 830 €. • TA Marseille, 23 oct. 1995, *M. Benkhalti,* n° 94-3307. ♦ ... Le bénéficiaire d'une pension d'invalidité d'un montant annuel de 4 570 € et d'une allocation mensuelle au titre de l'APL de 173 €. • TA Marseille, 6 nov. 1995, *M. Iamarene,* n° 91-4829. ♦ ... Le titulaire d'une pension d'invalidité d'un montant de 235 € mensuels. • CE 10 juill. 1996, *M. Kahoul,* n° 138167. ♦ ... Le requérant ne disposant que d'une pension d'ancien combattant français à hauteur de 304 € par mois. • CAA Paris, 18 mai 1999, *Min. Intérieur c/ M. Hannouche,* n° 96PA03467.

10. A l'inverse, révèle une erreur manifeste d'appréciation le refus du préfet de délivrer un titre de séjour pour moyens d'existence insuffisants dans les hypothèses suivantes : étrangère disposant de revenus importants d'une crèche dont elle était propriétaire en Algérie. • TA Marseille, 6 oct. 1995, *Mme Merouane,* n° 95-1799. ♦ ... Ressortissant sénégalais célibataire disposant d'environ 6 860 € par an provenant de son activité de marabout. • CE 26 mars 1997, *M. Touré,* n° 149575. ♦ ... Intéressée disposant de deux pensions de réversion d'un montant mensuel de 460 € et payant un loyer de 115 € par mois. • CE 14 janv. 1998, *Mme Harizia,* n° 161079.

B. AIDE DE TIERS

11. Même lorsque le requérant peut bénéficier de l'aide d'autres personnes, il convient que les ressources globales des intéressés permettent d'assurer des moyens d'existence suffisants. Ainsi, le refus de titre de séjour est justifié lorsque la famille au domicile de laquelle réside l'étranger ne dispose que de ressources modestes ne lui permettant pas de subvenir aux besoins d'un adulte supplémentaire. • CE 22 mai 1992, *Préfet de police c/ Mlle Ammar Khodja,* n° 127046 : *Lebon 974.* ♦ Revenu de 813 € par mois pour assurer l'entretien de 3 personnes. • TA Marseille, 16 oct. 1995, *Mlle Sifer,* n° 94-6520. ♦ Étranger pris en charge par son frère qui percevait près de 1 524 € par mois des ASSEDIC et en allocations familiales mais qui avait déjà à sa charge son conjoint et 5 enfants. • TA Marseille, 13 nov. 1995, *Mlle Badri,* n° 93-2252. ♦ Père de l'intéressé disposant d'un revenu annuel de 11 968 € alors qu'il devait assumer l'entretien de ses 3 enfants mineurs. • TA Marseille, 19 févr. 1996, *M. Kessai,* nos 94-4531 et 94-4942. ♦ Étranger vivant chez son père percevant une pension de retraite de 39 € et le RMI. • CE 10 juill. 1996, *M. Klaai,* n° 143929. ♦ Requérant produisant une attestation de son père et de sa belle-mère, qui résident tous les deux en France, déclarant être disposés à lui apporter une assistance financière ; toutefois, le père de l'intéressé subvient déjà aux besoins d'une famille de 5 personnes avec un revenu mensuel global d'environ 914 €. • CE 22 févr. 1999, *M. Bekkaddour,* n° 169381.

12. A l'inverse, révèle une erreur manifeste d'appréciation le refus du préfet de délivrer un titre de séjour pour moyens d'existence insuffisants dans les hypothèses suivantes : dame âgée de 75 ans, disposant d'un logement gratuit et bénéficiant de l'aide de ses 4 enfants domiciliés dans la même ville qu'elle. • CE 12 oct. 1992, *Min. Intérieur c/ Mme Idir : Lebon 973.* ♦ ... Étranger produisant des relevés de compte attestant que sa famille lui versait chaque année une somme de 9 146 €. • TA Marseille, 3 nov. 1995, *M. Hlal,* n° 95-2439. ♦ ... Revenu de 1 372 € mensuels pour l'entretien de 3 personnes. • CE 21 juin 1996, *Préfet des Yvelines,* n° 156403. ♦ ... Requérant disposant de ressources d'un montant d'environ 2 286 € sur un compte bancaire et produisant une déclaration de prise en charge par son père disposant d'un revenu net variant entre 1 021 et 1 524 €. • CE 7 mai 1997, *M. Bouchareb,* n° 164884.

III. RÉGULARITÉ DES REVENUS

13. Lorsque le demandeur justifie seulement de la disposition d'un capital, la demande est en principe rejetée : demandeur produisant une attestation bancaire révélant un solde créditeur de 9 146 €. • TA Marseille, 11 déc. 1995, *Mlle Merrah,* n° 93-5443. ♦ ... Solde créditeur de 1 540 € sur un livret d'épargne. • TA Marseille, 16 juin 1997, *M. Dimia,* n° 94-6154.

14. Toutefois, le juge prend en compte l'importance du capital disponible afin d'évaluer s'il permet au requérant d'en vivre pendant la durée du séjour en France. • TA Marseille, 4 août 1997, *M. Adjali,* n° 94-5044. ♦ Le juge vérifie que la justification de moyens d'existence suffisants peut être apportée par la présentation d'éléments établissant que l'intéressé dispose d'une épargne stable et suffisante. • CE 8 déc. 1997, *M. Tebani,* n° 168558.

SECTION 6 Étranger séjournant temporairement sur le territoire français

SOUS-SECTION 1 Étranger effectuant une mission de volontariat en France

Art. L. 426-21 **L'étranger qui effectue une mission de volontariat en France auprès d'une fondation ou d'une association reconnue d'utilité publique, ou d'une association adhérente à une fédération elle-même reconnue d'utilité publique, se voit délivrer une autorisation provisoire de séjour si les conditions suivantes sont remplies :**

1° La mission revêt un caractère social ou humanitaire ;

2° Le contrat de volontariat a été conclu préalablement à l'entrée en France ;

3° L'association ou la fondation a attesté de la prise en charge du demandeur ;

4° Le demandeur est en possession du visa de long séjour mentionné au 1° de l'article L. 411-1 ;

5° Le demandeur a pris par écrit l'engagement de quitter le territoire à l'issue de sa mission.

L'association ou la fondation mentionnée au premier alinéa fait l'objet d'un agrément préalable par l'autorité administrative, dans des conditions définies par décret. – *[Anc. art. L. 311-10.]*

COMMENTAIRE

L'article R. 426-9 précise que l'autorisation provisoire de séjour mentionnée est prévue pour l'exercice d'une mission d'intérêt général visant soit à promouvoir l'autonomie et la protection des personnes, à renforcer la cohésion sociale, à prévenir les exclusions ou, le cas échéant, à en corriger les effets, soit à mener des actions de solidarité en faveur de personnes défavorisées ou sinistrées résidant sur le territoire français.

Sur l'agrément des associations et fondations, voir l'article D. 426-12 du code. ❑

SOUS-SECTION 2 Étranger effectuant un séjour de jeune au pair

Art. L. 426-22 **L'étranger âgé de dix-huit à trente ans qui est accueilli temporairement dans une famille d'une nationalité différente et avec laquelle il ne possède aucun lien de parenté, dans le but d'améliorer ses compétences linguistiques et sa connaissance de la France en échange de petits travaux ménagers et de la garde d'enfants, et qui apporte la preuve soit qu'il dispose d'une connaissance de base de la langue française, soit qu'il possède un niveau d'instruction secondaire ou des qualifications profes-**

sionnelles, se voit délivrer une carte de séjour temporaire portant la mention "jeune au pair" d'une durée d'un an.

Cette carte est renouvelable une fois.

Une convention conclue entre le titulaire de cette carte et la famille d'accueil définit les droits et obligations des deux parties, notamment les modalités de subsistance, de logement et d'assurance en cas d'accident du jeune au pair, les modalités lui permettant d'assister à des cours, la durée maximale hebdomadaire consacrée aux tâches de la famille, qui ne peut excéder vingt-cinq heures, le repos hebdomadaire et le versement d'une somme à titre d'argent de poche. Une annexe à la convention retranscrit également les dispositions du code pénal sanctionnant la traite des êtres humains, les infractions d'exploitation, les droits garantis par la loi à la victime ainsi que les sanctions pénales encourues par l'employeur. Une liste des coordonnées d'associations spécialisées dans l'assistance aux victimes figure à la fin de cette annexe.

Les conditions d'application du présent article sont fixées par décret en Conseil d'État. – *[Anc. art. L. 313-9.]*

COMMENTAIRE

La loi n° 2018-778 du 10 septembre 2018 pour une immigration maîtrisée, un droit d'asile effectif et une intégration réussie a créé une carte de séjour « jeune au pair » destinée à toute personne âgée de dix-huit à trente ans, venant en France pour améliorer ses capacités linguistiques et hébergée par une famille en contrepartie de la garde d'enfants et de menus travaux, par transposition de l'article 16 de la directive (UE) 2016/801 du Parlement européen et du Conseil du 11 mai 2016 relative aux conditions d'entrée et de séjour des ressortissants de pays tiers à des fins de recherche, d'études, de formation, de volontariat et de programmes d'échange d'élèves ou de projets éducatifs et de travail au pair.

La directive (UE) 2016/801 avait notamment pour objectifs de créer un véritable statut pour les jeunes au pair et d'éviter certains abus constatés, parmi lesquels : le travail de nuit, l'emploi d'un jeune au pair pour exercer une profession réglementée (garde de très jeunes enfants ou de personnes âgées ou malades), la faiblesse du nombre d'heures de cours, l'argent de poche insuffisant, les doutes sur le respect de la limite des horaires.

Ce nouveau dispositif se substitue ainsi à celui qui était régi par le décret n° 71-797 du 20 septembre 1971 portant publication de l'accord européen sur le placement au pair du 24 novembre 1969 (V. v. anc. art. R. 313-12, devenu R. 426-13 et R. 426-14, dans sa rédaction issue du Décr. n° 2019-141 du 27 févr. 2019). ❑

SOUS-SECTION 3 **Étranger stagiaire**

Art. L. 426-23 **L'étranger qui établit qu'il suit en France un stage dans le cadre d'une convention de stage visée par l'autorité administrative compétente et qu'il dispose de moyens d'existence suffisants se voit délivrer une carte de séjour temporaire portant la mention "stagiaire".**

En cas de nécessité liée au déroulement du stage, et sous réserve d'une entrée régulière en France, l'autorité administrative peut accorder cette carte de séjour sans que soit opposable la condition prévue à l'article L. 412-1.

Par dérogation à l'article L. 414-10 cette carte n'autorise pas l'exercice d'une activité professionnelle salariée.

Les conditions d'application du présent article sont fixées par décret en Conseil d'État. – *[Anc. art. L. 313-7-1.]*

COMMENTAIRE

Aux termes de l'article R. 426-16, est considéré comme stagiaire l'étranger qui vient en France :

– soit pour effectuer un stage en entreprise, dans le cadre d'une formation organisée dans son pays de résidence qui conduit à la délivrance d'un diplôme ou d'un titre ou à la reconnaissance d'un niveau de qualification professionnelle et qui relève d'un cursus scolaire ou universitaire, d'une formation professionnelle ou d'un programme de coopération de l'Union européenne ou intergouvernemental dans les domaines de l'éducation, de la formation, de la jeunesse ou de la culture ; dans ce cas, la durée du stage ne peut pas excéder six mois lorsqu'il relève d'une formation professionnelle ;

– soit, en tant que salarié d'une entreprise établie à l'étranger, pour suivre une formation dispensée par un organisme mentionné à l'article L. 6351-1 du code du travail et, le cas échéant, effectuer un stage dans une entreprise appartenant au même groupe que son employeur ou dans une entreprise avec laquelle son employeur entretient des relations commerciales ; dans ce cas, la durée initiale du stage ne peut pas excéder douze mois. Le stage ne peut être prolongé qu'une seule fois, sans que la durée totale du stage puisse dépasser dix-huit mois ;

– soit pour effectuer un stage dans un établissement public de santé en vue de bénéficier d'une formation complémentaire conduisant à la reconnaissance d'un niveau de qualification professionnelle, dans le cadre de la convention de coopération prévue à l'article R. 6134-2 du code de la santé publique ; dans ce cas, la durée initiale du stage ne peut pas excéder six mois. Le stage peut être prolongé pour une durée maximale de six mois. Le ressortissant étranger peut prétendre au bénéfice de plusieurs conventions de stage dont la durée totale ne peut excéder vingt-quatre mois.

L'étranger qui demande la délivrance de la carte de séjour portant la mention « stagiaire » doit présenter la convention de stage selon des modalités fixées aux articles R. 426-19 à R. 426-22. ❑

TITRE III **PROCÉDURE ADMINISTRATIVE**

Art. L. 430-1 Conformément à l'article L. 237-1, les dispositions des articles L. 436-4 et L. 436-5 sont applicables aux étrangers mentionnés aux articles L. 200-4 et L. 200-5.

CHAPITRE I **DEMANDES DE TITRES DE SÉJOUR**

COMMENTAIRE

Dans son rapport de mars 2020, « 20 propositions pour simplifier le contentieux des étrangers dans l'intérêt de tous » (https://www.conseil-etat.fr/actualites/simplifier-le-contentieux-des-etrangers-dans-l-interet-de-tous), le Conseil d'État relevait que l'autorité administrative n'est tenue d'examiner une demande de titre de séjour qu'au regard des motifs présentés par le demandeur (CE, avis, 28 nov. 2007, n° 307036). Par suite, l'étranger peut déposer plusieurs demandes successives sur des fondements différents : « il n'est pas rare qu'un étranger demande d'abord l'asile, puis le réexamen de sa demande si elle est rejetée par l'OFPRA et la CNDA, avant de solliciter un titre de séjour en raison de son état de santé, puis de le faire à nouveau en se prévalant de sa vie privée et familiale, avant de demander son admission exceptionnelle au séjour sur le fondement des articles L. 313-14 et suivants du CESEDA, ou du pouvoir de régularisation de l'administration ».

L'article 14 de la loi n° 2024-42 du 26 janvier 2024 a autorisé la mise en œuvre d'un dispositif expérimental, dans au moins cinq départements, prévoyant que, lorsque l'autorité administrative envisage de refuser de délivrer ou de renouveler l'un des titres de séjour, elle examine tous les motifs susceptibles de fonder la délivrance de ces titres de séjour. Le demandeur devra transmettre, à l'appui de sa demande, l'ensemble des éléments justificatifs nécessaires à l'autorité administrative pour prendre une décision. Le Conseil constitutionnel (25 janv. 2024, n° 2023-863 DC : *AJDA 2024. 650, note Bonnet et Gadhoun* ; *D. 2024. 170*, *et 219, pt de vue Esplugas-Labatut* ; *AJCT 2024. 70, obs. Pailler*) a précisé que « ces dispositions doivent s'entendre comme imposant à l'autorité administrative d'informer l'étranger, lors du dépôt de sa demande, qu'il doit transmettre l'ensemble des éléments justificatifs permettant d'apprécier sa situation au regard de tous les motifs susceptibles de fonder la délivrance de l'un des titres de séjour ».

A l'issue de la procédure d'examen, l'autorité administrative pourra délivrer à l'intéressé, sous réserve de son accord, un titre de séjour différent de celui qui faisait l'objet de sa demande initiale. Dans les cas où l'autorité administrative aura opposé, moins d'un an auparavant, un refus d'admission au séjour selon cette procédure, elle déclarera irrecevable toute nouvelle demande présentée par l'étranger dans la mesure où le caractère abusif ou dilatoire de cette nouvelle demande sera présumé. Il appartiendra alors à l'étranger d'attester d'éléments de fait ou de droit nouveaux susceptibles de permettre la délivrance d'un titre de séjour. Un élément est nouveau si son apparition est postérieure à la décision de refus ou s'il est avéré que l'étranger n'a pu en avoir connaissance qu'après cette décision.

Six mois avant la fin de l'expérimentation prévue pour une durée de trois ans, le Gouvernement remettra au Parlement un rapport visant à apprécier l'opportunité de sa généralisation. Ce rapport exposera notamment les effets de l'expérimentation sur le nombre de demandes de titres de séjour et de recours contentieux introduits. ❑

SECTION 1 Dépôt des demandes

Art. L. 431-1 Les conditions dans lesquelles les demandes de titres de séjour sont déposées auprès de l'autorité administrative compétente sont fixées par voie réglementaire.

V. Décr. n° 2021-313 du 24 mars 2021 relatif à la mise en place d'un téléservice pour le dépôt des demandes de titres de séjour et Arr. du 31 mars 2023 pris en application de l'art. R. 431-2 CESEDA relatif aux titres de séjour dont la demande s'effectue au moyen d'un téléservice, infra.

Le CE a annulé le Décr. du 24 mars 2021 en tant qu'il ne prévoit pas la solution de substitution destinée à répondre au cas où, alors même que l'étranger aurait préalablement accompli toutes les diligences qui lui incombent et aurait notamment fait appel au dispositif d'accueil et d'accompagnement prévu, il se trouverait dans l'impossibilité d'utiliser le téléservice pour des raisons tenant à la conception de cet outil ou à son mode de fonctionnement (CE 3 juin 2022, n° 452798 et a.).

I. AUTORITÉ COMPÉTENTE

1. C'est le préfet qui est exclusivement compétent pour accorder ou refuser la délivrance de la carte de séjour (V. *infra*, art. R. 431-20 et R. 431-21) et le ministre de l'Intérieur ne peut se substituer à lui. • CE 22 mai 1996, *M. Habja*, n° 135368. ♦ Si le préfet s'estime lié par une position du ministre de l'Intérieur et ne statue pas lui-même, il ne fait pas usage de la plénitude de ses pouvoirs, ce qui entraîne la nullité du refus. • TA Lyon, 4 févr. 1997, *M. M'Hamed Bared*, n° 9604439. ♦ Le préfet ne peut rejeter une demande de titre de séjour en relevant que celle-ci ne relève pas de sa compétence territoriale ; il lui incombe, en application de l'art. 20 de la L. du 12 avr. 2000, de transmettre la demande au préfet territorialement compétent. • CAA Douai, 24 mars 2009, *Abaza*, n° 08DA00873.

2. Il appartient au préfet, saisi d'une demande de titre de séjour, d'apprécier si celle-ci relève de sa compétence territoriale à la date à laquelle il statue ; dans le cas où il considère qu'elle n'en relève pas, il lui incombe, conformément aux dispositions de l'art. 20 de la L. du 12 avr. 2000, de la transmettre au préfet qu'il estime territorialement compétent pour se prononcer sur le droit au séjour de l'intéressé. Néanmoins, dans le cas où il n'est pas en mesure de déterminer cette autorité, il ne peut, sans erreur de droit, rejeter cette demande au seul motif qu'elle ne relève pas de sa compétence territoriale. • CAA Douai, 25 nov. 2010, *Préfet du Nord c/ M. Mohamed Meddah*, n° 10DA00541. ♦ Dès lors qu'un étranger établit avoir déclaré son changement d'adresse aux services préfectoraux de son nouveau domicile, le préfet de ce département devient compétent pour statuer sur sa demande de titre de séjour, et les dispositions de l'art. R. 321-8 ne peuvent lui être opposées pour y faire obstacle. • CAA Versailles, 16 févr. 2012, *Mlle Li*, n° 11VE00663 : *AJDA 2012. 1238, note Rudeaux*.

3. Silence gardé. La procédure d'instruction des demandes de titre de séjour exige notamment que l'administration vérifie les indications et les pièces justificatives présentées par l'étranger ; eu égard aux obligations et formalités qui incombent à l'administration, elle est au nombre des procédures dont la complexité justifie qu'il soit dérogé au délai de 2 mois à l'expiration duquel le silence de l'administration vaut décision de rejet fixé par l'art. 21 de la L. du 12 avr. 2000. • CE 30 déc. 2003, *GISTI*, n° 248288 B. ♦ Si, en application de l'art. R. 432-1, le silence gardé sur les demandes de titre de séjour durant 4 mois (art. R. 432-2) vaut décision implicite de rejet, ce délai ne concerne pas les décisions implicites par lesquelles l'autorité administrative rejette les recours gracieux ou hiérarchiques formés contre ces décisions. • CE 27 mars 2006, *Kaci*, n° 283409 B : *AJDA 2006. 1212, concl. de Silva* • CAA Versailles, 9 juill. 2012, *Khalakame*, n° 10VE03679. ♦ En ne statuant pas explicitement sur la demande de délivrance d'un titre de séjour en tant que parent d'enfant français en raison du contexte de fraude (doute quant à l'authenticité du passeport du demandeur et refus de celui-ci de produire une copie du document litigieux), le préfet n'a pu porter une atteinte grave et manifestement illégale à une liberté fondamentale. • CE 13 sept. 2016, n° 403353.

II. DOSSIER DE DEMANDE

4. Pièces. Parmi les pièces nécessaires à l'obtention d'une carte de séjour figurent notamment les documents relatifs à l'état civil (du demandeur et, le cas échéant, du conjoint et des enfants à charge), en particulier 3 photographies de face, tête nue, de format 3,5 cm x 4,5 cm, récentes et parfaitement ressemblantes. Jugé que c'est à bon droit que le préfet refuse la délivrance du titre au motif que la requérante produit des photographies où elle a la tête recouverte d'un foulard ; le juge considère en effet que la carte de résident ne constitue pas un support adéquat pour la manifestation de convictions religieuses, le refus opposé ne portant ainsi pas atteinte à l'art. 9 Conv. EDH. • TA Besançon, 26 juin 1997, *Mme Soniye Kitapli c/ Préfet du Doubs,* n° 970290 • CAA Nancy, 14 juin 2001, *Mme Kitapli,* n° 97NC02162 : *Lebon 707* • CAA Nantes, 21 déc. 2001, *M. et Mme Abba,* n° 98NT02705.

5. Dans le cadre de l'instruction d'une demande de titre de séjour, les services préfectoraux sont en droit d'exiger que, sauf impossibilité qu'il lui appartient de justifier, l'étranger produise à l'appui de cette demande les originaux des documents destinés à justifier de son état civil et de sa nationalité et non une simple photocopie de ces documents et que, d'autre part, l'administration peut mettre en œuvre des mesures de vérifications et faire procéder à des enquêtes pour lutter contre la fraude documentaire des étrangers sollicitant un titre de séjour. • CAA Nantes, 10 févr. 2021, n° 20NT01143 : *AJDA 2021. 946 ; DP étrangers, Bull. n° 308, mars 2021, note Baudet-Caille ; D. 2022. 244, chron. Boskovic, Corneloup, Jault-Seseke, Joubert et Parrot.*

6. Jugé que le relevé et la mémorisation des empreintes digitales de certains ressortissants étrangers et la possibilité d'un traitement automatisé de ces informations dans les conditions prévues par les art. R. 311-2-1 et R. 611-2, conformément aux garanties prévues par la L. du 6 janv. 1978, justifiés par la protection de l'ordre public et les objectifs d'intérêt général poursuivis par le législateur, ne portent pas une atteinte excessive à la protection de la vie privée garantie par l'art. 8 Conv. EDH. • CAA Versailles, 12 avr. 2018, n° 17VE00557 : *AJDA 2018. 1878.*

7. Téléservices. Eu égard « aux caractéristiques du public concerné, à la diversité et à la complexité des situations des demandeurs et aux conséquences qu'a sur la situation d'un étranger, notamment sur son droit à se maintenir en France et, dans certains cas, à y travailler, l'enregistrement de sa demande, il incombe au pouvoir réglementaire, lorsqu'il impose le recours à un téléservice pour l'obtention de certains titres de séjour, de prévoir les dispositions nécessaires pour que bénéficient d'un accompagnement les personnes qui ne disposent pas d'un accès aux outils numériques ou qui rencontrent des difficultés soit dans leur utilisation, soit dans l'accomplissement des démarches administratives. Il lui incombe, en outre, pour les mêmes motifs, de garantir la possibilité de recourir à une solution de substitution pour le cas où certains demandeurs se heurteraient, malgré cet accompagnement, à l'impossibilité de recourir au téléservice pour des raisons tenant à la conception de cet outil ou à son mode de fonctionnement ». • CE 3 juin 2022, n° 452798 A : *AJDA 2022. 1127 ; D. 2022. 1094.* ♦ Le Décr. n° 2023-191 du 22 mars 2023 a modifié l'art. R. 431-2 pour prévoir une solution de substitution prenant la forme d'un accueil physique.

8. Un étranger mineur entré irrégulièrement en France doit, pour se conformer à l'obligation de possession d'un titre de séjour qui pèse sur lui à compter du jour où il devient majeur, solliciter un tel titre dans les deux mois qui suivent son 18e anniversaire. L'étranger ne peut faire l'objet d'une OQTF sur le fondement du 1° du I de l'art. L. 511-1 CESEDA que s'il s'est abstenu de solliciter un titre pendant cette période. • CE 1er juin 2022, n° 441736 : *AJDA 2022. 1133.*

III. MOMENT DE LA DEMANDE

9. Mineur devenu majeur. Un étranger résidant habituellement en France avant sa majorité doit, pour se conformer à l'obligation de possession d'un titre de séjour qui pèse sur lui à compter du jour où il devient majeur, solliciter un tel titre dans les 2 mois qui suivent son 18e anniversaire (art. R. 431-5). L'intéressé ne peut faire l'objet d'une obligation de quitter le territoire français que s'il s'est abstenu de solliciter un titre pendant cette période. • CE 1er juill. 2020, n° 425972 : *AJDA 2020. 1390.* ♦ V. aussi Instr. du 21 sept. 2020 relative à l'examen anticipé des demandes de titres de séjour des mineurs étrangers confiés au service départemental de l'ASE (NOR : INTV2012657J).

10. Première demande. La première demande doit être présentée dans les 2 mois de l'entrée en France (V. *infra*, art. R. 431-4). Ne peut être considérée comme révélant une demande tardive la production de l'ensemble des pièces requises au bout de 4 mois alors que la demande avait été déposée dans le délai de 2 mois de l'entrée en France. • CAA Paris, 27 oct. 1998, *M. Nkouakoua,* n° 97PA00391. ♦ Ce délai de 2 mois ne peut ainsi être dépassé que si des circonstances particulières le justifient, notamment lorsque l'intéressé a été inexactement informé par la préfecture des pièces à produire et des délais à respecter. • CE 15 nov. 2000, *Min. Intérieur c/ M. Nkouakoua,* n° 203160 B.

11. Lorsque après un premier refus de titre de séjour, le requérant présente une demande exceptionnelle d'admission fondée sur l'intervention d'éléments nouveaux, la décision de l'autorité administrative ne peut être regardée comme une décision confirmative de la précédente. • CAA Paris, 3 juin 1997, *M. Quiavoloca Kalussevi,* n° 96PA01146.

12. Renouvellement. Une demande de renouvellement doit être présentée dans le courant des

2 mois précédant l'expiration du titre. Une demande tardive de renouvellement sera considérée comme une première demande. • CAA Douai, 22 janv. 2008, *Préfet du Nord c/ Bolotoken-Dika*, n° 07DA00921. ♦ Une Circ. du 3 janv. 2014 relative à l'amélioration de l'accueil des étrangers en préfecture et aux mesures de simplification et objectifs d'organisation (NOR : INTK1400231C) précise que le récépissé délivré lors du dépôt de la demande de renouvellement doit courir à compter de la date d'expiration du titre dont le renouvellement est sollicité. ♦ Des circonstances particulières peuvent toutefois expliquer le retard, comme, par ex., une hospitalisation. • CE 14 févr. 1996, *Min. Intérieur c/ M. Prieto Gonzalès*, n° 152230 : *D. 1997. Somm. 38, comm. Julien-Laferrière*. ♦ Un éventuel retard ne rend toutefois pas la demande irrecevable. • CE 30 mai 2001, *Doraz Serefessenet Tondaye*, n° 221272. ♦ Un refus uniquement fondé sur ce motif est entaché d'erreur manifeste d'appréciation s'agissant d'un étranger souffrant d'une grave maladie des yeux et ayant été hospitalisé pendant la période où il aurait dû demander le renouvellement. • CE 14 févr. 1996, *Min. Intérieur c/ Prieto Gonzalès*, n° 152230 : *préc.* ♦ En revanche, un retard de plus de 3 ans justifiera un refus de renouvellement. • CE 8 févr. 1995, *Préfet de police de Paris*, n° 147285. ♦ *A contrario*, s'agissant d'un retard de 3 semaines, la circonstance que l'état de l'intéressée aurait nécessité un repos de 40 jours est sans influence sur la légalité de la décision. • CE 21 mai 1997, *M. Sliti*, n° 172901. ♦ Pour le retard dû à l'incarcération du requérant pour homicide volontaire, V. : • CE 10 oct. 1997, *M. Wang*, n° 154750.

13. **Ndlr.**Une Circ. du 25 juin 2013 relative aux conditions de renouvellement des titres de séjour (NOR : INTV1316280C) précise, pour tenir compte des délais d'instruction des demandes de renouvellement de titre de séjour, que c'est la date de décision de délivrance qui fixe le début de validité du nouveau titre de séjour ; si la date de délivrance est antérieure à la date d'expiration du titre précédent, la date de début de validité de la nouvelle carte doit être fixée au lendemain de la date d'expiration du titre actuel ; dans le cas contraire, la date de début de validité doit être fixée au jour de la décision.

14. Lorsqu'un étranger, admis à résider en France sous couvert d'un visa de long séjour valant titre de séjour, sollicite la délivrance d'un titre de séjour dans le courant des 2 derniers mois précédant l'expiration de son visa, il appartient à l'autorité administrative d'instruire cette demande comme une demande de renouvellement d'un premier titre de séjour. • CAA Lyon, 12 déc. 2019, n° 19LY02081.

15. Une demande de titre de séjour présentée tardivement révèle nécessairement un étranger en situation irrégulière et entraîne en principe une décision de refus d'attribution du titre de séjour ; la même règle s'applique aux demandes de renouvellement, sans que cela exclue l'hypothèse d'une reconduite à la frontière. • CE 6 janv. 1995, *Préfet du Pas-de-Calais*, n° 146370 • 8 févr. 1995, *Préfet de police de Paris*, n° 147285.

16. Lorsque le préfet délivre un titre de séjour à un étranger qui ne remplissait pas les conditions pour l'obtenir, il ne peut instruire sa demande de renouvellement comme s'il s'agissait d'une première demande. • CAA Douai, 15 janv. 2004, *Kalloga*, n° 01DA00657 : *LPA 15 janv. 2004.*

IV. DEMANDE PRÉSENTÉE PERSONNELLEMENT

17. En dehors des hypothèses prévues à l'art. R. 426-2 (retraité), l'étranger qui demande un titre de séjour est tenu de se présenter en personne au guichet de la préfecture ; le Conseil d'État a considéré qu'il s'agissait là d'une formalité substantielle notamment en raison de la délivrance de l'autorisation provisoire de séjour au moment du dépôt de la demande. • CE 8 nov. 1991, *M. José Rodrigues Gonçalves*, n° 102650 : *RFDA 1993. 790, concl. Dutreil*. ♦ Cette règle s'applique même si le demandeur est incarcéré ; si l'art. 30 de la loi pénitentiaire du 24 nov. 2009 prévoit que les personnes détenues peuvent élire domicile auprès de l'établissement pénitentiaire pour faciliter leurs démarches administratives, ces dispositions n'ont ni pour objet, ni pour effet, de déroger à la règle de la présentation personnelle du demandeur d'un titre de séjour. Il appartient ainsi à l'étranger de demander une autorisation de sortie sous escorte, tel que le permet à titre exceptionnel l'art. 723-6 C. pr. pén. • CAA Douai, 24 sept. 2015, n° 15DA00294. ♦ Il ne s'agit toutefois pas d'un moyen d'ordre public. • CE, avis, 11 oct. 2006, *M. et Mme Lamri*, n° 292969 A : *RFDA 2006. 1281* • CAA Paris, 23 janv. 2008, *Yaker*, n° 07PA02134. ♦ Lorsque le préfet autorise l'étranger à présenter sa demande par voie postale, aucune disposition n'offre la garantie qu'à sa demande l'étranger soit reçu par l'autorité administrative. • CAA Versailles, 8 juill. 2010, *M. Ardjoune*, n° 09VE02898.

18. Aux termes de l'art. R. 431-3, le préfet peut prescrire que les demandes de titre de séjour soient déposées au commissariat de police ou, à défaut de commissariat, à la mairie de la résidence du requérant. / Le préfet peut également prescrire : / 1° Que les demandes de titre de séjour appartenant aux catégories qu'il détermine soient adressées par voie postale ; ces dispositions font obstacle à ce que le préfet, lorsqu'il fait usage des dérogations qu'elles prévoient, prescrive que le dépôt des demandes de titre de séjour concernés soit effectué par tout autre procédé, et notamment numérique. • TA Rouen, 18 févr. 2021, n° 2001687 : *DP étrangers, Bull. n° 308, mars 2021, note Baudet-Caille.* ♦ Selon le Conseil d'État, de tels téléservices peuvent être créés par les préfets pour les catégories de titres de séjour relevant de l'art. R. 431-2 pour lesquels le pouvoir réglementaire a prévu la voie électronique. • CE, avis, 3 juin 2022, n° 461694 A : *AJDA 2022. 1127*.

19. Une demande de titre présentée par l'intermédiaire d'un avocat ne satisfait pas à l'exigence d'une demande présentée personnellement. • CE 22 sept. 1997, *M. et Mme Mebiame-Owono,* n° 161028. ♦ Il en va de même d'une demande présentée par le consul de l'intéressé. • CE 15 mars 1996, *Min. Intérieur,* n° 158377. ♦ Même solution s'agissant d'un courrier émanant d'un vice-président de conseil régional au préfet faisant état de faits nouveaux relatifs à la situation familiale de l'étranger. • CAA Douai, 7 avr. 2009, *Préfet du Pas-de-Calais c/ M. Tayou,* n° 08DA01265.

20. Toutefois, une telle demande présentée irrégulièrement est susceptible de faire naître une décision implicite de rejet et peut faire l'objet d'un recours pour excès de pouvoir. • CE 24 mars 1997, *Mme Jendoubi,* n° 155541. ♦ Jugé toutefois qu'une demande adressée par voie postale n'a pu avoir pour effet de faire naître une décision implicite de refus de titre de séjour. • CE 7 avr. 2006, *M. Benayad,* n° 261595. ♦ A noter toutefois que le Décr. n° 2005-1051 du 23 août 2005 a modifié l'art. R. 431-3 en prévoyant la possibilité pour le préfet de prescrire que les demandes de titre de séjour appartenant aux catégories qu'il détermine soient adressées par voie postale. • TA Versailles, 21 janv. 2008, *M. Sekour,* n° 0702207.

21. Lorsque le refus de titre de séjour est fondé à bon droit sur l'absence de comparution personnelle du demandeur, ce dernier ne peut se prévaloir, à l'encontre de la décision de rejet de sa demande de titre de séjour, de moyens autres que ceux tirés d'un vice propre de cette décision. Il en va notamment ainsi du moyen tiré de la méconnaissance de l'art. 8 Conv. EDH. • CE, avis, 11 oct. 2006, *M. et Mme Lamri,* n° 292969 A : *D. 2006. IR 2811 ; RFDA 2006. 1281.* ♦ C'est au préfet que revient le choix du motif de rejet de la demande, à savoir la non-comparution personnelle du demandeur ou un motif de fond ; dans le premier cas, seuls les vices propres à la décision de rejet peuvent faire l'objet du débat contentieux. • TA Marseille, 2 mars 2010, *M. Hadjem,* n° 0804693 : *AJDA 2010. 1144, concl. Muller*.

22. Le Conseil d'État a annulé la Circ. du 12 mai 2000 qui prévoyait notamment la possibilité pour les étudiants d'obtenir leur titre de séjour au moment de leur inscription dans l'établissement de leur choix ; le juge rappelle en effet que la demande doit être présentée personnellement en préfecture, en mairie ou au commissariat de police. • CE 14 déc. 2001, *GISTI et Synd. SUD Étudiant,* n° 229229 A : *RFDA 2002. 190*. ♦ A noter toutefois que le Décr. n° 2005-1051 du 23 août 2005 a modifié l'art. R. 422-2 en prévoyant que le préfet peut prescrire que le dépôt de la demande de carte de séjour temporaire portant la mention « étudiant » se fasse auprès des universités ayant souscrit une convention à cet effet avec l'État ; dans ce cas, le document attestant du dépôt de la demande n'est pas assimilé à un récépissé et ne vaut pas autorisation de séjour.

23. Le préfet n'est pas en situation de compétence liée pour rejeter la demande lorsque l'étranger ne s'est pas présenté personnellement. • CE 14 févr. 1996, *Min. Intérieur c/ M. Mapangou-Malemba,* n° 143852 • CE, avis, 11 oct. 2006, *M. et Mme Lamri,* n° 292969 : *préc. note 21* • CAA Marseille, 16 févr. 2009, *M. Hadjem,* n° 08MA04634. ♦ C'est tout particulièrement le cas lorsque les services préfectoraux invitaient les demandeurs à adresser leur dossier par la voie postale. • CAA Marseille, 15 mai 2003, *M. Sgaier B. S.,* n° 02MA00955. ♦ Une personne à laquelle un refus a été opposé sur ce fondement peut valablement invoquer la violation des stipulations de l'art. 8 Conv. EDH. • CAA Lyon, 24 oct. 2000, *Ariba,* n° 97LY00413 B.

24. Dès lors que la preuve est apportée que le requérant s'est bien présenté à la préfecture, la demande doit être reçue. • CE 18 déc. 1995, *M. Ben Milled,* n° 145268.

25. Les dispositions de la L. n° 2000-321 du 12 avr. 2000 sont applicables aux demandes de titre de séjour. • CE 2 oct. 1995, *M. Ben Farhat,* n° 150100. ♦ Toutefois, dès lors que la demande de titre de séjour est présentée par l'intéressé lui-même, l'autorité administrative n'est pas dans l'obligation de mettre à même l'intéressé de présenter des observations écrites. • CE 7 oct. 1994, *M. Gomes de Oliveira,* n° 127516 : *Lebon 438.*

26. L'étranger qui a déposé une demande de titre de séjour doit être mis en possession d'un récépissé (V. *infra*, art. R. 431-12 qui, dans sa rédaction issue du Décr. n° 2019-141 du 27 févr. 2019, réserve le cas du demandeur d'asile titulaire d'une attestation de demande d'asile) et être considéré comme en situation régulière jusqu'à la date fixée pour sa convocation ; il ne peut donc faire l'objet d'une mesure d'éloignement. • TA Versailles, 1er avr. 1997, *M. Manuel Mananga c/ Préfet du Val-d'Oise,* n° 971402. ♦ Le juge reste vigilant face aux carences de l'administration elle-même, annulant les mesures d'éloignement intervenues suite au retard des services préfectoraux à délivrer le titre de séjour. • CE 7 oct. 1996, *M. Agoudjil,* n° 152852. ♦ V. aussi : • CE 1er juill. 1996, *Olgun,* n° 155802 : *D. 1997. Somm. 40, comm. Julien-Laferrière*.

V. ENREGISTREMENT DE LA DEMANDE

27. Rendez-vous en préfecture. La convocation d'un demandeur en préfecture en vue du dépôt de la demande de titre de séjour, qui n'a d'autre objet que de fixer la date à laquelle il sera, en principe, procédé à l'enregistrement de sa demande ne constitue pas une décision faisant grief, susceptible de faire l'objet d'un recours pour excès de pouvoir ; si le demandeur souhaite que la date de convocation qui lui a été fixée soit avancée, il lui appartient de saisir l'autorité administrative d'une demande en ce sens. La décision par laquelle l'autorité administrative refuse de faire droit à une telle demande peut être déférée au juge de l'excès de pouvoir. S'il s'y croit fondé, l'intéressé peut assortir son recours en annulation d'une requête en suspension sur le fondement de l'art. L. 521-1 CJA. Dans cette hypothèse, le juge peut prescrire d'office, en vertu des dispositions de l'art. L. 911-1 CJA, à l'autorité administrative de proposer une autre date de rendez-vous. Si le demandeur estime être dans une situation d'urgence immédiate ne lui permettant pas d'attendre une réponse de l'autorité administrative à la demande de rendez-vous rapproché qu'il a présentée, il peut saisir le juge du référé-mesures utiles. S'il considère remplies les conditions qu'elles posent, le juge des référés peut enjoindre au préfet d'avancer la date précédemment proposée. Enfin, le juge exerce un contrôle normal sur le respect du délai raisonnable, qui doit s'apprécier notamment en fonction de la durée et des conditions du séjour de l'étranger en France, de la date et du fondement de sa demande de titre de séjour et de sa situation personnelle et familiale. • CE, avis, 1er juill. 2020, n° 436288 A : *AJDA 2020. 1382 ; DP étrangers, Bull. n° 302, sept. 2020, note Baudet-Caille.*

28. Eu égard aux conséquences qu'a sur la situation d'un étranger, notamment sur son droit à se maintenir en France et, dans certains cas, à y travailler, la détention du récépissé qui lui est en principe remis après l'enregistrement de sa demande et au droit qu'il a de voir sa situation examinée au regard des dispositions relatives au séjour des étrangers en France, il incombe à l'autorité administrative, après lui avoir fixé un rendez-vous, de le recevoir en préfecture et, si son dossier est complet, de procéder à l'enregistrement de sa demande, dans un délai raisonnable ; lorsque le rendez-vous ne peut être obtenu qu'en se connectant au site internet de la préfecture, si l'étranger établit qu'il n'a pu obtenir une date de rendez-vous, malgré plusieurs tentatives n'ayant pas été effectuées la même semaine, il peut demander au juge des référés, saisi sur le fondement de l'art. L 521-3 CJA, d'enjoindre au préfet de lui communiquer, dans un délai qu'il fixe, une date de rendez-vous. Si la situation de l'étranger le justifie, le juge peut préciser le délai maximal dans lequel ce rendez-vous doit avoir lieu. Il fixe un délai bref en cas d'urgence particulière. • CE 10 juin 2020, n° 435594 • CE 21 avr. 2021, n° 448178 • CE 9 juin 2022, n° 453391 B.

29. Refus d'enregistrement. Le refus d'enregistrer une demande de titre de séjour encourt l'annulation, d'autant qu'il contraint l'intéressé à résider irrégulièrement en France. • TA Paris, 29 mars 1996, *Zeggai*, n° 9413133-4. ♦ L'administration est toutefois fondée à refuser d'enregistrer un dossier incomplet. • CE 28 janv. 1998, *Mbedi Ebelle*, n° 158973. ♦ En dehors du cas d'une demande à caractère abusif ou dilatoire, l'autorité administrative chargée d'instruire une demande de titre de séjour ne peut refuser de l'enregistrer, et de délivrer le récépissé y afférent, que si le dossier présenté à l'appui de cette demande est incomplet. En revanche, lorsqu'un étranger a fait l'objet d'une décision de refus de titre de séjour assortie d'une mesure d'éloignement qu'il n'a pas exécutée, cette circonstance s'oppose à ce qu'un nouveau récépissé lui soit délivré, sauf si des éléments nouveaux conduisent l'autorité préfectorale à l'autoriser à former une nouvelle demande. La demande du requérant présentait donc un caractère purement dilatoire et, par suite, les services préfectoraux étaient tenus de refuser de l'enregistrer. • CAA Douai, 1er févr. 2018, n° 17DA00775 : *AJDA 2018. 1072* .

30. L'autorité administrative chargée d'instruire une demande de titre de séjour ne peut refuser de l'enregistrer et de délivrer le récépissé correspondant valant APS que si le dossier présenté à l'appui de cette demande est incomplet ou si la demande présente un caractère abusif ou dilatoire ; le simple fait que l'étranger soit sous le coup d'une OQTF ne suffit pas à caractériser une telle demande abusive ou dilatoire ; quand un étranger fait l'objet d'une mesure d'éloignement qu'il n'a pas exécutée, ceci s'oppose à ce qu'un nouveau récépissé valant APS lui soit délivré, sauf si des éléments nouveaux conduisent l'administration à l'autoriser à former une nouvelle demande. • TA Cergy-Pontoise, 13 juill. 2023, n° 2206464 : *AJDA 2023. 1949, concl. Barraud* .

31. Le seul fait de faire l'objet d'une mesure d'éloignement ne suffit pas à justifier du caractère abusif ou dilatoire d'une demande de titre de séjour. • TA Rennes, 8 nov. 2023, n° 2205302 : *AJDA 2024. 168, concl. Desbourdes* .

32. En dehors du cas d'une demande à caractère abusif ou dilatoire, l'autorité administrative ne peut légalement refuser de fixer un rendez-vous à un étranger ayant demandé à se présenter en préfecture pour y déposer une demande de titre de séjour ; la circonstance qu'un refus explicite de fixer un rendez-vous en vue du dépôt d'une demande de titre de séjour soit motivé par une appréciation portée sur le droit au séjour de l'étranger n'est pas de nature à révéler une décision portant refus de titre de séjour susceptible de faire l'objet d'un recours en excès de pouvoir. • TA Lyon, 15 avr. 2024, n° 2206629 : *AJDA 2024. 813* .

33. Voies et délais de recours. L'attestation de dépôt de dossier de demande de carte de séjour doit mentionner les voies et délais de recours. A défaut, la forclusion ne peut être opposée au requérant ; toutefois, le juge a fait application de la jurisprudence *Czabaj* (sur l'obligation de former un recours dans un délai raisonnable, V. • CE, ass., 13 juill. 2016, n° 387763 A : *AJDA 2016. 1629, chron. Dutheillet de Lamothe et*

Odinet ; *AJFP 2016. 356* ; *AJCT 2016. 572, obs. Rouault* ; *RDT 2016. 718, obs. Crusoé* ; *RFDA 2016. 927, concl. Henrard* ; *RTD com. 2016. 715, obs. Lombard*) pour considérer comme tardive une requête introduite plus de 2 ans après la décision. • TA Lyon, 4 avr. 2017, n° 1406859 : *AJDA 2017. 1755*. ♦ Sur l'application de la jurisprudence *Czabaj*, V. Haïm, Délai raisonnable ou déni de justice. Réflexions sur cinq ans de jurisprudence *Czabaj*, *AJDA 2021. 2143*. – V. aussi • CEDH 9 nov. 2023, n° 72173/17 : *AJDA 2023. 2077*.

34. Référé-mesures utiles. L'étranger qui établit n'avoir pas pu obtenir sur internet, en dépit de plusieurs tentatives, de date de rendez-vous en vue de déposer sa demande de titre de séjour dans un délai raisonnable peut saisir le juge du référé-mesures utiles ; en effet, eu égard aux conséquences qu'a sur la situation d'un étranger, notamment sur son droit à se maintenir en France et, dans certains cas, à y travailler, la détention du récépissé qui lui est en principe remis après l'enregistrement de sa demande et au droit qu'il a de voir sa situation examinée au regard des dispositions relatives au séjour des étrangers en France, il incombe à l'autorité administrative, après lui avoir fixé un rendez-vous, de le recevoir en préfecture et, si son dossier est complet, de procéder à l'enregistrement de sa demande dans un délai raisonnable. • CE 10 juin 2020, n° 435594 : *AJDA 2020. 1204*.

35. Le refus illégal de délivrer une carte de séjour constitue une faute ouvrant droit à réparation pour préjudice moral et trouble dans les conditions d'existence. • CAA Bordeaux, 23 mars 2004, *Tounkara*, n° 03BX02362.

Art. L. 431-2 Lorsqu'un étranger a présenté une demande d'asile qui relève de la compétence de la France, l'autorité administrative, après l'avoir informé des motifs pour lesquels une autorisation de séjour peut être délivrée et des conséquences de l'absence de demande sur d'autres fondements à ce stade, l'invite à indiquer s'il estime pouvoir prétendre à une admission au séjour à un autre titre et, dans l'affirmative, à déposer sa demande dans un délai fixé par décret. Il est informé que, sous réserve de circonstances nouvelles, notamment pour des raisons de santé, et sans préjudice de l'article L. 611-3, il ne pourra, à l'expiration de ce délai, solliciter son admission au séjour.

Les conditions d'application du présent article sont précisées par décret en Conseil d'État. – *[Anc. art. L. 311-6.]*

COMMENTAIRE

Issu de la loi n° 2018-778 du 10 septembre 2018 pour une immigration maîtrisée, un droit d'asile effectif et une intégration réussie, le présent article, s'il peut être compris comme traduisant la volonté du législateur de simplifier et d'accélérer les procédures de demande de titre de séjour, peut aussi constituer un piège redoutable pour les étrangers concernés.

L'étude d'impact du 20 février 2018, annexée au projet de loi pour une immigration maîtrisée et un droit d'asile effectif, relève que les procédures d'admission au séjour peuvent se succéder à la suite du rejet de la demande d'asile. Il en résulte une perte de temps et d'efficacité, car des demandes de titres de titre de séjour sont successivement instruites, alors même que la situation de l'étranger au regard de ses droits au séjour aurait pu faire l'objet en amont d'une évaluation globale de nature à limiter la durée de séjour dans l'hypothèse où l'intéressé ne peut prétendre à un droit de séjour. Le projet de loi partait ainsi du principe selon lequel la possibilité offerte au demandeur d'asile débouté de solliciter un titre de séjour sur un autre motif ferait l'objet d'une utilisation dilatoire pour faire obstacle aux décisions d'éloignement. Par suite, le présent article prévoit désormais qu'il incombe au demandeur d'asile, sur « invitation » de l'autorité administrative, d'indiquer s'il estime pouvoir prétendre à une admission au séjour à un autre titre ; à défaut, aucune admission au séjour ne pourra être sollicitée.

C'est le décret n° 2019-141 du 27 février 2019 qui a déterminé les conditions de mise en œuvre de ce dispositif. L'article R. 431-10 prévoit que, lorsque la demande de titre de séjour est introduite en application du présent article, le demandeur peut être autorisé à déposer son dossier sans présentation des documents justifiant de son état civil et de sa nationalité. La délivrance du premier récépissé et l'intervention de la décision relative au titre de séjour sollicité restent toutefois subordonnées à la production de ces documents.

Reste que ce dispositif semble de nature à produire plus de difficultés qu'à en résoudre. S'agissant de l'autorité administrative tout d'abord, qui devra expliquer au demandeur débouté l'ensemble des possibilités d'attribution d'une autorisation de séjour, dont on sait à quel point elles sont complexes. Ensuite, s'agissant de l'étranger qui devra être en mesure de comprendre et d'assimiler ces règles dans un délai contraint, alors qu'il se trouve dans une situation difficile et précaire. Nul doute que ce dispositif sera susceptible d'entraîner un nouveau contentieux devant le juge administratif déjà passablement engorgé par le droit des étrangers. Pourtant, comme cela avait été noté par la rapporteure du projet de la commission des lois, en 2016, seuls 6,3 % des déboutés ont sollicité leur admission au séjour sur un autre fondement. ❑

1. Il avait été jugé que, lorsqu'il est saisi d'une demande de délivrance d'un titre de séjour sur le fondement de l'une des dispositions du présent code, le préfet n'est pas tenu, en l'absence de dispositions expresses en ce sens, d'examiner d'office si l'intéressé peut prétendre à une autorisation de séjour sur le fondement d'une autre disposition de ce code ; il est toutefois loisible au préfet d'examiner d'office si l'intéressé peut prétendre à un titre de séjour sur le fondement d'une autre disposition du code. Il lui est aussi possible, exerçant le pouvoir discrétionnaire qui lui appartient dès lors qu'aucune disposition expresse ne le lui interdit, de régulariser la situation d'un étranger en lui délivrant un titre de séjour compte tenu de l'ensemble des éléments de sa situation personnelle. • CE, avis, 15 mars 2017, *Préfet de la Loire-Atlantique*, n° 405586 A : *AJDA 2017. 1070, concl. Domino ; D. 2018. 313, chron. Boskovic, Corneloup, Jault-Seseke, Joubert et Parrot*. ♦ Reste que l'art. L. 431-2, dans sa rédaction issue de la L. n° 2018-778 du 10 sept. 2018 pour une immigration maîtrisée, un droit d'asile effectif et une intégration réussie, prévoit que, lorsqu'un étranger a présenté une demande d'asile qui relève de la compétence de la France, l'autorité administrative, après l'avoir informé des motifs pour lesquels une autorisation de séjour peut être délivrée et des conséquences de l'absence de demande sur d'autres fondements à ce stade, l'invite à indiquer s'il estime pouvoir prétendre à une admission au séjour à un autre titre et, dans l'affirmative, à déposer sa demande dans un délai fixé par décret. Il est informé que, sous réserve de circonstances nouvelles, notamment pour des raisons de santé et sans préjudice de l'art. L. 511-4 [devenu art. L. 611-3], il ne pourra, à l'expiration de ce délai, solliciter son admission au séjour.

2. Renouvellement. Lors d'une demande de renouvellement, l'intéressé peut solliciter un changement de type de carte de séjour (par ex., de mention « étudiant » à mention « salarié ») ; dans ce cas, le préfet ne peut refuser le renouvellement au seul motif que l'intéressé ne remplissait pas les conditions de délivrance du titre portant la mention initiale. • CE 13 mai 1994, *Préfet de police de Paris : RFDA 1994. 837*. ♦ Le préfet ne peut fonder le refus de renouvellement d'un titre de séjour sur le fait que le bénéficiaire a été absent de France pendant plusieurs mois. • CE 11 déc. 1998, *M. et Mme Adl*, n° 170581 : *Lebon T. 951*. ♦ Il ne peut davantage fonder ce refus sur le fait que le demandeur, titulaire d'un titre de séjour « étudiant » sollicitant sa transformation en « activité professionnelle », était entré en France porteur d'un visa de long séjour « étudiant ». • TA Rennes, 10 avr. 2008, *M. A.*, n° 08-10 : *AJDA 2008. 1268, concl. Tronel*. ♦ Plus largement, le préfet ne peut se fonder sur un motif non prévu par les textes, en l'espèce un détournement de l'objet du séjour. • TA Melun, 20 janv. 2011, *M. Meslem*, n° 1008402 : *AJDA 2011. 1208, concl. Bouzar*.

3. Si le refus de renouvellement d'une carte de séjour temporaire est, en principe, constitutif de l'urgence au sens des dispositions de l'art. L. 521-1 CJA, il n'en va pas de même lorsque l'intéressé sollicite le renouvellement mais à un autre titre que la carte de séjour initiale (en l'espèce, de la carte mention « étudiant » à la carte mention « vie privée et familiale »). Dans ce cas, il revient à l'intéressé de justifier de circonstances particulières caractérisant la nécessité pour lui de bénéficier, à très bref délai, d'une mesure provisoire dans l'attente d'une décision juridictionnelle statuant sur la légalité de la décision litigieuse. • CE 3 nov. 2006, *Min. Intérieur c/ M. Oujoura*, n° 291066 B.

4. S'agissant d'une circonstance nouvelle liée à l'état de santé, le Conseil d'État a précisé que le délai de 3 mois débute à la date du diagnostic de la maladie. • CE 31 déc. 2021, n° 459749.

5. L'information prévue par le présent art. a pour seul objet, ainsi qu'en témoignent les travaux préparatoires de la loi, de limiter à compter de l'information ainsi délivrée le délai dans lequel il est loisible au demandeur d'asile de déposer une demande de titre de séjour sur un autre fondement, ce délai étant ainsi susceptible d'expirer avant même qu'il n'ait été statué sur sa demande d'asile. Le requérant, qui n'a pas déposé de demande de titre de séjour auprès des services de la préfecture avant qu'aux termes de l'arrêté attaqué le préfet ne tire les conséquences du rejet de sa demande d'asile, ne peut donc utilement se prévaloir, contre l'OQTF, de son défaut d'information. • CAA Marseille, 25 oct. 2021, n° 20MA00798 : *AJDA 2022. 442*.

SECTION 2 **Documents provisoires délivrés à l'occasion d'une demande de titre de séjour**

Art. L. 431-3 **La détention d'un document provisoire délivré à l'occasion d'une demande de titre de séjour, d'une attestation de demande d'asile ou d'une autorisation provisoire de séjour autorise la présence de l'étranger en France sans préjuger de la**

décision définitive qui sera prise au regard de son droit au séjour. Sous réserve des exceptions prévues par la loi ou les règlements, ces documents n'autorisent pas leurs titulaires à exercer une activité professionnelle. – *[Anc. art. L. 311-4, al. 1er.]*

COMMENTAIRE

Le dépôt du dossier de demande de titre de séjour entraîne la délivrance, par l'administration compétente, d'un récépissé (art. R. 431-12) dont la durée est précisée par celui-ci ; la circulaire du 5 janvier 2012 indique toutefois que la durée « normale » de validité est de trois mois, durée pouvant être portée à quatre mois lorsque le délai d'instruction nécessaire est supérieur à trois mois. Cette durée a été portée à six mois par la circulaire du 3 janvier 2014. La circulaire entend en effet limiter les hypothèses de renouvellement de récépissé. Il est en outre précisé que le récépissé n'est délivré qu'en cas de dépôt du dossier complet (V. *infra*, art. R. 311-4).

Afin de mettre un terme à des pratiques divergentes entre préfectures, la même circulaire du 5 janvier 2012 a indiqué que c'est la date de décision de délivrance de la carte de séjour qui constitue la date de début de validité du titre. ❑

1. Obligation de délivrance. L'administration est tenue de délivrer le récépissé ou de se prononcer sur sa demande ; à défaut, l'étranger ne peut être considéré en situation irrégulière et ne peut donc faire l'objet d'une mesure d'éloignement. • CE 1er févr. 1995, *Mme Dahmani*, n° 154329. ♦ La décision par laquelle le préfet délivre un récépissé de demande de carte de séjour a pour effet d'abroger une mesure d'éloignement antérieure. • CE 6 mai 1998, *Lebsir*, n° 187415 : *Lebon T. 949.* ♦ Le préfet ne peut rejeter une demande de titre de séjour avant l'expiration de l'autorisation provisoire de séjour. • CAA Bordeaux, 6 déc. 2007, *Mme Alves*, n° 07BX01283.

2. Le refus de délivrance du récépissé à l'issue de l'audition du demandeur constitue une atteinte grave et manifestement illégale à la liberté fondamentale que constitue le droit constitutionnel d'asile qui a pour corollaire, non seulement la possibilité de demander la qualité de réfugié, mais aussi de solliciter l'asile territorial ; le juge n'hésite ainsi pas à enjoindre au préfet de délivrer ledit récépissé valant autorisation provisoire de séjour. • CE 12 nov. 2001, *Min. Intérieur c/ Farhoud*, n° 239792.

3. Durée de validité. La durée de validité du récépissé disparaît avec le refus du titre de séjour. • CE 16 sept. 1994, *Min. Affaires sociales c/ M. Rakotomanga*, n° 135687. ♦ La délivrance d'un tel récépissé ne peut autoriser un étranger à se maintenir en France alors que sa demande de titre de séjour lui a été refusée. • CE 10 juill. 1996, *M. Klaii*, n° 143929. ♦ De même, lorsqu'un demandeur d'asile a vu sa demande définitivement rejetée, la production du récépissé ne dispense pas du respect des conditions posées à l'art. L. 211-1 du présent code, et notamment du visa d'entrée. • CE 11 juin 1997, *M. Mpokfuri*, n° 140916. ♦ Le rejet de la demande du titre de séjour emporte nécessairement retrait du récépissé de cette demande. • CE 1er juill. 1996, *Préfet du Val-d'Oise c/ M. Sakho*, n° 163796.

4. Réexamen. En cas de faits nouveaux, l'intéressé peut solliciter le réexamen de sa demande de reconnaissance de la qualité de réfugié ; dans cette hypothèse, l'étranger concerné doit solliciter une nouvelle demande d'admission au séjour en se présentant personnellement en préfecture. • CE 5 déc. 2001, *Préfet de police c/ Ba*, n° 222662 : *Lebon T. 994.* ♦ A défaut, le préfet peut prononcer l'éloignement de l'intéressé sans transmettre préalablement son dossier à l'OFPRA. • CAA Versailles, 20 janv. 2006, *Nimalarajah*, n° 05VE00959.

5. Apatride. Ces règles ne sont pas applicables au demandeur de reconnaissance du statut d'apatride qui ne bénéficie ainsi d'aucun droit au séjour provisoire. • CE 30 déc. 1996, *Préfet du Loiret c/ Thammi*, n° 154535 : *Lebon T. 946 ; D. 1998. 20, somm. Julien-Laferrière* • 11 juin 1997, *Préfet de police c/ Stepanian*, n° 182101 • 20 déc. 2000, *Nesic*, n° 207999.

6. Espace Schengen. Un récépissé ou une autorisation provisoire de séjour, quel qu'il soit, qui n'est délivré qu'après dépôt d'un dossier complet, est souvent renouvelé plusieurs fois avant que n'intervienne une décision définitive relative au droit au séjour ; un étranger titulaire d'un titre l'autorisant à séjourner en France, fût-ce provisoirement, peut quitter le territoire national et y revenir tant que ce titre n'est pas expiré et sans avoir à solliciter de visa ; mais la Circ. du 21 sept. 2009 relative aux conditions d'entrée dans l'espace Schengen des ressortissants d'États tiers détenteurs d'autorisations provisoires de séjour et de récépissés de demande de titre de séjour délivrés par les autorités françaises retient, toutefois, qu'en vertu des dispositions du code frontières Schengen, notamment celles de son art. 2, pt 16, ss. b), les autorisations provisoires de séjour délivrées dans le cadre de l'examen d'une demande d'asile ainsi que les récépissés de première demande de titre de séjour ne permettent désormais plus à leur titulaire de revenir librement dans l'espace Schengen. Cette circulaire en déduit que les ressortissants de pays tiers soumis à visa, qui auraient quitté le territoire français munis de ces seuls autorisations ou récépissés, ne peuvent revenir dans l'espace Schengen que munis d'un visa de retour délivré par les autorités consulaires ou, à titre exceptionnel, par les autorités préfectorales, ce visa de retour n'autorisant le franchissement des frontières extérieures à l'espace Schengen que par un point d'entrée du territoire français. Le Conseil d'État interroge ainsi la CJUE sur le point de savoir si le code frontières Schengen fait obligation de prononcer un refus d'entrée en cas de retour sur le territoire de l'État membre qui a délivré le titre temporaire de séjour lorsque le retour sur son territoire ne nécessite ni entrée, ni transit, ni séjour sur le territoire des autres États membres ; en cas de réponse positive à cette question, il convient également de déterminer dans quelles conditions peut être délivré un visa de retour, et notamment s'il peut limiter l'entrée aux seuls points du territoire national. Enfin, dans la mesure où le code frontières Schengen exclurait toute possibilité d'entrée sur le territoire des États membres aux ressortissants de pays tiers qui ne sont titulaires que d'un titre temporaire de séjour délivré au cours de l'examen d'une première demande de titre de séjour ou d'une demande d'asile, contrairement à ce que permettaient les stipulations de la Conv. d'application de l'accord de Schengen du 19 juin 1990, dans sa rédaction antérieure à sa modification par ce règlement, la question se pose de savoir si les principes de sécurité juridique et de confiance légitime n'imposaient pas que soient prévues des mesures transitoires pour les ressortissants de pays tiers ayant quitté leur territoire alors qu'ils n'étaient titulaires que d'un titre temporaire de séjour délivré au cours de l'examen d'une première demande de titre de séjour ou d'une demande d'asile et souhaitant y revenir après l'entrée en vigueur du code frontières Schengen. • CE 15 déc. 2010, *ANAFÉ*, n° 332363 B.

7. La CJUE a considéré que le ressortissant d'un pays tiers qui est en possession d'un document de séjour couvrant temporairement son séjour sur le territoire d'un État membre dans l'attente d'une décision sur sa demande de séjour ou sa demande d'asile et qui quitte le territoire de l'État dans lequel il a introduit une demande de séjour ou d'asile ne peut y revenir sous le seul couvert de son document de séjour provisoire. Sur les conditions de délivrance par un État membre d'un visa de retour et notamment sur la possibilité d'y limiter l'entrée dans l'espace Schengen aux seuls points du territoire national de l'État membre qui l'a délivré, la Cour a considéré qu'un État membre qui délivre à un ressortissant de pays tiers un visa de retour au sens de cette disposition ne peut limiter l'entrée dans l'espace Schengen aux seuls points de son territoire national. Enfin, sur la nécessité de mettre en place des mesures transitoires, la Cour a estimé que les principes de sécurité juridique et de protection de la confiance légitime n'imposaient pas que soient prévues des mesures transitoires pour les ressortissants de pays tiers ayant quitté le territoire d'un État membre alors qu'ils n'étaient titulaires que d'un titre temporaire de séjour délivré au cours de l'examen d'une première demande de titre de séjour ou d'une demande d'asile et souhaitant revenir sur ce territoire après l'entrée en vigueur du code frontières Schengen. • CJUE 14 juin 2012, *ANAFÉ c/ Min. Intérieur*, n° C-606/10 : *AJDA 2012. 1188* ; *D. 2012. 1617* ; *Europe 2012, n° 8, comm. 312, Gazin*

8. La CJUE indique que les règles relatives au refus d'entrée des ressortissants de pays tiers prévues à l'art. 13 du règlement sont applicables aux ressortissants de pays tiers soumis à l'obligation de visa qui souhaitent revenir sur le territoire de l'État membre qui leur a délivré un titre temporaire de séjour lorsque le retour sur le territoire de ce dernier peut s'effectuer sans entrer sur le territoire des autres États membres. Elle constate en effet que le règlement, conformément à son art. 3, s'applique à toute personne franchissant les frontières intérieures ou extérieures d'un État membre de l'espace Schengen, de sorte que les règles régissant le refus d'entrée énoncées à son art. 13 visent tout ressortissant de pays tiers qui souhaite entrer dans un État membre en franchissant une frontière extérieure de l'espace Schengen. Est sans incidence à cet égard la circonstance que le ressortissant de pays tiers tente, sur le fondement d'un titre de séjour temporaire délivré par un État membre, de revenir dans celui-ci par une frontière extérieure de l'espace Schengen sans avoir l'intention d'obtenir l'accès à l'ensemble de cet espace. Il en découle que le ressortissant d'un pays tiers qui est en possession d'un document de séjour couvrant temporairement son séjour sur le territoire d'un État membre dans l'attente d'une décision sur sa demande de séjour ou sa demande d'asile et qui quitte le territoire de l'État dans lequel il a introduit une demande de séjour ou d'asile ne peut y revenir sous le seul couvert de son document de séjour provisoire. Par conséquent, les autorités chargées du contrôle aux frontières extérieures de l'espace Schengen doivent, dans un tel cas de figure, refuser l'entrée sur le territoire, sauf si l'intéressé relève d'une des dérogations prévues par le règlement lui-même. • CJUE 14 juin 2012, *ANAFÉ*, n° C-606/10 : *AJDA 2012. 1576*.

9. Si la Circ. du 21 sept. 2009 précise que le visa de retour préfectoral ne permet en principe qu'un retour par les frontières françaises extérieures de l'espace Schengen, l'art. 5, § 4, du code frontières Schengen garantit aux ressortissants des pays tiers qui ne remplissent pas toutes les conditions de retour dans l'espace Schengen, mais qui sont titulaires d'un titre de séjour délivré par un État membre ou d'un visa de retour, un droit d'entrée dans les autres États membres aux fins de transit pour atteindre le territoire de l'État membre qui a délivré le titre de séjour ou le visa de retour. Le visa de retour doit autoriser le ressortissant de pays tiers à entrer aux fins de transit sur le territoire des autres

États membres afin de pouvoir atteindre le territoire de l'État membre qui a délivré un tel visa de retour, de sorte que l'entrée par les frontières extérieures de l'espace Schengen ne saurait être limitée aux seuls points du territoire national de l'État membre qui a délivré un tel visa. Cette hypothèse doit être distinguée, dit la Cour, de celle visée par les dispositions de l'art. 5, § 4, ss. c), aux termes desquelles les ressortissants de pays tiers qui ne remplissent pas les conditions énoncées au § 1 peuvent être autorisés à entrer pour des motifs humanitaires ou d'intérêt national ou en raison d'obligations internationales, et qui prévoient une entrée limitée aux seuls points du territoire national d'un État membre. • CJUE 14 juin 2012, *ANAFÉ*, n° C-606/10 : *préc. note 8.*

10. La Circ. de 2009, en raison de l'absence de mesures transitoires, avait eu pour effet que les ressortissants de pays tiers soumis à l'obligation de visa qui avaient quitté le territoire français avec un titre temporaire de séjour avant l'adoption de la circulaire ne pouvaient plus revenir dans l'espace Schengen sans avoir obtenu un visa ou un autre titre leur donnant le droit d'entrer sur ce territoire ; la Cour estime que des mesures transitoires n'étaient pas nécessaires dès lors que l'interdiction de retour prévue par la circulaire est conforme au code frontières Schengen, qu'une pratique administrative nationale contraire au droit de l'Union ne saurait fonder une confiance légitime des ressortissants des pays tiers dans la possibilité de continuer à bénéficier de cette pratique et, enfin, que le code frontières Schengen, qui a été publié au *JOUE* 6 mois avant la date de son entrée en vigueur, satisfait lui-même aux exigences de certitude et de prévisibilité. • CJUE 14 juin 2012, *ANAFÉ*, n° C-606/10 : *préc. note 8.*

11. Tirant les leçons de l'arrêt de la CJUE du 14 juin 2012, le Conseil d'État a validé les dispositions de la Circ. du 21 sept. 2009. • CE 17 oct. 2012, *ANAFÉ*, n° 332363.

Art. L. 431-4 **Par dérogation à l'article L. 431-3, l'autorisation provisoire de séjour prévue aux articles L. 425-4 ou L. 425-10 autorise son titulaire à exercer une activité professionnelle.**

Art. L. 431-5 **La délivrance d'un document provisoire délivré à l'occasion d'une demande de titre de séjour, d'une attestation de demande d'asile ou d'une autorisation provisoire de séjour n'a pas pour effet de régulariser les conditions de l'entrée en France, sauf s'il s'agit d'un étranger qui s'est vu reconnaître la qualité de réfugié ou accorder le bénéfice de la protection subsidiaire en application du livre V.** – *[Anc. art. L. 311-5.]*

1. Si l'étranger titulaire d'une autorisation provisoire de séjour est considéré en situation régulière, l'APS n'a pas pour effet de régulariser ses conditions d'entrée en France, contrairement aux solutions dégagées antérieurement par la jurisprudence. • CE 22 janv. 1993, *Tandu et Mamoka*, n° 126115 A : *AJDA 1993. 376, note Haïm*. ♦ V. aussi : • CE 26 mars 1997, *Mme Fortes-Goncalves*, n° 134349 • 6 févr. 2002, *Mukendi Ngola*, n° 216577. ♦ Par suite, si la carte de séjour peut provisoirement être remplacée par le récépissé de la demande de délivrance ou de renouvellement de ladite carte, ces dispositions n'ont pas pour objet et ne sauraient avoir pour effet de subordonner la légalité d'un arrêté de reconduite à la frontière à l'examen préalable de la demande de titre de séjour que l'étranger a pu présenter alors qu'il se trouvait en situation irrégulière. • CE 13 mai 1996, *Préfet de la Seine-Maritime*, n° 152271 : *Lebon T. 940.*

2. Ainsi, la délivrance d'une APS jusqu'à ce que la CNDA ait statué n'a pas pour effet de régulariser les conditions de l'entrée en France de l'intéressé ; le préfet peut ainsi légalement prendre à son encontre une mesure d'éloignement. • CAA Bordeaux, 5 juill. 2007, *Sawitski*, n° 07BX00488. ♦ Toutefois, dès lors que l'intéressé bénéficie du délai d'un mois à compter du refus de renouvellement ou du retrait de l'APS pour quitter volontairement le territoire français, le préfet ne peut ordonner son éloignement avant d'avoir retiré ou refusé le renouvellement de l'APS et constaté le maintien de l'intéressé au-delà du délai d'un mois. • CAA Bordeaux, 5 juill. 2007, *Kurt*, n° 05BX00461.

3. Ni la liberté d'aller et de venir, ni le droit d'asile, ni aucun principe général du droit communautaire ne confère aux étrangers titulaires d'une autorisation provisoire de séjour qui ont quitté le territoire national le droit d'y revenir, même s'ils y séjournent régulièrement. • CE 15 déc. 2010, *ANAFÉ*, n° 332363 B.

CHAPITRE II REFUS ET RETRAIT DES TITRES DE SÉJOUR

SECTION 1 Refus de délivrance ou de renouvellement des titres de séjour

I. DÉCISION ADMINISTRATIVE

1. Examen de la situation particulière. Une décision concernant le séjour d'un étranger doit toujours être précédée d'un examen du cas particulier. • CE 24 févr. 1982, *Min. Intérieur c/ Bouriah A*, n° 25289. ♦ Si, en principe, l'intéressé doit être mis en mesure de présenter des observations écrites, il en va autrement en cas d'urgenceet pour tenir compte des nécessités de l'ordre public. • CE 3 mars 2003, *Min. Intérieur c/ Rakhimov*, n° 238662 : *AJDA 2003. 1343, note Lecucq*.

2. Un refus de titre de séjour n'a pas à être précédé d'une audition de l'intéressé dès lors que la demande de titre de séjour est nécessairement présentée par l'intéressé. • CE 28 juill. 1999, *Préfet de l'Essonne*, n° 200094.

A. NOTIFICATION DU REFUS DE TITRE DE SÉJOUR

3. La notification de la décision de refus de titre doit être régulière. Tel n'est pas le cas d'une notification retournée à l'expéditeur au motif que le destinataire n'habite plus à l'adresse indiquée dès lors que l'intéressé avait indiqué à l'administration sa nouvelle adresse ; s'agissant d'un moyen d'ordre public, il doit être soulevé d'office par le juge. • CE 10 janv. 2000, *Préfet de Seine-Saint-Denis c/ Mlle Belhadj*, n° 205583 B. ♦ Même solution s'agissant d'une notification sans mention du nom marital de l'intéressée. • CAA Paris, 2 mars 2006, *Husti*, n° 05PA03647. ♦ Il appartient à l'intéressé d'aviser en temps utile les services préfectoraux de son changement d'adresse. • CE 1er juin 2005, *Mlle Khoudir*, n° 271076.

4. Une mesure d'éloignement sera entachée d'erreur de droit dès lors que le refus de séjour n'a pas été régulièrement notifié à l'intéressé. • CE 22 mars 1991, *Préfet d'Eure-et-Loir c/ Polat*, n° 121311. ♦ En revanche, le requérant ne peut se prévaloir de l'irrégularité de la notification du refus de titre de séjour qui a été retournée à l'envoyeur avec la mention « non réclamée » alors qu'il a accusé réception de la lettre lui notifiant la décision de le reconduire à la frontière envoyée à la même adresse. • CE 17 févr. 1999, *Préfet de police*, n° 199861. ♦ De même, si le requérant fait valoir qu'à la date à laquelle la lettre du préfet lui a été adressée il avait perdu son passeport et qu'il n'a pu, de ce fait, retirer cette lettre à la Poste, il ne justifie ni de la perte de son passeport ni d'un refus de délivrance du pli opposé par la poste au motif qu'il était dépourvu de tout document attestant son identité. • CE 5 mars 1999, *Préfet de la Seine-Saint-Denis c/ M. Sylla*, n° 199805. ♦ De même encore, la notification du refus de séjour a été considérée comme valable s'agissant d'un recommandé présenté au domicile de l'intéressé et signé par la personne présente. • CAA Paris, 15 avr. 1999, *M. El Madghi*, n° 98PA04213.

5. Si la décision de refus de titre a été notifiée sans indiquer les voies et délais de recours, le recours n'est enfermé dans aucune condition de délai. • CE 20 juin 1997, *M. Kessai*, n° 168019 : *Lebon 1997 ; AJDA 1997. 894, concl. Abraham*. ♦ Le délai de recours n'est pas davantage opposable, dans le cas d'une décision implicite, si l'administration n'a pas transmis à l'intéressé un accusé de réception de sa demande indiquant le délai à l'expiration duquel la demande sera réputée rejetée et les délais et voies de recours contre cette décision implicite. • CE 25 nov. 1996, *Mme Vermeersch*, n° 165501. ♦ V. aussi sous l'empire de l'art. 19 de la L. du 12 avr. 2000 : • CE 19 févr. 2003, *Préfet de l'Hérault c/ Houdane*, n° 243427. ♦ En revanche, l'étranger ne peut invoquer l'irrégularité de la notification du refus de titre lorsqu'il s'est soustrait à celle-ci, le courrier recommandé avisant de ce refus n'ayant pas été retiré par l'intéressé. • CE 3 févr. 1999, *Préfet du Bas-Rhin*, n° 197231.

6. Le Cons. const. a censuré le législateur qui, dans la L. n° 2021-1109 du 24 août 2021 dite loi « confortant le respect des principes de la République », avait prévu que la délivrance ou le renouvellement de tout titre de séjour pouvait être refusé à un étranger ayant « manifesté un rejet des principes de la République » pour méconnaissance de l'objectif de valeur constitutionnelle d'accessibilité et d'intelligibilité de la loi. En effet, en faisant référence aux « principes de la République », sans autre précision, et en se bornant à exiger que la personne étrangère ait « manifesté un rejet » de ces principes, le législateur n'a pas adopté des dispositions permettant de déterminer avec suffisamment de précision les comportements justifiant le refus de délivrance ou de renouvellement d'un titre de séjour ou le retrait d'un tel titre. • Cons. const. 13 août 2021, n° 2021-823 DC : *AJDA 2021. 1656*.

B. MOTIVATION

7. Le refus de séjour doit être motivé même s'il a fait l'objet d'une décision implicite ; dans ce cas, l'intéressé est en droit de demander communication des motifs de la décision. A défaut, le refus est entaché d'illégalité. • TA Montpellier, 12 janv. 1994 : *Ouafi c/ Préfet du Gard : Juris-Data 130*. ♦ Il en va de même s'agissant d'un étranger ne remplissant aucune des conditions de délivrance du titre et sollicitant une mesure de régularisation. • CE 30 déc. 1996, *Min. Intérieur c/ Martins*, n° 163457.

8. La motivation doit être complète et ne peut se contenter de faire référence à l'examen approfondi du dossier du demandeur. • CE 30 déc. 1996, *Min. Intérieur c/ Martins*, n° 163457. ♦ La motivation ne doit pas reposer sur une erreur de fait. • CE 30 mars 2001, *Préfet de police c/ Ali Moussa*, n° 225772.

9. Un document préimprimé joint à un refus de titre de séjour ne satisfait pas à l'obligation de motivation. • CE 26 juin 2000, *Préfet de la Haute-Garonne c/ Mhamdi*, n° 207243. ♦ Le préfet ne peut justifier une motivation laconique de la décision de refus de séjour en indiquant que son mémoire en défense devant le tribunal administratif récapitulait très exactement l'examen de la situation particulière de l'intéressé. • CAA Lyon, 8 juill. 2008, *Préfet de la Drôme c/ Sharadze*, n° 07LY01853.

10. Ordre public. La réserve d'ordre public peut toujours être invoquée pour justifier le retrait d'un titre de séjour. • Cons. const. 13 mars 2003, n° 2003-467 DC : *JO 19 mars, p. 4789 ; RD publ. 2003. 1147, note Rousseau et Lazerges ; Gaz. Pal. 22 au 24 mars 2003, p. 7 ; LPA 18 sept. 2003, note Mathieu et Verpeaux ; JCP Adm. 2003. 825, note Tchen ; LPA 28 mars 2003, note Schoettl.*

11. Le titre de séjour attribué à un étranger doit être retiré lorsque l'étranger est sous le coup d'une mesure d'expulsion. • CE 31 janv. 1994, *Chakri : Lebon 47.* ♦ ... A été condamné à une peine d'interdiction judiciaire du territoire. • CE 18 mars 1998, *M. Khellil : Lebon 91 ; RFDA 1998. 648*. ♦ ... Fait l'objet d'un signalement au Système d'information Schengen (SIS), à la condition que l'État concerné procède à la consultation des autorités françaises sur la possibilité d'un retrait du titre de séjour. • TA Paris, 18 oct. 1996, *M. Jamal Said,* n°s 9602674/4 et 9602675/SE.

12. La CJUE a considéré que l'art. 25, § 1, de la Conv. d'application de l'accord de Schengen (CAAS) ne s'oppose pas à ce qu'un État membre permette la délivrance, la prolongation ou le renouvellement d'un titre de séjour suite à une demande de regroupement familial par un ressortissant de pays tiers signalé aux fins de non-admission au système d'information Schengen (SIS) par un autre État membre et dont l'identité n'a pu être établie par un document de voyage valide ; le titre de séjour ne doit être délivré, prolongé ou renouvelé que pour des « motifs sérieux », au sens de l'art. 25, § 1, notamment d'ordre humanitaire ou résultant d'obligations internationales. • CJUE 4 mars 2021, n° C-139/19.

13. Si l'administration n'a pas procédé au retrait de la carte de résident d'un étranger condamné à 3 ans d'interdiction du territoire pour séjour irrégulier, elle ne peut y procéder une fois la peine exécutée par l'intéressé sauf à porter une atteinte grave et manifestement illégale aux droits de l'intéressé, notamment son droit à une vie privée et familiale et sa liberté d'aller et venir. • CE 10 janv. 2008, *M. B.,* n° 312119.

C. *RÉGULARISATION*

14. Le Conseil d'État a précisé que le présent code et les textes pris pour son application qui précisent les cas dans lesquels les étrangers présents sur le territoire national ont droit à la délivrance d'un titre de séjour ne font pas obligation au préfet de refuser un titre de séjour à un étranger qui ne remplit pas l'ensemble des conditions auxquelles est subordonnée sa délivrance de plein droit sauf lorsque les textes l'interdisent expressément ; dans l'exercice du pouvoir discrétionnaire qui lui est ainsi confié, il appartient au préfet d'apprécier, compte tenu de l'ensemble des éléments de la situation personnelle de l'intéressé et des conditions non remplies, l'opportunité d'une mesure de régularisation. • CE 16 oct. 1998, *Mlle Aidara,* n°s 147141 et 154883 : *Lebon 357* • 28 juill. 1999, *Préfet de l'Essonne c/ M. Tug,* n° 200094. ♦ V. aussi : • Cons. const. 13 mars 2003, n° 2003-467 DC : *RD publ. 2003. 1147, note Rousseau et Lazerges ; Gaz. Pal. 22-24 mars 2003, p. 7 ; LPA 28 mars 2003, note Schoettl ; ibid. 18 sept. 2003, note Mathieu et Verpeaux ; JCP Adm. 2003. 825, note Tchen.* ♦ Ainsi, le préfet n'est pas en situation de compétence liée pour refuser un titre de séjour ; il lui incombe d'examiner les conséquences que sa décision pouvait comporter pour la vie personnelle de l'intéressée. • CE 12 mars 1999, *Min. Intérieur c/ Mlle El Khamssa Zeroual,* n° 169668. ♦ Révèle ainsi une erreur manifeste d'appréciation le refus de titre de séjour opposé à une ressortissante sénégalaise arrivée en France à l'âge de 15 ans pour y rejoindre sa cousine de nationalité française qui s'était vue confier l'autorité parentale sur elle ; elle a poursuivi des études en France sous couvert de récépissés de demande de titre de séjour qui lui ont été régulièrement délivrés jusqu'à ce qu'elle atteigne l'âge de 18 ans. • CE 16 oct. 1998, *Mlle Aidara,* n°s 147141 et 154883 : *préc.* ♦ De même, révèle une erreur de droit le refus opposé, pour défaut de visa de long séjour, à un demandeur d'asile débouté justifiant de plus de 10 ans de résidence habituelle. • CE 28 mai 1999, *Eramil,* n° 194657. ♦ Même solution pour une étrangère, entrée en France à l'âge de 15 ans en compagnie de son père titulaire d'une carte de résident, qui avait été prise en charge par les services de l'ASE à la mort de son père et suivait avec assiduité un CAP de restauration. • CAA Bordeaux, 11 juill. 2008, *Préfet de la Gironde c/ Zihouf,* n° 06BX02444. ♦ En refusant de régulariser la situation des requérants au motif qu'ils ne présentaient pas de contrepartie à leurs demandes de titres de séjour puisqu'ils n'avaient pas respecté les conditions fixées dans la lettre du préfet, à savoir la preuve que leur fils avait effectivement quitté le territoire français, alors que le respect de ces conditions ne dépendait pas de la volonté des intéressés et que la situation de leurs enfants majeurs au regard du droit au séjour était sans lien avec leur situation personnelle, le préfet a commis une erreur de droit. • CAA Bordeaux, 20 mars 2012, *M. Foudala,* n° 11BX01899 : *AJDA 2012. 1079 ; ibid. 1501, note de la Taille.*

15. La légalité de la mesure d'éloignement n'est pas subordonnée à l'examen préalable de la demande de régularisation que l'étranger a pu présenter postérieurement à la notification du refus de délivrance ou de renouvellement du titre de séjour. • CE 19 avr. 1995, *Préfet du Bas-Rhin,* n° 143314 : *Lebon T. 835.* ♦ S'agissant de l'application de la Circ. du 24 juin 1997 (relative au réexamen de la situation de certaines catégories d'étrangers en situation irrégulière), la demande de régularisation est sans influence sur la légalité de la mesure d'éloignement dès lors que l'intéressé n'a pas bénéficié de la régularisation. • CE 29 juill. 1998, *Préfet de police c/ Zemzem,* n° 189819 B. ♦ Il en va *a fortiori* de même lorsque l'étranger ne s'est pas prévalu des dispositions de la circulaire. • CE 14 oct. 1998, *Lazarre,* n° 189669. ♦ La décision par laquelle un préfet rejette une demande de régularisation est régulièrement notifiée à l'adresse figurant sur la demande du requérant dès lors que, si l'étranger avait indiqué son changement d'adresse à la poste, il n'avait pas fait part de ce changement à la préfecture. • CE 16 oct. 2000, *Préfet des Hauts-de-Seine c/ Ba,* n° 207133 B.

16. La CEDH considère que les étrangers ayant déjà été titulaires d'un titre de séjour de longue durée et ayant tissé des liens réels dans le pays d'accueil peuvent revendiquer un droit à régularisation en cas d'annulation de la mesure d'éloignement fondée sur la violation de l'art. 8 Conv. EDH. • CEDH 16 juin 2005, *Sisojeva et a. c/ Lettonie,* n° 60654/00. ♦ S'agissant de personnes apatrides, elle a même précisé qu'il convenait de régulariser leur situation de façon appropriée en leur délivrant des permis de séjour permanents rétroactifs. • CEDH 13 juill. 2010, *Kuric et a. c/ Slovénie,* n° 26828/06.

II. CONTRÔLE JURIDICTIONNEL DU REFUS DE TITRE DE SÉJOUR

17. Moyens inopérants. Sont inopérants, devant le juge de l'excès de pouvoir, les moyens de légalité interne qui, sans rapport avec la teneur de la décision de refus de titre de séjour, ne contestent pas utilement la légalité des motifs et du dispositif qui sont ceux de la décision administrative attaquée. Dans le cas où le préfet se borne à rejeter une demande d'autorisation de séjour présentée uniquement au titre de l'asile, sans examiner d'office d'autres motifs d'accorder un titre à l'intéressé, ce dernier ne peut utilement soulever, devant le juge de l'excès de pouvoir saisi de conclusions tendant à l'annulation de la décision de refus du préfet, des moyens de légalité interne sans rapport avec la teneur de la décision contestée. Ainsi, par ex., un moyen tiré de la méconnaissance du droit au respect de la vie privée et familiale garanti par l'art. 8 Conv. EDH est inopérant à l'appui du recours formé contre une décision de refus motivée uniquement par le rejet de la demande d'asile ou de la protection subsidiaire, l'invocation des stipulations de l'art. 8 étant sans incidence sur l'appréciation que doit porter l'autorité administrative sur les conditions posées pour la délivrance des autorisations de séjour demandées au titre de l'asile ou de la protection subsidiaire. En revanche, lorsque le préfet, statuant sur la demande de titre de séjour, examine d'office si l'étranger est susceptible de se voir délivrer un titre sur un autre fondement que l'asile, tous les motifs de rejet de la demande, y compris donc les motifs se prononçant sur les fondements examinés d'office par le préfet, peuvent être utilement contestés devant le juge de l'excès de pouvoir. Il en va, par ex., ainsi si la décision de refus de titre de séjour a pour motif que le demandeur n'entre dans aucun cas d'attribution d'un titre de séjour de plein droit ou que le refus ne porte pas d'atteinte disproportionnée au droit au respect de la vie privée et familiale de l'intéressé. • CE, avis, 15 mars 2017, *Préfet de la Loire-Atlantique,* n° 405586 A : *AJDA 2017. 1070, concl. Domino*.

18. L'art. 3 Conv. EDH est inopposable à un refus de titre de séjour, lequel n'impose pas directement le retour dans le pays d'origine de l'intéressé. • CE 7 mai 1997, *Bouasavan,* n° 153536.

19. Le juge ne peut annuler un refus de titre de séjour sur un fondement différent de celui qui avait motivé la demande ; les dispositions sur lesquelles se fondait l'intéressée ne constituant le fondement ni de la demande de titre de séjour présentée ni de la décision du préfet, le moyen invoqué était inopérant. Elle considère donc que c'est à tort que le tribunal administratif s'est fondé sur la méconnaissance de ces dispositions pour annuler le refus de séjour. • CAA Lyon, 14 déc. 2017, n° 17LY01552.

20. Rejet par ordonnance. Le juge ne peut rejeter par ordonnance (CJA, art. R. 222-1, 7°) un recours formé contre un refus de séjour dès lors que ce recours comporte des moyens (en l'espèce, la violation du droit à mener une vie familiale normale) permettant d'en apprécier le bien-fondé. • CAA Versailles, 21 juill. 2011, *Mustafov,* n° 10VE03293.

21. Non-lieu à statuer. Il n'y a plus lieu de statuer sur les conclusions tendant à l'annulation d'une décision ayant rejeté une demande de titre de séjour lorsque, postérieurement à la saisine de la juridiction, le préfet a délivré le titre sollicité ou un titre de séjour emportant des effets équivalents à ceux du titre demandé. • CE 17 mai 2017, n° 396832.

22. Illégalité du refus de titre. Le refus de séjour a ainsi été considéré comme entaché d'erreur manifeste d'appréciation s'agissant d'un Algérien qui courait des risques graves en cas de retour dans son pays d'origine. • TA Rennes, 5 nov. 1996, *M. Belabed,* n° 962134. ♦ ... Dans le cas d'un étranger atteint par le VIH. • TA Marseille, 15 oct. 1996, *M. Aïssa B.,* n° 96-3733. ♦ A noter que la CEDH a sanctionné la Russie pour avoir refusé un permis de séjour à un ressortissant ouzbek, époux d'une ressortissante russe et père d'un enfant russe, au motif de sa séropositivité ; la Cour estime que les restrictions aux déplacements des personnes séropositives ne peuvent être justifiées par la volonté de protéger la santé publique et elle note que ces restrictions ne sont pas imposées à d'autres personnes pouvant également adopter un comportement à risque. • CEDH 10 mars 2011, *Kiyutin c/ Russie,* n° 2700/10.

23. Conséquences de l'annulation. Quand le jugement qui enjoint de délivrer un titre de séjour est annulé en appel, le préfet ne peut abroger que le titre de séjour qu'il a délivré sur injonction et non le titre qu'il a par la suite renouvelé après un nouvel examen de la situation de l'étranger. • TA Rouen, 21 mai 2015, n° 1500336.

24. Refus de séjour et OQTF. Lorsqu'une décision relative au séjour est intervenue concomitamment à une OQTF prise sur le fondement de l'art. L. 611-1 et fait l'objet d'une contestation à l'occasion d'un recours dirigé contre cette OQTF, cette contestation suit le régime contentieux applicable à l'OQTF. Dès lors, les dispositions de l'art. R. 776-26 CJA sont applicables à l'ensemble des conclusions présentées au juge administratif, dans le cadre de ce litige, y compris celles tendant à l'annulation de la décision relative au séjour. • CE, avis, 19 juill. 2017, n° 408902 A : *AJDA 2017. 1524* ; *D. 2018. 313, chron. Boskovic, Corneloup, Jault-Seseke, Joubert et Parrot* .

25. Responsabilité. Un refus de titre de séjour peut être constitutif d'une faute de nature à engager la responsabilité de l'État. • TA Lille, 21 nov. 1996, *M. et Mme Benjamin Nenda Tanekou,* n° 95-5397. ♦ Le dommage peut résulter de l'impossibilité d'exercer un emploi, voire constituer un préjudice moral du fait de la clandestinité forcée. • TA Nantes, 30 mai 1997, *M. Soualmi,* n° 96.3073 : *RFDA 1998. 294, concl. Millet* . ♦ Le juge indemnise ainsi le trouble dans les conditions d'existence. • TA Clermont-Ferrand, 19 févr. 1998, *M. Manuel Durao,* n° 96581.

26. Fraude. En présence de manœuvres frauduleuses, l'autorité administrative refusera le titre de séjour sollicité ; c'est le cas par ex. s'agissant de la production de faux contrats de travail dans un but de fraude à la loi et afin de remplir les conditions légalement nécessaires à l'obtention du titre de séjour. • CE 15 janv. 1999, *Préfet du Val-de-Marne c/ M. Saramale,* n° 188096.

27. Effets de la décision de refus. La décision de refus de délivrance d'un titre de séjour produit instantanément tous ses effets propres, ne retire aucun droit à l'intéressé et ne lui crée aucune obligation ; elle ne modifie donc pas sa situation juridique et une abrogation d'une telle décision de refus serait par conséquent dépourvue de portée. Sont donc irrecevables des conclusions à fin d'annulation d'un refus d'abrogation d'un refus de délivrance de titre de séjour. • CAA Paris, 11 juill. 2007, *M. Boukhelfiouene,* n° 07PA00407 B : *JCP Adm. 2007. 2327, chron. Bouleau et Gohin.* ♦ Cet arrêt a été cassé par le Conseil d'État qui considère que, malgré les circonstances que la décision refusant la délivrance d'un titre de séjour n'a pas modifié la situation de l'intéressé au regard du droit du séjour et que celui-ci pouvait ensuite solliciter à nouveau la délivrance d'un titre de séjour, il lui appartenait, s'il s'y croyait fondé, et s'il y avait modification dans les circonstances de fait ou dans la réglementation applicable, de demander à l'autorité administrative l'abrogation du refus de séjour ; par suite, en jugeant que l'abrogation de la décision de refus de séjour était dépourvue de portée et en en déduisant que les conclusions du requérant tendant à l'annulation du rejet implicite de la demande d'abrogation étaient irrecevables, la cour administrative d'appel de Paris a commis une erreur de droit. • CE 5 mai 2010, *M. Boukhelfiouene,* n° 316140 A : *AJDA 2010. 984* .

28. Délivrance d'un titre sur un fondement différent du titre demandé. Un requérant, ayant sollicité un titre de séjour « vie privée et familiale » et s'étant vu délivrer un titre de séjour « salarié » a intérêt à agir contre la décision implicite de refus du titre de séjour sollicité dès lors que le titre de séjour portant la mention « vie privée et familiale » ne présente pas le même niveau de garanties que le titre « salarié », notamment en ce qui concerne les modalités d'accès au marché du travail. • TA Paris, 24 juin 2022, n° 2015620/1-3 : *AJDA 2022. 2014, concl. Pottier* ; *ibid. 2019, note Gros* .

III. RENOUVELLEMENT DE LA CARTE DE RÉSIDENT

29. La demande de renouvellement doit, à peine d'irrecevabilité, être présentée par l'intéressé dans le courant des deux derniers mois de validité de la carte. • CE 23 janv. 2002, *Préfet du Vaucluse c/ Boutadzelmat,* n° 230659 : *Lebon T. 770.*

30. Ordre public. Le Conseil d'État a clairement affirmé que le renouvellement de plein droit ne pouvait être subordonné à des motifs tirés de la protection de l'ordre public. • CE 14 févr. 2001, *Min. Intérieur c/ Belmehdi,* n° 206914 A : *RFDA 2001. 817, concl. Prada-Bordenave* . ♦ V. déjà : • TA Paris, 27 mars 1998, *M. Ouali,* n° 9408822/4. ♦ Le Conseil constitutionnel a désormais précisé que le renouvellement de plein droit de la carte de résident ne peut être subordonné à l'absence de menace à l'ordre public ; en effet, le demandeur, par définition, peut se prévaloir d'une présence régulière sur le territoire d'une durée d'au moins 10 ans de nature à avoir fait naître des liens multiples avec la France. Par conséquent, une simple menace pour l'ordre public ne saurait suffire à fonder un refus de renouvellement de ce titre de séjour sans atteintes excessives au droit de l'intéressé au respect de sa vie familiale et privée. • Cons. const. 22 avr. 1997, n° 97-389 DC : *préc. note 1 ss. Chap. III du Titre II du livre IV.* ♦ Une demande présentée par un salarié étranger admis à la retraite constitue une demande de renouvellement et non une première demande qui pourrait être rejetée pour motif d'ordre public. • CAA Bordeaux, 28 févr. 2006, *M. O.,* n° 03BX02322 : *AJDA 2006. 1445, concl. Péano* .

31. Résidence habituelle. La L. n° 98-349 du 11 mai 1998 a supprimé la condition de résidence habituelle en France au moment de la demande de renouvellement ; cette obligation était d'ores et déjà inapplicable aux ressortissants algériens. • TA Châlons-en-Champagne, 30 janv. 1996,

M. Reski Fenek, n° 95-1498 • CE 26 juin 1996, *Min. Intérieur,* n° 164732.

32. L'annulation contentieuse d'un arrêté d'expulsion a pour effet de remettre en vigueur le titre de séjour dont bénéficiait l'intéressé ; s'agissant d'une carte de résident, celle-ci est renouvelable de plein droit. En l'absence d'un nouvel arrêté d'expulsion à l'encontre de l'intéressé, l'autorité consulaire ne disposait pas du pouvoir de refuser à l'intéressé le visa qu'il sollicitait. • CE 9 avr. 2004, *M. Allam,* n° 236212 A.

Art. L. 432-1 **La délivrance d'une carte de séjour temporaire ou pluriannuelle ou d'une carte de résident peut, par une décision motivée, être refusée à tout étranger dont la présence en France constitue une menace pour l'ordre public.** – *[Anc. art. L. 313-3, ecqc le refus ; anc. art. L. 314-3.]*

1. Champ d'application. La réserve d'ordre public est opposable même lorsque l'intéressé justifie d'une délivrance « de plein droit » d'un titre de séjour. • CE 23 sept. 1998, *M. Nsoki-Piti,* n° 170177. ♦ Une menace à l'ordre public peut ainsi par ex. faire obstacle à la délivrance d'un titre de séjour à un étranger malade (art. L. 313-11, 11°). • CAA Lyon, 12 oct. 2006, *Min. Intérieur c/ Luzayadio,* n° 02LY00441.

2. Nature du contrôle juridictionnel. Jusqu'en 2003, le juge n'exerçait qu'un contrôle restreint sur un refus fondé sur un motif d'ordre public. • CE 31 mars 1989, *Épx Gattoufi,* n° 92004. ♦ Il considère désormais que, lorsque l'administration oppose le motif d'ordre public pour rejeter une demande de titre de séjour, il appartient au juge de l'excès de pouvoir de rechercher si les faits invoqués par l'administration sont de nature à justifier légalement sa décision. • CE 17 oct. 2003, *M. Bouhsane,* n° 249183 A : *AJDA 2003. 2025, chron. Donnat et Casas.* ♦ Toutefois, lorsque le motif d'ordre public est opposé dans le cadre d'un refus de régularisation de la situation de l'étranger, le juge se limite encore au contrôle restreint. • CAA Lyon, 4 mars 2004, *M. Moussa L. c/ Min. Intérieur,* n° 99LY03095 : *AJDA 2004. 870.*

3. Condamnations pénales. L'existence de condamnations pénales conduit fréquemment le juge à valider le recours à la réserve d'ordre public : 10 mois de prison pour trafic de stupéfiants. • CE 9 déc. 1991, *Min. Intérieur c/ El Khattabi,* n° 101857. ♦ ... 4 ans d'emprisonnement pour coups et blessures volontaires. • CE 25 mars 1992, *M. Amara,* n° 88795. ♦ ... Port d'arme illégal. • CE 31 janv. 1996, *M. Sahin,* n° 148123. ♦ ... Un an d'emprisonnement pour escroquerie, contrefaçon et usage de faux documents administratifs. • TA Clermont-Ferrand, 6 févr. 1996, *M. Seke Nzita,* n° 95-1427. ♦ ... 4 mois de prison avec sursis pour exercice d'une activité à but lucratif sans immatriculation au registre du commerce et emploi irrégulier de main-d'œuvre étrangère. • CE 10 juill. 1996, *Préfet de la Haute-Garonne,* n° 158607. ♦ ... 3 mois d'emprisonnement avec sursis pour émission de chèques sans provision dans l'intention de porter atteinte aux droits d'autrui. • CE 30 déc. 1996, *M. Affane,* n° 141458. ♦ ... 2 ans de prison dont un avec sursis pour attentat à la pudeur commis avec violence ou par surprise. • CAA Paris, 7 janv. 1999, *M. Prince,* n° 97PA01542. ♦ ... 3 ans d'emprisonnement pour attentat à la pudeur sur mineure de 15 ans avec circonstances aggravantes. • CE 10 mai 1999, *M. Hamdi,* n° 163956.

4. La CJUE indique que la seule existence d'antécédents pénaux de l'intéressé ne suffit pas à refuser à ce dernier, pour des motifs d'ordre public ou de sécurité publique, l'octroi du statut de résident de longue durée, dès lors que l'art. 6, § 1, al. 2, de la Dir. 2003/109 implique la prise en considération et la mise en balance d'un certain nombre d'éléments, à savoir, d'une part, la gravité ou la nature de l'infraction commise par la personne concernée, le danger que celle-ci représente pour l'ordre public ou la sécurité publique et, d'autre part, la durée de sa résidence dans l'État membre d'accueil ainsi que ses éventuels liens avec cet État membre. • CJUE 3 sept. 2020, n° C-503/19.

5. Dès lors qu'un ressortissant de pays tiers bénéficie du statut de résident longue durée – UE accordé par un État membre, il doit bénéficier de la protection renforcée prévue au § 3 de l'art. 22 de la Dir. « Résident longue durée – UE » lorsque, présent sur le territoire d'un autre État membre, il s'y trouve en situation irrégulière, quelle qu'en soit la cause, tant que l'éloignement ne repose pas sur des motifs graves relevant de l'ordre public ou la sécurité publique. • CJUE 14 mars 2024, n° C-752/22 : *DP étrangers, Bull. n° 342, avr. 2024, note Pouly.*

6. Cette jurisprudence s'applique également aux demandes de renouvellement, en l'espèce d'une carte « commerçant », l'intéressé s'étant rendu coupable de nombreuses infractions à la législation sur le travail, notamment pour avoir engagé et conservé à son service des étrangers non munis de titre les autorisant à exercer une activité salariée en France, et de tromperie sur la marchandise qui lui ont valu d'être condamné pénalement. • CAA Marseille, 17 déc. 1998, *M. Hebbache,* n° 97MA00620.

7. Interdiction du territoire. Lorsque l'étranger a fait l'objet d'une interdiction judiciaire du territoire, l'autorité administrative doit rejeter la demande de titre de séjour. • CE 18 janv. 1995, *Min. Intérieur c/ Fethi ben Helal,* n° 151497 : *Lebon 830.* ♦ Même solution lorsque l'étranger est sous le coup d'un arrêté d'expulsion non abrogé. • CE 31 janv. 1994, *Chakri,* n° 124946 A.

8. Absence de condamnations pénales. La réserve d'ordre public peut également être opposée en l'absence de toute condamnation pénale. A ainsi été considéré comme justifié un refus fondé sur le fait que le requérant, responsable de culte islamique, incitait les fidèles à soutenir les mouvements islamistes intégristes et tenait des propos discriminatoires à l'égard des autres religions. • CE 22 janv. 1997, *Nafa*, n° 163690 : *Juris-Data n° 050 013.* ♦ Même solution s'agissant du rejet de la demande de renouvellement de la carte de séjour temporaire portant la mention « étudiant » en raison des liens entre le requérant et des mouvements extrémistes étrangers poursuivant des objectifs ou des actions de renseignement ou à caractère terroriste. • CE 7 déc. 1998, *M. Karami Mollaei*, n° 189110.

9. Appréciation par le juge. Révèle en revanche une erreur manifeste d'appréciation un refus fondé : sur des faits anciens, en l'occurrence une condamnation, 4 ans auparavant, pour des actes de violence volontaire avec arme, l'intéressé n'ayant plus depuis lors fait l'objet d'aucune condamnation. • CAA Paris, 29 avr. 1997, *M. Tekin*, n° 96PA00425. ♦ ... Sur le simple engagement d'une procédure judiciaire alors que les faits qui la justifient ne sont ni établis ni qualifiés sur le plan pénal. • CAA Paris, 1er avr. 1997, *M. Nsimba Mapangu*, n° 96PA01348. ♦ ... Sur une condamnation à 2 peines d'emprisonnement de 1 mois et de 2 mois pour des vols. • TA Nantes, 16 oct. 1995, *M. Karam*, n° 95.2028. ♦ ... Sur l'appartenance supposée de l'intéressé à une organisation prônant l'usage de la violence et l'action prosélyte utilisant le territoire français comme relais financier et terrain de propagande et de recrutement. • TA Melun, 14 mai 1997, *M. Ghannouchi c/ Préfet du Val-de-Marne*, n° 9518487. ♦ ... Sur la condamnation à 4 mois d'emprisonnement avec sursis avec dispense d'inscription au casier judiciaire pour violence sur agent de la force publique. • CE 23 sept. 1998, *M. Nsoki-Piti*, n° 170177. ♦ ... Sur la production de documents falsifiés à l'appui d'une demande de titre de séjour. • CE 4 nov. 2002, *Koita*, n° 229208.

10. Il n'est pas possible de refuser la délivrance du titre de séjour au motif que la présence de l'intéressé constituerait une menace pour l'ordre public compte tenu du rôle important qu'il jouerait au sein d'une organisation menant, dans son pays d'origine, des actions terroristes ; si cette circonstance était éventuellement de nature à justifier l'exclusion de l'intéressé du bénéfice de la Conv. de Genève, elle n'est pas de nature à établir que sa présence sur le sol français constitue une menace pour l'ordre public. • TA Paris, 25 févr. 2005, *Manoharan*, n° 0215428/7.

11. Exclusion du statut de réfugié. La notion de « menace pour l'ordre public » au sens des dispositions du présent art. doit s'apprécier indépendamment des exclusions d'application de la Conv. de Genève énumérées au F de l'art. 1er de ladite convention. La circonstance qu'un étranger ait été exclu du bénéfice de la Conv. de Genève en raison des actes graves commis par lui ne peut, à elle seule, justifier légalement qu'il soit automatiquement regardé comme constituant une menace pour l'ordre public sur le territoire français et donc comme n'étant pas susceptible de bénéficier d'un droit au séjour en France. Il appartient au préfet, auprès duquel ledit étranger a déposé une demande de titre de séjour, d'examiner, au vu de l'ensemble des circonstances de fait en cause, si la présence de l'intéressé sur le territoire français est susceptible de constituer une menace pour l'ordre public. • CAA Lyon, 4 nov. 2010, *Préfet de l'Isère c/ M. B.*, n° 10LY00590.

12. Ressortissants algériens. Malgré le silence de l'accord franco-algérien du 27 déc. 1968, le refus de renouvellement d'un certificat de résidence peut être opposé à un ressortissant algérien pour motif d'ordre public. • CE 5 oct. 1984, *Khalifa Bendjeddou*, n° 35934 : *Lebon 691* • CAA Paris, 17 janv. 2006, *M. Ali X*, n° 05PA02640.

Art. L. 432-1-1 *(L. n° 2024-42 du 26 janv. 2024, art. 7)* **La délivrance ou le renouvellement d'une carte de séjour temporaire ou pluriannuelle peut, par une décision motivée, être refusé à tout étranger :**

1° N'ayant pas satisfait à l'obligation qui lui a été faite de quitter le territoire français dans les formes et les délais prescrits par l'autorité administrative ;

2° Ayant commis les faits qui l'exposent à l'une des condamnations prévues aux articles 441-1 et 441-2 du code pénal ;

3° Ayant commis les faits qui l'exposent à l'une des condamnations prévues aux articles 222-34 à 222-40, 224-1 A à 224-1 C, 225-4-1 à 225-4-4, 225-4-7, 225-5 à 225-11, 225-12-1, 225-12-2, 225-12-5 à 225-12-7, 225-13 à 225-15, au 7° de l'article 311-4 et aux articles 312-12-1 et 321-6-1 du même code ;

4° Ayant commis les faits qui l'exposent à l'une des condamnations prévues au livre II dudit code lorsqu'ils le sont sur le titulaire d'un mandat électif public ou sur toute personne mentionnée aux 4° et 4° *bis* de l'article 222-12 ou à l'article 222-14-5 du même code, dans l'exercice ou du fait de ses fonctions, lorsque la qualité de la victime est apparente ou connue de l'auteur.

Art. L. 432-2 **Le renouvellement d'une carte de séjour temporaire ou pluriannuelle peut, par une décision motivée, être refusé à l'étranger qui cesse de remplir l'une des**

conditions exigées pour la délivrance de cette carte dont il est titulaire, fait obstacle aux contrôles ou ne défère pas aux convocations.

N'est pas regardé comme ayant cessé de remplir la condition d'activité prévue aux articles L. 421-1, *(L. nº 2024-42 du 26 janv. 2024, art. 30)* **« L. 421-9, L. 421-11 et L. 421-14 » à L. 421-21 l'étranger involontairement privé d'emploi au sens de ces mêmes articles.**

(L. nº 2024-42 du 26 janv. 2024, art. 46) **« A l'exception des cartes de séjour pluriannuelles prévues aux articles L. 421-9 à L. 421-24, L. 421-34, L. 422-6, L. 424-9, L. 424-11, L. 424-18 et L. 424-19, le renouvellement d'une carte de séjour pluriannuelle peut, par une décision motivée, être refusé si l'étranger ne peut prouver qu'il a établi en France sa résidence habituelle dans les conditions prévues à l'article L. 433-3-1. »** – *[Anc. art. L. 313-5-1, al. 2 et 3 (ecqc le refus).]*

Art. L. 432-3 **Une carte de résident ne peut être délivrée** *(L. nº 2021-1109 du 24 août 2021, art. 25)* **« aux conjoints d'un étranger qui vit en France en état de polygamie** *[ancienne rédaction : à un étranger qui vit en état de polygamie ni aux conjoints d'un tel étranger]* **».**

Il en va de même pour tout étranger condamné pour avoir commis sur un mineur de quinze ans l'infraction de violences ayant entrainé une mutilation ou une infirmité permanente, définie à l'article 222-9 du code pénal, ou s'être rendu complice de celle-ci.

(L. nº 2024-42 du 26 janv. 2024, art. 46) **« Le renouvellement de la carte de résident peut être refusé à tout étranger lorsque :**

« 1° Sa présence constitue une menace grave pour l'ordre public ;

« 2° Il ne peut prouver qu'il a établi en France sa résidence habituelle dans les conditions prévues à l'article L. 433-3-1, sauf pour les détenteurs d'une carte de résident en application des articles L. 424-1 et L. 424-3.

« La condition prévue au 1° du présent article s'applique au renouvellement de la carte de résident portant la mention "résident de longue durée – UE". » – *[Anc. art. L. 314-5 (sauf dernière phr.).]*

COMMENTAIRE

Un étranger ne peut se voir délivrer une carte de résident s'il est en situation de polygamie ou s'il a été condamné pour violences sur mineur de moins de quinze ans ayant entraîné une mutilation ou une infirmité permanente.

La loi nº 2024-42 du 26 janvier 2024 a en outre fixé des limites au renouvellement de la carte de résident ; si celui-ci est en principe de droit (art. L. 433-2), le législateur a introduit la réserve de menace grave à l'ordre public. La gravité exigée de la menace est une réponse au Conseil constitutionnel (Cons. const. 22 avr. 1997, nº 97-389 DC) qui avait considéré qu'une simple menace pour l'ordre public était insuffisante pour refuser ce renouvellement.

Enfin, constatant que l'étranger qui bénéficie d'un titre de séjour de longue durée, c'est-à-dire d'une carte de séjour pluriannuelle (CSP), d'une carte de résident ou d'une carte de résident portant la mention « résident de longue durée UE », peut obtenir le renouvellement de ce titre sans devoir justifier d'une résidence habituelle en France, le législateur a prévu de subordonner le renouvellement d'un titre de long séjour – CSP ou carte de résident – à la résidence effective et habituelle en France de l'étranger, à l'image de ce que le législateur avait prévu en 1997 pour la carte de résident.

Selon le rapport sénatorial nº 1943, la **résidence effective** est constatée à l'égard des personnes domiciliées en France et qui y ont transféré le centre de leurs intérêts privés et familiaux. La **résidence habituelle**, quant à elle, consiste à séjourner en France pendant au moins six mois au cours de l'année civile durant les trois années précédant le dépôt de la demande ou, si la durée de validité du titre en cours est inférieure à trois ans s'agissant du renouvellement d'une CSP dans certaines hypothèses, durant la totalité de cette durée de validité. ❑

1. Le Conseil constitutionnel a considéré que les conditions d'une vie familiale normale qui prévalent en France excluent la polygamie, ce qui justifie les diverses restrictions au séjour applicables aux étrangers qui vivent en France en état de polygamie. • Cons. const. 13 août 1993, nº 93-325 DC : *RJC I-539 ; JO 18 août, p. 11722 ; RFDC 1993. 587, note Favoreu ; RD publ. 1991. 5,* *note Luchaire ; ibid. 1994. 1165, obs. Fabre-Alibert ; Dr. soc. 1994. 69, note Dupeyroux et Prétot ; LPA 9 sept. 1994, note Mathieu et Verpeaux ; Pouvoirs 1993. 166, obs. Gicquel et Avril ; RFDA 1993. 871, obs. Genevois ; JCP 1994. I. 3728, obs. Guimezanes ; Rev. crit. DIP 1994. 1, obs. Turpin .*

2. Le Conseil d'État a précisé que ces dispositions ne sont pas incompatibles avec les stipulations de l'art. 14 Conv. EDH dès lors que le terme de polygamie doit être pris dans l'acception incluant tant la polygynie que la polyandrie. • CAA Paris, 3 avr. 2001, *M. Diawara*, n° 98PA00630 : *Lebon T. 989.*

3. Le Conseil d'État a rejeté le recours formé par le GISTI contre le Décr. n° 94-768 du 2 sept. 1994 permettant de refuser le renouvellement de plein droit de la carte de résident de l'étranger vivant en état de polygamie, quelle que soit la date de délivrance du titre de séjour, c'est-à-dire éventuellement avant même la L. du 24 août 1993. • CE 18 juin 1997, *GISTI et Assoc. France Terre d'asile*, n° 162517. ♦ Il a même été jugé que, dans cette hypothèse, le préfet était tenu de refuser le renouvellement de plein droit. • TA Versailles, 3 juill. 1998, *Mme Houhou*, n° 963611.

4. Pour une illustration, s'agissant d'une ressortissante malienne mère d'un enfant français mais seconde épouse d'un Malien vivant en France avec sa première épouse : constatant qu'elle vivait en état de polygamie en France, la Haute Assemblée a considéré qu'elle ne pouvait se prévaloir de l'art. 8 Conv. EDH pour s'opposer au refus de titre de séjour qui lui a été opposé. • CE 29 déc. 1995, *Min. Intérieur c/ Mme Sakho*, n° 160904. ♦ V. aussi : • CE 14 mars 2001, *Préfet du Val-d'Oise c/ Mme Traoré*, n° 203984 : *Lebon T. 994.*

SECTION 2 **Retrait des titres de séjour**

COMMENTAIRE

Le retrait du titre de séjour est obligatoire ou facultatif.

Le retrait obligatoire (art. R. 432-3) concerne des hypothèses de fraude à la loi (regroupement familial frauduleux, polygamie), d'absence de l'étranger et de menace à l'ordre public (étranger sous le coup d'un arrêté d'expulsion, d'une mesure d'interdiction du territoire ou d'une condamnation pour violences sur mineur ayant entraîné une mutilation ou une infirmité permanente). Plus largement, le retrait interviendra dès lors que l'étranger cesse de remplir l'une des conditions exigées pour la délivrance du titre concerné.

On rappellera en outre que, selon l'article L. 424-6 (issu de la L. du 29 juill. 2015), lorsqu'il est mis fin au statut de réfugié, par décision définitive de l'Office français de protection des réfugiés et apatrides ou par décision de justice ou lorsque l'étranger renonce à ce statut ou à ce bénéfice, la carte de résident prévue aux articles L. 424-1 et L. 424-3 est retirée. La même solution est retenue en cas de cessation du bénéfice de la protection subsidiaire (art. L. 424-15) entraînant le retrait de la la carte de séjour pluriannuelle prévue aux articles L. 424-9 et L. 424-11.

Le retrait facultatif (art. R. 432-4) interviendra lorsque l'étranger est passible de poursuites pénales pour certaines infractions (cession ou offre illicite de stupéfiants ; traite des êtres humains, proxénétisme, exploitation de la mendicité ; vol commis dans un véhicule affecté au transport collectif de voyageurs ; demande de fonds sous contrainte). Il en ira de même si un employeur, lui-même étranger, emploie irrégulièrement un travailleur étranger (C. trav., art. L. 5221-8) ou si un étranger a exercé une activité salariée ou non salariée sans autorisation.

Le retrait pourra encore intervenir (art. L. 432-9) pour le titulaire d'une carte de séjour « étudiant » qui ne respecte pas la limite de la durée de travail annuelle maximale de 60 %, pour l'étranger autorisé à séjourner en France au titre du regroupement familial qui n'est plus en situation de vie commune avec le conjoint qu'il est venu rejoindre dans les trois ans qui suivent la délivrance du titre de séjour et pour l'étranger qui a fait venir son conjoint ou ses enfants en dehors de la procédure de regroupement familial (sauf les étrangers protégés contre l'éloignement et les titulaires de la carte de résident portant la mention « résident de longue durée – CE »).

Le retrait de la carte de résident pourra s'appliquer à l'étranger ayant mis fin à sa vie commune avec un ressortissant français dans les quatre années qui suivent la célébration du mariage, ayant occupé illégalement un travailleur étranger ou s'étant vu retirer son autorisation de travail au motif qu'il ne s'est pas conformé à l'obligation de produire le certificat médical prévu par l'article L. 5221-5 du code du travail. Il en ira de même pour l'étranger, titulaire de la carte de résident de longue durée – CE dans un autre État membre, autorisé à séjourner en France qui exerce dans les douze mois qui suivent la délivrance de la carte de séjour temporaire des activités salariées autres que celles pour lesquelles il s'est vu accorder son droit au séjour en France.

Enfin, l'article R. 432-5 prévoit les hypothèses de retrait de la carte de résident et de son remplacement de plein droit par une carte de séjour temporaire : étranger « inexpulsable » (art. L. 521-2 ou L. 521-3) qui a été condamné de manière définitive pour menaces et actes d'intimidation commis contre les personnes exerçant une fonction publique, soustraction et détournement de biens contenus dans un dépôt public, outrage adressé à une personne chargée d'une mission de service public, outrage public à l'hymne national ou au drapeau tricolore, ou rébellion. Le même régime s'applique à l'étranger, titulaire de la carte de résident portant la mention « résident de longue durée – CE » accordée par la France dont la présence en France constitue une menace grave pour l'ordre public, mais qui ne peut faire l'objet d'une mesure d'expulsion (art. L. 631-2 ou L. 631-3).

L'étranger involontairement privé d'emploi ne peut se voir retirer la carte de séjour temporaire portant la mention « salarié » ; celle-ci sera renouvelée si la rupture du contrat de travail du fait de l'employeur intervient dans les trois mois précédant le renouvellement. Ces dispositions sont naturellement applicables à la carte bleue européenne. ❑

I. MOTIFS DE RETRAIT

1. Fraude. Hors les cas prévus aux R. 311-14 et R. 311-15 (V. *infra*), un titre de séjour, qui constitue un acte individuel créateur de droits, ne peut être retiré que dans le délai de recours ou en cas de fraude. • CE 19 janv. 1996, *Min. Intérieur c/ Mme Diallo*, n° 161184 : *Lebon 6.* ♦ En dehors de ces cas, le retrait est illégal. • CE 5 mars 1997, *M. Aydogmus*, nos 159780 et 161230 : *Lebon 1997 ; RFDA 1997. 665*. ♦ Est ainsi illégal le retrait d'un certificat de résidence de 10 ans délivré à un Algérien conjoint de ressortissant français et parent d'enfant français au motif que sa présence en France ferait peser une menace sur l'ordre public ; l'intéressé avait fait l'objet d'une condamnation pénale et d'une incarcération dont il n'avait pas informé l'autorité administrative, ce qui ne constitue pas une manœuvre frauduleuse en l'espèce. • TA Lyon, 15 déc. 2009, *M. M.*, n° 0801595 : *AJDA 2010. 1334*.

2. C'est à l'administration d'apporter la preuve de la fraude : contrat de travail qualifié à tort de contrat de complaisance. • CE 16 nov. 1994, *Fazilat*, n° 155195. ♦ ... Mariage qualifié à tort de mariage blanc. • CE 13 mai 1994, *Préfet de police de Paris*, n° 144543 A : *RFDA 1994. 837* • 4 oct. 2000, *Mme Cazenave*, n° 199096 B. ♦ ... Demande de titre de séjour présentée en qualité de salarié sans que l'intéressée n'ait indiqué qu'il avait fait l'objet d'un précédent refus en raison du caractère frauduleux de son mariage. • CE 30 mai 1994, *Préfet de la Haute-Savoie c/ Mme Diallo épse Kamanga*, n° 145604 : *LPA 25 août 1995, note Fall* • 23 juin 1995, *Préfet de police de Paris c/ Mme Gonçalves Neves*, n° 143832 : *D. 1996. Somm. 111, obs. Julien-Laferrière*.

3. Ne saurait être considéré comme une fraude le fait pour un étranger de n'avoir pas indiqué aux services préfectoraux qu'il avait fait l'objet d'une décision de refus de séjour prise dans un autre département, aucun texte ne prévoyant une telle obligation de déclaration. • CE 30 déc. 1996, *Préfet des Yvelines*, n° 168998.

4. Acte inexistant. S'agissant de titres de séjour obtenus grâce à des manœuvres, pénalement sanctionnées, d'un agent de préfecture, jugé qu'à supposer même qu'il ne puisse être considéré comme établi que le bénéficiaire de l'un de ces titres s'était personnellement livré à un agissement frauduleux pour en obtenir la délivrance, les décisions lui octroyant ces documents de séjour sont nulles et non avenues et ne pouvaient faire naître aucun droit à son profit ; le préfet avait compétence liée pour retirer ces décisions. • TA Versailles, 30 sept. 2022, n° 2110992 : *AJDA 2022. 2534, concl. Maître*.

5. Hypothèses de retrait pour fraude. Contrat de travail obtenu par fraude. • CE 9 juin 1989, *M. Yacoubi*, n° 83026. ♦ Bénéfice d'un contrat emploi-solidarité au titre du RMI, celui-ci ayant été obtenu par fraude. • CE 29 juin 1998, *Mlle Yepou-Matongo*, n° 161558 : *Lebon T. 952.* ♦ Titre de séjour obtenu par l'usurpation de l'identité d'un parent. • CE 1er déc. 1989, *Mme Braz M'Barka*, n° 96855. ♦ Faux certificat de scolarité. • CE 22 févr. 1995, *Harouna*, n° 149908. ♦ Mariage frauduleux. • CE 11 déc. 1996, *Préfet de la Gironde*, n° 163065. ♦ Renonciation à la nationalité d'origine et demande à bénéficier du statut d'apatride dans le seul but de faire échec à une mesure d'éloignement. • CE 28 févr. 1997, *Mme Stanca*, n° 171560. ♦ Certification de la réalité de la vie commune alors qu'une demande conjointe en divorce avait été déposée un mois plus tôt. • TA Paris, 30 mars 1998, *Mme Kongkhem*, n° 9707619/4. ♦ Taux d'incapacité falsifié à 40 % alors qu'il n'était que de 7 %. • TA Paris, 20 août 1998, *M. Aktulum*, n° 97PA01338.

6. Absence de fraude. En revanche, la preuve du caractère frauduleux du contrat de travail n'est pas rapportée, alors même que le contrat de l'intéressé n'a reçu aucune exécution, l'entreprise ayant indiqué n'avoir pas été en mesure de reprendre l'intéressé dans son établissement faute de création d'un poste supplémentaire. • CE 20 janv. 1999, *M. Yildirim*, n° 169306. ♦ De même, est entaché d'erreur manifeste d'appréciation le retrait d'une carte de résident fondé sur la rupture de la vie commune s'agissant d'un Marocain entré en France à l'âge de 16 ans, y ayant régulièrement travaillé et étant titulaire d'une rente d'accident du travail. • TA Versailles, 28 janv. 1999, *M. Eddaif c/ Préfet de l'Essonne*, n° 98-6915.

7. Autres motifs. Aucune disposition législative ou règlementaire n'autorise le préfet à refuser à un étranger la restitution de sa carte de résident au motif que, s'étant absenté de France et ayant spontanément rendu sa carte, il aurait renoncé à son droit au séjour. • CE 2 juill. 1999, *M. Peerzada*, n° 167641.

8. Ordre public. Annulation d'un retrait de carte de séjour motivé par la condamnation d'un étranger à 6 mois d'emprisonnement avec sursis assortis d'une mise à l'épreuve de 2 ans, pour des faits d'agression sexuelle par une personne en état d'ivresse manifeste. • CAA Paris, 25 mars 2022, n° 20PA03858.

9. Carte de résident. Une carte de résident ne peut être retirée au motif que son titulaire représente une menace à l'ordre public. • CAA Marseille, 23 févr. 2021, n° 19MA03605.

10. Les motifs de retrait spécifiques à la carte de résident (notamment la rupture de la vie commune) ne sont pas opposables aux étrangers séjournant en France sous le couvert d'une carte de séjour temporaire. • CE 13 juin 2003, *Préfet du Jura c/ Cattin*, n° 250503 B. ♦ Ainsi, commet une erreur de droit le préfet qui procède au retrait d'un titre de séjour au motif de la cessation de la vie commune de l'intéressée. • CE 13 juin 2003, *Préfet du Jura c/ Cattin*, n° 250503 : *préc.* • CAA Lyon, 24 juill. 2003, *Mme Marie-Antoinette F.*, n° 98LY01695.

II. PROCÉDURE DE RETRAIT

11. Procédure contradictoire. Les dispositions relatives au retrait de titre de séjour s'appliquent sans préjudice du droit de chacun à une vie familiale normale et des dispositions législatives prévoyant une procédure contradictoire préalablement au retrait d'un acte administratif créateur de droits. • Cons. const. 13 mars 2003, n° 2003-467 DC : *préc. note 14 ss. section 1 du Chap. II du Tit. III du livre IV.*

12. La procédure de retrait doit obéir au respect du principe du contradictoire dont le préfet n'est pas dispensé au seul motif que l'intéressée avait été entendue au cours d'une enquête de police préalable à l'engagement de poursuites pénales. • CE 9 juill. 1997, *Préfet de police c/ Andujar*, n° 173828.

13. Vie familiale normale. Le retrait du titre de séjour en raison d'une condamnation pénale pour travail dissimulé et emploi par une société d'étrangers dépourvus de titre autorisant l'exercice d'une activité salariée ne porte pas une atteinte excessive au droit de l'intéressé à mener une vie familiale normale, alors même qu'il est marié avec une compatriote en situation régulière avec laquelle il a eu un enfant, aucune circonstance particulière ne s'opposant à sa réinstallation dans son pays d'origine. • CE 16 mai 2011, *M. Wang*, n° 337051.

14. Lorsque le préfet envisage de retirer un titre de séjour à un étranger pour fraude, il lui incombe notamment de s'assurer, en prenant en compte l'ensemble des circonstances relatives à la vie privée et familiale de l'intéressé, que cette mesure n'est pas de nature à porter à celle-ci une atteinte disproportionnée. • CE 17 oct. 2014, n° 358767 B.

15. Voie de fait. Le retrait de la carte de résident ne peut constituer une voie de fait. • T. confl. 27 nov. 1995, *Préfet de la région Champagne-Ardennes, Préfet de la Marne et Mme Yildiz Duzgun*, n° 2986 : *Lebon 502* • 25 mars 1996, *Préfet des Bouches-du-Rhône c/ M. Largo*, n° 3008.

Art. L. 432-4 Une carte de séjour temporaire ou pluriannuelle peut, par une décision motivée, être retirée à tout étranger dont la présence en France constitue une menace pour l'ordre public.

(L. n° 2024-42 du 26 janv. 2024, art. 46) « Une carte de résident ou la carte de résident portant la mention "résident de longue durée-UE" peut, par décision motivée, être retirée à tout étranger dont la présence en France constitue une menace grave pour l'ordre public. » — *[Anc. art. L. 313-3, ecqc le retrait.]*

Art. L. 432-5 Si l'étranger cesse de remplir l'une des conditions exigées pour la délivrance de la carte de séjour dont il est titulaire, fait obstacle aux contrôles ou ne défère pas aux convocations, la carte de séjour peut lui être retirée par une décision motivée. La décision de retrait ne peut intervenir qu'après que l'intéressé a été mis à même de présenter ses observations dans les conditions prévues aux articles L. 121-1 et L. 121-2 du code des relations entre le public et l'administration.

N'est pas regardé comme ayant cessé de remplir la condition d'activité prévue aux articles L. 421-1, *(L. n° 2024-42 du 26 janv. 2024, art. 30)* « L. 421-9, L. 421-11 et

L. 421-14 » à L. 421-21 l'étranger involontairement privé d'emploi au sens de ces mêmes articles. – *[Anc. art. L. 313-5-1, al. 2 et 3 (ecqc le retrait).]*

Art. L. 432-5-1 *(L. n° 2024-42 du 26 janv. 2024, art. 7)* **Une carte de séjour temporaire ou pluriannuelle peut, par une décision motivée, être retirée à tout étranger ayant commis les faits qui l'exposent à l'une des condamnations prévues aux articles 441-1 et 441-2 du code pénal.**

Art. L. 432-6 Une carte de séjour temporaire ou pluriannuelle peut être retirée à l'étranger ayant commis les faits qui l'exposent à l'une des condamnations prévues aux articles 222-34 à 222-40, 224-1-A à 224-1-C, 225-4-1 à 225-4-4, 225-4-7, 225-5 à 225-11, 225-12-1 et 225-12-2, 225-12-5 à 225-12-7, 225-13 à 225-15, au 7° de l'article 311-4 et aux articles 312-12-1 et 321-6-1 du code pénal. – *[Anc. art. L. 313-5, al. 1er.]*

COMMENTAIRE

La rédaction antérieure du présent article prévoyait que le retrait du titre de séjour pouvait intervenir s'agissant de « personnes passibles de poursuites pénales ». Dans sa décision n° 2003-467 DC du 13 mars 2013 portant sur la loi pour la sécurité intérieure, le Conseil constitutionnel avait émis une réserve d'interprétation en considérant que les personnes concernées étaient les seuls étrangers « ayant commis les faits visés », précision désormais introduite par la loi du 7 mars 2016.

La liste des crimes et délits pouvant justifier le retrait est étendue à l'ensemble des infractions relatives au trafic de stupéfiants, à la prostitution des mineurs ou de personnes particulièrement vulnérables, à la réduction en servitude et au travail forcé, à la réduction en esclavage et à l'exploitation des personnes réduites en esclavage. ❑

Art. L. 432-6-1 *(L. n° 2024-42 du 26 janv. 2024, art. 7)* **Une carte de séjour temporaire ou pluriannuelle peut, par une décision motivée, être retirée à tout étranger ayant commis les faits qui l'exposent à l'une des condamnations prévues au livre II du code pénal lorsqu'ils le sont sur le titulaire d'un mandat électif public ou toute personne mentionnée aux 4° et 4°** ***bis*** **de l'article 222-12 ou à l'article 222-14-5 du même code, dans l'exercice ou du fait de ses fonctions, lorsque la qualité de la victime est apparente ou connue de l'auteur.**

Art. L. 432-7 Une carte de séjour temporaire ou pluriannuelle peut être retirée à tout employeur, titulaire d'une telle carte, en infraction avec l'article L. 8251-1 du code du travail ainsi qu'à tout étranger qui méconnaît les dispositions de l'article L. 5221-5 du même code ou qui exerce une activité professionnelle non salariée sans en avoir l'autorisation. – *[Anc. art. L. 313-5, al. 2.]*

Art. L. 432-8 L'employeur qui a fait l'objet d'une décision portant obligation de quitter le territoire français en raison du retrait, prononcé en application des dispositions de l'article L. 432-7, de sa carte de séjour temporaire ou pluriannuelle peut, dans les trois années qui suivent cette décision d'éloignement, se voir refuser le droit d'exercer une activité professionnelle en France. – *[Anc. art. L. 313-5, al. 3.]*

Art. L. 432-9 La carte de séjour temporaire portant la mention "étudiant" ou "étudiant – programme de mobilité" prévue aux articles L. 422-1, L. 422-2 ou L. 422-5, ou la carte de séjour pluriannuelle portant la mention "étudiant" peut être retirée à l'étudiant étranger qui ne respecte pas la limite de 60 % de la durée de travail annuelle prévue aux mêmes articles. – *[Anc. art. L. 313-5, al. 4.]*

Art. L. 432-10 Une carte de résident délivrée en méconnaissance des dispositions de l'article L. 432-3 doit être retirée. – *[Anc. art. L. 314-5, dernière phr.]*

Ordonnance n° 45-2658 du 2 novembre 1945,

Relative aux conditions d'entrée et de séjour des étrangers en France (L. n° 86-1025 du 9 sept. 1986).

Art. 37 *(L. n° 2003-1119 du 26 nov. 2003, art. 55)* Les dispositions sur le retrait des titres de séjour prévues à l'article 15 *bis* et au deuxième alinéa de l'article 30, dans leur rédaction issue de la loi n° 93-1027 du 24 août 1993 relative à la maîtrise de l'immigration et aux conditions d'entrée, d'accueil et de séjour des étrangers en France, ne sont applicables qu'à des étrangers ayant reçu un titre de séjour après l'entrée en vigueur de cette loi.

Les dispositions du premier alinéa du IV de l'article 29, dans leur rédaction issue de la loi n° 2003-1119 du 26 novembre 2003 précitée, ne sont applicables qu'à des étrangers ayant reçu un titre de séjour après l'entrée en vigueur de cette loi.

Art. L. 432-11 Tout employeur titulaire d'une carte de résident peut se la voir retirer s'il a occupé un travailleur étranger en violation des dispositions de l'article L. 8251-1 du code du travail. – *[Anc. art. L. 314-6, al. 1er.]*

1. Cette sanction administrative ne présente aucun caractère automatique et reste placée sous le contrôle du juge administratif. Par ailleurs, cette sanction n'est pas entachée d'une disproportion manifeste. • Cons. const. 22 avr. 1997, n° 97-389 DC : *préc. note 1 ss. Chap. III du Tit. II du livre IV.* ♦ La mesure ne doit pas entraîner une atteinte disproportionnée au droit au respect de la vie privée et familiale de l'intéressé. • CAA Versailles, 9 nov. 2010, *Ni*, n° 10VE00253.

2. La sanction prévue au présent art., sauf lorsqu'elle n'est pas assortie d'une OQTF et s'accompagne de la délivrance d'un autre titre de séjour, a pour effet de mettre fin au droit au séjour de l'étranger concerné ; le moyen tiré d'une violation du droit à une vie familiale normale peut par conséquent être utilement invoqué à l'appui d'un recours formé contre cette décision. • CE 10 juin 2009, *M. Zheng*, n° 318898 B : *Gaz. Pal. 22 déc. 2009, n° 356, p. 27.*

Art. L. 432-12 *(L. n° 2024-42 du 26 janv. 2024, art. 46)* **L'article L. 611-1 n'est pas applicable lorsque l'étranger titulaire d'une carte de résident se voit :**

1° Refuser le renouvellement de sa carte de résident en application du 1° de l'article L. 432-3 ;

2° Retirer sa carte de résident en application de l'article L. 432-4.

Lorsque l'étranger qui fait l'objet d'une mesure mentionnée aux 1° ou 2° du présent article ne peut faire l'objet d'une décision d'expulsion en application des articles L. 631-2 ou L. 631-3, une autorisation provisoire de séjour lui est délivrée de droit.

Ancien art. L. 432-12 ***Si un étranger qui ne peut faire l'objet d'une décision d'expulsion en application des articles L. 631-2 ou L. 631-3 est titulaire d'une carte de résident cette dernière peut lui être retirée s'il fait l'objet d'une condamnation définitive sur le fondement des articles 433-3, 433-4, des deuxième à quatrième alinéas de l'article 433-5, du deuxième alinéa de l'article 433-5-1 ou de l'article 433-6 du code pénal.***

Une carte de séjour temporaire portant la mention "vie privée et familiale" lui est alors délivrée de plein droit. – *[Anc. art. L. 314-6-1.]*

COMMENTAIRE

L'article L. 432-12 constitue l'une des manifestations de la volonté du législateur d'éviter l'existence de catégories d'étrangers qui ne sont pas susceptibles d'une mesure d'éloignement tout en n'étant pas davantage régularisables.

Les articles L. 631-2 et L. 631-3 (V. *infra*) fixent une protection contre les diverses mesures d'expulsion au bénéfice d'étrangers justifiant de liens familiaux réels en France (parent d'enfant français ; conjoint de Français), qui résident en France depuis une longue durée (par ex. : étranger qui réside régulièrement en France depuis plus de dix ans ou depuis qu'il a atteint au plus l'âge de treize ans) ou qui présentent des problèmes de santé particuliers (ex. : étranger titulaire d'une rente d'accident du travail ou de maladie professionnelle servie par un organisme français et dont le taux d'incapacité permanente est égal ou supérieur à 20 %, ou étranger résidant habituellement en France dont l'état de santé nécessite une prise en charge médicale dont le défaut pourrait entraîner pour lui des conséquences d'une exceptionnelle gravité).

Dans la plupart des cas, cette énumération recouvre les hypothèses dans lesquelles les étrangers concernés peuvent se voir délivrer de plein droit un titre de séjour. Par suite, le législateur a dû prévoir une disposition spéciale permettant le retrait de la carte de résident lorsque l'étranger concerné a commis certaines infractions, tout en aménageant la délivrance de la carte de séjour « vie privée et familiale » de plein droit.

Les infractions concernées sont les menaces et actes d'intimidation commis contre les personnes exerçant une fonction publique (C. pén., art. 433-3), la soustraction et le détournement de biens contenus dans un dépôt public (C. pén., art. 433-4), l'outrage adressé à une personne dépositaire de l'autorité publique ou à une personne chargée d'une mission de service public (C. pén., art. 433-5), l'outrage public vis-à-vis de l'hymne national ou du drapeau tricolore commis en réunion (C. pén., art. 433-5-1) et la rébellion, c'est-à-dire le fait d'opposer une résistance violente à une personne dépositaire de l'autorité publique ou chargée d'une mission de service public (C. pén., art. 433-6). ❑

SECTION 3 Commission du titre de séjour

Art. L. 432-13 **Dans chaque département est instituée une commission du titre de séjour qui est saisie pour avis par l'autorité administrative :**

1° Lorsqu'elle envisage de refuser de délivrer ou de renouveler la carte de séjour temporaire prévue aux articles L. 423-1, L. 423-7, L. 423-13, L. 423-14, L. 423-15, L. 423-21, L. 423-22, L. 423-23, L. 425-9 ou L. 426-5 à un étranger qui en remplit effectivement les conditions de délivrance ;

2° Lorsqu'elle envisage de refuser de délivrer la carte de résident prévue aux articles L. 423-11, L. 423-12, L. 424-1, L. 424-3, L. 424-13, L. 424-21, L. 425-3, L. 426-1, L. 426-2, L. 426-3, L. 426-6, L. 426-7 ou L. 426-10 à un étranger qui en remplit effectivement les conditions de délivrance ;

3° Lorsqu'elle envisage de retirer le titre de séjour dans le cas prévu à l'article L. 423-19 ;

4° Dans le cas prévu à l'article L. 435-1 ;

(L. n° 2024-42 du 26 janv. 2024, art. 46) **« 5° Lorsqu'elle envisage de refuser le renouvellement ou de retirer une carte de séjour pluriannuelle ou une carte de résident dans le cas prévu à l'article L. 412-10. »** – *[Anc. art. L. 312-2 ; anc. art. R. 312-2, al. 1er et 2.]*

COMMENTAIRE

Créée par l'article 6 de la loi n° 89-548 du 2 août 1989, la commission de séjour des étrangers avait été conçue comme une garantie supplémentaire d'ordre pré-juridictionnel pour les étrangers faisant l'objet d'un refus de titre de séjour. La loi n° 93-1027 du 24 août 1993 avait considérablement réduit le rôle et l'importance de la commission : d'une part, son champ de compétence avait été limité puisqu'elle ne devait plus être saisie en cas de refus de renouvellement d'une carte de séjour temporaire. Par ailleurs, son avis n'était désormais plus que consultatif, le préfet restant en tout état de cause libre de sa décision. La loi n° 97-396 du 24 avril 1997 avait supprimé purement et simplement cette commission qui a été réintroduite par la loi n° 98-349 du 11 mai 1998 et confirmée par la loi n° 2003-1119 du 26 novembre 2003 relative à la maîtrise de l'immigration, au séjour des étrangers en France et à la nationalité.

Le préfet doit saisir pour avis la commission lorsqu'il envisage de refuser de délivrer ou de renouveler la carte de séjour « vie privée et familiale » aux catégories suivantes : conjoint de Français (art. L. 423-1) ; père ou mère d'un enfant français (art. L. 423-7) ; étranger né en France, y ayant résidé pendant au moins huit ans (art. L. 423-13) ; étranger autorisé à séjourner en France au titre du regroupement familial (art. L. 423-14 et L. 423-15) ; jeune majeur ayant résidé habituellement en France depuis l'âge de treize ans (art. L. 423-21) ou qui a été confié à l'aide sociale à l'enfance (art. L. 423-22) ; étranger ayant des liens personnels et familiaux en France (art. L. 423-23) ; étranger malade (art. L. 425-9) ; étranger titulaire d'une rente d'accident de travail ou de maladie professionnelle avec un taux d'incapacité de 20 % minimum (art. L. 426-5).

Il en va de même du refus de carte de résident opposé aux catégories suivantes : parent à charge d'un Français et de son conjoint (art. L. 423-11) ; enfant étranger d'un ressortissant français âgé de dix-huit à vingt et un ans (art. L. 423-12) ; réfugié (art. L. 424-

1) et sa famille (art. L. 424-3) ; bénéficiaire de la protection subsidiaire justifiant de quatre années de résidence régulière (art. L. 424-13) ; apatride et membres de sa famille (art. L. 424-21) ; étranger ayant porté plainte pour traite d'êtres humains ou proxénétisme (art. L. 425-3) ; étranger remplissant les conditions d'acquisition de la nationalité française (art. L. 426-1) ; étranger ayant servi dans une unité combattante de l'armée française (art. L. 426-2) ; étranger ayant servi dans la Légion étrangère (art. L. 426-3) ; titulaire d'une rente d'accident de travail ou de maladie professionnelle avec un taux d'incapacité de 20 % minimum (art. L. 426-6) ; ayant droit d'un étranger bénéficiaire d'une rente de décès pour accident de travail ou de maladie professionnelle (art. L. 426-7) ; retraité (art. L. 426-10).

Il en va de même encore lorsque l'autorité administrative envisage le retrait du titre de séjour pour l'étranger qui a fait venir les membres de sa famille en dehors de la procédure du regroupement familial (art. L. 423-19) ou le refus de l'admission exceptionnelle au séjour opposé à l'étranger qui justifie par tout moyen résider habituellement en France depuis plus de dix ans (art. L. 435-1).

Dans tous les cas, il convient que l'étranger remplisse effectivement les conditions qui président à la délivrance de ces titres. Si cette précision peut se comprendre comme voulant éviter un allongement indu de la procédure de refus ou de retrait du titre de séjour, elle conduit néanmoins à une certaine indétermination dès lors qu'un doute existe sur l'appartenance effective de l'étranger concerné à l'une des catégories ci-dessus mentionnées. Si l'intéressé n'en apporte pas la preuve ou si les éléments présentés semblent insuffisants à l'autorité administrative, celle-ci ne sera pas dans l'obligation de saisir la commission. Mais c'est alors le juge administratif qui sera éventuellement saisi de la question dans le cadre du recours formé contre le refus de délivrance ou de renouvellement du titre. Si son appréciation diverge de celle de l'autorité administrative, il sera conduit à annuler la décision comme prise suite à une procédure irrégulière. La jurisprudence en la matière a fait preuve d'une grande prudence, indiquant qu'en cas de doute il incombait au préfet de saisir la commission sauf s'il est en mesure d'apporter la preuve que l'étranger concerné n'appartient à aucune des catégories pour lesquelles l'obligation de saisine est prévue. ❑

1. Il ne suffit pas que l'étranger invoque l'applicabilité du présent art. pour que le préfet soit tenu de saisir la commission ; il faut qu'il justifie entrer effectivement dans leur champ d'application. • CE, sect., 27 mai 1994, *M. Oncul*, n° 118879 : *Lebon 268* • CE 27 mai 1994, *M. Mong'anabola*, n° 143079 : *RFDA 1995. 124, concl. Abraham* • TA Montpellier, 19 oct. 2007, *M. Sissoko*, n° 072920 : *AJDA 2007. 2388, concl. Baux*.

2. Absence d'obligation de saisine de la commission. Le préfet n'est pas tenu de saisir la commission dans les hypothèses suivantes : parent d'un enfant français mais qui ne peut justifier de la nationalité française de son enfant. • CE 29 déc. 1993, *Préfecture de police de Paris c/ Tanev*, n° 134580 : *Gaz. Pal. 1994. 2, pan. 125.* ♦ ... Étranger qui ne peut justifier de la durée exigée de résidence en France. • CE 27 mai 1994, *Mong'anabola* n° 143079 : *préc. note 1.* ♦ ... Refus de renouvellement d'une autorisation provisoire de séjour après rejet de la demande d'admission au statut de réfugié. • CE 15 avr. 1992, *Cadir*, n° 123509 : *Lebon 971.*

3. Le préfet n'est pas dans l'obligation de saisir la commission à l'occasion du refus de renouvellement d'un titre de séjour dont la validité est expirée. • CE 14 févr. 1996, *Min. Intérieur c/ M. Prieto Gonzalès*, n° 152230 : *préc. note 12 ss. art. L. 431-1.*

4. Le préfet pourra s'abstenir de saisir la commission lorsque l'étranger ne remplit pas, de manière certaine, une condition de fond prévue. • CE 13 mars 1998, *MRAP*, n° 110841. ♦ Ainsi, le préfet n'est pas tenu de saisir la commission de séjour s'agissant d'un conjoint de Français qui avait cessé toute communauté de vie. • CE 14 avr. 1999, *Min. Intérieur c/ M. Charif*, n° 169003. ♦ Même solution pour le conjoint étranger d'un citoyen français à raison de l'absence de production d'un visa de long séjour. • CE 13 déc. 2013, *Min. Intérieur*, n° 361575 B : *AJDA 2013. 2520*.

5. Dès lors que le refus de séjour est justifié par le juge comme ne violant pas l'art. 8 Conv. EDH, l'intéressé ne peut se prévaloir des dispositions du présent art. Le préfet n'a donc pas davantage à consulter la commission du titre de séjour. • CE 19 mai 2000, *M. Moshen Azzouni : Lebon 179.* ♦ La consultation de la commission du titre de séjour n'est pas applicable préalablement à un arrêté de reconduite à la frontière, même si l'étranger invoque son appartenance à l'une des catégories visées au présent art. ♦ • CE 1er oct. 1999, *M. El Arouch*, n° 201722 • TA Paris, 19 déc. 1997, *M. K. Yezzouh*, n° 9313645/4.

6. Le défaut de saisine de la commission n'entache pas la décision de refus du préfet d'illégalité si, antérieurement, l'étranger avait déposé une demande identique et que la commission avait à cette date déjà rendu un avis négatif ; en effet, si les actes administratifs doivent être pris selon les formes et conformément aux procédures prévues par les lois et règlements, un vice affectant le déroulement d'une procédure administrative préalable n'est de nature à entacher d'illégalité la décision prise que s'il ressort des pièces du dossier que l'intéressé a été, en l'espèce, privé d'une garantie ou, à défaut, si cette irrégularité a été susceptible d'exercer, en l'espèce, une influence sur le sens de la décision prise. • CAA Bordeaux, 15 juill. 2014, n° 14BX00254. ♦ Reste que les cours considèrent que la consultation obligatoire de la commission du titre de séjour pour les étrangers qui rapportent la preuve de leur présence habituelle depuis plus de 10 ans sur le territoire français constitue une garantie pour l'étranger et que ce vice de procédure est de nature, au sens de la jurisprudence *Danthony* (• CE 23 déc. 2011, n° 353033 : *AJDA 2012. 195, chron. Domino et Bretonneau*), à justifier l'annulation de la décision de refus de séjour. • CAA Paris, 7 nov. 2014, *Préfet de la Seine-et-Marne c/ M. M.*, n° 14PA02572 • CAA Douai, 16 avr. 2015, *M. N.*, n° 14DA01735.

7. Obligation de saisine. Il importe en tout état de cause que le préfet apporte la preuve que l'étranger concerné ne rentre dans aucun des cas de saisine de la commission. S'agissant par ex. de mariages considérés comme frauduleux, les soupçons de l'autorité préfectorale ne dispensent pas de la saisine de la commission. • TA Paris, 19 déc. 1997, *M. K. Yezzouh*, n° 9313645/4.

8. Le préfet est dans l'obligation de saisir la commission quand il est saisi d'une demande de titre de séjour sur le fondement de l'art. L. 435-1 (admission exceptionnelle au séjour pour motifs humanitaires ou exceptionnels) dès lors que le demandeur entre dans les prévisions du présent art. • CAA Paris, 20 juin 2008, *Préfet de police c/ M. Fouda*, n° 08PA00640. ♦ Un ressortissant étranger peut être au nombre des étrangers qui remplissent effectivement les conditions pour prétendre à la délivrance de plein droit d'une carte de séjour temporaire alors même qu'il ne justifie pas de l'obtention d'un visa de long séjour lors de l'entrée sur le territoire national, dans les cas où un tel visa est exigé ; si le préfet peut légalement rejeter la demande d'admission au séjour en raison de l'absence de production d'un visa de long séjour, il est toutefois tenu, préalablement à l'édiction de ce refus de titre de séjour, de consulter la commission du titre de séjour. • CAA Nancy, 10 févr. 2011, *Mme Sofia L. épse N.*, n° 10NC01192. ♦ Obligation de saisine de la commission s'agissant d'un ancien mineur non accompagné pris en charge par l'ASE avant l'âge de 16 ans ; la saisine de la commission constitue une garantie fondamentale de procédure dont le défaut entache d'illégalité le refus de titre. • CAA Marseille, 25 avr. 2022, n° 21MA04204 : *DP étrangers, Bull. n° 322, juin 2022, p. 5, note Pouly.*

9. Un ressortissant étranger peut prétendre à la délivrance de plein droit d'une carte de séjour temporaire alors même qu'il ne justifie pas d'un visa de long séjour lors de son entrée sur le territoire ; si le préfet peut légalement rejeter la demande d'admission au séjour en raison de l'absence d'un tel visa, il est tenu, préalablement, de consulter la commission du titre de séjour. • CAA Bordeaux, 31 mai 2012, *Tsele*, n° 11BX02804.

10. La circonstance que l'intéressé a fourni de faux documents à l'appui de sa demande n'est pas de nature à exonérer le préfet de l'obligation de saisine de la commission. • TA Marseille, 2 févr. 1996, *M. R. Vilsaint*, nos 95-4949 et 95-4951. ♦ Même solution s'agissant d'un étranger conjoint d'une ressortissante française, alors même que la demande a été déposée dans des conditions irrégulières, faute pour l'intéressé de s'être présenté personnellement en préfecture. • CAA Lyon, 16 mars 2000, *Min. Intérieur c/ Épx Chaachoua*, n° 98LY01884 : *Lebon T. 1036.*

11. Étranger malade. Dès lors qu'un étranger malade remplit effectivement les conditions prévues à l'art. L. 425-9 pour bénéficier du renouvellement de sa carte de séjour (en l'espèce, l'avis du médecin de l'ARS avait conclu à l'absence de traitement approprié dans le pays d'origine, ce que ne contestait pas le préfet), l'administration doit saisir la commission sans que puisse y faire obstacle la circonstance que sa présence constitue une menace pour l'ordre public. • CAA Lyon, 27 juill. 2017, n° 16LY00095 : *DP étrangers, Bull. n° 269, p. 6.*

12. Ressortissants tunisiens. Malgré le silence de la convention franco-tunisienne sur ce point, le Conseil État a estimé que le préfet était tenu de saisir la commission en cas de refus de délivrance d'une carte de résident à un Tunisien entrant dans le champ d'application de l'art. 15 de l'Ord. n° 45-2658 du 2 nov. 1945 • CE 29 déc. 1995, *M. Ghazouani*, n° 140023 : *Lebon 474.*

13. Ressortissants algériens. La consultation de la commission du titre de séjour est applicable aux ressortissants algériens. • CE 14 avr. 1999, *Min. Intérieur c/ M. Ijgua*, n° 153468 B • 15 déc. 2000, *Chebiba*, n° 220157 : *Lebon T. 1031.* ♦ Le préfet doit consulter la commission du titre de séjour quand il envisage de refuser un titre de séjour à un Algérien dont les liens personnels et familiaux en France sont tels que ce refus porterait une atteinte disproportionnée à son droit à mener une vie familiale normale (art. L. 313-11, 7° [devenu art. L. 423-23]). • CE 5 déc. 2001, *Préfet de la Haute-Garonne c/ M. Aissat*, n° 222592 A : *RFDA 2002. 189 ; Dr. adm. juin 2002, p. 21, note CM.* ♦ En revanche, le préfet n'est pas tenu à cette consultation s'agissant d'un ressortissant algérien « résidant habituellement en France dont l'état de santé nécessite une prise en charge médicale dont le défaut pourrait entraîner pour lui des conséquences d'une exceptionnelle gravité » (art. L. 313-11, 11° [devenu art. L. 425-9]) : l'accord franco-algérien ne comporte aucune stipulation de portée équivalente. • Même décision. ♦ S'il envisage de refuser un titre de séjour en application de la réserve d'ordre public, figurant à l'art. 6 de l'accord franco-algérien du 27 déc. 1968, le préfet doit saisir au préalable la commission du titre de séjour lorsque le demandeur remplit les conditions prévues par le présent art. • CE 28 oct. 2021, n° 441708 B : *AJDA 2021. 2188* ; *D. 2022. 244, chron. Boskovic, Corneloup, Jault-Seseke, Joubert et Parrot*.

Art. L. 432-14 **La commission du titre de séjour est composée :**

1° D'un maire ou de son suppléant désignés par le président de l'association des maires du département ou, lorsqu'il y a plusieurs associations de maires dans le département, par le préfet en concertation avec celles-ci et, à Paris, du maire, d'un maire d'arrondissement ou d'un conseiller d'arrondissement ou de leur suppléant désigné par le Conseil de Paris ;

2° De deux personnalités qualifiées désignées par le préfet ou, à Paris, par le préfet de police.

Le président de la commission du titre de séjour est désigné, parmi ses membres, par le préfet ou, à Paris, par le préfet de police.

Dans les départements de plus de 500 000 habitants, une commission peut être instituée dans un ou plusieurs arrondissements. – *[Anc. art. L. 312-1.]*

Les membres de la commission du titre de séjour sont soumis à une obligation d'indépendance et d'impartialité pour l'examen des affaires qui relèvent de sa compétence ; la présence de fonctionnaires parmi les membres de la commission ne peut être, en elle-même, de nature à faire naître un doute objectivement justifié sur le respect de cette obligation que si, eu égard aux fonctions qu'ils exercent, l'impartialité desdits fonctionnaires est susceptible, même en apparence, d'être suspectée. En l'espèce, la circonstance que le directeur départemental de la police de l'air et des frontières du Bas-Rhin ait été membre de la commission du titre de séjour du Bas-Rhin au titre des personnes qualifiées peut faire naître un doute sur son impartialité objectivement justifié par le fait qu'il est chargé de veiller, entre autres, au respect de l'entrée et du séjour des étrangers sur le territoire du Bas-Rhin, et cela, quand bien même il n'aurait pas participé directement aux poursuites préalables ou à l'instruction de l'affaire en cause ; cette irrégularité a privé l'intéressé des garanties d'impartialité auxquelles il était en droit de prétendre. • CAA Nancy, 7 juin 2012, *Préfet du Bas-Rhin*, n° 11NC01768 : *AJDA 2012. 1887*. ♦ Le Conseil d'État a considéré pour sa part qu'aucune disposition législative ni aucun principe ne s'oppose à ce que siègent, au sein de la commission du titre de séjour, au titre des personnalités qualifiées, des fonctionnaires, alors même que ces fonctionnaires seraient placés sous l'autorité du ministre de l'Intérieur ou du préfet, ou relèveraient d'un établissement public placé sous la tutelle de ce ministre. Peuvent ainsi notamment siéger, au sein de cette commission consultative, des fonctionnaires de la police aux frontières ou de l'OFII. • CE, avis, 8 avr. 2013, *M. B.*, n° 364558 B : *AJDA 2013. 770*.

Art. L. 432-15 **L'étranger est convoqué par écrit au moins quinze jours avant la date de la réunion de la commission qui doit avoir lieu dans les trois mois qui suivent sa saisine ; il peut être assisté d'un conseil ou de toute personne de son choix et être entendu avec l'assistance d'un interprète.**

Il peut demander le bénéfice de l'aide juridictionnelle dans les conditions prévues par la loi n° 91-647 du 10 juillet 1991 relative à l'aide juridique, cette faculté étant mentionnée dans la convocation. L'admission provisoire à l'aide juridictionnelle peut être prononcée par le président de la commission.

Les conditions dans lesquelles l'étranger est autorisé à séjourner en France jusqu'à ce que l'autorité administrative ait statué sont déterminées par décret en Conseil d'État. – *[Anc. art. L. 312-2.]*

COMMENTAIRE

La commission dispose d'un délai de trois mois pour rendre son avis ; son silence à l'issue de ce délai permet au préfet de statuer (art. R. 432-8). L'étranger concerné bénéficie d'une autorisation provisoire de séjour l'autorisant à travailler (s'il était porteur d'un titre de séjour qui comportait la même faculté) jusqu'à ce que le préfet ait statué (art. R. 432-9).

1. Aide juridictionnelle. Bien que la commission du titre de séjour ne soit pas une juridiction, le juge a transposé devant elle la règle générale qui veut que, lorsqu'une demande d'aide juridictionnelle a été déposée, toute juridiction doit surseoir à statuer jusqu'à l'intervention d'une décision de refus ou, en cas d'octroi de l'aide, jusqu'à ce que l'avocat désigné à ce titre ait accompli sa mission. • CAA Bordeaux, 29 oct. 2013, *Préfet de la Haute-Garonne c/ M. Saizonou*, n° 13BX01168 : *AJDA 2014. 718*. ♦ L'avis de la commission est irrégulier s'il est rendu avant la décision du bureau d'aide juridictionnelle. • Même décision.

2. Publicité des débats. En l'absence de texte édictant la publicité des débats devant la commission du titre de séjour, la Circ. du 12 mai 1998 pouvait prévoir que les débats se tiendraient à huis clos. Ceci figure désormais à l'art. R. 432-13. • CE 30 juin 2000, *GISTI*, n° 199336 : *Lebon 260*. ♦ Si la séance de la commission a été publique, la procédure est viciée dès lors que l'intéressé peut avoir été gêné pour exposer sa situation personnelle et matrimoniale. • CAA Nancy, 27 juin 2002, *El Atmani*, n° 01NC00758.

3. Audition de l'étranger. L'étranger, dont le traitement de la demande nécessite la saisine de la commission du titre de séjour, doit pouvoir être entendu par cette commission et est pourvu à cette fin d'un récépissé valant autorisation provisoire de séjour s'il ne dispose pas d'une carte de séjour temporaire en cours de validité. • CE 19 janv. 2015, *Mme A.*, n° 375373 B : *AJDA 2015. 840*.

4. Transmission de l'avis. En tout état de cause, l'avis de la commission de séjour doit être transmis à l'intéressé avant que le préfet ne statue sur la demande de titre de séjour. • CE 19 mars 1997, *M. Fethi*, n° 154867 : *Lebon T. 854* • 10 nov. 2004, *M. Dembele*, n° 266477. ♦ A défaut, la décision de refus de titre de séjour est entachée d'illégalité comme intervenue au terme d'une procédure irrégulière. • CE 10 août 2005, *Préfet de la Seine-Maritime c/ M. Belazzoug*, n° 250844 : *Lebon 384*.

CHAPITRE III CONDITIONS DE RENOUVELLEMENT DES TITRES DE SÉJOUR

SECTION 1 Renouvellement du titre de séjour

Art. L. 433-1 **A l'exception de la carte de séjour pluriannuelle portant la mention "salarié détaché ICT", prévue à l'article L. 421-26, et de la carte de séjour pluriannuelle portant la mention "recherche d'emploi ou création d'entreprise", prévue à l'article L. 422-10, qui ne sont pas renouvelables, le renouvellement de la carte de séjour temporaire ou pluriannuelle est subordonné à la preuve par le ressortissant étranger qu'il continue de remplir les conditions requises pour la délivrance de cette carte.**

(L. n° 2024-42 du 26 janv. 2024, art. 46) **« A l'exception des cartes de séjour pluriannuelles prévues aux articles L. 421-9 à L. 421-24, L. 421-34, L. 422-6, L. 424-9, L. 424-11, L. 424-18 et L. 424-19, le renouvellement d'une carte de séjour pluriannuelle est soumis à la preuve par l'étranger de sa résidence habituelle en France dans les conditions prévues à l'article L. 433-3-1. »**

L'autorité administrative peut procéder aux vérifications utiles pour s'assurer du maintien du droit au séjour de l'intéressé et, à cette fin, convoquer celui-ci à un ou plusieurs entretiens.

Par dérogation au présent article la carte de séjour temporaire portant la mention "salarié" prévue à l'article L. 421-1, ainsi que la carte de séjour pluriannuelle portant la mention "talent" prévue aux articles L. 421-9, *(Abrogé par L. n° 2024-42 du 26 janv. 2024, art. 30)* **« L. 421-10, » L. 421-11 ou L. 421-14, sont renouvelées dans les conditions prévues à ces mêmes articles.** – *[Anc. art. L. 313-5-1, al. 1er.]*

COMMENTAIRE

En miroir à la consécration du parcours d'intégration par l'enchaînement des titres de séjour, le législateur de 2016 a souhaité renforcer les pouvoirs de l'administration en vue de s'assurer du maintien du droit au séjour de l'étranger. Ainsi, l'objet du présent article est « de consacrer le passage de contrôles annuels réalisés lors du renouvellement des titres, compte tenu de la durée annuelle des cartes de séjour temporaire prévues par le droit en vigueur, à des contrôles plus ciblés intervenant *a posteriori* » (Rapp. AN n° 2923, 2 juill. 2015).

La loi organise ainsi une corrélation entre la création du titre pluriannuel et le contrôle *a posteriori* de la validité des titres. Celui-ci constitue « un changement de logique [et] la contrepartie nécessaire de la délivrance de titres pluriannuels ». Les sanctions encourues (retrait ou non-renouvellement) sont « une incitation à responsabiliser les titulaires de cartes de séjour pluriannuelles. Le fait d'augmenter la durée de validité des cartes ne doit pas conduire au sentiment que les conditions du droit au séjour ne sont plus requises pendant la durée de la carte. Celles-ci restent identiques » (V. Étude d'impact du 22 juill. 2014, annexée au projet de loi relatif au droit des étrangers, § 2.1.4.3).

Dans son avis du 21 mai 2015, la commission nationale consultative des droits de l'homme craint toutefois « que la mise en œuvre du nouveau texte n'ouvre la voie à des pratiques discriminatoires susceptibles d'être sanctionnées au regard des exigences des articles 8 et 14 de la Convention européenne des droits de l'homme, et que les contrôles conjugués à la généralisation de l'accès aux fichiers et des échanges d'informations entraînent la possibilité d'une "omniprésence administrative" dans l'intimité et la vie privée des étrangers ». Pour sa part, le Défenseur des droits a considéré que ce dispositif « atteste d'une forte suspicion à l'égard des étrangers et constitue une atteinte disproportionnée aux libertés individuelles et au secret professionnel, notamment des travailleurs sociaux. En effet, si le secret médical est formellement garanti dans ces contrôles, les services préfectoraux pourront néanmoins demander à un établissement de soins de leur transmettre les données pertinentes qu'il détient » (Défenseur des droits, avis n° 16-02 du 15 janv. 2016). ❑

Art. L. 433-1-1 *(L. n° 2024-42 du 26 janv. 2024, art. 20)* **Par dérogation à l'article L. 433-1, il ne peut être procédé à plus de trois renouvellements consécutifs d'une carte de séjour temporaire portant une mention identique.**

Le présent article n'est pas applicable aux étrangers dispensés de la signature d'un contrat d'intégration républicaine mentionnés à l'article L. 413-5.

COMMENTAIRE

L'intention du législateur est ici d'éviter qu'un étranger ne puisse se maintenir en France grâce à des renouvellements successifs de sa carte de séjour temporaire d'un an pour des motifs identiques. Mais « cette réforme pourrait bien conduire de nombreux étrangers ne remplissant pas les conditions de langue (A2), d'intégration civique (par examen) ou de ressources (en ce qui concerne la carte de résident) à sortir de la régularité du séjour après quatre années sur le sol français. Le renforcement des exigences d'intégration peut ainsi devenir un puissant facteur d'exclusion » (Lepoutre, Intégration et régularisation des étrangers. Durcissement réel et progrès incertains, *AJDA 2024. 658*).

A noter toutefois que cette règle ne concerne pas les étrangers qui ne sont pas soumis à l'obligation de conclure un contrat d'intégration tels que, par exemple, les étudiants, les travailleurs détachés, les étrangers nés en France, les étrangers dont l'état de santé nécessite une prise en charge médicale, etc. (art. L. 413-5). ❑

Art. L. 433-2 *(L. n° 2024-42 du 26 janv. 2024, art. 46)* **Sous réserve de l'absence de menace grave pour l'ordre public, de l'établissement de la résidence habituelle de l'étranger en France et des articles L. 411-5 et L. 432-3, une carte de résident est renouvelable de plein droit.**

Ancien art. L. 433-2 ***Sous réserve des dispositions des articles L. 411-5 et L. 432-3, une carte de résident est renouvelable de plein droit.*** – *[Anc. art. L. 314-1, ecqc le renouvellement.]*

COMMENTAIRE

Si le renouvellement d'une carte de résident s'opère en principe de plein droit, tel n'est pas le cas si l'étranger est en situation de polygamie, a quitté le territoire français plus de trois ans consécutifs ou a été condamné pour violences sur mineur de moins de quinze ans ayant entraîné une mutilation ou une infirmité permanente (art. L. 411-5 et L. 432-3).

Le Conseil constitutionnel (22 avr. 1997, n° 97-389 DC) avait censuré le législateur de 1997 qui avait prévu l'hypothèse de non-renouvellement de la carte de résident en présence d'une simple menace à l'ordre public. Le Conseil avait en effet indiqué qu'il fallait assurer la conciliation de l'objectif de sauvegarde de l'ordre public avec les droits et libertés reconnus aux résidents. Le titulaire d'une carte de résident qui en sollicite le renouvellement peut se prévaloir d'une présence sur le territoire national d'au moins dix ans et, par suite, de liens multiples avec la France.

La loi n° 2024-42 du 26 janvier 2024 a ainsi inséré une réserve générale d'ordre public permettant de refuser le renouvellement d'une carte de résident ou de la retirer du fait de la menace que constitue la présence de l'étranger.

Comme l'indiquait le rapport sénatorial n° 433, « la gravité exigée de la menace est de nature à assurer la constitutionnalité du dispositif proposé, ainsi qu'il résulte de la lecture *a contrario* de la décision précitée du Conseil constitutionnel du 22 avril 1997 (...). Rappelons en outre qu'en l'état du droit, l'expulsion du titulaire d'une carte de résident est possible s'il présente une telle menace grave pour l'ordre public ».

On précisera enfin que la condition tenant à l'absence de menace pour l'ordre public pour la délivrance d'une carte de résident permanent, a été jugée conforme à la Constitution par le Conseil constitutionnel (4 mai 2023, n° 2023-1048 QPC). ❑

Une demande de renouvellement de la carte de résident doit être présentée, à peine d'irrecevabilité, au cours des deux derniers mois précédant l'expiration de cette carte ; lorsque le préfet est saisi d'une demande de renouvellement après l'expiration de ce délai, cette demande doit être regardée comme tendant à la première délivrance d'un titre de séjour de même nature. • CE 6 juin 2024, n° 473695.

Art. L. 433-3 **Lorsque l'étranger titulaire d'une carte de séjour pluriannuelle d'une durée de quatre ans, d'une carte de résident ou d'un titre de séjour d'une durée supérieure à un an prévu par une stipulation internationale en demande le renouvellement, il peut justifier de la régularité de son séjour entre la date d'expiration de ce document et la décision prise par l'autorité administrative sur sa demande par la présentation de la carte ou du titre expiré, dans la limite de trois mois à compter de cette date d'expiration.**

Dans des départements dont la liste est fixée par arrêté du ministre chargé de l'immigration, l'étranger qui a déposé, avant son expiration, une demande de renouvellement de sa carte de séjour temporaire ou de sa carte de séjour pluriannuelle autre que celle ayant une durée de validité de quatre ans, peut justifier de la régularité de son séjour par la présentation de la carte expirée dans la limite de trois mois à compter de cette date d'expiration.

Pendant les périodes définies au présent article, l'étranger conserve l'intégralité de ses droits sociaux ainsi que son droit d'exercer une activité professionnelle. – *[Anc. art. L. 311-4, al. 2 et 3.]*

Un étranger, titulaire d'une carte de résident, doit, pour bénéficier du délai de trois mois lui permettant, après expiration de son titre, de conserver son droit d'exercer une activité professionnelle, en solliciter le renouvellement dans les deux mois précédant cette expiration. • Soc. 29 nov. 2023, n° 22-10.004 : *D. 2023. 2137*.

Art. L. 433-3-1 *(L. n° 2024-42 du 26 janv. 2024, art. 46)* **Est considéré comme résidant en France de manière habituelle l'étranger :**

1° Qui y a transféré le centre de ses intérêts privés et familiaux ;

2° Et qui y séjourne pendant au moins six mois au cours de l'année civile, durant les trois dernières années précédant le dépôt de la demande ou, si la période du titre en cours de validité est inférieure à trois ans, pendant la durée totale de validité du titre.

SECTION 2 Obtention d'une carte de séjour pluriannuelle sans changement de motif

Art. L. 433-4 **Au terme d'une première année de séjour régulier en France accompli au titre d'un visa de long séjour tel que défini au 2° de l'article L. 411-1 ou, sous réserve des exceptions prévues à l'article L. 433-5, d'une carte de séjour temporaire, l'étranger bénéficie, à sa demande, d'une carte de séjour pluriannuelle dès lors que :**

1° Il justifie de son assiduité, sous réserve de circonstances exceptionnelles, et du sérieux de sa participation aux formations prescrites par l'État dans le cadre du contrat d'intégration républicaine conclu en application de l'article L. 413-2 *(Abrogé par L. n° 2024-42 du 26 janv. 2024, art. 46)* ***« et n'a pas manifesté de rejet des valeurs essentielles de la société française et de la République »*** **;**

(L. n° 2024-42 du 26 janv. 2024, art. 20 et 86-II, en vigueur au plus tard le 1er janv. 2026) **« 2° Il a obtenu un résultat à l'examen mentionné au sixième alinéa de l'article L. 413-3 supérieur ou égal à un seuil fixé par décret ;**

« 3° Il justifie d'une connaissance de la langue française lui permettant au moins de comprendre des expressions fréquemment utilisées dans le langage courant, de commu-

niquer lors de tâches habituelles et d'évoquer des sujets qui correspondent à des besoins immédiats. Le présent 3° n'est pas applicable aux étrangers dispensés de la signature d'un contrat d'intégration républicaine mentionnés à l'article L. 413-5 ;

« 4° Il a bénéficié des conditions nécessaires à l'apprentissage de la langue française par l'accès à des cours gratuits dans son département de résidence ;

« 5° » Il continue de remplir les conditions de délivrance de la carte de séjour temporaire dont il était précédemment titulaire.

La carte de séjour pluriannuelle porte la même mention que la carte de séjour temporaire dont il était précédemment titulaire.

L'étranger bénéficie, à sa demande, du renouvellement de cette carte de séjour pluriannuelle s'il continue de remplir les conditions de délivrance de la carte de séjour temporaire dont il été précédemment titulaire. – *[Anc. art. L. 313-17, I, al. 5.]*

Les dispositions issues de l'art. 20 de la L. n° 2024-42 du 26 janv. 2024 entrent en vigueur à une date fixée par décret en Conseil d'État, et au plus tard le 1er janv. 2026 (L. préc., art. 86-II).

COMMENTAIRE

Tel qu'issu de la loi du 7 mars 2016, le présent article illustre le parcours personnalisé d'intégration dès lors que la première condition posée pour obtenir une carte de séjour pluriannuelle est le respect du contrat d'intégration républicaine. C'est dans le même esprit que le législateur a considéré que la carte pluriannuelle générale ne pouvait intervenir qu'à la suite d'une première année de séjour régulier en France par un étranger désireux de s'y intégrer. Ceci explique également les exclusions qui concernent, pour l'essentiel, des étrangers dont le séjour en France est, par nature, temporaire : étrangers titulaires d'une carte de séjour temporaire « visiteur », « stagiaire », « jeune au pair » ou « salarié en contrat à durée déterminée ». Si les étrangers victimes de la traite des êtres humains ou d'exploitation titulaires à ce titre d'une carte de séjour temporaire « vie privée et familiale » ne sont pas davantage concernés, c'est, d'après l'étude d'impact du 22 juillet 2014, annexée au projet de loi relatif au droit des étrangers (§ 2.1.2.2), que les victimes de la traite des êtres humains doivent continuer à séjourner sous couvert d'une carte annuelle parce qu'elles sont engagées dans une procédure spécifique qui mène à la délivrance d'une carte de résident.

La logique d'intégration s'exprime également par la durée de quatre ans de la carte pluriannuelle fixée pour s'articuler avec les cinq années de séjour régulier requises afin d'accéder à la carte de résident valable dix ans. Il existe toutefois de nombreuses exceptions à cette durée de principe (art. L. 411-4).

La loi n° 2024-42 du 26 janvier 2024 a tenu enfin à préciser les conditions relatives à la connaissance de la langue française. ❑

Art. L. 433-5 **L'article L. 433-4 ne s'applique pas lorsque l'étranger réside en France au titre des cartes de séjour suivantes :**

1° La carte de séjour temporaire portant la mention "travailleur temporaire" prévue à l'article L. 421-3 ;

2° La carte de séjour temporaire portant la mention "vie privée et familiale" prévue aux articles L. 425-1, L. 425-6 ou L. 425-7 ;

3° La carte de séjour temporaire portant la mention "visiteur" prévue à l'article L. 426-20 ;

4° La carte de séjour temporaire portant la mention "jeune au pair" prévue à l'article L. 426-22 ;

5° La carte de séjour temporaire portant la mention "stagiaire" prévue à l'article L. 426-23.

SECTION 3 **Obtention d'un nouveau titre de séjour avec changement de motif**

Art. L. 433-6 **L'étranger qui sollicite la délivrance d'une carte de séjour temporaire ou pluriannuelle sur un autre fondement que celui au titre duquel lui a été délivré la carte de séjour ou le visa de long séjour mentionné au 2° de l'article L. 411-1, se voit délivrer le titre demandé lorsque les conditions de délivrance, correspondant au motif de séjour invoqué, sont remplies, sans que soit opposable la condition prévue à l'article L. 412-1.**

Lorsque l'étranger sollicite la délivrance d'une première carte de séjour pluriannuelle dans les conditions prévues au présent article, il doit en outre justifier du respect des conditions prévues *(L. n° 2024-42 du 26 janv. 2024, art. 20)* **« aux 1° et 2° » de l'article L. 433-4.**

Le présent article ne s'applique pas aux titres de séjour prévus aux articles L. 421-2 et L. 421-6. – *[Anc. art. L. 313-19, I et III.]*

COMMENTAIRE

En principe, la carte de séjour pluriannuelle porte la même mention que le titre de séjour d'un an sur le fondement duquel elle est sollicitée ; le législateur n'a toutefois pas écarté la possibilité d'une demande de changement de statut, l'étranger pouvant solliciter la délivrance ou le renouvellement d'une carte de séjour pluriannuelle sur un autre fondement que celui au titre duquel la carte de séjour dont il est titulaire a été délivrée. L'administration s'assurera que les conditions de délivrance de la carte de séjour correspondant au motif de séjour invoqué sont remplies.

Une exception est prévue lorsque l'étranger demande la délivrance d'une carte de séjour pluriannuelle « salarié » ou « entrepreneur/profession libérale » alors qu'il est titulaire d'une carte de séjour temporaire délivrée à un autre titre. Ce régime dérogatoire a été justifié par la nécessité de s'assurer que la demande de changement de statut s'inscrit réellement dans une démarche professionnelle sérieuse et pérenne (Rapp. AN n° 2923 du 2 juill. 2015).

La Direction générale des étrangers en France a précisé que, « lorsqu'un étranger titulaire d'une carte de séjour temporaire ou pluriannuelle sollicite le renouvellement de son titre de séjour sur un autre fondement juridique, il ne peut plus lui être opposé la détention préalable d'un visa de long séjour et le titre de séjour est délivré si les conditions sont remplies » (V. *DP étrangers, Bull. n° 314, oct. 2021, p. 6*). ❑

SECTION 4 Obtention d'une carte de résident

Art. L. 433-7 Sous réserve des exceptions prévues à l'article L. 426-18, l'étranger qui séjourne en France au titre d'un visa de long séjour tel que défini au 2° de l'article L. 411-1, d'une carte de séjour temporaire ou d'une carte de séjour pluriannuelle peut solliciter la délivrance de la carte de résident prévue aux articles L. 423-6, L. 423-10, L. 423-11, L. 423-12, L. 423-16, L. 424-1, L. 424-3, L. 424-13, L. 424-21, L. 425-3, L. 426-1, L. 426-2, L. 426-3, L. 426-6, L. 426-7 ou L. 426-10, ou de la carte de résident portant la mention "résident de longue durée – UE" prévue aux articles L. 421-12, L. 421-25, L. 424-5, L. 424-14 ou L. 426-17. – *[Anc. art. L. 311-1, al. 8 (ecqc la carte de résident).]*

CHAPITRE IV RÉGIME DU REGROUPEMENT FAMILIAL

Sur la mise en œuvre du dispositif du regroupement familial des étrangers, V. Circ. du 1er mars 2000 (JO 28 mai, BOMT 2000/9, texte n° 114).

Sur la création d'un traitement automatisé d'informations nominatives - dénommé « SIECLE » - relatif à la gestion des dossiers d'autorisation de travail et de regroupement familial des étrangers, V. Arr. du 13 nov. 2002 (JO 3 déc.).

Sur l'harmonisation européenne des dispositions applicables en matière de libre circulation des personnes et d'immigration, V. Dir. 2003/86/CE du 22 sept. 2003 relative au droit de regroupement (JOCE 3 oct.). Cette directive a été validée par la Cour de justice (CJCE 27 juin 2006, Parlement c/ Conseil, n° C-540/03).

V. Circ. intermin. n° DPM/DMI2/2006/26 du 17 janv. 2006 relative au regroupement familial des étrangers (https://travail-emploi.gouv.fr/IMG/pdf/circulaire17012006.pdf).

V. Circ. DPM/DMI2 n° 2007-75 du 22 févr. 2007 relative au regroupement familial (https://solidarites-sante.gouv.fr/fichiers/bo/2007/07-03/a0030080.htm).

BIBL. ► Corneloup, Analyse ADN et regroupement familial : le ministère a renoncé mais le droit commun subsiste, *JCP 2010, n° 16, p. 825*. – Cortes-Martin, Immigration et regroupement familial dans l'Union européenne : un droit à géométrie variable ?, *RDUE 4/2005, p. 721*. – Dollat, Le droit de vivre en famille et le regroupement familial en droit international et européen, *RFDA 2009. 689*. – France Terre d'asile, Le regroupement familial des demandeurs d'asile, *Les*

Cahiers du social, n° 6. – JAULT-SESEKE, Le regroupement familial en droit comparé français et allemand, *LGDJ 1998* ; Travail et regroupement familial, *AJ fam. 2013. 218* . – LABAYLE, Le droit des étrangers au regroupement familial, regards croisés du droit interne et du droit européen, *RFDA 2007. 101* . – Sénat, Le regroupement familial. Les documents de travail du Sénat, série Législation comparée, *févr. 2006*.

COMMENTAIRE

Droit interne. Depuis le décret du 29 avril 1976, il existe un véritable droit au regroupement familial qualifié par le Conseil d'État de principe général du droit (fondé notamment sur le Préamb. de 1946 au terme duquel « la Nation assure à l'individu et à la famille les conditions nécessaires à leur développement »). Le droit des étrangers à mener une vie familiale normale a été confirmé par le Conseil constitutionnel.

Convention européenne de sauvegarde des droits de l'homme et des libertés fondamentales (Conv. EDH). La Cour européenne des droits de l'homme a considéré qu'il n'était pas possible d'inférer du respect du droit à mener une vie familiale normale un droit au regroupement familial : « L'article 8 ne saurait s'interpréter comme comportant pour un État l'obligation générale de respecter le choix par des couples mariés de leur résidence commune et de permettre le regroupement familial sur son territoire ». En revanche, ce droit existe lorsque le regroupement familial constitue le seul moyen d'assurer une vie familiale.

Il appartient à l'autorité compétente de réaliser un examen particulier de chaque demande afin de mesurer si une décision de refus ne serait pas de nature à entraîner des conséquences disproportionnées par rapport au but en vue duquel elle a été prise ; une telle décision de refus peut ainsi constituer une violation de l'article 8 Conv. EDH. Le juge n'hésite ainsi pas à annuler des décisions de refus alors même que les conditions posées par le texte n'étaient pas remplies.

L'application de l'article 8 de la Convention européenne de sauvegarde des droits de l'homme et des libertés fondamentales peut même apparaître comme un substitut à la procédure de regroupement familial, dès lors que le refus de titre de séjour ou la mesure d'éloignement porte une atteinte disproportionnée au droit de mener une vie familiale normale, en dépit de la possibilité du regroupement familial.

Droit de l'Union. La Cour de justice de l'Union européenne (CJUE) reprend le même raisonnement que la Cour européenne des droits de l'homme soulignant que l'importance de la vie familiale ne crée pas de droit subjectif pour les membres d'une famille à être admis sur le territoire d'un État, dès lors que la vie familiale est possible dans un État tiers. Selon la Cour de justice, le droit au respect de la vie familiale au sens de l'article 8 de la convention européenne de sauvegarde des droits de l'homme et des libertés fondamentales fait partie des droits fondamentaux qui sont protégés dans l'ordre juridique communautaire. Elle en déduit, par exemple, que constitue une ingérence disproportionnée dans le droit au respect de l'unité familiale le fait d'imposer, sans exception possible, que la demande de regroupement familial se fasse en personne auprès du poste diplomatique compétent ; en effet, afin d'atteindre l'objectif de la directive 2003/86 de favoriser le regroupement familial, les États membres doivent faire preuve de la flexibilité nécessaire pour permettre aux intéressés de pouvoir effectivement introduire leur demande (CJUE 18 avr. 2023, n° C-1/23 : *AJDA 2023. 750*).

Convention de New York. La convention de New York sur les droits de l'enfant du 26 janvier 1990 précise par ailleurs que « l'enfant, pour l'épanouissement harmonieux de sa personnalité, doit grandir dans le milieu familial ». Ainsi, le pouvoir du préfet de refuser une demande de regroupement familial est limité par la nécessaire prise en considération de l'intérêt primordial de l'enfant.

Le champ d'application du regroupement familial est strictement défini (V. *infra*, notes ss. art. L. 434-2 à L. 434-5) et ne concerne, pour l'essentiel, que le conjoint légitime et les enfants mineurs. Dès lors que le regroupement familial a pour objet de permettre la reconstitution de l'unité familiale, il s'applique en principe à l'ensemble des membres de la famille, ce qui explique que le code (V. *infra*, notes ss. art. L. 434-1) prohibe le regroupement familial partiel, sauf prise en compte de l'intérêt de l'enfant.

Si le regroupement familial constitue un droit, il reste subordonné au respect de divers critères (V. *infra*, notes ss. art. L. 434-7 à L. 434-9) dont le respect conditionne l'autorisation d'entrer en France (art. L. 434-10) : des ressources stables et suffisantes, un logement considéré comme normal (le maire de la commune de résidence étant appelé à vérifier cette condition ; V. art. L. 434-10) et le respect des principes essentiels de la République (art. L. 434-7). On retrouve par ailleurs en cette matière la réserve d'ordre public et l'interdiction de la polygamie (V. *infra*, notes ss. art. L. 434-9).

Les conditions de délivrance des titres de séjour au titre du regroupement familial sont régies par les articles L. 423-14 à L. 423-16. ❑

SECTION 1 **Bénéficiaires**

Art. L. 434-1 Le regroupement familial est sollicité pour l'ensemble des personnes désignées aux articles L. 434-2 à L. 434-4. Un regroupement partiel peut toutefois être autorisé pour des motifs tenant à l'intérêt des enfants. – *[Anc. art. L. 411-4, al. 2.]*

COMMENTAIRE

L'article L. 434-1 prévoit l'interdiction du regroupement familial partiel. Dès lors que le regroupement familial vise à permettre la restauration de l'unité de la famille, il paraît logique d'interdire le fractionnement de celle-ci par le jeu de la procédure légale. Cette innovation, introduite par la loi n° 93-1027 du 24 août 1993, doit néanmoins tenir compte des réserves exprimées par le Conseil constitutionnel ; dès lors, un regroupement partiel pourra être autorisé « pour des motifs tenant à l'intérêt de l'enfant ». Il peut s'agir de la santé ou de la scolarité des enfants, des conditions de logement de la famille, de l'engagement d'un cycle d'études à l'étranger ou de l'impossibilité médicale de déplacement. Dans ce cas, la demande doit comporter un exposé des motifs (V. art. R. 434-10).

A l'inverse, comme l'a décidé le juge, ne peut constituer un regroupement familial partiel le regroupement qui ne concerne que l'épouse d'un étranger installé en France et non ses six enfants ; le motif tenant à l'intérêt des enfants fait, par nature, défaut.

Par ailleurs, le préfet n'est pas en situation de compétence liée pour rejeter une demande de regroupement familial partiel et doit notamment vérifier qu'un refus ne porte pas une atteinte disproportionnée au droit de l'intéressé à une vie familiale normale.

Reste que, selon la circulaire du 27 janvier 2006, la procédure du regroupement familial ne saurait être utilisée par le demandeur pour faire venir, non pas sa famille dans son entier, mais au coup par coup ses enfants lorsqu'ils approchent de leur majorité afin de les faire admettre sur le marché de l'emploi. ❑

1. Intérêt supérieur de l'enfant. Il appartient à l'autorité administrative de statuer en fonction de l'intérêt de l'enfant. Pour une annulation, V. : • TA Amiens, 19 déc. 1996, *M. Silly Kante c/ Préfet de l'Oise*, n° 961613. ♦ Ne peut constituer un regroupement familial partiel le regroupement qui ne concerne que l'épouse d'un étranger installé en France et non ses 6 enfants, le motif tenant à l'intérêt des enfants faisant par nature défaut. • TA Montpellier, 5 oct. 1994, *Arrais c/ Préfet du Gard : Juris-Data 21 déc. 1995, n° 100.* ♦ L'intérêt de l'enfant peut toutefois justifier le regroupement familial au bénéfice de la seule épouse, en particulier en présence d'une jeune fille de 15 ans poursuivant des études en Algérie dans une école coranique, ne maîtrisant pas le français et confiée, par *kafala* à l'une de ses sœurs aînées. • CAA Lyon, 1er juill. 2008, ♔ *Sellami*, n° 07LY01293.

2. Pouvoir d'appréciation du préfet. Le préfet n'est pas en situation de compétence liée pour rejeter une demande de regroupement familial partiel. • CE 1er févr. 1999, ♔ *Min. Intérieur c/ Mme Beltaief*, n° 170962. ♦ Il doit notamment vérifier qu'un refus ne porte pas une atteinte disproportionnée au droit de l'intéressé à une vie familiale normale. Cette atteinte existe s'agissant d'une ressortissante algérienne, mariée à un ressortissant égyptien résidant régulièrement en France et mère de 2 enfants nés en France. • CAA Marseille, 15 févr. 1999, ♔ *M. Abelhadey*, n° 97MA00438. ♦ Algérienne de 12 ans venue rejoindre sa grand-mère à laquelle elle a été confiée par *kafala*, l'enfant n'ayant jamais été élevée par ses parents. • CAA Lyon, 17 juill. 2008, ♔ *Benzekroufa*, n° 07LY01272. ♦ Jeune Algérien atteint d'une grave anomalie congénitale et d'une pathologie cardiaque qui avait entraîné le décès de son frère, confié à sa tante par *kafala* et venant en France pour suivre les traitements nécessaires. • CAA Lyon, 17 juill. 2008, ♔ *Ducrocq*, n° 07LY00980. ♦ En revanche, les difficultés de scolarisation et de formation professionnelle au Maroc, à les supposer établies, ne sont pas suffisantes, à elles seules, pour regarder comme étant de l'intérêt de ces enfants d'être séparés de leur mère, de leurs autres frères et sœurs ainsi que de leur pays d'origine. • CAA Lyon, 28 janv. 1999, ♔ *M. El Abboubi*, n° 96LY02750.

Art. L. 434-2 **L'étranger qui séjourne régulièrement en France depuis au moins dix-huit mois, sous couvert d'un des titres d'une durée de validité d'au moins un an prévus par le présent code ou par des conventions internationales, peut demander à bénéficier de son droit à être rejoint, au titre du regroupement familial :**

1° Par son conjoint, si ce dernier est âgé d'au moins dix-huit ans ;

2° Et par les enfants du couple mineurs de dix-huit ans. – *[Anc. art. L. 411-1.]*

COMMENTAIRE

A l'instar d'autres dispositifs, les règles en matière de regroupement familial ne concernent pas les ressortissants européens et assimilés, ni les étrangers membres de la famille d'un Français (conjoint, enfants de moins de dix-huit ans ou à charge, parents d'un enfant français résidant en France ou ascendants à charge), ces derniers étant soumis aux conditions d'admission au séjour relevant des dispositions du chapitre III du titre II du présent livre.

Il existe d'autre part une procédure spécifique dite de « famille accompagnante » qui concerne notamment les cadres dirigeants et de haut niveau (V. Circ. DPM/DMI2 n° 143 du 26 mars 2004) ainsi que les conjoints étrangers de mandataires sociaux et les conjoints de fonctionnaires d'organisations internationales intergouvernementales (V. Circ. DPM/DMI2 n° 212 du 7 mai 2004).

Les règles applicables aux ressortissants algériens sont, pour l'essentiel, identiques aux règles de droit commun sous quelques réserves : la reconnaissance de la *kafala* judiciaire algérienne (V. Circ. du 22 oct. 2014 relative aux effets juridiques du recueil légal en France [*BOMJ 28 nov. 2014, NOR : JUSC1416688C*] : *AJ fam. 2014. 654*) ; la délivrance au membre de famille d'un titre de séjour de même nature que celui de la personne qu'il rejoint (règle également applicable aux ressortissants marocains) ; l'inapplicabilité de la sanction de retrait du titre de séjour en cas de regroupement familial en dehors de la procédure réglementaire ou de rupture de la vie commune dans les deux années qui suivent la délivrance du titre.

Enfin, lorsque les bénéficiaires de l'asile conventionnel, de la protection subsidiaire ou les apatrides sont déjà mariés au moment où ils obtiennent leur statut, l'entrée en France de leur famille se fait en dehors de la procédure de regroupement familial. Celle-ci ne concerne donc que les intéressés qui se marient après l'obtention du statut.

Le regroupement familial ne concerne ainsi que le conjoint et les enfants de moins de dix-huit ans. Toutefois, au-delà de l'énumération fixée au présent article, il appartient à l'autorité administrative de s'assurer qu'une décision refusant le bénéfice du regroupement familial demandé pour un enfant n'appartenant pas à l'une des catégories mentionnées ne porte pas une atteinte excessive au droit des intéressés au respect de leur vie privée et familiale, et ne méconnaît pas les stipulations de l'article 3-1 de la convention de New York relative aux droits de l'enfant.

Les ascendants ne sont donc pas visés par le regroupement familial ; s'ils veulent s'établir en France, ils doivent respecter le droit commun, sachant toutefois qu'une attestation de prise en charge par leurs enfants résidant régulièrement en France pourra être prise en compte pour l'appréciation du caractère suffisant de leurs ressources. Ces dispositions ne visent pas davantage les collatéraux, même s'ils sont à la charge et sous la garde du demandeur en application d'une décision de justice émanant du pays d'origine.

I. LE CONJOINT

L'entrée en France au titre du regroupement familial est réservée au conjoint légitime, que le mariage ait été célébré en France ou à l'étranger. Par suite, la loi exclut du bénéfice de cette procédure le simple concubin ; cette exclusion paraît peu compatible avec l'évolution du droit français et la prise en compte de l'article 8 de la convention européenne de sauvegarde des droits de l'homme et des libertés fondamentales. En effet, celui-ci est fréquemment appliqué dans l'hypothèse de couples vivant en concubinage.

La loi du 24 juillet 2006 a introduit une condition nouvelle relative à l'âge du conjoint : il doit avoir au minimum dix-huit ans à la date de dépôt de la demande de regroupement familial.

C'est l'une des innovations introduites par la loi n° 93-1027 du 24 août 1993 que d'avoir proscrit le regroupement familial polygamique (art. L. 434-9). Si le demandeur est ressortissant d'un État autorisant la polygamie (une liste indicative est fournie par la Circ. du 17 janv. 2006), il doit produire une déclaration sur l'honneur selon laquelle il ne vit pas en France en état de polygamie. L'autorité administrative doit ainsi rechercher si l'étranger n'a pas déjà fait entrer un premier conjoint ; si tel était le cas, le demandeur devrait prouver que cette première union a pris fin antérieurement à la demande par décès, procédure de divorce (une répudiation homologuée dont la procédure est prévue par une convention entre la France et l'État étranger produit les mêmes effets que le divorce) ou séparation de corps.

Le Conseil d'État a précisé que le regroupement familial, lorsqu'il est autorisé au profit du conjoint d'un étranger résidant en France, a pour objet de rendre possible la vie commune. En cas de rupture de celle-ci intervenant entre l'admission du conjoint sur le territoire et la date à laquelle l'administration statue sur la demande de titre de séjour, les conditions du regroupement familial ne sont plus réunies : l'administration peut donc légalement refuser le titre de séjour sollicité.

II. LES ENFANTS DE MOINS DE DIX-HUIT ANS

Nature de la filiation. Le regroupement ne concerne que les enfants légitimes du couple, les enfants naturels dont la filiation n'est établie qu'à l'égard du demandeur ou de son conjoint, et les enfants adoptés sous réserve de la vérification par le ministère public de la régularité de la décision d'adoption et de son caractère définitif quand elle a été prononcée à l'étranger. Ainsi, contrairement à la pratique antérieurement suivie par l'administration, le regroupement concerne également les enfants ayant fait l'objet d'une adoption simple.

Sont également concernés les enfants mineurs issus d'une précédente union du demandeur ou du conjoint dont l'autre parent est décédé ou s'est vu retirer l'exercice de l'autorité parentale, les enfants d'une précédente union dont la garde a été confiée au parent demandeur ou dont la résidence habituelle a été fixée auprès de lui par décision de justice, sous réserve du consentement de l'autre parent.

L'article L. 434-4 prévoit que le regroupement familial peut être demandé pour les mineurs confiés à leurs parents (le demandeur ou son conjoint) « au titre de l'exercice de l'autorité parentale, en vertu d'une décision d'une juridiction étrangère dont la copie devra être produite ainsi que l'autorisation de l'autre parent de laisser le mineur venir en France ». Cela devrait permettre de supprimer un effet pervers du texte antérieur, notamment lorsqu'il n'existe pas dans l'État d'origine de procédure de déchéance de l'autorité parentale.

Enfants de polygames. Seuls les enfants du demandeur et de son conjoint admis au titre du regroupement familial peuvent bénéficier du regroupement. Sont exclus par conséquent les enfants d'un autre conjoint non admissible au regroupement familial, sauf lorsque celui-ci est décédé ou s'est vu retirer l'exercice de l'autorité parentale (V. *infra*, art. L. 434-3 et L. 434-9).

Âge. L'âge s'apprécie à la date du dépôt de la demande ou à la date à laquelle la condition de dix-huit mois de résidence du demandeur est remplie.

Les médiateurs des enfants des pays européens ont adopté une position commune sur le traitement qui doit être réservé aux mineurs non accompagnés. Ils précisent que toute analyse supplémentaire de l'âge d'un jeune migrant ne devrait intervenir qu'en cas de doute sérieux, par exemple lorsqu'il apparaît clairement que les documents fournis ou les déclarations faites par l'intéressé ne sont pas fiables. Il convient par conséquent de ne pas soumettre les migrants mineurs à un examen médical quasi automatique ou de routine.

III. DURÉE DE SÉJOUR DU DEMANDEUR

Depuis la loi du 24 juillet 2006, la durée du séjour régulier nécessaire à l'étranger demandant à être rejoint par sa famille est passée d'un an à dix-huit mois.

Le demandeur doit être titulaire d'un titre de séjour dont la durée de validité est d'au moins un an (carte de résident, carte de résident portant la mention « résident de longue durée – CE » délivrée en France, carte de séjour temporaire d'un an portant l'une des mentions suivantes : « visiteur », « salarié », « commerçant », « étudiant », « profession artistique et culturelle » ou « vie privée et familiale »). Sont donc exclus, bien entendu, les étrangers en situation irrégulière, mais également les étrangers séjournant en France sous couvert d'une autorisation provisoire de séjour. Reste que l'article R. 434-2 indique que le séjour régulier en France d'au moins dix-huit mois doit avoir été accompli sous couvert de l'un de ces titres ou d'une carte de séjour temporaire d'une durée de validité inférieure à un an, d'une autorisation provisoire de séjour, du récépissé d'une demande de première délivrance ou de renouvellement d'un titre de séjour ou du récépissé d'une demande d'asile. ❑

I. NATURE DU DROIT AU REGROUPEMENT FAMILIAL

1. Dès 1978, le Conseil d'État a érigé le droit au regroupement familial en principe général du droit. • CE 8 déc. 1978, *GISTI : Lebon 493.* ♦ Le Conseil constitutionnel a consacré un véritable droit au regroupement familial tiré du 10e al. du Préamb. de 1946 qui dispose que « La Nation assure à l'individu et à la famille les conditions nécessaires à leur développement ». Par suite, les étrangers dont la résidence en France est stable et régulière ont, comme les nationaux, le droit de mener une vie familiale normale ; ce droit comporte en particulier la faculté pour ces étrangers de faire venir auprès d'eux leurs conjoints et leurs enfants mineurs sous réserve de restrictions tenant à la sauvegarde de l'ordre public et à la protection de la santé publique, lesquelles revêtent le caractère d'objectifs de valeur constitutionnelle. • Cons. const. 13 août 1993, n° 93-325 DC : *préc. note 1 ss. art. L. 432-3.* ♦ Il résulte du 10e al. du Préamb. de 1946, selon lequel « La Nation assure à l'individu et à la famille les conditions nécessaires à leur développement », que les étrangers dont la résidence en France est stable et régulière ont, comme les nationaux, le droit de mener une vie familiale normale. • Cons. const. 15 déc. 2005, n° 2005-528 DC : *RFDA 2006. 126, note Schoettl ; LPA 20 janv. 2006, note Fraisse et Chamussy ; AJDA 2005. 44, note Brondel.*

2. La procédure de regroupement familial est une garantie légale du droit des étrangers établis de manière stable et régulière en France à y mener une vie familiale normale ; cette procédure ne méconnaît ni le 10e al. du Préamb. de 1946, ni le principe d'égalité, dès lors qu'elle fixe à cet égard des règles adéquates et proportionnées ; en particulier, elle n'interdit pas de déroger à la règle selon laquelle le regroupement familial ne peut être demandé que pour des enfants résidant hors de France à la date de la demande. • Cons. const. 15 déc. 2005, n° 2005-528 DC : *préc. note. 1.*

3. CEDH. La CEDH considère pour sa part que l'art. 8 Conv. EDH fonde un véritable droit au regroupement familial lorsqu'il s'agit de la seule procédure possible pour assurer l'unité de la vie familiale. • CEDH 21 déc. 2001, *Sen c/ Pays-Bas,* n° 31465/96 : *AJDA 2002. 505 ; RFDA 2002. 1103* • 1er déc. 2005, *Taquabo-Tekele et a. c/ Pays-Bas,* n° 60655/00.

4. CJCE. La CJCE reprend le même raisonnement soulignant que l'importance de la vie familiale ne crée pas de droit subjectif pour les membres d'une famille à être admis sur le territoire d'un État, dès lors que la vie familiale est possible dans un État tiers. • CJCE 27 juin 2006, *Parlement c/ Conseil,* n° C-540/03.

5. Selon la CJCE, le droit au respect de la vie familiale au sens de l'art. 8 Conv. EDH fait partie des droits fondamentaux qui sont protégés dans l'ordre juridique communautaire. • CJCE 11 juill. 2002, *Carpenter,* n° C-60/00 : *Rec. I-6279* • 17 sept. 2002, *Baumbast,* n° C-413/99 : *Rec. I-7091 ; AJDA 2003. 1038, chron. Belorgey, Gervasoni et Lambert ; D. 2002. 2774 ; RSC 2003. 156, obs. Idot.* ♦ Ce droit de vivre avec ses parents proches entraîne pour les États membres des obligations qui peuvent être négatives, lorsque l'un d'eux est tenu de ne pas expulser une personne, ou positives, lorsqu'il est tenu de laisser une personne entrer et résider sur son territoire. • CJCE 27 juin 2006, *Parlement c/ Conseil,* n° C-540/03 : *RFDA 2007. 126.*

6. La Cour a également affirmé qu'afin d'assurer la protection de la famille, ainsi que le maintien ou la création de la vie familiale, il importe de fixer, selon des critères communs, les conditions matérielles pour l'exercice du droit au regroupement familial. • CJCE 27 juin 2006, *Parlement c/ Conseil,* n° C-540/03 : *RFDA 2007. 126.*

II. BÉNÉFICIAIRES

7. Le regroupement familial ne peut être accordé que pour restaurer l'unité familiale ; ainsi, il ne peut par ex. être sollicité pour des motifs tirés de l'état de santé de l'épouse. • CAA Paris, 10 oct. 2000, *Bouabid,* n° 99PA00803 : *RFDA 2003. 394.*

8. Ressortissants algériens. Les ressortissants algériens ne sont soumis aux présentes dispositions qu'en ce qui concerne les procédures d'instruction des demandes de regroupement familial et non s'agissant des conditions de fond. • CAA Lyon, 10 mai 2001, *Mouderes,* n° 97LY02077. ♦ Le préfet est fondé à refuser le regroupement familial demandé par une ressortissante algérienne dès lors que l'intéressée n'était pas titulaire d'un titre de séjour valable au moins un an, mais seulement d'un récépissé de renouvellement de titre de séjour, lequel avait été obtenu par fraude. Ainsi, elle n'entrait pas dans le champ des stipulations de l'art. 4 de l'accord franco-algérien. • CAA Lyon, 7 mai 2013, n° 13LY00011. ♦ Dès lors qu'au sens de la convention franco-algérienne le regroupement familial a pour but de rendre possible l'exercice de la vie familiale, le préfet refuse à bon droit la délivrance d'un certificat de résidence de 10 ans à l'épouse entrée en France au titre du regroupement familial, la communauté de vie n'ayant duré que 2 mois et l'époux ayant engagé une procédure d'annulation du mariage. • CAA Lyon, 15 oct. 2013, n° 13LY00405. ♦ Le conjoint d'un ressortissant algérien résidant en France ne peut bénéficier du regroupement familial en cas de rupture de la vie commune. • CE 25 janv. 2016, n° 388146 B : *AJDA 2016. 702*.

9. Ressortissants marocains. Les ressortissants marocains sont soumis aux présentes dispositions sous réserve du droit qui leur est reconnu de se voir délivrer un titre de même nature que la personne qu'ils rejoignent. • CE 22 sept. 1997, *Abid,* n° 153987.

10. Concubins. Le regroupement familial ne peut être accordé au profit de concubins. • CE 2 févr. 1990, *Mme Benouisse,* n° 96336.

11. Décès du demandeur. Le juge administratif ne peut faire usage de son pouvoir d'injonction pour imposer à l'administration de délivrer un visa de long séjour au profit d'un bénéficiaire du regroupement familial dont le parent est décédé depuis ; il appartient en effet au juge de statuer en tenant compte de la situation de droit et de fait existant à la date de sa décision. • CE 8 juin 2011, *M. Mourad Gamraoui,* nos 322494, 322529, 327329 et 327330 B.

12. Divorce. Le regroupement familial ne peut être accordé si une procédure de divorce est en cours. • CE 29 janv. 1988, *Cheroud,* n° 67325 : *Gaz Pal 1988. I. 347* • 26 juin 1989, *Mme Rezgui : RD publ. 1990. 890.* ♦ Il en va de même si le jugement de divorce a été rendu au terme d'une procédure non contradictoire, en méconnaissance de l'art. 5 du Prot. add. du 22 nov. 1984 à la Conv. EDH. • TA Orléans, 21 oct. 2003, *Boudabbouz,* n° 01-4511 B.

13. Enfants mineurs. Le regroupement familial ne peut concerner que les enfants mineurs de 18 ans ; cette condition est d'ailleurs indépendante de l'âge de la majorité dans le pays d'origine. • CE 29 juin 1990, *GISTI,* n° 78519 : *JCP 1991. II. 61.* ♦ Il incombe au préfet d'apprécier l'ensemble de la situation de la famille ; le préfet viole ainsi l'art. 8 Conv. EDH en rejetant la demande pour 2 des 6 enfants du requérant âgés de 20 et 18 ans sans prendre en compte la circonstance qu'ils sont à la charge de leurs parents et ne peuvent en être séparés. • CAA Versailles, 5 déc. 2006, *Karbuz,* n° 06VE00018.

14. L'âge s'apprécie à la date du dépôt de la demande ou à la date à laquelle la condition de résidence du demandeur est remplie. • TA Marseille, 23 sept. 1997, *M. Aljane c/ Préfet des Bouches-du-Rhône,* n° 971532 • CE 20 avr. 2005, *M. Boukhelifa,* n° 267911. ♦ L'âge du bénéficiaire d'une demande de regroupement familial étant apprécié à la date du dépôt de la demande de regroupement familial sur laquelle le préfet a statué, la circonstance que ledit bénéficiaire ait atteint l'âge de 18 ans à la date à laquelle les premiers juges ont statué sur la légalité du refus d'autorisation de regroupement familial en cause ne pouvait faire obstacle à la délivrance de l'autorisation de regroupement familial et donc au prononcé d'une injonction en ce sens. • CAA Lyon, 7 juin 2012, *M. T.,* n° 12LY00045 : *AJDA 2012. 1934*. ♦ V. aussi art. R. 434-4.

15. Selon la CJUE, un mineur devenu majeur durant le déroulement de la procédure conserve le droit au bénéfice du regroupement familial. • CJUE 12 avr. 2018, n° C-550/16 : *AJDA 2018. 828 ; AJ fam. 2018. 352 ; RTD eur. 2019. 195, note Barbou des Places* • 30 janv. 2024, n° C-560/20 : *AJDA 2024. 181 ; AJ fam. 2024. 168*. ♦ Par suite, le recours dirigé contre le rejet d'une demande de regroupement familial d'un enfant mineur ne peut être rejeté comme étant irrecevable au seul motif que l'enfant est devenu majeur au cours de la procédure juridictionnelle. • CJUE 16 juill. 2020, n° C-133/19 : *AJDA 2020. 2476 ; D. 2020. 1521 ; DP étrangers, Bull. n° 302, sept. 2020, note Baudet-Caille.* • CJUE 1er août 2022, *Bundesrepublik Deutschland,* nos C-273/20 et C-355/20 : *AJDA 2022. 1588*. ♦ Elle a précisé que la date à prendre en compte pour déterminer si un enfant d'un regroupant ayant obtenu le statut de réfugié est mineur est celle à laquelle le parent regroupant a présenté sa demande d'asile, à condition qu'une demande de regroupement familial ait été introduite dans les trois mois suivant la reconnaissance du statut de réfugié au parent regroupant. • CJUE 1er août 2022, *Bundesrepublik Deutschland,* n° C-279/20 : *AJDA 2022. 1588 ; AJ fam. 2022. 443 ; D. 2022. 1469*.

16. Ainsi, la date à laquelle il convient de se référer pour déterminer si l'enfant doit être regardé comme mineur est en principe celle à laquelle est présentée la demande d'entrée et de séjour aux fins de regroupement familial pour rejoindre le parent réfugié. Il en va toutefois autrement lorsqu'il en découlerait que le succès de la demande de regroupement familial serait susceptible de dépendre principalement de circonstances imputables à l'administration ou aux juridictions nationales. Tel est le cas lorsque l'enfant, mineur au moment de la demande d'asile, est devenu majeur avant l'octroi du statut de réfugié au parent demandant le bénéfice du droit au regroupement familial. Dans cette situation, l'âge de l'enfant doit être apprécié à la date de la demande d'asile, sous réserve que la demande de regroupement familial ait été introduite dans les trois mois suivant l'octroi de la protection et peu important que l'État membre concerné ait fait usage ou non de la faculté ouverte par l'art. 12 de la Dir. 2003/86/CE de fixer un délai pour introduire une demande de regroupement familial dont le non-respect permet d'opposer les conditions de ressources et de logement qui s'appliquent au titre du droit au regroupement familial de droit commun des étrangers. L'âge de l'enfant pour lequel il est demandé qu'il puisse rejoindre son parent réfugié sur le fondement de l'art. L. 434-2 doit donc être apprécié à la date de la demande de réunification familiale, c'est-à-dire à la date à laquelle est présentée la demande de visa à cette fin, sans qu'aucune condition de délai ne puisse être opposée. La circonstance que cette demande de visa ne peut être regardée comme effective qu'après son enregistrement par l'autorité consulaire, qui peut intervenir à une date postérieure, est sans incidence à cet égard. Par ailleurs, lorsqu'une nouvelle demande de visa est déposée après un premier refus définitif, il convient, pour apprécier l'âge de l'enfant, de tenir compte de cette demande, et non de la première demande. • CE, avis, 29 juin 2023, n° 472495.

17. Jugé que la mère d'une mineure mariée bénéficiaire du statut de réfugiée devait pouvoir bénéficier du droit au regroupement familial ; l'art. 10, § 3 sous *a)*, de la Dir. 2003/86/CE fixant le droit au regroupement familial des mineurs non accompagnés, ne prévoit pas spécifiquement que le réfugié mineur doit être non marié ; la définition du statut de mineur non accompagné n'exige pas que le mineur soit célibataire pour pouvoir être considéré comme un mineur non accompagné ; ainsi, la Dir. 2003/86/CE vise spécifiquement à garantir une protection accrue à ceux des réfugiés qui ont la qualité de mineur non accompagné dont la vulnérabilité particulière n'est pas atténuée du fait du mariage dès lors, en outre, que le fait d'être marié peut indiquer une exposition à la forme grave de violence que sont les mariages d'enfants et les mariages forcés. • CJUE 17 nov. 2022, *X. c/ Belgische Staat,* n° C-230/21 : *AJDA 2022. 2274* ; *AJ fam. 2022. 608* .

18. Nature de la filiation. Le regroupement familial ne concerne que les enfants légitimes du couple, les enfants naturels dont la filiation est établie et les enfants adoptés sous réserve de la vérification par le ministère public de la régularité de la décision d'adoption et de son caractère définitif quand elle a été prononcée à l'étranger ; cela concerne également les enfants nés d'un mariage précédent dont l'autre parent est décédé, déchu de ses droits parentaux ou est inconnu. Ne constitue pas une telle déchéance un « acte de désistement du droit de garde parentale » établi par la mère. • TA Besançon, 3 avr. 1997, *M. Harhouri c/ Préfet du Doubs,* n° 960858. ♦ V. aussi s'agissant de la mère de l'enfant non déchue de ses droits parentaux ; si l'intéressé fait valoir qu'il s'est engagé devant la justice marocaine avec le consentement de son ancienne épouse à entretenir son fils et à en assurer la garde, cette seule circonstance ne l'autorise pas à se prévaloir du droit au regroupement familial prévu par le présent art. • CE 13 janv. 1999, *M. Hajji,* n° 168144. ♦ Toutefois, alors même que la requérante n'a pu justifier de la déchéance de l'autorité parentale du père de ses 4 enfants, le refus de regroupement familial a été annulé au motif que le père ne participe nullement à l'éducation des enfants, qu'il a quitté son précédent domicile sans laisser d'adresse et que plus personne n'est en mesure de s'occuper des enfants. • TA Limoges, 3 oct. 2002, *Hamada,* n° 99-1079.

19. Jugement étranger. Sous réserve de leur régularité internationale, notamment de leur conformité à la conception française de l'ordre public international et de l'absence de fraude, les jugements rendus par un tribunal étranger relativement à l'état et à la capacité des personnes produisent leurs effets en France indépendamment de toute déclaration d'exequatur, sauf dans la mesure où ils impliquent des actes d'exécution matérielle sur des biens ou de coercition sur des personnes. En l'espèce, le jugement du tribunal de Douala-Bonanjo, qui est relatif à l'état et à la capacité des personnes et n'implique aucun acte d'exécution matérielle sur des biens ou de coercition sur des personnes, n'avait pas à faire l'objet d'une déclaration d'exequatur ; il pouvait ainsi être pris en compte dans le cadre d'une demande de regroupement familial. • TA Paris, 13 mars 2014, *Mme Évelyne Chantale M.,* n° 1309834/5-2 : *AJDA 2014. 2040* .

20. Kafala. V. Circ. du 22 oct. 2014 relative aux effets juridiques du recueil légal en France (NOR : JUSC1416688C) : *AJ fam. 2014. 654.* ♦ Une *kafala* ne crée aucun lien de filiation et n'ouvre donc pas droit au regroupement familial. • CE 30 juill. 2003, *Agbane,* n° 223327 * Rép. min. n° 28092 : *JOAN Q 16 mars 2004, p. 2096.* ♦ Il incombe néanmoins à l'autorité administrative, sous le contrôle du juge, de s'assurer qu'une décision de refus de regroupement familial, s'agissant d'enfants confiés en *kafala*, ne porte pas une atteinte disproportionnée à l'exercice du droit à une vie familiale normale. • CE 24 mars 2004, *Dra* n° 220434. ♦ La Cour de cassation affirme que la *kafala* ne peut être assimilée à l'adoption simple du droit français et ne crée aucun lien de filiation entre l'enfant et les personnes qui l'accueillent. • Civ. 1re, 10 oct. 2006, *Procureur général près la Cour de cassation,* n° 06-15.264. ♦ A noter toutefois qu'un tribunal administratif a annulé le refus préfectoral de regroupement familial pour violation de l'art. 3-1 de la Conv. de New York relative aux droits de l'enfant s'agissant d'une enfant confiée par acte de *kafala* à la requérante, délégataire de l'autorité parentale par jugement du TGI. • TA Limoges, 28 sept. 2006, n° 0400190. ♦ V. aussi : • TA Limoges, 8 mars 2007, *Belkadri,* n° 0501417.

21. En application du Prot. du 22 déc. 1985, les membres de la famille pour lesquels l'accord franco-algérien autorise le regroupement familial comprennent également les enfants de moins de 18 ans dont le demandeur a juridiquement la charge en vertu d'une décision de l'autorité algérienne (*kafala*) dans l'intérêt supérieur de l'enfant ; cette dernière condition révèle que le préfet n'est pas en situation de compétence liée. • CAA

Bordeaux, 4 nov. 2008, *M. et Mme Cherifi*, n° 06BX01112 : *AJDA 2009. 378, concl. Viard*.

22. Au-delà de l'énumération fixée au présent art., il appartient à l'autorité administrative de s'assurer qu'une décision refusant le bénéfice du regroupement familial demandé pour un enfant n'appartenant pas à l'une des catégories mentionnées ne porte pas une atteinte excessive au droit des intéressés au respect de leur vie privée et familiale et ne méconnaît pas les stipulations de l'art. 3-1 de la Conv. de New York relative aux droits de l'enfant ; c'est le cas s'agissant d'une enfant abandonnée par sa mère à sa naissance et ne disposant pas de filiation paternelle qui a été confiée à la requérante, atteinte d'une stérilité définitive et dont la loi nationale ne permet pas l'adoption, par une décision de *kafala* ; la requérante et son conjoint résident en France depuis plus de 30 ans. • CE 24 mars 2004, *Min. Affaires sociales c/ Mme Boulouida*, n° 249369 A : *AJDA 2004. 1425, note Tournepiche ; D. 2004. 129, note Boulanger ; RFDA 2004. 638 ; RTD civ. 2004. 722, obs. Hauser*.

23. Autres liens familiaux. L'énumération fixée au présent art. est limitative. Ne peuvent ainsi bénéficier du regroupement familial des petits-enfants d'un étranger, alors même qu'il s'est vu reconnaître l'autorité parentale. • CE 18 oct. 1996, *M. Oustou*, n° 153669. ♦ Concernant les réfugiés, le Conseil d'État a toutefois admis qu'un jugement étranger ayant eu pour effet de déléguer l'autorité parentale sur la nièce et le neveu du requérant, alors même qu'il n'avait pas été rendu exécutoire par une juridiction française, ouvrait droit à la procédure de rapprochement familial. • CE 10 juin 2011, *M. Mulenda Zangela*, n° 336287 A : *RFDA 2011. 865*.

24. Ne peuvent en revanche bénéficier du regroupement familial : les collatéraux, même s'ils sont à la charge et sous la garde du demandeur en application d'une décision de justice émanant du pays d'origine. • TA Montpellier, 15 déc. 1993, *Touysny c/ Préfet de l'Aude : Juris-Data 21 déc. 1995, n° 362.* ♦ ... Le beau-frère d'un étranger résidant en France. • CE 22 janv. 1996, *M. Amaadour*, n° 146112. ♦ ... Le neveu mineur d'une étrangère dont il est le pupille et dont elle a reçu par décision judiciaire délégation de l'autorité parentale. • CE 17 oct. 1994, *Mme Martium c/ Min. Intérieur*, n° 128423.

25. En revanche, l'exclusion de tout regroupement familial au bénéfice des étrangers qui, au moment où ils formulent leur demande, résident en France en qualité d'étudiants a été censurée par le Conseil constitutionnel en raison du caractère général que le Préamb. de 1946 confère au droit au regroupement familial. • Cons. const. 13 août 1993, n° 93-325 DC : *préc. note 1 ss. art. L. 432-3.*

26. Âge. S'agissant d'un regroupement familial sollicité par un réfugié statutaire, l'âge des enfants s'apprécie à la date à laquelle a été engagée la procédure de regroupement familial et non à la date du dépôt de la demande de visa. • CE 25 mai 2010, *Mme Ntombo Lumbu*, n° 325881 B.

III. DURÉE DE LA RÉSIDENCE EN FRANCE

27. En portant de 12 à 18 mois la durée minimale de résidence en France pour formuler une demande de regroupement familial, le législateur n'a pas remis en cause le droit des étrangers établis de manière stable et régulière en France de faire venir auprès d'eux leur conjoint et leurs enfants mineurs mais s'est borné à modifier le critère permettant d'apprécier la stabilité du séjour du demandeur. • Cons. const. 20 juill. 2006, n° 2006-539 DC.

28. Lorsque le demandeur n'est titulaire que d'une autorisation provisoire de séjour d'une durée de 6 mois, le refus de regroupement familial est légalement fondé. • CAA Douai, 22 janv. 2008, *Nyame*, n° 07DA01015.

29. Le titulaire d'un certificat de résidence « retraité » ne peut solliciter le regroupement familial dès lors que son titre de séjour ne lui permet pas de s'établir en France pour des séjours excédant un an. • CAA Lyon, 30 juill. 2009, *Kramdi*, n° 08LY01195.

Art. L. 434-3 Le regroupement familial peut également être demandé pour les enfants mineurs de dix-huit ans du demandeur et pour ceux de son conjoint si, au jour de la demande :

1° La filiation n'est établie qu'à l'égard du demandeur ou de son conjoint ;

2° Ou lorsque l'autre parent est décédé ou déchu de ses droits parentaux. — *[Anc. art. L. 411-2.]*

Art. L. 434-4 Le regroupement familial peut être demandé pour les enfants mineurs de dix-huit ans du demandeur et ceux de son conjoint, qui sont confiés, selon le cas, à l'un ou l'autre, au titre de l'exercice de l'autorité parentale, en vertu d'une décision d'une juridiction étrangère. Une copie de cette décision devra être produite ainsi que l'autorisation de l'autre parent de laisser le mineur venir en France. — *[Anc. art. L. 411-3.]*

Art. L. 434-5 L'enfant pouvant bénéficier du regroupement familial est l'enfant ayant une filiation légalement établie, y compris l'enfant adopté, en vertu d'une décision d'adoption, sous réserve de la vérification par le ministère public de la régularité de cette décision lorsqu'elle a été prononcée à l'étranger. — *[Anc. art. L. 411-4, al. 1er.]*

Art. L. 434-6 Peut être exclu du regroupement familial :

1° Un membre de la famille dont la présence en France constituerait une menace pour l'ordre public ;

2° Un membre de la famille atteint d'une maladie inscrite au règlement sanitaire international ;

3° Un membre de la famille résidant en France. – *[Anc. art. L. 411-6.]*

COMMENTAIRE

I. ORDRE PUBLIC

La présence des étrangers sur le territoire français ne doit pas constituer une menace pour l'ordre public. Cette condition, omniprésente en droit des étrangers, peut paraître plus surprenante pour ce qui concerne le regroupement familial. Elle doit dès lors être entendue strictement ; il est notamment exclu de retenir des considérations d'ordre économique ou social pour estimer qu'il existe une menace contre l'ordre public.

En revanche, un signalement au système d'information Schengen (SIS) suffira pour entraîner le rejet de la demande. Par ailleurs, le préfet est en situation de compétence liée pour refuser un regroupement familial au profit d'un étranger sous le coup d'un arrêté d'expulsion.

II. SANTÉ

Des raisons de santé ne doivent pas s'opposer au regroupement familial. Celui-ci ne peut être accordé lorsque les bénéficiaires sont porteurs d'une maladie visée au titre V du règlement sanitaire international (V. Décr. n° 89-38 du 24 janv. 1989 : peste, choléra, fièvre jaune) ou de tuberculose en phase évolutive, toxicomanie et troubles mentaux de nature à compromettre l'ordre public ou la sûreté des personnes. A noter que le SIDA ne figure pas parmi ces maladies. C'est un arrêté du 6 juillet 1999 qui définit les modalités du contrôle médical : il est exercé par les médecins de l'Agence nationale de l'accueil des étrangers et des migrations (ANAEM) ou les médecins agréés auprès des représentations diplomatiques françaises. Ce n'est qu'après transmission de la décision autorisant le regroupement familial que le ou les membres de la famille sont invités à se soumettre au contrôle médical dans leur pays de résidence. Dans le cas du regroupement familial « sur place », le contrôle médical est effectué en France ; l'étranger qui a déjà subi un tel examen par l'ANAEM au cours des deux dernières années en est dispensé.

III. REGROUPEMENT FAMILIAL SUR PLACE

En principe, le regroupement familial ne peut être autorisé qu'au profit de personnes résidant à l'étranger. Cette exigence traduit la volonté du législateur d'empêcher le détournement de la procédure du regroupement familial. Ainsi, même si le conjoint est entré régulièrement en France, il lui faudra retourner dans son pays d'origine pour bénéficier de l'attribution d'un titre de séjour au titre du regroupement familial.

L'administration n'est toutefois pas en situation de compétence liée et il est possible d'autoriser un regroupement familial « sur place » en raison, par exemple, de la nécessité de ne pas séparer les membres de la famille ou de circonstances d'ordre médical (par ex., grave maladie ou handicap affectant le chef de famille et nécessitant une assistance personnelle familiale). L'autorité administrative doit ainsi notamment vérifier qu'un refus ne porte pas une atteinte disproportionnée au droit de l'intéressé à une vie familiale normale.

Dans le cas où un étranger qui réside régulièrement en France contracte mariage avec une personne de nationalité étrangère régulièrement autorisée à séjourner sur le territoire national sous couvert d'une carte de séjour temporaire d'une durée de validité d'un an, le bénéfice du droit au regroupement familial est accordé sans recours à la procédure d'introduction. ❑

1. Ordre public. Le préfet est en situation de compétence liée pour refuser un regroupement familial au profit d'un étranger sous le coup d'un arrêté d'expulsion. • CE 17 mars 1999, *Mme Andas,* n° 160889.

2. Le remariage d'un couple après un divorce ne suffit pas à établir un détournement de la procédure de regroupement familial justifiant un refus du préfet. • CAA Lyon, 3 mars 2009, *Ozturk,* n° 07LY02477.

3. L'art. 6, § 1 et 2, de la Dir. 2003/86/CE du 23 sept. 2003 relative au regroupement familial prévoit que les États membres peuvent rejeter une demande d'entrée et de séjour d'un des membres de la famille ou retirer le titre de séjour pour des raisons d'ordre public, de sécurité publique ou de santé publique ; interprétant cette disposition, la CJUE rappelle que l'objectif de la directive est de favoriser le regroupement familial et d'accorder une protection aux ressortissants des pays tiers ; par suite, l'autorisation du regroupement familial étant la règle générale, l' art. 6, § 1 et 2, de la Dir. 2003/86/CE doit être interprété de manière stricte et la marge de manœuvre qu'il reconnaît aux États membres ne doit pas être utilisée par ceux-ci d'une manière qui porterait atteinte à l'objectif de cette directive et à l'effet utile de celle-ci. Ainsi, les autorités compétentes « ne peuvent établir qu'un ressortissant d'un pays tiers constitue une menace pour l'ordre public, en se fondant sur la seule circonstance que ce ressortissant a été condamné pour la commission d'une infraction pénale, que si cette infraction est d'une gravité ou d'une nature telle qu'il est nécessaire d'exclure le séjour de ce ressortissant sur le territoire de l'État membre concerné ». Ces autorités doivent procéder « à une appréciation individuelle de la situation de la personne concernée, en prenant dûment en considération la nature et la solidité des liens familiaux de cette personne, sa durée de résidence dans l'État membre ainsi que l'existence d'attaches familiales, culturelles ou sociales avec son pays d'origine ». • CJUE 12 déc. 2019, n° C-381/18 : *AJDA 2019. 2583*.

4. Maladie inscrite au règlement sanitaire international. Le défaut de production du certificat médical attestant que le bénéficiaire n'est pas atteint d'une maladie inscrite au règlement sanitaire international entraîne le rejet *de plano* de la demande de regroupement. • CE 20 mars 1991, *Min. Intérieur c/ Mme Lamraoui*, n° 111573 A • 24 févr. 1992, *Mme Amine*, n° 101000 A. ♦ Cette solution s'applique alors même que les services des consulats français en Algérie ne fonctionnaient plus du fait de leur rapatriement en France. • TA Marseille, 28 mars 1997, *M. Boughrighza*, n° 97-2316.

5. Personnes résidant déjà sur le territoire français. Si les bénéficiaires du regroupement familial doivent en principe résider hors de France, le préfet peut déroger à cette règle, l'administration n'étant pas en situation de compétence liée. • CE 30 sept. 1998, *M. et Mme Agyeman*, n° 170056. ♦ Le Conseil constitutionnel a précisé, par une réserve d'interprétation, que la loi n'interdit pas de déroger à la règle selon laquelle le regroupement familial ne peut être demandé que pour des enfants résidant hors de France à la date de la demande. • Cons. const. 15 déc. 2005, n° 2005-528 DC : *préc. note 1 ss. art. L. 434-2.*

6. La disposition de la Circ. du 7 nov. 1994 prévoyant la possibilité d'autoriser un regroupement familial « sur place » en raison de la nécessité de ne pas séparer les membres de la famille ou de circonstances d'ordre médical a été annulée puisqu'elle revenait à interdire à tous ceux qui ne remplissaient pas ces conditions à bénéficier de la dérogation prévue par les textes. • CE 30 sept. 1998, *GISTI*, n° 164287 B.

7. Le regroupement familial « sur place » a ainsi été admis dans les hypothèses suivantes : grave maladie ou handicap affectant le chef de famille et nécessitant une assistance personnelle familiale. • TA Paris, 3 mars 1995, *M. Aouf*, n° 9407291/4. ♦ ... Présence temporaire en France, en cours de procédure, des membres de la famille. • TA Marseille, 27 nov. 1995, *M. Dghoghi c/ Préfet des Bouches-du-Rhône*, n° 945704. ♦ ... Enfant de 2 ans qui n'avait aucune famille en Algérie où il pourrait être accueilli. • TA Besançon, 23 mai 1996, *M. et Mme Sifi*, n° 95-0397. ♦ ... Épouse vivant en France d'un étranger gravement malade dont l'état de santé nécessite la présence permanente de sa femme auprès de lui. • TA Marseille, 7 févr. 1997, *M. Bouguerra c/ Préfet des Bouches-du-Rhône*, n° 96-3386. ♦ ... Enfant âgé de moins de 5 ans alors qu'il vivait en France depuis plusieurs années au sein d'une famille composée de ses parents et de 2 autres enfants en situation régulière. • TA Marseille, 4 nov. 1997, *M. Berrebiha Charef*, n° 97-3922. ♦ ... Mari d'une Algérienne subissant un traitement contre la stérilité rendant particulièrement nécessaire la présence de son mari auprès d'elle. • CAA Versailles, 11 juill. 2008, *Boukrouh*, n° 07VE01370.

8. Le dispositif relatif au regroupement familial « sur place » est applicable aux ressortissants algériens. • CAA Douai, 17 nov. 2009, *Préfet du Nord c/ Megnounif*, n° 09DA00922.

9. A noter qu'un refus de regroupement familial « sur place » opposé pour un enfant mineur ne méconnaît pas l'intérêt supérieur de l'enfant au sens de la CIDE dès lors que ce refus n'a pas pour effet de contraindre l'enfant à être séparé de la personne titulaire de l'autorité parentale ; en effet, le statut de mineur ne fait pas obligation de détenir un titre de séjour pour pouvoir séjourner sur le territoire français et être scolarisé. • CAA Lyon, 1er déc. 2010, *Préfet du Rhône c/ M. Abdelkader Reguig*, n° 10LY00463. ♦ De même, un refus de regroupement familial sur place ne méconnaît pas les stipulations de l'art. 8 Conv. EDH dès lors que cette décision n'a, en l'espèce, pas pour effet de séparer les époux, parents d'un enfant souffrant d'une cardiopathie congénitale. • CAA Lyon, 28 juin 2011, *Mme Linets*, n° 11LY00094.

10. Annulation contentieuse. Une autorisation de regroupement familial délivrée sur injonction du juge administratif peut être retirée en cas d'annulation du jugement ou de l'arrêt ayant enjoint de la délivrer, sous réserve que les motifs de cette décision juridictionnelle ne fassent pas, par eux-mêmes, obstacle à un nouveau rejet. • CE 10 juill. 2020, n° 430609 B : *AJDA 2020. 1451* ; *DP étrangers, Bull. n° 302, sept. 2020, note Baudet-Caille.*

SECTION 2 Conditions

Art. L. 434-7 **L'étranger qui en fait la demande est autorisé à être rejoint au titre du regroupement familial s'il remplit les conditions suivantes :**

1° Il justifie de ressources stables et suffisantes pour subvenir aux besoins de sa famille ;

2° Il dispose ou disposera à la date d'arrivée de sa famille en France d'un logement considéré comme normal pour une famille comparable vivant dans la même région géographique ;

3° Il se conforme aux principes essentiels qui, conformément aux lois de la République, régissent la vie familiale en France, pays d'accueil. – *[Anc. art. L. 411-5, 1° (1re phr.), 2° et 3°.]*

COMMENTAIRE

L'article L. 434-7 fixe deux conditions de fond pour permettre à la famille d'un étranger de bénéficier du droit au regroupement familial : des ressources stables et suffisantes d'une part et un logement considéré comme normal d'autre part.

I. CONDITION DE RESSOURCES

L'étranger doit disposer de ressources stables et suffisantes pour subvenir aux besoins de sa famille. Sont prises en compte toutes les ressources du demandeur et de son conjoint pour autant que ce dernier soit régulièrement présent en France ou dispose de revenus qui continueront à lui être versés lorsqu'il quittera son pays. Si le conjoint est salarié à l'étranger, il ne dispose plus, par hypothèse, de revenus salariés lorsqu'il quitte son pays et ses ressources ne peuvent être prises en compte. Les revenus de remplacement (indemnités journalières, ASSEDIC, etc.) sont également pris en compte.

A. PRESTATIONS SOCIALES

Sont expressément exclues de ces ressources les prestations familiales (prestation d'accueil du jeune enfant, allocations familiales, allocation d'éducation de l'enfant handicapé, allocation de soutien familial, allocation de rentrée scolaire, allocation de parent isolé), le revenu de solidarité active (CASF, art. L. 262-1), l'allocation de solidarité aux personnes âgées (CSS, art. L. 815-1), l'allocation temporaire d'attente pour les étrangers (C. trav., art. L. 5423-8), l'allocation de solidarité spécifique pour les travailleurs privés d'emploi qui ont épuisé leurs droits à l'allocation d'assurance ou à l'allocation de fin de formation (C. trav., art. L. 5423-1) et l'allocation équivalent retraite (C. trav., art. L. 5423-18). Le législateur de 2007 a toutefois pris en compte expressément l'allocation aux adultes handicapés mentionnée à l'article L. 821-1 du code de la sécurité sociale et l'allocation supplémentaire (CSS, art. L. 815-24). Enfin, dès lors que l'aide publique au logement ne constitue pas une prestation familiale, elle représente un élément des ressources du demandeur.

A noter que la Haute Autorité de lutte contre les discriminations et pour l'égalité des chances a considéré que la condition de ressources constituait une discrimination indirecte en raison du handicap ; en effet, un travailleur handicapé, compte tenu de son régime de rémunération et des conditions d'attribution de l'allocation aux adultes handicapés, ne peut atteindre des ressources équivalentes au salaire minimum de croissance (SMIC ; HALDE Délib. n° 2006-285 du 11 déc. 2006). Depuis la loi du 20 novembre 2007, les titulaires de l'allocation adulte handicapé sont toutefois dispensés de la condition de ressources. Une circulaire du 7 janvier 2009 prévoit en outre que cette dispense peut concerner les personnes dont l'incapacité permanente n'atteint pas le pourcentage fixé pour l'application de l'article L. 821-1 du code de la sécurité sociale « si des circonstances particulières le justifient ».

Ne sont pas davantage pris en compte les versements effectués spontanément par des tierces personnes (par ex., une aide financière versée par des membres de famille), dans la mesure où leur stabilité n'est pas assurée. Par ailleurs, les ressources doivent être réelles et non éventuelles.

B. CARACTÈRE SUFFISANT DES RESSOURCES

Comme l'indique l'article R. 434-4, le montant mensuel moyen des ressources du demandeur, et, le cas échéant, de son conjoint, est calculé sur la base des douze derniers mois précédant le dépôt de la demande de regroupement familial. La loi du 20 novembre 2007 a précisé que les ressources doivent atteindre un montant qui tient compte de la taille de la famille du demandeur : moyenne mensuelle du salaire minimum de croissance pour une famille de deux ou trois personnes ; cette moyenne majorée d'un dixième pour une famille de quatre ou cinq personnes ; cette moyenne majorée d'un cinquième pour une famille de six personnes ou plus. Cette condition n'est pas exigée des titulaires de l'allocation aux adultes handicapés mentionnée à l'article L. 821-1 du code de la sécurité sociale ou de l'allocation supplémentaire mentionnée à l'article L. 815-24 du même code.

Quoi qu'il en soit, l'administration ne peut se contenter de considérer que les ressources sont insuffisantes au regard de ce barème et doit réaliser un examen particulier de la demande, au regard notamment du droit de l'intéressé à mener une vie familiale normale et de l'intérêt supérieur des enfants. Le maire et l'Agence nationale de l'accueil des étrangers et des migrations peuvent saisir la direction départementale du travail d'une demande d'enquête sur l'emploi du demandeur.

C. STABILITÉ DES RESSOURCES

La circulaire du 17 janvier 2006 précise que la stabilité des ressources est parfois délicate à établir car elle se fonde, non seulement sur leur nature, mais également sur la durée prévisible de leur perception. Celle-ci est appréciée en prenant en compte, le cas échéant, la nature et la durée du contrat de travail, et la pérennité de l'entreprise qui emploie l'intéressé, ou de celle qu'il a créée.

La stabilité des ressources sera présumée en présence d'un contrat de travail à durée indéterminée. La présomption inverse s'applique aux contrats à durée déterminée, mais il ne s'agit que d'une présomption simple.

En cas de chômage, la demande sera normalement rejetée dès lors que les allocations perçues ne présentent pas le caractère de stabilité requis.

S'agissant des étudiants, les ressources dont ils disposent peuvent être suffisantes au regard du critère du SMIC mais, les autorisations de travail étant par hypothèse précaires et les changements de statut soumis à plusieurs conditions, les ressources que procurent leurs activités ne présentent, en principe, pas de garantie de stabilité.

S'agissant du travailleur non salarié (commerçant, artisan, agriculteur) ou d'un étranger n'exerçant aucune activité professionnelle, il y a lieu d'exiger la preuve par tout moyen (notamment déclaration fiscale) que l'intéressé a dégagé des ressources d'un montant au moins équivalent au SMIC. A défaut, la demande sera rejetée.

II. CONDITION DE LOGEMENT

Le présent article prévoit que le demandeur doit disposer, au plus tard à la date d'arrivée de sa famille en France, d'un logement considéré comme normal pour une famille comparable vivant dans la même région géographique, dispositif qui a été validé par le Conseil constitutionnel.

A noter que la condition de logement peut être satisfaite par une simple « promesse de logement » dès lors qu'elle est assortie de documents probants attestant de la disponibilité ultérieure du logement (Rép. min. n° 33737, *JOAN Q 30 déc. 2008, p. 11339*).

Le demandeur peut être propriétaire ou locataire, mais la sous-location, sous réserve d'être autorisée par le bailleur, ou la mise à disposition à titre gratuit ne sont pas exclues dans l'hypothèse où le demandeur peut attester la réalité et la stabilité de la disposition de ces locaux. Il importe dans ces derniers cas que le demandeur apporte la preuve de la disposition du logement.

Les conditions de superficie ont été précisées par l'article R. 434-5 et la circulaire du 22 février 2007 : pour tenir compte des disparités du coût du logement sur l'ensemble du territoire national, les conditions de logement sont donc appréciées en fonction du lieu de résidence, le zonage géographique retenu étant celui prévu par l'article 91 de la loi n° 2003-590 du 2 juillet 2003 urbanisme et habitat, dite « loi Robien », et précisé dans un arrêté du 19 décembre 2003. Les surfaces minimales exigées ont par ailleurs été relevées, la limite supérieure de la modulation, dans la zone C où le logement est le moins cher, correspondant aux normes fixées par l'article R. 111-2 du code de la construction et de l'habitation (28 m^2 pour un couple).

	COUPLE	3	4	5	6	7	8 (ou plus)
Zone A	22 m^2	32 m^2	42 m^2	52 m^2	62 m^2	72 m^2	82 m^2 (+ 5m^2/pers. supplémentaire)
Zone B	24 m^2	34 m^2	44 m^2	54 m^2	64 m^2	74 m^2	84 m^2 (+ 5m^2/pers. supplémentaire)
Zone C	28 m^2	38 m^2	48 m^2	58 m^2	68 m^2	78 m^2	88 m^2 (+ 5m^2/pers. supplémentaire)

Les conditions d'hygiène, de confort et d'habitabilité du logement sont appréciées notamment par référence au décret n° 2002-120 du 30 janvier 2002 relatif aux caractéristiques du logement décent.

En effet, au-delà même de la superficie du logement, il est exclu d'accepter, même à titre provisoire, des conditions d'habitat gravement insuffisantes, voire dangereuses.

III. CONNAISSANCE DE LA LANGUE ET DES VALEURS DE LA RÉPUBLIQUE

L'article 45 de la loi du 24 juillet 2006 avait introduit une nouvelle condition pour l'accès en France au titre du regroupement familial : le demandeur doit se conformer aux « principes fondamentaux reconnus par les lois de la République ». L'ambiguïté de cette notion avait justifié une précision apportée par le Conseil constitutionnel qui avait considéré qu'il ressort des travaux parlementaires que le législateur a entendu se référer aux principes essentiels qui, conformément aux lois de la République, régissent la vie familiale en France, pays d'accueil.

Des exemples de ces principes étaient donnés dans la circulaire du 27 décembre 2006 du ministère de l'Intérieur : monogamie, égalité de l'homme et de la femme, respect de l'intégrité physique des enfants et adolescents, respect de la liberté du mariage, assiduité scolaire, respect des différences ethniques et religieuses, acceptation de la règle selon laquelle la France est une République laïque.

Pour l'appréciation de cette condition, le préfet peut saisir le maire de la commune de résidence du demandeur. Le maire dispose d'un délai de deux mois pour rendre son avis.

La loi « Hortefeux » du 20 novembre 2007 a étendu l'obligation de conclusion d'un contrat d'accueil et d'intégration ; à cette fin, l'article L. 413-3 prévoit que l'étranger admis au séjour en France et, le cas échéant, son conjoint préparent, lorsqu'un ou plusieurs enfants ont bénéficié de la procédure de regroupement familial, l'intégration républicaine de la famille dans la société française. A cette fin, ils concluent conjointement avec l'État un contrat d'accueil et d'intégration pour la famille par lequel ils s'obligent à suivre une formation sur les droits et les devoirs des parents en France, ainsi qu'à respecter l'obligation scolaire. Le président du conseil général est informé de la conclusion de ce contrat. En cas de non-respect des stipulations de ce contrat, manifesté par une volonté caractérisée de l'étranger ou de son conjoint, le préfet peut saisir le président du conseil général en vue de la mise en œuvre du contrat de responsabilité parentale prévue à l'article L. 222-4-1 du code de l'action sociale et des familles. ❑

PLAN DES ANNOTATIONS

1. La circonstance qu'un ressortissant étranger n'ait présenté une demande de regroupement familial que de nombreuses années après son entrée en France ne figure pas parmi les motifs de refus des demandes de regroupement familial. • CE 25 juill. 2008, *M. Dkhichi,* n° 308922 B.

2. Les conditions de logement et de ressources s'apprécient à la date de la demande ; des justificatifs présentés après la décision préfectorale de rejet sont par conséquent sans influence sur la légalité de celle-ci. • CAA Douai, 3 oct. 2006, *Préfet de l'Oise c/ Meziane,* n° 06DA00328. ♦ Ces conditions doivent se combiner avec le nécessaire respect des stipulations de l'art. 8 Conv. EDH. • CAA Lyon, 4 nov. 2008, *Oumhamed,* n° 07LY02523.

3. L'époux d'une ressortissante étrangère, au bénéfice duquel cette dernière a présenté une demande de regroupement familial, justifie d'un intérêt donnant qualité pour agir contre le refus opposé à cette demande. • CAA Bordeaux, 28 nov. 2017, n° 17BX02877.

4. La Dir. 2003/86/CE du Conseil du 22 sept. 2003, relative au droit au regroupement familial, doit être interprétée en ce sens qu'elle s'oppose à une réglementation nationale (le droit belge) en vertu de laquelle, en l'absence d'adoption d'une décision à l'expiration d'un délai de 6 mois courant à compter de la date du dépôt de la demande de regroupement familial, les autorités nationales compétentes doivent délivrer d'office un titre de séjour au demandeur sans devoir nécessairement constater, au préalable, que celui-ci remplit effectivement les conditions pour séjourner dans l'État membre d'accueil conformément au droit de l'Union. • CJUE 20 nov. 2019, n° C-706/18 : *D. 2019. 2247.*

I. CONDITION DE RESSOURCES

5. L'autorité compétente ne saurait, pour rejeter une demande de regroupement familial présentée par un ressortissant algérien qui, du fait de son handicap, est titulaire de cette allocation se fonder sur l'insuffisance de ses ressources, sans introduire, dans l'appréciation de son droit à une vie privée et familiale normale, une discrimination à raison de son handicap prohibée par les stipulations combinées des art. 8 et 14 Conv. EDH. • CE 15 févr. 2016, n° 387977 B : *AJDA 2016. 343.*

6. Si les dispositions des art. L. 821-1 et L. 821-2 CSS prévoient des conditions différentes pour l'attribution de l'allocation aux adultes handicapés, elles n'instituent pas 2 allocations distinctes ; la L. du 20 nov. 2007, en modifiant l'art. L. 411-5 du présent code, a dispensé celui qui demande le bénéfice du regroupement familial de la condition tenant à l'existence de ressources stables et suffisantes pour subvenir aux besoins de sa famille dans le cas où il est titulaire de l'allocation aux adultes handicapés. Le législateur, en faisant alors référence au seul art. L. 821-1, n'a pas entendu limiter le champ de la dérogation qu'il instituait aux seuls titulaires de l'allocation aux adultes handicapés qui en bénéficient au titre de l'art. L. 821-1, mais a entendu viser l'ensemble des personnes titulaires de cette allocation. • CE 11 mai 2016, n° 392513 : *AJDA 2016. 1615.*

7. La Dir. 2003/86/CE permet aux États de subordonner l'autorisation de regroupement familial à une évaluation prospective des ressources dont doit disposer le demandeur. • CJUE 21 avr. 2016, *Khachab,* n° C-558/14 : *AJDA 2016. 1067, chron. Broussy, Cassagnabère et Gänser.*

A. NATURE DES RESSOURCES PRISES EN COMPTE

8. Prestations sociales. Les prestations familiales ne sont pas retenues dans le décompte des ressources du demandeur. Pour un ex. de ressources suffisantes compte non tenu des prestations familiales, V. : • TA Montpellier, 2 févr. 1994, *Chenouf c/ Préfet du Gard : Juris-Data 21 déc. 1995, n° 93.* ♦ Les prestations familiales comprennent notamment le RSI [aujourd'hui RSA]. • TA Montpellier, 14 mai 1993, *Mme El Fadili c/ Préfet de l'Aude : Juris-Data 21 déc. 1995, n° 366.* ♦ Jusqu'à l'entrée en vigueur du 3e avenant à l'accord franco-algérien, cette restriction ne concernait pas les ressortissants algériens. • CAA Douai, 3 oct. 2002, *Min. Emploi et Solidarité c/ Dahmani,* n° 01DA00355. ♦ L'APL n'est pas davantage prise en compte. • CAA Lyon, 5 avr. 2005, *Min. Emploi et Solidarité c/ M. Hocine Ouatah,* n° 00LY00007 B • CE 13 nov. 2006, *M. Ouatah,* n° 288053 B. ♦ En estimant que les revenus tirés de missions de travail temporaire ainsi que ceux tirés de prestations d'assurance chômage ne pouvaient, en aucune manière, être pris en compte pour l'appréciation de la stabilité des ressources du requérant, le préfet a commis une erreur de droit. • TA Strasbourg, 11 oct. 2010, *M. K.,* nos 1002105 et 1004193.

9. Ressources de tiers. Les ressources du conjoint à prendre en compte pour apprécier le caractère suffisant et la stabilité des ressources du demandeur doivent s'entendre non seulement de celles de l'époux mais également de celles du concubin vivant en couple avec le demandeur dans le cadre d'une relation stable et continue. • CAA Bordeaux, 15 juill. 2009, *Mme Yolande Kinda,* n° 08BX02289.

10. Les pensions alimentaires versées à un ancien conjoint après un divorce sont déduites du montant total des ressources disponibles. • TA Montpellier, 22 déc. 1993, *Ahrou c/ Préfet de l'Hérault : Juris-Data 21 déc. 1995, n° 363.* ♦ A été considéré comme ne disposant pas de ressources suffisantes un demandeur rémunéré au SMIC mais dont une partie des ressources est affectée à l'entretien de ses 3 enfants nés d'un premier mariage. • TA Marseille, 20 déc. 1996, *M. Sebti c/ Préfet des Bouches-du-Rhône,* n° 95-5481.

11. Les ressources doivent être réelles et non éventuelles. Ainsi, une attestation du père indiquant qu'il était en mesure d'aider sa fille en cas de besoin ne suffit pas. • TA Marseille, 24 janv. 1997, *Mme Jelassi c/ Préfet des Bouches-du-Rhône,* n° 96-1958.

12. Le caractère suffisant des ressources se combine avec leur stabilité. Il a ainsi été jugé que le fait pour la requérante d'effectuer une durée de travail variable selon les mois et de n'avoir justifié d'un salaire égal au SMIC que pour un seul mois ne permet pas de considérer comme remplie la condition relative aux conditions de ressources suffisantes. • CE 17 juin 1996, *M. et Mme Boukhaloua,* n° 155836.

B. CARACTÈRE SUFFISANT

13. Le préfet n'est pas tenu, lorsqu'il statue sur une demande de regroupement familial, de la rejeter dans le cas où le demandeur ne justifierait pas de ressources suffisantes. • CAA Douai, 29 mars 2011, *Mme Ouahiba Diab née Maiza,* n° 10DA01280.

14. Date d'appréciation. Le caractère suffisant des ressources s'apprécie à la date de la demande. Par conséquent, ne justifie pas de ressources suffisantes : le requérant qui indique que ses démarches pour obtenir un emploi étaient sur le point d'aboutir. • TA Marseille, 24 janv. 1997, *M. Daoudia c/ Préfet des Bouches-du-Rhône,* n° 96-1306. ♦ ... L'intéressé dont les ressources sont devenues suffisantes. • CAA Nancy, 5 déc. 1996, *M. Bjoujkoum c/ Préfet du Nord,* n° 96NC01381.

15. A l'inverse, alors même que les revenus du demandeur au cours de l'année écoulée étaient inférieurs au SMIC, celui-ci disposait, à la date de la demande, d'un contrat de travail à durée indéterminée ; la condition tenant aux ressources est donc remplie. • TA Marseille, 3 févr. 1998, *Mme Tourkoumian c/ Préfet des Bouches-du-Rhône,* n° 96-5070.

16. Examen particulier. [Jurisprudence antérieure à la L. n° 2003-1119 du 26 nov. 2003 relative à la maîtrise de l'immigration, au séjour des étrangers en France et à la nationalité]. L'administration est tenue à un examen particulier du dossier, même si les ressources sont inférieures au SMIC. • TA Montpellier, 19 janv. 1994, *Mellouki c/ Préfet de l'Hérault : Juris-Data 21 déc. 1995, n° 91.* ♦ Il incombe en particulier au préfet de prendre en compte le droit des intéressés à une vie familiale normale. • TA Limoges, 5 févr. 2004, *Mesbah,* n° 02352. ♦ V. aussi s'agissant d'un requérant dont les ressources personnelles n'étaient constituées que d'une indemnité ASSEDIC : • TA Limoges, 5 févr. 2004, *Grine,* n° 02126. ♦ Le tribunal administratif de Besançon a précisé que le SMIC ne peut constituer un seuil au-dessous duquel le préfet retiendrait systématiquement le critère de l'insuffisance des ressources pour refuser tout regroupement familial ; à défaut le préfet commet une erreur de droit. • TA Besançon, 2 déc. 1999, *M. Mikail Comert c/ Préfet du Doubs : AJDA 2000. 362.*

17. Il appartient à l'autorité préfectorale de vérifier qu'en tout état de cause une décision de refus n'est pas susceptible de porter atteinte au droit de l'intéressé à mener une vie familiale normale ; en cas de réponse positive, l'autorisation sera ainsi délivrée, même en l'absence de ressources stables suffisantes. • CE 16 oct. 1998, *Min. Intérieur c/ Mme Bekhaled,* nos 171151 et 175179. ♦ Pour une Algérienne vivant en France depuis 1967 avec ses 5 enfants mineurs (dont 3 Français) alors même qu'elle ne remplit pas les conditions de ressources prévues par les textes, V. : • CE 13 nov. 1996, *M. et Mme Manesri,* n° 161054. ♦ Dans cette démarche, il appartient à l'autorité administrative d'accorder une attention primordiale à l'intérêt supérieur des enfants (art. 3-1 CIDE). • CAA Marseille, 19 déc. 2002, *Mme Moulkheir Bessegheir,* n° 00MA00595.

18. S'agissant d'un travailleur non salarié ou d'un étranger n'exerçant aucune activité professionnelle, il y a lieu d'exiger la preuve par tout moyen (notamment déclaration fiscale) que l'intéressé a dégagé des ressources d'un montant au moins équivalent au SMIC. A défaut, la demande sera rejetée. • TA Rouen, 31 janv. 1995, *M. Innassiri c/ Préfet de la Seine-Maritime,* nos 94-759 et 94-760 : *inédit.*

19. Depuis la L. du 11 mai 1998, la pratique administrative consistant à opérer une balance entre les ressources et les charges du demandeur doit disparaître dès lors que le regroupement familial ne peut plus être refusé, sur ce fondement, lorsque les ressources de la famille sont supérieures au SMIC. V. déjà : • CAA Lyon, 19 mars 1998, *Min. Intérieur c/ M. El Houssine Rachidi,* n° 96LY01995.

20. Ressortissants communautaires et assimilés. La CJUE a précisé que, si les États membres peuvent indiquer une certaine somme comme montant de référence, ceci ne leur permet pas d'imposer un montant de revenu minimal au-dessous duquel tout regroupement familial serait refusé. • CJUE 4 mars 2010, *Chakroun,* n° C-578/08 : *Europe 2010. Comm. 163, obs. Driguez.*

C. STABILITÉ

21. La stabilité des ressources s'apprécie par rapport à la situation présente du demandeur ; ainsi, alors même que le contrat de qualification du demandeur venait à échéance 3 mois après la décision de refus, celle-ci est entachée d'erreur matérielle. • CE 13 nov. 1998, *M. Hamdi,* n° 168036. ♦ Ne justifie pas de ressources stables l'étranger titulaire d'un CDI postérieur à la décision. • CE 3 mars 1997, *M. Ledgar,* n° 155463. ♦ L'appréciation des ressources du demandeur est réalisée au jour de la prise de décision de l'autorité administrative et non à celui du dépôt de la demande. • TA Rennes, 30 nov. 2006, *Aca,* n° 0403419. ♦ Dès lors, l'auteur d'une demande peut justifier de l'évolution de ses ressources tant que la préfecture n'a pas rendu sa décision. • CAA Bordeaux, 18 juin 2007, *Himer,* n° 04BX01888.

22. S'agissant des ressortissants algériens (art. 4 de l'accord franco-algérien), la vérification de la condition de ressources est effectuée sur la base des bulletins de paie afférents à la période de 12 mois précédant le dépôt de la demande. • CAA Paris, 6 oct. 2008, *Iguenane,* n° 07PA04749.

23. Contrat de travail à durée indéterminée. En présence d'un contrat de travail à durée indéterminée dont rien n'indique qu'il a été obtenu par des manœuvres frauduleuses, le Conseil d'État estime que les ressources sont stables. • CE 31 janv. 1996, *Min. Intérieur c/ Mme Demir,* n° 144736.

24. La production d'un contrat de travail fictif entraînera le refus du regroupement familial sauf si ce refus porte une atteinte excessive au droit de l'intéressé de mener une vie familiale normale. • CE 21 oct. 1998, *Préfet de police c/ M. Mukenga,* n° 187211.

25. Contrat à durée déterminée. Un contrat de travail à durée déterminée laisse présumer l'absence de stabilité des ressources. • TA Marseille, 16 oct. 1995, *M. Aziz c/ Préfet des Bouches-du-Rhône,* n° 93-2253.

26. Par voie de conséquence, ne justifient pas de ressources stables : les saisonniers. • TA Montpellier, 8 mars 1994, *Tribech c/ Préfet du Gard : Juris-Data 21 déc. 1995, n° 114* • CAA Bordeaux, 28 janv. 2008, *Itiben,* n° 05BX02017. ♦ ... Sauf si ces revenus n'ont qu'un caractère complémentaire. • CAA Bordeaux, 27 déc. 2006, *Boutrab,* n° 06BX02105. ♦ ... L'étranger titulaire d'un contrat de retour à l'emploi d'une durée de 6 mois. • TA Montpellier, 15 oct. 1994, *Kaddouri c/ Préfet du Gard : Juris-Data 21 déc. 1995, n° 98.*

27. Il ne s'agit toutefois que d'une présomption simple qui tombe dans les hypothèses suivantes : contrat de travail à durée déterminée assorti d'une promesse d'embauche. • CE 10 avr. 1995, *Min. Intérieur c/ M. Polat,* n° 145091. ♦ ... Maître auxiliaire depuis plus d'une année scolaire et bénéficiant d'une affectation pour l'année à venir. • TA Paris, 9 juin 1995, *M. Botsilaza,* n° 9406845/4 : *inédit.* ♦ ... Contrat à durée déterminée de 2 ans. • TA Limoges, 1er févr. 2007, *Hagani,* n° 0600776.

28. Ainsi, le rejet de la demande fondé seulement sur l'absence d'un contrat à durée indéterminée encourt l'annulation. • TA Marseille, 4 août 1997, *Mme El Idrissi c/ Préfet des Bouches-du-Rhône,* nos 97-2256 et 97-2257.

29. Chômage. Jugé que l'allocation d'assurance chômage ne présente pas le caractère de stabilité requis par la loi. • TA Marseille, 24 mai 1996, *M. et Mme Salmi c/ Préfet des Bouches-du-Rhône,* n° 95-2277. ♦ Le Conseil d'État est toutefois plus nuancé, examinant la situation particulière de l'intéressé au chômage. • CE 23 déc. 1988, *Mme Fatma M'Kadmi,* n° 79569 : *RD publ. 1990. 889.* ♦ Par ex., un revenu mensuel constitué pour plus de la moitié d'allocation chômage et de l'allocation de retour à l'emploi ne présente pas le caractère de stabilité exigé. • CAA Douai, 9 mai 2007, *Uguz,* n° 06DA01184. ♦ Il en va de même d'une situation de chômage intervenue à la suite d'un accident du travail. • CE 27 sept. 1996, *M. Khaali,* n° 157810. ♦ L'allocation dégressive servie aux demandeurs d'emploi ne satisfait pas à la condition de stabilité des ressources. • TA Marseille, 18 mai 1999, *M. Ziad,* n° 97-7612.

30. En revanche, un étranger en arrêt de travail et qui figure toujours à l'effectif de l'entreprise ne peut être considéré comme ne disposant pas de ressources stables et suffisantes. • TA Marseille, 25 mars 1996, *M. Bouray c/ Préfet des Bouches-du-Rhône,* n° 93-4179. ♦ Même solution s'agissant d'une étrangère ayant quitté son emploi en raison de sa grossesse et ayant repris un travail chez un autre employeur moins de 6 mois après son accouchement. • TA Marseille, 6 nov. 1995, *Mme Gouasmia c/ Préfet des Bouches-du-Rhône,* n° 95-4960.

31. Activité non salariée. S'agissant de ressources issues d'activités non salariées, il convient d'en déduire les charges pour déterminer les ressources réellement disponibles. • CAA Paris, 5 juin 2008, *Atmani,* n° 07PA01938.

32. Difficultés économiques. Ne justifie pas de ressources stables l'individu n'ayant effectué que des travaux intérimaires et ayant connu une période de chômage de 3 mois, les circonstances liées au contexte économique et social étant sans effet sur la légalité de la décision. • CE 21 févr. 1996, *M. El Bahri,* n° 144762. ♦ En revanche, l'administration ne peut se fonder sur les difficultés de trésorerie de l'entreprise employeur pour refuser une autorisation de regroupement familial en raison de l'absence de stabilité des ressources. • TA Lyon, 13 mars 1997, *Mme Touria Ben Mokhtar,* n° 96-01611.

33. Étudiants. La disposition de la Circ. du 7 nov. 1994 (relative au regroupement familial, *JO 9 nov.*) indiquant que, dans la quasi-totalité des cas, le contrat de travail dont les étudiants peuvent disposer est précaire et invitant ainsi à motiver le refus sur ce fondement a été annulée par le Conseil d'État comme étant de nature réglementaire. • CE 30 sept. 1998, *GISTI,* n° 164287 B.

34. Lorsque l'étudiant est seulement titulaire d'une bourse d'études, la condition de stabilité des ressources n'est pas remplie dès lors que la bourse peut être interrompue en cas d'échec et cessera d'être versée dès l'obtention du diplôme poursuivi. • TA Clermont-Ferrand, 5 juin 1997, *M. Mendjionang c/ Préfet de la région Auvergne et Préfet du Puy-de-Dôme,* nos 941182 et 95231.

35. Épargne. Si l'épargne ne peut être prise en compte lors d'une demande de regroupement familial, les intérêts générés par cette épargne sont susceptibles d'être pris en compte, sous réserve d'être suffisamment stables. • CAA Lyon, 5 mars 2015, n° 14LY02347.

II. CONDITIONS DE LOGEMENT

36. Le législateur peut subordonner le regroupement familial à la capacité du demandeur d'assurer à son conjoint et à ses enfants des conditions de logement normales, qui sont celles qui prévalent en France, pays d'accueil ; la substitution de critères locaux à des critères nationaux pour apprécier cet hébergement au regard de celui de familles comparables trouve sa justification dans les disparités du marché immobilier sur l'ensemble du territoire national ; à cet effet, le législateur a pu, sans méconnaître l'étendue de sa compétence, se référer à la notion de « région géographique », laquelle renvoie à une réalité locale et non à une catégorie de collectivités territoriales. • Cons. const. 20 juill. 2006, n° 2006-539 DC. ♦ Le Conseil constitutionnel a ajouté que la mesure critiquée repose sur des critères objectifs et rationnels en rapport direct avec l'objet de la loi et qu'il appartiendra au décret en Conseil d'État, prévu par l'art. L. 434-12 du présent code, de fixer ses conditions d'application. • Même décision.

37. Un appartement de 200 m^2 situé en région parisienne (zone A) est d'une superficie suffisante pour 5 personnes, alors même qu'il est utilisé de façon occasionnelle par des visiteurs de passage en France à l'occasion de séminaires ou de conférences. • TA Cergy-Pontoise, 14 nov. 2006, *Jeong,* n° 058098.

38. Les conditions de logement s'apprécient à la date de la décision préfectorale. La circonstance que le demandeur a entrepris des travaux d'aménagement postérieurs à celle-ci est sans influence sur sa légalité. • TA Marseille, 16 oct. 1995, *M. Al Maskine c/ Préfet des Bouches-du-Rhône,* n° 921189. ♦ Le fait pour un requérant d'avoir par la suite loué un nouvel appartement conforme aux normes est ainsi sans influence sur la légalité de la décision de refus. • TA Marseille, 25 nov. 1996, *M. Bouamrane c/ Préfet des Bouches-du-Rhône,* n° 96-1447.

39. Une demande de regroupement familial ne peut être rejetée au seul motif que le requérant vit dans un appartement de type F5 avec ses 4 enfants majeurs, sa belle-fille et son petit-fils. • TA Versailles, 11 déc. 1995, *M. Arbaoui c/ Préfet des Yvelines,* n° 941755.

40. La requérante dispose, pour elle-même, sa fille de nationalité française et les 3 enfants pour lesquels le regroupement familial est demandé, d'un logement T4 d'une superficie habitable de près de 68 m^2, supérieure à la surface minimale de 54 m^2 requise par les dispositions pour accueillir 5 personnes en zone B1, zone dans laquelle se situe ce logement ; celui-ci comporte tous les équipements d'hygiène et de confort correspondant aux normes actuelles. Par suite, le préfet ne pouvait opposer à l'intéressée que le logement ne comporte que 3 chambres ne permettant pas une habitabilité correcte sans entacher sa décision d'une erreur de droit en imposant une condition supplémentaire relative à la répartition des enfants dans les chambres du logement que ne prévoit pas la réglementation. • CAA Bordeaux, 13 juill. 2017, *Préfet de la Haute-Garonne,* n° 17BX01239 : *AJDA 2017. 2045*.

41. Si l'administration peut se fonder sur la réglementation relative à l'allocation de logement, elle doit toujours apprécier les situations particulières et ne pas faire du respect de ces dispositions une condition nécessaire à l'octroi du titre de séjour sollicité. • CE 24 oct. 1997, *M. El Mansri,* n° 172178.

42. Conditions « techniques ». Au-delà même de la superficie du logement, il est exclu d'accepter, même à titre provisoire, des conditions d'habitat gravement insuffisantes, voire dangereuses. V. par ex., s'agissant : d'un logement présentant un circuit électrique non conforme, dangereux pour ses occupants. • TA Montpellier, 3 juin 1994, *Babah c/ Préfet du Gard : Juris-Data 21 déc. 1995, n° 117.* ♦ ... D'un logement doté de pièces sans ouverture ou d'une hauteur sous plafond réduite. • TA Montpellier, 3 juin 1994, *Zouggah c/ Préfet du Gard : Juris-Data 21 déc. 1995, n° 101.* ♦ ... D'un logement certes d'une superficie suffisante mais composé d'une seule pièce dans laquelle la salle de bains et les toilettes ne sont séparées que par un rideau. • CAA Bordeaux, 25 mars 2008, *Santi,* n° 07BX00417.

43. En tout état de cause, il appartient au préfet de motiver de manière précise son refus ; s'il se contente d'affirmer que le logement est en mauvais état et dans un immeuble vétuste, la motivation est insuffisante. • TA Montpellier, 20 avr. 1994, *Hariat c/ Préfet du Gard : Juris-Data 21 déc. 1995, n° 88.*

44. Titre. Le titre juridique permettant l'occupation du logement est également indifférent. • CE 25 sept. 1987, *GISTI : Gaz. Pal. 1988. Somm. 126.* ♦ Cette solution s'applique même si le bail est établi au nom d'une tierce personne, en l'occurrence la mère du requérant à l'égard de laquelle il a une obligation alimentaire légale. • TA Marseille, 1er juill. 1996, *M. Bennacer c/ Préfet des Bouches-du-Rhône,* n° 93-4710.

45. Un logement de fonctions (donc occupé à titre gratuit) entre dans les prévisions du présent art. • TA Cergy-Pontoise, 14 nov. 2006, *Jeong,* n° 058098.

46. La condition de logement peut être satisfaite par une simple « promesse de logement » dès lors qu'elle est assortie de documents probants attestant de la disponibilité ultérieure du logement. * Rép. min. n° 33737, *JOAN Q 30 déc. 2008, p. 11339.*

47. En revanche, si le demandeur ne fournit aucun titre de nature à lui conférer des droits sur le logement occupé et ne peut faire valoir qu'il acquitte les factures d'électricité et de téléphone, le regroupement familial ne peut être autorisé. • TA Marseille, 27 mai 1997, *M. Bouhamla,* n° 96-2484.

48. Considérations étrangères à la demande. Le caractère normal du logement n'est apprécié qu'au regard des conditions de salubrité et de superficie. Ainsi, n'entre pas en compte la localisation du logement et notamment son éloignement de plus de 250 km du lieu de travail du demandeur. • TA Besançon, 15 juin 1995, *M. Tasyureck c/ Préfet du Doubs* • TA Rouen, 12 août 1996, *M. Moustakil c/ Préfet de Seine-Maritime,* n° 95-1373.

49. En retenant comme motif de rejet de la demande les difficultés d'insertion sociale et les risques d'exclusion que serait susceptible de connaître toute nouvelle famille s'installant dans la zone d'habitat concernée, le préfet a méconnu ses obligations. • TA Rouen, 12 août 1996, *M. Moustakil,* n° 951373. ♦ De même, est illégal un refus de regroupement familial fondé sur le fait que le logement ne répondait pas aux normes de salubrité relatives à l'aération des sanitaires, cette exigence ne figurant pas dans les textes applicables. • TA Marseille, 18 mai 1999, *M. Alafia,* n° 97-7609.

III. RESPECT DES PRINCIPES FONDAMENTAUX DE LA RÉPUBLIQUE

50. Il ressort des travaux parlementaires qu'en prévoyant que le regroupement familial pourra être refusé au demandeur qui ne se conforme pas aux « principes fondamentaux reconnus par les lois de la République » le législateur a entendu se référer aux principes essentiels qui, conformément aux lois de la République, régissent la vie familiale en France, pays d'accueil. • Cons. const. 20 juill. 2006, n° 2006-539 DC.

51. Eu égard à l'objectif d'apprentissage de la langue française permettant de s'intégrer et de devenir français, les conjoints de Français ne sont pas placés dans la même situation que les conjoints de ressortissants européens ayant fait usage de leur liberté de circulation. • CE 19 mai 2010, *Cimade et GISTI,* n° 323758 B.

IV. PRISE EN COMPTE DE L'ART. 8 CONV. EDH

52. Droit à une vie familiale normale. Il appartient à l'autorité compétente de réaliser un examen particulier de chaque demande afin de mesurer si une décision de refus ne constitue pas une violation de l'art. 8 Conv. EDH. Une telle violation a été par ex. constatée dans les hypothèses suivantes : Algérienne divorcée vivant avec 2 enfants mineurs et sollicitant le regroupement familial pour son 3e fils, âgé de 17 ans, qui a des problèmes de santé et dont la grand-mère ne peut s'occuper. • TA Grenoble, 5 févr. 1997, *Mme Fellahi c/ Préfet de l'Isère,* n° 95-1720. ♦ ... Enfant âgé de 5 ans, scolarisé et vivant en France dans une famille où ses 2 parents et 2 autres parents sont en situation régulière. • TA Marseille, 4 nov. 1997, *M. Berrebiha c/ Préfet des Bouches-du-Rhône,* nos 97-3922 et 97-3923. ♦ ... Algérienne mariée depuis 1989 à un compatriote résidant régulièrement en France et y disposant de ressources stables, qui a eu un enfant français avec son époux. • CE 21 avr. 2000, *Mme Sba,* n° 137287 B. ♦ Par suite, une décision de refus d'autoriser le regroupement familial peut faire l'objet d'une annulation contentieuse pour violation du droit à une vie familiale normale, même en l'absence de ressources des revenus du demandeur. • CAA Lyon, 27 nov. 2008, *Préfet de la Savoie c/ Younes,* n° 07LY01064.

53. Dans le cadre de demandes émanant de réfugiés, la CEDH a estimé qu'il est essentiel que les autorités nationales « tiennent compte de la vulnérabilité et du parcours personnel particulièrement difficile du requérant, qu'elles prêtent une grande attention à ses arguments pertinents pour l'issue du litige, qu'elles lui fassent connaître les raisons qui s'opposaient à la mise en œuvre du regroupement familial, et enfin qu'elles statuent à bref délai sur les demandes de visa ». Lorsqu'il y a des enfants, les autorités nationales doivent, dans leur examen de la proportionnalité aux fins de la Conv. EDH, faire primer leur intérêt supérieur. Enfin, les autorités nationales doivent faire preuve de célérité dans le traitement des demandes. • CEDH 10 juill. 2014, nos 19113/09, 2260/10 et 52701/09 : *AJDA 2014. 1463*.

54. L'application de l'art. 8 Conv. EDH peut même apparaître comme un substitut à la procédure de regroupement familial, dès lors que le refus de titre de séjour ou la mesure d'éloignement porte une atteinte disproportionnée au droit de mener une vie familiale normale, en dépit de la possibilité du regroupement familial. • CE 21 oct. 1998, *Préfet de police c/ Mukenga,* n° 187211. ♦ Jugé ainsi que, dans la mesure où les conditions de ressources nécessaires pour bénéficier d'un regroupement familial ne sont pas réunies, et en présence d'une vie familiale réelle en France, la mesure d'éloignement porte une atteinte disproportionnée au droit à mener une vie familiale normale. • CE 8 juill. 2005, *Préfet du Rhône c/ M. Ali Onsür,* n° 267664.

55. Le juge administratif peut également être conduit à annuler une décision de refus de regroupement familial pour violation de l'art. 8 Conv. EDH, par ex. s'agissant d'un étranger vivant en France depuis 1949 et ayant décidé d'ouvrir un commerce qu'il ne pouvait tenir seul en raison de son état de santé. • CE 28 juill. 2000, *Mme Souas,* n° 158240. ♦ *Contra* : • TA Montpellier, 2 mars 2007, *Mme El Ouardi épse Kazdabar : AJDA 2007. 1029, concl. Baux*.

56. Le juge oppose toutefois dans certains cas

au demandeur la possibilité de solliciter le regroupement familial pour rejeter le moyen fondé sur la violation de l'art. 8. Conv. EDH. • CE 30 mars 1998, *Préfet de police c/ Mme Nsibasenge née Nsuka Ndonda*, n° 188103 • 9 nov. 1998, *Préfet d'Eure-et-Loir c/ Mme Rhouat*, n° 184668.

57. Le Cons. const. a validé la LFSS pour 2006 dont l'art. 89 (CSS, art. 512-2, 2°) impose que soit prouvée l'entrée régulière des enfants dans le cadre de la procédure de regroupement familial. • Cons. const. 15 déc. 2005, n° 2005-528 DC : *D. 2006. 826, obs. Ogier-Bernaud et Severino ; AJDA 2005. 2428, obs. Brondel ; RFDA 2006. 126, étude Schoettl*. ♦ La Cour de cassation estime dès lors que, répondant à l'intérêt de la santé publique et à l'intérêt de la santé de l'enfant, la production du certificat médical exigée à l'appui de la demande de prestations familiales du chef d'un enfant étranger ne porte pas une atteinte disproportionnée au droit à la vie familiale. • Civ. 2e, 15 avr. 2010, n° 09-12.911 : *D. 2010. 1223 ; RDSS 2010. 572, obs. Tauran*. ♦ L'attestation préfectorale visée à l'art. D. 512-2, 5°, CSS précisant que l'enfant est entré en France en même temps que son parent, présente un caractère recognitif, le droit aux prestations familiales étant ouvert le mois suivant la date d'effet du titre délivré au parent, même si l'attestation est délivrée plus tard ; ces droits ne peuvent en revanche être ouverts pour la période précédant la délivrance de la carte de séjour. • Civ. 2e, 6 avr. 2023, n° 21-24.773.

Art. L. 434-8 Pour l'appréciation des ressources mentionnées au 1° de l'article L. 434-7 toutes les ressources du demandeur et de son conjoint sont prises en compte, indépendamment des prestations familiales, de l'allocation équivalent retraite et des allocations prévues à l'article L. 262-1 du code de l'action sociale et des familles, à l'article L. 815-1 du code de la sécurité sociale et aux articles L. 5423-1 et L. 5423-2 du code du travail.

Ces ressources doivent atteindre un montant, fixé par décret en Conseil d'État, qui tient compte de la taille de la famille du demandeur et doit être au moins égal au salaire minimum de croissance mensuel et au plus égal à ce salaire majoré d'un cinquième.

Les dispositions du présent article ne sont pas applicables lorsque la personne qui demande le regroupement familial est titulaire de l'allocation aux adultes handicapés mentionnée aux articles L. 821-1 ou L. 821-2 du code de la sécurité sociale ou de l'allocation supplémentaire mentionnée à l'article L. 815-24 du même code ou lorsqu'une personne âgée de plus de soixante-cinq ans et résidant régulièrement en France depuis au moins vingt-cinq ans demande le regroupement familial pour son conjoint et justifie d'une durée de mariage d'au moins dix ans. – *[Anc. art. L. 411-5, 1° (sauf 1re phr.).]*

Art. L. 434-9 Lorsqu'un étranger polygame réside en France avec un premier conjoint, le bénéfice du regroupement familial ne peut être accordé à un autre conjoint. Sauf si cet autre conjoint est décédé ou déchu de ses droits parentaux, ses enfants ne bénéficient pas non plus du regroupement familial.

Le titre de séjour sollicité ou obtenu par un autre conjoint est, selon le cas, refusé ou retiré. Le titre de séjour du ressortissant étranger polygame qui a fait venir auprès de lui plus d'un conjoint, ou des enfants autres que ceux du premier conjoint ou d'un autre conjoint décédé ou déchu de ses droits parentaux, lui est retiré. – *[Anc. art. L. 411-7.]*

1. Depuis 1993, le regroupement familial polygamique est interdit. Par suite, si l'étranger a déjà fait entrer un premier conjoint, le demandeur doit prouver que cette première union a pris fin antérieurement à la demande par décès ou à la suite d'une séparation de corps ou d'une procédure de divorce. Une répudiation homologuée dont la procédure est prévue par une convention entre la France et l'État étranger produit les mêmes effets que le divorce. • TA Besançon, 29 juin 1995, *M. Ibar c/ Préfet du Jura : RFDA 1996. 532, concl. Garde*. ♦ En revanche, la répudiation prononcée en l'absence de l'épouse ne produit pas en France les effets du divorce. • Civ. 1re, 1er juin 1994 : *Bull. civ. I, n° 192* • 11 mars 1997 : *D. 1997. 400, note Niboyet ; JCP 1998. I. 101, obs. Fulchiron* • TA Dijon, 9 févr. 2006, *M. et Mme Naciri*, n° 0500624 B • Civ. 1re, 4 nov. 2009, *M. X c/ Mme Y*, n° 08-20.574 P : *D. 2009. AJ 2749 ; ibid. 2010. 543, note Lardeux ; JCP 2009. 477, obs. Devers ; Gaz. Pal. 22-23 janv. 2010, p. 37, obs. Eppler ; RJPF 2010-2/27, obs. Garé ; AJ fam. 2010. 86, note Boiché* • 23 févr. 2011, *Kansou*, n° 10-14.101.

2. Le refus de regroupement familial ne peut être fondé sur le risque d'une polygamie « de fait » en raison des relations que l'époux entretient avec une personne de nationalité française. • TA Besançon, 28 mars 1996, *M. El Ouahab c/ Préfet du Jura*, n° 94-1009.

3. Pour les enfants de polygames, seuls les enfants du demandeur et de son conjoint admis au titre du regroupement familial peuvent bénéficier de la procédure. S'agissant des enfants d'un premier lit, il convient que l'autre parent soit décédé ou déchu de ses droits parentaux. Ne constitue pas une telle déchéance un « acte de désistement du droit de garde parentale » établi par la mère. • TA Besançon, 3 avr. 1997, *M. Harhouri c/ Préfet du Doubs*, n° 96-0858.

4. Si le présent art. impose le refus ou le retrait du titre de séjour sollicité ou obtenu par un autre conjoint que « le premier », il ne prévoit au bénéfice du premier conjoint aucune obligation pour l'administration de délivrer ou de renouveler des titres de séjour ; toutefois, le refus du renouvellement d'une carte de séjour dans cette hypothèse peut faire l'objet d'un référé-suspension dès lors qu'existe un doute sérieux quant à sa légalité au regard des stipulations de l'art. 8 Conv. EHD. • CE 2 oct. 2006, *Min. Intérieur c/ Mme Kanouté épse Touré*, n° 288582 B.

5. Lorsqu'un premier conjoint et ses enfants ont bénéficié d'une autorisation de regroupement familial, un visa d'entrée en France ne peut leur être refusé au seul motif que l'étranger est par ailleurs marié sous le régime de la polygamie dans son pays d'origine ; mais l'administration est alors fondée, le cas échéant, à opposer un refus de visa à un second conjoint. Il en va de même s'agissant des enfants de cet autre conjoint, sauf si ce dernier est décédé ou déchu de ses droits parentaux. • CE 16 avr. 2010, *M. Dieng*, n° 318726 : *Lebon 122.* ♦ Alors même qu'une autorisation de regroupement familial avait été obtenue au bénéfice de la seconde épouse, celle-ci se verra refuser l'attribution d'un titre de séjour, motif pris de la polygamie de son mari ; le juge considère que la situation de polygamie s'apprécie objectivement et est constituée dès lors que les personnes sont unies par les liens du mariage et résident sur le territoire français, ensemble ou non. • TA Lyon, 30 mai 2017, n° 1609127 : *AJDA 2017. 1740, concl. Arnould*.

SECTION 3 Instruction des demandes

Art. L. 434-10 L'autorisation d'entrer en France dans le cadre de la procédure du regroupement familial est donnée par l'autorité administrative compétente après vérification des conditions de logement et de ressources par le maire de la commune de résidence de l'étranger ou le maire de la commune où il envisage de s'établir.

Le maire, saisi par l'autorité administrative, peut émettre un avis sur la condition mentionnée au 3° de l'article L. 434-7. Cet avis est réputé rendu à l'expiration d'un délai de deux mois à compter de la communication du dossier par l'autorité administrative. – *[Anc. art. L. 421-1.]*

COMMENTAIRE

L'étranger doit présenter sa demande personnellement, dans le département du lieu de résidence prévue pour la famille, auprès de la direction territoriale de l'Office français de l'immigration et de l'intégration. La circulaire de janvier 2006 indique que le dépôt des dossiers doit donner lieu à un entretien personnalisé qui permet d'informer le demandeur sur les démarches qu'il aura à accomplir afin de réussir le parcours d'intégration de sa famille. Au vu du dossier complet, une attestation mentionnant la date de dépôt de la demande de regroupement familial est délivrée à l'étranger. La date de dépôt fait courir le délai de six mois durant lequel le préfet doit faire connaître sa décision.

Le maire et l'Agence nationale de l'accueil des étrangers et des migrations peuvent saisir, en tant que de besoin, la direction départementale du travail, de l'emploi et de la formation professionnelle compétente d'une demande d'enquête sur l'emploi qui procure au demandeur tout ou partie des ressources dont il fait état.

Visite sur place. Pour rendre son avis, le maire peut faire procéder à des vérifications sur place par des agents de la commune appartenant aux services chargés des affaires sociales ou du logement qui ont été nommément désignés ; dans les communes qui ne disposent pas de tels services, le maire peut habiliter tout agent intervenant dans ces domaines d'activité placés sous son autorité hiérarchique en qualité d'agent de l'État, confier ces enquêtes à des adjoints ayant reçu délégation à cet effet ou procéder lui-même à ces vérifications. Le maire peut encore faire intervenir des enquêteurs de l'Agence nationale de l'accueil des étrangers et des migrations.

La circulaire de janvier 2006 prévoit qu'en cas de carence du demandeur (absence non signalée lors d'une première visite par ex.) 'intéressé se verra notifier un courrier lui précisant la nouvelle date de passage des enquêteurs, sous huitaine, et exigeant sa présence sur place. Lorsque l'intéressé signale son impossibilité d'être présent sur place à la date fixée, une nouvelle date de visite lui sera proposée. Lorsque l'intéressé est absent une nouvelle fois au moment du passage des enquêteurs sans l'avoir signalé, les conditions seront réputées non remplies.

En cas de refus non équivoque du demandeur de faire visiter le logement, les conditions seront réputées non remplies et la mention de ce refus figurera dans le rapport d'enquête.

Avis du maire. L'avis du maire sur le logement et les ressources, agissant en l'espèce comme représentant de l'État, est seulement consultatif : l'autorité titulaire du pouvoir de décision en matière de regroupement familial reste le préfet. En l'absence d'avis motivé, l'avis du maire est réputé favorable à l'expiration d'un délai de deux mois (art. L. 421-3).

Une fois obtenue l'autorisation de regroupement familial, les membres de la famille concernés doivent se voir délivrer un visa d'entrée par les autorités consulaires de leur pays d'origine. Si l'autorité consulaire dispose d'une large marge d'appréciation de l'intérêt d'un enfant de nationalité étrangère à se voir délivrer un visa d'entrée en France, il en va différemment dans trois séries d'hypothèses : soit que la demande d'entrée en France s'insère dans le cadre d'une procédure de regroupement familial qui a reçu l'approbation de l'autorité préfectorale, soit que la demande de visa s'appuie sur la décision définitive d'une juridiction française qui confie à un ressortissant français ou étranger la délégation de l'autorité parentale sur un enfant ou prononce son adoption, soit enfin que la demande repose sur un acte d'état civil étranger ou une décision définitive d'une juridiction étrangère ayant l'un ou l'autre de ces objets, pour autant que ces actes ou jugements aient été soumis dans l'ordre juridique français à une procédure de transcription ou à une mesure d'exequatur. Par conséquent, il n'incombe pas à l'autorité consulaire de refuser le visa d'entrée en France en se fondant sur l'intérêt supérieur de l'enfant. Bien que cette règle soit clairement posée, elle donne néanmoins lieu à une jurisprudence abondante.

Le refus de visa sera en revanche légalement fondé sur des considérations liées à l'ordre public ou en cas de fraude, notamment en cas de doute sérieux sur l'état civil des bénéficiaires de la mesure de regroupement familial.

Aux termes de l'article R. 434-26, l'autorité administrative statue sur la demande de regroupement familial dans un délai de six mois à compter de la date du dépôt de la demande. L'absence de décision dans ce délai vaut rejet implicite de la demande. ❑

1. L'autorisation d'entrer sur le territoire dans le cadre de la procédure de regroupement familial est donnée par le représentant de l'État dans le département et par le ministre des Affaires sociales sur recours hiérarchique. • CAA Paris, 23 oct. 1997, *Min. Aménagement du territoire, Ville et Intégration*, n° 96PA01452.

2. Contrôle médical. En application de l'art. R. 434-31, les membres de la famille pour lesquels le bénéfice du regroupement familial est demandé sont soumis à un contrôle médical obligatoire ; celui-ci n'a pas été institué dans le seul intérêt de ces personnes mais a essentiellement pour objet la protection de la santé publique. Par suite, ce contrôle médical ne constitue pas un service rendu pouvant donner lieu à la perception d'une redevance. • CE 20 mars 2000, *GISTI*, n° 205266 A.

3. Visa d'entrée. La loi ne confère aucun pouvoir aux autorités consulaires pour refuser de délivrer le visa, sauf en cas de fraude avérée ou de menace à l'ordre public, à condition que ces éléments soient apparus après la décision préfectorale autorisant le regroupement familial. • CE 19 janv. 1996, *M. Zongbo c/ Consul général de France à Bangui*, n° 151959. ♦ V. aussi : • CE 4 juill. 1997, *Bouzerak*, n° 156298 : *AJDA 1997. 635 ; ibid. 584, chron. Chauvaux et Girardot ; RFDA 1997. 815, concl. Abraham ; RD publ. 1998. 271, note Wachsmann* • 30 juin 2003, *M. Ouaziz*, n° 227844 B. ♦ Ainsi est par ex. entaché d'illégalité le refus fondé sur la baisse de l'acuité visuelle de l'enfant considérée comme un élément nouveau non pris en compte lors de l'examen de la demande de regroupement familial, alors même que la décision préfectorale avait accordé le regroupement familial sous réserve de la vérification de l'aptitude physique de l'enfant. • CE 13 mars 2009, *M. Kramou*, n° 298784. ♦ En revanche, un étranger ne peut utilement se prévaloir de l'autorisation de regroupement familial à l'appui d'une demande de visa au profit de sa fille dès lors que l'union avec la mère de cette dernière, qui fondait la demande de regroupement familial, n'existait plus à la date de la décision de la commission des recours. • CE 28 mars 2012, *M. Ohanga-Dimamba*, n° 322803 B : *AJDA 2012. 677*.

4. Réfugié. Lorsqu'un réfugié est en droit de prétendre à ce que son conjoint ou concubin ainsi que ses enfants mineurs le rejoignent en France au titre du regroupement familial et que, en conséquence, des demandes de visas ont été introduites tant par ce conjoint ou concubin que par ces enfants mineurs, la circonstance que la filiation de l'un des enfants avec ce conjoint ou concubin ne se trouve pas établie avec un degré de certitude suffisant n'habilite pas pour autant l'autorité compétente à opposer un refus de visa à ceux des demandeurs dont la filiation avec ce réfugié n'est pas sérieusement contestée. • CAA Nantes, 7 déc. 2012, *Mme Mbumagha*, n° 11NT00237 : *AJDA 2013. 383*. ♦ Eu égard à la situation particulière dans laquelle se trouvent les réfugiés, il convient dans de nombreux cas de leur accorder le bénéfice du doute lorsque l'on apprécie la crédibilité de leurs déclarations et des documents soumis à l'appui de celles-ci, même s'il incombe au requérant de fournir une explication suffisante pour écarter d'éventuelles objections pertinentes quant à l'authenticité des documents produits. • CEDH 30 avr. 2013, *Mo. P. c/ France*, n° 55787/09.

5. Intérêt supérieur de l'enfant. Seuls des motifs tirés de l'atteinte à l'ordre public peuvent justifier légalement une décision de rejet de demande de visa quand le regroupement familial a été autorisé par le préfet ; un refus de visa fondé sur le motif tiré de l'intérêt supérieur de l'enfant est donc illégal. • CE 4 juill. 1997, *Épx Bourezak*, n° 156298 A • 26 oct. 2005, *M. Krim*, n° 264971 • 26 oct. 2005, *Petit-Apatou*, n° 285920 B • 5 déc. 2005, *Mme Khelifa*, n° 266300 • 23 janv. 2006, *Mme Issolah et M. et Mme Hazem*, n° 284700 B.

6. L'annulation d'un refus de visa qui aurait dû normalement être octroyé en raison de l'autorisation de regroupement familial donnée par le préfet, et en l'absence de tout motif d'ordre public permettant de s'y opposer, entraîne en principe l'obligation pour l'administration, statuant à nouveau sur la demande, de délivrer le visa sollicité. • CE 27 mars 2009, *M. Benarab et Mme Kias*, n° 286886 A : *AJDA 2009. 1102, concl. Boucher* ; *RFDA 2009. 630*. ♦ Il en va ainsi même si le bénéficiaire du regroupement familial a atteint l'âge de 18 ans à la date à laquelle les autorités consulaires statuent à nouveau sur sa demande. • Même décision. ♦ Le recours pour excès de pouvoir formé contre une décision de l'administration statuant sur une demande de regroupement familial ne constitue pas un litige familial au sens des stipulations de la Conv. européenne sur l'exercice des droits des enfants. Par suite, la requérante ne peut utilement se prévaloir des stipulations de ladite convention pour demander à la cour, avant de statuer sur ses conclusions, d'ordonner l'audition de l'enfant. • CAA Lyon, 10 déc. 2009, *Mme Kermouche*, n° 08LY00139 : *AJDA 2010. 694*.

7. Menace à l'ordre public. L'autorité consulaire peut refuser la délivrance d'un visa à un membre de la famille autorisé à entrer en France au titre du regroupement familial en raison d'une menace à l'ordre public. • CE 4 juill. 1997, *Ouramdani*, n° 163551 B.

8. Un refus de visa est en revanche légalement fondé sur l'existence d'un doute sur la réalité du lien matrimonial. • CE 8 mars 2006, *Muanza Luvualu*, n° 248415. ♦ Même solution s'agissant d'une fraude à l'âge des enfants. • CE 6 mars 2006, *Mensah*, n° 264001.

9. L'absence de caractère probant des actes d'état civil est un motif d'ordre public qui peut justifier un refus de visa dans le cadre d'une procédure de regroupement familial. • CE 1er juin 2007, *Adjei*, n° 305109. ♦ Lorsque la demande de visa concerne plusieurs enfants censés appartenir à la même famille, la circonstance que la filiation de l'une d'entre elles ne se trouve pas établie avec un degré de certitude suffisant n'habilite pas l'autorité compétente à opposer un refus de visa à ceux des demandeurs dont la filiation n'est pas sérieusement contestée. • CE 12 oct. 2006, *Mme Moutoulet épse Lapostolet*, n° 297416 B : *AJDA 2006. 2413*. ♦ Il incombe à l'autorité administrative de faire état d'éléments permettant de mettre en doute l'authenticité des actes d'état civil produits à l'appui de la demande de regroupement familial. • CE 16 mars 2009, *M. et Mme Aubert*, n° 312060.

10. Fraude. Il convient bien entendu d'ajouter l'hypothèse de l'obtention frauduleuse d'un regroupement familial, en l'occurrence par la production de faux bulletins de salaire. • TA Marseille, 11 déc. 1995, *El Kati c/ Préfet du Vaucluse*, n° 93-4937. ♦ Attestation de contrôle médical subi auprès de l'Office des migrations internationales mentionnant les noms de 4 enfants, nés d'un précédent mariage, qui n'avaient pas été soumis à ce contrôle et pour lesquels aucune demande de regroupement familial n'avait été formulée. • CE 9 nov. 1998, *M. Francillon*, n° 169645. ♦ Il importe que la fraude soit avérée. • CE 6 mars 2002, *Baboma*, n° 222325. ♦ Tel n'est pas le cas dans l'hypothèse où l'épouse française fait parvenir un courrier à l'administration dans lequel elle indique que son mari ne l'avait épousée que pour obtenir un titre de séjour, qu'il avait quitté le domicile conjugal et qu'elle avait entrepris une procédure de divorce. • CAA Lyon, 7 déc. 2006, *Préfet du Rhône c/ Mimoun*, n° 06LY02043.

11. Recours gracieux. Un recours gracieux introduit à la suite d'un refus de demande de regroupement familial ne peut être regardé comme une nouvelle demande impliquant notamment une modification de la période de référence à prendre en compte pour apprécier le niveau des ressources du demandeur. • CAA Lyon, 4 oct. 2012, *M. Najah*, n° 11LY02953 : *AJDA 2013. 609*.

12. Exigence de souplesse et de rapidité. En dépit de la marge d'appréciation de l'État en la matière, la procédure doit présenter les garanties de souplesse, de célérité et d'effectivité requises. A défaut, elle peut porter atteinte au droit des requérants au respect de leur vie familiale garanti par l'art. 8 Conv. EDH. Ceci implique par ex. que les autorités nationales ne refusent pas définitivement la délivrance d'un visa lorsque les actes de naissance présentés sont apocryphes et qu'elles examinent les autres éléments de nature à justifier le lien de filiation. • CEDH 10 juill. 2014, *Tanda-Muzinga c/ France*, n° 2260/10 • 10 juill. 2014, *Senigo Longue et a. c/ France*, n° 19113/09.

13. Si le refus de regroupement familial est annulé pour erreur manifeste d'appréciation et en l'absence de changement des circonstances de droit et de fait, le juge peut enjoindre à l'administration de délivrer l'autorisation de regroupement familial. • TA Limoges, 1er févr. 2007, *Hagani*, n° 0600776.

Art. L. 434-11 Lorsque la vérification des conditions de logement n'a pas pu être effectuée car le demandeur ne disposait pas encore du logement nécessaire au moment de la demande, le regroupement familial peut être autorisé si les autres conditions sont remplies et après que le maire a vérifié sur pièces les caractéristiques du logement et la date à laquelle le demandeur en aura la disposition. – *[Anc. art. L. 421-2, 5e phr..]*

Art. L. 434-12 Les conditions d'application du présent chapitre sont fixées par décret en Conseil d'État. – *[Anc. art. L. 441-1.]*

CHAPITRE V **ADMISSION EXCEPTIONNELLE AU SÉJOUR**

Art. L. 435-1 L'étranger *(Abrogé par L. n° 2021-1109 du 24 août 2021, art. 25)* ***« ne vivant pas en état de polygamie »*** **dont l'admission au séjour répond à des considérations humanitaires ou se justifie au regard des motifs exceptionnels qu'il fait valoir peut se voir délivrer une carte de séjour temporaire portant la mention "salarié", "travailleur temporaire" ou "vie privée et familiale", sans que soit opposable la condition prévue à l'article L. 412-1.**

Lorsqu'elle envisage de refuser la demande d'admission exceptionnelle au séjour formée par un étranger qui justifie par tout moyen résider habituellement en France depuis plus de dix ans, l'autorité administrative est tenue de soumettre cette demande pour avis à la commission du titre de séjour prévue à l'article L. 432-14.

Les modalités d'application du présent article sont définies par décret en Conseil d'État. – *[Anc. art. L. 313-14.]*

BIBL. ▸ GISTI, L'admission exceptionnelle au séjour par le travail, dite « régularisation par le travail », *Les notes pratiques, avr. 2009.*

COMMENTAIRE

L'article L. 435-1 issu de la loi n° 2006-911 du 24 juillet 2006 était destiné à régir des situations exceptionnelles par l'attribution de la carte de séjour « vie privée et familiale » ; son champ d'application a été étendu, avec la loi n° 2007-1631 du 20 novembre 2007, à la délivrance de titres de séjour portant la mention « salarié », le législateur ayant souhaité faciliter la régularisation « sur place » d'étrangers bénéficiant de qualifications ou compétences professionnelles dans un secteur connaissant une pénurie de main-d'œuvre (deux arrêtés de 2008 fournissent ainsi une liste des métiers dits en tension). Cette disposition « n'est que l'institutionnalisation, encadrée par des critères de droit, d'une fraction du pouvoir de régularisation qui a toujours été reconnu, même en dehors des conditions légales, à l'autorité préfectorale, au titre de son pouvoir de police spéciale des étrangers » (CE, avis, 28 nov. 2007, n° 307036, concl. Lénica). Par voie de conséquence, le contrôle du juge se limitera à l'éventuelle censure de l'erreur manifeste d'appréciation.

L'admission exceptionnelle au séjour est subordonnée à deux conditions préalables : l'absence de menace à l'ordre public et l'absence de polygamie. Il appartient en outre à l'étranger de solliciter un titre de séjour sur ce fondement, l'autorité administrative n'étant pas dans l'obligation d'examiner si les conditions en sont réunies en l'absence de demande expresse. En revanche, l'intéressé n'a pas à prouver son entrée régulière en France puisqu'il est dispensé de la production d'un visa de long séjour.

Une circulaire du 28 novembre 2012 (NOR : INTK1229185C ; *JCP 2012. 1323, Guimezanes*), entrée en vigueur le 3 décembre 2012, a fixé les orientations du Gouvernement en matière d'admission au séjour des étrangers en situation irrégulière. Ce texte indique que les demandes des étrangers en situation irrégulière qui sollicitent une admission exceptionnelle au séjour doivent faire l'objet d'un examen approfondi, objectif et individualisé en tenant compte notamment de leur intégration dans la société française, de leur connaissance des valeurs de la République et de leur maîtrise de la langue française. En principe, seules les demandes des personnes qui justifient d'un domicile effectif (y compris en cas d'hébergement par des associations agréées) doivent être enregistrées et instruites. La circulaire indique que sont recevables les demandes introduites par des étrangers qui ont déjà fait l'objet d'une décision de refus de séjour (éventuellement assortie d'une OQTF) ou d'un précédent refus d'admission exceptionnelle au séjour ; les préfets sont toutefois invités à veiller à identifier les demandes manifestement abusives, effectuées dans l'unique but de faire échec à une mesure d'éloignement exécutoire. Sont exclus *de plano* les étrangers dont la présence en France constituerait une menace pour l'ordre public ou qui se trouveraient en situation de polygamie sur le territoire national.

La demande jugée recevable entraîne la délivrance d'un récépissé d'une durée de validité de quatre mois (ne pouvant donner lieu en principe qu'à un seul renouvellement).

Pour guider les préfets dans leur démarche, la circulaire de 2012 fixe un certain nombre de lignes directrices :
– une vie familiale établie en France exige qu'en principe l'un des membres du couple soit en situation régulière, sauf lorsqu'un ou plusieurs enfants sont scolarisés ;
– la vie familiale se caractérise par une installation durable sur le territoire qui ne pourra être qu'exceptionnellement inférieure à cinq ans ; les enfants doivent être scolarisés depuis plus de trois ans ; le demandeur doit justifier, sauf cas exceptionnels, d'une maîtrise orale au moins élémentaire de la langue française ;
– pour les conjoints d'étrangers en situation régulière, la réalité de la vie familiale en France résulte, à titre indicatif, d'une durée de cinq ans de présence en France et d'une durée de dix-huit mois de vie commune du couple ;
– pour les mineurs devenus majeurs, la circulaire retient en principe l'exigence d'au moins deux ans de présence en France à la date d'acquisition de la majorité et d'un parcours scolaire assidu et sérieux ; le jeune majeur devra disposer de l'essentiel de ses liens familiaux en France ; la régularité du séjour de l'un des parents au moins constituera un élément d'appréciation favorable ; l'étranger ne remplissant pas ces conditions pourra toutefois se voir délivrer une autorisation provisoire de séjour pour lui permettre d'achever un cycle de scolarité ;
– l'admission exceptionnelle au séjour pourra également intervenir au titre de motifs exceptionnels (talent, services rendus à la collectivité) ou de circonstances humanitaires particulières ;
– la circulaire invite à la plus grande attention pour les victimes de violences conjugales et de la traite des êtres humains ;
– l'admission au séjour au titre du travail prendra en considération l'existence d'un contrat de travail ou d'une promesse d'embauche, d'une ancienneté de travail de huit mois, consécutifs ou non, sur les vingt-quatre derniers mois ou de trente mois, consécutifs ou non, sur les cinq dernières années ainsi que d'une ancienneté de séjour significative (en principe, cinq ans) ; en présence d'un contrat à durée déterminée, ne seront pris en compte que les contrats d'une durée égale ou supérieure à six mois ;
– un étranger sans emploi attestant d'une durée de présence particulièrement significative (de l'ordre de sept ans) et d'une activité professionnelle d'une durée égale ou supérieure à douze mois au cours des trois dernières années pourra se voir délivrer un récépissé de carte mention « salarié » en vue de lui permettre de rechercher un emploi ;
– la circulaire fixe également les conditions de son application aux travailleurs intérimaires ;
– enfin, les ressortissants algériens et tunisiens ne sont pas concernés par le dispositif de l'admission exceptionnelle au séjour mais la circulaire invite les préfets à faire usage de leur pouvoir discrétionnaire pour appliquer les critères ci-dessus.

Le ministère de l'Intérieur estime à 31 188 le nombre de premiers titres octroyés, en 2019, à des personnes présentes sur le territoire en situation irrégulière, selon la procédure d'admission exceptionnelle au séjour pour considérations humanitaires ou motifs exceptionnels. En 2021, ce sont près de 10 000 titres de séjour qui ont été délivrés en application du présent article. ❑

I. ÉTENDUE DES POUVOIRS ET DEVOIRS DE L'ADMINISTRATION

1. Mesure de régularisation. Le Conseil d'État a précisé que l'Ord. du 2 nov. 1945 (aujourd'hui le code) et les textes pris pour son application qui précisent les cas dans lesquels les étrangers présents sur le territoire national ont droit à la délivrance d'un titre de séjour ne font pas obligation au préfet de refuser un titre de séjour à un étranger qui ne remplit pas l'ensemble des conditions auxquelles est subordonnée sa délivrance de plein droit sauf lorsque les textes l'interdisent expressément ; dans l'exercice du pouvoir discrétionnaire qui lui est ainsi confié, il appartient au préfet d'apprécier, compte tenu de l'ensemble des éléments de la situation personnelle de l'intéressé et des conditions non remplies, l'opportunité d'une mesure de régularisation. • CE 16 oct. 1998, *Mlle Aidara,* nos 147141 et 154883 A • 28 juill. 1999, *Préfet de l'Essonne c/ M. Tug,* no 200094. ♦ Le juge n'exerce qu'un contrôle restreint sur le refus de régularisation d'une situation administrative. • CE 10 mai 1996, *Mme Nouara Tazir,* no 177117 : *Lebon T. 935.*

2. Le législateur n'a pas entendu imposer à l'administration, saisie d'une demande de carte de séjour quel qu'en soit le fondement, d'examiner d'office si l'étranger remplit les conditions visées au présent art. • CE, avis, 28 nov. 2007, *Mme Zhu,* no 307036 A : *RFDA 2008. 200* • CAA Douai, 25 févr. 2010, *Sow,* no 09DA00981. ♦ Mais, si une demande de titre est fondée sur le présent art., il incombe à l'autorité administrative de l'instruire au regard des critères fixés par ces dispositions ; à défaut, le refus de séjour encourt l'annulation. • CAA Marseille, 8 juill. 2010, *M. Mehmet Sebih A.,* no 08MA05029. ♦ Jugé à cet égard que, lorsque le préfet recherche d'office si l'étranger peut bénéficier d'un titre de séjour sur un ou plusieurs autres fondements possibles, l'intéressé peut alors se prévaloir à l'encontre de la décision de rejet de sa demande de titre de séjour de la méconnaissance des dispositions au regard desquelles le préfet a également fait porter son examen ; dans le cas où le préfet énonce, parmi les motifs de la décision portant refus de séjour, que l'intéressé ne remplit aucune des autres conditions du code pour pouvoir être admis au séjour à un autre titre, il doit être réputé avoir examiné si le demandeur était susceptible de recevoir l'un des titres de séjour dont la loi dispose qu'ils sont attribués de plein droit. • CAA Marseille, 6 déc. 2011, *M. H.,* no 09MA02609.

3. Demande de renouvellement. Les dispositions du présent art., qui ne font d'ailleurs et en tout état de cause nullement obstacle à l'exercice par le préfet du pouvoir discrétionnaire qui lui permet de régulariser la situation d'un étranger compte tenu de l'ensemble des éléments caractérisant sa situation personnelle, peuvent être invoquées, à l'appui d'une demande de renouvellement de titre de séjour, par un étranger pour le cas où il ne remplirait pas les conditions de renouvellement de ce titre. La circonstance que le demandeur ait été encore en situation régulière lorsqu'il a sollicité son admission au séjour en invoquant le présent art. n'interdisait pas à l'intéressé de se prévaloir de cet art., ce qu'il avait fait à titre subsidiaire au cas où sa demande de renouvellement de titre sur le fondement de l'anc. art. L. 313-11 aurait été rejetée. • CE 12 oct. 2016, *Min. Intérieur,* no 392390 B : *AJDA 2016. 1952* .

4. Commission du titre de séjour. Si le législateur avait prévu que la commission nationale de l'admission exceptionnelle au séjour donne un avis sur les critères d'admission exceptionnelle au séjour, il a entendu laisser à l'administration un large pouvoir pour apprécier si l'admission au séjour répond à des considérations humanitaires ou à des motifs exceptionnels ; il appartient seulement au juge administratif de vérifier que l'administration n'a pas commis d'erreur manifeste dans l'appréciation qu'elle a portée sur l'un ou l'autre de ces points. • CE, avis, 28 nov. 2007, *Mme Zhu,* no 307036 A : *préc. note 2.* ♦ La durée de résidence de dix ans mentionnée à l'al. 2 du présent art. ne comprend pas les périodes au cours desquelles l'intéressé était incarcéré. • CAA Marseille, 13 déc. 2021, no 21MA01937 : *AJDA 2022. 954* .

5. Pouvoir d'appréciation. Lorsque la loi prescrit l'attribution de plein droit d'un titre de séjour à un étranger, cette circonstance fait obstacle à ce qu'il puisse légalement être l'objet d'une OQTF ; mais tel n'est pas le cas de la mise en œuvre des dispositions du présent art., lesquelles ne prescrivent pas la délivrance d'un titre de plein droit mais laissent à l'administration un large pouvoir pour apprécier si l'admission au séjour d'un étranger répond à des considérations humanitaires ou si elle se justifie au regard des motifs exceptionnels dont l'intéressé se prévaut. Le législateur n'a ainsi pas entendu imposer à l'administration d'examiner d'office si l'étranger remplit les conditions prévues par cet art. ni, le cas échéant, de consulter d'office la commission du titre de séjour quand l'intéressé est susceptible de justifier d'une présence habituelle en France depuis plus de 10 ans. • CE 29 juill. 2020, no 428231 B : *AJDA 2020. 1577* .

6. Lignes directrices. Par la Circ. du 28 nov. 2012 publiée, conformément aux prescriptions du Décr. du 8 déc. 2008, sur le site Légifrance, le ministre de l'Intérieur a précisé aux préfets que les demandes des étrangers en situation irrégulière qui sollicitent une admission exceptionnelle au séjour doivent faire l'objet d'un examen approfondi, objectif et individualisé sur la base des dispositions des art. L. 423-23 (liens personnels et familiaux) et du présent art. en tenant compte notamment de leur intégration dans la société française, de leur connaissance des valeurs de la République et de la maîtrise de la langue française ; le ministre de l'Intérieur a ainsi invité les préfets à examiner, au regard de ces critères, la situation des étrangers, parents d'enfants scolarisés, présentant une demande d'admission exceptionnelle au séjour, tout en leur rappelant l'obligation de procéder à un examen individuel de chaque dossier. Ce faisant, il a nécessairement réservé la possibilité pour les préfets de s'écarter des orientations ainsi fixées lorsque la situation particulière du demandeur le justifie ou pour des motifs d'intérêt général ; il appartient en conséquence aux préfets, saisis de telles demandes, de les examiner en prenant en considération les lignes directrices ainsi définies par la circulaire. Les intéressés peuvent, dès lors, utilement se prévaloir de ces dernières, alors même que la circulaire est dépourvue de valeur réglementaire en tant qu'elle fixe ces lignes directrices. • TA Paris, 18 déc. 2013, *M. C. O.*, n° 1306958 : *AJDA 2014. 454, concl. Fort-Besnard*. ♦ Jurisprudence confirmée. • CAA Paris, 4 juin 2014, *Préfet de police*, n° 14PA00226 : *AJDA 2014. 1181 ; ibid. 1773, note Slama*. ♦ Cet arrêt a été cassé par le Conseil d'État : s'il est loisible au ministre de l'Intérieur, chargé de mettre en œuvre la politique du Gouvernement en matière d'immigration et d'asile, alors même qu'il ne dispose en la matière d'aucune compétence réglementaire, d'énoncer des orientations générales destinées à éclairer les préfets dans l'exercice de leur pouvoir de prendre des mesures de régularisation, sans les priver de leur pouvoir d'appréciation, c'est au préfet qu'il revient d'apprécier dans chaque cas particulier, compte tenu de l'ensemble des éléments caractérisant la situation personnelle de l'étranger, l'opportunité de prendre une mesure de régularisation favorable à l'intéressé. • CE 4 févr. 2015, *Min. Intérieur*, n° 383267 A : *AJDA 2015. 191 ; ibid. 443, chron. Lessi et Dutheillet de Lamothe ; RFDA 2015. 471, concl. Bourgeois-Machureau*.

7. « Une ligne directrice est une disposition figurant dans un texte infraréglementaire qui fixe des orientations au vu desquelles seront prises par l'autorité compétente, qui dispose à cet effet d'un large pouvoir d'appréciation, des décisions individuelles et, en particulier, détermine des critères d'attribution de ces décisions. Toutefois, l'auteur de la décision individuelle a toujours le devoir de procéder à un examen individuel de la situation du demandeur et le pouvoir de déroger aux critères définis par la ligne directrice pour des motifs tenant à la situation du demandeur ou pour des motifs d'intérêt général. La ligne directrice est une norme invocable à l'encontre des décisions individuelles entrant dans son champ d'application. » • CAA Paris, 20 juin 2014, n° 14PA00001 : *AJDA 2014. 1541, note Boissy*. ♦ Le Conseil d'État a confirmé ce principe des « lignes directrices » s'agissant des actes entrant dans le champ des directives au sens de la jurisprudence *Crédit Foncier de France*. • CE 19 sept. 2014, *M. A.*, n° 364385 : *AJDA 2014. 1798*.

8. Motivation. Le préfet doit, s'il estime devoir rejeter une demande de carte de séjour temporaire présentée sur le fondement du présent art., faire connaître les motifs pour lesquels ladite demande est rejetée, en indiquant les faits de l'espèce qu'il retient ou écarte. • CAA Versailles, 5 nov. 2010, *M. Sakho*, n° 08VE03922. ♦ A cette fin, il peut relever soit que la demande, faute de tendre à l'exercice d'une activité professionnelle salariée dans un métier et une zone géographique caractérisés par des difficultés de recrutement et figurant sur une liste établie au plan national, laquelle est aujourd'hui annexée à l'Arr. du 18 janv. 2008, ne se situe pas dans le champ de l'admission exceptionnelle au séjour ainsi sollicitée, soit que les éléments de la situation personnelle de l'intéressé, qu'il lui appartient de préciser, telles que, par ex., l'insuffisance de son expérience et de sa qualification professionnelles, l'absence de perspective réelle d'embauche pour l'intéressé dans l'une des activités susmentionnées, la faible durée de son séjour en France, font obstacle à ce que sa demande puisse être regardée comme relevant d'un motif exceptionnel. • CAA Paris, 17 juin 2010, *Préfet de police c/ M. Doucouré*, n° 10PA00241 : *AJDA 2010. 2097, note Sirinelli*.

II. CHAMP D'APPLICATION

9. Ressortissants algériens et tunisiens. Ces dispositions ne sont pas applicables aux ressortissants algériens. • CAA Lyon, 1er juill. 2008, *Benhalis*, n° 07LY02958. ♦ Le Conseil d'État a confirmé cette interprétation tout en précisant que, « si l'accord franco-algérien ne prévoit pas, pour sa part, de semblables modalités d'admission exceptionnelle au séjour, il y a lieu d'observer que ses stipulations n'interdisent pas au préfet de délivrer un certificat de résidence à un ressortissant algérien qui ne remplit pas l'ensemble des conditions auxquelles est subordonnée sa délivrance de plein droit. Il appartient au préfet, dans l'exercice du pouvoir discrétionnaire dont il dispose sur ce point, d'apprécier, compte tenu de l'ensemble des éléments de la situation personnelle de l'intéressé, l'opportunité d'une mesure de régularisation ». • CE, avis, 22 mars 2010, *M. Mohamed Saou*, n° 333679 A : *AJDA 2010. 583 ; RFDA 2010. 642*. ♦ Dans ce cas, il appartient au préfet de motiver son refus de procéder à la régularisation sollicitée par l'étranger. • CAA Paris, 19 déc. 2013, n° 13PA01926. ♦ La même solution s'applique aux ressortissants tunisiens. • CAA Versailles, 20 mai 2010, *Boujnah*, n° 08VE03829. ♦ Ceci n'exclut toutefois pas que le préfet puisse faire application de l'admission exceptionnelle au séjour en vertu de son pouvoir d'appréciation. • CE 22 mars 2010, *Saoul*, n° 339679 • CAA Versailles, 7 juill. 2011, *Mlle Jendi*, n° 09VE04069 : *AJDA 2011. 2472, concl. Brunelli*. ♦ Portant sur la délivrance des catégories de cartes de séjour temporaire prévues par les dispositions auxquelles il renvoie, le présent art. n'institue pas une catégorie de titres de séjour distincte mais est relatif aux conditions dans lesquelles les étrangers peuvent être admis à séjourner en France soit au titre de la vie privée et familiale, soit au titre d'une activité salariée. Il fixe ainsi, notamment, les conditions dans lesquelles les étrangers peuvent être admis à séjourner en France au titre d'une activité salariée. Dès lors que l'art. 3 de l'accord franco-tunisien prévoit la délivrance de titres de séjour au titre d'une activité salariée, un ressortissant tunisien souhaitant obtenir un titre de séjour au titre d'une telle activité ne peut utilement invoquer les dispositions du présent art. à l'appui d'une demande d'admission au séjour sur le territoire national s'agissant d'un point déjà traité par l'accord franco-tunisien, au sens de l'art. 11 de cet accord. • CE 2 mars 2012, *M. Lahouel*, n° 355208 B : *AJDA 2012. 1282, concl. Botteghi*. ♦ *Contra* : • TA Montreuil, 7 nov. 2011, *M. Abassi*, n° 1102874 : *AJDA 2012. 231*.

10. Ressortissants sénégalais. Les dispositions du présent art. ne sont pas applicables aux ressortissants sénégalais, lesquels sont exclusivement régis sur ce point par les stipulations du § 42 de l'accord du 23 sept. 2006 (mod. par l'avenant du 25 févr. 2008, entré en vigueur le 1er août 2009) aux termes desquelles « Un ressortissant sénégalais en situation irrégulière en France peut bénéficier, en application de la législation française, d'une admission exceptionnelle au séjour se traduisant par la délivrance d'une carte de séjour temporaire portant : soit la mention "salarié" s'il exerce l'un des métiers mentionnés dans la liste figurant en annexe IV de l'Accord et dispose d'une proposition de contrat de travail, soit la mention "vie privée et familiale" s'il justifie de motifs humanitaires ou exceptionnels ». • CAA Paris, 7 mars 2011, *M. Mamadou Ba*, n° 10PA04036 • CAA Douai, 7 avr. 2011, *Mlle Ramatoulaye Diop*, n° 11DA00028. • CAA Versailles, 14 juin 2012, *Faye*, n° 10VE03663. ♦ Les stipulations du § 42 de l'accord franco-sénégalais qui ne subordonnent pas l'admission exceptionnelle au séjour, en qualité de salarié, des ressortissants sénégalais en situation irrégulière à la justification de « motifs humanitaires ou exceptionnels », à la différence des stipulations relatives à l'admission exceptionnelle au séjour au titre de la vie privée et familiale, dérogent nécessairement à l'application des dispositions du présent art. qui ont le même objet et qui, quant à elles, subordonnent la délivrance de la carte de séjour temporaire à la justification de « considérations humanitaires » ou de « motifs exceptionnels » ; en application des stipulations du § 42 de l'accord franco-sénégalais, il appartient seulement aux ressortissants sénégalais qui souhaitent voir régulariser leur situation en qualité de salarié de produire une proposition de contrat de travail pour l'un des métiers figurant à l'Ann. IV de l'accord, étant rappelé qu'en vertu des stipulations de l'art. 3 du même accord la situation de l'emploi ne leur est pas opposable. • TA Paris, 17 sept. 2013, *M. Moussa Balde*, n° 1307208/2-1 : *AJDA 2013. 2216, concl. Fort-Besnard*. ♦ L'accord franco-sénégalais conduit à ce qu'il soit fait application du présent art. lorsqu'un Sénégalais en situation irrégulière demande à être exceptionnellement admis au séjour pour motif de travail ou pour motif de vie familiale. • CE 9 nov. 2015, n° 391429 B : *AJDA 2015. 2448, concl. Domino*.

11. Ressortissants marocains. L'art. 3 de l'accord franco-marocain du 9 oct. 1987 régit les conditions de délivrance des titres de séjour « salarié » aux ressortissants marocains. Ces derniers ne peuvent se prévaloir de la procédure d'admission exceptionnelle au séjour par le travail prévue par le présent art. • TA Montreuil, 13 avr. 2012, *Mme Tabanghalat*, n° 1110185 : *AJDA 2012. 1452, concl. Domingo* • CAA Paris, 14 juin 2012, *Préfet de police c/ Mlle Nbabi*, n° 11PA02665 : *AJDA 2012. 1831*. ♦ Si un ressortissant marocain ne peut pas invoquer le présent art. au soutien d'une demande d'admission au séjour au titre d'une activité salariée, le préfet peut toutefois, dans l'exercice de son pouvoir discrétionnaire, apprécier l'opportunité d'une mesure de régularisation au profit de l'intéressé. • CE 31 janv. 2014, *Min. Intérieur*, n° 367306 B : *AJDA 2014. 255* ; *ibid. 801, note Jobart*.

12. Ressortissants maliens. La convention franco-malienne renvoie, par son art. 10, à la législation nationale pour la délivrance et le renouvellement des titres de séjour ; ses art. 4 et 5 se bornent à régir les conditions d'entrée sur le territoire de l'un des deux États de ceux des ressortissants de l'autre État qui souhaitent y exercer une activité salariée et il en va de même s'agissant de l'exercice d'une activité professionnelle, industrielle, commerciale ou artisanale. Par suite, les Maliens souhaitant exercer une activité salariée en France doivent solliciter un titre de séjour sur le fondement du présent code et, le cas échéant, du présent art. • CE, avis, 7 mai 2013, *M. Dembele*, n° 366481 B.

13. Ressortissants béninois. Interprétant l'accord du 28 nov. 2007 relatif à la gestion concertée des flux migratoires et au codéveloppement entre le Gouvernement de la République française et le Gouvernement de la République du Bénin au regard de la Conv. du 21 déc. 1992 relative à la circulation et au séjour des personnes entre ces deux États, le Conseil d'État a considéré que les ressortissants béninois peuvent utilement invoquer les dispositions du présent art. à l'appui d'une demande d'admission exceptionnelle au séjour pour l'exercice d'une activité salariée en France ; la demande doit être examinée par l'autorité administrative en prenant en compte tant la liste de ces métiers annexée à l'Arr. du 18 janv. 2008 pris pour l'application du 3e al. de l'art. L. 313-10 que celle définie par l'art. 14 de l'accord de gestion concertée des flux migratoires. • CE 5 juill. 2013, *M. B.*, n° 367908 B : *AJDA 2013. 2238*.

14. Ressortissants congolais. Jugé que la Conv. franco-congolaise du 31 juill. 1993 relative à la circulation et au séjour des personnes ne fait pas obstacle à l'application des dispositions du présent art. • CAA Versailles, 6 févr. 2014, n° 13VE02288.

15. Ressortissants cap-verdiens. Dès lors que l'accord franco-cap-verdien du 24 nov. 2008 renvoie au droit commun, le présent art. est applicable aux ressortissants cap-verdiens qui sollicitent leur admission exceptionnelle au séjour pour l'exercice d'une activité salariée. • CAA Versailles, 19 juill. 2016, n° 15VE02010 • CE 28 déc. 2016, n° 403563 B.

III. CONSIDÉRATIONS HUMANITAIRES

16. Ne justifie pas de la délivrance du titre visé au présent art. pour des considérations humanitaires : l'étrangère qui n'invoque que la présence de ses 3 enfants âgés respectivement de 11 ans, 6 ans et 11 mois. • CAA Nancy, 22 août 2008, *Mlle Luisa X,* n° 07NC01469. ♦ ... Une requérante qui réside en France depuis l'année 2001, travaille en qualité d'employée de maison depuis le mois de févr. 2008 et qui est mère d'un enfant né en France en mars 2007. • CAA Versailles, 6 juill. 2010, *Mme Amélia A.,* n° 09VE01352. ♦ ... Une étrangère née le 24 mai 1990, qui fait valoir qu'elle est entrée en France le 12 août 2007, à l'âge de 17 ans, qu'elle y est scolarisée et que son grand-père maternel, qui est mort pour la France, avait vocation à recevoir une carte du combattant au titre de la Seconde Guerre mondiale. • CAA Nancy, 1er juill. 2010, *Mlle Nesrine A.,* n° 09NC01558. ♦ ... Une étrangère qui invoque son état de santé, la présence de sa fille et de ses petits-enfants en France, le fait qu'elle assiste sa fille, en instance de divorce, dans l'éducation de ses enfants et la situation générale dans son pays d'origine. • CAA Lyon, 22 juin 2010, *Mme Yvonne A.,* n° 09LY02573.

17. En revanche, l'existence d'une menace grave, directe et individuelle contre la vie ou la personne d'un étranger qui demande sa régularisation pour motifs humanitaires peut être prise en considération au titre de présent art. alors même que les demandes d'asile présentées par le requérant ont été rejetées ; l'intéressé n'a pas à apporter la preuve qu'il est visé spécifiquement en raison d'éléments propres à sa situation personnelle dès lors que le degré de violence aveugle caractérisant le conflit armé atteint un niveau si élevé qu'il existe des motifs sérieux et avérés de croire qu'un civil renvoyé dans ce pays ou cette région courrait un risque réel. • CAA Bordeaux, 8 mars 2010, *Uthayan,* n° 08BX02859.

18. Par analogie, le Conseil d'État a considéré que, lorsqu'il s'agit, compte tenu de circonstances très particulières, du moyen le plus approprié pour assurer la sécurité d'un agent étranger employé par l'État, la protection fonctionnelle peut exceptionnellement conduire à la délivrance d'un visa ou d'un titre de séjour à l'intéressé et à sa famille comprenant son conjoint, son partenaire au titre d'une union civile, ses enfants et ses ascendants directs. • CE 1er févr. 2019, n° 421694 B : *Lebon 13, concl. Henrard ; AJDA 2019. 254 ; ibid. 528 ; ibid. 744, chron. Malverti et Beaufils*. ♦ Cette possibilité n'est toutefois pas offerte aux frères et sœurs de l'intéressé. • CE 26 févr. 2020, n° 436176 : *AJDA 2020. 488*.

IV. SALARIÉ

19. L'admission exceptionnelle au séjour, qui permet à des étrangers qui ne détiennent pas de visa de long séjour de se voir délivrer une carte de séjour temporaire, peut, depuis la L. du 20 nov. 2007, prendre la forme d'une carte de séjour temporaire portant la mention « salarié » ou « travailleur temporaire » ; le pouvoir réglementaire ne pouvait, sans méconnaître la loi, restreindre les conditions de délivrance de cette carte de séjour en subordonnant la recevabilité des demandes à la présentation, par l'étranger, d'une promesse d'embauche dans l'un des métiers prévus par la liste fixée par la Circ. du 7 janv. 2008. • CE 23 oct. 2009, *GISTI,* n° 314397. ♦ La L. n° 2011-672 du 16 juin 2011 relative à l'immigration, à l'intégration et à la nationalité (*JO 17 juin*) a d'ailleurs clairement indiqué que l'admission exceptionnelle au séjour d'un salarié était indépendante de la question de la non-opposabilité de la situation de l'emploi. ♦ Un demandeur qui justifierait d'une promesse d'embauche ou d'un contrat lui permettant d'exercer une activité figurant sur la liste annexée à l'Arr. interministériel du 18 janv. 2008 ne saurait être regardé, par principe, comme attestant, par là même, des motifs exceptionnels exigés par la loi ; il appartient à l'autorité administrative, sous le contrôle du juge, d'examiner notamment si la qualification, l'expérience et les diplômes de l'étranger ainsi que les caractéristiques de l'emploi auquel il postule, dans un métier et une zone géographique caractérisés par des difficultés de recrutement, de même que tout élément de sa situation personnelle tel que, par ex., l'ancienneté de son séjour en France, peuvent constituer des motifs exceptionnels d'admission au séjour. • CE, avis, 8 juin 2010, *Sacko et a.,* n° 334793 A : *AJDA 2010. 1123*. ♦ V. pour un étranger ayant « bénéficié » pendant 16 ans de contrats d'introduction de travailleur saisonnier, correspondant en fait à un emploi permanent : eu égard au grand nombre d'années successives pendant lesquelles il a séjourné en France, à la durée et aux conditions de chacun de ces séjours, l'étranger faisait état de motifs exceptionnels justifiant son admission au séjour sur le fondement du présent art. • CAA Marseille, 14 avr. 2011, *Préfet des Bouches-du-Rhône c/ Bakkali,* n° 10MA01083. ♦ Quand un étranger présente une demande de titre en se fondant sur sa présence en France et une promesse d'embauche, c'est sur le fondement du présent art. que le préfet doit statuer, et non sur celui relatif à l'attribution de la carte de séjour mention « salarié » de l'art. L. 421-1. • CAA Versailles, 30 déc. 2010, *Mohammad,* n° 09VE03819. ♦ Il appartient à l'autorité administrative, sous le contrôle du juge, d'examiner, notamment, si la qualification, l'expérience et les diplômes de l'étranger ainsi que les caractéristiques de l'emploi auquel il postule, de même que tout élément de sa situation personnelle dont l'étranger ferait état à l'appui de sa demande, tel que, par ex., l'ancienneté de son séjour en France, peuvent constituer des motifs exceptionnels d'admission au séjour ; l'exigence d'une expérience professionnelle en France ne figure pas au nombre des conditions de l'admission exceptionnelle au séjour en qualité de salarié. • CAA Versailles,

16 oct. 2012, *M. Kwassy Pinga*, n° 11VE03858 : *AJDA 2013. 556*.

20. Le préfet n'est pas lié par la liste des métiers fixée par l'Arr. du 18 janv. 2008 et peut accorder le titre si l'emploi recherché porte sur un secteur rencontrant des difficultés de recrutement. Par ailleurs, l'application du présent art. n'est pas subordonnée à la détention d'un visa de long séjour. • CAA Bordeaux, 6 avr. 2010, *Bakharev*, n° 09BX01405.

21. Commet une erreur manifeste d'appréciation le préfet qui estime que le requérant ne faisait pas état de motifs exceptionnels pour être admis au séjour au titre du présent art. s'agissant d'un étranger ayant occupé en fait un emploi permanent durant 17 années consécutives sous couvert de contrats d'introduction de travailleur saisonnier ; le juge note en particulier que l'intéressé a satisfait à l'obligation de retour dans son pays d'origine à l'expiration de chacun de ses contrats, a travaillé en France tous les ans dans le cadre d'un processus d'immigration de travail contrôlé par les pouvoirs publics sans pour autant que soient respectées les conditions légales et réglementaires en vigueur. • TA Marseille, 26 janv. 2010, *Tayeb B.*, n° 0805971 : *Dr. adm. avr. 2010, n° 4, comm. 59, par Chanon.* ♦ Même solution lorsque le préfet n'examine pas une demande fondée sur le présent art. au seul motif que l'intéressée ne résidait pas en France depuis plus de 10 ans. • CAA Versailles, 30 juin 2009, *Préfet des Hauts-de-Seine c/ Yu*, n° 08VE02230.

22. Le présent art. permet la délivrance de deux titres de séjour de nature différente que sont, d'une part, la carte de séjour temporaire portant la mention « vie privée et familiale » et, d'autre part, la carte de séjour temporaire portant la mention « salarié » ou « travailleur temporaire » ; le législateur a entendu ne pas limiter le champ de l'admission exceptionnelle à la carte de séjour temporaire portant la mention « salarié » ou « travailleur temporaire » aux cas dans lesquels cette admission est sollicitée pour exercer une activité professionnelle salariée dans un métier et une zone géographique caractérisés par des difficultés de recrutement définis par arrêté ministériel. • TA Montreuil, 29 déc. 2011, *M. Traoré*, n° 1108924 : *AJDA 2012. 603, concl. Domingo* • CAA Paris, 13 juill. 2012, *M. Diallo*, n° 11PA04879.

Art. L. 435-2 L'étranger *(Abrogé par L. n° 2021-1109 du 24 août 2021, art. 25)* ***« ne vivant pas en état de polygamie, »*** **accueilli par les organismes mentionnés au premier alinéa de l'article L. 265-1 du code de l'action sociale et des familles et justifiant de trois années d'activité ininterrompue au sein de ce dernier, du caractère réel et sérieux de cette activité et de ses perspectives d'intégration, peut se voir délivrer une carte de séjour temporaire portant la mention "salarié", "travailleur temporaire" ou "vie privée et familiale", sans que soit opposable la condition prévue à l'article L. 412-1.**

Les modalités d'application du présent article sont définies par décret en Conseil d'État. — *[Anc. art. L. 313-14-1.]*

COMMENTAIRE

L'article L. 265-1 du code de l'action sociale et des familles (issu de la L. n° 2008-1249 du 1er déc. 2008) prévoit que les organismes assurant l'accueil et l'hébergement de personnes en difficultés (autres que les établissements et services sociaux et médico-sociaux visés à l'art. L. 312-1 du même code) peuvent faire participer ces personnes à des activités d'économie solidaire afin de favoriser leur insertion sociale et professionnelle. Un ressortissant étranger, accueilli dans un tel établissement depuis plus de trois ans, pourra ainsi bénéficier d'une carte de séjour « vie privée et familiale » ou « activité salariée » dès lors qu'il justifie du caractère réel et sérieux de son activité et de ses perspectives d'intégration. Cette disposition a été introduite dans la loi n° 2018-778 du 10 septembre 2018 pour une immigration maîtrisée, un droit d'asile effectif et une intégration réussie par voie d'amendement parlementaire venant créer le présent article. ❑

Art. L. 435-3 A titre exceptionnel, l'étranger qui a été confié à l'aide sociale à l'enfance *(L. n° 2022-140 du 7 févr. 2022, art. 41)* **« ou à un tiers digne de confiance » entre l'âge de seize ans et l'âge de dix-huit ans et qui justifie suivre depuis au moins six mois une formation destinée à lui apporter une qualification professionnelle peut, dans l'année qui suit son dix-huitième anniversaire, se voir délivrer une carte de séjour temporaire portant la mention "salarié" ou "travailleur temporaire", sous réserve du caractère réel et sérieux du suivi de cette formation, de la nature de ses liens avec sa famille restée dans le pays d'origine et de l'avis de la structure d'accueil** *(L. n° 2022-140 du 7 févr. 2022, art. 41)* **« ou du tiers digne de confiance » sur l'insertion de cet étranger dans la société française. La condition prévue à l'article L. 412-1 n'est pas opposable.** — *[Anc. art. L. 313-15.]*

BIBL. ▸ SACHER, Du bon usage de l'article L. 313-15 du CESEDA, *AJDA 2019. 2471*.

COMMENTAIRE

La loi n° 2011-672 du 16 juin 2011 relative à l'immigration, à l'intégration et à la nationalité (*JO 17 juin*) a créé un nouveau cas d'admission exceptionnelle au séjour pour les jeunes majeurs entrés en France comme mineurs isolés et pris en charge par l'Aide sociale à l'enfance postérieurement à leur seizième anniversaire. Ce nouvel article complète le dispositif introduit par la loi n° 2006-911 du 24 juillet 2006 relative à l'immigration et l'intégration précitée à l'article L. 423-22 concernant les mêmes mineurs isolés entrés en France avant leur seizième anniversaire. ❑

1. La formation suivie par le demandeur doit pouvoir être regardée, compte tenu de son caractère et de son objet, comme une formation destinée à lui apporter une qualification professionnelle ; tel n'est pas le cas s'agissant d'un ressortissant malien entré en France à l'âge de 17 ans, pris en charge par l'ASE, puis scolarisé en classe de 3e « découverte professionnelle des métiers du bâtiment » dans un lycée professionnel, alors même que la cour considère que l'intéressé justifie du caractère réel et sérieux de son cursus scolaire. • CAA Nantes, 30 nov. 2012, *Préfet d'Eure-et-Loir c/ Mogossiriga,* n° 12NT00182.

2. Ces dispositions ne s'appliquent qu'à l'égard de mineurs isolés sur le territoire français devenus majeurs. • CAA Lyon, 29 sept. 2015, *Préfet du Rhône,* n° 14LY00043 : *AJDA 2016. 132*. ♦ La demande sera rejetée dès lors que l'autorité administrative a constaté une fraude s'agissant de l'âge du demandeur. • CE 28 juin 2018, n° 403431.

3. Pouvoirs du préfet et contrôle du juge. Lorsque le préfet examine une telle demande, il vérifie tout d'abord que l'étranger est dans l'année qui suit son 18e anniversaire, que sa présence en France ne constitue pas une menace pour l'ordre public, qu'il a été confié à l'ASE entre l'âge de 16 ans et 18 ans et qu'il justifie suivre depuis au moins 6 mois une formation destinée à lui apporter une qualification professionnelle ; le préfet, disposant d'un large pouvoir d'appréciation, doit ensuite prendre en compte la situation de l'intéressé appréciée de façon globale au regard notamment du caractère réel et sérieux du suivi de cette formation, de la nature de ses liens avec sa famille restée dans le pays d'origine et de l'avis de la structure d'accueil sur l'insertion de cet étranger dans la société française. Saisi d'un recours contre une décision de refus, il appartient seulement au juge administratif de vérifier que le préfet n'a pas commis d'erreur manifeste dans l'appréciation qu'il a portée. • CAA Lyon, 11 oct. 2016, n° 15LY00725 : *AJDA 2016. 1951* ; *ibid. 2017. 35, note Samson-Dye* • CE 11 déc. 2019, n° 424336 B : *AJDA 2019. 2586*.

4. La seule circonstance que le requérant ait été confié aux services de l'ASE par jugement du juge des enfants du TGI ne prive pas le préfet de la possibilité de vérifier que celui-ci leur avait effectivement été confié entre l'âge de 16 ans et 18 ans. Ainsi, le préfet peut « légalement procéder à l'évaluation de la minorité du requérant lors de sa prise en charge » par l'ASE. • CE 3 avr. 2024, n° 471752 : *DP étrangers, Bull. n° 342, avr. 2024, note Pouly.*

5. Le simple fait d'avoir de la famille à l'étranger ne peut justifier une décision de refus du préfet. • CAA Bordeaux, 22 mars 2019, n° 18BX02040. ♦ Le fait de vouloir aider financièrement sa famille restée au pays ne suffit pas à caractériser des liens suffisants pour fonder une décision de refus. • CAA Nantes, 29 juin 2018, n° 18NT00089.

6. Délai de 6 mois. Le préfet est fondé à se prononcer en deçà du délai de 6 mois en l'absence de formation, de présence à la formation ou de qualification professionnelle visée par la formation. • CAA Douai, 31 mai 2019, n° 17DA02087 • CAA Nancy, 26 mars 2019, n° 18NC02805. ♦ En dehors de ces hypothèses, une décision de rejet ne peut intervenir qu'après ce délai de 6 mois. • CAA Nantes, 30 avr. 2019, nos 18NT02450 et 18NT025879.

7. Autorisation de travail. Pour l'application des dispositions du 2e al. de l'art. L. 5221-5 C. trav., les mineurs étrangers âgés de 16 à 18 ans confiés au service de l'ASE doivent être regardés comme autorisés à séjourner en France lorsqu'ils sollicitent, pour la conclusion d'un contrat d'apprentissage ou de professionnalisation à durée déterminée, une autorisation de travail ; cette autorisation doit leur être délivrée de plein droit, sans que puissent y faire obstacle les dispositions de l'art. R. 5221-22, qui identifient certains cas dans lesquels la situation de l'emploi ne peut être opposée aux étrangers pris en charge par le service de l'ASE qui sollicitent une autorisation de travail. • CE 17 févr. 2017, n° 407355 A : *D. 2017. 1727, obs. Gouttenoire* ; *AJDA 2017. 375* ; *D. actu. 23 févr. 2017, obs. Poupeau* ; *RDSS 2017. 801, note Cavaniol*. ♦ Il résulte des dispositions de l'art. R. 431-15 que le préfet doit remettre au pétitionnaire un récépissé de demande de titre de séjour l'autorisant à travailler dans l'hypothèse où le juge a annulé le refus de titre sur le fondement du présent art. et enjoint au préfet de procéder au réexamen de sa demande dans un délai de 2 mois et de lui délivrer une autorisation provisoire de séjour. • CAA Lyon, 26 avr. 2018, *Préfet de la Drôme,* n° 17LY04085 : *AJDA 2018. 2054* • CE 27 mai 2020, n° 436984 B : *AJDA 2020. 1944*.

8. Portant sur la délivrance des catégories de cartes de séjour temporaires prévues par les dispositions auxquelles il renvoie, le présent art. n'institue pas une catégorie de titres de séjour distincte, mais est relatif aux conditions dans lesquelles les étrangers peuvent être admis à séjourner en France au titre d'une activité salariée. Dès lors que l'art. R. 431-14 de ce code prévoit que le titulaire du récépissé de demande de première délivrance d'un titre de séjour « salarié » ou « travailleur temporaire » est autorisé à exercer une activité professionnelle, le moyen tiré de ce qu'elles seraient illégales faute de viser les titulaires d'un récépissé de demande de première délivrance d'un titre de séjour sur le fondement de l'art. L. 435-3 doit, en tout état de cause, être écarté. • CE 24 févr. 2022, n° 450285 B : *AJDA 2022. 431*.

Art. L. 435-4 *(L. n° 2024-42 du 26 janv. 2024, art. 27-I et III, applicable jusqu'au 31 déc. 2026)* **A titre exceptionnel, et sans que les conditions définies au présent article soient opposables à l'autorité administrative, l'étranger qui a exercé une activité professionnelle salariée figurant dans la liste des métiers et zones géographiques caractérisés par des difficultés de recrutement définie à l'article L. 414-13 durant au moins douze mois, consécutifs ou non, au cours des vingt-quatre derniers mois, qui occupe un emploi relevant de ces métiers et zones et qui justifie d'une période de résidence ininterrompue d'au moins trois années en France peut se voir délivrer une carte de séjour temporaire portant la mention "travailleur temporaire" ou "salarié" d'une durée d'un an.**

Les périodes de séjour et l'activité professionnelle salariée exercée sous couvert des documents de séjour mentionnés aux articles L. 421-34, L. 422-1 et L. 521-7 ne sont pas prises en compte pour l'obtention d'une carte de séjour temporaire portant la mention "travailleur temporaire" ou "salarié" mentionnée au premier alinéa du présent article.

Dans l'exercice de sa faculté d'appréciation, l'autorité compétente prend en compte, outre la réalité et la nature des activités professionnelles de l'étranger, son insertion sociale et familiale, son respect de l'ordre public, son intégration à la société française et son adhésion aux modes de vie et aux valeurs de celle-ci ainsi qu'aux principes de la République mentionnés à l'article L. 412-7.

L'étranger ne peut se voir délivrer la carte de séjour temporaire sur le fondement du premier alinéa du présent article s'il a fait l'objet d'une condamnation, d'une incapacité ou d'une déchéance mentionnée au bulletin n° 2 du casier judiciaire.

Par dérogation à l'article L. 421-1, lorsque la réalité de l'activité de l'étranger a été vérifiée conformément au troisième alinéa de l'article L. 5221-5 du code du travail, la délivrance de cette carte entraîne celle de l'autorisation de travail mentionnée à l'article L. 5221-2 du même code, matérialisée par un document sécurisé.

La condition prévue à l'article L. 412-1 du présent code n'est pas opposable.

BIBL. ▶ Lepoutre, Intégration et régularisation des étrangers. Durcissement réel et progrès incertains, *AJDA 2024. 658*

COMMENTAIRE

Comme l'indiquait **Mme Marie-Pierre de la Gontrie devant la commission mixte paritaire (Sénat n° 223 ; AN n° 2008)**, « un grand nombre de travailleurs sans-papiers occupent des fonctions vitales en France. Ces personnes travaillent dans des hôpitaux où sont soignés vos parents ou vous-mêmes, comme aides à domicile, comme employés dans les cuisines de restaurants où vous dînez. Selon une excellente enquête parue dans Le Monde, la brasserie Le Bourbon et le restaurant du Sénat étaient dans cette situation. Ces personnes travaillent aussi dans les supermarchés ou livrent à domicile vos courses ou les achats effectués sur internet. Alors qu'elles travaillent en France, elles n'ont pas droit à une situation juridique stable ».

Selon la Circulaire du 5 février 2024 (relative à l'admission au séjour des ressortissants étrangers justifiant d'une expérience professionnelle salariée dans des métiers en tension, NOR : IOMV2402701J), « à travers une nouvelle procédure dédiée, la loi n° 2024-42 du 26 janvier 2024 (...) permet de mettre un terme à la situation de dépendance du salarié étranger vis-à-vis de son employeur pour obtenir une admission exceptionnelle au séjour par le travail. Considérant les enjeux humains et économiques liés à l'emploi de ressortissants étrangers travaillant dans des métiers en tension, le Parlement a adopté, à l'initiative du Gouvernement, un dispositif qui permet l'admission exceptionnelle au séjour des salariés employés, sans titre de séjour, dans des métiers et zones géographiques caractérisées par des difficultés de recrutement ».

C'est la raison pour laquelle la loi n° 2024-42 du 26 janvier 2024 a mis en place une procédure d'admission exceptionnelle au séjour pour les travailleurs sans papiers exerçant dans des métiers dits « en tension » en l'assortissant de diverses conditions :

– l'activité professionnelle salariée figure dans la liste des métiers et zones géographiques caractérisés par des difficultés de recrutement durant au moins 12 mois (consécutifs ou non), au cours des 24 derniers mois ;
– le demandeur justifie d'une période de résidence ininterrompue d'au moins trois années en France, sachant que les périodes de séjour et l'activité professionnelle salariée exercée sous couvert des documents de séjour mentionnés aux articles L. 421-34 (emploi saisonnier), L. 422-1 (étudiant) et L. 521-7 (porteur d'une attestation de demande d'asile) ne sont pas prises en compte ;
– l'étranger ne peut se voir délivrer la carte de séjour temporaire s'il a fait l'objet d'une condamnation, d'une incapacité ou d'une déchéance mentionnée au bulletin n° 2 du casier judiciaire ;
– l'autorité compétente prend en compte l'insertion sociale et familiale de l'étranger, son respect de l'ordre public, son intégration à la société française et son adhésion aux modes de vie et aux valeurs de celle-ci, ainsi qu'aux principes de la République ;
– l'admission au séjour demeure discrétionnaire et à titre exceptionnel.

Comme l'indiquait **M. Philippe Bonnecarrère devant la commission mixte paritaire (Sénat n° 223 ; AN n° 2008)**, « il n'est plus nécessaire d'avoir une autorisation de l'employeur pour demander une régularisation ; le titre n'est pas de plein droit puisqu'il fait l'objet d'un examen au cas par cas par les préfets. La suppression de l'autorisation de l'employeur est une mesure d'équité et de justice car personne n'a intérêt à favoriser des trappes à bas salaire et des conditions de travail médiocres, voire indignes ».

Il convient enfin de préciser que la loi de 2024 a ajouté un 3e alinéa à l'article L. 5221-5 du code du travail prévoyant que, « Lorsqu'un titre de séjour "salarié" ou "travailleur temporaire" est délivré à l'étranger sur le fondement du présent article, l'autorité administrative vérifie par tout moyen la réalité de l'activité alléguée ». La délivrance du titre de séjour entraîne celle de l'autorisation de travail. Pour l'instruction des dossiers de demande, la circulaire du 5 février 2024 précitée invite les préfets à veiller « à ce que l'étranger qui sollicite ce titre de séjour ne fasse l'objet d'aucune mention au bulletin n° 2 du casier judiciaire » et à apprécier « la réalité et la nature de ses activités professionnelles, son respect de l'ordre public, son insertion sociale et familiale, son intégration à la société française et son adhésion aux modes de vie et aux valeurs de celle-ci ainsi qu'aux principes de la République, tels que définis par le nouvel article L. 412-7 du CESEDA ». Le même texte précise que les principes de réception des dossiers, de vérification de leur qualité formelle, de leur enregistrement et de réexamen des situations individuelles sont identiques à ceux applicables à la procédure d'admission exceptionnelle au séjour explicitée dans la circulaire du 28 novembre 2012 (NOR : INTK1229185C).

A noter enfin que les conditions fixées par l'article L. 435-4 ne sont pas « opposables à l'autorité administrative ». Comme le note J. Lepoutre (*AJDA 2024. 658*), « le législateur cherche ici à ce que les critères édictés par le nouvel article L. 435-4 du CESEDA ne puissent pas davantage fonder un "droit" à la régularisation. La formule de la "non-opposabilité" est toutefois malheureuse. Si le législateur édicte des critères, c'est bien pour que l'administration les mette en œuvre, sous le contrôle du juge administratif dont la charge est de veiller à la bonne application des lois. La mention dans la loi que l'étranger "peut se voir délivrer une carte de séjour temporaire" suffit à marquer le pouvoir discrétionnaire de l'administration et à inviter le juge à restreindre son contrôle. Que la loi édicte des critères sans chercher à les rendre opposables fait d'elle une banale circulaire. Cela confirme le sentiment déjà évoqué que le législateur n'est pas ici à sa place au regard des prérogatives qu'il tient de l'article 34 de la Constitution ». ❑

CHAPITRE VI DISPOSITIONS FISCALES

SECTION 1 Taxes perçues à l'occasion de la délivrance, du renouvellement et de la fourniture de duplicata des titres de séjour et des documents de circulation pour étrangers mineurs

Art. L. 436-1 **A l'exception des autorisations provisoires de séjour, la délivrance et le renouvellement d'un titre de séjour donnent lieu à la perception d'une taxe dont le montant est fixé à 200 euros.**

Ce montant est ramené à 50 euros pour les étrangers auxquels est délivrée une carte de séjour sur le fondement des articles L. 421-34, L. 422-1 à L. 422-6, L. 422-10 à L. 422-12, L. 422-14, L. 423-14, L. 423-15, L. 426-5, L. 426-6, L. 426-7, L. 426-22 et L. 426-23.

Le premier alinéa du présent article n'est pas applicable pour la délivrance d'une carte de séjour délivrée sur le fondement des articles L. 426-8 et L. 426-9.

Le même premier alinéa n'est pas applicable pour la première délivrance d'une carte de séjour délivrée sur le fondement des articles L. 423-22, L. 424-1, *(L. n° 2021-1549 du 1er déc. 2021, art. 11, en vigueur le 1er janv. 2022)* « L. 424-3, » L. 424-9, L. 424-11, L. 424-18, L. 424-19, L. 425-9 et L. 426-2.

La délivrance d'un visa de long séjour valant ou dispensant de titre de séjour donne lieu, outre aux droits de visa prévus par la réglementation en vigueur, à la perception de la taxe correspondant au titre de séjour que ce visa remplace. – *[Anc. art. L. 311-13, A.]*

Art. L. 436-2 La fourniture de duplicata donne lieu à la perception d'une taxe du même montant que celle applicable lors du renouvellement du titre de séjour pour le même motif. – *[Anc. art. L. 311-13, B.]*

Art. L. 436-3 La délivrance, le renouvellement et la fourniture de duplicata des documents de circulation délivrés aux étrangers mineurs sur le fondement de l'article L. 414-4 donnent lieu à la perception, d'une taxe dont le montant est de 50 euros. – *[Anc. art. L. 311-13, C.]*

Art. L. 436-4 Sans préjudice des dispositions de l'article L. 412-1, préalablement à la délivrance d'un premier titre de séjour, l'étranger qui est entré en France sans être muni des documents et visas exigés par les conventions internationales et les règlements en vigueur ou qui, âgé de plus de dix-huit ans, n'a pas, après l'expiration depuis son entrée en France d'un délai de trois mois ou d'un délai supérieur fixé par décret en Conseil d'État, été muni d'une carte de séjour, acquitte un droit de visa de régularisation d'un montant égal à 200 euros, dont 50 euros, non remboursables, sont perçus lors de la demande de titre.

Cette disposition n'est pas applicable aux réfugiés, apatrides et bénéficiaires de la protection subsidiaire et aux étrangers mentionnés aux articles L. 423-22, L. 426-1, L. 426-2 et L. 426-3.

Le visa mentionné au premier alinéa tient lieu du visa de long séjour prévu au dernier alinéa de l'article L. 312-2 si les conditions pour le demander sont réunies. – *[Anc. art. L. 311-13, D, 1.]*

Art. L. 436-5 Sans préjudice des dispositions de l'article L. 411-2, le renouvellement d'un titre de séjour demandé après l'expiration du délai requis pour le dépôt de la demande donne lieu, sauf cas de force majeure ou présentation d'un visa en cours de validité, à l'acquittement d'un droit de visa de régularisation de 180 euros. – *[Anc. art. L. 311-13, D, 2.]*

La délivrance d'un visa de régularisation fait obstacle à ce qu'après que l'étranger a acquitté l'intégralité du droit y afférent le préfet puisse opposer l'irrégularité de l'entrée sur le territoire national pour rejeter la demande de titre de séjour présentée par l'intéressé. La cour précise également que les dispositions du présent art., qui doivent être regardées comme des dispositions de procédure, sont applicables aux ressortissants algériens sollicitant un certificat de résidence sur le fondement de l'art. 6 de la Conv. franco-algérienne. • CAA Bordeaux, 13 oct. 2016, n° 16BX01010.

Art. L. 436-6 Les articles L. 436-1 à L. 436-5 sont applicables, selon les cas, à la demande, à la délivrance, au renouvellement et à la fourniture de duplicata des titres de séjour et des documents de circulation pour étrangers mineurs prévus par les traités ou accords internationaux, sauf stipulations contraires prévues par ces traités ou accords. – *[Anc. art. L. 311-14.]*

Art. L. 436-7 Sans préjudice des taxes prévues aux articles L. 436-1 à L. 436-5 et L. 436-6, la délivrance, le renouvellement, le duplicata ou le changement d'une carte de séjour ou d'un titre équivalent prévu par les traités ou accords internationaux sont soumis à un droit de timbre d'un montant de 25 euros. – *[Anc. art. L. 311-16.]*

Art. L. 436-8 La délivrance, le renouvellement d'un titre de séjour et la fourniture d'un duplicata d'un titre de séjour aux étrangers mentionnés aux articles L. 423-5, L. 423-17, L. 423-18, L. 425-1, L. 425-3, L. 425-6 ou L. 425-8 sont exonérés de la perception des taxes prévues aux articles L. 436-1 à L. 436-5 et L. 436-6 et du droit de timbre prévu à l'article L. 436-7. – *[Anc. art. L. 311-18.]*

Art. L. 436-9 Les modalités d'application des articles L. 436-1 à L. 436-5 sont précisées par décret. – *[Anc. art. L. 311-13, F.]*

SECTION 2 Taxe à acquitter par l'employeur d'un travailleur étranger ou accueillant un salarié détaché temporairement par une entreprise non établie en France

Art. L. 436-10 *(L. n° 2022-1726 du 30 déc. 2022, art. 80-III et IX, applicable aux impositions dont le fait générateur intervient à compter du 1er janv. 2023)* « Est soumise à une taxe la première admission au séjour en France, au titre de l'exercice d'une activité professionnelle salariée soumise à la condition prévue au 2° de l'article L. 5221-2 du code du travail, d'un travailleur étranger ou d'un salarié détaché temporairement par une entreprise non établie en France dans les conditions prévues au titre VI du livre II de la première partie du même code. « Le fait générateur de la taxe est constitué par le visa du contrat de travail délivré par l'autorité administrative ou l'obtention de l'autorisation de travail mentionnés au 2° de l'article L. 5221-2 dudit code.

« Le fait générateur de la taxe est constitué par le visa du contrat de travail délivré par l'autorité administrative ou l'obtention de l'autorisation de travail mentionnés au 2° de l'article L. 5221-2 dudit code.

« Le redevable est l'employeur qui embauche le travailleur étranger ou qui accueille le salarié détaché. »

Lorsque l'embauche intervient pour une durée supérieure ou égale à douze mois, le montant de cette taxe est égal à 55 % du salaire *(L. n° 2022-1726 du 30 déc. 2022, art. 80-III et IX, applicable aux impositions dont le fait générateur intervient à compter du 1er janv. 2023)* « brut mensuel » versé à ce travailleur étranger, pris en compte dans la limite de 2,5 fois le salaire minimum de croissance *(L. n° 2022-1726 du 30 déc. 2022, art. 80-III et IX, applicable aux impositions dont le fait générateur intervient à compter du 1er janv. 2023)* « brut mensuel ».

Lorsque l'embauche intervient pour un emploi temporaire d'une durée supérieure à trois mois et inférieure à douze mois, le montant de cette taxe, fixé par décret, varie selon le niveau du salaire dans des limites comprises entre 50 euros et 300 euros.

Lorsque l'embauche intervient pour un emploi à caractère saisonnier, le montant de cette taxe est modulé selon la durée de l'embauche à raison de 50 euros par mois d'activité salariée complet ou incomplet. Chaque embauche donne lieu à l'acquittement de la taxe.

Lorsque l'embauche intervient pour un jeune professionnel recruté dans le cadre d'un accord bilatéral d'échanges de jeunes professionnels, le montant de cette taxe est fixé par décret dans des limites comprises entre 50 et 300 euros.

(L. n° 2022-1726 du 30 déc. 2022, art. 80-III et IX, applicable aux impositions dont le fait générateur intervient à compter du 1er janv. 2023) « Lorsque l'embauche intervient pour un emploi temporaire d'assistant de langue, le montant de cette taxe est nul. »

Sont exonérés de la taxe prévue au premier alinéa *(L. n° 2022-1726 du 30 déc. 2022, art. 80-III et IX, applicable aux impositions dont le fait générateur intervient à compter du 1er janv. 2023)* « du présent article les particuliers employeurs mentionnés au second alinéa de l'article L. 7221-1 du code du travail, » les employeurs des citoyens de l'Union européenne mentionnés *(L. n° 2022-1726 du 30 déc. 2022, art. 80-III et IX, applicable aux impositions dont le fait générateur intervient à compter du 1er janv. 2023)* « au premier alinéa de l'article L. 233-4 du présent code », les organismes de recherche publics, les établissements d'enseignement supérieur délivrant un diplôme conférant un grade de master, les fondations de coopération scientifique, les établissements publics de coopération scientifique et les fondations reconnues d'utilité publique du secteur de la recherche agréées conformément *(L. n° 2022-1726 du 30 déc. 2022, art. 80-III et IX, applicable aux impositions dont le fait générateur intervient à compter du 1er janv. 2023)* « aux articles L. 421-14 et L. 421-15 » qui embauchent, pour une durée supérieure à trois mois, un ressortissant étranger aux fins de mener des travaux de recherche ou de dispenser un enseignement de niveau universitaire, quels que soient la durée du contrat et le montant de la rémunération.

(L. n° 2022-1726 du 30 déc. 2022, art. 80-III et IX, applicable aux impositions dont le fait générateur intervient à compter du 1er janv. 2023) « La taxe est exigible à la fin du mois au cours duquel intervient le premier jour d'activité professionnelle en France du travailleur étranger ou du salarié détaché. »

Les modalités d'application du présent article sont précisées, en tant que de besoin, par décret. – *[Anc. art. L. 311-15.]*

Art. L. 436-11 *(L. n° 2022-1726 du 30 déc. 2022, art. 80-III et IX, applicable aux impositions dont le fait générateur intervient à compter du 1er janv. 2023)* La taxe est déclarée, liquidée et acquittée par le redevable à des dates déterminées par arrêté du ministre chargé du budget. La périodicité des déclarations et paiements est au plus mensuelle et au moins annuelle.

En cas de cessation d'activité du redevable, le montant dû est établi immédiatement. La taxe est déclarée, acquittée et, le cas échéant, régularisée selon les modalités prévues pour la taxe sur la valeur ajoutée dont il est redevable ou, à défaut, dans les soixante jours suivant la cessation d'activité.

Art. L. 436-12 *(L. n° 2022-1726 du 30 déc. 2022, art. 80-III et IX, applicable aux impositions dont le fait générateur intervient à compter du 1er janv. 2023)* Le redevable de la taxe prévue à l'article L. 436-10 tient un état récapitulatif des admissions de travailleurs qui y sont soumises.

Art. L. 436-13 *(L. n° 2022-1726 du 30 déc. 2022, art. 80-III et IX, applicable aux impositions dont le fait générateur intervient à compter du 1er janv. 2023)* La taxe prévue à l'article L. 436-10 est recouvrée et contrôlée selon les mêmes procédures et sous les mêmes sanctions, garanties, sûretés et privilèges que les taxes sur le chiffre d'affaires. Les réclamations sont présentées, instruites et jugées selon les règles applicables à ces mêmes taxes.

TITRE IV DISPOSITIONS RELATIVES À L'OUTRE-MER

Dans les collectivités qui relèvent de l'art. 74 de la Const. à l'exception de Saint-Pierre-et-Miquelon, en Nouvelle-Calédonie et dans les Terres australes et antarctiques françaises, les dispositions et modifications introduites par la L. n° 2024-42 du 26 janv. 2024 entrent en vigueur à une date fixée par décret en Conseil d'État, et au plus tard le 1er sept. 2025 (L. préc., art. 86-V).

CHAPITRE I DISPOSITIONS PARTICULIÈRES AUX COLLECTIVITÉS RÉGIES PAR L'ARTICLE 73 DE LA CONSTITUTION ET À SAINT-PIERRE-ET-MIQUELON

Art. L. 441-1 Les dispositions du présent livre sont applicables de plein droit en Guadeloupe, en Guyane, en Martinique, à La Réunion, à Mayotte et à Saint-Pierre-et-Miquelon, sous réserve des adaptations prévues au présent chapitre.

SECTION 1 Dispositions relatives à la Guadeloupe, à la Guyane, à la Martinique, à La Réunion et à Saint-Pierre-et-Miquelon

Art. L. 441-2 *(L. n° 2024-42 du 26 janv. 2024, art. 82)* « I. – » Pour l'application du présent livre en Guadeloupe, en Guyane, en Martinique, à La Réunion et à Saint-Pierre-et-Miquelon :

1° La formation civique mentionnée au 1° de l'article L. 413-3 comporte un volet relatif à l'histoire et à la géographie de la collectivité de résidence de l'étranger ;

2° A l'article L. 414-1, les mots : "en France" sont remplacés par les mots : "dans les territoires auxquels ils donnent accès" ;

3° A l'article L. 414-10, les mots : "sur le territoire métropolitain" sont remplacés par les mots : "sur le territoire de la collectivité" ;

(L. n° 2024-42 du 26 janv. 2024, art. 82) « 3° *bis* Au second alinéa de l'article L. 414-13, les mots : "par l'autorité administrative après consultation" sont remplacés

par les mots : "après avis consultatif d'une commission, sous l'autorité du préfet, composée des parlementaires de la circonscription, d'un représentant du conseil départemental et du conseil régional ou, le cas échéant, de la collectivité territoriale, de France Travail, de chaque chambre consulaire, du conseil économique et social régional, du conseil de la culture, de l'éducation et de l'environnement et" ; » ;

4° L'article L. 421-8 est complété par un alinéa ainsi rédigé :

"Les conditions de délivrance et les seuils de rémunération peuvent différer pour les collectivités régies par l'article 73 de la Constitution afin de prendre en compte la dimension réduite de ces économies, les dynamiques démographiques locales et la situation sur le marché du travail. Les observatoires de l'immigration prévus à l'article L. 158-1 du présent code peuvent être consultés avant la définition de ces conditions et de ces seuils."

(L. n° 2024-42 du 26 janv. 2024, art. 82) « II. – Pour l'application à Saint-Pierre-et-Miquelon de l'article L. 435-4, l'étranger titulaire d'une carte de séjour temporaire portant la mention "salarié" ou "travailleur temporaire" en application du même article L. 435-4 peut se voir délivrer, à l'expiration de ce titre, sous réserve de continuer à remplir les conditions prévues audit article L. 435-4, une carte de séjour pluriannuelle portant la mention "salarié". » – *[Anc. art. L. 311-9, al. 8 ; anc. art. L. 311-13, ecqc les collectivités de l'art. 73 de la Constitution.]*

Art. L. 441-3 Les titres de séjour délivrés en métropole, en Guadeloupe, en Guyane, en Martinique, à La Réunion, à Saint-Barthélemy, à Saint-Martin et à Saint-Pierre-et-Miquelon ouvrent droit au séjour dans l'ensemble des territoires précités ainsi qu'à Mayotte.

Art. L. 441-4 Pour l'application du présent livre en Guyane :

1° Les références au département et au conseil départemental sont respectivement remplacées par les références à la collectivité de Guyane et à l'assemblée de Guyane ;

2° La section 3 du chapitre II du titre III n'est pas applicable ;

(L. n° 2024-42 du 26 janv. 2024, art. 82) « 2° *bis* A l'article L. 423-7, le mot : "deux" est remplacé par le mot : "trois" ;

« 2° *ter* Au premier alinéa de l'article L. 423-8, après les mots : "371-2 du code civil," sont insérés les mots : "depuis la naissance de celui-ci ou depuis au moins trois ans" ; »

3° La dernière phrase de l'article L. 423-19 est supprimée ;

4° Le deuxième alinéa de l'article L. 435-1 est supprimé. – *[Anc. art. L. 312-3.]*

Art. L. 441-5 Pour l'application du présent livre en Martinique, les références au département et au conseil départemental sont respectivement remplacées par les références à la collectivité de Martinique et à l'assemblée de Martinique.

Le doublon de l'art. L. 441-4 créé par l'Ord. n° 2020-1733 du 16 déc. 2020 est corrigé par le rect. au JO du 27 févr. 2021. Le second art. L. 441-4 devient l'art. L. 441-5 et les art. L. 441-5, L. 441-6 et L. 441-7 deviennent respectivement les art. L. 441-6, L. 441-7 et L. 441-8.

Art. L. 441-6 *(L. n° 2024-42 du 26 janv. 2024, art. 80-II)* Pour l'application du présent livre à Saint-Pierre-et-Miquelon :

1° Les références au département et au conseil départemental sont respectivement remplacées par les références à la collectivité territoriale de Saint-Pierre-et-Miquelon et au conseil territorial ;

2° Au premier alinéa de l'article L. 414-1-1, les mots : "les organismes mentionnés à l'article L. 114-10-1-1 du code de la sécurité sociale" sont remplacés par les mots : "la caisse de prévoyance sociale de Saint-Pierre-et-Miquelon".

Ancien art. L. 441-6 *Pour l'application des dispositions du présent livre à Saint-Pierre-et-Miquelon, les références au département et au conseil départemental sont respectivement remplacées par les références à la collectivité territoriale de Saint-Pierre-et-Miquelon et au conseil territorial. – [Anc. art. L. 831-1.]*

Sur la renumérotation des art. L. 441-4 à L. 441-8, V. ndlr ss. art. L. 441-5.

Art. L. 441-6-1 *(L. n° 2022-1726 du 30 déc. 2022, art. 80-III et IX, applicable aux impositions dont le fait générateur intervient à compter du 1er janv. 2023)* Les articles L. 436-10 à L. 436-13 sont applicables à Saint-Pierre-et-Miquelon dans leur rédaction résultant de la loi n° 2022-1726 du 30 décembre 2022 de finances pour 2023.

SECTION 2 Dispositions particulières à Mayotte

Art. L. 441-7 Pour l'application du présent livre à Mayotte :

(L. n° 2021-1109 du 24 août 2021, art. 93) « 1° A La première phrase du premier alinéa de l'article L. 412-6 n'est pas applicable au renouvellement du titre de séjour d'un étranger en état de polygamie légalement constituée à Mayotte à la date de publication de la loi n° 2003-660 du 21 juillet 2003 de programme pour l'outre-mer ou de l'ordonnance n° 2010-590 du 3 juin 2010 portant dispositions relatives au statut civil de droit local applicable à Mayotte et aux juridictions compétentes pour en connaître. La seconde phrase du premier alinéa du même article L. 412-6 n'est pas applicable à cette même catégorie d'étrangers *(L. n° 2024-42 du 26 janv. 2024, art. 80-II)* « ainsi qu'un volet sur l'appartenance de Mayotte à la République française, sur son intégrité territoriale et sur ses frontières » ; »

2° Le contenu des formations et actions d'accompagnement mentionnées aux 1° à 3° de l'article L. 413-3 et le niveau relatif à la connaissance de la langue française mentionné à l'article L. 413-7 peuvent faire l'objet, dans des conditions fixées par décret en Conseil d'État, d'adaptations au regard de la situation particulière du Département de Mayotte ;

3° A l'article L. 414-1, les mots : "en France" sont remplacés par les mots : "dans les territoires auxquels ils donnent accès" ;

(L. n° 2024-42 du 26 janv. 2024, art. 80-II) « 3° *bis* Au premier alinéa de l'article L. 414-1-1, les mots : "les organismes mentionnés à l'article L. 114-10-1-1 du code de la sécurité sociale" sont remplacés par les mots : "la caisse de sécurité sociale de Mayotte" ; »

4° A l'article L. 414-10, les mots : "sur le territoire métropolitain" sont remplacés par les mots : "sur le territoire de la collectivité" ;

5° L'article L. 414-4 est ainsi modifié :

a) Au 1°, après les mots : "carte de résident" sont ajoutés les mots : "ou à l'étranger mineur né sur le territoire français dont au moins l'un des parents est titulaire d'une carte de séjour temporaire d'une carte de séjour pluriannuelle ou d'une carte de résident" ;

b) Après le 8°, il est inséré un 9° ainsi rédigé :

"9° Qui, né à l'étranger, est entré à Mayotte, hors regroupement familial, avant l'âge de treize ans sous couvert des documents et visas exigés par les conventions internationales et les règlements en vigueur et dont au moins l'un des parents est titulaire d'une carte de séjour temporaire, d'une carte de séjour pluriannuelle ou d'une carte de résident."

6° L'article L. 414-5 est ainsi rédigé :

Art. L. 414-5 Le document de circulation pour étranger mineur délivré par le représentant de l'État à Mayotte ne permet la réadmission de son titulaire, en dispense de visa, qu'à Mayotte, sur présentation de ce titre accompagné d'un document de voyage en cours de validité. Le mineur ressortissant d'un pays tiers figurant sur la liste annexée au règlement (CE) n° 539/2001 du Conseil du 15 mars 2001 fixant la liste des pays tiers dont les ressortissants sont soumis à l'obligation de visa pour franchir les frontières extérieures des États membres et la liste de ceux dont les ressortissants sont exemptés de cette obligation qui réside à Mayotte et qui souhaite se rendre dans un autre département doit obtenir un visa. Ce visa est délivré dans les conditions prévues à l'article *(Rect. JO du 27 févr. 2021)* « L. 441-8 ».

(L. n° 2024-42 du 26 janv. 2024, art. 82) « 6° *bis* Au second alinéa de l'article L. 414-13, les mots : "par l'autorité administrative après consultation" sont remplacés par les mots : "après avis consultatif d'une commission, sous l'autorité du préfet, composée des parlementaires de la circonscription, du président du conseil départemental, de France Travail, de chaque chambre consulaire, du conseil économique et social régional, du conseil de la culture, de l'éducation et de l'environnement et" ; »

7° L'article L. 421-8 est complété par un alinéa ainsi rédigé :

"Les conditions de délivrance et les seuils de rémunération peuvent différer pour les collectivités régies par l'article 73 de la Constitution afin de prendre en compte la dimension réduite de ces économies, les dynamiques démographiques locales et la situation sur le marché du travail. Les observatoires de l'immigration prévus à l'article L. 158-1 du présent code peuvent être consultés avant la définition de ces conditions et de ces seuils."

8° Pour l'application du premier alinéa de l'article L. 423-6 et de l'article L. 423-10, l'étranger doit justifier de ressources stables, régulières et suffisantes pour subvenir à ses besoins ;

(L. nº 2024-42 du 26 janv. 2024, art. 82) « 8° *bis* A l'article L. 423-7, le mot : "deux" est remplacé par le mot : "trois" ;

« 8° *ter* Au premier alinéa de l'article L. 423-8, après les mots : "371-2 du code civil," sont insérés les mots : "depuis la naissance de celui-ci ou depuis au moins trois ans" ; »

9° La dernière phrase de l'article L. 423-19 est supprimée ;

10° Au premier alinéa de l'article L. 423-21, après les mots : "avec au moins un de ses parents" sont ajoutés les mots : "légitimes, naturels ou adoptifs, titulaire de la carte de séjour temporaire ou de la carte de résident," ;

11° L'article L. 425-2 n'est pas applicable ;

12° Aux articles L. 426-11, L. 426-14 et L. 434-8, la référence à l'article L. 815-1 du code de la sécurité sociale est remplacée par la référence à l'article 28 de l'ordonnance nº 2002-411 du 27 mars 2002 ;

13° La section 3 du chapitre II du titre III n'est pas applicable ;

14° A l'article L. 434-8, la référence à l'article L. 821-1 du code de la sécurité sociale est remplacée par la référence à l'article 35 de l'ordonnance nº 2002-411 du 27 mars 2002 ;

15° Le chapitre V du titre III n'est pas applicable. — *[Anc. art. L. 311-11, 2° ; anc. art. L. 313-16 ; anc. art. L. 314-9, al. 6 ; anc. art. L. 321-3, al. 2 ; anc. art. L. 321-4, al. 2 et 10 ; anc. art. L. 832-1, 12°, 13° et 15°.]*

Sur la renumérotation des art. L. 441-4 à L. 441-8, V. ndlr ss. art. L. 441-5.

Art. L. 441-8 Sans préjudice des dispositions des articles L. 233-1 et L. 233-2, les titres de séjour délivrés par le représentant de l'État à Mayotte, à l'exception des titres délivrés en application des dispositions des articles L. 233-5, L. 421-11, L. 421-14, L. 421-22, L. 422-10, L. 422-11, L. 422-12, L. 422-14, L. 424-9, L. 424-11 et L. 426-11 et des dispositions relatives à la carte de résident, n'autorisent le séjour que sur le territoire de Mayotte.

Les ressortissants de pays figurant sur la liste, annexée au règlement (CE) nº 539/2001 du Conseil du 15 mars 2001 fixant la liste des pays tiers dont les ressortissants sont soumis à l'obligation de visa pour franchir les frontières extérieures des États membres, qui résident régulièrement à Mayotte sous couvert d'un titre de séjour n'autorisant que le séjour à Mayotte et qui souhaitent se rendre dans un autre département, une collectivité régie par l'article 73 de la Constitution ou à Saint-Pierre-et-Miquelon doivent obtenir une autorisation spéciale prenant la forme d'un visa apposé sur leur document de voyage. Ce visa est délivré, pour une durée et dans des conditions définies par décret en Conseil d'État, par le représentant de l'État à Mayotte après avis du représentant de l'État du département ou de la collectivité régie par l'article 73 de la Constitution ou de Saint-Pierre-et-Miquelon où ils se rendent, en tenant compte notamment du risque de maintien irrégulier des intéressés hors du territoire de Mayotte et des considérations d'ordre public.

L'autorisation spéciale prenant la forme d'un visa mentionnée au présent article est délivré de plein droit à l'étranger qui demande l'asile lorsqu'il est convoqué par l'Office français de protection des réfugiés et des apatrides pour être entendu.

Les conjoints, partenaires liés par un pacte civil de solidarité, descendants directs âgés de moins de vingt et un ans ou à charge et ascendants directs à charge des citoyens français bénéficiant des dispositions du traité sur le fonctionnement de l'Union européenne relatives aux libertés de circulation sont dispensés de l'obligation de solli-

citer l'autorisation spéciale prenant la forme d'un visa mentionnée au présent article. – *[Anc. art. L. 832-2.]*

Sur la renumérotation des art. L. 441-4 à L. 441-8, V. ndlr ss. art. L. 441-5.

Le présent art., qui subordonne l'accès aux autres départements de l'étranger titulaire d'un titre de séjour délivré à Mayotte à l'obtention de cette autorisation spéciale, fait obstacle à ce que cet étranger, s'il gagne un autre département sans avoir obtenu cette autorisation, puisse prétendre dans cet autre département à la délivrance d'un titre de séjour dans les conditions de droit commun et en particulier de plein droit de la carte de séjour temporaire telle que prévue à l'art. L. 313-11. • CE, avis, 30 janv. 2019, n° 424581 B : *AJDA 2019. 258*.

Art. L. 441-9 *(L. n° 2024-42 du 26 janv. 2024, art. 82)* **L'étranger qui séjourne régulièrement à Mayotte depuis au moins trois ans sous couvert d'un des titres d'une durée de validité d'au moins cinq ans prévus par le présent code ou par des conventions internationales peut demander à bénéficier de son droit à être rejoint, au titre du regroupement familial :**

1° Par son conjoint, si ce dernier est âgé d'au moins dix-huit ans ;

2° Et par les enfants du couple mineurs de dix-huit ans.

CHAPITRE II DISPOSITIONS APPLICABLES À SAINT-BARTHÉLEMY

Art. L. 442-1 **Sous réserve des adaptations prévues par le présent chapitre, les dispositions suivantes sont applicables à Saint-Barthélemy dans leur rédaction résultant de l'ordonnance n° 2020-1733 du 16 décembre 2020, sauf mention contraire dans le tableau ci-dessous.** – *Tableau mod. par L. n° 2021-1109 du 24 août 2021, art. 94.*

Articles applicables	Dans leur rédaction résultant de
Au titre I	
L. 410-1	
L. 411-1 à L. 411-5	
L. 412-1 à L. 412-4	
L. 412-5 et L. 412-6	La loi n° 2021-1109 du 24 août 2021 confortant le respect des principes de la République
L. 413-1 à L. 413-7	
L. 414-1 à L. 414-12	
Au titre II	
L. 421-1 à L. 421-3	
L. 421-5 à L. 421-35	
L. 422-1 à L. 422-14	
L. 423-1 et L. 423-2	La loi n° 2021-1109 du 24 août 2021 confortant le respect des principes de la République
L. 423-3 à L. 423-6	
L. 423-7	La loi n° 2021-1109 du 24 août 2021 confortant le respect des principes de la République

Articles applicables	Dans leur rédaction résultant de
L. 423-8 et L. 423-9	
L. 423-10	La loi n° 2021-1109 du 24 août 2021 confortant le respect des principes de la République
L. 423-11 à L. 423-22	
L. 423-23	La loi n° 2021-1109 du 24 août 2021 confortant le respect des principes de la République
L. 424-1 à L. 424-21	
L. 425-1 à L. 425-10	
L. 426-1 à L. 426-23	
Au titre III	
L. 430-1	
L. 431-1 à L. 431-5	
L. 432-1	La loi n° 2021-1109 du 24 août 2021 confortant le respect des principes de la République
L. 432-2	
L. 432-3 et L. 432-4	La loi n° 2021-1109 du 24 août 2021 confortant le respect des principes de la République
L. 432-5 à L. 432-12	
L. 433-1 à L. 433-7	
L. 434-1 à L. 434-12	
L. 435-1 à L. 435-2	La loi n° 2021-1109 du 24 août 2021 confortant le respect des principes de la République
L. 435-3	
L. 436-1 à L. 436-9	

Art. L. 442-2 Pour l'application des dispositions du présent livre à Saint-Barthélemy :

1° L'accès au travail des étrangers s'exerce dans les conditions prévues par la législation et la réglementation applicables localement et dans le respect des compétences de la collectivité ;

2° La formation civique mentionnée au 1° de l'article L. 413-3 comporte un volet relatif à l'histoire et à la géographie de la collectivité de résidence de l'étranger ;

3° A l'article L. 414-1, les mots : "en France" sont remplacés par les mots : "dans les territoires auxquels ils donnent accès" ;

4° A l'article L. 414-10, les mots : "territoire métropolitain" sont remplacés par les mots : "territoire de la collectivité" ;

5° L'article L. 414-12 est ainsi rédigé :

Art. L. 414-12 La délivrance des titres de séjour portant respectivement la mention "salarié", "travailleur temporaire" et "travailleur saisonnier" prévus aux articles L. 421-1, L. 421-3 et L. 421-34 est subordonnée au respect des dispositions applicables localement en matière d'accès au travail des étrangers et de la législation en vigueur.

6° L'article L. 421-8 est complété par un alinéa ainsi rédigé :

"Les conditions de délivrance et les seuils de rémunération peuvent différer pour la collectivité de Saint-Barthélemy afin de prendre en compte la dimension réduite de ces économies, la dynamique démographique locale et la situation sur le marché du travail. L'observatoire de l'immigration de Guadeloupe prévu à l'article L. 158-1 du présent code peut être consulté avant la définition de ces conditions et de ces seuils."

7° A l'article *(L. n° 2024-42 du 26 janv. 2024, art. 30)* « L. 421-9 », la référence à l'article 44 *sexies*-0 A du code général des impôts est remplacée par la référence aux dispositions ayant le même objet applicables localement ;

8° Le premier alinéa de l'article L. 424-2 est ainsi rédigé :

"Après avoir déposé sa demande de carte de résident, et dans l'attente de la délivrance de cette carte, l'étranger mentionné à l'article L. 424-1 a le droit d'exercer la profession de son choix dans les conditions prévues par les dispositions applicables à Saint-Barthélemy."

9° Au cinquième alinéa de l'article L. 426-4, la référence à l'article L. 414-14 est supprimée ;

10° A l'article L. 431-4, après les mots : "autorise son titulaire à exercer une activité professionnelle", sont insérés les mots : "dans les conditions applicables localement".

Art. L. 442-3 Peuvent séjourner à Saint-Barthélemy les étrangers titulaires des titres de séjour délivrés en métropole, en Guadeloupe, en Guyane, en Martinique, à La Réunion, à Saint-Barthélemy, à Saint-Martin et à Saint-Pierre-et-Miquelon ainsi que ceux titulaires de la carte de résident délivrée en Nouvelle-Calédonie.

Les titres de séjour délivrés à Saint-Barthélemy permettent de séjourner en métropole, en Guadeloupe, en Guyane, en Martinique, à Mayotte, à La Réunion, à Saint-Barthélemy, à Saint-Martin et à Saint-Pierre-et-Miquelon.

CHAPITRE III **DISPOSITIONS APPLICABLES À SAINT-MARTIN**

Art. L. 443-1 Sous réserve des adaptations prévues par le présent chapitre, les dispositions suivantes sont applicables à Saint-Martin dans leur rédaction résultant de l'ordonnance n° 2020-1733 du 16 décembre 2020, sauf mention contraire dans le tableau ci-dessous. – *Tableau mod. par L. n° 2021-1109 du 24 août 2021, art. 94.*

Articles applicables	Dans leur rédaction résultant de
Au titre I	
L. 410-1	
L. 411-1 à L. 411-5	
L. 412-1 à L. 412-4	
L. 412-5 et L. 412-6	La loi n° 2021-1109 du 24 août 2021 confortant le respect des principes de la République
L. 413-1 à L. 413-7	
L. 414-1 à L. 414-12	

Articles applicables	Dans leur rédaction résultant de
Au titre II	
L. 421-1 à L. 421-3	
L. 421-5 à L. 421-35	
L. 422-1 à L. 422-14	
L. 423-1 à L. 423-2	La loi n° 2021-1109 du 24 août 2021 confortant le respect des principes de la République
L. 423-3 à L. 423-6	
L. 423-7	La loi n° 2021-1109 du 24 août 2021 confortant le respect des principes de la République
L. 423-8 et L. 423-9	
L. 423-10	La loi n° 2021-1109 du 24 août 2021 confortant le respect des principes de la République
L. 423-11 à L. 423-22	
L. 423-23	La loi n° 2021-1109 du 24 août 2021 confortant le respect des principes de la République
L. 424-1 à L. 424-21	
L. 425-1 à L. 425-10	
L. 426-1 à L. 426-23	
Au titre III	
L. 430-1	
L. 431-1 à L. 431-5	
L. 432-1	La loi n° 2021-1109 du 24 août 2021 confortant le respect des principes de la République
L. 432-2	
L. 432-3 et L. 432-4	La loi n° 2021-1109 du 24 août 2021 confortant le respect des principes de la République
L. 432-5 à L. 432-12	
L. 433-1 à L. 433-7	
L. 434-1 à L. 434-12	

Articles applicables	Dans leur rédaction résultant de
L. 435-1 et L. 435-2	La loi n° 2021-1109 du 24 août 2021 confortant le respect des principes de la République
L. 435-3	
L. 436-1 à L. 436-7	
L. 436-9	

Art. L. 443-2 Pour l'application des dispositions du présent livre à Saint-Martin :

1° L'accès au travail des étrangers s'exerce dans les conditions prévues par la législation et de la réglementation applicables localement et dans le respect des compétences de la collectivité ;

2° La formation civique mentionnée au 1° de l'article L. 413-3 comporte un volet relatif à l'histoire et à la géographie de la collectivité de résidence de l'étranger ;

3° A l'article L. 414-1, les mots : "en France" sont remplacés par les mots : "dans les territoires auxquels ils donnent accès" ;

4° A l'article L. 414-10, les mots : "territoire métropolitain" sont remplacés par les mots : "territoire de la collectivité" et après les mots : "dans le cadre de la législation en vigueur", sont ajoutés les mots : "et dans le respect des dispositions applicables localement en matière d'accès au travail des étrangers" ;

5° L'article L. 414-12 est ainsi rédigé :

Art. L. 414-12 La délivrance des titres de séjour portant respectivement la mention "salarié", "travailleur temporaire" et "travailleur saisonnier" prévus aux articles L. 421-1, L. 421-3 et L. 421-34 est subordonnée au respect des dispositions applicables localement en matière d'accès au travail des étrangers et de la législation en vigueur.

6° L'article L. 421-8 est complété par un alinéa ainsi rédigé :

"Les conditions de délivrance et les seuils de rémunération peuvent différer pour la collectivité de Saint-Martin afin de prendre en compte la dimension réduite de ces économies, la dynamique démographique locale et la situation sur le marché du travail. L'observatoire de l'immigration de Guadeloupe prévu à l'article L. 158-1 du présent code peut être consulté avant la définition de ces conditions et de ces seuils."

7° A l'article *(L. n° 2024-42 du 26 janv. 2024, art. 30)* « L. 421-9 », la référence à l'article 44 *sexies*-0 A du code général des impôts est remplacée par la référence aux dispositions ayant le même objet applicables localement ;

8° La dernière phrase de l'article L. 423-19 est supprimée ;

9° Le premier alinéa de l'article L. 424-2 est ainsi rédigé :

"Après avoir déposé sa demande de carte de résident, et dans l'attente de la délivrance de cette carte, l'étranger mentionné à l'article L. 424-1 a le droit d'exercer la profession de son choix dans les conditions prévues par les dispositions applicables à Saint-Martin."

10° Au cinquième alinéa de l'article L. 426-4, la référence à l'article L. 414-14 est supprimée ;

11° A l'article L. 431-4, après les mots : "autorise son titulaire à exercer une activité professionnelle", sont insérés les mots : "dans les conditions applicables localement" ;

12° La section 3 du chapitre II du titre III n'est pas applicable ;

13° Le deuxième alinéa de l'article L. 435-1 est supprimé.

Art. L. 443-3 Peuvent séjourner à Saint-Martin les étrangers titulaires des titres de séjour délivrés en métropole, en Guadeloupe, en Guyane, en Martinique, à La Réunion, à Saint-Barthélemy, à Saint-Martin et à Saint-Pierre-et-Miquelon ainsi que ceux titulaires de la carte de résident délivrée en Nouvelle-Calédonie.

Les titres de séjour délivrés à Saint-Martin permettent de séjourner en métropole, en Guadeloupe, en Guyane, en Martinique, à Mayotte, à La Réunion, à Saint-Barthélemy, à Saint-Martin et à Saint-Pierre-et-Miquelon.

CHAPITRE IV DISPOSITIONS APPLICABLES DANS LES ÎLES WALLIS-ET-FUTUNA

Art. L. 444-1 Sous réserve des adaptations prévues par le présent chapitre, les dispositions suivantes sont applicables dans les îles Wallis-et-Futuna dans leur rédaction résultant de l'ordonnance n° 2020-1733 du 16 décembre 2020, sauf mention contraire dans le tableau ci-dessous. – *Tableau mod. par L. n° 2021-1109 du 24 août 2021, art. 94, L. n° 2024-42 du 26 janv. 2024, art. 30.*

Articles applicables	Dans leur rédaction résultant de
Au titre I	
L. 410-1	
L. 411-1 à L. 411-5	
L. 412-1 à L. 412-4	
L. 412-5 et L. 412-6	La loi n° 2021-1109 du 24 août 2021 confortant le respect des principes de la République
L. 413-1 à L. 413-7	
L. 414-1 à L. 414-12	
Au titre II	
L. 421-1 à L. 421-3	
L. 421-5 à L. 421-8	
3° des articles L. 421-9 et L. 421-14	
2° et 3° de l'article L. 421-16 et articles L. 421-19 à L. 421-22	
L. 421-30	
L. 421-32	
L. 421-34 et L. 421-35	
L. 422-1 à L. 422-13	
L. 423-1 et L. 423-2	La loi n° 2021-1109 du 24 août 2021 confortant le respect des principes de la République
L. 423-3 à L. 423-6	
L. 423-7	La loi n° 2021-1109 du 24 août 2021 confortant le respect des principes de la République
L. 423-8 et L. 423-9	
L. 423-10	La loi n° 2021-1109 du 24 août 2021 confortant le respect des principes de la République

Articles applicables	Dans leur rédaction résultant de
L. 423-11 à L. 423-22	
L. 423-23	La loi n° 2021-1109 du 24 août 2021 confortant le respect des principes de la République
L. 424-1 à L. 424-4	
L. 424-6 et L. 424-7	
L. 424-9 à L. 424-13	
L. 424-15 et L. 424-16	
L. 424-18 à L. 424-21	
L. 425-1	
L. 425-3 à L. 425-10	
L. 426-1 à L. 426-4	
L. 426-8 à L. 426-10	
L. 426-20 et L. 426-21	
L. 426-23	
Au titre III	
L. 430-1	
L. 431-1 à L. 431-5	
L. 432-1	La loi n° 2021-1109 du 24 août 2021 confortant le respect des principes de la République
L. 432-2	
L. 432-3 à L. 432-12	La loi n° 2021-1109 du 24 août 2021 confortant le respect des principes de la République
L.433-1 à L. 433-7	
L. 434-1 à L. 434-12	
L. 435-1 à L. 435-3	La loi n° 2021-1109 du 24 août 2021 confortant le respect des principes de la République
L. 435-3	
L. 436-1 à L. 436-9	

Art. L. 444-2 Pour l'application du présent livre dans les îles Wallis-et-Futuna :

1° L'accès au travail des étrangers s'exerce dans les conditions prévues par la législation et de la réglementation applicables localement et dans le respect des compétences de la collectivité ;

2° Les mots : "en France" et "territoire français" sont remplacés respectivement par les mots : "sur le territoire des îles Wallis-et-Futuna" et "territoire des îles Wallis-et-Futuna", à l'exception de leurs mentions aux articles L. 413-1, L. 413-4, L. 413-5, L. 414-2, L. 414-3, L. 423-6, L. 423-13, L. 426-2, au 3° de l'article L. 434-7 ainsi que dans les références à l'obligation de quitter le territoire français ;

3° Les références au maire sont remplacées par la référence au chef de circonscription ;

4° A l'article L. 411-1, le 6° est supprimé ;

5° A l'article L. 411-4, les références aux articles *(L. n° 2024-42 du 26 janv. 2024, art. 30)* « L. 421-9 et L. 421-11 », L. 421-15 et L. 421-16, L. 421-26 à L. 421-29 sont supprimées ;

6° A l'article L. 411-5 :

a) Au premier alinéa, les mots : "de même que la carte de résident" portant la mention "résident de longue durée – UE" accordée par la France" sont supprimés ;

b) Le dernier alinéa est supprimé ;

7° A l'article L. 412-2, les 1°, 3°, 4°, 6°, 7°, 8°,10° et 11° et, au 2°, les mots : "ou L. 426-5" sont supprimés ;

8° A l'article L. 412-4 :

a) Les références aux articles L. 421-9 *(Abrogé par L. n° 2024-42 du 26 janv. 2024, art. 30) « , L. 421-10, »* L. 421-16 et L. 421-24 sont supprimées ;

b) Les mots : "ou 'talent-chercheur-programme de mobilité'" et les mots : "à la carte de séjour pluriannuelle portant la mention 'salarié détaché ICT' prévue à l'article L. 421-26, à la carte de séjour pluriannuelle portant la mention 'salarié détaché mobile ICT(famille)' prévue à l'article L. 421-28" sont supprimés ;

9° A l'article L. 412-5, les mots : "et de la carte de résident portant la mention 'résident de longue durée – UE'" sont supprimés ;

10° L'article L. 413-2 est ainsi rédigé :

Art. L. 413-2 L'étranger admis pour la première fois au séjour dans les îles Wallis-et-Futuna ou qui entre régulièrement dans les îles Wallis-et-Futuna entre l'âge de seize ans et l'âge de dix-huit ans, et qui souhaite s'y maintenir durablement, prépare son intégration républicaine dans la société française.

A cette fin, il conclut avec l'État un contrat d'intégration républicaine, traduit dans une langue qu'il comprend, par lequel il s'oblige à suivre une formation civique et, lorsque le besoin en est établi, linguistique. Lorsque l'étranger est âgé de seize à dix-huit ans, le contrat d'intégration républicaine doit être cosigné par son représentant légal régulièrement admis au séjour dans les îles Wallis-et-Futuna.

11° L'article L. 413-3 est ainsi rédigé :

Art. L. 413-3 Le contrat d'intégration républicaine prévu à l'article L. 413-2 comprend une formation civique qui comporte une présentation des institutions françaises et des valeurs de la République, notamment l'égalité entre les hommes et les femmes et la laïcité. La formation linguistique est sanctionnée par un titre ou un diplôme reconnus par l'État. L'étranger bénéficie également d'une session d'information sur la vie dans les îles Wallis-et-Futuna et ses institutions et, le cas échéant, d'un bilan de compétences professionnelles. Toutes ces formations et prestations sont dispensées gratuitement.

12° A l'article L. 413-5 :

a) Les 8° et 11° à 14° sont supprimés ;

b) Au 7°, les références aux articles L. 421-9 *(Abrogé par L. n° 2024-42 du 26 janv. 2024, art. 30) « , L. 421-10 »* et L. 421-16 et, au 9°, les mots : "ou 'talent – chercheur – programme de mobilité'" sont supprimés ;

13° L'article L. 413-6 est ainsi rédigé :

Art. L. 413-6 Un décret en Conseil d'État fixe les conditions d'application de la présente section. Il détermine la durée du contrat d'intégration républicaine et ses conditions de renouvellement, les actions prévues par le contrat et les conditions de suivi et de validation de ces actions, dont la reconnaissance de l'acquisition d'un niveau satisfaisant de maîtrise de la langue française et la remise à l'étranger d'un document permettant de s'assurer de l'assiduité de celui-ci aux formations qui lui sont dispensées.

14° Le deuxième alinéa de l'article L. 413-7 est ainsi rédigé :
"Pour l'appréciation de la condition d'intégration, l'autorité administrative tient compte de la souscription et du respect, par l'étranger, de l'engagement fondé sur le contrat d'intégration républicaine. Elle peut saisir pour avis le chef de la circonscription dans laquelle l'étranger réside. Cet avis est réputé favorable à l'expiration d'un délai de deux mois à compter de la saisine du chef de la circonscription par l'autorité administrative."
15° A l'article L. 414-1, les mots : "en France" sont remplacés par les mots : "dans les territoires auxquels ils donnent accès" ;
16° A l'article L. 414-4, au 2°, les mots : ", d'un ressortissant de la République d'Islande, de la Principauté du Liechtenstein, du Royaume de Norvège ou de la Confédération suisse" et au 3°, les mots : ", d'un ressortissant de la République d'Islande, de la Principauté du Liechtenstein, du Royaume de Norvège ou de la Confédération suisse" sont supprimés ;
17° A l'article L. 414-8 :
a) Les 3°, 5°, 12°, 13°, 14° et 15° sont supprimés ;
b) Au 8°, la référence à l'article L. 422-14 est supprimée ;
18° A l'article L. 414-10, les mots : "territoire métropolitain" sont remplacés par les mots : "territoire des îles Wallis-et-Futuna" ;
19° A l'article L. 414-11, les 2° et 3° sont supprimés ;
20° L'article L. 414-12 est ainsi rédigé :

Art. L. 414-12 La délivrance des titres de séjour portant respectivement la mention "salarié", "travailleur temporaire" et "travailleur saisonnier" prévus aux articles L. 421-1, L. 421-3 et L. 421-34 est subordonnée au respect des dispositions applicables localement en matière d'autorisation de travail des étrangers et de la législation et de la réglementation en vigueur localement en matière de droit du travail.

21° L'article L. 421-1 est ainsi rédigé :

Art. L. 421-1 L'étranger qui exerce une activité salariée sous contrat de travail, visé conformément aux dispositions applicables localement, d'une durée supérieure ou égale à douze mois peut se voir délivrer une carte de séjour temporaire portant la mention "salarié" d'une durée maximale d'un an.
La carte de séjour temporaire portant la mention "salarié" ne peut être retirée au motif que l'étranger s'est trouvé, autrement que de son fait, privé d'emploi.
Si la rupture du contrat de travail du fait de l'employeur intervient dans les trois mois précédant son renouvellement, une nouvelle carte lui est délivrée pour une durée d'un an.

22° L'article L. 421-3 est ainsi rédigé :

Art. L. 421-3 L'étranger titulaire d'un contrat de travail, visé conformément aux dispositions applicables localement, d'une durée déterminée inférieure à douze mois peut se voir délivrer une carte de séjour temporaire portant la mention "travailleur temporaire" d'une durée maximale d'un an.
La carte de séjour temporaire portant la mention "travailleur temporaire" ne peut être retirée au motif que l'étranger s'est trouvé, autrement que de son fait, privé d'emploi.
Si la rupture du contrat de travail du fait de l'employeur intervient dans les trois mois précédant son renouvellement, une nouvelle carte lui est délivrée pour une durée d'un an.

23° L'article L. 421-7 est ainsi rédigé :

Art. L. 421-7 Pour l'application des dispositions relatives au "talent" dans les îles Wallis-et-Futuna :
1° Les cartes de séjour pluriannuelles mentionnées aux articles *(Abrogé par L. n° 2024-42 du 26 janv. 2024, art. 30) « L. 421-13,* » L. 421-14, *(L. n° 2024-42 du 26 janv. 2024, art. 30)* « L. 421-19 à L. 421-21 et au 3° de l'article L. 421-9 ainsi qu'aux 2° et

3° de l'article L. 421-16 » peuvent être délivrées dès la première admission au séjour de l'étranger ;

2° La carte mentionnée au 1° ne peut être accordée à l'étranger ressortissant d'un pays appartenant à la zone de solidarité prioritaire que lorsque la France a conclu avec ce pays un accord de partenariat pour le codéveloppement ou lorsque cet étranger s'est engagé à retourner dans son pays d'origine au terme d'une période maximale de six ans ;

3° La carte mentionnée au 1° est attribuée au vu du contenu et de la nature du projet de l'étranger et de l'intérêt de ce projet pour les îles Wallis-et-Futuna et pour le pays dont l'étranger a la nationalité. Lorsque l'étranger souhaitant bénéficier d'une carte "talent" réside régulièrement dans les îles Wallis-et-Futuna, il présente sa demande auprès de l'administrateur supérieur des îles Wallis-et-Futuna. Lorsque l'étranger réside hors du territoire de la République, il présente sa demande auprès des autorités diplomatiques et consulaires françaises territorialement compétentes. L'autorité administrative compétente pour délivrer cette carte est l'administrateur supérieur des îles Wallis-et-Futuna ;

4° La carte de séjour mentionnée au 1° permet à son titulaire d'exercer toute activité professionnelle de son choix, dans le respect de la législation et de la réglementation en vigueur et dans le cadre du projet mentionné au 3°.

24° A l'article L. 421-8, les références aux articles *(L. n° 2024-42 du 26 janv. 2024, art. 30)* « L. 421-9 et L. 421-11 », L. 421-15 et L. 421-16 sont supprimées ;

25° A l'article L. 421-14 :

a) La dernière phrase du premier alinéa est supprimée ;

b) Le dernier alinéa est ainsi rédigé :

"Par dérogation aux dispositions de l'article L. 433-1, cette carte ne peut être retirée lorsque l'étranger se trouve involontairement privé d'emploi."

26° *(L. n° 2024-42 du 26 janv. 2024, art. 30)* « Le dernier alinéa de l'article L. 421-16 ne s'applique pas à l'étranger porteur d'un projet économique en France qui remplit les conditions prévues aux 2° et 3° du même article L. 421-16 ; »

27° *(L. n° 2024-42 du 26 janv. 2024, art. 30)* « Au 3° de l'article L. 421-16 », les mots : "investissement économique direct en France" sont remplacés par les mots : "investissement économique direct dans les îles Wallis-et-Futuna conformément aux dispositions applicables localement en matière d'investissement étranger" *(Abrogé par L. n° 2024-42 du 26 janv. 2024, art. 30) « et le second alinéa est supprimé »* ;

28° A l'article L. 421-19, le second alinéa est supprimé ;

29° A l'article L. 421-20, le troisième alinéa est supprimé ;

30° A l'article L. 421-21, le second alinéa est supprimé ;

31° A l'article L. 421-22, les références aux articles *(L. n° 2024-42 du 26 janv. 2024, art. 30)* « L. 421-9 et L. 421-11 », L. 421-15 et L. 421-16 sont supprimées ;

32° A l'article L. 421-34 :

a) Au premier alinéa, les mots : "qui exerce un emploi à caractère saisonnier" sont remplacés par les mots : "titulaire d'un contrat de travail saisonnier" et la référence au 3° de l'article L. 1242-2 du code du travail est remplacée par la référence aux dispositions applicables localement ayant le même objet ;

b) Le dernier alinéa est remplacé par un alinéa ainsi rédigé :

"Les modalités permettant à l'administrateur supérieur de s'assurer du respect, par le titulaire de cette carte, des durées maximales autorisées de séjour dans les îles Wallis-et-Futuna et d'exercice d'une activité professionnelle sont fixées par décret."

33° A l'article L. 421-35, les références aux articles L. 421-23, L. 426-5 à L. 426-7 et les mots : ", ou la carte de résident portant la mention "résident de longue durée – UE" prévue à l'article L. 426-17" sont supprimés ;

34° L'article L. 422-8 est ainsi rédigé :

Art. L. 422-8 La carte de séjour temporaire portant la mention "recherche d'emploi ou création d'entreprise" permet à l'étranger de chercher un emploi dans les îles Wallis-et-Futuna et d'y exercer un emploi en rapport avec sa formation.

35° A l'article L. 422-11, les mots : ""talent-carte bleue européenne"", les références aux articles L. 421-9 *(Abrogé par L. n° 2024-42 du 26 janv. 2024, art. 30)* « , L. 421-

10 » et L. 421-11 et les mots : "sans que lui soit opposable la situation de l'emploi" sont supprimés ;

36° A l'article L. 422-12, les mots : "ou la carte de séjour pluriannuelle portant la mention "talent" prévue à l'article L. 421-16" sont supprimés ;

37° L'article L. 423-13 est ainsi rédigé :

Art. L. 423-13 L'étranger né en France qui justifie par tout moyen avoir résidé dans les îles Wallis-et-Futuna pendant au moins huit ans de façon continue et suivi, après l'âge de dix ans, une scolarité d'au moins cinq ans dans un établissement scolaire des îles Wallis-et-Futuna, se voit délivrer, s'il fait sa demande entre l'âge de seize ans et l'âge de vingt-et-un ans, une carte de séjour temporaire portant la mention "vie privée et familiale" d'une durée d'un an. La condition prévue à l'article L. 412-1 n'est pas opposable.

38° A l'article L. 423-19, la dernière phrase est supprimée ;

39° Le premier alinéa de l'article L. 424-2 est ainsi rédigé :

"Après avoir déposé sa demande de carte de résident, et dans l'attente de la délivrance de cette carte, l'étranger mentionné à l'article L. 424-1 a le droit d'exercer la profession de son choix dans les conditions prévues par les dispositions applicables localement."

40° A l'article L. 425-9 :

a) Au deuxième alinéa, les mots : "d'un collège de médecins du service médical de l'Office français de l'immigration et de l'intégration" sont remplacés par les mots : "du médecin inspecteur de santé publique ou, à défaut, après avis d'un médecin désigné par le directeur de l'agence de santé des îles Wallis-et-Futuna" ;

b) Le deuxième alinéa est complété par une phrase ainsi rédigée :

"Ce médecin peut convoquer le demandeur pour une consultation médicale devant une commission médicale dont la composition est fixée par arrêté conjoint des ministres chargés de la santé, de l'immigration et de l'outre-mer." ;

c) Les mots : "les médecins de l'office" et les mots : "le collège de médecins" sont remplacés par les mots : "le médecin" ;

d) Le dernier alinéa est supprimé ;

41° A l'article L. 425-10 :

a) Au deuxième alinéa, les mots : "ouvre droit à l'exercice d'une activité professionnelle." sont remplacés par les mots : "n'autorise pas son titulaire à travailler. Toutefois, cette autorisation peut être assortie d'une autorisation provisoire de travail, sur présentation d'un contrat de travail." ;

b) Au quatrième alinéa, les mots : "d'un collège de médecins du service médical de l'Office français de l'immigration et de l'intégration" sont remplacés par les mots : "du médecin inspecteur de santé publique ou, à défaut, après avis d'un médecin désigné par le directeur de l'agence de santé des îles Wallis-et-Futuna" ;

42° A l'article L. 426-4 :

a) Au premier alinéa, les références aux articles L. 426-6 et L. 426-7 et les mots : "ou de la carte de résident portant la mention 'résident de longue durée – UE' prévue aux articles L. 421-12, L. 421-25 ou L. 426-17," sont supprimés ;

b) Au troisième alinéa, les mots : ", sauf s'il demande la délivrance ou le renouvellement de la carte de résident portant la mention 'résident de longue durée – UE' prévue à l'article L. 426-17" sont supprimés ;

c) Au cinquième alinéa, la référence à l'article L. 414-14 est supprimée ;

43° A l'article L. 426-8, les mots : "régime de base français de sécurité sociale" sont remplacés par les mots : "régime de protection sociale des îles Wallis-et-Futuna" ;

44° A l'article L. 426-20, les mots : ", dont le montant doit être au moins égal au salaire minimum de croissance net annuel, indépendamment de l'allocation aux adultes handicapés mentionnée à l'article L. 821-1 du code de la sécurité sociale et de l'allocation supplémentaire mentionnée à l'article L. 815-24 du même code," sont supprimés ;

45° A l'article L. 431-4, après les mots : "autorise son titulaire à exercer une activité professionnelle", sont insérés les mots : "dans les conditions applicables localement" ;

46° Au second alinéa de l'article L. 432-2, après la référence à l'article L. 421-1, est insérée la référence à l'article L. 421-3 et les références aux articles *(L. n° 2024-42 du*

26 janv. 2024, art. 30) « L. 421-9 et L. 421-11 », L. 421-15 et L. 421-16 sont supprimées ;

47° Au dernier alinéa de l'article L. 432-5, après la référence à l'article L. 421-1, est insérée la référence à l'article L. 421-3 et les références aux articles *(L. n° 2024-42 du 26 janv. 2024, art. 30)* « L. 421-9 et L. 421-11 », L. 421-15 et L. 421-16 sont supprimées ;

48° L'article L. 432-7 est ainsi rédigé :

Art. L. 432-7 Une carte de séjour peut être retirée à tout employeur, titulaire de cette carte, en infraction avec les dispositions en vigueur localement relatives à l'emploi de la main-d'œuvre étrangère ainsi qu'à tout étranger qui méconnaît ces mêmes dispositions ou qui exerce une activité professionnelle non salariée sans en avoir reçu l'autorisation.

49° A l'article L. 432-11 les mots : "en violation des dispositions de l'article L. 8251-1 du code du travail" sont remplacés par les mots : "en violation des règles en vigueur" ;

50° A l'article L. 433-1 :

a) au premier alinéa, les mots : "A l'exception de la carte de séjour pluriannuelle portant la mention "salarié détaché ICT", prévue à l'article L. 421-26, et" sont supprimés, les mots : "qui ne sont pas renouvelables", sont remplacés par les mots : "qui n'est pas renouvelable" ;

b) au troisième alinéa, les références aux articles L. 421-9 *(L. n° 2024-42 du 26 janv. 2024, art. 30)* « et » L. 421-11 sont supprimées ;

51° A l'article L. 433-3, le deuxième alinéa est supprimé ;

52° Au 1° de l'article L. 433-4 : les mots : "justifie de son assiduité, sous réserve de circonstances exceptionnelles, et du sérieux de sa participation aux formations prescrites par l'État dans le cadre du contrat d'intégration républicaine conclu en application de l'article L. 413-2 et" sont supprimés ;

53° Le 4° de l'article L. 433-5 est supprimé ;

54° A l'article L. 433-6, le deuxième alinéa est supprimé ;

55° A l'article L. 433-7, les références aux articles L. 426-6 et L. 426-7 sont supprimées et les mots : "ou de la carte de résident portant la mention "résident de longue durée – UE" prévue aux articles L. 421-12, L. 421-25, L. 424-5, L. 424-14 ou L. 426-17" sont supprimés ;

56° L'article L. 434-8 est ainsi rédigé :

Art. L. 434-8 Pour l'appréciation des ressources mentionnées au 1° de l'article L. 434-7 toutes les ressources du demandeur et de son conjoint sont prises en compte.

Un décret en Conseil d'État fixe les conditions de ressources qui s'imposent au demandeur du regroupement familial ainsi que les modalités de vérification de la façon dont ces conditions sont remplies.

57° A l'article L. 434-10, le second alinéa est supprimé ;

58° A l'article L. 435-1 :

a) Au premier alinéa, les mots : "'$alarié', 'travailleur temporaire' ou" sont supprimés ;

b) Le deuxième alinéa est supprimé ;

59° A l'article L. 435-2, la référence à l'article L. 265-1 du code de l'action sociale et des familles est remplacée par la référence aux dispositions applicables localement et les mots : "'salarié', 'travailleur temporaire' ou" sont supprimés ;

60° A l'article L. 435-3, les mots : "A titre exceptionnel," sont supprimés et les mots : "portant la mention 'salarié' ou 'travailleur temporaire'" sont remplacés par l, tu es mots : "vie privée et familiale" ;

61° A l'article L. 436-1, les références aux articles L. 422-14, L. 426-5 à L. 426-7 et L. 426-22 sont supprimées.

Art. L. 444-3 Une carte de séjour temporaire autorisant l'exercice d'une activité professionnelle peut être délivrée à l'étranger qui vient exercer dans les îles Wallis-et-Futuna une activité professionnelle non soumise à autorisation et qui justifie pouvoir vivre de ses seules ressources. Elle porte la mention de l'activité que le titulaire entend exercer. – *[Ord. n° 2000-371 du 26 avr. 2000, art. 7 et 15, V, al. 1er, 2 et 4.]*

Art. L. 444-4 La carte de séjour temporaire ou la carte de séjour pluriannuelle délivrée dans les îles Wallis-et-Futuna ouvre droit au séjour uniquement sur le territoire de cette collectivité.

La carte de résident délivrée dans les îles Wallis-et-Futuna ouvre droit au séjour dans les îles Wallis-et-Futuna et en Polynésie française.

Les titres de séjour délivrés hors des îles Wallis-et-Futuna ne confèrent pas le droit d'entrer et de séjourner dans les îles Wallis-et-Futuna.

Par dérogation au III, les étrangers titulaires d'une carte de résident délivrée hors des îles Wallis-et-Futuna entrent et séjournent dans les îles Wallis-et-Futuna dans les mêmes conditions que les étrangers titulaires d'une carte de résident délivrée dans les îles Wallis-et-Futuna. – *[Ord. n° 2000-371 du 26 avr. 2000, art. 12.]*

CHAPITRE V DISPOSITIONS APPLICABLES EN POLYNÉSIE FRANÇAISE

Art. L. 445-1 Sous réserve des adaptations prévues par le présent chapitre, les dispositions suivantes sont applicables en Polynésie française dans leur rédaction résultant de l'ordonnance n° 2020-1733 du 16 décembre 2020, sauf mention contraire dans le tableau ci-dessous. – *Tableau mod. par L. n° 2021-1109 du 24 août 2021, art. 94, L. n° 2022-217 du 21 févr. 2022, art. 252, et L. n° 2024-42 du 26 janv. 2024, art. 30.*

Articles applicables	Dans leur rédaction résultant de
Au titre I	
L. 410-1	
L. 411-1 à L. 411-5	
L. 412-1 à L. 412-4	
L. 412-5 et L. 412-6	La loi n° 2021-1109 du 24 août 2021 confortant le respect des principes de la République
L. 413-1 à L. 413-7	
L. 414-1 à L. 414-12	
Au titre II	
L. 421-1 à L. 421-3	
L. 421-5 à L. 421-8	
3° des articles L. 421-9 et L. 421-14	
2° et 3° de l'article L. 421-16 et articles L. 421-19 à L. 421-22	
L. 421-30	
L. 421-32	
L. 421-34 et L. 421-35	
L. 422-1 à L. 422-13	

Articles applicables	Dans leur rédaction résultant de
L. 423-1 et L. 423-2	La loi n° 2021-1109 du 24 août 2021 confortant le respect des principes de la République
L. 423-3 à L. 423-6	
L. 423-7	La loi n° 2021-1109 du 24 août 2021 confortant le respect des principes de la République
L. 423-8 et L. 423-9	
L. 423-10	La loi n° 2021-1109 du 24 août 2021 confortant le respect des principes de la République
L. 423-11 à L. 423-22	
L. 423-23	La loi n° 2021-1109 du 24 août 2021 confortant le respect des principes de la République
L. 424-1 à L. 424-4	
L. 424-6 et L. 426-7	
L. 424-9 à L. 424-13	
L. 424-15 et L. 424-16	
L. 424-18 à L. 424-21	
L. 425-1	
L. 425-3 à L. 425-10	
L. 426-1 à L. 426-10	
L. 426-20 et L. 426-21	
L. 426-23	
Au titre III	
L. 430-1	
L. 431-1 à L. 431-5	
L. 432-1	La loi n° 2021-1109 du 24 août 2021 confortant le respect des principes de la République
L. 432-2	
L. 432-3 et L. 432-7	La loi n° 2021-1109 du 24 août 2021 confortant le respect des principes de la République
L. 432-5 à L. 432-7	

Articles applicables	Dans leur rédaction résultant de
L. 432-9 à L. 432-14	
L. 433-1 à L. 433-7	
L. 434-1 à L. 434-12	
L. 435-1 à L. 435-2	La loi n° 2021-1109 du 24 août 2021 confortant le respect des principes de la République
L. 435-3	
L. 436-1 à L. 436-9	

Art. L. 445-2 Pour l'application du présent livre en Polynésie française :

1° L'accès au travail des étrangers s'exerce dans les conditions prévues par la législation et de la réglementation applicables localement et dans le respect des compétences de la collectivité ;

2° Les mots : "en France" et "territoire français" sont remplacées respectivement par les mots : "sur le territoire de la Polynésie française" et "territoire de la Polynésie française", à l'exception de leurs mentions aux articles L. 413-1, L. 413-4, L. 413-5, L. 414-2, L. 414-3, L. 423-6, L. 423-13, L. 426-2, au 3° de l'article L. 434-7 ainsi que dans les références à l'obligation de quitter le territoire français ;

3° A l'article L. 411-1, le 6° est supprimé ;

4° A l'article L. 411-4, les références aux articles *(L. n° 2024-42 du 26 janv. 2024, art. 30)* « L. 421-9 et L. 421-11 », L. 421-15 et L. 421-16, L. 421-26 à L. 421-29 sont supprimées ;

5° A l'article L. 411-5 :

a) Au premier alinéa, les mots : "de même que la carte de résident portant la mention "résident de longue durée – UE" accordée par la France" sont supprimés ;

b) Le dernier alinéa est supprimé ;

6° A l'article L. 412-2, les 1°, 3°, 4°, 6°, 7°, 8°,10° et 11° sont supprimés ;

7° A l'article L. 412-4 :

a) Les références aux articles L. 421-9 *(Abrogé par L. n° 2024-42 du 26 janv. 2024, art. 30) « , L. 421-10 »*, L. 421-16 et L. 421-24 sont supprimées ;

b) Les mots : "ou 'talent-chercheur-programme de mobilité'" et les mots : "à la carte de séjour pluriannuelle portant la mention 'salarié détaché ICT' prévue à l'article L. 421-26, à la carte de séjour pluriannuelle portant la mention 'salarié détaché mobile ICT (famille)' prévue à l'article L. 421-28" sont supprimés ;

8° A l'article L. 412-5, les mots : "et de la carte de résident portant la mention 'résident de longue durée – UE'" sont supprimés ;

9° L'article L. 413-2 est ainsi rédigé :

Art. L. 413-2 L'étranger admis pour la première fois au séjour en Polynésie française ou qui entre régulièrement en Polynésie française entre l'âge de seize ans et l'âge de dix-huit ans, et qui souhaite s'y maintenir durablement, prépare son intégration républicaine dans la société française.

A cette fin, il conclut avec l'État un contrat d'intégration républicaine, traduit dans une langue qu'il comprend, par lequel il s'oblige à suivre une formation civique et, lorsque le besoin en est établi, linguistique. Lorsque l'étranger est âgé de seize à dix-huit ans, le contrat d'intégration républicaine doit être cosigné par son représentant légal régulièrement admis au séjour en Polynésie française.

10° L'article L. 413-3 est ainsi rédigé :

Art. L. 413-3 Le contrat d'intégration républicaine prévu à l'article L. 413-2 comprend une formation civique qui comporte une présentation des institutions françaises et des valeurs de la République, notamment l'égalité entre les hommes et les femmes et la laïcité. La formation linguistique est sanctionnée par un titre ou un diplôme reconnus par l'État. L'étranger bénéficie également d'une session d'information sur la vie en Polynésie française et ses institutions et, le cas échéant, d'un bilan de compétences professionnelles. Toutes ces formations et prestations sont dispensées gratuitement.

11° A l'article L. 413-5 :

a) Les 8° et 11° à 14° sont supprimés ;

b) Au 7°, les références aux articles L. 421-9 *(Abrogé par L. n° 2024-42 du 26 janv. 2024, art. 30)* « *, L. 421-10* » et L. 421-16 sont supprimées et, au 9°, les mots : "ou 'talent – chercheur – programme de mobilité'" sont supprimés ;

12° L'article L. 413-6 est ainsi rédigé :

Art. L. 413-6 Un décret en Conseil d'État fixe les conditions d'application de la présente section.

13° Le deuxième alinéa de l'article L. 413-7 est ainsi rédigé :

"Pour l'appréciation de la condition d'intégration, l'autorité administrative tient compte de la souscription et du respect, par l'étranger, de l'engagement fondé sur le contrat d'intégration républicaine. Elle peut saisir pour avis le maire de la commune dans laquelle l'étranger réside. Cet avis est réputé favorable à l'expiration d'un délai de deux mois à compter de la saisine du maire par l'autorité administrative."

14° A l'article L. 414-1, les mots : "en France" sont remplacés par les mots : "dans les territoires auxquels ils donnent accès" ;

15° A l'article L. 414-4, au 2°, les mots : ", d'un ressortissant de la République d'Islande, de la Principauté du Liechtenstein, du Royaume de Norvège ou de la Confédération suisse" et au 3°, les mots : ", d'un ressortissant de la République d'Islande, de la Principauté du Liechtenstein, du Royaume de Norvège ou de la Confédération suisse" sont supprimés ;

16° A l'article L. 414-8 :

a) Les 3°, 5°, 12°, 13°, 14° et 15° sont supprimés ;

b) Au 8°, la référence à l'article L. 422-14 est supprimée ;

17° A l'article L. 414-10, les mots : "territoire métropolitain" sont remplacés par les mots : "territoire de la Polynésie française" ;

18° A l'article L. 414-11, les 2° et 3° sont supprimés ;

19° L'article L. 414-12 est ainsi rédigé :

Art. L. 414-12 La délivrance des titres de séjour portant respectivement la mention "salarié", "travailleur temporaire" et "travailleur saisonnier" prévus aux articles L. 421-1, L. 421-3 et L. 421-34 est subordonnée au respect des dispositions applicables localement en matière d'autorisation de travail des étrangers et de la législation et de la réglementation en vigueur localement en matière de droit du travail.

20° L'article L. 421-1 est ainsi rédigé :

Art. L. 421-1 L'étranger qui exerce une activité salariée sous contrat de travail visé conformément aux dispositions applicables localement d'une durée supérieure ou égale à douze mois peut se voir délivrer une carte de séjour temporaire portant la mention "salarié" d'une durée maximale d'un an.

L'exercice de l'activité professionnelle est subordonné au respect de la législation et de la réglementation applicable localement.

La carte de séjour temporaire portant la mention "salarié" ne peut être retirée au motif que l'étranger s'est trouvé, autrement que de son fait, privé d'emploi.

21° L'article L. 421-3 est ainsi rédigé :

Art. L. 421-3 L'étranger titulaire d'un contrat de travail, visé conformément aux dispositions applicables localement, d'une durée déterminée inférieure à douze mois peut se voir délivrer une carte de séjour temporaire portant la mention "travailleur temporaire" d'une durée maximale d'un an.

L'exercice de l'activité professionnelle est subordonné au respect de la législation et de la réglementation applicable localement.

La carte de séjour temporaire portant la mention "travailleur temporaire" ne peut être retirée au motif que l'étranger s'est trouvé, autrement que de son fait, privé d'emploi.

22° L'article L. 421-7 est ainsi rédigé :

Art. L. 421-7 Pour l'application des dispositions relatives au "talent" en Polynésie française :

1° Les cartes de séjour pluriannuelles mentionnées aux articles *(Abrogé par L. n° 2024-42 du 26 janv. 2024, art. 30) « L. 421-13, »* L. 421-14, *(L. n° 2024-42 du 26 janv. 2024, art. 30)* « L. 421-19 à L. 421-21 et au 3° de l'article L. 421-9 ainsi qu'aux 2° et 3° de l'article L. 421-16 » peuvent être délivrées dès la première admission au séjour de l'étranger ;

2° La carte mentionnée au 1° ne peut être accordée à l'étranger ressortissant d'un pays appartenant à la zone de solidarité prioritaire que lorsque la France a conclu avec ce pays un accord de partenariat pour le codéveloppement ou lorsque cet étranger s'est engagé à retourner dans son pays d'origine au terme d'une période maximale de six ans ;

3° La carte mentionnée au 1° est attribuée au vu du contenu et de la nature du projet de l'étranger et de l'intérêt de ce projet pour la Polynésie française et pour le pays dont l'étranger a la nationalité. Lorsque l'étranger souhaitant bénéficier d'une carte "talent" réside régulièrement en Polynésie française, il présente sa demande auprès du haut-commissaire de la République en Polynésie française. Lorsque l'étranger réside hors du territoire de la République, il présente sa demande auprès des autorités diplomatiques et consulaires françaises territorialement compétentes. L'autorité administrative compétente pour délivrer cette carte est le haut-commissaire de la République en Polynésie française ;

4° La carte de séjour mentionnée au 1° permet à son titulaire d'exercer toute activité professionnelle de son choix, dans le respect de la législation et de la réglementation applicables localement et dans le cadre du projet mentionné au 3°.

23° A l'article L. 421-8, les références aux articles *(L. n° 2024-42 du 26 janv. 2024, art. 30)* « L. 421-9 et L. 421-11 », L. 421-15 et L. 421-16 sont supprimées ;

24° *(L. n° 2024-42 du 26 janv. 2024, art. 30)* « Au premier alinéa de l'article L. 421-9 : »

a) Les mots : "d'une durée maximale de quatre ans" sont remplacés par les mots : "dans la limite fixée par les dispositions ayant pour objet la durée maximale applicable localement pour l'autorisation de travail" ;

b) Après le premier alinéa, est inséré un alinéa ainsi rédigé :

"Cette carte de séjour peut être également délivrée à un étranger détaché par un employeur établi en Polynésie française lorsque ce détachement s'effectue entre établissements d'une même entreprise ou entre entreprises d'un même groupe sous la même condition de seuil de rémunération fixée par décret en Conseil d'État."

25° A l'article L. 421-14 :

a) La dernière phrase du premier alinéa est supprimée ;

b) Le dernier alinéa est ainsi rédigé :

"Par dérogation aux dispositions de l'article L. 433-1, cette carte ne peut être retirée lorsque l'étranger se trouve involontairement privé d'emploi."

26° *(L. n° 2024-42 du 26 janv. 2024, art. 30)* « Le dernier alinéa de l'article L. 421-16 ne s'applique pas à l'étranger porteur d'un projet économique en France qui satisfait aux conditions prévues aux 2° et 3° du même article L. 421-16 ; »

27° *(L. n° 2024-42 du 26 janv. 2024, art. 30)* « Au 3° de l'article L. 421-16 », les mots : "investissement économique direct en France" sont remplacés par les mots : "investissement économique direct en Polynésie française conformément à la réglementation applicable localement en matière d'investissement étranger" *(Abrogé par L. n° 2024-42 du 26 janv. 2024, art. 30) « et le second alinéa est supprimé »* ;

28° A l'article L. 421-19, le second alinéa est supprimé ;

29° A l'article L. 421-20, le troisième alinéa est supprimé ;

30° A l'article L. 421-21, le second alinéa est supprimé ;

31° A l'article L. 421-22, les références aux articles *(L. n° 2024-42 du 26 janv. 2024, art. 30)* « L. 421-9 et L. 421-11 », L. 421-15 et L. 421-16 sont supprimées ;

32° A l'article L. 421-34 :

a) Au premier alinéa, les mots : "qui exerce un emploi à caractère saisonnier" sont remplacés par les mots : "titulaire d'un contrat de travail saisonnier" et la référence au

3° de l'article L. 1242-2 du code du travail est remplacée par la référence aux dispositions applicables localement ayant le même objet ;

b) Le dernier alinéa est remplacé par deux alinéas ainsi rédigés :

"Elle permet l'exercice de cette activité professionnelle saisonnière dans le respect de la législation et de la réglementation localement applicables.

"Les modalités permettant au haut-commissaire de la République en Polynésie française de s'assurer du respect, par le titulaire de cette carte, des durées maximales autorisées de séjour en Polynésie française et d'exercice d'une activité professionnelle sont fixées par décret. "

33° A l'article L. 421-35, les références aux articles L. 421-23 et les mots : ", ou la carte de résident portant la mention 'résident de longue durée – UE' prévue à l'article L. 426-17" sont supprimés ;

34° L'article L. 422-8 est ainsi rédigé :

Art. L. 422-8 La carte de séjour temporaire portant la mention "recherche d'emploi ou création d'entreprise" permet à l'étranger de chercher un emploi en Polynésie française et d'y exercer dans le respect de la législation et de la réglementation applicables localement un emploi en rapport avec sa formation.

35° A l'article L. 422-11, les mots : "'talent-carte bleue européenne'", les références aux articles L. 421-9 *(Abrogé par L. n° 2024-42 du 26 janv. 2024, art. 30)* *«, L. 421-10 »* et L. 421-11 et les mots : "sans que lui soit opposable la situation de l'emploi" sont supprimés ;

36° A l'article L. 422-12, les mots : "ou la carte de séjour pluriannuelle portant la mention "talent" prévue à l'article L. 421-16" sont supprimés ;

37° L'article L. 423-13 est ainsi rédigé :

Art. L. 423-13 L'étranger né en France qui justifie par tout moyen avoir résidé en Polynésie française pendant au moins huit ans de façon continue et suivi, après l'âge de dix ans, une scolarité d'au moins cinq ans dans un établissement scolaire de Polynésie française, se voit délivrer, s'il fait sa demande entre l'âge de seize ans et l'âge de vingt-et-un ans, une carte de séjour temporaire portant la mention "vie privée et familiale" d'une durée d'un an. La condition prévue à l'article L. 412-1 n'est pas opposable.

38° Le premier alinéa de l'article L. 424-2 est ainsi rédigé :

"Après avoir déposé sa demande de carte de résident, et dans l'attente de la délivrance de cette carte, l'étranger mentionné à l'article L. 424-1 a le droit d'exercer la profession de son choix dans les conditions prévues par les dispositions applicables en Polynésie française."

39° A l'article L. 425-9 :

a) Au deuxième alinéa, les mots : "d'un collège de médecins du service médical de l'Office français de l'immigration et de l'intégration" sont remplacés par les mots : "du médecin désigné dans les conditions prévues par une convention entre le haut-commissaire de la République et le gouvernement de la Polynésie française" ;

b) Le deuxième alinéa est complété par une phrase ainsi rédigée :

"Ce médecin peut convoquer le demandeur pour une consultation médicale devant une commission médicale dont la composition est fixée par arrêté conjoint des ministres chargés de la santé, de l'immigration et de l'outre-mer."

c) Les mots : "les médecins de l'office" et les mots : "le collège de médecins" sont remplacés par les mots : "le médecin" ;

d) Le dernier alinéa est supprimé ;

40° A l'article L. 425-10 :

a) Au deuxième alinéa, les mots : "ouvre droit à l'exercice d'une activité professionnelle" sont remplacés par les mots : "peut donner droit à l'exercice d'une activité professionnelle dans le cadre de la législation et de la réglementation applicables localement" ;

b) Au quatrième alinéa, les mots : "d'un collège de médecins du service médical de l'Office français de l'immigration et de l'intégration" sont remplacés par les mots : "du médecin désigné dans les conditions prévues par une convention entre le haut-commissaire de la République et le gouvernement de la Polynésie française" ;

41° A l'article L. 426-4 :
a) Au premier alinéa, les mots : "ou de la carte de résident portant la mention "résident de longue durée – UE" prévue aux articles L. 421-12, L. 421-25 ou L. 426-17" sont supprimés ;
b) Au troisième alinéa, les mots : ", sauf s'il demande la délivrance ou le renouvellement de la carte de résident portant la mention "résident de longue durée – UE" prévue à l'article L. 426-17" sont supprimés ;
c) Au cinquième alinéa, la référence à l'article L. 414-14 est supprimée ;
42° Aux articles L. 426-5, L. 426-6 et L. 426-7, les mots : "un organisme français" sont remplacés par les mots : "un organisme local de protection sociale" ;
43° A l'article L. 426-8, les mots : "régime de base français de sécurité sociale" sont remplacés par les mots : "régime de protection sociale de la Polynésie française" ;
44° A l'article L. 426-20, les mots : ", dont le montant doit être au moins égal au salaire minimum de croissance net annuel, indépendamment de l'allocation aux adultes handicapés mentionnée à l'article L. 821-1 du code de la sécurité sociale et de l'allocation supplémentaire mentionnée à l'article L. 815-24 du même code," sont supprimés ;
45° A l'article L. 431-4, après les mots : "autorise son titulaire à exercer une activité professionnelle", sont insérés les mots : "dans les conditions applicables localement" ;
46° Au second alinéa de l'article L. 432-2, après la référence à l'article L. 421-1, est insérée la référence à l'article L. 421-3 et les références aux articles *(L. n° 2024-42 du 26 janv. 2024, art. 30)* « L. 421-9 et L. 421-11 », L. 421-15 et L. 421-16 sont supprimées ;
47° Au dernier alinéa de l'article L. 432-5, après la référence à l'article L. 421-1, est insérée la référence à l'article L. 421-3 et les références aux articles *(L. n° 2024-42 du 26 janv. 2024, art. 30)* « L. 421-9 et L. 421-11 », L. 421-15 et L. 421-16 sont supprimées ;
48° L'article L. 432-7 est ainsi rédigé :

Art. L. 432-7 Une carte de séjour peut être retirée à tout employeur, titulaire de cette carte, en infraction avec les dispositions en vigueur localement relatives à l'emploi de la main-d'œuvre étrangère ainsi qu'à tout étranger qui méconnaît ces mêmes dispositions ou qui exerce une activité professionnelle non salariée sans en avoir reçu l'autorisation.

49° A l'article L. 432-11, les mots : "en violation des dispositions de l'article L. 8251-1 du code du travail" sont remplacés par les mots : "en violation des dispositions applicables localement" ;
50° L'article L. 432-14 est ainsi rédigé :

Art. L. 432-14 La commission du titre de séjour est composée :
a) Du président du tribunal administratif ou d'un conseiller délégué, président ;
b) D'un magistrat désigné par l'assemblée générale du tribunal de première instance ;
c) D'une personnalité qualifiée désignée par le haut-commissaire de la République en Polynésie française pour sa compétence en matière sociale ;
d) D'une personnalité qualifiée désignée par le haut-commissaire de la République en Polynésie française pour sa compétence en matière de sécurité publique ou de son suppléant ;
e) D'un maire ou de son suppléant désignés par le président de l'association des maires de la Polynésie française ou, à défaut d'association, d'un maire membre du comité des finances locales désigné par celui-ci en son sein ;
f) Du président de la Polynésie française ou de son représentant.
Un représentant du haut-commissaire de la République en Polynésie française assure les fonctions de rapporteur de cette commission.

51° A l'article L. 433-1 :
a) au premier alinéa, les mots : "A l'exception de la carte de séjour pluriannuelle portant la mention 'salarié détaché ICT', prévue à l'article L. 421-26, et" sont supprimés, les mots : "qui ne sont pas renouvelables", sont remplacés par les mots : "qui n'est pas renouvelable" ;

b) au troisième alinéa, les références aux articles L. 421-9 *(L. n° 2024-42 du 26 janv. 2024, art. 30)* « et » L. 421-11 sont supprimé*[e]*s ;

52° A l'article L. 433-3, le deuxième alinéa est supprimé ;

53° Au 1° de l'article L. 433-4, les mots : "justifie de son assiduité, sous réserve de circonstances exceptionnelles, et du sérieux de sa participation aux formations prescrites par l'État dans le cadre du contrat d'intégration républicaine conclu en application de l'article L. 413-2 et" sont supprimés ;

54° Le 4° de l'article L. 433-5 est supprimé ;

55° A l'article L. 433-6, le deuxième alinéa est supprimé ;

56° A l'article L. 433-7, les mots : "ou de la carte de résident portant la mention 'résident de longue durée – UE' prévue aux articles L. 421-12, L. 421-25, L. 424-5, L. 424-14 ou L. 426-17" sont supprimés ;

57° L'article L. 434-8 est ainsi rédigé :

Art. L. 434-8 Pour l'appréciation des ressources mentionnées au 1° de l'article L. 434-7, toutes les ressources du demandeur et de son conjoint sont prises en compte.

Un décret en Conseil d'État fixe les conditions de ressources qui s'imposent au demandeur du regroupement familial ainsi que les modalités de vérification de la façon dont ces conditions sont remplies.

58° Au premier alinéa de l'article L. 435-1, les mots : "'salarié', 'travailleur temporaire' ou" sont supprimés ;

59° A l'article L. 435-2, la référence à l'article L. 265-1 du code de l'action sociale et des familles est remplacée par la référence aux dispositions applicables localement et les mots : ""salarié", "travailleur temporaire" ou" sont supprimés ;

60° A l'article L. 435-3, les mots : "A titre exceptionnel," sont supprimés et les mots : "portant la mention 'salarié' ou 'travailleur temporaire'" sont remplacés par les mots : "'vie privée et familiale'" ;

61° A l'article L. 436-1, les références aux articles L. 422-14 et L. 426-22 sont supprimées.

Art. L. 445-3 Une carte de séjour temporaire autorisant l'exercice d'une activité professionnelle en Polynésie française dans le respect de la législation et de la réglementation applicables localement peut être délivrée à l'étranger qui vient exercer une activité professionnelle non soumise à autorisation et qui justifie pouvoir vivre de ses seules ressources. Elle porte la mention de l'activité que le titulaire entend exercer. – *[Ord. n° 2000-372 du 26 avr. 2000, art. 8, 16, V, al. 1er et 4 et 26.]*

Art. L. 445-4 Préalablement à la délivrance des titres de séjour, le haut-commissaire de la République en Polynésie française consulte le conseil des ministres de la Polynésie française dans des conditions fixées par décret en Conseil d'État. – *[Ord. n° 2000-372 du 26 avr. 2000, art. 7.]*

Art. L. 445-5 La carte de séjour temporaire ou la carte de séjour pluriannuelle délivrée en Polynésie française ouvre droit au séjour uniquement sur le territoire de cette collectivité.

La carte de résident délivrée en Polynésie française ouvre droit au séjour dans les îles Wallis-et-Futuna et en Polynésie française.

Les titres de séjour délivrés hors de Polynésie française ne confèrent pas le droit d'entrer et de séjourner en Polynésie française.

Par dérogation au troisième alinéa, les étrangers titulaires d'une carte de résident délivrée hors de Polynésie française entrent et séjournent en Polynésie française dans les mêmes conditions que les étrangers titulaires d'une carte de résident délivrée en Polynésie française. – *[Ord. n° 2000-372 du 26 avr. 2000, art. 13.]*

CHAPITRE VI DISPOSITIONS APPLICABLES EN NOUVELLE-CALÉDONIE

Art. L. 446-1 Sous réserve des adaptations prévues par le présent chapitre, les dispositions suivantes sont applicables en Nouvelle-Calédonie dans leur rédaction résultant de l'ordonnance n° 2020-1733 du 16 décembre 2020, sauf mention contraire dans le tableau ci-dessous. – *Tableau mod. par L. n° 2021-1109 du 24 août 2021, art. 94, L. n° 2022-217 du 21 févr. 2022, art. 252 et L. n° 2024-42 du 26 janv. 2024, art. 30.*

Articles applicables	Dans leur rédaction résultant de
Au titre I	
L. 410-1	
L. 411-1 à L. 411-5	
L. 412-1 à L. 412-4	
L. 412-5 et L. 412-6	La loi n° 2021-1109 du 24 août 2021 confortant le respect des principes de la République
L. 413-1 à L. 413-7	
L. 414-1 à L. 414-12	
Au titre II	
L. 421-1 à L. 421-3	
L. 421-5 à L. 421-8	
3° des articles L. 421-9 et L. 421-14	
2° et 3° de l'article L. 421-16 et articles L. 421-19 à L. 421-22	
L. 421-30	
L. 421-32	
L. 421-34 et L. 421-35	
L. 422-1 à L. 422-13	
L. 423-1 à L. 423-2	La loi n° 2021-1109 du 24 août 2021 confortant le respect des principes de la République
L. 423-3 à L. 423-6	
L. 423-7	La loi n° 2021-1109 du 24 août 2021 confortant le respect des principes de la République
L. 423-8 et L. 423-9	
L. 423-10	La loi n° 2021-1109 du 24 août 2021 confortant le respect des principes de la République
L. 423-11 à L. 423-22	
L. 423-23	La loi n° 2021-1109 du 24 août 2021 confortant le respect des principes de la République
L. 424-1 à L. 424-4	
L. 424-6 et L. 426-7	
L. 424-9 à L. 424-13	
L. 424-15 et L. 424-16	
L. 424-18 à L. 424-21	
L. 425-1	

Articles applicables	Dans leur rédaction résultant de
L. 425-3 à L. 425-10	
L. 426-1 à L. 426-10	
L. 426-20 et L. 426-21	
L. 426-23	
Au titre III	
L. 430-1	
L. 431-1 à L. 431-5	
L. 432-1	La loi n° 2021-1109 du 24 août 2021 confortant le respect des principes de la République
L. 432-2	
L. 432-3 et L. 432-4	La loi n° 2021-1109 du 24 août 2021 confortant le respect des principes de la République
L. 432-5 à L. 432-7	
L. 432-9 à L. 432-14	
L. 433-1 à L. 433-7	
L. 434-1 à L. 434-12	
L. 435-1 à L. 435-2	La loi n° 2021-1109 du 24 août 2021 confortant le respect des principes de la République
L. 435-3	
L. 436-1 à L. 436-9	

Art. L. 446-2 Pour l'application du présent livre en Nouvelle-Calédonie :

1° L'accès au travail des étrangers s'exerce dans les conditions prévues par la législation et de la réglementation applicables localement et dans le respect des compétences de la collectivité ;

2° Les mots : "en France" et "territoire français" sont remplacées respectivement par les mots : "sur le territoire de la Nouvelle-Calédonie" et "territoire de la Nouvelle-Calédonie", à l'exception de leurs mentions aux articles L. 413-1, L. 413-4 et L. 413-5, L. 414-2, L. 414-3, L. 423-6, L. 423-13, L. 426-2, au 3° de l'article L. 434-7 ou dans les références à l'obligation de quitter le territoire français ;

3° A l'article L. 411-1, le 6° est supprimé ;

4° A l'article L. 411-4, les références aux articles *(L. n° 2024-42 du 26 janv. 2024, art. 30)* « L. 421-9 et L. 421-11 », L. 421-15 et L. 421-16, L. 421-26 à L. 421-29 sont supprimées ;

5° A l'article L. 411-5 :

a) Au premier alinéa, les mots "de même que la carte de résident portant la mention 'résident de longue durée – UE' accordée par la France" sont supprimés ;

b) Le dernier alinéa est supprimé ;

6° A l'article L. 412-2, les 1°, 3°, 4°, 6°, 7°, 8°,10° et 11° sont supprimés ;

7° A l'article L. 412-4 :

a) Les références aux articles L. 421-9 *(Abrogé par L. n° 2024-42 du 26 janv. 2024, art. 30) « , L. 421-10 »*, L. 421-16 et L. 421-24 sont supprimées ;

b) Les mots : "ou 'talent-chercheur-programme de mobilité'" et les mots : "à la carte de séjour pluriannuelle portant la mention 'salarié détaché ICT' prévue à l'article

L. 421-26, à la carte de séjour pluriannuelle portant la mention 'salarié détaché mobile ICT(famille)' prévue à l'article L. 421-28" sont supprimés ;

8° A l'article L. 412-5, les mots : "et de la carte de résident portant la mention "résident de longue durée – UE"" sont supprimés ;

9° L'article L. 413-2 est ainsi rédigé :

Art. L. 413-2 L'étranger admis pour la première fois au séjour en Nouvelle-Calédonie ou qui entre régulièrement en Nouvelle-Calédonie entre l'âge de seize ans et l'âge de dix-huit ans, et qui souhaite s'y maintenir durablement, prépare son intégration républicaine dans la société française.

A cette fin, il conclut avec l'État un contrat d'intégration républicaine, traduit dans une langue qu'il comprend, par lequel il s'oblige à suivre une formation civique et, lorsque le besoin en est établi, linguistique. Lorsque l'étranger est âgé de seize à dix-huit ans, le contrat d'intégration républicaine doit être cosigné par son représentant légal régulièrement admis au séjour en Nouvelle-Calédonie.

10° L'article L. 413-3 est ainsi rédigé :

Art. L. 413-3 Le contrat d'intégration républicaine prévu à l'article L. 413-2 comprend une formation civique qui comporte une présentation des institutions françaises et des valeurs de la République, notamment l'égalité entre les hommes et les femmes et la laïcité. La formation linguistique est sanctionnée par un titre ou un diplôme reconnus par l'État. L'étranger bénéficie également d'une session d'information sur la vie en Nouvelle-Calédonie et ses institutions et, le cas échéant, d'un bilan de compétences professionnelles. Toutes ces formations et prestations sont dispensées gratuitement.

11° A l'article L. 413-5 :

a) Les 8° et 11° à 14° sont supprimés ;

b) Au 7°, les références aux articles L. 421-9 *(Abrogé par L. n° 2024-42 du 26 janv. 2024, art. 30)* « , *L. 421-10* » et L. 421-16 sont supprimées et, au 9°, les mots : "ou 'talent – chercheur – programme de mobilité'" sont supprimés ;

12° L'article L. 413-6 est ainsi rédigé :

Art. L. 413-6 Un décret en Conseil d'État fixe les conditions d'application de la présente section.

13° Le deuxième alinéa de l'article L. 413-7 est ainsi rédigé :

"Pour l'appréciation de la condition d'intégration, l'autorité administrative tient compte de la souscription et du respect, par l'étranger, de l'engagement fondé sur le contrat d'intégration républicaine. Elle peut saisir pour avis le maire de la commune dans laquelle l'étranger réside. Cet avis est réputé favorable à l'expiration d'un délai de deux mois à compter de la saisine du maire par l'autorité administrative."

14° A l'article L. 414-1, les mots : "en France" sont remplacés par les mots : "dans les territoires auxquels ils donnent accès" ;

15° A l'article L. 414-4, au 2°, les mots : ", d'un ressortissant de la République d'Islande, de la Principauté du Liechtenstein, du Royaume de Norvège ou de la Confédération suisse" et au 3°, les mots : ", d'un ressortissant de la République d'Islande, de la Principauté du Liechtenstein, du Royaume de Norvège ou de la Confédération suisse" sont supprimés ;

16° A l'article L. 414-8 :

a) Les 3°, 5°, 12°, 13°, 14° et 15° sont supprimés ;

b) Au 8°, la référence à l'article L. 422-14 est supprimée ;

17° A l'article L. 414-10, les mots : "territoire métropolitain" sont remplacés par les mots : "territoire de la Nouvelle-Calédonie" ;

18° A l'article L. 414-11, les 2° et 3° sont supprimés ;

19° L'article L. 414-12 est ainsi rédigé :

Art. L. 414-12 La délivrance des titres de séjour portant respectivement la mention "salarié", "travailleur temporaire" et "travailleur saisonnier" prévus aux articles L. 421-1, L. 421-3 et L. 421-34 est subordonnée au respect des dispositions applicables localement en matière d'autorisation de travail des étrangers et de la législation et de la réglementation en vigueur localement en matière de droit du travail.

20° L'article L. 421-1 est ainsi rédigé :

Art. L. 421-1 L'étranger qui exerce une activité salariée sous contrat de travail visé conformément aux dispositions applicables localement d'une durée supérieure ou égale à douze mois peut se voir délivrer une carte de séjour temporaire portant la mention "salarié" d'une durée maximale d'un an.

L'exercice de l'activité professionnelle est subordonné au respect de la législation et de la réglementation applicable localement.

La carte de séjour temporaire portant la mention "salarié" ne peut être retirée au motif que l'étranger s'est trouvé, autrement que de son fait, privé d'emploi"*[.]*

21° L'article L. 421-3 est ainsi rédigé :

Art. L. 421-3 L'étranger titulaire d'un contrat de travail, visé conformément aux dispositions applicables localement, d'une durée déterminée inférieure à douze mois peut se voir délivrer une carte de séjour temporaire portant la mention "travailleur temporaire" d'une durée maximale d'un an.

L'exercice de l'activité professionnelle est subordonné au respect de la législation et de la réglementation applicable localement.

La carte de séjour temporaire portant la mention "travailleur temporaire" ne peut être retirée au motif que l'étranger s'est trouvé, autrement que de son fait, privé d'emploi.

22° L'article L. 421-7 est ainsi rédigé :

Art. L. 421-7 Pour l'application des dispositions relatives au "talent" en Nouvelle-Calédonie :

1° Les cartes de séjour pluriannuelles mentionnées aux articles *(Abrogé par L. n° 2024-42 du 26 janv. 2024, art. 30) « L. 421-13, »* L. 421-14, *(L. n° 2024-42 du 26 janv. 2024, art. 30)* « L. 421-19 à L. 421-21 et au 3° de l'article L. 421-9 ainsi qu'aux 2° et 3° de l'article L. 421-16 » peuvent être délivrées dès la première admission au séjour de l'étranger ;

2° La carte mentionnée au 1° ne peut être accordée à l'étranger ressortissant d'un pays appartenant à la zone de solidarité prioritaire que lorsque la France a conclu avec ce pays un accord de partenariat pour le codéveloppement ou lorsque cet étranger s'est engagé à retourner dans son pays d'origine au terme d'une période maximale de six ans ;

3° La carte mentionnée au 1° est attribuée au vu du contenu et de la nature du projet de l'étranger et de l'intérêt de ce projet pour la Nouvelle-Calédonie et pour le pays dont l'étranger a la nationalité ; lorsque l'étranger souhaitant bénéficier d'une carte "talent" réside régulièrement en Nouvelle-Calédonie, il présente sa demande auprès du haut-commissaire de la République en Nouvelle-Calédonie. Lorsque l'étranger réside hors du territoire de la République, il présente sa demande auprès des autorités diplomatiques et consulaires françaises territorialement compétentes. L'autorité administrative compétente pour délivrer cette carte est le haut-commissaire de la République en Nouvelle-Calédonie ;

4° La carte de séjour mentionnée au 1° permet à son titulaire d'exercer toute activité professionnelle de son choix, dans le respect de la législation et de la réglementation applicables localement et dans le cadre du projet mentionné au 3°.

23° A l'article L. 421-8, les références aux articles *(L. n° 2024-42 du 26 janv. 2024, art. 30)* « L. 421-9 et L. 421-11 », L. 421-15 et L. 421-16 sont supprimées ;

24° A l'article *(L. n° 2024-42 du 26 janv. 2024, art. 30)* « L. 421-9 », après le premier alinéa, est inséré un alinéa ainsi rédigé :

"Cette carte de séjour peut être également délivrée à un étranger détaché par un employeur établi en Nouvelle-Calédonie lorsque ce détachement s'effectue entre établissements d'une même entreprise ou entre entreprises d'un même groupe sous la même condition de seuil de rémunération fixée par décret en Conseil d'État."

25° A l'article L. 421-14 :

a) La dernière phrase du premier alinéa est supprimée ;

b) Le dernier alinéa est ainsi rédigé :

"Par dérogation aux dispositions de l'article L. 433-1, cette carte ne peut être retirée lorsque l'étranger se trouve involontairement privé d'emploi."

26° *(L. n° 2024-42 du 26 janv. 2024, art. 30)* « Le dernier alinéa de l'article L. 421-16 ne s'applique pas à l'étranger porteur d'un projet économique en France qui satisfait aux conditions prévues aux 2° et 3° du même article L. 421-16 ; »

27° *(L. n° 2024-42 du 26 janv. 2024, art. 30)* « Au 3° de l'article L. 421-16 », les mots : "investissement économique direct en France" sont remplacés par les mots : "investissement économique direct en Nouvelle-Calédonie conformément à la réglementation applicable localement en matière d'investissement étranger" *(Abrogé par L. n° 2024-42 du 26 janv. 2024, art. 30)* *« et le second alinéa est supprimé »* ;

28° A l'article L. 421-19, le second alinéa est supprimé ;

29° A l'article L. 421-20, le troisième alinéa est supprimé ;

30° A l'article L. 421-21, le second alinéa est supprimé ;

31° A l'article L. 421-22, les références aux articles *(L. n° 2024-42 du 26 janv. 2024, art. 30)* « L. 421-9 et L. 421-11 », L. 421-15 et L. 421-16 sont supprimées ;

32° A l'article L. 421-34 :

a) Au premier alinéa, les mots : "qui exerce un emploi à caractère saisonnier" sont remplacés par les mots : "titulaire d'un contrat de travail saisonnier" et la référence au 3° de l'article L. 1242-2 du code du travail est remplacée par la référence aux dispositions applicables localement ayant le même objet ;

b) Le dernier alinéa est remplacé par deux alinéas ainsi rédigés :

"Elle permet l'exercice de cette activité professionnelle saisonnière dans le respect de la législation et de la réglementation localement applicables.

"Les modalités permettant au haut-commissaire de la République en Nouvelle-Calédonie de s'assurer du respect, par le titulaire de cette carte, des durées maximales autorisées de séjour en Nouvelle-Calédonie et d'exercice d'une activité professionnelle sont fixées par décret."

33° A l'article L. 421-35, les références aux articles L. 421-23 et les mots : "ou la carte de résident portant la mention "résident de longue durée – UE" prévue à l'article L. 426-17" sont supprimés ;

34° L'article L. 422-8 est ainsi rédigé :

Art. L. 422-8 La carte de séjour temporaire portant la mention "recherche d'emploi ou création d'entreprise" permet à l'étranger de chercher un emploi en Nouvelle-Calédonie et d'y exercer dans le respect de la législation et de la réglementation applicables localement un emploi en rapport avec sa formation.

35° A l'article L. 422-11, les mots : "'talent-carte bleue européenne'", les références aux articles L. 421-9 *(Abrogé par L. n° 2024-42 du 26 janv. 2024, art. 30)* *« , L. 421-10 »* et L. 421-11 et les mots : "sans que lui soit opposable la situation de l'emploi" sont supprimés ;

36° A l'article L. 422-12, les mots : "ou la carte de séjour pluriannuelle portant la mention 'talent' prévue à l'article L. 421-16" sont supprimés ;

37° L'article L. 423-13 est ainsi rédigé :

Art. L. 423-13 L'étranger né en France qui justifie par tout moyen avoir résidé en Nouvelle-Calédonie pendant au moins huit ans de façon continue et suivi, après l'âge de dix ans, une scolarité d'au moins cinq ans dans un établissement scolaire de Nouvelle-Calédonie, se voit délivrer, s'il fait sa demande entre l'âge de seize ans et l'âge de vingt-et-un ans, une carte de séjour temporaire portant la mention "vie privée et familiale" d'une durée d'un an. La condition prévue à l'article L. 412-1 n'est pas opposable.

38° Le premier alinéa de l'article L. 424-2 est ainsi rédigé :

"Après avoir déposé sa demande de carte de résident, et dans l'attente de la délivrance de cette carte, l'étranger mentionné à l'article L. 424-1 a le droit d'exercer la profession de son choix dans les conditions prévues par les dispositions applicables localement en Nouvelle-Calédonie."

39° A l'article L. 425-9 :

a) Au deuxième alinéa, les mots : "d'un collège de médecins du service médical de l'Office français de l'immigration et de l'intégration" sont remplacés par les mots : "du médecin désigné dans les conditions prévues par une convention entre le haut-commissaire de la République et le gouvernement de la Nouvelle-Calédonie" ;

b) Le deuxième alinéa est complété par une phrase ainsi rédigée :

"Ce médecin peut convoquer le demandeur pour une consultation médicale devant une commission médicale dont la composition est fixée par arrêté conjoint des ministres chargés de la santé, de l'immigration et de l'outre-mer."

c) Les mots : "les médecins de l'office" et les mots : "le collège de médecins" sont remplacés par les mots : "le médecin" ;

d) Le dernier alinéa est supprimé ;

40° A l'article L. 425-10 :

a) Au deuxième alinéa, les mots : "ouvre droit à l'exercice d'une activité professionnelle" sont remplacés par les mots : "peut donner droit à l'exercice d'une activité professionnelle dans le cadre de la législation et de la réglementation applicables localement" ;

b) Au quatrième alinéa, les mots : "d'un collège de médecins du service médical de l'Office français de l'immigration et de l'intégration" sont remplacés par les mots : "du médecin désigné dans les conditions prévues par une convention entre le haut-commissaire de la République et le gouvernement de la Nouvelle-Calédonie" ;

41° A l'article L. 426-4 :

a) Au premier alinéa, les mots : "ou de la carte de résident portant la mention "résident de longue durée – UE" prévue aux articles L. 421-12, L. 421-25 ou L. 426-17" sont supprimés ;

b) Au troisième alinéa, les mots : ", sauf s'il demande la délivrance ou le renouvellement de la carte de résident portant la mention "résident de longue durée – UE" prévue à l'article L. 426-17" sont supprimés ;

c) Au cinquième alinéa, la référence à l'article L. 414-14 est supprimée ;

42° Aux articles L. 426-5, L. 426-6 et L. 426-7, les mots : "un organisme français" sont remplacés par les mots : "un organisme local de protection sociale" ;

43° A l'article L. 426-8, les mots : "régime de base français de sécurité sociale" sont remplacés par les mots : "régime de protection sociale de la Nouvelle-Calédonie" ;

44° A l'article L. 426-20, les mots : "dont le montant doit être au moins égal au salaire minimum de croissance net annuel, indépendamment de l'allocation aux adultes handicapés mentionnée à l'article L. 821-1 du code de la sécurité sociale et de l'allocation supplémentaire mentionnée à l'article L. 815-24 du même code" sont supprimés ;

45° A l'article L. 431-4, après les mots : "autorise son titulaire à exercer une activité professionnelle", sont insérés les mots : "dans les conditions applicables localement" ;

46° Au second alinéa de l'article L. 432-2, après la référence à l'article L. 421-1, est insérée la référence à l'article L. 421-3 et les références aux articles *(L. n° 2024-42 du 26 janv. 2024, art. 30)* « L. 421-9 et L. 421-11 », L. 421-15 et L. 421-16 sont supprimées ;

47° Au dernier alinéa de l'article L. 432-5, après la référence à l'article L. 421-1, est insérée la référence à l'article L. 421-3 et les références aux articles *(L. n° 2024-42 du 26 janv. 2024, art. 30)* « L. 421-9 et L. 421-11 », L. 421-15 et L. 421-16 sont supprimées ;

48° L'article L. 432-7 est ainsi rédigé :

Art. L. 432-7 Une carte de séjour peut également être retirée à tout employeur, titulaire de cette carte, en infraction avec les dispositions en vigueur localement relatives à l'emploi de la main-d'œuvre étrangère ainsi qu'à tout étranger qui méconnaît ces mêmes dispositions ou qui exerce une activité professionnelle non salariée sans en avoir reçu l'autorisation.

49° A l'article L. 432-9, les mots : "qui ne respecte pas la limite de 60 % de la durée de travail annuelle prévue au même article." sont remplacés par les mots : "qui ne respecte pas le caractère accessoire de l'activité professionnelle salariée si le titulaire est autorisé à l'exercer par la législation et la réglementation applicables localement." ;

50° A l'article L. 432-11, les mots : "en violation des dispositions de l'article L. 8251-1 du code du travail" sont remplacés par les mots : "en violation des dispositions applicables localement." ;

51° L'article L. 432-14 est ainsi rédigé :

Art. L. 432-14 La commission du titre de séjour est composée :

a) Du président du tribunal administratif ou d'un conseiller délégué, président ;

b) D'un magistrat désigné par l'assemblée générale du tribunal de première instance ;

c) D'une personnalité qualifiée désignée par le haut-commissaire de la République en Nouvelle-Calédonie pour sa compétence en matière sociale*[;]*

d) D'une personnalité qualifiée désignée par le haut-commissaire de la République en Nouvelle-Calédonie pour sa compétence en matière de sécurité publique ou de son suppléant ;

e) D'un maire ou de son suppléant désignés par le président de l'association des maires de la Nouvelle-Calédonie ou, lorsqu'il y a plusieurs associations de maires, par le haut-commissaire de la République en Nouvelle-Calédonie en concertation avec celles-ci ;

f) Du président du gouvernement de la Nouvelle-Calédonie ou de son représentant.

Un représentant du haut-commissaire de la République en Nouvelle-Calédonie assure les fonctions de rapporteur de cette commission.

52° A l'article L. 433-1 :

a) au premier alinéa, les mots : "A l'exception de la carte de séjour pluriannuelle portant la mention "salarié détaché ICT", prévue à l'article L. 421-26, et" sont supprimés, les mots : "qui ne sont pas renouvelables", sont remplacés par les mots : "qui n'est pas renouvelable" ;

b) au troisième alinéa, les références aux articles L. 421-9 *(L. nº 2024-42 du 26 janv. 2024, art. 30)* « et » L. 421-11 sont supprimé*[e]*s ;

53° A l'article L. 433-3, le deuxième alinéa est supprimé ;

54° Au 1° de l'article L. 433-4, les mots : "justifie de son assiduité, sous réserve de circonstances exceptionnelles, et du sérieux de sa participation aux formations prescrites par l'État dans le cadre du contrat d'intégration républicaine conclu en application de l'article L. 413-2 et" sont supprimés ;

55° Le 4° de l'article L. 433-5 est supprimé ;

56° A l'article L. 433-6, le deuxième alinéa est supprimé ;

57° A l'article L. 433-7, les mots : "ou de la carte de résident portant la mention 'résident de longue durée – UE' prévue aux articles L. 421-12, L. 421-25, L. 424-5, L. 424-14 ou L. 426-17" sont supprimés ;

58° L'article L. 434-8 est ainsi rédigé :

Art. L. 434-8 Pour l'appréciation des ressources mentionnées au 1° de l'article L. 434-7, toutes les ressources du demandeur et de son conjoint sont prises en compte.

Un décret en Conseil d'État fixe les conditions de ressources qui s'imposent au demandeur du regroupement familial ainsi que les modalités de vérification de la façon dont ces conditions sont remplies.

59° Au premier alinéa de l'article L. 435-1, les mots : "'salarié', 'travailleur temporaire' ou" sont supprimés ;

60° A l'article L. 435-2, la référence à l'article L. 265-1 du code de l'action sociale et des familles est remplacée par la référence aux dispositions applicables localement et les mots : "'salarié', 'travailleur temporaire' ou" sont supprimés ;

61° A l'article L. 435-3, les mots : "A titre exceptionnel," sont supprimés et les mots : "portant la mention 'salarié' ou 'travailleur temporaire' sont remplacés par les mots : "'vie privée et familiale'" ;

62° A l'article L. 436-1, les références aux articles L. 422-14 et L. 426-22 sont supprimées.

Art. L. 446-3 Une carte de séjour temporaire autorisant l'exercice d'une activité professionnelle en Nouvelle-Calédonie dans le respect de la législation et de la réglementation applicables localement peut être délivrée à l'étranger qui vient exercer une activité professionnelle non soumise à autorisation et qui justifie pouvoir vivre de ses seules ressources. Elle porte la mention de l'activité que le titulaire entend exercer. – *[Ord. nº 2002-388 du 20 mars 2002, art. 8, 16, V, al. 1er et 4, et 26.]*

Art. L. 446-4 Préalablement à la délivrance des titres de séjour, le haut-commissaire de la République en Nouvelle-Calédonie consulte le gouvernement de la Nouvelle-Calédonie dans des conditions fixées par décret en Conseil d'État. – *[Ord. nº 2002-388 du 20 mars 2002, art. 7.]*

Art. L. 446-5 La carte de séjour temporaire et la carte de séjour pluriannuelle délivrée*[s]* en Nouvelle-Calédonie ouvrent droit au séjour uniquement sur le territoire de cette collectivité.

Les titres de séjour délivrés hors de la Nouvelle-Calédonie ne confèrent pas le droit d'entrer et de séjourner en Nouvelle-Calédonie.

La carte de résident délivrée en Nouvelle-Calédonie est valable en métropole, en Guadeloupe, en Guyane, en Martinique, à La Réunion, à Mayotte, à Saint-Pierre-et-Miquelon, à Saint-Barthélemy et à Saint-Martin. Elle confère également le droit de séjourner dans les îles Wallis-et-Futuna et en Polynésie française. – *[Anc. art. L. 314-13 ; Ord. n° 2002-388 du 20 mars 2002, art. 13.]*

Arrêté du 4 mai 2022,

Fixant la liste des pièces justificatives exigées pour la délivrance des titres de séjour prévus par le livre IV du code de l'entrée et du séjour des étrangers et du droit d'asile.

Art. 1er L'arrêté du 29 avril 2021 fixant la liste des pièces justificatives exigées pour la délivrance, en Nouvelle-Calédonie, des titres de séjour prévus par le livre IV du code de l'entrée et du séjour des étrangers et du droit d'asile et l'arrêté du 30 avril 2021 fixant la liste des pièces justificatives exigées pour la délivrance, hors Nouvelle-Calédonie, des titres de séjour prévus par le livre IV du code de l'entrée et du séjour des étrangers et du droit d'asile sont abrogés.

Art. 2. Toutes les pièces justificatives exigées pour la délivrance des titres de séjour prévus par le livre IV du code de l'entrée et du séjour des étrangers et du droit d'asile doivent être rédigées en français ou traduites par un traducteur assermenté près une cour d'appel.

Art. 3 Le présent arrêté figure en annexe 10 du code de l'entrée et du séjour des étrangers et du droit d'asile.

Art. 4 Pour l'application du présent arrêté à Saint-Pierre-et-Miquelon :

1° Les références au tribunal judiciaire sont remplacées par la référence au tribunal de première instance ;

2° Les références à la cour d'appel sont remplacées par la référence au tribunal supérieur d'appel.

Art. 5 Le présent arrêté est applicable à Saint-Barthélemy et à Saint-Martin sous réserve des adaptations suivantes :

1° L'accès au travail des étrangers s'exerce dans les conditions prévues par la législation et la réglementation applicables localement et dans le respect des compétences des collectivités. A ce titre, lorsque la présentation d'une autorisation de travail est exigée à l'annexe 10, l'étranger produit l'autorisation de travail prévue par la législation et la réglementation applicable localement ;

2° En ce qui concerne le travail des étrangers, les références au code du travail sont remplacées par les références aux dispositions applicables localement ayant le même objet ;

3° Pour la carte mentionnée à l'article L. 421-10, la référence à l'article 44 *sexies*-0A du code général des impôts est remplacée par la référence aux dispositions applicables localement ayant le même objet ;

4° Pour l'autorisation provisoire de séjour mentionnée à l'article L. 425-4, les mots : "commission départementale" sont remplacés par les mots : "commission territoriale".

Art. 6 Le présent arrêté est applicable dans les îles Wallis-et-Futuna, en Polynésie française et en Nouvelle-Calédonie en ce qui concerne les titres de séjour et document de circulation pour étranger mineur rendus applicables dans ces collectivités et sous réserve des adaptations suivantes :

1° L'accès au travail des étrangers s'exerce dans les conditions prévues par la législation et la réglementation applicables localement et dans le respect des compétences des collectivités ; à ce titre, lorsque la présentation d'une autorisation de travail est exigée à l'annexe 10, l'étranger produit l'autorisation de travail prévue par la législation et la réglementation applicable localement ;

2° En ce qui concerne le travail des étrangers, les références au code du travail sont remplacées par la référence aux dispositions applicables localement ayant le même objet ;

3° Les mots : "en France" et "territoire français" sont respectivement remplacés par les mots : "sur le territoire des îles Wallis-et-Futuna" et "territoire des îles Wallis-et-Futuna", "sur le territoire de la Polynésie française" et "territoire de la Polynésie française", ou "sur le territoire de la Nouvelle-Calédonie" et "territoire de la Nouvelle-Calédonie", à l'exception de leurs mentions aux rubriques faisant référence aux titres de séjour mentionnés aux articles L. 423-6, L. 423-13 et L. 426-2 ;

4° Les références à la préfecture sont remplacées par la référence aux services du représentant de l'État dans la collectivité ;

5° Les références aux formulaires CERFA sont remplacées ou complétées, en tant que de besoin, par la référence aux formulaires correspondants établis par le représentant de l'État dans la collectivité ;

6° La norme ISO/IEC 19794 - 5 : 2005 relative aux photographies n'est pas exigée jusqu'à l'entrée en vigueur d'un téléservice ;

7° Les références au site https://www.mesdroitssociaux.gouv.fr sont remplacées par la référence au dispositif local d'information ayant le même objet ;

8° Les références à *(Décr. n° 2024-606 du 26 juin 2024, art. 14 et 21, en vigueur le 1er juill. 2024)* « l'opérateur France Travail » sont remplacées par la référence aux services chargés localement des demandeurs d'emploi ;

9° Les références à l'URSSAF sont remplacées par la référence aux organismes locaux exerçant des missions équivalentes ;

10° Les références à l'inspection du travail sont remplacées par la référence au service assurant localement la même mission ;

11° Les références au tribunal judiciaire sont remplacées par la référence au tribunal de première instance ;

12° Les références au salaire minimum de croissance sont remplacées par la référence au salaire minimum applicable localement ;

13° Les références aux prestations perçues sont remplacées par la référence aux prestations applicables localement ayant le même objet ;

14° Les mots : "certificat médical délivré par l'OFII" sont remplacés par les mots : "certificat médical attestant de l'aptitude au séjour délivré après un examen médical organisé par le représentant de l'État dans la collectivité dans les conditions prévues respectivement aux articles L. 444-2, L. 445-2, L. 446-2, R. 444-3, R. 445-3 et R. 446-3 du présent code et par l'arrêté du 29 avril 2021 susvisé" ;

15° Pour les dispositions relatives à l'intégration républicaine, les mots : "et diplôme ou certification figurant sur la liste définie par arrêté (NOR : INTV1805032A) du 21 février 2018 permettant d'attester de la maitrise du français à un niveau au moins égal au niveau A2 du cadre européen commun de référence pour les langues, sauf si vous êtes âgé de plus de 65 ans" sont supprimés ;

16° Pour l'autorisation provisoire de séjour mentionnée à l'article L. 425-4, les mots : "commission départementale chargée d'organiser et de coordonner l'action en faveur des victimes de la prostitution, du proxénétisme et de la traite des êtres humains aux fins d'exploitation sexuelle" sont remplacés par les mots : "commission de lutte contre la prostitution, le proxénétisme et la traite des êtres humains aux fins d'exploitation sexuelle" ;

17° Les références aux justificatifs d'immatriculation de l'entreprise de type K ou *(Arr. du 10 juin 2022, art. 11)* « numéro SIREN » sont remplacées par la référence au justificatif de l'immatriculation de l'entreprise à un registre applicable localement donnant lieu à délivrance d'un numéro dans les îles Wallis-et-Futuna, d'un numéro TAHITI en Polynésie française ou d'un numéro RIDET en Nouvelle-Calédonie et les références au répertoire des métiers sont remplacées par la référence au registre pertinent applicable localement ;

18° Les références au répertoire SIRENE sont remplacées par la référence au registre pertinent dans la collectivité ;

19° Les mots : "Le certificat de détachement sécurité sociale ou l'attestation sur l'honneur de demande d'immatriculation à la sécurité sociale française" sont remplacés par les mots : "le justificatif de sa couverture au titre de l'assurance maladie" ;

20° Les références à la Caisse des congés payés sont remplacées par la référence au dispositif ayant le même objet applicable localement.

Art. 7 Le présent arrêté entre en vigueur le lendemain de sa publication sur l'ensemble du territoire de la République.

ANNEXE 10

(Mod. par Arr. du 10 juin 2022, art. 11)

Toutes les pièces produites doivent être rédigées en français ou traduites par un traducteur assermenté près une cour d'appel

	Catégorie de titre de séjour	Libellé APS : autorisation provisoire de séjour CST : carte de séjour temporaire CSP : carte de séjour pluriannuelle CR : carte de résident	Référence du CESEDA	Pièces justificatives
1	Titre de séjour pour motif profes-sionnel	CST portant la mention « salarié »	L. 421-1	1. Pièces à fournir dans tous les cas : – visa de long séjour ou titre de séjour en cours de validité ; – justificatif de nationalité : passeport (pages relatives à l'état civil, aux dates de validité, aux cachets d'entrée et aux visas) ou, à défaut, autres justificatifs dont au moins un revêtu d'une photographie permettant d'identifier le demandeur (attestation consulaire, carte d'identité, carte consulaire, certificat de nationalité, etc.) ; – justificatif de domicile datant de moins de six mois : facture (électricité, gaz, eau, téléphone fixe, accès à internet), bail de location de moins de six mois, quittance de loyer (si locataire) ou taxe d'habitation ; en cas d'hébergement à l'hôtel : attestation de l'hôtelier et facture du dernier mois ; en cas d'hébergement chez un particulier : attestation de l'hébergeant datée et signée, copie de sa carte nationale d'identité ou de sa carte de séjour, et justificatif de son domicile si l'adresse de sa carte nationale d'identité ou de sa carte de séjour n'est plus à jour ; – si vous êtes marié et originaire d'un pays autorisant la polygamie : déclaration sur l'honneur de non polygamie en France ; – 3 photographies d'identité de face, tête nue, récentes et parfaitement ressemblantes (format 35 mm × 45 mm-norme ISO/IEC 19794-5 : 2005) (pas de copie) ou si demande déposée dans le cadre du téléservice mentionné à l'article R. 431-2 du CESEDA, code photographie et signature numérique valide ; – justificatif d'acquittement de la taxe sur le titre de séjour et du droit de timbre et si exigé le droit de visa de régularisation à remettre au moment de la remise du titre ; – certificat médical délivré par l'OFII à remettre au moment de la remise du titre. 2. Pièces à fournir lorsque la demande est effectuée à l'expiration du visa de long séjour valant titre de séjour salarié : 2.1. Si vous occupez toujours l'emploi qui a justifié la délivrance du visa : – autorisation de travail correspondant au poste occupé ; – éléments justifiant le maintien du contrat du travail : déclaration sociale nominative de l'employeur vous concernant avant la demande de renouvellement du titre de séjour, attestation d'activité ou attestation d'activité professionnelle des douze derniers mois accessible sur https://www.mesdroitssociaux.gouv.fr/ ; – si votre employeur est un particulier employeur : attestation d'emploi (CESU ou autre organisme de déclaration). 2.2. Si vous êtes sans emploi : – attestation d'employeur destinée à Pôle emploi justifiant la rupture du contrat de travail ; – avis de situation individuelle établi par Pôle emploi. 2.3. Si vous souhaitez exercer un autre emploi : – attestation de l'employeur précédent destinée à Pôle emploi justifiant la rupture du contrat de travail ;

	Catégorie de titre de séjour	Libellé APS : autorisation provisoire de séjour CST : carte de séjour temporaire CSP : carte de séjour pluriannuelle CR : carte de résident	Référence du CESEDA	Pièces justificatives
				– autorisation de travail dématérialisée produite par le nouvel employeur 3. Pièces à fournir lorsque la demande est effectuée pour un changement de statut après une carte de séjour n'autorisant pas l'activité salariée : – autorisation de travail correspondant au poste envisagé ; 4. Pièces à fournir au renouvellement : 4.1. Si vous occupez toujours l'emploi qui a justifié la délivrance de la dernière autorisation de travail : – autorisation de travail correspondant au poste occupé (formulaire CERFA n° 15187*01) ou autorisation de travail dématérialisée ; – élément de la déclaration sociale nominative de l'employeur vous concernant avant la demande de renouvellement du titre de séjour ou attestation d'activité ou attestation d'activité professionnelle des douze derniers mois téléchargeable sur ; https://www.mesdroitssociaux.gouv.fr/ – si votre employeur est un particulier employeur : attestation de conformité aux déclarations en ligne du contrat de travail (CESU ou autre organisme de déclaration). 4.2. Si vous n'occupez plus d'emploi : – attestation du précédent employeur destinée à Pôle emploi justifiant la rupture du contrat de travail ; – avis de situation individuelle établi par Pôle emploi. 4.3. Si vous avez changé d'emploi : – attestation du précédent employeur destinée à Pôle Emploi justifiant la rupture du contrat de travail ; – autorisation de travail correspondant au poste occupé ; 5. Pièces à fournir pour la délivrance d'une CSP sur le fondement de l'article L. 421-1 : – pièces prévues aux points 1,2 ou 4 ; – Acte d'engagement à respecter les valeurs de la République dûment signé et daté. 6. A Mayotte : Si vous êtes né avant le 1er janvier 1987 et avez contracté légalement un mariage civil polygame à Mayotte avant le 5 juin 2010, vous n'avez pas à produire la déclaration sur l'honneur de non polygamie en France.
2	Titre de séjour pour motif professionnel	CST portant la mention « travailleur temporaire »	L. 421-3	1. Pièces à fournir dans tous les cas : – visa de long séjour ou titre de séjour en cours de validité ; – justificatif de nationalité : passeport (pages relatives à l'état civil, aux dates de validité, aux cachets d'entrée et aux visas) ou, à défaut, autres justificatifs dont au moins un revêtu d'une photographie permettant d'identifier le demandeur (attestation consulaire, carte d'identité, carte consulaire, certificat de nationalité, etc.) ;

	Catégorie de titre de séjour	Libellé APS : autorisation provisoire de séjour CST : carte de séjour temporaire CSP : carte de séjour pluriannuelle CR : carte de résident	Référence du CESEDA	Pièces justificatives
				– justificatif de domicile datant de moins de six mois : facture (électricité, gaz, eau, téléphone fixe, accès à internet), bail de location de moins de six mois, quittance de loyer (si locataire) ou taxe d'habitation ; en cas d'hébergement à l'hôtel : attestation de l'hôtelier et facture du dernier mois ; en cas d'hébergement chez un particulier : attestation de l'hébergeant datée et signée, copie de sa carte nationale d'identité ou de sa carte de séjour, et justificatif de son domicile si l'adresse de sa carte nationale d'identité ou de sa carte de séjour n'est plus à jour ; – si vous êtes marié et originaire d'un pays autorisant la polygamie : déclaration sur l'honneur de non polygamie en France ; – 3 photographies d'identité de face, tête nue, récentes et parfaitement ressemblantes (format 35 mm × 45 mm-norme ISO/IEC 19794-5 : 2005) (pas de copie) ou si demande déposée dans le cadre du téléservice mentionné à l'article R. 431-2 du CESEDA, code photographie et signature numérique valide ; – justificatif d'acquittement de la taxe sur le titre de séjour et du droit de timbre et si exigé le droit de visa de régularisation à remettre au moment de la remise du titre ; – certificat médical délivré par l'OFII à remettre au moment de la remise du titre. 2. Pièces à fournir lorsque la demande est effectuée à l'expiration du visa de long séjour valant titre de séjour « travailleur temporaire » : 2.1. Vous êtes salarié sous contrat de travail à durée déterminée : 2.1.1. Vous poursuivez l'exécution du contrat à durée déterminée qui a justifié la délivrance de votre dernière autorisation de travail dans la limite des prolongations autorisées par le code du travail : – autorisation de travail correspondant au poste occupé ; – élément de la déclaration sociale nominative de l'employeur vous concernant avant la demande de renouvellement du titre de séjour ou attestation d'activité professionnelle des douze derniers mois accessible sur https://www.mesdroitssociaux.gouv.fr/ ; – si votre employeur est un particulier employeur : attestation d'emploi (CESU ou autre organisme de déclaration). 2.1.2. Lorsque vous souhaitez occuper un autre emploi sous contrat à durée déterminée (nouveau contrat) : – attestation de l'employeur précédent destinée à Pôle emploi justifiant la rupture du contrat de travail ; – autorisation de travail dématérialisée délivrée au nouvel employeur. 2.1.3. Lorsque vous souhaitez exercer un premier emploi sous contrat à durée déterminée (changement de statut) : – copie de l'autorisation de travail dématérialisée délivrée au nouvel employeur.

	Catégorie de titre de séjour	Libellé APS : autorisation provisoire de séjour CST : carte de séjour temporaire CSP : carte de séjour pluriannuelle CR : carte de résident	Référence du CESEDA	Pièces justificatives
				2.2. Vous êtes salarié détaché et vous poursuivez l'exécution de la mission qui a justifié la délivrance de l'autorisation de travail : – autorisation de travail correspondant au poste occupé ; 3. Pièces à fournir au renouvellement : 3.1. Vous êtes salarié bénéficiaire d'un contrat de travail à durée déterminée : 3.1.1. Lorsque vous poursuivez l'exécution du contrat à durée déterminée qui a justifié la délivrance de votre autorisation de travail : – autorisation de travail correspondant au poste occupé ; – élément de la déclaration sociale nominative de l'employeur vous concernant avant la demande de renouvellement du titre de séjour ou attestation d'activité ou attestation d'activité professionnelle des douze derniers mois téléchargée sur https://www.mesdroitssociaux.gouv.fr/ ; – si l'employeur est un particulier employeur : attestation de conformité aux déclarations en ligne du contrat de travail (CESU ou autre organisme de déclaration). 3.1.2. Lorsque vous souhaitez occuper un autre emploi sous contrat à durée déterminée : – autorisation de travail correspondant au poste envisagée ; 4. A Mayotte : Si vous êtes né avant le 1er janvier 1987 et avez contracté légalement un mariage civil polygame à Mayotte avant le 5 juin 2010, vous n'avez pas à produire la déclaration sur l'honneur de non polygamie en France. 5. Dans les îles Wallis et Futuna, en Polynésie française et en Nouvelle-Calédonie : – Ce titre de séjour ne concerne pas le salarié détaché.
3	Titre de séjour pour motif professionnel	CST portant la mention « entrepreneur/ profession libérale »	L. 421-5 L. 421-6	1. Pièces à fournir dans tous les cas : – visa de long séjour ou titre de séjour en cours de validité ; – justificatif de nationalité : passeport (pages relatives à l'état civil, aux dates de validité, aux cachets d'entrée et aux visas) ou, à défaut, autres justificatifs dont au moins un revêtu d'une photographie permettant d'identifier le demandeur (attestation consulaire, carte d'identité, carte consulaire, certificat de nationalité, etc.) ; – justificatif de domicile datant de moins de six mois : facture (électricité, gaz, eau, téléphone fixe, accès à internet), bail de location de moins de six mois, quittance de loyer (si locataire) ou taxe d'habitation ; en cas d'hébergement à l'hôtel : attestation de l'hôtelier et facture du dernier mois ; en cas d'hébergement chez un particulier : attestation de l'hébergeant datée et signée, copie de sa carte nationale d'identité ou de sa carte de séjour, et justificatif de son domicile si l'adresse de sa carte nationale d'identité ou de sa carte de séjour n'est plus à jour ;

	Catégorie de titre de séjour	Libellé APS : autorisation provisoire de séjour CST : carte de séjour temporaire CSP : carte de séjour pluriannuelle CR : carte de résident	Référence du CESEDA	Pièces justificatives
				– si vous êtes marié et originaire d'un pays autorisant la polygamie : déclaration sur l'honneur de non polygamie en France ; – 3 photographies d'identité de face, tête nue, récentes et parfaitement ressemblantes (format 35 mm × 45 mm-norme ISO/IEC 19794-5 : 2005) (pas de copie) ou si demande déposée dans le cadre du téléservice mentionné à l'article R. 431-2 du CESEDA, code photographie et signature numérique valide ; – justificatif d'acquittement de la taxe sur le titre de séjour et du droit de timbre et si exigé le droit de visa de régularisation à remettre au moment de la remise du titre ; – certificat médical délivré par l'OFII à remettre au moment de la remise du titre. 2. Pour une activité commerciale, industrielle ou artisanale : 2.1. Pièces à fournir dans tous les cas : – l'avis rendu par la plateforme de main d'œuvre étrangère concernant la viabilité du projet d'activité – justificatif d'immatriculation de l'entreprise (statuts, extrait K ou numéro SIREN) ou d'affiliation au régime social des indépendants (à produire lors de la fabrication de la carte de séjour) ; – s'il s'agit d'une activité réglementée : autorisation d'exercice. 2.2. Pièce à fournir en changement de statut : : 2.2.1. Pièces à fournir dans tous les cas : – l'avis rendu par la plateforme de main d'œuvre étranger concernant la viabilité du projet d'activité ; – un bordereau de situation fiscale relatif au paiement de l'impôt sur le revenu en France ; – justificatif d'immatriculation de l'entreprise (statuts, extrait K ou numéro SIREN) ou d'affiliation au régime social des indépendants (à produire lors de la fabrication de la carte de séjour) ; – s'il s'agit d'une activité réglementée : autorisation d'exercice. 2.3. En renouvellement : – titre de séjour en cours de validité ; – justificatif d'immatriculation de l'entreprise (statuts, extrait K ou K bis) ou d'affiliation au régime social des indépendants ; – pour continuer l'activité créée : une copie du contrat de bail ou de domiciliation, un bordereau de situation fiscale de l'entreprise (P 237), une attestation d'assurance portant, selon la nature de l'activité, sur le local occupé, sur le véhicule ou sur tout autre bien nécessaire à l'activité, un avis d'imposition sur le revenu, si vous avez le statut de salarié, les fiches de salaire des trois derniers mois ou, en l'absence d'avis d'imposition, des douze derniers mois, ou, si vous n'avez pas le statut de salarié, un extrait du livre de compte établissant la rémunération versée au cours des trois derniers mois ou, en l'absence d'avis d'imposition, des douze derniers mois ;

	Catégorie de titre de séjour	Libellé APS : autorisation provisoire de séjour CST : carte de séjour temporaire CSP : carte de séjour pluriannuelle CR : carte de résident	Référence du CESEDA	Pièces justificatives
				– pour continuer de participer à une activité ou une entreprise existante : un avis d'imposition sur le revenu, le cas échéant, si vous avez le statut de salarié, les fiches de salaire des trois derniers mois ou, en l'absence d'avis d'imposition, des douze derniers mois ou, si vous n'avez pas le statut de salarié, un extrait du livre de compte établissant la rémunération versée au cours des trois derniers mois ou, en l'absence d'avis d'imposition, des douze derniers mois ; – tout justificatif de l'effectivité de l'entreprise ; – tout justificatif des ressources tirées de l'activité au moins équivalentes au SMIC à temps plein. 2.4. Pièces à fournir pour la délivrance d'une carte de séjour pluriannuelle sur le fondement de l'article L. 421-6 : – titre de séjour en cours de validité ; – pièces prévues au point 2.3 en fonction de votre activité. 3. Pièces à fournir si vous exercez une activité libérale : 3.1. En première demande (suite à un visa de long séjour) : – justificatif d'immatriculation URSSAF ; – s'il s'agit d'une profession réglementée : autorisation d'exercice ou inscription à l'ordre concerné. 3.2 En changement de statut : 3.2.1. En cas de création (changement de statut ou nouvelle activité) : – justificatif d'immatriculation URSSAF ; – justification des capacités de l'activité à procurer un niveau de ressources au moins équivalentes au SMIC à temps plein ; – s'il s'agit d'une profession réglementée : autorisation d'exercice ou inscription à l'ordre concerné. 3.2.2. En cas de poursuite d'activité : – tout justificatif de l'effectivité de l'activité ; – justification des ressources tirées de l'activité au moins équivalentes au SMIC à temps plein ; – s'il s'agit d'une profession réglementée : autorisation d'exercice ou inscription à l'ordre concerné. 3.3. Pièces à fournir au renouvellement : – titre de séjour en cours de validité ; – pièces prévues aux points 2 ou 3 en fonction de votre activité. 3.4. Pièces à fournir pour la délivrance d'une CSP sur le fondement de l'article L. 421-6 : – titre de séjour en cours de validité ; – pièces prévues aux points 3 en fonction de votre activité ; – acte d'engagement à respecter les valeurs de la République dûment signé et daté.

	Catégorie de titre de séjour	Libellé APS : autorisation provisoire de séjour CST : carte de séjour temporaire CSP : carte de séjour pluriannuelle CR : carte de résident	Référence du CESEDA	Pièces justificatives
				6. A Mayotte : Si vous êtes né avant le 1er janvier 1987 et avez contracté légalement un mariage civil polygame à Mayotte avant le 5 juin 2010, vous n'avez pas à produire la déclaration sur l'honneur de non polygamie en France. 7. A Saint-Barthélemy et à Saint-Martin : L'avis concernant la viabilité économique du projet est rendu par le service compétent localement en matière d'accès au travail des étrangers 8. Dans les îles Wallis et Futuna, en Polynésie française et en Nouvelle-Calédonie : L'avis concernant la viabilité économique du projet est rendu par le service compétent localement en matière d'accès au travail des étrangers.
4	Titre de séjour pour motif professionnel	CSP portant la mention « passeport talent » délivrée à l'étranger salarié qualifié et diplômé	L. 421-9	1. Pièces à fournir dans tous les cas : – visa de long séjour ou titre de séjour en cours de validité ; – justificatif de nationalité : passeport (pages relatives à l'état civil, aux dates de validité, aux cachets d'entrée et aux visas) ou, à défaut, autres justificatifs dont au moins un revêtu d'une photographie permettant d'identifier le demandeur (attestation consulaire, carte d'identité, carte consulaire, certificat de nationalité, etc.) ; – justificatif de domicile datant de moins de six mois : facture (électricité, gaz, eau, téléphone fixe, accès à internet), bail de location de moins de six mois, quittance de loyer (si locataire) ou taxe d'habitation ; en cas d'hébergement à l'hôtel : attestation de l'hôtelier et facture du dernier mois ; en cas d'hébergement chez un particulier : attestation de l'hébergeant datée et signée, copie de sa carte nationale d'identité ou de sa carte de séjour, et justificatif de son domicile si l'adresse de sa carte nationale d'identité ou de sa carte de séjour n'est plus à jour ; – Si vous êtes marié et originaire d'un pays autorisant la polygamie : déclaration sur l'honneur de non polygamie en France ; – 3 photographies d'identité de face, tête nue, récentes et parfaitement ressemblantes (format 35 mm × 45 mm-norme ISO/IEC 19794-5 : 2005) (pas de copie) ou si demande déposée dans le cadre du téléservice mentionné à l'article R. 431-2 du CESEDA, code photographie et signature numérique valide ; – justificatif d'acquittement de la taxe sur le titre de séjour et du droit de timbre et si exigé le droit de visa de régularisation à remettre au moment de la remise du titre. 2. Pièces à fournir en première demande (à la suite d'un visa de long séjour) ou en changement de statut : – attestation employeur

	Catégorie de titre de séjour	Libellé APS : autorisation provisoire de séjour CST : carte de séjour temporaire CSP : carte de séjour pluriannuelle CR : carte de résident	Référence du CESEDA	Pièces justificatives
				– diplôme au moins équivalent au grade de master délivré par un établissement d'enseignement supérieur habilité au plan national ou de niveau 7 (anciennement I) labélisé par la Conférence des Grandes écoles. 3. Pièces à fournir au renouvellement : – attestation employeur ou en cas de perte involontaire d'emploi : attestation du précédent employeur destinée à Pôle emploi justifiant la rupture du contrat de travail et avis de situation individuelle établi par Pôle emploi. 4. A Mayotte : Si vous êtes né avant le 1er janvier 1987 et avez contracté légalement un mariage civil polygame à Mayotte avant le 5 juin 2010, vous n'avez pas à produire la déclaration sur l'honneur de non polygamie en France. 5. A Saint-Barthélemy et à Saint-Martin : – autorisation de travail prévue, le cas échéant, par la législation et la réglementation applicable localement. 6. Dans les îles Wallis et Futuna, en Polynésie française et en Nouvelle-Calédonie : Titre de séjour non applicable.
5	Titre de séjour pour motif professionnel	CSP portant la mention « passeport talent » délivrée à l'étranger salarié d'une jeune entreprise innovante	L. 421-10	1. Pièces à fournir dans tous les cas : – visa de long séjour ou titre de séjour en cours de validité ; – justificatif de nationalité : passeport (pages relatives à l'état civil, aux dates de validité, aux cachets d'entrée et aux visas) ou, à défaut, autres justificatifs dont au moins un revêtu d'une photographie permettant d'identifier le demandeur (attestation consulaire, carte d'identité, carte consulaire, certificat de nationalité, etc.) ; – justificatif de domicile datant de moins de six mois : facture (électricité, gaz, eau, téléphone fixe, accès à internet), bail de location de moins de six mois, quittance de loyer (si locataire) ou taxe d'habitation ; en cas d'hébergement à l'hôtel : attestation de l'hôtelier et facture du dernier mois ; en cas d'hébergement chez un particulier : attestation de l'hébergeant datée et signée, copie de sa carte nationale d'identité ou de sa carte de séjour, et justificatif de son domicile si l'adresse de sa carte nationale d'identité ou de sa carte de séjour n'est plus à jour ; – Si vous êtes marié et originaire d'un pays autorisant la polygamie : déclaration sur l'honneur de non polygamie en France ; – 3 photographies d'identité de face, tête nue, récentes et parfaitement ressemblantes (format 35 mm × 45 mm-norme ISO/IEC 19794-5 : 2005) (pas de copie) ou si demande déposée dans le cadre du téléservice mentionné à l'article R. 431-2 du CESEDA, code photographie et signature numérique valide ;

	Catégorie de titre de séjour	Libellé APS : autorisation provisoire de séjour CST : carte de séjour temporaire CSP : carte de séjour pluriannuelle CR : carte de résident	Référence du CESEDA	Pièces justificatives
				– justificatif d'acquittement de la taxe sur le titre de séjour et du droit de timbre et si exigé le droit de visa de régularisation à remettre au moment de la remise du titre. 2. Pièces à fournir en changement de statut : – attestation employeur ; – si vous êtes salarié d'une jeune entreprise innovante : tout document fiscal établissant la qualité de jeune entreprise innovante conformément à l'article 44 sexies 0A du code général des impôts ; – si vous êtes salarié d'une entreprise innovante reconnue par un organisme public : attestation de reconnaissance du caractère innovant de l'entreprise établie par le ministre de l'économie et des finances. 3. Pièces à fournir au renouvellement : – si vous êtes salarié d'une jeune entreprise innovante : tout document fiscal établissant la qualité de jeune entreprise innovante conformément à l'article 44 sexies 0A du code général des impôts ; – si vous êtes salarié d'une entreprise innovante reconnue par un organisme public : attestation de reconnaissance du caractère innovant de l'entreprise établie par le ministre de l'économie et des finances. – attestation employeur ou en cas de perte involontaire d'emploi : attestation du premier employeur destinée à Pôle emploi justifiant la rupture du contrat de travail et avis de situation individuelle établi par Pôle emploi. 4. A Mayotte : Si vous êtes né avant le 1er janvier 1987 et avez contracté légalement un mariage civil polygame à Mayotte avant le 5 juin 2010, vous n'avez pas à produire la déclaration sur l'honneur de non polygamie en France. 5. A Saint-Barthélemy et à Saint-Martin : – autorisation de travail prévue, le cas échéant, par la législation et la réglementation applicable localement. 6. Dans les îles Wallis et Futuna, en Polynésie française et en Nouvelle-Calédonie : Titre de séjour non applicable.
6	Titre de séjour pour motif professionnel	CSP portant la mention « passeport talent-carte bleue européenne » délivrée à l'étranger occupant un emploi hautement qualifié	L. 421-11	1. Pièces à fournir dans tous les cas : 1.1. Cas général : – visa de long séjour ou titre de séjour en cours de validité ; – justificatif de nationalité : passeport (pages relatives à l'état civil, aux dates de validité, aux cachets d'entrée et aux visas) ou, à défaut, autres justificatifs dont au moins un revêtu d'une photographie permettant d'identifier le demandeur (attestation consulaire, carte d'identité, carte consulaire, certificat de nationalité, etc.) ;

	Catégorie de titre de séjour	Libellé APS : autorisation provisoire de séjour CST : carte de séjour temporaire CSP : carte de séjour pluriannuelle CR : carte de résident	Référence du CESEDA	Pièces justificatives
				– justificatif de domicile datant de moins de six mois : facture (électricité, gaz, eau, téléphone fixe, accès à internet), bail de location de moins de six mois, quittance de loyer (si locataire) ou taxe d'habitation ; en cas d'hébergement à l'hôtel : attestation de l'hôtelier et facture du dernier mois ; en cas d'hébergement chez un particulier : attestation de l'hébergeant datée et signée, copie de sa carte nationale d'identité ou de sa carte de séjour, et justificatif de son domicile si l'adresse de sa carte nationale d'identité ou de sa carte de séjour n'est plus à jour ; – si vous êtes marié et originaire d'un pays autorisant la polygamie : déclaration sur l'honneur de non polygamie en France ; – 3 photographies d'identité de face, tête nue, récentes et parfaitement ressemblantes (format 35 mm × 45 mm-norme ISO/IEC 19794-5 : 2005) (pas de copie) ou si demande déposée dans le cadre du téléservice mentionné à l'article R. 431-2 du CESEDA, code photographie et signature numérique valide ; – justificatif d'acquittement de la taxe sur le titre de séjour et du droit de timbre et si exigé le droit de visa de régularisation à remettre au moment de la remise du titre. 1.2. Si vous avez séjourné pendant dix- huit mois dans un autre État membre de l'Union Européenne sous couvert d'une carte bleue européenne : – carte bleue européenne délivrée par un autre État membre de l'Union européenne ou copie certifiée conforme. 2. Pièces à fournir en première demande (suite à visa de long séjour) ou en changement de statut : – attestation employeur ; – diplôme sanctionnant au moins trois années d'études supérieures délivré par un établissement d'enseignement supérieur reconnu par l'État dans lequel il est situé ou tout document justifiant d'une expérience professionnelle d'au moins cinq ans d'un niveau comparable ; – curriculum vitae. 3. Pièces à fournir au renouvellement : – diplôme sanctionnant au moins trois années d'études supérieures délivré par un établissement d'enseignement supérieur reconnu par l'État dans lequel il est situé ou tout document justifiant d'une expérience professionnelle d'au moins cinq ans d'un niveau comparable ; – curriculum vitae – attestation employeur ou en cas de perte involontaire d'emploi : attestation du premier employeur destinée à Pôle emploi justifiant la rupture du contrat de travail et avis de situation individuelle établi par Pôle emploi. 4. A Mayotte : Si vous êtes né avant le 1er janvier 1987 et avez contracté légalement un mariage civil polygame à Mayotte avant le 5 juin 2010, vous n'avez pas à produire la déclaration sur l'honneur de non polygamie en France.

	Catégorie de titre de séjour	Libellé APS : autorisation provisoire de séjour CST : carte de séjour temporaire CSP : carte de séjour pluriannuelle CR : carte de résident	Référence du CESEDA	Pièces justificatives
				5. A Saint-Barthélemy et à Saint-Martin : – autorisation de travail prévue, le cas échéant, par la législation et la réglementation applicable localement. 6. Dans les îles Wallis et Futuna, en Polynésie française et en Nouvelle-Calédonie : Titre de séjour non applicable.
7	Titre de séjour pour motif professionnel	CSP portant la mention « passeport talent » délivrée à l'étranger effectuant une mission entre établissements d'une même entreprise ou entre entreprises d'un même groupe	L. 421-13	1. Pièces à produire dans tous les cas : – visa de long séjour ou titre de séjour en cours de validité ; – justificatif de nationalité : passeport (pages relatives à l'état civil, aux dates de validité, aux cachets d'entrée et aux visas) ou, à défaut, autres justificatifs dont au moins un revêtu d'une photographie permettant d'identifier le demandeur (attestation consulaire, carte d'identité, carte consulaire, certificat de nationalité, etc.) ; – justificatif de domicile datant de moins de six mois : facture (électricité, gaz, eau, téléphone fixe, accès à internet), bail de location de moins de six mois, quittance de loyer (si locataire) ou taxe d'habitation ; en cas d'hébergement à l'hôtel : attestation de l'hôtelier et facture du dernier mois ; en cas d'hébergement chez un particulier : attestation de l'hébergeant datée et signée, copie de sa carte nationale d'identité ou de sa carte de séjour, et justificatif de son domicile si l'adresse de sa carte nationale d'identité ou de sa carte de séjour n'est plus à jour ; – si vous êtes marié et originaire d'un pays autorisant la polygamie : déclaration sur l'honneur de non polygamie en France ; – 3 photographies d'identité de face, tête nue, récentes et parfaitement ressemblantes (format 35 mm × 45 mm-norme ISO/IEC 19794-5 : 2005) (pas de copie) ou si demande déposée dans le cadre du téléservice mentionné à l'article R. 431-2 du CESEDA, code photographie et signature numérique valide ; – justificatif d'acquittement de la taxe sur le titre de séjour et du droit de timbre et si exigé le droit de visa de régularisation à remettre au moment de la remise du titre ; – attestation employeur attestant d'une ancienneté du contrat de travail d'une durée supérieure à 3 mois dans le groupe ou l'entreprise établie hors de France, justifiant d'une rémunération brute au moins égale à 1,8 fois le SMIC annuel ; – lettre détaillant les fonctions exercées et l'objet de la mission à effectuer ; – certificat de détachement sécurité sociale ou l'attestation sur l'honneur de demande d'immatriculation à la sécurité sociale française

	Catégorie de titre de séjour	Libellé APS : autorisation provisoire de séjour CST : carte de séjour temporaire CSP : carte de séjour pluriannuelle CR : carte de résident	Référence du CESEDA	Pièces justificatives
				4. A Mayotte : Si vous êtes né avant le 1er janvier 1987 et avez contracté légalement un mariage civil polygame à Mayotte avant le 5 juin 2010, vous n'avez pas à produire la déclaration sur l'honneur de non polygamie en France. 5. A Saint-Barthélemy et à Saint-Martin : – autorisation de travail prévue, le cas échéant, par la législation et la réglementation applicable localement. 6. Dans les îles Wallis et Futuna, en Polynésie française et en Nouvelle-Calédonie : – autorisation de travail prévue, le cas échéant, par la législation et la réglementation applicable localement. – la rémunération brute à présenter à l'appui du formulaire CERFA n° 15616*01 ou son équivalent local est au moins égale à 1,5 fois le salaire minimum annuel.
8	Titre de séjour pour motif professionnel	CSP portant la mention « passeport talent-chercheur » ou « passeport talent-chercheur-programme de mobilité » délivrée à l'étranger qui mène des travaux de recherche ou dispense un enseignement de niveau universitaire	L. 421-14	1. Pièces à fournir dans tous les cas : – visa de long séjour ou titre de séjour en cours de validité ; – justificatif de nationalité : passeport (pages relatives à l'état civil, aux dates de validité, aux cachets d'entrée et aux visas) ou, à défaut, autres justificatifs dont au moins un revêtu d'une photographie permettant d'identifier le demandeur (attestation consulaire, carte d'identité, carte consulaire, certificat de nationalité, etc.) ; – justificatif de domicile datant de moins de six mois : facture (électricité, gaz, eau, téléphone fixe, accès à internet), bail de location de moins de six mois, quittance de loyer (si locataire) ou taxe d'habitation ; en cas d'hébergement à l'hôtel : attestation de l'hôtelier et facture du dernier mois ; en cas d'hébergement chez un particulier : attestation de l'hébergeant datée et signée, copie de sa carte nationale d'identité ou de sa carte de séjour, et justificatif de son domicile si l'adresse de sa carte nationale d'identité ou de sa carte de séjour n'est plus à jour ; – si vous êtes marié et originaire d'un pays autorisant la polygamie : déclaration sur l'honneur de non polygamie en France ; – 3 photographies d'identité de face, tête nue, récentes et parfaitement ressemblantes (format 35 mm × 45 mm-norme ISO/IEC 19794-5 : 2005) (pas de copie) ou si demande déposée dans le cadre du téléservice mentionné à l'article R. 431-2 du CESEDA, code photographie et signature numérique valide ; – justificatif d'acquittement de la taxe sur le titre de séjour et du droit de timbre et si exigé le droit de visa de régularisation à remettre au moment de la remise du titre.

	Catégorie de titre de séjour	Libellé APS : autorisation provisoire de séjour CST : carte de séjour temporaire CSP : carte de séjour pluriannuelle CR : carte de résident	Référence du CESEDA	Pièces justificatives
				2. Pièces à fournir en première demande (suite à visa de long séjour) ou en changement de statut : – diplôme au moins équivalent au grade de master ; – convention d'accueil signée avec un organisme public ou privé ayant une mission de recherche ou d'enseignement supérieur préalablement agréé, et en cas de mobilité, précisant l'appartenance à un programme de l'Union européenne ou à un programme multilatéral comportant des mesures de mobilité dans un ou plusieurs États membres de l'Union européenne. – diplôme au moins équivalent au grade de master ; – convention d'accueil signée avec un organisme public ou privé ayant une mission de recherche ou d'enseignement supérieur préalablement agréé, et en cas de mobilité, précisant l'appartenance à un programme de l'Union européenne ou à un programme multilatéral comportant des mesures de mobilité dans un ou plusieurs États membres de l'Union européenne, ou en cas de perte involontaire d'emploi : – attestation du premier employeur destinée à Pôle Emploi justifiant la rupture du contrat de travail ; – avis de situation individuelle établi par Pôle emploi. 4. A Mayotte : Si vous êtes né avant le 1er janvier 1987 et avez contracté légalement un mariage civil polygame à Mayotte avant le 5 juin 2010, vous n'avez pas à produire la déclaration sur l'honneur de non polygamie en France. 5. Dans les îles Wallis et Futuna, en Polynésie française et en Nouvelle-Calédonie : Titre de séjour « passeport talent-chercheur-programme de mobilité » non applicable.
9	Titre de séjour pour motif professionnel	CSP portant la mention « passeport talent » délivrée à l'étranger qui crée une entreprise en France	L. 421-16	1. Pièces à fournir dans tous les cas : – visa de long séjour ou titre de séjour en cours de validité ; – justificatif de nationalité : passeport (pages relatives à l'état civil, aux dates de validité, aux cachets d'entrée et aux visas) ou, à défaut, autres justificatifs dont au moins un revêtu d'une photographie permettant d'identifier le demandeur (attestation consulaire, carte d'identité, carte consulaire, certificat de nationalité, etc.) ; – justificatif de domicile datant de moins de six mois : facture (électricité, gaz, eau, téléphone fixe, accès à internet), bail de location de moins de six mois, quittance de loyer (si locataire) ou taxe d'habitation ; en cas d'hébergement à l'hôtel : attestation de l'hôtelier et facture du dernier mois ; en cas d'hébergement chez un particulier : attestation de l'hébergeant datée et signée, copie de sa carte nationale d'identité ou de sa carte de séjour, et justificatif de son domicile si l'adresse de sa carte nationale d'identité ou de sa carte de séjour n'est plus à jour ;

	Catégorie de titre de séjour	Libellé APS : autorisation provisoire de séjour CST : carte de séjour temporaire CSP : carte de séjour pluriannuelle CR : carte de résident	Référence du CESEDA	Pièces justificatives
				– si vous êtes marié et originaire d'un pays autorisant la polygamie : déclaration sur l'honneur de non polygamie en France ; – 3 photographies d'identité de face, tête nue, récentes et parfaitement ressemblantes (format 35 mm × 45 mm-norme ISO/IEC 19794-5 : 2005) (pas de copie) ou si demande déposée dans le cadre du téléservice mentionné à l'article R. 431-2 du CESEDA, code photographie et signature numérique valide ; – justificatif d'acquittement de la taxe sur le titre de séjour et du droit de timbre et si exigé le droit de visa de régularisation à remettre au moment de la remise du titre. 2. Pièces à fournir en première demande (titulaire d'un visa de long séjour) : – Diplôme au moins équivalent au grade de master, ou tout document justifiant d'une expérience professionnelle d'au moins 5 ans d'un niveau comparable ; – Justificatif d'immatriculation de l'entreprise (extrait K ou K bis) ou justificatif de la démarche entreprise ; – Attestation du ministère chargé de l'économie sur le caractère réel et sérieux du projet de création d'entreprise ; – Justification de ressources suffisantes pour subvenir à ses propres besoins et ceux des membres de famille au moins équivalent au SMIC à un temps plein ; – Tout document justifiant du financement du projet d'entreprise à hauteur de 30 000 euros. 3. Pièces à fournir en changement de statut : – Diplôme au moins équivalent au grade de master, ou tout document justifiant d'une expérience professionnelle d'au moins 5 ans d'un niveau comparable ; – Justificatif d'immatriculation de l'entreprise (extrait K ou K bis) (à remettre au moment de la remise du titre) ; – Attestation du ministère chargé de l'économie sur le caractère réel et sérieux du projet de création d'entreprise ; – Justification de ressources suffisantes pour subvenir à ses propres besoins et ceux des membres de famille au moins équivalent au SMIC à un temps plein ; Tout document justifiant du financement du projet d'entreprise à hauteur de 30 000 euros. 4. Pièces à fournir au renouvellement : – Tout document justifiant la réalisation du projet ; – Si vous avez le statut de salarié : fiche de salaire pour les trois derniers mois ou en l'absence, le dernier avis d'imposition ; – Si vous avez le statut de non salarié : Extrait du livre de compte établissant la rémunération versée au cours des trois derniers mois ou en l'absence, le dernier avis d'imposition ;

	Catégorie de titre de séjour	Libellé APS : autorisation provisoire de séjour CST : carte de séjour temporaire CSP : carte de séjour pluriannuelle CR : carte de résident	Référence du CESEDA	Pièces justificatives
				5. A Mayotte : Si vous êtes né avant le 1er janvier 1987 et avez contracté légalement un mariage civil polygame à Mayotte avant le 5 juin 2010, vous n'avez pas à produire la déclaration sur l'honneur de non polygamie en France. 6. A Saint-Barthélemy et à Saint-Martin : L'attestation du ministère chargé de l'économie sur le caractère réel et sérieux du projet de création d'entreprise est remplacée par l'attestation du service compétent localement en matière d'accès au travail des étrangers. 7. Dans les îles Wallis et Futuna, en Polynésie française et en Nouvelle-Calédonie : Titre de séjour non applicable.
10	Titre de séjour pour motif professionnel	CSP portant la mention « passeport talent » délivrée à l'étranger justifiant d'un projet économique innovant	L. 421-17	1. Pièces à fournir dans tous les cas : – visa de long séjour ou titre de séjour en cours de validité ; – justificatif de nationalité : passeport (pages relatives à l'état civil, aux dates de validité, aux cachets d'entrée et aux visas) ou, à défaut, autres justificatifs dont au moins un revêtu d'une photographie permettant d'identifier le demandeur (attestation consulaire, carte d'identité, carte consulaire, certificat de nationalité, etc.) ; – justificatif de domicile datant de moins de six mois : facture (électricité, gaz, eau, téléphone fixe, accès à internet), bail de location de moins de six mois, quittance de loyer (si locataire) ou taxe d'habitation ; en cas d'hébergement à l'hôtel : attestation de l'hôtelier et facture du dernier mois ; en cas d'hébergement chez un particulier : attestation de l'hébergeant datée et signée, copie de sa carte nationale d'identité ou de sa carte de séjour, et justificatif de son domicile si l'adresse de sa carte nationale d'identité ou de sa carte de séjour n'est plus à jour ; – Si vous êtes marié et originaire d'un pays autorisant la polygamie : déclaration sur l'honneur de non polygamie en France ; – 3 photographies d'identité de face, tête nue, récentes et parfaitement ressemblantes (format 35 mm × 45 mm-norme ISO/IEC 19794-5 : 2005) (pas de copie) ou si demande déposée dans le cadre du téléservice mentionné à l'article R. 431-2 du CESEDA, code photographie et signature numérique valide ; – justificatif d'acquittement de la taxe sur le titre de séjour et du droit de timbre et si exigé le droit de visa de régularisation à remettre au moment de la remise du titre.

	Catégorie de titre de séjour	Libellé APS : autorisation provisoire de séjour CST : carte de séjour temporaire CSP : carte de séjour pluriannuelle CR : carte de résident	Référence du CESEDA	Pièces justificatives
				2. Pièces à fournir première demande : – attestation du ministère chargé de l'économie sur le caractère innovant du projet économique – Justification de ressources suffisantes pour subvenir à ses propres besoins et ceux des membres de famille au moins équivalent au SMIC à un temps plein. 3. Pièces à fournir en changement de statut : – attestation du ministère chargé de l'économie sur le caractère innovant du projet économique – Justification de ressources suffisantes pour subvenir à ses propres besoins et ceux des membres de famille au moins équivalent au SMIC à un temps plein. 4. Pièces à fournir au renouvellement (vous indiquez poursuivre votre projet de création) : – justificatifs de la réalité et du sérieux de vos travaux (état d'avancement, travail accompli, actions restant à mener, etc.) justifiant la prolongation de projet au-delà de la durée prévue ; – Justification de ressources suffisantes pour subvenir à ses propres besoins et ceux des membres de famille au moins équivalent au SMIC à un temps plein. 5. A Mayotte : Si vous êtes né avant le 1er janvier 1987 et avez contracté légalement un mariage civil polygame à Mayotte avant le 5 juin 2010, vous n'avez pas à produire la déclaration sur l'honneur de non polygamie en France. 6. A Saint-Barthélemy et à Saint-Martin : L'attestation du ministère chargé de l'économie sur le caractère sur le caractère innovant du projet économique est remplacée par l'attestation du service compétent localement en matière d'accès au travail des étrangers. 7. Dans les îles Wallis et Futuna, en Polynésie française et en Nouvelle-Calédonie : – L'attestation du ministère chargé de l'économie sur le caractère sur le caractère innovant du projet économique est remplacée par l'attestation du service compétent localement en matière d'accès au travail des étrangers. – Les justificatifs de moyens d'existence se bornent à démontrer que le demandeur disposera de ressources suffisantes pendant son séjour pour subvenir à ses propres besoins et, le cas échéant, à ceux des membres de sa famille, indépendamment des prestations et des allocations prévues par la réglementation locale.

	Catégorie de titre de séjour	Libellé APS : autorisation provisoire de séjour CST : carte de séjour temporaire CSP : carte de séjour pluriannuelle CR : carte de résident	Référence du CESEDA	Pièces justificatives
11	Titre de séjour pour motif professionnel	CSP portant la mention « passeport talent » délivrée à l'étranger procédant à un investissement économique direct en France	L. 421-18	1. Pièces à fournir dans tous les cas : – visa de long séjour ou titre de séjour en cours de validité ; – justificatif de nationalité : passeport (pages relatives à l'état civil, aux dates de validité, aux cachets d'entrée et aux visas) ou, à défaut, autres justificatifs dont au moins un revêtu d'une photographie permettant d'identifier le demandeur (attestation consulaire, carte d'identité, carte consulaire, certificat de nationalité, etc.) ; – justificatif de domicile datant de moins de six mois : facture (électricité, gaz, eau, téléphone fixe, accès à internet), bail de location de moins de six mois, quittance de loyer (si locataire) ou taxe d'habitation ; en cas d'hébergement à l'hôtel : attestation de l'hôtelier et facture du dernier mois ; en cas d'hébergement chez un particulier : attestation de l'hébergeant datée et signée, copie de sa carte nationale d'identité ou de sa carte de séjour, et justificatif de son domicile si l'adresse de sa carte nationale d'identité ou de sa carte de séjour n'est plus à jour ; – Si vous êtes marié et originaire d'un pays autorisant la polygamie : déclaration sur l'honneur de non polygamie en France ; – 3 photographies d'identité de face, tête nue, récentes et parfaitement ressemblantes (format 35 mm × 45 mm-norme ISO/IEC 19794-5 : 2005) (pas de copie) ou si demande déposée dans le cadre du téléservice mentionné à l'article R. 431-2 du CESEDA, code photographie et signature numérique valide ; – justificatif d'acquittement de la taxe sur le titre de séjour et du droit de timbre et si exigé le droit de visa de régularisation à remettre au moment de la remise du titre. 2. Pièces à fournir en première demande (titulaire d'un visa de long séjour) : – justificatifs de la direction personnelle d'une entreprise ou de la détention d'au moins 30 % du capital d'une société ou d'un investissement personnel ; – justificatifs de la réalisation ou engagement à effectuer sur le territoire français un investissement direct en immobilisations corporelles ou incorporelles d'au moins 300 000 euros 3. Pièces à fournir en changement de statut – justificatifs de la création ou de la sauvegarde, ou engagement à créer ou sauvegarder, de l'emploi dans les quatre années qui suivent l'investissement sur le territoire français : lettre d'engagement avec création annuelle d'emplois et plan d'investissement de l'étranger (plan d'affaire) ; – justificatifs de la direction personnelle d'une entreprise ou de la détention d'au moins 30 % du capital d'une société ou d'un investissement personnel ; – justificatifs de la réalisation ou engagement à effectuer sur le territoire français un investissement direct en immobilisations corporelles ou incorporelles d'au moins 300 000 euros.

	Catégorie de titre de séjour	Libellé APS : autorisation provisoire de séjour CST : carte de séjour temporaire CSP : carte de séjour pluriannuelle CR : carte de résident	Référence du CESEDA	Pièces justificatives
				4. Pièces à fournir au renouvellement : – justificatifs de la création ou de la sauvegarde de l'emploi ; – justificatifs de la direction personnelle d'une entreprise ou de la détention d'au moins 30 % du capital d'une société ou d'un investissement personnel ; – justificatifs de la réalisation sur le territoire français d'un investissement direct en immobilisations corporelles ou incorporelles d'au moins 300 000 euros. 5. A Mayotte : Si vous êtes né avant le 1er janvier 1987 et avez contracté légalement un mariage civil polygame à Mayotte avant le 5 juin 2010, vous n'avez pas à produire la déclaration sur l'honneur de non polygamie en France. 6. Pièces à fournir dans les îles Wallis et Futuna, en Polynésie française et en Nouvelle-Calédonie : – justificatif délivré par la collectivité reconnaissant le caractère d'investissement direct dans la collectivité ; – les critères d'investissement à justifier sont ceux applicables dans la collectivité.
12	Titre de séjour pour motif professionnel	CSP portant la mention « passeport talent » délivrée à l'étranger qui occupe la fonction de représentant légal dans un établissement établi en France et qui est salarié ou mandataire social dans un établissement du même groupe	L. 421-19	1. Pièces à fournir dans tous les cas : – visa de long séjour ou titre de séjour en cours de validité ; – justificatif de nationalité : passeport (pages relatives à l'état civil, aux dates de validité, aux cachets d'entrée et aux visas) ou, à défaut, autres justificatifs dont au moins un revêtu d'une photographie permettant d'identifier le demandeur (attestation consulaire, carte d'identité, carte consulaire, certificat de nationalité, etc.) ; – justificatif de domicile datant de moins de six mois : facture (électricité, gaz, eau, téléphone fixe, accès à internet), bail de location de moins de six mois, quittance de loyer (si locataire) ou taxe d'habitation ; en cas d'hébergement à l'hôtel : attestation de l'hôtelier et facture du dernier mois ; en cas d'hébergement chez un particulier : attestation de l'hébergeant datée et signée, copie de sa carte nationale d'identité ou de sa carte de séjour, et justificatif de son domicile si l'adresse de sa carte nationale d'identité ou de sa carte de séjour n'est plus à jour ; – Si vous êtes marié et originaire d'un pays autorisant la polygamie : déclaration sur l'honneur de non polygamie en France ; – 3 photographies d'identité de face, tête nue, récentes et parfaitement ressemblantes (format 35 mm × 45 mm-norme ISO/IEC 19794-5 : 2005) (pas de copie) ou si demande déposée dans le cadre du téléservice mentionné à l'article R. 431-2 du CESEDA, code photographie et signature numérique valide ; – justificatif d'acquittement de la taxe sur le titre de séjour et du droit de timbre et si exigé le droit de visa de régularisation à remettre au moment de la remise du titre.

	Catégorie de titre de séjour	Libellé APS : autorisation provisoire de séjour CST : carte de séjour temporaire CSP : carte de séjour pluriannuelle CR : carte de résident	Référence du CESEDA	Pièces justificatives
				2. Pièces à fournir en première demande, en renouvellement ou en changement de statut : – justificatif d'une rémunération brute au moins égale à trois fois le SMIC annuel ; – justificatif de la qualité de salarié ou de mandataire social depuis plus de trois mois dans un établissement ou une société du même groupe. 3. A Mayotte : Si vous êtes né avant le 1er janvier 1987 et avez contracté légalement un mariage civil polygame à Mayotte avant le 5 juin 2010, vous n'avez pas à produire la déclaration sur l'honneur de non polygamie en France.
13	Titre de séjour pour motif professionnel	CSP portant la mention « passeport talent » délivrée à l'étranger exerçant une profession artistique	L. 421-20	1. Pièces à fournir dans tous les cas : – visa de long séjour ou titre de séjour en cours de validité ; – justificatif de nationalité : passeport (pages relatives à l'état civil, aux dates de validité, aux cachets d'entrée et aux visas) ou, à défaut, autres justificatifs dont au moins un revêtu d'une photographie permettant d'identifier le demandeur (attestation consulaire, carte d'identité, carte consulaire, certificat de nationalité, etc.) ; – justificatif de domicile datant de moins de six mois : facture (électricité, gaz, eau, téléphone fixe, accès à internet), bail de location de moins de six mois, quittance de loyer (si locataire) ou taxe d'habitation ; en cas d'hébergement à l'hôtel : attestation de l'hôtelier et facture du dernier mois ; en cas d'hébergement chez un particulier : attestation de l'hébergeant datée et signée, copie de sa carte nationale d'identité ou de sa carte de séjour, et justificatif de son domicile si l'adresse de sa carte nationale d'identité ou de sa carte de séjour n'est plus à jour ; – Si vous êtes marié et originaire d'un pays autorisant la polygamie : déclaration sur l'honneur de non polygamie en France ; – 3 photographies d'identité de face, tête nue, récentes et parfaitement ressemblantes (format 35 mm × 45 mm-norme ISO/IEC 19794-5 : 2005) (pas de copie) ou si demande déposée dans le cadre du téléservice mentionné à l'article R. 431-2 du CESEDA, code photographie et signature numérique valide ; – justificatif d'acquittement de la taxe sur le titre de séjour et du droit de timbre et si exigé le droit de visa de régularisation à remettre au moment de la remise du titre. 2. Pièces à fournir en première demande ou changement de statut ou en renouvellement : 2.1. Lorsque vous exercez une activité salariée : – contrat (s) de travail ; – justificatifs de ressources, issues principalement (au moins 51 %) de l'activité, pour la période de séjour envisagée, pour un montant au moins équivalent à 70 % du SMIC brut pour un emploi à temps plein par mois de séjour en France.

	Catégorie de titre de séjour	Libellé APS : autorisation provisoire de séjour CST : carte de séjour temporaire CSP : carte de séjour pluriannuelle CR : carte de résident	Référence du CESEDA	Pièces justificatives
				2.2. Lorsque vous exercez une activité non salariée : – documents justifiant de votre qualité d'artiste ou d'auteur d'œuvre littéraire ou artistique ; – justificatifs de ressources, issues principalement (au moins 51 %) de l'activité, pour la période de séjour envisagée, pour un montant au moins équivalent à 70 % du SMIC brut pour un emploi à temps plein par mois de séjour en France. 3. A Mayotte : Si vous êtes né avant le 1er janvier 1987 et avez contracté légalement un mariage civil polygame à Mayotte avant le 5 juin 2010, vous n'avez pas à produire la déclaration sur l'honneur de non polygamie en France. 4. A Saint-Barthélemy et à Saint-Martin : – Dans le cas du 2.1, autorisation de travail prévue, le cas échéant, par la législation et la réglementation applicable localement. 5. Dans les îles Wallis et Futuna, en Polynésie française et en Nouvelle-Calédonie : – Dans le cas du 2.1, autorisation de travail prévue, le cas échéant, par la législation et la réglementation applicable localement.
14	Titre de séjour pour motif professionnel	CSP portant la mention « passeport talent » délivrée à l'étranger dont la renommée internationale est établie	L. 421-21	1. Pièces à fournir dans tous les cas : – visa de long séjour ou titre de séjour en cours de validité ; – justificatif de nationalité : passeport (pages relatives à l'état civil, aux dates de validité, aux cachets d'entrée et aux visas) ou, à défaut, autres justificatifs dont au moins un revêtu d'une photographie permettant d'identifier le demandeur (attestation consulaire, carte d'identité, carte consulaire, certificat de nationalité, etc.) ; – justificatif de domicile datant de moins de six mois : facture (électricité, gaz, eau, téléphone fixe, accès à internet), bail de location de moins de six mois, quittance de loyer (si locataire) ou taxe d'habitation ; en cas d'hébergement à l'hôtel : attestation de l'hôtelier et facture du dernier mois ; en cas d'hébergement chez un particulier : attestation de l'hébergeant datée et signée, copie de sa carte nationale d'identité ou de sa carte de séjour, et justificatif de son domicile si l'adresse de sa carte nationale d'identité ou de sa carte de séjour n'est plus à jour ; – Si vous êtes marié et originaire d'un pays autorisant la polygamie : déclaration sur l'honneur de non polygamie en France ; – 3 photographies d'identité de face, tête nue, récentes et parfaitement ressemblantes (format 35 mm × 45 mm-norme ISO/IEC 19794-5 : 2005) (pas de copie) ou si demande déposée dans le cadre du téléservice mentionné à l'article R. 431-2 du CESEDA, code photographie et signature numérique valide ; – justificatif d'acquittement de la taxe sur le titre de séjour et du droit de timbre et si exigé le droit de visa de régularisation à remettre au moment de la remise du titre.

	Catégorie de titre de séjour	Libellé APS : autorisation provisoire de séjour CST : carte de séjour temporaire CSP : carte de séjour pluriannuelle CR : carte de résident	Référence du CESEDA	Pièces justificatives
				2. Pièces à fournir en première demande, en renouvellement ou en changement de statut : – tout document de nature à établir votre notoriété nationale ou internationale dans le domaine choisi – justificatif de moyens d'existence correspondant au SMIC à un temps plein. 3. A Mayotte : Si vous êtes né avant le 1er janvier 1987 et avez contracté légalement un mariage civil polygame à Mayotte avant le 5 juin 2010, vous n'avez pas à produire la déclaration sur l'honneur de non polygamie en France. 4. Dans les îles Wallis et Futuna, en Polynésie française et en Nouvelle-Calédonie : Les justificatifs de moyens d'existence se bornent à démontrer que le demandeur disposera de ressources suffisantes pendant son séjour pour subvenir à ses propres besoins et, le cas échéant, à ceux des membres de sa famille, indépendamment des prestations et des allocations prévues par la réglementation locale.
15	Titre de séjour pour motif professionnel	CSP portant la mention « passeport talent (famille) » délivrée au conjoint et enfants du couple	L. 421-22 L. 422-12	1. Pièces à fournir dans tous les cas : – visa de long séjour ou titre de séjour en cours de validité ; – justificatif de nationalité : passeport (pages relatives à l'état civil, aux dates de validité, aux cachets d'entrée et aux visas) ou, à défaut, autres justificatifs dont au moins un revêtu d'une photographie permettant d'identifier le demandeur (attestation consulaire, carte d'identité, carte consulaire, certificat de nationalité, etc.) ; – justificatif de domicile datant de moins de six mois : facture (électricité, gaz, eau, téléphone fixe, accès à internet), bail de location de moins de six mois, quittance de loyer (si locataire) ou taxe d'habitation ; en cas d'hébergement à l'hôtel : attestation de l'hôtelier et facture du dernier mois ; en cas d'hébergement chez un particulier : attestation de l'hébergeant datée et signée, copie de sa carte nationale d'identité ou de sa carte de séjour, et justificatif de son domicile si l'adresse de sa carte nationale d'identité ou de sa carte de séjour n'est plus à jour ; – Si vous êtes marié et originaire d'un pays autorisant la polygamie : déclaration sur l'honneur de non polygamie en France ; – 3 photographies d'identité de face, tête nue, récentes et parfaitement ressemblantes (format 35 mm × 45 mm-norme ISO/IEC 19794-5 : 2005) (pas de copie) ou si demande déposée dans le cadre du téléservice mentionné à l'article R. 431-2 du CESEDA, code photographie et signature numérique valide ; – justificatif d'acquittement de la taxe sur le titre de séjour et du droit de timbre et si exigé le droit de visa de régularisation à remettre au moment de la remise du titre ;

	Catégorie de titre de séjour	Libellé APS : autorisation provisoire de séjour CST : carte de séjour temporaire CSP : carte de séjour pluriannuelle CR : carte de résident	Référence du CESEDA	Pièces justificatives
				2. En première demande (suite à visa de long séjour) : – Selon le lien familial avec le titulaire de la CSP portant la mention « passeport talent », acte de mariage ou copie intégrale d'acte de naissance des enfants avec filiation (documents correspondant à la situation au moment de la demande). 3. En changement de statut ou en renouvellement : – titre de séjour précédent ; – selon le lien familial avec le titulaire de la CSP portant la mention « passeport talent », acte de mariage ou copie intégrale d'acte de naissance des enfants avec filiation (documents correspondant à la situation au moment de la demande). 4. A Mayotte : Si vous êtes né avant le 1er janvier 1987 et avez contracté légalement un mariage civil polygame à Mayotte avant le 5 juin 2010, vous n'avez pas à produire la déclaration sur l'honneur de non polygamie en France.
16	Titre de séjour pour motif professionnel	CSP portant la mention « salarié détaché ICT »	L. 421-26	– visa de long séjour ou titre de séjour en cours de validité ; – justificatif de nationalité : passeport (pages relatives à l'état civil, aux dates de validité, aux cachets d'entrée et aux visas) ou, à défaut, autres justificatifs dont au moins un revêtu d'une photographie permettant d'identifier le demandeur (attestation consulaire, carte d'identité, carte consulaire, certificat de nationalité, etc.) ; – justificatif de domicile datant de moins de six mois : facture (électricité, gaz, eau, téléphone fixe, accès à internet), bail de location de moins de six mois, quittance de loyer (si locataire) ou taxe d'habitation ; en cas d'hébergement à l'hôtel : attestation de l'hôtelier et facture du dernier mois ; en cas d'hébergement chez un particulier : attestation de l'hébergeant datée et signée, copie de sa carte nationale d'identité ou de sa carte de séjour, et justificatif de son domicile si l'adresse de sa carte nationale d'identité ou de sa carte de séjour n'est plus à jour ; – Si vous êtes marié et originaire d'un pays autorisant la polygamie : déclaration sur l'honneur de non polygamie en France ; – 3 photographies d'identité de face, tête nue, récentes et parfaitement ressemblantes (format 35 mm × 45 mm-norme ISO/IEC 19794-5 : 2005) (pas de copie) ou si demande déposée dans le cadre du téléservice mentionné à l'article R. 431-2 du CESEDA, code photographie et signature numérique valide ; – justificatif d'acquittement de la taxe sur le titre de séjour et du droit de timbre et si exigé le droit de visa de régularisation à remettre au moment de la remise du titre ;

	Catégorie de titre de séjour	Libellé APS : autorisation provisoire de séjour CST : carte de séjour temporaire CSP : carte de séjour pluriannuelle CR : carte de résident	Référence du CESEDA	Pièces justificatives
				– formulaire CERFA n° 15619*01 renseigné par le représentant de l'entreprise qui vous accueille en France qui précise les fonctions d'encadrement et d'expertise exercées avec la qualification prévue dans la classification de la convention collective ou l'accord collectif applicable dans l'établissement d'accueil en France dûment rempli par l'employeur accompagné des documents prévus par l'article D. 8222-5 du code du travail et du formulaire concernant la législation de sécurité sociale qui vous est applicable en tant que salarié étranger, prévu à l'article L. 114– 15-1 du code de la sécurité sociale, ou, à défaut d'accord bilatéral de sécurité sociale, l'attestation sur l'honneur de votre demande d'immatriculation à la sécurité sociale française ; – contrat de travail en vigueur conclu avec l'entreprise qui vous emploie hors de France ou tout document équivalant dans le droit en vigueur localement ; – justification d'une ancienneté minimale de six mois dans le groupe d'entreprises (attestation employeur, fiches de paye) ; – justificatif de ressources supérieures ou égales à 1 603,12 € brut par mois ; – justificatif que l'entreprise qui vous emploie et celle dans laquelle s'effectue votre mission appartiennent au même groupe d'entreprises ; – diplômes correspondant aux fonctions de cadre ou d'expert ; – lorsque l'exercice de votre activité est soumis à des conditions réglementaires spécifiques : justification que ces conditions sont remplies auprès des organes ou institutions habilités ; – si vous exercez une activité de mannequinat : copie de la licence d'agence de mannequins prévue à l'article L. 7123-11 du code du travail ; – si vous exercez une activité de spectacle vivant : licence d'entrepreneur de spectacles vivants prévu à l'article L. 7122-3 du code du travail ; – si vous exercez une activité occasionnelle de spectacles vivants : copie de la déclaration préalable d'intervention à la direction régionale des affaires culturelles ; – si vous avez recours à un mandataire pour accomplir vos démarches : mandat autorisant une personne morale ou privée établie en France à accomplir les démarches administratives en votre nom et pour votre compte. A Mayotte : Si vous êtes né avant le 1er janvier 1987 et avez contracté légalement un mariage civil polygame à Mayotte avant le 5 juin 2010, vous n'avez pas à produire la déclaration sur l'honneur de non polygamie en France. Dans les îles Wallis et Futuna, en Polynésie française et en Nouvelle-Calédonie : Titre de séjour non applicable.

	Catégorie de titre de séjour	Libellé APS : autorisation provisoire de séjour CST : carte de séjour temporaire CSP : carte de séjour pluriannuelle CR : carte de résident	Référence du CESEDA	Pièces justificatives
17	Titre de séjour pour motif professionnel	CSP portant la mention « salarié détaché mobile ICT »	L. 421-27	– justificatif de l'entrée régulière en France : visa et tampon d'entrée sur le passeport, ou déclaration d'entrée si vous êtes entré par un autre État de l'espace Schengen ; – titre de séjour en cours de validité (en renouvellement uniquement) ; – justificatif de nationalité : passeport (pages relatives à l'état civil, aux dates de validité, aux cachets d'entrée et aux visas) ou, à défaut, autres justificatifs dont au moins un revêtu d'une photographie permettant d'identifier le demandeur (attestation consulaire, carte d'identité, carte consulaire, certificat de nationalité, etc.) ; – justificatif de domicile datant de moins de six mois : facture (électricité, gaz, eau, téléphone fixe, accès à internet), bail de location de moins de six mois, quittance de loyer (si locataire) ou taxe d'habitation ; en cas d'hébergement à l'hôtel : attestation de l'hôtelier et facture du dernier mois ; en cas d'hébergement chez un particulier : attestation de l'hébergeant datée et signée, copie de sa carte nationale d'identité ou de sa carte de séjour, et justificatif de son domicile si l'adresse de sa carte nationale d'identité ou de sa carte de séjour n'est plus à jour ; – Si vous êtes marié et originaire d'un pays autorisant la polygamie : déclaration sur l'honneur de non polygamie en France ; – 3 photographies d'identité de face, tête nue, récentes et parfaitement ressemblantes (format 35 mm × 45 mm-norme ISO/IEC 19794-5 : 2005) (pas de copie) ou si demande déposée dans le cadre du téléservice mentionné à l'article R. 431-2 du CESEDA, code photographie et signature numérique valide ; – justificatif d'acquittement de la taxe sur le titre de séjour et du droit de timbre et si exigé le droit de visa de régularisation à remettre au moment de la remise du titre ; – carte de séjour délivrée, en qualité de salarié détaché ICT portant la mention « ICT », par un autre État membre de l'Union européenne ; – votre contrat de travail assorti de l'avenant précisant votre mission en France et les conditions de rémunération qui doivent correspondre à la nature de l'emploi occupé ; – titre de séjour qui vous a été délivré par un autre État membre de l'Union européenne en qualité de salarié détaché ICT et portant la mention « ICT » ; – justification que l'établissement ou l'entreprise qui vous emploie et celui dans lequel s'effectue sa mission appartiennent au même groupe d'entreprises. A Mayotte : Si vous êtes né avant le 1er janvier 1987 et avez contracté légalement un mariage civil polygame à Mayotte avant le 5 juin 2010, vous n'avez pas à produire la déclaration sur l'honneur de non polygamie en France. Dans les îles Wallis et Futuna, en Polynésie française et en Nouvelle-Calédonie : Titre de séjour non applicable.

	Catégorie de titre de séjour	Libellé APS : autorisation provisoire de séjour CST : carte de séjour temporaire CSP : carte de séjour pluriannuelle CR : carte de résident	Référence du CESEDA	Pièces justificatives
18	Titre de séjour pour motif professionnel	CSP portant la mention « salarié détaché ICT (famille) »	L. 421-28	– visa de long séjour ou titre de séjour en cours de validité ; – justificatif de nationalité : passeport (pages relatives à l'état civil, aux dates de validité, aux cachets d'entrée et aux visas) ou, à défaut, autres justificatifs dont au moins un revêtu d'une photographie permettant d'identifier le demandeur (attestation consulaire, carte d'identité, carte consulaire, certificat de nationalité, etc.) ; – justificatif de domicile datant de moins de six mois : facture (électricité, gaz, eau, téléphone fixe, accès à internet), bail de location de moins de six mois, quittance de loyer (si locataire) ou taxe d'habitation ; en cas d'hébergement à l'hôtel : attestation de l'hôtelier et facture du dernier mois ; en cas d'hébergement chez un particulier : attestation de l'hébergeant datée et signée, copie de sa carte nationale d'identité ou de sa carte de séjour, et justificatif de son domicile si l'adresse de sa carte nationale d'identité ou de sa carte de séjour n'est plus à jour ; – Si vous êtes marié et originaire d'un pays autorisant la polygamie : déclaration sur l'honneur de non polygamie en France ; – 3 photographies d'identité de face, tête nue, récentes et parfaitement ressemblantes (format 35 mm × 45 mm-norme ISO/IEC 19794-5 : 2005) (pas de copie) ou si demande déposée dans le cadre du téléservice mentionné à l'article R. 431-2 du CESEDA, code photographie et signature numérique valide ; – justificatif d'acquittement de la taxe sur le titre de séjour et du droit de timbre et si exigé le droit de visa de régularisation à remettre au moment de la remise du titre ; – carte de séjour de votre conjoint ou parent (ou carte d'identité) ; – selon le lien familial avec le titulaire de la CSP portant la mention « salarié détaché ICT », extrait d'acte de mariage portant la mention la plus récente ou extraits d'acte de naissance des enfants avec filiation (documents correspondant à la situation au moment de la demande). A Mayotte : Si vous êtes né avant le 1er janvier 1987 et avez contracté légalement un mariage civil polygame à Mayotte avant le 5 juin 2010, vous n'avez pas à produire la déclaration sur l'honneur de non polygamie en France. Dans les îles Wallis et Futuna, en Polynésie française et en Nouvelle-Calédonie : Titre de séjour non applicable.

	Catégorie de titre de séjour	Libellé APS : autorisation provisoire de séjour CST : carte de séjour temporaire CSP : carte de séjour pluriannuelle CR : carte de résident	Référence du CESEDA	Pièces justificatives
19	Titre de séjour pour motif professionnel	CSP portant la mention « salarié détaché mobile ICT (famille) »	L. 421-29	– justificatif de nationalité : passeport (pages relatives à l'état civil, aux dates de validité, aux cachets d'entrée et aux visas) ou, à défaut, autres justificatifs dont au moins un revêtu d'une photographie permettant d'identifier le demandeur (attestation consulaire, carte d'identité, carte consulaire, certificat de nationalité, etc.) ; – justificatif de domicile datant de moins de six mois : facture (électricité, gaz, eau, téléphone fixe, accès à internet), bail de location de moins de six mois, quittance de loyer (si locataire) ou taxe d'habitation ; en cas d'hébergement à l'hôtel : attestation de l'hôtelier et facture du dernier mois ; en cas d'hébergement chez un particulier : attestation de l'hébergeant datée et signée, copie de sa carte nationale d'identité ou de sa carte de séjour, et justificatif de son domicile si l'adresse de sa carte nationale d'identité ou de sa carte de séjour n'est plus à jour ; – Si vous êtes marié et originaire d'un pays autorisant la polygamie : déclaration sur l'honneur de non polygamie en France ; – 3 photographies d'identité de face, tête nue, récentes et parfaitement ressemblantes (format 35 mm × 45 mm-norme ISO/IEC 19794-5 : 2005) (pas de copie) ou si demande déposée dans le cadre du téléservice mentionné à l'article R. 431-2 du CESEDA, code photographie et signature numérique valide ; – justificatif d'acquittement de la taxe sur le titre de séjour et du droit de timbre et si exigé le droit de visa de régularisation à remettre au moment de la remise du titre ; – carte de séjour de votre conjoint ou parent (ou carte d'identité) ; – selon le lien familial avec le titulaire de la CSP portant la mention « salarié détaché mobile ICT », extrait d'acte de mariage portant la mention la plus récente ou extraits d'acte de naissance des enfants avec filiation (documents correspondant à la situation au moment de la demande). A Mayotte : Si vous êtes né avant le 1er janvier 1987 et avez contracté légalement un mariage civil polygame à Mayotte avant le 5 juin 2010, vous n'avez pas à produire la déclaration sur l'honneur de non polygamie en France. Dans les îles Wallis et Futuna, en Polynésie française et en Nouvelle-Calédonie : Titre de séjour non applicable.

	Catégorie de titre de séjour	Libellé APS : autorisation provisoire de séjour CST : carte de séjour temporaire CSP : carte de séjour pluriannuelle CR : carte de résident	Référence du CESEDA	Pièces justificatives
20	Titre de séjour pour motif profes-sionnel	CST portant la mention « stagiaire ICT »	L. 421-30	– visa de long séjour ou titre de séjour en cours de validité ; – justificatif de nationalité : passeport (pages relatives à l'état civil, aux dates de validité, aux cachets d'entrée et aux visas) ou, à défaut, autres justificatifs dont au moins un revêtu d'une photographie permettant d'identifier le demandeur (attestation consulaire, carte d'identité, carte consulaire, certificat de nationalité, etc.) ; – justificatif de domicile datant de moins de six mois : facture (électricité, gaz, eau, téléphone fixe, accès à internet), bail de location de moins de six mois, quittance de loyer (si locataire) ou taxe d'habitation ; en cas d'hébergement à l'hôtel : attestation de l'hôtelier et facture du dernier mois ; en cas d'hébergement chez un particulier : attestation de l'hébergeant datée et signée, copie de sa carte nationale d'identité ou de sa carte de séjour, et justificatif de son domicile si l'adresse de sa carte nationale d'identité ou de sa carte de séjour n'est plus à jour ; – Si vous êtes marié et originaire d'un pays autorisant la polygamie : déclaration sur l'honneur de non polygamie en France ; – 3 photographies d'identité de face, tête nue, récentes et parfaitement ressemblantes (format 35 mm × 45 mm-norme ISO/IEC 19794-5 : 2005) (pas de copie) ou si demande déposée dans le cadre du téléservice mentionné à l'article R. 431-2 du CESEDA, code photographie et signature numérique valide ; – justificatif d'acquittement de la taxe sur le titre de séjour et du droit de timbre et si exigé le droit de visa de régularisation à remettre au moment de la remise du titre ; – contrat de travail en vigueur conclu avec l'entreprise qui vous emploie hors de France ou à défaut tout document équivalant dans le droit en vigueur localement datant de plus de trois mois ; – justificatif de ressources égales au SMIC temps plein ; – justificatif que l'établissement ou l'entreprise qui vous emploie et celui dans lequel s'effectue votre mission appartiennent au même groupe d'entreprises ; – diplôme de l'enseignement supérieur. A Mayotte : Si vous êtes né avant le 1er janvier 1987 et avez contracté légalement un mariage civil polygame à Mayotte avant le 5 juin 2010, vous n'avez pas à produire la déclaration sur l'honneur de non polygamie en France.

	Catégorie de titre de séjour	Libellé APS : autorisation provisoire de séjour CST : carte de séjour temporaire CSP : carte de séjour pluriannuelle CR : carte de résident	Référence du CESEDA	Pièces justificatives
21	Titre de séjour pour motif professionnel	CST portant la mention « stagiaire mobile ICT »	L. 421-31	– justificatif de nationalité : passeport (pages relatives à l'état civil, aux dates de validité, aux cachets d'entrée et aux visas) ou, à défaut, autres justificatifs dont au moins un revêtu d'une photographie permettant d'identifier le demandeur (attestation consulaire, carte d'identité, carte consulaire, certificat de nationalité, etc.) ; – justificatif de domicile datant de moins de six mois : facture (électricité, gaz, eau, téléphone fixe, accès à internet), bail de location de moins de six mois, quittance de loyer (si locataire) ou taxe d'habitation ; en cas d'hébergement à l'hôtel : attestation de l'hôtelier et facture du dernier mois ; en cas d'hébergement chez un particulier : attestation de l'hébergeant datée et signée, copie de sa carte nationale d'identité ou de sa carte de séjour, et justificatif de son domicile si l'adresse de sa carte nationale d'identité ou de sa carte de séjour n'est plus à jour ; – Si vous êtes marié et originaire d'un pays autorisant la polygamie : déclaration sur l'honneur de non polygamie en France ; – 3 photographies d'identité de face, tête nue, récentes et parfaitement ressemblantes (format 35 mm × 45 mm-norme ISO/IEC 19794-5 : 2005) (pas de copie) ou si demande déposée dans le cadre du téléservice mentionné à l'article R. 431-2 du CESEDA, code photographie et signature numérique valide ; – justificatif d'acquittement de la taxe sur le titre de séjour et du droit de timbre et si exigé le droit de visa de régularisation à remettre au moment de la remise du titre ; – carte de séjour délivrée, en qualité de stagiaire ICT portant la mention « ICT », par un autre État membre de l'Union européenne ; – contrat de travail en vigueur conclu avec l'entreprise qui vous emploie hors de France ou à défaut tout document équivalant dans le droit en vigueur localement et, si nécessaire, une lettre de mission émanant de votre employeur précisant les conditions de rémunération qui doivent correspondre à la nature de l'emploi occupé, la durée de la mission et la localisation de l'établissement ou l'entreprise qui vous accueille ; – preuve que vous occuperez une fonction de stagiaire et que vous pourrez retourner dans une entité, établie dans un pays tiers, appartenant à la même entreprise ou au même groupe d'entreprises au terme de votre mission ; – justification que l'établissement ou l'entreprise qui vous emploie et celui qui vous accueille en stage appartiennent au même groupe d'entreprises. A Mayotte : Si vous êtes né avant le 1er janvier 1987 et avez contracté légalement un mariage civil polygame à Mayotte avant le 5 juin 2010, vous n'avez pas à produire la déclaration sur l'honneur de non polygamie en France. Dans les îles Wallis et Futuna, en Polynésie française et en Nouvelle-Calédonie : Titre de séjour non applicable.

	Catégorie de titre de séjour	Libellé APS : autorisation provisoire de séjour CST : carte de séjour temporaire CSP : carte de séjour pluriannuelle CR : carte de résident	Référence du CESEDA	Pièces justificatives
22	Titre de séjour pour motif profes-sionnel	CST portant la mention « stagiaire ICT (famille) »	L. 421-32	– visa de long séjour ou titre de séjour en cours de validité ; – justificatif de nationalité : passeport (pages relatives à l'état civil, aux dates de validité, aux cachets d'entrée et aux visas) ou, à défaut, autres justificatifs dont au moins un revêtu d'une photographie permettant d'identifier le demandeur (attestation consulaire, carte d'identité, carte consulaire, certificat de nationalité, etc.) ; – justificatif de domicile datant de moins de six mois : facture (électricité, gaz, eau, téléphone fixe, accès à internet), bail de location de moins de six mois, quittance de loyer (si locataire) ou taxe d'habitation ; en cas d'hébergement à l'hôtel : attestation de l'hôtelier et facture du dernier mois ; en cas d'hébergement chez un particulier : attestation de l'hébergeant datée et signée, copie de sa carte nationale d'identité ou de sa carte de séjour, et justificatif de son domicile si l'adresse de sa carte nationale d'identité ou de sa carte de séjour n'est plus à jour ; – Si vous êtes marié et originaire d'un pays autorisant la polygamie : déclaration sur l'honneur de non polygamie en France ; – 3 photographies d'identité de face, tête nue, récentes et parfaitement ressemblantes (format 35 mm × 45 mm-norme ISO/IEC 19794-5 : 2005) (pas de copie) ou si demande déposée dans le cadre du téléservice mentionné à l'article R. 431-2 du CESEDA, code photographie et signature numérique valide ; – justificatif d'acquittement de la taxe sur le titre de séjour et du droit de timbre et si exigé le droit de visa de régularisation à remettre au moment de la remise du titre ; – carte de séjour de votre conjoint ou parent (ou carte d'identité) ; – selon le lien familial avec le titulaire de la CST portant la mention « stagiaire ICT », extrait d'acte de mariage portant la mention la plus récente ou extraits d'acte de naissance des enfants avec filiation (documents correspondant à la situation au moment de la demande). A Mayotte : Si vous êtes né avant le 1er janvier 1987 et avez contracté légalement un mariage civil polygame à Mayotte avant le 5 juin 2010, vous n'avez pas à produire la déclaration sur l'honneur de non polygamie en France.

	Catégorie de titre de séjour	Libellé APS : autorisation provisoire de séjour CST : carte de séjour temporaire CSP : carte de séjour pluriannuelle CR : carte de résident	Référence du CESEDA	Pièces justificatives
23	Titre de séjour pour motif professionnel	CST portant la mention « stagiaire mobile ICT (famille) »	L. 421-33	– visa de long séjour ou titre de séjour en cours de validité ; – justificatif de nationalité : passeport (pages relatives à l'état civil, aux dates de validité, aux cachets d'entrée et aux visas) ou, à défaut, autres justificatifs dont au moins un revêtu d'une photographie permettant d'identifier le demandeur (attestation consulaire, carte d'identité, carte consulaire, certificat de nationalité, etc.) ; – justificatif de domicile datant de moins de six mois : facture (électricité, gaz, eau, téléphone fixe, accès à internet), bail de location de moins de six mois, quittance de loyer (si locataire) ou taxe d'habitation ; en cas d'hébergement à l'hôtel : attestation de l'hôtelier et facture du dernier mois ; en cas d'hébergement chez un particulier : attestation de l'hébergeant datée et signée, copie de sa carte nationale d'identité ou de sa carte de séjour, et justificatif de son domicile si l'adresse de sa carte nationale d'identité ou de sa carte de séjour n'est plus à jour ; – Si vous êtes marié et originaire d'un pays autorisant la polygamie : déclaration sur l'honneur de non polygamie en France ; – 3 photographies d'identité de face, tête nue, récentes et parfaitement ressemblantes (format 35 mm × 45 mm-norme ISO/IEC 19794-5 : 2005) (pas de copie) ou si demande déposée dans le cadre du téléservice mentionné à l'article R. 431-2 du CESEDA, code photographie et signature numérique valide ; – justificatif d'acquittement de la taxe sur le titre de séjour et du droit de timbre et si exigé le droit de visa de régularisation à remettre au moment de la remise du titre ; – carte de séjour de votre conjoint ou parent (ou carte d'identité) ; – selon le lien familial avec le titulaire de la CST portant la mention « stagiaire mobile ICT » extrait d'acte de mariage portant la mention la plus récente ou extraits d'acte de naissance des enfants avec filiation. A Mayotte : Si vous êtes né avant le 1er janvier 1987 et avez contracté légalement un mariage civil polygame à Mayotte avant le 5 juin 2010, vous n'avez pas à produire la déclaration sur l'honneur de non polygamie en France. Dans les îles Wallis et Futuna, en Polynésie française et en Nouvelle-Calédonie : Titre de séjour non applicable.

	Catégorie de titre de séjour	Libellé APS : autorisation provisoire de séjour CST : carte de séjour temporaire CSP : carte de séjour pluriannuelle CR : carte de résident	Référence du CESEDA	Pièces justificatives
24	Titre de séjour pour motif profes-sionnel	CSP portant la mention « travailleur saisonnier »	L. 421-34	1. Pièces à fournir dans tous les cas : – visa de long séjour ou titre de séjour en cours de validité ; – justificatif d'état civil : (sauf si vous êtes déjà titulaire d'une carte de séjour) une copie intégrale d'acte de naissance comportant les mentions les plus récentes accompagnée le cas échéant de la décision judiciaire ordonnant sa transcription (jugement déclaratif ou supplétif) ; – justificatif de nationalité : passeport (pages relatives à l'état civil, aux dates de validité, aux cachets d'entrée et aux visas) ou, à défaut, autres justificatifs dont au moins un revêtu d'une photographie permettant d'identifier le demandeur (attestation consulaire, carte d'identité, carte consulaire, certificat de nationalité, etc.) ; – justificatif de domicile datant de moins de six mois : facture (électricité, gaz, eau, téléphone fixe, accès à internet), bail de location de moins de six mois, quittance de loyer (si locataire) ou taxe d'habitation ; en cas d'hébergement à l'hôtel : attestation de l'hôtelier et facture du dernier mois ; en cas d'hébergement chez un particulier : attestation de l'hébergeant datée et signée, copie de sa carte nationale d'identité ou de sa carte de séjour, et justificatif de son domicile si l'adresse de sa carte nationale d'identité ou de sa carte de séjour n'est plus à jour ; – Si vous êtes marié et originaire d'un pays autorisant la polygamie : déclaration sur l'honneur de non polygamie en France ; – 3 photographies d'identité de face, tête nue, récentes et parfaitement ressemblantes (format 35 mm × 45 mm-norme ISO/IEC 19794-5 : 2005) (pas de copie) ou si demande déposée dans le cadre du téléservice mentionné à l'article R. 431-2 du CESEDA, code photographie et signature numérique valide ; – justificatif d'acquittement de la taxe sur le titre de séjour et du droit de timbre et si exigé le droit de visa de régularisation à remettre au moment de la remise du titre ; 2. Pièces à fournir en première demande : – autorisation de travail dématérialisée délivrée à l'employeur ; – engagement écrit de maintenir votre résidence habituelle hors de France ; – certificat médical délivré par l'OFII à remettre au moment de la remise du titre. 3. Pièces à fournir au renouvellement : – autorisation de travail dématérialisée délivrée à l'employeur ; – engagement de maintenir votre résidence habituelle hors de France ; – justificatifs du respect de la durée cumulée de séjour de six mois par an pendant la période de validité du précédent titre de séjour (cachets sur passeport, bulletins de salaire obtenus au cours des trois années, etc.). 4. A Mayotte : Si vous êtes né avant le 1er janvier 1987 et avez contracté légalement un mariage civil polygame à Mayotte avant le 5 juin 2010, vous n'avez pas à produire la déclaration sur l'honneur de non polygamie en France.

	Catégorie de titre de séjour	Libellé APS : autorisation provisoire de séjour CST : carte de séjour temporaire CSP : carte de séjour pluriannuelle CR : carte de résident	Référence du CESEDA	Pièces justificatives
25	Titre de séjour pour motif d'études	CST portant la mention « étudiant » CST ou CSP portant la mention « étudiant-programme de mobilité »	L. 422-1 L. 422-2 L. 422-5 L. 422-6	1. Pièces à produire dans tous les cas : – visa de long séjour ou titre de séjour en cours de validité ; – justificatif de domicile datant de moins de six mois : facture (électricité, gaz, eau, téléphone fixe, téléphone mobile, accès à internet), bail de location de moins de six mois, quittance de loyer (si locataire) ou taxe d'habitation ; en cas d'hébergement à l'hôtel : attestation de l'hôtelier et facture du dernier mois ; en cas d'hébergement chez un particulier : attestation de l'hébergeant datée et signée, copie de sa carte nationale d'identité ou de sa carte de séjour, et justificatif de son domicile si l'adresse de sa carte nationale d'identité ou de sa carte de séjour n'est plus à jour ; – Si vous êtes marié et originaire d'un pays autorisant la polygamie : déclaration sur l'honneur de non polygamie en France ; – code photographie et signature numérique valide ; – justificatif d'acquittement de la taxe sur le titre de séjour et du droit de timbre et si exigé le droit de visa de régularisation à remettre au moment de la remise du titre ; – inscription produite par l'établissement d'enseignement, qui peut être un établissement public ou privé d'enseignement supérieur ou préinscription ; – relevés de notes de l'année écoulée ; – dernier diplôme obtenu en France ; – attestation de réussite délivrée par l'établissement ; – justificatif de moyens d'existence suffisants (sauf pour les titulaires du visa de court séjour « étudiant concours ») : si vous êtes boursier du gouvernement français ou bénéficiaire de programmes européens, un justificatif de cette situation ; si vous êtes boursier dans votre pays d'origine : l'attestation de bourse de l'organisme payeur du pays d'origine précisant le montant et la durée de la bourse ; si vous travaillez : vos trois dernières fiches de paie ; si vous êtes pris en charge par un tiers : justificatif d'identité du tiers ; les attestations bancaires de la programmation de virements réguliers ou une attestation sur l'honneur de versement des sommes permettant d'atteindre le montant requis (615 € mensuels) ; si vous disposez de ressources suffisantes : l'attestation bancaire de solde créditeur suffisant ; en cas de ressources multiples veuillez joindre le justificatif de chacune des ressources ; – certificat d'inscription produit par l'établissement d'enseignement ou justificatif de préinscription ; – pour une première demande de CST ou de la CSP portant la mention « étudiant-programme de mobilité » prévues respectivement aux articles L. 422-5 et L. 422-6 du CESEDA : tout document produit par l'établissement justifiant que votre cursus relève d'un programme de mobilité au sein de l'Union européenne. 1.1 Si vous sollicitez une dispense de visa de long séjour : – visa de court séjour avec la mention « étudiant-concours » et attestation de réussite au concours ou à l'examen d'admission préalable.

	Catégorie de titre de séjour	Libellé APS : autorisation provisoire de séjour CST : carte de séjour temporaire CSP : carte de séjour pluriannuelle CR : carte de résident	Référence du CESEDA	Pièces justificatives
				1.2. Si vous ne disposez d'un visa de long séjour ou d'un titre de séjour en cours de validité – justificatif d'état civil : une copie intégrale d'acte de naissance (sauf si vous êtes déjà titulaire d'une carte de séjour) comportant les mentions les plus récentes ; – justificatif de nationalité : passeport (pages relatives à l'état civil, aux dates de validité, aux cachets d'entrée et aux visas) ou, à défaut, autres justificatifs à défaut, autres justificatifs revêtus d'une photographie permettant d'identifier le demandeur (attestation consulaire, carte d'identité, carte consulaire, etc.). 2. A Mayotte : Si vous êtes né avant le 1er janvier 1987 et avez contracté légalement un mariage civil polygame à Mayotte avant le 5 juin 2010, vous n'avez pas à produire la déclaration sur l'honneur de non polygamie en France. 3. Dans les îles Wallis et Futuna, en Polynésie française et en Nouvelle-Calédonie : a) En cas d'absence de téléservice, le code photographie et la signature numérique valide sont remplacés par 3 photographies d'identité de face, tête nue, récentes et parfaitement ressemblantes (format 35 mm × 45 mm) ; b) La prise en charge par un tiers du montant de 615 € mensuels est remplacée par une prise en charge d'un montant correspondant au moins à l'allocation d'entretien mensuelle de base versée, au titre de l'année universitaire écoulée, aux boursiers du Gouvernement français.
26	Titre de séjour pour motif d'études	CST portant la mention « recherche d'emploi ou création d'entreprise » délivrée au titulaire d'une CST/CSP portant la mention « étudiant »	L. 422-10	– carte de séjour portant la mention « étudiant » ou « étudiant-programme de mobilité » en cours de validité ou visa de long séjour valant titre de séjour validé en ligne ; – justificatif de nationalité : passeport (pages relatives à l'état civil, aux dates de validité, aux cachets d'entrée et aux visas) ou, à défaut, autres justificatifs dont au moins un revêtu d'une photographie permettant d'identifier le demandeur (attestation consulaire, carte d'identité, carte consulaire, certificat de nationalité, etc.) ; – justificatif de domicile datant de moins de six mois : facture (électricité, gaz, eau, téléphone fixe, accès à internet), bail de location de moins de six mois, quittance de loyer (si locataire) ou taxe d'habitation ; en cas d'hébergement à l'hôtel : attestation de l'hôtelier et facture du dernier mois ; en cas d'hébergement chez un particulier : attestation de l'hébergeant datée et signée, copie de sa carte nationale d'identité ou de sa carte de séjour, et justificatif de son domicile si l'adresse de sa carte nationale d'identité ou de sa carte de séjour n'est plus à jour ; – Si vous êtes marié et originaire d'un pays autorisant la polygamie : déclaration sur l'honneur de non polygamie en France ;

	Catégorie de titre de séjour	Libellé APS : autorisation provisoire de séjour CST : carte de séjour temporaire CSP : carte de séjour pluriannuelle CR : carte de résident	Référence du CESEDA	Pièces justificatives
				– 3 photographies d'identité de face, tête nue, récentes et parfaitement ressemblantes (format 35 mm × 45 mm-norme ISO/IEC 19794-5 : 2005) (pas de copie) ou si demande déposée dans le cadre du téléservice mentionné à l'article R. 431-2 du CESEDA, code photographie et signature numérique valide ; – justificatif d'acquittement de la taxe sur le titre de séjour et du droit de timbre et si exigé le droit de visa de régularisation à remettre au moment de la remise du titre ; – justificatif d'assurance maladie ; – diplôme de grade au moins équivalent au master ou diplômes de niveau I labellisés par la Conférence des grandes écoles ou diplôme de licence professionnelle obtenu dans l'année dans un établissement d'enseignement supérieur habilité au plan national ou attestation de réussite définitive au diplôme ; – selon votre projet professionnel : tout justificatif d'un projet de création d'entreprise dans un domaine correspondant à votre formation. A Mayotte : Si vous êtes né avant le 1er janvier 1987 et avez contracté légalement un mariage civil polygame à Mayotte avant le 5 juin 2010, vous n'avez pas à produire la déclaration sur l'honneur de non polygamie en France.
27	Titre de séjour pour motif d'études	CST portant la mention « recherche d'emploi ou création d'entreprise » délivrée au titulaire d'une CSP portant la mention « passeport talent-chercheur »	L. 422-10	– carte de séjour portant la mention « chercheur » ou « chercheur-programme de mobilité » en cours de validité ou visa de long séjour valant titre de séjour validé en ligne ; – justificatif de nationalité : passeport (pages relatives à l'état civil, aux dates de validité, aux cachets d'entrée et aux visas) ou, à défaut, autres justificatifs dont au moins un revêtu d'une photographie permettant d'identifier le demandeur (attestation consulaire, carte d'identité, carte consulaire, certificat de nationalité, etc.) ; – justificatif de domicile datant de moins de six mois : facture (électricité, gaz, eau, téléphone fixe, accès à internet), bail de location de moins de six mois, quittance de loyer (si locataire) ou taxe d'habitation ; en cas d'hébergement à l'hôtel : attestation de l'hôtelier et facture du dernier mois ; en cas d'hébergement chez un particulier : attestation de l'hébergeant datée et signée, copie de sa carte nationale d'identité ou de sa carte de séjour, et justificatif de son domicile si l'adresse de sa carte nationale d'identité ou de sa carte de séjour n'est plus à jour ; – Si vous êtes marié et originaire d'un pays autorisant la polygamie : déclaration sur l'honneur de non polygamie en France ; – 3 photographies d'identité de face, tête nue, récentes et parfaitement ressemblantes (format 35 mm × 45 mm-norme ISO/IEC 19794-5 : 2005) (pas de copie) ou si demande déposée dans le cadre du téléservice mentionné à l'article R. 431-2 du CESEDA, code photographie et signature numérique valide ;

	Catégorie de titre de séjour	Libellé APS : autorisation provisoire de séjour CST : carte de séjour temporaire CSP : carte de séjour pluriannuelle CR : carte de résident	Référence du CESEDA	Pièces justificatives
				– justificatif d'acquittement de la taxe sur le titre de séjour et du droit de timbre et si exigé le droit de visa de régularisation à remettre au moment de la remise du titre ; – justificatif d'assurance-maladie ; – confirmation par l'organisme de recherche de l'achèvement des travaux de recherche (la présentation de la confirmation peut être différée au moment de la remise de la carte de séjour temporaire) ; – selon votre projet professionnel : tout justificatif d'un projet de création d'entreprise dans un domaine correspondant à vos recherches. A Mayotte : Si vous êtes né avant le 1er janvier 1987 et avez contracté légalement un mariage civil polygame à Mayotte avant le 5 juin 2010, vous n'avez pas à produire la déclaration sur l'honneur de non polygamie en France.
28	Titre de séjour pour motif d'études	CST portant la mention « recherche d'emploi ou création d'entreprise » délivrée à l'étranger ayant quitté le territoire français à l'issue de ses études et revenant en France	L. 422-14	– visa de long séjour valant titre de séjour validé en ligne ; – justificatif de nationalité : passeport (pages relatives à l'état civil, aux dates de validité, aux cachets d'entrée et aux visas) ou, à défaut, autres justificatifs dont au moins un revêtu d'une photographie permettant d'identifier le demandeur (attestation consulaire, carte d'identité, carte consulaire, certificat de nationalité, etc.) ; – justificatif de domicile datant de moins de six mois : facture (électricité, gaz, eau, téléphone fixe, accès à internet), bail de location de moins de six mois, quittance de loyer (si locataire) ou taxe d'habitation ; en cas d'hébergement à l'hôtel : attestation de l'hôtelier et facture du dernier mois ; en cas d'hébergement chez un particulier : attestation de l'hébergeant datée et signée, copie de sa carte nationale d'identité ou de sa carte de séjour, et justificatif de son domicile si l'adresse de sa carte nationale d'identité ou de sa carte de séjour n'est plus à jour ; – Si vous êtes marié et originaire d'un pays autorisant la polygamie : déclaration sur l'honneur de non polygamie en France ; – 3 photographies d'identité de face, tête nue, récentes et parfaitement ressemblantes (format 35 mm × 45 mm-norme ISO/IEC 19794-5 : 2005) (pas de copie) ou si demande déposée dans le cadre du téléservice mentionné à l'article R. 431-2 du CESEDA, code photographie et signature numérique valide ; – justificatif d'acquittement de la taxe sur le titre de séjour et du droit de timbre et si exigé le droit de visa de régularisation à remettre au moment de la remise du titre ; – diplôme, obtenu dans les quatre ans précédant la demande, au moins équivalent au grade de master ou diplômes de niveau I labellisés par la Conférence des grandes écoles ou diplôme de licence professionnelle obtenu dans l'année dans un établissement d'enseignement supérieur habilité au plan national ou attestation de réussite définitive au diplôme ;

	Catégorie de titre de séjour	Libellé APS : autorisation provisoire de séjour CST : carte de séjour temporaire CSP : carte de séjour pluriannuelle CR : carte de résident	Référence du CESEDA	Pièces justificatives
				– justification que vous étiez titulaire d'une carte de séjour temporaire ou pluriannuelle portant la mention « étudiant » ou « étudiant-programme de mobilité » lors de l'obtention du diplôme ; – assurance maladie couvrant la durée du séjour ; – justification de moyens d'existence suffisants : si vous êtes boursier du gouvernement français ou bénéficiaire de programmes européens : un justificatif de cette situation ; si vous êtes boursier dans votre pays d'origine : l'attestation de bourse de l'organisme payeur du pays d'origine précisant le montant et la durée de la bourse ; si vous travaillez : vos trois dernières fiches de paie ; si vous êtes pris en charge par un tiers : les attestations bancaires de virements réguliers ou une attestation sur l'honneur de versement des sommes permettant d'atteindre le montant requis ; si vous disposez de ressources suffisantes : l'attestation bancaire de solde créditeur suffisant ; en cas de ressources multiples veuillez joindre le justificatif de chacune des ressources ; – selon votre projet professionnel : tout justificatif d'un projet de création d'entreprise dans un domaine correspondant à votre formation. A Mayotte : Si vous êtes né avant le 1er janvier 1987 et avez contracté légalement un mariage civil polygame à Mayotte avant le 5 juin 2010, vous n'avez pas à produire la déclaration sur l'honneur de non polygamie en France. Dans les îles Wallis et Futuna, en Polynésie française et en Nouvelle-Calédonie : Titre de séjour non applicable.
29	Titre de séjour pour motif familial	CST portant la mention « vie privée et familiale » et CR délivrées à l'étranger conjoint de français	L. 423-1 L. 423-2 L. 423-6	1. Pièces à fournir dans tous les cas : – visa de long séjour ou titre de séjour en cours de validité sauf cas de dérogation ; – justificatif d'état civil : (sauf si vous êtes déjà titulaire d'une carte de séjour) une copie intégrale d'acte de naissance comportant les mentions les plus récentes accompagnée le cas échéant de la décision judiciaire ordonnant sa transcription (jugement déclaratif ou supplétif) ; – justificatif de nationalité : passeport (pages relatives à l'état civil, aux dates de validité, aux cachets d'entrée et aux visas) ou, à défaut, autres justificatifs dont au moins un revêtu d'une photographie permettant d'identifier le demandeur (attestation consulaire, carte d'identité, carte consulaire, certificat de nationalité, etc.) ; – justificatif de domicile datant de moins de six mois : facture (électricité, gaz, eau, téléphone fixe, accès à internet), bail de location de moins de six mois, quittance de loyer (si locataire) ou taxe d'habitation ; en cas d'hébergement à l'hôtel : attestation de l'hôtelier et facture du dernier mois ; en cas d'hébergement chez un particulier : attestation de l'hébergeant datée et signée, copie de sa carte nationale d'identité ou de sa carte de séjour, et justificatif de son domicile si l'adresse de sa carte nationale d'identité ou de sa carte de séjour n'est plus à jour ;

	Catégorie de titre de séjour	Libellé APS : autorisation provisoire de séjour CST : carte de séjour temporaire CSP : carte de séjour pluriannuelle CR : carte de résident	Référence du CESEDA	Pièces justificatives
				– 3 photographies d'identité de face, tête nue, récentes et parfaitement ressemblantes (format 35 mm × 45 mm-norme ISO/IEC 19794-5 : 2005) (pas de copie) ou si demande déposée dans le cadre du téléservice mentionné à l'article R. 431-2 du CESEDA, code photographie et signature numérique valide ; – justificatif d'acquittement de la taxe sur le titre de séjour et du droit de timbre et si exigé le droit de visa de régularisation à remettre au moment de la remise du titre (exonération complète si victime de violences) ; – certificat médical délivré par l'OFII à remettre au moment de la remise du titre (uniquement lors de la délivrance du premier titre et sauf si vous relevez de la situation mentionnée au point 2) ; – Si vous êtes marié et originaire d'un pays autorisant la polygamie : déclaration sur l'honneur de non polygamie en France ; – justificatif de mariage : copie intégrale de l'acte de mariage (en cas de mariage célébré à l'étranger, transcription du mariage sur les registres de l'état civil français) ; – justificatif de la nationalité française de votre conjoint : passeport en cours de validité, carte nationale d'identité en cours de validité ou certificat de nationalité française de moins de six mois ; – justificatifs de la communauté de vie : déclaration sur l'honneur conjointe attestant de votre vie commune et tous documents permettant d'établir cette communauté de vie (contrat de bail, quittance EDF, relevé d'identité bancaire, etc.), sauf si elle a été rompue en raison de violences conjugales ou familiales ; vous pouvez justifier ces violences par tous moyens (dépôt de plainte, le cas échéant jugement de divorce pour faute, condamnation du conjoint pour violence, témoignages, attestations médicales, etc.). 2. Pièces à fournir pour la délivrance de la CST portant la mention « vie privée et familiale » prévue à l'article L. 423-2 si vous n'êtes pas en possession d'un visa de long séjour : – justificatif de l'entrée régulière en France : visa et tampon d'entrée sur le passeport, ou déclaration d'entrée si vous êtes entré par un autre État de l'espace Schengen ; – justificatif du mariage en France : copie intégrale de l'acte de mariage ; – justificatif de la nationalité française de votre conjoint : passeport en cours de validité, carte nationale d'identité en cours de validité ou certificat de nationalité française de moins de six mois ; – justificatifs de la communauté de vie de six mois en France : déclaration sur l'honneur conjointe attestant de votre vie commune et tous documents permettant d'établir cette communauté de vie (contrat de bail, quittance EDF, relevé d'identité bancaire, etc.). 3. Pièces à fournir au renouvellement : – justificatif de mariage : copie intégrale de l'acte de mariage ; – justificatif de nationalité française de votre conjoint : passeport en cours de validité, carte nationale d'identité en cours de validité ou certificat de nationalité française de moins de six mois ;

	Catégorie de titre de séjour	Libellé APS : autorisation provisoire de séjour CST : carte de séjour temporaire CSP : carte de séjour pluriannuelle CR : carte de résident	Référence du CESEDA	Pièces justificatives
				– justificatifs de la communauté de vie : déclaration sur l'honneur conjointe attestant de votre vie commune et documents permettant d'établir cette communauté de vie (bail de location aux deux noms, quittance EDF, relevé d'identité bancaire, etc.) ; Si la vie commune a été rompue en raison de violences conjugales ou familiales vous pouvez en apporter la preuve par tous moyens (dépôt de plainte, condamnation du conjoint pour ce motif, témoignages, certificats médicaux d'une unité médico-judiciaire faisant état de violences physiques, certificats médicaux circonstanciés faisant état de violences psychologiques ou psychiques, procès-verbaux constatant les violences, etc.) ; Si la vie commune a été rompue en raison de la polygamie en France de votre conjoint, vous devez justifier de la polygamie de ce dernier par la production d'un acte de mariage ou d'un livret de famille mentionnant le caractère polygamique de l'union et une pluralité d'épouses ; vous devez également justifier du caractère subi de cette situation par tous moyens (dépôt de plainte, condamnation du conjoint pour ce motif, témoignages, certificats médicaux circonstanciés faisant état d'un traumatisme lié à la polygamie de votre conjoint, procès-verbaux constatant la situation de polygamie, rapports sociaux indiquant votre situation de vulnérabilité à la date du mariage, etc.) Si la rupture de la vie commune résulte du décès de votre conjoint vous devez produire son acte de décès. 4. Pièces à fournir pour la délivrance d'une CSP sur le fondement de l'article L. 423-1 : – pièces prévues aux points 1 et 3 ; – Acte d'engagement à respecter les valeurs de la République dûment signé et daté. 5. Pièces à fournir pour la délivrance de la carte de résident : – justificatif de trois ans de séjour régulier : cartes de séjour, attestations de renouvellement ; – justificatifs de mariage d'une ancienneté au moins égale à trois ans : copie intégrale de l'acte de mariage correspondant à la situation au moment de la demande (en cas de mariage célébré à l'étranger, transcription du mariage sur les registres de l'état civil français) ; – justificatif de la nationalité française de votre conjoint : passeport en cours de validité, carte nationale d'identité en cours de validité ou certificat de nationalité française de moins de six mois ; – justificatifs de votre intégration républicaine : déclaration sur l'honneur de respect des principes régissant la République française (remis en préfecture), et diplôme ou certification figurant sur la liste définie par arrêté INTV1805032A du 21 février 2018 permettant d'attester de la maitrise du français à un niveau au moins égal au niveau A2 du cadre européen commun de référence pour les langues, sauf si vous êtes âgé de plus de 65 ans ou êtes affecté d'une pathologie rendant impossible le passage d'un test linguistique ;

	Catégorie de titre de séjour	Libellé APS : autorisation provisoire de séjour CST : carte de séjour temporaire CSP : carte de séjour pluriannuelle CR : carte de résident	Référence du CESEDA	Pièces justificatives
				– Si vous êtes affecté d'un handicap ou pathologie rendant impossible le passage d'un test linguistique : certificat médical conforme à l'arrêté du 10 février 2021 (NOR : INTV2102779A) ; 6. A Mayotte : – Justificatifs de ressources stables, régulières et suffisantes pour subvenir à vos besoins (bulletins de paye ou avis d'imposition ou attestation de versement de pension ou contrat de travail ou attestation bancaire, etc.). – Si vous êtes né avant le 1er janvier 1987 et avez contracté légalement un mariage civil polygame à Mayotte avant le 5 juin 2010, vous n'avez pas à produire la déclaration sur l'honneur de non polygamie en France.
30	Titre de séjour pour motif familial	CST portant la mention « vie privée et familiale » et CR délivrées à l'étranger père ou mère d'un enfant français	L. 423-7 L. 423-8 L. 423-10	1. Pièces à fournir dans tous les cas : – justificatif d'état civil : (sauf si vous êtes déjà titulaire d'une carte de séjour) une copie intégrale d'acte de naissance comportant les mentions les plus récentes accompagnée le cas échéant de la décision judiciaire ordonnant sa transcription (jugement déclaratif ou supplétif) ; – justificatif de nationalité : passeport (pages relatives à l'état civil, aux dates de validité, aux cachets d'entrée et aux visas) ou, à défaut, autres justificatifs dont au moins un revêtu d'une photographie permettant d'identifier le demandeur (attestation consulaire, carte d'identité, carte consulaire, certificat de nationalité, etc.) ; – justificatif de domicile datant de moins de six mois : facture (électricité, gaz, eau, téléphone fixe, accès à internet), bail de location de moins de six mois, quittance de loyer (si locataire) ou taxe d'habitation ; en cas d'hébergement à l'hôtel : attestation de l'hôtelier et facture du dernier mois ; en cas d'hébergement chez un particulier : attestation de l'hébergeant datée et signée, copie de sa carte nationale d'identité ou de sa carte de séjour, et justificatif de son domicile si l'adresse de sa carte nationale d'identité ou de sa carte de séjour n'est plus à jour ; – 3 photographies d'identité de face, tête nue, récentes et parfaitement ressemblantes (format 35 mm × 45 mm-norme ISO/IEC 19794-5 : 2005) (pas de copie) ou si demande déposée dans le cadre du téléservice mentionné à l'article R. 431-2 du CESEDA, code photographie et signature numérique valide ; – justificatif d'acquittement de la taxe sur le titre de séjour et du droit de timbre et si exigé le droit de visa de régularisation à remettre au moment de la remise du titre ; – déclaration sur l'honneur de non polygamie en France si vous êtes marié et originaire d'un pays autorisant la polygamie. 2. Pièces à fournir en première demande : – résidence en France de l'enfant mineur (preuve par tous moyens) : certificat de scolarité ou de crèche, présence de l'enfant lors de la demande, etc. ;

	Catégorie de titre de séjour	Libellé APS : autorisation provisoire de séjour CST : carte de séjour temporaire CSP : carte de séjour pluriannuelle CR : carte de résident	Référence du CESEDA	Pièces justificatives
				– justificatifs de la nationalité française de l'enfant : passeport en cours de validité, carte nationale d'identité ou certificat de nationalité française de l'enfant de moins de six mois ; – justificatifs prouvant que vous êtes le parent de l'enfant français : copie intégrale de l'acte de naissance comportant le lien de filiation ; – justificatifs établissant que vous contribuez effectivement à l'entretien et à l'éducation de l'enfant (dans les conditions de l'article 371-2 du code civil) depuis sa naissance ou depuis au moins 2 ans ; vous pouvez apporter la preuve par tous moyens : versement d'une pension, achats destinés à l'enfant (de nature alimentaire, vestimentaire, diverse : frais de loisirs, éducatifs, d'agréments, jouets), hébergement régulier, intérêt pour la scolarité de l'enfant, présence affective réelle, témoignages, etc. ; – lorsque la filiation à l'égard de l'autre parent résulte d'une reconnaissance de filiation : justificatifs suffisamment probants établissant que le l'autre parent contribue effectivement à l'entretien et à l'éducation de l'enfant dans les conditions de l'article 371-2 du code civil (preuve par tous moyens comme mentionné précédemment) ou, à défaut, décision du juge judiciaire (ordonnance ou jugement) ordonnant au parent français de s'acquitter de ses obligations découlant de l'article 371-2 du code civil (versement d'une pension alimentaire ou d'une contribution financière). 3. Pièces à fournir au renouvellement : – justificatifs prouvant que vous êtes le parent de l'enfant français : copie intégrale de l'acte de naissance comportant la filiation (documents correspondant à la situation au moment de la demande) ; – justificatifs établissant que vous contribuez effectivement à l'entretien et à l'éducation de l'enfant dans les conditions de l'article 371-2 du code civil (preuve par tous moyens comme mentionné au point 2) ; – justificatifs prouvant que l'enfant réside en France ; vous pouvez apporter la preuve par tous moyens : certificat de scolarité ou de crèche, présence de l'enfant lors de la demande, etc. ; – lorsque la filiation à l'égard de l'autre parent résulte d'une reconnaissance de filiation : justificatifs suffisamment probants établissant que l'autre parent contribue effectivement à l'entretien et à l'éducation de l'enfant dans les conditions de l'article 371-2 du code civil (preuve par tous moyens comme mentionné au point 2) ou, à défaut, décision du juge judiciaire (ordonnance ou jugement) ordonnant au parent français de s'acquitter de ses obligations découlant de l'article 371-2 du code civil (versement d'une pension alimentaire ou d'une contribution financière). 4. Pièces à fournir pour la délivrance d'une CSP sur le fondement de l'article L. 423-7 : – pièces prévues aux points 1 et 3 ; – Acte d'engagement à respecter les valeurs de la République dûment signé et daté.

	Catégorie de titre de séjour	Libellé APS : autorisation provisoire de séjour CST : carte de séjour temporaire CSP : carte de séjour pluriannuelle CR : carte de résident	Référence du CESEDA	Pièces justificatives
				5. Pièces à fournir pour la délivrance de la carte de résident : – Pièces prévues au point 3 ; – titre de séjour en cours de validité ; – justificatif de trois ans de séjour régulier en tant que parent d'enfant français : cartes de séjour temporaire ou pluriannuelles, récépissés de renouvellement Ou – justificatif de trois ans de séjour régulier sous– couvert d'une carte de séjour pluriannuelle délivrée en tant que conjoint de français (art. L. 423-1) ou au titre des liens personnels et familiaux (art. L. 423-23) : cartes de séjour pluriannuelles, récépissés de renouvellement – justificatifs de l'intégration républicaine : déclaration sur l'honneur de respect des principes régissant la République française (remis en préfecture) et diplôme ou certification figurant sur la liste définie par l'arrêté INTV1805032A du 21 février 2018 permettant d'attester de la maitrise du français à un niveau au moins égal au niveau A2 du cadre européen commun de référence pour les langues, sauf si vous êtes âgé de plus de 65 ans ou êtes affecté d'une pathologie rendant impossible le passage d'un test linguistique ; – Si vous êtes affecté d'un handicap ou pathologie rendant impossible le passage d'un test linguistique : certificat médical conforme à l'arrêté du 10 février 2021 (NOR : INTV2102779A) ; 6. A Mayotte : – Si vous êtes né avant le 1er janvier 1987 et avez contracté légalement un mariage civil polygame à Mayotte avant le 5 juin 2010, vous n'avez pas à produire la déclaration sur l'honneur de non polygamie en France. – Justificatifs de ressources stables, régulières et suffisantes pour subvenir à vos besoins (bulletins de paye ou avis d'imposition ou attestation de versement de pension ou contrat de travail ou attestation bancaire, etc.).
31	Titre de séjour pour motif familial	CR délivrée à l'étranger ascendant à charge d'un français ou de son conjoint	L. 423-11	– visa de long séjour (sauf visa de long séjour portant la mention « dispense temporaire de carte de séjour ») ou titre de séjour en cours de validité ; – justificatif d'état civil : (sauf si vous êtes déjà titulaire d'une carte de séjour) une copie intégrale d'acte de naissance comportant les mentions les plus récentes accompagnée le cas échéant de la décision judiciaire ordonnant sa transcription (jugement déclaratif ou supplétif) ; – justificatif de nationalité : passeport (pages relatives à l'état civil, aux dates de validité, aux cachets d'entrée et aux visas) ou, à défaut, autres justificatifs dont au moins un revêtu d'une photographie permettant d'identifier le demandeur (attestation consulaire, carte d'identité, carte consulaire, certificat de nationalité, etc.) ;

	Catégorie de titre de séjour	Libellé APS : autorisation provisoire de séjour CST : carte de séjour temporaire CSP : carte de séjour pluriannuelle CR : carte de résident	Référence du CESEDA	Pièces justificatives
				– justificatif de domicile datant de moins de six mois : facture (électricité, gaz, eau, téléphone fixe, accès à internet), bail de location de moins de six mois, quittance de loyer (si locataire) ou taxe d'habitation ; en cas d'hébergement à l'hôtel : attestation de l'hôtelier et facture du dernier mois ; en cas d'hébergement chez un particulier : attestation de l'hébergeant datée et signée, copie de sa carte nationale d'identité ou de sa carte de séjour, et justificatif de son domicile si l'adresse de sa carte nationale d'identité ou de sa carte de séjour n'est plus à jour ; – 3 photographies d'identité de face, tête nue, récentes et parfaitement ressemblantes (format 35 mm × 45 mm-norme ISO/IEC 19794-5 : 2005) (pas de copie) ou si demande déposée dans le cadre du téléservice mentionné à l'article R. 431-2 du CESEDA, code photographie et signature numérique valide ; – justificatif d'acquittement de la taxe sur le titre de séjour et du droit de timbre et si exigé le droit de visa de régularisation à remettre au moment de la remise du titre ; – certificat médical délivré par l'OFII à remettre au moment de la remise du titre (uniquement lors de la délivrance du premier titre) ; – Si vous êtes marié et originaire d'un pays autorisant la polygamie : déclaration sur l'honneur de non polygamie en France ; – selon votre situation : justificatifs de la nationalité française de votre descendant (passeport en cours de validité, carte nationale d'identité en cours de validité ou certificat de nationalité française (document de moins de six mois), justificatifs de la filiation avec votre descendant de nationalité française (copie intégrale de l'acte de naissance comportant la filiation (correspondant à la situation au moment de la demande), justificatifs de la nationalité française du conjoint de votre descendant (passeport en cours de validité, carte nationale d'identité en cours de validité ou certificat de nationalité française (document de moins de six mois), justificatifs du lien familial de votre descendant avec son conjoint de nationalité française (copie intégrale de l'acte de mariage ou livret de famille (correspondant à la situation au moment de la demande), ou justificatifs de la filiation avec votre descendant (copie intégrale de l'acte de naissance comportant la filiation (correspondant à la situation au moment de la demande) ; – justificatifs prouvant la prise en charge : justification des ressources de votre enfant français et le cas échéant de son conjoint (avis d'imposition, attestations bancaires, bulletins de salaire, attestation d'hébergement, contrat de location, acte de propriété, etc.), et justifications de votre absence de ressources (versements de pension de retraite ou autres prestations et leurs montants, versements financiers réguliers et suffisants de la part votre enfant français, relevé de compte, attestation du consulat concernant votre isolement et la situation financière de vos enfants demeurant dans le pays d'origine, déclaration de ne pas avoir d'autres enfants susceptibles de vous accueillir dans votre pays d'origine, mention de personne à charge sur la déclaration des revenus de votre enfant français avec mention du montant versé, etc.).

	Catégorie de titre de séjour	Libellé APS : autorisation provisoire de séjour CST : carte de séjour temporaire CSP : carte de séjour pluriannuelle CR : carte de résident	Référence du CESEDA	Pièces justificatives
				A Mayotte : Si vous êtes né avant le 1er janvier 1987 et avez contracté légalement un mariage civil polygame à Mayotte avant le 5 juin 2010, vous n'avez pas à produire la déclaration sur l'honneur de non polygamie en France.
32	Titre de séjour pour motif familial	CR délivrée à l'étranger enfant d'un français	L. 423-12	– visa de long séjour (sauf visa de long séjour portant la mention « dispense temporaire de carte de séjour ») ou titre de séjour en cours de validité ; – justificatif d'état civil : (sauf si vous êtes déjà titulaire d'une carte de séjour) une copie intégrale d'acte de naissance comportant les mentions les plus récentes accompagnée le cas échéant de la décision judiciaire ordonnant sa transcription (jugement déclaratif ou supplétif) ; – justificatif de nationalité : passeport (pages relatives à l'état civil, aux dates de validité, aux cachets d'entrée et aux visas) ou, à défaut, autres justificatifs dont au moins un revêtu d'une photographie permettant d'identifier le demandeur (attestation consulaire, carte d'identité, carte consulaire, certificat de nationalité, etc.) ; – justificatif de domicile datant de moins de six mois : facture (électricité, gaz, eau, téléphone fixe, accès à internet), bail de location de moins de six mois, quittance de loyer (si locataire) ou taxe d'habitation ; en cas d'hébergement à l'hôtel : attestation de l'hôtelier et facture du dernier mois ; en cas d'hébergement chez un particulier : attestation de l'hébergeant datée et signée, copie de sa carte nationale d'identité ou de sa carte de séjour, et justificatif de son domicile si l'adresse de sa carte nationale d'identité ou de sa carte de séjour n'est plus à jour ; – 3 photographies d'identité de face, tête nue, récentes et parfaitement ressemblantes (format 35 mm × 45 mm-norme ISO/IEC 19794-5 : 2005) (pas de copie) ou si demande déposée dans le cadre du téléservice mentionné à l'article R. 431-2 du CESEDA, code photographie et signature numérique valide ; – justificatif d'acquittement de la taxe sur le titre de séjour et du droit de timbre et si exigé le droit de visa de régularisation à remettre au moment de la remise du titre ; – Si vous êtes marié et originaire d'un pays autorisant la polygamie : déclaration sur l'honneur de non polygamie en France ; – justificatifs de la nationalité française de votre (vos) parent (s) : passeport en cours de validité, carte nationale d'identité en cours de validité ou certificat de nationalité française (document de moins de six mois) ; – justificatifs de la filiation avec votre (vos) parent (s) de nationalité française : copie intégrale de l'acte de naissance comportant la filiation, jugement d'adoption simple ou plénière (correspondant à la situation au moment de la demande) ;

	Catégorie de titre de séjour	Libellé APS : autorisation provisoire de séjour CST : carte de séjour temporaire CSP : carte de séjour pluriannuelle CR : carte de résident	Référence du CESEDA	Pièces justificatives
				– si vous avez plus de 21 ans, preuves de prise en charge par votre (vos) parent (s) de nationalité française : justificatif de ressources de votre (vos) parent (s) de nationalité française (avis d'imposition, bulletin de salaire, attestation d'hébergement, versement financier, contrat de location, acte de propriété, etc.), et justification de votre absence de ressources (avis d'imposition ou de non- imposition, relevé de compte, certificat médical attestant d'une infirmité qui vous empêche de travailler ou d'effectuer les actes de la vie courante, etc.). A Mayotte : Si vous êtes né avant le 1er janvier 1987 et avez contracté légalement un mariage civil polygame à Mayotte avant le 5 juin 2010, vous n'avez pas à produire la déclaration sur l'honneur de non polygamie en France.
33	Titre de séjour pour motif familial	CST portant la mention « vie privée et familiale » délivrée à l'étranger né en France	L. 423-13	1. Pièces à fournir dans tous les cas : – justificatif d'état civil : (sauf si vous êtes déjà titulaire d'une carte de séjour) une copie intégrale d'acte de naissance comportant les mentions les plus récentes accompagnée le cas échéant de la décision judiciaire ordonnant sa transcription (jugement déclaratif ou supplétif) ; – justificatif de nationalité : passeport (pages relatives à l'état civil, aux dates de validité, aux cachets d'entrée et aux visas) ou, à défaut, autres justificatifs dont au moins un revêtu d'une photographie permettant d'identifier le demandeur (attestation consulaire, carte d'identité, carte consulaire, certificat de nationalité, etc.) ; – justificatif de domicile datant de moins de six mois : facture (électricité, gaz, eau, téléphone fixe, accès à internet), bail de location de moins de six mois, quittance de loyer (si locataire) ou taxe d'habitation ; en cas d'hébergement à l'hôtel : attestation de l'hôtelier et facture du dernier mois ; en cas d'hébergement chez un particulier : attestation de l'hébergeant datée et signée, copie de sa carte nationale d'identité ou de sa carte de séjour, et justificatif de son domicile si l'adresse de sa carte nationale d'identité ou de sa carte de séjour n'est plus à jour ; – 3 photographies d'identité de face, tête nue, récentes et parfaitement ressemblantes (format 35 mm × 45 mm-norme ISO/IEC 19794-5 : 2005) (pas de copie) ou si demande déposée dans le cadre du téléservice mentionné à l'article R. 431-2 du CESEDA, code photographie et signature numérique valide ; – justificatif d'acquittement de la taxe sur le titre de séjour et du droit de timbre et si exigé le droit de visa de régularisation à remettre au moment de la remise du titre ; – déclaration sur l'honneur de non polygamie en France si vous êtes marié et originaire d'un pays autorisant la polygamie. 2. Pièces à fournir en première demande : – justificatifs de présence continue en France d'au moins huit ans : au moins un document pour chaque année émanant d'une administration publique (service social, établissement scolaire, etc.) ;

	Catégorie de titre de séjour	Libellé APS : autorisation provisoire de séjour CST : carte de séjour temporaire CSP : carte de séjour pluriannuelle CR : carte de résident	Référence du CESEDA	Pièces justificatives
				– justificatifs de suivi, après l'âge de dix ans, d'une scolarité d'au moins cinq ans dans un établissement français : certificats de scolarité ; – certificat médical délivré par l'OFII à remettre au moment de la remise du titre. 2.1. Dans les îles Wallis et Futuna, en Polynésie française et en Nouvelle-Calédonie : – Les justificatifs de présence continue en France d'au moins huit ans sont remplacés par les justificatifs de présence continue sur le territoire de la collectivité d'au moins huit ans ; – Les justificatifs de scolarité d'au moins cinq ans dans un établissement français sont remplacés par les justificatifs de scolarité d'au moins cinq ans dans un établissement scolaire situé sur le territoire de la collectivité. 3. Pièces à fournir au renouvellement : – titre de séjour en cours de validité. 4. Pièces à fournir pour la délivrance d'une CSP sur le fondement de l'article L. 423-13 : – pièces prévues aux points 1 et 3. 5. A Mayotte : Si vous êtes né avant le 1er janvier 1987 et avez contracté légalement un mariage civil polygame à Mayotte avant le 5 juin 2010, vous n'avez pas à produire la déclaration sur l'honneur de non polygamie en France.
34	Titre de séjour pour motif familial	CST portant la mention « vie privée et familiale » et CR délivrées à l'étranger admis sur le territoire français au titre du regroupement familial	L. 423-14 L. 423-15 L. 423-16	1. Pièces à produire dans tous les cas : – visa de long séjour au titre du regroupement familial ; – justificatif d'état civil : (sauf si vous êtes déjà titulaire d'une carte de séjour) une copie intégrale d'acte de naissance comportant les mentions les plus récentes accompagnée le cas échéant de la décision judiciaire ordonnant sa transcription (jugement déclaratif ou supplétif) ; – justificatif de nationalité : passeport (pages relatives à l'état civil, aux dates de validité, aux cachets d'entrée et aux visas) ou, à défaut, autres justificatifs dont au moins un revêtu d'une photographie permettant d'identifier le demandeur (attestation consulaire, carte d'identité, carte consulaire, certificat de nationalité, etc.) ; – justificatif de domicile datant de moins de six mois : facture (électricité, gaz, eau, téléphone fixe, accès à internet), bail de location de moins de six mois, quittance de loyer (si locataire) ou taxe d'habitation ; en cas d'hébergement à l'hôtel : attestation de l'hôtelier et facture du dernier mois ; en cas d'hébergement chez un particulier : attestation de l'hébergeant datée et signée, copie de sa carte nationale d'identité ou de sa carte de séjour, et justificatif de son domicile si l'adresse de sa carte nationale d'identité ou de sa carte de séjour n'est plus à jour ;

	Catégorie de titre de séjour	Libellé APS : autorisation provisoire de séjour CST : carte de séjour temporaire CSP : carte de séjour pluriannuelle CR : carte de résident	Référence du CESEDA	Pièces justificatives
				– 3 photographies d'identité de face, tête nue, récentes et parfaitement ressemblantes (format 35 mm × 45 mm-norme ISO/IEC 19794-5 : 2005) (pas de copie) ou si demande déposée dans le cadre du téléservice mentionné à l'article R. 431-2 du CESEDA, code photographie et signature numérique valide ; – justificatif d'acquittement de la taxe sur le titre de séjour et du droit de timbre et si exigé le droit de visa de régularisation à remettre au moment de la remise du titre (exonération complète si victime de violences) ; – décision d'autorisation de regroupement familial ; – carte de séjour temporaire, carte de séjour pluriannuelle ou carte de résident de la personne que vous rejoignez ; – si le demandeur est votre conjoint : déclaration sur l'honneur conjointe attestant de votre vie commune ; lorsque la vie commune a été rompue en raison de violences conjugales, vous pouvez justifier des raisons de cette rupture par tous moyens (dépôt de plainte, certificats médicaux, jugement de divorce, condamnation du conjoint pour ce motif, témoignages, etc.) ; – certificat médical délivré par l'OFII à remettre au moment de la remise du titre (uniquement lors de la délivrance du premier titre) ; – déclaration sur l'honneur de non polygamie en France si vous êtes marié et originaire d'un pays autorisant la polygamie. 2. Pièces à fournir au renouvellement : – carte de séjour temporaire, carte de séjour pluriannuelle ou carte de résident de la personne que vous rejoignez ; – si le demandeur est votre conjoint : extrait d'acte de mariage correspondant à la situation au moment de la demande, déclaration sur l'honneur conjointe attestant de votre vie commune et tous documents permettant d'établir cette communauté de vie (bail de location aux deux noms, quittance EDF, relevé d'identité bancaire, etc.), sauf si la vie commune a été rompue en raison de violences conjugales (qui peuvent être justifiées par tous moyens comme mentionné au point 1) ou du décès du conjoint (vous devez alors produire l'acte de décès). 3. Pièces à fournir pour la délivrance d'une CSP sur le fondement de l'article L. 423-14 ou L. 423-15 : – pièces prévues aux points 1 et 2 ; – Acte d'engagement à respecter les valeurs de la République dûment signé et daté. 4. Pièces à fournir pour la délivrance de la carte de résident : – titre de séjour en cours de validité ; – titre de séjour du conjoint ou parent accueillant ; – visa de long séjour délivré au titre du regroupement familial ; – si vous êtes le conjoint : déclaration sur l'honneur attestant de votre vie commune et extrait d'acte de mariage correspondant à la situation au moment de la demande ;

	Catégorie de titre de séjour	Libellé APS : autorisation provisoire de séjour CST : carte de séjour temporaire CSP : carte de séjour pluriannuelle CR : carte de résident	Référence du CESEDA	Pièces justificatives
				– justificatifs de résidence régulière non interrompue d'au moins 3 ans (cartes de séjour et récépissés de renouvellement, certificat de scolarité, avis d'imposition, etc.) ; – justificatifs de l'intégration républicaine : déclaration sur l'honneur de respect des principes régissant la République française (remis en préfecture), et diplôme ou certification (liste définie par arrêté INTV1805032A du 21 février 2018) permettant d'attester de la maitrise du français à un niveau au moins égal au niveau A2 du cadre européen commun de référence pour les langues, sauf si vous êtes âgé de plus de 65 ans ou êtes affecté d'une pathologie rendant impossible le passage d'un test linguistique ; – Si vous êtes affecté d'un handicap ou pathologie rendant impossible le passage d'un test linguistique : certificat médical conforme à l'arrêté du 10 février 2021 (NOR : INTV2102779A). 5. A Mayotte : Si vous êtes né avant le 1er janvier 1987 et avez contracté légalement un mariage civil polygame à Mayotte avant le 5 juin 2010, vous n'avez pas à produire la déclaration sur l'honneur de non polygamie en France.
35	Titre de séjour pour motif familial	CST portant la mention « vie privée et familiale » délivrée à l'étranger résidant habituellement en France depuis l'âge de treize ans	L. 423-21	1. Pièces à fournir dans tous les cas : – justificatif d'état civil : (sauf si vous êtes déjà titulaire d'une carte de séjour) une copie intégrale d'acte de naissance comportant les mentions les plus récentes accompagnée le cas échéant de la décision judiciaire ordonnant sa transcription (jugement déclaratif ou supplétif) ; – justificatif de nationalité : passeport (pages relatives à l'état civil, aux dates de validité, aux cachets d'entrée et aux visas) ou, à défaut, autres justificatifs dont au moins un revêtu d'une photographie permettant d'identifier le demandeur (attestation consulaire, carte d'identité, carte consulaire, certificat de nationalité, etc.) ; – justificatif de domicile datant de moins de six mois : facture (électricité, gaz, eau, téléphone fixe, accès à internet), bail de location de moins de six mois, quittance de loyer (si locataire) ou taxe d'habitation ; en cas d'hébergement à l'hôtel : attestation de l'hôtelier et facture du dernier mois ; en cas d'hébergement chez un particulier : attestation de l'hébergeant datée et signée, copie de sa carte nationale d'identité ou de sa carte de séjour, et justificatif de son domicile si l'adresse de sa carte nationale d'identité ou de sa carte de séjour n'est plus à jour ; – 3 photographies d'identité de face, tête nue, récentes et parfaitement ressemblantes (format 35 mm × 45 mm-norme ISO/IEC 19794-5 : 2005) (pas de copie) ou si demande déposée dans le cadre du téléservice mentionné à l'article R. 431-2 du CESEDA, code photographie et signature numérique valide ; – justificatif d'acquittement de la taxe sur le titre de séjour et du droit de timbre et si exigé le droit de visa de régularisation à remettre au moment de la remise du titre ;

	Catégorie de titre de séjour	Libellé APS : autorisation provisoire de séjour CST : carte de séjour temporaire CSP : carte de séjour pluriannuelle CR : carte de résident	Référence du CESEDA	Pièces justificatives
				– déclaration sur l'honneur de non polygamie en France si vous êtes marié et originaire d'un pays autorisant la polygamie. 2. Pièces à fournir en première demande : – justificatifs de résidence habituelle en France depuis au plus l'âge de treize ans : inscription dans un établissement scolaire, bulletins scolaires, documents administratifs ; – justificatifs de résidence en France d'un ou des parents depuis que l'enfant a eu treize ans : tout justificatif probant (un par semestre) ; – document de séjour de l'un des parents à Mayotte depuis que l'enfant a eu treize ans. 3. Pièces à fournir au renouvellement : – justificatifs de présence continue en France depuis l'entrée : le séjour doit être justifié par au moins un document pour chaque année émanant d'une administration publique (service social, établissement scolaire, etc.). 4. Pièces à fournir pour la délivrance d'une CSP sur le fondement de l'article L. 423-21 : – pièces prévues aux points 1 et 3 ; – Acte d'engagement à respecter les valeurs de la République dûment signé et daté. 5. A Mayotte : Si vous êtes né avant le 1er janvier 1987 et avez contracté légalement un mariage civil polygame à Mayotte avant le 5 juin 2010, vous n'avez pas à produire la déclaration sur l'honneur de non polygamie en France.
36	Titre de séjour pour motif familial	CST portant la mention « vie privée et familiale » délivrée à l'étranger confié au service de l'aide sociale à l'enfance	L. 423-22	1. Pièces à fournir dans tous les cas : – justificatif d'état civil : (sauf si vous êtes déjà titulaire d'une carte de séjour) une copie intégrale d'acte de naissance comportant les mentions les plus récentes accompagnée le cas échéant de la décision judiciaire ordonnant sa transcription (jugement déclaratif ou supplétif) ; – justificatif de nationalité : passeport (pages relatives à l'état civil, aux dates de validité, aux cachets d'entrée et aux visas) ou, à défaut, autres justificatifs dont au moins un revêtu d'une photographie permettant d'identifier le demandeur (attestation consulaire, carte d'identité, carte consulaire, certificat de nationalité, etc.) ; – justificatif de domicile datant de moins de six mois : facture (électricité, gaz, eau, téléphone fixe, accès à internet), bail de location de moins de six mois, quittance de loyer (si locataire) ou taxe d'habitation ; en cas d'hébergement à l'hôtel : attestation de l'hôtelier et facture du dernier mois ; en cas d'hébergement chez un particulier : attestation de l'hébergeant datée et signée, copie de sa carte nationale d'identité ou de sa carte de séjour, et justificatif de son domicile si l'adresse de sa carte nationale d'identité ou de sa carte de séjour n'est plus à jour ;

	Catégorie de titre de séjour	Libellé APS : autorisation provisoire de séjour CST : carte de séjour temporaire CSP : carte de séjour pluriannuelle CR : carte de résident	Référence du CESEDA	Pièces justificatives
				– 3 photographies d'identité de face, tête nue, récentes et parfaitement ressemblantes (format 35 mm × 45 mm-norme ISO/IEC 19794-5 : 2005) (pas de copie) ou si demande déposée dans le cadre du téléservice mentionné à l'article R. 431-2 du CESEDA, code photographie et signature numérique valide ; – justificatif d'acquittement du droit de timbre à remettre au moment de la remise du titre ; – déclaration sur l'honneur de non polygamie en France si vous êtes marié et originaire d'un pays autorisant la polygamie. 2. Pièces à fournir en première demande : – justificatifs de placement : décision judiciaire de placement au service de l'aide sociale à l'enfance avant l'âge de seize ans ; – justificatifs relatifs à l'activité professionnelle salariée ou à la formation professionnelle : inscription dans un établissement scolaire, contrat de travail ou d'apprentissage, attestation du responsable du centre de formation ; – justificatifs du caractère réel et sérieux du suivi de la formation (relevé de notes, attestation d'assiduité) ; – nature des liens avec la famille restée dans le pays d'origine (tout document probant y compris actes de décès des membres de la famille à l'étranger, perte de l'autorité parentale des parents restés sur place, etc.) ; – insertion dans la société française : attestation de la structure d'accueil (foyer ou famille d'accueil). 3. Pièces à fournir au renouvellement : – justificatifs relatifs à l'activité professionnelle salariée ou à la formation professionnelle : inscription dans un établissement scolaire, contrat de travail ou d'apprentissage, attestation du responsable du centre de formation ; – justificatifs du caractère réel et sérieux du suivi de la formation (évaluation, relevé de notes, attestation d'assiduité) ; – insertion de l'étranger dans la société française : attestation de la structure d'accueil (foyer ou famille d'accueil) ; – justificatif d'acquittement de la taxe sur le titre de séjour à remettre au moment de la délivrance du titre. 4. Pièces à fournir pour la délivrance d'une CSP sur le fondement de l'article L. 423-22 : – pièces prévues aux points 1 et 3 ; – Acte d'engagement à respecter les valeurs de la République dûment signé et daté. 5. A Mayotte : Si vous êtes né avant le 1er janvier 1987 et avez contracté légalement un mariage civil polygame à Mayotte avant le 5 juin 2010, vous n'avez pas à produire la déclaration sur l'honneur de non polygamie en France.

	Catégorie de titre de séjour	Libellé APS : autorisation provisoire de séjour CST : carte de séjour temporaire CSP : carte de séjour pluriannuelle CR : carte de résident	Référence du CESEDA	Pièces justificatives
37	Titre de séjour pour motif familial	CST portant la mention « vie privée et familiale » délivrée à l'étranger ayant des liens personnels et familiaux en France	L. 423-23	1. Pièces à fournir dans tous les cas : – justificatif d'état civil : (sauf si vous êtes déjà titulaire d'une carte de séjour) une copie intégrale d'acte de naissance comportant les mentions les plus récentes accompagnée le cas échéant de la décision judiciaire ordonnant sa transcription (jugement déclaratif ou supplétif) ; – justificatif de nationalité : passeport (pages relatives à l'état civil, aux dates de validité, aux cachets d'entrée et aux visas) ou, à défaut, autres justificatifs dont au moins un revêtu d'une photographie permettant d'identifier le demandeur (attestation consulaire, carte d'identité, carte consulaire, certificat de nationalité, etc.) ; – justificatif de domicile datant de moins de six mois : facture (électricité, gaz, eau, téléphone fixe, accès à internet), bail de location de moins de six mois, quittance de loyer (si locataire) ou taxe d'habitation ; en cas d'hébergement à l'hôtel : attestation de l'hôtelier et facture du dernier mois ; en cas d'hébergement chez un particulier : attestation de l'hébergeant datée et signée, copie de sa carte nationale d'identité ou de sa carte de séjour, et justificatif de son domicile si l'adresse de sa carte nationale d'identité ou de sa carte de séjour n'est plus à jour ; – 3 photographies d'identité de face, tête nue, récentes et parfaitement ressemblantes (format 35 mm × 45 mm-norme ISO/IEC 19794-5 : 2005) (pas de copie) ou si demande déposée dans le cadre du téléservice mentionné à l'article R. 431-2 du CESEDA, code photographie et signature numérique valide ; – justificatif d'acquittement de la taxe sur le titre de séjour et du droit de timbre et si exigé le droit de visa de régularisation à remettre au moment de la remise du titre ; – déclaration sur l'honneur de non polygamie en France si vous êtes marié et originaire d'un pays autorisant la polygamie. 2. Pièces à fournir en première demande : 2.1. Justificatifs des liens personnels et familiaux en France : – liens matrimoniaux et filiaux : extrait d'acte de mariage, ou extraits des actes de naissance des enfants avec filiation (documents correspondant à la situation au moment de la demande), copie du PACS et attestation de non dissolution de moins de trois mois, etc. ; – liens parentaux et collatéraux : extraits d'actes de naissance des parents et de la fratrie avec filiation, jugement d'adoption ou de tutelle (documents correspondant à la situation au moment de la demande) ; – liens professionnels ou personnels : contrat de travail, fiches de paie, participation à la vie locale/associative, etc. ; – justificatifs du séjour régulier en France des membres de la famille : copie de sa carte de séjour ou de la carte nationale d'identité ; – justificatifs par tout moyen de l'entretien de relations certaines et continues avec les membres de la famille installée en France (enfants, conjoint, concubin ou partenaire pacsé) ;

	Catégorie de titre de séjour	Libellé APS : autorisation provisoire de séjour CST : carte de séjour temporaire CSP : carte de séjour pluriannuelle CR : carte de résident	Référence du CESEDA	Pièces justificatives
				– justification par tout moyen permettant d'apprécier la durée de la résidence habituelle (continue) en France : visa, attestation de demande de carte de séjour, attestation de demande d'asile, documents d'une administration publique (préfecture, service social, établissement scolaire), documents émanant d'une institution privée (certificat médical, relevés bancaires présentant des mouvements, etc.), écrits personnels incontestables (courriers, attestations de proches). 2.2. Nature des liens avec votre famille restée dans le pays d'origine : – actes de décès des membres de famille à l'étranger. 2.3. Justificatifs de vos conditions d'existence : – revenus, salaires, relevés bancaires, etc. 2.4. Justificatifs de votre insertion dans la société française : – attestations de cercles amicaux, adhésion à des associations, activité bénévole, participation aux activités scolaires des enfants, etc. 3. Pièces à fournir au renouvellement : 3.1. Justificatifs récents du maintien des liens matrimoniaux en France depuis la délivrance du titre de séjour précédent : – extrait d'acte de mariage, copie du PACS et attestation de non dissolution de moins de 3 mois, etc. 3.2. Justificatifs récents de l'entretien de relations certaines et continues avec les membres de la famille installée en France (enfants, conjoint, concubin ou partenaire pacsé). 3.3. Justificatifs sur vos conditions d'existence : – revenus, salaires, relevés bancaires, etc. 3.4. Justificatifs de votre insertion dans la société française au cours de l'année précédente : – attestations de cercles amicaux, adhésion à des associations, activité bénévole, participation aux activités scolaires des enfants, etc. 4. Pièces à fournir pour la délivrance d'une CSP sur le fondement de l'article L. 423-23 : – pièces prévues aux points 1 et 3 ; – Acte d'engagement à respecter les valeurs de la République dûment signé et daté. 5. A Mayotte : Si vous êtes né avant le 1er janvier 1987 et avez contracté légalement un mariage civil polygame à Mayotte avant le 5 juin 2010, vous n'avez pas à produire la déclaration sur l'honneur de non polygamie en France.

	Catégorie de titre de séjour	Libellé APS : autorisation provisoire de séjour CST : carte de séjour temporaire CSP : carte de séjour pluriannuelle CR : carte de résident	Référence du CESEDA	Pièces justificatives
38	Titre de séjour accordé aux bénéficiaires d'une protection internationale	CR délivrée à l'étranger auquel la qualité de réfugié a été reconnue	L. 424-1	– justificatifs d'état civil : attestation d'état civil (transmise par l'OFPRA à la préfecture en vue de la fabrication du titre) ; – justificatif de domicile datant de moins de six mois : facture (électricité, gaz, eau, téléphone fixe, accès à internet), bail de location de moins de six mois, quittance de loyer (si locataire) ou taxe d'habitation ; en cas d'hébergement à l'hôtel : attestation de l'hôtelier et facture du dernier mois ; en cas d'hébergement chez un particulier : attestation de l'hébergeant datée et signée, copie de sa carte nationale d'identité ou de sa carte de séjour, et justificatif de son domicile si l'adresse de sa carte nationale d'identité ou de sa carte de séjour n'est plus à jour ; ou déclaration de domiciliation mentionnée à l'article R. 551-8 du CESEDA ; – 3 photographies d'identité de face, tête nue, récentes et parfaitement ressemblantes (format 35 mm × 45 mm-norme ISO/IEC 19794-5 : 2005) (pas de copie) ou si demande déposée dans le cadre du téléservice mentionné à l'article R. 431-2 du CESEDA, code photographie et signature numérique valide ; – Si vous êtes marié et originaire d'un pays autorisant la polygamie : déclaration sur l'honneur de non polygamie en France ; – justificatif d'acquittement du droit de timbre à remettre au plus tard au moment de la remise du titre ; – décision de l'OFPRA ou de la CNDA vous attribuant le statut de réfugié. A Mayotte : Si vous êtes né avant le 1er janvier 1987 et avez contracté légalement un mariage civil polygame à Mayotte avant le 5 juin 2010, vous n'avez pas à produire la déclaration sur l'honneur de non polygamie en France.
39	Titre de séjour accordé aux bénéficiaires d'une protection internationale	CR délivrée aux membres de famille de l'étranger auquel la qualité de réfugié a été reconnue	L. 424-3	– Visa de long séjour (si vous êtes entré en France au titre de la réunification familiale) ; – justificatifs d'état civil : (sauf si vous êtes déjà titulaire d'une carte de séjour) une copie intégrale d'acte de naissance comportant les mentions les plus récentes accompagnée le cas échéant de la décision judiciaire ordonnant sa transcription (jugement déclaratif ou supplétif) ou documents d'état civil établis ou authentifiés par l'OFPRA ; – justificatif de nationalité : passeport (pages relatives à l'état civil, aux dates de validité, aux cachets d'entrée et aux visas) ou, à défaut, autres justificatifs dont au moins un revêtu d'une photographie permettant d'identifier le demandeur (attestation consulaire, carte d'identité, carte consulaire, certificat de nationalité, etc.) ;

	Catégorie de titre de séjour	Libellé APS : autorisation provisoire de séjour CST : carte de séjour temporaire CSP : carte de séjour pluriannuelle CR : carte de résident	Référence du CESEDA	Pièces justificatives
				– justificatif de domicile datant de moins de six mois : facture (électricité, gaz, eau, téléphone fixe, accès à internet), bail de location de moins de six mois, quittance de loyer (si locataire) ou taxe d'habitation ; en cas d'hébergement à l'hôtel : attestation de l'hôtelier et facture du dernier mois ; en cas d'hébergement chez un particulier : attestation de l'hébergeant datée et signée, copie de sa carte nationale d'identité ou de sa carte de séjour, et justificatif de son domicile si l'adresse de sa carte nationale d'identité ou de sa carte de séjour n'est plus à jour ; ou déclaration de domiciliation mentionnée à l'article R. 551-8 du CESEDA ; – Si vous êtes marié et originaire d'un pays autorisant la polygamie : déclaration sur l'honneur de non polygamie en France ; – 3 photographies d'identité de face, tête nue, récentes et parfaitement ressemblantes (format 35 mm × 45 mm-norme ISO/IEC 19794-5 : 2005) (pas de copie) ou si demande déposée dans le cadre du téléservice mentionné à l'article R. 431-2 du CESEDA, code photographie et signature numérique valide ; – justificatif d'acquittement du droit de timbre à remettre au plus tard au moment de la remise du titre ; – décision de l'OFPRA ou de la CNDA attribuant le statut de réfugié à votre conjoint, partenaire, concubin ou enfant ; ; – justificatif de votre lien familial avec le réfugié : justificatif de mariage (copie intégrale de l'acte de mariage ou livret de famille) ou de l'union civile (copie du contrat d'union civile), justificatif de filiation pour les enfants et ascendants (copie intégrale de l'acte de naissance ou livret de famille pour les enfants légitimes, déclaration faite par le réfugié ou l'ascendant de réfugié à l'officier d'état-civil reconnaissant sa paternité ou sa maternité naturelle pour les enfants naturels, décision d'adoption pour les enfants adoptés) ; – certificat médical délivré par l'OFII au plus tard au moment de la remise du titre (uniquement lors de la délivrance du premier titre et si vous êtes arrivé en France au titre de la réunification familiale dans les conditions prévues aux articles L. 561-2 à L. 561-5 du CESEDA) ; – Justificatifs d'un an de vie commune avec votre conjoint, partenaire ou concubin reconnu réfugié (uniquement si vous n'êtes pas entré en France au titre de la réunification familiale dans les conditions prévues aux articles L. 561-2 à L. 561-5 du CESEDA) : déclaration sur l'honneur conjointe attestant de votre vie commune et tous documents permettant d'établir cette communauté de vie (contrat de bail, quittance EDF, relevé d'identité bancaire, etc.) ; – si vous êtes entré irrégulièrement ou séjournez irrégulièrement en France : justificatif d'acquittement du droit de visa de régularisation de 200 € (50 € lors de la demande ; le reste à remettre au plus tard au moment de la remise du titre). A Mayotte : Si vous êtes né avant le 1er janvier 1987 et avez contracté légalement un mariage civil polygame à Mayotte avant le 5 juin 2010, vous n'avez pas à produire la déclaration sur l'honneur de non polygamie en France.

	Catégorie de titre de séjour	Libellé APS : autorisation provisoire de séjour CST : carte de séjour temporaire CSP : carte de séjour pluriannuelle CR : carte de résident	Référence du CESEDA	Pièces justificatives
40	Titre de séjour accordé aux bénéficiaires d'une protection internationale	CSP portant la mention « bénéficiaire de la protection subsidiaire » et CR	L. 424-9 L. 424-13	1. Pièces à fournir dans tous les cas : – justificatifs d'état civil : attestation d'état civil (transmise par l'OFPRA à la préfecture en vue de la fabrication du titre) ; – justificatif de domicile datant de moins de six mois : facture (électricité, gaz, eau, téléphone fixe, accès à internet), bail de location de moins de six mois, quittance de loyer (si locataire) ou taxe d'habitation ; en cas d'hébergement à l'hôtel : attestation de l'hôtelier et facture du dernier mois ; en cas d'hébergement chez un particulier : attestation de l'hébergeant datée et signée, copie de sa carte nationale d'identité ou de sa carte de séjour, et justificatif de son domicile si l'adresse de sa carte nationale d'identité ou de sa carte de séjour n'est plus à jour ; ou déclaration de domiciliation mentionnée à l'article R. 551-8 du CESEDA ; – 3 photographies d'identité de face, tête nue, récentes et parfaitement ressemblantes (format 35 mm × 45 mm-norme ISO/IEC 19794-5 : 2005) (pas de copie) ou si demande déposée dans le cadre du téléservice mentionné à l'article R. 431-2 du CESEDA, code photographie et signature numérique valide ; – justificatif d'acquittement du droit de timbre à remettre au plus tard au moment de la remise du titre ; – Si vous êtes marié et originaire d'un pays autorisant la polygamie : déclaration sur l'honneur de non polygamie en France ; – décision de l'OFPRA ou de la CNDA vous attribuant le bénéfice de la protection subsidiaire. 2. Pièces à fournir au renouvellement : – titre de séjour en cours de validité. 3. Pièce à fournir pour la délivrance de la carte de résident : – titre de séjour en cours de validité ; – justificatifs de quatre ans de résidence régulière (cartes de séjour temporaires ou pluriannuelles délivrées en tant que protégé subsidiaire). 4. A Mayotte : Si vous êtes né avant le 1er janvier 1987 et avez contracté légalement un mariage civil polygame à Mayotte avant le 5 juin 2010, vous n'avez pas à produire la déclaration sur l'honneur de non polygamie en France.
41	Titre de séjour accordé aux bénéficiaires d'une protection internationale	CSP portant la mention « membre de la famille d'un bénéficiaire de la protection subsidiaire » et CR	L. 424-11 L. 424-13	1. Pièces à fournir dans tous les cas : – Visa de long séjour (si vous êtes entré en France au titre de la réunification familiale) ; – justificatifs d'état civil : (sauf si vous êtes déjà titulaire d'une carte de séjour) une copie intégrale d'acte de naissance comportant les mentions les plus récentes accompagnée le cas échéant de la décision judiciaire ordonnant sa transcription (jugement déclaratif ou supplétif) ou documents d'état civil établis ou authentifiés par l'OFPRA ;

	Catégorie de titre de séjour	Libellé APS : autorisation provisoire de séjour CST : carte de séjour temporaire CSP : carte de séjour pluriannuelle CR : carte de résident	Référence du CESEDA	Pièces justificatives
				– justificatif de nationalité : passeport (pages relatives à l'état civil, aux dates de validité, aux cachets d'entrée et aux visas) ou, à défaut, autres justificatifs dont au moins un revêtu d'une photographie permettant d'identifier le demandeur (attestation consulaire, carte d'identité, carte consulaire, certificat de nationalité, etc.) ; – justificatif de domicile datant de moins de six mois : facture (électricité, gaz, eau, téléphone fixe, accès à internet), bail de location de moins de six mois, quittance de loyer (si locataire) ou taxe d'habitation ; en cas d'hébergement à l'hôtel : attestation de l'hôtelier et facture du dernier mois ; en cas d'hébergement chez un particulier : attestation de l'hébergeant datée et signée, copie de sa carte nationale d'identité ou de sa carte de séjour, et justificatif de son domicile si l'adresse de sa carte nationale d'identité ou de sa carte de séjour n'est plus à jour ; ou déclaration de domiciliation mentionnée à l'article R. 551-8 du CESEDA ; – 3 photographies d'identité de face, tête nue, récentes et parfaitement ressemblantes (format 35 mm × 45 mm-norme ISO/IEC 19794-5 : 2005) (pas de copie) ou si demande déposée dans le cadre du téléservice mentionné à l'article R. 431-2 du CESEDA, code photographie et signature numérique valide ; – justificatif d'acquittement du droit de timbre à remettre au plus tard au moment de la remise du titre ; – décision de l'OFPRA ou de la CNDA attribuant le bénéfice de la protection subsidiaire à votre conjoint, partenaire, concubin ou enfant (uniquement si votre demande de titre est concomitante de celle du bénéficiaire de la protection subsidiaire) ; – justificatif de votre lien familial avec le bénéficiaire de la protection subsidiaire : justificatif de mariage (copie intégrale de l'acte de mariage ou livret de famille) ou de l'union civile (copie du contrat d'union civile), justificatif de filiation pour les enfants et ascendants (copie intégrale de l'acte de naissance ou livret de famille pour les enfants légitimes, déclaration faite par le protégé subsidiaire ou l'ascendant de protégé subsidiaire à l'officier d'état-civil reconnaissant sa paternité ou sa maternité naturelle pour les enfants naturels, décision d'adoption pour les enfants adoptés) ; – certificat médical délivré par l'OFII au plus tard au moment de la remise du titre (uniquement lors de la délivrance du premier titre et si vous êtes arrivé en France au titre de la réunification familiale dans les conditions prévues aux articles L. 561-2 à L. 561-5 du CESEDA) ;

	Catégorie de titre de séjour	Libellé APS : autorisation provisoire de séjour CST : carte de séjour temporaire CSP : carte de séjour pluriannuelle CR : carte de résident	Référence du CESEDA	Pièces justificatives
				– Justificatif d'un an de vie commune avec votre conjoint, partenaire ou concubin bénéficiaire de la protection subsidiaire (uniquement si vous n'êtes pas entré en France au titre de la réunification familiale dans les conditions prévues aux articles L. 561-2 à L. 561-5 du CESEDA) : déclaration sur l'honneur conjointe attestant de votre vie commune et tous documents permettant d'établir cette communauté de vie (contrat de bail, quittance EDF, relevé d'identité bancaire, etc.) ; – Si vous êtes marié et originaire d'un pays autorisant la polygamie : déclaration sur l'honneur de non polygamie en France ; – si vous êtes entré irrégulièrement ou séjournez irrégulièrement en France : justificatif d'acquittement du droit de visa de régularisation de 200 € (50 € lors de la demande ; le reste à remettre au plus tard au moment de la remise du titre). 2. Pièces à fournir au renouvellement : – titre de séjour en cours de validité ; – justificatif d'acquittement de la taxe sur le titre de séjour à remettre au moment de la délivrance du titre. 3. Pièce à fournir pour la délivrance de la carte de résident : – titre de séjour en cours de validité ; – justificatifs de quatre ans de résidence régulière (cartes de séjour temporaires ou pluriannuelles délivrées en tant que protégé subsidiaire) ; – justificatif d'acquittement de la taxe sur le titre de séjour à remettre au moment de la délivrance du titre. 4. A Mayotte : Si vous êtes né avant le 1er janvier 1987 et avez contracté légalement un mariage civil polygame à Mayotte avant le 5 juin 2010, vous n'avez pas à produire la déclaration sur l'honneur de non polygamie en France.
42	Titre de séjour accordé aux bénéficiaires d'une protection internationale	CSP portant la mention « bénéficiaire du statut d'apatride » et CR	L. 424-18 L. 424-21	1. Pièces à produire dans tous les cas : – justificatifs d'état civil : attestation d'état civil (transmise par l'OFPRA à la préfecture en vue de la fabrication du titre) ; – justificatif de domicile datant de moins de six mois : facture (électricité, gaz, eau, téléphone fixe, accès à internet), bail de location de moins de six mois, quittance de loyer (si locataire) ou taxe d'habitation ; en cas d'hébergement à l'hôtel : attestation de l'hôtelier et facture du dernier mois ; en cas d'hébergement chez un particulier : attestation de l'hébergeant datée et signée, copie de sa carte nationale d'identité ou de sa carte de séjour, et justificatif de son domicile si l'adresse de sa carte nationale d'identité ou de sa carte de séjour n'est plus à jour ; ou déclaration de domiciliation mentionnée à l'article R. 551-8 du CESEDA ; – 3 photographies d'identité de face, tête nue, récentes et parfaitement ressemblantes (format 35 mm × 45 mm-norme ISO/IEC 19794-5 : 2005) (pas de copie) ou si demande déposée dans le cadre du téléservice mentionné à l'article R. 431-2 du CESEDA, code photographie et signature numérique valide ;

	Catégorie de titre de séjour	Libellé APS : autorisation provisoire de séjour CST : carte de séjour temporaire CSP : carte de séjour pluriannuelle CR : carte de résident	Référence du CESEDA	Pièces justificatives
				– Si vous êtes marié et originaire d'un pays autorisant la polygamie : déclaration sur l'honneur de non polygamie en France ; – justificatif d'acquittement du droit de timbre à remettre au plus tard au moment de la remise du titre ; – décision de l'OFPRA vous attribuant le statut d'apatride. 2. Pièce à fournir pour la délivrance de la carte de résident : – titre de séjour en cours de validité ; – justificatifs de quatre ans de résidence régulière (cartes de séjour temporaires ou pluriannuelles délivrées en tant qu'apatride) ; – justificatif d'acquittement de la taxe sur le titre de séjour à remettre au moment de la délivrance du titre. 3. A Mayotte : Si vous êtes né avant le 1er janvier 1987 et avez contracté légalement un mariage civil polygame à Mayotte avant le 5 juin 2010, vous n'avez pas à produire la déclaration sur l'honneur de non polygamie en France.
43	Titre de séjour accordé aux bénéficiaires d'une protection internationale	CSP portant la mention « membre de la famille d'un bénéficiaire du statut d'apatride » et CR	L. 424-19 L. 424-21	1. Pièces à produire dans tous les cas : – Visa de long séjour (si vous êtes entré en France au titre de la réunification familiale) ; – (sauf si vous êtes déjà titulaire d'une carte de séjour) une copie intégrale d'acte de naissance comportant les mentions les plus récentes accompagnée le cas échéant de la décision judiciaire ordonnant sa transcription (jugement déclaratif ou supplétif) ; – justificatif de nationalité : passeport (pages relatives à l'état civil, aux dates de validité, aux cachets d'entrée et aux visas) ou, à défaut, autres justificatifs revêtus d'une photographie permettant d'identifier le demandeur (attestation consulaire, carte d'identité, carte consulaire, etc.) ; – justificatif de domicile datant de moins de six mois : facture (électricité, gaz, eau, téléphone fixe, accès à internet), bail de location de moins de six mois, quittance de loyer (si locataire) ou taxe d'habitation ; en cas d'hébergement à l'hôtel : attestation de l'hôtelier et facture du dernier mois ; en cas d'hébergement chez un particulier : attestation de l'hébergeant datée et signée, copie de sa carte nationale d'identité ou de sa carte de séjour, et justificatif de son domicile si l'adresse de sa carte nationale d'identité ou de sa carte de séjour n'est plus à jour ; ou déclaration de domiciliation mentionnée à l'article R. 551-8 du CESEDA ; – 3 photographies d'identité de face, tête nue, récentes et parfaitement ressemblantes (format 35 mm × 45 mm-norme ISO/IEC 19794-5 : 2005) (pas de copie) ou si demande déposée dans le cadre du téléservice mentionné à l'article R. 431-2 du CESEDA, code photographie et signature numérique valide ; – Si vous êtes marié et originaire d'un pays autorisant la polygamie : déclaration sur l'honneur de non polygamie en France ; – justificatif d'acquittement du droit de timbre à remettre au plus tard au moment de la remise du titre ;

	Catégorie de titre de séjour	Libellé APS : autorisation provisoire de séjour CST : carte de séjour temporaire CSP : carte de séjour pluriannuelle CR : carte de résident	Référence du CESEDA	Pièces justificatives
				– décision de l'OFPRA attribuant le statut d'apatride à votre conjoint, partenaire, concubin ; – justificatif du lien familial avec l'apatride : justificatif de mariage (copie intégrale de l'acte de mariage ou livret de famille) ; justificatif de filiation pour les enfants (copie intégrale de l'acte de naissance ou livret de famille pour les enfants légitimes, déclaration faite par l'apatride à l'officier d'état-civil reconnaissant sa paternité ou sa maternité naturelle pour les enfants naturels, décision d'adoption pour les enfants adoptés) ; – certificat médical délivré par l'OFII au plus tard au moment de la remise du titre (uniquement lors de la délivrance du premier titre et si vous êtes arrivé en France au titre de la réunification familiale dans les conditions prévues aux articles L. 561-2 à L. 561-5 du CESEDA) ; – Justificatif de communauté de vie avec votre conjoint, partenaire ou concubin reconnu apatride (uniquement si vous n'êtes pas entré en France au titre de la réunification familiale dans les conditions prévues aux articles L. 561-2 à L. 561-5 du CESEDA) : déclaration sur l'honneur conjointe attestant de votre vie commune et tous documents permettant d'établir cette communauté de vie (contrat de bail, quittance EDF, relevé d'identité bancaire, etc.) ; – si vous êtes entré irrégulièrement ou séjournez irrégulièrement en France : justificatif d'acquittement du droit de visa de régularisation de 200 € (50 € lors de la demande ; le reste à remettre au plus tard au moment de la remise du titre). 2. Pièces à fournir pour la délivrance de la carte de résident : – titre de séjour en cours de validité ; – justificatifs de quatre ans de résidence régulière (cartes de séjour temporaires ou pluriannuelles délivrées en tant que membre de famille d'apatride) ; – carte de résident délivrée à votre conjoint ou parent bénéficiaire du statut d'apatride (uniquement si votre demande est postérieure à celle de l'apatride) ; – justificatif d'acquittement de la taxe sur le titre de séjour à remettre au moment de la délivrance du titre. 3. A Mayotte : Si vous êtes né avant le 1er janvier 1987 et avez contracté légalement un mariage civil polygame à Mayotte avant le 5 juin 2010, vous n'avez pas à produire la déclaration sur l'honneur de non polygamie en France.

	Catégorie de titre de séjour	Libellé APS : autorisation provisoire de séjour CST : carte de séjour temporaire CSP : carte de séjour pluriannuelle CR : carte de résident	Référence du CESEDA	Pièces justificatives
44	Titre de séjour pour motif humanitaire	CST portant la mention « vie privée et familiale » et CR délivrées à l'étranger qui dépose plainte contre une personne qu'il accuse d'avoir commis à son encontre des faits constitutifs des infractions de traite des êtres humains ou de proxénétisme	L. 425-1 L. 425-3	1. Pièces à fournir dans tous les cas : – justificatif d'état civil : (sauf si vous êtes déjà titulaire d'une carte de séjour) une copie intégrale d'acte de naissance comportant les mentions les plus récentes accompagnée le cas échéant de la décision judiciaire ordonnant sa transcription (jugement déclaratif ou supplétif) ; – justificatif de nationalité : passeport (pages relatives à l'état civil, aux dates de validité, aux cachets d'entrée et aux visas) ou, à défaut, autres justificatifs dont au moins un revêtu d'une photographie permettant d'identifier le demandeur (attestation consulaire, carte d'identité, carte consulaire, certificat de nationalité, etc.) ; – justificatif de domicile datant de moins de six mois : facture (électricité, gaz, eau, téléphone fixe, accès à internet), bail de location de moins de six mois, quittance de loyer (si locataire) ou taxe d'habitation ; en cas d'hébergement à l'hôtel : attestation de l'hôtelier et facture du dernier mois ; en cas d'hébergement chez un particulier : attestation de l'hébergeant datée et signée, copie de sa carte nationale d'identité ou de sa carte de séjour, et justificatif de son domicile si l'adresse de sa carte nationale d'identité ou de sa carte de séjour n'est plus à jour ; – Si vous êtes marié et originaire d'un pays autorisant la polygamie : déclaration sur l'honneur de non polygamie en France ; – 3 photographies d'identité récentes (format 35 mm × 45 mm-norme ISO/IEC 19794-5 : 2005) (pas de copie). 2. Pièces à fournir en première demande : – récépissé du dépôt de plainte, ou référence à la procédure judiciaire engagée comportant le témoignage du demandeur. 3. Pièces à fournir au renouvellement : – titre de séjour en cours de validité ; – récépissé du dépôt de plainte, ou référence à la procédure judiciaire engagée comportant le témoignage du demandeur ; – éléments justifiant de la poursuite de la procédure pénale. 4. Pièces à fournir pour la délivrance de la carte de résident : – justificatifs de la condamnation définitive des auteurs des infractions dénoncées : jugement rendu en première instance et certificat de non appel délivré par le greffier en chef de la cour d'appel (si mention absente du jugement), ou arrêt de la cour d'appel. 5. A Mayotte : Si vous êtes né avant le 1er janvier 1987 et avez contracté légalement un mariage civil polygame à Mayotte avant le 5 juin 2010, vous n'avez pas à produire la déclaration sur l'honneur de non polygamie en France.

	Catégorie de titre de séjour	Libellé APS : autorisation provisoire de séjour CST : carte de séjour temporaire CSP : carte de séjour pluriannuelle CR : carte de résident	Référence du CESEDA	Pièces justificatives
45	Titre de séjour pour motif humanitaire	APS délivrée à l'étranger engagé dans le parcours de sortie de la prostitution	L. 425-4	– justificatif d'état civil : (sauf si vous êtes déjà titulaire d'une carte de séjour) une copie intégrale d'acte de naissance comportant les mentions les plus récentes accompagnée le cas échéant de la décision judiciaire ordonnant sa transcription (jugement déclaratif ou supplétif) ; – justificatif de nationalité : passeport (pages relatives à l'état civil, aux dates de validité, aux cachets d'entrée et aux visas) ou, à défaut, autres justificatifs dont au moins un revêtu d'une photographie permettant d'identifier le demandeur (attestation consulaire, carte d'identité, carte consulaire, certificat de nationalité, etc.) ; – justificatif de domicile datant de moins de six mois : facture (électricité, gaz, eau, téléphone fixe, accès à internet), bail de location de moins de six mois, quittance de loyer (si locataire) ou taxe d'habitation ; en cas d'hébergement à l'hôtel : attestation de l'hôtelier et facture du dernier mois ; en cas d'hébergement chez un particulier : attestation de l'hébergeant datée et signée, copie de sa carte nationale d'identité ou de sa carte de séjour, et justificatif de son domicile si l'adresse de sa carte nationale d'identité ou de sa carte de séjour n'est plus à jour ; – Si vous êtes marié et originaire d'un pays autorisant la polygamie : déclaration sur l'honneur de non polygamie en France ; – 3 photographies d'identité de face, tête nue, récentes et parfaitement ressemblantes (format 35 mm × 45 mm-norme ISO/IEC 19794-5 : 2005) (pas de copie) ou si demande déposée dans le cadre du téléservice mentionné à l'article R. 431-2 du CESEDA, code photographie et signature numérique valide ; – justificatif d'acquittement du droit de visa de régularisation à remettre au moment de la remise du titre ; – autorisation préfectorale d'engagement dans le parcours de sortie de la prostitution et d'insertion sociale et professionnelle ; – justificatifs permettant d'apprécier que vous avez cessé l'activité de prostitution ; – avis de la commission départementale chargée d'organiser et de coordonner l'action en faveur des victimes de la prostitution, du proxénétisme et de la traite des êtres humains aux fins d'exploitation sexuelle. A Mayotte : Si vous êtes né avant le 1er janvier 1987 et avez contracté légalement un mariage civil polygame à Mayotte avant le 5 juin 2010, vous n'avez pas à produire la déclaration sur l'honneur de non polygamie en France.

	Catégorie de titre de séjour	Libellé APS : autorisation provisoire de séjour CST : carte de séjour temporaire CSP : carte de séjour pluriannuelle CR : carte de résident	Référence du CESEDA	Pièces justificatives
46	Titre de séjour pour motif huma-nitaire	CST portant la mention « vie privée et familiale » et CR délivrées à l'étranger bénéficiaire d'une ordonnance de protection	L. 425-6 L. 425-7 L. 425-8	1. Pièces à fournir dans tous les cas : – justificatif d'état civil : (sauf si vous êtes déjà titulaire d'une carte de séjour) une copie intégrale d'acte de naissance comportant les mentions les plus récentes accompagnée le cas échéant de la décision judiciaire ordonnant sa transcription (jugement déclaratif ou supplétif) ; – justificatif de nationalité : passeport (pages relatives à l'état civil, aux dates de validité, aux cachets d'entrée et aux visas) ou, à défaut, autres justificatifs dont au moins un revêtu d'une photographie permettant d'identifier le demandeur (attestation consulaire, carte d'identité, carte consulaire, certificat de nationalité, etc.) ; – justificatif de domicile datant de moins de six mois : facture (électricité, gaz, eau, téléphone fixe, accès à internet), bail de location de moins de six mois, quittance de loyer (si locataire) ou taxe d'habitation ; en cas d'hébergement à l'hôtel : attestation de l'hôtelier et facture du dernier mois ; en cas d'hébergement chez un particulier : attestation de l'hébergeant datée et signée, copie de sa carte nationale d'identité ou de sa carte de séjour, et justificatif de son domicile si l'adresse de sa carte nationale d'identité ou de sa carte de séjour n'est plus à jour ; – Si vous êtes marié et originaire d'un pays autorisant la polygamie : déclaration sur l'honneur de non polygamie en France ; – 3 photographies d'identité de face, tête nue, récentes et parfaitement ressemblantes (format 35 mm × 45 mm-norme ISO/IEC 19794-5 : 2005) (pas de copie) ou si demande déposée dans le cadre du téléservice mentionné à l'article R. 431-2 du CESEDA, code photographie et signature numérique valide. 2. Pièces à fournir en première demande : – ordonnance de protection rendue par le juge aux affaires familiales sur le fondement des articles 515-9 et L. 515-13 du code civil. 3. Pièces à fournir au renouvellement : – ordonnance de protection rendue par le juge aux affaires familiales sur le fondement des articles 515-9 et 515-13 du code civil ou dépôt de plainte contre l'auteur des faits à raisons desquels l'ordonnance de protection avait été rendue (si l'ordonnance a expiré et n'a pas été renouvelée). 4. Pièces à fournir pour la délivrance de la carte de résident : – justificatifs de la condamnation définitive des auteurs des infractions dénoncées : jugement rendu en première instance et certificat de non appel délivré par le greffier en chef de la cour d'appel (si mention absente du jugement), ou arrêt de la cour d'appel. 5. A Mayotte : Si vous êtes né avant le 1er janvier 1987 et avez contracté légalement un mariage civil polygame à Mayotte avant le 5 juin 2010, vous n'avez pas à produire la déclaration sur l'honneur de non polygamie en France.

	Catégorie de titre de séjour	Libellé APS : autorisation provisoire de séjour CST : carte de séjour temporaire CSP : carte de séjour pluriannuelle CR : carte de résident	Référence du CESEDA	Pièces justificatives
47	Titre de séjour pour motif humanitaire	CST portant la mention « vie privée et familiale » délivrée à l'étranger dont l'état de santé nécessite une prise en charge médicale	L. 425-9	1. Pièces à fournir dans tous les cas : – justificatif d'état civil : (sauf si vous êtes déjà titulaire d'une carte de séjour) une copie intégrale d'acte de naissance comportant les mentions les plus récentes accompagnée le cas échéant de la décision judiciaire ordonnant sa transcription (jugement déclaratif ou supplétif) ; – justificatif de nationalité : passeport (pages relatives à l'état civil, aux dates de validité, aux cachets d'entrée et aux visas) ou, à défaut, autres justificatifs dont au moins un revêtu d'une photographie permettant d'identifier le demandeur (attestation consulaire, carte d'identité, carte consulaire, certificat de nationalité, etc.) ; – justificatif de domicile datant de moins de six mois : facture (électricité, gaz, eau, téléphone fixe, accès à internet), bail de location de moins de six mois, quittance de loyer (si locataire) ou taxe d'habitation ; en cas d'hébergement à l'hôtel : attestation de l'hôtelier et facture du dernier mois ; en cas d'hébergement chez un particulier : attestation de l'hébergeant datée et signée, copie de sa carte nationale d'identité ou de sa carte de séjour, et justificatif de son domicile si l'adresse de sa carte nationale d'identité ou de sa carte de séjour n'est plus à jour ; – Si vous êtes marié et originaire d'un pays autorisant la polygamie : déclaration sur l'honneur de non polygamie en France ; – 3 photographies d'identité de face, tête nue, récentes et parfaitement ressemblantes (format 35 mm × 45 mm-norme ISO/IEC 19794-5 : 2005) (pas de copie) ou si demande déposée dans le cadre du téléservice mentionné à l'article R. 431-2 du CESEDA, code photographie et signature numérique valide ; – justificatif d'acquittement de la taxe sur le titre de séjour et du droit de timbre et si exigé le droit de visa de régularisation à remettre au moment de la remise du titre. 2. Pièces à fournir en première demande : – justificatifs permettant d'apprécier la durée de votre résidence habituelle en France depuis au moins un an : visa, récépissé de demande de titre de séjour, récépissé de demande d'asile, documents émanant d'une administration publique (préfecture, service social, établissement scolaire), documents émanant d'une institution privée (relevés bancaires présentant des mouvements), écrits personnels incontestables (courriers, attestations de proches). 3. Pièces à fournir au renouvellement : – titre de séjour en cours de validité ; – justificatif d'acquittement de la taxe sur le titre de séjour à remettre au moment de la délivrance du titre ; – pièces prévues au point 2. 4. Pièces à fournir pour la délivrance d'une CSP sur le fondement de l'article L. 425-9 : – pièces prévues aux points 1 et 3.

	Catégorie de titre de séjour	Libellé APS : autorisation provisoire de séjour CST : carte de séjour temporaire CSP : carte de séjour pluriannuelle CR : carte de résident	Référence du CESEDA	Pièces justificatives
				5. A Mayotte : Si vous êtes né avant le 1er janvier 1987 et avez contracté légalement un mariage civil polygame à Mayotte avant le 5 juin 2010, vous n'avez pas à produire la déclaration sur l'honneur de non polygamie en France.
48	Titre de séjour pour motif humanitaire	APS délivrée à l'étranger parent de l'étranger mineur dont l'état de santé nécessite une prise en charge médicale	L. 425-10	1. Pièces à fournir dans tous les cas : – justificatif d'état civil : (sauf si vous êtes déjà titulaire d'une carte de séjour) une copie intégrale d'acte de naissance comportant les mentions les plus récentes accompagnée le cas échéant de la décision judiciaire ordonnant sa transcription (jugement déclaratif ou supplétif) ; – justificatif de nationalité : passeport (pages relatives à l'état civil, aux dates de validité, aux cachets d'entrée et aux visas) ou, à défaut, autres justificatifs dont au moins un revêtu d'une photographie permettant d'identifier le demandeur (attestation consulaire, carte d'identité, carte consulaire, certificat de nationalité, etc.) ; – justificatif de domicile datant de moins de six mois : facture (électricité, gaz, eau, téléphone fixe, accès à internet), bail de location de moins de six mois, quittance de loyer (si locataire) ou taxe d'habitation ; en cas d'hébergement à l'hôtel : attestation de l'hôtelier et facture du dernier mois ; en cas d'hébergement chez un particulier : attestation de l'hébergeant datée et signée, copie de sa carte nationale d'identité ou de sa carte de séjour, et justificatif de son domicile si l'adresse de sa carte nationale d'identité ou de sa carte de séjour n'est plus à jour ; – Si vous êtes marié et originaire d'un pays autorisant la polygamie : déclaration sur l'honneur de non polygamie en France ; – 3 photographies d'identité de face, tête nue, récentes et parfaitement ressemblantes (format 35 mm × 45 mm-norme ISO/IEC 19794-5 : 2005) (pas de copie) ou si demande déposée dans le cadre du téléservice mentionné à l'article R. 431-2 du CESEDA, code photographie et signature numérique valide ; – justificatif d'acquittement du droit de visa de régularisation à remettre au moment de la remise du titre. 2. Pièces à fournir en première demande : – justificatifs permettant d'apprécier votre durée de la résidence habituelle en France avec le mineur dont l'état de santé nécessite une prise en charge médicale : visa, récépissé de demande de titre de séjour, récépissé de demande d'asile, documents émanant d'une administration publique (préfecture, service social, établissement scolaire ; passeport de l'enfant), documents émanant d'une institution privée (relevés bancaires présentant des mouvements), écrits personnels incontestables (courriers ; attestations de proches) ; – justificatif d'état civil du mineur : une copie intégrale d'acte de naissance comportant les mentions les plus récentes accompagnée le cas échéant de la décision judiciaire ordonnant sa transcription (jugement déclaratif ou supplétif) ;

	Catégorie de titre de séjour	Libellé APS : autorisation provisoire de séjour CST : carte de séjour temporaire CSP : carte de séjour pluriannuelle CR : carte de résident	Référence du CESEDA	Pièces justificatives
				– justificatif de nationalité du mineur : passeport (pages relatives à l'état civil, aux dates de validité, aux cachets d'entrée et aux visas) ou, à défaut, autres justificatifs dont au moins un revêtu d'une photographie permettant de l'identifier (attestation consulaire, carte d'identité, carte consulaire, certificat de nationalité, etc.) ; – Si vous n'êtes pas le père ou la mère de l'enfant : jugement vous ayant conféré l'exercice de l'autorité parentale sur ce mineur ; – justificatif de prise en charge du mineur (entretien et éducation) : résidence habituelle et commune avec le mineur, acquittement de tous frais relatifs au mineur (frais d'aliments, de scolarité, de soins, etc.). 3. Pièces à fournir au renouvellement : – titre de séjour en cours de validité ; – pièces prévues au point 2. 4. A Mayotte : Si vous êtes né avant le 1er janvier 1987 et avez contracté légalement un mariage civil polygame à Mayotte avant le 5 juin 2010, vous n'avez pas à produire la déclaration sur l'honneur de non polygamie en France.
49	Titre de séjour délivré pour un autre motif	CR délivrée à l'étranger remplissant les conditions d'acquisition de la nationalité française	L. 426-1	– justificatif d'état civil et de naissance en France : (sauf si vous êtes déjà titulaire d'une carte de séjour) une copie intégrale d'acte de naissance comportant les mentions les plus récentes accompagnée le cas échéant de la décision judiciaire ordonnant sa transcription (jugement déclaratif ou supplétif) ; – justificatif de nationalité : passeport (pages relatives à l'état civil, aux dates de validité, aux cachets d'entrée et aux visas) ou, à défaut, autres justificatifs dont au moins un revêtu d'une photographie permettant d'identifier le demandeur (attestation consulaire, carte d'identité, carte consulaire, certificat de nationalité, etc.) ; – justificatif de domicile datant de moins de six mois : facture (électricité, gaz, eau, téléphone fixe, accès à internet), bail de location de moins de six mois, quittance de loyer (si locataire) ou taxe d'habitation ; en cas d'hébergement à l'hôtel : attestation de l'hôtelier et facture du dernier mois ; en cas d'hébergement chez un particulier : attestation de l'hébergeant datée et signée, copie de sa carte nationale d'identité ou de sa carte de séjour, et justificatif de son domicile si l'adresse de sa carte nationale d'identité ou de sa carte de séjour n'est plus à jour ; – Si vous êtes marié et originaire d'un pays autorisant la polygamie : déclaration sur l'honneur de non polygamie en France ; – 3 photographies d'identité de face, tête nue, récentes et parfaitement ressemblantes (format 35 mm × 45 mm-norme ISO/IEC 19794-5 : 2005) (pas de copie) ou si demande déposée dans le cadre du téléservice mentionné à l'article R. 431-2 du CESEDA, code photographie et signature numérique valide ; – justificatif d'acquittement de la taxe sur le titre de séjour et du droit de timbre et si exigé le droit de visa de régularisation à remettre au moment de la remise du titre ;

	Catégorie de titre de séjour	Libellé APS : autorisation provisoire de séjour CST : carte de séjour temporaire CSP : carte de séjour pluriannuelle CR : carte de résident	Référence du CESEDA	Pièces justificatives
				– certificat médical délivré par l'OFII à remettre au moment de la remise du titre (uniquement lors de la délivrance du premier titre) ; – justificatifs de nationalité étrangère de vos deux parents : passeport (pages relatives à l'état civil, aux dates de validité) ou, à défaut, autres justificatifs dont au moins un revêtu d'une photographie permettant d'identifier le titulaire (attestation consulaire, carte d'identité, carte consulaire, certificat de nationalité, etc.) ; – justificatifs de votre résidence habituelle en France pendant une période continue ou discontinue d'au moins 5 ans, depuis l'âge de 11 ans (certificats de scolarité, attestations d'apprentissage ou de travail, document de circulation pour étranger mineur, etc.). A Mayotte : Si vous êtes né avant le 1er janvier 1987 et avez contracté légalement un mariage civil polygame à Mayotte avant le 5 juin 2010, vous n'avez pas à produire la déclaration sur l'honneur de non polygamie en France.
50	Titre de séjour délivré pour un autre motif	CR délivrée à l'étranger ancien combattant de l'armée française, des FFI ou d'une armée alliée	L. 426-2	– justificatif d'état civil : (sauf si vous êtes déjà titulaire d'une carte de séjour) une copie intégrale d'acte de naissance comportant les mentions les plus récentes accompagnée le cas échéant de la décision judiciaire ordonnant sa transcription (jugement déclaratif ou supplétif) ; – justificatif de nationalité : passeport (pages relatives à l'état civil, aux dates de validité, aux cachets d'entrée et aux visas) ou, à défaut, autres justificatifs dont au moins un revêtu d'une photographie permettant d'identifier le demandeur (attestation consulaire, carte d'identité, carte consulaire, certificat de nationalité, etc.) ; – justificatif de domicile datant de moins de six mois : facture (électricité, gaz, eau, téléphone fixe, accès à internet), bail de location de moins de six mois, quittance de loyer (si locataire) ou taxe d'habitation ; en cas d'hébergement à l'hôtel : attestation de l'hôtelier et facture du dernier mois ; en cas d'hébergement chez un particulier : attestation de l'hébergeant datée et signée, copie de sa carte nationale d'identité ou de sa carte de séjour, et justificatif de son domicile si l'adresse de sa carte nationale d'identité ou de sa carte de séjour n'est plus à jour ; – 3 photographies d'identité de face, tête nue, récentes et parfaitement ressemblantes (format 35 mm × 45 mm-norme ISO/IEC 19794-5 : 2005) (pas de copie) ou si demande déposée dans le cadre du téléservice mentionné à l'article R. 431-2 du CESEDA, code photographie et signature numérique valide ;

	Catégorie de titre de séjour	Libellé APS : autorisation provisoire de séjour CST : carte de séjour temporaire CSP : carte de séjour pluriannuelle CR : carte de résident	Référence du CESEDA	Pièces justificatives
				– Si vous êtes marié et originaire d'un pays autorisant la polygamie : déclaration sur l'honneur de non polygamie en France ; – certificat médical délivré par l'OFII à remettre au moment de la remise du titre (uniquement lors de la délivrance du premier titre) ; – justificatif de régularité du séjour : visa de long ou court séjour en cours de validité au moment de la demande (photocopie des pages du passeport relatives aux cachets d'entrée et aux visas, ou carte de séjour en cours de validité) ; – carte du combattant ; – si vous avez servi dans une unité combattante de l'armée française : livret militaire ; – si vous avez combattu dans les forces françaises de l'intérieur (FFI) : certificat de démobilisation délivré par la commission d'incorporation ou justificatif prouvant la blessure ; – si vous avez servi en France dans une unité combattante alliée ou que, résidant antérieurement en France, vous avez également combattu dans les rangs d'une armée alliée : livret militaire ; – justificatif d'acquittement du droit de timbre à remettre au moment de la délivrance du titre. A Mayotte : Si vous êtes né avant le 1er janvier 1987 et avez contracté légalement un mariage civil polygame à Mayotte avant le 5 juin 2010, vous n'avez pas à produire la déclaration sur l'honneur de non polygamie en France.
51	Titre de séjour délivré pour un autre motif	CR délivrée à l'étranger combattant ou ayant combattu dans la légion étrangère	L. 426-3	– justificatif d'état civil : (sauf si vous êtes déjà titulaire d'une carte de séjour) une copie intégrale d'acte de naissance comportant les mentions les plus récentes accompagnée le cas échéant de la décision judiciaire ordonnant sa transcription (jugement déclaratif ou supplétif) ; – justificatif de nationalité : passeport (pages relatives à l'état civil, aux dates de validité, aux cachets d'entrée et aux visas) ou, à défaut, autres justificatifs dont au moins un revêtu d'une photographie permettant d'identifier le demandeur (attestation consulaire, carte d'identité, carte consulaire, certificat de nationalité, etc.) ; – justificatif de domicile datant de moins de six mois : facture (électricité, gaz, eau, téléphone fixe, accès à internet), bail de location de moins de six mois, quittance de loyer (si locataire) ou taxe d'habitation ; en cas d'hébergement à l'hôtel : attestation de l'hôtelier et facture du dernier mois ; en cas d'hébergement chez un particulier : attestation de l'hébergeant datée et signée, copie de sa carte nationale d'identité ou de sa carte de séjour, et justificatif de son domicile si l'adresse de sa carte nationale d'identité ou de sa carte de séjour n'est plus à jour ;

	Catégorie de titre de séjour	Libellé APS : autorisation provisoire de séjour CST : carte de séjour temporaire CSP : carte de séjour pluriannuelle CR : carte de résident	Référence du CESEDA	Pièces justificatives
				– 3 photographies d'identité de face, tête nue, récentes et parfaitement ressemblantes (format 35 mm × 45 mm-norme ISO/IEC 19794-5 : 2005) (pas de copie) ou si demande déposée dans le cadre du téléservice mentionné à l'article R. 431-2 du CESEDA, code photographie et signature numérique valide ; – justificatif d'acquittement de la taxe sur le titre de séjour et du droit de timbre et, si exigé, du droit de visa de régularisation à remettre au moment de la délivrance du titre ; – Si vous êtes marié et originaire d'un pays autorisant la polygamie : déclaration sur l'honneur de non polygamie en France ; – certificat de bonne conduite ; – si vous avez quitté la Légion : certificat de démobilisation ; – si vous êtes encore en service : contrat en cours. A Mayotte : Si vous êtes né avant le 1er janvier 1987 et avez contracté légalement un mariage civil polygame à Mayotte avant le 5 juin 2010, vous n'avez pas à produire la déclaration sur l'honneur de non polygamie en France.
52	Titre de séjour délivré pour un autre motif	Carte de résident permanent	L. 426-4	– justificatif d'état civil : (sauf si vous êtes déjà titulaire d'une carte de séjour) une copie intégrale d'acte de naissance comportant les mentions les plus récentes accompagnée le cas échéant de la décision judiciaire ordonnant sa transcription (jugement déclaratif ou supplétif) ; – justificatif de nationalité : passeport (pages relatives à l'état civil, aux dates de validité, aux cachets d'entrée et aux visas) ou, à défaut, autres justificatifs dont au moins un revêtu d'une photographie permettant d'identifier le demandeur (attestation consulaire, carte d'identité, carte consulaire, certificat de nationalité, etc.) ; – justificatif de domicile datant de moins de six mois : facture (électricité, gaz, eau, téléphone fixe, accès à internet), bail de location de moins de six mois, quittance de loyer (si locataire) ou taxe d'habitation ; en cas d'hébergement à l'hôtel : attestation de l'hôtelier et facture du dernier mois ; en cas d'hébergement chez un particulier : attestation de l'hébergeant datée et signée, copie de sa carte nationale d'identité ou de sa carte de séjour, et justificatif de son domicile si l'adresse de sa carte nationale d'identité ou de sa carte de séjour n'est plus à jour ; – 3 photographies d'identité de face, tête nue, récentes et parfaitement ressemblantes (format 35 mm × 45 mm-norme ISO/IEC 19794-5 : 2005) (pas de copie) ou si demande déposée dans le cadre du téléservice mentionné à l'article R. 431-2 du CESEDA, code photographie et signature numérique valide ; – Si vous êtes marié et originaire d'un pays autorisant la polygamie : déclaration sur l'honneur de non polygamie en France ;

	Catégorie de titre de séjour	Libellé APS : autorisation provisoire de séjour CST : carte de séjour temporaire CSP : carte de séjour pluriannuelle CR : carte de résident	Référence du CESEDA	Pièces justificatives
				– justificatifs de l'intégration républicaine, sauf si la condition d'intégration a déjà été vérifiée auparavant lors de la délivrance de la carte de résident : déclaration sur l'honneur de respect des principes régissant la République française (remis en préfecture) et diplôme ou certification (liste définie par arrêté INTV1805032A du 21 février 2018) permettant d'attester de la maitrise du français à un niveau au moins égal au niveau A2 du cadre européen commun de référence pour les langues, sauf si vous êtes âgé de plus de 65 ans ou êtes affecté d'une pathologie rendant impossible le passage d'un test linguistique ; – Si vous êtes affecté d'un handicap ou pathologie rendant impossible le passage d'un test linguistique : certificat médical conforme à l'arrêté du 10 février 2021 (NOR : INTV2102779A) ; – justificatif d'acquittement de la taxe sur le titre de séjour et du droit de timbre à remettre au moment de la délivrance du titre. A Mayotte : Si vous êtes né avant le 1er janvier 1987 et avez contracté légalement un mariage civil polygame à Mayotte avant le 5 juin 2010, vous n'avez pas à produire la déclaration sur l'honneur de non polygamie en France.
53	Titre de séjour délivré pour un autre motif	CST portant la mention « vie privée et familiale » et CR délivrées à l'étranger titulaire d'une rente d'accident du travail ou de maladie professionnelle	L. 426-5 L. 426-6	1. Pièces à fournir dans tous les cas : – justificatif d'état civil : (sauf si vous êtes déjà titulaire d'une carte de séjour) une copie intégrale d'acte de naissance comportant les mentions les plus récentes accompagnée le cas échéant de la décision judiciaire ordonnant sa transcription (jugement déclaratif ou supplétif) ; – justificatif de nationalité : passeport (pages relatives à l'état civil, aux dates de validité, aux cachets d'entrée et aux visas) ou, à défaut, autres justificatifs dont au moins un revêtu d'une photographie permettant d'identifier le demandeur (attestation consulaire, carte d'identité, carte consulaire, certificat de nationalité, etc.) ; – justificatif de domicile datant de moins de six mois : facture (électricité, gaz, eau, téléphone fixe, accès à internet), bail de location de moins de six mois, quittance de loyer (si locataire) ou taxe d'habitation ; en cas d'hébergement à l'hôtel : attestation de l'hôtelier et facture du dernier mois ; en cas d'hébergement chez un particulier : attestation de l'hébergeant datée et signée, copie de sa carte nationale d'identité ou de sa carte de séjour, et justificatif de son domicile si l'adresse de sa carte nationale d'identité ou de sa carte de séjour n'est plus à jour ; – 3 photographies d'identité de face, tête nue, récentes et parfaitement ressemblantes (format 35 mm × 45 mm-norme ISO/IEC 19794-5 : 2005) (pas de copie) ou si demande déposée dans le cadre du téléservice mentionné à l'article R. 431-2 du CESEDA, code photographie et signature numérique valide ;

	Catégorie de titre de séjour	Libellé APS : autorisation provisoire de séjour CST : carte de séjour temporaire CSP : carte de séjour pluriannuelle CR : carte de résident	Référence du CESEDA	Pièces justificatives
				– justificatif d'acquittement de la taxe sur le titre de séjour et du droit de timbre à remettre au moment de la délivrance du titre ; – Si vous êtes marié et originaire d'un pays autorisant la polygamie : déclaration sur l'honneur de non polygamie en France ; – certificat médical délivré par l'OFII à remettre au moment de la remise du titre (uniquement lors de la délivrance du premier titre) ; – justificatifs d'un taux d'invalidité physique permanente égal ou supérieur à 20 % ; – justificatifs du versement d'une rente d'accident du travail ou de maladie professionnelle servie par un organisme français : attestation délivrée par l'organisme français (caisse primaire d'assurance maladie, etc.) versant la rente. 2. Pièces à fournir pour la délivrance d'une CSP sur le fondement de l'article L. 426-5 : – pièces prévues au point 1 ; – Acte d'engagement à respecter les valeurs de la République dûment signé et daté. 3. Pièces à fournir pour la délivrance de la carte de résident : – justificatif de régularité du séjour : visa de long ou court séjour en cours de validité au moment de la demande (photocopie des pages du passeport relatives aux cachets d'entrée et aux visas, ou carte de séjour en cours de validité) ; – justificatifs d'un taux d'invalidité physique permanente égal ou supérieur à 20 % ; – justificatifs du versement d'une rente d'accident du travail ou de maladie professionnelle servie par un organisme français : attestation délivrée par l'organisme français (caisse primaire d'assurance maladie, etc.) versant la rente ; – déclaration sur l'honneur de non polygamie en France si vous êtes marié et originaire d'un pays autorisant la polygamie. 4. A Mayotte : Si vous êtes né avant le 1er janvier 1987 et avez contracté légalement un mariage civil polygame à Mayotte avant le 5 juin 2010, vous n'avez pas à produire la déclaration sur l'honneur de non polygamie en France. 5. Dans les îles Wallis et Futuna : Titres de séjour non applicables. 6. En Polynésie française et en Nouvelle-Calédonie : L'attestation délivrée par l'organisme français versant la rente d'accident du travail ou de maladie professionnelle est remplacée par l'attestation délivrée par l'organisme local de protection sociale versant la rente d'accident du travail ou de maladie professionnelle.

	Catégorie de titre de séjour	Libellé APS : autorisation provisoire de séjour CST : carte de séjour temporaire CSP : carte de séjour pluriannuelle CR : carte de résident	Référence du CESEDA	Pièces justificatives
54	Titre de séjour délivré pour un autre motif	CR délivrée aux ayants droits d'un étranger bénéficiaires d'une rente de décès pour accident du travail ou maladie professionnelle	L. 426-7	– justificatif d'état civil : (sauf si vous êtes déjà titulaire d'une carte de séjour) une copie intégrale d'acte de naissance comportant les mentions les plus récentes accompagnée le cas échéant de la décision judiciaire ordonnant sa transcription (jugement déclaratif ou supplétif) ; – justificatif de nationalité : passeport (pages relatives à l'état civil, aux dates de validité, aux cachets d'entrée et aux visas) ou, à défaut, autres justificatifs dont au moins un revêtu d'une photographie permettant d'identifier le demandeur (attestation consulaire, carte d'identité, carte consulaire, certificat de nationalité, etc.) ; – justificatif de domicile datant de moins de six mois : facture (électricité, gaz, eau, téléphone fixe, accès à internet), bail de location de moins de six mois, quittance de loyer (si locataire) ou taxe d'habitation ; en cas d'hébergement à l'hôtel : attestation de l'hôtelier et facture du dernier mois ; en cas d'hébergement chez un particulier : attestation de l'hébergeant datée et signée, copie de sa carte nationale d'identité ou de sa carte de séjour, et justificatif de son domicile si l'adresse de sa carte nationale d'identité ou de sa carte de séjour n'est plus à jour ; – 3 photographies d'identité de face, tête nue, récentes et parfaitement ressemblantes (format 35 mm × 45 mm-norme ISO/IEC 19794-5 : 2005) (pas de copie) ou si demande déposée dans le cadre du téléservice mentionné à l'article R. 431-2 du CESEDA, code photographie et signature numérique valide ; – justificatif d'acquittement de la taxe sur le titre de séjour et du droit de timbre à remettre au moment de la délivrance du titre ; – Si vous êtes marié et originaire d'un pays autorisant la polygamie : déclaration sur l'honneur de non polygamie en France ; – certificat médical délivré par l'OFII à remettre au moment de la remise du titre (uniquement lors de la délivrance du premier titre) ; – justificatif de régularité du séjour : visa de long ou court séjour en cours de validité au moment de la demande (photocopie des pages du passeport relatives aux cachets d'entrée et aux visas, ou carte de séjour en cours de validité) ; – justificatifs de la perception d'une rente d'accident du travail ou de maladie professionnelle servie par un organisme français en tant qu'ayant droit : attestation délivrée par l'organisme français (caisse primaire d'assurance maladie, etc.) versant la rente. A Mayotte : Si vous êtes né avant le 1er janvier 1987 et avez contracté légalement un mariage civil polygame à Mayotte avant le 5 juin 2010, vous n'avez pas à produire la déclaration sur l'honneur de non polygamie en France.

	Catégorie de titre de séjour	Libellé APS : autorisation provisoire de séjour CST : carte de séjour temporaire CSP : carte de séjour pluriannuelle CR : carte de résident	Référence du CESEDA	Pièces justificatives
				Dans les îles Wallis et Futuna : Titre de séjour non applicable. En Polynésie française et en Nouvelle-Calédonie : L'attestation délivrée par l'organisme français versant la rente d'accident du travail ou de maladie professionnelle en tant qu'ayant droit est remplacée par l'attestation délivrée par l'organisme local de protection sociale versant la rente d'accident du travail ou de maladie professionnelle en tant qu'ayant droit.
55	Titre de séjour délivré pour un autre motif	Carte de séjour portant la mention « retraité » pour l'étranger retraité et son conjoint et carte de résident pour le titulaire de la carte de séjour portant la mention « retraité » qui souhaite résider à titre principal en France.	L. 426-8 L. 426-9 L. 426-10	1. Pièces à fournir en première demande : – justificatif d'état civil : (sauf si vous êtes déjà titulaire d'une carte de séjour) une copie intégrale d'acte de naissance comportant les mentions les plus récentes accompagnée le cas échéant de la décision judiciaire ordonnant sa transcription (jugement déclaratif ou supplétif) ; – justificatif de nationalité : passeport (pages relatives à l'état civil, aux dates de validité, aux cachets d'entrée et aux visas) ou, à défaut, autres justificatifs dont au moins un revêtu d'une photographie permettant d'identifier le demandeur (attestation consulaire, carte d'identité, carte consulaire, certificat de nationalité, etc.) ; – justificatif de domicile datant de moins de six mois : facture (électricité, gaz, eau, téléphone fixe, accès à internet), bail de location de moins de six mois, quittance de loyer (si locataire) ou taxe d'habitation ; en cas d'hébergement à l'hôtel : attestation de l'hôtelier et facture du dernier mois ; en cas d'hébergement chez un particulier : attestation de l'hébergeant datée et signée, copie de sa carte nationale d'identité ou de sa carte de séjour, et justificatif de son domicile si l'adresse de sa carte nationale d'identité ou de sa carte de séjour n'est plus à jour ; – justificatif de la résidence habituelle hors de France : quittance de loyer, quittance d'électricité ou de gaz, etc. ; – certificat de résidence habituelle hors de France établi par les autorités municipales du pays de résidence habituelle ; – 3 photographies d'identité de face, tête nue, récentes et parfaitement ressemblantes (format 35 mm × 45 mm-norme ISO/IEC 19794-5 : 2005) (pas de copie) ou si demande déposée dans le cadre du téléservice mentionné à l'article R. 431-2 du CESEDA, code photographie et signature numérique valide ; – Si vous êtes marié et originaire d'un pays autorisant la polygamie : déclaration sur l'honneur de non polygamie en France ; – justificatif d'acquittement du droit de timbre et si exigé le droit de visa de régularisation à remettre au moment de la délivrance du titre de séjour ;

	Catégorie de titre de séjour	Libellé APS : autorisation provisoire de séjour CST : carte de séjour temporaire CSP : carte de séjour pluriannuelle CR : carte de résident	Référence du CESEDA	Pièces justificatives
				– si vous êtes le retraité demandeur : justificatif de la résidence régulière en France sous couvert d'une carte de résident de trois, cinq ou dix ans, et justificatif de la perception d'une pension contributive de vieillesse, en droit propre ou en réversion (dernier avis de paiement émanant de la caisse de retraite ; sont exclues les retraites complémentaires type ARRCO) ; – si vous êtes le conjoint du titulaire de la carte de séjour : justificatif du statut de retraité de votre conjoint (copie de sa carte de séjour portant la mention retraité ou de son certificat de résidence « retraité ») et justificatif de la résidence régulière en France avec lui (copie de l'ancienne carte de séjour, quelle qu'en soit sa durée de validité). 2. Pièces à fournir au renouvellement de la carte de séjour portant la mention « retraité » : – carte de séjour portant la mention » retraité » arrivant à expiration ; – carte d'identité et document de voyage dont vous êtes titulaire et le cas échéant, celui de votre conjoint ; – attestation sur l'honneur selon laquelle chacun des séjours effectués en France, sous le couvert du titre de séjour « retraité », n'a pas excédé une année ; – 3 photographies d'identité (format 35 mm × 45 mm-norme ISO/IEC 19794-5 : 2005) (pas de copie) ; – justificatif d'acquittement du droit de timbre à remettre au moment de la délivrance du titre. 3. Pièces à fournir pour la délivrance de la carte de résident : – certificat médical délivré par l'OFII à remettre au moment de la remise du titre (uniquement lors de la délivrance du premier titre) ; – attestation sur l'honneur par laquelle vous déclarez établir dorénavant votre lieu de résidence habituel en France ; – justificatif d'acquittement de la taxe sur le titre de séjour et du droit de timbre à remettre au moment de la délivrance du titre. 4. A Mayotte : Si vous êtes né avant le 1er janvier 1987 et avez contracté légalement un mariage civil polygame à Mayotte avant le 5 juin 2010, vous n'avez pas à produire la déclaration sur l'honneur de non polygamie en France. 5. Dans les îles Wallis et Futuna, en Polynésie française et en Nouvelle-Calédonie : Le justificatif de la perception d'une pension contributive de vieillesse, en droit propre ou en réversion, est remplacé par le justificatif de la perception d'une pension contributive de vieillesse, en droit propre ou en réversion, par le régime local de protection sociale.

	Catégorie de titre de séjour	Libellé APS : autorisation provisoire de séjour CST : carte de séjour temporaire CSP : carte de séjour pluriannuelle CR : carte de résident	Référence du CESEDA	Pièces justificatives
56	Titre de séjour délivré pour un autre motif	CST portant la mention « salarié », « travailleur temporaire », « entrepreneur/ profession libérale », « étudiant » ou « visiteur », ou CSP portant la mention « passe-port talent » ou « passeport talent-chercheur « délivrées à l'étranger titulaire du statut de résident longue durée-UE dans un autre État membre de l'Union européenne	L. 426-11	– justificatif d'état civil : (sauf si vous êtes déjà titulaire d'une carte de séjour) une copie intégrale d'acte de naissance comportant les mentions les plus récentes accompagnée le cas échéant de la décision judiciaire ordonnant sa transcription (jugement déclaratif ou supplétif) ; – justificatif de nationalité : passeport (pages relatives à l'état civil, aux dates de validité, aux cachets d'entrée et aux visas) ou, à défaut, autres justificatifs dont au moins un revêtu d'une photographie permettant d'identifier le demandeur (attestation consulaire, carte d'identité, carte consulaire, certificat de nationalité, etc.) ; – justificatif de domicile datant de moins de six mois : facture (électricité, gaz, eau, téléphone fixe, accès à internet), bail de location de moins de six mois, quittance de loyer (si locataire) ou taxe d'habitation ; en cas d'hébergement à l'hôtel : attestation de l'hôtelier et facture du dernier mois ; en cas d'hébergement chez un particulier : attestation de l'hébergeant datée et signée, copie de sa carte nationale d'identité ou de sa carte de séjour, et justificatif de son domicile si l'adresse de sa carte nationale d'identité ou de sa carte de séjour n'est plus à jour ; – Si vous êtes marié et originaire d'un pays autorisant la polygamie : déclaration sur l'honneur de non polygamie en France ; – 3 photographies d'identité de face, tête nue, récentes et parfaitement ressemblantes (format 35 mm × 45 mm-norme ISO/IEC 19794-5 : 2005) (pas de copie) ou si demande déposée dans le cadre du téléservice mentionné à l'article R. 431-2 du CESEDA, code photographie et signature numérique valide ; – certificat médical délivré par l'OFII à remettre au moment de la remise du titre (uniquement lors de la délivrance du premier titre) ; – justificatif d'acquittement de la taxe sur le titre de séjour et du droit de timbre et si exigé le droit de visa de régularisation à remettre au moment de la remise du titre ; – carte de résident de longue durée-UE en cours de validité délivrée par l'État membre de l'Union européenne qui vous a accordée ce statut sur son territoire ; – justification que vous disposez de ressources propres, stables et régulières ; – justification que vous disposez d'un logement approprié (peut notamment être apportée par tout document attestant de votre qualité de propriétaire ou de locataire du logement) ; – justification que vous bénéficiez d'une assurance maladie ;

	Catégorie de titre de séjour	Libellé APS : autorisation provisoire de séjour CST : carte de séjour temporaire CSP : carte de séjour pluriannuelle CR : carte de résident	Référence du CESEDA	Pièces justificatives
				– pièces exigées pour la délivrance de l'une des cartes de séjour temporaires prévues à l'article L. 426-11 du CESEDA selon le motif du séjour invoqué. A Mayotte : Si vous êtes né avant le 1er janvier 1987 et avez contracté légalement un mariage civil polygame à Mayotte avant le 5 juin 2010, vous n'avez pas à produire la déclaration sur l'honneur de non polygamie en France. Dans les îles Wallis et Futuna, en Polynésie française et en Nouvelle-Calédonie : Procédure non applicable.
57	Titre de séjour délivré pour un autre motif	CST portant la mention « vie privée et familiale » délivrée aux membres de famille de l'étranger titulaire du statut de résident longue durée-UE dans un autre État membre de l'Union européenne admis au séjour en France	L. 426-12 L. 426-13	1. Pièces à fournir dans tous les cas : – carte de séjour délivrée par la France à votre conjoint ou parent titulaire du statut « résident de longue durée-UE » dans un autre État membre de l'Union européenne et ayant été admis à ce titre au séjour en France (ou attestation de demande de cette carte de séjour en cas d'arrivée simultanée) ; – carte de séjour délivrée par un autre État membre de l'Union européenne portant la mention « résident de longue durée-UE » à votre conjoint ou parent ; – justificatif d'état civil : (sauf si vous êtes déjà titulaire d'une carte de séjour) une copie intégrale d'acte de naissance comportant les mentions les plus récentes accompagnée le cas échéant de la décision judiciaire ordonnant sa transcription (jugement déclaratif ou supplétif) ; – justificatif de nationalité : passeport (pages relatives à l'état civil, aux dates de validité, aux cachets d'entrée et aux visas) ou, à défaut, autres justificatifs dont au moins un revêtu d'une photographie permettant d'identifier le demandeur (attestation consulaire, carte d'identité, carte consulaire, certificat de nationalité, etc.) ; – justificatif de domicile datant de moins de six mois : facture (électricité, gaz, eau, téléphone fixe, accès à internet), bail de location de moins de six mois, quittance de loyer (si locataire) ou taxe d'habitation ; en cas d'hébergement à l'hôtel : attestation de l'hôtelier et facture du dernier mois ; en cas d'hébergement chez un particulier : attestation de l'hébergeant datée et signée, copie de sa carte nationale d'identité ou de sa carte de séjour, et justificatif de son domicile si l'adresse de sa carte nationale d'identité ou de sa carte de séjour n'est plus à jour ;

	Catégorie de titre de séjour	Libellé APS : autorisation provisoire de séjour CST : carte de séjour temporaire CSP : carte de séjour pluriannuelle CR : carte de résident	Référence du CESEDA	Pièces justificatives
				– 3 photographies d'identité de face, tête nue, récentes et parfaitement ressemblantes (format 35 mm × 45 mm-norme ISO/IEC 19794-5 : 2005) (pas de copie) ou si demande déposée dans le cadre du téléservice mentionné à l'article R. 431-2 du CESEDA, code photographie et signature numérique valide ; – justificatif d'acquittement de la taxe sur le titre de séjour et du droit de timbre et si exigé le droit de visa de régularisation à remettre au moment de la remise du titre ; – Si vous êtes marié et originaire d'un pays autorisant la polygamie : déclaration sur l'honneur de non polygamie en France ; – certificat médical délivré par l'OFII à remettre au moment de la remise du titre (uniquement lors de la délivrance du premier titre) ; – justificatif de votre résidence régulière, en qualité de membre de famille, dans le premier État membre ayant accordé le statut « résident de longue durée-UE » à votre conjoint ou parent (carte de séjour ou décision favorable de regroupement familial prise par l'autorité compétente de l'autre État membre de l'Union européenne) ; – justificatifs de ressources propres (exclusion des prestations sociales ou allocation) ; – justificatif d'assurance-maladie : carte d'assurance-maladie ou attestation d'assurance-maladie. 2. Pièces à fournir au renouvellement : – carte de séjour délivrée par la France à votre conjoint ou parent titulaire du statut « résident de longue durée-UE » dans un autre État membre de l'Union européenne et ayant été admis à ce titre au séjour en France ; – si vous êtes le conjoint : extrait d'acte de mariage (document correspondant à la situation au moment de la demande) ; – justificatifs de ressources propres suffisantes, stables et régulières (bulletins de paye ou avis d'imposition ou attestation de versement de pension ou contrat de travail ou attestation bancaire, etc.) ; – justificatif d'assurance-maladie : carte d'assurance-maladie ou attestation d'assurance-maladie. 3. Pièces à fournir pour la délivrance d'une CSP sur le fondement de l'article L. 426-12 : – pièces prévues aux points 1 et 2 ; – Acte d'engagement à respecter les valeurs de la République dûment signé et daté. 4. A Mayotte : Si vous êtes né avant le 1er janvier 1987 et avez contracté légalement un mariage civil polygame à Mayotte avant le 5 juin 2010, vous n'avez pas à produire la déclaration sur l'honneur de non polygamie en France.

	Catégorie de titre de séjour	Libellé APS : autorisation provisoire de séjour CST : carte de séjour temporaire CSP : carte de séjour pluriannuelle CR : carte de résident	Référence du CESEDA	Pièces justificatives
				5. Dans les îles Wallis et Futuna, en Polynésie française et en Nouvelle-Calédonie : Titre de séjour non applicable.
58	Titre de séjour délivré pour un autre motif	CR portant la mention « résident de longue durée-UE »	L. 421-12 L. 424-5 L. 424-14 L. 426-17	– justificatif d'état civil : (sauf si vous êtes déjà titulaire d'une carte de séjour) une copie intégrale d'acte de naissance comportant les mentions les plus récentes accompagnée le cas échéant de la décision judiciaire ordonnant sa transcription (jugement déclaratif ou supplétif) ; – justificatif de nationalité : passeport (pages relatives à l'état civil, aux dates de validité, aux cachets d'entrée et aux visas) ou, à défaut, autres justificatifs dont au moins un revêtu d'une photographie permettant d'identifier le demandeur (attestation consulaire, carte d'identité, carte consulaire, certificat de nationalité, etc.) ; – justificatif de domicile datant de moins de six mois : facture (électricité, gaz, eau, téléphone fixe, accès à internet), bail de location de moins de six mois, quittance de loyer (si locataire) ou taxe d'habitation ; en cas d'hébergement à l'hôtel : attestation de l'hôtelier et facture du dernier mois ; en cas d'hébergement chez un particulier : attestation de l'hébergeant datée et signée, copie de sa carte nationale d'identité ou de sa carte de séjour, et justificatif de son domicile si l'adresse de sa carte nationale d'identité ou de sa carte de séjour n'est plus à jour ; – 3 photographies d'identité de face, tête nue, récentes et parfaitement ressemblantes (format 35 mm × 45 mm-norme ISO/IEC 19794-5 : 2005) (pas de copie) ou si demande déposée dans le cadre du téléservice mentionné à l'article R. 431-2 du CESEDA, code photographie et signature numérique valide ; – justificatif d'acquittement de la taxe sur le titre de séjour et du droit de timbre à remettre au moment de la délivrance du titre ; – Si vous êtes marié et originaire d'un pays autorisant la polygamie : déclaration sur l'honneur de non polygamie en France ; – justificatifs de séjour régulier et ininterrompu en France de cinq ans : titres de séjour et récépissés de renouvellement, certificats de scolarité, avis d'imposition, etc. ; si vous êtes titulaire d'une « carte bleue européenne » (CBE), une partie de ces 5 ans peut avoir lieu sur le territoire d'un autre État membre de l'Union européenne mais les deux années de séjour précédant la demande de délivrance de la carte de résident doivent être effectuées en France ; si vous êtes réfugié ou titulaire de la protection subsidiaire, le calcul de la durée de cinq ans commence à la date du dépôt de la demande d'asile ;

	Catégorie de titre de séjour	Libellé APS : autorisation provisoire de séjour CST : carte de séjour temporaire CSP : carte de séjour pluriannuelle CR : carte de résident	Référence du CESEDA	Pièces justificatives
				– justificatifs de ressources : justificatifs de vos ressources ou de celles de votre couple si vous êtes mariés (à l'exclusion des prestations sociales ou allocations), qui doivent être suffisantes, stables et régulières sur les 5 dernières années (bulletins de paie, avis d'imposition, attestation de versement de pension, contrat de travail, attestation bancaire, revenus fonciers, etc.) ; si vous êtes titulaire de l'allocation adultes handicapés (AAH) ou de l'allocation supplémentaire d'invalidité (ASI) vous devez joindre les justificatifs attestant de votre qualité d'allocataire ; – justificatif d'assurance-maladie : carte d'assurance-maladie ou attestation d'assurance-maladie ; – justificatifs de l'intégration républicaine : déclaration sur l'honneur de respect des principes régissant la République française (remis en préfecture) et diplôme ou certification mentionné dans la liste définie par l'arrêté INTV1805032A du 21 février 2018 permettant d'attester de la maitrise du français à un niveau au moins égal au niveau A2 du cadre européen commun de référence pour les langues, sauf si vous êtes âgé de plus de 65 ans ou êtes affecté d'une pathologie rendant impossible le passage d'un test linguistique ; – Si vous êtes affecté d'un handicap ou pathologie rendant impossible le passage d'un test linguistique : certificat médical conforme à l'arrêté du 10 février 2021 (NOR : INTV2102779A). A Mayotte : Si vous êtes né avant le 1er janvier 1987 et avez contracté légalement un mariage civil polygame à Mayotte avant le 5 juin 2010, vous n'avez pas à produire la déclaration sur l'honneur de non polygamie en France. Dans les îles Wallis et Futuna, en Polynésie française et en Nouvelle-Calédonie : Titre de séjour non applicable.
59	Titre de séjour délivré pour un autre motif	CST portant la mention « visiteur »	L. 426-20	– visa de long séjour ou titre de séjour en cours de validité (sauf pour les titulaires de la CR portant la mention « résident de longue durée-UE » délivrée par un autre État membre de l'Union européenne) ; – justificatif d'état civil : une copie intégrale d'acte de naissance comportant les mentions les plus récentes ; – justificatif de nationalité : passeport (pages relatives à l'état civil, aux dates de validité, aux cachets d'entrée et aux visas) ou, à défaut, autres justificatifs dont au moins un revêtu d'une photographie permettant d'identifier le demandeur (attestation consulaire, carte d'identité, carte consulaire, certificat de nationalité, etc.) ;

	Catégorie de titre de séjour	Libellé APS : autorisation provisoire de séjour CST : carte de séjour temporaire CSP : carte de séjour pluriannuelle CR : carte de résident	Référence du CESEDA	Pièces justificatives
				– justificatif de domicile datant de moins de six mois : facture (électricité, gaz, eau, téléphone fixe, accès à internet), bail de location de moins de six mois, quittance de loyer (si locataire) ou taxe d'habitation ; en cas d'hébergement à l'hôtel : attestation de l'hôtelier et facture du dernier mois ; en cas d'hébergement chez un particulier : attestation de l'hébergeant datée et signée, copie de sa carte nationale d'identité ou de sa carte de séjour, et justificatif de son domicile si l'adresse de sa carte nationale d'identité ou de sa carte de séjour n'est plus à jour ; – Si vous êtes marié et originaire d'un pays autorisant la polygamie : déclaration sur l'honneur de non polygamie en France ; – 3 photographies d'identité de face, tête nue, récentes et parfaitement ressemblantes (format 35 mm × 45 mm-norme ISO/IEC 19794-5 : 2005) (pas de copie) ou si demande déposée dans le cadre du téléservice mentionné à l'article R. 431-2 du CESEDA, code photographie et signature numérique valide ;– justificatif d'acquittement de la taxe sur le titre de séjour et du droit de timbre à remettre au moment de la délivrance du titre ; – certificat médical délivré par l'OFII à remettre au moment de la remise du titre (uniquement lors de la délivrance du premier titre) ; – attestation sur l'honneur, manuscrite, de n'exercer en France aucune activité professionnelle ; – justificatifs de moyens d'existence suffisants atteignant un montant annuel égal à 12 fois le montant du SMIC mensuel net (attestations bancaires, titre de pension pour les retraités, etc.) à l'exclusion des prestations familiales, du RSA et de l'allocation de solidarité spécifique ; – attestation d'une assurance maladie couvrant la durée de votre séjour ; – si prise en charge par une tierce personne : documents justifiant des ressources suffisantes du garant (avis d'imposition sur les revenus, fiches de paie ...), attestation de prise en charge financière et carte d'identité du garant. A Mayotte : Si vous êtes né avant le 1er janvier 1987 et avez contracté légalement un mariage civil polygame à Mayotte avant le 5 juin 2010, vous n'avez pas à produire la déclaration sur l'honneur de non polygamie en France. Dans les îles Wallis et Futuna, en Polynésie française et en Nouvelle-Calédonie : – Les justificatifs de moyens d'existence se bornent à démontrer que le demandeur disposera de ressources suffisantes pendant son séjour pour subvenir à ses propres besoins et, le cas échéant, à ceux des membres de sa famille.

	Catégorie de titre de séjour	Libellé APS : autorisation provisoire de séjour CST : carte de séjour temporaire CSP : carte de séjour pluriannuelle CR : carte de résident	Référence du CESEDA	Pièces justificatives
				– les titulaires de la CR portant la mention « résident de longue durée-UE » délivrée par un autre État membre de l'Union européenne ne bénéficient pas de la dispense de présentation d'un visa de long séjour ou d'un titre de séjour en cours de validité.
60	Titre de séjour délivré pour un autre motif	APS volontaire associatif	L. 426-21	– visa de long séjour ; – justificatif d'état civil : une copie intégrale d'acte de naissance comportant les mentions les plus récentes accompagnée le cas échéant de la décision judiciaire ordonnant sa transcription (jugement déclaratif ou supplétif) ; – justificatif de nationalité : passeport (pages relatives à l'état civil, aux dates de validité, aux cachets d'entrée et aux visas) ou, à défaut, autres justificatifs dont au moins un revêtu d'une photographie permettant d'identifier le demandeur (attestation consulaire, carte d'identité, carte consulaire, certificat de nationalité, etc.) ; – justificatif de domicile datant de moins de six mois : facture (électricité, gaz, eau, téléphone fixe, accès à internet), bail de location de moins de six mois, quittance de loyer (si locataire) ou taxe d'habitation ; en cas d'hébergement à l'hôtel : attestation de l'hôtelier et facture du dernier mois ; en cas d'hébergement chez un particulier : attestation de l'hébergeant datée et signée, copie de sa carte nationale d'identité ou de sa carte de séjour, et justificatif de son domicile si l'adresse de sa carte nationale d'identité ou de sa carte de séjour n'est plus à jour ; – Si vous êtes marié et originaire d'un pays autorisant la polygamie : déclaration sur l'honneur de non polygamie en France ; – 3 photographies d'identité de face, tête nue, récentes et parfaitement ressemblantes (format 35 mm × 45 mm-norme ISO/IEC 19794-5 : 2005) (pas de copie) ou si demande déposée dans le cadre du téléservice mentionné à l'article R. 431-2 du CESEDA, code photographie et signature numérique valide ; – contrat de volontariat comprenant les indications prévues à l'article 12 du décret n° 2006-1205 du 29 septembre 2006 relatif au volontariat associatif ; – copie de la décision d'agrément mentionnée à l'article D. 426-12 du CESEDA ; – lettre par laquelle vous vous engagez à quitter le territoire à l'issue de votre contrat. A Mayotte : Si vous êtes né avant le 1er janvier 1987 et avez contracté légalement un mariage civil polygame à Mayotte avant le 5 juin 2010, vous n'avez pas à produire la déclaration sur l'honneur de non polygamie en France.

	Catégorie de titre de séjour	Libellé APS : autorisation provisoire de séjour CST : carte de séjour temporaire CSP : carte de séjour pluriannuelle CR : carte de résident	Référence du CESEDA	Pièces justificatives
61	Titre de séjour délivré pour un autre motif	CST portant la mention « jeune au pair »	L. 426-22	– visa de long séjour ; – justificatif de nationalité : passeport (pages relatives à l'état civil, aux dates de validité, aux cachets d'entrée et aux visas) ou, à défaut, autres justificatifs dont au moins un revêtu d'une photographie permettant d'identifier le demandeur (attestation consulaire, carte d'identité, carte consulaire, certificat de nationalité, etc.) ; – justificatif de domicile datant de moins de six mois : facture (électricité, gaz, eau, téléphone fixe, accès à internet), bail de location de moins de six mois, quittance de loyer (si locataire) ou taxe d'habitation ; en cas d'hébergement à l'hôtel : attestation de l'hôtelier et facture du dernier mois ; en cas d'hébergement chez un particulier : attestation de l'hébergeant datée et signée, copie de sa carte nationale d'identité ou de sa carte de séjour, et justificatif de son domicile si l'adresse de sa carte nationale d'identité ou de sa carte de séjour n'est plus à jour ; – Si vous êtes marié et originaire d'un pays autorisant la polygamie : déclaration sur l'honneur de non polygamie en France ; – 3 photographies d'identité de face, tête nue, récentes et parfaitement ressemblantes (format 35 mm × 45 mm-norme ISO/IEC 19794-5 : 2005) (pas de copie) ou si demande déposée dans le cadre du téléservice mentionné à l'article R. 431-2 du CESEDA, code photographie et signature numérique valide ; – justificatif d'acquittement de la taxe sur le titre de séjour et du droit de timbre à remettre au moment de la délivrance du titre ; – convention d'accueil (formulaire CERFA n° 15973*01) remplie et signée par les deux parties ; – tout document attestant soit d'une connaissance de base de la langue française soit d'un parcours complet d'études secondaires ou d'une forme de qualifications professionnelles ; – copie d'une pièce d'identité de chacun des parents de la famille d'accueil. A Mayotte : Si vous êtes né avant le 1er janvier 1987 et avez contracté légalement un mariage civil polygame à Mayotte avant le 5 juin 2010, vous n'avez pas à produire la déclaration sur l'honneur de non polygamie en France. Dans les îles Wallis et Futuna, en Polynésie française et en Nouvelle-Calédonie : Titre de séjour non applicable.

	Catégorie de titre de séjour	Libellé APS : autorisation provisoire de séjour CST : carte de séjour temporaire CSP : carte de séjour pluriannuelle CR : carte de résident	Référence du CESEDA	Pièces justificatives
62	Titre de séjour délivré pour un autre motif	CST portant la mention « stagiaire »	L. 426-23	– visa de long séjour ; – justificatif de nationalité : passeport (pages relatives à l'état civil, aux dates de validité, aux cachets d'entrée et aux visas) ou, à défaut, autres justificatifs dont au moins un revêtu d'une photographie permettant d'identifier le demandeur (attestation consulaire, carte d'identité, carte consulaire, certificat de nationalité, etc.) ; – justificatif de domicile datant de moins de six mois : facture (électricité, gaz, eau, téléphone fixe, accès à internet), bail de location de moins de six mois, quittance de loyer (si locataire) ou taxe d'habitation ; en cas d'hébergement à l'hôtel : attestation de l'hôtelier et facture du dernier mois ; en cas d'hébergement chez un particulier : attestation de l'hébergeant datée et signée, copie de sa carte nationale d'identité ou de sa carte de séjour, et justificatif de son domicile si l'adresse de sa carte nationale d'identité ou de sa carte de séjour n'est plus à jour ; – Si vous êtes marié et originaire d'un pays autorisant la polygamie : déclaration sur l'honneur de non polygamie en France ; – 3 photographies d'identité de face, tête nue, récentes et parfaitement ressemblantes (format 35 mm × 45 mm-norme ISO/IEC 19794-5 : 2005) (pas de copie) ou si demande déposée dans le cadre du téléservice mentionné à l'article R. 431-2 du CESEDA, code photographie et signature numérique valide ; – justificatif d'acquittement de la taxe sur le titre de séjour et du droit de timbre à remettre au moment de la délivrance du titre ; – convention de stage initiale et le cas échéant avenant prolongeant le stage visé favorablement par la plateforme compétente en charge de la main d'œuvre étrangère ; – justificatif de ressources mensuelles. A Mayotte : Si vous êtes né avant le 1er janvier 1987 et avez contracté légalement un mariage civil polygame à Mayotte avant le 5 juin 2010, vous n'avez pas à produire la déclaration sur l'honneur de non polygamie en France. Dans les îles Wallis et Futuna, en Polynésie française et en Nouvelle-Calédonie : La convention de stage initiale et le cas échéant l'avenant prolongeant le stage visé favorablement par la plateforme compétente en charge de la main d'œuvre étrangère est remplacée par la convention de stage initiale et le cas échéant l'avenant prolongeant le stage visé favorablement par le service de la collectivité chargé de la main d'œuvre étrangère.

	Catégorie de titre de séjour	Libellé APS : autorisation provisoire de séjour CST : carte de séjour temporaire CSP : carte de séjour pluriannuelle CR : carte de résident	Référence du CESEDA	Pièces justificatives
63	Document de circulation	Document de circulation pour étranger mineur	L. 414-4	1. Documents à produire dans tous les cas : – une copie intégrale d'acte de naissance comportant les mentions les plus récentes accompagnée le cas échéant de la décision judiciaire ordonnant sa transcription (jugement déclaratif ou supplétif) ; – justificatifs de votre nationalité et de celle du mineur (passeport), à défaut, autres justificatifs dont au moins un revêtu d'une photographie permettant d'identifier son titulaire (attestation consulaire, carte d'identité, carte consulaire, certificat de nationalité, etc.) ; – justificatifs de régularité de votre séjour (si vous êtes ressortissant d'un pays tiers) : carte de séjour en cours de validité ; – livret de famille ou extrait d'acte de naissance comportant la filiation établie du mineur ; – documents attestant que vous exercez l'autorité parentale sur le mineur : extrait d'acte de mariage (si les parents sont mariés), jugement de divorce (si les parents sont divorcés), extrait d'acte de naissance mentionnant la reconnaissance du mineur avant l'âge d'un an (si votre filiation avec l'enfant résulte d'une reconnaissance), déclaration conjointe d'exercice en commun de l'autorité parentale faite auprès du greffier du tribunal judiciaire ou copie de la décision de justice statuant sur l'autorité parentale (si votre filiation avec l'enfant résulte d'une reconnaissance effectuée plus d'un an après la naissance), copie de la décision de justice portant délégation de l'autorité parentale ou de la décision du conseil de famille (si l'autorité parentale est exercée par un tiers) ; si le demandeur a recours à un mandataire : mandat de la personne titulaire de l'autorité parentale (lettre, acte authentique), pièce d'identité du mandataire, documents attestant de l'exercice de l'autorité parentale (comme indiqué ci- dessus) par le signataire du mandat ; – certificat (s) de scolarité ou de crèche ou tout autre document pour les enfants en bas âge pour prouver la résidence habituelle en France ; – justificatifs du domicile : à votre nom si vous résidez avec le mineur, au nom du mineur si vous ne vivez pas avec lui ; – 2 photographies d'identité format 35 mm × 45 mm– tête nue, moins de 3 mois et parfaitement ressemblantes (pas de copie) ; – timbres fiscaux d'un montant de 50 € à remettre au moment de la remise du document de circulation (sauf enfant ou parent ayant la nationalité d'un pays de l'UE, d'un autre pays de l'EEE ou Suisse) ; – formulaire CERFA n° 11203*03 rempli, daté et signé par le demandeur.

	Catégorie de titre de séjour	Libellé APS : autorisation provisoire de séjour CST : carte de séjour temporaire CSP : carte de séjour pluriannuelle CR : carte de résident	Référence du CESEDA	Pièces justificatives
				2. Pièces à fournir selon la situation dont relève l'étranger mineur : 2.1. Mineur dont l'un au moins des deux parents est titulaire d'une CST, CSP ou CR : – CST, CSP ou CR en cours de validité détenu par l'un au moins des deux parents. 2.2. Mineur résidant à Mayotte, né en France, dont l'un au moins des deux parents est titulaire d'une CST, CSP ou CR : – CST, CSP ou CR en cours de validité détenu par l'un au moins des deux parents et justificatif de la naissance en France du mineur. 2.3. Mineur enfant de français : – carte nationale d'identité en cours de validité ou passeport national du parent français. 2.4. Mineur descendant direct d'un ressortissant d'un État membre de l'Union Européenne, de la République d'Islande, de la principauté du Liechtenstein, du Royaume de Norvège ou de la Confédération suisse : – tout document permettant d'attester de la régularité du séjour du parent. 2.5. Mineur descendant direct du conjoint d'un ressortissant d'un État membre de l'Union Européenne, de la République d'Islande, de la principauté du Liechtenstein, du Royaume de Norvège ou de la Confédération suisse : – titre de séjour du parent mentionnant sa qualité de conjoint d'un citoyen de l'UE ou assimilé 2.6. Mineur dont l'un des parents a acquis la nationalité française : – passeport en cours de validité, carte nationale d'identité en cours de validité, certificat de nationalité française de moins de six mois ou passeport national du parent français. 2.7. Mineur confié au service de l'aide sociale à l'enfance depuis qu'il a atteint au plus l'âge de seize ans : – décision du juge judiciaire de placement, à l'aide sociale à l'enfance avant seize ans. 2.8. Mineur reconnu réfugié ou bénéficiaire de la protection subsidiaire : – décision de l'OFPRA ou de la CNDA reconnaissant le statut de réfugié ou le bénéfice de la protection subsidiaire. 2.9. Mineur entré en France sous couvert d'un passeport revêtu d'un visa de long séjour en qualité d'enfant de français ou d'adopté : – visa d'une durée supérieure à trois mois portant la mention « famille de Français », ou « adopté » ; – justificatif de la nationalité française du parent : passeport en cours de validité, carte nationale d'identité en cours de validité ou certificat de nationalité française de moins de six mois.

	Catégorie de titre de séjour	Libellé APS : autorisation provisoire de séjour CST : carte de séjour temporaire CSP : carte de séjour pluriannuelle CR : carte de résident	Référence du CESEDA	Pièces justificatives
				2.10. Mineur entré en France avant l'âge de treize ans sous couvert d'un visa d'une durée supérieure à trois mois délivré en qualité de visiteur et qui justifie avoir résidé habituellement en France depuis : – copie du visa d'une durée supérieure à trois mois mention « visiteur » et cachet d'entrée en France avant l'âge de treize ans ; – justificatifs de la résidence habituelle en France depuis l'âge de treize ans (certificats de scolarité). 2.11. Mineur né à l'étranger, entré régulièrement à Mayotte, hors regroupement familial, avant l'âge de treize ans et dont au moins l'un des parents est titulaire d'une CST, CSP ou CR : – CST, CSP ou CR en cours de validité détenu par l'un au moins des deux parents ; – justificatif de l'entrée régulière à Mayotte avant l'âge treize ans. Pièces à fournir dans les îles Wallis et Futuna, en Polynésie française et en Nouvelle-Calédonie : Les timbres fiscaux d'un montant de 50 € à remettre au moment de la remise du document de circulation prévus à la rubrique 1 ci- dessus sont également demandés aux ressortissants des pays de l'EEE non membres de l'Union européenne et aux ressortissants de la Suisse.
64	Procédure	Renouvellement CR/CRLDUE	L. 433-2	– carte de résident en cours de validité ; – justificatif d'état civil : une copie intégrale d'acte de naissance comportant les mentions les plus récentes ; – justificatif de nationalité : passeport (pages relatives à l'état civil, aux dates de validité, aux cachets d'entrée et aux visas) ou, à défaut, autres justificatifs dont au moins un revêtu d'une photographie permettant d'identifier le demandeur (attestation consulaire, carte d'identité, carte consulaire, certificat de nationalité, etc.) ; – justificatif de domicile datant de moins de six mois : facture (électricité, gaz, eau, téléphone fixe, accès à internet), bail de location de moins de six mois, quittance de loyer (si locataire) ou taxe d'habitation ; en cas d'hébergement à l'hôtel : attestation de l'hôtelier et facture du dernier mois ; en cas d'hébergement chez un particulier : attestation de l'hébergeant datée et signée, copie de sa carte nationale d'identité ou de sa carte de séjour, et justificatif de son domicile si l'adresse de sa carte nationale d'identité ou de sa carte de séjour n'est plus à jour ; – 3 photographies d'identité de face, tête nue, récentes et parfaitement ressemblantes (format 35 mm × 45 mm-norme ISO/IEC 19794-5 : 2005) (pas de copie) ou si demande déposée dans le cadre du téléservice mentionné à l'article R. 431-2 du CESEDA, code photographie et signature numérique valide ;

	Catégorie de titre de séjour	Libellé APS : autorisation provisoire de séjour CST : carte de séjour temporaire CSP : carte de séjour pluriannuelle CR : carte de résident	Référence du CESEDA	Pièces justificatives
				– justificatif d'acquittement de la taxe sur le titre de séjour et du droit de timbre à remettre au moment de la délivrance du titre ; – déclaration sur l'honneur de non polygamie en France si vous êtes marié et originaire d'un pays autorisant la polygamie. – si vous étiez titulaire d'une carte de résident ne portant pas la mention « résident de longue durée-UE « : attestation sur l'honneur par laquelle vous déclarez n'avoir pas séjourné plus de trois années consécutives hors de France au cours des dix dernières années ; – si vous étiez titulaire d'une carte de résident portant la mention » résident de longue durée-UE « : attestation sur l'honneur par laquelle vous déclarez n'avoir pas séjourné plus de trois années consécutives hors de l'Union européenne ou six ans hors de France au cours des dix dernières années, ou n'avoir pas acquis le statut de résident longue durée-UE dans un autre État membre de l'Union européenne. A Mayotte : Si vous êtes né avant le 1er janvier 1987 et avez contracté légalement un mariage civil polygame à Mayotte avant le 5 juin 2010, vous n'avez pas à produire la déclaration sur l'honneur de non polygamie en France. Dans les îles Wallis et Futuna, en Polynésie française et en Nouvelle-Calédonie : La carte de résident portant la mention « résident de longue durée-UE « (CRLD- UE) n'est pas applicable.
65	Procédure	Regroupement familial	Chapitre IV du titre III du livre IV	1. Pièces à fournir pour toute demande : – formulaire CERFA n° 11436*05 dûment complété ; – titre de séjour (recto/verso) en cours de validité : carte de résident, carte de résident portant la mention « résident de longue durée-UE » délivrée en France, carte de séjour pluriannuelle, carte de séjour temporaire d'une durée supérieure ou égale à un an, certificat de résidence d'un an ou de dix ans, ou attestation de demande de renouvellement de titre de séjour. – documents d'état civil dans la langue d'origine, avec traduction en langue française établie par un traducteur assermenté près une cour d'appel ou certifiée conforme par une autorité consulaire ou diplomatique française : copies intégrales de l'acte de mariage avec mentions marginales (avec jugement supplétif si mentionné dans l'acte), de votre acte de naissance avec mentions marginales (avec jugement supplétif si mentionné dans l'acte), de l'acte de naissance de votre conjoint bénéficiaire avec mentions marginales (avec jugement supplétif si mentionné dans l'acte), et de l'acte de naissance de chacun de vos enfants et/ou de votre conjoint avec mentions marginales y compris pour ceux non concernés par le regroupement familial mais résidant dans le logement en France (avec jugement supplétif si mentionné dans l'acte).

	Catégorie de titre de séjour	Libellé APS : autorisation provisoire de séjour CST : carte de séjour temporaire CSP : carte de séjour pluriannuelle CR : carte de résident	Référence du CESEDA	Pièces justificatives
				1.1. Justificatifs de ressources (à produire pour les douze derniers mois) : – dernier avis d'imposition (ou de non– imposition) ou à défaut celui de l'année précédente ou dernière déclaration de revenus visée par les services fiscaux ;– justificatifs de versement des prestations sociales (dont RSA) et familiales pour les ressortissants algériens. 1.1.1. Vous êtes salarié : – contrat de travail ou attestation de travail de l'employeur de moins de 3 mois dûment signée et portant le cachet de l'entreprise (pour les missions d'intérim vous devez uniquement fournir l'attestation de travail de l'employeur et non pas les contrats pour chaque mission) ; – certificat de travail (en cas de pluralité d'employeurs vous devez produire les certificats de chacun d'eux) ; – bulletins de salaire (pour les missions d'intérim vous devez uniquement fournir l'attestation de travail de l'employeur et non les bulletins de salaire pour chaque mission) ; – si vous êtes salarié du BTP justificatifs de versement des congés payés par la Caisse des congés payés du BTP ; – justificatifs de versement des indemnités journalières de la sécurité sociale lors d'un arrêt de maladie, congé maternité, congé parental ou d'un accident de travail. 1.1.2. Vous êtes commerçant : – extrait de moins de 3 mois d'inscription au registre du commerce et des sociétés (RCS) ; – dernier bilan d'activité comptable et compte de résultat de l'exercice ou attestation de revenus établie par le service des impôts. 1.1.3. Vous êtes artisan : – extrait de moins de 3 mois d'inscription au répertoire des métiers ; – dernier bilan d'activité comptable et compte de résultat de l'exercice ou attestation de revenus établie par le service des impôts. 1.1.4. Vous exercez une profession libérale : – extrait de moins de 3 mois d'inscription au répertoire SIRENE ; – dernier bilan d'activité comptable et compte de résultat de l'exercice ou attestation de revenus établie par le service des impôts. 1.1.5. Vous êtes auto-entrepreneur : – déclaration de création de votre activité au centre de formalités des entreprises (CFE) ;

	Catégorie de titre de séjour	Libellé APS : autorisation provisoire de séjour CST : carte de séjour temporaire CSP : carte de séjour pluriannuelle CR : carte de résident	Référence du CESEDA	Pièces justificatives
				– livre des recettes, registre des achats et attestation de revenus établie par le service des impôts. 1.1.6. Vous êtes demandeur d'emploi : – relevé de situation récapitulant les droits et le versement d'indemnités par Pôle Emploi. 1.1.7. Vous êtes retraité ou invalide : – décision d'attribution d'une pension de vieillesse ou d'invalidité établie par l'organisme payeur ainsi que les retraites complémentaires ; – avis de versement par l'organisme payeur ou attestation de paiement (précisant l'intitulé de chacune des pensions). 1.1.8. Vous êtes bénéficiaire de l'Allocation Adulte Handicapé (AAH) au titre de l'article L. 821-1 du code de la sécurité sociale ou de l'Allocation Supplémentaire d'Invalidité (ASI) mentionnée à l'article L. 815-24 du même code : – décision d'attribution de cette allocation ; – dernière attestation de paiement de l'organisme payeur. 1.1.9. Autres situations : – attestation bancaire et relevés de compte justifiant de l'origine des revenus et de leur périodicité ; – pension alimentaire versée ou perçue en vertu d'une décision de justice ; – le cas échéant, justificatifs de ressources de votre conjoint, partenaire de PACS ou concubin. 1.2. Justificatifs de logement : – justificatif de domicile de moins de trois mois (dernière facture d'électricité, de gaz, de téléphone fixe, d'eau) ou attestation d'assurance habitation (si entrée récente dans le logement). 1.2.1. Vous êtes locataire : – bail comportant les caractéristiques du logement (surface habitable, nombre de pièces, etc.) ; – dernière quittance de loyer. 1.2.2. Vous êtes propriétaire : – acte de propriété ou attestation notariale comportant ses caractéristiques (surface habitable, nombre de pièces, etc.). 1.2.3. Vous êtes hébergé à titre gratuit : – Titre de propriété au nom de l'hébergeant ; – justificatif du lien familial avec l'hébergeant ; – attestation de domicile établie par l'hébergeant vous accordant l'hébergement ainsi qu'à votre famille à venir et précisant la durée de l'hébergement autorisé ; – si le logement est mis à disposition par l'entreprise : attestation de l'employeur vous accordant l'hébergement ainsi qu'à votre famille à venir et précisant la durée de l'hébergement autorisé ;

	Catégorie de titre de séjour	Libellé APS : autorisation provisoire de séjour CST : carte de séjour temporaire CSP : carte de séjour pluriannuelle CR : carte de résident	Référence du CESEDA	Pièces justificatives
				– justificatif d'identité de l'hébergeant (copie en recto/verso du titre de séjour en cours de validité ou carte nationale d'identité française). 1.2.4. Autres cas : – promesse de location d'un logement comportant ses caractéristiques (surface habitable, nombre de pièces, etc.) ; – justificatif d'acquisition future d'un logement comportant ses caractéristiques (surface habitable, nombre de pièces, etc.). 2. Pièces à fournir lorsque le regroupement familial est demandé au profit de votre conjoint : 2.1. Si vous demandez le regroupement familial au profit de votre conjoint qui réside en France – titre de séjour de votre conjoint. 2.2. Si vous demandez le regroupement familial au profit de votre conjoint résidant dans un État distinct de son pays d'origine – Titre de séjour de votre conjoint délivré par le pays de résidence. 2.3. Si vous êtes ressortissant d'un pays dont la législation autorise la polygamie – Jugement (s) de divorce vous concernant et/ou de votre conjoint (jugement irrévocable ou définitif si divorce à l'étranger) ; – Déclaration sur l'honneur certifiant que le regroupement familial ne créera pas une situation de polygamie sur le territoire français. 3. Pièces à fournir lorsque le regroupement familial est demandé au profit d'un ou plusieurs enfants (selon la situation dont vous relevez) : – jugement (s) de divorce vous concernant et/ou de votre conjoint (jugement irrévocable ou définitif si divorce à l'étranger) ; – jugement attribuant l'autorité parentale (sauf si le jugement de divorce le précise) ; – jugement attribuant le droit de garde des enfants (sauf si le jugement de divorce le précise) ; – lettre de l'autre parent autorisant la venue de l'enfant en France (dont la signature est authentifiée dans les formes prévues par la législation du pays de résidence ou par le consulat de France compétent) ; – jugement d'adoption ; – kafala judiciaire algérienne ; – acte de décès de votre conjoint, de votre premier conjoint ou de l'autre parent ; – décision judiciaire prononçant le retrait de l'autorité parentale de l'autre parent ; – déclaration d'abandon de l'enfant par l'autre parent, de disparition ou d'absence de l'autre parent auprès du tribunal ;

	Catégorie de titre de séjour	Libellé APS : autorisation provisoire de séjour CST : carte de séjour temporaire CSP : carte de séjour pluriannuelle CR : carte de résident	Référence du CESEDA	Pièces justificatives
				– livret de famille ; – attestation de votre conjoint autorisant la résidence de l'enfant bénéficiaire à votre domicile ; – document de circulation pour étranger mineur (DCEM) et/ou certificat de scolarité des enfants présents sur le territoire. 4. Pièces à fournir lorsque le regroupement familial n'est pas demandé pour l'ensemble de la famille : – lettre d'explication du regroupement partiel. 5. Lorsque, conformément à l'article R. 434-29, une décision de refus à une demande de regroupement familial est motivée par la non- conformité du logement aux normes de superficie, ou de confort et d'habitabilité, ou par le caractère non probant des pièces attestant de la disponibilité du logement à l'arrivée de la famille, et que vous présentez, dans un délai de six mois suivant la notification du refus, une nouvelle demande, vous êtes dispensé de fournir les pièces suivantes : – pièces justificatives de l'état civil des membres de la famille ; – titre de séjour en cours de validité ou attestation de demande de renouvellement de titre de séjour ; – justificatifs de ressources ; – pièces relatives à la filiation et à l'exercice de l'autorité parentale si la demande concerne votre enfant ; – pièces attestant que votre demande ne créera pas de situation de polygamie sur le territoire français.
66	Procédure	Admission exceptionnelle au séjour	L. 435-1 L. 435-2 L. 435-3	1. Pièces à fournir dans tous les cas : – justificatif d'état civil : (sauf si vous êtes déjà titulaire d'une carte de séjour) une copie intégrale d'acte de naissance comportant les mentions les plus récentes accompagnée le cas échéant de la décision judiciaire ordonnant sa transcription (jugement déclaratif ou supplétif) ; – justificatif de nationalité : passeport (pages relatives à l'état civil, aux dates de validité, aux cachets d'entrée et aux visas) ou, à défaut, autres justificatifs dont au moins un revêtu d'une photographie permettant d'identifier le demandeur (attestation consulaire, carte d'identité, carte consulaire, certificat de nationalité, etc.) ; – justificatif de domicile datant de moins de six mois : facture (électricité, gaz, eau, téléphone fixe, accès à internet), bail de location de moins de six mois, quittance de loyer (si locataire) ou taxe d'habitation ; en cas d'hébergement à l'hôtel : attestation de l'hôtelier et facture du dernier mois ; en cas d'hébergement chez un particulier : attestation de l'hébergeant datée et signée, copie de sa carte nationale d'identité ou de sa carte de séjour, et justificatif de son domicile si l'adresse de sa carte nationale d'identité ou de sa carte de séjour n'est plus à jour ;

	Catégorie de titre de séjour	Libellé APS : autorisation provisoire de séjour CST : carte de séjour temporaire CSP : carte de séjour pluriannuelle CR : carte de résident	Référence du CESEDA	Pièces justificatives
				– 3 photographies d'identité de face, tête nue, récentes et parfaitement ressemblantes (format 35 mm × 45 mm-norme ISO/IEC 19794-5 : 2005) (pas de copie) ou si demande déposée dans le cadre du téléservice mentionné à l'article R. 431-2 du CESEDA, code photographie et signature numérique valide ; – justificatif d'acquittement de la taxe sur le titre de séjour et du droit de timbre et si exigé le droit de visa de régularisation à remettre au moment de la remise du titre ; – déclaration sur l'honneur de non polygamie en France si vous êtes marié et originaire d'un pays autorisant la polygamie. 2. Pour la délivrance de la CST prévue à l'article L. 435-1 : 2.1 Pour la délivrance de la CST portant la mention « vie privée et familiale » : – justificatifs permettant d'apprécier les « considérations humanitaires » ou les « motifs exceptionnels » (par exemple, circonstances humanitaires particulières, durée de présence en France, exercice antérieur d'un emploi, volonté d'intégration sociale, compréhension du français, qualification professionnelle, documents relatifs à des services rendus dans le domaine culturel, sportif, associatif, civique ou économique, etc.). 2.2 Pour la délivrance de la CST portant la mention « salarié » ou « travailleur temporaire » : – dossier de demande d'autorisation de travail soumis par l'employeur (formulaire CERFA n° 15186*03, de demande d'autorisation de travail pour un salarié étranger avec les pièces justificatives précisées en annexe du formulaire correspondant à la situation du salarié) ; – tout document justifiant votre résidence habituelle depuis votre entrée en France (ex. : avis d'imposition, attestation AME, etc.) ; – preuves d'exercice antérieur d'activité salariée (par exemple : bulletins de salaire ou à défaut relevés ou virements bancaires, certificat de travail, attestation Pôle Emploi, avis d'imposition sur le revenu correspondant aux périodes de travail ...) ; – justificatifs de votre insertion dans la société française (attestations de cercles amicaux, adhésion à des associations, activité bénévole, participation aux activités scolaires des enfants, etc.). 2.3 Pièces à fournir au renouvellement – titre de séjour en cours de validité ; – pièces prévues aux points 2.1 si vous détenez une CST portant la mention « vie privée et familiale » ; – Si vous détenez une CST portant la mention « salarié » ou « travailleur temporaire », se référer aux rubriques correspondantes (lignes 1 et 2), sous- rubrique « pièces à fournir au renouvellement ».

	Catégorie de titre de séjour	Libellé APS : autorisation provisoire de séjour CST : carte de séjour temporaire CSP : carte de séjour pluriannuelle CR : carte de résident	Référence du CESEDA	Pièces justificatives
				2.4. Pièce à fournir pour la délivrance d'une CSP sur le fondement de l'article L. 435-1 : – pièces prévues aux points 2 et 3. 3. Pour la délivrance de la CST prévue à l'article L. 435-2 : 3.1. Pièces à fournir en première demande : – documents justifiant de trois années d'activité ininterrompue au sein d'un ou plusieurs organismes agréés pour l'accueil, l'hébergement ou le logement de personnes en difficultés (certificats de présence, relevés de cotisations) ; – pièces justifiant du caractère réel et sérieux de l'activité et des perspectives d'intégration (diplômes, attestations de formation, certificats de présence, attestations de bénévoles, etc.) ; – rapport établi par le responsable de l'organisme d'accueil (à la date de la demande) mentionnant l'agrément et précisant : la nature des missions effectuées, leur volume horaire, la durée d'activité, le caractère réel et sérieux de l'activité, vos perspectives d'intégration au regard notamment du niveau de langue, les compétences acquises, votre projet professionnel, des éléments relatifs à votre vie privée et familiale. 3.2. Pièces à fournir au renouvellement : – titre de séjour en cours de validité ; – documents justifiant de votre activité pour l'année écoulée au sein d'un ou plusieurs organismes agréés pour l'accueil, l'hébergement ou le logement de personnes en difficultés (certificats de présence, relevés de cotisations) ; – pièces justifiant, sur l'année écoulée, du caractère réel et sérieux de l'activité et des perspectives d'intégration dans les mêmes conditions qu'au point 2.1. ; – rapport actualisé sur l'année écoulée établi par le responsable de l'organisme d'accueil dans les mêmes conditions qu'au point 2 et comportant les mêmes mentions et précisions. 3.3. Pièce à fournir pour la délivrance d'une CSP sur le fondement de l'article L. 435-2 : – pièces prévues aux points 1 et 3.2. 4. Pour la délivrance de la CST prévue à l'article L. 435-3 : 4.1. Pièces à fournir en première demande : – documents attestant du placement à l'aide sociale à l'enfance (décision judiciaire) ; – dossier de demande d'autorisation de travail soumis par le nouvel employeur (formulaire CERFA n° 15186*03, de demande d'autorisation de travail pour un salarié étranger avec les pièces justificatives précisées en annexe du formulaire correspondant à la situation du salarié) ;

	Catégorie de titre de séjour	Libellé APS : autorisation provisoire de séjour CST : carte de séjour temporaire CSP : carte de séjour pluriannuelle CR : carte de résident	Référence du CESEDA	Pièces justificatives
				– s'il s'agit d'un contrat de formation en alternance, copie du contrat d'apprentissage ou de professionnalisation enregistré par l'administration ; – justificatifs du suivi réel et sérieux depuis au moins 6 mois d'une formation destinée à vous apporter une qualification professionnelle (relevé de notes, attestation d'assiduité). – tout document établissant la nature des liens avec la famille restée dans le pays d'origine (actes de décès des membres de famille, perte de l'autorité parentale des parents restés sur place, etc.) ; – avis de la structure d'accueil sur votre insertion dans la société française. 4.2. Pièces à fournir au renouvellement – titre de séjour en cours de validité ; – justificatifs de la poursuite de la formation professionnalisante (évaluation, relevé de notes, attestation d'assiduité, attestation émanant du tuteur au sein de l'entreprise d'accueil ...). 4.3. Pièce à fournir pour la délivrance d'une CSP portant la mention « salarié » sur le fondement de l'article L. 435-3 : – pièces prévues au point 4.2 ; – Acte d'engagement à respecter les valeurs de la République dûment signé et daté. 5. A Mayotte Procédure non applicable. 6. Dans les îles Wallis et Futuna, en Polynésie française et en Nouvelle-Calédonie : Le 2.2 n'est pas applicable.
67	Titre spécifique dans les îles Wallis et Futuna	Carte de séjour temporaire autorisant l'exercice d'une activité professionnelle non soumise à autorisation dans les îles Wallis et Futuna	L. 444-3	1. Pièces à fournir dans tous les cas : – justificatif d'état civil : (sauf si vous êtes déjà titulaire d'une carte de séjour) une copie intégrale d'acte de naissance comportant les mentions les plus récentes accompagnée le cas échéant de la décision judiciaire ordonnant sa transcription (jugement déclaratif ou supplétif) ; – justificatif de nationalité : passeport (pages relatives à l'état civil, aux dates de validité, aux cachets d'entrée et aux visas) ou, à défaut, autres justificatifs dont au moins un revêtu d'une photographie permettant d'identifier le demandeur (attestation consulaire, carte d'identité, carte consulaire, certificat de nationalité, etc.) ;

	Catégorie de titre de séjour	Libellé APS : autorisation provisoire de séjour CST : carte de séjour temporaire CSP : carte de séjour pluriannuelle CR : carte de résident	Référence du CESEDA	Pièces justificatives
				– justificatif de domicile datant de moins de six mois : facture (électricité, gaz, eau, téléphone fixe, accès à internet), bail de location de moins de six mois, quittance de loyer (si locataire) ou taxe d'habitation ; en cas d'hébergement à l'hôtel : attestation de l'hôtelier et facture du dernier mois ; en cas d'hébergement chez un particulier : attestation de l'hébergeant datée et signée, copie de sa carte nationale d'identité ou de sa carte de séjour, et justificatif de son domicile si l'adresse de sa carte nationale d'identité ou de sa carte de séjour n'est plus à jour ; – 3 photographies d'identité de face, tête nue, récentes et parfaitement ressemblantes (format 35 mm × 45 mm) (pas de copie) ; – justificatif d'acquittement de la taxe sur le titre de séjour et du droit de timbre et si exigé le droit de visa de régularisation à remettre au moment de la remise du titre ; – Si vous êtes marié et originaire d'un pays autorisant la polygamie : déclaration sur l'honneur de non polygamie en France ; – justificatifs de moyens d'existence démontrant que le demandeur disposera de ressources suffisantes pendant son séjour pour subvenir à ses propres besoins et, le cas échéant, à ceux des membres de sa famille, indépendamment des prestations et des allocations prévues par la réglementation locale ; – certificat médical attestant de l'aptitude au séjour délivré après un examen médical organisé par le représentant de l'État dans la collectivité ; – justificatif d'affiliation à une assurance maladie couvrant également, s'il y a lieu, les membres de sa famille ; – pièces justifiant de son projet d'exercice d'une activité professionnelle non soumise à autorisation de la collectivité. 2. Pièces à fournir en cas de renouvellement : – documents justifiant de votre activité pour les années écoulées ; – pièces justifiant du caractère réel et sérieux de l'activité.
68	Titre spécifique en Polynésie française	Carte de séjour temporaire autorisant l'exercice d'une activité professionnelle non soumise à autorisation en Polynésie française	L. 445-3	1. Pièces à fournir dans tous les cas : – justificatif d'état civil : (sauf si vous êtes déjà titulaire d'une carte de séjour) une copie intégrale d'acte de naissance comportant les mentions les plus récentes accompagnée le cas échéant de la décision judiciaire ordonnant sa transcription (jugement déclaratif ou supplétif) ; – justificatif de nationalité : passeport (pages relatives à l'état civil, aux dates de validité, aux cachets d'entrée et aux visas) ou, à défaut, autres justificatifs dont au moins un revêtu d'une photographie permettant d'identifier le demandeur (attestation consulaire, carte d'identité, carte consulaire, certificat de nationalité, etc.) ;

	Catégorie de titre de séjour	Libellé APS : autorisation provisoire de séjour CST : carte de séjour temporaire CSP : carte de séjour pluriannuelle CR : carte de résident	Référence du CESEDA	Pièces justificatives
				– justificatif de domicile datant de moins de six mois : facture (électricité, gaz, eau, téléphone fixe, accès à internet), bail de location de moins de six mois, quittance de loyer (si locataire) ou taxe d'habitation ; en cas d'hébergement à l'hôtel : attestation de l'hôtelier et facture du dernier mois ; en cas d'hébergement chez un particulier : attestation de l'hébergeant datée et signée, copie de sa carte nationale d'identité ou de sa carte de séjour, et justificatif de son domicile si l'adresse de sa carte nationale d'identité ou de sa carte de séjour n'est plus à jour ; – 3 photographies d'identité de face, tête nue, récentes et parfaitement ressemblantes (format 35 mm × 45 mm) (pas de copie) ; – justificatif d'acquittement de la taxe sur le titre de séjour et du droit de timbre et si exigé le droit de visa de régularisation à remettre au moment de la remise du titre ; – Si vous êtes marié et originaire d'un pays autorisant la polygamie : déclaration sur l'honneur de non polygamie en France ; – justificatifs de moyens d'existence démontrant que le demandeur disposera de ressources suffisantes pendant son séjour pour subvenir à ses propres besoins et, le cas échéant, à ceux des membres de sa famille, indépendamment des prestations et des allocations prévues par la réglementation locale ; – certificat médical attestant de l'aptitude au séjour délivré après un examen médical organisé par le représentant de l'État dans la collectivité ; – justificatif d'affiliation à une assurance maladie couvrant également, s'il y a lieu, les membres de sa famille ; – pièces justifiant de son projet d'exercice d'une activité professionnelle non soumise à autorisation de la collectivité. 2. Pièces à fournir en cas de renouvellement : – documents justifiant de votre activité pour les années écoulées ; – pièces justifiant du caractère réel et sérieux de l'activité.
69	Titre spécifique en Nouvelle-Calédonie	Carte de séjour temporaire autorisant l'exercice d'une activité professionnelle non soumise à autorisation en Nouvelle-Calédonie	L. 446-3	1. Pièces à fournir dans tous les cas : – justificatif d'état civil : (sauf si vous êtes déjà titulaire d'une carte de séjour) une copie intégrale d'acte de naissance comportant les mentions les plus récentes accompagnée le cas échéant de la décision judiciaire ordonnant sa transcription (jugement déclaratif ou supplétif) ; – justificatif de nationalité : passeport (pages relatives à l'état civil, aux dates de validité, aux cachets d'entrée et aux visas) ou, à défaut, autres justificatifs dont au moins un revêtu d'une photographie permettant d'identifier le demandeur (attestation consulaire, carte d'identité, carte consulaire, certificat de nationalité, etc.) ;

	Catégorie de titre de séjour	Libellé APS : autorisation provisoire de séjour CST : carte de séjour temporaire CSP : carte de séjour pluriannuelle CR : carte de résident	Référence du CESEDA	Pièces justificatives
				– justificatif de domicile datant de moins de six mois : facture (électricité, gaz, eau, téléphone fixe, accès à internet), bail de location de moins de six mois, quittance de loyer (si locataire) ou taxe d'habitation ; en cas d'hébergement à l'hôtel : attestation de l'hôtelier et facture du dernier mois ; en cas d'hébergement chez un particulier : attestation de l'hébergeant datée et signée, copie de sa carte nationale d'identité ou de sa carte de séjour, et justificatif de son domicile si l'adresse de sa carte nationale d'identité ou de sa carte de séjour n'est plus à jour ; – 3 photographies d'identité de face, tête nue, récentes et parfaitement ressemblantes (format 35 mm × 45 mm) (pas de copie) ; – justificatif d'acquittement de la taxe sur le titre de séjour et du droit de timbre et si exigé le droit de visa de régularisation à remettre au moment de la remise du titre ; – Si vous êtes marié et originaire d'un pays autorisant la polygamie : déclaration sur l'honneur de non polygamie en France ; – justificatifs de moyens d'existence démontrant que le demandeur disposera de ressources suffisantes pendant son séjour pour subvenir à ses propres besoins et, le cas échéant, à ceux des membres de sa famille, indépendamment des prestations et des allocations prévues par la réglementation locale ; – certificat médical attestant de l'aptitude au séjour délivré après un examen médical organisé par le représentant de l'État dans la collectivité ; – justificatif d'affiliation à une assurance maladie couvrant également, s'il y a lieu, les membres de sa famille ; – pièces justifiant de son projet d'exercice d'une activité professionnelle non soumise à autorisation de la collectivité. 2. Pièces à fournir en cas de renouvellement : – documents justifiant de votre activité pour les années écoulées ; – pièces justifiant du caractère réel et sérieux de l'activité.

CHAPITRE VII **DISPOSITIONS APPLICABLES DANS LES TERRES AUSTRALES ET ANTARCTIQUES FRANÇAISES**

Le présent chapitre ne comprend pas de dispositions législatives.

LIVRE V DROIT D'ASILE ET AUTRES PROTECTIONS INTERNATIONALES

BIBL. ▸ Alland, Les textes du droit d'asile, *PUF, coll. Que sais-je ?, 1998.* – Alland et Teitgen-Colly, Traité du droit de l'asile, *PUF 2002.* – Aubin, Le juge administratif français face à l'application de la Convention de Schengen dans ses dispositions sur le droit d'asile, *RD pub. 2000. 829.* – Auvret-Finck et Millet-Devalle (dir.), Crise des réfugiés, crise de l'Union européenne ?, *Pedone, coll. UFR Institut du droit de la paix et du développement, Université de Nice-Sophia Antipolis, 2017.* – Amnesty International, Guide de l'asile en France, *sept. 2006.* – Baclet-Hainque, Les réfugiés et le droit d'asile, *Thèse Paris II, 1985.* – Bambara, L'avènement du « visa humanitaire » dans le système d'asile européen, *RTD eur. 2019. 817*. – Basilien-Gainche, L'Union et les réfugiés, *Rev. UE 2017. 598*. – Beigbeder, Le Haut-Commissariat aux réfugiés, *PUF, coll. Que sais-je ?, n° 3489.* – Bellorgey, Le droit d'asile, *LGDJ 2016.* – Bettati, L'asile politique en question, *PUF 1985.* – Bonnot, Les PGD applicables aux réfugiés et le principe d'unité familiale, *RD publ. 1996. 1379.* – Bossuyt et Lammerant, La conformité à la Conv. EDH des mesures d'éloignement du territoire des demandeurs d'asile déboutés, *RTDH 1993. 417.* – Brice-Delajoux, Droit d'asile : le sauvetage de la protection subsidiaire de l'article L. 712-1 *c)* du CESEDA, *AJDA 2010. 2354*. – Burgorgue-Larsen, La police de l'asile, *Gaz. Pal. 1994. 1263.* – Burriez, La protection des mineurs isolés demandeurs d'asile. Vers une nouvelle confrontation entre l'État et les départements ?, *AJDA 2020. 2125*. – Chassin, Le droit d'asile en France, *Thèse Paris II, 2000 ;* Panorama du droit français de l'apatridie, *RFDA 2003. 324* ; La réforme de l'asile : une loi tant attendue et déjà inadaptée ?, *AJDA 2015. 1857* ; Engager une réforme structurelle du système de l'asile ?, *ibid. 2024. 670.* – Chetail, Le statut du réfugié en France et au Royaume-Uni, *Thèse Paris II, 2003.* – La Cimade, Voyage au centre de l'asile. Enquête sur la procédure de détermination d'asile, 2010, *https://www.lacimade.org/wp-content/uploads/2010/02/VoyageAuCentreAsile1.pdf.* – Cncdh, Les conditions d'exercice du droit d'asile en France, *La Doc. fr. nov. 2006.* – Combarnous, Observations intempestives sur le droit d'asile en France, *in Études en l'honneur de G. Timsit, Bruylant 2004, p. 21.* – Combrade, Les notes blanches des services de renseignement, *RFDA 2019. 1103*. – Comité d'évaluation et de contrôle des politiques publiques, Rapport sur l'évaluation de la politique d'accueil des demandeurs d'asile présenté par Mme J. Dubié et M. A. Richard le 10 avr. 2014, *JOAN, n° 1879.* – Crépeau, Droit d'asile, de l'hospitalité aux contrôles migratoires, *Bruylant 1995.* – Denis-Linton, Le droit d'asile, *Dalloz 2017.* – Deradze, L'alternative de protection interne en droit européen, une notion prisonnière du principe général de non-refoulement ?, *Rev. UE 2022. 282.* – Dieu, L'inconvénient d'être prioritaire : la situation des demandeurs d'asile issus d'un pays d'origine sûr, *JCP Adm. 2008. 2163.* – Dodet-Cauphy, La difficile reconnaissance d'un droit d'asile constitutionnel, *RFDA 1999. 469*. – Dubie et Richard Comité d'évaluation et de contrôle des politiques publiques, Rapport sur l'évaluation de la politique d'accueil des demandeurs d'asile présenté par Mme Jeanine le 10 avr. 2014, *JOAN n° 1879.* – Dubout, La procédure d'asile dans l'UE. Du jeu des présomptions dans un espace pluraliste normatif, *JCP 2011, n° 16, p. 466.* – Fernandez, Le démembrement envisagé du contentieux de l'asile. Juger vite plutôt que juger mieux ?, *AJDA 2014. 967*. – Fernandez, Fleury Graff et Marie, Asile et risque pour la sécurité. Une déconnexion discutable entre la reconnaissance de la qualité de réfugié et l'octroi d'un statut, *ibid. 2019. 1788*. – Fernandez et Laly-Chevalier (dir.), Droit d'asile, *Pédone 2015.* – Fleury Graff, Vers une extension de la protection internationale des étrangers en provenance d'une zone de guerre, *ibid. 2017. 1429*. – Fougerousse et Ricci, Le contentieux de reconnaissance du statut de réfugié devant la CRR, *RD publ. 1998. 179.* – Gautier, Les accords de Schengen et le droit d'asile à l'épreuve du débat constitutionnel, *Europe, 1993, n° 12, p. 1.* – Gazin, Du bon emploi du règlement « Dublin II » sur la détermination de l'État européen responsable d'une demande d'asile : quand l'affaire NS du 21 décembre 2011 remet à l'honneur les valeurs européennes essentielles..., *Europe 2012. Étude 4.* – Gisti, Le droit d'asile après la loi du 10 décembre 2003, *Les cahiers juridiques, juin 2004.* – Grenouilleau et Petiot, L'inadéquation des instruments juridiques comme facteur de dissension de la construction du droit d'asile de l'Union européenne, *Rev. UE 2022. 271.* – Julien-Laferrière, L'incidence de la construction européenne sur le droit d'asile, *in Mél. Levasseur, Litec 1992 ;* La loi Villepin relative au droit d'asile, *Regards sur l'actualité, La Doc. fr., n° 299, mars 2004* ; Réforme de l'asile : respecter les droits de la personne et le droit de l'UE. Commentaire de l'avis de la CNCDH du 28 nov. 2013 sur le régime d'asile commun européen, *AJDA 2014. 727*. – Klausser, Vers un renforcement du droit à un procès équitable des demandeurs d'asile et une meilleure prise en compte de leurs traumatismes ?, *Rev. dr. homme, 7 mai 2015.* – Labayle, Le droit d'asile en France, normalisation ou neutralisation ?, *RFDA 1997. 242* ; Le droit européen de l'asile devant ses juges : précisions ou remise en question ?, *ibid. 2011. 273*. – Lamort, Europe, terre d'asile ?, *PUF 2016.* – Landry, Les réfugiés radicalisés et le traitement des notes blanches devant le juge de l'asile, *RD publ. 2021. 579.* – Lecucq, Le droit d'asile existe-t-il en droit constitutionnel français ?, *in Actes du IIIe Congrès de l'Association française des constitutionnalistes, Economica 1998. 159.* – Legendre et Gorce, *Rapport d'information n° 795, Sénat, 13 juill. 2016.* – Létard et Touraine, Rapport sur la réforme de l'asile remis au ministre de l'Intérieur le 28 nov. 2013, *https://www.vie-publique.fr/sites/default/files/rapport/pdf/134000808.pdf.* – Le Pors, Le droit d'asile, *PUF, coll. Que Sais-Je ?, n° 3733* ; Le juge d'asile, *Michel Houdiard Éditeur 2010.* – Luchaire, Le droit d'asile devant le Conseil constitutionnel, *RD publ. 2004. 565.* – Malabre, Droitd'asile :d'autres fondements, d'autres juges, *Gaz. Pal. 1997, n° 26. 2.* – Marguenaud, Le droit de demander asile à la frontière, *D. 2007. 2789* . – Maffre et Petiot, Les programmes de réinstallation peuvent-ils constituer une réponse viable aux crises humanitaires d'ampleur en Europe ?, *Rev. UE 2022. 288.* – Mendes et Karamanli, Rapport d'information n° 2342 sur la réforme européenne du droit d'asile, *AN, 17 oct. 2019, n° 2342.* – Ministère de l'Intérieur, Guide du demandeur d'asile, sept. 2020, *https://www.immigration.interieur.gouv.fr/Asile/Guide-du-demandeur-d-asile-en-France.* – Moderne, Le droit constitutionnel d'asile dans les États de l'Union européenne, *Economica/PUAM 1997.* – Noiriel, Réfugiés et sans papiers, la République face au droit d'asile, *Pluriel Hachette 1991.* – Norek et Doumic-Doublet, Le droit d'asile en France, *PUF, coll. Que sais-je ?, 1989.* – Petiot, Le droit d'asile de l'Union européenne au défi de l'actualité internationale, *Rev. UE 2022. 268.* – Pierucci, Les PGD applicables aux étrangers, *RTDH 1999. 7* – Pouly, Les garanties procédurales dans le nouveau régime d'asile européen commun, *AJDA 2013. 2358* . – Redor, Le séjour des apatrides et des demandeurs du statut d'apatride, *ibid. 1998. 482* . – Sarolea, Les droits procéduraux du demandeur d'asile au sens des art. 6 et 13 de la Conv. EDH, *RTDH 1999, n° 37, p. 129.* – Schoettl, La nouvelle loi relative au droit d'asile est-elle constitutionnelle ?, *LPA 4-5 févr. 2004.* – Ségur, La crise du droit d'asile, *PUF 1998.* – Talbot, La reconnaissance de la qualité de réfugié et son contentieux, *JCP 1992 I. 3609.* – Tchen, La réforme du droit d'asile : entre rupture et tradition, *D. 1999. Chron. 58* ; Droit d'asile et apatridie, *J.-Cl. Adm., fasc. 233-70.* – Teitgen-Colly, Le droit d'asile en France, *Cerf 1994* ; Le droit d'asile, *PUF, coll. Que sais-je ?, 2019.* – Tenenbaum, Vers une protection coordonnée des personnes déplacées au sein de l'UE, *Europe 1999. Chron. 1.* – Tiberghien, Le retrait de la qualité de réfugié politique, *AJDA 1987. 86* ; La protection des réfugiés en France, *PUAM 1988* ; Le droit d'asile en Europe. Étude comparée, *L'Harmattan 1999* ; Le droit des réfugiés en Europe, *Économica 2000.* – Thouvenin, La jurisprudence récente de la CRR entre continuité, rigueur et efforts d'adaptation, *RTDH 1997. 599.* – Turpin, La loi du 10 décembre 2003 relative au droit d'asile : d'une « exception française » mal assumée à un alignement européen trop bien assuré, *D. 2004. Chron. 1034* .

COMMENTAIRE

Si, historiquement, la France a longtemps été le premier pays d'arrivée des demandeurs d'asile en Europe, elle est loin aujourd'hui de remplir pleinement son rôle de « terre d'asile ». Sans faire face à un afflux de demandes, la France ne parvient pourtant pas à mettre en œuvre le droit d'asile de manière efficace et conforme aux droits des demandeurs, en raison notamment de délais de procédure trop longs ; la Cour nationale du droit d'asile (CNDA) relève ainsi que l'objectif d'un délai d'instruction de quatre-vingt-dix jours à l'Office français de protection des réfugiés et apatrides (OFPRA) d'ici 2016 avait été annoncé dès 2010 sans jamais être atteint : en 2014, le délai exécuté a été de deux cent trois jours (C. comptes, Référé du 20 oct. 2015 sur l'accueil et l'hébergement des demandeurs d'asile, https://www.ccomptes.fr/sites/default/files/EzPublish/20151008-refere-S201509771-accueil-hebergement-demandeurs-asile.pdf). L'OFPRA a enregistré près de 103 164 demandes de protection internationale en 2021 (contre moins de 20 000 en 1981) émanant de ressortissants de 113 pays, parmi lesquels dominent l'Afghanistan, la Côte d'Ivoire et le Bangladesh. L'Office a rendu 139 810 décisions ; le taux de protection tous pays confondus est de 25,9. Au 31 décembre 2021, ce sont près de 499 486 personnes qui bénéficient d'une protection (OFPRA, Rapport d'activité 2022).

La loi n° 2015-925 du 29 juillet 2015 s'était fixé pour objectif de réduire les délais de procédure et de respecter le délai de trois jours d'enregistrement des demandes d'asile prévu par le droit européen, objectif réaffirmé par la loi n° 2018-778 du 10 septembre 2018 pour une immigration maîtrisée, un droit d'asile effectif et une intégration réussie ; ceci explique en particulier le remplacement de la procédure prioritaire par les procédures dites accélérées (art. L. 531-24), automatiques lorsque le demandeur provient d'un pays d'origine sûr ou en présence d'une demande de réexamen ou sur décision de l'OFPRA, en particulier quand le demandeur refuse de se soumettre à la prise de ses empreintes digitales, lorsque, dès l'enregistrement, il présente de faux documents ou donne de fausses informations, lorsque la demande est purement dilatoire ou lorsque la présence de l'étranger constitue une menace grave pour l'ordre public, ou enfin lorsque l'étranger entré ou séjournant irrégulièrement en France n'a pas présenté sa demande d'asile dans un délai de quatre-vingt-dix jours suivant son entrée. Cette procédure accélérée contraindra la CNDA à statuer dans un délai de cinq semaines en procédure à juge unique (art. L. 532-6).

La loi de 2015 veille également à assurer de meilleures garanties aux demandeurs par la transposition des directives européennes mettant en œuvre le « régime d'asile européen commun ». Ceci passe en particulier par la simplification du cadre relatif au droit au séjour des demandeurs d'asile résultant de l'élargissement du droit au maintien de l'ensemble des demandeurs, accompagné de la délivrance d'un document unique (attestation de demande d'asile). Par ailleurs, la nouvelle « allocation pour demandeur d'asile » (ADA) se substitue à l'allocation temporaire d'attente et à l'allocation mensuelle de subsistance. Pour faire face à l'augmentation du nombre de demandeurs d'asile, la loi n° 2018-778 du 10 septembre 2018 pour une immigration maîtrisée, un droit d'asile effectif et une intégration réussie a rendu plus contraignant le dispositif de répartition des demandeurs sur le territoire national.

La loi doit permettre d'améliorer les conditions d'accueil et d'hébergement des demandeurs d'asile (avec notamment le schéma national d'accueil), désormais impératif (art. L. 551-1 s.), en insistant sur l'obligation générale de coopérer qui s'impose aux demandeurs (art. L. 531-5).

La loi de 2015 vise encore à mettre en œuvre une meilleure gestion de l'hébergement, celui-ci devenant « directif » afin de désengorger les grandes agglomérations et de garantir à chaque demandeur une solution d'hébergement. Pour la mise en œuvre de la réforme, des guichets uniques d'accueil des demandeurs d'asile ont été créés réunissant, sur un même lieu, les personnels dédiés aux activités d'enregistrement des primodemandeurs (agents des préfectures) et d'orientation et de prise en charge (agents de l'OFPRA).

Estimant que les lois de 2015 et 2016 n'avaient pas atteint l'ensemble de leurs objectifs, le législateur de 2018 a souhaité amplifier la réduction des délais des procédures d'asile en dotant les acteurs de l'asile de nouveaux outils qui permettront d'atteindre une durée moyenne de six mois d'instruction des dossiers, recours juridictionnel compris.

Les dispositions de l'ancien livre VII, consacrées à l'asile, sont désormais reprises au livre V. L'emplacement de ces dispositions en fin de code, résultat de la codification originelle, apparaissait en contradiction avec la nature même de la procédure d'asile, voie d'accès au séjour en France. Il a donc semblé logique de les déplacer afin de les faire figurer directement après le nouveau livre consacré au séjour et avant les dispositions relatives aux procédures d'éloignement. Le nouveau plan de ce livre tente de refléter autant que possible le parcours du demandeur d'asile en présentant successivement l'accès à la procédure d'asile, l'examen des demandes, le droit au maintien, les conditions d'accueil et le contenu et la fin de la protection. Par ailleurs, les dispositions applicables lorsque l'examen de la demande d'asile relève de la compétence d'un autre État dans le cadre du règlement (UE) n° 604/2013 sont rassemblées dans un titre *ad hoc* afin de mieux les autonomiser (Rapp. au Président de la République relatif à l'Ord. n° 2020-1733 du 16 déc. 2020 portant partie législative du code de l'entrée et du séjour des étrangers et du droit d'asile). ❑

TITRE I CONDITIONS D'OCTROI DE L'ASILE

Art. L. 510-1 Conformément à l'article L. 240-1, les dispositions du présent titre sont applicables à l'étranger dont la situation est régie par le livre II.

CHAPITRE I STATUT DE RÉFUGIÉ

Art. L. 511-1 La qualité de réfugié est reconnue :

1° A toute personne persécutée en raison de son action en faveur de la liberté ;

2° A toute personne sur laquelle le Haut-Commissariat des Nations unies pour les réfugiés exerce son mandat aux termes des articles 6 et 7 de son statut tel qu'adopté par l'Assemblée générale des Nations unies le 14 décembre 1950 ;

3° A toute personne qui répond aux définitions de l'article 1er de la convention de Genève du 28 juillet 1951 relative au statut des réfugiés.

Ces personnes sont régies par les dispositions applicables aux réfugiés en vertu de la convention de Genève susmentionnée. – *[Anc. art. L. 711-1.]*

COMMENTAIRE

Au sens large, l'asile peut se définir comme la protection accordée par l'État à un individu menacé par des risques pour sa vie, sa liberté ou sa sécurité. Le présent article pourrait laisser croire que la reconnaissance de la qualité de réfugié ne se fonde que sur la convention de Genève du 28 juillet 1951 relative au statut des réfugiés qui s'applique à toute personne qui, « craignant avec raison d'être persécutée du fait de sa race, de sa religion, de sa nationalité, de son appartenance à un certain groupe social ou de ses opinions politiques, se trouve hors du pays dont elle a la nationalité et qui ne peut ou, du fait de cette crainte, ne veut se réclamer de la protection de ce pays ; ou qui, si elle n'a pas de nationalité et se trouve hors du pays dans lequel elle avait sa résidence habituelle à la suite de tels événements, ne peut ou, en raison de ladite crainte, ne veut y retourner ».

Toutefois, même si l'assimilation entre bénéficiaire de l'asile et réfugié est également réalisée par la convention de Dublin relative à la détermination de l'État responsable de l'examen d'une demande d'asile, les « réfugiés » au sens de la convention de Genève ne constituent qu'une partie des bénéficiaires de l'asile. En effet, sous l'influence du Conseil constitutionnel, les fondements du droit d'asile en France se sont multipliés : à l'asile conventionnel fondé sur la convention de Genève, il convient désormais d'ajouter un asile « constitutionnel » fondé sur le Préambule de la Constitution de 1946 et un régime dit de « protection subsidiaire », consacré par la loi Sarkozy de 2003.

Préambule de 1946. Le Conseil constitutionnel avait considéré que le quatrième alinéa du Préambule de la Constitution de 1946 aux termes duquel « tout homme persécuté en raison de son action en faveur de la liberté a droit d'asile sur les territoires de la République » mettait en œuvre un droit fondamental, la loi ne pouvant en réglementer les conditions qu'en vue de le rendre plus effectif ou de le concilier avec d'autres règles ou principes de valeur constitutionnelle. Il avait ainsi censuré la disposition selon laquelle, en application de la convention de Schengen, le demandeur d'asile était dans l'impossibilité de saisir l'Office français de protection des réfugiés et apatrides (OFPRA) lorsque sa demande relevait de la compétence d'un autre État.

La mise en application des conventions de Schengen et Dublin en France allait ainsi susciter une polémique constitutionnelle ayant débouché sur la révision de la Constitution du 25 novembre 1993 : « La République peut conclure avec les États européens qui sont liés par des engagements identiques aux siens en matière d'asile et de protection des droits de l'homme et des libertés fondamentales, des accords déterminant leurs compétences respectives pour l'examen des demandes d'asile qui leur sont présentées. Toutefois, même si la demande n'entre pas dans leur compétence en vertu de ces accords, les autorités de la République ont toujours le droit de donner asile à tout étranger persécuté en raison de son action en faveur de la liberté ou qui sollicite la protection de la France pour un autre motif ». C'est en application de cette disposition que le législateur a adopté la loi du 30 décembre 1993 qui déclare l'OFPRA et la Cour nationale du droit d'asile (CNDA) incompétents pour connaître des demandes d'asile dont le traitement relève d'un autre État. L'article 53-1 ne prévoit donc qu'une simple faculté offerte à la France d'accorder l'asile à une personne dont la demande relève de la compétence d'un autre État. Cette disposition figure également à l'article 3-2 du règlement (CE) n° 343/2003 du 18 février 2003 aux termes duquel chaque État membre peut examiner une demande d'asile qui lui est présentée par un ressortissant d'un pays tiers, même si cet examen ne lui incombe pas.

S'il existe donc bien deux fondements à la qualité de réfugié, une seule procédure et un régime juridique unique fondé sur la convention de Genève sont mis en œuvre. Par suite, l'asile constitutionnel produit les mêmes effets que l'asile conventionnel. Reste que l'utilité réelle de la référence au Préambule de 1946 résidait, avant la loi n° 2003-1176 du 10 décembre 2003, dans la possibilité de prendre en considération des persécutions d'origine non étatique, ce que le droit français n'autorisait pas au titre de la convention de Genève. Les articles L. 513-2 et L. 513-3 prévoient désormais expressément cette possibilité.

En tout état de cause, l'assimilation entre la convention de Genève et le Préambule est juridiquement contestable : en effet, le Préambule ne s'applique qu'à l'homme persécuté (et non aux craintes de persécutions) et il ne prévoit qu'un seul motif de persécution (l'action en faveur de la liberté). L'asile constitutionnel a ainsi pu être reconnu à la suite de l'engagement dans un parti politique d'opposition défendant l'État de droit et la démocratie.

Européanisation du droit d'asile. Depuis le Conseil de Tampere d'octobre 1999, on assiste par ailleurs à une réelle communautarisation du droit d'asile qui s'est traduite par l'édiction de la directive 2004/83/CE du 29 avril 2004 fixant les normes minimales relatives aux conditions que doivent remplir les ressortissants des pays tiers ou les apatrides pour pouvoir prétendre au statut de réfugié (*JOUE n° L 304 du 30 sept.*), remplacée par la directive 2011/95/UE du 13 décembre 2011 et 2005/85/CE du 1er décembre 2005 (*JOUE n° L 326 du 13 déc.*) relative à des normes minimales concernant la procédure d'octroi et de retrait du statut de réfugié. Cette dernière directive a été remplacée par la directive 2013/32/UE du 26 juin 2013 relative à des procédures communes pour l'octroi et le retrait de la protection internationale (*JOUE n° L 18 du 29 juin*).

La directive de 2004 avait pour objectif, « d'une part, d'assurer que tous les États membres appliquent des critères communs pour l'identification des personnes qui ont réellement besoin de protection internationale et, d'autre part, d'assurer un niveau minimal d'avantages à ces personnes dans tous les États membres. Le rapprochement des règles relatives à la reconnaissance et au contenu du statut de réfugié et de la protection subsidiaire devrait contribuer à limiter les mouvements secondaires des demandeurs d'asile entre les États membres, dans les cas où ces mouvements sont uniquement dus aux différences qui existent entre les cadres juridiques des États membres ». Ce texte s'inscrit dans le cadre fixé par la convention de Genève tout en précisant notamment que « l'intérêt supérieur de l'enfant devrait être une considération primordiale des États membres » qui devront en particulier tenir compte des formes de persécution concernant spécifiquement les enfants. Plus généralement, « les États membres tiennent compte de la situation spécifique des personnes vulnérables telles que les mineurs, les mineurs non accompagnés, les personnes handicapées, les personnes âgées, les femmes enceintes, les parents seuls accompagnés d'enfants mineurs et les personnes qui ont subi des tortures, des viols ou d'autres formes graves de violence psychologique, physique ou sexuelle ».

Elle vise à l'adoption d'une définition commune des notions suivantes : besoins de protection apparaissant sur place ; origines des atteintes et de la protection ; protection à l'intérieur du pays et persécution, y compris les motifs de persécution. Elle met en œuvre le régime dit de « la protection subsidiaire ». Enfin, elle prévoit que les États membres peuvent adopter ou maintenir des normes plus favorables pour décider quelles sont les personnes qui remplissent les conditions d'octroi du statut de réfugié ou de personne pouvant bénéficier de la protection subsidiaire, et pour déterminer le contenu de la protection internationale, dans la mesure où ces normes sont compatibles avec la directive.

La directive de 2004 (art. 4) énumère les éléments qui doivent entrer en ligne de compte dans l'appréciation de la situation du demandeur :
– tous les faits pertinents concernant le pays d'origine au moment de statuer sur la demande, y compris les lois et règlements du pays d'origine et la manière dont ils sont appliqués ;
– les informations et documents pertinents présentés par le demandeur, y compris les informations permettant de déterminer si le demandeur a fait ou pourrait faire l'objet de persécution ou d'atteintes graves ;
– le statut individuel et la situation personnelle du demandeur, y compris des facteurs comme son passé, son sexe et son âge, pour déterminer si les actes auxquels il a été ou risque d'être exposé pourraient être considérés comme une persécution ou une atteinte grave ;
– le fait que, depuis qu'il a quitté son pays d'origine, le demandeur a ou non exercé des activités dont le seul but ou le but principal était de créer les conditions nécessaires pour présenter une demande de protection internationale, pour déterminer si ces activités l'exposeraient à une persécution ou à une atteinte grave s'il retournait dans ce pays ;
– le fait qu'il est raisonnable de penser que le demandeur pourrait se prévaloir de la protection d'un autre pays dont il pourrait revendiquer la citoyenneté ;

– le fait qu'un demandeur a déjà été persécuté ou a déjà subi des atteintes graves ou a déjà fait l'objet de menaces directes d'une telle persécution ou de telles atteintes est un indice sérieux de la crainte fondée du demandeur d'être persécuté ou du risque réel de subir des atteintes graves, sauf s'il existe de bonnes raisons de penser que cette persécution ou ces atteintes graves ne se reproduiront pas.

Un règlement (UE) n° 439/2010 du 19 mai 2010 du Parlement et du Conseil (*JOUE 29 mai*) a créé un Bureau européen d'appui en matière d'asile dans le but de faciliter, coordonner et renforcer la coopération pratique entre les États membres sur les multiples aspects de l'asile pour fournir une protection internationale effective à ceux des demandeurs qui y ont droit, et traiter correctement mais efficacement les personnes qui n'entrent dans aucun des critères de reconnaissance.

On notera que la directive 2013/32/UE voit son champ d'application s'élargir à la protection subsidiaire ; elle a pour objectif de mettre en place une procédure unique d'octroi et de retrait de la protection internationale permettant d'établir une procédure commune d'asile dans l'Union européenne. Ce texte prévoit en particulier que la procédure d'examen devra être menée à bien dans un délai de six mois, susceptible d'être prolongé de neuf mois en cas de questions complexes, d'afflux de demandeurs ou de non-respect de ses obligations par le demandeur (ce délai supplémentaire peut encore être exceptionnellement dépassé de trois mois).

La loi n° 2015-925 du 29 juillet 2015 répond à l'obligation de transposition des directives européennes du 26 juin 2013 (Dir. 2013/32/UE relative à des procédures communes pour l'octroi et le retrait de la protection internationale, dite « Procédures », et Dir. 2013/33/UE établissant des normes pour l'accueil des personnes demandant la protection internationale, dite « Accueil »). Le Défenseur des droits avait considéré que la loi n'avait pas assuré suffisamment la transposition de la directive « Accueil » (avis n°s 14-10 du 6 oct. 2014 et n° 15-05 du 1er avr. 2015) ; surtout, la Commission européenne avait engagé, le 23 septembre 2015, une procédure d'infraction à l'encontre de la France pour défaut de communication des mesures de transposition de la directive « Accueil ». Elle vise ainsi en particulier à réduire la durée d'examen des demandes d'asile et à étendre les garanties issues du droit européen à l'ensemble des demandeurs.

En 2019, 154 620 demandes d'asile (dont 34 920 enfants) ont été introduites à l'OFPRA, soit une multiplication par trois par rapport à 2010. C'est l'Afghanistan qui devient le premier pays de provenance des demandeurs d'asile. Le taux de protection par l'OFPRA s'établit à environ 24 %. En 2018, 46 700 personnes se sont vu reconnaître le statut de réfugié ou la protection subsidiaire, niveau jamais atteint jusqu'ici. ❑

1. Préamb. de la Conv. de Genève. Les stipulations du 5e al. du Préamb. de la Conv. de Genève du 28 juill. 1951 se bornent à exprimer le « vœu que tous les États, reconnaissant le caractère social et humanitaire du problème des réfugiés, fassent tout ce qui est en leur pouvoir pour éviter que ce problème devienne une cause de tension entre États » et sont dépourvues d'effet direct. • CE 5 avr. 2006, *GISTI et a.*, n° 284706 A : *RFDA 2006. 646*.

2. Conv. EDH. La Conv. EDH n'est pas applicable à une demande de reconnaissance de statut de réfugié et le droit d'asile ne figure pas au nombre des droits garantis par ladite convention. • CEDH 15 nov. 1996, *Chahal*, n° 22414/93 : *Rec. III, n° 22.* ♦ L'invocation en des termes généraux des stipulations de la Conv. de New York du 26 janv. 1990 est inopérante à l'appui d'une demande d'asile. • CNDA 5 juin 2008, *Mlle D.*, n° 580855 : *Rec. CNDA 38.*

3. Art. 2 et 3 Conv. EDH. Alors même que le demandeur de protection n'invoque pas des risques d'atteinte à sa vie ou de traitements inhumains ou dégradants, les États ont l'obligation d'examiner de façon approfondie tous les éléments dont ils ont connaissance et qui ouvrent droit à une protection ; tel est le cas en présence d'informations fondées sur un risque général bien connu, faciles à vérifier à partir d'un grand nombre de sources ; il en va de même en présence d'un risque personnel : si l'État a connaissance d'éléments propres à exposer l'étranger à des traitements contraires aux art. 2 et 3 Conv. EDH, il est tenu d'évaluer ce risque d'office. • CEDH 23 mars 2016, *F. G. c/ Suède*, n° 43611/11.

4. Asile constitutionnel (action en faveur de la liberté). Jugé que l'action terroriste contre des populations civiles ne peut être regardée comme une action en faveur de la liberté (en l'espèce, s'agissant d'un ressortissant turc d'origine kurde responsable du PKK). • CE 9 nov. 2005, *Altun*, n° 254882 A : *AJDA 2006. 269, concl. Donnat*. ♦ Requérante ayant accordé un entretien radiophonique au cours duquel elle a dénoncé les violences sexuelles exercées à l'encontre des femmes et l'impunité dont jouissaient les agresseurs. • CNDA 27 avr. 2009, n° 636561 : *Rec. CNDA 38.*

5. En revanche, justifie de la qualité de réfugié le ressortissant de nationalité algérienne, d'origine kabyle, qui a été élevé dans une famille chrétienne, a milité en 1990 au Rassemblement pour la culture et la démocratie, au sein duquel il a activement milité et exercé des responsabilités, en particulier lors de la campagne pour l'élection présidentielle de 1995 et dans l'exercice de ses fonctions au conseil communal ; après avoir reçu à maintes reprises des menaces émanant de groupes extrémistes et fondées sur son activité politique, il a fait l'objet d'une agression en janv. 1997 par des individus qui le recherchaient personnellement, suivie de nouvelles menaces qui l'ont conduit à se cacher et à quitter l'Algérie. • CRR 22 déc. 1998, *M. H.*, n° 328683. ♦ Un professeur d'histoire, prodiguant un enseignement libéral, accusé de transmettre des valeurs contraires à l'islam, ayant fait l'objet d'agressions et de menaces, doit être regardé, compte tenu de son engagement soutenu en faveur des valeurs laïques et de son combat contre le fondamentalisme religieux, comme persécuté en raison de son action en faveur de la liberté. • CNDA 18 avr. 2008, *B.*, n° 579599 : *Rec. CNDA 24.* ♦ Le requérant ne s'est pas borné à réclamer pour le bénéfice de sa seule famille l'exécution d'une décision de justice favorable, mais s'est engagé de façon générale en faveur de la reconnaissance des victimes du régime d'inspiration stalinienne d'Enver Hoxha et pour la réparation des préjudices consécutifs aux spoliations dont elles ont fait l'objet ; il a été victime, à raison de cet engagement, de persécutions imputables, sinon à l'État lui-même, du moins à des individus qui en contrôlent une partie et agissent avec ses moyens. Par suite, le requérant, dont l'engagement participe de l'objectif d'instaurer un État de droit dans son pays, doit être regardé comme persécuté en raison de son action en faveur de la liberté. • CNDA 13 mai 2008, *H.*, n° 610238 : *Rec. CNDA 22.* ♦ Même solution s'agissant de l'engagement d'une requérante haïtienne en faveur des femmes victimes de violences, en l'absence de protection des autorités. • CNDA 21 juill. 2008, *Mlle R.*, n° 622224 : *Rec. CNDA 23.* ♦ V. aussi s'agissant de la dénonciation des violences sexuelles faites aux femmes en République démocratique du Congo : • CNDA 27 avr. 2009, *Mlle N.*, n° 636561 : *Rec. CNDA 12.* ♦ Persécutions effectives par des groupes armés en raison de l'engagement personnel et associatif de la requérante, infirmière de son état, en faveur de la cause des femmes et notamment de sa lutte contre les violences faites aux femmes, sans avoir obtenu la protection des autorités de son pays. • CNDA 9 juin 2008, *Mlle J.*, n° 592772 : *Rec. CNDA 24.* ♦ Persécutions en raison d'un engagement politique ayant eu pour but l'établissement d'un régime de souveraineté populaire propre à garantir les droits et libertés fondamentaux des populations du Kosovo et s'étant par ailleurs accompagné d'actions à caractère sanitaire et social destinées à alléger les souffrances de ces mêmes populations. • CNDA 26 févr. 2009, *H.*, n° 623367 : *Rec. CNDA 10.* ♦ Femme victime de violences et menacée de mort en raison de son engagement associatif au sein de l'organisation non gouvernementale Proshika. • CNDA 27 oct. 2009, n° 646616/09005419 : *Rec. CNDA 37.* ♦ Tchétchène ayant facilité le travail de journalistes étrangers entrés clandestinement en Tchétchénie pour rendre compte du conflit. • CNDA 2 juill. 2009, n° 629612/08010080 : *Rec. CNDA 37.*

6. Doit être considérée comme réfugiée au sens du droit français une personne s'étant vu reconnaître par un État partie à la Conv. de Genève la qualité de réfugié sur son fondement ; en revanche, une personne reconnue comme réfugiée sur le fondement d'une autre convention internationale, comme celle de l'Organisation de l'unité africaine, ou placée par l'AG de l'ONU sous mandat du HCR, n'est pas, de ce seul fait, un réfugié au sens et pour l'application des stipulations de la Conv. de Genève. La France doit alors examiner la demande d'asile sans que la circonstance que l'intéressé soit susceptible de séjourner normalement dans un pays tiers dispense de cet examen. • CE 12 mars 2014, *OFPRA*, n° 345188 B : *AJDA 2014. 590.*

7. Mandat HCR (art. 6 et 7 du statut du 14 déc. 1950). Les dispositions du présent art. imposent à l'OFPRA de reconnaître la qualité de réfugié à toute personne placée sous le mandat du HCR en application des art. 6 et 7 de son statut. Cependant, lorsque l'OFPRA a accordé le statut de réfugié à une telle personne, elles ne font pas obstacle à ce qu'il décide ultérieurement de mettre fin à ce statut en application des dispositions de l'art. L. 711-4 [devenu art. L. 511-8], sans que l'intéressé puisse alors utilement se prévaloir du mandat du HCR. L'OFPRA ne peut toutefois procéder ainsi que si des éléments nouveaux intervenus ou révélés postérieurement à sa décision d'octroi du statut le justifient. • CE 21 janv. 2021, n° 428146 B : *AJDA 2021. 185.*

8. La CNDA avait déjà jugé que les personnes placées sous mandat du HCR au titre des art. 6 et 7 de son statut qui, à la date de leur demande d'asile en France, ont déjà été reconnues réfugiées par un autre État membre de l'UE au titre de la Conv. de Genève ne peuvent se prévaloir de la protection de la France en vertu du présent art. sur le fondement du mandat du HCR. • CNDA 18 déc. 2018, n° 18029949.

9. L'obligation imposée à l'OFPRA par le présent art. ne vaut qu'en présence d'un « mandat strict » exercé par le HCR, c'est-à-dire en application de l'art. 6, A, *ii)*, de son statut tel qu'adopté par l'AGNU le 14 déc. 1950. En l'espèce, bien que l'UNHCR ait considéré que les intéressés satisfaisaient aux critères de l'art. 1er, A, 2, de la Conv. de Genève et qu'ils pouvaient à ce titre, être admis au programme de réinstallation, cette seule admission ne saurait être considérée comme un placement sous le mandat du HCR. Il ressort en effet du manuel de réinstallation du HCR, publié en mars 2014 et révisé en nov. 2018, qu'il existe 2 types de procédures de réinstallation : la réinstallation au sens strict, sur dossier, qui permet le transfert automatique par l'OFPRA de la protection conventionnelle accordée par le HCR en application de l'art. 6, A, *ii)*, et la réinstallation de personnes dont le statut est déterminé par l'OFPRA au cours de « missions de sélection » au titre du programme d'assistance humanitaire et qui se voient accorder le statut de réfugié ou le bénéfice de la protection subsidiaire dès leur arrivée en France. • CNDA 21 déc. 2021, nos 19014405, 19014406, 19014407 et 19014408.

Art. L. 511-2 Les actes de persécution et les motifs de persécution, au sens de la section A de l'article 1er de la convention de Genève du 28 juillet 1951, sont appréciés dans les conditions prévues aux paragraphes 1 et 2 de l'article 9 et au paragraphe 1 de l'article 10 de la directive 2011/95/UE du Parlement européen et du Conseil, du 13 décembre 2011, concernant les normes relatives aux conditions que doivent remplir les ressortissants des pays tiers ou les apatrides pour pouvoir bénéficier d'une protection internationale, à un statut uniforme pour les réfugiés ou les personnes pouvant bénéficier de la protection subsidiaire, et au contenu de cette protection. – *[Anc. art. L. 711-2, al. 1er.]*

COMMENTAIRE

Au-delà des règles générales, tirées notamment du caractère personnel des persécutions et de l'attitude des autorités publiques du pays de nationalité (I), la convention de Genève fixe les critères de reconnaissance qui laissent place à une certaine marge d'interprétation (II).

I. RÈGLES GÉNÉRALES

La décision par laquelle est reconnue la qualité de réfugié présente un caractère déclaratif, rétroagit à la date d'entrée en France de l'intéressé et régularise, le cas échéant, les conditions de son entrée. Ceci fonde l'application des principes d'immunité pénale (Conv. de Genève, art. 31) et de non-refoulement (Conv. de Genève, art. 33).

La qualité de réfugié sera reconnue de plein droit à toute personne sur laquelle le Haut Commissariat des Nations unies pour les réfugiés (Résol. n° 428 du 14 déc. 1950 de l'AG des Nations unies) exerce son mandat ; la protection ne cesse que dans la mesure où l'intéressé s'est volontairement réclamé de la protection du pays dont il a la nationalité en y séjournant. En application de l'article 21 de la directive 2005/85/CE du 1er décembre 2005 relative aux normes minimales concernant la procédure d'octroi et de retrait du statut de réfugié, refondue par directive 2013/32/UE du 26 juin 2013 relative à des procédures communes pour l'octroi et le retrait de la protection internationale (*JOUE 29 juin*), les États doivent autoriser le Haut Commissariat aux réfugiés à accéder aux demandeurs d'asile, y compris ceux placés en rétention administrative ou dans des zones d'attente, et aux informations concernant chaque demande, l'état d'avancement de la procédure et les décisions susceptibles d'intervenir.

La persécution alléguée par le demandeur doit en principe présenter un caractère personnel. Par suite, lorsque le risque concerne la population dans son ensemble, le statut de réfugié ne pourra être reconnu. La jurisprudence a toutefois admis que des persécutions subies par des membres de la famille du demandeur pouvaient constituer des éléments de nature à permettre l'obtention du statut de réfugié.

Pour que la qualité de réfugié soit reconnue à un demandeur, il doit exister un lien entre l'un des motifs de persécution qu'il allègue et les actes de persécution ou l'absence de protection contre de tels actes (art. L. 511-4).

Par ailleurs, le réfugié ne doit pas pouvoir se réclamer de la protection des autorités de son pays d'origine.

La directive 2011/95/UE du 13 décembre 2011 (art. 5, 1) précise que le besoin de protection peut résulter d'événements ayant eu lieu depuis le départ du demandeur de son pays d'origine. Les acteurs des persécutions ou des menaces graves peuvent être l'État, des partis ou organisations qui contrôlent l'État ou une partie importante du territoire de celui-ci, ainsi que des acteurs non étatiques, s'il peut être démontré que l'État, les partis ou organisations qui le contrôlent et les organisations internationales ne peuvent pas ou ne veulent pas accorder une protection (Dir. 2011/95/UE, art. 6).

Les acteurs de la protection peuvent être aussi bien l'État que des partis ou organisations, y compris des organisations internationales, qui contrôlent l'État ou une partie importante du territoire de celui-ci. La protection doit être effective et non temporaire (Dir. 2011/95/UE, art. 7).

Pour ouvrir droit à la reconnaissance de la qualité de réfugié, les actes de persécution doivent présenter une certaine gravité, du fait de leur nature ou de leur répétition, pour constituer une violation grave des droits fondamentaux (V. les ex. fournis à l'art. 9, pt 2, de la Dir.). S'agissant des craintes de persécution fondées sur la race, la religion, la nationalité ou les opinions politiques, la directive (art. 10, 2) précise qu'il est indifférent que le demandeur possède effectivement la caractéristique liée à la race, à la religion, à la nationalité, à l'appartenance à un certain groupe social ou aux opinions politiques à l'origine de la persécution pour autant que cette caractéristique lui soit attribuée par l'agent de persécution.

II. CRITÈRES DE RECONNAISSANCE DE LA QUALITÉ DE RÉFUGIÉ

La convention de Genève stipule que la qualité de réfugié sera reconnue à toute personne qui, craignant avec raison d'être persécutée du fait de sa race, de sa religion, de sa nationalité (art. 1er), de son appartenance à un certain groupe social (art. 2) ou de ses opinions politiques (art. 3), se trouve hors du pays dont elle a la nationalité et qui ne peut ou, du fait de cette crainte, ne veut se réclamer de la protection de ce pays, ou qui, si elle n'a pas de nationalité et se trouve hors du pays dans lequel elle avait sa résidence habituelle à la suite de tels événements, ne peut ou, en raison de ladite crainte, ne veut y retourner. Il est par conséquent important de souligner que ce sont bien toujours deux éléments de fond qui doivent être réunis : l'existence de craintes de persécutions d'une part et les motifs de celle-ci d'autre part.

L'article L. 511-2, tel qu'issu de la loi du 29 juillet 2015, indique expressément les stipulations de la convention de Genève dans les conditions prévues aux paragraphes 1er et 2 de l'article 9 et au paragraphe 1er de l'article 10 de la directive 2011/95/UE du Parlement européen et du Conseil du 13 décembre 2011, concernant les normes relatives aux conditions que doivent remplir les ressortissants des pays tiers ou les apatrides pour pouvoir bénéficier d'une protection internationale, à un statut uniforme pour les réfugiés ou les personnes pouvant bénéficier de la protection subsidiaire, et au contenu de cette protection. La loi prend soin ainsi de préciser qu'il convient de prendre en considération des aspects liés au genre et à l'orientation sexuelle au titre du motif d'appartenance à un groupe social ou de l'identification d'une caractéristique d'un tel groupe. Par ailleurs, l'imputation de l'élément qui fonde la persécution suffit, que le réfugié ait effectivement, ou non, la caractéristique en cause.

A. CRAINTES DU FAIT DE LA RACE OU DE LA NATIONALITÉ

La directive 2011/95/UE (art. 10) a apporté un certain nombre de précisions :

– la notion de race recouvre, en particulier, des considérations de couleur, d'ascendance ou d'appartenance à un certain groupe ethnique ;

– la notion de religion recouvre, en particulier, le fait d'avoir des convictions théistes, non théistes ou athées, la participation à des cérémonies de culte privées ou publiques, seul ou en communauté, ou le fait de ne pas y participer, les autres actes religieux ou expressions d'opinions religieuses, et les formes de comportement personnel ou communautaire fondées sur des croyances religieuses ou imposées par ces croyances ;

– la notion de nationalité ne se limite pas à la citoyenneté ou à l'inexistence de celle-ci, mais recouvre, en particulier, l'appartenance à un groupe soudé par son identité culturelle, ethnique ou linguistique, ses origines géographiques ou politiques communes, ou sa relation avec la population d'un autre État.

B. APPARTENANCE À UN CERTAIN GROUPE SOCIAL

Le « groupe social » a pu être défini comme « un ensemble d'individus dénués de liens et de structures collectives que seuls rapprochent des caractéristiques communes inhérentes à la personne elle-même, qui peuvent tenir au passé, au mode de vie ou au statut social. La seule condition est que ce groupe ait une existence sociale, c'est-à-dire qu'il soit perçu et reconnu par la société comme un ensemble spécifique » (concl. Combrexelle sur CE 23 juin 1997, *Ourbih*, n° 171858 : *Dr. adm. 1997. Comm. 286*). Selon le Haut Commissariat des Nations unies aux réfugiés, le groupe social est « un groupe de personnes qui partagent une caractéristique commune autre que le risque d'être persécutées, ou qui sont perçues comme un groupe par la société. Cette caractéristique sera souvent innée, immuable, ou par ailleurs fondamentale pour l'identité, la conscience ou l'exercice des droits humains (...). L'appartenance à un tel groupe est un fait social objectif qui ne dépend pas de la manifestation par ses membres ou, s'ils ne sont pas en en mesure de le faire, par leurs proches, de leur appartenance à ce groupe » (HCR, Principes directeurs sur la protection internationale n° 2 : « L'appartenance à un certain groupe social », dans le cadre de l'art. 1er, A, (2), de la Conv. de 1951 et/ou son Prot. de 1967 relatifs au statut des réfugiés, § 11).

La directive 2011/95/UE (art. 10, 1, d) a déterminé un certain nombre d'indices permettant d'identifier un groupe social :

– ses membres partagent une caractéristique innée ou une histoire commune qui ne peut être modifiée, ou encore une caractéristique ou une croyance à ce point essentielle pour l'identité ou la conscience qu'il ne devrait pas être exigé d'une personne qu'elle y renonce ;

– et ce groupe a son identité propre dans le pays en question parce qu'il est perçu comme étant différent par la société environnante.

En fonction des conditions qui prévalent dans le pays d'origine, un groupe social spécifique peut être un groupe dont les membres ont pour caractéristique commune une orientation sexuelle. L'orientation sexuelle ne peut pas s'entendre comme comprenant des actes réputés délictueux d'après la législation nationale des États membres. Les aspects liés à l'égalité entre les hommes et les femmes pourraient être pris en considération, sans pour autant constituer en soi une présomption d'applicabilité du présent article.

L'article L. 511-3 indique spécifiquement que, s'agissant des motifs de persécution, les aspects liés au sexe, à l'identité de genre et à l'orientation sexuelle sont pris en considération aux fins de la reconnaissance de l'appartenance à un certain groupe social ou de l'identification d'une caractéristique d'un tel groupe.

C'est ainsi sur le fondement de l'appartenance à un groupe social que la qualité de réfugié peut être accordée à des personnes qui refusent la pratique de l'excision pour elles-mêmes ou pour les enfants mineures. En effet, l'excision « peut être assimilée à une persécution lorsque, d'une part, elle correspond à une exigence encouragée ou volontairement tolérée par les autorités publiques et, d'autre part, lorsqu'elle est imposée aux femmes contre leur volonté » (Rép. min. n° 39995 : *JOAN Q 20 mars 2000 p. 1869*). La prise en considération de ces risques se combine avec l'attribution éventuelle de la protection subsidiaire (V. *infra*, notes ss. art. L. 512-1) et la jurisprudence applicable en matière de fixation du pays de destination en cas de mesure d'éloignement (V. *supra*, notes ss. art. L. 721-4).

C. CRAINTE DU FAIT DES OPINIONS POLITIQUES

Selon la directive 2011/95/UE (art. 10, 1, e), la notion d'opinions politiques recouvre, en particulier, les opinions, les idées ou les croyances dans un domaine lié aux acteurs de la persécution potentiels visés à l'article 6, ainsi qu'à leurs politiques et à leurs méthodes, que ces opinions, idées ou croyances se soient ou non traduites par des actes de la part du demandeur.

Cet élément est fréquemment invoqué par des personnes poursuivies dans leur pays pour avoir commis des crimes et délits, présentés comme justifiés par leur combat politique. La jurisprudence sur ce point est relativement restrictive et semble réaliser un contrôle de proportionnalité entre la gravité des infractions reprochées au demandeur et la reconnaissance du statut de réfugié.

Il revient ainsi d'apporter la preuve du mobile politique qui peut caractériser ces actes, mobile qui doit entraîner les persécutions.

D. PRINCIPE D'UNITÉ DE FAMILLE

Même si la convention de Genève ne peut être conçue directement comme un instrument de protection des droits fondamentaux, elle ne peut être lue et appliquée isolément des autres instruments internationaux. Par conséquent, le droit applicable aux réfugiés ne peut rester indifférent au droit de chacun à mener une vie familiale normale.

C'est ainsi en application d'un principe général du droit applicable aux réfugiés que la qualité de réfugié doit être reconnue au conjoint (et à la personne ayant une liaison suffisamment stable et continue avec le réfugié pour former avec lui une famille) et aux enfants mineurs de ce réfugié. L'application de ce principe a été étendue à un ascendant incapable, dépendant matériellement et moralement d'un réfugié.

La directive 2011/95/UE, sans reprendre explicitement le principe d'unité de famille, indique que la protection doit être étendue aux membres de la famille dans la mesure où la famille était déjà fondée dans le pays d'origine : conjoint ou partenaire engagé dans une relation stable ; enfants mineurs non mariés (légitimes, nés hors mariage ou adoptés) ; ascendants dont le bénéficiaire de protection est responsable. La directive ajoute qu'il est nécessaire d'élargir la notion de « membres de la famille » compte tenu des différentes situations individuelles de dépendance et de l'attention particulière à accorder à l'intérêt supérieur de l'enfant.

En revanche, le principe d'unité de famille ne s'applique pas aux bénéficiaires de la protection subsidiaire et c'est sur le fondement de l'article L. 424-11 que les membres de la famille du bénéficiaire pourront obtenir une carte de séjour « vie privée et familiale ».

La loi du 29 juillet 2015 a consacré un droit à la réunification familiale prenant en considération l'intérêt supérieur de l'enfant (art. L. 561-2 à L. 561-5). ❑

Plan des annotations

I. RÈGLES GÉNÉRALES

A. CARACTÈRE RECOGNITIF DE LA RECONNAISSANCE

1. La décision de reconnaissance de la qualité de réfugié rétroagit à la date de l'entrée en France de l'étranger et régularise ainsi sa situation s'il avait pénétré irrégulièrement sur le territoire français. • CE 27 mai 1977, *Pagaoga Gallastegui,* n° 04293 A : *AJDA 1977. 488, chron. Nauwelers et Dutheillet de Lamothe ; Rev. adm. 1977. 481, note Moderne* • CE, ass., 15 févr. 1980, *Gabor Winter,* n° 17224 : *Lebon 87* • 22 janv. 1993, *Mamoka,* n° 126115 A : *AJDA 1993. 376, note Haïm* • Crim. 11 mars 2020, n° 19-81.541 P : *D. 2020. 542*. ♦ Par suite, une telle reconnaissance rend sans objet un recours antérieur formé contre un refus de titre de séjour. • CAA Nancy, 7 mai 2014, *Préfet du Bas-Rhin,* n° 13NC01501 : *AJDA 2014. 1804*. ♦ Dès lors que la reconnaissance de la qualité de réfugié présente un caractère recognitif, il est possible de s'en prévaloir pour contester la légalité d'une décision administrative prise antérieurement à son intervention. • CAA Nancy, 10 nov. 2010, *M. Chikhaoui,* n° 10NC00021. ♦ Les faits invoqués doivent par conséquent être actuels et il est notamment tenu compte de l'évolution de la situation politique d'un pays pour conclure à l'absence de risque de persécutions. • CE 16 mars 1988, *Mlle Mondragon Zabala,* n° 75410. ♦ En revanche, le caractère recognitif de la reconnaissance de la qualité de réfugié n'ouvre pas droit à indemnisation du réfugié en cas de reconnaissance par la CNDA après refus par l'OFPRA ; la Cour apprécie en effet les faits à la date à laquelle elle statue, au vu du dossier qui lui est présenté et compte tenu des débats qui se déroulent à l'audience organisée devant elle. • CAA Nancy, 8 févr. 2018, n° 17NC00855.

2. Le caractère recognitif du statut de réfugié ne confère rétroactivement les droits attachés à ce statut qu'à la date d'arrivée de l'intéressé sur le territoire français. Cet effet recognitif ne saurait, en conséquence, ouvrir de droits au titre d'événements survenus antérieurement à cette date, s'agissant en l'espèce du bénéfice d'une pension d'invalidité en raison de violences subies avant l'entrée en France. • CAA Lyon, 13 juill. 2022, n° 21LY03885.

3. La reconnaissance de la qualité de réfugié ayant un caractère recognitif, une décision d'éloignement prise antérieurement à l'attribution de cette reconnaissance doit être annulée ; cette annulation implique que le préfet mette fin aux mesures de surveillance de l'étranger et qu'il lui délivre une autorisation provisoire de séjour dans l'attente du réexamen de sa situation. • CAA Lyon 21 janv. 2021, n° 19LY03436.

4. Principe de non-refoulement. La protection contre le refoulement (Conv. de Genève, art. 33) n'est susceptible d'être invoquée que tant qu'il n'a pas été statué par une décision passée en force de chose jugée sur le statut de réfugié ; cela vaut alors même que, le délai de pourvoi en cassation n'étant pas encore expiré, la décision de la CNDA n'était pas encore irrévocable. • CAA Nantes, 4 oct. 2018, n° 18NT00423 : *AJDA 2019. 210*. ♦ En application du principe de non-refoulement, un réfugié bénéficiaire d'une protection internationale accordée par un autre État membre de l'UE ne peut se voir appliquer la Dir. 2008/115/CE du 16 déc. 2008 relative aux normes et procédures communes applicables dans les États membres au retour des ressortissants de pays tiers en séjour irrégulier, dite « directive Retour » dans l'hypothèse où il est en situation irrégulière sur le territoire d'un autre État membre. • CJUE 24 févr. 2021, n° C-673/19. ♦ Si le droit de demeurer sur le territoire ne constitue pas un droit à un titre de séjour, « il ressort néanmoins, notamment, du consid. 9 de la Dir. 2008/115 que ledit droit fait obstacle à ce que le séjour d'un demandeur de protection internationale soit qualifié d'"irrégulier", au sens de cette directive, pendant la période courant de l'introduction de sa demande de protection internationale jusqu'à l'adoption de la décision de premier ressort statuant sur celle-ci ». Par suite, les dispositions de la directive « s'opposent à l'adoption d'une décision de retour [...] à l'égard d'un ressortissant de pays tiers après l'introduction par celui-ci d'une demande de protection internationale » avant qu'il « n'ait été statué en premier ressort sur cette demande, [...] quelle que soit la période de séjour visée dans ladite décision de retour. • CJUE 9 nov. 2023, n° C-257/22 : *DP étrangers, Bull. n°s 337-338, nov.-déc. 2023, note Pouly.*

B. DEMANDEUR BÉNÉFICIANT DÉJÀ D'UNE PROTECTION

5. Demandeur déjà reconnu réfugié. Il résulte des stipulations de la Conv. de Genève qu'une personne qui s'est vu reconnaître le statut de réfugié dans un autre État ne saurait, en principe et sans avoir été préalablement admise au séjour, solliciter des autorités françaises que lui soit accordé le bénéfice du statut de réfugié en France ; en revanche, s'il est établi que la protection du réfugié n'est plus effectivement assurée dans son pays d'accueil, il doit être regardé « comme sollicitant pour la première fois la reconnaissance du statut de réfugié ». • CE 13 nov. 2013, *La Cimade et M. Oumarov*, n° 5349735 A : *AJDA 2013. 2229 ; ibid. 2427, chron. Bretonneau et Lessi ; RFDA 2014. 67, concl. Crépey*. ♦ Lorsqu'un demandeur d'asile a déjà obtenu la qualité de réfugié, une autre demande sous une autre identité devient sans objet, ce qui permet à l'OFPRA de retirer son enregistrement. • CE 26 nov. 2018, n° 414741.

6. Il est toutefois loisible à cette personne, dans le cas où elle a été préalablement admise au séjour en France dans le cadre des procédures de droit commun applicables aux étrangers, de demander à ce que l'OFPRA exerce à son égard la protection qui s'attache au statut de réfugié ; en l'absence de dispositions spéciales organisant un tel transfert, une telle demande doit être présentée dans les formes et selon les règles procédurales applicables aux demandes d'asile. • CE 18 juin 2018, n° 415335 A : *AJDA 2018. 1247*.

7. L'autorité compétente en matière d'extradition de l'État membre requis ne saurait autoriser l'extradition d'un ressortissant de pays tiers s'étant vu reconnaître le statut de réfugié par un autre État membre vers ce pays tiers lorsqu'une telle extradition méconnaîtrait le principe de non-refoulement. Mais les États membres ne sont pas tenus de reconnaître de manière automatique les décisions d'octroi du statut de réfugié adoptées par un autre État membre. • CJUE 18 juin 2024, n° C-753/22 : *AJDA 2024. 1247*.

8. Lorsqu'un demandeur déjà reconnu réfugié par un État partie à la Conv. de Genève sollicite le réexamen de sa demande d'asile, il peut faire valoir tout élément de preuve nouveau de nature à établir que l'État de refuge a mis fin à ce statut ou que la protection à laquelle l'intéressé a conventionnellement droit sur le territoire de cet État n'y est plus assurée. • CE 26 janv. 2018, n° 391111.

9. Demandeur bénéficiant de la protection subsidiaire accordée par un autre État membre. Lorsqu'une personne s'est vu reconnaître le bénéfice de la protection subsidiaire par un État membre de l'UE, elle ne peut plus normalement, aussi longtemps que le bénéfice de cette protection lui est maintenu et effectivement garanti, revendiquer auprès d'un autre État membre le bénéfice d'une protection conventionnelle ou subsidiaire ; toutefois, dès lors que l'intéressé a été admis au séjour par cet État, il lui est toujours loisible d'y déposer une demande d'asile. En France, il revient ainsi à l'OFPRA d'examiner si, au regard des persécutions invoquées par le demandeur, celui-ci est fondé à demander le bénéfice de l'asile conventionnel et, à défaut, de la protection subsidiaire. • CE 17 juin 2015, *OFPRA*, n° 369021 B : *AJDA 2015. 1242* • CJUE 19 mars 2019, *Ibrahim*, n° C-297/17 : *AJDA 2019. 605*. ♦ Le fait, pour un bénéficiaire de la protection subsidiaire accordée par un autre État membre, de retourner temporairement dans son pays d'origine ne peut s'assimiler à une renonciation à ladite protection dès lors que les autorités de l'État membre concerné n'ont pas retiré cette protection et que le droit de cet État ne prévoit pas qu'un tel comportement puisse s'assimiler à une renonciation. • CE 25 mai 2022, n° 451863 B : *AJDA 2022. 1128*. ♦ Saisie d'une demande de réexamen présentée par des personnes bénéficiaires de la protection subsidiaire accordée par un autre État membre, la CNDA ne peut se borner à relever que les intéressés n'apportaient aucun élément ou fait nouveau justifiant de la cessation de la protection subsidiaire qui leur avait été accordée en Espagne, ou démontrant son caractère ineffectif ; il lui appartient en effet d'examiner si, au regard des persécutions dont la personne établit qu'elle serait, à la date de sa demande, menacée dans le pays dont elle a la nationalité, elle est fondée à demander le bénéfice de l'asile conventionnel. • CE 25 janv. 2023, n° 460094 : *AJDA 2023. 154*.

10. La protection dite « *tolerated stay* » octroyée par la Pologne à une ressortissante russe, en vertu de dispositions nationales spécifiques et en dehors du régime d'asile européen commun, n'est pas une protection internationale et ne présente, par conséquent, aucune incidence sur l'examen par la France de la demande de protection internationale de l'intéressée, contrairement au cas où le demandeur d'asile, qui s'est préalablement vu reconnaître une protection internationale par un État membre de l'UE, doit d'abord établir l'ineffectivité de cette protection. • CNDA 3 avr. 2018, n° 15033491.

C. CARACTÈRE PERSONNEL DU RISQUE ENCOURU

11. Principes. Le risque de persécution doit en principe (sous réserve de l'appartenance à un « groupe social ») être personnel au demandeur ; tel n'est pas le cas par ex. d'une campagne généralisée de stérilisation. • CE 29 déc. 1993, *Mme Cheng*, n° 103545 : *Dr. adm. 1994. Comm. 35.* ♦ Dès lors, l'existence d'un climat général d'insécurité ne peut suffire à établir la qualité de réfugié. • CE 12 mai 1997, *Mlle Strbo*, n° 154321 A. ♦ Des craintes liées à la situation générale dans un pays, en l'espèce la législation sur le contrôle des naissances en Chine, peuvent être écartées en l'absence de persécution ou de crainte de persécution personnelle fondée sur l'un des motifs tirés de la conv. de Genève. • CRR 8 juin 1993, *Zhang*, n° 228044 • CE 29 déc. 1993, *Mme Cheng*, n° 103546 • 19 janv. 1994, *M. G.*, n° 104206.

12. La même solution s'applique lorsque le demandeur n'invoque que son appartenance à une « minorité ». • CE 26 juill. 1982, *Açko*, n° 38663 • 4 mai 1983, *Yako*, n° 42075.

13. Par ailleurs, la CNDA ne peut se contenter de faire état de changements dans la situation politique du pays concerné pour conclure à l'absence de persécution sans examiner les risques personnels invoqués par le demandeur. • CE 11 mai 1994, *Neascu*, n° 123140.

14. Membres de la famille. Reste que le juge a admis que des persécutions subies par des membres de la famille du demandeur pouvaient venir au soutien de la reconnaissance du statut de réfugié. • CE 10 juill. 1996, *Ranamukage*, n° 167955 • CNDA 7 avr. 2009, n° 624156 : *Rec. CNDA 48.* ♦ Encore faut-il que la requérante fasse état d'un engagement politique personnel et ne se contente pas d'alléguer des liens familiaux avec des personnalités de l'ancien régime persécutées. • CNDA 9 oct. 2009, n° 09007521/702111 : *Rec. CNDA 29.* ♦ Dès lors que la requérante ne s'est pas bornée à se prévaloir des risques encourus par son mari à qui le statut de réfugié a été refusé et qu'elle invoque des risques personnels de persécutions, la CNDA a dénaturé les écritures de la requérante en retenant une motivation se référant uniquement aux circonstances alléguées par le conjoint. • CE 30 sept. 2009, *Mme R.*, n° 310742 : *Rec. CNDA 15.*

15. Il importe « de tenir compte de telles menaces pesant sur un membre de la famille du demandeur afin de déterminer si le demandeur est, à cause de son lien familial avec ladite personne menacée, lui-même exposé à des menaces » en cas de retour dans le pays d'origine. • CJUE 4 oct. 2018, n° C-652/16.

16. Selon la CJUE, lorsque les autorités en charge de l'asile sont saisies de demandes émanant de plusieurs membres d'une même famille, le droit de l'Union exige un examen individuel de chaque demande, même si des procédures spécifiques peuvent permettre de gérer la connexité des demandes ; en tout état de cause, les autorités en charge de l'asile n'ont pas le droit de suspendre l'examen d'une des demandes « jusqu'à la clôture de la procédure d'examen relative à une autre de ces demandes ». • CJUE 4 oct. 2018, n° C-652/16.

17. Lorsque les recours des membres d'une même famille sont enregistrés ou enrôlés à des dates différentes, la CNDA n'est pas tenue de les joindre ni de consulter les pièces de l'ensemble des dossiers si le requérant est en mesure de les produire lui-même. • CE 4 oct. 2019, n° 417954.

18. Mineur. A défaut de disposition en ce sens de la Conv. de Genève, le Conseil d'État a admis qu'un mineur pouvait se voir reconnaître la qualité de réfugié. • CE 9 juill. 1997, *Kang*, n° 145518 : *Dr. adm. 1997. Comm. 285.* ♦ Dans le cas où le demandeur de protection est mineur et que le ou les parents qui pourvoient à son entretien et à son éducation sont dans une « impossibilité avérée » de séjourner dans le pays en cause, il a une « raison valable de ne pouvoir se prévaloir de la protection des autorités du pays dont il a la nationalité ». • CE 13 mars 2020, n° 426701.

19. Proches. Lorsqu'un demandeur d'asile lie ses craintes à celles de proches bénéficiaires d'une protection en France, la CNDA ne peut, sauf à commettre une erreur de droit, rejeter sa demande sans avoir demandé la communication des dossiers de ces personnes « dont le contenu était [...] nécessaire à la résolution du litige qui lui était soumis ». • CE 1er févr. 2019, n° 417156.

D. CARACTÈRE ACTUEL DE LA CRAINTE OU DE LA MENACE

20. Pour ouvrir droit à protection, la crainte ou la menace dont fait état le requérant doit être actuelle. • CNDA 9 nov. 2009, n° 07015639/612147 : *Rec. CNDA 31.* ♦ Si les faits sont établis mais trop anciens, la Cour constatera l'absence de craintes actuelles et personnelles. • CNDA 18 déc. 2009, n° 702062/09007473 : *Rec. CNDA 32.* ♦ Toutefois, l'exceptionnelle gravité des persécutions subies peut justifier la reconnaissance de la qualité de réfugié alors même que les craintes ne sont plus actuelles ; par ex., alors même que le conflit entre l'Éthiopie et l'Érythrée a pris fin, l'exceptionnelle gravité des persécutions subies par la requérante justifie son refus de retourner dans son pays d'origine et de se réclamer de la protection des autorités érythréennes. • CNDA 5 juin 2009, n° 635566 : *Rec. CNDA 34.* ♦ Même solution pour une requérante de nationalité arménienne d'origine azérie par son père, qui a subi des persécutions en Arménie liées à cette origine. • CNDA 30 avr. 2009, n° 622230 : *Rec. CNDA 35.*

21. Si les craintes actuelles de M. C. en cas de retour dans son pays de nationalité ne sont pas apparues fondées au regard du long temps écoulé depuis son départ comme des changements de circonstances politiques importants survenus depuis lors, la Cour a toutefois considéré que l'enrôlement de M. C. au sein du LURD alors qu'il était âgé de 12 ans devait être regardé comme un crime de guerre constitutif de persécutions et que ces persécutions, eu égard à leur exceptionnelle gravité, pouvaient justifier le refus de l'intéressé de se réclamer, encore aujourd'hui, de la protection des actuelles autorités libériennes. Il a été notamment tenu compte de l'intensité et de la permanence des séquelles psychiques qu'il conserve, ainsi qu'en attestent les certificats médicaux versés au dossier. Par ailleurs, la Cour a jugé que l'intéressé ne saurait être tenu pour responsable des exactions qu'il a commises en tant qu'enfant soldat, compte tenu de son très jeune âge au moment des faits, de son extrême vulnérabilité résultant notamment de la disparition des membres de sa famille dans des conditions sordides et de l'emprise physique et psychologique exercée par les autres membres du groupe. • CNDA 4 oct. 2021, n° 21019250.

22. Abstention des autorités publiques. L'existence d'un risque de persécutions ne suffit pas à établir la qualité de réfugié ; encore faut-il que les autorités du pays considéré refusent leur protection. • CE 24 févr. 1999, *Aït Mohamed,* n° 181755.

23. Gravité des faits. Pour recevoir le qualificatif de « persécutions », les faits invoqués doivent présenter un certain caractère de gravité ; tel n'est pas le cas de simples mesures de surveillance policière. • CRR 9 déc. 1988, *Xu,* n° 83739. ♦ ... De brutalités policières intervenues après des manifestations. • CRR 18 janv. 1988, *Jeganathan Theiventhiram,* n° 54020. ♦ ... D'une garde à vue de courte durée. • CRR 9 juin 1994, *Lisman,* n° 260523. ♦ ... De simples brimades ou discriminations. • CRR 11 févr. 2003, *M. D.,* n° 411604. ♦ ... De la mise en œuvre de mesures particulières de contrôle à l'aéroport de Colombo permettant d'identifier les demandeurs d'asile déboutés. • CNDA 5 nov. 2009, n° 617408/07020561 : *Rec. CNDA 26.* ♦ ... De la perte d'avantages en nature liés aux fonctions du père, reconnu réfugié en France. • CNDA 9 sept. 2009, n° 644213/09003039 : *Rec. CNDA 27.* ♦ ... D'intimidations subies par le requérant, inquiété par les autorités en raison de sa participation à la campagne d'une candidate indépendante lors d'élections législatives. • CNDA 31 juill. 2009, n° 634423/08014892 : *Rec. CNDA 27.*

24. Le degré de gravité a, en revanche, été considéré comme suffisant dans l'hypothèse d'un internement prolongé. • CRR 22 oct. 1990, *Straravecka,* n° 140222. ♦ Même solution en cas de déportation. • CRR 2 déc. 1988, *Eav,* n° 42776. ♦ La crainte de persécutions peut encore résulter de poursuites judiciaires liées aux activités politiques de l'intéressé. • CRR 6 avr. 2005, *Z.,* n° 436054 : *Rec. 2005. 28.* ♦ Même solution s'agissant de complications administratives. • CRR 6 juill. 2005, *Mlle U.,* n° 462716 : *Rec. 2005. 33.*

E. ÉTAT DE NATIONALITÉ

25. Le statut de réfugié permet d'obtenir une protection contre l'État de nationalité ; aussi, en déduisant de la nationalité russe du requérant que les craintes de persécutions liées au comportement des autorités lettonnes n'entraient pas dans le champ d'application des stipulations de la Conv. de Genève comme ne reposant pas sur les actes d'autorités du pays dont l'intéressé a la nationalité, la CRR n'a pas commis d'erreur de droit. • CE 6 janv. 1999, *M. I.,* n° 181624. ♦ Le titre de réfugié ne peut être accordé qu'à une personne contrainte de renoncer à se prévaloir de la protection du ou de l'un quelconque des pays dont elle a la nationalité ; en en déduisant que ne pouvait prétendre au titre de réfugié une personne, anciennement détentrice de la nationalité soviétique, qui avait, sans crainte justifiée de persécution, renoncé, en ne faisant pas valoir le droit à l'obtention de la nationalité que lui reconnaissait le code de la nationalité d'un des pays qui ont accédé à l'indépendance du fait de la dissolution de l'URSS, à la protection de ce pays, la CRR n'a commis aucune erreur de droit. • CE 2 avr. 1997, *M. Spivak,* n° 160832 B. ♦ Ne pourra davantage prétendre au statut de réfugié la personne qui a sciemment dissimulé sa nationalité. • CRR 13 sept. 1991, *Joude Faycal,* n° 142572. ♦ Le statut de réfugié est accordé en envisageant la situation du demandeur d'asile par rapport à son pays d'origine et non les risques auxquels il s'expose dans son pays de résidence habituelle. • CE 13 févr. 2013, *OFPRA c/ M. Enver Ali,* n° 355953 : *AJDA 2013. 1139*. ♦ Une demande d'admission au statut de réfugié présentée par une personne qui réside sur un territoire délimité par des frontières à l'intérieur desquelles une autorité exerce effectivement les prérogatives liées au pouvoir (en l'espèce, l'Autorité palestinienne), même sans inclure la possibilité de conférer la nationalité, doit être examinée au regard des persécutions dont il est allégué que cette autorité serait l'auteur. • CE 5 nov. 2014, *M. B. A.,* n° 363181 B : *AJDA 2015. 140*. ♦ Pour déterminer l'autorité à l'égard de laquelle les craintes du requérant devaient être examinées, la Cour s'est fondée sur l'accord intérimaire israélo-palestinien « Oslo II » signé en septembre 1995. « Si [elle] a relevé que, dans la zone A de la Cisjordanie, "tous les pouvoirs et responsabilités du domaine civil ont été transférés à l'Autorité palestinienne", [...], elle a omis de relever que le même accord prévoit également que, dans [cette zone], Israël restera responsable de la défense extérieure, [...], tout comme de la sécurité globale des Israéliens et des colonies. » • CE 24 avr. 2019, n° 408992 B : *AJDA 2019. 909* ; *ibid. 2020. 302, note Aubin*.

26. Reste que l'action, en France, de groupes contrôlés par un État étranger peut constituer des persécutions invocables pour obtenir la reconnaissance du statut de réfugié. • CE 4 déc. 1987, *Urtiaga Martinez,* n° 61376 : *AJDA 1988. 154, chron. Azibert et de Boisdeffre.*

27. En ne relevant pas, pour se prononcer sur les craintes alléguées par le requérant en cas de retour dans le Haut-Karabakh en Azerbaïdjan, que l'intéressé était de nationalité arménienne, la CRR a commis une erreur de droit. • CE 9 nov. 2005, *OFPRA,* n° 251567. – V. aussi • CE 11 mars 2024, n° 471008. ♦ Le risque de persécution doit exister dans le pays d'origine du demandeur et non dans le pays où il a choisi d'établir sa résidence. • CE 18 janv. 2005, *OFPRA,* n° 255687 B.

28. Lorsqu'une personne possède une double nationalité, les craintes de persécutions doivent émaner des autorités des deux États dont le candidat à l'asile politique est le ressortissant. • CRR 15 nov. 2005, *Y.,* n° 521809. ♦ Si le demandeur est apatride, il pourra se prévaloir de persécutions subies au sein de son État de résidence. • CRR 25 juill. 1996, *Damasi,* n° 247249.

29. La CNDA, si elle entend rejeter une demande de protection au motif que l'étranger dispose d'une seconde nationalité d'un État dans lequel le demandeur ne risque pas de persécutions, doit en informer les parties et soumettre cette question au débat contradictoire. • CE 11 mai 2016, n° 390351 B. ♦ Tel est le cas par exemple de jeunes filles de nationalité canadienne et guinéenne, leur mère n'établissant pas l'impossibilité de séjourner au Canada. • CNDA 8 avr. 2022, n°s 20015144, 20015145 et 20015146.

30. Apatride. Présente le caractère d'un pays de résidence habituelle d'un demandeur d'asile apatride l'État ou le territoire avec lequel, dans les faits, cet apatride a entretenu les liens personnels et familiaux les plus étroits au cours de son existence, et spécialement au cours des années ayant immédiatement précédé sa demande d'asile. La détermination du pays de résidence habituelle d'un apatride dépend ainsi, en principe, d'une part, de la durée du séjour, régulier ou non, de cet apatride dans ce pays ainsi que du caractère récent de ce séjour et, d'autre part, de la nature ainsi que de l'intensité des liens personnels et familiaux qu'il y a entretenus alors qu'il y séjournait et, le cas échéant, maintenus depuis son départ. La circonstance qu'il n'y dispose pas ou plus de droit au séjour ne fait pas obstacle, par elle-même, à ce que ce pays soit regardé comme le lieu de sa résidence habituelle. • CNDA 27 janv. 2022, n° 21058817. ♦ La circonstance qu'une personne apatride ne dispose pas ou plus de droit au séjour dans son pays ne fait pas obstacle à ce que ce pays soit regardé comme son lieu de résidence habituelle. • CNDA 27 janv. 2022, n° 21058817.

31. Ainsi, la compagne sans nationalité d'un réfugié éthiopien bénéficie du principe de l'unité de famille dès lors que l'Éthiopie est son pays de résidence habituelle. • CNDA 4 mars 2022, n° 20011942.

II. CRITÈRES DE RECONNAISSANCE

32. Les motifs prévus par la Conv. de Genève sont exhaustifs ; n'y figurent pas les risques encourus en raison de la situation écologique d'un pays. • CRR 12 mai 2006, *Radojkovic,* n° 505673. ♦ De même, le risque de condamnation à la peine de mort ne constitue pas une persécution. • CE 6 janv. 1995, *Fome Pedro Mateus,* n° 143526. ♦ Même solution encore s'agissant d'une condamnation pour un crime de droit commun. • CE 17 févr. 1992, *Pisonero Alfonso,* n° 95204. ♦ L'existence de persécutions (en l'occurrence des tortures) mais qui ne sont liées à aucun des motifs prévus par la Conv. de Genève ne peut ouvrir droit à la reconnaissance de la qualité de réfugié. • CRR 25 juill. 1996, *Damas*, n° 247249.

33. La notion de persécution ne peut s'assimiler à des condamnations pour des crimes ou délits de droit commun. • CRR 2 mai 1996, *Bamba*, n° 292352.

34. En tout état de cause, l'OFPRA et la CNDA doivent rechercher et indiquer pour quel motif parmi ceux énoncés par la Conv. de Genève la qualité de réfugié est reconnue. • CE 17 déc. 2010, *OFPRA c/ M. Badourian*, n° 336953.

35. Si un jugement annulant une décision fixant un pays de destination au motif que l'intéressé justifie les craintes de persécution dans le pays de renvoi qu'il déclare éprouver ne s'impose pas avec l'autorité absolue de la chose jugée à la CNDA, eu égard à ses compétences propres et à son office, il constitue un élément impliquant que la Cour procède à un réexamen de l'ensemble des faits soumis à son appréciation. • CE 6 févr. 2013, *Mme P.*, n° 353807 : *AJDA 2013. 1200*.

A. CRAINTES DU FAIT DE LA RACE, DE LA NATIONALITÉ OU DE LA RELIGION

36. Nationalité. La reconnaissance de la qualité de réfugié ou l'attribution de la protection subsidiaire suppose établie préalablement la nationalité ou l'absence de nationalité du demandeur. • CE 10 déc. 2008, *OFPRA c/ Mme Posossyan*, n° 278228. ♦ La CNDA commet une erreur de droit en prenant en considération les risques à l'égard du pays de résidence habituelle et non du pays de nationalité. • CE 11 mai 2009, *L.*, n° 300106 : *Rec. CNDA 88.* ♦ Toutefois, en cas d'apatridie de fait, il sera fait référence au pays de résidence habituelle. • CNDA 14 déc. 2009, n° 640897/08021356 : *Rec. CNDA 89.*

37. La privation de nationalité des membres d'une minorité a pu être qualifiée de persécution au sens de la Conv. de Genève. • CRR 15 mai 1996, *Rimal*, n° 277375. ♦ Cette hypothèse peut résulter de l'éclatement d'un État, en l'espèce la Yougoslavie, en raison des craintes de persécutions qu'éprouve un ressortissant serbe résidant en Croatie. • CE 13 janv. 1997, *Obric*, n° 151526 : *Dr. adm. 1997. Comm. 35.* ♦ V. aussi, s'agissant de l'appartenance à une minorité nationale : • CRR 29 juill. 2005, *Mlle A.*, n° 487336. ♦ Pour un ressortissant du Bhoutan appartenant à la communauté minoritaire lhotshampa de langue népali. • CNDA 27 nov. 2009, n° 643384/09002208 : *Rec. CNDA 90.*

38. Religion. La qualité de réfugié pourra être accordée à une personne craignant des persécutions du fait de son appartenance à une minorité religieuse. • CRR 12 févr. 1998, *Toureg*, n° 313332 • 5 févr. 2003, *Kovac*, n° 384350 • CJUE 4 oct. 2018, n° C-56/17. ♦ Requérant de confession copte résidant dans la banlieue du Caire persécuté par des extrémistes musulmans. • CNDA 19 nov. 2008, *R.*, n° 590793 : *Rec. CNDA 2008. 32.* ♦ Requérant iranien converti au christianisme justifiant de craintes fondées d'être persécuté en cas de retour en Iran où l'apostasie est très sévèrement réprimée. • CNDA 6 oct. 2008, *H.*, n° 588222 : *Rec. CNDA 2008. 55.* ♦ Ressortissante ukrainienne ayant fait l'objet d'agressions et de menaces en raison de son origine juive et ayant publiquement dénoncé les comportements antisémites qui prévalaient en Ukraine lorsqu'elle vivait en République tchèque. • CNDA 3 janv. 2008, *Mme Y.*, n° 399291 : *Rec. CNDA 2008. 97.* ♦ Requérant d'origine arménienne et de confession chrétienne accusé de prosélytisme par les autorités iraniennes. • CNDA 21 juill. 2009, n° 605979/07009114 : *Rec. CNDA 55.* ♦ Ressortissants algériens persécutés en raison de leur conversion à l'ahmadisme, courant minoritaire de l'islam actuellement réprimé en Algérie. • CNDA 20 nov. 2018, n° 17046243. ♦ Iranien convaincu d'apostasie. • CNDA 6 mars 2018, n° 17012947.

39. Même solution lorsque des discriminations professionnelles visent à réprimer une pratique religieuse. • CRR 20 juin 1989, *Kecsmar*, n° 54002.

40. Pour déterminer, concrètement, quels sont les actes qui peuvent être considérés comme une persécution au sens de l'art. 9, § 1, ss. a), de la Dir. 2004/83/CE du 29 avr. 2004 concernant les normes minimales relatives aux conditions que doivent remplir les ressortissants des pays tiers ou les apatrides pour pouvoir prétendre au statut de réfugié (Dir. 2004/83/CE, 29 avr. 2004 : *JOUE n° L 304 du 30 sept.*, devenue Dir. 2011/95/UE), il n'est pas pertinent de distinguer entre les actes qui porteraient atteinte à un « noyau dur » (« *forum internum* ») du droit fondamental à la liberté de religion, qui ne recouvrirait pas les activités religieuses en public (« *forum externum* »), et ceux qui n'affecteraient pas ce prétendu « noyau dur ». Cette distinction n'est pas compatible avec la définition large de la notion de « religion » que donne, en intégrant l'ensemble de ses composantes, qu'elles soient publiques ou privées, collectives ou individuelles, la directive à son art. 10, § 1, ss. b). Les actes qui peuvent constituer une « violation grave » au sens de l'art. 9, § 1, ss. a), de la directive comprennent des actes graves atteignant la liberté du demandeur non seulement de pratiquer sa croyance dans un cercle privé, mais également de vivre celle-ci de façon publique. • CJUE 5 sept. 2012, *Bundesrepublik Deutschland c/ Y. et Z.*, nos C-71 et C-99/11 : *Europe 2012. Comm. 426 par Gazin.*

41. Conversion. Les autorités en charge de l'asile évaluant la demande d'une personne s'étant convertie à la foi chrétienne sont tenues d'évaluer d'office les risques encourus au regard de la situation générale des chrétiens convertis dans le pays d'origine (ici le Pakistan) ainsi qu'au regard de sa situation personnelle. • CEDH 26 avr. 2022, n° 29836/20 : *AJDA 2022. 2046*. ♦ V. déjà pour une ressortissante iranienne convertie au christianisme. • CE 17 oct. 2016, n° 392238. ♦ La CJUE a considéré qu'une conversion religieuse réalisée après que l'étranger a quitté son pays d'origine ne peut être automatiquement rejetée comme abusive ; il appartient aux autorités en charge de l'asile d'exclure l'existence d'une intention abusive et d'instrumentalisation, par ce demandeur, de la procédure d'asile. • CJUE 29 févr. 2024, n° C-222/22 : *AJDA 2024. 462* .

42. Ethnie. La qualité de réfugié peut être reconnue à une personne victime de persécutions pour un motif ethnique. Tel est le cas par exemple des membres de l'ethnie zaghawa originaires du Darfour. • CNDA 22 mars 2021, n° 20043524.

B. APPARTENANCE À UN CERTAIN GROUPE SOCIAL

1° NOTION

43. Un groupe social est constitué de personnes partageant un caractère inné, une histoire commune ou une caractéristique essentielle à leur identité et à leur conscience, auxquels il ne peut leur être demandé de renoncer, ou une identité propre perçue comme étant différente par la société environnante ou par les institutions. • CE 21 déc. 2012, *Mme Fofana,* nos 332491 et 332492 A : *AJDA 2013. 465, chron. Domino et Bretonneau* ; *RFDA 2013. 218* ; *ibid. 565, concl. Crépey* .

44. Il revient à la CNDA d'exiger cumulativement non seulement une histoire ou caractéristique commune, mais en outre une perception du groupe comme étant différent par la société environnante. • CE 25 juill. 2013, *OFPRA,* n° 350661 B : *AJDA 2013. 1599* ; *ibid. 1969, chron. Domino et Bretonneau* • CNDA 24 mars 2015, n° 10012810. ♦ V. pour des femmes nigérianes contraintes à des fins d'exploitation sexuelle par un réseau transnational de traite des êtres humains, qui sont parvenues à s'en extraire ou qui ont entamé des démarches en ce sens la CNDA considère ainsi, d'une part, qu'elles partagent une histoire vécue et un statut de victime présentant des caractéristiques communes, constantes et spécifiques, et, d'autre part, qu'elles sont perçues par la société environnante et les institutions nigérianes comme possédant des caractéristiques spécifiques qui confèrent à ces victimes une identité propre perçue comme étant différente. • CNDA 30 mars 2017, n° 16015058 • CE 16 oct. 2019, n° 418328 A : *AJDA 2019. 2089* • CNDA 2 oct. 2020, n° 19022766.

45. Il incombe à la CNDA de s'assurer que l'intéressé appartient bien à un groupe social mais également de vérifier que ce groupe est susceptible d'être persécuté. • CE 23 août 2006, *OFPRA c/ Shpak,* n° 272679 B. ♦ Il appartient à une personne qui sollicite l'admission au statut de réfugié en se prévalant de son appartenance à un groupe social de fournir l'ensemble des éléments circonstanciés, notamment familiaux, géographiques, sociologiques, relatifs aux risques qu'elle encourt personnellement. • CE 21 déc. 2012, *Mme Fofana,* nos 332491 et 332492 A : *préc. note 43.*

46. La reconnaissance du statut de réfugié ne peut être subordonnée à l'exigence que la personne en cause ait manifesté son appartenance à un groupe social. • CE 21 déc. 2012, *Mme Fofana,* nos 332491 et 332492 A : *préc. note 43.*

47. La jurisprudence a consacré l'existence de groupes sociaux dans les hypothèses suivantes : groupes fondés sur l'orientation ou l'identité sexuelle. • CJUE 2 déc. 2014, nos C-148/13, C-149/13 et C-150/13 • CJUE 7 nov. 2013, nos C-199/12 • CE 27 juill. 2012, *Mbwene,* n° 349824 A : *D. actu 2012, obs. Brondel* • CE 8 févr. 2017, n° 395821 B : *AJDA 2017. 324* . ♦ ... Groupes fondés sur le refus d'un mariage forcé. • CNDA 20 juill. 2018, n° 15031912 • CNDA 20 juill. 2018, n° 170542624. ♦ ... Groupes fondés sur l'exposition à l'excision. • CE 21 déc. 2012, n° 332491 A • CE 20 mars 2013, n° 339186 • CE 30 déc. 2014, n° 367428 : *AJDA 2015. 11* • CNDA 5 déc. 2019, nos 19008524, 19008522 et 19008521. ♦ ... Parents voulant protéger leurs enfants de l'excision. • CE 21 déc. 2012, n° 332492 A • CE 20 nov. 2013, n° 368676 A • CE 20 mars 2013, n° 339186. ♦ ... Groupes fondés sur une expérience commune discriminante (victimes de la traite). • CNDA 30 mars 2017, n° 16015058 • CE 14 oct. 2019, n° 418328 A : *AJDA 2019. 2089* .

48. Ethnie. La notion de groupe social se distingue de celle d'ethnie. • CE 29 sept. 1999, *Madera,* n° 187016. ♦ A été reconnu comme appartenant à un groupe social un albinos ayant fait l'objet de la vindicte populaire après le décès accidentel de son père, les albinos étant communément regardés comme détenteurs de pouvoirs maléfiques et les autorités publiques ne prenant aucune mesure effective pour assurer la protection des membres de ce groupe vulnérable. • CNDA 28 avr. 2009, *K.,* n° 629447 : *Rec. CNDA 61.* ♦ Le statut d'enfant naturel en Afghanistan identifie des individus de manière particulièrement négative aux yeux de la société en raison de principes traditionnels et religieux. • CNDA 11 mai 2007, *B.,* n° 592688.

49. Pour ouvrir droit à la reconnaissance du statut de réfugié, la situation de conflit prévalant dans un pays doit pouvoir être regardée comme caractérisant un contexte dans lequel serait recherchée la destruction d'un groupe ethnique déterminé dès lors que la population concernée est la cible de persécutions de la part des autorités gouvernementales. • CNDA 27 juin 2008, *M. K.,* n° 614422.

50. La CEDH a considéré que la seule appartenance d'un individu à une ethnie non arabe du Darfour constitue un risque de persécutions. • CEDH 15 janv. 2015, *A. F. c/ France,* n° 18039/11

• 15 janv. 2015, *A. A. c/ France*, n° 80086/13 : *DP étrangers, Bull. n° 241, févr. 2015, note Faury.*

51. Minorité. Une minorité peut s'assimiler à un groupe social, par ex. s'agissant d'un commerçant vietnamien persécuté en raison de ses ascendances chinoises. • CRR 22 avr. 1988, *Le Thoi*, n° 37156. ♦ Le statut d'enfant naturel en Afghanistan révèle l'appartenance à un groupe social au sens de la Conv. de Genève. • CRR 11 mai 2007, n° 592688. ♦ Requérant originaire du Darfour, appartenant à la tribu El Berti, devant être regardé comme ayant subi au Soudan des persécutions de la part de milices armées soutenues par le gouvernement central. • CNDA 11 janv. 2008, *A.*, n° 577915 : *Rec. CNDA 2008. 8.* ♦ Requérant d'origine arménienne ayant une conjointe appartenant à la minorité gaboute et assimilée à une Azérie. • CNDA 3 janv. 2008, *Y.*, n° 486270 : *Rec. CNDA 2008. 31.* ♦ Requérant de nationalité kazakhe, persécuté en raison de son origine biélorusse. • CNDA 19 nov. 2009, n° 608562/07011716 : *Rec. CNDA 49.* ♦ Requérant d'origine rom et originaire de Vucitern, réquisitionné par l'armée serbe en mars 1999 puis chassé par des soldats de l'UCK qui ont violé son épouse et sa mère, et assassiné son frère. • CNDA 19 nov. 2009, n° 640473/08020930 : *Rec. CNDA 49.* ♦ Ressortissant du Bhoutan appartenant à une ethnie minoritaire de langue népali. • CNDA 30 oct. 2009, n° 640035/08020515 : *Rec. CNDA 50.* ♦ Rwandais d'origine hutue dont la famille a été massacrée par des militaires du FPR, ces circonstances n'ayant jamais été reconnues par les autorités et les démarches pour obtenir cette reconnaissance l'ayant désigné comme un opposant au régime. • CNDA 27 oct. 2009, n° 622176/08002640 : *Rec. CNDA 50.* ♦ Ressortissant du Bangladesh membre de la minorité hindoue ayant fait l'objet d'une procédure pénale controuvée à l'instigation de fondamentalistes musulmans en raison de ses activités au sein d'une association militant pour la tolérance interreligieuse. • CNDA 19 nov. 2009, n° 703552/09008935 : *Rec. CNDA 51.* ♦ Ressortissant de la République démocratique du Congo dont la famille a été massacrée par les Maï-Maï, craignant avec raison d'être persécuté en cas de retour dans son pays et, notamment dans sa région d'origine, le Sud-Kivu, en raison de son origine munyamulenge. • CNDA 15 juill. 2009, n° 612429/07015445 : *Rec. CNDA 53.* ♦ Requérant d'origine mixte géorgienne et ossète ayant subi des persécutions tant de la part des Ossètes que des Géorgiens. • CNDA 4 mai 2009, n° 623364 : *Rec. CNDA 54.* ♦ Appartenance au groupe social des esclaves et anciens esclaves en Mauritanie. • CNDA 10 avr. 2018, n° 17035868.

52. Femmes. Selon la CJUE, au sens de la Dir. 2011/95, les femmes dans leur ensemble peuvent être considérées comme appartenant à un groupe social si, dans leur pays d'origine, elles sont exposées, en raison de leur sexe, à des violences physiques ou mentales, y compris des violences sexuelles ou domestiques. • CJUE 16 janv. 2024, n° C-621/21 : *AJDA 2024. 71 ; ibid. 378, chron. Bonneville et Iljic ; AJ fam. 2024. 169* • 11 juin 2024, n° C-646/21 : *D. 2024. 1127.*

53. La CNDA a ainsi reconnu l'existence d'un groupe social des femmes afghanes. • CNDA 11 juill. 2024, n° 24014128.

54. Elle l'a en revanche refusé pour les femmes mexicaines eu égard à l'ensemble des normes juridiques adoptées par les institutions représentatives de la société mexicaine et qui traduisent l'évolution des normes sociales aussi bien que morales de cette société démocratique ; les phénomènes de discrimination et de violence qui perdurent à l'encontre des femmes au Mexique ne peuvent s'analyser comme l'expression de telles normes sociales, morales ou juridiques traduisant une manière différente de percevoir les femmes par la société environnante mais, au contraire, comme des pratiques désormais réprouvées par cette société. • CNDA 11 juill. 2024, n° 24011731. ♦ Même solution pour les femmes albanaises. • CNDA 18 déc. 2017, n° 17036897.

55. Absence d'appartenance à un groupe social. Victimes de la catastrophe de Tchernobyl. • CE 15 mars 2000, *Mme Drannikova*, n° 185837. ♦ Simple statut d'opposant politique. • CRR 20 oct. 1999, *Manziaga*, n° 341910. ♦ Seule appartenance à une institution telle que l'armée, la police, les services secrets ou la magistrature. • CE 14 juin 2010, *OFPRA c/ Akhondi*, n° 323669 A : *AJDA 2010. 1236.*

2° ORIENTATION SEXUELLE

56. Un groupe social est constitué de personnes partageant un caractère inné, une histoire commune ou une caractéristique essentielle à leur identité et à leur conscience, auxquels il ne peut leur être demandé de renoncer, et une identité propre perçue comme étant différente par la société environnante ou par les institutions. En fonction des conditions qui prévalent dans un pays, des personnes peuvent, à raison de leur orientation sexuelle, constituer un groupe social au sens de ces dispositions. Il convient dès lors, dans l'hypothèse où une personne sollicite le bénéfice du statut de réfugié à raison de son orientation sexuelle, d'apprécier si les conditions existant dans le pays dont elle a la nationalité permettent d'assimiler les personnes se revendiquant de la même orientation sexuelle à un groupe social du fait du regard que portent sur ces personnes la société environnante ou les institutions et dont les membres peuvent craindre avec raison d'être persécutés du fait même de leur appartenance à ce groupe. L'octroi du statut de réfugié du fait de persécutions liées à l'appartenance à un groupe social fondé sur des orientations sexuelles communes ne saurait être subordonné à la manifestation publique de cette orientation sexuelle par la personne qui sollicite le bénéfice du statut de réfugié dès lors que le groupe social, au sens des dispositions précitées, n'est pas institué par ceux qui le composent, ni même du fait de l'existence objective de caractéristiques qu'on leur prête mais par le regard que portent sur ces personnes la société environnante ou les institutions. La circonstance que l'appartenance au groupe social ne fasse l'objet d'aucune disposition pénale répressive spécifique est sans incidence sur l'appréciation de la réalité des persécutions à raison de cette appartenance qui peut, en l'absence de toute disposition pénale spécifique, reposer soit sur des dispositions de droit commun abusivement appliquées au groupe social considéré, soit sur des comportements émanant des autorités, encouragés ou favorisés par ces autorités ou même simplement tolérés par elles. Il appartient cependant à une personne qui sollicite l'admission au statut de réfugié en se prévalant de son appartenance à un groupe social de fournir l'ensemble des éléments circonstanciés relatifs aux risques qu'elle encourt personnellement. • CE 30 mars 2021, n° 436727.

57. La CNDA a ainsi, par exemple, jugé que les personnes homosexuelles subissent une hostilité telle de la part des autorités et de leur cercle familial en République démocratique du Congo que ces ressortissants constituent un groupe social en dépit de l'absence de criminalisation de l'homosexualité par la loi congolaise. • CNDA 13 mai 2022, n° 22000728. ♦ Groupe social des personnes homosexuelles en Afghanistan. • CNDA 8 juin 2022, n° 21050501.

58. Tout comme les demandes fondées sur d'autres motifs de persécution, les demandes fondées sur les motifs de l'orientation sexuelle peuvent faire l'objet d'un processus d'évaluation mené dans le respect des principes et droits garantis par la Charte UE, tels que la dignité humaine (interdisant à l'État de soumettre le demandeur à l'accomplissement d'actes homosexuels, à des tests en vue d'établir l'homosexualité) ou le droit au respect de la vie privée et familiale (à ce titre, la procédure ne doit comporter aucun interrogatoire sur les pratiques sexuelles du demandeur). Dans ce cadre, les autorités de l'État ne peuvent estimer que la demande manque de crédibilité au seul motif que le demandeur aurait répondu de manière insatisfaisante à des interrogatoires fondés sur la seule base de notions stéréotypées concernant les homosexuels. • CJUE 2 déc. 2014, n^os^ C-148/13, C-149/13 et C-150/13 : *DP étrangers, Bull. n° 240, janv. 2015, note Viel.*

59. Si l'orientation sexuelle n'est pas établie, en raison notamment du caractère peu convaincant des déclarations du demandeur, le juge n'a pas à rechercher « si les personnes homosexuelles constituent un groupe social [dans le pays d'origine du demandeur] ». • CE 8 févr. 2017, n° 395821 B • 8 févr. 2017, n° 397745. ♦ Dans le cas contraire, il appartient à la CNDA d'apprécier la réalité des persécutions invoquées au regard de la situation des personnes homosexuelles dans le pays d'origine et de rechercher si elles y constituent un groupe social. • CE 8 févr. 2017, n° 396695.

60. La CNDA peut rejeter une demande d'asile fondée sur l'orientation sexuelle au motif que les persécutions alléguées ne sont pas établies et les craintes non fondées tout en jugeant que cette orientation sexuelle est bien établie et que les personnes homosexuelles dans le pays d'origine de l'intéressé doivent être assimilées à un groupe social. • CE 30 mars 2021, n° 436727.

61. *Transsexuels.* Les caractéristiques communes des transsexuels sont susceptibles de les exposer à des persécutions dans certains États. En estimant que les craintes de persécutions alléguées par le requérant ne pouvaient être rattachées à l'appartenance à un groupe social au sens des stipulations de la Conv. de Genève, sans rechercher si les éléments qui lui étaient soumis sur la situation des transsexuels en Algérie permettaient de regarder ces derniers comme constituant un groupe dont les membres seraient, en raison des caractéristiques communes qui les définissent aux yeux des autorités et de la société algériennes, susceptibles d'être exposés à des persécutions, la commission n'a pas légalement justifié sa décision. • CE 23 juin 1997, *Ourbih,* n° 171858.

62. *Homosexuels.* Il en va de même des homosexuels en fonction des caractéristiques du pays concerné dès lors que les harcèlements et agressions allégués revêtent un certain caractère de gravité. • CRR 12 mai 1999, *Djellal,* n° 328310 : *Rec. CNDA 2000. 201* • CNDA 16 déc. 2008, *Mlle S.,* n° 473648 : *Rec. 2008. 36.* ♦ Homosexuels en Algérie et plus largement toute personne LGBTI (lesbiennes, gays, bisexuels, transgenres ou intersexués). • CNDA 3 oct. 2019, n° 18031476. ♦ Bien que les relations sexuelles entre personnes de même sexe ne soient pas expressément criminalisées dans la législation turque, des dispositions générales sont utilisées pour poursuivre les homosexuels ou pour atténuer les peines prononcées à l'encontre des agresseurs de personnes LGBTI ; la Cour constate en outre le durcissement du regard social sur cette orientation sexuelle fondant ainsi l'existence d'un groupe social des personnes homosexuelles en Turquie. • CNDA 2 nov. 2022, n° 22034674. ♦ Groupe social des personnes homosexuelles en République démocratique du Congo. • CNDA 13 mai 2022, n° 22000728. ♦ ... En Afghanistan. • CNDA 8 juin 2022, n° 21050501. ♦ ... Au Tchad. • CNDA 29 juin 2022, n° 21067657. ♦ ... En Tunisie. • CNDA 20 oct. 2022, n° 21060804. ♦ ... En Turquie. • CNDA 2 nov. 2022, n° 22034674. ♦ ... En Irak. • CNDA 10 nov. 2022, n° 21011453. ♦ ... Au Burundi. • CNDA 12 juill. 2023, n° 22027411. ♦ ... En Ouganda. • CNDA 25 juill. 2023, n° 23008863. ♦ ... En Iran. • CNDA 26 juill. 2023, n° 22058695. ♦ … En Birmanie. • CNDA 15 nov. 2023, n° 23022677.

63. La CJUE considère que les personnes homosexuelles doivent être considérées comme formant un groupe social ; mais l'existence d'une législation pénale visant spécifiquement les homosexuels ne constitue pas en tant que telle un acte de persécution ; toutefois, une peine d'emprisonnement, effectivement appliquée, sanctionnant des actes homosexuels, doit être considérée comme étant une sanction disproportionnée ou discriminatoire et constitue ainsi un acte de persécution. • CJUE 7 nov. 2013, *Minister voor Immigratie en Asiel*, n° C-199/12 : *AJDA 2013. 2235 ; ibid. 2014. 341, chron. Aubert, Broussy et Cassagnabère ; D. actu. 15 nov. 2013, obs. Fleuriot.*

64. La CJUE juge que la seule pénalisation des actes homosexuels ne constitue pas, en tant que telle, un acte de persécution. Pour la Cour, toute violation des droits fondamentaux d'un demandeur d'asile homosexuel n'atteint pas nécessairement le niveau de gravité requis pour constater l'existence d'une persécution. A ses yeux, un tel niveau de gravité n'est pas atteint en cas de seule pénalisation des actes homosexuels. La Cour reconnaît l'existence d'un acte de persécution en cas de peine d'emprisonnement sanctionnant de tels actes, seulement si cette peine est effectivement appliquée dans le pays d'origine. Elle estime, en effet, qu'une telle peine effectivement appliquée est une sanction disproportionnée ou discriminatoire. Aux autorités donc de déterminer si, dans le pays d'origine du demandeur d'asile, la peine d'emprisonnement prévue par une telle législation est appliquée en pratique, précise la Cour. • CJUE 7 nov. 2013, *Minister voor Immigratie en Asiel*, n° C-199/12 : *préc. note 63.*

65. Le Conseil d'État a précisé que l'octroi du statut de réfugié du fait de persécutions liées à l'appartenance à un groupe social fondé sur des orientations sexuelles communes ne saurait être subordonné à la manifestation publique de cette orientation sexuelle par la personne qui sollicite le bénéfice du statut de réfugié dès lors que le groupe social n'est pas institué par ceux qui le composent, ni même du fait de l'existence objective de caractéristiques qu'on leur prête mais par le regard que portent sur ces personnes la société environnante ou les institutions ; la circonstance que l'appartenance au groupe social ne fasse l'objet d'aucune disposition pénale répressive spécifique est sans incidence sur l'appréciation de la réalité des persécutions à raison de cette appartenance qui peut, en l'absence de toute disposition pénale spécifique, reposer soit sur des dispositions de droit commun abusivement appliquées au groupe social considéré, soit sur des comportements émanant des autorités, encouragés ou favorisés par ces autorités, ou même simplement tolérés par elles. • CE 27 juill. 2012, *M. M.*, n° 349824 B : *AJDA 2012. 1549 ; D. 2012. 2027 ; RFDA 2012. 1032 .* ♦ Ainsi, dès lors que l'orientation sexuelle du demandeur est établie, la Cour ne peut exiger que l'intéressé établisse que la révélation de son orientation sexuelle ait été établie au-delà du cercle familial. • CE 8 févr. 2017, n° 379378.

66. Il appartient à la CNDA de former sa conviction sur les points en litige au vu des éléments versés au dossier par les parties et, tout spécialement, du récit personnel du demandeur d'asile ; elle ne peut exiger du demandeur qu'il apporte la preuve des faits qu'il avance et, en particulier, de son orientation sexuelle, mais elle peut écarter des allégations qu'elle jugerait insuffisamment étayées et rejeter, pour ce motif, le recours dont elle est saisie. • CE 8 févr. 2017, n° 395821 B : *AJDA 2017. 324 .* ♦ Il incombe à la CNDA qui établit l'homosexualité d'une ressortissante guinéenne de se prononcer sur l'argumentation dont elle était saisie sur la situation des homosexuels en Guinée et sur le point de savoir si ces derniers peuvent être regardés comme constituant, au sens de la Conv. de Genève, un groupe social susceptible d'être exposé à des persécutions. • CE 22 juill. 2015, n° 375630.

67. Des dispositions légales protectrices dans le pays d'origine n'empêchent pas la constatation de l'existence du groupe social fondé sur l'orientation sexuelle dès lors que la CNDA apprécie des éléments géographiques et sociologiques pour constater le risque de persécutions en cas de retour. • CNDA 11 févr. 2019, n° 18032382. ♦ A l'inverse, l'existence de dispositions pénales répressives ne peuvent suffire à établir l'existence de persécutions potentielles dès lors qu'elles ne sont pas mises en œuvre. • CNDA 2 févr. 2017, n° 14033258.

68. L'autorité responsable de l'examen des demandes de protection internationale ou les juridictions saisies, le cas échéant, d'un recours contre une décision de cette autorité peuvent ordonner une expertise dans le cadre de l'évaluation des faits et des circonstances relatifs à l'orientation sexuelle alléguée d'un demandeur, pour autant que les modalités d'une telle expertise sont conformes aux droits fondamentaux garantis par la charte l'UE, que ladite autorité et ces juridictions ne fondent pas leur décision sur les seules conclusions du rapport d'expertise et qu'elles ne sont pas liées par ces conclusions lors de l'appréciation des déclarations de ce demandeur relatives à son orientation sexuelle. • CJUE 25 janv. 2018, n° C-473/16 : *D. 2018. 241 ; RTD eur. 2019. 182, note Barbou des Places .* ♦ Il n'appartient pas au juge de l'asile d'examiner des photographies ou des vidéos intimes, ces éléments étant de nature à porter atteinte à la dignité humaine. • CNDA 29 oct. 2015, n° 15006472.

69. Une requérante a été victime, selon ses assertions, d'agressions physiques, de brutalités policières et de harcèlement moral limitant ses possibilités d'accès à un logement et à un travail ; la

CRR a commis une erreur de droit en en déduisant qu'elle pouvait être regardée comme appartenant à un groupe social sans rechercher si la situation des homosexuels en Ukraine permettait de regarder ces derniers comme un groupe dont les membres seraient, en raison des caractéristiques communes qui les définissent aux yeux des autorités et de la société ukrainienne, susceptibles d'être exposés à des persécutions. • CE 23 août 2006, *OFPRA c/ Mlle Shpak*, n° 272679 B. ♦ Personnes revendiquant leur homosexualité en Algérie et entendant la manifester dans leur comportement extérieur, étant exposées à l'ostracisme et à des discriminations de la part de la population et des membres de leur famille ; la pénalisation de l'homosexualité renforce le climat d'hostilité à leur égard. • CNDA 11 avr. 2008, *G.*, n° 571886 : *Rec. CNDA 2008. 34.* ♦ Pour un ressortissant tunisien : • CNDA 7 juill. 2009, n° 634565/08015025 : *Rec. CNDA 58.* ♦ Pour un ressortissant du Kosovo : • CNDA 6 avr. 2009, n° 616907 : *Rec. CNDA 61.* ♦ Kenya : • CNDA 8 févr. 2018, n° 17014970. ♦ Tanzanie : • CNDA 7 mars 2018, n° 17052507. ♦ Venezuela : • CNDA 14 mai 2018, n° 17052687. ♦ Liberia : • CNDA 19 juill. 2018, n° 17025388. ♦ Niger : • CNDA 6 sept. 2018, n° 17015075. ♦ Mali : • CNDA 7 nov. 2018, n° 18003517. ♦ Angola : • CNDA 13 nov. 2018, n° 17012700.

3° PROSTITUTION

70. La qualité de réfugié peut être reconnue en cas de persécutions imputables à des activités de prostitution. • CE 10 janv. 2003, *Lin*, n° 229043. ♦ La qualité de réfugié a ainsi été reconnue à une jeune Nigériane, exposée à des craintes de persécutions en cas de retour dans son pays en raison de son appartenance au groupe social « des jeunes femmes victimes de la traite des êtres humains originaires de l'État d'Edo qui ont tenté de s'extraire de leur condition ». • CNDA 24 mars 2015, n° 10012810 : *DP étrangers, Bull. n° 244, mai 2015, note Viel.* ♦ Ces femmes appartiennent au groupe social des femmes nigérianes contraintes par un réseau transnational de traite des êtres humains à des fins d'exploitation sexuelle, parvenues à s'en extraire ou ayant entamé des démarches en ce sens. • CNDA 30 mars 2017, n° 16015058.

71. Abandonnant sa jurisprudence antérieure accordant seulement la protection subsidiaire aux victimes de prostitution, la CNDA considère que le caractère systématique du défaut de protection contre la prostitution et la traite des êtres humains ne doit pas être seulement regardé comme un risque de traitement inhumain et dégradant au sens des dispositions de l'art. L. 712-1 [L. 512-1] mais, s'agissant des prostituées dont il résulte de l'instruction qu'elles sont à la fois victimes du trafic d'êtres humains et désireuses de s'en extraire de manière active, ces femmes constituent ainsi un groupe dont les membres sont, en raison de ces deux caractéristiques communes qui les définissent, susceptibles d'être exposées à des persécutions. • CNDA 29 avr. 2011, *Mlle E.*, n° 10012810. ♦ Reconnaissance du statut de réfugié à une femme obligée de se prostituer au motif que les femmes victimes d'un réseau de prostitution au Kosovo parvenues à s'en échapper doivent être regardées, du fait de cette expérience qui leur est commune et de l'opprobre dont elles font aujourd'hui l'objet de la part de la société sans pouvoir, dans le contexte sécuritaire actuel prévalant dans ce pays, espérer une action efficace de la part des autorités, comme appartenant à un groupe social. • CNDA 15 mars 2012, *Mme O.*, n° 11017758. ♦ La CNDA retient au titre des craintes de persécution les risques de représailles par le réseau, de mauvais traitements perpétrés par les juridictions traditionnelles, et enfin le risque de retomber dans la prostitution. • CNDA 24 mars 2015, *Mlle E.*, n° 10012810.

4° MARIAGES FORCÉS

72. Les femmes qui entendent se soustraire à un mariage imposé, c'est-à-dire conclu sans leur libre et plein consentement, dont l'attitude est regardée par tout ou partie de la société de leur pays d'origine comme transgressive à l'égard des coutumes et lois en vigueur, et qui sont susceptibles d'être exposées de ce fait à des persécutions contre lesquelles les autorités refusent ou ne sont pas en mesure de les protéger, doivent être regardées comme appartenant à un groupe social au sens des stipulations de l'art. 1er, A, (2), de la Conv. de Genève ; lorsque ces conditions ne sont pas réunies et notamment lorsque leur comportement n'est pas perçu comme transgressif de l'ordre social, ces femmes n'en demeurent pas moins susceptibles d'être exposées à des traitements inhumains et dégradants au sens des dispositions de l'art. L. 712-1, *b)* [L. 512-1, 2°]. • CRR 29 juill. 2005, n° 519803.

73. Dans une population au sein de laquelle le mariage forcé est couramment pratiqué au point de constituer une norme sociale, les jeunes filles et les femmes qui entendent se soustraire à un mariage imposé contre leur volonté constituent de ce fait un groupe social. L'appartenance à un tel groupe est un fait social objectif qui ne dépend pas de la manifestation par ses membres de leur appartenance à ce groupe. Il appartient à la personne qui sollicite la reconnaissance de la qualité de réfugiée en se prévalant de son appartenance à un groupe social de fournir l'ensemble des éléments circonstanciés, notamment familiaux, géographiques et sociologiques, relatifs aux risques de persécution qu'elle encourt personnellement. Par ailleurs, la reconnaissance de la qualité de réfugiée peut légalement être refusée lorsque l'intéressée peut avoir accès à une protection sur une partie du territoire de son pays d'origine, dans laquelle elle est en mesure, en toute sécurité, de se rendre afin de s'y établir et d'y mener une vie familiale normale. • CNDA 23 juill. 2018, n° 17042624.

74. Le Conseil d'État estime que ne justifie pas de la reconnaissance de la qualité de réfugié comme n'appartenant pas à un « groupe social » une requérante turque d'origine kurde ayant subi de nombreux mauvais traitements de la part de ses demi-frères issus du premier mariage de son père après le décès de ce dernier et s'étant vu imposer un mariage forcé par ses demi-frères ; il s'agit en effet, selon le Conseil, d'un conflit familial à caractère individuel. • CE 7 déc. 2011, *OFPRA*, n° 348228.

75. Illustrations. Ressortissante guinéenne : les femmes peules en Guinée, qui entendent se soustraire à des mariages imposés, regardées par la société comme transgressives à l'égard des coutumes et du droit islamique, font l'objet de persécutions infligées avec l'assentiment général de la population. • CNDA 5 déc. 2008, *Mme B.*, n° 620881 : *Rec. CNDA 2008. 34* • 19 nov. 2009, n° 643746/09002565 : *Rec. CNDA 56.* • 2 févr. 2018, n° 17034030 • 20 juill. 2018, n° 15031912. ♦ Ressortissante malienne : • CNDA20 juill. 2018, n° 17042624. ♦ Ressortissante irakienne s'étant soustraite à l'union forcée avec l'auteur du viol commis sur elle, le droit pénal irakien prévoyant qu'en ce cas l'auteur du viol n'est pas poursuivi pénalement. • CNDA 21 juin 2022, n° 20002635.

5° EXCISION

76. Le HCR considère que la pratique de l'excision est « une forme de violence fondée sur le genre qui entraîne des dommages importants, à la fois mentaux et physiques, équivalant à une persécution ». * HCR, 8 juill. 2008, Principes directeurs sur la protection internationale n° 1 : La persécution liée au genre dans le cadre de l'article 1er, A, (2), de la Conv. de Genève de 1951 et/ou son Prot. de 1967 relatifs au statut des réfugiés : *HCR/GIP/02/01 Rev. 1.* ♦ Cette solution avait été également retenue : par la CRR. • CRR 17 juill. 1991, *Aminata Diop*, n° 164078 • 19 mars 2001, *Mlle Kinda*, n° 366892. ♦ ... Et par le Conseil d'État. • CE 29 juill. 1998, *Mlle Diop*, n° 131711 A • 23 juill. 2010, *Amnesty International section française et a.*, n° 336034 : *AJDA 2010. 1513 ; D. 2010. 2868, obs. Boskovic, Corneloup, Jault-Seseke, Joubert et Parrot ; RTD eur. 2011. 490, obs. Bouveresse*. ♦ Le Conseil d'État fait désormais référence à la notion de « mutilations sexuelles féminines ». • CE 21 déc. 2012, *Mme Fofana*, nos 332491 et 332492 A : *préc. note 43.*

77. Sans se prononcer sur l'appartenance à un « groupe social » des femmes mauritaniennes risquant une excision la veille de leur mariage, le Conseil d'État estime que la CNDA ne peut se contenter d'indiquer qu'il s'agit d'une affirmation dépourvue de vraisemblance qui n'a pas emporté la conviction de la Cour. • CE 17 oct. 2018, nos 415477 et 415478.

78. Absence de protection. Les intéressés ne peuvent en effet se réclamer de la protection d'une autorité publique légalement constituée. • CRR 7 déc. 2001, *A.*, n° 369776. ♦ La CNDA ne tient pas compte de l'éventuelle interdiction de ces pratiques dans le pays considéré mais de leur réalité, notamment lorsqu'elles sont considérées comme des normes coutumières dont la transgression expose les intéressés à des violences dirigées contre elles-mêmes et leurs filles. • CNDA 12 mars 2009, *Kouyaté*, nos 638891, 639907 et 639909.

79. Bénéficiaires de la protection. Dans les pays et sociétés où l'excision constitue une norme sociale, les enfants et adolescentes non mutilées constituent un groupe social au sens de la convention de Genève de 1951 ; il appartient cependant à ces personnes, pour être admises au statut de réfugié, de fournir des éléments circonstanciés, notamment familiaux, géographiques ou sociologiques, relatifs aux risques qu'elles encourent, afin que les autorités nationales puissent apprécier le bien-fondé de cette demande. • CE, ass., 21 déc. 2012, *Mme Fofana*, nos 332491 A et 332492 A : *AJDA 2013. 465, chron. Domino et Bretonneau ; ibid. 476, note Julien-Laferrière ; RFDA 2013. 218 ; ibid. 565, concl. Crepey* • CNDA 16 mars 2018, nos 18001163 et 18001162.

80. Toutefois, les parents d'enfants nés en France, où l'excision est pénalement réprimée, ne peuvent être regardés comme appartenant à un groupe social par le seul fait qu'ils se sont abstenus de faire exciser leurs enfants, aucune transgression des normes coutumières du pays d'origine ne pouvant être constatée ; la CNDA considère ainsi que l'absence de « refus » des intéressés interdit de les considérer comme appartenant à un groupe social (élément subjectif somme toute discutable) mais accorde toutefois le bénéfice de la protection subsidiaire, cette mutilation grave et irréversible constituant un traitement inhumain et dégradant au sens de l'art. L. 712-1 [art. L. 512-1] du présent code. • CNDA 12 mars 2009, *Fofana*, n° 637716 • 12 mars 2009, *Darbo*, n° 637717. ♦ Alors même que la CNDA a confirmé que la référence à la notion de groupe social au sens de l'art. 1er, A, (2), n'est pas pertinente s'agissant d'enfants qui, compte tenu de leur jeune âge, ne sont pas en mesure de manifester leur refus de l'excision, elle a, pour la première fois, accordé le bénéfice de la protection subsidiaire à des enfants mineurs nés en France en raison des risques objectifs d'excision auxquels ils sont exposés en cas de retour dans le pays d'origine dès lors qu'aucun de leurs parents ne dispose d'un titre de séjour pérenne. Pour que la protection subsidiaire octroyée à l'enfant puisse être effectivement mise en œuvre, il est nécessaire d'étendre à sa mère le bénéfice de cette protection. • CNDA 12 mars 2009, nos 08018178, 08018179, 08019372 et 08019454. ♦ Le Conseil d'État est allé plus loin en considérant que, dans une population dans laquelle les mutilations sexuelles féminines sont couramment pratiquées au point de constituer une norme sociale, les enfants et les adolescentes non mutilées constituent de ce fait un groupe social ; il appartient cependant à une personne qui sollicite l'admission au statut de réfugié en se prévalant de son appartenance à un groupe social de fournir l'ensemble des éléments circonstanciés, notamment familiaux, géographiques, sociologiques, relatifs aux risques qu'elle encourt personnellement de manière à permettre à l'OFPRA et, le cas échéant, au juge de l'asile d'apprécier le bien-fondé de sa demande ; l'admission au statut de réfugié peut légalement être refusée, ainsi que le prévoit l'art. L. 713-3 [art. L. 513-5], lorsque l'intéressé peut avoir accès à une protection sur une partie du territoire de son pays d'origine, à laquelle il est en mesure, en toute sûreté, d'accéder afin de s'y établir et d'y mener une vie familiale normale. • CE, ass., 21 déc. 2012, Mme *Fofana : préc. note 79.*

81. La qualité de réfugié est reconnue à des demandeurs d'asile en raison des craintes de persécution liées à leur refus de voir exposer leurs enfants à l'excision dans leur pays. En effet, dans les pays à forte prévalence de la pratique de l'excision, les personnes qui ont manifesté leur opposition à cette pratique pour elles-mêmes, ou refusé d'y soumettre leurs enfants mineures, ont ainsi transgressé les normes coutumières de leur pays d'origine et sont exposées de ce fait tant à des violences dirigées contre elles-mêmes qu'au risque de voir leurs filles mineures excisées contre leur volonté ; elles peuvent être regardées comme pouvant craindre avec raison des persécutions du fait de leur appartenance à un certain groupe social au sens des stipulations de l'art. 1er, A, (2), de la Conv. de Genève lorsqu'elles ne sont pas en mesure d'être protégées par les autorités publiques de leur pays. • CRR 7 déc. 2001, *Sissoko,* n°s 361050 et 373077 • 22 févr. 2005, *Y.,* n° 456133. ♦ Pour que la protection subsidiaire octroyée à l'enfant puisse être effectivement mise en œuvre, il est nécessaire d'étendre à sa mère le bénéfice de cette protection. • CNDA 12 mars 2009, *Mlle K.,* n° 639908 • 6 juill. 2009, n° 635611/08016081 : *Rec. CNDA 59.* ♦ Si le Conseil d'État a admis que des jeunes filles nées en France pouvaient se voir reconnaître le statut de réfugié en raison des craintes d'excision, il a refusé d'étendre ce statut aux mères de ces jeunes filles, refusant ainsi d'appliquer le principe d'unité de famille issu de la jurisprudence *Agyepong.* • CE, ass., 21 déc. 2012, *Mme Fofana,* n° 332492 A : *préc. note 79.* ♦ Tirant les leçons de cette jurisprudence, une circulaire du 5 avr. 2013 invite les préfets à délivrer aux parents de ces enfants une carte de séjour mention « vie privée et familiale ». ♦ Circ. 5 avr. 2013, NOR INTV1308288C : http://circulaire.legifrance.gouv.fr/pdf/2013/04/cir36774.pdf. ♦ Saisi pour avis par la CNDA sur le fondement de l'art. L. 733-3 du présent code, le Conseil d'État a réaffirmé que le principe d'unité de famille ne s'étend pas aux parents d'un enfant auquel a été reconnu le statut de réfugié. • CE 20 nov. 2013, *M. et Mme A.,* n° 368676 A : *AJDA 2013. 2564, concl. Domino.*

82. Si la requérante a entendu faire valoir son opposition à une éventuelle excision de sa fille, il ne résulte pas de l'instruction qu'elle-même serait exposée, du fait de ce refus, à des persécutions ou à des menaces graves sans pouvoir se prévaloir de toute protection au Niger, ou au risque que sa fille soit excisée contre son gré ; l'excision est au demeurant interdite par le code pénal nigérien. Le bulletin d'information concernant les mutilations sexuelles féminines dans plusieurs pays d'Afrique produit par la requérante ne suffit pas à corroborer ses déclarations, d'autant que ce document indique que seulement 2 % des femmes sont excisées au Niger. • CNDA 5 juin 2008, *Mlle D.,* n° 580855 : *Rec. CNDA 38.*

83. Par exemple, la CNDA reconnaît l'existence du groupe social des femmes et enfants exposés à un risque de mutilation sexuelle en Égypte où cette pratique constitue une norme sociale ; les sources documentaires mettent en évidence une prévalence très élevée (de l'ordre de 87 %) sur l'ensemble du territoire égyptien. • CNDA 8 sept. 2022, n° 21059269.

C. CRAINTE DU FAIT DES OPINIONS POLITIQUES

84. Le statut de réfugié ne sera pas reconnu si les activités politiques du demandeur n'ont été déployées que dans le seul but d'obtenir ce statut. • CE 20 oct. 1999, *Akkus,* n° 187530.

85. Lorsque la CNDA reconnaît la qualité de réfugié en raison d'« opinions politiques imputées », elle doit détailler précisément dans sa décision les motifs caractérisant la nature politique des faits allégués par le requérant. • CE 4 juill. 2018, n° 410397.

86. Caractère personnel. Il convient que les craintes de persécutions soient effectivement liées aux opinions politiques du demandeur. • CRR 19 juin 1996, *Kabuga,* n° 280638. ♦ L'activité politique du demandeur doit être regardée par les autorités nationales comme une manifestation d'opposition. • CE 27 avr. 1998, *Beltaifa,* n° 168335 : *Dr. adm. 1998. Comm. 202.* ♦ Les opinions politiques susceptibles d'ouvrir droit à la protection ne peuvent être regardées comme résultant d'un engagement au sein d'une institution de l'État que si celle-ci subordonne l'accès des personnes à un emploi en son sein à une adhésion à de telles opinions ou agit sur leur seul fondement, ou combat exclusivement tous ceux qui s'y opposent. • CE 14 juin 2010, *OFPRA c/ Akhondi,* n° 323669 A : *AJDA 2010. 1236.* ♦ Si les activités politiques sont menées à l'extérieur du pays d'origine, encore faut-il qu'elles y aient un écho suffisant pour considérer comme fondées les craintes de persécutions. • CE 30 juill. 2003, *M. E.,* n° 217894 : *AJDA 2003. 1868, concl. Maugüé.*

87. De telles craintes ne peuvent en principe être fondées sur les opinions du conjoint du demandeur. • CE 31 juill. 1992, *Mme Duvalier,* n° 81962 A. ♦ Ce n'est qu'exceptionnellement que les risques de persécution peuvent résulter d'un lien de parenté avec une personne menant un combat politique. • CRR 26 janv. 1995, *Nayir,* n° 251228. ♦ Tel est le cas s'agissant d'une requérante d'origine tchétchène résidant dans la République du Daghestan, dont le mari appartient à une famille résolument engagée en faveur de la cause tchétchène ; les mises en cause policières répétées du conjoint doivent être regardées, en ce qu'elles ont été motivées sur l'unique fondement d'opinions politiques imputées, comme ayant le caractère d'une persécution, la requérante étant impliquée solidairement, par ricochet, du chef des griefs formés à l'encontre de son époux. • CNDA 7 avr. 2009, *Mme S. épse A.,* n° 624156 : *Rec. CNDA 14.* ♦ V. aussi : • CNDA 31 juill. 2009, n° 643818/09002641 : *Rec. CNDA 42.*

88. La notion d'opinions politiques recouvre les tentatives d'un demandeur de protection internationale de défendre ses intérêts patrimoniaux et économiques personnels par des moyens légaux contre des acteurs non étatiques agissant illégalement, lorsque ceux-ci, en raison des liens qu'ils entretiennent avec l'État concerné par la corruption, sont à même d'instrumentaliser l'appareil répressif de celui-ci au détriment de ce demandeur, dans la mesure où ces tentatives sont perçues par les acteurs comme une opposition ou une résistance dans un domaine lié à ces acteurs et à leurs politiques et/ou à leurs méthodes. • CJUE 12 janv. 2023, n° C-280/21. ♦ Au sens de l'art. 10, § 1 de la Dir. 2011/95/UE, la notion d'opinion politique peut couvrir toute opinion sans qu'importe la manière dont elle est exprimée dès lors qu'elle est perçue comme telle par les acteurs des persécutions. Une opinion politique, même superficielle, reste une opinion politique au sens du droit d'asile. L'opinion peut aussi bien être, au sens de l'art. 10, § 1, e), de la Dir. « Qualification », une « idée » ou une « croyance ». Le motif de « l'opinion politique » promeut ainsi la liberté d'expression, entendue comme « la liberté d'opinion et la liberté de recevoir ou de communiquer des informations ou des idées sans qu'il puisse y avoir ingérence d'autorités publiques et sans considération de frontières ». Pour que ses convictions soient qualifiées de « politiques » au sens du droit d'asile, il « suffit » que le demandeur affirme qu'il a une opinion, idée ou croyance de cet ordre, ou qu'il l'exprime, même s'il « n'a pas encore fait l'objet de l'attention défavorable des acteurs de la persécution potentiels dans son pays d'origine ». « Le degré de conviction des opinions politiques » et « la pratique éventuelle d'activités visant à promouvoir ces opinions constituent des éléments pertinents » en ce qu'ils peuvent révéler le risque, pour le demandeur, d'avoir défavorablement attiré l'attention d'acteurs de persécutions potentiels, en particulier lorsqu'il n'existe pas de preuve que l'intéressé a, en raison de ses opinions politiques, déjà attiré défavorablement une telle attention ; si le risque est avéré, la protection ne peut être refusée à celui qui aurait des convictions peu profondes au motif qu'il pourrait les dissimuler sans peine. • CJUE 21 sept. 2023, n° C-151/22 : *DP étrangers, Bull. n°s 337-338, nov.-déc. 2023, note Viel.*

89. Lanceur d'alerte. Constitue une opinion politique tout signalement ou toute divulgation publique par une personne physique, sans contrepartie financière directe et de bonne foi, d'informations relatives à des infractions pénales ou des atteintes à l'intérêt général dans lesquelles sont impliqués, directement ou indirectement, les acteurs des persécutions ; le lanceur d'alerte, agissant au nom de l'intérêt général, joue un rôle déterminant dans la préservation d'une société démocratique de sorte que son action peut lui faire craindre d'être exposé à des persécutions, notamment des accusations pénales fallacieuses à son encontre, en guise de représailles. • CNDA 7 déc. 2022, n° 21019971.

90. Liens entre les persécutions alléguées et les opinions politiques imputées. La CNDA ne peut se contenter de prendre en considération le statut d'ancien militaire, policier ou représentant du gouvernement afghan pour en déduire l'existence de craintes de persécutions ; il lui incombe de vérifier l'existence d'un lien entre les persécutions redoutées et les opinions politiques imputées personnellement ; la seule appartenance à une institution de l'État ne suffit pas à justifier des craintes sauf si cette institution subordonne l'accès des personnes à un emploi en son sein à une adhésion à des opinions politiques. • CE 29 avr. 2022, n° 447581.

91. Poursuites pénales. Des poursuites pénales ayant une motivation politique peuvent valablement être invoquées. • CRR 22 déc. 1997, *Lassoued,* n° 299708. ♦ Même solution s'agissant de persécutions motivées par l'action politique des intéressés : lutte en faveur de la cause berbère en Algérie. • CRR 26 févr. 1990, *Aït Ahmed,* n° 64125. ♦ ... Cause kurde en Turquie. • CRR 23 déc. 1988, *Karacan,* n° 74765. ♦ ... Répression (notamment condamnations à mort) contre les membres d'un parti politique. • CRR 5 nov. 1997, *Khatchik,* n° 313844. ♦ ... Action politique en faveurs de minorités nationales. • CRR 28 juin 1995, *Yildiz,* n° 280438. ♦ ... Acte de désertion ou d'insoumission motivé par des mobiles politiques. • CE 28 juill. 1989, *Bakhci,* n° 83344 : *Dr. adm. 1989. Comm. 570.* ♦ La qualité de réfugié pourra également être reconnue à des journalistes connus pour leur opposition au régime de leur pays. • CRR 27 oct. 1997, *Zamora,* n° 307283.

92. Mobile politique. Il ne résulte pas des stipulations de la Conv. de Genève que, pour ouvrir droit à la reconnaissance du statut de réfugié, les opinions ou activités en raison desquelles un étranger craint d'être persécuté dans le pays dont il a la nationalité doivent être inspirées par un mobile politique ; dans le cas où ces activités, même dépourvues de mobile politique, sont regardées par les autorités du pays comme une manifestation d'opposition politique susceptible d'entraîner des persécutions, elles peuvent, le cas échéant, ouvrir droit à la reconnaissance de la qualité de réfugié. • CE 27 avr. 1998, *M. B.*, n° 168335.

93. Exemples. Ancien combattant tchétchène ayant refusé de prendre les armes lors du second conflit car il était en désaccord avec l'idéologie alors défendue par les indépendantistes ; le demandeur a prodigué son aide à l'accueil des réfugiés, a fait l'objet d'arrestations et d'exactions ainsi que de pressions pour collaborer. • CNDA 15 févr. 2008, *S.*, n° 587627 : *Rec. CNDA 27.* ♦ Justifie de craintes fondées de persécutions un combattant en faveur de la cause sahraouie jusqu'en 1990, ayant été détenu durant 3 ans, en raison de son refus de renier ses opinions en faveur de l'indépendance du Sahara. • CNDA 3 mars 2008, *A.*, n° 578717 : *Rec. CNDA 29.* ♦ Activités politiques au profit des LTTE (Tigres de libération de l'Eelam tamoul) et de journalistes au Sri Lanka ayant entraîné un emprisonnement puis des mauvais traitements et des menaces répétées de la part de militaires. • CNDA 23 déc. 2009, n° 629333/08009824 : *Rec. CNDA 39.* ♦ Engagement politique actif dans une structure organisée contestant le régime au pouvoir en Iran et les élections présidentielles de juin 2009 ayant entraîné un renforcement de la répression à l'égard des personnes activement engagées. • CNDA 8 oct. 2009, n° 701197/09006639 : *Rec. CNDA 40.* ♦ Requérant issu d'une famille arménienne ayant bénéficié de la protection de la communauté kurde lors du génocide de 1915, soutenant le PKK, dont le frère et de deux de ses proches ont été assassinés par les autorités turques, et dont la demeure familiale a été pillée et incendiée. • CNDA 2 oct. 2009, n° 08019747/639283 : *Rec. CNDA 41.* ♦ Mauritanienne d'origine beydane ayant été amenée à créer un mouvement de défense des droits des femmes et de lutte contre les discriminations, ayant soutenu la candidature du dirigeant d'« Action pour le changement » lors des élections présidentielles de 2003 et fait l'objet de harcèlements et de mauvais traitements en détention. • CNDA 24 avr. 2009, n° 616474 : *Rec. CNDA 43.* ♦ Syrien d'origine kurde engagé au sein du Parti unioniste démocratique kurde de Syrie (mouvement Yekiti), ayant participé à des réunions se tenant dans la clandestinité. • CNDA 24 avr. 2009, n° 629430 : *Rec. CNDA 44.*

94. Insoumission. La CEDH considère que les condamnations successives du requérant et le risque pour lui de faire l'objet de poursuites pénales continues, pour avoir refusé de porter l'uniforme en raison de ses convictions philosophiques, le mettent sans doute dans une situation d'humiliation ou d'avilissement et conclut à une violation de l'art. 3 Conv. EDH. • CEDH 24 janv. 2006, n° 39437/98. ♦ Si l'art. 9 Conv. EDH ne mentionne pas expressément le droit à l'objection de conscience, la Cour considère toutefois que l'opposition au service militaire, lorsqu'elle est motivée par un conflit grave et insurmontable entre l'obligation de servir dans l'armée et la conscience d'une personne ou ses convictions sincères et profondes, de nature religieuse ou autre, constitue une conviction atteignant un degré suffisant de force, de sérieux, de cohérence et d'importance pour entraîner l'application des garanties de l'art. 9. • CEDH 7 juill. 2011, n° 23459/03.

95. L'insoumission n'entraîne pas, en tant que telle, un risque de persécution. • CE 20 mai 1996, *Stanjevic,* n° 158652. ♦ Les craintes énoncées par un demandeur d'asile du fait de son insoumission ou de sa désertion ne permettent de le regarder comme entrant dans le champ d'application de la Conv. de Genève que s'il peut être tenu pour établi que l'attitude de celui-ci est dictée par l'un des motifs énumérés par les stipulations du 2 du A de l'art. 1er de la Conv. de Genève, ou par des raisons de conscience liées à l'un de ces motifs, et qu'il n'existe pas, dans le pays d'origine, de service civil de remplacement ou de procédures visant à reconnaître le statut d'objecteur de conscience. Les motifs de conscience sont ceux qui conduisent un individu à refuser de commettre, sur ordre des autorités, des actes contraires à ses convictions. Les critères de race et de nationalité au sens de la Conv. de Genève, notamment l'appartenance ethnique, peuvent ainsi être appliqués lorsque le refus du service militaire est fondé sur une objection de principe à la participation à un conflit interne en lien avec l'origine ethnique de l'intéressé. En outre, la question relative à des convictions intimes peut se poser s'il est demandé aux conscrits de participer à des opérations militaires contre des membres de la même ethnie. Les sanctions prévues par la législation d'un État pour punir l'insoumission ou la désertion sont considérées comme légitimes au regard du droit de l'État à maintenir une force armée. Toutefois, selon l'art. 9 de la Dir. 2011/95/UE du Parlement européen et du Conseil du 13 déc. 2011, les mesures légales, administratives, de police ou judiciaires ainsi que les sanctions ou poursuites encourues en cas d'acte d'insoumission ou de désertion peuvent être qualifiées d'actes de persécution si elles sont discriminatoires ou disproportionnées, en elles-mêmes ou dans leur mise en œuvre. • CNDA 1er avr. 2021, n° 20044736.

96. La circonstance que le demandeur du statut de réfugié s'est abstenu de recourir à une procédure visant à l'obtention du statut d'objecteur de conscience exclut toute protection au titre de l'art. 9, § 2, ss. e), de la Dir. 2011/95/UE aux termes duquel les actes de persécution peuvent notamment prendre la forme de « poursuites ou sanctions pour refus d'effectuer le service militaire en cas de conflit lorsque le service militaire supposerait de commettre des crimes ou d'accomplir des actes relevant du champ d'application des motifs d'exclusion visés à l'art. 12, paragraphe 2 », à moins que ledit demandeur ne prouve qu'aucune procédure d'une telle nature ne lui aurait été disponible dans sa situation concrète. • CJUE 26 févr. 2015, *Shepherd,* n° C-472/13. ♦ Lorsque la possibilité de refuser d'accomplir le service militaire n'est pas prévue par le droit de l'État d'origine et qu'il n'existe en conséquence aucune procédure à cette fin, il ne saurait être exigé du réfractaire qu'il formalise son refus selon une procédure donnée. En outre, dans cette hypothèse, compte tenu du caractère illégal de ce refus en vertu du droit de l'État d'origine, et des poursuites et sanctions auxquelles il expose son auteur, on ne saurait raisonnablement attendre de ce dernier qu'il l'ait exprimé devant les autorités militaires. • CJUE 19 nov. 2020, n° C-238/19 : *D. 2020. 2345*. • CE 15 déc. 2021, n° 439941.

97. La CNDA relève que l'insoumission, que ce soit le refus du service militaire ou de la mobilisation, et la désertion sont perçues par les autorités syriennes comme l'expression d'une opposition politique, ceci justifiant la reconnaissance de la qualité de réfugié. • CNDA 24 mars 2021, n°s 2001889, 20018890 et 20018891. ♦ V. aussi s'agissant d'un ressortissant érythréen : • CNDA 31 mars 2021 n° 19059199. ♦ La protection peut être étendue à une personne de nationalité syrienne ayant accompli son service militaire mais refusant d'intégrer l'armée en tant que réserviste au risque d'avoir à tuer des personnes de la population syrienne. • CNDA 30 mars 2021, n°s 19032137 et 19032138.

98. La CNDA définit l'objection de conscience au service militaire comme une réelle conviction personnelle, revêtant un degré avéré de force ou d'importance, de cohérence et de sérieux pour la personne concernée de s'opposer à tout combat, motivée par un conflit grave et insurmontable entre l'obligation de service dans l'armée et sa propre conscience ou ses propres convictions sincères et profondes, notamment de nature politique, religieuse, morale ou autre. • CNDA 7 juin 2022, n° 21042074 : *AJDA 2022. 1192*.

99. Il appartient aux seules autorités nationales d'apprécier, sous le contrôle du juge, si l'accomplissement du service militaire par le demandeur qui sollicite l'obtention du statut de réfugié sur le fondement de l'art. 9, § 2, ss. e), de la Dir. 2011/95/UE amènerait nécessairement ou, au moins, très probablement ce dernier à commettre des crimes visés à l'art. 12, § 2, de la même directive. • CJUE 26 févr. 2015, *Shepherd,* n° C-472/13.

100. Lorsque qu'il peut être tenu pour établi qu'un ressortissant russe est appelé dans le cadre de la mobilisation partielle du Décr. du 21 sept. 2022 ou d'un recrutement forcé, il est hautement probable qu'il soit amené à participer, directement ou indirectement, à la commission de crimes de guerre dans le cadre de son service, et ce, quel que soit son secteur d'intervention, au sens de l'art. 9, § 2, e), de la Dir. 2011/95/UE, étant donné l'objet même de la mobilisation partielle, l'impossibilité de refuser un ordre de mobilisation et compte tenu des conditions de déroulement du conflit armé, marqué par la commission à grande échelle de crimes de guerre par les diverses unités des forces armées russes, que ce soit dans les territoires contrôlés par l'Ukraine ou dans les territoires actuellement placés sous contrôle des autorités russes. Dans ces conditions, les insoumis à cette mobilisation et les mobilisés ayant déserté sont exposés, à raison de leur refus de participer aux opérations militaires menées par l'armée russe en Ukraine, à des sanctions constitutives d'actes de persécutions au sens de l'art. 9, § 2, e), de la Dir. 2011/95/UE. • CNDA 20 juill. 2023, n° 21068674 : *DP étrangers, Bull. n° 335, sept. 2023, note Songoro.*

101. Selon la Dir. 2011/95/UE du 13 déc. 2011 sur la protection internationale, les actes de persécution peuvent notamment prendre la forme de poursuites ou de sanctions pour refus d'effectuer le service militaire en cas de conflit lorsque le service militaire supposerait de commettre des crimes ou d'accomplir des actes qui excluent une reconnaissance comme réfugié, tel qu'un crime de guerre ou un crime contre l'humanité ; dans le contexte syrien de guerre civile généralisée qui prévalait au moment de statuer sur la demande de l'intéressé et eu égard en particulier à la commission répétée et systématique de crimes de guerre par l'armée syrienne, y compris par les unités composées d'appelés, la plausibilité qu'un appelé soit conduit, quel que soit son secteur d'intervention, à participer, directement ou indirectement, à la commission des crimes considérés paraît très élevée. Il doit exister un lien entre les poursuites ou sanctions pour refus d'effectuer le service militaire et au moins l'un des cinq motifs de persécution qui peuvent ouvrir droit à la reconnaissance de la qualité de réfugié. La preuve du lien de causalité ne pèse pas sur le demandeur de la protection internationale car « une telle charge de la preuve serait contraire aux modalités d'évaluation des demandes de protection internationale ». Ainsi, « il appartient aux autorités nationales compétentes d'apprécier, au vu de l'ensemble des circonstances rapportées par le demandeur de protection internationale, le caractère plausible du lien ». • CJUE 19 nov. 2020, n° C-238/19 : *AJDA 2021. 541*.

102. Infractions pénales. En admettant que le détournement d'avion dont M. M. s'est rendu coupable aurait pu avoir un motif politique, cette circonstance ne saurait impliquer que les poursuites auxquelles ce crime expose ses auteurs soient constitutives d'une persécution du fait d'opinions politiques, au sens des stipulations préc. de la Conv. de Genève. • CE 18 avr. 1980, *M. Mac Nair*, n° 13914.

103. La Commission, en jugeant que le seul écho donné en Turquie aux délits graves de droit commun dont le requérant a été reconnu coupable en France, ne permettait pas de tenir pour fondées les craintes alléguées par l'intéressé d'être exposé à des persécutions en raison de ses opinions politiques en cas de retour en Turquie, a porté sur les faits qui lui étaient soumis une appréciation souveraine exempte de dénaturation. • CE 30 juill. 2003, *M. E.*, n° 217894.

104. Dans le prolongement de la jurisprudence du Conseil d'État selon laquelle l'existence d'opinions politiques au sens de la Conv. de Genève ne peut résulter de la seule appartenance à une institution d'État, telle que l'armée, la police, les services secrets ou la magistrature, sauf si cette institution subordonne l'accès des personnes à un emploi en son sein à une adhésion à de telles opinions, agit sur leur seul fondement, ou combat exclusivement tous ceux qui s'y opposent, le juge de l'asile précise que des opinions politiques peuvent néanmoins être imputées aux membres de ces institutions par des groupes armés combattant le régime en place. Il suit de ce constat que des personnes craignant d'être persécutées en raison de l'imputation d'opinions politiques adverses sont éligibles à la protection conventionnelle. • CNDA 28 nov. 2018, n° 18007777.

D. PRINCIPE D'UNITÉ DE FAMILLE

1° FONDEMENT

105. Principe général du droit. Ce principe général du droit applicable aux réfugiés impose que la qualité de réfugié soit reconnue à la personne de même nationalité unie au réfugié par le mariage à la date à laquelle celui-ci a demandé son admission au statut ainsi qu'aux enfants mineurs de ce réfugié. • CE 2 déc. 1994, *Mme Ayepong*, n° 112842 A : *AJDA 1994. 915*. ♦ Cette solution a été étendue à la personne ayant une liaison suffisamment stable et continue avec le réfugié pour former avec lui une famille. • CE 21 mai 1997, *Gomez Botero*, n° 159999 B. ♦ *A contrario* : • CNDA 20 oct. 2009, n° 09005651/700138 : *Rec. CNDA 112*. ♦ Même solution s'agissant d'un mineur placé sous la tutelle du réfugié. • CRR 3 juin 2005, *Mlle W.*, n° 511149. ♦ Même solution encore pour un enfant dont le réfugié avait été désigné comme tuteur par jugement d'un tribunal congolais, alors même que celui-ci n'avait pas été rendu exécutoire par une juridiction française et qu'il n'avait pas établi de lien de filiation. • CE 10 juin 2011, *M. Mulenda Zangela*, n° 336287 A : *RFDA 2011. 865*.

106. Le principe d'unité de famille continue à s'appliquer alors même que le réfugié qui a été rejoint par un membre de sa famille a acquis la nationalité française. • CRR 18 juill. 2006, *Gomes Betuncal*, n° 441813. ♦ Même solution s'agissant d'un enfant dont le père réfugié est décédé. • CRR 1er juill. 2005, *A.*, n° 492120.

107. Art. 8 Conv. EDH. Si une personne ne peut bénéficier de l'application du principe d'unité de famille, elle peut invoquer la violation de son droit à mener une vie familiale normale à l'encontre du refus de titre de séjour qui lui est opposé. • CAA Marseille, 19 avr. 1999, *Annang*, n° 97MA02401 : *RFDA 2001. 182, note Roux*.

108. CJUE. L'art. 3 et l'art. 23, § 2, de la Dir. 2011/95/UE du 13 déc. 2011 doivent être interprétés en ce sens qu'ils ne s'opposent pas à ce qu'un État membre, en vertu de dispositions nationales plus favorables, accorde, à titre dérivé et aux fins du maintien de l'unité familiale, le statut de réfugié à l'enfant mineur d'un ressortissant de pays tiers auquel ce statut a été reconnu en application du régime instauré par cette directive, y compris dans le cas où cet enfant est né sur le territoire de cet État membre et possède, par son autre parent, la nationalité d'un autre pays tiers dans lequel il ne risquerait pas de persécution. • CJUE 9 nov. 2021, n° C-91/20 : *AJ fam. 2022. 51*.

109. Protection subsidiaire. Pour accorder la protection subsidiaire à la requérante, la CRR s'est fondée sur ce que l'intéressée, en sa qualité d'épouse d'un compatriote à qui venait d'être octroyée la même protection, était fondée à se prévaloir du principe de l'unité de famille qui est au nombre des principes généraux du droit applicables aux réfugiés, tels qu'ils résultent notamment de la Conv. de Genève ; en fondant sa décision sur ce motif alors qu'il résulte de l'ensemble des dispositions précitées que le droit des réfugiés résultant de cette convention n'est pas applicable aux personnes relevant du régime de la protection subsidiaire, défini tant par la Dir. du Conseil en date du 29 avr. 2004 que par les dispositions de droit interne qui en assurent la transposition, la commission a entaché sa décision d'erreur de droit. • CE 18 déc. 2008, *OFPRA c/ Mme Ananian épse Arakelian*, n° 283245 B • 15 déc. 2010, *OFPRA c/ Mme Sedova épse Avetisian*, n° 332186.

2° CONJOINT

110. C'est sur le fondement du principe d'unité de famille et de l'art. 8 Conv. EDH que le principe de non-refoulement est étendu au conjoint du réfugié. • CAA Versailles, 4 oct. 2007, *Chaibo*, n° 06VE01483.

111. Le principe d'unité de famille ne peut s'appliquer à un demandeur dont l'épouse a été reconnue réfugiée en raison des mauvais traitements qu'il lui a infligés ; en dépit du maintien du lien marital unissant les conjoints, l'application du principe de l'unité de famille entrerait en contradiction avec son objet tel que défini par la décision du Conseil d'État *Agyepong*, qui consiste à « assurer pleinement au réfugié la protection prévue par ladite protection ». Or, l'épouse du requérant s'est vue reconnaître la qualité de réfugiée en raison de la plainte qu'elle a déposée contre lui à la suite des mauvais traitements qu'il lui a infligés et pour lesquels il a été condamné à une peine d'emprisonnement, un tel comportement perçu comme transgressif des normes tchétchènes lui valant des craintes à l'égard de la famille de son époux en cas de retour en Tchétchénie. • CNDA 24 juill. 2023, n° 21000656.

112. Séparation de corps. Si le statut de réfugié a été reconnu au titre du principe d'unité de famille au bénéfice de l'épouse d'un réfugié, un jugement de séparation de corps met fin au devoir de cohabitation entre époux et donc à la communauté de vie entre ces derniers ; le statut de réfugié peut ainsi être retiré. • CE 13 juin 2024, n° 478041 : *AJDA 2024. 1251*.

113. Polygamie. Le principe d'unité de famille ne peut être appliqué en cas de polygamie. • CRR 25 oct. 1994, *Tumba Kamuanya*, n° 262156. ♦ Même solution lorsque le demandeur n'a pas la même nationalité que le réfugié statutaire. • CNDA 23 déc. 2009, n° 703511/09008894 : *Rec. CNDA 111*.

114. Enfant. Dès lors que l'enfant d'un réfugié statutaire peut invoquer le principe d'unité de famille pour que lui soit reconnue également la qualité de réfugié, le juge procède à l'annulation de l'OQTF le frappant alors même qu'il n'avait pas encore déposé de demande d'asile. • CAA Lyon, 27 juin 2013, n° 13LY00454.

115. Lorsqu'un étranger se trouvant en France accompagné de ses enfants mineurs se voit accorder l'asile, que ce soit en qualité de réfugié ou au titre de la protection subsidiaire, la protection qui lui est accordée l'est également à ses enfants mineurs et, d'autre part, lorsqu'il est statué sur la demande de chacun des parents, la décision accordant la protection la plus étendue est réputée prise aussi au bénéfice des enfants. Ainsi, ces dispositions sont applicables aux enfants de réfugiés, qui pourraient par ailleurs invoquer le principe de l'unité de famille, mais également aux enfants des bénéficiaires de la protection subsidiaire, qui ne sauraient se prévaloir d'un tel principe général du droit des réfugiés. • CE 21 janv. 2021, n° 439248 B : *AJDA 2021. 186* ; *AJ fam. 2021. 190* ; *D. 2022. 244, chron. Boskovic, Corneloup, Jault-Seseke, Joubert et Parrot*.

116. Le principe d'unité de famille n'impose pas que la qualité de réfugié soit reconnue ou maintenue aux enfants, qui étaient mineurs lors de leur entrée en France mais qui sont devenus majeurs à la date à laquelle l'OFPRA se prononce, sauf s'ils sont à la charge de leurs parents ou s'il existe des circonstances particulières, tenant notamment à leur vulnérabilité, les mettant dans la dépendance de leurs parents. • CE 6 déc. 2023, n° 469817 : *AJDA 2023. 2310* ; *DP étrangers, Bull. n° 339, janv. 2024 ; D. 2023. 1358 ; ibid. 2024. 228, chron. Boskovic, Corneloup, Jault-Seseke, Joubert, et Parrot*.

117. L'âge de la majorité s'apprécie au regard de la loi française. • CE 21 mai 1997, *Sirzum*, n° 172161 A. ♦ Le principe d'unité de famille ne peut recevoir application lorsque le mariage est postérieur à la date à laquelle a été introduite la demande d'admission au statut de réfugié. • CNDA 27 juill. 2009, n° 597041/07000185 : *Rec. CNDA 117*.

118. Il incombe aux organes de protection de préciser la nature du lien de parenté éventuel unissant les intéressés pour faire application du principe d'unité de famille. • CE 11 mai 2009, *OFPRA c/ R.*, n° 298581 : *Rec. CNDA 110*. ♦ Si la contestation portant sur la filiation d'une requérante avec un réfugié statutaire présente un caractère sérieux, il incombe à la CNDA de surseoir à statuer et de saisir la juridiction civile de droit commun, seule compétente pour les questions de nationalité. • CNDA 19 juin 2009, *Mlle I.*, n° 631175 : *Rec. CNDA 6*.

119. Le fait de ne pas produire un acte de naissance original et sa traduction n'est pas de nature à lui seul à créer un doute sur l'authenticité de l'acte ; un ensemble de documents officiels émanant d'administrations afghanes et contenant des informations concordantes constitue un faisceau d'indices suffisant pour établir la réalité d'un lien de filiation d'un enfant avec un réfugié statutaire. • CAA Nantes, 5 avr. 2019, n° 18NT03208.

120. OQTF. Dès lors que l'enfant d'un réfugié statutaire peut invoquer le principe d'unité de famille pour que lui soit reconnue également la qualité de réfugié, le juge procède à l'annulation de l'OQTF le frappant alors même qu'il n'avait pas encore déposé de demande d'asile. • CAA Lyon, 27 juin 2013, n° 13LY00454.

121. Survenance de la majorité. La survenance de la majorité, en tant qu'elle met fin à la tutelle, met également fin à l'application du principe de l'unité de famille. • CRR 24 avr. 1998, n° 311824 • 3 juin 2005, n° 511149. ♦ Si « les principes généraux du droit applicables aux réfugiés n'imposent pas que la qualité de réfugié soit maintenue à l'intéressé à sa majorité », il y a lieu pour l'OFPRA comme pour la CNDA d'apprécier « au regard de l'ensemble des circonstances de l'espèce » si l'intéressé doit continuer à bénéficier de la qualité de réfugié au cas où il continuerait d'être à la charge de son tuteur et s'il existe des circonstances particulières, tenant notamment à sa vulnérabilité, le mettant dans une situation de dépendance à l'égard de ce dernier. • CE 21 mars 2024, n° 472308 : *AJDA 2024. 640*.

122. Retrait du statut. Le retrait du statut de réfugié qui avait été reconnu aux parents de deux jeunes filles qui bénéficiaient du même statut par le biais de l'unité de famille entraîne le retrait du statut pour les enfants. • CE 28 mai 2024, n° 473593.

3° AUTRES BÉNÉFICIAIRES

123. Ascendants. Si ces mêmes principes n'imposent pas que le même statut soit reconnu à l'ensemble des personnes qui se trouvent, ou se trouvaient dans le pays d'origine, à la charge du réfugié, ils peuvent cependant être invoqués par un ascendant incapable, dépendant matériellement et moralement d'un réfugié, à la double condition que cette situation particulière de dépendance ait existé dans le pays d'origine du réfugié avant l'arrivée de celui-ci en France et qu'elle ait donné lieu à une mesure de tutelle plaçant l'intéressé sous la responsabilité du réfugié. • CRR 29 oct. 1999, *Soysuren*, n° 334620 • CE 28 juill. 2004, *Mme T. épse M.*, n° 229053.

124. Ce principe n'impose toutefois pas de reconnaître la qualité de réfugié à toutes les personnes se trouvant à la charge du réfugié : enfant majeur. • CE 21 mai 1997, *Sirzum*, n° 172161. ♦ ... Ascendant. • CE 7 oct. 1998, *Kanagaratnam*, n° 176259 B • 28 juill. 2004, *Mme Trin épse Mer*, n° 229053 A : *AJDA 2004. 1874, concl. Donnat*.

125. Le principe d'unité de famille n'est pas davantage applicable dans le cas où le conjoint demandeur peut se prévaloir de la protection d'un autre pays dont il a la nationalité. • CE 23 févr. 2009, *OFPRA c/ M. Boularouf*, n° 283246 A : *Dr. adm. 2009. Comm. 72 ; RFDA 2009. 387 ; ibid. 2010. 577, concl. Burguburu, note Kissangoula*. ♦ V. déjà : • CE 9 janv. 2008, *Hashmatollah*, n° 305716.

Art. L. 511-3 **S'agissant des motifs de persécution, les aspects liés au sexe, à l'identité de genre et à l'orientation sexuelle sont pris en considération aux fins de la reconnaissance de l'appartenance à un certain groupe social ou de l'identification d'une caractéristique d'un tel groupe.** – *[Anc. art. L. 711-2, al. 2.]*

Art. L. 511-4 **Pour que la qualité de réfugié soit reconnue à un demandeur, il doit exister un lien entre l'un des motifs de persécution qu'il allègue et les actes de persécution ou l'absence de protection contre de tels actes.** – *[Anc. art. L. 711-2, al. 3.]*

Art. L. 511-5 **Lorsque l'autorité compétente évalue si un demandeur craint avec raison d'être persécuté, il est indifférent que celui-ci possède effectivement les caractéristiques liées au motif de persécution ou que ces caractéristiques lui soient seulement attribuées par l'auteur des persécutions.** – *[Anc. art. L. 711-2, al. 4.]*

Art. L. 511-6 **Le statut de réfugié n'est pas accordé à une personne qui relève de l'une des clauses d'exclusion prévues aux sections D, E ou F de l'article 1er de la convention de Genève du 28 juillet 1951.**

La même section F s'applique également aux personnes qui sont les instigatrices ou les complices des crimes ou des agissements mentionnés à ladite section ou qui y sont personnellement impliquées. – *[Anc. art. L. 711-3.]*

V. notes ss. art. L. 511-8, infra.

1. Agissements contraires aux buts et principes des Nations unies. Pour opposer cette clause d'exclusion à un demandeur d'asile qui a appartenu à ou a entretenu des liens avec une organisation ayant commis des agissements contraires aux buts et principes des Nations unies, il y a lieu de rechercher et d'établir, au cas par cas, les raisons sérieuses qui permettent, autrement que par déduction du contexte dans lequel il a agi, de le regarder comme ayant contribué à ou facilité la commission de tels agissements, sur la base d'éléments matériels et intentionnels précis, tenant compte notamment du rôle qu'il a effectivement joué dans la perpétration des actes en cause, des responsabilités qu'il exerçait au sein de cette organisation, du degré de connaissance qu'il avait ou était censé avoir des activités de celle-ci, des éventuelles pressions auxquelles il aurait été soumis ainsi que de la possibilité effective dont il disposait d'empêcher la commission de ces agissements ou de s'en distancier sans courir de risques personnels graves. Tel n'est pas le cas s'agissant d'un demandeur eu égard aux activités exclusivement médicales auxquelles il s'était livré, à l'absence de participation, même indirecte, aux actes de torture perpétrés par les services du régime syrien dans les établissements où il a été affecté et dont il a pu être témoin, et à l'incapacité dans laquelle il se trouvait de faire obstacle à ces agissements répréhensibles, quand bien même il a gravi les échelons de la police syrienne jusqu'à en être promu colonel en 2012. • CE 10 nov. 2021, n° 447059. ♦ Même solution s'agissant d'un ressortissant syrien dont la simple présence en qualité de sous-officier dans une zone de conflits marquée par une forte répression ne permettait pas de considérer qu'il avait eu une responsabilité dans les agissements commis par l'armée syrienne contre la population civile, alors que 1° il ne ressortait pas des pièces du dossier que, en sa qualité de conscrit puis de réserviste comme officier subalterne, il exerçait une autorité au sein de l'armée ni des fonctions d'encadrement opérationnel ; 2° qu'il n'existait pas d'éléments indiquant qu'il aurait été affecté à des tâches autres qu'administratives, au service du personnel ; t3° qu'il n'apparaissait pas avoir appartenu à l'une des unités militaires identifiées comme ayant participé à la répression de la population de Jdeidet Artouz. • CE 27 nov. 2020, n° 428703. ♦ Pour une application de la clause d'exclusion en raison de la participation à des activités terroristes au nom de Daech, V. • CE 10 mai 2021, n° 430994. ♦ V. aussi s'agissant d'un ressortissant syrien, acteur de premier plan de la révolution syrienne dans le gouvernorat d'Alep, ayant déployé une intense activité, à la fois politique et militaire, comme membre fondateur du conseil révolutionnaire de la province d'Alep puis vice-président du conseil local révolutionnaire d'Atareb, gérant un entrepôt d'armes où les différentes unités rebelles venaient s'approvisionner et œuvrant à l'unification sous un même commandement militaire de groupes armés issus des rangs salafistes et de l'Armée syrienne libre, et comme conseiller politique et militaire de la brigade Al Moutassam Billah, créée sous son impulsion pour parachever ce regroupement, • CE 13 nov. 2020, n° 430068.

2. Saisie d'un recours formé par un demandeur d'asile ayant fait l'objet d'un jugement de relaxe ou d'acquittement par un tribunal pénal international fondé sur la circonstance que les faits lui étant reprochés ne sont pas établis ou qu'un doute subsiste sur leur réalité, il appartient à la CNDA, le cas échéant, d'apprécier, sans être tenue par ce jugement, s'il existe des raisons sérieuses de penser que l'intéressé entre dans le champ des clauses d'exclusion mentionnées au F de l'article 1er. En présence d'un arrêt du tribunal pénal international pour le Rwanda ayant prononcé en appel l'acquittement du demandeur au motif que les faits pour lesquels il était poursuivi n'étaient pas établis, la CNDA reste fondée à considérer qu'il existait des raisons sérieuses de penser que l'intéressé s'était rendu coupable des crimes mentionnés au *a)* du F de l'art. 1er. • CE 28 févr. 2019, n° 414821.

3. Principe du contradictoire. Eu égard tant à la nature des motifs susceptibles de fonder l'application de la clause d'exclusion figurant à l'art. 1er, F de la Conv. de Genève ou, le cas échéant, des dispositions analogues du présent art., qu'aux effets susceptibles de s'y attacher pour celui qui remplit par ailleurs les conditions requises pour obtenir le bénéfice du statut de réfugié ou de la protection subsidiaire, la CNDA, lorsqu'elle entend opposer au requérant la clause d'exclusion alors que l'OFPRA n'a pas invoqué de tels motifs, ne peut le faire qu'après avoir mis l'intéressé à même de s'en expliquer dans le cadre de la procédure écrite, le cas échéant après réouverture des débats. • CE 14 mars 2011, *M. Ahmad*, n° 329909 A : *RFDA 2011. 635*.

4. Lorsque la CNDA a octroyé l'asile sans se prononcer sur une éventuelle clause d'exclusion, le Conseil d'État considère qu'elle a implicitement écarté son application d'office, et admet que l'OFPRA puisse, pour la première fois en cassation, soulever l'erreur de droit ou de qualification juridique de la CNDA ; interprétant le silence de la Cour, le Conseil d'État considère en l'espèce que la Cour a pu, sans entacher sa décision d'erreur de qualification juridique, estimer qu'il n'existait pas de raisons sérieuses de penser que l'intéressé se serait rendu coupable d'un crime grave de droit commun ou d'agissements contraires aux buts et aux principes des Nations unies, et que ne pouvaient, en conséquence, lui être opposées les clauses d'exclusion résultant du b) ou du c) du F de l'art. 1er de la Conv. de Genève. • CE 18 mars 2019, n° 414740.

5. Lorsqu'elle est saisie d'une décision de retrait d'une protection par l'OFPRA en application d'une clause d'exclusion, la CNDA vérifie si le requérant est toujours exposé à des craintes de persécution ou de menace grave dans son pays d'origine avant d'envisager une éventuelle exclusion. • CNDA 23 juill. 2019, n° 18050770.

Art. L. 511-7 **Le statut de réfugié est refusé ou il y est mis fin dans les situations suivantes :**

1° Il y a des raisons sérieuses de considérer que la présence en France de la personne concernée constitue une menace grave pour la sûreté de l'État ;

2° La personne concernée a été condamnée en dernier ressort en France, dans un État membre de l'Union européenne ou dans un État tiers figurant sur la liste, fixée par décret en Conseil d'État, des États dont la France reconnaît les législations et juridictions pénales au vu de l'application du droit dans le cadre d'un régime démocratique et des circonstances politiques générales soit pour un crime, soit pour un délit constituant un acte de terrorisme *(L. n° 2021-1109 du 24 août 2021, art. 27)* **« ou une apologie publique d'un acte de terrorisme » ou puni de dix ans d'emprisonnement, et sa présence constitue une menace grave pour la société française.** – *[Anc. art. L. 711-6.]*

COMMENTAIRE

La loi n° 2018-778 du 10 septembre 2018 pour une immigration maîtrisée, un droit d'asile effectif et une intégration réussie a, sur amendement sénatorial, substitué une compétence liée à la faculté jusque-là laissée à l'Office français de protection des réfugiés et apatrides (OFPRA) de refuser ou de retirer le statut de réfugié lorsqu'il représente une menace grave pour la sûreté de l'État ou la société, ou lorsqu'il relève d'une des clauses de cessation prévue par la convention de Genève (V. aussi, *infra*, art. L. 511-8).

La loi de 2018 a complété le présent article afin de faire en sorte que les condamnations prononcées par un autre État membre de l'Union européenne, et non plus seulement par la France, pour crime ou terrorisme, et dont la présence représente une menace grave pour la société, puissent être prises en considération par l'OFPRA pour refuser ou retirer le statut de réfugié. Elle a par ailleurs fait disparaître le pouvoir d'appréciation de l'OFPRA qui se trouve ici en situation de compétence liée.

Aux termes de l'article R. 511-1, la liste mentionnée au 2° du présent article est composée des États suivants : Islande, Liechtenstein, Norvège, Suisse (V. Décr. n° 2018-1159 du 14 déc. 2018 pris pour l'application de la loi n° 2018-778 du 10 sept. 2018 pour une immigration maîtrisée, un droit d'asile effectif et une intégration réussie et portant diverses dispositions relatives à la lutte contre l'immigration irrégulière et au traitement de la demande d'asile).

La circulaire du 31 décembre 2018 prise en application de la loi du 10 septembre 2018 (NOR : INTV1835403J) indique que des enquêtes administratives pourront être diligentées en application du V de l'article L. 114-1 du code de la sécurité intérieure et permettront à l'OFPRA, le cas échéant, de refuser ou de retirer le statut de réfugié ou la protection subsidiaire pour des motifs graves de sécurité nationale ou d'ordre public. ❑

1. Selon le Conseil d'État, le présent art. n'a pas pour objet d'ajouter de nouvelles clauses d'exclusion et ne méconnaît, dans ces conditions, ni la Conv. de Genève ni les objectifs de la Dir. du 13 déc. 2011. La possibilité de refuser le statut de réfugié ou d'y mettre fin est subordonnée à deux conditions cumulatives : il appartient à l'OFPRA et, en cas de recours, à la CNDA, d'une part, de vérifier si l'intéressé a fait l'objet de l'une des condamnations que visent les dispositions de l'art. L. 511-7 et, d'autre part, d'apprécier si sa présence sur le territoire français est de nature à constituer, à la date de leur décision, une menace grave pour la société au sens de ces dispositions, c'est-à-dire si elle est de nature à affecter un intérêt fondamental de la société, compte tenu des infractions pénales commises – lesquelles ne sauraient, à elles seules, justifier légalement une décision refusant le statut de réfugié ou y mettant fin – et des circonstances dans lesquelles elles ont été commises, mais aussi du temps qui s'est écoulé et de l'ensemble du comportement de l'intéressé depuis la commission des infractions ainsi que de toutes les circonstances pertinentes à la date à laquelle ils statuent. • CE 19 juin 2020, *OFPRA*, n°s 416032 et 428140 A : *AJDA 2020. 1317*.

2. Procédure. Pour refuser ou mettre fin à la protection juridique et administrative d'un réfugié sur le fondement de l'art. L. 511-7, en raison de la menace grave qu'il représente en France pour la sûreté de l'État ou pour la société, il appartient à l'OFPRA et, le cas échéant, à la CNDA, de vérifier au préalable si cette personne répond à la définition du réfugié prévue à l'art. 1er de ladite convention, et notamment si elle doit en être exclue sur le fondement de la section F de l'art. 1er de la convention de Genève. • CNDA 19 avr. 2019, n° 16040612. ♦ Lorsque la CNDA est saisie de façon incidente par de nouvelles conclusions formées à l'occasion d'un mémoire complémentaire visant à ce que soit remise en cause la qualité de réfugié, elle doit examiner le droit au maintien de cette qualité préalablement à la question du maintien ou de la perte du statut. • CE 9 nov. 2021, n° 439891 B • 29 mars 2023, n° 462644 B. ♦ L'application du présent art. doit avoir été invoquée lors de l'instruction de l'affaire et les parties doivent avoir été préalablement informées que la Cour entendait soulever d'office son application. • CE 20 juill. 2023, n° 466241.

3. Appréciation par le juge de l'asile. L'appréciation portée par la CNDA sur l'existence d'une menace grave pour la sûreté de l'État est soumise au contrôle de la qualification juridique des faits du juge de cassation. • CE 17 avr. 2019, n° 419722 B : *AJDA 2019. 905*. ♦ Dès lors, le Conseil d'État n'hésite pas à substituer sa propre appréciation des faits à celle retenue par la Cour. • CE 29 déc. 2021, n° 448330. ♦ Le recours à la notion de menace grave pour la société suppose l'existence, en dehors du trouble pour l'ordre social que constitue toute infraction à la loi, d'une menace réelle, actuelle et suffisamment grave, affectant un intérêt fondamental de cette société. La constatation de l'existence d'une telle menace doit être fondée sur une appréciation, par l'Office, puis le cas échéant par la Cour, du comportement personnel de l'intéressé, prenant en considération les éléments sur lesquels la condamnation pénale s'est fondée, tout particulièrement la nature et la gravité des crimes ou des agissements qui lui sont reprochés, le niveau de son implication individuelle dans ceux-ci, ainsi que l'existence éventuelle de motifs d'atténuation de sa responsabilité pénale relevés dans sa condamnation. Cette appréciation globale doit ensuite déterminer, compte tenu du laps de temps qui s'est écoulé depuis la commission de ces crimes ou agissements ainsi que du comportement ultérieur adopté par cette personne, si ce comportement manifeste la persistance, chez celle-ci, d'une attitude susceptible de porter gravement atteinte aux intérêts fondamentaux de la société. • CNDA 19 nov. 2021, n° 21007214.

4. Examen approfondi. La personne à qui le statut de réfugié a été retiré, mais qui a conservé la qualité de réfugié, ne peut être éloignée que si l'administration, au terme d'un examen approfondi de sa situation personnelle prenant particulièrement en compte cette qualité, conclut à l'absence de risque pour l'intéressé de subir un traitement prohibé par les stipulations précitées dans le pays de destination. • CE 28 mars 2022, n° 450618 B : *AJDA 2022. 656* ; *ibid. 1284, concl. Le Corre*.

5. *Appréciation par la CJUE.* Le refus ou la révocation du statut de réfugié prévue par l'art. 14, § 4, b), de la Dir. « Qualification », lorsqu'ayant été condamné en dernier ressort pour un crime particulièrement grave un réfugié constitue une menace grave pour la société de l'État membre, est subordonné à la réunion de deux conditions distinctes et cumulatives. Ainsi, la menace pour la société d'un État membre ne saurait résulter de la seule condamnation en dernier ressort d'un demandeur d'asile ou d'un réfugié ayant commis un crime particulièrement grave. A cet égard, seul le crime « dont les traits spécifiques permettent de le considérer comme présentant une gravité exceptionnelle [et] en tant qu'il fait partie des crimes qui portent le plus atteinte à l'ordre juridique de la société concernée » est susceptible d'entrer dans le champ des dispositions de la Dir. En tout état de cause, les autorités de l'asile doivent appliquer le principe de proportionnalité entre les intérêts et droits du réfugié et un intérêt fondamental de la société de l'État membre. L'évaluation de la menace doit prendre en compte l'ensemble des circonstances propres au cas d'espèce ; ainsi, la menace doit être réelle, actuelle, suffisamment grave et affecter un intérêt fondamental de la société et il n'existe pas de menace potentielle. • CJUE 6 juill. 2023, *XXX c/ Commissaire gén. aux réfugiés et apatrides (Belgique)*, n° C-8/22 : *DP étrangers, Bull. n° 335, sept. 2023, note Viel.*

6. La CJUE retient une définition relativement restrictive de la notion de crime particulièrement grave, celui-ci devant présenter un niveau de gravité supérieur à celui exigé pour l'application des clauses d'exclusion prévues aux art. 12, § 2, b), et 17, § 1, b), de la Dir. « Qualification » ; le cumul des infractions ne peut permettre d'atteindre ce seuil de gravité. A noter que le présent art. se borne à évoquer un crime « grave ». • CJUE 6 juill. 2023, *Staatssecretaris van Justitie en Veiligheid c/ M. A.*, n° C-402/22 : *DP étrangers, Bull. n° 335, sept. 2023, note Viel ; D. 2023. 1358 ; ibid. 228, chron. Boskovic, Corneloup, Jault-Seseke, Joubert et Parrot*.

7. Lorsque la CNDA est saisie d'un recours formé contre une décision de l'OFPRA fondée sur l'art. L. 511-7, elle ne peut remettre en cause d'office la qualité de réfugié en vérifiant si l'intéressé remplit bien les conditions posées par l'art. 1er de la Conv. de Genève. • CE 30 mars 2021, n° 431792.

8. *Conséquences sur l'application du principe d'unité de famille.* La perte du statut de réfugié résultant de l'application du présent art. met fin à l'application du principe d'unité de famille au réfugié et constitue un changement dans les circonstances ayant justifié la reconnaissance de la qualité de réfugié à son conjoint et à ses enfants mineurs. Il y a lieu cependant pour l'OFPRA puis, le cas échéant, pour la Cour d'apprécier si les personnes ayant obtenu la qualité de réfugié au titre de l'unité de famille doivent continuer à bénéficier d'une protection à un autre titre. • CNDA, 22 déc. 2022, n°s 22024535 et 22025037 • CE 28 mai 2024, n° 473593 : *AJDA 2024. 1086*.

9. *Menace grave. Inscription au FPR.* Si l'inscription d'une personne dans le fichier des personnes recherchées pour prévenir des menaces graves pour la sécurité publique ou la sûreté de l'État ne saurait, par elle-même, suffire à établir que la condition posée par le 1° du présent art. est remplie, il appartient au juge de l'asile, lorsqu'il est informé d'une telle inscription, que la fiche soit ou non produite à l'instance, de se forger une conviction au vu de l'argumentation des parties sur ce point dans le cadre de la procédure contradictoire et il ne saurait dénier toute force probante à l'inscription au fichier d'une personne faisant l'objet de recherches pour prévenir des menaces graves pour la sécurité publique ou la sûreté de l'État sans user de ses pouvoirs d'instruction pour recueillir toutes informations pertinentes, notamment auprès du ministre de l'Intérieur, qu'il peut appeler dans l'instance afin qu'il apporte au débat contradictoire tous éléments et informations sur les circonstances et les motifs de l'inscription en cause. • CE 30 janv. 2019, *OFPRA*, n° 416013 A : *AJDA 2019. 253*.

10. Une personne peut représenter une menace grave pour la sûreté de l'État en l'absence de toute condamnation pénale, s'agissant en l'espèce d'un ressortissant russe d'origine tchétchène, connu des services de renseignements (note blanche) en raison de liens actifs et réguliers dans la mouvance islamiste radicale et avec des membres de l'organisation terroriste « Émirat du Caucase ». • CE 2 mars 2023, n° 458126 : *D. 2023. 1358 ; ibid. 2024. 228, chron. Boskovic, Corneloup, Jault-Seseke, Joubert et Parrot*.

11. *Infractions pénales.* Les infractions pénales commises par un réfugié ne sauraient, à elles seules, justifier légalement une décision mettant fin au statut de réfugié ; il appartient à l'OFPRA et, en cas de recours, à la CNDA d'examiner la gravité de la menace que constitue la présence de l'intéressé en France en tenant compte, parmi d'autres éléments, de la nature des infractions commises, des atteintes aux intérêts fondamentaux de la société auxquels la réitération de ces infractions exposerait celle-ci et du risque d'une telle réitération. La circonstance qu'un réfugié, condamné pour des faits qui, lorsqu'ils ont été commis, établissaient que sa présence constituait une menace grave pour la société, soit incarcéré à la date où la cour se prononce n'implique pas par elle-même que cette menace ait disparu. En l'espèce, le requérant a été condamné à plusieurs reprises pour des faits d'une gravité croissante et purge une peine de de vingt-cinq ans de réclusion criminelle pour deux meurtres pour lesquels la cour d'assises n'a retenu aucun motif d'atténuation de sa responsabilité et alors que la prise de conscience de la gravité de ses actes demeure réduite. S'il a affirmé vouloir cesser, à sa sortie de prison, tout lien avec les membres de son réseau tchétchène et désirer une vie stable professionnelle et familiale, ces circonstances, non plus que son comportement en prison, ne permettent pas de tenir pour acquis que sa présence en France ne constituait plus, à la date de la décision attaquée, une menace grave pour la société française. • CE 3 févr. 2022, n° 445896.

12. *Ancienneté des faits.* En revanche, l'ancienneté et la nature des infractions commises, aucune d'entre elles ne portant sur des atteintes aux personnes et ne traduisant un comportement agressif ou violent à l'égard des tiers ou ne révélant une particulière dangerosité de l'intéressé ne permet pas de considérer que le degré de gravité de la menace exigé par le 2° du présent art. pour qu'il puisse être mis fin au statut de réfugié soit atteint. • CE 28 janv. 2022, n° 451105. ♦ Toutefois, la seule circonstance qu'un réfugié, condamné pour des faits établissant qu'il constituait une menace grave pour la société, se soit abstenu de tout comportement répréhensible depuis sa libération n'implique pas par elle-même, du moins avant l'expiration d'un certain délai, que cette menace ait disparu. • CE 29 déc. 2022, n°s 456943 et 458957. ♦ V. par ex. s'agissant d'un requérant qui a été condamné pour son implication dans l'organisation d'un réseau d'immigration clandestine à destination de divers pays européens dont il était un des principaux instigateurs, et était, au demeurant, à la date de la décision attaquée, toujours sous le coup d'une interdiction judiciaire du territoire français d'une durée de 10 ans. S'il a affirmé avoir cessé tout lien avec les membres de son réseau et n'a pas attiré l'attention des autorités depuis sa libération, ces circonstances, non plus que sa situation familiale, le fait qu'il exerce une activité professionnelle en tant qu'intérimaire et son apprentissage de la langue française, ne permettent de tenir pour acquis que sa présence en France ne constituait plus, à la date de la décision attaquée, une menace grave pour la société française. • CE 10 juin 2021, n° 440383 B : *AJDA 2021. 1244*. ♦ En revanche, s'agissant d'un réfugié, condamné à 5 ans de prison pour violences sur mineur, puis libéré après avoir purgé sa peine, le juge refuse de retirer le statut en notant que l'intéressé avait bénéficié d'un suivi psychologique en prison, n'avait adopté aucun comportement répréhensible, pendant mais aussi après sa détention, avait manifesté sa volonté de s'intégrer dans la société française en apprenant le français, en suivant, pendant sa détention, plusieurs formations et en y validant des certificats de qualification professionnelle et avait, depuis sa libération, cherché à s'insérer sur le plan professionnel. • CE 5 avr. 2024, n° 469816.

13. *Réitération.* Si les infractions pénales commises par un réfugié ne sauraient, à elles seules, justifier légalement une décision mettant fin au statut de réfugié, il appartient à l'OFPRA et, en cas de recours, à la CNDA d'examiner la gravité de la menace que constitue la présence de l'intéressé en France en tenant compte, parmi d'autres éléments, de la nature des infractions commises, des atteintes aux intérêts fondamentaux de la société auxquels la réitération de ces infractions exposerait celle-ci et du risque d'une telle réitération. En l'espèce, l'intéressé a été condamné à plusieurs reprises pour des faits d'une gravité croissante et à sa sortie de prison, il a repris ses activités délictuelles, a été contrôlé avec une arme de poing, et, lors d'une perquisition à son domicile, un fusil mitrailleur en état de fonctionnement y a été découvert. S'il a affirmé se distancier de ses antécédents pénaux et désirer fonder une famille, ces circonstances, non plus que son comportement en prison, ne permettent de tenir pour acquis que sa présence en France ne constituait plus, à la date de la décision attaquée, une menace grave pour la société française. • CE 17 févr. 2023, n° 459262 : *D. 2023. 1358 ; ibid. 2024. 228, chron. Boskovic, Corneloup, Jault-Seseke, Joubert et Parrot*.

14. *Troubles psychiques.* Intéressé ayant été condamné pénalement pour des faits d'outrage et de rébellion, d'usage illicite de stupéfiants, de menaces de mort réitérées, de menaces de mort et outrage à personne dépositaire de l'autorité publique, contraint à une obligation de soins psychiatriques, ayant tenu des propos faisant état de sa volonté de partir en Syrie et proféré des menaces de mort par voie d'égorgement et d'usage d'explosifs. En se bornant, après avoir rappelé ces différentes éléments, à relever que, d'une part, M. A... avait purgé ses peines, avait indemnisé les victimes de ses actes et n'avait pas fait l'objet de poursuites ultérieures, que, d'autre part, il avait bénéficié d'un suivi médical régulier dans le cadre de son obligation de soins et qu'il ne consommait plus de stupéfiants, et enfin qu'il bénéficiait d'un contrat de travail intérimaire à durée indéterminée et menait une vie de famille, pour juger que sa présence en France ne constituait pas, à la date de sa décision, une menace grave pour la sûreté de l'État au sens du présent art., sans prendre en compte les éléments produits par l'OFPRA sur le danger que représentait son état psychiatrique, la cour a entaché sa décision d'inexacte qualification juridique des faits. • CE 29 juill. 2020, n° 433645 • 22 févr. 2024, n° 470733. ♦ Si la CNDA a souverainement estimé que l'intéressé n'était pas en capacité, en raison de son état de santé mentale avant la reprise de son traitement médicamenteux et d'un suivi psychiatrique, de mesurer la portée exacte de ses paroles, cette circonstance n'est pas de nature à relativiser sa dangerosité, alors, d'une part, que cette instabilité psychologique constitue un élément à prendre en compte dans la caractérisation de la menace pour l'ordre public et, d'autre part, qu'il ressortait du dossier qui lui était soumis que, peu avant sa décision, il perturbait encore gravement le fonctionnement de la structure d'hébergement dans laquelle il était accueilli, qu'il a menacé son avocate de « tout brûler » s'il n'obtenait pas la protection internationale et que celle-ci a informé la cour qu'elle craignait pour sa sécurité après qu'il se fut introduit dans son cabinet. • CE 22 avr. 2022, n° 455520. ♦ Faits d'une particulière gravité, commis sur des personnes dépositaires de l'autorité publique ou chargées d'une mission de service public, avaient justifié une condamnation lourde au regard du casier judiciaire alors vierge de l'intéressé ; la circonstance que les faits aient été commis sous l'influence de substances psychotropes ne pouvait être invoquée pour exonérer partiellement l'intéressé de sa responsabilité alors qu'il n'avait pas été reconnu irresponsable pénalement par le tribunal correctionnel. • CE 23 oct. 2023, n° 460596. ♦ Jugé que la circonstance qu'un demandeur d'asile ne soit pas capable, en raison de son état de santé mentale, de mesurer la portée exacte de ses paroles et de ses actes, n'est pas de nature à relativiser sa dangerosité. • CE 2 avr. 2024, n° 472682. ♦ V. aussi • CE 6 juin 2024, n° 471667.

15. Illustration. L'intéressé condamné en 2018 à 3 ans d'emprisonnement et 5 ans d'interdiction du territoire par le tribunal correctionnel de Paris en raison de sa participation à un réseau de passeurs constitue toujours une menace grave pour la société au vu de la persistance d'une attitude de déresponsabilisation et du laps de temps relativement court écoulé depuis cette condamnation. • CNDA 1er juin 2022, n° 21040677.

16. Individu condamné à 12 ans d'emprisonnement et à 4 ans de suivi socio-judiciaire pour viol, commis par un ascendant, et pour menace de mort et violence sans incapacité sur la victime ; l'intéressé avait fait l'objet de condamnations antérieures pour des faits de vol, de circulation avec un véhicule terrestre à moteur sans assurance, de conduite sans permis et d'escroquerie. En se bornant à relever, après avoir rappelé ces différentes condamnations, que l'intéressé avait déclaré à l'audience avoir pris conscience de son crime et de la gravité de l'acte commis envers sa fille, être bien inséré dans la prison au sein de laquelle il occupe un emploi, faire l'objet d'un suivi psychologique, bénéficier de permissions de sortie et souhaiter retrouver, à sa sortie, un emploi et sa place auprès de ses enfants et de sa femme, pour en déduire que sa présence en France ne constituait pas, à la date de sa décision, une menace grave pour la société, la cour a entaché sa décision d'inexacte qualification juridique des faits. • CE 23 avr. 2021, n° 438766.

17. Terrorisme. Il résulte du présent art. que la possibilité de refuser le statut de réfugié ou d'y mettre fin est subordonnée à deux conditions cumulatives, dont l'une est d'avoir fait l'objet d'une des condamnations qui y sont limitativement énumérées, notamment pour un délit constituant un acte de terrorisme. Si le délit d'apologie publique d'actes de terrorisme prévu par l'art. L. 421-2-5 C. pén. Figure dans le chapitre du titre II du livre IV de ce code intitulé « Des actes de terrorisme », il n'a pas été qualifié, à la différence d'autres infractions du même chapitre, d'acte de terrorisme (• Cons. const.18 mai 2018, n° 2018-706 QPC : *D. 2018. 1233, note Mayaud*). Par suite, il ne peut être mis fin au statut de réfugié d'un requérant qui avait été condamné pour des faits d'apologie publique d'un acte de terrorisme en estimant que sa présence sur le territoire français constituait une menace grave. • CE 12 févr. 2021, n° 431239 B : *AJDA 2021. 366*. ♦ Cette jurisprudence est désormais obsolète au regard de la modification du présent art. par la loi « séparatisme » n° 2021-1109 du 24 août 2021 qui a ajouté l'apologie publique d'un acte de terrorisme.

18. En raison de la gravité des faits reprochés à l'intéressé, la CNDA admet le retrait de la qualité de réfugié à un ressortissant tchétchène expulsé du territoire français. • CNDA 31 déc. 2018, n° 17013391. ♦ Ressortissant russe d'origine tchétchène dont à tout le moins le frère a fait partie d'un groupe de combattants affilié à l'organisation terroriste EIC lors de la deuxième guerre d'Ossétie du Sud de 2008 et qui a entretenu, dans un passé récent, des liens réguliers avec la mouvance djihadiste. Les incohérences et invraisemblances de son récit, en particulier en ce qui concerne les raisons et les conditions de son covoiturage avec un individu ayant rejoint la zone irako-syrienne et qui a été condamné à 10 ans d'emprisonnement pour un acte de terrorisme, témoignent d'une volonté manifeste de dissimulation de son implication dans cette cause. En dépit de l'écoulement du temps depuis ces faits et des efforts d'intégration dont fait état l'intéressé, il existe toujours, à la date de la présente décision, des raisons sérieuses de considérer que la présence de l'intéressé en France constitue une menace grave pour la sûreté de l'État. • CE 29 déc. 2021, n° 448330.

19. Se fondant sur le contenu de trois notes de l'Unité de coordination de la lutte antiterroriste, d'une note blanche des services de renseignement français ainsi que d'un arrêt de la cour d'appel de Paris, que l'intéressé n'a pas utilement contredit, la Cour considère que l'idéologie fondamentaliste qu'il a diffusée auprès des fidèles d'une mosquée de Stains d'obédience radicale ainsi que les activités de collecte de fonds qu'il a encouragées en faveur d'une association ayant financé l'envoi de djihadistes en Afghanistan sont des raisons sérieuses de considérer que sa présence en France constitue une menace grave pour la sûreté de l'État. • CNDA 28 sept. 2018, n° 17021629.

20. *Qualité et statut de réfugié.* Selon la CNDA, à la différence des clauses de cessation visées à l'art. L. 511-8, le présent art. ne vise qu'à refuser ou retirer « la protection juridique ou administrative » accordée à l'étranger, et non sa qualité de réfugié. Pour faire cesser la protection qui découle de la qualité de réfugié, il est au préalable nécessaire de vérifier que l'étranger remplit toujours les conditions d'accès à l'asile. S'il ne les remplit plus, l'application du présent art. n'a pas à être envisagée. • CNDA 26 sept. 2017, n° 16029802.

21. La CJUE a retenu la même distinction entre la « qualité » de réfugié et le « statut » pour reconnaître la conformité de l'art. 14, § 4, de la Dir. dite « Qualification » du 13 déc. 2011 avec le droit de l'UE et la Conv. de Genève ; le statut de réfugié, tel qu'il est prévu par le droit de l'UE, peut ainsi être retiré sans que cela n'ait de conséquence sur la qualité de réfugié au sens de la Conv. de Genève et les droits qui en découlent pour l'intéressé, c'est-à-dire, selon l'art. 14, § 6, de la Dir. (non transposé en droit français), le principe de non-discrimination (art. 3), la liberté de religion (art. 4), le droit d'ester en justice (art. 16), le droit à l'éducation publique (art. 22), la protection contre des poursuites pour entrée irrégulière (art. 31), le droit de se défendre contre une mesure d'expulsion et de bénéficier dans ce cadre d'une procédure régulière (art. 32) et la protection contre le refoulement, sauf menace grave pour l'État d'accueil (art. 33) de la Conv. de Genève ; la CJUE ajoute la protection contre le refoulement fondé sur les art. 4 et 19 de la Charte UE. • CJUE 14 mai 2019, n^os^ C-391/16, C-77/17 et C-78/18 : *AJDA 2019. 1788, étude (critique) Fernandez, Fleury Graff et Marie ; DP étrangers, Bull. n° 289, juin 2019, note Viel.*

22. L'étranger qui s'est vu retirer le statut de réfugié en vertu du présent art. possède toujours la qualité de réfugié au sens et pour l'application de l'art. L. 532-4 et ne peut être éloigné vers son pays de nationalité. • CNDA 14 févr. 2020, n° 20002805. ♦ La CAA de Bordeaux a pourtant retenu la solution inverse, considérant que l'intéressé n'établit pas qu'en cas de retour dans son pays, il existe un risque sérieux qu'il y soit soumis à la peine de mort, à la torture ou à d'autres peines ou traitements inhumains ou dégradants au sens des art. 3 Conv. EDH et 4 de la Charte UE. La cour estime en effet que, dès lors qu'une personne est déchue de son statut de réfugié en raison de la menace grave qu'elle constitue pour la société, elle ne peut se prévaloir des stipulations de l'art. 33, § 1 de la Conv. de Genève instituant une protection contre le refoulement ; la Cour choisit ainsi de faire application du § 2 de l'art. 33, qui prive de la garantie de non-refoulement le réfugié dès lors « qu'il y aura des raisons sérieuses de le considérer comme un danger pour la sécurité du pays où il se trouve ou qui, ayant été l'objet d'une condamnation définitive pour un crime ou délit particulièrement grave, constitue une menace pour la communauté dudit pays ». • CAA Bordeaux, 8 févr. 2021, n° 20X01494.

23. A noter que la Cour de cassation a considéré pour sa part qu'il résulte des art. 3 Conv. EDH, 696-15 C. pr. pén. et L. 512-1 CESEDA « que la chambre de l'instruction qui constate qu'une personne bénéficiaire de la protection subsidiaire réclamée encourt, en cas d'extradition vers son pays d'origine, le risque d'être soumise à un traitement inhumain et dégradant, doit donner un avis défavorable ». • Crim. 13 janv. 2021, n° 20-81.359.

24. Les dispositions du présent art. prévoient seulement que le statut de réfugié est refusé ou qu'il y est mis fin, dans les limites prévues par l'art. 33, § 1, de la Conv. de Genève du 28 juill. 1951 et le § 6 de l'art. 14 de la Dir. du 13 déc. 2011, lorsqu'il y a des raisons sérieuses de considérer que la présence en France de l'intéressé constitue une menace grave pour la sûreté de l'État ou lorsque l'intéressé a été condamné en dernier ressort en France, dans un État membre de l'UE ou dans certains États tiers, pour un crime ou pour certains délits et que sa présence constitue une menace grave pour la société. La perte du statut de réfugié résultant de l'application du présent art. ne saurait avoir aucune incidence sur la qualité de réfugié, que l'intéressé est réputé avoir conservé dans l'hypothèse où l'OFPRA et, le cas échéant, le juge de l'asile font application du présent art. Il s'ensuit que le moyen tiré de ce que les dispositions du présent art. sont incompatibles avec les objectifs et dispositions de la Dir. 2011/95/UE du 13 déc. 2011 et que, pour ce motif, l'art. 12 du décret pris sur le fondement du 2) de cet art. est illégal ne peut qu'être écarté. • CE 27 nov. 2020, *La Cimade et a.*, n° 428178 B : *AJDA 2020. 2344*.

25. *Non-refoulement.* Les États membres peuvent déroger au principe de non-refoulement lorsqu'il existe des raisons sérieuses de considérer que le réfugié représente un danger pour la sécurité de l'État membre où il se trouve ou lorsque, ayant été condamné définitivement pour un crime particulièrement grave, il constitue une menace pour la société de cet État. Toutefois, un État membre ne saurait éloigner un réfugié lorsqu'il existe des motifs sérieux et avérés de croire qu'il encourt dans le pays de destination un risque réel de subir des traitements prohibés par les art. 4 et 19 de la Charte UE. Ainsi, lorsque le refoulement d'un réfugié relevant de l'une des hypothèses prévues au 4 de l'art. 14 ainsi qu'au 2 de l'art. 21 de la Dir. du 13 déc. 2011 ferait courir à celui-ci le risque que soient violés ses droits fondamentaux consacrés à l'art. 4 et à l'art. 19 de la Charte UE, l'État membre concerné ne saurait déroger au principe de non-refoulement sur le fondement du 2 de l'art. 33 de la Conv. de Genève. En l'espèce, le requérant n'apporte pas d'élément de nature à établir qu'il serait personnellement et actuellement exposé à des traitements inhumains ou dégradants en cas de retour en Russie, le juge validant ainsi l'expulsion. • CE 27 mars 2021, nos 450395 et 450402. ♦ Même solution retenue par la CEDH. • CEDH 15 avr. 2021, n° 5560/19 : *AJDA 2021. 830* • 15 févr. 2024, n° 53254/20 : *AJDA 2024. 360 ; DP étrangers, Bull. n° 341, mars 2024, note Faury.* ♦ Selon la CEDH, l'art. 3 Conv. EDH englobe l'interdiction du refoulement des réfugiés au sens de la Convention de Genève. • CEDH 13 févr. 2020, *N.D. et N.T. c/ Espagne*, nos 8675/15 et 8697/15 : *AJDA 2020. 1846, chron. Burgorgue-Larsen*. ♦ Le fait qu'un requérant dispose de la qualité de réfugié est un élément qui doit être particulièrement pris en compte par les autorités internes lorsqu'elles examinent la réalité du risque que celui-ci allègue subir en cas d'expulsion ; l'absence d'examen par les autorités du risque de subir des traitements inhumains dans le cas d'un renvoi effectif emporterait violation de l'art. de 3 Conv. EDH, en l'espèce s'agissant de l'expulsion vers la Fédération de Russie d'un individu lié à la mouvance djihadiste. • CEDH 30 août 2022, *R. c/ France*, n° 49857/20. ♦ V. déjà • CEDH 15 avr. 2021, *K. I. c/ France*, n° 5560/19. ♦ Un ressortissant tchétchène ayant perdu la qualité de réfugié est fondé à se prévaloir des risques réels et sérieux de traitements inhumains ou dégradants en cas d'expulsion en Fédération de Russie, dès lors que les autorités du pays d'accueil ont communiqué aux autorités russes l'ensemble de son dossier faisant mention de son appartenance présumée à une organisation terroriste tchétchène prônant le djihad. • CEDH 30 août 2022, *W. c/ France*, n° 1348/21. – V. aussi • CEDH 6 oct. 2022, *S. c/ France*, n° 18207/21.

26. La révocation doit constituer « une mesure proportionnée au regard de la menace que représente le ressortissant d'un pays tiers pour un intérêt fondamental de la société de l'État membre dans lequel ce ressortissant d'un pays tiers se trouve » ; cette appréciation proportionnelle ne va pas jusqu'à établir une échelle établissant la supériorité de l'intérêt public en cause, la CJUE ajoutant que, si « cette autorité compétente doit mettre en balance cette menace avec les droits qui doivent [lui être] garantis », toutefois elle n'est pas « tenue de surcroît de vérifier que l'intérêt public s'attachant au retour dudit ressortissant [...] l'emporte sur l'intérêt [de celui-ci] ». La Cour ajoute que l'art. 5 de la directive « retour » (2008/115/CE du 16 déc. 2008) doit être interprété en ce sens qu'il « s'oppose à ce qu'un ressortissant d'un pays tiers fasse l'objet d'une décision de retour lorsque cette décision vise, comme pays de destination, un pays où il existe des motifs sérieux et avérés de croire que, en cas d'exécution de ladite décision, ce ressortissant serait exposé à un risque réel de traitements contraires à l'art. 18 ou à l'art. 19 de la Charte UE. • CJUE 6 juill. 2023, *Bundesamt für Fremdenwesen und Asyl (Office féd. pour le droit des étrangers et le droit d'asile, Autriche), c/ AA*, n° C-663/21 : *DP étrangers, Bull. n° 335, sept. 2023, note Viel.*

Art. L. 511-8 L'Office français de protection des réfugiés et apatrides met fin, de sa propre initiative ou à la demande de l'autorité administrative, au statut de réfugié lorsque la personne concernée relève de l'une des clauses de cessation prévues à la section C de l'article 1er de la convention de Genève, du 28 juillet 1951. Pour l'application des 5 et 6 de la même section C, le changement dans les circonstances ayant justifié la reconnaissance de la qualité de réfugié doit être suffisamment significatif et durable pour que les craintes du réfugié d'être persécuté ne puissent plus être considérées comme fondées.

L'office met également fin à tout moment, de sa propre initiative ou à la demande de l'autorité administrative, au statut de réfugié dans les cas suivants :

1° Le réfugié aurait dû être exclu du statut de réfugié en application des sections D, E ou F de l'article 1er de la convention de Genève du 28 juillet 1951 ;

2° La décision de reconnaissance de la qualité de réfugié a résulté d'une fraude ;

3° Le réfugié doit, compte tenu de circonstances intervenues après la reconnaissance de cette qualité, en être exclu en application des sections D, E ou F de l'article 1er de la convention de Genève du 28 juillet 1951. – *[Anc. art. L. 711-4.]*

COMMENTAIRE

L'article 1er, C, de la convention de Genève (V. aussi les art. 11 et 12 de la Dir. 2004/83/CE du 29 avr. 2004, dite Dir. « Qualification ») prévoit qu'elle cessera d'être applicable à toute personne entrant dans l'un des cas suivants :

– si elle s'est volontairement réclamée à nouveau de la protection du pays dont elle a la nationalité ;

– si, ayant perdu sa nationalité, elle l'a volontairement recouvrée ;

– si elle a acquis une nouvelle nationalité et jouit de la protection du pays dont elle a acquis la nationalité ;

– si elle est retournée volontairement s'établir dans le pays qu'elle a quitté ou hors duquel elle est demeurée de crainte d'être persécutée ;
– si, les circonstances à la suite desquelles elle a été reconnue comme réfugiée ayant cessé d'exister, elle ne peut plus continuer à refuser de se réclamer de la protection du pays dont elle a la nationalité. Cette clause dite d'exclusion est néanmoins écartée lorsque l'intéressé peut invoquer, pour refuser de se réclamer de la protection du pays dont il a la nationalité, de raisons impérieuses tenant à des persécutions antérieures. Cela recouvre notamment l'hypothèse de persécutions antérieures ayant entraîné de graves conséquences physiques et psychologiques qui empêchent le retour dans le pays d'origine ;
– s'agissant d'une personne qui n'a pas de nationalité, si, les circonstances à la suite desquelles elle a été reconnue comme réfugiée ayant cessé d'exister, elle est en mesure de retourner dans le pays dans lequel elle avait sa résidence habituelle (sous réserve, ici encore, de raisons impérieuses tenant à des persécutions antérieures).

L'article 1er, D, prévoit quant à lui que la convention ne sera pas applicable aux personnes qui bénéficient actuellement d'une protection ou d'une assistance de la part d'un organisme ou d'une institution des Nations unies autre que le Haut Commissariat des Nations unies pour les réfugiés. Lorsque cette protection ou cette assistance aura cessé pour une raison quelconque, sans que le sort de ces personnes ait été définitivement réglé, conformément aux résolutions y afférentes adoptées par l'Assemblée générale des Nations unies, ces personnes bénéficieront de plein droit du régime de cette convention.

Ceci concerne tout particulièrement les réfugiés palestiniens en raison de la création, par une résolution de l'Assemblée générale des Nations unies n° 302 (IV) du 8 décembre 1949, de l'Office de secours et de travaux des Nations unies pour les réfugiés de Palestine dans le Proche-Orient (UNRWA). L'UNRWA, dont la zone d'opération couvre cinq secteurs (bande de Gaza, Cisjordanie – y compris Jérusalem-Est –, Jordanie, Liban et Syrie), assure ainsi la protection de près de six millions de personnes qui bénéficient de ce statut spécifique, exclusif du statut de réfugié au sens de la Convention de Genève. Celle-ci prévoit toutefois un retour de plein droit au statut de réfugié de « droit commun » dès lors que la protection ou l'accompagnement par l'UNRWA aura cessé pour une raison quelconque, indépendante de la volonté des personnes en cause. En droit de l'Union européenne, ces stipulations ont été reprises par la directive 2011/95/UE du 13 décembre 2011.

L'article 1er, E, envisage le cas des personnes considérées par les autorités compétentes du pays dans lequel elles ont établi leur résidence comme ayant les droits et les obligations attachés à la possession de la nationalité de ce pays.

L'art. 1er, F, enfin, repris par le droit de l'Union (Dir. 2004/83/CE du Conseil du 29 avr. 2004 et Dir. 2011/95/UE du 13 déc. 2011, art. 12, 2), les dispositions de la convention ne seront pas applicables aux personnes dont on aura des raisons sérieuses de penser :
– qu'elles ont commis un crime contre la paix, un crime de guerre ou un crime contre l'humanité, au sens des instruments internationaux élaborés pour prévoir des dispositions relatives à ces crimes ; les crimes contre l'humanité incluent également le génocide défini par la convention des Nations unies du 9 décembre 1948 pour la prévention et la répression du crime de génocide (art. II) : « Le génocide s'entend de l'un quelconque des actes ci-après, commis dans l'intention de détruire, en tout ou en partie, un groupe national, ethnique, racial ou religieux, comme tel : a) Meurtre de membres du groupe ; b) Atteinte grave à l'intégrité physique ou mentale de membres du groupe ; c) Soumission intentionnelle du groupe à des conditions d'existence devant entraîner sa destruction physique totale ou partielle ; d) Mesures visant à entraver les naissances au sein du groupe ; e) Transfert forcé d'enfants du groupe à un autre groupe » ;
– qu'elles ont commis un crime grave de droit commun en dehors du pays d'accueil avant d'y être admises comme réfugiées ;
– qu'elles se sont rendues coupables d'agissements contraires aux buts et aux principes des Nations unies.

L'exclusion de l'article 1er, F, s'applique non seulement aux auteurs des agissements en cause, mais également à leurs complices, ayant agi activement ou par abstention. La complicité active repose, d'une part, sur des agissements contribuant à la préparation ou la réalisation des faits ou en facilitant la commission et, d'autre part, sur un élément moral, l'intéressé ayant agi « sciemment ». De même, la complicité passive repose sur l'assistance à la réalisation du crime, sans volonté de le prévenir et de s'en désolidariser, et l'intéressé doit, là également, avoir agi en connaissance de cause.

La loi du 29 juillet 2015 s'approprie une exigence jurisprudentielle (CRR 9 janv. 2003, n° 406014) en prévoyant que l'exclusion au titre de l'article 1er, F, s'étend aux « instigateurs et complices » des crimes et agissements visés ainsi qu'aux personnes « qui y sont personnellement impliquées ».

L'article L. 511-8 prévoit qu'il peut être mis fin au statut en cas d'apparition d'un motif de cessation après sa reconnaissance ; ceci interviendra à l'initiative de l'Office français de protection des réfugiés et apatrides (OFPRA), ou sur demande d'une autorité administrative.

L'article L. 511-7 (*supra*) prévoit désormais que le statut de réfugié est refusé à l'étranger dont la présence en France « constitue une menace grave pour la sûreté de l'État » ou parce qu'il « a été condamné en dernier ressort en France soit pour un crime, soit pour un délit constituant un acte de terrorisme ou puni de dix ans d'emprisonnement, et que sa présence constitue une menace grave pour la société ».

La loi n° 2018-778 du 10 septembre 2018 pour une immigration maîtrisée, un droit d'asile effectif et une intégration réussie complète le présent article afin de faire en sorte que les condamnations prononcées par un autre État membre de l'Union européenne ou dans un État tiers figurant sur la liste, fixée par décret en Conseil d'État, des États dont la France reconnaît les législations et juridictions pénales au vu de l'application du droit dans le cadre d'un régime démocratique et des circonstances politiques générales, et non plus seulement par la France, pour crime ou un délit ou terrorisme, et dont la présence représente une menace grave pour la société française, entraînent systématiquement le refus ou le retrait du statut de réfugié. En effet, sur amendement sénatorial, le législateur a substitué une compétence liée à la faculté, qui était jusque-là laissée à l'OFPRA, de refuser ou retirer le statut de réfugié lorsque les conditions prévues aux articles L. 511-7, L. 511-8 et L. 512-3 sont réunies.

Les rapports successifs de l'OFPRA notent un accroissement significatif du nombre de décisions mettant fin au statut de réfugié : moins d'une centaine par an entre 2010 et 2014, 414 en 2018 et 263 en 2019. ❑

Plan des annotations

1. Les décisions tant administratives que juridictionnelles prises sur le fondement du présent art. ne constituent pas une sanction ayant le caractère de punition. • CE 9 nov. 2021, n° 439891 B.

I. PROTECTION DU PAYS DE NATIONALITÉ (ART. 1er, C, DE LA CONV. DE GENÈVE)

2. Les stipulations de la Conv. de Genève du 28 juill. 1951 ne subordonnent la reconnaissance de la qualité de réfugié, si le demandeur encourt une persécution pour les motifs énoncés par cette convention, qu'à l'impossibilité pour lui de se réclamer de la protection du pays dont il a la nationalité ; par suite, la circonstance que la personne pour laquelle le bénéfice du statut de réfugié est demandé soit née en dehors de ce pays ne fait pas par elle-même obstacle à l'octroi de la protection conventionnelle. • CE 21 déc. 2012, *Mme Fofana*, nos 332491 et 332492 A : *préc. note 43 ss. art. L. 511-2.*

3. La protection que la Conv. de Genève est destinée à assurer au réfugié présente un caractère subsidiaire en ce qu'elle ne peut être accordée que s'il peut être tenu pour établi que le demandeur du statut de réfugié ne peut ou ne veut, pour une raison valable fondée sur un des motifs énumérés à l'art. 1er, A, (2), de ladite convention, se réclamer de la protection du ou des pays dont il a la nationalité ou, dans le cas où il n'a pas de nationalité, du pays dans lequel il a sa résidence habituelle ; la CNDA est fondée à surseoir à statuer en invitant le demandeur à prendre attache auprès des autorités nationales aux fins que ces dernières examinent son droit à la nationalité du pays concerné ; en cas de refus, le statut de réfugié ne pourra être reconnu. • CNDA 23 déc. 2009, n° 080170005/636547 : *Rec. CNDA 11.*

4. Droit de l'UE. Aux termes de l'art. 11, e), de la Dir. « Qualification » du 29 avr. 2004, un réfugié cesse de bénéficier de cette qualité « s'il ne peut plus continuer à refuser de se réclamer de la protection du pays dont il a la nationalité, les circonstances à la suite desquelles il a été reconnu comme réfugié ayant cessé d'exister » ; pour que cette clause s'applique, il appartient à l'État membre qui l'invoque de vérifier, au regard de la situation individuelle du réfugié, que les acteurs potentiels de protection ont pris des mesures raisonnables pour empêcher la persécution, ce qui suppose notamment d'apprécier les conditions de fonctionnement des institutions administratives et forces de sécurité d'une part, et de tous groupes ou entités du pays susceptibles d'être à l'origine, par leur action ou leur défaillance, d'actes de persécution sur l'intéressé en cas de retour dans son pays d'origine d'autre part. Même lorsque la cessation est constatée, le réfugié peut demander le maintien du statut, notamment en cas de circonstances nouvelles. • CJUE 2 mars 2010, *Saladhin Abdulla et a. c/ Allemagne,* nos C-175/08, C-176/08 et C-176/09 : *Europe 2010. Comm. 162, obs. Kauff-Gazin.*

5. Actes d'allégeance. Un réfugié peut renoncer de lui-même au bénéfice de son statut. • CE 5 mars 1997, *M. Aydogmus,* nos 159780 et 161230 : *RFDA 1997. 665.* ♦ Si le fait, pour une personne ayant quitté son pays d'origine, de solliciter des autorités diplomatiques ou consulaires de ce pays délivrance ou renouvellement d'un passeport permet en règle générale de présumer que l'intéressé s'est réclamé de la protection de ces autorités nationales, une telle présomption n'est pas irréfragable. • CE 13 janv. 1989, *M. T.,* n° 78055. ♦ Pour une application, V. • CNDA 6 juill. 2017, n° 16032301. ♦ Des démarches effectuées par un réfugié auprès des autorités consulaires françaises pour obtenir la délivrance de passeports pour ses enfants mineurs ne constituent pas des actes d'allégeance. • CE 15 mai 2009, *OFPRA c/ Gundogdu,* n° 288747 B : *Gaz. Pal. 10 déc. 2009, n° 344, p. 21 ; Rec. CNDA 131.* ♦ Tant les stipulations de l'art. 1er, A, (2), de la Conv. de Genève que les dispositions de l'art. 2 de la Dir. 2004/83/CE du 29 avr. 2004 (aujourd'hui Dir. 2011/95/UE) impliquent que tout demandeur d'asile sollicitant leur application se trouve nécessairement en dehors de son pays d'origine ; le retour involontaire dans son pays d'origine d'un requérant, qui n'a pas entendu renoncer à sa demande de protection, a pour conséquence d'interrompre provisoirement l'instruction de son affaire dès lors que le recours est, dans ces conditions, temporairement sans objet. • CNDA 20 avr. 2009, n° 598533 : *Rec. CNDA 13* • 8 juill. 2009, n° 637330/08017829 : *Rec. CNDA 12.*

6. Postérieurement à la décision par laquelle le directeur de l'OFPRA lui a reconnu la qualité de réfugié, le requérant a contracté mariage devant les autorités consulaires de son pays d'origine à Paris ; il ne ressort pas de l'instruction que cette circonstance a eu pour origine un élément de contrainte permettant d'admettre que le requérant n'a pas entendu se placer volontairement sous la protection des autorités de son pays d'origine au sens des stipulations précitées de l'art. 1er, C, (1), de la Conv. de Genève. • CRR 18 juill. 1997, *M. D.,* n° 286135.

7. Ressortissant russe d'origine tchétchène s'étant rendu en Pologne afin de solliciter auprès de l'ambassade de Russie, par l'entremise d'un tiers, la délivrance de documents d'identité pour ses enfants mineurs dans le but de permettre à ses enfants de faire valoir leurs droits, à l'avenir, sur des biens familiaux en Tchétchénie ; le fait, pour une personne ayant quitté son pays d'origine, de solliciter des autorités diplomatiques ou consulaires de ce pays, pour elle-même, la délivrance ou le renouvellement d'un passeport permet en principe de présumer que l'intéressé s'est volontairement réclamé de la protection de ses autorités nationales, sauf nécessité impérieuse justifiant une telle démarche. Toutefois, l'intéressé n'a pas sollicité des autorités russes qu'elles lui délivrent un passeport ou des documents d'identité. Par suite, la CNDA n'a pas commis d'erreur de droit en s'abstenant de rechercher s'il existait une nécessité impérieuse justifiant la démarche de l'intéressé, de nature à renverser cette présomption. En estimant que cette démarche ne traduisait pas, en l'espèce, la volonté de l'intéressé de se réclamer de la protection des autorités russes, elle a porté sur les faits de l'espèce une appréciation souveraine exempte de dénaturation. • CE 2 mars 2023, n° 458126.

8. Retour dans le pays d'origine. Alors même qu'un accord de paix a été signé entre le gouvernement et les rebelles, l'exceptionnelle gravité des persécutions subies par le requérant et les membres de sa famille justifie le refus de retourner dans le pays d'origine et de se réclamer de la protection des autorités nationales. • CRR 13 févr. 1995, *Nzabonimana,* n° 258697.

9. Le retour, même involontaire, dans son pays d'origine d'un demandeur d'asile politique qui n'a pas entendu renoncer à sa demande de protection a pour conséquence d'interrompre provisoirement l'instruction de son affaire et le recours devient temporairement sans objet. • CRR 1er juin 2007, *Ferdi Aydin,* n° 573254. ♦ La CNDA a considéré que le réfugié afghan qui est brièvement rentré dans son pays pour visiter son épouse malade s'est volontairement réclamé à nouveau de la protection du pays dont il a la nationalité ; elle s'assure toutefois que le réfugié ne craint plus les exactions auxquelles il était jusqu'alors exposé. • CNDA 5 oct. 2015, n° 14033523.

10. Ni la circonstance que le retour du requérant ait été motivé par le décès de son père, ni le respect d'une tradition coutumière kurde ne peuvent traduire une nécessité impérieuse le contraignant à entreprendre des démarches pour retourner dans son pays d'origine. En outre, le requérant admet qu'il n'a pas rencontré de difficultés particulières lors de son séjour en Turquie ; il doit donc être regardé comme s'étant volontairement réclamé de la protection des autorités du pays dont il a la nationalité. • CNDA 8 avr. 2008, *T.*, n° 608347 : *Rec. CNDA 2008. 91.*

11. Changement de circonstances. Aux termes de l'art. 1er, C, (5), de la Conv. de Genève, celle-ci cessera d'être applicable à toute personne « si les circonstances à la suite desquelles elle a été reconnue comme réfugiée ayant cessé d'exister, elle ne peut plus continuer à refuser de se réclamer de la protection du pays dont elle a la nationalité » ; cette disposition subordonne le maintien de la qualité de réfugié non à la constatation d'une situation régionale particulière, mais à l'existence de raisons impérieuses tenant à des persécutions antérieurement subies par le réfugié. • CE 2 mars 1984, *M. M.*, n° 42961. ♦ Si un réfugié a divorcé après reconnaissance de cette qualité en application du principe d'unité de famille, il en résulte un changement de circonstances au sens de l'art. 1er, C, (5). • CNDA 17 févr. 2009, *Mme K.*, n° 629596 : *Rec. CNDA 2009. 63* • CE 29 nov. 2019, n° 421523 B : *AJDA 2019. 2464 ; D. 2020. 298, obs. Boskovic, Corneloup, Jault-Seseke, Joubert et Parrot ; AJ fam. 2020. 68, obs. Jault-Seseke*. ♦ Même solution lorsque le bénéfice du statut de réfugié avait été accordé au titre du principe d'unité de famille, le conjoint ayant obtenu ultérieurement la nationalité française ; en effet, la naturalisation en France d'une personne qui y bénéficie du statut de réfugié met fin, par elle-même, à ce statut dès la date à laquelle elle intervient, sans qu'il soit nécessaire que l'OFPRA adopte une décision en ce sens. • CE 1er juill. 2020, *OFPRA*, n° 423272 A : *AJDA 2020. 1381 ; ibid. 1979, concl. Odinet ; AJ fam. 2020. 538*. ♦ Dans le cas où l'intéressé ne peut se maintenir sur le territoire français, il fera l'objet d'une mesure d'OQTF. • CAA Douai, 27 juill. 2007, *Diaw*, n° 07DA00172.

12. Lorsqu'une personne, qui s'était vue reconnaître la qualité de réfugié par application du principe de l'unité de la famille en qualité d'enfant mineur d'un réfugié, a atteint la majorité et s'est départie de tout lien effectif de dépendance matérielle ou morale à l'égard de ce réfugié, les circonstances ayant justifié que la qualité de réfugié lui soit originellement reconnue doivent être regardées comme ayant changé de manière significative et durable. Il appartient, dès lors, à l'OFPRA puis, le cas échéant, à la Cour d'apprécier, compte tenu de ce changement et au regard de l'ensemble des circonstances de l'espèce, si cette personne doit continuer à bénéficier de la protection qui lui avait été accordée. • CNDA 3 juill. 2023, n° 23010385.

13. Plurinationalité. L'acquisition d'une nationalité selon les modalités de la naturalisation par l'investissement confère, au même titre que tout autre mode d'acquisition de la nationalité par le droit du sang, du sol ou tout autre droit, un lien de nationalité effectif avec les droits et la protection qui en découlent pour l'intéressé ; les craintes alléguées par le demandeur doivent ainsi être identifiées tant dans le pays de naissance que dans le pays de naturalisation. • CNDA 4 oct. 2019, n° 18052790. ♦ Une jeune fille exposée, dans un de ses deux pays de nationalité, à un risque de mutilation sexuelle doit être admise au bénéfice de l'asile si elle n'est pas en mesure de se réclamer de la protection normalement attachée au lien de nationalité l'unissant à l'État dans lequel le risque n'existe pas. • CNDA 19 oct. 2018, n° 18002145.

II. PROTECTION PAR UNE INSTITUTION DES NATIONS UNIES (ART. 1er, D, DE LA CONV. DE GENÈVE)

14. Mandat HCR. Les personnes sur lesquelles le HCR exerce son mandat doivent se voir reconnaître la qualité de réfugié en France, l'OFPRA et la CNDA étant liés par l'appréciation du HCR. • CRR 5 juin 2000, *Mbingo Borongo*, n° 345064 • CNDA 18 déc. 2008, *Mlle A.*, n° 601918 : *Rec. CNDA 2008. 24* • 18 déc. 2018, n° 18029949. ♦ La seule réserve réside dans le fait que l'intéressé se soit vu reconnaître le statut de réfugié dans un autre pays que la France. • CRR 28 mai 1998, *S.*, n° 319355. ♦ ... Ou lorsqu'il s'est réclamé de la protection de son pays de nationalité en y séjournant. • CRR 18 janv. 1995, *Krishnapillai*, n° 265200.

15. UNRWA. Aux termes de l'art. 1er, D, de la Conv. de Genève, celle-ci « ne sera pas applicable aux personnes qui bénéficient actuellement d'une protection ou d'une assistance de la part d'un organisme ou d'une institution des Nations unies autre que le Haut Commissaire des Nations unies pour les réfugiés. Lorsque cette protection ou cette assistance aura cessé pour une raison quelconque, sans que le sort de ces personnes ait été définitivement réglé, conformément aux résolutions y relatives adoptées par l'Assemblée générale des Nations unies, ces personnes bénéficieront de plein droit du régime de cette convention ». Les États parties à la Conv. de Genève ont entendu instituer pour les Palestiniens enregistrés auprès de l'UNRWA une protection particulière aux fins de laquelle a été créé un régime spécial de prise en charge. L'assistance de la part de l'UNRWA doit être regardée comme ayant cessé dès lors que l'intéressé se trouve en dehors de la zone d'activité de cet organisme ; la qualité de réfugié doit ainsi lui être reconnue. • CNDA 14 mai 2008, *A.*, n° 493412 : *Rec. CNDA 2008. 76.* ♦ La clause d'exclusion prévue par l'art. 1er, D, de la Conv. de Genève et l'art. 12, § 1, de la Dir. « Qualification » doit rester d'interprétation stricte et ne vise donc pas les personnes qui ont été ou sont éligibles au bénéfice de la protection par l'UNRWA. • CJUE 17 juin 2010, *Bolbol c/ Bevàndorlàsi ès Allampolgàrsagi Hivatal,* n° C-31/09. ♦ Appliquant la Conv. de Genève, la Dir. 2004/83/CE (art. 12, § 1) (aujourd'hui Dir. 2011/95/UE) prévoit : « Si la protection ou l'assistance des Nations unies cesse pour quelque raison que ce soit, sans que le sort de ces personnes ait été définitivement réglé, [...] ces personnes pourront *ipso facto* se prévaloir de la présente directive » ; une simple absence physique de la zone d'intervention de l'UNRWA, ou une décision volontaire de la quitter, ne saurait caractériser une cessation de la protection ; c'est toutefois le cas si le départ du Palestinien est motivé par des contraintes indépendantes de sa volonté, en raison de l'incapacité de l'UNRWA à assurer à l'intéressé des conditions de vie conformes à la mission dont il est chargé (situations personnelles de grave insécurité dans lesquelles l'UNRWA n'a pas cessé d'exister, mais sa mission de protection, elle, a cessé d'être correctement assurée à l'égard de l'intéressé, au point qu'il ait dû quitter sa zone d'intervention et réclamer le statut de réfugié dans le pays d'accueil). • CJUE 19 déc. 2012, *El Kott et a.*, n° C-364/11 : *AJDA 2013. 336, chron. Aubert, Broussy et Cassagnabère*. ♦ Le Conseil d'État a toutefois considéré que, dans cette hypothèse, l'intéressé ne peut se voir reconnaître la qualité de réfugié que s'il a des raisons sérieuses de craindre d'être persécuté pour l'un des motifs énoncés au (2) du A de l'art. 1er de la Conv. de Genève (cassation de la décision de la CNDA du 14 mai 2008 *supra*). • CE 23 juill. 2010, *OFPRA c/ M. Assfour,* n° 318356 : *Rec. CNDA 336 ; RFDA 2010. 1077*. ♦ Cette interprétation a toutefois été contredite par la CJUE, qui a considéré que le droit pour les personnes ainsi relevées de l'exclusion du statut de réfugié de se prévaloir *ipso facto* de la directive implique la reconnaissance de la qualité de réfugié et l'octroi de plein droit du statut correspondant, sous réserve, naturellement, des autres exclusions liées aux crimes et agissements d'une certaine gravité. « Ainsi, le droit résultant de l'arrêt de l'assistance par l'UNRWA ne saurait se limiter à la seule possibilité, pour la personne concernée, de solliciter le statut de réfugié selon la procédure de droit commun de l'art. 2 c) de la directive (et d'avoir en particulier à démontrer qu'ils craignent d'être persécutés) : ceci n'apporterait en effet aucun "plus" pour le réfugié palestinien par rapport à tout autre demandeur d'asile se trouvant sur le territoire d'un État membre, ce qui serait contraire à la volonté des parties contractantes de réserver un sort particulier aux populations réfugiées de Palestine ». • CJUE 19 déc. 2012, *El Kott et a.*, n° C-364/11 : *préc.* ♦ Il appartient aux autorités et juridictions nationales compétentes de vérifier que le départ des demandeurs de la zone d'opérations de l'UNRWA était bien justifié par des motifs indépendants de leur volonté ; il incombe, le cas échéant, à l'État membre de démontrer que les personnes peuvent à nouveau bénéficier de la protection ou de l'assistance de l'UNRWA en raison d'un changement de circonstances. • CJUE 3 mars 2022, *NB et AB c/ Secretary of State for the Home Department,* n° C-349/20 : *AJDA 2022. 1084, chron. Bonneville, Gänser et Iljic*.

16. Une personne enregistrée auprès de l'UNRWA doit, si elle bénéficie d'une protection ou d'une assistance effective de cet organisme dans un pays tiers ne correspondant pas au territoire dans lequel elle réside habituellement mais faisant partie de la zone d'opération dudit organisme, être considérée comme jouissant d'une protection suffisante dans ce pays tiers ; ceci est toutefois subordonné au fait que le pays tiers s'engage à réadmettre l'intéressé après que celui-ci a quitté son territoire pour demander une protection internationale dans l'Union, reconnaît ladite protection ou assistance de l'UNRWA et adhère au principe de non-refoulement, permettant ainsi à l'intéressé de séjourner sur son territoire en sécurité, dans des conditions de vie dignes et aussi longtemps que les risques encourus dans le territoire de sa résidence habituelle le rendent nécessaire. • CJUE 25 juill. 2018, n° C-585/16 : *D. 2018. 1694, note Poissonnier*.

17. Un réfugié palestinien originaire de la bande de Gaza doit être considéré comme ne bénéficiant pas de la protection de l'UNRWA dès lors qu'il se trouvait en dehors de la zone d'activité de l'UNRWA et quand bien même les activités de cet organisme n'avaient pas cessé. • CNDA 25 juill. 1996, *Damasi,* n° 247249. ♦ Dès lors que cette protection a cessé, la protection équivalente prévue par la Conv. de Genève doit s'y substituer. • CNDA 14 mai 2008, *Assfour,* n° 493412 • CE 22 nov. 2006, *OFPRA,* n° 277373 B : *AJDA 2007. 91, concl. Vérot ; RFDA 2007. 208*.

18. Un réfugié palestinien qui se trouve en dehors de la zone d'activité de l'UNRWA doit être regardé comme ne bénéficiant plus de la protection ou de l'assistance de cet office dans les cas suivants : quand une menace grave pour sa sécurité a contraint un réfugié palestinien à quitter l'État ou le territoire situé dans la zone d'intervention de l'UNRWA dans lequel il avait sa résidence habituelle et fait obstacle à ce qu'il y retourne ; quand une telle menace, apparue après le départ de l'intéressé, fait pareillement obstacle à son retour sur place ; enfin, lorsque, pour des motifs indépendants de sa volonté, étrangers à l'existence d'une menace pour sa sécurité, un réfugié palestinien se trouve dans l'impossibilité de regagner l'État ou le territoire dans lequel il avait sa résidence habituelle. Se fondant sur les exigences attachées au respect de l'art. 8 Conv. EDH qui protège les personnes dépourvues de nationalité des atteintes excessives au droit au respect de la vie privée, le Conseil d'État a ajouté un dernier cas : celui du réfugié palestinien qui possède en France des liens familiaux ou des liens personnels, compte tenu notamment de la durée de sa résidence sur le territoire, tels que le centre de ses intérêts se trouve désormais en France. • CE 24 déc. 2019, *OFPRA*, n° 427017 A : *AJDA 2020. 8 ; ibid. 728, chron. Malverti et Beaufils ; RFDA 2021. 591, note Coquelet*.

19. Pour déterminer si la protection ou l'assistance de l'UNWRA a « cessé » à l'égard d'une personne qui en a bénéficié auparavant, les juridictions nationales ou les autorités administratives compétentes doivent tenir compte de toutes les zones d'opération de l'UNWRA (soit les 5 secteurs que sont la bande de Gaza, la Cisjordanie – y compris Jérusalem-Est –, la Jordanie, le Liban et la Syrie) dans lesquelles le demandeur aurait effectivement accès à la protection ou à l'assistance de ce dernier ; il incombe aux autorités nationales d'évaluer si l'intéressé avait la possibilité concrète d'accéder à l'un des 5 secteurs de la zone d'opération (possibilité d'obtenir un titre de séjour ; liens personnels et familiaux) et d'y demeurer en sécurité. • CJUE 13 janv. 2021 n° C-507/19. ♦ Le Conseil d'État a interrogé la CJUE par voie de question préjudicielle afin de déterminer si les dispositions de l'art. 12, § 1, ss a), de la Dir. 2011/95/UE doivent être interprétées en ce sens qu'un réfugié palestinien malade qui, après avoir eu effectivement recours à la protection ou à l'assistance de l'UNRWA, quitte l'État ou le territoire situé dans la zone d'intervention de cet organisme dans lequel il avait sa résidence habituelle au motif qu'il ne peut y avoir un accès suffisant aux soins et traitements que son état de santé nécessite et que ce défaut de prise en charge entraîne un risque réel pour sa vie ou son intégrité physique, peut être regardé comme se trouvant dans un état personnel d'insécurité grave et dans une situation où l'UNRWA est dans l'impossibilité de lui assurer des conditions de vie conformes à la mission lui incombant. Dans l'affirmative, il importe alors de déterminer quels critères, tenant par exemple à la gravité de la maladie ou à la nature des soins nécessaires, permettent d'identifier une telle situation. • CE 22 mars 2022, n° 449551. ♦ Bien que la santé ne fasse pas partie des motifs de reconnaissance du statut de réfugié, la CJUE considère que la mission de l'UNRWA comprend une assistance sanitaire à l'égard des réfugiés palestiniens pour subvenir à leurs besoins essentiels en matière de santé ; la protection de l'UNRWA doit être considérée comme ayant cessé lorsque cet organisme n'est plus en mesure de garantir cette assistance sanitaire entraînant un risque réel de décès imminent ou un risque réel d'être exposé à un déclin grave, rapide et irréversible de son état de santé ou à une réduction significative de son espérance de vie. • CJUE 5 oct. 2023, n° C-294/22 : *AJDA 2023. 2215, chron. Bonneville, Gänser et Iljic ; D. 2023. 1651 ; ibid. 1590 ; ibid. 2024. 228, chron. Boskovic, Corneloup, Jault-Seseke, Joubert et Parrot ; DP étrangers, Bull. nos 337-338, nov.-déc. 2023, note Viel.* ♦ La protection ou l'assistance de l'UNRWA « doit notamment être considérée comme ayant cessé à l'égard du demandeur lorsque, pour quelque raison que ce soit, cet organisme ne peut plus assurer à aucun apatride d'origine palestinienne, séjournant dans le secteur de la zone d'opération de cet organisme où ce demandeur avait sa résidence habituelle, des conditions de vie dignes ou des conditions minimales de sécurité ». Le point de départ de cessation de la protection « doit être apprécié au moment où ledit apatride a quitté le secteur de la zone d'opération de l'UNRWA dans lequel il avait sa résidence habituelle ». • CJUE 13 juin 2024, n° C-563/22 : *AJDA 2024. 1246*.

III. COMPORTEMENTS INCOMPATIBLES AVEC LE STATUT DE RÉFUGIÉ POLITIQUE (ART. 1er, F, DE LA CONV. DE GENÈVE)

20. Si, dans l'exercice de son rôle de juge de cassation, le Conseil d'État considère que les appréciations de la CNDA sont souveraines, il n'en va pas de même s'agissant de l'appréciation des clauses d'exclusion qui laissent place à un contrôle de la qualification juridique. • CE 9 nov. 2016, *OFPRA*, n° 388830 : *AJDA 2017. 587, note Sirinelli*.

21. Il incombe à la CNDA, qui fait application des clauses d'exclusion, de caractériser le « crime grave de droit commun » ou la gravité des agissements contraires aux buts et aux principes des Nations unies. • CE 29 juill. 2020, n° 430891.

22. La CNDA est tenue par les qualifications réalisées par le juge pénal, en l'espèce s'agissant de la participation à une organisation terroriste. • CE 29 déc. 2022, n° 456891.

23. « Raisons sérieuses de penser ». La décision de la CNDA relative à l'application de ces clauses n'ayant pas les caractères d'un jugement pénal, les « raisons sérieuses de penser » ne sont ni l'établissement de la réalité de la participation de l'intéressé aux faits qui lui sont reprochés, ni même des preuves, au sens du procès pénal, d'une telle participation. • CE 25 juin 2014, n° 368044 • CE 18 janv. 2006, n° 255091. ♦ Si l'exclusion de la qualité de réfugié est subordonnée à l'existence de raisons sérieuses de penser qu'une part de responsabilité pour les crimes mentionnés à l'art. 1er, F, peut être imputée personnellement au demandeur, cette responsabilité n'implique pas pour autant l'établissement de faits précis caractérisant l'implication de l'intéressé dans ces crimes. • CE 4 déc. 2017, n° 403454.

24. La Cour est dans l'obligation d'établir les raisons sérieuses la conduisant à mettre en œuvre la clause d'exclusion, lesquelles raisons ne peuvent se déduire du seul contexte dans lequel l'intéressé se trouvait. • CE 14 juin 2010, nº 320630. ♦ La simple appartenance à une organisation terroriste ne suffit pas, car il importe de pouvoir imputer à la personne concernée une part de responsabilité pour des actes commis par l'organisation en cause durant la période où elle en était membre. • CJUE 9 nov. 2010, nos C-57/09 et C-101/09. ♦ Parmi les critères figurent le rôle qu'a effectivement joué le demandeur dans la perpétration des actes en question, sa position au sein de l'organisation, le degré de connaissance qu'il avait ou était censé avoir des activités de celle-ci, les éventuelles pressions auxquelles il aurait été soumis ou d'autres facteurs susceptibles d'influencer son comportement. • Même décision. ♦ La CNDA peut se fonder sur un faisceau d'éléments factuels significativement probants et concordants. • CE 10 mai 2021, nº 430994.

A. CRIME CONTRE LA PAIX, CRIME DE GUERRE OU CRIME CONTRE L'HUMANITÉ (ART. 1er, F, a), DE LA CONV. DE GENÈVE)

1º RAISONS SÉRIEUSES DE PENSER

25. Preuve. En jugeant que « ces imputations, à défaut de témoignages circonstanciés et directs sur les initiatives que le requérant auraient prises ou sur sa participation effective dans les atrocités dont a été victime, tant en 1990 qu'en 1994, la communauté tutsie, sont insuffisantes pour convaincre de ses responsabilités dans les exactions et les crimes alors commis », la CRR subordonne l'exclusion prévue à l'art. 1, F, de la Conv. de Genève non à des raisons sérieuses de penser que les personnes ont commis un crime au sens des instruments internationaux, mais à la démonstration de leur implication dans ces crimes ; la CRR a ainsi entaché sa décision d'une erreur de droit. • CE 18 janv. 2006, *OFPRA c/ Tugera,* nº 255091 B.

26. En ne relevant pas qu'il y avait des raisons sérieuses de penser que l'intéressée a contribué à un crime grave de droit commun, constitutif d'un agissement contraire aux buts et principes des Nations unies, la CNDA entache sa décision d'une erreur de qualification juridique des faits. • CE 7 juin 2017, nº 396261 B. ♦ La CNDA motive insuffisamment sa décision en ne précisant pas en quoi le requérant avait pris part à titre personnel à des crimes de guerre. • CE 26 juin 2023, nº 463971 : *D. 2023. 1358 ; ibid. 2024. 228, chron. Boskovic, Corneloup, Jault-Seseke, Joubert et Parrot.*

27. A l'inverse, le juge de l'asile n'est pas lié par l'autorité de chose jugée s'attachant aux motifs d'un jugement définitif d'acquittement rendu par le TPI tirés de ce que les faits reprochés ne sont pas établis ; en effet, il ressort des termes mêmes du F de l'art. 1er de la Conv. de Genève que les clauses d'exclusion peuvent être mises en œuvre dès lors qu'il existe « des raisons sérieuses de penser » que le demandeur d'asile a commis un ou plusieurs des crimes qui y sont mentionnés, l'application de ces stipulations n'exigeant pas l'existence d'une preuve ou d'une conviction au-delà de tout doute raisonnable et faisant obstacle à l'application de la règle pénale de la présomption d'innocence. • CE 28 févr. 2019, nº 414821 A : *Lebon 43, concl. Roussel ; AJDA 2019. 488.*

28. Mobile. De tels crimes ne peuvent être justifiés par le but invoqué par celui qui les commet. La CNDA doit se contenter de relever l'implication d'un demandeur d'asile dans des crimes de guerre, sans examiner les « objectifs poursuivis » par celui-ci ou le « degré de légitimité de la violence » ainsi mise en œuvre. A défaut, elle entache sa décision d'une erreur de droit. • CE 14 mai 2024, nº 463491.

2º CRIMES DE GUERRE

29. La qualification de « crimes de guerre » doit s'entendre comme la violation des lois internationales relatives à la guerre au sens de l'art. 6, b), de l'accord établissant le tribunal de Nuremberg, c'est-à-dire les meurtres et tortures infligés à des populations civiles, à des prisonniers de guerre, l'assassinat d'otages ou la destruction de villes ou de villages sans justification militaire. V. en l'espèce s'agissant d'un membre d'une unité de police serbe au cours du conflit du Kosovo. • CRR 18 mai 2006, *Kurta,* nº 548090.

30. Illustrations. Haut gradé de l'armée de la République démocratique du Congo s'étant personnellement rendu coupable de crimes de guerre lors des conflits entre 1992 et 1997. • CNDA 17 janv. 2022, nº 21021032. ♦ Ex-officier des forces armées burundaises en raison de sa responsabilité hiérarchique dans des crimes de guerre commis par des militaires placés sous son commandement. • CNDA 15 nov. 2022, nº 21057966.

31. Si les conditions d'emploi de mines antipersonnel sont telles qu'elles traduisent notamment l'exercice d'une violence indiscriminée impliquant nécessairement des atteintes graves à la vie et à l'intégrité physique de civils, la participation à leur transport et à leur pose est susceptible d'être regardée comme présentant le caractère d'un crime de guerre au sens du a) du F de l'art. 1er de la Conv. de Genève. • CE 27 sept. 2022, nº 455663 B : *AJDA 2022. 1820 ; ibid. 2359, note Chassin.*

32. Refus d'accomplir des actes relevant des clauses d'exclusion. L'art. 9, § 2, e), de la Dir. « Qualification » 2004/83/CE du 29 avr. 2004 (aujourd'hui Dir. 2011/95/UE) prévoit que peuvent être retenues comme des persécutions ouvrant droit à la reconnaissance du statut de réfugié « les poursuites ou sanctions pour refus d'effectuer le service militaire en cas de conflit lorsque le service militaire supposerait de commettre des crimes ou d'accomplir des actes relevant des clauses d'exclusion » de la protection internationale. Selon la Cour, la directive n'a pas vocation à s'appliquer aux seules « troupes de combats » et le demandeur qui « serait affecté à une unité logistique ou de combat » ne peut être évincé d'office de la protection internationale. L'attribution de la protection n'implique pas nécessairement que des crimes de guerre soient systématiquement commis dans le conflit en cause ou que de tels actes aient effectivement déjà été sanctionnés. Cependant, la Cour pose deux présomptions : le conflit qui a été engagé sur la base d'un mandat du Conseil de sécurité de l'ONU ou d'un consensus de la communauté internationale présente en principe toutes les garanties que des crimes de guerre ne seront pas commis ; s'il existe dans l'État d'origine du demandeur une législation qui punit les crimes de guerre et des juridictions qui en assurent l'effective répression, il est peu probable que les forces armées de ce pays commettent de telles exactions. S'il existe dans le pays d'origine du demandeur une procédure effective d'objection de conscience qui aurait pu lui permettre d'éviter les sanctions pour désertion, l'étranger ne pourra pas se voir reconnaître la qualité de réfugié. La Cour précise enfin que les sanctions encourues doivent revêtir un grave caractère discriminatoire ou disproportionné au regard du droit légitime de l'État concerné à maintenir une force armée. • CJUE 26 févr. 2015, n° C-472/13 : *DP étrangers, Bull. n° 243, avr. 2015, note Viel.*

33. Mesure d'éloignement. Une décision d'exclusion du statut de réfugié en raison de crimes de guerre ou de crimes contre l'humanité frappant un ressortissant européen ne justifie pas, *ipso facto*, une mesure d'éloignement fondée sur la menace à l'ordre public ; l'autorité compétente doit procéder à un examen individuel de la situation de l'intéressé prenant en compte son comportement et les éléments sur lesquels la décision d'exclusion s'est fondée (nature et gravité des faits reprochés, implication individuelle, éventuelle existence de motifs d'exonération de la responsabilité pénale, éventuelles condamnations pénales) ; elle doit aussi apprécier le temps écoulé entre la commission des faits reprochés et son comportement ultérieur, et le risque de menace réelle, actuelle et suffisamment grave portant atteinte aux valeurs fondamentales de l'Union (telles la dignité humaine, la démocratie, l'égalité ou le respect des droits de l'homme) prévues à l'art. 2 TUE. • CJUE 2 mai 2018, nos C-331/16 et C-366/16.

3° GÉNOCIDE

34. Pour considérer qu'une personne a pu se rendre coupable de complicité de génocide, l'OFPRA doit s'appuyer sur des éléments matériels et intentionnels. • CE 14 juin 2010, *M. K.*, n° 320630 A : *AJDA 2010. 1992, note Mésa et Marmin*. ♦ Il n'y a pas complicité de génocide s'agissant d'un Haïtien qui avait accueilli des personnes d'origine tutsie dans sa paroisse puis s'était enfui, les laissant aux mains des autorités locales qui ne se sont pas opposées à leur massacre par les miliciens ; ces faits ne permettent pas d'attester que l'intéressé aurait manifesté l'intention de permettre ou de faciliter la commission de ces crimes ou aurait sciemment omis de les prévenir ou de s'en dissocier dès lors, d'une part, que ses fonctions ne lui conféraient aucune autorité sur leurs auteurs et que toute résistance de sa part aurait probablement mis sa vie en danger, d'autre part, qu'aucun autre élément n'est de nature à établir son approbation du génocide ; reste que le Conseil d'État reconnaît ici la possibilité d'une complicité « passive ». • CE 26 janv. 2011, *M. Hitayezu*, n° 312833 A : *RFDA 2011. 441*.

35. Exemples. Financement d'un régime qui a favorisé la commission de crimes de génocide. • CRR 19 juin 1996, *Mbarushimana*, n° 280634. ♦ Haut fonctionnaire rwandais d'origine hutue ayant eu des liens étroits avec les responsables du génocide et étant personnellement coupable de complicité dans ce génocide. • CRR 25 mai 2004, *Kayondo*, n° 451355. • CNDA 9 avr. 2008, *K.*, n° 552782 : *Rec. CNDA 2008. 80.* ♦ V. aussi, au titre de la qualification de crime de guerre : • CNDA 18 déc. 2008, *K.*, n° 573242 : *Rec. CNDA 2008. 77.* ♦ Requérante qui, sans détenir de fonctions officielles, a joué un rôle central dans la préparation et la planification du génocide commis au Rwanda. • CE 16 oct. 2009, *Mme Habyarimana*, n° 311793 B. ♦ Officier russe ayant participé à l'extermination de populations civiles en Afghanistan. • CRR 5 mai 1997, *Galimov*, n° 307510. ♦ Membre de la communauté slave musulmane, collaborateur de la police serbe, ayant des liens avec les auteurs de massacres contre la population d'origine albanaise. • CNDA 16 avr. 2008, *D.*, n° 555328 : *Rec. CNDA 2008. 79.* ♦ Haut gradé de l'armée de la République démocratique du Congo s'étant personnellement rendu coupable de crimes de guerre lors des conflits entre 1992 et 1997. • CNDA 17 janv. 2022, n° 21021032. ♦ Si les conditions d'emploi de mines anti-personnel sont telles qu'elles traduisent notamment l'exercice d'une violence indiscriminée impliquant nécessairement des atteintes graves à la vie et à l'intégrité physique de civils, la participation à leur transport et à leur pose est susceptible d'être regardée comme présentant le caractère d'un crime de guerre au sens du a) du F de l'art. 1er de la Conv. de Genève. • CE 27 sept. 2022, n° 455663 B : *AJDA 2022. 1820 ; ibid. 2359, note Chassin*. ♦ Ex-officier des forces armées burundaises en raison de sa responsabilité hiérarchique dans des crimes de guerre commis par des militaires placés sous son commandement. • CNDA 15 nov. 2022, n° 21057966.

B. CRIME GRAVE DE DROIT COMMUN (ART. 1er, F, b), DE LA CONV. DE GENÈVE)

36. Si la commission d'un crime sur le territoire du pays d'accueil par un demandeur du statut de réfugié est passible de sanctions pénales et peut, le cas échéant, entraîner une expulsion dans les conditions prévues par les stipulations des art. 32 et 33 de la Conv. de Genève, elle n'est pas au nombre des motifs pouvant légalement justifier un refus de reconnaissance de la qualité de réfugié par application des stipulations précitées du b) du F de l'art. 1er de la Conv. de Genève. • CE 25 sept. 1998, *M. R.*, n° 165525 : *Lebon 342.*

37. Critères d'appréciation. Pour qualifier les actes de « crimes graves de droit commun », le juge prend en compte la gravité des crimes commis ainsi que les objectifs poursuivis par leurs auteurs et le « degré de légitimité » de la violence ainsi mise en œuvre. • CE 28 févr. 2001, *Silva Handari Dewage*, n° 195356.

38. Il appartient à l'OFPRA et, en cas de recours, à la CNDA, d'une part, de vérifier si l'intéressé a fait l'objet de l'une des condamnations visées au présent art. et, d'autre part, d'apprécier si sa présence sur le territoire français est de nature à constituer, à la date de leur décision, une menace grave pour la société, c'est-à-dire si elle est de nature à affecter un intérêt fondamental de la société, compte tenu des infractions pénales commises – lesquelles ne sauraient, à elles seules, justifier légalement une décision refusant le statut de réfugié ou y mettant fin – et des circonstances dans lesquelles elles ont été commises, mais aussi du temps qui s'est écoulé et de l'ensemble du comportement de l'intéressé depuis la commission des infractions ainsi que de toutes les circonstances pertinentes à la date à laquelle ils statuent. La seule circonstance qu'un réfugié, condamné pour des faits qui, lorsqu'ils ont été commis, établissaient que sa présence constituait une menace grave pour la société, se soit abstenu, postérieurement à sa libération, de tout comportement répréhensible n'implique pas, par elle-même, du moins avant l'expiration d'un certain délai, et en l'absence de tout autre élément positif significatif en ce sens, que cette menace ait disparu. • CE 10 juin 2021, n° 440383 B.

39. En estimant que la seule circonstance que la peine à laquelle l'intéressé avait été condamné en Italie avait été entièrement exécutée entraînait l'inapplicabilité de la clause d'exclusion du b) de l'art. 1er, F, la cour a entaché sa décision d'une erreur de droit ; en effet, il lui incombait de rechercher si les circonstances devaient conduire à écarter la demande de l'intéressé en raison des crimes graves de droit commun qu'il avait commis antérieurement et si son accueil en France présentait un danger ou un risque. • CE 4 mai 2011, *OFPRA c/ M. H.*, n° 320910 B.

40. Il n'appartient pas au juge de l'asile, pour apprécier s'il existe des raisons sérieuses de penser qu'un crime grave de droit commun a été commis par le demandeur, de remettre en cause la qualification à laquelle la chambre de l'instruction procède lorsqu'elle statue, par une décision juridictionnelle sur le fondement des dispositions de l'art. 695-31 C. pr. pén., sur une demande d'exécution d'un mandat d'arrêt européen émis par les autorités judiciaires d'un autre État membre de l'Union en vue de l'exécution d'une condamnation définitive prononcée par ces dernières, après avoir vérifié que ces faits constituent une infraction au regard de la loi française ou relèvent de l'une des catégories énumérées à l'art. 694-32 C. pr. pén. • CE 8 févr. 2023, n° 463014 : *AJDA 2023. 260 ; D. 2023. 1358 ; ibid. 2024. 228, chron. Boskovic, Corneloup, Jault-Seseke, Joubert et Parrot.*

41. Présomption d'innocence. Quelle que soit la présomption d'innocence dont le requérant pourrait bénéficier, des raisons sérieuses de penser qu'il a commis dans ce pays un crime grave de droit commun, pour lequel, d'ailleurs, il a fait l'objet d'une condamnation à mort par contumace, suffisent à le faire entrer dans la clause d'exclusion. • CE 15 mai 1996, *M. R.*, n° 153491.

42. Mobile politique. Lorsqu'il existe des raisons sérieuses de penser qu'un demandeur d'asile a commis un crime grave de droit commun en dehors du pays d'accueil, les stipulations du b) de l'art. 1er, F, de la Conv. de Genève, citées au pt 2, permettent de lui refuser le bénéfice de la protection statutaire même si les poursuites dont il a pu faire l'objet à raison de cet acte criminel reposent sur un mobile politique. • CE 8 déc. 2021, n° 447044 B : *AJDA 2021. 2493.* ♦ Lorsqu'un crime grave a été commis et qu'il est allégué qu'il ne présente pas le caractère de crime de droit commun mais qu'il a été commis dans un but politique, le demandeur d'asile ne peut être exclu du bénéfice du statut de réfugié si le caractère politique de l'acte qu'il a commis prédomine sur le caractère de droit commun. Pour porter cette appréciation, il convient de déterminer s'il existe un lien direct entre l'acte commis et le but politique poursuivi, et de mesurer l'adéquation et la proportionnalité entre cet acte et ce but, au regard notamment des moyens employés, de l'exercice ou non d'une violence anormale et indiscriminée, et de la nature et du nombre des victimes. • CE 21 juin 2022, n° 447538 A : *AJDA 2022. 1256 ; ibid. 1962, concl. Malverti.*

43. Terrorisme. Les actes de nature terroriste, qui se caractérisent par leur violence à l'égard des populations civiles, même s'ils sont commis dans un objectif prétendument politique, doivent être regardés comme des « crimes graves de droit commun ». • CJUE 9 nov. 2010, *Allemagne c/ M. B. et M. D.*, n[os] C-57/09 et C-101/09 : *AJDA 2010. 2307, chron. Aubert, Broussy et Donnat ; JCP 2010. 1187, obs. Picod.*

44. Appréciation par la CJUE. L'appartenance d'une personne à la liste des organisations annexée à la position commune du Conseil 2001/931 n'entraîne pas automatiquement la mise en œuvre de la clause d'exclusion prévue par l'art. 12 de la directive ; il importe en effet de vérifier au préalable si les actes commis par une telle organisation peuvent relever des catégories de crimes graves et d'agissements visés par ces dispositions. L'exclusion du statut de réfugié est subordonnée à un examen individuel de faits précis permettant d'apprécier s'il y a des raisons sérieuses de penser que, dans le cadre de ses activités au sein de cette organisation, cette personne a commis un crime grave de droit commun ou s'est rendue coupable d'agissements contraires aux buts et aux principes des Nations unies, ou qu'elle a instigué un tel crime ou de tels agissements, ou y a participé de quelque autre manière. La Cour précise en outre que la directive n'exige pas que le demandeur d'asile représente toujours, au moment de sa demande, un danger pour l'ordre public ; l'art. 12 vise en effet à sanctionner des actes commis dans le passé. • CJUE 9 nov. 2010, *Allemagne c/ M. B. et M. D. : préc. note 43.* ♦ La Cour a repris la même position s'agissant de l'exclusion du bénéfice de la protection subsidiaire considérant qu'il incombe à l'autorité compétente de procéder, pour chaque cas individuel, à une évaluation des faits précis en vue de déterminer s'il existe des raisons sérieuses de penser que les actes commis par l'intéressé relèvent de cette clause d'exclusion. Ainsi, la gravité du crime susceptible d'exclure une personne de la protection subsidiaire doit être appréciée au regard d'une pluralité de critères tels que, notamment, la nature de l'acte en cause, les dommages causés, la forme de la procédure employée pour engager des poursuites, la nature de la peine encourue et la prise en compte de la question de savoir si la plupart des juridictions considèrent également l'acte en cause comme un crime grave. • CJUE 13 sept. 2018, *Shajin Bevandorlasi és Menekültügyi Hivatal,* n° C-369/17 : *AJDA 2018. 1753 ; D. 2018. 1808.*

45. Participation indirecte. Un membre fondateur du PKK ne peut pas bénéficier du statut de réfugié dès lors qu'il a participé à la prise de décisions ayant conduit à des crimes graves de droit commun, sans que ses activités diplomatiques et sa participation à des négociations l'aient conduit à se désolidariser des buts et des moyens employés par ce mouvement. • CRR 9 janv. 2003, *Altun,* n° 362645 • CE 9 nov. 2005, *Altun,* n° 254882 : *préc. note 4 ss. L. 511-1.* ♦ Financement d'individus coupables de crimes graves de droit commun. • CRR 9 janv. 2003, *Awobajo,* n° 406014.

46. La clause d'exclusion est applicable non seulement au demandeur d'asile condamné pour des actes terroristes, mais aussi, potentiellement, à un demandeur d'asile seulement convaincu d'avoir commis des actes de participation aux activités d'un groupe terroriste. A titre d'indication pour le juge national à qui incombe d'apprécier les faits, la Cour a estimé que la circonstance que l'intéressé ait participé aux activités d'un groupe terroriste en qualité de membre dirigeant revêtait une importance particulière. • CJUE 31 janv. 2017, *Mostafa Lounani,* n° C-573/14 : *AJDA 2017. 1110, chron. Broussy, Cassagnabère, Bonneville et Gänser ; ibid. 521, chron. Dutheillet de Lamothe et Odinet ; AJ pénal 2017. 195, obs. Otero ; RFDA 2017. 550, concl. Domino ; D. 2018. 313, chron. Boskovic, Corneloup, Jault-Seseke, Joubert et Parrot.* ♦ Application de la clause d'exclusion à l'épouse d'un tortionnaire dès lors qu'elle a contribué à la commission des agissements aux crimes graves de droit commun contraires aux buts et principes des Nations unies. • CE 7 juin 2017, *OFPRA,* n° 396261 B : *AJDA 2017. 1597.* – V. aussi • CNDA 30 janv. 2018, n° 16040569 • 4 avr. 2018, n° 16040613.

47. Contrainte. Le Conseil d'État juge qu'avant de refuser la qualité de réfugié à un individu qui aurait été complice d'un crime grave de droit commun alors qu'il était mineur la CNDA doit vérifier s'il existe des raisons sérieuses de penser que l'individu était personnellement responsable, au sens de la Conv. de Genève, en agissant sous contrainte. En l'espèce, un ressortissant irakien avait demandé à bénéficier de l'asile politique en raison des risques qu'il encourait en Irak. Le parti PKK, qu'il avait quitté au bout de 8 ans d'activité, le recherchait. Il avait par ailleurs participé, lorsqu'il avait 15 ans, à un crime d'honneur lié à un conflit entre familles et était exposé à des risques de vengeance. Le Conseil d'État rappelle que le complice du crime de droit commun est également responsable lorsqu'il n'a cherché à aucun moment à le prévenir ou à s'en dissocier. Le requérant avait assisté son frère, auteur du crime. Toutefois, il « n'est pas contesté qu'il s'y est livré en raison de pressions de toute nature auxquelles, eu égard à son jeune âge lors des faits, il ne pouvait se soustraire et qui excluent toute action délibérée de sa part ; ainsi les circonstances de l'espèce ne font pas apparaître de raison sérieuse de penser qu'il s'est personnellement rendu coupable ni qu'il peut être regardé comme complice d'un crime grave ». • CE 7 avr. 2010, *M. A.,* n° 319840 A : *AJDA 2010. 761 ; Dr. adm. 2010. Comm. 95 ; RFDA 2010. 644.*

48. Lorsque les crimes graves de droit commun ont été commis sous la contrainte, que le requérant s'est désolidarisé des activités illicites auxquelles il a été tenu de prendre part en collaborant activement avec les autorités judiciaires françaises, l'application de la clause d'exclusion sera écartée (en l'occurrence, octroi de la protection subsidiaire). • CNDA 7 févr. 2008, C., n° 599749 : *Rec. CNDA 2008. 42.*

49. Subordination hiérarchique. Le Conseil d'État juge que constituent des crimes graves de droit commun au sens de l'art. 1er, F, b), de la Conv. de Genève les extorsions de biens commises de façon répétée pendant deux ans par un militaire du rang tchadien à l'encontre de civils. La contrainte liée à la subordination hiérarchique de l'intéressé ne saurait constituer une cause d'exonération de sa responsabilité personnelle dans les crimes commis. • CE 26 avr. 2022, n° 453613.

50. Illustrations. Entre dans les prévisions du b) un étranger qui a été condamné à une peine d'emprisonnement pour avoir commis un crime grave de droit commun, non dans son pays d'origine mais dans un pays par lequel il a transité avant de se rendre en France. • CE 23 févr. 2001, *Tat*, n° 205949 B. ♦ Pour une application du b) : • CRR 8 mars 2004, *Safi*, n° 459657. ♦ V. aussi, s'agissant d'un ressortissant congolais membre de milices ayant pour objet l'élimination physique de combattants cobras : • CRR 10 mai 2004, *Souena*, n° 449529. ♦ Ressortissant turc ayant exercé des fonctions dirigeantes au sein du PKK, lequel pratique des attentats contre la population civile. • CE 9 nov. 2005, *Altun*, n° 254882 : *préc. note 4 ss. L. 511-1.* ♦ Ressortissant ivoirien membre des forces rebelles ayant reconnu avoir participé à des opérations de ratissage, des rapports de diverses ONG et du Conseil de sécurité des Nations unies témoignant que lesdites opérations ont été accompagnées de nombreuses exactions. • CNDA 12 févr. 2009, n° 598383 : *Rec. CNDA 122.* ♦ Colombien ayant volontairement intégré un groupe de paramilitaires au sein duquel il a participé à des actes de tortures et commis des meurtres. • CNDA 15 janv. 2009, n° 594649 : *Rec. CNDA 123.* ♦ Ressortissante guinéenne qui avait, pendant près de 20 ans, assisté sa mère dans ses fonctions d'exciseuse, avant de se repentir et de refuser d'en prendre la suite à son décès ; si elle était exposée à des persécutions en tant que membre du groupe social des femmes opposées à l'excision, son opposition était tardive et dès lors insuffisante à l'exonérer de sa part de responsabilité en qualité de complice, en dépit du poids de la coutume qui avait nécessairement exercé une certaine contrainte sur l'intéressée. • CNDA 12 nov. 2019, n° 19007358.

51. Ressortissant afghan ayant été définitivement condamné par une juridiction pénale hongroise à une peine de 3 ans et 8 mois de prison pour avoir organisé contre rémunération à plusieurs reprises l'entrée et le transfert de migrants sur le territoire hongrois, indépendamment de l'ancienneté des faits qui est par elle-même sans incidence sur la qualification de crime grave de droit commun. • CE 8 févr. 2023, n° 463014 B : *AJDA 2023. 260 ; D. 2023. 1358 ; ibid. 2024. 228, chron. Boskovic, Corneloup, Jault-Seseke, Joubert et Parrot.*

52. La qualité de membre de la garde présidentielle (Comores) exclusivement affecté à la protection du président ne fait pas ressortir que la seule appartenance à cette unité ait nécessairement impliqué de la part de ses membres la commission d'actes répréhensibles, d'autant que la Cour constate l'absence de tout indice permettant d'imputer une participation personnelle à la commission d'exactions. • CNDA 13 févr. 2009, *C.*, n° 629207 : *Rec. CNDA 2009. 60.*

C. AGISSEMENTS CONTRAIRES AUX BUTS ET AUX PRINCIPES DES NATIONS UNIES (ART. 1er, F, c), DE LA CONV. DE GENÈVE)

53. Constituent des agissements contraires aux buts et aux principes des Nations unies ceux qui sont susceptibles d'affecter la paix et la sécurité internationale, les relations pacifiques entre États ainsi que les violations graves des droits de l'homme. L'exclusion du statut de réfugié sur le fondement du c) du F de l'art. 1er de la Conv. de Genève est subordonnée à l'existence de raisons sérieuses de penser qu'une part de responsabilité dans de tels agissements peut être imputée personnellement au demandeur d'asile, sans qu'il soit besoin d'établir sa culpabilité. Pour opposer cette clause d'exclusion à un demandeur d'asile qui a appartenu à – ou a entretenu des liens avec – une organisation ayant commis des agissements contraires aux buts et principes des Nations unies, il y a lieu de rechercher et d'établir, au cas par cas, les raisons sérieuses qui permettent, autrement que par déduction du contexte dans lequel il a agi, de le regarder comme ayant contribué à – ou facilité – la commission de tels agissements, sur la base d'éléments matériels et intentionnels précis, tenant compte notamment du rôle qu'il a effectivement joué dans la perpétration des actes en cause, des responsabilités qu'il exerçait au sein de cette organisation, du degré de connaissance qu'il avait ou était censé avoir des activités de celle-ci, des éventuelles pressions auxquelles il aurait été soumis ainsi que de la possibilité effective dont il disposait d'empêcher la commission de ces agissements ou de s'en distancier sans courir de risques personnels graves. Application en l'espèce à l'assistant personnel de l'un des plus hauts responsables des services de renseignements des LTTE (Tigres libérateurs de l'Eelam tamoul). • CE 29 avr. 2022, n° 451365. – V. aussi • CE 5 févr. 2024, n° 472042.

54. A l'occasion d'un recours dirigé contre une décision de retrait de la qualité de réfugié, le juge de plein contentieux de la CNDA doit examiner le bien-fondé de cette décision au regard non seulement du motif retenu par l'OFPRA mais aussi des autres motifs de cessation pouvant ressortir du dossier et de l'audience. • CE 28 déc. 2017, *OFPRA*, n° 404756 B : *AJDA 2018. 13 ; ibid. 1114, concl. Bretonneau.* ♦ En regardant les agissements en cause comme contraires aux buts et aux principes des Nations unies sans se prononcer sur leur caractère de gravité au regard de leurs effets sur le plan international, la CNDA a commis une erreur de droit. • CE 11 avr. 2018, n° 402242 B : *ADJA 2018. 822 ; ibid. 1114, concl. Bretonneau.*

55. Preuve. L'exclusion du statut de réfugié prévue à l'art. 1er, F, de la Conv. de Genève est seulement subordonnée à l'existence de raisons sérieuses de penser que les personnes se sont rendues coupables d'agissements contraires aux buts et aux principes des Nations unies ; par conséquent, la CNDA ne peut exiger de l'OFPRA qu'il produise des pièces établissant une vérité juridique irréfutable s'agissant des agissements criminels d'un demandeur lorsqu'il décide de l'exclure du bénéfice de la protection internationale (en l'espèce, articles de presse non corroborés par des pièces judiciaires). • CE 24 juin 2015, n° 370417

• 4 déc. 2017, OFPRA, n° 403454 B : *AJDA 2017. 2385 ; D. 2018. 313, chron. Boskovic, Corneloup, Jault-Seseke, Joubert et Parrot*.

56. Terrorisme. Les actes terroristes ayant une ampleur internationale en termes de gravité, d'impact international et d'implications pour la paix et la sécurité internationales peuvent être assimilés à des agissements contraires aux buts et aux principes des Nations unies au sens du c) du F de l'art. 1er de la Conv. de Genève. Il en va ainsi des actions de soutien à une organisation qui commet, prépare ou incite à la commission de tels actes, notamment en participant de manière significative à son financement. • CE 13 mars 2020, n° 423579 B : *AJDA 2020. 1519* • 19 avr. 2024, n° 466042.

57. Justifie de l'application de la clause d'exclusion un ressortissant turc d'origine kurde, ayant été condamné à 3 ans d'emprisonnement, dont 18 mois avec sursis, pour association de malfaiteurs en vue de la préparation d'un acte terroriste et financement d'entreprise terroriste, l'intéressé ayant personnellement et activement participé à des collectes de fonds, en France, via l'association culturelle de solidarité Anatolie Paris (ACSAP) pour financer le parti révolutionnaire de libération du peuple (DHKP-C), faits pouvant être qualifiés d'agissements contraires aux buts et principes des Nations Unies. • CE 21 sept. 2023, n° 463489 B : *DP étrangers, Bull. nos 337-338, nov.-déc. 2023, note Viel.* ♦ Même solution s'agissant d'un ressortissant tchétchène, mis en examen et placé sous contrôle judiciaire pour des faits qualifiés d'association de malfaiteurs en vue de commettre des actes de terrorisme et de financement d'une entreprise terroriste, pour avoir apporté un soutien logistique et financier à des candidats depuis la France au djihad et à des combattants djihadistes en Syrie entre 2012 et 2014, faits corroborés par des courriers du Parquet national antiterroriste et du service national des enquêtes administratives de sécurité (SNEAS) ; le Conseil d'État précise que la poursuite de l'instruction judiciaire était sans incidence sur l'évaluation de la clause de fin de la protection. • CE 3 oct. 2023, n° 466701 : *D. 2023. 1358 ; ibid. 2024. 228, chron. Boskovic, Corneloup, Jault-Seseke, Joubert et Parrot*.

58. Ne justifie pas de l'application de la clause d'exclusion le demandeur qui avait occupé des fonctions publiques en Afghanistan sous un régime s'étant signalé par son absence de respect des droits de l'homme, sans que la preuve soit rapportée de son implication personnelle. • CE 25 mars 1998, *Mme Mahboub,* n° 170172 : *Lebon 961.* ♦ Les agissements en cause doivent être personnellement imputables au demandeur d'asile. • CE 11 avr. 2018, n° 410897 A : *AJDA 2018. 822*.

59. Collecte de fonds. Les activités significatives de collecte de fonds au profit d'un mouvement inscrit sur la liste des organisations terroristes de l'UE sont constitutives d'agissements contraires aux buts et principes des Nations unies au sens de l'art. 1er, F, c), de la Conv. de Genève. • CE 9 avr. 2024, nos 471629, 471632 et 471150.

60. Implication personnelle. En excluant l'intéressé du champ d'application de la Conv. de Genève du seul fait de son adhésion à un régime politique sans rechercher si l'intéressé s'était personnellement rendu coupable d'agissements contraires aux buts des Nations unies, la CRR a entaché sa décision d'une erreur de droit. • CE 25 mars 1998, *Mme Mahboub,* n° 170172 : *Lebon T. 961.* ♦ Il revient à la CRR de constater qu'il existe des raisons sérieuses de penser que les personnes en cause ont commis un crime au sens des instruments internationaux, sans exiger la démonstration de leur implication dans ces crimes. • CE 18 janv. 2006, *OFPRA,* n° 255091 B. ♦ En déduisant de la seule participation du requérant à l'organisation et à la tenue d'un barrage « antiéconomique » à la suite de l'élection présidentielle à Madagascar, sans lui imputer de responsabilité particulière dans la conception, l'organisation ou l'exécution du blocus de la capitale de Madagascar, ni lui imputer personnellement aucun crime ou acte de violence, qu'il existait des raisons sérieuses de penser que l'intéressé s'était rendu coupable d'agissements contraires aux buts et principes des Nations unies, la CNDA a commis une erreur de droit. • CE 30 déc. 2011, *M. Razakamahefa,* n° 347408 B.

61. Il n'est pas nécessaire que l'intéressé ait personnellement commis de tels agissements dès lors qu'il les a nécessairement couverts de son autorité. • CRR 8 juill. 1986, *M. D.,* n° 50265. ♦ La clause d'exclusion peut s'appliquer à des acteurs non étatiques. • CE 7 juin 2017, *OFPRA,* n° 396261 B : *AJDA 2017. 1597*.

62. La CNDA ne commet aucune erreur de droit dès lors qu'elle s'est fondée sur le fait qu'ayant exercé durant plusieurs années, au sein de la rébellion armée, des responsabilités de chef adjoint, puis de chef des forces contrôlant le corridor ouest de Bouaké, le requérant, ressortissant ivoirien, ne pouvait ignorer les exactions perpétrées dans cette zone entre 2002 et 2006, notamment les viols et les arrestations de personnes au seul motif de leur appartenance ethnique, ni les actes systématiques d'extorsion à l'encontre des civils transitant par ce corridor, dont il tirait un enrichissement personnel ; en déduisant de ces faits qu'il existait des raisons sérieuses de penser que le requérant s'était lui-même rendu coupable d'actes contraires aux buts et principes des Nations unies et qu'il les avait encouragés ou couverts de par sa position privilégiée, la CNDA a explicitement recherché s'il y avait des raisons sérieuses de penser qu'il portait une responsabilité personnelle dans ces agissements contraires aux buts et principes des Nations unies. • CE 21 oct. 2011, *M. Sylla,* n° 336576 B.

63. En revanche, la seule circonstance pour un

ressortissant syrien d'avoir poursuivi des études universitaires dans un institut en lien avec des travaux à caractère militaire ne suffit pas à caractériser une contribution personnelle aux violations des droits de l'homme commises par l'armée syrienne dans le conflit en cours, qualifiables d'actes contraires aux buts et principes des Nations unies. « La CNDA insiste sur la nécessité d'apprécier la responsabilité individuelle au regard de critères tant objectifs que subjectifs : rôle de la personne concernée dans la perpétration des agissements, position au sein du régime, degré de connaissance qu'elle en avait, éventuelles pressions auxquelles elle aurait été soumise ou autres facteurs susceptibles d'influer sur son comportement ». • CNDA 2 oct. 2019, n°s 19009183 C et 19009184 C : *D. 2020. 298, chron. Corneloup*.

64. Fonctions politiques. M. Duvalier, qui a couvert de son autorité les graves violations des droits de l'homme commises en Haïti alors qu'il était président de la République, ne peut prétendre au statut de réfugié. • CE 31 juill. 1992, *M. Duvalier,* n°s 81962 et 81963 : *Lebon T. 985.* ♦ De même, il existe des raisons sérieuses de penser que le requérant, en raison de ses fonctions de chef d'État et de chef des forces de la gendarmerie d'Anjouan, s'est rendu coupable, à tout le moins en les couvrant de son autorité, d'agissements contraires aux buts et aux principes des Nations unies, en l'espèce des exactions contre la population civile. • CNDA 3 déc. 2008, *B.,* n° 629222 : *Rec. CNDA 90.*

65. Activités militaires. Membre d'unité militaire coupable de massacres. • CRR 29 oct. 1993, *Muntumosi Mpemba,* n° 238444. ♦ Responsable militaire ayant « couvert de son autorité des exactions dont il ne pouvait ignorer l'existence ». • CRR 6 oct. 2001, *Nader,* n° 348805 • CE 24 oct. 2001, *Wingi Dimawete,* n° 211309. ♦ Ressortissant du Sri Lanka, ingénieur naval appartenant à l'unité d'élite des Tigres de mer, qui a mené des actions terroristes, ne trouvant aucune justification dans la légitimité du but politique recherché. • CNDA 27 juin 2008, *M.,* n° 611731 : *Rec. CNDA 87.* ♦ Comorien nommé chef adjoint de la brigade de gendarmerie de Domoni le 14 févr. 2005, ayant exercé les fonctions d'enquêteur et de responsable des personnes arrêtées et détenues dans la brigade lors des événements sécessionnistes de mai et juin 2007. • CNDA 8 juill. 2009, n° 641692/09000572 : *Rec. CNDA 127.*

66. Tortures. Actes de torture perpétrés par un membre des services de sécurité s'apparentant à des agissements qui sont contraires aux buts des Nations unies. • CRR 16 juin 1993, *Traoré Gaoussou,* n° 237574.

67. Terrorisme. Si les actes à caractère terroriste peuvent relever du b) du F de l'art. 1er (crimes graves de droit commun), les actes terroristes ayant une ampleur internationale en termes de gravité, d'impact international et d'implications pour la paix et la sécurité internationales peuvent aussi être assimilés à des agissements contraires aux buts et aux principes des Nations unies au sens du c) du F du même art. • CE 11 avr. 2018, n° 402242 B : *préc. note 54.*

68. La notion d'agissements contraires aux buts et aux principes des Nations unies s'étend aux individus qui se livrent à des activités de recrutement, d'organisation, de transport ou d'équipement bénéficiant à des personnes qui se rendent dans un État autre que leur État de résidence ou de nationalité dans le dessein de commettre, d'organiser ou de préparer des actes de terrorisme et il n'est notamment pas nécessaire qu'il soit établi que l'intéressé ait été l'instigateur d'un tel acte ou qu'il y ait participé de quelque autre manière. • CJUE 31 janv. 2017, n° C-573/14.

69. Liens avec la mouvance Al-Qaïda et participation à la préparation d'un attentat en France constituant des actes contraires aux buts et principeS des Nations unies au sens de la Résol. 1373 du Conseil de sécurité des Nations unies du 28 sept. 2001. • CNDA 31 juill. 2009, n° 630580/08011051 : *Rec. CNDA 125.* ♦ La CJUE considère qu'un réfugié peut faire l'objet d'une révocation de son titre de séjour dès lors qu'il apporte son soutien à une organisation inscrite en tant que groupe impliqué dans des actes de terrorisme sur la liste annexée à la position commune 2001/931/PESC ; la révocation du titre de séjour d'un réfugié en application de l'art. 24, § 1, de la Dir. 2004/83/CE du 29 avr. 2004 (aujourd'hui Dir. 2011/95/UE) n'entraîne toutefois ni la révocation du statut de réfugié ni le refoulement de l'intéressé. • CJUE 24 juin 2015, *H. T.,* n° C-373/13 : *AJDA 2015. 1589, chron. Broussy, Cassagnabère et Gänser*. ♦ On rappellera que, dans un tel cas, l'art. L. 711-6 [devenu art. L. 511-7] autorise, outre la révocation du statut, la non-reconnaissance *ab initio* de celui-ci. ♦ L'application de l'exclusion du statut de réfugié ne saurait être limitée aux auteurs effectifs d'actes de terrorisme mais peut également s'étendre aux individus qui se livrent à des activités de recrutement, d'organisation, de transport ou d'équipement bénéficiant à des personnes qui se rendent dans un État autre que leur État de résidence ou de nationalité dans le dessein, notamment, de commettre, d'organiser ou de préparer des actes de terrorisme. • CJUE 31 janv. 2017, *Commissaire général aux réfugiés et aux apatrides c/ M. Louani,* n° C-573/14 : *AJDA 2017. 199 ; ibid. 521, chron. Dutheillet de Lamothe et Odinet ; AJ pénal 2017. 195, obs. Otero ; RFDA 2017. 550, concl. Domino ; D. 2018. 313, chron. Boskovic, Corneloup, Jault-Seseke, Joubert et Parrot*.

70. Traite d'êtres humains. L'implication dans un réseau de traite d'êtres humains peut potentiellement entraîner l'exclusion d'une protection subsidiaire à la fois pour « crime grave » (art. L. 712-2, b) [devenu art. L. 512, 2°]), agissements « contraires aux buts et principes des Nations unies » (art. L. 712, c) [devenu art. L. 512, 3°]) et

« menace grave pour l'ordre public, la sécurité publique ou la sûreté de l'État » (art. L. 712, d) [devenu art. L. 512, 4°]) ; la qualification retenue dépend de la gravité des faits imputés à l'intéressé. • CNDA 25 juin 2019, n° 18027385 : *DP étrangers, Bull. n° 291, sept. 2019, p. 19, note Viel* • 30 août 2019, n° 18052314. ♦ Solution inverse en présence d'un réseau d'envergure modeste dans lequel l'intéressé n'a pas joué le rôle de véritable instigateur de la traite. • CNDA 30 août 2019, n° 19020714.

Art. L. 511-9 **Dans les cas prévus aux 1° et 2° de l'article L. 511-8, lorsque la reconnaissance de la qualité de réfugié résulte d'une décision de la Cour nationale du droit d'asile ou du Conseil d'État, la juridiction peut être saisie par l'Office français de protection des réfugiés et apatrides ou par le ministre chargé de l'asile en vue de mettre fin au statut de réfugié. Les modalités de cette procédure sont fixées par décret en Conseil d'État.** – *[Anc. art. L. 711-5.]*

COMMENTAIRE

Sur l'application de la clause de cessation, voir les notes sous l'article L. 511-8, *supra*.

1. Fraude. Si l'art. 1er, C, de la Conv. de Genève énumère les motifs permettant le retrait du bénéfice du statut de réfugié, cette mesure reste en outre possible, en application des principes gouvernant le retrait des actes administratifs, au cas où les circonstances de l'affaire révèleraient que la demande au vu de laquelle le statut a été conféré à l'intéressé était entachée de fraude ; il revient à la CNDA d'apprécier si le demandeur, qui s'était vu reconnaître la qualité de réfugié sur le fondement de déclarations frauduleuses, est encore en mesure de faire valoir des éléments suffisamment crédibles, tenant à son parcours personnel et aux menaces susceptibles de peser sur lui en cas de retour dans son pays, pour pouvoir conserver sa qualité de réfugié ; si la Cour n'est pas liée par l'avis émis par le juge judiciaire en réponse à une demande d'extradition visant un demandeur d'asile, il lui appartient, néanmoins, de prendre en compte l'ensemble des éléments qui lui sont soumis, y compris ceux figurant dans le dossier d'extradition s'il est produit devant elle, pour apprécier s'il y a des raisons sérieuses de penser que l'intéressé a commis un crime grave de droit commun au sens des stipulations du b) du F de l'art. 1er de la Conv. de Genève. • CE 28 nov. 2016, n° 389733 B : *AJDA 2016. 2303*.

2. Lorsque le bénéfice de la protection a été accordé sur la base d'une fraude délibérée, il n'est pas pertinent de s'interroger sur le changement des circonstances. Il est mis fin à la protection sur le fondement du présent art. pour fraude. • CNDA 31 janv. 2019, n° 18014132. ♦ La CNDA peut procéder ainsi dans son office de juge de plein contentieux, sans qu'il soit nécessaire qu'elle ait été spécialement saisie à cet effet. • CNDA 30 août 2019, n° 19020714 : *D. 2020. 298, chron. Corneloup*.

3. Droit de l'UE. Les cas dans lesquels l'OFPRA peut mettre fin au statut de réfugié en application du présent art. correspondent aux hypothèses prévues à l'art. 14 de la Dir. 2011/95/UE ; par suite, et sans qu'il y ait lieu de saisir la CJUE d'une question préjudicielle, le moyen tiré de ce que les dispositions du présent art. seraient incompatibles avec les objectifs de la Dir. 2011/95/UE ne peut qu'être écarté. • CE 30 janv. 2017, n° 394686 : *AJDA 2017. 821, concl. Domino*.

4. Les hypothèses dans lesquelles les États membres peuvent procéder à la révocation ou au refus d'octroi du statut de réfugié au sens de la Dir. 2011/95/UE correspondent en substance à celles de la Conv. de Genève ; toutefois, tandis que la Conv. de Genève permet, dans de telles hypothèses, le refoulement d'un réfugié vers un pays où sa vie ou sa liberté serait menacée, l'art. 21, § 2, de la directive doit être interprété et appliqué dans le respect des droits garantis par la charte, notamment à l'art. 4 et à l'art. 19, § 2, de celle-ci, lesquels interdisent en des termes absolus la torture ainsi que les peines et les traitements inhumains ou dégradants, quel que soit le comportement de la personne concernée, de même que l'éloignement vers un État où il existe un risque sérieux qu'une personne soit soumise à de tels traitements. Ainsi, estime la Cour, le droit de l'Union prévoit une protection internationale des réfugiés concernés plus étendue que celle assurée par ladite convention. La révocation du statut de réfugié ou le refus de l'octroyer ne font pas perdre au ressortissant ayant une crainte fondée de persécution dans son pays d'origine la qualité de réfugié au sens de la Conv. de Genève. Il continue de jouir d'un certain nombre de droits prévus par la convention dont la jouissance exige, non pas une résidence régulière, mais une simple présence physique du réfugié sur le territoire de l'État d'accueil. • CJUE 14 mai 2019, n° C-391/16 : *AJDA 2019. 1021 ; ibid. 1637, chron. Bonneville, Cassagnabère, Gänser et Markarian ; ibid. 1788, étude Julian Fernandez, Fleury Graff et Marie ; RTD eur. 2020. 136, note Barbou des Places*.

5. Acquisition d'une nouvelle nationalité. Il résulte du 2° du A et du C de l'art. 1er de la Conv. de Genève, des art. L. 711-4, L. 724-1 et L. 724-2 [devenus L. 511-8, L. 562-1 et L. 562-2] du présent code et de l'art. 22 C. civ. que l'acquisition d'une nouvelle nationalité par une personne ayant la qualité de réfugié constitue un motif légitime de cessation du statut dont il bénéficie. Dans le cas où l'intéressé a acquis une nationalité autre que française, il y a lieu, pour l'OFPRA, d'engager la procédure organisée par les dispositions du présent art. et, s'il s'y croit fondé, de mettre fin au statut de l'intéressé. Dans le cas où il est devenu français, cette naturalisation met fin par elle-même à son statut de réfugié, sans qu'il soit besoin pour l'OFPRA de prendre une décision ni de respecter cette procédure. • CE 1er juill. 2020, *OFPRA*, n° 423272 A : *AJDA 2020. 1381* ; *AJ fam. 2020. 538, obs. Jault-Seseke*.

CHAPITRE II **PROTECTION SUBSIDIAIRE**

BIBL. ▸ Fernandez et Viel, La protection incertaine des étrangers en provenance d'une zone de guerre, *AJDA 2016. 1961*.

COMMENTAIRE

Mis en œuvre par la loi Chevènement de 1998, l'asile territorial pouvait se définir comme la protection accordée par un État à un individu sur son territoire afin d'échapper aux risques pour sa vie, sa liberté ou sa sécurité, auxquels il est exposé dans son pays. La directive 2004/38/CE du 29 avril 2004 (art. 15) a précisé que les atteintes graves sont la peine de mort ou l'exécution, la torture ou des traitements ou sanctions inhumains ou dégradants infligés à un demandeur dans son pays d'origine, ou des menaces graves et individuelles contre la vie ou la personne d'un civil en raison d'une violence aveugle ou en cas de conflit armé interne ou international. La directive prévoit notamment que « Les risques auxquels la population d'un pays ou une partie de la population est généralement exposée ne constituent normalement pas en eux-mêmes des menaces individuelles à qualifier d'atteintes graves ». Toutefois, la Cour de justice des Communautés européennes a précisé que cette exigence ne suppose pas nécessairement que les craintes visent spécifiquement le demandeur dès lors que le degré de violence aveugle d'un conflit armé a atteint un niveau si élevé qu'il existe des motifs sérieux et avérés de croire qu'un civil, renvoyé dans ce pays ou cette région, court un risque réel. C'est sur ce fondement que la protection a pu être accordée notamment à des Irakiens en raison du contexte de violence généralisée régnant dans ce pays.

La « protection subsidiaire » (dont la durée n'est plus fixée par la loi) est accordée à toute personne qui ne remplit pas les conditions d'octroi du statut de réfugié et qui établit qu'elle est exposée dans son pays à une exécution (et non plus seulement, comme avant la loi n° 2015-925 du 29 juillet 2015, à « la peine de mort », ce qui supposait un procès), la torture ou des peines ou traitements inhumains ou dégradants ou, s'agissant d'un civil, à une menace grave et individuelle contre sa vie ou sa personne en raison d'une violence qui peut s'étendre à des personnes sans considération de leur situation personnelle et résultant d'une situation de conflit armé interne ou international. La loi de 2015 a ainsi supprimé la contradiction antérieure dès lors que l'ancien article exigeait que le demandeur soit exposé à une menace « grave, directe et individuelle » en raison d'une violence « généralisée » résultant d'un conflit armé. Désormais, la menace n'a plus à être « directe » et la notion de violence est requalifiée.

La protection subsidiaire ne sera pas accordée (art. L. 512-2) ou sera retirée (art. L. 512-3) à l'égard de personnes s'il existe des raisons sérieuses de penser qu'elles sont les instigatrices, les auteurs ou les complices ou qu'elles sont personnellement impliquées dans des crimes et agissements tels que :
- un crime contre la paix, un crime de guerre ou un crime contre l'humanité ;
- un crime grave ;
- des agissements contraires aux buts et aux principes des Nations unies.

La protection subsidiaire ne sera pas davantage accordée à une personne :
- dont l'activité sur le territoire constitue une menace grave pour l'ordre public, la sécurité publique ou la sûreté de l'État ;
- s'il existe des raisons sérieuses de penser, d'une part, qu'elle a commis, avant son entrée en France, un ou plusieurs crimes autres que ceux mentionnés ci-dessus, et qui seraient passibles d'une peine de prison s'ils avaient été commis en France, et, d'autre part, qu'elle n'a quitté son pays d'origine que dans le but d'échapper à des sanctions résultant de ces crimes.

Le retrait de la protection intervient lorsque les circonstances ayant justifié l'octroi de cette protection ont cessé d'exister ou ont connu un changement suffisamment significatif et durable pour que celle-ci ne soit plus requise, sauf lorsque son bénéficiaire justifie de raisons impérieuses tenant à des atteintes graves antérieures pour refuser de se réclamer de la protection de son pays. Le retrait sera toutefois systématique lorsque la décision d'octroi résulte d'une fraude. ❑

Art. L. 512-1 Le bénéfice de la protection subsidiaire est accordé à toute personne qui ne remplit pas les conditions pour se voir reconnaître la qualité de réfugié mais pour laquelle il existe des motifs sérieux et avérés de croire qu'elle courrait dans son pays un risque réel de subir l'une des atteintes graves suivantes :

1° La peine de mort ou une exécution ;

2° La torture ou des peines ou traitements inhumains ou dégradants ;

3° S'agissant d'un civil, une menace grave et individuelle contre sa vie ou sa personne en raison d'une violence qui peut s'étendre à des personnes sans considération de leur situation personnelle et résultant d'une situation de conflit armé interne ou international. — *[Anc. art. L. 712-1.]*

I. PRINCIPES

1. *Caractère recognitif.* La décision par laquelle une autorité d'un État membre de l'UE reconnaît un ressortissant d'un pays tiers en tant que personne pouvant bénéficier de la protection subsidiaire est un acte déclaratif qui produit ses effets tant qu'il n'est pas établi que le bénéficiaire n'en remplit pas ou a cessé d'en remplir les conditions dans les cas prévus par les art. 16, 17 et 19 de la Dir. 2004/83/CE (aujourd'hui Dir. 2011/95/UE) ; la circonstance que l'intéressé n'a pas demandé le renouvellement de son titre de séjour est sans incidence sur son droit à bénéficier des effets liés à la protection qui lui a été accordée. • CE 30 déc. 2014, *OFPRA*, n° 363161 B : *AJDA 2015. 729*.

2. Il ne peut être procédé à l'examen du droit à bénéficier de la protection subsidiaire qu'après qu'il a été établi que le demandeur ne peut pas se voir reconnaître la qualité de réfugié. • CE 17 déc. 2010, *OFPRA c/ Mlle Goupi*, n° 315822 • 22 févr. 2013, *OFPRA c/ M. S.*, n° 332701 : *AJDA 2013. 1258*. ♦ Soumettre l'introduction d'une demande de protection subsidiaire au respect d'un délai de 15 jours à compter de la notification du refus d'octroi du statut de réfugié est contraire au principe d'effectivité. • CJUE 20 oct. 2016, *Mme Danqua*, n° C-429/15 : *AJDA 2016. 2213, chron. Broussy, Cassagnabère et Gänser*. ♦ Par ailleurs, la CNDA doit rechercher la nationalité du demandeur avant d'attribuer une protection. • CE 10 déc. 2008, *OFPRA c/ M. Pogossyan*, n° 278227 B. ♦ L'OFPRA et la CNDA ne doivent en effet pas se limiter à rechercher si le demandeur peut simplement bénéficier de la protection subsidiaire. • CE 15 mai 2009, *Mlle Kona*, n° 292564 B : *Gaz. Pal. 22 déc. 2009, n° 356, p. 26 ; Rec. CNDA 82.*

3. La CJUE a considéré qu'un étranger, bénéficiaire de la protection subsidiaire, était toutefois recevable à solliciter la reconnaissance du statut de réfugié dès lors que, dans l'État en cause (la Slovénie en l'espèce), les deux statuts ne sont pas identiques, notamment au regard de la durée du titre de séjour qui est attribué. • CJUE 18 oct. 2018, n° C-662/17.

4. Les dispositions du présent art. ne subordonnent l'octroi de la protection subsidiaire qu'à l'existence de menaces personnelles pour les causes qu'elles énumèrent ; les circonstances tirées de ce que le séjour dans le pays d'accueil est sûr, que le demandeur n'a pas l'intention de rejoindre le pays d'origine ou que les personnes qui en ont la charge s'il est mineur n'ont pas cette intention sont dénuées de toute incidence sur l'octroi de la protection. La CNDA a donc entaché sa décision de refus d'une erreur de droit en se fondant sur la circonstance que l'un des parents séjournait régulièrement en France. • CE 30 déc. 2014, *Mme D. A.*, n° 367428 B : *AJDA 2015. 11*.

5. La protection subsidiaire n'a vocation à s'appliquer qu'aux civils, à l'exclusion notamment des membres des forces de police. • CE 11 déc. 2019, nos 424219 et 427714 B : *AJDA 2019. 2587*.

6. Un ancien milicien amhara (Éthiopie) toujours partisan de la lutte armée n'est pas un civil au sens de la protection subsidiaire « conflit armé » visée au 3° du présent art. • CNDA 12 juill. 2023, n° 20028908.

7. *Membres de la famille.* La mise en œuvre effective de la protection subsidiaire accordée à l'enfant impose que ce dernier ne soit pas séparé de son père ou de sa mère ; en l'absence de dispositions législatives octroyant de plein droit un titre de séjour au père ou à la mère de l'enfant mineur bénéficiaire de la protection subsidiaire, la même protection doit être étendue à ce dernier, sauf si sa présence constitue une menace pour l'ordre public. • CNDA 12 mars 2009, n° 638891 : *Rec. CNDA 87* • 27 juill. 2009, n° 634213/08014575 : *Rec. CNDA 88.* ♦ L'art. L. 424-11, dans sa rédaction issue de la L. n° 2018-778 du 10 sept. 2018 pour une immigration maîtrisée, un droit d'asile effectif et une intégration réussie prévoit que la carte de séjour pluriannuelle d'une durée maximale de 4 ans est délivrée, dès sa première admission au séjour non seulement au bénéficiaire de la protection subsidiaire mais également à son conjoint, son partenaire avec lequel il est lié par une union civile ou son concubin, s'il a été autorisé à séjourner en France au titre de la réunification familiale dans les conditions prévues aux art. L. 561-2 à L. 561-5 ; à son conjoint ou au partenaire avec lequel il est lié par une union civile, âgé d'au moins 18 ans, si le mariage ou l'union civile est postérieur à la date d'introduction de sa demande d'asile, à condition que le mariage ou l'union civile ait été célébré depuis au moins un an et sous réserve d'une communauté de vie effective entre époux ou partenaires ; à ses enfants dans l'année qui suit leur 18e anniversaire ou entrant dans les prévisions de l'art. L. 421-35 ; à ses ascendants directs au premier degré si l'étranger qui a obtenu le bénéfice de la protection est un mineur non marié.

8. Prohibition de l'extradition. Les principes généraux du droit de l'extradition font obstacle à ce qu'une personne bénéficiant de la protection subsidiaire puisse faire l'objet, aussi longtemps qu'il n'a pas été mis fin à cette protection, d'une extradition vers son pays d'origine ; ainsi, et alors qu'il appartenait au Gouvernement, s'il s'y croyait fondé, de demander à l'OFPRA de mettre fin à la protection subsidiaire dont bénéficiait M. B. A., cette protection faisait obstacle à ce que soit légalement pris le décret accordant son extradition aux autorités de son pays d'origine. • CE 30 janv. 2017, *M. Gjini,* n° 394172 A : *AJDA 2017. 521, chron. Dutheillet de Lamothe et Odinet*.

9. Rôle du juge de l'asile. Saisi d'une demande de protection subsidiaire, il appartient au juge de l'asile de rechercher d'office s'il existe dans la région dont l'intéressé provient une situation de conflit armé caractérisant une violence généralisée de nature à lui faire courir une menace grave, directe et individuelle pour sa vie ou sa personne en cas de retour dans son pays d'origine. Mais, dès lors que ce cas d'ouverture n'est pas invoqué devant lui et qu'il l'estime non justifié, tant au vu des éléments du dossier que de la documentation publique disponible, le juge peut l'écarter implicitement. • CE 28 déc. 2017, n° 404768 B : *AJDA 2018. 10*.

10. Sources d'information. S'appuyant sur l'art. 4 de la Dir. « Qualification » (Dir. 2011/95/UE), l'art. 10 de la Dir. « Procédures » (Dir. 2013/32/UE) et le Guide pratique juridique relatif à l'information sur les pays d'origine publié par l'EASO (*European Asylum Support Office*), la Cour estime que les « informations sur les pays d'origine (COI, *Country of Origin Information*) » qui sous-tendent ses décisions doivent être « publiquement accessibles, indépendantes, pertinentes, fiables et objectives, précises, cohérentes et actuelles, corroborées, transparentes et traçables » ; émaner, entre autres, d'« organisations internationales et intergouvernementales, des ONG, des institutions gouvernementales ou juridictionnelles, des organismes législatifs et administratifs ou encore des sources médiatiques ou académiques. • CNDA 19 nov. 2020, nos 19009476 et 18030770.

II. ORIGINE DES MENACES

11. Personnes physiques. Le risque de traitements inhumains ou dégradants peut émaner de personnes physiques : ressortissant albanais risquant des représailles de son entourage proche en raison de son orientation sexuelle. • CNDA 7 mai 2008, *H.*, n° 605398 : *Rec. CNDA 40.* ♦ ... Femme victime de violences conjugales. • CNDA 3 avr. 2008, *Mlle A.*, n° 584799 : *Rec. CNDA 42.* ♦ ... Guinéenne victime de graves agissements de la part de sa famille adoptive. • CNDA 23 déc. 2009, n° 640410/08020867 : *Rec. CNDA 67.* ♦ ... Requérant de nationalité serbe et membre de la communauté musulmane du Sandjak : exposition à l'exécution d'une vendetta sans pouvoir se prévaloir de la protection des autorités de son pays. • CNDA 21 déc. 2009, n° 644277/09003107 : *Rec. CNDA 68.* ♦ ... Requérante mongole victime d'abus sexuels et de violences de la part de son beau-père depuis l'âge de 13 ans. • CNDA 16 oct. 2009, n° 702746/09008134 : *Rec. CNDA 71.* ♦ ... Requérante de nationalité éthiopienne réduite à la condition d'esclave par un membre de la famille de l'émir du Qatar. • CNDA 6 oct. 2009, n° 627097/08007574 : *Rec. CNDA 72.* ♦ ... Haïtien victime, en raison de son aisance financière, d'agressions et de tentatives d'enlèvement de la part d'un groupe armé. • CNDA 4 sept. 2009, n° 645353/09004158 : *Rec. CNDA 74.* ♦ ... Ressortissant russe d'origine daghestanaise persécuté par les familles de victimes le regardant comme responsable des dommages causés par son entreprise. • CNDA 9 avr. 2009, n° 629670 : *Rec. CNDA 79.*

12. Organisations criminelles. Les menaces peuvent également émaner d'organisations mafieuses ou liées à des crimes et délits de droit commun, comme par ex. un réseau de narcotrafiquants. • CNDA 7 févr. 2008, *C.*, n° 599749 : *Rec. CNDA 42.* ♦ Personne handicapée menacée par les membres d'un réseau daghestanais de trafiquants de drogue. • CNDA 17 juin 2008, *Mlle P.*, n° 575253 : *Rec. CNDA 47.*

III. NATURE DES MENACES

A. CIRCONSTANCES PERSONNELLES

13. Peine de mort. Condamnation à tort du requérant pour le meurtre de son épouse suite à une procédure ne présentant aucune garantie d'impartialité compte tenu de la vindicte personnelle de la belle-famille du requérant à son égard et de l'influence de cette dernière sur la juridiction en cause. • CNDA 5 juin 1988, *R.*, n° 553588 : *Rec. CNDA 39.* ♦ Condamnation à la peine de mort pour adultère par un tribunal islamique en Somalie. • CNDA 23 mars 2018, n° 17037345. ♦ Condamnation à mort d'un ancien membre des services de renseignements bangladais pour avoir commis un meurtre alors qu'aucun élément n'indique que l'intéressé a joué un rôle prépondérant dans ledit assassinat. • CNDA 31 mars 2022, n° 20023970 : *AJDA 2022. 1989*.

14. Torture ou peines ou traitements inhumains ou dégradants. La condamnation du requérant à cent coups de fouet par un tribunal islamique iranien, si elle ne peut être regardée comme une persécution au sens de la Conv. de Genève, est constitutive d'un traitement inhumain et dégradant, et justifie ainsi l'octroi de la protection subsidiaire. • CRR 9 juin 2006, *Mehrzadeh*, n° 550721. ♦ En revanche, il ne résulte d'aucune source d'information publique que les conscrits d'origine kurde seraient, dans l'armée turque, victimes de discriminations ou de mauvais traitements de manière significative et systématique lors de l'accomplissement de leur service militaire. • CNDA 7 juin 2022, n° 21042074 : *AJDA 2022. 1192*.

15. État de santé. L'art. 15 de la Dir. 2004/83/CE (aujourd'hui Dir. 2011/95/UE) mentionne notamment le risque d'infliction, à un ressortissant de pays tiers, de torture ou de traitements ou de sanctions inhumains ou dégradants ; selon la Cour, ces atteintes doivent résulter du comportement d'un tiers et non des insuffisances générales du système de santé du pays d'origine. Il résulte des consid. 5, 6, 9 et 24 de la Dir. 2004/83/CE (aujourd'hui Dir. 2011/95/UE) que le champ de la protection subsidiaire, qui complète la protection des réfugiés consacrée par la Conv. de Genève, ne s'étend pas aux personnes autorisées à séjourner sur le territoire des États membres pour d'autres raisons, c'est-à-dire à titre discrétionnaire et par bienveillance ou pour des raisons humanitaires. Si la jurisprudence de la CEDH selon laquelle l'éloignement d'un ressortissant de pays tiers atteint d'une grave maladie vers un pays dans lequel les traitements adéquats n'existent pas peut, dans des cas exceptionnels, violer l'art. 3 Conv. EDH, ceci n'implique pas que ce ressortissant bénéficie, dans des circonstances similaires, de la protection subsidiaire prévue par la Dir. 2004/83/CE (aujourd'hui Dir. 2011/95/UE) ; par suite, le risque de détérioration de l'état de santé d'un ressortissant de pays tiers atteint d'une grave maladie, en raison de l'inexistence de traitements adéquats dans son pays d'origine, mais sans que soit en cause une privation de soins infligée intentionnellement, ne lui permet pas de bénéficier du statut de la protection subsidiaire. • CJUE 18 déc. 2014, *M'Bodj c/ État belge*, n° C-542/13 : *AJDA 2015. 335, chron. Broussy, Cassagnabère et Gänser*. ♦ Jugé toutefois qu'est éligible au statut conféré par la protection subsidiaire le ressortissant d'un pays tiers qui a été torturé, dans le passé, par les autorités de son pays d'origine et qui n'est plus exposé à un risque de torture en cas de renvoi dans ce pays mais dont l'état de santé physique et psychologique pourrait, en pareil cas, se détériorer gravement, avec le risque sérieux que ce ressortissant se suicide, en raison d'un traumatisme découlant des actes de torture dont il a été victime, s'il existe un risque réel de privation de soins adaptés à la prise en charge des séquelles physiques ou mentales de ces actes de torture, infligés intentionnellement audit ressortissant dans ledit pays, ce qu'il appartient à la juridiction nationale de vérifier. • CJUE 24 avr. 2018, *M. P. c/ Secretary of State for the Home Department*, n° C-353/16 : *AJDA 2018. 879* ; *D. 2018. 893*. ♦ Ces circonstances sont toutefois de nature à conférer d'autres types de droits, au titre de la Dir. 2008/115/CE : le recours juridictionnel contre la décision de retour doit être suspensif et la prise en charge des besoins de base doit être assurée jusqu'à ce que l'autorité saisie ait statué. • CJUE 18 déc. 2014, *Centre public d'action sociale d'Ottignies-Louvain-la-Neuve c/ Abdiba*, n° C-562/13 : *AJDA 2015. 335, chron. Broussy, Cassagnabère et Gänser*.

16. Excision. Pour les parents d'enfants menacées d'excision, le risque encouru par les enfants ne constitue pas un traitement relevant du [2°] du présent art. ; mais l'effectivité de la protection de l'OFPRA accordée aux enfants (protection subsidiaire) impose qu'elles ne soient pas séparées de leur mère. • CNDA 12 mars 2009, *Fofana*, n° 637716 • CNDA 12 mars 2009, *Darbo*, n° 637717.

17. Le risque pour un parent que sa fille soit excisée contre sa volonté ne constitue pas, au sens du présent art., un traitement inhumain ou dégradant justifiant l'octroi, à titre personnel, de la protection subsidiaire ; toutefois, dès lors que les filles mineures de l'intéressée ont été placées sous la protection juridique et administrative de l'OFPRA, la mise en œuvre effective de cette protection impose que les enfants ne soient pas séparés de sa mère. En l'absence de dispositions législatives octroyant de plein droit un titre de séjour à la mère de l'enfant mineur bénéficiaire de la protection subsidiaire, la même protection doit être étendue à cette dernière, sauf si sa présence constitue une menace pour l'ordre public. • CNDA 12 mars 2009, *Mme D. épse K.*, n° 638891 : *Rec. CNDA 64*.

18. Condamnations pénales. En présence de condamnations pénales, la CNDA vérifie le bien-fondé des poursuites et la gravité des peines encourues. • CNDA 2 avr. 2008, *Avdoyan*, n° 601228. ♦ Par suite, une condamnation pénale légère n'ouvrira pas droit à la protection. • CRR 6 juill. 2005, *P.*, n° 509727.

19. Profil « occidentalisé ». La CNDA écarte l'idée que la seule présence d'un demandeur d'asile en France ou dans un État dit « occidental » suffirait à caractériser un tel profil et, par conséquent, à justifier l'existence de risques réels de persécution ou d'atteinte grave en cas de retour en Afghanistan. La Cour juge en effet qu'aucune des sources pertinentes et publiquement accessibles relatives à ce pays ne permet d'affirmer que le seul séjour d'un Afghan en Europe afin d'y demander l'asile l'exposerait de façon systématique à des persécutions ou à des atteintes graves de la part des autorités actuelles ou de la population afghane. La décision n'écarte pas pour autant l'existence d'un risque lié à un profil occidentalisé, réel ou imputé, mais précise qu'il incombe à celui qui invoque des craintes liées à un tel profil de fournir l'ensemble des éléments propres à sa situation personnelle permettant d'établir l'acquisition de ce profil ou le risque qu'il lui soit imputé. Au titre des critères susceptibles de caractériser l'occidentalisation, le juge de l'asile évoque la durée du séjour en Europe et l'acquisition de toute ou partie des valeurs, du modèle culturel, du mode de vie, des usages ou encore des coutumes des pays occidentaux. • CNDA 29 nov. 2021, n° 21025924 • CE 11 mars 2024, n° 467515 : *DP étrangers, Bull. n° 341, mars 2024, note Viel.*

B. CONFLIT ARMÉ – VIOLENCE AVEUGLE

20. La notion de « conflit armé interne » s'apprécie au regard des critères de l'art. 3 de la Conv. de Genève du 12 août 1949 relative à la protection des personnes en temps de guerre. • CRR 22 nov. 2005, *A.*, n° 538807. ♦ La CNDA doit rechercher si la situation d'insécurité générale résulte d'une situation de conflit armé interne ou international ; à défaut, elle commet une erreur de droit. • CE 15 déc. 2010, *OFPRA c/ Mme Mpeko*, n° 328420. ♦ La CNDA a pu ainsi considérer qu'en raison de la prise du pouvoir par les talibans en Afghanistan, le conflit armé avait pris fin et qu'il n'était donc plus possible d'appliquer le 3) du présent art. • CNDA 21 sept. 2021, n° 18037855.

21. Droit international humanitaire. La notion de « conflit armé interne » diffère des notions qui sont à la base même du droit international humanitaire, ce dernier distinguant, d'une part, les conflits armés internationaux et, d'autre part, les conflits armés ne présentant pas un caractère international. Le droit international humanitaire et le régime de la protection subsidiaire prévu par la Dir. 2004/83/CE (aujourd'hui Dir. 2011/95/UE) poursuivent des buts différents et instituent des mécanismes de protection clairement séparés. L'existence d'un tel conflit doit être admise lorsque les forces régulières d'un État affrontent un ou plusieurs groupes armés ou lorsque deux ou plusieurs groupes armés s'affrontent, sans qu'il soit nécessaire que ce conflit puisse être qualifié de conflit armé ne présentant pas un caractère international au sens du droit international humanitaire et sans que l'intensité des affrontements armés, le niveau d'organisation des forces armées en présence ou la durée du conflit fassent l'objet d'une appréciation distincte de celle du degré de violence régnant sur le territoire concerné. • CJUE 30 janv. 2014, *M. Diakité c/ Commissaire général aux réfugiés et apatrides*, n° C-285/12 : *AJDA 2014. 255.*

22. Appréciation du degré de violence aveugle. Par une interprétation de l'art. 15, c), de la Dir. 2004/83/CE du 29 avr. 2004 (aujourd'hui Dir. 2011/95/UE), la CJUE a estimé que le législateur communautaire a nécessairement entendu couvrir ici l'hypothèse d'un risque allégué plus général, sans pour autant permettre à toute population subissant un conflit armé de se prévaloir de ces dispositions : « si tout conflit armé est à l'origine d'une violence aveugle susceptible de frapper un cercle de victimes potentielles, un conflit d'une violence réellement exceptionnelle peut être considéré comme représentant une menace individuelle ». • CJCE 17 févr. 2009, *M. et Mme Elgafaji*, n° C-465/07 : *AJDA 2009. 980, chron. Broussy, Donnat et Lambert ; ibid. 1321, note Burgorgue-Larsen ; Gaz. Pal. 6 juin 2009, n° 157 p. 8, note Zarka ; Rec. CNDA 152.* ♦ V. aussi : * Rép. min. : *JOAN CR 8 déc. 2009, p. 11751.* ♦ Le Conseil d'État adopte la même position : l'existence d'une menace grave, directe et individuelle contre la vie ou la personne d'un demandeur à la protection subsidiaire n'est pas subordonnée à la condition qu'il rapporte la preuve qu'il est visé spécifiquement en raison d'éléments propres à sa situation personnelle dès lors que le degré de violence aveugle caractérisant le conflit armé atteint un niveau si élevé qu'il existe des motifs sérieux et avérés de croire qu'un civil renvoyé dans le pays ou la région concernés courrait, du seul fait de sa présence sur le territoire, un risque réel de subir ces menaces. • CE 3 juill. 2009, *OFPRA c/ Baskarathas*, n° 320295 B : *Rec. CNDA 81 ; RTD eur. 2010. 453, chron. Ritleng, Bouveresse et Kovar.*

23. La question se pose de connaître les critères pertinents permettant d'apprécier ce degré de violence aveugle ; selon l'avocat général Pikamäe, l'octroi de la protection subsidiaire ne présuppose pas la constatation du fait qu'un seuil minimal de victimes a été atteint ; cet élément quantitatif s'inscrit dans la réalité et il est de nature à caractériser le risque requis mais ne peut se réduire au nombre de civils décédés dès lors que la notion de risque englobe des atteintes à l'intégrité physique autres, voire de nature psychologique. En outre, l'appréciation du besoin de protection doit pouvoir inclure des éléments non quantifiables tels que la dernière évolution d'un conflit armé qui, si elle ne s'est pas encore traduite par un accroissement de victimes, est suffisamment significative pour caractériser un risque réel d'atteintes graves pour la population civile. Il résulte de ce qui précède que la détermination de l'existence d'atteintes graves suppose une analyse globale et croisée de l'ensemble des faits pertinents de nature à caractériser ou non l'existence d'une violence aveugle d'un niveau si élevé que les personnes civiles courent un risque réel de subir des atteintes graves du simple fait de leur présence sur le territoire concerné. • CJUE 11 févr. 2021, *CF et DN c/ Bundesrepublik Deutschland*, n° C-901/19 : *AJDA 2021. 1241 ; D. 2021. 1188 ; ibid. 2022. 244, chron. Boskovic, Corneloup, Jault-Seseke, Joubert et Parrot ; RTD eur. 2022. 259, chron. Barbou des Places.*

24. L'avocat général invite la CJUE à s'inspirer des critères dégagés par la CEDH : emploi de méthodes et de tactiques de guerre augmentant le risque qu'il y ait des victimes civiles ; caractère courant du recours à de telles méthodes par les parties au conflit ; caractère localisé ou non des combats ; nombre de victimes civiles tuées, blessées ou déplacées en raison des combats. • CJUE 11 févr. 2021, *CF et DN c/ Bundesrepublik Deutschland,* n° C-901/19 : *préc. note 23.*

25. La vérification du niveau du degré de violence aveugle du conflit armé, aux fins de la détermination de l'existence d'un risque réel d'atteintes graves au sens de l'art. 15, sous c), de la Dir. 2011/95/UE, implique une évaluation globale, tant quantitative que qualitative, de l'ensemble des faits pertinents caractérisant ce conflit, à partir du recueil de données objectives, fiables et actualisées, telles que, notamment, l'étendue géographique de la situation de violence aveugle, la destination effective du demandeur en cas de renvoi dans le pays ou la région concerné, l'intensité des affrontements armés, la durée du conflit, le niveau d'organisation des forces armées en présence, le nombre de civils tués, blessés ou déplacés en raison des combats, et la nature des méthodes ou tactiques de guerre employées par les belligérants. • CJUE 11 févr. 2021, *CF et DN c/ Bundesrepublik Deutschland,* n° C-901/19 : *préc. note 23.*

26. L'existence d'une menace grave, directe et individuelle contre la vie ou la personne d'un demandeur de la protection subsidiaire n'est pas subordonnée à la condition qu'il rapporte la preuve qu'il est visé spécifiquement en raison d'éléments propres à sa situation personnelle dès lors que le degré de violence généralisée caractérisant le conflit armé atteint un niveau si élevé qu'il existe des motifs sérieux et avérés de croire qu'un civil renvoyé dans le pays ou la région concerné courrait, du seul fait de sa présence sur le territoire, un risque réel de subir lesdites menaces. • CE 3 juill. 2009, *OFPRA c/ Baskarathas,* n° 320295 • 16 oct. 2017, n° 401585 B : *AJDA 2017. 1989 ; D. 2018. 313, chron. Boskovic, Corneloup, Jault-Seseke, Joubert et Parrot.* ♦ Un tel climat de violence généralisée peut ne concerner que certaines parties ou régions de l'État de destination. • CAA Douai, 19 juin 2018, n° 17DA01849 : *AJDA 2018. 1549, note Riou.* ♦ Il incombe à la CNDA d'apprécier le niveau de violence prévalant dans la région dans laquelle le requérant a vocation à retourner mais également dans les zones qu'il devra traverser, depuis un point d'entrée sur le territoire, pour s'y rendre ; la CNDA est tenue de répondre explicitement aux craintes invoquées dans ce cadre. • CE 6 juill. 2021, n° 445236 • CE 19 oct. 2022, n° 450833.

27. La CNDA distingue ainsi deux cas de figure dans l'évaluation des craintes des requérants en raison du niveau de violence dans leur pays d'origine : « dans le pays ou la région que l'intéressé a vocation à rejoindre, le degré de violence caractérisant un conflit armé atteint un niveau si élevé qu'il existe des motifs sérieux de croire qu'un civil renvoyé dans le pays ou la région concerné courrait, du seul fait de sa présence sur le territoire, un risque réel de subir une menace grave et individuelle, l'existence d'une telle menace contre la vie ou la personne du demandeur n'étant pas subordonnée à la condition qu'il rapporte la preuve qu'il est visé spécifiquement en raison d'éléments propres à sa situation personnelle ». Dans ce cas, le juge de l'asile accordera la protection subsidiaire de plein droit. En revanche, « lorsque la violence prévalant dans le pays ou la région concerné n'atteint pas un niveau tel que tout civil courrait, du seul fait de sa présence, dans le pays ou la région en question, un risque réel de subir une telle menace, il appartient au demandeur de démontrer qu'il est affecté spécifiquement en raison d'éléments propres à sa situation personnelle, conformément à la jurisprudence de la CJUE qui a précisé que, plus le demandeur est éventuellement apte à démontrer qu'il est affecté spécifiquement en raison d'éléments propres à sa situation personnelle, moins sera élevé le degré de violence aveugle requis pour qu'il puisse bénéficier de la protection subsidiaire ». • CJUE 17 févr. 2009, *Elgafaji,* n° C-465/07 • CNDA 19 nov. 2020, n° 18054661 R • 19 nov. 2020, n° 19009476 R. ♦ Tel est le cas par exemple lorsque le demandeur est dans une situation de vulnérabilité liée à son isolement familial et à son absence d'ancrage social et clanique suffisamment solide pour assurer sa protection. • CNDA 31 mars 2021, n° 18058254. ♦ Ressortissant afghan n'ayant jamais vécu dans son pays d'origine, ayant résidé majoritairement en Iran et en Europe, faisant de lui un profil occidentalisé et particulièrement ciblé par les talibans, particulièrement vulnérable également en raison de son jeune âge ainsi que de son isolement familial, sa famille résidant en Iran. • CNDA 2 avr. 2021, n° 20033642. ♦ Même solution s'agissant d'un Afghan atteint par un handicap lourd résultant de troubles mentaux. • CNDA 2 avr. 2021, n° 19038922.

28. Critères. Les critères retenus pour évaluer le niveau de violence aveugle comprennent notamment : les forces militaires respectives, leurs méthodes, leurs armes et leurs cibles ; l'étendue géographique des combats et de la situation de violence ; le nombre, la localisation, la fréquence d'incidents liés au conflit et leur intensité par rapport à la population locale ; le nombre de victimes civiles (blessés compris), au regard de la population nationale et dans les zones géographiques pertinentes ; les déplacements provoqués par le conflit ; la sécurité des voies de circulation internes ; la situation des personnes déplacées à leur retour et le nombre de retours volontaires ; les violations des droits de l'homme, l'accès aux services publics de base, aux soins de santé et à l'éducation ; la capacité des autorités de contrôler la situation du pays et de protéger les civils, y compris les minorités, et l'aide ou l'assistance fournie par des organisations internationales. • CNDA 19 nov. 2020, n°s 19009476 R et 18030770.

29. Le bénéfice de la protection subsidiaire peut

résulter, dans le cas où la région que l'intéressé a vocation à rejoindre ne connaît pas une violence généralisée, de la circonstance qu'il ne peut s'y rendre sans nécessairement traverser une zone au sein de laquelle le degré de violence résultant de la situation de conflit armé est tel qu'il existe des motifs sérieux et avérés de croire que l'intéressé se trouverait exposé, du seul fait de son passage, même temporaire, dans la zone en cause, à une menace grave, directe et individuelle contre sa vie ou sa personne. • CE 16 oct. 2017, *OFPRA*, n° 401585 B : *AJDA 2017. 1989* ; *D. 2018. 313, chron. Boskovic, Corneloup, Jault-Seseke, Joubert et Parrot*.

30. La constatation de l'existence d'une telle menace ne saurait être subordonnée à la condition que le rapport entre le nombre de victimes dans la zone concernée et le nombre total d'individus que compte la population de cette zone atteint un seuil déterminé, mais exige une prise en compte globale de toutes les circonstances du cas d'espèce, notamment de celles qui caractérisent la situation du pays d'origine du demandeur, par exemple, outre des critères quantitatifs relatifs au nombre de victimes, l'intensité des affrontements armés, le niveau d'organisation des forces armées en présence, la durée du conflit, l'étendue géographique de la situation de violence, ou l'agression éventuellement intentionnelle contre des civils exercée par les belligérants. • CE 9 juill. 2021, n° 448707 : *AJDA 2021. 1468* ; *RTD eur. 2022. 269, chron. Ritleng*.

31. Régions traversées. Le bénéfice de la protection subsidiaire peut aussi résulter, dans le cas où la région que l'intéressé a vocation à rejoindre ne connaît pas une telle violence, de la circonstance qu'il ne peut s'y rendre sans nécessairement traverser une zone au sein de laquelle le degré de violence résultant de la situation de conflit armé est tel qu'il existe des motifs sérieux et avérés de croire que l'intéressé se trouverait exposé, du seul fait de son passage, même temporaire, dans la zone en cause, à une menace grave, directe et individuelle contre sa vie ou sa personne. • CE 21 juill. 2022, n° 453997.

32. Illustrations. Situation générale au Sri Lanka se traduisant par un climat de violence généralisée, par la perpétration d'attaques armées, précédées ou accompagnées d'enrôlements forcés dont ceux d'enfants, d'attentats et d'exactions, visant notamment la population civile, majoritairement d'origine tamoule, la contraignant le plus souvent à des déplacements forcés. • CNDA 27 juin 2008, *B.*, n° 581505 : *Rec. CNDA 48.* ♦ Cet état résulte du conflit entre les forces armées sri lankaises et le LTTE, ainsi qu'entre mouvements tamouls rivaux, menant sur certaines parties du territoire des opérations militaires continues et concertées, et contrôlant certaines zones ; les différentes parties au conflit se rendent coupables de graves violations du droit international humanitaire sur les populations civiles ; cette situation doit être regardée comme une situation de violence généralisée résultant d'une situation de conflit armé interne au sens des dispositions du présent art. • CNDA 27 juin 2008, *M. K.*, n° 614422.

33. En Somalie, la dégradation de la situation politique et sécuritaire résulte des affrontements opposant les forces gouvernementales à plusieurs clans et milices islamiques. Ces affrontements, ainsi qu'en a pris acte le Conseil de sécurité des Nations unies, se caractérisent actuellement par une situation de violence généralisée résultant d'une situation de conflit armé interne au sens des dispositions du présent art. • 3 avr. 2009, n° 630773 : *Rec. CNDA 85* ♦ Ressortissant somalien ayant déjà obtenu au Yémen le bénéfice de la qualité de réfugié sur le fondement de l'art. 1er, A, (2), de la Conv. de Genève ; la cour a considéré que la protection accordée par les autorités yéménites à ce réfugié était ineffective, au vu du contexte sécuritaire fortement dégradé résultant du violent conflit armé sévissant dans ce pays, et que sa réadmission par le Yémen ne pouvait de ce fait être envisagée. • CNDA 4 juin 2018, n° 16039973. ♦ Sur l'appréciation différenciée de la CNDA selon les régions somaliennes. • CNDA 22 juill. 2022, n° 22000965. ♦ En jugeant, au regard du nombre limité d'incidents de sécurité et de victimes, notamment civiles, du conflit armé affectant la province d'origine du requérant, le Galguduud, que les combats qui s'y déroulent n'exposaient pas l'ensemble des civils à des effets directs ou collatéraux et que cette région ne se caractérisait donc pas par une situation de violence aveugle justifiant l'octroi de la protection subsidiaire, la CNDA a, sur la base des faits qu'elle a souverainement appréciés sans les dénaturer, procédé à leur exacte qualification juridique. • CE 6 mars 2023, n° 461466.

34. Autres exemples. Violence de haute intensité à Damas. • CNDA 3 juill. 2018, n° 17021233. ♦ Situation sécuritaire de la région de Mopti (Mali). • CNDA 15 juin 2021, n° 20029676 : *D. 2022.244, chron. Boskovic, Corneloup, Jaut-Seseke, Joubert, Parrot.* ♦ Situation en Lybie. • CNDA 31 mars 2021, n° 20014906. ♦ Province tchadienne du Lac. • CNDA 19 août 2022, n° 22004078. ♦ Darfour central. • CNDA 20 mars 2024, n° 23057457. ♦ Violence aveugle d'intensité exceptionnelle dans la région du Sahel. • CNDA 7 juill. 2022, n° 21065121. ♦ Le conflit armé international en cours en Ukraine engendre, à la date de la présente décision, dans l'oblast de Donetsk une situation de violence aveugle d'intensité exceptionnelle. • CNDA 30 déc. 2022, n° 22001393. ♦ Même solution pour l'oblast de Zaporijjia. • CNDA 30 déc. 2022, n° 21048216. ♦ ... Pour l'oblast de Kharkiv. • CNDA 30 déc. 2022, n° 21060196. ♦ ... Pour l'oblast de Louhansk. • CNDA 30 déc. 2022, nos 21063903 et 22002736. ♦ Région de Hiran en Somalie. • CNDA 6 avr. 2023, n° 20045459. ♦ Région de Tillabéri au Niger et région de Ménaka au Mali.

• CNDA 12 mai 2023, n° 22023797. ♦ Ville et province de Karthoum. • CNDA 21 juill. 2023, n° 23009590. ♦ En Éthiopie, le Nord-Shoa, l'Ouest-Shoa, le Horo Gudru Wollega, le Wollega de l'Est, le Wollega de l'Ouest et le Kellem Wollega. • CNDA 12 juill. 2023, n° 20031224. ♦ Région de Diffa au Niger. • CNDA 24 juill. 2023, n° 22035031. ♦ Région du Bas-Chébéli (Bas-Shabelle) en Somalie. • CNDA 26 juill. 2023, n° 22004402. ♦ Darfour-Ouest au Soudan. • CNDA 26 juill. 2023, n° 23014441. ♦ Darfour-Nord. • CNDA 21 déc. 2023, n° 23024696. ♦ Darfour-Sud (Soudan). • CNDA 19 oct. 2023, n° 23031178. ♦ Région de Bénadir (Mogadiscio) en Somalie. • CNDA 20 sept. 2023, n° 22040929. ♦ Région du Moyen-Shabelle en Somalie. • CNDA 20 sept. 2023, n° 22040462. ♦ Si, au vu de la situation sécuritaire prévalant en Haïti, la totalité du territoire haïtien subit une situation de violence aveugle résultant d'un conflit armé interne, cette violence atteint à Port-au-Prince ainsi que dans les départements de l'Ouest et de l'Artibonite, qui concentrent le plus grand nombre d'affrontements, d'incidents sécuritaires et de victimes, un niveau d'intensité exceptionnelle. • CNDA 5 déc. 2023, n° 23035187. – V. déjà • CNDA 10 juill. 2023, n°s 22036179, 22047742 et 22050335 : *DP étrangers, Bull. n° 335, sept. 2023, note Viel.* ♦ Palestinien originaire de la bande de Gaza. • CNDA 12 févr. 2024, n° 22054816.

35. La CNDA a toutefois infléchi sa jurisprudence en reprenant à son compte la notion de violence aveugle de niveau « simplement » élevé. La Cour relève que la note d'orientation pour la Somalie de l'agence de l'UE pour l'asile publiée en août 2023, dont les États membres de l'UE doivent tenir compte conformément à l'art. 11, § 3, du Règl. (UE) 2021/2303 du Parlement européen et du Conseil du 15 déc. 2021 et qui nécessite une mise à jour régulière selon l'art. 11, indique à cet égard que si, dans les régions du Bas-Shabelle et du Bénadir, la « simple présence » sur place ne suffirait pas à établir un véritable risque d'atteinte grave au sens de l'art. 15, œuvre de la Dir. 2011/95/UE dite « Qualification », une violence aveugle atteint cependant un niveau élevé et, en conséquence, qu'un niveau inférieur d'éléments individuels est requis pour démontrer des motifs sérieux de croire qu'un civil, renvoyé sur le territoire, serait confronté à un tel risque réel. En l'espèce, la Cour note que le requérant, qui a quitté la Somalie en 2015 à l'âge de 19 ans seulement et qui n'y a plus aucun lien, notamment familial depuis la disparition de sa mère, doit, dans les circonstances de l'espèce, être regardé comme satisfaisant au faible niveau d'individualisation requis pour prétendre au bénéfice d'une protection subsidiaire au titre du 3° du présent art. • CNDA 20 sept. 2023, n° 22040929.

36. Tel n'est pas le cas en revanche en Tchétchénie où la situation se traduit depuis le début de l'année 2007 par l'affaiblissement de la guérilla rebelle aujourd'hui très fragmentée, résiduelle et cantonnée à quelques zones de montagne. • CNDA 10 déc. 2008, *M.*, n° 628765 : *Rec. CNDA 52* • 24 avr. 2009, n° 625816 : *Rec. CNDA 84.*

37. Personnes exposées aux risques. En estimant que M. B. entrait dans les prévisions du *c)* [3°] du présent art. en se fondant sur la seule circonstance qu'il serait exposé en cas de retour en Haïti à des menaces graves, directes et individuelles provenant de bandes armées, sans rechercher si ces menaces résultaient d'une situation de conflit armé interne ou international, la CNDA a commis une erreur de droit. • CE 30 déc. 2009, *OFPRA c/ M. Peker,* n° 322375 : *Rec. CNDA 81.*

38. La qualité de membre du cabinet présidentiel de Saddam Hussein, au sein duquel le requérant a exercé les fonctions de comptable, ne permet pas à ce dernier d'obtenir le statut de réfugié mais justifie l'attribution de la protection subsidiaire dès lors que la situation de conflit armé interne crée des risques constitutifs de menaces graves, directes et individuelles eu égard aux qualités de fonctionnaire de l'ancien régime et de membre du parti Baas (il semble que c'est la qualité de réfugié qui aurait dû être reconnue, s'agissant de persécutions du fait des opinions politiques du demandeur). • CRR 17 févr. 2006, *Alazawi,* n° 497089. ♦ Même solution pour une ressortissante irakienne du fait de son appartenance à la communauté assyro-chaldéenne chrétienne, sa situation de femme isolée et son aisance financière supposée. • CRR 17 févr. 2006, *Kona,* n° 416162. ♦ Cet arrêt sera cassé par le Conseil d'État au motif que c'est la qualité de réfugié qui aurait dû être reconnue du fait de l'existence de persécutions trouvant leur origine dans la religion. • CE 15 mai 2009, *Mme Kona,* n° 292564 : *AJDA 2009. 1018.*

39. Lorsqu'un requérant invoque des craintes au sens des dispositions du 3° du présent art., la CNDA est tenue de vérifier le bien-fondé du moyen et d'y répondre explicitement. • CE 6 juill. 2021, n° 445236 : *D. 2022. 244, chron. Boskovic, Corneloup, Jault-Seseke, Joubert et Parrot* • 3 mai 2022, n° 449396.

40. Lorsque la violence aveugle n'atteint pas une intensité exceptionnelle, le demandeur doit présenter des éléments permettant une individualisation de ses craintes ; selon la CJUE, cela ne peut se limiter à l'origine géographique de l'intéressé et il convient d'envisager tout élément « susceptible de contribuer à concrétiser le risque réel de subir » une atteinte grave en raison du conflit, par exemple des circonstances liées à la « vie privée, familiale ou professionnelle du demandeur » dès lors qu'ils « augment[ent] le risque que ce dernier subisse une telle atteinte ». • CJUE 9 nov. 2023, n° C-125/22 : *DP étrangers, Bull. n°s 337-338, nov.-déc. 2023, note Viel ; AJDA 2024. 364.*

Art. L. 512-2 **La protection subsidiaire n'est pas accordée à une personne s'il existe des raisons sérieuses de penser :**

1° Qu'elle a commis un crime contre la paix, un crime de guerre ou un crime contre l'humanité ;

2° Qu'elle a commis un crime grave ;

3° Qu'elle s'est rendue coupable d'agissements contraires aux buts et aux principes des Nations unies ;

4° Que son activité sur le territoire constitue une menace grave pour l'ordre public, la sécurité publique ou la sûreté de l'État ;

5° Qu'elle a commis, avant son entrée en France, un ou plusieurs crimes qui ne relèvent pas du champ d'application des 1°, 2°, 3° ou 4° et qui seraient passibles d'une peine de prison s'ils avaient été commis en France, et qu'elle n'a quitté son pays d'origine que dans le but d'échapper à des sanctions résultant de ces crimes.

Les 1° à 3° s'appliquent aux personnes qui sont les instigatrices, les auteurs ou les complices des crimes ou des agissements mentionnés à ces mêmes 1° à 3° ou qui y sont personnellement impliquées. – *[Anc. art. L. 712-2.]*

COMMENTAIRE

Le qualificatif « grave » prévu pour qualifier la menace à l'ordre public n'a fait l'objet d'aucune définition ; il incombe ainsi à l'autorité administrative d'apprécier, notamment après consultation des fichiers pertinents, l'existence d'une telle menace grave. Une circulaire de 2011 avait toutefois précisé que cette notion est identique à celle justifiant la procédure d'expulsion. A l'instar du refus ou du retrait de la qualité de réfugié (V. *supra*, art. L. 511-6 à L. 511-8), la loi n° 2018-778 du 10 septembre 2018 pour une immigration maîtrisée, un droit d'asile effectif et une intégration réussie a substitué une compétence liée au pouvoir d'appréciation de l'Office français de protection des réfugiés et apatrides pour refuser le bénéfice de la protection subsidiaire dans les cas énumérés au dernier alinéa du présent article. L'article L. 512-3 fixe la même règle s'agissant du retrait de la protection subsidiaire. ❑

1. Constitutionnalité du dispositif. Si le Conseil constitutionnel, examinant la conformité à la Const. de la L. du 10 déc. 2003, a déclaré, dans les motifs et le dispositif de sa déc. n° 2003-485 DC du 4 Décis. 2003, que cette loi, et notamment son art. 1er dont sont issues les dispositions du présent art., était conforme à la Const., il n'a cependant pu examiner la constitutionnalité de ces dispositions au regard de l'art. 66-1 Const. (L. const. du 23 févr. 2007) ; le moyen tiré de ce que les dispositions du présent art., en tant qu'elles excluent les personnes qu'elles désignent du bénéfice de la protection subsidiaire, les exposent dès lors à des risques de condamnation à la peine de mort à l'étranger et méconnaissent, de ce fait, le principe selon lequel nul ne peut être condamné à la peine de mort énoncé par l'art. 66-1 Const., dont le Conseil constitutionnel n'a pas fait application à ce jour, soulève une question non dénuée de rapport avec les termes du litige, qui présente un caractère nouveau au sens et pour l'application de la procédure QPC, justifiant la transmission au Conseil constitutionnel. • CE 8 oct. 2010, *M. Daoudi,* n° 338505 A : *AJDA 2010. 1911 ; RFDA 2010. 1287 ; JCP Adm. 2011. 2263, note Marti.*

2. Selon le Conseil constitutionnel, les dispositions du présent art. se bornent à tirer les conséquences nécessaires de dispositions inconditionnelles et précises de la Dir. 2004/83/CE du 29 avr. 2004 qui ne mettent en cause aucune règle ni aucun principe inhérent à l'identité constitutionnelle de la France ; il n'appartient qu'au juge de l'UE, saisi le cas échéant à titre préjudiciel, de contrôler le respect par cette directive des droits fondamentaux garantis par l'art. 6 TUE. • Cons. const. 17 déc. 2010, n° 2010-79 QPC : *Constitutions 2011. 53, note Levade.*

3. Lieu de commission des faits. Le Conseil constitutionnel a précisé que les crimes graves de droit commun peuvent avoir été commis tant en France qu'à l'étranger ; il appartiendra à l'OFPRA, au cas par cas, de déterminer si le soupçon est justifié et si l'incrimination répond à la notion de crime « grave » ; enfin, l'OFPRA doit se prononcer à la lumière des principes du droit pénal français et en fonction des dommages causés aux victimes. • Cons. const. 4 déc. 2003, n° 2003-485 DC.

4. Droit de l'UE. Il n'y a pas lieu de poser à la CJUE la question préjudicielle de la conformité de l'art. 17 de la Dir. 2000/83/CE du 29 avr. 2004, dont les dispositions du présent art. assurent l'exacte transposition, au droit de l'Union dans la mesure où il résulte clairement des dispositions de cette directive qu'elles n'ont ni pour objet ni pour effet de conduire les États membres à prévoir des cas dans lesquels un demandeur d'asile, auquel la protection subsidiaire serait refusée, devrait être reconduit dans un pays où il pourrait être exposé à la peine de mort ou à des traitements contraires au principe de dignité de la personne humaine.

• CE 8 oct. 2010, M. *Daoudi*, n° 338505 : *préc. note. 1.*

5. Procédure. L'OFPRA, sous le contrôle du juge de l'asile, peut mettre fin au bénéfice de la protection subsidiaire d'un étranger s'il existe des raisons sérieuses de considérer que celui-ci, par son comportement personnel, constitue une menace grave pour l'ordre public, la sécurité publique ou la sûreté de l'État. L'adhésion idéologique du bénéficiaire d'une protection internationale aux buts et aux activités d'une organisation criminelle, notamment terroriste, suspectée ou reconnue comme présentant une menace pour la sûreté de l'État ou toute activité menée en lien avec cette organisation ou la mouvance qu'elle représente, ou s'en réclamant, que cette adhésion soit formalisée par un discours ou un comportement, sont susceptibles de faire peser une telle menace. Ainsi, il appartient à l'OFPRA et à la Cour d'évaluer, au vu des éléments pertinents et tangibles du parcours de l'intéressé, son engagement personnel vis-à-vis des diverses formes d'activités criminelles ou terroristes d'une telle organisation ou mouvance et d'apprécier, à la date de la décision à laquelle l'OFPRA ou la Cour se prononce sur la fin de la protection, la réalité et la gravité que représente une telle menace pour la sûreté de l'État, notamment pour la société dont celui-ci doit assurer la protection. • CNDA 25 oct. 2019, n° 18048270.

6. Eu égard tant à la nature des motifs susceptibles de fonder l'application de la clause d'exclusion figurant à l'art. 1er, F, de la Conv. de Genève ou, le cas échéant, des dispositions analogues du présent art., qu'aux effets susceptibles de s'y attacher pour celui qui remplit par ailleurs les conditions requises pour obtenir le bénéfice du statut de réfugié ou de la protection subsidiaire, la CNDA, lorsqu'elle entend opposer au requérant la clause d'exclusion alors que l'OFPRA n'a pas invoqué de tels motifs, ne peut le faire qu'après avoir mis l'intéressé à même de s'en expliquer dans le cadre de la procédure écrite, le cas échéant après réouverture des débats. • CE 14 mars 2011, *M. Ahmad*, n° 329909 A : *RFDA 2011. 635*.

7. Appréciation du comportement du requérant. Il y a lieu, pour apprécier si l'activité du demandeur d'asile sur le territoire constitue une menace grave pour l'ordre public, la sécurité publique ou la sûreté de l'État, de tenir compte de l'ensemble des agissements qui lui sont imputables, sans qu'il soit nécessaire de rechercher l'existence d'éléments matériels et intentionnels spécifiques à la commission d'un crime. En l'espèce, si la CNDA a souverainement estimé que l'intéressé n'était pas en capacité, en raison de son état de santé mentale avant la reprise de son traitement médicamenteux et d'un suivi psychiatrique, de mesurer la portée exacte de ses paroles, cette circonstance n'est pas de nature à relativiser sa dangerosité, alors, d'une part, que cette instabilité psychologique constitue un élément à prendre en compte dans la caractérisation de la menace pour l'ordre public et, d'autre part, qu'il ressortait du dossier qui lui était soumis que, peu avant sa décision, il perturbait encore gravement le fonctionnement de la structure d'hébergement dans laquelle il était accueilli, qu'il a menacé son avocate de « tout brûler » s'il n'obtenait pas la protection internationale et que celle-ci a informé la Cour qu'elle craignait pour sa sécurité après qu'il se soit introduit dans son cabinet. • CE 22 avr. 2022, n° 455520 B : *AJDA 2022. 843*.

8. Pour apprécier si l'activité du demandeur d'asile sur le territoire constitue une menace grave pour l'ordre public, il y a lieu de tenir compte de l'ensemble des agissements qui lui sont imputables, sans qu'il soit nécessaire de rechercher l'existence d'éléments matériels et intentionnels spécifiques à la commission d'un crime. • CE 22 avr. 2022, n° 455520.

9. La gravité du crime susceptible d'exclure une personne du bénéfice de la protection subsidiaire ne peut être appréciée qu'à la lumière des principes du droit pénal français, au terme d'un examen concret et approfondi de l'ensemble des circonstances propres au cas individuel concerné, en tenant compte notamment de la nature des faits en cause, des conditions dans lesquelles ils ont été commis et de la gravité des dommages causés aux victimes, sans qu'il y ait lieu d'examiner si la personne concernée représente un danger actuel pour l'ordre public ou la sûreté de l'État. • CE 23 oct. 2023, n° 467649 : *D. 2023. 1358 ; ibid. 228, chron. Boskovic, Corneloup, Jault-Seseke, Joubert et Parrot*.

10. Illustration. Il y a des raisons sérieuses de penser que les activités d'un requérant condamné pour trafic de stupéfiants et s'étant soustrait aux obligations du régime de semi-liberté en fin de peine constituent une menace grave pour l'ordre public au sens du *d)* [de l'anc. art. L. 712-3]. • CNDA 6 avr. 2009, *I.*, n° 634810 : *Rec. CNDA 130.*

11. Crime grave. Dans son appréciation de la notion de « crime grave » visée au 2° du présent art., la CNDA n'est pas liée par la qualification donnée aux faits par le droit pénal ; est ainsi justifié le refus de la protection subsidiaire s'agissant d'un ressortissant albanais reconnu coupable de détention, offre ou cession, transport et acquisition de stupéfiants, et condamné à une peine d'emprisonnement de 3 ans, dont un avec sursis. • CE 13 nov. 2020, n° 428582 B : *AJDA 2020. 2238*. ♦ Même solution s'agissant d'un ancien policier de nationalité albanaise condamné pour des faits d'homicide par négligence, alors même que ces faits n'étaient pas susceptibles de recevoir en droit français la qualification de crime. • CE 29 déc. 2021, n° 439725. ♦ Même solution encore s'agissant d'un individu ayant eu un rôle prépondérant dans l'organisation d'une filière de passages de migrants à destination de l'Angleterre, contre rémunération, selon un mode opératoire bien établi et impliquant de nombreuses personnes. Le juge pénal, même s'il n'a pas condamné l'intéressé à la peine maximale encourue, a assorti sa condamnation à une peine de trois ans d'emprisonnement d'une peine complémentaire d'interdiction définitive du territoire français. • CE 18 oct. 2022, n° 461273.

12. S'agissant d'un ressortissant afghan qui avait participé, alors qu'il était âgé de 16 à 21 ans, à la culture du cannabis et du pavot sur une surface d'environ 1 000 m² louée par son père, l'opium étant vendu à des tiers, pour environ 500 euros par an, afin de subvenir aux besoins de sa famille, le Conseil d'État estime que la Cour a inexactement qualifié les faits en en déduisant des raisons sérieuses de penser que l'intéressé avait commis dans son pays un crime grave. Le fait que l'Afghanistan soit la principale source de l'héroïne consommée dans le monde, que son trafic soit particulièrement dommageable pour la santé publique et les intérêts fondamentaux de toute société ou qu'il soit lourdement sanctionné en France, est sans incidence à cet égard. • CE 15 nov. 2022, n° 457799 B : *AJDA 2022. 2209*.

13. Requérant connu des services de police pour des faits de provocation directe à un acte de terrorisme, à raison de quatre publications sur internet à la suite des attentats de 2015, requalifiés en apologie d'un acte de terrorisme par voie électronique par le juge pénal, qui l'avait condamné à un stage de citoyenneté ; alors même que le requérant n'a fait état, à l'audience devant la Cour, d'aucun élément de nature à établir sa radicalisation islamiste, qu'il a présenté des « regrets sincères » pour les publications litigieuses et que le service national des enquêtes administratives de sécurité a émis un avis « sans objection » au maintien du bénéfice de la protection subsidiaire ; le Conseil d'État a estimé que la teneur des messages publiés sur les réseaux sociaux, faisant directement référence à la commission éventuelle d'attentats terroristes par ou avec le soutien du requérant, ou les appelant de ses vœux, ainsi que son changement radical de comportement à l'égard des femmes depuis 2016 permettent néanmoins de caractériser l'existence d'une menace grave. • CE 9 nov. 2023, n° 470180.

14. Ancienneté des faits. En raison de la gravité des agissements passés du requérant, son abstention de tout agissement récent ne permet pas de considérer que le caractère actuel et réel de la menace ait cessé dès lors que les éléments du dossier en sens inverse ne permettent pas de la contrebalancer. • CE 17 avr. 2019, n° 419722 B : *AJDA 2019. 905*.

15. Le 5° du présent art. prévoit d'exclure du bénéfice de la protection subsidiaire la personne qui « a commis, avant son entrée en France, un ou plusieurs crimes qui ne relèvent pas du champ d'application des 1°, 2°, 3° ou 4° et qui seraient passibles d'une peine de prison s'ils avaient été commis en France, et qui n'a quitté son pays d'origine que dans le but d'échapper à des sanctions résultant de ces crimes ». Toutefois, les menaces de représailles émanant des responsables du trafic, tenues pour avérées par la CNDA au titre de l'art. L. 512-1, 2°, font obstacle à la mise en œuvre de l'art. L. 512-2, 5°. • CE 2 avr. 2024, n° 466248.

Art. L. 512-3 **L'Office français de protection des réfugiés et apatrides met fin, de sa propre initiative ou à la demande de l'autorité administrative, au bénéfice de la protection subsidiaire lorsque les circonstances ayant justifié l'octroi de cette protection ont cessé d'exister ou ont connu un changement suffisamment significatif et durable pour que celle-ci ne soit plus requise.**

L'office met également fin à tout moment, de sa propre initiative ou à la demande de l'autorité administrative, au bénéfice de la protection subsidiaire dans les cas suivants :

1° Le bénéficiaire de la protection subsidiaire aurait dû être exclu de cette protection pour l'un des motifs prévus à l'article L. 512-2 ;

2° La décision d'octroi de la protection subsidiaire a résulté d'une fraude ;

3° Le bénéficiaire de la protection subsidiaire doit, à raison de faits commis après l'octroi de la protection, en être exclu pour l'un des motifs prévus à l'article L. 512-2.

Par dérogation au premier alinéa, la protection subsidiaire est maintenue lorsque son bénéficiaire justifie de raisons impérieuses tenant à des atteintes graves antérieures pour refuser de se réclamer de la protection de son pays. – *[Anc. art. L. 712-3.]*

1. Aucune disposition de la Dir. 2011/95/UE « Qualification » ni aucune disposition du CESEDA ne permet de mettre fin à la protection subsidiaire sur le fondement tiré de l'art. 1er, C, 1), de la Conv. de Genève. La délivrance d'un permis de conduire, postérieurement à l'octroi de la protection subsidiaire, est indifférente au regard des circonstances ayant justifié l'octroi de la protection subsidiaire à l'intéressé. Au sens de l'art. L. 512-3 CESEDA, les circonstances ayant présidé à l'octroi de la protection subsidiaire n'ont ni cessé d'exister en l'espèce, ni connu un changement suffisamment significatif et durable au regard des autorités albanaises pour que celle-ci ne soit plus requise. Le recours est accueilli et l'intéressé maintenu dans sa qualité de bénéficiaire de la protection subsidiaire. • CNDA 14 nov. 2018, n° 18009542.

2. La CJUE a considéré que lorsque les autorités en charge de l'asile ont accordé la protection subsidiaire sans que les conditions de cette protection soient réunies, en se fondant sur des faits qui se sont par la suite révélés erronés, elles doivent retirer cette protection, même si l'erreur ne provient pas du demandeur ; la cour assimile cette hypothèse à celles prévues par la Dir. « Qualification » (art. 16 et 19) qui autorisent à retirer la protection subsidiaire lorsque cette mesure n'est plus nécessaire ou quand l'intéressé n'en remplit plus les conditions. • CJUE 23 mai 2019, n° C-720/17 : *AJDA 2019. 1639, chron. Bonneville, Cassagnabère, Gänser et Markarian*.

3. Il résulte du § 1 de l'art. 19 de la Dir. 2011/95/UE, lu conjointement avec le § 1 de l'art. 16 de celle-ci, tels qu'interprétés par l'arrêt *Mohammed Bilali* (n° C-720/17) de la CJUE du 23 mai 2019, qu'il convient de mettre fin au statut conféré par la protection subsidiaire lorsqu'il apparaît que ce statut a été octroyé sans que les conditions pour cet octroi soient réunies, et bien qu'il ne puisse être reproché à la personne concernée d'avoir induit en erreur les autorités compétentes à cette occasion. Il appartient à la CNDA, qui est saisie d'un recours de plein contentieux, de se prononcer elle-même sur le droit de l'intéressé à la qualité de réfugié ou au bénéfice de la protection subsidiaire d'après l'ensemble des circonstances de fait et de droit qui ressortent du dossier soumis à son examen et des débats à l'audience. Lorsqu'est déférée à la CNDA une décision par laquelle le directeur général de l'OFPRA a mis fin à la protection subsidiaire dont bénéficiait un étranger, et qu'elle juge infondé le motif pour lequel le directeur général de l'Office a décidé de mettre fin à cette protection, il lui appartient de se prononcer sur le droit au maintien du bénéfice de la protection subsidiaire en examinant, au vu du dossier et des débats à l'audience, si l'intéressé relève de l'une des autres situations ouvrant droit à la protection ou s'il apparaît que ce statut lui a été octroyé sans que les conditions pour cet octroi soient réunies. • CE 28 mai 2021, n° 433970 : *AJDA 2021. 1118*.

4. L'OFPRA met légitimement fin à la protection d'un ressortissant soudanais condamné par le juge pénal à une peine de deux ans de prison ferme assortie d'une interdiction définitive du territoire pour des faits de violence contre les forces de l'ordre, ces faits étant d'une gravité suffisante pour être qualifiés de « crime grave » au sens de l'art. L. 512-2. • CE 23 sept. 2022, n° 460596. ♦ Condamnation du requérant pour viol sur un mineur de 15 ans, puni de 20 ans de réclusion criminelle en vertu des art. 222-23 et 222-24 C. pén., constituant un crime grave. • CE 22 mars 2024, n° 471266.

5. La CNDA a jugé que l'OFPRA n'est pas recevable à la saisir de conclusions reconventionnelles tenant à ce qu'il soit mis fin à la protection subsidiaire d'un demandeur dès lors que le présent art. lui permet de prendre cette mesure lui-même. • CNDA 21 juill. 2023, n° 21057484 : *DP étrangers, Bull. nos 337-338, nov.-déc. 2023.*

Art. L. 512-4 Dans les cas prévus aux 1° et 2° de l'article L. 512-3, lorsque l'octroi de la protection subsidiaire résulte d'une décision de la Cour nationale du droit d'asile ou du Conseil d'État, la juridiction peut être saisie par l'Office français de protection des réfugiés et apatrides ou par le ministre chargé de l'asile en vue de mettre fin à la protection subsidiaire. Les modalités de cette procédure sont fixées par décret en Conseil d'État. – *[Anc. art. L. 712-4.]*

CHAPITRE III DISPOSITIONS COMMUNES

Art. L. 513-1 La qualité de réfugié est reconnue et le bénéfice de la protection subsidiaire est accordé par l'Office français de protection des réfugiés et apatrides dans les conditions prévues au chapitre I du titre III ou par la Cour nationale du droit d'asile dans les conditions prévues au chapitre II du même titre. – *[Anc. art. L. 713-1.]*

Art. L. 513-2 Les persécutions ou menaces de persécutions prises en compte dans la reconnaissance de la qualité de réfugié et les atteintes graves ou menaces d'atteintes graves pouvant donner lieu au bénéfice de la protection subsidiaire peuvent être le fait des autorités de l'État, de partis ou d'organisations qui contrôlent l'État ou une partie substantielle du territoire de l'État, ou d'acteurs non étatiques dans les cas où les autorités définies au premier alinéa de l'article L. 513-3 refusent ou ne sont pas en mesure d'offrir une protection. – *[Anc. art. L. 713-2, al. 1er.]*

COMMENTAIRE

La loi n° 2003-1176 du 10 décembre 2003 a consacré l'abandon du critère de l'origine étatique des persécutions ; désormais, celles-ci peuvent justifier la reconnaissance de la qualité de réfugié alors même qu'elles résultent du comportement de groupes ou de personnes privées, à la seule condition que les autorités de l'État de nationalité ne veuillent ou ne puissent protéger leurs ressortissants.

La loi du 29 juillet 2015 a précisé que la qualité d'agent de protection est reconnue, non seulement aux États, mais également aux partis ou organisations, y compris des organisations internationales, qui contrôlent l'État ou une partie importante du territoire de celui-ci. Il doit s'agir d'une protection effective et non temporaire. ❑

1. Les autorités de l'État de nationalité doivent être dans l'incapacité d'offrir une protection à leurs ressortissants sur tout ou partie du territoire. • CE 27 mai 1983, *Dankha*, n° 42074 : *Lebon 220* • CRR 25 juin 2004, *B.*, n° 446177. ♦ Par ex., le Gouvernement somalien dit Gouvernement fédéral de transition, mis en place en oct. 2004 et qui siège au Kenya, n'est actuellement pas en mesure d'exercer de manière effective un pouvoir organisé au sein du territoire somalien et dans ces conditions d'offrir une protection aux membres du clan Reer Hamar ; aucune autre autorité telle que définie par les dispositions du présent art., n'est susceptible d'offrir une protection aux membres de cette communauté. • CRR 29 juill. 2005, *Mlle A.*, n° 487336. ♦ Reconnaissance du statut au bénéfice d'un ressortissant afghan persécuté avant et sous le régime taliban dans la mesure où les autorités afghanes sont dans l'incapacité de lui offrir une protection compte tenu de l'insécurité généralisée qui règne dans ce pays. • CRR 17 juin 2004, *Djaghori*, n° 414942.

2. L'incapacité des autorités de l'État peut également résulter d'une connivence avec le groupe auteur des persécutions. • CRR 2 nov. 2007, *Mlle Dossa*, n° 535997.

3. Milices exerçant des prérogatives normalement dévolues à la puissance publique. • CRR 13 févr. 1993, *Dzebric*, n° 216617. ♦ Groupes islamistes armés en Algérie en raison de l'incapacité des autorités algériennes d'offrir une protection. • CRR 25 juin 2004, *Boubrima*, n° 446177. ♦ Réseau mafieux. • CRR 8 févr. 2005, *Mme Z.*, n° 493983. ♦ Clan. • CRR 29 juill. 2005, *A.*, n° 487336. ♦ Groupe religieux. • CRR 15 mai 2006, *Menceur*, n° 547961. ♦ Groupes de la population suite à des actes à caractère discriminatoire grave ou très offensant, sciemment tolérés par les autorités ou contre lesquels les autorités sont incapables d'offrir une protection efficace. • CRR 8 nov. 1990, *Kaman Haci*, n° 90/145/FA017. ♦ Ivoirien ayant été membre de la Fédération estudiantine et scolaire de Côte d'Ivoire (FESCI) mais désormais en opposition aux responsables de cette organisation encore qualifiée aujourd'hui de milice progouvernementale violente ou de mafia par des journalistes, des organisations non gouvernementales, voire par des responsables du Gouvernement ivoirien. • CNDA 27 nov. 2009, n° 617171/07020342 : *Rec. CNDA 96.*

4. Les craintes de persécutions doivent émaner d'une autorité identifiée : « les craintes exprimées par ses ressortissants sont liées au climat généralisé d'insécurité qui prévaut dans ce pays où, après la disparition de tout pouvoir légal, des clans, sous-clans et factions d'une même ethnie luttent pour créer ou étendre des zones d'influence à l'intérieur du territoire national sans être toutefois en mesure d'exercer dans ces zones un pouvoir organisé qui permettrait, le cas échéant, de les regarder comme des autorités de fait ; ces craintes ne peuvent, en conséquence, être assimilées à des craintes de persécutions ». • CRR 26 nov. 1993, *Abdullahi*, n° 229619 • CE 6 sept. 1999, *Mme Cilmi Cabdi*, n° 185004 : *AJDA 2000. 83*.

5. Il incombe à l'OFPRA et à la CNDA de tenir compte des changements intervenus dans la situation politique de l'État en cause. • CE 9 janv. 2004, *OFPRA c/ Nikolic*, n° 233784. ♦ La signature d'accords de paix dans un pays n'exclut pas la reconnaissance du statut de réfugié si le demandeur démontre une situation de persécution le concernant personnellement. • CRR 28 juin 2005, *S.*, n° 519680.

Art. L. 513-3 Les autorités susceptibles d'offrir une protection peuvent être les autorités de l'État ou des partis ou organisations, y compris des organisations internationales, qui contrôlent l'État ou une partie importante de son territoire de celui-ci. Cette protection doit être effective et non temporaire.

Une telle protection est en principe assurée lorsque les autorités définies au premier alinéa prennent des mesures appropriées pour empêcher les persécutions ou les atteintes graves, en particulier lorsqu'elles disposent d'un système judiciaire effectif permettant de déceler, de poursuivre et de sanctionner les actes constituant de telles persécutions ou de telles atteintes, et lorsque le demandeur a accès à cette protection. – *[Anc. art. L. 713-2, al. 2 et 3.]*

Art. L. 513-4 Les craintes de persécutions prises en compte dans la reconnaissance de la qualité de réfugié et le risque réel de subir des atteintes graves pouvant donner lieu au bénéfice de la protection subsidiaire peuvent être appréciés sur le fondement d'événements survenus après que le demandeur d'asile a quitté son pays d'origine ou à raison d'activités qu'il a exercées après son départ du pays, notamment s'il est établi que les activités invoquées constituent l'expression et la prolongation de convictions ou d'orientations affichées dans son pays. – *[Anc. art. L. 713-4.]*

1. La CNDA a accordé le bénéfice du statut de réfugié à une ressortissante iranienne convertie au protestantisme après son arrivée en France et même après le dépôt de sa demande d'asile. • CNDA 31 août 2017, n° 14028401.

2. Si, aux termes du 3 de l'art. 5 de la Dir. 2011/95/UE, « sans préjudice de la convention de Genève, les États membres peuvent déterminer qu'un demandeur qui introduit une demande ultérieure ne se voit normalement pas octroyer le statut de réfugié, si le risque de persécutions est fondé sur des circonstances que le demandeur a créées de son propre fait depuis son départ du pays d'origine », la faculté ainsi ouverte aux États membres n'a pas fait l'objet d'une mesure de transposition en droit français. Par suite, la circonstance que les activités invoquées par un étranger pour justifier de son droit à protection ne constituent pas l'expression et la prolongation de convictions ou d'orientations affichées dans son pays ne suffit pas par elle-même à faire obstacle à l'octroi d'une telle protection. • CE 21 déc. 2021, n° 445688 B : *AJDA 2021. 2555*.

Art. L. 513-5 Peut être rejetée la demande d'asile d'une personne qui aurait accès à une protection sur une partie du territoire de son pays d'origine si elle n'a aucune raison de craindre d'y être persécutée ou d'y être exposée à une atteinte grave, si elle peut se rendre vers cette partie du territoire légalement et en toute sécurité et si on peut raisonnablement s'attendre à ce qu'elle s'y établisse.

Il est tenu compte des conditions générales prévalant dans la partie du territoire concernée, de la situation personnelle du demandeur ainsi que de l'identité ou de la qualité de l'auteur de la persécution au moment où il est statué sur la demande d'asile. – *[Anc. art. L. 713-3.]*

COMMENTAIRE

Cette possibilité, communément désignée sous l'appellation d'asile interne, résulte de la loi du 10 décembre 2003 et a été éclairée par l'article 8 de la directive 2004/38/CE du 29 avril 2004 :

– Dans le cadre de l'évaluation de la demande de protection internationale, les États membres peuvent déterminer qu'un demandeur n'a pas besoin de protection internationale lorsque, dans une partie du pays d'origine, il n'y a aucune raison de craindre d'être persécuté ni aucun risque réel de subir des atteintes graves et qu'il est raisonnable d'estimer que le demandeur peut rester dans cette partie du pays.

– Lorsqu'ils examinent si une partie du pays d'origine est conforme au paragraphe 1er, les États membres tiennent compte, au moment où ils statuent sur la demande, des conditions générales dans cette partie du pays et de la situation personnelle du demandeur.

– Le paragraphe 1er peut s'appliquer nonobstant l'existence d'obstacles techniques au retour vers le pays d'origine.

A l'instar de l'évolution concernant les auteurs des persécutions (V. *supra*, art. L. 713-2), la protection peut être exercée par une autorité non gouvernementale.

La loi n° 2015-925 du 29 juillet 2015 fait siennes les exigences qui avaient été posées par le Conseil constitutionnel (Cons. const. 4 déc. 2003, n° 2003-485 DC), selon lesquelles le demandeur doit pouvoir accéder à la partie du territoire en cause « en toute sûreté » et « s'y établir et mener une existence normale » puisque l'asile interne suppose que la personne puisse « également et en toute sécurité, se rendre vers cette partie du territoire [...] si l'on peut raisonnablement s'attendre à ce qu'elle s'y établisse ». ❑

1. Le Conseil constitutionnel a indiqué qu'il appartenait à l'OFPRA d'examiner, au cas par cas, si la protection visée au présent art. était bien effective ; le demandeur doit en particulier pouvoir accéder à la partie du territoire en cause « en toute sûreté » et « s'y établir et mener une existence normale ». • Cons. const. 4 déc. 2003, n° 2003-485 DC. ♦ Si tel est le cas, la demande de reconnaissance du statut de réfugié sera rejetée. • CNDA 16 avr. 2009, n° 617682 : *Rec. CNDA 97.* ♦ La CNDA doit déterminer si l'étranger peut avoir accès à une protection sur une partie du territoire de son pays d'origine et désigner cette partie du territoire. • CE 11 févr. 2015, n° 374167.

2. L'OFPRA doit s'assurer que l'intéressé peut en toute sûreté accéder à une partie substantielle de son pays d'origine, s'y établir et y mener une existence normale. • Cons. const. 4 déc. 2003, n° 2003-485 DC • CE 21 déc. 2012, n° 332491 • 11 févr. 2015, n° 374167. ♦ Même lorsque ces conditions sont remplies, il n'existe aucune obligation de refuser l'asile. • Même décision.

3. La protection mentionnée au présent art. doit être le fait des autorités de l'État, d'organisations internationales ou d'organisations régionales ayant la volonté et la capacité de prendre les mesures nécessaires pour empêcher, dans la partie concernée du territoire, toute persécution ou atteinte grave à la personne humaine ; pour estimer si le demandeur peut raisonnablement rester dans cette partie du territoire, sa situation personnelle doit être appréciée au regard des conditions générales d'existence de la population dans cette zone. • CRR 16 févr. 2007, *M. T.,* n° 573815. ♦ Le demandeur peut ainsi trouver refuge dans une zone placée sous le contrôle effectif des autorités internationales investies d'un pouvoir étatique dans cette région. • CRR 18 avr. 2003, *Morina,* n° 401932. ♦ Le statut de réfugié pourra néanmoins être reconnu si le dispositif international n'a pas permis d'assurer la sécurité dans la partie du territoire sous contrôle international. • CE 18 janv. 2006, *OFPRA,* n° 252845.

4. Opposabilité de l'asile interne à une Moldave originaire de Transnistrie qui peut séjourner dans la capitale de la Moldavie où résident ses parents et où elle a séjourné à plusieurs reprises sans difficultés. • CRR 30 mars 2006, *Nacu,* n° 542469. ♦ Reconnaissance de la qualité de réfugié à un ressortissant algérien étant dans l'impossibilité de trouver un emploi et sous la crainte constante de tracasseries politiques conduisant à un renvoi forcé vers sa région d'origine. • CRR 25 juin 2004, *Boubrima,* n° 446177. ♦ Même solution pour un Malien pouvant s'installer à Bamako. • CNDA 29 nov. 2013, n° 13019552. ♦ Haoussa de confession musulmane menacé de mort dans l'État de Kadouna à la suite de sa conversion au christianisme ; eu égard au contexte général, politique, religieux et social prévalant au sud du Nigéria et au cas particulier qui lui était soumis, à savoir celui d'un jeune homme de 24 ans membre d'une église pentecôtiste très influente, la CNDA a considéré que le requérant pourrait très probablement s'installer et s'insérer sans difficultés particulières dans cette région du Nigéria. • CNDA 25 nov. 2022, n° 21061849.

5. Dans son appréciation, la CNDA tient compte de l'ensemble des circonstances propres au requérant, et en particulier sa potentielle vulnérabilité ; ainsi, alors même que les auteurs des persécutions ne sévissaient que dans une partie du territoire concerné et que la requérante, compte tenu de son niveau socioculturel, pourrait s'installer dans une autre partie du pays en cause, la Cour relève qu'elle est une femme seule, désormais démunie, âgée de 35 ans et mère de 5 enfants dont elle a seule la charge ; la vulnérabilité résultant de sa situation personnelle et familiale ne permet pas de considérer qu'elle pourrait s'installer « en toute sécurité » dans une autre région de ce pays. • CNDA 12 févr. 2021, n° 20034127.

6. Critères dégagés par la CNDA. Les organes de l'asile doivent s'assurer que le demandeur pourra se rendre légalement et en toute sécurité sur le territoire concerné. Il convient ainsi d'analyser concrètement les risques liés à ses déplacements et à son installation en un point précis du territoire, en prenant en compte l'itinéraire qu'il devra suivre depuis son point d'entrée sur le territoire de son pays d'origine jusqu'à son arrivée dans la zone de protection envisagée. Le demandeur doit pouvoir s'installer et vivre dans cette partie du territoire en toute sécurité et de manière pérenne, et n'aura aucune raison fondée de craindre d'y être persécuté, de subir ou d'être exposé à un risque réel de persécutions ou d'atteintes graves. Lorsque les persécutions ou les atteintes graves que fuit le demandeur émanent d'acteurs étatiques, ou sont couvertes ou tolérées par eux, il y a lieu de considérer que le demandeur est *a priori* menacé sur l'ensemble du territoire de son pays d'origine, à moins que le risque de persécution ou d'atteinte grave émane d'une autorité de l'État dont le pouvoir est limité à une autre partie du territoire ou lorsque l'État ne contrôle que certaines parties de son territoire. Enfin, il convient d'évaluer si l'on peut raisonnablement s'attendre à ce que le demandeur s'établisse dans la partie du territoire concernée pour y mener une existence normale. Ainsi, l'effectivité du respect des droits et libertés les plus fondamentaux et les conditions économiques et sociales y prévalant sont à prendre en compte tout comme la situation personnelle du demandeur, notamment son âge, son genre, un éventuel handicap ou une situation particulière de vulnérabilité. Plus largement, il y a lieu de retenir également des considérations d'ordre ethnique, culturel, linguistique ou religieux, ses liens éventuels, passés ou actuels, avec la partie du territoire en cause, ses liens familiaux et ses perspectives d'intégration, en particulier professionnelle, ainsi que toute persécution antérieure et ses conséquences psychologiques. Certains facteurs qui, en eux-mêmes, n'excluent pas la réinstallation interne, peuvent ainsi, par effet cumulatif, s'y opposer. Toutefois, la simple diminution du niveau de vie ou la dégradation d'un statut économique ne peuvent suffire à écarter toute possibilité d'asile interne. • CNDA 15 juin 2021, n° 20029676. ♦ V. aussi • CNDA 25 nov. 2022, n° 21061849.

Art. L. 513-6 **L'autorité judiciaire communique au directeur général de l'Office français de protection des réfugiés et apatrides et au président de la Cour nationale du droit d'asile, sur demande ou d'office, tout élément recueilli au cours d'une instance civile ou d'une information criminelle ou correctionnelle, y compris lorsque celle-ci s'est terminée par un non-lieu, de nature à faire suspecter qu'une personne qui demande l'asile ou qui a obtenu le statut de réfugié ou le bénéfice de la protection subsidiaire relève de l'une des clauses d'exclusion mentionnées aux articles L. 511-6 et L. 512-2 ou à l'article 1er de la convention de New York, du 28 septembre 1954, rela-**

tive au statut des apatrides ou d'un refus ou d'une fin de protection en application de l'article L. 511-7. – *[Anc. art. L. 713-5.]*

Il incombe à l'autorité judiciaire de communiquer tous les éléments utiles, et non les seuls éléments susceptibles de justifier l'application d'une clause d'exclusion ou d'une décision de refus ou de fin de protection, le cas échéant en complétant une première communication, de sa propre initiative, par tous éléments nouveaux de nature à éclairer utilement la cour. Dans ces conditions, le présent art. ne méconnaît ni les droits de la défense, ni l'égalité devant la justice, ni le droit à un procès équitable garantis par les art. 6 et 16 DDH. • CE 12 févr. 2021, n° 439141 B : *AJDA 2021. 364.*

Art. L. 513-7 **L'autorité judiciaire communique au directeur général de l'Office français de protection des réfugiés et apatrides** *(L. n° 2021-953 du 19 juill. 2021, art. 24)* **« , au directeur général de l'Office français de l'immigration et de l'intégration » et au président de la Cour nationale du droit d'asile, sur demande ou d'office, tout élément recueilli au cours d'une instance civile ou d'une information criminelle ou correctionnelle, y compris lorsque celle-ci s'est terminée par un non-lieu, de nature à faire suspecter le caractère frauduleux d'une demande d'asile.** – *[Anc. art. L. 713-6, ecqc la demande d'asile.]*

TITRE II ACCÈS À LA PROCÉDURE D'ASILE

Art. L. 520-1 **Les autorités en charge de l'asile peuvent organiser, le cas échéant en effectuant des missions sur place, la réinstallation à partir de pays tiers à l'Union européenne de personnes en situation de vulnérabilité relevant de la protection internationale. Ces personnes sont autorisées à venir s'établir en France par l'autorité compétente.** – *[Anc. art. L. 714-1.]*

V. Instr. du 24 févr. 2021 relative aux orientations de la politique d'accueil des réfugiés réinstallés (NOR : INTV2101167J).

COMMENTAIRE

Introduit par le Sénat lors du débat sur la loi n° 2018-778 du 10 septembre 2018 pour une immigration maîtrisée, un droit d'asile effectif et une intégration réussie, l'article L. 520-1 tend à consacrer dans la loi les missions de réinstallation vers la France menées à l'échelle internationale par l'Office français de protection des réfugiés et apatrides, afin de garantir leur pérennité. Selon l'instruction du 11 septembre 2018 (NOR : INTV1824378J), cette disposition consacre une pratique déjà établie, les autorités en charge de l'asile organisant des opérations de réinstallation de personnes en besoin de protection internationale se trouvant dans des pays tiers, les personnes en cause pouvant être autorisées à venir s'établir en France. ❑

Art. L. 520-2 **Conformément à l'article L. 240-1, les dispositions du présent titre sont applicables à l'étranger dont la situation est régie par le livre II, à l'exclusion des dispositions de l'article L. 521-1 relatives à la détermination de l'État responsable de l'examen de la demande d'asile ainsi que des dispositions des articles L. 521-2, L. 521-5 et L. 522-1 à L. 522-5.**

CHAPITRE I ENREGISTREMENT DE LA DEMANDE D'ASILE

Sur le régime de la zone d'attente applicable aux demandeurs d'asile, V. art. L. 351-1 à L. 351-5, supra.

Sur le refus d'entrée applicable aux demandeurs d'asile, V. art. L. 352-1 à L. 352-9, supra.

BIBL. ▸ IGF, IGAS et IGA, L'hébergement et la prise en charge financière des demandeurs d'asile, *https://www.igas.gouv.fr/IMG/pdf/RM2013-067P_DEF.pdf.*

COMMENTAIRE

L'entrée en France du demandeur d'asile et son admission au séjour constituent un parcours semé d'embûches qui peut se heurter à de nombreuses difficultés. Trois situations doivent ici être distinguées.

En premier lieu, l'étranger peut parfaitement être en situation régulière en France et souhaiter bénéficier de la reconnaissance de la qualité de réfugié. Le demandeur peut avoir obtenu un visa de long séjour pour solliciter l'asile en France ; il se présentera en préfecture pour présenter sa demande d'asile et l'attestation de demande d'asile. De même, un étranger titulaire d'un titre de séjour et présent sur le territoire n'a pas à solliciter l'admission au séjour et doit seulement se présenter en préfecture pour y faire enregistrer sa demande d'asile.

En deuxième lieu, l'étranger peut solliciter l'asile alors qu'il se présente en France en situation irrégulière, c'est-à-dire en étant démuni des documents normalement exigés pour pénétrer régulièrement sur le territoire. Compte tenu de l'assimilation entre les notions d'asile et de réfugié, il est fait application aux demandeurs d'asile du principe de non-refoulement prévu par les articles 31 et 33 de la convention de Genève de 1951, ce qui est heureux puisque, par hypothèse, l'intéressé a quitté un pays où il craignait pour sa vie, sa liberté ou sa sécurité. Par conséquent, les demandeurs d'asile sont dispensés de produire les documents normalement exigés pour entrer en France et un refus d'entrée ne peut leur être opposé sur ce fondement.

Mais c'est bien le seul « avantage » que leur reconnaît le code qui prévoit diverses hypothèses de refus d'entrée :

– il relève du règlement « Dublin III » dès lors que l'examen de sa demande d'asile est susceptible de relever de la responsabilité d'un autre État ; l'autorité administrative compétente pour procéder à la détermination de l'État responsable de l'examen d'une demande d'asile et prendre la décision de transfert vers cet État est le ministre chargé de l'immigration. La décision de refuser l'entrée en France au titre de l'asile n'a pas à faire l'objet d'une motivation distincte de celle de la décision de transfert (art. R. 352-2) ;

– sa demande est irrecevable ; l'article L. 531-32 prévoit en effet que l'Office français de protection des réfugiés et apatrides (OFPRA) peut prendre une décision d'irrecevabilité écrite et motivée, sans vérifier si les conditions d'octroi de l'asile sont réunies, lorsque le demandeur bénéficie d'une protection effective au titre de l'asile dans un État membre de l'Union européenne ; lorsqu'il bénéficie du statut de réfugié et d'une protection effective dans un État tiers et y est effectivement réadmissible ; en cas de demande de réexamen lorsque les éléments nouveaux invoqués « n'augmentent pas de manière significative la probabilité que le demandeur justifie des conditions requises pour prétendre à une protection » (art. L. 531-42) ;

– sa demande est manifestement infondée, c'est-à-dire « manifestement dénuée de pertinence au regard des conditions d'octroi de l'asile, ou manifestement dépourvue de toute crédibilité en ce qui concerne le risque de persécutions ou d'atteintes graves ».

Toute demande d'asile doit être obligatoirement précédée d'un enregistrement auprès du guichet unique ou de la préfecture (art. R. 521-1). A cet égard, la Cour des comptes a indiqué que « la mise en place, dans le cadre de la réforme, de guichets uniques regroupant, sur un même lieu, des agents des préfectures pour l'admission au séjour et des agents de l'Office français de l'immigration et de l'intégration (OFII) chargés de l'ouverture des droits des demandeurs d'asile et de leur hébergement doit, en premier lieu, permettre le raccourcissement du délai d'enregistrement des demandes d'asile désormais fixé à trois jours, alors qu'il s'élève aujourd'hui à plusieurs mois dans certaines régions. Le rappel du délai variant, selon les régions, entre 1 et 90 jours, avant l'obtention par le demandeur d'asile de son premier rendez-vous en préfecture, montre l'ampleur des efforts attendus pour tenir le nouveau délai. Ils devront être fournis tout en menant le nécessaire processus d'intégration des agents des préfectures et de l'OFII, ainsi que le redéploiement interne des personnels de l'Office en fonction de ses missions nouvelles ».

L'enregistrement, obligatoire avant toute saisine de l'OFPRA, suppose que le demandeur se présente en personne, la loi de 2015 ayant toutefois supprimé la condition antérieure de domiciliation. Afin de se mettre en conformité avec le droit européen, l'enregistrement doit avoir lieu dans les trois jours (dix en cas d'afflux massif de demandeurs) à compter de la première présentation devant les structures chargées du premier accueil.

La loi n° 2018-778 du 10 septembre 2018 pour une immigration maîtrisée, un droit d'asile effectif et une intégration réussie a prévu une sorte d'effet collectif de la demande d'asile : en effet, lorsqu'elle est présentée par un étranger qui se trouve en France accompagné de ses enfants mineurs, la demande est regardée comme présentée en son nom et en celui de ses enfants. Lorsqu'il est statué sur la demande de chacun des parents, la décision accordant la protection la plus étendue est celle réputée prise également au bénéfice des enfants. Cette décision n'est pas opposable aux enfants qui établissent que la personne qui a présenté la demande n'était pas en droit de le faire. Il s'agit d'éviter le dépôt de demandes d'asile successives, au nom de leurs enfants, par des parents déboutés, sur la base des mêmes moyens, qui imposent à l'OFPRA un nouvel examen de chacune de ces demandes.

L'article L. 521-7 rappelle également que l'attestation de demande d'asile ne peut être refusée au motif que l'étranger est démuni des documents et visas normalement exigés pour l'admission en France. Ainsi, si l'étranger est passé par la procédure d'asile à la frontière et qu'un visa de huit jours lui a été délivré à cette occasion, il importe peu qu'il se présente à la préfecture passé ce délai de huit jours. Toutefois, au-delà de ce délai, s'il n'a pas fait enregistrer sa demande en préfecture, il sera en situation irrégulière sur le territoire français. Au moment de sa présentation auprès de l'autorité administrative en vue de l'enregistrement d'une première demande d'asile en France, l'étranger ne peut être regardé comme présentant le risque non négligeable de fuite (art. L. 521-14).

L'intéressé se voit délivrer une attestation de demande d'asile, le guide du demandeur d'asile (dans une langue qu'il comprend ou dont il est raisonnable de penser qu'il la comprend) et le formulaire de demande d'asile à adresser à l'OFPRA dans le délai de vingt et un jours ; l'attestation sera renouvelée pour une durée variable selon la procédure (neuf mois pour les procédures normales et six mois pour les procédures prioritaires).

L'article L. 521-6, issu de la loi n° 2018-778 du 10 septembre 2018 pour une immigration maîtrisée, un droit d'asile effectif et une intégration réussie, a prévu que, lors de l'enregistrement de sa demande d'asile, l'étranger est informé des langues dans lesquelles il peut être entendu lors de l'entretien personnel mené par l'OFPRA. Il indique celle dans laquelle il préfère être entendu. Il est informé que ce choix lui est opposable pendant toute la durée d'examen de sa demande, y compris en cas de recours devant la Cour nationale du droit d'asile (CNDA), et que, à défaut de choix de sa part ou dans le cas où sa demande ne peut être satisfaite, il peut être entendu dans une langue dont il a une connaissance suffisante. La contestation du choix de la langue de procédure ne peut intervenir qu'à l'occasion du recours devant la CNDA contre la décision de l'Office. L'article L. 532-3 donne en effet à la CNDA la possibilité d'annuler la décision du directeur de l'OFPRA et de lui renvoyer le dossier si elle estime que le requérant a été dans l'impossibilité de se faire comprendre lors de l'entretien, faute d'avoir pu bénéficier du concours d'un interprète dans la langue qu'il a indiquée dans sa demande d'asile ou dans une autre langue dont il a une connaissance suffisante, et que ce défaut d'interprétariat est imputable à l'Office. Le requérant ne peut se prévaloir de ce défaut d'interprétariat que dans le délai de recours et doit indiquer la langue dans laquelle il souhaite être entendu en audience. Si la cour ne peut désigner un interprète dans la langue demandée, l'intéressé est entendu dans une langue dont il est raisonnable de penser qu'il la comprend. Le législateur de 2018 a ainsi entendu remédier aux changements imprévus de la langue de procédure en cours d'instruction, « souvent effectués à titre dilatoire par des demandeurs de mauvaise foi » (CE, avis, 15 févr. 2018, n° 394206) ; dès lors, le choix de la langue est « opposable » au demandeur pendant toute la durée d'examen de la demande. L'ensemble de ces dispositions ne fait pas obstacle à ce que, à tout instant, l'étranger puisse à sa demande être entendu en français.

Le refus d'attestation ne peut intervenir que dans les cas prévus aux *c)* (nouvelle demande de réexamen après le rejet définitif d'une précédente demande de réexamen) et *d)* (étranger faisant l'objet d'une décision d'extradition vers un autre État que son pays d'origine ou d'une décision de remise sur le fondement d'un mandat d'arrêt européen ou par décision de la Cour pénale internationale) de l'article L. 542-2.

La décision de refus d'attestation est susceptible de recours devant le juge administratif selon les règles de droit commun ; si l'intéressé peut introduire sa demande auprès de l'OFPRA, cela n'interdit pas le prononcé d'une obligation de quitter le territoire français. Si le demandeur tombe sous le coup de la procédure « Dublin III », il se voit remettre une première attestation d'une durée de validité d'un mois, renouvelable tous les quatre mois jusqu'au transfert vers l'État responsable de la demande d'asile ; le demandeur peut faire l'objet d'une assignation à résidence (art. L. 742-2). ❑

SECTION 1 **Enregistrement de la demande**

Art. L. 521-1 Tout étranger présent sur le territoire français et souhaitant demander l'asile se présente en personne à l'autorité administrative compétente qui enregistre sa

demande et procède, dans des conditions fixées par décret en Conseil d'État, à la détermination de l'État responsable en application du règlement (UE) n° 604/2013 du Parlement européen et du Conseil, du 26 juin 2013, établissant les critères et mécanismes de détermination de l'État membre responsable de l'examen d'une demande de protection internationale introduite dans l'un des États membres par un ressortissant de pays tiers ou un apatride, ou en application d'engagements identiques à ceux prévus par le même règlement. – *[Anc. art. L. 741-1, al. 1er, 1re phr.]*

1. Présentation en préfecture. L'étranger qui sollicite son admission au séjour au titre de l'asile doit se présenter personnellement en préfecture. • CAA Versailles, 13 juill. 2007, *Préfet du Val-d'Oise c/ Karabay,* n° 06VE02470 • CE 16 avr. 2010, *M. Ibrahim Nourredine Adam,* n° 338617. ♦ Toutefois, le moyen tiré de la méconnaissance de cette règle ne constitue pas un moyen d'ordre public que le juge doit relever d'office. • CAA Paris, 3 juill. 2007, *Bouabdallah,* n° 07PA01324. ♦ Si le requérant ne s'est pas présenté personnellement à la préfecture de son département pour y solliciter la délivrance d'une autorisation provisoire de séjour préalablement à sa demande de réexamen, celle-ci a été irrégulièrement présentée et le préfet ne peut être regardé comme lui ayant implicitement refusé la délivrance d'une autorisation provisoire de séjour. ♦ • CAA Bordeaux, 11 févr. 2010, *M. Andranik X,* n° 09BX01919. ♦ Si le demandeur d'asile ne s'est pas présenté en préfecture sans faire état d'aucune circonstance qui aurait fait obstacle à cette présentation et n'a pas soutenu que l'OFPRA aurait refusé d'enregistrer sa demande, il se place dans la situation du demandeur auquel l'admission au séjour a été refusée ; il ne peut ainsi se maintenir en France que jusqu'à la décision de l'OFPRA et faire l'objet d'une OQTF avant la décision de la CNDA. • CAA Bordeaux, 5 févr. 2009, *Charles,* n° 07BX02570.

2. Assistance par un avocat. Le présent art. impose que l'étranger présent sur le territoire et souhaitant demander l'asile se présente en personne à l'autorité administrative pour enregistrer sa demande. Ni cet art. ni aucune autre disposition applicable à la procédure d'enregistrement en préfecture n'a pour objet ou pour effet de faire obstacle à ce que l'intéressé puisse se présenter à cet enregistrement accompagné d'un avocat. Il appartient au préfet de faire valoir des circonstances précises et particulières établissant que cette assistance de l'avocat n'est pas compatible avec le bon fonctionnement du service et est de nature à justifier le refus d'accès de l'avocat accompagnant l'étranger. Le Conseil d'État ajoute toutefois que la procédure d'enregistrement de la demande d'asile constitue seulement une formalité préalable à l'introduction de la demande d'asile par l'étranger auprès de l'OFPRA, devant lequel la possibilité d'être assisté par un avocat est spécifiquement prévue (art. L. 531-15) ; dès lors, la présence d'un avocat lors de cette procédure préalable n'est pas requise pour l'exercice des droits de la défense. • CE 6 mai 2024, n° 493925 : *DP étrangers, Bull. n° 344, juin 2024, note Julien-Laferrière.*

3. Autres autorités. Le 2e al. de l'art. 6, § 1, de la Dir. 2013/32/UE du 26 juin 2013 permet expressément la présentation des demandes de protection internationale devant toute « autre autorité » susceptible de les recevoir, même si elle ne les traite pas par la suite ; ces « autres autorités » sont tenues de transmettre les demandes de protection internationale et les dossiers afférents dont elles disposent à l'autorité compétente afin de faciliter l'examen efficace et rapide de ces demandes en vue de leur enregistrement dans un délai de 6 jours ouvrables ; selon la CJUE, le juge compétent pour ordonner la rétention doit l'être aussi pour recevoir les demandes d'asile, ce qui pose en France la question de la compétence du JLD au titre de la rétention administrative ou du juge administratif saisi d'une contestation d'OQTF. • CJUE 25 juin 2020, *Ministerio Fiscal,* n° C-36/20 PPU : *AJDA 2020. 1653, chron. Bonneville, Gänser et Markarian ; D. 2020. 1407 ; DP étrangers, Bull. n° 301, juill. 2020, note Pouly* • CE 29 déc. 2021, n° 449560.

4. GUDA. Dès lors que le préfet est compétent pour enregistrer une demande d'asile et procéder à la détermination de l'État membre responsable de l'examen de cette demande, les agents recevant les étrangers au sein du GUDA mis en place dans la préfecture « doivent être regardés comme ayant la qualité, au sens de l'art. 5 du Règl. n° 604/2013, de "personne qualifiée en vertu du droit national" pour mener l'entretien prévu à cet art. ». • CAA Lyon, 5 juin 2018, *Préfet du Cantal,* n° 18LY00065 : *AJDA 2018. 2169.* ♦ Il incombe toutefois au préfet de démontrer que l'agent ayant mené l'entretien en vue de la détermination de l'État responsable de l'examen de la demande d'asile était qualifié pour y procéder ; l'agent en cause doit être clairement identifié. • CAA Paris, 8 nov. 2018, n° 18PA00320.

5. Réexamen. En cas de demande de réexamen de sa situation par le demandeur d'asile, le préfet compétent pour statuer sur la demande d'autorisation provisoire de séjour est, comme pour la demande initiale, le préfet du département de résidence du demandeur. • TA Cergy-Pontoise, 4 juin 2008, *M. Murat Erden,* n° 080615 : *AJDA 2009. 60, note Mongoin.*

6. Circonstances nouvelles. Le recours en annulation de l'étranger « dubliné » contre le refus d'enregistrement de sa demande d'asile en procédure normale est recevable à condition qu'il repose sur des circonstances de droit ou de fait nouvelles postérieures à la décision de transfert. • CE 27 oct. 2022, n° 465885 A : *AJDA 2022. 2084* ; *ibid. 198, note Etame Sone*. ♦ Figurent, au titre des circonstances nouvelles susceptibles de justifier la recevabilité de la requête dirigée contre le refus d'instruire une demande d'asile en procédure normale, non seulement l'existence d'une « fuite » du demandeur d'asile, mais aussi l'existence d'une information des autorités responsables de l'examen de la demande d'asile avant l'expiration du délai de transfert de 6 mois. • TA Paris, 8 mars 2023, n° 2100720 : *2100720*.

7. Refus d'admission au séjour. La circonstance que des mentions relatives à un étranger demandeur d'asile figurent dans le FPR (fichier des personnes recherchées) ne saurait, par elle-même, justifier qu'un refus d'enregistrement de la demande soit opposé. • CE 2 nov. 2018, n° 424941.

8. Le refus du préfet d'instruire une demande d'APS à la suite d'une demande de réouverture du dossier devant l'OFPRA compte tenu de faits nouveaux constitue une atteinte grave et manifestement illégale au droit d'asile susceptible de conduire le juge à enjoindre au préfet de délivrer l'APS. • TA Cergy-Pontoise, 4 juin 2008, *M. Murat Erden*, n° 080615 : *préc. note 5*.

9. La décision de refus d'APS doit être motivée ; par suite, un refus verbal d'APS ne peut servir de base à une mesure d'éloignement dès lors que le préfet n'établit pas avoir communiqué les motifs de ce refus. • CAA Lyon, 29 mai 2007, *Préfet de l'Isère c/ Tayfur*, n° 06LY01340.

10. Ne peut être assimilée à un refus de séjour ouvrant droit à une OQTF la décision par laquelle le préfet a retiré le récépissé de demande du statut de réfugié. • CAA Douai, 16 sept. 2008, *Lumbila*, n° 07DA01969. ♦ La remise à un demandeur d'asile d'une autorisation provisoire de séjour doit être considérée comme abrogeant implicitement la mesure d'éloignement. • CE 26 févr. 1997, *Préfet de la Gironde c/ Bitri*, n° 177242.

11. Le refus d'admission provisoire au séjour porte, par lui-même, une atteinte suffisamment grave et immédiate à la situation du demandeur d'asile pour que la condition d'urgence soit, sauf circonstances particulières, satisfaite dans le cadre de la procédure du référé-liberté. • CE 3 nov. 2003, *Kobanda Doro*, n° 258322.

12. État de guerre/état d'urgence. L'art. 6 et l'art. 7, § 1, de la Dir. 2013/32/UE du 26 juin 2013 relative à des procédures communes pour l'octroi et le retrait de la protection internationale doivent être interprétés en ce sens qu'ils s'opposent à la réglementation d'un État membre selon laquelle, en cas de déclaration de l'état de guerre ou de l'état d'urgence ou en cas de proclamation d'une situation d'urgence en raison d'un afflux massif d'étrangers, les ressortissants de pays tiers se trouvant en situation de séjour irrégulier se voient effectivement privés de la possibilité d'avoir accès, sur le territoire de cet État membre, à la procédure d'examen d'une demande de protection internationale. • CJUE 30 juin 2022, *M. A. c/ Valstybes sienos apsaugos tarnyba (Service national de protection des frontières Lituanie)*, n° C-72/22 : *RTD eur. 2023. 131, note Barbou des Places* ; *Rev. crit. DIP 2023. 351, chron. Fleury-Graff et Giauffrey*.

13. Fraude. Le Conseil d'État a considéré qu'une demande du statut de réfugié était constitutive d'une fraude dans la mesure où elle avait été présentée par l'intéressé sous une fausse identité ; par suite, la mesure de reconduite intervenue avant qu'il ait été statué sur cette demande n'est pas entachée d'illégalité. • CE 9 juill. 2003, *Préfet de Seine-Saint-Denis c/ Li*, n° 248689. ♦ V. aussi : • CAA Lyon, 26 mai 2009, *Benjaku*, n° 08LY01272.

14. L'étranger qui demande à bénéficier de l'asile doit justifier de son identité de manière à permettre aux autorités nationales de s'assurer notamment qu'il n'a pas formulé d'autres demandes ; les autorités ne portent pas une atteinte grave et manifestement illégale au droit d'asile en refusant de délivrer une autorisation provisoire de séjour au demandeur qui refuse de se soumettre à l'obligation d'accepter que ses empreintes digitales soient relevées ou qui, en rendant volontairement impossible l'identification de ses empreintes place les autorités, de manière délibérée par son propre comportement, dans l'incapacité d'instruire sa demande. • CE 2 nov. 2009, *Min. Immigration c/ M. Tahadross Gabyo*, n° 332888. ♦ V. Circ. du 2 avr. 2010 NOR : IMIA1000106C. ♦ Cette circulaire a été validée par le Conseil d'État. • CE 19 juill. 2011, *La Cimade*, n° 339877 : *AJDA 2011. 2087*. ♦ Jugé que les relevés des empreintes digitales des demandeurs s'étant révélées inexploitables en raison du mauvais état de leurs doigts, les intéressés ne faisant état d'aucune circonstance particulière permettant d'expliquer cette situation, le préfet a été placé dans l'impossibilité d'instruire leurs demandes et a pu regarder à bon droit celles-ci comme révélant une intention de fraude en application du 4° du présent art. • CAA Nantes, 19 déc. 2011, *M. Alikhan Iliyassov et Mme Zalina Viskhaieva épouse Iliyassova*, nos 10NT02738 et 10NT023739.

15. Si une demande d'asile comportant l'indication fausse qu'aucune demande de cette nature n'a été déposée dans un autre État de l'UE est susceptible d'être regardée comme reposant sur une fraude délibérée, cette appréciation ne peut résulter que de la prise en considération de l'ensemble des circonstances entourant le dépôt de la demande. • CE 4 oct. 2011, *Mme Mahawa Bangoura, épse Sylla*, n° 352992.

16. Relevé d'empreintes digitales. Le préfet ne porte pas une atteinte grave et manifestement illégale au droit d'asile en refusant de délivrer une autorisation provisoire de séjour au demandeur qui refuse de se soumettre au relevé de ses empreintes digitales ou qui, en rendant volontairement impossible l'identification de ses empreintes, place l'autorité administrative de manière délibérée dans l'impossibilité d'instruire sa demande. • CE 29 juin 2010, *La Cimade*, n° 339878. ♦ V. déjà : • CE 2 nov. 2009, *Min. Immigration c/ Gikidan*, n° 332890 : *AJDA 2009. 2092* • TA Nantes, 1er juill. 2010, *M. El T.*, n° 101511 : *Dr. adm. 2010. Comm. 155, note Seguin.*

17. Contestation du refus d'admission au séjour. La décision de refus d'admission au séjour peut faire l'objet d'une procédure de référé (art. L. 521-2) dès lors qu'elle est susceptible de porter atteinte à cette liberté fondamentale qu'est le droit d'asile. • CE 12 janv. 2001, *Hyacinthe*, n° 229039 A : *RFDA 2001. 589, note Morri et Slama ; Gaz. Pal. 8-10 avr. 2001, pan. dr. adm.* ♦ La saisine du juge des référés n'est subordonnée au respect d'aucun délai mais seulement à ce que l'urgence, qui peut apparaître après que la décision contestée a commencé à produire ses effets, soit justifiée à la date de la saisine ; tel est le cas en l'espèce de la décision par laquelle le préfet de police avait refusé l'admission au séjour au titre de l'asile et avait décidé la réadmission vers la Grèce de l'étranger concerné, alors même que le recours n'avait été introduit que 9 jours après la notification de la décision contestée. • CE 17 mars 2010, *M. Larkhawi*, n° 332585 B : *AJDA 2010. 585*. ♦ A noter que la délivrance, par le préfet, d'une APS, lorsqu'un juge des référés lui a ordonné de réexaminer la situation d'un demandeur d'asile, fait disparaître l'urgence à statuer. • CE 21 mars 2013, *Min. Intérieur c/ M. Morbedadze*, n° 366837 : *AJDA 2013. 653*. ♦ N'est pas sans objet le recours formé par un demandeur d'asile contre le refus d'APS alors que le préfet avait délivré une APS dans le cadre de l'instruction de la demande de titre en qualité de conjoint de Français ; en effet, cette dernière autorisation ne confère pas les mêmes droits que l'APS accordée au demandeur d'asile. • CAA Douai, 12 mai 2011, *Sita*, n° 11DA00024.

18. Effets de l'annulation d'un refus d'APS. L'annulation du refus d'admission provisoire au séjour au titre de l'asile entraîne l'annulation par voie de conséquence des décisions de refus de séjour et d'OQTF. • CE, avis, 30 déc. 2013, *Mme Okosun*, n° 367615 A : *préc. note 7 ss. art. L. 352-1.*

19. L'exécution de l'ordonnance par laquelle le juge des référés du tribunal administratif a enjoint au préfet de procéder au réexamen de la demande d'admission au séjour au titre de l'asile n'implique pas nécessairement que les autorités françaises prennent des mesures propres à assurer le réacheminement en France du demandeur, dès lors que le réexamen de la demande d'admission au séjour de l'intéressé ne nécessite pas qu'il se présente de nouveau à la préfecture et que son réacheminement ne devra intervenir que dans l'hypothèse d'une nouvelle décision faisant droit à cette demande. • CE 13 juin 2012, *Min. Intérieur*, n° 357712 B : *AJDA 2012. 1189*.

20. Motivation. Le refus d'enregistrer une demande d'asile en procédure normale sur le fondement d'une motivation seulement orale constitue un vice de forme. • TA Paris, 10 nov. 2021, n° 2001995 : *AJDA 2022. 472, concl. Pottier*.

Art. L. 521-2 **Tout demandeur reçoit, dans une langue qu'il comprend ou dont il est raisonnable de supposer qu'il la comprend, une information sur les droits et obligations qui découlent de l'application du règlement (UE) n° 604/2013 du Parlement européen et du Conseil, du 26 juin 2013, dans les conditions prévues à son article 4.** – *[Anc. art. L. 741-1, al. 1er, 2e phr.]*

1. Droit de l'UE. Le a) du 1 de l'art. 10 de la Dir. 2005/85/CE du 1er déc. 2005 relative à des normes minimales concernant la procédure d'octroi et de retrait du statut de réfugié dans les États membres (refondue par la Dir. 2013/32/UE du 26 juin 2013 relative à des procédures communes pour l'octroi et le retrait de la protection internationale) prévoit que les demandeurs d'asile : « sont informés, dans une langue dont il est raisonnable de supposer qu'ils la comprennent, de la procédure à suivre et de leurs droits et obligations au cours de la procédure ainsi que des conséquences que pourrait avoir le non-respect de leurs obligations ou le refus de coopérer avec les autorités. [...] Ces informations leur sont communiquées à temps pour leur permettre d'exercer les droits garantis par la présente directive et de se conformer aux obligations décrites à l'art. 11 » ; cette garantie d'être informé dans une langue dont il est raisonnable de supposer que le demandeur la comprend s'applique aux informations devant lui être délivrées à la fois lors de la prise de ses empreintes en application de l'art. 18 du Règl. EURODAC (Règl. (CE) n° 2725/2000 du Conseil du 11 déc. 2000 relatif au système européen de comparaison d'empreintes digitales) et lors du déroulement de l'ensemble de la procédure d'asile, laquelle se conclut par la décision prise sur la demande. • CAA Nantes, 12 juill. 2011, *Mme Mamedova*, n° 10NT02532 : *AJDA 2012. 371, concl. Specht*.

2. Document d'information. Eu égard à l'objet du document d'information sur les droits et obligations des demandeurs d'asile, sur les organisations susceptibles de leur procurer une assistance juridique, de les aider ou de les informer sur les conditions d'accueil qui peuvent leur être proposées, la remise de ce document doit intervenir au début de la procédure d'examen des demandes d'asile pour permettre aux intéressés de présenter utilement leur demande aux autorités compétentes, dans le respect notamment des délais prévus ; le défaut de remise de ce document à ce stade est ainsi de nature à faire obstacle au déclenchement du délai de 21 jours pour saisir l'OFPRA. En revanche, il ne peut être utilement invoqué à l'appui d'un recours mettant en cause la légalité de la décision par laquelle le préfet statue, en fin de procédure, après intervention de l'OFPRA et, le cas échéant, après celle de la CNDA, sur le séjour en France au titre de l'asile ou à un autre titre. • CE, avis, 1er févr. 2013, n° 363581 B : *AJDA 2013. 262*. ♦ L'obligation de remise du document d'information sur les droits et obligations des demandeurs d'asile est constitutive d'une garantie. Par suite, il appartient au juge d'apprécier si l'intéressé a été privé de cette garantie ou, à défaut, si cette irrégularité a été susceptible d'exercer, en l'espèce, une influence sur le sens de cette décision. Toutefois, l'annulation du refus d'APS pour ce motif n'implique pas que le juge enjoigne de délivrer une telle APS ; elle peut seulement le conduire à enjoindre au préfet d'informer l'étranger et de réexaminer la demande de l'intéressé. • CE, avis, 30 déc. 2013, n° 367615 : *AJDA 2014. 7*. ♦ Le défaut de remise du document d'information au demandeur d'asile ne prive pas ce dernier d'une garantie lorsque sa demande n'a pour but que de faire échec à une mesure d'éloignement et qu'il a été mis en mesure de connaître ses droits et obligations à l'occasion d'une première demande. • CAA Nancy, 15 mai 2014, n° 13NC01964 : *AJDA 2014. 1746*.

3. L'obligation d'information sur l'utilisation des données collectées lors du relevé de ses empreintes digitales prévue par les dispositions de l'art. 18 du Règl. (UE) n° 603/2013 du 26 juin 2013 a uniquement pour objet et pour effet de permettre d'assurer la protection effective des données personnelles des demandeurs d'asile concernés, laquelle est garantie par l'ensemble des États membres relevant du régime européen d'asile commun. Le droit d'information des demandeurs d'asile contribue, au même titre que le droit de communication, le droit de rectification et le droit d'effacement de ces données, à cette protection. Dès lors, sa méconnaissance ne peut être utilement invoquée à l'encontre des décisions par lesquelles l'État français refuse l'admission provisoire au séjour à un demandeur d'asile et remet celui-ci aux autorités compétentes pour examiner sa demande. • CE, avis, 10 mai 2017, *Préfecture de l'Essonne*, n° 406122 A : *AJDA 2017. 1021* ; *Rev. crit. DIP 2017. 492*. ♦ A défaut, le demandeur d'asile est privé d'une garantie susceptible d'affecter la légalité de la procédure de détermination de l'État responsable de l'examen de la demande d'asile. • CAA Nantes, 15 déc. 2015, n° 14NT01169 • CAA Paris, 24 avr. 2018, n° 17PA01719. ♦ Cette garantie est toutefois largement privée d'effet utile dès lors que la cour de Lyon a considéré que la remise tardive de la brochure d'information n'avait pas porté atteinte aux droits de l'intéressé dès lors qu'entre le moment de cette remise et la décision de transfert l'intéressé avait eu la possibilité de faire valoir les éléments qu'il jugeait utiles. • CAA Lyon, 16 mai 2019, n° 18LY01521.

Art. L. 521-3 Lorsque la demande d'asile est présentée par un étranger qui se trouve en France accompagné de ses enfants mineurs, elle est regardée comme présentée en son nom et en celui de ses enfants. — *[Anc. art. L. 741-1, al. 2, 1re phr.]*

1. Champ d'application. Les dispositions du présent art. sont applicables tant aux enfants de personnes s'étant vu reconnaître la qualité de réfugié sur le fondement de l'art. 1er, A, (2), de la Conv. de Genève, ces enfants pouvant également invoquer l'application à leur profit du principe général du droit des réfugiés de l'unité de famille, qu'aux enfants de personnes bénéficiaires de la protection subsidiaire sur le fondement de l'art. L. 712-1. • CE 21 janv. 2021, n° 439248.

2. Pour considérer une demande asile comme également présentée au nom d'un enfant mineur accompagnant au sens de l'art. L. 521-3 CESEDA, il appartient à la Cour de vérifier que ce mineur a été présent sur le territoire français lors de la présentation de la demande d'asile de son parent ou à la date de la décision de l'OFPRA. • CE 10 déc. 2023, n° 468438.

3. Effets de la décision sur les enfants mineurs. Lorsqu'un étranger se trouvant en France accompagné de ses enfants mineurs se voit accorder l'asile, que ce soit en qualité de réfugié ou au titre de la protection subsidiaire, la protection qui lui est accordée l'est également à ses enfants mineurs ; lorsqu'il est statué sur la demande de chacun des parents, la décision accordant la protection la plus étendue est réputée prise aussi au bénéfice des enfants. • CE 10 nov. 2021, n° 449686 • CE 23 sept. 2022, n° 455233.

4. Les enfants d'une personne dont la qualité de réfugiée a été reconnue doivent être regardés comme titulaires de la même protection internationale que la sienne, bien que leur nom ne soit pas mentionné dans la décision la concernant et bien que la personne intéressée n'ait pas précisé dans son recours initial qu'il était aussi déposé pour le compte de ses enfants. • CNDA 16 août 2022, n° 22009861.

5. La CNDA a considéré que lorsqu'un étranger s'est vu octroyer le bénéfice de la protection subsidiaire, tous ses enfants mineurs doivent pouvoir bénéficier de la même protection, y compris ceux qui sont nés après la date à laquelle cette protection lui a été octroyée, et aussi longtemps que le bénéfice de cette protection lui est maintenu. • CNDA 14 oct. 2021, nos 21018964 à 21018967.

6. Rejet de la demande des parents et réexamen. En cas de naissance ou d'entrée en

France d'un enfant mineur postérieurement au rejet définitif de la demande d'asile présentée par ses parents en leur nom propre et, le cas échéant, au nom de leurs autres enfants mineurs nés ou entrés en France avant qu'il ne soit statué de manière définitive sur leur demande, la demande d'asile présentée au nom de cet enfant constitue, au vu de cet élément nouveau, une demande de réexamen, sauf lorsque l'enfant établit que la personne qui a présenté la demande n'était pas en droit de le faire. • CE 8 juill. 2024, n° 475883 : *AJDA 2024. 1417*.

7. Enfant né après l'enregistrement de la demande. La demande formée pour le compte d'un mineur né après l'enregistrement de la demande d'asile de son parent et déposée après la décision définitive de rejet de celle-ci est une demande de réexamen. • CNDA 10 mai 2022, n° 21050062 • CE 12 mai 2022, n° 451079. ♦ Une telle demande de réexamen, en l'absence de faits ou éléments nouveaux, peut être rejetée sans entretien préalable en application des dispositions des art. L. 531-41 et L. 531-42. • CNDA 29 avr. 2024, n° 23064131.

8. En cas de naissance ou d'entrée en France d'un enfant mineur postérieurement à l'enregistrement de la demande de ses parents, l'étranger est tenu, tant que l'OFPRA ou, en cas de recours, la CNDA, ne s'est pas prononcé, d'en informer cette autorité administrative ou cette juridiction. La décision rendue par l'Office ou, en cas de recours, par la Cour, est réputée l'être à l'égard du demandeur et de ses enfants mineurs, sauf dans le cas où le mineur établit que la personne qui a présenté la demande n'était pas en droit de le faire ; ces dispositions ne font pas obstacle à ce que les parents d'un enfant né après l'enregistrement de leur demande d'asile présentent, postérieurement au rejet définitif de leur propre demande, une demande au nom de leur enfant ; la demande ainsi présentée au nom du mineur doit alors être regardée, dans tous les cas, comme une demande de réexamen au sens de l'article L. 531-41 du présent code. Ces dispositions ne font pas non plus obstacle à ce que les parents d'un enfant né après l'enregistrement de leur demande d'asile présentent une demande pour cet enfant alors que la procédure concernant leur demande initiale est encore en cours. Il appartient à l'OFPRA d'examiner ces éléments nouveaux dans le cadre de l'examen de la demande initiale s'il n'a pas encore statué sur cette demande. Il lui appartient également de statuer sur la demande présentée pour l'enfant s'il a déjà statué sur la demande des parents, quand bien même un recours est encore pendant devant la CNDA et que ces derniers pourraient invoquer ces nouveaux éléments devant la Cour à l'appui de leur propre recours. Dans un cas comme dans l'autre, il appartient à l'Office de procéder à un nouvel entretien des parents de l'enfant si les craintes propres invoquées pour l'enfant n'ont pu être évoquées lors de l'entretien sur la demande initiale. • CNDA 7 mars 2023, n° 22031440. ♦ Le pourvoi contre cet arrêt de la CNDA a été rejeté par le Conseil d'État. • CE 27 nov. 2023, n° 472147 B : *AJDA 2023. 2196 ; DP étrangers, Bull. n° 339, janv. 2024 ; D. 2023. 1358 ; ibid. 2024. 228, chron. Boskovic, Corneloup, Jault-Seseke, Joubert et Parrot*.

9. La demande d'asile d'un enfant né après le rejet définitif de la demande de ses parents s'analyse comme une première demande et son examen exige un entretien personnel. • CNDA 11 mai 2023, n° 23000677. ♦ La décision concernant la demande d'asile du parent de l'enfant mineur est prise également pour le compte de ce dernier, de sorte que la demande de cet enfant doit être regardée comme une demande de réexamen quand elle est examinée après la date du rejet définitif de la demande de son parent, même si elle a été déposée avant cette date et même si cet enfant n'était pas né à la date de l'entretien de son parent à l'OFPRA. • CE 17 févr. 2023, n° 459021 : *D. 2023. 1358 ; ibid. 2024. 228, chron. Boskovic, Corneloup, Jault-Seseke, Joubert et Parrot*

10. Dès lors que l'enfant est né antérieurement à la décision prise par l'Office et alors même que celui-ci n'était pas informé de cette naissance, la décision de rejet concernant le parent est réputée avoir été prise également à l'égard de son enfant mineur ; le parent peut donc invoquer ces nouveaux éléments à l'appui de son propre recours et demander à ce que les craintes invoquées par son enfant mineur soient examinées. • CNDA 23 mars 2023, n° 22040447.

11. Contrairement aux demandes dites « familiales », dont le cadre est fixé par le présent art., la Cour juge que la demande présentée au nom de l'enfant, né ou arrivé après l'introduction de la demande d'asile par son parent et représentant légal, doit l'être dans les formes et selon les règles procédurales applicables aux demandes d'asile. Il s'ensuit que des conclusions présentées au nom de l'enfant en cours d'instance sont irrecevables à l'appui du recours introduit par sa mère contre la décision de l'OFPRA ayant rejeté sa demande. En l'espèce, les conclusions séparées portaient sur des craintes de persécution spécifiques à l'enfant dont la Cour a estimé qu'elles ne pouvaient être valablement examinées que dans le cadre d'une demande d'asile propre à l'enfant. • CNDA 16 mai 2022, n° 21023491.

12. Enfant citoyen européen. Les dispositions du présent art. ne peuvent en principe trouver à s'appliquer lorsque les enfants mineurs ont la nationalité d'un État membre de l'UE. • CNDA 22 sept. 2023, n°s 23004369, 23004370 et 23004371 : *DP étrangers, Bull. n°s 337-338, nov.-déc. 2023, note Viel.*

Art. L. 521-4 L'enregistrement a lieu au plus tard trois jours ouvrés après la présentation de la demande d'asile à l'autorité administrative compétente, sans condition préalable de domiciliation. Toutefois, ce délai peut être porté à dix jours ouvrés lorsqu'un nombre élevé d'étrangers demandent l'asile simultanément. – *[Anc. art. L. 741-1, al. 3.]*

1. L'art. R. 521-4 a pour seul objet de préciser que, pour que l'étranger qui présente sa demande d'asile auprès de l'OFII, des services de police et de gendarmerie ou de l'administration pénitentiaire, soit orienté vers l'autorité compétente en vue de l'enregistrement de sa demande, il doit se présenter en personne devant ces administrations. Elle n'a pas pour objet ni ne saurait avoir légalement pour effet de méconnaître le délai maximum de 6 jours ouvrables pour l'enregistrement de la demande d'asile prévu par l'art. 6 de la Dir. 2013/32/UE du 26 juin 2013. L'art. R. 741-2 n'est pas illégal au seul motif qu'il ne rappelle pas ce délai maximal. • CE 27 nov. 2020, *La Cimade et a.*, n° 428178 B : *AJDA 2020. 2344*.

2. Délai d'enregistrement de la demande. Les dispositions du présent art., transposant les objectifs de la Dir. 2013/32/UE du 26 juin 2013, font peser sur l'État une obligation de résultat s'agissant des délais dans lesquels les demandes d'asile doivent être enregistrées ; il incombe en conséquence aux autorités compétentes de prendre les mesures nécessaires au respect de ces délais ; le refus de prendre de telles mesures constitue une décision susceptible de faire l'objet d'un recours pour excès de pouvoir. • CE 28 déc. 2018, *La Cimade*, n° 410347 B : *AJDA 2019. 590, concl. Odinet*. ♦ V. aussi : • TA Paris, 13 févr. 2019, n° 1902037/9.

3. Si les effectifs d'agents publics affectés aux guichets uniques pour demandeurs d'asile et les vacations effectuées dans ces guichets ont été augmentés, ce qui a permis d'améliorer significativement les délais d'enregistrement, aujourd'hui conformes aux prescriptions de la loi « dans la majorité des guichets uniques », tel n'est pas le cas partout ; ceci implique nécessairement, « eu égard à l'insuffisance des mesures déjà intervenues », que le ministre de l'Intérieur prenne « toute mesure de nature à assurer le respect des délais d'enregistrement des demandes d'asile [...] dans l'ensemble des guichets uniques » ; le Conseil d'État adresse ainsi une injonction au ministre de le faire dans un délai de 6 mois, sans toutefois l'assortir d'une astreinte. • CE 31 juill. 2019, n° 410347. ♦ Constatant que le ministre de l'Intérieur n'a pas produit les éléments permettant d'établir qu'en moyenne un délai de 10 jours est respecté entre la présentation et l'enregistrement des demandes d'asile en Île-de-France, le Conseil d'État prononce à l'encontre de l'État une astreinte de 500 € par jour jusqu'à la date à laquelle la Décis. du 31 juill. 2019 aura reçu une complète exécution. • CE 31 juill. 2021, n° 447339.

Art. L. 521-5 Lorsque l'autorité administrative estime que l'examen d'une demande d'asile relève de la compétence d'un autre État qu'elle entend requérir, il est fait application des dispositions du titre VII.

Art. L. 521-6 *(L. n° 2024-42 du 26 janv. 2024, art. 62)* « Après l'enregistrement de sa demande, l'étranger est informé, dans les meilleurs délais, des langues dans lesquelles il peut être entendu lors de l'entretien personnel prévu à l'article L. 531-12.

« Lors de l'enregistrement de sa demande, l'étranger est informé de la possibilité d'être accompagné soit d'un avocat, soit d'un représentant d'une association de défense des droits de l'homme, d'une association de défense des droits des étrangers ou des demandeurs d'asile, d'une association de défense des droits des femmes ou des enfants ou d'une association de lutte contre les persécutions fondées sur l'identité de genre ou l'orientation sexuelle lors de l'entretien personnel prévu au même article L. 531-12. »

Il indique celle dans laquelle il préfère être entendu.

Il est informé que ce choix lui est opposable pendant toute la durée d'examen de sa demande, y compris en cas de recours devant la Cour nationale du droit d'asile, et que, à défaut de choix de sa part ou dans le cas où sa demande ne peut être satisfaite, il peut être entendu dans une langue dont il a une connaissance suffisante.

Le présent article ne fait pas obstacle à ce que, à tout instant, l'étranger puisse à sa demande être entendu en français.

La contestation du choix de la langue de procédure ne peut intervenir qu'à l'occasion du recours devant la Cour nationale du droit d'asile contre la décision de l'office, dans les conditions prévues aux articles L. 532-2 et L. 532-3.

Les modalités d'application du présent article sont définies par décret en Conseil d'État. – *[Anc. art. L. 741-2-1.]*

Ancien art. L. 521-6 *Lorsque l'examen de la demande d'asile relève de la compétence de la France, l'étranger est informé lors de l'enregistrement de sa demande d'asile des langues dans lesquelles il* *peut être entendu lors de l'entretien personnel mené par l'Office français de protection des réfugiés et apatrides.*

Il indique celle dans laquelle il préfère être entendu.

Il est informé que ce choix lui est opposable pendant toute la durée d'examen de sa demande, y compris en cas de recours devant la Cour nationale du droit d'asile, et que, à défaut de choix de sa part ou dans le cas où sa demande ne peut être satisfaite, il peut être entendu dans une langue dont il a une connaissance suffisante.

Le présent article ne fait pas obstacle à ce que, à tout instant, l'étranger puisse à sa demande être entendu en français.

La contestation du choix de la langue de procédure ne peut intervenir qu'à l'occasion du recours devant la Cour nationale du droit d'asile contre la décision de l'office, dans les conditions prévues aux articles L. 532-2 et L. 532-3.

Les modalités d'application du présent article sont définies par décret en Conseil d'État. – *[Anc. art. L. 741-2-1.]*

Art. L. 521-7 Lorsque l'enregistrement de sa demande d'asile a été effectué, l'étranger se voit remettre une attestation de demande d'asile dont les conditions de délivrance et de renouvellement sont fixées par décret en Conseil d'État. La durée de validité de l'attestation est fixée par arrêté du ministre chargé de l'asile.

La délivrance de cette attestation ne peut être refusée au motif que l'étranger est démuni des documents et visas mentionnés à l'article L. 311-1. Elle ne peut être refusée que dans les cas prévus aux *c* ou *d* du 2° de l'article L. 542-2.

Cette attestation n'est pas délivrée à l'étranger qui demande l'asile à la frontière ou en rétention. – *[Anc. art. L. 741-1, al. 6, à 8.]*

SECTION 2 Enregistrement d'une demande d'asile par un mineur non accompagné

Art. L. 521-8 Le mineur non accompagné mentionné aux articles L. 521-9 à L. 521-12 s'entend du mineur privé temporairement ou définitivement de la protection de ses représentants légaux.

Art. L. 521-9 Lorsque la demande d'asile est présentée par un mineur non accompagné, le procureur de la République, avisé immédiatement par l'autorité administrative, lui désigne sans délai un administrateur *ad hoc*. Celui-ci assiste le mineur et assure sa représentation dans le cadre des procédures administratives et juridictionnelles relatives à la demande d'asile. – *[Anc. art. L. 741-3, al. 1er.]*

Art. L. 521-10 L'administrateur *ad hoc* mentionné à l'article L. 521-9 est désigné par le procureur de la République compétent sur une liste de personnes morales ou physiques dont les modalités de constitution sont fixées par décret en Conseil d'État. Ce décret précise également les conditions de leur indemnisation.

La mission de l'administrateur *ad hoc* prend fin dès le prononcé d'une mesure de tutelle. – *[Anc. art. L. 741-3, al. 2 et 3.]*

Art. L. 521-11 Lorsque la demande d'asile est présentée par un mineur non accompagné, le président du conseil départemental est immédiatement informé, en application de l'article L. 226-2-1 du code de l'action sociale et des familles, afin de lui permettre d'évaluer la situation du mineur sans représentant légal et de déterminer les actions de protection et d'aide dont il a besoin. – *[Anc. art. L. 741-3, al. 4.]*

Art. L. 521-12 Dès que possible après la présentation d'une demande d'asile par un mineur non accompagné, l'autorité administrative procède à la recherche des membres de sa famille, tout en protégeant l'intérêt supérieur du mineur. Dans les cas où la vie ou l'intégrité physique d'un mineur ou de ses parents proches pourrait être menacée, cette recherche est menée de manière confidentielle. – *[Anc. art. L. 741-4.]*

SECTION 3 Dispositions communes

Art. L. 521-13 L'étranger est tenu de coopérer avec l'autorité administrative compétente en vue d'établir son identité, sa nationalité ou ses nationalités, sa situation familiale, son parcours depuis son pays d'origine ainsi que, le cas échéant, ses demandes

d'asile antérieures. Il présente tous documents d'identité ou de voyage dont il dispose. – *[Anc. art. L. 741-1, al. 4.]*

Si l'art. 4, § 1, de la Dir. 2011/95/UE « Qualification » évoque la coopération du demandeur dans l'évaluation des faits et circonstances sous-tendant sa demande d'asile, les instances de l'asile sont elles aussi tenues de « coopérer activement » avec lui « afin de déterminer et de compléter les éléments pertinents de la demande ». • CJUE 22 nov. 2012, n° C-277/11 • 25 janv. 2018, n° C-473/16.

Art. L. 521-14 *(Abrogé par L. n° 2024-42 du 26 janv. 2024, art. 41)* ***Au moment de sa présentation auprès de l'autorité administrative en vue de l'enregistrement d'une première demande d'asile en France, l'étranger ne peut être regardé comme présentant le risque non négligeable de fuite défini à l'article L. 751-10.*** – *[Anc. art. L. 741-1, al. 5.]*

CHAPITRE II ÉVALUATION DE LA VULNÉRABILITÉ DU DEMANDEUR D'ASILE ET DE SES BESOINS PARTICULIERS

Art. L. 522-1 A la suite de la présentation d'une demande d'asile, l'Office français de l'immigration et de l'intégration est chargé de procéder, dans un délai raisonnable et après un entretien personnel avec le demandeur d'asile, à une évaluation de la vulnérabilité de ce dernier afin de déterminer, le cas échéant, ses besoins particuliers en matière d'accueil. Ces besoins particuliers sont également pris en compte s'ils deviennent manifestes à une étape ultérieure de la procédure d'asile. Dans la mise en œuvre des droits des demandeurs d'asile et pendant toute la période d'instruction de leur demande, il est tenu compte de la situation spécifique des personnes vulnérables.

Lors de l'entretien personnel, le demandeur est informé de sa possibilité de bénéficier de l'examen de santé gratuit prévu à l'article L. 321-3 du code de la sécurité sociale. – *[Anc. art. L. 744-6, al. 1er ; anc. art. L. 744-6, al. 4.]*

1. L'évaluation de la vulnérabilité des demandeurs d'asile est effectuée à tous les stades de l'examen de leur demande, sans qu'un traitement spécifique soit, sur ce point, réservé aux demandeurs faisant l'objet d'une procédure de transfert; le présent art. ne comporte ainsi aucune méconnaissance des objectifs des Dir. 2013/32/UE et 2013/33/UE. • CE 30 janv. 2017, n° 394686 : *préc. note 1 ss. art. L. 511-9.*

2. Si, aux termes de l'art. 22 §, 2, de la Dir. 2013/33/UE, l'évaluation des besoins particuliers du demandeur d'asile ne doit pas revêtir la forme d'une procédure administrative, l'art. R. 522-1 prévoit que : « L'appréciation de la vulnérabilité des demandeurs d'asile est effectuée par les agents de l'OFII à l'aide d'un questionnaire dont le contenu est fixé par arrêté des ministres chargés de l'asile et de la santé » ; ces dispositions n'ont pas pour effet d'instituer, aux fins d'évaluer la vulnérabilité des demandeurs d'asile, une procédure administrative au sens des dispositions précitées de la Dir. 2013/33/UE. • CE 30 janv. 2017, n° 394686 : *préc. note 1.*

3. Le non-respect des délais légaux d'enregistrement des demandes d'asile n'implique pas, par lui-même, que l'évaluation de la vulnérabilité soit systématiquement effectuée le jour même de la présentation de la demande. • CE 2 juin 2017, n° 410373.

4. Droit à un hébergement d'urgence (CASF, art. L. 345-2-2). En vertu des art. L. 345-2 s. CASF, « toute personne sans abri en situation de détresse médicale, psychique et sociale a le droit d'accéder à une structure d'hébergement d'urgence et de s'y maintenir, dès lors qu'elle en manifeste le souhait et que son comportement ne rend pas impossible sa prise en charge ou son maintien dans une telle structure. Le représentant de l'État ne peut mettre fin contre son gré à l'hébergement d'urgence d'une personne qui en bénéficie que pour l'orienter vers une structure d'hébergement stable ou de soins, ou vers un logement, adaptés à sa situation, ou si elle ne remplit plus les conditions précitées pour en bénéficier. En l'espèce, le requérant, demandeur d'asile, n'était pas autorisé à exercer une activité professionnelle, l'unique allocation dont il bénéficiait était de l'ordre de 300 € par mois et il ne disposait d'aucune solution d'hébergement, de sorte que la décision attaquée le contraignait à dormir dans la rue. Dans ces conditions, celle-ci repose sur une appréciation erronée de la situation du demandeur ; le juge exerce ainsi un contrôle normal sur la décision préfectorale mettant fin à l'hébergement du demandeur. • CAA Bordeaux, 11 avr. 2019, n° 18BX01990 : *AJDA 2019. 1847*.

5. Droit à un hébergement d'urgence (CASF, art. L. 345-2-2). A l'issue de la période strictement nécessaire à la mise en œuvre du délai de départ volontaire, les étrangers en situation irrégulière, même accompagnés d'enfants, n'entrent plus dans le champ des art. L. 345-2 s. CASF (hébergement d'urgence), sauf circonstances exceptionnelles ; celles-ci sont constituées lorsque, du fait du très jeune âge d'un enfant, une solution appropriée ne peut être trouvée dans leur prise en charge hors de leur milieu de vie habituel par le service de l'ASE, dès lors qu'il existe un risque grave pour la santé et la sécurité d'enfants mineurs, dont l'intérêt supérieur doit être une considération primordiale dans les décisions qui les concernent. • CE, réf., 13 juill. 2016, nos 400074, 399836, 399834 et 399824 : *DP étrangers, Bull. n° 258, sept. 2016, obs. Pouly.* ♦ V. aussi : • CE 11 avr. 2018, *Féd. des acteurs de la solidarité et a.*, n° 417206 : *AJDA 2018. 985, concl. Odinet.*

6. Les ressortissants étrangers visés par une OQTF ou dont la demande d'asile a été définitivement rejetée relèvent du champ d'application du principe d'accueil inconditionnel (art. L. 345-2-2 CASF) ; il s'agit d'un droit universel qui s'exerce donc au bénéfice de tous les étrangers, quelle que soit leur situation au regard des règles du droit au séjour, et qui ne dépend d'aucunes circonstances exceptionnelles. Il incombe seulement au juge des référés de tenir compte des éventuelles circonstances exceptionnelles pour déterminer si la carence de l'État est constitutive d'une atteinte grave et manifestement illégale à une liberté fondamentale. • CE 22 déc. 2022, n° 458724 : *DP étrangers, Bull. n° 323, p. 5, obs. Pouly ; AJDA 2023. 1018, note Long et Rihal ; D. 2023. 1358 ; ibid. 2024. 228, chron. Boskovic, Corneloup, Jault-Seseke, Joubert et Parrot.*

7. Les « circonstances exceptionnelles » doivent s'apprécier au regard d'un critère de vulnérabilité, qui autorise à prioriser certaines situations identifiées ; c'est principalement lorsque les demandeurs sont accompagnés de nourrissons ou d'enfants très jeunes. Tel est le cas pour : ... un couple avec un enfant de huit semaines. • CE 5 janv. 2023, n° 470044. ♦ ... Une femme seule avec un enfant de 4 mois et demi. • CE 5 janv. 2023, n° 469944. ♦ ... Un couple en situation régulière accompagné de deux enfants dont le dernier n'avait que trois semaines. • CE 4 janv. 2023, n° 470063. *DP étrangers, Bull. n° 323, p. 5.* ♦ Proposition d'hébergement non compatible avec les besoins d'une enfant de 2 ans car ne permettant pas la continuité de sa prise en charge par l'établissement d'accueil pour jeunes enfants où elle était accueillie depuis 1 an et où elle trouvait la stabilité nécessaire eu égard à son très jeune âge, à la séparation avec son père et à la fragilité de son état physique et psychique après plus de 6 mois à la rue. • CE 31 août 2023, n° 481062 : *D. 2023. 1358 ; ibid. 2024. 228, chron. Boskovic, Corneloup, Jault-Seseke, Joubert et Parrot.*

Art. L. 522-2 L'évaluation de la vulnérabilité du demandeur est effectuée par des agents de l'Office français de l'immigration et de l'intégration ayant reçu une formation spécifique à cette fin. – *[Anc. art. L. 744-6, al. 3.]*

Art. L. 522-3 L'évaluation de la vulnérabilité vise, en particulier, à identifier les mineurs, les mineurs non accompagnés, les personnes en situation de handicap, les personnes âgées, les femmes enceintes, les parents isolés accompagnés d'enfants mineurs, les victimes de la traite des êtres humains, les personnes atteintes de maladies graves, les personnes souffrant de troubles mentaux et les personnes qui ont subi des tortures, des viols ou d'autres formes graves de violence psychologique, physique ou sexuelle, telles que des mutilations sexuelles féminines. – *[Anc. art. L. 744-6, al. 2.]*

Art. L. 522-4 Les informations attestant une situation particulière de vulnérabilité sont transmises, après accord du demandeur d'asile, par l'Office français de l'immigration et de l'intégration à l'Office français de protection des réfugiés et apatrides. L'évaluation de la vulnérabilité par l'Office français de l'immigration et de l'intégration ne préjuge ni de l'appréciation par l'Office français de protection des réfugiés et apatrides de la vulnérabilité du demandeur en application de l'article L. 531-10 ni du bien-fondé de la demande.

Ces informations peuvent faire l'objet d'un traitement automatisé, dans les conditions fixées par la loi n° 78-17 du 6 janvier 1978 relative à l'informatique, aux fichiers et aux libertés. – *[Anc. art. L. 744-6, al. 5 et 7.]*

Art. L. 522-5 Les modalités d'application du présent chapitre sont fixées par un décret en Conseil d'État. Ce décret est pris après avis de la Commission nationale de l'informatique et des libertés en tant qu'il précise les modalités de transmission à l'Office français de protection des réfugiés et apatrides des données relatives à la vulnérabilité et aux besoins particuliers des demandeurs d'asile, la durée de conservation et les conditions de mise à jour des informations enregistrées, les catégories de personnes pouvant y accéder et les modalités d'habilitation de celles-ci, ainsi que, le cas échéant, les conditions dans lesquelles les personnes intéressées peuvent exercer leur droit d'accès. – *[Anc. art. L. 744-6, al. 8.]*

CHAPITRE III CAS D'ASSIGNATION À RÉSIDENCE OU DE PLACEMENT EN RÉTENTION DU DEMANDEUR D'ASILE

(L. n° 2024-42 du 26 janv. 2024, art. 41)

COMMENTAIRE

La loi n° 2024-42 du 26 janvier 2024 a mis en place un nouveau régime d'assignation à résidence et de placement en rétention, complémentaire au dispositif existant, de l'étranger demandeur d'asile :

– dont le comportement constitue une menace à l'ordre public (art. L. 523-1, al. 1er),

– qui est en situation irrégulière et présente une demande d'asile à une autorité administrative autre que celle mentionnée à l'article L. 521-1 afin de déterminer les éléments sur lesquels se fonde sa demande d'asile (art. L. 523-1, al. 2). Son placement en rétention ne peut être justifié que lorsqu'il présente un risque de fuite, lequel est considéré comme établi dans les cas visés à l'article L. 523-2.

S'agissant du régime de l'assignation à résidence et de la rétention administrative, l'article L. 523-3 renvoie pour sa part aux dispositions de droit commun applicables à l'ensemble des étrangers.

L'article L. 523-4 tire les conséquences de ce dispositif sur les modalités d'examen de la demande d'asile par l'OFPRA qui devra en principe recourir à la procédure accélérée, sauf s'il estime cela impossible (art. L. 523-5).

Enfin, l'article L. 523-6 prévoit la possibilité d'une prolongation de 24 heures de la rétention administrative en l'absence d'introduction de la demande d'asile dans le délai de cinq jours de la décision de placement ou en cas de décision de rejet ou d'irrecevabilité de la demande d'asile ; ce délai ne peut être mis à profit que pour examiner le droit au séjour de l'étranger ou lui notifier une décision d'éloignement. ❑

Art. L. 523-1 **L'autorité administrative peut assigner à résidence ou, si cette mesure est insuffisante et sur la base d'une appréciation au cas par cas, placer en rétention le demandeur d'asile dont le comportement constitue une menace à l'ordre public.**

L'étranger en situation irrégulière qui présente une demande d'asile à une autorité administrative autre que celle mentionnée à l'article L. 521-1 peut faire l'objet des mesures prévues au premier alinéa du présent article afin de déterminer les éléments sur lesquels se fonde sa demande d'asile. Son placement en rétention ne peut être justifié que lorsqu'il présente un risque de fuite.

Art. L. 523-2 **Le risque de fuite mentionné à l'article L. 523-1 peut être regardé comme établi, sauf circonstance particulière, dans les cas suivants :**

1° L'étranger qui est entré irrégulièrement en France ou s'y est maintenu irrégulièrement n'a pas présenté sa demande d'asile dans le délai de quatre-vingt-dix jours à compter de son entrée en France ;

2° Le demandeur a déjà été débouté de sa demande d'asile en France ou dans un autre État membre de l'Union européenne ou a renoncé explicitement ou implicitement à sa demande d'asile dans un autre État membre sans motif légitime ;

3° Le demandeur a explicitement déclaré son intention de ne pas se conformer à la procédure d'éloignement en cas de rejet de sa demande d'asile ou s'est déjà soustrait à l'exécution d'une précédente mesure d'éloignement ;

4° L'étranger, entré irrégulièrement sur le territoire de l'un des États avec lesquels s'applique l'acquis de Schengen, fait l'objet d'une décision d'éloignement exécutoire prise par l'un de ces États ou s'est maintenu sur le territoire d'un de ces États sans justifier d'un droit de séjour ou sans y avoir déposé sa demande d'asile dans les délais les plus brefs ;

5° Le demandeur ne se présente pas aux convocations de l'autorité administrative, ne répond pas aux demandes d'information et ne se rend pas aux entretiens prévus dans le cadre de la procédure prévue au titre III du présent livre sans motif légitime.

Art. L. 523-3 **En cas d'assignation à résidence sur le fondement de l'article L. 523-1, les articles L. 732-1, L. 732-3, L. 732-7, L. 733-1 et L. 733-3 sont applicables. Le manquement aux prescriptions liées à l'assignation à résidence est sanctionné dans les conditions prévues aux articles L. 824-4 et L. 824-5.**

En cas de placement en rétention sur le fondement de l'article L. 523-1, les articles L. 741-4 à L. 741-10 ainsi que les chapitres II à IV du titre IV du livre VII sont applicables, à l'exception des sections 2 et 4 du chapitre II.

Le maintien en rétention au-delà de quarante-huit heures à compter de la notification de la décision de placement initiale peut être autorisé pour une durée de vingt-huit jours, dans les conditions prévues au présent chapitre, par le juge des libertés et de la détention saisi à cette fin par l'autorité administrative.

Art. L. 523-4 Sans préjudice de l'article L. 754-2, la demande d'asile de l'étranger assigné à résidence ou placé en rétention sur le fondement de l'article L. 523-1 est examinée par l'Office français de protection des réfugiés et apatrides selon la procédure accélérée, conformément au 3° de l'article L. 531-24.

Art. L. 523-5 Si l'Office français de protection des réfugiés et apatrides considère qu'il ne peut examiner la demande selon la procédure accélérée mentionnée à l'article L. 523-4 ou s'il reconnaît à l'étranger la qualité de réfugié ou lui accorde le bénéfice de la protection subsidiaire, il est mis fin à la mesure prise sur le fondement de l'article L. 523-1.

Art. L. 523-6 En l'absence d'introduction de la demande d'asile dans un délai de cinq jours à compter de la notification de la décision de placement en rétention ou en cas de décision de rejet ou d'irrecevabilité de la demande d'asile, la décision de placement en rétention prévue à l'article L. 523-1 peut se poursuivre pour le temps strictement nécessaire, qui ne peut excéder vingt-quatre heures, pour l'examen du droit de séjour de l'étranger et, le cas échéant, le prononcé, la notification et l'exécution d'une décision d'éloignement.

La poursuite du placement en rétention fait l'objet d'une décision écrite et motivée. Elle s'effectue dans les conditions prévues au titre IV du livre VII en cas de décision de clôture consécutive à l'absence d'introduction de la demande d'asile ou dans les conditions prévues au chapitre II du titre V du même livre VII en cas de décision de rejet ou d'irrecevabilité de la demande d'asile.

Art. L. 523-7 Les modalités d'application du présent chapitre, notamment les modalités de prise en compte de la vulnérabilité du demandeur d'asile et, le cas échéant, de ses besoins particuliers, sont fixées par décret en Conseil d'État.

TITRE III EXAMEN DES DEMANDES D'ASILE

Art. L. 530-1 Conformément à l'article L. 240-1, les dispositions du présent titre sont applicables à l'étranger dont la situation est régie par le livre II, à l'exclusion du 1° de l'article L. 531-27.

CHAPITRE I PROCÉDURE DEVANT L'OFFICE FRANÇAIS DE PROTECTION DES RÉFUGIÉS ET APATRIDES

SECTION 1 Dispositions générales

SOUS-SECTION 1 Compétence de l'Office français de protection des réfugiés et apatrides

Art. L. 531-1 L'Office français de protection des réfugiés et apatrides, dont les missions, le statut et l'organisation sont définis notamment aux articles L. 121-7 à L. 121-16, statue sur les demandes d'asile dont il est saisi. Il n'est toutefois pas compétent pour connaître d'une demande dont l'examen relève de la compétence d'un autre État en application du règlement (UE) n° 604/2013 du Parlement européen et du Conseil, du 26 juin 2013, ou en application d'engagements identiques à ceux prévus par le même règlement avec d'autres États. – *[Anc. art. L. 723-1.]*

COMMENTAIRE

L'article L. 531-1 fixe le principe de la compétence exclusive de l'Office français de protection des réfugiés et apatrides (OFPRA) pour se prononcer sur les demandes d'admission au statut de réfugié tout en prévoyant une dérogation et un aménagement.

La dérogation réside dans l'application du règlement (UE) n° 604/2013 du Parlement européen et du Conseil du 26 juin 2013 établissant les critères et mécanismes de détermination de l'État membre responsable de l'examen d'une demande de protection internationale introduite dans l'un des États membres par un ressortissant de pays tiers ou un apatride (Règl. « Dublin III ») qui fixe les critères de détermination de l'État responsable d'une demande d'asile au sein de l'Union européenne. Si la France n'est pas l'État responsable (et sauf dérogation dite de souveraineté), le demandeur ne pourra pas saisir l'OFPRA puisque la question de l'obtention du statut sera traitée par un autre État membre (V. Tit. VII du présent livre, *infra*).

Aux termes de l'article R. 531-2, à compter de la remise de l'attestation de demande d'asile (art. R. 521-8), l'étranger dispose d'un délai de vingt et un jours pour introduire sa demande d'asile complète auprès de l'office. Lorsque la demande n'est pas complète, l'office demande au demandeur de la compléter. Le demandeur dispose à cette fin d'un délai supplémentaire de huit jours.

L'OFPRA statue sur la demande d'asile dans les délais prévus aux paragraphes 3 et 4 de l'article 31 de la directive 2013/32/UE du Parlement européen et du Conseil du 26 juin 2013 relative à des procédures communes pour l'octroi et le retrait de la protection internationale (art. R. 531-6). Lorsqu'une décision ne peut pas être prise dans le délai de six mois, l'office en informe l'intéressé au moins quinze jours avant l'expiration de ce délai. A la demande de l'intéressé, l'office l'informe également des motifs du retard et du délai prévisible dans lequel il sera statué sur sa demande (art. R. 531-7). ❑

1. Compétence exclusive. L'appréciation des risques auxquels est exposé un demandeur du bénéfice du statut de réfugié ne peut être opérée que par l'OFPRA et la CNDA ; par suite, un consul de France ne peut porter lui-même une appréciation sur le bien-fondé de la demande d'asile de la famille et refuser pour ce motif de lui délivrer les visas sollicités. • TA Nantes, 16 sept. 2014, n° 1407765.

2. « S'il appartient aux juges de l'ordre judiciaire d'apprécier, à l'occasion d'une poursuite pénale pour infraction à la législation relative aux étrangers, si se trouvent réunies les conditions d'application des art. 1er et 31-1 de la Conv. de Genève au regard de l'immunité pénale prévue par ces textes [...], l'OFPRA a seul compétence, sous le contrôle de la CNDA et du Conseil d'État, pour reconnaître à un demandeur d'asile la qualité de réfugié avec les droits qui lui sont attachés. » • Crim. 12 juin 2002, *Bingol*, n° 01-87.993 P.

3. Délai. L'art. R. 531-2 donne un délai au demandeur d'asile pour déposer ou compléter sa demande, disposition interprétée par le Conseil d'État comme imposant à l'OFPRA de refuser d'enregistrer une demande déposée tardivement. • CE 9 mars 2005, *M. Moinuddin*, n° 274509 B : *AJDA 2005. 1302, concl. Donnat*. ♦ Or, l'art. 8, § 1 de la Dir. 2005/85/CE du 1er déc. 2005 (refondue par la Dir. 2013/32/UE du 26 juin 2013 relative à des procédures communes pour l'octroi et le retrait de la protection internationale, *JOUE 29 juin*) prévoit que les États membres veillent à ce que l'examen d'une demande d'asile ne soit pas refusé ou exclu au seul motif que la demande n'a pas été introduite dans les plus brefs délais ; selon le Conseil d'État, les dispositions de l'art. R. 531-2 ne font pas obstacle à ce qu'un étranger dont la demande d'asile n'a pas été enregistrée en raison de sa tardiveté puisse présenter à nouveau, auprès des services préfectoraux compétents, une demande d'admission au séjour en vue de présenter sa demande d'asile auprès de l'office. Saisi de cette demande, le préfet délivre à l'intéressé une nouvelle APS ou, s'il estime que le dépassement du délai de 21 jours révèle le caractère manifestement dilatoire de sa demande d'asile, lui refuse cette autorisation ; dans ces conditions, les dispositions de l'art. R. 531-2 sont compatibles avec les objectifs du § 1 de l'art. 8 de la directive. • CE, avis, 29 mai 2013, *M. Baatarkhuu*, n° 365666 A : *AJDA 2013. 1135 ; ibid. 1919, concl. Botteghi*.

4. Audition du demandeur. Encourt l'annulation par la CNDA la décision prise par l'OFPRA sans avoir auditionné le demandeur. • CE 28 déc. 2016, nos 394105 et 394106.

5. Notification de la décision. Dès lors que l'erreur commise sur l'orthographe du nom du demandeur a eu une influence évidente sur la non-distribution de la décision négative de l'OFPRA, celle-ci encourt l'annulation par la CNDA. • CE 23 déc. 2016, n° 392517.

6. Avocat. L'absence de mention de la possibilité d'être accompagné d'un avocat lors de l'entretien à l'OFPRA n'entache pas la convocation d'irrégularité. • CE 7 juin 2018, n° 414708.

SOUS-SECTION 2 **Introduction de la demande**

Art. L. 531-2 **Lorsque l'examen de la demande d'asile relève de la compétence de la France, l'étranger introduit sa demande auprès de l'Office français de protection des réfugiés et apatrides dans un délai fixé par décret en Conseil d'État. L'autorité admi-**

nistrative compétente informe immédiatement l'office de l'enregistrement de la demande et de la remise de l'attestation de demande d'asile.

L'office ne peut être saisi d'une demande d'asile que si celle-ci a été préalablement enregistrée par l'autorité administrative compétente et si l'attestation de demande d'asile a été remise à l'intéressé. – *[Anc. art. L. 741-2.]*

1. Délai de saisine de l'OFPRA. L'intérêt qui s'attache au règlement rapide de la situation des demandeurs d'asile est de nature à justifier que le délai ouvert pour la présentation d'une demande à l'OFPRA soit le plus bref possible, dans des proportions qui ne font pas obstacle au respect des garanties qui s'attachent à la mise en œuvre du droit d'asile ; un délai de 21 jours peut être considéré comme suffisant. • CE 12 oct. 2005, n° 273198 • 7 juill. 2010, *Sadrac*, n° 315023. ♦ Jugé que ce délai de 21 jours est compatible avec les exigences communautaires. • CE 29 mai 2013, *M. Baatarkhuu*, n° 365666 A : *préc. note 3 ss. art. L. 531-1.* ♦ Ce délai, de caractère impératif, a été fixé dans le souci d'assurer un examen rapide des demandes d'asile. Dès lors, suite au rejet d'une demande d'asile présentée après l'expiration de ce délai, l'étranger n'est pas en droit de se voir délivrer une nouvelle APS. • CE 5 oct. 2005, *Min. Intérieur c/ M. Messan Abalo*, n° 285631 : *AJDA 2006. 204, note Ribes*.

2. Si l'intéressé n'a pas saisi l'OFPRA dans le délai de 21 jours, il n'est pas en droit de se voir délivrer une nouvelle APS et un refus peut ainsi lui être opposé. • CAA Lyon, 9 mai 2006, *Préfet du Rhône c/ Yasar Bayru*, n° 05LY01746 • CE 24 déc. 2007, *Pinachyan*, n° 311710. ♦ Il pourra faire l'objet d'une mesure d'éloignement. • CE 14 mars 2001, *Préfet d'Ille-et-Vilaine c/ Sorbala*, n° 215753.

3. Si la demande d'asile doit être complète lors de sa transmission à l'OFPRA, cette exigence n'a pas pour effet de méconnaître l'obligation à laquelle est soumis l'OFPRA de statuer sur toutes les demandes dont il est saisi et n'a pas davantage pour conséquence de priver les demandeurs d'asile de la possibilité de présenter des éléments complémentaires à l'appui de leur demande au cours de son instruction. • CE 12 oct. 2005, *GISTI et a.*, n° 273198 B. ♦ Si le demandeur saisit bien l'OFPRA dans le délai de 21 jours (art. R. 723-1), l'OFPRA ne peut refuser l'enregistrement au seul motif que la demande serait incomplète ; par voie de conséquence, la décision préfectorale refusant le séjour et portant OQTF est entachée d'illégalité. • TA Amiens, 19 juin 2007, *Coskun*, n° 0701022.

4. Aucune disposition législative ni aucun principe s'imposant au pouvoir réglementaire ne met à la charge de l'État une obligation de mise à disposition d'interprètes pour aider les demandeurs d'asile dans la rédaction de leur demande. • CE 12 oct. 2005, *GISTI et a.*, n° 273198 B.

SOUS-SECTION 3 **Conditions d'examen de la demande**

Art. L. 531-3 **L'Office français de protection des réfugiés et apatrides se prononce, au terme d'une instruction unique, sur la reconnaissance de la qualité de réfugié ou sur l'octroi de la protection subsidiaire.** – *[Anc. art. L. 723-4, al. 1er.]*

Art. L. 531-4 **Les conditions et les délais d'instruction des demandes d'asile dont l'Office français de protection des réfugiés et apatrides est saisi sont fixés par décret en Conseil d'État.** – *[Anc. art. L. 723-17.]*

1. L'art. 4, § 3, a) à c), de la Dir. « Qualification » impose aux États membres de prendre en compte, « au moment de statuer sur la demande », « tous les faits pertinents concernant le pays d'origine » ainsi que « le statut individuel et la situation personnelle du demandeur ». Les États membres doivent veiller à ce que des informations précises et actualisées soient obtenues sur la situation générale existant dans les pays d'origine des demandeurs d'asile. • CJUE 29 juin 2023, n° C-756/21 : *DP étrangers, Bull. n° 335, sept. 2023, note Viel ; D. 2023. 1358 ; ibid. 2024. 228, chron. Boskovic, Corneloup, Jault-Seseke, Joubert et Parrot*.

2. Une « expertise médicolégale » est envisageable si elle est « nécessaire ou pertinente pour apprécier, avec la vigilance et la prudence requises, les besoins de protection internationale » ; une telle expertise sur la santé mentale du demandeur doit être réalisée lorsqu'il existe des indices de problèmes de santé mentale pouvant résulter d'un événement traumatisant survenu dans ce pays d'origine. • CJUE 29 juin 2023, n° C-756/21 : *préc. note 1.*

Art. L. 531-5 **Il appartient au demandeur de présenter, aussi rapidement que possible, tous les éléments nécessaires pour étayer sa demande d'asile. Ces éléments sont constitués par ses déclarations et par tous les documents dont il dispose concernant son âge, son histoire personnelle, y compris celle de sa famille, son identité, sa ou ses nationalités, ses titres de voyage, les pays ainsi que les lieux où il a résidé auparavant, ses demandes d'asile antérieures, son itinéraire ainsi que les raisons justifiant sa demande.**

Il appartient à l'Office français de protection des réfugiés et apatrides d'évaluer, en coopération avec le demandeur, les éléments pertinents de la demande. – *[Anc. art. L. 723-4, al. 2 et 3.]*

1. Preuve. Certaines incohérences dans un récit de demande de protection ne suffisent pas à remettre en cause les faits allégués. • CEDH 15 janv. 2015, n°s 18039/11 et 80086/13. ♦ Des déclarations peu probantes ne suffisent pas à remettre en cause une pièce qui comprend des « éléments circonstanciés ». • CE 10 avr. 2015, n° 372864. ♦ Alors même que le demandeur a fourni des déclarations contradictoires et incohérentes, les craintes de persécution alléguées sont suffisamment établies au regard des violations récurrentes des droits de l'homme dans le Nord-Caucase. • CEDH 9 juill. 2015, n° 61264/11.

2. Dès lors que la Cour ne remet pas en cause l'authenticité du mandat d'arrêt prononcé à l'encontre du requérant en raison de son soutien à un réseau pro-kurde, ni celle des procès-verbaux de perquisition qu'il produit, elle ne peut juger que ces pièces ne permettent pas d'attester la réalité des poursuites dont il fait état. • CE 31 mars 2021, n° 436467.

3. Mensonges. Si un élément mensonger est un « élément pertinent » à prendre en compte, le sont tout autant le fait que cette déclaration mensongère a fait l'objet d'une explication et d'une rétractation de la part du demandeur d'asile dès que l'occasion s'est présentée, ledit mensonge n'étant pas de nature à empêcher, à lui seul, l'établissement de la « crédibilité générale » de la demande d'asile. • CJUE 29 juin 2023, n° C-756/21 : *DP étrangers, Bull. n° 335, sept. 2023, note Viel.*

Art. L. 531-6 L'Office français de protection des réfugiés et apatrides statue sur la demande en tenant compte de la situation prévalant dans le pays d'origine du demandeur à la date de sa décision, de la situation personnelle et des déclarations du demandeur, des éléments de preuve et d'information qu'il a présentés ainsi que, le cas échéant, des activités qu'il a exercées depuis le départ de son pays d'origine et qui seraient susceptibles de l'exposer dans ce pays à des persécutions ou à des atteintes graves. L'office tient compte également, le cas échéant, du fait que le demandeur peut se prévaloir de la protection d'un autre pays dont il est en droit de revendiquer la nationalité. – *[Anc. art. L. 723-4, al. 5.]*

Art. L. 531-7 Le fait que le demandeur a fait l'objet de persécutions ou d'atteintes graves ou de menaces directes de telles persécutions ou atteintes constitue un indice sérieux du caractère fondé des craintes du demandeur d'être persécuté ou du risque réel de subir des atteintes graves, sauf s'il existe des éléments précis et circonstanciés qui permettent de penser que ces persécutions ou ces atteintes graves ne se reproduiront pas.

Lorsqu'une partie de ses déclarations n'est pas étayée par des éléments de preuve, il n'est pas exigé du demandeur d'autres éléments de justification s'il s'est conformé aux exigences prévues au premier alinéa de l'article L. 531-5 et si ses déclarations sont considérées comme cohérentes et crédibles et ne sont pas contredites par des informations dont dispose l'Office français de protection des réfugiés et apatrides. – *[Anc. art. L. 723-4, al. 6 et 7.]*

Art. L. 531-8 La collecte par l'Office français de protection des réfugiés et apatrides d'informations nécessaires à l'examen d'une demande d'asile ne doit pas avoir pour effet de révéler aux auteurs présumés de persécutions ou d'atteintes graves l'existence de cette demande d'asile ou d'informations la concernant.

Sans préjudice des dispositions de l'article L. 532-9, ne sont pas communicables par l'office les informations versées au dossier du demandeur ou relatives à leurs sources dont la divulgation porterait atteinte à la sécurité des personnes physiques ou morales ayant fourni ces informations ou à celle des personnes auxquelles elles se rapportent ou serait préjudiciable à la collecte d'informations nécessaires à l'examen d'une demande d'asile. – *[Anc. art. L. 723-10.]*

Art. L. 531-9 Si des éléments nouveaux sont présentés par le demandeur d'asile alors que la procédure concernant sa demande est en cours, ils sont examinés, dans le cadre de cette procédure, par l'Office français de protection des réfugiés et apatrides s'il n'a pas encore statué ou par la Cour nationale du droit d'asile si elle est saisie. – *[Anc. art. L. 723-15, al. 2.]*

SOUS-SECTION 4 Prise en compte de la vulnérabilité

Art. L. 531-10 Pendant toute la durée de la procédure d'examen de la demande, l'Office français de protection des réfugiés et apatrides peut définir les modalités particulières d'examen qu'il estime nécessaires pour l'exercice des droits d'un demandeur en raison de sa situation particulière ou de sa vulnérabilité.

Pour l'application du premier alinéa, l'office tient compte des informations sur la vulnérabilité du demandeur qui lui sont transmises par l'Office français de l'immigration et de l'intégration en application de l'article L. 522-4 et des éléments de vulnérabilité dont il peut seul avoir connaissance au vu de la demande ou des déclarations de l'intéressé.

L'Office français de protection des réfugiés et apatrides peut statuer par priorité sur les demandes manifestement fondées ainsi que sur les demandes présentées par des personnes vulnérables identifiées comme ayant des besoins particuliers en matière d'accueil en application du chapitre II du titre II, ou comme nécessitant des modalités particulières d'examen.

Lorsque l'office considère que la situation du demandeur d'asile, en raison notamment des violences graves dont il a été victime ou de sa minorité, justifie des garanties procédurales particulières qui ne sont pas compatibles avec l'examen de sa demande en procédure accélérée en application des articles L. 531-24, L. 531-26 ou L. 531-27, il décide de ne pas statuer selon cette procédure. — *[Anc. art. L. 723-3.]*

SOUS-SECTION 5 Examen médical

Art. L. 531-11 L'Office français de protection des réfugiés et apatrides peut demander à la personne sollicitant l'asile de se soumettre à un examen médical.

Le refus du demandeur d'asile de se soumettre à cet examen médical ne fait pas obstacle à ce que l'office statue sur sa demande.

Les certificats médicaux sont pris en compte par l'office parallèlement aux autres éléments de la demande.

Un arrêté conjoint des ministres chargés de l'asile et de la santé, pris après avis du directeur général de l'office, fixe les catégories de médecins qui peuvent pratiquer l'examen médical, ainsi que les modalités d'établissement des certificats médicaux. — *V. Arr. du 6 févr. 2024, infra.*

Lorsque la protection au titre de l'asile est sollicitée par une mineure de sexe féminin invoquant un risque de mutilation sexuelle, ou par un mineur de sexe masculin invoquant un risque de mutilation sexuelle de nature à altérer ses fonctions reproductrices, le certificat médical, dûment renseigné, est transmis à l'office sans délai par le médecin qui l'a rédigé. Une copie du certificat est remise en main propre aux parents ou au représentant légal. — *[Anc. art. L. 723-5.]*

COMMENTAIRE

La loi n° 2018-778 du 10 septembre 2018 pour une immigration maîtrisée, un droit d'asile effectif et une intégration réussie prévoit que le médecin ayant réalisé l'examen de la mineure sollicitant l'asile ou déjà protégée en raison de craintes de mutilation sexuelle fait parvenir directement le certificat médical à l'Office français de protection des réfugiés et apatrides plutôt que de le donner aux parents de la mineure. D'après le rapport de la commission des Lois, « cet envoi direct doit permettre d'éviter notamment les transmissions tardives ou les absences d'envoi, qui nécessitent alors des démarches administratives ultérieures. Il doit également apporter une protection supplémentaire à la mineure contre d'éventuelles violences familiales ». Ces dispositions sont également applicables aux individus mineurs de sexe masculin invoquant un risque de mutilation sexuelle de nature à altérer leur fonction reproductrice (V. aussi art. L. 561-8, *infra*). ❑

L'art. R. 531-10 prévoit que pour l'application du présent art., l'office s'assure que le demandeur comprenne que son refus de se soumettre à un examen médical ne fait pas obstacle à ce que l'office statue sur sa demande ; il en résulte que l'examen médical auquel peut être soumis le demandeur d'asile ne peut être réalisé que sous réserve du consentement de ce dernier ; par ailleurs et en tout état de cause, ces dispositions ne portent, par elles-mêmes, aucune atteinte au secret médical. • CE 30 janv. 2017, n° 394686 : *préc. note 1 ss. art. L. 511-9.*

Arrêté du 6 février 2024,

Pris pour l'application des articles L. 531-11 et L. 561-8 du code de l'entrée et du séjour des étrangers et du droit d'asile et définissant les modalités de l'examen médical prévu pour les personnes susceptibles de bénéficier ou qui bénéficient d'une protection au regard des risques de mutilation sexuelle qu'elles encourent.

Art. 1er Lorsque la protection au titre de l'asile est sollicitée par une personne mineure invoquant un risque de mutilation sexuelle et, pour un mineur de sexe masculin, lorsque ce risque est de nature à altérer sa fonction reproductrice, l'Office français de protection des réfugiés et apatrides informe ses parents ou ses représentants légaux, par courrier envoyé préalablement à l'entretien, de la nécessité pour la personne mineure de se soumettre à l'examen médical prévu à l'article L. 531-11 du code de l'entrée et du séjour des étrangers et du droit d'asile.

Le courrier informe les parents de la personne mineure ou ses représentants légaux que le refus de cet examen médical ne fait pas obstacle à ce que l'Office statue sur la demande d'asile, ainsi que des conséquences pénales des mutilations sexuelles.

Le courrier précise qu'en cas d'absence non justifiée de réalisation de l'examen dans le délai prescrit, ou à réception par l'Office d'un certificat médical portant la mention du refus de l'examen ou constatant la présence de stigmates de mutilation sexuelle, les autorités compétentes seront avisées sans délai.

Un certificat médical type, conforme au modèle prévu à l'annexe 1, est joint au courrier.

Art. 2 I. — Lorsque la protection est accordée par l'Office français de protection des réfugiés et apatrides ou la Cour nationale du droit d'asile à une personne mineure, en raison des risques de mutilation sexuelle encourus, l'Office informe ses parents ou ses représentants légaux des conséquences pénales de ces mutilations.

II. — Lorsque la protection est accordée par l'Office ou la Cour à une personne mineure de sexe féminin, en raison des risques de mutilation sexuelle encourus, l'Office informe ses parents ou ses représentants légaux de l'obligation pour la mineure de se soumettre, tant que le risque de mutilation existera, à des examens médicaux visant à en constater l'absence, conformément à l'article L. 561-8 du code de l'entrée et du séjour des étrangers et du droit d'asile.

Afin qu'il soit procédé à un tel examen, l'Office en adresse la demande par courrier aux parents ou aux représentants légaux de la mineure concernée.

Le courrier précise qu'en cas d'absence non justifiée de réalisation de l'examen dans le délai requis ou en cas de réception par l'Office d'un certificat portant la mention du refus de se soumettre à l'examen ou si le certificat atteste d'une mutilation sexuelle, les autorités compétentes seront avisées sans délai.

Un certificat médical type, conforme au modèle prévu à l'annexe 1, est joint au courrier. Les parents ou représentants légaux de la personne mineure sont en outre informés des coordonnées des établissements de santé dans lesquels le certificat médical peut être établi.

Art. 3 Les examens médicaux prévus aux articles L. 531-11 et L. 561-8 du code de l'entrée et du séjour des étrangers et du droit d'asile sont réalisés sur présentation du courrier de l'Office français de protection des réfugiés et apatrides, prévu à l'article 1er ou au II de l'article 2.

Ces examens sont effectués par des praticiens inscrits au tableau de l'Ordre des médecins, titulaires d'un diplôme ou d'un titre universitaire en médecine légale reconnu par le Conseil national de l'Ordre des médecins ou d'un droit d'exercice délivré par l'Ordre des médecins en médecine légale, et exerçant une fonction médicale au sein d'unités hospitalières spécialisées dans la prise en charge médico-légale du vivant ou au sein d'unités spécialisées dans la prise en charge des femmes victimes de violence liées à un établissement de santé et conventionnées par l'Office français de protection des réfugiés et apatrides après avis du ministre chargé de la santé.

En Corse et dans les territoires ultramarins, ces examens médicaux peuvent également être réalisés dans les services de gynécologie ou de pédiatrie des établissements de santé. Les médecins de ces services peuvent faire appel à l'expertise des unités hospitalières de référence listées à l'annexe 3.

Art. 4 Le consentement de la personne mineure concernée par l'examen médical réalisé en application des articles L. 531-11 et L. 561-8 du code de l'entrée et du séjour des étrangers et du droit d'asile doit être recherché dans les conditions prévues à l'article L. 1111-4 du code de *[la]* santé publique.

Pour l'application du présent article en Polynésie française et en Nouvelle-Calédonie, la référence à l'article L. 1111-4 du code de la santé publique est remplacée par la référence aux dispositions ayant le même objet applicables localement.

Art. 5 I. — Avant de procéder à l'examen médical, le médecin informe la personne mineure et ses parents ou ses représentants légaux du contexte et du déroulement de l'examen, ainsi que de la transmission, dans le respect du secret médical, du certificat médical par ses soins ou par l'établissement de santé ou l'unité spécialisée à l'Office français de protection des réfugiés et apatrides. Il informe également les parents ou représentants légaux de la personne mineure de la saisine des autorités compétentes en cas de refus de l'examen ou de constat de mutilation sexuelle.

A l'issue de l'examen médical, le médecin établit un certificat médical type conforme au modèle prévu à l'annexe 1.

Lorsque la personne mineure, ses parents ou ses représentants légaux s'opposent à l'examen, le médecin indique ce refus dans le certificat médical type. Il en précise les motifs au meilleur de sa connaissance.

II. — Le médecin, l'établissement de santé ou l'unité spécialisée mentionnée à l'article 3 transmet l'original du certificat médical, renseigné et signé, à l'Office. Une première copie est remise en main propre aux représentants légaux de la personne mineure concernée et une seconde copie est conservée par le médecin.

III. — En cas de constat de mutilation sexuelle, l'établissement de santé ou l'unité spécialisée mentionnée à l'article 3 adresse sans délai aux autorités compétentes un signalement accompagné d'une copie du certificat médical établi par le médecin, et transmet à l'Office une copie de ce signalement.

Art. 6 Le financement des examens réalisés conformément à l'article 3 est pris en charge par l'Office français de protection des réfugiés et apatrides, après vérification du service fait.

L'attestation de présentation du mineur à l'examen, conforme au modèle prévu à l'annexe 2, permet à l'Office de vérifier le service fait. Cette attestation, signée et transmise à l'Office par le médecin, le représentant de l'unité hospitalière spécialisée, le représentant de l'unité spécialisée, ou le représentant du service de gynécologie ou de pédiatrie de l'établissement de santé mentionnés à l'article 3, ne comporte aucune information à caractère médical.

Art. 7 Le présent arrêté est applicable sur l'ensemble du territoire de la République et prend effet le lendemain de sa publication au *Journal officiel* de la République française.

Art. 8 L'arrêté du 23 août 2017 pris pour l'application des articles L. 723-5 et L. 752-3 du code de l'entrée et du séjour des étrangers et du droit d'asile et définissant les modalités de l'examen médical prévu pour les personnes susceptibles de bénéficier, ou qui bénéficient, d'une protection au regard des risques de mutilation sexuelle féminine qu'elles encourent est abrogé (NOR : INTV1721843A).

ANNEXES

ANNEXE 1

CERTIFICAT MÉDICAL TYPE

Je soussigné [nom et prénom du praticien], docteur en médecine, exerçant au sein de l'établissement [nom de l'établissement] de [ville]

Certifie avoir reçu le [date] ..../........../.......... à [horaire] dans le cadre de la procédure prévue aux articles L. 531-11 et L. 561-8 du code de l'entrée et du séjour des étrangers et du droit d'asile, dans les locaux de [nom et lieu de la structure de santé] une personne mineure m'étant présentée comme étant :

[NOM + Prénom]

Née le // à

N° OFPRA (indiqué en haut à gauche du courrier présenté par l'intéressée, ainsi : XX-XX-XXXXX) :

Accompagnée de ses parents / son père / sa mère / ses représentants légaux.

La personne mineure, ainsi que ses représentants légaux, sont informés ce jour du contexte et du déroulement de l'examen, et donnent oralement leur consentement pour la réalisation de celui-ci, dans les conditions définies à l'article L. 1111-4 du code de la santé publique.

Examen clinique :

☐ Pratiqué

☐ Refusé :
☐ par la personne mineure
☐ par ses représentants légaux
L'examen permet de conclure :
☐ Absence de stigmate(s) évoquant une mutilation sexuelle
☐ Présence de stigmate(s) de mutilation sexuelle (précisez si possible le type de mutilation sexuelle)
Fait le ...../...../.....
Nom et signature du médecin :
Le présent certificat est envoyé sans délai par la structure de santé. Une copie est remise en main propre aux parents ou aux représentants légaux de la personne mineure.
Ils sont informés par le médecin qu'en présence de stigmates évoquant une mutilation sexuelle, ou d'un refus d'examen, un signalement sera fait aux autorités compétentes.

ANNEXE 2

Attestation de présentation du mineur à l'examen médical

A l'attention de l'Office français de protection des réfugiés et apatrides
La structure de santé [nom de la structure] de [ville]
atteste avoir reçu le [date] // à [horaire]
dans le cadre de la procédure prévue aux articles L. 531-11 et L. 561-8 du code de l'entrée et du séjour des étrangers et du droit d'asile, dans ses locaux, une personne mineure présentée comme étant :
[NOM + Prénom]
Née le // à
N° OFPRA (indiqué en haut à gauche du courrier présenté par l'intéressé, ainsi : XX-XX-XXXXX) :
Accompagnée de ses parents / son père / sa mère / ses représentants légaux.
Fait le ...../...../.....
Nom et signature du représentant de la structure ou du médecin ayant réalisé l'examen :

ANNEXE 3

Unités hospitalières de référence auxquelles il peut être fait appel en Corse et dans les territoires ultramarins en application de l'article 3 du présent arrêté

Territoire	Unité hospitalière de référence
Mayotte	Unité hospitalière spécialisée dans la prise en charge médico-légale du vivant du Centre hospitalier universitaire de La Réunion.
Nouvelle-Calédonie	Unité hospitalière spécialisée dans la prise en charge médico-légale du vivant de l'Assistance Publique – Hôpitaux de Paris, Hôtel Dieu.
Wallis-et-Futuna	
Saint-Pierre-et-Miquelon	
Polynésie française	
Saint-Barthélemy	Unité hospitalière spécialisée dans la prise en charge médico-légale du vivant du Centre hospitalier universitaire de Pointe-à-Pitre.
Saint-Martin	
Corse	Unité hospitalière spécialisée dans la prise en charge médico-légale du vivant de l'Assistance Publique – Hôpitaux de Marseille, La Timone.

SOUS-SECTION 6 **Entretien personnel**

Art. L. 531-12 L'Office français de protection des réfugiés et apatrides convoque le demandeur d'asile à un entretien personnel par tout moyen garantissant la confidentialité et la réception personnelle de cette convocation. Il peut s'en dispenser dans les situations suivantes :

1° Il s'apprête à prendre une décision reconnaissant au demandeur la qualité de réfugié à partir des éléments en sa possession ;

2° Des raisons médicales, durables et indépendantes de la volonté de l'intéressé interdisent de procéder à l'entretien. – *[Anc. art. L. 723-6, al. 1er à 3.]*

COMMENTAIRE

Si l'audition du demandeur d'asile par l'Office français de protection des réfugiés et apatrides (OFPRA) constitue le principe, le présent article (qui transpose très largement l'art. 12 de la Dir. du 1er déc. 2005) aménage deux exceptions : lorsque l'Office s'apprête à prendre une décision positive ; lorsque des raisons médicales, dont la loi précise désormais qu'elles doivent être « durables et indépendantes de la volonté de l'intéressé », interdisent de procéder à l'entretien.

S'il est justifié de ne point procéder à une audition lorsque l'OFPRA a d'ores et déjà décidé de reconnaître le statut de réfugié, il n'en va pas nécessairement de même lorsque la « décision positive » constitue seulement l'attribution de la protection subsidiaire. En effet, dans cette hypothèse, le demandeur est dans l'impossibilité de faire valoir oralement les arguments plaidant, selon lui, en faveur de la reconnaissance du statut de réfugié. L'on comprend également la dérogation justifiée par des raisons médicales, mais sans qu'en soient précisées les conditions d'application. Le demandeur d'asile dont l'état de santé lui interdit l'audition subit en quelque sorte une « double peine » : son affection, tout d'abord, et l'impossibilité de se faire entendre ensuite. Le texte ne prévoit en effet aucune possibilité de report de l'audition pour raisons de santé.

Depuis la loi n° 2018-778 du 10 septembre 2018 pour une immigration maîtrisée, un droit d'asile effectif et une intégration réussie, le demandeur peut être convoqué « par tout moyen », c'est-à-dire notamment par la mise en œuvre d'un téléservice doté d'un espace personnel et confidentiel. Dans son avis n° 395206 du 15 février 2018 sur le projet de loi, le Conseil d'État relève que cette modification a pour objet de remédier aux difficultés fréquentes des notifications postales en raison de changements d'adresse, qui entraînent des prolongations de délai inutiles et des charges administratives lourdes. Il ajoute que « le plus grand soin devra toutefois être apporté au choix des moyens techniques de sorte qu'une notification par voie dématérialisée ne puisse être opposée que dans la mesure où il est démontré qu'elle a été opérée personnellement et qu'il est possible de garder une trace tant des opérations de notification que, le cas échéant, de la prise de connaissance par l'intéressé. A défaut, la combinaison d'un délai très bref avec des modalités incertaines de notification pourrait être regardée comme portant atteinte au caractère équitable de la procédure ». Le Conseil constitutionnel (Cons. const. 6 sept. 2018, n° 2018-770 DC) a écarté le grief tiré d'une incompétence négative du législateur en considérant qu'il appartient à l'OFPRA de choisir un moyen de convocation lui permettant de s'assurer de sa réception par le demandeur d'asile. En cas de contestation, il reviendra au juge de contrôler si le moyen utilisé garantissait une réception personnelle de cette convocation par le demandeur. ❑

1. Le Conseil d'État a validé la décision du directeur général de l'OFPRA du 30 juin 2015 organisant les modalités de l'entretien personnel du demandeur de protection dans ses services. En effet, si cette décision prévoit des délais (7 jours en procédure normale, 4 en procédure accélérée) pour prévenir de la présence d'un tiers accompagnant le demandeur, ceux-ci ne sont pas impératifs et leur non-respect ne peut entraîner l'interdiction de participation du tiers ; sont également validés l'absence de report de l'entretien en cas d'indisponibilité du tiers et le fait qu'en cas de retard de celui-ci il rejoint l'entretien en cours de déroulement. L'interdiction pour le tiers accompagnant de prendre la parole avant la fin de l'entretien ou de s'entretenir seul avec l'étranger pendant son déroulement découle de dispositions législatives, elles-mêmes directement inspirées du droit européen (Dir. 2013/32/UE du 26 juin 2013). • CE 12 oct. 2016, *Synd. des avocats de France et Assoc. d'avocats Elena*, n° 393853.

2. Il résulte des dispositions combinées des art. R. 531-11 et R. 531-17 CESEDA qu'un procédé électronique a été mis en place pour la notification aux demandeurs d'asile non seulement de la décision de l'OFPRA statuant sur leur demande d'asile mais aussi pour la notification de leur convocation à l'entretien exigé par les dispositions du présent art. Il est notamment prévu qu'en l'absence de consultation par le demandeur d'asile de la convocation mise à sa disposition par l'OFPRA par l'intermédiaire de l'espace numérique personnel sécurisé auquel l'intéressé se connecte lui-même conformément aux informations qui lui sont fournies, cette dernière est réputée avoir été notifiée à l'issue d'un délai de 15 jours à compter de sa mise à disposition. Eu égard à l'ensemble des garanties dont est entourée l'utilisation de cet espace numérique personnel sécurisé, en autorisant ainsi la mise en œuvre d'un procédé électronique pour la notification des convocations aux entretiens des demandeurs d'asile devant l'OFPRA, les dispositions combinées des art. R. 531-11 et R. 531-17 CESEDA ne méconnaissent pas le principe de la réception personnelle par le demandeur d'asile de sa convocation. • CE 6 juin 2023, n° 464768 B.

3. Convocation. S'il revient à la cour de s'assurer que la convocation a été adressée par l'Office en temps utile pour permettre à l'intéressé de se rendre à l'entretien, l'appréciation portée sur ce point par la cour doit tenir compte, le cas échéant, de la circonstance que l'Office est saisi dans le cadre de la procédure prioritaire qui lui impose, en principe, de statuer dans des délais brefs. • CE 27 févr. 2015, *OFPRA,* n° 380489 B : *AJDA 2015. 1399*.

4. Jugé qu'aucune disposition législative ou règlementaire n'impose à l'OFII de prendre en charge le déplacement d'un demandeur d'asile qui ne bénéficie pas des conditions matérielles d'accueil pour se rendre au siège de l'OFPRA en vue de l'entretien. • CE 5 oct. 2021, n° 457186.

5. L'OFPRA doit être regardé comme s'étant dispensé de l'entretien personnel exigé par la loi dans le cas où le demandeur n'a pas reçu la convocation à cet entretien en raison d'une erreur commise par le prestataire de services postaux et où l'intéressé n'a pas été informé par d'autres moyens de l'envoi d'une telle convocation par l'OFPRA, lui permettant de s'en enquérir auprès de lui. • CE 24 févr. 2022, n° 453267 B.

6. Il résulte des dispositions combinées des art. R. 531-17 et R. 531-11 du présent code que le procédé électronique mis en place pour la notification aux demandeurs d'asile de leur convocation à l'entretien ne méconnaît pas le principe de la réception personnelle par le demandeur d'asile de sa convocation. • CE 6 juin 2020, n° 464768 : *AJDA 2023. 1030*.

7. Absence d'entretien. Le Conseil constitutionnel a considéré que le présent art. se borne à énoncer les motifs pour lesquels l'OFPRA peut décider de ne pas procéder à l'audition du demandeur et ouvre à ainsi l'Office une simple faculté qu'il lui appartient de mettre en œuvre en appréciant, au cas par cas, s'il y a lieu ou non de convoquer le demandeur à une audition ; l'absence d'audition du demandeur ne saurait avoir pour effet de dispenser l'Office de procéder à un examen particulier des éléments produits à l'appui de sa demande. • Cons. const. 4 déc. 2003, n° 2003-485 DC.

8. La CNDA doit annuler la décision de l'OFPRA et lui renvoyer l'affaire si elle n'est pas en mesure de prendre immédiatement une décision positive : si l'OFPRA s'est illégalement dispensé de l'entretien personnel. • CE 10 oct. 2013, n°s 362798 et 362799 A. ♦ ... Si l'OFPRA n'a pas régulièrement convoqué le demandeur à l'entretien. • CE 24 févr. 2022, n° 453267 B. ♦ ... Si l'entretien s'est déroulé en l'absence de l'interprète. • CE 22 juin 2017, n° 400366 B.

9. La CNDA doit écarter comme inopérant le moyen selon lequel le demandeur argue seulement de ce que, selon lui, l'entretien s'est déroulé dans de mauvaises conditions. • CE 22 juin 2017, n° 400366 B • 21 juill. 2022, n° 452868 B : *AJDA 2022. 1538* • 24 oct. 2023, n° 468385 : *DP étrangers, Bull. n°s 337-338, nov.-déc. 2023, note Pouly.*

10. Mineurs. Lorsqu'une demande d'asile est formée par un mineur, celui-ci est assisté et représenté au cours de la procédure suivie devant l'OFPRA par un représentant légal, parent ou administrateur *ad hoc* dûment désigné à cet effet. En revanche, l'OFPRA n'est pas tenu de procéder à un entretien personnel avec un demandeur mineur hors la présence de ses représentants légaux mais il a la faculté de le faire, eu égard à son âge et son degré de maturité, dans le cas où il estime que cet entretien doit rester confidentiel vis-à-vis des autres membres de sa famille et de ses représentants légaux. Hormis ce cas, aucune disposition ne lui permet, en revanche, de ne pas convoquer le représentant légal du demandeur d'asile mineur pour l'entendre sur les motifs de la première demande présentée par ce mineur en son nom. • CNDA 8 déc. 2023, n° 23035144.

Art. L. 531-13 Le demandeur d'asile se présente et répond personnellement aux questions qui lui sont posées par l'agent de l'Office français de protection des réfugiés et apatrides lors de l'entretien personnel. Il est entendu, dans les conditions prévues à l'article L. 521-6, dans la langue de son choix ou dans une autre langue dont il a une connaissance suffisante. — *[Anc. art. L. 723-6, al. 6.]*

1. Le moyen tiré de ce que l'entretien personnel du demandeur d'asile à l'Office se serait déroulé dans de mauvaises conditions n'est pas de nature à justifier que la CNDA annule une décision du directeur général de l'Office et lui renvoie l'examen de la demande d'asile ; en revanche, il revient à la cour de procéder à cette annulation et à ce renvoi si elle juge que le demandeur a été dans l'impossibilité de se faire comprendre lors de cet entretien, faute d'avoir pu bénéficier du concours d'un interprète dans la langue qu'il a choisie dans sa demande d'asile ou dans une autre langue dont il a une connaissance suffisante, et que ce défaut d'interprétariat est imputable à l'Office. • CE 22 juin 2017, n° 400366 B : *AJDA 2017. 1313* ; *D. 2018. 313, chron. Boskovic, Corneloup, Jault-*

Seseke, Joubert et Parrot. ♦ V. aussi : • CNDA 18 sept. 2017, n° 17005983.

2. Communication audiovisuelle. Un entretien réalisé par téléphone, qui n'est pas considéré comme un moyen de communication audiovisuelle au sens de l'art. R. 531-16, affecte la procédure et porte atteinte aux droits des demandeurs de protection. • TA Strasbourg, 6 juill. 2016, n° 1603764.

3. Entretien par téléphone. Un entretien réalisé par téléphone dans la zone d'attente contrevient aux dispositions du présent art et constitue un vice de procédure ; compte tenu de la finalité de cet entretien par lequel l'OFPRA, afin de vérifier que la demande n'est pas manifestement infondée, émet un avis sur l'absence manifeste de pertinence de la demande d'asile au regard des conditions d'octroi de l'asile et de crédibilité en ce qui concerne le risque de persécutions ou d'atteintes graves, ce vice est de nature à priver les demandeurs d'asile d'une garantie. Le recours à un entretien téléphonique a privé le demandeur d'une garantie au sens de la jurisprudence *Danthony*. • CAA Marseille, 12 juill. 2018, n° 17MA03773 : *AJDA 2019. 147*.

4. Le législateur, compétent pour prévoir le principe d'un entretien personnel entre le demandeur d'asile et les services de l'OFPRA et les garanties qui s'y attachent, a entendu permettre que, dans les cas tenant à l'éloignement géographique ou à la situation particulière du demandeur et par exception au principe qu'elles fixent, l'entretien personnel avec le demandeur puisse se dérouler par des moyens de visioconférence, selon des modalités fixées par décret en Conseil d'État ; l'entretien mené par l'OFPRA en recourant seulement à un moyen de communication téléphonique ne satisfait pas à ces conditions. • CE 27 nov. 2020, *La Cimade*, n° 428178 B : *AJDA 2020. 2344*. ♦ V. déjà : • CAA Marseille, 14 oct. 2019, n° 19MA02392.

Art. L. 531-14 **Lors de l'entretien personnel, chaque demandeur d'asile majeur est entendu individuellement, hors la présence des membres de sa famille. L'Office français de protection des réfugiés et apatrides peut entendre individuellement un demandeur mineur, dans les mêmes conditions, s'il estime raisonnable de penser qu'il aurait pu subir des persécutions ou des atteintes graves dont les membres de la famille n'auraient pas connaissance.**

L'office peut procéder à un entretien complémentaire en présence des membres de la famille s'il l'estime nécessaire à l'examen approprié de la demande. — *[Anc. art. L. 723-6, al. 4 et 5.]*

1. Mineurs. Un mineur peut être entendu individuellement sur sa demande de protection par l'OFPRA dès lors qu'il en a la capacité eu égard à son âge et son degré de maturité. • CNDA 1er déc. 2017, nos 17033719, 17033718, 17033841 et 17033840.

2. Le mineur qui présente une demande de protection reposant uniquement sur des faits déjà allégués par ses représentants légaux à l'appui de leurs propres demandes n'a pas nécessairement à être entendu individuellement par l'OFPRA, même s'il en a la capacité au regard de son âge. • CNDA 22 janv. 2018, nos 17030975, 17031078, 17035295, 17031240, 17031077 et 17030908.

3. Lorsque l'OFPRA est saisi d'une demande émanant d'un mineur après que l'un de ses parents a déjà présenté une demande d'asile et que celui-ci a été entendu dans ce cadre, « la demande émanant du mineur doit être regardée comme une demande de réexamen, pour laquelle, selon les dispositions de l'art. L. 723-16 du même code [art. L. 531-42 CESEDA], l'office peut ne pas procéder à un entretien. • CE 6 nov. 2019, n° 422017 B : *AJDA 2019. 2277* • 9 nov. 2020, n° 433909.

4. Il appartient à la CNDA, saisie d'un moyen en ce sens, d'annuler la décision de l'OFPRA rejetant la demande de protection formée par un mineur non accompagné et de renvoyer à l'Office l'examen de cette demande lorsque, pour des raisons qui ne peuvent être imputées au demandeur, ce dernier n'a pas bénéficié de l'assistance de son représentant lors de son entretien personnel, alors qu'il était encore mineur à la date de cet entretien. • CE 24 févr. 2022, n° 449012 B : *AJDA 2022. 434*.

Art. L. 531-15 **Le demandeur d'asile peut se présenter à l'entretien personnel accompagné soit d'un avocat, soit d'un représentant d'une association de défense des droits de l'homme, d'une association de défense des droits des étrangers ou des demandeurs d'asile, d'une association de défense des droits des femmes ou des enfants ou d'une association de lutte contre les persécutions fondées sur l'identité de genre ou l'orientation sexuelle. Les conditions d'habilitation des associations et les modalités d'agrément de leurs représentants par l'Office français de protection des réfugiés et apatrides sont fixées par décret en Conseil d'État. Seules peuvent être habilitées les associations indépendantes à l'égard des autorités des pays d'origine des demandeurs d'asile et apportant une aide à tous les demandeurs. L'avocat ou le représentant de l'association**

ne peut intervenir que pour formuler des observations à l'issue de l'entretien. – *[Anc. art. L. 723-6, al. 8.]*

COMMENTAIRE

Depuis la loi du 27 juillet 2015, l'entretien peut avoir lieu en présence, aux côtés du demandeur et de l'interprète s'il est nécessaire, d'un avocat ou de l'intervenant d'une association habilitée ; l'accompagnant ne peut que formuler des observations à la fin de l'entretien, et non pas intervenir durant ledit entretien. De même, l'obligation de secret qui pèse sur l'officier de protection et l'interprète est étendue à l'accompagnant. Une décision du directeur général de l'Office français de protection des réfugiés et apatrides du 30 juillet 2015 précise la nouvelle organisation de ces entretiens s'agissant notamment de la présence d'un tiers accompagnant le demandeur. Elle s'applique à tous les entretiens menés depuis le 20 juillet 2015 (Décis. du directeur général de l'OFPRA du 30 juill. 2015, NOR : INTV1517766S). ❑

Art. L. 531-16 L'absence d'un avocat ou d'un représentant d'une association n'empêche pas l'Office français de protection des réfugiés et apatrides de mener un entretien avec le demandeur.

Sans préjudice de l'article L. 531-38, l'absence sans motif légitime du demandeur, dûment convoqué à un entretien, ne fait pas obstacle à ce que l'office statue sur sa demande.

Sans préjudice des nécessités tenant aux besoins d'une action contentieuse, la personne qui accompagne le demandeur à un entretien ne peut en divulguer le contenu. – *[Anc. art. L. 723-6, al. 10 à 12.]*

L'audition d'un demandeur d'asile par l'OFPRA, saisi d'une demande de reconnaissance de la qualité de réfugié ou de bénéfice de l'octroi de la protection subsidiaire, s'inscrit dans le cadre d'une procédure administrative qui peut conduire l'office, sous le contrôle de pleine juridiction de la CNDA, à prendre une décision de refus, laquelle ne saurait être assimilée à une sanction. L'exigence constitutionnelle de protection du droit d'asile, non plus qu'aucun autre droit ou liberté garanti par la Constitution, n'implique que l'OFPRA ne pourrait réaliser l'entretien personnel du demandeur d'asile en l'absence de son avocat. Dès lors, les dispositions de l'art. L. 531-16 n'affectent aucun droit ou liberté que la Constitution garantit et il n'y a pas lieu de transmettre la QPC au Cons. const. • CE 16 sept. 2022, n° 459394 : *AJDA 2023. 107*.

Art. L. 531-17 Si le demandeur en fait la demande et si cette dernière apparaît manifestement fondée par la difficulté pour le demandeur d'exposer l'ensemble des motifs de sa demande d'asile, notamment ceux liés à des violences à caractère sexuel, l'entretien est mené, dans la mesure du possible, par un agent de l'Office français de protection des réfugiés et apatrides du sexe de son choix et en présence d'un interprète du sexe de son choix. – *[Anc. art. L. 723-6, al. 7.]*

Art. L. 531-18 Lorsque cela est justifié pour le bon déroulement de l'entretien, le demandeur d'asile en situation de handicap peut, à sa demande et sur autorisation du directeur général de l'Office français de protection des réfugiés et apatrides, être accompagné par le professionnel de santé qui le suit habituellement ou par le représentant d'une association d'aide aux personnes en situation de handicap. – *[Anc. art. L. 723-6, al. 9.]*

Art. L. 531-19 L'entretien personnel mené avec le demandeur d'asile, ainsi que les observations formulées, font l'objet d'une transcription versée au dossier de l'intéressé.

La transcription est communiquée, à leur demande, à l'intéressé ou à son avocat ou au représentant de l'association avant qu'une décision soit prise sur la demande.

Dans le cas où il est fait application de la procédure accélérée prévue aux articles L. 531-24, L. 531-26 ou L. 531-27, cette communication peut être faite lors de la notification de la décision. – *[Anc. art. L. 723-7, I.]*

COMMENTAIRE

Aux termes de l'article R. 531-14, à l'issue de l'entretien personnel, le demandeur et son avocat ou le représentant de l'association qui l'accompagne sont informés de leur droit d'obtenir communication de la transcription. S'ils en font la demande, elle est consignée dans le dossier du demandeur. Lorsque la copie de la transcription peut, à l'issue de l'entretien, faire l'objet d'une remise sur place, cette remise est consignée dans le dossier du demandeur. Lorsque l'office ne peut pas procéder à cette remise sur place, la copie de la transcription est envoyée avant qu'une décision ne soit prise. S'il est fait application de la procédure accélérée, la copie de la transcription est communiquée au plus tard lors de la notification de la décision. Le demandeur indique si la transcription doit lui être communiquée ou, le cas échéant, à son avocat ou au représentant de l'association.

L'entretien personnel fait également l'objet d'un enregistrement sonore (art. L. 531-20 et R. 531-15), l'intéressé en étant immédiatement informé et bénéficiant, à l'issue de l'entretien, d'un droit d'accès à l'enregistrement.

Enfin, l'article R. 531-16 prévoit que l'office peut décider de procéder à l'entretien personnel en ayant recours à un moyen de communication audiovisuelle lorsque le demandeur est dans l'impossibilité de se déplacer, notamment pour des raisons de santé ou des raisons familiales, lorsqu'il est retenu dans un lieu privatif de liberté, lorsqu'il est outre-mer.

Dans une décision du 30 juillet 2015, le directeur général de l'Office français de protection des réfugiés et apatrides a généralisé ces enregistrements à l'ensemble des entretiens, sauf impossibilité technique (V. comm. ss. art. L. 531-15). La communication de cet enregistrement est possible pour les seuls besoins de l'exercice d'un recours contre une décision négative, une décision de fin de protection ou de refus d'entrée sur le territoire. Elle est subordonnée à une demande auprès de l'office ou de la Cour nationale du droit d'asile (CNDA) dont les conditions ont été précisées par un arrêté du 31 juillet 2015. Cette demande doit ainsi être réalisée « par messagerie électronique à l'adresse figurant sur la décision [...] notifiée ». L'enregistrement sonore est alors accessible dans les locaux de l'office où l'entretien personnel s'est tenu. L'Office fixe un rendez-vous au demandeur « en vue de procéder à l'audition de l'enregistrement ». L'enregistrement est par ailleurs transmis à la CNDA et le tribunal administratif saisi d'un recours contre une décision de refus d'entrée en France au titre de l'asile peut y avoir accès, sur demande du requérant (Arr. du 31 juill. 2015, *JO 4 août*). ❑

Art. L. 531-20 **Par dérogation au livre III du code des relations entre le public et l'administration, lorsque l'entretien personnel a fait l'objet d'une transcription et d'un enregistrement sonore, le demandeur ne peut avoir accès à cet enregistrement qu'après la notification de la décision négative de l'Office français de protection des réfugiés et apatrides sur la demande d'asile et pour les besoins de l'exercice d'un recours contre cette décision. Cet accès, qui se fait dans des conditions sécurisées définies par arrêté du ministre chargé de l'asile, peut être obtenu auprès de l'office ou, en cas de recours, auprès de la Cour nationale du droit d'asile. Dans le cas d'un recours exercé en application de l'article L. 352-4, cet accès peut également être rendu possible auprès du tribunal administratif.**

Le fait, pour toute personne, de diffuser l'enregistrement sonore réalisé par l'office d'un entretien personnel mené avec un demandeur d'asile est puni d'un an d'emprisonnement et de 15 000 euros d'amende. – *[Anc. art. L. 723-7, II.]*

1. Tout demandeur d'asile a le droit d'accéder, sur sa demande, après l'intervention de la décision de refus opposée par le directeur général de l'OFPRA à la demande d'asile qu'il a présentée, à l'enregistrement sonore de son entretien personnel s'il estime en avoir besoin dans le cadre du recours qu'il entend exercer contre cette décision ; si l'Office n'a pas fait droit à une telle demande, il appartient à la CNDA de s'assurer que cette garantie procédurale soit respectée avant de se prononcer sur le recours formé par l'intéressé, sous réserve toutefois que le requérant se prévale devant elle, dans le délai de recours ouvert contre la décision de l'Office, des éventuelles erreurs de traduction ou contresens qu'il identifie précisément dans la transcription de son entretien et qui, selon lui, seraient de nature à exercer une influence déterminante sur l'appréciation des risques qu'il allègue. • CE 16 oct. 2019, n° 423478 B : *AJDA 2019. 2088*.

2. L'OFPRA ne peut être regardé comme s'étant dispensé de l'entretien personnel aux seuls motifs que celui-ci n'a pas donné lieu à un enregistrement sonore ou que, si l'enregistrement n'a pas été possible, le demandeur n'a pas eu la possibilité de formuler des observations sur la transcription au terme de l'entretien. Dans l'hypothèse où l'enregistrement sonore n'a pu être réalisé et où le demandeur n'a pas eu la possibilité de formuler des observations sur la transcription à l'issue de l'entretien, il appartient à la CNDA, si le demandeur soutient de façon circonstanciée, dans le délai de recours, qu'une allégation précise qui lui est prêtée dans la transcription de l'entretien procède d'une erreur de traduction ou d'un contresens et que cette erreur serait de nature à exercer une influence déterminante sur l'appréciation du besoin de protection, de tenir compte de cette contestation dans son appréciation du bien-fondé de la demande et, s'il y a lieu, d'écarter la transcription dans cette mesure. • CE 24 févr. 2022, n° 453615 B : *AJDA 2022. 436 ; ibid. 746, chron. Pradines et Janicot.*

Art. L. 531-21 **Les modalités d'organisation de l'entretien sont définies par le directeur général de l'Office français de protection des réfugiés et apatrides.**

Les modalités de transcription de l'entretien personnel, les cas dans lesquels il fait l'objet d'un enregistrement sonore ou est suivi d'un recueil de commentaires, ainsi que les *(L. n° 2024-42 du 26 janv. 2024, art. 62)* **« conditions dans lesquelles** *[ancienne rédaction : cas et les conditions dans lesquels]* **» il peut se dérouler par un moyen de communication audiovisuelle pour des raisons tenant à l'éloignement géographique ou à la situation particulière du demandeur** *(L. n° 2024-42 du 26 janv. 2024, art. 62)* **« ou dans les cas prévus aux 1° et 2° de l'article L. 531-32 » sont fixés par décret en Conseil d'État.** – *[Anc. art. L. 723-6, al. 13 et 14 ; anc. art. L. 723-7, III.]*

COMMENTAIRE

La modification ici introduite par la loi n° 2024-42 du 26 janvier 2024 est issue d'un amendement du Gouvernement adopté avec un avis défavorable de la commission des Lois de l'Assemblée nationale ; il prévoit que l'OFPRA pourra mener les entretiens individuels par un moyen de communication audiovisuelle non seulement **pour des raisons tenant à l'éloignement géographique ou à la situation particulière du demandeur** mais encore lorsqu'il s'agit de cas d'irrecevabilité (étranger bénéficiant d'une protection effective dans un autre État membre de l'UE ou ayant été reconnu réfugié (ou protection équivalente) par un État tiers).

SOUS-SECTION 7 **Décision de l'Office français de protection des réfugiés et apatrides**

Art. L. 531-22 **L'Office français de protection des réfugiés et apatrides notifie par écrit sa décision au demandeur d'asile, par tout moyen garantissant la confidentialité et la réception personnelle de cette notification. Toute décision de rejet est motivée en fait et en droit et précise les voies et délais de recours. Aucune décision ne peut naître du silence gardé par l'office.** – *[Anc. art. L. 723-8.]*

COMMENTAIRE

Issue de la loi n° 2007-1631 du 20 novembre 2007, l'impossibilité pour l'Office français de protection des réfugiés et apatrides (OFPRA) de prendre une décision implicite a de quoi surprendre. En effet, comme a pu le constater le Conseil d'État, les délais éventuellement impartis à l'OFPRA pour statuer ne sont assortis d'aucune sanction. Or, le principe selon lequel le silence gardé par une autorité administrative vaut décision implicite a précisément pour objet de lutter contre l'inertie éventuelle de l'administration. Tel n'est donc pas le cas pour le demandeur d'asile qui risque donc, en cas de silence prolongé de l'OFPRA, de se trouver dans une situation bien difficile.

1. Avant l'intervention de la L. du 20 nov. 2007, il avait été jugé que, si le directeur de l'OFPRA peut présenter des observations dans le délai d'un mois à compter de la communication d'un recours formé devant la CNDA, cette possibilité est sans incidence sur la possibilité qu'a l'OFPRA de procéder à tout moment à la motivation d'une décision implicite ; la circonstance que le directeur de l'Office ait, au-delà de ce délai d'un mois, adopté et communiqué à la requérante une décision expresse motivée est sans influence sur la légalité de la décision de la CNDA. • CE 16 oct. 2009, *Mme Habyarimana,* n° 311793.

2. Aucune disposition n'impartit de délai à l'OFPRA pour se prononcer sur les demandes d'admission au statut de réfugié ; si l'art. R. 531-7 prévoit que lorsqu'une décision ne peut être prise dans le délai de 6 mois, l'OFPRA en informe l'intéressé dans les 15 jours qui précèdent l'expiration de ce délai, la méconnaissance de cette obligation d'information n'est assortie d'aucune sanction. • CE 14 janv. 2010, *OFPRA c/ M. Ibrahim Khater Matar Fidail,* n° 335380.

3. L'art. 2 du Décr. n° 2004-814 du 14 août 2004 a pu légalement prévoir que le directeur de l'OFPRA ferait connaître le caractère positif ou négatif de sa décision au préfet compétent sans méconnaître l'exigence de confidentialité qui s'attache aux informations dont dispose l'office. • CE 12 oct. 2005, *GISTI et a.,* n° 273198 B.

4. Dès lors que le silence gardé par l'OFPRA sur une demande d'asile ne peut faire naître aucune décision administrative, un requérant est recevable à saisir le juge de l'urgence au titre de la procédure de référé-mesure utile (art. L. 521-3 CJA) ; le juge constate en effet qu'ordonner à l'OFPRA de statuer, dans un délai prescrit et sous astreinte, sur une demande d'asile ne fait en principe obstacle à l'exécution d'aucune décision administrative et peut être regardé comme utile en l'absence de décision implicite. • CE 18 juill. 2011, *M. Fathi*, n° 343901 A.

Art. L. 531-23 Lorsqu'il est statué sur la demande de chacun des parents présentée dans les conditions prévues à l'article L. 521-3, la décision accordant la protection la plus étendue est réputée prise également au bénéfice des enfants. Cette décision n'est pas opposable aux enfants qui établissent que la personne qui a présenté la demande n'était pas en droit de le faire. – *[Anc. art. L. 741-1, al. 2, 2e et 3e phr.]*

1. Il n'y a pas lieu d'étendre à l'enfant mineur de nationalité portugaise la protection subsidiaire qu'elle accorde à sa mère angolaise. Si le juge de l'asile a décidé d'accorder une protection à une mère de famille victime de violences conjugales et d'étendre cette protection à son dernier enfant de nationalité angolaise comme elle, il a en revanche considéré que tel n'était pas le cas pour ses deux autres enfants mineurs puisqu'ils possédaient, outre la nationalité angolaise, la nationalité d'un État membre de l'UE, donc un statut plus protecteur que celui de « protégé subsidiaire ». • CNDA 22 sept. 2023, nos 23004369, 23004370 et 23004371.

2. Les dispositions du présent art. ne permettent d'accorder une protection à un mineur qu'à la suite d'une demande d'asile personnellement formée par ses parents. En l'espèce, la mère de l'enfant ne bénéficie pas de la protection subsidiaire à la suite d'une demande d'asile qu'elle a personnellement formée, mais en raison de l'octroi de cette protection par l'OFPRA, en qualité de mineure accompagnante, du seul fait de la protection accordée à sa propre mère, grand-mère de l'enfant. Ainsi, l'enfant n'est pas fondée à solliciter le bénéfice de la protection subsidiaire accordée à sa mère. • CNDA 8 déc. 2023, n° 23035144.

3. Si l'enfant mineur d'un bénéficiaire de la protection subsidiaire, devenu majeur, peut toujours faire valoir des motifs propres pour que lui soit reconnue la qualité de réfugié ou que lui soit accordé le bénéfice de la protection subsidiaire, les dispositions du présent art. n'impliquent pas, par elles-mêmes, que le bénéfice de la protection subsidiaire soit maintenu à cet enfant lorsqu'il devient majeur. • CE 17 juin 2024, n° 488447 : *AJDA 2024. 1250*.

SECTION 2 Procédure accélérée

COMMENTAIRE

Selon l'article 31 de la directive 2013/32/UE du 26 juin 2013 relative à des procédures communes pour l'octroi et le retrait de la protection internationale (*JOUE 29 juin*), la procédure prioritaire peut intervenir pour l'un des motifs suivants :

– le demandeur n'a soulevé, en soumettant sa demande et en exposant les faits, que des questions sans pertinence au regard de l'examen visant à déterminer s'il remplit les conditions requises pour obtenir le statut de bénéficiaire d'une protection internationale en vertu de la directive 2011/95/UE ;

– le demandeur provient d'un pays d'origine sûr ;

– le demandeur a induit les autorités en erreur en ce qui concerne son identité et/ou sa nationalité, en présentant de fausses indications ou de faux documents, ou en dissimulant des informations ou des documents pertinents qui auraient pu influencer la décision dans un sens défavorable ;

– il est probable que, de mauvaise foi, le demandeur a procédé à la destruction ou s'est défait d'un document d'identité ou de voyage qui aurait aidé à établir son identité ou sa nationalité ;

– le demandeur a fait des déclarations manifestement incohérentes et contradictoires, manifestement fausses ou peu plausibles, qui contredisent des informations suffisamment vérifiées du pays d'origine, ce qui rend sa demande visiblement peu convaincante quant à sa qualité de bénéficiaire d'une protection internationale en vertu de la directive 2011/95/UE ;

– le demandeur a présenté une demande ultérieure de protection internationale qui n'est pas irrecevable conformément à l'article 40, paragraphe 5 ;

– le demandeur ne présente une demande qu'afin de retarder ou d'empêcher l'exécution d'une décision antérieure ou imminente qui entraînerait son éloignement ;

– le demandeur est entré ou a prolongé son séjour illégalement sur le territoire de l'État membre et, sans motif valable, ne s'est pas présenté aux autorités ou n'a pas présenté une demande de protection internationale dans les délais les plus brefs compte tenu des circonstances de son entrée ;

– le demandeur refuse de se conformer à l'obligation de donner ses empreintes digitales conformément au règlement (UE) n° 603/2013 du Parlement européen et du Conseil du 26 juin 2013 relatif à la création d'EURODAC pour la comparaison des empreintes digitales aux fins de l'application efficace du règlement (UE) n° 604/2013 établissant les critères et mécanismes de détermination de l'État membre responsable de l'examen d'une demande de protection internationale introduite dans l'un des États membres par un ressortissant de pays tiers ou un apatride et relatif aux demandes de comparaison avec les données d'EURODAC présentées par les autorités répressives des États membres et Europol à des fins répressives ;

– il existe de sérieuses raisons de considérer que le demandeur représente un danger pour la sécurité nationale ou l'ordre public de l'État membre, où le demandeur a fait l'objet d'une décision d'éloignement forcé pour des motifs graves de sécurité nationale ou d'ordre public au regard du droit national.

La procédure accélérée interviendra dans trois hypothèses :

– de plein droit, en application des 1° (demandeur provenant d'un pays d'origine sûr), 2° (demande de réexamen recevable) et 3° (demandeur maintenu en rétention en application de l'art. L. 754-3) de l'article L. 531-24 ;

– à l'initiative de l'Office français de protection des réfugiés et apatrides (art. L. 531-26) lorsque le demandeur a fourni à l'OFPRA de faux documents ou indications, ne soulève que des questions sans pertinence à l'appui de sa demande ou fait des déclarations manifestement incohérentes ou contradictoires ;

– enfin, à la demande de l'autorité administrative (art. L. 531-27), lorsque le demandeur refuse de se soumettre à l'obligation de donner ses empreintes digitales dans le cadre d'une procédure « Dublin III » (art. L. 531-27, 1°), lorsque le demandeur a fourni, lors de l'enregistrement de sa demande, de faux documents ou indications (art. L. 531-27, 2°), n'a pas présenté sa demande d'asile dans le délai de quatre-vingt-dix jours après son entrée en France, sans motif légitime, ne présente une demande d'asile qu'en vue de faire échec à son éloignement ou constitue une menace grave pour l'ordre public, la sécurité publique ou la sûreté de l'État. Ce dernier cas est le seul applicable aux mineurs non accompagnés. Dans ces différentes hypothèses, l'autorité administrative statue sur la base d'éléments objectifs extérieurs au contenu de la demande d'asile (Instr. du 2 nov. 2015).

L'OFPRA peut toujours décider de revenir à la procédure ordinaire, notamment quand le demandeur conteste le caractère sûr de son pays d'origine en raison de sa situation personnelle ou des motifs de sa demande (art. L. 531-28). Depuis la loi n° 2018-778 du 10 septembre 2018 pour une immigration maîtrisée, un droit d'asile effectif et une intégration réussie, cette possibilité est toutefois fermée dès lors que la présence en France du demandeur constitue une menace grave pour l'ordre public, la sécurité publique ou la sûreté de l'État. L'office peut également retenir des modalités particulières d'examen de la demande en fonction de la situation particulière ou de la vulnérabilité du demandeur (art. L. 531-10).

Le Conseil constitutionnel a considéré que la procédure prioritaire (aujourd'hui procédure accélérée) ne violait ni le droit d'asile ni les droits de la défense ou le droit au procès équitable au motif que la procédure accélérée d'examen d'une demande d'asile ne dispense pas l'OFPRA de procéder à un examen individuel de chaque demande dans le respect des garanties procédurales prévues par le législateur ; l'office a l'obligation de procéder à l'audition de l'intéressé et ce dernier a le droit de se maintenir en France pendant l'examen de sa demande ; la procédure accélérée ne peut intervenir que lorsque aucun motif légitime n'est susceptible de justifier le dépôt tardif de la demande d'asile. Par ailleurs, l'office peut décider de ne pas statuer en procédure accélérée lorsque cela lui paraît nécessaire pour assurer un examen approprié de la demande ; de même, lorsque l'office considère que le demandeur d'asile, en raison notamment des violences graves dont il a été victime ou de sa minorité, nécessite des garanties procédurales particulières qui ne sont pas compatibles avec l'examen de sa demande en procédure accélérée, il peut décider de ne pas statuer ainsi. Le fait que la Cour nationale du droit d'asile (CNDA) statue à juge unique ne porte pas, par lui-même, atteinte aux droits de la défense ; de sa propre initiative ou à la demande du requérant, le juge peut, à tout moment de la procédure, renvoyer à la formation collégiale la demande s'il estime que celle-ci ne relève pas de l'un des cas d'examen en procédure accélérée ou qu'elle soulève une difficulté sérieuse. Enfin, un délai de jugement de cinq semaines ne méconnaît ni les droits de la défense, ni le droit à un procès équitable (Cons. const. 6 sept. 2018, n° 2018-770 DC).

La circulaire du 13 juillet 2015 (NOR : INTK15170355) prévoit que le demandeur d'asile est informé du recours à la procédure accélérée par la remise contre émargement d'une notice précisant le motif de placement et l'absence de recours direct contre cette décision. Le choix de la procédure accélérée ne peut pas faire l'objet d'un recours contentieux, sauf à l'occasion du recours formé devant la CNDA à l'encontre de la décision de l'office sur la protection (solution conforme à la jurisprudence européenne, V. CJUE 28 juill. 2011, *Diouf*, n° C-69/10).

Lorsque l'office examine une demande d'asile en procédure accélérée, il statue dans un délai de quinze jours à compter de l'introduction de la demande (art. R. 531-23). L'office informe le demandeur de la mise en œuvre de la procédure accélérée au moment de sa convocation à l'entretien personnel. Lorsque l'office n'a pas fait application de la procédure accélérée dans les quinze jours suivant l'introduction de la demande d'asile, il conserve la possibilité de statuer selon cette procédure à l'issue de l'entretien personnel s'il constate que le demandeur d'asile se trouve dans l'un des cas prévus à l'article L. 531-26 (art. R. 531-26). L'office statue alors dans un délai de quinze jours à compter de l'entretien. La décision de l'office mentionne qu'il statue selon la procédure accélérée (art. R. 531-23). La part des demandes d'asile placées en procédure accélérée dès leur enregistrement était de 38,8 % en 2016, soit le plus fort taux observé au cours de ces dix dernières années. La première nationalité représentée parmi ces demandes était l'Albanie, avec 22,3 % du total des procédures accélérées. ❑

1. Non-discrimination. La mise en œuvre d'une procédure prioritaire, notamment pour le traitement des demandes d'asile émanant de ressortissants de pays réputés sûrs, ne méconnaît pas l'exigence de non-discrimination posée par l'art. 3 de la Conv. de Genève relative au statut des réfugiés, dès lors que cette procédure, justifiée par les impératifs de sauvegarde de l'ordre public, permet aux intéressés de présenter une demande d'asile et à l'OFPRA de statuer sur cette demande dans des conditions qui ne portent pas atteinte aux garanties qui s'attachent à la mise en œuvre du droit d'asile. • CE 12 oct. 2005, *GISTI et a.*, n° 273198 B. ♦ La nationalité du demandeur d'asile est un élément qui peut être pris en considération pour justifier le traitement prioritaire ou accéléré d'une demande d'asile. • CJUE 31 janv. 2013, *H. I. D.*, n° C-175/11 : *AJDA 2013. 1159, chron. Aubert, Broussy et Cassagnabère*.

2. Rapport d'audition. Même lorsque la demande, formée par l'étranger qui se présente à la frontière, est traitée selon la procédure prioritaire, l'intéressé doit avoir accès au rapport de son audition devant l'OFPRA afin de pouvoir former son recours ; eu égard au bref délai de 48 heures dont dispose l'étranger se présentant à la frontière pour former son recours, ce rapport doit en principe lui être communiqué en même temps que la décision du ministre ou dans un délai très bref après la notification de cette décision ; toutefois, l'absence de communication de ce rapport, si elle fait obstacle au déclenchement de ce délai de recours et à l'exécution d'office de la décision ministérielle de refus d'entrée au titre de l'asile, est sans influence sur la légalité de cette décision. • CE 28 nov. 2011, *Min. Intérieur*, n° 343248 A.

3. Garanties. Le respect du droit constitutionnel d'asile qui a pour corollaire le droit de solliciter le statut de réfugié implique nécessairement, même lorsque la procédure prioritaire est mise en œuvre, l'examen individuel des demandes d'asile ; saisie de recours dirigés contre des décisions de rejet de l'OFPRA prononcées en application de la note du directeur général du 3 nov. 2011 dont l'exécution a été suspendue par une ordonnance du juge des référés du Conseil d'État du 11 janv. 2012, sans que le demandeur d'asile ait bénéficié de la garantie essentielle d'un examen particulier de sa situation, la CNDA, après avoir annulé la décision contestée devant elle, renvoie la demande de l'intéressé à l'examen de l'office ; tant le respect de la liberté fondamentale que constitue le droit d'asile que celui du droit à un recours effectif impliquent que, dans pareille hypothèse, l'autorité administrative permette au demandeur d'asile de séjourner en France, y compris s'il fait l'objet d'une mesure d'éloignement forcé, au moins jusqu'à ce que l'OFPRA ait procédé à l'examen individuel de sa demande et lui garantisse, dans toute la mesure du possible, des conditions matérielles d'accueil décentes jusqu'à ce qu'il ait été statué sur sa demande. • CE 28 juin 2012, *M. Maxamed*, n° 360381 B : *AJDA 2012. 1315*. ♦ Le simple fait qu'une demande d'asile soit traitée en procédure prioritaire et, donc, dans un délai restreint ne saurait en conséquence, à lui seul, permettre à la Cour de conclure à l'ineffectivité de l'examen mené. • CEDH 4 sept. 2014, *M. V. et M. T. c/ France*, n° 17897/09 : *AJDA 2015. 156, chron. Burgorgue-Larsen*.

4. Droit à un recours effectif. La notion de « décision concernant la demande d'asile », à l'encontre de laquelle un recours effectif doit être ouvert, vise les décisions qui impliquent un rejet de la demande d'asile pour des raisons de fond ou, le cas échéant, pour des motifs de forme ou de procédure qui excluent une décision au fond ; les simples décisions préparatoires ou les décisions d'organisation de la procédure ne sont donc pas visées par l'art. 39 de la Dir. 2005/85/CE (refondue par la Dir. 2013/32/UE du 26 juin 2013 relative à des procédures communes pour l'octroi et le retrait de la protection internationale). Par suite, celle-ci n'exige pas que le droit national prévoie un recours spécifique contre la décision de soumettre la demande d'asile à une procédure accélérée. • CJUE 28 juill. 2011, *Brahim Samba Diouf,* n° C-69/10 : *AJDA 2011. 2343, chron. Aubert, Broussy et Donnat ; Europe 2011. Comm. 344, obs. Kauff-Gazin.* ♦ Au regard du droit à un recours juridictionnel effectif, garanti par l'art. 47 de la Charte UE, la Cour considère que l'absence de recours spécifiquement dirigé contre la décision de suivre une procédure accélérée n'est compatible avec le droit à un recours effectif que si la légalité de la décision finalement adoptée, et notamment les motifs qui ont conduit l'autorité compétente à rejeter la demande d'asile comme infondée, peut faire l'objet d'un examen approfondi par le juge national saisi de la décision de rejet de la demande. • Même arrêt. ♦ L'absence d'effet suspensif des recours formés contre des décisions rejetant des demandes d'asile multiples est conforme aux exigences du droit à un recours effectif. • CJUE 17 déc. 2015, *Tall,* n° C-239/14 : *AJDA 2016. 310, chron. Broussy, Cassagnabère et Gänser.*

5. Contentieux. Les dispositions de la Dir. 2013/32/UE n'impliquent nullement que le choix de l'autorité nationale compétente de recourir à une procédure accélérée s'exerce devant une juridiction distincte de celle appelée à se prononcer, en qualité de juge de plein contentieux, sur la décision de rejet de la demande d'asile. Dès lors, l'absence de possibilité d'un recours contre la décision de placer en procédure accélérée la demande d'asile présentée en rétention n'est pas incompatible avec les dispositions de l'art. 46 de la Dir. préc. • CE 20 oct. 2016, *La Cimade,* n° 395105 : *AJDA 2016. 2358.* ♦ Même solution s'agissant de la décision par laquelle l'OFPRA rejette une demande d'asile dans le cadre de la procédure accélérée, laquelle est susceptible de faire l'objet d'un recours devant la CNDA qui, en vertu de l'art. L. 532-2 du présent code, statue en qualité de juge de plein contentieux sur le droit du requérant à une protection au titre de l'asile, dans le respect du droit à un recours juridictionnel effectif garanti par l'art. 46 de la Dir. 2013/32/UE. • CE 20 oct. 2016, *La Cimade,* n° 394964 : *AJDA 2016. 2358.*

6. Contrôle de la CNDA. Si l'OFPRA a refusé de reconnaître la qualité de réfugié du demandeur sans procéder à son audition, il revient à la CNDA saisie d'un recours en plein contentieux, non d'apprécier la légalité de la décision du directeur général de l'OFPRA, mais de se prononcer elle-même sur le droit de l'intéressé à la qualité de réfugié ; si la Cour, eu égard au caractère essentiel et à la portée de la garantie tirée de l'audition du demandeur, juge que l'OFPRA n'était pas dispensé par la loi de convoquer le demandeur à une audition et que le défaut d'audition est imputable à l'OFPRA, il lui revient d'annuler la décision qui lui est déférée et de renvoyer l'examen de la demande d'asile à l'OFPRA. • CE 10 oct. 2013, *OFPRA,* n° 362798 A : *AJDA 2013. 1997* • 12 juin 2020, n° 434971 • 19 juin 2020, n° 434768.

Art. L. 531-24 **L'Office français de protection des réfugiés et apatrides statue en procédure accélérée dans les cas suivants :**

1° Le demandeur provient d'un pays considéré comme un pays d'origine sûr au sens de l'article L. 531-25 ;

2° Le demandeur a présenté une demande de réexamen qui n'est pas irrecevable ;

(L. n° 2024-42 du 26 janv. 2024, art. 41) **« 3° Le demandeur est assigné à résidence ou placé en rétention en application de l'article L. 523-1 ou maintenu en rétention en application de l'article L. 754-3. »** — *[Anc. art. L. 556-1, al. 6 ; anc. art. L. 723-2, I.]*

Que la demande d'asile soit instruite normalement ou de manière accélérée, l'OFPRA apprécie seul son bien-fondé. Les dispositions de la Dir. 2013/33/UE laissent la possibilité aux États membres d'accélérer, dans certains cas énumérés au § 8 de l'art. 31, le traitement de la demande d'asile, mais n'imposent pas que seule l'autorité responsable de l'examen de la demande d'asile au sens de l'art. 4 de cette directive puisse identifier les cas où la procédure de traitement peut être accélérée. Dès lors, le moyen tiré, par la voie de l'exception, de la méconnaissance de la Dir. 2013/33/UE par les dispositions législatives que les dispositions réglementaires contestées mettent en œuvre, en tant qu'elles prévoient que, dans certains cas, c'est l'autorité administrative, et non l'OFPRA, qui décide d'accélérer la procédure de traitement de la demande d'asile, doit être écarté. • CE 24 févr. 2022, n° 450285 : *AJDA 2022. 431.*

Ancien art. L. 531-24 *L'Office français de protection des réfugiés et apatrides statue en procédure accélérée dans les cas suivants :*

1° Le demandeur provient d'un pays considéré comme un pays d'origine sûr au sens de l'article L. 531-25 ;

2° Le demandeur a présenté une demande de réexamen qui n'est pas irrecevable ;

3° Le demandeur est maintenu en rétention en application de l'article L. 754-3. – [Anc. art. L. 556-1, al. 6 ; anc. art. L. 723-2, I.]

Art. L. 531-25 Pour l'application du 1° de l'article L. 531-24, un pays est considéré comme un pays d'origine sûr lorsque, sur la base de la situation légale, de l'application du droit dans le cadre d'un régime démocratique et des circonstances politiques générales, il peut être démontré que, d'une manière générale et uniformément pour les hommes comme pour les femmes, quelle que soit leur orientation sexuelle, il n'y est jamais recouru à la persécution, ni à la torture, ni à des peines ou traitements inhumains ou dégradants et qu'il n'y a pas de menace en raison d'une violence qui peut s'étendre à des personnes sans considération de leur situation personnelle dans des situations de conflit armé international ou interne.

Le conseil d'administration de l'Office français de protection des réfugiés et apatrides fixe la liste des pays considérés comme des pays d'origine sûrs, dans les conditions prévues à l'article 37 et à l'annexe I de la directive 2013/32/UE du Parlement européen et du Conseil, du 26 juin 2013, relative à des procédures communes pour l'octroi et le retrait de la protection internationale.

Il examine régulièrement la situation dans les pays considérés comme des pays d'origine sûrs.

Il veille à l'actualité et à la pertinence des inscriptions. Il radie de la liste les pays ne remplissant plus les critères mentionnés au quatrième alinéa et peut, en cas d'évolution rapide et incertaine de la situation dans un pays, en suspendre l'inscription.

Les présidents des commissions permanentes chargées des affaires étrangères et des commissions permanentes chargées des lois constitutionnelles de l'Assemblée nationale et du Sénat, une association de défense des droits de l'homme, une association de défense des droits des étrangers ou des demandeurs d'asile ou une association de défense des droits des femmes ou des enfants peuvent saisir le conseil d'administration, dans des conditions prévues par décret en Conseil d'État, d'une demande tendant à l'inscription ou à la radiation d'un État sur la liste des pays considérés comme des pays d'origine sûrs. – *[Anc. art. L. 722-1, al. 8 à 12.]*

Sur les pays d'origine sûrs, V. notes ss. art. L. 121-13, supra.

Art. L. 531-26 L'Office français de protection des réfugiés et apatrides peut, de sa propre initiative, statuer en procédure accélérée dans les cas suivants :

1° Le demandeur a présenté de faux documents d'identité ou de voyage, fourni de fausses indications ou dissimulé des informations ou des documents concernant son identité, sa nationalité ou les modalités de son entrée en France afin de l'induire en erreur ou a présenté plusieurs demandes d'asile sous des identités différentes ;

2° Le demandeur n'a soulevé à l'appui de sa demande que des questions sans pertinence au regard de la demande d'asile qu'il formule ;

3° Le demandeur a fait à l'office des déclarations manifestement incohérentes et contradictoires, manifestement fausses ou peu plausibles qui contredisent des informations vérifiées relatives au pays d'origine. – *[Anc. art. L. 723-2, II.]*

Art. L. 531-27 L'Office français de protection des réfugiés et apatrides statue en procédure accélérée à la demande de l'autorité administrative chargée de l'enregistrement de la demande d'asile dans les cas suivants :

1° Le demandeur refuse de se conformer à l'obligation de donner ses empreintes digitales conformément au règlement (UE) n° 603/2013 du Parlement européen et du Conseil, du 26 juin 2013, relatif à la création d'Eurodac pour la comparaison des empreintes digitales aux fins de l'application efficace du règlement (UE) n° 604/2013 établissant les critères et mécanismes de détermination de l'État membre responsable de l'examen d'une demande de protection internationale introduite dans l'un des États membres par un ressortissant de pays tiers ou un apatride et relatif aux demandes de comparaison avec les données d'Eurodac présentées par les autorités répressives des États membres et Europol à des fins répressives, et modifiant le règlement (UE) n° 1077/2011 portant création d'une agence européenne pour la gestion opérationnelle des systèmes d'information à grande échelle au sein de l'espace de liberté, de sécurité et de justice ;

2° Lors de l'enregistrement de sa demande, le demandeur présente de faux documents d'identité ou de voyage, fournit de fausses indications ou dissimule des informations ou des documents concernant son identité, sa nationalité ou les modalités de son entrée en France afin d'induire en erreur l'autorité administrative ou a présenté plusieurs demandes d'asile sous des identités différentes ;

3° Sans motif légitime, le demandeur qui est entré irrégulièrement en France ou s'y est maintenu irrégulièrement n'a pas présenté sa demande d'asile dans le délai de quatre-vingt-dix jours à compter de son entrée en France ;

4° Le demandeur ne présente une demande d'asile qu'en vue de faire échec à une mesure d'éloignement ;

5° La présence en France du demandeur constitue une menace grave pour l'ordre public, la sécurité publique ou la sûreté de l'État ;

6° Le demandeur est assigné à résidence ou placé en rétention en application de l'article L. 753-1, sans préjudice des cas prévus aux *c* ou *d* du 2° de l'article L. 542-2. – *[Anc. art. L. 571-4, II, 1re phr. ; anc. art. L. 723-2, III.]*

COMMENTAIRE

En prévoyant que l'Office français de protection des réfugiés et apatrides statue selon une procédure accélérée lorsqu'une demande d'asile est présentée plus de quatre-vingt-dix jours après l'entrée du demandeur sur le territoire national, le législateur a entendu limiter le délai entre cette entrée et la réponse à sa demande, afin que la question de la régularité du séjour de l'intéressé soit tranchée diligemment. Dès lors, en prévoyant des délais d'examen distincts selon le temps écoulé entre l'entrée sur le territoire d'un demandeur d'asile et le dépôt de sa demande, le législateur a institué une différence de traitement justifiée par des raisons d'intérêt général. Cette différence de traitement est en outre en rapport avec l'objet de la loi. Il n'existe donc aucune atteinte au principe d'égalité devant la loi (Cons. const. 6 sept. 2018, n° 2018-770 DC). ❑

1. La demande d'asile enregistrée après l'échec de la procédure « Dublin » ne peut être considérée comme ayant été déposée « en vue de faire échec à une mesure d'éloignement » au sens du 4° présent art. • CNDA 8 janv. 2020, n° 19051775.

2. Pour calculer le dépassement des 90 jours, ce n'est pas la date d'enregistrement de la demande par l'OFPRA qui est à prendre en considération mais celle à laquelle l'intéressé a introduit sa demande « en vue de son enregistrement par l'autorité administrative compétente et de la remise de l'attestation de demande d'asile », c'est-à-dire la date à laquelle la personne s'est présentée pour faire enregistrer sa demande par le guichet unique pour demandeurs d'asile (GUDA). • CE 27 nov. 2023, n° 467705 B : *DP étrangers, Bull. n° 339, janv. 2024.*

Art. L. 531-28 **L'Office français de protection des réfugiés et apatrides peut décider de ne pas statuer en procédure accélérée, sauf si la présence du demandeur en France constitue une menace pour l'ordre public, la sécurité publique ou la sûreté de l'État, comme mentionné au 5° de l'article L. 531-27, lorsque cela lui paraît nécessaire pour assurer un examen approprié de la demande, en particulier si le demandeur provenant d'un pays inscrit sur la liste mentionnée à l'article L. 531-25 invoque des raisons sérieuses de penser que son pays d'origine ne peut pas être considéré comme sûr en raison de sa situation personnelle et au regard des motifs de sa demande.** – *[Anc. art. L. 723-2, V, 2e phr.]*

Retour à la procédure normale. Le III de l'art. L. 723-2 [devenu art. L. 531-27] prévoit les cas dans lesquels le recours par l'OFPRA à la procédure accélérée dépend d'un constat établi par l'autorité administrative chargée de l'enregistrement de la demande d'asile ; le V [de l'anc. art. L. 723-2, 2e phr., devenu art. L. 531-28] prévoit que, dans tous les cas, l'office peut décider de ne pas statuer en procédure accélérée lorsque cela lui paraît nécessaire pour assurer un examen approprié de la demande ; par suite, le moyen tiré de ce que l'office ne pourrait remettre en cause le recours à la procédure accélérée lorsque cette dernière dépend d'un constat de l'administration manque en fait. • CE 30 janv. 2017, n° 394686 : *préc. note 1 ss. art. L. 511-9.*

Art. L. 531-29 **Lorsqu'il statue en procédure accélérée, l'Office français de protection des réfugiés et apatrides procède à un examen individuel de chaque demande dans le respect des garanties procédurales prévues aux articles L. 531-2 à L. 531-23.**

Dans les cas prévus au 3° de l'article L. 531-24 et au 6° de l'article L. 531-27, l'office statue dans un délai de quatre-vingt-seize heures et tient compte de la vulnéra-

bilité du demandeur. – *[Anc. art. L. 556-1, al. 6, ecqc le délai et les conditions ; anc. art. L. 723-2, V, 1re phr.]*

Art. L. 531-30 **La procédure accélérée ne peut être mise en œuvre à l'égard de mineurs non accompagnés que dans les cas prévus à l'article L. 531-24 ou si la présence du demandeur en France constitue une menace grave pour l'ordre public, la sécurité publique ou la sûreté de l'État, comme mentionné au 5° de l'article L. 531-27.** – *[Anc. art. L. 723-2, IV.]*

L'OFPRA n'est pas tenu de procéder à l'audition d'un demandeur d'asile de 17 ans dont les représentants légaux ont été entendus et qui ne fait valoir ni menace ni crainte dont ceux-ci n'auraient pas connaissance. • CNDA 22 janv. 2018, nos 17030975, 17031078, 17031240 et 17030908.

Art. L. 531-31 **La décision de l'Office français de protection des réfugiés et apatrides mentionnée à l'article L. 531-26, celle de l'autorité administrative mentionnée à l'article L. 531-27, ou le refus de l'office de faire application de l'article L. 531-28 ne peut pas faire l'objet, devant les juridictions administratives de droit commun, d'un recours distinct du recours qui peut être formé, en application de l'article L. 532-1, devant la Cour nationale du droit d'asile à l'encontre de la décision de l'office.** – *[Anc. art. L. 723-2, VI.]*

SECTION 3 Décisions d'irrecevabilité

Art. L. 531-32 **L'Office français de protection des réfugiés et apatrides peut prendre une décision d'irrecevabilité écrite et motivée, sans vérifier si les conditions d'octroi de l'asile sont réunies, dans les cas suivants :**

1° Lorsque le demandeur bénéficie d'une protection effective au titre de l'asile dans un État membre de l'Union européenne ;

(L. n° 2024-42 du 26 janv. 2024, art. 62) **« 2° Lorsque le demandeur bénéficie dans un État tiers du statut de réfugié ou d'une protection équivalente, notamment en ce qui concerne le respect du principe de non-refoulement, à la condition, dans l'un et l'autre cas, que la protection soit effective et que le demandeur soit effectivement réadmissible dans cet État tiers ; »**

3° En cas de demande de réexamen lorsque, à l'issue d'un examen préliminaire effectué selon la procédure définie à l'article L. 531-42, il apparaît que cette demande ne répond pas aux conditions prévues au même article. – *[Anc. art. L. 723-11, al. 1er à 4.]*

Ancien art. L. 531-32 *L'Office français de protection des réfugiés et apatrides peut prendre une décision d'irrecevabilité écrite et motivée, sans vérifier si les conditions d'octroi de l'asile sont réunies, dans les cas suivants :*

1° Lorsque le demandeur bénéficie d'une protection effective au titre de l'asile dans un État membre de l'Union européenne ;

2° Lorsque le demandeur bénéficie du statut de réfugié et d'une protection effective dans un État tiers et y est effectivement réadmissible ;

3° En cas de demande de réexamen lorsque, à l'issue d'un examen préliminaire effectué selon la procédure définie à l'article L. 531-42, il apparaît que cette demande ne répond pas aux conditions prévues au même article. – *[Anc. art. L. 723-11, al. 1er à 4.]*

COMMENTAIRE

La loi du 22 juillet 2016 a procédé à la transposition de l'article 33 de la directive 2013/32/UE du 26 juin 2013, qui prévoit que les États membres peuvent considérer qu'une demande d'asile est irrecevable dans les cas suivants :

– une protection internationale a été accordée par un autre État membre ;

– un pays qui n'est pas un État membre est considéré comme le premier pays d'asile du demandeur en vertu de l'article 35 ;

– un pays qui n'est pas un État membre est considéré comme un pays tiers sûr pour le demandeur en vertu de l'article 38 ;

– la demande concernée est une demande ultérieure, dans laquelle n'apparaît ou n'est présenté par le demandeur aucun élément ou fait nouveau relatif à l'examen visant à déterminer si le demandeur remplit les conditions requises pour prétendre au statut de bénéficiaire d'une protection internationale en vertu de la directive 2011/95/UE ; ou

– une personne à charge du demandeur introduit une demande après avoir, conformément à l'article 7, paragraphe 2, consenti à ce que son cas soit traité dans le cadre d'une demande introduite en son nom, et que rien dans la situation de la personne à charge ne justifie une demande distincte.

Dans ces hypothèses, les États membres veillent à ce que toute décision soit prise dans un délai raisonnable. Si aucune décision n'a été prise dans un délai de quatre semaines, le demandeur se voit accorder le droit d'entrer sur le territoire de l'État membre afin que sa demande soit traitée conformément aux autres dispositions de la directive (art. 43, § 2). Les mêmes procédures sont applicables en cas d'afflux d'un grand nombre de demandeurs aussi longtemps que ceux-ci sont hébergés normalement dans des endroits situés à proximité de la frontière ou de la zone de transit (art. 43, § 3).

L'Office français de protection des réfugiés et apatrides a ainsi la possibilité de déclarer irrecevable une demande, sans vérifier si les conditions d'octroi de l'asile sont réunies, lorsque le demandeur bénéficie de manière « effective » d'une protection internationale dans un État membre de l'Union ou s'il bénéficie du statut de réfugié dans un pays tiers où il est effectivement admissible. Dans ces deux premiers cas, l'office statue dans un délai d'un mois suivant l'introduction de la demande ou, si les motifs d'irrecevabilité sont révélés au cours de l'entretien, dans un délai d'un mois suivant cet entretien (art. R. 531-30). Toutefois, pour l'application du 2°, l'office saisit le préfet compétent, en lui communiquant tous les éléments nécessaires aux vérifications, afin de s'assurer que le demandeur est effectivement réadmissible dans le pays où il bénéficie du statut de réfugié. Cette saisine suspend le délai. A défaut de réponse dans un délai de deux mois, l'office statue au fond (art. R. 531-31).

La CJUE a précisé que l'article 33, paragraphe 2, de la directive 2013/32 énumère de manière exhaustive les situations dans lesquelles les États membres peuvent considérer une demande de protection internationale comme étant irrecevable (CJUE 14 mai 2020, *Országos Idegenrendészeti Főigazgatóság Dél-alföldi Regionális Igazgatóság*, n[os] C-924/19 PPU et C-925/19 PPU).

Le statut de réfugié ou le bénéfice de la protection subsidiaire ayant un caractère recognitif, la décision d'irrecevabilité prise par l'OFPRA interviendra indépendamment du fait que le demandeur ne bénéficie plus d'un titre de séjour ou n'en ayant pas demandé le renouvellement ; s'agissant en particulier de la protection subsidiaire, celle-ci subsiste tant qu'elle n'a pas fait l'objet d'une décision expresse de cessation.

Une décision d'irrecevabilité interviendra également en cas de demande de réexamen (art. L. 531-41 s.) dès lors que les faits ou éléments nouveaux n'augmentent pas de manière significative la probabilité que le demandeur justifie des conditions requises pour prétendre à une protection.

Le législateur a toutefois réservé l'application de l'article 53-1 de la Constitution qui permet d'accorder l'asile à l'étranger persécuté pour son action en faveur de la liberté ou qui sollicite la protection pour un autre motif.

Le demandeur qui fait l'objet d'une décision d'irrecevabilité perd le droit de se maintenir sur le territoire et le préfet peut refuser, retirer ou ne pas renouveler l'attestation de demande d'asile ; le demandeur peut faire l'objet d'une obligation de quitter le territoire français car, si les décisions d'irrecevabilité prises par l'OFPRA sont susceptibles de recours devant la Cour nationale du droit d'asile qui statue à juge unique dans un délai de cinq semaines, ce recours n'est pas suspensif. En revanche, il convient de rappeler que le recours introduit contre la mesure d'éloignement conserve son caractère suspensif. ❑

1. Protection internationale accordée par un autre État membre. La violation de l'obligation de donner à l'intéressé la possibilité d'avoir un entretien personnel avant l'adoption de la décision d'irrecevabilité doit conduire à son annulation et au renvoi de l'affaire, à moins que le demandeur ne puisse exposer en personne, dans le cadre de la procédure de recours, tous ses arguments contre la décision lors d'une audition respectant les conditions et les garanties fondamentales posées par l'art. 15 de la Dir. 2013/32/UE, et que ces arguments ne soient pas susceptibles de modifier la même décision. • CJUE 16 juill. 2020, n° C-517/17.

2. Lorsque la CNDA est saisie d'une décision d'irrecevabilité prise au titre du présent art., elle doit, préalablement à l'examen de la demande d'asile, se prononcer sur l'existence et l'effectivité de la protection internationale dont bénéficierait le demandeur dans un autre État membre. • CE

14 oct. 2021, n° 444469 : *D. 2022. 244, chron. Boskovic, Corneloup, Jault-Seseke, Joubert et Parrot*. ♦ Dans ce cadre, elle ne peut se borner, pour écarter la valeur probante de documents émanant du ministère de l'intérieur italien, sans en contester le caractère officiel, à relever l'approximation des mentions y figurant, l'absence de production du relevé d'empreintes issu du fichier Eurodac, ainsi que le défaut de production d'éléments à la fois sur le déroulement précis de la procédure de demande d'asile en Italie et sur les motifs pour lesquels le requérant aurait obtenu cette protection. • CE 3 mars 2023, n° 462843.

3. Pour apprécier l'existence d'une protection internationale dans un État membre de l'Union européenne, il appartient à l'OFPRA et, le cas échéant, à la CNDA, de rechercher s'il existe un document officiel faisant état de la délivrance d'une telle protection ou d'une autorisation de séjour au titre de l'asile par les autorités d'un État membre, le cas échéant en saisissant les autorités compétentes de cet État afin d'obtenir de celles-ci toutes informations de nature à déterminer le statut du demandeur. En l'absence d'un tel document officiel, ou en cas d'absence de confirmation ou de réponse claire des autorités de l'État membre saisies au sujet de l'octroi éventuel d'une protection internationale, l'existence d'une telle protection peut être constatée au vu d'éléments de preuve et d'indices concordants ressortant des pièces du dossier, le cas échéant en s'appuyant sur les dispositions du Règl. n° 604/2013 (UE) du 26 juin 2013 établissant les critères et mécanismes de détermination de l'État membre responsable de l'examen d'une demande de protection internationale introduite dans l'un des États membres par un ressortissant d'un pays tiers, combinées avec celles de l'annexe II du Règl. d'application n° 1560/2003 modifié par le Règl. n° 118/2014 du 30 janv. 2014. Il résulte des pts 3 à 5 de l'art. 22 du Règl. n° 604/2013 (UE) préc. que l'exigence de la preuve ne devrait pas aller au-delà de ce qui est nécessaire pour la bonne application de ce règlement et que, à défaut de preuve formelle, l'existence d'une telle protection internationale doit être établie si les indices sont cohérents, vérifiables et suffisamment détaillés. Constitue une preuve au sens des dispositions précitées, notamment, le résultat positif fourni par Eurodac par suite de la comparaison des empreintes du demandeur avec les empreintes qui ont été collectées au titre de l'art. 4 du Règl. n° 603/2013 (UE) du 26 juin 2013 relatif à la création d'Eurodac, les empreintes digitales prises à l'occasion d'une demande d'asile ou le rapport écrit des autorités attestant qu'une demande a été introduite. La comparaison positive des empreintes relevées sur le demandeur au moment de l'introduction de sa demande de protection internationale en France, conformément aux dispositions de l'art. 9 (1) du Règl. n° 603/2013 (UE) préc., avec celles relevées précédemment dans un autre État membre, est une preuve suffisante pour établir l'existence d'une protection internationale dans cet État membre lorsque la fiche individuelle établie dans cet État membre comporte l'indication de l'accord d'une protection internationale et la date de cet accord. Ces données, enregistrées dans le système central Eurodac, doivent être présumées exactes, sauf au demandeur de produire tout élément circonstancié et vérifiable permettant d'en contester l'exactitude ou de faire état de démarches étayées auprès des autorités compétentes conformément aux dispositions de l'art. 29 du Règl. n° 603/2013 (UE) préc. pour obtenir la rectification ou l'effacement de ces données. Constitue un indice au sens des dispositions de l'annexe II du Règl. modifié n° 1560/2003 préc., notamment, les déclarations vérifiables du demandeur d'asile. Dans ce cas, il appartient à l'Office, ou à la Cour le cas échéant, d'inviter le demandeur à confirmer ou à contester les données relevées dans le système central Eurodac indiquant l'octroi d'une protection internationale. • CNDA 28 mars 2023, n° 20031552.

4. Protection subsidiaire. Quand les autorités étrangères confirment que le demandeur s'est vu accorder la protection subsidiaire, le caractère effectif de la protection est présumé, imposant au requérant la charge d'apporter des éléments de nature à remettre en cause son existence. • CE 29 juill. 2020, n° 433678. ♦ Dès lors que la protection subsidiaire accordée par un autre État membre de l'UE est bien effective, le préfet ne peut fixer comme pays de destination le pays d'origine de l'intéressé en exécution d'une peine d'interdiction du territoire à laquelle il a été condamné. • CAA Versailles, 29 sept. 2022, n° 22VE00359. ♦ La seule circonstance que le titre de séjour délivré sur le fondement de cette protection et valable jusqu'au 3 juill. 2021 n'aurait pas été renouvelé, faute pour lui d'en avoir fait la demande dans le délai d'un mois précédant la date d'expiration ou faute d'avoir sollicité la délivrance d'un nouveau titre, est par elle-même sans incidence sur l'existence et sur l'effectivité de ladite protection. • CNDA 24 nov. 2022, 22000212.

5. En relevant, pour juger que la preuve de l'absence d'effectivité de la protection accordée par les autorités italiennes était apportée par l'intéressé, que ce document, dont elle ne contestait pas le caractère officiel, était rédigé en des termes peu précis et qu'aucun élément ne permettait d'établir que l'intéressé ait pu se voir délivrer un titre de séjour, alors que le document produit faisait état de la délivrance d'une autorisation de séjour en cours de validité et que l'intéressé avait admis, lors de son entretien devant l'OFPRA, qu'il avait reçu en Italie un titre de séjour qu'il avait perdu, la CNDA a dénaturé les pièces du dossier. • CE 16 févr. 2022, n° 443004.

6. Le droit à la réunification familiale est une composante de la protection internationale qui doit être prise en compte dans l'évaluation de l'effectivité d'une protection subsidiaire accordée par un État membre de l'UE. • CNDA 27 janv. 2022, n° 20045490.

7. Protection effective au titre de l'asile dans un État membre de l'UE. Un demandeur d'asile peut être transféré vers l'État membre qui lui a déjà accordé une protection, à moins que les conditions de vie prévisibles des bénéficiaires d'une protection internationale l'y exposent à une situation de dénuement matériel extrême, contraire à l'interdiction des traitements inhumains et dégradants. • CJUE 19 mars 2019, n° C-163/17.

8. L'art. 33, § 2, ss. a), de la Dir. 2013/32, lu à la lumière de l'art. 7 et de l'art. 24, § 2, Charte UE, doit être interprété en ce sens qu'il ne s'oppose pas à ce qu'un État membre exerce la faculté offerte par cette disposition de rejeter une demande de protection internationale comme étant irrecevable au motif que le demandeur s'est déjà vu accorder le statut de réfugié par un autre État membre, lorsque ce demandeur est le père d'un enfant mineur non accompagné ayant obtenu le bénéfice de la protection subsidiaire dans le premier État membre. • CJUE 22 févr. 2022, n° C-483/20 : *AJDA 2022. 377 ; RTD eur. 2023. 416, chron. Benoît-Rohmer.*

9. En réponse à une saisine des autorités françaises, le ministère de l'Intérieur espagnol a indiqué que le requérant était connu en Espagne et y avait obtenu le bénéfice de la protection subsidiaire ; en jugeant que ce document permettait d'établir que le requérant bénéficiait d'une protection effective au titre de l'asile dans un État membre de l'UE, dès lors que le requérant n'apportait aucun élément de nature à remettre en cause l'existence de cette protection, la CNDA, qui n'a pas dénaturé les pièces du dossier, n'a pas commis d'erreur de droit. • CE 29 juill. 2020, n° 433678.

10. Si le requérant soutient qu'il n'a pas été mis à même de présenter ses explications sur l'application du motif d'irrecevabilité tiré de ce qu'il bénéficiait d'une protection effective d'un État membre de l'UE, il ressort des pièces du dossier que l'Office a procédé à un examen individuel de sa demande et que l'intéressé a effectivement été entendu lors d'un entretien au cours duquel il était assisté par le représentant d'une association ; au surplus, l'Office a fondé sa décision d'irrecevabilité sur la circonstance que l'intéressé « bénéficie d'une protection effective au titre de l'asile dans un État membre de l'UE » et il ressort du compte-rendu de l'entretien de l'intéressé que ce dernier a été entendu sur l'application de ce motif d'irrecevabilité à sa situation personnelle, plusieurs questions lui ayant été posées pendant son audition sur ce point ; ainsi, le moyen tiré de ce que l'intéressé a été privé d'une garantie essentielle de procédure pendant son audition par l'Office manque en fait. • CNDA 4 nov. 2016, n° 16026839.

11. Pour juger que le requérant n'avait pas été mis à même de présenter ses observations sur l'application à sa situation personnelle du motif d'irrecevabilité de sa demande, tiré de ce qu'il bénéficierait déjà d'une protection effective à Malte, la CNDA a relevé qu'il ne lui avait pas été expressément signifié, lors de son entretien, que l'OFPRA envisageait de soulever ce motif d'irrecevabilité. En statuant ainsi alors qu'elle devait seulement rechercher si, en application des dispositions du présent art., l'entretien avait porté sur les motifs d'irrecevabilité de sa demande, la Cour a entaché sa décision d'une erreur de droit. • CE 10 déc. 2020, n° 441376 B. ♦ La CNDA a ainsi la possibilité de soulever d'office l'irrecevabilité de la demande lorsque l'OFPRA ne l'a pas retenue. • Même arrêt. • CJUE 25 juill. 2018, n° C-585/16.

12. Bénéfice du statut de réfugié et d'une protection effective dans un État tiers. Lorsqu'une personne s'est vu reconnaître le statut de réfugié dans un État partie à la Convention de Genève, sur le fondement de persécutions subies dans l'État dont elle a la nationalité, elle ne peut plus, aussi longtemps que le statut de réfugié lui est maintenu et effectivement garanti dans l'État qui lui a reconnu ce statut, revendiquer auprès d'un autre État, sans avoir été préalablement admise au séjour, le bénéfice des droits qu'elle tient de la Convention de Genève à raison de ces persécutions. Par suite, si une personne reconnue comme réfugiée, au titre de la convention, par un autre État partie que la France ne peut, aussi longtemps que la qualité de réfugié lui demeure reconnue par cet État, être reconduite depuis la France dans le pays dont elle a la nationalité, et s'il est loisible à cette personne de demander à entrer, séjourner ou s'établir en France dans le cadre des procédures de droit commun applicables aux étrangers et, le cas échéant, dans le cadre des procédures spécifiques prévues par le droit de l'UE, cette personne ne saurait, en principe et sans avoir été préalablement admise au séjour, solliciter des autorités françaises que lui soit accordé le bénéfice du statut de réfugié en France. • CNDA 18 avr. 2019, n° 17018825.

13. La circonstance qu'un demandeur de protection internationale a transité par le territoire d'un pays tiers ne saurait, à elle seule, constituer une raison valable de considérer que ledit demandeur pourrait raisonnablement retourner dans ce pays. • CJUE 19 mars 2020, *Bevándorlási és Menekültügyi Hivatal,* n° C-564/18 : *RDT eur. 2021. 904, note Coutron.* ♦ Un État membre ne peut davantage considérer comme irrecevable une demande d'asile au seul motif que le demandeur est arrivé en venant d'un État dans lequel il n'est pas exposé à des persécutions ou à un risque d'atteintes graves ou dans lequel un degré de protection adéquat est assuré. • CJUE 16 nov. 2021, *Commission c/ Hongrie,* n° C-821/19 : *AJDA 2022. 403, chron. Bonneville, Gänser et Iljic.*

14. Éléments nouveaux. Au sens de la Dir. 2013/32/UE, la notion d'éléments ou de faits nouveaux comprend les éléments ou les faits survenus après la clôture définitive de la procédure ayant eu pour objet la demande antérieure de protection internationale ainsi que les éléments ou les faits qui existaient déjà avant la clôture de cette procédure mais qui n'ont pas été invoqués par le demandeur. • CJUE 9 sept. 2021, n° C-18/20.

Art. L. 531-33 Lors de l'entretien personnel prévu aux articles L. 531-12 à L. 531-21, le demandeur est mis à même de présenter ses observations sur l'application du motif d'irrecevabilité mentionné aux 1° ou 2° de l'article L. 531-32 à sa situation personnelle. – *[Anc. art. L. 723-11, al. 6.]*

1. Pour juger que le requérant n'avait pas été mis à même de présenter ses observations sur l'application à sa situation personnelle du motif d'irrecevabilité de sa demande, tiré de ce qu'il bénéficierait déjà d'une protection effective à Malte, la cour a relevé qu'il ne lui avait pas été expressément signifié, lors de son entretien, que l'OFPRA envisageait de soulever ce motif d'irrecevabilité. En statuant ainsi alors qu'elle devait seulement rechercher si, en application des dispositions du présent art., l'entretien avait porté sur les motifs d'irrecevabilité de sa demande, la cour a entaché sa décision d'une erreur de droit. • CE 10 déc. 2020, *OFPRA*, n° 441376 B : *AJDA 2020. 2462*.

2. Procédure. Si l'OFPRA doit mettre l'intéressé en mesure de présenter des observations sur le motif d'irrecevabilité au cours de l'entretien, il n'est, en revanche, pas nécessaire que l'office lui ait expressément signifié qu'il envisageait de le soulever. • CE 10 déc. 2020, n° 441376 B : *préc. note 1.* ♦ De même, la CNDA doit informer le requérant avant l'audience lorsqu'elle envisage de fonder sa décision sur le motif d'irrecevabilité, alors que l'OFPRA ne l'avait ni retenu ni invoqué dans ses écritures en défense. • CE 10 déc. 2020, n° 435910 B : *AJDA 2020. 2472*.

Art. L. 531-34 Lorsque l'Office français de protection des réfugiés et apatrides prend une décision d'irrecevabilité dans les conditions prévues à l'article L. 531-32, il conserve la faculté d'examiner la demande présentée par un étranger persécuté en raison de son action en faveur de la liberté ou qui sollicite la protection pour un autre motif. – *[Anc. art. L. 723-11, al. 7.]*

Le présent art. ne saurait être interprété comme faisant obstacle à ce qu'une décision d'irrecevabilité puisse être prise lorsque l'intéressé bénéficie déjà d'une protection effective au titre de l'asile dans un autre État membre de l'UE. • CE 30 janv. 2024, n° 457524 : *AJDA 2024. 184 ; DP étrangers, Bull. n° 340, févr. 2024, note Viel.*

Art. L. 531-35 La notification de la décision d'irrecevabilité au demandeur d'asile est effectuée par écrit, par tout moyen garantissant la confidentialité et la réception personnelle de cette notification. Elle précise les voies et délais de recours. – *[Anc. art. L. 723-11, al. 5.]*

SECTION 4 Clôture d'examen et demande de réouverture

COMMENTAIRE

Au-delà de l'hypothèse où la décision de clôture de la procédure intervient suite au retrait, par l'étranger, de sa demande d'asile (art. L. 531-36), l'Office français de protection des réfugiés et apatrides (OFPRA) peut prendre directement une décision de clôture (art. L. 531-38), motivée en droit et en fait, et précisant les voies et délais de recours, lorsque l'étranger démontre son peu d'entrain à faire prospérer sa demande : il a introduit sa demande à l'office en ne respectant pas les délais courant à compter de la remise de son attestation de demande d'asile ; il ne s'est pas présenté à l'entretien à l'office auquel il avait été dûment convoqué ; il ne respecte pas son obligation de coopération et refuse de façon délibérée et caractérisée de fournir les informations nécessaires au traitement de sa demande ; il n'informe pas l'office de l'adresse à laquelle il peut être joint (dans ce cas, la décision de clôture est réputée notifiée à la date de la décision). L'OFPRA perd son pouvoir d'appréciation et prend une décision de clôture lorsque le demandeur, sans motif légitime, n'a pas introduit sa demande (art. L. 531-37).

Dans ces différentes hypothèses, l'étranger perd son droit au maintien sur le territoire français ; le préfet peut ainsi retirer ou refuser le renouvellement de l'attestation de demande d'asile (art. L. 743-2) et prendre à son encontre une obligation de quitter le territoire français. ❑

Art. L. 531-36 Lorsque le demandeur l'informe du retrait de sa demande d'asile, l'Office français de protection des réfugiés et apatrides *(L. n° 2024-42 du 26 janv. 2024, art. 63)* « clôture *[ancienne rédaction : peut clôturer]* » l'examen de cette demande. Cette clôture est consignée dans le dossier du demandeur. – *[Anc. art. L. 723-12.]*

Le CE a précisé que la CNDA n'a pas reçu compétence pour se prononcer sur les recours formés contre les décisions prises par l'Office sur le fondement du présent art., lesquels ne peuvent qu'être portés devant les TA, juges de droit commun en premier ressort du contentieux administratif. • CE 17 janv. 2018, n° 412292 B : *AJDA 2018. 135*.

Art. L. 531-37 Par dérogation à l'article L. 531-1, l'Office français de protection des réfugiés et apatrides prend une décision de clôture lorsque l'étranger, sans motif légitime, n'a pas introduit sa demande auprès de lui. – *[Anc. art. L. 723-13, al. 5.]*

Art. L. 531-38 L'Office français de protection des réfugiés et apatrides peut prendre une décision de clôture d'examen d'une demande dans les cas suivants :

1° Le demandeur, sans motif légitime, a introduit sa demande à l'office en ne respectant pas les délais prévus par décret en Conseil d'État et courant à compter de la remise de son attestation de demande d'asile ou ne s'est pas présenté à l'entretien à l'office ;

2° Le demandeur refuse, de manière délibérée et caractérisée, de fournir des informations essentielles à l'examen de sa demande en application de l'article L. 531-5 ;

3° Le demandeur n'a pas informé l'office, dans un délai raisonnable, de son lieu de résidence ou de son adresse et ne peut être contacté aux fins d'examen de sa demande d'asile ;

(L. n° 2024-42 du 26 janv. 2024, art. 63) « 4° Le demandeur a abandonné, sans motif légitime, le lieu où il était hébergé en application de l'article L. 552-8. » – *[Anc. art. L. 723-13, al. 1er à 4.]*

Art. L. 531-39 L'Office français de protection des réfugiés et apatrides notifie par écrit au demandeur sa décision de clôture prise en application des articles L. 531-37 ou L. 531-38, par tout moyen garantissant la confidentialité et la réception personnelle de cette notification. Cette décision est motivée en fait et en droit et précise les voies et délais de recours.

Dans *(L. n° 2024-42 du 26 janv. 2024, art. 63)* « les cas prévus aux 3° et 4° *[ancienne rédaction : le cas prévu au 3°]* » de l'article L. 531-38, la décision de clôture est réputée notifiée à la date de la décision. – *[Anc. art. L. 723-13, al. 6 et 7.]*

Art. L. 531-40 Si, dans un délai inférieur à neuf mois à compter de la décision de clôture prise en application des articles L. 531-37 ou L. 531-38, le demandeur d'asile sollicite la réouverture de son dossier ou présente une nouvelle demande, l'Office français de protection des réfugiés et apatrides rouvre le dossier et reprend l'examen de la demande au stade auquel il avait été interrompu. Le dépôt par le demandeur d'une demande de réouverture de son dossier est un préalable obligatoire à l'exercice d'un recours devant les juridictions administratives de droit commun, à peine d'irrecevabilité de ce recours.

Le dossier d'un demandeur ne peut être rouvert qu'une seule fois en application du premier alinéa.

Passé le délai de neuf mois, la décision de clôture est définitive et la nouvelle demande est considérée comme une demande de réexamen. – *[Anc. art. L. 723-14.]*

COMMENTAIRE

La loi n° 2015-925 du 29 juillet 2015 a permis de prendre en compte le remords d'un demandeur d'asile dont le dossier aurait fait l'objet d'une décision de clôture en application des articles L. 531-37 ou L. 531-38 ; l'étranger bénéficie ainsi d'un délai de neuf mois maximum pour y procéder et l'office reprendra la procédure au stade où elle avait été interrompue. Passé ce délai, la décision de clôture est définitive et le demandeur ne peut alors que solliciter le réexamen de sa demande.

L'article R. 531-33 précise que la démarche de l'étranger doit être précédée d'un nouvel enregistrement auprès du préfet compétent. Le délai d'introduction de cette demande en réouverture auprès de l'office est de huit jours à compter de l'enregistrement. Le préfet informe l'office de la demande de l'intéressé.

1. Le refus du directeur général de l'OFPRA de rouvrir l'examen d'une demande d'asile en raison de sa tardiveté (celle-ci ayant été présentée au-delà du délai imparti) relève, non de la CNDA, mais du tribunal administratif. • CE 17 janv. 2018, n° 410449 B : *AJDA 2018. 135*.

2. S'il s'est écoulé moins de 9 mois entre le moment où la demande initiale a été interrompue et la date à laquelle le demandeur souhaite la reprendre, il s'agit de la réouverture d'une demande clôturée ; dans ce cas, l'OFPRA ne peut enregistrer et traiter cette demande comme une demande de réexamen et priver le demandeur d'un entretien personnel en vertu de l'art. L. 723-16 [devenu art. L. 531-42], ce dernier ne s'appliquant qu'aux demandes de réexamen et non aux cas de réouverture. • CNDA 3 nov. 2020, n° 20012252.

SECTION 5 **Demande de réexamen**

COMMENTAIRE

La loi du 29 juillet 2015 (art. L. 531-41) a procédé à une utile clarification en fournissant une définition simple de la notion de demande de réexamen : sera considérée comme telle toute demande présentée « après qu'une décision définitive a été prise sur une demande antérieure », y compris lorsque le demandeur avait explicitement retiré sa demande antérieure, lorsque l'Office a pris une décision définitive de clôture en application des articles L. 531-37 ou L. 531-38 ou lorsque le demandeur a quitté le territoire, même pour rejoindre son pays d'origine.

La procédure applicable aux demandes de réexamen a été conçue pour traiter, le plus rapidement possible, des demandes pouvant apparaître comme manifestement dilatoires. L'office va ainsi, sans être dans l'obligation de procéder à un entretien avec le demandeur, apprécier la nouveauté et la portée des arguments invoqués par le demandeur afin de déterminer s'ils « n'augmentent pas de manière significative la probabilité que le demandeur justifie des conditions requises pour prétendre à une protection » (art. L. 531-42, dernier al.).

Une demande de réexamen ne peut être examinée au fond que si l'intéressé invoque des faits intervenus postérieurement à la première décision juridictionnelle ou dont il est établi qu'il n'a pu en avoir connaissance que postérieurement à cette décision, et susceptibles, s'ils sont établis, de justifier les craintes de persécutions qu'il déclare éprouver.

Le dépôt d'une demande de réexamen doit être précédé par une nouvelle demande d'enregistrement auprès du préfet compétent (art. R. 531-35). Le délai d'introduction auprès de l'office de la demande de réexamen est de huit jours à compter de l'enregistrement (art. R. 531-36). De même, lorsque la demande n'est pas complète, l'office demande au demandeur de la compléter et le demandeur dispose à cette fin d'un délai supplémentaire de quatre jours (art. R. 531-37).

Si, après examen de la nouvelle demande, l'Office français de protection des étrangers et apatrides confirme le refus de reconnaissance, le demandeur peut saisir la Cour nationale du droit d'asile mais ce recours n'a pas d'effet suspensif. ❑

1. La CEDH a considéré que la brièveté du délai de réponse de l'OFPRA dans le cadre d'une demande de réexamen de sa situation par un demandeur débouté n'est pas incompatible avec l'exigence d'un examen effectif de la situation de l'intéressé et des risques qu'il serait susceptible d'encourir en cas de retour dans son pays d'origine. • CEDH 20 sept. 2007, *Sultani c/ France*, n° 45223/05. ♦ La CEDH, consciente que les États sont confrontés à des demandes d'asile répétitives et manifestement abusives ou mal fondées, considère qu'il est légitime qu'ils puissent prévoir des règles spécifiques pour le traitement de telles demandes, en accord avec la Dir. 2013/32/UE du 26 juin 2013, dite Dir. « Procédures » ; il incombe toutefois aux États de mettre en œuvre cette procédure de façon indépendante et rigoureuse. • CEDH 19 janv. 2016, *M. D. et M. A. c/ Belgique*, n° 58689/12 • 19 janv. 2016, *Sow c/ Belgique*, n° 27081/13.

2. Un arrêt de la CJUE constitue un élément nouveau justifiant une demande de réexamen, l'arrêt ayant, en l'espèce, modifié les règles de la charge de la preuve dans un sens plus favorable au requérant ; ainsi, la notion d'élément, ou fait nouveau, visée à l'art. 33, § 2, ss. d), de la Dir. 2013/32/UE vise non seulement un changement factuel, intervenu dans la situation personnelle d'un demandeur ou dans celle de son pays d'origine, mais également des éléments de droit nouveaux. • CJUE 8 févr. 2024, n° C-216/22 : *AJDA 2024. 292 ; ibid. 1107, chron. Bonneville et Iljic*.

3. Demandes dilatoires. Jugé que constitue un recours abusif aux procédures d'asile la demande d'admission au séjour au titre de l'asile présentée après le rejet d'une demande d'asile territorial, elle-même formulée un an après l'entrée en France. • CE 4 mars 2002, *Tinor,* n° 243653. ♦ Même solution s'agissant d'un ressortissant libanais ayant dissimulé le fait qu'il avait sollicité l'asile en Allemagne, ayant fait l'objet d'une décision de rejet de l'OFPRA et de la CRR et ayant demandé au préfet de réexaminer sa situation au regard de l'asile. • CE 2 mai 2001, *Préfet de la Côte-d'Or c/ Alayan,* n° 223366. ♦ Nouvelle demande d'admission au statut de réfugié formulée plus d'un an après la précédente présentée par un étranger sous le coup d'une mesure d'éloignement. • CE 27 juill. 2005, *Préfet du Val-de-Marne c/ M. Derridj,* n° 257715. ♦ Nouvelle demande ne reposant sur aucun élément ou fait nouveau. • CE 13 mars 2006, *Préfet du Tarn c/ Mlle Zayif,* n° 270373.

4. Alors qu'un tribunal administratif avait pu considérer qu'une nouvelle demande d'asile présentée par un demandeur sous une nationalité différente de la première demande ne pouvait constituer une demande de réexamen, le juge d'appel a considéré que la qualification de demande de réexamen dépend seulement de la circonstance que l'étranger a préalablement déjà déposé une ou plusieurs demandes d'asile. • CAA Lyon, 12 oct. 2017, *Préfet du Rhône,* n° 17LY02002 : *AJDA 2018. 83*.

Art. L. 531-41 **Constitue une demande de réexamen une demande d'asile présentée après qu'une décision définitive a été prise sur une demande antérieure.**

Le fait que le demandeur ait explicitement retiré sa demande antérieure, ou que la décision définitive ait été prise en application des articles L. 531-37 ou L. 531-38, ou encore que le demandeur ait quitté le territoire, même pour rejoindre son pays d'origine, ne fait pas obstacle à l'application des dispositions du premier alinéa.

Ces dispositions s'appliquent sans préjudice du règlement (UE) n° 604/2013 du Parlement européen et du Conseil, du 26 juin 2013. – *[Anc. art. L. 723-15, al. 1er.]*

1. En jugeant que la demande présentée par le requérant constituait non pas une demande d'asile mais une demande de réexamen, alors même qu'il était rentré pendant sept ans dans son pays d'origine, après les décisions rejetant ses demandes précédentes, la CNDA, qui n'a pas dénaturé les pièces du dossier et a suffisamment motivé sa décision, n'a pas commis d'erreur de droit. Dès lors que l'OFPRA avait pris une décision d'irrecevabilité, la Cour a pu, sans erreur de droit, statuer dans le cadre de la procédure de juge unique sans renvoyer le jugement de la requête à une formation collégiale. • CE 24 févr. 2022, n° 446616 B : *AJDA 2022. 433*.

2. Pour annuler la décision de l'OFPRA et lui renvoyer l'examen du dossier, la CNDA a jugé que la dernière demande présentée par l'intéressé ne pouvait être regardée comme une demande de réexamen et que les règles d'irrecevabilité propres à de telles demandes ne lui étaient donc pas applicables, au motif que la précédente décision de l'OFPRA n'avait pas été rendue sur une demande d'asile, mais était une décision de fin de protection prise par l'office de sa propre initiative. En statuant ainsi, la Cour a commis une erreur de droit. • CE 24 févr. 2022, n° 453619 : *préc. note 1.*

3. Les parents d'un enfant né après l'enregistrement de leur demande d'asile peuvent présenter, postérieurement au rejet définitif de leur propre demande, une demande au nom de leur enfant. Cette demande ainsi présentée au nom du mineur doit alors être regardée, dans tous les cas, comme une demande de réexamen au sens de l'art. L. 531-41. • CE 27 oct. 2022, n° 454935. – V. déjà • CE 27 janv. 2021, n° 445958 B : *AJDA 2021. 238*.

4. Le retour temporaire d'un demandeur d'asile dans son pays d'origine après le rejet d'une demande de protection internationale ne fait pas obstacle à ce que toute demande présentée par la suite soit qualifiée de demande de réexamen ; le retour n'implique pas nécessairement l'existence d'un élément ou fait nouveau. • CJUE 25 mai 2023, n° C-364/22.

Art. L. 531-42 **A l'appui de sa demande de réexamen, le demandeur indique par écrit les faits et produit tout élément susceptible de justifier un nouvel examen de sa demande d'asile.**

L'Office français de protection des réfugiés et apatrides procède à un examen préliminaire des faits ou des éléments nouveaux présentés par le demandeur intervenus après la décision définitive prise sur une demande antérieure ou dont il est avéré qu'il n'a pu en avoir connaissance qu'après cette décision.

Lors de l'examen préliminaire, l'office peut ne pas procéder à un entretien.

Lorsque, à la suite de cet examen préliminaire, l'office conclut que ces faits ou éléments nouveaux n'augmentent pas de manière significative la probabilité que le demandeur justifie des conditions requises pour prétendre à une protection, il peut prendre une décision d'irrecevabilité. – *[Anc. art. L. 723-16.]*

I. CONDITIONS DE LA DEMANDE DE RÉEXAMEN

1. Principe. Dans le cas où la CNDA a rejeté le recours d'une personne prétendant à la qualité de réfugié et où celle-ci, après le rejet d'une nouvelle demande par l'OFPRA, saisit de nouveau la cour, ce recours ne peut être examiné au fond par cette juridiction que si l'intéressé invoque des faits intervenus postérieurement à la première décision juridictionnelle ou dont il est établi qu'il n'a pu en avoir connaissance que postérieurement à cette décision, et susceptibles, s'ils sont établis, de justifier les craintes de persécutions qu'il déclare éprouver. • CE 27 janv. 1995, *Mlle G.*, n° 129428. ♦ Lorsque la CNDA statue dans le cadre d'une réouverture de dossier, elle ne peut reconnaître la qualité de réfugié qu'en présence de faits nouveaux. • CE 9 juin 2008, *OFPRA c/ Khan*, n° 293310 • 10 avr. 2009, *OFPRA c/ O.*, n° 300277 : *Rec. CNDA 135.* ♦ Le Conseil d'État admet désormais la présentation d'éléments de preuve nouveaux dont la valeur probante est de nature à modifier l'appréciation du bien-fondé de la demande de protection. • CE 26 janv. 2018, n° 397611 A : *AJDA 2018. 689, concl. Bretonneau ; RTD eur. 2018. 827, note Ritleng.*

2. Critères. Les faits ou éléments nouveaux doivent se rapporter à la situation personnelle ou à la situation dans son pays d'origine du demandeur, être postérieurs à la décision définitive prise sur la demande antérieure ou dont il est avéré qu'il n'a pu en avoir connaissance que postérieurement et susceptibles, s'ils sont probants, de modifier l'appréciation du bien-fondé ou de la crédibilité de sa demande, au regard des critères prévus pour prétendre à une protection internationale. • CNDA 7 janv. 2016, nos 15025487 et 15025488. ♦ V. déjà : • CNDA 4 nov. 2010, n° 09002323.

3. Éléments antérieurs à la décision. Ne peuvent être considérés comme des faits nouveaux des éléments et documents se rapportant à des événements qui seraient survenus avant la précédente décision de la juridiction et dont le requérant s'était abstenu de faire état lors de sa précédente demande. • CNDA 28 juill. 2009, n° 630501/08010973 : *Rec. CNDA 145.* ♦ En revanche, en estimant que les faits invoqués n'étaient que la conséquence de faits antérieurement allégués, alors qu'ils sont postérieurs aux décisions qui avaient antérieurement statué sur la demande d'asile, et de nature, s'ils étaient établis, à fonder une nouvelle appréciation de celle-ci, la CNDA a fait une fausse application des dispositions régissant l'examen des demandes d'asile. • CE 17 déc. 2010, *M. Chakma*, n° 316277.

II. VALIDITÉ JURIDIQUE DU DISPOSITIF

4. Conformité à la Constitution. La CNDA a refusé de transmettre une QPC sur le présent art. en considérant que l'absence de définition de la notion d'élément nouveau ne portait pas atteinte au principe de sécurité juridique ; il ne s'agit pas d'apprécier l'existence de craintes nouvelles par rapport à la demande initiale, mais la valeur probante attachée aux éléments ou faits nouveaux justifiant alors le réexamen complet de l'ensemble des craintes alléguées depuis la première demande. La cour écarte également l'argument selon lequel la dispense d'entretien avec le demandeur au stade de l'examen préliminaire des éléments nouveaux constituait par elle-même une atteinte à la garantie procédurale de l'audition du demandeur d'asile, posée par la Dir. 2013/32/UE. Même solution enfin s'agissant de l'argument selon lequel le présent art. instaurerait un seuil de certitude trop élevé quant à l'établissement d'un risque de persécutions ou d'atteintes graves pour ouvrir droit au réexamen d'une demande d'asile, contraire ainsi au principe du bénéfice du doute, qui serait le corollaire du principe de non-refoulement garanti par l'art. 33 de la Conv. de Genève ; elle estime en effet que le présent art. n'a pas pour objet de permettre au juge de se prononcer sur l'éventuel refoulement d'un réfugié vers un pays où il serait exposé à des craintes de persécution. • CNDA 7 janv. 2016, nos 15025487 et 15025488.

5. Validité de la Dir. du 26 juin 2013. Il résulte clairement des dispositions des art. 33 et 40 de la Dir. du 26 juin 2013, dont l'interprétation est confortée par le pt 36, que l'examen préliminaire de recevabilité d'une demande de réexamen doit porter successivement sur le caractère nouveau des faits et des éléments de preuve présentés à son appui ainsi que sur leur valeur probante afin de déterminer s'ils sont ou non de nature à modifier l'appréciation du bien-fondé de la demande de protection ; ces dispositions prévoient ainsi qu'une demande de réexamen est soumise à un examen préliminaire permettant d'en apprécier la recevabilité. L'art. 40 de cette directive a pu, sans être entaché ni de contradiction ni d'ambiguïté, successivement prévoir, à son § 2, que cet examen visait à déterminer si des éléments de preuve ou des faits nouveaux étaient apparus ou avaient été présentés depuis le rejet de la demande antérieure puis, à son § 3, que la demande ultérieure n'était recevable, exigeant dès lors un examen au fond, que dans l'hypothèse où il apparaissait, au terme de l'examen préliminaire, que les éléments de preuve ou faits nouveaux augmentaient de manière significative la probabilité que le demandeur remplisse les conditions requises pour prétendre à une protection. En subordonnant ainsi la recevabilité d'une demande de réexamen à deux conditions cumulatives, la première à l'existence d'éléments de preuve ou des faits nouveaux et la seconde à leur valeur probante, les dispositions contestées ne méconnaissent ni le principe de sécurité juridique ni, par voie de conséquence, le droit d'asile garanti par l'art. 18 de la Charte UE et les art. 67 et 78 du TFUE. • CE 26 janv. 2018, n° 397611 A : *AJDA 2018. 689, concl. Bretonneau*.

6. Refus de transmission de QPC. Les dispositions du présent art. se bornent à assurer la transposition en droit interne des dispositions précises et inconditionnelles des § 2 et 3 de l'art. 40 de la Dir. 2013/32/UE du Parlement européen et du Conseil du 26 juin 2013. En invoquant l'objectif d'intelligibilité et d'accessibilité de la loi, la QPC soulevée ne met en cause aucune règle ni aucun principe inhérent à l'identité constitutionnelle de la France. Si les requérants invoquent également l'al. 4 du Préamb. de 1946, aux termes duquel « tout homme persécuté en raison de son action en faveur de la liberté a droit d'asile sur les territoires de la République », ils ne sont en tout état de cause pas fondés à soutenir que les dispositions contestées le mettent en cause dès lors que, lorsque l'OFPRA se prononce sur une demande de réexamen selon la procédure définie au présent art., celui-ci « conserve la faculté d'examiner la demande présentée par un étranger persécuté en raison de son action en faveur de la liberté ». • CE 26 janv. 2018, n° 397611 : *préc. note 5.*

III. CARACTÉRISATION DES ÉLÉMENTS NOUVEAUX

A. POURSUITES ET DÉCISIONS DE JUSTICE

7. La recevabilité d'une demande de réexamen d'une demande d'asile est subordonnée, d'une part, à la présentation soit de faits nouveaux intervenus ou révélés postérieurement au rejet de la demande antérieure soit d'éléments de preuve nouveaux et, d'autre part, au constat que leur valeur probante est de nature à modifier l'appréciation du bien-fondé de la demande de protection au regard de la situation personnelle du demandeur et de la situation de son pays d'origine. Cet examen préliminaire de recevabilité ne fait pas obstacle à la présentation de faits antérieurs à la décision définitive, dès lors que ces faits se rapportent à une situation réelle de vulnérabilité l'ayant empêché d'en faire état dans sa précédente demande. • CNDA 7 déc. 2021, n° 20038354.

8. Poursuites et condamnations pénales. Constituent notamment des faits nouveaux : l'intervention d'un jugement pénal, certes antérieur à la première décision de la cour, mais dont la requérante n'avait appris l'existence qu'après cette décision. • CE 27 janv. 1995, *Mlle G.*, n° 129428. ♦ ... Une condamnation pour des motifs politiques rendue après une première décision de rejet. • CE 10 nov. 2004, *Préfet du Val-d'Oise*, n° 259658. ♦ ... L'engagement de recherches policières. • CE 13 sept. 1996, *Préfet de police*, n° 153540. ♦ ... L'enquête engagée par la préfecture ainsi que la perte de sa nationalité par le demandeur, postérieures à la précédente décision de la commission. • CNDA 16 juill. 2009, n° 07016818 : *Dr. adm. 2010. Comm. 4, note Denis Seguin.* ♦ ... La délivrance d'une convocation et les recherches à l'encontre de la requérante. • CNDA 11 déc. 2009, n° 589147/06022820 : *Rec. CNDA 137.*

9. Une convocation à comparaître devant la Cour de sûreté de l'État selon laquelle le demandeur était recherché pour des motifs politiques et des documents faisant état de persécutions subies par des membres de sa famille doivent, eu égard à leur objet et à leur motivation, être regardés comme constituant non de simples éléments de preuve supplémentaires, mais comme des faits nouveaux pouvant avoir une influence sur l'appréciation des craintes de persécution invoquées par l'intéressé. • CE 24 janv. 2000, *Lutumba*, n° 181742.

10. Fixation du pays de destination. Constitue en particulier un élément nouveau l'intervention d'une décision du juge administratif annulant la décision fixant le pays d'origine comme pays de destination ; en effet, cette décision a été rendue à la suite de la production d'éléments qui n'avaient pas encore été soumis à l'appréciation du juge de l'asile ; l'autorité absolue de chose jugée de la décision du juge administratif ne s'attache qu'aux constatations de fait opérées par ce jugement et non à leur qualification juridique. • CE 3 juill. 2009, *OFPRA*, n° 298575 • CNDA 30 avr. 2008, *A.*, n° 593724 : *Rec. CNDA 95.* ♦ Il en va de même de la décision du Conseil d'État, juge de cassation, ayant annulé la décision de la CRR rejetant le recours du mari de la requérante. • CNDA 3 janv. 2008, *Mme Y.*, n° 399291 : *Rec. CNDA 97.*

11. Arrêt de la CEDH. L'arrêt par lequel la CEDH juge que la mise en œuvre de la mesure d'éloignement constituerait une violation de l'art. 3 Conv. EDH « constitue une circonstance nouvelle justifiant le réexamen de la situation de cette personne par l'OFPRA, sous le contrôle de la CNDA. La complète exécution de l'arrêt de la CEDH implique nécessairement, non seulement que les autorités compétentes s'abstiennent de mettre à exécution la mesure d'éloignement, mais aussi, à tout le moins, que, sauf changement de circonstances et sous réserve de l'application de l'art. L. 712-2 [devenu art. L. 512-2], la protection subsidiaire lui soit accordée en application de l'art. L. 712-1 [devenu art. L. 512-2]. » • CE 5 oct. 2018, n° 406222 A : *AJDA 2018. 1938 ; ibid. 2249, concl. Bretonneau*.

B. CONSIDÉRATIONS FAMILIALES ET PERSONNELLES

12. Ont été considérés comme des faits ou éléments nouveaux justifiant une demande de réexamen : l'obtention du statut de réfugié par des membres de la famille du demandeur. • CE 29 déc. 1995, *Carman*, n° 147608 : *D. 1997. Somm. 44*. ♦ ... Le mariage avec un réfugié. • CE 10 nov.

1997, *Préfet de police c/ Theranvil,* n° 173626. ♦ ... Les persécutions infligées aux membres de la famille. • CE 3 avr. 1996 : *D. 1997. Somm. 45, obs. Julien-Laferrière.* ♦ ... La transformation physique de l'intéressé à la suite d'un traitement hormonal féminisant suivi en France postérieurement à la décision initiale. • CNDA 9 janv. 2008, *A.,* n° 607063 : *Rec. CNDA 39.*

13. La CNDA doit statuer sur une demande de réexamen, certes fondée sur les mêmes éléments, mais présentée par un demandeur se prévalant d'une nationalité différente de celle qui avait fondé sa première demande. • CE 5 mai 2017, n° 397839.

14. La CNDA a considéré que le fait de se trouver en rétention lors du dépôt d'une première demande de protection ne caractérisait pas une situation de vulnérabilité justifiant que le demandeur n'ait pas, à cette occasion, mentionné son homosexualité ; la demande de réexamen est par conséquent irrecevable. • CNDA 5 nov. 2019, n° 19005250.

15. Les parents d'un enfant né après l'enregistrement de leur demande d'asile peuvent présenter, postérieurement au rejet définitif de leur propre demande, une demande au nom de leur enfant. Dans ce cas, la demande ainsi présentée au nom du mineur doit être regardée, dans tous les cas, comme une demande de réexamen au sens du présent art. • CE 27 janv. 2021, n° 445958 B : *AJDA 2021. 238.*

C. CHANGEMENTS DANS LA SITUATION JURIDIQUE OU POLITIQUE

16. Ont été considérés comme des faits ou éléments nouveaux justifiant une demande de réexamen : la modification du fondement de la demande du statut de réfugié. • CRR 2 févr. 1999, *K.,* n° 333676. ♦ ... La modification des textes applicables à la demande. • CRR 21 nov. 2005, *M.,* n° 542653. ♦ ... L'intervention d'une décision privant le requérant de sa nationalité. • CNDA 26 avr. 2001, n° 371343. ♦ ... L'invocation par le demandeur d'un changement du régime politique de l'État concerné. • CE 6 avr. 2001, *Babic,* n° 188192 : *RFDA 2001. 925.* ♦ V. aussi, s'agissant d'une Népalaise persécutée dans son pays par des maoïstes, lesquels sont parvenus au pouvoir : • CNDA 25 nov. 2009, n° 631484/08011958 : *Rec. CNDA 138.*

17. S'il est loisible à l'autorité administrative d'adresser aux autorités du pays d'origine d'un ressortissant étranger en situation irrégulière tout élément en vue de son identification pour assurer la mise en œuvre d'une mesure d'éloignement prise à son encontre, la transmission à ces autorités, après qu'une demande d'asile a été définitivement rejetée, d'informations relatives au contenu de cette demande constitue un fait nouveau justifiant un nouvel examen à la demande d'asile ; lors de ce nouvel examen, la demande d'admission au statut de réfugié ou, le cas échéant, d'octroi de la protection subsidiaire est appréciée, compte tenu notamment du pays d'origine du demandeur, de la nature de l'information et des conditions dans lesquelles elle a été transmise ainsi que des risques encourus. • CE 5 nov. 2014, *M. A.,* n° 369658 : *AJDA 2014. 2220 ; D. 2015. 450, obs. Boskovic, Corneloup, Jault-Seseke, Joubert et Parrot.* ♦ La transmission d'informations relatives à l'existence de cette demande constitue, à elle seule, un fait nouveau. • CE 10 févr. 2016, n° 373529 B : *AJDA 2016. 291 ; ibid. 1081, concl. Bretonneau.*

18. Si un jugement annulant une décision fixant un pays de destination au motif que l'intéressé justifie les craintes de persécution dans le pays de renvoi qu'il déclare éprouver ne s'impose pas avec l'autorité absolue de la chose jugée à la CNDA, eu égard à ses compétences propres et à son office, il constitue un élément impliquant que la Cour procède à un réexamen de l'ensemble des faits soumis à son appréciation. • CE 6 févr. 2013, *Mme P.,* n° 353807 : *AJDA 2013. 1200.* ♦ Il en va de même en cas d'annulation de la mesure d'éloignement ; en revanche, il en va autrement lorsque la mesure d'éloignement est seulement suspendue dans son exécution eu égard aux effets attachés à ladite suspension et à ses finalités, même lorsqu'elle est prononcée au motif de la méconnaissance des stipulations de l'art. 3 Conv. EDH. • CNDA 10 mai 2021, nos 21003450 et 21003451.

19. En revanche, des éléments de preuve nouveaux mais se rapportant à des faits précédemment soutenus ne seront pas considérés comme une cause juridiquement distincte. Par ex., une attestation se rapportant à des faits précédemment allégués n'est pas un élément nouveau. • CNDA 9 nov. 2007, n° 615020.

20. Un arrêt de la CJUE peut constituer un élément nouveau justifiant un nouvel examen au fond de la demande d'asile si un tel arrêt augmente de manière significative la probabilité qu'un demandeur d'asile remplisse les conditions requises pour prétendre au statut de réfugié ou à la protection subsidiaire, peu importe que l'arrêt en cause ait été rendu avant la décision de rejet de la demande d'asile. • CJUE 8 févr. 2024, n° C-216/22 : *DP étrangers, Bull. n° 341, mars 2024.*

IV. PROCÉDURE

21. Une demande de réexamen suite à une décision de rejet de la CNDA est susceptible de heurter le principe de l'autorité de la chose jugée ; toutefois, le Conseil d'État a admis cette possibilité dès lors que le demandeur invoque des faits, susceptibles de justifier les craintes de persécution, postérieurs à la précédente décision, ou dont il est établi qu'il n'a pas pu en avoir connaissance avant cette décision. Les faits nouveaux, s'ils sont établis, doivent être susceptibles de justifier les craintes de persécution. • CE 27 janv. 1995, *Mme G.*, n° 129428 : *AJDA 1995. 399, note Julien-Laferrière* ; *RFDA 1996. 527, concl. Denis-Linton*. ♦ V. aussi : • CE 28 sept. 2007, *Rashid O.*, n° 29973 • CNDA 3 janv. 2008, n° 399291 • 25 févr. 2008, n° 589410 : *Rec. CNDA, 5 avr. 2009, Contentieux des réfugiés années 2008, p. 96* • CE 3 juill. 2009, *OFPRA*, n° 298575 : *Rec. CNDA 135.*

22. La Cour n'est pas tenue, après avoir estimé les faits nouveaux non établis, de procéder à un nouvel examen des faits sur lesquels elle s'était précédemment prononcée. • CE 10 avr. 2009, *S.*, n° 290405 : *Rec. CNDA 7.*

23. Lorsque la CNDA estime que le fait nouveau est pertinent et établi, elle doit se prononcer sur le droit de l'intéressé en tenant compte de l'ensemble des faits qu'il invoque dans sa nouvelle demande, y compris ceux déjà examinés par la cour. • CE 28 avr. 2000, *M. T.*, n° 192701.

24. Lorsqu'il sollicite le réexamen de sa demande d'asile déjà rejetée par une précédente décision devenue définitive, l'étranger, du fait même de l'accomplissement de cette démarche volontaire, ne saurait ignorer que cette demande est susceptible de faire l'objet d'un refus sans avoir été préalablement convoqué par l'OFPRA à un entretien, s'il ne fournit pas à l'appui de celle-ci d'élément nouveau susceptible, s'il est établi, de justifier les craintes de persécutions qu'il déclare éprouver ou les menaces graves de mauvais traitements qu'il déclare encourir ; d'autre part, l'étranger peut produire, à l'appui de sa demande et à tout moment de la procédure d'instruction, toutes observations écrites et tous éléments complémentaires susceptibles de venir à son soutien, au besoin en faisant état de nouveaux éléments ; par suite, la seule circonstance que le directeur général de l'OFPRA décide, au vu de l'ensemble des éléments ainsi présentés par l'intéressé, de rejeter sa demande sans le convoquer à un entretien ne permet pas de regarder l'étranger comme ayant été privé de son droit d'être entendu. • CE 9 nov. 2015, n° 381171 B : *AJDA 2015. 2175*.

25. Si la CNDA, saisie d'une demande de réexamen d'une demande d'asile rejetée par l'OFPRA comme irrecevable, considère que, contrairement à ce que l'OFPRA avait estimé, le requérant présentait des éléments nouveaux augmentant de manière significative la probabilité qu'il justifie des conditions requises pour prétendre à une protection internationale, elle ne peut rejeter le recours au motif que les risques de persécutions allégués n'étaient pas établis et il lui appartenait d'annuler la décision d'irrecevabilité de l'Office et lui renvoyer la demande de réexamen afin que le demandeur soit mis à même de bénéficier de la garantie que constitue son entretien personnel. • CE 2 mars 2023, n° 461056.

CHAPITRE II **RECOURS DEVANT LA COUR NATIONALE DU DROIT D'ASILE**

Sur l'organisation de la CNDA, V. notes ss. art. L. 131-3 s., supra.

COMMENTAIRE

La CNDA a une activité extrêmement importante en raison d'un taux particulièrement élevé de recours contre les décisions du directeur général de l'OFPRA (88 % en 2023) ; elle a enregistré 64 685 affaires en 2023 et en a réglé 66 358 avec un délai moyen de jugement de6 mois et 3 jours.

Le taux de pourvoi en cassation contre les arrêts de la CNDA s'établit à 0,97 % en 2023 ; ce sont seulement 5,9 % des pourvois qui donnent lieu à cassation.

Les recours enregistrés en 2023 émanent de requérants originaires de 132 pays différents. Les 10 pays les plus représentés sont : le Bangladesh, la Turquie, l'Afghanistan, la RDC, la Géorgie, la Côte d'Ivoire, la République de Guinée, le Nigéria, l'Albanie et l'Arménie. Ces 10 pays représentent près de 64,7 % du total des recours introduits devant la CNDA en 2023.

Le taux de protection par la Cour s'établit à 20,5 % en 2023, avec 13 606 décisions de protection, dont 9 462 accordant aux demandeurs le statut de réfugié en application de la Convention de Genève et 4 144 au titre de la protection subsidiaire prévue par le droit européen.

En 2023, les pays d'origine ayant le plus haut taux de protection sont la Syrie (69 %), l'Iran (59 %), l'Ukraine (57 %), le Soudan (57 %), les Territoires palestiniens (44 %), le Yémen (46 %), le Burkina Faso (43 %), Djibouti (43 %), la Centrafrique (41 %), l'Afghanistan (41 %).

En 2023, la Cour a tenu 5 957 audiences, dont 4 491 audiences collégiales et 1 466 audiences à juge unique. ❑

SECTION 1 Compétence et attributions

Art. L. 532-1 La Cour nationale du droit d'asile, dont la nature, les missions et l'organisation sont notamment définies au titre III du livre I, statue sur les recours formés contre les décisions de l'Office français de protection des réfugiés et apatrides prises en application des articles L. 511-1 à L. 511-8, L. 512-1 à L. 512-3, L. 513-1 à L. 513-5, L. 531-1 à L. 531-35, L. 531-41 et L. 531-42.

A peine d'irrecevabilité, ces recours doivent être exercés dans le délai d'un mois à compter de la notification de la décision de l'office, dans des conditions fixées par décret en Conseil d'État. – *[Anc. art. L. 731-2, al. 1er.]*

I. COMPÉTENCE DE LA CNDA

1. Enregistrement de la demande d'asile. L'énumération fixée au présent art. est limitative ; par suite, la compétence attribuée à la CNDA ne comprend pas les litiges relatifs au refus du directeur de l'OFPRA d'enregistrer une demande d'asile qui doivent être portés devant la juridiction administrative de droit commun. • CE 9 mars 2005, *M. Moinuddin*, n° 274509 B : *préc. note 3 ss. art. L. 531-1* • 2 juill. 2008, *M. Albert Kazadi*, n° 277348. ♦ Même solution s'agissant de la décision par laquelle le directeur de l'OFPRA entend se dessaisir d'une demande d'asile. • CE 24 nov. 2010, *OFPRA c/ M. Nithiyanandan*, n° 309687. ♦ Alors même que c'est à tort que le directeur général de l'OFPRA a refusé d'enregistrer la demande d'asile, la CNDA ne peut statuer en l'absence de décision préalable liant le contentieux. • CNDA 28 nov. 2008, *Mlle B.*, n° 631886 : *Rec. CNDA 9*.

2. Le Conseil d'État a toutefois pris acte de la réforme introduite par la L. du 29 juill. 2015 et considère que la CNDA est compétente pour juger les recours dirigés contre les décisions de l'OFPRA relatives aux demandes tendant à l'obtention de la qualité de réfugié ou au bénéfice de la protection subsidiaire, y compris les refus d'enregistrement de demandes présentées par un étranger en rétention (art. L. 744-6). • CE 23 déc. 2016, nos 403971, 403975 et 403976 B : *AJDA 2017. 12*.

3. Dès lors que le directeur général de l'OFPRA a rejeté la demande d'asile au motif que l'intéressé, qui ne produisait aucun document d'identité ou de voyage, avait rendu volontairement impossible l'identification de ses empreintes digitales et qu'ainsi il ne permettait pas à l'office de recueillir l'ensemble des éléments nécessaires à la reconnaissance du bien-fondé de sa demande, le directeur général de l'OFPRA ne s'est pas borné à refuser d'enregistrer cette demande mais a expressément refusé au demandeur le bénéfice de l'asile, sans que la circonstance alléguée par le demandeur que cette décision serait intervenue en méconnaissance des dispositions régissant l'examen des demandes d'asile puisse avoir d'incidence sur la qualification de la décision qui lui a été opposée ; par suite, l'OFPRA est fondé à soutenir qu'en estimant que la décision ne constituait pas une décision refusant le bénéfice de l'asile et en en déduisant qu'un recours contre cette décision relevait, non de la CNDA, mais de la compétence du juge administratif de droit commun, le juge des référés du tribunal administratif de Melun a commis une erreur de droit. • CE 30 mai 2012, *OFPRA c/ M. A.*, n° 355594 B.

4. Fin de la protection. La cour est compétente pour connaître des recours formés contre les décisions par lesquelles le directeur général de l'OFPRA met fin au statut de réfugié en application des dispositions de l'art. L. 511-7. • CE 23 déc. 2016, nos 403971, 403975 et 403976 : *préc. note 2*.

5. Protection subsidiaire. La CNDA est compétente pour se prononcer sur les recours formés contre les refus de demande de protection subsidiaire • CRR 25 juin 2004, *Koffi Amani*, n° 403498.

6. Urgence. Seule la CNDA est compétente pour se prononcer sur une mesure d'urgence relative à la suspension d'une décision du directeur de l'OFPRA. • CE 12 févr. 2010, *Mahuragiza*, n° 336484.

II. INCOMPÉTENCE DE LA CNDA

7. Apatridie. La CNDA est incompétente pour se prononcer sur la reconnaissance de la qualité d'apatride dont le contentieux relève de la juridiction administrative de droit commun. • CRR 1er févr. 2007, *A.*, n° 563765.

8. Titre de séjour. La CNDA est incompétente pour se prononcer sur une demande de carte de résident et ne peut statuer sur l'octroi d'une protection à défaut d'une décision préalable du directeur général de l'OFPRA statuant sur l'asile. • CNDA 6 mars 2008, *M. K.*, n° 608656 : *Rec. CNDA 8*.

9. Procédure « Dublin ». Il n'appartient pas au juge de l'asile d'examiner si la procédure de détermination de l'État responsable de la demande « Dublin III » a été correctement appliquée. • CJUE 4 oct. 2018, n° C-56/17.

10. Recours indemnitaire. La CAA de Bordeaux a interrogé le Conseil d'État sur le point de savoir si la CNDA était compétente pour se prononcer sur l'action en responsabiltié formée contre l'OFPRA à raison du rejet d'une demande d'asile (ultérieurement infirmé par la CNDA) ou du refus d'instruire une telle demande. • CAA Bordeaux, 21 déc. 2011, *OFPRA c/ Adam Ibrahim*, n° 11BX00045. ♦ Le Conseil d'État a rappelé que la CNDA est une juridiction administrative spécialisée, dont la compétence d'attribution ne porte que sur les recours dirigés contre les décisions de l'OFPRA. Il appartient en conséquence au tribunal administratif, juge de droit commun du contentieux administratif, de connaître d'une action en indemnité introduite à la suite de l'annulation d'une décision de l'OFPRA. • CE, avis, 12 nov. 2012, *OFPRA*, n° 355134 A : *AJDA 2012. 2146* ; *ibid. 2013. 640, note Foulquier* ; *RFDA 2013. 217*. ♦ La décision par laquelle la CNDA reconnaît la qualité de réfugié à une personne à laquelle l'OFPRA avait opposé un refus n'implique d'aucune manière que la décision prise par cet établissement, au vu du dossier dont il disposait, aurait constitué une faute de nature à ouvrir droit à réparation ; la reconnaissance par la CNDA de la qualité de réfugié ne permet pas à l'intéressé de se prévaloir devant le juge du référé-provision d'une créance qui ne serait pas sérieusement contestable. Devant le tribunal administratif statuant au fond, la mise en cause de la responsabilité de la puissance publique est subordonnée à l'établissement, au regard des circonstances de chaque espèce, d'une part, d'une faute de l'OFPRA, laquelle ne découle pas de la seule attribution ultérieure de la qualité de réfugié par la CNDA, d'autre part, de l'existence d'un préjudice de nature à ouvrir droit à réparation, enfin, d'un lien direct de causalité entre la faute imputée à l'OFPRA et le préjudice invoqué. • Même avis. ♦ Jugé à cet égard que la légalité d'un acte administratif s'apprécie à la date de son édiction ; par suite, la décision par laquelle la CNDA reconnaît la qualité de réfugié à un étranger n'implique en aucune manière que le refus de séjour pris antérieurement par le préfet, au vu du dossier dont il disposait, serait illégal et constitutif d'une faute de nature à ouvrir droit à réparation. • CAA Nancy, 19 mars 2015, *Épx Issaev*, n° 13NC01982 : *AJDA 2015. 1467, chron. Goujon-Fischer*.

III. CAS PARTICULIERS

11. Question de nationalité. La Cour décidera un sursis à statuer lorsque l'affaire comporte une contestation sérieuse portant, par ex., sur la filiation d'une requérante, question pour laquelle la juridiction civile de droit commun est exclusivement compétente. • CNDA 19 juin 2009, *Mlle I.*, n° 631175 : *Rec. CNDA 4.* ♦ Il lui revient le cas échéant, pour déterminer la nationalité d'un demandeur d'asile, d'interpréter les dispositions d'une loi étrangère qui déterminent les règles d'attribution ou d'acquisition de cette nationalité ; sous réserve de dénaturation, il n'appartient pas au Conseil d'État, juge de cassation, de contrôler l'interprétation ainsi faite par la cour de cette loi étrangère, qui relève de son appréciation souveraine. La CNDA ne peut trancher elle-même la question de la nationalité d'un demandeur d'asile lorsque cette question soulève une difficulté sérieuse, qui relève alors de la compétence exclusive de l'autorité judiciaire ; en pareille hypothèse, il appartient à la cour de surseoir à statuer dans l'attente que la juridiction judiciaire ait tranché la question de la nationalité du demandeur. • CE 28 avr. 2014, *M. Gao*, n° 344265 A : *AJDA 2014. 1611*.

12. En appréciant les craintes d'un demandeur uniquement au regard d'un pays dont la législation ne reconnaissait à ses citoyens qu'une seule nationalité, alors que l'interprétation de cette législation posait une difficulté sérieuse impliquant la saisine du juge judiciaire, la Cour a méconnu les dispositions de l'art. 29 C. civ. • CE 26 mai 2014, n° 357433. ♦ La CNDA commet une erreur de droit en jugeant que les parents de la requérante n'établissaient pas qu'elle serait dans l'impossibilité de se prévaloir de la nationalité congolaise, alors qu'il ressortait de la combinaison des textes applicables qu'il était impossible, dès lors que la nationalité guinéenne de l'enfant était établie, qu'elle puisse également avoir la nationalité congolaise. • CE 16 févr. 2024, n° 468454.

13. Recours en révision. Aux termes de l'art. R. 562-2, la CNDA statue sur les recours en révision dans les cas où il est soutenu que la décision de la cour a résulté d'une fraude ; un préfet, n'ayant été ni partie ni représenté à l'instance, n'a pas qualité pour introduire un recours en révision. Si le délai court à partir de la constatation de la fraude, selon la définition communément admise, constater signifie établir par soi-même la réalité d'un fait ; par suite, la constatation de la fraude ne peut être assimilée à sa seule connaissance et moins encore à son seul signalement. • CNDA 29 févr. 2008, *Directeur général de l'OFPRA c/ A.*, n° 591275 : *Rec. CNDA 15.* ♦ La seule circonstance que l'intéressé n'aurait pas été assisté d'un interprète, dont la nécessité ne peut être tenue pour établie dès lors qu'il a déclaré s'exprimer en français, ne peut être regardée comme constitutive d'une fraude ouvrant droit au recours en révision. • CNDA 27 oct. 2008, *L.*, n° 605228 : *Rec. CNDA 16.* ♦ La CNDA accueille le recours en révision du directeur général de l'OFPRA contre sa décision ayant reconnu la qualité de réfugié sur le fondement de déclarations mensongères. • CNDA 9 avr. 2009, *Directeur général de l'OFPRA c/ Mlle K.*, n° 641367 : *Rec. CNDA 21* • 8 oct. 2009, n° 701681/09007100 : *Rec. CNDA 18* • 24 sept. 2009, n° 633282/08013386 : *Rec. CNDA 19.* ♦ Le délai de 2 mois dont dispose l'OFPRA pour faire un recours en révision pour fraude contre une décision de la Cour accordant une protection à un requérant présentant des demandes d'asile successives sous d'autres identités est déclenché à chaque fois que l'Office constate une nouvelle fraude. • CE 31 mai 2021, n° 437792 : *D. 2022. 244, chron. Boskovic, Corneloup, Jault-Seseke, Joubert et Parrot*.

14. Lorsque la CNDA admet la recevabilité d'un recours en révision, elle procède à l'examen au fond de la qualité de réfugié du demandeur. • CNDA 18 déc. 2008, *Directeur général de l'OFPRA c/ Mlle B.*, n° 595669 : *Rec. CNDA 16.*

15. Recours en rectification d'erreur matérielle. Ce recours n'est ouvert qu'aux parties à l'instance. • CNDA 15 sept. 2008, *K.*, n° 620989 : *Rec. CNDA 18.* ♦ La CNDA ne peut se saisir d'office d'un tel recours. • CE 14 avr. 1985, *Al Kabbani*, n° 130246. ♦ Le recours en rectification d'erreur matérielle est ouvert, même sans texte, devant les juridictions qui statuent en dernier ressort. Il est recevable lorsqu'une erreur matérielle, imputable à la juridiction, est susceptible d'avoir exercé une influence sur le jugement de l'affaire ; lorsque ces conditions de recevabilité ne sont manifestement pas remplies, le président et les présidents de section de la CNDA peuvent, sur le fondement de l'art. R. 733-5 [devenu art. R. 532-6, R. 532-7, R. 532-8 e R. 532-40] du présent code, rejeter un tel recours par ordonnance. • CE 27 nov. 2013, n° 363388 : *AJDA 2013. 2408*.

16. Constitue par ex. une erreur matérielle le fait qu'un courrier a été enregistré par le greffe mais non transmis à la formation de jugement. • CNDA 27 mars 2008, *Mme K. épse P.*, nos 508387 et 573310 : *Rec. CNDA 18.* ♦ Même solution en cas de non-concordance entre les motifs de la décision qui octroient la protection subsidiaire et le dispositif qui reconnaît la qualité de réfugié. • CNDA 28 févr. 2008, *Directeur général de l'OFPRA c/ Mme Y. épse A.*, nos 600962 et 615113 : *Rec. CNDA 18.* ♦ Erreur dans la date de la séance publique telle que reproduite dans la décision attaquée. • CNDA 2 juill. 2009, n° 636370/0816840 : *Rec. CNDA 24.* ♦ Tel n'est pas le cas en revanche des allégations du requérant qui prétend que son recours a été expédié sous le même pli que celui de son mari alors que le montant de l'affranchissement correspond au poids des seules pièces du recours de l'époux. • CNDA 23 déc. 2009, n° 09004484/645789 : *Rec. CNDA 23.* ♦ Les contestations mettant en cause la qualification retenue par la cour quant à la détermination d'une nationalité, en ce qu'elles entendent dénoncer un raisonnement juridique erroné, ne sauraient relever du champ de recevabilité d'un recours en rectification d'erreur matérielle, l'erreur alléguée ne présentant pas le caractère d'une erreur matérielle. • CNDA 27 oct. 2009, n° 705446/09010811 : *Rec. CNDA 23.*

Art. L. 532-2 **Saisie d'un recours contre une décision de l'Office français de protection des réfugiés et apatrides, la Cour nationale du droit d'asile statue, en qualité de juge de plein contentieux, sur le droit du requérant à une protection au titre de l'asile au vu des circonstances de fait dont elle a connaissance au moment où elle se prononce.** — *[Anc. art. L. 733-5, al. 1er.]*

1. Recours de plein contentieux. Le recours ouvert devant la CNDA constitue un recours de plein contentieux ; par suite, la CNDA doit se prononcer à la lumière des éléments présents à la date à laquelle sa décision est lue. • CE 17 mai 2002, *OFPRA c/ Mme Pavlovic*, n° 231387 : *Lebon T. 780.* ♦ Il appartient dès lors à la CNDA, non d'apprécier la légalité de la décision qui lui est déférée au vu des seuls éléments dont pouvait disposer le directeur de l'Office lorsqu'il a statué sur la demande, mais de se prononcer elle-même sur le droit des intéressés à la qualité de réfugié d'après l'ensemble des circonstances de fait dont il est justifié par l'une et l'autre parties à la date de sa propre décision. • CE 8 janv. 1982, *M. C.*, n° 24948 : *Lebon 9.* ♦ La CNDA doit se prononcer sur le droit des intéressés à la qualité de réfugié d'après l'ensemble des circonstances de fait et de droit établies à la date de la décision, c'est-à-dire à la date à laquelle cette décision est lue ; elle doit ainsi prendre en considération des éléments intervenus postérieurement à la décision de l'OFPRA qui est attaquée. • CNDA 10 févr. 2009, n° 627204 : *Rec. CNDA 44.*

2. Il revient à la CNDA, pour apprécier la réalité des risques invoqués par le demandeur, de prendre en compte l'ensemble des pièces que celui-ci produit à l'appui de ses prétentions ; en particulier, lorsque le demandeur produit devant elle des pièces qui comportent des éléments circonstanciés en rapport avec les risques allégués, il lui incombe, après avoir apprécié si elle doit leur accorder crédit et les avoir confrontées aux faits rapportés par le demandeur, d'évaluer les risques qu'elles sont susceptibles de révéler et, le cas échéant, de préciser les éléments qui la conduisent à ne pas regarder ceux-ci comme sérieux. • CE 10 avr. 2015, n° 372864 B : *AJDA 2015. 1983*. ♦ Le Conseil d'État rappelle à la CNDA l'obligation de motivation lorsqu'elle écarte les pièces produites, en particulier s'agissant de certificats médicaux. • CE 23 oct. 2023, n° 469617.

3. Le moyen tiré de l'absence de conseil ou d'un interprète est, en tout état de cause, inopérant. • CNDA 1er juill. 2009, n° 640544/08021011 : *Rec. CNDA 10* • CE 9 nov. 2005, *Altun*, n° 254882 : *préc. note 4 ss. art. L. 511-1* • 10 août 2007, *M. El Jazouli*, n° 288904. ♦ Dès lors qu'elle se prononce en tant que juge de plein contentieux, il incombe à la CNDA d'examiner l'ensemble des moyens invoqués par le demandeur, y compris ceux éventuellement invoqués devant le Conseil d'État au titre d'une contestation d'une demande d'extradition (en l'espèce, validation de l'extradition par le Conseil d'État au motif que le demandeur ne pouvait craindre de persécutions politiques dans le pays d'extradition). • CNDA 20 juill. 2016, n° 14029688.

4. En raison des différences d'objet et de cause juridique, le juge de l'asile n'est pas juridiquement lié par l'appréciation portée par le juge de l'éloignement dans ses décisions, même lorsque celle-ci porte sur un élément postérieur non soumis à la cour ; par ailleurs, ces décisions ne constituent pas des éléments nouveaux de nature à justifier des craintes de subir des persécutions ou d'être exposé à des menaces graves en cas de retour dans le pays d'origine. • CNDA 9 janv. 2008, *A.*, n° 607063 : *Rec. CNDA 13.*

5. Mémoire en intervention. Conformément aux règles ordinaires du contentieux administratif, dans les litiges de plein contentieux, seules sont recevables les interventions de personnes qui se prévalent d'un droit auquel la décision est susceptible de préjudicier ; la CNDA fait donc application de ces principes. • CNDA 12 mars 2009, *Mlle D.*, n° 37717 : *Rec. CNDA 7.* ♦ Le Conseil d'État conteste cette jurisprudence en jugeant que la CNDA a commis une erreur de droit en jugeant irrecevable l'intervention de La Cimade au motif que, dans les litiges de plein contentieux, sont seuls recevables à former une intervention les personnes qui se prévalent d'un droit propre auquel la décision à rendre est susceptible de préjudicier et que La Cimade ne pouvait se prévaloir d'un tel droit. Il juge qu'est recevable à former une intervention, devant le juge du fond comme devant le juge de cassation, toute personne qui justifie d'un intérêt suffisant eu égard à la nature et à l'objet du litige. Il juge en l'espèce que les associations Amnesty International France et Action des chrétiens pour l'abolition de la torture justifient, par leur objet statutaire et leur action, d'un intérêt à intervenir à l'appui du pourvoi formé par La Cimade pour contester le refus de la CNDA d'admettre son intervention. • CE 13 nov. 2013, *La Cimade et a.*, n° 349735. ♦ Le Conseil d'État a toutefois admis que des associations (dont La Cimade) justifiaient, par leur objet statutaire et leur action, d'un intérêt de nature à les rendre recevables à intervenir devant le juge de l'asile ; une telle intervention présente un caractère accessoire et n'a pas pour effet de donner à son auteur la qualité de partie à l'instance ni de lui conférer un droit d'accès aux pièces de la procédure. • CE 25 juill. 2013, n° 350661 A.

6. Recours effectif. Il ressort de l'art. 46, § 5 et 6, de la Dir. 2013/32/UE que le recours contre une décision rejetant une demande de protection internationale doit, en principe, être doté d'un effet suspensif ; il en va différemment lorsque la demande est rejetée comme « manifestement infondée », la directive ne faisant que prévoir la faculté des États membres de donner un effet suspensif en droit national. A défaut, la directive exige seulement qu'une juridiction compétente puisse décider si l'intéressé peut tout de même rester en attendant l'issue de son recours contre la décision de rejet. • CJUE 5 juill. 2018, *C. et a.*, n° C-269/18 PPU : *AJDA 2018. 1608, chron. Bonneville, Broussy, Cassagnabère et Gänser.*

7. Si les dispositions des Dir. 2005/85/CE et 2008/115/CE imposent aux États membres de prévoir un droit à un recours effectif contre les décisions de rejet d'une demande de protection internationale et contre les décisions de retour, aucune de ces dispositions ne prévoit que les États membres accordent aux demandeurs de protection internationale qui ont été déboutés en première instance de leur recours contre la décision rejetant leur demande et la décision de retour le droit d'interjeter appel, ni, à plus forte raison, que l'exercice d'un tel droit soit assorti d'un effet suspensif de plein droit. Ainsi, les directives ne font pas obstacle à ce que l'État membre prévoie un 2e degré de juridiction pour les recours contre ces décisions mais elles n'en imposent pas l'existence. Les modalités procédurales doivent respecter les principes d'équivalence et d'effectivité, c'est-à-dire qu'elles ne « doivent pas être moins favorables que celles concernant des recours similaires de droit interne (principe d'équivalence) ni aménagées de manière à rendre impossible en pratique ou excessivement difficile l'exercice des droits conférés par l'ordre juridique de l'Union (principe d'effectivité) ». Le principe d'effectivité exige seulement « qu'un demandeur de protection internationale qui s'est vu opposer une décision de refus à sa demande et à l'égard duquel une décision de retour a été adoptée puisse faire valoir ses droits de manière effective devant une instance juridictionnelle ; le seul fait qu'un degré de juridiction supplémentaire, prévu par le droit national, ne soit pas assorti d'un effet suspensif de plein droit ne permet pas de considérer que le principe d'effectivité a été méconnu ». • CJUE 26 sept. 2018, n° C-175/17 : *AJDA 2018. 1808.*

8. Conv. EDH. La CNDA ne statue pas sur des contestations de caractère civil ni sur des accusations en matière pénale ; l'art. 6, § 1, Conv. EDH ne lui est dès lors pas applicable. • CE 9 nov. 2005, *M. Altun*, n° 254882 : *préc. note 4 ss. art. L. 511-1* • 10 avr. 2009, *S.*, n° 290405 : *Rec. CNDA 137.* ♦ Les moyens tirés d'une violation des stipulations des art. 3 et 8 Conv. EDH sont inopérants à l'encontre d'une décision de la CNDA qui se prononce sur le droit au bénéfice du statut de réfugié et à la protection subsidiaire dès lors que cette décision n'a ni pour objet ni pour effet de conférer ou de retirer au demandeur le droit de séjourner en France, ni de fixer le pays de destination où il devrait, le cas échéant, être reconduit. • CE 16 oct. 2009, *Mme Habyarimana*, n° 311793. ♦ La CEDH estime toutefois que la violation de l'art. 3 Conv. EDH peut être invoquée à l'encontre des décisions en matière d'asile ; elle invite par ailleurs ces mêmes instances à motiver suffisamment leurs décisions au regard du récit du demandeur. • CEDH 15 oct. 2013, *K. K. c/ France*, n° 18913/11.

9. Si une décision juridictionnelle annulant une mesure d'éloignement pour violation des stipulations de l'art. 3 Conv. EDH ne s'impose pas avec l'autorité absolue de la chose jugée à la CNDA, cette décision est un élément impliquant que la cour procède à un réexamen de l'ensemble des faits soumis à son appréciation. • CE 3 juill. 2009, *M. Thiam*, n° 291855 B. ♦ L'arrêt par lequel la CEDH juge que la mise en œuvre de la mesure d'éloignement constituerait une violation de l'art. 3 Conv. EDH « constitue une circonstance nouvelle justifiant le réexamen de la situation de cette personne par l'OFPRA, sous le contrôle de la CNDA. La complète exécution de l'arrêt de la CEDH implique nécessairement, non seulement que les autorités compétentes s'abstiennent de mettre à exécution la mesure d'éloignement, mais aussi, à tout le moins, que, sauf changement de circonstances et sous réserve de l'application de l'art. L. 712-2 [devenu art. L. 512-2], la protection subsidiaire lui soit accordée en application de l'art. L. 712-1 [devenu art. L. 512-2]. » • CE 5 oct. 2018, n° 406222 A : *préc. note 11 ss. art. L. 531-42.*

10. Les mesures provisoires de non-éloignement prononcées par la CEDH sont sans incidence sur l'office du juge de l'asile qui ne statue que sur l'octroi d'une protection internationale. Ainsi, ces mesures sont sans influence sur l'appréciation portée par le juge de l'asile des craintes des demandeurs ; il incombe seulement aux autorités préfectorales de s'assurer de l'absence de mise à exécution des mesures d'éloignement tant que la CEDH n'aura pas statué au fond ou mis fin aux mesures provisoires. • CE 9 nov. 2016, n° 392593 B.

11. Jonction. Dans l'intérêt d'une bonne administration de la justice, la CNDA dispose, sans jamais y être tenue, de la faculté de joindre deux ou plusieurs affaires, y compris lorsque celles-ci sont jugées en audience non publique, notamment pour statuer, au vu du dossier mais aussi des débats à l'audience, sur les droits à protection des membres d'une même famille faisant état d'éléments communs ou semblables ou d'une communauté de risques. La jonction étant, par elle-même, insusceptible d'avoir un effet sur la régularité de la décision rendue, elle ne peut être contestée en tant que telle devant le juge de cassation. Toutefois, dès lors que le huis clos est de droit devant la CNDA, celle-ci est tenue de procéder à des auditions séparées des requérants si l'un d'entre eux en fait la demande. • CE 19 juin 2023, n° 462584 B.

Art. L. 532-3 **La Cour nationale du droit d'asile ne peut annuler une décision de l'Office français de protection des réfugiés et apatrides et lui renvoyer l'examen de la demande d'asile que lorsqu'elle juge que l'office a pris cette décision sans procéder à un examen individuel de la demande ou en se dispensant, en dehors des cas prévus par la loi, d'un entretien personnel avec le demandeur et qu'elle n'est pas en mesure de prendre immédiatement une décision positive sur la demande de protection au vu des éléments établis devant elle.**

Il en va de même lorsque la cour estime que le requérant a été dans l'impossibilité de se faire comprendre lors de l'entretien, faute d'avoir pu bénéficier du concours d'un interprète dans la langue qu'il a indiquée dans sa demande d'asile ou dans une autre langue dont il a une connaissance suffisante, et que ce défaut d'interprétariat est imputable à l'office. Le requérant ne peut se prévaloir de ce défaut d'interprétariat que dans le délai de recours et doit indiquer la langue dans laquelle il souhaite être entendu en audience. Si la cour ne peut désigner un interprète dans la langue demandée, l'intéressé est entendu dans une langue dont il est raisonnable de penser qu'il la comprend. — *[Anc. art. L. 733-5, al. 2 et 3.]*

1. Outre l'absence d'entretien personnel imputable à l'OFPRA, la CNDA n'est tenue de renvoyer l'examen de l'affaire à l'Office que dans les hypothèses suivantes : ♦ ... Absence d'interprète approprié. • CE 22 juin 2017, n° 400366. ♦ ... Motifs de l'irrecevabilité de la demande non abordés lors de l'entretien. • CE 10 déc. 2020, n° 441376. ♦ ... Audition d'un mineur sans son représentant légal. • CE 24 févr. 2022, n° 449012 B.

2. La question des conditions du déroulement de l'entretien personnel ne constitue pas un moyen d'office que la CNDA pourrait soulever en l'absence de saisine en ce sens par le requérant. • CE 18 nov. 2022, n° 459513 B : *AJDA 2022. 2272*.

3. En application du présent art., la cour a considéré que l'OFPRA n'avait pas respecté la garantie essentielle de l'entretien en prenant une nouvelle décision de rejet de la demande d'asile de l'intéressé sans l'avoir convoqué à un entretien, alors qu'aucun entretien individuel n'était intervenu précédemment et que l'office s'était nécessairement livré à un second examen de sa demande après avoir retiré sa première décision de rejet, dont les motifs étaient étrangers à la situation de l'intéressé. • CNDA 27 nov. 2018, n° 18008065.

4. Un dysfonctionnement technique survenu lors de l'entretien ayant privé le demandeur de son droit d'obtenir l'enregistrement sonore de cette audition ou, à tout le moins, de bénéficier du recueil de ses commentaires est insuffisant pour considérer que celui-ci aurait été privé d'un « examen individuel de sa demande » au sens du présent art. • CNDA 29 oct. 2018, n° 16040286.

5. La cour se réfère aux retranscriptions écrites des entretiens à l'OFPRA pour considérer qu'il n'y a pas eu de difficultés particulières dans leur déroulement et que le demandeur n'a pas été dans l'impossibilité de se faire comprendre. • CNDA 21 sept. 2018, n° 13024834.

6. Vulnérabilité. Il appartient à l'OFPRA de tenir compte, dans l'instruction de la demande d'asile, de la situation spécifique des personnes vulnérables, au nombre desquelles se trouvent les personnes handicapées ; à ce titre, les modalités d'examen peuvent être adaptées pour permettre l'exercice de ses droits par le demandeur. Si le moyen tiré de ce que l'entretien personnel du demandeur d'asile à l'Office se serait déroulé dans de mauvaises conditions n'est pas de nature à justifier que la CNDA annule une décision du directeur général de l'Office et lui renvoie l'examen de la demande d'asile, il revient à la Cour, saisie d'un moyen en ce sens, de procéder à cette annulation et à ce renvoi si elle juge que le demandeur a été dans l'impossibilité de se faire comprendre lors de cet entretien, faute d'avoir pu bénéficier de modalités d'examen adaptées à sa situation particulière, sans que cette circonstance lui soit imputable. • CE 18 nov. 2022, n° 459513.

Art. L. 532-4 **La Cour nationale du droit d'asile examine les requêtes qui lui sont adressées par les réfugiés visés par l'une des mesures prévues par les articles 31, 32 et 33 de la convention de Genève du 28 juillet 1951 relative au statut des réfugiés et formule un avis quant au maintien ou à l'annulation de ces mesures. En cette matière, le recours est suspensif d'exécution. Dans ce cas, le droit au recours doit être exercé dans le délai d'une semaine dans des conditions fixées par décret en Conseil d'État.** – *[Anc. art. L. 731-3.]*

COMMENTAIRE

L'article L. 532-4 vise les sanctions pénales consécutives à l'entrée ou au séjour irréguliers, les restrictions aux déplacements (Conv. de Genève, art. 31) et les mesures d'expulsion (art. 32 et 33) dont peuvent faire l'objet les réfugiés. L'article 33 de la convention prohibe en particulier les mesures d'expulsion sauf en cas de danger pour la sécurité du pays ou de menace pour la communauté en raison d'une condamnation pénale grave.

Les recours formés contre ces décisions sont portés devant la Cour nationale du droit d'asile dans un délai d'une semaine à compter de la notification de la mesure qui la motive.

La Cour nationale du droit d'asile formule un avis motivé sur le maintien ou l'annulation de la mesure qui a provoqué la requête. ❑

1. Les requêtes qui sont examinées par la CNDA au titre du présent art. sont celles qui émanent de réfugiés au sens de la Conv. de Genève, condition que ne remplit pas le demandeur d'asile qui conteste la décision lui refusant l'admission sur le territoire. • CE 28 juill. 1995, *Bayemy*, n° 149067 : *Lebon 1995 ; D. 1996. Somm. 108, obs. Julien-Laferrière*.

2. Les avis rendus par la CNDA au titre de l'art. L. 532-4 ne sont pas susceptibles de recours contentieux. • CE 1er juin 2023, n° 468549 : *AJDA 2023. 1033*.

3. La CNDA est incompétente pour se prononcer sur les conditions d'exécution d'un arrêté d'assignation à résidence d'un réfugié politique. • CRR 2 avr. 1990, n° 115116.

SECTION 2 **Examen du recours**

COMMENTAIRE

S'agissant des règles de procédure (V. art. R. 532-1 à R. 562-2, *infra*), la cour doit être saisie dans le délai d'un mois à compter de la notification de la décision de l'Office français de protection des réfugiés et apatrides (art. R. 532-10), exigence néanmoins conditionnée par la régularité de la notification de la décision de l'OFPRA au demandeur, en particulier la notification du délai et des voies de recours.

Aide juridictionnelle. L'article 9-4 de la loi n° 91-647 du 10 juillet 1991 relative à l'aide juridique, dans sa rédaction issue de la loi n° 2018-778 du 10 septembre 2018 pour une immigration maîtrisée, un droit d'asile effectif et une intégration réussie, prévoit que « l'aide juridictionnelle est sollicitée dans un délai de quinze jours à compter de la notification de la décision de l'Office français de protection des réfugiés et apatrides. Lorsqu'une demande d'aide juridictionnelle est adressée au bureau d'aide juridictionnelle de la cour, le délai prévu au premier alinéa de l'article L. 532-1 [anc. art. L. 731-2] du code de l'entrée et du séjour des étrangers et du droit d'asile est suspendu et un nouveau délai court, pour la durée restante, à compter de la notification de la décision relative à l'admission au bénéfice de l'aide juridictionnelle. Ces délais sont notifiés avec la décision de l'office. Le bureau d'aide juridictionnelle de la cour s'efforce de notifier sa décision dans un délai de quinze jours suivant l'enregistrement de la demande ». Ainsi, la CNDA ne peut rejeter un recours au motif que celui-ci ne présentait aucun élément sérieux susceptible de remettre en cause la décision du directeur général de l'OFPRA quatre jours seulement après la notification de la décision accordant au requérant le bénéfice de l'aide juridictionnelle totale (CE 6 févr. 2023, n° 461765).

En tout état de cause, la procédure devant la Cour nationale du droit d'asile (CNDA) est gratuite et sans frais (art. R. 532-1).

Interprète. Le requérant a le droit à être assisté gratuitement, à l'audience, par un interprète désigné par la cour. Si la cour ne peut désigner un interprète dans la langue indiquée, le requérant est informé qu'il sera entendu dans une langue dont il est raisonnable de penser qu'il la comprend (art. R. 532-41).

S'agissant de la composition de la formation de jugement, le présent code prévoit les règles applicables en matière d'abstention (art. R. 532-33) et récusation (art. R. 532-34).

Cassation. Les décisions de la CNDA sont susceptibles de recours en cassation devant le Conseil d'État (art. R. 532-67). Reste que le taux de reconnaissance de la qualité de réfugié à la suite d'un recours en cassation est extrêmement faible (autour de 3 %).

Rectification d'erreur matérielle (art. R. 532-68). Lorsqu'une décision de la CNDA est entachée d'une erreur matérielle susceptible d'avoir exercé une influence sur le jugement de l'affaire, la partie intéressée peut saisir la Cour d'un recours en rectification. Ce recours est introduit dans un délai d'un mois à compter du jour de la notification de la décision dont la rectification est demandée. Ce recours est ouvert à toute partie intéressée mais ne peut avoir pour objet de remettre en cause les appréciations d'ordre juridique portées par le juge de l'asile sur l'affaire qui lui a été soumise ; le recours n'est recevable au fond que lorsque l'erreur matérielle entachant la décision contestée n'est pas imputable au requérant et est de nature à avoir exercé une influence sur le jugement de l'affaire.

Recours en révision. La cour peut être saisie d'un recours en révision dans les cas prévus aux articles L. 511-9 et L. 512-4. Le recours est exercé dans le délai de deux mois après la constatation des faits de nature à justifier l'exclusion du statut de réfugié ou du bénéfice de la protection subsidiaire, ou à caractériser une fraude (art. R. 562-2). ❑

PLAN DES ANNOTATIONS

I. INSTRUCTION

1. *Saisine.* Ne sont pas recevables à saisir la CNDA : une association. • CRR 8 juin 1998, *L.*, n° 315503. ♦ ... Le préfet, n'étant ni partie ni représenté à la procédure suivie devant la cour. • CRR 1er juill. 2005, *Préfet de l'Ain*, n° 534273.

2. *Identité du requérant.* Si la CNDA peut légalement se fonder sur les changements intervenus dans les déclarations de la requérante quant à son identité pour apprécier au fond si les faits allégués étaient établis, elle ne pouvait, sans entacher sa décision d'erreur de droit, se fonder sur l'art. 18 du Décr. du 2 mai 1953 aux termes duquel le recours formé contre la décision du directeur de l'OFPRA contient les nom, prénoms, et état civil complet du requérant, pour déclarer le recours irrecevable en raison de ces changements. • CE 7 févr. 1994, *Mme L. épse C.*, n° 101455 : *Lebon T. 950.*

3. *Nationalité du demandeur.* La CNDA ne peut exiger du demandeur qu'il produise un document établissant sa nationalité ou ses origines pour lui accorder une protection. • CE 14 févr. 2018, n° 409148.

A. DÉLAIS

4. Le recours doit être exercé dans le délai d'un mois à compter de la notification de la décision de l'OFPRA. • CE 20 déc. 1991, *Sungh*, n° 98397.

♦ Ce délai s'applique également aux décisions de retrait du statut de réfugié. • CE 22 mars 1991, *Tombo Kudi Duenda*, n° 74489.

5. Recours gracieux. Un recours gracieux exercé dans le mois qui suit la décision de refus ne conserve pas les délais de recours. • CE 25 juill. 1986, *Sekulic*, n° 62036 : *Lebon 214.*

6. Notification de la décision. Si le demandeur d'asile est en principe tenu d'aviser l'OFPRA de son changement d'adresse, un cas de force majeure (en l'espèce, une hospitalisation causée par une grave chute, suivie d'un transfert dans un centre de rééducation) peut l'en avoir empêché, ne rendant ainsi pas tardif son recours. • CE 11 janv. 1995, *M. I.*, n° 132583 • CNDA 3 juill. 2008, *Z.*, n° 609718 : *Rec. CNDA 10.* ♦ En cas de notification infructueuse de la décision du directeur général de l'OFPRA, le délai de recours n'est pas prolongé si la notification a été adressée à la requérante sous son nom de jeune fille, seul connu de l'office en raison d'un mariage religieux non reconnu par les autorités françaises ; il ressort par ailleurs des pièces du dossier que la convocation à l'entretien à l'OFPRA lui a été adressée à la même domiciliation sous son nom de jeune fille et qu'elle a été entendue à l'Office. • CNDA 29 oct. 2009, *Mlle O.*, n° 626177/08006646 : *Rec. CNDA 8.*

7. Le délai de recours ne court que si la notification est régulière ; tel n'est pas le cas lorsque celle-ci n'est effectuée qu'à l'égard du tuteur du demandeur mineur qui a atteint sa majorité en cours de la procédure ; il appartenait à l'OFPRA, pour qui ce changement de capacité était prévisible, de notifier au demandeur à nouveau sa décision (application de l'art. 531 C. pr. civ.). • CNDA 24 nov. 2008, *Mlle K.*, n° 614817 : *Rec. CNDA 9.* ♦ Même solution dès lors que la notification a été effectuée à une adresse différente de celle indiquée par le demandeur dans son dossier. • CE 6 mars 2009, *K.*, n° 305419 : *Rec. CNDA 8.*

8. Convocation du demandeur et de son conseil. Les délais dans lesquels la CNDA est tenue, avant une audience, d'adresser les convocations au requérant et à son avocat ont pour finalités d'« informer l'intéressé de la date de l'audience afin de lui permettre d'y être présent ou représenté » et de « lui laisser un délai suffisant pour préparer utilement ses observations » ; par suite, le non-respect des délais règlementaires de convocation par la CNDA « entache la procédure d'irrégularité » ; celle-ci n'est pas susceptible d'être régularisée en raison de la présence à l'audience de l'avocat convoqué hors délai. • CE 27 mars 2020, n° 431290 B : *AJDA 2020. 1587*.

9. Délai raisonnable. La CJUE a considéré que l'art. 47 Charte UE impose que le délai de jugement en matière d'asile soit « raisonnable » ; ce caractère doit être apprécié au regard des « circonstances propres » à l'affaire, lesquelles peuvent comprendre, notamment, l'enjeu du litige pour l'intéressé, la complexité de l'affaire et le comportement des parties en présence. • CJUE 8 mai 2014, n° C-604/12 • 25 juin 2020, n° C-14/19.

10. De telles circonstances propres ne peuvent en aucun cas découler de « modifications législatives intervenues dans un État membre au cours des phases administrative ou juridictionnelle du traitement d'une affaire » ; par ailleurs, un délai déraisonnable n'a pas pour effet d'entraîner l'annulation de la décision rendue en matière d'asile sauf lorsque cela a pour conséquence une atteinte aux droits de la défense, lesquels sont des droits fondamentaux faisant partie intégrante des principes généraux du droit. • CJUE 29 juin 2023, n° C-756/21 : *DP étrangers, Bull. n° 335, sept. 2023, note Viel.*

B. MESURES D'INSTRUCTION

11. Si la CNDA estime son information insuffisante, elle peut prononcer un jugement avant dire droit notamment pour ordonner à l'OFPRA le versement complet du dossier. • CNDA 27 juin 2008, *Mme G.*, n° 615994 : *Rec. CNDA 11.* ♦ En effet, la cour peut toujours prescrire des mesures d'instruction afin d'être pleinement éclairée sur les circonstances nécessaires à la solution du litige qui lui est soumis, sous réserve que ces mesures ne soient pas inutiles ou frustratoires. • CE 28 avr. 2014, *M. Gao*, n° 344265 A : *préc. note 11 ss. art. L. 532-1.*

12. Il appartient à la CNDA, dans l'exercice de son pouvoir d'instruction, de rechercher, afin d'établir les faits sur lesquels reposera sa décision, tous les éléments d'information utiles ; elle peut à ce titre utiliser, sans les verser au dossier, les éléments d'information générale librement accessibles au public dont elle doit alors indiquer l'origine dans sa décision ; en revanche, elle ne peut ensuite fonder sa décision sur les résultats de ses recherches qu'après avoir versé au dossier, afin que les parties puissent en prendre connaissance et les discuter, les pièces qui contiennent des éléments d'information susceptibles de confirmer ou d'infirmer des circonstances de fait propres au demandeur d'asile ou spécifiques à son récit. • CE 22 oct. 2012, *M. Martazanov*, n° 328265 A : *AJDA 2012. 1985 ; RFDA 2012. 1240* • CE 30 janv. 2017, n° 394686 : *préc. note 1.* ♦ Si la CNDA peut, comme tout juge administratif, ordonner toutes les mesures d'instruction qu'elle estime nécessaires à la solution du litige qui lui est soumis, il lui incombe, dans l'exercice de ces pouvoirs d'instruction, de veiller au respect des droits des parties et d'assurer l'égalité des armes entre elles ; ainsi, le principe du contradictoire fait obstacle à ce que le juge se fonde sur des pièces produites au cours de l'instance qui n'auraient pas été communiquées préalablement à toutes les parties. • CE 1er oct. 2014, *M. E.*, n° 349560 A : *Lebon 288, concl. Hedary ; AJDA 2014. 1855 ; ibid. 2185, chron. Lessi et Dutheillet de Lamothe* . ♦ La CNDA peut utiliser, sans les verser au dossier, les éléments d'information générale librement accessibles au public dont elle doit alors indiquer l'origine dans sa décision ; mais elle ne peut ensuite fonder sa décision sur les résultats de ses recherches qu'après avoir versé au dossier, afin que les parties puissent en prendre connaissance et les discuter, les pièces qui contiennent des éléments d'information susceptibles de confirmer ou d'infirmer des circonstances de fait propres au demandeur d'asile ou spécifiques à son récit. • CE 30 déc. 2014, *M. B.*, n° 371502 B : *AJDA 2015. 670*.

13. La seule circonstance qu'un mémoire en défense soit communiqué la veille de la clôture de l'instruction écrite n'implique, par elle-même, ni le report de l'audience, ni la réouverture de l'instruction écrite, eu égard à la possibilité pour la Cour de tenir compte des observations orales de l'autre partie sur cette nouvelle production et, le cas échéant, de diligenter un supplément d'instruction à l'issue de l'audience. Il incombe toutefois à la Cour de mesurer le caractère déterminant de la pièce produite pour décider d'un report de l'audience ou une réouverture de l'instruction afin de pouvoir tenir compte de la réplique de l'autre partie. • CE 15 mars 2023, n° 460953 : *AJDA 2023. 528* ; *DP étrangers, Bull. n° 331, avr. 2023, note Viel.*

14. Si le requérant a produit le lendemain de la date de clôture de l'instruction une attestation, la Cour a ordonné un supplément d'instruction afin de permettre aux parties de produire leurs observations sur les mémoires et pièces reçus hors délai d'instruction et a fixé une nouvelle date de clôture de l'instruction ; les résultats de la mesure d'instruction ont été communiqués à l'OFPRA, qui a ainsi été mis à même de les contester ; le délai de 4 jours laissé à l'Office pour présenter ses observations sur les vérifications effectuées ne peut être regardé comme étant insuffisant en l'espèce, dans la mesure où ces attestations avaient été communiquées à l'Office plus d'une semaine avant la tenue de l'audience. • CE 5 mai 2017, n° 399747. ♦ Le respect du principe du contradictoire peut également conduire la Cour, lorsqu'elle communique un mémoire avant l'audience, à rouvrir l'instruction et à reporter l'audience, si elle estime insuffisant le délai séparant la communication du mémoire de la clôture de l'instruction. • CE 23 avr. 2021, n° 439628.

15. Lorsque le président d'une formation de jugement ordonne un supplément d'instruction à l'issue de l'audience, le délai maximal imparti aux parties pour y répondre ne saurait excéder un mois. Au terme du délai d'un mois à compter de la date de l'audience, la formation doit délibérer et si, le président souhaite permettre aux parties de produire de nouvelles observations écrites ou orales au-delà de ce terme, il doit renvoyer l'affaire à une audience ultérieure. • CE 5 févr. 2021, n° 431131 B. ♦ Un mémoire présenté postérieurement à la clôture de l'instruction peut donner lieu à un supplément d'instruction ; la Cour n'est pas tenue de tenir une nouvelle audience dès lors que les parties n'ont produit aucune observation en réponse au supplément d'instruction. • CE 17 juin 2021, n° 437038.

C. PIÈCES

16. Communication des pièces. Les pièces du dossier doivent être communiquées à la demande du requérant. • CE 12 août 1988, *Kaane*, n° 78720. ♦ Les mémoires doivent être communiqués aux parties. • CE 28 déc. 2005, *OFPRA c/ H.*, n° 263165. ♦ Les parties doivent toujours être en mesure d'accéder au dossier avant le jugement. • CE 14 avr. 1995, *Yeboah*, n° 134056. ♦ La procédure spécifique à la CNDA ne fait pas obstacle « à l'application de la règle générale selon laquelle les parties doivent toujours être à même de prendre connaissance du dossier tel qu'il est constitué avant le jugement de l'affaire ». • CE 18 nov. 1987, *Bokwa Kimbolo*, n° 78981. ♦ La CNDA, qui est une juridiction administrative, doit observer toutes les règles générales de procédure dont l'application n'est pas écartée par une disposition formelle ou n'est pas incompatible avec son organisation ; ainsi, l'auteur du recours doit être mis en mesure de prendre connaissance des pièces qu'il n'a pas lui-même produites. • CE 10 déc. 2008, *Islam*, n° 284159 B. ♦ Ainsi, la cour ne peut soulever d'office un moyen tiré de ce que le demandeur pouvait se prévaloir d'une autre nationalité sans l'avoir préalablement communiqué aux parties. • CE 11 mai 2016, n° 390351 B : *AJDA 2016. 1782*.

17. Le refus de la CNDA de communiquer au requérant certaines pièces ne méconnaît pas le caractère contradictoire de la procédure, dès lors que la cour ne s'est pas fondée dans sa décision sur des pièces dont le requérant n'aurait pas eu connaissance. • CE 13 mars 2020, n° 423579 : *AJDA 2020. 1519*.

18. S'il appartient au président de la CNDA ou à un président de section, lorsqu'il entend prendre une ordonnance sur une requête ne présentant aucun élément sérieux susceptible de remettre en cause les motifs de la décision du directeur général de l'OFPRA, d'informer préalablement le requérant de la présence du dossier administratif de l'Office et de le lui communiquer à sa demande, il n'est, en revanche, pas tenu d'y procéder lorsqu'il entend, par ordonnance, donner acte d'un désistement, constater qu'il n'y a pas lieu de statuer sur un recours ou rejeter un recours entaché d'une irrecevabilité manifeste non susceptible d'être couverte en cours d'instance. • CE 9 juill. 2014, *M. B. A.*, n° 360162 B : *AJDA 2014. 2101*.

19. Documents publics. Lorsque la CNDA se fonde sur des rapports et documents librement accessibles au public, dont elle a indiqué l'origine, en l'espèce pour analyser la situation sécuritaire dans le Kurdistan irakien, elle ne méconnaît pas le caractère contradictoire de la procédure ou les droits de la défense alors même que ces documents n'avaient pas été versés au dossier. • CE 28 mai 2021, n° 438847 B : *AJDA 2021. 1123*.

20. Pièces en langue étrangère. La requête présentée à la CNDA, comme à toute juridiction administrative, doit être rédigée en français. • CE 22 nov. 1985, n° 65105. ♦ Les pièces et documents produits au cours de l'instruction doivent également être rédigés en cette langue ou accompagnés de leur traduction. Ainsi, la CNDA n'entache pas sa décision d'irrégularité en refusant de tenir compte de pièces ou documents qui ne seraient pas rédigés en langue française ni accompagnés de leur traduction. Toutefois, aucun texte ni aucune règle de procédure n'interdit à la CNDA d'en tenir compte dès lors que l'utilisation de tels documents ou éléments ne fait pas obstacle à l'exercice par le juge de cassation du contrôle qui lui incombe. Elle peut, dans les mêmes conditions, tenir compte d'éléments d'information générale librement accessibles au public qui ne seraient pas rédigés en langue française. Elle n'est toutefois pas tenue de faire usage de son pouvoir d'instruction pour demander aux parties de produire la traduction d'une pièce ou document rédigé en langue étrangère. Enfin, la CNDA est tenue de prendre en considération, même s'ils sont rédigés en langue étrangère, les documents administratifs présentés comme émanant d'une autorité d'un État membre de l'UE. • CE 5 févr. 2021, n° 436759 B : *AJDA 2021. 306*.

21. En décidant que les pièces annexées à ces deux notes devaient être écartées des débats au motif qu'elles avaient été produites sans être accompagnées d'une traduction en langue française sans faire usage, le cas échéant, de ses pouvoirs d'instruction pour demander une traduction et alors que le demandeur, au demeurant anglophone, avait indiqué lors de ses entretiens à l'OFPRA qu'il avait déjà connaissance de ces documents et que les parties avaient pu prendre connaissance et discuter des pièces contenant des éléments d'information susceptibles de confirmer ou d'infirmer des circonstances de fait propres à l'intéressé ou spécifiques à son récit, la CNDA s'est méprise sur son office et a commis une erreur de droit. • CE 5 juin 2015, *OFPRA*, n° 376783 : *AJDA 2015. 2067*.

22. L'art. R. 532-7 fixe les modalités selon lesquelles des pièces peuvent être produites devant la CNDA qui prévoit notamment que les pièces doivent être accompagnées d'un bordereau les listant et être traduites ; lorsqu'elle rejette des pièces pour non-respect de ces règles, la cour doit préciser laquelle de ces obligations n'a pas été respectée. • CE 15 janv. 2018, n° 406826.

23. La cour exige une traduction en langue française des témoignages écrits ou des pièces produites. • CNDA 23 sept. 2005, *K.*, n° 489141 • CE 24 oct. 1984, *Sauthakumar*, n° 50581 : *Lebon 335*.

II. PRINCIPE DU CONTRADICTOIRE

24. La CNDA est tenue de respecter le principe du caractère contradictoire de la procédure qui s'impose à toute juridiction administrative. Ce principe fait obstacle à ce que le juge se fonde sur des pièces versées au cours de l'instance qui n'auraient pas été préalablement communiquées aux parties. • CE 17 oct. 2018, n° 417180.

25. Observations des parties. La CNDA a l'obligation de mettre les intéressés à même d'exercer la faculté qui leur est reconnue de présenter leurs observations ; à cet effet, elle doit, soit avertir le requérant de la date de la séance à laquelle son recours sera examiné, soit l'inviter à l'avance à lui faire reconnaître s'il a l'intention de présenter des explications verbales pour qu'en cas de réponse affirmative de sa part, elle l'avertisse ultérieurement de la date de séance. • CE 26 juill. 1978, *M. A.*, n° 06629 : *Lebon 336* • CE 21 juin 2002, *Mme Ilinca*, n° 184740 : *Lebon 224*. ♦ La cour méconnaît ainsi les droits de la défense et le principe du contradictoire en ayant averti la requérante et son conseil que l'affaire était inscrite à l'ordre du jour mais que, par lettre du même jour, elle les informait que l'affaire faisait l'objet d'un renvoi à une date ultérieure ; or, l'affaire a néanmoins été jugée à l'audience prévue à la date initiale en l'absence de la requérante et de son conseil. • CE 10 avr. 2009, *Mlle D.*, n° 304003 : *Rec. CNDA 15*. ♦ Le défaut d'audition par la CNDA d'un demandeur incarcéré n'est pas irrégulier si ce dernier n'a pas procédé aux diligences nécessaires à son extraction. • CE 4 nov. 2015, n° 385188.

26. Les parties n'étant recevables à présenter des observations écrites qu'avant la clôture de l'instruction et à présenter des observations verbales que lors de l'audience publique, il incombe à la CNDA, lorsque se produisent après la date de l'audience et avant que la décision n'ait été lue, des changements dans les circonstances de fait qui servent de fondement à cette décision, de rayer l'affaire du rôle et de rouvrir l'instruction contradictoire. • CE 19 nov. 1993, *Mlle B.*, n° 100288 : *Lebon 321*. ♦ Sont irrecevables des conclusions tendant à l'obtention d'une protection pour la fille de la requérante née postérieurement à la décision de l'OFPRA. • CNDA 23 déc. 2009, n° 643380/09002204 : *Rec. CNDA 18*.

27. En cas de transmission d'un mémoire en réplique par voie dématérialisée, c'est la date d'émission qui fait foi et non la date de réception. • CE 27 sept. 2021, n° 440190.

28. Si la CNDA est, en particulier, tenue de respecter la règle générale selon laquelle, à l'audience, la partie défenderesse s'exprime après la partie demanderesse lorsqu'elles présentent des observations orales, la méconnaissance de cette règle n'est pas de nature à vicier la procédure si le défendeur n'a été privé d'aucun de ses droits et notamment de celui de répondre aux observations présentées par la partie requérante. • CE 21 juill. 2009, *OFPRA c/ M. et Mme Baliershvili,* nos 306490 et 306491.

29. Si le directeur général de l'OFPRA peut présenter des observations à l'occasion de tout recours, son silence ne vaut pas acquiescement aux arguments présentés par le demandeur. • CE 3 juin 1987, *Garcia Palacios,* n° 75883. ♦ Le président de la CNDA n'est d'ailleurs pas tenu de mettre en demeure le directeur général de présenter ses observations. • CE 16 oct. 1989, *Opoku Ageyman,* n° 92014.

30. Les principes généraux de procédure imposent de développer à l'audience les seuls arguments présentés à l'appui d'un recours dans les mémoires. • CE 31 juill. 1992, *Suka,* n° 85816. ♦ Un moyen énoncé oralement lors de l'audience et non confirmé par écrit est irrecevable, le principe d'une plaidoirie n'étant pas prévu. • CE 22 avr. 1988, *Nhan,* n° 78700 • 7 oct. 1991, *Tchouli,* n° 102875 : *Dr. adm. 1991. Comm. 481 ; AJDA 1992. 169, note Prétot*.

31. Eu égard tant à la nature des motifs susceptibles de fonder le refus d'examiner le bien-fondé d'une demande d'asile présentée pour la première fois en France qu'aux effets susceptibles de s'y attacher pour celui qui remplirait par ailleurs les conditions requises pour obtenir le bénéfice du statut de réfugié ou de la protection subsidiaire, la CNDA ne peut opposer au demandeur la circonstance qu'il bénéficierait d'une protection dans un autre État membre de l'UE, alors que l'OFPRA n'a pas retenu ce motif dans sa décision et ne l'a pas invoqué en défense devant elle, qu'après avoir mis l'intéressé à même de s'en expliquer préalablement à la tenue de l'audience. • CE 10 déc. 2020, n° 435910 B : *AJDA 2020. 2472*.

32. Rapport. Une note établie par la présidente de la CNDA prévoit que les rapporteurs doivent « transmettre les rapports sur les affaires inscrites à l'audience à l'ensemble des membres de la formation de jugement, à mesure de leur achèvement et, sauf difficultés particulières, au plus tard dans la matinée du jour qui précède l'audience ». Ces rapports sont des documents préparatoires et internes, dont la communication aux membres de la formation de jugement relève des pouvoirs d'organisation du service qui appartiennent, en vertu des dispositions de l'art. R. 131-1, au président de la CNDA ; lesdits rapports n'ont pas à être transmis aux parties à l'instance. • CE 14 nov. 2018, n° 421097.

III. AUDIENCE

33. Avis d'audience. L'art. R. 532-32 prévoit que l'avis d'audience est envoyé aux parties au moins 30 jours à l'avance ; lorsque la décision de l'OFPRA a été prise en procédure d'urgence ou constitue une décision d'irrecevabilité, ce délai est réduit à 15 jours ; en cas d'urgence, la CNDA peut encore réduire ce délai sans qu'il puisse être inférieur à 7 jours ; la CNDA justifie d'un tel délai réduit dès lors que l'exécution de la mesure d'éloignement pour menace à l'ordre public frappant le requérant avait été suspendue par le juge des référés du TA dans l'attente de la décision de la Cour. • CE 6 déc. 2023, n° 464542 B : *AJDA 2023. 2309*.

34. Jonction. Dans l'intérêt d'une bonne administration de la justice, la CNDA dispose, sans jamais y être tenue, de la faculté de joindre deux ou plusieurs affaires, y compris lorsque celles-ci sont jugées en audience non publique, notamment pour statuer sur le droit à protection de membres d'une même famille faisant état d'éléments communs ou semblables ou d'une communauté de risques ; la jonction, en elle-même insusceptible d'avoir un effet sur la régularité de la décision rendue, ne peut être contestée en tant que telle devant le juge de cassation. • CE 19 juin 2023, n° 462584 : *AJDA 2023. 1151*.

A. RENVOI

35. La CNDA n'a aucune obligation de faire droit à une demande de report d'audience, hormis le cas où des motifs exceptionnels tirés des exigences du débat contradictoire l'imposeraient. Son refus n'a pas à être motivé. • CE 29 juill. 2020, n° 435733.

36. Force majeure. Dans l'hypothèse où un requérant justifie de circonstances de force majeure, le président de la commission de recours des réfugiés était tenu de faire droit à une demande de report de l'audience. • CE 28 oct. 1987, *Heng Ho,* n° 76539 A.

B. IMPARTIALITÉ

37. En l'absence de dispositions législatives ou réglementaires fixant les conditions dans lesquelles la juridiction doit statuer sur le recours dirigé contre une décision de réexamen du directeur de l'OFPRA, ni le devoir d'impartialité, rappelé par l'art. 6 Conv. EDH, qui s'impose à toute juridiction, ni aucune autre règle générale de procédure ne s'opposent à ce que les juges qui ont rendu une première décision de rejet délibèrent à nouveau sur une nouvelle demande du requérant en la même qualité, dès lors qu'ils se prononcent sur l'existence d'éléments nouveaux à l'appui de cette nouvelle demande. • CNDA 2 avr. 2008, *J.,* n° 595357 : *Rec. CNDA 13* • CE 23 oct. 2017, n° 374106 B : *AJDA 2017. 2037 ; D. 2018. 313, chron. Boskovic, Corneloup, Jault-Seseke, Joubert et Parrot*.

38. Comme toute juridiction, la CNDA est soumise au principe d'impartialité ; dès lors que le président de la cour a formulé publiquement une appréciation sur le type de motifs conduisant les ressortissants comoriens à solliciter l'asile en France, il a méconnu ce principe d'impartialité. • CE 17 févr. 2010, *M. Nassur,* n° 324520.

39. Le fait que les rapporteurs chargés de l'instruction des affaires peuvent être pris en dehors du personnel affecté à la cour (art. R. 733-3, devenu art. R. 532-2) ne contrevient à aucun principe général de procédure. • CE 7 déc. 1984, *Ponniah Shanmugarajah,* n° 56643 : *Dr. adm. 1985. Comm. 107.*

40. Fait l'objet d'une cassation la décision de la CNDA rendue en présence d'un président de formation de jugement dont certains des propos tenus publiquement sont de nature à faire naître un doute légitime sur l'impartialité de la juridiction. • CE 14 juin 2019, n° 427510.

41. Procédure. Aux termes des art. R. 532-33 à R. 532-36, « Le membre de la formation de jugement qui suppose en sa personne une cause de récusation ou estime en conscience devoir s'abstenir se fait remplacer par un autre membre que désigne le président de la cour. / La partie qui veut récuser un membre d'une formation de jugement doit, à peine d'irrecevabilité, le faire par un acte spécial remis à la cour dès qu'elle a connaissance de la cause de la récusation. Cet acte indique avec précision les motifs de la récusation et est accompagné des pièces propres à la justifier. En aucun cas la récusation ne peut être formée après la fin de l'audience. / Le membre récusé fait connaître par écrit soit son acquiescement à la récusation, soit les motifs pour lesquels il s'y oppose. / Si le membre de la cour qui est récusé acquiesce à la demande, il est aussitôt remplacé. S'il ne peut être remplacé en temps utile, l'affaire est renvoyée à une audience ultérieure. / Dans le cas où le membre de la cour n'acquiesce pas à la demande de récusation, il est statué, le plus rapidement possible, sur cette demande par une autre formation de jugement. / La décision ne peut être contestée devant le juge de cassation qu'à l'occasion de la décision définitive de la cour ». L'art. R. 532-16 dispose que « lorsque le requérant est représenté par un avocat, les actes de procédure sont accomplis à l'égard de ce mandataire à l'exception (...) de l'avis d'audience prévu à l'article R. 532-32 (...), adressés personnellement au requérant par lettre recommandée avec demande d'avis de réception ». Ces dispositions ne sauraient être lues comme imposant, lorsqu'une partie représentée par un avocat a présenté une demande de récusation, qu'une convocation lui soit personnellement adressée en vue de l'audience d'examen de cette demande, sur laquelle il doit être statué « le plus rapidement possible ». • CE 9 juill. 2021, n° 448707 : *AJDA 2021. 1468 ; D. 2022. 244, chron. Boskovic, Corneloup, Jault-Seseke, Joubert et Parrot ; RTD eur. 2022. 269, chron. Ritleng.*

C. NOTES EN DÉLIBÉRÉ

42. Il appartient à la CNDA de prendre connaissance des notes en délibéré et de les viser mais elle n'a l'obligation d'en tenir compte que si ces documents contiennent soit l'exposé d'une circonstance de fait dont la partie qui l'invoque n'était pas en mesure de faire état avant la clôture de l'instruction écrite, et qu'elle ne pourrait ignorer sans fonder sa décision sur des faits matériellement inexacts, soit d'une circonstance de droit nouvelle ou qu'elle devrait relever d'office ; dans cette hypothèse, elle doit soumettre ces notes en délibéré au débat contradictoire en renvoyant l'affaire à une audience ultérieure. • CE 3 juill. 2009, *OFPRA c/ M. Baskarathas,* n° 320395 • 4 déc. 2009, *M. Zabbar,* n° 304386 : *Rec. CNDA 9* • 20 déc. 2011, *OFPRA c/ Mlle Barushwanubusa,* n° 347713.

43. Lorsque la CNDA reçoit, après clôture de l'instruction, une note en délibéré qui ne contient pas l'exposé d'une circonstance de fait ou de droit nouvelle et que, « dans l'intérêt d'une bonne justice », alors qu'elle n'y est pas tenue, elle décide de rouvrir l'instruction et de communiquer la note à l'OFPRA, elle doit, à peine d'irrégularité, convoquer le demandeur à une nouvelle audience. • CE 20 févr. 2019, n° 396338. ♦ V. aussi • CE 28 mai 2024, n° 487675.

D. DÉCISION

44. Formes de la décision. La décision de la CNDA doit être lue en audience publique (art. R. 532-53). • CE 8 janv. 1982, *Serban,* n° 22729 : *Lebon 9, concl. Genevois ; AJDA 1982. 663, note Julien-Laferrière.* ♦ La CNDA se prononce au vu de l'ensemble de l'instruction, en tenant compte tout à la fois de l'argumentation exposée par écrit dans la requête et des explications orales que peut présenter le requérant et qui peuvent se substituer à son argumentation écrite ou la contredire. • CE 23 août 2006, *Mme B. épse A.,* n° 272697. ♦ Elle doit répondre à tous les moyens soulevés par le demandeur. • CE 6 sept. 1995, *Lumumba,* n° 148089.

45. La décision de la CNDA doit comporter : les visas des textes sur lesquels elle repose. • CE 19 janv. 1990, *Mallawa Azachi,* n° 81928. ♦ ... Des motifs. • CE 31 mars 1995, *Adno,* n° 130411. ♦ ... Le nom des juges ayant siégé. • CE 31 mars 1995, *Thantrige,* n° 148668. ♦ ... La date de lecture. • CE 9 févr. 1990, *Akolongo,* n° 94624.

46. Si elle a été saisie de conclusions en ce sens, la CNDA peut condamner la partie perdante aux frais irrépétibles. • CE 9 sept. 1994, *Mbiya,* n° 102011.

47. Motivation. Aux termes de l'art. R. 532-52 du présent code, les décisions de la CNDA sont motivées, ne serait-ce que pour permettre au juge de cassation de remplir son office. • CE 5 mai 1995, *Chan,* n° 132455. ♦ En se bornant à énoncer les considérations de fait qu'elle a tenues pour établies sans préciser celui des motifs de persécution de la Conv. de Genève qu'elle retenait, la cour a entaché sa décision d'insuffisance de motivation. • CE 30 déc. 2009, *OFPRA c/*

M. Martirossian, n° 316069 : *Rec. CNDA 12.* ♦ De même, en se bornant à rappeler les moyens invoqués par le requérant pour solliciter la qualité de réfugié, avant de rejeter sa demande sans examiner le bien-fondé de ces moyens, la CRR a insuffisamment motivé sa décision. • CE 10 avr. 2009, *O.,* n° 294129 : *Rec. CNDA 16.*

48. La cour est fondée à procéder à une substitution de base légale des motifs de la décision du directeur de l'OFPRA. • CE 29 janv. 1986, *Kodia,* n° 72001 : *Lebon 22.*

49. La décision de la cour produit ses effets à compter de sa lecture en audience publique. • CE 26 nov. 1993, *Préfet de police de Paris c/ Gundogdu,* n° 138967 : *Lebon 924 ; D. 1994. Somm. 256, obs. Julien-Laferrière.*

50. *Juge unique.* Pour faire face à l'épidémie due à la covid-19, les dispositions de l'Ord. du 13 mai 2020 ont, de façon générale et au-delà des cas prévus par la loi à raison de la nature des affaires, rendu de plein droit applicable à l'ensemble des recours portés devant la CNDA la procédure prévue au second al. de l'art. L. 731-2 [devenu art. L. 532-6 et L. 532-7], ayant ainsi pour effet de conduire à statuer par juge unique sur l'ensemble des affaires, en écartant l'intervention des formations collégiales instituées par la loi. Le moyen tiré de ce que ces dispositions ne seraient pas justifiées et proportionnées au regard de l'habilitation donnée par l'art. 11 de la L. du 23 mars 2020, compte tenu de l'état de la situation sanitaire à la date à laquelle elles ont été adoptées, est, en l'état de l'instruction, de nature à faire naître un doute sérieux quant à la légalité des dispositions critiquées, eu égard au caractère général et systématique de la dérogation adoptée, qui n'est pas limitée à des hypothèses pouvant être justifiées par les caractéristiques des affaires, et à la particulière importance que revêt, pour les demandeurs d'asile, la garantie d'un examen de leur recours par une formation collégiale telle qu'instituée en principe par le législateur. • CE, ord., 8 juin 2020, n°s 440717, 440812 et 440867 : *AJDA 2020. 1146.*

51. Il appartient au magistrat désigné pour statuer seul sur une demande d'asile, tant lorsque l'OFPRA a statué en procédure accélérée sur le fondement de l'art. L. 731-2 [devenu art. L. 532-6 et L. 532-7], que lorsqu'une affaire ne justifie pas, devant la CNDA, l'intervention d'une formation collégiale, conformément à l'art. L. 532-6, de renvoyer l'affaire à une formation collégiale notamment lorsqu'il estime que la demande d'asile ne relève pas de la procédure accélérée, en particulier en raison de la vulnérabilité du demandeur, ou soulève une difficulté sérieuse. Il appartient au Conseil d'État, statuant en cassation, de censurer la décision ou l'ordonnance qui lui est déférée dans le cas où il juge, au vu de l'ensemble des circonstances de l'espèce, qu'il a été fait un usage abusif de ces facultés. • CE 3 juin 2020, n° 421888 : *AJDA 2020. 1999.*

52. *Affichage.* Les décisions de la cour sont lues en audience publique. Leur sens est affiché dans les locaux de la cour le jour de leur lecture ; toutefois, une erreur dans l'affichage du sens d'une décision de la CNDA n'entache pas la régularité de celle-ci. Seule la minute fait foi, jusqu'à preuve du contraire. • CE 22 juill. 2020, n° 430601 B : *AJDA 2020. 1515.*

IV. VOIES DE RECOURS

A. CASSATION

53. Les décisions rendues par la CNDA sont susceptibles de pourvoi en cassation devant le Conseil d'État ; celui-ci exerce un contrôle normal sur les décisions annulant une décision de l'OFPRA. • CE 15 mai 2009, *OFPRA c/ M. Gundogdu,* n° 288747 B : *Gaz. Pal. 10 déc. 2009, n° 344, p. 21 ; Rec. CNDA 131.* ♦ La CNDA apprécie souverainement la valeur des pièces produites sous réserve de dénaturation. • CE 6 sept. 1993, *Calica,* n° 102716. ♦ L'appréciation que porte la CNDA sur un contexte historique et sur le comportement des acteurs relève de son appréciation souveraine portée à partir des faits pertinents ressortant du dossier qui lui est soumis et ne peut être discutée en cassation, hormis dans le cas où elle repose sur une dénaturation. • CE 16 oct. 2009, *Mme Habyarimana,* n° 311793. ♦ Toutefois, le Conseil d'État procède à un contrôle de la qualification juridique des faits sur les décisions de la CNDA faisant application de la clause d'exclusion prévue à l'art. 1er, F, de la Conv. de Genève. • CE 9 nov. 2016, *OFPRA,* n° 388830 A : *AJDA 2017. 587, note Sirinelli.*

54. Le délai de recours en cassation d'un mois court à compter de la notification de la décision de la CNDA. • CE 7 nov. 1990, *Min. Intérieur c/ Raj,* n° 99172. ♦ Le recours ne peut être présenté sans ministère d'avocat. • CE 4 mars 1988, *Bwanoja Bokiolua,* n° 187467.

55. Le directeur de l'OFPRA peut introduire un pourvoi en cassation contre une décision de la CNDA attribuant la qualité de réfugié ou la protection subsidiaire. • CE 25 oct. 2004, *OFPRA,* n° 242145.

56. Les contestations mettant en cause la décision de la CNDA, précisément l'erreur d'appréciation portée sur les documents versés et l'insuffisance de motivation de la décision, en ce qu'elles entendent dénoncer un raisonnement juridique erroné, ne sauraient relever du champ d'application d'un recours en rectification d'erreur matérielle ; si la requérante entendait contester l'appréciation juridique de la commission, il lui appartenait dès lors de se pourvoir devant le juge de cassation. • CNDA 6 mars 2008, *Mlle M.,* n° 615114 : *Rec. CNDA 19.*

57. Le juge de cassation peut censurer : l'erreur de fait. • CE 17 févr. 1992, *Diaby,* n° 96723. ♦ ... L'erreur de droit. • CE 13 janv. 1989,

Thevarayan, n° 78055. ♦ Des moyens nouveaux ne peuvent être présentés devant le juge de cassation. • CE 5 oct. 1988, *Yalcin,* n° 83824.

58. En se bornant à relever que le certificat médical produit par le demandeur ne suffit pas à établir la réalité des risques alors qu'il faisait état de façon circonstanciée de plusieurs blessures et traumatismes, la CNDA commet une erreur de droit car elle doit chercher à évaluer les risques que cette pièce est susceptible de révéler et préciser les éléments qui la conduisent à ne pas la regarder comme sérieuse. • CE 10 avr. 2015, n° 372864 B : *AJDA 2015. 1983.*

59. Un moyen qui n'a pas été présenté devant la CNDA ne peut être soulevé devant le juge de cassation. • CE 5 oct. 1988, *Yalcin,* n° 83824. ♦ Les motifs de persécution ne constituent pas des moyens d'ordre public que la CNDA devrait soulever d'office. • CE 8 juill. 2005, *M. Evgueny Y.,* n° 255096.

60. Le juge de cassation refuse d'examiner le moyen selon lequel le demandeur d'asile n'a pas été assisté par un interprète ni lors de l'audience ni pour la traduction des pièces produites. • CE 16 juin 2006, *Kvetenadze,* n° 275014.

61. Après cassation, le Conseil d'État peut décider d'évoquer l'affaire et statuer lui-même et, le cas échéant, reconnaître la qualité de réfugié. • CE 10 juill. 1996, *Ranamukage,* n° 167955.

B. RÉVISION

62. Aux termes de l'art. R. 562-2, la CNDA peut être saisie d'un recours en révision dans les cas prévus aux art. L. 511-9 et L. 512-4 ; ce même art. prévoit que le recours est exercé dans le délai de 2 mois après la constatation des faits de nature à justifier l'exclusion du statut de réfugié ou à caractériser une fraude. En l'espèce, dès lors que l'intéressé a été convoqué à un entretien par l'OFPRA avant l'expiration de ce délai de 2 mois, entretien que l'OFPRA estimait nécessaire pour permettre de regarder la fraude comme avérée, le recours en révision introduit dans le délai de 2 mois suite à cet entretien n'est pas tardif. • CE 6 juin 2018, n° 408398 B : *AJDA 2018. 1192.* ♦ Le délai de deux mois court à compter du moment où les éléments transmis à l'OFPRA sont suffisants pour permettre de caractériser l'existence d'une fraude. • CE 29 mars 2023, n° 461951.

C. TIERCE OPPOSITION

63. Si l'art. R. 832-1 CJA est sans application devant la CNDA, une personne peut former tierce opposition à une décision juridictionnelle rendue par la Cour si elle préjudicie à ses droits et que ni elle ni ceux qu'elle représente n'ont été présents ou régulièrement appelés dans l'instance ayant abouti à cette décision ; le préjudice porté à des droits par une décision juridictionnelle s'apprécie en fonction du seul dispositif de cette décision et non de ses motifs. • CNDA 22 mars 2013, n° 13007036.

64. La tierce opposition est en revanche irrecevable lorsqu'elle supposerait la communication des pièces de la procédure d'asile initiale, ce qui est incompatible avec la confidentialité des éléments d'information relatifs aux personnes sollicitant l'asile en France, laquelle constitue tant une garantie essentielle du droit constitutionnel d'asile qu'une exigence découlant de la Conv. de Genève. • CNDA 5 déc. 2023, n° 23031032 : *D. 2023. 1358 ; ibid. 2024. 228, chron. Boskovic, Corneloup, Jault-Seseke, Joubert et Parrot.*

Art. L. 532-5 Avant de statuer sur un recours soulevant une question de droit nouvelle, présentant une difficulté sérieuse et se posant dans de nombreux litiges, la Cour nationale du droit d'asile peut, par une décision qui n'est susceptible d'aucun recours, transmettre le dossier de l'affaire au Conseil d'État qui examine la question soulevée dans un délai de trois mois. Il est sursis à toute décision au fond jusqu'à l'avis du Conseil d'État ou, à défaut, jusqu'à l'expiration de ce délai.

Les conditions d'application du présent article sont précisées par décret en Conseil d'État. – *[Anc. art. L. 733-3.]*

COMMENTAIRE

L'article R. 532-29 précise que la décision de renvoi d'une question de droit nouvelle est adressée au secrétaire du contentieux du Conseil d'État, avec le dossier de l'affaire, dans les huit jours de son prononcé. Le requérant et l'Office sont avisés de cette transmission par notification qui leur est faite de la décision, par lettre recommandée avec demande d'avis de réception ou par tout autre moyen permettant de faire la preuve de sa réception par les destinataires. Les dispositions des articles R. 113-2 à R. 113-4 du code de justice administrative sont applicables.

Par ailleurs, le décret n° 2016-463 du 14 avril 2016 (art. R. 532-59 à R. 532-66) a fixé les modalités spécifiques d'application de l'article 61-1 (QPC) de la Constitution à la Cour nationale du droit d'asile.

Le moyen tiré de ce qu'une disposition législative porte atteinte aux droits et libertés garantis par la Constitution est soulevé, conformément aux dispositions de l'article 23-1 de l'ordonnance n° 58-1067 du 7 novembre 1958 portant loi organique sur le Conseil constitutionnel, à peine d'irrecevabilité, dans un mémoire distinct et motivé.

Sauf s'il apparaît de façon certaine, au vu du mémoire distinct, qu'il n'y a pas lieu de transmettre la question prioritaire de constitutionnalité, notification de ce mémoire est faite à l'autre partie. Il lui est imparti un bref délai pour présenter ses observations. Copie du mémoire est communiquée au ministre chargé de l'asile.

La Cour n'est pas tenue de transmettre une question prioritaire de constitutionnalité mettant en cause, par les mêmes motifs, une disposition législative dont le Conseil d'État ou le Conseil constitutionnel est déjà saisi. En cas d'absence de transmission pour cette raison, elle diffère sa décision sur le fond, jusqu'à ce qu'elle soit informée de la décision du Conseil d'État ou, le cas échéant, du Conseil constitutionnel.

Le président de la Cour ou les présidents qu'il désigne à cet effet peuvent, par ordonnance, statuer sur la transmission d'une question prioritaire de constitutionnalité.

La notification d'une décision de transmission mentionne que des observations peuvent être produites devant le Conseil d'État, dans le délai d'un mois. Elle indique les modalités selon lesquelles ces observations peuvent être présentées. La notification d'une décision de refus de transmission mentionne que cette décision ne peut être contestée qu'à l'occasion d'un recours en cassation formé contre la décision de la Cour statuant sur le fond. Elle mentionne aussi que cette contestation devra faire l'objet d'un mémoire distinct et motivé, accompagné d'une copie de la décision de refus de transmission.

Le refus de transmission dessaisit la Cour du moyen d'inconstitutionnalité. La décision qui règle le litige vise le refus de transmission. ❑

Art. L. 532-6 La Cour nationale du droit d'asile statue *(Abrogé par L. n° 2024-42 du 26 janv. 2024, art. 70)* ***« en formation collégiale, »*** **dans un délai de cinq mois à compter de sa saisine. Toutefois, sans préjudice de l'application de l'article L. 532-8, lorsque la décision de l'Office français de protection des réfugiés et apatrides a été prise selon la procédure accélérée, en application des articles L. 531-24, L. 531-26 ou L. 531-27, ou constitue une décision d'irrecevabilité prise en application de l'article L. 531-32,** *(L. n° 2024-42 du 26 janv. 2024, art. 70)* **« la cour** *[ancienne rédaction : le président de la cour ou le président de formation de jugement qu'il désigne à cette fin]* **» statue dans un délai de cinq semaines à compter de sa saisine. Il en est de même lorsque l'office prend une décision mettant fin au statut de réfugié en application de l'article L. 511-7 ou au bénéfice de la protection subsidiaire en application des 1° ou 3° de l'article L. 512-3 pour le motif prévu au 4° de l'article L. 512-2.**

(L. n° 2024-42 du 26 janv. 2024, art. 70) **« Lorsqu'elle statue en formation collégiale dans les conditions prévues à l'article L. 131-7, la Cour nationale du droit d'asile statue dans le délai mentionné à la première phrase du premier alinéa du présent article. »** — *[Anc. art. L. 731-2, al. 2, 1re à 3e phr.]*

COMMENTAIRE

L'article L. 532-6 fixe les règles générales de procédure appliquées par la Cour nationale du droit d'asile (CNDA) en distinguant deux modalités essentielles.

La cour statue en formation collégiale dans un délai de cinq mois après sa saisine sur les recours formés, dans le délai d'un mois, contre les décisions prises par l'Office français de protection des réfugiés et apatrides intervenant en matière de reconnaissance du statut de réfugié et d'attribution de la protection subsidiaire.

La Cour statue dans un délai de cinq semaines dans les hypothèses suivantes :
– en cas de recours à la procédure accélérée ;
– ou s'agissant des décisions d'irrecevabilité et demandes de réexamen (art. L. 532-6) ;
– la loi n° 2018-778 du 10 septembre 2018 a ajouté le cas où l'Office prend une décision mettant fin au statut de réfugié en application de l'article L. 511-7 ou au bénéfice de la protection subsidiaire en application du 1° ou du 3° de l'article L. 512-3 pour un motif d'ordre public (art. L. 512-2, 4°).

La loi n° 2024-42 du 26 janvier 2024 a fait de la procédure à juge unique (président de la CNDA ou président de la formation de jugement désignée par celui-ci) la procédure de droit commun à moins que, de sa propre initiative ou à la demande du requérant, le président de la CNDA ou le président de la formation de jugement désigné à cette fin décide, à tout moment de la procédure, d'inscrire l'affaire devant une formation collégiale (art. L. 131-7).

Le Conseil constitutionnel a indiqué que le fait que la CNDA statue à juge unique ne porte pas, par lui-même, atteinte aux droits de la défense notamment parce que, de sa propre initiative ou à la demande du requérant, le juge peut, à tout moment de la procédure, renvoyer à la formation collégiale la demande s'il estime que celle-ci ne relève pas de l'un des cas d'examen en procédure accélérée ou qu'elle soulève une difficulté sérieuse (art. L. 532-7). Enfin, un délai de jugement de cinq semaines ne méconnaît ni les droits de la défense, ni le droit à un procès équitable (Cons. const. 6 sept. 2018, n° 2018-770 DC). Le Conseil a confirmé sa jurisprudence dans sa décision du 25 janvier 2024 (n° 2023-863 DC : *AJDA 2024. 650, note Bonnet et Gadhoun* ; *D. 2024. 170 et 219, pt de vue Esplugas-Labatut ; AJCT 2024. 70, obs. Pailler*) : « le fait que la Cour nationale du droit d'asile statue à juge unique ne porte pas, par lui-même, atteinte aux droits de la défense. D'autre part, le président de la Cour nationale du droit d'asile ou le président de la formation de jugement peut décider, de sa propre initiative ou à la demande du requérant, de renvoyer l'examen d'une affaire à une formation collégiale à tout moment de la procédure, s'il estime que celle-ci pose une question qui le justifie. En laissant au président de la Cour nationale du droit d'asile ou au président de la formation de jugement le soin d'apprécier si une affaire requiert un examen devant une formation collégiale, le législateur n'a pas instauré de discrimination injustifiée entre les demandeurs d'asile auxquels sont assurées des garanties égales ».

Répartition des décisions par modalité de jugement en 2023

	Nombre	**Pourcentage**
Décisions prises après audience collégiale	34 957	52,68 %
Décisions prises après audience à juge unique	10 249	15,45 %
Ordonnances	21 152	31,88 %
Total	66 358	

Source : rapport d'activité 2023 de la CNDA.

Art. L. 532-7 *(Abrogé par L. n° 2024-42 du 26 janv. 2024, art. 70)* ***De sa propre initiative ou à la demande du requérant, le président de la Cour nationale du droit d'asile ou le président de formation de jugement désigné à cette fin peut, à tout moment de la procédure, renvoyer à la formation collégiale la demande s'il estime que celle-ci ne relève pas de l'un des cas prévus aux articles L. 531-24, L. 531-26, L. 531-27 ou L. 531-32, ou qu'elle soulève une difficulté sérieuse. La cour statue alors dans les conditions prévues à la première phrase de l'article L. 532-6.*** – *[Anc. art. L. 731-2, al. 2, 4e et 5e phr.]*

Art. L. 532-8 **Le président et les présidents de section, de chambre ou de formation de jugement peuvent, par ordonnance, régler les affaires dont la nature ne justifie pas l'intervention de l'une des formations prévues aux articles** *(L. n° 2024-42 du 26 janv. 2024, art. 70)* **« L. 131-6 et L. 131-7** *[ancienne rédaction : L. 532-6 et L. 532-7]* **».**

Les modalités d'application du présent article, notamment les conditions dans lesquelles le président et les présidents de section, de chambre ou de formation de jugement peuvent, après instruction, statuer par ordonnance sur les demandes qui ne présentent aucun élément sérieux susceptible de remettre en cause la décision d'irrecevabilité ou de rejet de l'Office français de protection des réfugiés et apatrides, sont fixées par décret en Conseil d'État. – *[Anc. art. L. 733-2.]*

COMMENTAIRE

L'article R. 532-3 prévoit que le président de la Cour nationale du droit d'asile et les présidents qu'il désigne à cet effet peuvent, par ordonnance motivée :

– donner acte des désistements ;

– rejeter les recours ne relevant pas de la compétence de la cour ;
– constater qu'il n'y a pas lieu de statuer sur un recours ;
– rejeter les recours entachés d'une irrecevabilité manifeste non susceptible d'être couverte en cours d'instance ou qui n'ont pas été régularisés à l'expiration du délai imparti par une demande adressée en ce sens en application de l'article R. 532-12 ;
– rejeter les recours qui ne présentent aucun élément sérieux susceptible de remettre en cause la décision de l'Office français de protection des réfugiés et des apatrides ; dans ce cas, l'ordonnance ne peut être prise qu'après que le requérant a été mis en mesure de prendre connaissance des pièces du dossier et après examen de l'affaire par un rapporteur.

L'ordonnance mentionne le nom des parties, l'analyse des conclusions ainsi que les visas des dispositions législatives ou réglementaires dont elle fait application. Dans le cas prévu au 5°, l'ordonnance vise également les formalités accomplies par le requérant afin de prendre connaissance des pièces du dossier ainsi que l'examen de celui-ci par le rapporteur. L'ordonnance indique la date à laquelle elle a été signée. La minute est signée du seul magistrat qui l'a rendue. Les ordonnances ne sont pas prononcées en audience publique (art. R. 532-4). ❑

1. Conformité avec la Conv. de Genève. Les dispositions du présent art., qui offrent la possibilité, pour le président et les présidents de section de la CNDA, de régler par ordonnance « les affaires dont la nature ne justifie pas l'intervention d'une décision collégiale », sont compatibles avec la Conv. de Genève du 28 juill. 1951, le Prot. relatif au statut des réfugiés du 31 janv. 1967 et les art. 6 et 13 de la Conv. EDH. • CE 7 nov. 2012, *Touré,* n° 350355 B.

2. Droit de l'UE. Dès lors que le juge a pu effectuer l'examen « complet et *ex nunc* », une dispense d'audience est conforme non seulement au principe de protection juridictionnelle effective, mais aussi à l'objectif de prendre sur la demande d'asile « une décision aussi rapide que possible » ; lorsqu'une demande est « manifestement infondée » au sens de l'art. 32, § 2, de la Dir. 2013/32/UE, le juge, en principe, ne méconnaît pas son office s'il se fonde uniquement sur les mémoires et le dossier administratif. • CJUE 26 juill. 2017, *Sacko,* n° C-348/16 : *AJDA 2017. 2305, chron. Bonneville, Broussy, Cassagnabère et Gänser ; D. 2018. 313, chron. Boskovic, Corneloup, Jault-Seseke, Joubert et Parrot.*

3. L'octroi d'une protection internationale à un proche pour des craintes similaires à celles invoquées par le demandeur interdit au juge de l'asile de rejeter le recours contre le rejet d'une demande d'asile par ordonnance pour défaut d'élément sérieux au sens de l'art. R. 532-3. • CE 22 oct. 2018, n° 413750.

4. Cassation. L'ordonnance par laquelle le président de la CNDA rejette pour irrecevabilité manifeste une demande dirigée contre une décision du directeur de l'OFPRA ayant rejeté une demande d'admission au statut de réfugié présente le caractère d'une décision juridictionnelle susceptible d'un pourvoi en cassation devant le Conseil d'État mais échappant à la compétence du juge des référés statuant sur le fondement du titre V CJA. • CE 11 déc. 2003, *M. Allag,* n° 262549.

5. Régularisation. Avant d'opposer une irrecevabilité par ordonnance, le requérant doit être invité à régulariser sa requête si cela est possible. • CE 9 juill. 1997, *Kang,* n° 145518 : *préc. note 18 ss. art. L. 511-2.*

6. Procédure. Le présent art. n'impose pas que le président de la cour ou les présidents de section aient tenu une audience publique ou que la décision soit lue en audience publique. S'applique en revanche la règle générale de procédure selon laquelle l'auteur du recours doit être mis en mesure de prendre connaissance des pièces du dossier qu'il n'a pas lui-même produites, en particulier le dossier administratif de l'OFPRA. • CE 10 déc. 2008, *M. Islam,* n° 284159 B.

7. Le désistement doit être présenté par le demandeur lui-même et non par une tierce personne. • CRR 18 juill. 1995, *Kotchinov,* n° 281309. ♦ Lorsque le demandeur d'asile qui introduit un recours devant la CNDA contre une décision de l'OFPRA annonce son intention de produire des observations complémentaires, la cour, à qui il appartient de statuer dans les délais prévus à l'art. L. 532-1 sur les recours dont elle est saisie, peut, après avoir mis en mesure le requérant de prendre connaissance des pièces du dossier et après examen de l'affaire par un rapporteur, rejeter ce recours par ordonnance s'il ne présente aucun élément sérieux susceptible de remettre en cause la décision de l'OFPRA, sans attendre la production des observations annoncées ni avoir imparti au requérant de les produire dans un délai déterminé et attendu l'expiration de ce délai. • CE 10 nov. 2021, n° 447293 B : *AJDA 2021. 2313.*

8. Aux termes de l'art. R. 532-22 du présent code : « Dans le cas où les parties sont informées de la date d'audience deux mois au moins avant celle-ci, elles sont informées par le même courrier de la date de clôture de l'instruction. Cette information ne vaut pas avis d'audience au sens de l'article R. 532-32 » ; les informations données en application de l'art. R. 532-22, dont la communication aux parties au litige ne saurait faire obstacle à ce que la requête puisse finalement faire l'objet d'une ordonnance prise sur le fondement de l'art. L. 532-8, peuvent être modifiées dans le cours de l'instruction sous réserve de l'être explicitement et dans des délais compatibles avec les exigences du caractère contradictoire de la procédure. Une ordonnance ne peut intervenir alors que la clôture de l'instruction avait été fixée le lendemain sans méconnaître le principe du caractère contradictoire de la procédure. • CE 10 févr. 2023, n° 458588 : *AJDA 2023. 261*.

Art. L. 532-9 La collecte par la Cour nationale du droit d'asile d'informations nécessaires à l'examen d'un recours contre une décision de l'Office français de protection des réfugiés et apatrides ne doit pas avoir pour effet de révéler aux auteurs présumés de persécutions ou d'atteintes graves l'existence de cette demande d'asile ou d'informations la concernant.

Si, devant la cour, l'office s'oppose à la communication au requérant d'informations ou de leurs sources dont la divulgation porterait atteinte à la sécurité des personnes physiques ou morales ayant fourni ces informations ou à celle des personnes physiques ou morales auxquelles ces informations se rapportent, il saisit le président de la cour. L'office expose dans sa demande les motifs qui justifient cette confidentialité.

Si le président ou le magistrat désigné à cette fin estime la demande de l'office justifiée, ce dernier produit tous les éléments d'information relatifs à la demande d'asile, à l'exclusion de ceux qui sont mentionnés au deuxième alinéa pour lesquels il ne transmet qu'un résumé. L'ensemble de ces éléments est communiqué à la formation de jugement, au rapporteur et au requérant.

Si le président ou le magistrat désigné à cette fin estime que les informations et les sources mentionnées au deuxième alinéa n'ont pas un caractère confidentiel et si l'office décide de maintenir cette confidentialité, il produit tous les éléments d'information relatifs à la demande d'asile, à l'exclusion de ceux qu'il juge confidentiels pour lesquels il ne transmet qu'un résumé. L'ensemble de ces éléments est communiqué à la formation de jugement, au rapporteur et au requérant.

La cour ne peut fonder sa décision exclusivement sur des informations dont la source est restée confidentielle à l'égard du requérant. — *[Anc. art. L. 733-4.]*

1. Avant même la L. du 29 juill. 2015 ayant introduit le présent art., l'OFPRA pouvait refuser de révéler l'identité des personnes ou des organisations ayant fourni les informations qu'il verse au contradictoire, lorsqu'une telle divulgation aurait été de nature à compromettre la sécurité de ces sources. Dans cette hypothèse, le juge tient compte des informations en cause, mais ne saurait s'appuyer exclusivement sur elles pour fonder sa décision. En fondant sa décision uniquement au regard des seules pièces dont la source était connue et en s'interdisant de prendre en compte, dans son appréciation globale, la note litigieuse, la CNDA a entaché sa décision d'erreur de droit. • CE 19 juin 2017, *OFPRA*, n° 389868 B : *AJDA 2017. 1255*.

2. Il découle du présent art. une obligation de coopération pour l'ensemble des éléments nécessaires à l'établissement du besoin de protection internationale ; les éventuels manquements du demandeur à son obligation de coopération peuvent lui être opposés. • CNDA 22 févr. 2019, n°s 17019034 et 17019055.

Art. L. 532-10 Sans préjudice du premier alinéa l'article L. 532-3, le requérant ne peut utilement se prévaloir de l'enregistrement sonore de son entretien personnel qu'à l'appui d'une contestation présentée dans le délai de recours et portant sur une erreur de traduction ou un contresens, identifié de façon précise dans la transcription de l'entretien et de nature à exercer une influence déterminante sur l'appréciation du besoin de protection. — *[Anc. art. L. 733-5, al. 4.]*

SECTION 3 **Audience**

Art. L. 532-11 Les débats devant la Cour nationale du droit d'asile ont lieu en audience publique après lecture du rapport par le rapporteur. Toutefois, le huis clos est de droit si le requérant le demande. Le président de la formation de jugement peut également décider que l'audience aura lieu ou se poursuivra hors la présence du public, si la sauvegarde de l'ordre public ou le respect de l'intimité des personnes ou de secrets protégés par la loi l'exige. Il peut également interdire l'accès de la salle d'audience aux mineurs ou à certains d'entre eux. — *[Anc. art. L. 733-1-1.]*

1. Aux termes de l'art. R. 532-49, sauf s'il est procédé à un enregistrement, un procès-verbal doit être dressé dans chacune des deux salles d'audience, au siège de la cour à Montreuil et là où se trouve le requérant. Ce double procès-verbal est impératif et l'absence du second procès-verbal, à elle seule, entache la régularité de la procédure. • CE 19 juill. 2017, n° 400387 B : *AJDA 2017. 1529* ; *D. 2018. 313, chron. Boskovic, Corneloup, Jault-Seseke, Joubert et Parrot* • 7 mars 2018, n° 408353.

2. En se référant aux circonstances de l'affaire, le législateur a, compte tenu de la nature des litiges portés devant la CNDA et des enjeux particuliers qu'ils présentent, notamment au regard de l'intimité et de la vie privée des personnes, de la sécurité et de la confidentialité, entendu permettre le prononcé du huis clos dans les seuls cas où la sauvegarde de l'ordre public, le respect de l'intimité des personnes ou des secrets protégés par la loi l'exigent. Dans ces conditions, le grief tiré de la méconnaissance, par le législateur, de sa compétence doit être écarté. • CE 12 févr. 2021, n° 439141 B : *AJDA 2021. 364*.

3. En ne prévoyant pas l'établissement d'un procès-verbal ou l'enregistrement de l'audience, en dehors de l'hypothèse où l'audience se tient par un moyen de communication audiovisuelle, le législateur n'a ni méconnu l'étendue de sa compétence ni porté atteinte au droit à un recours effectif (rejet de transmission de la QPC). • CE 21 avr. 2023, n° 468444.

Art. L. 532-12 **Les requérants peuvent présenter leurs explications à la Cour nationale du droit d'asile et s'y faire assister d'un conseil et d'un interprète.** – *[Anc. art. L. 733-1, al. 1er.]*

1. La CNDA a mis en place, à la fin de l'année 2011, un dispositif permettant notamment aux avocats « d'indiquer, s'ils le souhaitent, pour toute la durée de l'année civile, un jour fixe hebdomadaire pendant lequel ils ne seront pas convoqués devant les formations de jugement » ; ce dispositif a été élaboré en concertation avec les représentants du CNB et des barreaux concernés, dans le but d'améliorer l'inscription au rôle des affaires et de mieux organiser la convocation des avocats à l'audience. Les requérants ont été privés de la possibilité d'être assistés ou représentés par leur avocat lors de l'audience du fait de la méconnaissance par la cour, sans aucun motif tiré notamment d'une bonne administration de la justice, des règles qu'elle avait elle-même fixées en ce qui concerne la détermination du jour des audiences, et alors que leur avocat avait formulé une demande de report d'audience qui n'avait pas de caractère dilatoire et qui avait été présentée en temps utile. • CE 18 juin 2014, *Mme Bochorishvili et M. Merkviladze*, n° 367725 B : *AJDA 2014. 1615, concl. Domino* • 28 mai 2024, n° 474506.

2. Aide juridictionnelle. L'art. 9-4 de la L. n° 91-647 du 10 juill. 1991 relative à l'aide juridique, dans sa rédaction issue de la L. n° 2018-778 du 10 sept. 2018 pour une immigration maîtrisée, un droit d'asile effectif et une intégration réussie, prévoit que l'aide juridictionnelle est sollicitée dans un délai de 15 jours à compter de la notification de la décision de l'OFPRA. Lorsqu'une demande d'aide juridictionnelle est adressée au bureau d'aide juridictionnelle de la cour, le délai prévu est suspendu et un nouveau délai court, pour la durée restante, à compter de la notification de la décision relative à l'admission au bénéfice de l'aide juridictionnelle. Ces délais sont notifiés avec la décision de l'office. Le bureau d'aide juridictionnelle de la cour s'efforce de notifier sa décision dans un délai de 15 jours suivant l'enregistrement de la demande. Si la CNDA se prononce sans qu'il ait été statué sur la demande d'aide juridictionnelle, elle méconnaît les règles générales de procédure. • CE 10 avr. 2009, *B.*, n° 283397 : *Rec. CNDA 24.* ♦ L'ordonnance de la présidente de la CNDA, rejetant le recours formé contre la décision du directeur général de l'OFPRA, est intervenue selon une procédure irrégulière dès lors que l'avocat désigné au titre de l'aide juridictionnelle n'avait pas encore produit de mémoire et qu'elle ne l'avait pas mis en demeure de le faire en lui impartissant un délai à cette fin. • CE 30 nov. 2021, n° 444737.

3. Demande de réexamen. Le Conseil constitutionnel a considéré que la suppression du bénéfice de l'aide juridictionnelle en cas de réexamen d'une demande d'asile ne portait pas atteinte au droit à un recours juridictionnel effectif et qu'elle n'était pas manifestement incompatible avec la Dir. 2005/85/CE du Conseil du 1er déc. 2005 relative à des normes minimales concernant la procédure d'octroi et de retrait du statut de réfugié (refondue par la Dir. 2013/32/UE du 26 juin 2013 relative à des procédures communes pour l'octroi et le retrait de la protection internationale [*JOUE 29 juin*]) ; il indique en effet que l'aide juridictionnelle peut être sollicitée par tout étranger déposant une première demande d'asile et également dans le cadre d'un réexamen de sa demande dès lors qu'il n'a pas bénéficié de cette aide pour le dépôt de sa première demande. Les dispositions contestées, qui donnent ainsi à l'étranger la garantie qu'il sera entendu une fois par la CNDA avec l'assistance d'un avocat, ne méconnaissent pas le droit au recours effectif devant une juridiction. • Cons. const. 9 juin 2011, n° 2011-631 DC.

4. Délai de recours. Une demande d'aide juridictionnelle ne suspend le délai pour présenter un recours contre une décision de l'OFPRA que si elle est adressée au bureau d'aide juridictionnelle dans le délai de 15 jours à compter de la notification de la décision de l'office ; au-delà de ce délai de 15 jours, une demande d'aide juridictionnelle peut toujours être adressée, mais elle ne suspend plus le délai de recours. • CNDA 16 févr. 2017, n° 16029246. ♦ La demande d'aide juridictionnelle régulièrement formée dans le délai de recours conserve celui-ci. • CE 26 nov. 2008, *P.*, n° 283158. ♦ Lorsque la demande d'aide juridictionnelle est formée dans le délai de recours d'un mois, ce délai est interrompu jusqu'à notification de la décision du bureau d'aide juridictionnelle statuant sur cette demande ; si la CNDA rejette le recours pour tardiveté, elle commet une erreur de droit. • CE 30 déc. 2009, *Mme A.*, n° 298865 : *Rec. CNDA 7.*

5. Une demande d'aide juridictionnelle doit être présentée dans le délai de 15 jours à compter de la notification de la décision de l'OFPRA pour interrompre le délai d'un mois prévu au présent art. • CE 9 mars 2018, n° 411892 B.

6. La procédure au terme de laquelle il est statué sur la demande d'aide juridictionnelle du candidat débouté à l'asile politique est distincte de celle suivie devant la CNDA et obéit à des règles spécifiques. En conséquence, cette procédure ne peut pas être contestée, en l'espèce au regard de la Conv. EDH, dans le cadre d'un recours contre la décision de la cour. • CE 15 mai 2000, *Abd El Hameid*, n° 159706 : *RFDA 2000. 890*.

7. Lorsque la décision concernant la demande d'aide juridictionnelle n'a pas été notifiée avant l'audience, la cour ne peut pas différer le jugement de l'affaire jusqu'à ce que l'intéressé ait reçu notification de la décision prise sur sa demande d'aide. • CE 29 avr. 1998, *Kaya*, n° 179171 • 21 déc. 2007, *M. Boulanouar A.*, n° 280143.

8. Afin d'assurer au requérant le bénéfice effectif du droit qu'il tient de la L. du 10 juill. 1991, dans le cas où l'auxiliaire de justice justifie avoir été informé de sa désignation à une date rendant en pratique impossible l'introduction du recours avant l'expiration de ce nouveau délai, le recours introduit dans le mois qui suit la date de cette information ne peut être regardé comme tardif. • CE 29 nov. 2019, n° 415837 B : *ADJA 2019. 2468.*

9. Les décisions du président de la CNDA fixant la rétribution des avocats au titre de l'aide juridictionnelle ont le caractère de décisions administratives et sont, à ce titre, susceptibles de recours en annulation devant le juge administratif et non d'un pourvoi en cassation devant le Conseil d'État ; ces décisions relèvent ainsi de la compétence territoriale du TA de Montreuil. • CE 16 oct. 2013, nos 345704 et 345705.

10. Aux termes de l'al. 1er de l'art. R. 532-32, « L'avis d'audience est adressé aux parties trente jours au moins avant le jour où l'affaire sera appelée à l'audience ». Ces dispositions ont pour objet non seulement d'informer l'intéressé de la date de l'audience afin de lui permettre d'y être présent ou représenté, mais aussi de lui laisser un délai suffisant pour préparer utilement ses observations. Il s'ensuit que leur méconnaissance est de nature à entacher d'irrégularité la procédure suivie. Ce délai de 30 jours est un délai franc. • CE 28 mai 2021, n° 438847 B : *AJDA 2021. 1123*.

Art. L. 532-13 **Afin d'assurer une bonne administration de la justice et de permettre aux intéressés de présenter leurs explications à la cour, et sous réserve que les conditions prévues au présent article soient remplies, le président de la Cour nationale du droit d'asile peut prévoir que la salle d'audience de la cour est reliée, en direct, par un moyen de communication audiovisuelle qui garantit la confidentialité et la qualité de la transmission avec une salle d'audience spécialement aménagée à cet effet ouverte au public et située dans des locaux relevant du ministère de la justice plus aisément accessibles par le demandeur, dans des conditions respectant les droits de l'intéressé prévus à l'article L. 532-12.**

Une copie de l'intégralité du dossier est mise à disposition du requérant. S'il est assisté d'un conseil, ce dernier est physiquement présent auprès de lui. L'interprète mis à disposition du demandeur est présent dans la salle d'audience où ce dernier se trouve. En cas de difficulté pour obtenir le concours d'un interprète qualifié présent physiquement auprès du demandeur, l'audience ne se tient qu'après que la cour s'est assurée de la présence, dans la salle où elle siège, d'un tel interprète tout au long de son déroulement.

Ces opérations donnent lieu à l'établissement d'un procès-verbal dans chacune des salles d'audience ou à un enregistrement audiovisuel ou sonore.

(L. n° 2024-42 du 26 janv. 2024, art. 71) **« Le président de la formation de jugement peut, de sa propre initiative ou à la demande des parties, suspendre l'audience lorsqu'il constate que la qualité de la retransmission ne permet pas à l'étranger ou à son conseil de présenter ses explications dans des conditions garantissant une bonne administration de la justice. »** — *[Anc. art. L. 733-1, al. 2.]*

V. art. R. 532-45 à R. 532-49, infra.

COMMENTAIRE

La loi n° 2018-778 du 10 septembre 2018 pour une immigration maîtrisée, un droit d'asile effectif et une intégration réussie a supprimé l'exigence du consentement du requérant pour le recours à des moyens de communication audiovisuelle pour l'organisation de certaines audiences en matière de droit d'asile. Le Conseil constitutionnel (Cons. const. 6 sept. 2018, n° 2018-770 DC) a validé cette suppression au motif principal que le législateur a entendu contribuer à la bonne administration de la justice et au bon usage des deniers publics. Il estime que les garanties prévues par le législateur sont suffisantes pour écarter le grief d'une violation des droits de la défense et du droit au procès équitable. S'agissant de la Cour nationale du droit d'asile : une salle spécialement aménagée à cet effet, ouverte au public et située dans des locaux relevant du ministère de la Justice « plus aisément accessibles par le demandeur » que ceux de la cour ; garantie de la confidentialité et de la qualité de la transmission entre la cour et cette salle ; mise à la disposition de l'intéressé d'une copie de l'intégralité du dossier et d'un interprète ; établissement d'un procès-verbal de l'audience dans chacune des salles d'audience où cette audience donne lieu à un enregistrement audiovisuel ou sonore. ❑

1. En permettant que des audiences puissent se tenir au moyen d'une communication audiovisuelle, le législateur a entendu contribuer à la bonne administration de la justice et au bon usage des deniers publics. Il a prévu que la salle d'audience utilisée doit être spécialement aménagée à cet effet, ouverte au public et située dans des locaux relevant du ministère de la Justice ; l'audience doit se dérouler en direct en assurant la confidentialité de la transmission ; l'intéressé a le droit d'obtenir la communication de l'intégralité de son dossier ; s'il est assisté d'un conseil, ce dernier est physiquement présent auprès de lui ; un procès-verbal ou un enregistrement audiovisuel ou sonore des opérations est réalisé. Il résulte de l'ensemble de ces mesures que les dispositions contestées garantissent de façon suffisante la tenue d'un procès juste et équitable. • Cons. const. 9 juin 2011, n° 2011-631 DC.

2. Le Conseil constitutionnel a en outre écarté l'argument selon lequel, en réservant aux seules personnes se trouvant sur le territoire métropolitain la faculté d'exiger d'être entendues dans les locaux de la cour, ces dispositions sont contraires au principe d'égalité ainsi qu'au droit à une procédure juste et équitable ; il a en effet considéré que la CNDA, qui est compétente pour l'ensemble du territoire de la République, a son siège sur le territoire métropolitain ; dans ces conditions, la différence instaurée entre les personnes se trouvant sur le territoire métropolitain et les autres ne méconnaît pas le principe d'égalité. • Cons. const. 9 juin 2011, n° 2011-631 DC.

3. Le Conseil d'État a rejetté le recours formé contre le Décr. n° 2012-460 du 6 avr. 2012 permettant la tenue d'audiences de la CNDA par visioconférence, écartant notamment les griefs fondés sur la violation de l'art. 16 DDH ; aucun texte n'exigeait de mettre en place une procédure de consentement exprès de la part du requérant. • CE 23 sept. 2013, *Synd. des avocats de France,* n° 360070 : *AJDA 2013. 1889*.

4. Aucune stipulation de la Conv. de Genève ni aucune disposition du CESEDA ne subordonne l'examen du recours d'un demandeur d'asile auquel l'OFPRA a refusé de reconnaître le statut de réfugié à son maintien sur le territoire français durant l'instance pendante devant la CNDA, réserve faite de l'obligation de déférer à la comparution personnelle que la cour peut ordonner ; si la résidence hors du territoire français est susceptible d'entraîner la suspension des droits attachés à la qualité de demandeur d'asile, notamment lorsque l'intéressé retourne volontairement dans son pays d'origine, elle n'est, en revanche, pas de nature à priver d'objet, même temporairement, son recours devant la CNDA. • CE 6 déc. 2013, *M. A. et a.,* n° 357351 B : *AJDA 2013. 2464*.

5. Le présent art. prévoit que, « s'il est assisté d'un conseil, ce dernier est physiquement présent auprès de lui ». Alors qu'il ne saurait être dérogé à cette garantie de procédure, l'absence aux côtés du requérant dans la salle d'audience du tribunal administratif à Mayotte de son avocate, qui s'est présentée dans la salle d'audience de la CNDA à Montreuil, a fait obstacle à ce que les observations orales de cette dernière soient entendues, quand bien même un courrier du requérant autorisant son conseil à l'assister à distance avait été versé au dossier. • CNDA 25 avr. 2024, n° 23030354.

Art. L. 532-14 **Afin d'assurer une bonne administration de la justice et de permettre aux requérants de présenter leurs explications à la cour, le président de la Cour nationale du droit d'asile peut prévoir la tenue d'audiences foraines au siège d'une juridiction administrative ou judiciaire, après accord du président de la juridiction concernée.** – *[Anc. art. L. 733-1, al. 3.]*

Art. L. 532-15 **Les modalités d'application des articles L. 532-12, L. 532-13 et L. 532-14 sont fixées par décret en Conseil d'État.** – *[Anc. art. L. 733-1, al. 4.]*

TITRE IV DROIT AU MAINTIEN SUR LE TERRITOIRE FRANÇAIS

Art. L. 540-1 **Conformément à l'article L. 240-1, les dispositions du présent titre sont applicables à l'étranger dont la situation est régie par le livre II.**

CHAPITRE I BÉNÉFICE DU DROIT AU MAINTIEN

Art. L. 541-1 Le demandeur d'asile dont l'examen de la demande relève de la compétence de la France et qui a introduit sa demande auprès de l'Office français de protection des réfugiés et apatrides bénéficie du droit de se maintenir sur le territoire français. – *[Anc. art. L. 743-1, 1re phr., ecqc le principe du droit de maintien.]*

COMMENTAIRE

Comme l'indique l'instruction du 11 septembre 2018 (NOR : INTV1824378J), le droit au maintien sur le territoire pendant le recours formé devant la Cour nationale du droit d'asile n'est accordé qu'à la condition que le recours ait été formé dans le délai d'un mois à compter de la notification de la décision de rejet de l'Office français de protection des réfugiés et apatrides. ❑

1. Fondements du droit au maintien sur le territoire. Le droit au séjour des demandeurs d'asile a été déduit, par le Conseil d'État, de l'art. 31, 2 de la Conv. de Genève. • CE 13 déc. 1991, *Préfet de l'Hérault c/ Dakoury et Nkodia,* n° 120560 : *Lebon 440 ; AJDA 1992. 114, chron. Maugüé et Schwartz ; RFDA 1992. 90, concl. Abraham ; D. 1992. 447, note Julien-Laferrière.* ♦ Dès 1985, le Conseil d'État avait considéré qu'aucune disposition du droit interne n'a à dispenser expressément les personnes pouvant prétendre au statut de réfugié de la présentation des documents exigés pour entrer en France. • CE 27 sept. 1985, *France Terre d'asile,* n° 44484 : *Lebon 263 ; JDI 1986. 347, note Julien-Laferrière.* ♦ Le Conseil constitutionnel allait confirmer l'année suivante. • Cons. const. 3 sept. 1986, n° 86-216 DC : *Rec. Cons. const. 135 ; RFDA 1987. 120, note Genevois ; JDI 1987. 289, note Pinto ; RD publ. 1989. 399, note Favoreu.*

2. Commet une atteinte grave et manifestement illégale au droit d'asile le préfet qui remet au requérant une convocation l'invitant à déposer sa demande d'asile dans un délai de 4 mois sans lui délivrer de récépissé de sa demande d'admission au titre de l'asile. • TA Orléans, 17 mai 2002, *Miguel Carlito Samba,* n° 02-1142. ♦ Selon le Conseil constitutionnel, le respect du droit d'asile implique d'une manière générale que l'étranger qui se réclame de ce droit soit autorisé à demeurer provisoirement sur le territoire jusqu'à ce qu'il ait été statué sur sa demande. • Cons. const. 13 août 1993, n° 93-325 DC. ♦ Ces dispositions, instituant un droit au séjour en faveur des demandeurs d'asile politique jusqu'à ce qu'il ait été statué sur leur demande ne peuvent, en l'absence de texte, être étendues aux personnes ayant demandé la reconnaissance du statut d'apatride. • CE 23 nov. 2005, *Préfet du Nord c/ M. Markovic,* n° 251110. ♦ La privation du bénéfice des conditions d'accueil en raison d'un délai d'enregistrement de la demande d'asile qui excède les délais légaux peut conduire le juge des référés à faire usage des pouvoirs qu'il tient de l'art. L. 521-2 CJA lorsqu'elle est manifestement illégale et qu'elle comporte en outre des conséquences graves pour le demandeur d'asile ; dans cette appréciation, le juge tient compte du contexte d'extrême tension, tant du dispositif d'enregistrement des demandes d'asile que de celui de l'hébergement d'urgence dans le département en cause. • CE 21 avr. 2017, n° 409806. ♦ La situation exceptionnelle liée à l'épidémie de covid-19 n'autorise pas l'autorité administrative à supprimer le dispositif d'enregistrement des demandes d'asile ; le juge n'hésite pas à prononcer des injonctions en ce sens. • TA Paris, ord., 21 avr. 2020, *Ligue des droits de l'homme et a.,* n° 2006359/9 : *AJDA 2020. 819.*

3. La demande d'admission au séjour est un préalable obligatoire à la saisine de l'OFPRA ; l'instauration d'une telle condition ne méconnaît pas la Conv. de Genève dès lors qu'elle n'a pas pour effet de priver le demandeur de son droit au maintien sur le territoire jusqu'à la notification de la décision de l'OFPRA mais subordonne seulement l'exercice de ce droit à la condition que l'intéressé se soit présenté en personne au service compétent pour y enregistrer sa demande. • CE 5 déc. 2001, *Préfet de police c/ Ba,* n° 222662. ♦ Lorsqu'à la suite d'une décision de rejet devenue définitive d'une précédente demande l'intéressé entend soumettre à l'OFPRA des éléments nouveaux, cette demande doit être précédée d'une nouvelle demande d'admission au séjour ; cette condition ne méconnaît pas davantage les stipulations de la Conv. de Genève. • CE 11 févr. 2005, *Préfet de police c/ Mlle Torchon,* n° 257301.

4. Décision de la CNDA. Aux termes de l'art. R. 532-54, « Le secrétaire général de la cour notifie la décision de la cour au requérant par lettre recommandée avec demande d'avis de réception » ; l'étranger qui demande l'asile a le droit de séjourner sur le territoire national à ce titre jusqu'à ce que la décision rejetant sa demande lui ait été notifiée régulièrement par l'OFPRA ou, si un recours a été formé devant elle, par la CNDA. En l'absence d'une telle notification, l'autorité administrative ne peut regarder l'étranger à qui l'asile a été refusé comme ne bénéficiant plus de son droit provisoire au séjour ou comme se maintenant irrégulièrement sur le territoire ; en cas de contestation sur ce point, il appartient à l'autorité administrative de justifier que la décision de la CNDA a été régulièrement notifiée à l'intéressé.

• CAA Versailles, 5 juill. 2018, n° 17VE03302 : *AJDA 2019. 23*.

5. Impact de la crise sanitaire. Il résulte des indications fournies par le ministre de l'Intérieur que les étrangers en situation irrégulière qui manifesteraient l'intention de déposer une demande d'asile ne sauraient faire l'objet d'une mesure d'éloignement ; les préfets des départements où les GUDA ont été fermés recevront instruction de ne décompter qu'à partir de la fin de l'état d'urgence sanitaire le délai de 90 jours depuis l'entrée sur le territoire national au terme duquel le préfet peut placer en procédure accélérée la demande d'asile, et qu'en tout état de cause la personne éventuellement concernée pourra faire valoir ses droits devant le juge administratif ; que la réouverture des GUDA figure dans les plans de continuité de toutes les préfectures concernées pour la période s'ouvrant le 11 mai ; que des mesures ont été prises pour assurer que tous les migrants qui le souhaitent bénéficient, dans le cadre du programme national d'aide aux personnes démunies, d'un hébergement et de « chèques services » ; toutefois, la carence de l'État à mettre en œuvre l'enregistrement des demandes d'asile, et en priorité celles émanant des personnes les plus vulnérables, qui peuvent être identifiées avec l'aide des associations, est de nature à justifier, dès lors en outre que la condition d'urgence prévue par l'art. L. 521-2 CJA doit être regardée comme remplie, qu'il soit enjoint au ministre de l'Intérieur de rétablir en Île-de-France l'enregistrement des demandes d'asile, en priorité des personnes vulnérables, en coordination, pour la prise de rendez-vous, avec l'OFII. • CE 30 avr. 2020, *OFII*, n° 440250 B : *AJDA 2020. 1748, note Aubin*.

6. Inapplicabilité de la Dir. « Retour ». La CJUE a logiquement jugé que l'étranger qui a demandé l'asile ne doit pas être considéré comme étant en séjour irrégulier tant que sa situation de demandeur d'asile n'est pas réglée ; la Cour en a déduit l'inapplicabilité de la Dir. 2008/115/CE dans ce cas. • CJUE 30 mai 2013, *Arslan*, n° C-534/11 : *AJDA 2013. 1689, chron. Aubert, Broussy et Cassagnabère*. ♦ Si une mesure de rétention avait été décidée antérieurement à la demande d'asile, celle-ci peut se poursuivre, mais sur un autre fondement que la Dir. 2008/115/CE. • Même arrêt.

Art. L. 541-2 L'attestation délivrée en application de l'article L. 521-7, dès lors que la demande d'asile a été introduite auprès de l'Office français de protection des réfugiés et apatrides, vaut autorisation provisoire de séjour et est renouvelable jusqu'à ce que l'office et, le cas échéant, la Cour nationale du droit d'asile statuent. – *[Anc. art. L. 743-1, 2ᵉ phr.]*

Sur le renouvellement de l'attestation de demande d'asile, V. art. R. 541-1 et R. 541-2, infra.

Art. L. 541-3 Sans préjudice des dispositions des articles L. 753-1 à L. 753-4 et L. 754-1 à L. 754-8, lorsque l'étranger sollicitant l'enregistrement d'une demande d'asile a fait l'objet, préalablement à la présentation de sa demande, d'une décision d'éloignement prise en application du livre VI, cette dernière ne peut être mise à exécution tant que l'étranger bénéficie du droit de se maintenir sur le territoire français, dans les conditions prévues aux articles L. 542-1 et L. 542-2. – *[Anc. art. L. 743-4, al. 1ᵉʳ.]*

CHAPITRE II FIN DU DROIT AU MAINTIEN

Art. L. 542-1 En l'absence de recours contre la décision de l'Office français de protection des réfugiés et apatrides dans le délai prévu à l'article L. 532-1, le droit de se maintenir sur le territoire français prend fin à la notification de cette décision.

Lorsqu'un recours contre la décision de rejet de l'office a été formé dans le délai prévu à l'article L. 532-1, le droit du demandeur de se maintenir sur le territoire français prend fin à la date de la lecture en audience publique de la décision de la Cour nationale du droit d'asile ou, s'il est statué par ordonnance, à la date de la *(L. n° 2024-42 du 26 janv. 2024, art. 75)* « signature de celle-ci. Dans le cas où il est statué par ordonnance, l'autorité administrative ne peut engager l'exécution de la décision portant obligation de quitter le territoire français du demandeur d'asile dont le droit au maintien a pris fin qu'à compter de la date de notification de l'ordonnance. » – *[Anc. art. L. 743-1, 1ʳᵉ phr., ecqc la fin du droit au maintien.]*

Ancien art. L. 542-1 *En l'absence de recours contre la décision de l'Office français de protection des réfugiés et apatrides dans le délai prévu à l'article L. 532-1, le droit de se maintenir sur le territoire français prend fin à la notification de cette décision.*

Lorsqu'un recours contre la décision de rejet de l'office a été formé dans le délai prévu à l'article L. 532-1, le droit du demandeur de se maintenir sur le territoire français prend fin à la date de la lecture en audience publique de la décision de la Cour nationale du droit d'asile ou, s'il est

statué par ordonnance, à la date de la notification de celle-ci. – *[Anc. art. L. 743-1, 1re phr., ecqc la fin du droit au maintien.]*

COMMENTAIRE

Le droit au maintien sur le territoire français d'un demandeur d'asile repose sur le principe de non-refoulement issu de la Convention de Genève de 1951 : il ne peut être question de renvoyer un demandeur vers son pays d'origine avant qu'il n'ait été statué sur sa demande.

C'est la raison pour laquelle le présent article prévoit que ce droit au maintien sur le territoire cesse dès lors que le demandeur n'a introduit aucun recours contre la décision de rejet de sa demande par l'OFPRA.

En revanche, s'il a introduit un recours devant la CNDA, le droit au maintien prend fin à la date de la lecture en audience publique de la décision de la Cour ou, si la Cour statue par ordonnance, à la date de la notification de cette décision. C'est ce rejet définitif de la demande d'asile qui permet à l'autorité administrative (art. L. 611-1, 4°) de prendre une décision portant obligation de quitter le territoire français (OQTF) à l'encontre de l'étranger concerné.

Dans son rapport de mars 2020, « 20 propositions pour simplifier le contentieux des étrangers dans l'intérêt de tous » (https://www.conseil-etat.fr/actualites/simplifier-le-contentieux-des-etrangers-dans-l-interet-de-tous), le Conseil d'État avait relevé que « **les recours dirigés contre les OQTF adoptées à la suite du rejet définitif d'une demande d'asile se prévalent systématiquement du défaut de notification régulière de l'ordonnance de la CNDA** » ; il proposait ainsi que « la mesure d'éloignement [puisse] légalement être adoptée dès la date de signature de l'ordonnance, mais ne [puisse] être exécutée qu'à condition que la décision qui rejette la demande d'asile ait été notifiée ». C'est le dispositif qui a été repris par la loi n° 2024-42 du 26 janvier 2024. ❑

1. Le droit au séjour du demandeur d'asile subsiste jusqu'à la notification régulière de la décision négative de l'OFPRA ou de la CNDA ; à défaut, le demandeur d'asile ne peut faire l'objet d'une mesure d'éloignement. • CAA Douai, 30 juill. 2009, *M. Abdellah Amraoui*, n° 09DA00004.

2. La décision portant OQTF, qui a le caractère d'une mesure de police, ne constitue pas une sanction ayant le caractère de punition. Dès lors, le grief tiré de ce que les dispositions du second al. de l'art. L. 542-1 prévoyant que le droit du demandeur de se maintenir sur le territoire français prend fin à la date de la lecture en audience publique de la décision de la CNDA méconnaissent les droits de la défense et le principe du contradictoire garantis par la Constitution, en ce qu'elles privent l'étranger dont la demande d'asile a été rejetée de la possibilité de présenter des observations et de faire valoir des éléments nouveaux avant l'adoption d'une telle mesure, est inopérant. • CE 25 mai 2023, n° 471735.

Art. L. 542-2 **Par dérogation à l'article L. 542-1, le droit de se maintenir sur le territoire français prend fin :**

1° Dès que l'Office français de protection des réfugiés et apatrides a pris les décisions suivantes :

a) **une décision d'irrecevabilité prise en application des 1° ou 2° de l'article L. 531-32 ;**

b) **une décision d'irrecevabilité en application du 3° de l'article L. 531-32, en dehors du cas prévu au *b* du 2° du présent article ;**

c) **une décision de rejet ou d'irrecevabilité dans les conditions prévues à l'article L. 753-5 ;**

d) **une décision de rejet dans les cas prévus à l'article L. 531-24 et au 5° de l'article L. 531-27 ;**

e) **une décision de clôture prise en application des articles L. 531-37 ou L. 531-38 ; l'étranger qui obtient la réouverture de son dossier en application de l'article L. 531-40 bénéficie à nouveau du droit de se maintenir sur le territoire français ;**

2° Lorsque le demandeur :

a) **a informé l'office du retrait de sa demande d'asile en application de l'article L. 531-36 ;**

b) **a introduit une première demande de réexamen, qui a fait l'objet d'une décision d'irrecevabilité par l'office en application du 3° de l'article L. 531-32, uniquement en vue de faire échec à une décision d'éloignement ;**

c) présente une nouvelle demande de réexamen après le rejet définitif d'une première demande de réexamen ;

d) fait l'objet d'une décision définitive d'extradition vers un État autre que son pays d'origine ou d'une décision de remise sur le fondement d'un mandat d'arrêt européen ou d'une demande de remise par une cour pénale internationale.

Les dispositions du présent article s'appliquent sous réserve du respect des stipulations de l'article 33 de la convention de Genève du 28 juillet 1951, et de l'article 3 de la convention européenne de sauvegarde des droits de l'homme et des libertés fondamentales. — *[Anc. art. L. 743-2, sauf ecqc l'attestation de demande d'asile.]*

Les dispositions de l'al. 2, § 1, l'art. 41 de la Dir. 2013/32/UE conditionnent la mise en œuvre, par les États membres, de la dérogation au droit au maintien sur le territoire après le dépôt d'une 2e demande de réexamen d'une demande d'asile consécutif au rejet définitif de la 1re demande de réexamen, à l'appréciation de l'autorité responsable de la détermination quant à l'assurance que l'étranger ne fera pas l'objet d'un refoulement direct ou indirect en violation des obligations internationales et à l'égard de l'Union incombant à cet État membre, en cas de décision de retour. L'absence de délivrance d'une attestation de demandeur d'asile lors du dépôt d'une telle demande ne vaut pas décision de retour au sens de ces dispositions. Au demeurant, une décision de retour qui serait prise immédiatement après le dépôt de la 2edemande de réexamen ne pourrait être exécutée avant que l'OFPRA n'ait examiné cette demande. Dès lors, le moyen tiré de ce que les dispositions litigieuses des art. L. 521-7 et L. 542-2 méconnaissent la Dir. 2013/32/UE doit être écarté. • CE 24 févr. 2022, n° 450285 B : *AJDA 2022. 431*.

Art. L. 542-3 Lorsque le droit au maintien sur le territoire français a pris fin dans les conditions prévues aux articles L. 542-1 ou L. 542-2, l'attestation de demande d'asile peut être refusée, retirée ou son renouvellement refusé.

Les conditions de refus, de renouvellement et de retrait de l'attestation de demande d'asile sont fixées par décret en Conseil d'État. — *[Anc. art. L. 743-2, ecqc l'attestation de demande d'asile.]*

Les dispositions du présent art., qui énumère les cas dans lesquels une attestation de demande d'asile peut être retirée ou son renouvellement refusé, ne sauraient être interprétées comme faisant obstacle à l'intervention d'une telle décision lorsqu'il apparaît que l'attestation a été obtenue par fraude. • CE 7 sept. 2018, n° 423527.

Art. L. 542-4 L'étranger auquel la reconnaissance de la qualité de réfugié ou le bénéfice de la protection subsidiaire a été définitivement refusé ou qui ne bénéficie plus du droit de se maintenir sur le territoire français en application de l'article L. 542-2 et qui ne peut être autorisé à demeurer sur le territoire à un autre titre doit quitter le territoire français *(Abrogé par L. n° 2024-42 du 26 janv. 2024, art. 64) « , **sous peine de faire l'objet d'une décision portant obligation de quitter le territoire français** ». (L. n° 2024-42 du 26 janv. 2024, art. 64)* « Sous réserve des cas où l'autorité administrative envisage d'admettre l'étranger au séjour pour un autre motif, elle prend à son encontre, dans un délai fixé par décret en Conseil d'État, une obligation de quitter le territoire français sur le fondement et dans les conditions prévues au 4° de l'article L. 611-1. » — *[Anc. art. L. 743-3, al. 1er.]*

COMMENTAIRE

L'article R. 611-3 (dans sa rédaction issue du Décr. n° 2024-812 du 8 juill. 2024) prévoit que le délai prévu au présent article est de quinze jours à compter de la date à laquelle l'autorité administrative compétente a connaissance de l'expiration du droit au maintien de l'étranger.

Ces dispositions ne peuvent recevoir application dès lors qu'il n'est pas établi que la CNDA a statué sur le recours à l'issue d'une audience publique, ou par ordonnance. • TA Montreuil, 26 avr. 2021, n° 2101687.

Art. L. 542-5 Lorsque le droit au maintien de l'étranger a pris fin en application des *b* ou *d* du 1° de l'article L. 542-2 et qu'une obligation de quitter le territoire français a été prise à son encontre, l'autorité administrative peut l'assigner à résidence ou le placer en rétention dans les conditions prévues aux articles L. 752-1 à L. 752-4. — *[Anc. art. L. 744-9-1, I, al. 1er.]*

Art. L. 542-6 Lorsque le droit de se maintenir sur le territoire a pris fin en application des *b*, *c* ou *d* du 1° de l'article L. 542-2, l'étranger peut demander la suspension de l'exécution de la décision d'éloignement.

Cette demande est présentée dans les conditions et selon les modalités prévues aux articles L. 752-5 à L. 752-12 lorsque le droit de se maintenir sur le territoire a pris fin en application des *b* ou *d* du 1° de l'article L. 542-2.

Elle est présentée dans les conditions et selon les modalités prévues aux articles L. 753-7 à L. 753-11 lorsque le droit de se maintenir sur le territoire a pris fin en application du *c* du 1° de l'article L. 542-2.

COMMENTAIRE

La procédure contentieuse spécifique à la demande de sursis à exécution présentée à l'occasion de la contestation d'une obligation de quitter le territoire français (OQTF) avec ou sans assignation à résidence/placement en rétention (art. R. 614-1) prévoit que les conclusions sont présentées à l'occasion du recours dirigé contre l'OQTF (art. L. 752-6). Le recours est jugé selon la procédure OQTF (art. L. 614-1 s.).

S'agissant du demandeur faisant l'objet d'une OQTF définitive notifiée avant la décision de l'Office français de protection des réfugiés et apatrides (OFPRA) et d'une assignation à résidence/placement en rétention après la décision de l'OFPRA, il s'agit d'un recours autonome (art. L. 752-7), suspensif (art. L. 752-8), dont la procédure est fixée aux articles L. 614-7 à L. 614-13 et R. 776-14 et suivants du code de justice administrative. Le délai de recours est de quarante-huit heures à compter de la notification de la décision prononçant le placement en rétention administrative ou l'assignation à résidence (CJA, art. R. 777-4-1). L'expiration du délai n'interdit pas au requérant de soulever des moyens nouveaux, quelle que soit la cause juridique à laquelle ils se rattachent (CJA, art. R. 776-5). Il s'agit d'une procédure à juge unique sans conclusions du rapporteur public (CJA, renvoi à l'art. R. 776-15). Le juge doit statuer dans le délai de quatre-vingt-seize heures à compter de l'expiration du délai de recours (CJA, renvoi à l'art. R. 776-21). Le délai d'appel est d'un mois (CJA, art. R. 777-4-2, par renvoi à l'art. R. 776-9).

S'agissant du demandeur d'asile faisant l'objet d'un arrêté d'expulsion, d'une peine d'interdiction du territoire ou d'une interdiction administrative, placé en rétention ou assigné à résidence en application de cette mesure et dont la demande a été rejetée par l'OFPRA, il s'agit à nouveau d'un recours autonome (art. L. 753-7 s.) selon la procédure fixée aux art. L. 614-7 à L. 614-13 du CESEDA et R. 776-14 et suivants du code de justice administrative. Le recours, suspensif (art. L. 753-8), doit être introduit dans le délai de quarante-huit heures à compter de la notification de la décision de l'OFPRA (art. R. 777-4-1) mais l'expiration du délai n'interdit pas au requérant de soulever des moyens nouveaux, quelle que soit la cause juridique à laquelle ils se rattachent (art. R. 776-5). Il s'agit d'une procédure à juge unique sans conclusions du rapporteur public (CJA, renvoi à l'art. R. 776-15). Le juge doit statuer dans un délai de quatre-vingt-seize heures à compter de l'expiration du délai de recours (CJA, renvoi à art. R. 776-21). Le délai d'appel est d'un mois (CJA, art. R. 777-4-2, par renvoi à l'art. R. 776-9). ❑

Le demandeur d'asile bénéficiant déjà d'une protection effective au titre de l'asile dans un État membre de l'UE ou du statut de réfugié et d'une protection effective dans un État tiers où il est effectivement réadmissible, cas prévu au *a)* du 1° de l'art. L. 542-2, et qui fait l'objet, après qu'une décision d'irrecevabilité a été prise sur sa demande, d'une décision de remise à l'État qui lui a accordé sa protection, en application des dispositions de l'art. L. 621-1, dans les cas définis aux art. L. 621-2 à L. 621-7, ne dispose pas d'un droit à se maintenir sur le territoire jusqu'à l'expiration du délai de recours et, le cas échéant, dans l'attente de l'issue de son recours. Toutefois, les § 5 et 6 de l'art. 46 de la Dir. 2013/32/UE impliquent qu'il doive pouvoir saisir une juridiction compétente pour décider s'il peut rester sur le territoire jusqu'à ce qu'il soit statué sur son recours. Si les dispositions de l'art. L. 542-6 ne prévoient pas que, dans cette hypothèse, l'étranger puisse demander la suspension de l'exécution de la décision d'éloignement, il résulte des termes mêmes de l'art. L. 753-7, que, en cas de décision de rejet ou d'irrecevabilité de sa demande par l'OFPRA, l'étranger peut demander la suspension de la décision d'éloignement jusqu'à l'expiration du délai de recours devant la CNDA ou, si celle-ci est saisie, jusqu'à ce qu'elle statue. • CE 24 févr. 2022, n° 450285 B : *AJDA 2022. 431*.

TITRE V CONDITIONS D'ACCUEIL DES DEMANDEURS D'ASILE

V. Information du 4 déc. 2017, NOR : INTV1732719J.

V. Information du 31 déc. 2018, NOR : INTV1900071J.

V. Instr. intermin. n° DGCS/SD1A/DGEF/2019/143 du 4 juill. 2019 relative à la coopération entre les services intégrés d'accueil et d'orientation (SIAO) et l'Office français de l'immigration et de l'intégration (OFII) pour la prise en charge des demandeurs d'asile et des bénéficiaires d'une protection internationale, NOR : SSAA1918438J.

V. Note du 24 août 2020 sur l'accès au logement des bénéficiaires de la protection internationale, NOR : INTV2020737J.

V. Information du 15 janv. 2021 relative à la gestion du parc d'hébergement des demandeurs d'asile et des réfugiés : NOR : INTV2100948J.

V. Circ. du 25 janv. 2022, Priorités pour 2022 de la politique d'intégration des étrangers primo-arrivants, dont les réfugiés, NOR : INTV2202529J.

V. Arr. du 17 avr. 2023 portant refonte du contrat de séjour et du règlement de fonctionnement des centres d'accueil et d'examen de situation (CAES), NOR : IOMV2310331.

COMMENTAIRE

En transposant la directive « Accueil », la loi du 29 juillet 2015 a sensiblement rénové les conditions d'accueil des demandeurs d'asile, notamment par l'unification des conditions d'hébergement et de prise en charge des demandeurs, la mise en place d'une allocation dédiée (V. Décr. n° 2015-1329 du 21 oct. 2015 relatif à l'allocation pour demandeur d'asile) et une meilleure prise en considération de la vulnérabilité des demandeurs.

L'article L. 551-9 prévoit que les conditions matérielles d'accueil sont proposées aux étrangers concernés, après l'enregistrement de leur demande d'asile par l'Office français de l'immigration et l'intégration (OFII). Il s'agit, selon les capacités disponibles, d'un hébergement, de prestations d'accompagnement social et administratif ainsi que du versement d'une allocation pour demandeurs d'asile (ADA), prévue par les articles L. 553-1 à L. 553-3.

A cet égard, il faut mentionner la situation spécifique des mineurs isolés étrangers demandeurs d'asile dont l'accès aux conditions matérielles d'accueil est rendu particulièrement difficile, tant en raison des difficultés pour eux d'obtenir la qualité de demandeur d'asile (art. L. 521-9 : la préfecture doit initier effectivement la procédure de désignation de l'administrateur *ad hoc* et le procureur de la République y répondre favorablement) que de l'exclusion de fait des prestations lorsque cette qualité leur est reconnue (V. D. Burriez, *AJDA 2020. 2125*).

Les propositions d'hébergement tiennent compte des besoins, de la situation personnelle et familiale de chaque demandeur au regard de l'évaluation prévue à l'article L. 522-1, des capacités d'hébergement disponibles et de la part des demandeurs d'asile accueillis dans chaque région.

C'est la loi du 29 juillet 2015 (art. L. 551-1 à L. 551-6) qui a mis en place le schéma national d'accueil des demandeurs d'asile qui, arrêté par le Gouvernement, fixe la répartition des places d'hébergement destinées aux demandeurs d'asile sur le territoire national. Il est ensuite décliné au niveau régional. Ces schémas ne sont pas seulement des actes de programmation mais visent à permettre de répartir la demande d'asile de façon équilibrée sur l'ensemble du territoire national par un système d'orientation piloté par l'Office français de l'immigration et l'intégration (OFII). Toutefois, en pratique, on constate que quatre régions enregistrent plus de 60 % des demandes déposées : la région Île-de-France (33 % du total), suivie par la région Auvergne-Rhône-Alpes (10 %), les départements d'outre-mer (10 %) et la région Grand-Est (8 %). L'étude d'impact accompagnant la loi n° 2018-778 du 10 septembre 2018 pour une immigration maîtrisée, un droit d'asile effectif et une intégration réussie a ainsi constaté que « La concentration des demandeurs d'asile dans certains territoires a pour conséquence le développement de campements insalubres qui se caractérisent par des conditions de vie particulièrement précaires pour les personnes concernées et des difficultés d'ordre public pour les riverains ». C'est la raison pour laquelle l'article L. 551-1 ne se borne plus à prévoir que les schémas fixent la répartition des places d'hébergement mais bien la part des demandeurs d'asile accueillis dans chaque région ainsi que la répartition des lieux d'hébergement qui leur sont destinés. Désormais, l'OFII détermine la région de résidence du demandeur, en prenant toutefois en considération sa situation personnelle et familiale et son éventuelle vulnérabilité. L'évaluation de la vulnérabilité vise, en particulier, à identifier les mineurs, les mineurs non accompagnés, les personnes en situation de handicap, les personnes âgées, les femmes enceintes, les parents isolés accompagnés d'enfants mineurs, les victimes de la traite des êtres humains, les personnes atteintes de maladies graves, les personnes souffrant de troubles mentaux et les personnes qui ont subi des tortures, des viols ou d'autres formes graves de violence psychologique, physique ou sexuelle, telles que des mutilations sexuelles féminines (art. L. 522-3).

Le demandeur d'asile est donc contraint de résider dans la région désignée par l'OFII, qu'il bénéficie ou non d'un logement. Comme l'indiquait le rapport de la commission des Lois, « Si le demandeur quitte son hébergement ainsi que sa région d'orientation sans autorisation de l'OFII ou sans motif impérieux porté rapidement à sa connaissance, il perdra de plein droit le bénéfice de ses conditions matérielles d'accueil ». Néanmoins, ainsi que le précise l'étude d'impact, le demandeur n'aura pas besoin, conformément à la directive « Accueil », d'obtenir une autorisation de l'administration s'il s'agit pour lui de se rendre devant les autorités ou les tribunaux situés dans une autre région.

Il s'agit ainsi d'une forme originale d'assignation à résidence, non décidée par une autorité de police mais fondée sur l'enjeu pour le demandeur d'asile, trop important pour qu'il puisse se permettre de ne pas y déférer. En effet, le bénéfice des conditions matérielles d'accueil est subordonné à la bonne coopération du demandeur, à savoir l'acceptation de la proposition d'hébergement ou, le cas échéant, de la région d'orientation (art. L. 551-3), et le respect des exigences des autorités chargées de l'asile, notamment en se rendant aux entretiens, en se présentant aux autorités et en fournissant les informations utiles afin de faciliter l'instruction des demandes. La loi n° 2018-778 du 10 septembre 2018 pour une immigration maîtrisée, un droit d'asile effectif et une intégration réussie a ainsi prévu que le fait de refuser ou de quitter le lieu d'hébergement proposé ou la région d'orientation ainsi que le défaut de coopération avec les autorités chargées de l'asile entraînent de plein droit le refus ou, le cas échéant, le retrait du bénéfice des conditions matérielles d'accueil (art. L. 551-11 à L. 551-14).

Bien plus (art. L. 551-16), le bénéfice des conditions matérielles d'accueil sera retiré si le demandeur d'asile a dissimulé ses ressources financières, a fourni des informations mensongères relatives à sa situation familiale ou a présenté plusieurs demandes d'asile sous des identités différentes ou en cas de comportement violent ou de manquement grave au règlement du lieu d'hébergement.

Ces conditions matérielles d'accueil seront refusées si le demandeur présente une demande de réexamen de sa demande d'asile ou s'il n'a pas sollicité l'asile, sans motif légitime, dans le délai de quatre-vingt-dix jours à compter de son entrée en France.

Le bénéfice des conditions matérielles d'accueil prend fin au terme du mois suivant la décision dont résulte la fin du droit au maintien de l'étranger sur le territoire (art. L. 551-11). ❑

I. PRINCIPES

1. Jugé que le droit à un hébergement d'urgence n'est opposable qu'à compter de l'enregistrement de la demande d'asile par le guichet unique pour demandeurs d'asile. • CE 12 mars 2019, n° 428031.

2. L'autorité compétente, qui doit mettre le demandeur d'asile en possession d'une autorisation provisoire de séjour jusqu'à ce qu'il ait été statué sur cette demande, doit également, aussi longtemps qu'il est admis à se maintenir sur le territoire en qualité de demandeur d'asile et quelle que soit la procédure d'examen de sa demande, lui assurer, selon ses besoins et ses ressources, des conditions d'accueil comprenant le logement, la nourriture et l'habillement, fournies en nature ou sous la forme d'allocations financières ou de bons ou en combinant ces formules ; une privation du bénéfice de ces dispositions peut conduire le juge des référés à faire usage des pouvoirs qu'il tient de l'art. L. 521-2 CJA. • CE 17 sept. 2009, *Min. Immigration c/ Mlle Salah*, n° 331950 : *Lebon 354 ; AJDA 2010. 202, note Slama ; JCP 2009. 2262, note Fermaud.*

3. Montant de l'allocation. Le montant additionnel journalier de 4,20 € est manifestement insuffisant pour permettre à un demandeur d'asile de disposer d'un logement sur le marché privé de la location. • CE 23 déc. 2016, *La Cimade*, n° 394819 : *AJDA 2017. 6 ; ibid. 238, concl. Domino.* ♦ Si le ministre se prévaut de données relatives au coût du logement dans certaines zones, il ressort des pièces du dossier que, dans la plupart des grandes agglomérations où se concentrent d'ailleurs les demandes d'asile, le montant additionnel de 5,40 € prévu par le décret attaqué demeure manifestement insuffisant pour permettre à un demandeur d'asile de disposer d'un logement sur le marché privé de la location. • CE 17 janv. 2018, n° 410280 : *AJDA 2018. 134*. ♦ *Nota*. Un Décr. n° 2018-426 du 31 mai 2018 a fixé l'ADA à 7,40 € par jour.

4. La CJUE a précisé que le montant de l'aide financière octroyée doit être suffisant pour garantir un niveau de vie adéquat pour la santé et assurer la subsistance des demandeurs d'asile. Lorsqu'un État membre a opté pour la fourniture des conditions matérielles d'accueil sous la forme d'allocations financières, ces allocations doivent être suffisantes pour garantir un niveau de vie digne et adéquat pour la santé ainsi que pour assurer la subsistance des demandeurs d'asile en leur permettant de disposer notamment d'un logement, le cas échéant sur le marché privé de la location. Cette jurisprudence est de nature à remettre en cause la position adoptée par le Conseil d'État, se limitant, pour apprécier la responsabilité de l'État en la matière, à une simple obligation de moyen. • CJUE 27 janv. 2014, *Agence fédérale pour l'accueil des demandeurs d'asile c/ Selver Saciri et a.*, n° C-79/13 : *AJDA 2014. 479*. ♦ Le Conseil d'État a pourtant considéré qu'un montant journalier de 7,40 € pour se loger n'est pas manifestement insuffisant pour permettre à un demandeur d'asile qui a manifesté un besoin d'hébergement, et n'a pas accès gratuitement à un hébergement ou un logement, de disposer d'un logement sur le marché privé de la location dans l'ensemble du territoire métropolitain. En outre, lorsqu'un État membre a choisi d'octroyer les conditions matérielles d'accueil relatives au logement sous la forme d'une allocation financière, il peut en subordonner l'octroi à l'existence de frais de logement effectivement supportés par ce demandeur. Ainsi, dès lors que le demandeur dispose gratuitement d'un hébergement ou d'un logement par l'entremise de réseaux familiaux, amicaux ou associatifs, l'allocation financière ne lui est pas due tant que dure la gratuité de l'hébergement ou du logement. • CE 11 déc. 2019, n° 422857.

5. Responsabilité de l'État. Les dispositions de la Dir. 2003/9/CE du 27 janv. 2003 relatives à l'accueil des demandeurs d'asile (remplacée par la Dir. 2013/33/UE du 26 juin 2013 établissant des normes pour l'accueil des personnes demandant la protection internationale) prévoient des obligations s'imposant à l'État et non aux collectivités territoriales ; par suite, une commune peut demander l'expulsion de demandeurs d'asile occupant sans titre un camping municipal, sachant que le concours de la force publique devra être accordé dans des conditions permettant d'assurer le respect par l'État de ses obligations au titre de la Dir. préc. • TA Amiens, 27 août 2010, *Cne de Beauvais*, n° 1002142.

6. La carence fautive de l'État à remplir ses obligations engage sa responsabilité à l'égard du demandeur d'asile, au titre des troubles dans les conditions d'existence. Ces troubles doivent être appréciés en tenant compte non seulement du montant de la prise en charge dont le demandeur d'asile a été privé du fait de cette carence, mais aussi, notamment, des conditions d'hébergement, de nourriture et d'habillement qui ont perduré du fait de la carence de l'État et du nombre de personnes dont le demandeur d'asile a la charge pendant la période de responsabilité de l'État. En l'espèce, la contrainte imposée à la requérante, enceinte de 8 mois, de s'abriter avec son enfant dans le hall d'un établissement de santé puis dans une église, devait engager la responsabilité de l'État au titre des troubles dans ses conditions d'existence. • CE 8 juill. 2020, n° 425310 B : *AJDA 2020. 1455*. ♦ Les demandeurs d'asile peuvent bénéficier, lorsqu'ils ne remplissent pas la condition de 3 ans de résidence prévue à l'art. L. 160-1 CSS, de soins et traitements qui incluent, par leur nature, les soins urgents et le traitement essentiel des maladies et des troubles mentaux graves exigés par l'art. 19 de la Dir. 2013/33/UE. Cette prise en charge permet également, lorsque le demandeur d'asile est une personne vulnérable dont les besoins particuliers sont identifiés ou deviennent manifestes alors qu'elle est présente sur le territoire depuis moins de 3 mois, de préserver, par la délivrance des premiers soins médicaux que cette situation rend nécessaires, son accès aux traitements ou soins médicaux et psychologiques adéquats jusqu'à leur prise en charge en application des dispositions de l'art. L. 160-5 CSS. • CE 16 juin 2021, n° 439198 : *AJDA 2021. 1958*.

7. L'État ne commet pas de faute si, dès l'enregistrement de sa demande d'asile, l'intéressé bénéficie de l'ADA complétée par le montant additionnel versé aux personnes auxquelles aucun hébergement n'a pu être proposé. • CE 28 juin 2019, n° 424368 B.

8. Prise en compte des considérations de fait. Le Conseil d'État a toutefois précisé que l'administration n'était tenue que par une obligation de moyen et non de résultat. • CE 13 août 2010, *Min. Immigration c/ M. Mbala Nzuri*, n° 342330 B : *AJDA 2010. 1559*. ♦ L'appréciation de l'atteinte au droit d'asile doit tenir compte des moyens dont dispose l'autorité administrative et de la situation du demandeur, en particulier un comportement faisant apparaître une méconnaissance manifeste des exigences qui découlent du droit d'asile. • CE 25 janv. 2011, *Min. Intérieur c/ M. Chakraboty*, n° 345800 A : *RFDA 2011. 440* ; *JCP Adm. 2011. 2373.*

9. La jurisprudence de la CEDH semble toutefois mettre à la charge de l'État une obligation de diligence et de résultat : il appartient à l'État responsable de l'examen de la demande d'asile de veiller à ce que les intéressés bénéficient de conditions matérielles d'accueil susceptibles de couvrir leurs besoins fondamentaux, conditions dont le défaut est susceptible de constituer un traitement inhumain et dégradant. • CEDH 21 janv. 2011, *M. S. S. c/ Belgique et Grèce*, n° 30696/09 : *RTDH 2011. 1023, note Raux ; JCP Adm. 2011. 2367, note Marti ; RTD eur. 2012. 393, note Benoît-Rohmer*. – V. aussi • CEDH 8 déc. 2022, nos 34349/18, 34638/1 et 35047 : *AJDA 2023. 616, note Fallon ; D. 2023. 1358 ; ibid. 2024. 228, chron. Boskovic, Corneloup, Jault-Seseke, Joubert et Parrot*. ♦ Nonobstant la saturation de son système d'asile, le fait pour un État de ne pas se conformer délibérément aux décisions judiciaires nationale et européenne lui enjoignant de fournir à un demandeur d'asile un hébergement et une aide matérielle minimale constitue une violation de l'art. 6 Conv. EDH. • CEDH 18 juill. 2023, n° 49255/22.

10. Saisine du juge de l'urgence. Une privation du bénéfice des droits auxquels les demandeurs d'asile peuvent prétendre peut conduire le juge des référés à faire usage des pouvoirs qu'il tient de l'art. L. 521-2 CJA mais le juge des référés ne peut adresser une injonction à l'administration que dans le cas où, d'une part, le comportement de celle-ci fait apparaître une méconnaissance manifeste des exigences qui découlent du droit d'asile et où, d'autre part, il résulte de ce comportement des conséquences graves pour le demandeur d'asile, compte tenu notamment de son âge, de son état de santé ou de sa situation de famille. • CE 19 nov. 2010, *Min. Intérieur c/ M. Panokheel*, n° 344286 A : *RFDA 2011. 206 ; AJDA 2010. 2285*. ♦ Justifie ainsi d'une telle injonction le cas d'un demandeur d'asile qui n'a pu bénéficier d'aucun hébergement d'urgence, depuis que sa demande d'asile est en cours d'examen alors qu'il résulte de l'instruction, notamment des certificats médicaux circonstanciés qu'il a produits, qu'il souffre de lésions neurologiques à la suite de sa détention en Guinée et doit bénéficier d'un suivi médical dans l'attente d'une chirurgie réparatrice. • CE 22 nov. 2010, *Min. Intérieur c/ M. Sidy Sonko*, n° 344373 B : *AJDA 2010. 2285*. ♦ Même solution s'agissant de ressortissants kosovars arrivés en France avec un enfant de 4 ans, pour lesquels seul un hébergement sous tente avait été proposé. • CE 27 oct. 2010, *Min. Immigration c/ Veseli*, n° 343898 B. ♦ Même solution s'agissant de 16 familles qui campaient sur une place de la ville depuis 5 jours ; la proposition d'hébergement dans un gymnase ne permettait pas de répondre de manière suffisante aux besoins des intéressés, en particulier en raison de l'âge des 6 enfants concernés. • TA Clermont-Ferrand, 7 sept. 2013, nos 131400 et 131405 : *AJDA 2013. 1718*. ♦ V. aussi : • CE 4 oct. 2016, n° 403800.

11. Les services de la préfecture ne peuvent se borner à délivrer au demandeur d'asile une simple convocation pour un rendez-vous à une date ultérieure ; à défaut de disposer, dans l'attente de cette convocation, des documents provisoires de séjour dont la détention est exigée pour bénéficier des mesures d'aide sociale, le demandeur se trouve dans une situation où il ne peut ni solliciter un hébergement en centre d'accueil pour demandeurs d'asile ni percevoir l'allocation temporaire d'attente. • CE 6 août 2009, *Qerimi*, nos 330536 et 330537. ♦ Le juge des référés n'hésite pas à enjoindre sous astreinte au préfet, sur le fondement de l'art. L. 521-2 CJA, d'indiquer aux requérants, dans un délai qu'il fixe, un lieu d'hébergement susceptible de les accueillir. • CE 5 sept. 2011, *Min. Intérieur c/ M. Medina Bermudez et a.*, nos 351710 à 351726 et 351728 à 351732 B.

12. La privation du bénéfice des mesures prévues par la loi « afin de garantir aux demandeurs d'asile des conditions matérielles d'accueil décentes » peut constituer une atteinte grave et manifestement illégale ; mais, compte tenu de la saturation du dispositif d'accueil des demandeurs d'asile à Cayenne, en Guyane, et ce, en dépit de la multiplication des places par les autorités publiques, l'absence d'hébergement pour des demandeurs d'asile ne caractérise pas une atteinte grave et manifestement illégale à leur droit d'asile ou à leur droit à l'hébergement d'urgence. • CE 29 mars 2024, n° 491843. ♦ Jugé que ne révèle pas une méconnaissance grave et manifeste des obligations qui s'imposent à l'administration en matière d'hébergement des demandeurs d'asile le fait d'avoir proposé à l'époux d'une part et à l'épouse et aux enfants d'autre part deux hébergements distants de 30 km. • CE 22 sept. 2009, *Safarov*, n° 332003.

13. Droit de l'UE. En subordonnant le bénéfice des conditions matérielles d'accueil, et notamment l'admission dans un lieu d'hébergement, à l'acceptation par le demandeur d'asile de l'hébergement proposé par l'OFII, les dispositions des art. L. 744-1 et L. 744-7 [devenu, respectivement, art. L. 551-9 et L. 551-15, L. 551-16, L. 552-8 et L. 552-11] ne méconnaissent pas les objectifs de la Dir. 2013/33/UE du Parlement européen et du Conseil du 26 juin 2013 ; le pouvoir réglementaire a pu compétemment prévoir, à l'art. R. 744-7 [devenu art. R. 552-8], que le demandeur qui ne s'est pas présenté au gestionnaire du lieu d'hébergement dans les 5 jours suivant la décision de l'office est considéré comme ayant refusé l'offre d'hébergement. • CE 30 janv. 2017, n° 394686 : *préc. note 1 ss. art. L. 511-9.*

14. Droit au logement opposable. Un demandeur d'asile ne peut se voir refuser un hébergement au titre du droit au logement opposable au seul motif qu'il n'a pas présenté une demande d'hébergement dans un centre d'accueil pour demandeurs d'asile. • CE 1er août 2013, *M. B.*, n° 345130 B : *AJDA 2013. 1658*.

15. Conv. EDH. Dès lors qu'un demandeur d'asile bénéficie d'un hébergement de nuit financé par l'État et d'une aide apportée par des associations, il n'y a pas de violation de l'art. 3 Conv. EDH au regard des conditions d'accueil. • CEDH 24 mai 2018, *N. T. P. et a. c/ France*, n° 68862/13.

16. Art. 3 Conv. EDH. Selon la CEDH, le retard constaté dans la mise en œuvre des conditions matérielles d'accueil est susceptible d'entraîner la violation de l'art. 3 a Conv. EDH, ce retard ayant contraint en l'espèce les requérants à vivre dans la rue pendant des mois, sans moyens ; ainsi, les requérants « ont été victimes d'un traitement dégradant témoignant d'un manque de respect pour leur dignité et [...] cette situation a, sans aucun doute, suscité chez eux des sentiments de peur, d'angoisse ou d'infériorité propres à conduire au désespoir ». La CEDH considère que de telles conditions d'existence, combinées avec l'absence de réponse adéquate des autorités françaises qu'ils ont alertées à maintes reprises sur leur impossibilité de jouir en pratique de leurs droits et donc de pourvoir à leurs besoins essentiels, et le fait que les juridictions internes leur ont systématiquement opposé le manque de moyens dont disposaient les instances compétentes au regard de leurs conditions de jeunes majeurs isolés, en bonne santé et sans charge de famille, ont atteint le seuil de gravité requis par l'art. 3 de la Conv. • CEDH 2 juill. 2020, *N. H. et a. c/ France*, n° 28820/13 : *AJDA 2020. 1385 ; D. 2020. 1462 ; DP étrangers, Bull. n° 302, sept. 2020, note Pouly.*

17. Mayotte. L'art. L. 348-1 CASF qui prévoit que les étrangers en possession d'un document provisoire de séjour en qualité de demandeur d'asile bénéficient, sur leur demande, de l'aide sociale pour être accueillis dans des centres d'accueil n'est pas applicable à Mayotte. • CE 13 juin 2012, *M. Sindono Macimba*, n° 357366 : *AJDA 2012. 1192* . ♦ La Dir. 2003/9/CE du 27 janv. 2003 relative à l'édiction de normes minimales pour l'accueil des demandeurs d'asile (dite directive « Accueil », remplacée par la Dir. 2013/33/UE du 26 juin 2013 établissant des normes pour l'accueil des personnes demandant la protection internationale) n'est, en l'absence d'une disposition expresse, pas applicable à la catégorie des pays et territoires d'outre-mer au sens du droit de l'UE à laquelle appartient le département de Mayotte. • CE 5 juill. 2012, *Bahire*, n° 358266. ♦ S'agissant de la situation particulière de Mayotte, les dispositions relatives à l'allocation pour demandeur d'asile, dans leur rédaction en vigueur en métropole, ne sont pas applicables et que s'y substitue le versement « d'aides matérielles ». Conformément à la Dir. 2013/33/UE du 26 juin 2013, ces dispositions ne créent pas une simple faculté, pour l'autorité compétente, de faire bénéficier les personnes concernées de conditions matérielles d'accueil adaptées à leurs besoins et leurs ressources, mais leur en font obligation jusqu'à ce qu'il soit définitivement statué sur leur demande d'asile, sauf à y mettre fin ou les retirer dans les cas prévus par la loi. Ces conditions matérielles, comprenant le logement, la nourriture et l'habillement, doivent, par leur niveau, garantir un niveau de vie adéquat au regard des particularités de ce département et peuvent être fournies en nature, ou sous la forme de bons ou d'allocations financières, en prenant en compte les ressources de l'intéressé, la composition de sa famille et, le cas échéant, son mode d'hébergement et les prestations offertes par son lieu d'hébergement. • CE 12 mars 2021, n° 448453 : *AJDA 2021. 595* .

II. DEMANDE D'ASILE RELEVANT DE LA COMPÉTENCE D'UN AUTRE ÉTAT

18. Ces obligations s'imposent alors même que le demandeur a engagé une procédure de demande d'asile à l'égard d'un autre État (procédure dite « Dublin »). • CE 20 oct. 2009, *Épx Mirzoian*, n° 332631 B : *AJDA 2010. 203, note Slama* . ♦ La CJUE a précisé qu'un État membre saisi d'une demande d'asile est tenu d'octroyer les conditions minimales d'accueil même à un demandeur pour lequel il décide, en application du Règl. (CE) n° 343/2003 du Conseil du 18 févr. 2003, dit Règl. « Dublin II », refondu par le Règl. (UE) n° 604/2013 du Parlement européen et du Conseil du 26 juin 2013 établissant les critères et mécanismes de détermination de l'État membre responsable de l'examen d'une demande de protection internationale introduite dans l'un des États membres par un ressortissant de pays tiers ou un apatride (Règl. « Dublin III »), de requérir un autre État membre aux fins de prendre en charge ou de reprendre en charge ce demandeur en tant qu'État membre responsable de l'examen de sa demande d'asile. • CJUE 27 sept. 2012, *La Cimade et GISTI c/ Min. Intérieur*, n° C-179/11 : *AJDA 2012. 1821 ; Europe 2012. Comm. 425, par Symon.* ♦ Ainsi, en prévoyant que les prestations assurées par les plateformes d'accueil pour les demandeurs d'asile dont la demande d'asile relève, en application du Règl. du Conseil du 18 févr. 2003, de la compétence d'un autre État membre de l'UE, sont assurées, au plus tard, jusqu'à l'expiration d'un délai d'un mois à compter de la date de notification de la décision de réadmission dans l'État responsable, et non jusqu'à la prise en charge ou la reprise en charge effective des intéressés par l'État membre responsable, les dispositions en cause de la note d'instruction du 22 déc. 2011 relative à l'organisation du dispositif du premier accueil des demandeurs d'asile ont méconnu les objectifs de la Dir. 2003/9/CE du 27 janv. 2003. • CE 4 déc. 2013, *Assoc. Dom'Asile et a.*, n° 359670 : *AJDA 2014. 1049, note Aubin* . ♦ En prévoyant que « les bénéficiaires de l'ATA ne sont, normalement, pas éligibles aux aides d'urgence de la plateforme », le pt 5 du référentiel joint à la circulaire attaquée a, alors même que la règle qu'il pose n'interdit pas qu'il y soit fait exception en cas de dénuement et d'isolement du demandeur d'asile, méconnu les objectifs de la Dir. 2003/9/CE du 27 janv. 2003.

19. Si le demandeur d'asile, dont la demande relève de la compétence d'un autre État européen que la France décide de requérir en application du Règl. du 18 févr. 2003, peut se voir refuser l'admission au séjour, il dispose cependant du droit de rester en France en application des dispositions précises et inconditionnelles de l'art. 7 de la Dir. du 1er déc. 2005 relative à des normes minimales concernant la procédure d'octroi et de retrait du statut de réfugié dans les États membres ; il doit, dès lors, pouvoir accéder aux conditions minimales d'accueil et peut bénéficier de l'allocation temporaire d'attente lorsqu'il remplit les conditions d'âge et de ressources prévues jusqu'à ce qu'il ait été effectivement transféré dans l'État requis. • CE 17 avr. 2013, *La Cimade et GISTI*, n° 335924 B : *AJDA 2013. 821 ; ibid. 2451, note Aubin*. ♦ Si ces demandeurs d'asile ont le droit de rester en France jusqu'à l'exécution de la mesure de réadmission les concernant, ils ne peuvent cependant bénéficier d'un titre de séjour ; par suite, la mention « le présent document ne vaut pas autorisation de séjour » figurant sur le document annexé à l'Instr. du ministre de l'Intérieur du 23 avr. 2013 relative au droit à l'ATA des demandeurs d'asile faisant l'objet d'une procédure « Dublin » en application du Règl. (CE) n° 343/2003, n'est pas erronée en droit ; la délivrance de ce document permet au demandeur d'asile de demeurer sur le territoire français et de percevoir l'allocation temporaire d'attente jusqu'à son transfert effectif vers l'État membre requis ; en prescrivant aux préfets de le délivrer aux demandeurs d'asile concernés, le ministre de l'Intérieur n'a, par conséquent, pas commis d'erreur de droit. • CE 12 févr. 2014, n° 368741.

20. S'agissant des demandeurs d'asile qui n'ont pas été admis provisoirement au séjour parce qu'ils font l'objet d'une procédure de remise à un autre État membre en application du Règl. (CE) n° 343/2003 du Conseil du 18 févr. 2003 (Règl. « Dublin II », refondu par le Règl. (UE) n° 604/2013 du Parlement européen et du Conseil du 26 juin 2013 établissant les critères et mécanismes de détermination de l'État membre responsable de l'examen d'une demande de protection internationale introduite dans l'un des États membres par un ressortissant de pays tiers ou un apatride, dit Règl. « Dublin III »), et qui ne sont donc pas éligibles à l'allocation temporaire d'attente, le Conseil d'État a jugé que « l'engagement d'une procédure de prise en charge par un autre État d'un demandeur d'asile postérieurement à son entrée sur le territoire est sans influence sur le droit de l'intéressé de bénéficier de conditions matérielles d'accueil décentes tant que cette prise en charge n'est pas devenue effective ». • CE 20 oct. 2009, *M. Youri A. et Mme Ana A.*, nos 332631 et 332632. ♦ Dès lors que l'étranger s'est soustrait à l'exécution de la remise à l'État responsable du traitement de la demande d'asile, l'autorité administrative ne porte aucune atteinte grave et manifestement illégale aux exigences qu'implique le respect du droit d'asile en mettant fin à l'hébergement dont bénéficiait le demandeur. • CE 14 déc. 2010, *Min. Intérieur c/ M. et Mme Matiyev*, n° 344723.

21. Dans le cas où les conditions matérielles d'accueil ont été suspendues sur le fondement du présent art., dans sa rédaction issue de la L. du 29 juill. 2015, le demandeur peut, notamment dans l'hypothèse où la France est devenue responsable de l'examen de sa demande d'asile, en demander le rétablissement. Il appartient alors à l'OFII, pour statuer sur une telle demande de rétablissement, d'apprécier la situation particulière du demandeur à la date de la demande de rétablissement au regard notamment de sa vulnérabilité, de ses besoins en matière d'accueil ainsi que, le cas échéant, des raisons pour lesquelles il n'a pas respecté les obligations auxquelles il avait consenti au moment de l'acceptation initiale des conditions matérielles d'accueil. • CE 17 avr. 2019, n° 428314 B : *AJDA 2019. 904*.

22. Pays d'origine sûr. Il résulte notamment des art. 2 et 3 de la Dir. 2003/9/CE du 27 janv. 2003 (remplacée par la Dir. 2013/33/UE du 26 juin 2013 établissant des normes pour l'accueil des personnes demandant la protection internationale, *JOUE 29 juin*) que les demandeurs d'asile ont droit, dès le dépôt de leur demande et aussi longtemps qu'ils sont admis à se maintenir sur le territoire d'un État membre, à bénéficier de conditions matérielles d'accueil comprenant le logement, la nourriture et l'habillement ainsi qu'une allocation journalière, quelle que soit la procédure d'examen de la demande ; par suite, les demandeurs d'asile provenant de pays d'origine « sûrs » ne peuvent être exclus de l'allocation temporaire d'attente. • CE 16 juin 2008, *Assoc. La Cimade*, n° 300636 A : *AJDA 2008. 1232 ; RFDA 2008. 847 ; JCP 1er sept. 2008, n° 2190, concl. Derepas.*

23. Défaillances systémiques. Selon la CJUE, « le droit de l'Union s'oppose à l'application d'une présomption irréfragable selon laquelle l'État membre que l'art. 3, § 1, du Règl. (CE) n° 343/2003 (refondu par le Règl. (UE) n° 604/2013 du Parlement européen et du Conseil du 26 juin 2013 établissant les critères et mécanismes de détermination de l'État membre responsable de l'examen d'une demande de protection internationale introduite dans l'un des États membres par un ressortissant de pays tiers ou un apatride, dit Règl. « Dublin III ») désigne comme responsable respecte des droits fondamentaux de l'UE » ; dès lors, « l'art. 4 [Charte UE] doit être interprété en ce sens qu'il incombe aux États membres, en ce compris les juridictions nationales, de ne pas transférer un demandeur d'asile vers l'"État membre responsable" au sens du Règl. (CE) n° 343/2003 (refondu par le Règl. (UE) n° 604/2013 du Parlement européen et du Conseil du 26 juin 2013 établissant les critères et mécanismes de détermination de l'État membre responsable de l'examen d'une demande de protection internationale introduite dans l'un des États membres par un ressortissant de pays tiers ou un apatride, dit Règl. « Dublin III ») lorsqu'ils ne peuvent ignorer que les défaillances systémiques de la procédure d'asile et des conditions d'accueil des demandeurs d'asile dans cet État membre constituent des motifs sérieux et avérés de croire que le demandeur courra un risque réel d'être soumis à des traitements inhumains ou dégradants au sens de cette disposition ». Sous réserve de la faculté d'examiner lui-même la demande d'asile, l'impossibilité de transférer un demandeur vers un autre État membre de l'UE, lorsque cet État est identifié comme l'État membre responsable selon les critères du Chap. III de ce règlement, impose à l'État membre qui devait effectuer ce transfert de poursuivre l'examen des critères dudit chapitre afin de vérifier si l'un des critères ultérieurs permet d'identifier un autre État membre comme responsable de l'examen de la demande d'asile. Il importe, cependant, que l'État membre dans lequel se trouve le demandeur d'asile veille à ne pas aggraver une situation de violation des droits fondamentaux de ce demandeur par une procédure de détermination de l'État membre responsable qui serait d'une durée déraisonnable. • CJUE 21 déc. 2011, *N. S.*, n° C-411/10 : *D. 2012. 151 ; ibid. 390, obs. Boskovic, Corneloup, Jault-Seseke, Joubert et Parrot ; AJDA 2012. 306, chron. Aubert, Broussy et Donnat ; RFDA 2012. 77, chron. Clément-Wilz, Martucci et Mayeur-Carpentier ; RTD eur. 2012. 401, obs. Benoît-Rohmer*. ♦ La CEDH a considéré que le système d'asile hongrois n'était pas « déficient ». • CEDH 3 juill. 2014, *Mohammadi c/ Autriche*, n° 71932/12 : *AJDA 2014. 1414*.

Art. L. 550-1 Les conditions d'accueil, au sens de la directive 2013/33/UE du Parlement européen et du Conseil, du 26 juin 2013, établissant des normes pour l'accueil des personnes demandant la protection internationale, dont bénéficient les demandeurs d'asile sont fixées par les dispositions du présent titre.

Art. L. 550-2 L'Office de l'immigration et de l'intégration peut, par convention, déléguer à des personnes morales la possibilité d'assurer certaines prestations d'accueil, d'information et d'accompagnement social, juridique et administratif des demandeurs d'asile pendant la période d'instruction de leur demande. – *[Anc. art. L. 744-1, al. 2.]*

Art. L. 550-3 Conformément à l'article L. 240-1, les dispositions du présent titre sont applicables aux étrangers non citoyens de l'Union européenne dont la situation est régie par le livre II.

CHAPITRE I **DISPOSITIONS GÉNÉRALES**

SECTION 1 **Orientation**

Art. L. 551-1 Le schéma national d'accueil des demandeurs d'asile et d'intégration des réfugiés fixe la part des demandeurs d'asile accueillis dans chaque région ainsi que la répartition des lieux d'hébergement qui leur sont destinés. Il est arrêté par le ministre chargé de l'asile, après avis des ministres chargés du logement et des affaires sociales. Il est transmis au Parlement. – *[Anc. art. L. 744-2, I, al. 1er.]*

Sur le nombre de places d'hébergement dédiées à l'accueil des demandeurs d'asile et des réfugiés, V. Arr. du 13 mai 2022 pris en application de l'art. L. 551-1 CESEDA (JO 17 mai).

Le schéma national d'accueil des demandeurs d'asile et d'intégration des réfugiés doit comprendre les collectivités d'outre-mer et doit fixer non pas la part des demandeurs d'asile « orientés », mais celle des demandeurs d'asile « accueillis ». • CE 21 déc. 2021, n° 450551 : *AJDA 2022. 1365*.

Art. L. 551-2 Un schéma régional est établi en conformité avec le schéma national d'accueil des demandeurs d'asile.

Il fixe les orientations en matière de répartition des lieux d'hébergement pour demandeurs d'asile et réfugiés sur le territoire de la région, présente le dispositif régional prévu pour l'enregistrement des demandes d'asile ainsi que le suivi et l'accompagnement des demandeurs d'asile et définit les actions en faveur de l'intégration des réfugiés. Il fixe également la répartition des lieux d'hébergement provisoire offrant des prestations d'accueil, d'information et d'accompagnement social, juridique et administratif dont peuvent bénéficier, jusqu'à la remise de leur attestation de demande d'asile, les étrangers ne disposant pas de domicile stable. Il tient compte du plan départemental d'action pour le logement et l'hébergement des personnes défavorisées et est annexé à ce dernier, en application du troisième alinéa de l'article 2 de la loi n° 90-449 du 31 mai 1990 visant à la mise en œuvre du droit au logement.

Le schéma régional est établi par le représentant de l'État dans la région, après avis d'une commission de concertation composée de représentants des collectivités territoriales, des services départementaux de l'éducation nationale, de gestionnaires de lieux d'hébergement pour demandeurs d'asile et d'associations de défense des droits des demandeurs d'asile. – *[Anc. art. L. 744-2, I, al. 2.]*

Le ministre n'a pas à répartir les places d'hébergement destinées aux demandeurs d'asile entre les régions de manière proportionnelle au nombre de demandes d'asile présentées dans chaque région. Au contraire, le schéma national d'accueil des demandeurs d'asile doit notamment permettre d'orienter des demandeurs d'asile vers une autre région que celle dans laquelle ils ont présenté leur demande d'asile, lorsque celle-ci concentre une forte demande. • CE 21 déc. 2021, n° 450551 : *AJDA 2022. 1365*.

Art. L. 551-3 L'Office français de l'immigration et de l'intégration détermine la région de résidence en fonction de la part des demandeurs d'asile accueillis dans chaque région en application du schéma national et en tenant compte des besoins et de la situation personnelle et familiale du demandeur au regard de l'évaluation prévue au chapitre II du titre II et de l'existence de structures à même de prendre en charge de façon spécifique les victimes de la traite des êtres humains ou les cas de graves violences physiques ou sexuelles. – *[Anc. art. L. 744-2, II, al. 2.]*

Art. L. 551-4 Lorsque la part des demandeurs d'asile résidant dans une région excède la part fixée pour cette région par le schéma national d'accueil des demandeurs d'asile et les capacités d'accueil de cette région, le demandeur d'asile peut être orienté vers une autre région, où il est tenu de résider le temps de l'examen de sa demande d'asile. – *[Anc. art. L. 744-2, II, al. 1er.]*

Art. L. 551-5 Sauf en cas de motif impérieux ou de convocation par une autorité ou une juridiction, le demandeur qui souhaite quitter temporairement sa région de résidence sollicite une autorisation auprès de l'Office français de l'immigration et de l'intégration, qui rend sa décision dans les meilleurs délais, en tenant compte de la situation personnelle et familiale du demandeur. – *[Anc. art. L. 744-2, II, al. 3.]*

S'agissant de l'interdiction pour les demandeurs d'asile de quitter leur région d'affectation, sauf motif impérieux, sous peine de perdre le bénéfice des conditions matérielles d'accueil, le Conseil d'État considère qu'il résulte de l'art. 20 de la Dir. 2013/33/UE du 26 juin 2013 « que, s'il est possible, dans des cas exceptionnels et dûment justifiés, de retirer les conditions matérielles d'accueil à un demandeur d'asile, d'une part ce retrait ne peut intervenir qu'après examen de la situation particulière de la personne et être motivé, d'autre part l'intéressé doit pouvoir solliciter le rétablissement des conditions matérielles d'accueil lorsque le retrait a été fondé sur l'abandon du lieu de résidence sans information ou autorisation de l'autorité compétente, sur la méconnaissance de l'obligation de se présenter aux autorités ou de se rendre aux rendez-vous qu'elle fixe ou sur l'absence de réponse aux demandes d'information ». • CE 27 nov. 2020, *La Cimade*, n° 428178 B : *AJDA 2020. 2344*.

Art. L. 551-6 Les conditions d'application des articles L. 551-3 à L. 551-5 sont fixées par décret en Conseil d'État. – *[Anc. art. L. 744-2, II, al. 4.]*

SECTION 2 **Domiciliation**

Art. L. 551-7 Le demandeur d'asile qui ne dispose pas d'un domicile stable élit domicile auprès d'une personne morale conventionnée à cet effet pour chaque département, dans des conditions fixées par décret en Conseil d'État. – *[Anc. art. L. 744-1, al. 3.]*

1. Domiciliation. En vertu de l'art. L. 264-10 CASF, les dispositions relatives à la domiciliation des personnes sans domicile stable ne sont pas applicables aux procédures de domiciliation des étrangers qui sollicitent l'asile ; les dispositions du présent art. sur la domiciliation des demandeurs d'asile qui ne disposent ni d'un hébergement, ni d'un domicile stable, s'appliquent pendant toute la procédure d'examen de la demande d'asile. Par suite, l'art. R. 541-2, en prévoyant que la demande de renouvellement de l'attestation de demande d'asile doit comporter, le cas échéant, l'indication de l'adresse de la personne morale conventionnée auprès de laquelle le demandeur d'asile a élu domicile, n'est pas illégal. L'art. R. 551-15 peut légalement prévoir que les personnes morales conventionnées dans chaque département en application du présent art. pour assurer la domiciliation des demandeurs d'asile sans hébergement, ni domicile stable, adressent chaque année un bilan d'activité à l'OFII. • CE 30 janv. 2017, n° 394686 : *préc. note 1 ss. art. L. 511-9.*

2. Aux termes de l'art. R. 551-7 du présent code : « Sont considérés comme des domiciles stables les lieux mentionnés au 2° de l'art. L. 744-3 [devenu art. L. 552-1] autres que les établissements hôteliers./Le lieu où la personne est hébergée sans disposer d'un titre pour y fixer son domicile n'est pas regardé comme un domicile stable ». La définition, résultant de cette disposition, du domicile stable où est hébergé un demandeur d'asile n'a ni pour objet ni pour effet de porter atteinte au droit au maintien sur le territoire reconnu au demandeur d'asile dans les conditions prévues par ce code. • CE 27 nov. 2020, *La Cimade,* n° 428178 B : *AJDA 2020. 2344.*

SECTION 3 Conditions matérielles d'accueil

Art. L. 551-8 Les conditions matérielles d'accueil du demandeur d'asile, au sens de la directive 2013/33/UE du Parlement européen et du Conseil, du 26 juin 2013, établissant des normes pour l'accueil des personnes demandant la protection internationale, comprennent les prestations et l'allocation prévues aux chapitres II et III.

La détermination du tribunal territorialement compétent pour connaître des litiges relatifs aux décisions portant sur le bénéfice des conditions matérielles d'accueil d'un demandeur d'asile a été précisée par le Conseil d'État : de tels litiges ne sont pas relatifs à la reconnaissance d'une qualité ou à l'attribution d'un avantage attaché à une qualité au sens des dispositions de l'art. R. 312-6 CJA. Par suite, le tribunal compétent pour connaître d'un tel litige est, en application de l'art. R. 312-1 CJA, celui dans le ressort duquel a son siège l'autorité qui, soit en vertu de son pouvoir propre, soit par délégation, a pris les décisions attaquées. • CE 28 oct. 2021, n° 452857 B : *AJDA 2021. 2190.*

SOUS-SECTION 1 Proposition

Art. L. 551-9 Les conditions matérielles d'accueil du demandeur d'asile sont proposées à chaque demandeur d'asile par l'Office français de l'immigration et de l'intégration après l'enregistrement de sa demande par l'autorité administrative compétente. – *[Anc. art. L. 744-1, al. 1er.]*

Si l'art. 4 de la Dir. du 26 juin 2013 établissant des normes pour l'accueil des personnes demandant la protection internationale dispose que « Les États membres peuvent adopter ou maintenir des dispositions plus favorables en matière de conditions d'accueil des demandeurs et des parents proches du demandeur qui se trouvent dans le même État membre, lorsqu'ils dépendent de lui, ou pour des raisons humanitaires, dans la mesure où ces dispositions sont compatibles avec la présente directive », il ne ressort pas des termes du présent art. que le législateur français a entendu faire usage de cette faculté pour accorder le bénéfice des conditions matérielles d'accueil du demandeur d'asile à un demandeur ressortissant d'un État membre de l'Union européenne. • CE 29 oct. 2020, n° 445573.

Art. L. 551-10 Le demandeur est informé, dans une langue qu'il comprend ou dont il est raisonnable de penser qu'il la comprend, que le bénéfice des conditions matérielles d'accueil peut lui être refusé ou qu'il peut y être mis fin dans les conditions et selon les modalités prévues aux articles L. 551-15 et L. 551-16.

SOUS-SECTION 2 Fin du bénéfice

Art. L. 551-11 L'hébergement des demandeurs d'asile prévu au chapitre II prend fin au terme du mois au cours duquel le droit du demandeur de se maintenir sur le territoire français a pris fin, dans les conditions prévues aux articles L. 542-1 et L. 542-2. – *[Anc. art. L. 744-5, al. 1er.]*

Art. L. 551-12 Les conditions dans lesquelles les personnes s'étant vu reconnaître la qualité de réfugié ou accorder le bénéfice de la protection subsidiaire et les personnes ayant fait l'objet d'une décision de rejet définitive peuvent être, à titre exceptionnel et temporaire, maintenues dans un lieu d'hébergement mentionné à l'article L. 552-1, sont déterminées par décret en Conseil d'État. – *[Anc. art. L. 744-5, al. 3.]*

Art. L. 551-13 Le versement de l'allocation pour demandeur d'asile prend fin au terme du mois au cours duquel le droit du demandeur de se maintenir sur le territoire français a pris fin dans les conditions prévues aux articles L. 542-1 et L. 542-2.

Pour les personnes qui se sont vu reconnaître la qualité de réfugié prévue à l'article L. 511-1 ou accorder le bénéfice de la protection subsidiaire prévue à l'article L. 512-1, le bénéfice de l'allocation prend fin au terme du mois qui suit celui de la notification de la décision. – *[Anc. art. L. 744-9, al. 2, ecqc la fin du droit au maintien.]*

Art. L. 551-14 Lorsque le droit au maintien de l'étranger a pris fin en application des *b* ou *d* du 1° de l'article L. 542-2, le bénéfice des conditions matérielles d'accueil prend fin dans les conditions suivantes :

1° Lorsque l'étranger n'a pas formé de recours contre la décision portant obligation de quitter le territoire français prise en application du 4° de l'article L. 611-1, au terme du mois au cours duquel a expiré le délai de recours ;

2° Lorsque le juge administratif a rejeté le recours formé par l'étranger contre la décision portant obligation de quitter le territoire français prise en application du 4° de l'article L. 611-1 ou si le juge administratif, saisi d'une demande de suspension d'exécution de la décision d'éloignement en application de l'article L. 542-6, n'a pas fait droit à cette demande, au terme du mois au cours duquel la décision du juge a été notifiée ;

3° Dans les autres cas, au terme du mois au cours duquel a expiré le délai de recours contre la décision de l'Office français de protection des réfugiés et apatrides ou, si un recours a été formé, au terme du mois au cours duquel la décision de la Cour nationale du droit d'asile a été lue en audience publique ou notifiée s'il est statué par ordonnance.

Les conditions dans lesquelles, lorsque le droit au maintien de l'étranger a pris fin en application des *b* ou *d* du 1° de l'article L. 542-2, l'allocation pour demandeur d'asile prévue à l'article L. 553-1 peut être adaptée ou remplacée par des aides matérielles sont définies par voie réglementaire. – *[Anc. art. L. 744-9-1, II, sauf ecqc la décision de transfert.]*

SOUS-SECTION 3 Refus et cessation

I. DROIT CONSTITUTIONNEL D'ASILE

1. La privation du bénéfice des mesures prévues par la loi afin de garantir aux demandeurs d'asile des conditions matérielles d'accueil décentes jusqu'à ce qu'il ait été statué définitivement sur leur demande est susceptible de constituer une atteinte grave et manifestement illégale à la liberté fondamentale constituée par le droit constitutionnel d'asile ; en l'espèce, ne constitue pas une telle atteinte l'attente d'une place disponible dans un centre d'accueil, attribuée selon l'ordre des priorités relatives compte tenu de l'écart actuel entre le nombre des demandeurs d'asile et la capacité des établissements d'accueil, ou encore d'une place disponible dans un centre d'hébergement d'urgence ou dans un centre d'hébergement et de réinsertion sociale, les intéressés ayant été admis au bénéfice de l'allocation temporaire d'attente. • CE 23 mars 2009, *M. Gaghiev,* n° 325884 B. ♦ V. aussi : • CE 7 mai 2010, *Selmani,* n° 339210.

2. Ce droit n'est toutefois pas inconditionnel et il n'y a pas d'atteinte grave et manifestement illégale au droit d'asile : si les demandeurs ont, dans l'attente de places en CADA, été admis au bénéfice de l'allocation temporaire d'attente, logés dans un hôtel et qu'ils quittent ce dernier volontairement, le préfet pouvant considérer qu'ils ne sont plus prioritaires pour un hébergement d'urgence. • CE 10 sept. 2009, *Makhatadze,* n° 331430. ♦ ... Dès lors que l'autorité administrative a admis le demandeur au bénéfice de l'allocation temporaire d'attente dans l'attente d'un hébergement en CADA. • CE 28 oct. 2009, *Min. Immigration c/ Tsefastion,* n° 332854. ♦ ... Dès lors que le demandeur a manifestement cherché à se soustraire à l'obligation de fournir ses empreintes digitales fixée par le Règl. (CE) n° 2725/2000 du 11 déc. 2000. • CE 2 nov. 2009, *Min. Immigration c/ Mohamed,* n° 332887 B. ♦ ... Dès lors que le demandeur a été orienté vers une plateforme d'accueil et placé ainsi dans une situation où il a pu être pris en charge en ce qui concerne la recherche d'une solution d'hébergement ; le demandeur a en outre été mis à même de bénéficier, à titre temporaire et dans l'attente d'une meilleure solution, de bons lui permettant de couvrir ses besoins fondamentaux. • CE 28 oct. 2009, *Sinani,* n° 332719.

3. La privation du bénéfice des mesures prévues par la loi afin de garantir aux demandeurs d'asile des conditions matérielles d'accueil décentes, jusqu'à ce qu'il ait été statué sur leur demande, est susceptible de constituer une atteinte grave et manifestement illégale à la liberté fondamentale que constitue le droit d'asile ; le caractère grave et manifestement illégal d'une telle atteinte s'apprécie en tenant compte des moyens dont dispose l'autorité administrative compétente et de la situation du demandeur. Il incombe ainsi au juge de n'adresser une injonction à l'administration que dans le cas où, d'une part, le comportement de celle-ci fait apparaître une méconnaissance manifeste des exigences qui découlent du droit d'asile et où, d'autre part, il résulte de ce comportement des conséquences graves pour le demandeur d'asile, compte tenu notamment de son âge, de son état de santé ou de sa situation de famille. Il incombe aux autorités de l'État de mettre en œuvre le droit à l'hébergement d'urgence reconnu par la loi à toute personne sans abri qui se trouve en situation de détresse médicale, psychique et sociale. Une carence caractérisée dans l'accomplissement de cette tâche peut faire apparaître, pour l'application de l'art. L. 521-2 CJA, une atteinte grave et manifestement illégale à une liberté fondamentale lorsqu'elle entraîne des conséquences graves pour la personne intéressée. Tel n'est pas le cas en l'espèce en raison tout à la fois de la saturation du système d'hébergement des demandeurs d'asile, de la perception par les requérants de l'allocation pour demandeurs d'asile et du fait que l'intéressé bénéficie d'un suivi médical adapté à son état de santé. • CE 26 févr. 2019, n° 428203.

4. Ne révèle aucune atteinte grave et manifestement illégale au droit d'asile la décision par laquelle l'OFPRA refuse de maintenir le droit au bénéfice des conditions matérielles d'accueil s'agissant d'un demandeur d'asile qui ne s'est pas présenté à l'aéroport en vue de l'exécution de la décision de transfert. • CE 20 sept. 2018, n° 424099.

II. DROIT DE L'UNION

5. La Dir. 2003/9/CE du 27 janv. 2003 relative à des normes minimales pour l'accueil des demandeurs d'asile dans les États membres de l'UE (remplacée par la Dir. 2013/33/UE du 26 juin 2013 établissant des normes pour l'accueil des personnes demandant la protection internationale) ne fait pas obstacle à ce que le bénéfice d'une prestation versée aux demandeurs d'asile soit subordonné à la condition que ces derniers acceptent l'offre d'hébergement qui leur est présentée ; toutefois, encourt l'annulation la circulaire qui indique que le demandeur d'asile à qui une plateforme d'accueil habilitée a fixé un rendez-vous est, s'il ne se présente pas à ce rendez-vous, réputé avoir refusé tout hébergement. En édictant une telle présomption de refus, sans prévoir au demeurant la prise en compte de circonstances particulières, les auteurs de la circulaire ont excédé leurs pouvoirs. • CE 7 avr. 2011, *La Cimade et GISTI*, n° 335924 B.

6. Les cas de suspension, de retrait et de refus du bénéfice des conditions matérielles d'accueil prévus par le présent art. correspondent aux hypothèses fixées à l'art. 20 de la Dir. 2013/33/UE selon lesquelles les États membres peuvent limiter ou, dans des cas exceptionnels et dûment justifiés, retirer le bénéfice des conditions matérielles d'accueil ; par suite, et sans qu'il y ait lieu de saisir la CJUE d'une question préjudicielle, le moyen tiré de ce que les dispositions des art. L. 551-15 et L. 551-16 seraient incompatibles avec les objectifs de la Dir. préc. ne peut qu'être écarté ; le pouvoir réglementaire a pu compétemment prévoir, à l'art. R. 551-21, que le demandeur qui s'absente de son lieu d'hébergement plus d'une semaine sans justification valable est considéré comme l'ayant abandonné. • CE 30 janv. 2017, n° 394686 : *préc. note 1 ss. art. L. 511-9.*

7. Un demandeur d'asile peut se voir retirer une partie des conditions matérielles d'accueil à la suite de son comportement particulièrement violent à l'égard d'agents publics. Cette sanction ne saurait toutefois conduire à le priver des besoins élémentaires, notamment des conditions tenant au logement, à la nourriture et à l'habillement. • CJUE 1er août 2022, *TO*, n° C-422/21.

III. MOTIFS DE RETRAIT OU DE REFUS DU BÉNÉFICE DES CONDITIONS MATÉRIELLES D'ACCUEIL

8. Fraude. L'anc. art. D. 744-36, al. 3 (issu du Décr. n° 2018-1359 du 28 déc. 2018 et désormais abrogé au bénéfice de la recodification) prévoyait qu'il pouvait être mis fin au bénéfice des conditions matérielles d'accueil par l'OFII en cas de fraude ou si le bénéficiaire avait fourni des informations mensongères relatives à sa situation familiale, a présenté plusieurs demandes d'asile sous des identités différentes, a eu un comportement violent ou a commis des manquements graves au règlement du lieu d'hébergement. Ce texte apparaissait toutefois contraire au droit de l'Union dans la mesure où la CJUE a considéré qu'un État membre ne peut pas prévoir, parmi les sanctions susceptibles d'être infligées à un demandeur en cas de manquement grave au règlement des centres d'hébergement, ainsi que de comportement particulièrement violent, une sanction consistant à retirer, même de manière temporaire, le bénéfice des conditions matérielles d'accueil, au sens de l'art. 2, ss. f) et g), de la Dir. 2013/33/UE du 26 juin 2013, ayant trait au logement, à la nourriture ou à l'habillement, dès lors qu'elle aurait pour effet de priver ce demandeur de la possibilité de faire face à ses besoins les plus élémentaires. L'infliction d'autres sanctions doit respecter les principes de proportionnalité et de la dignité humaine. • CJUE 12 nov. 2019, n° C-233/18 : *AJDA 2019. 2268 ; D. 2019. 2183*. ♦ La circonstance que le demandeur d'asile ait pu, parallèlement à l'introduction de sa demande d'asile en France, chercher à obtenir l'asile dans un autre État membre de l'UE ne caractérise pas, par elle-même, une fraude aux conditions matérielles d'accueil susceptible de justifier que leur bénéfice lui soit retiré. • CE 17 avr. 2019, OFII, n° 428749 B : *AJDA 2019. 904*. ♦ Le fait d'introduire une demande d'asile au retour d'un transfert « Dublin » effectivement exécuté ne peut justifier, de ce seul fait, un refus d'octroi des conditions matérielles d'accueil ; il appartient à l'OFII, qui n'est pas en situation de compétence liée pour refuser le bénéfice des conditions matérielles d'accueil, d'examiner la situation personnelle du demandeur. • CE 19 avr. 2019, n° 428038.

9. La circonstance qu'un étranger ait présenté une seconde demande d'asile sous une autre identité ne justifie pas à elle seule que lui soient retirées les conditions matérielles d'accueil qu'il a obtenues lors de sa demande initiale ; ce retrait, alors que l'administration peut exercer une action en récupération des aides indûment versées, constitue une atteinte grave et manifestement illégale aux droits de l'intéressé. • CE, ord., 9 nov. 2017, *OFPRA*, n° 415132 B : *AJDA 2017. 2226*.

10. Rejet de la demande d'asile. Les dispositions des art. L. 348-2 CASF et L. 5423-9 C. trav. qui prévoient l'exclusion du bénéfice des conditions d'accueil des demandeurs d'asile dont la demande a été définitivement rejetée, alors même qu'ils auraient présenté une demande de réexamen, ne sont pas manifestement incompatibles avec les objectifs de la Dir. 2003/9/CE (remplacée par la Dir. 2013/33/UE du 26 juin 2013 établissant des normes pour l'accueil des personnes demandant la protection internationale) dont l'art. 16 autorise les États à limiter ou retirer le bénéfice des conditions d'accueil lorsqu'un demandeur d'asile a déjà introduit une demande dans le même État. • CE 28 oct. 2010, *Min. Immigration c/ Youssoupov*, n° 343893 B. ♦ Le droit à l'allocation d'insertion se trouve définitivement éteint, quelle que soit la durée de la période du versement de l'allocation d'insertion, lorsque l'étranger perd, par le rejet devenu définitif de sa demande initiale d'asile en France, la qualité au titre de laquelle ce droit s'était ouvert. • CAA Douai, 13 avr. 2006, *Min. Emploi*, n° 04DA00313.

11. En renvoyant au délai prévu au 3° du III de l'art. L. 723-2 [devenu L. 531-24], l'art. L. 744-8 [devenu art. L. 553-3] a nécessairement pris en compte le point de départ du délai de 120 jours prévu par ce texte, lequel ne court qu'à compter de l'entrée irrégulière ou du maintien irrégulier en France ; ce délai n'est ainsi pas opposable à un demandeur entré régulièrement en France. • TA Châlons-en-Champagne, 5 juill. 2018, n° 1800769 : *AJDA 2018. 2430*.

12. Manquements au règlement intérieur de l'établissement. Le retrait des conditions d'accueil est justifié par la méconnaissance persistante des règles de sécurité par le demandeur d'asile, méconnaissance qui constituait un manquement grave au règlement intérieur du lieu d'hébergement. • CE, ord., 13 juin 2018, n° 421006.

IV. CONTRÔLE JURIDICTIONNEL

13. Office du juge. Les litiges relatifs aux conditions matérielles d'accueil des demandeurs d'asile, qui ont un lien étroit avec les litiges relatifs à l'enregistrement des demandes d'asile, ne relèvent pas des « litiges relatifs aux prestations, allocations ou droits attribués au titre de l'aide ou de l'action sociale » au sens de l'art. R. 811-1 CJA, sur lesquels le tribunal administratif statue en premier et dernier ressort. • CE 26 avr. 2018, n° 415313 B : *AJDA 2018. 947*.

14. Lorsqu'il statue sur un recours dirigé contre une décision par laquelle l'OFII, sans remettre en cause des versements déjà effectués, détermine les droits d'un demandeur d'asile aux conditions matérielles d'accueil, il appartient au juge administratif, eu égard tant à la finalité de son intervention qu'à sa qualité de juge de plein contentieux, non de se prononcer sur les éventuels vices propres de la décision attaquée, mais d'examiner les droits de l'intéressé, en tenant compte de l'ensemble des circonstances de fait qui résultent de l'instruction. Au vu de ces éléments, il lui appartient d'annuler ou de réformer, s'il y a lieu, cette décision, en fixant alors lui-même tout ou partie des droits de l'intéressé et en le renvoyant, au besoin, devant l'administration afin qu'elle procède à cette fixation pour le surplus, sur la base des motifs de son jugement. • CAA Marseille, 20 févr. 2020, *OFII*, n° 19MA01770 : *AJDA 2020. 1534, note Angéniol*.

15. La suspension de l'allocation pour demandeur d'asile, en raison d'un refus non caractérisé de rejoindre le lieu d'hébergement désigné, porte une atteinte grave et manifestement illégale au droit d'asile ; en effet, les intéressés ne pouvaient être regardés comme ayant opposé un refus à la proposition d'hébergement. • CE 8 juin 2017, n° 410867.

16. Constitue une atteinte grave et manifestement illégale au droit d'asile le fait de suspendre l'ADA sans qu'aucune décision écrite n'ait été notifiée préalablement au demandeur. • CE 23 juin 2017, n° 411582.

17. L'art. L. 121-1 CRPA qui soumet à une procédure contradictoire préalable les décisions soumises à obligation de motivation ne saurait être utilement invoqué à l'encontre d'un refus d'octroi des conditions matérielles d'accueil à un demandeur d'asile. • CAA Bordeaux, 6 juill. 2021, n° 21BX01582 : *AJDA 2021. 2195*.

Art. L. 551-15 **Les conditions matérielles d'accueil** *(L. n° 2024-42 du 26 janv. 2024, art. 66)* **« sont** *[ancienne rédaction : peuvent être]* **» refusées, totalement ou partiellement, au demandeur** *(L. n° 2024-42 du 26 janv. 2024, art. 66)* **« , dans le respect de l'arti-**

cle 20 de la directive 2013/33/UE du Parlement européen et du Conseil du 26 juin 2013 établissant des normes pour l'accueil des personnes demandant la protection internationale, » dans les cas suivants :

1° Il refuse la région d'orientation déterminée en application de l'article L. 551-3 ;

2° Il refuse la proposition d'hébergement qui lui est faite en application de l'article L. 552-8 ;

3° Il présente une demande de réexamen de sa demande d'asile ;

4° Il n'a pas sollicité l'asile, sans motif légitime, dans le délai prévu au 3° de l'article L. 531-27.

La décision de refus des conditions matérielles d'accueil prise en application du présent article est écrite et motivée. Elle prend en compte la vulnérabilité du demandeur. – *[Anc. art. L. 744-7, ecqc le refus ; anc. art. L. 744-8, ecqc le refus.]*

1. Selon l'art. 20 de la Dir. 2013/33/UE du 26 juin 2013, « s'il est possible dans des cas exceptionnels et dûment justifiés de retirer les conditions matérielles d'accueil à un demandeur d'asile, d'une part ce retrait ne peut intervenir qu'après examen de la situation particulière de la personne et être motivé, d'autre part l'intéressé doit pouvoir solliciter le rétablissement des conditions matérielles d'accueil lorsque le retrait a été fondé sur l'abandon du lieu de résidence sans information ou autorisation de l'autorité compétente, sur la méconnaissance de l'obligation de se présenter aux autorités ou de se rendre aux rendez-vous qu'elle fixe ou sur l'absence de réponse aux demandes d'information » ; ainsi, en créant des cas de refus et de retrait de plein droit des conditions matérielles d'accueil sans appréciation des circonstances particulières et en excluant, en cas de retrait, toute possibilité de rétablissement de ces conditions, les art. L. 551-15 et L. 551-16, dans leur rédaction résultant de la L. du 10 sept. 2018, s'avèrent incompatibles avec les objectifs de la Dir. (UE) 2013/33/UE du 26 juin 2013. Le Conseil d'État en déduit l'annulation des dispositions des 12° et 14° de l'art. 1er du Décr. du 28 déc. 2018, pris pour l'application de ces dispositions législatives. Cette incompatibilité fait obstacle à ce que les autorités administratives compétentes adoptent, sur leur fondement, des décisions individuelles mettant fin aux conditions matérielles d'accueil dans des conditions contraires au droit de l'Union. • CE 31 juill. 2019, n° 428530 A : *AJDA 2019. 1607 ; ibid. 2231, chron. Malverti et Beaufils ; RTD eur. 2020. 943, note Ritleng.*

2. Il est toutefois, dans l'attente de la modification des art. L. 551-15 et L. 551-16, toujours loisible à l'OFII de suspendre le bénéfice des conditions matérielles d'accueil lorsque le demandeur a abandonné le lieu d'hébergement ou n'a pas respecté les exigences des autorités chargées de l'asile, à condition néanmoins, d'une part, qu'une telle suspension s'effectue dans des conditions compatibles avec la directive, c'est-à-dire par une décision motivée tenant compte de la situation particulière de l'intéressé et prise, sauf impossibilité, après qu'il a été mis en mesure de présenter ses observations, et, d'autre part, qu'en cas de suspension des conditions matérielles d'accueil, le demandeur pourra en solliciter le rétablissement. • CE 31 juill. 2019, n° 428530 : *préc. note 1.*

3. Les dispositions de l'art. 20 de la Dir. 2013/33/UE, qui précisent les cas dans lesquels les États membres peuvent limiter ou retirer le bénéfice des conditions matérielles d'accueil, ne font pas obstacle à ce que les États membres subordonnent, conformément au § 3 de l'art. 7 de la même directive, l'octroi des aides matérielles aux demandeurs d'asile à l'acceptation d'une offre d'hébergement dans un lieu déterminé. Est prévue, pour chaque hypothèse de refus ou de suspension des conditions matérielles d'accueil, la possibilité pour l'OFII d'y procéder totalement ou partiellement, en tenant compte de la vulnérabilité du demandeur d'asile. Dans ces conditions, le moyen tiré de ce que ces dispositions consacreraient des cas de refus ou de suspension automatique et totale des conditions matérielles d'accueil, en méconnaissance des dispositions de la Dir. 2013/33/UE et de l'autorité de chose jugée par le Conseil d'État, statuant au contentieux dans sa Décis. n° 428178 du 27 nov. 2020, doit être écarté. • CE 24 févr. 2022, n° 450285 B : *AJDA 2022. 431.*

4. Les conditions matérielles peuvent être refusées ou suspendues au demandeur qui a refusé ou quitté le lieu d'hébergement proposé ou la région d'orientation ou qui n'a pas respecté les exigences des autorités chargées de l'asile, notamment de se rendre aux entretiens, de se présenter aux autorités et de fournir les informations utiles afin de faciliter l'instruction des demandes. • CE 24 févr. 2022, n° 451437 : *AJDA 2022. 1661.*

5. Dans le cas où les conditions matérielles d'accueil initialement proposées au demandeur d'asile ne comportent pas encore la désignation d'un lieu d'hébergement, le refus par le demandeur d'asile de la proposition d'hébergement qui lui est faite ultérieurement doit être regardé comme un motif de refus des conditions matérielles d'accueil entrant dans le champ d'application du présent art. et non comme un motif justifiant qu'il soit mis fin à ces conditions relevant de l'art. L. 551-16. • CE 11 déc. 2023, n° 467151 B : *AJDA 2023. 2315 ; ibid. 2024. 452, note Benichou ; DP étrangers, Bull. n° 339, janv. 2024, note Pouly ; D. 2023. 1358 ; ibid. 228, chron. Boskovic, Corneloup, Jault-Seseke, Joubert et Parrot.*

6. Demandeur d'asile malade. Saisi d'une requête formée par un demandeur d'asile malade tendant à ce qu'il soit enjoint au préfet de lui désigner un centre d'hébergement, le juge des référés peut ordonner que l'administration recueille un avis complet et à jour sur son état de santé pour en tirer les conséquences en termes d'hébergement d'urgence. • CE 5 avr. 2013, *Mme D. et M. T.*, n° 367232 B : *AJDA 2013. 768* ; *ibid. 1633, note Michelet*. ♦ Ne constituent pas une circonstance exceptionnelle justifiant l'attribution d'un hébergement d'urgence le fait que la fille de l'intéressée, âgée de 16 mois, avait déjà été opérée à deux reprises depuis sa naissance ; depuis ces opérations, son état ne nécessitait que des consultations de contrôle tous les 4 mois environ. • CE 20 avr. 2017, n° 409797.

7. Exclusion des mineurs du bénéfice de l'ADA. Il incombe au service de l'ASE des départements de prendre en charge l'hébergement et de pourvoir aux besoins des mineurs étrangers qui sollicitent l'asile et sont privés de la protection de leur famille ; dès lors, l'exclusion des demandeurs d'asile mineurs du bénéfice de l'allocation pour demandeur d'asile, prévue par le Décr. n° 2015-1329 du 21 oct. 2015, ne méconnaît pas les objectifs de la Dir. 2013/33/UE du 26 juin 2013 et cette exclusion ne peut davantage être regardée comme contraire à l'art. 3-1 CIDE. • CE 23 déc. 2016, *La Cimade*, n° 394819 B : *AJDA 2017. 6* ; *ibid. 238, concl. Domino*.

8. Enfant mineur. Dès lors que les parents d'un enfant qui est né après que leur demande d'asile a été définitivement rejetée, présentent, en son nom et pour un motif qui lui est propre, une demande, l'OFII est tenu, jusqu'à ce qu'il ait été statué sur cette demande, d'héberger l'enfant avec ses parents ainsi que ses éventuels frères et sœurs mineurs, et de lui verser, par l'intermédiaire des parents, l'allocation pour demandeur d'asile. • CE 20 déc. 2019, *OFII*, n° 436700 B.

9. En cas de contestation de la minorité, le délai de dépôt de la demande d'asile doit courir soit à compter de la décision du président du conseil départemental constatant que l'intéressé est majeur, soit, le cas échéant, à compter du jugement du juge des enfants refusant le bénéfice d'une mesure d'assistance éducative en raison du fait que la minorité n'est pas établie. • TA Grenoble, 24 nov. 2020, n° 1901826 : *DP étrangers, Bull. n° 308, mars 2021.*

Art. L. 551-16 Il *(L. n° 2024-42 du 26 janv. 2024, art. 66)* « est *[ancienne rédaction : peut être]* » mis fin, partiellement ou totalement, aux conditions matérielles d'accueil dont bénéficie le demandeur *(L. n° 2024-42 du 26 janv. 2024, art. 66)* « , dans le respect de l'article 20 de la directive 2013/33/UE du Parlement européen et du Conseil du 26 juin 2013 établissant des normes pour l'accueil des personnes demandant la protection internationale, » dans les cas suivants :

1° Il quitte la région d'orientation déterminée en application de l'article L. 551-3 ;

2° Il quitte le lieu d'hébergement dans lequel il a été admis en application de l'article L. 552-9 ;

3° Il ne respecte pas les exigences des autorités chargées de l'asile, notamment en se rendant aux entretiens, en se présentant aux autorités et en fournissant les informations utiles afin de faciliter l'instruction des demandes ;

4° Il a dissimulé ses ressources financières ;

5° Il a fourni des informations mensongères relatives à sa situation familiale ;

6° Il a présenté plusieurs demandes d'asile sous des identités différentes.

Un décret en Conseil d'État prévoit les sanctions applicables en cas de comportement violent ou de manquement grave au règlement du lieu d'hébergement.

La décision mettant fin aux conditions matérielles d'accueil prise en application du présent article est écrite et motivée. Elle prend en compte la vulnérabilité du demandeur. Elle est prise après que l'intéressé a été mis en mesure de présenter ses observations écrites selon des modalités définies par décret.

Lorsque la décision mettant fin aux conditions matérielles d'accueil a été prise en application des 1°, 2° ou 3° du présent article et que les raisons ayant conduit à cette décision ont cessé, le demandeur peut solliciter de l'Office français de l'immigration et de l'intégration le rétablissement des conditions matérielles d'accueil. L'office statue sur la demande en prenant notamment en compte la vulnérabilité du demandeur ainsi que, le cas échéant, les raisons pour lesquelles il n'a pas respecté les obligations auxquelles il avait consenti au moment de l'acception initiale des conditions matérielles d'accueil. — *[Anc. art. L. 744-7, ecqc le retrait ; anc. art. L. 744-8, ecqc le retrait.]*

1. La possibilité (l'obligation depuis la L. n° 2024-42 du 26 janv. 2024) de mettre fin, totalement ou partiellement, au bénéfice des conditions matérielles d'accueil lorsque le demandeur d'asile a fourni des informations mensongères relatives à sa situation familiale ou a présenté plusieurs demandes d'asile sous des identités différentes, prévue aux 5° et 6° de l'art. L. 551-16, correspond à l'hypothèse, prévue au pt 3 de l'art. 20 de la Dir. 2013/33/UE, dans laquelle un demandeur a indûment bénéficié de conditions matérielles d'accueil, cas dans lequel il peut être mis fin au bénéfice de la part indue. Par suite, le moyen tiré de ce que ces dispositions méconnaîtraient la Dir. 2013/33/UE en tant qu'elles consacrent de nouveaux cas dans lesquels les conditions matérielles d'accueil peuvent être supprimées ne peut qu'être écarté. • CE 24 févr. 2022, n° 450285 B : *AJDA 2022. 431*.

2. Le fait pour un demandeur d'asile de se maintenir dans un lieu d'hébergement pour demandeurs d'asile alors qu'il ne bénéficie plus des conditions matérielles d'accueil caractérise un manquement grave au règlement justifiant son expulsion, y compris si l'intéressé est en attente de la détermination de l'État responsable de l'examen de sa demande d'asile ou de son transfert effectif vers cet État. • CE 22 mars 2022, n° 450047 B : *AJDA 2022. 656*.

CHAPITRE II HÉBERGEMENT DES DEMANDEURS D'ASILE

BIBL. ▶ Dupont et Lefèvre, Rapport d'information sur l'orientation directive des demandeurs d'asile, *24 mai 2023, JOAN n° 2265*.

SECTION 1 Lieux d'hébergement

Fonctionnement des centres d'accueil. Le Conseil d'État a annulé le 1er al. de l'art. 9 de la convention-type contenue dans l'Ann. au Décr. n° 2011-861 du 20 juill. 2011 modifiant celui du 31 août 2007 relatif aux conventions conclues entre les centres d'accueil pour demandeurs d'asile et l'État et aux relations avec les usagers. En effet, ce texte prévoit que les centres d'accueil pour les demandeurs d'asile doivent disposer d'un effectif déterminé à raison d'un équivalent temps plein pour 10 à 15 personnes accueillies et composé pour plus de la moitié de travailleurs sociaux attestant des qualifications professionnelles requises ; de telles prescriptions sont au nombre des conditions techniques minimales d'organisation et de fonctionnement qui ne peuvent être fixées qu'après avis de la section sociale du Comité national de l'organisation sanitaire et sociale. Le défaut de la consultation, obligatoire en l'espèce, de la section sociale du Comité national de l'organisation sanitaire et sociale ne peut être regardé, eu égard à la nature de la décision en cause et aux attributions de la section sociale de ce comité, comme ayant été dépourvu d'influence sur le sens des dispositions du 1er al. de l'art. 9 de la convention-type. • CE 22 juin 2012, *La Cimade et GISTI*, n° 352904 B : *AJDA 2012. 1256*.

Art. L. 552-1 Sont des lieux d'hébergement pour demandeurs d'asile :

1° Les centres d'accueil pour demandeurs d'asile définis à l'article L. 348-1 du code de l'action sociale et des familles ;

2° Toute structure bénéficiant de financements du ministère chargé de l'asile pour l'accueil de demandeurs d'asile et soumise à déclaration, au sens de l'article L. 322-1 du même code. — *[Anc. art. L. 744-3, al. 2 à 4.]*

Code de l'action sociale et des familles

Centres d'accueil pour demandeurs d'asile

Art. L. 348-1 *(L. n° 2015-925 du 29 juill. 2015, art. 24-9°)* Les personnes dont la demande d'asile a été enregistrée conformément *(Ord. n° 2020-1733 du 16 déc. 2020, art. 4)* « au chapitre I du titre II du livre V *[ancienne rédaction : à l'article L. 741-1]* » du code de l'entrée et du séjour des étrangers et du droit d'asile peuvent bénéficier d'un hébergement en centre d'accueil pour demandeurs d'asile, à l'exception des personnes dont la demande d'asile relève d'un autre État, au sens de l'article *(Ord. n° 2020-1733 du 16 déc. 2020, art. 4-7°, en vigueur le 1er mai 2021)* « L. 571-1 *[ancienne rédaction : à l'article L. 742-1]* » du même code. — *L'art. L. 348-1, dans sa rédaction résultant de la L. n° 2015-925 du 29 juill. 2015, s'applique aux demandeurs d'asile dont la demande a été enregistrée à compter du 1er nov. 2015. Les dispositions préc. sont applicables à Saint-Barthélemy et à Saint-Martin (L. préc., art. 35-V et VIII ; Décr. n° 2015-1166 du 21 sept. 2015, art. 29 et 30-II).*

Art. L. 348-2 *(L. n° 2015-925 du 29 juill. 2015, art. 24-10°)* « I. — Les centres d'accueil pour demandeurs d'asile ont pour mission d'assurer l'accueil, l'hébergement ainsi que l'accompagnement social et administratif des personnes dont la demande d'asile a été enregistrée, pendant la durée d'instruction de cette demande. » — *L'art. L. 348-2, dans sa rédaction résultant de la L. n° 2015-925 du 29 juill. 2015, s'applique aux demandeurs d'asile dont la demande a été enregistrée à compter du 1er nov. 2015. Les dispositions préc. sont applicables à Saint-Barthélemy et à Saint-Martin (L. préc., art. 35-V et VIII ; Décr. n° 2015-1166 du 21 sept. 2015, art. 29 et 30-II).*

Cette mission prend fin à l'expiration du délai de recours contre la décision de l'Office français de protection des réfugiés et apatrides ou à la date de la notification de la décision de la *(L. n° 2007-1631 du 20 nov. 2007)* « Cour nationale du droit d'asile ».

Un décret en Conseil d'État détermine les conditions dans lesquelles les personnes s'étant vu reconnaître la qualité de réfugié ou accorder le bénéfice de la protection subsidiaire et les personnes ayant fait l'objet d'une décision de rejet définitive peuvent être maintenues dans un centre d'accueil pour demandeurs d'asile à titre exceptionnel et temporaire.

II. — Les conditions de fonctionnement et de financement des centres d'accueil pour demandeurs d'asile sont fixées par décret en Conseil d'État. Ce décret précise notamment les modalités selon lesquelles les personnes accueillies participent à proportion de leurs ressources à leurs frais d'hébergement, de restauration et d'entretien.

Art. L. 348-3 *Abrogé par L. n° 2015-925 du 29 juill. 2015, art. 24-11°.*

Art. L. 348-4 *(L. n° 2015-925 du 29 juill. 2015, art. 24-12°)* « L'État conclut une convention avec le centre d'accueil pour demandeurs d'asile ou un contrat pluriannuel d'objectifs et de moyens avec la personne morale gestionnaire de ce centre. » — *L'art. L. 348-4, dans sa rédaction résultant de la L. n° 2015-925 du 29 juill. 2015, s'applique aux demandeurs d'asile dont la demande a été enregistrée à compter du 1er nov. 2015. Les dispositions préc. sont applicables à Saint-Barthélemy et à Saint-Martin (L. préc., art. 35-V et VIII ; Décr. n° 2015-1166 du 21 sept. 2015, art. 29 et 30-II).*

Cette convention doit être conforme à une convention type dont les stipulations sont déterminées par décret et qui prévoient notamment les objectifs, les moyens, les activités et les modalités de contrôle d'un centre d'accueil pour demandeurs d'asile. — *V. Décr. n° 2015-1898 du 30 déc. 2015 et la convention type en annexe, infra.*

....

Art. R. 348-1 à R. 348-4 *Abrogés par Décr. n° 2015-1166 du 21 sept. 2015, art. 25 et 31, à compter du 1er nov. 2015.*

Art. R. 348-5 *(Décr. n° 2007-399 du 23 mars 2007)* Sans préjudice des dispositions prévues aux articles R. 314-1 à R. 314-110, le gestionnaire du centre d'accueil pour demandeurs d'asile communique aux autorités de tarification mentionnées à l'article L. 314-1 les informations requises en vue de la mise en place d'un système de contrôle de gestion. Il est destinataire des informations relatives à son établissement dans le cadre de la mise en œuvre de ce contrôle de gestion.

Art. D. 348-6 *(Décr. n° 2007-1300 du 31 août 2007)* I. — Sans préjudice de l'application des dispositions prévues par l'article L. 313-8-1, la convention prévue par l'article L. 348-4 précise la nature et les conditions de mise en œuvre des missions assurées par le centre d'accueil pour demandeurs d'asile en application du I de l'article L. 348-2. A ce titre, elle mentionne obligatoirement :

— les capacités d'accueil de l'établissement ;

— les modalités d'admission ;

— les conditions et durées de séjour ;

— l'activité de l'établissement, les objectifs poursuivis et les moyens mis en œuvre ;

— les échanges d'informations entre le gestionnaire de l'établissement et les services de l'État ;

— les modalités de financement de l'établissement et de son contrôle, les modalités d'évaluation de son action ;

— la durée d'application de la convention et les modalités du suivi de sa mise en œuvre ;

— les conditions, les délais et les formes dans lesquelles la convention peut être renouvelée ou dénoncée.

II. — La convention type prévue par l'article L. 384-4 *[L. 348-4]* du code de l'action sociale et des familles est annexée au *(Décr. n° 2015-1898 du 30 déc. 2015, art. 2)* « décret n° 2015-1898 du 30 décembre 2015 » relatif aux conventions conclues entre les centres d'accueil pour demandeurs d'asile et l'État et aux relations avec les usagers, modifiant le code de l'action sociale et des familles. — *V. Décr. n° 2015-1898 du 30 déc. 2015, infra.*

Art. R. 348-6-1 *(Décr. n° 2010-344 du 31 mars 2010, art. 263)* Lorsqu'un contrat pluriannuel d'objectifs et de moyens est conclu en application de l'article L. 313-12-2 par un organisme gestionnaire d'un centre d'accueil pour demandeurs d'asile, ce contrat emporte les effets de la convention prévue à l'article L. 348-4 s'il comporte les mentions prévues par les dispositions réglementaires définissant le contenu d'une telle convention.

Centres provisoires d'hébergement

Art. R. 349-1 *(Décr. n° 2016-253 du 2 mars 2016, art. 1er)* Les centres provisoires d'hébergement accueillent, sur décision de l'Office français de l'immigration et de l'intégration, les réfugiés et les bénéficiaires de la protection subsidiaire pour une période de neuf mois. Après évaluation de la situation de la personne ou de celle de sa famille, cette période peut être prolongée, par période de trois mois, par l'Office français de l'immigration et de l'intégration.

Les centres transmettent sans délai au préfet de département la demande d'admission à l'aide sociale signée et datée par l'intéressé, ainsi que les pièces justificatives.

Art. R. 349-2 *(Décr. n° 2016-253 du 2 mars 2016, art. 1er)* I. — Les centres provisoires d'hébergement concluent la convention de coopération prévue à l'article L. 349-2 avec les acteurs de l'intégration présents dans le département, notamment *(Décr. n° 2024-606 du 26 juin 2024, art. 9 et 21, en vigueur le 1er juill. 2024)* « l'opérateur France Travail », la caisse d'allocations familiales et la caisse primaire d'assurance maladie.

II. — La convention mentionnée au I rappelle que les centres ont pour mission en tant que coordinateurs départementaux des actions d'intégration des étrangers :

1° D'organiser des actions d'information et de sensibilisation sur les droits et le statut des réfugiés et des bénéficiaires de la protection subsidiaire auprès des acteurs institutionnels et associatifs locaux œuvrant dans le domaine de l'intégration et de l'insertion ;

2° De favoriser un accès rapide à la formation linguistique prévue *(Décr. n° 2020-1734 du 16 déc. 2020, art. 4-5°, en vigueur le 1er mai 2021)* « à l'article R. 413-8 *[ancienne rédaction : au deuxième alinéa de l'article R. 311-21]* » du code de l'entrée et du séjour des étrangers et du droit d'asile.

III. — La convention mentionnée au I a pour objet :

1° De définir le rôle de chacun des acteurs dans le parcours d'intégration des réfugiés et bénéficiaires de la protection subsidiaire ;

2° D'organiser des rencontres régulières entre les acteurs ;

3° D'encadrer la mission de conseil des centres auprès des signataires ;

4° De prévoir que les centres puissent ponctuellement assurer un accompagnement administratif et social en faveur des réfugiés ou des bénéficiaires de la protection subsidiaire qui n'y résident pas.

Art. R. 349-3 *(Décr. n° 2016-253 du 2 mars 2016, art. 1er)* Le montant de la participation aux frais d'hébergement, de restauration et d'entretien à la charge des personnes accueillies dans un centre provisoire d'hébergement est fixé par le préfet de région sur la base du barème prévu par l'article R. 345-7. La décision est notifiée à l'intéressé par le directeur du centre.

Art. D. 349-4 *(Décr. n° 2016-253 du 2 mars 2016, art. 1er)* I. — La convention prévue par l'article L. 349-4 comprend les mentions définis à l'article L. 313-8-1 et se substitue à celle prévue à l'article L. 345-3. Elle précise en outre :

1° Les capacités d'accueil du centre ;

2° Les modalités d'admission ;

3° Les conditions et durées de séjour ;

4° L'activité du centre, les objectifs poursuivis, les moyens mis en œuvre et les modalités d'évaluation de son action ;

5° Les échanges d'informations entre le gestionnaire du centre et l'Office français de l'immigration et de l'intégration ;

6° Les modalités de financement du centre et de son contrôle ;

7° La durée d'application de la convention et les modalités du suivi de sa mise en œuvre.

II. — La convention type prévue par l'article L. 349-4 est annexée au décret n° 2016-253 du 2 mars 2016 relatif aux centres provisoires d'hébergement des réfugiés et des bénéficiaires de la protection subsidiaire.

Décret n° 2015-1898 du 30 décembre 2015,

Relatif aux conventions conclues entre les centres d'accueil pour demandeurs d'asile et l'État et aux relations avec les usagers, modifiant le code de l'action sociale et des familles.

Art. 1er La convention type prévue par l'article L. 348-4 du code de l'action sociale et des familles est annexée au présent décret.

....

ANNEXE

CONVENTION TYPE RELATIVE AU FONCTIONNEMENT DU CENTRE D'ACCUEIL POUR DEMANDEURS D'ASILE DE

Entre :

L'État, représenté par le préfet de ....

Et .... (nom de l'organisme)

Vu la convention de Genève du 28 juillet 1951 et le protocole de New York du 31 janvier 1967 relatifs au statut des réfugiés ;

Vu le code de l'action sociale et des familles ;

Vu le code de l'entrée et du séjour des étrangers et du droit d'asile ;

Il est convenu ce qui suit :

Art. 1er *Missions.*

L'organisme s'engage à faire fonctionner un centre d'accueil pour demandeurs d'asile (CADA), selon les règles retenues dans le cahier des charges ci-annexé.

Cet établissement, spécialisé dans l'accueil et l'accompagnement des demandeurs d'asile, a vocation à :

1. Accueillir et héberger des demandeurs d'asile dont la demande est en cours d'instruction et détenteurs de l'attestation de demandeur d'asile mentionnée à l'article L. 741-1 du code de l'entrée et du séjour des étrangers et du droit d'asile (CESEDA) ;
2. Assurer l'accompagnement social et administratif des demandeurs d'asile hébergés ;
3. Évaluer la vulnérabilité du demandeur d'asile tout au long du séjour dans le centre ;
4. Délivrer une attestation au demandeur d'asile et assurer la mission de domiciliation ;
5. Préparer et organiser la sortie du centre des demandeurs d'asile qui ont fait l'objet d'une décision définitive de l'Office français de protection des réfugiés et apatrides (OFPRA) ou de la Cour nationale du droit d'asile (CNDA) ;
6. Informer les demandeurs d'asile sur les dispositifs et modalités d'aide au retour volontaire dans leur pays d'origine proposés par la direction territoriale de l'Office français de l'immigration et de l'intégration (OFII) de dès leur entrée dans le centre et pendant toute la durée du séjour, aux diverses étapes de la procédure de demande d'asile, notamment :

— lors de la notification d'une décision de rejet de l'OFPRA, que celle-ci fasse ou non l'objet d'un recours ;

— lors de la notification d'une décision de rejet de la CNDA.

Art. 2 *Objectifs assignés au centre.*

1° Organiser des conditions satisfaisantes de prise en charge de l'hébergement et de l'accompagnement social du demandeur d'asile et de sa famille pendant la période d'instruction de sa demande, selon les modalités prévues par un cahier des charges fixé par arrêté ;

2° Mettre en œuvre des moyens adaptés d'aide et d'accompagnement administratif du demandeur d'asile, s'agissant notamment de la procédure de demande d'asile devant l'OFPRA ;

3° Informer sur le recours devant la CNDA et permettre l'accès à l'aide juridictionnelle ;

4° Préparer et organiser la sortie des personnes hébergées dont la demande a fait l'objet d'une décision définitive ;

5° Informer systématiquement le demandeur d'asile sur les dispositifs et modalités d'aide au retour volontaire dans son pays d'origine proposés par la direction territoriale de l'OFII.

Art. 3 *Capacité d'accueil et caractéristiques de la prise en charge.*

Le gestionnaire de l'établissement s'engage à accueillir personnes, conformément à la capacité autorisée par arrêté préfectoral en date du et à faire signer aux personnes hébergées un contrat individuel de séjour pris sur le modèle du contrat type fixé par arrêté.

La cohabitation de plusieurs personnes isolées ou ménages, impliquant le partage des pièces de vie, doit être organisée lorsque la structure des logements n'est pas adaptée à l'accueil de personnes ou ménages seuls.

Les caractéristiques du centre d'accueil sont détaillées comme suit : (description du centre).

Art. 4 *Modalités d'admission et séjour.*

La décision d'admission du demandeur d'asile dans le CADA est prise par l'OFII, qui recueille l'avis du directeur du centre en application des dispositions de l'article L. 744-3 du CESEDA. Les personnes accueillies et leurs familles sont demandeurs d'asile au sens de l'article L. 741-1 du CESEDA ; elles doivent être en possession d'une attestation de demande d'asile.

Dans le respect des dispositions de l'article L. 311-9 du code de l'action sociale et des familles (CASF), le CADA doit rechercher une solution évitant la séparation des membres de la famille nucléaire (enfants, parents ou conjoints) des personnes déjà admises à séjourner au CADA. Les enfants mineurs de personnes hébergées en CADA sont autorisés à rejoindre leur famille. Les autres membres (conjoints ou enfants majeurs à charge de personnes hébergées en CADA) sont autorisés à rejoindre leur famille à condition d'être en possession d'une attestation de demande d'asile.

Le demandeur d'asile est admis à séjourner dans le CADA pendant la durée de la procédure d'instruction de sa demande d'asile. Il signe le contrat individuel de séjour qui précise les conditions et modalités de sa prise en charge dans le centre conformément aux dispositions de l'article R. 744-6 du CESEDA.

Art. 5 *Sortie du CADA.*

1. L'exclusion d'un demandeur d'asile peut être prononcée par le directeur du centre pour les motifs suivants :

— non-respect du règlement de fonctionnement ;

— actes de violence à l'encontre des autres résidents ou de l'équipe du centre ;

— comportements délictueux et infraction à la législation française entraînant des poursuites judiciaires ;

— fausses déclarations concernant son identité ou sa situation personnelle ;

— refus de transfert dans un autre centre ;

— refus par une personne ayant obtenu le statut de réfugié ou le bénéfice de la protection subsidiaire d'une proposition d'hébergement ou de logement.

2. Sortie du centre à l'issue la procédure d'asile.

Le gestionnaire du centre est informé par l'OFII de l'intervention d'une décision définitive sur la demande d'asile d'une personne hébergée dans le centre et de la décision de sortie du centre de cette personne. Pour chacune de ces décisions est précisée la date à laquelle elles ont été notifiées au demandeur. Dès que cette information été réalisée auprès du gestionnaire, ce dernier communique à la personne concernée la fin de sa prise en charge à compter de la date mentionnée dans la décision de sortie.

La personne peut toutefois être maintenue dans le centre, à titre exceptionnel et temporaire, dans les conditions suivantes :

— la personne hébergée ayant obtenu le statut de réfugié ou le bénéfice de la protection subsidiaire peut, si elle en fait la demande, être maintenue dans le centre pour préparer la sortie, dans la limite d'une durée de trois mois à compter de la date de notification de la décision définitive. Durant ce délai, l'intéressé prépare les modalités de sa sortie du centre. Le gestionnaire de CADA, en lien avec le préfet et les services compétents, met tout en œuvre pour favoriser son accession à l'autonomie. A cet effet, il facilite son accès le plus rapidement possible à ses droits civils et sociaux et l'aide à trouver une solution de logement ou d'hébergement adaptée à sa situation. Le gestionnaire est invité à contractualiser cette phase au moyen d'un avenant au contrat de séjour précisant les conditions de préparation en commun de cette sortie de CADA.

A titre exceptionnel, ce délai de séjour complémentaire peut être prolongé pour une durée maximale de trois mois supplémentaires, avec l'accord de l'OFII.

Un ménage composé d'un bénéficiaire d'une protection internationale (adulte ou mineur accompagnant) et d'un demandeur d'asile ou d'une personne déboutée de sa demande d'asile bénéficie du délai de sortie accordé aux bénéficiaires d'une protection internationale, c'est-à-dire un délai de trois mois renouvelable une fois avec l'accord de l'OFII. Ce délai de maintien court à partir de la date de notification de l'admission au bénéfice de la protection internationale.

Un ménage composé d'un demandeur d'asile et d'une personne dont la demande d'asile a été rejetée peut se maintenir en CADA tant qu'il n'est pas statué définitivement sur la demande d'asile en cours de procédure. Toutefois, lorsqu'une demande d'asile est introduite tardivement, manifestement pour retarder la sortie du ménage du CADA, l'OFII peut prendre une décision de fin de prise en charge, sur le fondement du 3° de l'article L. 744-8 du CESEDA.

— la personne hébergée déboutée de sa demande d'asile peut, si elle en fait la demande, être maintenue dans le centre pour une durée maximale d'un mois à compter de la date de notification de la décision définitive la concernant. Durant cette période, l'intéressé prépare les modalités de sa sortie du centre. Le gestionnaire lui délivre toutes les informations nécessaires à la mise en œuvre d'un projet d'aide au retour volontaire. Toutefois, la personne qui a sollicité auprès de l'OFII le bénéfice de l'aide au retour dans son pays d'origine, dans le délai de quinze jours à compter de la notification de la décision défavorable la concernant, peut, à titre exceptionnel, être maintenue dans le centre jusqu'à la notification de la décision de sortie prise par l'OFII.

Le même délai de sortie s'applique, le cas échéant, aux personnes sollicitant un réexamen de leur demande d'asile auprès de l'OFPRA. Toutefois, dans l'hypothèse où l'office considère la demande de réexamen recevable et le notifie à l'intéressé dans ce délai, l'OFII peut prendre une décision de maintien dans le lieu d'hébergement.

Le gestionnaire est invité à contractualiser cette phase au moyen d'un avenant au contrat de séjour précisant les conditions de préparation en commun de cette sortie de CADA.

Conformément aux dispositions de l'article L. 744-3 du CESEDA, les décisions de sortie d'un CADA sont prises par l'OFII, après consultation du directeur du centre. Le directeur du centre informe l'OFII des modalités envisagées pour la mise en œuvre de la décision de sortie du centre.

En cas de difficulté, le gestionnaire ou l'OFII peut solliciter le concours du préfet de département du lieu d'implantation de son centre, qui met en demeure l'intéressé de quitter les lieux dans les cas mentionnés au II de l'article R. 744-12 du CESEDA. En application de ces dispositions, si la mise en demeure est infructueuse, le préfet saisit le président du tribunal administratif sur le fondement de l'article L. 521-3 du code de justice administrative afin d'enjoindre à l'occupant en présence indue de quitter les lieux.

Art. 6 *Participation aux frais de prise en charge.*

En application des articles L. 348-2 II du code de l'action sociale et des familles (CASF) et R. 744-10 du CESEDA, toute personne hébergée en CADA dont le niveau de ressources mensuelles est égal ou supérieur au montant du revenu de solidarité active défini à l'article L. 262-2 du CASF acquitte une participation financière à ses frais d'hébergement et d'entretien. Le montant de cette participation est fixé par le préfet du département sur la base d'un barème établi par arrêté des ministres chargés des affaires sociales, de l'asile et du budget *[Arr. du 26 déc. 2016, JO 31 déc.]*. L'intéressé acquitte sa contribution à l'établissement, qui lui délivre un récépissé.

Cette participation financière constitue un produit inscrit à la section d'exploitation du centre et vient en déduction du montant de la dotation globale de financement. Au cas par cas et avec l'accord de l'autorité de tarification, cette contribution peut être utilisée en tout ou partie pour aider les personnes hébergées qui sont dans l'attente du premier versement de l'allocation pour demandeur d'asile.

Art. 7 *Prestations offertes par le CADA.*

Le gestionnaire du centre s'engage à fournir à la personne accueillie les prestations suivantes :

— l'accueil et l'hébergement ;

— l'accompagnement social et administratif ;

— la mission de domiciliation et la délivrance de l'attestation afférente ;

— l'aide à la scolarisation des enfants, et la mise en relation avec les services publics locaux et les activités de loisir ou de bénévolat offertes sur le territoire ;

— l'accompagnement de la sortie du centre.

Art. 8 *Suivi des personnes accueillies et échange d'information.*

1. Suivi des personnes accueillies.

Le gestionnaire est tenu de conserver l'ensemble des dossiers de suivi et d'accompagnement des personnes accueillies dans le centre (à l'exception des dossiers médicaux et des éléments relatifs au contenu de la demande d'asile), pendant deux années civiles après leur sortie.

Il tient un registre coté et paraphé comportant l'état civil des personnes hébergées, avec indication de leurs dates d'entrée et de sortie.

2. Echanges d'informations.

En application de l'article L. 744-4 du CESEDA, le gestionnaire de l'établissement s'engage à renseigner en temps réel le système d'information administré par l'OFII, appelé DN@, mis gracieusement à sa disposition. Ce système vise à offrir une connaissance précise et actualisée du dispositif national d'accueil (DNA) afin d'en permettre un meilleur pilotage.

Le gestionnaire s'engage à informer l'OFII des vulnérabilités éventuellement détectées lors du séjour dans le centre.

Par ailleurs, le directeur du centre doit informer l'OFII dès qu'un demandeur d'asile a abandonné son lieu d'hébergement au sens de l'article R. 744-9 du CESEDA. Dans cette hypothèse, l'OFII peut, en application de l'article L. 744-8 du CESEDA, décider de suspendre le bénéfice des conditions matérielles d'accueil. Le demandeur d'asile ayant abandonné son hébergement ne peut l'occuper à nouveau. Ce n'est qu'après avoir pris une décision mettant fin à la suspension que l'OFII peut prendre une décision d'admission dans un lieu d'hébergement en application de l'article L. 744-3 du CESEDA.

Enfin, le gestionnaire de l'établissement s'engage à répondre dans les meilleurs délais aux questionnaires qui lui seraient adressés par l'OFII ou l'État (administration centrale ou services déconcentrés), dans le cadre d'enquêtes ponctuelles.

Art. 9 *Moyens en personnel.*

Pour permettre la mise en œuvre de ses missions, l'établissement dispose de l'effectif en personnels défini selon des modalités précisées par le cahier des charges susmentionné. Celui-ci est exprimé en ETPT (1 ETPT pour un minimum de 15 personnes accueillies, sauf situations dérogatoires prévues par le cahier des charges) dont 50 % au moins sont des travailleurs sociaux attestant des qualifications professionnelles requises.

Conformément aux dispositions de l'article R. 314-19 du CASF, le tableau des effectifs du personnel, annexé aux propositions budgétaires, fait apparaître pour l'année considérée le nombre prévisionnel des emplois par grade ou qualification. Les suppressions, transformations et créations d'emploi font l'objet d'une présentation distincte.

Le recrutement et la gestion du personnel sont soumis, le cas échéant, aux stipulations de la convention collective du ou de l'accord d'entreprise.

Art. 10 *Financement, service fait.*

Les dispositions financières applicables sont celles prévues par les articles R. 314-1 à R. 314-64 et R. 314-80 à R. 314-208 du CASF.

Le gestionnaire s'engage à adopter le cadre budgétaire normalisé annexé à l'arrêté du 22 octobre 2003 relatif au cadre budgétaire des établissements sociaux et médico-sociaux.

La dotation globale de financement versée par l'État tient compte des publics accueillis et des conditions de leur prise en charge telles qu'elles résultent de la présente convention. Elle est définie dans des conditions précisées aux articles R. 314-106 à R. 314-110 et R. 314-150 à R. 314-157 du CASF.

Art. 11 *Contrôle.*

Le gestionnaire s'engage à se soumettre à tout contrôle technique, administratif et financier des services de l'État, conformément aux dispositions des articles R. 314-56 à R. 314-62 du CASF.

1. Contrôle administratif et financier.

Le gestionnaire s'engage à respecter les délais de présentation des documents budgétaires et comptables prévus à l'article R. 314-3 du CASF ainsi que les règles relatives au contrôle administratif et financier définies aux articles R. 314-56 à R. 314-62 du même code.

Contrôle de la gestion des personnels.

Le gestionnaire tient notamment à la disposition du préfet les dossiers des personnels du centre qui devront comporter tous justificatifs permettant de reconstituer leur carrière (diplômes, éventuelles attestations des employeurs précédents, fiche récapitulative des passages d'échelon, changements de grade, etc.).

1. *[2.]* Contrôle du respect par le gestionnaire de ses obligations s'agissant des publics susceptibles d'être accueillis.

Le gestionnaire s'engage à respecter les dispositions des articles L. 348-1 et L. 348-2 du CASF qui précisent la nature des missions des CADA et les publics accueillis.

Art. 12 *Évaluation des activités et de la qualité des prestations.*

Conformément à l'article L. 312-8 du CASF, le gestionnaire procède à des évaluations de ses activités et de la qualité des prestations de son CADA, au regard notamment de procédures, de références et de recommandations de bonnes pratiques professionnelles validées, ou en cas de carence, élaborées par l'Agence nationale de l'évaluation et de la qualité des établissements et services sociaux et médico-sociaux (ANESM).

Le gestionnaire rend compte au préfet chaque année de l'avancement de sa démarche d'évaluation interne dans le rapport d'activité prévu à l'article R. 314-50 du CASF, en application de l'article D. 312-203 du même code. Il communique au préfet, les résultats d'au moins une évaluation interne au plus tard trois ans avant la date du renouvellement de son autorisation.

En outre, le gestionnaire doit faire procéder à l'évaluation des activités de son CADA et de la qualité des prestations qu'il délivre par un organisme extérieur, habilité par l'ANESM. Au cours de la période d'autorisation, le gestionnaire de CADA fera procéder à deux évaluations externes, sauf dispositions particulières pour les centres autorisés avant la date de promulgation de la loi n° 2009-879 du 21 juillet 2009 portant réforme de l'hôpital et relative aux patients, à la santé et aux territoires, dite " HPST ". Le renouvellement, total ou partiel, de l'autorisation de quinze ans délivrée par le préfet est subordonné aux résultats de cette évaluation externe.

Dans le rapport d'activité, que le gestionnaire adresse conjointement au préfet et à l'OFII, figurent des éléments sur la meilleure utilisation des capacités d'hébergement, sur la recherche de solutions de sortie des centres et les partenariats mis en œuvre à cette fin (recherche de logement pour les réfugiés, proposition de l'aide au retour aux déboutés), ainsi que sur la qualité des prestations offertes aux personnes hébergées. Dans les rapports d'évaluation figurent notamment des éléments relatifs à l'impact des actions conduites au regard de leur utilité sociale ou de l'intérêt général.

La fluidité de la gestion de l'établissement est un élément essentiel (mais non exclusif) de cette évaluation : sont en particulier pris en compte le suivi et le signalement des places vacantes à l'OFII et la gestion des sorties dans le respect des dispositions des articles R. 744-9, R. 744-11 et R. 744-12 du CESEDA.

A cet égard, les indicateurs de pilotage doivent tendre vers les taux cibles suivants : un taux d'occupation d'au moins 97 %, un taux de présence indue des réfugiés et bénéficiaires de la protection subsidiaire inférieur à 3 %, et un taux de présence indue des personnes déboutées de leur demande d'asile inférieur à 4 %. Par ailleurs, il sera tenu compte de l'évolution des capacités d'accueil réelles du CADA en fonction des profils des demandeurs d'asile hébergés.

En cas de non-respect de ces objectifs, la procédure de minoration budgétaire prévue par l'article R. 314-52 du CASF pourra être mise en œuvre. Elle prévoit, en cas de mauvais fonctionnement du centre, se traduisant par un taux anormalement élevé de personnes déboutées de leur demande d'asile et de bénéficiaires d'une protection en présence indue, ou par un faible taux d'occupation du centre, et ce sur une durée anormalement longue, la possibilité de procéder à une minoration de la dotation globale de financement de l'année n + 2, correspondant au coût d'activités manifestement étrangères à la mission du CADA au cours de l'année n. Cette procédure peut être mise en œuvre après une phase contradictoire de discussion avec l'opérateur gestionnaire du centre.

Art. 13 *Durée et validité de la convention.*

La présente convention est conclue pour une durée de cinq ans à compter de sa signature. Elle pourra être modifiée, durant cette période, par avenant conclu par accord entre les deux parties, en cas notamment d'évolution substantielle des missions définies à l'article 1er ou des actions énumérées à l'article 7 de la présente convention.

Elle pourra, avant ce terme, être dénoncée par le gestionnaire du centre sous réserve d'un préavis de six mois notifié par lettre recommandée avec accusé de réception ou par l'État.

Six mois avant le terme quinquennal, les parties engageront les négociations, à l'initiative de l'organisme cocontractant, afin d'arrêter les conditions dans lesquelles une nouvelle convention peut être conclue.

Art. 14 *Cessation d'activité de l'établissement.*

Dans le cas d'un établissement géré par une association privée, le gestionnaire s'engage, dans le cadre de la présente convention, en cas de cessation d'activité du centre, à verser à un établissement public ou à un établissement privé poursuivant un but similaire, éventuellement à une collectivité publique, le fonds de roulement et les provisions non employées ainsi que la somme correspondant à la plus-value immobilière résultant des dépenses couvertes par la dotation globale.

L'évaluation de la plus-value est confiée au service des domaines.

L'organisme attributaire des sommes précitées est choisi par l'association gestionnaire, avec l'accord du préfet, ou, à défaut, désigné par le préfet.

Art. 15 *Contentieux.*

Les litiges survenant du fait de l'exécution de la présente convention seront portés devant le tribunal administratif de ....

Art. 16 *Dispositions finales.*

La présente convention est établie en deux exemplaires originaux. L'exemplaire conservé aux archives de l'administration seul fait foi.

Art. L. 552-2 Les lieux d'hébergement mentionnés à l'article L. 552-1 accueillent les demandeurs d'asile pendant la durée d'instruction de leur demande d'asile ou jusqu'à leur transfert effectif vers un autre État européen. – *[Anc. art. L. 744-5, al. 1er, 1re phr.]*

Si l'association de réinsertion sociale Service d'accueil et d'orientation de Nancy, association régie par la L. du 1er juill. 1901 qui a conclu avec l'État une convention pour l'accueil des demandeurs d'asile en application de l'art. L. 348-4 CASF et qui gère le dispositif d'hébergement qui a accueilli l'intéressé et sa famille, participe à l'exécution d'une mission de service public à caractère administratif, elle ne met en œuvre dans l'accomplissement de sa mission aucune prérogative de puissance publique. Dès lors, « l'action en répétition formée par M. A., qui tend au reversement d'une partie des sommes versées à l'association [...] relève de la compétence de la juridiction judiciaire ». • T. confl. 3 juill. 2017, n° 54092 B : *AJDA 2017. 1925*.

Art. L. 552-3 Sans préjudice de la participation financière demandée aux demandeurs d'asile en fonction de leurs ressources, les frais d'accueil et d'hébergement dans les lieux d'hébergement destinés aux demandeurs d'asile sont pris en charge par l'État. – *[Anc. art. L. 744-2, I, al. 3.]*

Art. L. 552-4 Les personnes morales qui assurent la gestion du lieu d'hébergement peuvent exiger le versement d'une caution, dans des conditions définies par arrêté. Le montant de la caution est restitué à la sortie du lieu d'hébergement, déduit le cas échéant des sommes dues par le bénéficiaire au titre de son hébergement. – *[Anc. art. L. 744-5, al. 2.]*

Art. L. 552-5 Les personnes morales chargées de la gestion des lieux d'hébergement mentionnés à l'article L. 552-1 sont tenues de déclarer à l'Office français de l'immigration et de l'intégration, dans le cadre du traitement automatisé de données, les places disponibles dans les lieux d'hébergement. Ces personnes morales sont tenues d'alerter l'autorité administrative compétente en cas d'absence injustifiée et prolongée des personnes qui y ont été orientées pour la durée de la procédure et en cas de comportement violent ou de manquement grave au règlement du lieu d'hébergement. – *[Anc. art. L. 744-4, al. 3.]*

Art. L. 552-6 Dans le cadre de sa mission d'accueil des demandeurs d'asile définie à l'article *(Ord. n° 2020-1733 du 16 déc. 2020, rect. JO du 27 févr. 2021)* « **L. 121-1** » du code du travail, l'Office français de l'immigration et de l'intégration coordonne la gestion de l'hébergement dans les lieux d'hébergement mentionnés à l'article L. 552-1.

A cette fin, il conçoit, met en œuvre et gère, dans les conditions prévues par le règlement (UE) 2016/679 du 27 avril 2016 relatif à la protection des personnes physiques à l'égard des traitements des données à caractère personnel et à la libre circulation de ces données et par la loi n° 78-17 du 6 janvier 1978 relative à l'informatique, aux fichiers et aux libertés, un traitement automatisé de données relatives aux capacités des lieux d'hébergement, à l'utilisation de ces capacités et aux personnes qui y sont accueillies. – *[Anc. art. L. 744-4, al. 1er et 2.]*

Art. L. 552-7 Le service intégré d'accueil et d'orientation mentionné à l'article L. 345-2 du code de l'action sociale et des familles communique mensuellement à l'Office français de l'immigration et de l'intégration la liste des personnes hébergées en application de l'article L. 345-2-2 du même code ayant présenté une demande d'asile ainsi que la liste des personnes auxquelles la qualité de réfugié a été reconnue ou qui ont obtenu le bénéfice de la protection subsidiaire.

Ces informations peuvent faire l'objet d'un traitement automatisé, dans les conditions fixées par le règlement (UE) 2016/679 du 27 avril 2016 relatif à la protection des personnes physiques à l'égard des traitements des données à caractère personnel et à la libre circulation de ces données et par la loi n° 78-17 du 6 janvier 1978 relative à l'informatique, aux fichiers et aux libertés.

Un décret en Conseil d'État fixe les modalités d'application du présent article. Ce décret est pris après avis de la Commission nationale de l'informatique et des libertés en tant qu'il précise la durée de conservation et les conditions de mise à jour des informations enregistrées, les catégories de personnes pouvant y accéder et les modalités d'habilitation de celles-ci, ainsi que, le cas échéant, les conditions dans lesquelles les personnes intéressées peuvent exercer leur droit d'accès. – *[Anc. art. L. 744-6, al. 6 et 7.]*

Le Conseil d'État a considéré que l'Instr. du 4 juill. 2019 prise par le ministre de la Cohésion des territoires et des Relations avec les collectivités territoriales et le ministre de l'Intérieur, qui oblige les services intégrés d'accueil et d'orientation (SIAO) à transmettre la liste des étrangers accueillis en hébergement d'urgence à l'OFII, est légale. Mais il affirme que les personnes interrogées peuvent refuser de répondre sans encourir de conséquences. • CE 6 nov. 2019, *Féd. des acteurs de la solidarité et a.*, n°s 434376 et 434377 B : *AJDA 2019. 2271*

SECTION 2 **Admission**

Art. L. 552-8 L'Office français de l'immigration et de l'intégration propose au demandeur d'asile un lieu d'hébergement.

Cette proposition tient compte des besoins, de la situation personnelle et familiale de chaque demandeur au regard de l'évaluation des besoins et de la vulnérabilité prévue au chapitre II du titre II, ainsi que des capacités d'hébergement disponibles et de la part des demandeurs d'asile accueillis dans chaque région. – *[Anc. art. L. 744-7, al. 2.]*

Art. L. 552-9 Les décisions d'admission dans un lieu d'hébergement pour demandeurs d'asile ainsi que les décisions de changement de lieu, sont prises par l'Office français de l'immigration et de l'intégration, après consultation du directeur du lieu d'hébergement, sur la base du schéma national d'accueil des demandeurs d'asile et, le cas échéant, du schéma régional prévus à l'article L. 551-2 et en tenant compte de la situation du demandeur. – *[Anc. art. L. 744-3, al. 1er, ecqc l'admission.]*

Le présent art. désigne l'OFII comme l'autorité compétente pour prendre les décisions relatives à l'admission dans un lieu d'hébergement pour demandeurs d'asile, à la sortie de ce lieu ou au changement de lieu d'hébergement ; la circulaire attaquée, en ce qu'elle prévoit, à son Ann. 3.2 relative au cahier des charges de l'hébergement d'urgence pour demandeurs d'asile, que les gestionnaires des centres pourront mettre fin, pour certains motifs, à la prise en charge des résidents ayant la qualité de demandeurs d'asile méconnaît les dispositions du présent art. • CE 11 avr. 2018, n° 417208.

Art. L. 552-10 Le préfet ou, à Paris, le préfet de police, peut s'opposer pour des motifs d'ordre public à la décision d'admission d'un demandeur d'asile dans un lieu d'hébergement. Dans ce cas, l'Office français de l'immigration et de l'intégration est tenu de prendre une nouvelle décision d'admission. L'office s'assure de la présence dans les lieux d'hébergement des personnes qui y ont été orientées pour la durée de la procédure. – *[Anc. art. L. 744-3, al. 6.]*

Art. L. 552-11 Sans préjudice de l'article L. 345-2-2 du code de l'action sociale et des familles, en cas de refus ou d'abandon de l'hébergement proposé en application du présent chapitre, le demandeur d'asile ne peut être hébergé dans un établissement mentionné au 8° du I de l'article L. 312-1 ou à l'article L. 322-1 du même code, ni bénéficier de l'application de l'article L. 300-1 du code de la construction et de l'habitation.

Un décret en Conseil d'État, pris après avis de la Commission nationale de l'informatique et des libertés, détermine les informations qui doivent être fournies par l'Office français de l'immigration et de l'intégration au service intégré d'accueil et d'orientation pour la mise en œuvre du présent article. – *[Anc. art. L. 744-7, al. 5.]*

Art. L. 552-12 Un étranger qui ne dispose pas d'un hébergement stable et qui manifeste le souhait de déposer une demande d'asile peut être admis dans un des lieux d'hébergement mentionnés au 2° de l'article L. 552-1 avant l'enregistrement de sa demande d'asile.

Les décisions d'admission et de sortie sont prises par l'Office français de l'immigration et de l'intégration en tenant compte de la situation personnelle et familiale de l'étranger. – *[Anc. art. L. 744-3, al. 8.]*

SECTION 3 Accompagnement

Art. L. 552-13 Les demandeurs d'asile accueillis dans les lieux d'hébergement mentionnés à l'article L. 552-1 bénéficient d'un accompagnement social et administratif.

Les normes minimales en matière d'accompagnement social et administratif dans ces lieux d'hébergement sont définies par décret en Conseil d'État. Ce décret vise à assurer une uniformisation progressive des conditions de prise en charge dans ces structures. – *[Anc. art. L. 744-3, al. 5 et 7.]*

L'art. R. 552-10 énumère les prestations en matière d'accompagnement administratif, juridique, sanitaire et social qui doivent être fournies aux demandeurs d'asile pendant leur séjour dans ces lieux, parmi lesquelles figure, au 3°, l'accompagnement du demandeur d'asile dans les démarches relatives à la présentation de sa demande et, le cas échéant, à la préparation du recours contre la décision prise, et, au 7°, la « mise en place d'activités sociales, bénévoles et récréatives ». Il ne résulte d'aucune disposition législative ni d'aucun principe que l'accompagnement du demandeur d'asile en matière juridique devrait concerner d'autres démarches que celles qui sont mentionnées au 3° de l'art. R. 552-10. En outre, l'accompagnement social qui doit être mis en œuvre en vertu du présent art. n'implique pas que soient proposées au demandeur des activités non bénévoles, c'est-à-dire rémunérées. • CE 27 nov. 2020, *La Cimade*, n° 428178 B : *AJDA 2020. 2344*.

SECTION 4 Sortie

Art. L. 552-14 **Les décisions de sortie d'un lieu d'hébergement pour demandeurs d'asile sont prises par l'Office français de l'immigration et de l'intégration, après consultation du directeur du lieu d'hébergement, sur la base du schéma national d'accueil des demandeurs d'asile et, le cas échéant, du schéma régional prévus à l'article L. 551-2 et en tenant compte de la situation du demandeur.** – *[Anc. art. L. 744-3, al. 1er, ecqc la sortie.]*

Art. L. 552-15 **Lorsqu'il est mis fin à l'hébergement dans les conditions prévues aux articles L. 551-11 à L. 551-14, l'autorité administrative compétente ou le gestionnaire du lieu d'hébergement peut demander en justice, après mise en demeure restée infructueuse, qu'il soit enjoint à cet occupant sans titre d'évacuer ce lieu.**

Le premier alinéa n'est pas applicable aux personnes qui se sont vues *[vu]* **reconnaître la qualité de réfugié ou qui ont obtenu le bénéfice de la protection subsidiaire. Il est en revanche applicable aux personnes qui** *(Abrogé par Ord. n° 2020-1733 du 16 déc. 2020, Rect. 24 avr. 2021)* **« *, s'étant vu reconnaître cette qualité ou ayant obtenu ce bénéfice,* » ont un comportement violent ou commettent des manquements graves au règlement du lieu d'hébergement.**

La demande est portée devant le président du tribunal administratif, qui statue sur le fondement de l'article L. 521-3 du code de justice administrative et dont l'ordonnance est immédiatement exécutoire. – *[Anc. art. L. 744-5, al. 4 à 6.]*

1. Saisi par le préfet d'une demande tendant à ce que soit ordonnée l'expulsion d'un lieu d'hébergement pour demandeurs d'asile d'un demandeur d'asile dont la demande a été définitivement rejetée, le juge des référés du tribunal administratif y fait droit dès lors que la demande d'expulsion ne se heurte à aucune contestation sérieuse et que la libération des lieux présente un caractère d'urgence et d'utilité. • CE 21 avr. 2017, *Min. Intérieur*, n° 405164 A : *AJDA 2017. 841 ; ibid. 1338, concl. Domino*. ♦ Les dispositions de l'art. L. 412-6 C. pr. civ. d'exécutions relatives à la trêve hivernale ne sont pas applicables, en l'absence de disposition législative expresse, à la procédure d'expulsion des personnes se maintenant dans un lieu d'hébergement pour demandeurs d'asile organisée par le présent art. • Même décision.

2. Le fait pour un demandeur d'asile de se maintenir dans un lieu d'hébergement pour demandeurs d'asile alors qu'il ne bénéficie plus des conditions matérielles d'accueil et que, en conséquence, il a été mis fin à son hébergement doit être regardé comme caractérisant un manquement grave au règlement du lieu d'hébergement justifiant l'expulsion du lieu d'hébergement. • CE 22 mars 2022, n° 450047 B : *AJDA 2022. 656*.

3. Des circonstances exceptionnelles peuvent faire obstacle à l'éviction en l'espèce, eu égard à la situation de vulnérabilité de l'intéressée et de son enfant à l'approche de l'hiver et en dépit du nombre de demandes d'hébergement de demandeurs d'asile insatisfaites dans le département, la mesure d'expulsion sollicitée par le préfet ne présentant pas, à la date à laquelle il s'est prononcé et en raison des circonstances exceptionnelles qu'il a relevées, un caractère d'urgence. • CE 21 avr. 2017, *Min. Intérieur*, n° 406065 : *préc. note 1*.

4. Alors même que la décision de retrait des conditions matérielles d'accueil n'a été précédée ni d'une mise en demeure, ni d'une injonction ordonnée par le juge des référés, le recours de l'intéressé est rejeté au motif que son comportement affectait de manière permanente la tranquillité des autres résidents. • CE 15 févr. 2019, n° 427803.

CHAPITRE III ALLOCATION POUR DEMANDEUR D'ASILE

Art. L. 553-1 **Le demandeur d'asile qui a accepté les conditions matérielles d'accueil proposées en application de l'article L. 551-9 bénéficie d'une allocation pour demandeur d'asile s'il satisfait à des conditions d'âge et de ressources. Le versement de cette allocation est ordonné par l'Office français de l'immigration et de l'intégration.** – *[Anc. art. L. 744-9, al. 1er.]*

Art. L. 553-2 **Un décret définit le barème de l'allocation pour demandeur d'asile, en prenant en compte les ressources de l'intéressé, son mode d'hébergement et, le cas échéant, les prestations offertes par son lieu d'hébergement. Ce barème prend en**

compte le nombre d'adultes et d'enfants composant la famille du demandeur d'asile et accompagnant celui-ci.

Ce décret précise, en outre, les modalités de versement de l'allocation pour demandeur d'asile.

Il peut prévoir une adaptation du montant de l'allocation pour demandeur d'asile et de ses modalités d'attribution, de calcul et de versement pour tenir compte de la situation particulière des départements et collectivités d'outre-mer. – *[Anc. art. L. 744-9, al. 5 à 7.]*

Art. L. 553-3 L'allocation pour demandeur d'asile est incessible et insaisissable. Pour son remboursement, en cas de versement indu, l'Office français de l'immigration et de l'intégration peut procéder à des retenues sur les échéances à venir dues à quelque titre que ce soit. Le montant des retenues ne peut dépasser un plafond, déterminé selon des modalités prévues par voie réglementaire, sauf en cas de remboursement intégral de la dette en un seul versement si le bénéficiaire opte pour cette solution.

Les blocages de comptes courants de dépôts ou d'avances ne peuvent avoir pour effet de faire obstacle à l'insaisissabilité de l'allocation.

L'étranger, présent sur le territoire français, peut introduire une action en paiement dans un délai de deux ans à compter de la date d'ouverture de ses droits. Ce délai est également applicable, à compter du paiement des prestations entre les mains du bénéficiaire, à l'action en recouvrement des prestations indûment payées, sauf en cas de fraude ou de fausse déclaration. – *[Anc. art. L. 744-8, al. 4 ; anc. art. L. 744-9, al. 3 et 4.]*

CHAPITRE IV CONDITIONS D'ACCÈS AU MARCHÉ DU TRAVAIL

Art. L. 554-1 L'accès au marché du travail peut être autorisé au demandeur d'asile lorsque l'Office français de protection des réfugiés et apatrides, pour des raisons qui ne sont pas imputables au demandeur, n'a pas statué sur la demande d'asile dans un délai de six mois à compter de l'introduction de la demande. – *[Anc. art. L. 744-11, al. 1er, 1re phr.]*

Le CE a annulé l'art. L. 554-1 en tant qu'il exclut l'accès au marché du travail des demandeurs d'asile faisant l'objet d'une décision de transfert en application du Règl. (UE) n° 604/2013 (CE 24 févr. 2022, décis. n° 450285).

1. Le § 1 de l'art. 15 de la Dir. 2013/33/UE prévoit que les États membres veillent à ce que les demandeurs aient accès au marché du travail dans un délai maximal de 9 mois à compter de la date d'introduction de la demande de protection internationale lorsque aucune décision en première instance n'a été rendue par l'autorité compétente et que le retard ne peut être imputé au demandeur. Telles qu'interprétées par l'arrêt de la CJUE du 14 janv. 2021, *K.S. et M.H.K., et R.A.T. et D.S.* (nos C-322/19 et C-385/19), ces dispositions s'opposent à une réglementation nationale qui exclut un demandeur de protection internationale de l'accès au marché du travail au seul motif qu'une décision de transfert a été prise à son égard, en application du Règl. (UE) n° 604/2013. Il suit de là que les associations requérantes sont fondées à soutenir que, en ce qu'elles conditionnent l'accès au marché du travail des demandeurs d'asile à l'introduction d'une demande devant l'OFPRA, qui ne peut être saisi par les demandeurs d'asile faisant l'objet d'une décision de transfert, les dispositions de l'art. L. 554-1 CESEDA sont incompatibles avec les objectifs de celle-ci. • CE 24 févr. 2022, n° 450285 B : *AJDA 2022. 431*.

2. Accès au marché du travail. Aucun principe général du droit ne dispense les demandeurs d'asile de la nécessité d'en obtenir préalablement l'autorisation. • CE 9 févr. 1994, *Assoc. avocats Elena-France*, n° 131958. ♦ Un demandeur d'asile définitivement débouté ne peut plus obtenir d'autorisation de travail. • CAA Lyon, 30 sept. 2008, *M. Abdelkader X.*, n° 07LY01948.

3. Le Conseil d'État a considéré que les dispositions du présent art. étaient conformes au droit de l'UE ; aucune disposition de la Dir. du 26 juin 2013 n'oblige les États membres à faire bénéficier les demandeurs de protection internationale, pour l'accès au placement et à l'accompagnement des demandeurs d'emploi, de dispositions différentes de celles applicables aux autres étrangers. • CE 15 juill. 2020, n° 428881.

Art. L. 554-2 Les modalités selon lesquelles le mineur non accompagné qui bénéficie des dispositions du deuxième alinéa de l'article L. 5221-5 du code du travail et qui dépose une demande d'asile est autorisé à poursuivre son contrat pendant la durée de traitement de la demande sont définies par décret en Conseil d'État. – *[Anc. art. L. 744-11, al. 1er, 2e phr.]*

Art. L. 554-3 **Le demandeur d'asile est soumis aux règles de droit commun applicables aux travailleurs étrangers pour la délivrance d'une autorisation de travail. Toutefois, l'autorité administrative dispose d'un délai d'instruction de deux mois à compter de la réception de la demande d'autorisation de travail pour s'assurer que l'embauche de l'étranger respecte les conditions de droit commun d'accès au marché du travail. A défaut de notification dans ce délai, l'autorisation est réputée acquise. Elle est applicable pendant la durée du droit au maintien sur le territoire français du demandeur d'asile.** – *[Anc. art. L. 744-11, al. 1er, 3e à 5e phr.]*

L'obligation pour les demandeurs d'asile, comme pour tous les travailleurs étrangers, d'obtenir une autorisation pour accéder au marché du travail français n'a pas pour effet de rendre le droit d'accès à ce marché ineffectif. Par suite, le moyen tiré de ce que les dispositions du présent art. méconnaîtraient l'objectif de la Dir. 2013/33/UE de rendre effectif l'accès du marché du travail aux demandeurs d'asile doit être écarté. • CE 24 févr. 2022, n° 450285 B : *AJDA 2022. 431*.

Art. L. 554-4 **Le demandeur d'asile qui accède au marché du travail, dans les conditions prévues au présent chapitre, bénéficie des actions de formation professionnelle continue prévues à l'article L. 6313-1 du code du travail.** – *[Anc. art. L. 744-11, al. 2.]*

CHAPITRE V PROCÉDURE CONTENTIEUSE

(L. n° 2024-42 du 26 janv. 2024, art. 72)

Art. L. 555-1 **Les décisions qui refusent, totalement ou partiellement, au demandeur d'asile le bénéfice des conditions matérielles d'accueil ou qui y mettent fin, totalement ou partiellement, peuvent être contestées devant le tribunal administratif selon la procédure prévue à l'article L. 921-1.**

Les dispositions du présent art. introduites par l'art. 72 de la L. n° 2024-42 du 26 janv. 2024 entrent en vigueur à une date fixée par Décr. en Conseil d'État, et au plus tard le 1er août 2024. Ces dispositions s'appliquent à la contestation des décisions prises à compter de leur entrée en vigueur (L. préc., art. 86-IV). Ces dispositions entrent en vigueur le 15 juill. 2024 (Décr. n° 2024-799 du 2 juill. 2024, art. 9-I).

COMMENTAIRE

L'article L. 921-1, dans sa rédaction issue de la loi n° 2024-42 du 26 janvier 2024, prévoit que le tribunal administratif peut être saisi dans le délai de sept jours à compter de la notification de la décision ; il statue en principe dans un délai de quinze jours à compter de l'introduction du recours ; ce délai est de 144 heures lorsque l'étranger demandeur est placé en rétention administrative. ❑

TITRE VI CONTENU ET FIN DE LA PROTECTION

Art. L. 560-1 **Conformément à l'article L. 240-1, les dispositions du présent titre sont applicables à l'étranger dont la situation est régie par le livre II.**

CHAPITRE I CONTENU DE LA PROTECTION

SECTION 1 Titre de séjour

Art. L. 561-1 **L'étranger qui a obtenu le statut de réfugié ou le bénéfice de la protection subsidiaire en application du présent livre se voit délivrer un titre de séjour dans les conditions et selon les modalités prévues au chapitre IV du titre II du livre IV.**

SECTION 2 Réunification familiale

COMMENTAIRE

La CJUE a indiqué que le droit de l'Union ne prévoit pas une protection sur le fondement de l'unité de famille, c'est-à-dire une extension, à titre dérivé, du statut de réfugié ou de bénéficiaire de la protection subsidiaire aux membres de la famille qui n'en remplissent pas individuellement les conditions d'octroi. Il exige seulement que les États membres leur offrent certains avantages, notamment sur le terrain des titres de séjour et de l'accès à l'emploi et à l'éducation pour maintenir l'unité familiale (CJUE 23 nov.

2023, nos C-614/22 et C-374/22 : *D. 2023. 1358* ; *ibid. 2024. 228, chron. Boskovic, Corneloup, Jault-Seseke, Joubert et Parrot*).

Prolongeant la jurisprudence ayant mis en œuvre le principe dit d'unité de famille (V. *supra*, notes ss. art. L. 511-2), la loi du 29 juillet 2015 a consacré un principe de réunification familiale au nom de l'intérêt supérieur de l'enfant ; il s'agit d'un aménagement de la procédure de regroupement familial dès lors que les bénéficiaires de la protection internationale pourront être rejoints sans condition tenant à une durée préalable de séjour régulier, de ressources ou de logement. Se verront ainsi attribuer la carte de séjour temporaire mention « vie privée et familiale » :

– le conjoint ou le partenaire d'union civil âgé d'au moins dix-huit ans si le mariage ou l'union est antérieur à l'introduction de la demande de protection ;

– le concubin d'au moins dix-huit ans avec qui le bénéficiaire partageait une vie commune « suffisamment stable et continue » avant l'introduction de la demande de protection ;

– les enfants non mariés âgés de moins de dix-neuf ans à la date d'introduction de la demande de réunification ;

– les ascendants directs au premier degré de l'étranger protégé accompagnés le cas échéant par leurs enfants mineurs non mariés dont ils ont la charge effective (s'il est mineur et non marié).

Aux termes de l'article L. 561-3, la réunification ne peut être refusée que si le demandeur ou le bénéficiaire ne se conforme pas aux principes essentiels qui, conformément aux lois de la République, régissent la vie familiale en France, pays d'accueil. Est exclu de la réunification familiale un membre de la famille dont la présence en France constituerait une menace pour l'ordre public ou lorsqu'il est établi qu'il est instigateur, auteur ou complice des persécutions et atteintes graves qui ont justifié l'octroi d'une protection au titre de l'asile.

Aux termes de l'article R. 561-1, la demande de réunification familiale est initiée par la demande de visa mentionnée à l'article L. 561-5 et est déposée auprès de l'autorité diplomatique ou consulaire dans la circonscription de laquelle résident les membres de la famille du réfugié ou du bénéficiaire de la protection subsidiaire.

Au vu des justificatifs d'identité et des preuves des liens familiaux des membres de la famille du réfugié ou du bénéficiaire de la protection subsidiaire, l'autorité diplomatique ou consulaire enregistre la demande de visa au réseau mondial des visas et délivre sans délai une attestation de dépôt de la demande. Lorsque l'autorité diplomatique ou consulaire estime nécessaire de procéder aux vérifications prévues à l'article L. 811-2, elle effectue ces vérifications dès le dépôt de la demande et en informe le demandeur (art. R. 561-2).

Dès l'enregistrement de la demande par l'autorité diplomatique ou consulaire, le ministre chargé de l'asile sollicite de l'Office français de protection des réfugiés et apatrides la certification de la situation de famille du réfugié ou du bénéficiaire de la protection subsidiaire ainsi que de son état civil. L'office transmet la certification de la situation de famille et de l'état civil dans les meilleurs délais au ministre chargé de l'asile qui en informe l'autorité diplomatique ou consulaire (art. R. 561-3). ❑

Art. L. 561-2 Sauf si sa présence constitue une menace pour l'ordre public, le ressortissant étranger qui s'est vu reconnaître la qualité de réfugié ou qui a obtenu le bénéfice de la protection subsidiaire peut demander à bénéficier de son droit à être rejoint, au titre de la réunification familiale :

1° Par son conjoint ou le partenaire avec lequel il est lié par une union civile, âgé d'au moins dix-huit ans, si le mariage ou l'union civile est antérieur à la date d'introduction de sa demande d'asile ;

2° Par son concubin, âgé d'au moins dix-huit ans, avec lequel il avait, avant la date d'introduction de sa demande d'asile, une vie commune suffisamment stable et continue ;

3° Par les enfants non mariés du couple, n'ayant pas dépassé leur dix-neuvième anniversaire.

Si le réfugié ou le bénéficiaire de la protection subsidiaire est un mineur non marié, il peut demander à bénéficier de son droit à être rejoint par ses ascendants directs au premier degré, accompagnés le cas échéant par leurs enfants mineurs non mariés dont ils ont la charge effective.

L'âge des enfants est apprécié à la date à laquelle la demande de réunification familiale a été introduite.

1. Dès lors que l'enfant d'un réfugié était encore mineur à la date où son parent a déposé sa demande d'asile et que celui-ci a sollicité le regroupement familial dans les trois mois suivant l'obtention de son statut, le fait que l'enfant ait atteint la majorité entre-temps est sans incidence sur sa qualité d'enfant mineur au sens du droit de l'UE. • CJUE 1er août 2022, *Bundesrepublik Deutschland c/ XC*, n° 279/20.

2. Selon la CEDH, les États membres disposent d'une large marge d'appréciation pour décider d'imposer ou non un délai d'attente pour le regroupement familial demandé par des personnes qui n'ont pas obtenu le statut de réfugié mais qui bénéficient d'une protection subsidiaire. • CEDH 9 juill. 2021, n° 6697/18. ♦ V. aussi • CEDH 20 oct. 2022, n° 22105/18. ♦ Même solution s'agissant du refus opposé à des des demandes de regroupement familial de réfugiés en raison de leur dépendance à l'aide sociale. • CEDH 4 juill. 2023, n° 13258/18 : *D. 2023. 1358 ; ibid. 2024. 228, chron. Boskovic, Corneloup, Jault-Seseke, Joubert et Parrot*.

3. Si la différence entre les mineurs bénéficiant de la qualité de réfugié selon que leurs parents résident ou non sur le territoire français et selon que leurs frères et sœurs mineurs demeurés à l'étranger accompagnent ou non leurs parents porte atteinte au principe d'égalité, une telle différence de traitement est justifiée par la différence de situation entre les mineurs réfugiés en France selon qu'ils sont ou non accompagnés de leurs parents, au regard de l'objet des dispositions contestées, qui est de leur permettre d'être rejoints par leurs parents demeurés à l'étranger tout en évitant que la mise en œuvre de ce droit n'implique que des enfants qui seraient dans l'impossibilité d'accompagner leurs parents sur le territoire national soient séparés de leur famille ; par suite, le grief tiré de ce que les dispositions contestées méconnaîtraient le principe d'égalité devant la loi ne présente pas de caractère sérieux. Les dispositions contestées, qui visent à permettre aux réfugiés d'être rejoints par certains membres de leur famille dans des conditions plus favorables que celles qui permettent aux étrangers séjournant régulièrement en France de solliciter le regroupement familial, ne portent aucune atteinte au droit à une vie familiale normale ni, en tout état de cause, à l'intérêt supérieur de l'enfant (refus de transmission de la QPC). • CE 21 avr. 2023, n° 471018.

Art. L. 561-3 **La réunification familiale est refusée :**

1° Au membre de la famille dont la présence en France constituerait une menace pour l'ordre public ou lorsqu'il est établi qu'il est instigateur, auteur ou complice des persécutions et atteintes graves qui ont justifié l'octroi d'une protection au titre de l'asile ;

2° Au demandeur ou au membre de la famille qui ne se conforme pas aux principes essentiels qui, conformément aux lois de la République, régissent la vie familiale en France, pays d'accueil.

Art. L. 561-4 **Les articles L. 434-1, L. 434-3 à L. 434-5 et le premier alinéa de l'article L. 434-9 sont applicables.**

La réunification familiale n'est pas soumise à des conditions de durée préalable de séjour régulier, de ressources ou de logement.

Le ressortissant étranger qui s'est vu reconnaître la qualité de réfugié ou a obtenu le bénéfice de la protection subsidiaire peut demander à bénéficier de son droit à être rejoint, au titre de la réunification familiale, par ses enfants non mariés, y compris par ceux qui sont issus d'une autre union, à la condition que ceux-ci n'aient pas dépassé leur dix-neuvième anniversaire à la date à laquelle la demande de réunification familiale a été présentée ; les demandes présentées pour les enfants issus d'une autre union doivent en outre satisfaire aux autres conditions prévues par les art. L. 434-3 ou L. 434-4, le respect de celles d'entre elles qui reposent sur l'existence de l'autorité parentale devant s'apprécier, le cas échéant, à la date à laquelle l'enfant était encore mineur. • CE 27 nov. 2023, n° 471525 B : *AJDA 2023. 2201 ; DP étrangers, Bull. n° 339, janv. 2024.*

Art. L. 561-5 **Les membres de la famille d'un réfugié ou d'un bénéficiaire de la protection subsidiaire sollicitent, pour entrer en France, un visa d'entrée pour un séjour d'une durée supérieure à trois mois auprès des autorités diplomatiques et consulaires, qui statuent sur cette demande dans les meilleurs délais. Ils produisent pour cela les actes de l'état civil justifiant de leur identité et des liens familiaux avec le réfugié ou le bénéficiaire de la protection subsidiaire.**

En l'absence d'acte de l'état civil ou en cas de doute sur leur authenticité, les éléments de possession d'état définis à l'article 311-1 du code civil et les documents éta-

blis ou authentifiés par l'Office français de protection des réfugiés et apatrides, sur le fondement de l'article L. 121-9 du présent code, peuvent permettre de justifier de la situation de famille et de l'identité des demandeurs. Les éléments de possession d'état font foi jusqu'à preuve du contraire. Les documents établis par l'office font foi jusqu'à inscription de faux.

1. La CNDA ne peut remettre en cause un lien de filiation en se fondant sur des incohérences dans les déclarations des intéressés si ceux-ci produisent un acte d'état civil dressé en France ; en cas de difficulté sérieuse, comme une fraude soupçonnée, il incombe à la CNDA de renvoyer cette question au juge judiciaire. • CE 26 janv. 2018, n° 408256.

2. L'administration ne peut écarter un jugement étranger de délégation de l'autorité parentale que si elle établit son caractère frauduleux, ce que sa délivrance postérieure à l'obtention du statut de réfugié par le père mentionné dans le jugement et même postérieure au recours ne suffit pas à établir. • CAA Nantes, 28 nov. 2023, n° 22NT01489 : *AJ fam. 2024. 95* ; *D. 2024. 228, chron. Boskovic, Corneloup, Jault-Seseke, Joubert et Parrot*.

3. La filiation des enfants peut être établie par tout moyen, notamment la production de certificats de baptême, d'attestations émanant du HCR, des récépissés de transfert d'argent, des captures d'écran de messagerie instantanée permettant d'établir l'existence d'une situation de possession d'état. • CAA Nantes, 18 oct. 2019, n° 18NT04068 : *AJDA 2020. 745, concl. Sacher*.

4. Si aucun délai n'est fixé par les textes, « le droit pour les réfugiés et titulaires de la protection subsidiaire de faire venir auprès d'eux leur conjoint et leurs enfants âgés de moins de dix-neuf ans implique que ceux-ci puissent solliciter et, sous réserve de motifs d'ordre public et à condition que leur lien de parenté soit établi, obtenir un visa d'entrée et de long séjour en France. Eu égard aux conséquences qu'emporte la délivrance d'un visa tant sur la situation du réfugié ou bénéficiaire de la protection subsidiaire que sur celle de son conjoint et ses enfants demeurés à l'étranger, notamment sur leur droit de mener une vie familiale normale, il incombe à l'autorité consulaire saisie d'une demande de visa au titre de la réunification familiale, accompagnée des justificatifs d'identité et des preuves des liens familiaux des membres de la famille du réfugié ou du bénéficiaire de la protection subsidiaire, de convoquer ces personnes afin de procéder, notamment, aux relevés de leurs empreintes digitales, puis à l'enregistrement de leurs demandes dans un délai raisonnable. Il incombe par conséquent aux autorités compétentes de prendre les mesures nécessaires pour permettre aux membres des familles de réfugiés ou de bénéficiaires de la protection subsidiaire en France de faire enregistrer leurs demandes de visa dans un délai raisonnable ». • CE 9 juin 2022, n° 455754 A : *AJDA 2022. 1191* ; *ibid. 2468, chron. Janicot et Wadjinny-Green*.

5. Lorsque l'autorité consulaire, saisie d'une demande de visa pour réunification familiale, s'abstient de convoquer le demandeur pendant deux mois, naît une décision implicite de refus de convoquer, dont il peut être demandé l'annulation et, le cas échéant, la suspension de l'exécution sur le fondement des dispositions de l'art. L. 521-1 CJA. Le juge appréciera la légalité de cette décision au regard des circonstances prévalant à la date de sa décision et pourra, le cas échéant, constater que le litige a perdu son objet si l'intéressé a, en cours d'instance, obtenu un rendez-vous. Si les conditions posées par l'art. L. 521-1 CJA sont remplies, le juge des référés peut enjoindre à l'administration de proposer une date de rendez-vous. Le juge appréciera la légalité de cette décision au regard des circonstances prévalant à la date de sa décision. • CE 9 juin 2022, n° 457936 B : *AJDA 2022. 1191* ; *ibid. 2468, chron. Janicot et Wadjinny-Green*.

SECTION 3 **Protection octroyée à un mineur**

Art. L. 561-6 **Lorsqu'une protection au titre de l'asile est octroyée à un mineur non accompagné des mesures sont prises dès que possible pour assurer sa représentation légale. Dans toutes les décisions le concernant, notamment en matière de placement et de recherche des membres de sa famille, il est tenu compte de son intérêt supérieur, de ses besoins particuliers ainsi que de son avis, en fonction de son âge et de sa maturité.**

Art. L. 561-7 **Si la recherche des membres de la famille du mineur non accompagné n'a pas commencé quand une protection lui est octroyée au titre de l'asile, il y est procédé dès que possible. Dans le cas où la vie ou l'intégrité physique du mineur ou de ses parents proches restés dans le pays d'origine serait menacée, cette recherche est menée de manière confidentielle.**

Art. L. 561-8 **Lorsqu'une protection au titre de l'asile a été octroyée à une mineure invoquant un risque de mutilation sexuelle, l'Office français de protection des réfugiés**

et apatrides lui demande, tant que ce risque existe et qu'elle est mineure, de se soumettre à un examen médical visant à constater l'absence de mutilation. L'office transmet au procureur de la République tout refus de se soumettre à cet examen ou tout constat de mutilation.

Le certificat médical, dûment renseigné, est transmis à l'office sans délai par le médecin qui l'a rédigé. Une copie du certificat est remise en main propre aux parents ou représentants légaux de la mineure concernée.

Aucun constat de mutilation sexuelle ne peut entraîner, à lui seul, la cessation de la protection accordée à la mineure au titre de l'asile. Il ne peut être mis fin à cette protection à la demande des parents ou des titulaires de l'autorité parentale de la mineure tant que le risque de mutilation sexuelle existe.

L'office doit observer un délai minimal de trois ans entre deux examens, sauf s'il existe des motifs réels et sérieux de penser qu'une mutilation sexuelle a effectivement été pratiquée ou pourrait être pratiquée.

Un arrêté conjoint des ministres chargés de l'asile et de la santé, pris après avis du directeur général de l'office, définit les modalités d'application du présent article et, en particulier, les catégories de médecins qui peuvent pratiquer l'examen mentionné au premier alinéa.

— *V. Arr. du 6 févr. 2024, ss. art. L. 531-11, supra.*

S'agissant du risque de mutilations sexuelles féminines au Mali, la CNDA fait pour la première fois application du présent art., et rejette une demande de renonciation à la qualité de réfugiée formée par un parent au nom de sa fille. La Cour rappelle que, selon les sources géopolitiques pertinentes, les mutilations sexuelles féminines touchent encore la majorité des femmes issues des ethnies peule, soninké et bambara du Mali de sorte qu'il y a lieu de conclure à l'absence de changement dans les circonstances qui avaient valu à l'intéressée son admission au statut de réfugiée. • CNDA 26 nov. 2018, n° 17038232.

SECTION 4 **Documents de voyage**

Art. L. 561-9 A moins que des raisons impérieuses de sécurité nationale ou d'ordre public ne s'y opposent, l'étranger titulaire d'un titre de séjour en cours de validité auquel la qualité de réfugié a été reconnue en application de l'article L. 511-1 et qui se trouve toujours sous la protection de l'Office français de protection des réfugiés et apatrides peut se voir délivrer un document de voyage dénommé "titre de voyage pour réfugié" l'autorisant à voyager hors du territoire français. Ce titre permet à son titulaire de demander à se rendre dans tous les États, à l'exclusion de celui ou de ceux vis-à-vis desquels ses craintes de persécution ont été reconnues comme fondées en application du même article L. 511-1. — *[Anc. art. L. 753-1.]*

Art. L. 561-10 A moins que des raisons impérieuses de sécurité nationale ou d'ordre public ne s'y opposent, l'étranger titulaire d'un titre de séjour en cours de validité auquel le bénéfice de la protection subsidiaire a été accordé en application de l'article L. 512-1 qui se trouve toujours sous la protection de l'Office français de protection des réfugiés et apatrides peut se voir délivrer un document de voyage dénommé "titre d'identité et de voyage" l'autorisant à voyager hors du territoire français. Ce titre permet à son titulaire de demander à se rendre dans tous les États, à l'exclusion de celui ou de ceux dans lesquels il est établi qu'il est exposé à l'une des atteintes graves énumérées au même article L. 512-1. — *[Anc. art. L. 753-2.]*

Art. L. 561-11 A moins que des raisons impérieuses de sécurité nationale ou d'ordre public ne s'y opposent, l'enfant étranger mineur du réfugié ou du bénéficiaire de la protection subsidiaire, présent sur le territoire français, qui ne peut bénéficier d'une protection au titre de l'asile peut se voir délivrer le document de voyage prévu à l'article L. 561-10. — *[Anc. art. L. 753-3.]*

Art. L. 561-12 La durée de validité du document de voyage délivré en application des articles L. 561-9, L. 561-10 ou L. 561-11 est fixée au IV de l'article 953 du code général des impôts. — *[Anc. art. L. 753-4.]*

Art. L. 561-13 Le document de voyage mentionné aux articles L. 561-9, L. 561-10 ou L. 561-11 peut être retiré ou son renouvellement refusé lorsqu'il apparaît, postérieurement à sa délivrance, que des raisons impérieuses de sécurité nationale ou d'ordre public le justifient. – *[Anc. art. L. 753-5.]*

SECTION 5 Accès aux droits

Art. L. 561-14 L'étranger qui a obtenu le statut de réfugié ou le bénéfice de la protection subsidiaire en application du présent livre et a signé le contrat d'intégration républicaine prévu à l'article L. 413-2 bénéficie d'un accompagnement personnalisé pour l'accès à l'emploi et au logement.

A cet effet, l'autorité administrative conclut avec les collectivités territoriales et les autres personnes morales concernées ou participant à cet accompagnement une convention prévoyant les modalités d'organisation de celui-ci. – *[Anc. art. L. 751-1.]*

V. Instr. du 25 avr. 2022 relative à la mise en œuvre du programme d'accompagnement global et individualisé des réfugiés (AGIR) ; Arr. du 12 mai 2023 portant création d'un traitement de données à caractère personnel dénommé « Formulaire de suivi du public accompagné dans le cadre du Programme AGIR » (JO 17 mai).

Art. L. 561-15 Dans la mise en œuvre des droits accordés aux réfugiés et aux bénéficiaires de la protection subsidiaire, il est tenu compte de la situation spécifique des personnes vulnérables ayant des besoins particuliers. – *[Anc. art. L. 751-2.]*

1. La Dir. « Qualification » (Dir. 2011/95/UE du 13 déc. 2011) impose aux États d'assurer la liberté de circulation des étrangers qui ont obtenu une protection subsidiaire et de leur permettre de choisir librement leur résidence sur leur territoire. Ce principe peut faire l'objet de restrictions pour éviter une répartition inappropriée de la charge financière liée aux prestations sociales accordée aux étrangers sur le territoire de l'État membre ; une obligation de résidence peut ainsi être imposée par l'État. Pour imposer une résidence aux seuls bénéficiaires de la protection subsidiaire, l'État doit démontrer qu'ils sont davantage confrontés à des difficultés d'intégration que les autres personnes non citoyennes de l'Union percevant également l'aide sociale. • CJUE 1er mars 2016, n[os] C-443/14 et C-444/14.

2. Si le pouvoir réglementaire pouvait fixer, s'agissant des ressortissants étrangers, des conditions leur ouvrant un droit au bénéfice des bourses sur critères sociaux selon le régime du séjour en France, il ne pouvait légalement le faire que pour autant que les personnes admises au bénéfice de l'asile ou de la protection subsidiaire se trouvent dans une situation différente au regard de la protection accordée ou pour des motifs d'intérêt général en rapport avec cette même condition. La différence de traitement qui résulte de la circulaire attaquée ne se justifie ni par un motif d'intérêt général, ni par une différence de situation au regard de la protection des réfugiés et de celle des bénéficiaires de la protection subsidiaire ; il suit de là que la Circ. du 9 juin 2015 portant modalités d'attribution des bourses d'enseignement supérieur sur critères sociaux et des aides à la mobilité internationale pour l'année 2015-2016 a méconnu le principe d'égalité en réservant le bénéfice de telles bourses aux réfugiés et en l'excluant pour les bénéficiaires de la protection subsidiaire. • TA Besançon, 19 sept. 2017, n° 1601762 : *AJDA 2017. 2269, concl. Marion*.

Art. L. 561-16 Dans l'attente de la fixation définitive de son état civil par l'Office français de protection des réfugiés et apatrides, le réfugié ou le bénéficiaire de la protection subsidiaire peut solliciter le bénéfice des droits qui lui sont ouverts en application du code du travail, du code de la sécurité sociale, du code de l'action sociale et des familles et du code de la construction et de l'habitation, sur la base de la composition familiale prise en compte dans le cadre de l'examen des demandes d'asile prévu au titre III.

Les modalités d'application du présent article sont fixées par décret. – *[Anc. art. L. 751-3.]*

CHAPITRE II FIN DE LA PROTECTION

Art. L. 562-1 Lorsque l'Office français de protection des réfugiés et apatrides envisage de mettre fin au statut de réfugié en application des articles L. 511-7 ou L. 511-8 ou au bénéfice de la protection subsidiaire en application de l'article L. 512-3, il informe par écrit la personne concernée de l'engagement de cette procédure ainsi que de ses motifs. – *[Anc. art. L. 724-1.]*

1. L'office est uniquement tenu de mettre la personne concernée à même de présenter ses observations écrites sur les motifs de nature à faire obstacle à la fin du statut de réfugié ou du bénéfice de la protection subsidiaire, sans que soit exigée l'organisation d'un entretien individuel. • CNDA 19 nov. 2021, n° 21007214.

2. Si l'OFPRA omet de prendre en compte les observations écrites que l'intéressé avait présentées après qu'il avait été informé que l'Office envisageait de mettre fin au statut de réfugié qui lui avait été reconnu, l'intéressé a été privé d'une garantie essentielle ; cette circonstance ne justifie toutefois pas l'annulation de la décision de l'OFPRA et le renvoi de l'examen de la situation de l'intéressé devant l'Office. En effet, dans une telle hypothèse, il appartient à la CNDA, en sa qualité de juge de plein contentieux, de se prononcer sur le droit de l'intéressé au maintien de la protection qui lui avait été accordée, au vu des observations écrites produites devant l'OFPRA ainsi que de l'ensemble des éléments recueillis dans le cadre de l'instruction menée devant elle. • CE 21 juill. 2022, n° 452868.

Art. L. 562-2 **La personne concernée est mise à même de présenter par écrit ses observations sur les motifs de nature à faire obstacle à la fin du statut de réfugié ou du bénéfice de la protection subsidiaire.**

Si l'Office français de protection des réfugiés et apatrides estime toutefois nécessaire de procéder à un entretien personnel, celui-ci se déroule dans les conditions prévues aux articles L. 531-12 à L. 531-21. – *[Anc. art. L. 724-2.]*

Art. L. 562-3 **La décision de l'Office français de protection des réfugiés et apatrides de mettre fin au statut de réfugié ou au bénéfice de la protection subsidiaire est notifiée par écrit à la personne concernée, par tout moyen garantissant la confidentialité et la réception personnelle de cette notification. Elle est motivée en fait et en droit et précise les voies et délais de recours.** – *[Anc. art. L. 724-3.]*

TITRE VII DISPOSITIONS APPLICABLES LORSQUE L'EXAMEN DE LA DEMANDE D'ASILE RELÈVE DE LA COMPÉTENCE D'UN AUTRE ÉTAT

BIBL. ▶ Barbou des Places, Chronique Droit de l'asile et de l'immigration - Réforme de l'espace Schengen : « résilience » ou altération ?, *RTD eur. 2022. 246*. - Gakis, Entre la sémantique et la pragmatique du discours de réforme : la terminologie, un pont ou un obstacle ?, *Rev. UE 2022. 542*. - Mahroug, « Quand tu gagnes, tu perds ! » : l'absurde et l'incompréhension comme règles des procédures relatives aux règlements européens *Dublin III, Rev. UE 2022. 537*. - Malverti et Beaufils, En passant par Dublin, *AJDA 2019. 2227*. - Pottier, La question du « refoulement indirect » et de la « clause discrétionnaire » au sein du système « Dublin III », *RD publ. 2020. 1385*. - Rondu, Le règlement Dublin devant la Cour de justice de l'Union : l'individu, sujet du système européen d'asile ?, *Rev. UE 2022. 551*. - Stoppioni, En finir avec Dublin ? Une lecture néo-gramscienne, *Rev. UE 2022. 558*.

COMMENTAIRE

L'admission en France d'un étranger qui demande à bénéficier de l'asile peut être refusée notamment si l'examen de la demande d'asile relève de la compétence d'un autre État en application des dispositions du règlement (CE) n° 343/2003 du Conseil du 18 février 2003 (*JOUE n° L 50, 25 févr.*) dit « Dublin II » établissant les critères et mécanismes de détermination de l'État membre responsable de l'examen d'une demande d'asile présentée dans l'un des États membres par un ressortissant d'un pays tiers (refondu par le Règl. (UE) n° 604/2013 du Parlement européen et du Conseil du 26 juin 2013 établissant les critères et mécanismes de détermination de l'État membre responsable de l'examen d'une demande de protection internationale introduite dans l'un des États membres par un ressortissant de pays tiers ou un apatride, dit « Dublin III »), ou d'engagements identiques à ceux prévus par ce règlement avec d'autres États.

Le règlement (UE) n° 604/2013 s'applique à l'ensemble des mesures d'examen, des décisions ou des jugements rendus par les autorités compétentes sur une demande de protection internationale conformément à la directive 2013/32/UE et à la directive 2011/95/UE.

11 % des demandeurs d'asile ont fait l'objet d'une procédure « Dublin » en 2016. Cette proportion est en forte augmentation, atteignant plus d'un tiers en 2018 (plus de 40 000 sur près de 110 000 demandeurs). Selon le ministère de l'Intérieur, une personne sur deux qui se présente en préfecture pour solliciter l'asile est déjà connue du système

EURODAC et peut, potentiellement, relever de la procédure « Dublin ». Reste que ce système, largement à bout de souffle, ne fonctionne que très imparfaitement ; ainsi, par exemple en 2018 en France, moins de 8 % des « dublinés » ont été effectivement transférés.

En principe, une demande d'asile n'est examinée que par un seul État membre. Cet État est déterminé à l'aide des critères fixés par ces textes, faisant intervenir prioritairement l'État où résident déjà en qualité de réfugié politique des membres de la famille du demandeur puis, successivement, le critère de l'État qui a délivré au demandeur un titre de séjour ou un visa, celui de l'État par lequel le demandeur est entré, régulièrement ou non, sur le territoire de l'un ou l'autre des États membres de la Communauté européenne et, à défaut, celui auprès duquel la demande d'asile a été présentée en premier.

A noter qu'en application de l'article R. 581-19, les dispositions du règlement (UE) n° 604/2013 du Parlement européen et du Conseil du 26 juin 2013 établissant les critères et mécanismes de détermination de l'État membre responsable de l'examen d'une demande de protection internationale introduite dans l'un des États membres par un ressortissant de pays tiers ou un apatride (Règl. « Dublin III ») sont applicables aux demandes d'asile présentées par un bénéficiaire de la protection temporaire (ce qui est désormais prévu par le règlement précité). L'État membre de l'Union européenne responsable de l'examen d'une demande d'asile présentée par une personne bénéficiant de la protection temporaire est l'État qui a accepté le transfert de ladite personne sur son territoire. Lorsqu'une demande d'asile a été enregistrée par l'Office français de protection des réfugiés et apatrides préalablement au transfert de l'étranger bénéficiaire de la protection temporaire vers un autre État membre de l'Union européenne, le transfert de l'intéressé vers le territoire de cet autre État membre conduit au dessaisissement de l'office.

I. LES CRITÈRES DE DÉTERMINATION DE L'ÉTAT RESPONSABLE DE LA DEMANDE D'ASILE

Lorsque aucun État membre responsable ne peut être désigné sur la base des critères énumérés dans le présent règlement, le premier État membre auprès duquel la demande de protection internationale a été introduite est responsable de l'examen. Lorsqu'il est impossible de transférer un demandeur vers l'État membre initialement désigné comme responsable parce qu'il y a de sérieuses raisons de croire qu'il existe dans cet État membre des défaillances systémiques dans la procédure d'asile et les conditions d'accueil des demandeurs, qui entraînent un risque de traitement inhumain ou dégradant au sens de l'art. 4 de la Charte des droits fondamentaux de l'UE, l'État membre procédant à la détermination de l'État membre responsable poursuit l'examen des critères afin d'établir si un autre État membre peut être désigné comme responsable. Lorsqu'il est impossible de transférer le demandeur vers un État membre désigné sur la base des critères « Dublin III » ou vers le premier État membre auprès duquel la demande a été introduite, l'État membre procédant à la détermination de l'État membre responsable devient l'État membre responsable (Règl. (UE) n° 604/2013, art. 3-2).

Afin de faciliter le processus de détermination de l'État membre responsable, l'État membre procédant à cette détermination mène un entretien individuel avec le demandeur (Règl. (UE) n° 604/2013, art. 5).

Le règlement (UE) n° 604/2013 a élargi la notion de « *membres de la famille* » aux personnes suivantes :

– le conjoint du demandeur, ou son ou sa partenaire non marié(e) engagé(e) dans une relation stable, lorsque le droit ou la pratique de l'État membre concerné réserve aux couples non mariés un traitement comparable à celui réservé aux couples mariés, en vertu de sa législation relative aux ressortissants de pays tiers,

– les enfants mineurs des couples visés au premier tiret ou du demandeur, à condition qu'ils soient non mariés et qu'ils soient nés du mariage, hors mariage ou qu'ils aient été adoptés au sens du droit national,

– lorsque le demandeur est mineur et non marié, le père, la mère ou un autre adulte qui est responsable du demandeur de par le droit ou la pratique de l'État membre dans lequel cet adulte se trouve,

– lorsque le bénéficiaire d'une protection internationale est mineur et non marié, le père, la mère ou un autre adulte qui est responsable du bénéficiaire de par le droit ou la pratique de l'État membre dans lequel le bénéficiaire se trouve.

Ce même texte définit en outre la notion de « *proche* » qui renvoie à la tante ou l'oncle adulte ou un des grands-parents du demandeur qui est présent sur le territoire d'un État membre, que le demandeur soit né du mariage, hors mariage ou qu'il ait été adopté au sens du droit national.

Le règlement fait encore une place aux *personnes vulnérables* (art. 16) : ainsi, lorsque, du fait d'une grossesse, d'un enfant nouveau-né, d'une maladie grave, d'un handicap grave ou de la vieillesse, le demandeur est dépendant de l'assistance de son enfant, de ses frères ou sœurs, ou de son père ou de sa mère résidant légalement dans un des États membres, ou lorsque son enfant, son frère ou sa sœur, ou son père ou sa mère, qui réside légalement dans l'un État membre, est dépendant de l'assistance du demandeur, les États membres laissent généralement ensemble ou rapprochent le demandeur et cet enfant, ce frère ou cette sœur, ou ce père ou cette mère, à condition que les liens familiaux aient existé dans le pays d'origine, que l'enfant, le frère ou la sœur, ou le père ou la mère ou le demandeur soit capable de prendre soin de la personne à charge et que les personnes concernées en aient exprimé le souhait par écrit. Lorsque l'enfant, le frère ou la sœur, ou le père ou la mère visés au paragraphe 1er réside légalement dans un État membre autre que celui où se trouve le demandeur, l'État membre responsable est celui dans lequel l'enfant, le frère ou la sœur, ou le père ou la mère réside légalement, à moins que l'état de santé du demandeur ne l'empêche pendant un temps assez long de se rendre dans cet État membre. Dans un tel cas, l'État membre responsable est celui dans lequel le demandeur se trouve. Cet État membre n'est pas soumis à l'obligation de faire venir l'enfant, le frère ou la sœur, ou le père ou la mère sur son territoire.

Mineurs non accompagnés (art. 8). Si le demandeur est un mineur non accompagné, l'État membre responsable est celui dans lequel un membre de la famille ou les frères ou sœurs du mineur non accompagné se trouvent légalement, pour autant que ce soit dans l'intérêt supérieur du mineur. Lorsque le demandeur est un mineur marié dont le conjoint ne se trouve pas légalement sur le territoire des États membres, l'État membre responsable est l'État membre où le père, la mère, ou un autre adulte responsable du mineur de par le droit ou la pratique de l'État membre concerné, ou l'un de ses frères ou sœurs se trouve légalement.

Si le demandeur est un mineur non accompagné dont un proche se trouve légalement dans un autre État membre et s'il est établi, sur la base d'un examen individuel, que ce proche peut s'occuper de lui, cet État membre réunit le mineur et son proche et est l'État membre responsable, à condition que ce soit dans l'intérêt supérieur du mineur.

Lorsque des membres de la famille, des frères ou des sœurs ou des proches résident dans plusieurs États membres, l'État membre responsable est déterminé en fonction de l'intérêt supérieur du mineur non accompagné.

En l'absence de membres de la famille, de frères ou sœurs ou de proches, l'État membre responsable est celui dans lequel le mineur non accompagné a introduit sa demande de protection internationale, à condition que ce soit dans l'intérêt supérieur du mineur.

Membres de la famille bénéficiaires ou demandeurs d'une protection internationale (art. 9 et 10). Si un membre de la famille du demandeur, que la famille ait été ou non préalablement formée dans le pays d'origine, a été admis à résider en tant que bénéficiaire d'une protection internationale dans un État membre ou est demandeur d'un tel statut, cet État membre est responsable de l'examen de la demande de protection internationale, à condition que les intéressés en aient exprimé le souhait par écrit.

Procédure familiale (art. 11). Lorsque plusieurs membres d'une famille et/ou des frères ou sœurs mineurs non mariés introduisent une demande de protection internationale dans un même État membre simultanément, ou à des dates suffisamment rapprochées pour que les procédures de détermination de l'État membre responsable puissent être conduites conjointement, et que l'application des critères énoncés dans le règlement « Dublin III » conduirait à les séparer, est responsable de l'examen des demandes de protection internationale de l'ensemble des membres de la famille et/ou des frères et sœurs mineurs non mariés, l'État membre que les critères désignent comme responsable de la prise en charge du plus grand nombre d'entre eux. À défaut, est responsable l'État membre que les critères désignent comme responsable de l'examen de la demande du plus âgé d'entre eux.

Titulaire de titre de séjour ou de visa (art. 12). Si le demandeur est titulaire d'un titre de séjour ou d'un visa en cours de validité, l'État membre qui l'a délivré est responsable de l'examen de la demande de protection internationale. Si le demandeur est titulaire de plusieurs titres de séjour ou visas en cours de validité, délivrés par différents États membres, la responsabilité de l'examen de la demande de protection internationale incombe, dans l'ordre suivant : a) à l'État membre qui a délivré le titre de séjour qui confère le droit de séjour le plus long ou, en cas de durée de validité identique, à l'État membre qui a délivré le titre de séjour dont l'échéance est la plus lointaine ; b) à l'État membre qui a délivré le visa ayant l'échéance la plus lointaine lorsque les visas sont de même nature ; c) en cas de visas de nature différente, à l'État membre qui a délivré le visa ayant la plus longue durée de validité ou, en cas de durée de validité identique, à l'État membre qui a délivré le visa dont l'échéance est la plus lointaine. Ces règles s'appliquent également au demandeur titulaire de titre(s) de séjour périmé(s) depuis moins de deux ans ou de visa(s) périmé(s) depuis moins de six mois. La circonstance que le titre de séjour ou le visa a été délivré sur la base d'une identité fictive ou usurpée ou sur présentation de documents falsifiés, contrefaits ou invalides ne fait pas obstacle à l'attribution de la responsabilité à l'État membre qui l'a délivré. Toutefois, l'État membre qui a délivré le titre de séjour ou le visa n'est pas responsable s'il peut établir qu'une fraude est intervenue après la délivrance du document ou du visa.

Entrée et/ou séjour (art. 13). Lorsqu'il est établi, sur la base de preuves ou d'indices (tels qu'ils figurent dans les deux listes mentionnées à l'article 22, paragraphe 3, du règlement), que le demandeur a franchi irrégulièrement, par voie terrestre, maritime ou aérienne, la frontière d'un État membre dans lequel il est entré en venant d'un État tiers, cet État membre est responsable de l'examen de la demande de protection internationale. Cette responsabilité prend fin douze mois après la date du franchissement irrégulier de la frontière. La même règle s'applique s'il est établi que le demandeur a séjourné dans un État membre durant une période continue d'au moins cinq mois avant d'introduire sa demande de protection internationale. Si le demandeur a séjourné dans plusieurs États membres pendant des périodes d'au moins cinq mois, l'État membre du dernier séjour est responsable de l'examen de la demande de protection internationale.

Entrée sous exemption de visa (art. 14). Lorsqu'un ressortissant de pays tiers ou un apatride entre sur le territoire d'un État membre dans lequel il est exempté de l'obligation de visa, l'examen de sa demande de protection internationale incombe à cet État membre. Cette règle ne s'applique pas lorsque le ressortissant de pays tiers ou l'apatride introduit sa demande de protection internationale dans un autre État membre dans lequel il est également exempté de l'obligation d'être en possession d'un visa pour y entrer. Dans ce cas, c'est cet autre État membre qui est responsable de l'examen de la demande de protection internationale.

Demande présentée dans la zone de transit international d'un aéroport (art. 15). Lorsque la demande de protection internationale est présentée dans la zone de transit international d'un aéroport d'un État membre par un ressortissant de pays tiers ou par un apatride, cet État membre est responsable de l'examen de la demande.

Cessation de la responsabilité (art. 19). L'État normalement responsable de la demande ne l'est plus : si un État membre délivre au demandeur un titre de séjour ; si le demandeur a quitté le territoire des États membres pendant une durée d'au moins trois mois, à moins qu'il ne soit titulaire d'un titre de séjour en cours de validité délivré par l'État membre responsable ; si le demandeur a quitté le territoire des États membres en exécution d'une décision de retour ou d'une mesure d'éloignement délivrée à la suite du retrait ou du rejet de la demande.

II. CLAUSE HUMANITAIRE

L'article 17 du règlement « Dublin III » prévoit que chaque État membre peut décider d'examiner une demande de protection internationale qui lui est présentée par un ressortissant de pays tiers ou un apatride, même si cet examen ne lui incombe pas (V. art. L. 571-1, al. 3).

On signalera à cet égard que la circulaire du 21 mars 1995 rappelle le critère dit de « souveraineté » qui permet à tout État de traiter une demande d'asile même si la responsabilité ne lui en incombe pas. D'après ce texte, ce critère doit s'appliquer à la lumière de l'article 53-1 de la Constitution, c'est-à-dire pour des motifs politiques (cas où l'étranger est persécuté en raison de son action en faveur de la liberté), humanitaires (motifs familiaux ou culturels). La circulaire indique que cette disposition ne doit être utilisée qu'à titre exceptionnel. Par ailleurs, alors même que la France est responsable de la demande, la clause humanitaire peut jouer en sens inverse si l'autorité administrative constate que le demandeur a des liens particuliers avec un autre État membre.

L'État membre dans lequel une demande de protection internationale est présentée et qui procède à la détermination de l'État membre responsable, ou l'État membre responsable, peut à tout moment, avant qu'une première décision ne soit prise sur le fond, demander à un autre État membre de prendre un demandeur en charge pour rapprocher tout parent pour des raisons humanitaires fondées, notamment, sur des motifs familiaux ou culturels, même si cet autre État membre n'est pas responsable au titre des critères définis aux articles 8 à 11 et 16. Les personnes concernées doivent exprimer leur consentement par écrit.

Lorsqu'il est impossible de transférer un demandeur vers l'État membre initialement désigné comme responsable parce qu'il y a de sérieuses raisons de croire qu'il existe dans cet État membre des défaillances systémiques dans la procédure d'asile et les conditions d'accueil des demandeurs, qui entraînent un risque de traitement inhumain ou dégradant au sens de l'article 4 de la Charte des droits fondamentaux de l'Union européenne, l'État membre procédant à la détermination de l'État membre responsable poursuit l'examen des critères afin d'établir si un autre État membre peut être désigné comme responsable (art. 3, pt 2).

La loi n° 2018-187 du 20 mars 2018 (art. L. 572-3) a prévu spécifiquement que la procédure de transfert vers l'État responsable de l'examen de la demande d'asile ne peut être engagée dans le cas de défaillances systémiques dans l'État considéré mentionné au 2 de l'article 3 du règlement (UE) n° 604/2013 du 26 juin 2013 établissant les critères et mécanismes de détermination de l'État membre responsable de l'examen d'une demande de protection internationale introduite dans l'un des États membres par un ressortissant de pays tiers ou un apatride. ❑

I. CHAMP D'APPLICATION

1. Le Règl. « Dublin III » n'est pas applicable dans le cas où un ressortissant d'un pays tiers a introduit une demande de protection internationale dans un État membre après s'être vu octroyer le bénéfice de la protection subsidiaire par un autre État membre ; la Cour rappelle que la Dir. « procédures » (2013/32/UE du 26 juin 2013, art. 33) prescrit l'irrecevabilité des demandes de protection déposées par les personnes qui l'ont déjà obtenue dans un autre État membre. • CJUE 5 avr. 2017, *Ahmed,* n° C-36-17.

2. La procédure de transfert organisée par le Règl. « Dublin III » ne s'applique pas à un requérant qui bénéficie déjà dans un autre État membre de la protection subsidiaire dès lors qu'une reprise en charge suppose qu'une demande de protection internationale soit en cours d'examen dans l'État requis, qu'elle ait été rejetée dans cet État ou que le requérant ait retiré une telle demande dans l'État requis, ce qui n'est pas le cas lorsque l'État requis a en réalité accueilli la demande en accordant la protection subsidiaire. • CJUE, 3e ch., 5 avr. 2017, *Daher Muse Ahmed,* n° C-36/17 : *D. 2018. 313, chron. Boskovic, Corneloup, Jault-Seseke, Joubert et Parrot.*

3. Les art. 4 et 5 du Règl. « Dublin » (Régl. UE n° 604/2013 du 26 juin 2013) ne s'appliquent pas lorsque la personne transférée n'a pas demandé l'asile auprès de l'État requérant mais est renvoyée dans l'État requis après avoir été contrôlée en situation irrégulière, une demande d'asile pendante ayant été retirée ou rejetée par l'État requis. • CAA Douai, 6 oct. 2020, n° 20DA00835 : *AJDA 2021. 150, chron. Baillard* • CAA Paris, 3 févr. 2022, n° 21PA06026 : *AJDA 2022. 1431*.

4. *Demandes d'asile répétées.* Ces dispositions ne s'appliquent pas lorsque le ressortissant d'un pays tiers présente, fut-ce pour la première fois, une demande d'asile dans un État membre après s'être vu refuser l'asile par un autre État membre. • CE 30 juill. 2008, *Min. Intérieur c/ Yasin Edris,* n° 310250 B. ♦ Si les autorités françaises ont demandé la reprise en charge du demandeur aux autorités hongroises au-delà du délai de 3 mois prévu à l'art. 17, § 1, du Règl. du 18 févr. 2003, il ressort des pièces du dossier que l'intéressé, qui a présenté une première demande d'asile en Hongrie le 19 mars 2010 et dont la demande a été rejetée le 22 mars 2012, était au nombre des ressortissants de pays tiers qui peuvent faire l'objet d'une reprise en charge au titre du e) du § 1 de l'art. 16 du règlement, laquelle s'effectue « dans les conditions prévues à l'article 20 » du même règlement, auquel ces dispositions renvoient et qui ne prévoit pas que la requête de reprise en charge doive être présentée dans un délai déterminé. • CE 5 mars 2013, *M. Husseini,* n° 366340 B : *AJDA 2013. 554*.

5. Si le demandeur apporte la preuve qu'il a quitté le territoire de l'UE pendant au moins trois mois après le dépôt d'une demande d'asile, la nouvelle demande déposée auprès d'un autre État membre doit donner lieu à une nouvelle procédure de détermination de l'État membre responsable. • CJUE 7 juin 2016, *George Karim*, n° C-155/15 : *AJDA 2016. 1152*.

6. Un État membre saisi d'une demande d'asile alors que le demandeur a précédemment introduit une demande dans un autre État membre ne doit pas procéder à la détermination de l'État responsable au regard des critères du Règl. « Dublin III » mais doit requérir la reprise en charge de l'intéressé auprès de l'État de première demande qui est dans l'obligation de reprendre en charge le demandeur. La Cour précise qu'en instituant deux procédures distinctes (prise en charge et reprise en charge), le législateur a entendu distinguer celles dans lesquelles le second État membre a la charge de procéder à la détermination de l'État responsable de l'examen de la demande d'asile (prise en charge) de celles dans lesquelles il en est dispensé (reprise en charge). Ne peut faire échec à ces règles que la prise en considération de la protection de l'intérêt supérieur de l'enfant et du droit au respect de la vie familiale, garantis par ailleurs par les art. 7 et 24 Charte UE. • CJUE 2 avr. 2019, n°s C-582/17 et C-583/17.

II. CRITÈRES DE DÉTERMINATION DE L'ÉTAT RESPONSABLE DE LA DEMANDE

A. ÉTAT QUI A DÉLIVRÉ AU DEMANDEUR UN TITRE DE SÉJOUR OU UN VISA

7. Le seul fait qu'un demandeur d'asile soit en possession d'un visa à entrée unique périmé depuis moins de 6 mois n'implique pas nécessairement que l'État membre qui le lui a délivré est responsable de sa demande ; si le demandeur sort du territoire de l'Union et y pénètre à nouveau sous couvert du même visa, la responsabilité doit être transférée à l'État qui l'a autorisé à franchir sa frontière extérieure. • CAA Douai, 26 nov. 2015, n° 4DA01018.

8. Autorisation de séjour. Si l'art. 16, § 2, Règl. (CE) n° 343/2003 du 18 févr. 2003 (refondu par le Règl. (UE) n° 604/2013 du Parlement européen et du Conseil du 26 juin 2013 établissant les critères et mécanismes de détermination de l'État membre responsable de l'examen d'une demande de protection internationale introduite dans l'un des États membres par un ressortissant de pays tiers ou un apatride, dit Règl. « Dublin III ») prévoit que l'obligation de traitement d'une demande d'asile est transférée à l'État qui a délivré un titre de séjour au demandeur, ce même texte (art. 2, pt J) exclut de la catégorie des titres de séjour les autorisations de séjour délivrées pendant la période nécessaire pour déterminer l'État membre responsable ou pendant l'examen d'une demande d'asile. Ainsi, l'autorisation provisoire de séjour peut être retirée ou non renouvelée s'il apparaît que le demandeur est dans une situation justifiant le refus d'admission au séjour au titre de l'asile. • CE 10 avr. 2013, *Min. Intérieur c/ Cts Radamani*, n° 367175 : *AJDA 2013. 1605*.

9. L'art. 2, ss l), du Règl. (UE) n° 604/2013 du Parlement européen et du Conseil, du 26 juin 2013, doit être interprété en ce sens qu'une carte diplomatique délivrée par un État membre au titre de la Conv. de Vienne sur les relations diplomatiques, conclue à Vienne le 18 avr. 1961 et entrée en vigueur le 24 avr. 1964, constitue un « titre de séjour », au sens de cette disposition. • CJUE 21 sept. 2023, n° C-568/21 : *D. 2023. 1651*.

B. ÉTAT PAR LEQUEL LE DEMANDEUR EST ENTRÉ SUR LE TERRITOIRE DE L'UN OU L'AUTRE DES ÉTATS MEMBRES

10. La notion de « franchissement irrégulier » de la frontière d'un État membre n'est définie ni par le Règl. « Dublin III », ni par le code frontières Schengen ; eu égard au sens habituel de la notion de « franchissement irrégulier » d'une frontière, le non-respect des conditions exigées par la réglementation applicable dans l'État membre concerné oblige à considérer ce franchissement comme « irrégulier », au sens de l'art. 13, § 1, Règl. « Dublin III ». Il s'ensuit qu'un ressortissant d'un pays tiers admis sur le territoire d'un premier État membre, sans satisfaire aux conditions d'entrée en principe exigées dans cet État membre, en vue d'un transit vers un autre État membre pour y introduire une demande de protection internationale doit être considéré comme ayant franchi irrégulièrement la frontière de ce premier État membre, que ce franchissement ait été toléré ou autorisé en violation des règles applicables ou qu'il ait été autorisé en invoquant des motifs humanitaires et en dérogeant aux conditions d'entrée en principe imposées aux ressortissants de pays tiers ; la circonstance que le franchissement de la frontière ait lieu dans une situation caractérisée par l'arrivée d'un nombre exceptionnellement élevé de ressortissants de pays tiers souhaitant obtenir une protection internationale n'est pas de nature à avoir une incidence sur cette interprétation. • CJUE 26 juill. 2017, *A.S. c/ Republika Slovenija*, n° C-490/16 : *AJDA 2017. 1525* ; *D. 2018. 313, chron. Boskovic, Corneloup, Jault-Seseke, Joubert et Parrot* ; *RTD eur. 2019. 178, note Barbou des Places* • 26 juill. 2017, *Khadija Jafari et a.*, n° C-646/16 : *AJDA 2017. 2306, chron. Bonneville, Broussy, Cassagnabère et Gänser*.

11. Aux termes de l'art. 13, § 1, Règl. « Dublin III », la responsabilité de l'État membre dont le demandeur d'une protection internationale a franchi irrégulièrement la frontière en venant d'un État tiers « prend fin douze mois après la date du franchissement irrégulier de la frontière » ; le point de départ de ce délai est la date de la présentation de la première demande d'une protection internationale auprès d'un État membre ; son décompte ne saurait être affecté par l'introduction, nécessairement postérieure, d'un recours contre la décision de transfert. • CJUE 26 juill. 2017, *A.S. c/ Republika Slovenija*, n° C-490/16 : *préc. note 10.*

12. Un État membre confronté à un afflux massif de personnes déplacées, qui a toléré, voire organisé pour des raisons humanitaires, le transit de ces personnes par son territoire vers celui d'autres États membres, reste responsable de l'examen de leur demande de protection. • 26 juill. 2017, *Khadija Jafari et a.*, n° C-646/16 : *préc. note 10.*

C. CAS PARTICULIERS

13. Examen au fond. L'examen au fond d'une demande d'asile par un État fait présumer sa responsabilité au titre du Règl. « Dublin III », alors même qu'aucune décision explicite sur la responsabilité n'a été prise. • CJUE 4 oct. 2018, n° C-56/17.

14. Vie familiale normale. Lorsque l'autorité administrative prononce une décision de refus d'admission au séjour au motif que la demande d'asile relève de la compétence d'un autre État, cette décision est susceptible de porter une atteinte disproportionnée au droit de l'intéressé à mener une vie familiale normale ; en l'espèce, cette décision avait frappé l'époux alors que la demande de l'épouse était traitée par les autorités françaises, entraînant nécessairement la séparation du couple et de leurs enfants. • CE 15 juill. 2004, *M. Khamzalatov*, n° 263501.

15. Membres de la famille. L'art. 7 du Règl. (CE) n° 343/2003 (refondu par le Règl. (UE) n° 604/2013 du Parlement européen et du Conseil du 26 juin 2013 établissant les critères et mécanismes de détermination de l'État membre responsable de l'examen d'une demande de protection internationale introduite dans l'un des États membres par un ressortissant de pays tiers ou un apatride, dit Règl. « Dublin III ») dispose que, lorsqu'un membre de la famille a été admis dans un État membre en qualité de réfugié, cet État est responsable de la demande présentée par un autre membre de la même famille, si les personnes intéressées le souhaitent ; ce critère ne peut viser que les membres de la famille définis au i de l'art. 2 de ce Règl., ce qui n'est pas le cas en l'espèce s'agissant du frère aîné d'un demandeur majeur. • CE 2 mars 2007, *Min. d'État, min. de l'Intérieur et de l'Aménagement du territoire c/ M. Ismaïly*, n° 302034 B. – V. aussi • CE 13 juin 2007, *Keramane*, n° 306126. ♦ L'étranger dont la sœur a été reconnue comme réfugiée en France ne peut exciper de l'art. 7 du Règl. n° 343/2003 (refondu par Règl. (UE) n° 604/2013 du Parlement européen et du Conseil du 26 juin 2013 établissant les critères et mécanismes de détermination de l'État membre responsable de l'examen d'une demande de protection internationale introduite dans l'un des États membres par un ressortissant de pays tiers ou un apatride, dit règlement « Dublin III »). • CE 24 déc. 2007, *M. Georgi Tchbirov*, n° 311677. ♦ Même solution s'agissant du père, de la mère, du frère et de la sœur du demandeur. • CE 3 juin 2005, *M. Tamir Olziibat*, n° 281001 B : *AJDA 2005. 2196* ; *Dr. adm. 2005. Comm. 143, note Cassia.*

16. Jugé toutefois que les liens familiaux existant entre le demandeur et les personnes ayant présenté une demande d'asile en France peuvent justifier que soit appliquée la clause dérogatoire ou la clause humanitaire dans la mesure où la notion de « membres de la famille » ne doit pas nécessairement être entendue ici dans son sens restrictif fixé par le Règl. (CE) 343/2003 (refondu par le Règl. (UE) n° 604/2013 du Parlement européen et du Conseil du 26 juin 2013 établissant les critères et mécanismes de détermination de l'État membre responsable de l'examen d'une demande de protection internationale introduite dans l'un des États membres par un ressortissant de pays tiers ou un apatride, dit Règl. « Dublin III »). • CE 17 avr. 2009, *M. Beslan Atabaev*, n° 326997. ♦ En effet, même si le cas du demandeur d'asile ne relève pas des art. 7 ou 8 du Règl. (CE) n° 343/2003 (refondu par le Règl. (UE) n° 604/2013 du Parlement européen et du Conseil du 26 juin 2013 établissant les critères et mécanismes de détermination de l'État membre responsable de l'examen d'une demande de protection internationale introduite dans l'un des États membres par un ressortissant de pays tiers ou un apatride, dit Règl. « Dublin III »), les liens familiaux existant entre lui et les personnes ayant présenté une demande d'asile en France peuvent justifier que soit appliquée par les autorités françaises la clause dérogatoire de l'art. 3, § 2, ou la clause humanitaire définie à l'art. 15. En effet, pour l'application de cet art., la notion de membres d'une même famille ne doit pas nécessairement être entendue dans le sens restrictif fixé par le i) de l'art. 2 du règlement ; en outre, la mise en œuvre par les autorités françaises tant de l'art. 3, § 2, que de l'art. 15 doit être assurée à la lumière des exigences définies par le second alinéa de l'art. 53-1 Const. aux termes duquel « les autorités de la République ont toujours le droit de donner asile à tout étranger persécuté en raison de son action en faveur de la liberté ou qui sollicite la protection de la France pour un autre motif ». • CE 8 sept. 2011, *Mme Larissa Khaniyeva*, n° 352324.

17. Lorsque l'examen des demandes d'asile déposées par deux époux relève, pour chacune d'entre elles, de la responsabilité de deux États différents, il y a lieu d'appliquer le b) de l'art. 11 du Règl. « Dublin » qui désigne comme responsable l'État désigné pour le demandeur le plus âgé, même en présence d'enfant mineur. • CAA Lyon, 31 août 2017, n° 17LY01112.

18. Situation de dépendance. L'art. 15, § 2, du Règl. « Dublin II » prévoit que « lorsque la personne concernée est dépendante de l'assistance de l'autre du fait d'une grossesse ou d'un enfant nouveau-né, d'une maladie grave, d'un handicap grave ou de la vieillesse », les États membres laissent normalement ensemble ou rapprochent le demandeur d'asile et le membre de sa famille présent sur le territoire, à condition que les liens familiaux aient existé dans le pays d'origine. • TA Nice, 21 déc. 2009, *Tasueva*, n° 0904566. ♦ Un État membre peut encore devenir responsable de la demande d'asile pour des raisons humanitaires tenant à la situation de dépendance avérée entre le demandeur d'asile et un membre de sa famille disposant du statut de réfugié dans cet État (en l'espèce, belle-fille souffrant d'une maladie grave et d'un handicap sérieux). • CJUE 6 nov. 2012, *K. c/ Bundesasylamt*, n° C-245/11 : *AJDA 2012. 2270, chron. Aubert, Broussy et Cassagnabère*.

19. L'article 16, § 1, du Règl. (UE) n° 604/2013 du Parlement européen et du Conseil du 26 juin 2013 ne s'applique pas lorsqu'il existe une relation de dépendance soit entre un demandeur de protection internationale et son conjoint résidant légalement dans l'État membre dans lequel a été introduite la demande d'une telle protection, soit entre l'enfant à naître de ce demandeur et ce conjoint qui est également le père de cet enfant. L'article 17, § 1er, de ce même règlement ne s'oppose pas à ce que la législation d'un État membre (en l'espèce, le droit néerlandais) impose aux autorités nationales compétentes, au seul motif tiré de l'intérêt supérieur de l'enfant, d'examiner une demande de protection internationale introduite par une ressortissante de pays tiers lorsque celle-ci était enceinte au moment de l'introduction de sa demande, alors même que les critères énoncés aux articles 7 à 15 de ce règlement désignent un autre État membre comme étant responsable de cette demande. • CJUE 16 févr. 2023, n° C-745/21 : *D. 2023. 396 ; ibid. 1358 ; ibid. 2024. 228, chron. Boskovic, Corneloup, Jault-Seseke, Joubert et Parrot*.

20. Mineurs non accompagnés. L'art. 6 du Règl. (CE) n° 343/2003 (refondu par le Règl. (UE) n° 604/2013 du Parlement européen et du Conseil du 26 juin 2013 établissant les critères et mécanismes de détermination de l'État membre responsable de l'examen d'une demande de protection internationale introduite dans l'un des États membres par un ressortissant de pays tiers ou un apatride, dit Règl. « Dublin III ») prévoit que l'État responsable de la demande d'asile est celui dans lequel le mineur a introduit sa demande d'asile ; lorsqu'un mineur a déjà déposé une demande dans un autre État membre, c'est l'État dans lequel se trouve le mineur qui devient responsable du traitement de la demande, en raison de la nécessaire prise en compte de l'intérêt supérieur de l'enfant. • CJUE 6 juin 2013, *M. A.*, n° C-648/11 : *AJDA 2013. 1688, chron. Aubert, Broussy et Cassagnabère*.

21. Lorsqu'un mineur isolé a déposé des demandes d'asile dans plus d'un État membre et qu'aucun membre de la famille ne se trouve légalement sur le territoire d'un État de l'UE, l'État responsable de l'examen de sa demande est celui dans lequel il se trouve. • CJUE 6 juin 2013, *MA et a. c/ Secretary of State for the Home Department*, n° C-648/11 : *AJDA 2013. 1688, chron. Aubert, Broussy et Cassagnabère ; D. 2013. 1476*. ♦ Un enfant majeur et son conjoint ne peuvent être regardés comme des membres de la famille d'un demandeur, telle que définie au i) de l'art. 2 du Règl. (CE) n° 343/2003 du Conseil du 18 févr. 2003 refondu par le Règl. (UE) n° 604/2013 du Parlement européen et du Conseil du 26 juin 2013 établissant les critères et mécanismes de détermination de l'État membre responsable de l'examen d'une demande de protection internationale introduite dans l'un des États membres par un ressortissant de pays tiers ou un apatride, dit Règl. « Dublin III »). • CE 3 juill. 2013, *Min. Intérieur*, n° 367372 : *AJDA 2013. 2187*.

22. La CJUE considère que les mineurs non accompagnés disposent d'un droit de recours contre le refus d'une protection internationale par un État membre où réside un proche (en l'espèce, refus des autorités néerlandaises d'accueillir une demande formulée par un mineur en Grèce pour rejoindre son oncle qui résidait régulièrement aux Pays-Bas). • CJUE 1er août 2022, *Bundesrepublik Deutschland*, n° C-19/21 : *AJDA 2022. 1588*. ♦ Une demande de protection introduite par un mineur n'est pas irrecevable au seul motif que ses parents se sont déjà vu accorder une protection dans un autre État membre. • CJUE 1er août 2022, *Bundesrepublik Deutschland*, n° C-720/20 : *AJDA 2022. 1588 ; Rev. crit. DIP 2023. 351, chron. Fleury-Graff et Giauffrey*.

III. CLAUSE HUMANITAIRE

A. POSSIBILITÉ DE RECOURIR À LA CLAUSE DE SOUVERAINETÉ

23. L'art. 3-2 du Règl. du 18 févr. 2003 prévoit que chaque État membre peut examiner une demande d'asile qui est présentée par un ressortissant d'un pays tiers, même si cet examen ne lui incombe pas. • CJUE 14 nov. 2013, *Puid*, n° C-4/11 : *AJDA 2014. 342, chron. Aubert, Broussy et Cassagnabère*. ♦ Par suite, le préfet n'est pas en situation de compétence liée pour refuser l'admission au séjour dans cette hypothèse. • CAA Nantes, 29 avr. 1999, *Min. Intérieur c/ Konaté*, n° 97NT00660 : *AJDA 1999. 830, concl. Coënt-Bochard*. ♦ Un État membre peut « décider souverainement » de prendre en charge l'examen d'une demande alors même qu'il a demandé à un autre État membre de s'en charger et que celui-ci a exprimé son accord ; ce dernier n'a aucun moyen pour revendiquer l'examen auquel il a accepté de se livrer. • CJUE 30 mai 2013, *Halaf,* n° C-528/11 : *AJDA 2013. 1688, chron. Aubert, Broussy et Cassagnabère.*

24. La CJUE a précisé que l'usage de la clause discrétionnaire ne peut être que facultatif, cette faculté n'étant soumise à aucune condition particulière ; rien n'impose que la détermination de l'État responsable et l'exercice de la clause discrétionnaire soient assurés par la même autorité nationale. Enfin, les États membres n'ont pas l'obligation de prévoir un recours distinct contre la décision de ne pas mettre en œuvre la clause discrétionnaire, dès lors que l'art. 27, § 1, du règlement (droit à un recours effectif) dispose que le renoncement à la mise en œuvre de la clause discrétionnaire peut être contesté à l'occasion d'un recours contre la décision de transfert. • CJUE 23 janv. 2019, n° C-661/17 : *D. 2019. 201.* ♦ L'exercice d'un recours contre la décision distincte refusant d'accorder le bénéfice de la clause discrétionnaire n'a aucune incidence sur le délai de transfert. • CJUE 18 avr. 2024, n° C-359/22.

25. Lorsque la France décide d'examiner une demande d'asile alors que celle-ci relève de la compétence d'un autre État, cette décision n'est pas nécessairement expresse. • CAA Douai, 6 oct. 2005, *Yuce,* n° 05DA00898.

26. Droit constitutionnel d'asile. La simple application du mécanisme de transfert prévu au présent art. ne constitue pas, en tant que telle, une atteinte grave et manifestement illégale à la liberté fondamentale que constitue le droit d'asile. • CE 2 mai 2001, *Min. Intérieur c/ Mme Dziri,* n° 232997 : *Lebon 227 ; D. 2001. 3479, note Julien-Laferrière* • 3 mai 2004, *Mme Dogan épse Antil,* n° 258085. ♦ Le préfet qui refuse l'admission au séjour au motif que la demande relève de la compétence d'un autre État ne méconnaît pas le droit constitutionnel d'asile. • CE 2 mars 2007, *Min. Intérieur c/ Ismaïly,* n° 302034 B.

27. Les dispositions de l'art. L. 751-5 prévoient des mesures susceptibles d'être prises par l'autorité administrative aux fins de mise en œuvre de la procédure de détermination de l'État responsable de l'examen d'une demande d'asile, organisée par le Règl. (UE) n° 604/2013 du Parlement européen et du Conseil en date du 26 juin 2013 ; ces dispositions ne s'opposent pas à ce que l'État puisse souverainement décider d'accorder l'asile à une personne étrangère dont l'examen de la demande d'asile relèverait pourtant de la compétence d'un autre État en vertu du règlement du 26 juin 2013 ; elles ne méconnaissent pas le droit d'asile énoncé au quatrième alinéa du Préamb. de 1946 qui, compte tenu des dispositions de l'art. 53-1 Const., n'implique pas que l'étranger qui s'en prévaut bénéficie d'un droit au séjour provisoire sur le territoire qui excéderait le droit au maintien sur le territoire prévu dans le cadre de la procédure de détermination de l'État responsable de l'examen de sa demande d'asile en vertu du Règl. du 26 juin 2013. • CE 1er juin 2018, n° 418862 B : *AJDA 2018. 1129.*

28. Le juge s'autorise à vérifier que le refus des autorités françaises de faire usage de la faculté d'examiner la demande d'asile de l'intéressé, alors que cet examen relève normalement de la compétence d'un autre État, ne méconnaît pas de façon manifeste le droit constitutionnel d'asile. • CE 3 juin 2005, *M. Tamir Olziibat,* n° 281001 B : *AJDA 2005. 2196 ; Dr. adm. 2005. Comm. 143, note Cassia.* ♦ Cela vaut également pour le juge des référés. • CE 2 mai 2006, *Mme Sakinat Amiraleva alias Mme Sultanat Kirilova, épse Koulayeva,* n° 292910. ♦ V. par exemple pour une annulation fondée sur le risque de renvoi vers l'Afghanistan, pays dans lequel la situation est susceptible d'être qualifiée de violence aveugle résultant d'un conflit armé interne au sens de l'art. L. 721-1. • CAA Lyon, 3 avr. 2018, nos 17LY02181 et 17LY02184.

29. Ni la qualité de parent d'enfant français mineur, ni le bénéfice d'une carte de séjour de plein droit qui en découle ne sauraient faire obstacle au droit de demander la reconnaissance de la qualité de réfugié ; alors même que l'examen de sa demande d'asile relèverait en principe de la compétence d'un autre État que la France, le respect du droit constitutionnel d'asile exclut que le droit, pour un étranger relevant de l'une des catégories prévues par le CESEDA bénéficiant d'un titre de séjour de plein droit, de solliciter le statut de réfugié soit subordonné à l'obligation de quitter le territoire français. Dans pareille hypothèse, il appartient à l'autorité préfectorale de faire application des dispositions du § 2 de l'art. 3 du Règl. (CE) n° 343/2003 du Conseil du 18 févr. 2003 (refondu par le Règl. (UE) n° 604/2013 du Parlement européen et du Conseil du 26 juin 2013 établissant les critères et mécanismes de détermination de l'État membre responsable de l'examen d'une demande de protection internationale introduite dans l'un des États membres par un ressortissant de pays tiers ou un apatride, dit Règl. « Dublin III ») qui ouvre la faculté de déroger à la règle selon laquelle la demande d'asile est examinée par l'État membre responsable. • CE 6 nov. 2012, *Min. Intérieur,* n° 363511 B : *AJDA 2012. 2143.*

30. Liberté fondamentale de solliciter le statut de réfugié. La détermination de l'État responsable de l'examen d'une demande d'asile présentée dans l'un des États membres de l'Union européenne par un ressortissant d'un pays tiers s'effectue selon les règles prévues par le Règl. (CE) n° 343/2003 du Conseil du 18 févr. 2003 (refondu par le Règl. (UE) n° 604/2013 du Parlement européen et du Conseil du 26 juin 2013 établissant les critères et mécanismes de détermination de l'État membre responsable de l'examen d'une demande de protection internationale introduite dans l'un des États membres par un ressortissant de pays tiers ou un apatride, dit Règl. « Dublin III ») ; la mise en œuvre de cette procédure ne saurait par elle-même porter atteinte à la liberté fondamentale de solliciter le statut de réfugié sauf si l'examen de la demande s'effectuait sans la présence de son auteur, seul à même d'apporter les justifications exigées et de répondre aux interrogations des autorités en charge de l'instruction du dossier. • CE 25 nov. 2003, *Min. Intérieur c/ Nikoghosyan*, n° 261913 : *AJDA 2004. 1198, note Glogowski*. ♦ Une décision de remise à un État de l'Union européenne, susceptible d'être exécutée d'office, crée, en principe, pour son destinataire, une situation d'urgence au sens de l'art. L. 521-1 CJA qui peut, toutefois, être contredite au vu des éléments d'espèce et de contexte ; le requérant ne fait état d'aucune circonstance particulière tendant à démontrer que son transfert au Danemark serait de nature à porter une atteinte grave et immédiate à l'exercice de son droit d'asile et à créer une situation d'urgence. • TA Paris, 5 mai 2014, *M. Afzali*, n° 1407142/9 : *AJDA 2014. 2100*.

B. OBLIGATION DE TRAITER LA DEMANDE

31. La possibilité de traitement national de la demande d'asile peut s'assimiler à une obligation lorsque le refus des autorités nationales d'examiner la demande d'asile au motif qu'elle relève de la compétence d'un autre État entraîne la violation d'une liberté fondamentale (en l'espèce, le droit d'être présent lors de l'examen de la demande d'asile et le droit au respect de la vie familiale). • TA Lyon, 4 nov. 2003, *M. Arayik Nikohosyan : AJDA 2004. 1198, note Glogowski* • CE 25 nov. 2003, *Min. Intérieur c/ M. Arayik Nikohosyan : préc.* ♦ Il appartient ainsi à l'autorité administrative, sous le contrôle du juge, de traiter une demande d'asile alors même qu'elle relève de la compétence d'un autre État lorsque les règles et les modalités en vertu desquelles cet État examine les demandes d'asile méconnaissent les règles ou principes que le droit international et interne garantit aux demandeurs d'asile et aux réfugiés ; il en va ainsi en particulier du droit d'être admis au séjour pendant le temps nécessaire à un examen individuel de la demande, de la possibilité de présenter un recours suspensif et de pouvoir bénéficier de la protection tirée du statut de réfugié, une fois celui-ci reconnu. • CE 6 mars 2008, *Min. immigration c/ M. Dociev*, n° 313915 : *AJDA 2009. 102, note Le Bot* • CAA Paris, 14 juin 2012, *M. C.*, n° 11PA02349 : *AJDA 2012. 1934*.

CHAPITRE I ENREGISTREMENT DE LA DEMANDE ET ÉVALUATION DE LA VULNÉRABILITÉ DU DEMANDEUR D'ASILE ET DE SES BESOINS PARTICULIERS

Art. L. 571-1 Lorsque l'autorité administrative estime que l'examen d'une demande d'asile relève de la compétence d'un autre État qu'elle entend requérir, en application du règlement (UE) n° 604/2013 du Parlement européen et du Conseil du 26 juin 2013, il est procédé à l'enregistrement de la demande selon les modalités prévues au chapitre I du titre II.

Une attestation de demande d'asile est délivrée au demandeur selon les modalités prévues à l'article L. 521-7. Elle mentionne la procédure dont il fait l'objet. Elle est renouvelable durant la procédure de détermination de l'État responsable et, le cas échéant, jusqu'à son transfert effectif à destination de cet État.

Le présent article ne fait pas obstacle au droit souverain de l'État d'accorder l'asile à toute personne dont l'examen de la demande relève de la compétence d'un autre État. – *[Anc. art. L. 742-1, al. 1er (sauf 1re phr.).]*

Art. L. 571-2 Il est procédé à une évaluation de la vulnérabilité des demandeurs mentionnés à l'article L. 571-1, selon les modalités prévues au chapitre II du titre II, afin de déterminer leurs besoins particuliers en matière d'accueil.

CHAPITRE II PROCÉDURES DE PRISE EN CHARGE ET DE REPRISE EN CHARGE

COMMENTAIRE

I. PROCÉDURE DE TRANSFERT

Aux termes de l'article L. 571-1, lorsque la préfecture estime que l'examen de la demande d'asile relève de la compétence d'un autre État membre, elle remet au demandeur une attestation qui précise qu'il est placé sous procédure « Dublin ». Cette attestation lui donne le droit de se maintenir sur le territoire français. Elle est renouvelable pendant toute la durée de la procédure, le cas échéant jusqu'au transfert effectif vers l'État responsable. Le demandeur bénéficie, pendant ce temps, des conditions matérielles d'accueil offertes à tous les demandeurs d'asile, c'est-à-dire de l'allocation pour demandeur d'asile (ADA) et d'un hébergement dans le parc d'hébergement pour demandeurs d'asile, à l'exception des centres d'accueil pour demandeurs d'asile (CADA).

La demande de prise en charge (ou de reprise en charge lorsque le demandeur a déjà demandé l'asile dans un autre pays européen) auprès d'un État présumé responsable de la demande doit être formulée dans un délai de trois mois à compter du dépôt de la demande d'asile (deux mois si la responsabilité est établie par les données enregistrées dans le fichier Eurodac, V. Règl. (UE) n° 604/2013, art. 21) ; le non-respect de ce délai rend la France responsable du traitement de la demande. L'État saisi dispose d'un délai de deux mois pour statuer sur la demande ; l'absence de réponse vaut acceptation implicite de prise en charge. L'État membre requérant peut solliciter une réponse en urgence dans les cas où la demande d'asile a été introduite à la suite d'un refus d'entrée ou de séjour, d'une arrestation pour séjour irrégulier ou de la signification ou de l'exécution d'une mesure d'éloignement et/ou dans le cas où le demandeur d'asile est maintenu en détention. La requête indique les raisons qui justifient une réponse urgente et le délai dans lequel une réponse est attendue. Ce délai est d'au moins une semaine.

En cas d'acceptation de sa responsabilité par l'État requis, le demandeur se verra notifier la décision de refus d'admission au séjour et la mesure de transfert ; la jurisprudence a précisé (V. *infra*, notes ss. art. L. 572-1) que la décision de transfert du demandeur d'asile ne peut intervenir qu'après l'acceptation de la prise en charge par l'État requis. La décision d'acceptation de l'État requis ne peut faire l'objet de recours que selon les règles applicables dans cet État. Le transfert doit s'accomplir dans le mois qui suit la décision d'acceptation.

Le transfert est en principe réalisé par le départ volontaire de l'intéressé dans le délai maximal d'un mois. A défaut, le transfert doit être réalisé sous escorte. A l'expiration du délai de remise, le demandeur ne peut être regardé comme autorisé à demeurer sur le territoire et ne peut plus bénéficier des conditions d'accueil réservées aux demandeurs d'asile.

Si le transfert n'est pas exécuté dans le délai de six mois, la responsabilité incombe à l'État membre auprès duquel la demande d'asile a été introduite. Ce délai peut être porté à un an au maximum s'il n'a pas pu être procédé au transfert en raison d'un emprisonnement du demandeur d'asile ou à dix-huit mois au maximum si le demandeur d'asile prend la fuite. L'État membre responsable informe l'État membre requérant, selon le cas, de l'arrivée à bon port du demandeur d'asile ou du fait qu'il ne s'est pas présenté dans les délais impartis.

Le transfert est réalisé d'office dès notification de la décision de remise faisant suite à l'acceptation de l'État requis.

Si l'État requis refuse la prise en charge, il prend une décision écrite et spécialement motivée. Enfin, le silence de l'État requis vaut acceptation tacite de sa responsabilité.

En cas d'échec du transfert, la France redevient l'État responsable du traitement de la demande.

Il convient encore de mentionner la *procédure de reprise*. En effet, l'État membre auprès duquel la demande d'asile a été introduite est tenu, en vue d'achever le processus de détermination de l'État membre responsable de l'examen de la demande, de reprendre en charge le demandeur d'asile qui se trouve dans un autre État membre et y a formulé à nouveau une demande d'asile après avoir retiré sa demande pendant le processus de détermination de l'État responsable. Cette obligation cesse si le demandeur d'asile a quitté entre-temps le territoire des États membres pendant une période d'au moins trois mois ou a été mis en possession d'un titre de séjour par un État membre. C'est l'article 20 du règlement de 2003 qui prévoit la procédure applicable : la requête aux fins de reprise en charge doit comporter des indications permettant à l'État membre requis de vérifier qu'il est responsable ; l'État membre requis pour la reprise en charge est tenu de procéder aux vérifications nécessaires et de répondre à la demande qui lui est faite aussi rapidement que possible et en tout état de cause dans un délai n'excédant pas un mois à compter de sa saisine. Lorsque la demande est fondée sur des données obtenues par le système Eurodac, ce délai est réduit à deux semaines. Si l'État membre requis ne fait pas connaître sa décision dans l'un de ces délais, il est considéré comme acceptant la reprise en charge du demandeur d'asile. L'État membre qui accepte la reprise en charge est tenu de réadmettre le demandeur d'asile sur son territoire. Le transfert s'effectue conformément au droit national de l'État membre requérant, après concertation entre les États membres concernés, dès qu'il est matériellement possible et, au plus tard, dans un délai de six mois à compter de l'acceptation de la demande aux fins de reprise en charge par un autre État membre ou de la décision sur le recours ou la révision en cas d'effet suspensif. L'État membre requérant notifie au demandeur d'asile la décision relative à sa reprise en charge par l'État membre responsable. Cette décision est motivée. Elle est assortie des indications de délai relatives à la mise en œuvre du transfert et comporte, si nécessaire, les informations relatives au lieu et à la date auxquels le demandeur doit se présenter s'il se rend par ses propres moyens dans l'État membre responsable. Cette décision est susceptible d'un recours ou d'une révision. Ce recours ou cette révision n'a pas d'effet suspensif sur l'exécution du transfert, sauf lorsque les tribunaux ou les instances compétentes le décident, au cas par cas, si la législation nationale le permet. L'État membre responsable informe l'État membre requérant, le cas échéant, de l'arrivée à bon port du demandeur d'asile ou du fait qu'il ne s'est pas présenté dans les délais impartis.

Si le transfert n'est pas exécuté dans le délai de six mois, la responsabilité incombe à l'État membre auprès duquel la demande d'asile a été introduite. Ce délai peut être porté à un an au maximum s'il n'a pas pu être procédé au transfert ou à l'examen de la demande en raison d'un emprisonnement du demandeur d'asile ou à dix-huit mois au maximum si le demandeur d'asile prend la fuite. Cette prolongation n'est qu'une des modalités d'exécution de la décision initiale de transfert et ne peut être regardée comme révélant une décision susceptible de recours.

II. STATUT DU DEMANDEUR « DUBLINÉ » ET VOIES DE RECOURS

Il convient tout d'abord de rappeler que l'article L. 352-1 permet au ministre de l'Intérieur de refuser l'entrée sur le territoire à un ressortissant d'un État tiers qui sollicite à la frontière le bénéfice d'une protection internationale si cette demande relève de la responsabilité d'un autre État membre ; cette décision est susceptible de recours dans les conditions prévues par l'article L. 352-4 (recours introduit dans les quarante-huit heures ; le magistrat désigné doit statuer dans un délai de soixante-douze heures).

Si le demandeur d'asile, dont l'autorité administrative estime qu'il relève de la compétence d'un autre État, bénéficie du droit de se maintenir sur le territoire jusqu'à la fin de la procédure de détermination de l'État responsable, l'attestation de demande d'asile ne vaut autorisation de séjour qu'à compter du moment où « la demande d'asile a été introduite auprès de l'Office » (art. L. 541-2). Reste que, conformément à la jurisprudence antérieure du Conseil d'État, l'attestation sera renouvelée jusqu'à l'intervention du transfert effectif.

Les articles L. 751-2 à L. 751-7, auxquels renvoie l'article L. 573-2, prévoient la possibilité de décider d'assigner à résidence le demandeur « dubliné », permettant ainsi de s'assurer de la présence du demandeur tout au long de la procédure.

Depuis la loi n° 2018-187 du 20 mars 2018, le demandeur « dubliné » peut faire l'objet d'un placement en rétention (V. notes ss. art. L. 751-9, *infra*) dès le début de la procédure de détermination de l'État membre, le cas échéant avant la notification de la décision de transfert pour prévenir un risque non négligeable de fuite, sur la base d'une évaluation individuelle. Le risque non négligeable de fuite peut, sauf circonstance particulière, être regardé comme établi dans les cas suivants : soustraction à la procédure « Dublin » dans un autre État membre ; rejet de la demande d'asile dans l'État membre responsable ; retour en France après l'exécution effective d'une mesure de transfert ; soustraction à l'exécution d'une précédente mesure d'éloignement ; l'étranger, aux fins de se maintenir sur le territoire français, a contrefait, falsifié ou établi sous un autre nom que le sien un titre de séjour ou un document d'identité ou de voyage ; dissimulation des éléments de son identité, la circonstance tirée de ce qu'il ne peut justifier de la possession de documents d'identité ou de voyage en cours de validité ne pouvant toutefois suffire, à elle seule, à établir une telle dissimulation ; impossibilité de justifier du lieu de résidence effective ou permanente (si l'étranger ne bénéficie pas des conditions matérielles d'accueil prévues au chapitre IV du titre III du livre VII) ; refus du lieu d'hébergement proposé en application de l'article L. 551-15 et impossibilité de justifier du lieu de sa résidence effective ou permanente ; abandon, sans motif légitime, du lieu d'hébergement proposé ; défaut de présentation aux convocations de l'autorité administrative, de réponse aux demandes d'information et d'entretiens prévus dans le cadre de la procédure de détermination de l'État responsable de l'examen de sa demande d'asile ou de l'exécution de la décision de transfert sans motif légitime ; soustraction préalable aux obligations prévues aux articles L. 721-7 (l'étranger auquel un délai de départ volontaire a été accordé peut être astreint à se présenter à l'autorité administrative ou aux services de police ou aux unités de gendarmerie pour y indiquer ses diligences dans la préparation de son départ), L. 743-13 (assignation à résidence décidée par le juge judiciaire), L. 731-3 (assignation à résidence), L. 731-1 et L. 751-2 (assignation à résidence « dubliné ») ; l'étranger a explicitement déclaré son intention de ne pas se conformer à la procédure de détermination de l'État responsable de l'examen de sa demande d'asile ou à la procédure de transfert.

L'article L. 572-5 prévoit que le demandeur peut, dans les quinze jours de la notification de la décision de transfert, saisir le président du tribunal administratif territorialement compétent afin d'en obtenir l'annulation.

Dans un souci de simplification et d'accélération des procédures, la loi n° 2018-778 du 10 septembre 2018 pour une immigration maîtrisée, un droit d'asile effectif et une intégration réussie (art. L. 572-6) a prévu une procédure juridictionnelle unique lorsqu'une décision de placement en rétention (art. L. 751-9) est notifiée avec la décision de transfert ou lorsque l'étranger fait l'objet, en cours d'instance, d'une décision de placement en rétention : l'étranger peut alors contester la décision de transfert dans les conditions et délais prévus aux articles L. 614-7 à L. 614-13. Le même régime spécifique s'applique lorsqu'une décision d'assignation à résidence est notifiée avec la décision de transfert quand l'étranger fait l'objet d'une telle décision en cours d'instance. ❑

Plan des annotations

1. Alors même qu'existe entre les deux États membres concernés un accord de réadmission, c'est la procédure de transfert du Règl. « Dublin III » qui doit être mise en œuvre. • CAA Douai, 7 nov. 2017, n° 17DA01073.

2. Si l'art. 25 du Règl. Eurodac (Règl. (UE) 603/2013/UE du Parlement européen et du Conseil du 26 juin 2013) impose que le résultat positif de la comparaison des empreintes digitales du demandeur soit vérifié par un expert en empreintes digitales, le manquement à cette obligation n'affecte pas la régularité de la procédure de détermination de l'État responsable de l'examen de la demande d'asile si la fiabilité des informations issues de cette comparaison n'a pas été sérieusement critiquée. • CAA Lyon, 20 nov. 2018, n° 18LY01453 : *AJDA 2019. 1141*.

3. Retrait de la demande d'asile. Le retrait d'une demande d'asile en cours de procédure de détermination de l'État responsable de l'examen de la demande, interdit qu'il soit procédé à la remise du demandeur. • CJUE 3 mai 2012, *Kastrati*, n° C-620/10.

4. Directive « Retour ». Jugé que la directive « Retour » n'est pas applicable à la procédure de remise d'un étranger à l'État membre responsable de la demande d'asile. • CE 23 juin 2011, *M*[me] *Tamoeva*, n° 350136.

5. Mandat d'arrêt européen. La circonstance que l'entrée sur le territoire de l'État membre requérant soit consécutive à une remise en exécution d'un mandat d'arrêt européen ne saurait, en tant que telle, exclure la formulation d'une requête aux fins de reprise en charge. • CJUE 5 juill. 2018, n° C-213/17.

I. DROITS DU DEMANDEUR D'ASILE

6. Droit au recours. Dans le cadre du Règl. « Dublin III » du 26 juin 2013, la CJUE a précisé que l'art. 27 du Règl. instaure, au profit du demandeur d'asile, un droit au recours contre la décision de transfert qui doit être effectif et porter sur les questions de fait et de droit ; aucune limitation des arguments susceptibles d'être invoqués par le demandeur d'asile n'est mentionnée. La Cour précise encore que le demandeur peut invoquer l'application erronée du critère de responsabilité ; la Cour note en effet qu'à la différence du Règl. « Dublin II », dans le cadre du Règl. (UE) n° 604/2013, le législateur de l'Union ne s'est pas limité à instituer des règles organisationnelles gouvernant uniquement les relations entre les États membres mais a décidé d'associer à ce processus les demandeurs d'asile, en obligeant les États à les informer des critères de responsabilité et à leur offrir l'occasion de fournir les informations permettant la correcte application de ces critères, ainsi qu'en leur assurant un droit effectif au recours contre la décision de transfert éventuellement prise à l'issue du processus. • CJUE 7 juin 2016, *Mehrdad Ghezelbash*, n° 63/15 : *AJDA 2016. 1152* • 7 juin 2016, *Karim*, n° C-155/15 : *AJDA 2016. 1682, chron. Broussy, Cassagnabère et Gänser*. ♦ La Cour reconnaît au demandeur le droit d'invoquer, à l'appui d'un recours contre la décision de transfert, l'application erronée du critère de responsabilité relatif au franchissement irrégulier de la frontière d'un État membre. • CJUE 26 juill. 2017, *A.S. c/ Republika Slovenija*, n° C-490/16 : *préc. note 10 ss. Titre VII.* ♦ En vertu de l'art. 27 du Règl. « Dublin III », un demandeur de protection internationale doit disposer d'une voie de recours effective et rapide afin de contester une décision de transfert, sachant que l'exigence d'effectivité implique qu'il puisse invoquer des circonstances postérieures qui seraient déterminantes pour la correcte application du Règl. « Dublin III ». • CJUE 25 janv. 2018, n° C-360/16.

7. S'agissant de la recevabilité du recours permettant d'invoquer des éléments postérieurs à la décision de transfert, la Cour souligne que la prise en compte de tels éléments est nécessaire lorsqu'ils sont « déterminants pour la correcte application du règlement Dublin III », c'est-à-dire ayant une incidence sur la détermination de l'État membre responsable. • CJUE, gr. ch., 15 avr. 2021, *État belge*, n° C-194/19 : *AJDA 2021. 1089, Chron. Bonneville, Gänser et Iljic*.

8. Maintien sur le territoire. L'art. R. 573-2 dispose que l'attestation de demande d'asile peut être retirée ou ne pas être renouvelée lorsque l'étranger se soustrait de manière intentionnelle et systématique aux convocations ou contrôles de l'autorité administrative en vue de faire échec à l'exécution d'une décision de transfert ; ces dispositions ne mettent en cause aucune des matières réservées au législateur par l'art. 34 Const. ou par d'autres dispositions constitutionnelles ; par ailleurs, aux termes de l'art. 9, § 1, de la Dir. (UE) 2013/32/UE, les demandeurs sont autorisés à rester dans l'État membre, aux seules fins de la procédure, jusqu'à ce que l'autorité responsable de la détermination se soit prononcée conformément aux procédures en première instance prévues au chapitre III. Ce droit de rester dans l'État membre ne constitue pas un droit à un titre de séjour ; si ces dispositions s'appliquent aux demandeurs d'asile qui font l'objet d'une procédure de transfert en application du Règl. n° 604/2013, le droit de se maintenir sur le territoire qu'elles garantissent n'existe que tant qu'aucune décision de transfert n'est intervenue. • CE 30 janv. 2017, n° 394686 : *AJDA 2017. 821, concl. Domino*.

9. Le Conseil d'État a partiellement annulé la circulaire du ministre chargé de l'intérieur du 1er avr. 2011 relative au droit d'asile en tant qu'elle prévoyait l'interruption des conditions minimales d'accueil pour les demandeurs d'asile qui n'ont pas déféré, dans le délai imparti, à l'obligation de rejoindre le pays vers lequel leur réadmission a été prononcée. La jurisp. de la CJUE (27 sept. 2012, *La Cimade*, n° C-179/11 : *AJDA 2012. 1821*) exige en effet le maintien de cette prise en charge jusqu'au transfert effectif du demandeur vers l'État membre désigné par le Règl. « Dublin II ». • CE 30 déc. 2013, *La Cimade*, n° 350193 B : *AJDA 2014. 13*.

10. L'étranger qui attend la décision des instances de l'asile sur sa demande de protection doit pouvoir subvenir à ses besoins sur le territoire français. A cet effet, le législateur instaure une nouvelle allocation dont les modalités de délivrance s'alignent sur ce qui, pour répondre aux exigences de la CJUE (CJUE 27 sept. 2012, n° C-179/11, *La Cimade et Gisti c/ Min. Intérieur* ; CJUE 27 févr. 2014, *Saciri*, n° C-79/13) et du Conseil d'État (CE 17 avr. 2013, n° 335924), avait déjà été admis en France s'agissant de l'allocation temporaire d'attente. Ainsi, l'apport de la réforme tient essentiellement dans une refonte du calcul du montant de l'allocation versée.

11. Information du demandeur d'asile. Le demandeur doit être informé par écrit et dans une langue qu'il comprend des conditions d'application du Règl. 343/2003/CE du 18 févr. 2003 (refondu par le Règl. (UE) n° 604/2013 du Parlement européen et du Conseil du 26 juin 2013 établissant les critères et mécanismes de détermination de l'État membre responsable de l'examen d'une demande de protection internationale introduite dans l'un des États membres par un ressortissant de pays tiers ou un apatride, dit Règl. « Dublin III ») ; à défaut, l'autorité administrative porte une atteinte grave et manifestement illégale à la liberté fondamentale que constitue le droit d'asile. • CE 30 juill. 2008, *Chermykhanov*, n° 313767 B • 17 mars 2010, *Wahidi*, n° 332586. ♦ L'entretien avec un demandeur d'asile bengalais réalisé en anglais satisfait au présent art. ; l'anglais étant l'une des principales langues employées au Bangladesh, notamment en matière administrative, il était raisonnable de penser que le demandeur la comprenait ; le juge considère en outre que la compréhension des échanges au cours de l'entretien ne constitue pas une formalité substantielle, la procédure suivie n'ayant privé d'aucune garantie et n'ayant pas davantage été de nature à exercer une quelconque influence sur le sens de la décision de remise aux autorités de l'État requis ; enfin, le juge écarte également le moyen dirigé contre l'arrêté de transfert qui a été notifié par le truchement d'un interprète en langue hindi, langue que le requérant soutenait ne comprendre qu'approximativement. • CAA Versailles, 1er juin 2017, n° 16VE02767. ♦ La décision de remise doit porter à la connaissance de l'intéressé les indications de délai relatives à la mise en œuvre du transfert ; en effet, cette information constitue, non une simple mesure d'exécution, mais une garantie essentielle donnée au demandeur d'asile pour lui permettre de connaître ses droits en cas d'inexécution de la décision de remise aux autorités de l'État responsable dans le délai maximal prévu par le Règl. du 18 févr. 2003. • CAA Bordeaux, 12 mars 2009, *M. Miguel*, n° 08BX00063 • CAA Nantes, 2 oct. 2009, *Varaev et a.*, n° 08NT02355.

12. Aux termes de l'art. 26, § 3, du Règl. (UE) n° 604/2013, lorsque la personne concernée n'est pas assistée ou représentée par un conseil juridique ou un autre conseiller, les États membres l'informent des principaux éléments de la décision, ce qui comprend toujours les informations sur les voies et délais de recours disponibles et sur les délais applicables à l'exercice de ces voies de recours, dans une langue que la personne concernée comprend ou dont on peut raisonnablement penser qu'elle la comprend ; par suite, est irrégulière une notification d'une décision de remise « Dublin » effectuée par téléphone grâce aux services d'un interprète mais qui n'a pas porté sur les voies et délais de recours. • CAA Lyon, 26 janv. 2016, n° 15LY03058.

13. Entretien avec le demandeur. L'entretien individuel, prévu par l'art. 4 du Règl. (UE) n° 604/2013 du 26 juin 2013, n'implique pas que l'agent de la préfecture qui le mène mentionne son nom sur la fiche relatant cet entretien, ni qu'un éventuel interprète signe ce document. Si la fiche de cet entretien a été rédigée en anglais, il s'agit de l'une des principales langues employées au Bangladesh, notamment en matière administrative, dont on peut, dès lors, raisonnablement supposer qu'elle est comprise de l'intéressé ; par ailleurs, la fiche ne comportait aucune demande d'interprète et l'intéressé avait pu indiquer les pays qu'il avait traversés avant d'entrer en France ainsi que le pays dans lequel il avait déjà effectué une première demande d'asile. • CAA Versailles, 1er juin 2017, n° 16VE02767 : *AJDA 2017.1756.*

14. Une demande de protection internationale est réputée introduite lorsqu'un document écrit, établi par une autorité publique et attestant qu'un ressortissant de pays tiers a sollicité la protection internationale, est parvenu à l'autorité chargée de l'exécution des obligations découlant de ce règlement et, le cas échéant, lorsque seules les principales informations figurant dans un tel document, mais non celui-ci ou sa copie, sont parvenues à cette autorité. Pour pouvoir engager efficacement le processus de détermination de l'État responsable, l'autorité compétente a besoin d'être informée, de manière certaine, du fait qu'un ressortissant de pays tiers a sollicité une protection internationale, sans qu'il soit nécessaire que le document écrit dressé à cette fin revête une forme précisément déterminée ou qu'il comporte des éléments supplémentaires pertinents pour l'application des critères fixés par le Règl. « Dublin III » ou, *a fortiori*, pour l'examen au fond de la demande, et sans qu'il soit nécessaire à ce stade de la procédure qu'un entretien individuel ait déjà été organisé. • CJUE 26 juill. 2017, *Mengesteab*, n° C-670/16 : *AJDA 2017. 2299, chron. Bonneville, Broussy, Cassagnabère et Gänser ; D. 2018. 313, obs. Boskovic, Corneloup, Jault-Seseke, Joubert et Parrot*.

15. Lorsque l'autorité compétente pour assurer au nom de l'État français l'exécution des obligations découlant du Règl. « Dublin III » a, ainsi que le permet l'art. R. 521-3, prévu que les demandes de protection internationale doivent être présentées auprès de l'une des personnes morales qui ont passé avec l'OFII la convention prévue à l'art. L. 550-2, la date à laquelle cette personne morale, auprès de laquelle le demandeur doit se présenter en personne, établit le document écrit matérialisant l'intention de ce dernier de solliciter la protection internationale doit être regardée comme celle à laquelle est introduite cette demande de protection internationale au sens du § 2 de l'art. 20 dudit règlement et fait donc partir le délai de 3 mois fixé par l'art. 21, § 1, de ce règlement. L'objectif de célérité dans le processus de détermination de l'État responsable, rappelé par l'arrêt précité de la CJUE, serait en effet compromis si le point de départ de ce délai devait être fixé à la date à laquelle ce ressortissant se présente au GUDA de la préfecture ou celle à laquelle sa demande est enregistrée par la préfecture. • CAA Bordeaux, 22 déc. 2017, n° 17BX03212 : *AJDA 2018. 834*.

16. Reprise en charge d'un demandeur « dubliné ». L'art. 27, § 1, du Règl. « Dublin III », lu à la lumière du considérant 19 de ce règlement et de l'art. 47 Charte UE, doit être interprété en ce sens qu'il ne s'oppose pas à une législation nationale qui prévoit que le contrôle juridictionnel de la décision de transfert doit reposer sur la situation factuelle existant lors de la tenue de la dernière audience devant la juridiction saisie ou, à défaut d'audience, au moment où cette juridiction statue sur le recours. Dans une situation dans laquelle un ressortissant d'un pays tiers, après avoir introduit une demande de protection internationale dans un premier État membre, a été transféré vers cet État membre par suite du rejet d'une nouvelle demande introduite auprès d'un second État membre, puis est revenu, sans titre de séjour, sur le territoire de ce second État membre, ce ressortissant peut faire l'objet d'une procédure de reprise en charge ; il n'est pas possible de procéder à un nouveau transfert de cette personne vers le premier de ces États membres sans que soit suivie une telle procédure ; la requête aux fins de reprise en charge doit être envoyée dans les délais prévus par l'art. 24, § 2, du Règl. « Dublin III » et ceux-ci ne peuvent pas commencer à courir avant que l'État membre requérant n'ait eu connaissance du retour de la personne concernée sur son territoire. Lorsque la requête aux fins de reprise en charge n'est pas formulée dans les délais prévus à l'art. 24, § 2, de ce règlement, l'État membre sur le territoire duquel se trouve la personne concernée sans titre de séjour est responsable de l'examen de la nouvelle demande de protection internationale que cette personne doit être autorisée à introduire. L'État membre sur le territoire duquel cette personne se trouve sans titre de séjour peut encore formuler une requête aux fins de reprise en charge ; cette disposition n'autorise pas le transfert de ladite personne vers un autre État membre sans que soit formulée une telle requête. • CJUE 25 janv. 2018, n° C-360/16 : *AJDA 2018. 190* ; *D. 2018. 313, chron. Boskovic, Corneloup, Jault-Seseke, Joubert et Parrot*.

II. SAISINE DE L'ÉTAT RESPONSABLE

17. Délai de saisine. La requête aux fins de prise en charge doit être présentée dans un délai de 3 mois (Règl. « Dublin III », al. 1er, art. 21, § 1 ; l'al. 2 de l'art. 21 fixe ce délai à 2 mois lorsque la consultation du système Eurodac permet d'établir que le demandeur a d'abord franchi les frontières extérieures d'un autre État membre. Ces deux délais ne se cumulent pas). • CJUE 26 juill. 2017, *Mengesteab*, n° C-670/16 : *préc. note 14*. ♦ Le point de départ de ce délai est la date à laquelle l'autorité compétente atteste qu'un ressortissant d'un pays tiers a sollicité une protection internationale ; un retard dans la transmission de ce document à une autorité de l'État requérant ne saurait affecter le délai de 3 ou 2 mois. • Même arrêt. ♦ Après avoir spontanément exécuté son transfert dans un premier État membre, le demandeur « dubliné » est revenu en France et a déposé une nouvelle demande d'asile ; le préfet doit diligenter une nouvelle procédure de détermination dont les délais courent à compter de la nouvelle prise d'empreintes. • CAA Lyon, 6 janv. 2022, n° 21LY03266.

18. Si les autorités françaises ne respectent pas ce délai de 2 ou 3 mois pour saisir l'État présumé responsable de la demande d'asile, la demande doit être examinée par l'OFPRA et l'intéressé ne peut faire l'objet d'une mesure d'éloignement. • CE 6 mars 2006, *Sethupathy*, n° 267935 : *Lebon T. 903*. ♦ Dans l'hypothèse où le préfet a négligé de saisir l'État responsable de la demande d'asile dans le délai de 2 mois après le premier relevé d'empreintes, la France est devenue l'État responsable de cette demande et le préfet ne peut recourir à une nouvelle procédure de détermination de l'État responsable. • CAA Versailles, 3 juill. 2018, n° 17VE03417.

19. Une décision de transfert vers un État membre autre que celui auprès duquel la demande de protection internationale a été introduite ne saurait être valablement adoptée une fois expiré le délai de trois mois prévu par le 1 de l'art. 21 (pt 53) du Règl. (UE) n° 604/2013 du Parlement européen et du Conseil du 26 juin 2013, même si cette requête est formulée moins de 2 mois après la réception d'un résultat positif Eurodac. Ces dispositions contribuent de manière déterminante à la réalisation de l'objectif de célérité dans le traitement des demandes de protection internationale, mentionné au considérant 5 du Règl. « Dublin III », en garantissant, en cas de retard dans la conduite de la prise en charge, que l'examen de la demande de protection internationale soit effectué dans l'État membre où cette demande a été introduite afin de ne pas différer davantage cet examen par l'adoption et l'exécution d'une décision de transfert. • CJUE 26 juill. 2017, *Mengesteab*, n° C-670/16 : *préc. note 14*.

20. Une requête aux fins de reprise en charge doit être formulée dans le délai de trois mois qui court à compter de la date d'introduction d'une demande de protection internationale au sens de l'art. 20, § 2, lorsque la demande est fondée sur des éléments de preuve autres que les données obtenues par le système Eurodac. Si ces dispositions prévoient un délai spécifique de deux mois en cas de réception d'un résultat positif Eurodac, ce délai, alors que la consultation du fichier Eurodac doit en principe être effectuée dans les 72 heures suivant l'introduction de la demande de protection internationale, ne peut avoir pour effet ni de proroger le délai maximal de 3 mois, ni d'en ouvrir un nouveau. • CAA Nantes, 21 déc. 2018, n° 18NT00134 : *AJDA 2019. 643, concl. Bréchot*. ♦ V. aussi : • CAA Lyon, 20 nov. 2018, n° 18LY01419 • 20 nov. 2018, n° 18LY01419 : *AJDA 2019. 1200*.

21. Même si une procédure juridictionnelle relative à une demande d'asile est pendante, un autre État membre peut devenir État responsable de la demande dès lors que la requête de reprise en charge n'a pas été déposée dans le délai imparti. • CJUE 5 juill. 2018, n° C-213/17.

22. L'introduction d'un recours contre la décision de transfert, par l'étranger qui n'a fait l'objet à ce stade ni d'une assignation à résidence ni d'un placement en rétention administrative ou lorsqu'une décision de placement en rétention ou d'assignation à résidence est notifiée avec la décision de transfert, interrompt le délai de 6 mois prévu à l'art. 29 du Règl. « Dublin III » ; il en va de même en cas de recours contre la décision d'assignation à résidence de l'étranger faisant l'objet d'une décision de transfert. • CE, ord., 8 nov. 2017, n° 415178 B : *AJDA 2017. 2226*.

23. Les déclarations mensongères d'un étranger n'empêchent pas les délais prévus par le Règl. « Dublin III » de courir pour déterminer l'État responsable de l'examen de la demande d'asile. • CE 19 mars 2014, n° 376232 B : *AJDA 2014. 653*.

24. Lorsqu'un État membre indique ne pas être responsable de la demande d'asile au sens du Règl. « Dublin III » et qu'il est saisi d'une demande de réexamen par le demandeur en vertu de l'art. 5, § 2, il doit s'efforcer, dans un esprit de coopération loyale, de répondre à cette dernière dans un délai de 2 semaines. • CJUE 13 nov. 2018, n° C-47/17 : *D. 2018. 2188*.

25. Acceptation de l'État responsable de la demande. Pour pouvoir procéder au transfert d'un demandeur d'asile vers un autre État membre, l'autorité administrative doit obtenir l'accord de l'État responsable de l'examen de la demande d'asile avant de pouvoir prendre une décision de transfert du demandeur d'asile vers cet État. Une telle décision de transfert ne peut donc être prise, et *a fortiori* être notifiée à l'intéressé, qu'après l'acceptation de la prise en charge par l'État requis. Il en découle que le juge administratif saisi d'un recours contre la décision de transfert devra l'annuler, si elle a été prise sans qu'ait été obtenue, au préalable, l'acceptation par l'État requis de la prise ou de la reprise en charge de l'intéressé. • CE, avis, 19 juill. 2017, n° 408919 A : *AJDA 2017. 1526 ; ibid. 2017. 2155, note Risser*.

26. La décision de transfert à l'État responsable ne peut être notifiée au demandeur avant que l'État sollicité n'ait donné son accord implicite ou explicite à la requête. • CJUE 31 mai 2018, *M. Hassan c/ Préfet du Pas-de-Calais*, n° C-647/16 : *AJDA 2018. 1126 ; ibid. 1607, chron. Bonneville, Broussy, Cassagnabère et Gänser ; D. 2018. 1208*.

27. L'État responsable de l'examen d'une demande de protection internationale qui reprend en charge un demandeur d'asile n'a pas l'obligation de reprendre l'examen de cette demande au stade où elle a été interrompue mais peut réadmettre le demandeur dans le seul but de le réacheminer à destination d'un pays tiers sûr. • CJUE 17 mars 2016, *Mirza*, n° C-695/15. ♦ Les autorités de l'État saisies d'une demande d'asile dont le traitement incombe à un autre État membre, qui constatent que la personne concernée a pris la fuite à compter de l'acceptation de l'État membre, disposent d'un délai maximum de 18 mois pour effectuer le transfert, sans être tenues de prendre au préalable une décision de transfert et de la notifier – ou d'avoir tenté de la notifier – à cette personne. • CAA Lyon, 27 mai 2021, n° 20LY03219 : *AJDA 2021. 2317*.

28. La production de l'accusé de réception émis, dans le cadre du réseau Dublinet, par le point d'accès national de l'État requis lorsqu'il reçoit une demande présentée par les autorités françaises, établit l'existence et la date de cette demande et permet, en conséquence, de déterminer le point de départ du délai de 2 semaines au terme duquel la demande de reprise est tenue pour implicitement acceptée. Pour autant, la production de cet accusé de réception ne constitue pas le seul moyen d'établir que les conditions mises à la reprise en charge du demandeur étaient effectivement remplies. Lorsque l'accusé de réception n'est pas produit, le juge doit se prononcer au vu de l'ensemble des éléments qui ont été versés au débat contradictoire devant lui, par exemple du rapprochement des dates de consultation du fichier Eurodac et de saisine du point d'accès national français ou des éléments figurant dans une confirmation explicite par l'État requis de son acceptation implicite de reprise en charge. • CE, avis, 31 juill. 2019, n° 428761 B : *AJDA 2019. 1671*.

29. Rétention du demandeur. Préalablement à la décision de transfert, il est possible d'assigner à résidence le demandeur d'asile « dubliné » mais pas de le placer en rétention administrative ; le législateur n'a pas entendu que l'autorité administrative puisse placer en rétention administrative le demandeur d'asile faisant l'objet d'une procédure de transfert avant l'intervention de la décision de transfert. • CE, avis, 19 juill. 2017, n° 408919 A : *AJDA 2017. 1526 ; ibid. 2017. 2155, note Risser*. ♦ La CJUE considère qu'un demandeur ne peut faire l'objet d'une mesure de rétention que d'une durée maximale de 2 mois après que l'État membre requis a accepté le transfert. Lorsqu'un recours a été introduit contre la décision de transfert et que son effet suspensif a cessé, la durée de rétention ne peut être supérieure à six semaines. • CJUE 13 sept. 2017, *Khir Amayry*, n° C-60/16 : *AJDA 2017. 2307, chron. Bonneville, Broussy, Cassagnabère et Gänser*.

III. MOTIVATION DE LA DÉCISION DE TRANSFERT

30. Divergences jurisprudentielles. La décision de transfert d'un demandeur d'asile en vue de sa prise en charge par un autre État membre doit être suffisamment motivée afin de le mettre à même de critiquer l'application du critère de détermination de l'État responsable de sa demande et, ainsi, d'exercer le droit à un recours effectif garanti par les dispositions de l'art. 27 du Règl. (UE) n° 604/2013 du 26 juin 2013. Par suite, elle doit permettre d'identifier le critère de responsabilité retenu par l'autorité administrative parmi ceux énoncés au chapitre III de ce règlement ou, à défaut, au § 2 de son art. 3. En revanche, elle n'a pas nécessairement à faire apparaître explicitement les éléments pris en considération par l'administration pour appliquer l'ordre de priorité établi entre ces critères, en vertu des art. 7 et 3 du même règlement. • CAA Lyon, 17 avr. 2018, n° 17LY01906. ♦ V. déjà : • TA Clermont-Ferrand, 17 févr. 2005, *Chamanov*, n° 0500120. ♦ La décision doit indiquer les éléments et indices permettant de déterminer la responsabilité des autorités étrangères requises aux fins de reprise en charge de l'intéressé afin que l'intéressé soit mis à même de comprendre les motifs de la décision pour lui permettre d'exercer utilement son recours. • CAA Lyon, 17 avr. 2018, n° 17LY03697.

31. La CAA de Paris retient une position inverse, considérant qu'aucune disposition, ni aucun principe n'impose à l'autorité préfectorale de mentionner les critères de détermination de l'État responsable qu'elle a retenus pour considérer que les autorités d'un autre État membre étaient responsables de la demande d'asile. La position de la CJUE est pourtant claire en ce qu'elle exige clairement la motivation : le législateur de l'Union ne s'est pas limité à instituer des règles organisationnelles gouvernant uniquement les relations entre les États membres mais a décidé d'associer à ce processus les demandeurs d'asile, en obligeant les États à les informer des critères de responsabilité et à leur offrir l'occasion de fournir les informations permettant la correcte application de ces critères, ainsi qu'en leur assurant un droit effectif au recours contre la décision de transfert éventuellement prise à l'issue du processus. • CJUE 7 juin 2016, *Mehrdad Ghezelbash*, n° 63/15 : *AJDA 2016. 1152* • 7 juin 2016, *Karim*, n° C-155/15 : *AJDA 2016. 1682, chron. Broussy, Cassagnabère et Gänser*. ♦ La Cour reconnaît au demandeur le droit d'invoquer, à l'appui d'un recours contre la décision de transfert, l'application erronée du critère de responsabilité relatif au franchissement irrégulier de la frontière d'un État membre. • CJUE 26 juill. 2017, *A.S. c/ Republika Slovenija*, n° C-490/16 : *préc. note 10 ss. Titre VII.*

32. Position du Conseil d'État. « Est suffisamment motivée une décision de transfert qui mentionne le règlement du Parlement européen et du Conseil du 26 juin 2013 et comprend l'indication des éléments de fait sur lesquels l'autorité administrative se fonde pour estimer que l'examen de la demande présentée devant elle relève de la responsabilité d'un autre État membre, une telle motivation permettant d'identifier le critère du règlement communautaire dont il est fait application ». Par exemple, s'agissant d'un étranger ou d'un apatride ayant pénétré irrégulièrement au sein de l'espace Dublin par le biais d'un autre État membre, est suffisamment motivée « la décision de transfert à fin de prise en charge qui, après avoir visé le règlement, fait référence à la consultation du fichier Eurodac sans autre précision, une telle motivation faisant apparaître que l'État responsable a été désigné en application du critère énoncé à l'article 13 du chapitre III du règlement ». Ou, « s'agissant d'un étranger dont un parent s'est vu reconnaître la qualité de réfugié au sein d'un autre État membre, la décision de transfert à fin de prise en charge qui, après avoir visé le règlement, se réfère à cette circonstance de fait, une telle motivation faisant apparaître que l'État responsable a été désigné en application du critère énoncé à l'article 9 du chapitre III du règlement ». Dans le cas d'une demande de reprise en charge : « Doit être regardée comme suffisamment motivée la décision de transfert à fin de reprise en charge qui, après avoir visé le règlement, relève que le demandeur a antérieurement présenté une demande dans l'État en cause, une telle motivation faisant apparaître qu'il est fait application du b), c) ou d) du paragraphe 1er de l'article 18 ou du paragraphe 5 de l'article 20 du règlement ». • CE 7 déc. 2018, *Min. Intérieur*, nos 416823 et 420900 B : *AJDA 2018. 2423 ; ibid. 2019. 346, concl. Roussel*.

IV. EXÉCUTION DU TRANSFERT

33. Aux termes de l'art. 20 du Règl. « Dublin II », la décision de remise du demandeur d'asile aux autorités de l'État responsable de la demande doit être « assortie des indications de délai relatives à la mise en œuvre du transfert » ; encourt ainsi l'annulation l'arrêté préfectoral qui ne comporte pas l'indication du délai dans lequel la mesure doit être mise en œuvre. • CAA Nantes, 28 juin 2007, *Préfet de la Manche c/ Ambartsoumina*, n° 06NT01682.

34. La CJUE a précisé que lorsque la procédure fait l'objet, dans un État membre, d'un recours susceptible d'effet suspensif, le délai d'exécution du transfert court, non pas à compter de la décision juridictionnelle provisoire suspendant la mise en œuvre de la procédure de transfert, mais à compter de la décision juridictionnelle qui statue sur le bien-fondé de la procédure et qui n'est plus susceptible de faire obstacle à cette mise en œuvre. • CJCE 29 janv. 2009, *Migrationverket c/ Petrosian*, n° C-19/08. ♦ La suspension en référé de la décision de réadmission d'un demandeur d'asile doit être regardée comme suspendant le délai pendant lequel l'État peut transférer le demandeur vers le pays responsable de l'examen de la demande d'asile ; en l'absence de terme fixé par l'ordonnance de suspension, il appartient à l'administration, lorsqu'elle s'y estimera fondée, de demander au juge des référés de mettre fin à la mesure de suspension. • CE 15 avr. 2011, *Mme Ziane*, n° 348338 A : *RFDA 2011. 636 ; JCP Adm. 2011. 2369.*

35. L'art. 27 du Règl. « Dublin » ne s'oppose pas « à ce qu'un État membre adopte, à l'égard d'un demandeur ayant introduit un recours contre une décision de transfert vers un autre État membre au sens de l'art. 26, § 1, de ce règlement, des mesures préparatoires à ce transfert, telles que l'attribution d'une place dans une structure d'accueil spécifique au sein de laquelle les personnes hébergées bénéficient d'un accompagnement pour préparer leur transfert ». • CJUE 26 mars 2021, nos C-92/21 et C-134/21.

36. Délai d'exécution de six mois. Si le transfert n'est pas exécuté dans le délai de 6 mois tel que défini à l'art. 29, § 1 et 2, du Règl. « Dublin III », la responsabilité est transférée de plein droit à l'État membre requérant, sans qu'il soit nécessaire que l'État membre responsable refuse de prendre en charge ou de reprendre en charge la personne concernée. • CJUE 25 oct. 2017, *M. Majid Shiri*, n° C-201/16 : *AJDA 2017. 2037 ; D. 2018. 313, chron. Boskovic, Corneloup, Jault-Seseke, Joubert et Parrot*.

37. L'internement psychiatrique sous contrainte ne peut pas être assimilé à un « emprisonnement » au sens de l'art. 29, § 2, du Règl. « Dublin » du 26 juin 2013 ; une telle circonstance n'a aucune incidence sur le délai de transfert qui ne peut être prorogé de ce seul fait. • CJUE 31 mars 2022, n° C-231/21. ♦ Même solution s'agissant d'une décision de suspension prise en raison de la pandémie de covid-19. • CJUE 22 sept. 2022, n° C-245/21 : *AJDA 2022. 1821*.

38. Dès lors que la décision de refus d'admission au séjour a été prise au motif qu'un autre État était responsable du traitement de la demande d'asile et que ce pays avait accepté de prendre en charge cette demande, il appartient aux autorités françaises d'assurer, dans les 6 mois, le transfert des intéressés vers ce pays afin que leurs demandes d'asile puissent y être instruites ; si l'administration s'est abstenue, durant le délai de 6 mois dont elle disposait, d'accomplir aucune diligence propre à assurer la réadmission effective des requérants (elle n'a pris, en particulier, aucune mesure pour organiser elle-même cette réadmission et n'a pas davantage délivré aux intéressés de laissez-passer conforme au modèle prévu à l'art. 19 du Règl. (CE) 343/2003/CE, refondu par le Règl. (UE) n° 604/2013 du Parlement européen et du Conseil du 26 juin 2013 établissant les critères et mécanismes de détermination de l'État membre responsable de l'examen d'une demande de protection internationale introduite dans l'un des États membres par un ressortissant de pays tiers ou un apatride, dit Règl. « Dublin III » et ne leur a donné aucune information relative au lieu et à la date auxquels ils devaient se présenter s'ils se rendaient par leurs propres moyens vers la Pologne) et qu'il n'est pas contesté par l'administration que les requérants n'ont à aucun moment de la procédure tenté de prendre la fuite, à l'expiration du délai de 6 mois imparti pour procéder à la réadmission, la procédure de réadmission avait pris fin. En conséquence, la responsabilité de l'examen des demandes d'asile incombait alors aux autorités françaises, auprès desquelles ces demandes avaient été présentées. • CE 31 déc. 2009, *Mme Djamaldaeva, épse Souleymanov et M. Saypudin Souleymanov*, n° 334865 B : *AJDA 2010. 694 ; Rec. CNDA 147 ; D. 2010. 2868, obs. Boskovic, Corneloup, Jault-Seseke, Joubert et Parrot ; RTD eur. 2010. 453, chron. Ritleng, Bouveresse et Kovar*.

39. Il résulte du § 2 de l'art. 20 du Règl.du 18 févr. 2003, combinées avec celles du règlement du 2 sept. 2003 qui en porte modalités d'application, que si l'État membre sur le territoire duquel séjourne le demandeur d'asile a informé l'État membre responsable de l'examen de la demande, avant l'expiration du délai de 6 mois dont il dispose pour procéder au transfert de ce demandeur, qu'il n'a pu y être procédé du fait de la fuite de l'intéressé, l'État membre requis reste responsable de l'instruction de la demande d'asile pendant un délai de 18 mois courant à compter de l'acceptation de la reprise en charge, dont dispose l'État membre sur le territoire duquel séjourne le demandeur pour procéder à son transfert. La prolongation du délai de transfert a pour effet de maintenir en vigueur la décision de remise aux autorités de l'État responsable, dont le demandeur est informé en application des dispositions de l'art. L. 531-1, et non de faire naître une nouvelle décision de remise dont ce demandeur devrait être informé dans les formes prévues par ces dispositions pour la décision initiale ; il appartient seulement aux autorités compétentes d'informer le demandeur, au moment de la notification de la décision de remise, des cas et conditions dans lesquels le délai de transfert peut être porté à 12 ou 18 mois et, lorsque cette décision de remise sert de fondement, après prorogation, à une mesure de rétention, de l'existence, de la date et des motifs de la prorogation ; ces informations peuvent, dans ce cas, figurer dans les motifs de la mesure de rétention. • CE 21 oct. 2015, *Min. Intérieur*, n° 391375 B : *AJDA 2015. 2007 ; ibid. 2016. 794, note Aubin*.

40. En cas d'introduction d'un recours contre une décision de transfert, le délai de 6 mois pour exécuter cette décision recommence à courir à compter du jour de la notification du jugement au préfet, quel qu'en soit le sens ; le délai n'est susceptible d'être interrompu ni par l'introduction d'un appel ni même par un sursis à exécution du jugement. • CE 27 mai 2019, n° 421276 B • 27 mai 2019, n° 428025 B : *AJDA 2019. 1138*. ♦ En cas d'annulation de la décision de transfert, l'appel interjeté par l'administration peut interrompre à nouveau le délai de transfert à condition que la juridiction saisie adopte une mesure provisoire en ce sens. • CJUE 30 mars 2023, n° C-556/21.

41. La présentation d'un recours dirigé contre un arrêté ordonnant la remise d'un demandeur d'asile aux autorités de l'État responsable de l'examen de sa demande doit être regardée comme interrompant le délai de 6 mois prévu à l'art. 29 du Règl. « Dublin III » du 26 juin 2013 ; lorsque ce délai a été interrompu par l'introduction d'un tel recours, il recommence à courir à compter de la décision juridictionnelle qui n'est plus susceptible de faire obstacle à la mise en œuvre de la procédure de remise. En cas de rejet du recours par le premier juge, ce délai court à compter du jugement qui, l'appel étant dépourvu de caractère suspensif, rend à nouveau la mesure de transfert susceptible d'exécution ; en cas d'annulation de la mesure de transfert par le premier juge, le délai ne peut être déclenché, en cas d'appel introduit contre le jugement de première instance, qu'à compter, le cas échéant, de l'intervention de la décision juridictionnelle infirmant cette annulation et rejetant la demande de première instance. • CE 4 mars 2015, *M. A.*, n° 388180 A : *AJDA 2015. 477 ; ibid. 2016. 792, note Aubin*. ♦ Le Conseil d'État estime désormais que le délai recommence à courir intégralement à compter de la date à laquelle le tribunal administratif statue au principal sur cette demande, quel que soit le sens de sa décision ; ni un appel ni le sursis à exécution du jugement accordé par le juge d'appel sur une demande présentée en application de l'art. R. 811-15 CJA n'ont pour effet d'interrompre ce nouveau délai. Son expiration a pour conséquence qu'en application des dispositions du § 2 de l'art. 29 du règlement précité, l'État requérant devient responsable de l'examen de la demande de protection internationale. • CE 24 sept. 2018, n° 420708 A : *AJDA 2018. 1810 ; ibid. 2018. 2151, note Pastor* • CAA Lyon, 5 mars 2019, *Préfet de l'Isère*, n° 18LY02164 : *AJDA 2019. 1681* .

42. Fuite. Le juge du référé-liberté se reconnaît compétent pour interpréter les dispositions du Règl. « Dublin III » prévoyant que le délai de remise à l'État responsable de la demande est porté à 18 mois en cas de fuite de l'intéressé ; en l'espèce, le Conseil d'État considère que la notion de « fuite » doit s'entendre comme visant notamment le cas où un ressortissant étranger non admis au séjour se serait soustrait de façon intentionnelle et systématique au contrôle de l'autorité administrative dans le but de faire obstacle à l'exécution d'une mesure d'éloignement le concernant. • CE 18 oct. 2006, *Mme Djabrailova, épse Mutsulkhanova*, n° 298101 : *AJDA 2006. 2352, note Gautier ; RFDA 2006. 1282.* ♦ Même solution dès lors que l'intéressé a omis d'aviser l'administration de l'impossibilité de se rendre à une convocation fixée en vue d'exécuter une décision de transfert. • CE 12 févr. 2020, n° 432217.

43. Lorsque la structure d'accueil et de domiciliation où le demandeur d'asile est enregistré connaît des dysfonctionnements importants qui l'ont empêché de recevoir plusieurs convocations adressées à son attention par l'administration, il ne peut être considéré comme s'étant volontairement soustrait à ses obligations ou en fuite. • CE, réf, 17 oct. 2022, n° 468043.

44. La prolongation du délai de transfert, qui résulte du seul constat de fuite du demandeur et qui ne donne lieu qu'à une information de l'État responsable de la demande d'asile par l'État membre qui ne peut procéder au transfert du fait de cette fuite, a pour effet de maintenir en vigueur la décision de transfert aux autorités de l'État responsable et ne suppose pas l'adoption d'une nouvelle décision. Cette prolongation n'est ainsi qu'une des modalités d'exécution de la décision initiale de transfert et ne peut être regardée comme révélant une décision susceptible de recours. • CE 28 mai 2021, n° 450341 : *AJDA 2021. 1120* .

45. Si le fait pour l'intéressé de ne pas déférer à l'invitation de l'autorité publique de se présenter à la police de l'air et des frontières pour organiser les conditions de son départ constitue un indice de « fuite », il ne saurait suffire à lui seul à établir que son auteur ait pris la fuite au sens du règlement communautaire. • CE 17 juill. 2007, *Bandali*, n° 307401. ♦ Dans une telle hypothèse, l'autorité administrative n'est pas fondée à procéder à l'extension à 18 mois du délai de réadmission ; par suite, à l'expiration du délai de 6 mois imparti pour procéder à la réadmission, cette procédure avait pris fin et la responsabilité de l'examen de la demande d'asile incombe aux autorités françaises. • CE 16 déc. 2010, *M. Ibraguim Marfushin*, n° 344864. ♦ La seule circonstance que l'intéressé n'a pas respecté son obligation de pointage lors des trois derniers jours de son assignation à résidence, « pour regrettable qu'elle soit », ne peut à elle seule caractériser une volonté de se soustraire de façon intentionnelle et systématique au contrôle de l'autorité administrative en vue de faire obstacle au transfert ; l'intéressé ne peut être regardé comme ayant pris la fuite au sens du Règl. « Dublin III ». • CE 1er févr. 2019, n° 426800. ♦ Même solution s'agissant d'un refus d'embarquement opposé par l'intéressé au motif qu'il souffre de troubles nécessitant la prise quotidienne de médicaments et qu'il ne disposait pas de ces médicaments ni de l'ordonnance correspondante au moment de son placement en rétention et qu'il n'a pas été informé de la possibilité d'y bénéficier d'une consultation ultérieurement. • CE 24 mai 2019, n° 430050.

46. A été assimilé à une « fuite » le fait que le demandeur d'asile se soit présenté à plusieurs reprises sans ses enfants à des convocations en vue de mettre à exécution sa réadmission. • CE 19 nov. 2010, *Mme A.*, n° 344372 B.

47. Selon la CJUE, la seule circonstance qu'un demandeur d'asile quitte son lieu de résidence sans en informer les autorités compétentes fait présumer sa volonté de se soustraire à l'exécution du transfert, à la condition toutefois qu'il soit établi que ce dernier a bien été préalablement informé de l'ensemble des obligations qui pèsent sur lui à cet égard. • CJUE 19 mars 2019, *Jawa*, n° C-163/17 : *AJDA 2019. 605* .

48. Sans qualifier le comportement du demandeur de « fuite », le juge relève que l'intéressé avait refusé l'aide au transfert volontaire, ne s'était pas rendu à une première convocation à la préfecture en vue de l'exécution de la décision de transfert notifiée 4 mois auparavant, avait sollicité le report de la seconde convocation qui lui avait été envoyée et, enfin, s'était présenté à la préfecture en personne après l'expiration du délai de transfert ; par suite, le préfet n'a pas porté une atteinte grave et manifestement illégale à l'exercice du droit d'asile en refusant d'enregistrer une nouvelle demande d'asile à l'expiration du délai de 6 mois. • CE 11 avr. 2017, n° 409592.

49. Modalités du transfert. Le transfert d'un demandeur d'asile vers un État membre qui a accepté sa prise ou sa reprise en charge s'effectue selon l'une des trois modalités définies à l'art. 7 précité : à l'initiative du demandeur, sous la forme d'un départ contrôlé ou sous escorte ; dans l'hypothèse où le transfert s'effectue à l'initiative du demandeur, une date limite est fixée pour sa réadmission dans l'État responsable de l'examen de sa demande d'asile ; il appartient au demandeur d'asile d'exécuter la mesure de réadmission en organisant matériellement son transfert, le cas échéant, après avoir sollicité la prise en charge par les autorités françaises de son titre de transport. Si ce transfert, dont les modalités révèlent le caractère consenti, n'a pas été effectué avant la date limite fixée, le demandeur d'asile doit être regardé comme s'étant intentionnellement soustrait à l'exécution de la mesure de réadmission. Dans l'hypothèse où le transfert du demandeur d'asile s'effectue sous la forme d'un départ contrôlé, il appartient, dans tous les cas, à l'État responsable de ce transfert d'en assurer effectivement l'organisation matérielle et d'accompagner le demandeur d'asile jusqu'à l'embarquement vers son lieu de destination ; une telle obligation recouvre la prise en charge du titre de transport permettant de rejoindre l'État responsable de l'examen de la demande d'asile depuis le territoire français ainsi que, le cas échéant, et si nécessaire, celle du pré-acheminement du lieu de résidence du demandeur au lieu d'embarquement. Dans l'hypothèse où le demandeur d'asile se soustrait intentionnellement à l'exécution de son transfert ainsi organisé, il doit être regardé comme en fuite. • CE 11 oct. 2011, *M. Madayev*, n° 353002 B : *JCP Adm. 2012. 2024. comm. Marti.*

50. L'absence de transmission, à l'État membre vers lequel l'intéressé est transféré, des données à caractère personnel relatives à l'état de santé d'un demandeur d'asile bénéficiant d'une prise en charge médicale dont le défaut mettrait en cause le pronostic vital est sans incidence sur la légalité de la décision de transfert. • CAA Lyon, 26 janv. 2016, n° 15LY02783.

51. Mesures d'éloignement. Le demandeur d'asile ne peut faire l'objet d'une mesure d'éloignement tant que l'État responsable de la demande n'a pas donné son accord pour examiner la demande. • TA Toulouse, 1er févr. 2006, *Nurbayev*, n° 0600360 • TA Rennes, 6 oct. 2009, *Amiri*, n° 0904327. ♦ Un requérant, dont la demande d'asile relève de la compétence d'un autre État mais qui n'a pas été transféré dans le délai prévu par l'art. 19.4 du Règl. du 18 févr. 2003, ne peut faire l'objet d'une mesure de reconduite à la frontière dès lors qu'il bénéficie du droit de se maintenir sur le territoire français au moins jusqu'à la notification de la décision de l'OFPRA. • CAA Douai, 4 juin 2008, *Selimovic*, n° 07DA01772.

SECTION 1 Transfert vers l'État responsable de l'examen de la demande

Ndlr : Le texte authentifié du JO mentionne deux sections 1. Le rectificatif de l'Ord. n° 2020-1733 du 16 déc. 2020 au JO du 27 févr. 2021 ne conserve que la section 1 reproduite ci-dessous.

Art. L. 572-1 **Sous réserve du troisième alinéa de l'article L. 571-1, l'étranger dont l'examen de la demande d'asile relève de la responsabilité d'un autre État peut faire l'objet d'un transfert vers l'État responsable de cet examen.**

Toute décision de transfert fait l'objet d'une décision écrite motivée prise par l'autorité administrative.

Cette décision est notifiée à l'intéressé. Elle mentionne les voies et délais de recours ainsi que le droit d'avertir ou de faire avertir son consulat, un conseil ou toute personne de son choix. Lorsque l'intéressé n'est pas assisté d'un conseil, les principaux éléments de la décision lui sont communiqués dans une langue qu'il comprend ou dont il est raisonnable de penser qu'il la comprend. – *[Anc. art. L. 742-3.]*

1. Pour pouvoir procéder au transfert d'un demandeur d'asile vers un autre État membre en mettant en œuvre ces dispositions du Règl. (UE) n° 604/2013 du Parlement européen et du Conseil du 26 juin 2013, et en l'absence de dispositions du présent code organisant une procédure différente, l'autorité administrative doit obtenir l'accord de l'État responsable de l'examen de la demande d'asile avant de pouvoir prendre une décision de transfert du demandeur d'asile vers cet État. Une telle décision de transfert ne peut donc être prise, et *a fortiori* être notifiée à l'intéressé, qu'après l'acceptation de la prise en charge par l'État requis. • CE, avis, 19 juill. 2017, n° 408919 A : *AJDA 2017. 1526 ; ibid. 2155, note Risser.*

2. L'Arr. du 20 oct. 2015 désignant les préfets compétents, dans plusieurs départements, pour enregistrer la demande d'asile et déterminer l'État membre responsable, ne vise pas la décision de transfert prise en application des dispositions du présent art. Cette décision relève de la compétence du préfet du département où le demandeur était domicilié ou avait sa résidence à la date de la délivrance de la dernière attestation de demande d'asile. • CAA Lyon, 17 oct. 2017, n° 16LY02084 : *AJDA 2017. 2504 ; ibid. 2018. 37, note Vinet.*

3. Aux fins de l'examen de sa demande de protection internationale, le mineur non accompagné doit avoir la possibilité de former un recours contre le refus de prise en charge formulé par l'État membre où réside l'un de ses proches. • CJUE 1er août 2022, *I & S c/ Staatssecretaris van justitie en veiligheid (Secrétaire d'État à la justice et à la sécurité, Pays-Bas)*, n° C-19/21 : *AJDA 2022. 2344, chron. Bonneville, Gänser et Iljic.*

Art. L. 572-2 La décision de transfert ne peut faire l'objet d'une exécution d'office avant l'expiration d'un délai de quinze jours. Toutefois, ce délai est ramené à quarante-huit heures dans les cas où une décision d'assignation à résidence en application de l'article L. 751-2 ou de placement en rétention en application de l'article L. 751-9 a été notifiée avec la décision de transfert ou que l'étranger fait déjà l'objet de telles mesures en application des articles L. 731-1, L. 741-1, L. 741-2, L. 751-2 ou L. 751-9.

Lorsque le tribunal administratif a été saisi d'un recours contre la décision de transfert, celle-ci ne peut faire l'objet d'une exécution d'office avant qu'il ait été statué sur ce recours. – *[Anc. art. L. 742-5, al. 2.]*

Art. L. 572-3 La procédure de transfert vers l'État responsable de l'examen de la demande d'asile ne peut être engagée dans le cas de défaillances systémiques dans l'État considéré mentionné au 2 de l'article 3 du règlement (UE) n° 604/2013 du Parlement européen et du Conseil du 26 juin 2013. – *[Anc. art. L. 742-7.]*

I. DÉFAILLANCES SYSTÉMIQUES DANS L'ÉTAT RESPONSABLE DE LA DEMANDE

1. Le droit de l'Union s'oppose au transfert d'un demandeur d'asile vers l'État membre responsable lorsque des défaillances systémiques de la procédure d'asile et des conditions d'accueil dans ce dernier État laissent sérieusement craindre que le demandeur soit soumis à des traitements inhumains ou dégradants. • CJUE 21 déc. 2011, *N. S. et a.*, n^os^ C-411/10 et C-493/10. ♦ Lorsque l'État responsable a accepté la prise en charge d'un demandeur d'asile, le demandeur ne peut contester cette acceptation qu'en se prévalant des « défaillances systémiques » de la procédure d'asile dans cet État. • CJUE 10 déc. 2013, *Abdullahi*, n° C-394/12 : *AJDA 2014. 342, chron. Aubert, Broussy et Cassagnabère ; D. 2014. 445, obs. Boskovic, Corneloup, Jault-Seseke, Joubert et Parrot ; RFDA 2014. 335, chron. Mayeur-Carpentier, Clément-Wilz et Martucci*. ♦ L'existence de divergences d'opinions entre les autorités et les juridictions de l'État membre requérant et celles de l'État requis en ce qui concerne l'interprétation des conditions matérielles de la protection internationale n'établit pas l'existence de défaillances systémiques. • CJUE 30 nov. 2023, n° C-228/21 : *AJDA 2023. 2250 ; DP étrangers, Bull. n° 339, janv. 2024, note Pouly.*.

2. Le fait qu'un État membre (ici la Pologne) procède à des renvois sommaires et à des rétentions de demandeurs d'asile à ses postes-frontières ne fait pas, par lui-même, obstacle à un transfert en application du Règl. « Dublin III » sauf s'il existe des motifs sérieux et avérés de croire que le demandeur court, à l'occasion du transfert ou à la suite de celui-ci, un risque réel d'être soumis à des pratiques susceptibles de le mettre dans une situation de dénuement matériel extrême d'une gravité telle qu'elle peut être assimilée à un traitement inhumain ou dégradant. La Cour précise en outre que l'établissement de la matérialité des défaillances systémiques et de leur conséquence résulte de la combinaison de principes qui conduisent à ce que la preuve ne soit pas à la charge exclusive du demandeur d'asile et implique une démarche active de l'autorité compétente. • CJUE 29 févr. 2024, n° C-392/22 : *DP étrangers, Bull. n° 341, mars 2024, note Pouly.*

3. Cette dérogation est susceptible de s'appliquer notamment lorsque les conditions de traitement des demandes d'asile dans le pays responsable de la demande méconnaissent manifestement le droit d'asile ; tel est le cas, selon le TA de Paris, de la Grèce, se fondant notamment sur la note d'information du HCR du 15 avr. 2008 qui conseille aux gouvernements de s'abstenir jusqu'à nouvel ordre de renvoyer des demandeurs d'asile vers la Grèce et sur le rapport du commissaire aux droits de l'homme du Conseil de l'Europe du 4 févr. 2009 qui relève la persistance de lacunes graves dans la pratique grecque en matière d'asile, le problème chronique du manque d'interprètes dans le système d'asile grec et l'impossibilité d'accéder à une assistance juridique publique aux premiers stades de la procédure. • TA Paris, 25 mai 2009, *Khodadad*, n° 0908427. ♦ Le Conseil d'État a adopté toutefois la solution inverse : dès lors que l'État responsable de l'examen d'une demande d'asile présentée aux autorités françaises est un État partie à la Conv. de Genève, le requérant ne saurait utilement se prévaloir du faible nombre en pourcentage de demandes d'asile reconnues comme fondées par les autorités grecques pour prétendre que sa réadmission en Grèce serait constitutive d'une atteinte grave au droit d'asile. • CE 24 mars 2005, *Hassan-Mohamed*, n° 278805 • 14 mai 2009, *Diallo*, n° 327792 • 30 sept. 2009, *Pashe*, n° 332310. ♦ Toutefois, la Grèce a fait l'objet d'une condamnation par la CEDH en raison des conditions de détention d'un demandeur d'asile, considérées comme contraires aux stipulations de l'art. 3 Conv. EDH ; la Cour sanctionne également, au visa de l'art. 5 Conv. EDH, l'absence de fondement légal de la détention et les conditions de contestation de la mesure d'éloignement. • CEDH 11 juin 2009, *S.D. c/ Grèce*, n° 53541/07. – V. aussi • CEDH 13 juin 2023, n°s 4892/18 et 4920/18.

4. La Belgique a été condamnée pour avoir renvoyé un demandeur d'asile en Grèce car les autorités belges savaient ou devaient savoir que le demandeur n'avait aucune garantie de voir sa demande d'asile examinée sérieusement par les autorités grecques ; les mauvais traitements infligés aux demandeurs d'asile en Grèce étaient notoires et faciles à vérifier à partir d'un grand nombre de sources. • CEDH 21 janv. 2011, *M. S. S. c/ Belgique et Grèce*, n° 30696/09. ♦ Malgré des réformes engagées par la Grèce, la Cour constate qu'il subsiste de nombreuses lacunes dans le système de protection : absence de mesures spécifiques pour les mineurs isolés, pratiques dégradantes adoptées par la police d'Athènes. • CEDH 21 oct. 2014, *Sharifi et a. c/ Italie et Grèce*, n° 16643/09. ♦ Le Conseil d'État a ainsi considéré que, même si des documents d'ordre général relatifs aux modalités d'application des règles relatives à l'asile par les autorités grecques ne sauraient suffire à établir que la réadmission d'un demandeur d'asile vers la Grèce serait, par elle-même, constitutive d'une atteinte grave au droit d'asile, il appartient toutefois à l'administration d'apprécier dans chaque cas, au vu des pièces qui lui sont soumises et sous le contrôle du juge, si les conditions dans lesquelles un dossier particulier est traité par les autorités grecques répondent à l'ensemble des garanties exigées par le respect du droit d'asile. • CE 1er mars 2010, *Min. immigration c/ Tahir*, n° 336857. ♦ V. aussi : * Rép. min. n° 74004 : *JOAN Q. 15 juin 2010, p. 6701*.

5. Par suite, le Conseil d'État a considéré qu'au vu des conditions dans lesquelles les requérants et leurs enfants ont été traités par les autorités grecques lors de leur transit par ce pays, l'absence de respect, par ces autorités, des garanties exigées par le droit d'asile doit être tenu pour établi ; une réadmission vers la Grèce serait ainsi de nature à porter une atteinte grave et manifestement illégale au droit d'asile. • CE 20 mai 2010, *M. et Mme O.*, nos 339478 et 339479 B : *AJDA 2010. 1059* ; *LPA 2010, n° 152, p. 17, note P. Mouron*.

6. Le TA de Rouen a adopté la même solution à l'égard de Malte en considérant qu'il résulte notamment d'une résolution du Parlement européen et de plusieurs rapports rendus par des organisations non gouvernementales, que les demandeurs d'asile ne disposent pas, à Malte, de garanties suffisantes d'un examen effectif de leur demande d'asile. • TA Rouen, 29 mars 2011, *M. Imuetinyan*, n° 1100950. ♦ Cette solution a été contredite par le Conseil d'État qui a considéré « qu'il résulte des statistiques d'État concernant l'année 2009 et d'un rapport du commissaire aux droits de l'homme du Conseil de l'Europe en date du 9 juin 2011 que les autorités maltaises accordent un statut protecteur aux demandeurs d'asile dans une proportion relativement élevée par rapport aux autres pays européens ». • CE 7 juill. 2011, *Min. Intérieur c/ Nelson*, n° 350369.

7. La CEDH a ainsi considéré que le renvoi d'une famille afghane vers l'Italie serait susceptible de constituer une violation de l'art. 3 Conv. EDH au regard des défaillances que présente le système italien des centres d'accueil d'urgence des réfugiés, en particulier s'agissant de la prise en charge adaptée à l'âge des enfants et au regard de la préservation du principe d'unité de famille. • CEDH 4 nov. 2014, *Tarakhel c/ Suisse*, n° 29217/12 : *AJDA 2014. 2162* ; *ibid. 2015. 155, chron. Burgorgue-Larsen*. ♦ La CAA de Nantes a toutefois considéré que la situation en Italie n'était pas telle qu'elle fasse obstacle au transfert de demandeurs d'asile, sauf un cas particulier concernant une mère accompagnée par sa fille très jeune et de sa nièce, toutes trois atteintes d'une grave affection respiratoire. • CAA Nantes, 22 déc. 2017, *Mme Eko*, n° 17NT02239. ♦ Même solution s'agissant d'un ressortissant guinéen souffrant d'une hépatite B chronique et d'une anomalie cardiaque qui nécessitent absolument la poursuite des examens et du suivi médical mis en œuvre en France. • CAA Nantes, 21 sept. 2018, *M. Camara*, n° 17NT01285 : *AJDA 2018. 2254, concl. Bréchot*. ♦ Annulation en revanche du transfert vers l'Italie en raison des difficultés rencontrées par les autorités italiennes dans le traitement des demandes d'asile dans des conditions conformes à l'ensemble des garanties exigées par le respect du droit d'asile et leur décision de refuser d'admettre sur leur territoire des migrants déclarant vouloir solliciter l'asile. • TA Paris, 25 juin 2018, n° 1807362 • CAA Nantes, 26 sept. 2023, n° 23NT01470 : *DP étrangers, Bull. n° 336, oct. 2023, note Pouly*. ♦ La CAA de Paris a toutefois considéré qu'il n'existait pas de défaillances systémiques de l'asile en Italie. • CAA Paris, 20 déc. 2023, n° 23PA04377 : *AJDA 2024. 598*.

8. Quelques jours avant l'adoption par le Parlement européen, le 16 déc. 2015, d'une résolution faisant état de la situation critique des demandeurs d'asile en Hongrie, la Commission européenne a ouvert, le 10 déc. 2015, une procédure d'infraction à l'encontre de ce pays, en relevant notamment que sa procédure d'asile était incompatible sur plusieurs points avec le droit de l'UE, et en particulier avec la Dir. (UE) 2013/32/UE relative aux procédures d'asile. La Commission européenne relève que les demandeurs d'asile en Hongrie ne peuvent présenter de faits et circonstances nouveaux à l'appui de leur recours, que la Hongrie n'applique pas d'effet suspensif à l'introduction des recours, contraignant les demandeurs d'asile à quitter le territoire hongrois avant l'expiration du délai de recours ou avant qu'il n'ait été statué sur ce dernier, que leur droit à l'interprétation et à la traduction est méconnu, et que la nouvelle législation hongroise sur le contrôle juridictionnel des décisions de rejet est susceptible de méconnaître le droit à un recours effectif et à accéder à un tribunal impartial. Le Conseil de l'Europe a relevé dans un communiqué du 13 janv. 2016 la pratique des autorités hongroises consistant à placer les demandeurs d'asile dans des centres de rétention administrative – où s'applique un régime de détention restrictif – sans réel accès à des recours effectifs contre cette détention. Il existe ainsi des motifs sérieux et avérés de croire qu'en cas de remise aux autorités hongroises, le demandeur ne bénéficierait pas d'un examen de sa demande d'asile dans des conditions conformes aux garanties exigées par le respect du droit d'asile et risquerait ainsi de subir des traitements contraires à l'art. 4 Charte UE [annulation de l'arrêté préfectoral ayant décidé la remise aux autorités hongroises]. • CAA Bordeaux, 27 sept. 2016, n° 16BX00997 : *AJDA 2016. 2332, concl. de la Taille* • CAA Nantes, 19 oct. 2016, *Préfet d'Ille-et-Vilaine*, n° 16NT00171 • 21 sept. 2018, *M. Camara*, n° 17NT02328 : *préc. note 7.* ♦ A l'inverse, la CAA de Lyon persiste à considérer que le système d'asile hongrois est conforme au droit de l'UE. • CAA Lyon, 31 mai 2016, n° 15LY03569 • 13 déc. 2016, n°s 15LY02193, 16LY02285 et 16LY02818. ♦ La Cour de Versailles adopte la même solution alors même que le rapporteur public avait fait état de l'ouverture, par la Commission UE, d'une procédure d'infraction à l'encontre de la Hongrie au motif que la législation de cet État en matière d'asile était, sur plusieurs points, incompatible avec le droit de l'UE, notamment l'absence de droit à un accès effectif aux procédures d'asile ; des constatations du commissaire aux droits de l'homme du Conseil de l'Europe considérant que le système hongrois d'asile n'est pas conforme aux standards internationaux et européens en matière de droits de l'homme ; la violation des principes de non-refoulement et d'immunité pénale des demandeurs d'asile ; le constat de nombreuses défaillances de la procédure d'asile elle-même. • CAA Versailles, 28 juin 2017, n° 16VE02239 : *AJDA 2017. 2089, concl. Errera*.

9. *Mandat d'arrêt européen.* L'art. 1er, § 3, de la décision-cadre 2002/584/JAI du Conseil du 13 juin 2002 relative au mandat d'arrêt européen et aux procédures de remise entre États membres, telle que modifiée par la décision-cadre 2009/299/JAI du Conseil du 26 févr. 2009, doit être interprété en ce sens que, lorsque l'autorité judiciaire d'exécution appelée à décider de la remise d'une personne faisant l'objet d'un mandat d'arrêt européen émis aux fins de l'exercice de poursuites pénales dispose d'éléments, tels que ceux figurant dans une proposition motivée de la Commission européenne, adoptée en application de l'art. 7, § 1, TUE, tendant à démontrer l'existence d'un risque réel de violation du droit fondamental à un procès équitable garanti par l'art. 47, al. 2, Charte UE, en raison de défaillances systémiques ou généralisées en ce qui concerne l'indépendance du pouvoir judiciaire de l'État membre d'émission, ladite autorité doit vérifier, de manière concrète et précise, si, eu égard à la situation personnelle de cette personne, ainsi qu'à la nature de l'infraction pour laquelle elle est poursuivie et au contexte factuel qui sont à la base du mandat d'arrêt européen, et compte tenu des informations fournies par l'État membre d'émission en application de l'art. 15, § 2, de la décision-cadre 2002/584/JAI, telle que modifiée, il existe des motifs sérieux et avérés de croire que ladite personne courra un tel risque, en cas de remise à ce dernier État. • CJUE 25 juill. 2018, n° C-216/18 : *AJDA 2018. 2282, chron. Bonneville, Broussy, Cassagnabère et C. Gänser* ; *D. 2018. 1648*.

II. RISQUES DE TRAITEMENTS INHUMAINS ET DÉGRADANTS

10. En dehors même de toute défaillance systémique dans l'État responsable de la demande d'asile, la décision de transfert est de nature à constituer un traitement inhumain et dégradant prohibé par l'art. 4 Charte UE dès lors que le transfert entraînerait un risque réel et avéré d'une détérioration significative et irrémédiable de l'état de santé de l'intéressé ; si le requérant établit l'existence d'une probabilité de traitements inhumains ou dégradants, c'est aux autorités de s'assurer que l'état de santé est compatible avec le transfert et, dans le doute, d'y mettre fin. • CJUE 16 févr. 2017, *CK, HF, AS c/ Slovénie*, n° C-578/16 PPU : *AJDA 2017. 1111, chron. Broussy, Cassagnabère, Bonneville et Gänser* ; *D. 2018. 313, chron. Boskovic, Corneloup, Jault-Seseke, Joubert et Parrot*. ♦ V. aussi s'agissant d'un ressortissant afghan risquant le renvoi en Bulgarie, le transfert dans ce pays étant susceptible d'entraîner un risque qu'il subisse à nouveau des traitements inhumains et dégradants. • CAA Paris, 28 juin 2018, *Préfet de police*, n° 18PA00145 : *AJDA 2018. 2279*. ♦ Même solution s'agissant d'un demandeur souffrant d'une grave affection vasculaire cérébrale en phase aiguë et en cours de traitement en France. • CAA Lyon, 12 févr. 2019, n° 18LY02505.

11. Le Conseil d'État a sanctionné une cour administrative d'appel qui avait considéré que le risque de traitements inhumains ou dégradants pouvait intervenir « par ricochet » ; la Cour avait en effet annulé la décision de transfert au motif que le préfet n'avait pas pris d'assurance, auprès des autorités suédoises, que le requérant ne serait pas ultérieurement renvoyé en Afghanistan. La seule circonstance qu'à la suite du rejet de sa demande de protection par l'État membre responsable du traitement de sa demande, l'étranger serait susceptible de faire l'objet d'une mesure d'éloignement ne saurait caractériser la méconnaissance par cet État de ses obligations. • CE 28 mai 2021, n° 447956 B : *AJDA 2021. 1127* ; *ibid. 2532, note Aubin* ; *RTD eur. 2022. 271, chron. Ritleng*. ♦ En l'absence de sérieuses raisons de croire qu'il existe en Suisse des défaillances systémiques dans le traitement des demandeurs d'asile, le moyen tiré de ce que, en ne dérogeant pas aux critères de détermination de l'État responsable de l'examen de sa demande d'asile et en prononçant son transfert aux autorités suisses, le préfet aurait entaché sa décision d'une erreur manifeste d'appréciation au regard des dispositions de l'art. 17 du Règl. (UE) n° 604/2013 du 26 juin 2013, doit être écarté. • CAA Nantes, 20 juill. 2021, n° 20NT03644 : *AJDA 2021. 2070*

12. État de santé. Est susceptible de porter une atteinte grave et manifestement illégale au droit d'asile la mise en œuvre de la procédure de réadmission prévue au présent art. dès lors que la preuve est rapportée que l'état de santé du demandeur serait incompatible avec un voyage à destination du pays de renvoi ou que le traitement nécessaire n'existerait pas dans ledit pays. • CE 11 oct. 2011, *M. Artchakov et Mme Artchakova*, n° 353006 B (sol impl.).

13. Si un demandeur d'asile allègue être privé des soins que nécessite le traitement d'une pathologie grave, il doit en apporter la preuve, qui ne peut être déduite des seules difficultés que rencontre un État dans la mise en œuvre des conditions matérielles d'accueil. • CAA Paris, 20 déc. 2023, n° 23PA04377 : *DP étrangers, Bull. n° 339, janv. 2024.*

14. Conditions matérielles d'accueil. Alors même que la demande d'asile relève de la compétence d'un autre État en application du Règl. (CE) n° 343/2003 (refondu par le Règl. (UE) n° 604/2013 du Parlement européen et du Conseil du 26 juin 2013 établissant les critères et mécanismes de détermination de l'État membre responsable de l'examen d'une demande de protection internationale introduite dans l'un des États membres par un ressortissant de pays tiers ou un apatride, dit Règl. « Dublin III »), le demandeur doit pouvoir, en application de la Dir. 2003/9/CE du 27 janv. 2003 (remplacée par la Dir. 2013/33/UE du 26 juin 2013 établissant des normes pour l'accueil des personnes demandant la protection internationale), bénéficier de conditions matérielles d'accueil décentes en France. • CE 20 oct. 2009, *M. et Mme Mirzoian*, n° 332631. ♦ L'art. 4 Charte UE (Conv. EDH, art. 3) doit être interprété en ce sens qu'il ne s'oppose pas à un tel transfert du demandeur de protection internationale, à moins que la juridiction saisie d'un recours contre la décision de transfert ne constate, sur la base d'éléments objectifs, fiables, précis et dûment actualisés et au regard du standard de protection des droits fondamentaux garanti par le droit de l'Union, la réalité de ce risque pour ce demandeur, en raison du fait que, en cas de transfert, celui-ci se trouverait, indépendamment de sa volonté et de ses choix personnels, dans une situation de dénuement matériel extrême. • CJUE 19 mars 2019, *Jawa*, n° C-163/17 : *préc. note 47 ss. art. L. 571-2.* ♦ Même solution en cas de protection subsidiaire. • CJUE 19 mars 2019, *Ibrahim*, n° C-297/17 : *AJDA 2019. 605*.

15. La CEDH a ainsi condamné la Belgique pour violation de l'art. 3 Conv. EDH du fait d'avoir laissé une famille de demandeurs d'asile transférables au titre du Règl. « Dublin III » dans des conditions de dénuement extrême sur son territoire ; elle rappelle que les États membres doivent octroyer pendant toute la durée de la procédure de détermination de l'État responsable d'une demande d'asile, une aide matérielle suffisante pour garantir un niveau de vie digne et adéquat pour la santé ainsi que pour assurer la subsistance et le logement des intéressés. En l'espèce, les requérants étaient accompagnés de leurs 5 enfants, dont un nourrisson et une enfant handicapée, eux-mêmes intrinsèquement fragiles et plus vulnérables que les adultes face à la privation de leurs besoins élémentaires ; les requérants sont demeurés quatre semaines sans aide pour faire face à leurs besoins les plus élémentaires, ont vécu une situation d'une particulière gravité qui aurait pu être évitée ou à tout le moins abrégée. • CEDH 7 juill. 2015, *V.M. et a. c/ Belgique*, n° 60125/11.

SECTION 2 Contentieux des décisions de transfert vers l'État responsable de l'examen de la demande

Art. L. 572-4 *(L. n° 2024-42 du 26 janv. 2024, art. 72)* **Sans préjudice de l'article L. 352-4, la décision de transfert mentionnée à l'article L. 572-1 peut être contestée devant le tribunal administratif selon la procédure prévue à l'article L. 921-1 ou, lorsque l'étranger est placé en rétention administrative, selon la procédure prévue à l'article L. 921-2.**

Les dispositions du présent art. introduites par l'art. 72 de la L. n° 2024-42 du 26 janv. 2024 entrent en vigueur à une date fixée par Décr. en Conseil d'État, et au plus tard le 1er août 2024. Ces dispositions s'appliquent à la contestation des décisions prises à compter de leur entrée en vigueur (L. préc., art. 86-IV). Ces dispositions entrent en vigueur le 15 juill. 2024 (Décr. n° 2024-799 du 2 juill. 2024, art. 9-I).

Ancien art. L. 572-4 *L'étranger qui fait l'objet d'une décision de transfert mentionnée à l'article L. 572-1 peut, dans les conditions et délais prévus à la présente section, en demander l'annulation au président du tribunal administratif.*

Les dispositions de la présente section sont applicables au jugement de la décision d'assignation à résidence édictée en application de l'article L. 751-2 et contestée en application de l'article L. 732-8.

1. Jugé que l'art. 6 Conv. EDH n'est pas applicable au contentieux des décisions de transfert. • CAA Lyon, 17 avr. 2018, n° 16LY01496.

2. Il résulte des pouvoirs confiés au juge, des délais qui lui sont impartis pour se prononcer et des conditions de son intervention, que cette procédure spéciale, applicable aux recours contre une décision de transfert, présente des garanties au moins équivalentes à celles des procédures régies par le livre V CJA et est exclusive de celles-ci. Il n'en va autrement que dans le cas où les modalités selon lesquelles il est procédé à l'exécution de la décision de transfert emporteraient des effets qui, en raison de changements dans les circonstances de droit ou de fait survenus depuis l'intervention de cette mesure et après que le juge a statué ou que le délai prévu pour le saisir a expiré, excèdent ceux qui s'attachent normalement à sa mise à exécution. • CE 23 mai 2018, n° 420270.

3. Le législateur a organisé une procédure spéciale conduisant le juge administratif à statuer rapidement sur la légalité des mesures d'éloignement que sont les décisions de transfert lorsque les étrangers concernés sont placés en rétention ou assignés à résidence, sans entendre distinguer selon que la mesure d'assignation à résidence a été prise sur le fondement de l'art. L. 731-1, normalement applicable, ou se présente comme ayant été prise en application de l'art. L. 731-3 ; dès lors, quand bien même la mesure d'assignation à résidence assortissant une décision de transfert se présenterait comme prise sur le fondement de l'art. L. 731-3, la contestation d'une telle mesure, notifiée avec une décision de transfert, doit être faite avant l'expiration du délai de recours de 48 heures et doit être jugée selon la procédure et dans le délai prévus au III de l'art. L. 512-1. • CE 24 oct. 2018, n° 419229 B : *AJDA 2018. 2105*.

4. Il appartient à l'étranger qui entend contester une mesure de remise aux autorités d'un État membre, lorsque cette mesure de remise est accompagnée d'un placement en rétention administrative ou d'une mesure d'assignation à résidence, de saisir le juge administratif d'une demande tendant à leur annulation ; cette procédure particulière est exclusive de celles prévues par le livre V CJA, y compris lorsque l'étranger fait appel d'un jugement qui, dans le cadre de cette procédure, a rejeté sa demande. • CE 6 oct. 2014, *Min. Intérieur*, n° 381573 B : *AJDA 2014. 2399*.

5. Les dispositions spéciales des art. L. 572-4 s. imposent une convocation personnelle à l'audience du requérant, même assisté d'un avocat, dans les litiges relatifs aux arrêtés de transfert portés devant les tribunaux administratifs ; dès lors, l'étranger doit, même s'il est assisté d'un avocat, être personnellement convoqué à l'audience devant le président du tribunal administratif. • CAA Lyon, 27 juin 2017, n° LY00193 : *AJDA 2017. 1993*.

6. Référé-liberté. La décision de refus d'admission au séjour et de remise à l'État responsable de la demande peut faire l'objet d'un référé-liberté, le juge considérant par exemple que constitue une atteinte grave et manifestement illégale à une liberté fondamentale le refus d'admission au profit des autorités belges dès lors que les demandeurs d'asile ne bénéficient pas en Belgique d'une protection subsidiaire équivalente à celle existant en France. • TA Lyon, 8 avr. 2004, *Adamian*, n° 0402579 • CE 6 nov. 2009, *Min. Intérieur c/ M. Mahmadi*, n° 332917. ♦ L'exécution d'une mesure de réadmission vers un État membre de l'UE qui a ratifié la Conv. de Genève ainsi que la Conv. EDH ne saurait, par elle-même, être regardée comme portant une atteinte grave et manifestement illégale au droit d'asile. • CE 27 oct. 2011, *Min. Intérieur*, n° 353508 A : *RFDA 2011. 1256*. ♦ Une requête en référé-liberté formée contre une décision de transfert est recevable si elle est assortie de précisions suffisantes et de justificatifs démontrant qu'un élément essentiel de la situation personnelle ou familiale susceptible d'avoir une incidence sur la procédure de détermination de l'État responsable de la demande d'asile n'a pas été pris en compte. • CE, ord., 5 déc. 2017, n° 416192.

Art. L. 572-5 *(Abrogé par L. n° 2024-42 du 26 janv. 2024, art. 72)* ***Lorsque la décision de transfert est notifiée sans assignation à résidence ou placement en rétention de l'étranger, le président du tribunal administratif peut être saisi dans le délai de quinze jours suivant la notification de la décision.***

Aucun autre recours ne peut être introduit contre la décision de transfert.

Il est statué dans un délai de quinze jours à compter de la saisine du président du tribunal administratif, selon les conditions prévues à l'article L. 614-5.

Toutefois, si en cours d'instance l'étranger est assigné à résidence en application de l'article L. 751-2, ou placé en rétention en application de l'article L. 751-9, il est fait application de l'article L. 572-6. — *[Anc. art. L. 742-4, I.]*

Les modifications du présent art. introduites par l'art. 72 de la L. n° 2024-42 du 26 janv. 2024 entrent en vigueur à une date fixée par Décr. en Conseil d'État, et au plus tard le 1er août 2024. Ces dispositions s'appliquent à la contestation des décisions prises à compter de leur entrée en vigueur (L. préc., art. 86-IV). Ces dispositions entrent en vigueur le 15 juill. 2024 (Décr. n° 2024-799 du 2 juill. 2024, art. 9-I).

1. Délai de recours. La L. n° 2018-187 du 20 mars 2018 avait réduit de 15 à 7 jours le délai de recours contre la décision de transfert vers l'État responsable de l'examen de la demande d'asile. La L. n° 2018-778 du 10 sept. 2018 pour une immigration maîtrisée, un droit d'asile effectif et une intégration réussie a toutefois rétabli le délai de 15 jours qui ne s'applique que lorsque l'étranger ne fait pas l'objet d'une mesure de placement en rétention ou d'assignation à résidence. Le Conseil constitutionnel a écarté le grief tiré d'une atteinte au droit à un recours juridictionnel effectif en considérant, d'une part, que la décision de transfert mentionne les voies et délais de recours ainsi que le droit d'avertir ou faire avertir son consulat, un conseil ou toute autre personne de son choix. Lorsque l'intéressé n'est pas assisté d'un avocat, les principaux éléments de cette décision lui sont communiqués dans une langue qu'il comprend ou dont il est raisonnable de penser qu'il la comprend. D'autre part, lorsque l'étranger ne fait pas l'objet d'une mesure de placement en rétention ou d'assignation à résidence, l'art. L. 572-2 prévoit que la décision de transfert ne peut pas faire l'objet d'une exécution d'office avant l'expiration d'un délai de 15 jours. Enfin, ces mêmes dispositions confèrent au recours contre cette décision un caractère suspensif. • Cons. const. 15 mars 2018, n° 2018-762 DC : *AJDA 2018. 600*.

2. Le délai de recours de 15 jours ouvert contre la décision ordonnant le transfert d'un demandeur d'asile vers l'État responsable de l'examen de sa demande d'asile n'est pas un délai franc. • CE, avis, 1er juill. 2020, n° 438152 B : *AJDA 2020. 1383*. ♦ Ce délai est prorogé par l'introduction d'une demande d'aide juridictionnelle. • CAA Versailles, 29 déc. 2016, n° 16VE00753.

Art. L. 572-6 *(Abrogé par L. n° 2024-42 du 26 janv. 2024, art. 72)* ***Lorsque la décision de transfert est notifiée avec une décision d'assignation à résidence édictée en application de l'article L. 751-2, ou une décision de placement en rétention édictée en application de l'article L. 751-9, le président du tribunal administratif peut être saisi dans le délai de quarante-huit heures suivant la notification de la décision.***

Il est statué selon les conditions et délais prévus aux articles L. 614-7 à L. 614-13. – *[Anc. art. L. 742-4, II.]*

Les modifications du présent art. introduites par l'art. 72 de la L. n° 2024-42 du 26 janv. 2024 entrent en vigueur à une date fixée par Décr. en Conseil d'État, et au plus tard le 1er août 2024. Ces dispositions s'appliquent à la contestation des décisions prises à compter de leur entrée en vigueur (L. préc., art. 86-IV). Ces dispositions entrent en vigueur le 15 juill. 2024 (Décr. n° 2024-799 du 2 juill. 2024, art. 9-I).

L'étranger, informé par la notification de la décision de transfert [vers un autre pays de l'Union en application du Règl. « Dublin III »] de la possibilité de la contester dans un délai de quarante-huit heures devant le tribunal administratif, peut, dès la saisine de ce tribunal par une requête susceptible d'être motivée même après l'expiration du délai de recours, demander à son président le concours d'un interprète et que lui soit désigné d'office un avocat. Ce délai de recours n'est susceptible d'aucune prorogation ; dès lors, l'introduction d'une demande d'aide juridictionnelle ne saurait avoir pour effet de proroger le délai de quarante-huit heures. • CE, avis, 16 oct. 2017, n° 411169 B : *AJDA 2017. 1982*.

Art. L. 572-7 **Si la décision de transfert est annulée, il est immédiatement mis fin aux mesures de surveillance prévues au livre VII. L'autorité administrative statue à nouveau sur le cas de l'intéressé.** – *[Anc. art. L. 742-6.]*

1. Annulation contentieuse du transfert. Le délai de transfert de 6 mois court à nouveau après l'annulation de la décision de transfert sauf à placer l'administration dans l'impossibilité d'exécuter sa décision en raison du caractère suspensif du recours. • CE, ord., 4 mars 2015, n° 388180. ♦ Le nouveau délai de transfert court à compter du jour où le jugement d'annulation est devenu définitif. • CE, ord., 22 déc. 2017, n° 416475. ♦ Suite à l'annulation d'une décision de transfert, motif pris de l'état de santé du demandeur, le préfet ne peut, sans violer l'autorité de la chose jugée, prendre un nouvel arrêté de transfert. • CE, ord., 2 janv. 2018, n° 416495. ♦ En revanche, suite à l'annulation de la décision de transfert, le préfet peut refuser d'enregistrer une demande d'asile dès lors que le délai du transfert n'est pas expiré. • CE, ord., 22 déc. 2017, n° 416475.

2. Si l'autorité administrative statue à nouveau sur le cas de l'intéressé en cas d'annulation de la mesure de transfert, une telle annulation prononcée en raison du non-respect du délai de 2 mois de saisine de l'État responsable de la demande implique nécessairement, même en l'absence de conclusions en ce sens et si aucune circonstance ne s'y oppose, que la France soit responsable de l'examen de la demande d'asile et que soient prises les mesures qui en découlent. En revanche, l'annulation de la mesure au motif que le ou les États requis, saisis dans le délai de 2 mois mentionné ci-dessus, n'ont ni implicitement ni explicitement accepté la reprise en charge, implique seulement que l'autorité administrative réexamine la situation du demandeur à la date de l'annulation. • CE, avis, 31 juill. 2019, n° 428761 B : *AJDA 2019. 1671*.

CHAPITRE III DROIT AU MAINTIEN SUR LE TERRITOIRE FRANÇAIS ET CONDITIONS D'ACCUEIL

SECTION 1 Droit au maintien sur le territoire français

Art. L. 573-1 **L'étranger pour lequel l'autorité administrative estime que l'examen de la demande d'asile relève de la compétence d'un autre État bénéficie du droit de se maintenir sur le territoire français jusqu'à la fin de la procédure de détermination de l'État responsable de l'examen de sa demande et, le cas échéant, jusqu'à son transfert effectif à destination de cet État.** – *[Anc. art. L. 742-1, al. 1er (1re phr.).]*

COMMENTAIRE

Transposant la directive « Procédure », le législateur a prévu que les demandeurs de protection peuvent se maintenir sur le territoire français jusqu'à la décision de l'OFPRA ou, si un recours a été formé dans le délai prévu à l'article L. 532-1 contre une décision de rejet de l'Office, soit jusqu'à la date de la lecture en audience publique de la décision de la CNDA, soit, s'il est statué par ordonnance, jusqu'à la date de la notification de celle-ci. Comme le relevait le Conseil d'État (avis n° 394206 du 15 févr. 2018), la loi n° 2018-778 du 10 septembre 2018 pour une immigration maîtrisée, un droit d'asile effectif et une intégration réussie modifie le terme auquel le droit au séjour prend fin, qu'il fixe, désormais, expressément à la lecture en séance publique de la décision de la Cour nationale du droit d'asile (CNDA), et non plus, comme le législateur l'avait choisi antérieurement, à la notification de celle-ci. « Cette disposition se borne à inscrire dans le droit positif une réalité juridique que la jurisprudence du Conseil d'État (CE 26 nov. 1993, *Préfet de police de Paris*, n° 138967 B) avait d'ores et déjà reconnue : la lecture de la décision, sans conséquence par elle-même sur la computation des délais de recours, qui ne commencent à courir qu'à compter de la notification, permet en droit de tirer toutes les conséquences de la décision intervenue et, par exemple, de prendre sans attendre une mesure d'éloignement. »

Sans préjudice des articles L. 754-1 à L. 754-8 (demande d'asile en rétention) et L. 753-1 à L. 753-4 (demandeur d'asile sous le coup d'une mesure d'expulsion ou d'une interdiction du territoire), la mesure d'éloignement intervenue préalablement à la demande d'asile ne peut être mise à exécution tant que l'étranger bénéficie du droit de se maintenir sur le territoire français (art. L. 541-1).

Le demandeur qui présente l'attestation de demande d'asile (art. L. 521-1 s.) obtiendra le renouvellement de l'attestation pour neuf (procédure normale) ou six (procédure accélérée) mois. Les renouvellements ultérieurs (six mois en procédure normale et trois mois en procédure accélérée) interviendront tant que la procédure est en cours devant l'Office français de protection des réfugiés et apatrides (OFPRA) ou, en cas de recours, devant la CNDA.

L'article L. 542-2 prévoit toutefois que le droit de se maintenir sur le territoire français prend fin et l'attestation de demande d'asile peut être refusée, retirée ou son renouvellement refusé :

– lorsque le demandeur a retiré sa demande d'asile (art. L. 542-2, 2°, *a*). Il en va de même de l'étranger qui fait l'objet d'une décision définitive d'extradition ou d'une décision de remise sur le fondement d'un mandat d'arrêt européen (art. L. 542-2, 2°, *f*) ;

– lorsque l'OFPRA a pris une *décision d'irrecevabilité* dans les cas fixés par l'article L. 542-2, 1° : le demandeur bénéficie d'une protection effective au titre de l'asile dans un État membre de l'UE ou a introduit une demande de réexamen ne répondant pas aux conditions prévues ou uniquement en vue de faire échec à une mesure d'éloignement. Même solution en cas de présentation d'une nouvelle demande de réexamen après rejet définitif d'une première demande ;

– lorsque l'OFPRA a pris une *décision de clôture* dès lors que le demandeur, sans motif légitime, a introduit sa demande à l'office en ne respectant pas les délais courant à compter de la remise de son attestation de demande d'asile ; ou ne s'est pas présenté à l'entretien à l'office ; ou a refusé de manière délibérée et caractérisée, de fournir des informations essentielles à l'examen de sa demande ; ou enfin n'a pas informé l'office, dans un délai raisonnable, de son lieu de résidence ou de son adresse et ne peut être contacté aux fins d'examen de sa demande d'asile (art. L. 542-2, 1°, e) ;

– lorsque l'OFPRA a pris une *décision de rejet* rendue après procédure accélérée de plein droit ou s'agissant d'un demandeur qui constitue une menace grave pour l'ordre public, la sécurité publique ou la sûreté de l'État (art. L. 542-2, 1°, c) ;
– enfin, lorsque l'OFPRA a pris une décision de rejet ou d'irrecevabilité concernant un demandeur faisant l'objet d'une mesure d'expulsion ou d'interdiction du territoire ou d'une peine d'interdiction judiciaire du territoire.

Dans toutes ces hypothèses par conséquent, le recours formé par le demandeur devant la CNDA n'aura pas d'effet suspensif. Une mesure d'obligation de quitter le territoire français (OQTF) pourra être prise dès la notification de la décision de rejet de l'office. Le juge administratif, saisi par le requérant de conclusions dans le cadre d'un recours contre la mesure d'éloignement, pourra se prononcer sur le droit au maintien sur le territoire le temps de l'examen de son recours par la CNDA. Dans le cas où il ferait droit à cette demande, l'OQTF ne pourra être exécutée. Dans le cas contraire, la mesure d'éloignement pourra être mise à exécution. ❑

Art. L. 573-2 L'étranger qui fait l'objet d'une requête aux fins de prise en charge ou de reprise en charge en application du règlement (UE) n° 604/2013 du Parlement européen et du Conseil du 26 juin 2013 peut être assigné à résidence selon les modalités prévues aux articles L. 751-2 à L. 751-7.

SECTION 2 Conditions d'accueil

Art. L. 573-3 Les dispositions du titre V sont applicables aux étrangers dont l'examen de la demande d'asile relève de la compétence d'un autre État, sous réserve des dispositions de la présente section.

Art. L. 573-4 Lorsque l'examen de la demande d'asile relève de la compétence d'un autre État européen, les lieux d'hébergement mentionnés à l'article L. 552-1 accueillent les demandeurs d'asile jusqu'à leur transfert. Leur mission prend fin à la date du transfert effectif vers cet État. – *[Anc. art. L. 744-5, al. 1er ecqc le transfert.]*

Art. L. 573-5 Lorsque l'examen de la demande d'asile relève de la compétence d'un autre État européen le versement de l'allocation pour demandeur d'asile prévue à l'article L. 553-1 prend fin à la date du transfert vers cet État. – *[Anc. art. L. 744-9, al. 2, ecqc le transfert.]*

Art. L. 573-6 Les conditions dans lesquelles, lorsque l'étranger se voit notifier une décision de transfert prise en application de l'article L. 572-1, l'allocation pour demandeur d'asile prévue à l'article L. 553-1 peut être adaptée ou remplacée par des aides matérielles, sont définies par décret. – *[Anc. art. L. 744-9-1, II, al. 2 (ecqc le transfert).]*

TITRE VIII AUTRES PROTECTIONS INTERNATIONALES

V. Instr. du 10 mars 2022 relative à la mise en œuvre de la décision du Conseil de l'Union européenne du 5 mars 2022, prise en application de l'art. 5 de la Dir. 2001/55/CE du Conseil du 20 juill. 2001 (NOR INTV2208085J).

V. Instr. du 22 mars 2022 relative à l'accès à l'hébergement et au logement des personnes déplacées d'Ukraine bénéficiaires de la protection temporaire (NOR : LOGI2209326C).

BIBL. GÉN. ▸ Barbou des Places, Chronique Droit de l'asile et de l'immigration - La résurgence de la « directive protection temporaire » : cas d'espèce ou réorientation annoncée de la politique d'asile ?, *RTD eur. 2022. 239*. - La protection temporaire au prisme du conflit ukrainien, *DP étrangers, Bull. n° 322-1, juin 2022*. - Megahed, L'application de la protection temporaire à la suite de la guerre en Ukraine : un bilan mitigé, *Rev. UE 2023. 167*.

COMMENTAIRE

Les dispositions relatives à la protection temporaire constituent la transposition de la directive 2001/55/CE du 20 juillet 2001 relative à l'octroi d'une protection temporaire en cas d'afflux massif de personnes déplacées, laquelle avait fait suite aux divers conflits survenus dans les Balkans. Reste qu'en l'état, ce mécanisme de la protection temporaire n'a jamais été déclenché.

Le Conseil de l'Union européenne détermine la durée de la protection temporaire et les étrangers concernés se verront délivrer une autorisation provisoire de séjour valable six mois (art. R. 581-4) assortie éventuellement d'une autorisation de travail. L'autorisation provisoire de séjour est renouvelée automatiquement pendant toute la durée de la protection temporaire définie au deuxième alinéa de l'article L. 581-3. Toutefois, la durée de validité de l'autorisation provisoire de séjour peut être limitée à la période restant à courir jusqu'au terme de la protection temporaire.

L'autorisation provisoire de séjour est refusée ou retirée ou son renouvellement est refusé si l'étranger est exclu du bénéfice de la protection temporaire (V. *infra*, art. L. 581-5).

Le bénéficiaire de la protection temporaire se présente, s'il est âgé de plus de dix-huit ans, à la préfecture du département où il a sa résidence ou, à Paris, à la préfecture de police, pour solliciter la délivrance du document provisoire de séjour mentionné à l'article L. 581-3. Lors de la demande d'admission au séjour au titre de la protection temporaire, il est remis au bénéficiaire de la protection temporaire un document, rédigé dans une langue qu'il est susceptible de comprendre, dans lequel les dispositions relatives à la protection temporaire qui lui sont applicables sont clairement exposées.

Il produit à l'appui de sa demande :
– les indications relatives à son état civil et, le cas échéant, à celui de son conjoint et de ses enfants à charge ; l'enfant ici mentionné s'entend de l'enfant ayant une filiation légalement établie à l'égard du bénéficiaire de la protection temporaire ou de son conjoint, ainsi que de l'enfant adopté en vertu d'une décision d'adoption, sous réserve de la vérification par le ministère public de la régularité de celle-ci lorsqu'elle a été prononcée à l'étranger ;
– toutes indications portant sur les conditions de son entrée en France ;
– tout document ou élément d'information attestant qu'il appartient à l'un des groupes spécifiques de personnes visés par la décision du Conseil de l'Union européenne ;
– quatre photographies de face, tête nue, de format 3,5 cm x 4,5 cm, récentes et parfaitement ressemblantes ;
– la justification du lieu où il a établi sa résidence.

Dans le contexte de déplacements massifs des populations ayant fui la guerre en Ukraine, le Conseil de l'Union européenne a décidé d'actionner le dispositif exceptionnel de protection temporaire prévu à l'article 5 de la directive du 20 juillet 2001 (Décis. d'exéc. (UE) 2022/382 du Conseil de l'Union européenne du 4 mars 2022, constatant l'existence d'un afflux massif de personnes déplacées en provenance d'Ukraine, au sens de l'art. 5 de la Dir. 2001/55/CE, et ayant pour effet d'introduire une protection temporaire). Ce dispositif vise à octroyer aux personnes concernées une protection internationale immédiate à laquelle sont associés un certain nombre de droits. Il ne nécessite pas un examen individuel de situation par l'OFPRA.

La Commission (Communication de la Commission relative aux lignes directrices opérationnelles pour la mise en œuvre de la Décis. d'exéc. 2022/382 du Conseil constatant l'existence d'un afflux massif de personnes déplacées en provenance d'Ukraine, au sens de l'art. 5 de la Dir. 2001/55, et ayant pour effet d'introduire une protection temporaire : 2002/C 126 I/01) a précisé que c'est la décision d'exécution adoptée par le Conseil qui est constitutive du droit de séjour, et non une décision administrative nationale qui « autoriserait le séjour ». Ainsi, toute personne relevant du champ d'application personnel de l'art. 2 de la décision d'exécution acquiert automatiquement le statut de protégé temporaire, indépendamment de la reconnaissance d'une telle qualité.

A noter qu'à rebours du système Dublin, la Commission a indiqué que les ressortissants ukrainiens sont « libres de se rendre dans l'État membre dans lequel ils souhaitent bénéficier des droits attachés à la protection temporaire et rejoindre leur famille et leurs amis au sein des vastes réseaux de la diaspora ukrainienne qui existent actuellement dans l'Union ».

La protection produira ses effets pendant un an, durée qui pourra être prorogée automatiquement par période de six mois pour une durée maximale d'un an. S'il subsiste des raisons de maintenir la protection temporaire, le Conseil peut ensuite décider, sur proposition de la Commission, de proroger la protection pour une période maximale d'un an.

Au 6 décembre 2022, le Haut Commissariat des Nations unies pour les réfugiés (HCR) a déjà relevé plus de 7,8 millions de réfugiés venant d'Ukraine à travers l'Europe depuis le 24 février, dont plus de 4,8 millions enregistrés pour une protection temporaire ou des régimes de protection nationaux équivalents en Europe. ❑

Art. L. 580-1 Conformément à l'article L. 240-1, les dispositions du chapitre I du présent titre sont applicables aux étrangers ressortissants de pays tiers mentionnés aux articles L. 200-3, L. 200-4 et L. 200-5.

CHAPITRE I **PROTECTION TEMPORAIRE**

Art. L. 581-1 L'entrée et le séjour en France des étrangers appartenant à un groupe spécifique de personnes bénéficiaires de la protection temporaire instituée en application de la directive 2001/55/CE du Conseil du 20 juillet 2001 relative à des normes minimales pour l'octroi d'une protection temporaire en cas d'afflux massif de personnes déplacées et à des mesures tendant à assurer un équilibre entre les efforts consentis par les États membres pour accueillir ces personnes et supporter les conséquences de cet accueil sont régis par les dispositions du présent chapitre. – *[Anc. art. L. 811-1.]*

Décret nº 2022-1441 du 17 novembre 2022,

Instituant une mesure exceptionnelle de soutien aux personnes physiques ayant mis à l'abri dans un hébergement ou dans un logement, une ou plusieurs personnes physiques bénéficiaires de la protection temporaire au titre des articles L. 581-1 et suivants du code de l'entrée et du séjour des étrangers et du droit d'asile.

Art. 1er Une mesure exceptionnelle de soutien est attribuée au demandeur répondant aux critères cumulatifs suivants :

a) Être une personne physique ;

b) Avoir hébergé ou logé :

— une ou plusieurs personnes bénéficiaires de la protection temporaire au titre des articles L. 581-1 et suivants du code de l'entrée et du séjour des étrangers et du droit d'asile ;

— à titre gratuit ;

— à son domicile et/ou dans un ou plusieurs logements indépendants ;

— pour une durée égale ou supérieure à 90 jours entre le 1er avril et le 31 décembre 2022 ;

c) Disposer d'une attestation délivrée par une association référencée ou financée à ce titre par l'État ou, le cas échéant, par une collectivité territoriale ou un établissement public local compétent en matière d'action sociale, conformément au modèle qui sera mis à disposition sur le site internet de l'Agence de services et de paiement.

Une seule mesure exceptionnelle de soutien peut être accordée par demandeur.

Art. 2 Le dossier de demande de mesure exceptionnelle de soutien doit comporter une copie de l'ensemble des pièces suivantes :

a) La pièce d'identité du demandeur en cours de validité (carte nationale d'identité, passeport ou titre de séjour) ;

b) L'attestation mentionnée au *c* de l'article 1er du présent décret ;

c) Un justificatif de domicile de moins de six mois ;

d) Une photocopie de l'autorisation provisoire de séjour des personnes accueillies dont la validité couvre la période d'hébergement sauf impossibilité dûment justifiée.

Le dossier complet de demande doit être transmis à l'Agence de services et de paiement, par l'intermédiaire d'un téléservice disponible sur son site internet.

Tout dossier incomplet fait l'objet d'une demande indiquant les documents ou les renseignements manquants. A défaut de réception des éléments demandés dans un délai de 30 jours, à compter de la demande complémentaire adressée par l'Agence de services et de paiement, *(Décr. nº 2023-1047 du 16 nov. 2023)* « ou dans un délai de 15 jours à compter de la date de l'unique relance, » le dossier est rejeté.

Art. 3 La gestion administrative et financière de la mesure exceptionnelle de soutien mentionnée à l'article 1er du présent décret est assurée, pour le compte de l'État, par l'Agence de services et de paiement, conformément à la convention conclue à cet effet avec l'État.

A ce titre, l'Agence de services et de paiement est chargée :
— de réceptionner et d'instruire les demandes de mesure exceptionnelle de soutien ;
— de procéder à l'attribution et à la notification de la mesure exceptionnelle de soutien dans la limite des crédits disponibles ;
— de procéder à la liquidation des montants dus ;
— de verser la mesure exceptionnelle de soutien aux bénéficiaires ;
— le cas échéant, de contrôler et de recouvrer les sommes indûment perçues ;
— de traiter les réclamations et recours relevant de sa responsabilité.

L'Agence de services et de paiement demeure responsable des traitements de données, y compris à caractère personnel, nécessaires à la mise en œuvre du présent dispositif.

A ce titre, l'Agence de services et de paiement collecte auprès des hébergeurs des données à caractère personnel concernant les personnes hébergées (nom, prénom, sexe et date de naissance) à des fins de contrôle. Ces données pourront faire l'objet d'échanges entre administrations compétentes.

Art. 4 Conformément aux conditions édictées à l'article 1er du présent décret, le montant de la mesure exceptionnelle de soutien est fixé à :
— quatre cent cinquante euros, pour les 90 premiers jours d'hébergement cumulés ;
— puis, à cinq euros par jour pour les jours suivants d'hébergement.

Les demandes devront être déposées à l'issue de la période d'hébergement. Pour les personnes poursuivant leur hébergement jusqu'au 31 décembre 2022, les demandes seront à déposer à compter du 1er janvier 2023. La date limite de dépôt des demandes est fixée au 30 avril 2023 inclus. Toute demande déposée ou tout dossier incomplet ultérieurement à cette date est rejeté.

Art. 5 L'Agence de services et de paiement peut demander au demandeur de la mesure exceptionnelle de soutien toute information complémentaire nécessaire à l'instruction, au contrôle de la demande et au paiement de la mesure exceptionnelle de soutien.

Des contrôles seront mis en œuvre, par l'Agence de services et de paiement sur des demandes déposées sur la totalité de la durée ouvrant droit à la mesure exceptionnelle de soutien. Les bénéficiaires disposent d'un délai de deux mois à compter de la date de la demande par l'Agence de services et de paiement pour produire les justifications qui pourraient être demandées par cette dernière. En cas d'irrégularités constatées, d'absence de réponse ou de réponse incomplète à cette demande, les bénéficiaires concernés sont tenus de reverser à l'Agence de services et de paiement les versements indus.

Art. 6 Les dispositions du présent décret s'appliquent aux demandes déposées à compter du 22 novembre 2022.

Art. L. 581-2 Le bénéfice du régime de la protection temporaire est ouvert aux étrangers selon les modalités déterminées par la décision du Conseil de l'Union européenne mentionnée à l'article 5 de la directive 2001/55/CE du Conseil du 20 juillet 2001, définissant les groupes spécifiques de personnes auxquelles s'applique la protection temporaire, fixant la date à laquelle la protection temporaire entrera en vigueur et contenant notamment les informations communiquées par les États membres de l'Union européenne concernant leurs capacités d'accueil. – *[Anc. art. L. 811-2.]*

1. Une requérante, entrée en France le 13 nov. 2021 au moyen d'un visa étudiant, s'étant rendue en Ukraine le 4 mars 2022 afin d'y retrouver son fils mineur, ne remplit pas les conditions d'octroi de la protection temporaire fixées par la Décis. d'exécution (UE) 2022/382 du Conseil du 4 mars 2022 dès lors que celle-ci impose au demandeur une condition de résidence effective en Ukraine au 24 févr. 2022. Si l'enfant peut être éligible à cette protection, la mère ne peut prétendre à la protection en qualité de membre de famille, la condition de résidence à cette date étant également requise pour les proches du bénéficiaire de la protection temporaire. • CE 9 sept. 2022, ♀ n° 467244.

2. Il résulte des dispositions du § 2 de l'art. 2 de la Décis. d'exécution 2022/382 du Conseil du 4 mars 2022, prises en application de l'art. 5 de la Dir. 2001/55/CE que, pour pouvoir prétendre au bénéfice de la protection temporaire, les ressortissants de pays tiers autres que l'Ukraine doivent en principe être titulaires d'un titre de séjour permanent délivré conformément au droit ukrainien. Si le § 3 de ce même art. 2 envisage que cette protection soit rendue applicable à d'autres catégories de personnes, dont les ressortissants de pays tiers autres que l'Ukraine qui séjournaient régulièrement dans ce pays sans disposer d'un titre permanent, il se borne ce faisant à rappeler la faculté que tiennent les États membres de l'art. 7 de la Dir. 2001/55/CE d'étendre le bénéfice de la protection à des catégories supplémentaires de personnes déplacées qui ne sont pas visées dans la décision du Conseil, lorsqu'elles sont déplacées pour les mêmes raisons et à partir du même pays ou de la même région d'origine, l'exercice d'une telle faculté supposant d'en informer immédiatement le Conseil et la Commission. • CE 27 déc. 2022, nº 465365 B : *AJDA 2023. 8*.

3. A noter que la CNDA a considéré que les régions ukrainiennes de Donetsk, Kharkiv, Louhansk et Zaporijjia connaissent actuellement une situation de violence aveugle d'intensité exceptionnelle en raison du conflit armé, justifiant l'octroi de la protection subsidiaire aux demandeurs ukrainiens sur la seule base de leur provenance de l'une de ces régions. • CNDA 30 déc. 2022, nºs 21048216, 21060196, 21063903, 22002736 et 22001393.

Art. L. 581-3 **L'étranger appartenant à un groupe spécifique de personnes visé par la décision du Conseil mentionnée à l'article L. 581-2 bénéficie de la protection temporaire à compter de la date mentionnée par cette décision. Il est mis en possession d'un document provisoire de séjour assorti, le cas échéant, d'une autorisation provisoire de travail. Ce document provisoire de séjour est renouvelé tant qu'il n'est pas mis fin à la protection temporaire.**

Le bénéfice de la protection temporaire est accordé pour une période d'un an renouvelable dans la limite maximale de trois années. Il peut être mis fin à tout moment à cette protection par décision du Conseil.

Le document provisoire de séjour peut être refusé lorsque l'étranger est déjà autorisé à résider sous couvert d'un document de séjour au titre de la protection temporaire dans un autre État membre de l'Union européenne et qu'il ne peut prétendre au bénéfice des dispositions de l'article L. 581-6. – *[Anc. art. L. 811-3.]*

Art. L. 581-4 **Le bénéfice de la protection temporaire ne préjuge pas de la reconnaissance de la qualité de réfugié au titre de la convention de Genève du 28 juillet 1951. Il ne peut toutefois être cumulé avec le statut de demandeur d'asile.**

L'étranger bénéficiaire de la protection temporaire qui sollicite l'asile reste soumis au régime de la protection temporaire pendant l'instruction de sa demande. Si, à l'issue de l'examen de la demande d'asile, le statut de réfugié ou le bénéfice de la protection subsidiaire n'est pas accordé à l'étranger bénéficiaire de la protection temporaire, celui-ci conserve le bénéfice de cette protection aussi longtemps qu'elle demeure en vigueur. – *[Anc. art. L. 811-4.]*

Art. L. 581-5 **Un étranger peut être exclu du bénéfice de la protection temporaire dans les cas suivants :**

1° Il existe des indices graves ou concordants rendant vraisemblable qu'il ait pu commettre un crime contre la paix, un crime de guerre, un crime contre l'humanité ou un crime grave de droit commun commis hors du territoire français, avant d'y être admis en qualité de bénéficiaire de la protection temporaire, ou qu'il s'est rendu coupable d'agissements contraires aux buts et aux principes des Nations unies ;

2° Sa présence en France constitue une menace pour l'ordre public, la sécurité publique ou la sûreté de l'État. – *[Anc. art. L. 811-5.]*

Art. L. 581-6 **S'ils sont astreints à la détention d'un titre de séjour, les membres de la famille d'un étranger bénéficiant de la protection temporaire qui ont obtenu le droit de le rejoindre sur le fondement des dispositions de l'article 15 de la directive 2001/55/CE du Conseil du 20 juillet 2001 reçoivent de plein droit un document provisoire de séjour de même nature que celui détenu par la personne qu'ils sont venus rejoindre, sauf si leur présence constitue une menace à l'ordre public.** – *[Anc. art. L. 811-6.]*

COMMENTAIRE

L'étranger admis au séjour en France au titre de la protection temporaire peut demander à être rejoint par un membre de sa famille qui bénéficie de la protection temporaire dans un autre État membre de l'UE (procédure dite « de transfert », V. art. R. 581-8 s.). Lorsque la demande concerne le conjoint de l'étranger admis au séjour en France, ses enfants mineurs ou ceux de son conjoint, le préfet l'accepte en fonction des capacités d'accueil respectives des États membres intéressés et sous réserve que cet étranger justifie du consentement du ou des membres de sa famille. Dans les autres cas, le préfet statue en fonction des capacités d'accueil et en tenant compte des motifs de nécessité et d'urgence invoqués par les intéressés (art. R. 581-8).

Si le conjoint ou les enfants ne sont pas encore présents sur le territoire d'un État membre de l'UE, ils bénéficient d'une mesure de regroupement sur le territoire français à la condition qu'ils nécessitent une protection et sous réserve des capacités d'accueil. La décision est prise par le préfet (art. R. 581-9).

Si le transfert en France est sollicité par un bénéficiaire de la protection temporaire dans un autre État membre de l'Union européenne, c'est le ministre chargé de l'immigration, saisi de cette demande par les autorités compétentes de l'État membre dans lequel l'intéressé a sa résidence, qui statue sur cette demande en tenant compte notamment des capacités d'accueil (art. R. 581-10).

A l'inverse, un bénéficiaire de la protection temporaire en France peut demander à rejoindre un membre de sa famille qui bénéficie de la protection temporaire dans un autre État membre de l'UE. Le préfet saisit alors par écrit les autorités compétentes de cet État membre en vue du transfert de l'intéressé vers le territoire de cet État (art. R. 581-13). Une telle demande peut être formulée même par un bénéficiaire n'ayant aucun membre de sa famille dans un autre État membre (art. R. 581-14).

En cas de transfert d'un bénéficiaire de la protection temporaire vers un autre État membre de l'Union européenne, l'autorisation provisoire de séjour est retirée.

Les bénéficiaires de la protection temporaire qui se trouvent irrégulièrement sur le territoire d'un autre État membre de l'Union européenne font l'objet d'une procédure de réadmission après demande de reprise en charge adressée au ministre chargé de l'immigration (art. R. 581-11). ❑

Art. L. 581-7 Dans les conditions fixées à l'article 7 de la directive 2001/55/CE du Conseil du 20 juillet 2001, peuvent bénéficier de la protection temporaire des catégories supplémentaires de personnes déplacées qui ne sont pas visées dans la décision du Conseil prévue à l'article 5 de cette même directive, lorsqu'elles sont déplacées pour les mêmes raisons et à partir du même pays ou de la même région d'origine. Les dispositions des articles L. 581-3 à L. 581-6 sont applicables à ces catégories supplémentaires de personnes. – *[Anc. art. L. 811-7.]*

COMMENTAIRE

Les catégories de personnes déplacées qui peuvent bénéficier de la protection temporaire en France en application du présent article sont désignées par arrêté conjoint des ministres chargés de l'immigration, de l'intérieur et des affaires étrangères. Ces personnes sont alors admises au séjour dans les conditions prévues ci-dessus. ❑

Art. L. 581-8 L'étranger exclu du bénéfice de la protection temporaire ou qui, ayant bénéficié de cette protection, cesse d'y avoir droit, et qui ne peut être autorisé à demeurer sur le territoire à un autre titre, doit quitter le territoire français, sous peine de faire l'objet d'une décision portant obligation de quitter le territoire français. – *[Anc. art. L. 811-8.]*

Art. L. 581-9 Les ressortissants étrangers bénéficiaires de la protection temporaire peuvent bénéficier de l'allocation mentionnée à l'article L. 553-1 pendant une durée déterminée s'ils satisfont à des conditions d'âge et de ressources. – *[Anc. art. L. 744-10, al. 1er et 2.]*

Art. L. 581-10 Les conditions d'application du présent chapitre sont fixées par décret en Conseil d'État. – *[Anc. art. L. 811-9.]*

CHAPITRE II APATRIDIE

COMMENTAIRE

La demande de statut d'apatride est déposée à l'Office français de protection des réfugiés et apatrides. Elle est rédigée en français sur un imprimé établi par l'Office. L'imprimé doit être signé et accompagné de deux photographies d'identité récentes et, le cas échéant, du document de voyage, des documents d'état civil et de la copie du document de séjour en cours de validité. Lorsque la demande introduite est complète, l'office en accuse réception sans délai (art. R. 582-1).

L'office peut convoquer le demandeur à un entretien personnel. Le demandeur est entendu dans la langue de son choix, sauf s'il existe une autre langue qu'il comprend et dans laquelle il est à même de communiquer clairement. Lorsque l'entretien du demandeur nécessite l'assistance d'un interprète, sa rétribution est prise en charge par l'Office. L'Office peut procéder à un entretien en ayant recours à un moyen de communication audiovisuelle (art. R. 582-2).

La décision du directeur général de l'Office est notifiée à l'intéressé par lettre recommandée avec demande d'avis de réception. En cas de décision reconnaissant la qualité d'apatride, le directeur général de l'Office en informe le préfet compétent en vue de la délivrance de la carte de séjour temporaire mentionnée à l'article L. 424-18 (art. R. 582-3).

Les dispositions relatives à la réunification familiale et à l'intérêt supérieur de l'enfant sont applicables aux étrangers reconnus apatrides. Il en va de même des règles applicables aux documents de voyage (art. R. 582-4 et R. 582-5). ❑

SECTION 1 Qualité d'apatride

Art. L. 582-1 La qualité d'apatride est reconnue à toute personne qui répond à la définition de l'article 1er de la convention de New York du 28 septembre 1954 relative au statut des apatrides. Ces personnes sont régies par les dispositions applicables aux apatrides en vertu de cette convention. – *[Anc. art. L. 812-1.]*

1. La reconnaissance du statut d'apatride présente un caractère recognitif. • CE, sect., 9 nov. 2007, n° 261305 A : *AJDA 2007. 2371, chron. Boucher et Bourgeois-Machureau*.

2. La Conv. du 28 sept. 1954 n'est pas applicable à un réfugié palestinien tant qu'il bénéficie effectivement de l'assistance ou de la protection de l'UNRWA ; dès lors qu'il a perdu le bénéfice effectif d'une telle assistance ou protection et qu'aucun État ne le reconnaît comme l'un de ses ressortissants par application de sa législation, un réfugié palestinien bénéficie, sous réserve des autres clauses d'exclusion prévues à l'art. 1er, du régime de la Conv. du 28 sept. 1954 et peut solliciter, sur le fondement des dispositions de l'art. L. 582-1, l'octroi du statut d'apatride. • CE 24 déc. 2019, *OFPRA*, n° 427017 A : *AJDA 2020. 8*. ♦ La demande de reconnaissance de la qualité d'apatride fera l'objet d'une décision de rejet dès lors qu'elle avait manifestement pour seul objet de faire échec à l'intervention d'une mesure d'éloignement. • CE 21 nov. 1994, n° 147193 B : *D. 1995. 176, obs. Julilen-Laferrière*.

3. La reconnaissance de la qualité d'apatride implique d'établir que l'État susceptible de regarder une personne comme son ressortissant par application de sa législation ne le considère pas comme tel ; la seule circonstance que le Sahara occidental est un territoire inscrit sur la liste des territoires non autonomes au sens de l'art. 73 de la Charte des Nations Unies ne suffit pas à faire regarder comme apatrides au sens de l'art. 1er de cette convention les personnes d'origine sahraouie qui ont reçu la nationalité marocaine ; enfin, la renonciation unilatérale à sa nationalité n'ouvre pas, par elle-même, le droit à se voir reconnaître la qualité d'apatride. • CE 27 déc. 2022, n° 457625 B : *AJDA 2023. 8 ; ibid. 448, concl. Malverti*.

SECTION 2 Procédure de reconnaissance de la qualité d'apatridie

Art. L. 582-2 L'Office français de protection des réfugiés et apatrides reconnaît la qualité d'apatride aux personnes remplissant les conditions mentionnées à l'article L. 582-1, au terme d'une procédure définie par décret en Conseil d'État. – *[Anc. art. L. 812-2.]*

Art. L. 582-3 L'Office français de protection des réfugiés et apatrides notifie par écrit sa décision au demandeur du statut d'apatride, par tout moyen garantissant la confidentialité et la réception personnelle de cette notification. Toute décision de rejet est motivée en fait et en droit et précise les voies et délais de recours.

Aucune décision sur une demande de statut d'apatride ne peut naître du silence gardé par l'office. – *[Anc. art. L. 812-3.]*

SECTION 3 Contenu de la protection

Art. L. 582-4 L'Office français de protection des réfugiés et apatrides exerce la protection juridique et administrative des apatrides.

Il assure cette protection, notamment l'exécution de la convention de New York du 28 septembre 1954, dans les conditions prévues à l'article L. 121-10.

Il est habilité à délivrer aux apatrides les pièces nécessaires pour leur permettre d'exécuter les divers actes de la vie civile et à authentifier les actes et documents qui lui sont soumis, dans les conditions prévues à l'article L. 121-9. – *[Anc. art. L. 812-4.]*

Art. L. 582-5 Le ressortissant étranger qui a obtenu le statut d'apatride et qui s'est vu délivrer la carte de séjour temporaire mentionnée à l'article L. 424-18 ou la carte de résident mentionnée à l'article L. 424-21 peut demander à bénéficier de la réunification familiale, dans les mêmes conditions que celles prévues aux articles L. 561-2 à L. 561-5 pour le ressortissant étranger qui a obtenu le statut de réfugié. – *[Anc. art. L. 812-5.]*

Art. L. 582-6 Les articles L. 561-6 et L. 561-7 sont applicables au mineur non accompagné auquel la qualité d'apatride a été reconnue. – *[Anc. art. L. 812-6.]*

Art. L. 582-7 A moins que des raisons impérieuses de sécurité nationale ou d'ordre public ne s'y opposent, l'étranger reconnu apatride et titulaire d'un titre de séjour en cours de validité peut se voir délivrer un document de voyage dénommé "titre de voyage pour apatride" l'autorisant à voyager hors du territoire français.

La durée de validité de ce document de voyage est fixée au IV de l'article 953 du code général des impôts.

Il peut être retiré ou son renouvellement refusé lorsqu'il apparaît, après sa délivrance, que des raisons impérieuses de sécurité nationale ou d'ordre public le justifient. – *[Anc. art. L. 812-7.]*

SECTION 4 Communications de l'autorité judiciaire

Art. L. 582-8 L'autorité judiciaire communique au directeur général de l'Office français de protection des réfugiés et apatrides, sur demande ou d'office, tout élément recueilli au cours d'une instance civile ou d'une information criminelle ou correctionnelle, y compris lorsque celle-ci s'est terminée par un non-lieu, de nature à faire suspecter qu'une personne qui demande le statut d'apatride ou qui s'est vu accorder le statut d'apatride relève de l'une des clauses d'exclusion mentionnées à l'article 1er de la convention de New York du 28 septembre 1954. – *[Anc. art. L. 713-5, ecqc l'apatridie.]*

Art. L. 582-9 L'autorité judiciaire communique au directeur général de l'Office français de protection des réfugiés et apatrides, sur demande ou d'office, tout élément recueilli au cours d'une instance civile ou d'une information criminelle ou correctionnelle, quelle qu'en soit l'issue, de nature à faire suspecter le caractère frauduleux du statut d'apatride. – *[Anc. art. L. 713-6, ecqc l'apatridie.]*

TITRE IX DISPOSITIONS RELATIVES À L'OUTRE-MER

Dans les collectivités qui relèvent de l'art. 74 de la Const. à l'exception de Saint-Pierre-et-Miquelon, en Nouvelle-Calédonie et dans les Terres australes et antarctiques françaises, les dispositions et modifications introduites par la L. n° 2024-42 du 26 janv. 2024 entrent en vigueur à une date fixée par décret en Conseil d'État, et au plus tard le 1er sept. 2025 (L. préc., art. 86-V).

CHAPITRE I DISPOSITIONS PARTICULIÈRES AUX COLLECTIVITÉS RÉGIES PAR L'ARTICLE 73 DE LA CONSTITUTION ET À SAINT-PIERRE-ET-MIQUELON

Art. L. 591-1 Les dispositions du présent livre sont applicables de plein droit en Guadeloupe, en Guyane, en Martinique, à La Réunion, à Mayotte et à Saint-Pierre-et-Miquelon, sous réserve des adaptations prévues par le présent chapitre.

Art. L. 591-2 Pour l'application du présent livre en Guadeloupe, en Guyane, en Martinique, à La Réunion, à Mayotte et à Saint-Pierre-et-Miquelon :

1° Les références au préfet sont remplacées par la référence au représentant de l'État dans la collectivité ;

2° La référence au président du conseil départemental est remplacée par la référence au président de l'exécutif de la collectivité ;

3° A l'article L. 521-1, les mots : "et procède, dans des conditions fixées par décret en Conseil d'État, à la détermination de l'État responsable en application du règlement

(UE) n° 604/2013 du Parlement européen et du Conseil, du 26 juin 2013, établissant les critères et mécanismes de détermination de l'État membre responsable de l'examen d'une demande de protection internationale introduite dans l'un des États membres par un ressortissant de pays tiers ou un apatride, ou en application d'engagements identiques à ceux prévus par le même règlement" sont supprimés ;

4° Les articles L. 521-2 et L. 521-5 ne sont pas applicables ;

5° Le 1° de l'article L. 531-27 n'est pas applicable ;

6° Le dernier alinéa de l'article L. 531-41 n'est pas applicable ;

7° A l'article L. 552-2, les mots : "ou jusqu'à leur transfert effectif vers un autre État européen" sont supprimés ;

8° Les dispositions du titre VII ne sont pas applicables ;

9° Le dernier alinéa de l'article L. 581-3 n'est pas applicable.

Art. L. 591-3 Pour l'application du 3° de l'article L. 531-27 en Guyane, le mot : "quatre-vingt-dix" est remplacé par le mot : "soixante".

Art. L. 591-4 Pour l'application du présent livre à Mayotte :

(L. n° 2024-42 du 26 janv. 2024, art. 80-II) « 1° A A l'article L. 542-7, la référence à l'article L. 160-1 du code de la sécurité sociale est remplacée par la référence à l'article 19 de l'ordonnance n° 96-1122 du 20 décembre 1996 relative à l'amélioration de la santé publique, à l'assurance maladie, maternité, invalidité, décès et autonomie, au financement de la sécurité sociale à Mayotte et à la caisse de sécurité sociale de Mayotte ; »

1° Le 1° de l'article L. 552-1 n'est pas applicable ;

2° L'article L. 553-1 est ainsi rédigé :

Art. L. 553-1 Le demandeur d'asile dont la demande est enregistrée à Mayotte peut bénéficier d'un hébergement dans une structure mentionnée au 2° de l'article L. 552-1 et des aides matérielles.

3° Les articles L. 553-2 et L. 553-3 ne sont pas applicables.

Le présent art. adapte à la situation particulière de Mayotte le dispositif d'accueil des demandeurs d'asile en prévoyant notamment que les dispositions relatives à l'allocation pour demandeur d'asile (ADA) ne sont pas applicables et que s'y substitue le versement « d'aides matérielles ». Conformément à la Dir. 2013/33/UE du 26 juin 2013, le présent art. ne crée pas une simple faculté, pour l'autorité compétente, de faire bénéficier les personnes concernées de conditions matérielles d'accueil adaptées à leurs besoins et leurs ressources, mais leur en fait obligation jusqu'à ce qu'il soit définitivement statué sur leur demande d'asile, sauf à y mettre fin ou les retirer dans les cas prévus par la loi. Ces conditions matérielles, comprenant le logement, la nourriture et l'habillement, doivent, par leur niveau, garantir un niveau de vie adéquat au regard des particularités de ce département et peuvent être fournies en nature, ou sous la forme de bons ou d'allocations financières, en prenant en compte les ressources de l'intéressé, la composition de sa famille et, le cas échéant, son mode d'hébergement et les prestations offertes par son lieu d'hébergement. • CE 12 mars 2021, n° 448453.

Art. L. 591-5 *(L. n° 2024-42 du 26 janv. 2024, art. 80-II)* Pour l'application du présent livre à Saint-Pierre-et-Miquelon :

1° A l'article L. 542-7, la référence à l'article L. 160-1 du code de la sécurité sociale est remplacée par la référence à l'article 8-5 de l'ordonnance n° 77-1102 du 26 septembre 1977 portant extension et adaptation au département de Saint-Pierre-et-Miquelon de diverses dispositions relatives aux affaires sociales ;

2° Au second alinéa de l'article L. 552-6 et au deuxième alinéa de l'article L. 552-7, la référence au règlement (UE) 2016/679 du Parlement européen et du Conseil du 27 avril 2016 relatif à la protection des personnes physiques à l'égard du traitement des données à caractère personnel et à la libre circulation de ces données, et abrogeant la directive 95/46/CE (règlement général sur la protection des données), est remplacée par la référence aux règles en vigueur en métropole en application du même règlement.

Ancien art. L. 591-5 *Pour l'application du présent livre à Saint-Pierre-et-Miquelon, aux articles L. 552-6 et L. 552-7, la référence au règlement (UE) 2016/679 du 27 avril 2016 relatif à la protection des personnes physiques à l'égard des traitements des données à caractère personnel et* *à la libre circulation de ces données et à la loi n° 78-17 du 6 janvier 1978 relative à l'informatique, aux fichiers et aux libertés est remplacée par la référence aux règles en vigueur en métropole en vertu du règlement (UE) 2016/679 du 27 avril 2016.*

CHAPITRE II DISPOSITIONS APPLICABLES À SAINT-BARTHÉLEMY

Art. L. 592-1 Sous réserve des adaptations prévues par le présent chapitre, les dispositions suivantes sont applicables à Saint-Barthélemy dans leur rédaction résultant de l'ordonnance n° 2020-1733 du 16 décembre 2020, sauf mention contraire ou mention de leur application de plein droit dans le tableau ci-dessous. – *Tableau mod. par L. n° 2021-1109 du 24 août 2021, art. 94.*

Articles applicables	Dans leur rédaction résultant de
Au titre I	
L. 510-1	
L. 511-1 à L. 511-6	
L. 511-7	La loi n° 2021-1109 du 24 août 2021 confortant le respect des principes de la République
L. 511-8 et L. 511-9	
L. 512-1 à L. 512-4	
L. 513-1 à L. 513-7	
Au titre II	
L. 520-1 et L. 520-2	
L. 521-1	
L. 521-3 et L. 521-4	
L. 521-6 à L. 521-14	
L. 522-1 à L. 522-5	
Au titre III	
L. 530-1	
L. 531-1 à L. 531-42	
L. 532-1 à L. 532-15	Application de plein droit
Au titre IV	
L. 540-1	
L. 541-1 à L. 541-3	
L. 542-1 à L. 542-5	
L. 542-6	Application de plein droit

Articles applicables	Dans leur rédaction résultant de
Au titre V	
L. 550-1 et L. 550-3	
L. 551-1 à L. 551-16	
L. 552-1 à L. 552-15	
L. 553-1 à L. 553-3	
Au titre VI	
L. 560-1	
L. 561-1 à L. 561-16	
L. 562-1 à L. 562-3	
Au titre VIII	
L. 580-1	
L. 581-1 à L. 581-10	
L. 582-1 à L. 582-9	

Art. L. 592-2 Pour l'application des dispositions du présent livre à Saint-Barthélemy :

1° A l'exception des articles L. 511-7, L. 512-2, L. 520-1, L. 521-3, L. 521-14, L. 531-26 à L. 531-28, L. 531-30, L. 561-3, L. 561-5, L. 581-1 et L. 581-5, les mots : "en France" sont remplacés par les mots : "à Saint-Barthélemy" ;

2° A l'exception de l'article L. 581-8 ou de la référence à l'obligation de quitter le territoire français, les mots : "sur le territoire français" sont remplacés par les mots : "à Saint-Barthélemy" et les mots : "le territoire français" sont remplacés par les mots : "Saint-Barthélemy" ;

3° Les références au préfet sont remplacées par la référence au représentant de l'État à Saint-Barthélemy ;

4° A l'article L. 521-1, les mots : "et procède, dans des conditions fixées par décret en Conseil d'État, à la détermination de l'État responsable en application du règlement (UE) n° 604/2013 du Parlement européen et du Conseil, du 26 juin 2013, établissant les critères et mécanismes de détermination de l'État membre responsable de l'examen d'une demande de protection internationale introduite dans l'un des États membres par un ressortissant de pays tiers ou un apatride, ou en application d'engagements identiques à ceux prévus par le même règlement" sont supprimés ;

5° A l'article 521-11, les mots : "président du conseil départemental" sont remplacés par les mots : "président du conseil territorial" ;

6° Le 1° de l'article L. 531-27 n'est pas applicable ;

7° Le dernier alinéa de L. 531-41 est supprimé ;

8° A l'article L. 541-2, il est ajouté un alinéa ainsi rédigé :

"Si l'office décide d'entendre le demandeur hors de la collectivité de Saint-Barthélemy, celui-ci reçoit les autorisations nécessaires."

9° A l'article L. 552-2, les mots : "ou jusqu'à leur transfert effectif vers un autre État européen" sont supprimés ;

10° Aux articles L. 552-6 et L. 552-7, la référence au règlement (UE) 2016/679 du 27 avril 2016 relatif à la protection des personnes physiques à l'égard des traitements des données à caractère personnel et à la libre circulation de ces données et à la loi n° 78-17 du 6 janvier 1978 relative à l'informatique, aux fichiers et aux libertés est remplacée par la référence aux règles en vigueur en métropole en vertu du règlement (UE) 2016/679 du 27 avril 2016 ;

11° A l'article L. 552-11, la référence à l'article L. 300-1 du code de la construction et de l'habitation est remplacée par la référence aux dispositions applicables localement ayant le même objet ;

12° A l'article L. 561-16, les références au code du travail et au code de la construction et de l'habitation sont remplacées par les références aux dispositions applicables localement ;

13° A l'article L. 581-3 :

a) Au premier alinéa, après les mots : "assorti, le cas échéant, d'une autorisation provisoire de travail", sont insérés les mots : "délivrée dans le respect des dispositions législatives et réglementaires applicables localement" ;

b) Le dernier alinéa n'est pas applicable.

CHAPITRE III **DISPOSITIONS APPLICABLES À SAINT-MARTIN**

Art. L. 593-1 Sous réserve des adaptations prévues par le présent chapitre, les dispositions suivantes sont applicables à Saint-Martin dans leur rédaction résultant de l'ordonnance n° 2020-1733 du 16 décembre 2020, sauf mention contraire ou mention de leur application de plein droit dans le tableau ci-dessous. – *Tableau mod. par L. n° 2021-1109 du 24 août 2021, art. 94.*

Articles applicables	Dans leur rédaction résultant de
Au titre I	
L. 510-1	
L. 511-1 à L. 511-6	
L. 511-7	La loi n° 2021-1109 du 24 août 2021 confortant le respect des principes de la République
L. 511-8 et L. 511-9	
L. 512-1 à L. 512-4	
L. 513-1 à L. 513-7	
Au titre II	
L. 520-1 et L. 520-2	
L. 521-1	
L. 521-3 et L. 521-4	
L. 521-6 à L. 521-14	
L. 522-1 à L. 522-5	
Au titre III	
L. 530-1	
L. 531-1 à L. 531-42	
L. 532-1 à L. 532-15	Application de plein droit
Au titre IV	
L. 540-1	

Articles applicables	Dans leur rédaction résultant de
L. 541-1 à L. 541-3	
L. 542-1 à L. 542-5	
L. 542-6	Application de plein droit
Au titre V	
L. 550-1 et L. 550-3	
L. 551-1 à L. 551-16	
L. 552-1 à L. 552-15	
L. 553-1 à L. 553-3	
Au titre VI	
L. 560-1	
L. 561-1 à L. 561-16	
L. 562-1 à L. 562-3	
Au titre VIII	
L. 580-1	
L. 581-1 à L. 581-10	
L. 582-1 à L. 582-9	

Art. L. 593-2 Pour l'application des dispositions du présent livre à Saint-Martin :

1° A l'exception des articles L. 511-7, L. 512-2, L. 520-1, L. 521-3, L. 521-14, L. 531-26 à L. 531-28, L. 531-30, L. 561-3, L. 561-5, L. 581-1 et L. 581-5, les mots : "en France" sont remplacés par les mots : "à Saint-Martin" ;

2° A l'exception de l'article L. 581-8 ou de la référence à l'obligation de quitter le territoire français, les mots : "sur le territoire français" sont remplacés par les mots : "à Saint-Martin" et les mots : "le territoire français" sont remplacés par les mots : "Saint-Martin" ;

3° Les références au préfet sont remplacées par la référence au représentant de l'État à Saint-Martin ;

4° A l'article L. 521-1, les mots : "et procède, dans des conditions fixées par décret en Conseil d'État, à la détermination de l'État responsable en application du règlement (UE) n° 604/2013 du Parlement européen et du Conseil, du 26 juin 2013, établissant les critères et mécanismes de détermination de l'État membre responsable de l'examen d'une demande de protection internationale introduite dans l'un des États membres par un ressortissant de pays tiers ou un apatride, ou en application d'engagements identiques à ceux prévus par le même règlement" sont supprimées ;

5° A l'article 521-11, les mots : "président du conseil départemental" sont remplacés par les mots : "président du conseil territorial" ;

6° Le 1° de l'article L. 531-27 n'est pas applicable ;

7° Le dernier alinéa de l'article L. 531-41 est supprimé ;

8° A l'article L. 541-2, il est ajouté un alinéa ainsi rédigé :

"Si l'office décide d'entendre le demandeur hors de la collectivité de Saint-Martin, celui-ci reçoit les autorisations nécessaires."

9° A l'article L. 552-2, les mots : "ou jusqu'à leur transfert effectif vers un autre État européen" sont supprimés ;

10° A l'article L. 552-11, la référence à l'article L. 300-1 du code de la construction et de l'habitation est remplacée par la référence aux dispositions applicables localement ayant le même objet ;

11° A l'article L. 561-16, les références au code du travail et au code de la construction et de l'habitation sont remplacées par les références aux dispositions applicables localement ;

12° A l'article L. 581-3 :

a) Au premier alinéa, après les mots : "assorti, le cas échéant, d'une autorisation provisoire de travail", sont insérés les mots : "délivrée dans le respect des dispositions législatives et réglementaires applicables localement" ;

b) Le dernier alinéa n'est pas applicable.

CHAPITRE IV DISPOSITIONS APPLICABLES DANS LES ÎLES WALLIS-ET-FUTUNA

Art. L. 594-1 Sous réserve des adaptations prévues par le présent chapitre, les dispositions suivantes sont applicables dans les îles Wallis-et-Futuna dans leur rédaction résultant de l'ordonnance n° 2020-1733 du 16 décembre 2020, sauf mention contraire dans le tableau ci-dessous. – *Tableau mod. par L. n° 2021-1109 du 24 août 2021, art. 94.*

Articles applicables	Dans leur rédaction résultant de
Au titre I	
L. 510-1	
L. 511-1 à L. 511-6	
L. 511-7	La loi n° 2021-1109 du 24 août 2021 confortant le respect des principes de la République
L. 511-8 et L. 511-9	
L. 512-1 à L. 512-4	
L. 513-1 à L. 513-7	
Au titre II	
L. 520-1 et L. 520-2	
L. 521-1	
L. 521-3 et L. 521-4	
L. 521-6 à L. 521-10	
L. 521-12 à L. 521-14	
Au titre III	
L. 530-1	
L. 531-1 à L. 531-42	
L. 532-1 à L. 532-15	
Au titre IV	
L. 540-1	
L. 541-1 à L. 541-3	
L. 542-1 à L. 542-5	
L. 542-6	

Articles applicables	Dans leur rédaction résultant de
Au titre VI	
L. 560-1	
L. 561-1 à L. 561-16	
L. 562-1 à L. 562-3	
Au titre VIII	
L. 582-1 à L. 582-9	

Art. L. 594-2 Pour l'application du présent livre dans les îles Wallis-et-Futuna :

1° A l'exception des articles L. 511-7, L. 512-2, L. 520-1, L. 521-14, L. 531-26 à L. 531-28 et L. 561-3 les mots : "en France" sont remplacés par les mots : "dans les îles Wallis-et-Futuna" ;

2° A l'exception de la référence à l'obligation de quitter le territoire français, les mots : "sur le territoire français" sont remplacés par les mots : "dans les îles Wallis-et-Futuna" et les mots : "le territoire français" sont remplacés par les mots : "les îles Wallis-et-Futuna" ;

3° A l'article L. 521-1, les mots : "et procède, dans des conditions fixées par décret en Conseil d'État, à la détermination de l'État responsable en application du règlement (UE) n° 604/2013 du Parlement européen et du Conseil, du 26 juin 2013, établissant les critères et mécanismes de détermination de l'État membre responsable de l'examen d'une demande de protection internationale introduite dans l'un des États membres par un ressortissant de pays tiers ou un apatride, ou en application d'engagements identiques à ceux prévus par le même règlement" sont supprimés ;

4° A l'article L. 531-10 :

a) Au deuxième alinéa, les mots : "des informations sur la vulnérabilité du demandeur qui lui sont transmises en application de l'article L. 522-4 et" sont supprimés ;

b) Au troisième alinéa, les mots : "comme ayant des besoins particuliers en matière d'accueil en application du chapitre II du titre II, ou" sont supprimés ;

5° Le 1° de l'article L. 531-27 n'est pas applicable ;

6° Le dernier alinéa de l'article L. 531-41 est supprimé ;

7° Au premier alinéa de l'article L. 561-4, les mots : "le premier alinéa de" sont supprimés ;

8° A l'article L. 561-14, les mots : "bénéficie d'un accompagnement personnalisé pour l'accès à l'emploi et au logement" sont remplacés par les mots : "peut bénéficier d'un accompagnement personnalisé pour l'accès à l'emploi sous forme d'un bilan de compétences professionnelles" ;

9° A l'article L. 561-16, les références au code de la sécurité sociale, au code de l'action sociale et des familles et au code de la construction et de l'habitation sont remplacées par les références aux dispositions applicables localement.

CHAPITRE V DISPOSITIONS APPLICABLES EN POLYNÉSIE FRANÇAISE

Art. L. 595-1 Sous réserve des adaptations prévues par le présent chapitre, les dispositions suivantes sont applicables en Polynésie française dans leur rédaction résultant de l'ordonnance n° 2020-1733 du 16 décembre 2020, sauf mention contraire ou mention de leur application de plein droit dans le tableau ci-dessous. – *Tableau mod. par L. n° 2021-1109 du 24 août 2021, art. 94.*

Articles applicables	Dans leur rédaction résultant de
Au titre I	
L. 510-1	
L. 511-1 à L. 511-6	

Articles applicables	Dans leur rédaction résultant de
L. 511-7	La loi n° 2021-1109 du 24 août 2021 confortant le respect des principes de la République
L. 511-8 et L. 511-9	
L. 512-1 à L. 512-4	
L. 513-1 à L. 513-7	
Au titre II	
L. 520-1 et L. 520-2	
L. 521-1	
L. 521-3 et L. 521-4	
L. 521-6 à L. 521-10	
L. 521-12 à L. 521-14	
Au titre III	
L. 530-1	
L. 531-1 à L. 531-42	
L. 532-1 à L. 532-15	Application de plein droit
Au titre IV	
L. 540-1	
L. 541-1 à L. 541-3	
L. 542-1 à L. 542-5	
L. 542-6	Application de plein droit
Au titre VI	
L. 560-1	
L. 561-1 à L. 561-16	
L. 562-1 à L. 562-3	
Au titre VIII	
L. 582-1 à L. 582-9	

Art. L. 595-2 Pour l'application du présent livre en Polynésie française :

1° A l'exception des articles L. 511-7, L. 512-2, L. 520-1, L. 521-14, L. 531-26 à L. 531-28 et L. 561-3 les mots : "en France" sont remplacés par les mots : "en Polynésie française" ;

2° A l'exception de la référence à l'obligation de quitter le territoire français, les mots : "sur le territoire français" sont remplacés par les mots : "en Polynésie française" et les mots : "le territoire français" sont remplacés par les mots : "la Polynésie française" ;

3° A l'article L. 521-1, les mots : "et procède, dans des conditions fixées par décret en Conseil d'État, à la détermination de l'État responsable en application du règlement (UE) n° 604/2013 du Parlement européen et du Conseil, du 26 juin 2013, établissant les critères et mécanismes de détermination de l'État membre responsable de l'examen d'une demande de protection internationale introduite dans l'un des États membres par un ressortissant de pays tiers ou un apatride, ou en application d'engagements identiques à ceux prévus par le même règlement" sont supprimés ;

4° A l'article L. 531-10 :

a) Au deuxième alinéa, les mots : "des informations sur la vulnérabilité du demandeur qui lui sont transmises en application de l'article L. 522-4 et" sont supprimés ;

b) Au troisième alinéa, les mots : "comme ayant des besoins particuliers en matière d'accueil en application du chapitre II du titre II, ou" sont supprimés ;

5° Le 1° de l'article L. 531-27 n'est pas applicable ;

6° Le dernier alinéa de l'article L. 531-41 a est *[est]*supprimé ;

7° Au premier alinéa de l'article L. 561-4, les mots : "le premier alinéa de" sont supprimés ;

8° A l'article L. 561-14, les mots : "bénéficie d'un accompagnement personnalisé pour l'accès à l'emploi et au logement" sont remplacés par les mots : "peut bénéficier d'un accompagnement personnalisé pour l'accès à l'emploi sous forme d'un bilan de compétences professionnelles" ;

9° A l'article L. 561-16, les références au code du travail, au code de la sécurité sociale, au code de l'action sociale et des familles et au code de la construction et de l'habitation sont remplacées par les références aux dispositions applicables localement.

CHAPITRE VI DISPOSITIONS APPLICABLES EN NOUVELLE-CALÉDONIE

Art. L. 596-1 Sous réserve des adaptations prévues par le présent chapitre, les dispositions suivantes sont applicables en Nouvelle-Calédonie dans leur rédaction résultant de l'ordonnance n° 2020-1733 du 16 décembre 2020, sauf mention contraire ou mention de leur application de plein droit dans le tableau ci-dessous. – *Tableau mod. par L. n° 2021-1109 du 24 août 2021, art. 94.*

Articles applicables	Dans leur rédaction résultant de
Au titre I	
L. 510-1	
L. 511-1 à L. 511-6	
L. 511-7	La loi n° 2021-1109 du 24 août 2021 confortant le respect des principes de la République
L. 511-8 et L. 511-9	
L. 512-1 à L. 512-4	
L. 513-1 à L. 513-7	
Au titre II	
L. 520-1 et L. 520-2	
L. 521-1	
L. 521-3 à L. 521-4	
L. 521-6 à L. 521-10	
L. 521-12 à L. 521-14	
Au titre III	
L. 530-1	
L. 531-1 à L. 531-42	

Articles applicables	Dans leur rédaction résultant de
L. 532-1 à L. 532-15	Application de plein droit
Au titre IV	
L. 540-1	
L. 541-1 à L. 541-3	
L. 542-1 à L. 542-5	
L. 542-6	Application de plein droit
Au titre VI	
L. 560-1	
L. 561-1 à L. 561-16	
L. 562-1 à L. 562-3	
Au titre VIII	
L. 582-1 à L. 582-9	

Art. L. 596-2 Pour l'application du présent livre en Nouvelle-Calédonie :

1° A l'exception des articles L. 511-7, L. 512-2, L. 520-1, L. 521-14, L. 531-26 à L. 531-28 et L. 561-3 les mots : "en France" sont remplacés par les mots : "en Nouvelle-Calédonie" ;

2° A l'exception de la référence à l'obligation de quitter le territoire français, les mots : "sur le territoire français" sont remplacés par les mots : "en Nouvelle-Calédonie" et les mots : "le territoire français" sont remplacés par les mots : "la Nouvelle-Calédonie" ;

3° A l'article L. 521-1, les mots : "et procède, dans des conditions fixées par décret en Conseil d'État, à la détermination de l'État responsable en application du règlement (UE) n° 604/2013 du Parlement européen et du Conseil, du 26 juin 2013, établissant les critères et mécanismes de détermination de l'État membre responsable de l'examen d'une demande de protection internationale introduite dans l'un des États membres par un ressortissant de pays tiers ou un apatride, ou en application d'engagements identiques à ceux prévus par le même règlement" sont supprimés ;

4° A l'article L. 531-10 :

a) Au deuxième alinéa, les mots : "des informations sur la vulnérabilité du demandeur qui lui sont transmises en application de l'article L. 522-4 et" sont supprimés ;

b) Au troisième alinéa, les mots : "comme ayant des besoins particuliers en matière d'accueil en application du chapitre II du titre II, ou" sont supprimés ;

5° Le 1° de l'article L. 531-27 n'est pas applicable ;

6° A l'article L. 531-41, le dernier alinéa est supprimé ;

7° Au premier alinéa de l'article L. 561-4, les mots : "le premier alinéa de" sont supprimés ;

8° A l'article L. 561-14, les mots : "bénéficie d'un accompagnement personnalisé pour l'accès à l'emploi et au logement" sont remplacés par les mots : "peut bénéficier d'un accompagnement personnalisé pour l'accès à l'emploi sous forme d'un bilan de compétences professionnelles" ;

9° A l'article L. 561-16, les références au code du travail, au code de la sécurité sociale, au code de l'action sociale et des familles et au code de la construction et de l'habitation sont remplacées par les références aux dispositions applicables localement.

CHAPITRE VII DISPOSITIONS APPLICABLES DANS LES TERRES AUSTRALES ET ANTARCTIQUES FRANÇAISES

Art. L. 597-1 L'étranger qui, arrivant ou séjournant dans les Terres australes et antarctiques françaises, demande l'admission au titre de l'asile est entendu par l'autorité administrative, laquelle recueille sa demande et lui en délivre récépissé.

L'intéressé est ensuite invité à quitter sans délai les Terres australes et antarctiques françaises et à rejoindre La Réunion, où sa demande sera traitée dans les conditions prévues par le présent livre.

Si l'étranger n'est pas en mesure de se rendre à La Réunion par ses propres moyens, il y est conduit, sur décision de l'administrateur supérieur, soit par la personne qui l'a acheminé dans le territoire, soit par un navire de la marine nationale, soit par un navire ou un aéronef affrété pour le compte du territoire. Dans l'attente, il est autorisé à se maintenir sur le territoire. – *[Anc. art. L. 765-1.]*

LIVRE VI DÉCISIONS D'ÉLOIGNEMENT

BIBL. GÉN. ▸ Adde, Cimade, Fasti, Gisti, LDH et MRAP, Que faire après une OQTF ?, *http://www.gisti.org*. – Aubin-Kanezuka, Les dispositions relatives à l'éloignement des étrangers « délinquants », *AJDA 2024. 664*. – Boucher et Bourgeois-Machureau, Le contentieux des obligations de quitter le territoire français : bilan d'étape, *AJDA 2008. 344*. – Carlier, La détention et l'expulsion collective des étrangers, *RTDH n° 53, 1er janv. 2003*. – De Beco, L'expulsion des étrangers mineurs délinquants, *RTDH 1er oct. 2009, p. 1091*. – Domingo, Le contentieux de l'éloignement des étrangers en situation irrégulière depuis la loi du 16 juin 2011 et le décret du 8 juillet 2011, *JCP Adm. 2011, n° 38, p. 2304*. – Guimezanes, Création de l'interdiction administrative de retour – A propos de la loi relative à l'immigration, à l'intégration et à la nationalité du 16 juin 2011, *JCP 2011. 744*. – Helmlinger, L'obligation de quitter le territoire : vrais enjeux et faux-semblants, *AJDA 2008. 1082*. – Labayle, L'éloignement des étrangers *in* Le juge administratif et la Convention européenne des droits de l'homme, Colloque de Montpellier, *RUDH 1991. 296*. L'éloignement des étrangers devant la CEDH, *RFDA 1997. 977*. – Martin, Le contentieux administratif de l'exécution des peines d'interdiction judiciaire du territoire français, *RD publ. 2006. 1199*. – Meurant, La simplification impossible du contentieux de l'éloignement, *AJDA 2024. 676*.– Slama, Le contentieux des refus de séjour assortis d'une OQTF : une mécanique implacable applicable dès le 1er janv. 2007, *http://www.blogdroitadministratif.net*. – Syndicat de la juridiction administrative, Proposition de simplification du contentieux des étrangers, http://www.lesja.fr. – Toullier, Le refoulement des étrangers à la frontière : quoi de neuf ?, *LPA 23 août 2005*.

COMMENTAIRE

Le droit des étrangers a toujours comporté un certain nombre de dispositions permettant à l'État, fort de son pouvoir souverain, de procéder à l'éloignement du territoire national des étrangers. Le principal fondement de ces mesures a toujours été la référence à la notion d'ordre public, omniprésente en droit des étrangers et gage de mise en œuvre de la procédure d'expulsion. Dans les années récentes, le droit des étrangers a vu se développer la « panoplie » des mesures permettant d'obtenir l'éloignement du territoire de la République d'étrangers irréguliers, indésirables ou de nature à troubler l'ordre public. En effet, alors que jusqu'au début des années 1980 n'existaient que l'expulsion et l'extradition (exécution d'une mesure judiciaire d'entraide internationale), le législateur a développé de nouveaux instruments aux mains des autorités administratives et judiciaires : interdiction (administrative et judiciaire) du territoire, reconduite à la frontière (avec la variante de la « reconduite Schengen »), refoulement, remise à un autre État Schengen. Les mesures d'éloignement font désormais l'objet du livre V du CESEDA qui distingue :

– l'obligation de quitter le territoire français (titre I) ;
– la remise aux États membres de l'UE (titre II), c'est-à-dire les mesures prises dans le cadre de l'Union européenne et du code frontières Schengen ;
– l'expulsion (titre III) ;
– la peine d'interdiction du territoire français (titre IV).

C'est aujourd'hui encore la confusion qui domine le droit applicable aux mesures d'éloignement tant au regard de leur champ d'application que de la procédure qui les régit. Par exemple, une menace à l'ordre public pourra justifier tout à la fois une obligation de quitter le territoire (pour les ressortissants européens et assimilés durant les trois premiers mois du séjour en France) ou une mesure d'expulsion. Une circulaire du 5 février 2024 (Expulsion et éloignement des étrangers délinquants ; NOR : IOMV2402713J) confirme cette confusion en indiquant : *« Au regard de ses caractéristiques, la voie de l'expulsion est particulièrement adaptée aux cas où l'étranger représente une menace grave à l'ordre public. Si les conditions requises pour le prononcé d'une expulsion ne sont pas remplies, l'éloignement sera poursuivi par la voie de l'OQTF »*.

La mesure d'éloignement peut résulter du pouvoir d'appréciation de l'administration ou exprimer une compétence liée lorsqu'elle est la conséquence d'une mesure judiciaire d'interdiction du territoire.

Les mesures d'éloignement peuvent intervenir dans trois séries d'hypothèses :

– l'étranger est entré irrégulièrement en France ou s'est maintenu sur le territoire en situation irrégulière (obligation de quitter le territoire français (OQTF) ; reconduite « Schengen » ; remise du demandeur d'asile) ;

– il n'est pas en règle au regard des dispositions en matière de titre de séjour (OQTF) ;
– enfin, sa présence en France constitue une menace à l'ordre public, celle-ci faisant l'objet d'une gradation en fonction de sa gravité (reconduite à la frontière, expulsions, interdiction judiciaire du territoire).

L'OQTF ne concerne que les hypothèses d'irrégularité de la situation de l'étranger et l'expulsion et la reconduite à la frontière ne peuvent intervenir qu'en cas de menace à l'ordre public. Quant à l'interdiction judiciaire du territoire (IJT), elle ne peut intervenir qu'en cas de condamnation pénale.

Graphique n° 11 : ensemble des départs constatés par la police aux frontières à la suite d'une mesure administrative type OQTF (hors outre-mer)

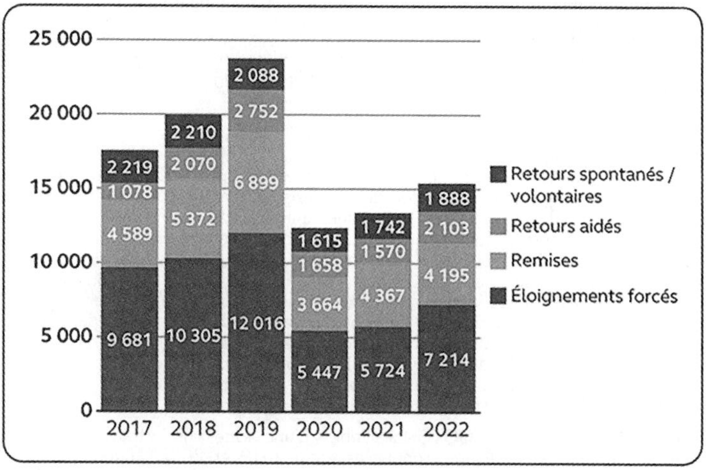

Source : Cour des comptes, d'après les statistiques annuelles de la DNPAF.
Note : la police aux frontières et l'office français de l'immigration et de l'intégration n'ont pas les mêmes modalités de calcul du nombre de départs aidés, expliquant l'écart avec certaines statistiques de la partie suivante.

Le titre II du présent livre détermine les hypothèses de remise en application des conventions internationales ou du droit de l'Union européenne (art. L. 621-2 et L. 621-3) :
– étranger qui, admis à entrer ou à séjourner sur le territoire de cet État, a pénétré ou séjourné en France sans se conformer aux dispositions des articles L. 311-1, L. 311-2 et L. 411-1 (art. L. 621-2) ;
– étranger en provenance directe du territoire d'un État partie à la convention signée à Schengen le 19 juin 1990 qui est entré ou a séjourné sur le territoire français sans se conformer aux stipulations des paragraphes 1er et 2 de l'article 19, du paragraphe 1er de l'article 20, et des paragraphes 1er et 2 de l'article 21 de cette convention, ou sans souscrire, au moment de l'entrée sur ce territoire, la déclaration obligatoire prévue par l'article 22 de la même convention, alors qu'il était astreint à cette formalité (art. L. 621-3).

Ce titre prévoit encore les dispositions spécifiques à la remise d'un étranger qui, ayant exercé un droit de mobilité, ne remplit pas les conditions de séjour sur le territoire français (art. L. 621-4 à L. 621-7).

Enfin, s'agissant des ressortissants européens et assimilés, et alors même que l'article L. 610-1 prévoit l'applicabilité de certaines dispositions du droit commun (art. L. 611-3, 2d al. de l'art. L. 613-3, première phrase de l'art. L. 613-6 et chapitre IV du titre I, à l'exception des dispositions de l'art. L. 614-5), leur situation au regard des mesures d'éloignement est régie par les dispositions spécifiques des articles L. 251-1 et suivants.

S'agissant de la protection contre les mesures d'éloignement, la loi n° 2024-42 du 26 janvier 2024 a prévu que seuls les mineurs bénéficient d'une protection absolue contre toutes les mesures d'éloignement (art. L. 611-3 et L. 631-4). A l'exception des mineurs, aucune catégorie d'étrangers n'est protégée contre l'expulsion pour comportement de nature à porter gravement atteinte aux intérêts fondamentaux de l'État – terrorisme – provocation explicite et délibérée à la discrimination, à la haine ou à la violence (art. L. 631-3). ❑

TITRE I OBLIGATION DE QUITTER LE TERRITOIRE FRANÇAIS

BIBL. ▸ Gisti, Contester une obligation de quitter le territoire français, la procédure, *éd. GISTI, Coll. Les notes pratiques, juin 2012*. – Klötgen, Qu'est-ce qu'une obligation de quitter le territoire ?, *D. 2011. 1922*. – Manciaux, La mesure de reconduite à la frontière : étude d'un imbroglio juridique, *Thèse Dijon 2002* ; La réforme de la reconduite à la frontière par la loi du 26 novembre 2003 : l'imbroglio juridique demeure, *AJDA 2004. 1904*. – Rohmer-Benoit, Reconduite à la frontière : développements récents, *RD publ. 1994. 430*.

COMMENTAIRE

Innovation introduite par la loi « Sarkozy » n° 2006-911 du 24 juillet 2006 (*JO 25 juill.*), l'obligation de quitter le territoire français (ci-après OQTF) avait été conçue dans un souci de simplification des procédures. Conscient du fait que les étrangers sous le coup d'une mesure de reconduite à la frontière introduisaient quasi systématiquement un recours contre la mesure d'éloignement, mais encore à l'encontre de la décision (négative) relative au séjour et de la décision distincte fixant le pays de destination (V. *infra*), le législateur a choisi de réunir en un seul acte ces trois décisions. Il n'est toutefois pas certain que le législateur ait réellement atteint son but en raison de la relative complexité du nouveau mécanisme mis en place et de l'enchevêtrement des procédures dans la mesure où l'OQTF n'avait pas fait disparaître la reconduite à la frontière. C'est la raison pour laquelle la loi n° 2011-672 du 16 juin 2011 relative à l'immigration, à l'intégration et à la nationalité (*JO 17 juin*) a prévu que l'obligation de quitter le territoire français est la seule mesure applicable aux étrangers en situation irrégulière.

L'édiction (et le suivi) des OQTF fait l'objet d'une forte concentration géographique puisque, sur les 447 257 OQTF prononcées entre 2019 et 2022, la moitié l'a été par dix préfectures, l'Île-de-France étant, à elle seule, à l'origine de 38 % des OQTF. Par ailleurs, dans son rapport de janvier 2024, la Cour des comptes relève qu'entre 2017 et 2022 le nombre d'OQTF a augmenté de 60 % alors que les effectifs préfectoraux chargés de l'éloignement et du contentieux n'ont progressé que de 9 %.

Cette mesure d'éloignement continue de connaître un vrai problème d'effectivité puisque le taux d'exécution des OQTF reste extrêmement faible (6,9 % au premier semestre 2022).

Le présent titre distingue les hypothèses dans lesquelles la mesure d'obligation de quitter le territoire peut intervenir (Chap. I), les décisions annexes à l'OQTF, à savoir le délai de départ volontaire, l'interdiction de retour et la fixation du pays de destination (Chap. II), la procédure administrative (Chap. III) et contentieuse (Chap. IV) et les hypothèses spécifiques d'OQTF concernant l'étranger obligé de quitter le territoire d'un autre État membre de l'Union européenne ou d'un État avec lequel s'applique l'acquis de Schengen (Chap. V). ❑

1. La constitutionnalité de ce dispositif résulte du fait que le législateur peut prévoir, sous des garanties appropriées, les mesures permettant à l'autorité administrative d'ordonner à un étranger se trouvant en situation irrégulière sur le territoire français de quitter celui-ci. • Cons. const., 3 sept. 1986, n° 86-216 DC : *Rec. Cons. const. 135 ; RJC I-281 ; RD publ. 1989, 399, obs. Favoreu ; AIJC 1986. 436, note Genevois ; JDI 1987. 289, obs. Pinto ; RFDA 1987. 120, obs. Genevois ; RSC 1987. 565, obs. Nguyen Huu et Loloum.*

2. Il résulte clairement de l'art. 6 de la Dir. 16 déc. 2008 que celui-ci n'impose pas aux autorités compétentes de l'État membre de prendre systématiquement une décision de retour à l'encontre des ressortissants de pays tiers en séjour irrégulier ; ce texte prévoit de façon très large des exceptions à la règle posée par le § 1, notamment en son § 4 qui permet à l'État membre de délivrer une autorisation de séjour pour des motifs charitables, humanitaires « ou autres ». Il résulte ainsi des termes mêmes de l'art. 6 de la directive, comme d'ailleurs de l'économie de la directive et des objectifs qu'elle poursuit, que l'autorité compétente de l'État membre dispose d'un large pouvoir d'appréciation lorsqu'elle prend une décision de retour, qui correspond notamment en droit interne à l'obligation de quitter le territoire français prévue par le présent article ; le prononcé des décisions de retour ne saurait ainsi avoir un caractère automatique alors qu'il appartient à l'autorité administrative de se livrer à un examen de la situation personnelle et familiale de l'étranger et de prendre en compte les éventuelles circonstances faisant obstacle à l'adoption d'une mesure d'éloignement à son encontre. • CE, avis, 4 juin 2012, *M. Ghevondyan*, n° 356505 B : *AJDA 2012. 1134*.

3. Ressortissants algériens. Les dispositions du présent art., dans sa rédaction antérieure à la L. n° 2011-672 du 16 juin 2011 relative à l'immigration, à l'intégration et à la nationalité *(JO 17 juin)*, avaient été jugées applicables aux ressortissants algériens. • CE 12 avr. 1995, *M. Amroune*, n° 150721 B. ♦ Mais la régularité de leur séjour ne peut être appréciée qu'à la lumière des stipulations de l'accord du 27 déc. 1968. • CE 14 mars 2001, *Boulahas*, n° 208923 A : *RFDA 2001. 772*.

Art. L. 610-1 **Conformément à l'article L. 253-1, les dispositions de l'article L. 611-3, du second alinéa de l'article L. 613-3,** *(L. n° 2024-42 du 26 janv. 2024, art. 72)* **« de l'article L. 613-5-1, » de la première phrase de l'article L. 613-6 et du chapitre IV du présent titre** *(Abrogé par L. n° 2024-42 du 26 janv. 2024, art. 72)* ***« , à l'exception des dispositions de l'article L. 614-5, »*** **sont applicables à l'étranger dont la situation est régie par le livre II.**

Les modifications du présent art. introduites par l'art. 72 de la L. n° 2024-42 du 26 janv. 2024 entrent en vigueur à une date fixée par Décr. en Conseil d'État, et au plus tard le 1er août 2024. Ces dispositions s'appliquent à la contestation des décisions prises à compter de leur entrée en vigueur (L. préc., art. 86-IV). Ces dispositions entrent en vigueur le 15 juill. 2024 (Décr. n° 2024-799 du 2 juill. 2024, art. 9-I).

CHAPITRE I DÉCISION PORTANT OBLIGATION DE QUITTER LE TERRITOIRE FRANÇAIS

Art. L. 611-1 **L'autorité administrative peut obliger un étranger à quitter le territoire français lorsqu'il se trouve dans les cas suivants :**

1° L'étranger, ne pouvant justifier être entré régulièrement sur le territoire français, s'y est maintenu sans être titulaire d'un titre de séjour en cours de validité ;

2° L'étranger, entré sur le territoire français sous couvert d'un visa désormais expiré ou, n'étant pas soumis à l'obligation du visa, entré en France plus de trois mois auparavant, s'est maintenu sur le territoire français sans être titulaire d'un titre de séjour ou, le cas échéant, sans demander le renouvellement du titre de séjour temporaire ou pluriannuel qui lui a été délivré ;

3° L'étranger s'est vu refuser la délivrance d'un titre de séjour, le renouvellement du titre de séjour, du document provisoire délivré à l'occasion d'une demande de titre de séjour ou de l'autorisation provisoire de séjour qui lui avait été délivré ou s'est vu retirer un de ces documents ;

4° La reconnaissance de la qualité de réfugié ou le bénéfice de la protection subsidiaire a été définitivement refusé à l'étranger ou il ne bénéficie plus du droit de se maintenir sur le territoire français en application des articles L. 542-1 et L. 542-2, à moins qu'il ne soit titulaire de l'un des documents mentionnés au 3° ;

5° Le comportement de l'étranger qui ne réside pas régulièrement en France depuis plus de trois mois constitue une menace pour l'ordre public ;

6° L'étranger qui ne réside pas régulièrement en France depuis plus de trois mois a méconnu les dispositions de l'article L. 5221-5 du code du travail.

Lorsque, dans le cas prévu à l'article L. 431-2, un refus de séjour a été opposé à l'étranger, la décision portant obligation de quitter le territoire français peut être prise sur le fondement du seul 4°. – *[Anc. art. L. 551-1, I, al. 1er à 9.]*

COMMENTAIRE

C'est désormais l'obligation de quitter le territoire (OQTF) qui constitue la mesure d'éloignement « de droit commun » à l'égard des étrangers en situation irrégulière, tout en précisant que l'autorité administrative n'est jamais en situation de compétence liée pour prendre une OQTF. Dans une telle hypothèse, l'étranger concerné est censé quitter volontairement le territoire français ; à défaut, il tombera sous le coup de l'infraction pénale prévue aux articles L. 821-1 et L. 821-2 (V. *infra*), dont la mise en œuvre pourra être assortie d'une mesure d'interdiction du territoire. Cette hypothèse est de nature à concerner également les étrangers en situation irrégulière, mais ne pouvant faire l'objet d'une mesure d'éloignement (V. *infra*, notes ss. art. L. 611-3).

Le présent article énumère les cas dans lesquels l'obligation de quitter le territoire français peut intervenir.

Il s'agit en premier lieu de l'étranger qui est entré irrégulièrement sur le territoire (1° et art. L. 611-2 s'agissant de la violation du code frontières Schengen) sauf, logiquement, s'il est détenteur d'un titre de séjour. Encore convient-il que l'irrégularité de l'entrée de l'étranger soit clairement avérée et que l'intéressé soit soumis à cette condition (ce qui n'est pas le cas, par exemple, des mineurs). L'irrégularité de l'entrée peut en revanche être opposée aux demandeurs d'asile déboutés puisqu'il est expressément prévu que l'autorisation provisoire de séjour qui leur est délivrée pour leur permettre de saisir l'OFPRA n'a pas pour effet de régulariser leur entrée en France (V. *supra*, art. L. 431-5).

L'OQTF pourra ensuite intervenir en cas de maintien au-delà de la durée de validité du visa (2°) ou à l'expiration d'un délai de trois mois à compter de l'entrée en France sans être titulaire d'un premier titre de séjour régulièrement délivré. A noter que l'article L. 611-2 étend l'applicabilité de ces dispositions à l'étranger qui n'est pas ressortissant d'un État membre de l'Union européenne si, en provenance directe du territoire d'un des États parties à la convention signée à Schengen le 19 juin 1990, il s'est maintenu sur le territoire métropolitain sans se conformer aux dispositions du code frontières Schengen.

Pourra encore faire l'objet d'une OQTF l'étranger qui s'est maintenu plus d'un mois sur le territoire sans avoir procédé à la demande de renouvellement de son titre de séjour (2°) ou en présence d'une demande tardive.

« Dans ces hypothèses qui répondent concrètement au cas de l'interpellation d'une personne en situation irrégulière sur le territoire, l'autorité administrative procède obligatoirement à un examen individuel afin de vérifier si l'intéressé ne justifie pas d'une situation lui ouvrant de plein droit la délivrance d'un titre de séjour. Toutefois, cet examen ne répondant pas à une demande de l'intéressé, il ne donne pas lieu à une décision distincte relative au séjour et son résultat se confond avec la motivation de l'obligation de quitter le territoire » (Exposé des motifs du projet de loi relatif à l'immigration, à l'intégration et à la nationalité, *AN n° 2400*, 31 mars 2010).

Si la délivrance ou le renouvellement d'un titre de séjour, d'un récépissé de demande de titre de séjour ou d'une autorisation provisoire de séjour (3°) a été refusé à l'étranger ou si le document en cause lui a été retiré, l'intéressé pourra se voir soumis à une OQTF. « Les personnes concernées sont celles ayant fait une demande d'admission régulière au séjour. Dans ce cas, l'obligation de quitter le territoire français ne fait pas l'objet d'une motivation distincte de la décision relative au séjour, à l'exception des motifs relatifs au délai de départ volontaire et à l'interdiction de retour » (Exposé des motifs précité).

La loi du 29 juillet 2015 relative à l'asile a ajouté un 4° pour permettre l'intervention d'une OQTF s'agissant des demandeurs déboutés, à savoir l'étranger dont la reconnaissance de la qualité de réfugié ou le bénéfice de la protection subsidiaire a été définitivement refusée ou s'il ne bénéficie plus du droit de se maintenir sur le territoire français en application des articles L. 542-1 et L. 542-2. La loi n° 2018-778 du 10 septembre 2018 pour une immigration maîtrisée, un droit d'asile effectif et une intégration réussie a précisé que c'est le refus de protection internationale qui motive l'OQTF alors même que l'étranger a, lors du dépôt de sa demande d'asile, sollicité un titre de séjour sur un autre fondement ; par suite, la procédure contentieuse applicable sera celle prévue à l'article L. 614-5, le président du tribunal administratif pouvant être saisi dans un délai de quinze jours et statuant dans les six semaines de sa saisine (V. art. L. 431-2, *supra*).

La loi du 7 mars 2016, dans un souci de simplification et d'unification des procédures, a prévu deux nouveaux cas d'OQTF qui, jusqu'alors, entraînaient une reconduite à la frontière concernant des étrangers présents en France depuis moins de trois mois qui constituent une menace pour l'ordre public (5°) ou qui ont exercé une activité professionnelle salariée en France à défaut d'avoir obtenu l'autorisation de travail mentionnée au 2° de l'article L. 5221-2 du code du travail (6°).

A l'instar du droit commun des étrangers, l'appréciation de la menace à l'ordre public est indépendante de l'existence de condamnations pénales. Par ailleurs, en présence d'une condamnation pénale, il faut rappeler que le juge pénal lui-même peut veiller à assortir la condamnation au principal de la sanction accessoire de l'interdiction judiciaire du territoire.

Tableau n° 7 : nombre d'éloignements forcés cumulés réalisés entre 2019 et 2022 en fonction du motif de délivrance de l'OQTF

Motif d'OQTF[105]	Nombre d'OQTF prononcées[106]	Éloignements forcés réalisés	Taux d'éloignement
Entrée irrégulière sur le territoire	167 322	10 003	6 %
Maintien irrégulier sur le territoire	28 845	2 619	9 %
Refus de titre de séjour	109 925	1 721	2 %
Menace à l'ordre public	27 598	6 305	23 %
Condamnation pénale	7 225	3 273	45 %
Transfert Dublin	19 782	2 782	14 %
Débouté du droit d'asile	139 516	2 999	2 %

Source : Cour des comptes, d'après bases de données AGDREF et GESTEL
Note : le total des éloignements forcés réalisés est inférieur aux données présentées en début de partie. Cet écart s'explique par l'incomplétude du système d'information GESTEL, qui ne couvre pas tous les éloignements forcés.

❑

PLAN DES ANNOTATIONS

I. ENTRÉE IRRÉGULIÈRE SUR LE TERRITOIRE

1. Peut faire l'objet d'une OQTF l'étranger qui ne peut justifier être entré régulièrement sur le territoire français, sauf s'il est titulaire d'un titre de séjour. • CE 10 sept. 1997, *M. Saidi,* n° 183250 • 1er avr. 1998, *Préfet des Alpes-Maritimes c/ M. M'Baye,* n° 187442 • 27 mai 1998, *Mlle Kense et M. Bodeau,* n° 169513.

2. Le seul dépôt d'une demande de titre de séjour ne saurait faire obstacle à ce que l'autorité administrative prononce une OQTF à l'encontre d'un étranger qui, étant en situation irrégulière à la date de cette demande, se trouve dans l'un des cas mentionnés au présent art. ; par conséquent, si un étranger a déposé une demande de titre de séjour postérieurement à l'expiration de la durée de validité de son visa, la circonstance qu'un récépissé ou une autorisation provisoire de séjour lui a été délivré pendant la durée d'instruction de sa demande de titre de séjour ne place pas l'étranger hors du champ d'application du I du présent art. • CE, avis, 24 juill. 2009, *M. Boureghdad,* n° 327282 B • 26 nov. 2012, *Ahmed,* n° 349827 B.

3. Illégalité de l'OQTF dans les hypothèses suivantes. Étranger n'ayant pas fait l'objet d'une décision motivée de refus d'entrée, même s'il figure sur la liste des personnes auxquelles l'entrée devait être interdite. • CE 22 mars 1991, *Eglauer,* n° 118814. ♦ Étranger qui était bien titulaire d'un visa d'entrée. • CE 29 nov. 1991, *Préfet de l'Aisne c/ Stryzowski,* n° 126277. ♦ Étranger en transit qui ne doit justifier que des conditions d'entrée dans le pays de destination. • CE 5 févr. 1997, *Préfet de la Moselle c/ Lalic Benjamin,* n° 173013 : *RFDA 1997. 427* ✎. ♦ Étranger qui n'est pas entré sur le territoire national, ayant été signalé comme passager clandestin par le commandant du navire. • CE 28 déc. 2001, *Ladjadj,* n° 224364. ♦ Marin d'un navire étranger bénéficiaire des stipulations du chapitre III de l'ann. à la Convention de Londres du 9 avr. 1965 visant à faciliter le trafic maritime international. • CE 5 sept. 2001, *Préfet des Alpes-Maritimes c/ M. Benkhnata,* n° 211853 : *RFDA 2001. 1334.* ♦ Jeune âgé de 18 ans, présent en France depuis trois ans, les mineurs n'étant pas tenus à l'obligation de détenir un titre de séjour et étant par conséquent présumés résider régulièrement en France quelles que soient leurs conditions d'entrée. • TA Besançon, 12 oct. 2005, *Nfaoui,* n° 0501542. ♦ ... Étranger entré en France sous couvert d'un visa de court séjour alors même qu'il a fait l'objet ultérieurement d'une reconduite à la frontière, la mesure n'ayant pas été exécutée. • CAA Douai, 28 déc. 2007, *Préfet du Pas-de-Calais c/ Dergaoui,* n° 07DA00354.

4. Document provisoire. Si, aux termes de l'art. L. 431-3, la carte de séjour peut provisoirement être remplacée par le récépissé de la demande de délivrance ou de renouvellement de ladite carte, ces dispositions n'ont pas pour objet et ne sauraient avoir pour effet de subordonner la légalité d'une OQTF à l'examen préalable de la demande de titre de séjour que l'étranger a pu présenter alors qu'il se trouvait en situation irrégulière au regard des dispositions relatives aux conditions d'entrée et de séjour des étrangers en France ; par conséquent, le préfet n'est pas obligé de surseoir à l'édiction d'une OQTF jusqu'à ce qu'il ait été statué sur une demande de titre de séjour. • CE 13 mai 1996, *Préfet de la Seine-Maritime,* n° 152271.

5. Étranger en transit. Si les dispositions du présent art. ne s'appliquent pas à l'étranger frappé d'un refus d'entrée et placé en garde à vue à la suite d'un refus d'embarquement, une OQTF peut toutefois intervenir si ce placement en garde à vue a eu pour conséquence de le faire sortir de la zone d'attente. • CE 28 juin 2019, n° 426666 B.

6. Substitution de base légale. Si l'OQTF était fondée sur l'irrégularité de l'entrée de l'étranger alors que le requérant était entré régulièrement en France, le juge peut procéder à la substitution de base légale dès lors que cela n'a pas pour effet de priver l'intéressé de garanties de procédure qui lui sont offertes par la loi. • CE 27 févr. 2004, *Préfet de police c/ M. Sanchez Duque,* n° 253354. ♦ Une mesure d'éloignement prise sur le fondement de l'acceptation, par l'État responsable de la demande d'asile, de la reprise de la demande, ne peut se fonder sur les dispositions du présent art. ; une substitution de base légale est, en l'espèce, impossible puisqu'elle pourrait avoir pour effet de priver l'intéressé des garanties de procédures prévues par le présent art. • CAA Bordeaux, 12 juill. 2005, *M. et Mme Talic,* n° 05BX01041 : *AJDA 2005. 2067, concl. Péano*.

7. Délivrance d'un titre de séjour. Jugé que la délivrance de titres de séjour à un conjoint de Français en qualité d'étranger malade avait eu pour effet de régulariser la situation de l'intéressée quant aux conditions de son entrée en France. • CE 26 juill. 2018, n° 412558 B : *AJDA 2018. 1589*.

II. MAINTIEN AU-DELÀ DE LA DURÉE DE VALIDITÉ DU VISA

8. Si l'étranger s'est maintenu sur le territoire au-delà de la durée de validité de son visa ou s'il n'est pas soumis à l'obligation du visa à l'expiration d'un délai de trois mois à compter de son entrée en France sans être titulaire d'un premier titre de séjour régulièrement délivré, il pourra faire l'objet d'une OQTF. • CE 31 juill. 1992, *Préfet de Seine-et-Marne c/ Arslan,* n° 132971 : *Lebon T. 977*

9. Le refus de délivrance d'une APS en qualité de demandeur d'asile ne peut justifier qu'une OQTF soit prise sur le fondement du 3° ou du 4° du présent art. Toutefois, constatant que l'étranger s'était maintenu irrégulièrement en France après l'expiration de son visa et qu'il entrait ainsi dans le cas prévu par les dispositions du 2° du présent art., le juge opère une substitution de motifs. • CAA Lyon, 26 nov. 2013, n° 13LY01419.

10. Tel n'est pas le cas de l'étranger qui a sollicité un titre de séjour à deux reprises et a été admis provisoirement au séjour. • TA Cergy-Pontoise, 7 févr. 2007, *Benyettou,* n° 0701017 • CAA Lyon, 10 avr. 2008, *Nouidi,* n° 07LY00725. ♦ Même solution si l'étranger ne s'est maintenu sur le territoire au-delà de la durée de validité de son visa que pour des raisons indépendantes de sa volonté, en l'espèce une interpellation suivie d'une garde à vue et d'une mesure de rétention administrative. • CAA Douai, 9 avr. 2009, *Boumenad,* n° 08DA01327.

11. En revanche, l'étranger qui n'a déposé une demande de titre de séjour que postérieurement à l'expiration de la durée de validité de son visa peut faire l'objet d'une OQTF, alors même qu'il s'est vu délivrer un récépissé de demande. • CAA Lyon, 30 sept. 2009, *M. Boureghdad,* n° 08LY0259 : *AJDA 2010. 62*. ♦ Même solution pour l'étranger qui s'est vu délivrer une autorisation provisoire de séjour pendant la durée de réexamen de sa situation. • CAA Lyon, 22 déc. 2009, *Belmessous,* n° 08LY02121.

12. Un étranger qui a déposé une demande de titre de séjour antérieurement à l'expiration de la durée de validité de son visa et à qui l'administration a nécessairement délivré un récépissé de demande de titre de séjour ne peut être regardé comme étant en situation irrégulière jusqu'à l'intervention de la décision prise sur sa demande de titre de séjour. Une fois le refus de titre intervenu, il ne peut plus, du fait de la continuité de la régularité de son séjour en France, être regardé comme étant au nombre des étrangers mentionnés au 2° du I du présent art., susceptibles comme tels de faire l'objet d'une OQTF. • CE, avis, 24 juill. 2009, *M. Boureghdad,* n° 327282.

13. Si l'intéressé ne s'est présenté en préfecture qu'après la fin de validité de son visa pour solliciter un titre de séjour, le préfet n'est pas dans l'obligation de surseoir à l'édiction d'une OQTF. • CE 10 nov. 1995, *Préfet de la Seine-Maritime c/ Yoka,* n° 150319 : *Lebon T. 835.*

14. Refus « guichet ». L'administration oppose parfois à des étrangers la tardiveté de leur demande alors qu'ils n'ont pu obtenir le titre en raison de dates de convocation trop éloignées (pratique dite du « refus guichet »). • CE 1er févr. 1995, *Mme Wojtasi : Lebon T. 831.* ♦ Dès lors que la preuve en est rapportée, le juge annulera l'OQTF. • CE 1er févr. 1995, *Mme Dahmani,* n° 154329 B. ♦ Le juge n'hésite pas à stigmatiser « l'attitude manifestement dilatoire de l'administration » qui, au lieu de délivrer une carte de résident comme elle y était tenue, s'est contentée de délivrer un récépissé de demande de titre de séjour qu'elle a finalement retiré à la requérante. • CE 31 juill. 1996, *M. et Mme Pilven,* n° 154112 A. ♦ Est entachée d'illégalité l'OQTF notifiée le 8 janv. 1996 alors que la requérante était convoquée en préfecture le 29 févr. 1996 en vue de se voir remettre un récépissé de demande de titre de séjour. • TA Marseille, 28 févr. 1997, *Mme Mezid,* n° 96-2008. ♦ En revanche, le juge a considéré que les refus d'enregistrement d'un dossier incomplet de demande de titre de séjour ne constituaient pas des décisions faisant grief, le requérant s'étant abstenu de donner suite à son intention de déposer une demande de renouvellement de titre en déposant un dossier complet. • CE 28 janv. 1998, *M. Mbedi Ebelle,* n° 158973 B. ♦ Toutefois, si le refus est motivé par une appréciation portée sur le droit de l'étranger à obtenir un titre de séjour et non sur le seul caractère incomplet du dossier, le refus d'enregistrement est susceptible de recours. • CAA Marseille, 24 nov. 2008, *M. Bozkurt,* n° 08MA02297 : *AJDA 2009. 765, note Marcovici.*

15. La même solution est retenue lorsque l'administration refuse de convoquer l'étranger avant le terme de validité de son titre de séjour. • CE 1er févr. 1995, *Wojtasik,* n° 154329 A.

16. Caractère déloyal de la procédure. Jugé que la circulaire « relative aux conditions d'interpellation d'un étranger en situation irrégulière, garde à vue de l'étranger en situation irrégulière, réponses pénales » était légale, considérant notamment qu'une convocation adressée à un étranger pour qu'il se présente à la préfecture, alors qu'un refus de séjour voire un arrêté de reconduite à la frontière, lui a été notifié, ne doit pas être rédigée en termes trompeurs ; le CE a ainsi estimé qu'il ne s'agissait pas d'un procédé déloyal ou d'une violation du § 1 de l'art. 5 de la Conv. EDH. • CE 7 févr. 2007, *LDH,* n° 292607 A : *AJDA 2007. 814, note Lecucq ; LPA 2007 n° 138 p. 19, concl. Aguilla ; RFDA 2007. 430.* ♦ De même, informés de la présence de l'intéressé au tribunal d'instance à partir de 14 heures, les services de police, agissant en flagrant délit, s'étaient placés à l'endroit indiqué pour pouvoir l'interpeller régulièrement, de sorte que l'administration n'était pas à l'origine de la convocation et que l'interpellation avait eu lieu sur la voie publique ; la procédure, qui ne présentait pas un caractère déloyal, est régulière. • Civ. 1re, 23 janv. 2008, n° 06-21.340, P : *JurisData n° 2008-042367 ; JCP 2008, n° 8, IV 1356.* ♦ La procédure n'est pas déloyale lorsque l'étranger se présente de lui-même en préfecture alors que sa présence n'était pas nécessaire à l'avancement de son dossier. • Civ. 1re, 11 mars 2009, *Benmaza,* n° 07-21.961 : *JCP 20 mai 2009, n° 10089, note Guimezanes.* ♦ Même solution dès lors que la convocation de l'étranger mentionnait expressément qu'elle avait pour objet l'exécution d'une mesure d'éloignement. • Civ. 1re, 11 mars 2009, *Préfet de police c/ Espinosa Idarraga,* n° 08-11.252 : *préc.* • 31 mars 2010, *Préfet de police c/ Cissokho,* n° 09-12.753. ♦ Une convocation à se présenter en préfecture où l'étranger avait été interpellé n'avait pas à être rédigée dans la langue maternelle de l'intéressé, alors même que celui-ci ne pratiquait pas couramment le français, ne constitue pas une manœuvre déloyale dès lors qu'elle mentionnait expressément qu'elle avait pour objet l'exécution de la mesure d'éloignement concernant l'intéressé. • Civ. 1re, 8 juill. 2010, n° 09-12.242 : *D. 2010. 1880.* ♦ Une convocation mentionnant la possibilité d'intervention d'un arrêté de réadmission ainsi qu'un arrêté de placement en rétention administrative n'est pas déloyale alors même que la convocation ne mentionnait pas que ces arrêtés pouvaient être mis à exécution immédiatement. • Civ. 1re, 1er juin 2017, n° 16-20.054 : *AJDA 2017. 1149 ; D. 2018. 313, chron. Boskovic, Corneloup, Jault-Seseke, Joubert et Parrot.* ♦ Caractère déloyal de la procédure s'agissant d'un demandeur d'asile convoqué à la préfecture par l'intermédiaire de son avocat pour procéder au renouvellement de son attestation de demandeur d'asile ; l'interpellation est intervenue lorsque les services préfectoraux se sont rendus compte que l'intéressé était sous le coup d'une OQTF. • Civ. 1re, 14 juin 2023, n° 22-16.198 : *AJDA 2023. 1150 ; D. 2023. 228, chron. Boskovic, Corneloup, Jault-Seseke, Joubert et Parrot.*

17. S'agissant d'interpellations réalisées à proximité du siège d'associations caritatives venant en aide aux étrangers, la Cour de cassation a considéré qu'il aurait fallu que l'étranger démontre que l'administration avait mis en place une manœuvre déloyale dans le seul but de profiter de l'objet de l'association. • Civ. 1re, 2 déc. 2015, n° 04-50.075.

18. Quant à la CEDH, elle a estimé qu'il n'est pas compatible avec l'art. 5 que, dans le cadre d'une opération planifiée d'expulsion et dans un souci de facilité ou d'efficacité, l'administration décide consciemment de tromper des personnes, même en situation illégale, sur le but d'une convocation, pour mieux pouvoir les priver de leur liberté. • CEDH 5 févr. 2002, *Conka c/ Belgique*, n° 51564/99. ♦ Une Circ. du 11 mars 2013 relative à la lutte contre l'immigration irrégulière du ministre de l'Intérieur (NOR : INTK1300190C) indique que hormis des situations exceptionnelles (personnes recherchées, trouble à l'ordre public), il ne saurait y avoir d'interpellation dans les locaux des préfectures ni à la sortie de l'étranger effectuant des démarches concernant son droit au séjour. *Circ. du 11 mars 2013, NOR INTK13001190C.

19. La Cour de cassation a considéré que l'art. 5 Conv. EDH fait obstacle à ce que l'administration utilise la convocation d'un étranger à la préfecture dans le cadre de sa demande de régularisation pour le placer en rétention administrative. • Civ. 1re, 6 févr. 2007, *Préfet de la Seine-Saint-Denis*, n° 05-10.880 : *AJDA 2007. 815, note Lecucq*. ♦ La Cour de cassation a considéré qu'est irrégulière l'arrestation réalisée grâce à une convocation en préfecture pour un motif autre que la situation de l'étranger au regard du droit au séjour (en l'espèce, projet de mariage). • Civ. 1re, 11 mars 2009, *Procureur général près la Cour d'appel de Lyon c/ Bahiddine*, n° 08-11.796 P : *AJDA 2009. 508, obs. Brondel ; ibid. 1722, note Lecucq ; D. 2009. 874, obs. de Gaudemont ; JCP 20 mai 2009, n° 10089, note Guimezanes* • 11 mars 2009, *Procureur général près la Cour d'appel de Lyon c/ Delen*, n° 08-11.177 : *AJDA 2009. 1722, note Lecucq ; JCP 20 mai 2009, n° 10089, note Guimezanes.* ♦ Présente un caractère déloyal la convocation portant la mention « en vue de l'expulsion du territoire », s'agissant d'un étranger ne sachant pas lire et pouvant légitimement croire qu'il s'agissait de la suite donnée à sa demande de titre de séjour. • Paris, 9 janv. 2010, *Gakou*, n° 10/00075. ♦ Même solution s'agissant d'un demandeur d'asile convoqué dans le cadre de la procédure d'examen de sa demande, qui se voit notifier une décision de refus de séjour prise 15 jours auparavant et immédiatement interpellé. • Toulouse, 4 août 2010, n° 10/212.

20. L'exécution des mesures d'éloignement d'étrangers en situation irrégulière ne doit en aucun cas donner lieu à des interventions au sein ou aux abords des établissements scolaires. Cette protection s'étend aux temps périscolaires et aux activités organisées par les structures destinées à l'accueil collectif de mineurs et concerne ainsi l'ensemble des activités placées sous l'autorité de l'institution scolaire. * Instr. du 24 oct. 2013 relative à l'interdiction de l'intervention des forces de police et de gendarmerie dans le cadre scolaire lors du déroulement de procédures d'éloignement, NOR INTK1307763J : https://www.legifrance.gouv.fr/download/pdf/circ ?id=37566.

21. La jurisprudence des cours administratives d'appel considère comme définitivement acquise la compétence du juge des libertés et de la détention, perçu comme seul à même d'apprécier la légalité des conditions d'interpellation et d'audition par les services de police. • CAA Nancy, 1er août 2013, n° 12NC01304 • CAA Bordeaux, 7 févr. 2013, n° 12BX01502 • CAA Paris, 4 juill. 2013, n° 13PA00078 • CAA Versailles, 20 juin 2013, n° 12VE01620 • CAA Marseille, 15 mars 2010, n° 09MA03068.

22. Refus de séjour. Alors même que l'intéressé n'avait réalisé aucune demande de séjour, le préfet a régulièrement examiné, avant de prendre l'OQTF, si l'intéressé pouvait être regardé comme relevant d'un cas de délivrance de plein droit d'un titre de séjour qui ferait obstacle à ce que soit prise une mesure d'OQTF, son arrêté précisant que le droit au séjour était refusé. Ce faisant, le préfet a pris une décision portant refus de séjour, que le requérant est recevable à contester. • CAA Lyon 13 oct. 2022, n° 21LY03282.

III. REFUS DE DÉLIVRANCE OU DE RENOUVELLEMENT DU TITRE DE SÉJOUR

A. LIEN REFUS DE SÉJOUR/ÉLOIGNEMENT

23. L'OQTF est ici nécessairement l'accessoire d'une décision refusant de délivrer ou de renouveler un titre de séjour ou retirant ce titre, un récépissé de demande de titre ou une autorisation provisoire de séjour ; par suite, une OQTF ne peut intervenir à défaut préalablement de l'intervention de l'une de ces décisions. • TA Limoges, 6 juill. 2007, *Ahmed*, n° 0700828. ♦ Une OQTF intervenant en l'absence de décision sur le séjour est, de ce seul fait, illégale. • CAA Douai, 3 juin 2008, *Ouahabi*, n° 07DA01677. ♦ Le préfet ne peut pas imposer à un ressortissant étranger l'obligation de quitter le territoire alors qu'il n'a pas statué sur la demande d'admission provisoire au séjour. • CAA Lyon, 16 oct. 2012, *M. Korca*, n° 11LY02794 : *AJDA 2013. 84*. ♦ Le préfet ne peut prendre une décision obligeant un étranger à quitter le territoire français sans lui avoir dans la même décision refusé, de manière explicite, un titre de séjour ; en revanche, un refus de titre de séjour ne doit pas être nécessairement assorti de l'OQTF. • CE, avis, 28 mars 2008, *M. Bouali*, n° 311893 A : *AJDA 2008. 2174, note Lecucq ; JCP 2008. 1823 ; RFDA 2008.616.* ♦ Cette jurisprudence s'applique alors même que, par de précédentes décisions, le préfet avait explicitement refusé le séjour et que l'OQTF visait ces décisions. • CAA Lyon, 3 févr. 2009, *Préfet de Saône-et-Loire c/ Saciri*, nos 08LY00163 et 08LY01998.

24. Si la demande d'un étranger qui a régulièrement sollicité un titre de séjour ou son renouvellement a été rejetée, la décision portant OQTF susceptible d'intervenir à son encontre doit nécessairement être regardée comme fondée sur un refus de titre de séjour, donc sur la base légale prévue au 3° du présent art. Il en va ainsi tant lorsque la décision relative au séjour et la décision portant OQTF interviennent de façon concomitante que, en l'absence de dispositions législatives ou réglementaires prévoyant qu'une décision relative au séjour devrait être regardée comme caduque au-delà d'un certain délai après son intervention, lorsqu'une décision portant OQTF intervient postérieurement à la décision relative au séjour, y compris lorsqu'une nouvelle décision portant OQTF intervient à l'égard d'un étranger qui s'est maintenu sur le territoire malgré l'intervention antérieure d'un refus de titre de séjour assorti d'une OQTF. Si la nouvelle OQTF intervient sur le fondement d'un refus de titre de séjour devenu définitif, l'étranger exerçant un recours contentieux contre la mesure d'éloignement dont il est l'objet ne peut plus exciper de l'illégalité de ce refus de titre de séjour. Pour autant, il appartient toujours au juge administratif saisi de ce recours d'apprécier la légalité de la mesure d'éloignement au regard du droit au séjour éventuel de l'étranger à la date de son intervention, le cas échéant, en fonction des changements de circonstances de fait ou de droit intervenus depuis la décision relative au séjour devenue définitive. • CE, avis, 6 nov. 2019, n° 431585 B : *AJDA 2019. 2271*.

25. *Annulation de l'OQTF.* En cas d'annulation de la décision portant OQTF, mais non de la décision de refus de séjour, le préfet ne peut reprendre une OQTF qu'après avoir opposé à l'intéressé, de manière explicite et dans le même acte, une décision de refus de séjour. • CAA Lyon, 28 janv. 2010, *Nduka*, n° 08LY01503.

26. *Annulation du refus de séjour.* Dans la mesure où un refus de titre de séjour n'est pas le fondement d'une OQTF, l'éventuelle annulation du refus de titre de séjour ne conduit pas, par elle-même, à l'annulation par voie de conséquence de l'OQTF, qui aurait pu être légalement prise en l'absence du refus de titre de séjour et n'est pas intervenue en raison de ce refus. Toutefois, dans le cas où serait contesté à l'occasion d'un recours dirigé contre une telle obligation un refus de titre de séjour pris concomitamment, si le juge administratif annule le refus de titre de séjour, il lui appartient, s'il est saisi d'un moyen en ce sens, d'apprécier, eu égard au motif qu'il retient, si l'illégalité du refus de titre de séjour justifie l'annulation de l'OQTF. Tel est le cas notamment lorsque le motif de l'annulation implique le droit de l'intéressé à séjourner en France. • CE, avis, 19 juill. 2017, n° 408902 A : *AJDA 2017. 1524 ; D. 2018. 313, chron. Boskovic, Corneloup, Jault-Seseke, Joubert et Parrot*.

27. *Silence gardé par l'administration sur la demande de titre.* Si l'administration ne statue pas sur une demande de titre de séjour dans le délai de quatre mois qui lui est imparti par l'art. R. 432-2, elle est réputée avoir refusé implicitement le titre de séjour demandé, mais sans que ce refus soit assorti d'une obligation de quitter le territoire français. L'administration ne peut prononcer une telle obligation qu'après avoir opposé, à nouveau et de manière explicite, un refus à la demande de titre de séjour. • CE, avis, 28 mars 2008, *M. Bouali*, n° 311893 A : *préc. note 23.* ♦ Appliquant les dispositions de la L. du 16 juin 2011, le Conseil d'État est revenu sur cette décision : si rien ne s'oppose à ce que l'administration, comme elle le fait de façon générale, permette le maintien sur le territoire d'un étranger qui a demandé un titre de séjour jusqu'à ce qu'elle ait statué par une décision explicite sur la demande de séjour, ni les dispositions de l'art. L. 511-1 [devenues art. L. 611-1], telles qu'issues de la L. du 16 juin 2011, ni aucune disposition du code ne font obstacle à ce que, en application des dispositions de l'art. 21 de la L. du 12 avr. 2000 relative aux droits des citoyens dans leurs relations avec les administrations [art. L. 213-1 CRPA] et de l'art. R. 311-12 [devenus art. R. 426-4, R. 426-6, R. 431-4, R. 431-5, R. 431-8], le silence gardé par l'administration pendant plus de quatre mois sur une demande de titre de séjour vaille décision de rejet et à ce que ce rejet implicite permette directement de prononcer une obligation de quitter le territoire français ; l'exception à l'obligation de motivation de l'OQTF ne peut trouver à s'appliquer que si la mesure d'éloignement assortit une décision relative au séjour elle-même explicite et motivée. • CE, avis, 13 févr. 2013, *M. Sari*, n° 363533 B : *AJDA 2013. 378*.

28. Jugé que la lettre par laquelle le préfet informe l'étranger du rejet de sa demande d'asile par l'OFPRA et, par voie de conséquence, lui indique que l'autorisation provisoire de séjour n'est plus valable et qu'il est invité à quitter le territoire national dans le délai d'un mois, révèle l'existence d'un refus de titre de séjour susceptible de faire l'objet d'un recours pour excès de pouvoir. La cour fonde sa position sur l'existence du pouvoir de régularisation du préfet. • CAA Versailles, 7 déc. 2006, *M. Akplogan*, n° 06VE00119 B : *AJDA 2007. 24, note Pellissier ; RFDA 2007. 170*. ♦ *Contra* : • CE 2 mars 1998, *Simaga*, n° 162778.

29. *Fondements des demandes de titre.* Si l'étranger s'est trompé dans sa première demande de titre de séjour, rien ne s'oppose à ce qu'il fasse l'objet d'une mesure d'éloignement alors même qu'il dépose une nouvelle demande sur un meilleur terrain. • CE 26 nov. 1993, *Préfet de Seine-et-Marne c/ Molla : Lebon T. 777.* Il en va de même si l'intéressé présente deux demandes simultanément sur deux terrains différents et fait l'objet d'un refus ; il pourra faire l'objet d'une mesure d'éloignement alors même qu'il n'a pas encore été statué sur la seconde. • CE 21 févr. 1997, *Préfet du Rhône c/ Sensoy*, n° 155363. ♦ Il revient à l'étranger concerné de diriger correctement sa demande ; ainsi, le fait qu'un maire, qui n'a aucune compétence pour ce faire, ait prorogé le récépissé de demande de titre de séjour, n'a pas pour effet de conférer à l'étranger un titre régulier. • CE 15 févr. 1993, *Miraoui*, n° 119872.

30. Droit au séjour. L'obligation de quitter le territoire est illégale si, à la date à laquelle elle a été prise, l'étranger qui en fait l'objet remplissait les conditions légales pour obtenir de plein droit un titre de séjour. • CE 29 déc. 2000, *Préfet de police c/ Sarigul : Lebon 667* • 23 juin 2000, *M. Diaby : Lebon 243* • 8 févr. 2002, *M. Dieng : Lebon 54 ; AJDA 2002. 415, note Guyomar et Collin ; RFDA 2003. 1080, concl. Chauvaux ; www.ajda.fr, obs. Vandendriessche.* ♦ Ces dispositions sont applicables aux ressortissants tunisiens. • CE 6 oct. 2000, *Préfet des Alpes-Maritimes c/ Bouzidi*, n° 211855 B. ♦ Un étranger entrant dans l'un des cas de délivrance de plein droit de la carte de résident ne pourra toutefois bénéficier de ces dispositions à défaut de régularité de son séjour en France. • CE 4 mai 2001, *Mme Donkor épse Kwofie*, n° 221880 B.

31. En cas d'annulation pour ce motif, l'étranger doit se voir délivrer non pas une autorisation provisoire de séjour, mais une carte de séjour « vie privée et familiale », nonobstant l'appel du jugement de 1re instance. • CE 29 janv. 2001, *Attia : Lebon 43 ; RFDA 2001. 528.*

32. Demandeur d'asile débouté. Ne peut être assimilée à un refus de séjour ouvrant droit à une OQTF la décision par laquelle le préfet a retiré le récépissé de demande du statut de réfugié. • CAA Douai, 16 sept. 2008, *Lumbila*, n° 07DA01969.

33. Le préfet ne peut prendre une mesure d'éloignement à l'égard d'un étranger dont la demande d'admission au statut de réfugié a fait l'objet d'un rejet définitif, sans avoir au préalable pris une décision de refus de renouvellement ou de retrait du titre provisoire de séjour dont l'intéressé bénéficiait jusqu'à ce qu'il ait été statué sur sa demande d'admission au statut de réfugié et constaté son maintien sur le territoire au-delà du délai d'un mois à compter de la notification de ladite décision. • CE 26 mars 1999, *M. Cire*, n° 186118. ♦ La mesure d'éloignement frappant un demandeur d'asile débouté sans notification préalable d'une décision de refus de renouvellement de l'autorisation provisoire de séjour est entachée d'illégalité. • CE 12 mai 1999, *Préfet de police c/ Apomolia*, n° 189940. ♦ De même, la décision ministérielle refusant l'asile territorial (aujourd'hui protection subsidiaire) est distincte de la décision sur le séjour ; un étranger ne peut donc faire l'objet d'une mesure d'éloignement. • TA Grenoble, 29 sept. 1999, *M. Petre Constantin*, n° 99-2496. ♦ Une OQTF ne peut intervenir avant le retrait effectif d'une APS. • CAA Bordeaux, 9 juill. 2007, *Kurt*, n° 07BX00461.

34. Dès lors que l'énumération fixée au présent art. est limitative, le préfet ne peut légalement prendre une mesure valant OQTF lorsqu'il décide de ne pas renouveler un récépissé de demandeur d'asile prévu par l'art. R. 742-2 [devenu art. R. 571-1] du présent code. • CAA Douai, 28 mai 2008, *M. Sejdovic*, n° 07DA01529.

35. Autorisation provisoire de séjour. Une OQTF peut intervenir en cas de refus de renouvellement d'une autorisation provisoire de séjour. • TA Rennes, 30 juill. 2007, *Turk*, n° 0703169. ♦ Il en va de même s'agissant d'un demandeur d'asile titulaire d'une APS, alors même que la demande d'asile a été formulée après l'expiration de la validité du visa de l'intéressé. • CAA Bordeaux, 5 juill. 2007, *Préfet de la Haute-Garonne c/ Koc*, n° 07BX00406.

B. RENOUVELLEMENT

36. L'OQTF peut encore intervenir s'agissant de l'étranger qui n'a pas demandé le renouvellement de son titre de séjour temporaire et s'est maintenu sur le territoire au-delà du délai d'un mois suivant l'expiration de ce titre. • CE 12 juin 1998, *M. Dardour*, n° 180421.

37. Ces dispositions s'appliquent également lorsque la demande de renouvellement a été présentée tardivement. • CE 27 mai 1998, *Préfet de police c/ M. Bouras*, n° 175093.

38. L'intéressé doit être considéré comme ayant renoncé au renouvellement dès lors qu'il ne s'est pas présenté au rendez-vous qui lui avait été fixé et qu'il n'a entrepris aucune démarche depuis. • CE 6 janv. 1995, *Préfet du Pas-de-Calais*, n° 146370.

39. Régularisation. La délivrance d'un récépissé de demande de renouvellement de titre de séjour constitue une abrogation implicite d'une décision antérieure portant OQTF ; l'éventuelle mise à exécution de celle-ci constitue dès lors une décision susceptible de recours, et le préfet est tenu de procéder au réexamen de la situation de l'étranger avant de procéder effectivement à cette mise à exécution. • CAA Bordeaux, 19 juin 2008, *Deke*, n° 07BX02019.

40. La délivrance d'un titre de séjour, même à titre de régularisation, a évidemment pour effet d'interdire la mise à exécution de l'OQTF. • CE 6 mai 1998, *Lesbir*, n° 187415 : *Dr. adm. 1998, comm. n° 342, note Schwartz.*

IV. REFUS DÉFINITIF DE PROTECTION INTERNATIONALE

41. Peut encore faire l'objet d'une OQTF l'étranger dont la reconnaissance de la qualité de réfugié ou le bénéfice de la protection subsidiaire a été définitivement refusé ou s'il ne bénéficie plus du droit de se maintenir sur le territoire français. Si l'intéressé a également présenté une demande tendant à la délivrance ou au renouvellement d'un titre de séjour, l'autorité administrative peut assortir le refus qu'elle est susceptible d'opposer à cette demande d'une OQTF fondée à la fois sur le 3° et sur le 4° du présent art. Lorsqu'une décision relative au séjour est intervenue concomitamment et a fait l'objet d'une contestation à l'occasion d'un recours dirigé contre une OQTF prise sur le fondement du 4°, cette contestation suit le régime contentieux applicable à l'OQTF, alors même qu'elle a pu être prise également sur le fondement du 3° du I du présent art. • CE, avis, 28 juin 2019, n° 426703 B.

42. Jugé que le rejet – même définitif – d'une demande de protection internationale n'a pas pour effet de rendre caduque une attestation de demande d'asile dont la durée de validité n'est pas expirée. Si la loi et le décret en Conseil d'État auquel elle renvoie permettent à l'autorité administrative, dans certains cas, de retirer une attestation de demande d'asile, l'étranger dont la demande de protection internationale a été rejetée par la CNDA n'est pas au nombre de ceux dont l'attestation peut alors légalement faire l'objet d'un retrait. Ainsi, un tel étranger, lorsqu'il détient une attestation de demande d'asile dont la durée de validité n'est pas encore expirée, doit être regardé comme étant « titulaire d'un titre de séjour en cours de validité » au sens et pour l'application du 6° du § 1 du présent art [devenu art. L. 611-1]. • TA Toulon, 28 août 2019, n° 1902843 : *AJDA 2019. 2280*.

43. Demandeur d'asile débouté. Dès lors que l'autorisation provisoire de séjour délivrée au demandeur d'asile n'a pas pour effet de régulariser l'entrée ou le séjour de l'intéressé, le demandeur d'asile débouté entré irrégulièrement en France peut faire l'objet d'une OQTF alors même d'ailleurs qu'il présente une nouvelle demande auprès de l'OFPRA. • CE 30 juill. 1997, *M. Ateby-Djawreg*, n° 183743.

44. La remise à un demandeur d'asile d'une autorisation provisoire de séjour doit être considérée comme abrogeant implicitement la mesure d'éloignement. • CE 26 févr. 1997, *Préfet de la Gironde c/ Bitri*, n° 177242.

45. Le préfet ne peut prendre une OQTF à l'encontre d'un demandeur d'asile sans avoir préalablement statué sur la demande d'admission au séjour au titre de l'asile. • CE 2 juin 1997, *Osmanovic*, n° 173078 • 5 mai 2003, *Hajbane*, n° 249024. ♦ Tant que l'OFPRA ou la CNDA n'ont pas notifié la décision de refus de la demande d'asile, l'intéressé ne peut faire l'objet d'une OQTF. • CE 3 mai 2002, *Préfet de police c/ Mdikengalan' Gaka*, n° 237205 • 25 févr. 2005, *Sezen c/ Préfet du Bas-Rhin*, n° 269637 • 7 mars 2008, *Min. Intérieur c/ Mounkaila*, n° 289419 B. ♦ Tant qu'un recours est pendant devant la CNDA (en l'espèce, après une procédure de réouverture de dossier), le préfet ne peut prendre une mesure portant OQTF. • CAA Douai, 18 déc. 2007, *Goma*, n° 07DA00894.

46. En cas de contestation sur ce point, il appartient à l'autorité administrative de justifier que la décision de la CNDA a été régulièrement notifiée à l'intéressé, le cas échéant en sollicitant la communication de la copie de l'avis de réception auprès de la cour. • CE 1er juill. 2015, *Min. Intérieur*, n° 386288 B : *AJDA 2015. 1345*. ♦ En l'absence de tout document lui permettant de pénétrer régulièrement sur le territoire français, Mme A. entrait dans le champ d'application du 1° [de l'art. L. 511-1, devenu L. 611-1] sans que l'intéressée puisse utilement se prévaloir de ce qu'elle a fait l'objet, de la part des autorités allemandes, d'une remise aux autorités françaises en application des dispositions du Règl. (CE) 343/2003/CE (refondu par Règl. (UE) n° 604/2013 du Parlement européen et du Conseil du 26 juin 2013 établissant les critères et mécanismes de détermination de l'État membre responsable de l'examen d'une demande de protection internationale introduite dans l'un des États membres par un ressortissant de pays tiers ou un apatride [Règl. « Dublin III »]) ; la mise en œuvre de ce dispositif de reprise en charge n'a en effet ni pour objet ni pour effet de régulariser la situation du ressortissant étranger au regard des règles régissant son entrée sur le territoire français. • CAA Nancy, 1er août 2013, *Préfet du Bas-Rhin*, n° 13NC00304 : *AJDA 2013. 2471*.

47. Constitue une motivation suffisante la mention du refus de la qualité de réfugié en l'absence de recours contre la décision de l'OFPRA. • CE 3 nov. 1997, *Préfet de police*, n° 176387.

48. La notification d'une décision de rejet de la CNDA à un demandeur d'asile vaut refus définitif de reconnaître la qualité de réfugié ou le bénéfice de la protection subsidiaire au sens du 4° [de l'art. L. 511-1, devenu L. 611-1], sans que la circonstance que le demandeur ait introduit un recours en rectification d'erreur matérielle ne puisse y faire obstacle. • CAA Lyon, 20 déc. 2018, n° 18LY00212 : *AJDA 2019. 1085*.

49. Un requérant, dont la demande d'asile relève de la compétence d'un autre État, mais qui n'a pas été transféré dans le délai prévu par l'art. 19.4 du Règl. du 18 févr. 2003, ne peut faire l'objet d'une OQTF dès lors qu'il bénéficie du droit de se maintenir sur le territoire français au moins jusqu'à la notification de la décision de l'OFPRA (art. L. 572-7). • CAA Douai, 4 juin 2008, *Selimovic*, n° 07DA01772.

50. Les dispositions du présent art. ne font pas obstacle, dans l'hypothèse où un étranger, à qui a été refusée la reconnaissance de la qualité de réfugié ou la protection subsidiaire, qui a fait l'objet d'une ou, le cas échéant, de plusieurs OQTF fondées sur le 4° dudit art. et qui a présenté une demande tendant à la délivrance ou au renouvellement d'un titre de séjour, à ce que l'autorité administrative assortisse le refus qu'elle est susceptible d'opposer à cette demande d'une OQTF fondée sur ce même 4° ; dans cette hypothèse, la contestation de la décision relative au séjour à l'occasion d'un recours contre l'OQTF suit le régime contentieux applicable à l'OQTF prévu par cet art. alors même que cette dernière a pu être prise également sur le fondement du 3° du présent art. • CE, avis, 21 févr. 2023, n° 468799 B : *AJDA 2023. 310*.

51. « Les décisions par lesquelles le préfet refuse, en fin de procédure, le séjour à l'étranger dont la demande d'asile a été rejetée par l'OFPRA et l'oblige à quitter le territoire français ne sont pas prises pour l'application de la décision par laquelle le préfet statue, en début de procédure, sur l'APS ; par suite, le moyen invoquant, par voie d'exception, l'illégalité du refus d'APS opposé à un demandeur d'asile ne peut être utilement invoqué à l'appui d'un recours dirigé contre les décisions par lesquelles le préfet, après la notification du rejet par l'OFPRA de la demande d'asile traitée dans le cadre de la procédure prioritaire, refuse le séjour et oblige l'étranger à quitter le territoire français. Cependant, seule l'intervention préalable d'un refus d'[APS] au titre de l'asile est de nature à conduire à la mise en œuvre de la procédure prioritaire et à permettre au préfet de prendre les décisions refusant à un demandeur d'asile le séjour et obligeant l'intéressé à quitter le territoire français avant que la CNDA, en cas de recours formé devant elle contre la décision négative de l'OFPRA, n'ait statué sur ce recours. De telles décisions du préfet ne peuvent ainsi légalement être prises en l'absence de décision initiale refusant l'admission provisoire au séjour ». Dès lors, il incombe au juge de prononcer, en cas d'annulation du refus d'APS, l'annulation par voie de conséquence des décisions refusant à un demandeur d'asile le séjour et l'obligeant à quitter le territoire français. • CE, avis, 30 déc. 2013, *Mme Okosun*, n° 367615 : *préc. note 7 ss. art. L. 352-1.*

52. Lorsque le préfet se borne à mentionner, dans le dispositif de l'OQTF, que l'intéressé a perdu le bénéfice du droit au maintien sur le territoire suite au rejet définitif de sa demande d'asile, une telle constatation ne revêt en elle-même aucun caractère décisoire et n'est donc pas susceptible de faire l'objet de conclusions tendant à son annulation, indépendamment de l'OQTF qui en procède. • CAA Nancy, 5 déc. 2017, n° 17NC01298.

53. Le droit de l'UE ne s'oppose pas à l'adoption d'une décision de retour au titre de l'art. 6, § 1, de la Dir. (CE) 2008/115/CE, à l'encontre d'un ressortissant d'un pays tiers ayant introduit une demande de protection internationale, dès le rejet de cette demande par l'autorité responsable ou cumulativement avec celui-ci dans un même acte administratif et, partant, avant l'issue du recours juridictionnel contre ce rejet, à condition, notamment, que l'État membre concerné garantisse que l'ensemble des effets juridiques de la décision de retour soient suspendus dans l'attente de l'issue de ce recours, que ce demandeur puisse, pendant cette période, bénéficier des droits qui découlent de la Dir. (CE) 2003/9/CE du Conseil du 27 janv. 2003 relative à des normes minimales pour l'accueil des demandeurs d'asile dans les États membres, et qu'il puisse se prévaloir de tout changement de circonstances intervenu après l'adoption de la décision de retour, qui serait de nature à avoir une incidence significative sur l'appréciation de la situation de l'intéressé au regard de la Dir. (CE) 2008/115/CE. • CJUE 19 juin 2018, n° C-181/16 : *AJDA 2018. 1608, chron. Bonneville, Broussy, Cassagnabère et Gänser* ; *D. 2018. 1313* ; *RTD eur. 2019. 191, note Barbou des Places*.

54. Compromet gravement l'exercice du droit d'asile une OQTF frappant un demandeur d'asile pour lequel la demande de prise en charge avait déjà été formulée par les autorités britanniques et acceptée pas les autorités belges ; l'autorité administrative ne pouvait que diligenter une procédure de transfert à destination de l'État membre responsable de l'examen de la demande d'asile ou, en application de la clause de souveraineté, procéder à l'examen de la demande d'asile dans les conditions de droit commun. • CAA Douai, 17 sept. 2013, n° 13DA00106.

V. MENACE À L'ORDRE PUBLIC

55. La jurisprudence citée ci-dessous a été rendue sous l'empire de l'anc. art. L. 533-1 qui prévoyait, avant la L. du 7 mars 2016, que la menace à l'ordre public pouvait donner lieu à un arrêté de reconduite à la frontière ; cette jurisprudence est toutefois transposable au 5° du présent art.

56. Le juge exerce un contrôle normal sur la réalité de la menace à l'ordre public. • CE 7 oct. 1996, *Préfet de police*, n° 177082.

57. Infractions pénales. L'appréciation de la menace à l'ordre public est indépendante de l'existence de condamnations pénales. Justifie ainsi d'une reconduite un responsable de culte islamique qui incitait les fidèles à soutenir les mouvements islamistes intégristes et tenait des propos discriminatoires à l'égard des autres religions. • CE 22 janv. 1997, *Nafa*, n° 163690 : *Lebon 27.*

58. Il convient que les faits reprochés à l'individu soient d'une gravité telle qu'ils justifient une mesure d'éloignement ; tel n'est pas le cas s'agissant de la production par l'intéressé d'un relevé de notes falsifié pour dissimuler qu'il n'avait pas suivi ses cours pendant une période donnée. • CE 7 oct. 1996, *Préfet de police*, n° 177082. ♦ Le fait que la requérante ait reconnu se livrer occasionnellement à la prostitution ne suffit pas, en l'absence de circonstances particulières, à établir que sa présence en France serait constitutive d'une menace pour l'ordre public. • CE 16 mars 2005, *Mme Angelova*, n° 269313 A : *RFDA 2005. 685*. ♦ Même solution pour une requérante qui se livrait à des activités de racolage sur la voie publique. • CE 8 mars 2006, *Préfet de police c/ Cojocaru*, n° 258883.

59. Reste que l'existence d'infractions pénales et leur gravité constitueront fréquemment le motif légal de l'arrêté préfectoral de reconduite à la frontière. Par exemple, étranger qui s'est rendu coupable de violences volontaires ayant entraîné une incapacité totale de travail supérieure à 8 jours et commises à l'aide ou sous la menace d'une arme et de port prohibé d'arme de 6e catégorie. • CE 5 mai 1997, *M. Tekin,* n° 176491. ♦ ... Étranger condamné à une peine de 15 mois de prison, dont 10 mois fermes, pour association de malfaiteurs, port d'arme prohibé et vol avec violence. • CE 21 févr. 1997, *M. Weiyi Wu,* n° 175248. ♦ ... Étranger ayant volé et utilisé des cartes de paiement contrefaites ou falsifiées. • TA Dijon, 6 sept. 2005, *Turauskas,* n° 0502060. ♦ Est encore justifié le refus de renouvellement du titre de séjour d'un étranger condamné à 9 mois d'emprisonnement, à 2 amendes et à une interdiction de 5 ans d'exercer des fonctions de gérant ou de direction d'une personne morale. • CE 27 juill. 2005, *M. Jin,* n° 243506. ♦

60. La mesure de reconduite peut apparaître comme un substitut à une peine d'interdiction judiciaire du territoire ; en effet, si le juge pénal n'a pas estimé nécessaire de prononcer l'interdiction du territoire, le préfet peut se fonder sur la condamnation pénale au fond pour prendre un arrêté préfectoral de reconduite à la frontière fondé sur le 22-I-7° [de l'Ord. n° 45-2658 du 2 nov. 1945]. • CE 21 févr. 1997, *M. Weiyi Wu,* n° 175248.

61. La combinaison de la reconduite à la frontière et de condamnations pénales nécessitera parfois de surseoir à l'exécution de la mesure d'éloignement. C'est le cas lorsque l'étranger fait l'objet : d'une mesure de contrôle judiciaire. • CE 2 oct. 1995, *M. Ewane-Lobe,* n° 153815. ♦ ... D'une mesure d'interdiction judiciaire de sortie du territoire. • CE 20 janv. 1995, *M. Hoke : Lebon 38.*

62. Jugé en revanche qu'est sans incidence sur la légalité d'un arrêté de reconduite la circonstance que l'intéressé doive se rendre aux convocations du juge aux affaires familiales afin d'assurer la défense de ses intérêts dans le cadre d'une procédure de divorce. • CE 30 déc. 1998, *Keita,* n° 197449. ♦ Si le requérant soutient que la décision portant obligation de quitter le territoire préjudicie à son droit de se défendre en personne dans l'instance en divorce engagée par son épouse, en se fondant sur les dispositions de l'art. 252 C. civ. et de l'art. 1108 C. pr. civ. aux termes desquels les époux doivent être présents personnellement à la tentative de conciliation, il pourra invoquer le bénéfice de ces dispositions auprès du consulat de France pour solliciter la délivrance d'un visa de court séjour qui ne pourra légalement pas lui être refusé. • CAA Douai, 15 déc. 2009, *M. Miloud Bounouar,* n° 09DA00534.

63. La CEDH a condamné la France pour défaut d'équité d'une procédure pénale s'agissant d'un étranger ayant fait l'objet d'une expulsion alors qu'une procédure d'appel contre un jugement de TGI était en cours, le requérant ayant finalement été jugé en son absence. • CEDH 29 mars 2005, *Harizi c/ France,* n° 59480/00.

64. Comportement révélant une menace pour l'ordre public. Constitue une menace réelle, actuelle et grave pour l'ordre public le ressortissant roumain hospitalisé dans un établissement psychiatrique ayant tenté d'agresser au couteau le personnel soignant et de sécurité. • CAA Lyon, 11 oct. 2007, *Préfet du Rhône c/ Moisa,* n° 07LY1452. ♦ Même solution s'agissant d'un étranger interpellé en flagrant délit de vol en réunion de métaux, faits pour lesquels il a été condamné à une peine d'un mois d'emprisonnement avec sursis. • CAA Lyon, 31 déc. 2007, *Préfet de la Haute-Savoie c/ Caldarariu,* n° 07LY00452. ♦ ... D'un ressortissant roumain interpellé pour vol dans un magasin d'alimentation et ayant également été complice d'autres vols. • TA Rennes, 28 mai 2008, *Ghelbereu,* n° 0802201.

65. Tel n'est pas le cas en revanche dans les hypothèses suivantes : ♦ ... Conduite en état d'ivresse. • TA Rennes, 8 août 2008, *Kamen,* n° 0803460. ♦ ... Occupation illégale d'un terrain. • TA Cergy-Pontoise, 13 août 2008, *Bimbai,* n° 0808705. ♦ ... Prostitution. • CAA Lyon, 9 juill. 2008, *Préfet de Saône-et-Loire c/ Hasemeyer,* n° 08LY00411. ♦ Ressortissant communautaire ayant jeté un cocktail Molotov contre la permanence d'un parti politique dans le cadre de son engagement dans la lutte des sans-logis. • CAA Lyon, 3 juill. 2008, *Bengier,* n° 07LY02653. ♦ Étranger ayant fait l'objet d'une condamnation à 6 mois d'emprisonnement pour violences aggravées, mais dont la condamnation n'était pas passée en force de chose jugée au moment de l'APRF ; or, cette condamnation était le seul élément susceptible d'attester de la réalité des faits de violence. • CAA Versailles, 8 oct. 2009, *Holody,* n° 08VE03868.

66. Il résulte clairement des dispositions de la Dir. (CE) 2008/115/CE du 16 décembre 2008 relative aux normes et procédures communes applicables dans les États membres au retour des ressortissants de pays tiers en séjour irrégulier que celle-ci n'est applicable qu'aux décisions de retour qui sont prises par les États membres au motif que les étrangers sont en situation de séjour irrégulier. En revanche, la directive n'a pas vocation à régir les procédures d'éloignement qui reposent sur des motifs distincts, notamment la menace à l'ordre public ou la méconnaissance d'autres normes de portée générale, telle que l'obligation de détenir une autorisation de travail pour exercer une activité professionnelle ; la directive « Retour » est donc inapplicable à la reconduite à la frontière visée au présent art. • CE, avis 10 oct. 2012, *Préfet du Val-d'Oise,* n° 360317 B : *AJDA 2012. 1926.*

67. Lien avec l'expulsion. Un préfet ne peut être regardé comme ayant délibérément pris une décision portant OQTF afin de faire échec à la protection, au demeurant non établie, dont celui-ci prétend bénéficier à l'égard d'une mesure d'expulsion dès lors qu'il s'est fondé, outre sur le comportement de ce dernier au regard de ses condamnations pénales, sur le 3° [de l'anc. art. L. 511-1, devenu art. L. 611-1]. • CAA Douai, 12 nov. 2020, n° 20DA00663 : *AJDA 2021. 430*.

68. Inapplicabilité de la directive « Retour ». La directive « Retour » n'est applicable qu'aux décisions de retour frappant les étrangers en situation irrégulière et n'a pas vocation à régir des mesures d'éloignement reposant sur des motifs distincts, notamment la menace à l'ordre public ou la méconnaissance d'autres normes de portée générale telles que l'obligation de détenir une autorisation de travail pour exercer une activité professionnelle. • CAA Paris, 23 sept. 2013, *Préfet du Val-d'Oise*, n° 12PA05142 : *AJDA 2013. 2526*.

Art. L. 611-2 L'étranger en provenance directe du territoire d'un des États parties à la convention signée à Schengen le 19 juin 1990 peut se voir appliquer les 1° et 2° de l'article L. 611-1 lorsqu'il ne peut justifier être entré ou s'être maintenu sur le territoire métropolitain en se conformant aux stipulations des paragraphes 1 et 2 de l'article 19, du paragraphe 1 de l'article 20 et des paragraphes 1 et 2 de l'article 21 de cette même convention. — *[Anc. art. L. 511-2, 2° (ecqc l'application du 1° de l'art. L. 511-1) ; anc. art. L. 511-3 (ecqc le renvoi au 2° du I de l'art. L. 511-1).]*

1. Convention de Schengen. Ne peut faire l'objet d'une OQTF un étranger titulaire d'un titre de séjour délivré par un État partie à la Conv. de Schengen dès lors que l'administration n'établit pas qu'il est entré en France depuis plus de 90 jours. • CE 25 oct. 2000, *Bouchbouch*, n° 217829 B • 26 mai 2004, *Préfet des Alpes-Maritimes c/ M. Yassir*, n° 242804 • 4 févr. 2021, n° 436109 : *AJDA 2021. 307* ; *D. 2022. 244, chron. Boskovic, Corneloup, Jault-Seseke, Joubert et Parrot*. ♦ Il en va de même de l'étranger titulaire d'un visa de court séjour délivré par un État de l'espace Schengen, ce visa lui permettant de circuler librement pendant 3 mois dans l'espace Schengen. • CE 3 févr. 2003, *Préfet de police c/ Ndompungi*, n° 240173. ♦ Aucune des stipulations de la convention d'application de l'accord de Schengen ne prive les autorités de l'État où se trouve l'étranger de vérifier la régularité de la situation de celui-ci et de prendre une mesure d'éloignement à l'égard de celui qui ne remplit pas ou plus les conditions de séjour prévues par la convention. • CE 7 avr. 2004, *Préfet de la Seine-Saint-Denis c/ M. Teglas*, n° 257012 A.

2. En revanche, peut faire l'objet d'une OQTF l'étranger titulaire d'un visa de long séjour délivré par un pays membre de l'Union européenne, ledit visa ne pouvant s'assimiler au visa uniforme « Schengen ». • CE 12 janv. 2005, *Préfet des Alpes-Maritimes*, n° 257031 B. ♦ Même solution s'agissant d'un étranger porteur d'un titre de séjour périmé délivré par un autre État. • CAA Bordeaux, 22 mai 2008, *Préfet des Pyrénées-Atlantiques c/ Mahmood Najmi*, n° 07BX01035. ♦ Même solution pour l'étranger, démuni de documents transfrontières, entré en France dans le cadre d'une procédure de remise par un autre État de l'espace Schengen dans lequel il séjournait à la suite du refus de reconnaissance de la qualité de réfugié en France. • CAA Versailles, 30 déc. 2010, *Préfet de la Seine-Saint-Denis c/ Pasupathy*, n° 09VE02025.

3. Les stipulations d'un accord de réadmission ne permettent pas aux autorités françaises d'apprécier le bien-fondé d'un refus d'admission opposé par les autorités étrangères à un ressortissant d'un pays tiers dont elles estiment qu'il ne remplit pas ou plus les conditions d'entrée et de séjour applicables dans ce pays ; par suite, et à défaut de détenir un titre de séjour délivré par ce pays, l'intéressé ne peut bénéficier de la libre circulation prévue pour les étrangers titulaires d'un titre de séjour en cours de validité délivré par une partie contractante aux accords de Schengen. • CE 13 oct. 2006, *M. Hemdan*, n° 266705 B. ♦ A l'inverse, la reprise en charge par les autorités françaises d'un étranger, débouté du droit d'asile en France et s'étant rendu en Allemagne, ne peut s'assimiler à une entrée régulière sur le territoire français. • CAA Versailles, 30 déc. 2010, *Préfet de la Seine-Saint-Denis*, n° 09VE02025.

4. La reprise en charge par la France d'un étranger en application de l'art. 16 du règlement « Dublin II » du 18 févr. 2003 ne vaut pas nouvelle demande d'asile en France. En conséquence, le préfet peut décider de l'éloignement de l'intéressé. • CAA Versailles, 29 juin 2010, *Préfet de la Seine-Saint-Denis c/ M. Selliah A.*, n° 09VE03466.

5. Ressortissants algériens. Si l'accord franco-algérien du 27 déc. 1968 impose que les ressortissants algériens venant en France pour un séjour inférieur à 3 mois présentent un passeport en cours de validité muni d'un visa délivré par les autorités françaises, ces stipulations ne sont pas incompatibles avec la Conv. de Schengen ; ainsi, ne peut faire l'objet d'une OQTF l'Algérien entré sur le territoire français muni d'un visa uniforme délivré par le consulat d'Italie à Alger. • CE 21 avr. 2000, *Zaidi : Lebon 159.*

Art. L. 611-3 *(L. n° 2024-42 du 26 janv. 2024, art. 37)* **L'étranger mineur de dix-huit ans ne peut faire l'objet d'une décision portant obligation de quitter le territoire français.**

Ancien art. L. 611-3 *Ne peuvent faire l'objet d'une décision portant obligation de quitter le territoire français :*

1° L'étranger mineur de dix-huit ans ;

2° L'étranger qui justifie par tous moyens résider habituellement en France depuis qu'il a atteint au plus l'âge de treize ans ;

3° L'étranger qui réside régulièrement en France depuis plus de dix ans, sauf s'il a été, pendant toute cette période, titulaire d'une carte de séjour temporaire ou pluriannuelle portant la mention "étudiant" ;

4° L'étranger qui réside régulièrement en France depuis plus de vingt ans ;

5° L'étranger (Abrogé par L. n° 2021-1109 du 24 août 2021, art. 25) « ne vivant pas en état de polygamie » qui est père ou mère d'un enfant français mineur résidant en France, à condition qu'il établisse contribuer effectivement à l'entretien et à l'éducation de l'enfant dans les conditions prévues par l'article 371-2 du code civil depuis la naissance de celui-ci ou depuis au moins deux ans ;

6° L'étranger marié depuis au moins trois ans avec un conjoint de nationalité française, à condition que la communauté de vie n'ait pas cessé depuis le mariage et que le conjoint ait conservé la nationalité française ;

7° L'étranger qui réside régulièrement en France depuis plus de dix ans et qui (Abrogé par L. n° 2021-1109 du 24 août 2021, art. 25) « , ne vivant pas en état de polygamie, » est marié depuis au moins trois ans avec un ressortissant étranger relevant du 2°, à condition que la communauté de vie n'ait pas cessée [cessé] depuis le mariage ;

8° L'étranger titulaire d'une rente d'accident du travail ou de maladie professionnelle servie par un organisme français et dont le taux d'incapacité permanente est égal ou supérieur à 20 % ;

9° L'étranger résidant habituellement en France si son état de santé nécessite une prise en charge médicale dont le défaut pourrait avoir pour lui des conséquences d'une exceptionnelle gravité et si, eu égard à l'offre de soins et aux caractéristiques du système de santé du pays de renvoi, il ne pourrait pas y bénéficier effectivement d'un traitement approprié.

(L. n° 2021-1109 du 24 août 2021, art. 25) « Par dérogation au présent article, l'étranger mentionné aux 2° à 8° peut faire l'objet d'une décision portant obligation de quitter le territoire français en application de l'article L. 611-1 s'il vit en France en état de polygamie ». – [Anc. art. L. 511-4, al. 1er à 11.]

COMMENTAIRE

La prise en considération des liens familiaux, de la durée de résidence en France ou de considérations tirées de l'état de santé de l'étranger avait conduit le législateur à considérer que l'obligation de quitter le territoire français ne pouvait intervenir à l'égard des catégories d'étrangers qui étaient mentionnées à l'article L. 611-3 avant sa modification par la loi n° 2024-42 du 26 janvier 2024.

Le projet de loi initial ne prévoyait la disparition des catégories d'étrangers protégés qu'en cas de menace grave à l'ordre public. D'après l'exposé des motifs de la loi n° 2024-42 du 26 janvier 2024, les protections contre l'éloignement qui étaient énumérées par l'article L. 611-3 avant sa modification « représentent un frein à l'éloignement, plus particulièrement dans les cas où l'étranger représente une menace grave pour l'ordre public, la sécurité publique ou la sûreté de l'État, ayant justifié le retrait de son titre de séjour (...). Cette réforme permettra, dans le cas où l'étranger menace l'ordre public, de ne pas voir appliquer un cadre automatique de protections prévues par la loi, mais de mieux prendre en compte, de façon spécifique, l'impératif de sauvegarde de l'ordre public au regard de la situation personnelle de l'étranger ».

Ce n'est que par un amendement sénatorial en séance publique qu'a été introduite la rédaction actuelle du présent article en vue de « confier à l'administration seule la responsabilité d'apprécier au cas par cas les éventuelles atteintes à la vie privée et familiale qui découleraient de l'édiction d'une OQTF à l'encontre d'un étranger en situation irrégulière » (exposé des motifs de l'amendement de M. B. Retailleau).

Dans sa décision du 25 janvier 2024 (n° 2023-863 DC : *AJDA 2024. 650, note Bonnet et Gadhoun* ; *D. 2024. 170*, *et 219 pt de vue Esplugas-Labatut* ; *AJCT 2024. 70, obs. Pailler*), le Conseil constitutionnel a validé la suppression de la protection contre l'OQTF dont bénéficiaient certaines catégories d'étrangers en estimant que le législateur avait poursuivi l'objectif de valeur constitutionnelle de prévention des atteintes à l'ordre public. Outre le fait que l'étranger mineur de dix-huit ans reste protégé, le Conseil relève qu'il résulte de l'article L. 613-1 que la décision portant OQTF est motivée et qu'elle est édictée après vérification du droit au séjour, en tenant notamment compte de la durée de présence de l'étranger sur le territoire français, de la nature et de l'ancienneté de ses liens avec la France et des considérations humanitaires pouvant justifier un tel droit. Il appartient en particulier à l'autorité administrative d'apprécier, sous le contrôle du juge administratif, si l'étranger peut se prévaloir d'une résidence stable et régulière sur le territoire français de nature à avoir fait naître entre lui et le pays d'accueil des liens multiples. Il souligne enfin que l'article L. 722-7 prévoit que l'éloignement effectif de l'étranger faisant l'objet d'une décision portant OQTF ne peut intervenir avant l'expiration du délai ouvert pour contester cette décision devant le tribunal administratif ni avant que celui-ci n'ait statué s'il a été saisi. Il en résulte que « le législateur a assuré une conciliation qui n'est pas manifestement déséquilibrée entre, d'une part, l'objectif de valeur constitutionnelle de prévention des atteintes à l'ordre public et, d'autre part, la liberté d'aller et de venir, le droit au respect de la vie privée et le droit de mener une vie familiale normale ». ❑

PLAN DES ANNOTATIONS

1. Même lorsqu'un étranger entre dans l'un des cas d'OQTF, celle-ci peut être rendue impossible par les circonstances de droit ; c'est en particulier le cas s'agissant d'une ressortissante marocaine exerçant conjointement l'autorité parentale sur son enfant avec son ex-mari, l'ordonnance du juge aux affaires familiales ayant prévu que l'enfant ne pourrait quitter le territoire français qu'avec l'accord de ses 2 parents. Ainsi, l'éloignement de l'intéressée porterait une atteinte disproportionnée à son droit à mener une vie familiale normale. • CE 28 déc. 2001, *Khelifi*, n° 233428.

2. A noter que lorsque le Gouvernement a autorisé l'extradition d'un étranger et que cette mesure reste susceptible d'exécution, le préfet ne peut légalement prononcer à l'encontre de cette personne une OQTF. • CAA Bordeaux 21 juin 2012, *Kartal*, n° 11BX03072.

MINEUR

3. C'est à l'administration qu'il appartient d'apporter la preuve de la majorité d'un individu afin qu'il ne bénéficie pas de la protection prévue au présent art. Il est constant que la méthode dite « de Greulich et Pyle » ne présente pas une fiabilité totale, surtout s'agissant de la détermination de l'âge d'un jeune sujet âgé de 16 à 18 ans, *a fortiori* s'il n'est pas d'origine européenne ; l'ensemble des instances médicales compétentes s'accordent sur la nécessité de compléter cette méthode de détermination de la majorité ou de la minorité d'un sujet par d'autres examens complémentaires, tels que l'entretien avec l'intéressé et l'examen pubertaire, et qu'il convient surtout de procéder à une double lecture systématique des examens radiologiques utilisés dans le cadre, précisément, de la méthode « de Greulich et Pyle ». • CAA Douai, 13 oct. 2011, *M. Tareq Zakhil*, n° 10DA01539.

4. Le juge administratif est tenu par l'autorité de la chose jugée au pénal et ne peut ainsi considérer comme mineur un étranger dont la majorité a été reconnue par un jugement pénal définitif. • CE 26 nov. 2018, n° 419452.

5. L'art. L. 744-2 du présent code prévoit expressément la possibilité qu'un enfant mineur étranger soit accueilli dans un centre de rétention, par voie de conséquence du placement en rétention de la personne majeure qu'il accompagne ; dès lors, l'éloignement forcé d'un étranger majeur décidé sur le fondement du présent art. peut légalement entraîner celui du ou des enfants mineurs l'accompagnant. La mise en œuvre de la mesure d'éloignement forcé d'un étranger mineur doit être entourée de garanties particulières de nature à assurer le respect effectif de ses droits et libertés fondamentaux ; au nombre des exigences permettant d'en garantir l'effectivité figure notamment l'obligation que le registre qui doit être tenu dans tous les lieux recevant des personnes placées ou maintenues en rétention, mentionne « l'état civil des enfants mineurs [...] ainsi que les conditions de leur accueil ». Il s'ensuit que l'autorité administrative doit s'attacher à vérifier, dans toute la mesure du possible, l'identité d'un étranger mineur placé en rétention et faisant l'objet d'une mesure d'éloignement forcé par voie de conséquence de celle ordonnée à l'encontre de la personne qu'il accompagne, ainsi que la nature exacte des liens qu'il entretient avec cette dernière. • CE 25 oct. 2014, *Mme I.*, n° 385173 B : *AJDA 2014. 2156*. ♦ Les vérifications incombant à l'autorité administrative s'étendent aux conditions de la prise en charge du mineur dans le lieu à destination duquel il est éloigné. • CE 9 janv. 2015, *Mme D.*, n° 386865 B : *AJDA 2015. 136*.

CHAPITRE II DÉCISION POUVANT ASSORTIR LA DÉCISION PORTANT OBLIGATION DE QUITTER LE TERRITOIRE FRANÇAIS

SECTION 1 Délai de départ volontaire

COMMENTAIRE

Le dispositif mis en place par la présente section repose par principe sur la bonne volonté de l'étranger, qui dispose d'un délai de trente jours pour quitter le territoire français spontanément (art. L. 612-1). Ce sont environ 60 % des obligations de quitter le territoire français (OQTF) prononcées qui sont assorties d'un délai de départ volontaire. Souhaitant une transposition « large et fidèle » de la directive « Retour » dont l'art. 7, § 2 prévoit une prolongation du délai de départ volontaire « ni nécessaire » et « pour une durée appropriée », la loi du 7 mars 2016 a prévu qu'à l'issue du délai de trente jours, l'autorité administrative peut accorder un délai supplémentaire pour une durée appropriée « s'il apparaît nécessaire de tenir compte de circonstances propres à chaque cas » (art. L. 612-1, dernier al.).

Durant le délai de départ volontaire, l'étranger peut être contraint de résider dans le lieu qui lui est désigné par l'autorité administrative (art. L. 721-6), être astreint à se présenter à l'autorité administrative ou aux services de police ou aux unités de gendarmerie pour y indiquer ses diligences dans la préparation de son départ (art. L. 721-7). Enfin, l'autorité administrative peut prescrire à l'étranger auquel un délai de départ a été accordé la remise de son passeport ou de tout document justificatif de son identité, dans les conditions prévues à l'art. L. 814-1 (art. L. 721-8).

Ce n'est que dans l'hypothèse où ce délai n'est pas respecté que l'OQTF peut faire l'objet d'une exécution d'office (V. *infra*, art. L. 722-1) et, le cas échéant, d'une mesure de rétention administrative. L'exécution d'office n'est toutefois possible que dans la mesure où la décision initiale a été correctement notifiée et suppose par ailleurs que l'autorité administrative n'ait pas pris une mesure de régularisation de l'étranger concerné, laquelle constituerait nécessairement une abrogation implicite de la mesure d'éloignement.

Reste que l'autorité administrative dispose de la possibilité d'ordonner la mise à exécution immédiate de l'OQTF dans trois hypothèses, transposant les dispositions de l'article 7, § 4, de la directive « Retour » 2008/115/CE du Parlement européen et du Conseil du 16 décembre 2008 relative aux normes et procédures applicables dans les États membres au retour des ressortissants de pays tiers en séjour irrégulier :

– si la personne concernée constitue un danger pour l'ordre public (art. L. 612-2, 1°) ;

– si la demande de titre de séjour est entachée de fraude ou non fondée (art. L. 612-2, 2°) ;

– s'il existe un risque de fuite (art. L. 612-2, 3°).

Aux termes de l'article 3.7), de la directive, le risque de fuite se définit comme suit : « le fait qu'il existe des raisons dans un cas particulier et sur la base de critères objectifs définis par la loi de penser qu'un ressortissant d'un pays tiers faisant l'objet des procédures de retour peut prendre la fuite ». L'article L. 612-3 énumère ainsi huit hypothèses de risque de fuite :

– l'étranger, entré irrégulièrement, n'a pas sollicité de titre de séjour ;

– l'étranger s'est maintenu irrégulièrement sur le territoire français au-delà de la durée de validité de son visa ou, s'il n'est pas soumis à l'obligation du visa, à l'expiration d'un délai de trois mois à compter de son entrée en France, sans avoir sollicité la délivrance d'un titre de séjour ;

– l'étranger s'est maintenu sur le territoire français plus d'un mois après l'expiration de son titre de séjour, du document provisoire délivré à l'occasion d'une demande de titre de séjour ou de son autorisation provisoire de séjour, sans en avoir demandé le renouvellement ;

– l'étranger s'est soustrait à une mesure d'éloignement antérieure ;

– l'étranger a contrefait ou falsifié un titre de séjour ou un document d'identité ou de voyage ou fait usage d'un tel titre ;

– l'étranger ne présente pas de garanties de représentation suffisantes, notamment parce qu'il ne peut présenter des documents d'identité ou de voyage en cours de validité, qu'il a refusé de communiquer les renseignements permettant d'établir son identité ou sa situation au regard du droit de circulation et de séjour ou a communiqué des renseignements inexacts, qu'il a refusé de se soumettre aux opérations de relevé d'empreintes digitales ou de prise de photographie, qu'il s'est précédemment soustrait aux obligations prévues aux articles L. 721-6 à L. 721-8, L. 731-1, L. 731-3, L. 733-1 à L. 733-4, L. 733-6, L. 743-13 à L. 743-15 et L. 751-5, ou qu'il ne justifie pas d'une résidence effective et permanente dans un local affecté à son habitation principale ; à cet égard, il s'agit de pouvoir s'assurer que la personne habite un local assurant par lui-même l'effectivité et la permanence de sa résidence. D'après l'étude d'impact, ne répondrait pas au critère de localisation un lieu qui ne permettrait pas une habitation effective assurant une certaine pérennité, comme l'indication d'une boîte postale ou d'un habitat de fortune ; la notion de « local affecté à l'habitation principale », excluant les habitats précaires, correspond à une habitation assurant une possibilité de localisation de l'étranger devant être éloigné, et caractérise ainsi de manière plus précise l'existence de garanties de représentation ;

– l'étranger, entré irrégulièrement sur le territoire de l'un des États avec lesquels s'applique l'acquis de Schengen, fait l'objet d'une décision d'éloignement exécutoire prise par l'un de ces États ou s'est maintenu sur le territoire d'un de ces États sans justifier d'un droit de séjour ;

– l'étranger a explicitement déclaré son intention de ne pas se conformer à son obligation de quitter le territoire français.

On constate ainsi que cette énumération reprend très largement les cas d'ouverture de l'OQTF au point que l'exécution immédiate de l'OQTF, présentée comme une mesure dérogatoire (ce qui justifie d'ailleurs sa motivation explicite), pourrait faire l'objet d'une très large application. Reste que l'exposé des motifs précisait que ces cas objectifs n'impliquent pas d'automatisme, mais posent une présomption de nature à orienter la tâche de l'autorité administrative et de son juge. Le Conseil constitutionnel a par ailleurs précisé qu'en estimant, dans les cas énoncés par l'article L. 612-3, qu'il existe, sauf circonstance particulière, des risques que l'étranger se soustraie à l'obligation qui lui est faite de quitter le territoire, le législateur a retenu des critères objectifs qui ne sont pas manifestement incompatibles avec la directive que la loi a pour objet de transposer (Cons. const. 9 juin 2011, n° 2011-631 DC § 48). Mais la Commission européenne avait considéré que cette rédaction n'était pas conforme à l'article 3, 7), de la directive « Retour » dès lors que, si les critères étaient exhaustifs, ils ne pouvaient être conçus comme étant impératifs. L'autorité compétente ne pouvait, selon la Commission, être liée dans son appréciation par la réalisation objective d'un ou plusieurs critères (Étude d'impact du 20 févr. 2018 annexée au projet de loi du 7 mars 2016, § 3.4.1.2). La loi du 7 mars 2016 affirme ainsi clairement le pouvoir d'appréciation de l'autorité administrative (et, le cas échéant, du juge) dès lors que le risque de fuite « peut être » regardé comme établi, sauf circonstances particulières, dans les cas énumérés.

Comme le notait le Conseil d'État dans son avis sur le projet de loi pour contrôler l'immigration et améliorer l'intégration, « la pratique administrative consiste à supprimer le délai de départ volontaire dans tous les cas où cette suppression est légalement possible, même si les moyens disponibles ne permettent pas d'envisager une exécution forcée. En raison de cette pratique, les OQTF sans délai de départ volontaire représentent plus de la moitié des OQTF. Elles sont cependant rarement suivies d'une mesure de contrainte et d'un éloignement effectif » (CE, avis, 26 janv. 2023, n° 406543).

Aux termes de l'article R. 613-5, l'étranger qui bénéficie d'un délai pour quitter le territoire est informé que l'autorité administrative compétente peut, au cours de ce délai, décider de l'obliger à quitter sans délai le territoire français dans les cas prévus ci-dessus.

La suppression du délai de départ entraîne des conséquences importantes puisque, d'une part, elle ouvre droit à l'intervention d'une mesure d'assignation à résidence ou de rétention administrative et, d'autre part, réduit sensiblement le délai de recours (ramené à quarante-huit heures). ❑

Art. L. 612-1 L'étranger faisant l'objet d'une décision portant obligation de quitter le territoire français dispose d'un délai de départ volontaire de trente jours à compter de la notification de cette décision.

L'autorité administrative peut accorder, à titre exceptionnel, un délai de départ volontaire supérieur à trente jours s'il apparaît nécessaire de tenir compte de circonstances propres à chaque cas.

Elle peut prolonger le délai accordé pour une durée appropriée s'il apparaît nécessaire de tenir compte de circonstances propres à chaque cas. L'étranger est informé par écrit de cette prolongation. – *[Anc. art. L. 511-1, II, al. 1er et 2.]*

1. La circonstance que le préfet a refusé de régulariser la situation de l'intéressée après le rejet de la demande d'admission au séjour n'a pu proroger le délai de 30 jours imparti à l'intéressée pour quitter le territoire, qui se compute à partir de la décision initiale de rejet. • CE 20 janv. 1999, *Préfet d'Ille-et-Vilaine c/ Mlle Zoueva,* n° 188261.

2. Computation du délai de 30 jours. Le délai de 30 jours visé au présent art. court à compter de la notification de la décision relative au séjour et non de l'invitation à quitter le territoire français, laquelle n'a aucune valeur juridique. • CE 25 oct. 2000, *Id Lahcen,* n° 214919 B • CE, avis, 27 oct. 2022, n° 462766 B : *AJDA 2022. 2089*. ♦ Il ne s'agit pas d'un délai franc et il n'y a pas lieu de tenir compte des éventuels samedis, dimanches et jours fériés. • CE 29 janv. 2003, *M. Aslan,* n° 241574 B. ♦ La mesure d'éloignement ne peut être mise à exécution moins de 30 jours après la notification. • CE 30 sept. 2002, *Préfet de la Haute-Garonne c/ Sraidi,* n° 237199. ♦ Le délai de 30 jours est suffisamment motivé, en l'absence de toute demande de délai supplémentaire de la part de l'étranger, dès lors que la décision l'obligeant à quitter le territoire français est elle-même suffisamment motivée. • CAA Douai, 16 mai 2012, n° 11DA01670.

3. En l'absence de toute mention relative au délai de départ volontaire dans l'arrêté portant OQTF, ou de toute décision expresse ayant cet objet, l'étranger dispose du délai de 30 jours pour exécuter l'OQTF ; par conséquent, les conclusions dirigées contre une prétendue décision qui lui refuserait l'octroi d'un délai de départ volontaire, faute d'avoir été mentionné, sont dépourvues d'objet et, pour ce motif, irrecevables. • CAA Paris, 22 mars 2013, n° 12PA03710. ♦ La décision statuant sur l'octroi éventuel d'un délai de départ volontaire à l'étranger qui fait l'objet d'une OQTF est l'accessoire de la décision d'éloignement dont elle constitue une simple mesure d'exécution ; par suite, la décision par laquelle le préfet accorde à l'étranger un délai de 30 jours pour exécuter spontanément l'OQTF qui lui est faite ne saurait, eu égard à son objet et ses effets, être regardée comme ayant le caractère d'une décision défavorable, que dans l'hypothèse où l'étranger avait saisi le préfet d'une demande tendant à ce que lui soit accordé un délai de départ volontaire supérieur à 30 jours ou fait état de circonstances tenant à sa situation personnelle de nature à justifier que lui soit accordé un tel délai, à titre exceptionnel. • CAA Lyon, 23 avr. 2013, *M. Melikyan,* n° 13LY00336 : *AJDA 2013. 1720*.

4. Détention. Lorsque l'étranger est incarcéré au moment de la notification du refus de titre de séjour, le délai de 30 jours ne court qu'à compter de la libération de l'intéressé. • CE 12 déc. 2003, *Préfet de police c/ M. Khelfaoui,* n° 252383 B.

5. En accordant à un Algérien un délai de départ volontaire de 30 jours alors qu'il se trouvait incarcéré pour une durée restant à courir de 3 années environ, le préfet a fait une appréciation manifestement erronée de la situation personnelle de l'intéressé ; la décision accordant un délai de départ de 30 jours est donc annulée. • CAA Douai, 19 juin 2014, n° 13DA01605.

Art. L. 612-2 **Par dérogation à l'article L. 612-1, l'autorité administrative peut refuser d'accorder un délai de départ volontaire dans les cas suivants :**

1° Le comportement de l'étranger constitue une menace pour l'ordre public ;

2° L'étranger s'est vu refuser la délivrance ou le renouvellement de son titre de séjour, du document provisoire délivré à l'occasion d'une demande de titre de séjour ou de son autorisation provisoire de séjour au motif que sa demande était manifestement infondée ou frauduleuse ;

3° Il existe un risque que l'étranger se soustraie à la décision portant obligation de quitter le territoire français dont il fait l'objet. – *[Anc. art. L. 511-1, II, al. 3 (sauf ecqc l'obligation de motivation), al. 4, 5, 6 (1re phr.).]*

1. Décision refusant d'accorder un délai de départ volontaire. Aux termes du 4° de l'art. 7, relatif au départ volontaire, de la Dir. 2008/115/CE du Parlement européen et du Conseil du 16 déc. 2008 relative aux normes et procédures communes applicables dans les États membres au retour des ressortissants de pays tiers en séjour irrégulier : « S'il existe un risque de fuite, ou si une demande de séjour régulier a été rejetée comme étant manifestement non fondée ou frauduleuse, ou si la personne concernée constitue un danger pour l'ordre public, la sécurité publique ou la sécurité nationale, les États membres peuvent s'abstenir d'accorder un délai de départ volontaire ou peuvent accorder un délai inférieur à sept jours » ; la même directive prévoit, au 7) de son art. 3, qu'il faut entendre par risque de fuite « le fait qu'il existe des raisons, dans un cas particulier et sur la base de critères objectifs définis par la loi, de penser qu'un ressortissant d'un pays tiers faisant l'objet de procédures de retour peut prendre la fuite » ; les dispositions du § II [de l'anc. art. L. 511-1, devenu art. L. 611-2] ne sont pas incompatibles avec celles susmentionnées de la Dir. 2008/115/CE. • CAA Paris, 12 janv. 2012, *Mlle Touré*, n° 11PA03573 : *AJDA 2012. 1164, note Roussel*.

2. Fuite. La notion de fuite au sens du Règl. du 18 févr. 2003 doit s'entendre comme visant le cas où un ressortissant étranger non admis au séjour se serait soustrait de façon intentionnelle et systématique au contrôle de l'autorité administrative en vue de faire obstacle à une mesure d'éloignement le concernant. • CE 20 août 2013, *M. B. et Mme A.*, n° 371155 : *AJDA 2014. 660*. ♦ La CJUE a considéré que le simple défaut d'un document d'identité ne peut s'assimiler, à lui seul, à un manque de coopération au sens de l'art. 15 § 6 de la directive « Retour » (2008/115/CE) justifiant une prolongation de la rétention. • CJUE 5 juin 2014, *Mahdi*, n° C-146/14. ♦ Est justifiée une décision refusant d'accorder un délai de départ volontaire en raison d'un risque de fuite l'étrangère ne pouvant justifier être entrée régulièrement sur le territoire français, n'ayant pas sollicité la délivrance d'un titre de séjour, s'étant soustraite à une précédente mesure d'éloignement édictée à son encontre, ayant déclaré lors d'une enquête de police qu'elle a utilisé un passeport sous un faux nom et n'a pas pu présenter de document d'identité ni justifier d'une adresse. • Même arrêt. ♦ Les conditions dans lesquelles le présent art. a défini la notion de risque de fuite sont compatibles avec la Dir. 2008/115/CE. • CAA Paris, 20 janv. 2012, *Préfet de police c/ M. Silva Da Costa*, n° 11PA04240 : *AJDA 2012. 1161, note Roussel*. ♦ Même solution pour l'étranger n'étant pas en mesure de prouver qu'il ne s'était pas soustrait à l'exécution d'une précédente mesure d'éloignement, le risque de fuite étant considéré comme établi. • CAA Nantes, 26 avr. 2012, *Dzemaili*, n° 11NT02660.

3. Le juge vérifie que l'intéressé se trouvait dans les cas prévus au présent art. permettant de regarder comme établi, sauf circonstance particulière, le risque qu'il se soustraie à l'obligation qui lui avait été faite de quitter le territoire français ; l'appréciation de l'existence d'une telle circonstance particulière est soumise au contrôle de l'erreur manifeste d'appréciation du juge administratif. • CAA Paris, 20 janv. 2012, *Préfet de police c/ M. Silva Da Costa*, n° 11PA04240 : *préc. note 2* • CAA Bordeaux, 19 févr. 2013, *M. Z.*, n° 12BX01443 : *AJDA 2013. 1258*. ♦ Si l'étranger concerné a fait l'objet d'une précédente mesure d'éloignement, il doit apporter la preuve qu'il ne s'y est pas soustrait ; à défaut, le risque de fuite est considéré comme établi. • CAA Nantes, 26 avr. 2012, *Dzemaili*, n° 11NT02660. ♦ La notion de « fuite » doit s'entendre comme visant le cas où un ressortissant étranger se serait soustrait de façon intentionnelle et systématique au contrôle de l'autorité administrative en vue de faire obstacle à une mesure d'éloignement le concernant, dans le cas notamment où il se soustrait intentionnellement à l'exécution d'un transfert organisé. Tel est le cas notamment s'il se soustrait intentionnellement à l'exécution d'un transfert organisé en refusant un test PCR obligatoire pour l'entrée effective sur le territoire de l'État membre responsable, dès lors qu'il avait connaissance des conséquences d'un refus de sa part et qu'il ne fait état d'aucune raison médicale particulière justifiant une absence de consentement à la réalisation du test. • CE 10 avr. 2021, nos 450928 et 450931.

4. L'étranger qui ne s'est pas soumis à une simple invitation non coercitive à quitter le territoire dont était assortie la décision lui refusant un titre de séjour ne peut être considéré comme s'étant soustrait à l'exécution d'une précédente mesure d'éloignement ; il ne peut ainsi faire l'objet d'une OQTF « sans délai ». • CAA Paris 9 oct. 2014, n° 14PA01159.

5. Exécution tardive. Si le retard mis à l'exécution d'une OQTF n'est pas dû à l'intéressé qui a manifesté sa volonté de ne pas s'y soustraire, notamment en indiquant ses changements d'adresse successifs, un nouvel examen de la situation de l'intéressé est nécessaire avant toute mise à exécution. • TA Rennes, 22 mai 2008, *Chen*, n° 081889.

Art. L. 612-3 Le risque mentionné au 3° de l'article L. 612-2 peut être regardé comme établi, sauf circonstance particulière, dans les cas suivants :

1° L'étranger, qui ne peut justifier être entré régulièrement sur le territoire français, n'a pas sollicité la délivrance d'un titre de séjour ;

2° L'étranger s'est maintenu sur le territoire français au-delà de la durée de validité de son visa ou, s'il n'est pas soumis à l'obligation du visa, à l'expiration d'un délai de trois mois à compter de son entrée en France, sans avoir sollicité la délivrance d'un titre de séjour ;

3° L'étranger s'est maintenu sur le territoire français plus d'un mois après l'expiration de son titre de séjour, du document provisoire délivré à l'occasion d'une demande de titre de séjour ou de son autorisation provisoire de séjour, sans en avoir demandé le renouvellement ;

4° L'étranger a explicitement déclaré son intention de ne pas se conformer à son obligation de quitter le territoire français ;

5° L'étranger s'est soustrait à l'exécution d'une précédente mesure d'éloignement ;

6° L'étranger, entré irrégulièrement sur le territoire de l'un des États avec lesquels s'applique l'acquis de Schengen, fait l'objet d'une décision d'éloignement exécutoire prise par l'un des États ou s'est maintenu sur le territoire d'un de ces États sans justifier d'un droit de séjour ;

7° L'étranger a contrefait, falsifié ou établi sous un autre nom que le sien un titre de séjour ou un document d'identité ou de voyage ou a fait usage d'un tel titre ou document ;

8° L'étranger ne présente pas de garanties de représentation suffisantes, notamment parce qu'il ne peut présenter des documents d'identité ou de voyage en cours de validité, qu'il a refusé de communiquer les renseignements permettant d'établir son identité ou sa situation au regard du droit de circulation et de séjour ou a communiqué des renseignements inexacts, qu'il a refusé de se soumettre aux opérations de relevé d'empreintes digitales ou de prise de photographie prévues au 3° de l'article L. 142-1, qu'il ne justifie pas d'une résidence effective et permanente dans un local affecté à son habitation principale ou qu'il s'est précédemment soustrait aux obligations prévues aux articles L. 721-6 à L. 721-8, L. 731-1, L. 731-3, L. 733-1 à L. 733-4, L. 733-6, L. 743-13 à L. 743-15 et L. 751-5. – *[Anc. art. L. 511-1, II, al. 6 (sauf la 1re phr.) à 14.]*

Art. L. 612-4 L'étranger en provenance directe du territoire d'un des États parties à la convention signée à Schengen le 19 juin 1990 peut se voir appliquer les 1° et 2° de l'article L. 612-3 lorsqu'il ne peut justifier être entré ou s'être maintenu sur le territoire métropolitain en se conformant aux stipulations des paragraphes 1 et 2 de l'article 19, du paragraphe 1 de l'article 20 et des paragraphes 1 et 2 de l'article 21 de cette même convention. – *[Anc. art. L. 511-2, 2° (ecqc l'application du a) du 3° du II de l'art. L. 511-1) ; anc. art. L. 511-3 (ecqc le renvoi au b) du 3° du II de l'art. L. 511-1).]*

Art. L. 612-5 L'autorité administrative peut mettre fin au délai de départ volontaire accordé en application de l'article L. 612-1 si un motif de refus de ce délai apparaît postérieurement à la notification de la décision relative à ce délai. – *[Anc. art. L. 511-1, II, al. 15.]*

SECTION 2 Interdiction de retour sur le territoire français

COMMENTAIRE

Il existait traditionnellement une différence de nature entre l'obligation de quitter le territoire français (et l'ancienne reconduite à la frontière) et les mesures d'expulsion s'agissant des effets respectifs de ces deux séries d'actes. En effet, l'OQTF constitue en principe une mesure à effet instantané, c'est-à-dire qu'elle produit tous ses effets lors de sa mise à exécution alors que la mesure d'expulsion interdit le retour en France de l'étranger qui en est l'objet.

Cette différence est désormais sensiblement atténuée dès lors que la présente section prévoit la possibilité pour l'autorité administrative d'assortir une OQTF d'une mesure motivée d'interdiction de retour, par transposition de l'article 11 de la directive « Retour ». Cette mesure entraîne en réalité l'impossibilité pour l'étranger concerné de se présenter sur n'importe quel point de l'espace Schengen puisqu'elle s'accompagne nécessairement du signalement de celui-ci aux fins de non-admission dans le système d'information Schengen (SIS). Les modalités de suppression du signalement d'un étranger effectué au titre d'une décision d'interdiction de retour sont celles qui s'appliquent, en vertu de l'article 7 du décret n° 2010-569 du 28 mai 2010, aux cas d'extinction du motif d'inscription au fichier des personnes recherchées.

L'interdiction de retour apparaît ici comme une « sanction » complémentaire destinée à amplifier les effets de l'OQTF ; à noter toutefois que le Conseil constitutionnel a bien précisé que l'interdiction de retour constitue une mesure de police et non une sanction ayant le caractère d'une punition au sens de l'article 8 de la Déclaration des droits de l'homme et du citoyen de 1789 (Cons. const. 9 juin 2011, n° 2011-631 DC § 52). On relèvera qu'il avait adopté la position inverse dans sa décision n° 93-325 DC du 13 août 1993, dans laquelle il avait censuré la disposition selon laquelle la reconduite à la frontière emportait de plein droit interdiction du territoire français pendant un an ; cette automaticité avait en effet été considérée comme incompatible avec le caractère de sanction de la mesure.

Le prononcé d'une interdiction de retour pourra intervenir dans trois séries d'hypothèses :

– l'interdiction de retour est prononcée « d'office » lorsque aucun délai de départ volontaire n'est accordé (art. L. 612-6). Elle peut être prononcée pour une durée maximale de trois ans à compter de l'exécution de l'OQTF ;

– lorsque l'étranger, ne faisant pas l'objet d'une interdiction de retour, s'est maintenu irrégulièrement sur le territoire au-delà du délai de départ volontaire, l'autorité administrative prononce une interdiction de retour pour une durée maximale de deux ans à compter de l'exécution de l'OQTF (art. L. 612-7). Des circonstances humanitaires peuvent toutefois justifier que l'autorité administrative ne prononce pas d'interdiction de retour.

Dans ces deux premières hypothèses, l'interdiction de retour présente une certaine automaticité, d'ailleurs renforcée par la loi n° 2018-778 du 10 septembre 2018 pour une immigration maîtrisée, un droit d'asile effectif et une intégration réussie. Toutefois, conformément aux dispositions de la directive « Retour », l'interdiction de retour ne peut avoir de caractère systématique ; c'est la raison pour laquelle le législateur a prévu que des circonstances humanitaires peuvent justifier qu'une telle interdiction ne soit pas prononcée.

– dans les autres hypothèses, l'administration retrouve un large pouvoir discrétionnaire pour prononcer une interdiction de retour, pour une durée cette fois de deux ans ; ce sera notamment le cas s'agissant de l'étranger ne faisant pas l'objet d'une interdiction de retour qui s'est maintenu sur le territoire au-delà du délai de départ volontaire (art. L. 612-8).

Le législateur avait retenu comme point de départ de la mesure d'interdiction de retour, la date de notification de l'OQTF à l'étranger ; toutefois, la CJUE (26 juill. 2017, *Ouhrami*, n° C-225/16) a jugé que « la durée de l'interdiction d'entrée prévue à cette disposition, qui ne dépasse pas cinq ans en principe, doit être calculée à partir de la date à laquelle l'intéressé a effectivement quitté le territoire des États membres ». La loi n° 2018-778 du 10 septembre 2018 pour une immigration maîtrisée, un droit d'asile effectif et une intégration réussie prend ainsi acte de cette décision en indiquant que c'est bien l'exécution de l'OQTF qui constitue le point de départ de la mesure d'interdiction de retour (V. art. R. 613-6).

Si l'étranger a bravé l'interdiction de retour (maintien sur le territoire ou retour en France malgré l'interdiction), celle-ci pourra être prolongée pour une durée supplémentaire de deux années au plus (art. L. 612-11).

Le législateur a pris soin de préciser que le prononcé et la durée de l'interdiction de retour sont décidés par l'autorité administrative en tenant compte de la durée de présence de l'étranger sur le territoire français, de la nature et de l'ancienneté de ses liens avec la France, de la circonstance qu'il a déjà fait l'objet ou non d'une mesure d'éloignement et de la menace pour l'ordre public que représente sa présence sur le territoire français (art. L. 612-10).

Sauf menace grave pour l'ordre public, la durée totale de l'interdiction de retour ne peut excéder cinq ans, compte tenu des prolongations éventuellement décidées (art. L. 612-11, dernier al.).

A noter que ne pourront faire l'objet d'une interdiction de retour les personnes ayant bénéficié d'un titre de séjour délivré par les autorités françaises sur le fondement de l'art. L. 425-1 (étrangers ayant déposé plainte pour traite des êtres humains) ou par un autre État membre pour les mêmes motifs, et qui a été retiré ou n'a pas été renouvelé (sauf menace pour l'ordre public ou défaut d'exécution d'une précédente OQTF). ❑

1. Nature. Ainsi que l'a précisé le Conseil constitutionnel dans sa Décis. n° 2011-631 DC du 9 juin 2011, l'interdiction de retour dont l'OQTF peut être assortie constitue une mesure de police et non une sanction ; l'autorité administrative est donc compétente pour prononcer une telle mesure. Par suite, les moyens tirés de la méconnaissance par l'administration de l'interprétation faite par le Conseil constitutionnel des dispositions législatives précitées, de l'atteinte au principe de la séparation des pouvoirs et de la compétence exclusive du juge judiciaire pour prononcer cette mesure doivent être écartés. • CAA Paris, 12 janv. 2012, *Mlle Touré*, n° 11PA03573 : *préc. note 1 ss. art. L. 612-2.*

2. Délai de recours. Il résulte des art. R. 421-5, R. 776-3 et R. 776-5, II CJA que « l'étranger à l'encontre duquel a été prise une interdiction de retour sur le territoire français en application du paragraphe III, sixième alinéa du présent article, ne peut en demander l'annulation que dans un délai de quinze jours. Compte tenu des travaux préparatoires de la L. n° 2016-274 du 7 mars 2016 qui l'a institué, ce bref délai doit être regardé comme n'ayant pas le caractère d'un délai franc. Ce délai n'est par ailleurs susceptible d'aucune prorogation, "y compris par une demande d'aide juridictionnelle" ». • CE 16 août 2018, *Assoc. Avocats pour la défense des droits des étrangers*, n° 406424. ♦ Dès lors que le juge constate le caractère erroné des mentions relatives aux délais et voies de recours, le préfet ne peut être regardé comme ayant rempli son obligation de s'assurer de l'effectivité de la garantie prévue à l'art. R. 776-5 CJA. Par suite, le délai mentionné dans cette notification, qui est entachée d'irrégularité, n'est pas opposable au requérant. • TA Toulon, 10 août 2020, n° 2000644 : *AJDA 2021. 125*.

3. Procédure contentieuse. Il résulte des art. L. 612-6, L. 612-7, L. 612-8, L. 612-11, L. 614-1, L. 614-4 et L. 614-5 CESEDA et des art. R. 776-3 et R. 776-13-1 à R. 776-13-3 CJA que « la procédure contentieuse applicable à la contestation d'une décision d'interdiction de retour sur le territoire français relève du régime applicable à la contestation de la décision portant OQTF qu'elle accompagne ou, lorsque la décision d'interdiction de retour est prise postérieurement à celle-ci, et en l'absence d'assignation à résidence ou de placement en rétention, de la procédure prévue par l'art. L. 614-5 » CESEDA ; il résulte en outre de l'économie générale de ces dispositions que la procédure prévue par l'art. L. 614-5 est également applicable, en l'absence d'assignation à résidence ou de placement en rétention, à la contestation des décisions prolongeant les interdictions de retour, prises en application de l'art. L. 612-11 CESEDA. • CE, avis, 9 juin 2022, n° 462143 B : *AJDA 2022. 1189 ; Rev. crit. DIP 2023. 351, chron. Fleury-Graff et Giauffrey*.

4. Prise d'effet. Une interdiction du territoire prise à l'encontre d'un ressortissant d'un État tiers en situation irrégulière ne prend effet qu'à compter du moment où l'intéressé a effectivement quitté le territoire de l'UE. • CJUE 26 juill. 2017, *Ouhrami*, n° C-225/16 : *AJDA 2017. 2308, chron. Bonneville, Broussy, Cassagnabère et Gänser* • CAA Lyon, 21 févr. 2019, n° 18LY03873.

5. Jusqu'au moment de l'exécution volontaire ou forcée de l'obligation de retour et, par conséquent, du retour effectif de l'intéressé dans son pays d'origine, un pays de transit ou un autre pays tiers, au sens de l'art. 3, 3), de la Dir. 2008/115/CE du 16 déc. 2008, le séjour irrégulier de l'intéressé est régi par la décision de retour et non pas par l'interdiction d'entrée, laquelle ne produit ses effets qu'à partir de ce moment, en interdisant à l'intéressé, pendant une certaine période après son retour, d'entrer et de séjourner de nouveau sur le territoire des États membres. Dès lors, est illégale une mesure de rétention fondée sur la seule interdiction de retour et ce alors que l'OQTF n'a pas été exécutée. • Civ. 1re, 17 nov. 2021, n° 20-17.139 : *D. 2021. 2091 ; ibid. 2022. 244, chron. Boskovic, Corneloup, Jault-Seseke, Joubert et Parrot ; AJDA 2021. 2302*. ♦ Saisi d'une requête concernant la prolongation de la rétention, le juge doit la rejeter s'il apparait que cette mesure n'a pour fondement qu'une interdiction de retour alors que l'OQTF qui en constitue le soutien n'a pas été exécutée et que son exécution d'office ne peut plus être mise en œuvre. • Civ. 1re, 8 mars 2023, n° 21-24.895 : *DP étrangers, Bull. n° 331, avr. 2023, note Pouly.*

6. Il résulte de la combinaison des art. L. 612-8 et L. 612-11 « que lorsqu'un étranger a fait l'objet d'une OQTF assortie d'une interdiction de retour qui n'a pas été exécutée, l'autorité administrative peut, sur le fondement de l'art. L. 612-11, sans que ne soit intervenue une nouvelle OQTF, prolonger la durée de cette interdiction dans la limite maximale de cinq ans, limite ne pouvant être dépassée qu'en cas de menace grave pour l'ordre public ». « Si l'autorité administrative prend une nouvelle décision obligeant l'intéressé à quitter le territoire français et décide, à l'issue du réexamen de sa situation, d'assortir à nouveau cette obligation d'une mesure d'interdiction de retour, elle doit être regardée comme ayant prononcé une nouvelle interdiction de retour, en lieu et place des précédentes décisions ayant le même objet, qui sont ainsi implicitement mais nécessairement abrogées. » • CE, avis, 25 avr. 2024, n° 491312 : *AJDA 2024. 933 ; DP étrangers, Bull. n° 343, mai 2024, note Pouly.*

Art. L. 612-6 **Lorsqu'aucun délai de départ volontaire n'a été accordé à l'étranger, l'autorité administrative assortit la décision portant obligation de quitter le territoire français d'une interdiction de retour sur le territoire français. Des circonstances humanitaires peuvent toutefois justifier que l'autorité administrative n'édicte pas d'interdiction de retour.**

Les effets de cette interdiction cessent à l'expiration d'une durée, fixée par l'autorité administrative, qui ne peut excéder *(L. n° 2024-42 du 26 janv. 2024, art. 60)* **« cinq** *[ancienne rédaction : trois]* **» ans à compter de l'exécution de l'obligation de quitter le territoire français** *(L. n° 2024-42 du 26 janv. 2024, art. 60)* **« , et dix ans en cas de menace grave pour l'ordre public ».** — *[Anc. art. L. 511-1, III, al. 1er (sauf ecqc l'obligation de motivation) et 2.]*

COMMENTAIRE

Introduites par le Sénat lors du débat sur la loi n° 2024-42 du 26 janvier 2024, les modifications apportées à l'article L. 612-6 prévoient de porter à dix ans la durée maximale de l'interdiction de retour dont est assortie une OQTF lorsque aucun délai de départ volontaire n'a été accordé, dans l'hypothèse où le comportement de l'étranger constitue une menace grave pour l'ordre public. Il s'agit de la transposition des dispositions de l'article 11 de la directive dite « Retour » 2008/115/CE du 16 déc. 2008, qui prévoit la possibilité de déroger à la durée maximale d'interdiction de retour de cinq ans « si le ressortissant d'un pays tiers constitue une menace grave pour l'ordre public, la sécurité publique ou la sécurité nationale ». ❑

Depuis l'entrée en vigueur des dispositions issues de la L. n° 2016-274 du 7 mars 2016, l'interdiction du territoire intervient d'office en cas d'OQTF sans délai ; seule la durée de l'interdiction de retour doit être appréciée au regard des quatre critères énumérés à l'art. L. 612-10. • CAA Paris, 18 janv. 2018, *Préfet de police,* n° 17PA00631 : *AJDA 2018. 1135*.

Art. L. 612-7 **Lorsque l'étranger s'est maintenu irrégulièrement sur le territoire au-delà du délai de départ volontaire, l'autorité administrative édicte une interdiction de retour. Des circonstances humanitaires peuvent toutefois justifier que l'autorité administrative n'édicte pas d'interdiction de retour.**

Les effets de cette interdiction cessent à l'expiration d'une durée, fixée par l'autorité administrative, qui ne peut excéder *(L. n° 2024-42 du 26 janv. 2024, art. 60)* **« cinq** *[ancienne rédaction : deux]* **» ans à compter de l'exécution de l'obligation de quitter le territoire français.** – *[Anc. art. L. 511-1, III, al. 6.]*

Art. L. 612-8 **Lorsque l'étranger n'est pas dans une situation mentionnée aux articles L. 612-6 et L. 612-7, l'autorité administrative peut assortir la décision portant obligation de quitter le territoire français d'une interdiction de retour sur le territoire français.**

Les effets de cette interdiction cessent à l'expiration d'une durée, fixée par l'autorité administrative, qui ne peut excéder *(L. n° 2024-42 du 26 janv. 2024, art. 60)* **« cinq** *[ancienne rédaction : deux]* **» ans à compter de l'exécution de l'obligation de quitter le territoire français.** – *[Anc. art. L. 511-1, III, al. 4 (sauf ecqc l'obligation de motivation).]*

Art. L. 612-9 **Sauf s'il n'a pas satisfait à une précédente décision portant obligation de quitter le territoire français ou si son comportement constitue une menace pour l'ordre public, les articles L. 612-6, L. 612-7 et L. 612-8 ne sont pas applicables à l'étranger obligé de quitter le territoire français au motif que le titre de séjour qui lui avait été délivré en application des articles L. 425-1 ou L. 425-3 n'a pas été renouvelé ou a été retiré ou que, titulaire d'un titre de séjour délivré sur le même fondement dans un autre État membre de l'Union européenne, il n'a pas rejoint le territoire de cet État à l'expiration de son droit de circulation sur le territoire français dans le délai qui lui a, le cas échéant, été imparti.** – *[Anc. art. L. 511-1, III, al. 3.]*

Art. L. 612-10 **Pour fixer la durée des interdictions de retour mentionnées aux articles L. 612-6 et L. 612-7, l'autorité administrative tient compte de la durée de présence de l'étranger sur le territoire français, de la nature et de l'ancienneté de ses liens avec la France, de la circonstance qu'il a déjà fait l'objet ou non d'une mesure d'éloignement et de la menace pour l'ordre public que représente sa présence sur le territoire français.**

Il en est de même pour l'édiction et la durée de l'interdiction de retour mentionnée à l'article L. 612-8 ainsi que pour la prolongation de l'interdiction de retour prévue à l'article L. 612-11. – *[Anc. art. L. 511-1, III, al. 8.]*

BIBL. ► Bobko, Opérance ou inopérance ? Réflexions sur l'office du juge administratif saisi de moyens contre une interdiction de retour sur le territoire français assortissant une obligation de quitter le territoire français sans délai, *AJDA 2022. 1833*.

1. Durée. Une interdiction de retour fixée sans limitation de durée est illégale. • TA Montreuil, 17 nov. 2011, *M. Boukouno,* n° 1107643. ♦ En application des dispositions du présent art., lorsque l'OQTF est assortie d'un délai de départ volontaire, l'autorité administrative ne peut prononcer l'interdiction de retour que pour une durée maximale de 2 ans à compter de sa notification, prenant effet à l'expiration du délai de départ volontaire ; ainsi, l'interdiction de retour en litige pour une durée de 3 ans prenant effet à compter de sa notification ne saurait légalement se fonder sur l'OQTF prononcée. • CAA Douai, 28 sept. 2017, n° 16DA01920 : *AJDA 2017. 2287*.

2. Critères. L'autorité compétente doit, pour décider de prononcer à l'encontre de l'étranger soumis à l'OQTF une interdiction de retour et en fixer la durée, tenir compte, dans le respect des principes constitutionnels, des principes généraux du droit et des règles résultant des engagements internationaux de la France, des 4 critères énumérés au présent art., sans pouvoir se limiter à ne prendre en compte que l'un ou plusieurs d'entre eux. • CE, avis 12 mars 2012, *M. Harounur*, n° 354165 A : *RFDA 2012.602 ; D. 2013. 324, obs. Boskovic, Corneloup, Jault-Seseke, Joubert et Parrot*. ♦ La décision d'interdiction de retour doit comporter l'énoncé des considérations de droit et de fait qui en constituent le fondement, de sorte que son destinataire puisse à sa seule lecture en connaître les motifs. Si cette motivation doit attester de la prise en compte par l'autorité compétente, au vu de la situation de l'intéressé, de l'ensemble des critères prévus par la loi, aucune règle n'impose que le principe et la durée de l'interdiction de retour fassent l'objet de motivations distinctes ni que soit indiquée l'importance accordée à chaque critère. • CE, avis 12 mars 2012, *M. Harounur*, n° 354165 A : *préc.* • CE 17 avr. 2015, *Mme A.*, n° 372195 A : *AJDA 2015. 783*.

3. Plusieurs CAA ont estimé que les critères posés par le présent art. ouvrant droit à la décision d'interdiction de retour sont cumulatifs ; dès lors qu'une telle mesure ne fait pas état de la circonstance que la présence de l'intéressé sur le territoire français constituerait une menace pour l'ordre public, la décision est entachée d'illégalité ; la motivation doit faire apparaître chacun des 4 critères précités. • CAA Douai, 31 mai 2012, *M. Ikoma Banzouzi*, n° 12DA00120 : *AJDA 2012. 1757* • CAA Nancy, 27 sept. 2012, *M. A.*, n° 11NC01927 • 25 oct. 2012, *M. A.*, n° 12NC00517 • CAA Paris, 8 nov. 2012, *M. A.*, n° 12PA02229 • CAA Bordeaux, 20 nov. 2012, *M. U.*, n° 12BX00955 • CAA Marseille, 26 déc. 2012, *M. B.*, n° 11MA04458 • CAA Douai 17 janv. 2013, *M. A.*, n° 12DA00679 • CAA Lyon, 31 janv. 2013, *M. K.*, n° 12LY00942 • CAA Nancy, 12 mai 2015, n° 14NC01199 : *AJDA 2015. 2128*.

4. Cette position n'est pas unanime, plusieurs décisions n'exigeant pas la réunion des 4 critères. • CAA Nancy, 22 mars 2012, *Préfet de Meurthe-et-Moselle c/ M. T.*, n° 11NC01631 • CAA Douai, 5 juill. 2012, *M. D.*, n° 12DA00496 • CAA Lyon, ord., 8 oct. 2012, *Mme S.*, n° 12LY01747 • CAA Paris, 23 oct. 2012, *M. R.*, n° 11PA04429 • CAA Lyon, 27 déc. 2012, *Mme F.*, n° 12LY01315 • CAA Douai, 31 déc. 2012, *M. E.*, n° 12DA00306. ♦ La cour de Versailles a considéré que la motivation de la décision n'avait pas à reprendre les 4 critères, dès lors que ceux-ci ont bien été examinés par l'administration. • CAA Versailles, 12 mars 2013, *Mme L.*, n° 12VE00603 : *AJDA 2013. 1754, concl. Rollet-Perraud*.

5. Il incombe à l'autorité compétente qui prend une décision d'interdiction de retour d'indiquer dans quel cas susceptible de justifier une telle mesure se trouve l'étranger. Elle doit par ailleurs faire état des éléments de la situation de l'intéressé au vu desquels elle a arrêté, dans son principe et dans sa durée, sa décision, eu égard notamment à la durée de la présence de l'étranger sur le territoire français, à la nature et à l'ancienneté de ses liens avec la France et, le cas échéant, aux précédentes mesures d'éloignement dont il a fait l'objet ; si elle estime que figure au nombre des motifs qui justifie sa décision une menace pour l'ordre public, elle doit indiquer les raisons pour lesquelles la présence de l'intéressé sur le territoire français doit, selon elle, être regardée comme une telle menace ; en revanche, si, après prise en compte de ce critère, elle ne retient pas cette circonstance au nombre des motifs de sa décision, elle n'est pas tenue, à peine d'irrégularité, de le préciser expressément. • CE 17 avr. 2015, *Mme A.*, n° 372195 A : *AJDA 2015. 783*.

Art. L. 612-11 L'autorité administrative peut prolonger l'interdiction de retour pour une durée maximale de deux ans dans les cas suivants :

1° L'étranger s'est maintenu irrégulièrement sur le territoire français alors qu'il était obligé de le quitter sans délai ;

2° L'étranger s'est maintenu irrégulièrement sur le territoire français au-delà du délai de départ volontaire qui lui avait été accordé ;

3° L'étranger est revenu sur le territoire français après avoir déféré à l'obligation de quitter le territoire français, alors que l'interdiction de retour poursuivait ses effets.

Compte tenu des prolongations éventuellement décidées, la durée totale de l'interdiction de retour ne peut excéder cinq ans à compter de l'exécution de l'obligation de quitter le territoire français, sauf menace grave pour l'ordre public. – *[Anc. art. L. 511-1, III, al. 7 et 9.]*

SECTION 3 Pays de renvoi

Art. L. 612-12 La décision portant obligation de quitter le territoire français mentionne le pays, fixé en application de l'article L. 721-3, à destination duquel l'étranger est renvoyé en cas d'exécution d'office. – *[Anc. art. L. 511-1, I, al. 11 (3e phr.).]*

COMMENTAIRE

L'article L. 612-12 prévoit que l'OQTF fixe le pays à destination duquel l'étranger sera renvoyé au cas d'exécution d'office (sur l'exécution d'office de l'OQTF, V. *infra* notes ss. art. L. 721-3). La fixation du pays de destination a été précisée par la loi du 7 mars 2016 ; en effet, l'étude d'impact du projet de loi (Étude d'impact, § 3.3.2.1) avait relevé que la Commission européenne considère qu'une décision de retour devait conduire la personne en cause à quitter le territoire non seulement de l'État membre, mais aussi celui de l'Union ou des États de l'espace Schengen (Islande, Norvège, Lichtenstein, Suisse). La seule exception concerne l'étranger parent d'un enfant mineur ayant la nationalité d'un État membre de l'Union ou de l'espace Schengen et dont il assure seul la garde effective. Dans ce cas, il ne peut être tenu de rejoindre « qu'un pays membre de l'Union européenne ou avec lequel s'applique l'acquis de Schengen ». ❑

CHAPITRE III **PROCÉDURE ADMINISTRATIVE**

SECTION 1 **Édiction des décisions**

Art. L. 613-1 La décision portant obligation de quitter le territoire français est motivée. *(L. nº 2024-42 du 26 janv. 2024, art. 37)* **« Elle est édictée après vérification du droit au séjour, en tenant notamment compte de la durée de présence de l'étranger sur le territoire français, de la nature et de l'ancienneté de ses liens avec la France et des considérations humanitaires pouvant justifier un tel droit. »**

Dans le cas prévu au 3° de l'article L. 611-1, la décision portant obligation de quitter le territoire français n'a pas à faire l'objet d'une motivation distincte de celle de la décision relative au séjour. Toutefois, les motifs des décisions relatives au délai de départ volontaire et à l'interdiction de retour édictées le cas échéant sont indiqués. – *[Anc. art. L. 511-1, I, al. 10.]*

COMMENTAIRE

La loi nº 2024-42 du 26 janvier 2024 a profondément modifié l'article L. 611-3 du présent code en supprimant la protection contre les OQTF pour la plupart des catégories d'étrangers qui y étaient mentionnés puisque ne subsistent que les mineurs. C'est donc à la sagesse de l'administration et surtout peut-être du juge que s'en remet ici le législateur puisque la motivation de l'OQTF devra tenir compte de la durée de présence de l'étranger sur le territoire français, de la nature et de l'ancienneté de ses liens avec la France et de considérations humanitaires.

La circulaire du 5 février 2024 (Expulsion et éloignement des étrangers délinquants, NOR : IOMV2402713J) invite ainsi les préfectures à procéder à un réexamen complet de l'ensemble des situations individuelles d'étrangers, portées à la connaissance de leurs services, dont le comportement constitue une menace grave pour l'ordre public, que la loi rend éligibles à une mesure d'expulsion ou d'OQTF.

Le but poursuivi par le législateur est ici clairement de favoriser l'édiction et la mise à exécution des OQTF sans que l'on soit pleinement convaincu de l'efficacité du dispositif ainsi prévu. En effet, les OQTF frappant les étrangers autrefois protégés par l'article L. 611-3 feront, à n'en pas douter, l'objet de recours contentieux et c'est au juge qu'il reviendra d'apprécier les critères de durée de présence et de nature de l'intégration évoqués par l'article L. 613-1. On peut penser que le juge administratif s'inspirera de la jurisprudence antérieurement rendue en application de l'art. L. 611-3, laquelle sera indiquée ci-dessous pour mémoire. ❑

I. JURISPRUDENCE APPLICABLE À L'ART. L. 613-1 ET ANTÉRIEURE À LA L. Nº 2024-42 DU 26 JANV. 2024

Nota : La jurisprudence citée ci-dessous a été rendue sous l'empire de l'art. L. 613-1 dans sa rédaction antérieure à la L. nº 2024-42 du 26 janv. 2024.

1. Compétence. Le préfet territorialement compétent pour édicter la décision portant OQTF est celui qui constate l'irrégularité de la situation au regard du séjour de l'étranger concerné, que cette mesure soit liée à une décision refusant à ce dernier un titre de séjour ou son renouvellement, au refus de reconnaissance de la qualité de réfugié ou du bénéfice de la protection subsidiaire, ou encore au fait que l'étranger se trouve dans un autre des cas énumérés à l'art. L. 611-1. • CE, avis, 13 juin 2022, nº 459555 A : *AJDA 2022. 1193*.

2. *Motivation.* La motivation de l'OQTF se confond avec celle du refus ou du retrait de titre de séjour dont elle découle nécessairement. • CE, avis, 19 oct. 2007, *M. Hammou et M. Benabdelhak*, n°s 306821 et 306822 A : *AJDA 2007. 2009 ; RFDA 2007. 1309 ; Dr. adm. 2007, n° 11, comm. 153* • CAA Douai, 10 janv. 2008, *M. Touré*, n° 07DA00970 • CE 10 oct. 2013, *Fkiri*, n° 359221 B. ♦ L'administration demeure toutefois tenue de rappeler les dispositions législatives qui permettent d'assortir le refus de séjour d'une obligation de quitter le territoire ; est ainsi insuffisamment motivé le jugement qui se borne à viser le CESEDA sans rappeler dans ses visas, ses motifs ou même son dispositif, les dispositions du code permettant de fonder cette mesure d'éloignement. • TA Lyon, 20 avr. 2007, *Gabrrica*, n° 0702530 • CAA Douai, 13 févr. 2008, *M. Slimani*, n° 07DA01126. ♦ La motivation de la décision peut être contenue dans la lettre de notification jointe à la décision, alors même que les 2 documents ont des signataires différents. • CAA Douai, 30 oct. 2008, *Mlle Nadjet Bellal*, n° 08DA00290 : *AJDA 2009. 32, obs. Lepers*. ♦ L'insuffisance de motivation de l'arrêté, en tant qu'il fixe le pays de destination, entraîne l'annulation de l'OQTF. • TA Dijon, 25 juill. 2007, *Medahdi*, n° 0701111.

3. Si la mesure ne comporte aucune énonciation des considérations de fait sur lesquelles elle se fonde, elle est insuffisamment motivée et encourt l'annulation. • CE 23 nov. 2005, *Mme Azzaoui*, n° 273970. ♦ Si la motivation de fait de la décision fixant le pays de destination ne se confond pas nécessairement avec celle obligeant l'étranger à quitter le territoire, la motivation en droit de ces 2 décisions est identique et résulte des termes mêmes de l'art. L. 511-1. • CAA Douai, 17 mars 2011, *Préfet de la Seine-Maritime c/ M. Victor Osayande Iyengunmwena*, n° 10DA00771.

4. La motivation est considérée comme suffisante : ♦ ... Alors même que l'art. précis du code n'est pas cité. • CE 28 sept. 1990, *Bouti*, n° 116554. ♦ ... Alors même que le préfet a commis une erreur de visa. • CE 1er févr. 1995, *Préfet de la Vienne*, n° 142394 B. ♦ ... Alors même que l'arrêté préfectoral de reconduite à la frontière ne mentionne pas de façon explicite les raisons pour lesquelles le requérant ne pouvait bénéficier d'une mesure de régularisation de sa situation. • CE 20 juin 1997, *M. Ozcan*, n° 183066. ♦ ... Alors même que l'arrêté ne fait état ni du fait que l'intéressé est père d'un enfant français ni des démarches effectuées par lui en vue d'obtenir l'admission au séjour. • CAA Douai, 8 avr. 2008, *Préfet de la Seine-Maritime c/ Binici*, n° 07DA01963.

5. En revanche, une motivation qui se borne à reproduire les termes de l'art. L. 611-1 ne répond pas aux exigences de l'art. 3 de la L. du 11 juill. 1979. • CE 11 déc. 1996, *Préfet de la Gironde*, n° 167370. ♦ Il en va de même de l'arrêté qui se borne à indiquer que « l'étranger n'est pas en mesure de justifier sa situation régulière sur le territoire français » sans préciser sur lequel des cas visés à l'art. L. 611-1, il avait entendu fonder sa décision. • CE 11 mars 2005, *Préfet des Pyrénées-Orientales c/ Maanan*, n° 258694. ♦ Même solution pour un arrêté qui ne mentionne pas que les requérants sont mariés, parents de 2 enfants et forment un couple de nationalités et de religions différentes. • TA Rennes, 1er mars 2006, *Mustafaeva Mustafaev*, n° 06-727. ♦ Le préfet ne peut légalement se fonder sur la volonté de prévenir le mariage présumé frauduleux du requérant avec un ressortissant français. • CE 29 juill. 2002, *Préfet du Languedoc-Roussillon et Préfet de l'Hérault*, n° 237832.

6. Conformément au droit commun, le requérant n'est pas recevable, en appel, à soutenir que l'arrêté attaqué serait entaché d'une insuffisance de motivation, ce moyen reposant sur une cause juridique distincte de celle qui fondait ses moyens de première instance. • CE 26 nov. 1993, *M. Coulibaly*, n° 139448.

II. JURISPRUDENCE ANTÉRIEURE À LA L. N° 2024-42 DU 26 JANV. 2024 (ART. L. 611-3)

Nota : La jurisprudence citée ci-dessous a été rendue sous l'empire de l'art. L. 611-3 dans sa rédaction antérieure à la L. n° 2024-42 du 26 janv. 2024, le juge ayant eu à apprécier les critères permettant de déterminer l'appartenance des requérants aux catégories d'étrangers alors protégés contre l'OQTF ; dès lors que la décision devra désormais tenir compte de la durée de présence de l'étranger sur le territoire français, de la nature et de l'ancienneté de ses liens avec la France et de considérations humanitaires pouvant justifier un tel droit, il est raisonnable de penser que le juge administratif s'inspirera de sa jurisprudence antérieure.

A. DURÉE DE RÉSIDENCE

7. Sur les modalités d'appréciation de la durée de résidence, V. aussi notes ss. art. L. 423-21, *supra*.

8. *Preuve.* C'est au requérant d'apporter la preuve de la durée de sa résidence en France. • CE 22 mars 1991, *Préfet des Bouches-du-Rhône c/ Hamadi*, n° 119382 • 10 sept. 1997, *Préfet du Bas-Rhin c/ M. Saidi*, n° 183250.

9. *Caractère de la résidence.* La résidence habituelle n'est pas la résidence régulière ; la présomption d'intégration de l'étranger est remplie alors même que son séjour n'a pas nécessairement respecté les dispositions législatives et réglementaires. • CE 11 mars 1988, *Hassan Hamadi : Lebon 119 ; D. 1989. Somm. 116, obs. Waquet et Julien-Laferrière*. ♦ Toutefois, la condition de résidence ne tient pas compte des années passées en détention. • CE 6 mai 1988, *Ammouche*, n° 74507

• 27 avr. 1998, *M. Bouanem,* n° 156206 • 13 juin 2003, *Pather,* n° 245735 B. ♦ Elle ne tient pas davantage compte des périodes de contrôle judiciaire, de détention ou de placement sous surveillance électronique. • CAA Versailles, 31 mai 2018, n° 17VE03337.

10. L'application de la protection ne comportait pas l'exigence d'un titre de séjour régulièrement délivré mais, seulement, d'un séjour régulier, éventuellement fondé en partie sur un récépissé délivré à tout étranger admis à souscrire une demande de renouvellement de carte de séjour. • CE 25 juin 1997, *Préfet de la Somme c/ Mme Mebiame,* n° 169060.

11. Dans le cas d'un citoyen de l'Union qui purge une peine privative de liberté et à l'encontre duquel une décision d'éloignement est adoptée, la condition d'avoir « séjourné dans l'État membre d'accueil pendant les dix années précédentes », énoncée à l'art. 28, § 3, ss. a), de la Dir. 2004/38/CE, peut être satisfaite pour autant qu'une appréciation globale de la situation de l'intéressé tenant compte de la totalité des aspects pertinents amène à considérer que, nonobstant ladite détention, les liens d'intégration unissant l'intéressé à l'État membre d'accueil n'ont pas été rompus. Parmi ces aspects figurent, notamment, la force des liens d'intégration tissés avec l'État membre d'accueil avant la mise en détention de l'intéressé, la nature de l'infraction ayant justifié la période de détention encourue et les circonstances dans lesquelles elle a été commise ainsi que la conduite de l'intéressé durant la période de détention. • CJUE 17 avr. 2018, n° C-316/16 : *D. 2018. 850.*

B. PARENT D'ENFANT FRANÇAIS

12. Le juge vérifiait que l'étranger exerce, même partiellement, l'autorité parentale ou qu'il subvienne effectivement à ses besoins. • CE 19 juin 1992, *Préfet de la Marne c/ Rexhépi : Lebon T. 979* • CE 29 juill. 1994, *Préfet du Val-de-Marne c/ Toni : Lebon T. 948.* ♦ Ces conditions n'ont pas été considérées comme remplies s'agissant d'un étranger n'exerçant aucune activité professionnelle et qui ne justifiait pas de ressources suffisantes et stables. • CE 22 janv. 2003, *Hazaïmia,* n° 244973 • 7 mai 2003, *Andrade Pereira,* n° 249398.

13. Le père d'un enfant français pouvait bénéficier de cette protection, alors même qu'il avait divorcé et qu'il était père de deux autres enfants nés d'un second mariage. • CE 2 févr. 2001, *El Fatmiou,* n° 210371.

14. L'exercice de l'autorité parentale peut s'appliquer, en vertu de l'art. 372 C. civ., à l'enfant adultérin ayant fait l'objet d'une déclaration d'exercice en commun de l'autorité parentale avant l'âge d'un an et alors que les parents vivent ensemble. • CE 12 avr. 1995, *M. Amroune,* n° 150721 B. ♦ Le même régime s'applique lorsque les parents vivent en situation de concubinage. • CE 28 févr. 1996, *M. Samba : Gaz. Pal. 1996. 2. Pan. dr. adm. 129.*

15. Preuve de la nationalité française. C'est à l'étranger demandeur qu'il incombait de prouver la nationalité française du ou des enfants ; le préfet n'était pas tenu de rechercher la nationalité des enfants ni de saisir le juge judiciaire à cette fin. • CE 28 juill. 1993, *Camara : Lebon T. 778.* ♦ En cas de contestation sérieuse sur la nationalité de l'enfant ou du conjoint, le juge administratif devait surseoir à statuer et saisir le juge civil. • CE 25 nov. 1996, *Préfet de la Corrèze c/ Mme Diaby,* n° 160316.

16. Plurinationalité. Si l'enfant possède plusieurs nationalités, dont la nationalité française, la protection s'appliquait. • CE 13 déc. 1996, *Préfet des Yvelines,* n° 169307.

17. Fraude. Aucun principe constitutionnel ne fait obstacle, par principe, à ce que l'autorité administrative, même en l'absence de texte l'y autorisant expressément, puisse rejeter une demande entachée de fraude à la loi ou refuser, pour l'application de dispositions de droit public, de tirer les conséquences d'un acte de droit privé opposable aux tiers entaché de fraude à la loi. L'éventuelle mise en cause des principes constitutionnels invoqués, dans le cas du refus de séjour suivi d'une OQTF concernant le parent étranger d'un enfant français dont il est établi, sous le contrôle du juge de l'excès de pouvoir, que le lien de filiation avec un ressortissant français est entaché de fraude, procèderait en tout état de cause de la mise en œuvre de la loi et n'affecterait pas la constitutionnalité de la loi elle-même. Le Conseil d'État refuse ainsi de transmettre la QPC. • CE 15 oct. 2021, n° 454706.

C. MARIAGE AVEC UN CONJOINT FRANÇAIS

18. Le Conseil constitutionnel a affirmé « qu'il appartient au législateur d'apprécier les conditions dans lesquelles les droits de la famille peuvent être conciliés avec les impératifs d'intérêt public ; s'il peut permettre à l'autorité chargée de se prononcer sur l'expulsion d'un étranger de tenir compte de tous éléments d'appréciation, y compris, si besoin est, de sa situation familiale, il ne transgresse aucune disposition constitutionnelle en faisant prévaloir les nécessités de l'ordre public ». • Cons. const. 3 sept. 1986, n° 454706 : *Rec. Cons. const. 135 ; JO 5 sept. ; RJC I-281 ; RD publ. 1989, obs. Favoreu ; AIJC 1986. 436, note Genevois ; JDI 1987. 289, obs. Pinto ; RFDA 1987. 120, obs. Genevois ; Rev. sc. crim. 1987. 565, obs. Nguyen Huu et Loloum* • 13 août 1993, n° 93-325 DC : *Rec. Cons. const. 224 ; RJC I-539 ; JO 18 août, p. 11722 ; RFD const. 1993. 587, note Favoreu ; RD publ. 1991. 5, note F. Luchaire ; Dr. soc. 1994. 69, note Dupeyroux et Prétot ; LPA 9 sept. 1994, note Mathieu et Verpeaux ; Pouvoirs 1993. 166, obs. Giquel et Avril ; RFDA 1993. 871, obs. Genevois ; JCP 1994. I. 3728, obs.*

Guimezanes ; Rev. crit. DIP 1994. 1, obs. Turpin ; RD publ. 1994. 1165, obs. Fabre-Alibert.

19. Antériorité du mariage. (jurisprudence antérieure à L. n° 2003-1119 du 26 nov. 2003). Est légale une mesure d'éloignement d'un étranger marié à une Française depuis seulement 8 mois. • CE 2 oct. 1995, *M. Nachate,* n° 163143. ♦ ... 3 mois. • CE 27 juin 1997, *M. Kadarbi, Mme Teixera-Pazos,* n° 154119. ♦ Un mariage célébré depuis moins d'un an ne peut entrer en ligne de compte pour s'opposer à une mesure d'éloignement, alors même qu'il est prouvé que le requérant avait entamé des démarches pour se marier auparavant. • CE 13 déc. 1995, *M. Buxson,* n° 159801.

20. En cas de mariage célébré à l'étranger, le délai doit être apprécié à compter de la date effective du mariage, qu'elle qu'ait été la date de sa transcription sur les registres de l'état civil en France. • CE 11 oct. 1996, *M. Boulaamail,* n° 162890. ♦ La protection contre l'éloignement ne nécessitait pas que le mariage ait fait l'objet d'une transcription sur les registres de l'état civil français ; il suffisait qu'il ait été célébré dans les formes usitées dans le pays. • CE 16 juin 1999, *Préfet de police c/ Mme Maliki Souffou,* n° 201052. ♦ Peu importe que les conjoints n'aient pas eu l'âge nubile au moment de leur mariage (C. civ., art. 144) dès lors qu'ils l'ont atteint depuis plus de 6 mois (C. civ., art. 185) au moment de la mesure d'éloignement. • CE 4 juin 1999, *Préfet de police c/ M. Drame,* n° 199223.

21. Effectivité de la communauté de vie. Lorsque la communauté de vie entre les époux avait cessé, la protection contre l'éloignement disparaissait. • CE 11 juin 1997, *Préfet des Hauts-de-Seine c/ M. Jenan,* n° 181659. ♦ C'est tout particulièrement le cas lorsque l'épouse française avait entamé une procédure d'annulation du mariage et déposé plainte contre son époux pour menace de mort. • CE 30 déc. 2002, *Préfet des Yvelines c/ El Jbili,* n° 240648.

22. Exemples. Épouse française ayant quitté le domicile conjugal 2 mois avant la décision. • CE 28 févr. 1997, *El Mounsi,* n° 174814. ♦ Conjoint ayant entamé une procédure de divorce, le juge ayant autorisé les époux à résider séparément. • CE 30 avr. 1997, *Préfet de la Moselle c/ M. Bengrira,* n° 174788. ♦ Veuve d'un ressortissant français. • CE 27 juin 2001, *Lebrun,* n° 226212. ♦ En revanche, l'incarcération de l'intéressé ne suffit pas à faire regarder la communauté de vie entre les époux comme ayant disparu. • CE 3 mars 1997, *Sadeg,* n° 163153.

23. Le juge vérifiait le caractère effectif de la communauté de vie, au besoin en diligentant une expertise. • CE 22 sept. 1997, *M. Gurbuz,* n° 173039

24. Divorce. Sous réserve de leur régularité internationale, notamment de leur conformité à la conception française de l'ordre public international et de l'absence de fraude, les jugements rendus par un tribunal étranger relativement à l'état et à la capacité des personnes produisent leurs effets en France indépendamment de toute déclaration d'exequatur, sauf dans la mesure où ils impliquent des actes d'exécution matérielle sur les biens ou de coercition sur les personnes ; par suite, le prononcé d'un jugement de divorce par un tribunal algérien fait obstacle au fait que l'intéressé puisse se prévaloir de son mariage avec un conjoint français. • CE 24 nov. 2006, *M. Ahmed Bellounis,* n° 275527 A : *AJDA 2007. 638, note Lecucq ; RFDA 2007. 194.* ♦ Compétemment saisi d'un litige posant des questions relatives à l'état et la capacité des personnes, il n'appartient pas au juge administratif de se prononcer sur l'opposabilité en France d'un jugement rendu en cette matière par un tribunal étranger ; si elles s'y croient fondées, les parties peuvent saisir le juge judiciaire qui est seul compétent pour se prononcer sur l'effet de plein droit de tels jugements ; il appartient toutefois à l'autorité administrative, sous le contrôle du juge de l'excès de pouvoir, de ne pas fonder sa décision sur des éléments issus d'un jugement étranger qui révélerait l'existence d'une fraude ou d'une situation contraire à la conception française de l'ordre public international. • CE 23 déc. 2011, *M. A. et Mme B.,* n° 328213 : *Gaz. Pal. 29 févr.-1er mars 2012, nos 60-61, p. 17, note Guyomar.*

25. Décès du conjoint. Ne bénéficiait pas de la protection l'étranger dont le conjoint français est décédé. • CE 29 juill. 1994, *Arndt : Lebon 939.*

D. RENTE D'ACCIDENT DU TRAVAIL OU DE MALADIE PROFESSIONNELLE

26. Bénéficiaient de la protection contre l'éloignement les étrangers titulaires d'une rente d'accident de travail ou de maladie professionnelle servie par un organisme français et dont le taux d'incapacité permanente est égal ou supérieur à 20 %. Y sont assimilés les pensions d'invalidité versées suite à un accident du travail et l'allocation supplémentaire servie par le Fonds national de solidarité. • CE 29 avr. 1998, *Préfet de la Loire c/ Saïd Benmira,* n° 189912 B.

27. Ne justifiait pas de la protection contre l'éloignement l'étranger s'étant vu reconnaître un taux d'incapacité de 40 % à la suite d'un accident de circulation dans son pays d'origine. • CE 5 mai 1999, *Préfet du Val-d'Oise c/ Rifoe Tsamo,* n° 188536. ♦ Même solution s'agissant d'un étranger titulaire d'une pension d'invalidité de la deuxième catégorie en raison de son incapacité absolue à exercer une quelconque profession, alors même que cette pension serait en relation avec la maladie qu'il a contractée lors de travaux agricoles et pour laquelle la mutualité sociale agricole lui a versé des indemnités journalières au titre de l'assurance maladie. • CE 24 mai 2000, *Bouzerda,* n° 206426 B.

E. ÉTAT DE SANTÉ

28. La Comm. EDH avait considéré qu'une mesure d'éloignement frappant les étrangers majeurs souffrant d'un handicap physique ou mental vers un pays insusceptible d'offrir des garanties d'accueil appropriées était contraire à l'art. 3 de la Conv. EDH. • Comm. EDH 10 mars 1994, *M. N. c/ France,* n° 19465/92. ♦ Le juge administratif avait également conclu à l'erreur manifeste d'appréciation commise par le préfet qui avait décidé la reconduite à la frontière d'un étranger atteint du VIH. • TA Marseille, 15 oct. 1996, *M. Benchaabane,* n°s 96-3733 et 96-3735.

29. Date. L'appréciation de l'état de santé doit être réalisée à la date de la mesure d'éloignement ; ainsi, nonobstant l'avis du médecin inspecteur de la santé publique selon lequel le requérant pouvait bénéficier de soins dans son pays d'origine, la mesure d'éloignement est annulée au motif que l'état de santé du requérant s'est aggravé depuis lors. • CE 27 janv. 2006, *Kinda,* n° 274497.

30. Administration de la preuve. Si l'intéressé soutient qu'il ne peut bénéficier du traitement approprié dans son pays d'origine, la charge de la preuve contraire appartient au préfet. Le juge exerce un contrôle entier sur la gravité des conséquences qu'entraînerait un défaut de traitement. • CE 3 nov. 1999, *N'Satou,* n° 200065 B. ♦ Ainsi, il appartenait à l'autorité administrative de démontrer qu'il existe des possibilités de traitement approprié dans le pays de renvoi. • CE 14 févr. 2007, *Hafed,* n° 281220 B : *AJDA 2007. 1135, note Cournil.* ♦ Le juge peut ordonner une expertise médicale s'il estime ne pas disposer de suffisamment d'éléments médicaux pour pouvoir se prononcer. • CE 28 avr. 2004, *Préfet de police c/ M. Boubkari,* n° 252621 A : *AJDA 2003. 2207, concl. Fombeur ; RFDA 2004. 639.*

31. La preuve de la gravité du traitement devait être rapportée par des documents médicaux probants ; tel n'était pas le cas d'un certificat émanant d'un médecin généraliste. • CAA Paris, 17 janv. 2006, *X.,* n° 05PA02676.

32. Appréciation de l'exceptionnelle gravité. Le défaut de traitement devait entraîner des conséquences d'une exceptionnelle gravité. • CE 17 févr. 1999, *Préfet de l'Essonne c/ M. Samba Pene,* n° 200096. ♦ Ne justifiait pas de la protection : une étrangère faisant l'objet d'examens médicaux en vue d'une fécondation *in vitro*. • CE 13 juin 2001, *Préfet de police c/ Sonkon,* n° 219160. ♦ ... Une personne atteinte d'une cosarthrose de la jambe droite nécessitant la pose d'une prothèse de la hanche. • CE 28 avr. 2000, *Mboume : Lebon T. 1041.* ♦ ... Un ressortissant polonais bénéficiant d'un traitement de substitution aux produits stupéfiants. • CE 30 juill. 2003, *Préfet d'Ille-et-Vilaine,* n° 245441. ♦ ... Une personne faisant l'objet depuis plusieurs années d'un traitement contre la stérilité. • CE 23 nov. 2005, *Préfet de police c/ Mlle Njike Nyatcha,* n° 263476 • CAA Lyon, 3 mars 2009, *Kermiche,* n°s 08LY00985 et 08LY00986. ♦ Un tel traitement est en revanche susceptible de fonder l'existence d'une violation du droit à une vie familiale normale. • CE 28 déc. 2005, *Préfet du Val-d'Oise c/ Mme Aïci,* n° 263095.

33. Le juge avait censuré la mesure d'éloignement dans les hypothèses suivantes : ressortissant algérien traumatisé par l'assassinat d'un ami proche, présentant ainsi des séquelles post-traumatiques typiques ; son retour en Algérie pouvait faire sérieusement craindre à un suicide. • CE 28 déc. 2001, *Brahimi,* n° 237372. ♦ *Contra,* s'agissant d'un ressortissant nigérian ayant fait une tentative de suicide, en raison de la possibilité de suivre un traitement psychiatrique au Nigéria. • CEDH 10 avr. 2012, *Balogun c/ Royaume-Uni,* n° 60286. ♦ ... Ressortissante congolaise qui avait perdu son enfant lors de l'accouchement dans son pays d'origine et qui suivait en France un traitement médical dont l'exécution était particulièrement difficile. • CE 16 mai 2003, *Préfet de police c/ Tsoko,* n° 248408. ♦ ... Marocaine nécessitant un traitement lourd d'une durée de 2 à 3 ans, qui ne pouvait être dispensé dans le pays de renvoi et dont l'interruption aurait entraîné pour elle des risques sérieux. • CE 6 juin 2003, *Gourari,* n° 251081. ♦ ... Requérant atteint d'une hépatite chronique C évolutive. • CE 8 mars 2004, *M. Ahmed Abdel Hadi Ahmed,* n° 257156. ♦ ... Étranger souffrant de troubles occulaires graves pouvant conduire à la cécité, n'étant pas assuré de pouvoir effectivement bénéficier au Mali du suivi médical indispensable et du traitement très spécifique adapté à sa pathologie. • CE 30 juin 2004, *Préfet du Val-d'Oise c/ M. Kane,* n° 259124.

34. Le juge avait reconnu que les maladies suivantes ouvraient droit à la protection : asthme et épilepsie essentielle. • CAA Paris, 17 janv. 2006, *Préfet de police,* n° 05PA1627. ♦ ... Néphrectomie du rein. • CAA Paris, 17 janv. 2006, *Préfet de police,* n° 05PA2655. ♦ ... Épilepsie partielle. • CAA Paris, 17 janv. 2006, *Préfet de police,* n° 05PA02675. ♦ ... Hypertension artérielle sévère. • CAA Paris, 17 janv. 2006, *José Joaquin X.,* n° 05PA02677.

35. Transsexualisme. Le Conseil d'État a admis que le syndrome transsexuel pouvait faire obstacle à une mesure d'éloignement à la condition que le défaut de traitement soit de nature à entraîner des conséquences d'une exceptionnelle gravité, c'est-à-dire lorsque sont en jeu soit le pronostic vital, soit l'intégrité physique de la personne ; ainsi, sauf si le défaut de traitement pourrait conduire au suicide de la personne, ce traitement n'est pas nécessaire à la préservation de la vie ou de l'intégrité physique de la personne. Toutefois, le défaut de traitement hormonal peut affecter l'équilibre psychologique de la personne dans des conditions d'une exceptionnelle gravité.

• CE 30 juin 2003, *Préfet du Val-d'Oise c/ M. M.-J. : AJDA 2003. 2211, concl. Fombeur* • 30 juin 2003, *Préfet de police c/ M. B. : AJDA 2003. 2212, concl. Fombeur.* ♦ Par analogie, même solution s'agissant d'un ressortissant algérien suivant une hormonothérapie féminisante dès lors que les médicaments nécessaires, s'ils sont disponibles en Algérie, ne sont pas prescrits aux personnes atteintes de troubles de l'identité sexuelle. • CAA Paris, 27 sept. 2007, *Préfet de police c/ Anseri,* n° 06PA01651. ♦ Ce moyen a en revanche été écarté dès lors que l'expertise avait révélé que l'interruption du traitement hormonal, dont les effets étaient en grande partie réversibles, était possible sur le plan physiologique. • CE 28 avr. 2004, *Préfet de police c/ M. Boubkari,* n° 252621 A : *RFDA 2004. 639*.

36. Considérations financières. La modicité des ressources de l'intéressée et les éventuelles difficultés de prise en charge des dépenses médicales dans le pays d'origine étaient considérées comme sans influence sur la légalité du refus de titre. • CE 28 sept. 2005, *Préfet de police c/ Mme Ngami,* n° 258262. ♦ Une cour administrative avait toutefois relevé qu'il existait dans le pays d'origine de l'intéressé un régime permettant un accès gratuit aux soins aux personnes dépourvues de ressources pour écarter le moyen tiré de l'insuffisance des ressources. • CAA Paris, 15 déc. 2006, *Préfet de police c/ Jabnoun,* n° 06PA00482 A : *AJDA 2007. 749, note Lecucq ; RFDA 2007. 169*. ♦ Jugé également que le caractère particulièrement onéreux de la surveillance cardiologique au Maroc et l'éloignement du village du requérant du lieu où exerce un cardiologue confirmaient que l'intéressé ne pouvait bénéficier des soins adéquats dans son pays d'origine. • TA Rennes, 7 nov. 2005, *El Kadiri,* n° 054494.

37. Le Conseil d'État avait clairement précisé que la circonstance que le requérant serait originaire d'une région éloignée des structures médicales appropriées et qu'il aurait des difficultés financières à assumer la charge d'un traitement de sa maladie en Tunisie était sans incidence sur l'appréciation de l'existence de soins appropriés dans son pays d'origine. • CE 13 févr. 2008, *Antir,* n° 297518. – Sol. contraire : • CAA Paris, 3 avr. 2008, *Kallet Bialy,* n° 07PA04394. ♦ La circonstance que le traitement était sensiblement plus onéreux dans le pays d'origine de l'intéressé était sans influence sur la légalité de la mesure d'éloignement. • CE 30 juill. 2003, *Tarcius,* n° 251769. ♦ Jugé également que la circonstance que l'accès aux soins nécessaires restait inabordable pour une personne percevant un salaire moyen était sans incidence sur la légalité de la décision. • CAA Lyon, 6 nov. 2008, *Latifovic,* n° 07LY02214. ♦ Même solution dès lors que les difficultés de traitement que l'intéressée pourrait rencontrer résultaient du fait de son isolement géographique et du coût financier du traitement. • CAA Lyon, 27 mai 2009, *Hocini,* n° 08LY01375.

38. La jurisprudence avait toutefois évolué car « la protection voulue par le législateur repose sur l'idée forte qu'aucune décision (refus de séjour ou mesure d'éloignement forcé) ne doit porter en germe le risque d'une grave détérioration de l'état de santé de l'étranger. Cela implique nécessairement le double contrôle de la disponibilité des soins et de leur accessibilité » (concl. Guyomar) ; c'est à l'étranger de soulever cet argument relatif aux difficultés d'accès au traitement et l'administration était dès lors tenue de vérifier que le problème de l'effectivité de l'accès aux soins se posait réellement. Le juge retenait par conséquent les difficultés financières d'accès, l'étranger pouvant faire valoir qu'il ne pourrait bénéficier des soins parce qu'ils n'étaient pas accessibles à la généralité de la population eu égard notamment au coût du traitement ou à l'absence de modes de prise en charge adaptés ; s'agissant de l'accessibilité pratique (considérations géographiques notamment), il incombait à l'étranger d'apporter la preuve de l'existence de circonstances exceptionnelles tirées des particularités de sa situation personnelle empêchant un accès effectif aux soins. • CE 7 avr. 2010, *Min. Intérieur et de l'Aménagement du territoire,* n° 301640 A : *AJDA 2010. 885, chron. Liéber et Botteghi ; JCP Adm. 2010. 2238, note Demagny et Slama ; JCP 2010. 673, note Guimezanes.*

39. Position de la CEDH. La CEDH a considéré que l'examen de la réalité du risque de traitement contraire à l'art. 3, en cas de maladie grave, passe notamment par la vérification de la possibilité, pour la personne concernée, de se procurer les médicaments adéquats à son état de santé et par la conviction que l'état de santé de l'intéressé nécessite des soins d'une nature si particulière qu'elle le placerait dans une situation différente de celle vécue par d'autres ressortissants du même pays souffrant de semblables maux. • CEDH 15 nov. 2001, *Karagoz c/ France,* n° 47531/99. ♦ L'expulsion d'un étranger malade peut constituer de la part de l'État défendeur un traitement inhumain et dégradant en cas de décès imminent. • CEDH 2 mai 1997, n° 30240/96 : *AJDA 1998. 37, chron. Flauss*. ♦ A côté des situations de décès imminent, il peut exister d'autres « cas très exceptionnels » dans lesquels pouvaient entrer en jeu des considérations humanitaires tout aussi impérieuses s'opposant à l'éloignement des intéressés. La Cour estime que ce concept recouvre les cas d'éloignement d'une personne gravement malade dans lesquels il y a des motifs sérieux de croire que cette personne, bien que ne courant pas de risque imminent de mourir, ferait face, en raison de l'absence de traitements adéquats dans le pays de destination ou du défaut d'accès à ceux-ci, à un risque réel d'être exposée à un déclin grave, rapide et irréversible de son état de santé entraînant des souffrances intenses, ou à une réduction significative de son espérance de vie. • CEDH 13 déc. 2016, *Paposhvili c/ Belgique,* n° 417358/10 : *AJDA 2016. 2406.*

40. La position de la CEDH s'est toutefois progressivement durcie ; elle considère ainsi que ne relève pas de l'art. 3 de la Conv. EDH un traitement médical moins favorable auquel sont exposés dans l'État de destination les étrangers éloignés du territoire. • CEDH 15 nov. 2001, *Karagoz c/ Turquie : AJDA 2002. 504* • 29 juin 2004, *Salkic c/ Suède*, n° 7702/04 • 7 oct. 2004, *Drogan et a. c/ Allemagne*, n° 33743/03. ♦ Alors même que le traitement dont a besoin la requérante n'est disponible en Ouganda qu'à un prix très élevé et qu'il n'existe en particulier aucun financement public pour les contrôles sanguins, les soins infirmiers de base ou la sécurité sociale, la CEDH considère que l'éloignement de l'intéressé ne constitue pas une violation de l'art. 3 Conv. EDH ; elle considère ainsi que cette disposition ne fait pas obligation à l'État de pallier les disparités d'ordre socio-économique en fournissant des soins de santé gratuits et illimités à tous les étrangers dépourvus du droit de demeurer sur son territoire ; la Cour estime enfin que, même si l'éloignement de l'intéressée aboutira à une dégradation importante de sa situation et notamment une réduction significative de son espérance de vie, ces circonstances ne sont pas suffisantes pour révéler une violation de l'art. 3. • CEDH 27 mai 2008, *N. c/ Royaume-Uni*, n° 26565/05 : *RTD civ. 2008. 643, chron. Marguénaud ; RTDH 2009. 261, note Julien-Laferrière* • 17 avr. 2014, *Paposhvili c/ Belgique*, n° 41738/10 : *AJDA 2016. 2406 ; ibid 2017. 157, chron. Burgorgue-Larsen.* – V. aussi • CAA Paris 29 janv. 2008, *Préfet de police c/ Hanna*, n° 0702720. ♦ La Cour rappelle que les étrangers « ne peuvent en principe revendiquer un droit à rester sur le territoire d'un État contractant afin de continuer à bénéficier de l'assistance et des services médicaux, sociaux ou autres fournis par l'État qui expulse » ; l'art. 3 ne fait pas obligation aux États de pallier les disparités de traitements existant dans d'autres pays, en fournissant des soins de santé gratuits et illimités à tous les étrangers dépourvus du droit de demeurer sur son territoire ; ne peuvent ainsi justifier d'une éventuelle violation de l'art. 3 que les cas exceptionnels, lorsque des considérations humanitaires militant contre l'expulsion sont impérieuses ; en l'espèce, la Cour valide ainsi l'éloignement d'une ressortissante nigériane alors même qu'elle ignorait si la trithérapie était disponible au Nigeria. • CEDH 27 févr. 2014, *Josef c/ Belgique*, n° 70055/10. ♦ La CEDH est toutefois revenue sur sa jurisprudence *N c/ Royaume-Uni* de 2008 considérant que celle-ci avait pour effet de priver des étrangers gravement malades, sous le coup d'une mesure d'éloignement sans que le pronostic vital ne soit engagé, des garanties tirées de l'art. 3 Conv. EDH ; il convient donc de faire bénéficier de cette protection des personnes qui, bien que ne courant pas de risque imminent de mourir, feraient face, en raison de l'absence de traitement adéquat dans le pays de destination ou de défaut d'accès à ceux-ci, à un risque réel d'être exposées à un déclin grave, rapide et irréversible de leur état de santé, entraînant des souffrances intenses ou une réduction significative de leur espérance de vie. • CEDH 13 déc. 2016, *Paposhvili c/ Belgique*, n° 41738/10 : *AJDA 2017. 161, chron. Burgorgue-Larsen*. ♦ V. aussi s'agissant d'une personne atteinte de schizophrénie, la Cour considérant qu'il n'avait pas été démontré que le renvoi du requérant vers la Turquie ait exposé l'intéressé à un déclin grave, rapide et irréversible de son état de santé entraînant des souffrances intenses ni, *a fortiori*, à une réduction significative de son espérance de vie. • CEDH 7 déc. 2021, *Savran c/ Danemark*, n° 57467/15 : *AJDA 2022. 212, chron. Burgorgue-Larsen*.

41. La Cour a adopté une position différente en se plaçant cette fois sur le terrain de l'art. 14 Conv. EDH, en considérant que le refus de titre de séjour opposé à un étranger séropositif constituait une violation dudit art. comme constituant une discrimination fondée sur l'état de santé. • CEDH 10 mars 2011, *Kiuyin c/ Russie*, n° 2700/10.

42. Situation sanitaire du pays de destination. En revanche, le juge tenait compte de la situation sanitaire prévalant dans le pays d'origine. • CE 7 nov. 2005, *Mlle Désir*, n° 275193. ♦ La mesure était annulée lorsque les médicaments nécessaires au traitement n'étaient pas disponibles dans le pays d'origine. • CAA Paris, 2 déc. 2008, *Préfet de police c/ Diagne*, n° 08PA01692. ♦ ... Ou que la faiblesse des stocks de médicaments des pharmacies ne permettait pas une prise en charge satisfaisante de la maladie. • CAA Paris, 2 déc. 2008, *Miah*, n° 08PA02263. ♦ ... Ou si le système de santé du pays de destination n'était manifestement pas en mesure d'assurer l'effectivité d'un accès individuel et généralisé et la continuité des soins pour les patients souffrant d'affection chronique grave. • CAA Douai, 17 sept. 2009, *Tusamba*, n° 08DA00309.

43. Situation troublée dans le pays d'origine. La protection ne pouvait trouver à s'appliquer dès lors que l'intéressé n'établissait pas que le traitement qu'il devait subir ne pouvait lui être prodigué dans les mêmes conditions dans son pays d'origine, nonobstant la situation troublée y existant. • CE 8 juill. 1998, *Préfet des Alpes-Maritimes c/ M. Ben Chora*, n° 187441.

44. Mise en danger de la vie d'autrui. « L'existence d'une loi ou d'un règlement prévoyant une obligation particulière de prudence ou de sécurité est une condition préalable de l'infraction de mise en danger prévue à l'art. 223-1 C. pén. Cette obligation, qui s'apprécie de manière objective et abstraite, doit ainsi être immédiatement perceptible et clairement applicable, sans possibilité d'appréciation personnelle par la personne qui y est tenue » ; les dispositions du CESEDA qui accordent au préfet une marge d'appréciation de la situation de la personne malade étrangère qui s'en prévaut ne sont donc pas susceptibles de constituer le fondement d'une obligation particulière de prudence ou de sécurité ». • Crim. 5 mars 2024, n° 22-86.972 : *AJDA 2024. 464* ; *DP étrangers, Bull. n° 341, mars 2024.*

45. Membres de la famille. La famille de l'intéressé pouvait aussi bénéficier de la protection dès lors qu'un enfant nécessitait un suivi médical qui ne pouvait être réalisé dans le pays d'origine ; la pratique administrative se contentait de la présence de l'un des deux parents. Le Conseil d'État semble y avoir mis fin en annulant, pour erreur manifeste d'appréciation, la reconduite à la frontière du père alors même que la mère avait bénéficié d'une autorisation provisoire de séjour en raison de l'état de santé de l'enfant. • CE 28 juin 2006, *Préfet de police c/ Konaté,* n° 263463.

Art. L. 613-2 **Les décisions relatives au refus et à la fin du délai de départ volontaire prévues aux articles L. 612-2 et L. 612-5 et les décisions d'interdiction de retour et de prolongation d'interdiction de retour prévues aux articles L. 612-6, L. 612-7, L. 612-8 et L. 612-11 sont distinctes de la décision portant obligation de quitter le territoire français. Elles sont motivées.** – *[Anc. art. L. 511-1, II, al. 3 (ecqc l'obligation de motivation) ; anc. art. L. 511-1, III, al. 1er et 4 (ecqc l'obligation de motivation).]*

1. Droit d'être entendu. Ainsi que la CJUE l'a notamment jugé, dans ses arrêts C-166/13 et C-249/13 des 5 nov. et 11 déc. 2014, le droit d'être entendu préalablement à l'adoption d'une décision de retour implique que l'autorité administrative mette le ressortissant étranger en situation irrégulière à même de présenter, de manière utile et effective, son point de vue sur l'irrégularité du séjour et les motifs qui seraient susceptibles de justifier que l'autorité s'abstienne de prendre à son égard une décision de retour. Il n'implique toutefois pas que l'administration ait l'obligation de mettre le ressortissant étranger en situation irrégulière à même de présenter ses observations de façon spécifique sur la décision lui faisant interdiction de retour sur le territoire français qui est prise concomitamment à une mesure d'éloignement. La circonstance que l'autorité administrative n'est pas tenue d'édicter une telle mesure d'interdiction en complément d'une OQTF assortie d'un délai de départ volontaire et qu'elle peut, pour des raisons humanitaires, également s'abstenir de prononcer une telle interdiction à la suite d'une décision d'éloignement sans délai, ne fait pas obstacle au prononcé de cette mesure lorsque le ressortissant étranger a pu être entendu et ainsi mis à même, au cours de la procédure et avant toute décision lui faisant grief, de présenter, de manière utile et effective, ses observations sur l'irrégularité du séjour ou la perspective de l'éloignement, et notamment faire valoir d'éventuelles circonstances humanitaires. • CAA Bordeaux, 23 juin 2020, n° 19BX04327 : *AJDA 2020. 2124*.

2. Motivation. Le préfet ne peut se contenter de s'appuyer sur les procès-verbaux établis lors de l'enquête de flagrance diligentée suite à l'interpellation de l'intéressé pour des faits de vol avec violence et violences avec armes en réunion pour considérer que la présence de l'étranger constituait une menace pour l'ordre public ; en effet, le préfet n'établissait pas la matérialité des faits sur lesquels il s'était appuyé. • CAA Marseille, 29 janv. 2016, n° 14MA04023.

3. Il appartient au juge de l'excès de pouvoir, saisi d'un moyen en ce sens, de rechercher si les motifs qu'invoque l'autorité compétente sont de nature à justifier légalement dans son principe et sa durée la décision d'interdiction de retour et si la décision ne porte pas au droit de l'étranger au respect de sa vie privée et familiale garanti par l'art. 8 Conv. EDH une atteinte disproportionnée aux buts en vue desquels elle a été prise ; le juge exerce ainsi un contrôle normal. • CE, avis, 12 mars 2012, *M. Harounur,* n° 354165 A : *préc. note 2 ss. L. 612-10.*

SECTION 2 Information de l'étranger

Art. L. 613-3 **L'étranger auquel est notifiée une décision portant obligation de quitter le territoire français est informé, par cette notification écrite, des conditions, prévues aux articles L. 722-3 et L. 722-7, dans lesquelles cette décision peut être exécutée d'office.**

Lorsque le délai de départ volontaire n'a pas été accordé, l'étranger est mis en mesure, dans les meilleurs délais, d'avertir un conseil, son consulat ou une personne de son choix. – *[Anc. art. L. 512-2, 1re phr. ; anc. art. L. 512-3, al. 2, 2e phr.]*

Le fait pour un étranger, placé en garde à vue, de n'avoir ni eu communication en mains propres de l'arrêté portant OQTF ni obtenu les indications nécessaires aux modalités de dépôt d'un recours contre cette décision, constitue une violation des garanties destinées à assurer l'effectivité de son droit au recours au sens de l'art. 13 Conv. EDH. • CAA Bordeaux, 11 oct. 2022, n° BX03936.

Art. L. 613-4 **L'étranger auquel est notifiée une décision portant obligation de quitter le territoire français est également informé qu'il peut recevoir communication des**

principaux éléments, traduits dans une langue qu'il comprend ou dont il est raisonnable de supposer qu'il la comprend, des décisions qui lui sont notifiées en application des chapitres I et II. – *[Anc. art. L. 512-2, 2e et 3e phr.]*

Art. L. 613-5 **L'étranger auquel est notifiée une interdiction de retour sur le territoire français est informé qu'il fait l'objet d'un signalement aux fins de non-admission dans le système d'information Schengen, conformément à l'article 24 du règlement (UE) nº 2018/1861 du Parlement européen et du Conseil du 28 novembre 2018 sur l'établissement, le fonctionnement et l'utilisation du système d'information Schengen (SIS) dans le domaine des vérifications aux frontières, modifiant la convention d'application de l'accord de Schengen et modifiant et abrogeant le règlement (CE) nº 1987/2006.**

Les modalités de suppression du signalement de l'étranger en cas d'annulation ou d'abrogation de l'interdiction de retour sont fixées par voie réglementaire. – *[Anc. art. L. 511-1, III, al. 5.]*

1. Signalement au SIS. Aux termes du présent art., l'étranger à l'encontre duquel a été prise une interdiction de retour est informé qu'il fait l'objet d'un signalement aux fins de non-admission dans le SIS ; aux termes de l'art. 96 de la Conv. d'application de l'accord de Schengen : « 1. Les données relatives aux étrangers qui sont signalés aux fins de non-admission sont intégrées sur la base d'un signalement national résultant de décisions prises, dans le respect des règles de procédure prévues par la législation nationale, par les autorités administratives ou les juridictions compétentes. [...] 3. Les décisions peuvent être également fondées sur le fait que l'étranger a fait l'objet d'une mesure d'éloignement, de renvoi ou d'expulsion non rapportée ni suspendue comportant ou assortie d'une interdiction d'entrée, ou, le cas échéant, de séjour, fondée sur le non-respect des réglementations nationales relatives à l'entrée ou au séjour des étrangers ». En vertu de l'art. R. 613-7, al. 2, dans sa rédaction issue de l'art. 4 du Décr. nº 2011-820 du 8 juill. 2011, les modalités de suppression du signalement d'un étranger effectué au titre d'une décision d'interdiction de retour prise en application du présent art. sont celles qui s'appliquent, en vertu de l'art. 7 du Décr. nº 2010-569 du 28 mai 2010 relatif au fichier des personnes recherchées, aux cas d'extinction du motif d'inscription au fichier des personnes recherchées ; ainsi, lorsqu'elle prend à l'égard d'un étranger une décision d'interdiction de retour sur le territoire français, l'autorité administrative se borne à informer l'intéressé de son signalement aux fins de non-admission dans le SIS ; une telle information ne constitue pas une décision distincte de la mesure d'interdiction de retour et n'est, dès lors, pas susceptible de faire l'objet d'un recours pour excès de pouvoir. • CAA Versailles, 26 juin 2012, *M. Oyourou*, nº 12VE00007 : *AJDA 2012. 1937*.

2. Lorsque le signalement aux fins de non-admission concerne un étranger titulaire d'un titre de séjour délivré par un autre État membre de l'espace Schengen, il appartient à l'État signalant de saisir l'État qui a délivré le titre de séjour dès l'adoption de la décision de signalement (art. 25 de la Conv. d'application de Schengen), voire avant même l'adoption de cette décision ; la Conv. ne fait pas obstacle à ce que la décision de retour et d'interdiction d'entrée soit exécutée alors même que la procédure de consultation est en cours. Il appartient à l'État saisi, conformément au principe de coopération loyale, de prendre position sur le maintien ou le retrait du titre de séjour dans un délai raisonnable ; au-delà d'un tel délai, si l'État saisi ne s'est pas prononcé, l'État signalant doit retirer du signalement aux fins de non-admission, sans préjudice de la possibilité d'inscrire l'étranger concerné sur la liste nationale de signalement. • CJUE 16 janv. 2018, nº C-240/17 : *AJDA 2018. 79*.

3. Une interdiction de retour ne peut avoir pour effet de violer les art. 25 et 96 de la Conv. d'application de l'accord de Schengen et ne peut ainsi s'appliquer à un ressortissant étranger qui réside régulièrement en Belgique sous couvert d'un titre de séjour ; en effet, le signalement aux fins de non-admission qui accompagne l'interdiction de retour sur le territoire français priverait l'intéressé de sa cellule familiale durant 2 ans et l'empêcherait de bénéficier du droit au séjour qui lui a été souverainement accordé par les autorités belges. • TA Lille, 7 juin 2017, nº 1702084 : *AJDA 2017. 2388*.

Art. L. 613-5-1 *(L. nº 2024-42 du 26 janv. 2024, art. 72)* **En cas de détention de l'étranger, celui-ci est informé dans une langue qu'il comprend, dès la notification de la décision portant obligation de quitter le territoire français, qu'il peut, avant même l'introduction de sa requête, demander au président du tribunal administratif l'assistance d'un interprète ainsi que d'un conseil.**

Les dispositions du présent art. introduites par l'art. 72 de la L. nº 2024-42 du 26 janv. 2024 entrent en vigueur à une date fixée par Décr. en Conseil d'État, et au plus tard le 1er août 2024. Ces dispositions s'appliquent à la contestation des décisions prises à compter de leur entrée en vigueur (L. préc., art. 86-IV). Ces dispositions entrent en vigueur le 15 juill. 2024 (Décr. nº 2024-799 du 2 juill. 2024, art. 9-I).

SECTION 3 Abrogation de la décision portant obligation de quitter le territoire français en cas de reconnaissance de la qualité de réfugié ou d'apatride ou d'octroi de la protection subsidiaire

Art. L. 613-6 **Lorsque la qualité de réfugié ou d'apatride est reconnue ou le bénéfice de la protection subsidiaire accordé à un étranger ayant antérieurement fait l'objet d'une décision portant obligation de quitter le territoire français, l'autorité administrative abroge cette décision. Elle délivre au réfugié la carte de résident prévue à l'article L. 424-1, au bénéficiaire de la protection subsidiaire la carte de séjour pluriannuelle prévue à l'article L. 424-9 et à l'étranger qui a obtenu le statut d'apatride la carte de séjour pluriannuelle prévue à l'article L. 424-18.** – *[Anc. art. L. 511-5.]*

COMMENTAIRE

A l'instar du régime applicable à l'expulsion, le législateur a prévu (art. L. 613-7) que l'interdiction de retour pouvait être abrogée par l'autorité administrative, soit de sa propre initiative, soit à la demande de l'étranger. Dans ce dernier cas, l'étranger doit nécessairement résider hors de France, sauf s'il est emprisonné en France ou y fait l'objet d'une mesure d'assignation à résidence. L'article R. 711-1 prévoit à cet égard que lorsque les documents de voyage d'un étranger faisant l'objet d'une obligation de quitter le territoire français assortie d'une interdiction de retour ont été revêtus du cachet prévu par le code frontières Schengen lors de sa sortie du territoire français par un point de contrôle français aux frontières extérieures de l'espace Schengen, il est réputé avoir satisfait à cette obligation. L'étranger peut également justifier de sa sortie du territoire français en établissant par tous moyens sa présence effective dans le pays de destination, notamment en se présentant personnellement aux représentations consulaires françaises dans son pays de destination ou à la représentation de l'Office français de l'immigration et de l'intégration dans son pays de destination. Le Conseil constitutionnel a considéré que la condition selon laquelle la demande d'abrogation de l'interdiction de retour n'est valable que si l'étranger réside hors de France n'est pas de nature à porter atteinte au droit d'asile dès lors que le refus d'entrée sur le territoire ne fait pas obstacle, ainsi que le prévoit l'article L. 213-2, au dépôt d'une demande d'asile à la frontière (Cons. const. 9 juin 2011, n° 2011-631 DC § 54).

Si l'étranger peut justifier de son retour volontaire dans le délai imparti, l'autorité administrative ne peut rejeter la demande d'abrogation que par décision motivée au regard de circonstances particulières liées à la situation et au comportement de l'étranger. On notera que le texte reste muet sur les éléments qui devront guider l'administration lorsqu'elle statuera sur une demande d'abrogation ; le juge aura à éclairer les conditions de mise en œuvre de ce pouvoir discrétionnaire. ❑

SECTION 4 Abrogation de l'interdiction de retour

Art. L. 613-7 **L'autorité administrative peut à tout moment abroger l'interdiction de retour.**

Lorsque l'étranger sollicite l'abrogation de l'interdiction de retour, sa demande n'est recevable que s'il justifie résider hors de France. Cette condition ne s'applique pas :

1° Pendant le temps où l'étranger purge en France une peine d'emprisonnement ferme ;

2° Lorsque l'étranger fait l'objet d'une mesure d'assignation à résidence prise en application des articles L. 731-1 ou L. 731-3. – *[Anc. art. L. 511-1, III, al. 10 à 12.]*

Art. L. 613-8 **Lorsqu'un étranger faisant l'objet d'une interdiction de retour édictée en application de l'article L. 612-8 justifie, au plus tard deux mois suivant l'expiration du délai de départ volontaire dont il a bénéficié, avoir satisfait à son obligation de quitter le territoire français dans le délai imparti, l'interdiction de retour est abrogée.**

Toutefois, par décision motivée, l'autorité administrative peut refuser cette abrogation au regard de circonstances particulières tenant à la situation et au comportement de l'intéressé.

Les modalités de constat de la date d'exécution de l'obligation de quitter le territoire français de l'étranger faisant l'objet d'une interdiction de retour sont déterminées par voie réglementaire. – *[Anc. art. L. 511-1, III, al. 13 et 14.]*

Art. L. 613-9 *(L. n° 2024-42 du 26 janv. 2024, art. 60)* **Les motifs de la décision d'interdiction de retour sur le territoire français donnent lieu à un réexamen tous les cinq ans à compter de sa date d'édiction. L'autorité compétente tient compte de l'évolution de la menace pour l'ordre public que constitue la présence de l'intéressé en France, des changements intervenus dans sa situation personnelle et familiale et des garanties de réinsertion professionnelle ou sociale qu'il présente, en vue de prononcer éventuellement l'abrogation de cette décision. L'étranger peut présenter des observations écrites.**

A défaut de notification à l'intéressé d'une décision explicite d'abrogation dans un délai de deux mois, ce réexamen est réputé avoir conduit à une décision implicite de ne pas abroger. Cette décision est susceptible de recours.

COMMENTAIRE

L'article L. 613-9 fixe un dispositif de réexamen de l'interdiction de retour au bout de cinq ans en calquant le mécanisme prévu en matière d'expulsion à l'article L. 632-6. Cela permettra d'apprécier le bien-fondé de l'interdiction de retour à l'issue de la période de cinq ans en tenant compte de la situation de la personne et de l'état de la menace qu'elle fait peser. A noter que le silence gardé par l'autorité administrative vaudra décision implicite de rejet. ❑

CHAPITRE IV PROCÉDURE CONTENTIEUSE

COMMENTAIRE

La volonté du législateur de 2006 était de prévoir la possibilité d'un recours unique contre la décision négative relative au séjour, la mesure d'éloignement, en l'occurrence l'obligation de quitter le territoire français (OQTF) et la décision fixant le pays de destination. Cette innovation n'avait toutefois pas contribué à soulager la charge des juridictions administratives (par ex., le taux d'appel en matière d'OQTF est de 50%).

La loi n° 2011-672 du 16 juin 2011 relative à l'immigration, à l'intégration et à la nationalité (*JO 17 juin*), avait cherché à tirer les leçons de l'échec de la réforme de 2006, tout en assurant la transposition de la directive « Retour » du 16 décembre 2008, qui posait en particulier le principe du délai de départ volontaire. Le législateur a distingué trois régimes contentieux selon la nature de la mesure en cause ou la situation de l'étranger :

– OQTF avec délai de départ volontaire : délai de quinze ou trente jours pour saisir le juge sauf si l'intéressé est placé en rétention administrative ou est assigné à résidence ; le tribunal dispose de six semaines ou trois mois pour statuer ;

– OQTF sans délai : délai de recours de quarante-huit heures ; le tribunal dispose de trois mois pour statuer ;

– étranger placé en rétention administrative ou assigné à résidence : délai de saisine de quarante-huit heures ; le tribunal dispose de soixante-douze heures pour statuer.

La loi n° 2024-42 du 26 janvier 2024, dans le prolongement du rapport du Conseil d'État de mars 2020, « 20 propositions pour simplifier le contentieux des étrangers dans l'intérêt de tous » (https://www.conseil-etat.fr/actualites/simplifier-le-contentieux-des-etrangers-dans-l-interet-de-tous), le législateur a confirmé l'existence d'un recours « groupé » contre l'OQTF, la décision relative au séjour, la décision relative au délai de départ volontaire et l'interdiction de retour éventuelle (art. L. 614-1). L'article L. 721-5 prévoit que la décision fixant le pays de renvoi peut être contestée selon la même procédure que la décision portant OQTF. Ce recours unique est formé dans des délais (de saisine et laissés au juge pour statuer) qui varient selon la situation de l'étranger.

Art.	Objet	Délai de saisine TA	Délai pour statuer
911-1	L. 614-1 : OQTF et décisions qui l'accompagnet/Cas général Si assignation à résidence en cours d'instance Si rétention administrative en cours d'instance	1 mois	6 mois 15 jours 144 heures
924-1	L. 614-2 : OQTF et décisions qui l'accompagnent/Étranger assigné à résidence L. 614-3 : OQTF et décisions qui l'accompagnent/Étanger en détention	7 mois	15 jours*
921-1	L. 614-2 al. 2 : OQTF et décisions qui l'accompagnent/Étranger en rétention L. 614-4 : Interdication du territoire	48 heures	96 heures**

*Délai porté à 144 heures en cas de placement en rétention administrative en cours d'instance (art. L. 921-4)

**Délai porté à 15 jours si l'étranger est assigné à résidence en cours d'instance (art. L. 921-3).

Dans tous les cas, le recours est jugé par un juge unique, en audience publique, sans conclusions du rapporteur public (art. L. 922-2) ; l'étranger concerné peut solliciter le concours d'un interprète et la communication de l'entier dossier.

I. EXCLUSIVITÉ DE LA PROCÉDURE

Le contentieux de l'OQTF et des décisions qui en constituent le fondement ou la conséquence est entièrement régi par les dispositions du présent chapitre. L'étranger devra veiller à articuler ses moyens propres à chacune des décisions contestées.

Ce nouveau mécanisme, s'il a vocation à régler l'ensemble de la procédure contentieuse applicable, doit s'intégrer au sein des règles de droit commun du contentieux administratif. Par suite, l'étranger concerné peut toujours contester séparément chacune des décisions en cause, lesquelles pourront le cas échéant faire l'objet d'une procédure de fusion (CJA, art. R. 775-3). Par ailleurs, les procédures d'urgence (notamment le référé-liberté) restent applicables. Il en va de même de l'exercice, par le juge administratif, de son pouvoir d'injonction, qui se réalise dans les mêmes conditions qu'en matière de refus de visa, s'agissant notamment de l'appréciation d'un changement éventuel des circonstances de droit ou de fait.

Dans tous les cas, le recours présente un caractère suspensif de plein droit : tant que le tribunal administratif n'a pas statué, la mesure d'éloignement ne peut être mise à exécution (art. L. 722-7). Ainsi, dès lors que ce recours présente un caractère suspensif, une demande de référé suspension est irrecevable. A noter que si la demande d'aide juridictionnelle suspend le délai de recours, elle n'a pas pour effet d'empêcher l'exécution d'office de la mesure d'éloignement.

L'étranger peut toutefois faire l'objet d'une rétention administrative (V. *infra* notes ss. art. L. 741-1 s.).

II. LE RECOURS

S'agissant du délai de saisine du juge, il n'est évidemment opposable que dans la mesure où l'OQTF a fait l'objet d'une notification régulière. Cette position n'est toutefois pas exclusive de la volonté de lutter contre la soustraction volontaire à la notification, dans le seul but de faire échec à la mesure d'éloignement. Le Conseil d'État a précisé que le délai de recours contre une OQTF est un délai franc (CE, avis, 30 juill. 2021, n° 452878).

Il semblerait conforme aux principes les plus élémentaires de notre droit que la notification ne puisse être considérée comme régulière que pour autant qu'elle a été réalisée dans des conditions permettant à son destinataire de comprendre l'objet et la portée de la mesure. Quoi qu'il en soit, une OQTF ne constituant pas une « accusation en matière pénale », le requérant ne peut se prévaloir de l'art. 6 § 3 de la Convention européenne de sauvegarde des droits de l'homme et des libertés fondamentales (CEDH), c'est-à-dire du droit d'être informé dans une langue comprise.

On précisera que les délais de recours prévus au présent article ne sont susceptibles d'aucune prorogation, même en présence d'un recours administratif (CJA, art. R. 776-5).

Le régime en place pour le contentieux des OQTF ne brille pas par sa simplicité. Il convient tout d'abord de distinguer selon que l'OQTF est assortie ou non d'un délai de départ volontaire, avant de faire place au cas particulier de l'étranger placé en rétention.

III. EXERCICE DU CONTRÔLE JURIDICTIONNEL

A. LÉGALITÉ EXTERNE

C'est le préfet (et, à Paris, le préfet de police) qui est compétent pour prendre l'OQTF. La jurisprudence a clarifié la répartition des compétences territoriales entre préfets, en fonction du lieu d'interpellation de l'étranger ou de constatation de l'irrégularité de sa situation : lorsque l'étranger est en rétention administrative, il s'agit du préfet du département dans le ressort duquel se trouvent les locaux où est retenu l'étranger. Si, comme en d'autres matières, le préfet peut déléguer sa signature pour prendre les arrêtés de reconduite à la frontière, cette délégation doit avoir été régulièrement publiée.

Le législateur de 2011 a expressément décidé que les décisions portant OQTF devaient faire l'objet d'une motivation ; reste que la jurisprudence antérieure ne faisait pas preuve d'une très grande exigence s'agissant de l'étendue de l'obligation de motivation.

B. LÉGALITÉ INTERNE

Par analogie avec la jurisprudence antérieure à la loi n° 2011-672 du 16 juin 2011 relative à l'immigration, à l'intégration et à la nationalité (*JO 17 juin*) relative au contrôle de la légalité interne des arrêtés de reconduite à la frontière, les mesures d'OQTF doivent à l'évidence respecter le droit de l'intéressé à mener une vie personnelle et familiale normale (sur les conditions d'application de l'art. 8 Conv. EDH, V. App., v° *Conv. EDH*).

Mais, au-delà même de cette stipulation, le juge a exercé depuis le début des années 1990 un contrôle de l'erreur manifeste d'appréciation. Le juge a, en effet, considéré qu'il lui appartenait de rechercher si l'arrêté préfectoral de reconduite à la frontière n'était pas de nature à comporter, pour la situation personnelle de l'intéressé (état de santé, activité professionnelle, études), des conséquences d'une exceptionnelle gravité.

Cette jurisprudence semble transposable au contrôle des mesures d'OQTF telles qu'elles résultent de la loi n° 2011-672 du 16 juin 2011 relative à l'immigration, à l'intégration et à la nationalité (*JO 17 juin*).

On constate que le juge annulait les arrêtés de reconduite à la frontière dans trois hypothèses : pour des considérations liées à l'état de santé du requérant ou de ses proches tout d'abord, l'erreur manifeste d'appréciation était en particulier reconnue lorsque la preuve était rapportée de la nécessité des soins en France et qu'il était impossible à l'étranger ou au membre de sa famille qu'il assiste de voyager sans danger pour sa santé.

En deuxième lieu, des considérations tirées de la bonne intégration de l'étranger et de la durée de sa résidence en France pouvaient justifier l'annulation de la reconduite à la frontière. Il en allait ainsi notamment lorsque l'étranger disposait d'un emploi, était intégré dans la vie sociale et avait manifestement réalisé des efforts pour réussir son intégration.

Enfin, l'erreur manifeste d'appréciation intervenait encore en complément des stipulations de l'article 8 de la convention européenne des droits de l'homme. Il y avait là en effet une jurisprudence très empirique qui privilégiait parfois le contrôle tiré de l'erreur manifeste d'appréciation alors que la violation du droit à mener une vie familiale normale aurait pu suffire à justifier l'annulation contentieuse de la mesure de reconduite à la frontière. ❑

PLAN DES ANNOTATIONS

I. RÈGLES DE PROCÉDURE

Attention. *Certaines solutions jurisprudentielles ci-dessous ont été dégagées sous l'empire du droit antérieur à la L. n° 2011-672 du 16 juin 2011 relative à l'immigration, à l'intégration et à la nationalité (JO 17 juin) ; elles semblent toutefois transposables au contrôle juridictionnel des mesures d'OQTF.*

1. Date d'appréciation de la légalité de l'OQTF. Pour apprécier la légalité de la mesure d'éloignement, le juge se place à la date du refus de délivrance ou de renouvellement du titre. Par exemple, alors même qu'un étudiant a pu apporter la preuve de l'existence de moyens suffisants, celle-ci est intervenue après le refus de titre de séjour ; cet élément nouveau ne remet ainsi pas en cause la légalité de la mesure. • CE 8 févr. 1995, *Préfet de police,* n° 147285. ♦ La circonstance que, postérieurement à la décision, l'intéressée s'est mariée à un ressortissant français, si elle est de nature à faire obstacle à l'exécution de la mesure d'éloignement, est sans influence sur sa légalité. • CE 21 mars 2001, *Mme Mathio Emma Essaka : Lebon 150 ; RFDA 2001. 773*. ♦ Le juge fait une application très stricte de ces dispositions constatant que l'intéressé n'a pas quitté la France dans le délai d'un mois qui lui était imparti et alors même que, postérieurement à la décision, il a obtenu un visa d'entrée en France. • CE 10 févr. 1997, *Préfet des Yvelines,* n° 168786.

2. Responsabilité de l'État. Une mesure d'éloignement entachée d'une illégalité fautive est susceptible d'engager la responsabilité de l'État pour faute. • CE 24 nov. 2004, n° 255521. ♦ Il en va de même en présence du défaut d'exécution d'une ordonnance du juge suspendant une OQTF. • CE 15 avr. 2016, n° 378919. ♦ L'exécution forcée d'une décision d'éloignement avant l'expiration du délai de recours et au surplus alors que les forces de l'ordre se sont introduites au domicile des requérants sans autorisation d'un juge engage la responsabilité de l'État. • TA Nancy, 7 nov. 2023, n° 2101412 : *AJDA 2024. 884*. ♦ L'administration pourra néanmoins être exonérée de sa responsabilité en présence d'un comportement frauduleux de l'intéressé (en l'espèce, des manœuvres successives de l'étranger pour dissimuler son âge réel). • CAA Bordeaux, 25 oct. 2011, *Préfet des Pyrénées-Atlantiques c/ M. Samuel Johnson,* n° 10BX02809.

3. L'édiction d'une OQTF doit être précédée par un examen de la situation de l'étranger ; la circonstance que cet examen a été réalisé postérieurement à la signature de l'arrêté n'est pas de nature à régulariser la méconnaissance de l'étendue de ses obligations par le préfet. • CAA Lyon, 5 janv. 2016, *Préfet de l'Isère,* n° 14LY02290 : *AJDA 2016. 1271*.

A. EXCLUSIVITÉ DE LA PROCÉDURE

1° PRINCIPE

4. Le législateur a entendu déterminer l'ensemble des règles de procédure administrative et contentieuse auxquelles sont soumises l'intervention et l'exécution des décisions par lesquelles l'autorité administrative signifie à l'étranger l'obligation dans laquelle il se trouve de quitter le territoire français ; dès lors, l'art. 24 de la L. du 12 avr. 2000 ne saurait être utilement invoqué à l'encontre d'une décision portant OQTF. • CE, avis, 19 oct. 2007, *M. Hammou et M. Benabdelhak,* nos 306821 et 306822 : *préc. note 2 ss. L. 613-1* • 28 nov. 2007, *M. Barjamaj,* n° 307999 A : *AJDA 2008. 590, note Gros ; RFDA 2008. 199*. ♦ En revanche, l'art. 24 de la L. du 12 avr. 2000 est applicable lorsque la décision fixant le pays de destination est prise isolément de l'OQTF. • CAA Bordeaux, 19 nov. 2009, *Préfet des Deux-Sèvres c/ N'Goma,* n° 08BX03147.

5. Spécificité du contentieux. Le contentieux des arrêtés de reconduite à la frontière est régi par les règles spéciales prévues au présent code. Sont par conséquent inapplicables à la procédure de reconduite à la frontière : ♦ ... L'art. R. 351-4 CJA (rejet des conclusions entachées d'une irrecevabilité manifeste insusceptible d'être couverte en cours d'instance). • CE 23 sept. 1992, *Tarbane,* n° 132388. ♦ ... L'art. R. 611-7 CJA (moyen d'office communiqué aux parties). • CE 6 juill. 1994, *Préfet du Pas-de-Calais,* n° 159288. ♦ ... L'art. 8 du Décr. du 28 nov. 1983. • CE 14 mars 2001, *Boulahas,* n° 208923 A : *RFDA 2001. 772*.

6. Délai de départ. La décision de ne pas accorder un délai de départ volontaire, dont l'objet même est distinct de celui de la mesure d'éloignement, résulte d'un examen par l'administration de la situation personnelle de l'étranger, au regard de critères différents de ceux qui fondent l'obligation qui lui est faite de quitter le territoire français. Le législateur a ainsi fait de la décision d'accorder un délai de départ volontaire une décision autonome de la mesure d'éloignement. En conséquence, lorsque le tribunal administratif est saisi par un étranger d'une requête tendant à l'annulation d'une OQTF sans délai, il doit regarder cette requête, en fonction des moyens soulevés, comme dirigée contre plusieurs décisions distinctes que sont l'OQTF, le refus d'accorder un délai de départ volontaire et, le cas échéant, le choix du pays de destination ainsi que l'interdiction de retour sur le territoire. Ce tribunal peut dès lors annuler uniquement la décision refusant d'accorder un délai de départ volontaire ou, lorsque le même acte porte plusieurs décisions afférentes à l'éloignement, annuler cet acte en tant seulement qu'il refuse ce délai. Une telle annulation est, par elle-même, sans incidence sur la légalité de l'OQTF. Dans l'hypothèse où le tribunal administratif, saisi du recours d'un étranger déjà reconduit à la frontière, annulerait ainsi une décision de refus d'accorder un délai de départ volontaire, sans annuler par ailleurs l'obligation de quitter le territoire français, il ne serait susceptible d'assortir cette annulation d'aucune injonction, une telle annulation n'impliquant nécessairement aucune mesure particulière à prendre par l'administration, au sens des art. L. 911-1 et L. 911-2 CJA. • CE, avis, 1er mars 2012, *M. Calixte,* n° 355133 B : *JCP Adm. 2012. Actu. 182, note Erstein.*

7. Irrecevabilité. Lorsque le préfet se borne dans l'arrêté obligeant un étranger demandeur d'asile à quitter le territoire français, y compris dans le dispositif de cet arrêté, à constater au préalable que l'intéressé s'étant vu refuser le statut de réfugié ou le bénéfice de la protection subsidiaire ne dispose donc plus du droit de se maintenir sur le territoire français, une telle constatation qui ne traduit que l'appréciation, par le préfet, de la réunion des conditions prévues par les dispositions applicables pour décider une OQTF, ne revêt en elle-même aucun caractère décisoire et n'est donc pas susceptible de faire l'objet de conclusions tendant à son annulation indépendamment de l'OQTF qui en procède. Il appartient, par suite, au juge administratif, s'il est saisi de conclusions dirigées contre l'arrêté préfectoral portant OQTF en tant qu'il formaliserait une telle constatation, de les déclarer irrecevables et de regarder les moyens dont elles sont assorties comme dirigées contre l'OQTF elle-même. • CAA Nancy, 5 déc. 2017, n° 17NC01298 : *AJDA 2018. 663*.

8. Quand l'étranger fait appel d'un jugement de rejet du recours formé contre la décision de refus de séjour, le préfet peut, par appel incident, contester le même jugement en tant qu'il a annulé les décisions portant OQTF et fixation du pays de destination. • CAA Nantes, 31 déc. 2007, *Campolat,* n° 07NT02390 B. ♦ D'autres CAA ont considéré que des conclusions incidentes relatives à l'OQTF soulevaient un litige distinct de l'appel principal portant sur le refus de séjour. • CAA Bordeaux, 3 nov. 2011, n° 10BX01742. • CAA Nancy, 2 juin 2014, n° 13NC02018. ♦ Dans le cas où le juge d'appel est saisi d'une requête tendant à l'annulation d'un jugement en tant qu'il rejette les conclusions à fin d'annulation de la décision de refus de séjour opposée à un ressortissant étranger, des conclusions incidentes tendant à l'annulation du même jugement en tant qu'il annule l'obligation faite à l'intéressé de quitter le territoire ne soulèvent pas un litige distinct de l'appel principal portant sur le refus de séjour. • CAA Douai, 3 févr. 2015, n° 13DA01027 : *AJDA 2015. 842, note Marjanovic*.

2° AMÉNAGEMENTS

9. Recours distincts. Les décisions par lesquelles l'administration refuse ou retire à un étranger le droit de demeurer sur le territoire français l'oblige à quitter ce territoire et lui signifie son pays de destination sont regroupées au sein d'un acte administratif unique. Toutefois, aucune disposition n'a pour effet de faire obstacle à ce que les intéressés contestent séparément devant le juge de la légalité chacune de ces décisions en soulevant, le cas échéant, des moyens distincts ; il appartient dès lors au juge d'apprécier la légalité de chaque décision au regard des moyens soulevés par les intéressés au soutien de leurs conclusions dirigées contre la décision en cause. • CE, avis, 19 oct. 2007, *M. Hammou et M. Benabdelhak,* nos 306821 et 306822 : *préc. note 2 ss. L. 613-1.* ♦ L'annulation pour excès de pouvoir de la décision de refus de titre entraînera, si le juge est saisi de conclusions recevables en ce sens, l'annulation par voie de conséquence de l'OQTF, de la décision fixant le pays de destination et de la décision d'interdiction de retour sur le territoire français. • CE 30 déc. 2016, n° 404383 B : *AJDA 2017. 11*.

10. Refus d'abrogation. Sont recevables les conclusions tendant à l'annulation du rejet de la demande d'abroger une décision portant OQTF ou une décision fixant le pays de renvoi sans qu'y fasse obstacle la circonstance que l'OQTF est assortie d'une interdiction de retour sur ce territoire ; mais un étranger n'est pas recevable à demander l'annulation de la décision refusant d'abroger une interdiction de retour sur le territoire français s'il ne justifie pas résider hors de France à la date où il saisit le juge administratif. • CE 30 déc. 2016, n° 404383 B : *AJDA 2017. 11*.

3° PROCÉDURES D'URGENCE

11. La procédure spéciale prévue par le présent code présente des garanties au moins équivalentes à celles des procédures régies par le livre V CJA. Par suite, il appartient à l'étranger qui entend contester une OQTF lorsqu'elle est accompagnée d'un placement en rétention administrative ou d'une mesure d'assignation à résidence de saisir le juge administratif d'une demande tendant à leur annulation, assortie le cas échéant de conclusions à fin d'injonction ; cette procédure particulière est exclusive de celles prévues par le livre V CJA. • CE 11 juin 2015, *Min. Intérieur,* n° 390704 B : *AJDA 2015. 2043, note Fermaud*. ♦ V. déjà pour la reconduite à la frontière : la procédure du référé-suspension n'est pas applicable aux arrêtés de reconduite à la frontière dès lors que le présent art. organise un recours suspensif. • CE 26 janv. 2001, *Cetin Gunes,* n° 229565 : *Gaz. Pal. 8-10 avr. 2001, Pan. dr. adm.* • 30 juill. 2003, *Djelida,* n° 256600 A : *AJDA 2003. 1527*.

12. Changement de circonstances. Il en va autrement, dans le cas où les modalités selon lesquelles il est procédé à l'exécution d'une mesure relative à l'éloignement forcé d'un étranger emportent des effets qui, en raison de changements dans les circonstances de droit ou de fait survenus depuis l'intervention de cette mesure et après que le juge a statué ou que le délai prévu pour le saisir a expiré, excèdent ceux qui s'attachent normalement à sa mise à exécution ; constitue en l'espèce un élément nouveau rendant recevable le recours à la procédure du référé-liberté l'intervention d'un certificat médical émanant du médecin de l'ARS estimant que l'état de santé de l'étranger nécessitait une prise en charge médicale dont le défaut pouvait entraîner des conséquences d'une exceptionnelle gravité et qu'il n'existait pas de traitement approprié dans le pays d'origine. • CE 11 juin 2015, *Min. Intérieur,* n° 390704 B : *AJDA 2015. 2043, note Fermaud*. ♦ V. déjà, pour la reconduite à la frontière : le mécanisme particulier de contestation d'un arrêté de reconduite à la frontière ne fait pas obstacle à l'intervention du juge des référés dans le cas où les mesures par lesquelles il est procédé à l'exécution d'un tel arrêté comportent des effets qui, en raison de changements dans les circonstances de droit ou de fait depuis l'intervention de cet arrêté, excèdent le cadre qu'implique normalement sa mise à exécution (en l'espèce, le Conseil d'État avait annulé, par une précédente décision, la décision fixant le pays de destination). • CE 14 janv. 2005, *Mme Luzeyido Bondo,* n° 276123 B : *AJDA 2005. 1360, note Lecucq* • CAA Paris, 17 janv. 2006, *Isailovic,* n° 05PA01624. ♦ Constituent un tel changement de circonstances les éléments relatifs à une procédure judiciaire pendante, en l'espèce une convocation par le juge aux affaires familiales aux fins d'assister à l'audience de conciliation. • TA Marseille, 17 avr. 2010, *M. Boumaiza,* n° 1002614 : *AJDA 2011. 107, note Charpy*. ♦ L'étranger qui n'a pas demandé l'annulation de la décision fixant l'obligation de quitter le territoire français dans le délai de 30 jours ne peut pas, de ce seul fait, être jugé irrecevable comme tardif lorsque, placé en rétention en vue de l'exécution d'office de la décision, il sollicite du juge des référés administratif la suspension de cette décision dès lors que sa demande en référé n'est soumise ni à la condition que la décision qu'il conteste ait été préalablement déférée au juge de l'annulation, ni à une condition de délai. • CE 7 juill. 2007, *Mlle Sabiha Aslantas,* n° 307133. ♦ Recevabilité d'une demande en référé formée contre une OQTF en raison de la naissance d'un enfant postérieure à la mesure d'éloignement. • CE 19 nov. 2021, n° 458056.

13. Si le préfet a mis à exécution l'obligation de quitter le territoire français et fait procéder à l'éloignement de l'intéressé, cela ne saurait priver d'effet une procédure de référé dès lors qu'elle est présentée sur le fondement de l'art. L. 521-2 CJA, qui est destiné à protéger les libertés fondamentales en permettant au juge des référés d'ordonner toute mesure nécessaire à cette fin. • CE 30 janv. 2009, *M. Abdelkader Benotsmane,* n° 324344 B.

14. Suspension. Une OQTF peut faire l'objet d'une mesure de suspension dans le cas où les modalités selon lesquelles il est procédé à son exécution emportent des effets qui, en raison de changements dans les circonstances de droit ou de fait survenus depuis l'intervention de cette mesure et après que le juge, saisi sur le fondement de l'art. L. 512-1, a statué, ou que le délai prévu pour le saisir a expiré, excèdent ceux qui s'attachent normalement à sa mise à exécution. Il appartient dès lors à l'autorité administrative d'examiner les éléments nouveaux présentés par le demandeur, nonobstant le rejet de demande d'asile par l'OFPRA. • CE, ord., 12 oct. 2017, n° 414816.

15. Si la mesure d'OQTF ne peut faire l'objet d'une demande de référé suspension, il n'en va pas de même de la décision de refus de séjour. • CE 11 juill. 2007, *Usma et a.,* n° 302040. ♦ Il en va de même de la décision fixant le pays de renvoi dès lors que la mesure d'éloignement elle-même n'a pas été contestée. • CE 23 avr. 2003, *Mazouzi,* n° 252124. ♦ La procédure spéciale prévue pour la contestation des OQTF n'a ni pour objet ni pour effet de priver les requérants de la possibilité de présenter une demande de suspension à l'encontre d'un refus de délivrance ou de renouvellement de titre de séjour (ou, *a fortiori*, de retrait du titre) par le recours aux procédures de référé de droit commun prévues aux art. L. 521-1 (référé-suspension) et L. 521-2 (référé-liberté) CJA. • CE 17 févr. 2020, n° 433503.

B. DÉLAI DE SAISINE DU JUGE

1° NOTIFICATION DE LA MESURE D'ÉLOIGNEMENT

16. Conditions de la notification. Il incombe à l'autorité administrative d'indiquer dans l'arrêté la voie de recours et le délai pour rendre ce dernier opposable. • CE 19 juin 1992, *Préfet des Bouches-du-Rhône c/ Mme Yessayan*, n° 131641 • CE 3 févr. 1999, *M. El Ouazani*, n° 199101. ♦ En particulier, s'agissant d'une OQTF sans délai qui n'est susceptible de recours que dans le délai de 48 h (art. L. 614-6), l'intéressé n'ayant pu disposer de l'arrêté ni d'aucun accès à un moyen de communication et placé en garde à vue puis en détention sans être informé de la possibilité d'adresser une requête au chef d'établissement pénitentiaire ; le requérant a ainsi été privé des garanties destinées à assurer l'effectivité du droit au recours au sens des stipulations de l'art. 13 Conv. EDH. • CAA Bordeaux, 11 oct. 2022, n° 21BX03936.

17. Dès lors que, pour être régulière, la notification d'une OQTF sans délai doit être effectuée par voie administrative, une notification par voie postale ne fait pas courir le délai de recours. Reste que le principe de sécurité juridique, qui implique que ne puissent être remises en cause sans condition de délai des situations consolidées par l'effet du temps, fait obstacle à ce que puisse être contestée indéfiniment une décision administrative individuelle qui a été notifiée à son destinataire, ou dont il est établi, à défaut d'une telle notification, que celui-ci a eu connaissance ; en l'occurrence, ce délai ne saurait excéder un an à compter de la date à laquelle une décision expresse a été notifiée ou de la date à laquelle il est établi que l'intéressé en a eu connaissance. • CAA Versailles, 21 mars 2019, n° 18VE02782. ♦ Le Conseil d'État rappelle toutefois que seule une notification par voie administrative est susceptible de faire courir le délai de recours de 48 heures ; dès lors, la notification d'une OQTF par lettre recommandée avec demande d'avis de réception n'a pas pour effet de faire courir le délai de recours quand bien même elle comporterait l'indication de celui-ci. • CE 17 juin 2020, n° 425111 B.

18. La notification de l'arrêté n'a pas à mentionner obligatoirement d'autres précisions telles que : ... Les modalités d'exercice du droit de recours un dimanche. • CE 19 févr. 1997, *Mme Mohammad*, n° 182031. ♦ ... L'adresse du TA. • CE 21 juin 1996, *Préfet de la Moselle c/ Atici : D. 1997. Somm. 35, comm. Julien-Laferrière*. ♦ ... Le fait que chaque TA est pourvu d'une boîte aux lettres extérieure munie d'un horodateur. • CE 2 déc. 1991, *Belkacem Hatri*, n° 126247. ♦ ... Le fonctionnement du greffe du TA le samedi. • CE 8 févr. 1995, *Mlle Nwankpa*, n° 150403. ♦ Jugé en revanche que la circonstance que la notification de l'arrêté de reconduite ne mentionnait pas le n° de télécopie du TA fait obstacle à ce que le délai de 48h commence à courir. • CAA Versailles, 13 juill. 2007, *Doumbia*, n° 06VE02152. ♦ ... Pli recommandé retourné aux services de la préfecture avec la mention « non réclamé, retour à l'envoyeur » sans qu'ait été déposé à l'intention de l'intéressé un avis de passage l'invitant à retirer ce pli au bureau de poste ; dans ces conditions, cette notification ne peut être regardée comme régulière et n'a pu avoir pour effet de déclencher le délai de recours contentieux. Toutefois, une copie de cet arrêté a été remise en mains propres à l'intéressé dans les services de la préfecture ; cette ampliation comportait la mention des voies et délais de recours ; par suite, et nonobstant la circonstance que figurait sur ce document la mention « copie conforme à l'original ne vaut pas notification » qui ne saurait avoir été de nature à induire son destinataire en erreur sur la portée et les effets de la mention des voies et délais de recours indiquée en bas de page, le délai de recours contentieux a commencé à courir. • CAA Douai, 28 oct. 2010, *M. Osman Dogan*, n° 10DA00827.

19. Compréhension du français. La notification réalisée dans ces conditions est valable, même si l'étranger est illettré et ne comprend pas le français. • CE 5 oct. 1992, *Camara*, n° 133627 : *Gaz. Pal. 30 juin-1er juill. 1993, p. 13* • 15 mai 1991, *Mlle Landu Mbala*, n° 121632 : *RFDA 1991. 533*. ♦ En revanche, la notification dans le cadre d'une garde à vue sous la forme d'un imprimé type ne fait pas courir le délai de recours dès lors que le requérant n'a pu en prendre utilement connaissance dans la mesure où le préfet n'établit pas que l'intéressé comprenait le français et qu'il n'a pas disposé d'un traducteur. • TA Clermont-Ferrand, 4 mars 2005, *Guo*, n° 0500379. ♦ La CAA de Versailles a jugé que la notification faite en langue française, alors que l'intéressé avait déclaré ne pas comprendre cette langue, était conforme aux prescriptions du présent art. et n'empêchait pas les délais de recours de courir. • CAA Versailles, 30 juin 2005, *Mhenni*, n° 05VE000141. ♦ La CAA de Marseille adopte la position contraire. • CAA Marseille, 19 janv. 2006, *Zerouali*, n° 05MA02026. ♦ Jugé ainsi que la seule circonstance que l'intéressé aurait été assisté d'un interprète lors de l'audience de prolongation de sa rétention administrative ne suffit pas à établir qu'il en aurait également été de même au moment de la notification de l'arrêté de reconduite ; le recours présenté ainsi par l'intéressé n'est par conséquent pas tardif. • CAA Marseille, 4 juill. 2006, *Jingco*, n° 06MA00612. ♦ Même solution lorsque l'étranger n'a pas été informé dans une langue qu'il comprend de la possibilité d'obtenir un interprète susceptible de l'instruire des voies et délais de recours. • CAA Marseille, 23 nov. 2006, *Ben Hadj Ammar*, n° 06MA02204.

20. Un arrêté de reconduite à la frontière ou une OQTF ne constituant pas une « accusation en matière pénale », le requérant ne peut se prévaloir de l'art. 6, § 3, Conv. EDH (droit d'être informé dans une langue comprise) ; aucune disposition législative ou réglementaire ne prévoit par ailleurs l'obligation de notifier un tel arrêté dans la langue de la personne concernée. • TA Rennes, 29 oct. 2004, *Phuchitphokhai*, n° 0403775.

21. Soustraction à la notification. Lorsque l'étranger s'est soustrait volontairement à l'exécution de la mesure d'éloignement, le régime contentieux spécifique du présent art. n'est plus applicable au recours formé contre une décision visant à faire appliquer l'arrêté initial. • CE 9 nov. 1992, *Préfet des Bouches-du-Rhône c/ Dogan*, n° 132878 : *Dr. adm. 1992 comm. 532* • 3 nov. 1997, *Préfet des Alpes-Maritimes c/ M. Ganegoda Haputhantirige*, n° 175249.

22. Si l'enregistrement tardif d'une requête peut être imputable au délai anormalement long d'acheminement du courrier, il est nécessaire que le requérant établisse avoir remis sa demande au service postal en temps utile pour que celle-ci parvienne au greffe du tribunal avant l'expiration du délai de recours contentieux. • CAA Douai, 29 avr. 2010, *Mme Nébia Mezrag née Mebtoul*, n° 09DA01050.

23. Étranger en détention. L'étranger détenu qui soutient que les conditions de la notification d'une OQTF portent atteinte à son droit à un recours effectif doit apporter « des éléments suffisamment précis et vraisemblables sur les conditions matérielles de sa détention pouvant justifier qu'il n'ait pas été mis en mesure d'avertir, dans les meilleurs délais, un conseil, son consulat ou une personne de son choix. Il incombe à l'administration de produire en sens contraire une argumentation de nature à démontrer que les contraintes résultant de la détention ne faisaient pas obstacle à ce que le délai spécial de 48 h prévu au II de l'art. L. 512-1 [devenu L. 614-1] commençât à courir ». • CAA Bordeaux, 24 juill. 2018, n° 18BX01405 : *AJDA 2019. 147*.

24. L'étranger détenu ou retenu doit avoir été informé, dans la notification de la décision, de la possibilité de déposer son recours auprès de l'administration chargée de sa détention ou de sa rétention ; à défaut, le délai de recours ne court pas. • CE 10 juin 2020, n° 431179 B : *AJDA 2020. 2171, concl. Le Corre*.

2° COMPUTATION DU DÉLAI

25. Avant la L. n° 2024-42 du 26 janv. 2024, le délai de recours à l'encontre de l'OQTF était un délai franc ; ainsi, s'il expirait un samedi, un dimanche, un jour férié ou chômé, il y avait lieu d'admettre la recevabilité de la requête présentée le premier jour ouvrable suivant. • CAA Paris 28 janv. 2008, *Shahid*, n° 07PA01834. ♦ Le délai de recours ouvert contre chacune des 3 décisions (refus de séjour ; OQTF ; pays de destination) obéit au même régime ; ainsi, en cas de recours formé seulement contre la décision fixant le pays de destination, c'est le délai prévu au présent art. qui s'applique. • TA Lyon 6 oct. 2009, *Eryasa*, n° 0904754. ♦ Le TA de Toulon a toutefois adopté la solution inverse, considérant que le délai spécial de recours institué par le présent art. n'a pas le caractère d'un délai franc. • TA Toulon, 22 août 2018, n° 1902770 : *AJDA 2019. 2526*.

26. Le préfet ne peut mettre la mesure d'éloignement à exécution avant l'expiration du délai de recours. • CAA Douai, 28 nov. 2006, *Id Hamidoun*, n° 06DA01155.

27. Conséquence du dépassement du délai. Le dépassement du délai de saisine du juge entraîne l'irrecevabilité du recours. • CE 13 déc. 1995, *Préfet de police de Paris*, n° 160427 • 8 févr. 1995, *Mme Chbouk*, n° 150160. • 28 juill. 2004, *Mme Tshdibi Mukeba*, n° 263179.

28. Lorsque l'autorité administrative oblige un étranger à quitter sans délai le territoire français, le délai pour contester cette décision ainsi que les décisions relatives au séjour, à la suppression du délai de départ volontaire, au pays de renvoi et à l'interdiction de retour notifiées simultanément, est de 48h. Il résulte toutefois de l'art. R. 776-5 CJA que le requérant qui, dans ce même délai de 48h, a demandé l'annulation de l'une de ces décisions peut, jusqu'à la clôture de l'instruction, former des conclusions dirigées contre toute autre de ces décisions. Le requérant n'est donc pas forclos si, alors qu'il a contesté dans le délai de 48h l'une des décisions qui lui ont été notifiées simultanément, il en conteste une autre au-delà de ce délai, dès lors que ces conclusions sont formées avant la clôture de l'instruction. Il en va de même lorsque, par le même acte, l'autorité administrative, d'une part, oblige un étranger à quitter sans délai le territoire et, d'autre part, lui refuse le droit au séjour, alors même que l'étranger n'a pas saisi l'administration d'une telle demande. Nonobstant le fait qu'en pareil cas, l'obligation de quitter le territoire français est une mesure autonome qui ne découle pas d'un refus de titre de séjour, le délai de recours de 48 h est applicable aux conclusions dirigées par le requérant contre le refus de séjour, qui, ayant été notifié en même temps que l'obligation de quitter le territoire sans délai, est indissociable et suit le même régime contentieux, fixé par le II de l'art. R. 776-2 CJA. • CE, avis, 22 juill. 2016, n° 398374 B : *AJDA 2016. 1545*.

29. Recours administratif. Eu égard au délai de recours abrégé introduit par le présent art., l'introduction d'un recours administratif préalable n'a pas pour effet de proroger ledit délai ; en effet, eu égard à l'intérêt qui s'attache au règlement rapide de la situation des étrangers faisant l'objet d'une décision de refus de séjour assortie d'une OQTF, ce délai d'un mois (désormais 30 jours) doit être regardé comme suffisant. • CE 11 juill. 2007, *Union syndicale des magistrats administratifs, Ligue des droits de l'homme et a.*, n° 302040 B : *AJDA 2007. 2218, note Gründler*. ♦ Le délai de recours contre l'OQTF n'est pas prorogé par l'exercice d'un recours administratif ; si l'intéressé souhaite introduire un recours administratif, il doit également introduire un recours contentieux dans le délai. • CAA Versailles, 10 juill. 2008, *Nkem*, n° 07VE02708. ♦ L'art. R. 776-5 CJA, dans sa version postérieure à la L. n° 2011-672 du 16 juin 2011 relative à l'immigration, à l'intégration et à la nationalité, a confirmé l'impossibilité de proroger le délai de recours.

30. Le Conseil d'État a précisé que l'administration n'est tenue de faire figurer dans la notification de ses décisions que les délais et voies de recours contentieux ainsi que les délais de recours administratifs préalables obligatoires ; s'il lui est loisible d'y ajouter la mention des recours gracieux et hiérarchiques facultatifs, c'est à la condition qu'il n'en résulte pas des ambiguïtés de nature à induire en erreur les intéressés dans des conditions telles qu'ils pourraient se trouver privés du droit à un recours contentieux effectif. Une notification qui présente le recours administratif comme la première possibilité en se bornant à mentionner qu'il n'a pas d'effet suspensif sur l'exécution de l'OQTF sans préciser qu'il ne suspend ni ne prolonge le délai du recours contentieux, contrairement aux règles de droit commun, comporte une ambiguïté de nature à induire les destinataires en erreur sur les effets du recours gracieux sur le cours du recours contentieux et à faire ainsi obstacle à l'exercice effectif du droit au recours. • CE 4 déc. 2009, *Min. Immigration c/ Hammou*, n° 324284 B : *AJDA 2010. 555, note Caille*. ♦ Si la notification de la décision de refus de séjour assortie d'une OQTF mentionne la possibilité de former un recours administratif dans le délai de 2 mois sans préciser qu'un tel recours n'a pas pour effet de proroger le délai de recours contentieux, l'erreur commise par l'autorité administrative ne peut léser le requérant ; si celui-ci a formé un recours gracieux dans le mois de la notification, celui-ci doit être regardé comme ayant prorogé le délai de recours contentieux conformément au droit commun. • CAA Paris, 8 nov. 2007, *M. Shao*, n° 07PA01960 : *AJDA 2008. 818, concl. Bachini* • CAA Bordeaux, 2 juin 2008, *Touitou*, n° 07BX02001 • CAA Versailles, 5 févr. 2009, *Alam*, n° 07VE03233. ♦ *Contra* : • CAA Lyon, 17 févr. 2009, *Cucak*, n° 08LY00136.

31. Suspension du délai. Les textes ne prévoient aucune hypothèse de suspension du délai de saisine du juge. L'art. R. 776-5 CJA prévoit explicitement que les délais de recours prévus au présent art. ne sont susceptibles d'aucune prorogation, même en présence d'un recours administratif. Ainsi, ne justifie pas un recours tardif : ... La circonstance que la requérante était sur le point d'accoucher. • CE 12 avr. 1995, *Mme Djomolite Bolendea*, n° 155222. ♦ ... Les troubles psychiatriques invoqués par le requérant. • CE 15 févr. 1993, *Wayi Kebani*, n° 139556. ♦ ... La maladie ayant empêché le requérant d'envoyer le dimanche une requête par télécopie. • CE 3 nov. 1995, *M. Bendo*, n° 158293. ♦ ... La circonstance invoquée selon laquelle l'intéressée n'aurait pu bénéficier de conseils en temps utile en vue de former son recours. • CE 31 mars 1999, *Mme Sery*, n° 199796. ♦ ... La formation d'un recours gracieux dans le délai du recours contentieux. • CE 30 juin 2004, *Préfet du Val-d'Oise c/ Mme Hacine*, n° 258992.

32. Impossibilité de respecter le délai. Lorsque l'intéressé est dans l'impossibilité matérielle de respecter le délai de saisine du juge, la tardiveté du recours n'entraîne pas son irrecevabilité. C'est le cas lorsque l'étranger a reçu notification de l'arrêté alors qu'il était placé sous mandat de dépôt dans une maison d'arrêt. • CE 27 janv. 1992, *Préfet d'Ille-et-Vilaine c/ M. Yamasenda*, n° 125409. ♦ ... Lorsque le retard d'enregistrement au greffe du recours n'est dû qu'à un dysfonctionnement du service d'acheminement postal. • CE 25 avr. 2001, *Raouafi*, n° 211335. ♦ Si l'étranger n'a pu saisir le juge en temps utile en raison d'une panne du télécopieur du TA, il n'est pas tenu de tenter de recourir aux autres voies de saisine prévues par l'art. R. 776-6 CJA. • CE 20 juin 2006, *M. Krib*, n° 274751 B.

33. Si le requérant soutient que son recours n'a pas été enregistré dans les délais en raison d'un dysfonctionnement de l'horodateur du tribunal administratif, c'est à lui d'en rapporter la preuve. • CE 17 mai 2004, *M. Bouabid*, n° 259185.

34. Par analogie, lorsque l'étranger incarcéré a déposé son recours auprès de l'administration pénitentiaire dans le délai, il ne peut se voir opposer la tardiveté de son recours même si la requête a été enregistrée au tribunal administratif postérieurement à la date d'expiration du délai de recours. • CE 24 mars 2004, *Ben Salah*, n° 258155.

35. Aide juridictionnelle. Toute juridiction administrative est tenue, en vertu du droit constitutionnellement garanti à toute personne à un recours effectif devant une juridiction, de transmettre sans délai une demande d'aide juridictionnelle au bureau d'aide juridictionnelle compétent, qu'il soit placé auprès d'elle ou auprès d'une autre juridiction, et de surseoir à statuer jusqu'à ce qu'il ait été statué sur cette demande, sauf en présence d'une irrecevabilité manifeste, insusceptible d'être couverte en cours d'instance. • CE, avis, 6 mai 2009, *M. Jafor Khan*, n° 322716 : *AJDA 2009. 1898, note Arvis*. ♦ Une demande d'aide juridictionnelle formulée au sein d'une requête dirigée contre un refus de séjour assorti d'une OQTF est valablement introduite au regard des dispositions du présent art. • Même avis. ♦ Les dispositions de l'art. 38 du Décr. du 19 déc. 1991 s'appliquent à toute juridiction du premier degré, ce qui inclut les TA, quelles que soient les voies de recours ouvertes contre leurs jugements, ainsi qu'aux juridictions administratives spécialisées statuant en premier degré et dont les jugements sont susceptibles de recours devant une juridiction d'appel statuant elle-même à charge de recours devant le Conseil d'État. L'art. 39 de ce même décret, qui fait référence aux juridictions administratives « statuant à charge de recours devant le Conseil d'État », reprenant en cela les termes de l'art. 13, al. 6, de la L. du 10 juill. 1991, s'applique aux CAA par dérogation à l'art. 38, ainsi qu'aux juridictions administratives spécialisées qui, même lorsqu'elles statuent en premier ressort, rendent des décisions qui ne sont susceptibles que d'un recours devant le Conseil d'État. • CE 1er juill. 2020, n° 426203 : *AJDA 2020. 1381*. ♦ L'irrégularité tenant à ce qu'une décision juridictionnelle a été rendue en méconnaissance de l'obligation de surseoir à statuer qui s'impose à toute juridiction lorsqu'a été présentée une demande d'aide juridictionnelle, que la demande ait été présentée directement devant le bureau d'aide juridictionnelle ou bien devant la juridiction saisie, doit être soulevée d'office par la juridiction qui est saisie de cette décision. • Même avis. ♦ En application de l'art. 39 du Décr. n° 91-1266 du 19 déc. 1991, une demande d'aide juridictionnelle présentée avant l'expiration du délai de recours mentionné au présent art. a pour effet d'interrompre ce délai ; un nouveau délai court à compter de la réception par le requérant de la notification de la décision du bureau d'aide juridictionnelle. • TA Nantes, 20 mars 2007, *Boumaza*, n° 071473. ♦ Une nouvelle demande d'aide juridictionnelle formée à la suite d'une décision de caducité d'aide juridictionnelle n'a pas pour effet d'interrompre à nouveau le délai de recours contentieux. • CAA Versailles, 19 mai 2009, *Sacko*, n° 08VE01681. ♦ L'interdiction de demander le bénéfice de l'aide juridictionnelle après l'introduction d'un recours contre une OQTF ne s'applique que devant le TA et non devant le juge d'appel. • CE 30 mars 2015, *M. C. A.*, n° 369381 B : *AJDA 2015. 722*.

36. Une demande d'aide juridictionnelle formulée au sein d'une requête dirigée contre un refus de séjour assorti d'une OQTF devra être regardée comme valablement introduite au regard du présent art., qui impose que la demande d'aide juridictionnelle soit déposée au plus tard lors de l'introduction du recours ; compte tenu de l'importance de l'aide juridictionnelle pour la mise en œuvre du droit constitutionnel à un recours effectif, l'irrégularité tenant à ce qu'une décision juridictionnelle a été rendue en méconnaissance de l'obligation de surseoir à statuer lorsqu'a été présentée une demande d'aide juridictionnelle, doit être soulevée d'office par la juridiction saisie de cette décision. • CE, avis, 6 mai 2009, *M. Jafor Khan*, n° 322713 A : *Gaz. Pal. 10 déc. 2009, n° 344, p. 7.*

37. Il résulte de l'art. 39 du Décr. du 19 déc. 1991 portant application de la L. du 10 juillet 1991 relative à l'aide juridique que, lorsque l'aide juridictionnelle est sollicitée à l'occasion d'une instance devant le Conseil d'État, les délais de recours sont interrompus si la demande est adressée au bureau d'aide juridictionnelle avant l'expiration du délai imparti pour le dépôt du pourvoi ; un nouveau délai court à compter du jour de la réception par l'intéressé de la notification de la décision du bureau. Ce dernier délai est lui-même interrompu si l'intéressé forme un recours contre cette décision devant le président de la section du contentieux du Conseil d'État, le délai alors imparti pour le dépôt du pourvoi courant à compter de la date de réception par l'intéressé de la notification de la décision prise sur le recours. • CE 7 mars 2007, *M. Alexei A.*, n° 294963.

38. Étranger en rétention administrative. Si l'intéressé est en rétention administrative, il peut valablement présenter sa requête auprès de l'autorité administrative responsable de la rétention, soit au greffe du TGI quand il comparaît en vue de la prolongation de cette rétention. • CE 27 janv. 1992, *Yamasenda : Lebon T. 982* • 29 déc. 1993, *Ahyi : Lebon T. 779.* ♦ Lorsqu'un étranger a manifesté, dans le délai, son intention d'introduire un recours devant le juge chargé de statuer sur la prorogation de sa rétention, le retard à introduire son recours ne lui est pas opposable s'il n'a pas été mis à même de déposer dans les délais. • CE 19 juin 1998, *Camara*, n° 183002. ♦ Si la notification indiquait que l'arrêté critiqué pouvait faire l'objet d'un recours juridictionnel dans un délai de 48h devant le TA, il ne précisait pas que, placé en rétention, le requérant avait la possibilité de déposer ce recours dans ce même délai auprès du responsable du centre de rétention ; il s'ensuit qu'en l'absence de mention de cette voie de saisine, ladite notification n'a pu avoir pour effet de déclencher le délai de recours contre l'arrêté litigieux [arrêt rendu à propos d'un arrêté de reconduite à la frontière pris sur le fondement de l'anc. art. L. 533-1, abrogé par la L. n° 2016-274 du 7 mars 2016, alors applicable, transposable à l'OQTF]. • CAA Marseille, 4 juin 2012, *M. Matumona*, n° 11MA04009 : *AJDA 2012. 1889*.

39. Les dispositions du présent code organisent une procédure juridictionnelle dérogatoire au droit commun dont l'objet est de permettre à un ressortissant étranger à l'égard duquel a été prise une mesure de placement en rétention administrative destinée à assurer son éloignement du territoire français en exécution soit d'une OQTF à destination de son pays d'origine ou de tout autre pays dans lequel il serait légalement admissible, soit d'une mesure de transfert à destination de l'État membre responsable de l'examen de sa demande d'asile en vertu du mécanisme de détermination prévu par le Règl. (UE) n° 604/2013 du 26 juin 2013, d'obtenir qu'un magistrat désigné par le président du tribunal administratif se prononce dans le bref délai de 72h, eu égard à la mesure privative de liberté dont il fait l'objet, sur la légalité de l'une ou l'autre de ces mesures, ainsi, le cas échéant, que sur celle du placement en rétention administrative. Si ces dispositions font expressément mention des hypothèses dans lesquelles la mesure de rétention administrative est notifiée simultanément avec la mesure d'éloignement ou intervient en cours d'instance devant le juge administratif, cette procédure trouve également à s'appliquer lorsque l'intéressé faisait déjà l'objet d'une mesure de rétention administrative à la date à laquelle son éloignement ou son transfert a été prescrit ; en outre, tant ce contexte d'urgence que le principe de sécurité juridique protégeant l'effectivité de l'exécution des décisions prises par l'administration, impliquent également que, comme le prévoient expressément ces dispositions, le juge ne puisse être saisi, dans cette dernière hypothèse, qu'avant l'expiration du bref délai de 48h à compter de la notification de la mesure d'éloignement ou de transfert. • CAA Douai, 22 févr. 2018, n° 17DA00784 : *AJDA 2018. 1647*.

40. Délai de 48 heures. La CEDH a mis en exergue le caractère extrêmement bref du délai de 48h imparti au requérant pour préparer son recours, en particulier par rapport au délai de droit commun de 2 mois en vigueur devant les TA ; elle a ainsi émis de sérieux doutes sur le fait que le requérant ait été en mesure de faire valoir efficacement ses griefs tirés de l'art. 3 de la Conv. devant le magistrat administratif. • CEDH 2 févr. 2012, *I. M. c/ France*, n° 9152/09 : *JCP Adm. 2012. 2212, note Marti.* ♦ En fixant à 48h le délai dans lequel un recours peut être introduit, le législateur a entendu que ce délai soit décompté d'heure à heure et ne puisse être prorogé ; ce délai de recours de 48h heures non prorogeable, compte tenu notamment de la nature et de l'objet de la décision contestée et des garanties procédurales dont dispose le requérant, n'est contraire ni au droit au recours effectif prévu par l'art. 13 Conv. EDH, ni aux dispositions du § 1 de l'art. 13 de la directive du Parlement européen et du Conseil du 16 déc. 2008 relative aux normes et procédures communes applicables dans les États membres au retour des ressortissants de pays tiers en séjour irrégulier, qui prévoient que le ressortissant étranger d'un pays tiers à l'UE doit disposer d'une voie de recours effective pour attaquer les décisions liées au retour devant l'autorité judiciaire ou administrative compétente. • CE 22 juin 2012, *GISTI*, n° 352388 B : *AJDA 2012. 1258* • CE 16 août 2018, n° 406424. ♦ V. déjà pour un retard de 24 minutes, entraînant la tardiveté du recours. • CAA Bordeaux, 3 avr. 2012, *Sifi*, n° 11BX02847. ♦ La notification par LRAR d'une OQTF sans délai ne présente pas les mêmes garanties que sa notification par voie administrative qui seule permet de s'assurer que l'étranger a eu connaissance personnellement de la mesure d'éloignement, ce qui permet de mieux garantir son droit à un recours effectif contre cette mesure mais également la décision relative au séjour ; par suite, le délai de 48h ne court pas en cas de notification par LRAR. • CAA Paris, 10 juin 2014, n° 14PA00037.

41. Le Conseil constitutionnel avait considéré qu'en enserrant dans un délai maximal de 5 jours le temps global imparti à l'étranger détenu afin de former son recours et au juge afin de statuer sur celui-ci, les III et IV de l'art. L. 512-1 [V. table des concordances en fin de code] qui s'appliquent quelle que soit la durée de la détention n'opèrent pas une conciliation équilibrée entre le droit au recours juridictionnel effectif et l'objectif poursuivi par le législateur d'éviter le placement de l'étranger en rétention administrative à l'issue de sa détention. • Cons. const. 1er juin 2018, n° 2018-709 QPC : *AJDA 2018. 1131* ; *D. 2018. 1155* ; *Constitutions 2018. 267, note Pouly*. ♦ Jugé en revanche, s'agissant de l'étranger placé en rétention ou assigné à résidence, que le législateur, en fixant les mêmes délais, a opéré une conciliation équilibrée entre le droit à un recours juridictionnel effectif et l'objectif d'assurer l'exécution des arrêtés préfectoraux de reconduite à la frontière et de ne pas prolonger les mesures privatives ou restrictives de liberté précitées. • Cons. const. 19 oct. 2018, n° 2018-741 QPC : *D. 2018. 2024* ; *Constitutions 2018. 462*. ♦ Le Conseil d'État en déduit logiquement que ce délai n'affecte pas le droit à un recours effectif au sens de l'art. 13 Conv. EDH. • CE 15 mai 2019, n° 409630.

42. Un requérant qui ne dispose que de 48h pour former un recours contre une décision d'assignation à résidence prévue au présent art., est dispensé de joindre l'acte attaqué à sa requête et bénéficie notamment du droit d'invoquer tout moyen pendant le délai accordé au juge pour statuer sur son recours. • TA Toulon, 9 sept. 2019, n° 1903155 : *AJDA 2019. 2590*.

C. LE RECOURS

43. Nature du recours. Le régime contentieux spécifique des arrêtés préfectoraux de reconduite à la frontière a été jugé conforme à la Constitution, dès lors notamment que le recours relève de l'ordre administratif et qu'il ouvre une possibilité de surseoir à l'exécution de la mesure. • Cons. const. 3 sept. 1986, n° 86-216 DC : *Rec. Cons. const. 135 ; JO 5 sept. ; RJC I-281 ; RD publ. 1989, obs. Favoreu ; AIJC 1986. 436, note Genevois ; JDI 1987. 289, obs. Pinto ; RFDA 1987. 120, obs. Genevois ; Rev. sc. crim., 1987. 565, obs. Nguyen Huu et Loloum* • 28 juill. 1989, n° 89-261 DC : *Rec. Cons. const. 81 ; JO 1er août ; RJC I-370 ; AJDA 1989. 619, note Chevallier ; AIJC 1989. 510, note*

Genevois ; D. 1990. 161, note Prétot ; *RFDA 1989. 691, obs. Genevois ; Gaz. Pal. 25-27 févr. 1990.2, note Osman.* ♦ Le Conseil d'État a estimé que cette procédure constituait un recours effectif au sens de l'art. 13 Conv. EDH. • CE 29 juin 1992, *Mme Ghunsum : Lebon T. 981.* ♦ En revanche, l'art. 6, § 1, Conv. EDH n'est pas applicable à ce contentieux. • CE 22 mars 1991, *M. Sti,* n° 119754 : *RFDA 1991. 530* .

44. Dépôt du recours. Le recours doit être déposé au TA ; par conséquent, le recours remis aux services postaux dans le délai est irrecevable. • CE 9 nov. 1992, *M. Sene,* n° 133184 • 5 juill. 1995, *Teca : Lebon T. 838.* ♦ Il en va de même d'un recours enregistré à la préfecture. • CE 31 juill. 1996, *Préfet des Yvelines c/ Mme Kokobo,* n° 174751. ♦ Le mémoire introductif d'instance télécopié au greffe du tribunal administratif avant l'heure d'expiration du recours est recevable, alors même que l'impression du fax s'est terminée au-delà de ce délai. • CAA Paris, 24 sept. 2013, *M. B.,* n° 13PA00761 : *AJDA 2014. 319* .

45. Aux termes de l'art. R. 414-1 CJA : « Lorsqu'elle est présentée par un avocat [...], la requête doit, à peine d'irrecevabilité, être adressée à la juridiction par voie électronique au moyen d'une application informatique dédiée accessible par le réseau internet. La même obligation est applicable aux autres mémoires du requérant. [...] » Aux termes du 2° de l'anc. art. R. 522-3 [devenu art. R.* 651-2, R.* 651-4, R.* 651-6, R.* 651-8, R.* 651-10] du même code, que l'anc. art. R. 523-3 [devenu art. R.* 721-3] rend applicable aux appels formés devant le président de la section du contentieux du Conseil d'État contre les ordonnances rendues par le juge des référés en application de l'anc. art. L. 521-2 [devenu art. L. 614-1] ; il résulte de ce qui précède que le juge des référés du Conseil d'État peut rejeter une requête formée contre une OQTF au motif qu'elle n'a pas été transmise par voie électronique. • CE, ord., 17 nov. 2017, n° 414439 : *AJDA 2017. 2335.*

46. Intérêt à agir. La qualité de concubine ne donne pas intérêt à attaquer la mesure d'éloignement frappant le concubin. • CE 2 déc. 1998, *Mme Richou : Lebon T. 959.* ♦ Il en va de même s'agissant du père de l'intéressée. • CE 17 mars 1999, *Mlle Dos Reis,* n° 187843. ♦ Même solution encore s'agissant d'un recours introduit par un cadre socio-éducatif du service au sein duquel l'intéressé était hospitalisé. • CE 16 janv. 2004, *Préfet de police c/ M. Coulibaly,* n° 245642. ♦ Le fait d'avoir volontairement quitté la France avant la décision préfectorale portant refus de titre de séjour et OQTF prive l'intéressé de tout intérêt à contester cette décision en tant qu'elle porte OQTF. • CAA Lyon, 15 janv. 2009, *M. et Mme Dairi,* n° 08LY01230.

47. Requête. Une requête non rédigée en français alors que l'étranger n'a pas sollicité l'intervention d'un interprète est irrecevable. • CE 27 janv. 1992, *Ersahin : Lebon T. 982* • TA Rennes, 3 oct. 2006, *Taylan,* n° 063988.

48. L'étranger doit impérativement soulever au moins un moyen de droit dans le délai de saisine du juge de la reconduite. A défaut, une requête ne contenant l'exposé d'aucun moyen de droit ou de fait est irrecevable. • CE 3 févr. 1999, *Taba,* n° 199310. ♦ La requête peut toutefois être régularisée oralement lors de l'audience publique. • CE 29 nov. 1991, *Préfet de l'Aisne c/ Strzyowski,* n° 126277 • 27 juin 2001, *Hajri,* n° 225251. ♦ On rappellera que l'art. R. 776-5 CJA a prévu un assouplissement des règles relatives au dépôt de la requête : le requérant qui a déposé son recours dans le délai de 48h, alors même que celui-ci ne comporte l'exposé d'aucun moyen, pourra la régulariser au-delà de l'expiration du délai de recours (inapplicabilité du 2d al. de l'art. R. 411-1 CJA) ; l'expiration du délai n'interdit pas au requérant de soulever des moyens nouveaux, quelle que soit la cause juridique à laquelle ils se rattachent. Le requérant qui, dans le délai de 48h, a demandé l'annulation de l'une des décisions qui lui ont été notifiées simultanément peut, jusqu'à la clôture de l'instruction, former des conclusions dirigées contre toute autre de ces décisions.

49. L'absence de signature d'une requête ne constitue pas une cause d'irrecevabilité dès lors qu'elle n'est pas prévue par l'art. R. 776-4 CJA. • CE 28 juill. 1999, *M. El Aryani,* n° 202246. ♦ La requête présentée par un avocat n'ayant pas produit le mandat de son client est irrecevable. • CE 3 févr. 1999, *M. Samassa,* n° 200852.

50. Effet suspensif. L'effet suspensif du recours n'interdit pas à l'autorité administrative de prendre, avant que le juge de première instance ait statué sur le recours, un autre arrêté de reconduite à l'encontre du même étranger, dès lors que ce nouvel arrêté n'a pas le même fondement juridique que le précédent ou repose sur des circonstances de fait nouvelles de nature à justifier légalement la mesure prise. • CE 28 sept. 2005, *Préfet de la Seine-Saint-Denis c/ M. Diarra,* n° 272256 B.

D. L'INSTRUCTION ET L'AUDIENCE

51. Aux termes de l'art. R. 776-16 CJA, le TA compétent pour juger des décisions énumérées à l'art. R. 776-1 en matière d'éloignement des étrangers, lorsque le requérant est placé en rétention ou assigné à résidence, est celui dans le ressort duquel il se trouve. Toutefois, pour les étrangers placés au centre de rétention de Metz, le 4e al. de l'art. R. 776-16 désigne le TA de Nancy ; cette compétence ne s'étend toutefois pas aux conclusions dirigées contre la décision relative au séjour lorsque le placement en rétention est postérieur à l'introduction de la requête, en l'absence de dérogation par le 4e al. de l'art. R. 776-16 et l'art. R. 776-17 ; le TA de Nancy n'est pas non plus compétent pour connaître, par l'effet des dispositions du 4e al. de l'art. R. 776-16, d'une requête tendant à l'annulation d'une mesure relative au séjour présentée par un requérant placé en rétention à Metz lorsque cette mesure est distincte de l'OQTF. • CE 16 déc. 2013, *M. Gashi*, n° 372357 B : *AJDA 2014. 718*.

52. Le tribunal territorialement compétent est celui dans le ressort duquel est situé le centre de rétention. • TA Rennes, 13 oct. 2006, *Bulut*, n° 0641147.

1° CONVOCATION DU REQUÉRANT

53. Les dispositions spéciales prévues par le présent chapitre imposent une convocation personnelle à l'audience du requérant, même assisté d'un avocat. • CAA Versailles, 8 déc. 2011, *M. Marouane Jari*, n° 10VE03342.

54. Si l'intéressé n'a pas été convoqué à l'audience, la procédure est irrégulière. • CE 21 févr. 1997, *El Idrissi*, n° 158017. ♦ Même s'il est assisté d'un conseil, l'intéressé doit être convoqué personnellement à l'audience. • CE 15 avr. 1992, *Timera : Lebon T. 982*. ♦ Est irrégulièrement convoqué l'étranger qui n'a pu être présent à l'audience en raison de son placement en rétention. • CE 3 mai 2002, *Diallo*, n° 232858. ♦ Alors même que l'étranger avait été régulièrement convoqué et qu'il était représenté par son avocat, son absence du fait de l'administration entache le jugement d'irrégularité. • CAA Versailles, 5 juill. 2005, *M. Atek*, n° 05VE00149 B : *AJDA 2005. 1945, note Pellissier*.

55. Compte tenu de la brièveté du délai imparti au juge pour statuer, le requérant peut être convoqué à l'audience selon des méthodes d'urgence, et notamment par télégramme envoyé 24 h avant l'audience. • CE 14 févr. 1992, *M. Vaz : Lebon T. 982* • 22 mai 1992, *Mutantu-Kanza : Lebon T. 982*. ♦ Cette règle s'applique même si le requérant n'a pu prendre connaissance en temps utile du télégramme pour être présent à l'audience. • CE 7 févr. 1994, *Gungor*, n° 140361. ♦ De même, a été considérée comme régulière la convocation à l'audience par message téléphonique à un tiers susceptible de prévenir l'intéressé au numéro que celui-ci avait laissé. • CE 31 mars 1999, *Ba*, n° 198356. ♦ C'est au requérant d'apporter la preuve que la convocation lui est parvenue après l'audience. • CE 23 juill. 1993, *Lotoma Allen Moya*, n° 138138. ♦ La circonstance que la requérante a demandé à être entendue au cours d'une nouvelle audience en faisant valoir qu'elle ne pouvait se rendre à l'audience est sans incidence sur la régularité du jugement attaqué. • CE 31 mars 1999, *Mme Karambe*, n° 199668. ♦ Dès lors que l'administration a tenté d'avertir l'étranger par tout moyen, celui-ci est réputé avoir été régulièrement convoqué à l'audience. • CE 6 juin 2001, *Demir*, n° 224931. ♦ La notification de l'avis d'audience par les services de police à 1 heure du matin pour une audience devant se tenir à 9 heures porte atteinte au respect du caractère contradictoire de la procédure, notamment en raison de la distance séparant le domicile de l'intéressé du siège du TA. • CE 29 mars 2004, *M. Aidene*, n° 256889.

2° ASSISTANCE DE L'ÉTRANGER

56. *Interprète.* L'étranger peut demander au président du tribunal ou à son délégué le concours d'un interprète et la communication du dossier contenant les pièces sur la base desquelles la décision attaquée a été prise. S'il s'avère matériellement impossible de disposer en temps utile des services d'un interprète, des garanties équivalentes doivent être offertes à l'étranger. • CE 3 févr. 1999, *Samba Yero*, n° 199872. ♦ Entache sa décision d'irrégularité le magistrat délégué qui ne statue pas explicitement sur une telle demande. • CE 27 oct. 2000, *Yang*, n° 215245 B. ♦ Dès lors qu'un étranger, qui a saisi le président du TA d'un recours dirigé contre l'arrêté de reconduite à la frontière pris à son égard, a demandé à être assisté d'un interprète, le magistrat désigné par le président du tribunal administratif ne peut statuer sur le recours, en l'absence d'un tel interprète, que dans le cas où cette demande apparaîtrait infondée au regard de la capacité du requérant de comprendre la langue française. • CAA Douai, 20 oct. 2010, *M. Murat Aydin*, n° 10DA00458. ♦ Dans le cas où l'étranger se voit notifier une obligation de quitter sans délai le territoire, sans être par ailleurs placé en rétention administrative ou assigné à résidence, le juge dispose d'un délai de 3 mois pour statuer sur le recours qui lui est présenté ; un tel délai est suffisant pour permettre à l'étranger ne parlant pas le français de se faire assister lors de la procédure par une personne de son choix maîtrisant suffisamment cette langue. • CE 22 juin 2012, *GISTI*, n° 352388 B.

57. *Assistance d'un avocat.* L'étranger est assisté de son conseil s'il en a un. Il peut demander au président ou au magistrat désigné par lui à cette fin qu'il lui en soit désigné un d'office, ce que le juge ne peut évidemment refuser. • CE 19 sept. 1994, *Mme Kikonda*, n° 155031. ♦ Dès lors qu'il n'a pas été donné suite à la demande formulée par le requérant d'assistance par un avocat, le jugement est intervenu sur une procédure irrégulière et doit être annulé. • CE 15 oct. 2001, *M. Parker : Lebon 465 ; RFDA 2001. 1335*. ♦ Si le requérant doit être convoqué personnellement à l'audience en 1re instance, ces dispositions ne sont pas applicables en appel dès lors que le requérant est assisté par un avocat. • CE 18 oct. 2010, *M. A.*, n° 326020 A : *AJDA 2010. 1968*.

58. *Présence de l'étranger.* Absence de violation du droit au procès équitable par des décisions d'OQTF, de refus de départ volontaire et d'interdiction de retour alors même qu'il était allégué que ces décisions faisaient obstacle à ce que les requérants comparaissent personnellement devant le tribunal correctionnel ou bénéficient de la procédure de comparution sur reconnaissance préalable de culpabilité (CRPC), méconnaissaient le droit à un procès équitable. • CAA Lyon, 21 févr. 2019, nos 18LY03873, 18LY02439 et 18LY03873.

59. Si l'étranger n'a pas pu assister personnellement à l'audience et que son avocat n'a pas eu la faculté de s'entretenir avec lui, ne serait-ce que brièvement, n'ayant pas pu mener à bien sa mission d'assistance, l'ensemble de ces circonstances constitue un « motif exceptionnel tiré des exigences du débat contradictoire » (au sens de la jurisprudence Colomb, • CE 16 juill. 2010, n° 294239 : *AJDA 2010. 1452*), qui contraint le magistrat désigné à reporter l'audience à une date ultérieure. • CAA Nantes, 13 déc. 2018, n° 18NT00341 : *AJDA 2019. 524, concl. Jouno*.

3° PRINCIPE DU CONTRADICTOIRE

60. En l'absence de dispositions expresses, le principe général du contradictoire de la procédure n'impose pas que les observations produites en défense par l'administration soient communiquées au requérant, dès lors que celui-ci, régulièrement averti du jour de l'audience, a été mis en mesure de prendre connaissance de ces observations dont il lui appartient de demander communication. • CE 14 oct. 2005, *M. Khouas,* n° 274462.

61. Jusqu'au moment où l'affaire est appelée, les parties peuvent présenter des conclusions ou observations écrites. Après le rapport fait par le président du tribunal, les parties peuvent présenter en personne ou faire présenter par leur avocat des observations orales et produire des documents qui peuvent apporter des éléments nouveaux. • CE 13 févr. 1991, *Akef,* n° 119525. ♦ Le juge est tenu de répondre à un moyen soulevé oralement à l'audience. • CE 28 oct. 1991, *Aoulad Haj : Lebon T. 1098.* ♦ C'est la date de l'audience publique qui sera retenue pour apprécier la recevabilité d'un moyen soulevé à l'audience. • CE 29 janv. 2003, *M. Aslan,* n° 241574 B.

62. Si le mémoire produit par l'administration en réponse à la requête n'est communiqué qu'à l'audience, une suspension de séance pendant un temps suffisant pour permettre au conseil du requérant d'en prendre connaissance et de préparer sa réplique préserve le principe du contradictoire. • CE 20 mars 1992, *Tenia,* n° 126965 : *Lebon T. 983.* ♦ Viole en revanche le principe du contradictoire le fait pour le préfet de n'avoir pu apprécier la portée de pièces nouvelles produites à l'audience en langue étrangère et en l'absence de traduction. • CE 24 sept. 1999, *Préfet d'Indre-et-Loire c/ Imtiaz,* n° 201968. ♦ Il en va de même dès lors que le magistrat n'a pas interrompu l'audience pour permettre à l'avocat de consulter le mémoire du préfet, le jugement se fondant très largement sur ce mémoire. • CE 12 avr. 1999, *Teka,* n° 199812. ♦ Est nul le jugement fondé sur un mémoire produit par le préfet après l'audience. • CE 5 mai 1999, *Amrhar,* n° 199755.

63. Dès lors que le juge tient compte du mémoire et hors l'hypothèse où le juge relève le moyen d'office, le mémoire doit être soumis au débat contradictoire. • CE 27 févr. 2004, *Préfet des Pyrénées-Orientales c/ M. Abounkhila,* n° 252988 A : *AJDA 2004. 651, chron. Donnat et Casas ; RFDA 2004. 425 ; RD publ. 2005. 510.*

64. En dépit de la brièveté du délai imparti pour statuer, le tribunal doit communiquer au préfet un mémoire complémentaire qui comporte des moyens non énoncés dans la requête initiale et sur lesquels la juridiction se fonde pour annuler l'arrêté de reconduite. • CE 8 oct. 1993, *Préfet de l'Ariège c/ Mlle Loukou : Lebon T. 779.*

65. L'étranger qui demande l'annulation de l'OQTF, assortie d'un délai de départ volontaire, prise sur le fondement du 6° du présent art., peut présenter tout moyen nouveau lors de l'audience devant le tribunal administratif sans qu'il soit besoin de le consigner ultérieurement dans un mémoire écrit et sans violation du principe du contradictoire. • CAA Nantes, 4 oct. 2018, n° 18NT00259 : *AJDA 2019. 263*.

66. Impartialité. Un magistrat qui a annulé une OQTF en jugeant par voie d'exception que la décision du même jour portant refus de titre de séjour méconnaissait les stipulations de l'art. 8 Conv. EDH ne peut ensuite siéger, comme membre de la formation collégiale statuant sur la légalité de l'arrêté en tant qu'il porte refus de titre de séjour dès lors qu'il s'était précédemment exprimé de manière publique sur le fond du litige. • CAA Douai, 28 oct. 2010, *Préfet de police c/ M. Roberto Pimentel Alvarez,* nos 10DA00438 et 10DA00643.

67. Droit d'être entendu préalablement. Lorsqu'une OQTF est prise concomitamment au refus de délivrance d'un titre de séjour, le droit d'être entendu est satisfait si l'intéressé a pu présenter ses observations avant que n'intervienne la décision de refus de titre de séjour ; l'administration n'est alors pas tenue de permettre à l'étranger de réitérer ses observations, de façon spécifique, sur l'OQTF. • CE 4 juin 2014, n° 370515 A : *AJDA 2014. 1183 ; ibid. 1501*.

68. Report d'audience. Le juge, auquel il incombe de veiller à la bonne administration de la justice, est tenu de faire droit à une demande de report de l'audience formulée par une partie, dans le cas où des motifs exceptionnels tirés des exigences du débat contradictoire l'imposent ; tel est le cas lorsque l'intéressé se trouve convoqué, le même jour, à une autre audience devant une autre juridiction appelée à statuer sur une demande tendant à ce qu'il soit mis fin à sa rétention administrative. • CAA Versailles, 8 déc. 2011, *M. Marouane Jari,* n° 10VE03342. ♦ Hormis pour des motifs exceptionnels, le juge n'a aucune obligation de faire droit à une demande de report de l'audience et n'a pas à motiver un éventuel refus ; l'absence de l'avocat à l'audience, du fait de grève, ne constitue pas un tel motif exceptionnel, pas plus que la demande de désignation d'office d'un nouvel avocat, le ministère de celui-ci n'étant pas obligatoire. • CAA Lyon, 6 juill. 2020, n° 19LY04816 : *AJDA 2020. 2344*.

4° PRONONCÉ DU JUGEMENT

69. Formation de jugement. C'est le président du tribunal ou le magistrat désigné à cette fin par lui qui statue sur le recours. Le principe du juge unique n'est écarté qu'en cas de difficulté sérieuse ; il est alors possible de faire appel à la formation collégiale. • CE 28 déc. 1992, *Préfet du Rhône c/ Aslan,* n° 136515. ♦ S'il est saisi d'une demande d'injonction, le président du tribunal administratif ou le magistrat désigné par lui à cette fin n'est pas compétent pour y statuer et doit renvoyer au tribunal administratif statuant collégialement. • CE 9 déc. 1998, *Préfet de l'Hérault c/ M. Salim Abdelouahab,* n° 188143.

70. Les conclusions incidentes tendant à ce que la responsabilité pour faute de l'État soit engagée et à ce que l'État soit condamné à verser une indemnité ne sont pas au nombre de celles dont le président du tribunal administratif ou le magistrat désigné par lui à cette fin peuvent connaître. • CE 24 nov. 2004, *M. El Hamri,* n° 255521 B.

71. La procédure spécifique ne concerne que les recours formés contre les arrêtés préfectoraux de reconduite à la frontière et non contre le refus d'abrogation d'un tel arrêté. • CE 19 mars 1997, *M. Omri,* n° 178877. ♦ En cas d'abrogation de l'arrêté de reconduite à la frontière postérieurement à l'introduction de la requête, le juge prononcera un non-lieu. • CE 17 févr. 1999, *M. Adolehoume Edo Dela,* n° 184408.

72. Interdiction judiciaire du territoire. La reconduite à la frontière consécutive à une interdiction judiciaire du territoire ne constitue pas une OQTF et ne constitue qu'une mesure d'exécution de la décision judiciaire. • CAA Paris, 11 mai 1995, *M. Mungela,* n° 94PA00609. ♦ Le prononcé d'une interdiction du territoire ne fait pas obstacle à ce que le préfet prenne une mesure d'éloignement, notamment du fait de l'absence d'exécution de la sanction pénale. • CE 28 juill. 2000, *Préfet de police c/ Diagola : Lebon 340 ; RFDA 2001. 1021, concl. Fombeur ; AJDA 2000. 859 ; RD publ. 2001. 390, obs. Guettier.*

73. Délai. Le dépassement de ce délai n'entache pas le jugement d'irrégularité. • CE 6 juill. 1990, *Préfet des Hauts-de-Seine c/ Korchi : Lebon T. 778.* ♦ Jugé également que le moyen tiré de la violation par le TA du délai pour statuer est inopérant à l'encontre d'une mesure portant refus de séjour et OQTF. • CAA Nantes, 7 mars 2008, *Torun,* n° 07NT03428.

74. Substitution de base légale. Lorsqu'il constate que la décision contestée devant lui aurait pu être prise, en vertu du même pouvoir d'appréciation, sur le fondement d'un autre texte que celui dont la méconnaissance est invoquée, le juge de l'excès de pouvoir peut substituer ce fondement à celui qui a servi de base légale à la décision attaquée, sous réserve que l'intéressé ait disposé des garanties dont est assortie l'application du texte sur le fondement duquel la décision aurait dû être prononcée ; une telle substitution relevant de l'office du juge, celui-ci peut y procéder de sa propre initiative, au vu des pièces du dossier, mais sous réserve dans ce cas d'avoir au préalable mis les parties à même de présenter des observations sur ce point. • CE 3 déc. 2003, *Préfet de la Seine-Maritime c/ M. El Bahi,* n° 240267 : *Lebon 479 ; RFDA 2004. 195 ; ibid. 733, concl. Stahl ; RRJ 2005. 1155, note Charles.*

E. APPEL

Nota : *La jurisprudence citée ci-dessous, relative aux arrêtés de reconduite à la frontière, est antérieure à la loi n° 2011-672 du 16 juin 2011 relative à l'immigration, à l'intégration et à la nationalité (JO 17 juin) ; les solutions dégagées alors sont toutefois transposables.*

75. Délai d'appel. Si l'appel doit en principe être interjeté dans le délai de 30 jours, une mention erronée figurant sur le jugement mentionnant un délai d'appel plus long permettra de proroger ce délai d'autant. • CE 16 janv. 2006, *Touba,* n° 282472.

76. Notification du jugement. La circonstance que le jugement notifié ne comporte pas la signature du magistrat est sans influence sur sa régularité. • CE 17 mars 1999, *Mlle Dos Reis,* n° 187843. ♦ En application des art. R. 241-17 et R. 241-20 CJA, la notification effectuée par télécopie fait courir le délai d'appel même si elle n'est pas régularisée par l'envoi de l'original du jugement. • CE 22 mars 2000, *Préfet de l'Isère c/ Bouchalta,* n° 204960 B.

77. Appelants. Le préfet signataire de la mesure et l'étranger peuvent interjeter appel du jugement ; ces dispositions sont applicables tant à l'arrêté ordonnant la reconduite d'un étranger à la frontière qu'à la décision fixant le pays à destination duquel l'intéressé sera reconduit. Dans le cas d'un appel du préfet sur ce fondement, l'étranger est toutefois recevable, par appel incident, à déférer au juge l'article du même jugement rejetant ses conclusions dirigées contre l'arrêté préfectoral de reconduite à la frontière. • CE 30 nov. 1994, *Préfet du Rhône : Lebon T. 949.* ♦ Des conclusions présentées pour la première fois en appel contre la décision distincte fixant le pays de renvoi sont irrecevables. • CE 21 oct. 1998, *Bouyahiaoui,* n° 190955. ♦ Dès lors que le jugement du TA a fait intégralement droit aux conclusions présentées par le requérant en annulant à sa demande l'arrêté de reconduite à la frontière, l'étranger n'a pas intérêt à faire appel de ce jugement. • CE 3 févr. 1999, *M. Sambake,* n° 199574. ♦ Dès lors que le requérant s'est désisté en 1re instance, il ne peut reprendre ses conclusions en appel. • CE 3 févr. 1999, *M. Touré,* n° 200068. ♦ De même, une personne qui n'a pas été partie à l'instance devant le TA n'a pas qualité pour interjeter appel dudit jugement. • CE 3 févr. 1999, *Mlle Ikumbelinga,* n° 200031.

78. Sursis à exécution. Dès lors que l'appel n'est pas suspensif, une requête à fin de sursis à exécution du jugement est recevable. • CE, ass., 29 juin 1990, *Engin : RFDA 1990. 548, concl. de La Verpillière.* ♦ Seul un moyen sérieux est nécessaire, la condition du préjudice difficilement réparable étant remplie par la mesure elle-même. • 17 déc. 1997, *Abdel Maksoud,* n° 180337. ♦ La cour de Lyon a toutefois tenu a préciser que l'exécution du jugement confirmant la reconduite à la frontière de l'intéressée pourrait entraîner pour elle des conséquences difficilement réparables compte tenu de la procédure de divorce dans laquelle elle était engagée. • CAA Lyon, 18 févr. 2010, *Himoura,* n° 10LY00305. ♦ Les conclusions à fin de sursis deviennent sans objet dès lors que l'arrêté a été exécuté. • CE, ass., 29 juin 1990, *Engin : préc.* ♦ En revanche, l'appel au principal reste recevable. • CE 19 sept. 1994, *Poon,* n° 152237. ♦ Le juge des référés du CE ne peut être saisi d'une demande de suspension que dans la mesure où le juge de 1re instance a été saisi de la même demande ; à défaut, la demande est irrecevable. • CE 13 déc. 2001, *Boutekrabt,* n° 240858. ♦ Le jugement ayant rejeté une demande dirigée contre une OQTF est susceptible de faire l'objet d'une décision de sursis à exécution dans les conditions de droit commun. • CAA Marseille, 6 mars 2008, *M. Mohammed Chanti,* n° 08MA00422 : *AJDA 2008. 701, note Marcovici.*

79. Appel sans objet. L'appel est rendu sans objet : lorsque le refus de titre de séjour sur lequel se fondait l'arrêté préfectoral de reconduite à la frontière a été annulé. • CE 12 avr. 1995, *Aissaoui,* n° 156324. ♦ ... Lorsque l'intéressé s'est vu reconnaître la qualité de réfugié. • CE 8 oct. 1993, *Préfet de Seine-Maritime c/ Esen : Lebon T. 779.* ♦ ... Lorsque le requérant a obtenu un titre de séjour. • CE 8 oct. 1993, *Préfet de Seine-Maritime c/ Donmez : Lebon T. 779* • CE 16 janv. 2004, *Préfet de l'Oise c/ M. Nait Akli,* n° 238569.

II. EXERCICE DU CONTRÔLE JURIDICTIONNEL

80. Moyens inopérants. Dès lors qu'ils ne sont pas relatifs à la légalité interne ou externe de la mesure d'éloignement (ou des actes en constituant le fondement ou la conséquence), certains moyens sont inopérants. C'est le cas notamment dans les hypothèses suivantes : prétendue illégalité d'un contrôle d'identité. • CE 23 févr. 1990, *Sioui : RFDA 1990. 528, concl. Abraham.* ♦ ... Conditions de la rétention administrative. • CE 29 déc. 1993, *Zouaouki,* n° 137883 : *Lebon T. 777.* ♦ ... Conditions d'interpellation. • CE 28 sept. 1990, *Préfet du Loiret c/ Bidoumi,* n° 116556. ♦ Jugé qu'un étranger ne saurait utilement invoquer, à l'appui de ses conclusions dirigées contre des décisions l'obligeant à quitter le territoire français, refusant de lui octroyer un délai de retour volontaire et fixant son pays de renvoi, des moyens relatifs à l'irrégularité de la procédure d'interpellation dont il a fait l'objet. • CAA Douai, 31 mai 2012, n° 12DA00120.

81. Autres moyens. Une demande de naturalisation est sans incidence sur la légalité de la mesure d'éloignement. • CE 5 mars 1999, *Préfet des Hauts-de-Seine c/ M. Belkacem Bougrab,* n° 167583. ♦ Il en va de même d'une demande de réintégration dans la nationalité française en cours d'instruction. • CE 16 févr. 2001, *Mokhneche,* n° 221524. ♦ ... De l'existence d'un recours hiérarchique pendant contre le refus de titre de séjour. • CE 10 mars 1999, *M. Fissirou,* n° 200121 • 31 mars 1999, *M. Ahraoui,* n° 199619. ♦ Un étranger ne peut invoquer la violation de l'art. 215 C. civ. relatif à l'obligation de communauté de vie dès lors que l'atteinte à cette obligation trouve son fondement dans la nature même de la procédure d'éloignement. • CE 6 avr. 2001, *Boukermi,* n° 222734.

A. LÉGALITÉ EXTERNE

1° COMPÉTENCE

82. Le préfet compétent pour prendre l'arrêté de reconduite à la frontière est celui du département dans lequel a été constatée l'irrégularité du séjour de l'étranger, quel que soit le lieu de l'interpellation de celui-ci. • CE 13 janv. 1997, *Préfet des Yvelines c/ Majid Ben Mohamed Ayed,* n° 176410. ♦ La même solution a été retenue s'agissant du lieu dans lequel l'irrégularité de la situation de l'étranger a été découverte, indépendamment du fait qu'un autre préfet était saisi d'une demande de régularisation. • 30 juill. 1997, *Sanches Cardoso,* n° 184978. ♦ Même solution encore dans l'hypothèse où l'irrégularité de la situation de l'étranger a déjà été constatée dans un autre département, sans pour autant que ce premier constat ait été suivi de l'exécution d'une mesure d'éloignement. • CE 26 nov. 2008, *Min. de l'Immigration, de l'intégration, de l'identité nationale et du codéveloppement,* n° 305709. ♦ Solution confirmée pour l'OQTF. • CAA Douai, 21 mai 2015, *Préfet du Nord,* n° 15DA00363 : *AJDA 2015. 1473, chron. Marjanovic.*

83. Étranger en rétention administrative. Lorsque l'étranger est en rétention administrative, il s'agit du préfet dans le ressort duquel se trouvent les locaux où est retenu l'étranger, alors même que celui-ci invoque un transfert irrégulier décidé par les autorités judiciaires. • CE 8 oct.

1997, Préfet de police c/ Shu Rao Chen, n° 182003 • 1er févr. 1999, *Préfet de police c/ Mlle Akhtar,* n° 189527. ♦ Aucune disposition législative ou réglementaire ne s'oppose à la prise d'un arrêté préfectoral de reconduite à la frontière à l'encontre d'un étranger incarcéré. • CE 5 févr. 1997, *Préfet de l'Ardèche c/ M. Kovacevic,* n° 176983 B.

84. Lorsque le préfet place un étranger en rétention sur la base d'une OQTF pour laquelle une instruction est en cours devant le tribunal administratif, il doit en informer le président de la juridiction afin qu'il soit statué sur le recours dans un délai de 96h ; si le préfet n'avise pas la juridiction, à défaut, l'instruction du recours se poursuit selon la procédure initialement engagée, alors même que le régime de l'urgence s'impose ; par suite, cette information constitue une diligence pour laquelle tout retard fait nécessairement grief et doit emporter la mainlevée de la rétention. • Civ. 1re, 29 mai 2019, n° 18-13.989 : *D. 2019. 1231.*

85. Délégation de signature. Le préfet peut déléguer sa signature, mais la délégation n'est opposable aux tiers que dans la mesure où elle a fait l'objet d'une publication régulière ; à défaut, l'arrêté préfectoral de reconduite à la frontière est entaché d'incompétence. • CE 16 nov. 1998, *M. et Mme Fouka,* n° 154793 B • 29 mars 2000, *Ludiakueno : Lebon 142.* ♦ La délégation n'a toutefois pas à être expressément mentionnée dans l'arrêté de reconduite à la frontière. • CE 31 mars 1999, *M. Fedior,* n° 199667. ♦ Enfin, une subdélégation est évidemment illégale. • CE 10 mars 1999, *M. Ben Sidhom,* n° 199146. ♦ La délégation de signature doit être suffisamment précise et donner compétence expressément pour signer les arrêtés de reconduite à la frontière. • CE 30 juin 2006, *Mlle Ngyala,* n° 274773. ♦ Jugé que l'autorité qui a reçu délégation pour signer les arrêtés de reconduite à la frontière, fixant le pays de destination et de placement en rétention administrative, n'est pas compétente pour prendre les décisions d'OQTF, de refus du délai d'octroi du délai de départ volontaire ou d'interdiction de retour, issues de la L. du 16 juin 2011. • CAA Douai, 10 avr. 2012, *Oghan,* n° 11DA01493.

86. L. du 12 avr. 2000. Les dispositions de l'art. 4 al. 2 de la L. n° 2000-321 du 12 avr. 2000 selon lesquelles une décision administrative doit comporter, en caractères lisibles, l'indication du prénom, du nom et de la qualité de son auteur, sont applicables aux arrêtés de reconduite à la frontière. • CE 22 févr. 2002, *Senina,* n° 231414 A. ♦ Même solution s'agissant de l'art. 16 de la L. du 12 avr. 2000 prévoyant que toute personne tenue de respecter une date limite peut satisfaire à cette obligation au plus tard à la date prescrite au moyen d'un envoi postal, le cachet de la poste faisant foi. • CE 21 mars 2003, *Préfet de police c/ Mme Xiawei Pan,* n° 240511.

2° MOTIVATION

87. Sur ce point, V. notes ss. art. L. 613-1, *supra.*

B. LÉGALITÉ INTERNE

88. Le contrôle tiré de l'erreur manifeste d'appréciation est apparu en 1990. • CE 20 juill. 1990, *Préfet de la Haute-Savoie,* n° 117364 : *RFDA 1990. 944* • 29 juin 1990, *Préfet du Doubs c/ Mme Olmos Quintero et Imanbaccus : RFDA 1990. 541, concl. Faugère.* ♦ La prise en compte de l'art. 8 Conv. EDH n'a pas fait disparaître ce contrôle particulier. • CE 2 oct. 1995, *Préfet de police,* n° 152447. ♦ Le CE a d'ailleurs précisé que l'annulation de la mesure de reconduite pour erreur manifeste d'appréciation pouvait intervenir précisément en l'absence d'une vie familiale en France, en l'espèce s'agissant d'un étranger célibataire sans enfants ayant conservé des attaches familiales dans son pays d'origine mais qui apportait à son père résidant en France une assistance indispensable dans tous les actes de la vie quotidienne. • CE 13 oct. 2006, *Préfet du Var c/ M. Fellah,* n° 270986.

89. Situation personnelle du requérant. La motivation de l'arrêté de reconduite à la frontière doit révéler que l'examen de la situation particulière de l'intéressé a fait l'objet d'un examen réel. • CAA Douai, 6 oct. 2009, *M. Mendes Tavares,* n° 09DA00678 : *AJDA 2010. 173.* ♦ Il convient que les conséquences d'une exceptionnelle gravité affectent bien la situation personnelle du requérant ; ce n'est pas le cas s'agissant d'un arrêté de reconduite à la frontière qui, selon le requérant, aurait des conséquences difficilement réparables sur la situation de sa mère qui est veuve et de son jeune frère dont elle a la charge et qui vivent au Maroc. • CE 10 févr. 1999, *M. Taki,* n° 199194. ♦ V. aussi, s'agissant du soutien financier apporté par le requérant à sa famille restée au Mali : • CE 31 mars 1999, *M. Traore,* n° 200679. ♦ Le préfet commet ainsi une erreur manifeste dans l'appréciation des conséquences sur la situation personnelle et familiale de la requérante frappée par un APRF alors qu'elle est âgée et en mauvaise santé, démunie de toute ressource dans son pays d'origine où personne n'est susceptible de la prendre en charge, et qui est hébergée en France chez sa fille française, qui travaille et peut la prendre en charge. • CE 10 mars 2004, *Mme Benkhallouq,* n° 257037. ♦ La situation personnelle de l'étranger s'apprécie au jour de la décision d'éloignement ; ainsi, le délai écoulé entre la décision d'éloignement et sa notification ne peut avoir pour effet de conférer au requérant une protection du fait de son mariage avec une compatriote réfugiée politique. • CE 25 janv. 2006, *Préfet de l'Isère c/ Loucif,* n° 261433 B.

90. Erreur de fait. Les motifs de fait sur lesquels se fondent le préfet doivent s'avérer exacts. Ce n'est pas le cas, par exemple, s'agissant d'un requérant qualifié par erreur de célibataire alors qu'il était marié. • CE 11 oct. 1991, *Préfet du Doubs c/ Aslandogan*, n° 125404. ♦ ... S'agissant d'un étranger considéré comme étant entré irrégulièrement alors qu'il était porteur d'un visa. • CE 29 nov. 1991, *Préfet de l'Aisne c/ Stryzowski*, n° 12627 • 9 oct. 1996, *Préfet du Val-de-Marne*, n° 167864.

91. Détournement de pouvoir. Un APRF, notifié la veille du jour du mariage du requérant et ayant entraîné un placement immédiat en rétention administrative, doit être regardé comme ayant eu pour motif déterminant la prévention du mariage et est entaché de détournement de pouvoir. • CE 20 févr. 2004, *Préfet de la Haute-Savoie c/ M. Samet*, n° 244058. ♦ Même solution s'agissant d'une ressortissante camerounaise qui s'est vue notifier un arrêté de reconduite à la frontière suite à l'enquête administrative diligentée par le procureur de la République ; au regard de la proximité du mariage et de l'assignation à résidence de l'intéressée, l'arrêté de reconduite n'a eu pour d'autre motif que de prévenir le mariage de l'intéressée. • TA Rennes, 6 avr. 2006, *Nguelingne*, n° 0601273.

1° ÉTAT DE SANTÉ

92. Le fait d'être venu en France pour recevoir des soins médicaux ou d'être atteint d'une maladie grave ne suffit pas pour obtenir l'annulation de l'arrêté préfectoral de reconduite à la frontière. Encore faut-il que les affections dont souffre l'étranger soient d'une gravité telle qu'elles l'empêchent de voyager et ne puissent être soignées qu'en France. • CE 9 nov. 1992, *Mme Aoufi*, n° 134746 • 16 janv. 1998, *Diabate*, n° 184926. ♦ C'est à l'intéressé qu'incombe la charge de la preuve. • CE 31 mars 1999, *Mlle Traore*, n° 199161.

93. Révèle une erreur manifeste d'appréciation la reconduite à la frontière dans les hypothèses suivantes : étranger qui avait déjà été soigné et opéré en France et devait consulter un médecin spécialiste en vue d'une nouvelle opération des yeux. • CE 19 juin 1992, *Préfet de l'Yonne c/ Larbi : Lebon T. 980*. ♦ ... Étrangère victime d'une paraplégie nécessitant des soins médicaux constants. • CE 9 oct. 1996, *Préfet de la Gironde c/ M. Assabry*, n° 164402. ♦ ... Étrangère souffrant d'une affection diabétique grave et d'un handicap physique ne pouvant bénéficier des traitements appropriés dans son pays d'origine. • CE 17 mai 1999, *Préfet de police c/ Mme Damba*, n° 199859. ♦ ... Intéressé souffrant d'une insuffisance rénale grave et faisant l'objet en France d'une trithérapie au dosage complexe, insusceptible d'être poursuivie dans son pays d'origine. • CE 30 nov. 2001, *Préfet des Hauts-de-Seine c/ Obou*, n° 225392. ♦ ... Algérien souffrant d'un diabète insulinodépendant et de complications ophtalmologiques. • CE 21 mai 2003, *Djamai*, n° 245313. ♦ ... Intéressé atteint de schizophrénie nécessitant impérativement un traitement régulier et continu de plusieurs années – tendances suicidaires justifiant la dépendance familiale (toute la famille est en France). • CE 25 févr. 2004, *M. Bellakehal*, n° 257610. ♦ ... Intéressé atteint d'une grave insuffisance rénale chronique, inscrit sur la liste des receveurs de greffe d'organes en vue d'une transplantation de rein, alors même que le préfet soutient qu'il pourrait bénéficier d'un traitement par dialyse au Maroc. • CE 30 avr. 2004, *Préfet de police c/ M. Aich*, n° 252135. ♦ ... Étranger souffrant de troubles psychiatriques pour lesquels il suit en France un traitement régulier, un certificat médical précisant que la dimension traumatique des troubles accentue l'extrême fragilité psychique de l'intéressé pour lequel un retour en Algérie semble comporter un « risque vital certain ». • CE 22 avr. 2005, *M. Laribi*, n° 270794. ♦ Même solution dès lors que le lien entre la pathologie dont souffrait la requérante et les évènements traumatisants qu'elle avait vécus en Algérie ne permettait pas d'envisager un traitement approprié dans ce pays. • CE 30 avr. 2009, *Mlle K.*, n° 311428 B : *AJDA 2009. 908 ; Gaz. Pal. 10 déc. 2009, n° 344, p. 21.*

94. Possibilité de voyager. N'est pas constitutive d'une erreur manifeste d'appréciation la reconduite à la frontière dans les hypothèses suivantes : étranger pour lequel le consul a délivré une attestation indiquant qu'il pouvait recevoir des soins dans son pays d'origine. • CE 11 déc. 1996, *Préfet de la Loire*, n° 170413. ♦ ... Requérant devant, à la suite d'un accident et d'une opération chirurgicale, subir une nouvelle intervention pour lui retirer les broches métalliques posées dans sa jambe droite, une autre intervention sur sa jambe gauche étant envisagée à une échéance non précisée. • CE 1er févr. 1995, *Ly*, n° 152589. ♦ ... Requérant atteint d'un diabète important ayant entraîné des troubles oculaires et nécessitant une prise en charge médicale dont le défaut pourrait entraîner pour lui des conséquences d'une exceptionnelle gravité, dès lors que l'intéressé peut voyager sans risque pour sa santé et en raison de l'aptitude des structures médicales du Maroc. • CE 31 janv. 2000, *Préfet d'Ille-et-Vilaine c/ Farzouz*, n° 207768 B. ♦ ... Étranger reconnu invalide à 80 % par la COTOREP, dès lors qu'il n'est pas allégué que son état de santé le mettrait dans l'impossibilité de rejoindre son pays d'origine. • CE 28 déc. 2005, *Préfet de police c/ M. Zoumana Ballo*, n° 275816. ♦ De même, un état avancé de grossesse n'empêche pas un arrêté préfectoral de reconduite à la frontière, dès lors qu'aucune pièce médicale n'atteste que l'intéressée est hors d'état de supporter un voyage sans danger pour sa santé. • CE 14 févr. 1992, *Préfet du Bas-Rhin c/ Mme Hediye Yapiyapan*, n° 124288.

95. Révèle en revanche une erreur manifeste d'appréciation la reconduite : d'une étrangère alors qu'un certificat médical atteste des dangers du voyage. • CE 21 févr. 1997, *Préfet des Yvelines c/ Mme Elif Coskum née Kaya*, n° 173895. ♦ ... D'une requérante venant d'accoucher 8 jours auparavant. • CE 4 avr. 1997, *Préfet du Val-d'Oise c/ Mlle Yesilmen*, n° 180497. ♦ ... D'une femme ayant subi une césarienne 5 jours auparavant. • CE 11 déc. 1996, *Préfet de police c/ Mme Baioa Quicassa*, n° 173155. ♦ ... D'une femme enceinte de 6 mois et risquant un accouchement prématuré en raison d'une grossesse pathologique. • CE 13 mai 1996, *Mme Sengul*, n° 153462. ♦ ... D'une ressortissante chinoise enceinte de triplés, ne pouvant supporter un voyage sans risque pour sa santé et celle des 3 enfants qu'elle porte. • CE 7 févr. 2003, *Préfet de police c/ Wang*, n° 243905.

96. Même lorsque l'état de santé du requérant justifie que l'exécution de l'arrêté préfectoral de reconduite à la frontière soit différée, cette mesure n'a pas pour effet d'entraîner la régularisation de la situation de la personne. • CE 12 mars 1997, *Mme Hombessa*, n° 161650.

97. L'erreur manifeste tirée de l'état de santé peut également concerner un proche du requérant à la condition que la présence permanente en France de l'intéressé soit nécessaire. • CE 9 juill. 1997, *Lasmari*, n° 183582. ♦ Couple engagé dans une procédure de procréation médicalement assistée dont les chances de succès seraient gravement compromises par une interruption du traitement à ce stade. • CE 8 juill. 2005, *M. et Mme Amrane*, n° 273002.

98. Conjoints et concubins. Épouse du requérant, de santé fragile et dans l'attente d'une décision sur l'admission au statut de réfugié. • CE 20 juill. 1990, *Préfet de la Haute-Savoie*, n° 117364 : *RFDA 1990. 944*. ♦ ... Grave invalidité de l'époux de la requérante qui fait obstacle à ce qu'il puisse prendre en charge les enfants. • CE 25 nov. 1996, *Préfet de la Loire c/ Mme Khisba*, n° 164196. ♦ ... Mari de la requérante qui souffre de pathologies multiples et ne peut vivre seul à la suite d'un accident de travail. • CE 16 janv. 1998, *Mme Chelin épse Nolot*, n° 181846. ♦ ... Étranger vivant en concubinage stable avec une Française enceinte de lui et dont l'état de santé nécessite une surveillance constante. • CE 2 juill. 1999, *Préfet de l'Isère c/ Djelloul*, n° 202125. ♦ ... Requérant dont l'épouse est enceinte depuis plus de 3 mois, dès lors que l'exécution de la reconduite à la frontière aboutirait à séparer cette personne de son épouse pendant la grossesse et lors de la naissance de l'enfant. • CE 15 oct. 2001, *Préfet de la Haute-Garonne c/ Abdessalem*, n° 227434. ♦ ... Étrangère dont l'ex-mari n'est plus en mesure d'effectuer les gestes de la vie quotidienne ; malgré son divorce, elle est la seule personne à pouvoir lui apporter l'assistance indispensable. • CE 27 juin 2001, *Préfet de police c/ Basic*, n° 223713.

99. Enfants. Enfant du requérant. • CE 10 nov. 1995, *Préfet de la Gironde c/ Mme Adoui : Lebon T. 836*. ♦ ... Mère de jumeaux nés prématurément nécessitant une prise en charge médicale prolongée dont ils ne pourraient bénéficier en Côte d'Ivoire. • CE 21 janv. 2004, *Mme Kané*, n° 257600. ♦ Arrêté de reconduite à la frontière pris moins d'un mois après que la compagne du requérant a donné naissance à un enfant sans vie, cet évènement douloureux étant survenu à l'issue d'une période d'inquiétude dans laquelle le couple avait été placé au vu des résultats des nombreux examens médicaux et ayant profondément fragilisé sa compagne, qui, malgré un suivi psychologique, a tenté de mettre fin à ses jours quelques heures après avoir appris que son compagnon avait été interpellé et qu'il risquait de faire l'objet d'une mesure d'éloignement. • CAA Douai, 10 déc. 2009, *M. Ahmed Haddi*, n° 09DA00847.

100. Ascendants. Mère de l'intéressé présentant de multiples pathologies nécessitant un suivi psychique et organique. • CE 4 mai 1998, *Préfet de l'Isère c/ Mme Begani et M. Begani*, n° 173863. ♦ ... Étranger dont le père, atteint d'une affection psychiatrique, produisant un certificat médical attestant que sa présence est nécessaire au rétablissement de son père. • CE 8 févr. 2002, *Préfet de la Savoie c/ Caldaras*, n° 224974. ♦ ... Mère de l'étranger psychologiquement fragilisée par le décès de son fils cadet et de sa propre mère. • CE 11 févr. 2005, *Préfet de police c/ M. Ben Zayed*, n° 257384. ♦ ... Père de l'intéressé, résidant en France depuis 1958 et exploitant seul un café restaurant, souffrant d'une affection de longue durée ayant entraîné une cécité et nécessitant l'aide d'une tierce personne pour accomplir un grand nombre d'actes de la vie quotidienne ; les 3 frères du père du requérant, titulaires d'une carte de résident, vivent dans une autre commune et sont âgés ; le requérant est par conséquent le seul à pouvoir prodiguer à son père l'assistance nécessaire à son commerce et aux gestes quotidiens. • CAA Versailles, 3 nov. 2005, *Préfet des Hauts-de-Seine c/ Ouali*, n° 05VE00848.

101. Collatéraux. Étranger venu secourir sa sœur, veuve et mère de 5 enfants, dont deux atteints de myopathie, invalides à 80 et 90 %. • CE 15 janv. 2001, *Badri*, n° 221942. ♦ ... Ressortissante malienne dont la sœur, atteinte d'une maladie neurologique incurable à évolution très rapide, ne peut communiquer avec l'extérieur que par l'intermédiaire de la requérante. • CE 25 juin 2003, *préfet du Val-d'Oise c/ Tounkara*, n° 243860.

102. Autres. La seule circonstance que le requérant apporte une aide pratique et un soutien moral à la personne âgée et invalide qui l'héberge ne suffit pas à entacher l'arrêté préfectoral de reconduite à la frontière d'illégalité. • CE 15 févr. 1993, *Préfet des Bouches-du-Rhône c/ Llanos Vizcarra*, n° 138960. ♦ De même, absence d'erreur manifeste d'appréciation s'agissant d'un requérant qui assure la garde d'un neveu mineur pendant l'incarcération de la mère de celui-ci. • CE 15 févr. 1993, *Préfet du Val-d'Oise c/ Degri*, n° 138712.

2° INTÉGRATION ET DURÉE DE LA PRÉSENCE EN FRANCE

103. La bonne intégration en France du requérant ou la durée de sa présence en France ne révèle pas nécessairement une erreur manifeste d'appréciation. • CE 9 nov. 1992, *M. Cézar Ferreira*, n° 134312. ♦ ... Étranger exerçant plusieurs fonctions dans plusieurs entreprises et marié avec une ressortissante chinoise en situation régulière. • CE 14 févr. 1992, *M. Bian*, n° 127676. ♦ ... Requérant sur le point de se marier avec une Française, même enceinte. • CE 28 sept. 1990, *Dizane*, n° 116385. ♦ ... Étranger vivant en concubinage et envisageant de se marier, qui n'aurait plus de famille dans son pays d'origine, dont la mère est veuve et malade. • CE 3 févr. 1999, *M. Rahahla*, n° 197523.

104. Insertion. Toutefois, le juge tient compte des efforts accomplis pour s'assurer une bonne intégration. Jeune femme ayant été placée dans un établissement du service de l'aide sociale à l'enfance et qui a fait de réels efforts d'intégration. • CE 13 déc. 1996, *Mlle Nguala Masanga*, n° 179806. ♦ ... Requérant ayant créé un foyer stable avec une ressortissante française et occupé un emploi salarié officiellement déclaré, démontrant une intégration sociale satisfaisante. • CE 13 janv. 1997, *Préfet de la Moselle c/ N'Sapou Kapanvule*, n° 173010. ♦ ... Étranger né en 1978, orphelin de père depuis 1988, entré en France avec sa mère en 1995, décédée en 1997, confié à un foyer d'action éducative spécialisé où il a manifesté sa volonté de formation et d'insertion sociale. • CE 11 juin 1999, *Bitam*, n° 203065. ♦ ... Requérant père de deux enfants, travaillant en tant que maçon et propriétaire d'un appartement. • CE 29 juill. 2002, *Lachheb*, n° 241845. ♦ ... Époux ayant suivi assidûment des cours de français dispensés par la Croix-Rouge, au point que l'épouse est désormais sollicitée par une association en tant qu'interprète ; en outre, elle est bénévole au Secours populaire et assiste 2 heures par semaine une personne handicapée. • TA Rennes, 18 oct. 2007, *Guseinov*, n° 072863. ♦ ... Étrangers témoignant d'une volonté d'insertion dans la société française par la scolarisation de leurs enfants et l'apprentissage de la langue française. • CAA Paris, 29 janv. 2008, *Saman*, n° 07PA03096.

105. La bonne intégration en France ou l'existence d'une situation stable ne révéleront aucune erreur manifeste d'appréciation du préfet dès lors que l'intéressé a produit des pièces falsifiées ou a usurpé l'identité d'un autre individu. • CE 14 nov. 2001, *Préfet du Rhône c/ Ben Mabrouk*, n° 229136 • 12 déc. 2001, *Hu*, n° 234937.

106. Activité économique. Le moyen tiré des conséquences d'un arrêté préfectoral de reconduite à la frontière sur les biens de l'intéressé qu'il devrait laisser en France est inopérant à l'appui d'un recours contre l'arrêté. • CE 4 avr. 1997, *El Barhami*, n° 174297. ♦ Le fait que l'intéressé assure avec son père, âgé et en mauvaise santé, la gérance d'une entreprise, ne fait pas obstacle à sa reconduite à la frontière alors même qu'il affirme que la mesure d'éloignement est susceptible de mettre l'entreprise en danger, le père n'étant plus en mesure d'en assurer seul la direction. • CE 27 mai 1998, *Préfet de police c/ M. Bouras*, n° 175093.

107. Le juge est toutefois amené à tenir compte également des circonstances « économiques » : intéressé qui séjourne en France depuis 6 années, paye des impôts et n'a jamais troublé l'ordre public. • CE 3 févr. 1999, *M. Sangare*, n° 198571. ♦ ... Requérant dont plusieurs membres de la famille, dont son père, vivent en France, qui s'est parfaitement intégré dans la société depuis son entrée à l'âge de 9 ans sur le territoire français et qui envisage de créer sa propre entreprise en France. • CE 3 févr. 1999, *M. Chebel*, n° 197377. ♦ ... Étranger qui n'aurait jamais troublé l'ordre public en France, qui disposerait d'une promesse d'embauche et qui aurait résidé plus de 9 ans en France. • CE 10 mars 1999, *M. Mendes*, n° 200499. ♦ ... Étranger ayant poursuivi des études jusqu'à la maîtrise et créé une société de transports. • TA Versailles, 5 juin 1997, *M. Diabuana N'Dabu Théo*, n° 931253. ♦ ... Chercheur scientifique de haut niveau dont le programme de recherche ne pouvait être poursuivi qu'en France. • CE 26 nov. 1997, *M. Guerassimov*, n° 185714.

108. Activités culturelles. Annulation de la reconduite à la frontière de requérants qui dirigent un groupe musical qui, depuis de nombreuses années, assure en France et dans les autres pays européens des concerts et des animations, à la demande des collectivités locales ou des associations, dans les écoles ou dans des lieux culturels, à l'occasion également de fêtes ou de cérémonies, qui sont des musiciens concertistes et réparateurs spécialistes d'instruments anciens, jouissent d'une notoriété certaine dans leur domaine musical. • CE 29 janv. 1997, *Préfet du Lot*, n° 171206.

109. Services rendus. La reconduite à la frontière a encore été censurée dans les hypothèses suivantes : Athlète de haut niveau qui a participé à de nombreuses compétitions pour un club français et qui s'est marié avec une Française qui attend un enfant de lui. • CE 29 déc. 1997, *Préfet du Calvados c/ Kasmi*, n° 181704. ♦ ... Fille d'un harki ayant combattu dans l'armée française et qui est mort pour la France, l'intéressée ayant vocation à la qualité de pupille de la Nation. • CE 27 juin 2001, *Préfet du Doubs c/ Tatai*, n° 224524.

110. Études. Lorsque la mesure de reconduite frappe un étranger lycéen ou étudiant, bien intégré, et qu'elle a pour effet d'interrompre brutalement l'année scolaire, elle fera l'objet d'une annulation pour erreur manifeste d'appréciation des conséquences de la mesure sur la situation personnelle de l'intéressé. • CAA Lyon, 9 juill. 2008, *Mbewa Kindu*, n° 08LY00590.

111. Le juge a procédé à l'annulation de l'arrêté de reconduite à la frontière dans les hypothèses suivantes : Étudiant qui n'a pu régulariser son séjour en raison d'un retard dans le versement de sa bourse, mais qui a été reçu au concours de grandes écoles. • CE 30 déc. 1996, *Préfet de la Somme c/ M. Ayadi*, n° 165205. ♦ ... Étudiante qui n'a pu soutenir sa thèse de doctorat en raison du retrait de la matière choisie des enseignements de l'université où elle était inscrite. • CE 28 déc. 2001, *Slimani*, n° 236471. ♦ ... Fille de l'un des principaux opposants aux autorités angolaises ayant poursuivi avec succès des études à l'École des hautes études internationales. • CE 18 févr. 2004, *Préfet de police c/ Mlle Sakaïta*, n° 249604. ♦ ... Étrangère ayant achevé une formation en 3e cycle de DEA et entamé une thèse. • CE 28 juill. 2004, *Préfet de police c/ Mlle Azoug*, n° 257991. ♦ Étranger ayant poursuivi avec succès des études supérieures et ayant été constamment employé par l'administration de l'Éducation nationale en qualité de vacataire, de maître auxiliaire, puis de professeur contractuel. • CE 15 déc. 2004, *Préfet de police c/ M. Fokam*, n° 258731. ♦ ... Malien entré en France à l'âge de 30 ans pour y suivre des études supérieures dans le but de retourner travailler dans son pays d'origine ; il produit des attestations de ses professeurs indiquant qu'il participe avec assiduité aux cours et travaux dirigés et qu'il est un excellent étudiant. • CAA Versailles, 20 janv. 2006, *Préfet de la Seine Saint-Denis c/ Sacko*, n° 05VE01275. ♦ ... Lycéen scolarisé en classe de terminale : l'interruption de ses études serait de nature à compromettre sérieusement les chances de l'intéressé d'obtenir son examen terminal et de reprendre ultérieurement un cycle scolaire. • CAA Lyon, 22 mars 2007, *Fitahiansoa*, n° 07LY00002. ♦ ... Étudiant en doctorat qui participe très activement aux recherches du laboratoire auquel il appartient et qui rencontrerait des difficultés pour reprendre ses études si celles-ci venaient à être brusquement interrompues. • CAA Paris, 22 juin 2007, *Préfet de police c/ Boudelia*, n° 06PA03885.

112. Impossibilité de mettre à exécution la mesure. Fait l'objet d'une annulation pour erreur manifeste d'appréciation l'OQTF frappant une étrangère placée sous contrôle judiciaire (en raison d'une demande d'extradition) par une décision qui lui interdit de s'absenter de son domicile pour d'autres motifs que les nécessités de la vie quotidienne, les soins médicaux ou les démarches judiciaires, de quitter son département de résidence et de se rendre dans des gares et aéroports. • TA Lyon, 21 mars 2013, n° 1208194.

3° VIE PERSONNELLE ET FAMILIALE

113. De manière plus récente, le Conseil d'État opère parfois une assimilation entre cette nécessité pour le préfet d'examiner les conséquences de l'arrêté de reconduite et l'art. 8 Conv. EDH. • CE 9 déc. 1994, *Min. Intérieur c/ Kaya : Lebon 544.* ♦ Dès lors, le Conseil d'État est parfois amené à annuler l'arrêté de reconduite sur le fondement de l'erreur manifeste alors qu'il aurait parfaitement pu se fonder sur les stipulations de l'art. 8 Conv. EDH. • CE 6 juill. 1994, *Préfet du Pas-de-Calais : Lebon 350.* ♦ V., par exemple, s'agissant d'un ressortissant yougoslave qui n'a pu retrouver sa famille en raison des bouleversements de sa région natale. • CE 7 juill. 1999, *Préfet du Doubs*, n° 199257. ♦ Annulation de l'arrêté de reconduite frappant le père de 3 enfants, dont 2 qui ne parlent ni ne comprennent le vietnamien. • CE 14 oct. 2005, *M. Hoang Trong*, n° 263818. ♦ Même solution pour des concubins n'étant pas de la même nationalité, la procédure de regroupement familial ne leur étant pas applicable. • CE 28 déc. 2005, *Mlle Hong*, n° 274059.

114. En tout état de cause, l'art. 8 Conv. EDH est rarement accueilli positivement contre les arrêtés de reconduite à la frontière. • CE 29 juill. 1998, *Caussy*, n° 190434. ♦ Il incombe toutefois à l'autorité administrative de réaliser l'examen des pièces relatives à la situation matrimoniale de l'intéressé ; à défaut, cela empêche d'évaluer l'atteinte au droit à une vie familiale normale et entache la décision de reconduite d'illégalité. • CE 26 févr. 1997, *Préfet du Nord-Pas-de-Calais c/ Darlington Joe*, n° 179017.

115. Dès lors que la reconduite à la frontière n'interdit pas à l'étranger, une fois sa situation régularisée, de revenir en France, le juge pourra écarter le moyen tiré de la violation de l'art. 8 Conv. EDH, par exemple, même pour un étranger marié depuis 1995 à une ressortissante étrangère en situation régulière et qui dispose d'un emploi. • CE 3 févr. 1999, *M. Bouraoui*, n° 199636. ♦ ... Pour une personne parfaitement intégrée en France, qui vit en concubinage depuis févr. 1996, ainsi que l'atteste un certificat de concubinage, avec une ressortissante marocaine en situation régulière, dont la sœur et le beau-frère vivent également en France et qui n'a plus de famille proche au Maroc. • CE 3 févr. 1999, *M. Zouhri*, n° 197411.

116. Jugé que le moyen tiré de la méconnaissance de l'art. 8 Conv. EDH ne peut être utilement soulevé pour contester, en raison des risques de séparation, des décisions portant OQTF prises à l'encontre d'un couple de nationalités différentes ; en effet, pour juger que les décisions contestées ont été prises en méconnaissance de ces stipulations, la cour s'est notamment fondée sur le motif tiré de ce que ces décisions faisaient courir aux intéressés des risques sérieux d'être séparés l'un de l'autre ; toutefois, la circonstance que les intéressés sont de deux nationalités distinctes étant sans incidence sur la légalité des décisions portant OQTF, seules les décisions fixant le pays de destination pouvaient être contestées au motif qu'il existerait un risque de séparation du couple dans deux pays distincts. • CE 23 juill. 2012, *Min. Intérieur*, n° 349581 B : *AJDA 2012. 1481*.

SECTION 1 Dispositions générales

(L. n° 2024-42 du 26 janv. 2024, art. 72 ; Décr. n° 2024-799 du 2 juill. 2024, art. 9-I, en vigueur le 15 juill. 2024)

Les dispositions de la présente section introduites par l'art. 72 de la L. n° 2024-42 du 26 janv. 2024 entrent en vigueur à une date fixée par Décr. en Conseil d'État, et au plus tard le 1er août 2024. Ces dispositions s'appliquent à la contestation des décisions prises à compter de leur entrée en vigueur (L. préc., art. 86-IV). Ces dispositions entrent en vigueur le 15 juill. 2024 (Décr. n° 2024-799 du 2 juill. 2024, art. 9-I).

Art. L. 614-1 La décision portant obligation de quitter le territoire français ainsi que la décision relative au séjour, la décision relative au délai de départ volontaire et l'interdiction de retour sur le territoire français qui l'accompagnent, le cas échéant, peuvent être contestées devant le tribunal administratif selon la procédure prévue à l'article L. 911-1.

COMMENTAIRE

L'article L. 911-1 prévoit que le tribunal administratif peut être saisi dans le délai d'un mois de la décision et doit statuer en principe dans le délai de six mois ; le délai pour statuer est ramené à quinze jours si l'étranger est assigné à résidence et à 144 heures s'il est placé en rétention administrative. Dans ces deux cas, le recours est jugé par un juge unique sans conclusions du rapporteur public (art. L. 922-2).

Lorsque l'étranger est placé ou maintenu en rétention administrative ou en zone d'attente, afin d'assurer une bonne administration de la justice et de permettre à l'étranger de présenter ses explications, l'audience se tient dans la salle d'audience attribuée au ministère de la Justice spécialement aménagée à proximité immédiate, selon le cas, du lieu de rétention ou de la zone d'attente. Le président du tribunal administratif ou le magistrat désigné peut toutefois siéger dans les locaux du tribunal. Les deux salles d'audience sont alors ouvertes au public et reliées entre elles en direct par un moyen de communication audiovisuelle garantissant la confidentialité et la qualité de la transmission. Le conseil de l'étranger, de même que le représentant de l'administration, peut assister à l'audience dans l'une ou l'autre salle. Il a le droit de s'entretenir avec son client de manière confidentielle. Une copie de l'intégralité du dossier est mise à disposition du requérant. Un procès-verbal est établi dans chacune des salles d'audience attestant de la conformité des opérations effectuées. Enfin, le président du tribunal administratif ou le magistrat désigné peut, de sa propre initiative ou sur demande des parties, suspendre l'audience lorsqu'il constate que la qualité de la retransmission ne permet pas à l'étranger ou à son conseil de présenter ses explications dans des conditions garantissant une bonne administration de la justice (art. L. 922-3). ❑

Code de justice administrative

CHAPITRE VI. *LE CONTENTIEUX DES DÉCISIONS RELATIVES À L'ENTRÉE, AU SÉJOUR ET À L'ÉLOIGNEMENT DES ÉTRANGERS*
(L. n° 2024-42 du 26 janv. 2024, art. 73)

Art. L. 776-1 Les modalités selon lesquelles sont présentés et jugés les recours formés devant la juridiction administrative contre les décisions relatives à l'entrée, au séjour et à l'éloignement des étrangers obéissent, lorsque les dispositions du code de l'entrée et du séjour des étrangers et du droit d'asile le prévoient, aux règles spéciales définies au livre IX du même code.

Les dispositions du présent art. introduites par l'art. 73 de la L. n° 2024-42 du 26 janv. 2024 entrent en vigueur à une date fixée par Décr. en Conseil d'État, et au plus tard le 1er août 2024. Ces dispositions s'appliquent à la contestation des décisions prises à compter de leur entrée en vigueur (L. préc., art. 86-IV).

CHAPITRE VI *[ANCIEN]. LE CONTENTIEUX DES OBLIGATIONS DE QUITTER LE TERRITOIRE FRANÇAIS (L. n° 2016-274 du 7 mars 2016, art. 57-II et 67-II, en vigueur le 1er nov. 2016).*

Les dispositions introduites par l'art. 57-II de la L. n° 2016-274 du 7 mars 2016 entrent en vigueur au plus tard le 1er nov. 2016. La loi préc. s'applique aux demandes pour lesquelles aucune décision n'est intervenue à sa date d'entrée en vigueur (L. préc., art. 67-II et VI).

Ancien art. L. 776-1 *Les modalités selon lesquelles le tribunal administratif examine les recours en annulation formés contre les obligations de quitter le territoire français, les décisions relatives au séjour qu'elles accompagnent, les interdictions de retour sur le territoire français et les* (L. n° 2016-274 du 7 mars 2016, art. 57-II et 67-II, en vigueur le 1er nov. 2016) *« interdictions de circulation sur le territoire français obéissent, sous réserve des articles* (Ord. n° 2020-1733 du 16 déc. 2020, art. 9) *« L. 651-3 à L. 651-6, L. 652-3, L. 653-3, L. 761-3, L. 761-5, L. 761-9, L. 762-3 et L. 763-3* [ancienne rédaction : L. 514-1 et L. 532-1] *» du code de l'entrée et du séjour des étrangers et du droit d'asile, aux règles définies aux articles* (Ord. n° 2020-1733 du 16 déc. 2020, art. 9) *« L. 614-2 à L. 614-19* [ancienne rédaction : L. 512-1, L. 512-3 et L. 512-4] *» du même code. »*

Art. L. 776-2 (Abrogé par L. n° 2024-42 du 26 janv. 2024, art. 73) (L. n° 2016-274 du 7 mars 2016, art. 57-II et 67-II, en vigueur le 1er nov. 2016) *Les modalités selon lesquelles le tribunal administratif examine les recours en annulation formés contre les décisions fixant le pays de renvoi qui accompagnent les obligations de quitter le territoire français, les interdictions de retour et les interdictions de circulation sur le territoire français obéissent aux règles définies à l'article* (Ord. n° 2020-1733 du 16 déc. 2020, art. 9) *« L. 721-7* [ancienne rédaction : L. 513-3] *» du code de l'entrée et du séjour des étrangers et du droit d'asile.*

V. CJA, art. R. 776-1 s., et Circ. du 11 juill. 2011 du secrétaire général du Conseil d'État, ss. art. R. 512-2.

CHAPITRE VII *[ABROGÉ]. LE CONTENTIEUX DES REFUS D'ENTRÉE SUR LE TERRITOIRE FRANÇAIS AU TITRE DE L'ASILE ET DES DÉCISIONS DE TRANSFERT PRISES À LA FRONTIÈRE (L. n° 2015-925 du 29 juill. 2015, art. 13-II-1°). (Abrogé par L. n° 2024-42 du 26 janv. 2024, art. 73) (L. n° 2007-1631 du 20 nov. 2007, art. 27)*

Les modifications du présent chap. introduites par l'art. 73 de la L. n° 2024-42 du 26 janv. 2024 entrent en vigueur à une date fixée par Décr. en Conseil d'État, et au plus tard le 1er août 2024. Ces dispositions s'appliquent à la contestation des décisions prises à compter de leur entrée en vigueur (L. préc., art. 86-IV).

Art. L. 777-1 *Les modalités selon lesquelles le président du tribunal administratif ou le magistrat qu'il a désigné examine les recours en annulation formés contre les décisions de refus d'entrée sur le territoire français au titre de l'asile* (L. n° 2015-925 du 29 juill. 2015, art. 13-II-2°) *« et, le cas échéant, contre les décisions de transfert » obéissent aux règles fixées par* (Ord. n° 2020-1733 du 16 déc. 2020, art. 9) *« les articles L. 352-4 à L. 352-6* [ancienne rédaction : l'article L. 213-9] *» du code de l'entrée et du séjour des étrangers et du droit d'asile.*

CHAPITRE VII BIS *[ABROGÉ]. LE CONTENTIEUX DES DÉCISIONS DE MAINTIEN EN RÉTENTION EN CAS DE DEMANDE D'ASILE (Abrogé par L. n° 2024-42 du 26 janv. 2024, art. 73) (L. n° 2016-274 du 7 mars 2016, art. 33-VI et 67-II, en vigueur le 1er nov. 2016)*

Les modifications du présent chap. introduites par l'art. 73 de la L. n° 2024-42 du 26 janv. 2024 entrent en vigueur à une date fixée par Décr. en Conseil d'État, et au plus tard le 1er août 2024. Ces dispositions s'appliquent à la contestation des décisions prises à compter de leur entrée en vigueur (L. préc., art. 86-IV).

Art. L. 777-2 (Ord. n° 2020-1733 du 16 déc. 2020, art. 9) *Les modalités selon lesquelles le président du tribunal administratif ou le magistrat qu'il a désigné examine les demandes d'annulation des décisions de maintien en rétention présentées en application du premier alinéa de l'article L. 754-4 du code de l'entrée et du séjour des étrangers et du droit d'asile obéissent aux règles fixées au même article.*

CHAPITRE VII TER *[ABROGÉ]. LE CONTENTIEUX DES DÉCISIONS DE TRANSFERT VERS L'ÉTAT RESPONSABLE DE L'EXAMEN DE LA DEMANDE D'ASILE (Abrogé par L. n° 2024-42 du 26 janv. 2024, art. 73) (L. n° 2015-925 du 29 juill. 2015, art. 20-III)*

Les modifications du présent chap. introduites par l'art. 73 de la L. n° 2024-42 du 26 janv. 2024 entrent en vigueur à une date fixée par Décr. en Conseil d'État, et au plus tard le 1er août 2024. Ces dispositions s'appliquent à la contestation des décisions prises à compter de leur entrée en vigueur (L. préc., art. 86-IV).

Art. L. 777-3 *(Ord. nº 2020-1733 du 16 déc. 2020, art. 9) Les modalités selon lesquelles le président du tribunal administratif ou le magistrat qu'il a désigné examine les recours en annulation formés contre les décisions de transfert mentionnées à l'article L. 572-1 du code de l'entrée et du séjour des étrangers et du droit d'asile obéissent aux règles fixées aux articles L. 572-5 à L. 572-7 du même code.*

CHAPITRE VII *QUATER [ABROGÉ]. LE SURSIS À EXÉCUTION DES MESURES D'ÉLOIGNEMENT VISANT LES DEMANDEURS D'ASILE*

(Abrogé par L. nº 2024-42 du 26 janv. 2024, art. 73) (L. nº 2018-778 du 10 sept. 2018, art. 34 et 71, en vigueur au plus tard le 1er janv. 2019)

Les modifications du présent chap. introduites par l'art. 73 de la L. nº 2024-42 du 26 janv. 2024 entrent en vigueur à une date fixée par Décr. en Conseil d'État, et au plus tard le 1er août 2024. Ces dispositions s'appliquent à la contestation des décisions prises à compter de leur entrée en vigueur (L. préc., art. 86-IV).

Art. L. 777-4 *(Ord. nº 2020-1733 du 16 déc. 2020, art. 9) Les modalités selon lesquelles le président du tribunal administratif ou le magistrat qu'il a désigné examine les demandes de suspension de l'exécution de la décision portant obligation de quitter le territoire français présentées par les demandeurs d'asile assignés à résidence ou placés en rétention administrative en application des articles L. 752-5 ou L. 752-7 du code de l'entrée et du séjour des étrangers et du droit d'asile obéissent aux règles fixées aux mêmes articles, aux articles L. 752-8, L. 752-9 et L. 752-11 et aux articles L. 614-7 à L. 614-13 dudit code.*

Art. L. 777-5 *(Ord. nº 2020-1733 du 16 déc. 2020, art. 9) Les modalités selon lesquelles le président du tribunal administratif ou le magistrat qu'il a désigné examine les demandes de suspension de l'éloignement présentées par les demandeurs d'asile assignés à résidence ou placés en rétention administrative en application de l'article L. 753-7 du code de l'entrée et du séjour des étrangers et du droit d'asile obéissent aux règles fixées aux mêmes articles, aux articles L. 753-8 à L. 753-10 et aux articles L. 614-7 à L. 614-13 dudit code.*

Art. L. 614-2 Par dérogation à l'article L. 614-1, lorsque l'étranger est assigné à résidence en application de l'article L. 731-1, la décision portant obligation de quitter le territoire français ainsi que la décision relative au séjour, la décision relative au délai de départ volontaire et l'interdiction de retour sur le territoire français qui l'accompagnent, le cas échéant, peuvent être contestées devant le tribunal administratif selon la procédure prévue à l'article L. 921-1.

Lorsque l'étranger est placé en rétention administrative, ces décisions peuvent être contestées devant le tribunal administratif selon la procédure prévue à l'article L. 921-2.

COMMENTAIRE

S'agissant de l'étranger assigné à résidence, le recours « groupé » (OQTF, décision relative au séjour, au délai de départ et interdiction de retour) doit être formé dans un délai de 7 jours et le tribunal administratif doit statuer dans un délai de 15 jours (art. L. 921-1). Si le requérant est en rétention administrative, le tribunal administratif peut être saisi dans le délai de 48 heures à compter de la notification de la décision ; il statue en principe dans un délai de 96 heures (art. L. 921-2). ❑

Art. L. 614-3 Par dérogation à l'article L. 614-1, lorsque l'étranger est détenu, la décision portant obligation de quitter le territoire français ainsi que la décision relative au séjour, la décision relative au délai de départ volontaire et l'interdiction de retour sur le territoire français qui l'accompagnent, le cas échéant, peuvent être contestées devant le tribunal administratif selon la procédure prévue à l'article L. 921-1.

COMMENTAIRE

S'agissant de l'étranger placé en détention, le recours « groupé » (OQTF, décision relative au séjour, au délai de départ et interdiction de retour) doit être formé dans un délai de 7 jours et le tribunal administratif doit statuer dans un délai de 15 jours (art. L. 921-1). ❑

Art. L. 614-4 L'interdiction de retour sur le territoire français édictée en application de l'article L. 612-7 après la décision portant obligation de quitter le territoire français peut être contestée devant le tribunal administratif selon la procédure prévue à l'arti-

cle L. 921-1 ou, lorsque l'étranger est placé en rétention administrative, selon la procédure prévue à l'article L. 921-2.

Lorsque le tribunal administratif est saisi de requêtes distinctes tendant l'une à l'annulation d'une décision portant obligation de quitter le territoire français et l'autre à l'annulation d'une interdiction de retour sur le territoire français édictée postérieurement en application de l'article L. 612-7, il statue par une seule décision, dans le délai prévu pour statuer sur l'obligation de quitter le territoire français.

COMMENTAIRE

S'agissant de la contestation de l'interdiction de retour qui peut assortir l'OQTF, le recours doit être formé dans un délai de 7 jours et 15 jours (art. L. 921-1). Si le requérant est en rétention administrative, le tribunal administratif peut être saisi dans le délai de 48 heures à compter de la notification de la décision ; il statue en principe dans un délai de 96 heures (art. L. 921-2).

Soucieux d'assurer la célérité de la justice administrative, la loi n° 2024-42 du 26 janvier 2024 a encore précisé qu'en cas de recours distincts formés contre l'OQTF et l'interdiction de retour, le juge statue par une seule décision. ❑

SECTION 1 *[ANCIENNE]* Dispositions générales

(Abrogé par L. n° 2024-42 du 26 janv. 2024, art. 72 ; Décr. n° 2024-799 du 2 juill. 2024, art. 9-I, à compter du 15 juill. 2024).

Ancien art. L. 614-1 ***L'étranger qui fait l'objet d'une décision portant obligation de quitter le territoire français peut, dans les conditions et délais prévus au présent chapitre, demander au tribunal administratif l'annulation de cette décision, ainsi que l'annulation de la décision relative au séjour, de la décision relative au délai de départ volontaire et de la décision d'interdiction de retour sur le territoire français qui l'accompagnent le cas échéant.***

Les dispositions du présent chapitre sont applicables au jugement de la décision fixant le pays de renvoi contestée en application de l'article L. 721-5 et de la décision d'assignation à résidence contestée en application de l'article L. 732-8. – *[Anc. art. L. 512-1, al. 1er ; anc. art. L. 512-1, III, al. 2 (ecqc le recours contre l'assignation à résidence).]*

SECTION 2 *[ABROGÉE]* Procédure applicable en l'absence d'assignation à résidence ou de placement en rétention de l'étranger

(Abrogée par L. n° 2024-42 du 26 janv. 2024, art. 72 ; Décr. n° 2024-799 du 2 juill. 2024, art. 9-I, à compter du 15 juill. 2024)

Les modifications de la présente section introduites par l'art. 72 de la L. n° 2024-42 du 26 janv. 2024 entrent en vigueur à une date fixée par Décr. en Conseil d'État, et au plus tard le 1er août 2024. Ces dispositions s'appliquent à la contestation des décisions prises à compter de leur entrée en vigueur (L. préc., art. 86-IV). Ces dispositions entrent en vigueur le 15 juill. 2024 (Décr. n° 2024-799 du 2 juill. 2024, art. 9-I).

SOUS-SECTION 1 *[ABROGÉE]* Dispositions générales

Ancien art. L. 614-2 ***Les dispositions de la présente section sont applicables lorsque l'étranger ne fait pas l'objet d'une assignation à résidence en application de l'article L. 731-1 ou d'un placement en rétention en application de l'article L. 741-1.***

Ancien art. L. 614-3 ***Si en cours d'instance l'étranger est assigné à résidence en application de l'article L. 731-1 ou placé en rétention en application de l'article L. 741-1, il est fait application des articles L. 614-7 à L. 614-13.*** – *[Anc. art. L. 512-1, dernier al. des I, I bis et II.]*

SOUS-SECTION 2 *[ABROGÉE]* En cas de délai de départ volontaire

Ancien art. L. 614-4 ***Lorsque la décision portant obligation de quitter le territoire français prise en application des 3°, 5° ou 6° de l'article L. 611-1 est assortie d'un délai de départ volontaire, le tribunal administratif est saisi dans le délai de trente jours suivant la notification de la décision.***

L'étranger peut demander le bénéfice de l'aide juridictionnelle au plus tard lors de l'introduction de sa requête en annulation.

Le tribunal administratif statue dans un délai de trois mois à compter de sa saisine. – *[Anc. art. L. 512-1, I, al. 1er et 2.]*

Art. L. 614-5 *Lorsque la décision portant obligation de quitter le territoire français prise en application des 1°, 2° ou 4° de l'article L. 611-1 est assortie d'un délai de départ volontaire, le président du tribunal administratif peut être saisi dans le délai de quinze jours suivant la notification de la décision.*

L'interdiction de retour prévue à l'article L. 612-7, notifiée postérieurement à la décision portant obligation de quitter le territoire français, peut être contestée dans les mêmes conditions.

Le président du tribunal administratif ou le magistrat qu'il désigne à cette fin parmi les membres de sa juridiction ou parmi les magistrats honoraires inscrits sur la liste mentionnée à l'article L. 222-2-1 du code de justice administrative statue dans un délai de six semaines à compter de sa saisine.

L'étranger peut demander au président du tribunal administratif ou au magistrat désigné à cette fin le concours d'un interprète et la communication du dossier contenant les pièces sur la base desquelles la décision contestée a été prise.

L'audience est publique. Elle se déroule sans conclusions du rapporteur public, en présence de l'intéressé, sauf si celui-ci, dûment convoqué, ne se présente pas. L'étranger est assisté de son conseil s'il en a un. Il peut demander au président du tribunal administratif ou au magistrat désigné à cette fin qu'il lui en soit désigné un d'office.

Lorsque l'étranger conteste une décision portant obligation de quitter le territoire fondée sur le 4° de l'article L. 611-1 et une décision relative au séjour intervenue concomitamment, le président du tribunal administratif ou le magistrat désigné à cette fin statue par une seule décision sur les deux contestations. — [Anc. art. L. 512-1, I bis, al. 1er à 6.]

SOUS-SECTION 3 *[ABROGÉE]* En l'absence de délai de départ volontaire

Art. L. 614-6 *Lorsque la décision portant obligation de quitter le territoire français n'est pas assortie d'un délai de départ volontaire, le président du tribunal administratif peut être saisi dans le délai de quarante-huit heures suivant la notification de la mesure.*

Il est statué sur ce recours selon la procédure et dans les délais prévus, selon le fondement de la décision portant obligation de quitter le territoire français, aux articles L. 614-4 ou L. 614-5. — [Anc. art. L. 512-1, II, al. 1er et 2.]

SECTION 3 *[ABROGÉE]* Procédure applicable en cas d'assignation à résidence ou de placement en rétention de l'étranger

(Abrogée par L. n° 2024-42 du 26 janv. 2024, art. 72 ; Décr. n° 2024-799 du 2 juill. 2024, art. 9-I, à compter du 15 juill. 2024)

Les modifications de la présente section introduites par l'art. 72 de la L. n° 2024-42 du 26 janv. 2024 entrent en vigueur à une date fixée par Décr. en Conseil d'État, et au plus tard le 1er août 2024. Ces dispositions s'appliquent à la contestation des décisions prises à compter de leur entrée en vigueur (L. préc., art. 86-IV).

Art. L. 614-7 *Les dispositions de la présente section sont applicables lorsque l'étranger fait l'objet d'une d'assignation* [assignation] *à résidence en application de l'article L. 731-1 ou d'un placement en rétention en application de l'article L. 741-1, y compris lorsque ces décisions interviennent en cours d'instance.* — [Anc. art. L. 512-1, III, al. 6, 1re phr.]

Art. L. 614-8 *Lorsque la décision portant obligation de quitter le territoire français est notifiée avec une décision d'assignation à résidence prise en application de l'article L. 731-1 ou une décision de placement en rétention prise en application de l'article L. 741-1, le président du tribunal administratif peut être saisi dans le délai de quarante-huit heures suivant la notification de ces mesures.* — [Anc. art. L. 512-1, III, al. 1er (1re phr.) et 2.]

Art. L. 614-9 *Le président du tribunal administratif, ou le magistrat qu'il désigne à cette fin parmi les membres de sa juridiction, ou les magistrats honoraires inscrits sur la liste mentionnée à l'article L. 222-2-1 du code de justice administrative, statue au plus tard quatre-vingt-seize heures à compter de l'expiration du délai de recours.*

Dans le cas où la décision d'assignation à résidence ou de placement en rétention intervient en cours d'instance, le président du tribunal administratif ou le magistrat désigné à cette fin statue dans un délai de cent quarante-quatre heures à compter de la notification de cette décision par l'autorité administrative au tribunal. — [Anc. art. L. 512-1, III, al. 3 (1re phr.) et 6 (2e phr.).]

Art. L. 614-10 *L'étranger peut demander au président du tribunal administratif ou au magistrat désigné à cette fin le concours d'un interprète et la communication du dossier contenant les pièces sur la base desquelles la décision contestée a été prise.* — [Anc. art. L. 512-1, III, al. 4.]

Art. L. 614-11 ***Le président du tribunal administratif ou le magistrat désigné à cette fin peut se transporter au siège de la juridiction judiciaire la plus proche du lieu où se trouve l'étranger si celui-ci est placé ou maintenu en rétention.***

Si une salle d'audience attribuée au ministère de la justice lui permettant de statuer publiquement a été spécialement aménagée à proximité immédiate de ce lieu de rétention, il peut statuer dans cette salle. Lorsque l'audience se tient dans cette salle, le juge peut également siéger au tribunal dont il est membre, les salles d'audience étant reliées en direct par un moyen de communication audiovisuelle garantissant la confidentialité de la transmission. La salle d'audience située à proximité du lieu de rétention et celle du tribunal administratif sont ouvertes au public.

L'audience est publique. Elle se déroule sans conclusions du rapporteur public, en présence de l'intéressé, sauf si celui-ci, dûment convoqué, ne se présente pas. L'étranger est assisté de son conseil s'il en a un. Il peut demander au président du tribunal administratif ou au magistrat désigné à cette fin qu'il lui en soit désigné un d'office. – *[Anc. art. L. 512-1, III, al. 3 (2e à 5e phr.) et 5.]*

Art. L. 614-12 ***La décision d'assignation à résidence prise en application de l'article L. 731-1 peut être contestée dans les conditions prévues à l'article L. 732-8.*** – *[Anc. art. L. 512-1, III, al. 2 (ecqc le cas de notification d'une assignation à résidence postérieure à l'obligation de quitter le territoire français).]*

Art. L. 614-13 ***La décision de placement en rétention ne peut être contestée que devant le juge des libertés et de la détention, conformément aux dispositions de l'article L. 741-10.***

Dans ce cas, le juge des libertés et de la détention informe sans délai le tribunal administratif territorialement compétent, par tout moyen, du sens de sa décision. La méconnaissance des dispositions du présent alinéa est sans conséquence sur la régularité et le bien-fondé des procédures ultérieures d'exécution de la décision d'éloignement. – *[Anc. art. L. 512-1, III, al. 1er, 2e phr. (sauf ecqc l'audience commune), 3e et 4e phr.]*

SECTION 4 *[ABROGÉE]* **Procédure applicable en cas de détention de l'étranger**

(Abrogée par L. no 2024-42 du 26 janv. 2024, art. 72 ; Décr. no 2024-799 du 2 juill. 2024, art. 9-I, à compter du 15 juill. 2024)

Les modifications de la présente section introduites par l'art. 72 de la L. no 2024-42 du 26 janv. 2024 entrent en vigueur à une date fixée par Décr. en Conseil d'État, et au plus tard le 1er août 2024. Ces dispositions s'appliquent à la contestation des décisions prises à compter de leur entrée en vigueur (L. préc., art. 86-IV).

Art. L. 614-14 ***En cas de détention de l'étranger, celui-ci est informé dans une langue qu'il comprend, dès la notification de la décision portant obligation de quitter le territoire français, qu'il peut, avant même l'introduction de sa requête, demander au président du tribunal administratif l'assistance d'un interprète ainsi que d'un conseil.*** – *[Anc. art. L. 512-1, IV, al. 1er.]*

Art. L. 614-15 ***Les dispositions des articles L. 614-4 à L. 614-6 sont applicables à l'étranger détenu.***

Toutefois, lorsqu'il apparaît, en cours d'instance, que l'étranger détenu est susceptible d'être libéré avant que le juge statue, l'autorité administrative en informe le président du tribunal administratif ou le magistrat désigné. Il est alors statué sur le recours dirigé contre la décision portant obligation de quitter le territoire français selon la procédure prévue aux articles L. 614-9 à L. 614-11 et dans un délai de huit jours à compter de l'information du tribunal par l'autorité administrative. – *[Anc. art. L. 512-1, IV, al. 2.]*

SECTION 5 **Exécution des décisions de la juridiction administrative**

COMMENTAIRE

Soucieux de régler les difficultés nées de l'annulation de l'obligation de quitter le territoire français (OQTF) ou d'une mesure prise en conséquence de celle-ci (rétention administrative ou assignation à résidence), la loi no 2011-672 du 16 juin 2011 relative à l'immigration, à l'intégration et à la nationalité (*JO 17 juin*) a déterminé trois conséquences à l'annulation contentieuse de l'OQTF :

– *primo*, les mesures de rétention administrative ou d'assignation à résidence, quel qu'en soit le motif, prennent fin immédiatement, ce qui est logique puisqu'elles ont perdu leur fondement juridique (la mesure d'éloignement) ;

– *secundo*, l'étranger voit sa situation provisoirement régularisée par l'attribution d'une autorisation provisoire de séjour ;
– *tertio*, l'autorité administrative est dans l'obligation de procéder à un réexamen de la situation de l'intéressé.

Ainsi, l'annulation de l'OQTF n'entraînera pas nécessairement la régularisation de la situation administrative de l'étranger ; cette annulation pourra même être suivie d'une nouvelle mesure d'éloignement dès lors que le fondement en sera différent ou que l'administration aura corrigé l'irrégularité commise dans l'arrêté initial (ex. : arrêté signé par une autorité incompétente ; défaut de motivation).

Tout dépend par conséquent du motif qui a été retenu pour procéder à l'annulation de la mesure d'OQTF. S'il s'agit d'un motif de légalité externe, il sera loisible à l'autorité administrative de prendre un nouvel arrêté en corrigeant l'erreur initiale ; un nouveau recours permettra au juge de s'assurer que l'autorité de la chose jugée attachée à la première décision juridictionnelle a bien été respectée.

La situation est plus difficile lorsque l'annulation est fondée sur un motif de fond, même si le présent article semble simplifier les choses puisque l'étranger se voit délivrer une autorisation provisoire de séjour dans l'attente qu'il soit à nouveau statué sur son cas. Cette disposition doit toutefois se combiner avec le pouvoir d'injonction reconnu au juge administratif par les articles L. 911-1 et L. 911-2 du code de la justice administrative. A cet égard, la jurisprudence a semblé hésiter, notamment lorsque l'annulation contentieuse était fondée sur la violation de l'article 8 de la Convention européenne de sauvegarde des droits de l'homme et des libertés fondamentales ; plusieurs arrêts n'avaient en effet pas hésité à enjoindre à l'administration de délivrer une carte de séjour « vie privée et familiale » dès lors qu'aucun changement de circonstances n'était constaté.

Le juge considère aujourd'hui qu'un nouvel examen de la situation de l'intéressé suffit à la complète exécution de la décision juridictionnelle d'annulation de la mesure d'éloignement pour un motif de fond.

Reste que si l'autorité administrative prend une nouvelle mesure d'éloignement sur le même motif sans faire état d'un quelconque changement de circonstances, il y aura violation de l'autorité de la chose jugée.

Si le juge valide l'OQTF mais annule le refus du délai de départ volontaire ou l'octroi du délai de départ de trente jours, il est mis fin aux mesures de rétention administrative ou d'assignation à résidence, et le juge doit rappeler à l'étranger l'obligation qui lui incombe de quitter le territoire français dans le délai de départ qui lui sera fixé par l'autorité administrative en exécution de cette décision juridictionnelle. ❑

Attention. *La jurisprudence citée ci-dessous, relative aux arrêtés de reconduite à la frontière, est antérieure à la loi n° 2011-672 du 16 juin 2011 relative à l'immigration, à l'intégration et à la nationalité (JO 17 juin) ; les solutions dégagées alors sont toutefois transposables.*

1. La CEDH considère que les étrangers ayant déjà été titulaires d'un titre de séjour de longue durée et ayant tissé des liens réels dans le pays d'accueil peuvent revendiquer un droit à régularisation en cas d'annulation de la mesure d'éloignement fondée sur la violation de l'art. 8 Conv. EDH. • CEDH 16 juin 2005, *Sisojeva et a. c/ Lettonie*, n° 60654/00.

2. Si la mesure d'éloignement est annulée, il est immédiatement mis fin aux mesures éventuelles de rétention administrative, et l'étranger est muni d'une autorisation provisoire de séjour jusqu'à ce que le préfet ait à nouveau statué sur son cas. • CE 8 juin 1998, *Préfet de l'Isère c/ M. Unal Celik*, n° 177953. ♦ Le retrait de la mesure d'éloignement produit les mêmes effets. • T. confl. 5 juin 2000, *Préfet de l'Hérault c/ Yldirim : Lebon 762.*

3. L'annulation par le juge de la décision portant OQTF implique qu'il soit mis fin au placement en rétention administrative de l'intéressé et que lui soit délivrée une autorisation provisoire de séjour jusqu'à ce que l'autorité administrative ait à nouveau statué sur son droit au séjour ; en dehors de cette mesure, l'annulation de la décision portant OQTF, lorsqu'elle n'est pas la conséquence de l'annulation de la décision de refus de titre de séjour, n'implique aucune mesure d'exécution particulière. • CE, avis, 19 oct. 2007, *M. Hammou et M. Benabdelhak*, n°s 306821 et 306822 : *préc. note 2 ss. art. L. 613-1.*

4. L'abstention de l'administration d'exécuter un jugement d'annulation d'un APRF (délivrance de l'APS et nouvel examen) ne constitue pas, par elle-même, une situation d'urgence au sens de l'art. L. 521-2 CJA. • CE 16 févr. 2004, *Mme Bousbaa épse Chetioui*, n° 259679 : *AJDA 2004. 891, concl. Lamy*. ♦ Toutefois, si, 14 mois après l'annulation contentieuse de la mesure de reconduite, le préfet ne s'est toujours pas prononcé sur le droit au séjour de l'intéressé, la carence persistante de l'administration à exécuter complètement le jugement crée une situation d'urgence au sens de l'art. L. 521-2 CJA. • CE 11 juin 2002, *M. Aït Oubba : AJDA 2002. 764, note Tavernier* . ♦ L'exécution d'un jugement ayant annulé une OQTF implique que l'autorité administrative se prononce à nouveau sur l'existence d'un droit au séjour ; si l'intéressé a quitté la France, il doit se voir délivrer un visa d'entrer en France afin que lui soit délivrée une APS valable durant le temps nécessaire à l'instruction de sa demande. • CAA Nancy, 17 mars 2011, *M. M.*, n° 10NC01902.

I. NOUVELLE MESURE D'ÉLOIGNEMENT

5. Le préfet peut légalement ordonner à nouveau la reconduite à la frontière de l'intéressé par un arrêté ultérieur en se fondant sur un autre motif. • CE 15 avr. 1992, *Landua*, n° 129509 B. ♦ V., sur le même motif : si le tribunal administratif avait annulé l'arrêté de reconduite au motif que l'allégation de la requérante selon laquelle elle serait mère d'un enfant français n'avait pas été contestée par le préfet et alors que le jugement n'avait pas été frappé d'appel et était devenu définitif, « l'autorité de chose jugée qui s'attache au dispositif de ce jugement et au motif qui en est le soutien nécessaire ne faisait pas obstacle à ce que le préfet de police, après s'être assuré que l'enfant de Mlle Boni n'était pas français, prenne à nouveau à son encontre une mesure de reconduite à la frontière ». • CE 9 nov. 1992, *Mlle Boni*, n° 133049. ♦ L'annulation d'un arrêté préfectoral de reconduite à la frontière n'empêche pas l'administration de reprendre la même décision dès lors que le motif d'annulation a disparu, s'agissant par exemple d'un défaut de motivation. • CE 30 sept. 1998, *Diallo*, n° 152191 B. ♦ V. aussi, pour une annulation fondée sur l'état de santé de l'intéressé, un nouvel avis du médecin compétent ayant pris acte de l'évolution de l'état de santé de l'intéressé. • CAA Paris, 9 nov. 2007, *M. Trokhymchuk*, n° 07PA00516. ♦ Pour un jugement annulant un placement en rétention, V. : • CE 4 déc. 2013, *M. Ballah*, n° 373538 B.

6. L'intervention d'un nouvel arrêté préfectoral de reconduite à la frontière après annulation d'un premier arrêté pour erreur manifeste d'appréciation viole l'autorité de la chose jugée en l'absence de changement de circonstances. • CE 10 nov. 1995, *Préfet du Val-d'Oise c/ Colandavaloo : Lebon T. 836.* ♦ Lorsque le préfet prend un nouvel arrêté de reconduite après annulation du premier pour violation de l'art. 8 Conv. EDH, il ne peut se fonder sur des faits (commission de délits et condamnations) antérieurs au jugement d'annulation, sauf à violer l'autorité de la chose jugée par le tribunal. • CAA Lyon, 20 mai 2009, *Préfet du Rhône c/ Bola Nzumbu*, n° 08LY02890.

7. Lorsque l'arrêté préfectoral de reconduite à la frontière est annulé en tant qu'il fixe le pays de renvoi, le jugement ne fait pas obstacle à une reconduite ultérieure si des faits postérieurs sont de nature à établir que les circonstances ont évolué ; ce changement n'est toutefois pas avéré au vu de la seule décision de l'OFPRA rejetant la demande du statut de réfugié. • CE 11 déc. 1996, *Préfet du Rhône*, n° 168443.

II. INJONCTIONS (ART. L. 911-1 ET L. 911-2 CJA)

8. Une demande fondée sur les art. L. 911-1 ou L. 911-2 CJA ne relève pas de la compétence du président du tribunal administratif ou du magistrat désigné par lui ; il lui appartient ainsi de renvoyer à la juridiction statuant collégialement. • CE 3 nov. 1997, *Préfet de police c/ Mme Ben Guertouh épouse Zairag*, n° 175768 B. ♦ *Contra* : • TA Paris, 30 oct. 1995, *Mme Ben Ghertouh Khadidja : RFDA 1996. 346* . ♦ L'obligation de renvoi devant la formation collégiale semble toutefois abandonnée • CE 22 févr. 2002, *Dieng : Lebon 54 ; AJDA 2002. 415, note Guyomar et Collin ; RFDA 2003. 1080, concl. Chauvaux* .

9. Le Conseil d'État considère que l'annulation de l'arrêté préfectoral de reconduite à la frontière, même pour un motif de fond, n'implique pas nécessairement la délivrance du titre de séjour qui avait été initialement sollicité. • CE 26 févr. 1997, *Préfet des Alpes-Maritimes c/ M. Diaby*, n° 178860. ♦ ... S'agissant d'un étranger « protégé ». • CE 27 juin 1997, *Préfet de police c/ M. Seba*, n° 181414. ♦ ... S'agissant d'une annulation pour violation de l'art. 8 Conv. EDH, • CE 3 nov. 1997, *Préfet de police c/ Mme Ben Guertouh Zairag*, n° 175768 B.

10. L'annulation d'un arrêté de reconduite à la frontière, si elle implique qu'une autorisation provisoire de séjour soit délivrée à l'intéressé jusqu'à ce que le préfet ait à nouveau statué sur son cas, n'implique pas nécessairement qu'un titre de séjour lui soit délivré. • CE 21 févr. 2000, *Préfet de la Seine-Saint-Denis : Lebon 63.* ♦ Mais le juge n'hésite pas à enjoindre à l'autorité administrative de délivrer l'autorisation provisoire de séjour en application du présent art. • CE 18 janv. 2002, *Thabet*, n° 215236. ♦ C'est le cas notamment dès lors que le motif de l'annulation implique que soit délivré un titre de séjour, en l'espèce s'agissant d'une requérante qui pouvait prétendre à la délivrance de plein droit d'un titre de séjour. • CE 8 avr. 2005, *Préfet de police c/ Benabbes*, n° 262442.

11. Le CE se fonde en effet sur les dispositions du présent art. aux termes desquelles l'annulation de la mesure d'éloignement doit entraîner la délivrance d'une autorisation provisoire de séjour ; par suite, l'annulation de l'arrêté de reconduite ne saurait impliquer l'obligation de délivrance d'un titre de séjour. • CE 15 déc. 1997, *Lusukamu*

Ngudiankama Mfutila : Lebon T. 853. ♦ Dès lors, le CE peut enjoindre au préfet de délivrer l'autorisation provisoire de séjour dans un délai déterminé. • CE 17 nov. 2000, *Mersni : Lebon 521 ; RFDA 2001. 265*.

12. La jurisprudence a toutefois hésité, le CE estimant qu'en présence d'une demande d'exécution d'un jugement annulant un arrêté de reconduite pour violation de l'art. 8 Conv. EDH, il lui appartenait d'enjoindre, sous astreinte, au préfet de délivrer une carte de séjour temporaire en application de l'art. L. 313-11, 7° et non plus une simple autorisation provisoire de séjour. • CE 29 janv. 2001, *Attia*, n° 209315.

13. En l'état actuel du droit positif, lorsque l'annulation de la mesure de reconduite repose sur un motif de fond, le juge considère que le préfet est tenu de se prononcer sur le droit de l'intéressé à un titre de séjour, qu'il ait ou non été saisi d'une demande en ce sens, et il n'hésite pas de prescrire un délai à l'autorité administrative pour procéder à cet examen. • CE 22 févr. 2002, *Dieng : Lebon 54 ; AJDA 2002. 415, note Guyomar et Colli n ; RFDA 2003. 1080, concl. Chauvaux* • 11 juin 2002, *M. Aït Oubba : AJDA 2002. 764, note Tavernier*.

14. Une demande fondée sur l'art. L. 911-4 CJA visant à obtenir l'exécution complète d'un jugement ayant procédé à l'annulation d'une mesure de reconduite à la frontière ne fait pas obstacle à ce que l'intéressé présente au juge des référés une demande tendant à ce qu'il ordonne une mesure d'urgence sur le fondement de l'art. L. 521-2 du même code. • CE 11 juin 2002, *M. Aït Oubba : préc. note 13.*

15. C'est à l'administration d'apporter la preuve d'un éventuel changement de circonstances ou de la correcte exécution du jugement. • TA Strasbourg, 17 avr. 1997, *M. et Mme Cilmi Cabdi c/ Préfet de la Moselle : LPA 4 juill. 1997, concl. Malvasio.*

16. La demande d'injonction est évidemment sans objet lorsque le juge conclut à la confirmation de l'arrêté préfectoral de reconduite à la frontière. • CE 28 avr. 1997, *Mme Maouche*, n° 155473.

Art. L. 614-16 Si la décision portant obligation de quitter le territoire français est annulée, il est immédiatement mis fin aux mesures de surveillance prévues aux articles L. 721-6, L. 721-7, L. 731-1, L. 731-3, L. 741-1 et L. 743-13, et l'étranger est muni d'une autorisation provisoire de séjour jusqu'à ce que l'autorité administrative ait à nouveau statué sur son cas. – *[Anc. art. L. 512-4, al. 1er.]*

En vertu du présent art., l'annulation d'une OQTF impose au préfet de munir l'intéressé d'une autorisation provisoire de séjour et, qu'il ait été ou non saisi d'une demande en ce sens, de se prononcer sur le droit de l'étranger à un titre de séjour, sans qu'il puisse lui opposer le délai prévu à l'art. L. 431-2. • CE 17 oct. 2023, n° 468993.

Art. L. 614-17 Si la décision de ne pas accorder de délai de départ volontaire est annulée, il est immédiatement mis fin aux mesures de surveillance prévues aux articles L. 731-1, L. 731-3, L. 741-1 et L. 743-13, et le président du tribunal administratif ou le magistrat désigné à cette fin rappelle à l'étranger son obligation de quitter le territoire français dans le délai qui lui sera fixé par l'autorité administrative en application des articles L. 612-1 ou L. 612-2. Ce délai court à compter de sa notification. – *[Anc. art. L. 512-4, al. 2 (ecqc le délai de départ volontaire).]*

Art. L. 614-18 Si la décision d'assignation à résidence prévue à l'article L. 731-1 est annulée, il est immédiatement mis fin à cette mesure et le président du tribunal administratif ou le magistrat désigné à cette fin rappelle à l'étranger son obligation de quitter le territoire français. – *[Anc. art. L. 512-4, al. 2 (ecqc l'assignation à résidence).]*

Art. L. 614-19 L'annulation de la décision relative au séjour emporte abrogation de la décision portant obligation de quitter le territoire français et de la décision d'interdiction de retour qui l'accompagne le cas échéant, y compris lorsque le recours dirigé contre celles-ci a été rejeté *(Abrogé par L. n° 2024-42 du 26 janv. 2024, art. 72)* ***« selon la procédure prévue aux articles L. 614-7 à L. 614-13 »***. – *[Anc. art. L. 512-6.]*

Les modifications du présent art. introduites par l'art. 72 de la L. n° 2024-42 du 26 janv. 2024 entrent en vigueur à une date fixée par Décr. en Conseil d'État, et au plus tard le 1er août 2024. Ces dispositions s'appliquent à la contestation des décisions prises à compter de leur entrée en vigueur (L. préc., art. 86-IV). Ces dispositions entrent en vigueur le 15 juill. 2024 (Décr. n° 2024-799 du 2 juill. 2024, art. 9-I).

COMMENTAIRE

Avant même l'intervention de la loi n° 2011-672 du 16 juin 2011 relative à l'immigration, à l'intégration et à la nationalité (*JO 17 juin*), la jurisprudence avait réglé les conséquences de l'annulation contentieuse des décisions relatives au séjour venant au fondement de l'obligation de quitter le territoire français. Pour déterminer les conséquences de l'annulation contentieuse, il faut tenir compte du motif de l'annulation ; ainsi, lorsque celle-ci est fondée sur un motif de fond, et notamment la violation de l'article 8 de la Convention européenne de sauvegarde des droits de l'homme et des libertés fondamentales, l'exécution de la décision de justice implique en principe la délivrance d'un titre de séjour (en principe, une carte de séjour portant la mention « vie privée et familiale »). ❑

1. L'autorité de chose jugée qui s'attache à l'annulation d'un refus de titre de séjour fait obstacle à une mesure d'éloignement, alors même que le motif de l'annulation (en l'espèce, incompétence de l'auteur de l'acte) était infondé. • CE 15 sept. 2004, *M. Zeryouhi,* n° 259430 B.

2. Le juge des référés, ne pouvant prendre que des mesures provisoires, n'a pas la possibilité d'adresser des injonctions à l'administration, en particulier de délivrer un titre de séjour ; seul le juge saisi d'une demande d'annulation du refus de délivrance du titre de séjour peut procéder à une telle injonction. • CE 10 avr. 2001, *Merzouk,* n° 232308. ♦ Quand le juge enjoint au préfet de délivrer un titre de séjour d'un an, le représentant de l'État ne peut attendre le résultat de l'appel pour s'exécuter, ni imputer la durée de la procédure sur la durée de validité du titre. • CAA Lyon, 5 mars 2015, n° 14LY03676 : *AJDA 2015. 1620*.

3. Nouvelle instruction. Dès lors que l'annulation contentieuse ne place pas l'administration dans une situation de compétence liée, le juge ne peut qu'enjoindre à l'autorité administrative de procéder à une nouvelle instruction devant aboutir à une nouvelle décision. • TA Poitiers, 19 oct. 1995, *Mlle Eyand Mbeng c/ Préfet de la région Poitou-Charentes,* n° 95674 • CAA Marseille, 1er févr. 1999, *M. Adda Boudjellal Mohamed,* n° 97MA00397. ♦ V. par exemple l'annulation d'un refus de séjour fondée sur la violation de règles de procédure. • TA Versailles, 7 mars 1996, *Mme Fatima Gouel,* n° 94-4214. ♦ Refus reposant sur une erreur de fait. • CAA Paris, 17 avr. 1997, *M. Ilikoud,* n° 96PA00824. ♦ Si, après l'annulation du refus de délivrance du titre de séjour, l'étranger concerné n'a pas été reçu en préfecture pour faire valoir tous les éléments nouveaux ayant affecté sa situation depuis le précédent refus de séjour afin que le préfet soit à même de procéder au réexamen de sa situation personnelle, l'intéressé est fondé à demander l'annulation de la nouvelle décision refusant de lui délivrer un titre de séjour. • CAA Douai, 29 déc. 2009, *M. Sylvin Kanambe,* n° 09DA00735.

4. Délivrance du titre. L'annulation d'un refus de titre de séjour peut impliquer nécessairement la délivrance du titre sollicité. • TA Lille, 24 oct. 1995, *El Jarroudi : Lebon 832* • TA Paris, 18 oct. 1996, *M. Jamal Said,* n°s 9602674/4 et 9602675/SE. ♦ C'est le cas en présence d'une annulation fondée sur la violation de l'art. 8 Conv. EDH et de l'art. 3-1 de la CIDE. • CAA Douai, 2 juill. 2009, *M. Agovic et Mme Rizvanovic,* n° 08DA01920.

5. Refus fondé sur la violation de l'art. 8 Conv. EDH. Le CE avait considéré que l'annulation du refus de titre dans une telle hypothèse avait simplement pour effet de saisir à nouveau le préfet, l'exécution n'impliquant pas nécessairement que l'autorité administrative délivre le titre de séjour sollicité. • CE 18 oct. 1995, *Min. Intérieur c/ Réghis : AJDA 1996. 115, chron. Stahl et Chauvaux* • 3 nov. 1997, *Préfet de Police c/ Mme Ben Guertouh épse Zairag,* n° 175768 B. ♦ Il a depuis lors précisé que l'annulation d'un refus de titre de séjour pour violation de l'art. 8 Conv. EDH implique normalement que l'administration délivre le titre sollicité ; s'agissant du droit au travail, le CE raisonne par analogie avec les règles applicables à la délivrance de la carte de séjour temporaire mention « vie privée et familiale », qui donne droit à l'exercice d'une activité professionnelle. Par suite, c'est ce titre de séjour qui doit être délivré par l'administration en cas d'annulation du refus sur le fondement de l'art. 8 Conv. EDH ; par ailleurs, la situation de l'emploi n'est pas opposable et l'administration ne peut exiger de l'intéressé la production d'un contrat de travail ou d'un engagement d'embauche. • CE 30 nov. 1998, avis *JO 22 déc. ; Lebon 451 ; RFDA 1999. 511, concl. F. Lamy, note Guettier ; RCDIP, 1999, 504, note Guimezanes.* ♦ Ainsi, s'agissant d'un étranger entré en France à l'âge de 14 ans, qui vit avec son père et sa belle-mère ainsi qu'avec ses 3 demi-frères, dont 2 ont la nationalité française, et qui n'a plus aucune attache familiale dans son pays d'origine depuis la mort de sa mère survenue il y a plusieurs années, l'annulation prononcée par le juge implique nécessairement la délivrance du titre de séjour. • CE 30 oct. 1998, *Préfet des Hauts-de-Seine c/ Mlle Bavouidi Nsi,* n° 186187.

6. L'exécution du jugement prononçant l'annulation d'un refus de titre de séjour au motif que ce refus porte au droit de l'intéressé au respect de sa vie privée et familiale une atteinte excessive au regard des exigences de l'art. 8 CEDH implique normalement que l'administration délivre le titre sollicité ou un titre présentant des garanties suffisantes au regard du droit que l'intéressé tire de l'art. 8 de cette convention. Il résulte donc de la combinaison des stipulations de l'art. 8 Conv. EDH et de l'art. L. 423-23 du présent code que l'exécution du jugement ayant annulé un refus de titre de séjour au motif que ce refus porte une atteinte excessive au droit du demandeur au respect de sa vie privée et familiale, implique au moins – sous réserve d'un changement dans les circonstances de droit ou de fait – la délivrance de la carte de séjour temporaire portant la mention

« vie privée et familiale » prévue par cet art. Le juge doit, le cas échéant, ordonner une mesure d'instruction pour rechercher si, compte tenu de la façon dont la situation de droit et de fait a évolué, cette obligation subsiste à la date de son jugement, sans qu'il y ait lieu de traiter différemment le cas où l'annulation du refus de titre de séjour a été prononcée à la suite de la mise en œuvre du mécanisme de l'acquiescement aux faits prévu à l'article R. 612-6 CJA. • CE, avis, 11 oct. 2006, *M. et Mme Lamri*, n° 292969 : *Lebon 425 ; RFDA 2006. 1281.*

7. L'annulation d'une décision de refus de titre de séjour pour méconnaissance des stipulations de l'art. 8 Conv. EDH implique nécessairement que l'administration préfectorale délivre un titre de séjour vie privée et familiale alors même que l'étranger a quitté le territoire français. • CAA Lyon, 11 févr. 2010, *Mme T. c/ Préfet de l'Ardèche*, n° 08LY02447.

8. En application de l'art. 6-5° de l'accord franco-algérien du 27 déc. 1968, l'annulation du refus de titre de séjour pour violation de l'art. 8 Conv. EDH implique nécessairement, et en l'absence au dossier de tout élément indiquant que la situation du requérant se serait modifié en droit ou en fait, la délivrance d'un certificat de résidence portant la mention « vie privée et familiale ». • CE 29 avr. 2009, *Mme Tekrane, épse Tebri*, n° 319875.

9. Si l'annulation d'un refus de titre de séjour pour violation de l'art. 8 Conv. EDH implique normalement qu'un titre de séjour soit délivré, ne suppose pas que soit délivrée une carte de résident. • CAA Paris, 17 sept. 1998, *M. Bolaky*, n° 97PA00374.

10. Ne sont pas sans objet des conclusions dirigées contre un refus de titre de séjour, alors même que la durée de validité de ce titre est expirée, dès lors que la délivrance d'un tel titre modifie rétroactivement la situation de droit de l'intéressé ; à ce titre, une demande d'injonction est recevable. L'annulation du refus de titre implique nécessairement la délivrance de ce titre dès lors que l'intéressé établit, sans être contesté, qu'il remplissait à l'époque toutes les conditions requises pour la délivrance d'un tel titre. • CAA Paris, 27 oct. 1998, *M. Nkouakoua*, n° 97PA00391.

11. Autres motifs de fond. Lorsque le refus de séjour est fondé sur un seul motif de fond erroné et que l'étranger remplit toutes les conditions pour obtenir un titre de séjour, le juge n'hésite pas à enjoindre au préfet d'accorder le titre sollicité en lui fixant un délai. • TA Lyon, 7 févr. 1996, *M. Sadi Hocini*, n° 9503481 • TA Paris, 9 févr. 1996, *M. Canoa Figueredo*, n° 9516126/4. ♦ Par exemple, injonction de délivrer une autorisation provisoire de séjour à la suite de l'annulation de l'arrêté de reconduite à la frontière visant une étrangère qui avait déposé une nouvelle demande d'asile à l'OFPRA basée sur des faits nouveaux. • TA Paris, 15 mars 1997, *Mlle Rasalingam*, n° 9703553 ET.

12. L'injonction de délivrer le titre de séjour peut être assortie d'une astreinte. • TA Paris, 30 oct. 1995, *Ben Guertaih*, n° 9551857 • TA Versailles, 6 juin 1996, *M. Melliti c/ Préfet des Yvelines*, n° 95-5884. ♦ Ainsi jugé au regard d'une violation de l'art. 3 Conv. EDH. • TA Strasbourg, 17 avr. 1997, *M. et Mme Cilmi Cabdi*, n° 962270 : *LPA 4 juill. 1997, concl. Malvasio.*

13. Changement de circonstances. Comme c'est le cas dans les autres domaines, il incombe au juge de tenir compte d'un éventuel changement dans les circonstances de droit ou de fait pour décider ou non d'enjoindre à l'administration de délivrer le titre de séjour ; constitue par exemple un changement dans les circonstances de fait après l'annulation d'un refus de titre pour violation de l'art. 8 Conv. EDH, l'incarcération de l'intéressé en raison d'une participation présumée à un trafic de stupéfiants intervenue après le rejet du titre. • CAA Lyon, 17 sept. 1998, *Min. Intérieur c/ M. Mohammed Bendahmane*, n° 97LY20920.

14. Demandes irrecevables. Le juge rejettera comme irrecevables les demandes d'injonction non prévues par le CJA : demande au juge tendant à aider le requérant à rouvrir son dossier pour obtenir le statut de réfugié. • CE 24 mai 1995, *M. Drame*, n° 156110. ♦ ... Demande de délivrance d'un titre de séjour provisoire après annulation d'un refus d'admission au séjour. • CAA Paris, 30 janv. 1997, *M. Fung*, n° 95PA03793. ♦ ... Demandes d'annulation ne reposant sur aucun moyen, interdisant au juge d'accorder le droit de séjourner en France jusqu'à ce que l'OFPRA ait examiné la demande d'asile politique. • CE 15 nov. 1995, *M. Bulancea*, n° 138614. ♦ ... Demande tendant à accorder un titre de séjour et un laissez-passer. • CE 19 janv. 1996, *M. Diarra*, nos 157392 et 158196. ♦ ... Demande tendant à ordonner au consul de France de délivrer un visa à la requérante. • CE 24 mars 1997, *Mme Karunaratnam*, n° 164917.

15. Après l'annulation d'une mesure portant OQTF, il appartient à l'étranger d'apporter les justifications nécessaires au réexamen de sa demande de titre de séjour sans que le préfet soit tenu de le convoquer en préfecture ; il incombe en revanche au préfet de délivrer une autorisation provisoire de séjour dont la validité ne peut être inférieure à un mois ; à défaut, le préfet méconnaît l'autorité de chose jugée de la décision juridictionnelle ayant procédé à l'annulation. • CAA Douai, 14 mai 2009, *Préfet de l'Eure c/ M. Yasar Yuksel*, n° 08DA01227.

16. Lorsque le juge procède à l'annulation de la décision administrative pour un motif de légalité externe, il n'a pas à se prononcer, dans le cadre de l'examen des mesures d'exécution (injonction) sur le bien-fondé des autres moyens de légalité invoqués par le requérant. • CAA Lyon, 30 mai 2006, *M. Mouna*, n° 01LY01646 : *AJDA 2006. 1806* • CAA Versailles, 8 oct. 2009, *M. Mayoukou*, n° 08VE03984 : *AJDA 2010. 36, note Jenny Grand* *d'Esnon* . ♦ Le juge prend parfois soin de préciser qu'aucun moyen de légalité interne ne pouvait en outre fonder l'annulation. • TA Orléans, 3 nov. 2009, *M. Sumbu*, n° 0804189 : *AJDA 2010. 214, note D. A.*

CHAPITRE V CAS DE L'ÉTRANGER OBLIGÉ DE QUITTER LE TERRITOIRE D'UN AUTRE ÉTAT MEMBRE DE L'UNION EUROPÉENNE OU D'UN ÉTAT AVEC LEQUEL S'APPLIQUE L'ACQUIS DE SCHENGEN

SECTION 1 Décision de mise en œuvre d'une décision prise par un autre État membre de l'Union européenne ou par un État avec lequel s'applique l'acquis de Schengen

Art. L. 615-1 **L'autorité administrative peut décider de mettre en œuvre une décision obligeant un étranger à quitter le territoire d'un autre État dans les cas suivants :**

1° L'étranger a fait l'objet d'un signalement aux fins de non-admission en vertu d'une décision de refus d'entrée ou d'éloignement exécutoire prise par l'un des autres États parties à la convention signée à Schengen le 19 juin 1990 et se trouve irrégulièrement sur le territoire métropolitain ;

2° L'étranger a fait l'objet, alors qu'il se trouvait en France, d'une décision d'éloignement exécutoire prise par l'un des autres États membres de l'Union européenne, la République d'Islande, la Principauté du Liechtenstein, le Royaume de Norvège ou la Confédération suisse.

Les conditions d'application du 2° sont fixées par décret en Conseil d'État. – *[Anc. art. L. 531-3, al. 1er à 3.]*

COMMENTAIRE

L'article L. 615-1 met en place ce que l'on a coutume d'appeler la « reconduite d'office Schengen » qui concerne les étrangers non ressortissants d'un État membre de l'Union européenne se trouvant irrégulièrement sur le territoire métropolitain et ayant fait l'objet soit d'un signalement aux fins de non-admission en vertu d'une décision exécutoire prise par l'un des autres États parties à la convention de Schengen, soit d'une mesure d'éloignement exécutoire prise dans l'un des cas suivants (art. R. 615-2) : menace grave et actuelle pour l'ordre public ou la sécurité nationale dans le cas où l'intéressé a fait l'objet d'une condamnation par l'État membre qui lui a délivré le titre de séjour pour une infraction passible d'une peine privative de liberté d'au moins un an ou lorsqu'il existe soit des raisons sérieuses de croire qu'il a commis des faits punissables graves, soit des indices réels qu'il envisage de commettre de tels faits sur le territoire d'un État membre ; non-respect de la réglementation nationale relative à l'entrée et au séjour des étrangers.

Lorsque la mesure d'éloignement est fondée sur une menace à l'ordre public, l'intéressé peut se voir retirer son titre de séjour (art. R. 615-4), après consultation de l'État membre auteur de la décision d'éloignement et de l'État membre qui a délivré ce titre. Sans attendre le retrait du titre de séjour, il peut ordonner le placement en rétention administrative en vue de l'exécution de la mesure d'éloignement. Après notification à l'intéressé de la décision de retrait du titre de séjour, le préfet de département et, à Paris, le préfet de police, procède à l'exécution de la mesure d'éloignement (art. R. 615-5).

En ces matières, le législateur a entendu instituer une procédure de reconduite à la frontière distincte de celle des arrêtés de reconduite à la frontière prévus à l'article L. 611-1. Dès lors, seul le recours pour excès de pouvoir de droit commun est ouvert à l'encontre de ces mesures de reconduite d'office.

L'inapplicabilité du recours spécial des articles L. 614-1 et suivants entraîne un certain nombre de conséquences procédurales importantes, notamment l'absence d'étrangers protégés au sens de l'article L. 611-3, puisqu'il ne s'agit pas d'une mesure d'éloignement au titre du code.

Le juge administratif fait porter son contrôle sur l'existence, la nature et le caractère exécutoire de la décision de non-admission ; ainsi, et par analogie, en présence d'un refus de visa fondé sur l'inscription de l'intéressé au SIS (Système d'information Schengen), le juge administratif est fondé à ordonner avant dire droit au ministre des Affaires étrangères la communication de tous éléments relatifs à cette inscription, et notamment l'indication de l'autorité nationale qui a procédé au signalement, ainsi que son motif. En revanche, il est impossible de réaliser un contrôle de fond, par voie d'exception, de la décision étrangère. ❑

1. Signalement au SIS. La circonstance qu'un étranger ait fait l'objet d'une mesure de signalement au SIS ne fait pas obstacle à ce que le préfet utilise la procédure de reconduite à la frontière « de droit commun » (art. L. 611-1) dès lors que l'administration n'a pas entendu se fonder sur le signalement pour prononcer la mesure d'éloignement. • CAA Bordeaux, 7 juill. 2005, *Préfet du Tarn-et-Garonne c/ Tutkun,* n° 05BX00926.

2. Si le préfet prononce une telle reconduite en l'absence d'une décision de signalement, cela ne modifie pas la compétence juridictionnelle : c'est le juge administratif de droit commun qui reste compétent selon les règles ordinaires ; il lui appartiendra seulement de tirer les conséquences de cette illégalité. • CE, avis, 22 mai 1996, *Lautaru,* n° 176895 A : *LPA 28 oct. 1996, note Aubin* • CE 3 sept. 1997, *Préfet des Hauts-de-Seine,* n° 170757 • TA Rennes, 3 mars 2003, *Ambrosi Sivsivadze,* n° 03-846.

3. L'inscription au SIS par les autorités allemandes en raison d'une mesure d'éloignement autorise le préfet à prendre un arrêté de reconduite à la frontière et à soumettre l'examen de la demande d'asile au régime de la procédure prioritaire. • CAA Lyon, 11 avr. 2017, n° 15LY02869.

4. Formation de jugement. Le recours ne peut être porté que devant la juridiction administrative statuant en formation collégiale. • CE 30 juill. 1997, *Préfet du Doubs c/ M. Lupeanu,* n° 169564.

5. Art. 8 Conv. EDH. Le Conseil d'État a admis l'applicabilité des stipulations de l'art. 8 Conv. EDH. • CE 28 avr. 1997, *Préfet de la Moselle c/ M. Founas,* n° 169732.

6. Motivation. La reconduite à la frontière prise en application du présent art. doit être motivée et ne peut intervenir qu'après que l'intéressé a pu présenter ses observations ; à défaut, il en résulte une atteinte grave et manifestement illégale à la liberté d'aller et venir, autorisant le juge de l'urgence à prononcer la suspension de la mesure. • CE 24 nov. 2010, *M. Eddomairi,* n° 344411 A : *AJDA 2011. 804, note Lecucq ; RFDA 2011. 207.*

7. La CJUE a précisé que lorsqu'un ressortissant d'un pays tiers se trouve en situation irrégulière sur le territoire d'un État membre parce qu'il ne remplit pas ou ne remplit plus les conditions relatives à la durée du séjour applicables dans celui-ci, cet État membre n'est pas obligé d'adopter une mesure d'éloignement à son encontre. • CJCE 22 oct. 2009, *Mme Zurita Garcia,* n° C-261/08. ♦ La Dir. 2008/115/CE du 16 déc. 2008 doit être interprétée en ce sens qu'elle ne s'oppose pas à une réglementation d'un État membre réprimant le séjour irrégulier de ressortissants de pays tiers par une peine d'amende pouvant être remplacée par une peine d'expulsion ; ce texte s'oppose toutefois à une réglementation d'un État membre qui permet de réprimer le séjour irrégulier de ressortissants de pays tiers par une peine d'assignation à résidence sans garantir que l'exécution de cette peine doive prendre fin dès que le transfert physique de l'intéressé hors dudit État membre est possible. • CJUE 6 déc. 2012, *Md Sagor,* n° C-430/11 : *AJDA 2012. 2354 ; ibid. 337, chron. M. Aubert, Broussy, Cassagnabère.*

8. La décision prise en application du présent art. est soumise aux règles de procédure administrative de droit commun, et notamment aux obligations résultant de l'art. 1er de la L. du 11 juill. 1979 (relatives à la motivation) et de l'art. 24 de la L. du 12 avr. 2000 (respect du principe du contradictoire). • CAA Nancy, 2 oct. 2014, n° 14NC02188. ♦ Si l'étranger est assigné à résidence ou placé en rétention administrative, c'est la procédure de l'art. L. 512-1 qui trouve à s'appliquer. • CAA Marseille, 9 oct. 2014, n° 13MA00092.

SECTION 2 Procédure contentieuse

Art. L. 615-2 *(L. n° 2024-42 du 26 janv. 2024, art. 72)* **Lorsque l'étranger est assigné à résidence en application de l'article L. 731-1, la décision prévue à l'article L. 615-1 peut être contestée selon la procédure prévue à l'article L. 921-1.**

Lorsque l'étranger est placé en rétention administrative, cette décision peut être contestée selon la procédure prévue à l'article L. 921-2.

Les dispositions du présent art. introduites par l'art. 72 de la L. n° 2024-42 du 26 janv. 2024 entrent en vigueur à une date fixée par Décr. en Conseil d'État, et au plus tard le 1er août 2024. Ces dispositions s'appliquent à la contestation des décisions prises à compter de leur entrée en vigueur (L. préc., art. 86-IV). Ces dispositions entrent en vigueur le 15 juill. 2024 (Décr. n° 2024-799 du 2 juill. 2024, art. 9-I).

Ancien art. L. 615-2 *Les articles L. 614-7 à L. 614-13 sont applicables à la contestation de la décision prévue à l'article L. 615-1 lorsque l'étranger qui en fait l'objet est assigné à résidence en application de l'article L. 731-1 ou placé ou maintenu en rétention en application du titre IV du livre VII.*

TITRE II REMISE AUX AUTORITÉS D'UN AUTRE ÉTAT MEMBRE DE L'UNION EUROPÉENNE

CHAPITRE I CAS DANS LESQUELS UN ÉTRANGER PEUT FAIRE L'OBJET D'UNE DÉCISION DE REMISE

SECTION 1 Dispositions générales

Art. L. 621-1 Par dérogation au refus d'entrée à la frontière prévu à l'article L. 332-1, à la décision portant obligation de quitter le territoire français prévue à l'article L. 611-1 et à la mise en œuvre des décisions prises par un autre État prévue à l'article L. 615-1, l'étranger peut être remis, en application des conventions internationales ou du droit de l'Union européenne, aux autorités compétentes d'un autre État, lorsqu'il se trouve dans l'un des cas prévus aux articles L. 621-2 à L. 621-7.

L'étranger est informé de cette remise par décision écrite et motivée prise par une autorité administrative définie par décret en Conseil d'État. Il est mis en mesure de présenter des observations et d'avertir ou de faire avertir son consulat, un conseil ou toute personne de son choix. – *[Anc. art. L. 531-1, I, al. 1er (ecqc le principe de la remise), 2, 3 (ecqc les droits de la personne).]*

COMMENTAIRE

La procédure de remise à un État membre de l'Union européenne constitue une mesure d'éloignement dérogatoire qui n'offre guère de garanties aux étrangers qui en sont l'objet, hormis la possibilité pour l'intéressé de présenter des observations et d'avertir un conseil ou toute personne de son choix et d'introduire un recours pour excès de pouvoir, éventuellement assorti d'une demande de référé-suspension. Si les intéressés ne peuvent faire l'objet d'une mesure d'assignation à résidence, ils peuvent être soumis à une rétention administrative le temps d'accomplir les formalités nécessaires à leur départ.

Cette procédure vise des étrangers non ressortissants européens ou assimilés qui ont été admis à entrer ou à séjourner sur le territoire d'un autre État membre de la République d'Islande, de la Principauté du Liechtenstein, du Royaume de Norvège ou de la Confédération suisse (art. L. 621-2), y compris s'ils sont titulaires d'un titre de résident longue durée – UE (art. L. 621-4), d'une carte bleue européenne (art. L. 621-5), font l'objet d'un détachement temporaire intra-groupe (art. L. 621-6) ou sont étudiants chercheurs (art. L. 621-7).

Cette procédure ne concerne que les étrangers qui sont en situation irrégulière au regard du droit national et repose soit sur des conventions bilatérales, soit sur des accords de réadmission signés par l'Union européenne avec des pays tiers (V. *supra*, notes ss. art. L. 110-1). Comme l'indique l'article L. 621-2, ceci s'applique aux étrangers démunis des documents exigés pour entrer en France (art. L. 311-1), constituant une menace pour l'ordre public, faisant l'objet d'un signalement au SIS ou étant sous le coup d'une mesure d'éloignement antérieure (art. L. 311-2) ; il en va de même en cas de défaut des documents de séjour exigés par l'article L. 411-1 ou de violation des stipulations pertinentes du code frontières Schengen (V. art. L. 621-3).

C'est le préfet qui est compétent pour prendre cette décision et il ne peut déléguer sa signature qu'à un fonctionnaire ayant au moins le grade de lieutenant de police (art. R. 621-1). Dès lors que l'article 6, § 3, de la directive « Retour » n'autorise un État membre à s'abstenir de prendre une décision de retour en la substituant par une décision de remise à un autre État membre que dans la seule mesure où cette reprise en charge a été prévue par un accord ou un arrangement bilatéral existant à la date d'entrée en vigueur de la directive (Rapp. AN n° 2923 du 2 juill. 2015, p. 192), la loi du 7 mars 2016 a limité le champ d'application des procédures des remises aux seuls États membres ayant conclu des accords de réadmission en vigueur au 13 janvier 2009 (art. L. 621-2). ❑

1. Nature de la mesure. Les dispositions du présent art. prévoient des mesures de police que le législateur peut déterminer eu égard à l'objectif de restriction des cas d'admission au séjour des étrangers en France qu'il s'est assigné ; les intéressés ne sont pas dépourvus des garanties juridictionnelles de droit commun dont sont assorties les mesures de police prises par les autorités publiques en matière de police administrative. Toutefois, ces dispositions doivent s'entendre compte tenu d'une réserve d'interprétation s'agissant des étrangers qui entendraient se prévaloir de l'application directe de l'al. 4 du Préambule de la Const. de 1946. • Cons. const. 13 août 1993, n° 93-325 DC : *Rec. Cons. const. 224 ; RJC I-539 ; JO 18 août, p. 11722 ; RFD const. 1993. 587, note Favoreu ; RD publ. 1991. 5, note Luchaire ; Dr. Soc., 1994. 69, note Dupeyroux et Prétot ; LPA 9 sept. 1994, note Mathieu et Verpeaux ; Pouvoirs 1993. 166, obs. Giquel et Avril ; RFDA 1993. 871, obs. Genevois ; JCP 1994. I. 3728, obs. Guimezanes ; Rev. crit. DIP 1994. 1, obs. Turpin ; RD publ. 1994. 1165, obs. Fabre-Alibert.*

2. Articulation des procédures. Il résulte du présent art. et de l'art. L. 611-1, que le champ d'application des mesures obligeant un étranger à quitter le territoire français et celui des mesures de remise d'un étranger à un autre État ne sont pas exclusifs l'un de l'autre et que le législateur n'a pas donné à l'une de ces procédures un caractère prioritaire par rapport à l'autre. Il s'ensuit que, lorsque l'autorité administrative envisage une mesure d'éloignement à l'encontre d'un étranger dont la situation entre dans le champ d'application du présent art., elle peut légalement soit le remettre aux autorités compétentes de l'État membre de l'UE ou partie à la convention d'application de l'accord de Schengen d'où il provient, soit l'obliger à quitter le territoire français sur le fondement de l'art. L. 611-1. Ces dispositions ne font pas non plus obstacle à ce que l'administration engage l'une de ces procédures alors qu'elle avait préalablement engagé l'autre. Si l'étranger demande à être éloigné vers l'État membre de l'UE ou partie à la convention d'application de l'accord de Schengen d'où il provient, ou s'il est résident de longue durée dans un État membre ou titulaire d'une « carte bleue européenne » délivrée par un tel État, il appartient au préfet d'examiner s'il y a lieu de reconduire en priorité l'étranger vers cet État ou de le réadmettre dans cet État. Le cas de l'étranger demandeur d'asile doit être distingué puisque l'étranger qui sollicite la reconnaissance de la qualité de réfugié doit être autorisé à demeurer provisoirement sur le territoire jusqu'à ce qu'il ait été statué sur sa demande. Si l'examen de cette demande d'asile ne relève pas de la compétence des autorités françaises, mais de celles de l'un de ces États, la situation du demandeur d'asile n'entre pas dans le champ d'application des dispositions de l'art. L. 611-1 mais dans celui des dispositions de l'art. L. 621-3. En vertu de ces dispositions, la mesure d'éloignement en vue de remettre l'intéressé aux autorités étrangères compétentes pour l'examen de sa demande d'asile ne peut être qu'une décision de réadmission. • CE, avis, 18 déc. 2013, *Préfet de Haute-Savoie,* n° 371994 : *AJDA 2014. 10.*

3. Si une mesure d'éloignement a été fondée sur les dispositions de droit commun, ce fondement ne peut être substitué aux dispositions du présent art. dès lors qu'une telle substitution pourrait avoir pour effet de priver l'intéressé des garanties de procédure prévues par l'art. L. 621-1, notamment la possibilité de présenter des observations avant que la mesure puisse être exécutée d'office. • CAA Bordeaux, 12 juill. 2005, *Talic,* n° 05BX01041 : *AJDA 2005. 2067, concl. Péano* • TA Rennes, 5 janv. 2010, *Cojo,* n° 10001. ♦ Si les champs d'application de l'OQTF et de la réadmission ne sont pas exclusifs l'un de l'autre, le préfet ne saurait, eu égard au caractère distinct de ces deux procédures, légalement prononcer à l'encontre d'un étranger ressortissant d'un État non membre de l'UE une mesure d'OQTF sans délai de départ volontaire sur le fondement de l'art. L. 611-1, qu'après s'être assuré que l'intéressé n'entrait pas dans les prévisions du présent art. ou, s'il en relevait effectivement, qu'après que les autorités nationales saisies de la demande de réadmission ont refusé de le réadmettre sur leur territoire ; si ces deux procédures peuvent se succéder, l'autorité administrative ne peut les poursuivre de manière parallèle. • CAA Douai, 26 mars 2013, *M. Bodaghchi,* n° 12DA01806 : *AJDA 2013. 1487.*

4. L'art. 3 de la Dir. 2008/115/CE du 16 déc. 2008 définit le retour comme le fait pour un ressortissant d'un pays tiers de rentrer, volontairement ou en y étant forcé, dans son pays d'origine, dans un pays tiers ou dans un pays de transit conformément à des accords ou autres arrangements de réadmission communautaires ou bilatéraux ; les pays de transit ainsi mentionnés sont des pays tiers à l'UE avec lesquels des accords ou arrangements de réadmission ont été conclus par l'Union ou par l'un des États membres de celle-ci ; il résulte ainsi clairement de la Dir. du 16 déc. 2008 que ses dispositions, et notamment celles qui sont relatives au délai de départ volontaire, ne s'appliquent qu'au retour d'un ressortissant d'un pays tiers vers un pays n'appartenant pas à l'UE et ne concernent donc pas les procédures de réadmission d'un ressortissant d'un pays appartenant à l'Union vers un autre État de celle-ci. • CE 27 juin 2011, *Min. Intérieur c/ M. Lassoued,* n° 350207 B.

5. Procédure. Aux termes de l'art. 7 de la Dir. n° 2008/115/CE du 16 déc. 2008 : « 1. la décision de retour prévoit un délai approprié allant de sept à trente jours pour le départ volontaire, sans préjudice des exceptions visées aux paragraphes 2 et 4 (...) 2. Si nécessaire, les États membres prolongent le délai de départ volontaire d'une durée appropriée, en tenant compte des circonstances propres à chaque cas, telles que la durée du séjour, l'existence d'enfants scolarisés et d'autres liens familiaux et sociaux.(...) 4. s'il existe un risque de fuite, ou si une demande de séjour régulier a été rejetée comme étant manifestement non fondée ou frauduleuse, ou si la personne concernée constitue un danger pour l'ordre public, la sécurité publique ou la sécurité nationale, les États membres peuvent s'abstenir d'accorder un délai de départ volontaire ou peuvent accorder un délai inférieur à sept jours » ; le fait pour un étranger de méconnaître l'art. L. 5221-5 du C. trav. ne peut se rapporter à aucune des hypothèses visées au § 4 de l'art. 7 de la Dir. du 16 déc. 2008, dans lesquelles un étranger peut faire l'objet d'une mesure d'éloignement sans délai de retour volontaire ; dès lors, le 2° du présent art. est incompatible avec les objectifs de la Dir. du 16 déc. 2008. • CAA Marseille, 4 juin 2012, *Matumona*, n° 11MA04009.

6. Le juge administratif a considéré, implicitement, que l'art. 13 Conv. EDH n'exige pas qu'un effet suspensif s'attache à l'exercice d'un recours contre une décision de réadmission, la Conv. exigeant seulement des garanties adéquates qui sont remplies en l'espèce dès lors qu'elle ne peut être exécutée qu'après que l'intéressé a été en mesure de présenter ses observations et d'avertir un conseil ou toute personne de son choix ; en outre, cette mesure peut être contestée par la voie du recours pour excès de pouvoir et faire l'objet d'une demande de suspension en référé. • CE 6 mars 2008, *Min. de l'Immigration, de l'Intégration, de l'Identité nationale et du Codéveloppement c/ M. Dociev*, n° 313915 : *AJDA 2009. 102, note Le Bot*.

7. Illustrations. Ressortissant tunisien entré en France avec son passeport et un titre de séjour délivré par l'Italie, mais périmé : les documents qu'il a produits n'établissent pas qu'il avait entrepris en temps utile les démarches nécessaires au renouvellement de ce titre auprès des autorités italiennes ; la décision de le remettre aux autorités italiennes n'a, dans ces conditions, porté aucune atteinte grave et manifestement illégale à une liberté fondamentale ; même s'il était accompagné de son épouse, qui est enceinte, et de 2 enfants, la décision de réadmission vers l'Italie ne porte pas davantage une atteinte grave et manifestement illégale au respect de sa vie privée et familiale. • CE 5 mars 2010, *Benchabla*, n° 337240. ♦ Porteur d'un passeport yougoslave, interpellé en France alors qu'il se rendait en Espagne après avoir quitté l'Allemagne. • CE 28 juin 2011, *M. Dajson Adzovic*, n° 350307.

SECTION 2 Remise en application des conventions internationales ou du droit de l'Union européenne

Art. L. 621-2 **Peut faire l'objet d'une décision de remise aux autorités compétentes d'un État membre de l'Union européenne, de la République d'Islande, de la Principauté du Liechtenstein, du Royaume de Norvège ou de la Confédération suisse l'étranger qui, admis à entrer ou à séjourner sur le territoire de cet État, a pénétré ou séjourné en France sans se conformer aux dispositions des articles L. 311-1, L. 311-2 et L. 411-1, en application des dispositions des conventions internationales conclues à cet effet avec cet État, en vigueur au 13 janvier 2009.** – *[Anc. art. L. 531-1, I, al. 1er (ecqc les conditions de la remise).]*

Art. L. 621-3 **L'étranger en provenance directe du territoire d'un État partie à la convention signée à Schengen le 19 juin 1990 peut se voir appliquer les dispositions de l'article L. 621-2 lorsqu'il est entré ou a séjourné sur le territoire français sans se conformer aux stipulations des paragraphes 1 et 2 de l'article 19, du paragraphe 1 de l'article 20, et des paragraphes 1 et 2 de l'article 21, de cette convention, relatifs aux conditions de circulation des étrangers sur les territoires des parties contractantes, ou sans souscrire, au moment de l'entrée sur ce territoire, la déclaration obligatoire prévue par l'article 22 de la même convention, alors qu'il était astreint à cette formalité.** – *[Anc. art. L. 531-2, al. 1er.]*

COMMENTAIRE

S'agissant des personnes entrées en France en méconnaissance des accords de Schengen, le présent article vise l'obligation de détention d'un visa uniforme ou le dépassement de la durée maximale de séjour de trois mois pour les étrangers dispensés de visa.

La déclaration d'entrée sur le territoire français mentionnée au présent article est régie par les articles R. 211-32 et R. 211-33. Elle est souscrite à l'entrée sur le territoire métropolitain par l'étranger qui n'est pas ressortissant d'un État membre de l'Union européenne et qui est en provenance directe d'un État partie à la convention signée à Schengen le 19 juin 1990. Ce sont les services de la police nationale ou, en l'absence de tels services, les services des douanes ou des unités de la gendarmerie nationale qui sont compétents pour recevoir la déclaration et en délivrer récépissé à l'étranger (éventuellement par apposition d'une mention sur le document de voyage). L'étranger assujetti à l'obligation de déclaration doit être en mesure de justifier, à toute réquisition des agents de l'autorité, qu'il a satisfait à cette obligation, par la production de ce récépissé.

Une circulaire du 6 avril 2011 a rappelé les règles applicables à la libre circulation, dans l'espace Schengen, des ressortissants de pays tiers munis d'un document de séjour provisoire délivré par un État membre de cet espace ; elle précise que le titre de séjour ou l'autorisation provisoire détenus par les intéressés doivent avoir été notifiés à la Commission européenne par l'État membre émetteur ; par ailleurs, les intéressés doivent être en mesure de justifier de l'objet et des conditions de leur séjour en France, notamment s'agissant de leurs ressources (trente et un euros par jour et par personne si les étrangers concernés disposent d'un hébergement ; soixante-deux euros dans le cas contraire) ; les intéressés ne doivent en outre pas constituer une menace pour l'ordre public. A défaut de l'une de ces conditions, la réadmission des intéressés sera mise en œuvre. Cette circulaire a été validée par le Conseil d'État (CE 17 oct. 2012, *Gisti et a.*, n° 350907). ❑

1. L'étranger qui ne respecte pas la formalité de déclaration prévue à l'art. 22 de la Conv. de Schengen ne peut être considéré comme remplissant la condition d'entrée régulière en France alors même qu'il était porteur d'un visa (en l'espèce, espagnol) en cours de validité. • CAA Bordeaux, 16 déc. 2010, *Bettahar,* n° 10BXC00070. ♦ *Contra* : La régularité de l'entrée initiale d'un étranger sur le territoire d'un État partie à l'accord de Schengen se distingue de la formalité consistant, le cas échéant, à souscrire ultérieurement une déclaration auprès des autorités d'un autre État partie à cette convention, lors de l'entrée sur le territoire de celui-ci ; cette déclaration ne constitue pas une condition de la régularité de l'entrée de l'étranger, ressortissant d'un État tiers, sur le territoire d'un État membre de la Communauté européenne, mais une formalité administrative dont le non-respect peut être uniquement sanctionné par la remise de l'étranger aux autorités compétentes de l'État membre qui l'a admis à entrer ou à séjourner sur son territoire. • CAA Douai, 25 oct. 2012 *Préfet du Pas-de-Calais c/ Neddaf,* n° 12DA00821. ♦ Le CE a désormais fixé la jurisprudence sur ce point en considérant que la souscription de la déclaration prévue par l'art. 22 de la convention d'application de l'accord de Schengen et dont l'obligation figure au présent art. est une condition de la régularité de l'entrée en France de l'étranger soumis à l'obligation de visa et en provenance directe d'un État partie à cette convention qui l'a admis à entrer ou à séjourner sur son territoire. • CE 18 déc. 2013, *M. Kaddar,* n° 372832 A : *AJDA 2014. 411*. ♦ Le défaut de déclaration n'interdit pas à l'étranger d'apporter la preuve par d'autres moyens de son entrée régulière en France. • TA Lille, 20 sept. 2012, *M. Yousnadj,* n° 1203131 : *AJDA 2013. 578, concl. Minet*.

2. Un ressortissant étranger soumis à l'obligation de présenter un visa ne peut entrer régulièrement sur le territoire français au moyen d'un visa Schengen délivré par un État autre que la France que s'il a effectué, conformément à l'art. 22 de la Conv. de Schengen, une déclaration d'entrée sur le territoire français. • CAA Bordeaux, 16 déc. 2010, *M. B.,* n° 10BX00070.

SECTION 3 Dispositions spécifiques à la remise d'un étranger qui, ayant exercé un droit de mobilité, ne remplit pas les conditions de séjour sur le territoire français

Art. L. 621-4 Peut faire l'objet d'une décision de remise aux autorités compétentes d'un État membre de l'Union européenne l'étranger, détenteur d'un titre de résident de longue durée – UE en cours de validité accordé par cet État, en séjour irrégulier sur le territoire français.

Les conditions d'application du présent article sont déterminées par décret en Conseil d'État. – *[Anc. art. L. 531-2, al. 2.]*

COMMENTAIRE

Sans préjudice de la possibilité du placement en rétention administrative, le préfet ou, à Paris, le préfet de police, qui constate, qui constate l'existence d'une mesure d'éloignement exécutoire prise en raison de l'existence d'une menace grave pour l'ordre public à l'encontre d'un étranger titulaire du statut de résident longue durée – CE accordé par un autre État membre de l'Union européenne, consulte cet État membre aux fins de l'examen du droit au séjour sur son territoire. Après notification à l'intéressé de la décision de retrait du droit au séjour prise par l'État membre de l'Union européenne qui avait accordé le statut de résident longue durée – CE, le préfet ou, à Paris, le préfet de police, procède à l'exécution de la mesure d'éloignement.

Sur les hypothèses d'irrégularité de séjour, voir les articles R. 621-5 et R. 621-6, *infra*.

Sur la remise en cas de menace grave pour l'ordre public, voir les articles R. 621-7 à R. 621-9, *infra*.

Sur la réadmission de l'étranger titulaire du statut de résident longue durée – UE accordé par la France, voir les articles R. 621-10 à R. 621-14, *infra*.

A noter que la décision de remise peut être assortie d'une interdiction de circulation sur le territoire français prise sur le fondement de l'article L. 622-1 (art. R. 622-1). ❑

Art. L. 621-5 Peut faire l'objet d'une décision de remise aux autorités compétentes d'un État membre de l'Union européenne l'étranger détenteur d'une carte de séjour portant la mention "carte bleue européenne" en cours de validité accordée par cet État, lorsque lui est refusée la délivrance de la carte de séjour prévue à l'article L. 421-11 ou bien lorsque la carte de séjour portant la mention "carte bleue européenne" dont il bénéficie expire ou lui est retirée durant l'examen de sa demande.

Les membres de la famille de l'étranger mentionné au premier alinéa peuvent également faire l'objet d'une décision de remise.

Les conditions d'application du présent article sont déterminées par décret en Conseil d'État. – *[Anc. art. L. 531-2, al. 3.]*

COMMENTAIRE

La loi n° 2011-672 du 16 juin 2011 relative à l'immigration, à l'intégration et à la nationalité (*JO 17 juin*) a étendu l'obligation de réadmission immédiate et sans formalités compte tenu de la transposition de la directive « carte bleue européenne » 2009/50/CE du Conseil du 25 mai 2009 ; l'article 18 de la directive, qui autorise le titulaire d'une « carte bleue européenne » à se rendre dans un autre État membre afin d'y occuper un nouvel emploi hautement qualifié, prévoit trois cas dans lesquels le premier État membre est tenu de réadmettre aussitôt et sans formalités, l'intéressé et les membres de sa famille :

– lorsque le deuxième État membre décide de refuser la délivrance d'une « carte bleue européenne » ;

– lorsque la « carte bleue européenne » délivrée par le premier État membre arrive à expiration pendant l'examen de la demande déposée auprès du deuxième État membre ;

– lorsque la « carte bleue européenne » délivrée par le premier État membre est retirée par celui-ci pendant l'examen de la demande déposée auprès du deuxième État membre. ❑

Art. L. 621-6 Peuvent faire l'objet d'une décision de remise aux autorités compétentes d'un État membre de l'Union européenne l'étranger et les membres de sa famille, admis à séjourner sur le territoire de cet État et effectuant un détachement temporaire intragroupe conformément à la directive 2014/66/UE du Parlement européen et du Conseil du 15 mai 2014 établissant les conditions d'entrée et de séjour des ressortissants de pays tiers dans le cadre d'un transfert temporaire intragroupe, lorsque cet étranger se trouve dans l'une des situations suivantes :

1° Le titre de séjour a expiré ou a été retiré par l'État qui l'a délivré, au cours de la période de mobilité ;

2° L'autorité administrative n'a pas reçu la notification de l'intention de cet étranger de travailler dans l'un des établissements de son groupe d'entreprises d'origine implanté sur le territoire français ;

3° L'autorité administrative a fait objection à la mobilité d'une durée inférieure ou égale à quatre-vingt-dix jours de cet étranger ;

4° L'autorité administrative a rejeté une demande de mobilité d'une durée supérieure à quatre-vingt-dix jours de cet étranger ;

5° Les conditions de délivrance du titre de séjour n'ont pas été respectées ;

6° Les conditions auxquelles la mobilité de cet étranger entre deux États mentionnés à l'article L. 621-1 a été autorisée ne sont plus réunies. – *[Anc. art. L. 531-2, al. 4 à 10.]*

BIBL. ▶ BARBOU DES PLACES, Chronique Droit de l'asile et de l'immigration - Les États membres veulent-ils vraiment construire une politique commune d'immigration légale ? A propos de la demi-réforme de la directive carte bleue, *RTD eur. 2022. 255* .

Art. L. 621-7 Peuvent faire l'objet d'une décision de remise aux autorités compétentes d'un État membre de l'Union européenne l'étranger étudiant et l'étranger chercheur ainsi que les membres de la famille de ce dernier, admis au séjour sur le territoire de cet État et bénéficiant d'une mobilité en France conformément à la directive (UE) 2016/801 du Parlement européen et du Conseil du 11 mai 2016 relative aux conditions d'entrée et de séjour des ressortissants de pays tiers à des fins de recherche, d'études, de formation, de volontariat et de programmes d'échange d'élèves ou de projets éducatifs et de travail au pair, lorsque cet étranger se trouve dans l'une des situations suivantes :

1° Le titre de séjour a expiré ou a été retiré par l'État qui l'a délivré, au cours de la période de mobilité ;

2° L'étranger ne remplit pas ou plus les conditions de la mobilité ;

3° L'autorité administrative n'a pas reçu la notification de l'intention de cet étranger d'effectuer une mobilité sur le territoire français ;

4° L'autorité administrative a fait objection à la mobilité de cet étranger. – *[Anc. art. L. 531-2, al. 11 à 15.]*

CHAPITRE II INTERDICTION DE CIRCULATION SUR LE TERRITOIRE FRANÇAIS ASSORTISSANT UNE DÉCISION DE REMISE

Art. L. 622-1 Sous réserve des dispositions de l'article L. 622-2, l'autorité administrative peut, par décision motivée, assortir la décision de remise prise en application de l'article L. 621-1 à l'encontre d'un étranger titulaire d'un titre de séjour dans l'État aux autorités duquel il doit être remis, d'une interdiction de circulation sur le territoire français d'une durée maximale de trois ans. – *[Anc. art. L. 531-1, II, al. 1er.]*

COMMENTAIRE

Soucieuse de garantir un effet utile aux décisions de renvoi à destination d'un État membre de l'UE des ressortissants de pays tiers en séjour irrégulier en France en évitant leur retour immédiat sur le territoire national, la loi n° 2018-778 du 10 sept. 2018 pour une immigration maîtrisée, un droit d'asile effectif et une intégration réussie met en œuvre une mesure d'interdiction de circulation sur le territoire français d'une durée maximale de trois ans. Le législateur a ainsi entendu mettre un terme à une inégalité de traitement dès lors que l'étranger européen, citoyen d'un État partie à la convention, peut être éloigné du territoire français et interdit d'y circuler pour une durée maximale de trois ans. L'avis rendu par le Conseil d'État a permis d'éviter l'incompatibilité avec les dispositions du droit de l'Union européenne relatives à la mobilité dans l'espace européen des ressortissants de pays tiers disposant d'un titre de séjour régulier délivré par l'un des États membres. Tel est le cas des titulaires d'un titre de résident de longue durée – UE, d'une carte de séjour portant la mention « carte bleue européenne » et aux membres de leur famille, admis à séjourner sur le territoire d'un État membre de l'UE et bénéficiant d'un transfert temporaire intragroupe. Pour ces étrangers, l'interdiction de circulation sur le territoire français n'est applicable que lorsque leur séjour en France constitue un abus de droit ou si leur comportement personnel constitue, du point de vue de l'ordre public ou de la sécurité publique, une menace réelle, actuelle et suffisamment grave à l'encontre d'un intérêt fondamental de la société.

L'étude d'impact précise qu'en cas de retour sur le territoire français alors que l'interdiction de circulation demeure exécutoire, l'étranger qui en fait l'objet pourra être assigné à résidence ou placé en rétention en vue de l'exécution de cette mesure. Il encourra une peine d'emprisonnement de trois ans.

Enfin, l'étranger pourra solliciter l'abrogation de l'interdiction de circulation sur le territoire français un an après y avoir déféré. Cette condition ne s'appliquera pas si l'étranger est emprisonné en France ou s'il y est assigné à résidence. Dans tous les cas, l'autorité administrative pourra, à tout moment, abroger la mesure d'interdiction. ❑

Art. L. 622-2 L'interdiction de circulation sur le territoire français ne peut assortir la décision de remise prise dans les cas prévus aux articles L. 621-4, L. 621-5, L. 621-6 et L. 621-7 que lorsque le séjour en France de l'étranger constitue un abus de droit ou si le comportement personnel de l'étranger représente, au regard de l'ordre public ou de la sécurité publique, une menace réelle, actuelle et suffisamment grave à l'encontre d'un intérêt fondamental de la société. – *[Anc. art. L. 531-1, II, al. 2.]*

Art. L. 622-3 L'édiction et la durée de l'interdiction de circulation prévue à l'article L. 622-1 sont décidées par l'autorité administrative en tenant compte de la durée de présence de l'étranger sur le territoire français, de la nature et de l'ancienneté de ses liens avec la France, de la circonstance qu'il a déjà fait l'objet ou non d'une mesure d'éloignement et de la menace pour l'ordre public que représente sa présence sur le territoire français. – *[Anc. art. L. 531-1, II, al. 3.]*

Art. L. 622-4 L'autorité administrative peut à tout moment abroger l'interdiction de circulation prévue à l'article L. 622-1.

Lorsque l'étranger sollicite l'abrogation de l'interdiction de circulation, sa demande n'est recevable que s'il justifie résider hors de France depuis au moins un an. Cette condition ne s'applique pas :

1° Pendant le temps où l'étranger purge en France une peine d'emprisonnement ferme ;

2° Lorsque l'étranger fait l'objet d'une mesure d'assignation à résidence prise en application des articles L. 731-1 ou L. 731-3. – *[Anc. art. L. 531-1, II, al. 4 à 7.]*

CHAPITRE III PROCÉDURE CONTENTIEUSE

Art. L. 623-1 *(L. n° 2024-42 du 26 janv. 2024, art. 72)* **Lorsque l'étranger est assigné à résidence en application de l'article L. 731-1, la décision de remise et l'interdiction de circulation sur le territoire français qui l'accompagne, le cas échéant, peuvent être contestées selon la procédure prévue à l'article L. 921-1.**

Lorsque l'étranger est placé en rétention administrative, ces décisions peuvent être contestées selon la procédure prévue à l'article L. 921-2.

Les dispositions du présent art. introduites par l'art. 72 de la L. n° 2024-42 du 26 janv. 2024 entrent en vigueur à une date fixée par Décr. en Conseil d'État, et au plus tard le 1er août 2024. Ces dispositions s'appliquent à la contestation des décisions prises à compter de leur entrée en vigueur (L. préc., art. 86-IV). Ces dispositions entrent en vigueur le 15 juill. 2024 (Décr. n° 2024-799 du 2 juill. 2024, art. 9-I).

Ancien art. L. 623-1 ***Les dispositions des articles L. 614-7 à L. 614-13 sont applicables à la contestation de la décision de remise et de l'interdiction de circulation sur le territoire français qui l'assortit le cas échéant lorsque l'étranger qui en fait l'objet est assigné à résidence en application de l'article L. 731-1 ou placé ou maintenu en rétention administrative en application du titre IV du livre VII.***

TITRE III EXPULSION

BIBL. ▸ FINKEL, L'expulsion des étrangers et le juge administratif en droit français, *AJDA 1978. 257.* - GISTI, Expulser, Plein Droit, *La revue du GISTI n° 62, oct. 2004.* - GUIMEZANES, Réflexions sur l'éloignement des étrangers du territoire français, *JDI 1996. 69.*

COMMENTAIRE

L'expulsion apparaît comme la mesure d'éloignement « par excellence », le langage commun s'en faisant d'ailleurs largement écho puisque toute décision d'éloignement est souvent qualifiée, à tort, d'expulsion. Au sens juridique du terme, l'expulsion constitue une mesure de police uniquement applicable aux étrangers et qui a pour effet de les éloigner du territoire national au motif qu'ils troublent l'ordre public ou qu'ils constituent une menace grave à son égard.

L'expulsion présente ainsi trois caractéristiques : elle est, à l'évidence, une composante du droit des étrangers et apparaît même comme un attribut de la souveraineté de l'État. Longtemps qualifiée de mesure de « haute police » insusceptible de tout contrôle, l'expulsion a vu progressivement son régime juridique mieux satisfaire aux exigences de l'État de droit. Elle constitue en second lieu une mesure d'éloignement, présentant en outre le caractère d'une exécution continue : tant que la mesure d'expulsion n'est pas abrogée, elle continue de produire ses effets et interdit ainsi à l'étranger de revenir sur le territoire national. En troisième et dernier lieu, l'expulsion est motivée par référence à l'ordre public, trouble actuel ou simple menace de trouble. Le caractère préventif est ainsi largement atténué par la prise en compte d'un comportement continu de l'intéressé ; l'expulsion peut en effet intervenir pour mettre fin, pour l'avenir, à un comportement jugé gravement contraire à l'ordre public, notamment lors de la commission répétée d'infractions pénales. Cette référence à l'ordre public permet aujourd'hui d'opérer une gradation, car il existe désormais trois hypothèses d'expulsion : tout d'abord l'expulsion justifiée par la menace grave pour l'ordre public, dite expulsion « simple » (V. *infra*, art. L. 631-1) ; ensuite, l'expulsion pour nécessité impérieuse pour la sûreté de l'État ou la sécurité publique (V. *infra*, art. L. 631-2) ; enfin, hypothèse la plus grave, en cas de comportement de nature à porter atteinte aux intérêts fondamentaux de l'État ou liés à des activités à caractère terroriste ou constituant des actes de provocation explicite et délibérée à la discrimination, à la haine ou à la violence contre une personne déterminée ou un groupe de personnes (V. *infra*, art. L. 631-3). Cette diversité révèle une gradation dans la gravité du comportement de l'intéressé et, par suite, une diminution progressive des garanties offertes à l'expulsion : procédure et étrangers insusceptibles d'éloignement.

Si les règles applicables à l'expulsion ont connu, depuis une vingtaine d'années, la même évolution chaotique que le droit des étrangers dans sa généralité, le présent titre est divisé en deux chapitres, d'importance inégale : le chapitre 1er énumère les cas dans lesquels un étranger peut faire l'objet d'une décision d'expulsion et les catégories d'étrangers protégés. Ceci explique que le juge se montre particulièrement vigilant pour éviter tout détournement de procédure et sanctionne le recours abusif à l'une des procédures dérogatoires lorsqu'elle n'est en fait justifiée que par la volonté de parvenir à l'expulsion d'un étranger « protégé ». Le chapitre 2 décrit la procédure administrative qui met en œuvre des garanties au profit de l'étranger qui diminuent à mesure que progresse la menace à l'ordre public ; il fixe également les règles relatives à l'abrogation des arrêtés d'expulsion, seul moyen de mettre un terme pour l'avenir aux effets d'une mesure d'expulsion. ❑

Art. L. 630-1 **Conformément à l'article L. 253-1, les dispositions des articles L. 631-1 à L. 631-4 et L. 632-1 à L. 632-7, sont applicables à l'étranger dont la situation est régie par le livre II.**

CHAPITRE I **CAS DANS LESQUELS UN ÉTRANGER PEUT FAIRE L'OBJET D'UNE DÉCISION D'EXPULSION**

Art. L. 631-1 **L'autorité administrative peut décider d'expulser un étranger lorsque sa présence en France constitue une menace grave pour l'ordre public, sous réserve des conditions propres aux étrangers mentionnés aux articles L. 631-2 et L. 631-3.** – *[Anc. art. L. 521-1.]*

COMMENTAIRE

L'article L. 631-1 met en œuvre le premier niveau d'expulsion, souvent qualifiée d'expulsion « simple ». Celle-ci présente plusieurs caractéristiques essentielles : en premier lieu, elle peut être prononcée en cas de menace « grave » pour l'ordre public et se distingue ainsi de la procédure de reconduite à la frontière prévue par l'article L. 611-1, 5° qui intervient en cas de menace (non qualifiée) à l'ordre public. Si l'appréciation de la « menace grave » est réalisée indépendamment de l'existence de condamnations pénales, celles-ci constituent toutefois fréquemment la justification essentielle de la mesure. En deuxième lieu, et puisque la menace est simplement « grave », certaines catégories d'étrangers échappent à son champ d'application (V. *infra*, notes ss. art. L. 521-2). Enfin, cette première catégorie d'expulsion intervient indépendamment de toute considération relative à l'urgence ; elle peut donc laisser place à une procédure offrant de réelles garanties à l'étranger (V. *infra*, notes ss. art. L. 631-2).

Quel que soit le rapport entre l'expulsion et la commission d'infractions pénales (V. *infra*), l'expulsion présente les caractéristiques d'une mesure de police administrative et non celles d'une sanction. Par voie de conséquence, l'expulsion reste toujours hors du champ du droit à un procès équitable au sens de l'article 6 de la Convention européenne de sauvegarde des droits de l'homme et des libertés fondamentales, même si le juge constitutionnel a admis qu'elle constituait une restriction à l'exercice d'une liberté publique.

I. CONTRÔLE JURIDICTIONNEL

Dès lors qu'elle constitue une mesure de police administrative, l'expulsion relève de la compétence naturelle du juge administratif de droit commun, dont le contrôle s'est progressivement amélioré pour laisser place aujourd'hui à un véritable contrôle de proportionnalité entre la nécessité de la mesure et les conséquences de celle-ci sur la situation personnelle et familiale de l'étranger qui en fait l'objet.

Le contentieux de l'expulsion laisse une place non négligeable aux procédures d'urgence organisées par le code de justice administrative. A cet égard, le juge considère que l'urgence est ici présumée, sauf circonstances contraires (ex. : une mesure d'assignation à résidence qui exclut la mise en application immédiate de l'expulsion ou le fait que l'étranger incarcéré ne sortira de prison que plusieurs mois ou plusieurs années après l'arrêté d'expulsion).

Un étranger peut valablement introduire une requête en référé-suspension contre un arrêté d'expulsion puisqu'il n'existe, à la différence de l'obligation de quitter le territoire ou de la reconduite à la frontière (V. *supra*), aucune procédure contentieuse particulière pour contester ces arrêtés et, en particulier, aucun recours suspensif de plein droit. Une telle requête reste recevable alors même que l'arrêté a été mis à exécution puisque celle-ci interdit le retour sur le territoire national jusqu'à une éventuelle abrogation de l'arrêté (V. *infra*, notes ss. art. L. 524-1). La suspension ne sera prononcée par le juge qu'en présence d'une illégalité manifeste et impliquera que la situation de l'étranger concerné soit régularisée.

Le juge a également accueilli des conclusions aux fins de référé-liberté. En effet, la condition de gravité de l'atteinte portée à la liberté de vivre avec sa famille doit être regardée comme remplie dans le cas où la mesure d'éloignement peut faire l'objet d'une exécution d'office par l'administration, n'est pas susceptible de recours suspensif et fait directement obstacle à la poursuite de la vie en commun des membres d'une famille.

II. APPRÉCIATION DE LA MENACE POUR L'ORDRE PUBLIC

La notion de menace grave ne peut s'assimiler à la commission d'une infraction pénalement sanctionnée : les infractions pénales commises par un étranger ne sauraient, à elles seules, justifier légalement une mesure d'expulsion et ne dispensent en aucun cas l'autorité compétente d'examiner, d'après l'ensemble des circonstances de l'affaire, si la présence de l'intéressé sur le territoire français est de nature à constituer une menace pour l'ordre et la sécurité publics. Ce principe d'indépendance entre expulsion et sanctions pénales s'explique simplement par le caractère préventif de la mesure de police qu'est l'expulsion. Dès lors, les infractions pénales commises par l'étranger ne sont ni nécessaires ni suffisantes.

Par ailleurs, et c'est une autre illustration de l'indépendance entre expulsion et infractions pénales, dès lors que la menace doit s'apprécier à la date de la décision, des faits ayant donné lieu à des condamnations amnistiées peuvent être pris en considération. De même, le fait qu'un étranger ait purgé la peine pour laquelle il avait été condamné n'entache pas nécessairement d'illégalité l'arrêté d'expulsion.

Reste que l'existence de condamnations pénales constitue souvent, aux yeux du juge, une justification de l'expulsion. L'expulsion pour menace grave a pu être valablement fondée sur des actes portant atteinte à l'intégrité physique des personnes, révélant ainsi la dangerosité de l'individu. Le trafic de stupéfiants constitue également une menace grave à l'ordre public.

Des infractions pénales de moindre gravité ne révèlent en revanche aucune menace « grave » contre l'ordre public (par ex. : infraction à la législation sur les conditions d'entrée et de séjour des étrangers en France, non-représentation d'enfant, racolage).

Reste que l'administration et le juge envisagent l'ensemble du comportement de l'intéressé ; ainsi, des infractions relativement mineures, mais d'une gravité croissante, démontrent la dangerosité de l'individu et justifient une expulsion pour menace grave à l'ordre public. La récidive constitue ainsi un élément d'appréciation déterminant, même s'il a pour effet d'atténuer sensiblement le caractère simplement préventif de l'expulsion.

Peu importe le motif invoqué par l'intéressé et, en particulier, le fait que la dangerosité de l'individu soit motivée par un combat politique n'a pas pour effet de faire disparaître la menace grave à l'ordre public. C'est ainsi « objectivement » que l'étranger constitue une menace grave pour l'ordre public.

Dans son appréciation de la menace grave pour l'ordre public, l'autorité administrative doit toutefois tenir compte des conséquences de la mesure d'éloignement sur la vie personnelle et familiale de l'étranger. L'administration et son juge se livrent ainsi à un véritable contrôle de proportionnalité entre la nécessité de la mesure fondée sur le risque pour l'ordre public et le droit à mener une vie familiale normale. Il s'agit d'une démarche extrêmement complexe qui consiste en réalité à déterminer le seuil de gravité tolérable en fonction du degré d'intégration de l'étranger. C'est tout particulièrement le cas s'agissant d'étrangers qui sont nés en France (immigrés dits de la « deuxième génération ») ou y ayant vécu la plus grande partie de leur vie ; ces personnes n'ont en général plus aucun lien avec leur pays d'origine, mais la gravité de leur comportement pourra néanmoins justifier leur éloignement. Autrement dit, la totale immersion d'un étranger en France depuis sa naissance ne suffit pas à faire oublier sa nationalité étrangère et l'expose ainsi à ce que l'on dénomme fréquemment la « double peine », c'est-à-dire la condamnation pénale, que l'étranger purgera en tout ou partie en France, et la mesure d'expulsion qui interviendra à la libération de l'intéressé.

Reste qu'en présence du même comportement pénal, un étranger célibataire, sans liens familiaux en France et disposant de liens dans son pays d'origine, fera l'objet d'une expulsion tandis que l'étranger disposant en France de l'essentiel de son tissu relationnel et familial sera, le cas échéant, protégé contre une telle mesure. ❑

PLAN DES ANNOTATIONS

I. NATURE DE LA MESURE

1. L'expulsion constitue une mesure de police administrative exclusivement destinée à protéger l'ordre et la sécurité publics et n'a donc pas le caractère d'une sanction. • CE 20 janv. 1988, *Min. Intérieur c/ Elfenzi : Lebon 17 ; AJDA 1988. 223, concl. Vigouroux ; D. 1989. Somm. 117, obs. Wacquet et Julien-Laferrière* • CE 19 juin 1992, *M. Adjim*, n° 114605 : *RFDA 1992. 774*.

2. Le Conseil constitutionnel a précisé que les mesures d'expulsion sont des mesures de police auxquelles sont assignés des objectifs différents de ceux de la répression pénale ; aucune disposition de la Constitution non plus qu'aucun principe de valeur constitutionnelle ne fait obstacle à ce que la loi confère à l'autorité administrative le pouvoir de prendre un arrêté d'expulsion fondé sur des faits de nature à justifier une condamnation pénale, alors même qu'aucune condamnation définitive n'aurait été prononcée par l'autorité judiciaire. • Cons. const. 9 janv. 1980, n° 79-109 DC : *Rec. Cons. const. 29 ; JO 11 janv. ; RJC I-74 ; RD publ. 1980. 1631, note Favoreu ; D. 1980. 420, note Hamon ; AJDA 1980.356, note Franck ; D. 1980. 249, note JB Auby ; RGDI publ. 1980. 31, note Turpin ; Rev. adm. 1980. 363, note Vincent ; Gaz. Pal. 1980. 258, note Hamon.* ♦ Les décisions d'expulsion n'entrent pas dans le champ d'application de l'art. 8 DDH ; dès lors qu'il n'a pas porté atteinte aux garanties juridictionnelles de droit commun qui leur sont applicables, le législateur ne peut être regardé comme ayant méconnu le principe de la liberté individuelle. • Cons. const. 13 août 1993, n° 93-325 DC : *RJC I-539 ; JO 18 août, p. 11722 ; RFDC 1993. 587, note Favoreu ; RD publ. 1991. 5, note Luchaire ; Dr. Soc., 1994. 69, note Dupeyroux et Prétot ; LPA 9 sept. 1994, note Mathieu et Verpeaux ; Pouvoirs 1993. 166, obs. Giquel et Avril ; RFDA 1993. 871, obs. Genevois ; JCP 1994. I. 3728, obs. Guimezanes ; Rev. crit. DIP 1994. 1, obs. Turpin ; RD publ. 1994. 1165, obs. Fabre-Alibert.*

3. Il résulte de ce caractère de mesure de police administrative : l'application immédiate de toute législation nouvelle relative à l'expulsion. • CE 30 juill. 1997, *M. Abaidia*, n° 163710. ♦ ... L'inapplicabilité de l'art. 7 Conv. EDH. • CE 24 mars 1997, *M. Errahali*, n° 162318.

4. L'expulsion constitue toutefois une mesure qui restreint l'exercice d'une liberté publique. • Cons. const. 3 sept. 1986, n° 86-216 DC : *Rec. Cons. const. 135 ; JO 5 sept. ; RJC I-281 ; RD publ. 1989, obs. Favoreu ; AIJC 1986. 436, note Genevois ; JDI 1987. 289, obs. Pinto ; RFDA 1987. 120, obs. Genevois ; RSC 1987. 565, obs. Nguyen Huu et Loloum.*

5. Une décision d'expulsion, eu égard à sa portée, a par elle-même pour effet de mettre fin au titre qui autorisait l'étranger à séjourner en France jusqu'à son intervention ; les services de police et les unités de gendarmerie sont, en conséquence, en droit de retenir le document matérialisant le titre de séjour lorsque l'intéressé quitte le territoire français alors qu'il a fait l'objet d'une mesure d'expulsion exécutoire ; toutefois, les décisions administratives individuelles défavorables à leurs destinataires ne sont opposables à ces derniers que pour autant qu'elles leur aient été préalablement notifiées et soient, par suite, exécutoires à leur encontre. • CE 10 juill. 2013, *M. A.*, n° 359451 B.

6. Une expulsion ne peut constituer une extradition déguisée ; encourt ainsi l'annulation l'expulsion d'un Basque espagnol vers l'Espagne, dès lors que l'intéressé devait être remis aux autorités de son pays dans lequel il faisait l'objet de poursuites. • TA Versailles, 26 sept. 2000, *Lopez de Lacalle Gauna c/ Préfet de l'Essonne : AJDA 2001. 399, concl. Krulic*. ♦ Il a toutefois été précisé qu'un tel comportement ne saurait être constitutif d'un détournement de la procédure d'expulsion que si la mesure d'éloignement répondant en réalité à une initiative de l'État dont l'étranger expulsé a la nationalité était prise par les autorités françaises dans le but exclusif de le remettre aux autorités de cet État et non dans celui d'assurer l'exécution d'une mesure d'expulsion légalement décidée. • TA Paris, 22 mars 2001, *Lopez de Lacalle Gauna : RFDA 2001. 1028, concl. Massias*.

7. Applicabilité de la Dir. « retour ». La personne qui fait l'objet d'une mesure d'expulsion en application du présent art., qui se trouve donc en situation de séjour irrégulier sur le territoire français, ne peut être poursuivie pour des faits susceptibles de constituer une obstruction à l'exécution de son éloignement tant que l'administration n'a pas mené à leur terme les procédures de contrainte légalement prévues par la loi (rétention administrative ou assignation à résidence). • Crim. 6 sept. 2023, n° 22-84.481 : *DP étrangers, Bull. n° 336, oct. 2023, note Pouly ; D. 2023. 1590 ; ibid. 2024. 228, chron. Boskovic, Corneloup, Jault-Seseke, Joubert et Parrot*.

II. CONTRÔLE JURIDICTIONNEL

8. La CEDH a indiqué que la personne qui fait l'objet d'une mesure basée sur des motifs de sécurité nationale doit avoir des garanties contre l'arbitraire et notamment la possibilité de faire contrôler la mesure litigieuse par un organe indépendant et impartial habilité à se pencher sur toutes les questions de fait et de droit pertinentes, pour trancher sur la légalité de la mesure et sanctionner un éventuel abus des autorités ; devant cet organe, la personne doit bénéficier d'une procédure contradictoire afin de pouvoir présenter son point de vue et réfuter les arguments des autorités. • CEDH 12 oct. 2006, *Kaya c/ Roumanie*, n° 33970/05.

A. RÈGLES GÉNÉRALES

9. L'arrêté d'expulsion peut faire l'objet d'un recours pour excès de pouvoir dans le délai de droit commun ; s'y ajoute le délai de distance lorsque l'expulsion a été exécutée et que la demande est présentée de l'étranger. • CE 17 mai 1993, *M. Khenfar*, n° 121969.

10. Compétence juridictionnelle. Le contentieux de l'expulsion relève de la compétence exclusive du juge administratif ; en invitant l'intéressé à interroger l'administration sur les mesures qu'elle comptait prendre, eu égard au fait que le juge pénal avait constaté l'illégalité de l'arrêté d'expulsion, le juge judiciaire a fait obstacle à l'exécution d'une décision administrative dont le juge administratif avait d'ailleurs reconnu la légalité et méconnu le principe de séparation des autorités. • T. confl. 17 juin 1991, *Madhoui*, n° 2657. ♦ L'appréciation des conséquences résultant de l'annulation d'un arrêté d'expulsion relève exclusivement des juridictions administratives. • T. confl. 7 mars 1994, *Préfet de police c/ Al Joujo : Lebon 595.*

11. Date à laquelle le juge doit se situer. S'il est de jurisprudence constante que la légalité d'une mesure s'apprécie à la date de sa signature, le juge européen a considéré comme contraire à l'art. 3 de la Dir. du 25 févr. 1964 pour la coordination des mesures spéciales aux étrangers en matière de déplacement et de séjour justifiées par des raisons d'ordre public, la pratique nationale selon laquelle les juridictions ne sont pas censées prendre en considération, en vérifiant la légalité d'une expulsion, des éléments de fait intervenus après la dernière décision des autorités compétentes, pouvant impliquer la disparition ou la diminution non négligeable de la menace que constituerait, pour l'ordre public, le comportement de la personne concernée. • CJCE 29 avr. 2004, *Georgios Orfanopoulos c/ Land Baden-Württemberg*, n° C-482/01.

12. Étendue du contrôle du juge. Le juge exerce un contrôle normal sur l'arrêté d'expulsion. • CE 12 févr. 2014, *Min. Intérieur*, n° 365644 A : *AJDA 2014. 373*. ♦ C'est en particulier le cas lorsque l'expulsion porte atteinte au droit de l'étranger à séjourner en France, comme c'est le cas par exemple des citoyens européens. • CE 19 nov. 1990, *Raso : Lebon T. 775 ;*

AJDA 1991. 325, note Julien-Laferrière . ♦ Il exerce un contrôle de proportionnalité entre la menace à l'ordre public et le droit à mener une vie familiale normale. • CE, ass., 19 avr. 1991, *Belgacem : Lebon 152, concl. Abraham ; Rev. adm. 1991. 239, note Ruiz-Fabri.* ♦ Le juge exerce un contrôle normal sur les motifs justifiant une expulsion fondée sur une menace grave pour l'ordre public. • CE 17 oct. 1983, *Bouhsane : Lebon 413* • CAA Lyon, 12 févr. 2004, *Mokdad*, n° 99LY02843 B.

13. La cour administrative d'appel apprécie souverainement si l'arrêté d'expulsion est suffisamment motivé ; en revanche, la compatibilité avec l'art. 8 ne relève pas de cette appréciation souveraine, mais fait l'objet d'un contrôle du juge de cassation, notamment de la qualification juridique des faits. • CE 11 juin 1999, *Min. Intérieur c/ M. El Mouhaden*, n° 185545 A. ♦ Il en va de même de l'appréciation de l'urgence absolue et de la nécessité impérieuse. • CE 11 juin 1999, *M. Cheurfa : Lebon 177* • CE 26 oct. 2007, *Min. d'État, Min. Intérieur et de l'aménagement du territoire c/ Mesbah*, n° 299680 B.

14. L'autorité de chose jugée s'attachant au jugement d'un tribunal administratif annulant un refus de titre de séjour pour défaut de menace à l'ordre public ne s'impose pas dans un litige relatif à un arrêté d'expulsion, qui a un objet différent du premier. • CE 8 juill. 1998, *Gantier : Lebon T. 955.*

15. Preuve. Pour pouvoir être admises, les « notes blanches » doivent être précises, circonstanciées, soumises au contradictoire et non sérieusement contestées par le requérant. • CE 11 déc. 2015, n° 394989 : *AJDA 2015. 2404* ; *RFDA 2016. 105, concl. Domino* . ♦ Ainsi, le juge a admis la force probante d'une « note blanche » établie par les services de renseignement. • CE 3 mars 2003, *Min. Intérieur c/ Rakhimov*, n° 238662 : *AJDA 2003. 1343, note Lecucq* • CAA Paris, 7 mars 2016, n° 15PA02906 : *AJDA 2016. 1242, concl. Oriol* . ♦ Même solution s'agissant d'une note blanche précise et circonstanciée, versée au débat contradictoire. • CE 1er avr. 2016, n° 398181. ♦ Les notes blanches ont également été admises par la CEDH. • CEDH 19 janv. 2023, *Pagerie c/ France*, n° 24203/16 : *AJDA 2022. 103* .

16. L'art. 23 § 1 de la Dir. 2013/32/UE du 26 juin 2013 s'oppose à une réglementation nationale qui prévoit que, lorsqu'une décision de rejet d'une demande de protection internationale ou de retrait d'une telle protection repose sur des informations dont la divulgation compromettrait la sécurité nationale de l'État membre en cause, la personne concernée ou son conseiller ne peuvent accéder à ces informations qu'après avoir obtenu une autorisation à cette fin, ne se voient pas communiquer même la substance des motifs sur lesquels sont fondées de telles décisions et ne peuvent, en tout état de cause, pas utiliser, aux fins des procédures administrative ou juridictionnelle, les informations auxquelles ils auraient pu avoir accès. • CJUE 22 sept. 2022, n° C-159/21 : *AJDA 2022. 2345, chron. Bonneville, Gänser et Iljic* .

17. Conclusions du rapporteur public. Les litiges relevant du contentieux des expulsions ne figurent pas parmi ceux pour lesquels le président de la formation de jugement peut accorder une dispense du rapporteur public de prononcer des conclusions à l'audience. • CAA Lyon, 18 janv. 2018, n° 17LY02747 : *AJDA 2018. 955* .

18. Fixation du pays de destination. Seules les formations collégiales des tribunaux administratifs peuvent statuer sur les demandes d'annulation d'une décision fixant le pays de renvoi d'un étranger faisant l'objet d'un arrêté d'expulsion, alors même que l'intéressé est maintenu en rétention et que l'arrêté d'expulsion n'a pas été contesté. • CE 22 mars 2022, n° 446639 B.

19. Conséquences de l'annulation. L'annulation d'un arrêté d'expulsion fait revivre à la date de cet arrêté et pour la durée qui restait à courir à cette date, le titre de séjour que l'expulsion avait abrogé. • CAA Lyon, 1er avr. 1999, *M. Omer Kilic*, n° 98LY02313. ♦ Mais cette annulation n'ouvre aucun droit pour l'étranger à revenir sur le territoire national : si, entre la date de l'expulsion et celle de la décision annulant l'arrêté, la validité du titre de séjour de l'étranger est expirée, celui-ci doit à nouveau satisfaire à l'ensemble des conditions d'entrée sur le territoire et, le cas échéant, le visa. • CE 4 nov. 1994, *M. Al Joujo : Lebon 492 ; LPA 19 juill. 1995, note Priet.* ♦ Si, à l'expiration de la validité du titre de séjour, le demandeur bénéficie du renouvellement de plein droit, l'exécution de la décision par laquelle l'arrêté d'expulsion est annulé implique nécessairement qu'il soit mis en possession du titre en cause, lorsque l'annulation est fondée sur la violation de l'art. 8 Conv. EDH. • CAA Paris, 28 nov. 1996, *M. Hamdous*, n° 96PA00004. ♦ V. aussi • CE 19 nov. 1997, *M. Sarroub*, n° 187595 B • CAA Douai, 4 juin 2003, *Mourad Soualmi*, n° 01DA00594.

20. L'annulation contentieuse d'un arrêté d'expulsion a pour effet de remettre en vigueur le titre de séjour dont bénéficiait l'intéressé ; s'agissant d'une carte de résident, celle-ci est renouvelable de plein droit. En l'absence d'un nouvel arrêté d'expulsion à l'encontre de l'intéressé, l'autorité consulaire ne disposait pas du pouvoir de refuser à l'intéressé le visa qu'il sollicitait. • CE 9 avr. 2004, *M. Allam*, n° 236212 A.

B. PROCÉDURES D'URGENCE

1° CONDITION D'URGENCE

21. Eu égard à son objet et à ses effets, une décision d'expulsion porte, en principe, atteinte de manière grave et immédiate à la situation de la personne qu'elle vise et crée, dès lors, une situation d'urgence justifiant que soit, le cas échéant, prononcée la suspension de cette décision (art. L. 521-1 CJA). • CE 26 sept. 2001, *Min. Intérieur c/ Mesbahi,* n° 231204 A : *RFDA 2001. 1326* • 2 oct. 2002, *M. Hakkar,* n° 243685 • 12 janv. 2005, *Min. de l'Intérieur c/ M. Moezi,* n° 265776.

22. La condition d'urgence est en principe remplie s'agissant d'un arrêté d'expulsion immédiatement exécutoire et dépourvu de recours à caractère suspensif. • CE 14 déc. 2001, *Min. Intérieur c/ Dos Santos Martins,* n° 234323 • 13 mars 2002, *Min. Intérieur c/ Raïssi,* n° 240543. ♦ Commet une erreur de droit le juge des référés qui met à la charge du requérant le soin de faire la preuve de la réalité de l'urgence, sans relever de circonstances particulières qui auraient pu en caractériser l'absence. • CE 1er oct. 2001, *Meddah,* n° 234918. ♦ La condition d'urgence fait défaut s'agissant d'un étranger incarcéré qui ne sera libéré au plus tôt que trois ans après l'intervention de l'arrêté d'expulsion. • TA Marseille, 5 févr. 2002, *Menachem,* n° 02-343. ♦ Elle est en revanche remplie s'agissant d'un étranger placé en rétention administrative. • CE 13 mars 2002, *Min. Intérieur c/ Raïssi,* n° 240543. ♦ Même solution dans le cas d'un étranger sous le coup d'un arrêté d'expulsion devant sortir de prison dans un délai de moins d'un mois, et alors même que l'exécution dudit arrêté ne présente qu'un caractère éventuel. • TA Melun, 10 janv. 2002, *Deghrar c/ Préfet de Seine-et-Marne,* n° 015246.

23. Cette présomption d'urgence tombe toutefois lorsque l'intéressé fait l'objet d'une mesure d'assignation à résidence dès lors que la mesure d'expulsion ne peut être exécutée qu'après l'intervention d'une décision d'abrogation de la mesure d'assignation à résidence ; il n'en va toutefois pas de même si l'assignation à résidence est intervenue en cas d'impossibilité de quitter la France, l'expulsion pouvant dès lors être exécutée à tout moment. • CE 18 févr. 2008, *Min. de l'Intérieur, de l'Outre-mer et des Collectivités territoriales c/ M. Bourakkadi Idrissi,* n° 306238.

2° *RÉFÉRÉ-SUSPENSION*

24. Des conclusions à fin de référé-suspension d'un arrêté d'expulsion présentées après que l'intéressé a quitté le territoire français sont recevables puisqu'en vertu des dispositions combinées des art. L. 521-1 et L. 624-1, l'arrêté subsiste après l'expulsion de l'intéressé et interdit le retour sur le territoire français tant qu'il n'a pas été abrogé. • CE, ass., 18 juin 1976, *Moussa Konaté : Lebon 321, concl. Genevois ; AJDA 1976. 582* • CE 11 juill. 1980, *Min. Intérieur c/ Montcho : Lebon 315 ; AJDA 1980. 523, chron. Feffer et Pinault ; JCP 1981. II. 19629, concl. Rougevin-Baville ; Rev. adm. 1980. 607, note Bienvenu et Rials.*

25. Une requête aux fins de suspension d'un arrêté d'expulsion est devenue sans objet dès lors que le recours formé contre l'arrêté d'expulsion lui-même a été rejeté. • CE 6 mars 2002, *Kansoy,* n° 233877.

26. Une requête en référé suspension n'est pas recevable lorsque la mesure d'expulsion est assortie d'une assignation à résidence ; en effet, dans ce cas, l'expulsion ne pourra être mise à exécution qu'après abrogation de l'assignation à résidence. • CE 18 févr. 2008, *Min. de l'Immigration c/ Bourakkadi Idrissi,* n° 306238.

27. La suspension ne sera accordée qu'en présence d'une « illégalité manifeste » de l'arrêté d'expulsion. • CE 3 avr. 2002, *Min. Intérieur c/ Kurtarici,* n° 244686. ♦ Par exemple, la requête est rejetée eu égard notamment à la gravité des faits de viol sur mineur par ascendant ayant justifié l'expulsion pour nécessité impérieuse pour la sécurité publique : aucun des moyens présentés n'est de nature à créer un doute sérieux quant à la légalité des décisions attaquées. • CE 14 mars 2001, *Min. de l'Intérieur c/ M. Massamba,* n° 229864. ♦ En revanche, le moyen tiré de ce que le min. Intérieur ne pouvait légalement ordonner l'expulsion du requérant pour nécessité impérieuse pour la sécurité publique sur le fondement de l'art. L. 521-2 est propre à créer, en l'état de l'instruction, un doute sérieux quant à la légalité de l'arrêté d'expulsion dont il y a lieu de suspendre l'exécution en application de l'art. L. 521-1 CJA. • CE 9 avr. 2004, *M. de Sousa Cunha,* n° 261662.

28. Le prononcé du référé-suspension contre un arrêté d'expulsion implique nécessairement que l'intéressé soit autorisé à séjourner et à travailler sur le territoire français jusqu'à ce que le préfet statue sur sa demande de renouvellement de titre de séjour. • TA Lyon, 6 mars 1996, *M. Chebira,* n° 9600452 : *D. 1997. Somm. 37, comm. Julien-Laferrière.*

29. Quand le juge des référés rejette une demande de suspension d'un arrêté d'expulsion au motif que la condition d'urgence n'est pas remplie, il peut être saisi d'une nouvelle demande de suspension dans l'hypothèse où de nouvelles circonstances de fait survenues avant qu'il soit statué sur la requête en annulation créeraient une situation d'urgence ; tel est le cas s'agissant de la preuve rapportée par l'intéressé de l'imminence de son élargissement. • CE 23 janv. 2004, *M. Aguemon,* n° 261389. ♦ Même solution s'agissant de l'aggravation de l'état de santé de l'intéressé. • CE 29 déc. 2004, *Min. Intérieur c/ M. Chahbasian,* n° 264711.

30. Le refus implicite de procéder à l'annulation d'un arrêté d'expulsion peut faire l'objet d'une demande de suspension devant le juge des référés (art. L. 521-1 CJA) ; la demande sera rejetée en l'absence de circonstances particulières ayant porté atteinte de manière grave et immédiate à la situation de l'intéressé, étant ainsi constitutive d'une situation d'urgence. • CE 2 févr. 2004, *M. Karker,* n° 258280.

31. L'appréciation par le juge du caractère sérieux des moyens de la requête est souveraine et ne peut être discutée devant le juge de cassation. • CE 23 nov. 2001, *Abbar,* n° 233692.

3° RÉFÉRÉ-LIBERTÉ

32. La liberté personnelle est au nombre des libertés fondamentales auxquelles s'applique la procédure du référé-liberté, s'agissant en particulier de l'expulsion. • CE 20 déc. 2001, *Chikh,* n° 241154. ♦ La condition de gravité de l'atteinte portée à la liberté de vivre avec sa famille doit être regardée comme remplie dans le cas où la mesure d'éloignement peut faire l'objet d'une exécution d'office par l'administration, n'est pas susceptible de recours suspensif et fait directement obstacle à la poursuite de la vie en commun des membres d'une famille. • CE 30 oct. 2001, *Min. Intérieur c/ Tliba : Lebon 523 ; AJDA 2001. 1054 ; RFDA 2002. 324, concl. de Silva .* ♦ Quand un arrêté d'expulsion a été suspendu, l'administration est dans l'obligation de restituer à l'intéressé son titre de séjour ; à défaut, l'intéressé peut recourir au référé-liberté afin d'enjoindre à l'administration de lui restituer son titre de séjour. • CE 8 nov. 2001, *Ylmaz Kaigisiz,* n° 239734 A.

III. APPRÉCIATION DE LA MENACE GRAVE À L'ORDRE PUBLIC

A. NOTION DE MENACE GRAVE

33. La menace grave s'apprécie à la date de l'arrêté d'expulsion. Ainsi, eu égard au long délai devant s'écouler entre la date de l'arrêté d'expulsion et celle de la libération du requérant, la présence de ce dernier sur le territoire français ne pouvait être regardée comme constituant une menace grave pour l'ordre public. • CE 6 mars 1998, *M. M'Rah,* n° 173216. ♦ Nonobstant, la constatation de l'existence d'une menace grave peut reposer sur l'existence de faits particulièrement répréhensibles, même anciens ; tel est par exemple le cas d'un étranger condamné à 30 ans de réclusion criminelle pour assassinat de son épouse, malgré l'existence d'une libération conditionnelle. • CAA Marseille, 26 juin 2012, *M. Y.,* n° 10MA02653 : *Gaz. Pal. 25-26 juill. 2012, nos 207-208, p. 16, concl. Deliancourt.*

34. La gravité de la menace peut s'apprécier par référence à la quasi-certitude de la survenance de l'atteinte à l'ordre public ou au degré de gravité de celle-ci. • CE 14 oct. 1992, *Halladja : Lebon T. 974.*

35. Indépendance entre menace grave et infractions pénales. La notion de menace grave ne peut s'assimiler à la commission d'une infraction pénalement sanctionnée : « les infractions pénales commises par un étranger ne sauraient, à elles seules, justifier légalement une mesure d'expulsion et ne dispensent en aucun cas l'autorité compétente d'examiner, d'après l'ensemble des circonstances de l'affaire, si la présence de l'intéressé sur le territoire français est de nature à constituer une menace pour l'ordre et la sécurité publics ». • CE 24 janv. 1994, *M'Barki : Lebon 28.*

36. Il en résulte que peuvent être prises en considération des infractions pénales : alors même qu'elles ont donné lieu à des condamnations amnistiées. • CE 27 oct. 1993, *M. Stangret,* n° 126320 • CAA Douai, 10 févr. 2005, *Degoulhd,* n° 03DA00270. ♦ ... Alors même que l'intéressé a purgé sa peine. • CE 26 févr. 1992, *M. Yahiaoui,* n° 125651. ♦ ... Alors même que l'intéressé a été relevé de la peine accessoire d'interdiction du territoire. • CE 13 mai 1992, *M. Badri,* n° 105172. ♦ Le fait que le juge pénal n'a pas assorti la sanction de la peine d'interdiction du territoire n'entache pas d'illégalité l'arrêté d'expulsion. • CAA Paris, 17 juin 1999, *M. Kamara,* n° 97PA03349.

37. Jugé que la présence en France, en vue de prononcer un cycle de conférences et de participer à plusieurs événements de soutien à la Palestine, d'une militante et dirigeante du front populaire de libération de la Palestine, est « susceptible de susciter de graves troubles à l'ordre public » du fait de la guerre entre le Hamas et Israël et des tensions qu'elle a créées en France. • CE 8 nov. 2023, n° 489045 : *DP étrangers, Bull. nos 337-338, nov-déc. 2023, note Julien-Laferrière ; D. 2023. 1590 ; ibid. 2024. 228, chron. Boskovic, Corneloup, Jault-Seseke, Joubert et Parrot .*

38. Infractions pénales graves. L'existence de condamnations pénales d'une particulière gravité constitue souvent, aux yeux de l'administration et du juge, une justification de l'expulsion : meurtres. • CE 11 juin 1993, *Min. Intérieur c/ Mme Bourkia,* n° 121424. ♦ ... Tentative d'assassinat. • CE 2 nov. 1992, *Min. Intérieur c/ Ribero,* n° 121715. ♦ ... Viols. • CE 25 juill. 1980, *Touami Ben Abdelslem : Lebon 820.* ♦ ... Proxénétisme. • CE 2 nov. 1979, *Min. Intérieur c/ Makalé : Lebon 823.* ♦ ... Coups et blessures volontaires. • CE 26 févr. 1992, *M. Maatar,* n° 105013 • 24 janv. 1994, *M. M'Barki : Lebon T. 943.* ♦ ... Trafic de stupéfiants. • CE 24 mai 1985, *Allaf : Lebon 711* ♦ ... Occupations de locaux avec séquestration de personnes. • CE 14 mars 1980, *Traore : Lebon 821.* ♦ ... Transport d'armes. • CE 30 nov. 1984, *Di Vincenzo : Lebon 692.* ♦ ... Vols avec violence. • CE 12 sept. 1994, *Min. Intérieur c/ M. Belabas,* n° 96803. ♦ Condamnation à 4 ans d'emprisonnement pour trafic d'héroïne, alors même que l'intéressé allègue qu'il n'aurait pas occupé une place centrale dans le réseau de trafiquants avec lesquels il a été condamné. • CAA Lyon, 6 avr. 2006, *Jiyari,* n° 02LY00176. ♦ ... Peine d'emprisonnement de 8 ans pour viol sur une personne vulnérable et risque sérieux de récidive. • CAA Bordeaux, 30 juill. 2009, *M. Mabrouk X,* n° 08BX03293.

39. Infractions mineures. Des infractions « bénignes » ne révèlent aucune menace grave contre l'ordre public. Par exemple, conditions irrégulières d'entrée et de séjour en France. • CE 3 févr. 1975, *Min. Intérieur c/ Pardov : Lebon 83 ; AJDA 1975. 131, chron. Franc et Boyon.* ♦ ... Obtention et utilisation de faux documents pour entrer en France. • CE 8 déc. 1978, *Min. Intérieur c/ Benouare : Lebon 502 ; D. 1979. 339, concl. Hagelsteen.* ♦ ... Condamnation pour non-représentation d'enfant. • CE 21 mars 1980, *Ifrah : Lebon 820.* ♦ ... Condamnation à l'amende pour racolage. • CE 20 juin 1980, *Mlle Madji,* n° 11653. ♦ ... Condamnation à des peines d'amende pour 2 délits mineurs. • CE 17 mai 1991, *M. Boulaajaj,* n° 99748.

40. Récidive. La menace grave sera encore admise en raison du comportement récidiviste de l'intéressé, laissant à penser qu'à défaut d'expulsion, il commettra encore de nouvelles infractions. • CAA Nancy, 23 avr. 1998, *Min. Intérieur c/ M. Eliba,* n° 96NC02245. ♦ Ce type de raisonnement est d'autant plus justifié lorsqu'il s'agit d'infractions répétées et de gravité croissante sur les biens et les personnes. • CE 23 déc. 1987, *Tahraoui : Lebon 430* • CE 23 mai 2003, *Bouzidi,* n° 244597. ♦ *A contrario*, un délit isolé ne révélera aucune menace grave à l'ordre public. • CE 17 janv. 1979, *Ben Abdelsslam : Lebon 16 ; RD publ. 1979. 1766.*

41. Caractère politique. Le caractère éventuellement politique du comportement de l'individu ne constitue nullement une circonstance atténuante ; seule compte la gravité de la menace représentée par l'étranger : tentative de prise d'otages et d'assassinat inspirée par des mobiles politiques. • CE 10 oct. 1980, *Osman Rabeh : Lebon 821.* ♦ ... Étranger entretenant des liens avec les responsables d'organisations terroristes impliquées dans les attentats meurtriers commis à Paris quelques mois auparavant et soutenant ces organisations. • CE 8 juill. 1991 : *Faker : Lebon 275* • 8 juill. 1991, *Min. Intérieur c/ Uriarte Diaz de Guérenu : Lebon 197.* ♦ ... Étranger ayant tenu des propos subversifs et antinationaux et qui entretenait des liens avec des organisations terroristes. • CE 6 oct. 1978, *Julbe Saez : Lebon T. 900.* ♦ ... Requérant qui a participé à des prises d'otages et des assassinats, même ayant un mobile politique. • CE 10 oct. 1980, *Osman Rabeh,* n° 16852. ♦ ... Actes de terrorisme commis hors du territoire national contre des ressortissants français. • TA Lille, 10 nov. 1994, *Sara : Lebon 713 ; RFDA 1995. 141, concl. Laugier.*

42. Maladie mentale. La menace grave pour l'ordre public a été retenue s'agissant d'un ressortissant algérien présent en France depuis plus de 10 ans et titulaire d'un titre de séjour « étranger malade » ; l'intéressé souffre d'une grave schizophrénie paranoïde provoquant des comportements obsessionnels et des crises de délire, mais son comportement peut être considéré comme une menace grave pour la communauté juive ; le Conseil d'État relève en outre que l'état de santé de l'intéressé pouvait faire l'objet d'une prise en charge dans son pays d'origine. • CE 7 mai 2015, *Min. Intérieur,* n° 389959 B : *AJDA 2015. 1015.* ♦ Même solution s'agissant d'un ressortissant marocain atteint de schizophrénie qui avait cessé ses traitements et vivait isolé, en rupture avec ses proches, qui était très agité, très agressif envers tous ses interlocuteurs, qui exprimait une rancœur envers notre société et ses institutions, et paraissait très influençable, laissant craindre un passage à l'acte. • CE 20 juin 2022, n° 464586.

43. Substitution de motif. Le juge n'hésite pas à utiliser la théorie des motifs surabondants, voire la substitution de motifs ; il en va ainsi par exemple de l'expulsion d'un étranger fondée sur une condamnation pénale pour proxénétisme alors que le jugement avait été déclaré nul et non avenu ; pourtant, l'expulsion est admise dans la mesure où le ministre aurait pris la même décision en se fondant sur d'autres motifs, en l'occurrence des infractions répétées et d'une gravité croissante. • CE 10 juill. 1995, *Min. Intérieur c/ Haddouche : D. 1996. Somm. 99, comm. Julien-Laferrière.*

B. PRISE EN COMPTE DE L'ART. 8 CONV. EDH

44. Sur les conditions d'exercice du droit à une vie personnelle ou familiale normale, V. *infra*, App., notes ss. Conv. EDH, art. 8.

45. Contrôle de proportionnalité. Le juge se livre à un contrôle de proportionnalité entre la menace à l'ordre public et l'intensité de la vie familiale en France de l'intéressé. • CEDH 10 juill. 2003, *Benhebba c/ France,* n° 53441/99 • 15 juill. 2003, *Mokrani c/ France,* n° 52206/99.

46. Le juge a conclu à une violation de l'art. 8 Conv. EDH dans les hypothèses suivantes : étranger qui réside en France depuis 1971 où demeure sa famille composée de ses parents et de 8 frères et sœurs aux charges de laquelle il a en partie contribué, qui s'est rendu coupable en 1977 de plusieurs infractions (dont un vol qualifié). • CE 13 mai 1992, *Serend : Lebon T. 975.* ♦ ... Requérant coupable de plusieurs vols avec port d'armes et de divers actes violents, mais né en France où il a toujours vécu, dont 10 des 11 frères et sœurs sont français, dont les parents résident en France depuis 1951, qui n'a vu son pays d'origine qu'à l'âge de 18 ans (et pour un mois) et qui vit en concubinage depuis 13 ans avec une Française dont il a un enfant. • CE 16 juin 1997, *M. Benhamed,* n° 151221. ♦ ... Algérien ayant été condamné à plusieurs reprises pour port d'armes, violences, recel d'objets provenant d'un vol, conduite en état d'ivresse, refus d'obtempérer, mais qui était entré en France à l'âge de 2 ans et y avait constamment résidé depuis, dont la famille réside en France et qui a été marié avec une Française dont il a eu un fils de nationalité française ; par ailleurs, son état de santé nécessite un suivi médical dans un établissement spécialisé.

• CAA Lyon, 17 sept. 1998, *Min. Intérieur c/ M. Mohammed Bendahmane,* nos 97LY20920 et 97LY00149. ♦ ... Étranger ne résidant que depuis 4 ans dans le pays d'accueil où il a rejoint sa mère, mais ne disposant plus de proche famille en Bosnie, son père ayant été porté disparu depuis la fin de la guerre ; il avait été condamné à des peines de 5 mois et 10 semaines d'emprisonnement pour cambriolages, ces infractions ne pouvant être considérées comme particulièrement graves. • CEDH 6 févr. 2003, *Jakupovic c/ Autriche,* n° 36757/97. – V. aussi • CEDH 17 avr. 2003, *Ylmaz c/ Allemagne,* n° 52853/99. ♦ ... Étranger entré en France à l'âge de 3 ans, résidant en France de même que ses parents et ses 6 frères et sœurs, marié à une ressortissante française dont il a eu une fille de nationalité française ; la mesure d'expulsion, justifiée par des faits de vols répétés, proxénétisme aggravé, extorsion de fonds et trafic de stupéfiants, porte ainsi une atteinte disproportionnée au droit de l'intéressé à une vie familiale normale compte tenu notamment du délai écoulé depuis les faits litigieux et du comportement de l'intéressé depuis lors. • CE 23 juin 2004, *M. Ferchichi,* n° 249850. ♦ Même solution s'agissant d'un étranger s'étant rendu coupable d'infractions à la législation sur les stupéfiants, mais qui est entré en France à l'âge de 7 ans, qui y réside depuis lors, de même que ses parents et ses sœurs, qui est père d'un fils de nationalité française et qui a donné des gages de réinsertion. • CE 21 sept. 2005, *M. Rahmouni,* n° 260269. ♦ Censure d'une mesure d'éloignement à durée indéterminée motivée par des faits de coups et blessures non qualifiés et de conduite répétée en état d'ivresse. • CEDH 27 oct. 2005, *Keles c/ Allemagne,* n° 33231/02. ♦ Trafiquant de stupéfiants dont toutes les attaches familiales se trouvent en France, père d'un enfant dont le juge a fixé la résidence chez son père au motif que l'état de santé de la mère l'empêchait d'en prendre soin ; en outre, l'équilibre psychique du second fils de l'intéressé requérait la présence de son père. • CE 23 avr. 2009, *M. A,* n° 297638 B.

47. Gravité des faits. La prise en compte du droit à mener une vie familiale normale est atténuée en fonction de la gravité des faits reprochés à un étranger dans le cadre du contrôle de proportionnalité effectué entre les considérations d'opportunité et le droit à mener une vie familiale normale. • CE 23 juin 1993, *Bouchelkia : Lebon T. 775* • 11 juin 1999, *Min. Intérieur : Lebon 176.*

48. Le moyen tiré de la violation de l'art. 8 Conv. EDH a ainsi été écarté dans les hypothèses suivantes : criminel récidiviste. • CE 3 févr. 1992, *Min. Intérieur c/ Belrhalia : Lebon T. 974.* ♦ ... Étranger marié à une Française dont il a un enfant, mais condamné à des peines de 3 ans puis 6 ans d'emprisonnement puis à nouveau condamné à 10 ans de réclusion criminelle. • CE 10 avr. 1992, *Min. int. : Lebon 156.* ♦ ... Père de 6 enfants dont 5 nés en France, mais coupable de viol pour lequel il a été condamné à 5 ans d'emprisonnement. • CE 3 févr. 1992, *Min. Intérieur c/ El Baied : Lebon T. 975.* ♦ ... Étranger coupable d'assassinat, marié à une Française, père de 4 enfants français, dont 2 mineurs. • TA Versailles, 13 mars 1995, *Kermiche c/ Min. Intérieur : D. 1996. Somm. 98*. ♦ ... Vols, coups et blessures volontaires, attentats à la pudeur alors même que l'intéressé est atteint de troubles mentaux pour lesquels il est en traitement dans un centre hospitalier spécialisé. • TA Lyon, 27 sept. 1995, *M. Mohamed Negri,* n° 9500364. ♦ ... Atteinte grave aux personnes. • CE 21 févr. 1996, *M. Lahmar,* n° 167839. ♦ ... Activités terroristes. • CE 24 oct. 1997, *M. Benkhaled,* n° 172414. ♦ ... Trafic de stupéfiants. • CE 22 sept. 1997, *M. El Barkioui,* n° 168243. ♦ ... Expulsion fondée à titre principal sur le meurtre commis par l'intéressé de sa première épouse, alors même qu'il a reconstitué une vie familiale avec sa concubine, dont il a eu précédemment un enfant et qu'il a épousée en secondes noces. • CE 27 oct. 2000, *Min. Intérieur c/ Ozaslan,* n° 214022 B. ♦ Légalité de l'arrêté d'expulsion frappant un ressortissant marocain entré en France à l'âge de 3 ans et n'ayant plus d'attaches familiales au Maroc ; l'intéressé a commis de nombreux délits pour lesquels il a été condamné à une peine d'un an d'emprisonnement avec sursis et a ensuite participé, avec une bande organisée, à une attaque à main armée d'une agence bancaire pour laquelle il a été condamné à une peine de 5 ans d'emprisonnement. • CE 14 févr. 2007, *M. Aatalla,* n° 288454 B. ♦ ... Ressortissant algérien arrivé en France en 1980, accompagné de sa famille, à l'âge de deux ans et demi, qui a vécu toute sa vie en Savoie et qui est très bien intégré à la société française ; il ressort toutefois des pièces du dossier qu'il a déclaré être célibataire depuis son divorce, prononcé le 9 mai 2013, et qu'il est père d'un enfant, âgé de 4 ans seulement à la date de l'arrêté contesté, qui vit avec sa mère en Algérie, où il est lui-même propriétaire d'un logement ; ainsi, eu égard à la gravité des faits reprochés à l'intéressé et à la circonstance qu'il a conservé des attaches fortes avec l'Algérie, où réside sa fille mineure, l'arrêté d'expulsion ne porte pas une atteinte disproportionnée au droit de l'intéressé à une vie familiale normale. • CAA Paris, 7 mars 2016, n° 15PA02906 : *AJDA 2016. 1242, concl. Oriol*.

49. Cette jurisprudence s'applique même si l'intéressé n'a plus aucune attache familiale dans son pays d'origine. • CE 3 févr. 1992, *Min. Intérieur c/ M. Belrhalia,* nos 107725 et 119115 • TA Versailles, 9 juin 1995, *El Qobi c/ Min. Intérieur : D. 1996. Somm. 98* • CAA Douai, 19 mars 2003, *El Hamdaoui,* n° 02DA00127.

50. La CEDH retient les mêmes principes, validant par exemple l'expulsion d'un ressortissant tanzanien condamné pénalement pour transmission du HIV à 2 femmes, malgré les graves répercussions sur sa vie familiale et notamment sur ses relations avec ses enfants vivant en Suède. • CEDH 22 juin 2004, *Ndangoya c/ Suède*, n° 17868/03. ♦ Expulsion vers l'Iran de l'intéressé condamné à 10 ans d'emprisonnement pour infraction aggravée à la législation sur les stupéfiants malgré le fait qu'il est le père de 2 enfants vivant en Suède. • CEDH 6 juill. 2004, *Najafi c/ Suède*, n° 28570/03. ♦ V. aussi • CEDH 5 juill. 2005, *Uner c/ Pays-Bas*, n° 46410/99 • 17 janv. 2006, *Aoulmi c/ France*, n° 50278/99 • 18 oct. 2006, *Üner c/ Pays-Bas*, n° 46410/99 : *RFDA 2007. 119 ; RTDH 2007. 837, note Raux ; GACEDH n° 53.*

51. ***Immigrés de la seconde génération.*** S'agissant des immigrés dits de la « seconde génération », le juge a d'abord retenu une conception plus extensive du droit à mener une vie familiale normale. • CE, ass., 19 avr. 1991, *Belgacem : Lebon 152, concl. Abraham ; Rev. adm. 1991. 239, note Ruiz-Fabri* • CE 30 oct. 1996, *M. Mohammedi : Lebon 418.* ♦ On constate toutefois un certain raidissement de la CEDH, qui a par exemple pu estimer nécessaire l'éloignement d'un étranger entré en France à l'âge de 2 ans et condamné à 3 ans de prison, dont 2 avec sursis, pour trafic de stupéfiants. • CEDH 30 nov. 1999, *Baghli c/ France : RTDH 2000. 493, obs. Levinet.* ♦ V. aussi • CEDH 13 févr. 2001, *Ezzoudhi c/ France*, n° 47160/99. ♦ Le juge administratif n'hésite pas à rejeter un recours formé contre un arrêté d'expulsion formé par un « immigré de la seconde génération » en raison de la gravité de la menace à l'ordre public. • TA Nantes, 21 oct. 1999, *Benouis : RFDA 2001. 807, concl. Millet*. ♦ V. aussi • CE 28 juill. 2000, *M. Guizani*, n° 196494 : *Lebon T. 1039.* ♦ *Contra* • CE 14 mars 2005, *M. Malek*, n° 247467. ♦ Algérien né en France, y ayant toujours résidé, dont les frères et sœurs, de nationalité française, résident en France, père et grand-père de ressortissants français, alors même qu'il a été condamné à 12 et 6 ans de réclusion criminelle, et compte tenu notamment d'une volonté de réinsertion réelle. • CE 21 sept. 2005, *Min. de l'Intérieur*, n° 249537.

52. Reste que ce n'est que de manière relativement exceptionnelle que le juge administratif écarte les stipulations de l'art. 8 s'agissant d'étrangers nés en France. En effet, le juge administratif exerce également un contrôle de proportionnalité en la matière, censurant un arrêté d'expulsion s'agissant d'un ressortissant algérien, né en France et y ayant toujours résidé, ses parents et ses grands-parents, ses frères et sœurs résidant en France et, à l'exception d'un seul, ayant tous la nationalité française, son épouse et ses 2 enfants mineurs, qui résident également en France, possédant la nationalité française ; il n'a aucune attache en Algérie où il n'a jamais vécu et dont il ne parle pas la langue. • CE 10 avr. 2002, *Min. Intérieur c/ M. Berhail*, n° 223461 B. ♦ V. aussi, s'agissant de l'annulation d'un arrêté d'expulsion frappant un étranger entré en France à l'âge de 5 mois, père d'un enfant français et présentant des gages de réinsertion : • CE 19 mars 2003, *Ascone*, n° 235605 B : *AJDA 2003. 1055, concl. Guyomar*. ♦ Marocain condamné pour trafic de stupéfiants, extorsion de fonds, séquestration de personnes, port d'arme prohibé, mais dont l'expulsion est censurée par la CEDH au motif qu'il a passé l'intégralité de son enfance et de son adolescence en France, qu'il parle la langue française et qu'il a reçu toute son éducation en France où vivent tous ses proches. • CEDH 23 sept. 2010, *M. Bousarra c/ France*, n° 25672/07 : *AJDA 2010. 1797 ; Rev. crit. DIP 2011. 353, note Parrot*.

Code de justice administrative

Art. R. 312-8 Les litiges relatifs aux décisions individuelles prises à l'encontre de personnes par les autorités administratives dans l'exercice de leurs pouvoirs de police relèvent de la compétence du tribunal administratif du lieu de résidence des personnes faisant l'objet des décisions attaquées à la date desdites décisions. – *[C. trib. adm., art. R. 52.]*

(Décr. n° 2015-169 du 14 févr. 2015, art. 1er) « Toutefois, cette dérogation aux dispositions de l'article R. 312-1 n'est pas applicable :

« 1° Aux litiges relatifs aux décisions ministérielles prononçant l'interdiction administrative du territoire à l'encontre d'un ressortissant étranger prévues *(Décr. n° 2020-1734 du 16 déc. 2020, art. 7-1°, en vigueur le 1er mai 2021)* « aux articles L. 222-2 et L. 321-2 *[ancienne rédaction : à l'article L. 214-3]* » du code de l'entrée et du séjour des étrangers et du droit d'asile, fixant le pays de renvoi de celui-ci ou assignant à résidence l'étranger qui a fait l'objet d'une décision d'interdiction administrative du territoire et qui ne peut déférer à cette mesure ;

« 2° Aux litiges relatifs aux décisions ministérielles prononçant l'expulsion d'un ressortissant étranger, fixant le pays de renvoi de celui-ci ou assignant à résidence l'étranger qui a fait l'objet d'une décision d'expulsion et qui ne peut déférer à cette mesure ;

« 3° Aux litiges relatifs aux décisions ministérielles assignant à résidence un étranger ayant fait l'objet d'une décision d'interdiction judiciaire du territoire et qui ne peut déférer à cette mesure ;

« 4° Aux litiges relatifs aux décisions ministérielles d'interdiction de se trouver en relation avec une personne nommément désignée prononcées en application de l'article *(Décr.*

n° 2020-1734 du 16 déc. 2020, art. 7-1°, en vigueur le 1er mai 2021) « L. 733-15 *[ancienne rédaction : L. 563-1]* » du code de l'entrée et du séjour des étrangers et du droit d'asile ;

« 5° Aux litiges relatifs aux décisions ministérielles d'interdiction de sortie du territoire prévues à l'article L. 224-1 du code de la sécurité intérieure ;

« 6° Aux litiges relatifs aux décisions ministérielles d'interdiction de transport prises en application de l'article L. 232-8 du code de la sécurité intérieure ;

« 7° Aux litiges relatifs aux décisions ministérielles de gel des avoirs prises en application des articles L. 562-1, L. 562-2 ou L. 562-5 du code monétaire et financier. »

Les dispositions du Décr. n° 2022-962 du 29 juin 2022 relatives aux autorisations de voyage sont applicables à compter de la date de la mise en service du système européen d'information et d'autorisation concernant les voyages (ETIAS) prévue à l'art. 88 du Régl. (UE) 2018/1240 du Parlement européen et du Conseil du 12 sept. 2018. Les dispositions relatives aux visas d'entrée en France s'appliquent aux demandes de visas ayant donné lieu à une décision diplomatique ou consulaire prise à compter du 1er janv. 2023. Elles sont applicables à cette même date à Saint-Barthélemy, Saint-Martin, dans les îles Wallis-et-Futuna, en Polynésie française et en Nouvelle-Calédonie (Décr. n° 2022-962 du 29 juin 2022, art. 4).

Art. L. 631-2 **Ne peut faire l'objet d'une décision d'expulsion que si elle constitue une nécessité impérieuse pour la sûreté de l'État ou la sécurité publique et sous réserve que l'article L. 631-3 n'y fasse pas obstacle :**

1° L'étranger *(Abrogé par L. n° 2021-1109 du 24 août 2021, art. 25)* « ***, ne vivant pas en état de polygamie,*** » **qui est père ou mère d'un enfant français mineur résidant en France, à condition qu'il établisse contribuer effectivement à l'entretien et à l'éducation de l'enfant dans les conditions prévues par l'article 371-2 du code civil depuis la naissance de celui-ci ou depuis au moins un an ;**

2° L'étranger marié depuis au moins trois ans avec un conjoint de nationalité française, à condition que la communauté de vie n'ait pas cessé depuis le mariage et que le conjoint ait conservé la nationalité française ;

3° L'étranger qui réside régulièrement en France depuis plus de dix ans, sauf s'il a été pendant toute cette période titulaire d'une carte de séjour temporaire ou pluriannuelle portant la mention "étudiant" ;

4° L'étranger titulaire d'une rente d'accident du travail ou de maladie professionnelle servie par un organisme français et dont le taux d'incapacité permanente est égal ou supérieur à 20 %.

(L. n° 2024-42 du 26 janv. 2024, art. 35) **« Par dérogation au présent article, peut faire l'objet d'une décision d'expulsion en application de l'article L. 631-1 l'étranger mentionné aux 1° à 4° du présent article lorsqu'il a déjà fait l'objet d'une condamnation définitive pour des crimes ou des délits punis de trois ans ou plus d'emprisonnement. »**

(L. n° 2021-1109 du 24 août 2021, art. 25) **« Par dérogation au présent article, l'étranger mentionné aux 1° à 4° peut faire l'objet d'une décision d'expulsion s'il vit en France en état de polygamie. »**

(L. n° 2024-42 du 26 janv. 2024, art. 35) **« Par dérogation au présent article, peut faire l'objet d'une décision d'expulsion en application de l'article L. 631-1 l'étranger mentionné aux 1° à 4° du présent article lorsque les faits à l'origine de la décision d'expulsion ont été commis à l'encontre de son conjoint, d'un ascendant ou de ses enfants ou de tout enfant sur lequel il exerce l'autorité parentale.**

« Par dérogation au présent article, peut faire l'objet d'une décision d'expulsion en application de l'article L. 631-1 l'étranger mentionné aux 1° à 4° du présent article lorsque les faits à l'origine de la décision d'expulsion ont été commis à l'encontre du titulaire d'un mandat électif public ou de toute personne mentionnée aux 4° et 4° *bis* de l'article 222-12 du code pénal ainsi qu'à l'article 222-14-5 du même code, dans l'exercice ou en raison de sa fonction.

« Par dérogation au présent article, peut faire l'objet d'une décision d'expulsion en application de l'article L. 631-1 l'étranger mentionné aux 1° à 4° du présent article qui est en situation irrégulière au regard du séjour, sauf si cette irrégularité résulte d'une décision de retrait de titre de séjour en application de l'article L. 432-4 ou d'un refus de renouvellement sur le fondement de l'article L. 412-5 ou du 1° de l'article L. 432-3. » — *[Anc. art. L. 521-2, al. 1er à 6 et 8.]*

Circulaire NOR : IOMV2402713 du 5 février 2024,

Expulsion et éloignement des étrangers délinquants.

Le ministre de l'Intérieur et des Outre-mer

à

Monsieur le préfet de police

Mesdames et Messieurs les préfets de zone de défense

Mesdames et messieurs les préfets de département

Madame la préfète de police des Bouches-du-Rhône

Monsieur le directeur général de la police nationale

Monsieur le directeur général de la gendarmerie nationale

Réf. : Loi n° 2024-42 du 26 janvier 2024 pour contrôler l'immigration, améliorer l'intégration (CIAI).

Référence	**NOR : IOMV2402713J**
Date de signature	5 février 2024
Emetteur	Ministère de l'intérieur et des Outre-mer
Objet	Loi pour *contrôler l'immigration, améliorer l'intégration* — dispositions immédiatement applicables afin de sécuriser nos frontières, prévenir les menaces à l'ordre public et faciliter l'éloignement des étrangers en situation irrégulière
Commande	Examiner les situations individuelles des étrangers troublant l'ordre public et prendre les mesures issues de la loi CIAI qui sont appropriées
Action(s) à réaliser	Remontées régulières sur l'exécution de la présente instruction
Echéance	Immédiate
Contact utile	Direction générale des étrangers en France/direction de l'immigration Direction des libertés publiques et des affaires juridiques

L'orientation donnée à notre politique migratoire a permis de prioriser à droit constant l'expulsion des étrangers dont le comportement représente une menace pour l'ordre public, et d'en tirer toutes les conséquences sur leur droit au séjour. Depuis octobre 2020, plus de 4 000 retraits de titres de séjour pour des troubles à l'ordre public et 90 000 refus et renouvellements de titre ont ainsi été prononcés. La priorisation du placement en rétention des étrangers ayant commis des infractions graves, radicalisés et représentant une menace pour l'ordre public, a par ailleurs permis d'augmenter notablement les éloignements d'étrangers délinquants, passant grâce à vos efforts et ceux des policiers, des gendarmes et des agents de préfecture, de 1 834 en 2021 à 3 615 en 2022, puis 4 686 en 2023.

La loi *Contrôler l'immigration, améliorer l'intégration* du 26 janvier 2024 comprend de nombreuses dispositions **pour sécuriser nos frontières, prévenir les menaces à l'ordre public et faciliter l'éloignement des étrangers en situation irrégulière**. La présente circulaire a pour objet de présenter les dispositions immédiatement applicables et de préciser leurs modalités de mise en œuvre, que je souhaite rapides, conformément à ce qu'attendent les Français.

En premier lieu, la loi introduit une réforme sans précédent du régime des expulsions, ainsi que des refus de renouvellement, des retraits de titre de séjour et des obligations de quitter le territoire français (OQTF), afin de mieux prendre en compte la menace à l'ordre public dans l'appréciation du droit au séjour des étrangers en France.

Jusqu'à présent, il était en effet impossible de prononcer une OQTF à l'encontre d'auteurs d'actes graves de délinquance qui, par exemple, justifiaient d'une présence longue sur le territoire ou qui étaient entrés en France avant l'âge de 13 ans, ou encore qui y détenaient des attaches fortes sur le plan familial (par exemple les parents d'enfants français, ou les conjoints de ressortissants français). Leur expulsion ne pouvait intervenir que dans des cas exceptionnels.

La loi change de manière inédite non seulement les conditions de retrait de titre ou de refus de renouvellement, mais aussi les protections contre le prononcé de l'expulsion ; elle supprime également les présomptions légales pour ce qui concerne le prononcé de l'OQTF (sauf à l'encontre des mineurs). Il vous appartient donc désormais **d'apprécier le droit au séjour de l'étranger au cas par cas, tant au regard de son comportement que de sa vie privée et familiale.**

Au regard de ses caractéristiques, la voie de l'expulsion est particulièrement adaptée aux cas où l'étranger représente une menace grave à l'ordre public. Si les conditions requises pour le prononcé d'une expulsion ne sont pas remplies, l'éloignement sera poursuivi par la voie de l'OQTF. Aux termes de la nouvelle rédaction de l'article L. 613-1 du CESEDA, celle-ci sera édictée après vérification du droit au séjour, en tenant notamment compte de la durée de présence de l'étranger sur le territoire français, de la nature et de l'ancienneté de ses liens avec la France et des considérations humanitaires pouvant justifier un tel droit. En cas de menace grave à l'ordre public, la loi permet désormais d'assortir l'OQTF d'une interdiction de retour portée à dix ans.

Pour mettre en œuvre ces dispositions, vous procéderez dès à présent et jusqu'à la fin du mois de mars au plus tard à un réexamen complet de l'ensemble des situations individuelles d'étrangers, portées à la connaissance de vos services dont le comportement constitue une menace grave pour l'ordre public, que la loi rend éligible à une mesure d'expulsion ou d'OQTF.

Ce nouveau régime est complété par des dispositions particulièrement fortes permettant de porter à dix ans la durée de l'interdiction de retour, de prendre en compte le critère de la menace pour l'ordre public pour le placement et le maintien en rétention, de donner un caractère suspensif à l'appel des décisions du juge des libertés et de la détention, mettant fin à la rétention des personnes dont le comportement est caractérisé par des activités liées au terrorisme et de réformer le régime de "libération sous contrainte" pour les étrangers en situation irrégulière sortants de prison.

La loi donne par ailleurs des leviers inédits aux préfets et aux forces de sécurité intérieure pour sécuriser nos frontières, punir avec la plus grande fermeté l'exploitation des étrangers, et exécuter les décisions d'éloignement.

Les dispositions relatives à la simplification du contentieux des étrangers, qui entreront en vigueur à une date fixée par décret en Conseil d'État et au plus tard le 1er août 2024, allégeront la charge des services des préfectures. Les moyens ainsi dégagés devront être consacrés à renforcer la qualité des procédures d'éloignement et leur défense contentieuse. Des instructions complémentaires vous seront communiquées à ce sujet.

Vous me rendrez compte de la mise en œuvre de la présente instruction ainsi que des difficultés que vous seriez susceptibles de rencontrer dans son exécution. **Des remontées régulières et précises quant à leur exécution seront organisées selon des modalités qui vous seront précisées ultérieurement.**

1 *Faciliter l'édiction des mesures d'éloignement en particulier à l'encontre des étrangers présentant une menace pour l'ordre public*

1.1 La réduction des protections contre l'expulsion

L'article 35 de la loi modifie les articles L. 631-2 et L. 631-3 pour étendre notablement le champ des exceptions aux protections dites relatives ou quasi absolues, en permettant que les étrangers relevant des catégories jusqu'à présent "protégées" puissent faire désormais l'objet d'une expulsion dès que la menace grave pour l'ordre public est avérée.

Pour mémoire, l'expulsion n'était possible jusqu'à présent qu'en cas de :

— nécessité impérieuse pour la sûreté de l'État ou la sécurité publique **pour les 4 catégories protégées au titre de l'article L. 631-2** : conjoint de Français depuis au moins trois ans, parent d'un enfant français mineur à condition qu'il établisse contribuer effectivement à l'entretien et à l'éducation de l'enfant, résidence régulière en France depuis plus de dix ans, etc. :

— comportement de l'étranger de nature à porter atteinte aux intérêts fondamentaux de l'État, ou est lié à des activités à caractère terroriste, ou constitue des actes de provocation explicite et délibérée à la discrimination à la haine ou à la violence contre une personne déterminée ou un groupe de personnes, **pour les 5 catégories protégées au titre de l'article L. 631-3** : résidence habituelle en France depuis l'âge de 13 ans, résidence régulière depuis plus de 20 ans, conditions renforcées pour les conjoints de Français et parent d'enfant français, graves problèmes de santé nécessitant des soins non accessibles dans le pays d'origine.

Ces catégories de protection demeurent. La loi introduit de nombreuses dérogations qui en permettent la levée et rendent possible l'expulsion, si la menace est suffisamment grave et actuelle pour contrebalancer les éléments de vie privée et familiale qui fondaient la protection.

a. *Les condamnations pénales*

La protection quasi absolue de l'article L. 631-3 est levée pour l'étranger qui a fait l'objet d'au moins une condamnation définitive *[est définitive toute condamnation qui n'est plus susceptible d'une voie de recours (appel, cassation)]* pour des crimes ou délits passibles de cinq ans ou plus d'emprisonnement ou de trois ans en réitération de crimes ou délits punis de la même peine. La réitération ne signifie pas récidive : l'étranger doit avoir commis deux infractions passibles de trois ans d'emprisonnement mais pas nécessairement les mêmes.

La protection relative de l'article L. 631-2 est levée pour l'étranger qui a fait l'objet d'au moins une condamnation définitive pour des crimes ou des délits passibles de trois ans ou plus d'emprisonnement.

Il vous est rappelé que, désormais, la levée de protection intervient au regard de la peine encourue qui caractérise la gravité des faits, et non du quantum de la peine effectivement prononcée.

b. *Les faits de violences intrafamiliales*

Alors qu'il était jusqu'à présent limité aux cas des parents d'enfant français et conjoints de Français protégés au titre de l'article L. 631-3 3° et 4°, le motif de levée de protection en raison de violences intrafamiliales est désormais étendu à l'ensemble des étrangers protégés au titre des articles L. 631-2 et 3, et comprend également les violences sur ascendant.

Tout fait de violence commis par l'étranger sur son conjoint, un ascendant ou un enfant sur lequel il exerce l'autorité parentale, lui fait ainsi perdre la protection dont il bénéficie et rend possible son expulsion au regard des circonstances de l'espèce.

c. *Les faits commis à l'encontre d'élus et de dépositaires de l'autorité publique*

Les protections sont levées lorsque les faits justifiant une décision d'expulsion ont été commis à l'encontre du titulaire d'un mandat électif public ou de toute personne mentionnée aux 4° et 4° *bis* de l'article 222-12 du code pénal ainsi qu'à l'article 222-14-5 du même code, dans l'exercice ou en raison de sa fonction.

Ces dispositions recouvrent les catégories de personnes suivantes :

— Magistrat, juré, avocat, officier public ou ministériel, membre ou agent de la Cour pénale internationale, personne dépositaire de l'autorité publique, gardien assermenté d'immeubles ou de groupes d'immeubles, agent exerçant pour le compte d'un bailleur des fonctions de gardiennage ou de surveillance des immeubles à usage d'habitation en application de l'article L. 271-1 du code de la sécurité intérieure, dans l'exercice ou du fait de ses fonctions, lorsque la qualité de la victime est apparente ou connue de l'auteur (article 222-124° du CP) ;

— Enseignant ou tout membre des personnels travaillant dans les établissements d'enseignement scolaire, agent d'un exploitant de réseau de transport public de voyageurs ou toute personne chargée d'une mission de service public, professionnel de santé, dans l'exercice ou du fait de ses fonctions, lorsque la qualité de la victime est apparente ou connue de l'auteur (article 222-12 4° *bis* du CP) ;

— Militaire de la gendarmerie nationale, militaire déployé sur le territoire national dans le cadre des réquisitions prévues à l'article L. 1321-1 du code de la défense, fonctionnaire de la police nationale, agent de police municipale, garde champêtre, agent des douanes, sapeur-pompier professionnel ou volontaire, agent de l'administration pénitentiaire dans l'exercice ou du fait de ses fonctions (article 222-14-5 du CP).

d. *La situation irrégulière*

Les protections sont levées pour l'étranger qui est en situation irrégulière au regard du séjour, **sauf si cette irrégularité résulte d'une décision de retrait de titre de séjour pour un motif de menace à l'ordre public** en application de l'article L. 432-4 ou d'un refus de renouvellement sur le fondement de l'article L. 412-5 ou du 1° de l'article L. 432-3 du CESEDA.

Le législateur a en effet entendu interdire le détournement de procédure consistant à placer en situation irrégulière un étranger en situation régulière, par le retrait de son titre de séjour aux seules fins de l'expulser ensuite. Vous devrez donc prêter attention à ce cas de figure spécifique : si un étranger devenu en situation irrégulière du fait d'un retrait antérieur de son titre pour motif d'ordre public et que cet étranger se trouve toujours sur le territoire national, il pourra en revanche faire l'objet d'une expulsion en cas de nouveaux faits caractérisant une menace grave pour l'ordre public.

Il est précisé par ailleurs qu'une obligation de quitter le territoire français, peut être édictée après vérification du droit au séjour, en tenant notamment compte de la durée de présence de l'étranger sur le territoire français, de la nature et de l'ancienneté de ses liens avec la France et des considérations humanitaires pouvant justifier un tel droit. Si le comportement de l'étranger en situation irrégulière représente une menace grave pour l'ordre public, l'OQTF peut être alors assortie d'une interdiction de retour de 10 ans.

e. *La polygamie*

Non modifiée par la loi, la levée de l'ensemble des protections demeure lorsque l'étranger vit en France en état de polygamie.

f. *La violation des principes républicains en tant que comportement portant atteinte aux intérêts fondamentaux de l'État*

Indépendamment des cas de levée des protections introduits par la loi, l'article L. 631-3 prévoyait déjà que le comportement portant atteinte aux intérêts fondamentaux de l'État constitue un motif de levée des protections quasi absolues bénéficiant aux étrangers dont le lien avec la France est le plus fort. L'article 35 apporte une incise interprétative à cette notion "d'atteinte aux intérêts fondamentaux de l'État", en précisant qu'elle peut notamment résulter d'une violation délibérée et d'une particulière gravité des principes de la République.

Ces principes dont la violation permet également de retirer un titre de séjour (voir *infra*), sont définis au nouvel article L. 412-7 du CESEDA, à savoir :

— le respect de la liberté personnelle, de la liberté d'expression et de conscience, de l'égalité entre les femmes et les hommes, de la dignité de la personne humaine, de la devise et des symboles de la République au sens de l'article 2 de la Constitution et de l'intégrité territoriale, définie par les frontières nationales ;

— ne pas se prévaloir de ses croyances ou de ses convictions pour s'affranchir des règles communes régissant les relations entre les services publics et les particuliers.

Cette insertion trouve toute sa place dans le cadre des dispositions relatives à l'expulsion et plus spécifiquement au sein de l'article L. 631-3 du CESEDA dès lors que les comportements listés à cet article (atteinte aux intérêts fondamentaux de l'État, terrorisme, provocation à la haine ou à la violence) et justifiant qu'une expulsion puisse être prononcée en dépit d'un niveau de protection élevé ont pour point commun de constituer une violation flagrante des fondements de l'État et de la cohésion sociale et marquent, de la part de celui qui les commet, une attitude de rejet des valeurs de la République. La violation grave de ces principes et valeurs, tels que définis dans la loi, constitue par nature un comportement qui porte atteinte aux intérêts fondamentaux de l'État, celui-ci étant le garant de la cohésion sociale et nationale, de la liberté, de la protection et de la dignité des personnes.

g. *La modification des critères de la protection contre l'expulsion pour raison de santé*

Enfin l'article 35 supprime au 5° de l'article L. 631-3, l'exigence d'effectivité de l'accès à un traitement approprié dans le pays de renvoi pour la protection prévue au bénéfice de l'étranger résidant habituellement en France dont l'état de santé nécessite une prise en charge médicale dont le défaut pourrait avoir pour lui des conséquences d'une exceptionnelle gravité. La simple existence *[de]* traitement approprié dans le pays de renvoi suffit à lever l'obstacle à l'expulsion.

1.2 La mise en œuvre de la procédure d'expulsion

Les dispositions nouvelles n'ont ni pour objet ni pour effet de permettre qu'une mesure d'expulsion soit systématiquement prise en raison de la levée des protections dont bénéficiait l'étranger. Elles rendent seulement possible cette expulsion en levant de manière plus large ces protections, la possibilité de prononcer une expulsion devant alors être appréciée à l'aune des principes de nécessité et de proportionnalité qui gouvernent l'édiction des mesures de police administrative, au nombre desquelles figurent les mesures d'expulsion.

Il conviendra de procéder à un réexamen systématique de l'actualité de la menace pour l'ordre public des dossiers pour lesquels il avait été conclu que les protections faisaient obstacle à l'engagement d'une procédure d'expulsion :

— **Au titre de la gravité de la menace pour l'ordre public**, il y aura donc lieu d'apprécier la gravité des faits commis, leur récurrence mais aussi l'actualité de la menace que constitue le comportement de l'étranger à la date de la décision d'expulsion (CE 6 mars 1998, n° 173216). Selon une jurisprudence bien établie (voir notamment Conseil d'État, Assemblée, 21 janvier 1977, n° 01333 ; Conseil d'État, 2e et 7e ss-sect. réunies, 12 févr. 2014, n° 365644, Lebon), les infractions pénales commises par l'intéressé ne sauraient, à elles seules,justifier légalement une mesure d'expulsion et ne dispensent pas l'autorité compétente d'examiner, d'après l'ensemble des circonstances de l'affaire, si la présence de l'intéressé sur le territoire français est de nature à constituer une menace grave et actuelle pour l'ordre public.

Lorsque vous envisagerez l'expulsion d'un étranger, vous devrez donc évaluer l'ensemble de son comportement, tel qu'il ressort non seulement le cas échéant de faits à l'origine de la levée de protection - sur lesquels vous devrez porter votre propre appréciation sans être lié par le quantum de peine décidé effectivement par l'autorité judiciaire -, mais également de son comportement postérieur.

Il soit *[doit]* être analysé un faisceau d'indices démontrant la nécessité de la mesure au regard de l'actualité de la menace, notamment :

— le risque de réitération d'un comportement dangereux notamment, la gravité des faits commis dont il s'agit de prévenir la réitération,

— l'ancienneté de ces faits, le quantum de condamnation prononcé, la reconnaissance par l'intéressé de leur gravité ou au contraire leur minimisation (déni de responsabilité, absence d'empathie et de remords...),

— l'indemnisation des victimes, le comportement et les fréquentations en détention, la volonté de réinsertion et l'existence d'un projet à la sortie,

— la réitération de menaces ou comportements violents depuis la sortie de détention, le risque de passage à l'acte violent,

— le respect des obligations imposées dans le cadre d'un aménagement de peine ou d'un suivi post-peine,

— l'existence de troubles psychiatriques, la compliance à une prise en charge médicale ou au contraire la rupture de soins.

Ainsi un individu condamné à une seule reprise pour un délit commis de nombreuses années auparavant, donnant des signes de réinsertion et bénéficiant d'attaches fortes avec la France ne pourra pas être expulsé, quand bien même les faits commis étaient-ils passibles des quanta figurant dans la loi.

Au titre de la proportionnalité et notamment de la protection de la vie privée et familiale, il y aura lieu de mettre en balance la gravité de ce comportement avec l'atteinte portée à la vie privée et familiale de l'étranger concerné. En effet, même en l'absence de protection instaurée par le législateur, l'étranger n'en bénéficie pas moins d'un droit au respect de sa vie privée et familiale, tel que protégé par les dispositions du dixième alinéa du Préambule de la Constitution du 27 octobre 1946 et de l'article 8 de la CESDH, tout comme par les principes de nécessité et de proportionnalité gouvernant l'édiction des décisions de police administrative. Devront donc être examinés l'intensité des liens avec la France, l'âge d'arrivée et l'ancienneté de résidence sur le territoire, la situation familiale, le cas échéant, la nationalité du conjoint, la durée du mariage, l'effectivité de la vie commune, l'existence d'enfants, mineurs ou non, leur âge et nationalité et les relations entretenues avec eux par l'intéressé, le maintien ou non de l'autorité parentale, le maintien ou non des relations familiales durant la détention, la possibilité pour le conjoint et les enfants de le suivre à l'étranger ou au contraire d'aller lui rendre visite, la présence d'autres proches en France (parents, fratrie), les gages d'insertion sociale et professionnelle présentés par l'intéressé, et ses problèmes de santé éventuels, l'existence de liens avec le pays d'origine (séjours, présence de membres de famille), l'ensemble de ces éléments étant pris en compte par l'autorité administrative, sous le contrôle du juge.

1.3 La répartition des compétences entre le ministre de l'Intérieur et les préfets s'agissant des mesures d'expulsion

La répartition de la compétence actuelle est prévue par les articles R. 632-1 et R*. 632-2 du CESEDA, aux termes desquels :

— toute expulsion prononcée pour menace grave à l'ordre public, sur le fondement de l'article L. 631-1 relève du préfet de département ;

— toute expulsion prononcée sur le fondement des articles L. 631-2 ou L. 631-3 relève du ministre de l'intérieur (DLPAJ) ;

— toute expulsion prononcée en urgence absolue relève du ministre de l'intérieur (DLPAJ).

L'élargissement de la levée de protections opéré par la loi a pour effet mécanique de renvoyer au champ de l'article L. 631-1 un grand nombre de décisions d'expulsions, et par voie de conséquence, de vous rendre désormais compétent pour la majeure partie des expulsions prononcées et ce, dès le lendemain de la promulgation de la loi.

<table>
<tr><th colspan="2">Catégorie d'étrangers</th><th>Situation avant promulgation de la loi</th><th>Situation après promulgation de la loi</th></tr>
<tr><td colspan="2">Urgence absolue, que l'étranger soit ou non protégé</td><td>Ministre</td><td>Ministre</td></tr>
<tr><td colspan="2">Etranger ne bénéficiant d'aucune protection</td><td>Préfet</td><td>Préfet</td></tr>
<tr><td rowspan="7">Bénéficiaire d'une protection L. 631-2 ou L. 631-3</td><td>Aucune levée de protection</td><td>Ministre</td><td>Ministre</td></tr>
<tr><td>Condamnation définitive à une peine de plus de 5 ans de prison (L. 631-2)</td><td>Préfet</td><td>Non applicable</td></tr>
<tr><td>Condamnation définitive pour des faits punis d'une peine de 5 ans ou plus de prison (L. 631-3) ou de 3 ans en réitération (L. 631-3) ;
Condamnation définitive pour des faits punis d'une peine de 3 ans ou plus de prison (L. 631-2)</td><td>Non applicable</td><td>Préfet</td></tr>
<tr><td>Faits commis à l'encontre d'ascendants, du conjoint ou de descendants</td><td>Ministre ou préfet</td><td>Ministre ou préfet</td></tr>
<tr><td>Faits commis à l'encontre d'un élu ou PDAP</td><td>Non applicable</td><td>Préfet</td></tr>
<tr><td>Polygamie</td><td>Ministre</td><td>Ministre</td></tr>
<tr><td>Etranger en situation irrégulière sauf retrait de carte ou refus de renouvellement</td><td>Non applicable</td><td>Préfet</td></tr>
</table>

L'article R. 312-8 du code de justice administrative déroge à la compétence territoriale des juridictions administratives en matière d'édiction de mesures de police, pour faire dépendre cette compétence de l'auteur de la décision. Le tribunal administratif de Paris était par conséquent seul compétent pour statuer sur les mesures d'expulsion prononcées par le ministre. La levée des protections qui a pour effet de vous rendre compétents pour prononcer la décision d'expulsion, vous rend donc également compétent pour défendre les contentieux portant sur ces décisions devant le tribunal administratif de votre ressort.

Le bureau du droit et des procédures d'expulsion (dlpaj-bdpe-prefecturesinterieur.gouv.fr), pour ce qui concerne le prononcé des mesures, et le bureau du contentieux des étrangers (Cdlpaj-contentieux-etrangers @interieur.gouv.fr), pour la défense contentieuse, de la DLPAJ sont les services référents pour vous accompagner dans la mise en œuvre de ces nouvelles dispositions.

Afin d'assurer une unité doctrinale dans la prise de décision et la sécurisation des différentes mesures d'expulsion qui seront prononcées, vous êtes invités à consulter le bureau du droit et des procédures d'expulsion s'agissant des dossiers qui entrent nouvellement dans votre champ de compétence du fait des levées de protection nouvellement instaurées. Cette saisine est à réaliser via la procédure habituelle (transmission d'une fiche de renseignement complétée et des pièces qui y sont listées).

Enfin, s'agissant des dossiers pour lesquels le projet d'expulsion repose sur un comportement de nature à porter atteinte aux intérêts fondamentaux de l'État, ou lié à des activités à caractère terroriste, ou constituant des actes de provocation explicite et délibérée à la discrimination, à la haine ou à la violence contre une personne déterminée ou un groupe de personnes, il vous est demandé de continuer à les transmettre systématiquement à la DL PAJ (bureau du droit et des procédures d'expulsion) afin qu'elle vous assiste dans leur rédaction et assure la coordination avec l'Unité de coordination de la lutte antiterroriste (UCLAT). Cela concerne notamment toutes les procédures d'expulsion qui sont relatives à des individus condamnés pour des faits d'association de malfaiteurs en lien avec une entreprise terroriste ou qui sont fondées sur l'appartenance de l'intéressé à une mouvance terroriste ou radicale, et plus largement, celles qui sont fondées sur des notes des services de renseignement.

1.4 La suppression des protections contre l'obligation de quitter le territoire français pour les étrangers majeurs

En l'absence de caractérisation d'une menace grave pour l'ordre public, l'étranger ne peut pas faire l'objet d'une expulsion.

- **S'il est en situation irrégulière**, vous évaluerez la possibilité de prononcer une OQTF, après une évaluation du droit au séjour conformément à l'article L. 613-1 qui dispose que cette mesure est « *édictée après vérification du droit au séjour, en tenant notamment compte de la durée de présence de l'étranger sur le territoire français, de la nature et de l'ancienneté de ses liens avec la France et des considérations humanitaires pouvant justifier un tel droit* ».

En effet, les protections légales et absolues contre l'édiction d'une OQTF qui figuraient à l'ancien article L. 611-3 sont désormais abrogées (à l'exception de celles portant sur les mineurs), dans la mesure où les situations énumérées aux 2° à 9° de cet article (dans son ancienne rédaction) permettent déjà la délivrance d'un titre de séjour – de plein droit dans la plupart des cas *[2° la résidence habituelle en France depuis l'âge de treize ans permet de plein droit la délivrance d'une carte de séjour temporaire d'un an (L. 423-21 et L. 423-22 CESEDA) ;*

(3° et 4°) la résidence régulière en France depuis plus de 10 ans sauf si l'individu est étudiant, ou depuis plus de 20 ans, procède par définition d'une régularité du séjour ;

(5°) le parent d'un enfant français qui contribue à son éducation depuis au moins 2 ans bénéficie de plein droit d'un droit au séjour (L. 423-7) ;

(6°) l'étranger marié à un conjoint français depuis plus de 3 ans bénéficie de plein droit d'une carte de résident (L. 423-6) ;

(7°) l'étranger résidant régulièrement en France depuis plus de 10 ans et qui est marié depuis au moins 3 ans avec un ressortissant étranger résidant habituellement en France depuis l'âge de 13 ans et sans interruption de la communauté de vie depuis le mariage (L. 423-23) ;

(8°) l'étranger titulaire d'une rente d'accident du travail ou de maladie professionnelle avec un taux d'incapacité supérieur à 20 % bénéficie de plein droit d'un titre de séjour (L. 426- 5) ;

(9°) l'étranger malade résidant dont le défaut de prise en charge médicale aurait conséquences d'une exceptionnelle gravité et qui ne pourrait bénéficier d'un traitement approprié dans son pays d'origine, se voit remettre un titre de séjour (L. 425-9). Leur application automatique – *in abstracto* – est remplacée par une évaluation au cas par cas – *in concreto*– des situations individuelles, dans le cadre d'un examen de proportionnalité.

En application des instructions du 17 novembre 2022, vous pourrez prononcer une interdiction de retour dans les conditions prévues par les articles L. 612-6 et suivants, pour une durée maximale portée à cinq ans. Si l'étranger représente une menace grave pour l'ordre public, cette durée peut être portée jusqu' à dix ans.

• **Si l'étranger est en situation régulière,** la loi permet de prononcer un retrait ou un refus de renouvellement de titre, notamment au cas de menace à l'ordre public (cf. *infra* annexe n° 3 concernant les nouveaux cas de refus de renouvellement et de retraits de titre ouverts par la loi CIAI) puis une OQTF selon les mêmes modalités que précisées ci-dessus.

Par exception, s'agissant des étrangers titulaires d'une carte de résident, et s'ils ne sont pas susceptibles de faire l'objet d'une procédure d'expulsion dès lors qu'ils bénéficient d'une protection à laquelle il ne peut être dérogé, vous ne pourrez leur retirer ou le refuser le renouvellement de leur titre au motif d'une menace grave à l'ordre public qu'à condition de leur délivrer une autorisation provisoire de séjour (nouvel article L. 432-12).

2. *Améliorer la mise en œuvre effective des décisions d'éloignement*

2.1 Renforcer l' efficacité et la durabilité des décisions d'éloignement

La loi CIAI comporte de nombreuses dispositions facilitant la mise en œuvre des décisions d'éloignement et l'éloignement effectif des personnes qui en font l'objet. Vous veillerez, à l'aune du nouveau cadre juridique qui vous est présenté, à poursuivre l'application rigoureuse de l'instruction du 17 novembre 2022 visant à améliorer l'exécution des OQTF et à renforcer nos capacités de rétention.

2.1.1. *Augmenter la durée des interdictions de retour sur le territoire français*

L'article 60 augmente substantiellement la durée de l'interdiction de retour, qui passe ainsi de deux ou trois ans maximum selon les cas à cinq ans maximum dans tous les cas de figure (interdiction de retour assortissant une OQTF avec ou sans délai de départ volontaire ou dont le délai de départ volontaire a expiré).

Pour l'interdiction de retour assortissant une OQTF sans délai, la durée de l'interdiction de retour pourra atteindre 10 ans en cas de menace grave pour l'ordre public (étant rappelé que dans ces cas de menace grave, vous envisagerez en priorité la possibilité de prononcer une expulsion selon les modalités précisées dans l'annexe n° 1). Compte tenu de cet allongement significatif, il est instauré pour ce cas de figure spécifique un mécanisme de réexamen quinquennal (article L. 613-9) à compter de la date d'édiction de l'interdiction de retour, sur le même modèle que celui existant déjà pour l'expulsion.

Les cas de prolongation d'interdictions de retour de l'article L. 612-11 demeurent applicables dans les limites de cinq et dix ans.

A ce titre, il est rappelé que, sauf circonstances humanitaires, vous devez assortir l'OQTF d'une interdiction de retour lorsque vous avez refusé le délai de départ volontaire ou lorsque le délai de départ volontaire est expiré. Lorsque l'OQTF est assortie d'un délai de départ volontaire, il vous incombe d'envisager le prononcé d'une interdiction de retour, en tenant compte, conformément à l'article L. 612-10 du CESEDA, de la durée de présence de l'étranger sur le territoire français, de la nature et de l'ancienneté de ses liens avec la France, de la circonstance qu'il a déjà fait l'objet ou non d'une mesure d'éloignement et de la menace pour l'ordre public que représente sa présence sur le territoire français. Dans tous les cas, la durée de l'interdiction de retour sera déterminée, dans les limites fixées par la loi, en tenant compte des mêmes critères.

2.1.2. *Permettre l'assignation à résidence ou le placement en rétention sur le fondement d'une OQTF prise trois ans auparavant*

L'article 72 modifie le 1° de l'article L. 731-1 du CESEDA pour porter de un à trois ans le délai pendant lequel le préfet peut, aux fins d'exécution d'office d'une OQTF, prononcer une mesure d'assignation à résidence ou une décision de placement en rétention. Ainsi, vous pourrez placer en rétention ou assigner un étranger dont l'OQTF a été prise il y a moins de trois ans, sans avoir à reprendre une nouvelle mesure.

Votre attention est appelée sur le fait que la durée d'un an était issue de la loi du 26 novembre 2003, afin de tirer les conséquences de la jurisprudence du Conseil d'État, selon laquelle l'exécution tardive d'une décision d'éloignement par l'administration révèle l'existence d'une nouvelle décision implicite d'éloignement et permet donc à l'étranger de former de nouveaux recours contentieux, y compris de l'urgence.

Vous veillerez donc à réaliser systématiquement un examen actualisé de situation avant de prendre une mesure d'exécution d'office, notamment par le biais d'une audition de l'étranger, afin de vous assurer qu'aucun fait nouveau significatif n'est intervenu dans sa situation personnelle et familiale.

2.2. Privilégier le placement en rétention administrative des étrangers menaçant l'ordre public

En complément du développement de la deuxième phase du plan CRA visant à porter le parc de rétention à 3 000 places à l'horizon 2027 et de l'augmentation d'un tiers des capacités de rétention en locaux de rétention administrative, qui permettent le placement en rétention pour une courte durée (48 heures), plusieurs mesures relatives à la rétention sont désormais prévues par la loi, au premier rang desquelles la fin de la présence des mineurs en rétention et, dans la ligne des précédentes instructions des 3 août et 17 novembre 2022, la priorisation de l'éloignement des étrangers menaçant l'ordre public.

2.2.1. *Prendre en compte la menace à l'ordre public pour le placement et le maintien en rétention*

L'article 40 de la loi vous permet désormais de prendre en compte l'ordre public pour le placement en rétention (article L. 741-1du CESEDA), confortant ainsi la stratégie qui vous a été partagée par instruction *[n° IOMK2223248J du 3 août 2022 relative aux mesures nécessaires pour améliorer l'efficacité de la chaîne de l'éloignement des étrangers en situation irrégulière connus pour troubles à l'ordre public]* du 3 août 2022.

Sans constituer un critère autonome de placement en rétention, la circonstance que l'étranger a adopté un comportement menaçant l'ordre public devient un critère légal vous permettant de définir ledit risque de soustraction à l'exécution de la mesure d'éloignement qui justifie donc le placement en rétention.

Par ailleurs, vous pourrez vous appuyer sur cette menace à l'ordre public pour demander la prolongation de la rétention au bout des 30 premiers jours (article L. 742-4 du CESEDA), en lieu et place d'une "menace d'une particulière gravité", ainsi que pour les prolongations exceptionnelles de 15 jours (article L. 742-5 du CESEDA).

Enfin, afin de donner aux parquets et à l'autorité administrative le moyen d'éviter que des étrangers dont l'éloignement a été prononcé pour un motif en lien avec des activités à caractère terroriste puissent quitter leur lieu de rétention avant que la cour d'appel ait pu se prononcer, l'article 79 confère un effet suspensif à l'appel formé par le Parquet ou le préfet, contre une décision du JLD mettant fin à la rétention.

Cette procédure exceptionnelle est strictement réservée aux affaires liées au terrorisme et ne s'applique qu'aux seuls cas suivants :

Lorsque l'intéressé a été condamné à une peine d'interdiction du territoire pour des actes de terrorisme prévus par le titre II du livre IV du code pénal,

Ou lorsqu'il fait l'objet d'une mesure d'éloignement édictée pour un comportement lié à des activités à caractère terroriste.

Contrairement au cas figurant déjà à l'article L. 743-22 du CESEDA dans lequel le ministère public peut demander au premier président de la cour d'appel ou à son délégué de déclarer son recours suspensif lorsqu'il lui apparaît que l'intéressé ne dispose pas de garanties de représentation effectives ou en cas de menace grave pour l'ordre public, la nouvelle procédure confère à l'appel du ministère public mais également du préfet, un caractère suspensif immédiat et de plein droit.

2.2.2. *Décider un nouveau placement en rétention aussitôt que nécessaire*

Dans sa rédaction antérieure, le CESEDA prévoyait un délai minimal de sept jours entre deux placements en rétention visant à exécuter une même mesure d'éloignement, auquel il ne pouvait être dérogé qu'en cas de soustraction de l'étranger aux mesures de surveillance dont il faisait l'objet, entendu au sens d'une évasion d'un lieu de rétention.

L'article 43 de la loi CIAI abaisse ce délai entre deux placements en rétention à 48 heures en cas de circonstances nouvelles de droit ou de fait. Désormais, à l'issue d'une libération de rétention, vous pourrez donc désormais envisager un nouveau placement sans attendre l'expiration d'un délai de sept jours, mais seulement de 48 heures, par exemple dans le cas où l'étranger serait assigné à résidence et ne respecterait pas les prescriptions liées à son assignation.

2.2.3. *Les nouveaux cas de placement en rétention des étrangers "dublinés"*

Conformément à l'article 28 du règlement n° 604/2013, l'article L. 751-9 du CESEDA vous permet de placer en rétention, pour une durée de quarante-huit heures, le demandeur d'asile placé en « procédure Dublin » pour prévenir un risque non négligeable de fuite tel que défini à l'article L. 751-10. Ces dispositions ne peuvent être appliquées que dans la mesure où le placement en rétention est proportionné et si les dispositions de l'article L. 751-2, qui vous permettent d'assigner à résidence le demandeur pour le temps strictement nécessaire à la détermination de l'État responsable de l'examen de sa demande d'asile, ne peuvent être effectivement appliquées.

Afin de renforcer l'effectivité des décisions de transferts, l'article 51 de la loi CIAI complète l'article L. 751-10. Outre les cas déjà prévus, le risque non négligeable de fuite mentionné à l'article L. 751-9 pourra désormais, sauf circonstance particulière, être regardé comme établi lorsque l'étranger :

a dissimulé des éléments non seulement de son identité, mais également de son parcours migratoire, de sa situation familiale ou de ses demandes antérieures d'asile (modification du 6° de l'article L. 751-10) ;

a refusé de se soumettre à l'opération de relevé d'empreintes digitales prévue au 3° de l'article L. 142-1 ou a altéré volontairement ses empreintes digitales pour empêcher leur enregistrement (ajout d'un 12° à l'article L. 751-10).

Vous pourrez ainsi apprécier le risque de fuite du demandeur en tenant compte d'un plus grand nombre d'éléments qu'auparavant.

2.3. Renforcer l'efficacité des assignations à résidence

L'assignation à résidence constitue une mesure efficace de préparation à l'exécution d'office de l'éloignement et je vous réitère mes instructions, notamment la dernière en date du 17 novembre 2022, consistant à y recourir à chaque fois que cela est possible, d'autant plus que la loi CIAI renforce l'effectivité de cette mesure de surveillance.

2.3.1. *Étendre la durée maximale des assignations à résidence*

Afin de renforcer l'efficacité des assignations à résidence, la loi CIAI a entendu offrir plus de souplesse à l'autorité administrative, en permettant à l'autorité administrative de renouveler une fois de plus l'assignation à résidence, avec des délais adaptés aux circonstances.

En cas d'assignation à résidence pour exécution de l'éloignement prévue à l'article L. 731-1, l'article 49 de la loi CIAI permet un deuxième renouvellement de ladite assignation, ce qui porte sa durée potentielle totale à trois fois 45 jours, soit 135 jours.

En cas d'assignation pour report de l'éloignement, lorsque l'étranger justifie être dans l'impossibilité de quitter le territoire français et est donc assigné à résidence sur le fondement de l'article L. 731-3 du CESEDA, sur le fondement d'une OQTF ou d'une interdiction de retour ou d'une interdiction de circulation, la durée de la mesure passe de six mois à un an. Par ailleurs, un deuxième renouvellement de ladite assignation à résidence sera désormais autorisé. Il en résulte que la durée maximale totale de cette assignation passera d'un an à trois ans.

Il vous est rappelé la nécessité de motiver chaque renouvellement et d'adapter les modalités de cette assignation à chaque cas d'espèce et dans la durée, chacun de ces renouvellements étant susceptible de recours devant le juge administratif qui en contrôlera également les modalités. En effet, le Conseil constitutionnel dans sa décision n° 2023-863 DC du 25 janvier 2024 a validé l'augmentation de la durée de cette assignation à résidence, mais a émis en parallèle une réserve d'interprétation, considérant que le renouvellement d'une telle mesure au-delà d'un an en accroît la rigueur, et confirmant que par conséquent *"il appartient à l'autorité administrative de retenir, lors de chaque renouvellement, des conditions et des lieux d'assignation à résidence tenant compte, dans la contrainte qu'ils imposent à l'intéressé, du temps passé sous ce régime et des liens familiaux et personnels noués par ce dernier."*

2.3.2. *Rechercher le document de voyage de l'étranger à l'occasion de la visite domiciliaire*

Concernant les visites domiciliaires, l'article 75 de la loi CIAI vous permet désormais d'assortir la saisine du juge des libertés et de la détention aux fins de visite domiciliaire (dans le cadre de l'article L. 733-7 ou L. 733-8, aux seules fins de présenter l'étranger aux autorités consulaires ou d'exécuter d'office la décision d'éloignement, d'une demande de visite du domicile de l'étranger pour procéder à la recherche, et à la retenue le cas échéant, de tout document attestant de sa nationalité, et notamment de son passeport.

En cas de retenue du passeport ou de tout autre document de voyage ou d'identité, vous ferez application de l'article L. 814-1 en remettant à l'étranger un récépissé valant justificatif d'identité et précisant les modalités de restitution du document.

L'article 75 de la loi CIAI prolonge également la durée de validité de l'ordonnance du juge de 96 à 144 heures, ce qui facilitera l'organisation de sa mise en œuvre par les forces de sécurité intérieure.

2.3.3. *Sanctionner les manquements aux obligations liées à l'assignation*

Par ailleurs, l'article 52 vient renforcer l'effectivité de l'assignation en prévoyant des peines d'amende, en complément des peines d'emprisonnement et d'interdiction du territoire français qui étaient déjà prévues dans le CESEDA :

3 750 € d'amende pour les délits mentionnés aux articles L. 824-5 (non-respect des obligations de présentation périodique) et, pour l'étranger faisant l'objet d'une expulsion ou d'une interdiction judiciaire de territoire pour un comportement lié à des activités à caractère terroriste, aux articles L. 824-6 (non-respect des prescriptions liée au placement sous surveillance électronique) et L. 824-7 (non-respect de l'interdiction de se trouver en relation avec certaines personnes) ;

15 000 € d'amende pour le délit mentionné à l'article L. 824-4 (fait de ne pas rejoindre la résidence fixée dans les délais prescrits ou de quitter cette résidence sans autorisation).

Les assignations à résidence doivent faire l'objet d'un suivi régulier et attentif de la part de vos services afin que toute méconnaissance des prescriptions liées à l'assignation puisse faire l'objet d'une saisine du procureur de la République en vue d'engager des poursuites pénales.

Conformément aux principes qui gouvernent l'application de la loi pénale, les dispositions résultant de l'article 52 sont d'application immédiate aux infractions constatées postérieurement à l'entrée en vigueur de la loi.

2.3.3[4]. *L'assignation aux frais de l'étranger*

Enfin, pour les personnes sous mesure d'expulsion, d'ITF ou d'IA et ne pouvant être effectivement éloignées l'article 49 de la loi CIAI prévoit qu'il sera désormais possible de mettre à leur charge tout ou partie des frais résultant de leur assignation à résidence (frais d'hôtel, de pension ou de location), au regard de leurs ressources de manière partielle. Un décret viendra préciser les conditions d'application de cette disposition, notamment les modalités de recouvrement ainsi que le traitement des éventuels cas d'insolvabilité.

2.4. Adapter le régime de libération sous contrainte "de plein droit" pour les étrangers en situation irrégulière

Pour tenir compte de la situation particulière des étrangers en situation irrégulière, l'article 36 de la loi CIAI adapte le régime juridique de libération sous contrainte résultant de la loi du 29 décembre 2021 pour la confiance dans l'institution judiciaire, qui prévoit qu'une personne incarcérée bénéficie d'une libération sous contrainte de plein droit lorsqu'il lui reste à purger un reliquat de peine inférieur ou égal à trois mois dans le cadre de l'exécution d'une peine d'emprisonnement inférieure à deux ans. Toutefois, cette procédure « de plein droit » s'inscrit dans une logique de réinsertion des détenus, non pertinente pour des étrangers en séjour irrégulier ayant vocation à quitter le territoire à la levée d'écrou. Elle a entraîné, depuis son entrée en vigueur le 1er janvier 2023, des libérations imprévues d'étrangers en situation irrégulière ne permettant pas une prise en charge effective de ces personnes à la levée d'écrou, en vue de leur éloignement.

En application de la loi CIAI, la libération sous contrainte "de plein droit" est désormais subordonnée, pour les étrangers faisant l'objet d'une mesure d'éloignement, à l'exécution effective de cette mesure d'éloignement, sur le même principe que la libération conditionnelle expulsion prévue à l'article 729-2 du code de procédure pénale.

En application des protocoles locaux prévus par l'instruction conjointe du 16 août 2019, vous êtes invités à vous rapprocher de vos correspondants locaux au sein du tribunal judiciaire et des services pénitentiaires implantés dans votre département afin de vous assurer des modalités de prise en compte de cette modification législative, qui est d'application immédiate.

Vous veillerez à faire remonter immédiatement à la DGEF/DIMM/SDLII toute difficulté d'application que vous pourriez rencontrer dans la mise en œuvre de ce nouveau dispositif : bsos-dgef@interieur.gouv.fr

2.5. Accroître les possibilités de fouille des véhicules dans les zones frontalières

La portée de l'article L. 812-3 du CESEDA est étendue par la loi CIAI, permettant de lutter plus efficacement contre les réseaux de passeurs qui recouraient, pour se prémunir de ces contrôles, à des véhicules particuliers de moins de neuf places.

L'article 59 permet désormais la fouille sommaire de tous les véhicules, y compris les véhicules particuliers, dans une zone comprise entre la frontière terrestre de la France avec les États parties à la convention Schengen et une ligne tracée à 20 kilomètres en deçà (et sur les aires de stationnement de sections autoroutières jusqu'au premier péage au-delà de cette zone).

De plus, le champ géographique de ces contrôles est étendu :

à la zone comprise entre le littoral et une ligne tracée à vingt kilomètres en deçà, pour les départements soumis à une pression migratoire particulière et **désignés par arrêté ministériel** ;

ainsi que dans un rayon maximal de 10 kilomètres autour des ports et aéroports constituant des points de passage frontaliers (PPF), soumis à une certaine vulnérabilité et une fréquentation importante, et également désignés par arrêté ministériel.

Cet arrêté sera pris très prochainement.

La visite sommaire des navires et engins flottant dans les eaux territoriales deviendra également possible, selon des conditions particulières précisées dans les nouveaux articles L. 812-5 et L. 812-6 du CESEDA.

3 *Renforcer les mesures de police du séjour lorsque l'étranger présente une menace pour l'ordre public*

Les situations de menace à l'ordre public doivent vous conduire à mettre en œuvre de manière systématique les dispositifs juridiques actuels. Dans la continuité de l'instruction du 29 septembre 2020 relative à l'éloignement des étrangers ayant commis des infractions graves ou représentant une menace grave pour l'ordre public, il vous est rappelé que la notion de menace à l'ordre public ne se fonde pas exclusivement sur les troubles à l'ordre public déjà constatés, mais intègre une évaluation de la menace pour l'ordre public de l'intéressé pour l'avenir.

L'appréciation de la menace s'évalue ainsi à partir du comportement personnel de l'intéressé et indépendamment des condamnations pénales dont celui-ci a pu faire l'objet.

Vous veillerez à mettre en œuvre les procédures adaptées à chaque situation administrative.

3.2. Étrangers détenteurs de cartes de séjours temporaires ou pluriannuelles

Dès lors que la présence en France d'un étranger en situation régulière constitue une menace pour l'ordre public, un refus de délivrance ou un retrait de son titre de séjour est prononcé par vos soins. Chaque retrait, quel que soit le motif, doit être réalisé après l'examen de la situation personnelle de chaque étranger, notamment les conditions dans lesquelles sa vie privée et familiale se caractérise en France. La loi CIAI étend les possibilités de refuser ou de retirer un titre de séjour.

3.2.1. *Le refus de délivrance d'un titre pour l'étranger n'ayant pas satisfait à son obligation de quitter le territoire français*

La loi CIAI renforce la sécurité juridique de vos décisions par l'introduction de l'article L. 432-1- 1 qui dispose que la délivrance ou le renouvellement d'une carte de séjour temporaire ou pluriannuelle peut, par une décision motivée, être refusé à tout étranger :

"7° N'ayant pas satisfait à l'obligation qui lui a été faite de quitter le territoire français dans les formes et les délais prescrits par l'autorité administrative".

Ce dispositif ne se conçoit qu'après l'examen de la situation personnelle de chaque étranger, notamment des conditions dans lesquelles sa vie privée et familiale se caractérise en France. Vous disposez ainsi d'une nouvelle assise légale dédiée.

3.2.2. *Le retrait de la carte de séjour temporaire ou pluriannuelle*

Vous pouvez d'ores et déjà prononcer le retrait *[de]* la carte de séjour temporaire ou pluriannuelle au motif de la menace pour l'ordre public en vous fondant sur l'article L. 432-4 du CESEDA.

Le CESEDA précisait d'ores et déjà certaines possibilités de retraits spécifiques :

Quand l'étranger a commis des faits l'exposant à des condamnations pour trafic de stupéfiants et recel, traite des êtres humains, proxénétisme, racolage, exploitation de la mendicité, vol commis dans les transports en commun, demande de fonds sous contrainte, prostitution des mineurs ou de personnes vulnérables, réduction en servitude ou esclavage, travail forcé, etc. (art. L432-6).

Quand l'étranger qui cesse de remplir l'une des conditions exigées pour la délivrance de la carte de séjour dont il est titulaire, fait obstacle aux contrôles de l'administration ou ne défère pas aux convocations (art. L. 432-5).

La loi CIAI renforce ces dispositions en ajoutant explicitement d'autres possibilités de retraits spécifiques :

Quand l'étranger a commis des faits de faux et usage de faux (art. L. 432-1-1).

Quand l'étranger a commis certains délits graves ou crimes tels que le trafic de stupéfiants, réduction en esclavage et exploitation de personnes réduites en esclavage, traite des êtres humains ; proxénétisme et infractions qui en résultent, recours à la prostitution, exploitation de la mendicité, conditions de travail et d'hébergements contraires à la dignité de la personne, du travail forcé et de la réduction en servitude, vol lorsqu'il est commis dans un véhicule affecté au transport collectif de voyageurs ou dans un lieu destiné à l'accès à un moyen de transport collectif de voyageurs, demande de fonds sous contrainte, certaines formes de recel.

Quand l'étranger a commis des faits qui l'exposent à l'une des condamnations prévues au livre II du code pénal (c'est-à-dire les crimes et délits contre les personnes) lorsque ces infractions ont été commises sur des élus, des personnes dépositaires de l'autorité publique ou des agents de sécurité (art. L. 432-6-1).

Il vous échoit de motiver ces décisions faisant grief par l'examen de la situation personnelle de chaque étranger, notamment des conditions dans lesquelles sa vie privée et familiale se caractérise en France.

3.2.3. *Le refus de renouvellement de la carte de résident*

Le CESEDA prévoyait que la première délivrance de tout titre de séjour peut être refusée lorsque la présence de l'étranger en France menace l'ordre public. Cependant, il n'était pas fait mention du refus de renouvellement de la carte de résident pour ce motif.

Le nouvel article L. 432-3 du CESEDA dispose désormais que le renouvellement de la carte de résident, dont la carte de résident portant la mention "résident longue durée UE", peut être refusé à tout étranger lorsque "sa présence constitue une menace grave pour l'ordre public".

3.2.4. *Le retrait de la carte de résident*

Outre la possibilité de refuser le renouvellement de la carte de résident lorsque "sa présence constitue une menace grave pour l'ordre public", les possibilités de retrait de ce titre sont considérablement étendues par la loi CIAL.

En supprimant les infractions limitativement énumérées à l'article L. 432-12 du CESEDA, le législateur a ouvert la voie au retrait de la carte de résident pour tous les comportements présentant une menace grave pour l'ordre public sans limiter cette possibilité à la commission de quelques infractions pénales.

Les possibilités de retrait pour polygamie en France (L. 432-10) ou pour emploi d'un étranger sans autorisation de travail (L. 432-11) sont par ailleurs maintenues.

Lorsque la présence de l'étranger menace gravement l'ordre public, et qu'il ne peut faire l'objet d'une expulsion, la carte de résident pourra lui être retirée. L'étranger se verra délivrer une autorisation provisoire de séjour, et ne saurait faire l'objet d'une OQTF (L. 432-12).

3.2.5. *La dégradation du titre*

Afin d'assurer la constitutionnalité de ces nouvelles dispositions, le législateur a néanmoins prévu d'une manière générale, que le retrait ou le refus de renouvellement d'une carte de résident en cas de menace grave à l'ordre public ne peut s'accompagner d'une décision d'OQTF.

L'examen extensif de la situation personnelle de chaque étranger peut vous conduire à conclure que l'expulsion n'est pas envisageable (cf. *supra*).

Ainsi, l'article L. 432-12 dispose désormais que l'étranger, titulaire d'une carte de résident, dont le comportement menace gravement l'ordre public mais ne pouvant faire l'objet d'une expulsion, se voit délivrer une APS en cas de retrait ou de refus de renouvellement de titre de séjour.

3.3. Demandeurs d'asile et bénéficiaires de la protection internationale

Vous attachez une grande vigilance aux enjeux d'ordre public dans le cadre du traitement des demandes d'asile et dans le suivi des bénéficiaires d'une protection internationale (BPI). Conformément à l'instruction du 25 juillet 2018, vos services signalent à l'OFPRA et aux administrations concernées *[Conformément au Vade Mecum "asile et ordre public" mars 2023, fiche "Réflexes" pt "2. Informer sans délai les administrations concernées", page 6]* tout élément justifiant un réexamen de la situation de la personne au regard de la menace que sa présence sur le territoire est susceptible de constituer.

Cependant, le CESEDA prévoyait que l'étranger BPI qui justifie de cinq ans de présence régulière conserve le bénéfice de son titre en cours de validité lorsque l'OFPRA ou la CNDA lui retirent son statut.

Désormais, et sous réserve de votre examen de proportionnalité concernant la situation personnelle de chaque étranger, notamment des conditions dans lesquelles sa vie privée et familiale se caractérise en France, un étranger dont le comportement menace l'ordre public ne pourra plus bénéficier de son titre en cours de validité. La loi CIAI vient ainsi préciser que :

Lorsqu'il est mis fin au statut de réfugié, la carte de résident prévue aux articles L. 424- 1 et L. 424-3 est retirée [...] Sous réserve de menace grave à l'ordre public ou que l'intéressé ne soit pas retourné volontairement dans le pays qu'il a quitté ou hors duquel il est demeuré de crainte d'être persécuté, la carte de résident ne peut être retirée en application du premier alinéa quand l'étranger est en situation régulière depuis au moins cinq ans.

Lorsqu'il est mis fin au bénéfice de la protection subsidiaire la carte de séjour pluriannuelle prévue aux articles L. 424-9 et L. 424-11 est retirée [...] Sous réserve de menace à l'ordre public ou que l'intéressé a perdu le bénéfice de la protection subsidiaire du fait d'un changement de circonstances lié à un retour volontaire dans le pays où existait le risque réel mentionné à l'article L. 512-1, la carte de séjour pluriannuelle ne peut être retirée en application du premier alinéa quand l'étranger est en situation régulière depuis au moins cinq ans.

L'étranger ayant perdu le bénéfice d'une protection internationale pourra se voir éloigner lorsque vous saurez justifier de l'absence de crainte pour sa sécurité lors du retour dans son pays, ou délivrer une APS si les conditions de son éloignement ne sont pas réunies.

4 *Simplifier le contentieux - dispositions entrant en vigueur immédiatement*

La loi CIAI porte une ambitieuse réforme de simplification du contentieux des étrangers, dans un double objectif de simplicité et de rapidité. Elle entrera en vigueur de manière différée à une date qui sera fixée par décret, et au plus tard le 1er août 2024.

Elle fera dès lors l'objet d'une instruction ultérieure.

Toutefois, diverses autres dispositions relatives au contentieux des étrangers entrent en vigueur immédiatement.

4.1. Aménager la procédure contradictoire [Article 74.II ; article 75. 1° 1

La loi aménage la procédure contradictoire dans des situations très spécifiques.

- **Le contentieux de certaines décisions administratives fondées sur des motifs en lien avec la prévention d'actes de terrorisme**

Il peut être parfois opérationnellement contre-productif de motiver des mesures d'expulsions, des OQTF ou des mesures de retrait ou de dégradation de titre par des éléments de fait dont la teneur conduirait à compromettre des opérations de renseignement ou à dévoiler des méthodes opérationnelles des services de renseignement ou la sécurité de sources. De même, en cas de contentieux contre lesdites mesures, ces motifs, même figurant dans une note de renseignement, doivent pouvoir être établis de manière précise et circonstanciée et versés au débat contradictoire pour pouvoir être utilement débattus par le requérant. De ce fait et de concert avec les services de renseignement, vous pouvez être amenés à renoncer à prononcer ces mesures, pourtant nécessaires, pour ne pas avoir à révéler ces informations dans l'arrêté ou lors du contentieux.

Vous pourrez désormais vous recourir, s'agissant des seules mesures de police administrative **fondées sur un motif en lien avec la prévention d'actes de terrorisme**, sur la nouvelle procédure contradictoire aménagée prévue à l'article L. 773-11 du code de justice administrative afin de produire à la seule juridiction compétente ceux des éléments qui, au regard de leur sensibilité, ne pourraient être versés au débat contradictoire sans mettre en péril l'activité des services de renseignement.

Dans ce cas, outre les éléments de fait traditionnellement produits à l'appui de votre mémoire en défense pour établir la matérialité des motifs de la décision, vous pourrez adresser à la seule juridiction (au juge des référés ou au président de la formation de jugement concernée), ceux portant sur des informations liées aux méthodes de services, de nature à révéler la provenance de ces éléments pourront être transmis au seul juge, par mémoire distinct et sous pli séparé, celui-ci statuant alors sur le litige sans les soumettre au débat contradictoire ni en révéler l'existence ou la teneur dans sa décision.

En revanche, lorsque, après examen de ces éléments, le juge estimera qu'ils sont sans lien avec les objectifs énoncés au premier alinéa du présent II, le juge informe l'administration qu'il ne peut en tenir compte sans qu'ils aient été versés au débat contradictoire. L'administration décide alors de les communiquer ou non.

Lors des premières mises en application de cette disposition, il vous est demandé de vous rapprocher de la DLPAJ pour qu'elle vous appuie dans la rédaction et la présentation de ce mémoire séparé.

• **Le contentieux de la délivrance des titres de séjour "étrangers malades"**

L'article 75 de la loi adapte les règles d'instruction de la contestation du refus des titres de séjours "étrangers malades", afin que l'Office français de l'immigration et de l'intégration (OFII) puisse, lors de l'audience, apporter des observations. Celles-ci peuvent comporter toutes informations en lien avec la décision attaquée y compris lorsqu'elles sont couvertes par le secret médical.

4.2. Donner un délai utile au I LD pour statuer sur le maintien en zone d'attente au cas de placement simultané d'un nombre important d'étrangers

L'article 77 pallie certaines faiblesses du dispositif législatif révélées lors de l'arrivée du navire *Ocean Viking* à Toulon le 11 novembre 2022, où le tribunal judiciaire a eu à connaître de dizaines de situations en un temps trop bref au regard de ses capacités. En conséquence, il modifie l'article L. 342-5 du CESEDA pour ouvrir au juge des libertés et de la détention, saisi d'une requête aux fins de prolongation du maintien en zone d'attente, un délai de 48 heures au lieu de 24 heures en cas de placement en zone d'attente simultané d'un nombre important d'étrangers. Il s'agit ainsi de permettre aux juridictions de faire face à un afflux inattendu de requêtes, en tenant compte des contraintes juridictionnelles. Dans ce cas, le premier président décidera, par ordonnance, que le délai de jugement de 24 heures est porté à 48 heures.

La loi complète par ailleurs le CESEDA par un article L. 342-7-1 précisant que le juge tient compte des circonstances particulières liées notamment au placement simultané d'un nombre important d'étrangers pour l'appréciation des délais relatifs à la notification de la décision, à l'information sur les droits et à leur prise d'effet.

4.3. Encadrer le régime des nullités affectant la rétention administrative

L'article 78 clarifie l'office du juge judiciaire appelé à statuer sur le maintien en rétention administrative. Il encadre ainsi la possibilité de prononcer des nullités dans le cadre de son contrôle de la régularité de la mesure de rétention administrative en limitant cette possibilité aux seuls cas dans lesquels elles ont porté une atteinte substantielle aux droits des étrangers et n'ont pas pu être régularisées *avant* l'intervention de la décision du juge.

Vous veillerez donc à invoquer, aussi souvent que possible, le caractère non substantiel des nullités soulevées par l'étranger retenu ou d'office par le juge des libertés et de la rétention, voire à procéder aux régularisations qui sont possibles en cours d'instance afin d'éviter des levées de rétention.

5 *La fin du droit au séjour et l'information des organismes de protections sociale*

Dans la continuité de mes précédentes instructions du 17 novembre 2022, vous vérifierez que la prise d'une OQTF s'accompagne d'une suspension pour l'étranger concerné des droits qui lui étaient attribués par les organismes de protection sociale.

L'article L. 114-10-2 du code de la sécurité sociale dispose que les organismes chargés de la gestion d'un régime obligatoire de sécurité sociale assurant l'affiliation, le versement des prestations ou le recouvrement des cotisations sont tenus de vérifier lors de l'affiliation et périodiquement que les assurés étrangers satisfont aux conditions de régularité de leur situation en France.

Pour rappel, un protocole a été conclu entre administrations relevant du ministère de l'intérieur et les administrations relevant du ministère chargé de la sécurité sociale pour qu'"ils [la DMATES, la DIMM et le réseau préfectoral de lutte contre la fraude] portent à la connaissance des organismes de protection sociale, selon des procédures définies localement, les décisions préfectorales prises en matière de droits des étrangers qui ont des conséquences sur les droits et prestations des usagers" le 29 décembre 2021.

A ce titre, je vous précise que la décision qui constate le refus de séjour est le fait générateur de l'extinction des droits sociaux, et cette dernière n'est pas assortie d'un recours suspensif. Dès lors, s'il n'est pas utile de communiquer aux caisses locales des « listes » d'OQTF, il conviendrait de ne leur :

Communiquer que les identités des personnes faisant l'objet de décisions de refus de séjour et de manière prioritaire les retraits de titres de séjour, ainsi que les refus concernant des profils évoquant des risques de trouble à l'ordre public ;

S'assurer, dans le cadre des CODAF, de l'effectivité et de la périodicité de la vérification de situation au regard du séjour des affiliés à un régime obligatoire de sécurité sociale de manière annuelle (art. L. 114-10-1 CSS) et périodique (art. L. 114-10-2 CSS) et proposer des modalités d'information, complémentaires aux accès existants aux systèmes d'information, sur les retraits de titres de séjour et refus de séjour relatifs à des profils évoquant des risques de trouble à l'ordre public.

Ancien art. L. 631-2 ***Ne peut faire l'objet d'une décision d'expulsion que si elle constitue une nécessité impérieuse pour la sûreté de l'État ou la sécurité publique et sous réserve que l'article L. 631-3 n'y fasse pas obstacle :***

1° L'étranger *(Abrogé par L. nº 2021-1109 du 24 août 2021, art. 25)* ***« , ne vivant pas en état de polygamie, » qui est père ou mère d'un enfant français mineur résidant en France, à condition qu'il établisse contribuer effectivement à l'entretien et à l'éducation de l'enfant dans les conditions prévues par l'article 371-2 du code civil depuis la naissance de celui-ci ou depuis au moins un an ;***

2° L'étranger marié depuis au moins trois ans avec un conjoint de nationalité française, à condition que la communauté de vie n'ait pas cessé depuis le mariage et que le conjoint ait conservé la nationalité française ;

3° L'étranger qui réside régulièrement en France depuis plus de dix ans, sauf s'il a été pendant toute cette période titulaire d'une carte de séjour temporaire ou pluriannuelle portant la mention "étudiant" ;

4° L'étranger titulaire d'une rente d'accident du travail ou de maladie professionnelle servie par un organisme français et dont le taux d'incapacité permanente est égal ou supérieur à 20 %.

Par dérogation au présent article, l'étranger mentionné aux 1° à 4° peut faire l'objet d'une décision d'expulsion en application de l'article L. 631-1 s'il a été condamné définitivement à une peine d'emprisonnement ferme au moins égale à cinq ans.

(L. nº 2021-1109 du 24 août 2021, art. 25) ***« Par dérogation au présent article, l'étranger mentionné aux 1° à 4° peut faire l'objet d'une décision d'expulsion s'il vit en France en état de polygamie. »*** – *[Anc. art. L. 521-2, al. 1er à 6 et 8.]*

COMMENTAIRE

On doit regretter la rédaction particulièrement confuse de l'article L. 631-2 qui régit tout à la fois l'expulsion pour nécessité impérieuse et la protection contre l'expulsion simple. Au surplus, il renvoie à l'article suivant pour déterminer ceux des étrangers qui sont protégés contre l'expulsion pour nécessité impérieuse.

I. NÉCESSITÉ IMPÉRIEUSE POUR LA SÛRETÉ DE L'ÉTAT OU LA SÉCURITÉ PUBLIQUE

Le présent article prévoit le deuxième niveau d'expulsion, applicable seulement en présence d'une « nécessité impérieuse » pour la sûreté de l'État ou la sécurité publique. Cette notion de « nécessité impérieuse » a été interprétée comme constituant un degré de gravité supplémentaire par rapport à la menace grave pour l'ordre public. Il convient de préciser que des faits de même nature peuvent donner lieu à une expulsion simple et à une expulsion pour nécessité impérieuse ; en revanche, cette dernière procédure sera applicable pour permettre l'expulsion d'étrangers protégés. Il résulte de ce qui précède qu'il est tout à fait impossible de dresser une liste d'infractions ou de comportements qui seraient de nature à justifier une expulsion pour nécessité impérieuse. Il est simplement possible de rappeler que, comme pour la notion de menace grave à l'ordre public, le juge a rappelé que les infractions pénales n'étaient une condition ni nécessaire ni suffisante pour ouvrir droit à ce type d'expulsion. Sur le fond, et si les mots ont un sens, la nécessité impérieuse pour la sûreté de l'État ou la sécurité publique suppose que l'étranger concerné ait atteint un degré de dangerosité particulièrement élevé, au point que son maintien en France est de nature à porter atteinte à la sûreté de l'État ou à la sécurité publique.

Apparue pour la première fois avec la loi du 29 octobre 1981, la condition relative à la « nécessité impérieuse » ne fait l'objet d'aucune définition légale, elle n'avait été conçue au départ que pour permettre l'expulsion des terroristes, des espions et des trafiquants de drogue (Déclaration de N. Questiaux : *JOAN CR 30 sept. 1981, p. 1420*). Son champ d'application s'est toutefois progressivement élargi, notamment à des actes portant atteinte à l'intégrité et à la sécurité des personnes. Ainsi, des infractions identiques ont pu justifier une expulsion pour « menace grave » et pour « nécessité impérieuse ». Le même constat pourra être réalisé s'agissant de la prise en compte d'un comportement récidiviste (succession d'infractions d'une gravité croissante). On retrouve enfin ici l'exercice d'un contrôle de proportionnalité entre la nécessité de la mesure d'éloignement et la volonté de réinsertion marquée par l'intéressé. L'autorité administrative doit en effet tenir compte des circonstances particulières, et notamment du comportement de l'intéressé. L'estimation de l'atteinte à l'ordre public doit résulter d'une appréciation de l'ensemble du comportement de l'étranger et non pas seulement des condamnations pénales dont il a fait l'objet.

II. ÉTRANGERS PROTÉGÉS CONTRE L'EXPULSION SIMPLE

Le présent article énumère par ailleurs les cinq catégories d'étrangers protégés contre l'expulsion dite « simple », régie par l'article L. 631-1 :

– Parents d'enfants français ;

– Étranger marié avec un conjoint français depuis au moins trois ans ;

– Étranger résidant régulièrement en France depuis plus de dix ans, à l'exception des étudiants ;

– Étranger titulaire d'une rente d'accident du travail ou de maladie professionnelle servie par un organisme français et dont le taux d'incapacité permanente est égal ou supérieur à 20 % ;

– Ressortissant européen ou assimilé qui séjourne régulièrement en France depuis dix ans.

Il convient toutefois de préciser que ces protections tombent dès lors que l'étranger (non ressortissant européen ou assimilé qui séjourne régulièrement en France depuis dix ans) concerné a été condamné définitivement à une peine d'emprisonnement ferme au moins égale à cinq ans :

– a fait l'objet d'une condamnation définitive pour des crimes ou des délits punis de trois ans ou plus d'emprisonnement (cette durée était de cinq ans avant la L. n° 2024-42 du 26 janv. 2024) ;

– lorsque les faits à l'origine de la décision d'expulsion ont été commis à l'encontre de son conjoint, d'un ascendant ou de ses enfants ou de tout enfant sur lequel il exerce l'autorité parentale ;

– lorsque les faits à l'origine de la décision d'expulsion ont été commis à l'encontre du titulaire d'un mandat électif public ou de toute personne dépositaire de l'autorité publique, à savoir (V. Circ. du 5 févr. 2024 (Expulsion et éloignement des étrangers délinquants : NOR : IOMV2402713J) :

• Magistrat, juré, avocat, officier public ou ministériel, membre ou agent de la Cour pénale internationale, personne dépositaire de l'autorité publique, gardien assermenté d'immeubles ou de groupes d'immeubles, agent exerçant pour le compte d'un bailleur des fonctions de gardiennage ou de surveillance des immeubles à usage d'habitation en application de l'article L. 271-1 du code de la sécurité intérieure, dans l'exercice ou du fait de ses fonctions, lorsque la qualité de la victime est apparente ou connue de l'auteur (C. pén., art. 222-12, 4°) ;

• Enseignant ou tout membre des personnels travaillant dans les établissements d'enseignement scolaire, agent d'un exploitant de réseau de transport public de voyageurs ou toute personne chargée d'une mission de service public, professionnel de santé, dans l'exercice ou du fait de ses fonctions, lorsque la qualité de la victime est apparente ou connue de l'auteur (C. pén., art. 222-12, 4° *bis*) ;
• Militaire de la gendarmerie nationale, militaire déployé sur le territoire national dans le cadre des réquisitions prévues à l'article L. 1321-1 du code de la défense, fonctionnaire de la police nationale, agent de police municipale, garde champêtre, agent des douanes, sapeur-pompier professionnel ou volontaire, agent de l'administration pénitentiaire dans l'exercice ou du fait de ses fonctions (C. pén., art. 222-14-5) ;
– qui est en situation irrégulière au regard du séjour, sauf si cette irrégularité résulte d'une décision de retrait de titre de séjour en application de l'article L. 432-4 ou d'un refus de renouvellement sur le fondement de l'article L. 412-5 ou du L. 432-3, 1°. La Circulaire du 5 février 2024 indique à cet égard que « le législateur a en effet entendu interdire le détournement de procédure consistant à placer en situation irrégulière un étranger en situation régulière, par le retrait de son titre de séjour aux seules fins de l'expulser ensuite. [Si] un étranger devenu en situation irrégulière du fait d'un retrait antérieur de son titre pour motif d'ordre public et que cet étranger se trouve toujours sur le territoire national, il pourra en revanche faire l'objet d'une expulsion en cas de nouveaux faits caractérisant une menace grave pour l'ordre public ».

Jusqu'à la loi n° 2024-42 du 26 janvier 2024, la protection contre l'expulsion prévue à l'article L. 631-2 ne tombait qu'en présence de condamnations pénales fermes au moins égales à cinq ans ; désormais, il suffira que l'intéressé ait fait l'objet d'une condamnation, quelle qu'en soit la durée, dès lors que la peine encourue est punie de trois ans d'emprisonnement minimum. Comme l'indiquait le rapport sénatorial, « s'agissant du basculement opéré entre le critère d'une condamnation ferme à plus de 5 ans d'emprisonnement et celui d'une condamnation pour un crime ou pour un délit passible de la même peine, la commission a estimé qu'il était légitime de fonder une mesure administrative sur la gravité intrinsèque des faits et non sur l'appréciation qui en a été faite par le juge, lequel doit moduler sa décision selon les circonstances de l'espèce » (Sénat, n° 433).

Bien plus, la nouvelle rédaction du présent article fait disparaître toute protection, éventuellement en l'absence de toute condamnation par le juge pénal puisque le texte évoque « les faits à l'origine de la décision d'expulsion », sans préciser les conséquences pénales de ces faits.

Enfin, le législateur a introduit une nouvelle confusion entre l'obligation de quitter le territoire et l'expulsion ; on sait que l'OQTF peut intervenir, en application du 5° de l'article L. 611-1, s'agissant de l'étranger dont le comportement constitue une menace pour l'ordre public ; désormais, en application du dernier alinéa de l'article L. 631-2, la protection contre l'expulsion disparaît s'agissant de l'étranger qui est en situation irrégulière au regard du séjour, sauf si cette irrégularité résulte d'une décision de retrait (art. L. 432-4), d'un refus de renouvellement (art. L. 412-5 et 1° de l'art. L. 432-3) du titre de séjour pour l'étranger dont la présence en France constitue une menace pour l'ordre public.

A noter que le Conseil constitutionnel (25 janv. 2024, n° 2023-863 DC : *AJDA 2024. 650, note Bonnet et Gadhoun* ; *D. 2024. 170* et *219*, *pt de vue Esplugas-Labatut ; AJCT 2024. 70, obs. Pailler*) a assorti son appréciation de ces modifications législatives d'une réserve d'interprétation : « si l'autorité administrative peut désormais décider l'expulsion d'un étranger protégé au titre de l'une des catégories mentionnées aux articles L. 631-2 et L. 631-3 lorsqu'il a été condamné définitivement pour un crime ou un délit puni, selon les cas, de trois ans ou cinq ans d'emprisonnement au moins, sa décision doit être justifiée et proportionnée aux raisons l'ayant motivée. A ce titre, il lui appartient de démontrer, à partir des faits précis et circonstanciés qu'elle est en mesure d'invoquer, que la présence de l'étranger sur le territoire national constitue toujours, à la date à laquelle elle se prononce et quelle que soit l'infraction que l'intéressé a commise, une menace grave et actuelle pour l'ordre public. Il lui appartient en outre de prendre en considération la situation personnelle et familiale de l'étranger ». En définitive, le Conseil constitutionnel s'en remet à la sagesse du juge administratif dès lors que « l'étranger peut exercer un recours contre la décision d'expulsion devant le juge administratif, notamment devant le juge des référés qui, sur le fondement des articles L. 521-1 et L. 521-2 du code de justice administrative, peut suspendre l'exécution de la mesure d'expulsion ou ordonner toutes mesures nécessaires à la sauvegarde d'une liberté fondamentale. Le juge administratif est alors chargé de s'assurer que cette mesure est adaptée, nécessaire et proportionnée à la finalité qu'elle poursuit ». ❑

I. NÉCESSITÉ IMPÉRIEUSE POUR LA SÛRETÉ DE L'ÉTAT OU LA SÉCURITÉ PUBLIQUE

1. Le juge exerce un contrôle normal sur la condition de nécessité impérieuse pour la sûreté de l'État ou la sécurité publique. • CE 13 nov. 1985, *Min. Intérieur c/ Barrutiabengoa Zabarte : Lebon 321.*

2. Il appartient à l'autorité administrative d'apporter la preuve de cette nécessité impérieuse. V., pour l'absence de preuve d'un soutien logistique actif à des groupes d'action violente, • CE 23 févr. 1990, *Min. Intérieur c/ M. Salhab,* n° 91820.

3. Cette exigence rejoint ici l'obligation de motivation. En se bornant à indiquer que le requérant se livrait à des activités et entretenait des relations qui sont de nature à troubler très gravement l'ordre public dans le contexte créé par l'application de la Résol. n° 678 du 29 nov. 1990 du Conseil de sécurité de l'ONU, sans préciser aucun des éléments de fait retenus pour justifier cette décision, le min. Intérieur et de la sécurité publique n'a pas satisfait aux exigences de la L. n° 79-587 du 11 juill. • CE 12 janv. 1994, *M. Boutbila,* n° 136260.

4. Indépendance entre infractions pénales et nécessité impérieuse. A l'instar des critères permettant de déterminer l'existence d'une menace contre l'ordre public, il n'est ni nécessaire ni suffisant que l'intéressé ait fait l'objet de condamnations pénales. Ainsi, il n'est pas obligatoire que les faits aient été effectivement commis ; la simple tentative, voire l'intention, peut suffire pour caractériser la nécessité impérieuse. • CE 27 sept. 1996, *M. Lallaoui,* n° 139900 • 29 déc. 2004, *Min. Intérieur c/ Mme Hoafar,* n° 259655. ♦ V. par ex. pour un étranger ayant apporté, notamment par le prêt d'un local, un soutien logistique à un groupe prônant l'action armée : • TA Lille, 25 oct. 1994, *Magri : Lebon T. 943.*

5. Dans son appréciation de la nécessité impérieuse, le juge administratif n'est pas lié par les qualifications retenues par le juge pénal. Ainsi, si le juge pénal n'a retenu à l'encontre du requérant que sa participation à deux opérations délictueuses, il ressort des pièces du dossier, et notamment des déclarations de sa concubine, que l'intéressé avait également participé à d'autres opérations. • CE 24 mai 1985, *Min. Intérieur c/ Allaf : Lebon 711.* ♦ Dans le même esprit, la levée, par le juge pénal, de la peine d'interdiction définitive du territoire ne saurait être utilement invoquée à l'encontre de la mesure d'expulsion. • CAA Paris, 5 févr. 2002, *Faical Seghier,* n° 99PA04231.

6. Le juge vérifie que l'autorité administrative s'est livrée à un examen particulier de la situation de l'intéressé. • CAA Lyon, 19 févr. 1998, *M. Omer Kilic,* n° 97LY01076. ♦ L'estimation de l'atteinte à l'ordre public doit résulter d'une appréciation de l'ensemble du comportement de l'étranger et non pas seulement des condamnations pénales dont il a fait l'objet. • CE 6 déc. 2002, *Min. Intérieur c/ Berrioua,* n° 238068.

A. EXTRÊME GRAVITÉ DES INFRACTIONS

7. Trafic de stupéfiants. La participation active à un trafic de stupéfiants justifie une expulsion pour nécessité impérieuse. • CE 24 mai 1985, *Min. Intérieur c/ Allaf : Lebon T. 711* • 20 oct. 1989, *Min. Intérieur c/ M. Redjedal,* n° 89498 • 22 sept. 1997, *M. El Barkioui,* n° 168243 • 6 déc. 2002, *Mahtout,* n° 241186. ♦ En revanche, ne justifie pas d'une expulsion pour nécessité impérieuse le pourvoyeur ou consommateur de drogue. • CE 24 mai 1985, *Allaf : Lebon T. 711* • 2 mars 1991, *Kam Hong Wong,* n° 94555.

8. Participation à des activités terroristes. La participation à des activités terroristes justifie une expulsion pour nécessité impérieuse. • CE 13 nov. 1985, *Min. Intérieur c/ Barrutiabengoa Zabarte : Lebon 321 ; AJDA 1986. 75, chron. Hubac et Azibert ; D. 1986. Somm. 283, obs. Wacquet et Julien-Laferrière* • 6 mai 1988, *Abdul : Lebon 182* • 28 juill. 1989, *Min. Intérieur c/ M. Jafari Mameghani,* n° 92720. ♦ Pour apprécier l'existence de la nécessité impérieuse, le juge tiendra compte des circonstances particulières de temps et de lieu : recrudescence en France d'activités terroristes. • CE 13 nov. 1985, *Barrutiabengoa Zabarte : Lebon 321.* ♦ ... Circonstances de guerre. • CE 22 juin 1994, *M. El-Merhebi,* n° 128160. ♦ ... Vague d'attentats commis contre des ressortissants français en Algérie. • TA Lille, 10 nov. 1994, *Sedjerari : Lebon T. 943* • CE 27 avr. 1998, *M. Chellah,* n° 171019.

9. Jugé que n'était pas de nature, en l'état de l'instruction, à créer un doute sérieux quant à la légalité de l'arrêté d'expulsion le moyen tiré de ce qu'il ne pouvait être pris en urgence absolue s'agissant d'un individu appartenant à un mouvement salafiste, entretenant des liens avec des personnes impliquées dans des affaires judiciaires liées à des entreprises terroristes, apportant un soutien idéologique en qualité d'imam à l'islamisme radical et ayant incité, dans un prêche public, au combat contre l'Occident en souhaitant la mort de journalistes et de membres du Gouvernement français. • CE 27 juin 2007, *M. Chouhir Cherif,* n° 300261.

10. En revanche, l'expulsion pour nécessité

impérieuse est exclue s'agissant de simples sympathisants ou « compagnons de route ». • CE, ass., 11 oct. 1991, *Min. Intérieur c/ Diouri : Lebon 939 ; AJDA 1991. 890, chron. Maugüé et Schwartz ; RFDA 1991. 978, concl. de Saint-Pulgent*. ♦ V. par ex. pour un étranger ayant prêté un véhicule un an auparavant à un trafiquant d'armes alors qu'il n'est pas contesté qu'il ne connaissait ni l'identité ni les activités dudit trafiquant, • TA Lille, 10 nov. 1994, *Zitouni : Lebon T. 943*. ♦ Ne justifie pas d'une expulsion pour nécessité impérieuse une ressortissante iranienne dont les liens avec les « Moudjahidin du Peuple » se sont limités à la réception d'une somme d'argent, à la participation à une manifestation et au fait d'avoir accompagné l'épouse de l'un des dirigeants. • CAA Versailles, 6 nov. 2007, *Min. Intérieur c/ Sarkhili*, n° 05VE1774. ♦ *Contra* s'agissant d'un étranger ayants entretenu des contacts de manière régulière dans la période récente avec plusieurs personnes relevant d'une mouvance islamiste radicale, dont plusieurs avaient séjourné dans des camps d'entraînement en Afghanistan et au Pakistan et dont certaines avaient participé à des actions terroristes ou tenté de le faire. • CE 20 avr. 2012, *M. B.*, n° 358631 : *AJDA 2012. 859*.

11. *Actes portant atteinte à la sécurité des personnes.* La nécessité impérieuse a été reconnue dans les hypothèses suivantes : coups et blessures volontaires avec arme. • CE 28 oct. 1994, *M. Verde : Lebon T. 944*. ♦ ... Meurtre. • CE 12 sept. 1994, *M. Oulamine*, n° 145598. ♦ ... Homicide volontaire. • CE 25 sept. 1991, *Min. Intérieur c/ M. Bouzidi*, n° 105122. ♦ ... Viol en réunion sur une mineure de 15 ans. • CE 22 sept. 1997, *M. Lekouit*, n° 165434. ♦ ... Vols avec violence. • CE 30 juill. 1997, *M. Bellahssan*, n° 165606. ♦ ... Attentats à la pudeur avec violence, contrainte ou surprise sur mineure alors que le requérant avait autorité sur elle. • CE 30 déc. 1996, *M. Pires Esteves*, n° 155594. ♦ ... Faits de séquestration et de détention accompagnés d'actes de barbarie commis par un étranger vivant en France depuis plus de 15 ans, marié avec une Française et disant ne plus avoir d'attaches dans son pays d'origine. • CE 3 mai 2004, *M. Azdad*, n° 253589 B.

12. *A contrario*, des infractions de moindre importance ne permettent pas de retenir la qualification de nécessité impérieuse : extorsion de fonds et vol à main armée. • CE 25 mars 1996, *Min. Intérieur c/ M. Achaibi*, n° 156668. ♦ ... Proxénétisme aggravé. • CE 25 juill. 1986, *Min. Intérieur c/ M. Charkaoui*, n° 64241. ♦ ... Comportement violent de l'intéressé qui avait entraîné des condamnations pénales pour coups et blessures. • CE 13 mars 1987, *Min. Intérieur c/ M. Osman*, n° 66782. ♦ ... Coups et blessures, divers délits constitués pour l'essentiel de détention d'armes sans autorisation, de détérioration de biens d'autrui et de proxénétisme, délits ayant conduit à une condamnation d'une durée totale de 5 ans et 10 mois. • CE 1er juill. 1994, *M. Boukechiche*, n° 143951. ♦ Condamnation pour des délits exempts de toute violence physique et relatifs, pour l'essentiel, à la falsification de documents et de plaques d'immatriculation dans le cadre de trafics de véhicules. • TA Marseille, 8 juill. 2003, *Chelali*, n° 99-2488. ♦ Condamnation à 30 mois d'emprisonnement pour escroquerie en bande organisée, faux dans un document administratif constatant un droit, une identité ou une qualité et entrée et séjour irréguliers en France. • CE 25 janv. 2007, *M. Laouar*, n° 298431.

13. *Trafic d'êtres humains.* La nécessité impérieuse pour la sécurité publique a été reconnue s'agissant d'un étranger ayant contribué de manière répétée à l'entrée et au séjour irréguliers de travailleurs clandestins, personnes particulièrement vulnérables, dans des conditions attentatoires à la liberté et aux droits économiques et sociaux les plus élémentaires. • CAA Paris, 5 juill. 2000, *Min. Intérieur c/ Bing Wang*, n° 99PA00879 B.

B. LONGUE SÉRIE D'ACTIVITÉS DÉLICTUEUSES

14. L'expulsion pour nécessité impérieuse pourra intervenir à l'égard d'un étranger auteur d'infractions dont aucune prise isolément ne justifierait le recours à cette procédure, mais dont la multiplication permet de caractériser cette nécessité impérieuse : attitude violente et asociale de l'intéressé depuis l'âge de 10 ans. • CE 23 déc. 1987, *Tahraoui : Lebon 430*. ♦ ... Étranger s'étant rendu coupable d'effraction en réunion, conduite en état d'ivresse, coups ayant entraîné une incapacité de travail de plus de 8 jours et attentat à la pudeur avec violence ou contrainte en réunion. • CE 29 juill. 1994, *M. Boutaghane*, n° 145997. ♦ ... Étranger ayant commis une longue série d'activités délictueuses, qui avait déjà l'objet en 1978 d'un premier arrêté d'expulsion abrogé en 1981, mais qui s'est rendu coupable en 1986 et 1987 de vols avec port d'armes et violences, d'associations de malfaiteurs, de vols simples et de recel pour lesquels il a été condamné à la peine de 10 ans de réclusion criminelle. • CE 14 juin 1995, *M. Abbas*, n° 160884. ♦ ... Individu coupable à plusieurs reprises d'infractions avec coups et blessures dont la plus grave commise avec une arme blanche ayant entraîné sa condamnation à 6 ans de réclusion criminelle. • CE 30 déc. 1998, *M. Said-Kouadri*, n° 173891. ♦ ... Individu qui a participé à plusieurs opérations de contrebande et d'importation de produits stupéfiants, et qui a acheté et revendu sur le territoire national de la cocaïne et de l'héroïne ; ces faits ont justifié une condamnation de l'intéressé à une peine de 4 années d'emprisonnement, dont une avec sursis ; il avait auparavant commis plusieurs vols avec violence ou en état de récidive, et avait en outre été convaincu d'outrage à agent de la force publique et de proxénétisme ; un précédent arrêté d'expulsion, abrogé en 1981, avait déjà été pris à son encontre en 1974. • CAA Lyon, 4 mars 1999, *M. Vicente*, n° 96LY22944.

15. Une telle répétition d'infractions de gravité croissante peut ainsi justifier l'expulsion d'un étranger « protégé » (en l'espèce, étranger entré en France à l'âge de 8 ans, résidant en France depuis plus de 15 ans et père d'enfants français). • CAA Douai, 31 janv. 2002, *Min. Intérieur c/ Ahmed Madi*, n° 01DA00274. ♦ Étranger résidant en France depuis l'âge de 6 ans ayant été condamné pour une série d'infractions représentant un quantum total de plus de 9 ans d'emprisonnement. • CE 23 mai 2003, *Ait Abdellouahab*, n° 246942.

16. Toutefois, la répétition de délits ne constitue pas nécessairement une justification du recours à la procédure spécifique régie par le présent art. • CE 13 mai 1996, *M. Jaber*, n° 143075. ♦ V., par ex., s'agissant d'un étranger condamné à 8 reprises à des peines d'emprisonnement, constituant ainsi une menace pour l'ordre public, mais pas d'une gravité telle qu'elle justifie le recours à l'art. 26 b. • CE 20 nov. 1996, *El Mardi : Lebon 457.*

C. VOLONTÉ DE RÉINSERTION DE L'INTÉRESSÉ

17. Le juge se livre à un contrôle de proportionnalité entre la réalité de la démarche de réinsertion de l'intéressé et la gravité de son comportement. Relève ainsi d'une expulsion pour nécessité impérieuse l'étranger condamné à la peine de 9 années de réclusion criminelle pour tentative d'assassinat avec préméditation et guet-apens sur la personne de sa concubine et mère d'un enfant commun, alors même qu'il a bénéficié des circonstances atténuantes puis d'une mesure de libération conditionnelle, qu'il est salarié et qu'il a renoué avec son fils. • CE 15 mars 1996, *Min. Intérieur*, n° 156854. ♦ Il en va de même d'un étranger condamné à 5 ans d'emprisonnement pour vol avec port d'armes ; le fait qu'il ait bénéficié d'une libération anticipée de 7 mois ne remettait pas en cause la gravité des faits. • CE 3 févr. 1995, *Kaouche : Lebon 62.*

18. La nécessité impérieuse à expulser l'intéressé peut ainsi disparaître lorsqu'il a fait la preuve de sa réinsertion : étranger condamné à deux reprises pour avoir vécu avec une prostituée et partagé les bénéfices de son activité, mais qui a entrepris de se réinsérer après avoir abandonné ses anciennes activités. • CE 27 mai 1994, *Min. Intérieur c/ M. Jakhlef Menzel*, n° 147307. ♦ ... Requérant qui, avant et au cours de son incarcération, a manifesté de réelles intentions de réinsertion et de socialisation. • CAA Nantes, 5 déc. 1996, *M. Marrapodi*, n° 96NT00267. ♦ ... Ancienneté des faits et comportement de l'intéressé. • CE 26 sept. 2001, *Pinto*, n° 209598 B. ♦ ... Étranger entré en France à l'âge de 5 ans, y résidant depuis lors, père d'un enfant français à l'éducation duquel il participe malgré des condamnations à 6 ans d'emprisonnement pour trafic de stupéfiants. • CE 19 mars 2003, *M. A : AJDA 2003. 1061, concl. Guyomar*.

19. *A contrario*, si l'intéressé n'a pas su profiter de l'opportunité de réinsertion qui lui était offerte dès lors qu'il a poursuivi ses activités délictueuses après avoir bénéficié d'un arrêté d'assignation à résidence suspendant l'exécution de l'expulsion, il ne pourra valablement invoquer son droit à mener une vie familiale normale. • CE 19 mars 2003, *M. B. : AJDA 2003. 1061*.

20. Il a été jugé que justifie d'une expulsion pour nécessité impérieuse pour la sûreté de l'État le ressortissant algérien pourtant résidant en France depuis qu'il a atteint au plus l'âge de 6 ans, mais qui a commis de nombreux actes de délinquance violente liés à un état de dépendance éthylique contre lequel il avait pourtant entrepris une cure de désintoxication. • TA Lyon, 17 janv. 1995, *Allou*, n° 9402597. ♦ Même solution s'agissant d'un étranger coupable de trafic de stupéfiants commis en état de récidive légale, en dépit qu'il a manifesté, à la suite de sa libération conditionnelle, sa volonté de réinsertion. • CE 19 mars 2003, *M. S. : AJDA 2003. 1060, concl. Guyomar*.

21. La circonstance que l'intéressé a purgé la plus grande partie de sa peine est sans influence directe sur l'appréciation de la nécessité impérieuse. • CE 24 juin 1988, *M. Berkani*, n° 67306 • 13 janv. 1997, *M. Rchidi*, n°s 158448 et 158450.

II. ÉTRANGERS PROTÉGÉS CONTRE L'EXPULSION SIMPLE

22. Les ressortissants européens ne sont pas « protégés » contre l'expulsion ; en effet, le principe de liberté de circulation et de séjour ne s'applique que sous réserve, notamment, de raisons d'ordre public et de sécurité publique. Le principe de proportionnalité, applicable aux situations régies par le droit communautaire, exige que les mesures prises ne dépassent pas les limites de ce qui est nécessaire pour assurer la sauvegarde de l'ordre public. • CAA Marseille, 28 mai 2003, *M. Miguel C. I.*, n° 99MA02010 • CE 6 juill. 2003, *M. Mustapha : Lebon T. 807 ; AJDA 2003. 1743.*

23. L'existence d'éventuelles réductions de peine est sans influence sur l'existence d'une condamnation à plus de 5 ans d'emprisonnement, quelle que soit la durée effective de la détention. • CAA Lyon, 19 févr. 1998, *El Haboubi : Lebon T. 956.*

Art. L. 631-3 **Ne peut faire l'objet d'une décision d'expulsion qu'en cas de comportements de nature à porter atteinte aux intérêts fondamentaux de l'État,** *(L. n° 2024-42 du 26 janv. 2024, art. 35)* **« dont la violation délibérée et d'une particulière**

gravité des principes de la République énoncés à l'article L. 412-7, » ou liés à des activités à caractère terroriste, ou constituant des actes de provocation explicite et délibérée à la discrimination, à la haine ou à la violence contre une personne déterminée ou un groupe de personnes :

1° L'étranger qui justifie par tous moyens résider habituellement en France depuis qu'il a atteint au plus l'âge de treize ans ;

2° L'étranger qui réside régulièrement en France depuis plus de vingt ans ;

3° L'étranger qui réside régulièrement en France depuis plus de dix ans et qui *(Abrogé par L. n° 2021-1109 du 24 août 2021, art. 25)* « ***, ne vivant pas en état de polygamie,*** » est marié depuis au moins quatre ans soit avec un ressortissant français ayant conservé la nationalité française, soit avec un ressortissant étranger relevant du 1°, à condition que la communauté de vie n'ait pas cessée *[cessé]* depuis le mariage ;

4° L'étranger qui réside régulièrement en France depuis plus de dix ans et qui *(Abrogé par L. n° 2021-1109 du 24 août 2021, art. 25)* « ***, ne vivant pas en état de polygamie,*** » est père ou mère d'un enfant français mineur résidant en France, à condition qu'il établisse contribuer effectivement à l'entretien et à l'éducation de l'enfant dans les conditions prévues par l'article 371-2 du code civil depuis la naissance de celui-ci ou depuis au moins un an ;

5° L'étranger résidant habituellement en France si son état de santé nécessite une prise en charge médicale dont le défaut pourrait avoir pour lui des conséquences d'une exceptionnelle gravité et si, eu égard à l'offre de soins et aux caractéristiques du système de santé du pays de renvoi, il ne pourrait pas y bénéficier *(Abrogé par L. n° 2024-42 du 26 janv. 2024, art. 35)* « ***effectivement*** » d'un traitement approprié.

(L. n° 2021-1109 du 24 août 2021, art. 25) « Par dérogation au présent article, l'étranger mentionné aux 1° à 5° peut faire l'objet d'une décision d'expulsion s'il vit en France en état de polygamie. »

Par dérogation au présent article, l'étranger mentionné aux *(L. n° 2024-42 du 26 janv. 2024, art. 35)* « 1° à 5° » peut faire l'objet d'une décision d'expulsion en application des articles L. 631-1 ou L. 631-2 lorsque les faits à l'origine de la décision d'expulsion ont été commis à l'encontre de son conjoint *(L. n° 2024-42 du 26 janv. 2024, art. 35)* « , d'un ascendant » ou de ses enfants ou de tout enfant sur lequel il exerce l'autorité parentale.

(L. n° 2024-42 du 26 janv. 2024, art. 35) « Par dérogation au présent article, peut faire l'objet d'une décision d'expulsion en application de l'article L. 631-1 l'étranger mentionné aux 1° à 5° du présent article lorsqu'il a déjà fait l'objet d'une condamnation définitive pour des crimes ou délits punis de cinq ans ou plus d'emprisonnement ou de trois ans en réitération de crimes ou délits punis de la même peine.

« Par dérogation au présent article, peut faire l'objet d'une décision d'expulsion en application de l'article L. 631-1 l'étranger mentionné aux 1° à 5° du présent article lorsque les faits à l'origine de la décision d'expulsion ont été commis à l'encontre du titulaire d'un mandat électif public ou de toute personne mentionnée aux 4° et 4° *bis* de l'article 222-12 du code pénal ainsi qu'à l'article 222-14-5 du même code, dans l'exercice ou en raison de sa fonction.

« Par dérogation au présent article, peut faire l'objet d'une décision d'expulsion en application de l'article L. 631-1 l'étranger mentionné aux 1° à 5° du présent article qui est en situation irrégulière au regard du séjour, sauf si cette irrégularité résulte d'une décision de retrait de titre de séjour en application de l'article L. 432-4 ou d'un refus de renouvellement sur le fondement de l'article L. 412-5 ou du 1° de l'article L. 432-3. » — *[Anc. art. L. 521-3.]*

Ancien art. L. 631-3 *Ne peut faire l'objet d'une décision d'expulsion qu'en cas de comportements de nature à porter atteinte aux intérêts fondamentaux de l'État, ou liés à des activités à caractère terroriste, ou constituant des actes de provocation explicite et délibérée à la discrimination, à la haine ou à la violence contre une personne déterminée ou un groupe de personnes :*

1° L'étranger qui justifie par tous moyens résider habituellement en France depuis qu'il a atteint au plus l'âge de treize ans ;

2° L'étranger qui réside régulièrement en France depuis plus de vingt ans ;

3° L'étranger qui réside régulièrement en France depuis plus de dix ans et qui (Abrogé par L. n° 2021-1109 du 24 août 2021, art. 25) « *, ne vivant pas en état de polygamie,* » *est marié depuis au moins quatre ans soit avec un ressortissant français ayant conservé la nationalité*

française, soit avec un ressortissant étranger relevant du 1°, à condition que la communauté de vie n'ait pas cessée** [cessé] **depuis le mariage ;

4° L'étranger qui réside régulièrement en France depuis plus de dix ans et qui *(Abrogé par L. n° 2021-1109 du 24 août 2021, art. 25)* ***« , ne vivant pas en état de polygamie, » est père ou mère d'un enfant français mineur résidant en France, à condition qu'il établisse contribuer effectivement à l'entretien et à l'éducation de l'enfant dans les conditions prévues par l'article 371-2 du code civil depuis la naissance de celui-ci ou depuis au moins un an ;***

5° L'étranger résidant habituellement en France si son état de santé nécessite une prise en charge médicale dont le défaut pourrait avoir pour lui des conséquences d'une exceptionnelle gravité et si, eu égard à l'offre de soins et aux caractéristiques du système de santé du pays de renvoi, il ne pourrait pas y bénéficier effectivement d'un traitement approprié.

(L. n° 2021-1109 du 24 août 2021, art. 25) ***« Par dérogation au présent article, l'étranger mentionné aux 1° à 5° peut faire l'objet d'une décision d'expulsion s'il vit en France en état de polygamie. »***

Par dérogation au présent article, l'étranger mentionné aux 3° et 4° peut faire l'objet d'une décision d'expulsion en application des articles L. 631-1 ou L. 631-2 lorsque les faits à l'origine de la décision d'expulsion ont été commis à l'encontre de son conjoint ou de ses enfants ou de tout enfant sur lequel il exerce l'autorité parentale.

La circonstance qu'un étranger mentionné aux 1° à 5° a été condamné définitivement à une peine d'emprisonnement ferme au moins égale à cinq ans ne fait pas obstacle à ce qu'il bénéficie des dispositions du présent article. – *[Anc. art. L. 521-3.]*

BIBL. ► Vandermeeren, La « double peine » : diversité des ordres juridiques et pluralité des systèmes répressifs, *AJDA 2003. 1854*.

COMMENTAIRE

Comme dans les cas précédents (menace grave à l'ordre public et nécessité impérieuse pour la sûreté de l'État ou la sécurité publique), la notion qui fonde cette troisième variante de l'expulsion n'est pas définie par les textes.

La notion de « comportements de nature à porter atteinte aux intérêts fondamentaux de l'État » constitue toutefois une référence implicite aux articles 410-1 et suivants du code pénal relatif aux infractions « d'atteinte aux intérêts fondamentaux de la Nation » et 431-1 et suivants du même code évoquant « l'atteinte à l'autorité de l'État ».

Par conséquent, l'étranger dont le comportement nuit à la Nation dans son indépendance, l'intégrité de son territoire, sa sécurité, la forme républicaine de ses institutions, les moyens de sa défense et de sa diplomatie, l'équilibre de son milieu naturel et de son environnement et les éléments essentiels de son potentiel scientifique et économique et de son patrimoine culturel (C. pén., art. 410-1) serait justiciable du présent art. Cette infraction renvoie traditionnellement à des hypothèses de refus collectif de l'impôt (CGI, art. 1747) ou de cotisations sociales (CSS, art. L. 652), d'atteintes au crédit de la Nation (L. du 18 août 1936), de répression des propagandes étrangères (Décr.-L. du 21 avr. 1939 et Décr.-L. du 24 juin 1939) ou d'espionnage industriel (L. n° 68-678 du 26 juill. 1968).

La loi n° 2024-42 du 26 janvier 2024 a ajouté, au titre des atteintes aux intérêts fondamentaux de l'État, la violation délibérée et d'une particulière gravité des principes de la République énoncés à l'article L. 412-7, à savoir la liberté personnelle, la liberté d'expression et de conscience, l'égalité entre les femmes et les hommes, la dignité de la personne humaine, la devise et les symboles de la République, l'intégrité territoriale ; cette notion concerne également le fait de ne pas se prévaloir de ses croyances ou de ses convictions pour s'affranchir des règles communes régissant les relations entre les services publics et les particuliers.

Quant aux atteintes à l'autorité de l'État, elles prennent la forme d'entrave, d'une manière concertée et à l'aide de menaces à l'exercice de la liberté d'expression, du travail, d'association, de réunion ou de manifestation (C. pén., art. 431-1), de participation délictueuse à un attroupement, c'est-à-dire un rassemblement de personnes sur la voie publique susceptible de troubler l'ordre public (C. pén., art. 431-3), de l'organisation de manifestations illicites (C. pén., art. 431-9) ou de la participation à une manifestation en étant porteur d'une arme (C. pén., art. 431-10). On observera à cet égard que l'article 431-12 du code pénal prévoit expressément que l'interdiction du territoire français peut être prononcée à l'encontre de tout étranger coupable de cette dernière infraction.

Les groupes de combat, les associations dissoutes (C. pén., art. 431-13) et les milices privées (L. du 10 janv. 1936) constituent également des atteintes à l'autorité de l'État. Il en va de même encore des atteintes à l'administration publique commises par les particuliers, c'est-à-dire la corruption active et le trafic d'influence (C. pén., art. 433-1), les menaces et actes d'intimidation commis contre les personnes exerçant une fonction publique (C. pén., art. 433-3), la soustraction ou le détournement de biens contenus dans un dépôt public (C. pén., art. 433-4), l'outrage (C. pén., art. 433-5), la rébellion (C. pén., art. 433-6), l'opposition par voie de fait ou violences à l'exécution de travaux publics (C. pén., art. 433-11), l'usurpation de fonctions (C. pén., art. 433-12), de signes réservés à l'autorité publique (C. pén., art. 433-14) ou de titres (C. pén., art. 433-17), l'usage irrégulier de qualité (C. pén., art. 433-18), les atteintes à l'état civil des personnes (C. pén., art. 433-18-1 s.). Sont également visées les atteintes à l'action de justice (entraves à la saisine [C. pén., art. art. 434-1 s.] ou à l'exercice de la justice [C. pén., art. 434-7-1 s.] ; délit de fuite [C. pén., art. 434-10] ; défaut de témoignage [C. pén., art. 434-11 et 434-12] ; témoignage mensonger [C. pén., art. 434-13] ; subornation [C. pén., art. 434-15] ; défaut de comparution [C. pén., art. 434-15-1], pressions [C. pén., art. 434-16], à l'autorité de la justice (C. pén., art. 434-24 à 434-43) ainsi qu'à l'administration publique et à l'action de la justice des Communautés européennes, des États membres de l'Union européenne, des autres États étrangers et des autres organisations internationales publiques (C. pén., art. 435-1 à 435-15). On mentionnera enfin la participation à une activité de mercenaire (C. pén., art. 436-1 s.).

Le présent article mentionne également les comportements liés à des activités à caractère terroriste (V. C. pén., art. 421-1 s.), ou constituant des actes de provocation explicite et délibérée à la discrimination, à la haine ou à la violence contre une personne déterminée ou un groupe de personnes.

Reste que, comme dans les cas précédents, la commission de l'une de ces infractions n'est une condition ni nécessaire ni suffisante pour ouvrir droit à l'expulsion au titre du présent article.

Le présent article fixe enfin la liste des cinq catégories d'étrangers ne pouvant faire l'objet ni d'une expulsion « simple » (V. *supra* notes ss. art. L. 631-1) ni d'une expulsion pour « nécessité impérieuse » (V. *supra* notes ss. art. L. 631-2). Ce sont tout d'abord des considérations liées à la durée de résidence en France qui justifient cette protection : étranger qui justifie résider habituellement en France depuis qu'il a atteint au plus l'âge de treize ans (1°) ; étranger qui réside régulièrement en France depuis plus de vingt ans (2°). La protection concerne également des étrangers en raison de leur situation familiale : mariage avec un ressortissant français ou avec un étranger résidant habituellement en France depuis qu'il a atteint au plus l'âge de treize ans, à condition que la communauté de vie n'ait pas cessée depuis le mariage et que l'intéressé réside régulièrement en France depuis plus de dix ans (3°) ; parent d'un enfant français mineur résidant en France, à condition qu'il établisse contribuer effectivement à l'entretien et à l'éducation de l'enfant dans les conditions prévues par l'article 371-2 du code civil depuis la naissance de celui-ci ou depuis au moins un an et que l'intéressé réside régulièrement en France depuis plus de dix ans (4°). Enfin, l'étranger sera encore protégé si son état de santé nécessite une prise en charge médicale dont le défaut pourrait avoir pour lui des conséquences d'une exceptionnelle gravité et si, eu égard à l'offre de soins et aux caractéristiques du système de santé du pays de renvoi, il ne pourrait pas y bénéficier effectivement d'un traitement approprié (5°).

Cette protection s'applique alors même que l'intéressé a été condamné définitivement à une peine d'emprisonnement ferme au moins égale à cinq ans. A noter toutefois que les conjoints et parents d'enfants français ne bénéficieront plus de la protection lorsque l'arrêté d'expulsion est motivé par des faits commis à l'encontre du conjoint ou des enfants. ❑

1. Légalité de l'arrêté d'expulsion dans les hypothèses suivantes. L'intéressé était un responsable religieux en France du mouvement islamique extrémiste dit « Kaplan » prônant le recours à la violence et à l'action terroriste. Il tenait régulièrement des propos attentatoires aux principes fondamentaux de la République qui incitent à la discrimination ou à la haine contre les populations non musulmanes et sont des atteintes aggravées à l'autorité publique ; en effet, le comportement de l'intéressé faisait ainsi ressortir des actes de provocation explicite et délibérée à la discrimination, à la haine et à la violence contre un groupe de personnes. • CAA Paris, 26 juin 2009, *M. Ilyas X.*, n° 08PA00853. ♦ Ressortissant algérien dont l'engagement au profit du jihad international était établi, l'intéressé constituant, de ce fait, une menace permanente, dès lors qu'il était susceptible de participer à la constitution d'un groupe extrémiste à potentiel violent, qui serait capable de commettre ou de fomenter une action terroriste sur ou depuis le territoire national ; les éléments sur lesquels s'est fondé le min. Intérieur proviennent d'une note établie par la direction centrale du renseignement intérieur, dont il ressort, en particulier, que l'intéressé était en relation étroite et permanente avec des membres de la mouvance islamiste radicale, partisans du jihad armé qui ont été impliqués dans le recrutement d'individus pour intégrer une filière jihadiste et pénalement condamnés pour avoir apporté une aide notamment logistique à un réseau terroriste ou poursuivis pour s'être rendus en Syrie mener le jihad ; le requérant est également lié à un groupe d'individus dont plusieurs ont quitté la France dans le courant du mois de févr. 2014 à destination de la Turquie, avec l'intention de se rendre en Syrie ; il s'est lui-même rendu, le 16 févr. 2014, en Turquie et y a été interpellé par les autorités de ce pays, le 14 mars suivant, alors qu'il se trouvait à bord d'un autocar qui s'apprêtait à franchir illégalement la frontière turque en direction de la Syrie, en compagnie de plusieurs membres du groupe d'individus, qui ont expressément déclaré aux autorités, les ayant interrogés, avoir voulu rejoindre la Syrie ; l'influence du requérant à l'égard de personnes qui se sont rendues en Syrie a été révélée par des témoignages de membres de leur famille, qui ont signalé leur départ aux autorités publiques ; contrairement à ce que soutient le requérant, la circonstance qu'il n'aurait pas commis d'infractions pour lesquelles il aurait été pénalement condamné ou qu'il n'ait pas été poursuivi pour de telles infractions, ne faisait pas obstacle ce que le min. Intérieur décide son expulsion, dès lors qu'une telle mesure, qui n'a pas le caractère d'une sanction, constitue une mesure de police destinée à préserver l'ordre public. • CAA Paris, 7 mars 2016, n° 15PA02906 : *AJDA 2016. 1242, concl. Oriol*. ♦ Imam auteur de prêches antisémites et d'appels à la violence dans plusieurs mosquées de la région parisienne ; le juge valide également l'assignation à résidence de l'intéressé à 300 km de son domicile à l'issue d'un contrôle de proportionnalité mettant en balance la menace à l'ordre public et le droit de l'intéressé à mener une vie familiale normale. • CE 1er avr. 2016, n° 398181.

2. Conférencier ayant développé depuis plusieurs années un discours antisémite relayé par les réseaux sociaux à un public large alors même qu'il a présenté en 2004 des « excuses », celles-ci n'étant intervenues qu'en réaction à l'émotion créée par son discours et ne comportant pas de réfutation explicite des propos antisémites précédemment tenus ; l'intéressé a réitéré des propos à caractère antisémite après ses « excuses » et les vidéos relayant ces propos sont restées en ligne jusqu'à une date récente sans qu'il n'ait cherché à en faire cesser la diffusion. L'intéressé développe en outre un discours systématique sur l'infériorité de la femme, théorisant la soumission de la femme à l'homme et impliquant que les femmes ne puissent bénéficier des mêmes libertés ou des mêmes droits que les hommes. La mesure d'expulsion ne porte pas une atteinte excessive au droit de l'intéressé à une vie familiale normale dès lors que ses enfants sont majeurs et ne dépendent plus de leur père et que son épouse, qui est également de nationalité marocaine, ne se trouve pas dans l'impossibilité de se déplacer au Maroc et de l'y rejoindre le cas échéant. • CE, ord., 30 août 2022, n° 466554 : *AJDA 2022. 1653*.

3. La circonstance que les propos en litige aient été tenus publiquement sans qu'ils aient donné lieu à un refus de renouvellement de titre de séjour ou à poursuite ou condamnation pénales est sans incidence sur l'exercice, par l'autorité administrative compétente, de son pouvoir d'apprécier si sa présence en France constitue une menace grave pour l'ordre public. • CE, ord., 30 août 2022, n° 466554 : *AJDA 2022. 1653*.

4. Les propos d'un imam, qualifiant le drapeau français de « satanique », développant un discours systématique sur l'infériorité de la femme, présentée comme faible et vénale, qui doit être placée sous l'autorité de son époux et réduite au rôle de femme au foyer ou admise, sous certaines conditions, à exercer certains métiers du commerce, du soin et de l'éducation, exaltant le djihad, « sont de nature à porter atteinte aux intérêts fondamentaux de l'État, ou liés à des activités à caractère terroriste, et constituent des actes de provocation explicite et délibérée à la discrimination, à la haine ou à la violence contre une personne déterminée ou un groupe de personnes au sens des dispositions du présent art. • TA Paris, 4 mars 2024, n° 2404728/9 : *AJDA 2024. 461*. ♦ Solution confirmée par le Conseil d'État. • CE 29 mars 2024, n° 492743 : *AJDA 2024. 703*.

5. Étrangers protégés. Les années passées en détention au titre d'une peine de privation de liberté ne sont pas comprises dans la durée de 20 ans prévue au présent art. • CAA Douai, 6 août 2010, *M. Ali NEFZI*, n° 10DA00127. ♦ Position contraire de la cour de Marseille. • CAA Marseille, 12 oct. 2020, n° 19MA05411. ♦ La période effectuée sous le régime de la semi-liberté par un étranger antérieurement incarcéré, « comme toute période de détention ou toute période d'exécution de peine sous un autre régime d'exécution, tel le placement à l'extérieur ou le placement sous surveillance électronique », ne peut être prise en compte pour le calcul de la période de résidence régulière en France de 10 ans faisant obstacle à son expulsion en application de l'art.

L. 521-3, 4° dès lors qu'elle emporte une obligation de résidence pour l'intéressé, ne résultant pas d'un choix délibéré de sa part ». • CE 28 févr. 2020, n° 426076 B : *AJDA 2020. 490*. ♦ Un étranger ne peut se prévaloir de la protection quasi absolue contre l'expulsion prévue par le présent art, au profit des étrangers résidant depuis plus de 20 ans en France ou de plus de 10 ans et mariés à un Français, lorsque les faits à l'origine de la mesure ont été commis à l'encontre des enfants de son conjoint ou de son concubin. • CE 7 nov. 2012, *M. B.*, n° 354224 B : *AJDA 2012. 2146* ; *ibid. 2013. 936, concl. [contraires] Botteghi*.

6. Pour une application s'agissant de la résidence en France depuis au moins l'âge de 13 ans. • CAA Douai, 30 juin 2009, *Préfet de l'Eure*, n° 08DA01826.

Art. L. 631-4 L'étranger mineur de dix-huit ans ne peut faire l'objet d'une décision d'expulsion. – *[Anc. art. L. 521-4.]*

1. La protection des mineurs contre l'éloignement ne fait pas obstacle à l'éloignement d'étrangers majeurs ayant des enfants mineurs dès lors qu'il n'existe aucune circonstance mettant les intéressés dans l'impossibilité d'emmener leurs enfants avec eux. • CE 27 janv. 1992, *Préfet de Seine-et-Marne c/ Yuksel*, n° 124680.

2. En tout état de cause, il appartient à l'intéressé d'apporter la preuve de son âge. • CE 19 juin 1992, *Mme Sakho*, n° 126843. ♦ Le tribunal administratif de Lyon a toutefois considéré que lorsqu'un étranger produit un acte d'état civil étranger faisant apparaître sa minorité, c'est à l'administration d'apporter la preuve de sa majorité si elle souhaite procéder à une mesure d'éloignement. • TA Lyon, 10 oct. 2003, *Matéus Calueto*, n° 0304613.

CHAPITRE II PROCÉDURE ADMINISTRATIVE

SECTION 1 Commission d'expulsion

Art. L. 632-1 L'expulsion ne peut être édictée que dans les conditions suivantes :

1° L'étranger est préalablement avisé dans des conditions fixées par décret en Conseil d'État ;

2° L'étranger est convoqué pour être entendu par une commission qui se réunit à la demande de l'autorité administrative et qui est composée :

***a)* du président du tribunal judiciaire du chef-lieu du département, ou d'un juge délégué par lui, président ;**

***b)* d'un magistrat désigné par l'assemblée générale du tribunal judiciaire du chef-lieu du département ;**

***c)* d'un conseiller de tribunal administratif.**

Le présent article ne s'applique pas en cas d'urgence absolue. – *[Anc. art. L. 522-1.]*

COMMENTAIRE

I. PROCÉDURE D'EXPULSION

Les différentes catégories d'expulsion obéissent à des règles communes en matière de compétence et de motivation (A). Par ailleurs, hors urgence absolue, l'expulsion ne peut intervenir qu'après consultation de la commission d'expulsion (B).

A. COMPÉTENCE ET MOTIVATION

Aux termes de l'article R. 632-1, l'autorité administrative compétente pour prononcer l'expulsion d'un étranger en application de l'article L. 631-1 (expulsion « simple ») est le préfet de département et, à Paris, le préfet de police.

La compétence du ministre de l'Intérieur est désormais limitée aux arrêtés d'expulsion pris en application des articles L. 631-2 (nécessité impérieuse) ou L. 631-3 (atteinte aux intérêts fondamentaux de l'État).

L'arrêté d'expulsion doit satisfaire à l'exigence de motivation. En effet, en tant que mesure de police restreignant l'exercice d'une liberté publique, l'arrêté d'expulsion doit mentionner l'ensemble des considérations de droit et de fait (sans que le juge exige leur énumération détaillée). La simple reprise de manière littérale du texte du Code de l'entrée et du séjour des étrangers et du droit d'asile constitue ainsi une motivation insuffisante.

L'arrêté d'expulsion doit indiquer la possibilité pour l'intéressé d'introduire, dans un délai de deux mois, un recours pour excès de pouvoir devant le tribunal administratif et un document écrit comportant la mention des indications précitées doit être remis à l'intéressé. A défaut, la notification n'est pas de nature à faire courir le délai de recours contentieux.

B. BULLETIN SPÉCIAL ET COMMISSION D'EXPULSION

L'expulsion ne peut être prononcée qu'après que l'étranger a été convoqué pour être entendu par la Commission d'expulsion. Cette condition n'est écartée qu'en cas d'urgence absolue. Lorsque l'autorité administrative envisage de procéder à une expulsion, elle doit d'abord en informer l'intéressé par la notification d'un « bulletin spécial » (V. *infra* art. R. 632-3 et R. 632-4) qui mentionne notamment les raisons de l'expulsion, indique la date et l'heure de la réunion de la Commission d'expulsion en précisant que les débats y sont publics, que l'étranger peut s'y faire assister d'un conseil et d'un interprète et qu'il peut demander le bénéfice de l'aide juridictionnelle.

Le bulletin spécial doit encore mentionner que l'étranger ou son conseil peut demander communication du dossier et indiquer les voies de recours qui seraient ouvertes si l'arrêté d'expulsion était pris.

Aux termes de l'article R. 632-5, le bulletin de notification est remis à l'étranger, quinze jours au moins avant la date prévue pour la réunion de la commission soit par un fonctionnaire de police, soit par le greffier de l'établissement pénitentiaire. L'étranger donne décharge de cette remise. Si la remise à l'étranger lui-même n'a pu être effectuée, la convocation est envoyée à sa résidence par lettre recommandée avec demande d'avis de réception confirmée, le même jour, par lettre simple. Si l'étranger a changé de résidence sans en informer l'administration, la notification est faite à la dernière résidence connue par lettre recommandée.

La commission se compose du président du tribunal de grande instance du chef-lieu du département ou d'un juge délégué par lui, président, d'un magistrat désigné par l'assemblée générale du tribunal de grande instance du chef-lieu du département et d'un conseiller du tribunal administratif. Le chef du service des étrangers à la préfecture assure les fonctions de rapporteur ; le directeur départemental de l'action sanitaire et sociale ou son représentant est entendu par la commission ; ils n'assistent pas à la délibération de la commission. Cette composition doit en outre satisfaire au respect du principe d'impartialité.

Déroulement de l'audition. Si l'étranger régulièrement convoqué ne se présente pas personnellement devant la commission à la date prévue, celle-ci émet son avis. Toutefois, la commission renvoie l'affaire à une date ultérieure lorsque l'étranger lui a fourni, en temps utile ou au cours de la séance par l'intermédiaire de son conseil, une excuse reconnue valable (art. R. 632-6).

Les débats de la commission sont publics sauf si son président décide, pour des motifs d'ordre public, de siéger à huis clos ; la même possibilité est ouverte à la demande de l'étranger lui-même. Devant la commission, l'étranger peut faire valoir toutes les raisons qui militent contre son expulsion.

L'avis de la commission doit être rendu dans le délai d'un mois. La violation de ce délai entraîne le dessaisissement de la Commission et l'impossibilité pour l'autorité administrative de prendre l'arrêté d'expulsion. La motivation de l'avis de la commission d'expulsion constitue une formalité substantielle ; en s'abstenant d'énoncer les éléments de fait qui justifient une expulsion, la commission n'a pas émis un avis motivé, ce qui entache l'arrêté d'expulsion d'illégalité.

L'avis rendu par la commission a le caractère d'un acte préparatoire à la décision de l'autorité administrative qui ne lie pas l'administration et ne saurait par suite, faire l'objet d'un recours pour excès de pouvoir.

II. URGENCE ABSOLUE

S'il y a urgence absolue à prononcer et à exécuter l'expulsion de l'étranger, les garanties procédurales évoquées ci-dessus disparaissent. En effet, depuis l'intervention de la loi du 24 août 1993, l'autorité administrative peut procéder à l'expulsion d'un étranger sans procéder à la consultation de la Commission d'expulsion en cas d'urgence absolue. Cette procédure ne remet évidemment pas en cause la nécessité d'attester de la menace contre l'ordre public représentée par la présence en France de l'étranger. Simplement, les circonstances de fait doivent justifier l'impossibilité matérielle de différer l'expulsion de l'intéressé, et c'est à l'autorité administrative d'en apporter la preuve. En effet, la procédure de droit commun, compte tenu du délai de convocation de l'intéressé devant la commission et de la notification de l'avis rendu et de l'arrêté d'expulsion, peut durer de trois semaines à deux mois.

La notion d'urgence absolue s'apprécie à la date de l'arrêté d'expulsion, et la condition tenant à la gravité du comportement de l'intéressé rejoint ici l'appréciation de l'urgence ; en effet, si les faits reprochés à l'étranger sont trop anciens, le juge censurera l'arrêté d'expulsion. Constitue un cas « classique » d'urgence absolue la libération imminente de l'étranger. En revanche, l'urgence absolue disparaît lorsque l'étranger a déjà été libéré.

La jurisprudence en cette matière est toutefois complexe puisque le juge admettra une conception très souple de l'urgence en fonction de la gravité des faits reprochés à l'intéressé.

Cette gravité des faits peut encore résulter d'une dangerosité croissante de l'individu. Ainsi, la gravité de certains actes est telle que l'urgence absolue en découle presque logiquement. C'est le cas du trafic de drogue, mais aussi du trafic d'armes, de l'espionnage ou du terrorisme.

Toutefois, l'autorité administrative n'est pas fondée à invoquer l'urgence absolue pour justifier son propre retard. Plus largement, le défaut d'urgence résulte parfois des éléments mêmes de l'affaire ; c'est le cas par exemple quand un long délai s'écoule entre la prise de l'arrêté d'expulsion et sa notification ou lorsque l'étranger fait l'objet d'une mesure d'assignation à résidence.

L'urgence absolue n'est parfois invoquée que pour éviter d'avoir à consulter la commission d'expulsion. Elle constitue alors un véritable détournement de procédure ❑

1. Le Cons. const. a affirmé la conformité à la Const. des dispositions du présent art. en considérant que l'urgence absolue répond à la nécessité de pouvoir, en cas de menace immédiate, éloigner du territoire national un étranger au nom d'exigences impérieuses de l'ordre public ; par ailleurs, ces dispositions ne privent pas l'intéressé de la possibilité d'exercer un recours contre la décision d'expulsion devant le juge administratif, notamment devant le juge des référés qui, sur le fondement des art. L. 521-1 et L. 521-2 CJA, peut suspendre l'exécution de la mesure d'expulsion ou ordonner toutes mesures nécessaires à la sauvegarde d'une liberté fondamentale. • Cons. const. 5 oct. 2016, n° 2016-580 QPC : *AJDA 2016. 1847 ; Constitutions 2016. 671, note Pouly .*

I. PROCÉDURE D'EXPULSION

2. Les dispositions du code déterminent de façon complète les règles de procédure administrative auxquelles est soumise l'intervention des arrêtés d'expulsion dans des conditions qui garantissent aux intéressés le respect des droits de la défense. • CE 10 avr. 2002, *M. Lopez de la Calle Gauna : RFDA 2002. 669 .*

A. COMPÉTENCE ET MOTIVATION

3. Compétence. Aucun texte ne prévoit que le préfet territorialement compétent pour prononcer une décision d'expulsion soit nécessairement le préfet du département dans lequel l'intéressé réside ou est détenu à la date de la décision ; le préfet, compétent pour notifier à l'intéressé le bulletin spécial l'avisant qu'une procédure d'expulsion est engagée à son encontre et le convoquant devant la commission départementale d'expulsion, est également compétent pour prendre l'arrêté d'expulsion et ce, alors même que l'intéressé a quitté le département en cause. • CAA Nancy, 12 déc. 2002, *Min. Intérieur c/ M. Sahan,* n° 00NC00295 B.

4. Obligation de motivation. En tant que mesure de police restreignant l'exercice d'une liberté publique, l'arrêté d'expulsion doit mentionner l'ensemble des considérations de droit et de fait sans que le juge exige leur énumération détaillée. • CE 24 juill. 1981, *Belasri : Lebon 322 ; AJDA 1981. 473, chron. Tiberghien et Lasserre.* ♦ La simple reprise de manière littérale du texte du code constitue une motivation insuffisante. En revanche, la motivation par référence à un rapport d'enquête sur l'intéressé coupable d'un homicide volontaire est considérée comme suffisante. • CE 11 juin 1982, *Rezzouk : Lebon 226 ; AJDA 1982. 583, chron. Tiberghien et Lasserre ; Rev. adm. 1982. 390, note Pacteau.* ♦ L'exigence de motivation subsiste même lorsque l'arrêté d'expulsion intervient en urgence absolue. • CE 13 janv. 1988, *Abina : Lebon 5 ; AJDA 1988. 225, concl. Schrameck ; D. 1989. Somm. 115, obs. Waquet et Julien-Laferrière* • CAA Bordeaux, 31 juill. 2007, *Gordon,* n° 06BX00167.

5. Notification. L'arrêté d'expulsion doit indiquer la possibilité pour l'intéressé d'introduire, dans un délai de 2 mois, un recours pour excès de pouvoir devant le tribunal administratif, et un document écrit comportant la mention des indications précitées doit être remis à l'intéressé. A défaut, la notification n'est pas de nature à faire courir le délai de recours contentieux. • CE 8 avr. 1998, *M. Lahrache*, n° 171548 B.

6. La CEDH considère que la procédure d'expulsion doit, au risque de méconnaître l'art. 5 de la Convention, respecter la loyauté de l'information préalable des personnes intéressées et ne pas utiliser de moyens détournés pour les priver de leur liberté. • CEDH 5 févr. 2002, *Conka c/ Belgique*, n° 51564/99.

7. L'étranger faisant l'objet d'un arrêté d'expulsion qui ne peut quitter immédiatement le territoire français peut faire l'objet d'une assignation à résidence ; dans cette hypothèse, l'arrêté d'expulsion n'est réputé avoir été exécuté qu'à la date à laquelle l'intéressé a effectivement été éloigné du territoire. • CAA Lyon, 7 nov. 2006, *Nefzaoui*, n° 03LY01234.

B. BULLETIN SPÉCIAL ET COMMISSION D'EXPULSION

8. L'étranger qui fait l'objet d'une proposition d'expulsion en est informé par la notification d'un bulletin spécial qui mentionne notamment les raisons de l'expulsion, indique la date et l'heure de la réunion de la commission d'expulsion en précisant que les débats y sont publics, que l'étranger peut s'y faire assister d'un conseil et d'un interprète et qu'il peut demander le bénéfice de l'aide juridictionnelle. La violation de ces dispositions entraîne en principe l'annulation de l'arrêté d'expulsion, sauf si l'étranger n'a pas été empêché de faire valoir ses droits à la défense. • CE 20 oct. 1976, *Greenberg : Lebon 429.* ♦ Dès réception du bulletin spécial, l'étranger peut obtenir communication à son dossier à condition d'en faire la demande ; à défaut, la communication du dossier le jour même de la réunion de la commission ne prive pas l'intéressé d'un moyen de présenter utilement sa défense. • CE 10 avr. 2002, *Min. Intérieur c/ Chaves-Rodrigues*, n° 223802.

9. L'audition par la commission d'expulsion constitue une formalité substantielle dont le défaut entraîne l'irrégularité de la procédure. • CAA Lyon, 10 mai 2001, *Min. Intérieur c/ Saadane*, n° 00LY02341 B. ♦ Il en va de même de l'audition du directeur départemental de l'action sanitaire et sociale ou de son représentant. • CAA Nantes, 26 juin 2001, *Parlak*, n° 99NT00627 B.

10. Composition de la commission. Le chef du service des étrangers à la préfecture et le directeur départemental de l'action sanitaire et sociale ou son représentant n'assistent pas à la délibération de la commission. • CE 4 févr. 1981, *Mme Ziane Fatiha*, n° 21407. ♦ La violation des règles en matière de désignation des membres ou de composition de la commission entraîne l'annulation de l'arrêté d'expulsion. • CE 13 mai 1977, *Perregaux : Lebon 216* • CE 17 janv. 1979, *Touami Ben Abdelsslam : Lebon 16 ; JCP 1981. II. 19163, note Pacteau.* ♦ Dès lors que le directeur départemental de l'action sanitaire et sociale n'est pas au nombre des personnes qui composent la commission d'expulsion, son absence n'entache pas l'avis de la commission d'un vice de procédure substantiel. • CE 18 mai 2005, *M. Sahel*, n° 256017 B.

11. Impartialité. Il a été jugé que la circonstance que le même magistrat a présidé, d'une part, la 3e chambre du tribunal correctionnel qui a condamné pénalement le requérant et, d'autre part, la séance de la commission spéciale au cours de laquelle il a été donné un avis favorable à l'expulsion du requérant, n'est par elle-même contraire à aucun principe général du droit et n'affecte pas la légalité de l'arrêté par lequel a été prononcée son expulsion. • CE 21 nov. 1986, *M. Benkhala c/ Min. Intérieur*, n° 63470 • CAA Nancy, 1er mars 2004, *End*, n° 99NC01970. ♦ De même, la composition de la Commission d'expulsion n'est pas entachée d'illégalité, alors même qu'elle a été présidée par un magistrat qui avait participé à l'instruction de la procédure judiciaire ayant abouti à la condamnation du requérant. • CE 2 juill. 1999, *M. Tomakin*, n° 134922. ♦ Un membre d'une juridiction administrative ne peut pas participer au jugement d'un recours dirigé contre une décision administrative ou juridictionnelle dont il est l'auteur ou qui a été prise par une juridiction ou un organisme collégial dont il était membre et aux délibérations desquelles il a pris part ; par suite, le magistrat administratif qui a pris position, en tant que membre de la commission d'expulsion, sur le bien-fondé de la proposition d'expulsion de l'intéressé ne peut faire partie de la formation de jugement appelée à se prononcer sur la requête tendant à l'annulation de la mesure d'expulsion. • CAA Versailles, 19 févr. 2008, *Préfet du Val-d'Oise c/ Tapa*, n° 07VE00963.

12. Toutefois, le magistrat siégeant à la commission spéciale prévue par le présent art. ne peut exercer, devant le tribunal administratif, les fonctions de commissaire du Gouvernement à l'occasion de la demande du requérant. • CE 24 oct. 1997, *M. El Alj*, n° 165516 B.

13. Principe du contradictoire. Il y a irrégularité dans le fonctionnement de la Commission d'expulsion, dès lors que le DDASS, n'étant ni présent ni représenté, l'étranger n'a pas été en mesure de réagir au contenu des observations en cause. • TA Strasbourg, 12 nov. 1999, *M. Oukhalfen*, n° 991335.

14. Par ailleurs, le juge administratif considère que l'art. 6 Conv. EDH n'est pas applicable aux mesures d'expulsion. • CE 15 janv. 1996, *M. Matondo*, n° 142051.

15. Le recours à la « visioconférence » par une commission d'expulsion, alors qu'aucun texte ne le prévoit, n'affecte pas la légalité d'un arrêté d'expulsion dès lors qu'il ne ressort d'aucune pièce de la procédure que l'étranger ou son avocat s'y seraient opposés. • CAA Douai, 6 nov. 2018, n°s 18DA01090 et 18DA01102.

16. Huis clos. Le président de la Commission d'expulsion n'est pas tenu de faire droit à une demande de huis clos formulée par l'étranger. • CAA Nancy, 26 juin 2003, *Bouderka,* n° 99NC01279.

17. Nature de l'avis. L'avis rendu par la commission a le caractère d'un acte préparatoire à la décision de l'autorité administrative qui ne lie pas l'administration et ne saurait, par suite, faire l'objet d'un recours pour excès de pouvoir. • CE 2 déc. 1988, *M. Laaraj,* n° 70385. ♦ L'autorité administrative n'est pas tenue de suivre l'avis de la commission. • CE 21 janv. 1991, *M. Benabdelssellam,* n° 100091.

18. Motivation. L'avis de la commission qui doit être rendu dans le délai d'un mois est communiqué à l'intéressé accompagné de sa motivation. • CE 28 oct. 1994, *Hamouda : D. 1995. Somm. 177, obs. Julien-Laferrière*. ♦ En s'abstenant d'énoncer les éléments de fait qui justifient une expulsion, la commission n'a pas émis un avis motivé, ce qui entache l'arrêté d'expulsion d'illégalité. • CE 19 mars 1997, *M. Piskin,* n° 169978 • CE 27 avr. 1998, *M. Benchabanne,* n° 165419 B. ♦ La transmission du procès-verbal de la séance de la commission à l'autorité compétente pour statuer sur l'expulsion procède du caractère contradictoire de la procédure administrative d'expulsion et constitue une formalité d'autant plus substantielle qu'elle permet à l'autorité compétente de statuer au vu des observations présentées par l'intéressé. • CAA Lyon, 29 déc. 1998, *Min. Intérieur c/ Chambah : Lebon T. 700.* ♦ Lorsque les motifs de l'avis de la Commission d'expulsion sont communiqués « oralement » et qu'aucun document n'atteste de cette communication, il y a violation d'une formalité substantielle entachant l'arrêté d'expulsion d'illégalité. • CAA Marseille, 15 févr. 1999, *M. Khedairia,* n° 97MA05058. ♦ Si l'arrêté d'expulsion doit viser l'avis de la commission, il n'a pas à reproduire les motifs de l'avis défavorable rendu par celle-ci. • CE 6 avr. 2001, *Djerrar,* n° 212106 B.

19. La procédure est irrégulière lorsque la commission ne notifie que son avis, sans les motifs de celui-ci. • CE 24 oct. 1990, *Oryemba : Lebon T. 901* • TA Rouen, 17 févr. 1995, *Derkaoua,* n°s 94-951 et 94-952 B. ♦ ... Quand la commission se contente de viser le rapport du service des étrangers de la préfecture. • CE 30 juill. 1997, *Min. Intérieur c/ M. Beddouche,* n° 168788. ♦ L'administration doit établir par tout moyen que le sens et les motifs de l'avis ont été portés à la connaissance de l'étranger. • CE 7 févr. 2003, *Min. Intérieur c/ Saïbi,* n° 240429.

20. Notification de l'avis. La non-transmission de l'avis de la commission constitue un manquement à une formalité substantielle. • TA Rouen, 17 févr. 1995, *Derkaoua,* n°s 94-951 et 94-952 B • CAA Paris, 16 juill. 1996, *Khorchid,* n° 96PA00030. ♦ L'avis peut être transmis par tout moyen, y compris oralement par le président de la commission. • CE 24 oct. 1990, *Oryemba : Lebon T. 901.* ♦ C'est à l'administration qu'il appartient d'établir par tous moyens que le sens et les motifs de l'avis ont été portés à la connaissance de l'étranger en voie d'expulsion. • CE 7 févr. 2003, *Min. Intérieur c/ Saïbi,* n° 240429.

21. Délai entre l'avis et l'expulsion. Bien qu'aucun délai ne soit prévu entre la consultation de la commission et l'intervention de l'arrêté d'expulsion, le Conseil d'État a considéré qu'eu égard à la nature de l'appréciation sur les faits portés à l'origine d'un arrêté d'expulsion qui prend en compte des circonstances susceptibles de varier, un arrêté d'expulsion intervenu 4 mois après l'avis favorable de la commission d'expulsion ne peut être regardé comme ayant été précédé de la consultation de celle-ci. • CE 11 déc. 1987, *Min. Intérieur c/ Stasi : Lebon 411 ; D. 1989. Somm. 115, obs. Waquet et Julien-Laferrière.*

II. URGENCE ABSOLUE

22. C'est depuis 1970 que le juge accepte de porter son contrôle sur cette condition d'urgence absolue. • CE 16 janv. 1970, *Mihoubi Tayeb : Lebon 25* • CE 11 déc. 1970, *Delle Benz : Lebon 763 ; AJDA 1971.243.*

23. C'est au min. Intérieur d'apporter la preuve de l'urgence absolue. • CE 1er avr. 1998, *Min. Intérieur c/ M. Kisa,* n° 163901.

24. Imminence de la sortie de prison de l'étranger. La libération imminente de l'étranger constitue une hypothèse classique d'urgence absolue. • CE 13 mars 1992, *M. Kishore,* n° 124255 B • CE 24 mai 1993, *Igartua Amondarain : Lebon 164.*

25. Cette hypothèse se rencontre notamment en cas de libération anticipée. Par exemple, pour un étranger condamné à 6 ans de réclusion criminelle qui avait déjà effectué 2/3 de sa peine, l'arrêté d'expulsion pouvait à juste titre envisager la libération anticipée qui a d'ailleurs eu lieu un an et demi avant le terme normal de la détention. • CE 24 mai 1993, *Min. Intérieur c/ Rahal : Lebon T. 775* • CE 20 nov. 1996, *Min. Intérieur c/ M. Gouveia Palinhas,* n° 159471 : *Lebon 456 ; RFDA 1997. 204*.

26. Il n'est d'ailleurs pas nécessaire qu'une telle procédure de libération anticipée soit engagée ; il suffit que le min. Intérieur puisse, à juste titre, estimer qu'une libération anticipée était possible. • CE 11 juin 1997, *M. de Carvalho Pontes,* n° 163964. ♦ En revanche, l'expulsion d'un détenu dont la libération n'est pas prévisible à court terme n'est pas constitutive d'urgence absolue. • CE 28 juin 1996, *Bourguiba,* n° 137945. ♦ De même, un étranger purgeant une longue peine et ne devant être libéré que dans plusieurs années ne peut être considéré comme troublant l'ordre public et ne peut donc faire l'objet d'une telle expulsion. • CE 28 juin 1996, *Mme Chemla : D. 1997. Somm. 42.* ♦ La circonstance qu'une personne est emprisonnée au moment de l'adoption de la mesure d'expulsion sans perspective de libération dans un avenir proche, n'exclut pas que son comportement représente, le cas échéant, pour l'ordre public, une menace grave et au caractère réel et actuel. • TA Cergy-Pontoise, 12 mai 2022, n° 2008062 : *AJDA 2022. 1906*.

27. Délai excessif entre la libération de l'intéressé et l'expulsion. L'urgence absolue disparaît lorsque l'étranger a déjà été libéré : étranger qui faisait, depuis plus de 16 mois, l'objet d'une mesure de libération conditionnelle qui se déroulait de façon satisfaisante, quand bien même l'éloignement serait justifié sur le fond. • CE 3 nov. 1995, *Min. Intérieur c/ El Hassan Lamrit : Lebon 408 ; D. 1996. Somm. 99, comm. Julien-Laferrière*. ♦ Toutefois, la circonstance qu'une expulsion n'est prononcée qu'après un certain délai (en l'espèce, un an) après la sortie de prison de l'intéressé, n'est pas, en elle-même, de nature à retirer à cette mesure son caractère d'urgence absolue compte tenu de la gravité des faits reprochés à l'intéressé. • CE 25 avr. 2003, *Yagoub*, n° 229719 B.

28. L'autorité administrative doit se fonder sur le comportement global de l'étranger et prendre en compte l'attitude de l'intéressé postérieurement aux infractions éventuellement commises. Est par conséquent illégal l'arrêté d'expulsion frappant un étranger condamné pour trafic de stupéfiants mais qui avait fait l'objet d'une libération conditionnelle et s'était engagé dans la vie associative en œuvrant en faveur de l'insertion des jeunes en difficulté. • CE 28 juill. 1995, *Lannabi : D. 1996. Somm. 99, comm. Julien-Laferrière*.

29. Lorsque le retard à procéder à l'expulsion ne s'explique que par l'inertie administrative, le juge refuse de reconnaître l'urgence absolue. Pour l'expulsion en déc. 1995 d'un étranger libérable en janv. 1996, alors que l'intéressé était incarcéré depuis 1990 et que l'autorité préfectorale connaissait la date d'élargissement depuis oct. 1994, V. • CAA Nantes, 12 juin 1997, *Min. Intérieur c/ M. Ali Bernaoui*, n° 96NT00926. ♦ Pour un long délai entre la prise de l'arrêté d'expulsion et sa notification, V. • CE 2 nov. 1992, *Mme Tobon*, n° 121288.

30. Il existe une véritable incompatibilité entre l'expulsion en urgence absolue et l'assignation à résidence : soit il y a urgence absolue, et il faut exécuter immédiatement l'expulsion, soit ce n'est pas le cas, et l'expulsion en urgence absolue constitue en réalité un détournement de procédure. • TA Clermont-Ferrand, 23 mars 1995, *Da Silva Cruz : Lebon T. 834 ; LPA 4 août 1995, concl. Depaix.*

31. Ancienneté des faits. La notion d'urgence absolue s'apprécie à la date de l'arrêté d'expulsion ; si les faits reprochés à l'étranger sont trop anciens, le juge censurera l'arrêté d'expulsion. • CE 13 nov. 1985, *Min. Intérieur c/ Lujua Gorostiola.* ♦ V. aussi • CE 30 mars 1998, *M. Hamidi*, n° 170987.

32. Gravité des faits. Toutefois, la gravité des infractions commises par l'intéressé conduira souvent à une appréciation plus souple de la condition d'urgence absolue. • CE 18 oct. 1996, *M. Zaida*, n° 153105. ♦ L'urgence absolue a ainsi été confirmée dans les hypothèses suivantes : expulsion en févr. 1992 d'un étranger qui avait été condamné pour viols, libéré en 1991. • CE 4 déc. 1995, *Min. Intérieur c/ M. Toubani*, n° 157932. ♦ ... Expulsion d'un trafiquant de drogue 16 mois après sa sortie de prison. • CE 24 juin 1988, *Hamade : Lebon 933.*

33. La gravité de certains actes est telle que l'urgence absolue en découle presque logiquement : trafic de drogue. • CE 21 mars 1990, *M. Wong*, n° 94555. ♦ ... Trafic d'armes. • CE 30 nov. 1984, *Di Vincenzo : Lebon 692.* ♦ ... Espionnage. • CE 27 févr. 1987, *Min. Intérieur c/ Muntean*, n° 77519. ♦ ... Terrorisme. • CE 13 nov. 1985, *Barrutiabengoa Zabarte : Lebon 321.* ♦ Nombreux faits de vols, falsification et usage de chèques et violences volontaires ayant entraîné la mort sans intention de la donner. • TA Bordeaux, 8 mars 1999, *M. Slimane El Kali*, n° 97BX00614.

34. Si l'urgence absolue est fondée sur des liens qu'aurait le requérant avec des activités terroristes, il appartient à l'autorité administrative d'en apporter la preuve. • CE 1er avr. 1998, *Min. Intérieur c/ M. Kisa*, n° 163901.

35. Détournement de procédure. Le juge reste vigilant face aux éventuels détournements de procédure, l'urgence absolue n'étant parfois invoquée que pour éviter d'avoir à consulter la commission d'expulsion. Ainsi, même en matière de terrorisme où la sécurité de l'État est en jeu, l'administration doit apporter des preuves de la nécessité de procéder à l'expulsion en urgence absolue. • CE, ass., 11 oct. 1991, *Min. Intérieur c/ M. Abdelmoumen Diouri : AJDA 1991. 923, chron. 890*. ♦ Lorsque l'arrêté d'expulsion a été pris à tort sur le fondement de l'urgence absolue, il en résulte une illégalité constitutive d'une faute de nature à engager la responsabilité de l'État. • CAA Paris, 12 juin 1997, *M. Al Joujo*, n° 96PA01090.

36. Toutefois, la substitution d'une expulsion en urgence absolue à une expulsion « simple » ne révèle pas nécessairement un détournement de pouvoir, s'agissant par exemple d'un requérant qui avait été condamné à 7 ans de réclusion criminelle pour viol et attentat à la pudeur commis avec violence. • CE 24 mai 1993, *Igartua Amondarain : Lebon 164.*

37. A noter enfin que cette absence de garanties au profit de l'étranger expulsé a été jugée conforme à l'art. 1er du Prot. n° 7 à la Conv. EDH, qui impose des garanties de procédure en cas d'expulsion résidant régulièrement sur le territoire d'un État (notamment le respect des droits de la défense) dès lors que l'expulsion est nécessaire dans l'intérêt de l'ordre public ou est basée sur des motifs de sécurité nationale. • CE 30 juill. 1997, *Benrachid*, n° 169452.

Art. L. 632-2 **La convocation mentionnée au 2° de l'article L. 632-1 est remise à l'étranger quinze jours au moins avant la réunion de la commission. Elle précise que l'intéressé a le droit d'être assisté d'un conseil ou de toute personne de son choix et d'être entendu avec un interprète.**

L'étranger peut demander le bénéfice de l'aide juridictionnelle dans les conditions prévues par la loi n° 91-647 du 10 juillet 1991 relative à l'aide juridique. Cette faculté est indiquée dans la convocation. L'admission provisoire à l'aide juridictionnelle peut être prononcée par le président de la commission.

Les débats de la commission sont publics. Le président veille à l'ordre de la séance. Tout ce qu'il ordonne pour l'assurer est immédiatement exécuté. Devant la commission, l'étranger peut faire valoir toutes les raisons qui militent contre son expulsion. Un procès-verbal enregistrant les explications de l'étranger est transmis, avec l'avis motivé de la commission, à l'autorité administrative compétente pour statuer. L'avis de la commission est également communiqué à l'intéressé.

La commission rend son avis dans le délai d'un mois à compter de la remise à l'étranger de la convocation mentionnée au premier alinéa. Toutefois, lorsque l'étranger demande le renvoi pour un motif légitime, la commission prolonge ce délai, dans la limite d'un mois maximum à compter de la décision accordant ce renvoi. A l'issue du délai d'un mois ou, si la commission l'a prolongé, du délai supplémentaire qu'elle a fixé, les formalités de consultation de la commission sont réputées remplies. – *[Anc. art. L. 522-2.]*

1. Convocation. La convocation à la séance de la commission d'expulsion doit être remise à l'étranger contre décharge 15 jours au moins avant la réunion de la commission. A défaut, elle fait l'objet d'une notification postale à la dernière adresse connue de l'intéressé, celui-ci ayant l'obligation de signaler à l'administration ses changements d'adresse. • CE 16 mars 1984, *M. Djaballah*, n° 48570. ♦ Il a toutefois été jugé que l'envoi de l'invitation à comparaître devant la commission à une adresse erronée constitue une faute engageant la responsabilité de l'État dès lors qu'elle a empêché l'étranger de présenter ses observations. • CAA Nancy, 9 mars 1994, *Outilaft : Lebon T. 943.*

2. Le juge s'assure de l'existence et de la régularité de la convocation. • CE 27 janv. 1989, *M. Traoré Seydou*, n° 83579. ♦ La convocation doit mentionner la possibilité pour le requérant d'obtenir le bénéfice de l'aide juridique ; à défaut, le requérant se voit privé d'un moyen de présenter utilement sa défense devant la commission d'expulsion et il s'agit d'une irrégularité substantielle. • CE 31 juill. 1996, *M. Bellakehal*, n° 153875 A.

3. La non-comparution de l'étranger devant la commission, si elle est uniquement de son fait, n'entache pas l'arrêté d'expulsion d'illégalité. • CE 16 mars 1984, *Djaballah : Lebon 115.*

SECTION 2 Abrogation des décisions d'expulsion

COMMENTAIRE

Dans la mesure où l'expulsion est un acte à effet continu, elle interdit à l'étranger qui en est frappé de revenir sur le territoire national, sous peine de sanctions pénales. Il en résulte que la seule possibilité pour mettre fin aux effets d'un arrêté d'expulsion consiste à en obtenir l'abrogation.

Il convient de préciser à titre liminaire que l'article L. 632-6 prévoit que, sans préjudice des dispositions des articles L. 632-3 et L. 632-4, les motifs de l'arrêté d'expulsion donnent lieu à un réexamen tous les cinq ans à compter de la date d'adoption de l'arrêté. L'autorité compétente tient compte de l'évolution de la menace pour l'ordre public que constitue la présence de l'intéressé en France, des changements intervenus dans sa situation personnelle et familiale et des garanties de réinsertion professionnelle ou sociale qu'il présente, en vue de prononcer éventuellement l'abrogation de l'arrêté. L'étranger peut présenter des observations écrites.

A défaut de notification à l'intéressé d'une décision explicite d'abrogation dans un délai de deux mois, ce réexamen est réputé avoir conduit à une décision implicite de ne pas abroger. Cette décision est susceptible de recours. Le réexamen ne donne pas lieu à consultation de la commission d'expulsion.

I. PROCÉDURE

L'article L. 632-3 prévoit que l'arrêté d'expulsion peut à tout moment être abrogé par l'autorité qui l'a pris. Lorsque la demande d'abrogation est présentée à l'expiration d'un délai de cinq ans à compter de l'exécution effective de l'arrêté d'expulsion, elle ne peut être rejetée qu'après avis de la commission d'expulsion, devant laquelle l'intéressé peut se faire représenter. La saisine de la Commission n'est obligatoire que dans la mesure où un délai de cinq ans s'est écoulé depuis l'exécution « effective » de l'arrêté d'expulsion ; ce caractère « effectif », ajouté par la loi du 24 août 1993, vient ici contredire la jurisprudence antérieure du Conseil d'État, qui avait considéré qu'un arrêté d'expulsion est exécuté au jour où l'étranger quitte le territoire, d'éventuels retours clandestins en France étant indifférents.

L'article R. 632-10 ajoute que le silence gardé pendant plus de quatre mois sur une demande d'abrogation d'un arrêté d'expulsion vaut décision de rejet.

L'article L. 632-5 prévoit qu'il ne peut être fait droit à une demande d'abrogation d'un arrêté d'expulsion présentée plus de deux mois après la notification de cet arrêté que si le ressortissant étranger réside hors de France (sauf si le ressortissant étranger subit en France une peine d'emprisonnement ferme ou lorsqu'il fait l'objet d'un arrêté d'assignation à résidence).

Le refus opposé à une demande d'abrogation d'un arrêté d'expulsion constitue une mesure de police qui doit être motivée en application de la loi du 11 juillet 1979.

II. APPRÉCIATION DE LA PERSISTANCE DE LA MENACE À L'ORDRE PUBLIC

Quand l'autorité administrative est saisie d'une demande d'abrogation d'un arrêté d'expulsion, il lui appartient d'apprécier si, à la date de la demande d'abrogation, l'étranger constitue toujours une menace pour l'ordre public en se livrant à un examen particulier du dossier de l'intéressé. Pour apprécier la persistance de la menace à l'ordre public, le juge tiendra compte de la gravité des faits qui avaient justifié l'expulsion ainsi que du comportement récidiviste de l'intéressé.

Quoi qu'il en soit, il appartient à l'autorité administrative d'apprécier la menace à l'ordre public à la date à laquelle elle statue sur la demande d'abrogation.

III. CONTENTIEUX DU REFUS D'ABROGATION

Le refus d'abrogation de l'arrêté d'expulsion opposé par l'autorité administrative doit reposer à titre principal sur la persistance de la menace à l'ordre public, mais doit également tenir compte de la situation personnelle de l'intéressé, et notamment de son droit à mener une vie familiale normale. C'est sur ces bases que le juge peut être conduit à prononcer l'annulation du refus.

Le juge exerce sur le refus d'abrogation un contrôle de même nature que celui applicable à la mesure d'expulsion elle-même.

A. DROIT À UNE VIE FAMILIALE NORMALE

Le juge se livre au contrôle de proportionnalité entre la persistance éventuelle de la menace à l'ordre public et l'atteinte au droit de mener une vie familiale normale, dont on rappellera qu'il constitue une liberté fondamentale au sens des dispositions de l'article L. 521-2 CJA.

Comme dans les autres matières, le juge cherchera à déterminer la réalité de la vie familiale en France (en prenant notamment en compte la durée de la présence de l'intéressé sur le territoire national), mais à l'aulne de la gravité du comportement de l'intéressé.

B. ANNULATION DU REFUS D'ABROGATION

Le juge s'est ici appliqué à distinguer le contentieux du refus d'abrogation de celui relatif à la mesure d'expulsion elle-même.

L'abrogation de l'arrêté d'expulsion a pour effet de présumer que l'intéressé n'est plus susceptible de troubler l'ordre public ; mais ceci n'exigera évidemment pas que l'étranger soit nécessairement admis à revenir sur le territoire national ; il devra en particulier respecter l'ensemble des conditions régissant l'entrée en France. Dès lors, l'entrée en France d'un étranger peut toujours être refusée en cas de menace « simple » et non « grave » pour l'ordre public.

A noter qu'un jugement procédant à l'annulation d'un refus d'abrogation d'un arrêté d'expulsion impose au ministre de l'Intérieur de procéder à un nouvel examen de la demande, mais n'implique pas la reconnaissance d'un droit à l'abrogation de l'arrêté l'expulsant du territoire français. L'abrogation de l'arrêté d'expulsion n'implique pas nécessairement la délivrance d'un titre de séjour, réserve faite de la combinaison avec le regroupement familial. ❑

I. PROCÉDURE

1. L'arrêté d'expulsion peut à tout moment être abrogé par l'autorité qui l'a prononcé. • CE 13 févr. 1987, *M. Lamine*, n° 64243. ♦ Le changement des règles de compétence résultant de l'intervention du Décr. du 13 janv. 1997 implique que l'abrogation d'un arrêté d'expulsion pris selon la procédure de droit commun relève désormais de la compétence de l'autorité préfectorale alors même que l'arrêté d'expulsion dont l'abrogation est sollicitée a été pris par le min. Intérieur. • CE 30 sept. 2005, *M. Ilouane : Lebon 402.*

2. Le demandeur ne doit pas résider en France lors de la demande ; en effet, dans ce cas, le ministre est en situation de compétence liée pour opposer un refus à la demande d'abrogation. • CE 30 sept. 1998, *Mansouri*, n° 172396 : *Lebon 346 ; RFDA 1998. 1276.*

3. Aucun texte n'impose à l'administration, en l'absence de demande expresse d'abrogation par l'étranger d'un arrêté d'expulsion, de réexaminer le bien-fondé du maintien de cet arrêté quand elle prend une mesure de placement en rétention administrative en vue de l'éloignement du territoire de l'intéressé. • TA Nîmes, 20 mai 2009, *M. Colakovic*, n° 081932 : *AJDA 2009. 1953, note J. B.*

4. L'abrogation de l'arrêté d'expulsion ne confère aucun droit à l'intéressé à entrer en France ; un visa d'entrée en France pourra ainsi être refusé, notamment eu égard à la nature, au caractère répété et relativement récent des faits ayant donné lieu à la condamnation. • CE 9 juill. 2007, *Benammou*, n° 296575 B.

5. Le refus opposé à une demande d'abrogation d'un arrêté d'expulsion constitue une mesure de police qui doit être motivée en application de la L. du 11 juill. 1979 ; lorsque le refus est implicite, l'administration doit communiquer les motifs de sa décision dans le mois suivant la demande formée par l'étranger dans le délai du recours contentieux. • TA Paris, 26 mai 2006, *Mohand Mansouri*, n° 0516830/7.

6. L'acte de transmission d'une demande d'abrogation d'un arrêté d'expulsion adressée à une autorité incompétente (L. n° 2000-321 du 12 avr. 2000, art. 20) n'a pas le caractère d'une décision faisant grief et ne peut, par conséquent, faire l'objet d'un recours pour excès de pouvoir. • CAA Bordeaux, 21 nov. 2006, *Min. Intérieur et Préfet de la Charente-Maritime c/ Aadsi*, n° 04BX00233.

7. Plusieurs demandes d'abrogation successives peuvent être présentées, même si l'autorité compétente n'y répond pas explicitement. • CE 13 déc. 1985, *M. Habib Debira*, n° 66876.

8. Le recours formé contre le refus d'abrogation n'a pas pour effet de permettre de contester la légalité de l'arrêté d'expulsion dès lors que le délai de recours contre cet arrêté est expiré. • CE 6 mars 1985, *M. Ghrib*, n° 55140.

9. Saisine de la commission d'expulsion. La saisine de la commission n'est obligatoire que dans la mesure où un délai de 5 ans s'est écoulé depuis l'exécution effective de l'arrêté d'expulsion. *Contra* : • CE 18 nov. 1988, *Higoun : Lebon 415.*

10. Si le préfet consulte la Commission d'expulsion alors qu'il n'y était pas obligé, celle-ci doit respecter la procédure applicable, et notamment convoquer et entendre l'intéressé. A défaut, la procédure est irrégulière, ce qui entache d'illégalité le refus d'abrogation. • TA Versailles, 28 janv. 1999, *M. Chérif Khalfaoui c/ Min. Intérieur*, n° 98-5664.

11. Si l'arrêté d'expulsion n'a pas été exécuté, le délai de 5 ans ne court pas. • CE 16 mai 1990, *M. Salihi*, n° 106740.

12. L'étranger, qui n'a pas été informé qu'il était susceptible de bénéficier de l'aide juridictionnelle lors de la séance de la commission d'expulsion consacrée à sa demande d'abrogation de l'arrêté d'expulsion, à laquelle il n'était pas autorisé à se présenter personnellement, n'a pu présenter utilement sa défense ; l'avis rendu par la commission est entaché d'une irrégularité substantielle. • CAA Bordeaux, 3 déc. 2007, *Otegui Mondragon*, n° 06BX00662.

II. PERSISTANCE DE LA MENACE À L'ORDRE PUBLIC

13. Quand l'autorité administrative est saisie d'une demande d'abrogation d'un arrêté d'expulsion, il lui appartient d'apprécier si, à la date de la demande d'abrogation, l'étranger constitue toujours une menace pour l'ordre public en se livrant à un examen particulier du dossier de l'intéressé. • CE 16 mars 1984, *Min. Intérieur c/ Djaballah : Lebon 115 ; RD publ. 1984. 1403, concl. Genevois* • CE 19 nov. 1990, *Raso : Lebon T. 775 ; AJDA 1991. 325, note Julien-Laferrière*. ♦ C'est à l'autorité administrative d'apporter la preuve d'une menace persistante à l'ordre public. • CAA Paris 27 nov. 2006, *Naami*, n° 03PA02913.

14. Gravité des faits ayant motivé l'expulsion. Pour apprécier la persistance de la menace à l'ordre public, le juge tiendra compte de la gravité des faits qui avaient justifié l'expulsion : condamnation à une peine de 7 ans d'emprisonnement et à l'interdiction définitive du territoire pour infraction à la législation sur les stupéfiants. • CE 12 sept. 1994, *M. Abdelkader Aichouba*, n° 144493. ♦ ... Viol sur la personne d'un mineur de 15 ans. • CAA Paris, 4 févr. 1997, *M. Ouahrani*, n° 96PA01077. ♦ ... Condamnation à 20 ans de réclusion criminelle pour meurtre et tentative de meurtre. • CE 30 avr. 1993, *M. Mebtouche*, n° 123188. ♦ ... Condamnations à plusieurs peines d'emprisonnement dont une peine de 8 ans de réclusion criminelle pour viol avec arme et vol avec arme et tentative à la sortie de prison de se soustraire à l'arrêté d'expulsion. • CE 1er avr. 1998, *M. Beneddif*, n° 160764.

15. En raison de l'indépendance entre infractions pénales et expulsion, la persistance de la dangerosité de l'individu peut parfaitement résulter : de la commission d'infractions pénales à l'étranger. • CE 19 nov. 1990, *M. Raso*, n° 94235. ♦ ... De faits amnistiés. • CE 27 mai 1988, *M. Ali Zeghib*, n° 82229.

16. Il appartient à l'autorité administrative d'apprécier la menace à l'ordre public à la date à laquelle elle statue sur la demande d'abrogation ; par suite, si l'expulsion avait été justifiée par une condamnation pour association de malfaiteurs en raison de liens avec une organisation terroriste, le ministre commet une erreur manifeste d'appréciation en refusant l'abrogation de l'arrêté d'expulsion alors que l'intéressé n'a plus de lien avec l'organisation terroriste en cause, a suivi des stages de formation professionnelle et occupé un emploi régulier. • CE 29 mai 1996, *Tasci : Lebon 195.*

17. Récidive. Le comportement récidiviste de l'intéressé révélera le maintien de l'atteinte à l'ordre public : requérant ayant fait l'objet depuis l'arrêté d'expulsion de nouvelles condamnations pénales pour de nombreux délits tels que vols, vols avec effraction, recel, violences, vol aggravé. • CE 26 févr. 1997, *M. Khiar*, n° 173884. ♦ ... Caractère répété des infractions, nature des actes ayant entraîné la dernière condamnation. • CAA Nancy, 20 févr. 1997, *M. El Rhmani*, n° 96NC01341. ♦ *A contrario*, s'agissant de délits mineurs ne permettant pas de conclure à la persistance de la menace à l'ordre public, • CE 17 mai 1991, *M. Boulaaiaj*, n° 99748 • 27 mai 1998, *Min. Intérieur c/ M. Attou*, n° 167886v B. ♦ V. aussi, s'agissant d'un étranger qui ne s'est signalé par aucun comportement répréhensible depuis 15 ans. • CAA Lyon, 1er avr. 2008, *Préfet du Puy-de-Dôme c/ M. Bey*, n° 05LY01141.

III. CONTENTIEUX DU REFUS D'ABROGATION

18. L'illégalité présumée d'un refus d'abrogation d'un arrêté d'expulsion ne peut être utilement invoquée par voie d'exception à l'encontre d'une mesure de placement en rétention administrative. • TA Nîmes, 20 mai 2009, *M. Colakovic*, n° 081932 : *AJDA 2009. 1953, note J. B.*

19. A l'appui d'un recours formé contre le refus d'abrogation, l'étranger ne peut se prévaloir de circonstances de droit ou de fait qui étaient connues à la date de l'arrêté d'expulsion et qui n'ont pas évolué depuis. • CAA Marseille, 17 janv. 2011, *Lopes Miguel*, n° 08MA04118.

A. DROIT À UNE VIE FAMILIALE NORMALE

20. L'art. 8 Conv. EDH est applicable aux refus de demande d'abrogation d'un arrêté d'expulsion. • CE 10 juin 1994, *Benamar : Lebon T. 944.* ♦ En ce qu'il a pour objet de préserver des ingérences excessives de l'autorité publique dans la liberté qu'a toute personne de vivre avec sa famille, le droit de mener une vie familiale normale constitue une liberté fondamentale au sens des dispositions de l'art. L. 521-2 CJA ; le juge des référés ne peut toutefois être saisi que pour autant que le contentieux se trouve valablement lié soit par la survenance d'un agissement imputable à l'administration, soit par l'intervention d'une décision expresse ou née implicitement en raison de l'expiration du délai qui est imparti à l'autorité administrative pour la prendre ; tel n'est pas le cas s'agissant d'une requête en référé introduite avant l'expiration du délai de 4 mois suite à une demande d'abrogation d'un arrêté d'expulsion. • CE 5 oct. 2006, *M. Khaled Titaou*, n° 297932.

21. Réalité de la vie familiale. Requérant qui s'était rendu coupable d'infractions lui ayant valu une peine d'emprisonnement de 18 mois, entré en France à l'âge de 7 ans, dont la majeure partie des membres proches de sa famille y réside, vivant maritalement avec une personne de nationalité française avec laquelle il allait se marier, et père d'un enfant français. • CE 30 déc. 1996, *M. Kouki*, n° 158399. ♦ ... Étranger qui s'est rendu coupable, entre 1984 et 1987, de plusieurs vols, vols avec effraction, recels et violences volontaires, mais qui est né en France, vit en concubinage avec une ressortissante française dont il a un enfant de nationalité française qui a été reconnu par l'intéressé. • CE 30 déc. 1998, *M. Boukenna*, n° 170389. ♦ ... Étranger marié depuis 4 ans à une ressortissante française, père d'un enfant âgé de 7 ans, frappé d'un arrêté d'expulsion 15 ans auparavant. • CE 13 déc. 2002, *Zakari*, n° 226079. ♦ ... Étranger condamné à une peine de 3 mois d'emprisonnement avec sursis pour refus de se soumettre aux vérifications tendant à établir l'état alcoolique à la suite d'une infraction routière ou d'un accident et à 2 ans d'emprisonnement et 2 500 euros d'amende pour plusieurs infractions à la législation sur le travail et abus de biens sociaux ; l'intéressé bénéficie du statut de réfugié politique, réside habituellement sur le territoire français depuis 1984, vit en concubinage avec une ressortissante marocaine titulaire d'une carte de résident ; ils élèvent ensemble leur fils, né en France en 1994 et scolarisé ; il est père de 2 autres enfants, nés en 1979 et 1981, qui résident en France, et dont l'un possède la nationalité française. • CAA Douai, 3 déc. 2009, *Préfet de la Somme c/ M. Veysel Mentese,* n° 09DA00832.

22. Durée de la présence en France. Le juge a considéré que violait l'art. 8 le refus d'abrogation concernant un étranger coupable de plusieurs vols avec port d'armes, de blessures volontaires et de divers actes de violence, l'intéressé étant né en France, y ayant toujours vécu et étant père de 2 enfants français. • CE 16 juin 1997, *M. Benhamed,* n° 151221. ♦ ... Étranger arrivé en France à l'âge d'un an, dont certains membres de la famille, résidant en France, ont la nationalité française, qui vit en concubinage avec une étrangère en situation régulière alors même qu'il s'était rendu coupable de vols avec violence et de trafic de cannabis. • CAA Paris, 1er juin 1999, *M. Tohari,* n° 97PA01806. ♦ ... Étranger condamné à 11 ans d'emprisonnement pour trafic de stupéfiants, mais arrivé à 4 ans et demi en France où résident également sa famille et sa compagne avec laquelle il a eu un enfant français ; le juge a également tenu compte de la volonté de réinsertion de l'intéressé et de l'absence de lien avec le pays d'origine. • CAA Bordeaux, 18 mars 2003, *Taghouti,* n° 01BX00550.

23. La situation personnelle de l'intéressé entre également en ligne de compte, s'agissant en l'espèce d'un étranger nécessitant une prise en charge médicale ne pouvant lui être assurée dans son pays d'origine ; le refus d'abrogation de l'arrêté d'expulsion révèle ainsi une erreur manifeste d'appréciation. • CAA Paris, 23 avr. 2002, *M. Haddouche : RFDA 2003. 333, concl. Haïm.*

24. Gravité des faits. En revanche, la gravité du comportement de l'intéressé conduira le juge à rejeter l'argument fondé sur la violation de l'art. 8. Individu qui s'est rendu coupable d'un viol pour lequel il a été condamné à 6 ans de réclusion criminelle. • CE 13 janv. 1997, *M. Chakrit,* n° 157277. ♦ Requérant né en France où il a, ainsi que ses proches, résidé jusqu'à la date de son expulsion, père d'un enfant français qu'il avait eu avec sa concubine elle-même française, résidant en France, mais qui s'est rendu coupable en 1985 d'attentat à la pudeur avec violence, contrainte ou surprise, pour lequel il a été condamné à 3 ans d'emprisonnement. • CE 22 mai 1996, *M. Taiar,* n° 137568. ♦ ... Individu, coupable, de 1980 à 1991, de diverses infractions pour lesquelles il a été condamné à 7 reprises à des peines d'emprisonnement d'une durée totale de 5 ans et 8 mois, alors même qu'il est arrivé en France en 1975 à l'âge de 17 ans et qu'il était, à la date de la décision précitée, père de 2 enfants et vivait avec leur mère. • CE 30 sept. 1998, *Min. Intérieur c/ M. Mansouri : Lebon 346 ; RFDA 1998. 1276.* ♦ ... Requérant marié avec une Française dont il a un enfant né en France, ayant été condamné à 12 années de réclusion criminelle pour vol qualifié et séquestration et, en dernier lieu, à 5 ans d'emprisonnement pour détention et cession d'héroïne. • CE 30 déc. 1998, *M. Boufedji : Lebon T. 957.* ♦ V. aussi • CE 19 mars 2003, *Sebbag,* n° 216909 B • 19 mars 2003, *Bahri,* n° 243658 B. ♦ ... Étranger condamné à deux reprises pour viol sur mineur et personne vulnérable, l'intéressé ayant au surplus déjà obtenu l'abrogation d'un premier arrêté d'expulsion avant de commettre sa deuxième infraction. • CAA Paris, 24 févr. 2003, *Abdelli,* n° 02PA00572. ♦ ... Étranger arrivé en France à l'âge de 2 mois, père d'un enfant et marié avec une ressortissante française, condamné pour vol et viols en réunion à 10 ans d'emprisonnement. • CE 24 févr. 2003, *Min. Intérieur c/ Kasmi,* n° 236765.

25. Le refus d'abrogation fera l'objet d'une annulation contentieuse en raison de l'ancienneté des faits reprochés à l'intéressé qui souffre d'une grave pathologie psychique invalidante qui le rend incapable de récidive et qui nécessite une prise en charge médicale accompagnée du soutien de son entourage présent en France. • CAA Lyon, 17 avr. 2007, *Kaddour-Sekiou,* n° 03LY01273.

26. Si les art. L. 631-2 et L. 631-3 interdisent à l'autorité administrative de prononcer l'expulsion de certaines catégories d'étrangers, ces dispositions ne sauraient être utilement invoquées à l'appui d'une demande tendant à l'abrogation d'une mesure d'expulsion antérieurement prise. • CE 31 janv. 1996, *M. Dahmane,* n° 150501.

B. ANNULATION DU REFUS D'ABROGATION

27. Un jugement procédant à l'annulation d'un refus d'abrogation d'un arrêté d'expulsion impose à l'autorité administrative de procéder à un nouvel examen de la demande, mais n'implique pas la reconnaissance d'un droit à l'abrogation de l'arrêté l'expulsant du territoire français. • CE 13 nov. 1996, *M. Darras,* n° 158251.

28. L'annulation d'un refus d'abrogation d'un arrêté d'expulsion pour violation de l'art. 8 Conv. EDH implique nécessairement que le min. Intérieur abroge ledit arrêté, aucun élément nouveau n'étant intervenu depuis la décision de refus. • CAA Paris, 23 janv. 1997, *Min. Intérieur c/ M. Hamlaoui : AJDA 1997. 303.* ♦ En revanche, l'abrogation de l'arrêté d'expulsion n'implique pas nécessairement la délivrance d'un titre de séjour, réserve faite de la combinaison avec le regroupement familial. • TA Lyon, 11 juin 1997, *M. et Mme Bzioui*, nos 9602175 et 9602526.

29. L'abrogation de l'arrêté d'expulsion n'a pas pour effet d'octroyer un droit pour l'intéressé de revenir en France. Ainsi, s'il souhaite revenir sur le territoire français, il devra respecter l'ensemble des conditions relatives à l'entrée, au séjour et au travail. • CE 8 déc. 1997, *Min. Intérieur c/ M. Omar Laidani*, n° 162199. ♦ En particulier, les autorités consulaires ne sont pas nécessairement tenues de délivrer un visa d'entrée et de séjour en France ; il leur appartient d'apprécier la situation du demandeur en tenant compte de la situation de droit et de fait existant à la date de la décision et le motif qui a fondé l'annulation du refus d'abrogation de l'arrêté d'expulsion. • CE 15 mars 2006, *M. Smara.*, n° 262231 A : *RFDA 2006. 645*.

Art. L. 632-3 La décision d'expulsion peut à tout moment être abrogée. – *[Anc. art. L. 524-1, 1re phr.]*

Art. L. 632-4 Lorsque la demande d'abrogation est présentée à l'expiration d'un délai de cinq ans à compter de l'exécution effective de la décision d'expulsion, elle ne peut être rejetée qu'après avis de la commission mentionnée à l'article L. 632-1, devant laquelle l'intéressé peut se faire représenter. – *[Anc. art. L. 524-1, 2e phr.]*

Art. L. 632-5 Il ne peut être fait droit à une demande d'abrogation d'une décision d'expulsion présentée plus de deux mois après la notification de cette décision que si le ressortissant étranger réside hors de France. Cette condition ne s'applique pas :

1° Pour la mise en œuvre de l'article L. 632-6 ;

2° Pendant le temps où le ressortissant étranger subit en France une peine d'emprisonnement ferme ;

3° Lorsque l'étranger fait l'objet d'une décision d'assignation à résidence prise en application des articles L. 731-3, L. 731-4 ou L. 731-5. – *[Anc. art. L. 524-3.]*

1. Si, au moment du dépôt de la demande, le requérant a été libéré et réside en France, la demande est irrecevable. • CE 6 mars 1998, *M. Preira*, n° 171033. ♦ Il en va de même s'agissant d'une requête en relèvement de la peine d'interdiction du territoire français. • Crim. 28 mars 2001, n° 00-87.291. ♦ La condition de résidence hors de France ne s'applique pas si la demande est expressément formulée sur le fondement de l'art. L. 524-2. • CAA Versailles, 2 déc. 2010, *Houfani*, n° 10VE00496. ♦ Si la demande est présentée dans le délai de recours, l'autorité administrative ne peut la rejeter au seul motif que l'étranger réside en France. • TA Lyon, 27 sept. 1995, *M. Mohamed Negri*, n° 9500364.

2. En revanche, l'obligation faite à l'étranger de retourner dans son pays d'origine peut constituer une atteinte disproportionnée à son droit à mener une vie familiale normale : pour une demande d'abrogation d'un arrêté d'expulsion. • CE 23 févr. 2000, *Etanji*, n° 196721. ♦ ... Pour une requête en relèvement de la peine d'interdiction du territoire. • Crim. 6 déc. 2000, n° 00-84.0265.

3. La décision du juge judiciaire rejetant une requête en relèvement de la peine d'interdiction du territoire doit être spécialement motivée, notamment par référence au droit à mener une vie familiale normale. • CEDH 13 févr. 2001, *Ezzoudhi c/ France*, n° 47160/99 • Crim. 13 mars 2001, n° 00-82.670.

Art. L. 632-6 Sans préjudice des dispositions des articles L. 632-3 et L. 632-4, les motifs de la décision d'expulsion donnent lieu à un réexamen tous les cinq ans à compter de sa date d'édiction. L'autorité compétente tient compte de l'évolution de la menace pour l'ordre public que constitue la présence de l'intéressé en France, des changements intervenus dans sa situation personnelle et familiale et des garanties de réinsertion professionnelle ou sociale qu'il présente, en vue de prononcer éventuellement l'abrogation de cette décision. L'étranger peut présenter des observations écrites.

A défaut de notification à l'intéressé d'une décision explicite d'abrogation dans un délai de deux mois, ce réexamen est réputé avoir conduit à une décision implicite de ne pas abroger. Cette décision est susceptible de recours. Le réexamen ne donne pas lieu à consultation de la commission mentionnée à l'article L. 632-1. – *[Anc. art. L. 524-2.]*

A défaut pour l'autorité compétente de prendre une décision expresse d'abrogation de l'arrêté d'expulsion dont un ressortissant étranger a fait l'objet, une décision implicite de ne pas abroger cet acte est réputée intervenir tous les 5 ans, 2 mois après la date anniversaire de cet arrêté. Dès lors que cette décision ne fait l'objet ni d'une mesure de publicité, ni n'intervient sur une demande de l'intéressé, les dispositions des art. R. 421-1 et R. 421-2 CJA ne sauraient être regardées comme de plein droit opposables à l'intéressé, si celui-ci n'a, de fait, été informé ni de la formation de cette décision, ni du délai de recours dont il dispose pour la contester. Eu égard aux effets d'une décision de ne pas abroger un arrêté d'expulsion et à la circonstance que le ressortissant étranger qui fait l'objet d'un arrêté d'expulsion dispose, en tout état de cause, de la faculté d'en demander, à tout moment, l'abrogation à l'autorité compétente, le principe de sécurité juridique n'impose pas davantage qu'il soit fait obstacle à ce que cette décision puisse être contestée sans condition de délai. • CAA Marseille, 11 juill. 2018, nº 17MA01992 : *AJDA 2018. 2120, obs. Revert*.

Art. L. 632-7 **Sauf en cas de menace pour l'ordre public, dûment motivée, les étrangers qui résident hors de France et qui ont obtenu l'abrogation de la décision d'expulsion dont ils faisaient l'objet bénéficient d'un visa pour rentrer en France, lorsque, à la date de la décision d'expulsion, ils relevaient, sous les réserves prévues par ces articles, des catégories mentionnées aux 1°, 2°, 3° et 4° de l'article L. 631-3 et qu'ils entrent dans le champ d'application des articles L. 423-1 ou L. 423-7 ou dans celui du chapitre IV du titre III du livre IV.**

Lorsqu'ils ont été condamnés en France pour violences ou menaces à l'encontre d'un ascendant, d'un conjoint ou d'un enfant, le droit au visa est subordonné à l'accord des ascendants, du conjoint et des enfants vivant en France.

Le présent article n'est applicable qu'aux étrangers ayant fait l'objet d'une mesure d'expulsion avant l'entrée en vigueur de la loi n° 2003-1119 du 26 novembre 2003 relative à la maîtrise de l'immigration, au séjour des étrangers en France et à la nationalité.

Les étrangers ayant fait l'objet d'une mesure d'expulsion avant la L. du 26 nov. 2003 et abrogée depuis ne peuvent bénéficier d'un visa au titre du présent art. qu'à la double condition d'être protégés contre l'expulsion (art. L. 521-3) et de justifier d'une délivrance de plein droit d'une carte de séjour mention « vie privée et familiale » (art. L. 313-11, 4° ou 6°). • CE 6 mars 2009, *Belrhalia*, nº 299035 A : *RFDA 2009. 629*.

TITRE IV PEINE D'INTERDICTION DU TERRITOIRE FRANÇAIS

Art. L. 640-1 **Conformément à l'article L. 253-1, les dispositions du présent titre sont applicables à l'étranger dont la situation est régie par le livre II.**

CHAPITRE UNIQUE

Art. L. 641-1 **La peine d'interdiction du territoire français susceptible d'être prononcée contre un étranger coupable d'un crime ou d'un délit est régie par les dispositions des articles 131-30** *(Abrogé par L. nº 2024-42 du 26 janv. 2024, art. 35)* **« , 131-30-1 » et 131-30-2 du code pénal.** – *[Anc. art. L. 541-1, al. 1er.]*

BIBL. ▸ CHANET, VALDES-BOULOUQUE et GUYOMAR (dir.), Les interdictions du territoire français : *Doc. fr., rapports officiels 1998*. – JOUVE, Interdiction du territoire et permission de sortir, *Gaz. pal. 1987, 1 doc. p. 320*. – NASRI, Brèves réflexions sur le fondement de l'interdiction du territoire français, *Dr. pén. févr. 2000*.

COMMENTAIRE

Créée par la loi du 31 décembre 1970, l'interdiction judiciaire du territoire constitue une peine accessoire prononcée par le juge pénal à l'occasion d'une instance correctionnelle ou criminelle et qui a pour effet d'interdire à un condamné étranger d'entrer et de séjourner sur le territoire français pendant une durée déterminée ou à titre définitif. Elle peut aussi prendre la forme d'une peine principale. Dans ce dernier cas, l'étranger fait l'objet, de plein droit, d'un placement en rétention administrative.

Cette mesure peut être appliquée à tout étranger coupable d'une infraction pénale (environ deux cents infractions sont concernées dans le code pénal), sachant que l'essentiel des interdictions du territoire intervient suite à une condamnation pour infraction aux règles d'entrée et de séjour des étrangers en France.

Dans sa rédaction issue de la loi n° 2024-42 du 26 janvier 2024, l'article 131-30 du code pénal prévoit que la peine d'interdiction du territoire français peut être prononcée, à titre définitif ou pour une durée de dix ans au plus, à l'encontre de tout étranger coupable d'un crime, d'un délit puni d'une peine d'emprisonnement d'une durée supérieure ou égale à trois ans ou d'un délit pour lequel la peine d'interdiction du territoire français est prévue par la loi.

En toute hypothèse, la juridiction pénale tient compte de la durée de la présence de l'étranger sur le territoire français ainsi que de la nature, de l'ancienneté et de l'intensité de ses liens avec la France pour décider de prononcer l'interdiction du territoire français.

L'interdiction du territoire (ITF) peut concerner les ressortissants étrangers, y compris réfugiés statutaires, sous réserve de la protection prévue aux articles 131-30-1 et 131-30-2. Ce dernier article énumère ainsi les étrangers protégés contre l'interdiction du territoire, qui n'est pas sans rappeler la protection contre l'expulsion.

L'interdiction du territoire relève ainsi de la compétence exclusive du juge pénal et les mesures d'exécution sont prises par le préfet dans le cadre d'une compétence liée. Lorsqu'elle est prononcée à titre principal, l'ITF, assortie par le juge de l'exécution provisoire qui retire à l'appel son caractère suspensif, entraîne de plein droit le placement en rétention du condamné ; l'éloignement de l'étranger peut valablement avoir lieu avant l'audience d'appel. Si l'ITF est prononcée à titre complémentaire, le placement en rétention a lieu, le cas échéant, une fois que la peine principale a été exécutée (Instr. du 11 sept. 2018, n° INTV1824378J). Par voie de conséquence, le juge administratif est, par principe, incompétent à l'égard de ces mesures, sauf prise en considération des éléments accessoires comme la fixation du pays de destination. ❑

1. Champ d'application. Le juge pénal peut prononcer l'interdiction du territoire à l'encontre d'un réfugié statutaire condamné pour crime ou délit. • Crim 26 mars 1997 : *Bull. crim. n° 120 ; Dr. pénal 1997. 112, obs. Robert.* ♦ S'agissant des ressortissants européens, une interdiction définitive du territoire est contraire au principe de libre circulation des personnes. • CJCE 19 janv. 1999, *Donatella Calfa,* n° C-348/96 : *JCP 1999. II. 10104, note Lhernould ; AJDA 2000. 537, note Flauss ; D. 1999, somm., p. 275, note Renucci.*

2. L'interdiction du territoire peut également intervenir à titre de peine principale. • Paris 3 juill. 1998, *Mara Aboubacar : Dr. pén. 1999, comm. n° 3.*

3. Motivation spéciale. La motivation spéciale exigée par l'art. L. 131-30-2 C. pén. a ainsi été jugée insuffisante s'agissant du père de 2 enfants résidant de longue date en France. • Crim 11 janv. 2001, *N'golo N'Golo : Dr. pén. 2001 Comm. n° 59.* ♦ Même solution s'agissant d'un étranger marié à une ressortissante française. • Crim 12 janv. 2000, *Farsi,* n° 99.80-661 P.

4. Justifie en revanche sa décision la cour qui caractérise la gravité de l'infraction. • Crim. 6 mai 1997 : *Bull. crim. n° 172 ; Gaz. Pal. 1998. 2. 739.* ♦ Tel est le cas par exemple en présence d'une condamnation pour trafic de stupéfiants. • Crim 19 juin 1997 : *Bull. crim. n° 248.* ♦ Même solution s'agissant d'une condamnation motivée par une soustraction à une mesure de reconduite à la frontière. • Crim. 4 nov. 1999 : *Bull. crim. n° 249 ; RSC 2000. 603, obs. Bouloc.*

5. Les cours d'assises ne sont pas tenues à cette obligation de motivation spéciale distincte de leur décision, la peine d'interdiction du territoire étant justifiée par la gravité des faits. • Crim. 9 oct. 1996 : *Bull. crim. n° 353.*

6. Étrangers protégés. Il appartient à l'intéressé qui prétend entrer dans l'une des catégories visées aux art. 131-30-1 ou 131-30-2 C. pén. de s'en prévaloir devant la juridiction saisie en première instance. • Crim 29 mars 2007 : *Bull. crim. n° 97 ; D. 2007 AJ. 1204, obs. Darsonville ; Dr. pénal 2007. Comm. 81, obs. Véron.* ♦ Il ne peut être reproché à une cour d'appel de n'avoir pas diligenté des investigations afin de vérifier le bien-fondé de la déclaration de l'étranger qui prétend relever des dispositions de l'art. 131-30-1. • Crim. 31 mars 2015, n° 14-86.584. ♦ Pour une application des dispositions de l'art. 131-30-2 ci-dessus s'agissant d'un étranger nécessitant une prise en charge médicale pour une maladie chronique évolutive, inaccessible dans son pays d'origine. • Crim. 6 janv. 2004, n° 14-86.584.

7. Prise en compte de l'art. 8 Conv. EDH. Il appartient au juge pénal de ne prononcer l'interdiction du territoire qu'en ayant préalablement pris en considération les conséquences de cette mesure sur le droit de l'intéressé à mener une vie personnelle et familiale normale ; la CEDH a pu ainsi sanctionner une ITF définitive frappant un ressortissant algérien résidant depuis 30 ans en France où se trouve toute sa famille, malgré une condamnation pour trafic de stupéfiants. • CEDH 26 sept. 1997, *Mehemi c/ France : Rec. 1997-VJ.* ♦ Même solution s'agissant d'une ITF définitive frappant un étranger présent en France depuis l'âge de 5 ans ayant fait l'objet de condamnations pour trafic de stupéfiants. • CEDH 13 févr. 2001, *Ezzouhdi c/ France,* n° 47160/99. ♦ La solution inverse a prévalu s'agissant d'un étranger ayant maintenu des liens avec son pays d'origine. • CEDH 27 sept. 1997, *El Boujaïdi c/ France : Rec. 97 VI.* ♦ Plus largement, la Cour se livre à un contrôle de proportionnalité entre l'intensité des liens familiaux et la gravité de l'infraction commise par l'étranger condamné. • CEDH 6 févr. 2003, *Jakupovic c/ Autriche,* n° 36757/97. ♦ Elle tient compte en particulier du caractère définitif (ou illimité) de l'interdiction du territoire. • CEDH 17 avr. 2003, *Ylmaz c/ Allemagne,* n° 52853/99. ♦ La jurisprudence européenne semble toutefois accorder de plus en plus de place à la gravité de l'infraction. • CEDH 10 juill. 2003, *Benhebba c/ France,* n° 53441/99 • 18 oct. 2006, *Üner c/*

Pays-Bas, n° 46410/99 : *RFDA 2007. 119* ; *RTDH 2007. 837, note Raux ; GACEDH, n° 53.*

8. Le moyen tiré du droit au respect de la vie privée et familiale est inopérant à l'encontre d'une mesure d'exécution de la peine d'interdiction du territoire ; il en va de même de la prétendue appartenance de l'étranger concerné à l'une des catégories protégées par les art. 131-30-1 ou 131-30-2 C. pén. • CAA Lyon 11 mai 2006, *Mrabti,* n° 02LY00930 • CAA Paris 19 févr. 2008, *Baniakassa,* n° 07PA000139.

9. Responsabilité de l'État. L'absence de mise à exécution de l'éloignement d'un étranger sous le coup d'une interdiction définitive du territoire n'est pas susceptible d'engager la responsabilité de l'État dès lors que l'identité et la nationalité de l'étranger concerné n'étaient pas connues, rendant ainsi l'éloignement impossible. • TA Rouen, 18 juill. 2022, n° 2001239 : *AJDA 2022. 2313, concl. Dujardin* .

10. Compétence résiduelle du juge administratif et de l'administration. Si le juge administratif est incompétent pour apprécier une peine d'interdiction du territoire prononcée par le juge pénal, il peut contrôler les mesures prises en application de celle-ci, notamment la fixation du pays de destination. • CE 29 avr. 2002, *Min. Intérieur c/ Mehdi,* n° 239733. ♦ La mise à exécution d'une peine d'interdiction du territoire non définitive, car frappée d'un pourvoi en cassation à caractère suspensif serait susceptible de porter atteinte à une liberté fondamentale justifiant l'intervention du juge de l'urgence. • CE 18 juin 2010, *Sefta,* n° 332916 B. ♦ Jugé qu'est légale la mise à exécution d'une ITF malgré un jugement de 1re instance qui en avait prononcé le relèvement, motif pris du caractère suspensif de l'appel en matière délictuelle (C. pr. pén., art. 506). • CE 10 juill. 2019, n° 431586.

11. Le juge de l'urgence ne peut prononcer un référé-liberté (art. L. 521-2 CJA) à l'encontre d'une reconduite à la frontière découlant d'une mesure d'interdiction du territoire. • CE 27 mars 2001, *Djalout : Lebon 158 ; Gaz. Pal. 13-14 juill. 2001, Pan. dr. adm. ; JCP 2002 II, 10003, note Lichère ; RFDA 2001. 766* .

12. Le préfet a compétence liée pour mettre en œuvre l'ITF, sauf à solliciter du parquet la levée des réquisitions aux fins d'exécution ; le Conseil d'État n'exclut pas la possibilité de suspendre l'exécution de la décision de placement en rétention administrative, notamment en cas d'atteinte grave et manifestement illégale au droit à une vie privée et familiale normale. • CE 12 juill. 2005, *Ouamou,* n° 282243. ♦ Quand l'interdiction du territoire, peine principale, est assortie de l'exécution provisoire, elle entraîne de plein droit le placement de l'intéressé en rétention administrative pendant le temps strictement nécessaire à son départ. • Civ. 1re, 6 févr. 2008, *Préfet de police c/ Najib,* n° 07-12.930 : *JCP 2008. IV. 1467.*

13. Une mesure d'éloignement faisant suite à une interdiction judiciaire du territoire doit être précédée d'une procédure contradictoire. • CE 29 oct. 2007, *Min. Intérieur et de l'Aménagement du territoire c/ M. B.,* n° 304411 B.

14. Le préfet est en situation de compétence liée pour refuser un titre de séjour à un étranger sous le coup d'une peine d'interdiction du territoire. • CAA Paris, 3 juill. 2007, *Préfet de police c/ Ahmed,* nos 304411 et 07PA0043.

15. Sauf lorsqu'elle accompagne une peine privative de liberté sans sursis, une peine complémentaire d'interdiction temporaire du territoire français (ITF) s'exécute à compter du jour où le jugement la prononçant devient définitif ou à compter de son prononcé s'il est assorti de l'exécution provisoire. Le maintien de l'intéressé sur le territoire français, en méconnaissance de cette interdiction, ne fait pas obstacle à ce que l'exécution soit complète au terme de la durée d'interdiction fixée par le jugement. Ainsi, à cette date, cette peine ne peut plus justifier légalement un refus de titre de séjour. • CE 18 déc. 2020, n° 435097 B.

16. Le prononcé d'une interdiction judiciaire du territoire ne fait pas obstacle à ce que le préfet fasse usage de son pouvoir de prendre une mesure de reconduite à la frontière dès lors que l'étranger, du fait de l'absence d'exécution de la sanction pénale, se trouve en situation irrégulière sur le territoire français. • CAA Marseille, 7 juill. 2008, *Préfet de la Haute-Corse c/ Tok,* n° 07MA04548.

17. L. du 12 avr. 2000. L'étranger qui est informé de l'intention de l'administration de procéder à son éloignement en raison d'une interdiction judiciaire du territoire doit être à même de disposer d'un délai suffisant pour formuler des observations écrites et doit pouvoir se faire assister par un mandataire de son choix. • CE 29 oct. 2007, *Min. d'État, Min. Intérieur et de l'aménagement du territoire c/ M. Bendiaoshvili,* n° 304411 B.

18. Assignation à résidence. L'autorité administrative peut décider l'assignation à résidence d'un étranger faisant l'objet d'une interdiction du territoire à titre de peine complémentaire lorsqu'il justifie être dans l'impossibilité de quitter le territoire français, ne pas pouvoir regagner son pays d'origine ni se rendre dans un autre pays. Il résulte par ailleurs du dernier al. de l'art. 131-30 C. pén. que le prononcé, à l'encontre d'un ressortissant étranger condamné à une peine privative de liberté, d'une peine complémentaire d'interdiction du territoire, ne fait pas obstacle à ce que le juge ou le tribunal de l'application des peines accorde à celui-ci le bénéfice d'une mesure de libération conditionnelle, l'interdiction du territoire français faisant alors l'objet d'une suspension puis, en cas d'absence de révocation de la décision de mise en liberté conditionnelle, d'un relèvement de plein droit ; même dans l'hypothèse où l'étranger a été condamné à plusieurs reprises à des peines assorties de mesures complémentaires d'interdiction du territoire, la suspension de l'interdiction du territoire français prononcée par le juge ou le tribunal de l'application des peines à la suite d'une mesure de libération conditionnelle fait obstacle à ce que soit prise une mesure d'assignation à résidence sur le fondement du 5° de l'art. L. 561-1 du présent code. • CE 8 juill. 2020, n° 421570 B : *AJDA 2020. 1454*.

Art. L. 641-2 **Il ne peut être fait droit à une demande de relèvement d'une interdiction du territoire que si le ressortissant étranger réside hors de France. Cette condition ne s'applique pas :**

1° Pendant le temps où le ressortissant étranger subit en France une peine d'emprisonnement ferme ;

2° Lorsque l'étranger fait l'objet d'une décision d'assignation à résidence prise en application des articles L. 731-3, L. 731-4 ou L. 731-5. – *[Anc. art. L. 541-2.]*

COMMENTAIRE

Aux termes de l'article 702-1 du code de procédure pénale, toute personne frappée d'une interdiction, déchéance ou incapacité ou d'une mesure de publication quelconque résultant de plein droit d'une condamnation pénale ou prononcée dans le jugement de condamnation à titre de peine complémentaire peut demander à la juridiction qui a prononcé la condamnation ou, en cas de pluralité de condamnations, à la dernière juridiction qui a statué, de la relever, en tout ou partie, y compris en ce qui concerne la durée, de cette interdiction, déchéance ou incapacité. Si la condamnation a été prononcée par une cour d'assises, la juridiction compétente pour statuer sur la demande est la chambre de l'instruction dans le ressort de laquelle la cour d'assises a son siège.

Sauf lorsqu'il s'agit d'une mesure résultant de plein droit d'une condamnation pénale, la demande ne peut être portée devant la juridiction compétente qu'à l'issue d'un délai de six mois après la décision initiale de condamnation. En cas de refus opposé à cette première demande, une autre demande ne peut être présentée que six mois après cette décision de refus. Il en est de même, éventuellement, des demandes ultérieures. En cas d'interdiction du territoire prononcée à titre de peine complémentaire à une peine d'emprisonnement, la première demande peut toutefois être portée devant la juridiction compétente avant l'expiration du délai de six mois en cas de remise en liberté.

La demande est adressée au procureur de la République ou au procureur général, qui s'entoure de tous les renseignements utiles et saisit la juridiction compétente qui statue, le requérant ou son conseil entendu ou dûment convoqué. La décision peut, selon les cas, être frappée d'appel ou d'un pourvoi en cassation.

Le Conseil constitutionnel (7 juill. 2023, n° 2023-1057 QPC : *DP étrangers, Bull. n° 335, sept. 2023 ; D. 2023. 1314*) a censuré les dispositions du premier alinéa de l'article 702-1 du code de procédure pénale et la seconde phrase du quatrième alinéa de l'article 703 du même code au motif que, les arrêts de la chambre de l'instruction et des juridictions correctionnelles d'appel étant rendus en dernier ressort (C. pr. pén., art. 567), « la personne condamnée porte sa demande devant une juridiction dont la décision est insusceptible d'appel » ; en revanche, « lorsque cette mesure a été prononcée par une juridiction correctionnelle de première instance ou, en cas de pluralité de condamnations, par une telle juridiction statuant en dernier, la personne condamnée porte sa demande devant une juridiction dont la décision est susceptible d'appel. « [Une] telle distinction, qui n'est au demeurant pas fondée sur la nature criminelle ou correctionnelle de la peine, est sans lien avec l'objet des dispositions contestées, qui est de permettre à une personne condamnée de demander le relèvement d'une mesure d'interdiction, de déchéance, d'incapacité ou de publicité prononcée à son encontre ».

En sus de ces conditions générales, le présent article prévoit que la demande ne peut être présentée que si le requérant réside hors de France, sauf s'il est incarcéré ou fait l'objet d'une assignation à résidence.

L'alinéa 2 de l'article 729-2 du code de procédure pénale prévoit que le juge de l'application des peines, ou le tribunal de l'application des peines, peut accorder une libération conditionnelle à un étranger faisant l'objet d'une peine complémentaire d'interdiction du territoire français en ordonnant la suspension de l'exécution de cette peine pendant la durée des mesures d'assistance et de contrôle auxquelles l'octroi et le maintien de la liberté est subordonné. A l'issue de cette durée, si la décision de mise en liberté conditionnelle n'a pas été révoquée, l'étranger est relevé de plein droit de la mesure d'interdiction du territoire français. Dans le cas contraire, la mesure redevient exécutoire.

L'interdiction du territoire peut encore être effacée par l'amnistie (C. pén., art. 133-9) et la réhabilitation (C. pén., art. 133-13), voire par la prescription et la grâce. ❑

1. Les conditions de recevabilité de la demande en relèvement d'une interdiction du territoire énoncées au présent art. doivent être remplies depuis le dépôt de la requête jusqu'au moment où celle-ci est examinée par la juridiction saisie. • Crim. 21 janv. 2010, n° 19-83.852 : *D. 2020. 155*.

2. Saisi d'une demande en relèvement d'interdiction du territoire, il incombe au juge de se prononcer en prenant en considération du droit à la vie privée et familiale de l'intéressé. • Crim. 28 févr. 2001, n° 99-87.963 P • 25 mai 2005, n° 04-85.180 • 29 mars 2007, n° 06-84.445. ♦ La circonstance qu'un étranger bénéficie de la protection subsidiaire, connue par le juge au moment de sa condamnation, ne justifie pas une demande de relèvement. • Crim. 20 juin 2018, n° 17-85.088.

3. Le juge doit apprécier le caractère actuel de la dangerosité du demandeur et non se reporter exclusivement aux faits pour lesquels il a été condamné, si graves soient-ils. • Crim. 7 déc. 2021, n° 20-84.367.

4. Par dérogation à la règle selon laquelle l'étranger sous le coup d'une interdiction du territoire ne peut pénétrer sur le territoire français, l'étranger devant comparaître devant le juge pénal saisi de la demande de relèvement se verra attribuer un visa. • CE 27 mai 2002, *Lakhdari*, n° 225887. ♦ Pour autant, un étranger ayant obtenu le relèvement de l'interdiction du territoire qui le frappait ne dispose d'aucun droit à obtenir un visa d'entrée en France. • CE 21 janv. 2008, *Ahssaini*, n° 300316.

5. Le juge administratif est incompétent pour enjoindre le retour en France d'un étranger n'ayant pas bénéficié d'un relèvement d'une mesure d'interdiction du territoire. • CE 18 mars 2005, *Drif*, n° 278615.

6. Pour déclarer irrecevable la demande de relèvement présentée par Oualid X..., l'arrêt attaqué constate que celui-ci réside en France depuis sa libération de la maison d'arrêt ; en statuant ainsi, la cour d'appel, sans méconnaître les textes conventionnels visés au moyen, a fait l'exacte application de l'art. L. 541-2 CESEDA selon lequel il ne peut être fait droit à une demande de relèvement d'une interdiction du territoire que si le ressortissant étranger réside hors de France. • Crim. 26 sept. 2007, *Oualid X.*, n° 06-87791.

7. La Cour de cassation semble avoir opté pour l'imprescriptibilité de la peine complémentaire d'interdiction du territoire, s'agissant d'une peine privative de droit ne nécessitant aucun acte d'exécution. • Crim. 7 janv. 2009, n° 08-82892.

8. Réhabilitation judiciaire. La Cour de cassation a saisi le Conseil constitutionnel d'une QPC aux fins de déterminer la compatibilité de l'art. 786, al. 3, C. pr. pén. aux art. 6 et 8 DDH et de l'art. 34 Const. dès lors que le dispositif exclut un condamné à une peine d'interdiction définitive du territoire français prononcée à titre de peine principale du droit de solliciter une réhabilitation prévue aux art. 782 C. pr. pén. et 133-12 C. pén. • Crim. 22 sept. 2015, n° 15-90.012. ♦ Le Conseil a considéré que l'impossibilité pour un étranger condamné à une interdiction définitive du territoire français à titre principal de solliciter sa réhabilitation judiciaire (C. pr. pén., art. 786, al. 3) ne porte atteinte ni au principe d'égalité devant la loi et la justice ni au principe de proportionnalité des peines. • Cons. const., 27 nov. 2015, n° 2015-501 QPC.

Loi n° 2003-1119 du 26 novembre 2003,

Relative à la maîtrise de l'immigration, au séjour des étrangers en France et à la nationalité.

Art. 86 I. — Par dérogation aux dispositions de l'article 28 *quater* de l'ordonnance n° 45-2658 du 2 novembre 1945 relative aux conditions d'entrée et de séjour des étrangers en France et sans préjudice de l'article 702-1 du code de procédure pénale, s'il en fait la demande avant le 31 décembre 2004, tout étranger justifiant qu'il résidait habituellement en France avant le 30 avril 2003 et ayant été condamné postérieurement au 1er mars 1994, par décision devenue définitive, à la peine complémentaire d'interdiction du territoire français, est relevé de plein droit de cette peine, s'il entre dans l'une des catégories suivantes :

1° Il résidait habituellement en France depuis au plus l'âge de treize ans à la date du prononcé de la peine ;

2° Il résidait régulièrement en France depuis plus de vingt ans à la date du prononcé de la peine ;

3° Il résidait régulièrement en France depuis plus de dix ans à la date du prononcé de la peine et, ne vivant pas en état de polygamie, est marié depuis au moins trois ans avec un ressortissant français ayant conservé la nationalité française ou avec un ressortissant étranger qui réside habituellement en France depuis au plus l'âge de treize ans, à condition que la communauté de vie n'ait pas cessé ;

4° Il résidait régulièrement en France depuis plus de dix ans à la date du prononcé de la peine et, ne vivant pas en état de polygamie, est père ou mère d'un enfant français mineur résidant en France, à condition qu'il établisse contribuer effectivement à l'entretien et à l'éducation de l'enfant dans les conditions prévues par l'article 371-2 du code civil, cette condition devant être remplie depuis la naissance de ce dernier ou depuis un an.

Il n'y a pas de relèvement lorsque les faits à l'origine de la condamnation sont ceux qui sont *(L. n° 2024-42 du 26 janv. 2024, art. 35-III)* « mentionnés à l'avant-dernier » alinéa de l'article 131-30-2 du code pénal. Il en est de même lorsque l'étranger relève des catégories visées aux 3° ou 4° et que les faits en cause ont été commis à l'encontre du conjoint ou des enfants de l'étranger.

La demande ne peut davantage être admise si la peine d'interdiction du territoire français est réputée non avenue.

La demande est portée, suivant le cas, devant le procureur de la République ou le procureur général de la juridiction qui a prononcé la condamnation ou, en cas de pluralité de condamnations, de la dernière juridiction qui a statué.

Si le représentant du ministère public estime que la demande répond aux conditions fixées par le présent article, il fait procéder à la mention du relèvement en marge du jugement ou de l'arrêt de condamnation et en informe le casier judiciaire national automatisé. Il fait également procéder, s'il y a lieu, à l'effacement de la mention de cette peine au fichier des personnes recherchées. Il informe le demandeur, par lettre recommandée avec avis de réception à l'adresse qu'il a fournie lors du dépôt de la demande, du sens de la décision prise.

Tous incidents relatifs à la mise en œuvre des dispositions prévues aux alinéas précédents sont portés devant le tribunal ou la cour qui a prononcé la sentence qui statue dans les conditions prévues par l'article 711 du code de procédure pénale. A peine d'irrecevabilité, le demandeur doit saisir le tribunal ou la cour dans un délai de dix jours à compter de la notification de la lettre visée à l'alinéa précédent. — *Par dérogation aux dispositions du I de l'art. 86 de la L. n° 2003-1119 du 26 nov. 2003 relative à la maîtrise de l'immigration, au séjour des étrangers en France et à la nationalité, lorsqu'un étranger a présenté, avant le 31 déc. 2004, une demande tendant au relèvement de plein droit de la peine complémentaire d'interdiction du territoire à laquelle il a été condamné postérieurement au 1er mars 1994 et établi qu'il n'a pas quitté le territoire français pendant une période de plus de trois ans durant les dix années précédant le 30 avr. 2003, la condition de résidence habituelle en France mentionnée au 1er al. du même I est réputée satisfaite. Dans un délai de six mois suivant la publication de la L. n° 2006-911 du 24 juill. 2006, les étrangers qui, ayant présenté une demande en ce sens avant le 31 déc. 2004, ont vu leur demande de relèvement rejetée sont recevables à présenter une nouvelle demande auprès de l'autorité judiciaire compétente (L. préc., art. 78-I).*

II. — Par dérogation aux dispositions de l'article 28 *quater* de l'ordonnance n° 45-2658 du 2 novembre 1945 précitée, et s'il en fait la demande avant le 31 décembre 2004, tout étranger justifiant qu'il résidait habituellement en France avant le 30 avril 2003 et ayant fait l'objet d'un arrêté d'expulsion peut obtenir l'abrogation de cette décision s'il entre dans l'une des catégories visées aux 1° à 4° du I.

Il n'y a pas d'abrogation lorsque les faits à l'origine de la mesure d'expulsion sont ceux qui sont visés au premier alinéa du I de l'article 26 de l'ordonnance n° 45-2658 du 2 novembre 1945 précitée. Il en est de même lorsque l'étranger relève des catégories visées aux 3° ou 4° du I du présent article et que les faits en cause ont été commis à l'encontre du conjoint ou des enfants de l'étranger.

La demande doit être formée auprès de l'auteur de l'acte. Si ce dernier constate que la demande répond aux conditions fixées par le présent article, il fait procéder à la suppression de la mention de cette mesure au fichier des personnes recherchées. Il informe l'intéressé du sens de sa décision par lettre recommandée avec avis de réception à l'adresse qu'il a fournie lors du dépôt de la demande.

Lorsqu'il est prévu, dans les 1° à 4° du I, qu'une condition s'apprécie à la date du prononcé de la peine, cette condition s'apprécie à la date du prononcé de la mesure d'expulsion pour l'application des dispositions du présent II. — *Pour l'application des dispositions du II de l'art. 86 de la L. n° 2003-1119 du 26 nov. 2003 relative à la maîtrise de l'immigration, au séjour des étrangers en France et à la nationalité, lorsqu'un étranger a présenté, avant le 31 déc. 2004, une demande tendant à l'abrogation d'un arrêté d'expulsion dont il a fait l'objet et établi qu'il n'a pas quitté le territoire français pendant une période de plus de trois ans durant les dix années précédant le 30 avr. 2003, la condition de résidence habituelle en France mentionnée au 1er al. du même II est réputée satisfaite. Dans un délai de six mois suivant la publication de la L. n° 2006-911 du 24 juill. 2006, les étrangers qui, ayant présenté une demande en ce sens avant le 31 déc. 2004, ont vu leur demande d'abrogation rejetée sont recevables à présenter une nouvelle demande auprès de l'autorité administrative compétente (L. préc., art. 78-II).*

III. — La carte de séjour temporaire visée à l'article 12 *bis* de l'ordonnance n° 45-2658 du 2 novembre 1945 précitée est délivrée de plein droit, à sa demande, à l'étranger qui a été relevé de l'interdiction du territoire français dont il faisait l'objet ou dont la mesure d'expulsion a été abrogée dans les conditions prévues par le I ou le II du présent article.

Les dispositions de l'alinéa précédent ne s'appliquent pas lorsque, postérieurement au prononcé de la mesure d'expulsion, l'étranger a commis des faits visés au deuxième alinéa du II, et, s'il y a lieu, dans les conditions prévues par ce même alinéa. Elles ne s'appliquent pas davantage si ces mêmes faits ont été commis avant le prononcé de la mesure d'expulsion, mais n'ont pas été pris en compte pour motiver celle-ci. En cas de pluralité de peines d'interdiction du territoire français, les dispositions de l'alinéa précédent ne sont applicables qu'en cas de relevé de l'ensemble des peines d'interdiction du territoire.

Art. L. 641-3 Sauf en cas de menace pour l'ordre public, dûment motivée, les étrangers qui résident hors de France et qui ont été relevés de leurs peines d'interdiction du territoire français ou encore dont les peines d'interdiction du territoire français ont été entièrement exécutées ou ont acquis un caractère non avenu bénéficient d'un visa pour rentrer en France, lorsque, à la date du prononcé de la peine, ils relevaient, sous les réserves mentionnées par cet article, des catégories mentionnées aux 1° à 4° de l'article 131-30-2 du code pénal, et qu'ils entrent dans le champ d'application des articles L. 423-1 ou L. 423-7 ou dans celui du chapitre IV du titre III du livre IV.

Lorsqu'ils ont été condamnés en France pour violences ou menaces à l'encontre d'un ascendant, d'un conjoint ou d'un enfant, le droit au visa est subordonné à l'accord des ascendants, du conjoint et des enfants vivant en France.

Les dispositions du présent article ne sont applicables qu'aux étrangers ayant fait l'objet d'une interdiction du territoire français devenue définitive avant l'entrée en vigueur de la loi n° 2003-1119 du 26 novembre 2003 relative à la maîtrise de l'immigration, au séjour des étrangers en France et à la nationalité. — *[Anc. art. L. 541-4.]*

TITRE V DISPOSITIONS RELATIVES À L'OUTRE-MER

Dans les collectivités qui relèvent de l'art. 74 de la Const. à l'exception de Saint-Pierre-et-Miquelon, en Nouvelle-Calédonie et dans les Terres australes et antarctiques françaises, les dispositions et modifications introduites par la L. n° 2024-42 du 26 janv. 2024 entrent en vigueur à une date fixée par décret en Conseil d'État, et au plus tard le 1er sept. 2025 (L. préc., art. 86-V).

CHAPITRE I DISPOSITIONS PARTICULIÈRES AUX COLLECTIVITÉS RÉGIES PAR L'ARTICLE 73 DE LA CONSTITUTION ET À SAINT-PIERRE-ET-MIQUELON

SECTION 1 Dispositions communes

Art. L. 651-1 Les dispositions du présent livre sont applicables de plein droit en Guadeloupe, en Guyane, en Martinique, à La Réunion, à Mayotte et à Saint-Pierre-et-Miquelon, sous réserve des adaptations prévues au présent chapitre.

Art. L. 651-2 Pour l'application des dispositions du présent livre en Guadeloupe, en Guyane, en Martinique, à La Réunion, à Mayotte et à Saint-Pierre-et-Miquelon :

1° Les dispositions des articles L. 611-2 et L. 612-4 ne sont pas applicables ;

2° Les dispositions du 1° de l'article L. 615-1 ne sont pas applicables ;

3° Sauf à Saint-Pierre-et-Miquelon, à l'article L. 632-1, les mots : "tribunal judiciaire du chef-lieu du département" sont remplacés par les mots : "tribunal judiciaire territorialement compétent".

SECTION 2 Dispositions particulières à la Guadeloupe

Art. L. 651-3 L'étranger qui demande au tribunal administratif l'annulation de la décision portant obligation de quitter le territoire français dont il fait l'objet peut assortir son recours d'une demande de suspension de son exécution, sans préjudice des dispositions du 1° de l'article L. 761-3.

En conséquence, les articles *(L. n° 2024-42 du 26 janv. 2024, art. 80-II)* « L. **614-1** à L. **614-4** et les articles L. **614-16** à L. **614-18** *[ancienne rédaction : L. 614-1 à L. 614-18, à l'exception de l'article L. 614-13,]* » ne sont pas applicables en Guadeloupe. Toutefois, les dispositions *(L. n° 2024-42 du 26 janv. 2024, art. 80-II)* « de l'article L. **922-3** *[ancienne rédaction : des deux premiers alinéas de l'article L. 614-11]* » sont applicables à la tenue de l'audience mentionnée au deuxième alinéa de l'article L. **522-1** du code de justice administrative lorsque l'étranger a saisi le tribunal administratif d'une demande de suspension sur le fondement de l'article L. **521-2** du même code. – *[Anc. art. L. 514-1, al. 1er, 3 et 5.]*

Les dispositions du présent art. introduites par l'art. 80 de la L. n° 2024-42 du 26 janv. 2024 entrent en vigueur à une date fixée par Décr. en Conseil d'État, et au plus tard le 1er août 2024. Ces dispositions s'appliquent à la contestation des décisions prises à compter de leur entrée en vigueur (L. préc., art. 86-IV). Ces dispositions entrent en vigueur le 15 juill. 2024 (Décr. n° 2024-799 du 2 juill. 2024, art. 9-I).

SECTION 3 Dispositions particulières à la Guyane

Art. L. 651-4 L'étranger qui demande au tribunal administratif l'annulation de la décision portant obligation de quitter le territoire français dont il fait l'objet peut assortir son recours d'une demande de suspension de son exécution, sans préjudice des dispositions du 1° de l'article L. 761-5.

En conséquence, les articles *(L. n° 2024-42 du 26 janv. 2024, art. 80-II)* « L. **614-1** à L. **614-4** et les articles L. **614-16** à L. **614-18** *[ancienne rédaction : L. 614-1 à L. 614-18, à l'exception de l'article L. 614-13,]* » ne sont pas applicables en Guyane. Toutefois, les dispositions *(L. n° 2024-42 du 26 janv. 2024, art. 80-II)* « de l'article L. **922-3** *[ancienne rédaction : des deux premiers alinéas de l'article L. 614-11]* » sont applicables à la tenue de l'audience mentionnée au deuxième alinéa de l'article L. **522-1** du code de justice administrative lorsque l'étranger a saisi le tribunal administratif d'une demande de suspension sur le fondement de l'article L. **521-2** du même code. – *[Anc. art. L. 514-1, al. 1er, 3 et 5.]*

Sur l'entrée en vigueur des dispositions du présent art. introduites par l'art. 80 de la L. n° 2024-42 du 26 janv. 2024, V. note ss. art. L. 651-3.

Art. L. 651-5 En Guyane, lorsque l'équipage d'un navire se livrant à des activités de pêche illicite est contraint par l'autorité administrative de se rendre à terre, ses membres peuvent être éloignés d'office, avec leur accord et aux frais de l'État, à destination du Venezuela, du Brésil, du Surinam ou de la Guyana selon qu'ils ont la nationalité de l'un de ces États. L'autorité administrative prend toutes mesures à cette fin dans un délai qui ne peut excéder quarante-huit heures. – *[Anc. art. L. 532-1.]*

SECTION 4 Dispositions particulières à Mayotte

Art. L. 651-6 L'étranger qui demande au tribunal administratif l'annulation de la décision portant obligation de quitter le territoire français dont il fait l'objet peut assortir son recours d'une demande de suspension de son exécution, sans préjudice des dispositions du 1° de l'article L. 761-9.

En conséquence, les articles *(L. n° 2024-42 du 26 janv. 2024, art. 80-II)* « L. **614-1** à L. **614-4** et les articles L. **614-16** à L. **614-18** *[ancienne rédaction : L. 614-1 à L. 614-18, à l'exception de l'article L. 614-13,]* » ne sont pas applicables à Mayotte. Toutefois, les dispositions *(L. n° 2024-42 du 26 janv. 2024, art. 80-II)* « de l'article L. **922-3** *[ancienne rédaction : des deux premiers alinéas de l'article L. 614-11]* » sont applicables à la tenue de l'audience mentionnée au deuxième alinéa de l'article L. **522-1** du code de justice administrative lorsque l'étranger a saisi le tribunal administratif d'une demande de suspension sur le fondement de l'article L. **521-2** du même code. – *[Anc. art. L. 514-1, al. 1er, 3 et 5.]*

Sur l'entrée en vigueur des dispositions du présent art. introduites par l'art. 80 de la L. n° 2024-42 du 26 janv. 2024, V. note ss. art. L. 651-3.

Art. L. 651-7 Lorsque la présence simultanée à Mayotte des magistrats membres de la commission prévue à l'article L. 632-1, ou de leurs remplaçants, n'est pas matériellement possible, le ou les magistrats empêchés peuvent assister à l'audition de l'étranger depuis un autre point du territoire de la République, ce dernier se trouvant relié, en direct, par un moyen de communication audiovisuelle, à la salle dans laquelle siège la commission, où doit être présent au moins un magistrat.

Les modalités d'application du présent article sont déterminées par décret en Conseil d'État. – *[Anc. art. L. 522-3.]*

Art. L. 651-7-1 *(L. n° 2024-42 du 26 janv. 2024, art. 80-II)* Dans le Département de Mayotte, par dérogation à l'article L. 631-2, l'étranger mentionné aux 1° à 4° du même article L. 631-2 peut faire l'objet d'une décision d'expulsion en application de l'article L. 631-1 lorsqu'il a fait l'objet d'une condamnation définitive pour des faits de violence, au sens du paragraphe 2 de la section 1 du chapitre II du titre II du livre II du code pénal, ou pour des faits de viol, d'inceste et d'agressions sexuelles au sens de la section 3 du même chapitre II.

Dans le Département de Mayotte, par dérogation à l'article L. 631-3 du présent code, l'étranger mentionné aux 1° à 5° du même article L. 631-3 peut faire l'objet d'une décision d'expulsion en application de l'article L. 631-1 lorsqu'il a fait l'objet d'une condamnation définitive pour des faits de violence, au sens du paragraphe 2 de la section 1 du chapitre II du titre II du livre II du code pénal, ou pour des faits de viol, d'inceste et d'agressions sexuelles au sens de la section 3 du même chapitre II.

SECTION 5 Dispositions particulières à Saint-Pierre-et-Miquelon

Art. L. 651-8 Pour l'application du présent livre à Saint-Pierre-et-Miquelon, à l'article L. 632-1, les mots : "tribunal judiciaire du chef-lieu du département" sont remplacés par les mots : "tribunal de première instance".

CHAPITRE II DISPOSITIONS APPLICABLES À SAINT-BARTHÉLEMY

Art. L. 652-1 Sous réserve des adaptations prévues par le présent chapitre, les dispositions suivantes sont applicables à Saint-Barthélemy dans leur rédaction résultant de l'ordonnance n° 2020-1733 du 16 décembre 2020, sauf mention contraire ou mention de leur application de plein droit dans le tableau ci-dessous. – *Tableau mod. par L. n° 2021-1109 du 24 août 2021, art. 94.*

Articles applicables	Dans leur rédaction résultant de
Au titre I	
L. 610-1	
L. 611-1	
L. 611-3	La loi n° 2021-1109 du 24 août 2021 confortant le respect des principes de la République
L. 612-1 à L. 612-3	
L. 612-5 à L. 612-12	
L. 613-1 à L. 613-8	
L. 614-1 à L. 614-15	Application de plein droit
L. 614-16 à L. 614-19	
L. 615-1	

Articles applicables	Dans leur rédaction résultant de
L. 615-2	Application de plein droit
Au titre II	
L. 621-1 à L. 622-4	
L. 623-1	Application de plein droit
Au titre III	
L. 630-1	
L. 631-1	
L. 631-2 et L. 631-3	
L. 631-4	
L. 632-1 à L. 632-7	La loi n° 2021-1109 du 24 août 2021 confortant le respect des principes de la République
Au titre IV	
L. 640-1	
L. 641-1 à L. 641-3	

Art. L. 652-2 Pour l'application du présent livre à Saint-Barthélemy :

1° Les dispositions du premier alinéa de l'article L. 614-11 ne sont pas applicables ;

2° Les dispositions du 1° de l'article L. 615-1 ne sont pas applicables ;

3° A l'article L. 632-1, les mots : "tribunal judiciaire du chef-lieu du département" sont remplacés par les mots : "tribunal judiciaire territorialement compétent".

Art. L. 652-3 L'étranger qui demande au tribunal administratif l'annulation de la décision portant obligation de quitter le territoire français dont il fait l'objet peut assortir son recours d'une demande de suspension de son exécution, sans préjudice des dispositions du 1° de l'article L. 762-3.

En conséquence, les articles L. 614-1 à L. 614-18, à l'exception de l'article L. 614-13, ne sont pas applicables à Saint-Barthélemy. Toutefois, les dispositions des deux premiers alinéas de l'article L. 614-11 sont applicables à la tenue de l'audience mentionnée au deuxième alinéa de l'article L. 522-1 du code de justice administrative lorsque l'étranger a saisi le tribunal administratif d'une demande de suspension sur le fondement de l'article L. 521-2 du même code. – *[Anc. art. L. 514-1, al. 1er, 3 et 5.]*

CHAPITRE III DISPOSITIONS APPLICABLES À SAINT-MARTIN

Art. L. 653-1 Sous réserve des adaptations prévues par le présent chapitre, les dispositions suivantes sont applicables à Saint-Martin dans leur rédaction résultant de l'ordonnance n° 2020-1733 du 16 décembre 2020, sauf mention contraire ou mention de leur application de plein droit dans le tableau ci-dessous. – *Tableau mod. par L. n° 2021-1109 du 24 août 2021, art. 94.*

Articles applicables	Dans leur rédaction résultant de
Au titre I	
L. 610-1	
L. 611-1	

Articles applicables	Dans leur rédaction résultant de
L. 611-3	La loi n° 2021-1109 du 24 août 2021 confortant le respect des principes de la République
L. 612-1 à L. 612-3	
L. 612-5 à L. 612-12	
L. 613-1 à L. 613-8	
L. 614-1 à L. 614-15	Application de plein droit
L. 614-16 à L. 614-19	
L. 615-1	
L. 615-2	Application de plein droit
Au titre II	
L. 621-1 à L. 622-4	
L. 623-1	Application de plein droit
Au titre III	
L. 630-1	
L. 631-1	
L. 631-2 et L. 631-3	La loi n° 2021-1109 du 24 août 2021 confortant le respect des principes de la République
L. 631-4	
L. 632-1 à L. 632-7	
Au titre IV	
L. 640-1	
L. 641-1 à L. 641-3	

Art. L. 653-2 Pour l'application du présent livre à Saint-Martin :

1° Les dispositions du premier alinéa de l'article L. 614-11 ne sont pas applicables ;

2° A l'article L. 615-1, les dispositions du 1° ne sont pas applicables ;

3° A l'article L. 632-1, les mots : "tribunal judiciaire du chef-lieu du département" sont remplacés par les mots : "tribunal judiciaire territorialement compétent".

Art. L. 653-3 L'étranger qui demande au tribunal administratif l'annulation de la décision portant obligation de quitter le territoire français dont il fait l'objet peut assortir son recours d'une demande de suspension de son exécution, sans préjudice des dispositions du 1° de l'article L. 763-3.

En conséquence, les articles L. 614-1 à L. 614-18, à l'exception de l'article L. 614-13, ne sont pas applicables à Saint-Martin. Toutefois, les dispositions des deux premiers alinéas de l'article L. 614-11 sont applicables à la tenue de l'audience mentionnée au deuxième alinéa de l'article L. 522-1 du code de justice administrative lorsque l'étranger a saisi le tribunal administratif d'une demande de suspension sur le fondement de l'article L. 521-2 du même code. – *[Anc. art. L. 514-1, al. 1er, 3 et 5.]*

CHAPITRE IV DISPOSITIONS APPLICABLES DANS LES ÎLES WALLIS-ET-FUTUNA

Art. L. 654-1 Sous réserve des adaptations prévues par le présent chapitre, les dispositions suivantes sont applicables dans les îles Wallis-et-Futuna dans leur rédaction

résultant de l'ordonnance n° 2020-1733 du 16 décembre 2020, sauf mention contraire dans le tableau ci-dessous. — *Tableau mod. par L. n° 2021-1109 du 24 août 2021, art. 94 ; L. n° 2023-1059 du 20 nov. 2023, art. 58-II ; Décr. n° 2024-570 du 20 juin 2024, art. 5, en vigueur le 1er sept. 2024.*

Articles applicables	Dans leur rédaction résultant de
Au titre I	
L. 610-1	
L. 611-1	
L. 611-3	**La loi n° 2021-1109 du 24 août 2021 confortant le respect des principes de la République**
L. 612-1 à L. 612-3	
L. 612-5 à L. 612-12	
L. 613-1 à L. 613-4	
L. 613-6 à L. 613-8	
L. 614-1 à L. 614-12	
L. 614-13	**La loi n° 2023-1059 du 20 novembre 2023 d'orientation et de programmation du ministère de la justice 2023-2027**
L. 614-14 à L. 614-19	
L. 615-1 et L. 615-2	
Au titre II	
L. 621-1 à L. 621-3	
L. 622-1 à L. 622-4	
L. 623-1	
Au titre III	
L. 630-1	
L. 631-1	
L. 631-2 et L. 631-3	**La loi n° 2021-1109 du 24 août 2021 confortant le respect des principes de la République**
L. 631-4	
L. 632-1 à L. 632-7	
Au titre IV	
L. 640-1	
L. 641-1 à L. 641-3	

Art. L. 654-2 Pour l'application du présent livre dans les îles Wallis-et-Futuna :

1° Les références au tribunal judiciaire du chef-lieu du département sont remplacées par les références au tribunal de première instance ;

2° Les références à la République d'Islande, à la Principauté du Liechtenstein, au Royaume de Norvège et à la Confédération suisse sont supprimées ;

3° A l'article L. 611-1 :

a) Au 6°, les mots : "a méconnu l'article L. 5221-5 du code du travail" sont remplacés par les mots : "a méconnu les dispositions applicables localement relatives à l'emploi de la main*[-]*d'œuvre étrangère" ;

b) Après le 6°, sont ajoutés un 7° et un 8° ainsi rédigés :

"7° L'étranger a fait l'objet d'une condamnation définitive pour contrefaçon, falsification, établissement sous un autre nom que le sien ou défaut de titre de séjour ;

"8° L'étranger ne peut justifier être entré régulièrement dans les îles Wallis-et-Futuna ou s'y est maintenu au-delà de la durée de validité de son visa ou de la durée de séjour autorisée sans visa, à moins qu'il ne soit titulaire d'un titre de séjour en cours de validité pour les îles Wallis-et-Futuna."

c) Après le dernier alinéa, il est inséré un alinéa ainsi rédigé :

"Lorsque l'étranger est admis à séjourner dans une autre partie du territoire français, la décision mentionnée au premier alinéa ne porte que sur le territoire des îles Wallis-et-Futuna."

4° Les dispositions du premier alinéa de l'article L. 614-11 ne sont pas applicables ;

5° A l'article L. 615-1, les dispositions du 1° ne sont pas applicables ;

6° Le sixième alinéa de l'article L. 632-1 est remplacé par deux alinéas ainsi rédigés :

"*c)* D'un conseiller du tribunal administratif territorialement compétent ;

"*d)* D'une personnalité désignée d'un commun accord par le président du tribunal de première instance et par le président du tribunal administratif mentionné au *c*."

7° A l'article L. 632-2, les mots : "la loi n° 91-647 du 10 juillet 1991 relative à l'aide juridique" sont remplacés par les mots : "l'ordonnance n° 92-1147 du 12 octobre 1992 relative à l'aide juridictionnelle en matière pénale en Nouvelle-Calédonie et dans les îles Wallis-et-Futuna".

CHAPITRE V **DISPOSITIONS APPLICABLES EN POLYNÉSIE FRANÇAISE**

Art. L. 655-1 Sous réserve des adaptations prévues par le présent chapitre, les dispositions suivantes sont applicables en Polynésie française dans leur rédaction résultant de l'ordonnance n° 2020-1733 du 16 décembre 2020, sauf mention contraire ou mention de leur applicabilité de plein droit dans le tableau ci-dessous. – *Tableau mod. par L. n° 2021-1109 du 24 août 2021, art. 94.*

Articles applicables	Dans leur rédaction résultant de
Au titre I	
L. 610-1	
L. 611-1	
L. 611-3	La loi n° 2021-1109 du 24 août 2021 confortant le respect des principes de la République
L. 612-1 à L. 612-3	
L. 612-5 à L. 612-12	
L. 613-1 à L. 613-4	
L. 613-6 à L. 613-8	
L. 614-1 à L. 614-15	Application de plein droit
L. 614-16 à L. 614-19	
L. 615-1	
L. 615-2	Application de plein droit
Au titre II	
L. 621-1 à L. 621-3	
L. 622-1 à L. 622-4	
L. 623-1	Application de plein droit

Articles applicables	Dans leur rédaction résultant de
Au titre III	
L. 630-1	
L. 631-1	
L. 631-2 et L. 631-3	La loi n° 2021-1109 du 24 août 2021 confortant le respect des principes de la République
L. 631-4	
L. 632-1 à L. 632-7	
Titre IV	
L. 640-1	
L. 641-1 à L. 641-3	

Art. L. 655-2 Pour l'application du présent livre en Polynésie française :

1° Les références au tribunal judiciaire du chef-lieu du département sont remplacées par les références au tribunal de première instance ;

2° Les références à la République d'Islande, à la Principauté du Liechtenstein, au Royaume de Norvège et à la Confédération suisse sont supprimées ;

3° A l'article L. 611-1 :

a) Au 6°, les mots : "a méconnu l'article L. 5221-5 du code du travail" sont remplacés par les mots : "a méconnu les dispositions applicables localement relatives à l'emploi de la main*[-]*d'œuvre étrangère" ;

b) Après le 6°, sont ajoutés un 7° et un 8° ainsi rédigés :

"7° L'étranger a fait l'objet d'une condamnation définitive pour contrefaçon, falsification, établissement sous un autre nom que le sien ou défaut de titre de séjour ;

"8° L'étranger ne peut justifier être entré régulièrement en Polynésie française ou s'y est maintenu au-delà de la durée de validité de son visa ou de la durée de séjour autorisée sans visa, à moins qu'il ne soit titulaire d'un titre de séjour en cours de validité pour la Polynésie française."

c) Après le dernier alinéa, il est inséré un alinéa ainsi rédigé :

"Lorsque l'étranger est admis à séjourner dans autre partie du territoire français, la décision mentionnée au premier alinéa ne porte que sur le territoire de la Polynésie française."

4° Les dispositions du premier alinéa de l'article L. 614-11 ne sont pas applicables ;

5° A l'article L. 615-1, les dispositions du 1° ne sont pas applicables.

CHAPITRE VI DISPOSITIONS APPLICABLES EN NOUVELLE-CALÉDONIE

Art. L. 656-1 Sous réserve des adaptations prévues par le présent chapitre, les dispositions suivantes sont applicables en *(L. n° 2023-1059 du 20 nov. 2023, art. 58-II ; Décr. n° 2024-570 du 20 juin 2024, art. 5, en vigueur le 1er sept. 2024)* « Nouvelle-Calédonie » dans leur rédaction résultant de l'ordonnance n° 2020-1733 du 16 décembre 2020, sauf mention contraire ou mention de leur application de plein droit dans le tableau ci-dessous. – *Tableau mod. par L. n° 2021-1109 du 24 août 2021, art. 94.*

Articles applicables	Dans leur rédaction résultant de
Au titre I	
L. 610-1	
L. 611-1	

Articles applicables	Dans leur rédaction résultant de
L. 611-3	La loi n° 2021-1109 du 24 août 2021 confortant le respect des principes de la République
L. 612-1 à L. 612-3	
L. 612-5 à L. 612-12	
L. 613-1 à L. 613-4	
L. 613-6 à L. 613-8	
L. 614-1 à L. 614-15	Application de plein droit
L. 614-16 à L. 614-19	
L. 615-1	
L. 615-2	Application de plein droit
Au titre II	
L. 621-1 à L. 621-3	
L. 622-1 à L. 622-4	
L. 623-1	Application de plein droit
Au titre III	
L. 630-1	
L. 631-1	
L. 631-2 et L. 631-3	La loi n° 2021-1109 du 24 août 2021 confortant le respect des principes de la République
L. 631-4	
L. 632-1 à L. 632-7	
Au titre IV	
L. 640-1	
L. 641-1 à L. 641-3	

Art. L. 656-2 Pour l'application du présent livre en Nouvelle-Calédonie :

1° Les références au tribunal judiciaire du chef-lieu du département sont remplacées par les références au tribunal de première instance ;

2° Les références à la République d'Islande, à la Principauté du Liechtenstein, au Royaume de Norvège et à la Confédération suisse sont supprimées ;

3° A l'article L. 611-1 :

a) Au 6°, les mots : "a méconnu l'article L. 5221-5 du code du travail" sont remplacés par les mots : "a méconnu les dispositions applicables localement relatives à l'emploi de la main*[-]*d'œuvre étrangère" ;

b) Après le 6°, sont ajoutés un 7° et un 8° ainsi rédigés :

"7° L'étranger a fait l'objet d'une condamnation définitive pour contrefaçon, falsification, établissement sous un autre nom que le sien ou défaut de titre de séjour ;

"8° L'étranger ne peut justifier être entré régulièrement en Nouvelle-Calédonie ou s'y est maintenu au-delà de la durée de validité de son visa ou de la durée de séjour autorisée sans visa, à moins qu'il ne soit titulaire d'un titre de séjour en cours de validité pour la Nouvelle-Calédonie."

c) Après le dernier alinéa, il est inséré un alinéa ainsi rédigé :

"Lorsque l'étranger est admis à séjourner dans une autre partie du territoire français, la décision mentionnée au premier alinéa ne porte que sur le territoire de la Nouvelle-Calédonie."

4° Les dispositions du premier alinéa de l'article L. 614-11 ne sont pas applicables ;

5° A l'article L. 615-1, les dispositions du 1° ne sont pas applicables ;

6° A l'article L. 632-2, les mots : "la loi n° 91-647 du 10 juillet 1991 relative à l'aide juridique" sont remplacés par les mots : "l'ordonnance n° 92-1147 du 12 octobre 1992 relative à l'aide juridictionnelle en matière pénale en Nouvelle-Calédonie et dans les îles Wallis-et-Futuna".

CHAPITRE VII DISPOSITIONS APPLICABLES DANS LES TERRES AUSTRALES ET ANTARCTIQUES FRANÇAISES

Le présent chapitre ne comporte pas de dispositions législatives.

LIVRE VII EXÉCUTION DES DÉCISIONS D'ÉLOIGNEMENT

COMMENTAIRE

Les dispositions relatives à l'assignation à résidence et à la rétention administrative (nouveau livre VII) ont été réorganisées afin de mieux faire apparaître leurs différentes phases et le rôle de l'autorité judiciaire dans leur contrôle (Rapp. au Président de la République relatif à l'Ord. n° 2020-1733 du 16 déc. 2020 portant partie législative du code de l'entrée et du séjour des étrangers et du droit d'asile). ❑

Art. L. 700-1 **Le présent livre détermine les règles d'exécution :**

1° Des décisions portant obligation de quitter le territoire français ;

2° Des interdictions de retour sur le territoire français ;

3° Des décisions de mise en œuvre d'une décision prise par un autre État ;

4° Des remises aux autorités d'un autre État ;

5° Des interdictions de circulation sur le territoire français ;

6° Des décisions d'expulsion ;

7° Des peines d'interdiction du territoire français ;

8° Des décisions d'interdiction administrative du territoire lorsque l'étranger est présent sur le territoire français. – *[Anc. art. L. 531-2-1 ; anc. art. L. 531-3, al. 4 ; anc. art. L. 541-3, al. 1er.]*

Art. L. 700-2 **Le chapitre I du titre V du présent livre détermine également les règles applicables à l'exécution des décisions de transfert prises en application de l'article L. 572-1 ou des requêtes aux fins de prise en charge ou de reprise en charge en application du règlement (UE) n° 604/2013 du Parlement européen et du Conseil du 26 juin 2013 établissant les critères et mécanismes de détermination de l'État membre responsable de l'examen d'une demande de protection internationale introduite dans l'un des États membres par un ressortissant de pays tiers ou un apatride.**

TITRE I EXÉCUTION PAR L'ÉTRANGER

Art. L. 710-1 **Conformément à l'article L. 264-1, les dispositions de l'article L. 711-1 et du troisième alinéa de l'article L. 711-2 sont applicables à l'étranger dont la situation est régie par le livre II.**

CHAPITRE UNIQUE

Art. L. 711-1 **L'étranger exécute la décision d'éloignement dont il fait l'objet sans délai ou, lorsqu'il bénéficie d'un délai de départ volontaire pour satisfaire à une décision portant obligation de quitter le territoire français, avant l'expiration de ce délai.**

Art. L. 711-2 **Pour satisfaire à l'exécution d'une décision mentionnée aux 1° et 2° de l'article L. 700-1, l'étranger rejoint le pays dont il a la nationalité ou tout pays, autre qu'un État membre de l'Union européenne, la République d'Islande, la Principauté du Liechtenstein, le Royaume de Norvège ou la Confédération suisse, dans lequel il est légalement admissible.**

Toutefois, si l'étranger est accompagné d'un enfant mineur ressortissant d'un État membre de l'Union européenne ou d'un des États énumérés au premier alinéa et dont il assure seul la garde effective, il est seulement tenu de rejoindre un de ces États.

L'étranger qui fait l'objet d'une décision portant obligation de quitter le territoire français peut solliciter un dispositif d'aide au retour dans son pays d'origine. – *[Anc. art. L. 511-1, I, al. 11, 1re et 2e phr. ; anc. art. L. 512-5, 1re phr.]*

Sur les conditions de l'aide au retour, V. Arr. du 9 oct. 2023, infra.

COMMENTAIRE

L'article L. 711-2 est interprété par le juge administratif comme interdisant de prendre une OQTF à destination d'un État membre de l'Union européenne (V. concl. Pottier sur TA Paris, 16 déc. 2021, n° 2114131 : *AJDA 2022. 589*).

Aide au retour. La loi n° 2018-778 du 10 septembre 2018 pour une immigration maîtrisée, un droit d'asile effectif et une intégration réussie est venue supprimer la « double peine » dont faisaient l'objet les étrangers placés en rétention : outre qu'ils ne bénéficiaient d'aucun délai de départ volontaire, ils étaient, en application de la loi n° 2011-672 du 16 juin 2011, privés de la possibilité de bénéficier de l'aide au retour dans leur pays d'origine. La modification introduite en 2018 vise ainsi à favoriser des départs plus rapides, mieux acceptés et plus respectueux de la dignité humaine. L'étude d'impact du 20 février 2018 indique que cette extension s'effectuera dans le cadre de son enveloppe budgétaire actuelle, anticipant, de façon peut-être optimiste, sur une diminution des frais d'escorte consécutifs aux éloignements forcés.

Analysant ce dispositif, la Cour des comptes (Rapp. de janv. 2024) indique que le système d'aides au retour et à la réinsertion recouvre quatre composantes :

– l'aide au retour volontaire (ARV) consiste dans le versement, en une seule fois, d'une allocation à des ressortissants de pays tiers : 300 € ou 650 € par personne selon leur pays d'origine, auxquels peut s'ajouter une allocation forfaitaire complémentaire de 150 € lorsque le bénéficiaire dispose d'un document de voyage (passeport ou laissez-passer consulaire) ou se charge de son obtention ;

– l'allocation forfaitaire majorée, versée dans le cadre d'opérations ponctuelles d'incitation au retour, visant des catégories précises de personnes étrangères en situation irrégulière. Il s'agit principalement de ressortissants de pays tiers issus des campements de la région des Hauts-de-France. D'un montant de 1 200 € depuis 2018, son montant a fortement baissé depuis 2017 où il s'élevait à 2 500 € par personne ;

– l'aide à la réinsertion, d'un montant maximal de 10 000 €, est versée aux ressortissants de certains pays couverts par un programme défini par l'OFII, en échange de la mise en œuvre d'un projet de réinsertion locale (sociale, par l'emploi ou par la création d'entreprise). Ce projet est suivi localement par l'OFII et le montant est versé progressivement en fonction de l'avancement de la réinsertion ;

– la prise en charge des frais de réacheminement, qui incluent une aide administrative à la préparation du retour, l'achat du titre de transport et la prise en charge des bagages.

La Cour relève encore que « ce dispositif présente un rapport coût-bénéfice très favorable. En moyenne, entre 2017 et 2022, le coût moyen d'un retour volontaire, comprenant l'ensemble des dépenses (à la fois l'aide au retour volontaire et les frais de transport), a été de 1 120 €, soit quatre fois inférieur au coût d'un éloignement forcé, estimé à 4 414 € ».

Afin de le rendre plus attractif, la Cour des comptes recommande d'assouplir le dispositif de l'aide au retour volontaire en termes de personnes éligibles, de durée requise sur le territoire national et de modulation du montant. L'objectif doit être d'accroître le nombre de bénéficiaires.

Tableau n° 8 : bilan des aides délivrées, des bénéficiaires et des divers coûts

	2017	2018	2019	2020	2021	2022
Objectif annuel fixé par le ministère de l'intérieur	6 000	6 500	7 000	7 500	6 000	6 000
Départs volontaires et retours aidés exécutés	7 114	10 678	8 781	4 519	4 678	4 979
dont pays dispensés de visas	43,2 %	55,7 %	65,8 %	69,2 %	44,8 %	41,8 %
Montants exécutés ARV (M€)	4,45	9,58	4,49	2,21	2,99	3,12
Montants exécutés dépenses de transports (M€)	4,71	5,77	4,24	1,94	1,98	2,11
Dépenses totales (M€)	9,16	15,35	8,73	4,15	4,97	5,23
Montant moyen de l'aide versée par personne	626 €	897 €	511 €	489 €	639 €	627 €
Coût total moyen par retour	1 288 €	1 438 €	994 €	918 €	1 062 €	1 050 €

Source : Cour des comptes, d'après les PAP et RAP de la mission « Immigration, Asile, Intégration » et des rapports annuels de l'OFII

❑

Les circonstances que la requérante soit enceinte, que le terme de la grossesse soit prévu dans un mois environ et qu'un recours soit en cours d'instruction devant la CNDA ne sauraient justifier un refus de la proposition de l'OFII permettant à la requérante d'être hébergée, avec ses enfants et son époux, dans le Centre de préparation de l'aide au retour de Libourne, à la condition qu'elle sollicite cette aide. • CE 10 oct. 2019, n° 434950.

Arrêté du 9 octobre 2023,

Relatif à l'aide au retour et à la réinsertion.

Art. 1er L'aide au retour versée par l'Office français de l'immigration et de l'intégration peut comprendre :

1° Une aide administrative et matérielle à la préparation du voyage vers le pays de retour ;

2° Une prise en charge des frais de transport depuis le lieu de départ en France jusqu'à l'arrivée dans le pays de retour, incluant le transport de bagages dans des limites fixées selon les pays de retour par le directeur général de l'Office ;

3° Une allocation forfaitaire incitative, versée au ressortissant étranger en une seule fois, au moment du départ ou dans le pays de retour, dont les montants plafonds, déterminés conformément au tableau n° 1 figurant en annexe du présent arrêté, sont réduits à concurrence de la durée écoulée entre la notification de l'obligation de quitter le territoire français et la date de dépôt de la demande d'aide formulée auprès de l'Office ;

4° A titre exceptionnel, une allocation forfaitaire complémentaire de 150 euros lorsque le demandeur dispose d'un document de voyage ou se charge de son obtention.

Le directeur général de l'Office français de l'immigration et de l'intégration peut décider, après demande du préfet de département compétent et information du directeur général des étrangers en France, dans le cadre d'opérations d'incitation au retour, d'accorder un montant majoré de l'allocation forfaitaire prévue au 3° du présent article, pour les ressortissants d'une ou plusieurs nationalités ou pour des catégories définies en fonction de leur situation administrative, et dont les montants plafonds sont définis au tableau n° 2 figurant en annexe du présent arrêté.

Art. 2 Une aide à la réinsertion peut être octroyée, lorsque le pays de retour est couvert par un programme défini par le directeur général de l'Office, en complément ou indépendamment de l'aide au retour visée à l'article 1er.

Cette aide est constituée d'un ou plusieurs des éléments suivants :

1° Une aide à la réinsertion sociale (niveau 1) dont le montant est déterminé, dans les limites prévues au tableau n° 3 figurant en annexe du présent arrêté, en fonction de la composition familiale et des besoins des bénéficiaires ;

2° Une aide à la réinsertion par l'emploi (niveau 2), incluant éventuellement une formation professionnelle ;

3° Une aide à la réinsertion par la création d'entreprise (niveau 3), après examen de situation et sélection des projets de réinsertion en fonction de leur caractère pérenne, incluant éventuellement une formation professionnelle.

Ces allocations sont versées dans le pays de retour.

Art. 3 Les aides mentionnées au présent arrêté sont versées à l'étranger en situation irrégulière sur le territoire français s'il fait l'objet d'une décision portant obligation de quitter le territoire français au moment de son départ, ou à l'étranger ressortissant d'un pays tiers signataire d'un accord intergouvernemental en vigueur avec la France qui prévoit un dispositif d'aide à la réinsertion dans le pays d'origine.

Les ressortissants de l'Union européenne, d'un État partie à l'accord sur l'Espace économique européen, de la Confédération suisse, d'Andorre, de Monaco, de San Marin ou du Vatican, ne peuvent bénéficier des aides prévues au présent arrêté.

Les ressortissants d'un pays tiers exempté de visa, de Biélorussie et du Kosovo, ne peuvent bénéficier des allocations prévues au 3° de l'article 1er et des aides prévues à l'article 2 si l'obligation de quitter le territoire français dont ils font l'objet n'est pas assortie, au moment de leur départ, d'une interdiction de retour sur le territoire français prononcée en application des articles L. 612-6 à L. 612-11 du CESEDA.

Les ressortissants d'un pays tiers exempté de visa, de Biélorussie et du Kosovo, ne peuvent bénéficier de l'aide à la réinsertion prévue à l'article 2 lorsque l'obligation de quitter le territoire français a été notifiée plus de quatre mois avant la date de dépôt de la demande d'aide.

Le demandeur doit justifier qu'il réside en France depuis au moins trois mois consécutifs, sauf circonstances exceptionnelles.

Nul ne peut bénéficier plus d'une fois de ces aides.

Art. 4 L'arrêté du 27 avril 2018 relatif à l'aide au retour et à la réinsertion est abrogé (NOR : INTV1809081A).

Art. 5 Les dispositions du présent arrêté s'appliquent aux demandes d'aide enregistrées à compter du lendemain de sa publication.

ANNEXES

TABLEAU N° 1

MONTANTS PLAFONDS DE L'ALLOCATION FORFAITAIRE INCITATIVE PRÉVUE AU 3° DE L'ARTICLE 1ER RELATIF À L'AIDE AU RETOUR, PAR RESSORTISSANT

	Montant maximal (en euros)		
Phases calculées entre la notification de l'obligation de quitter le territoire français et la date de dépôt de la demande d'aide formulée auprès de l'OFII	Premier mois - phase 1	Deux à quatre mois - phase 2	Plus de quatre mois - phase 3
Ressortissant de pays tiers dispensé de visa, de Biélorussie et du Kosovo	300	150	0
Autre ressortissant de pays tiers	1 200	600	400

TABLEAU N° 2

MONTANTS PLAFONDS DE L'ALLOCATION FORFAITAIRE INCITATIVE MAJORÉE PRÉVUE AU 3° DE L'ARTICLE 1ER RELATIF À L'AIDE AU RETOUR, PAR RESSORTISSANT

	Montant maximal (en euros)		
Phases calculées entre la notification de l'obligation de quitter le territoire français et la date de dépôt de la demande d'aide formulée auprès de l'OFII	Premier mois - phase 1	Deux à quatre mois - phase 2	Plus de quatre mois - phase 3
Ressortissant de pays tiers dispensé de visa, de Biélorussie et du Kosovo	500	250	0
Autre ressortissant de pays tiers	2 500	800	400

TABLEAU N° 3

MONTANT MAXIMAL DE L'AIDE À LA RÉINSERTION SOCIALE (NIVEAU 1)

	Montant maximal (en euros)
Personne isolée	400
Enfant mineur à charge	300
Couple	800

TITRE II EXÉCUTION PAR L'AUTORITÉ ADMINISTRATIVE

Art. L. 720-1 Conformément à l'article L. 264-1, les dispositions des articles L. 721-2 à L. 721-5, L. 722-1 à L. 722-8 et L. 722-11 sont applicables à l'étranger dont la situation est régie par le livre II.

CHAPITRE I PRÉPARATION DE L'EXÉCUTION D'OFFICE

Art. L. 721-1 Les dispositions du présent chapitre sont applicables à l'étranger faisant l'objet d'une décision d'éloignement dès son édiction puis à tout moment de la procédure jusqu'à ce qu'il soit procédé à son éloignement effectif.

SECTION 1 Décisions pouvant être prises à tout moment de la procédure

SOUS-SECTION 1 Transmission d'informations en vue de la mise en œuvre d'une décision d'éloignement

Art. L. 721-2 A la demande de l'autorité administrative, le directeur général de l'Office français de protection des réfugiés et apatrides communique à des agents habilités des documents d'état civil ou de voyage permettant d'établir la nationalité de la personne dont la demande d'asile a été rejetée ou, à défaut, une copie de ces documents, à condition que cette communication s'avère nécessaire à la mise en œuvre d'une décision d'éloignement et qu'elle ne porte pas atteinte à la sécurité de cette personne ou de ses proches.

Les modalités de désignation et d'habilitation de ces agents sont fixées par décret en Conseil d'État. – *[Anc. art. L. 723-9.]*

COMMENTAIRE

La rédaction du présent article est ambiguë puisqu'elle permet, dans une certaine mesure, de préserver la confidentialité des informations alors que, par hypothèse, l'étranger concerné ne s'est vu reconnaître ni le statut de réfugié ni la protection subsidiaire. Si l'intéressé n'a besoin d'aucune protection, les informations le concernant ne devraient ainsi pas être susceptibles de porter atteinte à sa sécurité ou à celle de ses proches.

Or, les documents en cause sont ceux qui s'avèrent nécessaires à la mise en œuvre d'une mesure d'éloignement ; y figurent à l'évidence les éléments relatifs à la nationalité de l'intéressé puisque le pays de destination sera en principe celui dont l'intéressé a la nationalité. Si vraiment l'intéressé ne court aucun risque en cas de retour dans son pays d'origine, pourquoi prendre tant de précautions ? ❑

Le Conseil constitutionnel a insisté sur le fait que la communication des documents prévue au présent art. ne pouvait concerner que des personnes dont la demande d'asile avait été rejetée ; par ailleurs, les agents habilités à recevoir ces informations doivent être désignés en fonction des responsabilités qu'ils exercent dans le cadre de l'application de la législation relative à l'entrée et au séjour des étrangers. • Cons. const. 4 déc. 2003, n° 2003-485 DC.

SOUS-SECTION 2 Désignation du pays de renvoi

Art. L. 721-3 L'autorité administrative fixe, par une décision distincte de la décision d'éloignement, le pays à destination duquel l'étranger peut être renvoyé en cas d'exécution d'office d'une décision portant obligation de quitter le territoire français, d'une interdiction de retour sur le territoire français, d'une décision de mise en œuvre d'une décision prise par un autre État, d'une interdiction de circulation sur le territoire français, d'une décision d'expulsion, d'une peine d'interdiction du territoire français ou d'une interdiction administrative du territoire français. – *[Anc. art. L. 214-4, al. 2, 2e phr. ; anc. art. L. 513-3, al. 1er ; anc. art. L. 523-2.]*

COMMENTAIRE

Quelle que soit la mesure d'éloignement en cause, la fixation du pays de destination repose sur une fiction juridique puisque cette décision est toujours considérée comme distincte de la mesure d'éloignement.

L'autorité compétente pour fixer le pays de destination est la même que celle qui décide de la mesure d'éloignement, y compris en cas de délégation de signature.

S'agissant d'une mesure de police, l'arrêté fixant le pays de destination doit être motivé. En revanche, l'obligation faite à l'administration de mettre l'intéressé à même de présenter ses observations (CRPA, art. L. 121-1) ne s'applique pas s'agissant de la décision fixant le pays de renvoi dans la mesure où l'étranger dispose d'un recours suspensif contre l'arrêté de reconduite à la frontière et la mesure portant obligation de quitter le territoire français.

S'agissant des décisions portant OQTF, on rappellera qu'elles combinent en réalité la décision sur le séjour, la mesure d'éloignement, l'éventuel délai de départ et la fixation du pays de destination. Ces décisions rassemblées en une seule font l'objet d'un régime contentieux spécifique.

Lorsque la décision fixant le pays de renvoi vise à exécuter une mesure d'OQTF ou de reconduite à la frontière, le recours contentieux contre cette décision n'est suspensif d'exécution que s'il est présenté au président du tribunal administratif en même temps que le recours contre la mesure d'éloignement qu'elle vise à exécuter. Ainsi, quand le président du tribunal administratif est simultanément saisi d'un recours contre la mesure d'éloignement et d'un autre contre l'arrêté fixant le pays de destination, il statue sur les deux recours selon la procédure prévue pour l'OQTF.

L'annulation de la décision fixant le pays de destination a pour effet d'empêcher la mise à exécution de la mesure d'éloignement. ❑

I. PROCÉDURE

1. Introduit par la L. du 24 août 1993, le présent art. reprend une solution jurisprudentielle antérieure qui distinguait déjà la mesure d'éloignement de la décision fixant le pays de destination : pour l'expulsion. • CE 6 nov. 1987, *Buayi : Lebon 348 ; AJDA 1987. 713 ; RFDA 1988. 86, concl. Vigouroux.* ♦ ... Pour la reconduite à la frontière. • CE 17 déc. 1990, *Ouejdedi : Lebon 363.* ♦ ... Pour une mesure d'interdiction judiciaire du territoire. • CE 23 mai 1997, *M. Ansari Fahim,* n° 163119.

2. Délai de départ. L'annulation de la décision refusant d'accorder un délai à un étranger pour quitter le territoire français est sans incidence sur la décision fixant le pays de renvoi, cette dernière décision étant prise en vue de l'exécution d'office de l'OQTF, qui peut intervenir tant lorsque le délai de départ volontaire qui a été accordé à l'intéressé pour se conformer à cette obligation est expiré que lorsqu'un tel délai lui a été refusé. • CAA Paris, 20 janv. 2012, *Préfet de police c/ M. Silva Da Costa,* n° 11PA04240 : *AJDA 2012. 1161, note Roussel.*

3. Recours effectif. La circonstance que la décision d'éloignement et la mesure fixant le pays de destination obéissent, le cas échéant, à des procédures différentes, ne permet pas de regarder l'étranger comme privé d'un recours effectif au sens de l'art. 13 Conv. EDH. • CE 24 juin 2002, *Préfet de la Haute-Garonne c/ Terzout-Yettou,* n° 215400 B.

4. Acte. La fixation du pays de destination ne doit pas nécessairement figurer dans une décision matériellement distincte. • CE 13 déc. 1995, *M. Vaz,* n° 170664. ♦ Lorsqu'une mesure d'éloignement ne détermine pas le pays de destination, elle ne peut être considérée comme comportant une décision implicite relative au pays de destination. • CE 18 janv. 2002, *Préfet du Val-d'Oise c/ Issad,* n° 228122. ♦ Si le dispositif de la mesure d'éloignement ne mentionne aucun pays de destination, la circonstance que ses motifs indiquent que l'intéressé n'établit pas être exposé à des peines ou traitements inhumains ou dégradants en cas de retour dans son pays d'origine ou celui de son choix ne suffit pas à considérer que la mesure d'éloignement comporte la décision distincte fixant le pays de destination. • CE 24 janv. 2007, *Préfet de l'Essonne,* n° 266135.

5. Les décisions par lesquelles l'administration refuse ou retire à un étranger le droit de demeurer sur le territoire français, l'oblige à quitter ce territoire et lui signifie son pays de destination sont, depuis l'entrée en vigueur de la L. du 24 juill. 2006 relative à l'intégration et à l'immigration, en principe, regroupées au sein d'un acte administratif unique. Toutefois, la décision fixant le pays de renvoi constitue une décision distincte de l'OQTF, qui fait d'ailleurs l'objet d'une motivation spécifique. Elle est ainsi sans incidence sur la légalité de la décision portant OQTF. L'adoption de la décision fixant le pays de renvoi conditionne, en revanche, la possibilité pour l'administration d'exécuter d'office l'OQTF. La circonstance que l'autorité administrative n'a pas fixé le pays de renvoi concomitamment à l'OQTF ne fait pas obstacle à ce que l'étranger soit placé en rétention. • CE 14 déc. 2015, n° 393591 A : *AJDA 2015. 2463*. ♦ L'étranger conserve la possibilité de contester la décision fixant le pays de renvoi édictée postérieurement à l'OQTF dans les conditions prévues aux art. L. 512-1 et L. 512-3 alors même que la mesure d'éloignement et, le cas échéant, la mesure de placement en rétention auraient déjà été contestées et que le recours formé contre ces décisions aurait été rejeté par le tribunal administratif. L'exercice de cette voie de recours revêt alors un caractère suspensif et l'OQTF ne peut faire l'objet d'une exécution forcée tant que le tribunal administratif n'a pas statué sur ce recours. Le délai de recours court à compter de la notification à l'intéressé de la décision fixant le pays de renvoi mais l'exercice de cette voie de recours n'a pas pour effet de prolonger ni de rouvrir le délai de recours contentieux contre l'OQTF notifiée avant la décision fixant le pays de renvoi. • Même arrêt.

6. Annulation de la mesure d'éloignement. Alors même que la mesure d'éloignement est distincte de la décision fixant le pays de destination, le juge peut procéder à l'annulation de la mesure d'éloignement en raison des risques encourus par le requérant en cas de retour dans son pays d'origine ; ainsi, compte tenu des circonstances dans lesquelles la requérante a rompu ses attaches familiales en Algérie pour rejoindre la France et des risques personnels qu'elle encourrait en cas de retour dans son milieu familial d'origine, la mesure d'éloignement est entachée d'une erreur manifeste dans l'appréciation de ses conséquences sur la situation personnelle de la requérante. • CE 8 mars 2004, *Mlle Gouder*, n° 258829.

7. Compétence. C'est le préfet qui est compétent pour prendre la décision fixant le pays de destination, même lorsqu'il s'agit d'une mesure d'expulsion ayant été prise par le ministre de l'Intérieur. • CE 27 mai 1998, *Min. Intérieur c/ M. Attou*, n° 167886. ♦ Une délégation de signature signée par le préfet pour signer les OQTF et les arrêtés de reconduite à la frontière s'étend également à la décision fixant le pays de renvoi. • CE 25 nov. 1998, *Préfet de police c/ Tandia : Lebon T. 690.*

8. Motivation. S'agissant d'une mesure de police, l'arrêté fixant le pays de destination doit être motivé. • TA Châlons-sur-Marne, 30 mai 1995, *Fouzari*, n° 95143 B • CAA Lyon, 19 nov. 1998, *Khedairia : Lebon T. 699* • CAA Douai, 4 juin 2009, *Kirouane*, n° 08DA01424. ♦ La motivation doit révéler qu'a été réalisé un examen particulier de la situation de l'intéressé au regard des effets de la décision fixant le pays de renvoi. • CAA Bordeaux, 17 févr. 2009, *Préfet de la Charente c/ Foli-Gboboe*, n° 08BX01914.

9. Procédure contradictoire. L'obligation faite à l'administration de mettre l'intéressé à même de présenter ses observations (L. du 12 avr. 2000, art. 24 ; V. désormais CRPA, art. L. 121-1) ne s'applique pas s'agissant de la décision fixant le pays de renvoi dans la mesure où l'étranger dispose d'un recours suspensif contre la mesure d'éloignement. • CE 18 mars 2002, *Moussa*, n° 239106. ♦ V. déjà sous l'empire du Décr. de 1983 : • CE 14 mars 2001, *Boulahas*, n° 208923 : *Lebon 119 ; RFDA 2001. 772*. ♦ En l'absence de recours suspensif (s'agissant en l'espèce d'une interdiction du territoire), la décision fixant le pays de renvoi a le caractère d'une mesure de police soumise notamment aux dispositions de l'art. 24 de la L. du 12 avr. 2000 ; ainsi, préalablement à l'intervention de la décision, l'autorité administrative a l'obligation de mettre la personne intéressée à même de présenter des observations écrites et, le cas échéant, orales en se faisant assister par un conseil de son choix. • TA Amiens, 17 juill. 2008, *M. Kanté*, n° 0702705 : *AJDA 2009. 118*.

10. Lorsqu'une décision fixant le pays de destination est susceptible d'être contestée en même temps que la mesure d'éloignement pour l'exécution de laquelle elle est prise, aucune procédure contradictoire particulière n'a été prévue lorsque le préfet fixe le pays de destination à une personne qui ne bénéficie pas des garanties procédurales attachées à la contestation simultanée de la mesure d'éloignement ; par suite, dans cette hypothèse, il appartient au préfet de mettre l'intéressé à même de présenter ses observations écrites et, le cas échéant, orales, conformément à l'art. 24 de la L. du 12 avr. 2000. • CAA Lyon, 15 janv. 2009, *Mme Iakubova*, n° 07LY00954.

11. En ne mettant pas un étranger en instance d'éloignement en mesure de présenter ses observations sur la désignation du pays de destination, le préfet commet une irrégularité de nature à faire naître un doute sérieux quant à la légalité de cette décision, justifiant une mesure de suspension. • CE 24 févr. 2003, *Fadiga*, n° 243603 • CAA Lyon, 20 nov. 2003, *M. H.*, n° 98LY00259 : *AJDA 2004. 729*.

II. RÈGLES CONTENTIEUSES

12. La distinction des deux décisions entraîne les conséquences suivantes : l'illégalité de la décision fixant le pays de renvoi ne peut être invoquée à l'appui du recours contre la mesure d'éloignement. • CE 27 mai 1998, *Préfet de police c/ M. Assovskii*, n° 180921. ♦ ... Seule l'exception d'illégalité peut être invoquée, à la condition que la mesure d'éloignement ne soit pas définitive. • CE 8 mars 2002, *Gassama*, n° 224514 B. ♦ ... L'art. 3 Conv. EDH n'est pas opposable à une mesure d'éloignement qui ne fixe pas le pays de renvoi. • CE 21 mai 1997, *Mme Kolela Muana*, n° 157781. ♦ ... La circonstance que l'intéressé n'est admissible dans aucun pays n'entache pas la mesure d'éloignement d'illégalité. • CE 11 juin 1997, *Préfet de police c/ Stepanian,* n° 182101.

13. La mesure fixant le pays de destination peut toujours faire l'objet d'un recours autonome. • CE 18 sept. 1996, *Mlle Tameghe Megne,* n° 169969 : *D. 1996. IR 218*. ♦ Le juge des référés peut en être valablement saisi au titre de l'art. L. 521-2 CJA. • CE 27 mars 2001, *Djalout : Lebon 158 ; Gaz. Pal. 13-14 juill. 2001, Pan. dr. adm. ; JCP 2002. II. 10003, note Lichère ; RFDA 2001. 766* • 15 oct. 2001, *Min. Intérieur c/ Hamani : Lebon 466.* ♦ C'est le cas même en présence d'une décision consécutive à une mesure judiciaire d'interdiction du territoire. • CE 29 avr. 2002, *Min. Intérieur c/ Mehdi,* n° 239733.

14. Nature du recours. Le recours formé contre la décision fixant le pays de destination obéit aux mêmes règles que le recours principal contre la mesure d'éloignement, y compris en matière d'OQTF et de reconduite à la frontière. • CE, avis cont., 26 mai 1995, *Botos : Lebon 218 ; LPA 9 août 1995, concl. du Marais ; D. 1996. Somm. 101, note Julien-Laferrière*. ♦ Cette solution s'applique alors même que la mesure d'éloignement et la décision fixant le pays de renvoi ont été prises à des dates différentes et sont contestées par des demandes distinctes mais simultanées. • CAA Nantes, 22 juill. 2004, *Préfet d'Eure-et-Loir,* n° 04NT00237 B. ♦ Par suite, la forclusion attachée au recours contre la mesure d'éloignement a été étendue au recours formé contre la décision fixant le pays de renvoi. • CE 13 déc. 1995, *M. Vaz,* n° 170664. ♦ L'appel formé contre la décision fixant le pays de renvoi relève de la compétence de la cour administrative d'appel territorialement compétente et non du président de la section du contentieux du Conseil d'État. • CE 10 déc. 1997, *Mme Razafindrakoto,* n° 183998.

15. En dehors du contentieux spécial des arrêtés de reconduite à la frontière et des mesures portant OQTF, l'arrêté fixant le pays de destination n'est susceptible que du recours pour excès de pouvoir de droit commun et n'a donc point d'effet suspensif. • CE 21 févr. 1997, *Préfet du Loiret c/ N'djeka Okitembo,* n° 160522. ♦ Le même principe s'applique aux mesures judiciaires d'interdiction du territoire : la décision fixant le pays de renvoi est susceptible de recours pour excès de pouvoir dans les conditions de droit commun. • CE 26 mai 1995, *Stein : Gaz. Pal. 8-9 nov. 1995, nos 312-313, p. 7*

16. Référé-suspension. Le requérant peut obtenir la suspension en référé d'un arrêté fixant le pays de destination si le recours n'est pas introduit en même temps que le recours formé contre la mesure d'éloignement. • CE 14 oct. 2002, *M. Yediayli,* n° 243938 B • 6 nov. 2002, *Min. Intérieur c/ M. Markarov : Lebon T. 777 ; AJDA 2003. 93, note Julien-Laferrière*. ♦ Cette demande est sans objet si la mesure d'éloignement a été exécutée. • TA Marseille, 31 mai 1999, *Préfet du Gard,* n° 99MA00691. ♦ Le Conseil d'État a réservé l'hypothèse où la fixation du pays de renvoi affecterait gravement la liberté personnelle de l'étranger, qui se trouverait éloigné vers un pays où il encourrait des risques pour sa vie ; mais une telle décision ne peut, par elle-même, porter atteinte à la liberté d'aller et venir ou au droit à mener une vie familiale normale : l'atteinte résultera dans tous les cas d'une autre décision, intervenue antérieurement (décision judiciaire d'interdiction du territoire ou décision administrative de reconduite à la frontière). • CE 27 mars 2001, *Djalout : préc. note 13.*

17. L'urgence à prononcer la mesure de suspension de la décision fixant le pays de renvoi ne disparaît pas nécessairement alors même que l'intéressé a formé un recours gracieux contre cette décision. • CE 6 nov. 2002, *Min. Intérieur c/ M. Markarov : préc. note 16.*

18. Conséquences de l'annulation. L'annulation de la décision fixant le pays de destination a pour effet d'empêcher la mise à exécution de la mesure d'éloignement ; dans cette hypothèse, l'étranger concerné fera le plus souvent l'objet d'une mesure de rétention administrative ou, le cas échéant, d'assignation à résidence. • Civ. 2e, 12 nov. 1997, *Préfet de police c/ M. Jeganathan : Bull. civ. II, n° 264.* ♦ L'annulation de la décision fixant le pays de destination peut aboutir à obliger l'administration soit à prononcer l'assignation à résidence de l'intéressé, soit à réexaminer sa situation en vue d'une éventuelle régularisation. • TA Rennes, 8 juin 2000, *Atas : RFDA 2001. 1019, concl. Coënt*. ♦ L'annulation de la décision fixant le pays de destination n'implique nécessairement ni que le préfet délivre un titre de séjour ni même qu'il délivre une autorisation provisoire de séjour ; en revanche, elle implique nécessairement que le préfet réexamine la situation de la personne, le cas échéant sous injonction. • CAA Lyon, 27 sept. 2016, n° 15LY00887 : *AJDA 2016. 2473*.

19. Si la décision fixant le pays de renvoi a fait l'objet d'une annulation contentieuse, cela n'interdit pas à l'autorité administrative de prendre ultérieurement la même décision si des faits nouveaux, postérieurs à ceux qui ont motivé le jugement, étaient de nature à établir que les circonstances, définitivement appréciées par ledit jugement, avaient évolué. • CE 11 déc. 1996, *Préfet du Rhône,* n° 168443 • CAA Lyon, 4 janv. 2011, *M. B.,* n° 10LY00527. ♦ L'autorité de chose jugée, qui s'attache au dispositif d'un jugement ayant annulé la décision fixant le pays de renvoi et au motif qui en est le soutien nécessaire, ne faisait pas, par elle-même, obstacle à ce que le préfet de la Haute-Vienne, réexaminant la situation de l'intéressé, comme il lui était enjoint de le faire, et prenant en compte, comme il le devait, les éléments de fait et de droit existant à la date dudit réexamen, s'assurât de la réalité à cette date des risques que l'intéressé disait encourir en cas de retour dans son pays d'origine ; elle ne faisait donc pas obstacle à ce qu'il fît conduire une enquête sur les documents dont l'intéressé se prévalait, alors même qu'ils avaient déjà été produits lors de l'instance ayant donné lieu au jugement d'annulation et qu'à l'issue de cette enquête il désignât à nouveau son pays d'origine comme pays de renvoi, en particulier lorsqu'il apparaît que les documents dont se prévaut l'intéressé sont empreints d'incohérences, de contradictions et de lacunes quant à l'identité de leurs auteurs ou à la qualité des institutions dont ils sont censés émaner de sorte que leur authenticité ne peut être regardée comme établie. • CAA Bordeaux, 28 avr. 2011, *M. Fabrice Dreush Goma,* n°s 10BX01876 et 10BX02128.

20. L'annulation de la décision fixant le pays de destination interdit de procéder à l'exécution de la mesure d'éloignement sauf si l'autorité administrative procède à de nouvelles diligences pour fixer un autre pays de renvoi ; le juge judiciaire, saisi aux fins de prolongation de la rétention dans ce cadre, doit ainsi s'assurer desdites diligences du préfet ; à défaut, il doit être mis fin à la rétention. • Civ. 1re, 23 nov. 2016, n° 15-28.375.

21. La CJUE a toutefois considéré que, lorsque l'autorité nationale compétente modifie le pays de destination mentionné dans une décision de retour antérieure, elle apporte une modification à ce point substantielle à cette décision de retour qu'elle doit être considérée comme ayant adopté une nouvelle décision de retour au sens de l'art. 3, pt 4, de la Dir. 2008/115/CE. • CJUE 14 mai 2020, n^{os} C-924/19 PPU et C-925/19 PPU : *DP étrangers, juin 2020, note Pouly ; RTD eur. 2021. 199, obs. Barbou des Places ; ibid. 904, note Coutron.*

22. Expulsion. Seules les formations collégiales des tribunaux administratifs peuvent statuer sur les demandes d'annulation d'une décision fixant le pays de renvoi d'un étranger faisant l'objet d'un arrêté d'expulsion, alors même que l'intéressé est maintenu en rétention et que l'arrêté d'expulsion n'a pas été contesté. De tels litiges ne peuvent pas davantage donner lieu à une dispense de prononcé des conclusions à l'audience par le rapporteur public, en application de l'art. R. 732-1-1 CJA selon lequel les contentieux relatifs à l'éloignement des étrangers peuvent faire l'objet d'une telle dispense, à l'exception des expulsions. • CE 22 mars 2022, n° 446639 B : *AJDA 2022. 654.*

Art. L. 721-4 L'autorité administrative peut désigner comme pays de renvoi :

1° Le pays dont l'étranger a la nationalité, sauf si l'Office français de protection des réfugiés et apatrides ou la Cour nationale du droit d'asile lui a reconnu la qualité de réfugié ou lui a accordé le bénéfice de la protection subsidiaire ou s'il n'a pas encore été statué sur sa demande d'asile ;

2° Un autre pays pour lequel un document de voyage en cours de validité a été délivré en application d'un accord ou arrangement de réadmission européen ou bilatéral ;

3° Ou, avec l'accord de l'étranger, tout autre pays dans lequel il est légalement admissible.

Un étranger ne peut être éloigné à destination d'un pays s'il établit que sa vie ou sa liberté y sont menacées ou qu'il y est exposé à des traitements contraires aux stipulations de l'article 3 de la Convention européenne de sauvegarde des droits de l'homme et des libertés fondamentales du 4 novembre 1950. – *[Anc. art. L. 214-4, al. 2, 2e phr. ; anc. art. L. 513-2 ; anc. art. L. 523-2.]*

BIBL. ▸ Brach-Thiel, La peine de mort : un obstacle à l'extradition ?, *Gaz. Pal. 2-3 sept. 2011, p. 16.* - Marguénaud, Peine de mort : le droit du Conseil de l'Europe, *ibid., p. 5.*

COMMENTAIRE

I. PRINCIPES

La mesure d'éloignement ne peut être exécutée sans que soit fixé le pays de destination de l'intéressé. La détermination de celui-ci repose en principe sur la nationalité de l'intéressé. La directive 2008/115/CE du 16 décembre 2008 définit la notion de « retour » comme le fait, pour le ressortissant d'un pays tiers, de rentrer (que ce soit par obtempération volontaire à une obligation de retour ou en y étant forcé) dans son pays d'origine, dans un pays de transit conformément à des accords ou autres arrangements de réadmission communautaires ou bilatéraux, ou dans un autre pays tiers dans lequel le ressortissant concerné d'un pays tiers décide de retourner volontairement et sur le territoire duquel il sera admis. Ce sont ces principes qui sont repris aux 2° et 3° du présent article par la loi du 7 mars 2016.

Le pays de destination ne pourra pas non plus être le pays d'origine de l'étranger lorsque l'Office français de protection des réfugiés et apatrides ou la Cour nationale du droit d'asile lui a reconnu le statut de réfugié, lui a accordé la protection subsidiaire ou s'il n'a pas encore été statué sur sa demande d'asile.

Au-delà de ces exceptions expressément prévues par le texte lui-même, la jurisprudence a tenu compte d'autres considérations, en particulier des choix de l'intéressé lui-même ainsi que des risques encourus en cas de retour dans le pays d'origine.

En effet, la fixation du pays de destination en cas de mesure d'éloignement constitue le domaine d'élection de l'application de l'article 3 de la convention européenne de sauvegarde des droits de l'homme et des libertés fondamentales (Conv. EDH), lequel est d'ailleurs spécifiquement mentionné au dernier alinéa de l'article L. 513-2. Le droit interne a ici repris l'essentiel de l'acquis de la jurisprudence de la Cour européenne des droits de l'homme (CEDH) qui considère, depuis la fin des années 1980, qu'une mesure d'éloignement d'un étranger peut constituer un traitement inhumain ou dégradant.

Il résulte de ce qui précède que l'autorité administrative doit prendre en considération, au regard de la situation personnelle de la personne intéressée, l'ensemble des circonstances de fait, notamment l'existence d'une situation générale de violence ou de conflit dans le pays de destination, l'appartenance de l'intéressé à une minorité exposée ainsi que les éléments propres à la personne. Lorsque le cumul de ces éléments de fait parvient à un certain niveau de risque de traitement inhumain ou dégradant, il incombe à l'autorité administrative soit de renoncer à l'exécution de la mesure d'éloignement, soit de fixer un autre pays dans lequel l'étranger pourrait être accueilli sans risque.

C'est à l'intéressé qu'incombe la charge de la preuve des risques encourus en cas de retour dans le pays d'origine. Cette obligation est toutefois souvent difficile à accomplir s'agissant d'étrangers qui ont souvent fui leur pays d'origine avec lequel ils n'ont plus de relations effectives. Il existe à cet égard une évolution notable de la jurisprudence de la Cour européenne des droits de l'homme (V. *AJDA 2010. 1005, chron Flauss*) qui détermine de plus en plus fréquemment la réalité des risques encourus sur les rapports émanant d'organisations internationales (notamment le HCR), des États ou des organisations non gouvernementales.

S'agissant des *demandeurs d'asile déboutés*, la position de l'autorité administrative et du juge est ici relativement difficile dès lors que l'absence de « persécutions » résulte de la décision même de l'Office français de protection des réfugiés et apatrides (OFPRA) ou de la Cour nationale du droit d'asile. Par suite, le juge se fondera souvent sur la décision négative de l'OFPRA (et éventuellement de la Cour) pour considérer que rien ne s'oppose au renvoi vers le pays d'origine, tout en rappelant que le juge n'est pas lié par ces décisions.

Si l'État d'accueil donne des assurances sérieuses et étayées qu'il n'existe en fait pas de risque de traitement inhumain ou dégradant (par ex. l'engagement de l'État d'accueil de ne pas mettre à exécution la peine de mort), le moyen tiré d'une violation de l'article 3 de la convention européenne de sauvegarde des droits de l'homme et des libertés fondamentales sera écarté. Reste que la jurisprudence est particulièrement vigilante quant à l'appréciation des assurances données.

II. CARACTÈRES DES RISQUES ENCOURUS

Les risques invoqués en cas de retour dans le pays d'origine doivent présenter deux caractères principaux : ils doivent être personnels, c'est-à-dire potentiellement subis par l'intéressé lui-même ; ils doivent être sérieux et graves, ce qui entraîne une certaine subjectivité de l'appréciation.

Puisque les risques invoqués doivent présenter un *caractère personnel*, le juge ne tiendra en principe aucun compte des risques encourus par les membres de la famille de l'intéressé, sauf à imaginer une combinaison avec les stipulations de l'article 8 de la Conv. EDH. En effet, si ces risques empêchent en fait l'étranger d'emmener sa famille avec lui, la mesure pourra être annulée pour atteinte excessive au droit à une vie familiale normale. Par ailleurs, un étranger peut toutefois entrer dans le champ d'application de ces dispositions alors même qu'il n'est visé que par « ricochet », comme cela peut être le cas pour les membres de la famille d'un réfugié statutaire.

L'étranger ne peut se contenter de faire état d'une situation politique troublée dans son pays, même marquée par des scènes de violence. Il n'en ira différemment que dans la mesure où les fonctions exercées par l'intéressé sont susceptibles d'entraîner un risque particulier compte tenu de la situation politique ou sociale de son pays d'origine.

Les motifs allégués doivent être sérieux et particulièrement graves, ce qui laisse une marge de manœuvre importante à l'autorité administrative, sous le contrôle du juge. Les circonstances de fait sont ici déterminantes et nécessitent une appréciation au cas par cas. Si des menaces de mort ou, *a fortiori*, l'existence d'un risque sérieux d'application de la peine de mort répondent à l'évidence à cette exigence de gravité, celle-ci est plus difficile a établir dans les autres cas, notamment s'agissant de la notion de traitement qualifié de dégradant.

III. ORIGINE DU RISQUE

La question s'est rapidement posée de savoir si les risques invoqués par l'étranger ne devaient résulter que de l'action (ou de l'abstention) des autorités de l'État de destination ou s'ils pouvaient également être la conséquence de l'action de groupements privés. La CEDH étend l'application de l'article 3 à des comportements imputables à des personnes privées, ce que le juge interne a repris à son compte. Cela signifie que la protection tirée de l'article 3 de la Conv. EDH est plus large que celle issue de la convention de Genève.

Il en va de même s'agissant des clauses d'exclusion prévues par la convention de Genève qui autorisent à retirer le statut de réfugié (par ex. lorsque l'intéressé est indigne de bénéficier d'une protection, art. 1er, F, b) mais n'entraînent pas une diminution de la protection tirée de l'article 3 de la Convention EDH.

Il résulte de la jurisprudence, tant européenne qu'interne, que le risque réel et avéré peut provenir de trois séries de motifs : l'engagement politique, l'appartenance à une communauté spécifique et enfin le mode de vie.

Ainsi, indépendamment même de l'obtention du statut de réfugié, le requérant peut encourir des risques personnels en raison de son *engagement politique* dans son pays d'origine, notamment lorsque celui-ci l'expose à des poursuites pénales en cas de retour. C'est le cas par exemple de ressortissants turcs membres du PKK ou de ressortissants sri-lankais d'origine tamoule. Cet engagement politique sera apprécié en particulier à l'aune des fonctions que l'intéressé a pu exercer par le passé, l'exposant à des risques spécifiques en raison notamment de changements politiques dans son pays d'origine.

Le caractère personnel des risques encourus peut encore provenir de l'*appartenance à une communauté spécifique*, à condition que l'intéressé apporte la preuve de l'existence de risques personnels particuliers. Autrement dit, l'appartenance à un « groupe social » ne suffit pas à révéler une violation potentielle de l'article 3 de la convention européenne de sauvegarde des droits de l'homme et des libertés fondamentales, même si ce groupe fait l'objet d'un traitement discriminatoire, sauf une fois encore à prouver que cette appartenance expose l'intéressé à des risques personnels graves.

Enfin, le juge prend également en compte le *mode de vie* de l'intéressé, en rupture avec les traditions ou les usages moraux et religieux du pays d'origine. La jurisprudence est toutefois extrêmement nuancée et tente d'évaluer les conséquences personnelles pour l'étranger du renvoi vers son pays d'origine. Cette question s'est posée en particulier posée pour des étrangers en cours de traitement hormonal pour *transsexualisme*, le juge appréciant le risque en cas de retour à l'aune des critères dégagés pour évaluer les conséquences, y compris psychologiques, de l'interruption du traitement sur l'état de santé de l'intéressé (V. *supra*, notes ss. art. L. 512-1). Le juge tient également compte des conditions de prise en charge du transsexualisme dans le pays d'origine et des risques de mauvais traitements auxquels le requérant serait personnellement exposé en raison de la situation des transsexuels faite dans le pays d'origine.

Les mêmes difficultés sont apparues en présence de risques d'*excision* auxquels les filles d'un étranger peuvent être exposées en cas de retour dans le pays d'origine. Il appartiendra en particulier à l'intéressé d'apporter la preuve du caractère effectif du risque, surtout lorsque les autorités du pays de destination luttent effectivement contre cette pratique. ❑

PLAN DES ANNOTATIONS

I. PRINCIPES

1. Le juge judiciaire est incompétent pour se prononcer sur la légalité de la décision administrative fixant le pays de renvoi d'un étranger. • Civ. 1re, 5 déc. 2018, no 17-30.978 : *AJDA 2018. 2424 ; D. 2018. 2417.*

A. DÉTERMINATION DU PAYS DE DESTINATION

2. Pays de nationalité. Le pays de destination est en principe l'État dont l'étranger a la nationalité lorsque le requérant n'établit pas la preuve qu'il risque des traitements contraires à l'art. 3 Conv. EDH. • CE 2 oct. 1995, *Préfet des Yvelines,* no 155030. ♦ En décidant que l'étranger serait reconduit à destination de tout pays dans lequel il serait légalement admissible, le préfet doit être regardé comme ayant décidé que l'étranger pourrait notamment être reconduit vers le pays dont il a la nationalité ; le moyen tiré d'une éventuelle violation de l'art. 3 Conv. EDH est par conséquent opérant. • CE 28 juill. 2000, *Sarr,* no 206525 B.

3. En ne recherchant pas préalablement la nationalité de l'intéressé, le préfet l'a privé de la possibilité de faire valoir ses objections quant au choix du pays de destination et n'a pas mis à même le juge d'exercer son contrôle au regard des stipulations de l'art. 3 Conv. EDH. • CAA Douai, 11 juin 2009, *Préfet de la Somme c/ Kuc,* no 09DA00274.

4. Choix de l'étranger. Le Conseil d'État a toutefois jugé que l'étranger ne doit pas être renvoyé dans le pays de sa nationalité s'il a sa résidence dans un autre pays ou s'il est légalement admissible dans un autre pays. Ainsi, dans toute la mesure du possible, l'administration doit tenir compte du choix de l'étranger. A ainsi été considéré comme entaché d'erreur manifeste d'appréciation l'éloignement d'un Sénégalais vers son pays d'origine alors qu'il résidait depuis plusieurs années en Italie et était porteur d'un titre de séjour valable dans ce pays. • CE 19 juin 1996, *Préfet des Yvelines c/ M. Diop : Lebon 234 ; D. 1997. Somm. 36, comm. Julien-Laferrière.* ♦ V. aussi • CE 26 sept. 2001, *Préfet de police c/ Mbengue : Lebon 429 ; RFDA 2001. 1335.*

5. Résident de longue durée – UE. Quand le préfet prononce une OQTF à l'égard d'un étranger résident de longue durée dans un autre pays de l'UE que la France, il ne peut désigner comme pays de destination un ou des pays n'appartenant pas à l'UE que si l'intéressé représente une menace réelle et suffisamment grave pour l'ordre public ou la sécurité publique. • CAA Lyon, 29 oct. 2015, *Préfet de l'Isère,* no 15LY00457 : *AJDA 2016. 526* • CAA Douai, 16 mai 2018, no 17DA02015 : *AJDA 2018. 2112.*

6. Invocabilité de l'art. 3 Conv. EDH. La CEDH considère que l'art. 3 est applicable à l'éloignement d'un étranger vers le territoire d'un État partie à la convention. • CEDH 12 oct. 2005, *Chamaïev et a. c/ Géorgie et Russie,* no 36378/02. ♦ Le Conseil d'État considère que le moyen tiré de la violation de l'art. 3 Conv. EDH ne peut être utilement invoqué que contre la décision fixant le pays de destination et non contre la mesure d'éloignement. • CE 16 févr. 2000, *Préfet du Val-d'Oise c/ Slimane,* no 203399 • 29 nov. 2002, *Préfet de police c/ Faked,* no 244752 • 16 janv. 2004, *M. X.,* no 255554. ♦ La cour administrative d'appel de Paris a toutefois admis le caractère opératoire des art. 2 et 3 Conv. EDH à l'encontre de la mesure d'éloignement elle-même. • CAA Paris, 15 déc. 2006, *Préfet de police c/ Jabnoun,* no 06PA00482 : *Lebon 615 ; AJDA 2007. 749, note Lecucq ; RFDA 2007. 169.* ♦ Le juge fait désormais également référence à l'art. 19, al. 2, de la Charte UE aux termes duquel « nul ne peut être éloigné, expulsé ou extradé vers un État où il existe un risque sérieux qu'il soit soumis à la peine de mort, à la torture ou à d'autres peines ou traitements inhumains ou dégradants ». • CAA Douai, 22 sept. 2001, *Mme A.,* no 11DA00357. ♦ Il est impossible de renvoyer un étranger, sous le coup d'une interdiction du territoire français, vers un pays dans lequel il a été condamné à mort, alors même que ce pays (en l'espèce, le Maroc) a suspendu les exécutions depuis 1993. • CAA Nancy, 20 févr. 2014, no 13NC00985.

7. La CEDH a jugé que l'extradition d'un ressortissant chinois vers son pays d'origine serait constitutive d'une violation de l'art. 3 dès lors que selon plusieurs sources, le système pénitentiaire chinois se caractérise par une situation générale de violence à l'égard des détenus. • CEDH 6 oct. 2022, *L. c/ Pologne,* no 37610/18.

8. Position de la CEDH. Les mauvais traitements allégués doivent atteindre le minimum de gravité exigible ; l'État doit procéder à une évaluation complète de tous les risques encourus, tant du fait de la situation générale du pays que de la situation personnelle de l'intéressé, à la lumière de la situation actuelle et de son évolution probable ; une situation de violence dans un pays ne suffit que très exceptionnellement à caractériser une violation de l'art. 3, c'est-à-dire les cas les plus extrêmes de violence généralisée ; les informations produites doivent présenter un degré minimum de fiabilité et d'objectivité ; tel est le cas lorsqu'elles émanent d'États, d'ONG reconnues et d'institutions internationales, notamment des Nations unies. • CEDH 17 juill. 2008, *N. A. c/ Royaume-Uni,* n° 25904/07 • 26 nov. 2009, *Tabesh c/ Grèce,* n° 8256/07.

9. La Cour a ainsi conclu à la violation de l'art. 3 en cas : d'extradition vers le Kazakhstan en se fondant sur un ensemble de rapports d'ONG ou d'États démontrant l'existence de tortures et de mauvais traitements dans le cadre des détentions. • CEDH 19 nov. 2009, *Kaboulov c/ Ukraine,* n° 41015/04. ♦ ... Renvoi d'un requérant tamoul vers le Sri Lanka. • CEDH 19 sept. 2013, *R. J. c/ France,* n° 10466/11. ♦ ... Du renvoi vers l'Iran d'un ancien membre des services de renseignements iraniens. • CEDH 10 oct. 2013, *K. K. c/ France,* n° 18913/11. ♦ ... Du renvoi vers la République démocratique du Congo d'un opposant politique au régime du président Kabila. • CEDH 14 nov. 2013, *Z. M. c/ France,* n° 40042/11. ♦ ... Du renvoi vers le Pakistan d'une personne de confession ahmadie, considérée comme une branche déviante et hérétique de l'islam. • CEDH 19 déc. 2013, *N. K. c/ France,* n° 7974/11. ♦ De l'expulsion vers l'Algérie d'un étranger condamné pour faits de terrorisme : s'il est légitime que les États contractants fassent preuve d'une grande fermeté à l'égard de ceux qui contribuent à des actes de terrorisme, qu'ils ne sauraient en aucun cas cautionner, des rapports du comité des Nations unies contre la torture et de plusieurs ONG décrivent une situation préoccupante en Algérie (nombreux cas d'interpellation par le département du renseignement et de la sécurité, placement en détention sans contrôle judiciaire, mauvais traitements). • CEDH 1er févr. 2018, n° 9373/15 : *AJDA 2018. 250*.

10. A noter que la CEDH étend la protection tirée de l'art. 3 aux étrangers sous le coup d'une mesure d'éloignement à l'hypothèse où le risque de mauvais traitements émane de simples particuliers. • CEDH 8 mars 2007, *Collins et A. Akaziebie c/ Suède,* n° 23944/05. ♦ Violation de l'art. 3 Conv. EDH en raison du renvoi d'un ressortissant gambien homosexuel vers son pays d'origine, la Cour ayant estimé que les autorités n'avaient pas correctement apprécié le risque induit de persécutions. Si l'existence d'une loi interdisant les pratiques homosexuelles dans un pays comme la Gambie ne suffit pas à rendre un renvoi vers ce territoire contraire à l'art. 3, il convient, pour autant, d'évaluer la capacité et la volonté des autorités du pays d'origine de protéger ses ressortissants persécutés en raison de leur orientation sexuelle par des acteurs privés. • CEDH 17 nov. 2020, *B. et C. c/ Suisse,* nos 889/19 et 43987/16 : *DP étrangers, Bull. n° 306, janv. 2021, p. 15.*

11. Lorsque des étrangers sont refoulés vers leur pays de provenance (et non d'origine), il appartient à l'État qui procède au refoulement de s'assurer que le pays d'accueil offre des garanties suffisantes permettant d'éviter que les étrangers en cause ne soient expulsés vers leur pays d'origine. • CEDH 23 févr. 2012, *Hirsi Jamaa et a. c/ Italie,* n° 27765/09.

12. Il appartient à l'administration d'apprécier les risques encourus par un étranger dans le pays vers lequel elle envisage de l'éloigner indépendamment des critères de reconnaissance de la qualité de réfugié ; ainsi, le fait que le demandeur aurait commis des actes visés par le § F de l'art. 1er de la Conv. de Genève (crimes contre la paix) ne fait pas obstacle à ce que ces actes soient regardés, à raison des risques qu'ils impliquent en cas de retour de l'intéressé dans son pays d'origine, comme empêchant son éloignement à destination de ce pays. • CE 28 juill. 2004, *Préfet de la Gironde c/ M. Mecif,* n° 240985. ♦ Même solution s'agissant du refus de la reconnaissance en qualité de réfugié en raison de la commission de crimes graves de droit commun (art. 1er, F, b, Conv. Genève). • CAA Douai, 9 oct. 2008, *Hassan Ahmed,* n° 07DA00626.

13. La protection tirée de l'art. 3 Conv. EDH présente un caractère absolu et ne peut être amoindrie en raison des agissements de l'intéressé lui-même, aussi indésirables ou dangereux soient-ils ; il ne peut exister de mise en balance du risque encouru par la personne éloignée et de la dangerosité que l'intéressé représente pour la population de l'État de résidence. • CEDH 28 févr. 2008, *Saadi c/ Italie,* n° 37201/06. ♦ Même solution s'agissant d'un ressortissant algérien condamné pour avoir préparé un attentat terroriste pour Al-Qaïda et dont la demande d'asile avait été rejetée par la CNDA au motif d'agissements contraires aux buts et principes de Nations unies. • CEDH 3 déc. 2009, *M. Daoudi c/ France,* n° 1957/08. ♦ L'art. 3 garantit l'une des valeurs les plus fondamentales des sociétés démocratiques et doit être appliqué, même s'agissant d'un individu soupçonné de terrorisme. • CEDH 20 juill. 2010, *M. A. c/ Pays-Bas,* n° 4900/06. ♦ La CEDH confirme cette position s'agissant d'un ressortissant algérien condamné en France pour des faits de contrefaçon de monnaie, alors même que l'état d'urgence avait été récemment levé en Algérie. Ce ressortissant avait été condamné en Algérie, dix ans auparavant, par contumace, à la réclusion à perpétuité pour terrorisme. La Cour a estimé qu'il existait toujours un risque réel que le requérant soit soumis à des traitements contraires à l'art. 3 de la convention de la part des autorités algériennes en cas de mise à exécution de la mesure de renvoi. • CEDH 22 sept. 2011, *H. R. c/ France,* n° 64780/09 : *D. actu. 10 oct. 2011, obs. Gayet.* ♦ La Cour considère que la décision par laquelle un ressortissant irakien décide de rentrer dans son pays d'origine après avoir essuyé plusieurs refus de reconnaissance du statut de réfugié en Belgique et faute d'espoir d'une quelconque régularisation de sa situation, ne peut être considérée comme un renoncement au bénéfice tiré de la protection de l'art. 3. • CEDH 31 janv. 2012, *M. S. c/ Belgique,* n° 50012/08.

14. La CEDH n'hésite pas à se fonder non seulement sur les éléments du dossier (ex. des certificats médicaux), mais également sur la situation générale et l'engagement politique postérieur de l'intéressé ; la Cour se fonde sur le caractère absolu de la protection tirée de l'art. 3 pour conclure à sa violation dès lors que les éléments retenus suffisent à rendre vraisemblables les allégations de torture. • CEDH 18 avr. 2013, *Mo.M c/ France,* n° 18372/10. ♦ Même position s'agissant d'un Égyptien en raison de son appartenance à la communauté copte, le demandeur ayant été victime de violences physiques et ayant été condamné (par contumace) à 3 ans d'emprisonnement pour prosélytisme ; la Cour prend acte du climat de violence rapporté par les rapports d'Amnesty International et du département d'État américain ainsi que de la réticence des autorités égyptiennes à assurer une protection des membres de cette communauté ; ainsi, « tout porte à croire » que le demandeur, considéré comme étant un prosélyte, serait une cible privilégiée de persécutions et de violences de la part d'intégristes musulmans, qu'il soit libre ou incarcéré. • CEDH 6 juin 2013, *M. E. c/ France,* n° 50094/10. ♦ V. aussi s'agissant de l'expulsion de ressortissants syriens par la Russie vers leur pays d'origine : la Cour procède à une analyse détaillée des études et rapports réalisés par le Haut Commissariat des Nations unies aux droits de l'homme, le Conseil de sécurité des Nations unies ou des ONG de défense des droits de l'homme, comme Human Rights Watch, constatant la détérioration grave et continue de la situation des droits de l'homme et de la situation humanitaire en Syrie. • CEDH 15 oct. 2015, *L. M. et a. c/ Russie,* n°s 40081/4, 40088/14 et 40127/14 : *Constitutions 2015. 551, note Danelciuc-Colodrovschi.* ♦ Ainsi, la Cour tient compte des contextes national et international, profondément et durablement marqués par la lutte contre le terrorisme, expliquant qu'un Marocain condamné en France pour terrorisme puisse faire l'objet de mesures de contrôle et de surveillance à son retour au Maroc, sans que celles-ci puissent, *ipso facto,* être constitutives d'un traitement prohibé par l'art. 3. • CEDH 19 avr. 2018, *A. S. c/ France,* n° 46240/15 : *AJDA 2018. 878.*

15. Demandeur d'asile. Il résulte de l'ensemble des stipulations de la convention d'application de l'accord de Schengen, signée le 19 juin 1990, relatives au traitement des demandes d'asile, que les dispositions du présent art. doivent être interprétées comme faisant obstacle à ce qu'un étranger, dont la demande de reconnaissance de la qualité de réfugié est en cours d'examen dans un État partie à ladite convention, soit éloigné à destination du pays dont il a la nationalité. • CE 30 juill. 2003, *Préfet de la Seine-Saint-Denis c/ M. Blaise Touré,* n° 245575 B : *AJDA 2003. 2325, note Domingo.*

16. L'étranger invoquant des persécutions verra sa demande en principe rejetée : s'il n'a pas saisi l'OFPRA. • CE 2 oct. 1995, *M. Malla,* n° 159501. ♦ ... S'il n'a pas interjeté appel de la décision négative de l'OFPRA. • CE 30 déc. 1996, *Mlle Diarra,* n° 171932.

17. La saisine de l'OFPRA postérieurement à l'intervention de l'arrêté de reconduite à la frontière est sans incidence sur la légalité de la décision fixant le pays de renvoi qui doit s'apprécier à la date à laquelle elle a été prise ; cette saisine fait seulement obligation au préfet de s'abstenir de mettre à exécution cette mesure d'éloignement jusqu'à la notification de la décision de l'office à l'intéressé. • CE 1er févr. 1999, *Préfet de police c/ M. Visan,* n° 199529.

18. Asile intérieur. Si l'intéressé peut bénéficier, dans le pays de renvoi, d'un « asile intérieur » (notion issue de la Dir. 2004/83/CE du 29 avr. 2004), le moyen tiré de la violation de l'art. 3 sera écarté. • Comm. EDH 7 mars 1996, *Amaro Zapata Salazar et cts,* n° 28987/95 • CEDH 6 mars 2001, *Hilal c/ Royaume-Uni,* n° 45276/99. ♦ V. aussi • CEDH 1er juin 2010, *Mawaka c/ Pays-Bas,* n° 29031/04 • CAA Douai, 19 juin 2018, n° 18DA00572 : *AJDA 2018. 1549, note Riou.* ♦ *A contrario* : • CEDH 11 janv. 2007, *Salah Sheekh c/ Pays-Bas,* n° 1948/04. ♦ L'autorité administrative peut fixer comme lieu de destination une région partie de l'État dont l'étranger possède la nationalité. • CAA Lyon, 11 mai 2006, *Min. Intérieur c/ Helsoni,* n° 01LY00756.

19. Intérêt supérieur de l'enfant. Les mesures d'éloignement frappant un couple marié qui permettent de renvoyer les époux dans un pays différent auraient nécessairement pour effet de séparer, même provisoirement, les enfants de l'un de leurs parents ; ainsi, les arrêtés litigieux, en tant qu'ils rendaient possible l'éloignement de l'un des époux à destination d'un pays différent de celui de son conjoint méconnaissaient l'intérêt supérieur de leurs enfants. • CE 28 janv. 2013, *Min. Intérieur c/ Épx Pogossian,* n° 359324 : *AJDA 2013. 956.*

B. PREUVE

20. C'est au requérant d'apporter la preuve des risques qu'il encourt. • CE 26 juill. 1996, *M. Bouhafs,* n° 163053 • CEDH 23 août 2016, *J. K. et a. c/ Suède,* n° 59166/12 : *AJDA 2017. 160, chron. Burgorgue-Larsen.* ♦ Ce moyen est ainsi très fréquemment invoqué mais rarement accueilli en raison de l'absence d'éléments probants. • CE 20 juin 1997, *M. Ozcan*, n° 183066 • CAA Douai, 19 juin 2018, n° 17DA01849 : *AJDA 2018. 1549, note Riou*. ♦ La CEDH procède de manière identique. • CEDH 17 janv. 2006, *Aoulmi c/ France*, n° 50278/99. ♦ La circonstance que les documents attestant de la réalité de risques personnels graves auxquels l'intéressé serait exposé en cas de retour dans son pays d'origine n'aient pas été présentés lors de l'instruction de la demande de titre de séjour n'est pas de nature à priver ces documents de toute valeur probante. • CE 18 févr. 2004, *Préfet du Doubs c/ M. Attaf*, n° 254297. ♦ La preuve est aisément rapportée lorsqu'elle résulte de sources d'informations crédibles et de l'épilogue d'événements connus. • CEDH 5 juill. 2005, *Saïd c/ Pays-Bas*, n° 2345/02. ♦ On note à cet égard que la CEDH se fonde de plus en plus sur des rapports d'organisations internationales ou d'États. • CEDH 22 sept. 2009, *Abdolkhani et Karimnia c/ Turquie*, n° 30471/08 • 19 janv. 2010, *Z. N. S. c/ Turquie*, n° 21896/08.

21. Si les documents présentés par l'intéressé ne sont pas contestés par l'autorité administrative, ils peuvent être de nature à entraîner l'annulation de la décision fixant le pays de destination. • CE 23 févr. 1998, *Préfet de la Somme c/ M. Nkrumah*, n° 185554. ♦ C'est le cas par ex. : d'un avis de recherche et d'un mandat d'amener pour atteinte à la sécurité de l'État. • CE 29 juill. 1998, *Préfet de la Haute-Garonne c/ Kabalu*, n° 187915. ♦ ... D'un jugement de condamnation à 5 ans d'emprisonnement en raison des opinions politiques de l'intéressé. • CE 30 nov. 2001, *Préfet des Yvelines c/ Sen*, n° 227055. ♦ ... D'un document établi par la gendarmerie nationale algérienne. • CE 4 juin 2004, *Préfet de police c/ M. Ghoubali*, n° 247597. ♦ ... D'une attestation émanant de l'inspecteur général de la wilaya chargé de la sécurité au ministère de l'Intérieur de la République algérienne précisant que l'intéressé et sa famille ont été à plusieurs reprises la cible d'attaques terroristes, notamment de l'incendie de leur habitation, conduisant les autorités de police à leur fournir une protection. • CE 23 nov. 2005, *M. Hamidi Boudjeltia*, n° 274314.

22. Si le préfet conteste l'authenticité des documents présentés, il doit apporter, à l'appui de cette contestation, des éléments de nature à l'étayer. • CE 14 janv. 2005, *M. Gulubay*, n° 267774. ♦ En effet, il appartient à une partie qui conteste l'authenticité d'un document de rapporter la preuve de son caractère apocryphe : la seule circonstance que ce document a été produit postérieurement aux décisions des organes de l'asile, qui n'avaient pas jugé convaincantes les déclarations de l'intéressé, ne saurait affecter son authenticité ou son caractère probant. De même, il importe peu que les documents en cause n'aient été produits qu'en copies. • CAA Lyon, 29 janv. 2015, n° 14LY01750.

23. Demandeurs d'asile déboutés. L'absence de « persécutions » au sens de la Conv. de Genève résulte ici de la décision même de l'OFPRA ou de la commission des recours. Par suite, le juge se fondera souvent sur la décision négative de l'OFPRA (et éventuellement de la CNDA) pour considérer que rien ne s'oppose au renvoi vers le pays d'origine. Toutefois, il appartient à l'autorité administrative chargée de prendre la décision fixant le pays de renvoi d'un étranger qui fait l'objet d'une mesure d'éloignement de s'assurer, sous le contrôle du juge, que les mesures qu'elle prend n'exposent pas l'étranger à des risques sérieux pour sa liberté ou son intégrité physique, non plus qu'à des traitements contraires à l'art. 3 Conv. EDH ; si l'autorité administrative est en droit de prendre en considération, à cet effet, les décisions qu'ont prises, le cas échéant, l'OFPRA ou la CNDA saisis par l'étranger de demandes de titre de réfugié, l'examen et l'appréciation par ces dernières instances des faits allégués par le demandeur d'un tel statut et des craintes qu'il énonce, ces décisions ne lient pas l'autorité administrative. Celle-ci ne peut ainsi motiver sa décision uniquement par référence à l'autorité de la chose jugée de la décision de la CRR. • CE 27 mai 1998, *Préfet de police c/ M. Assovskii*, n° 180921.

24. Une décision négative de l'OFPRA ainsi que des décisions d'autres autorités administratives refusant de régulariser l'intéressé ne lient pas le préfet et ne le dispensent pas de vérifier que la mesure n'expose pas l'étranger à des risques sérieux pour sa liberté ou son intégrité physique ou à des traitements inhumains ou dégradants. • CE 28 févr. 1997, *Préfet du Val-d'Oise c/ Gummus*, n° 147981. ♦ Il en va de même d'une décision antérieure refusant l'asile territorial (aujourd'hui la protection subsidiaire). • CE 6 févr. 2002, *Préfet des Hauts-de-Seine c/ Hammi*, n° 224493. ♦ Reste qu'une décision de refus d'asile territorial entraînera souvent la confirmation par le juge de la décision fixant le pays de destination. • CE 4 avr. 2001, *Préfet de l'Essonne c/ Mebrak*, n° 214210.

25. Des éléments de preuve rejetés par l'OFPRA peuvent être produits au soutien de la contestation du pays de destination, en l'occurrence s'agissant d'un Algérien ayant été employé par les services culturels de l'ambassade de France en Algérie comme agent de service au lycée français d'Alger. • CE 14 nov. 1997, *M. Arezki Gacem*, n° 185664. ♦ V. aussi • CE 4 nov. 1996, *Préfet du Val-d'Oise*, n° 159531 : *RFDA 1997. 202*. ♦ Des éléments non examinés par l'OFPRA ou la CNDA peuvent suffire au juge administratif pour établir la réalité des craintes alléguées par un demandeur d'asile débouté. • CAA Versailles, 20 oct. 2009, *Kahraman*, n° 08VE03360. ♦ Annulation de la décision fixant le pays de renvoi afin de garantir au requérant l'effectivité de son recours devant la

CNDA en raison de la production de pièces nouvelles permettant de considérer que la demande n'était pas manifestement dilatoire. • TA Rennes, 24 mars 2010, *Anyaegbunam,* n° 1001142. ♦ V. aussi s'agissant d'un ressortissant iranien ayant commis un adultère, risquant la peine de mort par lapidation en cas de renvoi en Iran, alors même que la CNDA avait rejeté ces arguments : • CAA Lyon, 2 juin 2010, *Nasizadeh,* n° 09LY02034.

26. Pour fixer le pays de destination et apprécier les risques encourus, le préfet ne peut tirer les conséquences du rejet d'une demande d'asile (par l'OFPRA ou la CNDA) que pour autant que les organes de l'asile se sont prononcés à l'égard de ce pays ; tel n'était pas le cas en l'espèce, s'agissant de requérants devant être éloignés à destination de la Russie alors que l'OFPRA et la CNDA n'avaient examiné leurs craintes de persécution que vis-à-vis de l'Arménie. • CAA Marseille, 15 juin 2020, n° 20MA00421 : *AJDA 2020. 2241*.

27. Assurances de l'État d'accueil. Le moyen tiré d'une violation de l'art. 3 sera écarté si l'État responsable de la mesure d'éloignement a obtenu des assurances réelles de la part de l'État d'accueil. Par ex. : engagement des autorités judiciaires américaines de ne pas requérir la peine de mort. • Comm. EDH 20 janv. 1994, *Joy Aylor Davis c/ France,* n° 22742/93 : *DR 76-A, p. 164* • CEDH 16 oct. 2001, *Einhorn c/ France,* n° 71555/01 • 10 août 2006, *Olaechea Cahuas c/ Espagne,* n° 24668/03. ♦ V. aussi pour l'engagement de la Syrie de ne pas refouler les requérants vers la Somalie où ils risquaient des mauvais traitements : • Comm. EDH 18 oct. 1993, *Isse Barir c/ France,* n° 19776/92. ♦ La CEDH a pu ainsi se contenter du fait qu'aucune exécution n'avait eu lieu au Kazakhstan en 2007-2008 et des assurances du Gouvernement selon lequel l'étranger serait poursuivi pour une infraction n'entraînant pas la peine de mort (alors même que le mandat d'extradition prévoyait l'inverse). • CEDH 19 nov. 2009, *Kaboulov c/ Ukraine,* n° 41015/04.

28. La CEDH considère que les assurances diplomatiques données par l'État de destination ne sont pas suffisantes pour établir l'existence de garanties suffisantes dès lors que des sources dignes de foi font état de pratiques contraires à l'art. 3. • CEDH 19 juin 2008, *Riabikine c/ Russie,* n° 8320/04. ♦ Dès lors que la peine de mort est désormais abolie dans le cadre du Conseil de l'Europe, la CEDH considère que les États membres doivent s'abstenir de remettre des personnes aux mains d'autorités susceptibles de les condamner à mort. • CEDH 2 mars 2010, *Al Saadoon et Mufdhi c/ Royaume-Uni,* n° 61498/08 : *LPA 26 mars 2010, n° 61, p. 5, note Lesaffre.* ♦ La Cour considère ainsi que le degré de souffrance psychologique liée au risque de subir la peine de mort constitue à lui seul un traitement inhumain. • Même arrêt. ♦ La Cour a récemment affirmé la prohibition, en toutes circonstances, de la peine de mort, considérée comme l'anéantissement délibéré et prémédité d'un être humain par les autorités de l'État ; elle provoque des douleurs physiques et d'immenses souffrances psychologiques chez les personnes concernées et ce, quel que soit le mode d'exécution ; en ce sens, elle peut être considérée comme un traitement inhumain et dégradant. • Même arrêt.

II. CARACTÈRES DES RISQUES ENCOURUS

29. Le risque doit être réel et personnel, et doit être établi par des motifs sérieux et avérés. • CEDH 7 juill. 1989, *Soering c/ Royaume-Uni : série A, n° 161.*

30. La CEDH apprécie les risques encourus par un étranger sous le coup d'une mesure d'éloignement au moment où elle examine la cause. • CEDH 30 oct. 1991, *Vilvarajah c/ Royaume-Uni : série A, n° 215.* ♦ Elle prend ainsi en considération des faits nouveaux apparus dans le pays de destination et évalue la situation des demandeurs en raison de leurs activités dans le pays d'accueil (en l'espèce, conversion du demandeur au christianisme). • CEDH 23 mars 2016, *F. G. c/ Suède,* n° 43611/11. ♦ V. aussi • CEDH 23 août 2016, *J. K. et a. c/ Suède,* n° 59166/12 : *AJDA 2017. 160, chron. Burgorgue-Larsen*.

31. Renvoi de terroristes vers l'Algérie. La CEDH a condamné la France pour violation des art. 3 (interdiction de la torture et des traitements inhumains et dégradants) et 34 (droit de requête individuelle) Conv. EDH lors de l'exécution hâtive d'une décision d'expulsion d'un ressortissant algérien condamné pour actes de terrorisme ; en effet, des rapports du comité des Nations unies contre la torture et de plusieurs ONG décrivent une situation préoccupante en Algérie (nombreux cas d'interpellation par le département du renseignement et de la sécurité, placement en détention sans contrôle judiciaire, mauvais traitements). • CEDH 1er févr. 2018, n° 9373/15 : *préc. note 9.* ♦ La Cour a toutefois fait évoluer sa jurisprudence au motif qu'aucun rapport international ne semble faire état d'allégations d'individus liés au terrorisme et se plaignant de torture ou de traitements inhumains ou dégradants de la part des autorités algériennes pour les années 2017 et 2018. • CEDH 29 avr. 2019, n° 12148/18 : *AJDA 2019. 910 ; ibid. 1764, note Gauthier*.

A. CARACTÈRE PERSONNEL

32. Situation politique troublée. Il appartient à l'intéressé d'apporter la preuve que c'est bien sa situation personnelle qui est en cause. • CE 31 mars 1999, *Mme Arbadji,* n° 198629. ♦ Par suite, l'argumentation ne peut être fondée exclusivement sur la situation politique de son pays. • CE 8 oct. 1993, *Préfet de Seine-Maritime c/ Muslum Erkan : Lebon T. 779* • CE 26 févr. 2001, *Mme Fadiadji,* n° 223953 B. ♦ En particulier, l'existence d'une situation générale de violence dans un pays (en l'occurrence l'Afghanistan) n'est pas, à elle seule, de nature à entraîner une violation de l'art. 3 Conv. EDH. • CEDH 20 sept. 2007, *Sultani c/ France,* n° 45223/05. ♦ Par ex., le contexte général en Irak n'établit aucunement que la situation personnelle de l'intéressé pourrait être pire que celle d'autres membres de la minorité turkmène, ni même que celle des autres habitants de l'Irak du Nord. • CEDH 26 avr. 2005, *Müslim c/ Turquie,* n° 53566/99. ♦ De même, la production d'un rapport de la CNDA relatif aux persécutions subies par la communauté kurde en Arménie est insuffisante pour établir le caractère personnel des risques encourus. • CAA Nantes, 27 juill. 2009, *Ahmedov,* n° 08NT02021.

33. La CEDH considère désormais qu'une situation générale de violence peut, dans des circonstances exceptionnelles, par son intensité même, exposer toute personne qui retourne dans ce pays à un risque réel. • CEDH 28 juin 2001, *Sufi et Elmi c/ Royaume-Uni,* n°s 8319/07 et 11449/07. ♦ V. aussi • CJCE 17 févr. 2009, *Elgafaji,* n° C-465/07 : *AJDA 2009. 1321, note Burgorgue-Larsen.*

34. Risques encourus par les membres de la famille. La circonstance que le frère et la sœur du requérant se sont vus reconnaître la qualité de réfugié est sans influence sur la légalité de la décision fixant le pays de destination. • CE 21 févr. 1997, *Préfet du Loiret c/ M. N'djeka Okitembo,* n° 160522. ♦ Ne justifie pas d'une annulation l'arrêté préfectoral de reconduite à la frontière frappant un étranger au seul motif que son épouse serait exposée à des risques importants en cas de retour en Algérie, l'épouse n'en étant pas personnellement destinataire. • CE 21 juin 1996, *Préfet de police c/ M. Ibnou Zekri,* n° 158667. ♦ Même solution s'agissant de la reconduite de Tutsis au Burundi, les requérants n'avançant aucune justification susceptible d'établir la réalité des risques auxquels ils seraient soumis personnellement. • CE 9 nov. 1994, *Mutera,* n° 154599.

35. Le juge peut toutefois prendre en compte l'existence de risques graves « par ricochet » ; c'est le cas par ex. s'agissant : d'une ressortissante colombienne, dont 2 frères ont été admis au statut de réfugié, un troisième ayant été tué par balle en Colombie ; alors même qu'elle a obtenu le renouvellement de son passeport national, les persécutions dont a fait l'objet sa famille sont de nature à démontrer que son retour dans son pays d'origine l'exposerait à des risques graves. • CE 30 oct. 2002, *Préfet de police c/ Grajales Duran,* n° 238075. ♦ ... D'un membre d'un parti politique d'opposition en Haïti dont le père a été assassiné pour des motifs politiques. • CE 16 janv. 2004, *M. Louis Jean,* n° 255554. ♦ ... D'un ressortissant moldave ayant fait l'objet de menaces et de violences en raison de malversations mises à jour par son beau-frère auquel la qualité de réfugié a été reconnue, nonobstant le fait que l'OFPRA avait rejeté la demande de reconnaissance du statut de réfugié présentée par l'intéressé. • CE 9 juin 2004, *Préfet de la Gironde c/ M. Boïstean,* n° 256536. ♦ ... D'une requérante dont l'une des sœurs a été battue et tuée en raison de son engagement politique et dont une autre sœur a obtenu le statut de réfugié politique. • CE 8 juill. 2005, *Préfet du Val-d'Oise c/ Mlle Jocelyn,* n° 269580. ♦ L'éloignement forcé de la requérante, exposée à un risque imminent et certain d'être flagellée, causerait inévitablement à son mari et à leur fille un supplément de crainte et d'angoisse quant à leur avenir s'ils étaient contraints de retourner en Iran. • CEDH 22 juin 2006, *D. et a. c/ Turquie,* n° 24245/03. ♦ Père de la requérante, ancien magistrat ayant été révoqué pour des motifs politiques et subissant un harcèlement de la part des autorités tunisiennes. • CAA Paris, 29 sept. 2009, *Yahiaoui,* n° 08PA04064.

36. Le juge peut encore procéder à une combinaison des art. 3 et 8 Conv. EDH ; il a ainsi été jugé que la reconduite à la frontière d'une déboutée du droit d'asile vivant maritalement avec un compatriote ayant obtenu le statut de réfugié, dont elle a un enfant et en attend un second, serait contraire à l'art. 8 Conv. EDH car l'arrêté préfectoral de reconduite à la frontière serait susceptible de la séparer de son enfant et l'exposerait à des risques si elle l'emmenait avec elle au Zaïre. • TA Montpellier, 4 août 1995, *Mme Ewala Suku Suku : Gaz. Pal. 1995. 2. Somm. 535.*

B. MOTIFS SÉRIEUX ET GRAVES

37. Les motifs allégués doivent être sérieux et particulièrement graves. Les mauvais traitements doivent atteindre un minimum de gravité, dont l'appréciation est par essence relative. Tel est le cas par ex. d'un ressortissant yougoslave originaire du Kosovo, alors même qu'il devait être reconduit vers Pristina, dans la mesure où il n'était pas exclu qu'il soit dirigé dans la partie serbe de la Yougoslavie. • CE 18 mars 2002, *Préfet des Alpes-Maritimes c/ Hiseni,* n° 220823.

38. Au contraire, le risque d'une détention provisoire prolongée n'établit pas un degré de gravité tel qu'il puisse constituer un traitement inhumain ou dégradant. • CEDH 31 août 1993, *Coppola c/ Italie,* n° 22159/93.

39. Traitement dégradant. Les traitements sont dégradants lorsqu'ils sont de nature à créer pour les victimes des sentiments de peur, d'angoisse et d'infériorité propres à les humilier, à les avilir et à briser éventuellement leur résistance physique ou morale. • CEDH 18 janv. 1978, *Irlande c/ Royaume-Uni : série A, n° 25, p. 66.*

40. Peine de mort. Si l'intéressé est exposé à un risque sérieux d'application de la peine de mort, la mesure viole l'art. 3 Conv. EDH. • CEDH 8 nov. 2005, *Bader et a. c/ Suède,* n° 13284/04. ♦ V. pour le renvoi en Iran d'une famille convertie au christianisme et risquant la peine de mort :. • CEDH 15 juin 2010, *M. B. et a. c/ Turquie,* n° 36009/08. ♦ Toutefois, si l'État a obtenu des garanties selon lesquelles l'intéressé n'encourrait pas la peine de mort, il n'y a pas violation de l'art. 3. • CEDH 10 août 2006, *Olaechea Cahuas c/ Espagne*, n° 24668/03. ♦ En dépit de la circonstance que le Maroc a adopté, en pratique, un moratoire en matière de peine de mort depuis 1993, il n'est pas établi par les pièces du dossier que cette sanction serait prescrite, ni que la peine de mort ne serait pas exécutée en cas de retour de l'intéressé dans son pays d'origine ; ainsi, la décision fixant le Maroc comme pays à destination méconnaît les stipulations préc. de l'art. 3 Conv. EDH. • CAA Nancy, 20 févr. 2014, *Préfet du Haut-Rhin*, n° 13NC00985 : *AJDA 2014. 1639*.

41. Menaces de mort. Des menaces de mort émanant de groupes privés peuvent aussi caractériser la gravité du motif invoqué : sœur d'un chanteur de raï célèbre, elle-même chanteuse et musicienne, ayant subi de nombreux harcèlements en Algérie du fait de sa présence sur scène et du contenu des chansons composées par son frère, et ayant reçu des menaces de mort émanant d'intégristes religieux. • CE 25 juin 2004, *Préfet de police c/ Mme Belgot*, n° 253435. ♦ Risque de mort par lapidation et flagellation encouru par une femme poursuivie pour adultère. • CEDH 11 juill. 2000, *Jabari c/ Turquie*, n° 40035/98.

42. Le renvoi vers son pays d'origine d'une Iranienne convertie au christianisme depuis son départ du pays, sans une évaluation précise de ses craintes, entraînerait une violation des art. 2 et 3 Conv. EDH. • CEDH 21 mars 2024, n° 14820/19.

43. Autres menaces physiques. Par extension, on signalera l'annulation de la décision fixant le pays de renvoi concernant un ébéniste algérien ayant fait personnellement l'objet de menaces de la part de groupes islamistes en raison de son refus de se laisser rançonner et dont plusieurs membres de la proche famille ont été tués pour avoir refusé de tels chantages. • CE 19 juin 2002, *Préfet de la Moselle c/ Maghezzi*, n° 229852. ♦ Annulation de la décision fixant la Guinée comme pays de renvoi eu égard à l'actuelle situation épidémique en Guinée, au caractère diffus du virus Ebola, au nombre important de malades non répertoriés et à l'absence de traitement disponible. • TA Nancy, 26 août 2014, n° 1402158.

44. Poursuites judiciaires. Ni l'art. 3 Conv. EDH, ni aucune autre disposition législative ou principe ne font obstacle par principe à ce qu'un étranger qui fait l'objet de poursuites judiciaires dans son pays d'origine soit éloigné vers ce pays lorsque aucune demande d'extradition le concernant n'a été présentée aux autorités françaises. • CAA Paris, 22 mars 2001, *Min. Intérieur c/ M. Lopez de la Calle Gauna : Lebon 702* • CE 10 avr. 2002, *M. Lopez de la Calle Gauna : Lebon 132 ; RFDA 2002. 669*. ♦ Annulation de la décision fixant le Kazakhstan comme pays de destination suite à une OQTF intervenue un an après que la chambre de l'instruction de la cour d'appel a mis un terme à la procédure d'extradition, compte tenu de l'absence de garanties d'un procès équitable. • CAA Bordeaux, 5 juill. 2012, *Vodiniktova*, n° 12BX00137.

45. Bénéficiera en revanche de la protection le ressortissant russe établissant qu'il était susceptible de poursuites pénales en Russie du seul fait de son engagement dans la Légion étrangère française. • CE 30 juill. 2003, *Préfet de police c/ Lazarev*, n° 231678 B. ♦ Par analogie, l'extradition vers un pays dans lequel l'intéressé encourt une peine perpétuelle sans possibilité de recours effectif a été jugée contraire à l'art. 3 Conv. EDH. • CEDH 4 sept. 2014, *Trabelsi c/ Belgique*, n° 140/10 : *AJDA 2014. 1688*.

46. Excision. Jugé qu'il n'y avait pas violation de l'art. 3 Conv. EDH s'agissant de la reconduite à la frontière de la mère d'une petite fille d'un an vers un pays dans lequel est pratiquée l'excision ; la requérante n'apporte aucun élément de nature à établir que sa fille courrait effectivement un risque, compte tenu notamment de son lieu habituel de résidence dans le pays en cause. • CE 20 déc. 2000, *Préfet de l'Essonne c/ Mme Minata Ouattara : Lebon T. 991*. ♦ Même solution s'agissant de la reconduite vers la Guinée dès lors que les autorités de ce pays luttent activement contre cette pratique et qu'il existe des organisations officielles et non gouvernementales participant à cette lutte et prenant en charge les femmes qui refusent cette pratique ou d'y soumettre leurs filles. • CAA Bordeaux, 6 févr. 2009, *Préfet de la Vienne c/ Dabo*, n° 08BX01781. ♦ *Contra* : • TA Lyon, 12 juin 1996, *Mme Condé*, n° 9600127 : *D. 1998. SC 16, obs. Julien-Laferrière et Vasseur ; RTDH 1996. 230, concl. Bourrachot.*

47. La CEDH retient une interprétation similaire considérant que l'expulsion vers le Nigeria ne peut constituer une violation de l'art. 3 dès lors que l'excision est prohibée par la législation de ce pays et que le Gouvernement fédéral s'est opposé publiquement à cette pratique ; le fait que cette pratique soit extrêmement répandue dans certains États fédérés n'interdit pas aux personnes expulsées de choisir de s'installer dans d'autres États fédérés du Nigeria. • CEDH 8 mars 2007, *Collins et A. Akaziebie c/ Suède*, n° 23944/05.

48. La mesure d'éloignement sera ainsi annulée dès lors que l'intéressée fournit des éléments probants attestant du risque élevé d'excision en cas de retour dans le pays d'origine. • CE 13 mars 2006, *Diallo*, n° 275971.

49. Dès lors qu'en Somalie la quasi-totalité des femmes sont soumises à l'excision qui n'est pas réprimée par la loi, les autorités nationales ne menant en outre aucune action destinée à y mettre fin, le risque d'un traitement contraire à l'art. 3 Conv. EDH est établi. • CAA Lyon, 24 sept. 2009, *Préfet du Rhône c/ Chirey*, n° 08LY01385. ♦ Même solution au sujet du Mali. • CAA Versailles, 27 oct. 2009, *Niakate*, n° 09VE01590.

III. ORIGINE DU RISQUE

50. Pour admettre la recevabilité d'une requête fondée sur l'art. 3, la Cour tient compte des risques encourus, que ceux-ci émanent des autorités de l'État ou non. • CEDH 17 déc. 1996, *Ahmed c/ Autriche*, n° 25964/94 : *Rec. 1996-VI* • 26 juill. 2005, *N. c/ Finlande*, n° 38885/02.

51. Dans ce cas, les autorités de l'État ne doivent pas être en mesure d'éviter le risque de traitements inhumains ou dégradants. • CEDH 29 avr. 1997, *H. L. R. c/ France*, n° 24573/94 : *Rec. 1997-III.* ♦ Il n'y aura ainsi pas annulation de la décision fixant le pays de destination lorsqu'il n'est pas établi que les autorités du pays de destination auraient volontairement toléré les persécutions d'origine privée dont la requérante se plaignait (en l'espèce, coutumes ancestrales de scarification au Bénin). • CE 12 janv. 2007, *Mlle Capo Chichi*, n° 267180 A. ♦ Solution inverse s'agissant d'un ressortissant albanais faisant état de menaces personnelles contre sa vie émanant de membres d'une même famille, en raison de son rôle dans l'opération de police conduite par la police albanaise au cours de laquelle l'un des membres de cette famille a trouvé la mort ; l'intéressé n'a pas bénéficié de la protection qu'il pouvait légitimement attendre de la part de l'État albanais, compte tenu du fait que ces menaces le visaient en tant que policier ayant agi dans l'exercice de ses fonctions. • CE 1er juill. 2011, *M. Bejko*, n° 334040.

52. La protection tirée de l'art. 3 Conv. EDH est plus large que celle issue de la Conv. de Genève. Le Conseil d'État a ainsi été amené à annuler l'arrêté fixant le pays de destination en raison de risques de persécution imputables à des personnes privées. • CE 14 nov. 1997, *M. Gacem*, n° 185664 • 2 févr. 1998, *M. Salah Yahia*, n° 188361 : *D. 1998. 343, note Artus*.

A. ENGAGEMENT POLITIQUE

53. Indépendamment même de l'obtention du statut de réfugié, le requérant peut encourir des risques personnels en raison de son engagement politique : production de documents établissant que l'intéressé fait l'objet de poursuites dans son pays d'origine en raison de ses activités politiques. • CE 12 mars 1993, *Préfet du Val-d'Oise c/ Ylmaz : Lebon T. 778.* ♦ V. déjà • CE 13 févr. 1991, *Akef : Lebon T. 1093.* ♦ Étranger qui pourrait être exposé, en cas de retour dans ce pays, à des poursuites fondées sur ses activités au sein de groupements d'opposition au Gouvernement du pays en cause. • CE 8 oct. 1993, *Préfet de la Seine-Maritime c/ Cétinpolat : Lebon 264.* ♦ Demandeur d'asile débouté apportant la preuve qu'il pourrait faire l'objet de poursuites fondées sur son opposition au régime politique de son pays d'origine. • CE 14 juin 1995, *Zamani Rostamabadi*, n° 155032. ♦ Iranien produisant une attestation émanant de l'ancien Premier ministre iranien établissant le risque de poursuites fondées sur l'opposition au régime. • CE 23 févr. 2001, *Préfet de police c/ Nouri*, n° 215918. ♦ Gambien ayant milité comme responsable dans un parti d'opposition, qui a fait l'objet d'une mesure d'arrestation, a dû fuir son pays et apporte la preuve que des compatriotes sont morts en détention. • CE 14 nov. 2001, *Cisse*, n° 216305. ♦ Ressortissant sri-lankais d'origine tamoule ayant personnellement participé à l'organisation séparatiste « Mouvement des tigres de libération de l'Eelam tamoul » et ayant subi pour cela des persécutions. • CE 30 juill. 2003, *Préfet de police c/ Kanthasamy*, n° 244396. ♦ Étranger d'origine tamoule ayant fait l'objet, en raison de son engagement au sein du mouvement LTTE, de pressions et de violences, notamment de la part de factions rivales du mouvement tamoul. • CE 26 avr. 2006, *Préfet des Hauts-de-Seine c/ M. Thayarusel*, n° 272999. ♦ Ressortissant indien membre d'une organisation indépendantiste sikh faisant état d'un mandat d'arrêt pris à son encontre, de menaces et de nombreuses perquisitions menées à son domicile. • CE 7 oct. 2005, *Préfet de Seine-Saint-Denis*, n° 273340. ♦ Turc ayant été détenu en Turquie pour avoir soutenu et hébergé des membres du PKK. • CE 16 janv. 2004, *Préfet de la Gironde c/ M. Polat*, n° 240313. ♦ Ressortissant moldave ayant pris part à une action militante en faveur de l'usage de la langue roumaine et ayant fait l'objet de violences physiques lors de sa détention. • CE 25 mai 2005, *Préfet de l'Ain c/ M. et Mme Dima*, n° 273237. ♦ Ressortissant turc produisant un mandat d'arrêt en raison de son appartenance au parti d'opposition HADEP et de ses activités de propagande en faveur du PKK et de la cause kurde. • CE 9 déc. 2005, *Préfet de la Gironde c/ M. Ibrahim Colak*, n° 275995. ♦ Requérant appartenant à la minorité kurde de religion alévie ayant fait l'objet de violences en tant que militant de la cause kurde et du MLKP. • CE 6 juill. 2007, *M. Saribas*, n° 298339.

54. Le moyen a en revanche été écarté dans les hypothèses suivantes : reconduite vers la Turquie d'un Kurde de nationalité turque dont la grève de la faim pour des motifs politiques avait fait l'objet d'une large publicité. • CE 12 mars 1993, *Préfet des Alpes-Maritimes c/ Arslan : Lebon T. 778.* ♦ ... Angolais faisant l'objet d'un mandat d'arrêt dans son pays et produisant une lettre lui conseillant de ne pas y revenir. • CE 1er févr. 1995, *Yandu*, n° 153137. ♦ ... Étranger ayant volontairement renoncé au statut de réfugié et étant déjà rentré à plusieurs reprises dans son pays d'origine sans être inquiété. • CE 14 févr. 2001, *Préfet de police c/ Warnakulasariya*, n° 212728.

55. Fonctions exercées par l'intéressé. Les fonctions exercées par le requérant peuvent, compte tenu de la situation politique ou sociale de son pays d'origine, être susceptibles d'entraîner un risque particulier : élu du Front islamique du salut qui s'était démis de ses fonctions. • CE 10 mai 1996, *Préfet de la Drôme c/ Cts Sellami*, n° 162409 : *D. 1997. Somm. 39, comm. Julien-Laferrière*. ♦ ... Responsable du culte islamique dont le renvoi vers l'Algérie comportait pour lui des risques graves. • CE 22 janv. 1997, *Nafa*, n° 163690. ♦ ... Algérien, policier dans son pays, qui avait fait l'objet de menaces sérieuses et dont le frère, également policier, avait été assassiné, et ce, nonobstant le fait que sa demande de reconnaissance du statut de réfugié avait été rejetée au motif que les persécutions n'étaient pas imputables à l'État. • CE 1er déc. 1997, *Kechemir*, n° 184053 : *RFDA 1998. 193*. ♦ ... Étranger d'origine kurde ayant quitté son pays en raison des menaces dont il faisait l'objet alors qu'il était le maire de son village et membre du conseil d'administration du parti de la démocratie du peuple et dont la famille continue à faire l'objet d'une surveillance pour le cas où il retournerait dans son pays. • CE 14 déc. 2005, *Préfet de Corse, Préfet de la Corse-du-Sud*, n° 274155.

56. La circonstance que l'intéressé serait un militant actif en France d'une association culturelle et politique kabyle n'est pas de nature à établir la réalité des risques encourus dès lors notamment qu'il n'exerce pas de responsabilités dans cette association. • CE 28 avr. 2004, *Préfet de la Haute-Garonne c/ M. Maloum*, n° 255152. ♦ En revanche, la CEDH a sanctionné la France s'agissant d'un ressortissant algérien, condamné en 1999 par contumace à la réclusion à perpétuité pour des faits de création et fondation d'un groupe terroriste et tentative de meurtre sur les hommes de la sûreté nationale, condamnation qui suffirait à attirer l'attention des autorités algériennes en cas de renvoi ; malgré la levée de l'état d'urgence en Algérie le 23 févr. 2011, la lutte contre le terrorisme est exclusivement confiée en Algérie à l'armée, plusieurs organisations internationales ayant rapporté des cas de torture. • CEDH 22 sept. 2011, n° 64780/09.

B. APPARTENANCE À UN « GROUPE SOCIAL »

57. La CEDH retient la protection tirée de l'art. 3 lorsqu'il existe de sérieuses raisons de croire que le requérant appartient à un groupe systématiquement exposé à de mauvais traitements. • CEDH 11 janv. 2007, *Salah Sheekh c/ Pays-Bas*, n° 1948/04. ♦ L'appartenance à un groupe social déterminé n'est susceptible d'entraîner l'annulation de la décision fixant le pays de destination que dans la mesure où elle expose l'intéressé à des risques personnels : renvoi d'un intellectuel algérien vers son pays d'origine, ce retour risquant de l'exposer à une « situation de grave insécurité ». • TA Besançon, 20 sept. 1995, *M. Ammiche*, n° 951248. ♦ ... Ressortissants turcs appartenant à la minorité kurde. • CE 23 juin 2004, *Mme Kaya*, n° 246827 B. ♦ ... Azerbaïdjanais de confession musulmane ayant été victime, dans son pays d'origine, de traitements inhumains et dégradants, en raison de son mariage avec une Arménienne de confession orthodoxe. • CE 16 mai 2003, *Préfet du Jura c/ Mirzoev*, n° 248548.

58. Le moyen a en revanche été écarté s'agissant du renvoi vers la Chine, nonobstant le fait que les familles ayant plus d'un enfant seraient victimes de discriminations en Chine. • CE 3 nov. 1995, *Préfet de police c/ M. et Mme Zhao*, n° 147852. ♦ Même solution s'agissant du renvoi d'une mère célibataire dans un pays musulman. • CE 30 déc. 1996, *Mlle Barhoumi*, n° 178953. ♦ La CEDH a considéré qu'un chrétien irakien, s'il appartient bien à une minorité, ne fait pas l'objet de persécutions cautionnées par l'État. • CEDH 20 janv. 2009, *F. H. c/ Suède*, n° 32621/06.

59. La CEDH a considéré que les étrangers appartenant à un groupe réputé vulnérable, victime de persécutions avérées dans une partie du territoire du pays d'origine, ne sont pas susceptibles d'être éloignés vers ce pays. • CEDH 11 janv. 2007, *Salah Sheekh c/ Pays-Bas*, n° 1948/04. ♦ Constat de violation de l'art. 3 s'agissant de l'expulsion du requérant appartenant à une minorité ethnique exposée. • CEDH 15 juin 2010, *S. H. c/ Royaume-Uni*, n° 19956/06. ♦ Condamnation du renvoi en Afghanistan d'une femme séparée de son mari et vivant avec un ressortissant suédois en raison de la condition de la femme dans ce pays. • CEDH 20 juill. 2010, *N. c/ Suède*, n° 23505/09. ♦ Même solution s'agissant de personnes poursuivies par les autorités ouzbèkes pour des crimes religieux ou politiques qui constituent un groupe vulnérable particulièrement soumis à un risque de tortures ou traitements inhumains. • CEDH 11 oct. 2022, *I., U. et Z. c/ Fédération de Russie*, n° 12767/20. – V. déjà • CEDH 23 oct. 2014, *M. c/ Russie*, n° 17239/13.

C. MODE DE VIE

60. Les risques encourus en cas de retour dans le pays d'origine peuvent provenir du mode de vie de l'intéressé en France, incompatible avec les traditions ou les mœurs locales : risques personnels encourus en cas de retour dans le milieu familial d'origine. • CE 23 sept. 1998, *Préfet de la Loire-Atlantique c/ Mme Zemmou*, n° 154191. ♦ Ressortissant turc d'origine kurde qui avait été condamné par un tribunal militaire pour insoumission. • CE 5 sept. 2001, *Umul*, n° 225875. ♦ Couple ayant reçu des menaces de mort du Groupe islamiste armé en raison de l'exploitation d'un magasin de vêtements jugés contraires à la loi islamique. • CE 28 déc. 2001, *Gacem*, n° 236380. ♦ Étrangère ayant rompu ses attaches familiales au Maroc en raison des pressions et violences liées à sa situation de femme célibataire et au mariage auquel son frère et son oncle voulaient la contraindre. • CE 23 nov. 2005, *Mlle Habibi*, n° 274312. ♦ Vivacité et persistance de l'hostilité du milieu d'origine fondée sur l'opposition de la famille au mariage des intéressés, notamment pour des motifs d'ordre religieux et communautaire. • CE 30 nov. 2005, *Préfet de la Loire-Atlantique*, n° 274424. ♦ Algérienne qui soutient que son dernier enfant est adultérin et qui a quitté l'Algérie pour échapper aux violences de son mari et de son frère. • CAA Lyon, 22 mars 2007, *Préfet de la Côte-d'Or c/ Gharbi*, n° 06LY01304. ♦ Animatrice de radio, engagée en faveur de la lutte pour les droits des femmes en Algérie et notamment contre leur mariage forcé, ayant reçu des menaces réitérées de groupes islamistes. • CE 25 juin 2004, *Préfet de police c/ Mlle Smili*, n° 252704.

61. ***Transsexualisme.*** Mauvais traitements et menaces sérieuses à l'égard d'un transsexuel algérien qui suit une hormonothérapie féminisante. • CAA Paris, 30 janv. 2006, *Préfet de police c/ Boussaoud*, n° 05PA03076 • CE 9 juin 2006, *Préfet de police c/ M. Guesbi*, n° 275887. ♦ Risques de mauvais traitements auxquels le requérant serait personnellement exposé en raison de la situation des transsexuels faite en Turquie, eu égard à son apparence physique et à son mode de vie. • CAA Paris 28 juin 2006, *Préfet de police c/ Asci*, n° 06PA00199.

62. Le moyen a en revanche été écarté dans les hypothèses suivantes : renvoi vers l'Algérie d'un étranger se livrant régulièrement à la prostitution en se travestissant. • CE 29 déc. 1997, *Préfet de police c/ Bedade*, n° 184855. ♦ ... Renvoi vers l'Algérie d'un étranger indiquant qu'il n'est pas en règle avec ses obligations militaires et qu'il est originaire d'une région où sévissent les islamistes armés. • CE 13 févr. 2002, *Noui*, n° 220463 B.

D. ÉTAT DE SANTÉ

63. La CEDH a jugé que la réduction significative de l'espérance de vie d'un étranger en cas d'expulsion, due notamment à la difficulté matérielle d'accéder à un traitement médical adéquat dans le pays d'origine, n'est pas « en soi » suffisante pour emporter violation de l'art. 3 Conv. EDH. • CEDH 29 janv. 2013, *S. H. H. c/ Royaume-Uni*, n° 60367/10. ♦ Elle estime en revanche que l'extradition d'un détenu soupçonné d'actes terroristes atteint d'une grave maladie mentale vers un pays où il n'a aucune attache, et pour un environnement carcéral éventuellement plus hostile, pourrait entraîner une aggravation significative de son état de santé mentale susceptible de constituer un traitement contraire à l'art. 3 Conv. EDH. • CEDH 16 avr. 2013, *Aswat c/ Royaume-Uni*, n° 17299/12.

Art. L. 721-5 *(L. n° 2024-42 du 26 janv. 2024, art. 72)* **La décision fixant le pays de renvoi peut être contestée selon la même procédure que la décision portant obligation de quitter le territoire français, l'interdiction de retour sur le territoire français, la décision de mise en œuvre d'une décision prise par un autre État ou l'interdiction de circulation sur le territoire français qu'elle vise à exécuter.**

Lorsque la décision fixant le pays de renvoi vise à exécuter une peine d'interdiction du territoire français et que l'étranger est assigné à résidence en application de l'article L. 731-1, elle peut être contestée selon la procédure prévue à l'article L. 921-1. Lorsque l'étranger est placé en rétention administrative, elle peut être contestée selon la procédure prévue à l'article L. 921-2.

La décision fixant le pays de renvoi peut être contestée dans le même recours que la décision d'éloignement qu'elle vise à exécuter. Lorsqu'elle a été notifiée après la décision d'éloignement, la décision fixant le pays de renvoi peut être contestée alors même que la légalité de la décision d'éloignement a déjà été confirmée par le juge administratif ou ne peut plus être contestée.

Les dispositions du présent art. introduites par l'art. 72 de la L. n° 2024-42 du 26 janv. 2024 entrent en vigueur à une date fixée par Décr. en Conseil d'État, et au plus tard le 1er août 2024. Ces dispositions s'appliquent à la contestation des décisions prises à compter de leur entrée en vigueur (L. préc., art. 86-IV). Ces dispositions entrent en vigueur le 15 juill. 2024 (Décr. n° 2024-799 du 2 juill. 2024, art. 9-I).

Ancien art. L. 721-5 ***Les dispositions du chapitre IV du titre I du livre VI sont applicables à la contestation et au jugement de la décision fixant le pays de renvoi qui vise à exécuter une décision portant obligation de quitter le territoire français ou une interdiction de retour sur le territoire français.***

Les dispositions des articles L. 614-7 à L. 614-13 sont applicables à la contestation et au jugement de la décision fixant le pays de renvoi qui vise à exécuter une décision de mise en œuvre d'une décision prise par un autre État, une interdiction de circulation sur le territoire français ou une peine d'interdiction du territoire français, lorsque l'étranger qui en fait l'objet est assigné à résidence en application de l'article L. 731-1 ou placé ou maintenu en rétention en application du titre IV du présent livre.

La décision fixant le pays de renvoi peut être contestée dans le même recours que la décision administrative d'éloignement qu'elle vise à exécuter. Lorsqu'elle a été notifiée postérieurement à la décision d'éloignement, la décision fixant le pays de renvoi peut être contestée alors même que la

légalité de la décision d'éloignement a déjà été confirmée par le juge administratif ou ne peut plus être contestée. – *[Anc. art. L. 513-3, al. 2.]*

SECTION 2 Décisions pouvant être prises pendant le délai de départ volontaire

Art. L. 721-6 L'étranger auquel un délai de départ volontaire a été accordé peut, dès la notification de la décision portant obligation de quitter le territoire français, être contraint de résider dans le lieu qui lui est désigné par l'autorité administrative. Cette décision est prise pour une durée qui ne peut se poursuivre au-delà de l'expiration du délai de départ volontaire. – *[Anc. art. L. 513-4, al. 2 (1re à 3e phr.).]*

COMMENTAIRE

L'article L. 721-6 prévoit un cas spécifique d'assignation à se présenter (sur les dispositions générales relatives à l'assignation à résidence, V. *infra*, notes ss. art. L. 731-1) qui concerne l'étranger sous le coup d'une obligation de quitter le territoire français auquel un délai de départ volontaire a été accordé. Comme le note O. Lecucq (*AJDA 2011. 1339*), « l'on continue d'ignorer au nom de quoi et à l'endroit de quels étrangers il est loisible au préfet de la prescrire ». L'intéressé peut ainsi être astreint à remettre ses documents d'identité (art. L. 721-8) et à se présenter aux services de police ou de gendarmerie (au maximum trois fois par semaine) afin d'y faire état des « diligences dans la préparation de son départ » (art. L. 721-7). Si l'étranger ne satisfait pas aux conditions posées, l'autorité administrative pourra lui retirer le bénéfice du délai de départ volontaire ; cette « sanction » apparaît toutefois bien théorique car on imagine bien que, dans une telle hypothèse, l'étranger se sera en réalité soustrait à l'exécution de la mesure d'éloignement.

La loi n° 2018-778 du 10 septembre 2018 pour une immigration maîtrisée, un droit d'asile effectif et une intégration réussie a renforcé le caractère contraignant de ce dispositif en prévoyant, pour une durée qui ne peut se poursuivre au-delà de l'expiration du délai de départ volontaire, l'obligation faite à l'étranger sous le coup d'une OQTF de résider dans le lieu qu'une décision motivée de l'autorité administrative désigne, c'est-à-dire une nouvelle hypothèse d'assignation à résidence, même si la circulaire du 31 décembre 2018 (application de la L. du 10 sept. 2018, NOR : INTV1835403J) indique le contraire tout en précisant que « l'étranger devra donc rester domicilié à cette adresse jusqu'à l'expiration du délai de départ volontaire ». Pourtant, comme le relevaient les sénateurs dans leur saisine du Conseil constitutionnel, cette mesure concerne « un étranger à qui l'administration a accordé un délai de départ volontaire pour quitter le territoire, sans donc qu'il constitue une menace pour l'ordre public ou que fassent défaut des garanties de représentation suffisantes ». Le Conseil constitutionnel a pourtant considéré que « le législateur a entendu renforcer le suivi de l'exécution des mesures d'éloignement des étrangers en situation irrégulière bénéficiant d'un délai de départ volontaire. Il a ainsi poursuivi l'objectif de valeur constitutionnelle de prévention des atteintes à l'ordre public ». Le Conseil constitutionnel considère en outre que cette mesure ne peut s'assimiler à une assignation à résidence proprement dite et constitue une « simple obligation de fixer sa résidence en un lieu déterminé par l'administration ». En effet, pour le Conseil constitutionnel, ces dispositions « n'autorisent ni la définition d'un périmètre de circulation restreint ni la fixation de plages horaires pendant lesquelles l'intéressé devrait se maintenir au lieu défini par l'administration. Si leur application peut se cumuler avec celle du premier alinéa de l'article L. 513-4 (...), elles ne sont assorties d'aucune obligation de se présenter périodiquement aux services de police ou aux unités de gendarmerie, à la différence des mesures d'assignation à résidence prévues aux articles L. 561-1 et L. 561-2 ».

L'étude d'impact du 20 février 2018 indiquait déjà que « le délai de départ volontaire ne modifie pas la situation juridique de l'intéressé au regard du droit au séjour : l'étranger auquel un délai de départ est accordé n'est pas dans la situation de l'étranger assigné à résidence en application de l'article L. 561-1 du CESEDA en considération de la situation d'impossibilité objective de son départ ; il est en situation irrégulière, en mesure de quitter le territoire et dispose seulement d'un délai pour obtempérer volontairement à l'obligation qui lui est faite (...). La soustraction à l'obligation de demeurer dans le lieu déterminé par l'autorité administrative est de nature à justifier l'interruption du délai de départ volontaire initialement imparti, en application du dernier alinéa du II de l'article L. 511-1 du CESEDA ». ❑

Art. L. 721-7 L'étranger auquel un délai de départ volontaire a été accordé peut, dès la notification de la décision portant obligation de quitter le territoire français, être astreint à se présenter à l'autorité administrative ou aux services de police ou aux unités de gendarmerie pour y indiquer ses diligences dans la préparation de son départ. Cette décision est prise pour une durée qui ne peut se poursuivre au-delà de l'expiration du délai de départ volontaire. – *[Anc. art. L. 513-4, al. 1er.]*

1. L'autorité administrative a la faculté d'imposer une obligation de présentation à tout étranger s'étant vu accorder un délai de départ volontaire ; cette mesure ne se confond ni avec l'OQTF, ni avec la décision accordant un délai de départ volontaire ; il est donc loisible aux intéressés de contester devant le juge la légalité de la décision prise sur le fondement du présent art. ; la motivation de cette décision peut, outre la référence au présent art., se confondre avec celle de l'OQTF assortie d'un délai de départ volontaire ; il appartient au juge de l'excès de pouvoir de vérifier que l'administration n'a pas commis d'erreur manifeste tant dans sa décision de recourir à cette mesure que dans le choix des modalités de celle-ci. • CE, avis, 23 juill. 2012, n° 359496 B : *AJDA 2012. 1483*.

2. L'autorité administrative compétente pour astreindre un étranger à cette obligation de présentation, est, en application de l'art. R. 721-5, le préfet de département et, à Paris, le préfet de police. Aux termes de l'art. R. 513-3 du même code, l'autorité administrative désigne le service auprès duquel l'étranger doit effectuer les présentations prescrites et fixe leur fréquence qui ne peut excéder trois présentations par semaine. L'étranger peut être tenu de remettre à ce service l'original de son passeport et de tout autre document d'identité ou de voyage en sa possession en échange d'un récépissé valant justification d'identité sur lequel est portée la mention du délai accordé pour son départ. Il ressort des termes du présent art. que l'autorité administrative a la faculté d'imposer une obligation de présentation à tout étranger s'étant vu accorder un délai de départ volontaire et que cette mesure ne se confond ni avec l'obligation de quitter le territoire français, ni avec la décision accordant un délai de départ volontaire. En conséquence, il est loisible aux intéressés de contester devant le juge la légalité de la décision prise sur le fondement du présent art. Cette décision, qui tend à assurer que l'étranger accomplit les diligences nécessaires à son départ dans le délai qui lui est imparti, concourt à la mise en œuvre de l'OQTF. • CE, avis, 23 juill. 2012, n° 359496.

3. Motivation. Bien que distincte, l'obligation de présentation à laquelle un étranger est susceptible d'être astreint sur le fondement du présent art. constitue une décision concourant à la mise en œuvre de l'obligation de quitter le territoire français. Dans ces conditions, si l'art. L. 211-2 CRPA impose que cette décision soit motivée au titre des mesures de police, cette motivation peut, outre la référence à l'art. L. 513-4 [devenu art. L. 721-7 CESEDA], se confondre avec celle de l'OQTF assortie d'un délai de départ volontaire. • CE, avis, 23 juill. 2012, n° 359496 • CAA Bordeaux, 28 août 2018, n° 18BX01322. ♦ En l'absence dans l'arrêté attaqué de toute mention relative à l'art. L. 513-4 [devenu art. L. 721-7 CESEDA], la décision ne comporte pas l'énoncé des considérations de droit qui en constituent le fondement. • CAA Marseille, 29 mars 2018, n° 16MA02526.

4. Contrôle juridictionnel. Au regard du pouvoir d'appréciation dont dispose l'autorité administrative pour apprécier la nécessité d'imposer une obligation de présentation sur le fondement du présent art., il appartient au juge de l'excès de pouvoir, saisi d'un moyen en ce sens, de vérifier que l'administration n'a pas commis d'erreur manifeste tant dans sa décision de recourir à cette mesure que dans le choix des modalités de celle-ci. • CE, avis, 23 juill. 2012, n° 359496 • CAA Lyon, 24 mai 2018, n° 17LY04209.

5. Légalité de la décision dès lors que le requérant s'est maintenu illégalement sur le territoire alors qu'il avait déjà fait l'objet d'une OQTF en 2014 ; en outre, il ne se prévaut d'aucune sujétion ou difficulté particulière l'empêchant de se conformer à cette obligation hebdomadaire de présentation auprès des services de police. • CAA Douai, 7 nov. 2017, n° 17DA00555.

Art. L. 721-8 L'autorité administrative peut prescrire à l'étranger auquel un délai de départ a été accordé la remise de son passeport ou de tout document justificatif de son identité, dans les conditions prévues à l'article L. 814-1. – *[Anc. art. L. 513-4, al. 2 (4e phr.) (ecqc l'étranger faisant l'objet d'une OQTF).]*

Art. L. 721-9 Les modalités d'application de la présente section sont prévues par décret en Conseil d'État. – *[Anc. art. L. 513-4, al. 3.]*

CHAPITRE II **EXÉCUTION D'OFFICE**

SECTION 1 **Engagement de la procédure d'exécution d'office**

Art. L. 722-1 Lorsque l'étranger n'a pas satisfait à son obligation d'exécuter la décision d'éloignement dont il fait l'objet, l'autorité administrative peut prendre les déci-

sions prévues aux titres III et IV, nécessaires à l'exécution d'office des décisions d'éloignement, sous réserve de ne procéder à l'éloignement effectif que dans les conditions prévues aux articles L. 722-7 à L. 722-10.

COMMENTAIRE

C'est une caractéristique commune des mesures d'éloignement que de pouvoir faire l'objet d'une exécution d'office. En effet, l'article L. 611-1 prévoit que l'étranger dispose, pour satisfaire à l'obligation qui lui a été faite de quitter le territoire français, d'un délai de trente jours à compter de sa notification. Passé ce délai, cette obligation peut être exécutée d'office par l'administration. Il en va de même (art. L. 722-3) dès la notification de l'obligation de quitter le territoire français (OQTF) si aucun délai n'a été accordé.

Pour préserver l'effectivité du droit au recours, l'article L. 722-7 prévoit que l'éloignement effectif de l'étranger faisant l'objet d'une décision portant OQTF ne peut intervenir avant l'expiration du délai ouvert pour contester, devant le tribunal administratif, cette décision et la décision fixant le pays de renvoi qui l'accompagne, ni avant que ce même tribunal n'ait statué sur ces décisions s'il a été saisi.

Par voie de conséquence, l'autorité administrative n'est pas tenue de saisir le juge pénal de poursuites pour non-exécution de la mesure d'éloignement.

Toutefois, la mise à exécution de la mesure d'éloignement ne doit pas avoir pour effet de priver l'étranger de l'exercice de ses droits, notamment en matière de défense.

Une difficulté est toutefois apparue dans la pratique dans la mesure où les dispositions du CESEDA rappelées ci-dessus ne prévoient pas de délai maximal pour l'exécution d'office des mesures d'éloignement. Autrement dit, peut-on considérer que l'administration dispose d'une totale liberté pour décider de la date à laquelle elle va procéder à cette exécution, même si cette date est très éloignée de celle de la mesure d'éloignement elle-même ? Plus précisément, la mesure d'exécution peut-elle faire l'objet d'un référé-suspension (CJA, art. L. 521-1) ou d'un référé-liberté (CJA, art. L. 521-2) dans ce type d'hypothèse ?

Les mesures par lesquelles l'autorité administrative met à exécution une mesure d'éloignement et fixe le pays de destination ne peuvent en principe faire l'objet de la mise en œuvre des procédures prévues aux articles L. 521-1 et L. 521-2 du code de justice administrative dès lors que la mesure elle-même n'a pas été contestée ; il n'en va différemment que lorsque ces mesures comportent des effets qui, par suite d'un changement dans les circonstances de droit ou de fait, excèdent le cadre qu'implique normalement leur mise à exécution.

Lorsqu'une mesure d'éloignement n'a pas été exécutée pendant une durée anormalement longue, le retard étant exclusivement imputable à l'administration, et qu'un changement de circonstances de droit ou de fait a affecté la situation de l'étranger concerné, l'exécution d'office doit être regardée comme fondée, non sur l'arrêté initial, même s'il est devenu définitif faute d'avoir été contesté dans les délais, mais sur un nouvel arrêté, susceptible donc d'un nouveau recours. ❑

1. L'exécution forcée des mesures d'éloignement dans les conditions prévues par le présent art. et l'art. L. 722-2 (expulsion) n'est jamais susceptible de constituer une voie de fait : pour la reconduite à la frontière. • T. confl. 16 janv. 1995, *Préfet de la Gironde c/ Diaz-Canete : Lebon 490* • Civ. 1re, 4 mai 2012, n° 10-28.652 : *D. 2012. 1272*. ♦ ... Pour l'expulsion. • T. confl. 20 juin 1994, *Madaci et a. c/ Préfet du Rhône*, n° 2932 : *Lebon 1995 ; Gaz. Pal. 1994. 2. 571, concl. Abraham, note Petit.*

2. Procédures d'urgence. Les procédures prévues aux art. L. 521-1 et L. 521-2 CJA ne sont applicables à l'exécution d'une mesure d'éloignement que lorsque celle-ci comporte des effets qui, par suite d'un changement dans les circonstances de droit ou de fait, excèdent le cadre qu'implique normalement leur mise à exécution. • CE 21 nov. 2001, *Zhari*, n° 238214 A.

3. Le juge des référés, saisi sur le fondement de l'art. L. 521-2 CJA, s'il ne peut enjoindre à l'administration de délivrer un titre de séjour, peut en revanche lui enjoindre de différer temporairement l'exécution d'une mesure d'éloignement. • CE 10 avr. 2001, n° 232308.

4. Retard excessif dans la mise à exécution. Lorsqu'une mesure d'éloignement n'a pas été exécutée pendant une durée anormalement longue (le commissaire du Gouvernement [rapporteur public] proposait de retenir un seuil indicatif de l'ordre de 6 mois, le retard étant exclusivement imputable à l'administration) et qu'un changement de circonstances de droit ou de fait a affecté la situation de l'étranger concerné, l'exécution d'office doit être regardée comme fondée, non sur l'arrêté initial, même s'il est devenu définitif faute d'avoir été contesté dans les délais, mais sur un nouvel arrêté, susceptible donc d'un nouveau recours. • CE 18 févr. 1998, *Préfet des Alpes-Maritimes c/ Indjai,* n° 168745 B. ♦ V. pour un délai de 3 ans pendant lesquels l'intéressée a donné naissance à un enfant français : • CE 1er avr. 1998, *Préfet des Yvelines c/ Mme Nsonde : Lebon 120 ; Quot. jur. 14-30 juin 1998, note Pélissier.* ♦ Pour une application en matière d'expulsion, V. • CAA Lyon, 25 juin 1998, *Min. Intérieur c/ Benkhelifa : Lebon T. 677.* ♦ Délai de 2 ans et demi entre la mesure d'éloignement et la décision fixant le pays de destination ; le changement de circonstances étant tiré de l'intervention de la L. du 11 mai 1998. • CE 14 févr. 2001, *Loubassou Diatezwa,* n° 206381. ♦ Délai d'un an pour mettre à exécution la mesure d'éloignement. • CAA Lyon, 20 juin 2002, *Min. Intérieur c/ Hezzi,* n° 98LY00119. ♦ Délai de plus de 4 ans. • CE 10 mai 2004, *M. Soares Silva,* n° 259508. ♦ En revanche, une durée de non-exécution inférieure à un an ne peut être considérée comme anormalement longue. • CE 10 avr. 2002, *Préfet du Territoire de Belfort c/ Bouaïssa : Lebon T. 776* • CAA Paris, 22 juin 2007, *Touré,* n° 06PA04207.

5. Dans une telle hypothèse, la nouvelle mesure d'éloignement doit être contestée selon la procédure spéciale prévue aux art. L. 614-1 s., les dispositions des art. L. 521-1 et L. 521-2 CJA étant inapplicables. • CE 14 mai 2003, *Meliani,* n° 256808.

♦ Toutefois, en considérant qu'une mesure de reconduite n'avait fait l'objet d'aucune exécution depuis plus d'un an pour en déduire que le recours avait perdu tout objet et qu'il n'y avait plus lieu de statuer sur ce recours, le juge commet une erreur de droit. • CE 15 juill. 2004, *M. Puangrat,* n° 265330 B : *AJDA 2004. 2109, concl. de Silva.*

6. En revanche, lorsque le retard n'est pas imputable à l'administration (l'intéressée n'ayant pas communiqué son changement d'adresse ni pris les mesures nécessaires pour que son courrier lui parvienne), cette jurisprudence ne s'applique pas. • CE 1er avr. 1998, *Préfet des Alpes-Maritimes c/ Lopes Varela,* n° 172729 • 29 oct. 2001, *Préfet de police c/ Masidi,* n° 222162. ♦ Même solution pour un retard de 4 ans dû à la nécessité de maintenir l'intéressé à la disposition du juge pénal. • CE 23 mai 2001, *Poughou,* n° 209326 B. ♦ Même solution encore s'agissant d'un délai de 20 mois dû à la volonté du préfet d'attendre la décision du juge administratif sur la légalité de la mesure d'éloignement. • CE 30 mai 2001, *Dongongbo,* n° 217325. ♦ Délai important dû à l'annulation de la mesure de reconduite à la frontière en première instance, le jugement ayant lui-même été annulé par le Conseil d'État en appel. • CE 24 mars 2004, *Krasniqi,* n° 259495.

7. Lorsque le préfet prend une nouvelle mesure d'éloignement, il est tenu de procéder à un nouvel examen de la situation familiale et personnelle de l'intéressé. • CE 28 juill. 2000, *Préfet de la Gironde c/ Defillat,* n° 214546 : *D. 2001. Somm. 1071, obs. Sousse.*

Art. L. 722-2 Lorsque l'étranger fait l'objet d'une décision d'expulsion, d'une peine d'interdiction du territoire français ou d'une interdiction administrative du territoire français, la procédure prévue à l'article L. 733-8 peut lui être appliquée sans que la condition d'assignation à résidence ou la condition d'impossibilité d'exécution d'office de la décision d'éloignement résultant de l'obstruction volontaire de l'étranger soit requise.

Les modalités d'application du présent article sont fixées par décret en Conseil d'État. — *[Anc. art. L. 214-4, al. 3 ; anc. art. L. 523-1, al. 2 ; anc. art. L. 561-2, II, al. 7.]*

1. Si l'administration peut retirer son titre de séjour à un étranger sous le coup d'un arrêté d'expulsion, aucune disposition législative ou règlementaire ne l'autorise à retenir le permis de conduire de l'intéressé ; cette mesure, pour illégale qu'elle soit, ne porte toutefois pas atteinte à une liberté fondamentale et ne constitue pas une voie de fait. • CE 6 avr. 2001, *Djerrar,* n° 212106.

2. Les modalités d'exécution d'office d'un arrêté d'expulsion et d'un arrêté désignant le pays de destination ne constituent pas une décision distincte de ces deux actes. • CAA Paris, 30 mai 2000, *Min. Intérieur c/ Jaureguizuria Uria,* n° 99PA02959 B.

SOUS-SECTION 1 Décisions administratives d'éloignement

Art. L. 722-3 L'autorité administrative peut engager la procédure d'exécution d'office de la décision portant obligation de quitter le territoire français dès l'expiration du délai de départ volontaire ou, si aucun délai n'a été accordé, dès la notification de l'obligation de quitter le territoire français ou, s'il a été mis fin au délai accordé, dès la notification de la décision d'interruption du délai. — *[Anc. art. L. 513-1, I ; anc. art. R. 511-2, al. 2 (2e phr.).]*

Aux termes de l'art. 41 de la Charte UE, toute personne a le droit d'être entendue avant qu'une mesure individuelle qui l'affecterait défavorablement ne soit prise à son encontre ; dès lors qu'une requérante a été mise à même, pendant la procédure d'instruction de sa demande de titre de séjour, de présenter, si elle l'estimait utile, tous éléments d'information ou arguments de nature à influer sur le contenu des décisions administratives concernant non seulement son droit au séjour en France, mais aussi son possible éloignement du territoire français et qu'il résulte du présent art. que l'autorité administrative ne pouvait procéder d'office à l'exécution de la mesure d'éloignement avant l'expiration du délai prévu, ni avant que le tribunal administratif éventuellement saisi n'ait statué, ce qui mettait l'intéressée en mesure de faire valoir son point de vue avant que l'OQTF n'ait été susceptible de l'affecter défavorablement par une telle exécution, la procédure ne porte en tout état de cause pas atteinte au principe fondamental du droit d'être entendu tel qu'énoncé au 2 de l'art. 41 de la Charte UE. • CAA Paris, 31 juill. 2013, *Préfet de police de Paris c/ M. Tometey*, n° 12PA02040 : *AJDA 2013. 2290*.

Art. L. 722-4 **L'autorité administrative peut engager la procédure d'exécution d'office des décisions d'éloignement autres que celle portant obligation de quitter le territoire français dès leur notification.**

Lorsqu'une décision de remise aux autorités d'un autre État ou portant obligation de quitter le territoire français assortie d'une interdiction de retour ou de circulation a déjà été exécutée ou que l'étranger qui en fait l'objet est revenu en France, cette interdiction, si elle poursuit ses effets, peut être exécutée d'office. – *[Anc. art. L. 523-1, al. 1er ; anc. art. L. 531-1, I, al. 3.]*

1. La décision de procéder à l'exécution d'office d'un arrêté d'expulsion prise dans l'exercice d'un pouvoir conféré à l'administration par le présent code ne saurait constituer une voie de fait. • T. confl. 3 déc. 1979, *Fentrouci : Lebon 579 ; D. 1980. IR 124, obs. Delvolvé.*

2. Le Conseil d'État a jugé que l'exécution d'office de l'arrêté d'expulsion ne méconnaît pas le droit à un recours effectif dès lors que cette procédure ne fait pas obstacle à la saisine du juge des référés, ni dans le cadre du référé-liberté, ni dans celui du référé-suspension. • CE 19 août 2016, n° 402457. ♦ Le Conseil constitutionnel a enfin considéré que l'intéressé n'est pas privé de la possibilité d'exercer un recours contre la décision d'expulsion devant le juge administratif, notamment devant le juge des référés qui, sur le fondement des art. L. 521-1 et L. 521-2 CJA, peut suspendre l'exécution de la mesure d'expulsion ou ordonner toutes mesures nécessaires à la sauvegarde d'une liberté fondamentale. • Cons. const. 5 oct. 2016, n° 2016-580 QPC : *AJDA 2016. 1847*.

3. Lorsque la mesure d'expulsion n'est pas exécutée immédiatement, l'étranger est maintenu sur le territoire sous le régime des « sursis trimestriels » ; la révocation des sursis constitue une décision autonome susceptible de recours mais n'ouvre pas un nouveau délai pour contester l'arrêté d'expulsion. • CE 4 juill. 1980, *Zemma : Lebon 300, concl. Bacquet* • 29 déc. 1997, *Aboulaaz : Dr. adm. 1998, n° 93, obs. D. P.*

4. Lorsqu'une durée anormalement longue s'est écoulée entre l'arrêté d'expulsion et sa mise à exécution, durée ne résultant pas de difficultés particulières, le préfet est réputé avoir pris une nouvelle mesure d'expulsion. • CE 10 avr. 2009, *Min. Intérieur, Outre-Mer et Dollectivités territoriales c/ M. B.*, n° 326863 B : *AJDA 2009. 1559, note Ríos Rodríguez*.

5. Lorsque l'administration décide de surseoir à l'expulsion et prévoit l'assignation à résidence de l'intéressé, la décision qui met fin à celle-ci constitue une mesure modifiant la situation de l'étranger et peut faire l'objet d'un recours dans le délai de 2 mois. • CE 4 juill. 1980, *Zemma : Lebon 299, concl. Bacquet ; AJDA 1980. 460, chron. Feffer et Pinault* • 29 déc. 1997, *M. Aboulaaz : Dr. adm. 1998, n° 93, obs. D. P.* ♦ Si un arrêté d'expulsion n'est notifié que plusieurs mois après sa signature, il ne s'agit pas d'une nouvelle décision ; la légalité de l'expulsion est examinée à la date de sa signature, ceci rendant inopérant le moyen tiré du fait que l'intéressé s'est depuis lors amendé. • CE 27 nov. 1985, *Hamza*, n° 54564 : *Lebon 712 ; D. 1986. Somm. 280, obs. Wacquet et Julien-Laferrière.*

6. La décision de surseoir à l'expulsion n'a pas pour effet de suspendre le délai de recours contre l'arrêté d'expulsion lui-même. • CE 6 nov. 1985, *Maremmani : Lebon 315 ; D. 1986. Somm. 280, obs. Waquet et Julien-Laferrière.* ♦ La mise à exécution, lorsqu'elle interviendra, ne constitue pas une décision nouvelle susceptible de recours. • CE 13 nov. 1985, *Min. Intérieur c/ Arrugaeta San Emeterio : Lebon 325 ; D. 1986. Somm. 280, obs. Waquet et Julien-Laferrière.* ♦ Enfin, dans tous les cas, la décision de mise à exécution de l'expulsion doit respecter les mêmes conditions de fond que l'arrêté d'expulsion lui-même, et notamment l'interdiction de l'expulsion des étrangers « protégés ». • TA Versailles, 20 févr. 1996, *M. Ait Zaïd c/ Min. Intérieur : D. 1997. Somm. 34, comm. Julien-Laferrière*.

7. Le refus de délivrance d'une autorisation provisoire de séjour opposé à un étranger sous le coup d'un arrêté d'expulsion, pour lui permettre de se présenter devant la cour d'appel examinant le recours formé contre le jugement l'ayant condamné à 24 mois d'emprisonnement n'a pas porté une atteinte grave et manifestement illégale à la liberté fondamentale que constitue la possibilité d'assurer de manière effective sa défense devant le juge, dès lors que l'intéressé pouvait être représenté par son avocat et que la cour d'appel n'avait pas estimé nécessaire sa comparution personnelle. • CE 5 mars 2007, *Benchellali*, n° 302108.

Art. L. 722-5 L'autorité administrative ne peut procéder à l'exécution d'office d'une interdiction administrative du territoire français lorsque l'étranger est mineur. – *[Anc. art. L. 214-7.]*

SOUS-SECTION 2 Peine d'interdiction du territoire français

Art. L. 722-6 La peine d'interdiction du territoire français prononcée à l'encontre d'un étranger coupable d'un crime ou d'un délit en application des articles 131-30 à 131-30-2 du code pénal est exécutoire dans les conditions prévues aux deuxième à quatrième alinéas de l'article 131-30 du même code. – *[Anc. art. L. 621-2, al. 5 (2e phr.) ; anc. art. L. 622-3, al. 7 (2e phr.) ; anc. art. L. 624-2, al. 2 ; anc. art. L. 624-3, al. 3.]*

SECTION 2 Conditions dans lesquelles il peut être procédé à l'éloignement effectif

SOUS-SECTION 1 Étranger faisant l'objet d'une décision portant obligation de quitter le territoire français ou d'une interdiction de retour sur le territoire français

Art. L. 722-7 L'éloignement effectif de l'étranger faisant l'objet d'une décision portant obligation de quitter le territoire français ne peut intervenir avant l'expiration du délai ouvert pour contester, devant le tribunal administratif, cette décision et la décision fixant le pays de renvoi qui l'accompagne, ni avant que ce même tribunal n'ait statué sur ces décisions s'il a été saisi.

Lorsque la décision fixant le pays de renvoi est notifiée postérieurement à la décision portant obligation de quitter le territoire français, l'éloignement effectif ne peut non plus intervenir avant l'expiration du délai ouvert pour contester cette décision, ni avant que le tribunal administratif n'ait statué sur ce recours s'il a été saisi.

Les dispositions du présent article s'appliquent sans préjudice des possibilités d'assignation à résidence et de placement en rétention prévues au présent livre. – *[Anc. art. L. 512-3, al. 2 (1re phr.) ; anc. art. L. 513-1, I ; anc. art. L. 513-3, al. 2.]*

S'il résulte du présent art. que l'OQTF ne peut faire l'objet d'une exécution d'office avant que le tribunal administratif, saisi d'un recours formé contre celle-ci, n'ait statué, il ne s'en déduit pas qu'un tel recours ait pour effet de prolonger le délai d'un an, prévu à l'art. L. 731-1, 1°, lequel court à compter de la décision portant OQTF et au terme duquel cette obligation ne peut plus fonder une décision de placement en rétention. • Civ. 1re, 15 juin 2022, n° 20-22.889 : *AJDA 2022. 1259 ; D. 2022. 1157.*

Art. L. 722-8 Lorsque l'étranger ne peut être éloigné en exécution d'une décision portant obligation de quitter le territoire français, l'autorité administrative ne peut pas procéder à l'exécution d'office de l'interdiction de retour assortissant cette obligation de quitter le territoire français. – *[Anc. art. L. 513-1, II.]*

SOUS-SECTION 2 Étranger devant être éloigné pour la mise en œuvre d'une décision prise par un État membre de l'Union européenne

Art. L. 722-9 L'éloignement effectif de l'étranger faisant l'objet de la décision prévue à l'article L. 615-1 ne peut intervenir avant que l'étranger ait été mis en mesure de présenter des observations et d'avertir ou de faire avertir son consulat, un conseil ou toute personne de son choix.

SOUS-SECTION 3 Étranger devant être remis aux autorités d'un État membre de l'Union européenne ou faisant l'objet d'une interdiction de circulation sur le territoire français

Art. L. 722-10 La remise effective de l'étranger, prévue au titre II du livre VI, ne peut intervenir avant que celui-ci ait été mis en mesure de présenter des observations et d'avertir ou de faire avertir son consulat, un conseil ou toute personne de son choix. – *[Anc. art. L. 531-1, I, al. 3.]*

SECTION 3 Libération conditionnelle de l'étranger condamné à une peine privative de liberté et faisant l'objet d'une décision d'éloignement

Art. L. 722-11 Le juge d'application des peines ou le tribunal de l'application des peines peut décider de la libération conditionnelle de l'étranger condamné à une peine privative de liberté et faisant l'objet d'une décision mentionnée à l'article L. 700-1, à l'exception de son 4°, ou d'une mesure d'extradition ou de remise sur le fondement d'un mandat d'arrêt européen dans les conditions prévues à l'article 729-2 du code de procédure pénale. – *[Anc. art. L. 571-1.]*

1. A la différence des procédures d'extradition, sur lesquelles il exerce un contrôle entier [• CE 24 juin 1977, *Astudillo Calleja*, n° 01591 : *Lebon*], le Conseil d'État estime que l'art. 695-11 C. pr. pén. relatif au mandat d'arrêt européen confère aux seules juridictions de l'ordre judiciaire compétence pour connaître de la procédure de remise d'une personne aux autorités requérantes en exécution du mandat d'arrêt européen qu'elles ont émis contre elle. • CE 31 oct. 2014, n° 381415 : *AJDA 2014. 2161*.

2. Notons la combinaison complexe prévue par la CJUE entre les procédures d'extradition et de mandat d'arrêt européen : s'agissant d'une demande d'extradition par un État tiers d'un citoyen de l'UE résidant dans un État membre autre que celui de sa nationalité, il incombe à l'État saisi de solliciter l'État membre de nationalité aux fins de déterminer si des poursuites pénales peuvent être exercées par lui directement contre son national ; cette procédure, via le mandat d'arrêt européen, est en effet moins attentatoire à la liberté de circulation ; ce n'est qu'à défaut que la procédure d'extradition pourra être mise en œuvre. • CJUE 6 sept. 2016, *Petruhhin*, n° C-182/15.

3. La mise en œuvre des dispositions de l'art. 729-2 C. pr. pén. reste subordonnée à la portée effective de la mesure de libération conditionnelle ; tel n'est pas le cas lorsque la mesure de libération conditionnelle a été fixée par le tribunal d'application des peines au jour de la libération définitive. • Crim. 23 sept. 2015, n° 14-85.708.

SECTION 4 Escorte en cas de transit d'un étranger par un aéroport français

Art. L. 722-12 En cas de transit d'un étranger par un aéroport français en vue de son acheminement vers le pays de destination en exécution d'une décision d'éloignement prise par un État membre de l'Union européenne, la République d'Islande, la Principauté du Liechtenstein, le Royaume de Norvège ou la Confédération suisse, l'escorte est placée sous l'autorité du ministre de l'intérieur.

Dans ce cadre, les prérogatives des membres de l'escorte sont limitées à la légitime défense et, dans le but de porter assistance aux autorités françaises, à un usage raisonnable et proportionné de la force. Ils ne disposent en aucun cas du pouvoir d'interpellation. – *[Anc. art. L. 531-4.]*

Décret n° 2006-1433 du 23 novembre 2006,

Relatif à l'assistance au transit dans le cadre de mesures d'éloignement par voie aérienne.

SECTION 1. *Définitions et dispositions générales*

Art. 1er Pour l'application du présent décret, on entend par :

1° État membre : un État membre de l'Union européenne, à l'exclusion du Royaume-Uni et de l'Irlande, ainsi que l'Islande et la Norvège ;

2° Ressortissant d'un État tiers : toute personne qui n'est pas ressortissante d'un État membre de l'Union européenne, de l'Islande ou de la Norvège ;

3° Transit par voie aérienne : le passage d'un ressortissant d'un État tiers par un aéroport situé sur le territoire métropolitain ou d'un autre État membre en vue de son éloignement par voie aérienne à destination d'un pays tiers et, le cas échéant, le passage des membres de l'escorte ;

4° État requérant : l'État membre qui, dans le cadre de l'exécution d'une décision d'éloignement prononcée à l'égard d'un ressortissant d'un État tiers demande le transit par un aéroport situé sur le territoire métropolitain ;

5° État requis : l'État membre qui, dans le cadre de l'exécution d'une décision d'éloignement prononcée à l'égard d'un ressortissant d'un État tiers est sollicité pour le transit par un aéroport situé sur son territoire.

Art. 2 Lorsque l'éloignement par voie aérienne d'un ressortissant d'un État tiers ne peut s'effectuer sur un vol direct vers le pays de destination, le transit par voie aérienne et les mesures d'assistance y afférentes sont soumis à autorisation.

Art. 3 Le ministre de l'intérieur détermine par arrêté ceux des points de passage aériens autorisés ainsi que les services joignables pour toute la durée des opérations de transit.

Art. 4 Sous réserve d'un accord de réciprocité entre la France et un autre État membre, les frais liés au transit par un aéroport métropolitain ou à la reprise en charge par la France d'un ressortissant d'un État tiers sont à la charge de la France.

SECTION 2. *Traitement des demandes d'assistance au transit par voie aérienne présentées à la France par un autre État membre*

Art. 5 I. — Le ministre de l'intérieur reçoit et instruit les demandes d'autorisation de transit par voie aérienne présentées par écrit et comportant les informations énumérées sur le formulaire de demande et d'autorisation de transit figurant à l'annexe au présent décret. La demande d'autorisation de transit indique les mesures d'assistance y afférentes sollicitées. Le service récepteur et instructeur des demandes est désigné par arrêté du ministre de l'intérieur.

II. — La demande doit parvenir au service récepteur au moins quarante-huit heures avant le transit, sauf urgence particulière dûment motivée.

Le ministre de l'intérieur statue et communique sa décision dans un délai de quarante-huit heures à compter de sa saisine. Ce délai peut être prorogé de quarante-huit heures au plus par décision motivée communiquée à l'État requérant.

III. — L'opération de transit par voie aérienne ne peut débuter sans autorisation, sous réserve des accords ou arrangements bilatéraux ou multinationaux entre les États membres permettant d'engager des opérations de transit au moyen d'une notification émise par l'État requérant.

IV. — L'opération de transit par voie aérienne se déroule dans les meilleurs délais et en tout état de cause dans un délai qui n'excède pas vingt-quatre heures.

Elle ne comporte pas de changement d'aéroport sur le territoire métropolitain.

Art. 6 Le ministre de l'intérieur peut refuser l'autorisation de transit par voie aérienne dans les cas suivants :

1° Le ressortissant d'un État tiers est, en France, accusé d'infractions pénales ou recherché pour l'exécution d'une peine ;

2° Le transit par d'autres États membres ou la reprise en charge par l'État de destination n'est pas possible ;

3° Le ressortissant d'un État tiers constitue une menace pour l'ordre public, la santé publique ou les relations internationales ;

4° L'assistance ne peut être fournie à une date donnée pour des raisons d'ordre pratique.

Dans le cas visé au 4°, le ministre de l'intérieur indique dans les plus brefs délais à l'État requérant une date aussi proche que possible de la date initialement demandée à laquelle il peut fournir une assistance en ce qui concerne le transit par voie aérienne dans la mesure où les autres conditions sont remplies.

Art. 7 Le ministre de l'intérieur peut retirer les autorisations de transit par voie aérienne déjà délivrées si des faits justifiant le refus du transit viennent à être connus ultérieurement.

Art. 8 Le ministre de l'intérieur informe immédiatement l'État requérant lorsque l'autorisation de transit par voie aérienne est refusée ou retirée conformément aux articles 6 et 7, en lui indiquant les motifs du refus ou du retrait.

Art. 9 I. — Dans la limite des moyens disponibles et du respect des règles internationales applicables, le ministre de l'intérieur détermine et met en œuvre les mesures d'assistance nécessaires, depuis l'ouverture des portes de l'avion jusqu'au départ effectif du ressortissant d'un État tiers, notamment :

1° L'accompagnement du ressortissant d'un État tiers de la descente de l'avion et jusqu'à l'avion assurant le vol de continuation ;

2° La dispense des soins médicaux au ressortissant d'un État tiers et, le cas échéant, aux membres de l'escorte ;

3° Le ravitaillement du ressortissant d'un État tiers et, le cas échéant, des membres de l'escorte ;

4° La prise en charge, la garde et la transmission des documents de voyage du ressortissant d'un État tiers, notamment en cas d'éloignement sans escorte ;

5° En cas de transit sans escorte, l'information de l'État requérant du lieu et de l'heure du départ de France du ressortissant d'un État tiers ;

6° L'information de l'État requérant de tout incident grave survenu lors du transit du ressortissant d'un État tiers.

II. — Sans préjudice de l'article 11, lorsque l'exécution des opérations de transit par voie aérienne ne peut être assurée en dépit de l'assistance apportée conformément au I du présent article, le ministre de l'intérieur peut, à la demande de l'État requérant et en concertation avec ce dernier, prendre toutes les mesures d'assistance complémentaires nécessaires à la poursuite de l'opération de transit.

Dans ce cas, le délai visé au second alinéa du III de l'article 5 peut être porté à quarante-huit heures au plus.

Art. 10 Pendant le déroulement de l'opération de transit par voie aérienne, les membres de l'escorte fournie par l'État requérant ne sont pas armés et portent une tenue civile. Ils présentent aux autorités françaises les documents d'identité nécessaires ainsi que l'autorisation de transit ou, le cas échéant, la notification visée au III de l'article 5.

Art. 11 Le ministre de l'intérieur demande à l'État requérant de reprendre en charge le ressortissant d'un État tiers si :

1° L'autorisation de transit par voie aérienne a été refusée ou retirée en vertu des articles 6 et 7 ;

2° Le ressortissant d'un État tiers s'est soustrait à l'exécution de la mesure d'éloignement au cours du transit ;

3° L'éloignement du ressortissant d'un État tiers dans un autre pays de transit ou dans le pays de destination, ou son embarquement à bord du vol de continuation, a échoué ;

4° Le transit par voie aérienne est impossible pour un autre motif.

SECTION 3. *Demandes d'assistance au transit par voie aérienne présentées par la France à un autre État membre*

Art. 12 Pour toute demande de transit par voie aérienne, le ministre de l'intérieur transmet à l'État requis une demande d'autorisation écrite comportant les données énumérées à l'annexe au présent décret, conformément à l'article 5.

Art. 13 Pendant le déroulement de l'opération de transit par voie aérienne, les membres de l'escorte ne sont pas armés et portent une tenue civile. Ils présentent aux autorités de l'État requis les documents d'identité nécessaires ainsi que l'autorisation de transit ou, le cas échéant, la notification prévue au III de l'article 5.

Art. 14 Le ministre de l'intérieur reprend en charge le ressortissant d'un État tiers si :

1° L'autorisation de transit par voie aérienne a été refusée ou retirée ;

2° Le ressortissant d'un État tiers s'est soustrait à l'exécution de la mesure d'éloignement au cours du transit ;

3° L'éloignement du ressortissant d'un État tiers dans un autre pays de transit ou dans le pays de destination, ou l'embarquement à bord du vol de continuation, a échoué ;

4° Le transit par voie aérienne est impossible pour un autre motif.

TITRE III ASSIGNATION À RÉSIDENCE

Art. L. 730-1 L'autorité administrative peut, dans les conditions prévues au présent titre, assigner à résidence l'étranger faisant l'objet d'une décision d'éloignement sans délai de départ volontaire ou pour laquelle le délai de départ volontaire imparti a expiré et qui ne peut quitter immédiatement le territoire français.

(L. nº 2024-42 du 26 janv. 2024, art. 40-1º) **« La décision d'assignation à résidence peut être prise pour l'étranger accompagné d'un mineur. »**

Les dispositions issues du 1º de l'art. 40 de la L. nº 2024-42 du 26 janv. 2024 s'appliquent à Mayotte à compter du 1er janv. 2027 (L. préc., art. 86-III).

COMMENTAIRE

L'étranger astreint à résider dans les lieux qui lui sont fixés par l'autorité administrative doit se présenter périodiquement aux services de police ou aux unités de gendarmerie. La loi du 7 mars 2016 a précisé que l'étranger doit également se présenter, lorsque l'autorité administrative le lui demande, aux autorités consulaires, en vue de la délivrance d'un document de voyage, démontrant ainsi qu'il ne fait pas obstruction à la mise en œuvre de la mesure d'éloignement qui le concerne.

La mesure d'assignation à résidence peut intervenir à l'initiative de l'autorité administrative (art. L. 731-1) dès lors que l'étranger ne peut quitter immédiatement le territoire français mais que son éloignement demeure une « perspective raisonnable », l'étranger présentant par ailleurs des garanties de représentation suffisantes de nature à prévenir un risque de fuite. « Cette nouvelle mesure a vocation à précéder immédiatement un départ qui n'est retardé que pour des motifs techniques (absence d'identification, de document de voyage ou de moyens de transport), elle doit donc être prise pour une durée limitée, même s'il faut rappeler que cette mesure ne restreint pas la liberté de déplacement » (*JOAN 16 sept. 2010, n° 2814*).

Durée. L'assignation à résidence constitue une mesure de police qui intervient dans le cadre de l'exécution d'une décision d'éloignement dont la mise en œuvre est provisoirement empêchée, notamment en raison des réticences ou de la carence des autorités consulaires du pays de destination à délivrer les documents permettant le départ effectif de l'étranger. La mesure d'assignation à résidence peut intervenir à l'initiative de l'administration (art. L. 731-1) pour une durée maximale de quarante-cinq jours renouvelable une fois (art. L. 732-3).

Elle peut également être consécutive à une demande formulée par l'étranger lui-même (art. L. 731-3) qui devra apporter la preuve de l'impossibilité immédiate de quitter le territoire français jusqu'à ce qu'il existe une perspective raisonnable d'exécution de l'obligation de quitter le territoire français et pour une durée maximale de six mois renouvelable une fois (art. L. 732-4). En cas d'assignation à résidence consécutive à une interdiction de retour ou à une interdiction de circulation (2° et 3° de l'art. L. 731-3), l'assignation à résidence ne peut être renouvelée que tant que l'interdiction de retour ou l'interdiction de circulation sur le territoire français demeure exécutoire.

Lorsque l'assignation à résidence concerne un étranger faisant l'objet d'une décision d'expulsion (art. L. 731-3, 6°, et art. L. 731-4 et L. 731-5), d'une interdiction judiciaire du territoire (art. L. 731-3, 7°) ou d'une interdiction administrative (art. L. 731-3, 8°), la durée maximale de six mois ne s'applique pas (art. L. 732-5). S'agissant de l'étranger qui doit être éloigné en exécution d'une peine d'interdiction judiciaire du territoire prononcée en application du deuxième alinéa de l'article 131-30 du code pénal (art. L. 731-3, 7°), le maintien sous assignation à résidence au-delà de cinq ans fait l'objet d'une décision spécialement motivée faisant état des circonstances particulières justifiant cette prolongation au regard, notamment, de l'absence de garanties suffisantes de représentation de l'étranger ou si sa présence constitue une menace grave pour l'ordre public.

I. CHAMP D'APPLICATION

Au titre des articles L. 731-1 et L. 731-3, la mesure d'assignation à résidence ne peut intervenir que lorsque l'étranger est sous le coup de l'une des mesures d'éloignement dont la mise en œuvre demeure une perspective raisonnable et qu'il est dans l'impossibilité de quitter le territoire français ou de regagner son pays d'origine. Cette impossibilité peut résulter notamment des risques encourus en cas de retour dans le pays d'origine ou de l'absence de pays d'accueil. Reste que le champ d'application de l'assignation à résidence concerne également d'autres catégories d'étrangers visés dans de nombreux autres articles du code.

Une assignation à résidence prise par une décision motivée peut ainsi intervenir s'agissant de l'étranger :

– qui fait l'objet d'une *OQTF* exécutoire immédiatement ou dont le délai de départ volontaire est expiré ou n'a pas été accordé (1° des art. L. 731-1 et L. 731-3) ; ceci concerne également le demandeur d'asile lorsque son droit au maintien sur le territoire a pris fin (*b* ou *d* du 1° de l'art. L. 542-2) qui fait l'objet d'une OQTF (art. L. 542-5 et

L. 752-1) ; par ailleurs, l'étranger auquel un délai de départ volontaire a été accordé peut, dès la notification de la décision portant OQTF, être contraint de résider dans le lieu qui lui est désigné par l'autorité administrative. Cette décision est prise pour une durée qui ne peut se poursuivre au-delà de l'expiration du délai de départ volontaire (art. L. 721-6) ;

– visé par une mesure d'*interdiction de retour* (2° des art. L. 731-1 et L. 731-3), d'une *interdiction de circulation* (5° des art. L. 731-1 et L. 731-3) ou d'*interdiction administrative du territoire* (8° des art. L. 731-1 et L. 731-3) ;

– qui fait l'objet d'une « *reconduite d'office Schengen* » qui concerne les étrangers non ressortissants d'un État membre de l'Union européenne se trouvant irrégulièrement sur le territoire métropolitain et ayant fait l'objet soit d'un signalement aux fins de non-admission en vertu d'une décision exécutoire prise par l'un des autres États parties à la convention de Schengen, soit d'une mesure d'éloignement exécutoire (3° des art. L. 731-1 et L. 731-3) ;

– sous le coup d'une procédure de *remise à un État membre de l'Union européenne* (4° des art. L. 731-1 et L. 731-3) dans l'hypothèse d'une violation du code frontières Schengen ; il en va de même de l'étranger qui fait l'objet d'une requête aux fins de prise en charge ou de reprise en charge en application du règlement (UE) n° 604/2013 du Parlement européen et du Conseil du 26 juin 2013 (art. L. 573-2) ;

– qui fait l'objet d'une décision d'*expulsion* (6° des art. L. 731-1 et L. 731-3) ;

– sous le coup d'une *interdiction judiciaire du territoire* (C. pén., art. 131-30) ; dans ce cas, la durée maximale de six mois ne s'applique pas. Au-delà d'une durée de cinq ans, le maintien sous assignation à résidence fait l'objet d'une décision spécialement motivée faisant état des circonstances particulières justifiant cette prolongation au regard, notamment, de l'absence de garanties suffisantes de représentation de l'étranger ou si sa présence constitue une menace grave pour l'ordre public ; par analogie, on signalera que le magistrat du siège du tribunal judiciaire peut, plutôt que d'autoriser la prolongation de la rétention administrative, ordonner l'assignation à résidence de l'étranger lorsque celui-ci dispose de garanties de représentation effectives (art. L. 721-6) ;

– sous le coup d'une mesure d'expulsion en application des art. L. 523-3 à L. 523-5 ou d'une interdiction administrative du territoire, la durée maximale de six mois ne s'appliquant pas.

S'agissant des *demandeurs d'asile,* l'article L. 751-2 prévoit que l'étranger qui fait l'objet d'une requête aux fins de prise en charge ou de reprise en charge (Règl. « Dublin III ») peut être assigné à résidence par l'autorité administrative pour le temps strictement nécessaire à la détermination de l'État responsable de l'examen de sa demande d'asile. L'article L. 753-1 ajoute que l'autorité administrative peut assigner à résidence l'étranger demandeur d'asile qui fait l'objet d'une décision d'expulsion, d'une peine d'interdiction du territoire français en application de l'article 131-30 du code pénal ou d'une interdiction administrative du territoire français pour le temps strictement nécessaire à l'examen par l'Office français de protection des réfugiés et apatrides de sa demande d'asile, que celle-ci ait été présentée antérieurement ou postérieurement à la notification de la décision d'éloignement dont il fait l'objet. En cas de décision de rejet ou d'irrecevabilité de la demande d'asile, l'assignation à résidence ou la rétention peuvent se poursuivre dans l'attente du départ de l'étranger.

Pour rappel, l'article L. 262-1 fixe les conditions selon lesquelles l'assignation à résidence de l'article L. 731-1 est applicable aux ressortissants européens et assimilés.

II. PROCÉDURE

Compétence. L'autorité administrative compétente pour prononcer, par arrêté, la décision d'assignation à résidence est le ministre de l'Intérieur en cas d'expulsion « dérogatoire » (art. L. 631-2 et L. 631-3) et le préfet et, à Paris, le préfet de police dans les autres cas (art. R. 732-1 et R. 732-2). Par ailleurs, l'assignation à résidence peut être prononcée par décision du juge judiciaire en alternative à la rétention administrative dès lors que l'étranger dispose de garanties de représentation suffisantes (V. *supra*, comm. ss. art. L. 721-6).

L'arrêté d'assignation à résidence doit être motivé en droit et en fait, et indiquer notamment les raisons du choix du département d'assignation.

La mesure doit être précédée d'un examen particulier de la situation, notamment personnelle et familiale, de l'intéressé.

L'arrêté d'assignation à résidence (de même que le refus de prendre un tel arrêté ou l'abrogation de celui-ci) peut faire l'objet d'un recours pour excès de pouvoir de droit commun et, en cas de recours simultané, le contentieux spécial de la mesure d'éloignement s'applique aux arrêtés d'assignation à résidence.

Le refus du ministre suite à une demande d'assignation à résidence peut faire l'objet d'une demande de suspension formée, en application de l'article L. 521-1 du code de justice administrative.

Abrogation de la mesure. L'abrogation d'une mesure d'assignation à résidence n'est en principe pas susceptible de recours dans la mesure où elle supprime une contrainte ; toutefois, si cette abrogation suppose que l'autorité administrative se livre à une nouvelle appréciation du comportement de l'intéressé, elle modifie sa situation et est par conséquent susceptible de recours contentieux. ❑

1. Nature. L'assignation à résidence constitue une mesure de police restrictive de liberté qui doit être « adaptée, nécessaire et proportionnée ». • CAA Nancy, 23 oct. 2018, n° 18NC01290.

I. CHAMP D'APPLICATION

2. Ressortissants européens. L'assignation à résidence peut être prononcée à l'égard d'un ressortissant européen, pour des motifs d'ordre public et en fonction du comportement personnel de l'intéressé ; une telle mesure ne peut toutefois aboutir à une interdiction de l'ensemble du territoire national et le même comportement par un national donnerait lieu à des mesures répressives ou de contrainte. • CE 23 avr. 2003, *Min. Intérieur c/ Oteiza Olazabal,* n° 206913.

3. CEDH. Justifie d'une mesure d'assignation à résidence l'étranger ayant obtenu de la CEDH une décision invitant le Gouvernement à ne pas reconduire le requérant dans son pays d'origine durant la procédure devant elle ; le juge constate en effet que le préfet ne pouvait mettre à exécution la mesure d'éloignement, l'étranger ne pouvant regagner son pays d'origine. • CAA Lyon, 13 juin 2013, *M. S.,* n° 12LY02555 : *AJDA 2013. 1951.*

4. Restriction de liberté. L'autorité administrative peut prendre à l'égard d'un étranger qui pourrait être placé en rétention dans des locaux ne relevant pas de l'administration pénitentiaire une mesure d'assignation à résidence si l'exécution de l'OQTF demeure une perspective raisonnable et s'il présente des garanties de représentation ; une telle mesure ne comportant aucune privation de la liberté individuelle, le grief tiré de la méconnaissance de l'art. 66 Const. est inopérant. • Cons. const. 9 juin 2011, n° 2011-631 DC.

5. L'objet de la mesure d'assignation à résidence est, d'une part, de garantir la représentation de l'étranger soumis à une mesure d'éloignement du territoire, et, d'autre part, d'organiser les conditions de son maintien temporaire sur le territoire français, alors qu'il n'a pas de titre l'autorisant à y séjourner, en tenant compte des troubles à l'ordre public que ce maintien est susceptible d'occasionner. • Cons. const. 1er déc. 2017, n° 2017-674 QPC : *AJDA 2017. 2382 ; Constitutions 2017. 595, note Domingo ; ibid. 2018. 140, note Ruel, Simmet et Slaba ; D. 2018. 313, chron. Boskovic, Corneloup, Jault-Seseke, Joubert et Parrot ; Rev. crit. DIP 2018. 158 .* ♦ Selon la CEDH, une assignation à résidence, prise comme alternative à une mesure d'éloignement, ne comporte pas de restrictions d'une telle gravité qu'elle puisse être qualifiée de « privation de liberté » au sens de l'art. 5 Conv. EDH. • CEDH 9 oct. 1989, *Nezmi Aygiin c/ Suède : DR 63, p. 195.* ♦ Une assignation à résidence ne crée pas, par elle-même, une situation d'urgence au sens de l'art. L. 521-2 CJA. • CE 7 juin 2011, *M. Malonga,* n° 349817 • 27 août 2012, *GISTI et a.,* n° 361404 : *AJDA 2012. 1553 .*

6. La mesure d'assignation à résidence se substitue à une mesure de rétention dans des locaux ne relevant pas de l'administration pénitentiaire ; une telle mesure, placée sous le contrôle du juge administratif qui en apprécie la nécessité, ne porte pas d'atteinte disproportionnée à la liberté d'aller et de venir. • Cons. const. 9 juin 2011, n° 2011-631 DC § 79.

7. Les obligations de se présenter périodiquement aux services de police ou aux unités de gendarmerie, susceptibles d'être imparties par l'autorité administrative, doivent être adaptées, nécessaires et proportionnées aux finalités qu'elles poursuivent et ne sauraient, sous le contrôle du juge administratif, porter une atteinte disproportionnée à la liberté d'aller et venir ; ces obligations, distinctes d'une astreinte à domicile dont la durée ne saurait excéder 12 heures par jour, ne peuvent être regardées comme une mesure privative de liberté soumise aux exigences de l'art. 66 Const. ; présentant le caractère d'une mesure de police et non d'une punition, le principe de légalité des délits et des peines ne peut être utilement invoqué à leur encontre. • CE 28 déc. 2017, n° 415038.

8. La personne assignée à résidence doit se présenter périodiquement aux autorités de police et gendarmerie dans les conditions fixées par l'arrêté ; les mesures de surveillance ne doivent pas être excessives au regard de la liberté individuelle. • CEDH 6 nov. 1980, *Guzzardi,* n° 1/1979/29/44 : *cité par Berger, Jurispr. de la CEDH, Paris, Sirey, 1996, p. 127.* ♦ Une assignation à résidence assortie d'une surveillance policière au domicile a été considérée comme une voie de fait. • TGI Grenoble, 12 févr. 1983 : *Gaz. Pal. 1983. 2. Pan. 367.*

9. Les conditions de mise en œuvre de l'assignation à résidence sont limitatives. En dehors de ces hypothèses, l'autorité administrative ne peut prononcer une assignation à résidence. • TA Lille, 10 nov. 1994, *Sara : Lebon 713 ; RFDA 1995. 131, concl. Laugier.*

10. Détournement de procédure. Un arrêté d'assignation à résidence ne peut intervenir en guise de substitution à une rétention administrative, faute de place. • CE 21 avr. 1997, *GISTI,* n° 158919. ♦ L'assignation à résidence dans une caserne qui est un espace clos est illégale et constitue un détournement de la procédure de rétention administrative. • TA Versailles, 6 déc. 1994, *M. Abderrahmane Bahri, M. Sofiane Naami, M. Boualem Chibani : RFDA 1995. 376, concl. Krulic.* ♦ V. aussi • TA Lyon, 29 nov. 1994, *Mohamed Chergui : RFDA 1995. 381.*

11. Interdiction de retour. Une assignation à résidence ne peut être fondée sur une interdiction de retour que lorsque celle-ci a commencé à courir, c'est-à-dire après l'exécution de l'OQTF et le retour irrégulier de l'intéressé. • CAA Bordeaux, 24 mars 2022, n° 21BX04181 : *AJDA 2022. 1824.*

12. Le maintien d'une assignation « longue durée », prolongée par arrêtés ministériels successifs depuis quinze ans avec couvre-feu quotidien, obligation de pointer au commissariat plusieurs fois par jour, est justifié en raison de la persistance de contacts et de liens avec la mouvance islamiste radicale, un discours véhément contre les institutions policières, administratives et judiciaires, les liens de l'intéressé avec la mouvance ultra-gauche et la fréquentation d'un café tenu par la mouvance antisystème. • Paris, 21 sept. 2022, n° 21/8764.

13. Modalités d'exécution. Il existe une divergence jurisprudentielle s'agissant de l'influence des modalités d'exécution de l'assignation à résidence sur la légalité de la mesure elle-même ; la CAA de Douai estime que ces modalités constituent une décision distincte de l'assignation à résidence, sans influence sur sa légalité. • CAA Douai, 28 févr. 2017, n° 16DA01235. ♦ V. aussi • CAA Douai, 25 sept. 2018, n° 18DA00360 : *AJDA 2019. 123.* ♦ La CAA de Lyon adopte la position inverse, estimant que le caractère disproportionné des contraintes imposées à un étranger assigné à résidence entraîne l'annulation de l'ensemble de la mesure. • CAA Lyon, 13 juill. 2017, n° 17LY00835.

14. Si une décision d'assignation à résidence doit comporter les modalités de contrôle permettant de s'assurer du respect de cette obligation et notamment préciser le service auquel l'étranger doit se présenter et la fréquence de ces présentations, ces modalités de contrôle sont divisibles de la mesure d'assignation elle-même. Commet donc une erreur de droit la CAA qui a annulé les assignations à résidence d'un couple au motif que l'augmentation de la fréquence de l'obligation de présentation au commissariat des intéressés excédait les nécessités liées à la préparation de leur éloignement du territoire. • CE 11 déc. 2020, n° 438833 B : *AJDA 2020. 2467* • CAA Lyon, 17 juin 2021, n° 19LY04328 : *AJDA 2021. 2498.*

II. PROCÉDURE

A. PROCÉDURE ADMINISTRATIVE

15. Compétence. Hors l'hypothèse d'une transformation d'un placement en rétention en assignation à résidence par le JLD, seule l'autorité administrative peut prendre une mesure d'assignation à résidence ; le juge ne peut y pourvoir. • CAA Bordeaux, 26 juill. 1994, *M. Kabangu M'Poy,* n° 94BX00470. ♦ Seul le ministre de l'Intérieur a compétence pour assigner à résidence un étranger qui a fait l'objet d'une décision d'interdiction du territoire prononcée par une juridiction judiciaire et qui ne peut déférer à cette mesure. • CAA Nancy, 8 août 2002, *Min. Intérieur c/ M. Duman,* n° 00NC01603.

16. Motivation. L'arrêté d'assignation à résidence doit être motivé en droit et en fait, et indiquer notamment les raisons du choix d'un département autre que celui du lieu de résidence habituel du requérant. • CE 22 juin 1990, *M. Pélo Pelov,* n° 105452. ♦ Toutefois, la circonstance que le requérant travaille dans un département différent de celui où il est assigné à résidence n'est pas de nature à entacher d'illégalité la mesure. • CE 27 sept. 1989, *M. Tache Crétu,* n° 89558.

17. Notification. La circonstance que la notification de l'arrêté d'expulsion ait été postérieure à celle de l'arrêté d'assignation à résidence est sans influence sur la légalité de ce dernier. • CE 28 oct. 1994, *M. Kalibi,* n° 128884 B.

18. Examen particulier. Il appartient à l'autorité administrative, sous le contrôle du juge, de procéder à un examen particulier de la situation de l'intéressé. • CE 25 févr. 1991, *M. Seng Savang,* n° 109779. ♦ Cela suppose également la prise en considération du droit à mener une vie familiale normale. • CE 28 oct. 1994, *Kalibi,* n° 128884 • CAA Douai, 19 mars 2003, *Mendes,* n° 02DA00069. ♦ Tel est également le cas s'agissant d'un refus de transférer l'assignation à résidence dans un département où l'étranger indique avoir ses attaches familiales. • CAA Bordeaux, 2 mars 2004, *Mysengsay,* n° 01BX02698.

19. L'autorité administrative doit notamment s'assurer que la mesure ne porte pas une atteinte excessive au droit de l'intéressé à mener une vie familiale normale. • CE 30 déc. 1996, *M. Massimbo*, n° 153019. ♦ Le fait que l'épouse du requérant ait fait l'objet d'une assignation à résidence dans un autre département que son mari n'a pas été jugé contraire à l'art. 8 Conv. EDH. • CE 28 oct. 1994, *Kalibi : Lebon T. 942.* ♦ L'art. 8 est toutefois applicable au refus de transférer une assignation à résidence dans un département où le requérant indique avoir ses attaches familiales. • CAA Bordeaux, 2 mars 2004, *Mysengsay*, n° 01BX02698.

20. S'agissant d'un refus opposé à un étranger de l'assigner à résidence consécutivement à une mesure judiciaire d'interdiction du territoire, le moyen tiré d'une violation du droit au respect d'une vie familiale normale est inopérant, le ministre de l'Intérieur se bornant à prendre les mesures impliquées par la décision judiciaire. • CE 9 juill. 2018, n° 404265.

B. PROCÉDURE CONTENTIEUSE

21. L'arrêté d'assignation à résidence peut faire l'objet d'un recours pour excès de pouvoir de droit commun. • CE 6 déc. 1985, *Min. Intérieur c/ M. Jean-Luis Zuzuarregui Redondo*, n° 65828. ♦ En cas de recours simultané, le contentieux spécial des arrêtés préfectoraux de reconduite à la frontière [OQTF] peut s'appliquer aux arrêtés d'assignation à résidence. • TA Rennes, 25 oct. 1996, *M. Maxamed*, n° 962626. ♦ Le refus d'assignation à résidence peut faire l'objet d'un recours au fond. • CAA Douai, 28 févr. 2002, *Boukhadda*, n° 00DA01106 • CE 11 juin 2004, *Min. Intérieur c/ Kema Kema Bekoyo*, n° 249473. ♦ Le refus du ministre suite à une demande d'assignation à résidence peut faire l'objet d'une demande de suspension formée, en application de l'art. L. 521-1 CJA. • CE 23 nov. 2001, *M. Aberbri : RFDA 2002. 335, concl. Prada-Bordenave ; www.ajda.fr, obs. Vandendriessche.* ♦ Le pourvoi formé contre le rejet, en référé, de la suspension du refus d'assignation à résidence est sans objet dès lors que le juge de 1re instance a rejeté le recours au fond. • Même décision.

22. Le moyen tiré de la prétendue violation de l'art. 8 Conv. EDH est inopérant. • CE 11 juin 2004, *Min. Intérieur c/ M. Kema Kema Beyoko*, n° 249473 B. ♦ Il en va de même du moyen tiré de la violation des stipulations de l'art. 3, 1, CIDE. • CAA Paris, 12 juin 2008, *Sosa Villegas*, n° 07PA01495.

23. Procédures d'urgence. Si une mesure d'assignation à résidence ne crée pas, par elle-même, une situation d'urgence, il appartient à l'intéressé de justifier de circonstances particulières caractérisant la nécessité d'une mesure provisoire visant à sauvegarder une liberté fondamentale ; tel n'est pas le cas de la circonstance que la mesure d'assignation à résidence empêche le requérant de se rendre à Paris pour trouver un emploi dès lors qu'il n'est pas autorisé à travailler ; tel n'est pas davantage le cas des difficultés rencontrées par l'intéressé pour rencontrer son avocat. • CE 7 juin 2011, *M. Francis Malonga*, n° 349817.

24. Abrogation de l'assignation à résidence. L'abrogation d'une mesure d'assignation à résidence n'est en principe pas susceptible de recours dans la mesure où elle supprime une contrainte ; toutefois, si cette abrogation suppose que l'autorité administrative se livre à une nouvelle appréciation du comportement de l'intéressé, elle modifie sa situation et est par conséquent susceptible de recours contentieux. • CE 8 avr. 1998, *M. El Mhadi*, n° 163230 B : *Quot. jur. 30 juin 1998, p. 15, note Pélissier.* ♦ Le juge estime alors recevable, à l'encontre de la mesure d'abrogation de l'assignation à résidence, le moyen tiré de la violation de l'art. 8 Conv. EDH. • CE 29 déc. 1997, *Aboulaaz*, n° 160416. ♦ Le préfet est fondé à abroger une mesure d'assignation à résidence concernant un étranger sous le coup d'un arrêté d'expulsion dès lors que l'intéressé a commis de nouveaux délits. • CAA Lyon, 30 juin 2005, *Mihoubi c/ Préfet du Rhône*, n° 00LY02677.

C. ASSIGNATION À RÉSIDENCE ET MESURE D'ÉLOIGNEMENT

25. Expulsion. Le maintien d'un arrêté d'expulsion, en l'absence de son abrogation, atteste de la persistance de la menace à l'ordre public constituée par l'étranger. En revanche, si le placement sous assignation à résidence après la condamnation à l'interdiction du territoire français peut toujours être justifié par la volonté d'exécuter la condamnation dont l'étranger a fait l'objet, le législateur n'a pas prévu qu'au-delà d'une certaine durée l'administration doive justifier de circonstances particulières imposant le maintien de l'assignation aux fins d'exécution de la décision d'interdiction du territoire. • Cons. const. 1er déc. 2017, n° 2017-674 QPC : *AJDA 2017. 2382* .

26. La suspension de l'exécution d'un arrêté d'expulsion par une mesure d'assignation à résidence n'interrompt pas le délai imparti pour attaquer cet acte devant le juge administratif. • CE 13 nov. 1985, *Min. Intérieur c/ M. Arrugaeta San Emeterio*, n° 65826 A • CAA Marseille, 6 mars 2003, *M. Abdelkader K.*, n° 00MA01542. ♦ Toutefois, lorsque l'autorité administrative prononce une assignation à résidence à l'égard d'un étranger sous le coup d'une expulsion mais qui n'est pas dans l'impossibilité de quitter le territoire français, elle a entendu laisser volontairement inexécuté l'arrêté d'expulsion ; par suite, l'abrogation de l'arrêté d'assignation à résidence constitue une mesure d'expulsion dont la légalité s'apprécie à la date à laquelle elle a été prise. • TA Grenoble, 10 juill. 1995, *Mammeri*, n° 943992 B.

27. Quand l'assignation à résidence est prononcée jusqu'au moment où l'étranger aura la possibilité de déférer à la mesure d'éloignement, la mesure d'expulsion peut être exécutée à tout moment et doit être regardée comme portant une atteinte grave et immédiate à la situation de l'intéressé, et comme créant ainsi une situation d'urgence de nature à justifier, le cas échéant, la suspension de son exécution. • CE 18 févr. 2008, *Min. Intérieur c/ Idrissi*, n° 306238 : *Rev. adm. août 2008, n° 109, p. 32, note Glaser.*

28. Annulation de la mesure d'éloignement. L'arrêté d'assignation à résidence est dépourvu de base légale en cas d'annulation : de l'arrêté d'expulsion. • CE 28 juill. 1995, *Lannabi : D. 1996. Somm. 99, comm. Julien-Laferrière*. ♦ ... De l'arrêté préfectoral de reconduite à la frontière. • TA Besançon, 28 mars 1996, *Mohamed Aissaoui*, n° 950340.

29. La prétendue illégalité de la mesure d'éloignement ne peut être invoquée au soutien du recours contre la décision d'assignation à résidence. • CE 16 mars 1998, *M. Yalap*, nos 186384 et 186388.

30. Si le moyen tiré de la violation de l'art. 3, 1, de la Conv. de New York sur les droits de l'enfant est opérant à l'encontre d'une demande d'abrogation de l'arrêté d'expulsion, tel n'est pas le cas s'agissant d'une décision de refus d'assignation à résidence qui ne constitue pas une mesure d'éloignement. • CAA Paris, 12 juin 2008, *Sosa Villegas*, n° 07PA01495.

Art. L. 730-2 **Conformément à l'article L. 264-1, les dispositions des 6°, 7° et 8° et du dernier alinéa de l'article L. 731-1, de l'article L. 731-2, des 6°, 7° et 8° de l'article L. 731-3, des articles L. 731-4, L. 731-5, L. 732-1 à L. 732-9 et L. 733-1 à L. 733-17 sont applicables à l'étranger dont la situation est régie par le livre II.**

CHAPITRE I CAS DANS LESQUELS L'ÉTRANGER PEUT ÊTRE ASSIGNÉ À RÉSIDENCE

SECTION 1 Assignation à résidence aux fins d'exécution de la décision d'éloignement

Art. L. 731-1 **L'autorité administrative peut assigner à résidence l'étranger qui ne peut quitter immédiatement le territoire français mais dont l'éloignement demeure une perspective raisonnable, dans les cas suivants :**

1° L'étranger fait l'objet d'une décision portant obligation de quitter le territoire français, prise moins *(L. n° 2024-42 du 26 janv. 2024, art. 72)* **« de trois ans** *[ancienne rédaction : d'un an]* **» auparavant, pour laquelle le délai de départ volontaire est expiré ou n'a pas été accordé ;**

2° L'étranger doit être éloigné en exécution d'une interdiction de retour sur le territoire français prise en application des articles L. 612-6, L. 612-7 et L. 612-8 ;

3° L'étranger doit être éloigné pour la mise en œuvre d'une décision prise par un autre État, en application de l'article L. 615-1 ;

4° L'étranger doit être remis aux autorités d'un autre État en application de l'article L. 621-1 ;

5° L'étranger doit être éloigné en exécution d'une interdiction de circulation sur le territoire français prise en application de l'article L. 622-1 ;

6° L'étranger fait l'objet d'une décision d'expulsion ;

7° L'étranger doit être éloigné en exécution d'une peine d'interdiction judiciaire du territoire prononcée en application du deuxième alinéa de l'article 131-30 du code pénal ;

8° L'étranger doit être éloigné en exécution d'une interdiction administrative du territoire français.

L'étranger qui, ayant été assigné à résidence en application du présent article, ou placé en rétention administrative en application des articles L. 741-1 ou L. 741-2, n'a pas déféré à la décision dont il fait l'objet ou, y ayant déféré, est revenu en France alors que cette décision est toujours exécutoire, peut être assigné à résidence sur le fondement du présent article. – *[Anc. art. L. 561-2, I, al. 1er, 2 et 4 à 9.]*

COMMENTAIRE

Comme l'indique la circulaire du 5 février 2024 (Expulsion et éloignement des étrangers délinquants : NOR : IOMV2402713J ; V. ce texte ss. art. L. 631-2), « l'article 72 modifie le 1° de l'article L. 731-1 du CESEDA pour porter de un à trois ans le délai pendant lequel le préfet peut, aux fins d'exécution d'office d'une OQTF, prononcer une mesure d'assignation à résidence ou une décision de placement en rétention. Ainsi, vous pourrez placer en rétention ou assigner un étranger dont l'OQTF a été prise il y a moins de trois ans, sans avoir à reprendre une nouvelle mesure ». ❑

1. L'assignation à résidence visée au présent art. a pour objet d'assurer l'exécution forcée par la puissance publique de la mesure d'éloignement qui n'a pas été volontairement exécutée par l'étranger dans le délai qui lui a été imparti pour le départ volontaire et ce, au moyen de prérogatives exorbitantes ; les modalités d'application de cette mesure coercitive ne peuvent dès lors être prises dans le but de favoriser le départ volontaire de l'étranger ; par suite, en croyant à tort que les dispositions de l'art. L. 731-1 permettaient de fixer à une fois par jour la fréquence de l'obligation de présentation au service de police aux frontières dans la perspective de favoriser le départ volontaire de la requérante, l'autorité administrative a commis une erreur de droit. • TA Lyon, 16 mars 2012, *Mme Boussandel*, n° 1201675 : *AJDA 2012. 2094*.

2. La mesure d'assignation à résidence prévue au présent art. ne peut intervenir alors que l'OQTF a été exécutée par l'étranger, et alors même que la personne est revenue en France depuis lors. • CAA Lyon, 30 mai 2013, *Préfet du Rhône c/ Mme M.*, n° 12LY02929.

3. Les mesures contraignantes prises par le préfet à l'encontre d'un étranger assigné à résidence, qui limitent l'exercice de sa liberté d'aller et venir, doivent, dans cette mesure, être nécessaires, adaptées et proportionnées à l'objectif qu'elles poursuivent, à savoir s'assurer du respect de l'interdiction faite à l'étranger de sortir du périmètre dans lequel il est assigné à résidence. L'obligation faite au requérant de se présenter tous les lundis, à 8 heures du matin, à l'exception des jours fériés, aux services de la police aux frontières du commissariat de Nantes, « muni de ses effets personnels », excède dans cette dernière mesure ce qui est nécessaire et adapté à la nature et à l'objet de cette présentation hebdomadaire, dont l'objectif est uniquement de s'assurer qu'il n'a pas quitté le périmètre dans lequel il est assigné. • CAA Nantes, 29 oct. 2021, n° 21NT01145 : *AJDA 2022. 493*.

4. Il ne ressort d'aucune des dispositions du présent code qu'une OQTF deviendrait caduque à défaut d'avoir été exécutée à l'issue d'un délai déterminé. Si les anciennes dispositions du présent art. faisaient obstacle à l'assignation à résidence d'un étranger sur le fondement d'une OQTF prise plus d'un an auparavant, elles n'avaient ni pour objet ni pour effet de mettre fin aux effets de la mesure d'éloignement, l'étranger demeurant tenu de quitter le territoire. Ces anciennes dispositions ne privaient pas davantage l'autorité administrative de la possibilité de procéder à son exécution d'office par d'autres moyens. Il s'ensuit que l'écoulement du temps depuis l'édiction de l'OQTF n'a pas, en lui-même, eu pour effet de placer l'intéressé dans une situation juridique définitivement constituée, faisant obstacle à ce que la loi attache de nouvelles conséquences juridiques à cette mesure d'éloignement. Dès lors, le préfet de la Loire n'a pas méconnu le principe de non-rétroactivité des actes administratifs. • TA Lyon, 11 avr. 2024, n° 2402326 : *AJDA 2024. 1456, concl. Fullana-Thevenet.*

Art. L. 731-2 **L'étranger assigné à résidence en application de l'article L. 731-1 peut être placé en rétention en application de l'article L. 741-1, lorsqu'il ne présente plus de garanties de représentation effectives propres à prévenir un risque de soustraction à l'exécution de la décision d'éloignement apprécié selon les mêmes critères que ceux prévus à l'article L. 612-3.**

Les modalités d'application de la présente section sont fixées par décret en Conseil d'État. – *[Anc. art. L. 561-2, I, al. 11 et 12.]*

COMMENTAIRE

Lorsqu'il apparaît qu'un étranger assigné à résidence en application du présent article ne présente plus de garanties de représentation effectives propres à prévenir le risque de fuite, notamment parce qu'il n'a pas respecté les prescriptions liées à l'assignation à résidence ou qu'à l'occasion de la mise en œuvre de la mesure d'éloignement il a pris la fuite ou opposé un refus, l'étranger fera l'objet d'un placement en rétention administrative. ❑

SECTION 2 Assignation à résidence en cas de report de l'éloignement

Art. L. 731-3 **L'autorité administrative peut autoriser l'étranger qui justifie être dans l'impossibilité de quitter le territoire français ou ne pouvoir ni regagner son pays d'origine ni se rendre dans aucun autre pays, à se maintenir provisoirement sur le territoire en l'assignant à résidence jusqu'à ce qu'existe une perspective raisonnable d'exécution de son obligation, dans les cas suivants :**

1° L'étranger fait l'objet d'une décision portant obligation de quitter le territoire français pour laquelle le délai de départ volontaire est expiré ou n'a pas été accordé ;

2° L'étranger doit être éloigné en exécution d'une interdiction de retour sur le territoire français en application des articles L. 612-6, L. 612-7 et L. 612-8 ;

3° L'étranger doit être éloigné pour la mise en œuvre d'une décision prise par un autre État, en application de l'article L. 615-1 ;

4° L'étranger doit être remis aux autorités d'un autre État en application de l'article L. 621-1 ;

5° L'étranger doit être éloigné en exécution d'une interdiction de circulation sur le territoire français en application de l'article L. 622-1 ;

6° L'étranger fait l'objet d'une décision d'expulsion ;

7° L'étranger doit être éloigné en exécution d'une peine d'interdiction judiciaire du territoire prononcée en application du deuxième alinéa de l'article 131-30 du code pénal ;

8° L'étranger doit être éloigné en exécution d'une interdiction administrative du territoire français.

Les modalités d'application du présent article sont fixées par décret en Conseil d'État. – *[Anc. art. L. 523-3, al. 1er, 1re phr. ; anc. art. L. 561-1, al. 1er, 2, 3 (ecqc la remise) et 4 à 7.]*

1. Preuve. Lorsqu'un étranger sous le coup d'une mesure d'éloignement sollicite une mesure d'assignation à résidence, il lui appartient d'apporter la preuve qu'il est dans l'impossibilité de quitter le territoire français. • CE 1er avr. 1998, *M. Bouzelate*, n° 172619. ♦ Si cette preuve est rapportée, notamment parce que les autorités consulaires du pays d'origine ne reconnaissent pas au requérant la qualité de ressortissant, le juge annulera le refus d'assignation à résidence, indépendamment de la gravité des faits commis par l'intéressé. • CAA Lyon, 11 avr. 2006, *Shakeel*, n° 01LY00981. ♦ Ce dernier arrêt a toutefois été censuré par le Conseil d'État qui a considéré que l'impossibilité de quitter le territoire ne peut résulter que du seul refus des autorités d'un pays de reconnaître l'étranger comme l'un de leurs ressortissants ; le Conseil d'État estime que d'autres démarches auprès d'autres pays auraient été nécessaires pour établir l'impossibilité de quitter le territoire. • CE 22 févr. 2008, *Min. Intérieur c/ Shakeel*, n° 294256.

2. Il résulte du présent art. qu'il appartient à l'étranger faisant l'objet d'une mesure d'éloignement d'établir qu'il ne peut regagner son pays d'origine et de justifier qu'il a accompli des diligences suffisantes en vue de son admission dans d'autres pays ; si tel est le cas, il incombe à l'administration de démontrer que l'intéressé est admissible sur le territoire d'un ou plusieurs autres États. • TA Lyon, 16 déc. 2008, *M. E.*, n° 0800094 : *Lebon 517.*

3. Impossibilité de regagner le pays d'origine. L'impossibilité de regagner le pays d'origine se rencontre s'agissant notamment de l'expulsion d'un réfugié politique, l'assignation à résidence étant destinée à permettre à l'intéressé d'effectuer toutes démarches utiles en vue de son admission dans un pays d'accueil de son choix. • CE 29 déc. 1997, *M. Karker*, n° 168042.

4. Justifie d'une mesure d'assignation à résidence l'étranger qui atteste avoir effectué de vaines démarches auprès de 10 pays différents et qui ne pouvait être renvoyé vers son pays d'origine en raison des risques qu'il y encourait. • CAA Bordeaux, 3 juill. 2008, *Préfet de la Haute-Garonne c/ Dag*, n° 07BX02710.

5. Ne peut fonder une assignation à résidence une interdiction de retour qui n'a pas commencé à produire ses effets. • CAA Bordeaux, 24 mars 2022, n° 21BX04181.

6. La compétence du magistrat désigné n'est prévue qu'en cas de rétention, de détention et d'assignation à résidence de courte durée fondée sur l'art. L. 731-1 ; c'est la formation collégiale qui est ainsi seule compétente. • CAA Nancy, 8 mars 2022, n° 21NC02389.

7. Les dispositions du présent art. n'ont ni pour objet ni pour effet d'interdire à l'administration de recourir, en vue de l'exécution de la même mesure d'éloignement, à plusieurs périodes d'assignation à résidence d'une durée maximale de 90 jours, pourvu que celles-ci ne se suivent pas immédiatement. • CAA Douai, 14 nov. 2023, n° 23DA00376 : *DP étrangers, Bull. n° 339, janv. 2024.*

Art. L. 731-4 L'autorité administrative peut assigner à résidence l'étranger faisant l'objet d'une décision d'expulsion non exécutée lorsque son état de santé nécessite une prise en charge médicale dont le défaut pourrait avoir pour lui des conséquences d'une exceptionnelle gravité et si, eu égard à l'offre de soins et aux caractéristiques du système de santé du pays de renvoi, il ne pourrait pas y bénéficier effectivement d'un traitement approprié. – *[Anc. art. L. 523-4, 1re phr.]*

Art. L. 731-5 **L'autorité administrative peut, à titre probatoire et exceptionnel, assigner à résidence l'étranger faisant l'objet d'une décision d'expulsion édictée en application de l'article L. 631-2.**

L'autorité administrative peut abroger sa décision à tout moment en cas de manquement aux obligations et prescriptions liées à l'assignation à résidence prévues aux articles L. 733-1 et L. 824-4 à L. 824-7, ainsi qu'en cas de faits nouveaux constitutifs d'un comportement préjudiciable à l'ordre public. — *[Anc. art. L. 523-5, 1re et 4e phr.]*

Si la condition d'urgence est en principe remplie devant le juge des référés s'agissant d'un arrêté d'expulsion, il n'en va pas de même lorsque celui-ci est assorti d'une mesure d'assignation à résidence prise en application du présent art. ; dans ce cas, l'expulsion ne peut être exécutée qu'après l'abrogation de la mesure d'assignation à résidence. • CE 18 févr. 2008, *Min. Intérieur c/ Idrissi,* n° 306238.

CHAPITRE II **RÉGIME DES ASSIGNATIONS À RÉSIDENCE**

SECTION 1 **Dispositions générales**

Art. L. 732-1 **Les décisions d'assignation à résidence, y compris de renouvellement, sont motivées.**

Art. L. 732-2 **L'étranger qui fait l'objet d'une décision d'expulsion, d'une peine d'interdiction du territoire français ou d'une interdiction administrative du territoire prononcée en tout point du territoire de la République peut, quel que soit l'endroit où il se trouve, être assigné à résidence** *(L. n° 2024-42 du 26 janv. 2024, art. 49)* **« à ses frais » dans des lieux choisis par l'autorité administrative sur l'ensemble du territoire de la République.** — *[Anc. art. L. 561-1, al. 8, 1re phr. et 2e phr. (ecqc l'obligation de motivation du renouvellement de l'assignation à résidence) ; anc. art. L. 561-1, al. 13 (3e phr.).]*

1. Modalités. Une mesure d'assignation à résidence consiste, pour l'autorité administrative qui la prononce, à déterminer un périmètre que l'étranger ne peut quitter et au sein duquel il est autorisé à circuler, et, afin de s'assurer du respect de cette obligation, à lui imposer de se présenter, selon une périodicité déterminée, aux services de police ou aux unités de gendarmerie ; une telle mesure n'a pas, en dehors des hypothèses où elle inclut une astreinte à domicile pour une durée limitée, pour effet d'obliger celui qui en fait l'objet à demeurer à son domicile ; l'indication dans une telle décision d'une adresse qui correspond uniquement à une domiciliation postale ne saurait imposer à l'intéressé de demeurer à cette adresse. La fréquence et les horaires de présentation au commissariat, et même le lieu où se trouve le commissariat, font partie des modalités de l'assignation qui doivent être fixées par l'autorité administrative. A l'instar du périmètre de l'assignation, ces aspects doivent prendre en compte la vie privée et familiale, et le juge de l'excès de pouvoir doit pouvoir contrôler cette prise en compte. • CE, avis, 11 avr. 2018, n° 415174 B : *AJDA 2018. 828*. ♦ V. aussi • CAA Douai, 5 juin 2018, n° 17DA01775.

2. Le non-respect de l'obligation de se présenter 3 fois par semaine au commissariat caractérise une obstruction volontaire à la mesure d'éloignement. • Civ. 1re, 19 sept. 2018, n° 17-26.409 : *D. 2018. 1866*.

Art. L. 732-3 **L'assignation à résidence prévue à l'article L. 731-1 ne peut excéder une durée de quarante-cinq jours.**

Elle est renouvelable *(L. n° 2024-42 du 26 janv. 2024, art. 49)* **« deux** *[ancienne rédaction : une]* **» fois dans la même limite de durée.** — *[Anc. art. L. 561-2, I, al. 10 (ecqc la durée maximale de l'assignation à résidence et les possibilités de renouvellement).]*

1. Durée de 45 jours maximum. Jugé que la durée de l'assignation à résidence est sans incidence sur sa légalité si elle est prise avant l'expiration du délai d'une année et n'excède pas les 45 jours prévus par la loi ; la mesure d'assignation à résidence, en tant que modalité de l'exécution d'office de l'OQTF, doit être prise avant l'expiration du délai d'un an, le caractère exécutoire de l'OQTF permettant que ses effets se poursuivent en raison même du caractère exécutoire de la décision. • CAA Lyon, 18 févr. 2016, n° 15LY02787.

2. Lorsque l'autorité administrative retire une décision d'assignation à résidence (quelle que soit la raison de ce retrait) pour lui en substituer une nouvelle avant l'expiration du délai prévu par la première, elle ne peut fixer sa durée que pour la période qui reste à courir et non pour une nouvelle durée de 45 jours. • CAA Bordeaux, 29 sept. 2016, n° 13BX01357 : *DP étrangers, Bull. n° 260-261, nov.-déc. 2016, note Pouly.*

3. L'administration peut prendre une décision d'assignation à résidence d'une durée maximale de 45 jours renouvelable une fois à l'encontre d'un étranger faisant l'objet d'une décision de transfert. Cette durée maximale de 45 jours s'applique de plein droit à une mesure d'assignation à résidence prise sur ce fondement, de sorte qu'une telle mesure ne saurait continuer à s'appliquer au-delà de ce délai ; l'arrêté litigieux ne saurait comme ayant été pris pour une durée illimitée du seul fait qu'il ne comporte pas de durée précise. • CAA Lyon, 5 juin 2018, n° 18LY00065.

Art. L. 732-4 **Lorsque l'assignation à résidence a été édictée en application des 1°, 2°, 3°, 4° ou 5° de l'article L. 731-3, elle ne peut excéder une durée** *(L. n° 2024-42 du 26 janv. 2024, art. 42)* **« d'un an** *[ancienne rédaction : de six mois]* **».**

Elle peut être renouvelée *(L. n° 2024-42 du 26 janv. 2024, art. 42)* **« deux** *[ancienne rédaction : une]* **» fois, dans la même limite de durée. Toutefois, dans les cas prévus aux 2° et 5° du même article, elle ne peut être renouvelée que tant que l'interdiction de retour ou l'interdiction de circulation sur le territoire français demeure exécutoire.** – *[Anc. art. L. 561-1, al. 8, 2ᵉ phr. (ecqc la durée maximale et le renouvellement), et al. 9 et 10.]*

Art. L. 732-5 **Lorsque l'assignation à résidence a été édictée en application des 6°, 7° ou 8° de l'article L. 731-3 ou des articles L. 731-4 ou L. 731-5, la durée maximale** *(L. n° 2024-42 du 26 janv. 2024, art. 42)* **« d'un an** *[ancienne rédaction : de six mois]* **» prévue à l'article L. 732-4 ne s'applique pas.**

Dans le cas prévu au 7° de l'article L. 731-3, le maintien sous assignation à résidence au-delà de cinq ans fait l'objet d'une décision spécialement motivée faisant état des circonstances particulières justifiant cette prolongation au regard, notamment, de l'absence de garanties suffisantes de représentation de l'étranger ou si sa présence constitue une menace grave pour l'ordre public. – *[Anc. art. L. 561-1, al. 8, 11 et 12.]*

Art. L. 732-6 **Les modalités d'application de la présente section sont fixées par décret en Conseil d'État.** – *[Anc. art. L. 561-3.]*

SECTION 2 Dispositions particulières à l'assignation à résidence aux fins d'exécution de la décision d'éloignement

SOUS-SECTION 1 Information de l'étranger

Art. L. 732-7 **Il est remis aux étrangers assignés à résidence en application de l'article L. 731-1 une information sur les modalités d'exercice de leurs droits, les obligations qui leur incombent et, le cas échéant, la possibilité de bénéficier d'une aide au retour.**

Les modalités d'application du présent article sont fixées par décret en Conseil d'État. – *[Anc. art. L. 561-2-1 (ecqc le cas prévu à l'art. L. 561-2).]*

COMMENTAIRE

L'article R. 732-5 indique que l'étranger auquel est notifiée une assignation à résidence en application de l'article L. 731-1 est informé de ses droits et obligations par la remise d'un formulaire à l'occasion de la notification de la décision par l'autorité administrative ou, au plus tard, lors de sa première présentation aux services de police ou de gendarmerie. Ce formulaire, dont le modèle est fixé par arrêté du ministre chargé de l'immigration et du ministre de l'intérieur, rappelle les droits et obligations des étrangers assignés à résidence pour la préparation de leur départ. Il mentionne notamment les coordonnées locales de l'Office français de l'immigration et de l'intégration, le droit de l'étranger de communiquer avec son consulat et les coordonnées de ce dernier, ainsi que le droit de l'étranger d'informer l'autorité administrative de tout élément nouveau dans sa situation personnelle susceptible d'intéresser sa situation administrative. Il rappelle les obligations résultant de l'obligation de quitter le territoire français et de l'assignation à résidence ainsi que les sanctions encourues par l'étranger en cas de manquement aux obligations de cette dernière. Ce formulaire est traduit dans les langues les plus couramment utilisées désignées par un arrêté du ministre chargé de l'immigration. ❑

SOUS-SECTION 2 Procédure contentieuse spécifique

Art. L. 732-8 *(L. n° 2024-42 du 26 janv. 2024, art. 72)* **La décision d'assignation à résidence prise en application des 1°, 2°, 3°, 4° ou 5° de l'article L. 731-1 peut être contestée selon la procédure prévue à l'article L. 921-1.**

Elle peut être contestée dans le même recours que la décision d'éloignement qu'elle accompagne. Lorsqu'elle a été notifiée après la décision d'éloignement, elle peut être contestée alors même que la légalité de la décision d'éloignement a déjà été confirmée par le juge administratif ou ne peut plus être contestée.

Les dispositions du présent art. introduites par l'art. 72 de la L. n° 2024-42 du 26 janv. 2024 entrent en vigueur à une date fixée par Décr. en Conseil d'État, et au plus tard le 1er août 2024. Ces dispositions s'appliquent à la contestation des décisions prises à compter de leur entrée en vigueur (L. préc., art. 86-IV). Ces dispositions entrent en vigueur le 15 juill. 2024 (Décr. n° 2024-799 du 2 juill. 2024, art. 9-I).

Ancien art. L. 732-8 ***La décision d'assignation à résidence prise en application des 1°, 2°, 3°, 4° ou 5° de l'article L. 731-1 peut être contestée devant le président du tribunal administratif dans le délai de quarante-huit heures suivant sa notification. Elle peut être contestée dans le même recours que la décision d'éloignement qu'elle accompagne.***

Le délai de quarante-huit heures prévu au premier alinéa est également applicable à la contestation de la décision d'assignation à résidence notifiée postérieurement à la décision d'éloignement, alors même que la légalité de cette dernière a été confirmée par le juge administratif ou ne peut plus être contestée.

Les dispositions des articles L. 614-7 à L. 614-13 sont applicables au jugement de la décision d'assignation à résidence contestée en application du présent article. — *[Anc. art. L. 512-1, III, al. 2 (ecqc l'assignation à résidence postérieure à l'obligation de quitter le territoire français).]*

SECTION 3 Dispositions particulières à l'assignation à résidence en cas de report de l'éloignement

Art. L. 732-9 Les décisions d'assignation à résidence prévues aux articles L. 731-4 et L. 731-5 sont assorties d'une autorisation de travail. — *[Anc. art. L. 523-3, 2e phr. ; anc. art. L. 523-5, 2e phr.]*

CHAPITRE III MESURES APPLICABLES AUX ÉTRANGERS ASSIGNÉS À RÉSIDENCE

SECTION 1 Dispositions générales

Art. L. 733-1 L'étranger assigné à résidence en application du présent titre se présente périodiquement aux services de police ou aux unités de gendarmerie.

Il se présente également, lorsque l'autorité administrative le lui demande, aux autorités consulaires, en vue de la délivrance d'un document de voyage. — *[Anc. art. L. 523-4, 3e phr. ; anc. art. L. 523-5, 3e phr. ; anc. art. L. 561-1, al. 13, 1re et 2e phr.]*

S'il appartient à l'autorité administrative ayant ordonné une assignation à résidence de fixer les modalités de contrôle permettant de s'assurer du respect de cette obligation et notamment de préciser le service auquel l'étranger doit se présenter et la fréquence de ces présentations, ces mentions ne doivent pas nécessairement figurer dans l'arrêté d'assignation à résidence. • CAA Lyon, 2 sept. 2021, n° 20LY03386 : *AJDA 2021. 2564*.

Art. L. 733-2 L'autorité administrative peut, aux fins de préparation du départ de l'étranger, lui désigner, en tenant compte des impératifs de la vie privée et familiale, une plage horaire pendant laquelle il demeure dans les locaux où il réside, dans la limite de trois heures consécutives par période de vingt-quatre heures.

Lorsque l'étranger assigné à résidence fait l'objet d'une décision d'expulsion, d'une peine d'interdiction du territoire français ou d'une décision d'interdiction administrative du territoire français, ou si son comportement constitue une menace pour l'ordre public, la durée de cette plage horaire peut être portée à dix heures consécutives par période de vingt-quatre heures. — *[Anc. art. L. 561-1, al. 14.]*

COMMENTAIRE

La loi n° 2018-778 du 10 septembre 2018 pour une immigration maîtrisée, un droit d'asile effectif et une intégration réussie a conféré valeur législative à l'ancien article R. 561-2 qui permet de fixer à l'étranger objet d'une interdiction du territoire français ou d'un arrêté d'expulsion, ou dont le comportement constitue une menace pour l'ordre public, une plage horaire n'excédant pas trois heures (et non plus dix comme à l'anc. art.

R. 561-2) consécutives par vingt-quatre heures durant laquelle il doit demeurer à son domicile. Cette contrainte ne peut être fixée que dans l'objectif de préparation du départ, par exemple pour s'assurer de la présence de l'étranger à son domicile pour les besoins d'une présentation consulaire ou pour l'exécution de l'éloignement. Dans son avis sur le projet de loi, le Conseil d'État a approuvé cette initiative ; une telle mesure, en ce qu'elle limite la liberté d'aller et venir, relève de la compétence du législateur. ❑

Art. L. 733-3 **Si l'étranger présente une menace d'une particulière gravité pour l'ordre public, l'autorité administrative peut le faire conduire par les services de police ou les unités de gendarmerie jusqu'aux lieux d'assignation.** – *[Anc. art. L. 561-1, al. 13 (5e phr.).]*

Art. L. 733-4 **L'autorité administrative peut prescrire à l'étranger assigné à résidence la remise de son passeport ou de tout document justificatif de son identité, dans les conditions prévues à l'article L. 814-1.** – *[Anc. art. L. 561-1, al. 13 (4e phr.).]*

Art. L. 733-5 **Les modalités d'application des articles L. 733-1 à L. 733-4 sont fixées par décret en Conseil d'État.** – *[Anc. art. L. 561-3.]*

SECTION 2 Dispositions applicables en cas d'obstruction de l'étranger

SOUS-SECTION 1 En vue de la présentation de l'étranger aux autorités consulaires

Art. L. 733-6 **Si l'étranger assigné à résidence en application des articles L. 731-1, L. 731-3, L. 731-4 ou L. 731-5 n'a pas déféré, sans motif légitime, à une demande de présentation aux autorités consulaires du pays dont il est raisonnable de penser qu'il a la nationalité, en vue de la délivrance d'un document de voyage, l'autorité administrative peut le faire conduire auprès de ces autorités par les services de police ou les unités de gendarmerie en vue de cette démarche, dans les conditions et pour le temps strictement nécessaires à celle-ci.** – *[Anc. art. L. 513-5, al. 1er (ecqc les étrangers assignés à résidence pour un autre motif que celui évoqué à l'art. L. 552-4).]*

Art. L. 733-7 **Lorsque l'obstruction volontaire de l'étranger mentionné à l'article L. 733-6 fait obstacle à ce qu'il soit conduit auprès des autorités consulaires, l'autorité administrative peut, après avoir dûment constaté cette obstruction, demander au** *(L. no 2023-1059 du 20 nov. 2023, art. 44-I ; Décr. no 2024-570 du 20 juin 2024, art. 5, en vigueur le 1er sept. 2024)* **« magistrat du siège du tribunal judiciaire » de l'autoriser à requérir les services de police ou les unités de gendarmerie pour qu'ils visitent le domicile de l'étranger. Cette visite a pour but de s'assurer de la présence de l'étranger, de le conduire auprès des autorités consulaires et, si les conditions en sont remplies, de lui notifier une décision de placement en rétention.** *(L. no 2024-42 du 26 janv. 2024, art. 75)* **« Sur demande motivée de l'autorité administrative, le** *(L. no 2023-1059 du 20 nov. 2023, art. 44-I ; Décr. no 2024-570 du 20 juin 2024, art. 5, en vigueur le 1er sept. 2024)* **« magistrat du siège du tribunal judiciaire » peut également autoriser, par la même décision, la visite du domicile de l'étranger aux fins de rechercher et de procéder à la retenue de tout document attestant de sa nationalité dans les conditions prévues à l'article L. 814-1. »**

Pour l'application du premier alinéa, le *(L. no 2023-1059 du 20 nov. 2023, art. 44-I ; Décr. no 2024-570 du 20 juin 2024, art. 5, en vigueur le 1er sept. 2024)* **« magistrat du siège du tribunal judiciaire » s'assure de l'obstruction volontaire de l'étranger à la demande de présentation aux autorités consulaires. Cette obstruction résulte de la non-présentation, sans motif légitime, aux autorités consulaires en vue de préparer l'exécution de la décision d'éloignement. Il est alors procédé comme il est dit aux articles L. 733-9 à L. 733-12.** – *[Anc. art. L. 513-5, al. 2 et 3 (3e et 5e phr.).]*

COMMENTAIRE

La loi du 7 mars 2016 a mis en place un dispositif de nature à surmonter l'obstruction volontaire de l'étranger assigné à résidence s'agissant de la mise en œuvre de la mesure d'éloignement. Dans ce cas, l'autorité administrative peut, par requête motivée (art. R. 733-7), demander au magistrat du siège du tribunal judiciaire de l'autoriser à requérir les services de police ou les unités de gendarmerie pour qu'ils visitent le domicile de l'étranger afin de s'assurer de sa présence et de le reconduire à la frontière ou, si le départ n'est pas possible immédiatement, de lui notifier une décision de placement en rétention. Ces dispositions pourront également s'appliquer, en l'absence d'obstruction de l'étranger, dès lors que celui-ci fait l'objet d'un arrêté d'expulsion, d'une interdiction judiciaire du territoire français ou d'une interdiction administrative du territoire français.

Avant la loi du 20 mars 2018, l'ordonnance du magistrat du siège du tribunal judiciaire permettant la visite du domicile de l'étranger sous le coup d'une mesure d'assignation à résidence était de quatre-vingt-seize heures ; la loi du 20 mars l'a porté à cent quarante-quatre heures tandis que la loi n° 2018-778 du 10 septembre 2018 pour une immigration maîtrisée, un droit d'asile effectif et une intégration réussie est revenue à la durée de quatre-vingt-seize heures.

L'ordonnance du magistrat du siège du tribunal judiciaire est susceptible d'appel dans les vingt-quatre heures de sa notification par l'étranger. A peine d'irrecevabilité, la déclaration d'appel est motivée (art. R. 733-9). Elle est enregistrée avec mention de la date et de l'heure. Le greffier de la cour d'appel avise immédiatement le greffier du tribunal judiciaire qui lui transmet sans délai le dossier. Lorsque le premier président de la cour d'appel ou son délégué envisage de rejeter la déclaration d'appel comme manifestement irrecevable (art. R. 733-11), il recueille par tout moyen les observations des parties sur le caractère manifestement irrecevable de l'appel. Sont manifestement irrecevables notamment les déclarations d'appel formées tardivement, hors du délai prévu, et les déclarations d'appel non motivées. Lorsque le premier président ne fait pas application de ces dispositions, le greffier de la cour d'appel fait connaître aux parties et au ministère public la date de l'audience au fond. L'autorité administrative requérante, l'avocat de l'étranger et l'étranger lui-même peuvent demander à être entendus à l'audience. Le ministère public peut faire connaître son avis. L'ordonnance est communiquée au ministère public. Elle est notifiée par tout moyen et dans les meilleurs délais à l'étranger et à son conseil, s'il en a un, ainsi qu'à l'autorité administrative requérante, qui en accusent réception (art. R. 733-13). ❑

1. Visite domiciliaire. Le JLD ne peut faire droit à une demande de visite domiciliaire que dans la mesure où l'intéressé est toujours assigné à résidence. • Civ. 1re, 19 sept. 2018, n° 17-23.695. ♦ Le fait de ne pas se conformer à l'obligation de pointage prévue par la mesure d'assignation à résidence constitue une obstruction à la mesure d'éloignement qui ouvre droit à l'autorisation d'une visite domiciliaire en vue de la notification d'un placement en rétention. • Civ. 1re, 19 sept. 2018, n° 17-26.409.

2. Saisi d'un moyen en ce sens, il appartient à la cour d'appel de vérifier si le fonctionnaire qui a sollicité la visite était bien compétent pour saisir le juge. • Civ. 1re, 12 févr. 2020, n° 19-14.000.

3. La visite domiciliaire ne peut s'exercer à l'égard de l'étranger qui n'était plus assigné à résidence à la date de la demande du préfet. • Civ. 1re, 19 sept. 2018, n° 17-23.695 : *D. 2018. 1865*.

SOUS-SECTION 2 **En vue de l'exécution d'office de la décision d'éloignement**

Art. L. 733-8 Lorsque l'obstruction volontaire de l'étranger assigné à résidence en application des articles L. 731-1, L. 731-3, L. 731-4 ou L. 731-5 fait obstacle à l'exécution d'office de la décision d'éloignement, l'autorité administrative peut, après avoir dûment constatée *[constaté]* **cette obstruction, demander au** *(L. n° 2023-1059 du 20 nov. 2023, art. 44-I ; Décr. n° 2024-570 du 20 juin 2024, art. 5, en vigueur le 1er sept. 2024)* **« magistrat du siège du tribunal judiciaire » de l'autoriser à requérir les services de police ou les unités de gendarmerie pour qu'ils visitent le domicile de l'étranger. Cette visite a pour but de s'assurer de la présence de l'étranger, de permettre de procéder à son éloignement effectif ou, si le départ n'est pas possible immédiatement, de lui notifier une décision de placement en rétention.** *(L. n° 2024-42 du 26 janv. 2024, art. 75)* **« Sur demande motivée de l'autorité administrative, le** *(L. n° 2023-1059 du 20 nov. 2023, art. 44-I ; Décr. n° 2024-570 du 20 juin 2024, art. 5, en vigueur le 1er sept. 2024)* **« magistrat du siège du tribunal judiciaire » peut également autoriser, par la même décision, la visite du domicile de l'étranger aux fins de rechercher et de procéder à la retenue de tout document attestant de sa nationalité dans les conditions prévues à l'article L. 814-1. »**

Pour l'application du premier alinéa, le *(L. nº 2023-1059 du 20 nov. 2023, art. 44-I ; Décr. nº 2024-570 du 20 juin 2024, art. 5, en vigueur le 1er sept. 2024)* **« magistrat du siège du tribunal judiciaire » s'assure du caractère exécutoire de la décision d'éloignement que la requête vise à exécuter et de l'obstruction volontaire de l'étranger à ladite exécution. Cette obstruction résulte notamment de l'absence de réponse de l'étranger à sa demande de présentation pour les nécessités de l'exécution de la décision d'éloignement. Il est alors procédé comme il est dit aux articles L. 733-9 à L. 733-12.** – *[Anc. art. L. 214-4, al. 3 ; anc. art. L. 523-1, al. 2 ; anc. art. L. 561-2, II, al. 1er, 3e phr. de l'al. 2 ; anc. art. L. 561-2, II, al. 8.]*

Il se déduit du présent art. qu'une autorisation du JLD est nécessairement requise lorsque les services de police entendent intervenir au domicile de l'étranger assigné à résidence pour exécuter la mesure d'éloignement, peu important qu'ils aient été invités à entrer sans user de contrainte. • Civ. 1re, 16 mars 2022, nº 21-10.029 : *D. 2022. 560 ; AJDA 2022. 1714*.

SOUS-SECTION 3 **Procédure relative à la visite du domicile d'un étranger**

Art. L. 733-9 **Le** *(L. nº 2023-1059 du 20 nov. 2023, art. 44-I ; Décr. nº 2024-570 du 20 juin 2024, art. 5, en vigueur le 1er sept. 2024)* **« magistrat du siège du tribunal judiciaire », saisi par requête en application des articles L. 733-7 ou L. 733-8, statue dans un délai de vingt-quatre heures.**

A peine de nullité, sa décision est motivée. Elle mentionne l'adresse des lieux dans lesquels les opérations de visite peuvent être effectuées. – *[Anc. art. L. 513-5, al. 3 (1re, 2e et 4e phr.) ; anc. art. L. 561-2, II, al. 2, 1re, 2e et 4e phr.]*

Art. L. 733-10 **L'ordonnance du** *(L. nº 2023-1059 du 20 nov. 2023, art. 44-I ; Décr. nº 2024-570 du 20 juin 2024, art. 5, en vigueur le 1er sept. 2024)* **« magistrat du siège du tribunal judiciaire » autorisant la visite du domicile de l'étranger est exécutoire pendant** *(L. nº 2024-42 du 26 janv. 2024, art. 75)* **« cent quarante-quatre** *[ancienne rédaction : quatre-vingt-seize]* **» heures au seul vu de la minute.**

Elle est notifiée sur place à l'étranger dans une langue qu'il comprend ou, à défaut, à l'occupant des lieux, qui en reçoit copie intégrale contre récépissé. L'acte de notification comporte mention des voies de recours. – *[Anc. art. L. 513-5, al. 3, 5e phr. (ecqc le renvoi à l'al. 3 du II de l'art. L. 561-2) ; anc. art. L. 561-2, II, al. 3.]*

Art. L. 733-11 **Les opérations de visite sont effectuées sous le contrôle du magistrat qui les a autorisées, qui peut se déplacer sur les lieux pour veiller au respect des dispositions légales. Ces opérations ne peuvent être commencées avant 6 heures ni après 21 heures. Elles ne peuvent, à peine de nullité, avoir un autre objet que l'exécution de la décision d'éloignement visée dans la décision du** *(L. nº 2023-1059 du 20 nov. 2023, art. 44-I ; Décr. nº 2024-570 du 20 juin 2024, art. 5, en vigueur le 1er sept. 2024)* **« magistrat du siège du tribunal judiciaire ».**

Il est dressé un procès-verbal mentionnant les dates et heures de début et de fin des opérations et les conditions de leur déroulement *(L. nº 2024-42 du 26 janv. 2024, art. 75)* **« , les documents retenus et les modalités de leur restitution ». Ce procès-verbal est présenté à la signature de l'étranger ou, à défaut, de l'occupant des lieux ; en cas de refus, mention est faite de ce refus et de ses motifs déclarés. Le procès-verbal est transmis au** *(L. nº 2023-1059 du 20 nov. 2023, art. 44-I ; Décr. nº 2024-570 du 20 juin 2024, art. 5, en vigueur le 1er sept. 2024)* **« magistrat du siège du tribunal judiciaire », copie en ayant été remise à l'étranger ou, à défaut, à l'occupant des lieux.** – *[Anc. art. L. 513-5, al. 3, 5e phr. (ecqc le renvoi aux al. 4 et 5 du II de l'art. L. 561-2) ; anc. art. L. 561-2, II, al. 4 et 5.]*

Art. L. 733-12 **L'ordonnance mentionnée à l'article L. 733-10 est susceptible d'appel devant le premier président de la cour d'appel ou son délégué, qui est saisi sans forme et statue dans un délai de quarante-huit heures à compter de sa saisine.**

L'appel n'est pas suspensif.

Le premier président de la cour d'appel ou son délégué peut, par ordonnance motivée et sans avoir préalablement convoqué les parties, rejeter les déclarations d'appel manifestement irrecevables. – *[Anc. art. L. 513-5, al. 3, 5e phr. (ecqc le renvoi à l'al. 6 du II de l'art. L. 561-2) ; anc. art. L. 561-2, II, al. 6.]*

Art. L. 733-13 Les modalités d'application des articles L. 733-6 à L. 733-12 sont fixées par décret en Conseil d'État. – *[Anc. art. L. 561-3.]*

SECTION 3 Dispositions spécifiques à l'étranger dont le comportement est lié à des activités à caractère terroriste

Art. L. 733-14 L'étranger condamné à une peine d'interdiction du territoire français pour des actes de terrorisme prévus par le titre II du livre IV du code pénal, ou faisant l'objet d'une décision d'expulsion prononcée pour un comportement lié à des activités à caractère terroriste, et qui est assigné à résidence en application des 6° ou 7° de l'article L. 731-3 ou de l'article L. 731-4 peut être placé sous surveillance électronique mobile.

Ce placement est prononcé par l'autorité administrative, après accord de l'étranger, pour une durée de trois mois. Cette durée initiale peut être prolongée pour une même durée sans que la durée totale du placement dépasse deux ans. A défaut de prolongation, il est mis fin au placement sous surveillance électronique mobile.

Pendant toute la durée du placement, l'étranger est astreint au port d'un dispositif intégrant un émetteur permettant à tout moment de déterminer à distance sa localisation sur l'ensemble du territoire national.

La mise en œuvre du dispositif technique permettant le contrôle à distance peut être confiée à une personne de droit privé habilitée dans des conditions fixées par décret en Conseil d'État.

Pendant la durée du placement, l'autorité administrative peut, d'office ou à la demande de l'étranger, modifier ou compléter les obligations résultant dudit placement. – *[Anc. art. L. 571-3, al. 1er à 5.]*

Sur les modalités d'application du présent art., V. art. R. 733-14 à R. 733-20, infra.

Art. L. 733-15 Lorsque la préservation de la sécurité publique l'exige, l'autorité administrative peut interdire à l'étranger, assigné à résidence en application des 6° ou 7° de l'article L. 731-3 ou de l'article L. 731-4, qui a été condamné à une peine d'interdiction du territoire pour des actes de terrorisme prévus au titre II du livre IV du code pénal ou qui fait l'objet d'une décision d'expulsion édictée pour un comportement lié à des activités à caractère terroriste de se trouver en relation, directement ou indirectement, avec certaines personnes nommément désignées dont le comportement est lié à des activités à caractère terroriste.

La décision est écrite et motivée. Elle peut être prise pour une durée maximale de six mois et renouvelée, dans la même limite de durée, par une décision également motivée. Cette interdiction est levée dès que les conditions ne sont plus satisfaites ou en cas de levée de l'assignation à résidence. – *[Anc. art. L. 563-1, al. 1er.]*

SECTION 4 Dispositions spécifiques à l'étranger faisant l'objet d'une peine d'interdiction du territoire français lorsqu'il n'est plus assigné à résidence

Art. L. 733-16 Lorsqu'il n'est plus assigné à résidence en application du 7° de l'article L. 731-3, l'étranger faisant l'objet d'une peine d'interdiction du territoire français peut être astreint à déclarer l'adresse des locaux où il réside à l'autorité administrative, aux services de police ou aux unités de gendarmerie et à se présenter, sur convocation, à ces mêmes services en vue des démarches nécessaires aux fins d'exécution de l'interdiction du territoire.

Il se présente également, lorsque l'autorité administrative le lui demande, aux autorités consulaires, en vue de la délivrance d'un document de voyage. Dans ce cas, les dispositions des articles L. 733-6 et L. 733-7 sont applicables. – *[Anc. art. L. 513-5, al. 4 ; anc. art. L. 541-3, al. 2.]*

COMMENTAIRE

La mise à exécution d'une reconduite à la frontière consécutive à une mesure judiciaire d'interdiction du territoire peut se heurter aux mêmes obstacles ou difficultés que les autres mesures d'éloignement ; c'est la raison pour laquelle le présent article rend applicable aux étrangers sous le coup d'une interdiction judiciaire du territoire la possibilité pour l'autorité administrative de demander au magistrat du siège du tribunal judiciaire de l'autoriser à requérir les services de police ou les unités de gendarmerie pour qu'ils visitent le domicile de l'étranger afin de s'assurer de sa présence et de le reconduire à la frontière ou, si le départ n'est pas possible immédiatement, de lui notifier une décision de placement en rétention. Il en va de même de la possibilité donnée à l'autorité administrative de faire conduire (éventuellement sous contrainte après autorisation du magistrat du siège du tribunal judiciaire) l'étranger assigné à résidence, qui n'a pas déféré, sans motif légitime, à une demande de présentation aux autorités consulaires du pays dont il est raisonnable de penser qu'il a la nationalité, auprès de ces autorités par les services de police ou les unités de gendarmerie en vue de cette démarche, dans les conditions et pour le temps strictement nécessaires à celle-ci.

Afin de préserver néanmoins des perspectives réelles de mise à exécution de l'interdiction du territoire, en vue de satisfaire l'obligation qui incombe à l'autorité administrative de procéder à l'éloignement des personnes condamnées à une interdiction du territoire, la loi n° 2018-778 du 10 septembre 2018 pour une immigration maîtrisée, un droit d'asile effectif et une intégration réussie autorise l'administration à édicter des sujétions spécifiques à l'égard de l'étranger, sous le coup d'une interdiction du territoire prononcée par l'autorité judiciaire ou d'une mesure administrative d'éloignement motivée par des raisons d'ordre public, dont l'assignation à résidence arrive à son terme : communiquer l'adresse du domicile où il réside à l'autorité administrative ou aux forces de l'ordre ; se présenter, sur convocation, aux forces de l'ordre, en vue de toutes démarches nécessaires à la mise à exécution de l'interdiction du territoire ; se présenter, sur demande, aux autorités consulaires en vue de la délivrance d'un document de voyage. L'étude d'impact du 20 février 2018 précise qu'à « défaut, il pourra lui être fait application des dispositions de l'article L. 513-5 qui permettent, si l'étranger assigné à résidence n'a pas déféré, sans motif légitime, à une demande de présentation aux autorités consulaires du pays dont il a la nationalité, en vue de la délivrance d'un document de voyage, de le faire conduire auprès de ces autorités par les services de police ou de gendarmerie, et, en cas d'impossibilité résultant d'une obstruction volontaire de sa part, de demander au magistrat du siège du tribunal judiciaire de l'autoriser à requérir les services de police ou de gendarmerie pour qu'ils visitent le domicile de l'étranger afin de le conduire auprès des autorités consulaires ».

Comme l'indique le rapport de la commission des Lois, « S'agissant de personnes ne troublant pas l'ordre public, la plage horaire est limitée par période de vingt-quatre heures à trois heures consécutives fixées dans le respect des impératifs de la vie privée et familiale. Elle peut atteindre dix heures consécutives, conformément à la rédaction actuelle du code de l'entrée et du séjour des étrangers et du droit d'asile, pour les personnes qui font l'objet d'une interdiction du territoire français ou d'un arrêté d'expulsion, ou dont le comportement constitue une menace pour l'ordre public ». ❑

SECTION 5 Manquement aux prescriptions liées à l'assignation à résidence

Art. L. 733-17 Le manquement aux prescriptions liées à l'assignation à résidence, au placement sous surveillance électronique mobile et à l'interdiction de se trouver en relation avec certaines personnes nommément désignées dont le comportement est lié à des activités à caractère terroriste est sanctionné dans les conditions prévues aux articles L. 824-4 à L. 824-7.

Les modalités d'application du présent article sont fixées par décret en Conseil d'État. — *[Anc. art. L. 523-3, al. 1er, 2e phr. ; anc. art. L. 523-4, 3e phr. ; anc. art. L. 523-5, 3e phr. ; anc. art. L. 561-1, al. 15 ; anc. art. L. 563-1, al. 2 ; anc. art. L. 571-3, al. 6.]*

TITRE IV RÉTENTION ADMINISTRATIVE

BIBL. ▶ AMEDRO, La CJUE et la rétention des étrangers en situation irrégulière dans le cadre de la directive « Retour » (CJCE, *Said Shamilovich Kadzoev*, 30 nov. 2009), *RTDH 2010. 893*. – ASSASSI et BUFFET, La rétention administrative : éviter la banalisation, garantir la dignité des personnes, Sénat n° 773, 23 juill. 2014, *http://www.senat.fr/rap/r13-773/r13-7731.pdf*. – BERNARD-REYMOND, Rapport sur l'enquête de la Cour des comptes relative à la gestion des centres de rétention administrative, *Sénat n° 516, 3 juill. 2009*. – BONNOTTE, La contestation des décisions de maintien en rétention administrative et en zone d'attente devant le juge judiciaire et le juge administratif, *AJDA 2004. 694* ✎. – BRUNET, Le juge judiciaire et les libertés individuelles, à l'occasion de l'application de l'article 35 *bis* de l'ordonnance du 2 novembre 1945, *Gaz.*

Pal. 1996. 1. Doctr. 61. – La Cimade et a., Centres et locaux de rétention administrative, Rapport 2011, *https://www.lacimade.org.* – CGLPL, Rapport d'activité 2012, *http://www.cglpl.fr/wp-content/uploads/2013/02/CGLPL_Rapport-2012_version-WEB.pdf.* – Guimezanes, La rétention administrative des étrangers frappés d'une mesure d'éloignement du territoire, *Rev. crit. DIP 1996. 275* ; Conditions de la régularité de l'interpellation d'un étranger en vue de son placement en rétention administrative, *JCP 2009. II. 10089.* – Julien-Laferrière, La délimitation des compétences de la juridiction administrative et de la juridiction judiciaire en matière de rétention administrative et de maintien en zone d'attente, *Rev. crit. DIP 2002. 256.* – Lecucq (dir.), La rétention administrative des étrangers. Entre efficacité et protection, *L'Harmattan, Bibliothèques de droit 2011.* – Mariani, Rapport d'information sur les centres de rétention administrative et les zones d'attente, AN 24 juin 2009, n° 1776, *http://www.assemblee-nationale.fr/13/rap-info/i1776.asp.* – Sainte-Rose et Mucchielli, Le contrôle du juge judiciaire sur la rétention administrative, *Gaz. Pal. 1996. Doctr. 990.* – Trassoudaine, L'intervention judiciaire dans le maintien des étrangers en rétention administrative et en zone d'attente, *BICC, hors-série juin 2001.*

Art. L. 740-1 L'autorité administrative peut, dans les conditions prévues au présent titre, placer en rétention un étranger pour l'exécution de la décision d'éloignement dont il fait l'objet.

COMMENTAIRE

La rétention administrative, qui existe depuis la loi du 29 octobre 1981, a pour objet de faciliter l'exécution des mesures d'éloignement. Elle fait suite à une application relativement douteuse de l'article 120 du code pénal au terme duquel un étranger sous le coup d'une mesure d'expulsion pouvait être retenu sur ordre provisoire du Gouvernement. Si la loi « Bonnet » avait déjà prévu qu'une personne expulsée pouvait être retenue jusqu'à l'exécution de l'arrêté d'expulsion, cette disposition fut censurée par le Conseil constitutionnel (Cons. const. 9 janv. 1980, n° 79-109 DC : *RJC I, p. 74*) au motif que l'intervention du juge judiciaire n'était prévue que pour prolonger, au-delà de sept jours, la rétention administrative. Brièvement reprise par la loi « Sécurité et liberté », la référence à l'article 120 du code pénal allait définitivement disparaître avec la loi « Questiaux » du 29 octobre 1981.

L'efficacité de la rétention administrative pour assurer le succès des mesures d'éloignement fait débat ; en effet, près de 60 % des placements en rétention administrative ne se traduisent pas par un éloignement. Ceci s'explique notamment par la volonté de l'étranger de faire obstacle à son éloignement et par les diligences variables de la part des pays d'origine dans l'établissement des laissez-passer consulaires : certains États s'attachent à une bonne coopération avec les autorités françaises. D'autres, au contraire, se montrent ostensiblement moins diligents dans leurs procédures, au point que les documents parviennent fréquemment à l'administration une fois la rétention achevée (ex. : Iran : 5 % ; Albanie : 91 %). Une information du 9 janvier 2019 (NOR : INTV1900070J) a prévu la mise en place d'une force opérationnelle qui pourra intervenir en cas de difficultés pour obtenir le laissez-passer consulaire.

La durée moyenne du séjour en centre de rétention administrative était de 22 jours en 2021 et l'on constate que l'immense majorité des éloignements est réalisée dans les premiers jours de rétention.

Depuis la mi-2022, le placement en rétention est donc ciblé sur les personnes à l'origine de troubles à l'ordre public (TOP), engendrant une rapide croissance de cette population dans les CRA. Comme l'indiquait la Cour des comptes dans son rapport de janvier 2024, « les individus classés TOP ou radicalisés représentent 91 % des retenus à la mi-décembre 2022, contre 44 % à la mi-août. L'évolution du ciblage des personnes retenues décidée en août 2022 apparaît pertinente dans la mesure où le placement en rétention permet d'accroître les probabilités de réussir l'éloignement forcé, et concentre l'effort sur une population causant des troubles à l'ordre public ».

La rétention administrative a concerné plus de 40 000 personnes en 2022, dont 16 000 en France métropolitaine et 26 000 personnes outre-mer. En métropole, sur les 16 000 personnes enfermées, 6 500 ont été éloignées (44 %), dont un nombre important (2 600) vers un autre État membre de l'Union européenne.

I. NATURE DE LA MESURE

La décision initiale de maintien en rétention administrative relève de la compétence préfectorale, sauf lorsqu'elle est la conséquence d'une décision d'interdiction judiciaire du territoire. Elle constitue une mesure de police administrative de nature à porter gravement atteinte à la liberté individuelle, ce qui justifie l'intervention du juge judiciaire pour statuer sur la décision initiale de mise en rétention (V. art. L. 741-10) et pour en décider la prolongation. Si cette mesure de police reste hors du champ de l'article 6 de la convention européenne de sauvegarde des droits de l'homme et des libertés fondamentales (Conv. EDH) et ne porte, par elle-même, atteinte aux stipulations de l'article 8 de la même convention, elle peut toutefois constituer un traitement inhumain ou dégradant (Conv. EDH, art. 3). Le Conseil constitutionnel (Cons. const. 6 sept. 2018, n° 2018-770 DC) a précisé que la rétention administrative ne constitue pas une sanction ayant le caractère d'une punition ; par suite, le principe de légalité des délits et des peines (DDH, art. 8) ne lui est pas applicable.

La décision prononçant le maintien en rétention de l'étranger ne peut intervenir qu'en dernier recours, c'est-à-dire lorsque d'autres mesures (notamment l'assignation à résidence) ne permettent pas d'éviter le risque que l'intéressé ne se soustraie à l'exécution de la mesure d'éloignement. La loi du 7 mars 2016 a d'ailleurs clairement eu pour intention d'inverser la logique précédente qui privilégiait toujours la rétention administrative sur la mesure d'assignation à résidence.

La rétention administrative doit constituer une nécessité et ce sont essentiellement des considérations matérielles qui expliquent l'impossibilité de mise à exécution de la décision d'éloignement, en particulier le défaut de délivrance ou une délivrance trop tardive des documents de voyage par le consulat dont relève l'étranger ou l'absence de moyens de transport. Il en va de même lorsque l'administration a besoin de temps pour déterminer la nationalité de l'étranger. Au-delà de ces considérations, le maintien en rétention sera fréquemment justifié par la crainte que l'étranger ne profite du délai de mise à exécution de la décision d'éloignement pour disparaître. Il ne disposera ainsi pas de garanties de représentation suffisantes.

II. DURÉE DE LA RÉTENTION

La rétention ne peut se prolonger que pour une durée strictement nécessaire au départ de l'étranger, même si la Cour européenne des droits de l'homme considère que l'article 5, 1, f) n'impose pas de limite de durée de la détention des étrangers en instance d'éloignement (CEDH 19 mai 2016, *J. N. c/ Royaume-Uni*).

La directive 2008/115/CE du 16 décembre 2008 (Dir. « Retour », transposée par la L. n° 2011-672 du 16 juin 2011 relative à l'immigration, à l'intégration et à la nationalité (*JO 17 juin*) prévoit un délai de rétention maximal de six mois :

– la durée maximale de la rétention inclut la période de rétention déjà accomplie dans le cadre d'une procédure d'éloignement initiée avant que le régime de la directive « Retour » ne s'applique ;

– le calcul de la période de rétention doit prendre en compte la période pendant laquelle l'exécution de la mesure d'éloignement est suspendue en raison d'un recours suspensif ;

– il doit exister une réelle perspective de « mener à bien » la mesure d'éloignement dans les délais maximums prévus par la directive ; tel n'est pas le cas si l'étranger a atteint la durée maximale de rétention lors de l'examen de son recours contre la mesure de rétention ;

– si l'étranger a atteint la durée maximale de rétention, il doit être libéré immédiatement, alors même qu'il n'est pas en possession des documents valides ;

– la durée de la rétention au titre d'une demande d'asile ne peut s'imputer sur celle de la rétention aux fins d'éloignement (CJCE 30 nov. 2009, *Kadzoev (Huchbarov)*, n° C-357/09 : *RSC 2010. 244, obs. Idot* ; *RTD eur. 2010. 113, chron. Coutron* ; V. Idot, Première interprétation de la directive « Retour », *Europe 2010. Comm. 19*).

La loi n° 2018-778 du 10 septembre 2018 pour une immigration maîtrisée, un droit d'asile effectif et une intégration réussie procède à une augmentation significative de la durée de rétention administrative, critiquée par le Contrôleur général des lieux de privation de liberté (V. Rapport d'activité 2018) et modifie le séquençage des interventions du magistrat du siège du tribunal judiciaire à fin de prolongation :

– la décision préfectorale initiale de maintien en rétention (V. *infra*, art. L. 741-1), valable quarante-huit heures. La décision de placement est prise par le préfet après l'interpellation de l'étranger et, le cas échéant, à l'expiration de sa garde à vue, ou à l'issue de sa période d'incarcération en cas de détention. Elle est écrite et motivée. Un double en est remis à l'intéressé. Le procureur de la République en est informé immédiatement. La décision préfectorale doit être motivée ;

– la prolongation judiciaire pour une durée maximale de vingt-huit jours (V. *infra*, art. L. 742-1 à L. 742-3) ; quand un délai de quarante-huit heures s'est écoulé depuis la décision de placement en rétention, le magistrat du siège du tribunal judiciaire est saisi par requête motivée, datée, signée et accompagnée de toutes pièces justificatives utiles de l'autorité administrative qui a ordonné le placement en rétention aux fins de prolongation de la rétention. L'audience peut se tenir dans une salle spécialement aménagée à proximité d'un centre de rétention ;

– une deuxième prolongation judiciaire, motivée par l'urgence absolue, la menace d'une particulière gravité pour l'ordre public, la perte des documents de voyage de l'intéressé, l'obstruction volontaire à l'éloignement ou le défaut de délivrance des documents de voyage par le consulat, est portée de quinze à trente jours (art. L. 742-4).

La durée « ordinaire » de la rétention est donc établie à soixante jours. Toutefois, l'article L. 742-5 prévoit encore la possibilité de deux renouvellements de quinze jours lorsque, dans les quinze derniers jours, l'étranger a fait obstruction à l'exécution d'office de la mesure d'éloignement ou présenté, dans le seul but de faire échec à la mesure d'éloignement, une demande de protection contre l'éloignement ou une demande d'asile, ou lorsque la mesure d'éloignement n'a pu être exécutée en raison du défaut de délivrance des documents de voyage par le consulat dont relève l'intéressé et qu'il est établi par l'autorité administrative compétente que cette délivrance doit intervenir à bref délai. La durée totale s'établit ainsi potentiellement à quatre-vingt-dix jours.

Il reviendra au magistrat du siège du tribunal judiciaire de rechercher si l'inexécution de l'éloignement au cours des précédentes phases de la rétention n'est pas à rechercher dans d'autres causes telles qu'un défaut de diligence de l'administration ou son incapacité à organiser le retour.

Dans son avis n° 394206 du 15 février 2018 sur le projet de loi, le Conseil d'État avait estimé « que la possibilité d'allonger de quarante-cinq jours supplémentaires la durée de rétention, au seul motif que l'intéressé dépose une demande d'asile ou une demande de protection contre l'éloignement pour des motifs de santé dans les quinze derniers jours de la rétention de droit commun, est contraire au droit d'asile et au droit à la protection de la santé tels qu'ils sont constitutionnellement et conventionnellement protégés. Tout en comprenant la nécessité de lutter contre les demandes d'asile et de protection contre l'éloignement pour des motifs de santé, qui ont pour seul objet de faire échec à l'exécution de la mesure d'éloignement, il lui paraît difficile de présumer de façon irréfragable que toute demande d'asile ou de protection présentée tardivement est nécessairement dilatoire. Il rappelle notamment que les demandeurs d'asile ne peuvent en principe être retenus et que lorsqu'un étranger, placé en rétention, dépose une demande d'asile dans les délais prévus, l'administration doit mettre fin à la rétention, sauf dans l'hypothèse où la demande a été présentée dans le seul but de faire échec à l'exécution de la mesure d'éloignement ».

Enfin, le législateur a entendu durcir encore le dispositif concernant l'étranger ayant été condamné à une peine d'interdiction du territoire pour des actes de terrorisme prévus par le titre II du livre IV du code pénal ou s'il fait l'objet d'une décision d'expulsion édictée pour un comportement lié à des activités à caractère terroriste pénalement constatées, dès lors que son éloignement demeure une perspective raisonnable et qu'aucune décision d'assignation à résidence ne permettrait un contrôle suffisant de cet étranger. Dûment saisi par l'autorité administrative, le magistrat du siège du tribunal judiciaire pourra prononcer une nouvelle prolongation de trente jours (art. L. 742-6), portant la durée maximale de rétention à cent quatre-vingts jours. A titre exceptionnel, l'article L. 742-7 prévoit, pour les mêmes étrangers, la possibilité de renouveler cette prolongation, portant ainsi la durée maximale de la rétention à deux cent dix jours.

En outre, l'article L. 741-7 prévoit la possibilité pour l'autorité administrative de prendre un nouvel arrêté initial de rétention après que se soit écoulé un délai de sept jours après qu'il a été mis fin à une précédente mesure. Depuis la loi n° 2024-42 du 26 janvier 2024, ce délai est ramené à 48 heures en cas de circonstance nouvelle de fait ou de droit.

L'ensemble de ce séquençage a été validé par le Conseil constitutionnel dès lors que « l'autorité judiciaire conserve la possibilité d'interrompre à tout moment la prolongation du maintien en rétention, de sa propre initiative ou à la demande de l'étranger, lorsque les circonstances de droit ou de fait le justifient ».

Si, à l'issue du délai maximal, la mesure d'éloignement n'a toujours pas pu être exécutée, l'étranger doit être relâché, faute pour l'administration de commettre une voie de fait. ❑

I. NATURE DE LA MESURE

A. CONFORMITÉ À LA CONSTITUTION

1. Destinée à permettre l'exécution effective des mesures d'éloignement, la rétention administrative a été admise dans son principe par le Conseil constitutionnel dès 1980. • Cons. const. 9 janv. 1980, n° 79-109 DC : *Rec. Cons. const. 29 ; JO 11 janv. ; RJC I-74 ; RD publ. 1980. 1631, note Favoreu ; D. 1980. 249, note JB Auby ; ibid. 420, note Hamon ; AJDA 1980. 356, note Franck ; RGDI publ. 1980. 31, note Turpin ; Rev. adm. 1980. 363, note Vincent ; Gaz. Pal. 1980. 258, note Hamon.* ♦ La juridiction constitutionnelle s'assure toutefois que cette mesure ne porte pas une atteinte excessive à la liberté individuelle, tant en raison de sa durée que par l'intervention de l'autorité judiciaire pour en autoriser la prolongation. • Cons. const. 3 sept. 1986, n° 86-216 DC : *Rec. Cons. const. 135 ; JO 5 sept. ; RJC I-281 ; RD publ. 1989, obs. Favoreu ; AIJC 1986. 436, note Genevois ; JDI 1987. 289, obs. Pinto ; RFDA 1987. 120, obs. Genevois ; RSC 1987. 565, obs. Nguyen Huu et Loloum* • 22 avr. 1997, n° 97-389 DC : *Rec. Cons. const. 45 ; JO 25 avr. ; RJC I-707 ; RFD const. 1997. 571, note Lecucq ; JCP 1997. II. 22890, note Zarka ; LPA 27 juin 1997, obs. Pélissier ; ibid. 17 oct. 1997, note Mathieu ; AJDA 1997. 524, obs. Julien-Laferrière ; RD publ. 1997. 931, note Luchaire.*

2. Le transfert du contrôle de légalité du placement en rétention au bénéfice du JLD, s'il constitue une dérogation au principe de la séparation des pouvoirs, n'affecte aucun droit ni aucune liberté protégés par la Constitution, et en tout cas aucunement le droit à un recours effectif garanti par l'art. 16 DDH ; la seule circonstance que le JLD ne dispose pas du pouvoir d'annuler ou de réformer la décision administrative de placement en rétention ne porte manifestement pas atteinte au droit dont dispose l'étranger faisant l'objet d'un placement en rétention d'exercer un recours juridictionnel effectif et de bénéficier d'un procès équitable. • CAA Bordeaux, 23 juin 2017, n° 17BX01467.

B. DROIT DE L'UE

3. Selon la CJUE, la rétention, mentionnée mais non définie à l'art. 2, h), de la Dir. 2013/33/UE, s'analyse comme une privation, et non comme une simple restriction, de la liberté de mouvement. La rétention d'un étranger, qu'il soit ou non demandeur de protection internationale, constitue ainsi, au sens de la Dir. « Retour » comme au sens de la Dir. « Accueil », une mesure coercitive qui prive l'étranger de sa liberté de mouvement et l'isole du reste de la population, en lui imposant de demeurer en permanence dans un périmètre restreint et clos. • CJUE 14 mai 2020, n^{os} C-924/19 et C-925/19 : *RTD eur. 2021. 199, obs. Barbou des Places ; ibid. 2021. 904, note Coutron.*

4. Conditions de recours à la rétention. Le 1 de l'art. 15 de la Dir. 2008/115/CE dispose : « A moins que d'autres mesures suffisantes, mais moins coercitives, puissent être appliquées efficacement dans un cas particulier, les États membres peuvent uniquement placer en rétention le ressortissant d'un pays tiers qui fait l'objet de procédures de retour afin de préparer le retour et/ou de procéder à l'éloignement en particulier lorsque : a) il existe un risque de fuite, ou b) le ressortissant concerné d'un pays tiers évite ou empêche la préparation du retour ou de la procédure d'éloignement. Toute rétention est aussi brève que possible et n'est maintenue qu'aussi longtemps que le dispositif d'éloignement est en cours et exécuté avec toute la diligence requise » ; en vertu de ces dispositions, le placement en rétention n'est possible que si l'assignation à résidence n'est pas suffisante pour éviter le risque que l'intéressé ne se soustraie à l'obligation de quitter le territoire dont il fait l'objet. • Cons. const. 9 juin 2011, n° 2011-631 DC § 61. ♦ Ce n'est que dans l'hypothèse où l'exécution de la décision de retour sous forme d'éloignement risque, au regard d'une appréciation de chaque situation spécifique, d'être compromise par le comportement de l'intéressé que ces États peuvent procéder à la privation de liberté de ce dernier au moyen d'une rétention. • CJUE 28 avr. 2011, *Hassen El Dridi, alias Soufi Karim*, n° C-31/11 PPU : *Gaz. Pal. 19-21 juin 2011, p. 17, note Chafai ; AJDA 2011. 1617, chron. Aubert, Broussy et Donnat ; D. 2011. 1880, note Poissonnier ; Europe 2001. Étude 7, note Kauff-Gazin ; Dr. adm. 2011. Comm. 62, note Tchen.*

5. Le placement en rétention d'un étranger qui fait l'objet d'une procédure de retour n'est possible, en l'absence de départ volontaire, que si son assignation à résidence n'est pas suffisante pour éviter le risque qu'il ne se soustraie à l'exécution de la décision de retour dont il fait l'objet ; en vertu du présent art., la rétention administrative de l'étranger ayant fait l'objet d'une OQTF prise moins d'un an auparavant n'est possible que lorsque le délai pour quitter le territoire français qui lui avait été accordé est expiré ou si ce délai n'a pas été accordé, à la condition qu'il ne puisse quitter immédiatement le territoire français, à moins qu'il ne fasse l'objet d'une décision d'assignation à résidence en application de l'art. L. 561-2 ; une telle décision d'assignation est prise lorsque l'étranger pour lequel l'exécution de l'OQTF demeure une perspective raisonnable présente des garanties de représentation effectives propres à prévenir le risque qu'il se soustraie à l'OQTF ; l'autorité administrative est tenue d'effectuer, sous le contrôle du juge de l'excès de pouvoir, un examen de la situation de chaque étranger afin de vérifier notamment si les conditions légales permettant son placement en rétention sont réunies et si l'étranger bénéficie de garanties de représentation effectives ; dans ces conditions, les dispositions du présent art. ne méconnaissent pas les objectifs de la Dir. 2008/115/CE. • CAA Paris, 20 janv. 2012, *Préfet de police c/ M. Silva Da Costa*, n° 11PA04240 : *préc. note 2 ss. art. L. 721-3.*

6. L'art. 15, § 1, de la Dir. 2008/115/CE du 16 déc. 2008 ne permet pas à un État membre d'ordonner le placement en rétention d'un ressortissant d'un pays tiers en séjour irrégulier sur le seul fondement d'un critère général tiré du risque que l'exécution effective de l'éloignement soit compromise, sans qu'il soit satisfait à l'un des motifs de rétention spécifiques prévus et clairement définis par la législation visant à transposer cette disposition en droit national. En l'espèce, le placement en rétention était motivé par la circonstance qu'il existait un risque « réel » de commission d'une nouvelle infraction pénale au regard de l'infraction déjà commise par l'intéressé et de son comportement après sa condamnation. • CJUE 6 oct. 2022, n° C-241/21 : *D. 2022. 1807*.

7. Ordre public. Une atteinte à la sécurité nationale ou à l'ordre public ne peut justifier le placement en rétention d'une personne que lorsque son comportement individuel représente une menace réelle, actuelle et suffisamment grave, affectant un intérêt fondamental de la société ou la sécurité intérieure ou extérieure de l'État membre concerné. • CJUE 24 juin 2015, *H. T.*, n° C-373/13 : *AJDA 2015. 1589, chron. Broussy, Cassagnabère et Gänser*.

8. Droit d'être entendu. La prolongation d'une mesure de rétention en violation du droit d'être entendu prévu par l'art. 15, § 6, de la Dir. 2008/115/CE n'est pas nécessairement constitutive d'une illégalité de nature à entraîner l'annulation de la décision prise ; il appartient ainsi au juge de déterminer si l'audition de l'intéressé aurait entraîné une décision de refus de prolongation de la rétention. • CJUE 10 sept. 2013, *M. G.*, n° C-383/13 PPU • CE 9 août 2023, n° 455146 B. ♦ La Cour de cassation considère que le préfet n'est pas tenu d'organiser une procédure contradictoire préalable à la mise en rétention administrative dès lors que l'intéressé peut faire valoir, à bref délai, devant le juge judiciaire, tous les éléments pertinents relatifs à ses garanties de représentation et à sa vie personnelle, sans nuire à l'efficacité de la mesure, destinée, dans le respect de l'obligation des États membres de lutter contre l'immigration illégale, à prévenir un risque de soustraction à la mesure d'éloignement. • Civ. 1re, 15 déc. 2021, n° 20-17.628 : *D. 2022. 17*.

9. En application de l'art. 15, § 3, de la Dir. « Retour », le réexamen de toute rétention prolongée doit faire l'objet d'un contrôle par une autorité judiciaire ; celle-ci doit pouvoir se fonder sur tous les éléments d'information qui lui sont soumis, et pas seulement sur ceux qui émanent de l'autorité administrative ; elle doit être en mesure, si la rétention ne se justifie plus, de statuer sur la possibilité d'y substituer une mesure moins coercitive ou sur la remise en liberté de l'intéressé. L'appréciation de l'autorité judiciaire ne saurait être limitée par une disposition nationale qui justifierait la prolongation de la rétention au seul motif que l'étranger concerné ne serait pas muni de documents d'identité et qu'existerait dans une telle circonstance un risque de fuite de l'intéressé. • CJUE 10 sept. 2013, *M. G.*, n° C-383/13 PPU.

10. Les Dir. « Retour » et « Procédures » font obstacle à ce qu'un demandeur d'asile, dont la demande a été rejetée comme étant manifestement infondée, fasse l'objet d'une mesure de rétention dès lors qu'il est par ailleurs légalement autorisé à rester sur le territoire national jusqu'à ce qu'il soit statué sur son recours. • CJUE 5 juill. 2018, n° C-269/18 : *AJDA 2018. 1608, chron. Bonneville, Broussy, Cassagnabère et Gänser*.

11. Demandeur d'asile. L'art. 8, § 3, 1er al. ss. e), de la Dir. 2013/33/UE permettant le placement en rétention d'un demandeur d'asile pour des motifs liés à la sécurité nationale ou à l'ordre public est conforme à la Charte UE. • CJUE 15 févr. 2016, *J. N.*, n° C-601/15 : *AJDA 2016. 1065, chron. Broussy, Cassagnabère et Gänser*. ♦ Le législateur de l'Union, en adoptant l'art. 8, § 3, a, sous a) et b), al. 1er de la Dir. 2013/33/UE, a respecté le juste équilibre entre, d'une part, le droit à la liberté du demandeur et, d'autre part, les exigences afférentes à l'identification de celui-ci ou de sa nationalité, ou à la détermination des éléments sur lesquels se fonde sa demande, que requiert le bon fonctionnement du système d'asile européen commun. • CJUE 14 sept. 2017, n° C-18/16 : *AJDA 2017. 1749*.

12. L'art. 8, § 2 et 3, de la Dir. 2013/33/UE du 26 juin 2013, établissant des normes pour l'accueil des personnes demandant la protection internationale, doit être interprété en ce sens qu'il s'oppose à la législation d'un État membre en vertu de laquelle, en cas de déclaration de l'état de guerre ou de l'état d'urgence ou en cas de proclamation d'une situation d'urgence en raison d'un afflux massif d'étrangers, un demandeur d'asile peut être placé en rétention au seul motif qu'il se trouve en séjour irrégulier sur le territoire de cet État membre. • CJUE 30 juin 2022, *M. A. c/ Valstybes sienos apsaugos tarnyba (Service national de protection des frontières Lituanie)*, n° C-72/22.

13. Le préfet a l'obligation de notifier une décision de maintien en rétention à toute personne déposant une demande d'asile après son placement, même si cette demande est susceptible de relever de la responsabilité d'un autre État, en l'absence de toute décision de transfert. • CE 13 juin 2017, n°s 410812, 410813 et 410814 B : *AJDA 2017. 1255*.

14. Sur le demandeur d'asile « dubliné », V. notes ss. art. L. 751-10, *infra*.

15. Rétention dans un établissement pénitentiaire. Les étrangers en séjour irrégulier peuvent être placés en rétention dans un établissement pénitentiaire aux fins de leur éloignement, à condition qu'ils représentent une menace réelle, actuelle et suffisamment grave affectant un intérêt fondamental de la société ou la sécurité intérieure ou extérieure de l'État. • CJUE 2 juill. 2020, *Stadt Frankfurt am Main*, n° C-18/19 : *AJDA 2020. 1652, chron. Bonneville, Gänser et Markarian*.

C. APPLICATION DE LA CONV. EDH

16. Avant l'intervention de la L. du 7 mars 2016, la CEDH avait considéré que la procédure française de recours contre un arrêté de placement en rétention n'offrait pas une protection suffisante et effective contre l'arbitraire ; en effet, le requérant qui ne pouvait faire examiner par le juge ses griefs relatifs à ses conditions de détention ne bénéficiait pas d'un contrôle d'une ampleur suffisante pour satisfaire les exigences de l'art. 5, § 4, Conv. EDH. • CEDH 11 févr. 2016, n° 5124/11. ♦ Le juge administratif saisi d'un recours contre un arrêté de placement en rétention n'avait le pouvoir que de vérifier la compétence de l'auteur de cette décision ainsi que la motivation de celle-ci, et de s'assurer de la nécessité du placement en rétention ; il n'avait, en revanche, pas compétence pour contrôler la régularité des actes accomplis avant la rétention et ayant mené à celle-ci ; notamment, il ne pouvait contrôler les conditions dans lesquelles s'était déroulée l'interpellation de l'étranger ; dès lors, il n'était pas en mesure de contrôler que les modalités de l'interpellation ayant conduit à la rétention étaient conformes au droit interne ainsi qu'au but de l'art. 5 qui est de protéger l'individu contre l'arbitraire. • CEDH 12 juill. 2016, n° 56324/13 : *AJDA 2016. 1424*.

17. Art. 3 Conv. EDH. Le fait de maintenir un étranger pendant 3 mois dans un centre de détention dépendant d'un commissariat a été considéré comme un traitement dégradant au sens de l'art. 3 Conv. EDH, le lieu de détention présentant des caractéristiques pouvant faire naître chez le détenu un sentiment de solitude, l'intéressé ne pouvant se promener ou faire de l'exercice physique, le centre étant dépourvu de structure de restauration interne et de poste de radio ou de télévision permettant le maintien d'un contact avec le monde extérieur. • CEDH 27 juill. 2006, *Kaja c/ Grèce*, n° 32927/03. ♦ V. aussi • CEDH 11 juin 2009, *S.D. c/ Grèce*, n° 53541/07 • 26 nov. 2009, *Tabesh c/ Grèce*, n° 8256/07 • 22 juill. 2010, *A. A. c/ Grèce*, n° 12186/08. ♦ Condamnation de la Turquie en raison de la surpopulation et de la promiscuité. • CEDH 27 juill. 2010, *Abdolkhani et Karimnia c/ Turquie*, n° 50213/08. ♦ Condamnation de la Grèce, la Cour notant que, dans ses rapports sur le centre d'Aspropyrgos, établis à la suite de deux visites consécutives en 2008 et 2011, le Comité européen contre la torture relevait que la situation dans ce centre ne s'était pas sensiblement améliorée durant cette période : les cellules étaient sales et, au moment de leur admission, les détenus ne recevaient pas de produits d'hygiène personnelle ni de couvertures propres. L'endroit était infesté de cafards. L'accès aux toilettes pendant la nuit était toujours problématique et il n'était toujours pas possible aux détenus de faire de l'exercice physique à l'extérieur du bâtiment, faute de cour extérieure et en dépit du fait que le centre était entouré de terrains vagues. • CEDH 12 déc. 2013, *Khuroshvili c/ Grèce*, n° 58165/10. ♦ Condamnation de la France en raison de la rétention d'une mère et de son enfant âgé de 4 mois durant 11 jours. • CEDH 22 juill. 2021, n° 57035/18 : *AJDA 2021. 1592 ; ibid. 1912, chron. Burgorgue-Larsen*. – V. déjà • CEDH 12 juill. 2016, n° 24587/12 : *AJDA 2016. 1738, chron. Burgorgue-Larsen*. ♦ Le séjour d'un mineur non accompagné dans un centre d'accueil pour adultes durant plus de quatre mois où il n'a bénéficié ni des garanties procédurales minimales dans le cadre de l'évaluation de son âge, ni de l'assistance d'un avocat ou d'un tuteur légal, constitue un traitement inhumain et dégradant, et une violation du droit à la vie privée. • CEDH 21 juill. 2022, *Darboe et Camara c/ Italie*, n° 5797/17. ♦ Même solution s'agissant de la rétention pendant neuf jours d'un enfant de sept mois dans un centre inadapté à la rétention des enfants. • CEDH 4 mai 2023, *A. C. et M. C. c/ France*, n° 4289/21. – V. aussi • CEDH 4 mai 2023, *A. M. et a. c/ France*, n° 7534/20 : *D. 2023. 1590 ; ibid. 228, chron. Boskovic, Corneloup, Jault-Seseke, Joubert et Parrot*.

18. Jugé que le fait d'avoir entravé l'étranger au cours de son hospitalisation consécutive à une grève de la faim et de la soif après sa mise en rétention administrative constituait un traitement inhumain et dégradant. • CAA Bordeaux, 1er mars 2012, *M. Y.*, n° 10BX01273 : *AJDA 2012.*

846 ; *ibid. 1014, concl. Katz*. ♦ La CAA de Bordeaux applique un régime de faute simple dans un litige indemnitaire relatif à l'usage de menottes sur un étranger à l'occasion de l'exécution d'une mesure de rétention administrative. • Même arrêt.

19. La CEDH a considéré qu'une mesure de détention administrative pouvait se transformer, en raison de sa durée excessive, en mesure punitive. • CEDH 8 oct. 2009, *Mikolenko c/ Estonie*, n° 10664/05.

20. Constitue un traitement inhumain et dégradant le maintien en rétention d'un enfant de 8 ans durant 14 jours dans un centre habilité à recevoir des familles. • CEDH 31 mars 2022, *N. B. et a. c/ France*, n° 49775/20 : *AJDA 2022. 1559, note Aumond*. ♦ Même solution s'agissant de l'hébergement d'une mineure non accompagnée sollicitant l'asile dans un centre d'accueil destiné aux adultes durant 8 mois au cours desquels elle a été victime d'abus sexuels et alors qu'elle présentait un état de vulnérabilité manifeste tenant à son parcours d'exil. • CEDH 31 août 2023, *M. A. c/ Italie*, n° 70583/17 : *D. 2023. 1358* ; *ibid. 228, chron. Boskovic, Corneloup, Jault-Seseke, Joubert et Parrot*.

21. Art. 5 Conv. EDH. Aux termes de l'art. 5, § 4, Conv. EDH : « Toute personne privée de sa liberté par arrestation ou détention a le droit d'introduire un recours devant un tribunal, afin qu'il statue à bref délai sur la légalité de sa détention et ordonne sa libération si la détention est illégale » ; ces stipulations impliquent qu'un étranger faisant l'objet d'un placement en rétention ne puisse être effectivement éloigné avant que le juge n'ait statué sur le recours qu'il a, le cas échéant, introduit contre la mesure de placement ; dès lors, en ne prévoyant pas, en dehors du cas dans lequel le placement en rétention est contesté devant le juge en même temps que l'OQTF, que le recours devant le juge contre une mesure de placement en rétention administrative suspend l'exécution de la mesure d'éloignement tant que le juge n'a pas statué, le CESEDA, dans sa rédaction issue de la L. n° 2011-672 du 16 juin 2011, est incompatible avec ces stipulations. • CAA Bordeaux, 20 mars 2012, *M. Mehrzi*, n° 11BX02932 : *AJDA 2012. 1023*. ♦ Cet arrêt a été toutefois cassé par le Conseil d'État qui rappelle que le législateur a organisé une procédure spéciale pour que le juge statue rapidement sur les mesures d'éloignement lorsque l'étranger est placé en rétention ou assigné à résidence, ainsi que sur ces mesures privatives de liberté elles-mêmes ; les stipulations de l'art. 5, § 4, Conv. EDH, qui garantissent le droit d'une personne privée de liberté de former un recours devant un tribunal qui statue rapidement sur la légalité de la détention, n'ont ni pour objet ni pour effet de conduire à reconnaître un caractère suspensif aux recours susceptibles d'être exercés contre les mesures de placement en rétention administrative prises pour assurer l'exécution des décisions, distinctes, qui ont ordonné l'éloignement des étrangers placés en rétention. • CE 4 mars 2013, *Min. Intérieur*, n° 359428 : *Lebon 23* ; *AJDA 2013. 501*.

22. Art. 8 Conv. EDH. La légalité de la mesure de rétention est appréciée notamment au regard du droit de l'intéressé de mener une vie familiale normale ; en l'espèce, le requérant faisait valoir qu'il a la charge de s'occuper de sa famille, eu égard à l'état de santé de son épouse qui a sollicité son admission au séjour au titre d'étranger malade ; le requérant est père de 4 enfants, dont 3 scolarisés ; il produit un justificatif de demande de titre de séjour au nom de son épouse, dont les problèmes de santé sont justifiés par certificats médicaux. L'arrêté de rétention est ainsi infirmé pour défaut d'examen suffisant de la situation personnelle du requérant. • Toulouse, 10 mars 2017, n° 17/00102. ♦ Le juge prend également en considération l'intérêt supérieur de l'enfant. • Civ. 1re, 30 avr. 2014, n° 13-11.587.

23. Le juge vérifie que la mesure de rétention n'est pas incompatible avec l'état de santé du requérant. • Toulouse, 10 nov. 2016, n° 1600256.

24. Un avis du médecin de l'ARS ayant conclu à la nécessité du maintien en France de l'étranger en raison de son état de santé, s'il constitue un changement dans les circonstances de fait, n'impose à l'administration que de réexaminer la situation de l'étranger afin d'éviter que l'exécution de l'OQTF ne porte une atteinte grave et manifestement illégale à sa liberté personnelle en entraînant des conséquences d'une exceptionnelle gravité sur son état de santé ; en revanche, cette circonstance n'impose pas au préfet de mettre fin au placement en rétention. • CAA Bordeaux, 2e ch., 26 avr. 2016, n° 15BX04065.

II. DURÉE DE LA RÉTENTION

25. Position du Conseil constitutionnel. Le Conseil constitutionnel a approuvé l'allongement de la durée de rétention de 12 jours maximum à 32 jours tout en précisant que l'étranger ne pouvait « être maintenu en rétention que pour le temps strictement nécessaire à son départ, l'administration devant exercer toute diligence à cet effet », et que l'autorité judiciaire conservait « la possibilité d'interrompre à tout moment la prolongation du maintien en rétention, de sa propre initiative ou à la demande de l'étranger, lorsque les circonstances de droit ou de fait le justifient ». • Cons. const. 20 nov. 2003, n° 2003-484 DC. ♦ Il a ensuite validé l'extension à 45 jours par la L. n° 2011-672 du 16 juin 2011. • Cons. const. 9 juin 2011, n° 2011-631 DC. ♦ Le Conseil constitutionnel a considéré que l'atteinte à la liberté individuelle qui résulte de l'allongement à 90 jours de la durée maximale de la rétention administrative d'un étranger est adaptée, nécessaire et proportionnée à l'objectif de prévention des atteintes à l'ordre public poursuivi par le législateur. Il a toutefois émis une réserve aux termes de laquelle l'autorité judiciaire conserve la possibilité d'interrompre à tout moment la prolongation du maintien en rétention, de sa propre initiative ou à la demande de l'étranger, lorsque les circonstances de droit ou de fait le justifient. • Cons. const. 6 sept. 2018, n° 2018-770 DC : *AJDA 2018. 2401, note Mouzet ; Constitutions 2018. 379, chron. Derosier.*

Art. L. 740-2 **Conformément à l'article L. 264-1, les dispositions du présent titre sont applicables à l'étranger dont la situation est régie par le livre II.**

CHAPITRE I PLACEMENT EN RÉTENTION PAR L'AUTORITÉ ADMINISTRATIVE

SECTION 1 Décision de placement en rétention

Art. L. 741-1 **L'autorité administrative peut placer en rétention, pour une durée de** *(L. n° 2024-42 du 26 janv. 2024, art. 75)* **« quatre jours** *[ancienne rédaction : quarante-huit heures]* **», l'étranger qui se trouve dans l'un des cas prévus à l'article L. 731-1 lorsqu'il ne présente pas de garanties de représentation effectives propres à prévenir un risque de soustraction à l'exécution de la décision d'éloignement et qu'aucune autre mesure n'apparaît suffisante à garantir efficacement l'exécution effective de cette décision.**

Le risque mentionné au premier alinéa est apprécié selon les mêmes critères que ceux prévus à l'article L. 612-3 *(L. n° 2024-42 du 26 janv. 2024, art. 40)* **« ou au regard de la menace pour l'ordre public que l'étranger représente ».** – *[Anc. art. L. 551-1, I (sauf ecqc le caractère non pénitentiaire des lieux de rétention et ecqc la vulnérabilité).]*

Les dispositions du présent art. introduites par l'art. 75 de la L. n° 2024-42 du 26 janv. 2024 entrent en vigueur à une date fixée par Décr. en Conseil d'État, et au plus tard le 1er août 2024. Ces dispositions s'appliquent à la contestation des décisions prises à compter de leur entrée en vigueur (L. préc., art. 86-IV). Ces dispositions entrent en vigueur le 15 juill. 2024 (Décr. n° 2024-799 du 2 juill. 2024, art. 9-I).

COMMENTAIRE

Le champ d'application de la rétention administrative est désormais défini simplement par référence aux cas d'ouverture de l'assignation à résidence tels qu'ils sont fixés par l'article L. 731-1, à la condition supplémentaire que l'étranger ne dispose pas de garanties de représentation suffisante. On signalera en outre que le demandeur d'asile « dubliné » peut faire l'objet d'une mesure de rétention (art. L. 751-9) en cas de risque non négligeable de fuite (V. art. L. 751-10). ❑

Décret n° 2005-617 du 30 mai 2005,

Relatif à la rétention administrative et aux zones d'attente pris en application des articles L. 111-9, L. 551-2, L. 553-6 et L. 821-5 du code de l'entrée et du séjour des étrangers et du droit d'asile.

Abrogé par Décr. n° 2006-1378 du 14 nov. 2006, art. 4, à l'exception de ses art. reproduits ci-dessous.

Ndlr. *Les art. visés par le Décr. n° 2005-617 du 30 mai 2005 ont changé de numérotation suite à l'entrée en vigueur le 1er mai 2021 de l'Ord. n° 2020-1733 du 16 déc. 2020 (V. table des concordances).*

Art. 16 Les prestations relatives à l'hébergement et la restauration peuvent faire l'objet de marchés passés avec une ou plusieurs entreprises dans les conditions fixées à l'article 35 *septies* de l'ordonnance du 2 novembre 1945 susvisée. *V. cet art. ss. art. L. 221-2.*

....

Art. 23 Les dispositions du présent décret ne sont pas applicables aux conventions et marchés en cours d'exécution qui se poursuivent jusqu'à leur terme.

Art. 24 Les lieux de rétention administrative doivent satisfaire aux normes prévues aux articles 13, 14 et 15 au plus tard le 31 décembre 2006.

Art. L. 741-2 **La peine d'interdiction du territoire français prononcée à titre de peine principale et assortie de l'exécution provisoire entraîne de plein droit le placement en**

rétention de l'étranger, pour une durée de *(L. n° 2024-42 du 26 janv. 2024, art. 75)* **« quatre jours** *[ancienne rédaction : quarante-huit heures]* **». Les dispositions des articles L. 741-8 et L. 741-9 ainsi que celles des chapitres II à IV sont alors applicables.**

Prononcée à titre de peine complémentaire, l'interdiction du territoire peut donner lieu au placement en rétention de l'étranger, le cas échéant à l'expiration de sa peine d'emprisonnement, en application de l'article L. 741-1. – *[Anc. art. L. 555-1 (sauf la 1re phr. de l'al. 1er ecqc les conditions et la durée de maintien en rétention).]*

Sur l'entrée en vigueur des dispositions du présent art. introduites par l'art. 75 de la L. n° 2024-42 du 26 janv. 2024, V. note ss. art. L. 741-1.

1. Dès lors que le présent art. prévoit que l'ITF emporte de plein droit placement en rétention administrative pour 48 heures [désormais 4 jours], aucune décision préfectorale de placement ne peut être exigée. • Civ. 1re, 9 janv. 2008, *Hrustic,* n° 07-13.699.

2. Dès lors que le requérant, reconnu réfugié, purge une peine de 9 ans d'emprisonnement en France et que le pays vers lequel il serait renvoyé n'a pas encore été fixé, il n'est pas recevable à contester l'interdiction du territoire français devant la CEDH ; en effet, il ne peut actuellement se prétendre victime d'un risque de mauvais traitement ou d'une atteinte à sa vie privée et familiale. • CEDH 26 mars 2015, n° 6629/12.

Art. L. 741-3 **Un étranger ne peut être placé ou maintenu en rétention que pour le temps strictement nécessaire à son départ. L'administration exerce toute diligence à cet effet.** – *[Anc. art. L. 554-1, al. 1er ; anc. art. L. 555-1, al. 1er, 1re phr. (ecqc les conditions et la durée de maintien en rétention).]*

Dès lors que le TA avait décidé la suspension de l'exécution de l'OQTF, faisant ainsi obstacle au départ de l'étranger, la rétention administrative ne peut être prolongée. • Civ. 1re, 8 mars 2023, n° 21-25.872.

Art. L. 741-4 **La décision de placement en rétention prend en compte l'état de vulnérabilité et tout handicap de l'étranger.**

Le handicap moteur, cognitif ou psychique et les besoins d'accompagnement de l'étranger sont pris en compte pour déterminer les conditions de son placement en rétention. – *[Anc. art. L. 511-1, I (ecqc la vulnérabilité) ; anc. art. L. 551-1, IV.]*

L'absence de prise en compte par l'autorité administrative de l'état de vulnérabilité de la personne au moment du placement en rétention ne peut être suppléée par l'évaluation ultérieure réalisée par les agents de l'OFII. • Civ. 1re, 15 nov. 2021, n° 20-17.283 : *D. 2022. 15*.

Art. L. 741-5 *(L. n° 2024-42 du 26 janv. 2024, art. 40-3°)* **L'étranger mineur de dix-huit ans ne peut faire l'objet d'une décision de placement en rétention.**

Les dispositions issues du 3° de l'art. 40 de la L. n° 2024-42 du 26 janv. 2024 s'appliquent à Mayotte à compter du 1er janv. 2027 (L. préc., art. 86-III).

Ancien art. L. 741-5 *L'étranger mineur de dix-huit ans ne peut faire l'objet d'une décision de placement en rétention. Il ne peut être retenu que s'il accompagne un étranger placé en rétention dans les conditions prévues au présent article.*

L'étranger accompagné d'un mineur ne peut être placé en rétention que dans les cas suivants :

1° L'étranger n'a pas respecté l'une des prescriptions d'une précédente mesure d'assignation à résidence ;

2° A l'occasion de la mise en œuvre de la décision d'éloignement, l'étranger a pris la fuite ou opposé un refus ;

3° En considération de l'intérêt du mineur, le placement en rétention de l'étranger dans les quarante-huit heures précédant le départ programmé préserve l'intéressé et le mineur qui l'accompagne des contraintes liées aux nécessités de transfert.

La durée de rétention d'un étranger accompagné d'un mineur est la plus brève possible, eu égard au temps strictement nécessaire à l'organisation du départ. Dans tous les cas, le placement en rétention d'un étranger accompagné d'un mineur n'est possible que dans un lieu de rétention administrative bénéficiant de chambres isolées et adaptées, spécifiquement destinées à l'accueil des familles.

L'intérêt supérieur de l'enfant est une considération primordiale pour l'application de la présente section. – *[Anc. art. L. 551-1, III bis.]*

COMMENTAIRE

La question de la rétention de mineurs a, en particulier, été posée lorsque la rétention concerne des parents d'enfants en bas âge ; la Belgique a ainsi fait l'objet de condamnations à ce titre par la Cour européenne des droits de l'homme et plusieurs déclarations et résolutions internationales se prononcent en faveur de la non-rétention d'un enfant mineur. Ainsi la résolution du Parlement européen du 5 février 2009 relative à la directive (CE) 2003/9 du 27 janvier 2003 sur les conditions d'accueil des demandeurs d'asile et réfugiés (remplacée par la Dir. 2013/33/UE du 26 juin 2013 établissant des normes pour l'accueil des personnes demandant la protection internationale, *JOUE 29 juin*) dans laquelle il souhaitait « que la rétention des mineurs soit, par principe, interdite, et que le recours à la rétention des mineurs avec leurs parents soit exceptionnelle et ait pour objectif de garantir l'intérêt supérieur de l'enfant » et demande aux États membres « d'étudier des mesures alternatives à la privation de liberté et de prouver, le cas échéant et avant de placer en rétention les familles comprenant des mineurs, que les alternatives examinées ne seraient pas efficaces ». L'avocat général P. Chevallier avait par ailleurs soutenu que la rétention de mineurs était, selon lui, par définition contraire à l'article 3 de la convention européenne de sauvegarde des droits de l'homme et des libertés fondamentales mais il ne devait pas être suivi par la Cour de cassation. La directive 2013/33/UE du 26 juin 2013 insiste sur le caractère exceptionnel du placement en rétention des demandeurs d'asile, tout en veillant au respect de la dignité et de l'intégrité des personnes retenues. L'article 8 de la directive énumère en particulier les motifs pouvant justifier une telle rétention (vérifier l'identité ou la nationalité du demandeur ; déterminer les éléments sur lesquels se fonde sa demande, en particulier en cas de risque de fuite ; permettre de statuer sur le droit d'entrée sur le territoire ; préparer le retour ; préserver la sécurité nationale ou l'ordre public ; pour l'application du Règl. « Dublin III »). ❑

1. S'agissant d'enfants mineurs, la CEDH prend en considération la conjonction de 3 facteurs afin de conclure à une violation de l'art. 3 : le bas âge des enfants, la durée de leur rétention et le caractère inadapté des locaux concernés à leur présence. Condamnation de la Belgique s'agissant de la détention pendant 2 mois d'une enfant de 5 ans dans un centre fermé. Cette détention constitue en outre une violation de l'art. 5 Conv. EDH dès lors qu'il s'agissait d'un centre fermé conçu pour des adultes étrangers en séjour illégal, les mêmes conditions de détention n'étant pas adaptées à la situation d'extrême vulnérabilité de l'enfant. • CEDH 12 oct. 2006, *Mubilanzila Mayeka et Kaniki Mitunga c/ Belgique*, n° 13178/03 : *RTDH 2007. 823, note Masson ; RFDA 2007. 1041, chron. Sudre et Labayle*. ♦ Même solution pour la rétention de 4 enfants dans des conditions contraires à l'art. 3 Conv. EDH, malgré la présence de leur mère. • CEDH 19 janv. 2010, *Muskhadzhiyeva c/ Belgique*, n° 41442/07 : *JCP 2010. 194 ; Constitutions 2010. 260, obs. Chevalier*. ♦ Jugé que le placement en rétention administrative d'un couple et de leur bébé constitue un traitement inhumain et dégradant. • Toulouse, JLD, 21 févr. 2008, *Kocharyan*, n° 08089 : *D. 2008. 2910, note Lombard et Haroune*. ♦ Sévère condamnation de la Grèce en raison des conditions de la rétention d'un mineur isolé et de son abandon par les autorités suite à sa remise en liberté ; la Cour sanctionne également la Grèce sur le fondement de l'art. 5 Conv. EDH en se fondant en outre sur l'art. 3 CIDE. • CEDH 5 avr. 2011, *Rahimi c/ Grèce*, n° 8687/08. ♦ La CEDH a condamné la France suite au placement en rétention, avec leurs parents, de 2 enfants mineurs au motif que les enfants, n'ayant fait l'objet d'aucune décision de mise en rétention administrative ni d'éloignement du territoire, se trouvaient dans une situation de vide juridique et dans l'impossibilité d'introduire un quelconque recours ; elle ajoute que, compte tenu du bas âge des enfants, de la durée de leur détention et des conditions de leur enfermement, les autorités n'ont pas pris la mesure des conséquences inévitablement dommageables pour les enfants et ne leur ont pas assuré un traitement compatible avec la Conv. EDH, dépassant le seuil de gravité exigé par l'art. 3. • CEDH 19 janv. 2012, *Popov c/ France*, n°s 39472/07 et 39474/07 : *AJDA 2012. 127 ; D. 2012. 363 ; ibid. 864, obs. Slama ; Dr. adm. 2012. Comm. 37, note Tchen ; Dr. famille 2012. Comm. 43, note Bruggeman ; JCP 2012. Actu. 221, obs. Sudre ; Rev. crit. DIP 2012. 826, obs. Parrot*. ♦ V. aussi • CEDH 31 juill. 2012, *Mahmumdi et a. c/ Grèce*, n° 14902/10. ♦ Si les enfants et leurs parents étaient placés dans des centres habilités à recevoir des familles, et notamment au centre de Toulouse-Cornebarrieu, construit en bordure immédiate des pistes de l'aéroport de Toulouse-Blagnac, où les conditions d'organisation et les nuisances sonores « ont pu avoir un effet anxiogène » sur les enfants, de telles conditions, bien que nécessairement sources importantes de stress et d'angoisse pour un enfant en bas âge, ne sont pas suffisantes, dans le cas d'un enfermement de brève durée et dans les circonstances de l'espèce, pour atteindre le seuil de gravité requis pour tomber sous le coup de l'art. 3 Conv. EDH ; en revanche, au-delà d'une brève période, la répétition et l'accumulation de ces agressions psychiques et émotionnelles ont nécessairement des conséquences néfastes sur un enfant en bas âge, dépassant le seuil de gravité ; en l'espèce, les placements en rétention ont duré entre 7 et 18 jours, une durée jugée excessive par la Cour. • CEDH 12 juill. 2016, nos 11593/12, 76491/14, 68264/14 et 33201/11 : *AJDA 2016. 1423 ; ibid. 1740, chron. Burgorgue-Larsen*. – V. Antonin Gelblat, La CEDH et la pratique française de rétention des mineurs étrangers : L'impossibilité pratique plutôt que l'interdiction de principe, *La Revue des droits de l'homme [En ligne], Actualités Droits – Libertés, mis en ligne le 29 août 2016*. ♦ On a compté 182 mineurs dans les centres de rétention administrative de métropole en 2016, dont 92 de moins de 5 ans, et plus de 4 000 dans le centre de Mayotte. En 2017, 275 enfants ont été placés en rétention en métropole « soit presque autant que durant les années 2012, 2013, 2014 et 2015 réunies. * Défenseur des droits, Décis. n° 2018-045 du 8 févr. 2018.

Dans deux arrêts rendus le 10 déc. 2009, la première chambre civile de la Cour de cassation a jugé que le seul fait de placer en rétention administrative un étranger en situation irrégulière accompagné de son enfant mineur ne constituait pas, en soi, un traitement inhumain ou dégradant interdit par la Conv. EDH. • Civ. 1re, 10 déc. 2009, *Préfet d'Ille-et-Vilaine*, nos 08-14.141 et 08-21.101 : *AJDA 2010. 435, avis Chevalier ; JCP 2010. 127, note Guimezanes ; Rev. crit. DIP 2010. 116, note Corneloup ; Dr. fam. 2010. Étude 14, obs. Gouttenoire et Farge*. ♦ Le placement en centre de rétention d'une famille avec un enfant a pu également être jugé comme ne méconnaissant ni la Conv. EDH ni la CIDE ; en effet, les décisions de placement en centre de rétention administrative des parents n'ont ni pour objet ni pour effet de les séparer de leur enfant ; par ailleurs, il ne ressort pas des pièces du dossier que les conditions de placement en centre de rétention sont contraires à l'intérêt supérieur de l'enfant. • CAA Lyon, 13 nov. 2012, *Épx Pogosian*, n° 12LY00188 : *AJDA 2013. 384*.

2. Le tribunal administratif de Melun avait admis l'existence de décisions « non formalisées » de placement en rétention de mineurs, conséquences de la mesure de rétention frappant le père des 4 enfants. • TA Melun, 29 oct. 2011, n° 1108027 : *AJDA 2011. 2268*. ♦ Ce jugement a été annulé en appel : si le registre prévu par l'art. L. 553-1 [devenu art. L. 744-2] mentionne l'état civil des enfants mineurs accompagnant des personnes maintenues en rétention, et si l'art. R. 553-1 [devenu art. R. 744-3] prévoit qu'un centre de rétention est susceptible d'accueillir des familles, les arrêtés créant des centres de rétention pouvant accueillir des familles n'ont pas pour objet de permettre aux autorités préfectorales de prendre des mesures privatives de liberté à l'encontre des enfants mineurs des personnes placées en rétention, mais visent seulement à organiser l'accueil des familles, et notamment des enfants mineurs, des étrangers placés en rétention. • CAA Paris, 31 déc. 2012, *Préfet de Meurthe-et-Moselle c/ M. Mouslimov*, n° 11PA04917 : *AJDA 2013. 920, note Sirinelli*.

SECTION 2 **Procédure administrative**

Art. L. 741-6 La décision de placement en rétention est prise par l'autorité administrative, après l'interpellation de l'étranger ou, le cas échéant, lors de sa retenue aux fins de vérification de son droit de circulation ou de séjour, à l'expiration de sa garde à vue, ou à l'issue de sa période d'incarcération en cas de détention. Elle est écrite et motivée.

Elle prend effet à compter de sa notification. – *[Anc. art. L. 551-2, al. 1er (1re, 2e et 3e phr.).]*

1. Nature de l'interpellation. Les dispositions du présent art. prévoient que la décision de placement en rétention est prise par l'autorité administrative après l'interpellation de l'étranger ; cette interpellation, décidée par le préfet sans intervention du parquet, a, dès lors, la nature d'une décision de police administrative ; le moyen tiré de l'irrégularité des conditions dans lesquelles l'étranger a été interpellé, qui est relatif à la régularité de la procédure administrative préalable à la décision contestée, peut être utilement invoqué à l'encontre de la décision le plaçant en rétention. • CAA Marseille, 20 déc. 2013, *Mohamed Tich Tich*, n° 12MA03416 : *AJDA 2014. 909, note Hogedez*.

2. Motivation. Toute décision portant sur la prolongation de la rétention doit, comme la mesure initiale, revêtir la forme d'un acte écrit motivé : la personne visée doit être mise à même de connaître les motifs de la décision prise à son égard ; l'obligation qui est faite aux autorités nationales de procéder d'office ou sur demande à un réexamen de la situation des personnes en situation de rétention n'exige pas la rédaction, lors de chaque réexamen, d'un acte comportant un exposé des éléments de fait et de droit, sauf lorsque ce réexamen coïncide avec l'échéance de la période initiale de rétention. • CJUE 5 juin 2014, *M. Mahdi*, n° C-146/14 : *AJDA 2014. 1651, chron. Aubert, Broussy et Cassagnabère*.

3. L'arrêté préfectoral doit mentionner les considérations de fait de nature à justifier le placement en rétention administrative ; à défaut, il est insuffisamment motivé. • CE 10 nov. 2004, *Préfet de l'Isère c/ M. Kouri*, n° 260241. ♦ En particulier, l'arrêté doit établir la réalité de la nécessité absolue de maintenir l'intéressé dans les locaux ne relevant pas de l'administration pénitentiaire et ne peut se contenter d'une motivation stéréotypée. • CAA Bordeaux, 21 déc. 2006, *Préfet du Vaucluse c/ Raducan,* n° 06BX02264 • 26 févr. 2008, *Bendriouch,* n° 07BX01561. ♦ Est suffisamment motivé un arrêté de placement qui vise la base légale et comporte des considérations de fait justifiant la mise en rétention. • Civ. 1re, 5 oct. 2022, n° 21-14.571.

4. Le juge s'assure que les motifs de l'arrêté de mise en rétention ne sont ni lacunaires, ni stéréotypés. • Toulouse, 15 nov. 2016, n° 16/002648. ♦ Il vérifie que l'étranger ne dispose pas de garanties de représentation suffisantes, constatant en l'espèce que l'intéressé ne disposait d'aucun justificatif de la réalité de son domicile et de ses moyens de subsistance en France, mais seulement d'un document d'identité transfrontière, dont la limite de validité était expirée. • Civ. 1re, 27 juin 2018, n° 17-19.505.

5. L'arrêté de mise en rétention a été pris au visa des textes légaux et conventionnels, de l'arrêté portant OQTF et du procès-verbal d'audition de l'intéressé ; il vérifie les motifs de celui-ci, que l'exécution volontaire de la mesure d'éloignement ne demeure pas une perspective raisonnable et que l'intéressé n'offre pas de garanties de représentation effectives propres à prévenir le risque qu'il se soustraie à la mesure d'éloignement ; en l'espèce, le juge constate que l'intéressé ne dispose pas de ressources licites, n'a pas déféré à la mesure d'éloignement et n'a pas déclaré le lieu de sa résidence effective ou permanente auprès de l'autorité préfectorale. • Toulouse, 13 mars 2017, n° 17/00104.

6. Majeur protégé. En application du 3e al. de l'art. 467 C. civ., « à peine de nullité, toute signification faite [à la personne protégée] l'est également au curateur » ; le 3e al. de l'art. 468 du même code ajoute que « cette assistance est également requise pour introduire une action en justice ou y défendre » ; par suite, la procédure de placement en rétention d'un majeur protégé est entachée d'irrégularité si son curateur n'a pas été informé de la mesure. • Civ. 1re, 15 nov. 2023, n° 22-15.511 : *DP étrangers, Bull. nos 337-338, nov.-déc. 2023, note Pouly ; D. 2023. 2048 ; AJDA 2024. 647.*

Art. L. 741-7 La décision de placement en rétention ne peut être prise avant l'expiration d'un délai de sept jours à compter du terme d'un précédent placement prononcé en vue de l'exécution de la même mesure *(L. n° 2024-42 du 26 janv. 2024, art. 43)* « ou, en cas de circonstance nouvelle de fait ou de droit, d'un délai de quarante-huit heures ». Toutefois, si ce précédent placement a pris fin en raison de la soustraction de l'étranger aux mesures de surveillance dont il faisait l'objet, l'autorité administrative peut décider d'un nouveau placement en rétention avant l'expiration de ce délai. – *[Anc. art. L. 551-1, III.]*

Art. L. 741-8 Le procureur de la République est informé immédiatement de tout placement en rétention. – *[Anc. art. L. 551-2, al. 1er (4e phr.).]*

1. Information du procureur de la République. L'information immédiate du procureur peut valablement résulter de la mention que le procureur a donné instruction de conduire l'intéressé au centre de rétention ou de notifier l'arrêté de rétention. • Civ. 2e, 4 nov. 2004, *Kherez,* n° 04-50.021.

2. Le défaut d'information du procureur de la République n'a pas pour conséquence l'illégalité de l'arrêté de placement en rétention administrative. • CE 6 mars 2002, *Préfet du Bas-Rhin c/ Zimmerman,* n° 226408. ♦ Cette carence pourra toutefois être invoquée devant le JLD au moment de l'instance en demande de prolongation. • Civ. 2e, 10 oct. 2002, n° 00-50121. ♦ L'absence de transmission de l'avis de placement en rétention administrative au parquet porte atteinte aux droits de l'étranger ; ce défaut d'information conduit à ce que « la procédure se trouve entachée d'une nullité d'ordre public, sans que l'étranger qui l'invoque ait à démontrer l'existence d'une atteinte portée à ses droits ». • Civ. 1re, 14 oct. 2020, n° 19-15.197 : *AJDA 2020. 1994.*

3. Le retard de l'avis au procureur de la République est une nullité d'ordre public. En conséquence, le moyen peut être soulevé d'office par le juge. • Civ. 1re, 17 mars 2021, n° 19-22.083.

Art. L. 741-9 L'étranger placé en rétention est informé de ses droits dans les conditions prévues à l'article L. 744-4. – *[Anc. art. L. 551-2, al. 2 (ecqc le principe de l'information).]*

SECTION 3 Contestation de la décision de placement en rétention

Art. L. 741-10 L'étranger qui fait l'objet d'une décision de placement en rétention peut la contester devant le *(L. n° 2023-1059 du 20 nov. 2023, art. 44-I ; Décr. n° 2024-570 du 20 juin 2024, art. 5, en vigueur le 1er sept. 2024)* « magistrat du siège du tribunal

judiciaire », dans un délai de *(L. n° 2024-42 du 26 janv. 2024, art. 75)* **« quatre jours** *[ancienne rédaction : quarante-huit heures]* **» à compter de sa notification.**

Il est statué suivant la procédure prévue aux articles L. 743-3 à L. 743-18. – *[Anc. art. L. 512-1, III, al. 1er, 2e phr. (ecqc le droit de recours).]*

Les dispositions du présent art. introduites par l'art. 75 de la L. n° 2024-42 du 26 janv. 2024 entrent en vigueur à une date fixée par Décr. en Conseil d'État, et au plus tard le 1er août 2024. Ces dispositions s'appliquent à la contestation des décisions prises à compter de leur entrée en vigueur (L. préc., art. 86-IV).

I. ÉTENDUE DE LA COMPÉTENCE DU JLD

1. Position de la CJUE. La CJUE considère que le juge de la rétention doit exercer un contrôle de pleine juridiction et pouvoir substituer sa propre décision à celle de l'autorité qui a décidé du placement en rétention. • CJUE 5 juin 2014, *Mahdi*, n° C-146/14.

2. Liberté individuelle. La L. n° 2011-672 du 16 juin 2011 relative à l'immigration, à l'intégration et à la nationalité (*JO 17 juin*) avait prévu que le juge judiciaire n'interviendrait qu'au bout d'un délai de cinq jours ; le Conseil constitutionnel avait validé ce dispositif en estimant que le législateur a entendu, dans le respect des règles de répartition des compétences entre les ordres de juridiction, que le juge administratif statue rapidement sur la légalité des mesures administratives relatives à l'éloignement des étrangers avant que n'intervienne le juge judiciaire ; en organisant ainsi le contentieux, le législateur a eu pour but de garantir l'examen prioritaire de la légalité de ces mesures et, dans l'intérêt d'une bonne administration de la justice, de permettre un traitement plus efficace des procédures d'éloignement des étrangers en situation irrégulière ; en prévoyant que le juge judiciaire ne sera saisi, aux fins de prolongation de la rétention, qu'après l'écoulement d'un délai de cinq jours à compter de la décision de placement en rétention, il a assuré, entre la protection de la liberté individuelle et les objectifs à valeur constitutionnelle de bonne administration de la justice et de protection de l'ordre public, une conciliation qui n'est pas déséquilibrée. • Cons. Const. 9 juin 2011, n° 2011-631 DC § 72. ♦ Le placement en rétention d'un étranger qui ne peut quitter immédiatement le territoire doit respecter le principe, résultant de l'art. 66 Const., selon lequel la liberté individuelle ne saurait être entravée par une rigueur qui ne soit nécessaire ; il incombe au législateur d'assurer la conciliation entre, d'une part, la prévention des atteintes à l'ordre public nécessaire à la sauvegarde de droits et principes de valeur constitutionnelle, ainsi que les exigences d'une bonne administration de la justice et, d'autre part, l'exercice des libertés constitutionnellement garanties ; au nombre de celles-ci figure la liberté individuelle dont l'art. 66 Const. confie la protection à l'autorité judiciaire ; les atteintes portées à l'exercice de ces libertés doivent être adaptées, nécessaires et proportionnées aux objectifs poursuivis. • Même décision, consid. 66.

3. Compétence du juge administratif. Si le juge judiciaire est désormais exclusivement compétent pour apprécier la légalité de l'arrêté de mise en rétention, le législateur n'a pas entendu bouleverser l'ordonnancement juridique, en ce qu'il donne au juge administratif la compétence pour apprécier la légalité des actes administratifs individuels en matière de contentieux des étrangers et qu'il a confié au juge judiciaire l'unique mission de statuer sur la contestation de l'arrêté de placement en rétention ; en conséquence, le moyen relatif à la contestation de la mesure d'éloignement devant le juge judiciaire n'est pas pertinent. • Toulouse, 21 nov. 2016, n° 16/00268. ♦ Le juge administratif est seul compétent pour connaître de la légalité des décisions relatives au séjour et à l'éloignement, quand bien même leur illégalité serait invoquée par voie d'exception à l'occasion de la contestation, devant le juge judiciaire, de la décision de placement en rétention. • Civ. 1re, 27 sept. 2017, nos 16-50.062 et 17-10.206 : *AJDA 2017. 1861 ; ibid. 2549, concl. Ingall-Montagnier ; D. 2018. 313. Chron. Boskovic, Corneloup, Jault-Seseke, Joubert et Parrot ; RTD eur. 2018. 387, note Ritleng*. ♦ Les garanties procédurales qui assurent à l'étranger le droit d'être entendu, avec une assistance juridique, sur la légalité du séjour et les modalités de son retour, ne s'appliquent pas aux décisions de placement en rétention mais aux décisions d'éloignement dont la contestation ne relève pas de la compétence de l'autorité judiciaire. • Civ. 1re, 21 nov. 2018, n° 18-11.421 : *AJDA 2018. 2320*.

4. Si l'effectivité du droit de l'Union autorise le juge judiciaire, par exception au principe de séparation des pouvoirs, à se prononcer sur la conformité d'un acte administratif au droit de l'UE sans renvoi préalable à la juridiction administrative, la possibilité de contestation par la personne retenue de la mesure d'éloignement ou de transfert, préalable au placement en rétention administrative devant le juge administratif, jugée dans des délais extrêmement courts permettant d'assurer l'effectivité du droit de l'Union fait obstacle à ce que le juge judiciaire puisse examiner la conformité au droit de l'Union d'une telle décision. • Civ. 1re, 27 sept. 2017, n° 17-10207.

5. Le juge administratif refusait de contrôler les conditions de l'interpellation qui avaient conduit l'étranger à son placement en rétention administrative ; les conditions de l'interpellation étaient, en tout état de cause, sans influence sur la légalité de l'arrêté ordonnant le placement en rétention, comme relevant de la compétence du juge des libertés et de la détention, seul à même d'apprécier la légalité des conditions d'interpellation et d'audition par les services de police, et le caractère communicable des procès-verbaux qui relèvent de l'autorité judiciaire. • CAA Bordeaux, 2 nov. 2012, *Barhoumi*, n° 11BX03046. ♦ Le transfert de compétence au JLD pour apprécier la légalité de l'arrêté de placement en rétention opéré par la L. du 7 mars 2016 permettra sans doute une évolution de cette jurisprudence.

II. EXERCICE DU CONTRÔLE DE LÉGALITÉ DE LA MESURE DE RÉTENTION

Ndlr. : la jurisprudence administrative citée ci-dessous peut constituer, depuis le transfert au JLD de la compétence pour se prononcer sur les mesures de rétention administrative par la L. n° 2016-274 du 7 mars 2016, une source d'inspiration pour le juge.

6. L'étranger qui entend contester la régularité de la décision le plaçant en rétention administrative doit saisir le JLD par requête adressée par tout moyen avant l'expiration d'un délai de 48 heures à compter de la notification de cette décision ; pour prononcer la mise en liberté du demandeur, le juge doit être régulièrement saisi d'une contestation de la régularité de la décision de placement en rétention ; tel n'est pas le cas lorsqu'il est saisi par le préfet aux fins de prolongation de la rétention. • Civ. 1re, 16 janv. 2019, n° 18-50.047 : *AJDA 2019. 143* ; *D. 2019. 75*.

7. Saisi d'une demande de prolongation de rétention émanant du préfet, le JLD doit statuer sur les moyens soulevés contre l'arrêté de placement, si la légalité de cette décision a été contestée par le retenu. • Civ. 1re, 19 sept. 2019, n° 18-20.359 : *D. 2019. 1840*.

A. MISE À EXÉCUTION D'UNE MESURE D'ÉLOIGNEMENT

8. L'arrêté préfectoral de placement en rétention administrative doit reposer sur l'une des décisions d'éloignement mentionnées à l'art. L. 741-1 ; une telle décision de placement est entachée d'illégalité lorsque la mesure d'éloignement a été abrogée par l'autorité administrative. • CE 27 juill. 2005, *Préfet du Jura c/ Eser*, n° 248046. ♦ La circonstance qu'un étranger soit sorti ponctuellement du territoire français, en l'espèce à l'occasion d'une demande de passeport en Belgique, ne peut permettre de regarder l'intéressé comme ayant satisfait à l'OQTF ; la mesure d'éloignement a ainsi conservé son caractère exécutoire et le préfet pouvait ainsi prendre une mesure de rétention. • CAA Lyon, 1er oct. 2015, *Préfet du Rhône*, n° 15LY00443 : *AJDA 2016. 581*.

9. Il appartient à l'autorité administrative, lorsqu'elle entend mettre à exécution une mesure d'éloignement, d'apprécier, notamment au regard du risque que l'étranger tente de se soustraire à ladite mesure et aux garanties de représentation dont il dispose, s'il peut être laissé en liberté, assigné à résidence ou placé en rétention administrative, y compris s'agissant d'un étranger parent d'enfant(s) mineur(s). • CAA Nantes, 26 janv. 2012, *Préfet d'Ille-et-Vilaine*, n° 11NT02678 : *AJDA 2012. 812, chron. Degommier*.

10. La décision de placement en rétention administrative trouvant son fondement légal dans la mesure d'expulsion du territoire français et non dans une éventuelle décision désignant le pays à destination duquel l'étranger serait éloigné, l'absence d'une telle décision à la date du placement en rétention est sans incidence sur la légalité de cette décision. • CAA Lyon, 18 juin 2015, *Préfet du Rhône*, n° 14LY03944 : *AJDA 2015. 1470, chron. Samson-Dye*. ♦ Voir déjà, s'agissant d'une interdiction judiciaire du territoire : • CAA Douai, 12 déc. 2014, *Préfet de l'Oise*, n° 14DA000046.

11. Dans le cas où l'étranger s'est rendu dans un pays où il n'est pas légalement admissible, exposant la France à devoir le reprendre en charge dans le cadre du règlement « Dublin III », la circonstance que l'étranger a quitté le territoire français n'a pas pour effet de priver la décision portant OQTF de son caractère exécutoire. Le préfet était donc fondé à soutenir que c'est à tort que le magistrat désigné par le président du TA de Toulouse a estimé que l'OQTF du 2 févr. 2012 ne pouvait servir de fondement au placement en rétention litigieux parce que le requérant avait quitté le territoire français. • CAA Bordeaux, 31 déc. 2013, *Préfet de la Haute-Garonne*, n° 13BX01627 : *AJDA 2014. 1068*. ♦ L'autorité administrative ne peut procéder à un second placement en rétention sur le fondement de la même mesure d'éloignement si l'intéressé bénéficie du droit de se maintenir sur le territoire dans l'attente d'une décision de l'OFPRA ; l'art. L. 742-6 confère en effet au demandeur d'asile en procédure prioritaire un droit de se maintenir sur le territoire dans l'attente d'une décision de l'OFPRA. • CAA Douai, 24 oct. 2013, n° 13DA00699.

12. Impossibilité d'exécuter la mesure d'éloignement. La nécessité de la rétention administrative résulte tout d'abord de la constatation d'empêchements matériels à l'exécution de la mise à exécution immédiate de la mesure d'éloignement (absence de places disponibles, défaut d'identification de l'intéressé). • CE 21 mars 2003, *Préfet de l'Isère c/ Zemouli*, n° 236966 • 10 mars 2003, *Chineb c/ préfet de l'Hérault*, n° 249324. ♦ La rétention a ainsi été jugée nécessaire par exemple pour déterminer la nationalité de l'intéressé qui conditionne la détermination du pays de destination. • Civ. 2e, 4 mars 1999, n° 98-50.002.

13. Soustraction à la mesure d'éloignement. La décision de mise en rétention administrative peut intervenir alors même que la décision d'éloignement n'a pas été mise en œuvre pendant une période dépassant deux ans, compte tenu notamment de la circonstance que l'intéressé s'est soustrait à l'exécution de cette décision. • CE 4 juill. 1997, *Préfet de la Loire-Atlantique*, n° 168747. ♦ La décision de mise en rétention ne peut, dans cette hypothèse, s'analyser comme une nouvelle mesure d'éloignement. • CE 27 nov. 1995, *Préfet de la Loire c/ M. Poyraz*, n° 153870. ♦ Il en va différemment si l'administration s'est abstenue de toute mesure d'exécution de la décision d'éloignement et, notamment, n'a pas eu recours à la rétention administrative. • CAA Lyon, 3 avr. 1997, *M. Boutayeb Tagui*, n° 96LY00190.

14. Le placement en rétention fondé sur une OQTF de plus d'un an est dépourvu de base légale, quelle que soit la date de notification de la mesure d'éloignement. • Colmar, 6 nov. 2008, *Nfono Doumbe*, n° 5206/08. ♦ Toutefois, l'arrêté de placement en rétention fondé sur une OQTF prise depuis plus d'un an n'est pas entaché d'illégalité si cette obligation est assortie d'une interdiction de retour prise pour une durée de 2 ans et toujours exécutoire. • CAA Douai, 20 févr. 2014, n° 13DA01703.

15. Annulation de la décision fixant le pays de destination. Lorsque la décision fixant le pays de destination fait l'objet d'une annulation contentieuse, l'autorité administrative est fondée à mettre en œuvre une rétention administrative. • Civ. 2e, 12 nov. 1997 : *JCP 1997. IV. 2537 ; Bull. civ. II, n° 264 ; D. 1997. IR 262*. ♦ Dans cette hypothèse, le juge judiciaire peut ordonner la prolongation de la rétention indépendamment du fait que le juge administratif a annulé la décision fixant le pays de renvoi de l'intéressé : cette annulation est en effet sans conséquence sur la validité de l'APRF pour l'exécution duquel a été prise la décision de rétention. • Civ. 2e, 12 nov. 1997 : *JCP 1997. IV. 2538 ; Bull. civ. II, n° 269 ; D. 1997. IR 262*.

16. Responsabilité. L'annulation de la mesure d'éloignement sur le fondement de laquelle avait été prise la mesure de rétention administrative est susceptible d'entraîner la mise en jeu de la responsabilité de l'État, sous réserve des fautes commises par l'intéressé lui-même. • TA Paris, 27 nov. 2002, *M. D. M.*, n° 9825488.

17. Sur la motivation, V. notes ss. art. L. 741-6, *infra*.

B. GARANTIES DE REPRÉSENTATION INSUFFISANTES

18. Le juge est conduit à réaliser un contrôle des garanties de représentation suffisantes. • CE 12 nov. 1997, *Préfet du Rhône c/ M. et Mme Drame*, n° 184149 : *Lebon 416*. ♦ Il a ainsi pu juger que le seul fait de présenter une attestation d'hébergement est insuffisant pour justifier de telles garanties de représentation. • CE 15 juin 2005, *M. Ben Daoud*, n° 272547.

19. L'absence de garanties de représentation doit faire craindre que l'intéressé ne profite de ce délai d'exécution pour disparaître. • CE 12 déc. 2001, *Mara*, n° 223099. ♦ En se fondant sur le fait que l'intéressé était, au moment de son interpellation, dépourvu de passeport et de domicile certain pour décider son placement en rétention administrative, l'autorité préfectorale n'a pas entaché sa décision d'illégalité. • CE 3 févr. 1999, *M. Dembele*, n° 195691.

20. Présence de garanties de représentation. La mesure est entachée d'erreur manifeste d'appréciation lorsque l'intéressé apporte la preuve de garanties de représentation effectives. • TA Lyon, 6 févr. 1997, *M. Mustapha Omar*, n° 9503580. ♦ V. aussi • CE 2 avr. 2004, *Mme Gaci épouse Saihi*, n° 251368. ♦ Tel est le cas par exemple d'une personne hébergée par un Français depuis au moins deux ans et qui dispose d'une adresse fixe. • CAA Bordeaux, 14 févr. 2008, *Préfet des Pyrénées-Atlantiques*, n° 08BX01967. ♦ ... Ou d'une personne qui s'est présentée à une convocation de la gendarmerie et qui dispose d'un passeport et d'un domicile stable. • CAA Lyon, 14 févr. 2008, *Préfet de la Haute-Savoie c/ Methenni*, n° 07LY00711.

21. Dès lors que l'adresse de l'intéressé était connue des services de police et qu'il a déféré à toutes les demandes et convocations émises par l'administration, les conditions nécessaires pour prononcer le placement en rétention administrative n'étaient pas réunies. • CE 29 déc. 2004, *Préfet de la Drôme c/ M. Raim*, n° 260274. ♦ Même solution s'agissant d'un étranger qui était sur le point de contracter mariage avec une ressortissante française, qui disposait d'une adresse fixe et d'un passeport en cours de validité. • CE 26 juill. 2006, *Préfet du Val-de-Marne c/ M. Sefin*, n° 269259.

22. Absence de garanties de représentation. La mesure de rétention a été validée dans les hypothèses suivantes : maintien d'un étranger qui est clandestinement en France depuis 2 ans, qui n'a pas de garantie de représentation et qui a bénéficié d'une mesure d'assignation à résidence à laquelle il s'est soustrait. • Civ. 2e, 28 févr. 1996, n° 95-50.008. ♦ ... Étrangers dépourvus de tout document d'identité, le préfet pouvant légalement les retenir afin de prendre les mesures exigées pour l'organisation matérielle de leur retour dans leur pays d'origine. • CE 12 nov. 1997, *Préfet du Rhône c/ M. et Mme Drame*, n° 184149 : *RFDA 1998. 191*. ♦ ... Absence de passeport. • CE 18 juin 1997, *M. Kagambega*, n° 182029. ♦ Étranger séjournant en France sous une fausse identité et ne justifiant pas disposer d'une adresse fixe. • CE 10 déc. 2004, *Préfet du Puy-de-Dôme c/ M. Wang*, n° 259952. ♦ Maintien en rétention en raison du temps nécessaire à l'obtention d'un laissez-passer consulaire et à l'organisation du voyage de l'intéressé. • CE 26 oct. 2005, *Préfet de l'Aveyron c/ M. Djaafer*, n° 264660. ♦ Étrangère n'ayant produit aucun document d'identité et ne justifiant pas d'une résidence fixe. • CAA Paris, 12 janv. 2012, *Melle Touré*, n° 11PA03573 : *AJDA 2012. 1164, note Roussel*.

23. La circonstance que l'intéressé est titulaire d'un passeport et était hébergé dans sa famille ne suffit pas à établir l'absence de nécessité du placement en rétention administrative. • CE 30 avr. 2004, *Préfet de l'Hérault c/ M. Lankar*, n° 251703.

CHAPITRE II MAINTIEN EN RÉTENTION PAR LE MAGISTRAT DU SIÈGE DU TRIBUNAL JUDICIAIRE *(L. n° 2023-1059 du 20 nov. 2023, art. 44-I ; Décr. n° 2024-570 du 20 juin 2024, art. 5, en vigueur le 1er sept. 2024).*

SECTION 1 Première prolongation

Art. L. 742-1 **Le maintien en rétention au-delà de** *(L. n° 2024-42 du 26 janv. 2024, art. 75)* **« quatre jours** *[ancienne rédaction : quarante-huit heures]* **» à compter de la notification de la décision de placement initiale peut être autorisé, dans les conditions prévues au présent titre, par le** *(L. n° 2023-1059 du 20 nov. 2023, art. 44-I ; Décr. n° 2024-570 du 20 juin 2024, art. 5, en vigueur le 1er sept. 2024)* **« magistrat du siège du tribunal judiciaire saisi » à cette fin par l'autorité administrative.** – *[Anc. art. L. 552-1, al. 1er, 1re phr. ; anc. art. L. 555-1, al. 1er, 3e phr.]*

Les dispositions du présent art. introduites par l'art. 75 de la L. n° 2024-42 du 26 janv. 2024 entrent en vigueur à une date fixée par Décr. en Conseil d'État, et au plus tard le 1er août 2024. Ces dispositions s'appliquent à la contestation des décisions prises à compter de leur entrée en vigueur (L. préc., art. 86-IV).

1. Le législateur a entendu déterminer l'ensemble des règles de procédure auxquelles sont soumises les décisions de placement en rétention notifiées par l'administration à l'étranger en prévoyant en particulier une procédure contradictoire qui contraint l'administration à saisir le JLD dans les 48 heures de la notification du placement, de sorte que l'art. L. 121-1 CRPA peut être utilement invoqué à l'encontre d'une telle décision. • Civ. 1re, 15 déc. 2021, n° 20-17.628 : *D. 2022. 17*.

2. La requête en prolongation doit être signée et datée ; à défaut, elle est irrégulière et l'absence de signature de la requête ne peut d'ailleurs être régularisée à l'audience. • Civ. 2e, 25 juin 1997 : *Bull. civ. II, n° 204.* ♦ La délégation de signature doit viser de manière spécifique la possibilité de signer des requêtes saisissant le JLD aux fins de prolongation d'une rétention administrative. • Civ. 1re, 7 juill. 2021, n° 20-17.220. ♦ La requête et les pièces justificatives utiles qui y sont jointes à peine d'irrecevabilité sont, sauf impossibilité justifiée, mises à la disposition de l'avocat de l'étranger dès leur arrivée au greffe. • Civ. 1re, 9 mars 2011, n° 09-71.232 : *D. 2011. 883*. ♦ Sauf s'il est justifié par le préfet de l'impossibilité de joindre ces pièces à sa requête, il ne peut être suppléé à l'absence du dépôt de ces pièces par leur seule communication à l'audience. • Civ. 1re, 13 févr. 2019, n° 18-11.655.

3. La requête doit également être motivée et accompagnée de toutes pièces justificatives utiles et notamment du procès-verbal d'interpellation. • Civ. 2e, 17 juin 1998 : *Bull. civ. II, n° 197.* ♦ Le procès-verbal de fin de garde à vue constitue une pièce justificative utile devant accompagner une requête en prolongation de rétention. • Civ. 1re, 8 juill. 2020, n° 19-16.408.

4. Le juge judiciaire doit contrôler la validité de la requête préfectorale de demande de prolongation, c'est-à-dire : la compétence de l'auteur de l'acte. • Civ. 2e, 28 juin 1995 : *Bull. civ. II, n° 216.* ♦ ... La réalité de la production de la mesure d'éloignement. • Même décision. ♦ ... Les pièces justificatives à l'appui de la requête. • Civ. 2e, 28 juin 1995, n° 94-50.011 • 11 juin 1997 : *D. 1977. IR 162.* ♦ En revanche, l'absence au dossier de l'invitation à quitter le territoire français n'est pas un vice entachant la procédure de rétention. • Civ. 2e, 12 nov. 1997, n° 96-50.083. ♦ Il n'y a pas lieu à prolongation de la rétention dès lors que la mesure d'éloignement n'est pas exécutoire. • Paris, 23 mars 2010, *Derkoui*, n° 10/01241. ♦ Même solution en l'absence d'une décision fixant le pays de renvoi. • Douai, 23 mars 2010, *Sow*, n° 10/00130.

5. Indépendamment de tout recours contre l'arrêté de placement, si le juge est amené à statuer sur les demandes du préfet tendant à la prolongation de la mesure, il doit se prononcer en tant que gardien de la liberté individuelle sur les irrégularités des actes antérieurs au placement invoqué par l'étranger ; l'étranger qui n'a pas formé de recours contre la décision de placement en rétention n'est pas privé du droit de soulever des exceptions tirées de l'irrégularité de la procédure préalable à cette mesure, lorsque le juge des libertés et de la détention statue pour la première fois sur sa prolongation. • Civ. 1re, 15 mai 2019, n° 18-19.276 : *D. 2019. 1051* ; *AJDA 2019. 1080*.

Art. L. 742-2 **L'étranger est maintenu à disposition de la justice, dans des conditions fixées par le procureur de la République, pendant le temps strictement nécessaire à la tenue de l'audience et au prononcé de l'ordonnance.** – *[Anc. art. L. 552-2, 4e phr.]*

Art. L. 742-3 **Si le juge ordonne la prolongation de la rétention, celle-ci court pour une période de** *(L. nº 2024-42 du 26 janv. 2024, art. 75)* **« vingt-six** *[ancienne rédaction : vingt-huit]* **» jours à compter de l'expiration du délai de** *(L. nº 2024-42 du 26 janv. 2024, art. 75)* **« quatre jours** *[ancienne rédaction : quarante-huit heures]* **» mentionné à l'article L. 741-1.** – *[Anc. art. L. 552-3.]*

Sur l'entrée en vigueur des dispositions du présent art. introduites par l'art. 75 de la L. nº 2024-42 du 26 janv. 2024, V. note ss. art. L. 741-1.

COMMENTAIRE

L'article R. 744-9 (dans sa rédaction issue du Décr. nº 2016-1457 du 28 oct. 2016) prévoit que les étrangers ne peuvent être maintenus dans ces locaux après que le magistrat du siège du tribunal judiciaire a rendu l'ordonnance mentionnée à l'article L. 742-3. Toutefois, en cas d'appel de cette ordonnance, s'il n'y a pas de centre de rétention administrative dans le ressort de la cour d'appel où se situe le local, l'étranger peut y être maintenu jusqu'à ce que le président de la cour d'appel ait statué. De même, en cas de recours contre la mesure d'éloignement, s'il n'y a pas de centre de rétention dans le ressort du tribunal administratif, l'étranger peut être maintenu dans le local jusqu'à ce qu'il ait été statué sur le recours. ❑

SECTION 2 Nouvelles prolongations

SOUS-SECTION 1 Dispositions générales

Art. L. 742-4 **Le** *(L. nº 2023-1059 du 20 nov. 2023, art. 44-I ; Décr. nº 2024-570 du 20 juin 2024, art. 5, en vigueur le 1er sept. 2024)* **« magistrat du siège du tribunal judiciaire » peut, dans les mêmes conditions qu'à l'article L. 742-1, être à nouveau saisi aux fins de prolongation du maintien en rétention au-delà de trente jours, dans les cas suivants :**

1° En cas d'urgence absolue ou de menace *(Abrogé par L. nº 2024-42 du 26 janv. 2024, art. 40)* ***« d'une particulière gravité »*** **pour l'ordre public ;**

2° Lorsque l'impossibilité d'exécuter la décision d'éloignement résulte de la perte ou de la destruction des documents de voyage de l'intéressé, de la dissimulation par celui-ci de son identité ou de l'obstruction volontaire faite à son éloignement ;

3° Lorsque la décision d'éloignement n'a pu être exécutée en raison :

a) **du défaut de délivrance des documents de voyage par le consulat dont relève l'intéressé ou lorsque la délivrance des documents de voyage est intervenue trop tardivement pour procéder à l'exécution de la décision d'éloignement ;**

b) **de l'absence de moyens de transport.**

L'étranger peut être maintenu à disposition de la justice dans les conditions prévues à l'article L. 742-2.

Si le juge ordonne la prolongation de la rétention, celle-ci court à compter de l'expiration de la précédente période de rétention et pour une nouvelle période d'une durée maximale de trente jours. La durée maximale de la rétention n'excède alors pas soixante jours. – *[Anc. art. L. 552-7, al. 1er, 2, 3 (2e phr.).]*

COMMENTAIRE

Au-delà d'une durée de trente jours de rétention, il est encore possible pour l'autorité administrative de solliciter le magistrat du siège du tribunal judiciaire aux fins d'obtenir une nouvelle prolongation de la rétention de l'étranger d'une durée maximale de trente jours, portant ainsi le total de durée potentielle de rétention administrative à soixante jours. Le Conseil constitutionnel (Cons. const. 9 juin 2011, nº 2011-631 DC) a toutefois censuré la possibilité qui avait été ouverte par le législateur de prolonger de douze mois la rétention administrative d'un étranger « lorsque, malgré les diligences de l'administration, l'éloignement ne peut être exécuté en raison soit du manque de coopération de l'étranger, soit des retards subis pour obtenir du consulat dont il relève les documents de voyage nécessaires ». En revanche, il a considéré que l'atteinte à la liberté individuelle qui résulte de l'allongement à quatre-vingt-dix jours de la durée maximale de la rétention administrative d'un étranger est adaptée, nécessaire et proportionnée à l'objectif de prévention des atteintes à l'ordre public poursuivi par le législateur. Il a toutefois émis une réserve aux termes de laquelle l'autorité judiciaire conserve la possibilité d'interrompre à tout moment la prolongation du maintien en rétention, de sa propre initiative ou à la demande de l'étranger, lorsque les circonstances de droit ou de fait le justifient (Cons. const. 6 sept. 2018, n° 2018-770 DC).

Le législateur a fixé, de manière limitative, les hypothèses dans lesquelles une seconde prolongation pouvait intervenir :
– urgence absolue ;
– menace d'une particulière gravité pour l'ordre public ;
– impossibilité d'exécuter la mesure d'éloignement résultant de la perte ou de la destruction des documents de voyage de l'intéressé ;
– impossibilité d'exécuter la mesure d'éloignement résultant de la dissimulation par l'étranger de son identité ;
– impossibilité d'exécuter la mesure d'éloignement résultant de l'obstruction volontaire de l'étranger faite à son éloignement ;
– impossibilité d'exécuter la mesure d'éloignement en raison du défaut de délivrance des documents de voyage par le consulat dont relève l'intéressé ou de l'absence de moyens de transport ;
– délivrance des documents de voyage intervenue trop tardivement, malgré les diligences de l'administration, pour pouvoir procéder à l'exécution de la mesure d'éloignement.

La première hypothèse (urgence absolue) semble relativement indéterminée et l'on imagine mal à quelles situations elle est susceptible de s'appliquer indépendamment de l'une des autres conditions. Les autres hypothèses résultent du comportement de l'étranger lui-même, cherchant à éviter la mise à exécution de son éloignement, ou des autorités de l'État dont il est le ressortissant. ❑

1. Ces dispositions prévoyant une prolongation de la rétention pour une durée maximale de 45 jours ne modifient pas les dispositions selon lesquelles l'étranger ne peut être maintenu en rétention que pour le temps strictement nécessaire à son départ, l'administration devant exercer toute diligence à cet effet ; comme il a été jugé au consid. 66 de la décision du 20 nov. 2003, l'autorité judiciaire conserve la possibilité d'interrompre à tout moment la prolongation du maintien en rétention, de sa propre initiative ou à la demande de l'étranger, lorsque les circonstances de droit ou de fait le justifient ; sous cette réserve, les griefs invoqués doivent être écartés. • Cons. const. 9 juin 2011, n° 2011-631 DC § 75.

2. Aux termes du 1° de l'art. 15 de la Dir. 2008/115/CE du Parlement européen et du Conseil du 16 déc. 2008 : « Toute rétention est aussi brève que possible et n'est maintenue qu'aussi longtemps que le dispositif d'éloignement est en cours et exécuté avec toute la diligence requise » ; aux termes du § 5 de ce même art. : « La rétention est maintenue aussi longtemps que les conditions énoncées au § 1 sont réunies et qu'il est nécessaire de garantir que l'éloignement puisse être mené à bien. Chaque État membre fixe une durée déterminée de rétention, qui ne peut pas dépasser six mois » ; aux termes du § 6 de ce même art. : « Les États membres ne peuvent pas prolonger la période visée au § 5, sauf pour une période déterminée n'excédant pas douze mois supplémentaires, conformément au droit national, lorsque, malgré tous leurs efforts raisonnables, il est probable que l'opération d'éloignement dure plus longtemps en raison : a) du manque de coopération du ressortissant concerné d'un pays tiers, ou b) des retards subis pour obtenir de ce pays tiers les documents nécessaires » ; selon le présent art., la durée maximale de rétention ne peut excéder quarante-cinq jours, soit une durée totale de rétention inférieure à ce que prévoient les dispositions susmentionnées de la Dir. 2008/115/CE. • CAA Paris, 12 janv. 2012, *Melle Touré,* n° 11PA03573 : *AJDA 2012. 1164, note Roussel.*

3. Diligences. Le maintien d'un étranger en rétention au titre du présent art. n'est possible que si la mesure d'éloignement prise à son encontre n'a pu être exécutée, « malgré les diligences de l'administration », en raison du défaut de délivrance ou d'une délivrance trop tardive des documents de voyage par le consulat dont il relève ou de l'absence de moyens de transport ; par suite, la durée de la prolongation en cause est justifiée par les motifs susceptibles de la fonder, qui ne sont imputables ni à la volonté, ni à un manque de diligence de l'administration. • Cons. const. 20 nov. 2003, n° 2003-484 DC : *Rec. Cons. const. 438 ; JO 27 nov. p. 20154 ; LPA 20 et 21 janv. 2004, note Schoettl ; ibid. 27 déc. 2004, note Mathieu et Janicot ; RFDC2004. 96, note Domingo ; RD publ. 2004. 275, note Ferran ; D. 2004. 1278, note Domingo ; AJDA 2004. 599, note Lecucq ; JCP 2003. 2169, note Guimezanes ; ibid. 2249, obs. Zarka.* ♦ Au surplus, le législateur a prévu que cette prolongation de la rétention ne peut être ordonnée que lorsqu'il est établi que la délivrance des documents de voyage ou la présence d'un moyen de transport doit intervenir « à bref délai », de telle sorte que les conditions nécessaires à l'exécution de la mesure d'éloignement puissent être réunies dans le délai de prolongation de cinq jours. • Même décision.

4. Afin que la prolongation ne soit pas automatique, le juge judiciaire doit rechercher si les obstacles à l'exécution de la mesure d'éloignement étaient susceptibles d'être surmontés « à bref délai » ; il appartient au juge d'apprécier *in concreto* les diligences de l'administration et les obstacles qu'elle a rencontrés pour l'exécution de la mesure durant la première période. • Civ. 1re, 18 nov. 2015, n° 15-14.560.

5. En permettant de prolonger de douze mois la rétention administrative d'un étranger « lorsque, malgré les diligences de l'administration, l'éloignement ne peut être exécuté en raison soit du manque de coopération de l'étranger, soit des retards subis pour obtenir du consulat dont il relève les documents de voyage nécessaires », le législateur a apporté à la liberté individuelle une atteinte contraire à l'art. 66 Const. • Cons. const. 9 juin 2011, n° 2011-631 DC § 76.

6. Refus de prolonger la rétention au motif tiré de l'insuffisante justification des diligences de l'administration qui ne produisait que deux télécopies adressées au consulat concerné. • TGI Limoges, 20 févr. 2003, *Njanji c/ Préfet de la Haute-Vienne : inédit.* ♦ La décision du préfet d'attendre la réponse de l'OFPRA sur la demande d'asile présentée par l'intéressé ne peut être constitutive d'une absence de moyen de transport, fait matériel indépendant de la volonté des parties. • Civ. 1re, 17 oct. 2007, n° 06-21.380 P : *Juris-Data n° 2007-040858 ; JCP 2007. IV. 3087.* ♦ Absence de diligences de l'administration pendant dix jours après l'audition de l'intéressé par un consulat. • Paris, 18 juill. 2009, *Préfet de police c/ Diallo*, n° 09/02764. ♦ Même solution dès lors que la seule diligence est constituée par l'envoi d'un courrier électronique quinze jours auparavant. • Colmar, 18 sept. 2009, *Tahiri*, n° 6U-4432/2009. ♦ La remise d'un dossier de demande d'asile, à la supposer tardive, ne constitue pas une diligence destinée à organiser le départ. • Civ. 1re, 12 mai 2021, n° 19-24.305 : *D. 2021. 965*.

7. Le fait que l'intéressé ait saisi l'OFPRA d'une demande d'asile ne justifie pas que l'administration suspende les diligences nécessaires à son départ. • Civ. 1re, 16 juin 2011, *M. Dioum*, n° 10-18.226 : *D. 2011. 1765*.

8. L'autorité administrative qui demande la prolongation d'une rétention ne justifie pas avoir exercé les diligences suffisantes du seul fait d'avoir demandé au service compétent du ministère de l'Intérieur de saisir le consulat concerné afin qu'un laissez-passer permettant à l'étranger retenu de quitter le territoire soit délivré. • Civ. 1re, 13 juin 2019, n° 18-16.802.

9. La notification par l'administration de l'arrêté de placement en rétention au tribunal administratif saisi d'un recours contre une décision d'éloignement constitue une diligence dont le juge des libertés et de la détention doit s'assurer du respect, en application du présent art. • Civ. 1re, 29 mai 2019, n° 18-13.989 : *AJDA 2019. 1974*.

10. Le placement en rétention ne peut intervenir que pour le temps strictement nécessaire au départ d'un étranger et l'administration doit exercer toute diligence utile à cet effet. La Cour de cassation indique que l'administration doit justifier de ses diligences dès le placement en rétention. Ainsi, ces diligences en vue de l'éloignement ne doivent intervenir qu'à compter du placement en rétention et non, le cas échéant, au cours de la période antérieure durant laquelle un étranger est détenu. • Civ. 1re, 17 oct. 2019, n° 19-50.002 : *AJDA 2019. 2086 ; D. 2019. 2041*.

11. Un délai de treize jours écoulé entre l'accord obtenu de l'État responsable de la demande d'asile et la notification de la décision de transfert ne répond pas à l'exigence de diligence imposée par le présent art., l'intéressé devant ainsi être remis en liberté. • Civ. 1re, 19 sept. 2019, n° 18-20.297 : *D. 2019. 1839*.

12. Urgence absolue. La prorogation supplémentaire ne peut être justifiée que par l'urgence absolue et une menace d'une particulière gravité pour l'ordre public ; tel n'est pas le cas s'agissant d'un étranger ne justifiant d'aucun hébergement ou ressources permettant une assignation à résidence. • Civ. 2e, 29 mars 2001, n° 00-50.053. ♦ Viole le présent art. le premier président de CA qui accepte la prolongation du maintien en rétention administrative d'un demandeur d'asile au motif que la demande d'asile présentée apparaissait abusive et dilatoire et qu'il s'agissait d'une obstruction volontaire faite à son éloignement ; en effet, le dépôt d'une demande d'asile est constitutif d'un droit. • Civ. 1re, 29 juin 2011, n° 10-21.431. ♦ La prolongation de la rétention est justifiée dans le cas de l'intéressé qui n'avait remis qu'une copie de passeport périmé, document sans valeur probante de l'identité et de la nationalité de la personne, et alors que le préfet, qui ne dispose d'aucun pouvoir de contrainte sur les autorités consulaires, justifiait avoir saisi le consulat du Nigéria pour assurer le retour de l'intéressé dans son pays d'origine. Le juge n'a pas à rechercher si les obstacles à l'exécution de la mesure d'éloignement étaient susceptibles d'être surmontés à bref délai. • Civ. 1re, 30 janv. 2019, n° 18-11.806 : *AJDA 2019. 914 ; D. 2019. 260*.

13. Procédure. Les moyens tirés de la violation de la liberté individuelle doivent être soulevés lors de la première comparution de l'étranger devant le juge et non à l'occasion de la deuxième comparution pour une demande de prorogation supplémentaire présentée par le préfet. • Civ. 2e, 18 déc.

1996 : *JCP 1997. IV. 325 ; D. 1997. IR 23*. ♦ Si cette condition est remplie, le juge peut toutefois décider de la remise en liberté de l'étranger à l'occasion de l'instance consacrée à une demande de prolongation supplémentaire de la rétention. • Civ. 2e, 25 févr. 1998 : *Bull. civ. II, no 59.*

14. Computation du délai. La prolongation exprimée en jours d'une mesure de rétention administrative prend fin le dernier jour à vingt-quatre heures ; ces délais ne se computent ainsi pas d'heure à heure. • Crim. 22 janv. 2020, no 19-84.160 : *AJDA 2020. 200 ; D. 2020. 156.*

Art. L. 742-5 A titre exceptionnel, le *(L. no 2023-1059 du 20 nov. 2023, art. 44-I ; Décr. no 2024-570 du 20 juin 2024, art. 5, en vigueur le 1er sept. 2024)* « magistrat du siège du tribunal judiciaire » peut à nouveau être saisi aux fins de prolongation du maintien en rétention au-delà de la durée maximale de rétention prévue à l'article L. 742-4, lorsqu'une des situations suivantes *(Rect. JO du 27 févr. 2021)* « apparaît » dans les quinze derniers jours :

1° L'étranger a fait obstruction à l'exécution d'office de la décision d'éloignement ;

2° L'étranger a présenté, dans le seul but de faire échec à la décision d'éloignement :

a) une demande de protection contre l'éloignement au titre *(Abrogé par L. no 2024-42 du 26 janv. 2024, art. 40) « du 9° de l'article L. 611-3 ou »* du 5° de l'article L. 631-3 ;

b) ou une demande d'asile dans les conditions prévues aux articles L. 754-1 et L. 754-3 ;

3° La décision d'éloignement n'a pu être exécutée en raison du défaut de délivrance des documents de voyage par le consulat dont relève l'intéressé et qu'il est établi par l'autorité administrative compétente que cette délivrance doit intervenir à bref délai.

(L. no 2024-42 du 26 janv. 2024, art. 40) « Le juge peut également être saisi en cas d'urgence absolue ou de menace pour l'ordre public. »

L'étranger est maintenu en rétention jusqu'à ce que le juge ait statué.

Si le juge ordonne la prolongation de la rétention, celle-ci court à compter de l'expiration de la dernière période de rétention pour une nouvelle période d'une durée maximale de quinze jours.

Si l'une des circonstances mentionnées aux 1°, 2° ou 3° *(L. no 2024-42 du 26 janv. 2024, art. 40)* « ou au septième alinéa du présent article » survient au cours de la prolongation exceptionnelle ordonnée en application *(L. no 2024-42 du 26 janv. 2024, art. 40)* « de l'avant-dernier » alinéa, elle peut être renouvelée une fois, dans les mêmes conditions. La durée maximale de la rétention n'excède alors pas quatre-vingt-dix jours. – *[Anc. art. L. 552-7, al. 5.]*

1. En estimant que les difficultés d'identification de la nationalité de l'intéressé constituaient des circonstances exceptionnelles justifiant la prolongation, alors que l'administration avait entamé des démarches auprès de 2 consulats, sans rechercher, comme il le lui incombait, si la délivrance des documents de voyage par le consulat dont relevait l'intéressé devait intervenir à bref délai, le premier président n'a pas donné de base légale à sa décision. • Civ. 1re, 23 juin 2021, no 20-15.056 : *AJDA 2021. 1360 ; D. 2021. 1242.*

2. La présentation d'un document d'identité ou de voyage qui n'est plus en cours de validité ne caractérise pas une obstruction à l'exécution de la mesure d'éloignement. • Civ. 1re, 14 déc. 2022, no 21-20.885 : *AJDA 2022. 2508 ; D. 2022. 2295.*

3. Le refus d'embarquement opposé par l'étranger lors de la 1re période de rétention et non réitérée par la suite ne constitue pas une obstruction justifiant une 3e prolongation de la mesure de rétention. • Civ. 1re, 23 juin 2021, no 20-17.041.

4. Pour ouvrir droit à une troisième prolongation, l'obstruction à l'exécution de la mesure d'éloignement doit avoir eu lieu au cours des quinze derniers jours de la période de rétention ; toute obstruction antérieure ne peut être légalement retenue. • Civ. 1re, 8 mars 2023, nos 22-10.712 et 22-12.094.

SOUS-SECTION 2 Dispositions spécifiques à l'étranger dont le comportement est lié à des activités à caractère terroriste pénalement constatées

Art. L. 742-6 Par dérogation à l'article L. 742-4, le *(L. no 2023-1059 du 20 nov. 2023, art. 44-I ; Décr. no 2024-570 du 20 juin 2024, art. 5, en vigueur le 1er sept. 2024)* « magistrat du siège du tribunal judiciaire » peut également être à nouveau saisi aux fins de prolongation du maintien en rétention au-delà de trente jours si l'étranger a été condamné à une peine d'interdiction du territoire pour des actes de terrorisme prévus par le titre II du livre IV du code pénal ou s'il fait l'objet d'une décision d'expulsion édictée pour un comportement lié à des activités à caractère terroriste pénalement constatées, dès lors que son éloignement demeure une perspective raisonnable et qu'aucune décision d'assignation à résidence ne permettrait un contrôle suffisant de cet étranger.

L'étranger peut être maintenu à disposition de la justice dans les conditions prévues à l'article L. 742-2.

Si le juge ordonne la prolongation de la rétention, celle-ci court pour une nouvelle période d'une durée maximale de trente jours qui peut être renouvelée. La durée maximale de la rétention n'excède alors pas cent quatre-vingts jours.

Caractérise une obstruction à l'exécution de la mesure d'éloignement le refus de se soumettre à un test PCR de dépistage de la covid-19 exigé par la compagnie aérienne avant l'embarquement, sauf s'il est justifié par des raisons médicales. • Civ. 1re, 14 sept. 2022, n° 21-13.462 : *AJDA 2022. 1758 ; D. 2022. 1599*.

Art. L. 742-7 A titre exceptionnel, le *(L. n° 2023-1059 du 20 nov. 2023, art. 44-I ; Décr. n° 2024-570 du 20 juin 2024, art. 5, en vigueur le 1er sept. 2024)* « magistrat du siège du tribunal judiciaire » peut à nouveau être saisi aux fins de prolongation du maintien au-delà de la durée maximale de rétention prévue à l'article L. 742-6, dans les conditions prévues à l'article L. 742-5. La durée maximale de la rétention n'excède alors pas deux cent dix jours. – *[Anc. art. L. 552-7, al. 5, 6e phr. (ecqc le cas prévu à l'al. 4).]*

SECTION 3 Demande de mise en liberté par l'étranger

Art. L. 742-8 Hors des audiences de prolongation de la rétention prévues au présent chapitre, l'étranger peut demander qu'il soit mis fin à sa rétention en saisissant le *(L. n° 2023-1059 du 20 nov. 2023, art. 44-I ; Décr. n° 2024-570 du 20 juin 2024, art. 5, en vigueur le 1er sept. 2024)* « magistrat du siège du tribunal judiciaire ». La décision de maintien en rétention d'un demandeur d'asile prévue à l'article L. 754-3 ne peut toutefois être contestée que devant le juge administratif.

Il est statué suivant la procédure prévue aux articles L. 743-3, L. 743-4, L. 743-6 à L. 743-12, L. 743-18 à L. 743-20, L. 743-24 et L. 743-25. – *[Anc. art. R. 552-17, al. 1er (1re phr. ecqc le droit de saisir le juge et 3e phr.) et 2 (1re phr.).]*

SECTION 4 Fin de la rétention

Art. L. 742-9 Si la décision d'éloignement est annulée par le juge administratif, il est immédiatement mis fin au maintien de l'étranger en rétention. Une autorisation provisoire de séjour lui est fournie jusqu'à ce que l'autorité administrative ait à nouveau statué sur son cas. – *[Anc. art. L. 554-2.]*

Art. L. 742-10 Lorsqu'il est mis fin à la rétention pour une raison autre que l'annulation, l'abrogation ou le retrait de la décision d'éloignement, d'interdiction administrative du territoire ou de transfert, un rappel de l'obligation de déférer à cette décision est adressé à l'étranger par le *(L. n° 2023-1059 du 20 nov. 2023, art. 44-I ; Décr. n° 2024-570 du 20 juin 2024, art. 5, en vigueur le 1er sept. 2024)* « magistrat du siège du tribunal judiciaire » ou par l'autorité administrative.

L'étranger peut alors être assigné à résidence en application de l'article L. 731-1.

La méconnaissance des dispositions du premier alinéa est sans conséquence sur la régularité et le bien-fondé de procédures ultérieures d'éloignement et de rétention. – *[Anc. art. L. 554-3.]*

CHAPITRE III CONTRÔLE DE LA RÉTENTION PAR L'AUTORITÉ JUDICIAIRE

SECTION 1 Intervention de l'autorité judiciaire de sa propre initiative

Art. L. 743-1 Pendant toute la durée de la rétention de l'étranger, le procureur de la République ou le *(L. n° 2023-1059 du 20 nov. 2023, art. 44-I ; Décr. n° 2024-570 du 20 juin 2024, art. 5, en vigueur le 1er sept. 2024)* « magistrat du siège du tribunal judiciaire » peut se transporter sur les lieux, vérifier les conditions du maintien et se faire communiquer le registre prévu à l'article L. 744-2.

Le procureur de la République visite les lieux de rétention chaque fois qu'il l'estime nécessaire et au moins une fois par an. – *[Anc. art. L. 553-3, al. 1er.]*

Art. L. 743-2 A tout moment, le *(L. n° 2023-1059 du 20 nov. 2023, art. 44-I ; Décr. n° 2024-570 du 20 juin 2024, art. 5, en vigueur le 1er sept. 2024)* « magistrat du siège du tribunal judiciaire » peut, après avoir mis l'autorité administrative en mesure de présenter ses observations, de sa propre initiative ou à la demande du ministère public, décider la mise en liberté de l'étranger maintenu en rétention lorsque les circonstances de droit ou de fait le justifient, sous réserve de la compétence exclusive du juge administratif sur la décision de maintien en rétention d'un demandeur d'asile. – *[Anc. art. R. 552-18.]*

SECTION 2 Jugement des requêtes de l'étranger et de l'autorité administrative

Art. L. 743-3 Les dispositions de la présente section sont applicables au jugement des requêtes formées par l'étranger aux fins de contestation de la décision de placement en rétention en application de l'article L. 741-10 et par l'autorité administrative aux fins de prolongation de la rétention en application de l'article L. 742-1 ou des articles L. 742-4 à L. 742-7.

Elles s'appliquent également au jugement de la requête formée par l'étranger, aux fins de remise en liberté hors des audiences de prolongation, en application de l'article L. 742-8.

Aux termes de l'art. R. 743-2, « à peine d'irrecevabilité, la requête est motivée, datée et signée, selon le cas, par l'étranger ou son représentant ou par l'autorité administrative qui a ordonné le placement en rétention. Lorsque la requête est formée par l'autorité administrative, elle est accompagnée de toutes pièces justificatives utiles, notamment une copie du registre prévu à l'art. L. 744-2 ». L'ordonnance autorisant une visite domiciliaire est une pièce justificative utile qui doit être jointe, à peine d'irrecevabilité, à la requête en demande de prolongation de la rétention. Il ne peut être suppléé à l'absence des pièces par leur seule communication à l'audience, sauf s'il est justifié de l'impossibilité de les joindre à la requête. • Civ. 1re, 26 oct. 2022, n° 21-19.352.

SOUS-SECTION 1 Dispositions communes

COMMENTAIRE

Dans la mesure où la rétention administrative porte atteinte à la liberté individuelle, il est naturel que le juge judiciaire puisse intervenir dans les meilleurs délais. C'est la raison pour laquelle la prolongation de la rétention au-delà de la durée initiale de 48 heures ne pouvait résulter que d'une ordonnance du magistrat du siège du tribunal judiciaire qui est en outre désormais exclusivement compétent pour se prononcer sur la légalité de l'arrêté initial de mise en rétention.

La requête est transmise par tout moyen au greffe du tribunal avant l'expiration des délais mentionnés à la première phrase des articles L. 742-1 et L. 742-4. Le greffier l'enregistre et y appose, ainsi que sur les pièces jointes, un timbre indiquant la date et l'heure de la réception (art. R. 743-3). Dès réception de la requête, le greffier avise aussitôt et par tout moyen l'autorité requérante, le procureur de la République, l'étranger et son avocat, s'il en a un, du jour et de l'heure de l'audience fixés par le juge. L'étranger est avisé de son droit de choisir un avocat. Le juge lui en fait désigner un d'office si l'étranger le demande.

A l'audience, l'autorité requérante ou son représentant, sur sa demande ou sur celle du juge, est entendue en ses observations. L'étranger, sauf s'il ne se présente pas, bien que dûment convoqué, et, s'il y a lieu, son avocat sont entendus. Le juge nomme un interprète si l'étranger ne parle pas suffisamment la langue française. Le ministère public peut faire connaître son avis.

Le magistrat du siège du tribunal judiciaire statue par ordonnance au siège du tribunal de grande instance dans le ressort duquel se situe le lieu de placement en rétention de l'étranger, après audition du représentant de l'administration, si celui-ci, dûment convoqué, est présent, et de l'intéressé ou de son conseil, s'il en a un. L'étranger peut demander au magistrat du siège du tribunal judiciaire qu'il lui soit désigné un conseil d'office. Si une salle d'audience attribuée au ministère de la Justice lui permettant de statuer publiquement a été spécialement aménagée à proximité immédiate de ce lieu de rétention, il statue dans cette salle.

L'ordonnance du magistrat du siège du tribunal judiciaire est rendue dans les quarante-huit heures de la saisine du juge (art. L. 743-4). La loi n° 2018-778 du 10 septembre 2018 pour une immigration maîtrisée, un droit d'asile effectif et une intégration réussie a en effet considéré que le délai de vingt-quatre heures qui lui était auparavant imparti était trop bref, la mesure de rétention étant fréquemment levée faute pour le magistrat du siège du tribunal judiciaire d'avoir pu statuer dans les délais. Elle est notifiée sur place aux parties présentes à l'audience qui en accusent réception. Le magistrat fait connaître verbalement aux parties présentes le délai d'appel et les modalités selon lesquelles cette voie de recours peut être exercée. Il les informe simultanément que seul l'appel formé par le ministère public peut être déclaré suspensif par le premier président de la cour d'appel ou son délégué. Les notifications prévues à l'alinéa premier sont faites par tout moyen et dans les meilleurs délais aux parties qui ne se sont pas présentées, bien que dûment convoquées, ainsi qu'au procureur de la République, qui en accusent réception. Lorsqu'une ordonnance met fin à la rétention ou assigne à résidence l'étranger et que le procureur de la République estime ne pas avoir à solliciter du premier président qu'il déclare l'appel suspensif, il retourne l'ordonnance au magistrat qui l'a rendue en mentionnant sur celle-ci qu'il ne s'oppose pas à sa mise à exécution. Il est alors immédiatement mis fin à la mesure de maintien à la disposition de la justice.

Mais le magistrat du siège du tribunal judiciaire peut également être amené à intervenir indépendamment des audiences de prolongation en rétention. En effet, l'étranger lui-même peut le saisir (art. L. 741-10) par simple requête motivée et signée adressée et accompagnée de toutes les pièces justificatives. En principe, le magistrat du siège du tribunal judiciaire statue par une seule audience (art. L. 743-5) sur la requête de l'étranger et la demande de prolongation du préfet. Le magistrat du siège du tribunal judiciaire peut rejeter la requête sans avoir préalablement convoqué les parties s'il apparaît qu'aucune circonstance nouvelle de fait ou de droit n'est intervenue depuis le placement en rétention administrative ou son renouvellement, ou que les éléments fournis à l'appui de la demande ne permettent manifestement pas de justifier qu'il soit mis fin à la rétention (V. *infra*, art. R. 742-2 qui prévoit que l'étranger en rétention qui demande qu'il soit mis fin à sa rétention saisit le magistrat du siège du tribunal judiciaire par simple requête adressée par tout moyen au juge. A peine d'irrecevabilité, la requête est motivée et signée de l'étranger ou de son représentant, et accompagnée de toutes les pièces justificatives. La décision de maintien en rétention d'un demandeur d'asile ne peut être contestée que devant le juge administratif).

Indépendamment même de la mise en œuvre de ces dispositions, le magistrat du siège du tribunal judiciaire peut, à tout moment, après avoir mis l'autorité administrative en mesure de présenter ses observations, de sa propre initiative ou à la demande du ministère public, décider la mise en liberté de l'étranger lorsque les circonstances de droit ou de fait le justifient (art. L. 743-2). ❑

1. Le Conseil constitutionnel a validé l'allongement de la durée de rétention opéré par la L. n° 2003-1119 du 26 nov. 2003 en apportant trois précisions : ces dispositions ne remettent pas en cause le contrôle de l'autorité judiciaire sur le maintien en rétention ; l'allongement de la durée de la rétention est sans incidence sur le droit reconnu à l'étranger de contester la décision administrative qui le contraint à quitter le territoire français ; enfin, l'autorité judiciaire conserve la possibilité d'interrompre à tout moment la prolongation du maintien en rétention. • Cons. const. 20 nov. 2003, n° 2003-484 DC : *Rec. Cons. const. 438 ; JO 27 nov. p. 20154 ; LPA 20 et 21 janv. 2004, note Schoettl ; ibid. 27 déc. 2004, note Mathieu et Janicot ; RFDC 2004. 96, note Domingo ; RD publ. 2004. 275, note Ferran ; D. 2004. 1278, note Domingo ; AJDA 2004. 599, note Lecucq ; JCP 2003. 2169, note Guimezanes ; JCP 2003. 2249, obs. Zarka.* ♦ Il résulte de ces réserves d'interprétation du Conseil constitutionnel et qui s'imposent à toutes les autorités administratives et juridictionnelles en vertu de l'art. 62 Const. qu'il appartient au juge judiciaire de mettre fin, à tout moment, à la rétention administrative, lorsque les circonstances de droit ou de fait le justifient (en l'espèce, demande de mise en liberté justifiée par l'absence de perspective raisonnable d'exécution de la mesure d'éloignement dans le délai restant à courir de la rétention en raison de l'incapacité du consulat d'Égypte à justifier de la nationalité égyptienne de l'intéressé, de sorte qu'il ne pourrait pas délivrer de document de voyage). • T. confl. 9 févr. 2015, *M. H.*, n° 3986 : *AJDA 2015. 309*. ♦ Le contrôle, par une autorité judiciaire, du respect des conditions de légalité de la rétention d'un ressortissant d'un pays tiers qui découlent du droit de l'Union doit conduire cette autorité à relever d'office, sur la base des éléments du dossier portés à sa connaissance, tels que complétés ou éclairés lors de la procédure contradictoire devant elle, l'éventuel non-respect d'une condition de légalité qui n'a pas été invoquée par la personne concernée. La Cour ajoute que l'exigence d'une protection juridictionnelle de niveau élevé « impose » de se conformer au besoin impératif de libérer une telle personne lorsque les conditions de légalité de la rétention ne sont pas, ou plus, satisfaites. • CJUE 8 nov. 2022, n° C-704/20 : *AJDA 2022. 2152 ; ibid. 2343, chron. Bonneville, Gänser et Iljic ; D. 2022. 1967 ; DP étrangers, Bull. n° 328, janv. 2023, note Pouly ; RTD eur. 2023. 127, note Barbou des Places*.

2. C'est en application de cette réserve du Conseil constitutionnel qu'il a été jugé que le contrôle du juge judiciaire peut intervenir à tout moment, le cas échéant avant toute demande de prolongation et sur saisine sans forme de l'étranger. • TGI Lille, 2 avr. 2008, *Hamdini*, n° 08/00663. ♦ Jugé ainsi que la mise à exécution d'une mesure d'éloignement d'un étranger placé en rétention administrative alors que l'intéressé avait saisi le JLD a eu pour résultat direct de priver celui-ci du droit de faire entendre sa cause d'une manière équitable par-devant un tribunal impartial et indépendant, occasionnant ainsi une atteinte substantielle à sa défense. • TGI Lille, JLD, 23 mars 2008, n° 08/00604 : *JCP 2008, n° 16. Actu. 273, note Labbée*. ♦ La Cour de cassation a toutefois considéré qu'en accueillant la demande d'un étranger maintenu en rétention administrative tendant à ce que, avant toute prolongation de cette mesure, il y soit mis fin et en décidant d'assigner à résidence l'intéressé, le JLD a excédé ses pouvoirs au regard de la L. des 16-24 août 1790. • Civ. 1re, 25 mars 2009, *Préfet de Maine-et-Loire*, n° 08-13496.

3. Lorsque l'étranger a été placé en rétention administrative à l'issue d'une mesure de garde à vue, la protection constitutionnelle de la liberté individuelle exige que la durée de la garde à vue soit prise en compte pour déterminer le délai avant l'expiration duquel une juridiction de l'ordre judiciaire doit intervenir ; en cas de renouvellement de la garde à vue par le procureur de la République, la durée de celle-ci peut être portée à 48 heures ; toutefois, les dispositions contestées ne sauraient, sans méconnaître l'art. 66 Const., permettre que l'étranger privé de sa liberté soit effectivement présenté à un magistrat du siège après l'expiration d'un délai de sept jours à compter du début de la garde à vue (réserve d'interprétation). • Cons. Const. 9 juin 2011, n° 2011-631 DC § 73. ♦ La Cour de cassation a considéré que pour demander au JLD la prolongation de la décision en rétention de l'étranger, le préfet dispose d'un délai de 5 jours à compter de la décision de placement, lequel ne peut excéder 7 jours en cas de placement en garde à vue ; la Cour a, par conséquent, censuré l'ordonnance par laquelle un premier président de cour d'appel avait estimé que la durée de la garde à vue devait être incluse dans le délai de 5 jours accordé au préfet. • Civ. 1re, 15 mai 2013, *Préfet de la Gironde*, n° 12-16.082 : *D. 2013. 1215*.

Art. L. 743-4 **Le** *(L. n° 2023-1059 du 20 nov. 2023, art. 44-I ; Décr. n° 2024-570 du 20 juin 2024, art. 5, en vigueur le 1er sept. 2024)* **« magistrat du siège du tribunal judiciaire » statue, par ordonnance, dans les quarante-huit heures suivant** *(L. n° 2024-42 du 26 janv. 2024, art. 75)* **« l'expiration du délai fixé au premier alinéa de l'article L. 741-10 ou sa saisine en application des articles L. 742-1 et L. 742-4 à L. 742-7** *[ancienne rédaction : sa saisine]* **».** — *[Anc. art. L. 552-1, al. 1er, 2e phr. (ecqc le délai de jugement) ; anc. art. L. 552-7, al. 3 (1re phr.).]*

Sur l'entrée en vigueur des dispositions du présent art. introduites par l'art. 75 de la L. n° 2024-42 du 26 janv. 2024, V. note ss. art. L. 741-1.

1. Il incombe au préfet de saisir le juge avant l'expiration du délai de 48 heures, mais rien ne lui interdit de présenter sa demande de prolongation dès le début de la rétention. • Civ. 2e, 22 mai 1996 : *Bull. civ. II, n° 104 ; D. 1997. Somm. 47*. ♦ Jugé en revanche que la présentation anticipée de la demande de prolongation par le préfet a porté atteinte aux droits de l'intéressé. • Civ. 2e, 10 mars 1999, n° 97-50.031. ♦ Ce délai ne vaut que pour l'introduction de la demande par le préfet, et non pour la présentation de l'étranger devant le juge délégué. • Civ. 2e, 31 janv. 1996 : *D. 1997. Somm. 49 ; Bull. civ. II, n° 21.*

2. Délai pour statuer. Le juge n'est pas tenu, à peine de nullité, de se prononcer avant l'expiration du délai initial de rétention dès lors que l'étranger est maintenu à la disposition de la justice pendant le temps strictement nécessaire à la tenue de l'audience et au prononcé de l'ordonnance. • Civ. 2e, 5 févr. 2004, *Sayoud c/ Préfet de la Marne*, n° 02-50.079. ♦ Le délai pour statuer n'est susceptible d'aucune interruption ni d'aucune prolongation ; ni une requête en récusation ni l'arrivée tardive de l'avocat de la préfecture ne sont constitutives de circonstances insurmontables dès lors qu'il appartenait au premier juge saisi de conduire les débats de manière à lui permettre de statuer, ou à permettre à son collègue le remplaçant de statuer dans le délai imparti. • Paris, 12 janv. 2017, n° 17/00171.

3. Le fait, pour le JLD, de ne pas statuer dans le délai de 24 heures (48 heures depuis la L. du

10 sept. 2018) sur le recours dirigé contre la décision de placement en rétention ne constitue pas une « décision implicite » de rejet du recours susceptible d'appel. • Civ. 1re, 17 oct. 2019, n° 18-24.043 : *D. 2019. 2041*.

I. POUVOIRS DU JLD

4. Fin de la rétention. Le Conseil constitutionnel avait indiqué que la rétention « intervient sans priver l'autorité judiciaire de la possibilité d'interrompre la prolongation du maintien en rétention (...) elle ne saurait être assortie de garanties moindres que celles assurées aux personnes placées en détention provisoire ». • Cons. const. 13 août 1993, n° 93-325 DC : *Rec. Cons. const. 224 ; RJC I-539 ; JO 18 août, p. 11722 ; RFDC 1993. 587, note Favoreu ; RD publ. 1991. 5, note Luchaire ; ibid. 1994. 1165, obs. Fabre-Alibert ; Dr. soc. 1994. 69, note Dupeyroux et Prétot ; LPA 9 sept. 1994, note Mathieu et Verpeaux ; Pouvoirs 1993. 166, obs. Giquel et Avril ; RFDA 1993. 871, obs. Genevois ; JCP 1994. I. 3728, obs. Guimezanes ; Rev. crit. DIP 1994. 1, obs. Turpin ; RD publ. 1994. 1165, obs. Fabre-Alibert.*

5. Le JLD est seul compétent pour mettre fin à la rétention, soit à la demande de l'étranger soit de sa propre initiative ; le juge administratif des référés est donc incompétent. • CE 15 avr. 2016, n° 398550 B : *AJDA 2016. 755*.

6. Transformation en assignation à résidence. La Cour de cassation a admis sur le fondement de l'art. 66 et de l'art. 136 C. pr. pén., que le magistrat saisi pour décider du maintien en rétention peut décider de la remise en liberté de l'étranger si sa rétention a été prononcée dans des conditions irrégulières. • Civ. 2e, 28 juin 1995 : *JCP 1995. II. 22504, concl. Sainte-Rose ; AJDA 1996. 72, note Legrand*. ♦ C'est le cas en particulier lorsque le préfet n'a pas fait les diligences suffisantes pour obtenir du consulat les documents nécessaires à l'exécution de la mesure d'éloignement. • Civ. 2e, 23 mai 2001, n° 00-50.065. ♦ La Cour a, depuis lors, précisé qu'aucune disposition n'interdit au juge des libertés et de la détention d'assigner à résidence la personne concernée. • Civ. 1re, 17 janv. 2006, *Préfet de police c/ Ayo'o*, n° 05-10.875. ♦ Même solution si l'administration indique qu'elle ne peut organiser le transfert vers un centre de rétention administrative, faute de place disponible. • TGI Limoges, 27 oct. 2006, *Mouale*, n° 63/2006. ♦ Cette solution a été réaffirmée, le juge pouvant décider de l'assignation à résidence de l'étranger même après avoir approuvé une première prolongation de la mesure de rétention administrative. • Civ. 1re, 29 févr. 2012, n° 11-30.085 : *D. 2012. 685*. ♦ Il résulte de la combinaison des § 21, 4 et 5 de l'art. 15 de la Dir. 2008/115/CE du 16 déc. 2008 du Parlement européen et du Conseil, qui est d'effet direct, que l'assignation à résidence ne peut jamais revêtir un caractère exceptionnel. • Civ. 1re, 24 oct. 2012, n° 11-27.956 : *AJDA 2012. 2033*.

7. Les irrégularités dans la procédure d'asile ne sont pas au nombre de celles qui autorisent l'autorité judiciaire à mettre fin à la rétention. • Civ. 1re, 18 mars 2015, n° 14-14.638.

II. PROLONGATION DU MAINTIEN EN RÉTENTION ET MESURE D'ÉLOIGNEMENT

8. Incompétence de principe du JLD s'agissant de la mesure d'éloignement. Le juge civil ne peut se prononcer sur la régularité de la mesure d'éloignement qui fonde la requête aux fins de prolongation de la rétention, hormis l'existence d'une voie de fait. • Civ. 1re, 29 nov. 1989 : *Bull. civ. I, n° 370, p. 248* • Civ. 2e, 2 avr. 1996, nos 95-50.067 et 95-50-075 • Civ. 1re, 26 janv. 2011, n° 09-12.665 : *D. 2011. 381 ; Dr. adm. 2011. Comm. 39.* ♦ Viole ainsi le principe de séparation des autorités le premier président de cour d'appel qui dit nulle et de nul effet la procédure de reconduite à la frontière alors qu'il ne peut statuer que sur le maintien en rétention. • Civ. 2e, 6 mai 1997 : *Bull. civ. II, n° 131.* ♦ Commet une erreur de droit le premier président qui déduit l'irrégularité du placement en rétention administrative d'un étranger en situation irrégulière de l'absence de prévision, dans la décision d'éloignement, d'un délai de retour approprié pour assurer son départ volontaire. • Civ. 1re, 23 mai 2012, *Procureur général près la Cour d'appel de Rennes*, n° 11-30372 : *D. 2012. 1407.* ♦ Même solution s'agissant d'une prolongation de rétention dans le cadre de la mise en œuvre d'une réadmission d'un étranger. • Civ. 1re, 21 oct. 2015, *Préfet du Bas-Rhin*, n° 14-27.156 : *AJDA 2016. 416*. ♦ N'est pas assimilable à un contrôle de légalité de la procédure administrative de réadmission le fait pour le juge judiciaire d'exiger une preuve que l'autorité du pays de destination a bien été saisie ; en l'espèce, le seul document produit par le préfet pour attester des diligences de l'administration est la demande automatisée de réadmission transmise à l'administration centrale française, laquelle n'établit pas la réalité d'un envoi à l'autorité étrangère compétente ; dès lors, c'est sans excéder ses pouvoirs que le premier président, tenu de vérifier que les autorités étrangères avaient été requises de manière effective, a rejeté la demande de prolongation de la rétention, à défaut de diligences suffisantes en vue de l'exécution de la mesure d'éloignement. • Civ. 1re, 12 juill. 2017, *Préfet du Nord*, n° 16-23.458 : *AJDA 2017. 1483*.

9. En cas d'annulation ou de retrait de la mesure d'éloignement, il appartient à l'autorité judiciaire d'ordonner, s'il y a lieu, qu'il soit mis fin à la mesure de rétention antérieurement décidée par le préfet et dont elle avait décidé la prolongation. • T. confl. 5 juin 2000, *Préfet de l'Hérault c/ Yldirim : Lebon 762.* ♦ La décision par laquelle la CEDH demande à la France, au titre de l'art. 39 de son règlement intérieur, de ne pas procéder à l'éloignement d'un étranger tant qu'elle n'aura pas définitivement statué, ne fait pas obstacle à la prolongation de la mesure de rétention administrative dès lors que les délais légaux ne sont pas expirés. • Civ. 1re, 19 déc. 2012, *Saciraj*, n° 11-24.750.

10. Étranger protégé. Il appartient au juge de vérifier que l'intéressé n'est pas un étranger « protégé » contre l'éloignement, auquel cas il ne peut faire l'objet d'une mesure d'éloignement et, par suite, d'une rétention administrative. • Civ. 2e, 10 nov. 1999, n° 98-50.014. ♦ Il lui appartient également de s'assurer que l'étranger retenu est effectivement susceptible d'une mesure d'éloignement, ce qui n'est pas le cas d'un mineur. • Civ. 1re, 10 mai 2006, n° 0450-149. ♦ En cas de doute sur l'âge de l'étranger concerné, il appartient à l'administration de faire procéder aux investigations nécessaires. • Toulouse, 26 sept. 2009, n° F/09/327. ♦ La Cour de cassation a validé un refus de prolongation de rétention au motif que la qualité de ressortissante de l'UE de l'intéressée empêchait de recourir à la reconduite à la frontière sans respecter la procédure prévue aux al. 2 et 3 de l'art. L. 511-1, I. • Civ. 1re, 17 nov. 2010, *Jovanovic*, n° 09-70.413.

11. Impossibilité d'exécuter la mesure d'éloignement. Il appartient au juge judiciaire de s'assurer qu'il était impossible d'exécuter la mesure d'éloignement en raison de la perte ou de la destruction des documents de voyage de l'intéressé, de la dissimulation par celui-ci de son identité ou de l'obstruction volontaire faite à son éloignement ; ces motifs sont limitatifs. • Civ. 2e, 13 déc. 2001, n° 00-50.061. ♦ Le juge pourra refuser la prolongation de la rétention dès lors qu'il est attesté que la mesure d'éloignement ne pourra être mise à exécution pendant la durée de la prolongation en raison de la situation troublée du pays d'origine. • Colmar, 11 avr. 2011, n° 2011/1739. ♦ La même solution a été retenue en raison de la situation engendrée par la crise sanitaire due à la covid-19. • Aix-en-Provence, 19 mars 2020, n° 20/00344 • Lyon, 24 mars 2020, n° 20/02200 • Rennes, 20 mars 2020, n° 20/00122 • Douai, 22 mars 2020, n° 20/00528 • Toulouse, 23 mars 2020, n° 20/00279.

12. Situation particulière de l'intéressé. Le juge judiciaire peut valablement être saisi de la compatibilité de l'état de santé de l'intéressé avec son maintien en rétention, qui relève du pouvoir souverain du juge du fond. • Civ. 2e, 8 avr. 2004, *Nassour*, n° 03-50-014. ♦ Il lui revient encore de déterminer si la prolongation de la rétention ne porte pas une atteinte excessive au droit de l'intéressé à une vie familiale normale ; la prolongation sera ainsi refusée compte tenu des liens très forts unissant parents et enfants, dont l'un est handicapé mental. • TGI Rouen, 23 avr. 2008, *Rama*, n° 08/578.

13. Le juge judiciaire veille à éviter les détournements de procédure et refuse de prolonger la rétention administrative s'agissant d'un étranger arrivé en France par la voie ferroviaire et ayant manifesté immédiatement son intention de demander son admission au titre de l'asile ; il relevait donc de l'art. L. 211-1 (zone d'attente) et non de l'art. L. 551-1. • Paris, 16 avr. 1996, *Préfet de police c/ I.*, n° 847/96.

III. IRRÉGULARITÉS ANTÉRIEURES À LA RÉTENTION

14. L'art. L. 743-11 (*infra*) prévoit qu'à peine d'irrecevabilité, prononcée d'office, aucune irrégularité antérieure à l'audience relative à la première prolongation de la rétention ne peut être soulevée lors de l'audience relative à la seconde prolongation.

15. L'étranger qui n'a pas formé de recours contre la décision de placement en rétention n'est pas privé du droit de soulever des exceptions tirées de l'irrégularité de la procédure préalable à cette mesure, lorsque le juge des libertés et de la détention statue pour la première fois sur sa prolongation. • Civ. 1re, 15 mai 2019, n° 18-19.276 : *AJDA 2019. 1080*.

16. C'est à l'étranger d'apporter la preuve des irrégularités de la procédure antérieure à la mise en rétention administrative. • Civ. 2e, 9 juill. 1997, *Préfet de police c/ Coulibaly*, n° 96-50024.

17. La rétention administrative peut être affectée par les conditions dans lesquelles s'est déroulée l'interpellation de l'étranger avant sa mise en rétention. • Civ. 2e, 28 juin 1995 : *Bull. civ. II, n° 211 ; D. 1996. Somm. 98, comm. Julien-Laferrière*. ♦ Illégalité du contrôle d'identité. • Civ. 2e, 4 mars 1999, n° 97-50.086. ♦ C'est le cas en particulier lorsque le contrôle d'identité est justifié par l'art. 431-4 C. pén. (rassemblement de personnes sur la voie publique ou dans un lieu public susceptible de troubler l'ordre public) alors qu'il s'est déroulé non dans un « lieu public » mais dans un lieu « ouvert au public », en l'occurrence un centre d'affaires géré par une Chambre de commerce. • TGI Lille, JLD, 18 juin 2007, n° 07/01221.

18. Conditions de l'interpellation. Il appartient en tout état de cause au juge de se prononcer sur l'irrégularité invoquée par l'étranger de son interpellation. • Civ. 2e, 22 mai 1996 : *D. 1996. IR 154 ; Bull. civ. II, n° 101.* ♦ Absence de production du rapport de police ayant servi de base à l'interpellation. • Civ. 2e, 11 juin 1997 : *Bull. civ. II, n° 180.* ♦ Irrégularité du procès-verbal. • Civ. 2e, 11 juin 1997 : *D. 1997. IR 162 ; Bull. civ. II, n° 175.* ♦ *A contrario* • Civ. 2e, 9 juill. 1997, n° 96-50.024. ♦ Convocation « piège » à la gendarmerie pour « dossier mariage » alors que les gendarmes ne pouvaient ignorer que l'étranger serait interpellé en état de flagrance. • Lyon, 1er févr. 2008, *Bahiddine*, n° 56/08. ♦ Même solution s'agissant d'une convocation par le service « asile » de la préfecture. • TGI Lille, 2 avr. 2008, *Hamdini*, n° 08/00663.

19. Le juge peut ordonner la production de pièces d'une procédure pénale en cours, notamment pour apprécier la validité d'une interpellation ; mais il n'est pas tenu de l'ordonner d'office si les parties ne le demandent pas. • Civ. 2e, 24 juin 1998 : *Bull. civ. II, n° 215.* ♦ Jugé que l'interpellation aux fins de placement en rétention administrative d'un étranger faisant l'objet d'une mesure d'éloignement ressortit à la police administrative ; le juge ne peut donc refuser la prolongation de la rétention au motif que l'interpellation avait été opérée sur ordre de la préfecture, sans intervention du parquet. • Civ. 1re, 28 mars 2012, *Procureur général près la Cour d'appel de Rouen*, n° 11-30454 : *AJDA 2012. 1365* ; *D. 2012. 948*.

20. Lorsque la régularité de l'interpellation n'est pas contestée, le juge ne peut procéder à la mise en liberté de l'étranger. • Civ. 2e, 6 mai 1997 : *D. 1997. IR 138* ; *Bull. civ. II, n° 132.* ♦ A défaut d'une méconnaissance de la liberté individuelle due à une violation de la procédure de rétention elle-même, c'est l'assignation à résidence qui doit être prescrite. • Civ. 2e, 28 févr. 1995, n° 95-50.002.

21. Irrégularité des conditions de la garde à vue. Absence d'information du procureur de la République. • Civ. 2e, 11 juin 1997 : *Bull. civ. II, n° 174.* ♦ Irrégularités dans la notification des droits. • Civ. 2e, 30 nov. 2000, n° 99-50.054. ♦ *A contrario*, validation de la procédure malgré un retard de deux heures dans la notification des droits « compte tenu des circonstances de fait particulières à l'espèce », en l'occurrence l'évacuation de l'église Saint-Bernard. • Civ. 2e, 12 nov. 1997, n° 96-50.082. ♦ Même solution malgré l'absence du procès-verbal de fin de garde à vue qui n'affecte pas la validité de la garde à vue elle-même. • Civ. 2e, 12 nov. 1997, n° 96-50.085. ♦ Retard dans la notification des droits attachés au placement en garde à vue, en l'espèce s'agissant de l'intervention d'un interprète. • Civ. 1re, 18 mai 2005, *Stefan*, n° 04-50.057.

22. La Cour de cassation a précisé que la garde à vue ne pouvait être mise en œuvre que pour les « nécessités de l'enquête » et certainement pas pour faciliter la mise en œuvre d'une mesure d'éloignement. • Civ. 1re, 25 nov. 2009, *Préfet de la Vienne c/ Mbaki Nzuzi*, n° 08-20.294. ♦ Les juridictions judiciaires sanctionnent ainsi ce qu'il est convenu de dénommer les « gardes à vue de confort », uniquement destinées à permettre à l'autorité préfectorale de constituer le dossier d'éloignement de l'intéressé. • Metz, 6 avr. 2010, *Kuyruk*, n° 10/00102 • Paris, 13 avr. 2010, *Sakab*, n° B 10/01564 • Versailles, 23 avr. 2010, *Maanadi*, n° 10/03094. ♦ Le JLD saisi de la prolongation d'une rétention, ne peut constater l'irrégularité d'une garde à vue qui ne précède pas « immédiatement » la mesure litigieuse ; en l'espèce, l'irrégularité invoquée s'était déroulée pendant la 1re garde à vue et non la 3e qui précédait immédiatement la rétention. • Civ. 1re, 6 juin 2012, *Préfet d'Eure-et-Loir c/ Sargsyan*, n° 11-11.384.

23. La CEDH a consacré le droit à l'assistance effective d'un avocat pendant toute la garde à vue. • CEDH 27 nov. 2008, *Salduz c/ Turquie*, n° 36391/02 • 13 oct. 2009, *Dayanan c/ Turquie*, n° 7377/03 : *D. 2009. 2897, note Renucci* ; *AJ pénal 2010. 27, étude Saas* ; *RSC 2010. 231, obs. Roets*. ♦ Certains étrangers placés en garde à vue, puis en rétention, ont ainsi été libérés sur le fondement de l'art. 6, § 1, Conv. EDH. • Toulouse, 8 sept. 2010, n° 10/260.

24. Conditions de l'audition par les services de police. Absence de l'assistance par un interprète. • Civ. 2e, 27 mars 1996 : *D. 1997. Somm. 50, comm. Julien-Laferrière*. ♦ Notification des droits à l'étranger et rédaction des actes de procédure en allemand alors que, selon les constatations des juges, l'étranger comprenait difficilement cette langue. • Civ. 2e, 25 févr. 1998, n° 96-50.020. ♦ L'information de l'étranger sur la possibilité de se faire assister par un interprète, un médecin ou un conseil doit être donnée au moment de la notification de la décision de maintien en rétention et non au moment de la garde à vue. • Civ. 2e, 10 nov. 1999, n° 98-50.033.

25. Inadaptation des locaux d'un commissariat de police pour retenir administrativement une centaine d'étrangers après la levée de la garde à vue et la notification des arrêtés préfectoraux, la création d'un local adapté (art. R. 551-3) n'ayant pas été envisagée, alors même que l'opération était prévue de longue date. • Toulouse, 26 sept. 2009, n° F/09/327.

26. Sous réserve de l'obligation faite à l'administration de produire les procès-verbaux et justificatifs des mesures privatives de liberté, du contrôle d'identité, de l'interpellation, et de la garde à vue, la charge de la preuve d'une irrégularité dans la privation de liberté incombe à l'étranger qui s'en prévaut. • Civ. 2e, 9 juill. 1997 : *Bull. civ. II, n° 224.*

IV. CONDITIONS DE LA RÉTENTION

27. Le juge judiciaire ne peut pas se prononcer sur la légalité du choix du centre où sera retenu l'étranger. • Civ. 1re, 26 janv. 2011, n° 09-12.665. ♦ Les litiges relatifs aux conditions matérielles d'exécution de la rétention des étrangers en instance d'éloignement, fût-elle prolongée par le juge judiciaire, ressortissent, en l'absence de voie de fait, à la seule compétence des juridictions administratives. • T. confl. 25 avr. 1994, *Préfet de police c/ TGI de Paris, M. Dulangi : Lebon 597* ; *AJDA 1994. 496, chron. Maugüé et Touvet* [état du droit antérieur à la loi du 7 mars 2016].

28. Seul le juge judiciaire est compétent pour connaître d'une demande de constat d'huissier présentée par un étranger tendant à établir les conditions de sa rétention administrative. • T.

confl. 29 déc. 2004, *Préfet des Deux-Sèvres c/ TGI de Niort*, n° 3429 : *Lebon 527.*

29. C'est au JLD, en tant que gardien de la liberté individuelle, de s'assurer, par tous moyens et notamment d'après les mentions portées au registre, que l'étranger a été, au moment de la notification de la décision de placement en rétention, pleinement informé de ses droits et placé en mesure de les faire valoir ; ce n'est pas à l'étranger d'apporter la preuve qu'il n'a pas été mis en mesure d'exercer ses droits. • Civ. 1re, 31 janv. 2006, *Oncioiu*, n° 04-50.121.

30. Dès lors que la privation de liberté était régulière puisque autorisée par un JLD et que cette privation de liberté ne pouvait conférer à l'étranger retenu une quelconque immunité contre les actions judiciaires dont il pouvait être amené à répondre pour un délit commis au cours et dans le cadre de la rétention, la procédure judiciaire ouverte et achevée pendant le temps de la rétention n'avait pas pu mettre un terme à cette mesure destinée à organiser et exécuter une décision d'éloignement et qui devait continuer à produire ses effets pendant tout le temps pour lequel elle avait été judiciairement autorisée. • Civ. 1re, 23 févr. 2011, n° 09-72.420 : *D. 2011. 758* ; *Rev. crit. DIP 2012. 830, note Guimezanes*.

31. A noter que la Cour de cassation a validé le refus de prolongation du maintien en rétention d'un étranger au motif qu'il n'avait reçu ni nourriture ni boisson entre son arrivée au tribunal à 9 heures et sa comparution à 17 heures. • Civ. 1re, 1er déc. 2010, *Tang*, n° 09-13.207.

32. Selon la Cour de cassation, les dispositions de l'art. 18 de la Dir. « retour » (n° 2008/118/CE) selon lesquelles l'étranger placé en rétention doit avoir communication des informations expliquant le règlement des lieux, être informé de son droit de contacter différentes organisations et instances et mis en mesure de l'exercer, sont claires et précises et peuvent être invoquées directement par un étranger contestant la prolongation de son maintien en rétention. • Civ. 1re, 1er févr. 2012, n° 11-30.086 : *D. 2012. 441* ; *Rev. crit. DIP 2012. 841, obs. Barbou des Places*.

Art. L. 743-5 **Lorsque le** *(L. n° 2023-1059 du 20 nov. 2023, art. 44-I ; Décr. n° 2024-570 du 20 juin 2024, art. 5, en vigueur le 1er sept. 2024)* **« magistrat du siège du tribunal judiciaire » est saisi par l'étranger aux fins de contestation de la décision de placement en rétention en application de l'article L. 741-10 et par l'autorité administrative aux fins de prolongation de la rétention en application de l'article L. 742-1, l'audience est commune aux deux procédures, sur lesquelles il est statué par ordonnance unique.** – *[Anc. art. L. 512-1, III, al. 1er, 2e phr. (ecqc l'audience commune).]*

Art. L. 743-6 **Le** *(L. n° 2023-1059 du 20 nov. 2023, art. 44-I ; Décr. n° 2024-570 du 20 juin 2024, art. 5, en vigueur le 1er sept. 2024)* **« magistrat du siège du tribunal judiciaire » statue après audition du représentant de l'administration, si celui-ci, dûment convoqué, est présent, et de l'intéressé ou de son conseil, s'il en a un.** – *[Anc. art. L. 552-1, al. 1er, 2e phr. (sauf ecqc le lieu de l'audience) ; anc. art. L. 552-7, al. 3 (1re phr.) ; anc. art. L. 552-7, al. 4 (sauf ecqc la compétence du juge des libertés et de la détention de Paris).]*

1. Convocation. L'étranger doit être régulièrement informé de la date de l'audience. • Civ. 2e, 17 juin 1998 : *Bull. civ. II, n° 195.* ♦ La notification de la date de l'audience au seul avocat de l'étranger n'est pas de nature à remplacer l'avis devant être adressé à l'intéressé lui-même. • Civ. 2e, 25 févr. 1998 : *D. 1998. IR 80* ; *Bull. civ. II, n° 58.* ♦ Seule la partie non convoquée est recevable à se pourvoir en cassation pour ce motif. • Civ. 2e, 17 juin 1998 : *Bull. civ. II, n° 196.*

2. Lorsque l'intéressé est absent en raison de sa présence à une audience du tribunal administratif et que, comme en l'espèce, il reste plus de quinze heures avant l'expiration du délai, le juge doit attendre que l'intéressé soit présenté au tribunal ; dès lors, si une circonstance, indépendante de la volonté du retenu, fait obstacle à ce que ce dernier puisse être présenté à l'heure de la convocation, le juge doit renvoyer l'affaire dans la limite des 24 heures. • Civ. 1re, 2 déc. 2015, n° 14-26.835.

3. Interprète. Le moyen tiré du défaut de prestation de serment de l'interprète à l'audience (C. pr. pén., art. 407) est inapplicable à la procédure civile devant le JLD. • Civ. 2e, 7 oct. 2004, *Pit*, n° 03-50.042. ♦ Les dispositions de l'art. L. 141-3 du présent code (inscription de l'interprète sur une liste établie par le procureur de la République ou agrément par l'administration) sont applicables en cas de nécessité de recours à un interprète par téléphone. • Rouen, 23 avr. 2008, *Od*, n° 08/01974. ♦ Le juge de la détention doit accomplir toute diligence pour permettre à l'étranger d'être assisté d'un interprète, en recourant si nécessaire à des moyens de télécommunication ou en reportant l'audience si le délai pour statuer le permet ; à défaut, il ne peut que prononcer la mainlevée de la rétention administrative. • Civ. 1re, 20 mars 2024, n° 22-21.728.

4. Tenue de l'audience. Le juge statue par ordonnance en respectant la procédure contradictoire ; l'étranger n'est pas tenu d'être présent personnellement et peut être représenté par son conseil. • Civ. 2e, 11 juin 1997, n° 96-50.009. ♦ La règle de publicité des débats prévue par l'art. 22 C. pr. civ. s'applique aux débats relatifs à la prolongation du maintien en rétention administrative d'un étranger. • Poitiers, 28 oct. 1995, *M. Cisse*, n° 96-379. ♦ Aucune disposition légale ou réglementaire n'impose au JLD qui procède à l'audition d'un étranger placé en rétention administrative d'établir un procès-verbal signé par celui-ci. Une cour d'appel, qui décide la mise en liberté d'un étranger dans cette situation, au motif qu'il n'a pas signé le procès-verbal de son audition devant le JLD et que l'irrégularité qui en résulte affecte nécessairement les actes subséquents, dont la décision de prolongation de la rétention, viole, par fausse application, les art. L. 552-2 et R. 552-9 du présent code. • Civ. 1re, 6 oct. 2010, n° 09-14.151 : *D. 2010. 2368*. ♦ Le juge d'appel, saisi d'un recours contre la décision par laquelle le JLD a prolongé le placement en rétention d'un étranger, est tenu de répondre aux moyens qui figurent dans la déclaration d'appel, même en l'absence de l'appelant et de son représentant. • Civ. 1re, 21 oct. 2015, n° 14-22.762 : *AJDA 2015. 2011*.

Art. L. 743-7 *(L. n° 2024-42 du 26 janv. 2024, art. 76)* **Afin d'assurer une bonne administration de la justice et de permettre à l'étranger de présenter ses explications, l'audience se tient dans la salle d'audience attribuée au ministère de la justice spécialement aménagée à proximité immédiate du lieu de rétention.**

Le juge *(Abrogé par L. n° 2023-1059 du 20 nov. 2023, art. 44-I) (Décr. n° 2024-570 du 20 juin 2024, art. 5, en vigueur le 1er sept. 2024)* **« *des libertés et de la détention* » peut toutefois siéger au tribunal judiciaire dans le ressort duquel se situe le lieu de rétention. Les deux salles d'audience sont alors ouvertes au public et reliées entre elles en direct par un moyen de communication audiovisuelle garantissant la confidentialité et la qualité de la transmission.**

Dans le cas mentionné au deuxième alinéa, le conseil de l'étranger, de même que le représentant de l'administration, peut assister à l'audience dans l'une ou l'autre salle. Il a le droit de s'entretenir avec son client de manière confidentielle. Une copie de l'intégralité du dossier est mise à la disposition du requérant. Un procès-verbal attestant de la conformité des opérations effectuées au présent article est établi dans chacune des salles d'audience.

Le *(L. n° 2023-1059 du 20 nov. 2023, art. 44-I ; Décr. n° 2024-570 du 20 juin 2024, art. 5, en vigueur le 1er sept. 2024)* **« magistrat du siège du tribunal judiciaire » peut, de sa propre initiative ou sur demande des parties, suspendre l'audience lorsqu'il constate que la qualité de la retransmission ne permet pas à l'étranger ou à son conseil de présenter ses explications dans des conditions garantissant une bonne administration de la justice.**

Par dérogation au premier alinéa, lorsqu'aucune salle n'a été spécialement aménagée à proximité immédiate ou en cas d'indisponibilité de la salle, l'audience se tient au siège du tribunal judiciaire dans le ressort duquel se situe le lieu de rétention.

Par dérogation au présent article, lorsqu'est prévue une compétence territoriale dérogatoire à celle fixée par voie réglementaire, l'audience se tient au siège du tribunal judiciaire auquel appartient le *(L. n° 2023-1059 du 20 nov. 2023, art. 44-I ; Décr. n° 2024-570 du 20 juin 2024, art. 5, en vigueur le 1er sept. 2024)* **« magistrat du siège du tribunal judiciaire » compétent. Le juge peut toutefois décider que l'audience se déroule avec l'utilisation de moyens de communication audiovisuelle, dans les conditions prévues aux deuxième et troisième alinéas.**

Les dispositions du présent art. introduites par l'art. 76 de la L. n° 2024-42 du 26 janv. 2024 entrent en vigueur à une date fixée par Décr. en Conseil d'État, et au plus tard le 1er août 2024. Ces dispositions s'appliquent à la contestation des décisions prises à compter de leur entrée en vigueur (L. préc., art. 86-IV).

Ancien art. L. 743-7 ***Le juge des libertés et de la détention statue au siège du tribunal judiciaire dans le ressort duquel se situe le lieu de rétention de l'étranger, sauf exception prévue par voie réglementaire. Si une salle d'audience attribuée au ministère de la justice lui permettant de statuer publiquement a été spécialement aménagée à proximité immédiate de ce lieu de rétention, il statue dans cette salle.*** — *[Anc. art. L. 552-1, al. 1er, 2e (ecqc le lieu de l'audience) et 4e phr. ; anc. art. L. 552-7, al. 3 (1re phr.).]*

1. Audiences délocalisées. Le Conseil constitutionnel a considéré qu'en autorisant le recours à des salles d'audience spécialement aménagées à proximité immédiate des lieux de rétention, le législateur a entendu limiter des transferts contraires à la dignité des étrangers concernés, comme à une bonne administration de la justice ; la tenue d'une audience dans ces conditions n'est contraire à aucun principe constitutionnel sachant que la salle doit être « spécialement aménagée » pour assurer la clarté, la sécurité et la sincérité des débats et permettre au juge de statuer publiquement. • Cons. const. 20 nov. 2003, n° 2003-484 DC : *Rec. Cons. const. 438 ; JO 27 nov. p. 20154 ; LPA 20 et 21 janv. 2004, note Schoettl ; ibid. 27 déc. 2004, note Mathieu et Janicot ; RFDC 2004. 96, note Domingo ; RD publ. 2004. 275, note Ferran ; D. 2004. 1278, note Domingo ; AJDA 2004. 599, note Lecucq ; JCP 2003. 2169, note Guimezanes ; ibid. 2249, obs. Zarka.* ♦ Le Conseil constitutionnel a écarté le grief tiré de la méconnaissance du droit à un procès équitable en considérant qu'en « permettant que les audiences puissent se tenir au moyen d'une communication audiovisuelle, le législateur a entendu contribuer à la bonne administration de la justice ». Le Conseil a précisé que « l'avocat de l'étranger peut assister à l'audience dans l'une ou l'autre salle. Il peut ainsi faire le choix d'être physiquement présent à ses côtés et a, en toute hypothèse, le droit de s'entretenir avec son client de manière confidentielle. D'autre part, une copie de l'intégralité du dossier est mise à la disposition de l'intéressé. En outre, les deux salles d'audience sont ouvertes au public et un procès-verbal attestant de la conformité des opérations effectuées est établi dans chacune des salles d'audience ». Enfin, « le moyen de communication audiovisuelle auquel il est recouru doit garantir la confidentialité et la qualité de la transmission. A ce titre, le président du tribunal administratif ou le JDD peut, de sa propre initiative ou à la demande des parties, suspendre l'audience lorsqu'il constate que la qualité de la retransmission ne permet pas à l'étranger ou à son conseil de présenter ses explications dans des conditions garantissant une bonne administration de la justice ». • Cons. const. 25 janv. 2024, n° 2023-863 DC : *AJDA 2024. 650, note Bonnet et Gadhoun ; D. 2024. 170 et 219, pt de vue Esplugas-Labatut ; AJCT 2024. 70, obs. Pailler.*

2. La Cour de cassation a adopté une position plus restrictive, estimant que si le présent art. permet la tenue d'une audience judiciaire dans une salle spécialement aménagée à proximité d'un centre de rétention, cela ne signifie pas que l'audience peut se tenir à l'intérieur même du centre. • Civ. 1re, 16 avr. 2008, *Boulzazane*, n° 06-20.390 P • 16 avr. 2008, *Moraru*, n° 06-20.391 P • 16 avr. 2008, *Abbas*, n° 06-20.978 P : *JCP oct. 2008, n° 10167, note Guimezanes.* ♦ Le Conseil constitutionnel a censuré le dispositif législatif qui prévoyait que le JLD puisse tenir l'audience de prolongation d'une mesure de rétention administrative dans une salle d'audience située au sein, et non plus seulement à proximité, du centre de rétention administrative ; il considère en effet que les centres de rétention administrative sont des lieux de privation de liberté destinés à recevoir les étrangers qui n'ont pas le droit de séjourner sur le territoire français dans l'attente de leur retour, volontaire ou forcé, dans leur pays d'origine ou un pays tiers ; dès lors que ces centres sont fermés au public, en prévoyant que la salle d'audience dans laquelle siège le JLD peut être située au « sein » de ces centres, le législateur a adopté une mesure qui est manifestement inappropriée à la nécessité, qu'il a rappelée, de « statuer publiquement ». • Cons. const. 10 mars 2011, n° 2011-625 DC. ♦ La tenue d'une audience dans une salle à proximité immédiate d'un lieu de rétention n'est, dès lors qu'elle n'est pas située dans le centre lui-même, pas contraire à l'art. 6, § 1, Conv. EDH ; le juge s'assure ainsi que les salles d'audience, dépendant du ministère de la justice, sont prévues en dehors des centres eux-mêmes, qu'il existe une entrée publique autonome située avant l'entrée dans les centres et que ces salles ne sont pas reliées aux bâtiments composant les centres, ces conditions permettant au juge de statuer publiquement, dans le respect de l'indépendance des magistrats et de la liberté des parties. • CE 18 nov. 2011, *Assoc. Avocats pour la défense des droits des étrangers*, n° 335532 A : *AJDA 2012. 217, concl. Botteghi ; RFDA 2012. 206* • Civ. 1re, 12 oct. 2011, *Amini*, n° 10-24.205. ♦ La cour d'appel de Paris a considéré que les conditions de déroulement de telles audiences délocalisées sont conformes aux principes de la Conv. EDH et aux garanties des droits des retenus. • Paris, ord., 16 oct. 2013, n° B 13/03245.

Art. L. 743-8 *(L. n° 2024-42 du 26 janv. 2024, art. 76)* **Sauf exception prévue par décret en Conseil d'État, le** *(L. n° 2023-1059 du 20 nov. 2023, art. 44-I ; Décr. n° 2024-570 du 20 juin 2024, art. 5, en vigueur le 1er sept. 2024)* **« magistrat du siège du tribunal judiciaire » statue publiquement.**

Sur l'entrée en vigueur des dispositions du présent art. introduites par l'art. 76 de la L. n° 2024-42 du 26 janv. 2024, V. note ss. art. L. 743-7.

Ancien art. L. 743-8 ***Le juge des libertés et de la détention peut décider, sur proposition de l'autorité administrative, que les audiences prévues à la présente section se déroulent avec l'utilisation de moyens de télécommunication audiovisuelle garantissant la confidentialité de la transmission. Il est alors dressé, dans chacune des deux salles d'audience ouvertes au public, un procès-verbal des opérations effectuées.*** – *[Anc. art. L. 552-12.]*

SOUS-SECTION 2 Dispositions spécifiques au jugement de la requête aux fins de prolongation de la rétention

§ 1 Contrôle de l'exercice des droits en rétention et de la proportionnalité de la mesure

Art. L. 743-9 **Le** *(L. n° 2023-1059 du 20 nov. 2023, art. 44-I ; Décr. n° 2024-570 du 20 juin 2024, art. 5, en vigueur le 1er sept. 2024)* **« magistrat du siège du tribunal judiciaire », saisi aux fins de prolongation de la rétention, rappelle à l'étranger les droits qui lui sont reconnus et s'assure, d'après les mentions figurant au registre prévu à l'article L. 744-2 émargé par l'intéressé, que celui-ci a été, dans les meilleurs délais suivant la notification de la décision de placement en rétention, pleinement informé de ses droits et placé en état de les faire valoir à compter de son arrivée au lieu de rétention.**

Le juge tient compte des circonstances particulières liées notamment au placement en rétention simultané d'un nombre important d'étrangers pour l'appréciation des délais relatifs à la notification de la décision, à l'information des droits et à leur prise d'effet. – *[Anc. art. L. 552-2, 1re et 2e phr. ; anc. art. L. 552-7, al. 3 (1re phr.).]*

COMMENTAIRE

La loi n° 2011-672 du 16 juin 2011 relative à l'immigration, à l'intégration et à la nationalité (*JO 17 juin*) a précisé la notion de « meilleurs délais » permettant à l'étranger d'être informé de ses droits et de les exercer, dans le sens d'un assouplissement des contraintes pesant sur l'administration ; cette notion devra en effet être appréciée compte tenu « du temps requis pour informer chaque étranger de ses droits » et de l'éventualité de la mise en rétention simultanée d'un nombre important d'étrangers. Cette hypothèse est notamment susceptible de se rencontrer en cas de constitution d'une zone d'attente *ad hoc* (V. *supra*, art. L. 341-6). Selon l'exposé des motifs du projet de loi, « les dispositions relatives à la notification des droits et à leur prise d'effet sont (...) adaptées afin de tenir compte pour les délais de notification des décisions de placement en rétention et de la prise d'effet des droits afférents, des capacités de mobilisation et des délais d'acheminement des agents de l'autorité administrative et des interprètes disponibles dans le cas de circonstances exceptionnelles liées à l'appréhension d'un groupe d'étrangers interpellés ou contrôlés ».

Jusqu'à l'entrée en vigueur de la loi n° 2011-672 du 16 juin 2011, l'étranger pouvait exercer ces droits pendant toute la période de rétention, y compris pendant le transfert vers le lieu de rétention suite à son interpellation, ce qui impliquait de remettre à l'étranger un téléphone portable. La loi du 16 juin 2011 a modifié l'article L. 744-4 afin de préciser que l'étranger peut exercer ces droits à compter de son arrivée au lieu de rétention et la loi n° 2018-778 du 10 septembre 2018 pour une immigration maîtrisée, un droit d'asile effectif et une intégration réussie est venue donner une nouvelle précision : les droits dont bénéficie l'intéressé peuvent être exercés dans le lieu de la rétention, non pendant un déplacement. Comme le précise l'étude d'impact, « le même cadre juridique doit s'appliquer aux transferts susceptibles d'intervenir lors de la suite de la procédure, par exemple lorsqu'un étranger est déplacé d'un local de rétention vers un centre de rétention, ou pour les déplacements en vue des présentations aux autorités consulaires ou devant les juridictions ». Par ailleurs, il est indiqué que l'étranger peut contacter toute personne de son choix, et pas une seule personne de son choix. L'instruction du 11 septembre 2018 (NOR : INTV1824378J) a précisé que la suspension temporaire du droit de communication pendant les transferts ne doit cependant pas priver l'étranger de la possibilité d'exercer ce droit. Cette suspension doit donc être limitée dans le temps et le magistrat du siège du tribunal judiciaire pourra s'assurer de son caractère proportionné ; enfin, ce dispositif s'applique sans préjudice du droit du Contrôleur général des lieux de privation de liberté de contrôler les conditions de transfèrement des personnes privées de liberté afin de s'assurer du respect de leurs droits fondamentaux.

Le juge est par ailleurs tenu d'informer l'étranger retenu des possibilités et délais de recours contre toutes les décisions qui le concernent (et notamment par conséquent également la décision d'éloignement) ; quoi qu'il en soit, l'intéressé est maintenu à la disposition de la justice pendant le temps « strictement » nécessaire au prononcé de l'ordonnance. Cette disposition permet de respecter, au moins formellement, les délais de saisine et de décision du magistrat du siège du tribunal judiciaire ; en effet, si le préfet saisit le magistrat du siège du tribunal judiciaire d'une demande de prolongation concomitamment à la prise de l'arrêté initial de mise en rétention, la durée de celle-ci coïncide avec le délai laissé au juge pour rendre sa décision ; mais, dès lors que l'article L. 552-1 laisse 48 heures au préfet pour saisir le magistrat du siège du tribunal judiciaire, cette saisine peut intervenir, à l'extrême, à la fin de la période de validité de l'arrêté initial de placement et alors même que le magistrat du siège du tribunal judiciaire dispose encore de 48 heures pour rendre sa décision, durée maximale pendant laquelle l'étranger pourra être maintenu à la disposition de la justice. ❑

1. Le défaut de délivrance de l'information sur la procédure de demande d'asile et les droits et obligations au cours de celle-ci est sans incidence sur la régularité de la procédure de rétention administrative soumise au contrôle du JLD. • Civ. 1re, 18 mars 2015, n° 14-14.638 : *AJDA 2015. 1576*.

2. La requête préfectorale aux fins de prolongation de la rétention administrative doit, à peine d'irrecevabilité, être accompagnée d'une copie du registre de rétention afin de permettre au JLD de s'assurer que l'étranger a été mis en mesure de faire valoir ses droits ; s'agissant d'un étranger ayant été transféré d'un centre de rétention à un autre, le JLD doit s'assurer que la requête est accompagnée du registre actualisé, comportant le jour et l'heure du transfert. • Civ. 1re, 18 oct. 2023, n° 22-18.742 : *AJDA 2023. 1918 ; DP étrangers, Bull. nos 337-338, nov.-déc. 2023 ; D. 2023. 1859 ; ibid. 1590 ; ibid. 228, chron. Boskovic, Corneloup, Jault-Seseke, Joubert et Parrot*.

Art. L. 743-10 La circonstance que l'étranger a sollicité l'aide au retour prévue à l'article L. 711-2 alors qu'il est placé en rétention n'est pas à elle seule susceptible de justifier le refus de prolongation du maintien en rétention. — *[Anc. art. L. 512-5, 2e phr.]*

Art. L. 743-11 A peine d'irrecevabilité, prononcée d'office, aucune irrégularité antérieure à une audience à l'issue de laquelle le *(L. n° 2023-1059 du 20 nov. 2023, art. 44-I ; Décr. n° 2024-570 du 20 juin 2024, art. 5, en vigueur le 1er sept. 2024)* **« magistrat du siège du tribunal judiciaire » a prolongé la mesure ne peut être soulevée lors d'une audience ultérieure.** — *[Anc. art. L. 552-8.]*

Art. L. 743-12 En cas de violation des formes prescrites par la loi à peine de nullité ou d'inobservation des formalités substantielles, le *(L. n° 2023-1059 du 20 nov. 2023, art. 44-I ; Décr. n° 2024-570 du 20 juin 2024, art. 5, en vigueur le 1er sept. 2024)* **« magistrat du siège du tribunal judiciaire » saisi d'une demande sur ce motif ou qui relève d'office une telle irrégularité ne peut prononcer la mainlevée du placement ou du maintien en rétention que lorsque celle-ci a eu pour effet de porter** *(L. n° 2024-42 du 26 janv. 2024, art. 78)* **« substantiellement » atteinte aux droits de l'étranger** *(L. n° 2024-42 du 26 janv. 2024, art. 78)* **« dont l'effectivité n'a pu être rétablie par une régularisation intervenue avant la clôture des débats ».** — *[Anc. art. L. 552-13.]*

1. Jugé que le défaut d'information s'agissant des modalités de la prise d'empreintes d'un étranger constitue une irrégularité de la procédure qui, portant atteinte à ses droits, impose au juge judiciaire de prononcer la mainlevée de la mesure de placement en rétention. • Douai, 17 sept. 2014, nos 14/00692 et 14/00693.

2. Si l'art. L. 813-11 dispose que, durant la retenue, l'étranger ne peut pas être placé dans une pièce occupée simultanément par une ou plusieurs personnes gardées à vue, à peine de nullité, le présent art. précise toutefois qu'une juridiction qui est saisie d'une demande d'annulation ou qui relève d'office une telle irrégularité ne peut prononcer la mainlevée de la mesure de placement en rétention que lorsque celle-ci a eu pour effet de porter atteinte aux droits de l'étranger. En l'espèce, le juge a considéré que le non-respect de la prescription litigieuse, à le supposer établi, ne portait pas, en soi, atteinte aux droits de l'étranger. • Civ. 1re, 23 sept. 2015, *Préfet de la Moselle*, n° 14-21.279 : *AJDA 2015. 1776*. ♦ Si l'absence d'information du procureur de la République fait nécessairement grief aux intérêts de la personne gardée à vue, au sens de l'art. 802 C. pr. pén., elle n'entraîne pas la nullité du placement en rétention de l'étranger dès lors que l'intéressé ne rapportait pas la preuve d'une atteinte à ses droits au sens du présent art. • Civ. 1re, 23 juin 2021, n° 19-22.678 : *AJDA 2021. 2015*. ♦ En revanche, tout retard dans la mise en œuvre de l'obligation d'information des droits dans une langue comprise par l'intéressé porte nécessairement atteinte à ses intérêts. • Civ. 1re, 29 sept. 2021, n° 20-17.036 : *D. 2021. 1768*.

3. Lorsqu'il constate une irrégularité des actes de procédure préalables au placement en rétention, il incombe au juge de rechercher si celle-ci a eu pour effet de porter atteinte aux droits de l'étranger, au sens du présent art. ; en l'espèce, ayant relevé que le procureur de la République n'avait pas été informé de la prise d'empreintes digitales de M. A., mais que celle-ci avait eu pour seul effet de confirmer l'identité de l'intéressé et de raccourcir la durée de la mesure en cours, le premier président a pu en déduire qu'il n'était résulté de cette irrégularité aucune atteinte à la vie privée de l'intéressé. • Civ. 1re, 7 déc. 2016, n° 15-19.990 : *AJDA 2016. 2413*.

4. La seule circonstance qu'un gardé à vue n'a pas bénéficié de la remise d'un document écrit énonçant ses droits ne suffit pas, par elle-même, à entraîner la mainlevée de la rétention administrative, si ces droits lui ont été énoncés oralement par le truchement d'un interprète et qu'il n'est pas démontré qu'une atteinte aux droits résulterait de ce manquement. • Civ. 1re, 8 mars 2017, n° 16-13.533 : *D. 2017. 573* ; *D. 2018. 313. Chron. Boskovic, Corneloup, Jault-Seseke, Joubert et Parrot* . ♦ La circonstance qu'un retenu ne puisse assister à une audience de la cour administrative d'appel devant laquelle un recours concernant la mesure d'éloignement mise en œuvre est pendant ne porte pas une atteinte à ses droits au sens du présent art. • Civ. 1re, 6 mars 2019, n° 18-14.085.

5. Il résulte de l'art. 63-3-1 C. pr. pén. que l'officier de police judiciaire doit informer de sa désignation l'avocat choisi par la personne placée en garde à vue. Le refus d'informer l'avocat choisi porte nécessairement atteinte aux droits de la personne concernée au sens du présent art. • Civ. 1re, 20 nov. 2019, n° 18-25.107 : *D. 2019. 2250*.

6. Chaque demande de prolongation de rétention doit être accompagnée d'une version actualisée de l'extrait du registre du centre de rétention. A défaut de quoi la requête doit être jugée irrecevable, sans que l'étranger ait à justifier d'un quelconque grief. • Civ. 1re, 15 déc. 2021, n° 20-50.034 : *Rev. crit. DIP 2022. 273*.

§ 2 Assignation à résidence alternative à la rétention

Art. L. 743-13 Le *(L. n° 2023-1059 du 20 nov. 2023, art. 44-I ; Décr. n° 2024-570 du 20 juin 2024, art. 5, en vigueur le 1er sept. 2024)* **« magistrat du siège du tribunal judiciaire » peut ordonner l'assignation à résidence de l'étranger lorsque celui-ci dispose de garanties de représentation effectives.**

L'assignation à résidence ne peut être ordonnée par le juge qu'après remise à un service de police ou à une unité de gendarmerie de l'original du passeport et de tout document justificatif de son identité, en échange d'un récépissé valant justification de l'identité et sur lequel est portée la mention de la décision d'éloignement en instance d'exécution.

Lorsque l'étranger s'est préalablement soustrait à l'exécution d'une décision mentionnée à l'article L. 700-1, à l'exception de son 4°, l'assignation à résidence fait l'objet d'une motivation spéciale. – *[Anc. art. L. 552-4.]*

COMMENTAIRE

Dès lors que la rétention administrative est justifiée notamment par l'insuffisance des garanties de représentation de l'étranger, le législateur a prévu que c'est une mesure d'assignation à résidence qui devait intervenir lorsque la preuve était rapportée de la présence de garanties de représentation suffisantes, ce que le juge apprécie souverainement. Il s'agit d'une procédure qui suppose notamment que l'étranger remette son passeport et d'autres documents d'identité à l'autorité administrative. L'ordonnance du juge doit être spécialement motivée lorsque l'étranger s'est déjà soustrait à l'exécution de certaines mesures énumérées. ❑

1. Remise du passeport. La remise du passeport et de tout document justificatif de l'identité doit être effectuée auprès d'un service de police ou de gendarmerie et non auprès du juge. • Civ. 2e, 11 juin 1997, n° 96-50.019. ♦ Cette remise doit intervenir avant la transformation en assignation à résidence. • Civ. 2e, 15 mars 1995, n° 94-50.019. ♦ Le juge ne peut prononcer l'assignation à résidence en indiquant que le passeport devrait être remis le jour même aux services de police contre récépissé ; la remise du passeport doit être préalablement constatée. • Civ. 1re, 4 juill. 2018, n° 17-20.760 : *AJDA 2018. 1427* ; *D. 2018. 1495*.

2. Si le présent art. prévoit la remise cumulative du passeport et de tout autre document d'identité, la Cour de cassation a jugé que la remise du passeport était suffisante et qu'il n'était pas nécessaire d'y adjoindre d'autres documents. • Civ. 2e, 18 sept. 1996 : *D. 1996. IR 217* ; *Bull. civ. II, n° 215.*

3. Cette formalité de remise du document d'identité est prescrite à peine de nullité. • Civ. 2e, 15 juin 1994 : *Bull. civ. II, n° 204.*

4. Garanties de représentation suffisantes. Le juge apprécie souverainement si les garanties de représentation sont suffisantes. • Civ. 2e, 2 nov. 1994 : *Bull. civ. II, n° 213.* ♦ Le juge doit rechercher si les garanties de représentation dont dispose l'intéressé sont de nature à éviter qu'il se soustraie à la mesure d'éloignement et à permettre à l'autorité administrative de mettre en toute hypothèse la mesure d'éloignement à exécution. • Civ. 2e, 15 mars 1995, n° 94-50.019.

♦ Le juge ne peut se contenter de constater que les conditions « formelles » de l'assignation à résidence sont réunies (remise du passeport) mais doit rechercher l'existence de garanties effectives de représentation. • Civ. 2e, 15 févr. 1995, n° 94-50.023. ♦ Il doit en particulier s'assurer que l'étranger n'a pas volontairement fait obstacle à la mesure d'éloignement. • Civ. 2e, 29 nov. 2001, n° 00-50.116. ♦ Jugé que l'assignation à résidence peut être ordonnée seulement dans le cas où l'étranger est en mesure de produire un passeport en original et en cours de validité. En l'espèce, l'appelant, ne disposant pas d'un passeport, n'est pas éligible au bénéfice d'une assignation à résidence. • Colmar, ch. instr., 22 oct. 2007, *H. : Juris-Data n° 2007-352685 ; JCP 2008. IV. 1528.*

5. Les garanties de représentation ont été jugées insuffisantes s'agissant des documents suivants : permis de conduire. • Civ. 2e, 15 mars 1995, n° 94-50.019. ♦ ... Simple photocopie d'un reçu d'un récépissé délivré par l'OFPRA. • Civ. 2e, 31 janv. 1996 : *D. 1996. IR 80*. ♦ ... Récépissé délivré par l'OFPRA. • Civ. 2e, 11 juin 1997, n° 96-50.065. ♦ ... Ancien récépissé valant autorisation provisoire de séjour. • Civ. 2e, 11 juin 1997, n° 96-50.063. ♦ ... Documents divers tels que déclaration de perte de carte d'identité, carte professionnelle ou bulletins de paie. • Civ. 2e, 11 juin 1997, n° 96-50.034.

6. L'absence de garanties de représentation suffisantes peut encore résulter du comportement même de l'intéressé : absence à l'audience devant la cour d'appel. • Civ. 2e, 11 juin 1997, n° 96-50.034. ♦ ... Opposition déclarée à la mesure d'éloignement, jointe à l'absence de ressources personnelles et au doute relatif quant au domicile. • Civ. 2e, 11 juin 1997, *Mlle Kadji,* n° 96-50.061.

7. Toutefois, il n'incombe pas au juge de procéder à la recherche d'office de la réalité du domicile déclaré. • Civ. 2e, 11 juin 1997, n° 96-50.034.

8. Ne justifie pas d'une rétention administrative un étranger qui s'est soustrait à l'obligation de quitter le territoire national et a indiqué refuser de quitter la France dès lors qu'il dispose d'une résidence en France et qu'il est titulaire de documents justificatifs de son identité. • Civ. 2e, 25 févr. 1998, n° 97-50.025.

9. *Motivation spéciale.* Satisfait à l'exigence d'une motivation spéciale la décision du juge qui relève que l'intéressé est né en France, qu'il est salarié depuis plusieurs années et dispose depuis plusieurs mois d'un logement contrôlé par la gendarmerie. • Civ. 1re, 14 mars 2006, *Préfet de la Gironde c/ Hadj Abderrahmane,* n° 04-50.159.

Art. L. 743-14 Le *(L. n° 2023-1059 du 20 nov. 2023, art. 44-I ; Décr. n° 2024-570 du 20 juin 2024, art. 5, en vigueur le 1er sept. 2024)* **« magistrat du siège du tribunal judiciaire » fixe les lieux dans lesquels l'étranger est assigné à résidence. A la demande du juge, l'étranger justifie que le local affecté à son habitation principale proposé pour l'assignation satisfait aux exigences de garanties de représentation effectives.** – *[Anc. art. L. 552-5, 1re et 2e phr.]*

COMMENTAIRE

D'après l'étude d'impact préalable à la loi n° 2018-778 du 10 septembre 2018 pour une immigration maîtrisée, un droit d'asile effectif et une intégration réussie, « le lieu proposé par l'étranger à l'audience ne répond souvent pas aux exigences de garanties de représentation, dans la mesure où il peut s'agir d'un habitat informel, difficilement localisable, ou d'un lieu ne constituant qu'une simple domiciliation sans que l'étranger y réside effectivement. Il en résulte que fréquemment, l'assignation à résidence dans un tel lieu ne permet pas la poursuite de la procédure d'exécution de la mesure d'éloignement ». C'est la raison pour laquelle le premier alinéa du présent article précise que le lieu proposé pour l'assignation doit être un « local affecté à l'habitation principale de l'intéressé ». ❑

Art. L. 743-15 **L'étranger assigné à résidence en application de l'article L. 743-13 se présente quotidiennement aux services de police ou aux unités de gendarmerie territorialement compétents au regard du lieu d'assignation, en vue de l'exécution de la décision d'éloignement.** – *[Anc. art. L. 552-5, 3e phr.]*

Art. L. 743-16 **En cas d'assignation à résidence en application de l'article L. 743-13, les dispositions des articles L. 732-7 et L. 733-6 à L. 733-12 sont applicables.**

Les modalités d'application du présent article sont fixées par décret en Conseil d'État. – *[Anc. art. L. 513-5, al. 1er (ecqc l'étranger assigné à résidence en application de l'art. L. 552-4) ; anc. art. L. 561-2, II, al. 8 ; anc. art. L. 561-2-1 (ecqc le cas prévu à l'art. L. 552-4).]*

Art. L. 743-17 **Le manquement aux prescriptions liées à l'assignation à résidence est sanctionné dans les conditions prévues à l'article L. 824-4. Le procureur de la République est alors saisi dans les meilleurs délais.** – *[Anc. art. L. 552-5, 4e et 5e phr.]*

SOUS-SECTION 3 Dispositions spécifiques au jugement de la requête formée par l'étranger aux fins de mise en liberté hors des audiences de prolongation de la rétention

Art. L. 743-18 Le *(L. n° 2023-1059 du 20 nov. 2023, art. 44-I ; Décr. n° 2024-570 du 20 juin 2024, art. 5, en vigueur le 1er sept. 2024)* « magistrat du siège du tribunal judiciaire », saisi par l'étranger aux fins de mise en liberté hors des audiences de prolongation de la rétention en application de l'article L. 742-8, peut rejeter la requête sans avoir préalablement convoqué les parties s'il apparaît qu'aucune circonstance nouvelle de fait ou de droit n'est intervenue depuis le placement en rétention ou sa prolongation, ou que les éléments fournis à l'appui de la demande ne permettent manifestement pas de justifier qu'il soit mis fin à la rétention. – *[Anc. art. R. 552-16, al. 2 (2e phr.).]*

SECTION 3 Information du procureur de la République et du tribunal administratif

Art. L. 743-19 Lorsqu'une ordonnance du *(L. n° 2023-1059 du 20 nov. 2023, art. 44-I ; Décr. n° 2024-570 du 20 juin 2024, art. 5, en vigueur le 1er sept. 2024)* « magistrat du siège du tribunal judiciaire » met fin à la rétention d'un étranger ou l'assigne à résidence, elle est immédiatement notifiée au procureur de la République. L'étranger est maintenu à la disposition de la justice pendant un délai de *(L. n° 2024-42 du 26 janv. 2024, art. 75)* « vingt-quatre *[ancienne rédaction : dix]* » heures à compter de cette notification, à moins que le procureur de la République n'en dispose autrement. – *[Anc. art. L. 552-6, 1re et 2e phr. ; anc. art. L. 552-7, al. 6.]*

Les dispositions du présent art. introduites par l'art. 75 de la L. n° 2024-42 du 26 janv. 2024 entrent en vigueur à une date fixée par Décr. en Conseil d'État, et au plus tard le 1er août 2024. Ces dispositions s'appliquent à la contestation des décisions prises à compter de leur entrée en vigueur (L. préc., art. 86-IV).

Art. L. 743-20 Le *(L. n° 2023-1059 du 20 nov. 2023, art. 44-I ; Décr. n° 2024-570 du 20 juin 2024, art. 5, en vigueur le 1er sept. 2024)* « magistrat du siège du tribunal judiciaire » informe sans délai et par tous moyens du sens de sa décision le tribunal administratif saisi, le cas échéant, par l'étranger d'un recours dirigé contre la décision d'éloignement qui le vise.

La méconnaissance des dispositions du premier alinéa est sans conséquence sur la régularité et le bien-fondé des procédures ultérieures d'exécution de la décision d'éloignement. – *[Anc. art. L. 512-1, III, al. 1er, 3e et 4e phr. ; anc. art. L. 552-1, al. 2.]*

SECTION 4 Voies de recours

Art. L. 743-21 Les ordonnances mentionnées au présent chapitre sont susceptibles d'appel devant le premier président de la cour d'appel ou son délégué.

L'appel peut être formé par l'étranger, le ministère public et l'autorité administrative.

Le premier président de la cour d'appel ou son délégué est saisi sans forme et doit statuer dans les quarante-huit heures de sa saisine.

Sous réserve des dispositions du troisième alinéa, les dispositions du présent chapitre relatives aux attributions et à la procédure suivie devant le *(L. n° 2023-1059 du 20 nov. 2023, art. 44-I ; Décr. n° 2024-570 du 20 juin 2024, art. 5, en vigueur le 1er sept. 2024)* « magistrat du siège du tribunal judiciaire » sont applicables devant la cour d'appel. – *[Anc. art. L. 552-9, al. 1er ; anc. art. R. 552-20, al. 1er.]*

COMMENTAIRE

Les ordonnances du magistrat du siège du tribunal judiciaire ne sont rendues que sous bénéfice d'un appel devant le premier président de la cour d'appel ou son délégué qui doit être introduit dans les vingt-quatre heures de leur prononcé. Ce délai est ramené à dix heures en cas d'appel interjeté par le ministère public qui entend donner à son appel un caractère suspensif (art. L. 743-22). Les délais ainsi prévus sont calculés et prorogés conformément aux articles 640 et 642 du code de procédure civile. L' appel peut être interjeté par l'étranger, le préfet de département et, à Paris, le préfet de police et par le ministère public.

Le greffier de la cour d'appel fait connaître aux parties et au ministère public la date de l'audience au fond. L'autorité qui a ordonné la rétention, l'avocat de l'étranger et l'étranger lui-même peuvent demander à être entendus à l'audience. Le ministère public peut faire connaître son avis. Le premier président ou son délégué statue au fond dans les quarante-huit heures de sa saisine. Le délai ainsi prévu est calculé et prorogé conformément aux articles 640 et 642 du code de procédure civile. L'ordonnance est communiquée au ministère public. Elle est notifiée à l'étranger et à son conseil, s'il en a un, ainsi qu'à l'autorité qui a prononcé la rétention. La notification est faite sur place aux parties présentes qui en accusent réception. Le greffier la notifie par tout moyen et dans les meilleurs délais aux autres parties qui en accusent réception (art. R. 743-19). Si l'intéressé n'est pas présent à l'audience, l'ordonnance doit être notifiée par tout moyen ; à défaut (C. pr. civ., art. 503), l'ordonnance ne peut être exécutée (Civ. 1re, 19 avr. 2023, n° 22-12.244).

En cas d'appel de l'ordonnance du magistrat du siège du tribunal judiciaire, s'il n'y a pas de centre de rétention administrative dans le ressort de la cour d'appel où se situe le local, l'étranger peut y être maintenu jusqu'à ce que le président de la cour d'appel ait statué. De même, en cas de recours contre l'arrêté de reconduite à la frontière, s'il n'y a pas de centre de rétention administrative dans le ressort du tribunal administratif où se situe le local, l'étranger peut y être maintenu jusqu'à ce qu'il ait été statué sur le recours.

La loi du 7 mars 2016 a prévu que le premier président de la cour d'appel ou son délégué peut, par ordonnance motivée et sans avoir préalablement convoqué les parties, rejeter les déclarations d'appel manifestement irrecevables. Dans ce cas, l'article R. 743-15 prévoit que le premier président recueille par tout moyen les observations des parties sur le caractère manifestement irrecevable de l'appel. Sont, notamment, manifestement irrecevables, les déclarations d'appel formées tardivement, hors du délai prévu à l'article R. 743-10, et les déclarations d'appel non motivées. La décision prononçant l'irrecevabilité de l'appel est rendue par le premier président dans les quarante-huit heures de sa saisine. Le délai ainsi prévu est calculé et prorogé conformément aux articles 640 et 642 du code de procédure civile. L'ordonnance est communiquée au ministère public. Elle est notifiée par tout moyen et dans les meilleurs délais à l'étranger et à son conseil, s'il en a un, ainsi qu'à l'autorité qui a prononcé la rétention, qui en accusent réception. ❑

1. Délai d'appel. Les ordonnances de prolongation sont susceptibles d'appel devant le premier président de la cour d'appel dans les 24 heures de leur prononcé. Ce délai est insusceptible de prorogation. • Civ. 2e, 22 mai 1969 : *Bull. civ. II, n° 102.* ♦ Est irrecevable l'appel interjeté contre une ordonnance ordonnant la prolongation du maintien en rétention d'un étranger en retenant que la déclaration d'appel a été reçue par fax par l'association désignée pour l'aider dans ses démarches dans le délai d'appel, alors qu'il résultait que le délai d'appel était expiré lors de la transmission de la déclaration d'appel au greffe de la cour d'appel et que le numéro de télécopieur de la cour d'appel était expressément indiqué sur l'ordonnance notifiée à l'étranger. • Civ. 1re, 9 mars 2011, n° 10-15.027 : *D. 2011. 882*. ♦ Toutefois, il appartient au magistrat de vérifier si l'étranger n'était pas dans l'impossibilité d'exercer cette voie de recours, notamment en raison de l'organisation matérielle du centre de rétention. • Civ. 2e, 26 mars 1997 : *D. 1997. IR 162* ; *Bull. civ. II, n° 93.*

2. Le délai d'appel contre un jugement notifié en rétention ne court qu'à compter du moment où l'étranger a effectivement reçu le pli ; la signature d'un agent du centre de rétention atteste seulement que le pli est bien parvenu au centre ; si l'intéressé a été remis en liberté, il lui appartient de communiquer son adresse ; à défaut, la notification est valablement réalisée au centre de rétention. • CE 19 juin 2020, n° 431128 B.

3. Il n'appartient pas au juge des référés administratif de priver d'effet une ordonnance par le juge judiciaire dès lors qu'elle peut être contestée, notamment par la voie de l'appel. • CE 3 août 2004, *M. Huseyin Gozuken,* n° 270688.

4. Moyens. Le moyen tiré du délai excessif de transfert de l'étranger n'est pas une exception de procédure au sens de l'art. 74 C. pr. civ. qui devrait être soulevée avant toute défense au fond ; ce moyen est par conséquent recevable en cause d'appel et peut justifier la remise en liberté de l'étranger. • Civ. 1re, 1er juill. 2009, *Préfet de police c/ Bathily,* n° 08-11846.

5. La déclaration d'appel contre la prolongation de la rétention par le JLD doit être motivée ; les moyens énoncés dans l'acte d'appel peuvent être complétés par de nouveaux moyens développés dans le délai de recours de 24 heures. • Civ. 1re, 20 mars 2013, n° 12-17.093 : *D. 2013. 841*.

♦ Un retenu est recevable à régulariser, par la production d'un mémoire complémentaire, le cas échéant par avocat, la déclaration d'appel qu'il a transmise au greffe de la cour, jusqu'à l'expiration du délai de 24 heures prévu à l'art. R. 552-13. • Civ. 1re, 13 avr. 2016, n° 15-17.647.

6. L'appel non motivé est irrecevable mais le juge apprécie souplement cette condition. • Civ. 2e, 10 nov. 1999 : *Bull. civ. II, n° 167.*

7. Procédure. Le premier président de la cour d'appel, ou son délégué, est saisi sans forme et éventuellement même par télécopie. • Civ. 2e, 27 mars 1996 : *Bull. civ. II, n° 75 ; D. 1997. Somm. 49, obs. Julien-Laferrière.*

8. Les parties sont convoquées par tout moyen, même par télégramme téléphoné. • Civ. 2e, 28 févr. 1996, n° 95-50.029. ♦ Il importe seulement que les parties aient été régulièrement avisées de l'audience. • Civ. 2e, 28 mars 1996 : *Bull. civ. II, n° 79 ; D. 1997. Somm. 47.* ♦ Dans cette hypothèse, l'absence du préfet ou de son représentant à l'audience ne vicie pas la procédure. • Civ. 2e, 22 mai 1996 : *D. 1996. IR 154 ; Bull. civ. II, n° 101.*

9. Dès lors que la déclaration d'appel de l'ordonnance du JLD est motivée, les parties n'ont pas l'obligation de comparaître devant le premier président ; il incombe à celui-ci de répondre aux moyens figurant dans la déclaration d'appel, même en l'absence de l'étranger et de son représentant. • Civ. 1re, 21 oct. 2015, n° 14-22.762.

10. Délai pour statuer. Le juge d'appel doit statuer, à compter de sa saisine, dans les 48 heures. Ce délai est impératif. • Civ. 2e, 27 mars 1996 : *D. 1997. Somm. 49* • 28 juin 1995 : *Bull. civ. II, n° 213 ; D. 1996. Somm. 103.* ♦ Ce délai se compute d'heure à heure. • Civ. 1re, 4 nov. 2010, *M. Jebali,* n° 09-16.310. ♦ En n'indiquant pas l'heure à laquelle il a statué alors que le prononcé de la décision doit avoir lieu dans les 48 heures de sa saisine, le premier président ne met pas la Cour de cassation en mesure d'exercer son contrôle, ce qui justifie l'annulation de l'ordonnance. • Civ. 1re, 7 oct. 2015, n° 14-20.459 : *AJDA 2016. 20.* ♦ La Cour de cassation n'hésite pas à annuler l'ordonnance de prolongation en cas de violation de ce délai. • Civ. 2e, 27 mars 1996 : *Bull. civ. II, n° 597.* ♦ Si le premier président n'a pas statué dans ce délai, il se trouve dessaisi et ne peut ordonner la mise en liberté de l'étranger concerné. • Civ. 2e, 11 juin 1997 : *Bull. civ. II, n° 176.* ♦ Ce dessaisissement du juge d'appel entraîne la caducité, à compter de l'expiration du délai de 48 heures, de la décision déférée de prolongation du maintien en rétention de l'étranger. • Civ. 2e, 21 févr. 2002, n° 00-50.118. ♦ Pour justifier un dépassement de ce délai, le premier président ne peut arguer du comportement de l'avocat en cause qui a tout fait pour ralentir la procédure. • Civ. 1re, 6 oct. 2010, *Adlene,* n° 09-12.367.

11. Toutefois, si le délai expire un dimanche ou un jour férié, il est reporté au premier jour ouvrable suivant. • Civ. 2e, 28 juin 1995 : *D. 1996. Somm. 103 ; Bull. civ. II, n° 213.*

12. Aux termes de l' art. R. 743-18, al. 2, l'autorité qui a ordonné la rétention, l'avocat de l'étranger et l'étranger lui-même peuvent demander à être entendus à l'audience du premier président de la cour d'appel statuant sur un recours formé contre une décision du juge des libertés et de la détention rendue en matière de rétention administrative. La comparution des parties est ainsi facultative et il incombe au premier président, en l'absence de celles-ci, de répondre aux moyens qui figurent dans leurs écritures. • Civ. 1re, 5 oct. 2022, n° 21-13.564 • Civ. 1re, 8 mars 2023, n° 22-10.174.

13. Pourvoi en cassation. Le pourvoi en cassation contre une ordonnance du premier président statuant en matière de rétention administrative doit être formé dans les 10 jours suivant la notification de la décision attaquée. • Civ. 2e, 26 nov. 1998, n° 97-50-078.

Art. L. 743-22 L'appel n'est pas suspensif.

Toutefois, le ministère public peut demander au premier président de la cour d'appel ou à son délégué de déclarer son recours suspensif lorsqu'il lui apparaît que l'intéressé ne dispose pas de garanties de représentation effectives ou en cas de menace grave pour l'ordre public. Dans ce cas, *(L. n° 2024-42 du 26 janv. 2024, art. 75)* « l'appel est *[ancienne rédaction : l'appel,]* » accompagné de la demande qui se réfère à l'absence de garanties de représentation effectives ou à la menace grave pour l'ordre public *(Abrogé par L. n° 2024-42 du 26 janv. 2024, art. 75)* « *, est formé dans un délai de dix heures à compter de la notification de l'ordonnance au procureur de la République* » et transmis au premier président de la cour d'appel ou à son délégué. Celui-ci décide, sans délai, s'il y a lieu de donner à cet appel un effet suspensif, en fonction des garanties de représentation dont dispose l'étranger ou de la menace grave pour l'ordre public, par une ordonnance motivée rendue contradictoirement et qui n'est pas susceptible de recours.

L'intéressé est maintenu à la disposition de la justice jusqu'à ce que cette ordonnance soit rendue et, si elle donne un effet suspensif à l'appel du ministère public, jusqu'à ce qu'il soit statué sur le fond.

(L. n° 2024-42 du 26 janv. 2024, art. 79) « Par dérogation au présent article, l'appel interjeté contre une décision mettant fin à la rétention est suspensif lorsque l'intéressé

a été condamné à une peine d'interdiction du territoire pour des actes de terrorisme prévus au titre II du livre IV du code pénal ou s'il fait l'objet d'une mesure d'éloignement édictée pour un comportement lié à des activités à caractère terroriste. L'intéressé est maintenu à la disposition de la justice jusqu'à ce qu'il soit statué sur le fond. » – *[Anc. art. L. 552-10, 1re à 5e phr. ; anc. art. R. 552-20, al. 2 et 3 ; anc. art. R. 552-22, al. 2.]*

Les dispositions du présent art. introduites par l'art. 75 de la L. n° 2024-42 du 26 janv. 2024 entrent en vigueur à une date fixée par Décr. en Conseil d'État, et au plus tard le 1er août 2024. Ces dispositions s'appliquent à la contestation des décisions prises à compter de leur entrée en vigueur (L. préc., art. 86-IV). Ces dispositions entrent en vigueur le 15 juill. 2024 (Décr. n° 2024-799 du 2 juill. 2024, art. 9-I).

COMMENTAIRE

L'article L. 743-22 règle la question des effets immédiats de l'appel, mais avec une rédaction qui n'est pas exempte de critiques. Par principe tout d'abord, l'appel n'est pas suspensif. Autrement dit, lorsque l'ordonnance du magistrat du siège du tribunal judiciaire a conclu à la prolongation de la rétention, l'appel ne met pas fin à celle-ci. A l'inverse, si le magistrat du siège du tribunal judiciaire a décidé la remise en liberté de l'étranger ou converti la rétention en assignation à résidence, ces décisions sont d'effet immédiat. En particulier, lorsque celui-ci est formé par l'intéressé, c'est-à-dire à l'encontre d'une ordonnance ayant accepté la prolongation du maintien en rétention administrative, aucun effet suspensif n'est attaché à l'appel.

Le législateur a toutefois pris la précaution de permettre au ministère public de « déclarer son recours suspensif », à la condition soit que l'étranger ne dispose pas de garanties de représentation effectives, soit qu'il constitue une menace grave pour l'ordre public (notion qui n'est pas sans rappeler l'expulsion dite « simple »). On peut inférer de cette rédaction que l'appel du ministère public ne peut être déclaré suspensif que s'il s'applique à une ordonnance « favorable » à l'étranger, c'est-à-dire ayant décidé sa remise en liberté ou converti la rétention en assignation à résidence. La déclaration d'appel suspensif n'aurait en effet aucun sens s'agissant d'une ordonnance de prolongation.

La loi n° 2024-42 du 26 janvier 2024 a supprimé le délai durant lequel le parquet peut demander au premier président de la cour d'appel d'accorder un caractère suspensif à l'appel formé contre une décision de refus de maintien en zone d'attente ou de maintien en rétention administrative. Seul le premier président peut décider de conférer à l'appel du ministère public un caractère suspensif ; il n'en reste pas moins que, jusqu'à sa décision, l'étranger reste « maintenu à la disposition de la justice », c'est-à-dire privé de liberté, alors que le magistrat du siège du tribunal judiciaire, juge du siège, a décidé de la non-prolongation de la rétention administrative. Ce constat est aggravé par le fait que le présent article ne fixe aucun délai au premier président pour statuer puisqu'il indique qu'il statue « sans délai ». La privation de liberté de l'étranger concerné peut ainsi se poursuivre pendant une période indéterminée, dans des conditions d'ailleurs déterminées par le procureur de la République (V. *infra*, art. R. 552-14).

La même loi a encore prévu un caractère suspensif de plein droit de l'appel formé par le ministère public lorsque l'intéressé a été condamné à une peine d'interdiction du territoire pour des actes de terrorisme (C. pén., titre II du livre IV) ou s'il fait l'objet d'une mesure d'éloignement édictée pour un comportement lié à des activités à caractère terroriste. L'intéressé est maintenu à la disposition de la justice jusqu'à ce qu'il soit statué sur le fond.

Enfin, « généreusement », la loi n° 2018-778 du 10 septembre 2018 pour une immigration maîtrisée, un droit d'asile effectif et une intégration réussie a prévu que, durant cette période de privation de liberté, l'étranger pourra contacter un avocat ou un tiers, rencontrer un médecin et s'alimenter. ❑

1. Lorsqu'un magistrat du siège a, dans la plénitude des pouvoirs qui lui sont conférés par l'art. 66 Const., décidé par une décision juridictionnelle qu'une personne devait être remise en liberté, il ne peut être fait obstacle à cette décision, fût-ce dans l'attente de la décision d'un juge d'appel. • Cons. const. 22 avr. 1997, n° 97-389 DC. ♦ Le Conseil a toutefois pris soin de préciser que, l'autorité judiciaire comprend à la fois les magistrats du siège et du parquet. • Cons. const. 20 nov. 2003, n° 2003-484 DC : *Rec. Cons. const. 438 ; JO 27 nov., p. 20154 ; LPA 20 et 21 janv. 2004,* *note Schoettl ; ibid. 27 déc. 2004, note Mathieu et Janicot ; RFDC 2004. 96, note Domingo ; RD publ. 2004. 275, note Ferran ; D. 2004. 1278, note Domingo ; AJDA 2004. 599, note Lecucq ; JCP 2003. 2169, note Guimezanes ; ibid. 2249, obs. Zarka.* ♦ Dès lors, le Conseil constitutionnel a tenu à préciser que cette possibilité n'était ouverte au ministère public, lui-même composante de l'autorité judiciaire, que lorsque l'intéressé ne disposait pas de garanties de représentation effectives ou en cas de menace grave pour l'ordre public et dans le but d'assurer le maintien de la personne concernée à la disposition de la justice ; par ailleurs, seul un magistrat du siège décide s'il y a lieu de donner à l'appel un effet suspensif. • Même décision. ♦ Si le premier président de la cour d'appel ou son délégué doit se prononcer « sans délai » sur la demande d'effet suspensif de l'appel émanant du procureur de la République, cette expression implique une décision qui, si elle ne peut être immédiate pour des raisons tenant à l'exercice des droits de la défense, doit être rendue dans le plus bref délai. • Même décision.

2. Le procureur de la République ne peut se contenter d'informer le retenu de sa décision de faire appel mais doit lui notifier le contenu de sa déclaration ; dès lors qu'il appartient au retenu de produire des observations dans un délai de 2 heures après notification de l'appel, il ne peut être en mesure d'y pourvoir utilement sans connaître les motifs pour lesquels il est demandé un effet suspensif de la procédure d'appel. • Civ. 1re, 23 sept. 2015, n° 14-18.886.

3. Pour être recevable, la déclaration d'appel doit être notifiée à l'avocat du retenu. Dans le cas contraire, la requête doit être jugée irrecevable. • Civ. 1re, 29 janv. 2020, n° 19-13.203.

4. C'est à l'administration d'apporter la preuve que, durant la période au cours de laquelle l'étranger a été maintenu à la disposition de la justice, celui-ci a pu effectivement exercer ses droits. • Civ. 1re, 14 oct. 2020, n° 19-19.021.

5. Le droit ouvert à un étranger de contacter un avocat et un tiers, de rencontrer un médecin et de s'alimenter, pendant la période de 10 heures où il est maintenu à la disposition de la justice après qu'une ordonnance a mis fin à sa rétention ou l'a assigné à résidence, prévu par les dispositions des art. L. 552-6 et L. 552-10 [devenus art. L. 743-19, L. 723-35 et L. 743-22] du présent code, n'appelle pas de précisions de la part du pouvoir réglementaire sur les modalités d'information de l'étranger ou les modalités d'exercice du droit qu'elles ouvrent. • CE 27 nov. 2020, *La Cimade*, n° 428178 B : *AJDA 2020. 2345*.

Art. L. 743-23 **Le premier président de la cour d'appel ou son délégué peut, par ordonnance motivée et sans avoir préalablement convoqué les parties, rejeter les déclarations d'appel manifestement irrecevables.**

Lorsqu'il est saisi d'un appel contre une décision rendue par le *(L. n° 2023-1059 du 20 nov. 2023, art. 44-I ; Décr. n° 2024-570 du 20 juin 2024, art. 5, en vigueur le 1er sept. 2024)* **« magistrat du siège du tribunal judiciaire » dans les cas prévus aux articles L. 741-10 et L. 742-8, il peut également rejeter la déclaration d'appel sans avoir préalablement convoqué les parties s'il apparaît qu'aucune circonstance nouvelle de fait ou de droit n'est intervenue depuis le placement en rétention administrative ou son renouvellement, ou que les éléments fournis à l'appui de la demande ne permettent manifestement pas de justifier qu'il soit mis fin à la rétention.** — *[Anc. art. L. 552-9, al. 2 ; anc. art. R. 552-20-1, al. 1er.]*

Dès lors que le premier président constatait qu'à l'appui de sa déclaration d'appel l'appelant soulevait un moyen de droit et contestait l'accomplissement des diligences de l'administration, ce dont il appartenait à la cour de juger au fond, il ne pouvait opposer l'irrecevabilité pour défaut de motivation. • Civ. 1re, 12 juin 2022, n° 21-20.325. ♦ Le fait qu'une motivation soit dénuée de pertinence n'affecte pas la recevabilité de l'appel. • Civ. 1re, 5 oct. 2022, n° 21-19.224.

SECTION 5 Droits garantis à l'étranger au cours de la procédure juridictionnelle

Art. L. 743-24 **L'étranger peut demander au** *(L. n° 2023-1059 du 20 nov. 2023, art. 44-I ; Décr. n° 2024-570 du 20 juin 2024, art. 5, en vigueur le 1er sept. 2024)* **« magistrat du siège du tribunal judiciaire » qu'il lui soit désigné un conseil d'office. Il peut bénéficier de l'aide juridictionnelle.**

Le juge informe l'étranger des possibilités et des délais de recours contre toutes les décisions le concernant. — *[Anc. art. L. 552-1, al. 1er, 3e phr. ; anc. art. L. 552-2, 3e phr. ; anc. art. L. 552-11.]*

Art. L. 743-25 **Durant la période pendant laquelle il est maintenu à la disposition de la justice, dans les conditions prévues à l'article L. 742-2, l'étranger est mis en mesure, s'il le souhaite, de contacter son avocat et un tiers, de rencontrer un médecin et de s'alimenter.** — *[Anc. art. L. 552-6, 3e phr. ; anc. art. L. 552-7, al. 6 ; anc. art. L. 552-10, 6e phr.]*

En l'absence d'appel suspensif du parquet (V. *supra*, notes ss. art. L. 743-22), l'étranger ne peut en aucun cas être privé de liberté au-delà du délai de 4 heures prévu au présent art. • Civ. 1re, 6 févr. 2008, *Shakbazyan*, n° 06-21.894 : *JCP 2008. IV. 1466.*

CHAPITRE IV **RÉGIME DE LA RÉTENTION**

SECTION 1 **Organisation des lieux de rétention**

Art. L. 744-1 Lorsqu'il est fait application du présent titre, l'étranger est placé en rétention dans des locaux ne relevant pas de l'administration pénitentiaire. – *[Anc. art. L. 551-1, I (ecqc le caractère non pénitentiaire des lieux de rétention.]*

COMMENTAIRE

I. ORGANISATION DU LIEU DE RÉTENTION

La loi n° 2011-672 du 16 juin 2011 relative à l'immigration, à l'intégration et à la nationalité (*JO 17 juin*) a prévu de prendre en considération la présence des familles accompagnées d'enfants dans les centres de rétention administrative dans le but de permettre à l'autorité judiciaire, qui assure la protection de l'enfance, d'apprécier le caractère adapté, au sens de l'article 37 de la Convention internationale relative aux droits de l'enfant, des conditions du séjour des enfants accompagnant leurs parents dans un centre de rétention.

Aux termes de l'article R. 744-12, dans chaque centre de rétention, un règlement intérieur, dont le modèle est fixé par arrêté conjoint du ministre chargé de l'immigration, du ministre de l'Intérieur et du ministre de la Défense, organise la vie quotidienne, dans des conditions conformes à la dignité et à la sécurité de ses occupants. Il rappelle notamment les droits et devoirs des étrangers retenus, ainsi que les modalités pratiques d'exercice par ces derniers de leurs droits. Il mentionne notamment les conditions dans lesquelles s'exerce la circulation des étrangers dans le centre, notamment l'accès aux espaces à l'air libre. Le règlement intérieur est établi par le chef de centre et approuvé par le préfet territorialement compétent. Il est traduit dans les langues les plus couramment utilisées désignées par un arrêté du ministre chargé de l'immigration. Un exemplaire en langue française et traduit dans ces langues prévues à l'alinéa précédent est affiché dans les parties communes du centre.

C'est l'article R. 744-6 qui fixe les normes auxquelles doivent répondre les centres de rétention administrative :

– une capacité d'accueil maximale de 140 places ;

– une offre aux étrangers retenus d'équipements de type hôtelier et de prestations de restauration collective ;

– une surface utile minimum de 10 mètres carrés par retenu comprenant les chambres et les espaces librement accessibles aux heures ouvrables ;

– des chambres collectives non mixtes, contenant au maximum six personnes ;

– des équipements sanitaires, comprenant des lavabos, douches et w.-c., en libre accès et en nombre suffisant, soit un bloc sanitaire pour 10 retenus ;

– un téléphone en libre accès pour cinquante retenus ;

– des locaux et matériels nécessaires à la restauration conformes aux normes prévues par un arrêté conjoint du ministre de l'Agriculture, du ministre de la Défense, du ministre chargé de la santé et du ministre chargé des petites et moyennes entreprises, du commerce et de l'artisanat ;

– au-delà de quarante personnes retenues, une salle de loisirs et de détente distincte du réfectoire, dont la superficie est d'au moins 50 mètres carrés, majorée de 10 mètres carrés pour quinze retenus supplémentaires ;

– une ou plusieurs salles dotées d'équipement médical, réservées au service médical (V. *infra*, art. R. 553-8) ;

– un local permettant de recevoir les visites des familles et des autorités consulaires ;

– un local réservé aux avocats (V. *infra*, art. R. 744-14) ; il doit permettre de préserver la confidentialité des entretiens et doit être accessible en toute circonstance (sauf en cas de force majeure) ;

– un local affecté à l'Office français de l'immigration et de l'intégration ;

– un local, meublé et équipé d'un téléphone, affecté à l'association ayant pour mission d'informer les étrangers et de les aider à exercer leurs droits ;
– un espace de promenade à l'air libre ;
– un local à bagages.

Les centres de rétention administrative susceptibles d'accueillir des familles disposent en outre de chambres spécialement équipées, et notamment de matériels de puériculture adaptés.

L'article R. 744-11 ajoute que les locaux de rétention administrative doivent disposer des équipements suivants :
1° Des chambres collectives non mixtes, accueillant au maximum six personnes ;
2° Des équipements sanitaires en libre accès comprenant des lavabos, douches et w.-c. ;
3° Un téléphone en libre accès ;
4° Un local permettant de recevoir les visites : autorités consulaires, familles, médecins, membres d'associations ;
5° Un local réservé aux avocats et permettant de préserver la confidentialité des entretiens est aménagé dans chaque lieu de rétention. Il est accessible en toutes circonstances, sauf en cas de force majeure, sur simple requête de l'avocat auprès du service chargé de l'accueil des étrangers retenus et avec l'accord de la personne intéressée (art. R. 744-15) ;
6° Une pharmacie de secours.

Une circulaire du 14 juin 2010 (NOR : IMIM10000105C) indique les conditions de l'harmonisation des pratiques dans les centres de rétention administrative en matière de retrait d'objets, de menottage et d'isolement (http://www.circulaires.gouv.fr/pdf/2010/06/cir31271.pdf).

II. CHOIX DU CENTRE DE RÉTENTION

L'article R. 744-2 prévoit que le choix du centre de rétention administrative est indépendant du lieu d'interpellation ou de résidence de l'étranger ; les centres ont en effet une vocation nationale et ils reçoivent les étrangers dans la limite de leurs capacités d'accueil. Si un tel placement est impossible en raison de circonstances particulières, notamment de temps ou de lieu, les étrangers ne pouvant être placés immédiatement dans un centre de rétention administrative, le préfet peut les placer dans des « locaux de rétention administrative » (V. *infra*, art. R. 744-8). L'article R. 744-8 (issu du Décr. n° 2011-820 du 8 juill. 2011, art. 13) prévoit que, lorsqu'en raison de circonstances particulières, notamment de temps ou de lieu, des étrangers ne peuvent être placés immédiatement dans un centre de rétention administrative, le préfet peut les placer dans des locaux adaptés à cette fin, dénommés « locaux de rétention administrative ». Les étrangers peuvent être maintenus dans ces locaux pendant une durée n'excédant pas 48 heures. Toutefois, en cas de recours contre la mesure d'éloignement ou le placement en rétention administrative, s'il n'y a pas de centre de rétention administrative dans le ressort du tribunal administratif, l'étranger peut être maintenu dans le local jusqu'à ce qu'il ait été statué sur le recours.

En cas de nécessité et pendant toute la durée de la rétention, l'autorité administrative peut décider de déplacer l'étranger d'un lieu de rétention vers un autre lieu de rétention, sous réserve d'en informer les procureurs de la République compétents du lieu de départ et du lieu d'arrivée, ainsi que, après la première ordonnance de prolongation, les juges des libertés et de la détention compétents. ❑

I. ORGANISATION DU LIEU DE RÉTENTION

1. Si la rétention administrative doit en principe avoir lieu dans des locaux ne relevant pas de l'administration pénitentiaire, la CJUE l'admet dès lors que le local remplit les conditions minimales imposées aux centres de rétention par la directive « Retour ». • CJUE 10 mars 2022, *K. c/ Allemagne*, n° C-519/20.

2. En cas de décès d'une personne placée en centre de rétention administrative, la responsabilité de l'État est engagée sur le fondement d'une faute présumée, en raison des obligations positives pesant sur l'État en application de l'art. 2 Conv. EDH. • TA Marseille, 9 févr. 2006, *Mme Dalila Slimani*, n° 0303042 B : *AJDA 2006. 1454, note Lazaud et Romnicianu*. ♦ La CAA de Marseille est toutefois revenue à une interprétation plus classique, fondant la responsabilité de l'État sur la faute tenant aux conditions de détention particulièrement médiocres. • CAA Marseille, 10 déc. 2007, *Mme Dalila Slimani*, n° 06MA00572 : *AJDA 2008. 39, note Marcovici*.

3. Le juge judiciaire s'assure de l'exercice effectif

des droits des étrangers placés en rétention administrative s'agissant, par exemple, des conditions d'accès limité à un téléphone rendant impossible le contact avec un avocat. • Paris, 27 août 2007, n° 07/02343 • Bordeaux, 20 août 2007, n° 07102. ♦ Le juge ordonne ainsi la fin de la rétention en raison de l'absence de mise à disposition d'un téléphone dès la notification des droits. • Paris, 26 sept. 2009, *Jubarkhel*, n° 09/3769. ♦ La même solution est retenue lorsque l'étranger n'est pas en mesure d'exercer ses droits pendant la durée particulièrement longue (16 heures) de son transfert vers le centre de rétention. • Aix-en-Provence, 25 sept. 2009, *Momazai*, n° 09/00415. ♦ La Cour de cassation a toutefois considéré que les textes ne prévoyaient pas que l'accès à un téléphone puisse être accordé gratuitement. • Civ. 1re, 22 oct. 2008, *Préfet de la Gironde c/ Argiyg*, n° 07-20.068.

II. CHOIX DU CENTRE DE RÉTENTION

4. Si l'autorité administrative a seule le choix du centre de rétention le plus approprié, encore convient-il qu'elle justifie de circonstances particulières expliquant le transfert de l'étranger concerné dans un centre distant de plus de 1 000 kilomètres alors que des places étaient disponibles dans des centres voisins du lieu d'interpellation. • Aix-en-Provence, 25 sept. 2009, *Momazai*, n° 09/00415 • Paris, 28 sept. 2009, *Ahmadzai*, n° 09/03795.

Art. L. 744-2 **Il est tenu, dans tous les lieux de rétention, un registre mentionnant l'état civil des personnes retenues, ainsi que les conditions de leur placement ou de leur maintien en rétention. Le registre mentionne également l'état civil des enfants mineurs accompagnant ces personnes ainsi que les conditions de leur accueil.**

L'autorité administrative tient à la disposition des personnes qui en font la demande les éléments d'information concernant les date et heure du début du placement de chaque étranger en rétention, le lieu exact de celle-ci ainsi que les date et heure des décisions de prolongation. – *[Anc. art. L. 553-1.]*

Jugé que le registre prévu au présent art. n'est qu'un document d'information des JLD leur permettant d'avoir des renseignements concrets sur la situation de l'étranger ; l'absence de lecture de ses mentions à l'étranger par le truchement d'un interprète ne fait pas grief. • Douai 8 avr. 2010, *Préfet du Nord c/ Lin*, n° 10/00177.

Art. L. 744-3 **Les conditions d'accessibilité adaptées aux lieux de rétention sont précisées par décret en Conseil d'État.** – *[Anc. art. L. 553-6, al. 2.]*

SECTION 2 Droits des étrangers en rétention

SOUS-SECTION 1 Droit de communiquer

Art. L. 744-4 **L'étranger placé en rétention est informé dans les meilleurs délais qu'il bénéficie, dans le lieu de rétention, du droit de demander l'assistance d'un interprète, d'un conseil et d'un médecin, et qu'il peut communiquer avec son consulat et toute personne de son choix. Ces informations lui sont communiquées dans une langue qu'il comprend.**

En cas de placement simultané en rétention d'un nombre important d'étrangers, la notification des droits mentionnés au premier alinéa s'effectue dans les meilleurs délais.

Les modalités selon lesquelles s'exerce l'assistance de ces intervenants sont précisées, en tant que de besoin, par décret en Conseil d'État. – *[Anc. art. L. 551-2, al. 2 (ecqc l'information donnée), 3 et 4.]*

COMMENTAIRE

Dès son arrivée au lieu de rétention, chaque étranger est mis en mesure de communiquer avec toute personne de son choix, avec les autorités consulaires du pays dont il déclare avoir la nationalité et avec son avocat s'il en a un, ou, s'il n'en a pas, avec la permanence du barreau du tribunal de grande instance dans le ressort duquel se trouve le lieu de rétention. L'article R. 744-15 prévoit ainsi qu'un local réservé aux avocats et permettant de préserver la confidentialité des entretiens est aménagé dans chaque lieu de rétention. Il est accessible en toutes circonstances, sauf en cas de force majeure, sur simple requête de l'avocat auprès du service chargé de l'accueil des étrangers retenus et avec l'accord de la personne intéressée.

Lorsque l'étranger ne parle pas le français, la langue que l'étranger a déclaré comprendre est utilisée jusqu'à la fin de la procédure (V. art. L. 141-2). Quel que soit le lieu de rétention dans lequel l'étranger est placé, un procès-verbal de la procédure de notification des droits en rétention est établi. Il est signé par l'intéressé, qui en reçoit un exemplaire, le fonctionnaire qui en est l'auteur et, le cas échéant, l'interprète (art. R. 744-16). Ces références sont portées sur le registre mentionné à l'article L. 744-2. La jurisprudence s'est assurée du respect de ces dispositions, notamment s'agissant de la possibilité de recourir à un interprète et à un avocat. ❑

1. *Information de l'étranger retenu.* Avant la L. n° 2011-672 du 16 juin 2011 relative à l'immigration, à l'intégration et à la nationalité (*JO 17 juin*), il était prévu que l'information de l'étranger sur ses droits prenait la forme de la remise d'un imprimé ; si celui-ci ne comportait aucune mention relative à l'identité de la personne qui en avait donné lecture à l'étranger, au jour et à l'heure où cette lecture avait été faite, il ne permettait pas de s'assurer de sa régularité, voire de sa réalité ; cette méconnaissance avait été considérée comme portant atteinte aux intérêts de la personne concernée et emportait la nullité de la procédure. • Civ 2e, 18 mai 2000, n° 99-50.015.

2. Le placement en rétention d'un étranger mettant en cause sa liberté individuelle, il importe de l'informer aussi rapidement que possible des droits qu'il peut exercer ; les dispositions prévoyant que cette notification est effectuée « dans les meilleurs délais » prescrivent une information qui, si elle ne peut être immédiate pour des raisons objectives, doit s'effectuer dans le plus bref délai possible. • Cons. const. 20 nov. 2003, n° 2003-484 DC : *Rec. Cons. const. 438 ; JO 27 nov., p. 20154 ; LPA 20 et 21 janv. 2004, note Schoettl ; ibid. 27 déc. 2004, note Mathieu et Janicot ; RFDC 2004. 96, note Domingo ; RD publ. 2004. 275, note Ferran ; D. 2004. 1278, note Domingo ; AJDA 2004. 599, note Lecucq ; JCP 2003. 2169, note Guimezanes ; ibid. 2249, obs. Zarka.* ♦ Selon la Cour de cassation, c'est à compter de son arrivée au lieu de rétention qu'un étranger peut demander l'assistance d'un interprète, d'un conseil ainsi que d'un médecin et qu'il peut communiquer avec son consulat et avec une personne de son choix. • Civ. 1re, 15 mai 2013, *Préfet de la Nièvre*, n° 12-14.566 : *AJDA 2013. 1022 ; D. 2013. 1214.* ♦ Une notification une heure après le début de la rétention ne peut être considérée comme satisfaisant la condition d'immédiateté de la notification. • Rouen, 25 juin 2007, *Sylla*, n° 07/02592.

3. Une notification tardive de ses droits à l'étranger – 2 heures 40 après son interpellation – ne peut justifier sa libération ultérieure du centre de rétention administrative faute pour l'intéressé de prouver que la violation de la loi lui a causé un préjudice. • Civ. 1re, 13 févr. 2019, n° 18-14.627 : *D. 2019. 385.* ♦ Même solution pour une notification intervenue 3 heures et demie après le début de la mesure *via* un interprète qui, opérant par téléphone, ne figure pas sur la liste officielle comme exigé par la loi. • Civ. 1re, 20 nov. 2019, n° 18-24.930.

4. Le défaut de notification des droits en matière d'asile à l'arrivée au centre de rétention n'entraîne pas la nullité de la décision de placement en rétention mais empêche le délai pour présenter une demande d'asile de courir. • CAA Nantes, 3 nov. 2006, *Moubakiou Goma*, n° 06NT01001.

5. *Renonciation aux droits.* La possibilité de renoncer aux droits en rétention pendant le transfèrement jusqu'au centre de rétention administrative ne peut être admise car elle risque de devenir la règle et revient à priver systématiquement les retenus de la possibilité d'exercer immédiatement et effectivement leurs droits en rétention. • Nîmes, 19 févr. 2008, *Walid-El-Sayed*, n° 08/00066. ♦ Il semble qu'une telle renonciation ne pourrait intervenir qu'en « toute connaissance de cause ». • Nîmes, 25 févr. 2008, *Merah*, n° 08/00070. ♦ Selon la cour de Nancy, la renonciation anticipée aux droits prive l'étranger de leur effectivité et rend la rétention irrégulière. • Nancy, 5 juin 2008, *Préfet de Meurthe-et-Moselle c/ El Wakil*, n° 2008/032047.

6. *Assistance d'un avocat.* La disposition selon laquelle la faculté de demander l'assistance d'un conseil devait s'exercer « dès le début du maintien » (la L. n° 2011-672 du 16 juin 2011 relative à l'immigration, à l'intégration et à la nationalité [*JO 17 juin*]) prévoit désormais que l'information relative à cette faculté intervient « dans les meilleurs délais ») en rétention implique seulement que les personnes placées en rétention puissent demander l'assistance d'un avocat, sans qu'il soit nécessaire qu'un avocat soit, grâce à une permanence, accessible à tout moment. L'autorité administrative est en l'espèce soumise à une obligation de moyens et non de résultats, le juge se limitant au contrôle de l'erreur manifeste d'appréciation. • CE 30 déc. 2002, *Ordre des avocats à la cour d'appel de Paris : Lebon 487 ; AJDA 2003. 239, concl. Guyomar ; RFDA 2003. 189.* ♦ Ces mêmes dispositions impliquent toutefois que, pour permettre l'exercice de leurs droits par les personnes placées en rétention, et compte tenu notamment de la brièveté du délai de recours contentieux en matière de mesure d'éloignement, l'administration mette à la disposition des avocats un local permettant la confidentialité de leurs échanges avec les personnes en rétention et équipé des moyens adéquats pour faire usage des voies de recours ouvertes aux intéressés. • Même arrêt.

7. N'assure pas la complète application du présent art. le règlement intérieur type annexé à l'arrêté interministériel du 24 avr. 2001 qui ne prévoyait pas l'accès à tout moment des avocats et des interprètes aux centres de rétention lorsqu'un étranger en formule la demande et la mise à disposition d'un local adapté aux échanges confidentiels entre les avocats et les personnes placées en rétention et équipé notamment d'une ligne de téléphone et d'un télécopieur. • CE 30 juill. 2003, *Assoc. nationale d'assistance aux frontières pour les étrangers et a.*, n° 247987 • CE 30 juill. 2003, *Synd. des avocats de France*, n° 236016 : *RFDA 2003. 1030*.

8. Interprète. Aucune disposition législative ni aucun principe s'imposant au pouvoir réglementaire ne font obligation à l'État d'assumer les frais résultant de l'assistance des interprètes mis à la disposition des demandeurs d'asile. • CE 12 juin 2006, *GISTI et a.*, n° 282275 B.

Art. L. 744-5 Dans chaque lieu de rétention, l'étranger retenu peut s'entretenir confidentiellement avec son avocat dans un local prévu à cette fin. Ce local est accessible en toutes circonstances sur demande de l'avocat, sauf en cas de force majeure.

Les modalités d'application du présent article sont précisées, en tant que de besoin, par décret en Conseil d'État. – *[Anc. art. L. 553-4.]*

SOUS-SECTION 2 Accueil, information et soutien de l'étranger

Art. L. 744-6 A son arrivée au centre de rétention, l'étranger reçoit notification des droits qu'il est susceptible d'exercer en matière de demande d'asile.

A cette fin, il peut bénéficier d'une assistance juridique et linguistique. Lui sont notamment indiquées les conditions de recevabilité d'une demande d'asile formée en rétention prévues à l'article L. 754-1. – *[Anc. art. L. 551-3 (ecqc le principe de l'information).]*

Art. L. 744-7 Sauf en cas de menace pour l'ordre public à l'intérieur ou à l'extérieur du lieu de rétention, ou si la personne ne paraît pas psychologiquement à même de recevoir ces informations, l'étranger est informé par le responsable du lieu de rétention de toutes les prévisions de déplacement le concernant, liées aux audiences, à la présentation au consulat et aux conditions du départ.

La méconnaissance des dispositions du présent article est sans conséquence sur la régularité et le bien-fondé des procédures d'éloignement et de rétention. – *[Anc. art. L. 553-5, al. 1er et 3.]*

Art. L. 744-8 Dans chaque lieu de rétention, un document rédigé dans les langues les plus couramment utilisées, et décrivant les droits de l'étranger au cours de la procédure d'éloignement et de rétention, ainsi que leurs conditions d'exercice, est mis à disposition des personnes retenues.

La méconnaissance des dispositions du présent article est sans conséquence sur la régularité et le bien-fondé des procédures d'éloignement et de rétention. – *[Anc. art. L. 553-5, al. 2 et 3.]*

Art. L. 744-9 L'étranger maintenu en rétention bénéficie d'actions d'accueil, d'information et de soutien, pour permettre l'exercice effectif de ses droits et préparer son départ, selon des modalités définies par décret en Conseil d'État. – *[Anc. art. L. 553-6, al. 1er, 1re phr.]*

COMMENTAIRE

L'article R. 744-17 prévoit que l'administration met un interprète à la disposition des étrangers maintenus en centre ou en local de rétention administrative qui ne comprennent pas le français, dans le seul cadre des procédures de non-admission ou d'éloignement dont ils font l'objet. Dans les autres cas, la rétribution du prestataire est à la charge de l'étranger. Lorsque l'assistance d'un interprète se fait par téléphone ou un autre moyen de télécommunication, le nom et les coordonnées de l'interprète, ainsi que la langue utilisée, sont mentionnés par procès-verbal, dont une copie est remise à l'étranger.

Les étrangers placés ou maintenus dans un centre de rétention administrative bénéficient d'actions d'accueil, d'information, de soutien moral et psychologique et d'aide pour préparer les conditions matérielles de leur départ, qui portent notamment sur la récupération des bagages des personnes retenues, la réalisation de formalités administratives, l'achat de produits de vie courante et, le cas échéant, les liens avec le pays d'origine, notamment la famille (art. R. 744-19). Pour la conduite de ces actions, l'État a recours à l'Office français de l'immigration et de l'intégration. Une convention détermine les conditions d'affectation et d'intervention des agents de cet établissement public. ❑

1. La convention passée avec la personne morale sélectionnée (art. R. 744-20) doit permettre l'exercice effectif de leurs droits par les étrangers et la mission confiée par la convention ne peut se limiter à l'information des étrangers mais comprend également l'aide à l'exercice de leurs droits. • CE 3 juin 2009, *GISTI*, n° 321841 A : *AJDA 2009. 1068 ; ibid. 1770, note Julien-Laferrière ; JCP 2009, n° 36, p. 199, note Tchen ; Gaz. Pal. 22 déc. 2009, n° 356, p. 27.*

2. Dès lors que l'objet du marché ne prévoit qu'une simple mission d'information auprès des étrangers retenus sans imposer une assistance juridique, la condition fixée au présent art., aux termes duquel les actions d'accueil et d'information visent à permettre aux étrangers l'exercice effectif de leurs droits, n'est pas remplie ; eu égard à la nature particulière des prestations du marché, qui concernent des personnes privées de liberté, l'intérêt public qui s'attache à ce que soit assuré l'exercice effectif de leurs droits par les étrangers maintenus dans les centres de rétention, la condition d'urgence fixée à l'art. L. 521-1 CJA doit être regardée comme remplie ; pour assurer le caractère « effectif » voulu par le législateur, l'action de soutien ne peut s'entendre que comme comportant une assistance juridique, concrète et immédiate, à l'étranger retenu, de façon à lui permettre, notamment, de former, dans un délai très bref, un recours contentieux contre une mesure d'éloignement ; la seule diffusion d'information et la mise à disposition de documentation à l'étranger retenu, qui maîtrise souvent mal la langue française et n'a pas de compétences juridiques, ne peuvent être regardées comme assurant à l'étranger l'assistance juridique ainsi définie. • TA Paris, 30 mai 2009, *CIMADE et a. : AJDA 2009. 1492, note Dreyfus.*

3. La convention passée entre le ministre de l'Immigration et les personnes morales sélectionnées doit porter non seulement sur l'information mais aussi sur l'accueil et le soutien des étrangers, pour permettre l'exercice effectif de leurs droits et, d'autre part, l'État ne peut conclure une telle convention qu'avec des personnes morales présentant des garanties d'indépendance et de compétences suffisantes, notamment sur le plan juridique et social, pour assurer le bon accomplissement de ces missions d'accueil, de soutien et d'information prévues par la loi. • CE 16 nov. 2009, *Min. Immigration c/ Assoc. collectif respect*, n°s 328826 et 328974 : *JCP 2009, n° 48, p. 484.*

SOUS-SECTION 3 Exercice des droits en lien avec une procédure pénale

Art. L. 744-10 L'appel d'une décision prononcée par la juridiction pénale peut être interjeté par l'étranger placé ou maintenu en rétention au moyen d'une déclaration auprès du responsable du lieu de rétention. Il en est de même du pourvoi en cassation.

Cette déclaration est constatée, datée et signée par le responsable du lieu de rétention. Elle est également signée par l'étranger. Si celui-ci ne peut signer, il en est fait mention par le responsable. Ce document est adressé sans délai, en original ou en copie, au greffe de la juridiction qui a rendu la décision attaquée. Il est transcrit sur le registre prévu par, selon le cas, le troisième alinéa de l'article 380-12, le quatrième alinéa de l'article 502 ou le troisième alinéa de l'article 576 du code de procédure pénale et annexé à l'acte dressé par le greffier. – *[Anc. art. L. 555-2.]*

Art. L. 744-11 Lorsqu'un étranger est condamné en première instance à une peine d'interdiction du territoire français à titre de peine principale assortie de l'exécution provisoire et que l'éloignement du territoire a lieu avant la date de l'audience d'appel, son avocat est entendu lors de cette audience d'appel s'il en fait la demande. Il en est de même de l'avocat commis d'office lorsque l'étranger a demandé le bénéfice d'un conseil dans sa requête d'appel. – *[Anc. art. L. 555-3.]*

SECTION 3 Accès aux lieux de rétention

Art. L. 744-12 Les députés et les sénateurs ainsi que les représentants au Parlement européen élus en France sont autorisés à visiter à tout moment les lieux de rétention administrative.

Ils peuvent être accompagnés par un ou plusieurs journalistes titulaires de la carte d'identité professionnelle mentionnée à l'article L. 7111-6 du code du travail. – *[C. pr. pén., art. 719 (ecqc les lieux de rétention administrative).]*

Aux termes des dispositions de l'art. 16, intitulé « Conditions de rétention », de la Dir. 2008/115/CE : « 4. Les organisations et instances nationales, internationales et non gouvernementales compétentes ont la possibilité de visiter les centres de rétention visés au § 1, dans la mesure où ils sont utilisés pour la rétention de ressortissants de pays tiers conformément au présent chapitre. Ces visites peuvent être soumises à une autorisation. 5. Les ressortissants de pays tiers placés en rétention se voient communiquer systématiquement des informations expliquant le règlement des lieux et énonçant leurs droits et leurs devoirs. Ces informations portent notamment sur leur droit, conformément au droit national, de contacter les organisations et instances visées au paragraphe 4 » ; ces règles, qui présentent un caractère précis et inconditionnel, n'ayant pas été transposées en droit interne alors que le délai imparti aux États membres de l'UE pour assurer la transposition de cette directive expirait, en vertu du § 1 de son art. 20, le 24 déc. 2010, tout justiciable peut s'en prévaloir à l'appui d'un recours dirigé contre un acte administratif non réglementaire. • CAA Paris, 12 janv. 2012, *Melle Touré*, n° 11PA03573 : *AJDA 2012. 1164, note Roussel*.

Art. L. 744-13 Le délégué du Haut-Commissariat des Nations unies pour les réfugiés et ses représentants peuvent être autorisés à visiter les lieux de rétention administrative. — *[Anc. art. L. 553-3, al. 2 (ecqc le délégué du haut-commissariat des Nations unies pour les réfugiés).]*

Art. L. 744-14 Les représentants des associations humanitaires peuvent être autorisés à visiter les lieux de rétention administrative. — *[Anc. art. L. 553-3, al. 2 (ecqc les associations humanitaires).]*

COMMENTAIRE

Les conditions d'accès du délégué des associations humanitaires (art. R. 744-27 à R. 744-32) aux lieux de rétention témoignent d'une certaine méfiance à leur égard. Deux restrictions sont prévues d'emblée : cet accès ne doit pas entraver le fonctionnement du lieu de rétention et les activités qu'y exercent les services de l'État et les personnes morales ayant pour mission d'informer les étrangers et de les aider à exercer leurs droits. En outre, l'accès des associations humanitaires s'exerce dans le respect des opinions politiques, philosophiques ou religieuses des étrangers retenus.

C'est le ministre chargé de l'immigration qui fixe la liste des associations habilitées à proposer des représentants en vue d'accéder aux lieux de rétention (art. R. 744-28). L'habilitation ne peut être sollicitée que par des associations régulièrement déclarées depuis au moins cinq années et proposant par leurs statuts la défense des étrangers, la défense des droits de l'homme, l'assistance médicale et sociale ou l'assistance aux personnes privées de liberté. Tout refus d'habilitation doit être motivé au regard notamment du nombre d'associations déjà habilitées. L'habilitation est accordée pour une durée de cinq ans renouvelables.

Chaque association habilitée peut transmettre au ministre chargé de l'immigration et au préfet territorialement compétent une liste de cinq personnes au plus ayant vocation à accéder à l'ensemble des lieux de rétention. L'autorité compétente peut, par décision motivée, s'opposer à l'accès d'une ou plusieurs personnes figurant sur une liste pour des motifs d'ordre public. En l'absence d'opposition de l'autorité compétente dans un délai d'un mois après réception de la liste, ces personnes sont autorisées à accéder aux lieux de rétention concernés. L'autorité compétente en informe les responsables de ces lieux de rétention. Il est mis fin au droit d'accès d'un représentant d'une association à la demande de la personne ou de l'association concernée ou lorsque l'habilitation de cette association est retirée. L'autorité compétente peut également, par décision motivée, mettre fin au droit d'accès pour des motifs d'ordre public.

Les représentants agréés d'une association peuvent s'entretenir avec le chef de centre ou le responsable du local de rétention et, lorsqu'ils sont présents, avec les agents de l'OFPRA et de l'Office français de l'immigration et de l'intégration ainsi qu'avec les représentants agréés des associations ayant conclu une convention avec l'État pour permettre l'exercice effectif des droits des étrangers. Ils peuvent s'entretenir avec l'équipe médicale du lieu de rétention, dans le respect du secret médical.

Un même lieu de rétention peut recevoir, au plus, la visite de cinq représentants d'associations habilitées par période de vingt-quatre heures. Lorsque les représentants d'une association entendent exercer leur droit d'accès dans un centre de rétention, ils en informent au moins vingt-quatre heures à l'avance le chef de centre (au moins douze heures à l'avance s'agissant d'un local de rétention). Le responsable du lieu de rétention peut, par une décision motivée, ajourner les visites de représentants d'associations pour une durée limitée mentionnée dans la décision. ❑

1. La Dir. 2008/115/CE du Parlement européen et du conseil du 16 déc. 2008 et la L. ont entendu confier à des associations ayant des compétences dans le domaine humanitaire ou de la défense des droits des étrangers une mission d'observation extérieure et indépendante portant sur les conditions de vie des étrangers placés dans les lieux de rétention et sur les conditions d'exercice de leurs droits, en leur donnant un droit d'accès à ces lieux ; l'habilitation donnée à cette fin sur le fondement de l'art. R. 553-14-5 [devenu art. R. 744-28] du présent code permet à une association d'exercer sa mission sur tout le territoire national ; en interdisant toutefois à une association disposant de telles compétences dans le domaine humanitaire ou de la défense des droits des étrangers d'exercer cette mission d'observation dans tous les centres de rétention dès lors qu'elle a conclu une convention en application de l'art. R. 553-14 [devenu art. R. 744-20], lui conférant localement, pour un centre de rétention, la mission distincte d'accueil, d'information et de soutien des étrangers placés en rétention, le pouvoir réglementaire, par la généralité de cette interdiction et alors qu'une association exerçant une mission de soutien aux étrangers dans un centre peut exercer la mission distincte d'observation dans tous les autres centres, sans être placée, comme le soutien en défense le ministre, en situation de contrôler sa propre intervention, a entaché la seconde phrase du 2e al. de l'art. R. 553-14-5 [devenu art. R. 744-28] d'une erreur manifeste d'appréciation. • CE 23 mai 2012, *GISTI,* n° 352534 B : *AJDA 2012. 1038*. ♦ Si le GISTI soutient que l'al. 3 de l'art. R. 553-14-7 [devenu R. 744-30], qui prévoit que les représentants de plusieurs associations habilitées ne peuvent accéder le même jour au même lieu de rétention, limite « abusivement » le droit d'accès de ces dernières à ces lieux, ces dispositions, qui sont justifiées par les impératifs de bon fonctionnement des lieux de rétention, ne contreviennent pas aux objectifs du § 4 de l'art. 16 de la Dir. 2008/115/CE qui permet de soumettre le droit d'accès des organismes non gouvernementaux aux lieux de rétention à une autorisation. • Même arrêt

2. L'art. 16 de la Dir. 2008/115/CE du 16 déc. 2008 (dite Dir. « retour ») suppose que l'étranger maintenu en rétention administrative doit être informé de son droit de contacter différentes organisations et instances susceptibles d'intervenir et mis en mesure de l'exercer, peu important qu'elles fussent ou non présentes au centre de rétention. • Civ. 1re, 13 févr. 2013, *Ababii,* n° 11-27.271.

3. Les associations ayant pour objet de défendre les droits des étrangers peuvent, au titre de l'art. 145 C. pr. civ., demander en référé la désignation d'un huissier afin de faire constater des atteintes aux droits des personnes retenues, en l'espèce s'agissant de la mise à disposition d'appareils téléphoniques. • Civ. 1re, 14 sept. 2022, n° 20-19.314.

Art. L. 744-15 **Sous réserve de ne pas porter atteinte à la dignité des personnes et aux exigences de sécurité et de bon fonctionnement du lieu de rétention administrative, les journalistes titulaires de la carte d'identité professionnelle mentionnée à l'article L. 7111-6 du code du travail peuvent être autorisés à accéder aux lieux de rétention administrative.**

Les prises d'images et de son des étrangers, des personnels et des intervenants dans les lieux de rétention administrative, de même que leur diffusion, ne sont autorisées qu'avec leur accord préalable. Elles se déroulent dans le respect de l'anonymat patronymique et physique des mineurs et, sauf accord contraire exprès, des majeurs. – *[Anc. art. L. 553-7.]*

COMMENTAIRE

Ce sont les articles R. 744-33 à R. 744-42 qui fixent les conditions d'accès des journalistes aux centres de rétention. L'article R. 744-33 prévoit ainsi que tout journaliste titulaire de la carte d'identité professionnelle mentionnée à l'article L. 7111-6 du code du travail peut demander à l'autorité administrative compétente (préfet du département dans lequel se situe le lieu de rétention et, à Paris, préfet de police) à être autorisé à accéder à un lieu de rétention. Toute demande mentionne l'objet, la date, la durée et les modalités du reportage. Elle est accompagnée de la copie de la carte de presse du demandeur et, le cas échéant, d'une copie d'un titre d'identité des personnes dont la présence est nécessaire à la réalisation du reportage et qui n'auraient pas la qualité de journaliste. L'article R. 744-35 indique que tout refus d'accès est motivé. L'accès des journalistes au lieu de rétention ne doit pas entraver le fonctionnement du lieu ni les activités qu'y exercent les services de l'État et les tiers qui y participent. Les journalistes respectent les consignes de sécurité et les conditions de la visite établies par le chef du centre de rétention, son adjoint ou le responsable de la gestion des dossiers administratifs, ou, dans un local de rétention, par le responsable du local ou son adjoint (art. R. 744-36). Les journalistes ont accès, dans le respect des règles sanitaires et de sécurité, aux locaux accessibles aux retenus ainsi qu'aux locaux mis à disposition des intervenants, avec l'accord de ces derniers (art. R. 744-37).

L'article R. 744-39 précise que le chef du centre de rétention, son adjoint ou le responsable de la gestion des dossiers administratifs, ou, dans un local de rétention, le responsable du local ou son adjoint ne peut s'opposer à l'entrée de journalistes titulaires de la carte d'identité professionnelle mentionnée à l'article L. 7111-6 du code du travail accompagnant, conformément à l'article 719 du code de procédure pénale, un député, un sénateur ou un représentant au Parlement européen élu en France que pour des motifs impératifs liés à la sécurité, au bon ordre, à l'intérêt public dans le lieu de rétention et aux intérêts des personnes retenues, des personnels et des tiers présents dans le lieu de rétention. Il peut mettre fin, à tout moment, à leur présence pour ces motifs. Le nombre de journalistes accompagnant une visite parlementaire peut, de manière permanente ou occasionnelle, être limité par le responsable du lieu de rétention en fonction de considérations tirées des mêmes motifs ou des particularités du lieu de rétention. Leur entrée est concomitante à celle des parlementaires qu'ils accompagnent dans leur parcours. Leur sortie ne peut être postérieure à celle des parlementaires. Les écrits, photographies, croquis, prises de vue et de son que les journalistes effectuent sont circonscrits au cadre de la visite du parlementaire (art. R. 744-41). Lorsque les productions des journalistes sont de nature à permettre l'identification des étrangers, des personnels et des intervenants dans les lieux de rétention, ceux-ci doivent consentir par écrit à la diffusion ou à l'utilisation de leur image ou de leur voix. Un mineur ne peut être filmé, enregistré ou photographié qu'avec l'autorisation conjointe des titulaires de l'autorité parentale ou représentants légaux. L'accord devra être donné selon les mêmes modalités qu'il s'agisse de l'utilisation de l'image ou de celle de la voix ainsi captée. Dans tous les cas, les journalistes devront veiller à ce qu'aucun élément concernant l'identité ou la personnalité qui permettrait d'identifier les mineurs ne soit, de quelque manière que ce soit, révélé. Les obligations relatives à la diffusion des productions des journalistes mentionnées au présent article s'imposent aux directeurs de publication, éditeurs et distributeurs de ces productions (art. R. 744-38).

Art. L. 744-16 Les conditions d'accès du délégué du Haut-Commissariat des Nations unies pour les réfugiés et ses représentants, des représentants des associations humanitaires et des journalistes titulaires de la carte d'identité professionnelle mentionnée à l'article L. 7111-6 du code du travail, aux lieux de rétention sont fixées par décret en Conseil d'État.

SECTION 4 Transfert de l'étranger vers un autre lieu de rétention

Art. L. 744-17 En cas de nécessité, l'autorité administrative peut, pendant toute la durée de la rétention, décider de déplacer un étranger d'un lieu de rétention vers un autre, sous réserve d'en informer les procureurs de la République compétents du lieu de départ et du lieu d'arrivée, ainsi que, après la première ordonnance de prolongation, les *(L. nº 2023-1059 du 20 nov. 2023, art. 44-I ; Décr. nº 2024-570 du 20 juin 2024, art. 5, en vigueur le 1er sept. 2024)* **« tribunaux judiciaires compétents »** — *[Anc. art. L. 553-2.]*

Dès lors que les magistrats compétents pour contrôler, à tout moment, les conditions de rétention du lieu de départ étaient les mêmes que ceux du lieu d'arrivée, l'absence d'information de ceux-ci n'entache pas la procédure de maintien en rétention de nullité. • Civ. 1re, 9 févr. 2008, *Mme X. c/ Préfet de la Meurthe-et-Moselle*, nº 06-20.689 : *AJDA 2008. 1111, note Boillot-Burg*. ♦ La procédure est en revanche irrégulière en cas de transfert de l'étranger sans justification de l'information des parquets des lieux de départ et d'arrivée. • Amiens, 14 sept. 2009, *Kaya*, nº 09/03908. ♦ Les prescriptions du présent art. n'ont pas à être mises en œuvre lorsque l'étranger n'a pas été déplacé, pendant la durée de sa rétention, d'un centre de rétention vers un autre, mais maintenu dans un centre de rétention après sa période de détention. • Civ. 1re, 29 juin 2011, nº 10-20.602 : *D. 2011. 1904*.

TITRE V MESURES APPLICABLES EN CAS DE DEMANDE D'ASILE

Art. L. 750-1 Conformément à l'article L. 264-1, les dispositions des articles L. 752-1 à L. 752-12, L. 753-1 à L. 753-12, L. 754-1 et L. 754-3 à L. 754-8 sont applicables à l'étranger dont la situation est régie par le livre II.

CHAPITRE I MESURES APPLICABLES EN VUE DE L'EXÉCUTION D'UNE DÉCISION DE TRANSFERT

Art. L. 751-1 Le présent chapitre détermine les mesures applicables aux étrangers faisant l'objet d'une requête aux fins de prise en charge ou de reprise en charge, en application du règlement (UE) n° 604/2013 du Parlement européen et du Conseil du 26 juin 2013, ou d'une décision de transfert en application de l'article L. 572-1.

SECTION 1 Assignation à résidence

SOUS-SECTION 1 Pendant la détermination de l'État responsable de l'examen de la demande d'asile et aux fins d'exécution de la décision de transfert

Art. L. 751-2 L'étranger qui fait l'objet d'une requête aux fins de prise en charge ou de reprise en charge peut être assigné à résidence par l'autorité administrative pour le temps strictement nécessaire à la détermination de l'État responsable de l'examen de sa demande d'asile.

Lorsqu'un État requis a refusé de prendre en charge ou de reprendre en charge l'étranger, il est immédiatement mis fin à l'assignation à résidence édictée en application du présent article, sauf si une demande de réexamen est adressée à cet État dans les plus brefs délais ou si un autre État peut être requis.

En cas de notification d'une décision de transfert, l'assignation à résidence peut se poursuivre si l'étranger ne peut quitter immédiatement le territoire français mais que l'exécution de la décision de transfert demeure une perspective raisonnable.

L'étranger faisant l'objet d'une décision de transfert peut également être assigné à résidence en application du présent article, même s'il n'était pas assigné à résidence lorsque la décision de transfert lui a été notifiée.

L'étranger qui, ayant été assigné à résidence en application du présent article ou placé en rétention administrative, n'a pas déféré à la décision de transfert dont il fait l'objet ou, y ayant déféré, est revenu en France alors que cette décision est toujours exécutoire peut être à nouveau assigné à résidence en application du présent article. – *[Anc. art. L. 561-2, I, al. 3 et 9 (ecqc l'étranger mentionné à l'al. 3).]*

COMMENTAIRE

La loi du 7 mars 2016 a prévu la mise en œuvre d'un dispositif propre à faire échec aux tentatives de l'étranger de retarder ou d'empêcher la procédure de détermination de l'État responsable de sa demande d'asile. Ainsi, l'autorité administrative peut demander au magistrat du siège du tribunal judiciaire (V. art. R. 751-3 dans sa rédaction issue du Décr. n° 2016-1457 du 28 oct. 2016) l'autorisation de recourir à la force publique pour visiter le domicile du demandeur afin de s'assurer de sa présence, le conduire pour assurer les présentations nécessaires à la poursuite de la procédure de détermination de l'État responsable de la demande d'asile et, si les conditions en sont remplies, lui notifier une décision de transfert à destination de l'État responsable de sa demande ainsi que, le cas échéant, une décision d'assignation à résidence ou une décision de placement en rétention. Le magistrat du siège du tribunal judiciaire doit statuer dans les vingt-quatre heures par une décision motivée. Il doit s'assurer de l'obstruction volontaire de l'intéressé aux demandes de présentation qui lui ont été adressées, lesquelles doivent être dûment constatées par l'autorité administrative. L'intervention du magistrat du siège du tribunal judiciaire répond à la préoccupation de la Cour européenne des droits de l'homme qui avait exigé que la pénétration dans un domicile privé pour y interpeller les occupants implique l'obligation d'un contrôle préalable d'un juge (CEDH 15 oct. 2013, *Gutsanovi c/ Bulgarie*, n° 34529/10). ❑

Une assignation à résidence ordonnée sur le fondement d'une décision de transfert dont la durée, à la date où elle est édictée, excède le terme du délai dans lequel le transfert du demandeur d'asile doit intervenir en vertu de l'art. 29 du Règl. (UE) n° 604/2013, est illégale en tant que sa durée s'étend au-delà de l'échéance de ce délai et le juge, dès lors qu'il est saisi d'une argumentation en ce sens, est tenu d'en prononcer l'annulation dans cette mesure. Toutefois, lorsque le délai d'exécution du transfert a, postérieurement à l'édiction de l'assignation à résidence, été interrompu, il appartient au juge de constater, le cas échéant, que cette interruption a eu pour effet de régulariser la décision d'assignation à résidence en tant qu'elle avait été prise pour une durée excessive ; dans une telle hypothèse, il ne prononce donc pas l'annulation partielle de l'assignation à résidence. • CE, avis, 26 juill. 2018, n° 417441 A : *AJDA 2018. 1581*.

Art. L. 751-3 **L'étranger assigné à résidence en application de l'article L. 751-2 peut être placé en rétention en application de l'article L. 751-9 s'il présente un risque non négligeable de fuite tel que défini à l'article L. 751-10.** – *[Anc. art. L. 561-2, I, al. 11 et 13.]*

COMMENTAIRE

L'article 28 du règlement (UE) n° 604/2013 du 26 juin 2013 indique que les États membres ne peuvent placer une personne en rétention au seul motif qu'elle fait l'objet de la procédure établie par le règlement « Dublin III ». Cette possibilité n'est ouverte que pour garantir les procédures de transfert lorsqu'il existe un risque non négligeable de fuite, sur la base d'une évaluation individuelle et uniquement dans la mesure où le placement en rétention est proportionnel et si d'autres mesures moins coercitives ne peuvent être effectivement appliquées. Le placement en rétention est d'une durée aussi brève que possible et ne se prolonge pas au-delà du délai raisonnablement nécessaire pour accomplir les procédures administratives requises avec toute la diligence voulue jusqu'à l'exécution du transfert. Dans ce cas, la requête aux fins de prise en charge ou de reprise en charge doit donner lieu à une réponse dans un délai de deux semaines à partir de sa réception. L'absence de réponse à l'expiration de ce délai de deux semaines équivaut à l'acceptation de la requête et entraîne l'obligation de prendre ou de reprendre en charge la personne, y compris l'obligation d'assurer la bonne organisation de son arrivée.

Le transfert du demandeur retenu vers l'État membre responsable est effectué dès qu'il est matériellement possible et au plus tard dans un délai de six semaines à compter de l'acceptation implicite ou explicite par un autre État membre. A défaut, il doit être mis fin à la rétention.

Art. L. 751-4 **En cas d'assignation à résidence en application de l'article L. 751-2, les dispositions des articles L. 572-7, L. 732-1, L. 732-3, L. 732-7, L. 733-1 à L. 733-4 et L. 733-8 à L. 733-12 sont applicables.**

Toutefois, pour l'application du second alinéa de l'article L. 732-3, l'assignation à résidence est renouvelable trois fois.

Le manquement aux prescriptions liées à l'assignation à résidence est sanctionné dans les conditions prévues aux articles L. 824-4 et L. 824-5. – *[Anc. art. L. 561-2, I, al. 10 (ecqc la décision de transfert).]*

Art. L. 751-5 **L'étranger assigné à résidence en application de l'article L. 751-2** *(L. n° 2023-1059 du 20 nov. 2023, art. 44-I ; Décr. n° 2024-570 du 20 juin 2024, art. 5, en vigueur le 1er sept. 2024)* **« est tenu de se présenter » aux convocations de l'autorité administrative, répondre** *[répond]* **aux demandes d'information et se rendre** *[rend]* **aux entretiens prévus dans le cadre de la procédure de détermination de l'État responsable de l'examen de sa demande d'asile ou de l'exécution de la décision de transfert. L'autorité administrative peut prescrire à l'étranger la remise de son passeport ou de tout document justificatif de son identité, dans les conditions prévues à l'article L. 814-1.**

Si l'étranger n'a pas déféré, sans motif légitime, aux convocations de l'autorité administrative et aux entretiens prévus dans le cadre de la procédure de détermination de l'État responsable de la demande d'asile ou de l'exécution de la décision de transfert, l'autorité administrative peut le faire conduire par les services de police ou les unités de gendarmerie en vue d'effectuer ces démarches, dans les conditions et pour le temps strictement nécessaires à celles-ci.

Lorsque l'obstruction volontaire de l'étranger fait obstacle à sa conduite en vue des présentations nécessaires, l'autorité administrative peut, après avoir dûment constaté cette obstruction, demander au *(L. n° 2023-1059 du 20 nov. 2023, art. 44-I ; Décr. n° 2024-570 du 20 juin 2024, art. 5, en vigueur le 1er sept. 2024)* **« magistrat du siège du tribunal judiciaire » de l'autoriser à requérir les services de police ou les unités de gendarmerie afin qu'ils visitent le domicile de l'étranger. Cette visite a pour but de s'assurer de la présence de l'étranger, de le conduire pour assurer les présentations nécessaires et, si les conditions en sont remplies, de lui notifier une décision de transfert à destination de l'État responsable de sa demande ainsi que, le cas échéant, une décision de placement en rétention.**

Pour l'application du troisième alinéa, le juge s'assure de l'obstruction volontaire de l'étranger aux demandes de présentation à la demande de présentation. Il est alors procédé comme il est dit aux articles L. 733-9 à L. 733-12.

Les opérations de visite ne peuvent, à peine de nullité, avoir d'autres finalités que celles énumérées au troisième alinéa. – *[Anc. art. L. 742-2.]*

SOUS-SECTION 2 En cas de report du transfert

Art. L. 751-6 L'étranger faisant l'objet d'une décision de transfert et qui justifie être dans l'impossibilité de quitter le territoire ou ne pouvoir ni regagner son pays d'origine ni se rendre dans aucun autre pays peut être autorisé à se maintenir sur le territoire français par l'autorité administrative qui l'assigne à résidence jusqu'à ce qu'existe une perspective raisonnable d'exécution du transfert. – *[Anc. art. L. 561-1, al. 3 (ecqc la décision de transfert).]*

Art. L. 751-7 En cas d'assignation à résidence en application de l'article L. 751-6, les dispositions des articles L. 732-1, L. 732-4, L. 733-1 à L. 733-4 et L. 733-8 à L. 733-12 sont applicables.

Le manquement aux prescriptions liées à l'assignation à résidence est sanctionné dans les conditions prévues aux articles L. 824-4 et L. 824-5.

Art. L. 751-8 Les modalités d'application des articles L. 751-2, L. 751-3, L. 751-4 et L. 751-6 sont fixées par décret en Conseil d'État. – *[Anc. art. L. 561-3.]*

SECTION 2 Rétention administrative

Art. L. 751-9 L'autorité administrative peut placer en rétention, pour une durée de *(L. n° 2024-42 du 26 janv. 2024, art. 75)* « quatre jours *[ancienne rédaction : quarante-huit heures]* », l'étranger faisant l'objet d'une requête aux fins de prise en charge ou de reprise en charge pour prévenir un risque non négligeable de fuite tel que défini à l'article L. 751-10, dans la mesure où le placement en rétention est proportionné et si les dispositions de l'article L. 751-2 ne peuvent être effectivement appliquées.

L'étranger faisant l'objet d'une requête aux fins de prise en charge ou de reprise en charge ne peut être placé et maintenu en rétention que pour le temps strictement nécessaire à la détermination de l'État responsable de l'examen de sa demande d'asile.

Lorsqu'un État requis a refusé de prendre en charge ou de reprendre en charge l'étranger, il est immédiatement mis fin à la rétention de ce dernier, sauf si une demande de réexamen est adressée à cet État dans les plus brefs délais ou si un autre État peut être requis.

En cas d'accord d'un État requis, la décision de transfert est notifiée à l'étranger dans les plus brefs délais et la rétention peut se poursuivre, dans les mêmes conditions et selon les mêmes modalités, pour le temps strictement nécessaire à l'exécution du transfert, si l'étranger ne peut quitter immédiatement le territoire français mais que l'exécution de la décision de transfert demeure une perspective raisonnable.

L'étranger faisant l'objet d'une décision de transfert peut également être placé en rétention en application du présent article, même s'il n'était pas retenu lorsque la décision de transfert lui a été notifiée. – *[Anc. art. L. 551-1, II, al. 1er (1re phr.) ; anc. art. L. 554-1, al. 2.]*

Les dispositions du présent art. introduites par l'art. 75 de la L. n° 2024-42 du 26 janv. 2024 entrent en vigueur à une date fixée par Décr. en Conseil d'État, et au plus tard le 1er août 2024. Ces dispositions s'appliquent à la contestation des décisions prises à compter de leur entrée en vigueur (L. préc., art. 86-IV). Ces dispositions entrent en vigueur le 15 juill. 2024 (Décr. n° 2024-799 du 2 juill. 2024, art. 9-I).

Si l'art. 28 du Règl. (UE) n° 604/2013 du Parlement européen et du Conseil du 26 juin 2013 permet aux États membres d'avoir recours au placement en rétention administrative « en vue de garantir les procédures de transfert conformément au présent règlement lorsqu'il existe un risque non négligeable de fuite de ces personnes, sur la base d'une évaluation individuelle et uniquement dans la mesure où le placement en rétention est proportionnel et si d'autres mesures moins coercitives ne peuvent être effectivement appliquées », il résulte des dispositions du présent art. que le législateur n'a pas entendu que l'autorité administrative puisse placer en rétention administrative le demandeur d'asile faisant l'objet d'une procédure de transfert avant l'intervention de la décision de transfert. Dans ce cas, la loi n'a prévu que la possibilité d'assigner l'intéressé à résidence, un placement en rétention n'étant susceptible d'être prononcé qu'après la notification de la décision de transfert. Ainsi, le préfet ne peut placer en rétention administrative un étranger faisant l'objet d'une procédure de transfert avant l'intervention de la décision de transfert. En effet, la loi n'a prévu que la possibilité d'assigner l'intéressé à résidence, un placement en rétention n'étant susceptible d'être prononcé, sur le fondement de l'art. L. 551-1 CESEDA, qu'après la notification de la décision de transfert. • CE, avis, 19 juill. 2017, n° 408919 A : *AJDA 2017. 1526* ; *ibid. 2155, note Risser*.

Art. L. 751-10 **Le risque non négligeable de fuite mentionné à l'article L. 751-9 peut, sauf circonstance particulière, être regardé comme établi dans les cas suivants :**

1° L'étranger s'est précédemment soustrait, dans un autre État membre, à la détermination de l'État responsable de l'examen de sa demande d'asile ou à l'exécution d'une décision de transfert ;

2° L'étranger a été débouté de sa demande d'asile dans l'État membre responsable ;

3° L'étranger est de nouveau présent sur le territoire français après l'exécution effective d'une décision de transfert ;

4° L'étranger s'est soustrait à l'exécution d'une précédente décision d'éloignement ;

5° L'étranger, aux fins de se maintenir sur le territoire français, a contrefait, falsifié ou établi sous un autre nom que le sien un titre de séjour ou un document d'identité ou de voyage ;

6° L'étranger a dissimulé des éléments de son identité *(L. n° 2024-42 du 26 janv. 2024, art. 51)* **« , de son parcours migratoire, de sa situation familiale ou de ses demandes antérieures d'asile » ; la circonstance tirée de ce qu'il ne peut justifier de la possession de documents d'identité ou de voyage en cours de validité ne peut toutefois suffire, à elle seule, à établir une telle dissimulation ;**

7° L'étranger qui ne bénéficie pas des conditions matérielles d'accueil prévues au titre V du livre V ne peut justifier du lieu de sa résidence effective ou permanente ;

8° L'étranger qui a refusé le lieu d'hébergement proposé en application de l'article L. 552-8 ne peut justifier du lieu de sa résidence effective ou permanente ou si l'étranger qui a accepté le lieu d'hébergement proposé a abandonné ce dernier sans motif légitime ;

9° L'étranger ne se présente pas aux convocations de l'autorité administrative, ne répond pas aux demandes d'information et ne se rend pas aux entretiens prévus dans le cadre de la procédure de détermination de l'État responsable de l'examen de sa demande d'asile ou de l'exécution de la décision de transfert sans motif légitime ;

10° L'étranger s'est précédemment soustrait aux obligations prévues aux articles L. 721-6 à L. 721-8, L. 731-1, L. 731-3, L. 733-1 à L. 733-4, L. 733-6, L. 743-13 à L. 743-15 et L. 751-5 ;

11° L'étranger a explicitement déclaré son intention de ne pas se conformer à la procédure de détermination de l'État responsable de l'examen de sa demande d'asile ou à la procédure de transfert ;

(L. n° 2024-42 du 26 janv. 2024, art. 51) **« 12° L'étranger a refusé de se soumettre à l'opération de relevé d'empreintes digitales prévue au 3° de l'article L. 142-1 ou a altéré volontairement ses empreintes digitales pour empêcher leur enregistrement. »** – *[Anc. art. L. 551-1, II, al. 1er (2e phr.) et al. 2 à 13.]*

COMMENTAIRE

Depuis la loi n° 2018-187 du 20 mars 2018, le demandeur « dubliné » peut faire l'objet d'un placement en rétention dès le début de la procédure de détermination de l'État membre, le cas échéant avant la notification de la décision de transfert pour prévenir un risque non négligeable de fuite, sur la base d'une évaluation individuelle. Le risque non négligeable de fuite peut, sauf circonstance particulière, être regardé comme établi dans les cas suivants :

– soustraction à la procédure Dublin dans un autre État membre ;

– rejet de la demande d'asile dans l'État membre responsable ;

– retour en France après l'exécution effective d'une mesure de transfert ;

– soustraction à l'exécution d'une précédente mesure d'éloignement ;

– étranger qui, aux fins de se maintenir sur le territoire français, a contrefait, falsifié ou établi sous un autre nom que le sien un titre de séjour ou un document d'identité ou de voyage ;

– dissimulation des éléments d'identité, la circonstance tirée de ce que la personne ne peut justifier de la possession de documents d'identité ou de voyage en cours de validité ne pouvant toutefois suffire, à elle seule, à établir une telle dissimulation ;

– impossibilité de justifier du lieu de résidence effective ou permanente (si l'étranger ne bénéficie pas des conditions matérielles d'accueil prévues au chapitre IV du titre IV du livre VII) ;

– refus du lieu d'hébergement proposé en application de l'article L. 551-15 et impossibilité de justifier du lieu de sa résidence effective ou permanente ;

– abandon, sans motif légitime, du lieu d'hébergement proposé ;

– défaut de présentation aux convocations de l'autorité administrative, de réponse aux demandes d'information et d'entretiens prévus dans le cadre de la procédure de détermination de l'État responsable de l'examen de sa demande d'asile ou de l'exécution de la décision de transfert sans motif légitime ;

– soustraction préalable aux obligations prévues aux articles L. 721-6 à L. 721-9 (étranger auquel un délai de départ volontaire a été accordé pouvant être astreint à se présenter à l'autorité administrative ou aux services de police ou aux unités de gendarmerie pour y indiquer ses diligences dans la préparation de son départ), L. 743-13 (assignation à résidence décidée par le juge judiciaire), L. 731-3 (assignation à résidence), L. 731-1 et L. 751-5 (assignation à résidence « dubliné ») ;

– étranger ayant explicitement déclaré son intention de ne pas se conformer à la procédure de détermination de l'État responsable de l'examen de sa demande d'asile ou à la procédure de transfert. ❑

1. Risque de fuite du demandeur d'asile « dubliné ». Avant l'intervention de la L. du 20 mars 2018, la CJUE avait considéré que les art. 2, sous n) et 28, § 2 du Règl. « Dublin III » du 26 juin 2013 imposent aux États membres de fixer, dans une disposition contraignante de portée générale, les critères objectifs sur lesquels sont fondées les raisons de craindre la fuite du demandeur d'asile qui fait l'objet d'une procédure de transfert ; l'absence d'une telle disposition entraîne l'inapplicabilité de l'art. 28, § 2 de ce règlement ; force est de constater qu'en droit français, aucune « loi » au sens formel du terme exigé par la CJUE, n'a déterminé les critères d'identification du risque de fuite, ce qui semble directement remettre en cause la possibilité de placer en rétention un demandeur d'asile « dubliné ». • CJUE 15 mars 2017, *Al Chodor*, n° C-528/15 : *D. 2018. 313. Chron. Boskovic, Corneloup, Jault-Seseke, Joubert et Parrot*.

2. La Cour de cassation avait retenu une appréciation identique considérant que le droit français ne précisant pas les critères objectifs permettant de soupçonner qu'un demandeur d'asile devant être transféré dans un autre pays de l'UE risque de prendre la fuite, ces personnes ne peuvent pas être placées en rétention : « en l'absence de disposition contraignante de portée générale fixant les critères objectifs sur lesquels sont fondées les raisons de craindre la fuite du demandeur d'une protection internationale qui fait l'objet d'une procédure de transfert, l'art. 28, § 2, du Règl. [Dublin III] est inapplicable ». En effet, le placement en rétention des personnes concernées, par les dispositions des art. 2 et 28 du Règl. du 26 juin 2013 dit « Dublin III », n'est possible que lorsqu'il existe « un risque non négligeable de fuite », lequel s'entend comme l'existence de raisons, fondées sur des critères objectifs définis par la loi, de craindre la fuite d'un demandeur de protection internationale qui fait l'objet d'une procédure de transfert. • Civ. 1re, 27 sept. 2017, n° 17-15.160 : *AJDA 2017. 1862* • 7 févr. 2018, n° 17-14.866 : *AJDA 2018. 308 ; D. 2018. 354*.

3. C'est ainsi la L. n° 2018-187 du 20 mars 2018 (V. art. L. 751-10) qui est venue fixer un cadre permettant de conjuguer, dans le respect des libertés fondamentales et des textes européens, la procédure de placement en rétention, qui peut s'avérer indispensable d'un point de vue opérationnel, et la procédure de détermination de l'État responsable, qui constitue un élément central du droit européen de l'asile. Exposé des motifs de la proposition de loi permettant une bonne application du régime d'asile européen : *JOAN n° 331.* ♦ L'art. L. 551-1 fixe ainsi une liste des critères permettant d'établir le risque de fuite. Dès lors, le placement en rétention pourra intervenir dès le début de la procédure de détermination de l'État responsable, et non simplement après la décision de transfert.

4. Le Conseil constitutionnel a précisé que le placement en rétention ne peut concerner qu'un demandeur d'asile faisant l'objet soit d'une requête aux fins de prise en charge ou de reprise en charge par un autre État, soit d'une décision de transfert vers l'État responsable de l'examen de sa demande. Il en va de même pour le placement en rétention d'un demandeur d'asile qui était auparavant assigné à résidence. Le fait que le placement ou le maintien en rétention dure « le temps strictement nécessaire à la détermination de l'État responsable de l'examen » de la demande d'asile n'a pas pour effet de permettre à l'autorité administrative de prendre cette mesure avant la requête de prise ou de reprise en charge. • Cons. const. 15 mars 2018, n° 2018-762 DC : *AJDA 2018. 600*.

5. Il appartient à l'administration d'apprécier, sous le contrôle du juge, les situations caractérisant un risque non négligeable de fuite sur la base d'une évaluation individuelle prenant en compte l'état de vulnérabilité de l'intéressé et de tenir compte d'éventuelles circonstances particulières ne permettant pas de regarder le risque allégué comme établi. Si comptent au nombre des situations pouvant caractériser un tel risque de fuite l'altération par l'étranger de ses empreintes digitales pour empêcher leur enregistrement, la fraude aux titres d'identité, de séjour ou de voyage, la dissimulation de son identité, de son parcours ou de sa situation, notamment vis-à-vis de l'asile, l'appréciation du caractère volontaire de ces altérations, fraudes ou dissimulations est placée sous le contrôle du juge. • Cons. const. 15 mars 2018, n° 2018-762 DC : *AJDA 2018. 600 ; Constitutions 2018. 132, note Pouly*. ♦ Le placement en rétention n'est susceptible d'intervenir qu'en dernier ressort, si une mesure d'assignation à résidence n'est pas suffisante pour parer au risque de fuite. Il doit alors être proportionné à ce risque. L'étranger ne peut ainsi être placé ou maintenu en rétention que pour le temps strictement nécessaire à la détermination de l'État responsable de l'examen de sa demande d'asile, une fois émise la requête de prise en charge ou de reprise en charge, et, le cas échéant, à l'exécution de la décision de transfert. En tout état de cause, la mesure de rétention, qui ne peut être prolongée au-delà de 48 heures qu'avec l'accord du juge judiciaire, ne peut durer plus de 45 jours. • Même décision. ♦ Jugé que le fait que l'étranger soit de nouveau présent sur le territoire français après l'exécution effective d'une mesure de transfert révèle un risque non négligeable de fuite justifiant le placement en rétention. • Civ. 1re, 13 janv. 2021, n° 19-22.721 : *D. 2021. 83*.

Art. L. 751-11 **En cas de placement en rétention en application de l'article L. 751-9, les dispositions des articles L. 741-4 à L. 741-10, ainsi que les dispositions des chapitres II, III et IV du titre IV, sont applicables.**

Art. L. 751-12 **Les modalités de prise en compte, en rétention, de la vulnérabilité et, le cas échéant, des besoins particuliers des demandeurs d'asile et des étrangers faisant l'objet d'une requête aux fins de prise en charge ou de reprise en charge ou d'une décision de transfert sont précisées par décret en Conseil d'État.** – *[Anc. art. L. 553-6, al. 1er, 2e phr.]*

SECTION 3 Conditions d'exécution de la décision de transfert par l'autorité administrative

Art. L. 751-13 **Les dispositions de l'article L. 711-1 relatives à l'exécution de la décision d'éloignement par l'étranger sont applicables à l'exécution des décisions de transfert.**

L'autorité administrative peut prendre les mesures pour l'exécution de la décision de transfert dans les conditions prévues à l'article L. 722-4, sous réserve que le transfert effectif de l'étranger n'intervienne pas avant l'expiration du délai ouvert pour contester la décision de transfert devant le tribunal administratif, ni avant que le tribunal administratif n'ait statué sur ce recours s'il a été saisi, sans préjudice des possibilités d'assignation à résidence et de placement en rétention prévues au présent chapitre. – *[Anc. art. L. 742-5, al. 2.]*

CHAPITRE II MESURES APPLICABLES EN VUE DE L'EXÉCUTION DE LA DÉCISION PORTANT OBLIGATION DE QUITTER LE TERRITOIRE FRANÇAIS DU DEMANDEUR D'ASILE DONT LE DROIT AU MAINTIEN A PRIS FIN *(Rect. JO du 27 févr. 2021).*

SECTION 1 Cas spécifiques d'assignation à résidence et de rétention administrative

SOUS-SECTION 1 Cas dans lesquels l'étranger peut être assigné à résidence ou placé en rétention

Art. L. 752-1 **L'autorité administrative peut assigner à résidence, aux fins du traitement rapide et du suivi efficace de sa demande d'asile, l'étranger dont le droit au maintien a pris fin en application des *b* ou *d* du 1° de l'article L. 542-2 et qui fait l'objet d'une décision portant obligation de quitter le territoire français.** – *[Anc. art. L. 744-9-1, I, al. 1er, 1re phr.]*

Art. L. 752-2 **L'autorité administrative peut placer en rétention l'étranger mentionné à l'article L. 752-1, à condition que le placement soit nécessaire pour déterminer les**

éléments sur lesquels se fonde sa demande d'asile, notamment pour prévenir un risque de soustraction à l'exécution de la décision d'éloignement apprécié selon les mêmes critères que ceux prévus à l'article L. 612-3 ou lorsque la protection de la sécurité nationale ou de l'ordre public l'exige. – *[Anc. art. L. 744-9-1, I, al. 1er, 2e phr.]*

1. La seule circonstance que le présent art. renvoie, pour la définition du risque de fuite, aux dispositions de l'art. L. 612-3, pris pour la transposition de la Dir. 2008/115/CE du 16 déc. 2008, et non à une définition des risques de fuite propre aux étrangers ayant présenté une demande d'asile ne saurait faire regarder ces dispositions législatives comme prises en méconnaissance des objectifs de la Dir. 2013/33/UE du 26 juin 2013. En outre, il ressort des dispositions de l'art. L. 753-2 et du présent art. que le placement en rétention ne peut être prononcé, outre le cas des étrangers dont le droit au maintien sur le territoire a pris fin, que pour des raisons impérieuses de protection de l'ordre public ou de la sécurité nationale. Ce motif correspond à l'hypothèse fixée au e) du § 3 de l'art. 8 de la Dir. 2013/33/UE du 26 juin 2013. • CE 27 nov. 2020, *La Cimade*, n° 428178 B : *AJDA 2020. 2344*.

2. Jugé qu'au regard des art. 8 et 9 de la Dir. n° 2013/33/UE, qu'un demandeur de protection internationale ne peut être placé en rétention au seul motif qu'il ne peut subvenir à ses besoins, et sans que la nécessité et la proportionnalité de cette mesure aient été préalablement examinées. • CJUE 14 mai 2020, n° C-924/19 PPU et C-925/19 PPU : *DP étrangers, Bull. n° 301, juill. 2020, note Pouly.*

SOUS-SECTION 2 **Conditions et modalités de l'assignation à résidence et du placement en rétention**

Art. L. 752-3 **En cas d'assignation à résidence en application de l'article L. 752-1, les dispositions des articles L. 732-1, L. 732-3, L. 732-7, L. 733-1, L. 733-2 et L. 733-3 sont applicables.**

Le manquement aux prescriptions liées à l'assignation à résidence est sanctionné dans les conditions prévues aux articles L. 824-4 et L. 824-5. – *[Anc. art. L. 744-9-1, I, al. 3 (ecqc l'assignation à résidence).]*

Art. L. 752-4 **En cas de placement en rétention en application de l'article L. 752-2 les dispositions des articles L. 741-3 à L. 741-10, ainsi que les dispositions des chapitres II, III et IV du titre IV, sont applicables.** – *[Anc. art. L. 744-9-1, I, al. 3 (ecqc le placement en rétention administrative).]*

SECTION 2 **Demande de suspension de l'éloignement jusqu'à l'expiration du délai de recours ou en cas de recours devant la Cour nationale du droit d'asile**

SOUS-SECTION 1 **Dispositions générales**

Art. L. 752-5 **L'étranger dont le droit au maintien sur le territoire a pris fin en application des *b* ou *d* du 1° de l'article L. 542-2 et qui fait l'objet d'une décision portant obligation de quitter le territoire français peut, dans les conditions prévues à la présente section, demander au tribunal administratif la suspension de l'exécution de cette décision jusqu'à l'expiration du délai de recours devant la Cour nationale du droit d'asile ou, si celle-ci est saisie, soit jusqu'à la date de la lecture en audience publique de la décision de la cour, soit, s'il est statué par ordonnance, jusqu'à la date de la notification de celle-ci.** – *[Anc. art. L. 743-3, al. 2, 1re phr. (ecqc le droit de demander la suspension de l'obligation de quitter le territoire français et la durée de la suspension).]*

COMMENTAIRE

Dans le cas où le droit de se maintenir sur le territoire français a pris fin en application de l'article L. 531-32, 3° (décision d'irrecevabilité suite à une demande de réexamen ne pouvant prospérer) et de l'article L. 531-37, 5° (décision de rejet après procédure accélérée de droit ou étranger constituant une menace grave pour l'ordre public), l'étranger qui fait l'objet, postérieurement à la décision de rejet de l'Office français de protection des réfugiés et apatrides, d'une assignation à résidence ou d'un placement en rétention administrative en vue de l'exécution d'une obligation de quitter le territoire français notifiée antérieurement à la décision de l'office et qui n'est plus susceptible d'un recours devant la juridiction administrative peut, dans un délai de quarante-huit heures suivant la notification de la décision prononçant son placement en rétention ou son assignation à résidence, demander au président du tribunal administratif de suspendre l'exécution de la mesure d'éloignement jusqu'à l'expiration du délai de recours devant la Cour nationale du droit d'asile (CNDA) ou, si celle-ci est saisie, soit jusqu'à la date de la lecture en audience publique de la décision de la Cour, soit, s'il est statué par ordonnance, jusqu'à la date de notification de celle-ci. La mesure d'éloignement ne peut être mise à exécution pendant ce délai de quarante-huit heures ou, en cas de saisine du président du tribunal administratif, avant que ce dernier ou le magistrat qu'il désigne à cette fin ait statué. Il fait droit à la demande de l'étranger lorsque celui-ci présente des éléments sérieux de nature à justifier, au titre de sa demande d'asile, son maintien sur le territoire durant l'examen de son recours par la Cour.

On est en droit de s'interroger sur ce nouveau mécanisme mis en place par la loi n° 2018-778 du 10 septembre 2018 pour une immigration maîtrisée, un droit d'asile effectif et une intégration réussie dès lors qu'il sera demandé au juge administratif de droit commun de se transformer en « pré-juge » de l'asile ; en effet, comme en attestent les travaux parlementaires, le juge administratif devra notamment évaluer les risques en cas de retour dans le pays d'origine du demandeur d'asile au regard des stipulations de l'article 3 de la Convention européenne des droits de l'homme. S'il estime que de tels risques sont effectivement présents, il suspendra la mise à exécution de la mesure d'éloignement, conditionnant ainsi, au moins en partie, la décision que rendra la CNDA sur le recours formé contre le refus de protection internationale. Le juge administratif fait preuve d'une grande prudence en la matière et ce n'est que très rarement que la suspension est accordée. Reste que le Conseil constitutionnel (Cons. const. 6 sept. 2018, n° 2018-770 DC) a vu dans l'existence de cette voie de droit le moyen lui permettant d'écarter le grief tiré d'une violation du droit à un recours juridictionnel effectif. ❑

1. Constitutionnalité du dispositif. La circonstance que le présent art. confie au président du tribunal administratif ou au magistrat désigné à cette fin, compétents pour statuer sur les recours formés contre les OQTF, la compétence pour se prononcer sur la demande de suspension de l'exécution d'une OQTF adressée à un étranger dont la demande d'asile a été rejetée alors que serait, par ailleurs, pendant devant la CNDA le recours formé par cet étranger contre le rejet de sa demande d'asile, si elle peut avoir pour effet de conduire deux juridictions administratives à examiner, l'une, le caractère sérieux des moyens dirigés contre la décision de rejet ou d'irrecevabilité de la demande d'asile, l'autre, le bien-fondé de cette décision, n'est pas par elle-même de nature à porter une atteinte substantielle au droit à un recours effectif garanti par la Const. • CE 2 oct. 2019, n° 432740 : *AJDA 2020. 147*.

2. Confidentialité. Égalité des armes. La circonstance que, devant le président du tribunal administratif ou le magistrat désigné à cette fin, le préfet soit l'autorité défenderesse et que les pièces transmises au magistrat par le demandeur d'asile soient ainsi communiquées au préfet en application du principe du caractère contradictoire de la procédure « ne porte pas atteinte au respect de la confidentialité des informations relatives à la personne sollicitant l'asile, puisque c'est à l'étranger lui-même, en sa qualité de requérant devant le président du tribunal administratif ou le magistrat désigné à cette fin, et à lui seul, qu'il revient de décider de verser au débat contradictoire, et dans la mesure qu'il estime nécessaire, les pièces permettant d'étayer le caractère sérieux des moyens avancés contre la décision de rejet ou d'irrecevabilité ». Au demeurant, il incombe au président du tribunal administratif ou au magistrat désigné à cette fin, comme à toute juridiction administrative, dans la mise en œuvre de ses pouvoirs d'instruction, « de veiller au respect des droits des parties, d'assurer l'égalité des armes entre elles et de garantir, selon les modalités propres à chacun d'entre eux, les secrets protégés par la loi. Parmi les secrets qu'il lui incombe de garantir, figure la confidentialité des éléments d'information relatifs aux personnes sollicitant l'asile en France. Il peut en outre, le cas échéant, décider que l'audience aura lieu ou se poursuivra hors la présence du public ». Enfin, il résulte des dispositions de l'art. 26 de la L. du 13 juill. 1983 portant droits et obligations des fonctionnaires que les agents des services préfectoraux, à qui les documents adressés par le requérant seront communiqués en application du caractère contradictoire de la procédure, « sont tenus au secret professionnel dans le cadre des règles instituées dans le code pénal ainsi qu'à une obligation de discrétion professionnelle ». • CE 2 oct. 2019, n° 432740 : *AJDA 2020. 147*.

3. Recours effectif. A l'appui de ses conclusions, l'étranger peut se prévaloir d'éléments apparus et de faits intervenus postérieurement à la décision de rejet ou d'irrecevabilité de sa demande de protection ou à l'OQTF, ou connus de lui postérieurement. La mesure d'éloignement ne peut être mise à exécution pendant l'examen par le juge de la demande de suspension. Selon le CE, le demandeur d'asile dispose ainsi d'un recours juridictionnel effectif, conformément aux exigences du § 6 de l'art. 46 de la Dir. 2013/32/UE du 26 juin 2013 relative à des procédures communes pour l'octroi et le retrait de la protection internationale, qui permet aux États membres de déroger au principe du caractère suspensif du recours, à condition qu'une juridiction, saisie d'office ou par le demandeur, puisse se prononcer sur le droit au maintien sur le territoire de ce dernier jusqu'à la décision de la juridiction compétente pour se prononcer sur la demande d'asile. • CE 27 nov. 2020, *La Cimade*, n° 428178 B : *AJDA 2020. 2344*.

4. Moyens. En cas de doute sérieux sur le bien-fondé de la décision de rejet ou d'irrecevabilité opposée par l'OFPRA à la demande de protection, au regard des risques de persécutions allégués ou des autres motifs retenus par l'office, le juge fera droit à la demande de suspension de la mesure d'éloignement. Les moyens tirés des vices propres entachant la décision de l'Office ne peuvent utilement être invoqués à l'appui des conclusions à fin de suspension de la mesure d'éloignement, à l'exception de ceux ayant trait à l'absence d'examen individuel de la demande ou d'entretien personnel en dehors des cas prévus par la loi ; à l'appui de ses conclusions à fin de suspension, qui peuvent être présentées sans le ministère d'avocat, le requérant peut se prévaloir d'éléments apparus et de faits intervenus postérieurement à la décision de rejet ou d'irrecevabilité de sa demande de protection ou à l'OQTF, ou connus de lui postérieurement. • CE, avis, 16 oct. 2019, n° 432147 B : *AJDA 2019. 2086*.

5. Juge administratif, « préjuge » de l'asile. Jugé que, pour rejeter sa demande d'asile, l'OFPRA s'est notamment fondé sur le fait que, « s'agissant de son orientation sexuelle alléguée et de son parcours sentimental, ses dires se sont avérés sommaires », « ses propos sont demeurés particulièrement succincts » et sur le fait que « la nature de la relation l'unissant à son partenaire ne saurait [...] être tenue pour établie ». Toutefois, le récit et les explications complémentaires livrés à l'audience sont circonstanciés, convaincants et cohérents avec ses précédentes déclarations. En outre, ce récit est corroboré par les nombreuses pièces produites dans la présente instance au soutien de ses allégations. Si ces éléments ne suffisent pas, en l'état du dossier, à établir qu'il serait exposé à des risques de traitements inhumains ou dégradants en cas de retour en Algérie, ils sont de nature à créer un doute sérieux sur le bien-fondé de la décision de l'OFPRA et, par suite, de nature à justifier son maintien sur le territoire durant l'examen de son recours contre cette décision devant la CNDA. L'exécution de l'OQTF doit dès lors être suspendue dans les conditions fixées à l'art. L. 752-5 jusqu'à la décision de la CNDA ou jusqu'à l'expiration du délai de recours devant cette juridiction. • TA Strasbourg, 5 févr. 2024, n° 2400671.

SOUS-SECTION 2 Demande de suspension de la décision portant obligation de quitter le territoire français en cours d'instance

Art. L. 752-6 Lorsque le juge n'a pas encore statué sur le recours en annulation formé contre la décision portant obligation de quitter le territoire français en application *(L. n° 2024-42 du 26 janv. 2024, art. 72)* « des articles L. 614-1 ou L. 614-2 *[ancienne rédaction : de l'article L. 614-1]* », l'étranger peut demander au juge déjà saisi de suspendre l'exécution de cette décision. — *[Anc. art. L. 743-3, al. 2, 1re phr. (ecqc l'introduction et le jugement de la demande de suspension de l'obligation de quitter le territoire français).]*

Les dispositions du présent art. introduites par l'art. 72 de la L. n° 2024-42 du 26 janv. 2024 entrent en vigueur à une date fixée par Décr. en Conseil d'État, et au plus tard le 1er août 2024. Ces dispositions s'appliquent à la contestation des décisions prises à compter de leur entrée en vigueur (L. préc., art. 86-IV). Ces dispositions entrent en vigueur le 15 juill. 2024 (Décr. n° 2024-799 du 2 juill. 2024, art. 9-I).

SOUS-SECTION 3 Demande de suspension de la décision portant obligation de quitter le territoire français devenue définitive

Art. L. 752-7 Lorsque la décision portant obligation de quitter le territoire français, notifiée antérieurement à la décision de l'Office français de protection des réfugiés et apatrides, est devenue définitive, l'étranger qui fait l'objet, postérieurement à la décision de l'office, d'une assignation à résidence, ou d'un placement en rétention administrative dans les conditions prévues aux titres III et IV en vue de l'exécution de cette décision portant obligation de quitter le territoire français, peut *(Abrogé par L. n° 2024-42 du 26 janv. 2024, art. 72)* « ***, dans un délai de quarante-huit heures suivant la notification de la décision d'assignation à résidence ou de placement en rétention,*** » demander au président du tribunal administratif de suspendre l'exécution de la décision portant obligation de quitter le territoire français. *(L. n° 2024-42 du 26 janv. 2024, art. 72)* « Cette demande est présentée et jugée selon la procédure prévue à l'article L. 921-1 en cas d'assignation à résidence ou selon la procédure prévue à l'article L. 921-2 en cas de rétention administrative. Les délais pour saisir le tribunal administratif fixés aux mêmes articles L. 921-1 et L. 921-2 courent à compter de la notification à l'étranger de la décision d'assignation à résidence ou de placement en rétention. »

– *[Anc. art. L. 743-4, al. 2, 1re phr. (ecqc l'introduction et le jugement de la demande de suspension de l'obligation de quitter le territoire français.]*

Sur l'entrée en vigueur des dispositions du présent art. introduites par l'art. 72 de la L. nº 2024-42 du 26 janv. 2024, V. note ss. art. L. 752-6.

Art. L. 752-8 **L'éloignement effectif de l'étranger ne peut intervenir pendant le délai** *(L. nº 2024-42 du 26 janv. 2024, art. 72)* **« imparti pour saisir le tribunal administratif de la demande prévue** *[ancienne rédaction : de quarante-huit heures mentionné]* **» à l'article L. 752-7 ou, en cas de saisine du président du tribunal administratif, avant que ce dernier ou le magistrat désigné ait statué.** – *[Anc. art. L. 743-4, al. 2, 2e phr.]*

Sur l'entrée en vigueur des dispositions du présent art. introduites par l'art. 72 de la L. nº 2024-42 du 26 janv. 2024, V. note ss. art. L. 752-6.

Art. L. 752-9 *(Abrogé par L. nº 2024-42 du 26 janv. 2024, art. 72)* ***Le président du tribunal administratif ou le magistrat qu'il désigne à cette fin parmi les membres de sa juridiction ou les magistrats honoraires inscrits sur la liste mentionnée à l'article L. 222-2-1 du code de justice administrative statue dans les conditions prévues aux articles L. 614-7 à L. 614-13.*** – *[Anc. art. L. 743-4, al. 2, 3e phr.]*

Sur l'entrée en vigueur des dispositions du présent art. introduites par l'art. 72 de la L. nº 2024-42 du 26 janv. 2024, V. note ss. art. L. 752-6.

Art. L. 752-10 **Les modalités d'application** *(L. nº 2024-42 du 26 janv. 2024, art. 72)* **« de la présente sous-section** *[ancienne rédaction : des articles L. 752-7 à L. 752-9]* **», et notamment les modalités de prise en compte de la vulnérabilité du demandeur d'asile et, le cas échéant, de ses besoins particuliers, sont fixées par décret en Conseil d'État.** – *[Anc. art. L. 743-4, al. 4.]*

Sur l'entrée en vigueur des dispositions du présent art. introduites par l'art. 72 de la L. nº 2024-42 du 26 janv. 2024, V. note ss. art. L. 752-6.

SOUS-SECTION 4 Suspension de la décision portant obligation de quitter le territoire français par le juge

Art. L. 752-11 **Le président du tribunal administratif ou le magistrat désigné, saisi en application des articles L. 752-6 ou L. 752-7, fait droit à la demande de l'étranger lorsque celui-ci présente des éléments sérieux de nature à justifier, au titre de sa demande d'asile, son maintien sur le territoire durant l'examen de son recours par la Cour nationale du droit d'asile.** – *[Anc. art. L. 743-3, al. 2, 2e phr. ; anc. art. L. 743-4, al. 2, 4e phr.]*

Art. L. 752-12 **La décision du juge administratif de suspendre l'exécution de la décision portant obligation de quitter le territoire français met fin à l'assignation à résidence ou à la rétention administrative de l'étranger, sauf lorsque l'Office français de protection des réfugiés et apatrides a pris une décision de rejet et que la présence en France du demandeur d'asile constitue une menace grave pour l'ordre public, la sécurité publique ou la sûreté de l'État, comme mentionné au 5° de l'article L. 531-27.** – *[Anc. art. L. 743-4, al. 3 ; anc. art. L. 744-9-1, I, al. 2.]*

CHAPITRE III MESURES APPLICABLES EN VUE DE L'EXÉCUTION D'UNE DÉCISION D'EXPULSION, D'UNE PEINE D'INTERDICTION DU TERRITOIRE FRANÇAIS OU D'UNE INTERDICTION ADMINISTRATIVE DU TERRITOIRE FRANÇAIS EN CAS DE DEMANDE D'ASILE

SECTION 1 Assignation à résidence ou rétention administrative

SOUS-SECTION 1 Cas dans lesquels l'étranger demandeur d'asile peut être assigné à résidence ou placé en rétention

Art. L. 753-1 **L'autorité administrative peut assigner à résidence ou placer en rétention l'étranger demandeur d'asile qui fait l'objet d'une décision d'expulsion, d'une**

peine d'interdiction du territoire français en application de l'article 131-30 du code pénal ou d'une interdiction administrative du territoire français pour le temps strictement nécessaire à l'examen par l'Office français de protection des réfugiés et apatrides de sa demande d'asile, que celle-ci ait été présentée antérieurement ou postérieurement à la notification de la décision d'éloignement dont il fait l'objet.

En cas de décision de rejet ou d'irrecevabilité de la demande d'asile, l'assignation à résidence ou la rétention peuvent se poursuivre dans l'attente du départ de l'étranger. – *[Anc. art. L. 571-4, I, al. 1er.]*

Art. L. 753-2 La décision de placement en rétention ne peut être édictée que pour des raisons impérieuses de protection de l'ordre public ou de la sécurité nationale établies à partir d'une évaluation individuelle du demandeur, si d'autres mesures moins coercitives ne peuvent être efficacement appliquées. Elle prend en compte la vulnérabilité du demandeur. – *[Anc. art. L. 571-4, I, al. 3, 2e et 3e phr.]*

SOUS-SECTION 2 Conditions et modalités de l'assignation à résidence et de la rétention

Art. L. 753-3 En cas d'assignation à résidence en application de l'article L. 753-1, les dispositions des articles L. 732-1, L. 732-2, L. 732-3, L. 732-7, L. 733-1, L. 733-2 et L. 733-3 sont applicables.

Le manquement aux prescriptions liées à l'assignation à résidence est sanctionné dans les conditions prévues aux articles L. 824-4 et L. 824-5. – *[Anc. art. L. 571-4, I, al. 2.]*

Art. L. 753-4 En cas de placement en rétention en application de l'article L. 753-1, les dispositions des articles L. 741-3 à L. 741-10, ainsi que les dispositions des chapitres II, III et IV du titre IV, sont applicables. – *[Anc. art. L. 571-4, I, al. 3, 1re phr.]*

SECTION 2 Modalités d'examen de la demande d'asile par l'Office français de protection des réfugiés et apatrides en cas d'assignation à résidence ou de placement en rétention

Art. L. 753-5 A la demande de l'autorité administrative, et sans préjudice des cas prévus aux *c* et *d* du 2° de l'article L. 542-2, l'Office français de protection des réfugiés et apatrides statue sur la demande d'asile de l'étranger assigné à résidence ou placé en rétention en application de l'article L. 753-1 selon les modalités et dans le délai prévu à l'article L. 531-29. – *[Anc. art. L. 571-4, II, 1re phr.]*

Art. L. 753-6 Sans préjudice d'autres mesures de surveillance décidées par l'autorité administrative ou l'autorité judiciaire, il est mis fin à la rétention si l'Office français de protection des réfugiés et apatrides reconnaît à l'étranger la qualité de réfugié ou lui accorde le bénéfice de la protection subsidiaire. – *[Anc. art. L. 571-4, II, 2e phr.]*

SECTION 3 Demande de suspension de l'éloignement jusqu'à l'expiration du délai de recours ou en cas de recours devant la Cour nationale du droit d'asile

Art. L. 753-7 En cas de décision de rejet ou d'irrecevabilité par l'Office français de protection des réfugiés et apatrides, l'étranger peut *(Abrogé par L. n° 2024-42 du 26 janv. 2024, art. 72)* « *, dans les quarante-huit heures suivant la notification de cette décision,* » demander au président du tribunal administratif de suspendre l'exécution de *[d']* éloignement jusqu'à l'expiration du délai de recours devant la Cour nationale du droit d'asile ou, si celle-ci est saisie, soit jusqu'à la date de la lecture en audience publique de la décision de la cour, soit, s'il est statué par ordonnance, jusqu'à la date de la notification de celle-ci.

(L. n° 2024-42 du 26 janv. 2024, art. 72) « Cette demande est présentée et jugée selon la procédure prévue à l'article L. 921-1 ou, en cas de rétention administrative, selon la procédure prévue à l'article L. 921-2. Les délais pour saisir le tribunal administratif fixés aux mêmes articles L. 921-1 et L. 921-2 courent à compter de la notification à l'étranger de la décision de l'office. » – *[Anc. art. L. 571-4, III, 1re phr.]*

Les dispositions du présent art. introduites par l'art. 72 de la L. n° 2024-42 du 26 janv. 2024 entrent en vigueur à une date fixée par Décr. en Conseil d'État, et au plus tard le 1er août 2024. Ces dispositions s'appliquent à la contestation des décisions prises à compter de leur entrée en vigueur (L. préc., art. 86-IV). Ces dispositions entrent en vigueur le 15 juill. 2024 (Décr. n° 2024-799 du 2 juill. 2024, art. 9-I).

Art. L. 753-8 **L'éloignement effectif de l'étranger ne peut intervenir pendant le délai** *(L. n° 2024-42 du 26 janv. 2024, art. 72)* **« imparti pour saisir le tribunal administratif de la demande prévue** *[ancienne rédaction de quarante-huit heures mentionné]* **» à l'article L. 753-7 ou, en cas de saisine du président du tribunal administratif, avant que ce dernier ou le magistrat désigné ait statué.** – *[Anc. art. L. 571-4, III, 2e phr.]*

Sur l'entrée en vigueur des modifications du présent art. introduites par l'art. 72 de la L. n° 2024-42 du 26 janv. 2024, V. note ss. art. L. 753-7.

Art. L. 753-9 *(Abrogé par L. n° 2024-42 du 26 janv. 2024, art. 72)* ***Le président du tribunal administratif, ou le magistrat qu'il désigne à cette fin parmi les membres de sa juridiction, ou les magistrats honoraires inscrits sur la liste mentionnée à l'article L. 222-2-1 du code de justice administrative, statue dans les conditions prévues aux articles L. 614-7 à L. 614-13.*** – *[Anc. art. L. 571-4, III, 3e phr.]*

Sur l'entrée en vigueur des modifications du présent art. introduites par l'art. 72 de la L. n° 2024-42 du 26 janv. 2024, V. note ss. art. L. 753-7.

Art. L. 753-10 **Le président du tribunal administratif ou le magistrat désigné fait droit à la demande de l'étranger lorsque celui-ci présente des éléments sérieux de nature à justifier, au titre de sa demande d'asile, son maintien sur le territoire durant l'examen de son recours par la cour.** – *[Anc. art. L. 571-4, III, 4e phr.]*

Art. L. 753-11 **La suspension de l'éloignement ne met pas fin à l'assignation à résidence ou à la rétention de l'étranger, qui se poursuit dans les conditions et limites prévues au présent livre.** – *[Anc. art. L. 571-4, III, 5e phr.]*

SECTION 4 **Dispositions communes**

Art. L. 753-12 **Les modalités d'application du présent chapitre, et notamment les modalités de prise en compte de la vulnérabilité du demandeur d'asile et, le cas échéant, de ses besoins particuliers, sont précisées par décret en Conseil d'État.** – *[Anc. art. L. 571-4, IV.]*

CHAPITRE IV **DEMANDE D'ASILE PRÉSENTÉE EN RÉTENTION**

COMMENTAIRE

Issu des dispositions combinées des lois du 29 juillet 2015 et du 7 mars 2016, le présent chapitre met en place un dispositif spécifique concernant les demandes d'asile formulées par un étranger déjà placé en rétention administrative, le législateur suspectant que la demande est formulée dans le seul but de faire échec à l'exécution de la mesure d'éloignement ; dans le respect des règles générales applicables à la durée et au régime de la rétention administrative, celle-ci se prolongera durant le temps strictement nécessaire à l'examen de sa demande d'asile par l'Office français de protection des réfugiés et apatrides (OFPRA) et, en cas de décision de rejet ou d'irrecevabilité de celle-ci, dans l'attente de son départ (art. L. 754-3).

C'est le préfet (et non les instances spécialisées en matière d'asile) qui appréciera le caractère dilatoire de la demande d'asile, sur le fondement de « critères objectifs » qui ne sont pas précisés par le législateur. L'instruction du 2 novembre 2015 fournit toutefois quelques indications sur les éléments qui pourront être pris en considération par le préfet :

– la date d'entrée en France de l'étranger, la durée et les conditions de son séjour sur le territoire ainsi que l'absence de démarches de l'intéressé en matière d'asile avant toute mesure d'éloignement et de rétention ;

– les démarches éventuelles de l'intéressé en vue de son admission au séjour autre qu'au titre de l'asile (motif médical, vie privée et familiale, régularisation au titre du travail, etc.) ;

– les déclarations de l'intéressé lors de son audition suite à son interpellation quant à l'absence de menaces graves dans le cas d'un retour dans son pays d'origine ;

– la circonstance que l'étranger a déjà fait l'objet antérieurement d'une ou de plusieurs mesures d'éloignement auxquelles il n'a pas déféré ;

– pour les personnes détenues puis placées en rétention, la circonstance que la personne n'a effectué aucune démarche tendant à solliciter l'asile au cours de sa détention ;

– en présence d'une demande de réexamen après rejet définitif d'une demande initiale.

S'agissant des demandes d'asile présentées postérieurement au délai de cinq jours, elles sont présumées à caractère dilatoire.

A défaut d'une telle intervention préfectorale, la demande d'asile entraînera la fin immédiate de la rétention et le demandeur se verra remettre l'attestation de demande d'asile.

Ce dispositif a contraint le législateur à mettre en place un régime complexe s'agissant de l'éventuelle contestation contentieuse de la décision préfectorale de mise en rétention ; sans préjudice des pouvoirs remis au magistrat du siège du tribunal judiciaire par l'article L. 743-4 (qui prévoit que la décision de placement en rétention ne peut être contestée que devant le magistrat du siège du tribunal judiciaire, dans un délai de quarante-huit heures à compter de sa notification), le demandeur d'asile pourra néanmoins demander au président du tribunal administratif l'annulation de la décision de maintien en rétention dans les quarante-huit heures suivant sa notification mais seulement pour contester les motifs retenus par l'autorité administrative pour estimer que sa demande d'asile a été présentée dans le seul but de faire échec à l'exécution de la mesure d'éloignement. Comme l'indiquait le rapport déposé par J.-L. Clément et G. Larrivé (Rapport d'information sur l'application de la loi n° 2016-274 du 7 mars 2016 relative au droit des étrangers en France, *JOAN n° 669*), « on peut juger illogique que la compétence pour se prononcer sur la décision de maintien en rétention prise par l'autorité administrative lorsqu'elle estime qu'une demande d'asile est présentée dans le seul but de faire échec à une mesure d'éloignement soit toujours confiée au président du tribunal administratif (...). Rejoignant sur ce point l'analyse du Secrétariat général du Conseil d'État, votre Rapporteur Jean-Michel Clément considère que ce contentieux pourrait être traité par le magistrat du siège du tribunal judiciaire dès lors que son objet principal porte sur une question de liberté et qu'il n'y a pas d'obligation constitutionnelle de l'attribuer au tribunal administratif » ; cette suggestion n'a toutefois pas été suivie d'effet par la loi n° 2018-778 du 10 septembre 2018 pour une immigration maîtrisée, un droit d'asile effectif et une intégration réussie. Le président du tribunal administratif (ou le magistrat délégué) statue après la notification de la décision de l'OFPRA relative au demandeur, dans un délai qui ne peut excéder quatre-vingt-seize heures (art. L. 754-4). Si le demandeur est maintenu en rétention, sa demande est placée en procédure accélérée (art. L. 754-6), l'OFPRA étant alors tenu d'instruire la demande de protection dans un délai de quatre-vingt-seize heures. La rétention prendra fin si l'OFPRA ne s'est pas prononcé dans ce délai ou s'il a accordé une protection à l'étranger.

Quoi qu'il en soit, l'éloignement de l'étranger sera suspendu jusqu'à la décision du juge administratif ou jusqu'à la décision de l'OFPRA. Cette suspension ne s'applique toutefois pas à l'étranger qui n'a introduit une première demande de réexamen, qui a fait l'objet d'une décision d'irrecevabilité par l'Office en application de l'article L. 531-32, qu'en vue de faire échec à une mesure d'éloignement (art. L. 531-27, 4°) et pas davantage à l'étranger présente une nouvelle demande de réexamen après le rejet définitif d'une première demande de réexamen (art. L. 542-3, 2°, c).

Enfin, l'article L. 777-2 du code de justice administrative (issu de l'art. 16 de la L. du 29 juill. 2015) prévoit que le président du tribunal administratif est compétent pour statuer sur les « demandes d'injonction aux fins de maintien sur le territoire français d'un étranger ayant sollicité l'asile en rétention le temps nécessaire » à ce que la CNDA statue sur son recours. ❑

1. Volonté de se soustraire à une mesure d'éloignement. Il résulte des pts 2, 3 et 4 de l'art. 32 de la Dir. du 1er déc. 2005, qu'après un premier rejet d'une demande d'asile, l'administration, saisie d'une nouvelle demande, peut mettre en œuvre une procédure d'« examen préliminaire », afin de déterminer si le ressortissant étranger présente effectivement « des éléments ou des faits nouveaux augmentant de manière significative la probabilité » qu'il « remplisse les conditions requises pour prétendre au statut de réfugié », avant de faire examiner cette demande par les organes compétents ; rien ne fait obstacle à ce que cet examen préliminaire soit mené par l'administration, alors qu'il ne prive pas l'étranger de l'examen de sa demande par les autorités compétentes, mais en conditionne seulement la procédure ; cet examen préliminaire implique nécessairement la possibilité, pour le préfet, qui doit notamment déterminer si la demande n'est présentée qu'en vue de faire échec à une mesure d'éloignement prononcée ou imminente, d'apprécier sommairement la pertinence des nouveaux éléments produits par le demandeur d'asile à l'appui de sa demande. • CAA Bordeaux, 13 mai 2015, n° 14BX03460 : *AJDA 2015. 1838*. ♦ Dès lors que l'attitude du requérant révèle sa volonté de se soustraire à l'exécution de la mesure d'éloignement, le juge rejettera le recours. C'est par exemple le cas de l'étranger dont la demande de reconnaissance du statut de réfugié a été rejetée par l'OFPRA, décision confirmée par la commission des recours. S'il a présenté à l'OFPRA une demande de réouverture de son dossier, celle-ci a été rejetée au motif que le requérant ne faisait état d'aucun fait nouveau ; « dans ces conditions, cette demande et le nouveau recours qu'il a formé devant la commission des recours doivent être regardés comme ayant eu pour seul objet de faire échec, dans un but dilatoire, à la mesure d'éloignement susceptible d'être prise à son encontre et ne sont, dès lors, pas de nature à entacher d'illégalité l'arrêté (...) par lequel le préfet de police a ordonné sa reconduite à la frontière ». • CE 27 janv. 1992, *M. Bari*, n° 128822 B • 27 janv. 1992, *M. Geyik*, n° 123702 B. ♦ C'est le cas par exemple d'une personne n'ayant sollicité la reconnaissance de la qualité de réfugié qu'après le refus de titre de séjour dont elle avait fait l'objet. • CE 8 mars 2002, *Préfet du Puy-de-Dôme c/ Zater*, n° 236318.

2. Ne constitue pas en revanche une telle demande dilatoire, la demande d'asile présentée par un étranger à l'occasion de son interpellation par la police, deux jours après son entrée en France. • CE 8 mars 2002, *Préfet de police c/ Sanguer*, n° 235128. ♦ V. aussi • CE 9 juill. 2003, *Préfet de Seine-Saint-Denis c/ Hayane*, n° 253170. ♦ La seule circonstance que l'intéressé n'avait pas demandé la reconnaissance de la qualité de réfugié dès son entrée en France mais avait attendu plus d'un an pour faire cette demande ne saurait permettre de regarder cette demande comme présentant un caractère dilatoire dès lors que l'intéressé l'a formée spontanément, qu'il n'était, alors, l'objet d'aucune mesure d'éloignement et qu'il atteste des difficultés rencontrées pour réunir les attestations et éléments de preuve à l'appui de sa demande. • CE 5 janv. 2005, *Préfet de la Gironde c/ M. Belarbia*, n° 237428. ♦ Ne peut être considérée comme dilatoire la demande d'asile présentée plus d'un an après l'entrée de l'intéressé sur le territoire français dès lors que la demande a été présentée spontanément et que l'intéressé n'était pas sous le coup d'une mesure d'éloignement. • CAA Lyon, 10 juin 2009, *Langueu*, n° 08LY02374.

3. Ni le fait que le requérant ait, comme la plupart de ses compatriotes, envisagé d'abord de demander l'asile en Grande-Bretagne, ni le délai qui a séparé l'intervention de l'APRF de sa demande d'asile ne permettent, à eux seuls, de faire présumer le caractère abusif de la demande d'asile ; le refus d'admission au séjour porte ainsi une atteinte grave et manifestement illégale à la liberté fondamentale que constitue le droit d'asile. • CE 17 déc. 2009, *Min. Immigration c/ M. Sultan Khail*, n° 334458.

4. Hors le cas particulier où il a été placé en rétention en vue de l'exécution d'une décision de transfert vers l'État responsable de l'examen de sa demande d'asile, il doit en principe être mis fin à la rétention administrative d'un étranger qui formule une demande d'asile. Toutefois, l'administration peut maintenir l'intéressé en rétention, par une décision écrite et motivée, dans le cas où elle estime que sa demande d'asile a été présentée dans le seul but de faire échec à l'exécution de la mesure d'éloignement prise à son encontre. La contestation de la légalité de la décision de maintenir le demandeur d'asile en rétention pour ce motif relève de la seule compétence du juge administratif. En cas d'annulation d'une telle décision, l'étranger doit immédiatement être mis en liberté et l'autorité administrative doit lui délivrer l'attestation de demande d'asile. • CE 13 juin 2017, n° 410812 B : *AJDA 2017. 1255*.

5. Lorsque le demandeur d'asile est maintenu en rétention, la demande d'asile est examinée par l'OFPRA dans un délai de 96 heures à compter de sa réception ; l'art. R. 754-9 prévoit que dans le cas où le préfet décide du maintien en rétention, l'autorité dépositaire de la demande, dès qu'elle en est informée, saisit sans délai, par lettre recommandée avec demande d'avis de réception, le directeur général de l'OFPRA du dossier de demande d'asile, tel qu'il lui a été remis sous pli fermé par l'étranger, en vue de son examen ; il ressort de ces dispositions que les demandes d'asile présentées en rétention sont examinées en procédure accélérée uniquement dans l'hypothèse où la demande est présentée dans le seul but de faire échec à l'exécution d'une mesure d'éloignement ; par suite, ces dispositions ne sont pas incompatibles avec les objectifs de la Dir. 2013/32/UE dans la mesure où elles permettraient d'examiner en procédure accélérée des demandes d'asile présentées en rétention qui n'ont pas pour but de faire échec à l'exécution d'une mesure d'éloignement. • CE 30 janv. 2017, n° 394686 : *AJDA 2017. 821, concl. Domino*.

Art. L. 754-1 La demande d'asile d'un étranger placé ou maintenu en rétention n'est pas recevable si elle est formulée plus de cinq jours après qu'il s'est vu notifier ses droits en matière d'asile dans les conditions prévues à l'article L. 744-6. Toutefois, cette irrecevabilité n'est pas opposable à l'étranger qui invoque, au soutien de sa demande, des faits survenus après l'expiration de ce délai.

L'irrecevabilité de la demande d'asile peut être opposée par l'autorité administrative lorsque cette demande a été présentée par un étranger, en provenance d'un pays

considéré comme un pays d'origine sûr en application de l'article L. 531-25, au-delà des cinq premiers jours de rétention dans le seul but de faire échec à l'exécution effective et imminente de la décision d'éloignement. – *[Anc. art. L. 551-3, 3ᵉ à 5ᵉ phr. (ecqc l'information sur la recevabilité d'une demande d'asile).]*

COMMENTAIRE

Le demandeur d'asile qui fait l'objet d'un placement en rétention administrative fait l'objet d'un traitement spécifique puisqu'il doit introduire sa demande d'asile au plus tard cinq jours après la notification de la rétention, sauf si le demandeur invoque, au soutien de sa demande, des faits postérieurs à son placement. La loi du 7 mars 2016 a par ailleurs indiqué que lorsque le demandeur provient d'un pays considéré comme un pays d'origine sûr, l'autorité administrative peut opposer l'irrecevabilité de la demande d'asile présentée au-delà des cinq premiers jours de rétention dans le seul but de faire échec à l'exécution effective et imminente de la mesure d'éloignement. Il existe toutefois un doute sérieux sur la compatibilité de cette modification avec les articles 10, § 1, 33, § 2, et 36, § 1, de la directive 2013/32/UE (dite « Procédures »). ❑

1. Conv. EDH. La CEDH a considéré que le classement en procédure prioritaire de la demande du requérant a induit des conséquences substantielles quant au déroulement de la procédure : le délai imparti au requérant pour présenter sa demande a été réduit de 21 à 5 jours, sous peine, en cas de non-respect, de rejet pour tardiveté, ce délai étant ainsi particulièrement bref et contraignant, s'agissant pour le requérant de préparer, en rétention, une demande d'asile complète et documentée en langue française, soumise à des exigences identiques à celles prévues pour les demandes déposées hors rétention selon la procédure normale ; le placement en rétention ne permet pas, dans un délai aussi bref, de rassembler, par l'intermédiaire de contacts extérieurs, tous les éléments susceptibles d'appuyer et de documenter une demande d'asile. Ainsi, le classement de la demande d'asile du requérant en procédure prioritaire a abouti à un traitement extrêmement rapide, voire sommaire de cette demande par l'OFPRA, et l'ensemble des contraintes imposées au requérant tout au long de cette procédure, alors qu'il était privé de liberté et qu'il s'agissait d'une première demande d'asile, ont affecté en pratique la capacité du requérant à faire valoir le bien-fondé de ses griefs tirés de l'art. 3 Conv. EDH • CEDH 2 févr. 2012, *I. M. c/ France*, n° 9152/09 : *JCP 2012. Actu. 222, obs. Milano.* ♦ V. note 6 déc. 2013, NOR : INTV1327386 : *BOMI n° 2014-01, 15 janv. 2014.*

2. Droit de l'UE. Lorsqu'il est clair que les dispositions nationales existantes n'assurent pas pleinement la mise en œuvre des dispositions du droit de l'UE, et dans l'attente de l'édiction des dispositions législatives ou réglementaires qu'appelle, selon les cas, le plein respect des exigences qui en découlent, il appartient aux ministres de prendre, sous le contrôle du juge, les mesures qui sont strictement nécessaires au bon fonctionnement de ces services dans des conditions conformes aux exigences découlant du respect du droit de l'UE et dans le respect des règles de compétence de droit national ; en effet, la note avait pour effet de confier à l'OFPRA l'examen individuel de la situation des personnes ayant formé une demande d'asile en rétention, alors qu'en vertu des textes qui le régissent, il n'appartient pas à cet établissement public de contribuer à la détermination de la procédure selon laquelle les demandes d'asile doivent être instruites ; dès lors, le ministre de l'Intérieur n'était pas compétent pour édicter un tel dispositif, qui n'assure d'ailleurs pas la conformité de la procédure applicable aux demandes d'asile formées par des personnes placées en rétention avec les exigences découlant du droit de l'UE. • CE 30 juill. 2014, *CIMADE*, n° 375430 A : *AJDA 2014. 1630*. ♦ Le ministère de l'Intérieur a publié une nouvelle note d'information dans laquelle il indique que le préfet, immédiatement avisé par le chef de centre d'une demande d'asile présentée en rétention, doit réaliser un examen au cas par cas afin de déterminer si c'est la procédure prioritaire qui doit être retenue ou non ; lorsqu'il s'agit d'une première demande, le préfet peut notamment fonder son appréciation sur la date d'entrée en France, la durée, les conditions de séjour et les démarches antérieures en matière d'asile, l'existence de demandes d'admission au séjour à d'autres titres que l'asile et l'existence de précédentes mesures d'éloignement ; lorsqu'il s'agit d'une demande de réexamen, le préfet pourra s'appuyer « entre autres » sur l'existence d'une mesure d'éloignement « récente » et intervenue après le rejet par l'OFPRA ou la CNDA de sa demande d'asile initiale, sur le nombre de demandes d'asile déposées antérieurement et rejetées ainsi que sur les déclarations de l'intéressé relatives à la situation dans son pays d'origine lors de ses auditions en garde à vue ou en retenue. Il n'appartient pas à l'autorité administrative d'examiner la demande au fond, ce qui relève de la compétence exclusive de l'OFPRA. Si le préfet décide le placement en procédure prioritaire, une décision motivée « en droit et en fait » sera notifiée en ce sens et la demande transmise à l'OFPRA. Il appartient au préfet d'apprécier la nécessité du maintien, au terme d'un réexamen « au cas par cas ». * Inf. min. Intérieur, 23 déc. 2014, NOR : INTV1430936N : *DP Étrangers, Bull. n° 242, mars 2015, note Pouly.*

3. Délai de 5 jours. En prévoyant qu'une demande d'asile sera irrecevable si elle est formulée plus de 5 jours après le placement de l'étranger dans un centre de rétention, le législateur a voulu concilier le respect du droit d'asile et, en évitant des demandes de caractère dilatoire, la nécessité de garantir l'exécution des mesures d'éloignement, qui participe de la sauvegarde de l'ordre public ; il a prévu, à cet effet, que l'étranger sera pleinement informé du délai durant lequel une demande d'asile peut être formulée ; ce délai ne saurait courir à défaut d'une telle information. Au surplus, il résulte de la référence spécialement faite par le législateur à la catégorie particulière des « centres » de rétention au présent art. que le délai de 5 jours mentionné par cette disposition ne couvre pas la période éventuellement passée en rétention par un étranger dans un local d'une autre nature. • Cons. const. 20 nov. 2003, n° 2003-484 DC : *Rec. Cons. const. 438 ; JO 27 nov. p. 20154 ; LPA 20 et 21 janv. 2004, note Schoettl ; ibid. 27 déc. 2004, note Mathieu et Janicot ; RFDC 2004. 96, note Domingo ; RD publ. 2004. 275, note Ferran ; D. 2004. 1278, note Domingo ; AJDA 2004. 599, note Lecucq ; JCP 2003. 2169, note Guimezanes ; ibid. 2249, obs. Zarka.*

4. Alors même que la CEDH a, dans son arrêt du 2 févr. 2012 (n° 9152/09), souligné le caractère particulièrement bref et contraignant du délai de 5 jours, l'intervention de cet arrêt ne saurait être regardé comme un changement de circonstances justifiant la transmission d'une QPC dès lors que le Conseil constitutionnel avait déclaré le présent art. conforme à la Constitution dans sa Décis. n° 2003-484 DC. • CE 28 mai 2021, n° 447407 : *AJDA 2021. 1771*.

5. L'intérêt particulier qui s'attache au règlement rapide de la situation des demandeurs d'asile placés en rétention administrative justifie que l'OFPRA se prononce sur leur demande dans le délai le plus bref compatible avec le respect de l'exercice, par les intéressés, de leur droit ; un délai de 96 heures n'est pas insuffisant au regard de ces exigences. • CE 12 oct. 2005, *GISTI et a.*, n° 273198 B • 12 juin 2006, *GISTI et a.*, n° 282275 B.

6. La libération puis l'assignation à résidence du demandeur après la notification de ses droits ont pour effet de suspendre le délai de 5 jours pour présenter une demande d'asile en rétention. Celui-ci ne recommence à courir qu'au moment du retour de l'intéressé en rétention. • CNDA 17 janv. 2020, n° 19016518 C.

7. Les faits survenus après l'expiration du délai de 5 jours peuvent être des faits dont l'intéressé justifie qu'il n'était pas en mesure de les invoquer avant l'expiration de ce délai. La circonstance que le retenu n'a pas bénéficié d'une assistance juridique et linguistique effective est de nature à rendre inopposable le délai de 5 jours prescrit par la loi à peine d'irrecevabilité. • CNDA 25 juill. 2017, n° 16037938.

8. CNDA. La CNDA est compétente pour statuer sur les décisions d'irrecevabilité des demandes de protection internationale déposées en rétention. • CE 23 déc. 2016, n°s 403971 B, 403975 B et 403976 B : *AJDA 2017. 12*. ♦ Il revient à la CNDA d'apprécier de manière « souveraine » si la notification du droit de présenter une demande d'asile en rétention (art. R. 754-2) a été réalisée dans une langue que le demandeur était susceptible de comprendre. • CE 20 févr. 2019, n° 422129.

9. Interprète. Dès lors que la demande d'asile doit obligatoirement être rédigée en langue française, il incombe à l'administration de mettre à la disposition du demandeur un interprète ; à défaut pour l'administration de prendre en charge les frais qui en découlent, le demandeur démuni de ressources ne peut bénéficier du droit d'asile, droit de valeur constitutionnelle. • TA Toulouse, 31 janv. 2005, *Chang*, n° 05/450.

Art. L. 754-2 **Lorsqu'un étranger placé ou maintenu en rétention présente une demande d'asile, l'autorité administrative peut procéder, pendant la rétention, à la détermination de l'État responsable de l'examen de cette demande conformément à l'article L. 571-1 et, le cas échéant, à l'exécution d'office du transfert dans les conditions prévues à l'article L. 751-13.** – *[Anc. art. L. 556-1, al. 1er (1re phr.).]*

Art. L. 754-3 **Si la France est l'État responsable de l'examen de la demande d'asile et si l'autorité administrative estime, sur le fondement de critères objectifs, que cette demande est présentée dans le seul but de faire échec à l'exécution de la décision d'éloignement, elle peut prendre une décision de maintien en rétention de l'étranger pendant le temps strictement nécessaire à l'examen de sa demande d'asile par l'Office français de protection des réfugiés et apatrides et, en cas de décision de rejet ou d'irrecevabilité de celle-ci, dans l'attente de son départ.**

Cette décision de maintien en rétention n'affecte ni le contrôle ni la compétence du *(L. n° 2023-1059 du 20 nov. 2023, art. 44-I ; Décr. n° 2024-570 du 20 juin 2024, art. 5, en vigueur le 1er sept. 2024)* **« magistrat du siège du tribunal judiciaire » exercé sur le placement et le maintien en rétention en application du chapitre III du titre IV. La décision de maintien en rétention est écrite et motivée.**

A défaut d'une telle décision, il est immédiatement mis fin à la rétention et l'autorité administrative compétente délivre à l'intéressé l'attestation mentionnée à l'article L. 521-7. – *[Anc. art. L. 556-1, al. 1er (1re phr.).]*

1. Avant même la modification du présent art. par la L. n° 2018-187 du 20 mars 2018, il a été jugé que celui-ci était conforme au 3 de l'art. 8 de la Dir. 2013/33/UE du 26 juin 2013, le juge rejetant l'argument selon lequel les dispositions législatives n'auraient pas défini les critères objectifs permettant à l'administration d'examiner la situation particulière de chaque demandeur d'asile ; en effet, les dispositions de la directive énumèrent de manière exhaustive les différents motifs susceptibles de justifier un placement en rétention et chacun de ces motifs répond à un besoin spécifique tout en revêtant un caractère autonome. S'agissant des ressortissants des États tiers qui demandent le bénéfice d'une protection internationale alors qu'ils sont déjà placés en rétention en vue de l'exécution d'une décision de retour, les dispositions du d) de ce 3 de l'art. 8 de ladite Dir. mettent en œuvre un des principes généraux du droit de l'UE en vertu duquel les États membres sont en droit de réprimer les abus de droit. Ce principe a été rappelé notamment par la Décis. C-534/11 de la CJUE du 30 mai 2013. Dans cette Décis., la Cour a dit pour droit que les dispositions des Dir. du 27 janv. 2003 relatives à des normes minimales pour l'accueil des demandeurs d'asile dans les États membres et du 1er déc. 2005 relative à des normes minimales concernant la procédure d'octroi et de retrait du statut de réfugié dans les États membres ne s'opposent pas à ce que le ressortissant d'un pays tiers ayant présenté une demande d'asile alors qu'il était placé en rétention administrative soit maintenu en rétention sur la base d'une disposition nationale lorsqu'il apparaît, au terme d'un examen au cas par cas de l'ensemble des circonstances pertinentes, d'une part, que cette demande a été introduite dans le seul but de retarder ou de compromettre l'exécution de la décision de retour et, d'autre part, qu'il est objectivement nécessaire de maintenir la mesure de rétention pour éviter que l'intéressé se soustraie définitivement à son retour. • CAA Bordeaux, 28 sept. 2017, n° 17BX01986 : *AJDA 2017. 2363, concl. de la Taille*.

2. S'il incombe aux États membres, en vertu du § 4 de l'art. 8 de la Dir. 2013/33/UE, de définir en droit interne les motifs susceptibles de justifier le placement ou le maintien en rétention d'un demandeur d'asile, parmi ceux énumérés de manière exhaustive par les dispositions du 3 de cet art., aucune disposition de la Dir. n'impose, s'agissant du motif prévu par le d) du 3 de l'art. 8, que les critères objectifs, sur la base desquels est établie l'existence de motifs raisonnables de penser que la demande de protection internationale d'un étranger déjà placé en rétention a été présentée à seule fin de retarder ou d'empêcher l'exécution de la décision de retour, soient définis par la loi. • CE 6 mai 2019, n° 416088 B : *AJDA 2019. 967*.

Art. L. 754-4 *(L. n° 2024-42 du 26 janv. 2024, art. 72)* **« L'étranger peut, selon la procédure prévue à l'article L. 921-2, demander l'annulation de la décision de maintien en rétention prévue à l'article L. 754-3 afin de contester les motifs retenus par l'autorité administrative pour estimer que sa demande d'asile a été présentée dans le seul but de faire échec à l'exécution de la décision d'éloignement.**

« Le président du tribunal administratif ou le magistrat désigné statue après la notification de la décision de l'Office français de protection des réfugiés et apatrides relative au demandeur.

« Si l'étranger a formé un recours contre la décision portant obligation de quitter le territoire français dont il fait l'objet et que le président du tribunal administratif ou le magistrat désigné n'a pas encore statué sur ce premier recours, il statue sur les deux contestations par une seule décision. »

En cas d'annulation de la décision de maintien en rétention, il est immédiatement mis fin à la rétention et l'autorité administrative compétente délivre à l'intéressé l'attestation mentionnée à l'article L. 521-7. Dans ce cas l'étranger peut être assigné à résidence en application de l'article L. 731-3. – *[Anc. art. L. 556-1, al. 2 à 4.]*

Les dispositions du présent art. introduites par l'art. 72 de la L. n° 2024-42 du 26 janv. 2024 entrent en vigueur à une date fixée par Décr. en Conseil d'État, et au plus tard le 1er août 2024. Ces dispositions s'appliquent à la contestation des décisions prises à compter de leur entrée en vigueur (L. préc., art. 86-IV).

Ancien art. L. 754-4 *L'étranger peut demander au président du tribunal administratif l'annulation de la décision de maintien en rétention prévue à l'article L. 754-3 dans les quarante-huit heures suivant sa notification afin de contester les motifs retenus par l'autorité administrative pour estimer que sa demande d'asile a été présentée dans le seul but de faire échec à l'exécution de la décision d'éloignement.*

Le président du tribunal administratif, ou le magistrat qu'il désigne à cette fin parmi les membres de sa juridiction, ou les magistrats honoraires inscrits sur la liste mentionnée à l'article

L. 222-2-1 du code de justice administrative, statue après la notification de la décision de l'Office français de protection des réfugiés et apatrides relative au demandeur, dans un délai qui ne peut excéder quatre-vingt-seize heures à compter de l'expiration du délai de recours, dans les conditions prévues aux articles L. 614-7 à L. 614-13.

Si l'étranger a formé un recours contre la décision portant obligation de quitter le territoire français en application de l'article L. 614-8 et que le président du tribunal administratif ou le magistrat qu'il désigne à cette fin n'a pas encore statué sur ce premier recours, il statue sur les deux requêtes par une seule décision.

En cas d'annulation de la décision de maintien en rétention, il est immédiatement mis fin à la rétention et l'autorité administrative compétente délivre à l'intéressé l'attestation mentionnée à l'article L. 521-7. Dans ce cas l'étranger peut être assigné à résidence en application de l'article L. 731-3. – [Anc. art. L. 556-1, al. 2 à 4.]

1. *Incompétence du juge judiciaire.* Toute contestation portant sur l'existence, la date ou le contenu de l'arrêté de maintien en rétention faisant suite à une demande d'asile formalisée en cours de rétention échappe au contrôle du juge judiciaire pour relever de la compétence du juge administratif. • Civ. 1re, 6 mars 2019, n° 18-13.908 : *AJDA 2019. 552*. ♦ La Cour de cassation a transmis une QPC afin de déterminer si l'exclusion de la compétence du juge judiciaire pour statuer sur le maintien en rétention d'un demandeur d'asile porte atteinte à la liberté individuelle et au droit à un recours juridictionnel effectif. • Civ. 1re, 11 juill. 2019, n° 18-26.232 : *D. 2020. 19*. ♦ Le Conseil constitutionnel a considéré que même si elle a pour effet de laisser perdurer une mesure privative de liberté, la décision par laquelle l'autorité administrative décide de maintenir en rétention un étranger au motif que sa demande d'asile a été présentée dans le seul but de faire échec à la mesure d'éloignement constitue une « décision relative au séjour des étrangers ». • Cons. const. 4 oct. 2019, n° 2019-807 QPC : *AJDA 2019. 1969 ; ibid. 2020. 412, note Schmitz ; D. 2019. 1890 ; Constitutions 2019. 447*.

2. Incompétence du juge judiciaire pour statuer sur le maintien en rétention d'un demandeur d'asile à l'égard duquel le préfet n'a pris aucune décision de maintien après le dépôt de la demande d'asile ; en effet, toute contestation portant sur l'existence, la date ou le contenu de l'arrêté de maintien en rétention faisant suite à une demande d'asile formalisée en cours de rétention échappe au contrôle du juge judiciaire pour relever de la compétence du juge administratif. • Civ. 1re, 6 mars 2019, n° 18-13.908.

3. *Exclusivité de la procédure.* Eu égard aux pouvoirs confiés au juge, aux délais qui lui sont impartis et aux conditions de son intervention, la procédure particulière prévue au présent art. (demande à fin d'annulation portée dans les 48 heures devant le président du tribunal administratif) est exclusive de celles prévues par le livre V du CJA. • CE, ord., 17 oct. 2017, n° 415031.

4. *Délai de recours.* Le présent art. a prévu un délai suffisamment bref pour être compatible avec l'objectif de contrôle rapide énoncé au 3 de l'art. 9 de la Dir. 2013/33/UE ; en effet, le présent art. prévoit un délai de jugement de 72 heures après la notification de la décision de l'OFPRA ; or, cette décision, qui est rendue au terme d'un délai de 96 heures, est susceptible d'avoir une incidence sur l'issue du litige. • CAA Bordeaux, 30 nov. 2017, n° 17BX02309 : *AJDA 2018. 605*.

Art. L. 754-5 A l'exception des cas mentionnés aux *b* et *c* du 2° de l'article L. 542-2, la décision d'éloignement ne peut être mise à exécution avant que l'Office français de protection des réfugiés et apatrides ait rendu sa décision ou, en cas de saisine du président du tribunal administratif, avant que ce dernier ou le magistrat désigné à cette fin ait statué. – [Anc. art. L. 556-1, al. 5.]

Art. L. 754-6 La demande d'asile présentée en application du présent chapitre est examinée par l'Office français de protection des réfugiés et apatrides selon la procédure accélérée, conformément au 3° de l'article L. 531-24. – [Anc. art. L. 556-1, al. 6 (1re phr.).]

Art. L. 754-7 Il est mis fin à la rétention si l'Office français de protection des réfugiés et apatrides considère qu'il ne peut examiner la demande selon la procédure accélérée mentionnée à l'article L. 754-6 ou s'il reconnaît à l'étranger la qualité de réfugié ou lui accorde le bénéfice de la protection subsidiaire. – [Anc. art. L. 556-1, al. 7.]

Art. L. 754-8 A l'exception de l'article L. 754-1, les modalités d'application du présent chapitre, et notamment les modalités de prise en compte de la vulnérabilité du demandeur d'asile et, le cas échéant, de ses besoins particuliers, sont fixées par décret en Conseil d'État. – [Anc. art. L. 556-1, al. 8.]

TITRE VI DISPOSITIONS RELATIVES À L'OUTRE-MER

Dans les collectivités qui relèvent de l'art. 74 de la Const. à l'exception de Saint-Pierre-et-Miquelon, en Nouvelle-Calédonie et dans les Terres australes et antarctiques françaises, les dispositions et modifications introduites par la L. n° 2024-42 du 26 janv. 2024 entrent en vigueur à une date fixée par décret en Conseil d'État, et au plus tard le 1er sept. 2025 (L. préc., art. 86-V).

CHAPITRE I DISPOSITIONS PARTICULIÈRES AUX COLLECTIVITÉS RÉGIES PAR L'ARTICLE 73 DE LA CONSTITUTION ET À SAINT-PIERRE-ET-MIQUELON

Art. L. 761-1 Les dispositions du présent livre sont applicables de plein droit en Guadeloupe, en Guyane, en Martinique, à La Réunion, à Mayotte et à Saint-Pierre-et-Miquelon, sous réserve des adaptations prévues au présent chapitre.

Art. L. 761-2 Les articles L. 700-2, L. 722-7, L. 722-12, L. 732-8, L. 743-20, L. 751-1 à L. 751-13, L. 754-2, L. 754-4 et L. 754-5 ne sont pas applicables en Guadeloupe. — *[Anc. art. L. 556-2.]*

Art. L. 761-3 L'éloignement effectif de l'étranger faisant l'objet d'une décision portant obligation de quitter le territoire français ne peut intervenir en Guadeloupe :

1° Si l'autorité consulaire le demande, avant l'expiration du délai d'un jour franc à compter de la notification de cette décision ;

2° Si l'étranger a saisi le tribunal administratif d'une demande sur le fondement de l'article L. 521-2 du code de justice administrative, avant que le juge des référés ait informé les parties de la tenue ou non d'une audience publique en application du deuxième alinéa de l'article L. 522-1 du même code, ni, si les parties ont été informées d'une telle audience, avant que le juge ait statué sur la demande. — *[Anc. art. L. 514-1, al. 1er, 2 et 4.]*

Art. L. 761-4 Les articles L. 700-2, L. 722-7, L. 722-12, L. 732-8, L. 743-20, L. 751-1 à L. 751-13, L. 754-2, L. 754-4 et L. 754-5 ne sont pas applicables en Guyane. — *[Anc. art. L. 556-2.]*

Art. L. 761-5 L'éloignement effectif de l'étranger faisant l'objet d'une décision portant obligation de quitter le territoire français ne peut intervenir en Guyane :

1° Si l'autorité consulaire le demande, avant l'expiration du délai d'un jour franc à compter de la notification de cette décision ;

2° Si l'étranger a saisi le tribunal administratif d'une demande sur le fondement de l'article L. 521-2 du code de justice administrative, avant que le juge des référés ait informé les parties de la tenue ou non d'une audience publique en application du deuxième alinéa de l'article L. 522-1 du même code, ni, si les parties ont été informées d'une telle audience, avant que le juge ait statué sur la demande. — *[Anc. art. L. 514-1, al. 1er, 2 et 4.]*

Art. L. 761-6 Les articles L. 700-2, L. 722-12, L. 751-1 à L. 751-13 et L. 754-2 ne sont pas applicables en Martinique.

Art. L. 761-7 Les articles L. 700-2, L. 722-12, L. 751-1 à L. 751-13 et L. 754-2 ne sont pas applicables à La Réunion.

Art. L. 761-8 Pour l'application du présent livre à Mayotte :

1° Les articles L. 700-2, L. 722-7, L. 722-12, L. 732-8, L. 743-20, L. 751-1 à L. 751-13, L. 754-2, L. 754-4 et L. 754-5 ne sont pas applicables ;

2° Les références à la cour d'appel sont remplacées par la référence à la chambre d'appel de la cour d'appel de Saint-Denis de La Réunion à Mamoudzou ;

3° L'article L. 711-2 est complété par un alinéa ainsi rédigé :

"A Mayotte, l'étranger ne peut bénéficier d'une aide au retour mais, dans des circonstances exceptionnelles et sous réserve de l'existence d'un projet économique viable, d'une aide à la réinsertion économique, ou, s'il est accompagné d'un ou plusieurs enfants mineurs, de mesures d'accompagnement, dans des conditions définies par arrêté du ministre de l'intérieur et du ministre chargé des outre-mer."

4° A l'article L. 732-7, les mots : "et, le cas échéant, sur la possibilité de bénéficier d'une aide au retour" sont supprimés ;

5° Aux articles L. 741-1, L. 741-2, L. 741-10 et L. 742-1, les mots : "quarante-huit heures" sont remplacés par les mots : "cinq jours" ;

6° A l'article L. 742-3, les mots : "vingt-huit jours" et les mots : "quarante-huit heures" sont respectivement remplacés par les mots : "vingt-cinq jours" et "cinq jours" ;

7° L'article L. 743-4 est ainsi rédigé :

Art. L. 743-4 Quand un délai de cinq jours s'est écoulé depuis la décision de placement en rétention, le juge *(Abrogé par L. n° 2023-1059 du 20 nov. 2023, art. 44-I ; Décr. n° 2024-570 du 20 juin 2024, art. 5, en vigueur le 1er sept. 2024)* « *des libertés et de la détention* » est saisi aux fins de prolongation de la rétention.

Le juge *(Abrogé par L. n° 2023-1059 du 20 nov. 2023, art. 44-I ; Décr. n° 2024-570 du 20 juin 2024, art. 5, en vigueur le 1er sept. 2024)* « *des libertés et de la détention* » statue, par ordonnance, dans les vingt-quatre heures suivant sa saisine.

8° A l'article L. 743-16, les mots : "et, le cas échéant, sur la possibilité de bénéficier d'une aide au retour" sont supprimés. — *[Anc. art. L. 512-5, 3e phr. ; anc. art. L. 556-2.]*

Art. L. 761-9 L'éloignement effectif de l'étranger faisant l'objet d'une décision portant obligation de quitter le territoire français ne peut intervenir à Mayotte :

1° Si l'autorité consulaire le demande, avant l'expiration du délai d'un jour franc à compter de la notification de cette décision ;

2° Si l'étranger a saisi le tribunal administratif d'une demande sur le fondement de l'article L. 521-2 du code de justice administrative, avant que le juge des référés ait informé les parties de la tenue ou non d'une audience publique en application du deuxième alinéa de l'article L. 522-1 du même code, ni, si les parties ont été informées d'une telle audience, avant que le juge ait statué sur la demande. — *[Anc. art. L. 514-1, al. 1er, 2 et 4.]*

Art. L. 761-10 Pour l'application du présent livre à Saint-Pierre-et-Miquelon :

1° Les articles L. 700-2, L. 722-12, L. 751-1 à L. 751-13 et L. 754-2 ne sont pas applicables ;

2° Les références au premier président de la cour d'appel et au tribunal judiciaire sont remplacées respectivement par la référence au premier président du tribunal supérieur d'appel et au tribunal de première instance.

CHAPITRE II DISPOSITIONS APPLICABLES À SAINT-BARTHÉLEMY

Art. L. 762-1 Sous réserve des adaptations prévues par le présent chapitre, les dispositions suivantes sont applicables à Saint-Barthélemy dans leur rédaction résultant de l'ordonnance n° 2020-1733 du 16 décembre 2020, sauf mention contraire ou mention de leur application de plein droit dans le tableau ci-dessous. — *Tableau mod. par L. n° 2023-1059 du 20 nov. 2023, art. 58-II ; Décr. n° 2024-570 du 20 juin 2024, art. 5, en vigueur le 1er sept. 2024.*

Articles applicables	Dans leur rédaction résultant de
L. 700-1	
Au titre I	
L. 710-1	
L. 711-1 et L. 711-2	
Au titre II	
L. 720-1	
L. 721-1 à L. 721-4	
L. 721-5	Application de plein droit
L. 721-6 à L. 722-6	
L. 722-8 à L. 722-11	
Au titre III	
L. 730-1 à L. 732-7	

Articles applicables	Dans leur rédaction résultant de
L. 732-9 à L. 733-6	
L. 733-7 à L. 733-11	La loi n° 2023-1059 du 20 novembre 2023 d'orientation et de programmation du ministère de la justice 2023-2027
L. 733-12 à L. 733-17	
Au titre IV	
L. 740-1 à L. 741-9	
L. 741-10 et L. 742-1	La loi n° 2023-1059 du 20 novembre 2023 d'orientation et de programmation du ministère de la justice 2023-2027
L. 742-2 et L. 742-3	
L. 742-4 à L. 742-8	La loi n° 2023-1059 du 20 novembre 2023 d'orientation et de programmation du ministère de la justice 2023-2027
L. 742-9	
L. 742-10 à L. 743-2	La loi n° 2023-1059 du 20 novembre 2023 d'orientation et de programmation du ministère de la justice 2023-2027
L. 743-3	
L. 743-4 à L. 743-9	La loi n° 2023-1059 du 20 novembre 2023 d'orientation et de programmation du ministère de la justice 2023-2027
L. 743-10	
L. 743-11 à L. 743-14	La loi n° 2023-1059 du 20 novembre 2023 d'orientation et de programmation du ministère de la justice 2023-2027
L. 743-15 à L. 743-17	
L. 743-18 et L. 743-19	La loi n° 2023-1059 du 20 novembre 2023 d'orientation et de programmation du ministère de la justice 2023-2027
L. 743-21	La loi n° 2023-1059 du 20 novembre 2023 d'orientation et de programmation du ministère de la justice 2023-2027
L. 743-22	
L. 743-23 et L. 743-24	La loi n° 2023-1059 du 20 novembre 2023 d'orientation et de programmation du ministère de la justice 2023-2027
L. 743-25 à L. 744-16	
L. 744-17	La loi n° 2023-1059 du 20 novembre 2023 d'orientation et de programmation du ministère de la justice 2023-2027
Au titre V	
L. 750-1	
L. 752-1 à L. 752-4	
L. 752-5 à L. 752-12	Application de plein droit
L. 753-1 à L. 753-6	
L. 753-7 à L. 753-11	Application de plein droit

Articles applicables	Dans leur rédaction résultant de
L. 753-12 et L. 754-1	
L. 754-3	La loi n° 2023-1059 du 20 novembre 2023 d'orientation et de programmation du ministère de la justice 2023-2027
L. 754-6 à L. 754-8	

Art. L. 762-2 Pour l'application du présent livre à Saint-Barthélemy :

1° A l'article L. 720-1, la référence à l'article L. 722-7 est supprimée ;

2° A l'article L. 730-1, la référence à l'article L. 732-8 est supprimée ;

3° A l'article L. 732-9, après les mots : "autorisation de travail" sont ajoutés les mots : "selon la réglementation applicable localement" ;

4° A l'article L. 740-1, la référence à l'article L. 743-20 est supprimée ;

5° A l'article L. 750-1, les références aux articles L. 754-2, L. 754-4 et L. 754-5 sont supprimées.

Art. L. 762-3 L'éloignement effectif de l'étranger faisant l'objet d'une décision portant obligation de quitter le territoire français ne peut intervenir à Saint-Barthélemy :

1° Si l'autorité consulaire le demande, avant l'expiration du délai d'un jour franc à compter de la notification de cette décision ;

2° Si l'étranger a saisi le tribunal administratif d'une demande sur le fondement de l'article L. 521-2 du code de justice administrative, avant que le juge des référés ait informé les parties de la tenue ou non d'une audience publique en application du deuxième alinéa de l'article L. 522-1 du même code, ni, si les parties ont été informées d'une telle audience, avant que le juge ait statué sur la demande. – *[Anc. art. L. 514-1, al. 1er, 2 et 4.]*

CHAPITRE III **DISPOSITIONS APPLICABLES À SAINT-MARTIN**

Art. L. 763-1 Sous réserve des adaptations prévues par le présent chapitre, les dispositions suivantes sont applicables à Saint-Martin dans leur rédaction résultant de l'ordonnance n° 2020-1733 du 16 décembre 2020, sauf mention contraire ou mention de leur application de plein droit dans le tableau ci-dessous. – *Tableau mod. par L. n° 2023-1059 du 20 nov. 2023, art. 58-II ; Décr. n° 2024-570 du 20 juin 2024, art. 5, en vigueur le 1er sept. 2024.*

Articles applicables	Dans leur rédaction résultant de
L. 700-1	
Au titre I	
L. 710-1	
L. 711-1 et L. 711-2	
Au titre II	
L. 720-1	
L. 721-1 à L. 721-4	
L. 721-5	Application de plein droit
L. 721-6 à L. 722-6	
L. 722-8 à L. 722-11	
Au titre III	
L. 730-1 à L. 732-7	
L. 732-9 à L. 733-6	
L. 733-7 à L. 733-11	La loi n° 2023-1059 du 20 novembre 2023 d'orientation et de programmation du ministère de la justice 2023-2027

Articles applicables	Dans leur rédaction résultant de
L. 733-12 à L. 733-17	
Au titre IV	
L. 740-1 à L. 741-9	
L. 741-10 et L. 742-1	La loi n° 2023-1059 du 20 novembre 2023 d'orientation et de programmation du ministère de la justice 2023-2027
L. 742-2 et L. 742-3	
L. 742-4 à L. 742-8	La loi n° 2023-1059 du 20 novembre 2023 d'orientation et de programmation du ministère de la justice 2023-2027
L. 742-9	
L. 742-10 à L. 743-2	La loi n° 2023-1059 du 20 novembre 2023 d'orientation et de programmation du ministère de la justice 2023-2027
L. 743-3	
L. 743-4 à L. 743-9	La loi n° 2023-1059 du 20 novembre 2023 d'orientation et de programmation du ministère de la justice 2023-2027
L. 743-10	
L. 743-11 à L. 743-14	La loi n° 2023-1059 du 20 novembre 2023 d'orientation et de programmation du ministère de la justice 2023-2027
L. 743-15 à L. 743-17	
L. 743-18 et L. 743-19	La loi n° 2023-1059 du 20 novembre 2023 d'orientation et de programmation du ministère de la justice 2023-2027
L. 743-21	La loi n° 2023-1059 du 20 novembre 2023 d'orientation et de programmation du ministère de la justice 2023-2027
L. 743-22	
L. 743-23 et L. 743-24	La loi n° 2023-1059 du 20 novembre 2023 d'orientation et de programmation du ministère de la justice 2023-2027
L. 743-25 à L. 744-16	
L. 744-17	La loi n° 2023-1059 du 20 novembre 2023 d'orientation et de programmation du ministère de la justice 2023-2027
Au titre V	
L. 750-1	
L. 752-1 à L. 752-4	
L. 752-5 à L. 752-12	Application de plein droit
L. 753-1 à L. 753-6	
L. 753-7 à L. 753-11	Application de plein droit
L. 753-12 et L. 754-1	
L. 754-3	La loi n° 2023-1059 du 20 novembre 2023 d'orientation et de programmation du ministère de la justice 2023-2027
L. 754-6 à L. 754-8	

Art. L. 763-2 Pour l'application du présent livre à Saint-Martin :

1° A l'article L. 720-1, la référence à l'article L. 722-7 est supprimée ;

2° A l'article L. 730-1, la référence à l'article L. 732-8 est supprimée ;

3° A l'article L. 732-9, après les mots : "autorisation de travail" sont ajoutés les mots : "selon la réglementation applicable localement" ;

4° A l'article L. 740-1, la référence à l'article L. 743-20 est supprimée ;

5° A l'article L. 750-1, les références aux articles L. 754-2, L. 754-4 et L. 754-5 sont supprimées.

Art. L. 763-3 L'éloignement effectif de l'étranger faisant l'objet d'une décision portant obligation de quitter le territoire français ne peut intervenir à Saint-Martin :

1° Si l'autorité consulaire le demande, avant l'expiration du délai d'un jour franc à compter de la notification de cette décision ;

2° Si l'étranger a saisi le tribunal administratif d'une demande sur le fondement de l'article L. 521-2 du code de justice administrative, avant que le juge des référés ait informé les parties de la tenue ou non d'une audience publique en application du deuxième alinéa de l'article L. 522-1 du même code, ni, si les parties ont été informées d'une telle audience, avant que le juge ait statué sur la demande. – *[Anc. art. L. 514-1, al. 1er, 2 et 4.]*

CHAPITRE IV **DISPOSITIONS APPLICABLES DANS LES ÎLES WALLIS-ET-FUTUNA**

Art. L. 764-1 Sous réserve des adaptations prévues par le présent chapitre, les dispositions suivantes sont applicables dans les îles Wallis-et-Futuna dans leur rédaction résultant de l'ordonnance n° 2020-1733 du 16 décembre 2020, sauf mention contraire dans le tableau ci-dessous. – *Tableau mod. par L. n° 2023-1059 du 20 nov. 2023, art. 58-II ; Décr. n° 2024-570 du 20 juin 2024, art. 5, en vigueur le 1er sept. 2024.*

Articles applicables	Dans leur rédaction résultant de
L. 700-1	
Au titre I	
L. 710-1	
L. 711-1 et L. 711-2	
Au titre II	
L. 720-1	
L. 721-1 à L. 722-11	
Au titre III	
L. 730-1 à L. 733-6	
L. 733-7 à L. 733-11	La loi n° 2023-1059 du 20 novembre 2023 d'orientation et de programmation du ministère de la justice 2023-2027
L. 733-12 à L. 733-17	
Au titre IV	
L. 740-1 à L. 741-9	
L. 741-10 et L. 742-1	La loi n° 2023-1059 du 20 novembre 2023 d'orientation et de programmation du ministère de la justice 2023-2027
L. 742-2 et L. 742-3	
L. 742-4 à L. 742-8	La loi n° 2023-1059 du 20 novembre 2023 d'orientation et de programmation du ministère de la justice 2023-2027
L. 742-9	

Articles applicables	Dans leur rédaction résultant de
L. 742-10 à L. 743-2	La loi n° 2023-1059 du 20 novembre 2023 d'orientation et de programmation du ministère de la justice 2023-2027
L. 743-3	
L. 743-4 à L. 743-9	La loi n° 2023-1059 du 20 novembre 2023 d'orientation et de programmation du ministère de la justice 2023-2027
L. 743-11 à L. 743-14	La loi n° 2023-1059 du 20 novembre 2023 d'orientation et de programmation du ministère de la justice 2023-2027
L. 743-15 à L. 743-17	
L. 743-18 à L. 743-21	La loi n° 2023-1059 du 20 novembre 2023 d'orientation et de programmation du ministère de la justice 2023-2027
L. 743-22	
L. 743-23 et L. 743-24	La loi n° 2023-1059 du 20 novembre 2023 d'orientation et de programmation du ministère de la justice 2023-2027
L. 743-25 à L. 744-16	
L. 744-17	La loi n° 2023-1059 du 20 novembre 2023 d'orientation et de programmation du ministère de la justice 2023-2027
Au titre V	
L. 750-1	
L. 752-1 à L. 754-1	
L. 754-3	La loi n° 2023-1059 du 20 novembre 2023 d'orientation et de programmation du ministère de la justice 2023-2027
L. 754-4 à L. 754-8	

Art. L. 764-2 Pour l'application du présent livre dans les îles Wallis-et-Futuna :

1° Les mots : ", la République d'Islande, la Principauté du Liechtenstein, le Royaume de Norvège ou la Confédération suisse," sont supprimés ;

2° A l'article L. 711-2, les mots : "ou d'un des États énumérés au premier alinéa et dont il assure seul la garde effective" sont supprimés et le troisième alinéa est supprimé ;

3° A l'article L. 732-7, les mots : "et, le cas échéant, sur la possibilité de bénéficier d'une aide au retour" sont supprimés ;

4° A l'article L. 732-9, après les mots : "autorisation de travail" sont ajoutés les mots : "selon la législation et la réglementation applicables localement" ;

5° A l'article L. 733-15, il est ajouté l'alinéa suivant :

"Les étrangers qui n'ont pas respecté les interdictions qui leur sont prescrites en application du premier alinéa sont passibles d'une peine d'emprisonnement d'un an."

6° A l'article L. 740-2, la référence à l'article L. 743-10 est supprimée ;

7° Aux articles L. 741-1, L. 741-2, L. 741-10 et L. 742-1 les mots : "quarante-huit heures" sont remplacés par les mots : "cinq jours" ;

8° A l'article L. 742-3, les mots : "vingt-huit jours" et les mots : "quarante-huit heures" sont respectivement remplacés par les mots : "vingt-cinq jours" et "cinq jours" ;

9° A l'article L. 743-4, les mots : "quarante-huit heures" sont remplacés par les mots : "cinq jours" ;

10° A l'article L. 743-7, les mots : "tribunal judiciaire" sont remplacés par les mots : "tribunal de première instance" ;

11° Aux articles L. 744-12 et L. 744-15, les mots : "titulaires de la carte d'identité professionnelle mentionnée à l'article L. 7111-6 du code du travail" sont remplacés par les mots : "soit titulaires de la carte d'identité professionnelle définie par le code du travail, soit reconnus comme journalistes en application des dispositions ayant le même objet dans les îles Wallis-et-Futuna" ;

12° A l'article L. 744-17, les mots : "les procureurs de la République compétents du lieu de départ et du lieu d'arrivée" sont remplacés par les mots : "le procureur de la République" ;

13° A l'article L. 750-1, les références à l'article L. 754-2 sont supprimées.

Art. L. 764-3 Les peines d'interdiction du territoire prononcées par toute juridiction siégeant dans les îles Wallis-et-Futuna sont applicables sur tout le territoire de la République.

Il en est de même des décisions d'expulsion prononcées par le représentant de l'État dans les îles Wallis-et-Futuna. – *[Anc. art. L. 571-2, ecqc Wallis-et-Futuna.]*

CHAPITRE V **DISPOSITIONS APPLICABLES EN POLYNÉSIE FRANÇAISE**

Art. L. 765-1 Sous réserve des adaptations prévues par le présent chapitre, les dispositions suivantes sont applicables en Polynésie française dans leur rédaction résultant de l'ordonnance n° 2020-1733 du 16 décembre 2020, sauf mention contraire ou mention de leur application de plein droit dans le tableau ci-dessous. – *Tableau mod. par L. n° 2023-1059 du 20 nov. 2023, art. 58-II ; Décr. n° 2024-570 du 20 juin 2024, art. 5, en vigueur le 1er sept. 2024.*

Articles applicables	Dans leur rédaction résultant de
L. 700-1	
Au titre I	
L. 710-1	
L. 711-1 et L. 711-2	
Au titre II	
L. 720-1	
L. 721-1 à L. 721-4	
L. 721-5	Application de plein droit
L. 721-6 à L. 722-11	
Au titre III	
L. 730-1 à L. 733-6	
L. 733-7 à L. 733-11	La loi n° 2023-1059 du 20 novembre 2023 d'orientation et de programmation du ministère de la justice 2023-2027
L. 733-12 à L. 733-17	
Au titre IV	
L. 740-1 à L. 741-9	
L. 741-10 et L. 742-1	La loi n° 2023-1059 du 20 novembre 2023 d'orientation et de programmation du ministère de la justice 2023-2027
L. 742-2 et L. 742-3	
L. 742-4 à L. 742-8	La loi n° 2023-1059 du 20 novembre 2023 d'orientation et de programmation du ministère de la justice 2023-2027
L. 742-9	
L. 742-10 à L. 743-2	La loi n° 2023-1059 du 20 novembre 2023 d'orientation et de programmation du ministère de la justice 2023-2027

Articles applicables	Dans leur rédaction résultant de
L. 743-3	
L. 743-4 à L. 743-9	La loi n° 2023-1059 du 20 novembre 2023 d'orientation et de programmation du ministère de la justice 2023-2027
L. 743-11 à L. 743-14	La loi ° 2023-1059 du 20 novembre 2023 d'orientation et de programmation du ministère de la justice 2023-2027
L. 743-15 à L. 743-17	
L. 743-18 à L. 743-21	La loi n° 2023-1059 du 20 novembre 2023 d'orientation et de programmation du ministère de la justice 2023-2027
L. 743-22	
L. 743-23 et L. 743-24	La loi n° 2023-1059 du 20 novembre 2023 d'orientation et de programmation du ministère de la justice 2023-2027
L. 743-25 à L. 744-16	
L. 744-17	La loi n° 2023-1059 du 20 novembre 2023 d'orientation et de programmation du ministère de la justice 2023-2027
Au titre V	
L. 750-1	
L. 752-1 à L. 752-4	
L. 752-5 à L. 752-12	Application de plein droit
L. 753-1 à L. 753-6	
L. 753-7 à L. 753-11	Application de plein droit
L. 753-12 et L. 754-1	
L. 754-3	La loi n° 2023-1059 du 20 novembre 2023 d'orientation et de programmation du ministère de la justice 2023-2027
L. 754-4	Application de plein droit
L. 754-5 à L. 754-8	

Art. L. 765-2 Pour l'application du présent livre en Polynésie française :

1° Les mots : ", la République d'Islande, la Principauté du Liechtenstein, le Royaume de Norvège ou la Confédération suisse," sont supprimés ;

2° A l'article L. 711-2, les mots : "ou d'un des États énumérés au premier alinéa et dont il assure seul la garde effective" sont supprimés et le troisième alinéa est supprimé ;

3° A l'article L. 732-7, les mots : "et, le cas échéant, sur la possibilité de bénéficier d'une aide au retour" sont supprimés ;

4° A l'article L. 732-9, après les mots : "autorisation de travail" sont ajoutés les mots : "selon la réglementation applicable localement" ;

5° A l'article L. 733-15, il est ajouté l'alinéa suivant :

"Les étrangers qui n'ont pas respecté les interdictions qui leur sont prescrites en application du premier alinéa sont passibles d'une peine d'emprisonnement d'un an."

6° A l'article L. 740-2, la référence à l'article L. 743-10 est supprimée ;

7° Aux articles L. 741-1 et L. 741-2, après les mots : "quarante-huit heures", sont ajoutés les mots : "ou trois jours dans les îles du Vent et dans les îles Sous-le-Vent, à l'exception de l'île de Tahiti, et à cinq jours dans les îles Australes, les îles Tuamotu, les îles Gambier et les îles Marquises" ;

8° A l'article L. 741-10, il est ajouté à la fin du premier alinéa la phrase suivante :

"Ce délai est porté à trois jours dans les îles du Vent et dans les îles Sous-le-Vent, à l'exception de l'île de Tahiti, ou cinq jours dans les îles Australes, les îles Tuamotu, les îles Gambier et les îles Marquises" ;

9° A l'article L. 742-1, après les mots : "quarante-huit heures" sont ajoutés les mots : "ou de trois jours dans les îles du Vent et dans les îles Sous-le-Vent, à l'exception de l'île de Tahiti, ou de cinq jours dans les îles Australes, les îles Tuamotu, les îles Gambier et les îles Marquises" ;

10° A l'article L. 742-3, après les mots : "vingt-huit jours" et les mots : "quarante-huit heures", sont respectivement ajoutés les mots : "ou de vingt-sept jours dans les îles du Vent et dans les îles Sous-le-Vent, à l'exception de l'île de Tahiti, ou de vingt-cinq jours dans les îles Australes, les îles Tuamotu, les îles Gambier et les îles Marquises" et les mots : "ou de trois jours dans les îles du Vent et dans les îles Sous-le-Vent, à l'exception de l'île de Tahiti, ou de cinq jours dans les îles Australes, les îles Tuamotu, les îles Gambier et les îles Marquises" ;

11° A l'article L. 743-4, il est ajouté la phrase suivante :

"Ce délai est porté à trois jours dans les îles du Vent et dans les îles Sous-le-Vent, à l'exception de l'île de Tahiti, et à cinq jours dans les îles Australes, les îles Tuamotu, les îles Gambier et les îles Marquises" ;

12° A l'article L. 743-7, les mots : "tribunal judiciaire" sont remplacés par les mots : "tribunal de première instance" ;

13° Aux articles L. 744-12 et L. 744-15, les mots : "titulaires de la carte d'identité professionnelle mentionnée à l'article L. 7111-6 du code du travail" sont remplacés par les mots : "soit titulaires de la carte d'identité professionnelle définie par le code du travail, soit reconnus comme journalistes en application des dispositions ayant le même objet en Polynésie française" ;

14° A l'article L. 744-17, les mots : "les procureurs de la République compétents du lieu de départ et du lieu d'arrivée" sont remplacés par les mots : "le procureur de la République" ;

15° A l'article L. 750-1, les références à l'article L. 754-2 sont supprimées.

Art. L. 765-3 Les peines d'interdiction du territoire prononcées par toute juridiction siégeant en Polynésie française sont applicables sur tout le territoire de la République.

Il en est de même des décisions d'expulsion prononcées par le représentant de l'État en Polynésie française. — *[Anc. art. L. 571-2, ecqc la Polynésie française.]*

CHAPITRE VI **DISPOSITIONS APPLICABLES EN NOUVELLE-CALÉDONIE**

Art. L. 766-1 Sous réserve des adaptations prévues par le présent chapitre, les dispositions suivantes sont applicables en Nouvelle-Calédonie dans leur rédaction résultant de l'ordonnance n° 2020-1733 du 16 décembre 2020, sauf mention contraire ou mention de leur application de plein droit dans le tableau ci-dessous. — *Tableau mod. par L. n° 2023-1059 du 20 nov. 2023, art. 58-II ; Décr. n° 2024-570 du 20 juin 2024, art. 5, en vigueur le 1er sept. 2024.*

Articles applicables	Dans leur rédaction résultant de
L. 700-1	
Au titre I	
L. 710-1	
L. 711-1 et L. 711-2	
Au titre II	
L. 720-1	
L. 721-1 à L. 721-4	
L. 721-5	Application de plein droit
L. 721-6 à L. 722-11	
Au titre III	
L. 730-1 à L. 733-6	

Articles applicables	Dans leur rédaction résultant de
L. 733-7 à L. 733-11	La loi n° 2023-1059 du 20 novembre 2023 d'orientation et de programmation du ministère de la justice 2023-2027
L. 733-12 à L. 733-17	
Au titre IV	
L. 740-1 à L. 741-9	
L. 741-10 et L. 742-1	La loi n° 2023-1059 du 20 novembre 2023 d'orientation et de programmation du ministère de la justice 2023-2027
L. 742-2 et L. 742-3	
L. 742-4 à L. 742-8	La loi n° 2023-1059 du 20 novembre 2023 d'orientation et de programmation du ministère de la justice 2023-2027
L. 742-9	
L. 742-10 à L. 743-2	La loi n° 2023-1059 du 20 novembre 2023 d'orientation et de programmation du ministère de la justice 2023-2027
L. 743-3	
L. 743-4 à L. 743-9	La loi n° 2023-1059 du 20 novembre 2023 d'orientation et de programmation du ministère de la justice 2023-2027
L. 743-11 à L. 743-14	La loi n° 2023-1059 du 20 novembre 2023 d'orientation et de programmation du ministère de la justice 2023-2027
L. 743-15 à L. 743-17	
L. 743-18 à L. 743-21	La loi n° 2023-1059 du 20 novembre 2023 d'orientation et de programmation du ministère de la justice 2023-2027
L. 743-22	
L. 743-23 et L. 743-24	La loi n° 2023-1059 du 20 novembre 2023 d'orientation et de programmation du ministère de la justice 2023-2027
L. 743-25 à L. 744-16	
L. 744-17	La loi n° 2023-1059 du 20 novembre 2023 d'orientation et de programmation du ministère de la justice 2023-2027
Au titre V	
L. 750-1	
L. 752-1 à L. 752-4	
L. 752-5 à L. 752-12	Application de plein droit
L. 753-1 à L. 753-6	
L. 753-7 à L. 753-11	Application de plein droit
L. 753-12 et L. 754-1	
L. 754-3	La loi n° 2023-1059 du 20 novembre 2023 d'orientation et de programmation du ministère de la justice 2023-2027
L. 754-4	Application de plein droit
L. 754-5 à L. 754-8	

Art. L. 766-2 Pour l'application du présent livre en Nouvelle-Calédonie :

1° Les mots : ", la République d'Islande, la Principauté du Liechtenstein, le Royaume de Norvège ou la Confédération suisse," sont supprimés ;

2° A l'article L. 711-2, les mots : "ou d'un des États énumérés au premier alinéa et dont il assure seul la garde effective et dont il assure seul la garde effective" sont supprimés et le troisième alinéa est supprimé ;

3° A l'article L. 732-7, les mots : "et, le cas échéant, sur la possibilité de bénéficier d'une aide au retour" sont supprimés ;

4° A l'article L. 732-9, après les mots : "autorisation de travail" sont ajoutés les mots : "selon la réglementation applicable localement" ;

5° A l'article L. 733-15, il est ajouté l'alinéa suivant :

"Les étrangers qui n'ont pas respecté les interdictions qui leur sont prescrites en application du premier alinéa sont passibles d'une peine d'emprisonnement d'un an."

6° A l'article L. 740-2, la référence à l'article L. 743-10 est supprimée ;

7° Aux articles L. 741-1 et L. 741-2, après les mots : "quarante-huit heures", sont ajoutés les mots : "ou trois jours hors des limites de la Grande-Terre" ;

8° A l'article L. 741-10, il est ajouté à la fin du premier alinéa la phrase suivante :

"Ce délai est porté à trois jours hors des limites de la Grande-Terre."

9° A l'article L. 742-1, après les mots : "quarante-huit heures" sont ajoutés les mots : "ou de trois jours hors des limites de la Grande-Terre."

10° A l'article L. 742-3, après les mots : "vingt-huit jours" et les mots : "quarante-huit heures", sont respectivement ajoutés les mots : "ou de vingt-sept jours hors des limites de la Grande-Terre" et les mots : "ou de trois jours hors des limites de la Grande-Terre" ;

11° A l'article L. 743-4, il est ajouté la phrase suivante :

"Ce délai est porté à trois jours hors des limites de la Grande-Terre."

12° A l'article L. 743-7, les mots : "tribunal judiciaire" sont remplacés par les mots : "tribunal de première instance" ;

13° Aux articles L. 744-12 et L. 744-15, les mots : "titulaires de la carte d'identité professionnelle mentionnée à l'article L. 7111-6 du code du travail" sont remplacés par les mots : "soit titulaires de la carte d'identité professionnelle définie par le code du travail, soit reconnus comme journalistes en application des dispositions ayant le même objet dans ces collectivités" ;

14° A l'article L. 744-17, les mots : "les procureurs de la République compétents du lieu de départ et du lieu d'arrivée" sont remplacés par les mots : "le procureur de la République" ;

15° A l'article L. 750-1, les références à l'article L. 754-2 sont supprimées.

Art. L. 766-3 Les peines d'interdiction du territoire prononcées par toute juridiction siégeant en Nouvelle-Calédonie sont applicables sur tout le territoire de la République.

Il en est de même des décisions d'expulsion prononcées par le représentant de l'État en Nouvelle-Calédonie. – *[Anc. art. L. 571-2, ecqc la Nouvelle-Calédonie.]*

CHAPITRE VII **DISPOSITIONS APPLICABLES DANS LES TERRES AUSTRALES ET ANTARCTIQUES FRANÇAISES**

Art. L. 767-1 Pour l'exécution d'office d'une décision d'éloignement prise conformément à l'article 3 de la loi n° 71-569 du 15 juillet 1971 relative au territoire des Terres australes et antarctiques française*[s]*, la personne qui a acheminé l'étranger est tenue de le ramener, à la requête de l'administrateur supérieur, sans délai et aux frais de l'État, au point où il a commencé à utiliser le moyen de transport de cette personne, ou, en cas d'impossibilité, dans l'État qui a délivré le document de voyage avec lequel il a voyagé, ou en tout autre lieu où il peut être admis. Cependant, le transport de l'intéressé reste à la charge de la personne qui l'a acheminé, s'il ne possédait pas les documents et visas mentionnés et l'autorisation définie au livre III. – *[L. n° 71-569 du 15 juill. 1971, art. 10.]*

LIVRE VIII CONTRÔLES ET SANCTIONS

TITRE I CONTRÔLES

Art. L. 810-1 Conformément à l'article L. 270-1, les dispositions du présent titre sont applicables à l'étranger dont la situation est régie par le livre II.

CHAPITRE I VÉRIFICATIONS PRÉALABLES À LA DÉLIVRANCE OU AU RETRAIT DES TITRES DE SÉJOUR

SECTION 1 Enquêtes administratives

Art. L. 811-1 Dans les cas prévus au V de l'article L. 114-1 du code de la sécurité intérieure, il peut être procédé à des enquêtes administratives avant la délivrance, le renouvellement ou le retrait du titre de séjour ou de l'autorisation de séjour.

SECTION 2 Vérification d'acte d'état civil étranger

Art. L. 811-2 La vérification de tout acte d'état civil étranger est effectuée dans les conditions définies à l'article 47 du code civil. – *[Anc. art. L. 111-6, al. 1er.]*

1. Règles applicables. Ces dispositions ne trouveront à s'appliquer que sous réserve des conventions internationales qui déterminent la loi applicable au lien de filiation ; le législateur n'a pas entendu déroger aux règles du conflit des lois définies par les art. 311-14 s. C. civ., lesquelles soumettent en principe la filiation de l'enfant à la loi personnelle de la mère. • Cons. const. 15 nov. 2007, n° 2007-557 DC : *Dr. Soc. 2008. 166, note Willmann ; Dr. fam. 2008. 13, note Fongaro ; JCP Adm. 2008. 20, note Verpeaux ; D. 2007. 3017, note Mélin-Soucramanien ; LPA 26 nov. 2007, p. 4, note Chaltiel.*

2. Mode d'établissement de la filiation. Ces dispositions n'ont pas pour objet et ne sauraient, sans violer l'art. 1er DDH, avoir pour effet d'instituer, à l'égard des enfants demandeurs de visa, des règles particulières de filiation qui pourraient conduire à ne pas reconnaître un lien de filiation légalement établi au sens de la loi qui leur est applicable ; dès lors, la preuve de la filiation au moyen de « la possession d'état telle que définie à l'art. 311-1 C. civ. » ne pourra être accueillie que si, en vertu de la loi applicable, un mode de preuve comparable est admis. En outre, ces dispositions ne pourront priver l'étranger de la possibilité de justifier du lien de filiation selon d'autres modes de preuve admis en vertu de la loi applicable. • Cons. const. 15 nov. 2007, n° 2007-557 DC : *préc. note 1.*

3. Tests ADN effectués à l'étranger. Les résultats de tests ADN effectués à l'étranger peuvent être admis s'ils ont été obtenus en exécution d'une décision judiciaire. • CAA Nantes, 27 févr. 2015, n° 14NT00812. ♦ Ils doivent être écartés si le demandeur se les est procurés sans qu'une autorité, juridictionnelle ou non, l'ait ordonné sur le fondement d'une loi locale présentant des garanties équivalentes à celles de l'art. 16-11 C. civ. • CAA Nantes, 27 févr. 2015, n° 14NT00474.

4. Principe d'égalité. Les ressortissants d'États dont l'état civil présente des carences en raison de la défaillance des registres ou de l'importance des comportements frauduleux ne se trouvent pas, au regard des actes de l'état civil, dans la même situation que les ressortissants des autres États ; sur le fondement de l'art. 37, 1, C (dispositions à caractère expérimental pouvant déroger, pour un objet et une durée limités, au principe d'égalité devant la loi) le législateur a pu limiter ce nouveau dispositif de preuve aux demandeurs de visas de certains des États dont l'état civil est défaillant. • Cons. const. 15 nov. 2007, n° 2007-557 DC § 12 et 13.

5. Légalisation. A la condition que l'acte d'état civil étranger soumis à l'obligation de légalisation et produit à titre de preuve devant l'autorité administrative ou devant le juge présente des garanties suffisantes d'authenticité, l'absence ou l'irrégularité de sa légalisation ne fait pas obstacle à ce que puissent être prises en considération les énonciations qu'il contient. En particulier, lorsqu'elle est saisie d'une demande d'admission au séjour sur le fondement de l'art. L. 435-3, il appartient à l'autorité administrative d'y répondre, sous le contrôle du juge, au vu de tous les éléments disponibles, dont les évaluations des services départementaux et les mesures d'assistance éducative prononcées, le cas échéant, par le juge judiciaire, sans exclure, au motif qu'ils ne seraient pas légalisés dans les formes requises, les actes d'état civil étrangers justifiant de l'identité et de l'âge du demandeur. • CE, avis, 21 juin 2022, n° 457494 A : *AJDA 2022. 1503, chron. Pradines et Janicot.*

6. Le Cons. const., saisi par le Conseil d'État (CE, QPC, 3 déc. 2021, nos 448305, 450144 et 455519) d'une question prioritaire de constitutionnalité concernant la régularité des al. 1er et 3 du § II de l'art. 16 de la L. du 23 mars 2019, décide de l'inconstitutionnalité de ces dispositions en raison de l'absence de recours effectif contre le refus de légalisation. Ces deux décisions devaient entrer en application le 31 déc. 2022. Aux termes du § II de l'art. 16 de la L. du 23 mars 2019, la légalisation est la formalité par laquelle est attestée la véracité de la signature, la qualité en laquelle le signataire de l'acte a agi et, le cas échéant, l'identité du sceau ou timbre dont cet acte est revêtu ; sauf engagement international contraire, toute personne qui entend faire produire des effets en France à un acte public établi par une autorité étrangère doit en obtenir la légalisation. Il résulte de la jurisprudence du Conseil d'État que le juge administratif ne se reconnaît pas compétent pour apprécier la légalité d'une décision de refus de légalisation d'un acte de l'état civil ; ni les dispositions contestées ni aucune autre disposition législative ne permettent aux personnes intéressées de contester une telle décision devant le juge judiciaire. Au regard des conséquences qu'est susceptible d'entraîner cette décision, il appartenait au législateur d'instaurer une voie de recours. Il résulte de ce qui précède que les dispositions contestées sont entachées d'incompétence négative dans des conditions qui portent atteinte au droit à un recours juridictionnel effectif. • Cons. const. 18 févr. 2022, n° 2021-972 QPC : *D. 2022. 351 ; AJDA 2022. 376 ; Rev. crit. DIP 2022. 633, note Revillard.* ♦ Par suite, le décret d'application de la loi a été censuré par le Conseil d'État. • CE 7 avr. 2022, n° 448296 : *AJDA 2022. 1763 ; AJ fam. 2022. 247, obs. Avena-Robardet.*

Code civil

Art. 47 *(L. n° 2003-1119 du 26 nov. 2003)* Tout acte de l'état civil des Français et des étrangers fait en pays étranger et rédigé dans les formes usitées dans ce pays fait foi, sauf si d'autres actes ou pièces détenus, des données extérieures ou des éléments tirés de l'acte lui-même établissent *(L. n° 2006-1376 du 14 nov. 2006, art. 7)* « , le cas échéant après toutes vérifications utiles, » que cet acte est irrégulier, falsifié ou que les faits qui y sont déclarés ne correspondent pas à la réalité. *(L. n° 2021-1017 du 2 août 2021, art. 7)* « Celle-ci est appréciée au regard de la loi française. »

Al. 3 à 5 abrogés par L. n° 2006-1376 du 14 nov. 2006, art. 7.

SECTION 3 Droit de communication

Art. L. 811-3 Sans que s'y oppose un secret professionnel autre que le secret médical, les autorités ainsi que les personnes privées mentionnées aux 1° à 8° de l'article L. 811-4 transmettent à l'autorité administrative compétente, agissant dans le cadre de l'instruction d'une première demande de titre ou d'une demande de renouvellement de titre ou dans le cadre des contrôles prévus aux articles L. 432-2, L. 432-5 et L. 433-1, les documents et les informations nécessaires au contrôle de la sincérité et de l'exactitude des déclarations souscrites ou au contrôle de l'authenticité des pièces produites en vue de l'attribution d'un droit au séjour ou de sa vérification. – *[Anc. art. L. 611-12, al. 1er.]*

COMMENTAIRE

L'article R. 811-3 prévoit que l'autorité administrative compétente mentionnée au présent article est le préfet de département. Les demandes d'informations et de documents auprès des autorités et personnes privées mentionnées aux 1° à 8° s'exercent par tout moyen, notamment dématérialisé, permettant l'identification du représentant de l'autorité administrative demandeuse (art. R. 811-4).

L'article R. 811-5 indique par ailleurs que les autorités et personnes privées mentionnées aux 1° à 8° transmettent les documents et informations suivantes :

1° Pour les autorités dépositaires des actes d'état civil : l'authentification des actes d'état civil français qu'elles ont délivrés ;

2° Pour les administrations chargées du travail et de l'emploi : les documents établissant l'existence et la nature de l'activité professionnelle déclarée par le demandeur ;

3° Pour les organismes de sécurité sociale et l'institution mentionnée à l'article L. 5312-1 du code du travail : l'adresse déclarée par le demandeur, la composition de son foyer, les prestations familiales et sociales perçues par le demandeur et ses ayants droit, l'existence et la nature d'une activité professionnelle et l'affiliation à un régime de sécurité sociale ;

4° a) Pour les établissements d'enseignement primaire et secondaire : l'attestation de l'inscription dans l'établissement des descendants à charge du demandeur et leur assiduité ;

b) Pour les établissements d'enseignement supérieur : l'attestation d'inscription du demandeur dans leur établissement, l'assiduité dans le suivi des enseignements et l'authentification des relevés de notes produits par le demandeur ;

5° Pour les fournisseurs d'énergie et des services de communications électroniques : l'adresse déclarée par le demandeur, l'authentification des contrats et factures émises par ces entreprises et l'historique sur cinq années des contrats et abonnements ouverts au nom du demandeur ;

6° Pour les établissements de santé publics et privés : l'authentification des attestations et convocations produites par le demandeur, l'attestation de la fréquentation de l'établissement par le demandeur ;

7° Pour les établissements bancaires et les organismes financiers : l'adresse déclarée par le demandeur, l'existence du compte du demandeur ouvert dans leurs livres ainsi que les noms du ou des titulaires du compte et les relevés de ces comptes sur les deux dernières années ;

8° Pour les greffes des tribunaux de commerce : l'authentification des documents et informations relatifs à l'existence d'une société dirigée par le demandeur ou l'employant. ❑

Art. L. 811-4 **Le droit de communication prévu à l'article L. 811-3 s'exerce sur demande de l'autorité administrative compétente, de manière ponctuelle et à titre gratuit, quel que soit le support utilisé pour la conservation des documents, auprès :**

1° Des autorités dépositaires des actes d'état civil ;

2° Des administrations chargées du travail et de l'emploi ;

3° Des organismes de sécurité sociale et de l'institution mentionnée à l'article L. 5312-1 du code du travail ;

4° Des établissements scolaires et des établissements d'enseignement supérieur ;

5° Des fournisseurs d'énergie et des services de communications électroniques ;

6° Des établissements de santé publics et privés ;

7° Des établissements bancaires et des organismes financiers ;

8° Des greffes des tribunaux de commerce.

Pour l'application du 5°, le droit de communication ne peut porter sur les données techniques définies à l'article L. 34-1 du code des postes et des communications électroniques. – *[Anc. art. L. 611-12, al. 2 à 11.]*

Art. L. 811-5 **L'autorité administrative compétente est tenue d'informer la personne dont elle s'apprête à retirer la carte de séjour sur le fondement d'informations ou de documents recueillis auprès des autorités ou des personnes privées mentionnées aux 1° à 8° de l'article L. 811-4 de la teneur et de l'origine des informations et documents ainsi obtenus. Elle communique une copie des documents susmentionnés à l'intéressé s'il en fait la demande.**

La conservation des données à caractère personnel concernant l'étranger ne peut excéder la durée cumulée du titre de séjour dont il est titulaire et, le cas échéant, de la procédure de renouvellement dudit titre. La durée de conservation est prolongée jusqu'à l'épuisement des voies et délais de recours contre les décisions administratives édictées sur le fondement d'informations transmises en application de l'article L. 811-3 et, si un recours a été déposé, jusqu'à ce que la juridiction compétente ait statué.

A la demande de l'étranger, les données à caractère personnel le concernant sont, selon le cas, rectifiées, complétées, mises à jour ou effacées si elles sont inexactes, incomplètes ou périmées ou si leur collecte, leur utilisation, leur communication ou leur conservation n'est pas compatible avec les finalités déterminées à l'article L. 811-3. – *[Anc. art. L. 611-12, al. 2 à 11.]*

Art. L. 811-6 **Les modalités d'application de la présente section sont déterminées par décret en Conseil d'État, pris après avis de la Commission nationale de l'informatique et des libertés. Ce décret définit notamment la nature des documents et des informations susceptibles d'être communiqués à l'autorité administrative compétente par chacune des autorités ou des personnes privées mentionnées aux 1° à 8° de l'article L. 811-4.** – *[Anc. art. L. 611-12, al. 15.]*

CHAPITRE II CONTRÔLE DE LA DÉTENTION DES TITRES

SECTION 1 Contrôle des obligations de détention, de port et de présentation des pièces et documents autorisant à circuler ou séjourner en France

BIBL. ▸ C. comptes, 6 déc. 2023, Les contrôles d'identité. Une pratique généralisée aux finalités à préciser, *Rapport public thématique, https://www.ccomptes.fr/fr/documents/67523.* – PACTEAU, La loi du 3 sept. 1986 relative aux contrôles et vérifications d'identité, *LPA 1er oct. 1986.* – PICARD, Les contrôles d'identité au regard des droits fondamentaux : des régimes inutilement hétéroclites, *RFDA 1994. 958*. – RINGELHEIM, Recueils de données, catégories ethniques et mesure des discriminations : un débat européen, *RDTH 2010. 269.* – ROTTIER, Irrégularité du contrôle d'identité et APRF : point de vue sur la connaissance illégalement acquise, *AJDA 2010. 241* (analyse critique et pertinente de la position du juge administratif qui considère que l'illégalité d'un contrôle d'identité est sans influence sur la légalité de la mesure d'éloignement : « la coercition a été illégitimement exercée, les prérogatives de puissance publique corrompues et la légalité bafouée »).

Art. L. 812-1 Tout étranger doit être en mesure de présenter les pièces ou documents sous le couvert desquels il est autorisé à circuler ou à séjourner en France à toute réquisition d'un officier de police judiciaire de la police nationale ou de la gendarmerie nationale et, sur l'ordre et sous la responsabilité de celui-ci, des agents de police judiciaire et agents de police judiciaire adjoints mentionnés à l'article 20 et au 1° de l'article 21 du code de procédure pénale, dans les conditions prévues à la présente section. – *[Anc. art. L. 611-1.]*

Art. L. 812-2 Les contrôles des obligations de détention, de port et de présentation des pièces et documents prévus à l'article L. 812-1 peuvent être effectués dans les situations suivantes :

1° En dehors de tout contrôle d'identité, si des éléments objectifs déduits de circonstances extérieures à la personne même de l'intéressé sont de nature à faire apparaître sa qualité d'étranger ; ces contrôles ne peuvent être pratiqués que pour une durée n'excédant pas six heures consécutives dans un même lieu et ne peuvent consister en un contrôle systématique des personnes présentes ou circulant dans ce lieu ;

2° A la suite d'un contrôle d'identité effectué en application des articles 78-1 à 78-2-2 du code de procédure pénale, selon les modalités prévues à ces articles, si des éléments objectifs déduits de circonstances extérieures à la personne même de l'intéressé sont de nature à faire apparaître sa qualité d'étranger ;

3° En application de l'article 67 *quater* du code des douanes, selon les modalités prévues à cet article. – *[Anc. art. L. 611-1 ; anc. art. L. 611-1-1, I, al. 1er, 1re phr. (ecqc le code des douanes).]*

COMMENTAIRE

Comme tout individu présent sur le territoire national, les étrangers doivent accepter de se prêter à un contrôle d'identité (C. pr. pén., art. 78-1) selon les modalités fixées notamment par l'article 78-2 du code de procédure pénale (I). En outre, il existe des dispositions spécifiques concernant la possibilité de demander aux étrangers de présenter les documents les autorisant à séjourner ou circuler en France (II).

I. LES CONTRÔLES D'IDENTITÉ

Les contrôles d'identité, qui peuvent concerner tout autant les nationaux que les étrangers, peuvent être mis en œuvre selon quatre modalités différentes : à l'initiative des officiers de police judiciaire, sur réquisitions du procureur de la République, visant à prévenir une atteinte à l'ordre public ou géographiquement situés dans la « zone Schengen ».

Selon la Cour des comptes (Rapp. de déc. 2023), le nombre de contrôles réalisés en 2021 en France approcherait 47 millions tout en constatant que les forces de sécurité ne se sont pas donné les moyens de recenser de manière exhaustive les contrôles réalisés ni d'en comprendre les motifs et d'en analyser les résultats. La Cour recommande ainsi d'assurer un recensement exhaustif des contrôles d'identité réalisés, notamment en s'appuyant sur les consultations de fichiers nationaux en mobilité ou sur les déclarations de fin de service (min. de l'Intérieur et des Outre-mer). En outre, elle préconise de formaliser la doctrine d'emploi des contrôles d'identité et leurs finalités en matière de sécurité publique.

Schéma n° 1 : les différents cas de contrôles d'identité

Cadre légal*	Type	Objet
Art. 78-2 al. 1 à 6	Initiative des agents	**Raisons plausibles de soupçonner** que la personne a commis une infraction, se prépare à commettre un crime ou délit, a violé un contrôle judiciaire, est recherchée ou est susceptible de fournir des renseignements utiles à l'enquête en cours
Art. 78-2 al. 7	Réquisition du procureur de la République	**Lutte contre certaines infractions** spécifiées dans la réquisition
Art. 78-2 al. 8	Initiative des agents	**Prévention** d'une atteinte à l'ordre public
Art. 78-2 al. 9 à 17	Initiative des agents	**Prévention** des infractions transfrontalières ou ultra-marines (« contrôles Schengen »)
Art. 78-2-1	Réquisition du procureur de la République	**Lutte contre les infractions** spécifiques à la législation du travail, sur les lieux d'activité
Art. 78-2-2	Réquisition du procureur de la République	**Lutte contre les infractions** liées au terrorisme, armes, vols, stupéfiants
Art. 78-2-3	Initiative des agents	**Raisons plausibles de soupçonner** un crime ou délit flagrant
Art. 78-2-4	Initiative des agents	**Prévention** d'une atteinte grave à l'ordre public
Art. 78-2-5	Réquisition du procureur de la République	**Recherche de l'infraction** de participation armée à manifestation

*Code de procédure pénale — Initiative des agents — Réquisition du procureur de la République

Source : Cour des comptes

A. CONTRÔLES À L'INITIATIVE DES OFFICIERS DE POLICE JUDICIAIRE

Le contrôle d'identité peut ici s'exercer vis-à-vis de toute personne à l'égard de laquelle existe une ou plusieurs raisons plausibles de soupçonner qu'elle a commis ou tenté de commettre une infraction, qu'elle se prépare à commettre un crime ou un délit, qu'elle est susceptible de fournir des renseignements utiles à l'enquête en cas de crime ou de délit ou qu'elle fait l'objet de recherches ordonnées par une autorité judiciaire (art. 78-2, al. 1er).

La difficulté réside à l'évidence dans la détermination des « raisons plausibles » évoquées par l'article 78-2 du code de procédure pénale. Cette notion s'est substituée, depuis la loi du 18 mars 2003, à celle « d'indice faisant présumer ». Si la nouvelle formulation évoque l'article 5 de la Convention de sauvegarde européenne des droits de l'homme (Conv. EDH), elle n'est guère plus précise que la précédente et a d'ailleurs suscité les critiques de la Commission nationale consultative des droits de l'homme dans un avis du 14 novembre 2002.

La démarche repose sur l'existence d'un « indice » (Circ. INTD9300235C du 21 oct. 1993 relative aux contrôles et vérifications d'identité et aux vérifications de situation des étrangers, *BOI n° 4/93*) qui devra figurer au procès-verbal d'interpellation et qui ne peut reposer sur le seul sentiment de l'agent en cause face au comportement de la personne contrôlée ; la circulaire fournit quelques exemples (fuite devant les policiers, passages répétés de nuit devant un magasin ou une bijouterie, etc.).

S'agissant des personnes de nationalité étrangère, la situation est passablement compliquée. Il existe en effet un certain nombre d'infractions spécifiques qui ne peuvent être commises que par des étrangers (V. *infra*, Titre II) et qui ouvrent droit, comme les autres crimes ou délits, à la mise en œuvre d'un contrôle d'identité. Reste que l'article 78-2 du code de procédure pénale exige qu'il existe une ou plusieurs raisons plausibles de soupçonner que l'individu en cause est concerné par ces infractions. Se trouvent ici en conflit la volonté politique de lutter contre l'immigration clandestine et la nécessaire prévention contre des pratiques discriminatoires, voire racistes, dont le Conseil d'État a reconnu l'existence tout en renvoyant au législateur le soin de mettre en œuvre les solutions adéquates pour y remédier (CE 11 oct. 2023, n° 454836 : *RFDA 2023. 1079, concl. de Moustier* ; *DP étrangers, Bull. nos 337-338, nov.-déc. 2023, note Pouly*). En effet, les contrôles d'identité constituent l'un des moyens privilégiés de découverte des étrangers en situation irrégulière et donc de mise en œuvre des mesures d'éloignement. Le problème qui se pose est évidemment celui de l'identification de la personne en tant qu'étrangère. Par conséquent, le contrôle peut toujours s'avérer vexatoire, voire discriminatoire ou raciste (contrôle « au faciès »). C'est la raison pour laquelle la jurisprudence avait exigé que ces contrôles soient justifiés par des « signes objectifs d'extranéité » susceptibles d'établir la qualité d'étranger. Dans le même esprit, les contrôles de droit commun ne peuvent être justifiés par l'apparence étrangère de l'intéressé.

B. CONTRÔLES SUR RÉQUISITIONS ÉCRITES DU PROCUREUR DE LA RÉPUBLIQUE

Ces contrôles, visés par l'article 78-2, alinéa 6 du code de procédure pénale, sont effectués en vue de recherche et de poursuite d'infractions précises dans des lieux et pour une période de temps déterminés, sans pour autant devoir être motivés par le procureur de la République. C'est la loi du 10 août 1993 qui a ajouté cette nouvelle possibilité. Il s'agit d'une légalisation des « opérations coup de poing » par lesquelles la police cerne une zone où se commettent certaines infractions (trafic de stupéfiants, séjour d'étrangers en situation irrégulière, vols, etc.) et procède à des contrôles massifs et systématiques. A la différence des autres situations, chaque personne contrôlée ne doit pas nécessairement être individuellement soupçonnée d'être impliquée dans telle infraction justifiant l'opération.

Une circulaire n° INTD9300235C du 21 octobre 1993 (*BO Int. n° 93/4*) donne des exemples d'infractions susceptibles de donner lieu à de telles réquisitions (proxénétisme et racolage, infraction à la législation sur les stupéfiants et relatives à l'entrée et au séjour des étrangers en France) et une autre circulaire du 21 février 2006 (CRIM.06.5/E1) invite les parquets à organiser des opérations de contrôle ciblées, par exemple à proximité des logements foyers ou des centres d'hébergement ou dans des quartiers connus pour abriter des personnes en situation irrégulière.

Dans le but de lutter contre le travail clandestin (travail « dissimulé »), la loi « Debré » a introduit un nouvel article 78-2-1 dans le code de procédure pénale prévoyant que sur les réquisitions du procureur de la République, les officiers de police judiciaire, assistés, le cas échéant, des agents de police judiciaire et des adjoints, peuvent, dans des lieux à usage professionnel où sont en cours des activités de construction, de production, de fabrication, de transformation, de conditionnement, de transport, de commercialisation ou de prestation de services, ainsi que dans leurs annexes et dépendances, sauf s'ils constituent un domicile, contrôler l'identité de toute personne occupée à l'une de ces activités en vue de vérifier que ces personnes sont inscrites sur le registre unique du personnel et que les déclarations préalables à l'embauche les concernant ont été effectuées. A cette fin, ils pourront se faire présenter ce registre et ces documents.

Les réquisitions du procureur de la République sont écrites et précisent les infractions, parmi celles visées aux articles L. 8221-1 et L. 8254-1 du code du travail, qu'il entend faire rechercher et poursuivre, ainsi que les lieux dans lesquels l'opération de contrôle se déroulera. Ces réquisitions sont prises pour une durée maximum d'un mois et sont présentées à la personne disposant des lieux ou à celle qui la représente.

Dans son rapport de décembre 2023, la Cour des comptes relève que, « dans les faits, le contrôle exercé par les procureurs de la République reste limité. En effet, l'examen de la légitimité des demandes de réquisition apparaît superficiel, en raison notamment du faible temps dont disposent les procureurs pour étudier leur motivation. (…) En outre beaucoup de réquisitions sont émises de façon récurrente. Elles sont fondées, dans de nombreux cas, sur une description générale de la délinquance récemment constatée dans la zone visée, plutôt que sur une motivation spécifique du risque pressenti pour la sécurité publique au moment de la validité de la réquisition demandée ».

C. CONTRÔLES VISANT À PRÉVENIR UNE ATTEINTE À L'ORDRE PUBLIC

L'article 78-2, alinéa 7, permet des contrôles d'identité à caractère préventif, sans qu'aucune condition de fond ne soit posée : l'identité de toute personne, quel que soit son comportement, peut également être contrôlée pour prévenir une atteinte à l'ordre public, notamment à la sécurité des personnes ou des biens. Avant la loi du 10 août 1993, la Cour de cassation avait limité des contrôles puisque le risque d'atteinte à l'ordre public devait pouvoir être rattaché au comportement d'une personne particulière. Si le législateur de 1993 a expressément supprimé cette condition, le Conseil constitutionnel a mis en œuvre une réserve « neutralisante » rétablissant en fait l'exigence de circonstances particulières établissant le risque d'atteinte à l'ordre public.

Ainsi, les agents procédant au contrôle doivent faire figurer au procès-verbal les éléments de nature à faire présumer l'existence d'un risque de menace à l'ordre public. La circulaire du 21 octobre 1993 précitée invoque à cet égard des « circonstances particulières » qui peuvent être de lieu (par ex. : lieux où se commettent habituellement ou fréquemment des actes de délinquance), de temps (par ex. : alerte à la bombe ; grand rassemblement de personnes, prévention de pillages) ou résulter du comportement de la personne contrôlée (par ex. : rôdeur, attitude troublée ou de fuite, scandale sur la voie publique, passage répété devant un point sensible).

Quoi qu'il en soit, ces contrôles ne peuvent être pratiqués que dans les lieux publics ou ouverts au public. Toute entrée dans un domicile privé constitue une perquisition qui situe dès lors l'action dans un cadre judiciaire (commission rogatoire ou procédure de flagrance).

D. CONTRÔLES D'IDENTITÉ DANS LA « ZONE SCHENGEN »

La loi du 10 août 1993 a ajouté un 4° alinéa à l'article 78-2 (aujourd'hui alinéa 8) autorisant les contrôles d'identité destinés à vérifier le respect des obligations de détention, de port et de présentation des titres et documents prévus par la loi pour les voyages internationaux. Ces contrôles ne peuvent avoir lieu que dans les gares, ports et aéroports ainsi que dans des zones de vingt km (le Conseil constitutionnel a censuré la disposition qui permettait de porter cette distance à quarante km par arrêté ministériel) en deçà des frontières terrestres qui séparent le territoire français de celui des autres États parties à la Convention de Schengen. Le but consiste ici à compenser la suppression des contrôles statiques aux frontières. Les autorités de police n'ont pas à se prévaloir d'un élément propre à la personne, indice ou comportement de nature à justifier le contrôle. Ces zones présentent des risques particuliers d'infractions et de trouble à l'ordre public en raison de la circulation internationale qui justifient le contrôle *de plano*. Ces contrôles doivent être conduits avec discernement et ne pas être systématiques afin de ne pas occasionner une gêne excessive aux personnes qui en sont justiciables (Circ. 21 oct. 1993, préc.).

Une circulaire du 11 décembre 1995 a précisé les modalités de mise en œuvre de cette procédure : il peut s'agir du contrôle ponctuel d'une personne ou d'un contrôle systématique pendant une période déterminée en liaison avec des mouvements transfrontaliers de personnes. Ce contrôle peut être mis en œuvre sans conditions particulières ; il n'est notamment pas nécessaire de se fonder sur des critères objectifs déduits de circonstances extérieures à la personne de nature à la faire apparaître comme étrangère. La zone des vingt kilomètres est calculée à partir des frontières terrestres avec la Belgique, le Luxembourg, l'Allemagne, l'Italie et l'Espagne (la Suisse, la Grande-Bretagne, Andorre et Monaco ne sont pas parties à la Convention de Schengen). Les zones des ports, aéroports et gares sont désignées par arrêté (Arr. interministériel du 23 mars 1995, *JO 25 mars, p. 4804*) qui vise notamment tous les ports de commerce, les ports de voyageurs et les ports de plaisance les plus importants ; pour les gares, il s'agit de celles dans lesquelles s'arrêtent pour la première fois des trains en provenance de l'étranger.

Il convient enfin de préciser que la Cour de cassation s'est attachée à éviter les détournements de procédure en invitant les juridictions de fond à vérifier que ces contrôles avaient bien pour objet de s'assurer du respect des obligations de détention, de port et de présentation des titres et documents prévus par la loi.

A noter que la Cour de justice de l'Union européenne a considéré, dans un arrêt du 22 juin 2010, que ces contrôles d'identité étaient contraires au droit de l'Union s'ils sont effectués sans être liés au comportement de la personne contrôlée et à des circonstances particulières établissant un risque d'atteinte à l'ordre public et sans que les pouvoirs de l'autorité de police ne soient encadrés afin d'éviter que ces contrôles n'aient un effet équivalent à un contrôle aux frontières. La loi n° 2012-1560 du 31 décembre 2012 relative à la retenue pour vérification du droit au séjour et modifiant le délit d'aide au séjour irrégulier pour en exclure les actions humanitaires et désintéressées (*JO 1er janv.*) achève de tirer les conséquences de l'arrêt de la Cour de justice de l'Union européenne du 22 juin 2010, sous les affaires jointes *Melki et Abdeli*, selon lequel un contrôle d'identité ne saurait s'apparenter à un contrôle frontalier. La Cour de cassation ayant jugé le 6 juin 2012 que ce principe valait également pour les contrôles de pièces et documents autorisant un étranger à circuler ou à séjourner en France, la loi assure la conformité des dispositions autorisant ces contrôles en limitant les conditions dans lesquelles ils peuvent être pratiqués.

La loi n° 2017-1510 du 30 octobre 2017 renforçant la lutte contre le terrorisme a introduit un dixième alinéa à l'article 78-2 qui prévoit que « dans un rayon maximal de dix kilomètres autour des ports et aéroports constituant des points de passage frontaliers au sens de l'article 2 du règlement (UE) n° 2016/399 [...] désignés par arrêté en raison de l'importance de leur fréquentation et de leur vulnérabilité, l'identité de toute personne peut être contrôlée, pour la recherche et la prévention des infractions liées à la criminalité transfrontalière [...] en vue de vérifier le respect des obligations de détention, de port et de présentation des titres et documents prévus par la loi. » La limite de dix kilomètres peut être dépassée « lorsqu'il existe une section autoroutière commençant dans [le rayon de dix kilomètres autour des ports et aéroports désignés] et que le premier péage autoroutier se situe au-delà des limites de cette zone ». Dans ce cas, les contrôles peuvent avoir lieu « jusqu'à ce premier péage sur les aires de stationnement ainsi que sur le lieu de ce péage et les aires de stationnement attenantes ». L'opération de vérification des titres et documents doit être pratiquée sur une période au plus de douze heures consécutives dans un même lieu. L'opération ne peut pas consister « en un contrôle systématique des personnes présentes ou circulant dans les zones surveillées ». Le fait que le contrôle d'identité révèle une infraction autre que celle de non-respect des obligations susmentionnées ne constitue pas une cause de nullité des procédures incidentes.

On signalera enfin qu'en application de l'article 67 *quater* du code des douanes (dans sa rédaction issue de la L. n° 2017-1510 du 30 oct. 2017, préc.), les agents des douanes investis des fonctions de chef de poste ou les fonctionnaires désignés par eux titulaires du grade de contrôleur ou d'un grade supérieur peuvent, dans une zone comprise entre la frontière terrestre de la France avec les États parties à la convention de Schengen et une ligne tracée à vingt kilomètres en deçà, ainsi que dans les zones accessibles au public des ports, aéroports et gares ferroviaires ou routières ouverts au trafic international et désignés par arrêté, vérifier le respect des obligations de détention, de port et de présentation des pièces ou documents exigés des étrangers en France. Lorsqu'il existe une section autoroutière démarrant dans la zone mentionnée ci-dessus et que le premier péage autoroutier se situe au-delà de la ligne des vingt kilomètres, la vérification peut en outre avoir lieu jusqu'à ce premier péage sur les aires de stationnement ainsi que sur le lieu de ce péage et les aires de stationnement attenantes. Les péages concernés par cette disposition sont désignés par arrêté. Les agents des douanes informent sans délai le procureur de la République de la retenue provisoire, des motifs de la retenue et du lieu de cette retenue. Au cours de la retenue provisoire, la personne est conduite devant l'officier de police judiciaire territorialement compétent ou maintenue à sa disposition. La durée de la retenue provisoire est limitée au temps strictement nécessaire à l'accomplissement de ces diligences, sans pouvoir excéder trois heures à compter de la constatation des infractions à l'article 19 de l'ordonnance précitée. A l'expiration de ce délai, la personne est laissée libre si elle n'a pu être remise à l'officier de police judiciaire territorialement compétent et si elle n'a pas commis d'infraction douanière. Le procureur de la République peut mettre fin à tout moment à la retenue provisoire.

Lorsque la personne retenue est placée en garde à vue au terme de la retenue provisoire, la durée de la retenue provisoire s'impute sur celle de la garde à vue.

Ces contrôles ne peuvent être mis en œuvre qu'au vu d'éléments objectifs déduits des circonstances extérieures à la personne de nature à faire apparaître celle-ci comme étrangère (Circ. du 11 déc. 1995, *JO 9 févr.*).

II. LES VÉRIFICATIONS D'IDENTITÉ

Si la personne contrôlée n'est pas en mesure d'attester de son identité ou refuse de le faire (la production de documents faux ou douteux étant assimilée à ces cas), s'ouvre la deuxième phase, c'est-à-dire la vérification d'identité (C. pr. pén., art. 78-3) à condition que la police estime l'identification nécessaire. La personne peut alors être retenue sur place (accès à un terminal SIS dans un aéroport par exemple) ou dans un local de la police pour une durée maximale de quatre heures (huit heures à Mayotte). L'intéressé est aussitôt informé de son droit de faire aviser le procureur de la République de la vérification dont il fait l'objet et de prévenir à tout moment sa famille ou toute personne de son choix. Si des circonstances particulières l'exigent, l'officier de police judiciaire prévient lui-même la famille ou la personne choisie. Le procureur est informé d'office pour les mineurs. Ils doivent en principe être assistés de leur représentant légal, ce qui pose évidemment problème puisque celui-ci est rarement connu compte tenu de la recherche d'identité. Pour déterminer l'âge, il convient de tenir compte de l'apparence de la personne et de ses déclarations (Rép. min., *JOAN, CR, 3 juill. 1986*).

Si la personne interpellée maintient son refus de justifier de son identité ou fournit des éléments d'identité manifestement inexacts, les opérations de vérification peuvent donner lieu, après autorisation du procureur de la République ou du juge d'instruction, à la prise d'empreintes digitales ou de photographies lorsque celle-ci constitue l'unique moyen d'établir l'identité de l'intéressé.

Si elle n'est suivie à l'égard de la personne qui a été retenue d'aucune procédure d'enquête ou d'exécution adressée à l'autorité judiciaire, la vérification d'identité ne peut donner lieu à une mise en mémoire sur fichiers et le procès-verbal ainsi que toutes les pièces se rapportant à la vérification sont détruits dans un délai de six mois sous le contrôle du procureur de la République.

Si une infraction a été décelée (notamment délit d'entrée ou de séjour irréguliers), la rétention (dont la durée s'impute sur celle de la garde à vue) cède la place à la garde à vue ; d'une durée maximale de vingt-quatre heures, elle peut être renouvelée par le procureur de la République (C. pr. pén., art. 63 s., 77 et 154). La personne gardée à vue dispose du droit de communiquer avec la personne de son choix et d'informer le procureur de la République, d'être assistée par un avocat à l'issue de la vingtième heure et de bénéficier d'un examen médical (C. pr. pén., art. 63 à 65).

S'agissant des étrangers, ils doivent toujours être en mesure d'attester de la régularité de leur situation administrative. La vérification de la situation administrative peut succéder à un contrôle d'identité dans les conditions de droit commun. Elle peut également intervenir en dehors de tout contrôle d'identité.

Le législateur n'a pas repris la condition relative aux « signes objectifs d'extranéité » qui avait été posée par la Cour de cassation. Le Conseil constitutionnel a toutefois précisé (réserves d'interprétation) que « la mise en œuvre des vérifications ainsi confiées par la loi à des autorités de police judiciaire doit s'opérer en se fondant exclusivement sur des critères objectifs et en excluant [...] toute discrimination de quelque nature que ce soit entre les personnes ». Si le Conseil constitutionnel n'a pas précisé la nature de ces critères objectifs, on peut penser qu'ils renvoient à la jurisprudence antérieure de la Cour de cassation ; par suite, si le procès-verbal mentionne des éléments physiques (couleur de la peau, morphologie, etc.), il entache la procédure d'irrégularité. La circulaire du 21 octobre 1993 donne quelques exemples de ces critères prétendument objectifs non discriminatoires : si l'on peut admettre la conduite d'un véhicule immatriculé à l'étranger, la participation à une manifestation dont les banderoles montrent qu'elle regroupe des étrangers, la distribution de tracts ou l'apposition d'affiches rédigés en langue étrangère ou le port apparent d'un livre ou d'un écrit rédigés en langue étrangère semblent des critères peu pertinents dans la mesure où ils ne font pas présumer de la qualité d'étranger.

Une circulaire n° INTK1300159C du 18 janvier 2013 rappelle ainsi que l'engagement du contrôle ne doit pas avoir été discriminatoire ou stigmatisant et la nationalité étrangère de la personne doit pouvoir être déduite d'éléments objectifs extérieurs à la celle-ci ; tel n'est pas le cas de la couleur de la peau, du nom de famille, de l'emploi d'une langue étrangère, de la déclaration d'un lieu de naissance hors de France ; en revanche, peuvent légitimement présumer l'extranéité la conduite d'un véhicule immatriculé à l'étranger, la revendication publique d'une nationalité étrangère ou de l'irrégularité de la situation administrative ou la distribution de tracts en langue étrangère sur la voie publique. ❑

PLAN DES ANNOTATIONS

I. LES CONTRÔLES D'IDENTITÉ

1. A noter que les agents de police municipale ne sont pas habilités à procéder aux contrôles d'identité prévus par l'art. 78-2 C. pr. pén. ; ils ne peuvent que relever l'identité des contrevenants afin de dresser des procès-verbaux concernant certaines infractions (art. 78-6 C. pr. pén.). • Paris, 7 déc. 2009, *Mouffok*, n° 09/04911. ♦ Le Conseil constitutionnel a d'ailleurs censuré le législateur qui souhaitait étendre cette compétence aux agents de police municipale, qui, relevant des autorités communales, ne sont pas mis à la disposition des officiers de police judiciaire, en violation de l'art. 66, C. • Cons. const. 10 mars 2011, n° 2011-625 DC.

2. Un contrôle d'identité discriminatoire peut engager la responsabilité de l'État pour faute lourde. • Civ. 1re, 9 nov. 2016, nos 15-24.212 et 15-25.873 : *AJDA 2016. 2137*.

3. Mayotte. Le département de Mayotte est, depuis de nombreuses années, confronté à des flux migratoires exceptionnellement importants et comporte une forte proportion de personnes de nationalité étrangère en situation irrégulière. Ce département est soumis à des risques particuliers d'atteintes à l'ordre public. Du fait de sa géographie, ces risques concernent l'ensemble de son territoire. Dès lors, le législateur a pu autoriser la mise en œuvre de contrôles d'identité en vue de vérifier les titres et documents prévus par la loi sur l'ensemble du territoire du département de Mayotte, sans rompre l'équilibre que le respect de la Constitution impose d'assurer entre les nécessités de l'ordre public et la sauvegarde de la liberté d'aller et de venir. L'adaptation prévue par ces dispositions porte sur le périmètre dans lequel peuvent être effectués des contrôles d'identité en vue de vérifier le respect des obligations de détention, de port et de présentation des titres et documents prévus par la loi, tout en maintenant les conditions auxquelles de telles opérations sont soumises sur le reste du territoire de la République. A ce titre, la mise en œuvre des contrôles ainsi confiés par la loi aux autorités compétentes ne saurait s'opérer qu'en se fondant sur des critères excluant, dans le strict respect des principes et règles de valeur constitutionnelle, toute discrimination de quelque nature que ce soit entre les personnes. • Cons. const. 25 nov. 2022, n° 2022-1025 QPC : *AJDA 2023. 243, note Verpeaux* ; *D. 2022. 2102*.

A. CONTRÔLES À L'INITIATIVE DES OFFICIERS DE POLICE JUDICIAIRE

4. La Cour de cassation a refusé de transmettre au Conseil constitutionnel une QPC formée contre les dispositions de l'art. 78-2, al. 1er C. pr. pén. au motif que le Conseil s'était déjà prononcé sur la constitutionnalité de ce dispositif dans sa décision n° 86-211 du 26 août 1986 ; la Cour considère que le texte n'avait pas changé de portée malgré la substitution, par la L. n° 2003-239 du 18 mars 2003, des mots « une ou plusieurs raisons susceptibles de soupçonner » aux mots « un indice faisant présumer » ; la Cour ajoute d'ailleurs que cette modification était destinée à reprendre les termes utilisés par l'art. 5 Conv. EDH. • Crim. 17 août 2011, n° 11-90063 : *Gaz. Pal. 6-8 nov. 2011, p. 19, note Bachelet.*

5. Le contrôle d'identité a été admis dans les hypothèses suivantes : comportement ostensible trahissant un dealer attendant le client en surveillant sa marchandise dissimulée à proximité. • Grenoble, 12 mars 1997 : *Dr. pén. n° 26, 1998. 20.* ♦ ... « Manège » de 3 individus qui, à la nuit tombante, stationnent sans raison apparente à proximité d'un parking pendant plus d'une demi-heure. • Crim., 13 janv. 1986, n° 84-90.041 P. ♦ ... Individu qui marchait tantôt sur le trottoir, tantôt sur la route, créant ainsi une gêne pour la circulation routière ainsi qu'un véritable danger pour lui-même. • Montpellier, 18 févr. 1998 : *Dr. pén. mai 1999, n° 74.* ♦ ... Ressortissant roumain qui était à proximité d'une voiture immatriculée à l'étranger garée sur le parking d'un hôtel dans lequel une enquête était menée sur une agression sexuelle imputée à un roumain. • Civ. 2e, 24 juin 1998, *M. Clica c/ Préfet de Seine-Maritime,* n° 97-50.040 P. ♦ ... La survenance d'un attentat constitue un élément objectif permettant un contrôle d'identité. • Civ. 2e, 4 mars 1999, *Koné c/ Préfet de police de Paris,* n° 97-50016 P. ♦ ... Étranger qui a tenté de se dissimuler à la vue d'un véhicule de police et a eu un comportement laissant légitimement croire qu'il était sur le point de commettre ou venait de commettre une infraction. • Civ. 1re, 17 janv. 2006, n° 03-50097 P. ♦ Policier affirmant avoir reconnu dans la rue une personne étrangère en situation irrégulière. • Civ. 1re, 5 oct. 2022, n° 21-50.064.

6. En revanche, la Cour de cassation a estimé que ne constituait pas un tel indice le fait pour un étranger, aux abords d'une gare SNCF, d'être descendu d'un véhicule pour se diriger vers la gare puis, à la vue des policiers, avait fait demi-tour pour remonter dans le véhicule. • Civ. 2e, 18 mars 1998, *M. Salah Ghouli,* n° 96-50.017 P. ♦ Même solution pour le fait de marcher plus vite, de changer de direction ou de faire demi-tour. • Civ. 1re, 10 mai 2006, n° 04-50145 P. ♦ Jugé qu'il n'existait aucune raison plausible de soupçonner l'étranger, présent sur le site lors du démantèlement de la « jungle » de Calais, d'avoir commis ou tenté de commettre une infraction, le procès-verbal ne permettant pas d'établir si l'intéressé se trouvait sur les lieux de façon illicite. • Rennes, 28 sept. 2009, *Chri,* n° 266/2009.

7. La même procédure peut s'appliquer aux personnes qui sont susceptibles de fournir des renseignements utiles à une enquête sur un crime ou un délit (quel que soit d'ailleurs le stade de l'enquête en cause) ainsi qu'à celles qui font l'objet de recherches ordonnées par une autorité judiciaire. La Cour de Cassation a ainsi validé des contrôles opérés au sein d'un foyer SONACOTRA dans le cadre d'une enquête sur des faits de violences volontaires, dégradations et vols commis par des ressortissants africains qui étaient recherchés dans le foyer. • Crim. 4 nov. 1992, n° 92-80410. ♦ Validité du contrôle d'identité opéré sur une personne se trouvant dans un véhicule qui venait d'occasionner des dégradations volontaires sur un autre véhicule. • Civ. 2e, 4 nov. 2004, *Kherez c/ Préfet de la Seine-Saint-Denis,* n° 03-50.005. ♦ Même solution s'agissant de contrôles réalisés suite à l'information donnée par une administration (l'URSSAF, en l'espèce) permettant aux policiers d'agir dans le cadre d'une infraction flagrante et donc d'entrer dans l'établissement. • Civ. 1re, 9 déc. 2009, *Préfet de police c/ Zi,* n° 08-12.631.

8. Ressortissants européens. Les ressortissants européens ne sont pas soumis à l'obligation de présenter un titre d'identité lorsque cette formalité n'est pas applicable aux nationaux. • CJCE 17 févr. 2005, *Oulane,* n° 215/03.

9. Plan Vigipirate. Les autorités de police ne peuvent se fonder exclusivement sur l'application du plan Vigipirate pour justifier des opérations de contrôle ou vérification d'identité, sans faire état de circonstances exigées par l'art. 78-2 C. pr. pén. • Civ. 2e, 18 mars 1998, *Zhou c/ Préfet de police de Paris,* n° 97-50.017 P : *JCP 13 mai 1998, n° 2077, p. 893.*

10. Aux termes de l'art. 78-2, al. 8, C. pr. pén., dans les zones accessibles au public des gares ouvertes au trafic international, pour la prévention et la recherche des infractions liées à la criminalité transfrontalière, l'identité de toute personne peut être contrôlée en vue de vérifier le respect des obligations de détention, de port et de présentation des titres et documents prévus par la loi. Ce contrôle ne peut être pratiqué que pour une durée n'excédant pas 6 heures consécutives dans un même lieu et ne peut consister en un contrôle systématique des personnes présentes ou circulant dans ces lieux. Un premier président de la cour d'appel de Paris avait mis fin à cette rétention au motif que ces contrôles avaient été effectués sur un quai précis, en fonction d'informations préalablement recueillies portant sur l'arrivée de migrants clandestins, et que le caractère aléatoire, exigé par l'art. 78-2, al. 8, implique non seulement que le contrôle ne soit pas systématique, mais aussi que seul le hasard préside au choix des personnes contrôlées. Cette position a été invalidée en cassation dès lors qu'il résultait du procès-verbal que le contrôle, circonscrit à la partie de la gare où circulait un train utilisé par des filières d'immigration irrégulière, avait été réalisé pour la prévention et la recherche des infractions liées à la criminalité transfrontalière, pendant une durée n'excédant pas 6 heures, d'une manière ciblée, dans le temps et l'espace, suffisant à garantir le caractère non systématique des opérations. • Civ. 1re, 25 mai 2016, *Procureur général près la Cour d'appel de Paris,* n° 15-50.063 : *AJDA 2016. 1850.*

B. CONTRÔLE SUR RÉQUISITIONS ÉCRITES DU PROCUREUR DE LA RÉPUBLIQUE

11. Le Conseil constitutionnel a déclaré conformes à la Const. le 6e al. de l'art. 78-2 et l'art. 78-2-2 du C. pr. pén. ainsi que les références à ces articles figurant au présent art. ; ces dispositions n'instituent par elles-mêmes aucune différence de traitement dès lors que toute personne se trouvant sur les lieux et pendant la période déterminés par la réquisition du procureur de la République peut être soumise à un contrôle d'identité. La mise en œuvre des contrôles ainsi confiés par la loi à des autorités de police judiciaire doit s'opérer en se fondant exclusivement sur des critères excluant toute discrimination de quelque nature que ce soit entre les personnes. • Cons. const. 24 janv. 2017, n° 2016-606/607 QPC : *AJDA 2017. 142 ; Constitutions 2017. 184 ; JCP 2017. 270, note Turpin.*

12. Si la réserve d'interprétation émise par le Conseil constitutionnel selon laquelle les dispositions des art. 78-2 et 78-2-2 ne sauraient, sans méconnaître la liberté d'aller et venir, autoriser le procureur de la République à retenir des lieux et périodes sans lien avec la recherche des infractions visées dans ses réquisitions, n'impose pas qu'un tel lien résulte nécessairement des mentions des réquisitions, il incombe au juge judiciaire, saisi d'une contestation, d'apprécier l'effectivité dudit lien sur la base de ces mentions ou, à défaut, des pièces au vu desquelles les réquisitions ont été prises. • Civ. 1re, 2 sept. 2020, n° 19-20.013 : *D. 2020. 1723*.

13. Les réquisitions doivent également indiquer les infractions recherchées, mais le fait que les vérifications permettent de révéler d'autres infractions n'entache pas la procédure d'irrégularité. Une fois ces conditions réunies, toute personne qui se trouve dans le périmètre peut faire l'objet d'un contrôle. Le Conseil constitutionnel a validé ce dispositif au motif qu'il était placé sous l'autorité du Procureur de la République, magistrat de l'ordre judiciaire. • Cons. const. 5 août 1993, n° 93-323 DC : *Rec. Cons. const. 213 ; RJC I-535 ; AJDA 1993. 815, note Wachsmann ; LPA 5 janv. 1994, note Mathieu ; RFDC 1993. 835, note Favoreu.*

14. Lorsque le procureur de la République délimite un périmètre territorial à partir des axes de circulation (allées, boulevards, avenues et ponts), il n'autorise pas les interpellations dans le métro. • Civ. 2e, 4 févr. 1988, *Aggad*, n° 97-50027 P.

15. Sont conformes à la loi des réquisitions décidées pour une durée de 5 heures et 10 minutes et ayant pour périmètre l'arrivée des trains internationaux en gare de Paris-Lyon, alors même qu'elles ne font pas état de contrôles aléatoires et non systématiques, obligation imposée par le droit de l'UE uniquement dans le cadre des contrôles opérés dans la zone frontalière. • Civ. 1re, 23 nov. 2016, n° 15-50.106.

16. Art. 78-2-1 C. pr. pén. La présentation des réquisitions du procureur de la République n'est pas prescrite à peine de nullité de la procédure. • Crim. 15 févr. 2005, nos 04-87191, 04-87192 et 04-87193 P. ♦ L'art. 78-2-1 prévoit que la police ne peut contrôler que les personnes « occupées », cette condition devant apparaître dans le procès-verbal d'interpellation ; il n'est pas possible de justifier *a posteriori* de cette condition qui constitue un préalable à l'intervention. • Civ. 1re, 6 janv. 2010, n° 08-15.513.

17. Art. 78-2-2 C. pr. pén. Cet art n'exige pas que, pour prendre ses réquisitions, le procureur de la République démontre l'existence d'indices de commission, ou de risque de commission, des infractions visées par ledit article ou un risque d'atteinte à l'ordre public. • Civ. 2e, 19 févr. 2004, *Bouzidi c/ Préfet du Nord*, n° 03-50034 : *Dr. pén. avr. 2004 n° 56.* ♦ Le procureur de la République ne peut pas autoriser, dans le cadre de réquisitions, des opérations de contrôles d'identité réparties sur plusieurs jours ; en effet, l'art. 78-2-2 ne l'autorise qu'à organiser, sur la base d'une réquisition unique, des contrôles d'identité sur une période de 24 heures consécutives. • Crim. 13 sept. 2017, n° 17-83.986.

18. Responsabilité pour faute lourde du fait de contrôle « au faciès ». Au regard des principes fondamentaux résultant tant des normes internationales, qu'européennes que nationales, il est acquis qu'un contrôle d'identité, opéré sur des motifs discriminatoires fondés notamment sur la race ou l'origine, porterait fondamentalement atteinte au principe d'égalité de traitement que toute personne est légitimement en droit d'attendre du service public de la justice ; une violation aussi flagrante des droits fondamentaux de la personne ne peut dès lors que constituer une faute lourde engageant directement la responsabilité de l'État. C'est sur le fondement de l'art. L. 141-1 COJ, selon lequel l'État est tenu de réparer le dommage causé par le fonctionnement du service public de la justice, que le recours peut être introduit. C'est à la personne s'estimant victime de la discrimination d'apporter la preuve de l'atteinte aux droits de la personne par un faisceau de circonstances graves, précises et concordantes et à l'État de démontrer le caractère justifié de la différence de traitement. • Paris, 24 juin 2015, n° 13/24277 : *AJDA 2015. 1813, note Camguilhem*.

19. Durée. La succession ininterrompue de réquisitions de contrôles d'identité dans les mêmes lieux conduisait à un contrôle unique de 36 heures, généralisé dans le temps et dans l'espace. Le premier président a violé l'art. 78-2, al. 6 C. pr. pén., dans sa rédaction antérieure à celle issue de la L. n° 2016-731 du 3 juin 2016 ainsi que la réserve d'interprétation émise par le Conseil constitutionnel dans sa décision n° 2016-606/607 QPC du 24 janv. 2017, selon laquelle les dispositions de ce texte ne sauraient, sans méconnaître la liberté d'aller et de venir, autoriser le procureur de la République, en particulier par un cumul de réquisitions portant sur des lieux ou des périodes différents, à requérir des contrôles d'identité généralisés dans le temps ou dans l'espace. • Civ. 1re, 14 mars 2018, n° 17-14.424 : *D. 2018. 620*. ♦ Tel n'est pas le cas en revanche de contrôles d'identité s'exerçant sur un même secteur de contrôle, mais durant des périodes de temps différentes. • Civ. 1re, 5 sept. 2018, n° 17-22.507 : *AJDA 2018. 1702 ; D. 2018. 1758*.

C. CONTRÔLES VISANT À PRÉVENIR UNE ATTEINTE À L'ORDRE PUBLIC

20. Le risque pour l'ordre public qui justifie le contrôle préventif d'identité n'est pas limité à la sécurité des personnes et des biens, mais peut concerner, par exemple, la menace d'infractions à la législation sur les étrangers. • Crim. 15 janv. 2003, n° 02-81.008 : *Dr. pén. 2003 n° 67.*

21. Avant la modification introduite par la L. du 10 août 1993, la Cour de cassation avait jugé que la légalité de ces contrôles est subordonnée à la prévention d'une atteinte à l'ordre public qui soit directement rattachable au comportement de la personne dont l'identité est contrôlée. • Crim. 10 nov. 1992, n° 92-83.352 P : *D. 1993. 36, note Mayer.* ♦ Le Conseil constitutionnel a toutefois précisé que la pratique de contrôles d'identité généralisés et discrétionnaires serait incompatible avec le respect de la liberté individuelle ; l'autorité concernée doit justifier, dans tous les cas, des circonstances particulières établissant le risque d'atteinte à l'ordre public qui a motivé le contrôle. • Cons. const. 5 août 1993, n° 93-323 DC : *préc. note 13.* ♦ Le procès-verbal n'a pas à faire état du lien entre l'interpellation et les délits commis la veille de celle-ci. • Civ. 2e, 26 avr. 2001, n° 99-50038.

22. Un contrôle d'identité opéré conformément aux « directives du directeur départemental de la sécurité publique, constatant la liste des infractions commises au mois de novembre 1993 sur les lieux de l'interpellation » ne satisfaisait pas aux conditions posées par l'art. 78-2. En effet, l'infraction la plus récente remontait à une semaine avant le contrôle d'identité ; par suite, celui-ci ne pouvait être considéré comme devant prévenir une atteinte à l'ordre public. • Civ. 2e, 28 juin 1995, *M. Bechta,* n° 94-50.002 P : *AJDA 1996. 72, note Legrand.* ♦ La seule référence au « plan Vigipirate » ne peut suffire à légitimer un contrôle d'identité au titre de l'art. 78-2. • Civ. 2e, 18 mars 1998, *M. Xia Zhong Zhou,* n° 97-50.017 P.

23. Lorsque le procès-verbal mentionne l'existence de nombreuses infractions récentes, il incombe au juge de rechercher les infractions en cause et d'examiner si elles peuvent caractériser un risque d'atteinte à l'ordre public. • Crim. 10 oct. 1996, n° 96-83.079 : *Dr. pén. 1997. 21.* ♦ Le procès-verbal ne peut se borner à se référer abstraitement à de « nombreuses infractions » sans évoquer de circonstances particulières. • Crim. 17 déc. 1996, n° 96-82829 P. ♦ V. aussi : • Crim. 2 juin 1999, n° 98-81153 P : *Dr. pén. oct. 1999 n° 134.*

24. Le périmètre du lieu dans lequel l'ordre public est menacé doit être indiqué avec précision et n'être pas trop étendu. • Civ. 2e, 1er mars 2001, *Préfet de police c/ Amira,* n° 00-50010. ♦ Le procès-verbal doit indiquer en quoi ce lieu peut être considéré comme dangereux, notamment en raison de la commission de plusieurs infractions. • Crim. 15 janv. 2003, ° 02-81.008 : *Dr. pén. 2003 n° 67.*

25. La référence abstraite au plan Vigipirate et à l'état d'urgence ne permettait pas, à elle seule, de justifier le contrôle d'identité, en l'absence de circonstances particulières constitutives d'un risque d'atteinte à l'ordre public. • Civ. 1re, 13 sept. 2017, n° 16-22.967 : *AJDA 2017. 1753.*

D. CONTRÔLES D'IDENTITÉ DANS LA « ZONE SCHENGEN »

26. Si l'art. 20 du Code frontières Schengen supprime le contrôle aux frontières intérieures des États membres en interdisant les vérifications d'identité, quelle que soit la nationalité des personnes souhaitant les franchir, son art. 21 réserve l'exercice des compétences de police par les autorités compétentes de l'État membre en vertu du droit national sous réserve que l'exercice de ces compétences n'ait pas d'effet équivalent à un rétablissement de ce contrôle ; ce rétablissement, temporaire, ne peut en effet résulter que de la mise en œuvre des dispositions des art. 23 s. de ce règlement. Le juge vérifie que les contrôles litigieux sont opérés, sur décisions du préfet et du procureur près le TGI, en application et sur le fondement des dispositions du C. pr. pén. et du présent code et qu'il ne ressort ni des pièces des dossiers, ni des informations données au cours de l'audience que ces contrôles, par leur ampleur, leur fréquence et leurs modalités de mise en œuvre, excéderaient manifestement le cadre défini par ces dispositions et procéderaient ainsi d'une décision du ministre de l'Intérieur ou d'une autre autorité nationale, de rétablir à la frontière franco-italienne un contrôle permanent et systématique, dont le Conseil d'État pourrait connaître en premier et dernier ressort. • CE 29 juin 2015, *GISTI et a.,* n° 391192 : *AJDA 2015. 1295.*

27. Aucune circonstance particulière établissant un risque pour l'ordre public n'est exigée pour opérer les contrôles d'identité dans les zones frontalières. • Civ. 2e, 23 mai 2001, *Ranchez,* n° 00-50045 P. ♦ Ces contrôles n'ont pas à reposer sur des motifs particuliers. • Douai, 7 nov. 2009, *Hanane,* n° 09/00392.

28. Il suffit que le procès-verbal fasse référence au contrôle d'identité dans une zone ouverte au trafic international pour que les conditions légales soient satisfaites. • Civ. 1re, 20 juin 2006, *Procureur général près la Cour d'appel de Poitiers c/ Diakaby,* n° 05-16190 P • 14 févr. 2006, *Diaby,* n° 05-16189 P.

29. Les dispositions de l'art. 78-2, al. 4 C. pr. pén., qui autorisent le contrôle de toute personne située dans une zone accessible au public d'un port, aéroport ou d'une gare ouverts au trafic international de voyageurs et désignés par arrêté, ne sauraient permettre d'éluder les conditions de fond et de forme applicables aux autres types de contrôle d'identité prévus par le même art., en ses al. 1er à 3, lorsque les opérations ne sont pas destinées à vérifier le respect des obligations de détention, de port et de présentation des titres et documents prévus par la loi, mais relèvent, par leur objet, d'une autre catégorie légalement définie de contrôle ; l'intervention de la police, faisant suite à une dénonciation anonyme et permettant l'interpellation d'une personne porteuse de produits stupéfiants, n'a pas respecté les règles fixées à l'art. 78-2, al. 4 C. pr. pén. • Crim. 3 mai 2007, n° 07-81331 P.

30. En relevant que la mention portée sur le procès-verbal d'interpellation selon laquelle l'intéressé était « dans le secteur du quartier de Terre-Neuve » suffisait à justifier l'applicabilité de ce texte, sans préciser si l'interpellation était intervenue dans l'enceinte portuaire ni si celle-ci avait eu lieu dans une zone accessible au public, le représentant du premier président a fait une correcte application de l'art. 78-2 C. pr. pén. dès lors, d'une part, que le contrôle d'identité et les contrôles de titre peuvent être effectués sur la totalité de l'emprise portuaire définie par l'autorité administrative compétente, et, d'autre part, que l'art. 1er de l'Arr. du 23 avr. 2003 mentionne que les services de police peuvent effectuer des contrôles dans les zones accessibles au public du port de Saint-Malo. • Civ. 1re, 18 mai 2005, n° 04-50018 P.

31. Un contrôle d'identité effectué dans une « gare ouverte au trafic international » au sens de l'Arr. du 23 avr. 2003 est en conformité avec les dispositions de l'art. 78-2 C. pr. pén., lequel prévoit notamment que ce contrôle peut être opéré « en vue de vérifier le respect des obligations de détention, de port et de présentation des titres et documents prévues par la loi » ; ayant constaté que l'intéressé, de nationalité chinoise, venu en France pour « affaire court séjour » avec un visa obtenu du consulat de France à Pékin, alors que l'intéressé arrivé le jour même se dirigeait directement vers l'Italie, le policier se trouvait en droit, en application des textes ci-dessus rappelés ainsi que du « code Schengen » s'agissant d'une ressortissante d'un pays tiers, de lui demander de « justifier de l'objet et des conditions de séjour dans l'État Schengen devant être visité, y compris la possession de moyens de subsistance suffisants pour la durée du séjour envisagé et pour le retour dans le pays d'origine » ; les policiers ont alors constaté que l'intéressé ne pouvait présenter ni billet d'avion, ni billet pour le retour, aucune réservation d'hôtel, aucune invitation professionnelle, aucun document justifiant de son activité professionnelle en Chine, le seul document en possession de l'intéressé étant un billet aller simple en TGV Paris-Milan ; l'interpellation critiquée a donc été faite de façon parfaitement régulière. • Lyon, 1er juill. 2008, *Préfet de la Savoie c/ Hehai X.*, n° 08/226.

32. Invalidation par la CJUE. La CJUE a considéré que le droit de l'Union s'oppose à une législation nationale conférant aux autorités de police de l'État membre concerné la compétence de contrôler, uniquement dans une zone de 20 km à partir de la frontière terrestre, l'identité de toute personne afin de vérifier qu'elle respecte les obligations de détention, de port et de présentation des titres et des documents prévus par la loi sans garantir, à défaut d'encadrement nécessaire, que l'exercice pratique de cette compétence ne puisse pas revêtir un effet équivalent à celui des vérifications aux frontières. • CJUE 22 juin 2010, *Melki et Abdeli*, nos C-188/10 et C-189/10 : *AJDA 2010. 1578, chron. Aubert, Broussy et Donnat ; AJ pénal 2010. 343 ; D. 2010. 1640, note Donna ; ibid. 2524, note Roux ; RFDA 2010. 458, note Gaïa ; LPA, 30 août 2010, obs. Perrier ; Cah. Cons. const. 2010. 63, étude Simon et Rigaux ; Gaz. Pal.v 29 juin 2010. 19, note Rousseau ; Europe juill. 2010, n° 7, repère 7, note Simon et Rigaux.* ♦ V. aussi : • CJUE 19 juill. 2012, *Atiqullah Adil c/ Minister voor Immigratie, Integratie en Asiel*, n° C-278/12 PPU : *Europe n° 10, oct. 2012, comm. 375, Gazin.* ♦ Ainsi, des contrôles d'identité opérés sur la base de l'art. 78-2 al. 4 C. pr. pén. sont irréguliers. • Colmar, 25 juin 2010, *Roukhadze*, n° 6U-3372/2010 • Cass., QPC, 29 juin 2010, *Melki*, n° 10-40.001 • Lyon, 9 juill. 2010, n° 225/10 • Aix-en-Provence, 27 juill. 2010, n° 10/00284. • Civ. 1re, 23 févr. 2011, n° 09-70.462 : *D. 2011. 755 ; Rev. crit. DIP 2011. 603, note Parrot.* ♦ L'art. 69 de la L. n° 2011-884 du 27 juill. 2011 d'orientation et de programmation pour la performance de la sécurité intérieure a rétabli la possibilité de tels contrôles en précisant que le contrôle des obligations de détention, de port et de présentation des titres et documents ne peut être pratiqué que pour une durée n'excédant pas 6 heures consécutives dans un même lieu et ne peut consister en un contrôle systématique des personnes présentes ou circulant dans les zones en cause (C. pr. civ., art. 78-2, 8e al. mod.). ♦ V. Circ. du 28 mars 2011, n° IOCD1108864C.

33. Le droit de l'UE s'oppose à ce que des services de police puissent procéder, dans le seul but de veiller au respect des règles d'entrée et de séjour et indépendamment du comportement de la personne et de l'existence de circonstances particulières, à des contrôles d'identité dans une zone de 30 km à partir de la frontière terrestre d'un État membre avec d'autres États de l'espace Schengen. Ces contrôles peuvent toutefois être mis en œuvre si la réglementation garantit qu'ils ne revêtiront pas un effet équivalent à celui des vérifications aux frontières ; dans ce cas, il appartient aux États membres dont la législation autorise des contrôles spécifiques dans les zones frontalières de veiller à ce que ces contrôles soient encadrés de manière précise et détaillée afin d'en conditionner l'intensité, la fréquence et la sélectivité. • CJUE 21 juin 2017, n° C-9/16.

II. LES VÉRIFICATIONS D'IDENTITÉ

34. Dans le cadre d'un régime d'autorisation préalable, le législateur est en mesure d'exiger des étrangers la détention, le port et la production des documents attestant la régularité de leur entrée et de leur séjour en France. En dehors de la recherche d'auteurs d'infractions et en l'absence de circonstances particulières relatives à la prévention d'atteintes à l'ordre public. • Cons. const. 5 août 1993, n° 93-323 DC : *préc. note 13.* ♦ Le présent art. permet aux services d'opérer une vérification des titres de séjour des étrangers sur tout le territoire français, même au-delà de la zone de 20 km comprise entre la frontière terrestre de la France et les États parties à la convention de Schengen, sans condition préalable liée au comportement de la personne vérifiée ou à des considérations d'ordre public ; la seule réserve du caractère objectif des éléments susceptibles de révéler l'extranéité de ladite personne, prise en l'espèce de la plaque minéralogique d'un véhicule de transport collectif où se trouvait le requérant en compagnie d'autres passagers, ne constitue pas une garantie suffisante pour encadrer un type de contrôle ayant un effet équivalent aux contrôles aux frontières prohibés par le droit communautaire en vertu de l'art. 67, § 2 TFUE et de l'art. 21 a) du code Schengen ; dès lors, l'art. L. 611-1 [devenu art. L. 812-1 et L. 812-2] est incompatible avec les dispositions communautaires précitées. • Civ. 1re, 6 juin 2012, n° 10-25.233 : *AJDA 2012. 1133 ; D. 2012. 1552.*

35. Le Conseil constitutionnel a néanmoins ajouté que la mise en œuvre des vérifications ainsi confiées par la loi à des autorités de police judiciaire doit s'opérer en se fondant exclusivement sur des critères objectifs et en excluant, dans le strict respect des principes et règles de valeur constitutionnelle, toute discrimination de quelque nature qu'elle soit entre les personnes ; il appartient aux autorités judiciaires et administratives de veiller au respect intégral de cette prescription ainsi qu'aux juridictions compétentes de censurer et de réprimer, le cas échéant, les illégalités qui seraient commises et de pourvoir éventuellement à la réparation de leurs conséquences dommageables. • Cons. const. 13 août 1993, n° 93-325 DC : *préc. note 13.*

36. Pour que les agents de l'autorité aient la faculté de requérir la présentation des documents sous le couvert desquels les étrangers sont autorisés à séjourner en France, il faut que des éléments objectifs déduits de circonstances extérieures à la personne même de l'intéressé soient de nature à faire apparaître sa qualité d'étranger. • Crim. 25 avr. 1985, n° 84-92916 P : *JCP 1985, II, 20465, concl. Dontewille, note Jeandidier ; Gaz. Pal. 1985 n° 179, 180, concl. Dontewille ; D. 1986. 169, chron. Favoreu.* ♦ Tel est le cas du contrôle d'un étranger qui était déjà connu de la police pour avoir été appréhendé auparavant pour séjour irrégulier en France et méconnaissance d'un arrêté d'expulsion. • Crim. 17 mai 1995, n° 94-85231 P : *Dr. pén. août-sept. 1995, p. 14, note Maron.* ♦ Fait que l'étranger décline sa nationalité lors d'un contrôle d'identité. • Civ. 1re, 17 mai 2017, nos 16-15.228, 16-15.229 et 16-19.971 : *AJDA 2017. 1084 ; D. 2017. 1859, chron. Gargoullaud.*

37. En revanche, le fait d'échanger de vifs propos en langue étrangère ne constitue pas un critère objectif de nationalité étrangère. • Versailles, 10 juin 1994 : *Ben Fredj.* ♦ De même, le fait d'être né à l'étranger et de ne pas répondre aux questions relatives à sa date de naissance ne constitue pas un élément objectif déduit des circonstances extérieures à la personne, susceptible de présumer sa qualité d'étranger. • Civ. 1re, 28 mars 2012, *M. Osman,* n° 11-11.099 : *AJDA 2012. 1365 ; Rev. crit. DIP 2012. 849, obs. Guimezanes.*

38. Si le procès-verbal mentionne des éléments physiques (couleur de la peau, morphologie, etc.), il entache la procédure d'irrégularité. La Cour de cassation a considéré que l'expression en langue étrangère ne constituait pas un critère objectif. • Crim. 10 nov. 1992, *Bassilika : D. 1993. 36, note Mayer.* ♦ De même, le seul fait qu'un individu de couleur noire quitte, à la vue des policiers, un groupe de personnes pour se diriger vers la sortie de la gare ne révèle aucun risque d'atteinte à l'ordre public. • Douai, 26 mars 1993, *Mampasi Mena,* n° 042657. ♦ Ceci entraînera la relaxe des personnes poursuivies pour infraction à la législation sur les étrangers, mais n'empêchera pas le préfet de prendre un arrêté de reconduite à la frontière, l'illégalité de la procédure de vérification d'identité n'entachant pas l'arrêté de reconduite à la frontière. • CE 23 févr. 1990, *Sioui : RFDA 1990. 525, concl. Abraham.* ♦ La Cour de cassation a toutefois considéré qu'il appartenait au juge judiciaire de vérifier la légalité de l'interpellation lorsqu'il est saisi d'une demande de prolongation de la rétention administrative d'un étranger en instance d'éloignement. • Civ. 2e, 28 juin 1995, n° 94-50.002 P : *JCP 1995. II. 22504, concl. Sainte-Rose.* ♦ V. *supra* notes ss. art. L. 552-1.

39. Jugé que les policiers se sont nécessairement fondés sur des motifs discriminatoires (le nom et l'apparence physique) pour contrôler l'identité d'ouvriers présents sur un lieu de travail car l'intéressé interpellé n'avait fourni à la police ni son lieu de naissance ni sa nationalité ; la police n'était ainsi pas fondée à consulter le fichier national sur les étrangers. • Paris, 7 oct. 2009, *Boustani,* n° B 09/03988.

40. En Guyane, l'art. 78-2 C. pr. pén. a défini un périmètre au sein duquel la police judiciaire peut contrôler l'identité de toute personne en vue de vérifier le respect des obligations de détention, de port et de présentation des titres et documents prévus par la loi. Cette zone, rappelle la Cour de cassation, est « comprise entre les frontières terrestres ou le littoral du département de la Guyane et une ligne tracée à 20 km en deçà, et sur une ligne tracée à 5 km de part et d'autre, ainsi que sur la route nationale 2 sur le territoire de la commune de Régina » ; ces contrôles ne sont pas subordonnés à la condition préalable qu'il existe à l'encontre de la personne contrôlée une ou plusieurs raisons plausibles de soupçonner que celle-ci aurait commis ou tenté de commettre une infraction, qu'elle se prépare à commettre un crime ou un délit, qu'elle serait susceptible de fournir des renseignements utiles à l'enquête en cas de crime ou délit ou qu'elle ferait l'objet de recherches ordonnées par une autorité judiciaire. • Civ. 1re, 28 févr. 2018, n° 17-50.001 : *AJDA 2018. 471*.

41. Si le constat des éléments objectifs, déduits de circonstances extérieures à la personne, de nature à faire apparaître sa qualité d'étranger, doit précéder le contrôle des titres de séjour intervenu sur le fondement du présent code, un tel constat n'a pas à être préalable au contrôle d'identité effectué en application de l'art. 78-2 C. pr. pén., mais peut résulter de celui-ci. • Civ. 1re, 17 mai 2017, n° 16-15.229 : *AJDA 2017. 1084*.

Code des douanes

Art. 67-1 *(L. n° 2012-1560 du 31 déc. 2012, art. 7)* Les agents des douanes sont habilités à relever l'identité des personnes afin de rédiger les procès-verbaux prévus par le présent code.

Si la personne refuse ou se trouve dans l'impossibilité de justifier de son identité, les agents des douanes investis des fonctions de chef de poste ou les fonctionnaires désignés par eux titulaires du grade de contrôleur ou d'un grade supérieur peuvent en rendre compte à tout officier de police judiciaire de la police nationale ou de la gendarmerie nationale territorialement compétent, qui peut alors leur ordonner sans délai de lui présenter sur-le-champ le contrevenant aux fins de vérification d'identité dans les conditions prévues à l'article 78-3 du code de procédure pénale. Le délai prévu au troisième alinéa de cet article court à compter du relevé d'identité mentionné au premier alinéa du présent article.

Les résultats de cette vérification d'identité sont communiqués sans délai aux agents des douanes.

SECTION 2 **Visite sommaire des véhicules dans les zones frontalières**

Art. L. 812-3 En vue de vérifier le respect des obligations de détention, de port et de présentation des pièces ou documents prévus à l'article L. 812-1 ou de rechercher et constater les infractions relatives à l'entrée et au séjour des étrangers en France, les officiers de police judiciaire de la police nationale ou de la gendarmerie nationale peuvent procéder à la visite sommaire des véhicules circulant sur la voie publique *(Abrogé par L. n° 2024-42 du 26 janv. 2024, art. 59)* **« *, à l'exclusion des voitures particulières* » :**

1° Dans une zone comprise entre la frontière terrestre de la France avec les États parties à la convention signée à Schengen le 19 juin 1990 et une ligne tracée à vingt kilomètres en deçà ;

(L. n° 2024-42 du 26 janv. 2024, art. 59) **« 1° *bis* Dans une zone comprise entre le littoral et une ligne tracée à vingt kilomètres en deçà, dans les départements désignés par arrêté ministériel en raison de la pression migratoire particulière qui s'y exerce ;**

« 1° *ter* Dans un rayon maximal de dix kilomètres autour des ports et aéroports constituant des points de passage frontaliers au sens de l'article 2 du règlement (UE) 2016/399 du Parlement européen et du Conseil du 9 mars 2016 concernant un code de l'Union relatif au régime de franchissement des frontières par les personnes (code frontières Schengen), désignés par arrêté du ministre de l'intérieur en raison de l'importance de leur fréquentation et de leur vulnérabilité ; »

2° Sur les aires de stationnement des sections autoroutières commençant dans *(L. n° 2024-42 du 26 janv. 2024, art. 59)* **« les zones mentionnées aux 1° à 1° *ter*** *[ancienne rédaction : la zone mentionnée au 1°]* **» jusqu'au premier péage lorsqu'il se situe au-delà des limites de cette zone, ainsi que sur le lieu de ce péage et les aires de stationnement attenantes.**

L'officier de police judiciaire peut être assisté des agents de police judiciaire et des agents de police judiciaire adjoints mentionnés à l'article 20 et au 1° de l'article 21 du code de procédure pénale. – *[Anc. art. L. 611-8 ; anc. art. L. 611-9, al. 1er.]*

COMMENTAIRE

L'article L. 812-3 ouvre droit à la mise en œuvre de visite sommaire des véhicules dans les zones frontalières, aux fins de vérifier le respect des obligations en matière documentaire mais aussi de rechercher et constater des infractions à l'entrée et au séjour des étrangers en France. Depuis la loi n° 2024-42 du 26 janvier 2024, les véhicules particuliers sont concernés par cette visite. En effet, comme l'indiquait l'étude d'impact jointe au projet de loi, l'efficacité « des contrôles […] est en baisse marquée depuis plusieurs années du fait des contre-mesures prises par les passeurs. En effet, ceux-ci ont maintenant recours à des véhicules particuliers de moins de neuf places pour échapper aux contrôles ».

Le présent article définit la zone frontalière dans laquelle la visite sommaire est possible :

– la zone dite « bande Schengen » (vingt kilomètres entre la frontière terrestre de la France et des États partie à la convention Schengen) ;

– les zones comprises entre le littoral et une ligne tracée à vingt kilomètres en deçà, dans les départements désignés par arrêté ministériel en raison de la pression migratoire particulière qui s'y exerce ;

– dans un rayon maximal de dix kilomètres autour des ports et aéroports constituant des points de passage frontaliers au sens de l'article 2 du règlement (UE) 2016/399 du Parlement européen et du Conseil du 9 mars 2016 (code frontières Schengen), désignés par arrêté du ministre de l'Intérieur en raison de l'importance de leur fréquentation et de leur vulnérabilité ;

– les aires de stationnement des sections autoroutières qui commencent dans la zone de vingt kilomètres jusqu'au premier péage lorsqu'il se situe hors de cette zone, ainsi que le lieu du péage et des aires de stationnement attenantes.

Ce dispositif a été validé par le Conseil constitutionnel, d'abord s'agissant des contrôles des documents et pièces dans les zones à forte exposition internationale, en particulier la « bande Schengen » (Cons. const., 5 août 1993, n° 93-323 DC) puis s'agissant du dispositif de la visite sommaire (Cons. const. 22 avr. 1997, n° 97-389 DC) en rappelant que les contrôles sont réalisés sous la direction et le contrôle permanent du parquet.

On rappellera en outre que la loi n° 2006-64 du 23 janvier 2006 (art. 11, *JO 24 janv.*) a ajouté un article 78-2-2 du code de procédure pénal aux termes duquel, sur réquisitions écrites du procureur de la République aux fins de recherche et de poursuite des actes de terrorisme (C. pén., art. 421-1 à 421-6), des infractions en matière d'armes et d'explosifs (C. défense, art. L. 2339-8, L. 2339-9 et L. 2353-4), des infractions de vol (C. pén., art. 311-3 à 311-11), de recel (C. pén., art. 321-1 et 321-2) ou des faits de trafic de stupéfiants (C. pén., art. 222-34 à 222-38), les officiers de police judiciaire, assistés, le cas échéant, des agents de police judiciaire et des adjoints peuvent, dans les lieux et pour la période de temps que ce magistrat détermine et qui ne peut excéder vingt-quatre heures renouvelables sur décision expresse et motivée selon la même procédure, procéder non seulement aux contrôles d'identité prévus au sixième alinéa de l'article 78-2, mais aussi à la visite des véhicules circulant, arrêtés ou stationnant sur la voie publique ou dans des lieux accessibles au public.

Les véhicules en circulation ne peuvent être immobilisés que le temps strictement nécessaire au déroulement de la visite qui doit avoir lieu en présence du conducteur. Lorsqu'elle porte sur un véhicule à l'arrêt ou en stationnement, la visite se déroule en présence du conducteur ou du propriétaire du véhicule ou, à défaut, d'une personne requise à cet effet par l'officier ou l'agent de police judiciaire et qui ne relève pas de son autorité administrative. La présence d'une personne extérieure n'est toutefois pas requise si la visite comporte des risques graves pour la sécurité des personnes et des biens.

En cas de découverte d'une infraction ou si le conducteur ou le propriétaire du véhicule le demande ainsi que dans le cas où la visite se déroule en leur absence, il est établi un procès-verbal mentionnant le lieu et les dates et heures du début et de la fin de ces opérations. Un exemplaire en est remis à l'intéressé et un autre est transmis sans délai au procureur de la République.

La visite des véhicules spécialement aménagés à usage d'habitation et effectivement utilisés comme résidence ne peut être faite que conformément aux dispositions relatives aux perquisitions et visites domiciliaires.

Enfin, le législateur a pris soin de préciser que le fait que ces opérations révèlent des infractions autres que celles visées dans les réquisitions du procureur de la République ne constitue pas une cause de nullité des procédures incidentes.

La visite des véhicules circulant ou arrêtés sur la voie publique ou dans des lieux accessibles au public est encore possible lorsqu'il existe à l'égard du conducteur ou d'un passager une ou plusieurs raisons plausibles de soupçonner qu'il a commis, comme auteur ou comme complice, un crime ou un délit flagrant ; ces dispositions s'appliquent également à la tentative (C. pr. pén., art. 78-2-3).

Bien plus, l'article 78-2-4 du code de procédure pénale permet aux mêmes agents de procéder à de telles visites de véhicules circulant, arrêtés ou stationnant sur la voie publique ou dans des lieux accessibles au public, en dehors de réquisitions du magistrat du parquet pour prévenir une atteinte grave à la sécurité des personnes et des biens. L'accord du conducteur est en principe requis ; à défaut, la visite ne peut avoir lieu que sur instructions du procureur de la République communiquées par tous moyens. Dans l'attente des instructions du procureur de la République, le véhicule peut être immobilisé pour une durée qui ne peut excéder trente minutes. ❑

1. Le Conseil constitutionnel a rappelé que la recherche des auteurs d'infractions est nécessaire à la sauvegarde de principes et droits de valeur constitutionnelle ; les contrôles prévus au présent art. sont effectués en vue de rechercher et de constater les infractions relatives à l'entrée et au séjour des étrangers en France, dans des zones précisément définies dans leur étendue et qui présentent des risques particuliers liés à la circulation internationale des personnes, et les voitures particulières sont exclues du champ des visites sommaires. Il s'agit en tout état de cause d'une opération de police judiciaire, réalisée sous la direction et le contrôle permanent du procureur de la République en vertu des dispositions du C. pr. pén. • Cons. const. 22 avr. 1997, n° 97-389 DC : *Rec. Cons. const. 45 ; JO 25 avr. ; AJDA 1997. 524, obs. Julien-Laferrière ; RJC I-707 ; RD publ. 1997. 931, note Luchaire ; RFDC 1997. 571, note Lecucq ; JCP 1997. II. 22890, note Zarka ; LPA 17 oct. 1997, note Mathieu ; ibid. 27 juin 1997, obs. Pélissier.*

2. Le juge constitutionnel rappelle que la recherche des auteurs d'infractions est nécessaire à la sauvegarde de principes et droits de valeur constitutionnelle. Il estime que le dispositif retenu préserve la liberté individuelle et l'inviolabilité du domicile tout en permettant à l'autorité judiciaire d'exercer un contrôle effectif. « Les contraintes supplémentaires ainsi occasionnées pour les personnes qui résident ou se déplacent dans les zones concernées du territoire français ne portent pas atteinte au principe d'égalité dès lors que les autres personnes sont placées dans des situations différentes au regard des objectifs que le législateur s'est assignés ». • Cons. const. 5 août 1993, n° 93-323 DC : *préc. note 13 ss. art. L. 812-2.*

Art. L. 812-4 Il ne peut être procédé à la visite sommaire du véhicule prévue à l'article L. 812-3 qu'avec l'accord du conducteur ou, à défaut, sur instructions du procureur de la République. Dans l'attente des instructions du procureur de la République, le véhicule peut être immobilisé pour une durée qui ne peut excéder quatre heures.

La visite, dont la durée est limitée au temps strictement nécessaire, se déroule en présence du conducteur et donne lieu à l'établissement d'un procès-verbal mentionnant les dates et heures du début et de la fin des opérations. Un exemplaire de ce procès-verbal est remis au conducteur et un autre transmis sans délai au procureur de la République. — *[Anc. art. L. 611-8 ; anc. art. L. 611-9, al. 2 et 3.]*

COMMENTAIRE

C'est l'article L. 812-4 qui définit les conditions dans lesquelles ces visites peuvent avoir lieu :

– l'accord du conducteur est nécessaire sans lequel la visite sommaire n'est possible que sur instructions du procureur de la République ;

– dans l'attente de ces instructions, l'immobilisation du véhicule ne peut excéder quatre heures ;

– la durée de la visite sommaire est limitée au temps strictement nécessaire et a lieu en présence du conducteur ;

– la visite sommaire donne lieu à un procès-verbal dont un exemplaire est remis au conducteur et un autre transmis au procureur de la République. ❑

Art. L. 812-5 *(L. n° 2024-42 du 26 janv. 2024, art. 59)* **En vue de vérifier le respect des obligations de détention, de port et de présentation des pièces ou documents prévus à l'article L. 812-1 ou de rechercher et de constater les infractions relatives à l'entrée et au séjour des étrangers en France, les officiers de police judiciaire de la police nationale ou de la gendarmerie nationale peuvent procéder à la visite sommaire de tout navire ou de tout autre engin flottant dans les eaux intérieures, dans la mer territoriale et dans la zone contiguë.**

L'officier de police judiciaire peut être assisté des agents de police judiciaire et des agents de police judiciaire adjoints mentionnés à l'article 20 et au 1° de l'article 21 du code de procédure pénale.

Art. L. 812-6 *(L. nº 2024-42 du 26 janv. 2024, art. 59)* **Il ne peut être procédé à la visite sommaire prévue à l'article L. 812-5 qu'avec l'accord du capitaine du navire ou de son représentant ou, à défaut, sur instructions du procureur de la République. Le représentant de l'État en mer est informé de la visite avant la montée à bord des officiers de police judiciaire. Dans l'attente des instructions du procureur de la République, le navire peut être immobilisé, lorsqu'il est situé dans les limites administratives des ports maritimes, pour une durée qui ne peut excéder quatre heures et, à défaut ou lorsque l'accès à bord est matériellement impossible, dérouté vers une position ou un port approprié.**

La visite, dont la durée est limitée au temps strictement nécessaire, se déroule en présence du capitaine du navire ou de son représentant. Lorsque la visite concerne des locaux affectés à un usage privé ou d'habitation, la visite est effectuée en présence de l'occupant des lieux. En l'absence de l'occupant des lieux, il ne peut être procédé à la visite qu'en présence du capitaine du navire ou de son représentant.

La visite donne lieu à l'établissement d'un procès-verbal mentionnant les dates et heures du début et de la fin des opérations. Un exemplaire de ce procès-verbal est remis au capitaine du navire ou à son représentant et un autre transmis sans délai au procureur de la République.

CHAPITRE III VÉRIFICATION DU DROIT DE CIRCULATION ET DE SÉJOUR

COMMENTAIRE

Issues de la loi nº 2012-1560 du 31 décembre 2012 relative à la retenue pour vérification du droit au séjour et modifiant le délit d'aide au séjour irrégulier pour en exclure les actions humanitaires et désintéressées, les dispositions de la présente section viennent tirer les conséquences de la jurisprudence de la Cour de justice de l'Union européenne et de la Cour de cassation qui avaient censuré le recours à la garde à vue au seul motif de l'irrégularité du séjour en France d'un étranger. Le législateur a ainsi créé une mesure de vérification de situation des personnes étrangères (à l'exception des mineurs) qui ne sont pas en mesure de justifier de leur droit de circulation ou de séjour en France afin d'offrir un cadre juridique pour les investigations nécessaires sur l'infraction de séjour irrégulier. Selon l'exposé des motifs du projet de loi, cette procédure, dite de « retenue », peut être mise en œuvre à l'occasion d'un contrôle d'identité effectué en application des articles 78-1 à 78-2-2 du code de procédure pénale ou d'un contrôle de titre diligenté sur le fondement de l'article L. 812-1 ou de l'article 67 *quater* du code des douanes. En conséquence, la retenue provisoire prévue par ce dernier article afin de remettre l'étranger à un officier de police judiciaire est supprimée dès lors que le projet de loi instaure une procédure *ad hoc*.

Cette vérification de situation, qui implique un temps de retenue maximal de vingt-quatre heures (art. L. 813-3), est placée sous le contrôle de l'autorité judiciaire, le procureur de la République étant systématiquement informé par l'officier de police judiciaire et pouvant mettre fin à tout moment à la retenue (art. L. 813-4). La durée de vingt-quatre heures se compute dès le début de l'opération de contrôle ; par exemple, lorsque celle-ci a été précédée d'une vérification d'identité (C. pr. pén., art. 78-3), le temps passé sous ce régime (quatre heures maximum) vient diminuer d'autant la durée maximale de la retenue (Circ. du 18 janv. 2013). Le Conseil constitutionnel (Cons. const. 6 sept. 2018, nº 2018-770 DC) a considéré que le législateur, en fixant à vingt-quatre heures, et non au-delà, la durée maximale de la retenue, a assuré entre la protection de la liberté individuelle et de la liberté d'aller et de venir et l'objectif à valeur constitutionnelle de protection de l'ordre public, une conciliation qui n'est pas déséquilibrée. La circulaire du 31 décembre 2018 d'application de la loi du 10 septembre 2018 pour une immigration maîtrisée, un droit d'asile effectif et une intégration réussie (NOR : INTV1835403J) indique que le législateur a entendu simplifier la procédure en indiquant que les opérations de vérification peuvent désormais être réalisées par tout agent, sous le contrôle d'un officier de police judiciaire.

La loi n° 2018-778 du 10 septembre 2018 a ajouté la possibilité de fouille des bagages et effets personnels de la personne retenue, avec l'accord de celle-ci ou, à défaut, après information du procureur de la République (art. L. 813-9). On peine ici à comprendre la logique, autre que purement répressive, qui a animé le législateur dès lors que l'objet de la procédure de retenue est exclusivement de vérifier le droit de circulation ou de séjour de l'intéressé : en quoi la fouille des bagages contribuera-t-elle à cette vérification ? C'est donc que l'étranger concerné est considéré, *a priori*, comme étant virtuellement un délinquant.

L'étranger qui en fait l'objet est informé, dès le placement en retenue, qu'il dispose de la possibilité de demander à tout moment l'assistance d'un interprète, de faire aviser un avocat (art. L. 813-6) à la présentation duquel s'ouvre un droit d'entretien de trente minutes dans des conditions garantes de la confidentialité, l'effectivité de ce droit étant assurée par l'accès à l'aide juridique. La circulaire du 18 janvier 2013 précise que la première audition peut avoir lieu sans attendre l'avocat si elle ne porte que sur les éléments d'identité. L'intéressé peut également demander à être examiné par un médecin (qui peut également être appelé par l'officier ou l'agent de police judiciaire) et contacter ou faire contacter sa famille ou toute personne (c'est-à-dire, selon la circ. du 18 janv. 2013, une seule personne) de son choix. La personne retenue peut également prendre tout contact utile afin d'assurer la garde de ses enfants. Le recours au médecin et son intervention peuvent s'inspirer des procédures applicables à la garde à vue (Circ. du 18 janv. 2013). La circulaire du 21 mai 2013 précise que les frais relatifs à l'intervention de l'interprète, de l'avocat et du médecin sont pris en charge par le ministère de la Justice.

La durée de la procédure de vérification d'identité s'impute sur celle de la vérification de la régularité de séjour d'un étranger lui succédant. De la même manière, dans le cas où une mesure de garde à vue succède à la procédure de retenue aux fins de vérification de la régularité du séjour, la durée de cette dernière s'impute sur celle de la garde à vue (art. L. 813-15).

L'emploi de mesures de contrainte (menottes, entraves) ne pourra intervenir que si la personne retenue a clairement manifesté son intention de faire échec à la mesure ou si elle se montre agressive envers autrui ou envers elle-même. La loi ne formule pas l'exigence d'un local consacré spécifiquement à la procédure de retenue, mais les retenus ne peuvent être placés dans une pièce occupée par une personne gardée à vue (art. L. 813-11). Les chambres de sûreté ou toute autre pièce accueillant habituellement des gardés à vue peuvent être employées à cet effet (Circ. du 21 mai 2013).

Lorsque la situation de l'intéressé n'est pas établie, il peut être procédé à la prise d'empreintes et de photographies, après information du procureur de la République, lorsque celle-ci constitue l'unique moyen d'établir la situation de la personne (art. L. 813-10) ; certains fichiers sont consultables, notamment le fichier AGDREF/FNE, VISABIO et FNR ; s'agissant du FAED, seule la consultation est autorisée, l'alimentation n'étant prévue que dans le cadre d'une procédure judiciaire (Circ. du 21 mai 2013). La loi n° 2018-778 du 10 sept. 2018 pour une immigration maîtrisée, un droit d'asile effectif et une intégration réussie a prévu que les informations ainsi collectées ne peuvent être mémorisées à l'issue de la retenue que dans l'hypothèse où l'étranger ne dispose d'aucun droit de circulation ou de séjour (art. L. 813-14).

Si la retenue démontre que l'étranger est en situation irrégulière et sous le coup d'une mesure d'éloignement, le caractère exécutoire de celle-ci devra être vérifié (notamment par la prise en compte de circonstances nouvelles) ; si l'étranger concerné tombe sous le coup du délit de maintien (art. L. 824-3) ou d'une autre infraction (ex. : usage de faux documents), il pourra faire l'objet d'un placement en garde à vue. La durée de la retenue s'impute sur celle de la garde à vue. ❑

1. Champ d'application. Jugé que la procédure de « retenue » prévue au présent art. pouvait intervenir à la suite d'une audition libre à laquelle l'étranger s'est rendu sur convocation suite à un contrôle routier au terme duquel il avait présenté un faux permis de conduire étranger ; en effet, quelles que soient les circonstances, un officier de police judiciaire peut régulièrement décider de retenir une personne pour procéder à la vérification de son droit de circulation et de séjour dès lors que l'intéressé, dont l'extranéité est régulièrement établie, n'a pu présenter les documents sous couvert desquels il serait autorisé à circuler ou résider en France. • Civ. 1re, 2 avr. 2014, n° 13-50.036.

2. Une retenue pour vérification du droit au

séjour n'est pas une procédure obligatoire à la suite d'une opération de contrôle d'identité précédant la notification d'une OQTF et un placement en rétention. • Civ. 1re, 11 mai 2016, n° 15-16.310 • 13 juill. 2016, n° 15-22.855 • 21 nov. 2018, n° 18-11.421.

3. L'étranger ayant reconnu être en situation irrégulière au moment du contrôle d'identité, il n'y avait pas lieu de procéder à la vérification de son droit de circulation et de séjour ; il ne relève donc pas des dispositions du présent art. • Civ. 1re, 28 mai 2014, n° 13-50.034.

4. Mise à disposition. La Cour de cassation a validé le dispositif selon lequel un étranger, dont la situation irrégulière a été révélée dès le contrôle d'identité n'est pas placé sous le régime de la retenue, mais « mis à disposition » de l'administration, sous contrainte de police, le temps nécessaire à la notification des décisions administratives prises par le préfet. • Civ. 1re, 20 juin 2018, n° 18-40.017. • 21 nov. 2018, n° 18-11.421.

5. La mise à disposition ne doit pas être accompagnée d'actes d'enquête qui révéleraient un détournement de procédure par rapport au régime de la retenue. • Civ. 1re, 19 sept. 2019, nos 18-18.41 et 18-20.361. ♦ Si la notification de la décision de placement en rétention peut intervenir dès la fin d'un contrôle d'identité, sans que l'étranger soit placé en retenue, c'est à la condition qu'aucune opération préalable de vérification de son droit de circulation ou de séjour ne soit nécessaire. • Civ. 1re, 19 sept. 2019, n° 18-18.741 : *D. 2019. 1840*.

6. Si la notification de la décision de placement en rétention peut intervenir dès la fin d'un contrôle d'identité, sans que l'étranger soit placé en retenue, c'est à la condition qu'aucune opération préalable de vérification de son droit de circulation ou de séjour ne soit nécessaire. • Civ. 1re, 19 sept. 2019, n° 18-18.741 : *AJDA 2020. 203*.

SECTION 1 **Placement en retenue**

Art. L. 813-1 **Si, à l'occasion d'un contrôle mentionné à l'article L. 812-2, il apparaît qu'un étranger n'est pas en mesure de justifier de son droit de circuler ou de séjourner en France, il peut être retenu aux fins de vérification de son droit de circulation ou de séjour sur le territoire français. Dans ce cadre, l'étranger peut être conduit dans un local de police ou de gendarmerie et y être retenu par un officier de police judiciaire de la police nationale ou de la gendarmerie nationale.** – *[Anc. art. L. 611-1-1, I, al. 1er, 1re phr.]*

Art. L. 813-2 **Lorsqu'un étranger retenu aux fins de vérification de son identité en application de l'article 78-3 du code de procédure pénale n'est pas en mesure de justifier de son droit de circuler ou de séjourner en France, les dispositions de l'article L. 813-1 sont applicables.** – *[Anc. art. L. 611-1-1, II (ecqc l'application de la retenue).]*

Art. L. 813-3 **L'étranger ne peut être retenu que pour le temps strictement exigé par l'examen de son droit de circulation ou de séjour et, le cas échéant, le prononcé et la notification des décisions administratives applicables. La retenue ne peut excéder vingt-quatre heures à compter du début du contrôle mentionné à l'article L. 812-2.**

Dans le cas prévu à l'article L. 813-2, la durée de la retenue effectuée aux fins de vérification d'identité en application de l'article 78-3 du code de procédure pénale s'impute sur celle de la retenue pour vérification du droit de circulation ou de séjour. – *[Anc. art. L. 611-1-1, I, al. 9 (1re et 2e phr.), et II.]*

1. Délais. Un délai de 25 minutes entre l'interpellation de l'étranger et la notification de ses droits n'est pas considéré comme tardif dès lors que ce délai a été mis à profit pour rechercher un interprète. • Civ. 1re, 7 févr. 2018, n° 16-24.824 : *AJDA 2018. 306* ; *D. 2018. 355*.

2. L'absence de diligences pendant plus de 12 heures n'entraîne pas l'irrégularité d'une mesure de retenue dès lors que celle-ci n'excède pas la durée maximale autorisée par la loi. • Civ. 1re, 2 avr. 2014, n° 13-14.822. ♦ Le présent art. n'impose pas que, pendant la retenue pour vérification du droit au séjour d'un étranger, les diligences soient effectuées de manière continue. • Civ. 1re, 2 avr. 2014, *Préfet des Pyrénées-Atlantiques*, n° 13-14.822 : *AJDA 2014. 1982*.

3. Le présent art. prévoit que le droit de prévenir sa famille et toute personne de son choix peut être exercé « à tout moment ». La Cour de cassation a considéré que ce droit pouvait s'exercer dans un « délai raisonnable », considérant en l'espèce qu'un retard de 50 minutes n'était pas sanctionnable. • Civ. 1re, 30 avr. 2014, n° 13-50.055.

4. Durée de la retenue. Même si le présent art. ne prévoit pas le fractionnement de la durée de la mesure de retenue qui ne peut en principe pas prendre fin plus de 16 heures après le début du contrôle d'identité, une telle mesure de retenue administrative peut être interrompue temporairement pour rendre effectives les vérifications administratives concernant le droit de circulation et de séjour de l'intéressé, dans l'intérêt de celui-ci. • Civ. 1re, 1er févr. 2017, n° 16-14.700 : *AJDA 2017. 253 ; ibid. 895, note Tchen ; D. 2018. 313, chron. Boskovic, Corneloup, Jault-Seseke, Joubert et Parrot.*

5. Le présent art. n'impose pas que, pendant la retenue pour vérification du droit au séjour d'un étranger les diligences soient effectuées de manière continue. • Civ. 1re, 2 avr. 2014, *Préfet des Pyrénées-Atlantiques,* n° 13-14.822 : *AJDA 2014. 1982* • Civ. 1re, 7 juill. 2000, n° 98-50.007 • Civ. 1re, 5 oct. 2022, n° 21-19.060.

Art. L. 813-4 **Le procureur de la République est informé dès le début de la retenue et peut y mettre fin à tout moment.** – *[Anc. art. L. 611-1-1, I, al. 1er (5e phr.) et 9 (3e phr.).]*

1. Si le procureur de la République doit être informé dès le début de la retenue aux fins de vérifier la situation administrative de l'étranger, la Cour de cassation a précisé que le début de la retenue s'entend de la présentation de l'intéressé à l'OPJ. • Civ. 1re, 5 sept. 2018, n° 17-22.507 : *AJDA 2018. 1702 ; D. 2018. 1758* • 13 févr. 2019, n° 18-20.361.

2. Tout retard dans l'information donnée au procureur de la République, non justifié par des circonstances insurmontables, est de nature à porter atteinte aux droits de la personne concernée ; doit ainsi être cassée l'ordonnance d'appel qui par des motifs impropres à caractériser les circonstances insurmontables auxquelles auraient été confrontés les fonctionnaires de police avait jugé que l'information du magistrat n'était pas tardive en raison de plusieurs interpellations qui se sont déroulées concomitamment, entraînant des contraintes matérielles pour organiser la présentation des personnes interpellées à l'officier de police judiciaire. • Civ. 1re, 17 mai 2017, n° 16-15.229 : *AJDA 2017. 1084.*

SECTION 2 Droits garantis à l'étranger retenu

Art. L. 813-5 **L'étranger auquel est notifié un placement en retenue en application de l'article L. 813-1 est aussitôt informé** *(L. n° 2023-22 du 24 janv. 2023, art. 24-II)* **« par l'officier de police judiciaire ou, sous le contrôle de celui-ci, par l'agent de police judiciaire », dans une langue qu'il comprend ou dont il est raisonnable de supposer qu'il la comprend, des motifs de son placement en retenue, de la durée maximale de la mesure et du fait qu'il bénéficie des droits suivants :**

1° Être assisté par un interprète ;

2° Être assisté, dans les conditions prévues à l'article L. 813-6, par un avocat désigné par lui ou commis d'office par le bâtonnier, qui est alors informé de cette demande par tous moyens et sans délai ;

3° Être examiné par un médecin désigné par l'officier de police judiciaire ; le médecin se prononce sur l'aptitude au maintien de la personne en retenue et procède à toutes constatations utiles ;

4° Prévenir à tout moment sa famille et toute personne de son choix et de prendre tout contact utile afin d'assurer l'information et, le cas échéant, la prise en charge des enfants dont il assure normalement la garde, qu'ils l'aient ou non accompagné lors de son placement en retenue, dans les conditions prévues à l'article L. 813-7 ;

5° Avertir ou de faire avertir les autorités consulaires de son pays.

Lorsque l'étranger ne parle pas le français, il est fait application des dispositions de l'article L. 141-2. – *[Anc. art. L. 611-1-1, I, al. 2, 3, 4 (1re phr.), 5, 6 (1re phr.), 7 et 8.]*

Art. L. 813-6 **L'avocat de l'étranger retenu peut, dès son arrivée au lieu de retenue, communiquer avec lui pendant trente minutes, dans des conditions qui garantissent la confidentialité de l'entretien.**

L'étranger peut demander que l'avocat assiste à ses auditions. Dans ce cas, la première audition, sauf si elle porte uniquement sur les éléments d'identité, ne peut débuter sans la présence de l'avocat avant l'expiration d'un délai d'une heure suivant l'information adressée à celui-ci. Toutefois, les opérations de vérification ne nécessitant pas la présence de l'étranger peuvent être effectuées dès le début de la retenue. Au cours des auditions, l'avocat peut prendre des notes.

A la fin de la retenue, l'avocat peut, à sa demande, consulter le procès-verbal établi en application du premier alinéa de l'article L. 813-13 ainsi que le certificat médical y étant, le cas échéant, annexé. Il peut formuler des observations écrites qui sont annexées au procès-verbal. – *[Anc. art. L. 611-1-1, I, al. 4 (2e à 7e phr.).]*

Art. L. 813-7 Si des circonstances particulières l'exigent, l'officier de police judiciaire prévient lui-même la famille de l'étranger et la personne choisie par ce dernier de son placement en retenue.

En tant que de besoin, il informe le procureur de la République aux fins d'instruction dans l'intérêt des enfants. – *[Anc. art. L. 611-1-1, I, al. 6 (2e et 3e phr.).]*

SECTION 3 Déroulement de la procédure

Art. L. 813-8 L'officier de police judiciaire ou, sous le contrôle de celui-ci, un agent de police judiciaire, procède aux auditions de l'étranger retenu.

Sous le contrôle de l'officier de police judiciaire, l'étranger est mis en mesure de fournir par tout moyen les pièces et documents requis. Il est procédé, s'il y a lieu, aux opérations de vérification nécessaires. – *[Anc. art. L. 611-1-1, I, al. 1er, 2e à 4e phr.]*

Dès lors que seul un OPJ peut prendre la décision de placer un étranger sous le régime de la retenue, l'absence du nom de l'officier de police judiciaire ayant décidé la retenue pour vérification du droit de circulation ou de séjour entache la procédure d'irrégularité. • Douai, 15 févr. 2018, n° 18/00364.

Art. L. 813-9 Pour les seules nécessités de la vérification du droit de circulation et de séjour, il peut être procédé, sous le contrôle de l'officier de police judiciaire et en présence de l'étranger, avec l'accord de ce dernier ou, à défaut, après avoir informé par tout moyen le procureur de la République, à l'inspection des bagages et effets personnels de l'étranger et à leur fouille.

En cas de découverte d'une infraction, il est établi un procès-verbal distinct de celui prévu au premier alinéa de l'article L. 813-13, qui mentionne le lieu et les dates et heures de début et de fin de ces opérations et dont un exemplaire est transmis sans délai au procureur de la République. – *[Anc. art. L. 611-1-1, I, al. 10.]*

Art. L. 813-10 Si l'étranger ne fournit pas d'éléments permettant d'apprécier son droit de circulation ou de séjour, les opérations de vérification peuvent donner lieu, après information du procureur de la République, à la prise d'empreintes digitales ou de photographies pour établir la situation de cette personne. Les empreintes digitales et photographies sont collectées en vue de l'établissement du droit de circuler ou de séjourner de l'étranger et ne peuvent être mémorisées et faire l'objet d'un traitement automatisé en application du 3° de l'article L. 142-1 que s'il apparaît, à l'issue de la retenue, que l'étranger ne dispose pas d'un droit de circulation ou de séjour. – *[Anc. art. L. 611-1-1, I, al. 13.]*

Art. L. 813-11 Durant la retenue, lorsque sa participation aux opérations de vérification n'est pas nécessaire, l'étranger ne peut être placé dans une pièce occupée simultanément par une ou plusieurs personnes gardées à vue. – *[Anc. art. L. 611-1-1, I, al. 12.]*

Art. L. 813-12 Les mesures de contrainte exercées sur l'étranger retenu en application de l'article L. 813-1 sont strictement proportionnées à la nécessité des opérations de vérification et de son maintien à la disposition de l'officier de police judiciaire.

L'étranger ne peut être soumis au port des menottes ou des entraves que s'il est considéré soit comme dangereux pour autrui ou pour lui-même, soit comme susceptible de tenter de prendre la fuite. – *[Anc. art. L. 611-1-1, I, al. 11.]*

Jugé que le menottage de la personne étrangère en dehors du cadre légal n'entache pas la procédure d'une nullité d'ordre public. Il est en effet nécessaire que l'étranger concerné prouve que la violation des formes prescrites par la loi a eu pour effet de porter atteinte à ses droits. • Civ. 1re, 23 nov. 2022, n° 21-20.292.

SECTION 4 Fin de la procédure

Art. L. 813-13 L'officier de police judiciaire ou, sous le contrôle de celui-ci, un agent de police judiciaire mentionne, dans un procès-verbal, les motifs qui ont justifié le contrôle, ainsi que la vérification du droit de circulation ou de séjour et les conditions dans lesquelles la personne a été présentée devant lui, informée de ses droits et mise en mesure de les exercer. Il précise le jour et l'heure du début et de la fin de la retenue et la durée de celle-ci et, le cas échéant, la prise d'empreintes digitales ou de photographies ainsi que l'inspection visuelle ou la fouille des bagages et effets personnels et les dates et heures de début et de fin de ces opérations. Il y annexe le certificat médical établi à l'issue de l'examen éventuellement pratiqué. – *Sur la 2e phr., V. Cons. const. 28 mai 2024, no 2024-1090 QPC, infra*

Ce procès-verbal est présenté à la signature de l'étranger intéressé qui est informé de la possibilité de ne pas le signer. S'il refuse de le signer, mention est faite du refus et des motifs de celui-ci.

Le procès-verbal est transmis au procureur de la République, copie en ayant été remise à la personne intéressée. Les mentions de chaque procès-verbal concernant l'identité de la personne, le jour et l'heure du début et de la fin de la retenue et la durée de celle-ci figurent également sur un registre spécial, tenu à cet effet dans le local de police ou de gendarmerie. Ce registre peut être tenu sous forme dématérialisée. – *[Anc. art. L. 611-1-1, I, al. 14 à 16.]*

La Cour de cassation a transmis au Conseil constitutionnel une QPC relative à la conformité au principe de sauvegarde de la dignité de la personne humaine contre toute forme d'asservissement et de dégradation garanti par l'art. 1er du Préambule de la Const. du 27 oct. 1946 du présent art. en ce qu'il ne prévoit pas les conditions dans lesquelles l'étranger retenu en application de l'art. L. 813-1 CESEDA pendant une durée maximale de 24 heures est alimenté par les services de police pendant la procédure de retenue administrative. • Civ. 1re, 28 févr. 2024, n° 23-40.017. ♦ Le Conseil constitutionnel a considéré que la 2e phr. du 1er al. du présent art., en ce qu'elle ne prévoit pas les conditions dans lesquelles peut s'alimenter un étranger retenu dans le cadre de la procédure de vérification de son droit de circulation ou de séjour, méconnaît le principe de sauvegarde de la dignité de la personne humaine. • Cons. const. 28 mai 2024, n° 2024-1090 QPC : *AJDA 2024. 1089 ; D. 2024. 1022.*

Art. L. 813-14 Si elle n'est suivie à l'égard de l'étranger qui a été retenu d'aucune procédure d'enquête ou d'exécution adressée à l'autorité judiciaire ou n'a donné lieu à aucune décision administrative, la vérification du droit de circulation ou de séjour ne peut donner lieu à aucune mise en mémoire sur fichiers. Le procès-verbal et toutes les pièces se rapportant à la vérification sont détruits dans un délai de six mois à compter de la fin de la retenue, sous le contrôle du procureur de la République. – *[Anc. art. L. 611-1-1, I, al. 17.]*

Art. L. 813-15 S'il apparaît, au cours de la retenue de l'étranger, que celui-ci doit faire l'objet d'un placement en garde à vue conformément aux articles 62 et suivants du code de procédure pénale, la durée de la retenue s'impute sur celle de la garde à vue. – *[Anc. art. L. 611-1-1, III.]*

SECTION 5 Dispositions communes

Art. L. 813-16 Les prescriptions énumérées au présent chapitre sont imposées à peine de nullité, sous réserve des dispositions de l'article L. 743-12. – *[Anc. art. L. 611-1-1, I, al. 18.]*

CHAPITRE IV MESURES DE SUIVI DES ÉTRANGERS

SECTION UNIQUE Retenue du passeport ou du document de voyage de l'étranger en situation irrégulière

Art. L. 814-1 L'autorité administrative compétente, les services de police et les unités de gendarmerie sont habilités à retenir le passeport ou le document de voyage des personnes de nationalité étrangère en situation irrégulière.

Ils leur remettent en échange un récépissé valant justification de leur identité et sur lequel sont mentionnées la date de retenue et les modalités de restitution du document retenu. – *[Anc. art. L. 611-2.]*

1. Le Conseil constitutionnel a retenu une interprétation neutralisante de cette disposition en soulignant que, par la conservation des documents d'identité ou de voyage, « il ne saurait en aucune façon être fait obstacle à l'exercice par l'étranger du droit de quitter le territoire national et de ses autres libertés et droits fondamentaux », parmi lesquels figure notamment la liberté du mariage. Par voie de conséquence, le Conseil souligne que les documents devront être remis sans délai à l'étranger au lieu où il quittera le territoire français ; en outre, la substitution d'un récépissé au passeport « ne fait en aucune manière obstacle à l'exercice par l'étranger des libertés et droits qui ne sont pas subordonnés à la régularité de son séjour » ; enfin, « la retenue du passeport ou du document de voyage ne doit être opérée que pour une durée strictement proportionnée aux besoins de l'autorité administrative, sous le contrôle du juge administratif auquel il appartiendra, le cas échéant, de prononcer un sursis à exécution ». • Cons. const. 22 avr. 1997, n° 97-389 DC : *préc. note 1 ss. art. L. 812-3.* ♦ Il peut être fait grief à l'autorité administrative d'avoir procédé à la rétention du passeport des intéressés en s'abstenant d'assortir cette mesure de l'intégralité des garanties exigées par la loi, en particulier la délivrance d'un récépissé valant justification de l'identité et mentionnant la date de retenue ainsi que les modalités de restitution. • CE 26 juin 2006, *Mme Anfian,* n° 294505 B : *RFDA 2006. 879*.

2. Champ d'application. Le législateur a entendu confier aux seuls agents des services de police et unités de gendarmerie le pouvoir de retenir le passeport ou le document de voyage des personnes de nationalité étrangère en situation irrégulière dès lors que ce pouvoir est exercé en vue de garantir que l'étranger en situation irrégulière sera en possession du document permettant d'assurer son départ effectif du territoire national et qu'il leur appartient de délivrer personnellement un récépissé. • CAA Douai, 28 oct. 2010, *M. Rachid Bouchaala,* n° 10DA00555.

3. Jugé que l'exécution d'office d'un arrêté de reconduite à la frontière peut justifier la détention du passeport de l'étranger afin d'éviter qu'il ne se soustraie à la mesure ; toutefois, cette décision ne peut intervenir qu'après que l'arrêté de reconduite à la frontière est devenu définitif, c'est-à-dire éventuellement jusqu'à la décision du Conseil d'État en appel, alors même que celui-ci n'est pas suspensif. • TA Paris, 23 févr. 1996, *Épx Muntean : D. 1998. Somm. 15*.

4. La procédure prévue au présent art. peut s'appliquer à un étranger ayant refusé de regagner son pays d'origine suite à une mesure d'éloignement sans qu'il puisse être considéré qu'il ait été privé de manière manifestement illégale de sa liberté d'aller et venir. • CE 20 mars 2009, *M. Hamza A.,* n° 325967. ♦ Si la rétention administrative n'a pas été prolongée par le juge des libertés et de la détention compte tenu d'une irrégularité de procédure, cette circonstance est sans effet sur la légalité de la confiscation du passeport. • CE 24 juill. 2008, *M. Mohamed A.,* n° 318672.

5. Le JLD, saisi dans le cadre d'une demande de prolongation de rétention administrative, n'a pas le pouvoir d'ordonner la remise du passeport à l'administration contre récépissé. Ainsi, après avoir énoncé que l'intéressé disposait d'un passeport en cours de validité, le juge des libertés et de la détention a ordonné la remise aux services de police de Bobigny de cette pièce en échange d'un récépissé ; en statuant ainsi, alors que s'il peut assigner l'étranger à résidence contre remise préalable de son passeport en état de validité, il n'a pas le pouvoir d'ordonner la remise de ce document à l'administration contre récépissé, le juge a excédé ses pouvoirs. • Civ. 1re, 17 janv. 2006, n° 05-10.875 P • 19 juin 2007, *M. Oumar X.,* n° 06-18.616.

6. Voie de fait. La non-restitution d'un passeport par la police des frontières est constitutive d'une voie de fait dès lors qu'aucune poursuite pénale pour faux et usurpation d'identité n'a été engagée. • T. confl. 19 nov. 2001, *Mohamed : AJDA 2002. 234, note Petit ; RFDA 2002. 427*. ♦ En revanche, en s'opposant à l'embarquement de l'intéressée, ressortissante algérienne, qui entendait retourner dans son pays d'origine en laissant ses enfants mineurs en France, dans une situation irrégulière, la police de l'air et des frontières a pris une mesure qui n'est pas manifestement insusceptible de se rattacher à un pouvoir de l'administration et n'a donc pas commis de voie de fait. • T. confl. 17 avr. 2000, *Préfet de la région PACA c/ TGI de Marseille et Mme Boussebha : Lebon 758.* ♦ Appliquant sa jurisprudence restrictive de la notion de voie de fait (• T. confl. 17 juin 2013, n° 3911 : *AJDA 2013. 1568, chron. Domino et Bretonneau ; RFDA 2013. 1041, note Delvolvé*), le tribunal des conflits considère que la rétention de documents d'identité au-delà du temps strictement nécessaire à l'exercice du contrôle d'identité et à la régularité de la situation de l'étranger, n'est pas susceptible de caractériser une voie de fait, l'atteinte à la liberté d'aller et venir n'entrant pas dans le champ de la liberté individuelle au sens de l'art. 66 Const. • T. confl. 12 févr. 2018, n° 4110 : *AJDA 2018. 307*.

7. Conditions de mise en œuvre. L'administration est fondée à faire usage de la possibilité de rétention du passeport d'un étranger dès lors que celui-ci est en situation irrégulière ; cette possibilité n'est nullement subordonnée à la condition que l'intéressé ne dispose pas de garanties de représentation. • CE 4 oct. 2007, *Min. Intérieur c/ Mme Qiuping Bai,* n° 309779.

8. La rétention du passeport ne porte pas atteinte au droit de l'intéressé à regagner son pays d'origine dès lors que l'administration indique que ce document serait remis à l'étranger à tout point de sortie du territoire qu'il indiquerait. • CE 24 juill. 2008, *Karbeche,* n° 318672.

9. S'il peut être fait grief à l'autorité administrative d'avoir procédé à la rétention du passeport de chacune des requérantes en s'abstenant d'assortir cette mesure de l'intégralité des garanties exigées par la loi (défaut de récépissé valant justification de l'identité de l'intéressée et mentionnant la date de retenue ainsi que les modalités de restitution, délivrance du récépissé avec retard), les requérantes ont été avisées par l'intermédiaire de leur conseil de la possibilité pour elles d'obtenir la remise de leur passeport en se présentant à l'autorité de police. • CE 26 juin 2006, *Mme Ahamada A.*, n° 294505.

10. Le présent art. a pour objet de garantir que l'étranger en situation irrégulière sera en possession du document permettant d'assurer son départ effectif du territoire national ; cet objectif implique que l'administration puisse retenir un ou, au besoin, plusieurs documents dont l'étranger est en possession dès lors qu'ils permettent d'établir son identité exacte et ainsi d'assurer ou de faciliter sa reconnaissance par les autorités de son pays d'origine. Il s'ensuit que l'étranger obligé de quitter le territoire peut être tenu de remettre l'original de son passeport et de tout autre document d'identité ou de voyage au service compétent pendant le délai de départ volontaire qui lui est imparti. • CE 23 mai 2012, *GISTI*, n° 352534 B.

TITRE II SANCTIONS

BIBL. ▸ Dulmet, Renforcement des moyens communautaires de lutte contre l'immigration clandestine, *Europe oct. 2004*. – Poncela, Étrangers et droit des sanctions pénales, les modifications résultant de la loi du 26 nov. 2003, *RSC n° 2 2004*.

COMMENTAIRE

Le titre II du présent livre prévoit une batterie d'infractions pénales spécifiques au droit des étrangers que l'on peut classer en deux catégories. La première regroupe les infractions qui ne peuvent être commises que par les étrangers : méconnaissance des dispositions relatives à l'entrée en France (Chap. I), au séjour (Chap. II), à l'exécution des décisions d'éloignement (Chap. IV). La deuxième catégorie regroupe des infractions qui peuvent être commises par des nationaux ou des étrangers, mais qui constituent autant de violation du droit des étrangers : amendes aux entreprises de transport ayant méconnu la réglementation sur l'entrée (sect. 4 du chap. I), contribution forfaitaire de l'employeur ayant occupé un étranger en situation irrégulière (sect. 2 du chap. II), facilitation de l'entrée, de la circulation et du séjour irréguliers (Chap. III), dont mariage contracté ou enfant reconnu à seule fin d'obtenir ou de faire obtenir à un étranger un titre de séjour ou la nationalité française.

Il convient en outre de mentionner les infractions pouvant être spécifiquement commises par les ressortissants européens et assimilés, régies par les articles R. 270-1 à R. 270-4. Sont ainsi punis de la peine d'amende prévue pour les contraventions de quatrième classe les ressortissants européens et assimilés qui auront omis de se conformer à la formalité d'enregistrement prévue à l'article L. 236-1 (art. R. 270-1). Les membres de famille ressortissants d'un État tiers mentionnés à l'article L. 233-2 qui auront omis de solliciter dans les délais réglementaires la délivrance de la carte de séjour prévue à l'article R. 233-15 sont punis de la peine d'amende prévue pour les contraventions de cinquième classe (art. R. 270-2). Enfin, les membres de famille ressortissants d'un État tiers mentionnés au deuxième alinéa de l'article L. 234-1 qui auront omis de solliciter dans les délais réglementaires la délivrance de la carte de séjour prévue à l'article R. 234-2 sont punis de la peine d'amende prévue pour les contraventions de cinquième classe (art. R. 270-3). La loi du 7 mars 2016 a sensiblement renforcé le régime des sanctions applicables aux étrangers ainsi qu'aux personnes favorisant l'entrée ou le séjour irréguliers. ❑

Art. L. 820-1 Conformément à l'article L. 270-1, les dispositions des articles L. 821-3 à L. 821-5, L. 822-1 à L. 822-6, L. 823-1 à L. 823-10, L. 823-11 à L. 823-17, L. 824-1 à L. 824-9 et L. 824-11 sont applicables à l'étranger dont la situation est régie par le livre II.

CHAPITRE I MÉCONNAISSANCE DES OBLIGATIONS RELATIVES À L'ENTRÉE EN FRANCE

SECTION 1 Manquements aux conditions d'entrée

Art. L. 821-1 Est puni d'un an d'emprisonnement et de 3 750 euros d'amende le fait, pour un étranger, de pénétrer sur le territoire métropolitain :

1° Sans remplir les conditions mentionnées aux points *a*, *b* ou *c* du paragraphe 1 de l'article 6 du règlement (UE) n° 2016/399 du Parlement européen et du Conseil du 9 mars 2016 concernant un code de l'Union relatif au régime de franchissement des frontières par les personnes (code frontières Schengen) et sans avoir été admis sur le

territoire en application des points *a* et *c* du paragraphe 5 de l'article 6 de ce même règlement ;

2° Alors qu'il faisait l'objet d'un signalement aux fins de non-admission en application d'une décision exécutoire prise par l'un des autres États parties à la convention signée à Schengen le 19 juin 1990.

L'étranger condamné en application du présent article encourt la peine complémentaire de trois ans d'interdiction du territoire français.

Pour l'application du présent article, l'action publique ne peut être mise en mouvement que lorsque les faits ont été constatés dans les circonstances prévues à l'article 53 du code de procédure pénale. – *[Anc. art. L. 621-2, al. 1er, 2, 5 (1re phr.) et 6.]*

COMMENTAIRE

Si l'interprétation de la directive « Retour » a entraîné la suppression du délit de séjour irrégulier (abrogé par la L. n° 2012-1560 du 31 déc. 2012), son champ d'application ne s'étend pas aux règles relatives au franchissement des frontières extérieures et à la circulation des ressortissants de pays tiers entre les États membres.

C'est en effet le code frontières Schengen qui s'applique ici, prévoyant notamment l'obligation pour les États membres d'instaurer des sanctions dissuasives en cas de manquement constaté à la frontière, c'est-à-dire en cas de refus d'entrée sur le territoire, ou lors d'une arrestation ou d'une interception à l'occasion du franchissement irrégulier de la frontière.

En cas de violation de la convention de Schengen du 19 juin 1990, la directive retour prévoit explicitement la possibilité pour les États membres de ne pas recourir à une mesure d'éloignement, mais de mettre en œuvre les mécanismes de réadmission entre États membres, auxquels la directive retour n'est pas applicable (CE 27 juin 2011, *Min. Intérieur c/ Lassoued*, n° 350207).

Le législateur a donc logiquement maintenu l'incrimination d'entrée irrégulière en prévoyant au surplus l'extension de ce mécanisme en Guadeloupe, en Guyane, en Martinique, à La Réunion, à Saint-Barthélemy, à Saint-Martin ou à Saint-Pierre-et-Miquelon. Le législateur a voulu éviter tout détournement de procédure en prévoyant que la condamnation pénale pour entrée irrégulière ne pourrait intervenir que lorsque les faits ont été constatés en état de flagrance (C. pr. pén., art. 53).

La condamnation pénale pour entrée irrégulière peut être assortie de la peine complémentaire d'interdiction du territoire pour une durée maximale de trois ans, laquelle emporte de plein droit reconduite à la frontière.

Afin de se mettre en conformité avec la jurisprudence de la Cour de justice de l'Union européenne (CJUE 7 juin 2016, *Mme Affum*), la loi n° 2018-778 du 10 septembre 2018 pour une immigration maîtrisée, un droit d'asile effectif et une intégration réussie a abrogé le 2° de l'ancien article L. 621-2. La CJUE avait en effet jugé ces dispositions non conformes à la directive 2008/115/CE, en tant qu'elles permettaient d'appliquer une peine d'emprisonnement à un ressortissant de pays tiers au motif de l'irrégularité de ses conditions d'entrée constatée à une frontière intérieure. La mise en œuvre d'une telle sanction contrevient à l'effet utile de la directive « Retour » en tant qu'elle s'oppose ou tout au moins retarde l'application des procédures de retour à l'encontre de ce ressortissant de pays tiers en séjour irrégulier en France du fait de son entrée irrégulière.

On précisera enfin que la loi du 31 décembre 2012 a créé le délit de maintien sur le territoire français (V. *infra*, art. L. 824-3). ❑

1. Confrontée au cas particulier d'étrangers en simple transit, la Cour de cassation a posé trois questions préjudicielles à la CJUE : 1) L'art. 3-2 de la Dir. 2008/115/CE doit-il être interprété en ce sens qu'un ressortissant d'un État tiers est en séjour irrégulier sur le territoire d'un État membre et relève, à ce titre, du champ d'application de cette directive, en vertu de son art. 2, § 1, lorsque cet étranger se trouve dans une situation de simple transit, en tant que passager d'un autobus circulant sur le territoire de cet État membre, en provenance d'un autre État membre, faisant partie de l'espace Schengen, et à destination d'un État membre différent ? ; 2) L'art. 6, § 3, de cette directive doit-il être interprété en ce sens que cette dernière ne s'oppose pas à une réglementation nationale réprimant l'entrée irrégulière d'un ressortissant d'un État tiers d'une peine d'emprisonnement, lorsque l'étranger en cause est susceptible d'être repris par un autre État membre, en application d'un accord ou arrangement conclu avec ce dernier avant l'entrée en vigueur de la directive ? ; 3) Selon la réponse qui sera donnée à la question précédente, cette directive doit-elle être interprétée en ce sens qu'elle s'oppose à une réglementation nationale réprimant l'entrée irrégulière d'un ressortissant d'un État tiers d'une peine d'emprisonnement, selon les mêmes conditions que celles posées par la CJUE dans l'arrêt du 6 déc. 2011, *B...*, n° C-329/ 11, en matière de séjour irrégulier, lesquelles tiennent à l'absence de soumission préalable de l'intéressé aux mesures coercitives visées à l'art. 8 de la directive et à la durée de sa rétention ? • Civ. 1re, 28 janv. 2015, n° 13-28.349 : *AJDA 2015. 1077*.

2. La CJUE considère tout d'abord que le ressortissant d'un pays tiers qui pénètre sur le territoire d'un État membre à bord d'un véhicule pour le traverser en méconnaissance des conditions d'entrée se trouve en séjour irrégulier et relève du champ d'application de la directive ; elle rappelle sa jurisprudence Achughbabian, selon laquelle la Dir. 2008/11/CE s'oppose à une réglementation d'un État membre réprimant le séjour irrégulier par des sanctions pénales, pour autant que celle-ci permet l'emprisonnement d'un ressortissant d'un pays tiers qui, tout en séjournant irrégulièrement sur le territoire dudit État membre et n'étant pas disposé à quitter ce territoire volontairement, n'a pas été soumis aux mesures coercitives visées à l'art. 8 de cette directive et n'a pas, en cas de placement en rétention en vue de la préparation et de la réalisation de son éloignement, vu expirer la durée maximale de cette rétention (• CJUE 6 déc. 2011, n° C-329/11) En revanche, la directive ne s'oppose pas à un placement en rétention administrative en vue de déterminer le caractère régulier ou non du séjour de l'étranger, ni à une réglementation nationale permettant l'emprisonnement de l'étranger auquel la procédure de retour a été appliquée et qui séjourne irrégulièrement sur le territoire sans motif justifié de non-retour. Dès lors que le ressortissant d'un pays tiers entré irrégulièrement sur le territoire d'un État membre est, de ce fait, considéré comme y séjournant de manière irrégulière, il relève du champ d'application de la directive et doit alors, conformément à la jurisprudence *El Dridi* • CJUE 28 avr. 2011, n° C-61/11, être soumis aux normes et aux procédures communes prévues par celle-ci en vue de son éloignement et cela tant que le séjour n'a pas été, le cas échéant, régularisé ; ainsi, les États membres ne sauraient permettre, du seul fait de l'entrée irrégulière, conduisant au séjour irrégulier, l'emprisonnement des ressortissants de pays tiers, pour lesquels la procédure de retour établie par la Dir. 2008/115/CE n'a pas encore été menée à son terme, un tel emprisonnement étant susceptible de faire échec à l'application de cette procédure et de retarder le retour, portant ainsi atteinte à l'effet utile de cette directive. La Cour précise en outre que les États membres ne peuvent ainsi « soustraire des ressortissants de pays tiers en séjour irrégulier du champ d'application de [la] directive au motif de leur entrée irrégulière par une frontière intérieure. Elle conclut à l'incompatibilité du 2° du présent art. avec la directive "Retour" ». • CJUE 7 juin 2016, *Sélina Affum c/ Préfet du Pas-de-Calais*, n° C-47/15 : *AJDA 2016. 1151 ; ibid. 1682, chron. Broussy, Cassagnabère et Gänser*. ♦ Cette jurisprudence s'applique alors même que, faisant usage des dispositions de l'art. 25 du code frontières Schengen, l'État en cause (en l'espèce, la France) avait rétabli les contrôles aux frontières intérieures. • CJUE 19 mars 2019, *M. Arib*, n° C-444/17 : *AJDA 2019. 613 ; ibid. 1050, chron. Bonneville, Markarian, Cassagnabère et Gänser*.

3. Ainsi, le ressortissant d'un pays tiers, entré en France irrégulièrement par une frontière intérieure à l'espace Schengen ne peut être placé en garde à vue à l'occasion d'une procédure de flagrant délit diligentée du seul chef d'entrée irrégulière. • Civ. 1re, 9 nov. 2016, n° 13-28.349. • 7 févr. 2018, n° 17-10.338 : *AJDA 2018. 304 ; D. 2018. 355*.

4. Limitant les effets de sa jurisprudence El Dridi, la CJUE a considéré que le séjour irrégulier d'un ressortissant d'un pays tiers, revenu sur le territoire en violation d'une interdiction d'entrée, peut être sanctionné d'une peine de prison. • CJUE 1er oct. 2015, *Skerdjan Celaj*, n° C-290/14 : *AJDA 2015. 2258*. ♦ Une sanction pénale ne peut intervenir en raison du seul maintien sur le territoire en violation d'une interdiction d'entrée alors que la mesure d'éloignement n'a pas été effectivement exécutée ; la solution est inverse lorsque l'étranger s'est maintenu sur le territoire après que l'administration a utilisé toutes les voies de droit pour exécuter la mesure d'éloignement. • CJUE 17 sept. 2020, n° C-806/18 : *DP étrangers, Bull. n° 303, oct. 2020, note Pouly.*

5. La Cour de cassation a posé une question préjudicielle à la CJUE afin de déterminer si le contrôle réintroduit à une frontière intérieure d'un État membre est assimilable au contrôle effectué à une frontière extérieure, lors de son franchissement par un ressortissant d'un pays tiers, dépourvu du droit d'entrée ; si le règlement du 9 mars 2016 concernant le régime de franchissement des frontières et la directive « Retour » ouvrent la faculté aux États membres d'appliquer, à la situation d'un ressortissant de pays tiers franchissant une frontière où le contrôle est rétabli, la possibilité de continuer à appliquer à leurs frontières extérieures des procédures de retour nationales simplifiées. En cas de réponse affirmative à cette dernière question, elle demande enfin à la Cour si la directive « Retour » s'oppose à une réglementation nationale telle que l'art. L. 621-2 du présent code [devenu L. 821-1], sanctionnant d'une peine d'emprisonnement l'irrégularité de l'entrée sur le territoire national d'un ressortissant de pays tiers pour lequel la procédure de retour établie par cette directive n'a pas encore été menée à son terme. • Civ. 1re, 12 juill. 2017, *Préfet des Pyrénées-Orientales,* n° 16-22.548 : *AJDA 2017. 1483*. ♦ L'art. 2, § 2, sous a), de la Dir. 2008/115/CE du Parlement européen et du Conseil du 16 déc. 2008 relative aux normes et procédures communes applicables dans les États membres au retour des ressortissants de pays tiers en séjour irrégulier, lu en combinaison avec l'art. 32 du Règl. (UE) n° 2016/399 du Parlement européen et du Conseil du 9 mars 2016 concernant un code de l'Union relatif au régime de franchissement des frontières par les personnes (code frontières Schengen), doit être interprété en ce sens qu'il ne s'applique pas à la situation d'un ressortissant de pays tiers arrêté à proximité immédiate d'une frontière intérieure et en séjour irrégulier sur le territoire d'un État membre, même lorsque cet État membre a réintroduit, en vertu de l'art. 25 de ce règlement, le contrôle à cette frontière, en raison d'une menace grave pour l'ordre public ou la sécurité intérieure dudit État membre. • CJUE 19 mars 2019, n° C-444/17 : *D. 2019. 587*. ♦ Par suite, le rétablissement d'un contrôle à la frontière entre l'Espagne et la France, en raison d'une menace grave pour l'ordre public ou la sécurité intérieure, tel que prévu à l'art. 25 du Règl. (UE) n° 2016/399, ne modifie pas la nature intérieure de la frontière qu'il a franchie ; la directive s'oppose à la réglementation permettant, du seul fait de l'entrée irrégulière par une frontière intérieure, l'emprisonnement d'un ressortissant de pays tiers pour lequel la procédure de retour n'a pas encore été menée à son terme, d'autre part, qu'à défaut d'infraction punie d'emprisonnement, la garde à vue était irrégulière, de sorte que la mesure de rétention ne pouvait être maintenue. • Civ. 1re, 13 juin 2019, n° 16-22.548 : *D. 2019. 1342*.

SECTION 2 Refus de se soumettre aux opérations de relevé d'empreintes digitales et de prise de photographie

Art. L. 821-2 Est puni d'un an d'emprisonnement, de 3 750 euros d'amende et de trois ans d'interdiction du territoire français le fait, pour un étranger ayant été contrôlé à l'occasion du franchissement de la frontière en provenance d'un pays tiers aux États parties à la convention signée à Schengen le 19 juin 1990 sans remplir les conditions d'entrée prévues à l'article 6 du règlement (UE) 2016/399 du Parlement européen et du Conseil du 9 mars 2016 concernant un code de l'Union relatif au régime de franchissement des frontières par les personnes (code frontières Schengen) ou à l'article L. 311-1, de refuser de se soumettre aux opérations de relevé des empreintes digitales et de prise de photographie dans le cas prévu au 3° de l'article L. 142-1. – *[Anc. art. L. 611-3, al. 2, 2e phr. (ecqc l'étranger contrôlé à la frontière).]*

SECTION 3 Méconnaissance d'une décision de refus d'entrée

Art. L. 821-3 Est puni de trois ans d'emprisonnement le fait, pour un étranger, de ne pas présenter à l'autorité administrative compétente les documents de voyage permettant l'exécution d'une décision de refus d'entrée en France ou, à défaut de ceux-ci, de ne pas communiquer les renseignements permettant cette exécution ou de communiquer des renseignements inexacts sur son identité.

L'étranger condamné en application du présent article encourt la peine complémentaire de dix ans d'interdiction du territoire français. – *[Anc. art. L. 624-1-1, al. 4 (ecqc le refus d'entrée) ; anc. art. L. 624-2, al. 1er.]*

Art. L. 821-4 Est puni de trois ans d'emprisonnement le fait, pour un étranger placé ou maintenu en zone d'attente, de se soustraire ou de tenter de se soustraire à cette mesure de surveillance.

Cette peine d'emprisonnement est portée à cinq ans lorsque les faits sont commis par violence, effraction ou corruption, et à sept ans lorsque les faits sont commis en réunion ou sous la menace d'une arme ou d'une substance explosive, incendiaire ou toxique.

Est puni des mêmes peines le fait, pour toute personne, de faciliter sciemment, par aide ou par assistance, la préparation ou la commission des infractions prévues au présent article.

L'étranger condamné en application du présent article encourt la peine complémentaire de dix ans d'interdiction du territoire français. – *[Anc. art. L. 624-1-1, al. 3 (ecqc la zone d'attente) ; anc. art. L. 624-2, al. 1er.]*

Art. L. 821-5 Est puni de trois ans d'emprisonnement le fait, pour un étranger, de se soustraire ou de tenter de se soustraire à l'exécution d'une décision de refus d'entrée en France.

Ces peines sont également applicables en cas de refus, par un étranger, de se soumettre aux modalités de transport qui lui sont désignées pour l'exécution d'office de la décision de refus d'entrée.

L'étranger condamné en application du présent article encourt la peine complémentaire de dix ans d'interdiction du territoire français. – *[Anc. art. L. 624-1-1, al. 1er (ecqc le refus d'entrée) ; anc. art. L. 624-2, al. 1er.]*

SECTION 4 Amendes aux entreprises de transport ayant méconnu la réglementation sur l'entrée

COMMENTAIRE

C'est, une fois de plus, sous l'influence du droit européen, et en particulier de la convention de Schengen, que les dispositions du présent chapitre ont été introduites en droit français, dans le cadre d'un rapprochement progressif des politiques d'immigration au niveau communautaire.

Il incombe ainsi aux transporteurs de contrôler les documents de voyage des personnes qu'ils transportent. L'article L. 322-2 du code de l'aviation civile prévoit ainsi que pour les transports internationaux, le transporteur ne peut embarquer les voyageurs qu'après justification qu'ils sont régulièrement autorisés à atterrir au point d'arrivée et aux escales prévues. Une disposition similaire se retrouve s'agissant du transport maritime (L. n° 66-420 du 18 juin 1966 sur les contrats d'affrètement et de transport maritimes, art. 34) : pour les transports internationaux, le transporteur peut refuser l'embarquement ou le débarquement du passager qui ne présente pas de document l'autorisant à débarquer au point d'arrivée et aux escales prévues. Enfin, la Convention de Berne relative aux transports internationaux ferroviaires du 9 mai 1980 (Décr. n° 87-722 du 25 août 1987) stipule que le voyageur doit se conformer aux prescriptions des douanes ou d'autres autorités administratives, tant en ce qui concerne sa personne (...) que la visite de ses colis à main et bagages. Le chemin de fer n'est pas responsable, à l'égard du voyageur, du dommage résultant du fait que le voyageur ne tient pas compte de ces obligations. Quoi qu'il en soit, les entreprises de transport visées au présent chapitre se limitent aux transporteurs aérien et maritime et aux entreprises de transport routier exploitant des liaisons internationales en provenance d'un État non partie à la Convention de Schengen du 19 juin 1990 sous la forme de lignes régulières, de services occasionnels ou de navette, à l'exclusion des trafics frontaliers (art. L. 821-6).

C'est notamment pour assurer l'effectivité de ces dispositions et pour lutter contre l'immigration illégale que l'article L. 821-6 prévoit que le transporteur encourt une amende en raison du défaut de contrôle du document de voyage et, le cas échéant, du visa dont l'étranger doit être porteur. Il s'agit d'une obligation lourde qui pèse sur les entreprises de transport, puisque l'infraction est constituée du seul fait d'avoir débarqué en France un étranger non muni des documents exigés. Par ailleurs, l'entreprise de transport ne peut se contenter de vérifier que l'étranger est, par exemple, porteur d'un passeport ou d'un titre de séjour, mais doit également s'assurer qu'il ne s'agit pas de documents falsifiés. Bien plus, s'agissant des demandeurs d'asile, si l'article L. 821-8 prévoit que l'entreprise de transport n'est pas susceptible de sanction lorsque l'étranger dépourvu de document de voyage est un demandeur d'asile, c'est sous la réserve que la demande d'asile ne soit pas « manifestement infondée ». Cette disposition a pu être interprétée comme exigeant des entreprises de transport d'opérer un contrôle de la demande d'asile elle-même, ce qui a pu être critiqué comme une « privatisation » du droit d'asile. Le Conseil constitutionnel a toutefois retenu une interprétation neutralisante en considérant que l'article L. 821-8 avait en réalité pour objet d'éviter que l'entreprise de transport ne refuse d'embarquer un demandeur d'asile au seul motif qu'il était dépourvu des documents de voyage exigés. Selon la circulaire d'application du 15 février 1993, le caractère manifestement infondé doit pouvoir être décelé sans instruction particulière.

Ce même article L. 821-8 prévoit que la responsabilité du transporteur ne sera pas engagée lorsque les documents présentés par l'étranger ne comportent pas un élément d'irrégularité manifeste, la contrefaçon ou la falsification devant être visible à l'œil nu. L'entreprise de transport ne peut davantage être tenue pour responsable lorsque l'étranger a présenté les documents requis lors de l'embarquement, mais les a fait disparaître durant le voyage.

Si la responsabilité de l'entreprise de transport est engagée, elle encourt une amende prononcée par le ministre chargé de l'immigration, prise après procédure contradictoire. Cette sanction n'est donc pas d'une nature pénale, mais administrative. Un recours de plein contentieux peut être engagé par l'entreprise devant le tribunal administratif territorialement compétent, sa compétence de pleine juridiction l'autorisant notamment à moduler le montant de l'amende prononcée.

On rappellera enfin qu'en vertu du principe de liberté de circulation, les ressortissants communautaires ne sont pas concernés par ces dispositions. ❑

SOUS-SECTION 1 Amendes aux entreprises ayant débarqué un étranger dépourvu des documents requis

BIBL. ► Ducarouge, Le transport international de voyageurs : le cas des amendes administratives infligées aux transporteurs, *AJDA 2001 (n° spécial) p. 65*. – Haïm, Un exemple de sanction administrative : l'amende infligée à une entreprise débarquant en France un étranger démuni du titre requis, *RFDA 2001. 823*. – Le Bourhis, Les transporteurs et le contrôle des flux migratoires, *L'Harmattan 2001.*

Art. L. 821-6 **Est passible d'une amende administrative de 10 000 euros l'entreprise de transport aérien, maritime ou routier qui débarque sur le territoire français, en provenance d'un État qui n'est pas partie à la convention signée à Schengen le 19 juin 1990, un étranger non ressortissant d'un État membre de l'Union européenne, de la République d'Islande, de la Principauté du Liechtenstein, du Royaume de Norvège ou de la Confédération suisse démuni du document de voyage et, le cas échéant, du visa** *(L. n° 2024-42 du 26 janv. 2024, art. 56)* **« ou de l'autorisation de voyage » requis par la loi ou l'accord international qui lui est applicable en raison de sa nationalité.**

Est passible de la même amende l'entreprise de transport aérien, maritime ou routier qui débarque, dans le cadre du transit, un étranger non ressortissant d'un État membre de l'Union européenne, de la République d'Islande, de la Principauté du Liechtenstein, du Royaume de Norvège ou de la Confédération suisse démuni du document de voyage ou du visa *(L. n° 2024-42 du 26 janv. 2024, art. 56)* **« ou de l'autorisation de voyage » requis par la loi ou l'accord international qui lui est applicable compte tenu de sa nationalité et de sa destination.**

(L. n° 2024-42 du 26 janv. 2024, art. 56) **« Aux fins du respect des obligations qui leur incombent au titre de l'article 26, paragraphe 1, point b, de la convention signée à Schengen le 19 juin 1990, les transporteurs utilisent le service internet mentionné à l'article 13 du règlement (UE) 2017/2226 du Parlement européen et du Conseil du 30 novembre 2017 portant création d'un système d'entrée/de sortie (EES) pour enregistrer les données relatives aux entrées, aux sorties et aux refus d'entrée concernant les ressortissants de pays tiers qui franchissent les frontières extérieures des États membres et portant détermination des conditions d'accès à l'EES à des fins répressives, et modifiant la convention d'application de l'accord de Schengen et les règlements (CE) n° 767/2008 et (UE) n° 1077/2011 et à l'article 45 du règlement (UE) 2018/1240 du Parlement européen et du Conseil du 12 septembre 2018 portant création d'un système européen d'information et d'autorisation concernant les voyages (ETIAS) et modifiant les règlements (UE) n° 1077/2011, (UE) n°s 515/2014, (UE) 2016/399, (UE) 2016/1624 et (UE) 2017/2226, afin d'effectuer les vérifications nécessaires. »** – *[Anc. art. L. 625-1 ; anc. art. L. 625-2, al. 1er, 3e phr. ; anc. art. L. 625-6, ecqc l'amende pour les entreprises de transport routier.]*

1. Le Conseil constitutionnel a considéré que le montant de l'amende encourue par l'entreprise de transport n'est pas manifestement disproportionné par rapport au manquement que la loi entend réprimer. Au surplus, le montant dont il s'agit constitue un maximum et son prononcé ne revêt pas un caractère automatique. Enfin, toute décision infligeant une amende doit être motivée. • Cons. const. 25 févr. 1992, n° 92-307 DC : *Rec. Cons. const. 48 ; JO 12 mars ; RJC I-493 ; AJDA 1992. 656, obs. Julien-Laferrière ; RFDA 1992. 185, note Genevois ; RFDC 1992. 311, note Gaia ; JDI 1992. 677, note Loschak ; JCP 1992. II. 21848, note Van Tuong ; AIJC 1992.516, G.E.R.J.C. ; Dr. ouvrier 1992. 146, note Bonnechère ; LPA 6 nov. 1992, obs. Turpin.* ♦ Le ministre n'est pas en situation de compétence liée pour infliger l'amende ; il conserve un pouvoir d'appréciation de prononcer ou non l'amende. • CE 23 nov. 2001, *Cie Air France : Lebon 576 ; RFDA 2002. 188*. ♦ *Contra :* • CAA Paris, 10 févr. 1998, *Cie nationale Air France : AJDA 1998. 280*.

2. Seules les entreprises assurant le transport de personnes en vertu de contrats commerciaux doivent être regardées comme les entreprises de transport aérien ou maritime visées au présent art. • CAA Paris, 12 avr. 2010, *Min. Intérieur c/ Sté V. Ships,* n° 08PA05060.

3. Droit de l'Union. Le droit de l'Union s'oppose à une législation qui obligerait une entreprise de transport par autocar, assurant un service régulier transfrontalier à l'intérieur de l'espace Schengen, à contrôler le passeport et le titre de séjour des passagers avant le franchissement d'une frontière intérieure, en vue de prévenir le transport de ressortissants de pays tiers dépourvus de ces documents de voyage vers le territoire national. • CJUE 13 déc. 2018, n^os^ C-412/17 et C-474/17.

4. Le droit de l'Union, notamment l'art. 13 du Règl. (CE) n° 562/2006 du Parlement européen et du Conseil du 15 mars 2006, doit être interprété en ce sens qu'un transporteur aérien qui, lui-même ou par l'intermédiaire de ses représentants et de ses mandataires à l'aéroport de l'État membre de départ, refuse l'embarquement à un passager en invoquant le refus d'entrée opposé par les autorités de l'État membre de destination, ne saurait être considéré comme agissant en tant qu'émanation dudit État, de sorte que le passager lésé n'est pas fondé à lui opposer la décision 565/2014/UE devant une juridiction de l'État membre de départ aux fins d'obtenir réparation au titre de la violation de son droit d'entrer sur le territoire de l'État membre de destination sans être en possession d'un visa émis par ce dernier. Le droit de l'Union s'oppose à ce qu'un transporteur aérien refuse l'embarquement à un ressortissant de pays tiers en invoquant un refus des autorités de l'État membre de destination de permettre à ce dernier l'entrée sur son territoire, sans que ce refus d'entrée ait fait l'objet d'une décision écrite et motivée, notifiée au préalable audit ressortissant. Lorsqu'un transporteur aérien refuse l'embarquement à un passager au motif que celui-ci aurait présenté des documents de voyage inadéquats, un tel refus ne prive pas, en lui-même, ce passager de la protection prévue par le Règl. (CE) n° 261/2004 du Parlement européen et du Conseil, du 11 févr. 2004. En cas de contestation de la part de ce passager, il appartient, en effet, à la juridiction compétente d'apprécier, en tenant compte des circonstances de l'espèce, le caractère raisonnablement justifié ou non dudit refus au regard de cette disposition. • CJUE 30 avr. 2020, n° C-584/18 : *D. 2020. 980.*

5. Obligations des entreprises de transport. Les dispositions du présent art. procèdent, en ce qu'elles exigent que le transporteur contrôle la détention des documents de voyage requis et en ce qu'elles le sanctionnent pour avoir transporté un étranger qui ne les détient pas, de l'exécution d'une obligation précise et inconditionnelle posée par la Conv. Schengen, intégrée au droit de l'UE ; ainsi, la QPC soulève, s'agissant du contrôle de dispositions législatives qui se bornent à tirer les conséquences nécessaires de dispositions inconditionnelles et précises de la Convention de Schengen, un moyen nouveau justifiant la transmission au Conseil constitutionnel. • CE 31 juill. 2019, n°s 427744 et 427745 B. ♦ Le Conseil constitutionnel a jugé que les dispositions du présent art. étaient conformes à la Constitution au motif que les contrôles effectués par les transporteurs sous peine d'amende ne relèvent pas d'une mission de police administrative. Les irrégularités manifestes qu'il appartient au transporteur de déceler sous peine d'amende, au moment de l'embarquement, du contrôle des documents requis, sont celles susceptibles d'apparaître à l'occasion d'un examen normalement attentif de ces documents par un agent du transporteur. Ainsi, en instaurant cette obligation, le législateur n'a pas entendu associer les transporteurs aériens au contrôle de la régularité de ces documents effectué par les agents de l'État en vue de leur délivrance et lors de l'entrée de l'étranger sur le territoire national. • Cons. const. 25 oct. 2019, *Sté Air France,* n° 2019-810 QPC : *AJDA 2019. 2155 ; ibid. 2020. 185, note Brunet ; D. 2019. 2097.*

6. Les dispositions du présent art. imposent « aux entreprises de transport de vérifier que l'étranger est muni des documents de voyage et des visas éventuellement requis et que ceux-ci ne comportent pas d'éléments d'irrégularité manifeste, décelables par un examen normalement attentif des agents de l'entreprise de transport ; la circonstance que la passagère n'ait pas eu la volonté d'entrer irrégulièrement sur le territoire français ni de tromper la vigilance de la police et de la compagnie aérienne est sans incidence sur le bien-fondé de l'application de la sanction et n'est pas de nature à constituer une circonstance atténuante eu égard à la connaissance que cette compagnie est réputée avoir des dispositions réglementaires. • CAA Paris, 24 juin 2019, n° 18PA01450.

7. Il ne saurait être reproché à une compagnie aérienne d'avoir embarqué un étranger, membre de la famille d'un citoyen de l'Union, titulaire d'une carte de séjour permanent délivrée par un État membre. Même si cet État ne fait pas partie de l'espace Schengen, l'intéressé est dispensé de visa pour entrer sur le territoire d'un autre État membre (Dir. 2004/38/CE, art. 5, § 2), la carte de séjour suffisant à établir la qualité de membre de la famille d'un citoyen de l'Union. • CJUE 18 juin 2020, n° C-754/18 : *D. 2020. 1359.*

Art. L. 821-7 **Les entreprises de transport routier mentionnées à l'article L. 821-6 sont celles exploitant des liaisons internationales en provenance d'un État qui n'est pas partie à la convention signée à Schengen le 19 juin 1990 sous la forme de lignes régulières, de services occasionnels ou de navette, à l'exclusion des trafics frontaliers.**

Si une telle entreprise n'a pu procéder à la vérification du document de voyage et, le cas échéant, du visa *(L. n° 2024-42 du 26 janv. 2024, art. 56)* **« ou de l'autorisation de voyage » des passagers empruntant ses services, elle est exonérée de l'amende prévue à l'article L. 821-6, à condition d'avoir justifié d'un contrôle à l'entrée sur le territoire d'un des États parties à ladite convention ou, à défaut d'un tel contrôle, à condition d'y avoir fait procéder à l'entrée en France par les services compétents.** – *[Anc. art. L. 625-6 (ecqc la définition des entreprises de transport routier).]*

Art. L. 821-8 L'amende prévue à l'article L. 821-6 peut être prononcée autant de fois qu'il y a de passagers concernés.

Elle n'est pas infligée :

1° Lorsque l'étranger a été admis sur le territoire français au titre d'une demande d'asile qui n'était pas manifestement infondée ;

2° Lorsque l'entreprise de transport établit que les documents requis lui ont été présentés au moment de l'embarquement et qu'ils ne comportaient pas d'élément d'irrégularité manifeste.

Elle ne peut être infligée pour des faits remontant à plus d'un an. – *[Anc. art. L. 625-2, al. 1er (4e phr.), 3 ; anc. art. L. 625-5.]*

1. L'amende est infligée autant de fois qu'il y a de passagers concernés, quel que soit l'âge des passagers (s'agissant en l'occurrence d'un bébé de 7 mois). • TA Paris, 3 juill. 1998, *Cie nationale Air France*, n° 9406353/4. ♦ Le Conseil d'État a indiqué que le caractère des documents de voyage relève de l'appréciation souveraine de la CAA qui, en l'absence de dénaturation, ne peut être discuté devant le juge de cassation. • CE 15 févr. 1999, *Cie Nationale Air France*, n° 195551.

2. Le quantum de l'amende doit faire l'objet d'une motivation. • CAA Paris, 10 févr. 1998, *Cie Nationale Air France*, n° 96PA02799. ♦ V. déjà : • TA Paris, 3 juill. 1998, *Cie Nationale Air France*, n° 9408047/4.

3. Pouvoirs du juge. Il appartient au juge administratif, saisi d'un recours de pleine juridiction contre la décision infligeant une amende sur le fondement des dispositions du présent art., de statuer sur le bien-fondé de la décision attaquée et de réduire, le cas échéant, le montant de l'amende infligée en tenant compte de l'ensemble des circonstances de l'espèce. S'il incombe à l'entreprise de transports de procéder à la vérification des documents de voyage de ses passagers lors de l'embarquement, l'attitude adoptée par cette entreprise au moment du débarquement est au nombre des circonstances de l'affaire qu'il revient au juge d'apprécier. • CE 14 juin 2002, *Min. Intérieur c/ Compagnie nationale Air France*, n° 228549 B : *AJDA 2002. 802, concl. da Silva*. ♦ Le juge dispose d'un pouvoir souverain pour réduire, le cas échéant, le montant de l'amende ; il pourra notamment tenir compte de l'attitude « positive » de l'entreprise de transport lors du débarquement de l'intéressé. • CE 2 juin 2003, *Min. Intérieur c/ Sté Air France*, n° 228550. ♦ La qualification du caractère manifeste de l'irrégularité non détectée par le transporteur aérien qui a débarqué un étranger dépourvu de document de voyage sur le sol français peut faire l'objet d'un contrôle par le juge de cassation ; en revanche, l'appréciation des circonstances justifiant une réduction du montant de l'amende relève du pouvoir souverain des juges du fond. • CE 21 juin 2022, n° 448996.

4. Le juge peut se fonder sur un autre motif que le ministre à la condition que cette substitution de motifs ait été demandée par le ministre, que l'entreprise de transport ait été mise en mesure de présenter ses observations sur le nouveau motif envisagé et que la décision du juge ne conduise pas à accroître le montant de l'amende. • CE 23 nov. 2001, *Cie Air France : Lebon 576 ; RFDA 2002. 188 ; CJEG 2002. 230, concl. de Silva* • 30 déc. 2002, *Cie Air France*, n° 227834.

5. Exonération de responsabilité. La cause d'exonération de responsabilité prévue au présent art. implique que le transporteur se borne à appréhender la situation de l'intéressé sans avoir à ne procéder à aucune recherche ; cette disposition ne saurait ainsi s'entendre comme conférant au transporteur un pouvoir de police aux lieu et place de la puissance publique ; elle a pour finalité de prévenir le risque qu'une entreprise de transport refuse d'acheminer les demandeurs d'asile au motif que les intéressés seraient démunis de visa d'entrée en France. • Cons. const. 25 févr. 1992, n° 92-307 DC : *préc. note 1 ss. art. L. 821-6*.

6. Ces dispositions ne sauraient avoir pour effet ou pour objet de conférer au transporteur un pouvoir de police aux lieu et place de la puissance publique ; il incombe au transporteur de s'assurer que les documents de voyage présentés ne comportent pas des éléments d'irrégularité manifeste, décelables par un examen normalement attentif des agents de la compagnie ; justifie ainsi d'une sanction le fait d'avoir transporté un ressortissant malien porteur d'un récépissé de demande d'asile valant autorisation de séjour dont la validité était expirée. • CAA Paris, 10 févr. 1998, *Cie nationale Air France*, n° 96PA02799 : *Lebon 563 ; AJDA 1998. 280*. ♦ ... Dissemblances évidentes entre les indications figurant sur le passeport et l'aspect physique de l'intéressé [taille, cheveux]. • CAA Paris, 23 sept. 1999, *Min. Intérieur c/ Cie Air France,* n° 98PA03202. ♦ ... Absence de visa permettant d'entrer sur le territoire français. • CAA Versailles, 29 sept. 2005, *Sté Air France,* n° 03VE03459. ♦ ... Étranger porteur d'un titre de séjour italien dont les falsifications étaient aisément décelables à l'œil nu par un examen attentif. • CAA Versailles, 29 sept. 2005, *Sté Air France,* n° 03VE03485. ♦ La mission de contrôle du transporteur aérien ne se limite pas à la vérification des conditions d'entrée sur le sol français des passagers qui y terminent leur voyage, mais doit également prendre en compte le respect des conditions d'entrée dans le pays de destination finale, lorsque le passager ne fait que transiter par la France. • CE 7 déc. 2005, *Min. Intérieur c/ Cie nationale Air France,* n° 271569 B : *AJDA 2006. 754, concl. da Silva*.

7. En revanche, l'amende n'est pas justifiée dans l'hypothèse d'un passeport portant des signes de falsification du fait d'un changement de photographies, anomalies non décelables à l'œil nu. • CAA Paris, 23 sept. 1999, *Min. Intérieur c/ Cie Air France,* n° 98PA03200. ♦ La contrefaçon manifeste d'un titre de séjour est celle qui est susceptible d'être décelée par un examen normalement attentif d'un agent d'embarquement sans recourir à du matériel spécialisé. • CAA Paris, 11 déc. 2003, *Sté Air France c/ Min. Intérieur,* n° 03PA00566.

8. Au-delà des causes exonératoires prévues au présent art., la responsabilité de l'entreprise de transport ne sera pas engagée lorsqu'elle démontre une situation de force majeure. • TA Paris, 3 juill. 1998, *Cie nationale Air France,* n° 9405214/4.

Art. L. 821-9 Lorsque l'étranger débarqué en France est un mineur sans représentant légal, la somme de 10 000 euros doit être immédiatement consignée auprès de l'agent, mentionné au premier alinéa de l'article L. 821-12, ayant établi le procès-verbal constatant le manquement de l'entreprise de transport à ses obligations. Tout ou partie de cette somme est restituée à l'entreprise selon le montant de l'amende prononcée ultérieurement par l'autorité administrative.

Si l'entreprise ne consigne pas la somme, le montant de l'amende est porté à 20 000 euros.

Les conditions de cette consignation et de son éventuelle restitution, en particulier le délai maximal dans lequel cette restitution doit intervenir, sont fixées par décret en Conseil d'État. – *[Anc. art. L. 625-4.]*

SOUS-SECTION 2 Amendes aux entreprises n'ayant pas respecté leurs obligations de réacheminement et de prise en charge d'un étranger

Art. L. 821-10 Est passible d'une amende administrative de 30 000 euros l'entreprise de transport aérien, maritime, routier ou ferroviaire qui ne respecte pas les obligations de réacheminement et de prise en charge d'un étranger qui lui sont fixées aux articles L. 333-3, L. 333-4 et L. 333-5. – *[Anc. art. L. 625-7.]*

Pour déterminer s'il y a lieu de sanctionner l'entreprise de transport et fixer le montant de la sanction prévue par le présent art., l'administration doit prendre en compte, notamment, le comportement du passager et les diligences accomplies par l'entreprise pour respecter ses obligations, au nombre desquelles figure la mise en place de procédures de réacheminement. L'impossibilité dûment établie de réacheminer le passager en raison de son comportement et des exigences de la sécurité à bord, alors qu'il n'incombe pas au transporteur de pourvoir à la surveillance de l'intéressé et qu'il ne lui appartient pas d'exercer sur lui une contrainte, constitue une circonstance exonératoire. • CE 21 juin 2022, n° 450480 : *AJDA 2022. 1254*.

Art. L. 821-11 L'amende prévue à l'article L. 821-10 ne peut être infligée à raison d'un manquement aux obligations de réacheminement pour des faits remontant à plus de quatre ans. – *[Anc. art. R. 623-19, al. 5.]*

SOUS-SECTION 3 Dispositions communes

Art. L. 821-12 Le manquement aux obligations de l'entreprise de transport est constaté par un procès-verbal établi par un agent relevant d'une catégorie fixée par décret en Conseil d'État.

L'entreprise de transport se voit remettre copie du procès-verbal et a accès au dossier. Elle est mise à même de présenter, dans un délai d'un mois, ses observations écrites sur le projet de sanction de l'autorité administrative. – *[Anc. art. L. 625-2, al. 1er (1re et 2e phr.), 2 (1re phr.).]*

1. L'entreprise de transport doit pouvoir apporter la preuve qu'en laissant embarquer le passager, ses services n'ont pas manqué à leurs obligations ; par suite, l'administration est tenue, en vue d'assurer le respect des droits de la défense, de permettre au représentant du transporteur de porter, s'il l'estime nécessaire, ses observations sur le procès-verbal avant sa transmission au ministre. • CAA Paris, 11 déc. 2003, *Sté Air France,* n° 03PA00565 : *AJDA 2004. 867, note Haïm.*

2. Si le procès-verbal est adressé à la société de transport en même temps que la lettre du ministre de l'Intérieur l'informant de la sanction prise à son encontre, la procédure est irrégulière dans la mesure où la transmission préalable du procès-verbal, formalité substantielle, est de nature à permettre à la société de recueillir les éléments nécessaires pour présenter ultérieurement ses observations sur le projet de sanction. • CAA Versailles, 16 juin 2005, *Sté Air France,* n° 03VE03442.

3. La sanction sera annulée en cas de non-respect du caractère contradictoire de la procédure, en l'espèce, dans la mesure où le projet de sanction ne comportait aucun document permettant d'apprécier le caractère manifeste ou non de l'usurpation d'identité invoquée par le ministre. • CAA Paris 21 mars 2002, *Min. Intérieur c/ Sté Air France,* n° 00PA02626. ♦ V. aussi : • CE 13 mars 2006, *Min. Intérieur c/ Sté Air France,* n° 274428.

Art. L. 821-13 **Le montant de l'amende est versé au Trésor public par l'entreprise de transport.** — *[Anc. art. L. 625-2, al. 1er, 5e phr.]*

CHAPITRE II MÉCONNAISSANCE DES OBLIGATIONS RELATIVES AU SÉJOUR EN FRANCE

SECTION 1 Refus de se soumettre aux opérations de relevé d'empreintes digitales et de prise de photographie

Art. L. 822-1 **Est puni d'un an d'emprisonnement, de 3 750 euros d'amende et de trois ans d'interdiction du territoire français le fait, pour un étranger en situation irrégulière en France, de refuser de se soumettre aux opérations de relevé des empreintes digitales et de prise de photographie dans le cas prévu au 3° de l'article L. 142-1.** — *[Anc. art. L. 611-3, al. 2, 2e phr. (ecqc l'étranger faisant l'objet d'une décision d'éloignement).]*

SECTION 2 *[ABROGÉE]* Contribution forfaitaire de l'employeur ayant occupé un étranger en situation irrégulière

(Abrogée par L. n° 2024-42 du 26 janv. 2024, art. 34-VII)

Art. L. 822-2 ***Sans préjudice des poursuites judiciaires qui peuvent être engagées à son encontre et de la contribution spéciale prévue à l'article L. 8253-1 du code du travail, l'employeur qui a occupé un travailleur étranger en situation de séjour irrégulier acquitte une contribution forfaitaire représentative des frais d'éloignement du territoire français de cet étranger.*** — *[Anc. art. L. 626-1, al. 1er.]*

1. Le fait de soumettre l'employeur ayant occupé un travailleur étranger en situation de séjour irrégulier à une contribution forfaitaire représentative des frais de réacheminement poursuit un but d'intérêt général en tentant de dissuader les entreprises d'employer des personnes séjournant irrégulièrement en France ; par ailleurs, le législateur a limité le montant total des sanctions pécuniaires susceptibles d'être infligées à l'employeur à un niveau qui n'est pas susceptible d'excéder manifestement ce qui est strictement et évidemment nécessaire, respectant ainsi le principe de nécessité des peines. • CAA Lyon, 22 mars 2011, *Mlaouhi,* n° 10LY02852.

2. La circonstance que les dispositions applicables à la contribution spéciale instituée par l'art. L. 8253-1 C. trav. et à la contribution forfaitaire de réacheminement prévue au présent art. ne prévoient pas expressément que le procès-verbal constatant l'infraction doit être communiqué au contrevenant ne saurait faire obstacle à ce que celui-ci soit mis à même d'avoir accès à cette pièce afin d'assurer le respect de la procédure contradictoire préalable à l'application de ces contributions, qui revêtent le caractère de sanctions administratives. • CAA Marseille, 27 oct. 2017, *Earl Soleil des Neiges – Bouchet G.,* n° 16MA00822 : *AJDA 2018. 139.* ♦ V., déjà : • CE 29 juin 2016, *Sté DLM Sécurité,* n° 398398 : *AJDA 2016. 1370.* ♦ Le refus de communication du procès-verbal ne saurait entacher la sanction d'irrégularité que « dans le cas où la demande de communication a été faite avant l'intervention de la décision qui, mettant la contribution spéciale à la charge de l'intéressé, prononce la sanction ». Si la communication du procès-verbal est demandée alors que la sanction a déjà été prononcée, elle doit intervenir non au titre du respect des droits de la défense, mais en raison de l'exercice d'une voie de recours. Un éventuel refus ne saurait alors être regardé comme entachant d'irrégularité la sanction antérieurement prononcée, non plus que les décisions consécutives, même ultérieures, procédant au recouvrement de cette sanction. • CE 6 mai 2019, n° 417756 B : *AJDA 2019. 966*.

3. Les contributions prévues à l'art. L. 8253-1 C. trav. et au présent art. ont pour objet de sanctionner les faits d'emploi d'un travailleur étranger séjournant irrégulièrement sur le territoire français ou démuni de titre l'autorisant à exercer une activité salariée, « sans qu'un élément intentionnel soit nécessaire à la caractérisation du manquement ». Toutefois, un employeur ne saurait être sanctionné sur le fondement de ces dispositions, « lorsque tout à la fois, d'une part, et sauf à ce que le salarié ait justifié avoir la nationalité française, il s'est acquitté des obligations qui lui incombent en vertu de l'art. L. 5221-8 C. trav. et que, d'autre part, il n'était pas en mesure de savoir que les documents qui lui étaient présentés revêtaient un caractère frauduleux ou procédaient d'une usurpation d'identité ». • CE, ass., 12 oct. 2018, *SARL Super coiffeur,* n° 408567 A : *AJDA 2018. 1991* ; *ibid. 2390, chron. Nicolas et Faure*. ♦ En outre, lorsqu'un salarié s'est prévalu lors de son embauche de la nationalité française ou de sa qualité de ressortissant d'un État pour lequel une autorisation de travail n'est pas exigée, l'employeur ne peut être sanctionné s'il s'est assuré que ce salarié disposait d'un document d'identité de nature à en justifier et s'il n'était pas en mesure de savoir que ce document revêtait un caractère frauduleux ou procédait d'une usurpation d'identité. • CE 26 nov. 2018, *Sté Boucherie de la Paix,* n° 403978 : *AJDA 2018. 2322*.

4. Les dispositions du présent art. se bornent, dans les éléments relatifs au principe et au montant de la contribution forfaitaire représentative des frais de réacheminement, à assurer la transposition en droit interne des dispositions inconditionnelles et précises du b) du 2. de l'art. 5 de la Dir. 2009/52/CE du 18 juin 2009. La QPC sur ces points ne mettant en cause aucune règle ni aucun principe inhérent à l'identité constitutionnelle de la France, elle ne peut être renvoyée. • CE 13 mars 2019, n° 424565 B : *AJDA 2019. 612* ; *ibid. 1522, note Ytier* • TA Versailles, 31 janv. 2019, n° 1705431 : *AJDA 2019. 1181, concl. Poyet*.

5. La contribution forfaitaire représentative des frais de réacheminement est prononcée par une décision de l'Office français de l'immigration et de l'intégration qui, en vertu des droits de la défense, ne peut être infligée qu'à l'issue d'une procédure contradictoire lui permettant de statuer en tenant compte des observations de l'employeur intéressé ». Saisi de la sanction prononcée, le juge peut, après avoir exercé son plein contrôle sur les faits invoqués et la qualification retenue par l'administration, salarié par salarié, maintenir la contribution forfaitaire ou en décharger l'employeur ». Par conséquent, le présent art. n'institue pas une sanction automatique. • CE 13 mars 2019, n° 424565 B : *AJDA 2019. 612*.

6. La circonstance que les dispositions applicables à la contribution spéciale instituée par l'art. L. 8253-1 C. trav. et à la contribution forfaitaire de réacheminement prévue au présent art. ne prévoient pas expressément que le procès-verbal constatant l'infraction doit être communiqué au contrevenant ne saurait faire obstacle à ce que celui-ci soit mis à même d'avoir accès à cette pièce afin d'assurer le respect de la procédure contradictoire préalable à l'application de ces contributions, qui revêtent le caractère de sanctions administratives. • CAA Marseille, 27 oct. 2017, *Earl Soleil des Neiges – Bouchet G,* n° 16MA00822 : *AJDA 2018. 139*. ♦ V. déjà, • CE 29 juin 2016, *Sté DLM Sécurité,* n° 398398 B : *AJDA 2016. 1370*. ♦ Le refus de communication du procès-verbal ne saurait entacher la sanction d'irrégularité que « dans le cas où la demande de communication a été faite avant l'intervention de la décision qui, mettant la contribution spéciale à la charge de l'intéressé, prononce la sanction ». Si la communication du procès-verbal est demandée alors que la sanction a déjà été prononcée, « elle doit intervenir non au titre du respect des droits de la défense mais en raison de l'exercice d'une voie de recours. Un éventuel refus ne saurait alors être regardé comme entachant d'irrégularité la sanction antérieurement prononcée, non plus que les décisions consécutives, même ultérieures, procédant au recouvrement de cette sanction. » • CE 6 mai 2019, n° 417756 B : *AJDA 2019. 966*.

7. Si ni les art. L. 8253-1 s. C. trav. ni l'art. L. 8271-17 du même code ne prévoient expressément que le procès-verbal constatant l'infraction aux dispositions de l'art. 8251-1 relatif à l'emploi d'un étranger non autorisé à travailler en France, et fondant le versement de la contribution spéciale, soit communiqué au contrevenant, le respect du principe général des droits de la défense suppose, s'agissant des mesures à caractère de sanction, ainsi d'ailleurs que le précise désormais l'art. L. 122-2 CRPA, entré en vigueur le 1er janv. 2016, que la personne en cause soit informée, avec une précision suffisante et dans un délai raisonnable avant le prononcé de la sanction, des griefs formulés à son encontre et mise à même de demander la communication des pièces au vu desquelles les manquements ont été retenus. • CE 30 déc. 2021, n° 437653 B : *AJDA 2022. 16*.

8. Le montant de la contribution spéciale prévue à l'art. L. 8253-1 C. trav. ne saurait excéder le plafond établi par le présent art pour le cas de cumul avec la contribution forfaitaire prévue par cet art. • CE 17 juin 2019, n° 417837 B : *AJDA 2019. 2031*.

9. Contrôle juridictionnel. Les contributions visées au présent art. constituent des sanctions administratives. • CE 29 juin 2016, n° 398398. ♦ Leur contestation relève ainsi du plein contentieux. • CE, ass., 16 févr. 2009, *Sté Atom,* n° 274000 A : *AJDA 2009. 343* ; *ibid. 583, chron. Lieber et Botteghi* ; *AJ pénal 2009. 189, obs.*

Péchillon ; *RFDA 2009. 259, concl. Legras* ; *ibid. 2012. 257, étude Martinez-Mehlinger*.

10. Il appartient au juge « soit de maintenir le taux retenu, soit de lui substituer celui des deux autres taux qu'il estime légalement justifié, soit, s'il n'est pas établi que l'employeur se serait rendu coupable des faits visés, de le décharger de la contribution spéciale ». • CE sect., 28 juill. 1999, *G.I.E. Mumm-Perrier-Jouet*, n° 188973 : *Lebon 257 ; AJDA 1999. 835* ; *ibid. 783, chron. Fombeur et Guyomar* ; *D. 1999. 234*.

11. Par les dispositions de l'art. L. 8253-1 C. trav. éclairées par les travaux préparatoires de la LF pour 2013, le législateur a entendu non seulement fixer des taux plafonds au montant de la contribution spéciale et une possibilité de minoration de ce taux dans le cas qu'il énonce, mais aussi permettre à l'administration de moduler ce montant dans la limite des plafonds ainsi prévus. Par suite, il appartient au juge administratif saisi d'un recours de pleine juridiction contre une décision mettant à la charge d'un employeur la contribution spéciale d'apprécier, après avoir exercé son plein contrôle sur les faits invoqués et la qualification retenue par l'administration, la proportionnalité de cette sanction au regard notamment de la gravité de l'infraction et de la situation du requérant. • TA Cergy-Pontoise, 30 déc. 2019, n° 1711170 : *AJDA 2020. 1132, concl. Garnier*.

Art. L. 822-3 ***Le montant total des sanctions pécuniaires prévues, pour l'emploi d'un étranger non autorisé à travailler, à l'article L. 822-2 du présent code et à l'article L. 8253-1 du code du travail ne peut excéder le montant des sanctions pénales prévues aux articles L. 8256-2, L. 8256-7 et L. 8256-8 du même code ou, si l'employeur entre dans le champ d'application de ces articles, le montant des sanctions pénales prévues aux articles L. 823-1 à L. 823-10 du présent code.*** – *[Anc. art. L. 626-1, al. 2.]*

1. Montant. Le montant de la contribution spéciale prévue à l'art. L. 8253-1 C. trav. ne saurait excéder le plafond établi par le présent art. pour le cas de cumul avec la contribution forfaitaire prévue par cet art. • CE 17 juin 2019, n° 417837 B : *AJDA 2019. 2031*.

2. Le plafonnement à la somme de 15 000 € ne s'applique qu'aux personnes physiques et non aux personnes morales pour lesquelles le montant maximum des sanctions pécuniaires prévues à l'art. L 822-2 est fixé à 75 000 €. • CAA Versailles, 12 avr. 2021, n° 19VE04128 : *AJDA 2021. 1691, concl. Grossholz*.

Art. L. 822-4 ***L'Office français de l'immigration et de l'intégration est chargé de constater et de fixer le montant de la contribution prévue à l'article L. 822-2.***

A cet effet, il peut avoir accès aux traitements automatisés des titres de séjour des étrangers dans les conditions définies par la loi n° 78-17 du 6 janvier 1978 relative à l'informatique, aux fichiers et aux libertés. – *[Anc. art. L. 626-1, al. 3.]*

COMMENTAIRE

L'article L. 822-4 transférait la charge de la gestion des procédures et le produit de la contribution forfaitaire représentative des frais de réacheminement des étrangers dans leur pays à l'Office français de l'immigration et de l'intégration (OFII). D'après l'exposé des motifs du projet de loi, « l'intérêt de cette mesure est triple. En effet, elle permet d'une part, de donner à l'OFII la gestion d'une procédure similaire à celle de la contribution spéciale, pour laquelle cet organisme a acquis une expérience affirmée et d'autre part, de dégager les préfectures de cette charge. Enfin, elle réduit le nombre des destinataires des procès-verbaux de travail illégal et à ce titre facilitera également la mise en œuvre des dispositions relatives au "bouclier pénal" (…). Le transfert à l'OFII de la liquidation et du recouvrement de la contribution réacheminement est par conséquent susceptible d'accroître le rendement de la contribution réacheminement de manière significative et de contribuer ainsi à la lutte contre l'emploi d'étrangers sans titre ». ❑

Art. L. 822-5 ***L'État est ordonnateur de la contribution forfaitaire. A ce titre, il liquide et émet le titre de perception.***

Sont applicables à la contribution forfaitaire prévue à l'article L. 822-2 du présent code les dispositions des articles L. 8253-1 à L. 8253-5 du code du travail en matière de recouvrement et de privilège applicables à la contribution spéciale. – *[Anc. art. L. 626-1, al. 4 et 5.]*

Art. L. 822-6 ***Les modalités d'application de la présente section sont fixées par décret en Conseil d'État.*** – *[Anc. art. L. 626-1, al. 6.]*

CHAPITRE III FACILITATION DE L'ENTRÉE, DE LA CIRCULATION ET DU SÉJOUR IRRÉGULIERS

COMMENTAIRE

C'est une directive 2002/90/CE du Conseil du 28 novembre 2002 qui définit l'aide à l'entrée, au transit et au séjour irréguliers (*JOUE n° L 328, 5 déc.*). Selon ce texte, chaque État membre adopte des sanctions appropriées à l'encontre de quiconque aide sciemment une personne non ressortissante d'un État membre à pénétrer sur le territoire d'un État membre ou à transiter par le territoire d'un tel État, en violation de la législation de cet État relative à l'entrée ou au transit des étrangers ; à l'encontre de quiconque aide sciemment, dans un but lucratif, une personne non ressortissante d'un État membre à séjourner sur le territoire d'un État membre en violation de la législation de cet État relative au séjour des étrangers. Ces sanctions concernent également la simple tentative ainsi que les instigateurs et les complices.

Le but du législateur (national et européen) est simple : lutter contre les filières d'immigration clandestine et les réseaux de passeurs. Mais la mise en œuvre de ces infractions se heurte à une difficulté sérieuse : comment gérer l'aide apportée par les proches de l'étranger, par les membres de sa famille ou par les circuits associatifs en charge de l'assistance aux étrangers ? C'est donc la question de l'immunité pénale qui est ici posée et qui fait l'objet de l'article 1er, 2, de la directive de 2002 : tout État membre peut décider de ne pas imposer de sanctions en appliquant sa législation et sa pratique nationales, dans les cas où le comportement a pour but d'apporter une aide humanitaire à la personne concernée. Le droit national, dans sa rédaction antérieure à la loi n° 2012-1560 du 31 décembre 2012, était toutefois plus restrictif puisque l'ancien article L. 622-4 d'une part, ne mentionnait que l'aide au séjour et, d'autre part, ne visait que les membres de la famille de l'étranger concerné et la prise en considération de l'état de nécessité, laissant ainsi dans l'ombre l'action des réseaux associatifs.

C'est ainsi à la jurisprudence qu'est revenu le soin de combiner la nécessaire répression des réseaux de passeurs et de traite d'êtres humains avec le souci de ne pas sanctionner les comportements révélant l'humanité ou l'engagement de leurs auteurs. Mais la distinction est parfois difficile à réaliser.

Dans un avis du 19 novembre 2009, la Commission nationale consultative des droits de l'homme (CNCDH) a considéré que cette incrimination pouvait permettre de transformer tout aidant de bonne foi en suspect, en lui infligeant au surplus la charge de la preuve de démontrer le contraire. La Commission a également considéré que l'immunité pénale telle qu'elle était organisée ne permettait pas de couvrir les actions qu'implique la défense des droits de l'homme. La CNCDH préconise que l'immunité soit étendue à toutes les hypothèses où l'action entreprise est désintéressée, en particulier s'agissant des associations dont l'objet est d'assurer l'hébergement, l'aide alimentaire, l'accès aux soins, l'accès aux droits, et qui pratiquent l'accueil inconditionnel.

Une circulaire n° IMIK0900091C du 23 novembre 2009 a ainsi rappelé que « si la lutte contre l'immigration illégale est une priorité des pouvoirs publics, cet objectif ne doit pas faire obstacle aux interventions à but humanitaire susceptibles de bénéficier, comme à toute personne, à des ressortissants étrangers en situation irrégulière (...) ; il importe que l'aide apportée à ces étrangers (...) corresponde à une véritable assistance humanitaire et ne soit pas dévoyée en un soutien actif à la clandestinité ». D'après une circulaire du garde des Sceaux du 20 novembre 2009, l'immunité pénale n'est susceptible d'être retenue que face à « un danger actuel ou imminent » nécessaire « à la sauvegarde de la vie ou de l'intégrité physique de l'étranger ». Le texte invite à une interprétation large, y incluant notamment « les situations de fragilité particulière, voire de détresse dans lesquelles se retrouvent très fréquemment les étrangers en situation irrégulière ». L'attention des parquets est attirée sur la nécessité d'éviter d'entraver l'action des associations humanitaires, notamment dans la mise en œuvre des contrôles d'identité ; il faut envisager avec prudence les interventions dans les lieux où interviennent les associations.

Le Conseil d'État a précisé que cette circulaire n'a ni pour objet ni pour effet d'exclure de l'immunité pénale les actes réalisés par des personnes autres que les membres d'association ; la circulaire n'a pas pour effet de recommander aux parquets d'engager des poursuites pénales du chef d'aide au séjour irrégulier lorsque la fourniture d'aide présente d'autres formes que celles qu'elle mentionne. Si la circulaire recommande l'absence de poursuites « lorsque l'acte visé n'a d'autre objectif que d'assurer des conditions de vie dignes et décentes à l'étranger en situation irrégulière » alors que la loi exclut de la poursuite tout acte « nécessaire à la sauvegarde de la vie ou de l'intégrité physique de l'étranger », la mention contestée doit s'entendre comme rappelant que les actes ayant donné lieu à contrepartie, sont exclus du bénéfice de l'immunité pénale ; enfin, cette circulaire ne saurait avoir pour effet de prescrire aux parquets d'écarter l'immunité générale prévue, en cas d'état de nécessité, par l'article 122-7 du code pénal (CE 15 janv. 2010, *GISTI et a.*, n° 334879).

La circonstance que la circulaire du garde des Sceaux ne fasse qu'une référence à l'état de nécessité prévu par l'article 122-7 du code pénal ne saurait avoir pour effet de prescrire d'écarter l'application de cet article lorsque l'exception prévue à l'article L. 622-4, 3°, trouve pas à s'appliquer ; cette référence n'a pas non plus pour objet d'assimiler les deux dispositions et de restreindre la portée de l'exception prévue à l'article L. 622-4, 3°, au critère de l'état de nécessité prévu par le code de procédure pénale. La mention, par la circulaire, des membres des associations de défense des étrangers n'a pas pour objet d'exclure du bénéfice de ces dispositions les actes réalisés par des personnes autres que les membres de ces associations ; il en est de même des prestations citées à titre d'exemple, qui ne revêtent qu'un caractère informatif (CE 19 juill. 2010, *GISTI et a.*, n° 334878 A : *RFDA 2010. 1068*).

Désormais, le législateur (L. n° 2012-1560 du 31 déc. 2012, art. L. 823-9) a élargi l'immunité pénale puisqu'elle concerne les ascendants et descendants de l'étranger, de leur conjoint, des frères et sœurs de l'étranger ou de leur conjoint, et ce alors même que les époux sont séparés de corps ou ont un domicile distinct. L'immunité vise encore le conjoint de l'étranger ainsi que la personne qui vit notoirement en situation maritale avec lui, sans prise en compte de la communauté de vie, d'une éventuelle séparation de corps ou d'une autorisation de résidence séparée (art. L. 622-4). Cet élargissement de l'immunité pénale permet en outre de prendre en considération la jurisprudence de la Cour européenne des droits de l'homme (V. aff. *Mallah* ci-dessous).

Le législateur a également revu le dispositif applicable à l'immunité visant les associations et organisations humanitaires (art. L. 823-9, 3°) ; l'immunité vise désormais toute personne physique ou morale, lorsque l'acte reproché n'a donné lieu à aucune contrepartie directe ou indirecte et consistait à fournir des conseils juridiques ou des prestations de restauration, d'hébergement ou des soins médicaux destinées à assurer des conditions de vie dignes et décentes à l'étranger, ou bien toute autre aide visant à préserver la dignité ou l'intégrité physique de celui-ci. Il n'est donc plus question de « danger actuel et imminent » qui caractérisait jusque-là la législation applicable, qui abandonne ainsi la référence à l'état de nécessité (C. pén., art. 122-7). Les travaux parlementaires ont démontré qu'il convenait de retenir une vision large de l'action désintéressée, l'énumération des actions par le texte n'étant pas limitative ; ont ainsi été évoquées d'autres aides possibles : transport d'un étranger jusqu'à un supermarché pour qu'il puisse se restaurer ou jusqu'à un établissement de soins en cas de blessure ; permettre à une personne de prendre une douche ; distribution de vêtements, aide aux démarches administratives, etc.

La constitutionnalisation, par le Conseil constitutionnel, du principe de fraternité (Cons. const. 6 juill. 2018, n° 2018-717/718) au visa des articles 2 et 72-3 de la Constitution, entraîne « la liberté d'aider autrui, dans un but humanitaire, sans considération de la régularité de son séjour sur le territoire national ». Mais « l'objectif de lutte contre l'immigration irrégulière participe de la sauvegarde de l'ordre public », il appartient donc au législateur d'assurer la conciliation entre le principe de fraternité et la sauvegarde de l'ordre public. En réprimant toute aide apportée à la circulation de l'étranger en situation irrégulière, y compris si elle constitue l'accessoire de l'aide au séjour de l'étranger et si elle est motivée par un but humanitaire, le législateur n'a pas assuré une conciliation équilibrée entre le principe de fraternité et l'objectif de valeur constitutionnelle de sauvegarde de l'ordre public ». Par conséquent, la limitation des exemptions prévues à l'ancien article L. 622-4 aux seules aides au « séjour irrégulier » des étrangers est contraire à la Constitution.

Pour tenir compte de cette décision du Conseil constitutionnel, la loi n° 2018-778 du 10 septembre 2018 pour une immigration maîtrisée, un droit d'asile effectif et une intégration réussie reformule le contenu des actes d'assistance aux étrangers couverts par l'immunité humanitaire, soit la fourniture de conseils et d'accompagnement, notamment juridiques, linguistiques ou sociaux, ainsi que les aides au transport. Elle inclut également l'aide à la circulation dans le champ des immunités familiales et humanitaires.

L'immunité pénale ne concerne pas « l'aide apportée à l'étranger pour son entrée irrégulière en France dès lors qu'elle a nécessairement pour conséquence, à la différence de celle apportée pour sa circulation ou son séjour, de faire naître une situation illicite. Il est donc loisible au législateur de réprimer ce délit, dès lors que, en application de l'article 122-7 du code pénal, n'est pas pénalement responsable la personne qui, face à un danger actuel ou imminent qui menace autrui, accomplit un acte nécessaire à la sauvegarde de la personne, à moins d'une disproportion entre les moyens employés et la gravité de la menace. Par conséquent, en n'instituant pas d'exemption pénale en cas d'aide à l'entrée irrégulière en France d'un étranger, même si celle-ci est apportée dans un but humanitaire, le législateur n'a pas opéré une conciliation manifestement déséquilibrée entre le principe de fraternité et l'objectif de valeur constitutionnelle de sauvegarde de l'ordre public » (Cons. const. 6 sept. 2018, n° 2018-770 DC). ❑

1. La L. n° 96-647 du 22 juill. 1996 tendant à renforcer la répression du terrorisme avait prévu que l'aide à l'entrée, à la circulation ou au séjour irréguliers d'un étranger pouvait constituer un acte de terrorisme lorsqu'elle est intentionnellement en relation avec une entreprise individuelle ou collective ayant pour but de troubler gravement l'ordre public par l'intimidation ou la terreur. Cette disposition a été censurée par le Conseil constitutionnel au motif qu'elle réprime un simple comportement qui n'est pas en relation directe avec la commission de l'acte terroriste ; le Conseil ajoute que lorsque cette relation apparaît, ce comportement peut entrer dans le champ de la répression de la complicité des actes de terrorisme. Par suite, le législateur a entaché son appréciation d'une disproportion manifeste. • Cons. const. 16 juill. 1996, n° 96-377 DC : *JO 23 juill. ; JCP 1996. II. 22709, note Nguyen Van Tuong ; AJDA 1997. 86, note Teitgen-Colly et Julien-Laferrière.*

2. Jugé qu'il résulte de la liberté d'aider autrui dans un but humanitaire (Cons. const. 6 juill. 2018, n° 2018-717/718), l'obligation pour le préfet de permettre aux associations humanitaires d'accéder aux locaux aménagés par les services de la police aux frontières sur la frontière intérieure séparant l'Italie de la France destinée à accueillir les étrangers susceptibles de faire l'objet d'un refus d'entrée sur le territoire et d'une remise aux autorités italiennes pour le temps présenté comme nécessaire à l'examen de leur situation. • TA Nice, 4 mars 2021, n° 2101086 : *AJDA 2021. 535*.

3. Position de la CEDH. « En créant le délit d'aide à l'entrée, à la circulation et au séjour irréguliers d'un étranger en France, l'objectif du législateur était de lutter contre l'immigration clandestine et les réseaux organisés tels que les passeurs qui aident, en contrepartie de sommes importantes, les étrangers à entrer ou à se maintenir illégalement sur le territoire [...] un mécanisme d'impunité légale a été prévu pour les membres de la famille les plus proches de l'étranger en situation irrégulière, à savoir les ascendants de l'étranger, ses descendants, ses frères et sœurs, ainsi que son conjoint ou la personne qui vit notoirement en situation maritale avec lui [...]. Toutefois, en l'espèce, il faut constater qu'en dépit du lien familial qui l'unit à son gendre, le requérant n'entrait pas dans la catégorie des personnes fixée par la loi et ne pouvait donc bénéficier de l'immunité pénale. A l'instar du Gouvernement, la Cour relève que le délit étant constitué au regard de la loi, qui est au demeurant suffisamment claire et prévisible, les juridictions internes ne pouvaient que statuer dans le sens de la responsabilité pénale du requérant. Cependant, tenant compte des circonstances particulières de l'espèce et du comportement du requérant qui n'avait été dicté uniquement par la générosité, les juridictions ont assorti la déclaration de culpabilité d'une dispense de peine, par application de l'art. 132-59 C. pén. Le procureur de la République avait décidé le classement sans suite de l'affaire [...]. Dès lors, la Cour estime que les autorités ont ménagé un juste équilibre entre les divers intérêts en présence, à savoir la nécessité de préserver l'ordre public et de prévenir les infractions pénales d'une part, et de protéger le droit du requérant au respect de sa vie familiale, d'autre part. » • CEDH 10 nov. 2011, *M. Mallah c/ France*, n° 29681/08 : *D. 2011. 2872 ; Dr. fam. 2012. comm. Bruggeman.*

4. Champ d'application. Le délit d'aide à l'entrée et au séjour irrégulier est caractérisé par toute aide directe ou indirecte de nature à faciliter l'entrée ou le séjour irrégulier. • Crim. 4 nov. 1992, n° 92-82.650. ♦ La Cour de cassation a rejeté l'argument selon lequel l'anc. art. L. 622-1 [art. L. 823-1 et L. 823-2] est trop général pour incriminer un comportement délictueux en particulier. • Crim. 7 mars 2007, n° 06-83.435.

5. Les textes n'imposent pas la recherche du caractère délictueux du moyen utilisé pour apporter l'aide ; dès lors, l'existence de reconnaissances de paternités faites dans l'unique but de permettre à des mineurs d'entrer et de séjourner sur le territoire français, voire d'obtenir un titre de séjour ou de nationalité française, suffit à caractériser le délit d'aide à l'entrée et au séjour irrégulier. • Crim. 7 janv. 2009, n° 08-83.961.

6. Lorsque la procédure résulte d'une dénonciation officielle ou d'une attestation émanant d'un État Schengen, la Cour de cassation s'assure de l'existence de ladite dénonciation. • Crim. 11 déc. 1996, n° 96-81.726.

7. Les réfugiés politiques peuvent être poursuivis et condamnés au titre du présent art., les réfugiés pouvant être condamnés pour un crime ou un délit commis dans le pays qui assure leur protection. • Crim. 26 mars 1997, n° 95-84948 P : *Dr. pén. comm. n° 112.*

8. Pour que le délit soit constitué, il convient que la personne poursuivie ait eu connaissance de l'irrégularité de la situation de l'étranger. • Crim. 3 nov. 1993, n° 93-80.532.

9. L'application de ces dispositions est remise à la sagesse du juge pénal qui a été amené à critiquer la généralité des termes utilisés et le non-respect du principe de légalité des délits et des peines et a considéré que les comportements humanitaires et les attitudes inspirées uniquement par l'amour n'entraient pas dans la définition de l'infraction, s'agissant du cas de la concubine d'un Algérien en situation irrégulière qui l'avait hébergé et avait refusé de livrer son passeport. • TGI Toulouse, 30 oct. 1995 : *D. 1996. 101, note Mayer et Chassaing.*

10. Emploi d'étrangers en situation irrégulière. Condamnation de l'entrepreneur employant des ouvriers en situation irrégulière et qui les héberge dans des baraques de chantier louées par lui. • Crim. 20 mai 1992 *P.* ♦ Si le fait d'embaucher sur le territoire français un étranger en situation irrégulière peut constituer une aide au séjour irrégulier, c'est à la condition que l'employeur ait eu connaissance de l'irrégularité de la situation de son salarié ; l'employeur, trompé par la production de titres falsifiés ayant par ailleurs satisfait à l'ensemble de ses obligations déclaratives au moment du recrutement, ne peut être retenu dans les liens de la prévention du délit intentionnel d'aide au séjour irrégulier. • Crim. 16 sept. 2009, n° 09-80416. ♦ ... Employeur qui s'était personnellement déplacé et impliqué dans le recrutement de la main-d'œuvre qui ne saurait prétendre avoir ignoré l'irrégularité de la situation des employés au prétexte que ceux-ci lui avaient présenté des papiers falsifiés dès lors que les conditions de recrutement et d'emploi (absence de contrat, rémunération quotidienne en liquide) ne pouvaient être acceptées que par des étrangers en situation irrégulière. • Crim. 16 sept. 2009, n° 09-80416. ♦ ... Travail dissimulé. • Crim. 18 oct. 2016, n° 15-85.129.

11. Réseaux et filières. Condamnation pour aide au franchissement de la frontière. • Crim. 12 mai 1993, n° 92-82.779. • 10 févr. 1993, n° 92-82.588. ♦ Condamnation à 3 mois d'emprisonnement, 20 000 F d'amende et 5 ans d'interdiction d'exercice d'une activité commerciale dans la restauration pour avoir fourni travail et hébergement à des ressortissants étrangers en connaissance de l'irrégularité de leur situation. • Crim., 8 juin 1999, *Qu Ai Xing et Zhang Lianhua,* n° 98-84.472. ♦ V. aussi : • Crim., 20 oct. 1998, *Hu Yun Sheng et Chang Tech Chuan,* n° 97-85.762. • 22 sept. 1998, *Mansana,* n° 97-83.735. ♦ ... Filières de mariages blancs. • Crim. 25 mars 1980 : *Bull. crim. n° 102 ; D. 1981. IR 142, obs. Roujou de Boubée ; Rev. sc. crim. 1981. 81, obs. Vitu.* ♦ ... Organisation mise en place à partir de Shanghai afin de favoriser, avec l'aide de rabatteurs, l'émigration illégale de jeunes Chinois âgés de 8 à 17 ans originaires de la province de Shejiang, vers la France, étant observé qu'ils ne pouvaient du fait de leur niveau d'études, insuffisant, être pris en charge par l'association « Édufrance » contrôlée par le min. Affaires étrangères français ; l'intéressé, au motif de stages linguistiques ou sportifs, se chargeait de leur obtenir des visas afin de les faire venir en France, où il est constant que 73 d'entre eux ont été retrouvés placés dans des foyers par les autorités compétentes françaises, alors que les familles chinoises avaient payé la rémunération perçue notamment par le prévenu. • Crim. 7 mars 2007, n° 06-83435. ♦ ... Avocat intervenant dans le cadre d'un réseau d'immigration clandestine concernant des Chinois désireux de quitter leur pays qui « contractent » avec un réseau qui leur propose des modalités de transport, mais également l'intervention d'un avocat en cas de difficulté lors de leur arrivée, de leur transit ou de leur installation en France ; il est avéré que l'avocat a pris en charge, à l'issue de certaines procédures, le ou les clandestins, les accompagnant en métro ou en train, ce y compris pour des trajets parfois longs, jusqu'au lieu indiqué par les intermédiaires qui l'avaient saisi au nom desdites personnes et qu'il a été « rémunéré » non à l'acte, mais en fonction du résultat (800 € en cas de réussite contre 400 € en cas d'échec). • Crim. 9 avr. 2008, n° 07-88634. ♦ ... Avocat ayant falsifié volontairement des accusés de réception de demande de régularisation d'étrangers émanant de préfectures. • Amiens, 13 juin 2008, *Adnane H.,* n° 08-00.018 • Crim. 18 mars 2009, *Adnane H.,* n° 08-85.119. ♦ ... Fourniture d'une fausse carte de résident à des salariés étrangers. • Crim. 1er avr. 2009, n° 08-85.979. ♦ ... Condamnation à 7 ans d'emprisonnement et interdiction définitive du territoire pour avoir, à Londres, et de façon indivisible avec les faits commis en France courant 2004 et 2005 et depuis temps non prescrit, par aide directe ou indirecte, facilité ou tenté de faciliter l'entrée, la circulation ou le séjour irréguliers en France ou dans un État partie à la Conv. Schengen, de nombreux ressortissants étrangers avec cette circonstance que les faits ont été commis en bande organisée ; pour fonder la compétence des lois et juridictions françaises, l'arrêt énonce qu'aux termes de l'art. 113-2 C. pén., une infraction est réputée commise sur le territoire de la République, dès lors qu'un de ces faits constitutifs a eu lieu sur ce territoire ; le prévenu a reçu en Angleterre des paiements pour faciliter des passages de clandestins entre la France et ce pays ; les juges relèvent qu'il a été en contact permanent avec les principaux responsables de la filière en France et a donné son aval, en tant que banquier « garant », à l'arrivée en France de nombreuses personnes en situation irrégulière désireuses de s'installer, soit en France, soit dans d'autres pays de l'Europe du Nord en passant par la France ; les fonds qu'il a apportés ont dès lors permis non seulement la rémunération de passeurs agissant en France, mais aussi l'entretien de nombreux clandestins sur le territoire français. • Crim. 13 mai 2009, n° 08-84.074.

12. Membres de la famille. Une condamnation pénale a été prononcée dans les hypothèses suivantes : Algérien ayant favorisé l'entrée et le séjour irrégulier de son épouse, mère de 3 enfants dont 2 Français. • TGI Saint-Étienne, 8 janv. 1996 : *cité par Reydellet, D. 1998. Chron. 154.* ♦ ... Tunisiens qui avaient continué d'héberger leur jeune frère après l'expiration de son visa touristique. • Grenoble, 8 mars 1995 : *cité par Reydellet, D. 1998. Chron. 154* • Crim. 16 oct. 1996, *Inoubli : D. 1998. Somm. 24, obs. Julien-Laferrière.*

13. Institutions. La question a été posée de savoir si la combinaison de l'art. 186 CASF, qui prévoit que l'aide sociale, en cas d'admission dans un centre d'hébergement et de réadaptation sociale, n'est soumise à aucune condition de régularité de séjour pour le demandeur étranger et des présentes dispositions ne devait pas entraîner la mise en jeu de la responsabilité pénale de ces centres pour aide au séjour irrégulier d'un étranger. Cette conséquence ne peut intervenir que s'il est démontré chez l'agent une réelle intention de commettre le délit concerné ; par conséquent, il faut considérer que l'art. 186 déroge au code sur ce point (Lettre min. Justice, 21 déc. 1995). ♦ Les présentes dispositions ne sont pas davantage applicables à un officier d'état civil ayant célébré un mariage en l'absence du mari. • Agen, 11 sept. 1998 : *Dr. pénal août-sept. 1998, p. 14.*

14. Encourt en revanche une condamnation l'attaché de préfecture ayant assuré le paiement des loyers d'un appartement occupé par un étranger frappé d'une mesure d'interdiction du territoire national et d'un arrêté préfectoral de reconduite à la frontière ; il l'avait en outre accueilli régulièrement sur son lieu de travail, soutenu dans ses diverses démarches en allant jusqu'à se recommander du préfet. • Bordeaux, 31 oct. 2007, *Hassan Mohamad D.*, n° 07/00565.

15. Soutien aux étrangers. Une condamnation est intervenue dans les hypothèses suivantes : Personnes ayant procuré des logements à 2 ressortissants italiens munis de fausses pièces d'identité qu'ils savaient recherchés par la justice de leur pays, et ce, en leur servant de prête-noms pour prendre à bail des appartements, acquitter les premiers loyers, ainsi que les assurances et les fournitures de fluides ; de telles manœuvres établissent chez les prévenus une « intention de dissimulation » et la « volonté de préserver la clandestinité » des deux étrangers. • Crim. 4 mars 1991, n° 90-82.189 P : *JCP 1991. IV. 228.* ♦ ... Citoyens français ayant à plusieurs reprises hébergé à leur domicile des réfugiés dont ils n'ignoraient pas la situation irrégulière, le tribunal ayant toutefois prononcé une dispense de peine. • T. corr. Boulogne-sur-Mer, 19 août 2004, n° 1178/2004. ♦ ... Une abstention délibérée de la part d'un agent public ou d'une personne dépositaire de l'autorité publique qui a le devoir ou le pouvoir de faire cesser une infraction et qui volontairement s'en abstient pourrait être retenue en tant qu'aide au séjour irrégulier ; il en va ainsi d'actes dits de « parrainage républicain » émanant d'élus. * Rép. min. n° 05106 : *JO Sénat Q. 29 janv. 2009 p. 256* * Rép. min. n° 09140 : *JO Sénat Q. 1er avr. 2010, p. 830.* ♦ ... Condamnation pour aide au séjour irrégulier d'étranger en France d'une personne qui a souscrit des reconnaissances de paternité mensongères. • Crim. 7 janv. 2009, n° 08-83.961 : *Rev. crit. DIP 2010. 109, note Parrot.* ♦ ... Condamnation d'un avocat coupable du délit d'organisation d'un mariage aux seules fins de faire obtenir un titre de séjour ou d'acquérir la nationalité française. • Crim. 13 janv. 2016, n° 14-87.760. ♦ ... Fait d'héberger des personnes étrangères qui se massent dans des chambres suroccupées et abandonnent sur place leurs bagages une fois qu'elles ont pu traverser la Manche, ainsi que le fait de capter des clients en se mettant en relation avec des passeurs et en proposant des « tarifs préférentiels », les intéressés ayant connaissance de l'irrégularité de la situation administrative des étrangers concernés. • Crim. 18 mai 2022, n° 21-82.335.

16. Les présentes dispositions ne sont toutefois pas applicables aux signataires de pétitions ou aux manifestants soutenant les immigrés sollicitant leur régularisation. *Rép. min. n° 38181 : *JOAN Q 16 sept. 1996, p. 4946.*

17. Le délit d'aide à l'entrée ou au séjour d'un étranger en France ne suppose pas, pour être établi, qu'un étranger ait fait l'objet de poursuites pénales du chef d'entrée ou séjour irrégulier, l'incrimination visant l'action de faciliter ou tenter de faciliter l'entrée ou le séjour. • Crim 20 févr. 2019, n° 18-80.784 : *D. 2019.436.*

18. La CJUE a sanctionné la Hongrie qui avait prévu une incrimination pénale à l'encontre de personnes venant au soutien d'étrangers demandeurs d'asile pour leur permettre d'introduire leur demande auprès des autorités hongroises. • CJUE 16 nov. 2021, *Comm. c/ Hongrie*, n° C-821/19 : *AJDA 2022. 403, chron. Bonneville, Gänser et Iljic.*

19. Marchands de sommeil. Condamnation pour aide à l'entrée, à la circulation ou au séjour irréguliers d'un étranger en France ou dans l'espace Schengen ayant pour effet de le soumettre à des conditions incompatibles avec la dignité humaine, mise en danger d'autrui par violation manifestement délibérée d'une obligation réglementaire de sécurité ou de prudence, perception de somme ou loyer pour l'occupation d'un local ayant fait l'objet d'une mise en demeure ou d'une injonction pour insalubrité, dangerosité ou suroccupation, habitation ou utilisation de mauvaise foi d'un local dans un immeuble insalubre ou dangereux malgré interdiction administrative, soumission de plusieurs personnes vulnérables ou dépendantes à des conditions d'hébergement indignes. • Crim. 30 janv. 2018, n° 17-81.624.

20. Droit de l'UE. Les dispositions du code communautaire des visas relatives à la délivrance et à l'annulation des visas ne s'opposent pas à ce que des dispositions nationales qui rendent l'aide à l'immigration illégale passible de sanctions pénales dans les cas où des ressortissants de pays tiers infiltrés disposent d'un visa obtenu frauduleusement, en trompant les autorités compétentes de l'État membre de délivrance sur le véritable but de leur voyage, sans que ce visa ait été préalablement annulé. • CJUE 10 avr. 2012, *Vo,* n° C-83/12.

SECTION 1 Aide à l'entrée, à la circulation et au séjour irréguliers

SOUS-SECTION 1 Peines principales

COMMENTAIRE

Selon une circulaire du 5 février 2024 (V. ce texte ss. art. L. 631-2, *supra*), la loi n° 2024-46 du 26 janvier 2024 vise ici à aggraver les peines encourues par les passeurs et les têtes de réseau des groupes criminels d'aide directe ou indirecte à l'entrée, la circulation ou le séjour irréguliers d'un étranger en France. Cette même circulaire invite les autorités publiques à faire preuve d'une grande vigilance quant aux conséquences, notamment procédurales, résultant de la nature criminelle tant de l'infraction prévue à l'article L. 823-3-1 que de la criminalisation des faits d'aide au séjour irrégulier en bande organisée aggravée par une autre circonstance résultant de la loi précitée. Cette criminalisation répond au double objectif d'apporter une réponse ferme et dissuasive, adaptée à la gravité des agissements des groupes criminels qui profitent de la vulnérabilité économique, sociale et physique des étrangers, au détriment de toute considération pour leur dignité ou leur sécurité. ❑

Art. L. 823-1 **Sous réserve des exemptions prévues à l'article L. 823-9, est puni de cinq ans d'emprisonnement et de 30 000 euros d'amende le fait, pour toute personne, de faciliter ou de tenter de faciliter, par aide directe ou indirecte, l'entrée, la circulation ou le séjour irréguliers d'un étranger en France.**

Les dispositions du présent article sont applicables y compris lorsque les faits sont commis par une personne se trouvant sur le territoire d'un autre État partie à la convention signée à Schengen le 19 juin 1990. – *[Anc. art. L. 622-1, al. 1er et 2.]*

Art. L. 823-2 **Sous réserve des exemptions prévues à l'article L. 823-9, est puni de cinq ans d'emprisonnement et de 30 000 euros d'amende le fait, pour toute personne, de faciliter ou de tenter de faciliter l'entrée, la circulation ou le séjour irréguliers d'un étranger :**

1° Sur le territoire d'un autre État partie à la convention signée à Schengen le 19 juin 1990 ;

2° Sur le territoire d'un autre État partie au protocole contre le trafic illicite de migrants par terre, air et mer, additionnel à la convention des Nations unies contre la criminalité transnationale organisée, signée à Palerme le 12 décembre 2000.

Les dispositions du 2° sont applicables à compter de la date de publication de ce protocole au *Journal officiel* de la République française. – *[Anc. art. L. 622-1, al. 3 à 5.]*

Art. L. 823-3 **Sont punies de dix ans d'emprisonnement et de 750 000 euros d'amende les infractions définies aux articles L. 823-1 et L. 823-2 lorsque les faits :**

1° Sont commis en bande organisée ;

2° Sont commis dans des circonstances qui exposent directement les étrangers à un risque immédiat de mort ou de blessures de nature à entraîner une mutilation ou une infirmité permanente ;

3° Ont pour effet de soumettre les étrangers à des conditions de vie, de transport, de travail ou d'hébergement incompatibles avec la dignité de la personne humaine ;

4° Sont commis au moyen d'une habilitation ou d'un titre de circulation en zone réservée d'un aérodrome ou d'un port ;

5° Ont pour effet d'éloigner des mineurs étrangers de leur milieu familial ou de leur environnement traditionnel.

(L. n° 2024-42 du 26 janv. 2024, art. 53) **« Les peines sont portées à quinze ans de réclusion criminelle et un million d'euros d'amende lorsque les infractions prévues aux mêmes articles L. 823-1 et L. 823-2 sont commises dans deux circonstances mentionnées au présent article, dont celle mentionnée au 1°. »** – *[Anc. art. L. 622-5.]*

COMMENTAIRE

Selon la circulaire du 5 février 2024 (V. ce texte ss. art. L. 631-2, *supra*), la circonstance aggravante consistant en l'exposition des étrangers à un risque immédiat de mort ou de blessures de nature à entraîner une mutilation ou une infirmité permanente peut être envisagée, selon les circonstances, chaque fois que les faits mettent en exergue un transport de personnes par la voie maritime à bord d'une embarcation présentant des conditions de sécurité médiocres. ❑

1. Il ressort des termes mêmes de l'art. 706-73 C. pr. pén. que le délit d'aide au séjour irrégulier d'un étranger en France commis en bande organisée ne saurait concerner les organismes humanitaires d'aide aux étrangers ; de plus, s'applique à la qualification d'une telle infraction le principe énoncé à l'art. 121-3 du même code, selon lequel il n'y a point de délit sans intention de le commettre. • Cons. const. 2 mars 2004, n° 2004-492 DC : *JO 10 mars 2004, p. 4637 ; JCP 2004. 619, note Zarka ; D. 2004. 956, note Dobkine ; ibid. 1387, note Schoettl ; LPA 26 juill. 2004, note Schoettl ; RFDC 2004. 347, note Nicot ; Gaz. Pal. 11 au 15 avr. 2004 (102-106), pp. 3-26, note Schoettl.*

2. L'infraction est caractérisée s'agissant d'une personne qui a fourni sciemment à des étudiants étrangers de faux documents que ceux-ci ont remis à l'appui d'un dossier de demande de renouvellement de titre de séjour aux fins d'obtenir indûment un nouveau titre leur permettant de séjourner irrégulièrement sur le territoire français, alors même que ces étudiants étaient en réalité en situation régulière au moment où l'aide a été fournie. La Cour considère donc que la régularité de la situation des étrangers en cause n'est pas une cause exonératoire. • Crim. 7 sept. 2022, n° 21-84.322.

Art. L. 823-3-1 *(L. n° 2024-42 du 26 janv. 2024, art. 53)* **Le fait de diriger ou d'organiser un groupement ayant pour objet la commission des infractions définies aux articles L. 823-1 et L. 823-2 est puni de vingt ans de réclusion criminelle et de 1 500 000 euros d'amende.**

SOUS-SECTION 2 Peines complémentaires

§ 1 Peines complémentaires applicables aux personnes physiques

Art. L. 823-4 **Les personnes physiques condamnées en application des articles L. 823-1, L. 823-2 ou L. 823-3 encourent les peines complémentaires suivantes :**

1° L'interdiction de séjour pour une durée de cinq ans au plus ;

2° La suspension, pour une durée de cinq ans au plus, du permis de conduire ; cette durée peut être doublée en cas de récidive ;

3° Le retrait temporaire ou définitif de l'autorisation administrative d'exploiter soit des services occasionnels à la place ou collectifs, soit un service régulier, ou un service de navettes de transports internationaux ;

4° La confiscation de la chose qui a servi ou était destinée à commettre l'infraction, notamment tout moyen de transport ou équipement terrestre, fluvial, maritime ou aérien, ou de la chose qui est le produit de cette infraction ; les frais résultant des mesures nécessaires à l'exécution de la confiscation sont à la charge du condamné et sont recouvrés comme frais de justice ;

5° L'interdiction, pour une durée de cinq ans au plus, d'exercer l'activité professionnelle ou sociale à l'occasion de laquelle l'infraction a été commise, sous les réserves mentionnées à l'article 131-27 du code pénal ; toute violation de cette interdiction est punie de deux ans d'emprisonnement et de 30 000 euros d'amende. – *[Anc. art. L. 622-3, al. 1er à 6.]*

1. Une condamnation au titre de la présente section peut être assortie d'une peine d'interdiction du territoire, s'agissant par exemple d'un étranger ayant été condamné à 18 mois d'emprisonnement et 300 000 F d'amende à la suite de la découverte dans son atelier de production de 12 salariés clandestins, employés de 8 h à 22 h, 6 jours par semaine, moyennant une rémunération de 4 000 F par mois envoyés directement en Chine. • Crim. 6 mai 1997, *Touang*, n° 95-82.746. ♦ Cette peine accessoire peut encore s'appliquer à un réfugié, aucune disposition de la Conv. de Genève ne faisant obstacle au prononcé d'une interdiction du territoire par le juge pénal dans ce cas. • Crim. 26 mars 1997, *Soulenez*, n° 95-84.948. ♦ Encourt en revanche la cassation l'arrêt de cour d'appel prévoyant une peine complémentaire de 3 ans d'interdiction d'exercice des droits civiques, civils et de famille. • Crim. 16 juin 1998, n° 3740.

2. Il appartient au juge de relever que les prévenus se trouvent dans l'une des catégories visées aux art. 131-30-1 et 131-30-2 C. pén. • Crim. 17 mars 2009, n° 08-84226.

3. Illustrations. Condamnation à une interdiction d'exercer sa profession de secrétaire administratif pendant 5 ans pour un secrétaire de préfecture qui, après s'être fait passer pour un policier et avoir fait miroiter à un étranger l'obtention d'un titre de séjour, puis en délivrant à la victime un faux titre de séjour contre une somme d'argent. • Crim. 26 sept. 2012, n° 11-87379. ♦ Condamnation d'un responsable de société à une peine complémentaire d'interdiction de gérer pendant 5 ans pour travail dissimulé. • Crim. 13 mai 2015, n° 14-83170. ♦ Condamnation d'un avocat à 3 ans d'interdiction pour avoir délibérément falsifié des documents administratifs dans le but d'obtenir un titre de séjour pour son client. • Amiens, 13 juin 2008, n° 08/00018.

Art. L. 823-5 **Outre les peines complémentaires prévues à l'article L. 823-4, les personnes physiques condamnées en application de l'article L. 823-3 encourent la peine complémentaire de confiscation de tout ou partie de leurs biens, quelle qu'en soit la nature, meubles ou immeubles, divis ou indivis.** – *[Anc. art. L. 622-6.]*

Art. L. 823-6 **Les étrangers condamnés en application des articles L. 823-1, L. 823-2 ou L. 823-3 encourent l'interdiction du territoire français :**

1° Pour une durée de dix ans au plus, en cas de condamnation en application des articles L. 823-1 ou L. 823-2 ;

2° A titre définitif, en cas de condamnation en application de l'article L. 823-3. – *[Anc. art. L. 622-3, al. 7, 1re phr. ; anc. art. L. 622-7.]*

§ 2 Peines complémentaires applicables aux personnes morales

Art. L. 823-7 **Les personnes morales déclarées responsables pénalement, dans les conditions prévues à l'article 121-2 du code pénal, des infractions définies aux articles L. 823-1, L. 823-2 et L. 823-3 du présent code encourent, outre l'amende suivant les modalités prévues à l'article 131-38 du code pénal, les peines prévues aux 1° à 5°, 8° et 9° de l'article 131-39 du même code.**

L'interdiction visée au 2° de l'article 131-39 du code pénal porte sur l'activité dans l'exercice ou à l'occasion de l'exercice de laquelle l'infraction a été commise. – *[Anc. art. L. 622-8.]*

Le Conseil constitutionnel a censuré la disposition qui permettait au min Intérieur de fixer la liste des associations à but non lucratif à vocation humanitaire lorsqu'elles apportent conformément à leur objet aide et assistance à un étranger séjournant irrégulièrement sur le territoire français, au motif que c'est au législateur, en vertu du principe de légalité des délits et des peines, de définir les crimes et délits en termes suffisamment clairs ; il n'était donc pas possible de s'en remettre au min. Int. pour apprécier la vocation humanitaire des associations, notion qui n'est précisée par aucun texte législatif. • Cons. const. 5 mai 1998, n° 98-399 DC : *Rec. Cons. const. 245 ; JO 12 mai ; AJDA 1998. 489, note Schoettl ; RFDA 1998. 620, note Picard ; LPA 11 mai 1998 ; JCP 1998. 1025, note Guimezanes.*

Art. L. 823-8 **Les personnes morales condamnées en application de l'article L. 823-3 encourent la peine complémentaire de confiscation de tout ou partie de leurs biens, quelle qu'en soit la nature, meubles ou immeubles, divis ou indivis.** – *[Anc. art. L. 622-9.]*

SOUS-SECTION 3 Conditions d'exercice des poursuites pénales

Art. L. 823-9 **L'aide à la circulation ou au séjour irréguliers d'un étranger ne peut donner lieu à des poursuites pénales sur le fondement des articles L. 823-1 ou L. 823-2 lorsqu'elle est le fait :**

1° Des ascendants ou descendants de l'étranger, de leur conjoint, des frères et sœurs de l'étranger ou de leur conjoint ;

2° Du conjoint de l'étranger, de la personne qui vit notoirement en situation maritale avec lui, ou des ascendants, descendants, frères et sœurs du conjoint de l'étranger ou de la personne qui vit notoirement en situation maritale avec lui ;

3° De toute personne physique ou morale lorsque l'acte reproché n'a donné lieu à aucune contrepartie directe ou indirecte et a consisté à fournir des conseils ou accom-

pagnements juridiques, linguistiques ou sociaux, ou toute autre aide apportée dans un but exclusivement humanitaire. *(L. nº 2024-42 du 26 janv. 2024, art. 53)* **« Dans ce cas, des poursuites pénales sur le fondement de l'article L. 823-3-1 ne peuvent pas non plus être engagées. »**

Les exemptions prévues aux 1° et 2° ne s'appliquent pas lorsque l'étranger bénéficiaire de l'aide à la circulation ou au séjour irréguliers vit en état de polygamie ou lorsque cet étranger est le conjoint d'une personne polygame résidant en France avec le premier conjoint.

Les dispositions du présent article s'appliquent sans préjudice des articles L. 821-1 et L. 823-11 à L. 823-17. – *[Anc. art. L. 622-4.]*

BIBL. ▶ LASSALLE, Le but exclusivement humanitaire dans l'aide aux étrangers en situation irrégulière, *D. 2020. 1284*.

COMMENTAIRE

Les travaux préparatoires de la loi nº 2011-672 du 16 juin 2011 relative à l'immigration, à l'intégration et à la nationalité (*JO 17 juin*) précisent que l'immunité humanitaire contre la sanction d'aide à l'entrée et au séjour irréguliers prévue au bénéfice, notamment, des actes nécessaires à la sauvegarde d'un étranger en situation irrégulière, ne se limite pas à une intervention médicale, ce que le texte antérieur, qui évoquait la sauvegarde de la vie ou de l'intégrité physique de l'étranger, pouvait laisser penser.

La constitutionnalisation, par le Conseil constitutionnel, du principe de fraternité (Cons. const. 6 juill. 2018, nº 2018-717/718 QPC), au visa des articles 2 et 72-3 de la Constitution, entraîne « la liberté d'aider autrui, dans un but humanitaire, sans considération de la régularité de son séjour sur le territoire national ». Mais « l'objectif de lutte contre l'immigration irrégulière participe de la sauvegarde de l'ordre public ». Il appartient donc au législateur d'assurer la conciliation entre le principe de fraternité et la sauvegarde de l'ordre public. En réprimant toute aide apportée à la circulation de l'étranger en situation irrégulière, y compris si elle constitue l'accessoire de l'aide au séjour de l'étranger et si elle est motivée par un but humanitaire, le législateur n'a pas assuré une conciliation équilibrée entre le principe de fraternité et l'objectif de valeur constitutionnelle de sauvegarde de l'ordre public. Par conséquent, la limitation des exemptions prévues à l'ancien article L. 622-4 aux seules aides au « séjour irrégulier » des étrangers est contraire à la Constitution.

Pour tenir compte de cette décision du Conseil constitutionnel, la loi nº 2018-778 du 10 septembre 2018 pour une immigration maîtrisée, un droit d'asile effectif et une intégration réussie reformule le contenu des actes d'assistance aux étrangers couverts par l'immunité humanitaire, soit la fourniture de conseils et d'accompagnement, notamment juridiques, linguistiques ou sociaux, ainsi que les aides au transport. Elle inclut également l'aide à la circulation dans le champ des immunités familiales et humanitaires.

L'immunité pénale ne concerne pas « l'aide apportée à l'étranger pour son entrée irrégulière en France dès lors qu'elle a nécessairement pour conséquence, à la différence de celle apportée pour sa circulation ou son séjour, de faire naître une situation illicite. Il est donc loisible au législateur de réprimer ce délit, dès lors que, en application de l'article 122-7 du code pénal, n'est pas pénalement responsable la personne qui, face à un danger actuel ou imminent qui menace autrui, accomplit un acte nécessaire à la sauvegarde de la personne, à moins d'une disproportion entre les moyens employés et la gravité de la menace. Par conséquent, en n'instituant pas d'exemption pénale en cas d'aide à l'entrée irrégulière en France d'un étranger, même si celle-ci est apportée dans un but humanitaire, le législateur n'a pas opéré une conciliation manifestement déséquilibrée entre le principe de fraternité et l'objectif de valeur constitutionnelle de sauvegarde de l'ordre public » (Cons. const. 6 sept. 2018, nº 2018-770 DC). ❑

1. ***Immunité pénale.*** Le Conseil constitutionnel avait considéré que le fait pour le législateur de réserver l'immunité pénale aux ascendants, descendants et conjoint de l'étranger ne violait pas le principe d'égalité en écartant ainsi les frères et sœurs et les concubins. En effet, le législateur avait voulu concilier la prise en compte à titre humanitaire de situations juridiquement protégées et sa volonté de ne pas favoriser l'immigration clandestine. • Cons. const. 16 juill. 1996, nº 96-377 DC : *JCP 1996. II. 22709, note Nguyen Van Tuong ; AJDA 1997. 86, note Teitgen-Colly et Julien-Laferrière*.

2. Toutefois, avant même la L. nº 98-349 du 11 mai 1998, la cour d'appel de Versailles avait considéré qu'il convenait d'appliquer l'immunité pénale également à la situation de concubinage lorsque celle-ci présente toutes les caractéristiques de l'engagement matrimonial et lorsque les circonstances établissent qu'elle s'inscrit véritablement dans un projet familial. La cour considère en effet qu'en cas contraire, il y aurait atteinte à la liberté de fonder une famille. • Versailles, 7 nov. 1996, *M. Mispiratcegu : Gaz. Pal. 1997. 1. Somm. 241.*

3. Avant la L. du 11 mai 1998 (art. 12-II), l'immunité pénale ne pouvait être étendue aux collatéraux. • Crim. 16 oct. 1996, n° 95-81.875.

4. Le juge s'assure que la personne vit bien notoirement en situation maritale avec l'étranger ; à défaut, il déclare l'intéressé coupable et n'applique pas l'immunité pénale. • Douai, 14 nov. 2006, n° 06/01132.

5. L'immunité « humanitaire » prévue au présent art. ne s'applique pas lorsque les actions menées s'inscrivent dans une démarche d'action militante ayant pour objectif de soustraire des étrangers aux contrôles prévus par la loi. • Aix-en-Provence, 8 août 2017, n° 17/568 • 11 sept. 2017, n° 17/628.

6. Le 3° du présent art. ne saurait, sans méconnaître le principe de fraternité, être interprété autrement que comme s'appliquant également à tout autre acte d'aide apportée dans un but humanitaire que ceux déjà énumérés par ces dispositions (conseils juridiques, restauration, hébergement ou soins médicaux destinés à assurer des conditions de vie dignes et décentes à l'étranger ou toute autre aide visant à préserver la dignité ou l'intégrité physique de celui-ci. • Cons. const. 6 juill. 2018, n° 2018-717/718 QPC : *AJDA 2018. 1421 ; ibid. 2018. 1781, note Roux ; ibid. 1786, note Tchen ; D. 2018. 1442 ; ibid. 1856, note Roux ; ibid. 1894, note Saas ; Constitutions 2018. 389, note Mathieu ; ibid. 399, note Ponselle ; Rev. crit. DIP 2019. 35, obs. Tusseau ; RFDA 2018. 959, note Schoettl ; ibid. 966, note Verpeaux.*

7. L'art. 38 de la L. n° 2018-718 du 10 sept. 2018 a élargi le champ d'application du présent art. en faisant obstacle aux poursuites pénales dans le cas où l'aide à la circulation et au séjour irréguliers d'un étranger n'a donné lieu, de la part d'une personne physique ou morale, à aucune contrepartie directe ou indirecte et a consisté à fournir une aide quelconque dans un but exclusivement humanitaire ; cette disposition, d'application immédiate en vertu de l'art. 71 de ladite loi, entre dans le champ d'application de l'art. 112-1 C. pén. ; par suite, ces dispositions s'appliquent aux infractions commises avant leur entrée en vigueur dès lors qu'elles n'ont pas donné lieu à une condamnation passée en force de chose jugée, lorsqu'elles sont moins sévères que les dispositions anciennes. • Crim. 12 déc. 2018, n° 17-85.736 : *D. 2019. 49, note Dejean de la Bâtie.*

8. Il ne résulte nullement du présent art. que la protection dont bénéficient les auteurs d'actes accomplis dans un but exclusivement humanitaire est limitée aux actions purement individuelles et personnelles et qu'en soit exclue une action non spontanée et militante exercée au sein d'une association. L'aide apportée aux fins de soustraire sciemment des personnes étrangères aux contrôles mis en œuvre par les autorités pour appliquer les dispositions légales relatives à l'immigration peut constituer un but excluant son auteur du bénéfice de l'exemption prévue par le présent art. • Crim. 26 févr. 2020, n° 19-81.561 : *D. 2020. 439.*

9. Il ne résulte nullement du 3° du présent art. que la protection dont bénéficient les auteurs d'actes accomplis dans un but exclusivement humanitaire soit limitée aux actions purement individuelles et personnelles et qu'en soit exclue une action non spontanée et militante exercée au sein d'une association ; il convient toutefois que l'aide ait été apportée dans un but exclusivement humanitaire. Ainsi, l'aide apportée aux fins de soustraire sciemment les personnes étrangères aux contrôles mis en œuvre par les autorités pour appliquer les dispositions légales relatives à l'immigration peut constituer un but excluant son auteur du bénéfice de l'exemption prévue par le présent art. • Crim., 26 févr. 2020, n° 19-81.561 : *D. 2020. 1284.*

10. L'interdiction de poursuivre pénalement un étranger qui fait l'objet d'une procédure d'éloignement en raison de son entrée irrégulière n'interdit pas de poursuivre pénalement une personne qui a aidé cet étranger à franchir une frontière d'un État de l'UE ; la personne qui, dans un but humanitaire, apporte une aide à l'entrée sur le territoire français favorise la commission d'une infraction, ce qui explique qu'elle ne puisse bénéficier de l'immunité prévue en cas d'aide, poursuivant le même but, apportée au séjour et à la circulation. • Crim. 25 janv. 2023, n° 21-86.839.

11. État de nécessité. L'infraction prévue aux art. L. 823-1 et L. 823-2 doit se combiner avec la prise en considération de l'état de nécessité (C. pén., art. 122-7) ; en l'espèce, la prévenue a recueilli à son domicile un mineur afghan tout en sachant qu'il était en situation irrégulière. Le tribunal relève que le jeune mineur, dépourvu de toute attache familiale, sans domicile fixe, contraint de vivre au jour le jour, sans hygiène, sans soins, sans protection, sans ressources et alors qu'il était affaibli par un voyage particulièrement éprouvant, se trouvait dans une situation où sa santé, sa sécurité ou sa moralité étaient en danger et les conditions de son éducation et de son développement physique, affectif, intellectuel et social gravement compromises ; le tribunal conclut ainsi à la relaxe dès lors que la prévenue a accompli un acte nécessaire à la sauvegarde du jeune mineur. • TGI Foix, 8 sept. 2009, *Min. publ. c/ Louis,* n° 713/2009.

12. Dans l'exercice de son contrôle, la Cour de cassation s'assure que la juridiction d'appel a spécifiquement analysé l'existence ou non d'une contrepartie directe ou indirecte au sens du 3° du présent art. • Crim. 4 mars 2015, n° 13-87.185.

Art. L. 823-10 **Pour l'application du second alinéa de l'article L. 823-1 et de l'article L. 823-2, la situation irrégulière de l'étranger est appréciée au regard de la législation de l'État partie intéressé. En outre, les poursuites ne peuvent être exercées à l'encontre de l'auteur de l'infraction que sur une dénonciation officielle ou sur une attestation des autorités compétentes de l'État partie intéressé.**

Aucune poursuite ne peut être exercée contre une personne justifiant qu'elle a été jugée définitivement à l'étranger pour les mêmes faits et, en cas de condamnation, que la peine a été subie ou prescrite. – *[Anc. art. L. 622-2.]*

La disposition selon laquelle la situation irrégulière de l'étranger est appréciée au regard de la législation de l'État membre ou de l'État partie intéressé se borne à définir un élément constitutif inhérent à toute infraction transnationale d'aide au séjour irrégulier d'un étranger ; de telles incriminations, établies par la loi pénale française en application des conventions internationales à laquelle la France est partie, ne se heurtent à aucun principe ou règle de valeur constitutionnelle. Leur est de plein droit applicable le principe énoncé à l'art. 121-3 C. pén. selon lequel il n'y a point de délit sans intention de le commettre. • Cons. const. 20 nov. 2003, n° 2003-484 DC : *préc. note 4 ss. art. L. 313-1.*

SECTION 2 Mariage contracté ou enfant reconnu à seule fin d'obtenir ou de faire obtenir à un étranger un titre de séjour ou la nationalité française

BIBL. ▶ RALSER, La maladie du mariage blanc, Droit de la famille, *éd. J.-Cl. 2004. 6.*

COMMENTAIRE

Il existe des liens étroits entre le droit des étrangers et le mariage, malgré les restrictions successivement apportées par les textes. Le présent chapitre prévoit désormais un délit passible de cinq ans d'emprisonnement et de 15 000 euros d'amende en cas de mariage de complaisance (art. L. 823-11). La confrontation de ces règles a posé et pose encore de nombreux problèmes tant au législateur qu'aux autorités locales chargées de célébrer les mariages.

L'actualité de ces dernières années s'est fait l'écho de véritables filières de « mariages blancs » contre lesquelles les officiers d'état civil ont tenté de réagir, notamment en refusant de célébrer les unions « douteuses » ou en différant la célébration jusqu'à la décision du procureur de la République. Dans tous les cas, c'est sur le fondement de l'article 146 du code civil que ces procédures intervenaient. Cette disposition prévoit en effet qu'il n'y a pas de mariage lorsqu'il n'y a point de consentement ; dès lors que le mariage a lieu dans un but autre que l'union matrimoniale, il y a mariage de complaisance et donc défaut de consentement véritable.

Ceci explique la volonté du législateur de se prémunir contre toute utilisation frauduleuse du mariage et de lutter contre les mariages dits « de complaisance ». Les techniques utilisées à cette fin sont multiples : contrôle de l'union avant la célébration, contrôle des mariages célébrés à l'étranger, contrôle de la pérennité du mariage dans le temps (maintien de l'existence de l'union et de la communauté de vie). Certes, le Conseil constitutionnel a bien considéré que le droit au mariage constituait l'une des libertés fondamentales de l'homme. Il n'en reste pas moins que le dispositif actuel laisse à l'administration une marge de manœuvre non négligeable, non pas tant au regard des règles relatives à la célébration du mariage que du point de vue des effets de celui-ci. A cela s'ajoute une réelle pénalisation des mariages de complaisance qui concerne tout à la fois les mariages dits « blancs » (volonté commune des époux de fraude) que, depuis la loi n° 2011-672 du 16 juin 2011 relative à l'immigration, à l'intégration et à la nationalité (*JO 17 juin*), ceux qualifiés de mariages « gris », l'étranger ayant dissimulé ses intentions réelles à son conjoint (art. L. 623-1).

Une circulaire n° CIV/09/10 du 22 juin 2010 (non publiée) considère que le mariage est simulé dès l'instant où il ne repose pas sur une volonté libre et éclairée de vouloir se prendre pour mari et femme, et notamment qu'il ait été conclu exclusivement à des fins migratoires. A noter que cette même circulaire considère que la situation irrégulière d'un candidat au mariage constitue un indice « faisant suspecter un défaut de sincérité de l'intention matrimoniale ». ❑

La CEDH estime que l'existence d'un contrôle sur les unions de nationaux avec des ressortissants étrangers afin de s'assurer de l'authenticité de l'intention matrimoniale et de prévenir les mariages de complaisance ne porte pas atteinte « dans sa substance même » à l'exercice du droit au mariage dès lors que le droit national prévoit des conditions raisonnables. • CEDH 14 déc. 2010, *O'Donoghue et a. c/ Royaume-Uni : JCP 2010. Actu. 1321, obs. Picheral*

SOUS-SECTION 1 **Peines principales**

Art. L. 823-11 **Est puni de cinq ans d'emprisonnement et de 15 000 euros d'amende le fait, pour toute personne, de contracter un mariage ou de reconnaître un enfant aux seules fins d'obtenir, ou de faire obtenir, un titre de séjour ou le bénéfice d'une protection contre l'éloignement, ou aux seules fins d'acquérir, ou de faire acquérir, la nationalité française. Ces peines sont également encourues lorsque l'étranger qui a contracté mariage a dissimulé ses intentions à son conjoint.**

Ces mêmes peines sont applicables en cas d'organisation ou de tentative d'organisation d'un mariage ou d'une reconnaissance d'enfant aux mêmes fins. – *[Anc. art. L. 623-1, al. 1er et 2.]*

COMMENTAIRE

La pénalisation des mariages de complaisance constitue, aux yeux du législateur, un moyen de lutte contre cette catégorie particulière de fraude ayant pour objet de contourner les règles du droit des étrangers ou les modes d'acquisition de la nationalité française. La loi n° 2011-672 du 16 juin 2011 relative à l'immigration, à l'intégration et à la nationalité a complété le dispositif antérieur, qui ne concernait que les mariages dits « blancs » par la prise en compte des mariages « gris », c'est-à-dire lorsque l'étranger qui a contracté mariage a dissimulé ses intentions à son conjoint.

Malgré les arguments développés par les parlementaires l'ayant saisi, le Conseil constitutionnel n'a pas vu dans cette extension une violation du principe d'égalité devant la loi, alors même que la sanction de frappe que la personne de nationalité étrangère. Or, pour un mariage entre nationaux, le vice du consentement n'entraîne que la nullité du mariage (C. civ., art. 180), et pas une sanction pénale.

Le Conseil n'y a pas vu d'atteinte au droit à la vie familiale normale et à la liberté du mariage.

On peut enfin s'interroger sur les modalités de contrôle de la sincérité des sentiments d'une personne afin de déterminer l'intention frauduleuse. ❑

1. Les dispositions du 1er al. du présent art. définissent les faits incriminés de manière suffisamment claire et précise, sans porter atteinte au principe de la légalité des délits et des peines ; les sanctions qu'elles édictent ne présentent pas de caractère manifestement disproportionné. • Cons. const. 20 nov. 2003, n° 2003-484 DC : *préc. note 4 ss. art. L. 313-1.* ♦ Le Conseil constitutionnel a écarté le grief tiré d'une violation du principe d'égalité entre citoyens français et personnes de nationalité étrangère dès lors qu'il estime que le législateur n'a institué aucune différence de traitement. • Cons. Const. 9 juin 2011, n° 2011-631 DC.

2. Condamnation pour tentative de mariage de complaisance et tentative d'organisation de mariage de complaisance d'une ressortissante ivoirienne à 5 ans d'interdiction du territoire et d'une ressortissante française à 4 mois d'emprisonnement avec sursis et à 500 € d'amende. • Angers, 31 oct. 2006, *Min. publ. c/ Die*, n° 06/00121. ♦ Condamnation d'un avocat à 2 ans d'emprisonnement avec sursis, 12 000 € d'amende et 3 ans d'interdiction d'exercer la profession pour avoir organisé un mariage aux seules fins de faire obtenir un titre de séjour ou de faire acquérir la nationalité française. • Crim. 13 janv. 2016, n° 14-87.760.

Art. L. 823-12 **Est punie de dix ans d'emprisonnement et de 750 000 euros d'amende toute personne qui commet le délit défini à l'article L. 823-11 lorsque les faits sont commis en bande organisée.** – *[Anc. art. L. 623-1, al. 3.]*

SOUS-SECTION 2 **Peines complémentaires**

§ 1 Peines complémentaires applicables aux personnes physiques

Art. L. 823-13 **Les personnes physiques condamnées en application des articles L. 823-11 ou L. 823-12 encourent les peines complémentaires suivantes :**

1° L'interdiction de séjour pour une durée de cinq ans au plus ;

2° L'interdiction, pour une durée de cinq ans au plus, d'exercer l'activité professionnelle ou sociale à l'occasion de laquelle l'infraction a été commise, sous les réserves mentionnées à l'article 131-27 du code pénal. – *[Anc. art. L. 623-2, al. 1er, 2 et 4.]*

Art. L. 823-14 Outre les peines complémentaires prévues à l'article L. 823-13, les personnes physiques condamnées en application des articles L. 823-11 ou L. 823-12 encourent la peine complémentaire de confiscation de tout ou partie de leurs biens, quelle qu'en soit la nature, meubles ou immeubles, divis ou indivis. – *[Anc. art. L. 623-2, al. 5.]*

Art. L. 823-15 Les étrangers condamnés en application des articles L. 823-11 ou L. 823-12 encourent l'interdiction du territoire français :

1° Pour une durée de dix ans au plus, en cas de condamnation en application de l'article L. 823-11 ;

2° A titre définitif, en cas de condamnation en application de l'article L. 823-12. – *[Anc. art. L. 623-2, al. 3.]*

§ 2 Peines complémentaires et responsabilité des personnes morales

Art. L. 823-16 Les personnes morales déclarées responsables pénalement, dans les conditions prévues à l'article 121-2 du code pénal, des infractions définies au second alinéa de l'article L. 823-11 ou à l'article L. 823-12 du présent code encourent, outre l'amende suivant les modalités prévues à l'article 131-38 du code pénal, les peines prévues aux 1° à 5° et 9° de l'article 131-39 du même code.

L'interdiction visée au 2° de l'article 131-39 du code pénal porte sur l'activité dans l'exercice ou à l'occasion de l'exercice de laquelle l'infraction a été commise. – *[Anc. art. L. 623-3, al. 1er et 2.]*

Art. L. 823-17 Les personnes morales condamnées en application de l'article L. 823-12 encourent la peine de confiscation de tout ou partie de leurs biens, quelle qu'en soit la nature, meubles ou immeubles, divis ou indivis. – *[Anc. art. L. 623-3, al. 3.]*

CHAPITRE IV MANQUEMENT À L'EXÉCUTION D'UNE DÉCISION D'ÉLOIGNEMENT

COMMENTAIRE

Selon l'exposé des motifs de la loi n° 2012-1560 du 31 décembre 2012, « la directive retour entend dissuader et réprimer la récidive et la soustraction à l'exécution d'une mesure d'éloignement. La Cour de justice de l'Union européenne en a déduit que l'étranger qui se maintient sur le territoire français sans y être autorisé, alors qu'il aurait été soumis aux diligences nécessaires qui incombent à l'autorité administrative pour permettre l'effectivité de l'éloignement, peut faire l'objet d'une sanction pénale, y compris d'emprisonnement ». L'article L. 824-1 prévoit également le délit de soustraction à une mesure d'éloignement.

L'étude d'impact du projet de loi a précisé les conditions de l'articulation entre les deux délits :

– le délit de maintien sur le territoire vise l'étranger obligé de quitter le territoire français qui se maintient en France après que l'administration a mis en œuvre toutes les voies d'exécution dont elle dispose sur une décision d'éloignement (c'est-à-dire en dernier recours, a ordonné le placement en rétention et, le cas échéant, sollicité sa prolongation) ;

– le délit de soustraction à une mesure d'éloignement vise les situations dans lesquelles l'administration ayant mis effectivement en œuvre les voies d'exécution dont elle dispose sur une décision d'éloignement, l'étranger s'oppose activement à l'exécution de cette mesure (destruction des documents d'identité ou de voyage par exemple). ❑

SECTION 1 Défaut de coopération et d'exécution de la décision d'éloignement par l'étranger

Art. L. 824-1 Est puni de trois *[ans]* d'emprisonnement le fait, pour un étranger, de ne pas présenter à l'autorité administrative compétente les documents de voyage permettant l'exécution d'une interdiction administrative du territoire, d'une décision d'expulsion, d'une mesure de reconduite à la frontière ou d'une obligation de quitter le territoire

français ou, à défaut de ceux-ci, de ne pas communiquer les renseignements permettant cette exécution ou de communiquer des renseignements inexacts sur son identité.

L'étranger condamné en application du présent article encourt la peine complémentaire de dix ans d'interdiction du territoire français. — *[Anc. art. L. 624-1-1, al. 4 (ecqc la rétention administrative) ; anc. art. L. 624-2, al. 1er.]*

1. Refus d'embarquement. Cette infraction prend ordinairement la forme du refus d'embarquement : ♦ ... Étranger refusant d'embarquer et tentant de prendre la fuite alors que les policiers procédaient à l'exécution d'une mesure d'éloignement prise à son encontre et le présentaient au commandant de bord de l'avion qui devait le reconduire à Alger ; il a été condamné des chefs de soustraction à l'exécution d'une mesure de reconduite à la frontière et rébellion. • TGI Toulouse, 3 déc. 2007. ♦ Soustraction à l'exécution d'une mesure de reconduite à la frontière, résultant de l'interdiction du territoire français prononcée à son encontre par le Tribunal correctionnel de Nice. • Aix-en-Provence, 22 sept. 2006, n° ct0257.

2. Autres motifs. Mais elle peut prendre d'autres formes : prévenu ayant donné des identités différentes, dans le but manifeste d'échapper à la mesure de reconduite à la frontière. • Toulouse, 5 févr. 2008, n° 07/00873. ♦ ... Étranger ayant pénétré de nouveau sans autorisation sur le territoire national malgré son expulsion résultant d'un arrêté du 5 mars 1999 pris par le préfet de l'Eure-et-Loire. • Douai, 30 janv. 2008, n° 07/01331.

3. Les juridictions pénales considèrent que le simple fait de ne pas exécuter de soi-même la mesure d'éloignement constitue le délit visé au présent art. • Crim. 22 janv. 1992, n° 91-82177.

4. Le simple fait de refuser de suivre les enquêteurs au consulat de Russie où l'étranger devait être présenté est susceptible sans autres précisions de caractériser en son élément intentionnel notamment, mais également matériel le délit de soustraction à l'exécution d'une mesure de reconduite à la frontière, résultant de l'interdiction du territoire français. • Crim. 13 févr. 2008, n° 07-81175.

5. Les actes d'obstruction ne constituent des délits qu'à partir du moment où la procédure d'éloignement a été menée à son terme, c'est-à-dire avant l'expiration du délai de rétention du prévenu ; la Cour considère ainsi que l'épuisement des voies légales pour l'exécution forcée des mesures d'éloignement est un élément constitutif de l'infraction visée à l'art. L. 824-1. • Crim. 13 avr. 2023, nos 22-85.816 et 22-81.676 : *D. 2023. 788*.

Art. L. 824-2 Est puni en application de l'article L. 822-1 le fait, pour un étranger faisant l'objet d'une décision d'éloignement du territoire français, de refuser de se soumettre aux opérations de relevé des empreintes digitales et de prise de photographie dans les cas prévus aux 3° et 4° de l'article L. 142-1.

Art. L. 824-3 Est puni d'un an d'emprisonnement et de 3 750 euros d'amende le fait, pour un étranger, de se maintenir irrégulièrement sur le territoire français sans motif légitime, après avoir fait l'objet d'une mesure régulière de placement en rétention ou d'assignation à résidence ayant pris fin sans qu'il ait pu être procédé à son éloignement en exécution d'une interdiction administrative du territoire français, d'une obligation de quitter le territoire français, d'une décision de mise en œuvre *[d']* **une décision prise par un autre État, d'une décision d'expulsion ou d'une peine d'interdiction du territoire français.**

L'étranger condamné en application du présent article encourt la peine complémentaire de trois ans d'interdiction du territoire français. — *[Anc. art. L. 624-1 ; anc. art. L. 624-2, al. 1er.]*

1. Selon les parlementaires ayant saisi le Conseil constitutionnel, ces dispositions constituent une erreur manifeste de transposition des art. 15 et 16 de la Dir. 2008/115/CE en ce qu'elles sanctionnent les étrangers qui méconnaissent leurs obligations en matière d'éloignement ; ils indiquent que la CJUE a jugé que cette directive s'oppose à une réglementation qui prévoit l'infliction d'une peine d'emprisonnement à un ressortissant d'un pays tiers en séjour irrégulier pour le seul motif que celui-ci demeure, en violation d'un ordre de quitter le territoire de cet État dans un délai déterminé, sur ledit territoire sans motif justifie ; le Conseil constitutionnel a toutefois indiqué que ces dispositions n'ont pas pour objet de transposer ladite directive. • Cons. const. 9 juin 2011, n° 2011-631 DC.

2. Position de la CJUE. La CJUE a constaté que le déroulement des étapes de la procédure de retour établie par la Dir. 2008/115/CE correspondait « à une gradation des mesures à prendre en vue de l'exécution de la décision de retour, gradation allant de la mesure qui laisse le plus de liberté à l'intéressé, à savoir l'octroi d'un délai pour son départ volontaire, à des mesures qui restreignent le plus celle-ci, à savoir la rétention dans un centre spécialisé, le respect du principe de proportionnalité devant être assuré au cours de toutes ces étapes » (pt 41) ; par suite, les « États ne sauraient appliquer une réglementation, fût-elle en matière pénale, susceptible de mettre en péril la réalisation des objectifs poursuivis par une directive et, partant, de priver celle-ci de son effet utile » (pt 55) ; dès lors, la directive doit être interprétée en ce sens « qu'elle s'oppose à une réglementation d'un État membre, telle que celle en cause dans l'affaire au principal, qui prévoit l'infliction d'une peine d'emprisonnement à un ressortissant d'un pays tiers en séjour irrégulier pour le seul motif que celui-ci demeure, en violation d'un ordre de quitter le territoire de cet État dans un délai déterminé, sur ledit territoire sans motif justifié » (pt 62). • CJUE 28 avr. 2011, *Hassen El Dridi, alias Soufi Karim,* n° C-31/11 PPU : *AJDA 2011. 1617, chron. Aubert, Broussy et Donnat* ; *Gaz. Pal. 29-21 juin 2011, p. 17, note Chafai.*

3. La Dir. 2008/115/CE ne s'oppose pas, en principe, à ce que le droit d'un État membre qualifie une nouvelle entrée illégale d'un ressortissant d'un pays tiers en violation d'une interdiction d'entrée de délit et prévoit des sanctions pénales pour dissuader et réprimer la commission d'une telle infraction ; il en irait toutefois autrement si, après avoir constaté le séjour irrégulier d'un ressortissant d'un pays tiers, l'État membre concerné faisait précéder l'exécution de la décision de retour, voire l'adoption même de cette décision, d'une poursuite pénale pouvant conduire à une peine d'emprisonnement au cours de la procédure de retour, dans la mesure où une telle démarche risquerait de retarder l'éloignement. • CJUE 1er oct. 2015, *Skerdjan Celaj,* n° C-290/14 : *préc. note 4 ss. art. L. 821-1.*

4. Plusieurs juridictions ont déduit de la jurisprudence de la CJUE l'illégalité du placement en garde à vue d'un étranger pour une infraction (maintien irrégulier sur le territoire) ne pouvant faire l'objet d'une peine d'emprisonnement (C. pr. pén., art. 67 : la garde à vue ne peut être utilisée en cas de flagrant délit que si le délit est puni d'une peine d'emprisonnement). • Rennes, 6 mai 2011, n° 11/00141 • Douai, 10 mai 2011, n° 11/00429 • Paris, 4 mai 2011, n° 11/01909. ♦ Une Circ. du 12 mai 2011 a ainsi indiqué qu'il convenait de n'utiliser la garde à vue qu'en présence d'infractions supplémentaires à celle prévue au présent art.

5. Il se déduit du présent art., en suite des art. 8 et 15 de la Dir. du Parlement européen et du Conseil du 16 déc. 2008 relative aux normes et procédures communes applicables dans les États membres au retour des ressortissants de pays tiers en séjour irrégulier, qu'un étranger ayant fait l'objet d'un placement en rétention administrative ou d'une assignation à résidence ne peut être poursuivi du chef de soustraction à l'exécution d'une décision de reconduite à la frontière que si ces mesures administratives ont pris fin sans qu'il ait été procédé à son éloignement. • Crim 1er avr. 2015, n° 13-86.418 : *AJDA 2015. 1302* .

6. État de nécessité. Étranger présenté à l'issue de l'exécution de la peine privative de liberté à l'embarquement d'un vol pour Paris pour être ensuite acheminé vers Bucarest, et ce en exécution de la mesure d'interdiction du territoire national ; il a refusé d'embarquer en faisant valoir que son refus d'embarquer est la conséquence d'un état de nécessité consécutif au fait qu'il craint pour sa vie s'il retourne en Roumanie, ayant été en conflit avec le responsable de la police locale ; mais ces motifs ont déjà été soulevés dans le cadre d'une demande d'asile politique sanctionnée par une décision de rejet pour défaut d'éléments de preuve. • Aix-en-Provence, 22 sept. 2006, n° 0257.

SECTION 2 Méconnaissance des mesures prises pour l'exécution d'office d'une décision d'éloignement

SOUS-SECTION 1 Méconnaissance des prescriptions liées à l'assignation à résidence

Art. L. 824-4 Est puni de trois ans d'emprisonnement *(L. n° 2024-42 du 26 janv. 2024, art. 52)* « et de 15 000 € d'amende » le fait, pour un étranger assigné à résidence en application des articles L. 731-1, L. 731-3, L. 731-4 ou L. 731-5, de ne pas rejoindre dans les délais prescrits la résidence qui lui est assignée ou de quitter cette résidence sans autorisation de l'autorité administrative. — *[Anc. art. L. 624-4, al. 1er.]*

Art. L. 824-5 Est puni d'un an d'emprisonnement *(L. n° 2024-42 du 26 janv. 2024, art. 52)* « et de 3 750 € d'amende » le fait, pour un étranger assigné à résidence en application des 6° ou 7° de l'article L. 731-3 ou des articles L. 731-4 ou L. 731-5, de ne pas respecter les obligations de présentation aux services de police et aux unités de gendarmerie prévues à l'article L. 733-1. — *[Anc. art. L. 624-4, al. 3.]*

Art. L. 824-6 Est puni d'un an d'emprisonnement *(L. n° 2024-42 du 26 janv. 2024, art. 52)* « et de 3 750 € d'amende » le fait, pour un étranger assigné à résidence, de ne pas respecter les prescriptions liées au placement sous surveillance électronique mobile qui lui ont été fixées en application de l'article L. 733-14. — *[Anc. art. L. 624-4, 2.]*

Art. L. 824-7 Est puni d'un an d'emprisonnement *(L. n° 2024-42 du 26 janv. 2024, art. 52)* « et de 3 750 € d'amende » le fait, pour un étranger assigné à résidence, de ne pas respecter l'interdiction de se trouver en relation, directement ou indirectement,

avec certaines personnes nommément désignées dont le comportement est lié à des activités à caractère terroriste, qui lui est prescrite en application de l'article L. 733-15. – *[Anc. art. L. 624-4, al. 4.]*

SOUS-SECTION 2 Soustraction au placement et au maintien en rétention administrative

Art. L. 824-8 **Est puni de trois ans d'emprisonnement le fait, pour un étranger placé ou maintenu en rétention administrative, de se soustraire ou de tenter de se soustraire à la mesure de surveillance dont il fait l'objet.**

Cette peine d'emprisonnement est portée à cinq ans lorsque les faits sont commis par violence, effraction ou corruption, et à sept ans lorsque les faits sont commis en réunion ou sous la menace d'une arme ou d'une substance explosive, incendiaire ou toxique.

Est puni des mêmes peines le fait, pour toute personne, de faciliter sciemment, par aide ou par assistance, la préparation ou la commission des infractions prévues au présent article.

L'étranger condamné en application du présent article encourt la peine complémentaire de dix ans d'interdiction du territoire français. – *[Anc. art. L. 624-1-1, al. 3 (ecqc la rétention adminsitrative) ; anc. art. L. 624-2, al. 1er.]*

SOUS-SECTION 3 Soustraction à l'exécution d'une décision d'éloignement

Art. L. 824-9 **Est puni de trois ans d'emprisonnement le fait, pour un étranger, de se soustraire ou de tenter de se soustraire à l'exécution d'une interdiction administrative du territoire français, d'une obligation de quitter le territoire français ou d'une décision d'expulsion.**

Cette peine est également applicable en cas de refus, par un étranger, de se soumettre aux modalités de transport qui lui sont désignées pour l'exécution d'office de la mesure dont il fait l'objet.

(L. n° 2021-1040 du 5 août 2021, art. 2) **« Cette peine est également applicable en cas de refus, par un étranger, de se soumettre aux obligations sanitaires nécessaires à l'exécution d'office de la mesure dont il fait l'objet. »**

L'étranger condamné en application du présent article encourt la peine complémentaire de dix ans d'interdiction du territoire français. – *[Anc. art. L. 624-1-1, al. 1er (sauf ecqc le refus d'entrée) ; anc. art. L. 624-2, al. 1er.]*

1. Le Cons. const. a validé l'extension de la sanction pénale pour soustraction à l'exécution d'une décision d'éloignement lorsque l'étranger refuse de se soumettre aux obligations sanitaires nécessaires à l'exécution d'office de la mesure d'éloignement dont il fait l'objet en précisant que l'expression « obligations sanitaires », éclairée par les travaux parlementaires, doit s'entendre des tests de dépistage du covid-19. Il appartient par ailleurs au juge pénal, saisi de poursuites ordonnées sur le fondement de ces dispositions, de vérifier la réalité du refus opposé par l'étranger poursuivi et l'intention de l'intéressé de se soustraire à l'exécution d'office de la mesure d'éloignement. Sous cette réserve, ces dispositions ne méconnaissent pas le principe de proportionnalité des peines. • Cons. const. 5 août 2021, n° 2021-824 DC.

2. Le législateur a entendu ne sanctionner que la soustraction à une mesure d'éloignement et non le refus de consentir à des actes préparatoires à l'exécution de celle-ci, en l'espèce la réalisation d'un test PCR. Cette jurisprudence restera toutefois sans effet au regard de l'insertion du 3e al. du présent art. par la L. n° 2021-1040 du 5 août 2021 relative à la gestion de la crise sanitaire. • Crim. 10 nov. 2021, n° 21-85.925 : *D. 2021. 2049*.

Art. L. 824-10 **Est puni de trois ans d'emprisonnement le fait, pour un étranger, de se soustraire ou de tenter de se soustraire à l'exécution d'une décision de mise en œuvre d'une décision prise par un autre État, d'une décision de remise aux autorités d'un autre État ou d'une décision de transfert prévue à l'article L. 572-1.**

L'étranger condamné en application du présent article encourt la peine complémentaire de trois ans d'interdiction du territoire français. – *[Anc. art. L. 624-3, al. 1er et 2 (ecqc la soustraction).]*

L'art. L. 824-10 ne reprend ni l'infraction constituée par un refus d'embarquement ni celle consistant à refuser de se soumettre aux obligations sanitaires visées à l'art. L. 824-9. • Crim. 13 avr. 2023, n° 22-84.426.

SOUS-SECTION 4 Retour non autorisé sur le territoire français en méconnaissance d'une décision d'éloignement

Art. L. 824-11 Est puni de trois ans d'emprisonnement le fait, pour un étranger faisant l'objet d'une interdiction administrative du territoire, d'une interdiction de retour sur le territoire français, d'une décision d'expulsion ou d'une peine d'interdiction du territoire français, de pénétrer de nouveau sans autorisation en France.

L'étranger condamné en application du présent article encourt la peine complémentaire de dix ans d'interdiction du territoire français. – *[Anc. art. L. 624-1-1, al. 2 ; anc. art. L. 624-2, al. 1er.]*

Art. L. 824-12 Est puni de trois ans d'emprisonnement le fait, pour un étranger, de pénétrer de nouveau sans autorisation en France après avoir fait l'objet d'une décision de remise aux autorités d'un autre État, d'une interdiction de circulation sur le territoire français ou d'une décision de transfert prévue à l'article L. 572-1.

L'étranger condamné en application du présent article encourt la peine complémentaire de trois ans d'interdiction du territoire français. – *[Anc. art. L. 624-3, al. 1er et 2 (ecqc le retour non autorisé).]*

TITRE III DISPOSITIONS APPLICABLES À L'OUTRE-MER

Dans les collectivités qui relèvent de l'art. 74 de la Const. à l'exception de Saint-Pierre-et-Miquelon, en Nouvelle-Calédonie et dans les Terres australes et antarctiques françaises, les dispositions et modifications introduites par la L. n° 2024-42 du 26 janv. 2024 entrent en vigueur à une date fixée par décret en Conseil d'État, et au plus tard le 1er sept. 2025 (L. préc., art. 86-V).

CHAPITRE I DISPOSITIONS PARTICULIÈRES AUX COLLECTIVITÉS RÉGIES PAR L'ARTICLE 73 DE LA CONSTITUTION ET À SAINT-PIERRE-ET-MIQUELON

SECTION 1 Dispositions communes aux collectivités régies par l'article 73 de la Constitution et à Saint-Pierre-et-Miquelon

Art. L. 831-1 Les dispositions du présent livre sont applicables de plein droit en Guadeloupe, en Guyane, en Martinique, à La Réunion, à Mayotte et à Saint-Pierre-et-Miquelon, sous réserve des adaptations prévues au présent chapitre.

Art. L. 831-2 Pour l'application du présent livre en Guadeloupe, en Guyane, en Martinique, à La Réunion, à Mayotte et à Saint-Pierre-et-Miquelon :

1° A l'article L. 812-2, les mots : "des articles 78-1 à 78-2-2 du code de procédure pénale" sont remplacés par les mots : "de l'article 78-1, de l'article 78-2 à l'exception de ses neuvième et dixième alinéas et des articles 78-2-1 et 78-2-2 du code de procédure pénale" ;

2° L'article L. 821-1 est ainsi rédigé :

Art. L. 821-1 Est puni d'un an d'emprisonnement et de 3 750 euros d'amende, le fait pour un étranger de pénétrer en Guadeloupe, en Guyane, en Martinique, à La Réunion, à Mayotte ou à Saint-Pierre-et-Miquelon sans se conformer aux dispositions de l'article L. 311-1 du présent code.

L'étranger condamné en application du présent article encourt la peine complémentaire de trois ans d'interdiction du territoire français.

Pour l'application du présent article, l'action publique ne peut être mise en mouvement que lorsque les faits ont été constatés dans les circonstances prévues à l'article 53 du code de procédure pénale.

3° L'article L. 821-2 est ainsi rédigé :

Art. L. 821-2 Est puni d'un an emprisonnement, de 3 750 euros d'amende et de trois ans d'interdiction du territoire français, le fait pour un étranger qui ne remplit pas les conditions d'entrée prévues à l'article L. 311-1, de refuser de se soumettre aux opérations de relevé des empreintes digitales et de prise de photographie dans le cas prévu au 3° de l'article L. 142-1.

(L. nº 2024-42 du 26 janv. 2024, art. 80-II) « 4° L'article L. 821-6 est ainsi modifié :

« *a)* Aux premier et deuxième alinéas, les mots : "ou de l'autorisation de voyage" sont supprimés ;

« *b)* Le dernier alinéa est supprimé ;

« 5° Au second alinéa de l'article L. 821-7, les mots : "ou de l'autorisation de voyage" sont supprimés. » — *[Anc. art. L. 621-2, al. 4.]*

SECTION 2 Dispositions particulières à la Guadeloupe

Art. L. 831-3 En Guadeloupe, les visites sommaires prévues aux articles L. 812-3 et L. 812-4 peuvent être effectuées dans une zone comprise entre le littoral et une ligne tracée à un kilomètre en deçà, ainsi que sur les routes nationales 1 et 4. — *[Anc. art. L. 611-11, al. 1er.]*

Art. L. 831-4 En Guadeloupe, le procureur de la République peut, au cours de l'enquête ou si aucune juridiction n'a été saisie ou lorsque la juridiction saisie a épuisé sa compétence sans avoir statué sur le sort des scellés, ordonner la destruction ou l'immobilisation, par la neutralisation de tout moyen indispensable à leur fonctionnement, des embarcations, des véhicules terrestres et des aéronefs qui ont servi à commettre les infractions mentionnées aux articles L. 823-1 et L. 823-2, constatées par procès-verbal.

Les décisions du procureur de la République prises en application du présent article sont motivées.

Elles sont notifiées par tout moyen aux personnes ayant des droits sur le bien, si celles-ci sont connues, et aux personnes mises en cause.

Les décisions d'immobilisation d'un bien peuvent être contestées selon les règles prévues à l'article 41-4 du code de procédure pénale.

Les décisions de destruction d'un bien prises par le procureur de la République peuvent être contestées par les personnes mentionnées au troisième alinéa du présent article, dans un délai de quarante-huit heures à compter de la notification de la décision, par voie de requête, devant le président de la chambre de l'instruction, qui se prononce dans un délai de quinze jours. Le recours contre la décision de destruction est suspensif. La personne mise en cause et les personnes ayant des droits sur le bien peuvent adresser toutes observations écrites ou être entendues par le président de la chambre de l'instruction. Lorsque la personne mise en cause n'a pas fait connaître son opposition et que, au terme d'un délai de quinze jours à compter de la date de la décision de destruction, le propriétaire ou l'ayant droit supposé n'a pu être identifié ou averti et ne s'est pas manifesté, la procédure est réputée contradictoire et la décision du procureur de la République peut être exécutée. — *[Anc. art. L. 622-10.]*

SECTION 3 Dispositions particulières à la Guyane

Art. L. 831-5 En Guyane, les dispositions des articles L. 812-3 et L. 812-4 sont applicables dans une zone comprise entre les frontières terrestres et une ligne tracée à vingt kilomètres en deçà ainsi que sur la route nationale 2 sur le territoire des communes de Saint-Georges et de Régina et sur la route départementale 6 et la route nationale 2 sur la commune de Roura. — *[Anc. art. L. 611-10.]*

Art. L. 831-6 En Guyane, le procureur de la République peut, au cours de l'enquête ou si aucune juridiction n'a été saisie ou lorsque la juridiction saisie a épuisé sa compétence sans avoir statué sur le sort des scellés, ordonner la destruction ou l'immobilisation, par la neutralisation de tout moyen indispensable à leur fonctionnement, des embarcations, des véhicules terrestres et des aéronefs qui ont servi à commettre les infractions mentionnées aux articles L. 823-1 et L. 823-2, constatées par procès-verbal.

Les décisions du procureur de la République prises en application du présent article sont motivées.

Elles sont notifiées par tout moyen aux personnes ayant des droits sur le bien, si celles-ci sont connues, et aux personnes mises en cause.

Les décisions d'immobilisation d'un bien peuvent être contestées selon les règles prévues à l'article 41-4 du code de procédure pénale.

Les décisions de destruction d'un bien prises par le procureur de la République peuvent être contestées par les personnes mentionnées au troisième alinéa du présent article, dans un délai de quarante-huit heures à compter de la notification de la décision, par voie de requête, devant le président de la chambre de l'instruction, qui se prononce dans un délai de quinze jours. Le recours contre la décision de destruction est suspensif. La personne mise en cause et les personnes ayant des droits sur le bien peuvent adresser toutes observations écrites ou être entendues par le président de la chambre de l'instruction. Lorsque la personne mise en cause n'a pas fait connaître son opposition et que, au terme d'un délai de quinze jours à compter de la date de la décision de destruction, le propriétaire ou l'ayant droit supposé n'a pu être identifié ou averti et ne s'est pas manifesté, la procédure est réputée contradictoire et la décision du procureur de la République peut être exécutée. – *[Anc. art. L. 622-10.]*

SECTION 4 **Dispositions particulières à la Martinique**

Art. L. 831-7 En Martinique, les visites sommaires prévues aux articles L. 812-3 et L. 812-4 peuvent être effectuées dans une zone comprise entre le littoral et une ligne tracée à un kilomètre en deçà, ainsi que sur les routes nationales 1, 2, 3, 5 et 6 et sur la route départementale 1. – *[Anc. art. L. 611-11, al. 1er.]*

Art. L. 831-8 En Martinique, le procureur de la République peut, au cours de l'enquête ou si aucune juridiction n'a été saisie ou lorsque la juridiction saisie a épuisé sa compétence sans avoir statué sur le sort des scellés, ordonner la destruction ou l'immobilisation, par la neutralisation de tout moyen indispensable à leur fonctionnement, des embarcations, des véhicules terrestres et des aéronefs qui ont servi à commettre les infractions mentionnées aux articles L. 823-1 et L. 823-2, constatées par procès-verbal.

Les décisions du procureur de la République prises en application du présent article sont motivées.

Elles sont notifiées par tout moyen aux personnes ayant des droits sur le bien, si celles-ci sont connues, et aux personnes mises en cause.

Les décisions d'immobilisation d'un bien peuvent être contestées selon les règles prévues à l'article 41-4 du code de procédure pénale.

Les décisions de destruction d'un bien prises par le procureur de la République peuvent être contestées par les personnes mentionnées au troisième alinéa du présent article, dans un délai de quarante-huit heures à compter de la notification de la décision, par voie de requête, devant le président de la chambre de l'instruction, qui se prononce dans un délai de quinze jours. Le recours contre la décision de destruction est suspensif. La personne mise en cause et les personnes ayant des droits sur le bien peuvent adresser toutes observations écrites ou être entendues par le président de la chambre de l'instruction. Lorsque la personne mise en cause n'a pas fait connaître son opposition et que, au terme d'un délai de quinze jours à compter de la date de la décision de destruction, le propriétaire ou l'ayant droit supposé n'a pu être identifié ou averti et ne s'est pas manifesté, la procédure est réputée contradictoire et la décision du procureur de la République peut être exécutée. – *[Anc. art. L. 622-10.]*

SECTION 5 **Dispositions particulières à Mayotte**

Art. L. 831-9 Les visites sommaires prévues aux articles L. 812-3 et L. 812-4 peuvent être effectuées sur l'ensemble du territoire de Mayotte. – *[Anc. art. L. 611-11, al. 1er.]*

Art. L. 831-10 A Mayotte, le procureur de la République peut, au cours de l'enquête ou si aucune juridiction n'a été saisie ou lorsque la juridiction saisie a épuisé sa compétence sans avoir statué sur le sort des scellés, ordonner la destruction ou l'immobilisation, par la neutralisation de tout moyen indispensable à leur fonctionnement, des embarcations, des véhicules terrestres et des aéronefs qui ont servi à commettre les infractions mentionnées aux articles L. 823-1 et L. 823-2, constatées par procès-verbal.

Les décisions du procureur de la République prises en application du présent article sont motivées.

Elles sont notifiées par tout moyen aux personnes ayant des droits sur le bien, si celles-ci sont connues, et aux personnes mises en cause.

Les décisions d'immobilisation d'un bien peuvent être contestées selon les règles prévues à l'article 41-4 du code de procédure pénale.

Les décisions de destruction d'un bien prises par le procureur de la République peuvent être contestées par les personnes mentionnées au troisième alinéa du présent article, dans un délai de quarante-huit heures à compter de la notification de la décision, par voie de requête, devant le président de la chambre de l'instruction, qui se prononce dans un délai de quinze jours. Le recours contre la décision de destruction est suspensif. La personne mise en cause et les personnes ayant des droits sur le bien peuvent adresser toutes observations écrites ou être entendues par le président de la chambre de l'instruction. Lorsque la personne mise en cause n'a pas fait connaître son opposition et que, au terme d'un délai de quinze jours à compter de la date de la décision de destruction, le propriétaire ou l'ayant droit supposé n'a pu être identifié ou averti et ne s'est pas manifesté, la procédure est réputée contradictoire et la décision du procureur de la République peut être exécutée. – *[Anc. art. L. 622-10.]*

CHAPITRE II **DISPOSITIONS APPLICABLES À SAINT-BARTHÉLEMY**

Art. L. 832-1 Sous réserve des adaptations prévues par le présent chapitre, les dispositions suivantes sont applicables à Saint-Barthélemy dans leur rédaction résultant de l'ordonnance n° 2020-1733 du 16 décembre 2020, sauf mention contraire dans le tableau ci-dessous. – *Tableau mod. par L. n° 2023-22 du 24 janv. 2023, art. 24-II.*

Articles applicables	Dans leur rédaction résultant de
Au titre I	
L. 810-1 à L. 812-2	
L. 813-5	La loi n° 2023-22 du 24 janvier 2023 d'orientation et de programmation du ministère de l'intérieur
L. 813-1 à L. 813-4	
L. 813-6 à L. 814-1	
Au titre II	
L. 820-1 à L. 824-12	

Art. L. 832-2 Pour l'application du présent livre à Saint-Barthélemy :

1° A l'article L. 812-2, les mots : "des articles 78-1 à 78-2-2 du code de procédure pénale" sont remplacés par les mots : "de l'article 78-1, de l'article 78-2 à l'exception de ses neuvième et dixième alinéas et des articles 78-2-1 et 78-2-2 du code de procédure pénale" et les mots : "l'article 67 *quater* du code des douanes" sont remplacés par les dispositions applicables localement ayant le même objet ;

2° L'article L. 821-1 est ainsi rédigé :

Art. L. 821-1 Est puni d'un an d'emprisonnement et de 3 750 euros d'amende, le fait pour un étranger de pénétrer à Saint-Barthélemy, sans se conformer aux dispositions de l'article L. 311-1 du présent code.

L'étranger condamné en application du présent article encourt la peine complémentaire de trois ans d'interdiction du territoire français.

Pour l'application du présent article, l'action publique ne peut être mise en mouvement que lorsque les faits ont été constatés dans les circonstances prévues à l'article 53 du code de procédure pénale.

3° L'article L. 821-2 est ainsi rédigé :

Art. L. 821-2 Est puni d'un an emprisonnement, de 3 750 euros d'amende et de trois ans d'interdiction du territoire français, le fait pour un étranger qui ne remplit pas les conditions d'entrée prévues à l'article L. 311-1, de refuser de se soumettre aux opérations de relevé des empreintes digitales et de prise de photographie dans le cas prévu au 3° de l'article L. 142-1. – *[Anc. art. L. 621-2, al. 4.]*

Art. L. 832-3 Les visites sommaires prévues aux articles L. 812-3 et L. 812-4 peuvent être effectuées à Saint-Barthélemy dans une zone comprise entre le littoral et une ligne tracée à un kilomètre en deçà. – *[Anc. art. L. 611-11, al. 2.]*

Art. L. 832-4 A Saint-Barthélemy, le procureur de la République peut, au cours de l'enquête ou si aucune juridiction n'a été saisie ou lorsque la juridiction saisie a épuisé sa compétence sans avoir statué sur le sort des scellés, ordonner la destruction ou l'immobilisation, par la neutralisation de tout moyen indispensable à leur fonctionnement, des embarcations, des véhicules terrestres et des aéronefs qui ont servi à commettre les infractions mentionnées aux articles L. 823-1 et L. 823-2, constatées par procès-verbal.

Les décisions du procureur de la République prises en application du présent article sont motivées.

Elles sont notifiées par tout moyen aux personnes ayant des droits sur le bien, si celles-ci sont connues, et aux personnes mises en cause.

Les décisions d'immobilisation d'un bien peuvent être contestées selon les règles prévues à l'article 41-4 du code de procédure pénale.

Les décisions de destruction d'un bien prises par le procureur de la République peuvent être contestées par les personnes mentionnées au troisième alinéa du présent article, dans un délai de quarante-huit heures à compter de la notification de la décision, par voie de requête, devant le président de la chambre de l'instruction, qui se prononce dans un délai de quinze jours. Le recours contre la décision de destruction est suspensif. La personne mise en cause et les personnes ayant des droits sur le bien peuvent adresser toutes observations écrites ou être entendues par le président de la chambre de l'instruction. Lorsque la personne mise en cause n'a pas fait connaître son opposition et que, au terme d'un délai de quinze jours à compter de la date de la décision de destruction, le propriétaire ou l'ayant droit supposé n'a pu être identifié ou averti et ne s'est pas manifesté, la procédure est réputée contradictoire et la décision du procureur de la République peut être exécutée. – *[Anc. art. L. 622-10.]*

CHAPITRE III DISPOSITIONS APPLICABLES À SAINT-MARTIN

Art. L. 833-1 Sous réserve des adaptations prévues par le présent chapitre, les dispositions suivantes sont applicables à Saint-Martin dans leur rédaction résultant de l'ordonnance n° 2020-1733 du 16 décembre 2020, sauf mention contraire dans le tableau ci-dessous. – *Tableau mod. par L. n° 2023-22 du 24 janv. 2023, art. 24-II.*

Articles applicables	Dans leur rédaction résultant de
Au titre I	
L. 810-1 à L. 812-2	
L. 813-1 à L. 813-4	
L. 813-5	La loi n° 2023-22 du 24 janvier 2023 d'orientation et de programmation du ministère de l'intérieur
L. 813-6 à L. 814-1	
Au titre II	
L. 820-1 à L. 824-12	

Art. L. 833-2 Pour l'application du présent livre à Saint-Martin :

1° A l'article L. 812-2, les mots : "des articles 78-1 à 78-2-2 du code de procédure pénale" sont remplacés par les mots : "de l'article 78-1, de l'article 78-2 à l'exception de ses neuvième et dixième alinéas et des articles 78-2-1 et 78-2-2 du code de procédure pénale" et les mots : "l'article 67 *quater* du code des douanes" sont remplacés par les dispositions applicables localement ayant le même objet ;

2° L'article L. 821-1 est ainsi rédigé :

Art. L. 821-1 Est puni d'un an d'emprisonnement et de 3 750 euros d'amende, le fait pour un étranger de pénétrer à Saint-Martin, sans se conformer aux dispositions de l'article L. 311-1 du présent code.

L'étranger condamné en application du présent article encourt la peine complémentaire de trois ans d'interdiction du territoire français.

Pour l'application du présent article, l'action publique ne peut être mise en mouvement que lorsque les faits ont été constatés dans les circonstances prévues à l'article 53 du code de procédure pénale.

3° L'article L. 821-2 est ainsi rédigé :

Art. L. 821-2 Est puni d'un an emprisonnement, de 3 750 euros d'amende et de trois ans d'interdiction du territoire français, le fait pour un étranger qui ne remplit pas les conditions d'entrée prévues à l'article L. 311-1, de refuser de se soumettre aux opérations de relevé des empreintes digitales et de prise de photographie dans le cas prévu au 3° de l'article L. 142-1. – *[Anc. art. L. 621-2, al. 4.]*

Art. L. 833-3 Les visites sommaires prévues aux articles L. 812-3 et L. 812-4 peuvent être effectuées à Saint-Martin dans une zone comprise entre le littoral et une ligne tracée à un kilomètre en deçà. – *[Anc. art. L. 611-11, al. 2.]*

Art. L. 833-4 A Saint-Martin, le procureur de la République peut, au cours de l'enquête ou si aucune juridiction n'a été saisie ou lorsque la juridiction saisie a épuisé sa compétence sans avoir statué sur le sort des scellés, ordonner la destruction ou l'immobilisation, par la neutralisation de tout moyen indispensable à leur fonctionnement, des embarcations, des véhicules terrestres et des aéronefs qui ont servi à commettre les infractions mentionnées aux articles L. 823-1 et L. 823-2, constatées par procès-verbal.

Les décisions du procureur de la République prises en application du présent article sont motivées.

Elles sont notifiées par tout moyen aux personnes ayant des droits sur le bien, si celles-ci sont connues, et aux personnes mises en cause.

Les décisions d'immobilisation d'un bien peuvent être contestées selon les règles prévues à l'article 41-4 du code de procédure pénale.

Les décisions de destruction d'un bien prises par le procureur de la République peuvent être contestées par les personnes mentionnées au troisième alinéa du présent article, dans un délai de quarante-huit heures à compter de la notification de la décision, par voie de requête, devant le président de la chambre de l'instruction, qui se prononce dans un délai de quinze jours. Le recours contre la décision de destruction est suspensif. La personne mise en cause et les personnes ayant des droits sur le bien peuvent adresser toutes observations écrites ou être entendues par le président de la chambre de l'instruction. Lorsque la personne mise en cause n'a pas fait connaître son opposition et que, au terme d'un délai de quinze jours à compter de la date de la décision de destruction, le propriétaire ou l'ayant droit supposé n'a pu être identifié ou averti et ne s'est pas manifesté, la procédure est réputée contradictoire et la décision du procureur de la République peut être exécutée. – *[Anc. art. L. 622-10.]*

CHAPITRE IV **DISPOSITIONS APPLICABLES DANS LES ÎLES WALLIS-ET-FUTUNA**

Art. L. 834-1 Sous réserve des adaptations prévues par le présent chapitre, les dispositions suivantes sont applicables dans les îles Wallis-et-Futuna dans leur rédaction résultant de l'ordonnance n° 2020-1733 du 16 décembre 2020, sauf mention contraire dans le tableau ci-dessous. – *Tableau mod. par L. n° 2023-22 du 24 janv. 2023, art. 24-II.*

Articles applicables	Dans leur rédaction résultant de
Au titre I	
L. 810-1 à L. 812-2	
L. 813-1 à L. 813-4	
L. 813-5	La loi n° 2023-22 du 24 janvier 2023 d'orientation et de programmation du ministère de l'intérieur
L. 813-6 à L. 814-1	

Articles applicables	Dans leur rédaction résultant de
Au titre II	
L. 820-1 à L. 821-6	
L. 821-8 à L. 822-3	
L. 822-5 à L. 824-12	

Art. L. 834-2 Pour l'application du présent livre dans les îles Wallis-et-Futuna :

1° Au titre I, les mots : "en France" sont remplacés par les mots : "dans les îles Wallis-et-Futuna" ;

2° Les valeurs monétaires exprimées en euros sont remplacées par leur contre-valeur en francs CFP ;

3° A l'article L. 812-2, les dispositions du 3° ne sont pas applicables et les mots : "des articles 78-1 à 78-2-2 du code de procédure pénale" sont remplacés par les mots : "de l'article 78-1, de l'article 78-2 à l'exception de ses neuvième et dixième alinéas et des articles 78-2-1 et 78-2-2 du code de procédure pénale" ;

4° A l'article L. 820-1, les références aux articles L. 822-4, L. 822-5 et L. 823-1 à L. 823-7 sont supprimées ;

5° L'article L. 821-1 est ainsi rédigé :

Art. L. 821-1 Est puni d'un an d'emprisonnement et de 3 750 euros d'amende, le fait pour un étranger de pénétrer ou de séjourner dans les îles Wallis-et-Futuna sans se conformer aux dispositions des articles L. 311-1 et L. 411-1 ou de s'y maintenir au-delà de la durée autorisée par son visa.

La juridiction pourra en outre, à titre de peine complémentaire, interdire au condamné, pendant une durée qui ne peut excéder trois ans, de pénétrer ou de séjourner sur le territoire des îles Wallis-et-Futuna.

6° L'article L. 821-2 est ainsi rédigé :

Art. L. 821-2 Est puni d'un an d'emprisonnement, de 3 750 euros d'amende et de trois ans d'interdiction du territoire français, le fait pour un étranger qui ne remplit pas les conditions d'entrée prévues à l'article L. 311-1, de refuser de se soumettre aux opérations de relevé des empreintes digitales et de prise de photographie dans le cas prévu au 3° de l'article L. 142-1.

7° A l'article L. 822-2, les mots : "et de la contribution spéciale prévue à l'article L. 8253-1 du code du travail" sont supprimés ;

8° L'article L. 822-3 est ainsi rédigé :

Art. L. 822-3 Le montant total des sanctions pécuniaires pour l'emploi d'un étranger en situation de séjour irrégulier ne peut excéder le montant des sanctions pénales prévues par les dispositions applicables localement relatives à l'emploi de la main-d'œuvre étrangère ou, si l'employeur entre dans le champ d'application de ces articles, le montant des sanctions pénales prévues aux articles L. 823-1 à L. 823-10 du présent code.

9° A l'article L. 822-5, après les mots : "A ce titre, il", sont insérés les mots : "constate, fixe le montant de la contribution,".

CHAPITRE V DISPOSITIONS APPLICABLES EN POLYNÉSIE FRANÇAISE

Art. L. 835-1 Sous réserve des adaptations prévues par le présent chapitre, les dispositions suivantes sont applicables en Polynésie française dans leur rédaction résultant de l'ordonnance n° 2020-1733 du 16 décembre 2020, sauf mention contraire dans le tableau ci-dessous. — *Tableau mod. par L. n° 2023-22 du 24 janv. 2023, art. 24-II.*

Articles applicables	Dans leur rédaction résultant de
Au titre I	
L. 810-1 à L. 812-2	
L. 813-1 à L. 813-4	
L. 813-5	La loi n° 2023-22 du 24 janvier 2023 d'orientation et de programmation du ministre de l'intérieur
L. 813-6 à L. 814-1	
Au titre II	
L. 820-1 à L. 821-6	
L. 821-8 à L. 822-3	
L. 822-5 à L. 824-12	

Art. L. 835-2 Pour l'application du présent livre en Polynésie française :

1° Au titre I, le mot : "France" est remplacé par les mots : "Polynésie française" ;

2° Les valeurs monétaires exprimées en euros sont remplacées par leur contre-valeur en francs CFP ;

3° A l'article L. 812-2, les dispositions du 3° ne sont pas applicables et les mots : "des articles 78-1 à 78-2-2 du code de procédure pénale" sont remplacés par les mots : "de l'article 78-1, de l'article 78-2 à l'exception de ses neuvième et dixième alinéas et des articles 78-2-1 et 78-2-2 du code de procédure pénale" ;

4° A l'article L. 820-1, les références aux articles L. 822-4, L. 822-5 et L. 823-1 à L. 823-7 sont supprimées ;

5° L'article L. 821-1 est ainsi rédigé :

Art. L. 821-1 Est puni d'un an d'emprisonnement et de 3 750 euros d'amende, le fait pour un étranger de pénétrer ou de séjourner en Polynésie française sans se conformer aux dispositions des articles L. 311-1 et L. 411-1 ou de s'y maintenir au-delà de la durée autorisée par son visa.

La juridiction pourra en outre, à titre de peine complémentaire, interdire au condamné, pendant une durée qui ne peut excéder trois ans, de pénétrer ou de séjourner sur le territoire de la Polynésie française.

6° L'article L. 821-2 est ainsi rédigé :

Art. L. 821-2 Est puni d'un an d'emprisonnement, de 3 750 euros d'amende et de trois ans d'interdiction du territoire français le fait pour un étranger qui ne remplit pas les conditions d'entrée prévues à l'article L. 311-1, de refuser de se soumettre aux opérations de relevé des empreintes digitales et de prise de photographie dans le cas prévu au 3° de l'article L. 142-1.

7° A l'article L. 822-2, les mots : "et de la contribution spéciale prévue à l'article L. 8253-1 du code du travail" sont supprimés ;

8° L'article L. 822-3 est ainsi rédigé :

Art. L. 822-3 Le montant total des sanctions pécuniaires pour l'emploi d'un étranger en situation de séjour irrégulier ne peut excéder le montant des sanctions pénales prévues par les dispositions applicables localement relatives à l'emploi de la main-d'œuvre étrangère ou, si l'employeur entre dans le champ d'application de ces articles, le montant des sanctions pénales prévues aux articles L. 823-1 à L. 823-10 du présent code.

9° A l'article L. 822-5, après les mots : "A ce titre, il", sont insérés les mots : "constate, fixe le montant de la contribution,".

CHAPITRE VI DISPOSITIONS APPLICABLES EN NOUVELLE-CALÉDONIE

Art. L. 836-1 Sous réserve des adaptations prévues par le présent chapitre, les dispositions suivantes sont applicables en Nouvelle-Calédonie dans leur rédaction résultant de l'ordonnance n° 2020-1733 du 16 décembre 2020, sauf mention contraire dans le tableau ci-dessous. – *Tableau mod. par L. n° 2023-22 du 24 janv. 2023, art. 24-II.*

Articles applicables	Dans leur rédaction résultant de
Au titre I	
L. 810-1 à L. 812-2	
L. 813-1 à L. 813-4	
L. 813-5	La loi n° 2023-22 du 24 janvier 2023 d'orientation et de programmation du ministre de l'intérieur
L. 813-6 à L. 814-1	
Au titre II	
L. 820-1 à L. 821-6	
L. 821-8 à L. 822-3	
L. 822-5 à L. 824-12	

Art. L. 836-2 Pour l'application du présent livre en Nouvelle-Calédonie :

1° Au titre I, le mot : "France" est remplacé par les mots : "Nouvelle-Calédonie" ;

2° Les valeurs monétaires exprimées en euros sont remplacées par leur contre-valeur en francs CFP ;

3° A l'article L. 812-2, les dispositions du 3° ne sont pas applicables et les mots : "des articles 78-1 à 78-2-2 du code de procédure pénale" sont remplacés par les mots : "de l'article 78-1, de l'article 78-2 à l'exception de ses neuvième et dixième alinéas et des articles 78-2-1 et 78-2-2 du code de procédure pénale" ;

4° A l'article L. 820-1, les références aux articles L. 822-4, L. 822-5 et L. 823-1 à L. 823-7 sont supprimées ;

5° L'article L. 821-1 est ainsi rédigé :

Art. L. 821-1 Est puni d'un an d'emprisonnement et de 3 750 euros d'amende, le fait pour un étranger de pénétrer ou de séjourner en Nouvelle-Calédonie sans se conformer aux dispositions des articles L. 311-1 et L. 411-1 ou de s'y maintenir au-delà de la durée autorisée par son visa.

La juridiction pourra en outre, à titre de peine complémentaire, interdire au condamné, pendant une durée qui ne peut excéder trois ans, de pénétrer ou de séjourner sur le territoire de la Nouvelle-Calédonie.

6° L'article L. 821-2 est ainsi rédigé :

Art. L. 821-2 Est puni d'un an d'emprisonnement, de 3 750 euros d'amende et de trois ans d'interdiction du territoire français, le fait pour un étranger qui ne remplit pas les conditions d'entrée prévues à l'article L. 311-1, de refuser de se soumettre aux opérations de relevé des empreintes digitales et de prise de photographie dans le cas prévu au 3° de l'article L. 142-1.

7° A l'article L. 822-2, les mots : "et de la contribution spéciale prévue à l'article L. 8253-1 du code du travail" sont supprimés ;

8° L'article L. 822-3 est ainsi rédigé :

Art. L. 822-3 Le montant total des sanctions pécuniaires pour l'emploi d'un étranger en situation de séjour irrégulier ne peut excéder le montant des sanctions pénales prévues par les dispositions applicables localement relatives à l'emploi de la main-d'œuvre étrangère ou, si l'employeur entre dans le champ d'application de ces articles, le montant des sanctions pénales prévues aux articles L. 823-1 à L. 823-10 du présent code.

9° A l'article L. 822-5, après les mots : "A ce titre, il", sont insérés les mots : "constate, fixe le montant de la contribution,".

CHAPITRE VII DISPOSITIONS APPLICABLES DANS LES TERRES AUSTRALES ET ANTARCTIQUES FRANÇAISES

Art. L. 837-1 Sous réserve des adaptations prévues par le présent chapitre, les dispositions suivantes sont applicables dans les Terres australes et antarctiques françaises dans leur rédaction résultant de l'ordonnance n° 2020-1733 du 16 décembre 2020, sauf mention contraire ou mention de leur application de plein droit dans le tableau ci-dessous.

Articles applicables	Dans leur rédaction résultant de
Au titre II	
L. 821-6	
L. 821-8 et L. 821-9	
L. 821-12 à L. 821-13	
L. 823-1 à L. 823-8	Application de plein droit
L. 823-10	Application de plein droit

Art. L. 837-2 Pour l'application du présent livre dans les Terres australes et antarctiques françaises :

1° Les mots : "en France" sont remplacés par les mots : "dans les Terres australes et antarctiques" ;

2° L'article L. 821-6 est ainsi rédigé :

Art. L. 821-6 Est passible d'une amende administrative de 5 000 euros l'entreprise de transport aérien, maritime ou routier qui débarque sur le territoire français, en provenance d'un autre État, un étranger non ressortissant d'un État membre de l'Union européenne démuni du document de voyage et, le cas échéant, du visa requis par la loi ou l'accord international qui lui est applicable en raison de sa nationalité.

Est passible de la même amende l'entreprise de transport aérien ou maritime qui débarque, dans le cadre du transit, un étranger non ressortissant d'un État membre de l'Union européenne démuni du document de voyage ou du visa requis par la loi ou l'accord international qui lui est applicable compte tenu de sa nationalité et de sa destination.

L'amende prévue aux premier et deuxième alinéas est réduite à 3 000 euros par passager lorsque l'entreprise a mis en place et utilise, sur le lieu d'embarquement des passagers, un dispositif agréé de numérisation et de transmission, aux autorités françaises chargées du contrôle aux frontières, des documents de voyage et des visas.

3° A l'article L. 821-9, les mots : "10 000 euros" et "20 000 euros" sont respectivement remplacés par les mots : "3 000 euros à 5 000 euros" et "6 000 euros à 10 000 euros".

Art. L. 837-3 Un décret en Conseil d'État, pris après avis de la Commission nationale de l'informatique et des libertés, fixe les modalités d'application du troisième alinéa de l'article L. 821-6. Il précise la durée de conservation des données et les conditions de mise à jour des informations enregistrées, les catégories de personnes pouvant y accéder et les modalités d'habilitation de celles-ci ainsi que, le cas échéant, les conditions dans lesquelles les personnes intéressées peuvent exercer leur droit d'accès.

Art. L. 837-4 Des arrêtés conjoints du ministre de l'intérieur et du ministre chargé de l'outre-mer fixent, en tant que de besoin, les modalités d'application des dispositions du présent chapitre.

LIVRE IX PROCÉDURES CONTENTIEUSES DEVANT LE JUGE ADMINISTRATIF

(L. n° 2024-42 du 26 janv. 2024, art. 72)

Les dispositions du présent livre introduites par l'art. 72 de la L. n° 2024-42 du 26 janv. 2024 entrent en vigueur à une date fixée par Décr. en Conseil d'État, et au plus tard le 1er août 2024. Ces dispositions s'appliquent à la contestation des décisions prises à compter de leur entrée en vigueur (L. préc., art. 86-IV). Ces dispositions entrent en vigueur le 15 juill. 2024 (Décr. n° 2024-799 du 2 juill. 2024, art. 9-I).

COMMENTAIRE

Le contentieux administratif des étrangers fait l'objet, depuis plusieurs années, de sévères critiques en raison de son extrême complexité, de l'imbrication des procédures et des délais de saisine du juge et d'examen des recours. Le contentieux des étrangers est aussi le principal type de contentieux dont les juridictions administratives sont actuellement saisies. En 2022, ce contentieux représentait 43,5 % de l'activité contentieuse des tribunaux administratifs, 56,1 % de celle des cours administratives d'appel et 18,7 % de celle du Conseil d'État.

Le Conseil d'État, dans son rapport de mars 2020, « 20 propositions pour simplifier le contentieux des étrangers dans l'intérêt de tous » (https://www.conseil-etat.fr/actualites/simplifier-le-contentieux-des-etrangers-dans-l-interet-de-tous,) avait ainsi préconisé de réformer ce contentieux autour des objectifs de célérité et de bonne administration de la justice. Le projet de loi qui aboutira à la loi n° 2024-42 du 26 janvier 2024 comportait ainsi un titre spécifique intitulé « Simplifier les règles du contentieux relatif à l'entrée, au séjour et à l'éloignement des étrangers » visant à réduire le nombre de procédures contentieuses à quatre, contre douze avant la réforme. Il n'est toutefois pas certain que le nouveau régime mis en place soit effectivement un facteur décisif de simplification. ❑

Art. L. 900-1 Les recours ouverts devant la juridiction administrative contre les décisions prévues au présent code sont régis par le code de justice administrative, sous réserve des dispositions du présent code.

COMMENTAIRE

La procédure collégiale spéciale prévue à l'article L. 900-1 ne concerne spécifiquement que la décision portant OQTF ainsi que la décision relative au séjour, la décision relative au délai de départ volontaire et l'interdiction de retour sur le territoire français qui l'accompagnent (art. L. 614-1). Par application de l'article L. 721-5, elle concerne également la décision fixant le pays de destination.

Elle ne s'applique qu'à l'étranger qui ne fait l'objet ni d'une assignation à résidence ni d'une rétention administrative. Le délai de recours est d'un mois et le délai de jugement de six mois. Le délai de jugement est réduit à l'égard de l'étranger qui, en cours d'instance, est assigné à résidence (quinze jours) ou placé en rétention administrative (cent quarante-quatre heures). ❑

Circulaire NOR : IOMV2419202J du 14 juillet 2024,

Simplification des règles du contentieux relatif à l'entrée, au séjour et à l'éloignement des étrangers.

Le ministre de l'Intérieur et des Outre-mer

à

Monsieur le préfet de police

Mesdames et Messieurs les préfets de département

Réf. : Loi n° 2024-42 du 26 janvier 2024 pour contrôler l'immigration, améliorer l'intégration (CIAI)

Décret nº 2024-799 du 2 juillet 2024 pris pour l'application du titre VII de la loi nº 2024-42 du 26 janvier 2024 pour contrôler l'immigration, améliorer l'intégration, relatif à la simplification des règles du contentieux.

Référence	NOR : IOMV2419202J
Date de signature	
Emetteur	Ministère de l'Intérieur et des Outre-mer
Objet	Loi pour contrôler l'immigration, améliorer l'intégration – dispositions relatives à la simplification des règles du contentieux
Commande	
Action(s) à réaliser	
Echéance	
Contact utile	Direction général des étrangers en France / Direction de l'immigration Secrétariat général / Direction des libertés publiques et des affaires juridiques

Les dispositions de la loi nº 2024-42 du 26 janvier 2024 et du nº 2024-799 décret du 2 juillet 2024 relatives à la simplification des règles du contentieux des étrangers entreront en vigueur le 15 juillet prochain. Je souhaite donc porter à votre attention les grandes lignes de cette réforme.

La complexité croissante des règles régissant le contentieux des étrangers a conduit le Gouvernement à demander au Conseil d'État de mener une étude relative à l'ensemble des règles contentieuses, afin de faire évoluer en profondeur le cadre juridique du contentieux des étrangers.

Le rapport rendu par le Conseil d'État en mars 2020 a confirmé le besoin de faire évoluer ces règles. Il a donc été proposé, dans un objectif partagé d'intelligibilité du droit, de bonne administration de la justice et de facilité de mise en œuvre des règles applicables, une réforme, au profit de l'ensemble des acteurs – usagers étrangers, conseils, agents de préfectures, forces de sécurité intérieure et magistrats, que les dispositions de la loi du 26 janvier 2024 traduisent.

La présente instruction en rappelle l'économie d'ensemble et souligne certains points d'attention dans la perspective de l'entrée en vigueur de cette réforme au 15 juillet prochain.

1. Simplifier le contentieux devant le juge administratif en réduisant à trois le nombre de procédures

Afin d'assurer une meilleure lisibilité des textes, les dispositions relatives au contentieux ont été regroupées dans un nouveau livre IX du code de l'entrée et du séjour des étrangers et du droit d'asile (CESEDA), dont la partie réglementaire accueille les dispositions qui figuraient jusqu'à alors dans le code de justice administrative (CJA).

Le premier volet de la réforme a consisté à simplifier le contentieux des étrangers devant la juridiction administrative. Cette simplification ne pouvait s'effectuer sans une limitation du nombre de procédures qui, d'une douzaine, a été réduit à trois, en prenant en compte la diversité des profils des étrangers.

La procédure ordinaire (L. 911-1) s'appliquera aux obligations de quitter le territoire français (OQTF), quelle que soit leur base légale (toutes les OQTF mentionnées aux 1° à 6° du L. 611-1, et les OQTF visant les ressortissants de l'UE) et qu'elles soient assorties ou non d'un délai de départ volontaire, ainsi qu'aux décisions notifiées simultanément (refus de séjour, décision relative au délai de départ volontaire, interdiction de retour, décision fixant le pays de renvoi), dès lors gue l'étranger ne fait l'objet d'aucune mesure restrictive de liberté. Les délais de recours et de jugement des OQTF sont ainsi uniformisés. Dans ces cas, l'étranger disposera d'un délai d'un mois pour former un recours, qui sera jugé en formation collégiale dans un délai de six mois suivant l'enregistrement de la requête. Il en va de même pour la décision d'interruption de délai de départ volontaire, non accompagnée d'une mesure restrictive de liberté.

Malgré l'allongement du délai de recours de 48 heures à un mois pour l'OQTF dépourvue de délai de départ volontaire, je vous rappelle que celle-ci doit toujours être notifiée par voie administrative de même que ses décisions accessoires (R. 613-2) et les décisions d'assignation à résidence (R. 732-5).

Deux procédures accélérées, à juge unique, sont également prévues :

une procédure spéciale (L. 921-1) est créée en cas d'OQTF assortie d'une assignation à résidence, avec des délais de recours et de jugement allongés respectivement à 7 jours et 15 jours. Cette procédure est également applicable à l'étranger détenu faisant l'objet d'une OQTF (quelle que soit sa date de libération).

une procédure prioritaire (L. 921-2), déjà existante avec des délais de recours et de jugement de respectivement 48 heures et 96 heures, est maintenue au cas de rétention administrative.

En cas de décision de placement en rétention ou d'assignation à résidence postérieure à la notification de l'OQTF, mais notifiée avant l'expiration du délai de recours de l'OQTF, si l'étranger n'a pas déjà formé de recours, vous l'informerez qu'il est mis fin au délai de recours qui lui a été précédemment notifié et qu'il dispose désormais d'un nouveau délai de recours, de 48 heures ou 7 jours selon le cas (R. 921-1).

En cas d'assignation à résidence ou de placement en rétention en cours d'instance, les procédures accélérées sont également applicables au délai de jugement (15 jours pour l'OQTF et son assignation à résidence, et 144 heures pour l'OQTF en rétention). Il vous revient dans ce cas d'en informer la juridiction concernée, afin qu'elle statue dans le délai prévu (L. 921-3 et L. 921-4).

Vous agirez de même en cas de placement de l'étranger en détention (R. 921-2), cette situation relevant désormais de la procédure spéciale "7 jours /15 jours" (L. 921-1).

si le délai de recours n'a pas expiré au moment du placement en détention, vous lui ferez notifier par le greffe de l'établissement pénitentiaire l'information du nouveau délai de recours de 7 jours dont disposera alors l'étranger ;

si le recours a déjà été formé lorsque l'étranger entre en détention, vous devrez informer le tribunal administratif, pour que le juge statue dans les 15 jours. Il s'agit ainsi de permettre au juge de purger le contentieux avant la levée d'écrou.

Je vous rappelle que **vous ne pouvez pas procéder à l'éloignement effectif de l'étranger qui dispose d'un droit au recours contre son OQTF et tant que le tribunal n'a pas statué s'il a été saisi** (L. 722-7). Par voie de conséquence, l'éloignement des étrangers détenus et faisant l'objet d'une OQTF doit être anticipé au moins trois semaines avant la levée d'écrou (7 jours de délai de recours + 15 jours de délai de jugement) pour être en mesure d'assurer la reconduite à la frontière dès sa libération.

Les décisions relatives aux procédures d'asile (décisions refusant ou mettant fin aux conditions matérielles d'accueil et décisions de transfert Dublin) relèvent de la procédure spéciale "7 jours/15 jours" (L. 921-1). Toutefois, en cas de placement en rétention, la décision de transfert relève de la procédure prioritaire "48 heures/96 heures" (L. 921-2). La décision de refus d'entrée au titre de l'asile et la décision de transfert qui l'accompagne le cas échéant, de même que la décision de maintien en rétention prise à la suite d'une demande d'asile relèvent également de la procédure prioritaire.

En ce qui concerne les autres décisions d'éloignement, les décisions de remise (L. 621-1) et de mise en œuvre de la décision d'un autre État membre (L. 615-1) demeurent régies par le droit commun et relèvent du délai de recours de 2 mois prévu à l'article R. 421-1 du CJA. Toutefois, en cas d'assignation à résidence, de détention ou de rétention, les procédures accélérées (L. 921-1 et L. 921-2) s'appliqueront.

Compte tenu de leur spécificité, les décisions d'expulsion et d'interdiction administrative du territoire continuent également de relever des procédures de droit commun (délai de recours de 2 mois prévu à l'article R. 421-1 du CJA), y compris en cas d'assignation à résidence, de détention ou de rétention de la personne qui en fait l'objet (quelle que soit sa date de notification).

L'éloignement effectif de l'étranger est suspendu pendant le délai de recours contre la décision de transfert et l'OQTF et jusqu'à ce que le juge ait statué s'il a été saisi (L. 572-2 et L. 722-7). Les recours contre les décisions de remise, de mise en œuvre de la décision d'un autre État membre, d'expulsion, d'interdiction administrative du territoire sont dépourvus de caractère suspensif d'éloignement.

Ces nouvelles règles procédurales entrent en vigueur le 15 juillet. En conséquence, vous prendrez soin de notifier, pour toute décision édictée (et non pas notifiée) à compter de cette date les nouvelles voies et délais de recours applicables *[Des formulaires-type sont téléchargeables sur le site intranet de là DGEF]*.

En outre, conformément aux recommandations du Conseil d'État, la voie de l'appel est supprimée pour les décisions de transfert dit « Dublin » ainsi que l'éventuelle décision d'assignation à résidence prise sur ce fondement (nouvel article R. 922-26) : les jugements statuant sur cette décision et, le cas échéant, la mesure d'assignation à résidence qui l'assortit, ne pourront faire l'objet que d'un pourvoi en cassation. Cette disposition s'applique aux jugements rendus à compter du 15 juillet.

Vous veillerez donc à saisir la direction des libertés publiques et des affaires juridiques (sous-direction du conseil juridique et du contentieux – bureau du contentieux des étrangers - dipaicontentieuxetrangers@interieur.gouv.fr) des jugements vous semblant justifier l'introduction d'un pourvoi, en lien avec la direction de l'asile (contact-dublin@interieur.gouv.fr).

2. Favoriser l'action des services en adaptant les délais du contentieux judiciaire

Le contentieux judiciaire du droit des étrangers à*[a]* également été modifié par la loi du 26 janvier 2024. La loi a principalement agi sur les délais afin de faciliter l'action administrative et le traitement des contentieux par les tribunaux judiciaires.

2.1. *En zone d'attente*

L'article 77 de la loi "contrôler l'immigration, améliorer l'intégration" a permis de tirer les conséquences du débarquement à Toulon, en novembre 2021, du navire *Ocean Viking* avec à son bord plusieurs centaines d'étrangers ne remplissant pas les conditions d'entrée sur le territoire français. Le délai de 24 heures imparti aux tribunaux judiciaires pour statuer était alors apparu trop bref pour gérer de telles situations.

Aux fins de bonne administration de la justice, le législateur a dès lors prévu qu'en cas de placement simultané en zone d'attente d'un nombre important d'étrangers ne remplissant pas les conditions d'entrée sur le territoire, le premier président de la cour d'appel peut tenir compte des contraintes du service juridictionnel (L. 342-5). Il appréciera ainsi, après avis du procureur général, si les juridictions sont en mesure, au vu des moyens mobilisables dans les délais requis, de traiter dans l'urgence les requêtes aux fins de prolongation du maintien en zone d'attente dont elles seront saisies. En cas contraire, il pourra décider, par ordonnance, de porter temporairement le délai du jugement de 24 heures à 48 heures pour le traitement contentieux des procédures afférentes à l'événement en cours (R. 342-1-1).

Si ces dispositions sont entrées en vigueur de façon immédiate le 28 janvier 2024 (cf. ma précédente circulaire du 5 février 2024 NOR : IOMV2402713J), le décret vient en préciser les modalités d'application pour les juridictions.

Dans l'hypothèse où un nombre important d'étrangers serait simultanément placé en zone d'attente dans votre département, vous prendrez immédiatement l'attache du procureur de la République qui en informera le Premier président de la cour d'appel et les chefs de juridiction concernés.

2.2. *En rétention administrative*

Concernant la rétention, le législateur a entendu faciliter l'action des services en leur offrant plus de latitude lors des premiers jours de la rétention.

En premier lieu, la **durée du placement initial en rétention est portée de 48 heures à 4 jours** (L. 741-1). En cohérence, la durée de la première prolongation de la rétention est réduite à 26 jours (au lieu de 28 jours), de sorte à ne pas modifier la durée totale de la rétention administrative (L. 742-3).

Dans ce nouveau cadre, la loi a entendu préserver le principe de l'audience commune pour statuer, d'une part, sur la requête de l'étranger aux fins de contestation du placement en rétention et, d'autre part, sur celle du préfet aux fins de prolongation de la rétention. Aussi, la loi a assoupli le délai ouvert au juge pour statuer, afin qu'il ne commence à courir qu'à compter de l'expiration du délai de saisine (L. 741-10) *[A l'instar du délai ouvert au juge administratif pour statuer sur l'OQTF en cas de placement en rétention]*. Il en résulte que, dans tous les cas, le juge des libertés et de la détention (JLD) pourra statuer sur chacune des deux requêtes jusqu'au 6e jour de la rétention, quelle que soit la date de sa saisine. Cet assouplissement des délais ne fait bien sûr nullement obstacle à ce que le juge conserve la faculté de statuer dès sa saisine s'il l'estime nécessaire. Sans changement, l'étranger peut demeurer dans un local de rétention administrative jusqu'à la décision du juge autorisant la première prolongation du placement en rétention (R. 744-9).

Par ailleurs, la loi facilite l'appel suspensif contre les ordonnances du JLD mettant fin à la rétention. Je vous rappelle qu'en principe, le recours n'est pas suspensif, mais que le procureur de la République peut néanmoins demander au premier président de la cour d'appel ou à son délégué de **déclarer son recours suspensif** lorsqu'il lui apparaît que l'intéressé ne dispose pas de garanties de représentation effectives, ou en cas de menace grave pour l'ordre public (L. 743-22).

Afin de mieux tenir compte des contraintes horaires du parquet et de l'augmentation des cas où sont soulevés des moyens relatifs à l'existence d'une menace grave pour l'ordre public, le délai pendant lequel le caractère suspensif de l'appel peut être sollicité a été porté de 10 heures à 24 heures. Je vous invite donc, à chaque fois que nécessaire, à prendre l'attache du parquet pour lui signaler les dossiers sensibles en fait ou en droit. Afin de préserver l'effet utile de cet appel, la durée de maintien de l'étranger à disposition de la justice lorsqu'une ordonnance du JLD met fin à sa rétention est également portée de 10 heures à 24 heures (L. 743-19). Les conditions de ce maintien demeurent, sans changement, fixées par le procureur de la République.

Je vous rappelle enfin que, par une disposition de la loi du 26 janvier 2024 entrée en vigueur dès sa publication, l'appel interjeté par le préfet ou le procureur contre une décision mettant fin à la rétention est systématiquement suspensif lorsque l'intéressé a été condamné à une peine d'interdiction du territoire pour des actes de terrorisme ou s'il fait l'objet d'une mesure d'éloignement édictée pour un comportement lié à des activités à caractère terroriste. L'intéressé est alors maintenu à la disposition de la justice jusqu'à ce qu'il soit statué sur le fond (L. 743-22). Vous veillerez donc, dans cette situation, à motiver votre appel en ce sens.

TABLEAU DE SYNTHESE DE LA REFORME DU CONTENTIEUX

			Décisions édictées avant le 15 juillet 2024			Décisions édictées depuis le 15 juillet 2024			
Mesures contestées			Délai de recours	Délai de jugement		Procédure	Délai de recours	Délai de jugement	Bascule
OQTF L251-1 + 3° 5° 6° L611-1	Avec DDV	Hors assignation à résidence et rétention	1 mois	3 mois	En détention : 8 jours si libération prochaine	Ordinaire	1 mois	6 mois	Passage en procédure spéciale (en cas d'assignation ou de placement en détention) ou en procédure prioritaire (en cas de placement en rétention)
OQTF 1° 2° 4° L611-1			15 j	6 semaines					
OQTF L251-3° 5° 6° L611-1	Sans DDV		48 h	3 mois					
OQTF 1° 2° 4° L611-1				6 semaines					
Toutes OQTF		Assignation à résidence L731-1	48 h	96 h		Spéciale (+ OQTF en détention)	7 j	15 j	
Mise en oeuvre de la décision d'éloignement d'un autre Etat membre									
Remise									
Pays de renvoi									
Assignation à résidence L731-1									
Transfert Dublin		Hors AAR L751 et rétention	15 j	15 j					
		Assignation à résidence L751	48 h	96 h					
Contentieux de l'enregistrement de la demande d'asile		Toutes situations	2 mois (ou référé)	-					
Contentieux des CMA									
Toutes OQTF		Rétention	48 h	96 h		Prioritaire	48 h	96 h	
Mise en oeuvre de la décision d'éloignement prise par un autre EM									
Remise									
Pays de renvoi									
Transfert Dublin									
Refus d'entrée au titre de l'asile et transfert		Zone d'attente		72 h					

N.B : A compter du 1er sept. 2024, en application de la loi d'orientation et de programmation du ministère de la justice (LOP) du 20 nov. 2023, le contentieux de la rétention et du placement en zone d'attente sera transféré du JLD au magistrat du siège du tribunal judiciaire.

3. Délocaliser les audiences à proximité des lieux de rétention et des zones d'attente pour limiter les déplacements des retenus

Le maintien en zone d'attente ou en rétention, mesure privative de liberté, implique nécessairement de nombreuses comparutions de l'étranger devant le tribunal judiciaire et la cour d'appel, mais également devant le juge administratif.

En conséquence, afin de limiter ces déplacements, le législateur a décidé de **consacrer le principe de la tenue d'audiences dans des salles spécialement aménagées à cet effet à proximité des lieux de rétention et des zones d'attente, tant pour les audiences du juge administratif que pour celles du juge judiciaire** (L. 922-3, alinéa 1). La délocalisation des audiences permet de limiter les charges d'escortes pour la police aux frontières. Elle contribue également à limiter les risques de fuite de la personne retenue à cette occasion.

Le président du tribunal administratif ou le magistrat désigné peut néanmoins décider de recourir à des moyens de télécommunication audiovisuelle pour la tenue de l'audience s'il n'entend pas se déplacer dans la salle spécialement aménagée située à proximité du lieu de rétention ou de la zone d'attente (L. 922-3, alinéas 2 à 4).

Ce n'est qu'en l'absence de salle délocalisée ou si celle-ci est indisponible (en raison de son utilisation par une autre juridiction, ou de travaux de réfection) que l'étranger sera conduit au siège du tribunal pour assister à l'audience (L. 922-3, alinéa 5). Si l'absence de moyens de télécommunication audiovisuelle ne fait pas obstacle à la tenue de l'audience dans la salle spécialement aménagée, un programme d'équipement en visio-conférence de l'ensemble des salles d'audience spécialement aménagées existantes a été engagé en lien avec le ministère de la justice. Par ailleurs tous les centres de rétention prochainement créés disposeront d'une salle d'audience spécialement aménagée et équipée, tandis que les centres existants ont vocation, à terme et sauf impossibilité physique ou foncière, à être dotés d'une salle d'audience spécialement aménagée et équipée de moyens de télécommunication.

Je demande plus particulièrement aux préfets des départements dans lesquels se tiendront des audiences délocalisées de mobiliser et organiser leurs équipes aux fins d'assurer, dans la mesure du possible, la représentation de l'État à l'audience, en lien avec le préfet auteur de l'acte attaqué, chargé d'assurer la défense.

Vous signalerez à la direction générale des étrangers en France (bsos-dgef@interieur.gouv.fr et expertise-juridique-bajci-dgef@interieur gouv.fr) et à la direction des libertés publiques et des affaires juridiques (dlpaj-contentieuxetrangers@interieur.gouv.fr) des difficultés que vous seriez susceptibles de rencontrer dans la mise en œuvre de la réforme.

Art. L. 900-2 **Conformément à l'article L. 271-1, le présent livre est applicable à l'étranger dont la situation est régie par le livre II.**

TITRE I PROCÉDURE COLLÉGIALE SPÉCIALE

CHAPITRE UNIQUE

Art. L. 911-1 **Lorsqu'une disposition du présent code prévoit qu'une décision peut être contestée selon la procédure prévue au présent article, le tribunal administratif peut être saisi dans le délai d'un mois à compter de la notification de la décision. Sous réserve des troisième et avant-dernier alinéas du présent article, il statue dans un délai de six mois à compter de l'introduction du recours.**

L'étranger peut demander le bénéfice de l'aide juridictionnelle, au plus tard lors de l'introduction de son recours.

Si, en cours d'instance, l'étranger est assigné à résidence en application de l'article L. 731-1, le tribunal administratif statue dans un délai de quinze jours à compter de la date à laquelle cette décision lui est notifiée par l'autorité administrative.

Si, en cours d'instance, l'étranger est placé en rétention administrative, le tribunal administratif statue dans un délai de cent quarante-quatre heures à compter de la date à laquelle cette décision lui est notifiée par l'autorité administrative.

Dans les cas prévus aux troisième et avant-dernier alinéas du présent article, l'affaire est jugée dans les conditions prévues au chapitre II du titre II du présent livre.

COMMENTAIRE

La procédure collégiale spéciale prévue à l'article L. 911-1 ne concerne spécifiquement que la décision portant OQTF ainsi que la décision relative au séjour, la décision relative au délai de départ volontaire et l'interdiction de retour sur le territoire français qui l'accompagnent (art. L. 614-1). Par application de l'article L. 721-5, elle concerne également la décision fixant le pays de destination.

Elle ne s'applique qu'à l'étranger qui ne fait l'objet ni d'une assignation à résidence ni d'une rétention administrative. Le délai de recours est d'un mois et le délai de jugement de six mois. Le délai de jugement est réduit à l'égard de l'étranger qui, en cours d'instance, est assigné à résidence (quinze jours) ou placé en rétention administrative (cent quarante-quatre heures).

L'article R. 911-1 (issu du Décr. n° 2024-799 du 2 juill. 2024) a précisé que le délai de recours contentieux d'un mois prévu au présent article n'est pas prorogé par l'exercice d'un recours administratif.

Aux termes de l'article R. 911-8, le délai d'appel est d'un mois. Il court contre chaque partie à compter du jour où le jugement lui a été notifié. Cette notification mentionne la possibilité de faire appel et le délai dans lequel cette voie de recours peut être exercée. ❑

TITRE II PROCÉDURES À JUGE UNIQUE

CHAPITRE I DÉLAIS DE RECOURS ET DE JUGEMENT

Art. L. 921-1 Lorsqu'une disposition du présent code prévoit qu'une décision peut être contestée selon la procédure prévue au présent article, le tribunal administratif peut être saisi dans le délai de sept jours à compter de la notification de la décision. Sous réserve de l'article L. 921-4, il statue dans un délai de quinze jours à compter de l'introduction du recours.

COMMENTAIRE

Cette deuxième modalité apparaît comme la procédure la plus largement retenue par le législateur ; le délai de saisine du juge administratif est ici de sept jours et le juge rend sa décision dans la délai de quinze jours, délais insusceptibles de prorogation (art. R. 921-3).

Cette procédure concerne les demandeurs d'asile :
- refus (partiel ou total) ou suppression du bénéfice des conditions matérielles d'accueil du demandeur d'asile (art. L. 555-1) ;
- décision de transfert du demandeur d'asile « dubliné » (art. L. 572-4), sauf s'il est placé en rétention administrative ;
- demande de suspension de la décision portant OQTF définitive, notifiée antérieurement à la décision de l'OFPRA, pour l'étranger faisant l'objet d'une assignation à résidence intervenant après la décision de l'OFPRA (art. L. 752-7) ;
- demande de suspension de la mesure d'éloignement en cas de décision de rejet ou d'irrecevabilité de l'OFPRA, jusqu'à l'expiration du délai de recours devant la CNDA ou, si celle-ci est saisie, jusqu'à la date de lecture en audience publique ou la notification de l'ordonnance s'agissant de l'étranger faisant l'objet d'une assignation à résidence (art. L. 753-7).

Elle s'applique également aux autres étrangers dans les hypothèses suivantes :
- décision portant OQTF ainsi que décision relative au séjour, la décision relative au délai de départ volontaire et l'interdiction de retour sur le territoire français qui l'accompagnent concernant un étranger assigné à résidence (art. L. 614-2 et L. 615-2) ou en détention (art. L. 614-3). Par application de l'article L. 721-5, elle concerne également la décision fixant le pays de destination ;
- interdiction de retour sur le territoire français consécutive à une OQTF (art. L. 614-4) ;
- décision de remise à un autre État membre de l'Union européenne et interdiction de circulation sur le territoire français qui l'accompagne s'agissant de l'étranger assigné à résidence (art. L. 623-1) ;
- décision d'assignation à résidence (art. L. 732-8). ❑

Art. L. 921-2 Lorsqu'une disposition du présent code prévoit qu'une décision peut être contestée selon la procédure prévue au présent article, le tribunal administratif peut être saisi dans le délai de quarante-huit heures à compter de la notification de la décision. Sous réserve de l'article L. 921-3, il statue dans un délai de quatre-vingt-seize heures à compter de l'expiration du délai de recours.

COMMENTAIRE

Comme dans le cas précédent, cette procédure concerne les décisions relatives aux demandeurs d'asile :
- décision de refus d'entrée au titre de l'asile et décision de transfert de l'étranger (art. L. 572-1) dont l'examen de la demande d'asile relève de la responsabilité d'un autre État et qui est placé en rétention administrative (art. L. 352-4) ;
- demande de suspension de la décision portant OQTF définitive, notifiée antérieurement à la décision de l'OFPRA, pour l'étranger faisant l'objet d'une rétention administrative intervenant après la décision de l'OFPRA (art. L. 752-7) ;

– demande de suspension de la mesure d'éloignement en cas de décision de rejet ou d'irrecevabilité de l'OFPRA, jusqu'à l'expiration du délai de recours devant la CNDA ou, si celle-ci est saisie, jusqu'à la date de lecture en audience publique ou la notification de l'ordonnance s'agissant de l'étranger faisant l'objet d'une rétention administrative (art. L. 753-7) ;

– décision de maintien en rétention (art. L. 754-3) concernant l'étranger dont la demande d'asile relève de la France, l'autorité administrative considérant que la demande n'a été présentée que dans le seul but de faire échec à l'exécution de la décision d'éloignement (art. L. 754-4).

Elle s'applique également aux autres étrangers dans les hypothèses suivantes :

– décision portant OQTF ainsi que décision relative au séjour, la décision relative au délai de départ volontaire et l'interdiction de retour sur le territoire français qui l'accompagnent concernant un étranger placé en rétention administrative (art. L. 614-2, al. 2 et L. 615-2, al. 2). Par application de l'article L. 721-5, elle concerne également la décision fixant le pays de destination ;

– interdiction de retour sur le territoire français consécutive à une OQTF pour un étranger placé en rétention administrative (art. L. 614-4) ;

– décision portant OQTF concernant l'étranger faisant l'objet d'un signalement au système d'information Schengen par un autre État partie ou qui a fait l'objet d'une décision d'éloignement par l'un de ces États et qui est placé en rétention administrative (art. L. 615-2, al. 2) ;

– décision de remise à un autre État membre de l'Union européenne et interdiction de circulation sur le territoire français qui l'accompagne s'agissant de l'étranger placé en rétention administrative (art. L. 623-1, al. 2). ❑

Art. L. 921-3 Si, en cours d'instance, l'étranger ayant formé un recours relevant de l'article L. 921-2 est assigné à résidence en application de l'article L. 731-1, le tribunal administratif statue dans un délai de quinze jours à compter de la date à laquelle cette décision lui est notifiée par l'autorité administrative.

COMMENTAIRE

La procédure prévue à l'article L. 921-3 fixe un délai de jugement de quinze jours et est applicable à toutes les décisions faisant l'objet de l'article L. 921-2 dès lors que l'étranger est assigné à résidence en cours d'instance. ❑

Art. L. 921-4 Si, en cours d'instance, l'étranger ayant formé un recours relevant de l'article L. 921-1 est placé en rétention administrative, le tribunal administratif statue dans un délai de cent quarante-quatre heures à compter de la date à laquelle cette décision lui est notifiée par l'autorité administrative.

CHAPITRE II **RÈGLES DE PROCÉDURE**

Art. L. 922-1 Lorsque le recours relève du chapitre Ier du présent titre, l'affaire est jugée dans les conditions prévues au présent chapitre.

Il en est de même lorsque le recours relève de l'article L. 911-1 et que le délai de jugement est abrégé en application des troisième ou avant-dernier alinéas du même article L. 911-1.

Art. L. 922-2 Le recours est jugé par le président du tribunal administratif ou le magistrat qu'il désigne à cette fin parmi les membres du tribunal ou parmi les magistrats honoraires inscrits sur la liste mentionnée à l'article L. 222-2-1 du code de justice administrative.

L'étranger peut demander au président du tribunal administratif ou au magistrat désigné le concours d'un interprète et la communication du dossier contenant les pièces sur la base desquelles la décision contestée a été prise.

L'audience est publique. Elle se déroule sans conclusions du rapporteur public, en présence de l'intéressé, sauf si celui-ci, dûment convoqué, ne se présente pas. L'étranger est assisté de son conseil s'il en a un. Il peut demander au président du tribunal administratif ou au magistrat désigné qu'il lui en soit désigné un d'office.

Art. L. 922-3 Lorsque l'étranger est placé ou maintenu en rétention administrative ou en zone d'attente, afin d'assurer une bonne administration de la justice et de per-

mettre à l'étranger de présenter ses explications, l'audience se tient dans la salle d'audience attribuée au ministère de la justice spécialement aménagée à proximité immédiate, selon le cas, du lieu de rétention ou de la zone d'attente.

Le président du tribunal administratif ou le magistrat désigné peut toutefois siéger dans les locaux du tribunal. Les deux salles d'audience sont alors ouvertes au public et reliées entre elles en direct par un moyen de communication audiovisuelle garantissant la confidentialité et la qualité de la transmission.

Dans le cas mentionné au deuxième alinéa, le conseil de l'étranger, de même que le représentant de l'administration, peut assister à l'audience dans l'une ou l'autre salle. Il a le droit de s'entretenir avec son client de manière confidentielle. Une copic dc l'intégralité du dossier est mise à disposition du requérant. Un procès-verbal est établi dans chacune des salles d'audience attestant de la conformité des opérations effectuées en application du présent article.

Le président du tribunal administratif ou le magistrat désigné peut, de sa propre initiative ou sur demande des parties, suspendre l'audience lorsqu'il constate que la qualité de la retransmission ne permet pas à l'étranger ou à son conseil de présenter ses explications dans des conditions garantissant une bonne administration de la justice.

Par dérogation au premier alinéa, lorsqu'aucune salle d'audience n'a été spécialement aménagée à proximité immédiate, selon le cas, du lieu de rétention ou de la zone d'attente ou en cas d'indisponibilité de cette salle, l'audience se tient soit au tribunal administratif compétent, soit dans des locaux affectés à un usage juridictionnel judiciaire proches du lieu de rétention ou de la zone d'attente.

TITRE III DISPOSITIONS RELATIVES À L'OUTRE-MER

(L. nº 2024-42 du 26 janv. 2024, art. 80-II)

Les dispositions du présent titre introduites par l'art. 80 de la L. nº 2024-42 du 26 janv. 2024 entrent en vigueur à une date fixée par Décr. en Conseil d'État, et au plus tard le 1er août 2024. Ces dispositions s'appliquent à la contestation des décisions prises à compter de leur entrée en vigueur (L. préc., art. 86-IV). Ces dispositions entrent en vigueur le 15 juill. 2024 (Décr. nº 2024-799 du 2 juill. 2024, art. 9-I).

Dans les collectivités qui relèvent de l'art. 74 de la Const. à l'exception de Saint-Pierre-et-Miquelon, en Nouvelle-Calédonie et dans les Terres australes et antarctiques françaises, les dispositions et modifications introduites par la L. nº 2024-42 du 26 janv. 2024 entrent en vigueur à une date fixée par Décr. en Conseil d'État, et au plus tard le 1er sept. 2025 (L. préc., art. 86-V).

CHAPITRE UNIQUE DISPOSITIONS PARTICULIÈRES AUX COLLECTIVITÉS RÉGIES PAR L'ARTICLE 73 DE LA CONSTITUTION ET À SAINT-PIERRE-ET-MIQUELON

Art. L. 931-1 Le présent livre est applicable de plein droit en Guadeloupe, en Guyane, en Martinique, à La Réunion, à Mayotte et à Saint-Pierre-et-Miquelon, sous réserve des adaptations prévues au présent chapitre.

Art. L. 931-2 Les titres I et II du présent livre, à l'exception de l'article L. 922-3, ne sont pas applicables en Guadeloupe.

Art. L. 931-3 Les titres I et II du présent livre, à l'exception de l'article L. 922-3, ne sont pas applicables en Guyane.

Art. L. 931-4 Les titres I et II du présent livre, à l'exception de l'article L. 922-3, ne sont pas applicables à Mayotte.

DEUXIÈME PARTIE : RÉGLEMENTAIRE

(Décr. n° 2020-1734 du 16 déc. 2020, en vigueur le 1er mai 2021 ; Rect. JO du 27 févr. 2021 ; Rect. JO du 24 avr. 2021)

LIVRE I DISPOSITIONS GÉNÉRALES

TITRE I CHAMP D'APPLICATION

Art. D. 110-1 Les accords et conventions bilatéraux mentionnés à l'annexe 1 déterminent les conditions d'entrée et de séjour sur le territoire français des ressortissants des États avec lesquels ils ont été conclus. – *[Anc. art. D. 131-1.]*

ANNEXE 1 MENTIONNÉE À L'ARTICLE D. 110-1

LISTE DES ACCORDS ET CONVENTIONS BILATÉRAUX DÉFINISSANT LES CONDITIONS D'ENTRÉE ET DE SÉJOUR SUR LE TERRITOIRE FRANÇAIS DES RESSORTISSANTS DES ÉTATS AVEC LESQUELS ILS ONT ÉTÉ CONCLUS

Les accords et conventions bilatéraux qui définissent les conditions d'entrée et de séjour sur le territoire français des ressortissants des États avec lesquels ils ont été conclus sont les suivants :

I. — En ce qui concerne les États du continent africain :

1° Accords intervenus entre le Gouvernement de la République française et le Gouvernement de la République algérienne démocratique et populaire :

a) Accord relatif à la circulation, à l'emploi et au séjour en France des ressortissants algériens et de leurs familles, complété par un protocole annexe, signé à Alger le 27 décembre 1968, modifié par son premier avenant signé à Alger le 28 septembre 1994, par son deuxième avenant signé à Alger le 28 septembre 1994 et par son troisième avenant signé à Paris le 11 juillet 2001, approuvé par la loi n° 2002-1305 du 29 octobre 2002 et publié par le décret n° 2002-1500 du 20 décembre 2002 ;

b) Accord sous forme d'échange de lettres relatif à la circulation des personnes, signé à Paris le 31 août 1983, modifié par l'échange de lettres des 10 et 11 octobre 1986 et par l'accord sous forme d'échange de lettres signé à Alger le 28 septembre 1994 et publié par le décret n° 94-1102 du 19 décembre 1994 ;

c) Accord relatif aux échanges de jeunes actifs, signé à Paris le 26 octobre 2015, approuvé par la loi n° 2017-1249 du 9 août 2017, publié par le décret n° 2018-403 du 28 mai 2018 ;

2° Convention entre le Gouvernement de la République française et le Gouvernement de la République du Bénin relative à la circulation et au séjour des personnes, signée à Cotonou le 21 décembre 1992, approuvée par la loi n° 94-535 du 28 juin 1994 et publiée par le décret n° 94-971 du 3 novembre 1994 ;

3° Convention entre le Gouvernement de la République française et le Gouvernement du Burkina Faso relative à la circulation et au séjour des personnes (ensemble un échange de lettres interprétatif), signée à Ouagadougou le 14 septembre 1992, approuvée par la loi n° 94-533 du 28 juin 1994 et publiée par le décret n° 95-45 du 10 janvier 1995 ;

4° Convention entre la République française et la République du Cameroun relative à la circulation et au séjour des personnes (ensemble une annexe), signée à Yaoundé le 24 janvier 1994, approuvée par la loi n° 96-248 du 26 mars 1996 et publiée par le décret n° 96-1033 du 25 novembre 1996 ;

5° Conventions entre le Gouvernement de la République française et le Gouvernement de la République centrafricaine :

a) Convention relative à la circulation et au séjour des personnes, signée à Bangui le 26 septembre 1994, approuvée par la loi n° 95-1309 du 21 décembre 1995 et publiée par le décret n° 96-1071 du 9 décembre 1996 ;

b) Convention d'établissement, signée à Bangui le 26 septembre 1994, approuvée par la loi n° 95-1308 du 21 décembre 1995 et publiée par le décret n° 97-65 du 22 janvier 1997 ;

6° Convention entre le Gouvernement de la République française et le Gouvernement de la République du Congo relative à la circulation et au séjour des personnes, signée à Brazzaville le 31 juillet 1993, approuvée par la loi n° 94-532 du 28 juin 1994 et publiée par le décret n° 96-996 du 13 novembre 1996 ;

7° Convention entre le Gouvernement de la République française et le Gouvernement de la République de Côte d'Ivoire relative à la circulation et au séjour des personnes, signée à Abidjan le 21 septembre 1992, approuvée par la loi n° 94-543 du 28 juin 1994 et publiée par le décret n° 95-436 du 14 avril 1995 ;

8° Conventions et accords entre le Gouvernement de la République française et le Gouvernement de la République gabonaise :

a) Convention relative à la circulation et au séjour des personnes, signée à Paris le 2 décembre 1992, approuvée par la loi n° 94-531 du 28 juin 1994 et publiée par le décret n° 2003-963 du 3 octobre 2003 ;

b) Convention d'établissement, signée à Libreville le 11 mars 2002, approuvée par la loi n° 2003-557 du 26 juin 2003 et publiée par le décret n° 2004-684 du 8 juillet 2004 ;

c) Accord relatif aux échanges de jeunes professionnels (ensemble une annexe), signé à Libreville le 24 février 2010 et publié par le décret n° 2010-448 du 3 mai 2010 ;

9° Conventions entre le Gouvernement de la République française et le Gouvernement de la République du Mali :

a) Convention sur la circulation et le séjour des personnes (ensemble deux échanges de lettres), signée à Bamako le 26 septembre 1994, approuvée par la loi n° 95-1403 du 30 décembre 1995 et publiée par le décret n° 96-1088 du 9 décembre 1996 ;

b) Convention d'établissement, signée à Bamako le 26 septembre 1994, approuvée par la loi n° 95-1402 du 30 décembre 1995 et publiée par le décret n° 97-66 du 22 janvier 1997 ;

10° Accords entre le Gouvernement de la République française et le Gouvernement du Royaume du Maroc :

a) Convention de main*[-]*d'œuvre signée le 1er juin 1963, publiée par le décret n° 63-779 du 27 juillet 1963 ;

b) Accord en matière de séjour et d'emploi, fait à Rabat le 9 octobre 1987, publié par le décret n° 94-203 du 4 mars 1994 ;

c) Accord sous forme d'échange de lettres relatif à la circulation des personnes, signé à Paris le 10 novembre 1983, modifié par l'accord sous forme d'échange de lettres signé à Paris le 25 février 1993 et publié par le décret n° 93-850 du15 juin 1993 ;

d) Accord relatif aux échanges de jeunes professionnels, signé le 24 mai 2001 à Rabat, publié par le décret n° 2001-970 du 19 octobre 2001 ;

11° Accords entre le Gouvernement de la République française et le Gouvernement de la République de Maurice :

a) Accord relatif au séjour et à la migration circulaire de professionnels (ensemble deux annexes), signé à Paris le 23 septembre 2008, approuvé par la loi la loi n° 2010-383 du 16 avril 2010, entré en vigueur le 1er septembre 2010 et publié par le décret n° 2010-1114 du 22 septembre 2010 ;

b) Accord visant à faciliter la circulation des ressortissants mauriciens à La Réunion, signé à Port-Louis le 2 avril 2007 et publié par le décret n° 2008-17 du 3 janvier 2008 ;

12° Convention relative à la circulation et au séjour des personnes entre le Gouvernement de la République française et le Gouvernement de la République islamique de Mauritanie (ensemble un échange de lettres), signée à Nouakchott le 1er octobre 1992, approuvée par la loi n° 94-534 du 28 juin 1994 et publiée par le décret n° 95-1234 du 16 novembre 1995 ;

13° Convention entre le Gouvernement de la République française et le Gouvernement de la République du Niger relative à la circulation et au séjour des personnes (ensemble un échange de lettres), signée à Niamey le 24 juin 1994, approuvée par la loi n° 97-742 du 2 juillet 1997 et publiée par le décret n° 97-868 du 18 septembre 1997 ;

14° Conventions et accords entre le Gouvernement de la République française et le Gouvernement de la République du Sénégal :

a) Convention relative à la circulation et au séjour des personnes (ensemble une annexe), signée à Dakar le 1er août 1995, approuvée par la loi n° 97-744 du 2 juillet 1997 et publiée par le décret n° 2002-337 du 5 mars 2002 ;

b) Convention d'établissement, signée à Paris le 25 mai 2000, approuvée par la loi n° 2003-4 du 2 janvier 2003 et publiée par le décret n° 2003-954 du 30 septembre 2003 ;

c) Accord relatif aux échanges de jeunes professionnels, signé le 20 juin 2001 à Paris, publié par le décret n° 2002-940 du 18 juin 2002 ;

15° Conventions entre le Gouvernement de la République française et le Gouvernement de la République togolaise :

a) Convention relative à la circulation et au séjour des personnes (ensemble deux échanges de lettres), signée à Lomé le 13 juin 1996, approuvée par la loi n° 98-237 du 1er avril 1998 et publiée par le décret n° 2001-1268 du 20 décembre 2001 ;

b) Convention d'établissement, signée à Lomé le 13 juin 1996, approuvée par la loi n° 2001-76 du 30 janvier 2001 et publiée par le décret n° 2001-1325 du 21 décembre 2001 ;

16° Accords entre le Gouvernement de la République française et le Gouvernement de la République tunisienne :

a) Accord en matière de séjour et de travail, fait à Paris le 17 mars 1988, modifié par l'avenant signé à Paris le 19 décembre 1991, et l'avenant fait à Tunis le 8 septembre 2000, approuvé par la loi n° 2002-1304 du 29 octobre 2002 et publié par le décret n° 2003-976 du 8 octobre 2003 ;

b) Accord sous forme d'échange de lettres relatif à la circulation des personnes, signé à Paris le 31 août 1983, modifié par l'accord sous forme d'échange de lettres signé à Paris le 19 décembre 1991 et publié par le décret n° 92-498 du 10 juin 1992 ;

c) Accord relatif aux échanges de jeunes professionnels signé le 4 décembre 2003 à Tunis, publié par le décret n° 2004-579 du 17 juin 2004.

II. — En ce qui concerne les États du continent américain :

1° Accords entre le Gouvernement de la République française et le Gouvernement de la République argentine :

a) Accord relatif aux échanges de stagiaires professionnels, signé à Buenos Aires le 26 septembre 1995, publié par le décret n° 97-43 du 15 janvier 1997 ;

b) Accord relatif au programme "vacances-travail" signé le 18 février 2011 à Paris, modifié par l'accord sous forme d'échange de lettres signé à Paris le 9 août et le 1er septembre 2016 et publié par le décret n° 2016-1525, et par l'accord sous forme d'échange de lettres signé à Paris les 30 janvier et 27 février 2018 et publiés par le décret n° 2018-443 ;

2° Accords entre le Gouvernement de la République française et le Gouvernement de la République fédérative du Brésil*[:]*

a) Accord concernant la mise en place d'un régime de circulation transfrontalière au bénéfice des résidents de la zone frontalière entre l'État de l'Amapá et la région Guyane (ensemble une annexe), signées *[signé]* à Brasilia le 26 mars 2014 et à Paris le 28 avril 2014 et publié par le décret n° 2014-1052 du 15 septembre 2014 ;

b) Accord relatif à la construction d'un pont routier sur le fleuve Oyapock reliant la Guyane française et l'État de l'Amapá, signé à Paris le 15 juillet 2005 et publié par le décret n° 2007-1518 du 22 octobre 2007 ;

c) Accord relatif au programme "vacances-travail" signé à Brasilia le 12 décembre 2013, entré en vigueur le 11 avril 2018 et publié par le décret n° 2018-191 du 19 mars 2018 ;

3° Accord entre le Gouvernement de la République française et le Gouvernement du Canada relatif à la mobilité des jeunes (ensemble deux annexes), signé à Ottawa le 14 mars 2013, entré en vigueur le 1er janvier 2015 et publié par le décret n° 2015-8 du 9 janvier 2015 ;

4° Accord entre le Gouvernement de la République française et le Gouvernement de la République du Chili relatif au programme "vacances-travail", signé à Paris le 8 juin 2015, entré en vigueur le 1er novembre 2015 et publié par le décret n° 2015-1472 du 10 novembre 2015 ;

5° Accord entre le Gouvernement de la République française et le Gouvernement de la République de Colombie relatif au programme "vacances-travail", signé à Bogota le 25 juin 2015, entré en vigueur le 1er décembre 2015 et publié par le décret n° 2015-1632 du 10 décembre 2015 ;

6° Accord entre le Gouvernement de la République française et le Gouvernement du Commonwealth de Dominique visant à faciliter la circulation des ressortissants dominiquais dans les départements français d'Amérique, fait à Basse-Terre (Guadeloupe) le 9 mars 2006 et publié par le décret n° 2007-413 du 23 mars 2007 ;

7° Accord entre le Gouvernement de la République française et le Gouvernement de Sainte-Lucie visant à faciliter la circulation des ressortissants saint-luciens dans les départements français d'Amérique, signé à Castries le 23 avril 2005 et publié par le décret n° 2006-432 du 12 avril 2006 ;

8° Accord entre le Gouvernement de la République française et le Gouvernement des États-Unis mexicains relatif au programme "vacances-travail", signé à Mexico le 15 avril 2016, entré en vigueur le 1er septembre 2016 et publié par le décret n° 2016-1345 du 10 octobre 2016 ;

9° Accord entre le Gouvernement de la République française et le Gouvernement de la République orientale de l'Uruguay relatif au programme "vacances-travail", signé à Montevideo le 25 février 2016 et publié par le décret n° 2016-1144 du 26 août 2016.

III. — En ce qui concerne les États du continent asiatique :

1° Accord entre le Gouvernement de de la République française et le Gouvernement de la République populaire de Chine relatif au programme "1 000 stagiaires", signé à Pékin le 2 novembre 2015 et publié par le décret n° 2016-267 du 4 mars 2016 ;

2° Accord relatif au programme "Vacances-Travail" entre le Gouvernement de la République française et le Gouvernement de la République de Corée, signé à Séoul le 20 octobre 2008, entré en vigueur le 1er janvier 2009 et publié par le décret n° 2009-31 du 11 janvier 2009 ;

3° Accord entre le Gouvernement de la République française et le Gouvernement de la région administrative spéciale de Hong Kong de la République populaire de Chine relatif au programme "Vacances-Travail", signé à Hong Kong le 6 mai 2013, entré en vigueur le 1er juillet 2013 et publié par le décret n° 2013-600 du 8 juillet 2013 ;

4° Accord entre le Gouvernement de la République française et le Gouvernement du Japon relatif au visa "vacances-travail", signé à Paris le 8 janvier 1999, modifié par l'accord sous forme d'échange de lettres signé à Paris le 9 juin 2016 et publié par le décret n° 2016-1227 du 16 septembre 2016.

IV. — En ce qui concerne les États du continent européen :

1° Convention entre la République française, le Royaume d'Espagne et la Principauté d'Andorre relative à l'entrée, à la circulation, au séjour et à l'établissement de leurs ressortissants, signée à Bruxelles le 4 décembre 2000, approuvée par la loi n° 2003-213 du 13 mars 2003 et publiée par le décret n° 2003-739 du 30 juillet 2003 ;

2° Accord entre le Gouvernement de la République française et le Conseil des ministres de Bosnie-Herzégovine relatif à la mobilité des jeunes (ensemble trois annexes), signé à Sarajevo le 3 juillet 2014, approuvé par la loi n° 2018-1001 du 19 novembre 2018 et publié par le décret n° 2019-384 du 29 avril 2019 ;

3° Accord entre le Gouvernement de la République française et le Gouvernement de la Géorgie relatif au séjour et à la migration circulaire de professionnels (ensemble deux annexes), signé à Paris le 12 novembre 2013, approuvé par la loi n° 2018-1068 du 3 décembre 2018, publié par le décret n° 2019-779 du 24 juillet 2019 ;

4° Accord entre le Gouvernement de la République française et le Gouvernement de la République de Hongrie relatif à la prise en charge des personnes à la frontière, signé à Paris le 16 décembre 1996 et publié par le décret n° 99-63 du 25 janvier 1999 ;

5° Convention d'établissement entre la France et la République de Saint-Marin du 15 janvier 1954 et publiée par le décret n° 56-520 du 14 mai 1956 ;

6° Accord sous forme d'échange de lettres portant aménagements du titre I de la Convention de voisinage entre la France et la Principauté de Monaco du 18 mai 1963, signées *[signé]* à Paris et à Monaco le 15 décembre 1997*[,]* approuvé par la loi n° 99-988 du 1er décembre 1999 et publié par le décret n° 2000-591 du 29 juin 2000 ;

7° Accord entre le Gouvernement de la République française et le Gouvernement du Monténégro relatif à la mobilité des jeunes (ensemble deux annexes), signé à Podgorica le 1er décembre 2009 et publié par le décret n° 2013-487 du 10 juin 2013 ;

8° Accord sur le retrait du Royaume-Uni de Grande-Bretagne et d'Irlande du Nord de l'Union européenne et de la Communauté européenne de l'énergie atomique du 17 octobre 2019 ;

9° Accord entre le Gouvernement de la République française et le Gouvernement de la Fédération de Russie sur les migrations professionnelles (ensemble six annexes), signé à Rambouillet le 27 novembre 2009 et publié par le décret n° 2011-450 du 22 avril 2011 ;

10° Accord entre le Gouvernement de la République française et le Gouvernement de la République de Serbie relatif à la mobilité des jeunes (ensemble une annexe), signé à Belgrade le 2 décembre 2009, approuvé par la loi n° 2013-241 du 25 mars 2013, publié par le décret n° 2013-537 du 25 juin 2013.

V. — En ce qui concerne les États d'Océanie :

1° Accord entre le Gouvernement de la République française et le Gouvernement de l'Australie relatif au programme "vacances-travail", signé à Canberra le 24 novembre 2003, modifié par l'accord sous forme d'échange de lettres signé à Paris le 7 janvier et le 11 février 2016 et publié par le décret n° 2016-487 ;

2° Conventions et accords entre le Gouvernement de la République française et le Gouvernement de Nouvelle-Zélande :

a) Accord pour l'échange de stagiaires agricoles signé à Paris le 10 août 1983, entré en vigueur le 20 août 1983 et publié par le décret n° 83-1011 du 23 novembre 1983 ;

a) [b)] Convention relative au programme vacances-travail, signée à Paris le 2 juin 1999, modifié*[e]* par l'accord sous forme d'échange de lettres signé à Paris les 9 et 10 mars 2017 et publié par le décret n° 2017-625.

TITRE II ADMINISTRATIONS EN CHARGE DE L'ENTRÉE ET DU SÉJOUR DES ÉTRANGERS ET DU DROIT D'ASILE

CHAPITRE I ÉTABLISSEMENTS PUBLICS

SECTION 1 Office français de l'immigration et de l'intégration

SOUS-SECTION 1 Missions et exercice des missions

Art. R. 121-1 L'Office français de l'immigration et de l'intégration est placé sous la tutelle des ministres chargés de l'immigration et de l'intégration. – *[C. trav., art. R. 5223-4.]*

Art. R. 121-2 L'Office français de l'immigration et de l'intégration met en œuvre les missions définies à l'article L. 121-1.

Pour la mise en œuvre de la politique d'accueil des demandeurs d'asile, l'office assure le pilotage d'un réseau de structures de premier accueil, d'information, d'orientation et d'accompagnement dont les missions sont définies par le ministère chargé de l'asile et dont il peut déléguer la gestion, par convention, à des personnes morales de droit privé.

En application des dispositions des articles L. 552-5 et L. 552-6, l'office assure également, pour le compte du ministère chargé de l'asile, la coordination du dispositif national d'hébergement des demandeurs d'asile et des réfugiés. – *[C. trav., art. R. 5223-1.]*

Art. R. 121-3 L'Office français de l'immigration et de l'intégration peut, par convention, associer à ses missions tout organisme privé ou public, notamment les collectivités territoriales et les organismes de droit privé à but non lucratif. – *[C. trav., art. R. 5223-2.]*

Art. R. 121-4 La mise en œuvre des missions de l'Office français de l'immigration et de l'intégration fait l'objet d'un contrat d'objectifs et de performance conclu avec l'État. – *[C. trav., art. R. 5223-3.]*

SOUS-SECTION 2 **Organisation et fonctionnement**

§ 1 Conseil d'administration

Art. R. 121-5 Le conseil d'administration de l'Office français de l'immigration et de l'intégration comprend, outre son président et deux parlementaires désignés l'un par l'Assemblée nationale et l'autre par le Sénat, quinze membres :

1° Huit membres représentant l'État :

a) le représentant du ministre chargé de l'immigration ;

b) le représentant du ministre chargé de l'intégration ;

c) le représentant du ministre chargé de l'emploi ;

d) le représentant du ministre chargé des affaires étrangères ;

e) le représentant du ministre chargé des affaires sociales ;

f) le représentant du ministre chargé de l'enseignement supérieur ;

g) le représentant du ministre chargé de la santé ;

h) le représentant du ministre chargé du budget ;

2° Deux représentants du personnel élus dans les conditions fixées par le chapitre II du titre II de la loi n° 83-675 du 26 juillet 1983 relative à la démocratisation du secteur public, à l'exception des dispositions relatives à la durée de leur mandat, qui est de trois ans ;

3° Cinq personnalités qualifiées désignées par les ministres chargés de l'immigration et de l'intégration en raison de leur expérience dans les domaines de compétences de l'office. – *[C. trav., art. R. 5223-5.]*

Art. R. 121-6 Le président du conseil d'administration de l'Office français de l'immigration et de l'intégration est nommé par décret, pour une durée de trois ans renouvelable, sur proposition conjointe des ministres chargés de l'immigration et de l'intégration.

Il est assisté de deux vice-présidents :

1° Un des représentants des ministres chargés de l'immigration et de l'intégration, désigné conjointement par ces derniers ;

2° Une personnalité qualifiée désignée en son sein par le conseil d'administration. – *[C. trav., art. R. 5223-6.]*

Art. R. 121-7 Les membres du conseil d'administration de l'Office français de l'immigration et de l'intégration mentionnés au 3° de l'article R. 121-5 sont nommés pour une durée de trois ans, renouvelable une fois, par arrêté conjoint du ministre chargé de l'immigration et du ministre chargé de l'intégration.

Chaque membre du conseil d'administration, hormis les personnalités qualifiées, dispose d'un suppléant désigné et nommé dans les mêmes conditions. – *[C. trav., art. R. 5223-7.]*

Art. R. 121-8 Toute vacance, pour quelque cause que ce soit, ou perte de la qualité au titre de laquelle les membres du conseil d'administration de l'Office français de l'immigration et de l'intégration ont été désignés, donne lieu à remplacement dans les mêmes conditions, dans un délai de deux mois à compter de cette vacance, pour la durée du mandat restant à courir. – *[C. trav., art. R. 5223-8.]*

Art. R. 121-9 Dans le cadre des missions fixées à l'article L. 121-3, le conseil d'administration de l'Office français de l'immigration et de l'intégration délibère sur :

1° Les conditions générales d'organisation et de fonctionnement de l'établissement, et notamment les ouvertures et fermetures des directions territoriales en France et des représentations à l'étranger ;

2° Les missions et l'implantation des services territoriaux et de ses représentations à l'étranger ;

3° Le projet de contrat d'objectifs et de performance conclu avec l'État ;

4° Le programme prévisionnel d'activité, le projet de budget de l'office et ses modifications ;

5° Le compte financier et l'affectation des résultats de l'établissement ;

6° Le tableau des emplois ;

7° Le rapport annuel d'activité présenté par le directeur général ;

8° Le placement des fonds disponibles dans les conditions fixées par le ministre chargé du budget ;

9° La stratégie immobilière de l'établissement, notamment son schéma pluriannuel de stratégie immobilière, les achats, ventes, échanges d'immeubles et prises à bail d'immeubles, constitution et cession de droits réels immobiliers ;

10° Les conditions générales de vente des produits et services fournis par l'établissement ;

11° L'acceptation ou le refus de dons et legs ;

12° L'autorisation des transactions. – *[C. trav., art. R. 5223-9, I.]*

Art. R. 121-10 Le conseil d'administration de l'Office français de l'immigration et de l'intégration rend un avis sur les projets d'arrêtés prévus à l'article R. 711-3 concernant les conditions d'octroi et le montant de l'aide au retour. – *[C. trav., art. R. 5223-9, II.]*

Art. R. 121-11 Le conseil d'administration de l'Office français de l'immigration et de l'intégration peut déléguer au directeur général certaines de ses attributions mentionnées aux 11° et 12° de l'article R. 121-9, dans les conditions qu'il détermine. Le directeur général rend compte au conseil d'administration, lors de sa plus prochaine réunion, des décisions qu'il a prises en vertu de cette délégation. – *[C. trav., art. R. 5223-9, III.]*

Art. R. 121-12 Pour l'adoption des délibérations modificatives prévues au 4° de l'article R. 121-9 et de celles relatives aux baux d'immeubles prévues au 9° du même article, le recours à une procédure de consultation des membres du conseil d'administration de l'Office français de l'immigration et de l'intégration par visioconférence peut être décidé par le président lorsque l'urgence l'impose.

A titre exceptionnel, lorsqu'il ne peut être procédé à une consultation par un moyen de communication audiovisuelle, le recours à une procédure de consultation écrite peut être décidé par le président lorsque l'urgence impose de consulter le conseil d'administration dans les délais les plus brefs. Dans ce cas, les membres du conseil d'administration sont consultés individuellement par tout moyen écrit permettant d'établir la preuve de la réception de la demande de consultation. Les observations émises sur la délibération par l'un des membres du conseil d'administration sont immédiatement communiquées aux autres membres.

Tout membre du conseil d'administration peut s'opposer à ce mode de consultation, auquel cas il est mis un terme à la procédure et le conseil d'administration est convoqué par son président afin de procéder au vote sur la ou les décisions soumises à consultation écrite.

Ces décisions sont prises selon les règles de majorité fixées à l'article R. 121-16. Elles font l'objet d'une information au conseil d'administration dans les meilleurs délais et sont inscrites au compte rendu de sa plus prochaine séance.

Les modalités de mise en œuvre de ces deux procédures de consultation en urgence, et notamment le délai minimum d'envoi des documents avant la date à laquelle il appartient aux membres du conseil d'administration de se prononcer sur les questions dont ils sont saisis, sont arrêtées par le règlement intérieur du conseil d'administration. – *[C. trav., art. R. 5223-9, IV.]*

Art. R. 121-13 Le président convoque le conseil d'administration de l'Office français de l'immigration et de l'intégration et fixe l'ordre du jour de sa réunion sur proposition du directeur général de l'office.

Le conseil d'administration se réunit au moins deux fois par an pour délibérer sur l'approbation du compte financier présenté par le comptable et l'adoption du budget primitif.

Le conseil d'administration est réuni de plein droit à la demande des ministres de tutelle ou de la majorité de ses membres, sur les points de l'ordre du jour déterminés par eux, dans le délai d'un mois suivant la demande. – *[C. trav., art. R. 5223-10.]*

Art. R. 121-14 Le conseil d'administration de l'Office français de l'immigration et de l'intégration ne peut valablement délibérer que si la moitié au moins de ses membres titulaires ou suppléants est présente ou représentée.

Si le quorum n'est pas atteint, le conseil est à nouveau convoqué sur le même ordre du jour dans un délai maximum de quinze jours. Il délibère alors sans condition de quorum. – *[C. trav., art. R. 5223-11.]*

Art. R. 121-15 En cas d'absence ou d'empêchement du président, le conseil d'administration de l'Office français de l'immigration et de l'intégration est présidé par le vice-président représentant les ministres chargés de l'immigration et de l'intégration. – *[C. trav., art. R. 5223-12.]*

Art. R. 121-16 Les délibérations du conseil d'administration de l'Office français de l'immigration et de l'intégration sont adoptées à la majorité des voix des membres présents ou représentés. La voix du président est prépondérante en cas de partage égal des voix. – *[C. trav., art. R. 5223-13.]*

Art. R. 121-17 Les secrétaires généraux des ministères de tutelle ou leurs représentants, le directeur général, le contrôleur budgétaire et l'agent comptable assistent aux réunions du conseil d'administration de l'Office français de l'immigration et de l'intégration avec voix consultative.

Le directeur général peut être assisté de membres du personnel de l'établissement qui participent aux réunions du conseil d'administration sans prendre part aux votes. – *[C. trav., art. R. 5223-14.]*

Art. R. 121-18 Les fonctions de membre du conseil d'administration de l'Office français de l'immigration et de l'intégration ne sont pas rémunérées.

Toutefois, le président reçoit une indemnité de fonctions dont le montant est fixé par arrêté des ministres chargés de l'immigration et du budget. – *[C. trav., art. R. 5223-15.]*

Art. R. 121-19 Les membres du conseil d'administration de l'Office français de l'immigration et de l'intégration peuvent bénéficier du remboursement de leurs frais de déplacement et de séjour dans les conditions prévues par la réglementation applicable aux fonctionnaires de l'État. – *[C. trav., art. R. 5223-16.]*

Art. R. 121-20 Sous réserve des dispositions de l'article R. 121-29, les délibérations du conseil d'administration de l'Office français de l'immigration et de l'intégration sont exécutoires de plein droit quinze jours après leur réception par les ministres chargés de l'immigration et de l'intégration. – *[C. trav., art. R. 5223-17.]*

§ 2 Directeur général

Art. R. 121-21 L'Office français de l'immigration et de l'intégration est dirigé par un directeur général nommé par décret pour trois ans renouvelables sur proposition du ministre chargé de l'immigration. – *[C. trav., art. R. 5223-18.]*

Art. R. 121-22 Le directeur général de l'Office français de l'immigration et de l'intégration assure la gestion et la conduite générale de l'office, la préparation et l'exécution des délibérations du conseil d'administration. Il est ordonnateur des recettes et des dépenses de l'établissement. Il passe tous actes, contrats ou marchés et conclut les transactions.

Il peut ester en justice et représente l'office en justice ainsi que dans tous les actes de la vie civile. – *[C. trav., art. R. 5223-20.]*

Art. R. 121-23 Le directeur général de l'Office français de l'immigration et de l'intégration peut déléguer sa signature à tout agent de l'établissement exerçant des fonctions d'encadrement.

Il peut nommer des ordonnateurs secondaires. – *[C. trav., art. R. 5223-21.]*

Art. R. 121-24 Le directeur général de l'Office français de l'immigration et de l'intégration élabore la contribution de l'office au rapport annuel sur les orientations pluriannuelles de la politique d'immigration prévu par l'article L. 123-1. – *[C. trav., art. R. 5223-22.]*

Art. R. 121-25 Le directeur général de l'Office français de l'immigration et de l'intégration dresse chaque année un rapport qu'il présente au conseil d'administration au cours du premier semestre, qui rend compte de l'exécution du contrat d'objectifs et de performance mentionné à l'article R. 121-4 et de l'activité de l'office durant l'exercice écoulé. – *[C. trav., art. R. 5223-23.]*

§ 3 Fonctionnement

Art. R. 121-26 L'Office français de l'immigration et de l'intégration peut accueillir en détachement ou par voie de mise à disposition des agents relevant de la fonction publique ainsi que des agents relevant d'organismes publics ou privés assurant la gestion d'un service public, dans le cadre de la réglementation qui leur est applicable. – *[C. trav., art. R. 5223-33.]*

Art. R. 121-27 Les missions de l'Office français de l'immigration et de l'intégration à l'étranger sont placées sous le contrôle permanent des représentants diplomatiques et consulaires français à l'étranger.

Les représentations de l'office à l'étranger sont placées sous le contrôle des représentations diplomatiques et consulaires françaises. Elles mettent en œuvre les orientations définies par le conseil d'administration de l'établissement. – *[C. trav., art. R. 5223-34.]*

SOUS-SECTION 3 Ressources

Art. R. 121-28 Les ressources de l'Office français de l'immigration et de l'intégration proviennent :

1° Des taxes, redevances et frais de dossiers qu'il est autorisé à percevoir ;

2° Des taxes versées par les employeurs qui embauchent des travailleurs étrangers, telles que définies à l'article L. 436-10 ;

(Abrogé par Décr. n° 2024-814 du 9 juill. 2024, art. 3, à compter du 17 juill. 2024) ***« 3° De la contribution spéciale prévue à l'article L. 8253-1 du code du travail et de la contribution au titre des frais de réacheminement prévue à l'article L. 822-2 ; »***

4° Des dons, legs et libéralités de toute nature qu'elle est appelée à recueillir ;

5° Des avances et subventions de l'État ou d'autres collectivités publiques ;

6° Des produits financiers résultant du placement de ses fonds ;

7° Du produit des cessions et des participations ;

8° Du produit des aliénations ;

9° De tout autre produit prévu par des dispositions légales, réglementaires ou conventionnelles. – *[C. trav., art. R. 5223-35.]*

Les dispositions résultant de l'art. 3 du Décr. n° 2024-814 du 9 juill. 2024 ne sont pas applicables à Saint-Barthélemy et à Saint-Martin (Décr. préc., art. 5-II, en vigueur le 17 juill. 2024).

Art. R. 121-29 Les délibérations portant sur le budget et le compte financier de l'Office français de l'immigration et de l'intégration sont exécutoires dans les conditions prévues par le titre III du décret n° 2012-1246 du 7 novembre 2012 relatif à la gestion budgétaire et comptable publique. – *[C. trav., art. R. 5223-37.]*

Art. R. 121-30 L'Office français de l'immigration et de l'intégration est soumis aux dispositions des titres I et III du décret n° 2012-1246 du 7 novembre 2012 relatif à la gestion budgétaire et comptable publique. – *[C. trav., art. R. 5223-38.]*

Art. R. 121-31 Des comptables secondaires peuvent être désignés par le directeur général de l'Office français de l'immigration et de l'intégration avec l'agrément du ministre chargé du budget et de l'agent comptable de l'office.

Des régies de recettes et d'avances peuvent être instituées conformément aux dispositions du décret n° 2019-798 du 26 juillet 2019 relatives aux régies de recettes et aux régies d'avances des organismes publics. – *[C. trav., art. R. 5223-39.]*

SECTION 2 Office français de protection des réfugiés et apatrides

SOUS-SECTION UNIQUE Organisation et fonctionnement

§ 1 Conseil d'administration

Art. R. 121-32 Le président du conseil d'administration de l'Office français de protection des réfugiés et apatrides est nommé pour une durée de trois ans renouvelable.

Les représentants de l'État au conseil d'administration de l'office, mentionnés au 3° de l'article L. 121-13, sont :

1° Deux personnalités, un homme et une femme, nommés par décret du Premier ministre pour une durée de trois ans ;

2° Le secrétaire général du ministère de l'intérieur ;

3° Le directeur général des étrangers en France au ministère chargé de l'asile ;

4° Le secrétaire général du ministère des affaires étrangères ;

5° Le directeur des affaires civiles et du sceau au ministère de la justice ;

6° Le directeur général de la cohésion sociale au ministère chargé des affaires sociales ;

7° Le chef du service chargé des droits des femmes au ministère chargé des droits des femmes ;

8° Le directeur général des outre-mer au ministère chargé des outre-mer ;

9° Le directeur du budget au ministère chargé du budget.

Les ministres intéressés désignent des suppléants permanents aux secrétaires généraux, directeurs généraux, directeurs d'administration ou chefs de service qui les représentent.

En cas d'empêchement du président, la présidence du conseil est assurée par le directeur général des étrangers en France au ministère chargé de l'asile et, à défaut, par le représentant de l'État le plus ancien dans ses fonctions.

Le représentant du personnel de l'office au conseil d'administration et son suppléant sont élus pour une durée de trois ans par le personnel de l'office dans des conditions fixées par arrêté du ministre chargé de l'asile.

Les trois personnalités qualifiées mentionnées *(Rect. JO du 27 févr. 2021)* « au huitième alinéa de l'article L. 121-13 » sont nommées pour trois ans par décret sur proposition du ministre chargé de l'asile après avis des ministres représentés au conseil d'administration.

Le directeur général participe avec voix consultative aux séances du conseil d'administration.

Le conseil d'administration peut inviter toute personne concernée par l'ordre du jour à assister à ses délibérations.

Art. R. 121-33 Dans le cadre de ses attributions fixées au premier alinéa de l'article L. 121-13, le conseil d'administration de l'office délibère sur les objets suivants :

1° L'organisation générale de l'établissement ;

2° Le rapport d'activité ;

3° Le budget et ses modifications ;

4° Le compte financier ;

5° Les dons et legs ;

6° Les projets d'achat, d'échange, de vente ou de location d'immeubles.

Il arrête son règlement intérieur.

Il émet un avis sur les nominations aux emplois de secrétaire général, de secrétaire général adjoint et de chef de division.

Le conseil d'administration étudie et propose au Gouvernement toutes mesures propres à améliorer le sort des réfugiés, des bénéficiaires de la protection subsidiaire et des apatrides ainsi que le fonctionnement de l'office.

L'office adresse chaque année le rapport d'activité aux ministres intéressés, qui l'adressent au Parlement en application de l'article L. 121-12.

Art. R. 121-34 Le conseil d'administration de l'Office français de protection des réfugiés et apatrides se réunit au moins deux fois par an et chaque fois que cela est nécessaire, sur convocation de son président ou à la demande d'au moins six de ses membres adressée au président et comportant un projet d'ordre du jour précis.

Le conseil ne peut délibérer que si sont présents au moins neuf de ses membres titulaires ou suppléants.

Les délibérations sont prises à la majorité relative des membres présents. En cas de partage égal des voix, celle du président est prépondérante.

Les délibérations font l'objet de procès-verbaux signés par le président. La copie des procès-verbaux est transmise aux ministres représentés au conseil d'administration.

Les délibérations sur les matières énumérées aux 3°, 4°, 5° et 6° de l'article R. 121-33 deviennent exécutoires de plein droit quinze jours après leur réception par le ministre chargé de l'asile et le ministre chargé du budget, sauf opposition ou demande de surseoir à exécution adressée au directeur général de l'office. – *[Anc. art. R. 722-3, al. 1er à 5.]*

§ 2 Directeur général

Art. R. 121-35 Le directeur général de l'Office français de protection des réfugiés et apatrides est nommé pour une durée de trois ans, renouvelable.

Les décisions et mesures relevant des compétences dévolues à l'office par les dispositions législatives du présent livre sont prises sous sa responsabilité.

Dans le cadre des fonctions plus spécialement dévolues à l'office par l'article L. 121-9, le directeur général est notamment habilité à :

1° Certifier la situation de famille et l'état civil des réfugiés, bénéficiaires de la protection subsidiaire et apatrides, tels qu'ils résultent d'actes passés ou de faits ayant eu lieu avant l'obtention du statut et, le cas échéant, d'événements postérieurs les ayant modifiés ;

2° Attester de la régularité et de la conformité des actes passés avec les lois du pays où ils sont survenus ;

3° Signaler, le cas échéant, les intéressés à l'attention des autorités compétentes, en particulier pour les questions de visa, de titre de séjour, d'admission aux établissements d'enseignement et d'une manière générale pour l'accès aux droits sociaux auxquels peuvent prétendre les réfugiés, bénéficiaires de la protection subsidiaire ou apatrides ;

4° Indiquer aux autorités compétentes en matière de délivrance de titres de voyage, pour chaque réfugié ou bénéficiaire de la protection subsidiaire, la liste des pays dans lesquels il n'est pas autorisé à voyager. – *[Anc. art. R. 722-4.]*

Art. R. 121-36 Le directeur général de l'Office français de protection des réfugiés et apatrides prépare et exécute les délibérations du conseil d'administration.

Dans le cadre des orientations définies par le conseil, le directeur général dirige l'office dont les services sont placés sous son autorité. A ce titre, il exerce notamment les compétences suivantes :

1° Il est l'ordonnateur des recettes et des dépenses ;

2° Il représente l'office en justice et dans tous les actes de la vie civile ;

3° Il recrute, nomme et gère les personnels titulaires et non titulaires de l'office ;

4° Il préside le comité technique et le comité d'hygiène, de sécurité et des conditions de travail ;

5° Il conclut les contrats et conventions engageant l'établissement et est responsable des marchés ;

6° Il peut créer des régies de recettes et d'avances sur avis conforme de l'agent comptable dans les conditions prévues à l'article R. 121-38 ;

7° Il rend compte de sa gestion au conseil d'administration.

Le directeur général est assisté d'un secrétaire général, d'un secrétaire général adjoint et de chefs de division.

En cas d'absence ou d'empêchement du directeur général, le secrétaire général le supplée et assure son intérim. – *[Anc. art. R. 722-5.]*

Art. R. 121-37 Le directeur général de l'Office français de protection des réfugiés et apatrides peut déléguer sa signature. Cette délégation peut porter sur les décisions prises en application des articles L. 511-1, L. 512-1 et L. 582-2 sur la délivrance d'actes et de certificats, et sur les actes de gestion et d'administration courante. – *[Anc. art. R. 722-6.]*

§ 3 Opérations comptables et financières

Art. R. 121-38 L'Office français de protection des réfugiés et apatrides est soumis aux dispositions des titres I et III du décret n° 2012-1246 du 7 novembre 2012 relatif à la gestion budgétaire et comptable publique.

Le directeur général de l'office peut créer des régies de recettes et d'avances sur avis conforme de l'agent comptable, dans les conditions prévues par le décret n° 2019-798 du 26 juillet 2019 relatif aux régies de recettes et aux régies d'avances des organismes publics. – *[Anc. art. R. 722-8.]*

Art. R. 121-39 Les recettes de l'Office français de protection des réfugiés et apatrides sont celles mentionnées à l'article L. 121-16.

Les dépenses de l'office comprennent :

1° Les frais de personnel ;

2° Les frais de fonctionnement et d'équipement ;

3° De façon générale, toutes dépenses nécessaires à l'activité de l'office. – *[Anc. art. R. 722-9.]*

CHAPITRE II COMPÉTENCE DES ADMINISTRATIONS DÉCONCENTRÉES

SECTION 1 Dispositions générales *(Décr. n° 2021-480 du 21 avr. 2021, art. 3).*

Art. R.* 122-1 Le préfet de département et, à Paris, le préfet de police, sont compétents en matière d'entrée et de séjour des étrangers ainsi qu'en matière de droit d'asile dans les conditions définies aux articles 11-1 et 71 du décret n° 2004-374 du 29 avril 2004 relatif aux pouvoirs des préfets, à l'organisation et à l'action des services de l'État dans les régions et départements.

Art. D. 122-2 La délivrance des visas aux étrangers relève de la compétence des chefs de poste consulaire et des chefs de mission diplomatique dans les conditions prévues par le décret n° 2008-1176 du 13 novembre 2008 relatif aux attributions des chefs de mission diplomatique et des chefs de poste consulaire en matière de visas.

SECTION 2 Dispositions applicables dans les départements de l'Essonne, des Hauts-de-Seine, de Paris, de Seine-et-Marne, de la Seine-Saint-Denis, du Val-de-Marne, du Val-d'Oise et des Yvelines

(Décr. n° 2021-480 du 21 avr. 2021, art. 3)

Art. R.* 122-3 Par dérogation à l'article R.* 122-1 et au premier alinéa de l'article 11-1 du décret n° 2004-374 du 29 avril 2004, sur les emprises des aérodromes de Paris-Charles de Gaulle, du Bourget et de Paris-Orly :

1° Pour l'application des articles R. 251-1, R. 341-2, R. 342-6, R. 342-10, R. 342-17, R. 342-19, R. 343-26, R. 613-1, R. 615-1, R. 621-1, R. 622-1, R. 632-1, R. 632-5, R. 632-9, R. 721-1, R. 721-2, R.* 721-3, R. 721-4, R. 721-5, R. 732-1, R. 732-2, R.* 732-3, R. 733-4, R. 733-5, R. 741-1, R. 743-5, R. 743-10, R. 744-47, R. 751-1, R. 751-5, R. 751-7, R. 752-1, R. 752-3, R. 753-1 et R. 814-4, la compétence du préfet de département est exercée par le préfet de police ;

2° L'autorité administrative mentionnée au dernier alinéa de l'article R. 341-1 et aux articles R. 342-5 et R. 342-8 est le préfet de police.

Art. R.* 122-4 Par dérogation à l'article R.* 122-1 et au premier alinéa de l'article 11-1 du décret n° 2004-374 du 29 avril 2004, dans les départements de l'Essonne, des Hauts-de-Seine, de Seine-et-Marne, de la Seine-Saint-Denis, du Val-de-Marne, du Val-d'Oise et des Yvelines :

1° Pour l'application des articles R. 744-4, R. 744-21, R. 744-29, R. 744-32, R. 744-34 et R. 744-45, la compétence du préfet de département est exercée par le préfet de police ;

2° L'autorité administrative compétente pour prendre la décision mentionnée à l'article R. 744-10 est le préfet de police.

CHAPITRE III RAPPORT ANNUEL SUR LES ORIENTATIONS DE LA POLITIQUE D'ASILE, D'IMMIGRATION ET D'INTÉGRATION

Le présent chapitre ne comprend pas de dispositions réglementaires.

TITRE III COUR NATIONALE DU DROIT D'ASILE

CHAPITRE UNIQUE

A titre dérogatoire, les art. R. 131-1 à R. 131-8 demeurent applicables de plein droit à Saint-Barthélemy, à Saint-Martin, en Polynésie française, en Nouvelle-Calédonie et dans les Terres australes et antarctiques françaises dans la rédaction résultant du Décr. n° 2020-1734 du 16 déc. 2020 portant partie réglementaire du CESEDA (Décr. n° 2024-800 du 8 juill. 2024, art. 17-I).

SECTION 1 Organisation et fonctionnement de la juridiction

Art. R. 131-1 Le président de la Cour nationale du droit d'asile est nommé pour une durée de cinq ans, renouvelable.

Il est responsable de l'organisation et du fonctionnement de la juridiction qu'il préside. Il assure la direction des services de cette juridiction et le maintien de la discipline intérieure.

Il affecte les membres des formations de jugement et les personnels. Il répartit les affaires entre chacune d'elles.

Il désigne parmi les personnels de la cour des rapporteurs chargés de l'instruction écrite des affaires.

Il peut présider chacune des formations de jugement.

Il est assisté par un ou des vice-présidents qu'il désigne parmi les présidents de section.

En cas d'absence ou d'empêchement, le président de la cour est suppléé par le vice-président ou le plus ancien des vice-présidents.

Pour les actes de gestion et d'administration courante, le président peut déléguer sa signature au secrétaire général et aux secrétaires généraux adjoints ainsi qu'aux fonctionnaires appartenant à un corps de catégorie A et aux agents contractuels chargés de fonctions d'un niveau équivalent. – *[Anc. art. R. 732-1.]*

Art. R. 131-2 Le secrétariat de la Cour nationale du droit d'asile est assuré par un secrétaire général nommé par le vice-président du Conseil d'État sur proposition du président de la cour.

Sous l'autorité du président de la cour, le secrétaire général encadre les services de la juridiction et veille à leur bon fonctionnement. Il est assisté par des secrétaires généraux adjoints.

Sous l'autorité du président de la cour, le secrétaire général est également chargé du bon déroulement de la procédure juridictionnelle.

L'exécution des actes de procédure est assurée par le secrétaire général et les agents qu'il désigne. A cet effet le secrétaire général peut signer les courriers informant les parties des mesures prises par la cour pour la mise en état et l'instruction des recours et la convocation des parties à l'audience. Il peut également, avec l'accord du président de la cour, déléguer sa signature pour une partie de ses attributions aux agents placés sous son autorité. – *[Anc. art. R. 732-2.]*

Art. R. 131-3 Le vice-président du Conseil d'État ordonnance les dépenses de la Cour nationale du droit d'asile.

Il peut, à cet effet, déléguer sa signature au secrétaire général et aux secrétaires généraux adjoints du Conseil d'État. Délégation peut également être donnée, aux mêmes fins, aux chefs de service du Conseil d'État et aux fonctionnaires du secrétariat général appartenant à un corps de catégorie A ainsi qu'aux agents contractuels chargés de fonctions d'un niveau équivalent.

Délégation peut en outre être donnée aux autres agents en fonctions au Conseil d'État à l'effet de signer, sous la responsabilité des personnes mentionnées aux deux premiers alinéas, toute pièce relative aux dépenses et aux ordres de recettes.

Le président de la Cour nationale du droit d'asile est institué ordonnateur secondaire des dépenses de fonctionnement de la juridiction qu'il préside. Il peut déléguer sa signature au secrétaire général et aux secrétaires généraux adjoints de la cour. – *[Anc. art. R. 732-3.]*

Art. R. 131-4 Les membres non permanents des formations de jugement de la Cour nationale du droit d'asile sont nommés pour une période de trois ans, renouvelable.

Pour la détermination de l'ordre du tableau des membres du corps des magistrats administratifs affectés à la cour, seule est prise en considération la date de nomination dans le grade. En cas de nomination à la même date, la préséance revient au plus âgé. – *[Anc. art. R. 732-4.]*

Art. R. 131-5 Les actes relatifs à la gestion et à l'administration des personnels de la Cour nationale du droit d'asile sont pris sous les réserves prévues par l'article R. 121-13 du code de justice administrative par le vice-président du Conseil d'État sur proposition du président de la cour.

Le vice-président peut, par arrêté, déléguer ses pouvoirs au président de la cour pour les actes de gestion qui ne sont pas soumis à l'avis préalable des commissions administratives paritaires.

Pour les actes qui ne font pas l'objet de cette délégation de pouvoir, il peut déléguer sa signature dans les conditions prévues au deuxième alinéa de l'article R. 131-3. – *[Anc. art. R. 732-8.]*

Art. R. 131-5-1 *(Décr. nº 2024-800 du 8 juill. 2024, art. 1er et 18, en vigueur le 1er sept. 2024)* La Cour nationale du droit d'asile comprend vingt-trois chambres regroupées en six sections, dont cinq chambres territoriales et dix-huit chambres au siège de la Cour, à Montreuil.

Les dispositions du présent art. sont applicables aux recours formés auprès de la CNDA contre les décisions mentionnées à l'art. L. 131-2 notifiées à compter du 1er sept. 2024 (Décr. nº 2024-800 du 8 juill. 2024, art. 18).

Art. R. 131-5-2 *(Décr. nº 2024-800 du 8 juill. 2024, art. 1er et 18, en vigueur le 1er sept. 2024)* L'information relative au ressort territorial des chambres de la Cour nationale du droit d'asile et la décision du président de la Cour, mentionnée au dernier alinéa de l'article L. 131-3, fixant les pays d'origine et les langues utilisées relevant des chambres spécialisées situées à Montreuil sont publiées sur le site internet de la Cour nationale du droit d'asile.

Sur l'application du présent art., V. note sous art. R. 131-5-1.

Art. R. 131-6 Chaque année, avant le 1er février, le président de la Cour nationale du droit d'asile adresse au vice-président du Conseil d'État un rapport d'activité.

Le président de la cour joint à ce rapport toutes observations utiles au sujet des questions d'intérêt général se rapportant aux travaux de la juridiction. – *[Anc. art. R. 732-6.]*

SECTION 1 *BIS* Chambres territoriales

(Décr. nº 2024-800 du 8 juill. 2024, art. 2 et 18, en vigueur le 1er sept. 2024)

Art. R. 131-6-1 Le siège et le ressort des chambres territoriales de la Cour nationale du droit d'asile sont fixés comme suit :

1° Chambre territoriale de Bordeaux : Charente, Charente-Maritime Corrèze, Creuse, Dordogne, Gironde, Landes, Lot-et-Garonne, Pyrénées-Atlantiques, Deux-Sèvres, Vienne, Haute-Vienne ;

2° Première et seconde chambres territoriales de Lyon : Ain, Allier, Ardèche, Cantal, Côte-d'Or, Doubs, Drôme, Isère, Jura, Loire, Haute-Loire, Nièvre, Puy-de-Dôme, Rhône, Saône-et-Loire, Savoie, Haute-Savoie, Yonne ;

3° Chambre territoriale de Nancy : Ardennes, Aube, Marne, Haute-Marne, Meurthe-et-Moselle, Meuse, Moselle, Bas-Rhin, Haut-Rhin, Haute-Saône, Vosges, Territoire de Belfort ;

4° Chambre territoriale de Toulouse : Ariège, Aude, Aveyron, Hautes-Pyrénées, Haute-Garonne, Hérault, Lozère, Pyrénées-Orientales, Gers, Lot, Tarn, Tarn-et-Garonne.

Les dispositions du présent art. sont applicables aux recours formés auprès de la CNDA contre les décisions mentionnées à l'art. L. 131-2 notifiées à compter du 1er sept. 2024 (Décr. n° 2024-800 du 8 juill. 2024, art. 18).

Art. R. 131-6-2 La chambre territoriale compétente est celle dans le ressort de laquelle se situe le domicile du requérant, à la date de la décision mentionnée à l'article L. 131-2 attaquée, sauf lorsque l'affaire relève de la compétence de l'une des chambres spécialisées mentionnées au dernier alinéa de l'article L. 131-3 et sans préjudice de l'application de l'article R. 532-3.

Sur l'application du présent art., V. note sous art. R. 131-6-1.

SECTION 2 Formations de jugement

Art. R. 131-7 La grande formation de la Cour nationale du droit d'asile comprend la formation de jugement saisie du recours, complétée par le vice-président ou le plus ancien des vice-présidents ou un président de section ou de chambre, deux assesseurs choisis parmi les personnalités mentionnées *(Décr. n° 2024-800 du 8 juill. 2024, art. 3)* « au 1° de l'article L. 131-6 *[ancienne rédaction : au 2° de l'article L. 131-3]* » et deux assesseurs choisis parmi les personnalités mentionnées *(Décr. n° 2024-800 du 8 juill. 2024, art. 3)* « au 2° du même article *[ancienne rédaction : au 3° du même article]* ».

Lorsque la formation de jugement saisie du recours est un juge unique, cette formation est complétée par le vice-président ou le plus ancien des vice-présidents ou un président de section ou de chambre, trois assesseurs choisis parmi les personnalités mentionnées*(Décr. n° 2024-800 du 8 juill. 2024, art. 3)* « au 1° de l'article L. 131-6 *[ancienne rédaction : au 2° de l'article L. 131-3]* » et trois assesseurs choisis parmi les personnalités mentionnées *(Décr. n° 2024-800 du 8 juill. 2024, art. 3)* « au 2° du même article *[ancienne rédaction : au 2° du même article]* ».

Elle est présidée par le président de la cour et, en cas d'empêchement, par le vice-président ou le plus ancien des vice-présidents.

Les membres qui complètent ainsi la formation de jugement saisie du recours sont désignés selon un tableau établi annuellement.

Lorsque la formation de jugement saisie du recours est celle du président de la cour, un deuxième président est désigné dans les mêmes conditions.

Les formations collégiales de jugement autres que la grande formation peuvent être présidées par les présidents de section ou de chambre. – *[Anc. art. R. 732-5.]*

Art. R. 131-8 L'assemblée générale des présidents de formation de jugement se réunit au moins une fois par an. Le président de la Cour nationale du droit d'asile la convoque pour la consulter sur les sujets d'intérêt commun. – *[Anc. art. R. 732-7.]*

TITRE IV PROCÉDURES ADMINISTRATIVES ET TRAITEMENTS DE DONNÉES

Art. R. 140-1 Conformément à l'article R. 210-1, les dispositions des articles R. 141-1 à R. 141-13, R. 142-26 à R. 142-42 et R. 142-51 à R. 142-58 sont applicables à l'étranger dont la situation est régie par le livre II.

CHAPITRE I PROCÉDURES ADMINISTRATIVES

SECTION 1 Interprètes-traducteurs

Art. R. 141-1 La liste des interprètes*[-]*traducteurs prévue au second alinéa de l'article L. 141-3 est dressée chaque année par le procureur de la République dans chaque tribunal judiciaire.

Elle comporte en annexe les listes établies dans les autres tribunaux judiciaires du ressort de la cour d'appel.

La liste et ses annexes sont tenues à la disposition du public au greffe du tribunal judiciaire. – *[Anc. art. R. 111-1.]*

Art. R. 141-2 Les interprètes*[-]*traducteurs inscrits sur la liste des experts judiciaires de la cour d'appel prévue à l'article 2 de la loi n° 71-498 du 29 juin 1971 relative aux experts judiciaires sont de droit inscrits sur la liste établie pour le tribunal judiciaire dans le ressort duquel est situé leur domicile ou le lieu d'exercice de leur activité professionnelle, s'ils en font la demande. – *[Anc. art. R. 111-2.]*

Art. R. 141-3 Une personne physique ne remplissant pas la condition prévue par l'article R. 141-2 ne peut être inscrite ou réinscrite sur la liste que si elle remplit les conditions suivantes :

1° Exercer son activité ou être domiciliée dans le ressort du tribunal judiciaire ;

2° Justifier de sa compétence par le diplôme ou l'expérience acquis dans le domaine de l'interprétariat ou de la traduction ;

3° N'avoir pas été l'auteur de faits contraires à l'honneur, à la probité ou aux bonnes mœurs. – *[Anc. art. R. 111-3.]*

Art. R. 141-4 Une personne morale ne remplissant pas la condition prévue par l'article R. 141-2 ne peut être inscrite sur la liste que si elle remplit les conditions suivantes :

1° Son siège est situé dans le ressort du tribunal judiciaire ;

2° Ses préposés susceptibles d'exercer une mission d'interprétariat ou de traduction remplissent les conditions prévues aux 2° et 3° de l'article R. 141-3 ;

3° Ses dirigeants satisfont aux exigences posées au 3° de l'article R. 141-3. – *[Anc. art. R. 111-4.]*

Art. R. 141-5 La demande d'inscription est assortie de toutes précisions utiles, et notamment des renseignements suivants :

1° Langue ou dialecte pour lesquels l'inscription est demandée ;

2° Titres ou diplômes du demandeur, notamment dans sa spécialité, travaux littéraires, scientifiques ou professionnels qu'il a accomplis, fonctions qu'il a remplies, activités qu'il a exercées ;

3° Activités professionnelles à la date de la demande ;

4° Qualification du demandeur dans sa spécialité ;

5° Moyens de télécommunication et installations dont le candidat peut disposer. – *[Anc. art. R. 111-5.]*

Art. R. 141-6 Les personnes physiques ou morales ayant sollicité ou obtenu leur inscription sur la liste portent sans délai à la connaissance du procureur de la République tout changement survenant dans leur situation en ce qui concerne les conditions prévues aux articles R. 141-2, R. 141-3 et R. 141-4. – *[Anc. art. R. 111-6.]*

Art. R. 141-7 Le procureur de la République instruit les demandes formées en application des articles R. 141-3 et R. 141-4.

Après avoir recueilli l'avis du président du tribunal judiciaire, il dresse la liste au cours de la première quinzaine du mois de janvier de chaque année.

Au terme d'une durée de cinq ans, la réinscription est décidée sous les mêmes conditions et dans les mêmes formes et procédures que l'inscription. – *[Anc. art. R. 111-7 ; anc. art. R. 111-10.]*

Art. R. 141-8 Lors de la révision annuelle de la liste, le procureur de la République procède au retrait de la liste des personnes qui ne satisfont plus aux conditions prévues par les articles R. 141-3 et R. 141-4 ou à la radiation de celles qui n'ont pas accompli leur mission dans des conditions satisfaisantes. – *[Anc. art. R. 111-8.]*

Art. R. 141-9 En cours d'année, si l'interprète*[-]*traducteur demande son retrait de la liste ou si ce retrait est rendu nécessaire par des circonstances de fait telles que l'éloignement prolongé, la maladie ou des infirmités graves et permanentes, le procureur de la République peut décider son retrait de la liste.

En cours d'année, le procureur de la République peut, en cas de motif grave, ordonner la radiation provisoire de la liste.

Un extrait de la décision de retrait ou de radiation, ne comportant que la seule mention de la mesure prise, est annexé à la liste annuelle tenue à la disposition du public. – *[Anc. art. R. 111-9.]*

Art. R. 141-10 Les décisions de refus d'inscription, de retrait ou de radiation prises sur le fondement de l'article R. 141-7, R. 141-8 ou R. 141-9 sont motivées. Sauf dans le cas où elles interviennent sur demande de l'intéressé, celui-ci est mis en mesure de présenter ses observations. Elles sont notifiées à l'intéressé. – *[Anc. art. R. 111-11.]*

Art. R. 141-11 Lors de leur inscription initiale sur la liste ou de leur réinscription après radiation, les interprètes*[-]*traducteurs inscrits en application des articles R. 141-3 et R. 141-4 prêtent serment devant le tribunal judiciaire du lieu d'inscription, selon la formule suivante : "Je jure d'exercer ma mission en mon honneur et conscience et de ne rien révéler ou utiliser de ce qui sera porté à ma connaissance à cette occasion".

Pour les personnes morales, le serment est prêté par leur représentant désigné à cet effet. – *[Anc. art. R. 111-12.]*

Art. R. 141-12 L'autorité administrative compétente pour agréer un organisme d'interprétariat et de traduction en application du second alinéa de l'article L. 141-3 est le ministre chargé de l'immigration. – *[Anc. art. R. 111-12-1.]*

SECTION 2 **Transport des étrangers placés ou maintenus en zone d'attente ou en centre de rétention administrative**

Art. R. 141-13 Pour les besoins de réacheminement ou d'éloignement, le transport des étrangers placés ou maintenus en zone d'attente ou dans un lieu de rétention peut faire l'objet d'un marché public passé par le préfet territorialement compétent dans les conditions prévues par le code de la commande publique. Dans ce cas, l'objet du marché est limité à la mise à disposition de véhicules, la conduite et l'entretien de ces véhicules à l'exclusion de la surveillance directe des étrangers et de la mise en œuvre à leur égard de toute mesure à caractère coercitif, qui relèvent de la compétence exclusive des fonctionnaires de la police nationale et des militaires de la gendarmerie nationale. – *[Anc. art. R. 821-1.]*

CHAPITRE II **TRAITEMENTS AUTOMATISÉS DE DONNÉES À CARACTÈRE PERSONNEL**

SECTION 1 **Traitement automatisé de données à caractère personnel dénommé "VISABIO"**

SOUS-SECTION 1 **Finalités du traitement**

Art. R. 142-1 Le ministère chargé des affaires étrangères et le ministre chargé de l'immigration sont autorisés à mettre en œuvre, sur le fondement du 1° de l'article L. 142-1, un traitement automatisé de données à caractère personnel dénommé "VISABIO".

Ce traitement a pour finalités :

1° De mieux garantir le droit au séjour des personnes en situation régulière et de lutter contre l'entrée et le séjour irréguliers des étrangers en France, en prévenant les fraudes documentaires et les usurpations d'identité ;

2° De permettre l'instruction des demandes de visas en procédant notamment à l'échange d'informations, d'une part, avec des autorités nationales, d'autre part, avec les autorités des États Schengen au travers du système d'information sur les visas (V^{IS}) pour les données biométriques se rapportant aux visas pour un séjour d'une durée inférieure à trois mois délivrés par les autorités françaises ;

3° D'améliorer les conditions de délivrance des visas en permettant de déceler les demandes présentées par la même personne sous plusieurs identités ;

4° D'améliorer la vérification de l'authenticité des visas ainsi que de l'identité de leurs détenteurs aux points de contrôle français aux frontières extérieures des États parties à la convention signée à Schengen le 19 juin 1990 et aux frontières des territoires non européens de la République française ;

5° De faciliter, sur le territoire national, les vérifications d'identité opérées, en application de l'article 78-3 du code de procédure pénale, par les services de la police et de la gendarmerie nationales ;

6° De faciliter la vérification par les services mentionnés au 5° de l'authenticité des visas et de la régularité du séjour ;

7° De faciliter l'identification des étrangers en situation irrégulière en vue de leur éloignement ;

8° De faciliter la détermination et la vérification de l'identité d'un étranger qui se déclare mineur privé temporairement ou définitivement de la protection de sa famille ;

9° De permettre aux organismes de sécurité sociale de vérifier la situation au regard du droit au séjour des personnes sollicitant une prise en charge au titre de l'aide médicale d'État prévue aux trois premiers alinéas de l'article L. 251-1 du code de l'action sociale et des familles et des soins urgents mentionnés à l'article L. 254-1 du même code. – *[Anc. art. R. 611-8.]*

SOUS-SECTION 2 **Données enregistrées dans le traitement**

Art. R. 142-2 Les données à caractère personnel enregistrées dans le traitement automatisé mentionné à l'article R. 142-1 sont :

1° Les images numérisées de la photographie et des empreintes digitales des dix doigts des demandeurs de visas, collectées par les chancelleries consulaires et les consulats français équipés du dispositif requis ; les empreintes digitales des mineurs *[de moins]* de douze ans ne sont pas collectées ; l'impossibilité de collecte totale ou partielle des empreintes digitales est mentionnée dans le traitement ; le traitement ne comporte pas de dispositif de reconnaissance faciale à partir de l'image numérisée de la photographie ;

2° *(Décr. n° 2024-810 du 6 juill. 2024, art. 3, en vigueur le 17 juill. 2024)* « Les données énumérées à l'annexe 2 communiquées automatiquement par le traitement mentionné à l'article R. 142-59 ; »

3° Des données recueillies ultérieurement lors des entrées et sorties du détenteur de visa : date de première entrée, date de dernière entrée et date de sortie.

Les données mentionnées aux 1° et 2° peuvent également être enregistrées par les services chargés du contrôle aux frontières ou par les services préfectoraux lorsqu'ils sont conduits à instruire des demandes de visa. – *[Anc. art. R. 611-9.]*

ANNEXE 2 MENTIONNÉE À L'ARTICLE R. 142-2

DONNÉES À CARACTÈRE PERSONNEL COMMUNIQUÉES AUTOMATIQUEMENT PAR LE TRAITEMENT AUTOMATISÉ FRANCE-VISAS, ENREGISTRÉES DANS LE TRAITEMENT AUTOMATISÉ VISABIO PRÉVU À L'ARTICLE R. 142-1 *(Décr. n° 2024-810 du 6 juill. 2024, art. 3, en vigueur le 17 juill. 2024).*

I. Données relatives à la demande de visa :

A. Données générales :

Information visa demandé ; numéro de la demande ; lien demande précédente ; nom de l'autorité saisie ; localisation de l'autorité saisie ; indication que l'autorité a été saisie en remplacement d'un autre État membre ; lieu et date de la demande ; type de visa ; motif du voyage ; nom, prénom et adresse de la personne invitante ; nom et adresse de la société ou compagnie invitante (personne morale) ; nom et prénom de la personne à contacter dans la société ou la compagnie invitante ; destination principale ; durée prévue du séjour ; date d'arrivée prévue ; date de départ prévue ; frontière de première entrée prévue ; route de transit prévue ; motif et date du retrait de la demande par le demandeur.

B. Données relatives à un groupe de demandeurs de visa : Type de groupe ; lien demande du groupe.

II. Données relatives au demandeur de visa :

A. Données d'état civil :

Nom ; nom de naissance ; noms antérieurs ; prénoms ; sexe ; date de naissance ; lieu de naissance ; pays de naissance ; nationalité actuelle ; nationalité de naissance.

B. Données relatives aux documents de voyage :

Type de document ; numéro du document ; autorité de délivrance ; date de délivrance ; date d'expiration.

C. Données biométriques :

Photographies ; empreintes digitales du demandeur.

D. Autres données :

Résidence ; nom et prénom du père et de la mère du demandeur ; nom et coordonnées de l'employeur ; nom de l'établissement scolaire ou universitaire (étudiant) ; profession actuelle.

III. Données relatives au visa :

A. Données relatives au visa délivré :

Information visa délivré ; lieu de la décision et date de délivrance du visa ; nom et localisation de l'autorité ayant délivré le visa ; indication que l'autorité a été saisie pour le compte d'un autre État membre ; validité territoriale dans laquelle le porteur du visa est autorisé à circuler ; type de visa délivré ; numéro de la vignette visa délivrée ; date de début et de fin de validité du visa ; nombre d'entrées autorisées ; durée de validité du visa ; durée du séjour autorisé ; information visa délivré sur feuillet séparé.

B. Données relatives à l'abandon d'examen de la demande :

Information indiquant que l'examen de la demande de visa a été interrompu ; État membre compétent pour examiner la demande ; nom et localisation de l'autorité ayant interrompu l'examen de la demande ; date et lieu de l'interruption.

C. Données relatives au refus de visa :

Information visa refusé ; nom et localisation de l'autorité qui a refusé le visa ; date, lieu et motif du refus.

D. Données relatives à l'annulation, au retrait ou à la réduction de la durée de validité du visa :

Information visa annulé, retiré ou réduit dans sa validité ; nom et localisation de l'autorité ayant pris la décision ; date et lieu de la décision ; nouvelle date d'expiration de la validité du visa ; numéro de la nouvelle vignette ; motifs de la décision d'annulation, de retrait ou de réduction de validité de la vignette.

E. Données relatives à la prolongation du visa :

Information visa prorogé ; nom et localisation de l'autorité ayant prorogé le visa ; date et lieu de la décision ; date de début et de fin de la période prorogée ; numéro de la nouvelle vignette ; période de prorogation de la durée du séjour, territoire sur lequel le porteur du visa est autorisé à circuler ; type de visa prorogé ; motifs de la prorogation.

Ancien art. R. 142-2 *Les données à caractère personnel enregistrées dans le traitement automatisé mentionné à l'article R. 142-1 sont :*

1° Les images numérisées de la photographie et des empreintes digitales des dix doigts des demandeurs de visas, collectées par les chancelleries consulaires et les consulats français équipés du dispositif requis ; les empreintes digitales des mineurs [de moins] de douze ans ne sont pas collectées ; l'impossibilité de collecte totale ou partielle des empreintes digitales est mentionnée dans le traitement ; le traitement ne comporte pas de dispositif de reconnaissance faciale à partir de l'image numérisée de la photographie ;

2° Les données énumérées à l'annexe 2 communiquées automatiquement par le traitement automatisé de données à caractère personnel dénommé Réseau mondial visas, dans les conditions prévues par l'article 5 de l'arrêté du 22 août 2001 modifié portant création d'un traitement automatisé d'informations nominatives relatif à la délivrance des visas dans les postes consulaires, lors de la demande et de la délivrance d'un visa ;

3° Des données recueillies ultérieurement lors des entrées et sorties du détenteur de visa : date de première entrée, date de dernière entrée et date de sortie.

Les données mentionnées aux 1° et 2° peuvent également être enregistrées par les services chargés du contrôle aux frontières ou par les services préfectoraux lorsqu'ils sont conduits à instruire des demandes de visa. – [Anc. art. R. 611-9.]

Art. R. 142-3 Les données à caractère personnel mentionnées au 1° de l'article R. 142-2 peuvent également être collectées, à la condition que la collecte présente un niveau de protection et des garanties équivalents à ceux du droit interne :

1° Par les chancelleries consulaires et les consulats des autres États membres de l'Union européenne ;

2° Par des prestataires agréés par les autorités chargées de la délivrance des visas et sous la responsabilité de ces dernières, dans le respect des garanties prévues par le règlement (CE) n° 390/2009 du Parlement européen et du Conseil du 23 avril 2009 ; les personnels des prestataires agréés chargés de cette collecte sont individuellement habilités par ces mêmes autorités. – *[Anc. art. R. 611-10.]*

SOUS-SECTION 3 Accédants aux données

Art. R. 142-4 Ont accès aux données à caractère personnel et aux informations enregistrées dans le traitement automatisé mentionné à l'article R. 142-1, à raison de leurs attributions et dans la limite du besoin d'en connaître :

1° Les agents du ministère des affaires étrangères et du ministère chargé de l'immigration participant à l'instruction des demandes de visa, individuellement désignés et spécialement habilités par le ministre dont ils relèvent ;

2° Les agents des préfectures, y compris dans le cadre de la procédure d'évaluation prévue par l'article R. 221-11 du code de l'action sociale et des familles, et ceux chargés de l'application de la réglementation relative à la délivrance des titres de séjour, au traitement des demandes d'asile et à la préparation et à la mise en œuvre des mesures d'éloignement individuellement désignés et spécialement habilités par le préfet.

A la seule fin d'effectuer les vérifications mentionnées au 9° de l'article R. 142-1, les agents des organismes de sécurité sociale individuellement désignés et spécialement habilités par les directeurs de ces organismes peuvent consulter les données relatives au nom, au prénom, à la date et au pays de naissance, à la photographie de l'étranger ainsi qu'à la délivrance d'un visa, à sa date, à sa durée de validité et aux document de voyage. — *[Anc. art. R. 611-12, I, al. 1er à 3 ; anc. art. R. 611-12, IV.]*

Art. R. 142-5 Peuvent également accéder aux données à caractère personnel et aux informations enregistrées dans le traitement mentionné à l'article R. 142-1, dans les conditions fixées à l'article L. 222-1 du code de la sécurité intérieure :

1° Les agents des services de la police nationale et les militaires des unités de la gendarmerie nationale chargés des missions de prévention et de répression des actes de terrorisme, individuellement désignés et spécialement habilités respectivement par le directeur général dont ils relèvent ;

2° Les agents des services spécialisés du renseignement mentionnés à l'article R. 222-1 du code de la sécurité intérieure, individuellement désignés et spécialement habilités par le directeur dont ils relèvent, pour les seuls besoins de la prévention des atteintes aux intérêts fondamentaux de la nation et des actes de terrorisme. — *[Anc. art. R. 611-12, III.]*

SOUS-SECTION 4 **Destinataires des données**

Art. R. 142-6 Peuvent être destinataires des données à caractère personnel et des informations enregistrées dans le traitement mentionné à l'article R. 142-1, à raison de leurs attributions et dans la limite du besoin d'en connaître :

1° Les agents chargés du contrôle aux frontières de la police et de la gendarmerie nationales et des douanes, individuellement désignés et spécialement habilités par le chef de service dont ils relèvent ;

2° Les agents du ministère de l'intérieur, individuellement désignés et spécialement habilités par le chef du service de police nationale ou par le commandant du groupement de gendarmerie, chargés de l'éloignement des étrangers ;

3° Les officiers de police judiciaire des services de la police et de la gendarmerie nationales, individuellement désignés et spécialement habilités par le préfet de police, *(Décr. n° 2023-1013 du 2 nov. 2023, art. 16 et 21, en vigueur le 1er déc. 2023)* « le chef du service territorial de la police nationale » ou le commandant du groupement de gendarmerie concernés, ainsi que les officiers de police judiciaire relevant de la direction *(Décr. n° 2023-1013 du 2 nov. 2023, art. 16 et 21, en vigueur le 1er déc. 2023)* « nationale » de la police judiciaire, de la direction centrale de la police aux frontières ou de la direction générale de la gendarmerie nationale, pour des missions de vérification d'identité prévues par l'article 78-3 du code de procédure pénale ;

4° Les agents des douanes dans les conditions prévues à l'article 67 *quater* du code des douanes, individuellement désignés et spécialement habilités par le directeur régional des douanes ou, le cas échéant, le directeur général des douanes et droits indirects ;

5° Pour les besoins de la procédure d'attestation visée à l'article R. 431-17, les agents de l'Office français de l'immigration et de l'intégration, individuellement désignés et spécialement habilités par le directeur général de l'office, chargés des procédures d'admission au séjour ;

6° Pour les besoins exclusifs de l'évaluation prévue par l'article R. 221-11 du code de l'action sociale et des familles, les agents chargés de la mise en œuvre de la protection de l'enfance, individuellement désignés et spécialement habilités par le président du conseil départemental ;

7° Pour des missions de contrôle de l'authenticité des visas et de régularité du séjour, les officiers de police judiciaire et, sur l'ordre et la responsabilité de ceux-ci, les agents de police judiciaire des services de la police et de la gendarmerie nationales individuellement désignés et spécialement habilités dans les conditions prévues au 3° du présent article. – *[Anc. art. R. 611-12, I, al. 4 à 9, et II.]*

SOUS-SECTION 5 Conservation des données

Art. R. 142-7 Les données à caractère personnel mentionnées à l'article R. 142-2 sont conservées pendant une durée de cinq ans à compter de leur enregistrement. – *[Anc. art. R. 611-11.]*

SOUS-SECTION 6 Droit des personnes concernées

Art. R. 142-8 Les droits d'information, d'accès, de rectification et à la limitation s'exercent auprès du ministère des affaires étrangères (direction des Français à l'étranger et de l'administration consulaire), du ministère chargé de l'immigration (direction de l'immigration) ou du service où la demande de visa a été déposée, dans les conditions prévues respectivement aux articles 13, 15, 16 et 18 du règlement (UE) 2016/679 du 27 avril 2016 et par les articles 49 et 50 de la loi n° 78-17 du 6 janvier 1978 relative à l'informatique, aux fichiers et aux libertés. – *[Anc. art. R. 611-13.]*

Art. R. 142-9 Conformément à l'article 23 du règlement (UE) 2016/679 du 27 avril 2016 et afin de garantir le droit au séjour des personnes en situation régulière et de lutter contre l'entrée et le séjour irréguliers des étrangers, le droit d'opposition, prévu à l'article 21 du même règlement et à l'article 56 de la loi n° 78-17 du 6 janvier 1978, ne s'applique pas au présent traitement. – *[Anc. art. R. 611-14.]*

Art. R. 142-10 Il est procédé tous les trois ans, par les ministères mentionnés à l'article R. 142-1, à une évaluation du traitement VISABIO donnant lieu à un rapport communiqué à la Commission nationale de l'informatique et des libertés. – *[Anc. art. R. 611-15.]*

SECTION 2 Traitement automatisé de données à caractère personnel dénommé "Application de gestion des dossiers des ressortissants étrangers en France"

SOUS-SECTION 1 Finalités du traitement

Art. R. 142-11 Le ministre chargé de l'immigration est autorisé à mettre en œuvre sur le fondement du 2° de l'article L. 142-1, un traitement automatisé de données à caractère personnel dénommé "Application de gestion des dossiers des ressortissants étrangers en France" (AGDREF2), ayant pour finalités de garantir le droit au séjour des ressortissants étrangers en situation régulière et de lutter contre l'entrée et le séjour irréguliers en France des ressortissants étrangers et, à cet effet :

1° De permettre aux services centraux et locaux du ministère dont relève le traitement d'assurer l'instruction des demandes et la fabrication des titres de séjour des ressortissants étrangers, de leurs titres de voyage et des documents de circulation délivrés aux ressortissants étrangers, ainsi que la gestion de leurs dossiers respectifs ;

2° De mieux coordonner l'action des services chargés de mettre en œuvre des procédures intéressant les ressortissants étrangers ;

3° D'améliorer les conditions de vérification de l'authenticité des titres de séjour et celles de l'identité des étrangers en situation irrégulière ;

4° De permettre la gestion des différentes étapes de la procédure applicable aux mesures d'éloignement ;

5° D'établir des statistiques en matière de séjour et d'éloignement des ressortissants étrangers ;

6° D'aider à déterminer et de permettre de vérifier l'identité d'un étranger qui présente une demande d'asile en Guadeloupe, en Guyane, en Martinique, à Mayotte, à La Réunion, à Saint-Martin, à Saint-Barthélemy, à Saint-Pierre-et-Miquelon, dans les îles Wallis-et-Futuna, en Polynésie française et en Nouvelle-Calédonie ;

7° D'aider à déterminer et de permettre de vérifier l'identité d'un étranger qui se déclare mineur et privé temporairement ou définitivement de la protection de sa famille ;

(Décr. nº 2021-313 du 24 mars 2021, art. 4) « 8° De permettre aux ressortissants étrangers de procéder par voie électronique aux formalités prévues par le présent code pour la délivrance des titres de séjour ou de document de voyage ou, lorsqu'ils sont titulaires d'un visa de long séjour mentionné aux 6° à 13° et aux 15°, 16° et 17° de l'article R. 431-16, aux formalités prévues au même article et permettant de conférer au titulaire de ce visa les droits attachés à une carte de séjour. » – *[Anc. art. R. 611-1, I.]*

Art. R. 142-12 Le traitement mentionné à l'article R. 142-11 peut être consulté et mis en relation avec d'autres traitements concernant les procédures intéressant les ressortissants étrangers.

Il transmet au fichier national de contrôle de la validité des titres les informations relatives au numéro de titres émis, sa date de délivrance, sa date de fin de validité ainsi que l'indication relative au type de titre. Sont également transmis le statut des titres et, le cas échéant, les motifs de leur invalidité. – *[Anc. art. R. 611-1, II.]*

SOUS-SECTION 2 **Données enregistrées dans le traitement**

Art. R. 142-13 Le traitement mentionné à l'article R. 142-11 comporte les images numérisées de la photographie et des empreintes digitales des dix doigts des étrangers suivants :

1° Étrangers demandeurs ou titulaires d'un titre de séjour, d'un titre de voyage d'une durée de validité supérieure à un an ou de la carte de frontalier mentionnée à l'annexe 3 ;

2° Étrangers en situation irrégulière ;

3° Étrangers faisant l'objet d'une mesure d'éloignement ;

4° Étrangers demandeurs d'asile en Guadeloupe, en Guyane, en Martinique, à Mayotte, à La Réunion, à Saint-Martin, à Saint-Barthélemy, à Saint-Pierre-et-Miquelon, dans les îles Wallis-et-Futuna, en Polynésie française et en Nouvelle-Calédonie.

L'impossibilité de collecte totale ou partielle des empreintes digitales est mentionnée dans le traitement.

Le traitement ne comporte pas de dispositif de reconnaissance faciale à partir de l'image numérisée de la photographie. – *[Anc. art. R. 611-2.]*

ANNEXE 3 MENTIONNÉE AUX ARTICLES R. 142-13, R. 142-14, R. 142-18, R. 142-21, R. 414-5 ET R. 431-1

DONNÉES À CARACTÈRE PERSONNEL SUSCEPTIBLES D'ÊTRE ENREGISTRÉES DANS LE TRAITEMENT AUTOMATISÉ AGDREF2 PRÉVU À L'ARTICLE R. 142-11 – MENTIONS FIGURANT SUR LES DOCUMENTS – DONNÉES CONTENUES DANS LES COMPOSANTS ÉLECTRONIQUES

Les modifications issues de l'art. 2 du Décr. nº 2024-570 du 20 juin 2024 sont applicables à Saint-Barthélemy et à Saint-Martin (Décr. préc., art. 2 et 5, en vigueur le 1er sept. 2024).

I. — Catégories de données à caractère personnel et informations susceptibles d'être enregistrées :

A. Données générales :

1° État civil de l'étranger ; nationalité ;

2° Numéro AGDREF2 et autres numéros de dossiers administratifs ;

3° Mot de passe choisi par l'usager ;

4° Pour les titulaires d'un titre de voyage : taille, couleur des yeux ;

5° Références des documents d'identité et de voyage détenus et du visa d'entrée délivré ;

6° Regroupement familial : état civil, pays de résidence et adresse du parent bénéficiaire ;

7° État civil de l'enfant étranger mineur dont les parents font l'objet d'une décision d'éloignement ;

8° État civil et filiation de l'enfant français mineur dont les parents sollicitent un titre de séjour en qualité de parent d'enfant français.

9° État civil et adresse du garant ;

10° État civil et adresse du responsable du mineur étranger ;

11° Situation familiale (situation maritale, nombre d'enfants français et non français, filiation, état civil et nationalité du conjoint, date et lieu du mariage et références de l'acte de mariage, effectivité de la communauté de vie déclarée à l'administration, lien et indication de la nature du lien [conjoint, ascendant, descendant] avec une autre personne figurant dans l'application) ;

12° Plus haut niveau de diplôme obtenu *(Décr. n° 2021-313 du 24 mars 2021, art. 8)* « (diplôme, date et établissement de délivrance) », pour les titres de séjour d'étudiant : cursus ;

13° Adresse complète, nom de l'hébergeant ; ancienne adresse ; pays de résidence antérieure ;

14° Acceptation du dispositif d'hébergement par le demandeur d'asile ;

15° Adresse e-mail, téléphone, langues parlées ;

16° Signature du titulaire du titre de séjour et du titre de voyage ;

(Décr. n° 2021-313 du 24 mars 2021, art. 8) « 17° Image numérisée de la signature. »

B. Données relatives au droit au séjour, au droit au travail et au titre de voyage :

1° Titre de séjour : références juridiques et de gestion (dates, lieux) de la demande, de la délivrance, du refus et du retrait ; date et condition d'entrée en France ; historique des titres détenus ;

2° Avis du collège de médecins du service médical de l'Office français de l'immigration et de l'intégration sur la satisfaction par l'étranger sollicitant un droit de séjour des critères relatifs à son état de santé : sens de l'avis, conséquences d'une exceptionnelle gravité résultant du défaut d'une prise en charge médicale, possibilité de bénéficier effectivement d'un traitement approprié eu égard à l'offre de soins et aux caractéristiques du système de santé dans le pays d'origine ou de renvoi ; maintien sur le territoire autorisé, sursis à l'éloignement autorisé, capacité à voyager ;

3° Regroupement familial : avis du maire ou de l'Office français de l'immigration et de l'intégration sur l'adéquation des ressources au nombre de personnes à charge et sur la salubrité et l'adéquation de la surface du logement à la taille de la famille ;

4° Satisfaction de la condition de ressources requise pour l'attribution de certains titres de séjour ;

5° Condition d'intégration : sens de l'avis du maire de la commune de résidence sur le respect par l'étranger des conditions d'intégration républicaine ; sens de l'avis du maire de la commune de résidence sur le respect par l'étranger qui sollicite un regroupement familial des principes essentiels qui, conformément aux lois de la République, régissent la vie familiale en France, pays d'accueil ; date de signature du contrat d'accueil et d'intégration ; respect des conditions fixées au contrat ; sens de l'avis de la direction départementale de la cohésion sociale suite à une enquête sociale ;

6° Droit au travail : code ROME, code profession et catégorie socioprofessionnelle, date de début et de fin de l'autorisation de travail, limites géographiques de l'autorisation de travail, employeur, nombre d'heures de travail prévues par le contrat ;

7° Résultat de l'interrogation du volet B2 du casier judiciaire (néant, non néant) ; date d'enregistrement ;

8° Références du visa de sortie/retour délivré ;

9° Références du titre de voyage pour réfugié, du titre de voyage pour apatride, du titre d'identité et de voyage et du sauf-conduit ;

10° Date et nature de la décision d'aide au retour ; date de départ prévue ;

11° Référence des reçus et décisions de l'Office français de protection des réfugiés et apatrides et de la Cour nationale du droit d'asile ;

12° Groupe d'appartenance à la protection temporaire ; données relatives à la gestion administrative de la demande de transfert, de rapprochement familial ou de réadmission des bénéficiaires de la protection temporaire à l'intérieur de l'Union européenne et état civil des membres de famille ;

13° Références de la procédure d'accès à la nationalité française ;

14° Montant et date de paiement des taxes dont l'étranger est redevable ;

15° Identifiant unique du timbre dématérialisé ;

16° Numéro de réservation lié à l'achat du timbre dématérialisé.

C. Données relatives à la procédure d'éloignement :

1° Données relatives à la décision d'éloignement :

a) Motif de l'interpellation (infraction à la législation des étrangers ou autre infraction) ; date et heure de l'interpellation, service interpellateur, référence du procès-verbal ; prolongation de la garde à vue ;

b) Nature de la décision d'éloignement ; date et numéro ; autorité ayant édicté la décision ; disposition appliquée ;

c) Pour les mesures administratives, date et heure de la notification ;

d) Pour les décisions d'expulsion, date de la réunion de la commission d'expulsion, autorité notifiant la décision ; bulletin de notification de l'engagement de la procédure d'expulsion : date/date de notification ; sens de l'avis de la commission ; date de notification ; indicateur de procédure d'urgence absolue ;

e) Décision fixant le pays de renvoi pour les interdictions judiciaires du territoire et les décisions d'expulsion (autorité administrative compétente, procédure contradictoire : date et indicateur d'observations, date de décision, pays de renvoi) ;

f) Pour les décisions de remise aux autorités d'un autre État membre de l'Union européenne, date de la demande, État sollicité, type de réadmission, avis de l'État sollicité ;

g) Pour les interdictions judiciaires du territoire, date de la réquisition aux fins d'exécution ; échéance ; demandes de grâce ou de relèvement (date et sens de la décision, juridiction) ;

h) Préfecture en charge de l'exécution de la décision d'éloignement ;

i) Abrogation des décisions d'expulsion : date de la demande ; indicateur de consultation de la commission d'expulsion ; date de notification de l'engagement de la procédure ; date de la réunion ; sens de l'avis ; date de notification de l'avis ; date, sens et date de notification de la décision ; date et résultat du réexamen quinquennal ;

j) Annulation de la décision d'expulsion : date, juridiction ; en cas de recours : date, juridiction, décision ;

k) Pour les interdictions de retour, date de la décision, dates de début et de fin de la période d'interdiction, date de demande d'abrogation, date d'abrogation, date d'annulation contentieuse.

l) Pour les interdictions de circulation sur le territoire français, date de la décision, dates de début et de fin de la période d'interdiction, date de demande d'abrogation, date d'abrogation, date d'annulation contentieuse.

2° Données relatives aux procédures juridictionnelles mises en œuvre dans le cadre de l'éloignement :

a) Soustraction à l'exécution d'une décision d'éloignement (lieu, date et heure du procès-verbal constatant la volonté de soustraction, service de police en charge de la procédure, procédure d'information du parquet, mesure prise par les autorités judiciaires) ;

b) Recours contentieux (type de recours, juridiction saisie, date et heure du recours, date et heure de l'audience, décision) ;

c) Présentation devant le *(Décr. nº 2024-570 du 20 juin 2024, art. 2 et 5, en vigueur le 1er sept. 2024)* « magistrat du siège du tribunal judiciaire » aux fins de prolongation de la rétention administrative (requête aux fins de prolongation, date, heure et lieu de la présentation, adresse du greffe du tribunal de grande instance compétent) ;

d) Décision du *(L. nº 2023-1059 du 20 nov. 2023, art. 44-I ; Décr. nº 2024-570 du 20 juin 2024, art. 5, en vigueur le 1er sept. 2024)* « magistrat du siège du tribunal judiciaire » (prolongation de la rétention, refus de prolongation, assignation à résidence, date et heure de l'ordonnance) ;

e) Conditions de l'assignation à résidence (lieu de l'assignation, lieu et fréquence des contrôles, date de fin de l'assignation, préfecture en charge du suivi) ;

f) Procédure d'appel (autorité ou personne à l'origine de l'appel, date et heure de la demande, date et heure de l'audience, décision) ;

g) Refus d'identification de l'étranger (date, heure et lieu du refus, service de police et parquet compétents, date de présentation au parquet, décision du parquet, date et lieu de présentation au tribunal judiciaire, décision du tribunal) ;

h) Non-respect d'une assignation à résidence (date et heure du procès-verbal de carence, date et heure du dernier contrôle, procédure d'information du parquet).

3° Données relatives aux étrangers faisant l'objet d'une décision d'éloignement alors qu'ils sont détenus :

a) Lieu de détention ;

b) Numéro d'écrou ;

c) Détention provisoire ou consécutive à une condamnation ;

d) Date de début et de fin de peine ;

e) Remise de peine (motif, durée de la remise de peine) ;

f) Transfert de l'étranger (date, heure et établissement de destination).

4° Données relatives à la rétention administrative :

a) Lieu de rétention ;

b) Numéro de registre correspondant au dossier de l'étranger placé en rétention ;

c) Date et heure de la notification des droits ;

d) Affectation d'une chambre et d'un lit ;

e) Bagages placés en consigne (numéro de registre et de consigne, détail et état des bagages, date de restitution des bagages) ;

f) Biens placés au coffre (numéro de registre et de coffre, liste des objets de valeur et des objets écartés, date de dépôt et de restitution) ;

g) Objets laissés à disposition du retenu ;

h) Mouvements d'argent (numéro du registre, détail du numéraire, date et heure de retrait et dépôt de fonds) ;

i) Compte rendu des incidents au centre ou au local de rétention (date, heure, circonstances).

5° Données relatives à la gestion administrative et opérationnelle de l'éloignement :

a) Placement en rétention administrative (date et heure du prononcé et de la notification de la décision préfectorale, lieu de placement, date et heure du début et de la fin de la rétention, date et heure d'un transfert d'un lieu de rétention à un autre lieu de rétention) ;

b) Décision préfectorale ou ministérielle d'assignation à résidence (date et heure de notification de l'arrêté, lieu de l'assignation à résidence [chez, adresse, ville, département]), fréquence et lieu des contrôles ; référence, motif, durée ; en cas de non-respect : date et heure du procès-verbal de carence, date du dernier contrôle, date de saisine du parquet ;

c) Demande d'asile (date et heure de l'enregistrement de la demande, date et heure de la décision de maintien en rétention, éventuellement convocation par l'Office français de protection des réfugiés et apatrides, décision de l'office et date de notification de la décision) ;

d) Hospitalisation (date et heure d'admission, coordonnées de l'établissement hospitalier, date et heure de sortie) ;

e) Expertises médicales (date et heure de l'expertise, adresse du lieu d'expertise, mesure prise à l'issue de l'expertise) ;

f) Escortes des transferts (numéro du mouvement, type de sortie et d'escorte, objet de la mission, date et heures de départ et d'arrivée prévues et effectives, villes de départ et d'arrivée, service sollicité, identité des fonctionnaires composant l'escorte, moyen de transport utilisé) ;

g) Réservation du moyen de transport international (lieu de rétention, État de destination, moyen de transport sollicité, décision d'éloignement concernée, caractère exécutoire de la décision, dates possibles de l'éloignement, service chargé de l'acheminement jusqu'au lieu d'embarquement, étranger susceptible de faire l'objet d'un refus d'embarquement ou ayant déjà fait l'objet d'une procédure judiciaire à ce titre, nécessité de prévoir une escorte, accompagnement de la famille et identité des personnes concernées) ;

h) Libération de l'étranger retenu ou détenu (autorité auteur de l'acte, date et heure, motif de la libération) ;

i) Éloignement effectif (lieu, date et heure de départ, moyen de transport et compagnie utilisés, transits, ville et pays de destination, présence d'une escorte) ;

j) Demande de laissez-passer consulaire (consulat saisi, date de la demande d'identification ou de présentation consulaire, date et heure de la présentation, types de documents d'identité fournis adressés, réponse du consulat et paiement éventuel des droits de chancellerie) ;

k) Nécessité d'une surveillance particulière au regard de l'ordre public ou de la protection de l'individu concerné ; volonté manifeste ou exprimée de l'étranger de faire obstacle à son éloignement (O/N).

D. Données relatives aux ressortissants étrangers se déclarant mineurs et privés temporairement ou définitivement de la protection de leur famille et évalués majeurs par le président du conseil départemental en application des dispositions des articles L. 221-2-2 et R. 221-11 du code de l'action sociale et des familles :

1° Commune de rattachement de l'intéressé ou adresse de l'organisme d'accueil auprès duquel celui-ci est domicilié ;

2° Conseil départemental chargé de l'évaluation ;

3° Date et conditions d'entrée en France ;

4° Numéro de procédure attribué par le traitement AEM et numéro de procédure du service de l'aide sociale à l'enfance ;

5° Date de la fin de l'évaluation par le président du conseil départemental ;

6° Résultat de cette décision, notamment l'indication de la majorité ;

7° Existence d'une saisine de l'autorité judiciaire par une personne évaluée majeure et date de la mesure d'assistance éducative lorsqu'une telle mesure est prononcée ;

8° Date de la notification au préfet de département et, à Paris, au préfet de police de la date de la fin de l'évaluation par le président du conseil départemental ou de la saisine par le président de l'autorité judiciaire.

II. — Mentions figurant sur le titre de séjour ou de voyage ou le document de circulation :

A. Mentions figurant sur le titre de séjour :

1° Au recto : le numéro AGDREF2, le numéro du titre, le nom, le prénom, la date d'expiration ou la mention validité illimitée, le lieu de délivrance, la date de début de validité, la mention du titre de séjour (catégorie de titre), l'autorisation de travail, la date de délivrance, la signature du titulaire, la photographie d'identité ;

2° Au verso : la date de naissance, le lieu de naissance, la nationalité, le sexe, l'adresse.

B. Mentions figurant sur les titres de voyage :

1° Titre de voyage pour réfugié (TVR) :

a) Nature du titre de voyage ;

b) État civil ;

c) Date et lieu de naissance ;

d) Sexe ;

e) Couleur des yeux ;

f) Taille ;

g) Adresse ;

h) Date de délivrance ; date d'expiration ;
i) Pays d'origine de l'intéressé ;
j) Pays exclus ;
k) Autorité de délivrance ;
l) Numéro du titre de voyage ;
m) Signature du titulaire ;
n) Numéro AGDREF2.

2° Titre de voyage pour apatride (TVA) : les données mentionnées sont celles figurant au 1°, à l'exception du *j* ;

3° Titre d'identité et de voyage (TIV) : les données mentionnées sont celles figurant au 1°.

C. Mentions figurant sur les documents de circulation :

1° Documents de circulation et titres d'identité républicains délivrés aux mineurs :

a) Au recto :
— Nature du document ;
— Numéro du document ;
— Numéro AGDREF2 ;
— État civil ;
— Date et lieu de naissance ;
— Sexe ;
— Nationalité ;
— Adresse ;
— Durée de validité du document ;
— Date de délivrance ;
— Autorité de délivrance.

b) Au verso :
— Photographie du titulaire ;
— Signature de l'autorité qui délivre le document ;
— Signature du titulaire si, au jour de la demande, celui-ci est âgé de sept ans au moins ou signature de la personne qui a demandé le document si, au jour de la demande, le titulaire est âgé de moins de sept ans.

2° Carte de frontalier :

a) Au recto :
— Catégorie de document : carte de frontalier ;
— Numéro du titre ;
— Numéro AGDREF2 ;
— Photographie ;
— État civil ;
— Date de début et de fin de validité ;
— Autorité de délivrance ;
— Zone remarque : "autorisation de séjourner par périodes maximales de 72 heures dans les limites du bourg de Saint-Georges*[-]*de*[-]*l'Oyapock" ;
— Signature du titulaire.

b) Au verso :
— Date et lieu de naissance ;
— Nationalité ;
— Sexe ;
— Adresse.

III. — Données contenues dans les composants électroniques :

A. Données contenues dans le composant électronique du titre de séjour (TSE) :

Les données contenues sont celles mentionnées au A du II de la présente annexe (mentions figurant sur le titre de séjour), ainsi que les images numérisées de deux empreintes digitales.

B. Données contenues dans le composant du titre de voyage d'une durée de validité supérieure à un an : Images numérisées de sa photographie et de deux empreintes digitales.

C. Données contenues dans le composant électronique de la carte de frontalier :

Les données sont celles figurant au 2° du C du II de la présente annexe (mentions figurant sur la carte de frontalier) ainsi que les images numérisées de deux empreintes digitales.

Art. R. 142-14 **Les autres catégories de données à caractère personnel enregistrées dans le traitement mentionné à l'article R. 142-11 sont énumérées à l'annexe 3.** – *[Anc. art. R. 611-3.]*

SOUS-SECTION 3 **Accédants aux données**

Art. R. 142-15 Outre les agents chargés de la mise en œuvre du traitement et ceux de l'Agence nationale des titres sécurisés chargés de la fabrication des titres, ont accès, à raison de leurs attributions et dans la limite du besoin d'en connaître, à la totalité ou à une partie des données à caractère personnel et informations enregistrées dans le traitement automatisé mentionné à l'article R. 142-11 et dans le composant électronique prévu aux articles R. 414-5 et R. 431-1 :

1° Les agents chargés de la réglementation des étrangers, ainsi que de celle relative à l'accès à la nationalité française et aux demandes de visa, et de leur mise en œuvre, et relevant des services centraux des ministères de l'intérieur (la direction générale des étrangers en France, direction générale de la police nationale, direction générale de la gendarmerie nationale, direction des libertés publiques et des affaires juridiques, délégation générale à l'outre-mer), des affaires étrangères (direction des Français à l'étranger et de l'administration consulaire), du budget (direction générale des douanes et droits indirects), individuellement désignés et spécialement habilités par le directeur ou le chef de service dont ils relèvent ;

2° Les agents chargés de l'application de la réglementation des étrangers, y compris dans le cadre de la procédure d'évaluation prévue par l'article R. 221-11 du code de l'action sociale et des familles, ainsi que de celle relative à l'accès à la nationalité française, dans les préfectures et les sous-préfectures, individuellement désignés et spécialement habilités par le préfet et, à Paris, par le préfet de police ;

3° Les agents des missions diplomatiques et des postes consulaires chargés des visas, individuellement désignés et spécialement habilités par le chef de la mission ou par le chef de poste dont ils relèvent ;

4° Les agents des services de la police nationale, de la gendarmerie nationale et des douanes chargés du contrôle aux frontières, individuellement désignés et spécialement habilités respectivement par le directeur *(Décr. n° 2023-1013 du 2 nov. 2023, art. 16 et 21, en vigueur le 1er déc. 2023)* « national » de la police aux frontières, par le directeur général de la gendarmerie nationale ou par le directeur régional des douanes ou, le cas échéant, le directeur général des douanes et droits indirects ;

5° Au titre de la gestion des lieux de rétention administrative, de l'exécution des décisions d'éloignement ou de leur mission de vérification du droit de circulation ou de séjour sur le territoire français prévue par les articles L. 812-1 et L. 813-1, les agents des services déconcentrés de la police nationale et ceux des unités de la gendarmerie nationale, individuellement désignés et spécialement habilités, selon le cas :

a) par le *(Décr. n° 2023-1013 du 2 nov. 2023, art. 16 et 21, en vigueur le 1er déc. 2023)* « chef du service territorial de la police nationale » et, dans les départements de Paris, des Hauts-de-Seine, de la Seine-Saint-Denis et du Val-de-Marne, par les directeurs de la préfecture de police chargés de l'ordre public et de la circulation, de la sécurité de proximité de l'agglomération parisienne et du renseignement ;

b) par le directeur général de la gendarmerie nationale, le commandant du groupement de gendarmerie interdépartemental de Paris, les commandants de groupement de gendarmerie départementale, les commandants de région de gendarmerie ou les commandants des gendarmeries spécialisées. — *[Anc. art. R. 611-4.]*

SOUS-SECTION 4 **Destinataires des données**

Art. R. 142-16 Peuvent êtres *[être]* destinataires des données à caractère personnel et informations enregistrées dans le traitement automatisé mentionné à l'article R. 142-11 et dans le composant électronique prévu aux articles R. 414-5 et R. 431-1, à l'exclusion des images numérisées des empreintes digitales, à raison de leurs attributions et dans la limite du besoin d'en connaître :

1° Au titre de la délivrance des autorisations de travail, les agents des directions régionales des entreprises, de la concurrence, de la consommation, du travail et de l'emploi individuellement désignés et spécialement habilités par le directeur régional ;

2° Au titre de la lutte contre le travail illégal, et notamment de l'interdiction de l'emploi d'étrangers sans titre de travail prévue à l'article L. 8251-1 du code du travail, et en application de l'article L. 8271-19 du même code, *(Décr. n° 2021-143 du 10 févr. 2021, art. 2)* « les agents de contrôle et de l'inspection du travail mentionnés à l'article L. 8112-1 du code du travail » et fonctionnaires de contrôle assimilés mentionnés à l'article L. 8113-7 de ce code, individuellement désignés et spécialement habilités par le directeur régional des entreprises, de la concurrence, de la consommation, du travail et de l'emploi, ainsi qu'en application de l'article L. 8271-17 du même code, les officiers et agents de police judiciaire de la police nationale et de la gendarmerie nationale, et les agents des douanes, individuellement désignés et spécialement habilités respectivement par le directeur général de la police nationale, le directeur général de la gendarmerie nationale et le directeur régional des douanes ou, le cas échéant, le directeur général des douanes et droits indirects ;

3° Au titre de l'accueil des étrangers, de l'intégration, *(Décr. nº 2024-814 du 9 juill. 2024, art. 3, en vigueur le 17 juill. 2024)* « et de l'aide au retour », les agents de l'Office français de l'immigration et de l'intégration, individuellement désignés et spécialement habilités par leur directeur général ;

4° Au titre du traitement des demandes d'asile ou du statut d'apatride et de la protection des réfugiés, les agents de l'Office français de protection des réfugiés et apatrides, individuellement désignés et spécialement habilités par leur directeur général ;

5° Au titre des avis rendus dans les procédures de déchéance de la nationalité ou de demande de naturalisation, les personnels de la direction des libertés publiques et des affaires juridiques individuellement désignés et spécialement habilités par leur directeur ;

6° Au titre de la lutte contre la fraude documentaire :

a) les personnels de la mission "délivrance sécurisée des titres" au sein du secrétariat général du ministère de l'intérieur, individuellement désignés et spécialement habilités par le secrétaire général ;

b) les agents des préfectures et sous-préfectures compétents en matière de prévention et de lutte contre la fraude documentaire individuellement désignés et spécialement habilités par le préfet ;

c) les personnels des laboratoires *(Décr. nº 2021-481 du 21 avr. 2021, art. 4)* « du service national de police scientifique *[ancienne rédaction : de l'Institut national de police scientifique]* », de l'identité judiciaire de la police nationale et de l'Institut de recherche criminelle de la gendarmerie nationale et les personnels du bureau de la fraude documentaire de la direction centrale de la police aux frontières, individuellement désignés et spécialement habilités, respectivement, par le directeur général de la police nationale et le directeur général de la gendarmerie nationale ou par les personnels appartenant à la catégorie A ou ayant le rang d'officier sur lesquels ces directeurs généraux ont autorité et auxquels ils ont donné délégation ;

7° Au titre :

a) du contrôle et de la vérification de l'identité des personnes et de la vérification de la validité et de l'authenticité du titre de séjour, dans les conditions prévues aux articles L. 812-1 et L. 813-1 et aux articles 78-2 et 78-3 du code de procédure pénale, les officiers de police judiciaire de la police nationale et de la gendarmerie nationale et, sur l'ordre et sous la responsabilité de ceux-ci, les agents de police judiciaire et agents de police judiciaire adjoints mentionnés à l'article 20 et au 1° de l'article 21 du code de procédure pénale, les agents spécialisés, techniciens ou ingénieurs de police technique et scientifique, les agents des douanes dans les conditions prévues à l'article 67 *quater* du code des douanes ainsi que les agents des services fiscaux et les agents des douanes habilités à effectuer des missions de police judiciaire, individuellement désignés et spécialement habilités, respectivement, par le directeur général de la police nationale, le directeur général de la gendarmerie nationale, ou par les personnels appartenant à la catégorie A ou ayant le rang d'officier sur lesquels ces directeurs ont autorité et auxquels ils ont donné délégation, le directeur régional des douanes ou, le cas échéant, le directeur général des douanes et droits indirects et par le magistrat mentionné à l'article 28-2 du code de procédure pénale ou par le magistrat délégué aux missions judiciaires de la douane ;

b) des enquêtes ou des procédures confiées par l'autorité judiciaire, les officiers de police judiciaire de la police ou de la gendarmerie nationales et, sous l'ordre et la responsabilité de ceux-ci, les agents de police judiciaire individuellement désignés et spécialement habilités par leur supérieur hiérarchique ;

c) des procédures confiées par l'autorité judiciaire, d'une part, pour les infractions prévues à l'article 28-1 du code de procédure pénale, les agents des douanes habilités à effectuer des missions de police judiciaire, individuellement désignés et spécialement habilités par le magistrat délégué aux missions judiciaires de la douane ou, le cas échéant, par le directeur général des douanes et droits indirects, et, d'autre part, pour les infractions prévues à l'article 28-2 du même code, les agents des services fiscaux habilités à effectuer des missions de police judiciaire, individuellement désignés et spécialement habilités par les magistrats mentionnés à cet article ;

d) de la lutte contre l'aide à l'entrée et au séjour irréguliers, les officiers de police judiciaire de *(Décr. n° 2022-1703 du 27 déc. 2022, art. 2 et 3, en vigueur le 1er janv. 2023)* « l'office de lutte contre le trafic illicite de migrants » et des brigades mobiles de recherche de la direction centrale de la police aux frontières, ainsi que les officiers de police judiciaire des sections de recherche de la gendarmerie nationale, individuellement désignés et spécialement habilités, respectivement, par le directeur *(Décr. n° 2023-1013 du 2 nov. 2023, art. 16 et 21, en vigueur le 1er déc. 2023)* « national » de la police aux frontières et le directeur général de la gendarmerie nationale ;

8° Aux seules fins de l'accomplissement des vérifications prévues ci-après :

a) les agents des organismes chargés de la gestion d'un régime obligatoire de sécurité sociale, assurant l'affiliation, le versement des prestations ou le recouvrement des cotisations, individuellement désignés et spécialement habilités respectivement par les directeurs de ces organismes, à la seule fin de vérifier que les assurés étrangers satisfont à la condition de régularité de leur situation en France prévue par les articles L. 115-6, L. 114-10-2, L. 161-16-1, L. 161-18-1, L. 161-25-1, L. 512-2 et L. 831-1 du code de la sécurité sociale ainsi que par l'article L. 262-4 du code de l'action sociale et des familles et par le 2° du I de l'article L. 822-2 du code de la construction et de l'habitation ;

b) les agents de *(Décr. n° 2024-606 du 26 juin 2024, art. 14 et 21, en vigueur le 1er juill. 2024)* « l'opérateur France Travail », individuellement désignés et spécialement habilités par leur directeur, à la seule fin de vérifier, en application de l'article L. 5411-4 du code du travail, la validité des titres de séjour et de travail des étrangers tant pour leur inscription que pour leur maintien sur la liste des demandeurs d'emploi ;

c) les agents des préfectures et sous-préfectures compétents, individuellement désignés et spécialement habilités par le préfet et, à Paris, par le préfet de police, à la seule fin d'instruire les demandes de délivrance ou d'échange des permis de conduire ;

9° Dans les conditions fixées par l'article L. 222-1 du code de la sécurité intérieure :

a) les agents des services de la police nationale et les militaires des unités de la gendarmerie nationale chargés des missions de prévention et de répression des atteintes aux intérêts fondamentaux de la nation et des actes de terrorisme, individuellement désignés et spécialement habilités par le directeur général dont ils relèvent ;

b) les agents des services spécialisés du renseignement mentionnés à l'article R. 222-1 du code de la sécurité intérieure, individuellement désignés et spécialement habilités par le directeur dont ils relèvent, pour les seuls besoins de la prévention des atteintes aux intérêts fondamentaux de la nation et des actes de terrorisme ;

10° A des fins exclusives d'établissement de statistiques pour la consultation d'éléments anonymisés obtenus à partir du traitement automatisé :

a) les agents de l'Institut national d'études démographiques, individuellement désignés par leur directeur ;

b) les agents de l'Institut national de la statistique et des études économiques et des services statistiques ministériels, dans le respect de l'article 7 *bis* de la loi n° 51-711 du 7 juin 1951 modifiée sur l'obligation, la coordination et le secret en matière de statistiques ;

11° Au titre de la délivrance des agréments des exploitants individuels et des dirigeants et gérants de personne morale ou de la délivrance des autorisations d'exercice des employés exerçant des activités privées de sécurité *(Décr. n° 2024-311 du 4 avr. 2024, art. 4)* « ou de formation aux activités privées de sécurité », les agents du Conseil national des activités privées de sécurité, individuellement désignés par son directeur et spécialement habilités par le préfet ;

12° Pour les besoins exclusifs de l'évaluation prévue par l'article R. 221-11 du code de l'action sociale et des familles, les agents chargés de la mise en œuvre de la protection de l'enfance, individuellement désignés et spécialement habilités par le président du conseil départemental ;

13° Aux seules fins d'obtenir confirmation de l'acquittement des taxes dont il est redevable et de l'accomplissement des formalités prévues à l'article R. 431-17, le ressortissant étranger concerné par cette procédure ;

(Décr. n° 2021-313 du 24 mars 2021, art. 5) « 14° Aux seules fins d'accompagner les ressortissants étrangers dans leurs démarches en ligne de demande de titre de séjour ou de document de voyage, les agents de l'Agence nationale des titres sécurisés chargés de cette mission d'accompagnement, individuellement désignés et spécialement habilités par leur directeur général ;

« 15° Aux seules fins d'échanger les documents et informations nécessaires à l'instruction de leur demande de titre de séjour ou de document de voyage et d'être informés de la décision prise sur cette dernière et pour les seules données les concernant, les ressortissants étrangers ayant déposé cette demande sur le téléservice mentionné à l'article R. 431-2. » – *[Anc. art. R. 611-5, I.]*

Les dispositions résultant de l'art. 3 du Décr. n° 2024-814 du 9 juill. 2024 ne sont pas applicables à Saint-Barthélemy et à Saint-Martin (Décr. préc., art. 5-II, en vigueur le 17 juill. 2024).

Ancien art. R. 142-16 *[...]*

3° Au titre de l'accueil des étrangers, de l'intégration, de l'aide au retour et en matière de contribution spéciale et de contribution forfaitaire représentative des frais de réacheminement, les agents de l'Office français de l'immigration et de l'intégration, individuellement désignés et spécialement habilités par leur directeur général ;

[...]

Art. R. 142-17 Les données enregistrées dans le composant électronique prévu à l'article R. 431-1, à l'exclusion de l'image numérisée des empreintes digitales, sont lues par le traitement mentionné à l'article 1er du décret n° 2019-452 du 13 mai 2019 autorisant la création d'un moyen d'identification électronique dénommé "Authentification en ligne certifiée sur mobile". – *[Anc. art. R. 611-5, II.]*

Art. R. 142-18 Par dérogation à l'article R. 142-16, pour les besoins exclusifs de l'accomplissement de leurs missions, les personnels chargés des missions de recherche et de contrôle de l'identité des personnes, de vérification de la validité et de l'authenticité des titres de séjour et de voyage au sein de la police nationale, de la gendarmerie nationale et des douanes peuvent consulter les images numérisées des empreintes digitales contenues dans le composant électronique du titre prévu aux articles R. 414-5 et R. 431-1 et dans celui de la carte de frontalier mentionnée à l'annexe 3.

Peuvent consulter les images numérisées des empreintes digitales contenues dans le traitement mentionné à l'article R. 142-11, dans le composant électronique mentionné aux articles R. 414-5 et R. 431-1 et dans celui de la carte de frontalier mentionnée à l'annexe 3 :

1° Les agents mentionnés au 6°, au *a* du 7° et au 9° de l'article R. 142-16 pour une mission de vérification d'identité prévue par l'article 78-3 du code de procédure pénale et pour une mission de vérification du droit de circulation et de séjour prévue à l'article L. 813-1 ;

2° Les agents mentionnés au 3° de l'article R. 142-16 lorsqu'ils sont chargés de la remise des cartes de séjour.

Les agents mentionnés au 4° de l'article R. 142-16, lorsqu'ils sont chargés de la protection des réfugiés, peuvent consulter les images numérisées des empreintes digitales contenues dans le composant électronique prévu aux articles R. 414-5 et R. 431-1. – *[Anc. art. R. 611-6.]*

Art. R. 142-19 Les données à caractère personnel et informations enregistrées dans le traitement mentionné à l'article R. 142-11 et dans le composant électronique prévu aux articles R. 414-5 et R. 431-1 peuvent être communiquées, aux fins notamment d'identification, aux agents d'organismes de coopération internationale en matière de lutte contre l'immigration irrégulière dans les conditions prévues par tout engagement liant la France à des organismes internationaux ou à des États étrangers ; lorsque ces organismes et ces États n'appartiennent pas à l'Union européenne, le transfert des données n'est possible que s'ils assurent à la vie privée, aux libertés et aux droits fondamentaux des personnes à l'égard de données à caractère personnel un niveau de protection suffisant au sens du chapitre V du règlement 2016/679 du 27 avril 2016. – *[Anc. art. R. 611-7.]*

SOUS-SECTION 5 **Conservation des données**

Art. R. 142-20 Les données à caractère personnel sont classées, au sein du traitement mentionné à l'article R. 142-16, dans des dossiers électroniques. Il ne peut y avoir qu'un seul dossier pour un même étranger. – *[Anc. art. R. 611-7-1, al. 1er.]*

Art. R. 142-21 Tout dossier qui n'a fait l'objet d'aucune mise à jour dans un délai de cinq ans à compter de l'enregistrement des premières données qu'il contient est effacé, sauf dans les cas suivants :

1° Le dossier qui contient des données relatives à un titre de séjour ou un document de voyage est effacé lorsqu'après l'expiration du document il s'est écoulé un délai de cinq ans sans que le dossier ait fait l'objet d'aucune mise à jour ;

2° Le dossier d'un étranger qui contient des données relatives à un arrêté d'expulsion ou à une peine d'interdiction définitive du territoire est effacé au terme d'un délai de trente ans après la saisie de la mesure ou de la peine dans le traitement si le dossier n'a fait l'objet d'aucune mise à jour durant les cinq dernières années ;

3° Le dossier d'un étranger qui contient des données relatives à une peine d'interdiction du territoire à temps prononcée à l'encontre de cet étranger est effacé au terme d'un délai de cinq ans à compter de la caducité de la peine si le dossier n'a fait l'objet d'aucune mise à jour durant cette période ;

4° Le dossier d'un étranger qui contient des données relatives à une interdiction de retour sur le territoire français est effacé au terme d'un délai de cinq ans à compter de l'expiration du délai de validité de l'interdiction, si le dossier n'a fait l'objet d'aucune mise à jour durant cette période.

Les mises à jour mentionnées au présent article s'entendent de celles qui sont consécutives à une demande de l'intéressé ou à une modification significative de sa situation.

Les données relatives aux personnes ayant fait l'objet d'une mesure d'assistance éducative, prononcée par l'autorité judiciaire saisie par l'intéressé, sont effacées dès la notification au préfet de département et, à Paris, au préfet de police de la date de cette mesure d'assistance éducative.

Les données relatives aux personnes ayant acquis la nationalité française sont effacées au terme d'un délai d'un an à compter du décret de naturalisation ou au terme d'un délai de six mois après la date d'enregistrement en cas de déclaration de nationalité.

Les données relatives à l'éloignement sont, en cas de délivrance d'une carte de séjour, effacées sans délai dès la délivrance de la carte de séjour.

Les nom, prénom et adresse de la personne qui héberge un étranger assigné à résidence sont effacés sans délai après la fin de l'assignation à résidence.

Les données résultant de l'interrogation du volet B2 du casier judiciaire mentionnées au 7° du B du I de l'annexe 3 sont conservées pendant une période de trois ans à compter de la date de leur enregistrement dans le traitement mentionné à l'article R. 142-16. – *[Anc. art. R. 611-7-1, al. 2 à 12.]*

Art. R. 142-22 Les consultations font l'objet d'un enregistrement comprenant l'identification du consultant, la date et l'heure de la consultation. Les informations relatives aux consultations sont conservées dans le traitement pendant une durée de trois ans. – *[Anc. art. R. 611-7-1, al. 13.]*

SOUS-SECTION 6 **Droits des personnes concernées**

Art. R. 142-23 La remise du titre de séjour ou d'un titre de voyage s'accompagne d'une copie sur papier des données à caractère personnel enregistrées dans le composant électronique prévu aux articles R. 414-5 et R. 431-1. Cette copie ne comporte, s'agissant des empreintes digitales recueillies, que l'indication du nombre et de la nature des empreintes enregistrées dans le composant électronique. – *[Anc. art. R. 611-7-2.]*

Art. R. 142-24 *(Décr. n° 2021-313 du 24 mars 2021, art. 6)* Les droits d'information, d'accès, de rectification et à la limitation des données s'exercent dans les conditions prévues respectivement aux articles 13, 15, 16 et 18 du règlement (UE) 2016/679 du 27 avril 2016 relatif à la protection des personnes physiques à l'égard du traitement des données à caractère personnel et à la libre circulation de ces données, et abrogeant la directive 95/46/CE :

1° S'agissant du titre de séjour et du titre de voyage, auprès de l'autorité de délivrance ;

2° S'agissant des mesures d'éloignement, auprès du préfet en charge de la gestion du dossier d'éloignement. – *[Anc. art. R. 611-7-3.]*

Art. R. 142-25 *(Décr. n° 2021-313 du 24 mars 2021, art. 7)* Conformément à l'article 23 du règlement (UE) 2016/679 du 27 avril 2016 et afin de garantir le droit au séjour des personnes en situation régulière et de lutter contre l'entrée et le séjour irréguliers des étrangers, le droit d'opposition ne s'applique pas au présent traitement. – *[Anc. art. R. 611-7-4.]*

SECTION 3 Traitement automatisé de données à caractère personnel dénommé "Gestion de l'éloignement"

SOUS-SECTION 1 Finalités du traitement de données *(Décr. n° 2020-1734 du 16 févr. 2020, rect. JO du 27 févr. 2021).*

Art. R. 142-26 Le ministre de l'intérieur (direction générale de la police nationale) est autorisé à mettre en œuvre, sur le fondement du 3° de L. 142-1, un traitement automatisé de données à caractère personnel dénommé "Gestion de l'éloignement" (GESTEL) ayant pour finalités :

1° D'assurer la gestion de la mise en œuvre opérationnelle, matérielle et logistique des mesures d'éloignement, au sein de la direction *(Décr. n° 2023-1013 du 2 nov. 2023, art. 16 et 21, en vigueur le 1er déc. 2023)* « nationale de la police aux frontières et des services territoriaux de la police nationale chargés de la police aux frontières » ;

2° D'améliorer l'exécution des mesures d'éloignement par la dématérialisation des échanges d'informations externes et internes ;

3° De garantir le suivi des procédures d'éloignement et d'en faciliter le contrôle. – *[Anc. art. R. 611-17.]*

SOUS-SECTION 2 Données enregistrées dans le traitement

Art. R. 142-27 Les données à caractère personnel et informations enregistrées dans le traitement sont énumérées à l'annexe 4.

Le traitement ne comporte pas de dispositif de reconnaissance faciale à partir de l'image numérisée de la photographie. – *[Anc. art. R. 611-18.]*

ANNEXE 4 MENTIONNÉE AUX ARTICLES R. 142-27, R. 142-28, R. 142-29 ET R. 142-30

DONNÉES À CARACTÈRE PERSONNEL ET INFORMATIONS SUSCEPTIBLES D'ÊTRE ENREGISTRÉES DANS LE TRAITEMENT AUTOMATISÉ GESTEL PRÉVU À L'ARTICLE R. 142-26

I. — Données concernant le service à l'origine de la demande d'éloignement :

A. Préfecture ;

B. Dossier suivi par (nom de l'agent, service de la préfecture ou service de la police aux frontières en charge de la demande) ;

C. Coordonnées (téléphone, télécopie, adresse de messagerie) ;

D. Numéro de dossier ;

E. Date et heure de saisine ;

F. Dossier signalé ;

G. Délai de transmission du plan de voyage ;

H. Nature de la demande (saisine initiale, modification, annulation) ;

I. Transmission du plan de voyage ;

J. Conduite à tenir en cas de refus d'embarquement.

II. — Données concernant l'état civil du ressortissant étranger faisant l'objet de la décision d'éloignement :

A. Numéro AGDREF2 ;
B. Nom ;
C. Nom marital ;
D. Prénom(s) ;
E. Nationalité ;
F. Photographie ;
G. Alias éventuels ;
H. Date et lieu de naissance ;
I. Sexe ;
J. Nom(s), prénom(s) et date de naissance des enfants mineurs accompagnants.
III. — Données concernant la situation administrative du ressortissant étranger faisant l'objet de la décision d'éloignement :
A. Décisions d'éloignement :
1° Obligation de quitter le territoire français (OQTF) avec ou sans interdiction de retour ;
2° Décision de remise aux autorités d'un autre État ou de transfert ;
3° Peine d'interdiction du territoire français (ITF) temporaire ou définitive ;
4° Décision ministérielle d'expulsion ;
5° Décision préfectorale d'expulsion ;
6° Interdiction administrative du territoire (IAT).
B. Situation du ressortissant étranger :
1° En rétention (lieu, dates et heures de début et de fin de rétention, calcul automatique des échéances) ;
2° En établissement pénitentiaire (nom de l'établissement, libération conditionnelle, date de levée d'écrou) ;
3° Assigné à résidence et nature de la décision ;
4° Libre.
C. Document d'identité :
1° Nature du document (passeport, carte nationale d'identité, laissez-passer consulaire en cours ou obtenu, laissez-passer européen, titre de séjour) ;
2° Date de validité ;
3° Numéro d'enregistrement.
IV. — Données concernant la requête relative à la demande d'éloignement :
A. Destination (pays et ville) ;
B. Vecteur souhaité pour le transport (voie aérienne, voie maritime, voie ferroviaire, voie routière, voie terrestre, moyen aérien dédié, sans préférence) ;
C. Aéroport et ville de départ souhaités ;
D. Possibilité d'éloignement (durée) ;
E. Date sollicitée.
V. — Renseignements complémentaires :
A. Escorte (utilité et type d'escorte) ;
B. Accompagnants : nom(s), prénom(s), matricule, grade, date de naissance, numéro de téléphone et service d'appartenance ;
C. Refus antérieurs d'embarquement.
VI. — Concernant les itinéraires empruntés et les réservations hôtelières :
A. Nom du transporteur ;
B. Numéro du vol, du navire ou du train ;
C. Jour et heure de départ et d'arrivée ;
D. Aéroport, port ou gare de départ et d'arrivée ;
E. Nom de l'hôtel, adresse, jour d'arrivée et de départ.
VII. — Documents numérisés relatifs à la personne concernée par la décision d'éloignement :
A. Fiche pénale ;
B. Accord de réadmission ;
C. Rapport d'incident ;
D. Main courante ;
E. Documents d'identité ;
F. Certificats médicaux de compatibilité de l'état de santé avec l'éloignement ;
G. Bon de commande ;
H. Attestation de service fait.

SOUS-SECTION 3 **Accédants aux données**

Art. R. 142-28 Peuvent accéder, à raison de leurs attributions et dans la limite du besoin d'en connaître, à tout ou partie des données à caractère personnel et informations mentionnées à l'annexe 4, les agents de la direction *(Décr. n° 2023-1013 du 2 nov. 2023, art. 16 et 21, en vigueur le 1er déc. 2023)* « nationale de la police aux frontières et des services territoriaux de la police nationale chargés de la police aux frontières », des préfectures de département et de la préfecture de police, individuellement désignés et habilités par le directeur *(Décr. n° 2023-1013 du 2 nov. 2023, art. 16 et 21, en vigueur le 1er déc. 2023)* « national » de la police aux frontières ou, le cas échéant, par les agents qu'il désigne. – *[Anc. art. R. 611-19, I.]*

SOUS-SECTION 4 **Destinataires des données**

Art. R. 142-29 Peuvent être destinataires des données et informations mentionnées à l'annexe 4, à raison de leurs attributions et dans la limite du besoin d'en connaître :

1° Pour permettre l'exercice de sa mission de contrôle de l'exécution des mesures d'éloignement, le Contrôleur général des lieux de privation de liberté ;

2° Pour l'organisation des opérations d'éloignement et l'information des services chargés de leur exécution :

a) les agents et militaires de la direction générale de la gendarmerie nationale ;

b) les agents de la direction générale de la police nationale ;

c) les agents de la direction générale des douanes et droits indirects ;

d) les agents de la direction générale des étrangers en France ;

3° Pour faciliter la mise en œuvre des opérations d'éloignement :

a) le prestataire voyagiste agréé par le ministère de l'intérieur, pour les seules données relatives au numéro de dossier, à l'état civil du ressortissant étranger faisant l'objet de la mesure d'éloignement, à sa situation administrative, à la requête relative à la demande d'éloignement et à l'escorte, à l'exception du numéro AGDREF2 et de la photographie ;

b) les autorités du pays de transit ou de destination chargées d'autoriser ou de faciliter un éloignement, pour les seules données relatives à l'état civil du ressortissant étranger faisant l'objet de la mesure d'éloignement, à l'escorte, aux itinéraires empruntés et aux réservations hôtelières, à l'exception du numéro AGDREF2 et de la photographie ;

c) les compagnies aériennes ou maritimes assurant la prise en charge de l'éloignement, pour les seules données relatives à l'état civil du ressortissant étranger faisant l'objet de la mesure d'éloignement, aux documents d'identité et à l'escorte, à l'exception du numéro AGDREF2 et de la photographie. – *[Anc. art. R. 611-19, II.]*

SOUS-SECTION 5 **Conservation des données**

Art. R. 142-30 Les données à caractère personnel et informations mentionnées à l'annexe 4 sont conservées :

1° Pendant une durée de deux ans à compter de la date de leur enregistrement pour permettre l'exécution de la mesure d'éloignement ;

2° Pendant une durée de six mois après la date d'exécution effective de la mesure d'éloignement.

A l'issue de ces délais, ces données à caractère personnel et informations sont conservées pendant une durée de six ans et uniquement accessibles aux agents relevant de la cellule opérationnelle de l'éloignement de la direction *(Décr. n° 2023-1013 du 2 nov. 2023, art. 16 et 21, en vigueur le 1er déc. 2023)* « nationale » de la police aux frontières.

Les données à caractère personnel et informations relatives aux personnes dont la mesure d'éloignement a été annulée, abrogée ou retirée sont effacées du traitement par la direction *(Décr. n° 2023-1013 du 2 nov. 2023, art. 16 et 21, en vigueur le 1er déc. 2023)* « nationale » de la police aux frontières dès qu'elle en a connaissance. – *[Anc. art. R. 611-20.]*

Art. R. 142-31 Les opérations de création, mise à jour, suppression et consultation font l'objet d'un enregistrement comprenant l'identifiant de l'auteur, la date, l'heure et l'objet de l'opération. Les informations relatives à ces opérations sont conservées pendant six ans. – *[Anc. art. R. 611-21.]*

SOUS-SECTION 6 Droits des personnes concernées

Art. R. 142-32 Afin de garantir la sécurité publique, le droit d'opposition prévu par l'article 21 du règlement (UE) 2016/679 du 27 avril 2016 et par l'article 56 de la loi n° 78-17 du 6 janvier 1978 ne s'applique pas au traitement mentionné à l'article R. 142-26.

Les droits d'information, d'accès, de rectification, d'effacement et à la limitation prévus par les articles 14 à 18 du règlement (UE) 2016/679 du 27 avril 2016 et par les articles 48, 49, 50, 51 et 53 de la loi n° 78-17 du 6 janvier 1978 s'exercent auprès de la direction générale de la police nationale. – *[Anc. art. R. 611-22.]*

SECTION 4 Traitement automatisé de données à caractère personnel dénommé "Outil de statistique et de contrôle de l'aide au retour"

SOUS-SECTION 1 Finalités du traitement

Art. R. 142-33 L'Office français de l'immigration et de l'intégration est autorisé à mettre en œuvre, sur le fondement du 4° de l'article L. 142-1, un traitement automatisé de données à caractère personnel dénommé "Outil de statistique et de contrôle de l'aide au retour". Ce traitement a pour finalités :

1° De liquider l'aide au retour en permettant de déceler une nouvelle demande présentée par une personne ayant déjà bénéficié de cette aide, le cas échéant sous une autre identité ;

2° De permettre le suivi administratif, budgétaire et comptable des procédures d'aide au retour gérées par l'Office français de l'immigration et de l'intégration ;

3° D'établir des statistiques relatives à ces procédures et à leur exécution. – *[Anc. art. R. 611-35.]*

Art. R. 142-34 Lors du dépôt d'une demande d'aide au retour, il est procédé au recueil des empreintes digitales des dix doigts des personnes âgées d'au moins douze ans au bénéfice desquelles l'aide est demandée, aux fins de comparaison avec les empreintes enregistrées dans le traitement automatisé mentionné à l'article R. 142-33. – *[Anc. art. R. 611-39.]*

SOUS-SECTION 2 Données enregistrées dans le traitement

Art. R. 142-35 Les données enregistrées dans le traitement sont les suivantes :

1° Les images numérisées des empreintes des dix doigts du bénéficiaire et de ses enfants mineurs âgés d'au moins douze ans, ou la mention de l'impossibilité de collecte totale ou partielle de ces empreintes ;

2° Les données à caractère personnel relatives aux bénéficiaires énumérées à l'annexe 5.

Le traitement ne comporte pas de dispositif d'identification nominative à partir des empreintes ni de dispositif de reconnaissance faciale à partir de l'image numérisée de la photographie.

ANNEXE 5 MENTIONNÉE À L'ARTICLE R. 142-35

DONNÉES À CARACTÈRE PERSONNEL SUSCEPTIBLES D'ÊTRE ENREGISTRÉES DANS LE TRAITEMENT OUTIL DE STATISTIQUE ET DE CONTRÔLE DE L'AIDE AU RETOUR PRÉVU À L'ARTICLE R. 142-33

I. — Données relatives aux informations d'identification de l'étranger bénéficiaire de l'aide au retour :

A. Noms et prénoms ;

B. Sexe ;

C. Situation maritale déclarée ;

D. Date et lieu de naissance ;

E. Nationalité ;

F. Coordonnées du bénéficiaire en France et dans le pays de retour ;

G. Photographie d'identité ;

H. Date d'entrée en France ;

I. Numéro national d'identification mentionné au 2° de l'article D. 611-2 ;

J. Numéro, date et lieu de délivrance du passeport ou laissez-passer ;

K. Motifs de la demande :

— situation de dénuement ;
— volonté de départ ;
L. Nombre de personnes concernées par la mesure, liens unissant les bénéficiaires ;
M. Mesure d'éloignement, date et nature.
II. — Gestion administrative et comptable du dossier :
A. Numéro de dossier ;
B. Date de la décision de l'Office français de l'immigration et de l'intégration ;
C. Numéro de l'ordre de paiement ;
D. Nature et montant de l'aide accordée ;
E. Dates et montants des versements effectués ou à effectuer ;
F. Autres secours dont aide exceptionnelle d'acheminement.
III. — Organisation du voyage :
A. Hébergement avant départ ;
B. Moyens de transport ;
C. Date et lieu du départ du territoire français ;
D. Pays et ville de destination.

SOUS-SECTION 3 Accédants aux données

Art. R. 142-36 Sont autorisés à accéder aux données mentionnées à l'article R. 142-35, à l'exception des données biométriques, les agents de l'Office français de l'immigration et de l'intégration chargés de la mise en œuvre du dispositif d'aide au retour, individuellement désignés et spécialement habilités à cette fin par le directeur général de cet office. – *[Anc. art. R. 611-39, al. 1er.]*

SOUS-SECTION 4 Destinataires des données

Art. R. 142-37 Peuvent être destinataires des données mentionnées à l'article R. 142-35, à l'exclusion des données biométriques :

1° Les agents des préfectures compétents pour l'application de la réglementation relative aux étrangers, individuellement désignés et spécialement habilités par le préfet ;

2° Les agents des ambassades et des consulats français à l'étranger, individuellement désignés et spécialement habilités par l'ambassadeur ou le consul ;

3° Les personnels des organismes liés à l'Office français de l'immigration et de l'intégration par une convention relative à la mise en œuvre des aides au retour à la seule fin de la réalisation des missions qui leur sont confiées. – *[Anc. art. R. 611-38, al. 2 à 5.]*

SOUS-SECTION 5 Conservation des données

Art. R. 142-38 Les données mentionnées à l'article R. 142-35 sont effacées :

1° Sans délai lorsque l'Office français de l'immigration et de l'intégration refuse une aide sollicitée et dans le cas où l'intéressé renonce au bénéfice de l'aide avant la décision de l'office ;

2° A l'issue d'un délai de cinq ans à compter de la date de la décision de l'office lorsque l'aide est accordée.

Les intéressés sont informés par écrit dans une langue qu'ils comprennent des conditions de conservation des données les concernant, de leur droit d'accès à ces données et des destinataires de ces données. – *[Anc. art. R. 611-37.]*

SOUS-SECTION 6 Droits des personnes concernées

Art. R. 142-39 Les droits d'accès et de rectification prévus par les articles 15 et 16 du règlement (UE) 2016/679 du 27 avril 2016 et par les articles 49 et 50 de la loi n° 78-17 du 6 janvier 1978 s'exercent auprès du directeur général de l'Office français de l'immigration et de l'intégration. – *[Anc. art. R. 611-40.]*

Art. R. 142-40 Le droit d'opposition prévu par l'article 21 du règlement (UE) 2016/679 du 27 avril 2016 et par l'article 56 de la loi n° 78-17 du 6 janvier 1978 ne s'applique pas au traitement mentionné à l'article R. 142-33. – *[Anc. art. R. 611-41.]*

SECTION 5 Traitement automatisé de données à caractère personnel dénommé "Fichier automatisé des empreintes digitales"

Art. R. 142-41 Le traitement automatisé des empreintes digitales, mentionné à l'article L. 142-2, est régi par *(Décr. n° 2024-374 du 23 avr. 2024, art. 3)* « les articles R. 40-38-1 à R. 40-38-11 du code de procédure pénale ». – *[Anc. art. R. 611-16.]*

SECTION 6 Traitement automatisé de données à caractère personnel dénommé "Appui à l'évaluation de la minorité des personnes se déclarant mineures et privées temporairement ou définitivement de la protection de leur famille"

Art. R. 142-42 Le traitement automatisé de données à caractère personnel d'appui à l'évaluation de la minorité des personnes se déclarant mineures et privées temporairement ou définitivement de la protection de leur famille (AEM), mentionné à l'article L. 142-3, est régi par les articles R. 221-15-1 à R. 221-15-9 du code de l'action sociale et des familles.

SECTION 7 Traitements automatisés de données à caractère personnel relatifs aux demandes de validation des attestations d'accueil

SOUS-SECTION 1 Finalités des traitements

Art. R. 142-43 En application de l'article L. 313-5, le maire de la commune du lieu d'hébergement ou, à Paris, Lyon et Marseille, le maire d'arrondissement peut, en qualité d'agent de l'État, mettre en œuvre des traitements automatisés de données à caractère personnel relatifs aux demandes de validation des attestations d'accueil, dont la finalité est de lutter contre les détournements de procédure favorisant l'immigration irrégulière. – *[Anc. art. R. 211-19.]*

SOUS-SECTION 2 Données enregistrées dans les traitements

Art. R. 142-44 Les données à caractère personnel enregistrées dans les traitements mentionnés à l'article R. 142-43 sont énumérées à l'annexe 6. – *[Anc. art. R. 211-20.]*

ANNEXE 6 MENTIONNÉE À L'ARTICLE R. 142-44

DONNÉES À CARACTÈRE PERSONNEL SUSCEPTIBLES D'ÊTRE ENREGISTRÉES DANS LES TRAITEMENTS AUTOMATISÉS DE DONNÉES À CARACTÈRE PERSONNEL RELATIFS AUX DEMANDES DE VALIDATION DES ATTESTATIONS D'ACCUEIL PRÉVUS À L'ARTICLE R. 142-43

I. — Données relatives à l'hébergeant :

A. Identité (nom, prénoms et sexe) et, s'il agit comme représentant d'une personne morale, sa qualité ;

B. Date et lieu de naissance ;

C. Nationalité ;

D. Type et numéro de document d'identité, ainsi que sa date et son lieu de délivrance si l'attestation d'accueil est signée par un ressortissant français ;

E. Type et numéro de titre de séjour, ainsi que sa date, son lieu de délivrance et sa durée de validité si l'attestation d'accueil est signée par un ressortissant étranger ;

F. Adresse ;

G. Données relatives à la situation financière, nécessaires pour apprécier la capacité de prise en charge des frais de séjour et d'hébergement de l'étranger ;

H. Données relatives aux attestations d'accueil antérieurement signées par l'hébergeant, s'il y a lieu (nombre, dates, identité de l'étranger).

II. — Données relatives à la personne hébergée :

A. Identité (nom, prénoms et sexe) ;

B. Date et lieu de naissance ;

C. Nationalité ;

D. Numéro de passeport ;

E. Adresse ;

F. Identité et date de naissance du conjoint s'il est accompagné par celui-ci ;

G. Identité et date de naissance des enfants mineurs, le cas échéant ;

H. Données relatives au séjour (durée ainsi que dates d'arrivée et de départ) ;

I. Éventuels liens de parenté avec le demandeur ;

J. Avis de l'Office français de l'immigration et de l'intégration ou des services de la commune chargés des affaires sociales ou du logement, relatif aux conditions d'hébergement, à la demande du maire ;

K. Suites données par l'autorité consulaire à la demande de visa formulée sur la base de l'attestation d'accueil validée.

III. — Données relatives au logement :

A. Caractéristiques du logement (surface habitable, nombre de pièces habitables et nombre d'occupants) ;

B. Droits de l'hébergeant sur le logement (propriétaire, locataire ou occupant).

SOUS-SECTION 3 **Accédants aux données**

Art. R. 142-45 Ont accès aux données à caractère personnel et informations enregistrées dans les traitements mentionnés à l'article R. 142-43 :

1° Le maire de la commune du lieu d'hébergement ou, à Paris, Lyon et Marseille, le maire d'arrondissement, ainsi que les personnels de la mairie individuellement habilités ayant compétence pour instruire les demandes de validation des attestations d'accueil ;

2° Le préfet du département et, à Paris, le préfet de police, ainsi que les personnels de la préfecture individuellement habilités ayant compétence pour instruire les recours relatifs aux attestations d'accueil et pour l'exercice du pouvoir hiérarchique du préfet en tant que ce pouvoir implique l'accès aux mêmes informations que celles détenues par les maires. – *[Anc. art. R. 211-22.]*

Art. R. 142-46 La mise en œuvre des traitements mentionnés à l'article R. 142-43 par le maire de la commune du lieu d'hébergement ou, à Paris, Lyon et Marseille, par le maire d'arrondissement est subordonnée à l'envoi préalable à la Commission nationale de l'informatique et des libertés, en application du IV de l'article 31 de la loi n° 78-17 du 6 janvier 1978, d'un engagement de conformité faisant référence au présent article et précisant le lieu exact d'implantation du traitement automatisé, les modalités d'exercice du droit d'accès ainsi que l'engagement spécifique du maire qu'ont été mises en œuvre des mesures de sécurité et de confidentialité des données et des modalités d'habilitation individuelle des personnels communaux ayant accès au fichier. – *[Anc. art. R. 211-26.]*

SOUS-SECTION 4 **Conservation des données**

Art. R. 142-47 La durée de conservation des données à caractère personnel et informations enregistrées dans les traitements mentionnés à l'article R. 142-43 est de cinq ans à compter de la date de validation ou du refus de validation par le maire de l'attestation d'accueil. – *[Anc. art. R. 211-21.]*

SOUS-SECTION 5 **Droits des personnes concernées**

Art. R. 142-48 Le droit d'accès prévu par l'article 15 du règlement (UE) 2016/679 du 27 avril 2016 et par l'article 49 de la loi n° 78-17 du 6 janvier 1978 s'exerce auprès de la mairie du lieu d'hébergement ou, à Paris, Lyon et Marseille, de la mairie d'arrondissement.

Le maire met à jour les données enregistrées dans les traitements mentionnés à l'article R. 142-43, conformément aux dispositions des articles 50 et 51 de la loi n° 78-17 du 6 janvier 1978. Les données à caractère personnel relatives à l'hébergeant sont effacées lorsque la personne décède ou déménage. – *[Anc. art. R. 211-23.]*

Art. R. 142-49 Le droit d'opposition prévu par l'article 21 du règlement (UE) 2016/679 du 27 avril 2016 et par l'article 56 de la loi n° 78-17 du 6 janvier 1978 ne s'applique pas aux traitements mentionnés à l'article R. 142-43. – *[Anc. art. R. 211-24.]*

Art. R. 142-50 Les données enregistrées dans les traitements mentionnés à l'article R. 142-43 ne peuvent faire l'objet d'interconnexion, mise en relation ou rapprochement avec tout autre traitement automatisé de données à caractère personnel. – *[Anc. art. R. 211-25.]*

SECTION 8 Traitement automatisé de données à caractère personnel dénommé "Application de gestion du dispositif national d'accueil des demandeurs d'asile"

SOUS-SECTION 1 Finalités

Art. R. 142-51 L'Office français de l'immigration et de l'intégration est autorisé à mettre en œuvre, sur le fondement de l'article L. 142-4, un traitement automatisé de données à caractère personnel dénommé "Application de gestion du dispositif national d'accueil des demandeurs d'asile" (DNA). Ce traitement a pour finalités de permettre à l'office :

1° De coordonner la gestion des lieux d'hébergement dédiés aux demandeurs d'asile et de recenser les offres d'hébergement existantes et disponibles ;

2° De procurer les conditions matérielles d'accueil réservées aux demandeurs d'asile, en évaluant leurs besoins ainsi que leur vulnérabilité ;

3° D'assurer l'orientation des demandeurs d'asile et leur répartition dans les centres d'hébergement dédiés, conformément aux schémas national et régionaux d'accueil des demandeurs d'asile et en fonction des caractéristiques de l'offre et du profil des demandeurs ;

4° De vérifier l'acceptation des conditions matérielles d'accueil, et notamment de l'offre d'hébergement, par les demandeurs d'asile ;

5° D'allouer l'allocation aux demandeurs d'asile éligibles, aux personnes titulaires d'un titre de séjour remis sur le fondement des articles L. 425-1 et L. 425-3 ainsi qu'aux bénéficiaires de la protection temporaire, dans les conditions prévues par l'article L. 581-9 ;

6° D'assurer l'accompagnement social et administratif des demandeurs d'asile ;

7° De gérer les entrées et les sorties des lieux d'hébergement visés à l'article L. 349-3 du code de l'action sociale et des familles ;

8° D'informer le demandeur d'asile sur les dispositifs d'intégration, de retour et de réinsertion que gère l'office. – *[Anc. art. R. 744-45.]*

SOUS-SECTION 2 Données enregistrées dans le traitement

Art. R. 142-52 Les données à caractère personnel et informations relatives aux demandeurs d'asile enregistrées dans le traitement DNA sont énumérées à l'annexe 7. – *[Anc. art. R. 744-46.]*

ANNEXE 7 MENTIONNÉE AUX ARTICLES R. 142-52, R. 142-53, R. 142-54 ET R. 142-56

DONNÉES À CARACTÈRE PERSONNEL ET INFORMATIONS SUSCEPTIBLES D'ÊTRE ENREGISTRÉES DANS LE TRAITEMENT AUTOMATISÉ DNA, PRÉVU À L'ARTICLE R. 142-51

I. — État civil du demandeur d'asile (ou du titulaire d'un titre de séjour remis sur le fondement de l'article L. 425-1 ou du bénéficiaire de la protection temporaire dans les conditions prévues par le chapitre I du titre VIII du livre V) :

A. Nom de naissance, nom d'usage, prénom ;

B. Date de naissance ;

C. Sexe ;

D. Lieu de naissance ;

E. Nationalité ;

F. Date d'entrée en France ;

G. Conditions d'entrée en France ;

H. Langue(s) parlée(s) ;

I. Situation familiale (célibataire, marié, divorcé, séparé, concubin, séparé) ;

J. Le cas échéant, nom et prénom du conjoint et des enfants du demandeur ;

K. Coordonnées du demandeur : adresse postale, téléphone, courriel.

II. — Situation administrative du demandeur d'asile au regard du séjour et de la procédure d'asile :

A. Date d'enregistrement de la demande d'asile ;

B. Type de procédure d'asile (normale, accélérée, réexamen, Dublin) ;

C. Numéros AGDREF2, INEREC et éventuellement SKIPPER correspondant au recours formé devant la Cour nationale du droit d'asile du demandeur d'asile ;

D. Date de délivrance de l'attestation de demande d'asile ;

E. Durée de validité de l'attestation d'asile ;

F. Dates de renouvellement ou de retrait de l'attestation de demande d'asile ;

G. Données relatives à la procédure d'instruction de la demande d'asile : date d'introduction auprès de l'Office français de protection des réfugiés et apatrides ; sens et dates de décision et de notification des décisions définitives de l'Office français de protection des réfugiés et apatrides et de la Cour nationale du droit d'asile ; sens et dates de décisions et de notification de recevabilité ou d'irrecevabilité des demandes de réexamens ; dates de clôture et de réouverture des dossiers de demandes d'asile ;

H. Date de transfert vers l'État membre responsable ou du constat de fuite, pour les demandeurs relevant de la procédure prévue par le règlement (UE) n° 604-2013 du 26 juin 2013 ;

I. Date de l'obligation de quitter le territoire français.

III. — Conditions d'accueil du demandeur d'asile :

A. Données de détection de la vulnérabilité des demandeurs d'asile prévues à l'article L. 522-3 et relatives aux besoins d'adaptation des conditions d'accueil, telles que précisées dans l'arrêté prévu à l'article R. 522-1, saisies sous la forme d'un choix oui/non, à l'exception de données de santé à caractère personnel pertinentes qui n'auraient pas été volontairement communiquées par le demandeur d'asile ;

B. Avis du médecin de l'Office français de l'immigration et de l'intégration prévu à l'article R. 522-2 relatif à l'adaptation des conditions d'accueil ;

C. Niveau et type de ressources du demandeur ;

D. Coordonnées bancaires du demandeur (ou du titulaire d'un titre de séjour remis sur le fondement de l'article L. 425-1 ou du bénéficiaire de la protection temporaire dans les conditions prévues au chapitre I du titre VIII du livre V) : organisme bancaire, numéro IBAN, numéro BIC, numéro de carte Office français de l'immigration et de l'intégration remise au demandeur, montants versés au demandeur au titre de l'allocation pour demandeur d'asile ;

E. Lieu et typologie de l'hébergement proposé au demandeur d'asile ;

F. Date de notification de l'offre d'hébergement et de la décision d'acceptation, du constat de non-présentation dans le lieu d'hébergement ou de refus du demandeur ;

G. Dates d'entrée et de sortie dans le lieu d'hébergement ;

H. Modalités d'entrée dans les lieux d'hébergement et de sortie de ces lieux (qu'il s'agisse d'un lieu d'hébergement dédié aux demandeurs d'asile au sens de l'article L. 552-1 ou d'un hébergement dans le cadre des dispositions de l'article L. 345-2-2 du code de l'action sociale et des familles) ;

I. Dates d'affiliation du demandeur à l'assurance maladie, de visite médicale à l'entrée ;

J. Demandes de logement déposées (dates, organismes) ;

K. Dates des suspensions, refus, retraits et éventuelles réouvertures des conditions matérielles d'accueil aux demandeurs d'asile ;

L. Dates de sollicitation et d'obtention de l'aide juridictionnelle ;

M. Dates d'entretien avec l'Office français de protection des réfugiés et apatrides et d'audience avec la Cour nationale du droit d'asile ;

N. Dates de demande d'une aide au retour volontaire et date d'acceptation ou de refus de cette demande ;

O. Dates de signature du contrat d'intégration républicaine et de convocation à cette fin.

IV. — Lieux d'hébergement et d'accompagnement des demandeurs d'asile visés aux articles L. 551-7 et L. 552-1, et lieux d'hébergement visés à l'article L. 349-2 du code de l'action sociale et des familles :

A. Nom du lieu d'hébergement ;

B. Adresse du lieu d'hébergement ;

C. Date d'ouverture et capacité d'accueil du lieu d'hébergement ;

D. Type du lieu d'hébergement (collectif, diffus, nombre de places adaptés *[adaptée]* aux personnes à mobilité réduite, proximité avec des équipements médicaux) ;

E. Coordonnées du responsable du lieu d'hébergement (nom, prénom, téléphone, adresse courriel) ;

F. Coordonnées de l'opérateur gestionnaire du lieu d'hébergement (nom, téléphone, adresse courriel) ;

G. Nombre et typologie des places vacantes dans le lieu d'hébergement.

SOUS-SECTION 3 **Accédants aux données**

Art. R. 142-53 Ont accès, à raison de leurs attributions et dans la limite du besoin d'en connaître, à la totalité ou à une partie des données à caractère personnel et informations enregistrées dans le traitement mentionné à l'article R. 142-51 :

1° Les agents de l'Office français de l'immigration et de l'intégration chargés de la gestion du dispositif national d'accueil, affectés à la direction de l'asile, à l'agence comptable et aux bureaux chargés de l'asile au sein de ses directions territoriales, individuellement désignés et spécialement habilités à cette fin par le directeur général de l'office ;

2° Les agents chargés de l'accueil des demandeurs d'asile relevant des services centraux et déconcentrés des ministères de l'intérieur et des affaires sociales, individuellement désignés et spécialement habilités par le directeur général de l'office ;

3° Les agents des structures mentionnées aux articles L. 550-2 et L. 552-1 du présent code ainsi que celles mentionnées à l'article L. 349-2 du code de l'action sociale et des familles, individuellement désignés et spécialement habilités par le directeur général de l'office ; ces agents accèdent à l'ensemble des données relatives aux personnes suivies par leur structure, à l'exception des données relatives à l'allocation pour demandeur d'asile mentionnées aux B, C et D du III de l'annexe 7, et aux seules données relatives à leur établissement mentionnées au IV de la même annexe. – *[Anc. art. R. 744-47.]*

SOUS-SECTION 4 **Destinataires des données**

Art. R. 142-54 Peuvent être destinataires de la totalité ou d'une partie des données à caractère personnel et informations enregistrées dans le traitement automatisé mentionnée à l'article R. 142-51 :

1° Au titre du paiement de l'allocation pour demandeurs d'asile et en application des articles D. 553-20 à D. 553-23, les agents de l'Agence de services et de paiement, individuellement désignés et spécialement habilités par leur directeur général et pour les données prévues au I de l'annexe 7, à l'exception du H, et au D du III de la même annexe ;

2° Au titre de l'orientation des demandeurs d'asile et en application de l'article L. 552-8 et en cas de refus de l'offre d'hébergement par le demandeur d'asile, les personnes appelées à intervenir dans l'instruction des demandes de prise en charge, l'évaluation des demandeurs et leur orientation vers un hébergement, affectées au sein des services intégrés d'accueil et d'orientation du ou des départements concernés, individuellement désignées et spécialement habilitées par le préfet, pour les seules données prévues aux A à E du I, D à F du II et E à H du III de l'annexe 7 ;

3° En application des articles L. 522-1 à L. 522-4, les agents chargés de l'organisation matérielle des entretiens ainsi que les agents instructeurs chargés de l'audition des demandeurs d'asile, affectés au sein de l'Office français de protection des réfugiés et apatrides, en cas de détection d'une vulnérabilité pouvant nécessiter des modalités particulières d'examen de la demande par cet organisme, sous réserve du consentement du demandeur d'asile et pour les seules données et informations mentionnées au A du III de l'annexe 7 ;

4° En application de l'article R. 522-2, les personnels de santé de l'Office français de l'immigration et de l'intégration pour les données d'état civil du demandeur d'asile et les données relatives à la situation administrative du demandeur d'asile mentionnées aux I et II de l'annexe 7. – *[Anc. art. R. 744-48.]*

SOUS-SECTION 5 **Conservation des données**

Art. R. 142-55 Les données et informations enregistrées dans le traitement DNA sont conservées pour une durée maximale de deux ans à compter de la notification de la décision définitive sur la demande d'asile, au sens de l'article L. 542-1. – *[Anc. art. R. 744-49.]*

Art. R. 142-56 A l'exception de celles mentionnées dans le présent article, les données du traitement DNA ne font pas l'objet d'une cession ni d'une interconnexion, mise en relation ou rapprochement avec un autre traitement.

Les données d'état civil du demandeur d'asile et les données relatives à la situation administrative du demandeur d'asile mentionnées aux I et II de l'annexe 7 sont transmises à l'Office français de l'immigration et de l'intégration par l'intermédiaire de l'application AGDREF2, mise en œuvre par la direction générale des étrangers en France du ministère de l'intérieur.

Ces mêmes données sont transmises aux personnels de santé de l'Office français de l'immigration et de l'intégration par l'intermédiaire du traitement DNA quand le médecin de l'office est saisi pour émettre un avis dans les conditions fixées par l'article R. 522-2.

Les transmissions mentionnées à l'article R. 142-54 sont effectuées par voie électronique sécurisée, selon des modalités garantissant la confidentialité des données transmises.

L'Office français de protection des réfugiés et apatrides conserve dans le traitement INEREC les données et informations mentionnées au A du III de l'annexe 7, transmises en application du 3° de l'article R. 142-54. Elles sont mises à jour dans ce traitement lors de la transmission par le demandeur, ou l'Office français de l'immigration et de l'intégration, d'éléments nouveaux. – *[Anc. art. R. 744-50.]*

Art. R. 142-57 Les consultations du traitement DNA, ainsi que les opérations de création ou de modification de données, font l'objet d'un enregistrement comprenant l'identité du consultant, la date, l'heure et l'objet de la consultation. Ces informations sont conservées pendant trois ans. – *[Anc. art. R. 744-51.]*

SOUS-SECTION 6 **Droits des personnes concernées**

Art. R. 142-58 Les droits d'accès et de rectification prévus par les articles 15 et 16 du règlement (UE) 2016/679 du 27 avril 2016 et par les articles 49 et 50 de la loi n° 78-17 du 6 janvier 1978 s'exercent auprès du directeur général de l'Office français de l'immigration et de l'intégration.

Le droit d'opposition prévu par l'article 21 du règlement (UE) 2016/679 du 27 avril 2016 et par l'article 56 de la loi n° 78-17 du 6 janvier 1978 ne s'applique pas au traitement mentionné à l'article R. 142-51. – *[Anc. art. R. 744-52.]*

SECTION 9 **Traitement automatisé de données à caractère personnel dénommé "France-Visas"**

(Décr. n° 2024-810 du 6 juill. 2024, art. 1er, en vigueur le 17 juill. 2024).

SOUS-SECTION 1 **Finalités du traitement**

Art. R. 142-59 Le ministre de l'intérieur et le ministre des affaires étrangères sont autorisés à mettre en œuvre un traitement automatisé de données à caractère personnel dénommé "France-Visas".

Ce traitement a pour finalités :

1° De permettre aux demandeurs de présenter des demandes de visa en ligne ;

2° De mettre à la disposition des entreprises et institutions habilitées, un espace de dépôt d'invitation en faveur de leurs partenaires étrangers soumis à l'obligation de visa ;

3° D'instruire les demandes de visas, en procédant notamment à l'échange d'informations, d'une part, avec les autorités nationales, d'autre part, avec les autorités des États mettant en œuvre l'acquis de Schengen ;

4° Dans le cadre de l'instruction des demandes de visas, de lutter contre l'entrée et le séjour irréguliers des étrangers en France, en prévenant les fraudes documentaires, les usurpations d'identité et les détournements de procédure.

SOUS-SECTION 2 **Données enregistrées dans le traitement**

Art. R. 142-60 I. – Les données à caractère personnel et informations enregistrées dans le traitement sont énumérées à l'annexe 11. – *V. Annexe, infra.*

II. – Les données enregistrées dans le traitement peuvent faire apparaître, directement ou indirectement, des données de la nature de celles mentionnées au I de l'article 6 de la loi du 6 janvier 1978 relative à l'informatique, aux fichiers et aux libertés.

Il est interdit de sélectionner dans le traitement une catégorie particulière de personnes à partir de ces seules données.

ANNEXE 11 MENTIONNÉE À L'ARTICLE R. 142-60

DONNÉES À CARACTÈRE PERSONNEL ET INFORMATIONS POUVANT ÊTRE ENREGISTRÉES DANS LE TRAITEMENT FRANCE-VISAS PRÉVU À L'ARTICLE R. 142-59

(Décr. n° 2024-810 du 6 juill. 2024, art. 2, en vigueur le 17 juill. 2024).

Les dispositions de la présente Annexe sont applicables à Saint-Barthélemy et à Saint-Martin, dans les îles Wallis-et-Futuna, en Polynésie française et en Nouvelle-Calédonie (Décr. n° 2024-810 du 6 juill. 2024, art. 5, en vigueur le 17 juill. 2024.

I. — Données relatives au demandeur :

1° Données d'identification du demandeur :

a) Identifiant et mot de passe associé au compte utilisateur ;

b) Noms(s), prénom(s) ;

c) Sexe ;

d) Date et lieu de naissance (commune et pays) ;

e) Nationalité(s) ;

f) Numéro du titre d'identité ;

g) Statut (apatride, réfugié) ;

h) Coordonnées postales, téléphoniques et électroniques ;

i) Photographie ;

j) Nom(s), prénom(s) des ascendants ;

k) Situation professionnelle et profession : emploi, identité ou dénomination ou raison sociale et coordonnées postales, téléphoniques et électroniques de l'employeur (personne physique ou morale) ;

l) Pour les demandeurs mineurs : identité, nationalité(s), statut (apatride, refugié) et coordonnées postales, téléphoniques et électroniques du représentant légal ;

m) Pour les demandeurs présentant un lien de parenté avec un ressortissant de l'Union européenne, de l'espace Schengen, de la Suisse ou avec un ressortissant français :

— informations sur le parent : identité, numéro du titre d'identité, lien de parenté avec le demandeur ;

— en cas de lien de parenté avec un ressortissant français : type de titre d'identité ;

— en cas de lien de parenté avec un ressortissant de l'Union européenne, de l'espace Schengen ou de la Suisse : nationalité ;

n) Pour les demandeurs membres de la famille olympique au sens de l'article 2 de l'annexe XI du règlement (CE) n° 810/2009 du Parlement européen et du Conseil du 13 juillet 2009, le numéro de la carte d'accréditation olympique au sens de ce même article du même règlement ;

2° Données relatives au document de voyage et au titre de séjour :

a) Autorité de délivrance du document de voyage ;

b) Type du document de voyage ;

c) Résidence dans le pays correspondant *[à]* la nationalité, sous la forme d'indication oui/ non ;

d) Numéro de document de voyage et, le cas échéant, de titre de séjour ;

e) Dates de délivrance et d'expiration du document de voyage et, le cas échéant, du titre de séjour ;

3° Empreintes digitales et, le cas échéant, motif de l'absence de recueil des empreintes digitales.

II. — Données relatives à la personne déposant la demande si la personne est différente du demandeur :

a) Identifiant et mot de passe associé au compte utilisateur ;

b) Identité ou dénomination ou raison sociale.

III. — Données relatives à la demande de visa :

1° Données relatives à la demande :

a) Référence de la demande ;

b) Référence du groupe auquel appartient la demande ;

c) Date de dépôt de la demande ;

d) Motif(s) du voyage ;

e) Données relatives aux modalités du séjour : type de visa demandé, destination(s), première frontière d'entrée ou itinéraire de transit prévu, durée du séjour, nombre d'entrées, date prévue d'arrivée dans l'espace Schengen, date prévue de départ de l'espace Schengen, nombre de séjour envisagés en France pour l'année à venir ;

f) Le cas échéant, pour les transits : autorité de délivrance, dates de début et de fin de validité de l'autorisation d'entrée ;

2° Données relatives à certaines catégories de visas :

a) S'agissant des visas étudiants : nom et coordonnées postales, téléphoniques et électroniques de l'établissement d'enseignement et de l'organisme attribuant la bourse, indication d'attribution de bourse, montant de la bourse, numéro de dossier études en France ;

b) S'agissant des visas long séjour sollicités en vue de l'obtention d'une carte de séjour délivrée par le service du protocole du ministère des affaires étrangères : nom et prénom du diplomate remplacé ou création de poste, sous la forme d'indication oui/ non, fonction exercée ;

c) S'agissant des visas délivrés pour soins médicaux : établissement d'accueil, service de l'établissement où seront prodigués les soins ;

3° Le cas échéant, données relatives aux précédents séjours :

a) Pour une demande de visa court séjour, dates de début et de fin de validité du dernier visa Schengen délivré, numéro du visa et date du précédent relevé des empreintes digitales ;

b) Pour une demande de visa long séjour, dates de début et de fin, adresse(s) et motif(s) de(s) séjour(s) précédents de plus de trois mois ;

4° Données relatives aux répondants :

a) Identité ou dénomination ou raison sociale et coordonnées de la personne (physique ou morale) répondante et, le cas échéant, de la personne de contact ;

b) Nom et coordonnées de l'hôtel ou de la résidence en France ;

c) Le cas échéant, en cas de financement par une personne autre que le demandeur, l'entreprise, l'organisation ou l'établissement d'accueil : nom et prénom de la personne finançant le séjour.

IV. — Données relatives au traitement de la demande de visa :

1° Données relatives aux consultations :

a) En cas de consultation par France-Visas d'un partenaire Schengen : pour chaque partenaire Schengen consulté : code V^IS du partenaire, réponse apportée par le partenaire, identifiants des messages échangés ;

b) En cas de consultation de service tiers : service consulté, objet de la consultation, avis et justification du service consulté, agent répondant et date de réponse ;

c) Lors des consultations sécuritaires :

— indication de l'enregistrement ou non de la personne et des documents de voyage en sa possession dans le fichier des personnes recherchées prévu par le décret n° 2010-569 du 28 mai 2010 et le système d'information Schengen prévu par le règlement (UE) 2018/1861 du 28 novembre 2018, origine du signalement ;

— en cas de correspondance totale ou partielle des données d'identification de la personne avec les données enregistrées dans le système d'information Schengen prévu par le règlement (UE) 2018/1861 du 28 novembre 2018 : noms, prénoms, date et lieu de naissance, pays, sexe et photographie des personnes dont les données d'identification sont identiques ou proches de celles du demandeur ;

— en cas d'enregistrement du document de voyage dans le système d'information Schengen prévu par le règlement (UE) 2018/1861 du 28 novembre 2018 : type, numéro, date et lieu de délivrance du titre d'identité, nationalité, date de perte ou de vol du titre, le cas échéant, noms, prénoms, sexe du détenteur du titre ;

— en cas de correspondance totale ou partielle des données d'identification de la personne avec les données enregistrées dans le fichier des personnes recherchées prévu par le décret n° 2010-569 du 28 mai 2010 : nom, prénom, date et lieu de naissance, nationalité, sexe, identité des parents et photographie des personnes dont les données d'identification sont identiques ou proches de celles du demandeur ;

— lorsque la personne a fait l'objet d'un avis émis par la direction générale de la sécurité intérieure : sens de l'avis ;

— lorsque la personne a fait l'objet d'un avis consolidé reprenant les données mentionnées au *c* : motivation et sens de l'avis ;

d) En cas de consultation du système d'entrée/de sortie "EES" prévu par le règlement (UE) 2017/2226 du Parlement européen et du Conseil du 30 novembre 2017 :

— identité de la personne obtenue en résultat de recherche : nom, prénom, date de naissance, nationalité(s), sexe, photographie ;

— entrées/sorties ou refus opposé à la personne : type (entrée/ sortie/ refus), date et lieu d'entrée ou sortie ou refus, date d'expiration du séjour, dépassement de la durée du séjour, sous la forme d'indication oui/non, numéro de vignette visa, motif en cas de refus, durée maximum de séjour autorisée ;

— numéro et date d'expiration du document de voyage de la personne ;

2° Données relatives à l'instruction de la demande et à la perception des droits de timbre :

a) Image numérisée des pièces du dossier de demande de visa ;

b) Nom, prénom et service des agents qui instruisent la demande de visa ;

c) Nom, prénom et service de l'agent ayant procédé à la perception des droits de timbre ;

d) État membre représenté ;

e) Type réglementaire de dossier ;

3° Données relatives à la décision :

a) Nature, lieu et date de la décision ;

b) Nom, prénom et service de l'agent à l'origine de la décision ;

c) En cas de délivrance d'un visa : pays au nom duquel le visa est délivré, dates de début et de fin de validité, nombre d'entrées autorisées, numéro de la vignette utilisée, référence de l'avis de délivrance d'un visa délivré par un partenaire Schengen, validité territoriale, mentions inscrites sur la vignette ;

d) En cas de refus de délivrance, d'abrogation ou de réduction de la durée de validité du visa ou de prorogation du visa : motif de la décision ;

e) Date d'expiration du visa dont la durée de validité a été réduite ou prorogée et, le cas échéant, le numéro de la nouvelle vignette visa ;

f) En cas d'interruption de la demande : État membre compétent pour traiter la demande.

V. — Données relatives aux procédures d'attention et d'authentification des actes d'état civil :

1° Données relatives à la procédure d'attention :

a) Service à l'origine de la procédure d'attention et lien avec une ou plusieurs demandes de visas ;

b) En cas de procédure d'attention concernant le demandeur :

— données relatives à l'identité du demandeur : nom, nom de naissance, prénom, date de naissance, nationalité actuelle, statut (apatride/réfugié/détenteur de la protection subsidiaire), ville et pays de naissance ;

— données relatives à l'attention : motif de l'attention et conduite à tenir ;

c) En cas d'enregistrement dans le fichier d'attention concernant un répondant ou un garant :

— données relatives à l'identité du répondant ou garant : type de répondant ou garant (organisme ou individu), noms et prénoms ou dénomination ou raison sociale, coordonnées postales, téléphoniques et électroniques ;

— données relatives à l'attention : motif (positif, négatif, neutre), conduite à tenir, et références de la recommandation le cas échéant (attention positive) ;

2° Données relatives à la procédure d'authentification des actes d'état civil :

a) Nom et coordonnées du service demandeur de la vérification ;

b) Pour le demandeur du regroupement ou du rapprochement familial : identité et adresse du demandeur, nationalité, numéro AGDREF2 issu de l'application de gestion des dossiers des ressortissants étrangers en France prévue par l'article R. 142-11, type de dossier (regroupement familial, rapprochement de famille de réfugiés, famille de Français) ;

c) Pour les dossiers de demande de réunification familiale de réfugié statutaire : numéro OFPRA.

SOUS-SECTION 3 **Accédants au traitement**

Art. R. 142-61 **Seuls ont accès au traitement mentionné à l'article R. 142-59, à raison de leurs attributions et dans la limite du besoin d'en connaître :**

1° Les agents des services centraux du ministère de l'intérieur, du ministère des affaires étrangères et du ministère chargé des douanes participant à l'instruction des demandes de visas, individuellement désignés et spécialement habilités par le directeur ou le chef de service dont ils relèvent ;

2° Les agents des missions diplomatiques et des postes consulaires chargés de l'instruction des demandes de visas, individuellement désignés et habilités par le chef de mission diplomatique ou de poste consulaire dont ils relèvent ;

3° Les agents des préfectures chargés de l'instruction des demandes de visas et de l'application de la réglementation relative à la délivrance des titres de séjour, au traitement des demandes d'asile et à la préparation et à la mise en œuvre des mesures d'éloignement, individuellement désignés et habilités par le préfet et, à Paris, par le préfet de police ;

4° Les agents de la police nationale, les agents des services des douanes et les agents de la gendarmerie nationale chargés de l'instruction des demandes de délivrance de visas aux frontières et des vérifications aux frontières extérieures des documents de voyage des ressortissants des pays tiers, individuellement désignés et habilités par le chef de service dont ils relèvent ;

5° Les personnels des prestataires de services extérieurs chargés de la vérification de la complétude des dossiers de demande de visas, ainsi que de la prise de biométries le cas échéant, avant transmission du dossier au poste consulaire pour instruction, individuellement désignés et habilités par les autorités chargées de la délivrance des visas dans les conditions prévues à l'article R. 142-62.

Art. R. 142-62 **Les données à caractère personnel et informations mentionnées à l'annexe 11 peuvent être collectées par les agents mentionnés à l'article R. 142-61 ainsi que, à la condition que la collecte présente un niveau de protection et des garan-**

ties équivalents à ceux du droit français, par les prestataires de services externalisés, désignés par les autorités chargées de la délivrance des visas et sous la responsabilité de ces dernières, dans le respect des garanties prévues par le règlement (CE) n° 390/2009 du Parlement européen et du Conseil du 23 avril 2009. Les personnels des prestataires de services externalisés chargés de cette collecte sont individuellement habilités par ces mêmes autorités.

SOUS-SECTION 4 **Destinataires des données**

Art. R. 142-63 Peuvent être destinataires des données à caractère personnel et informations mentionnées à l'annexe 11, à raison de leurs attributions et dans la limite du besoin d'en connaître :

1° Les agents des services du ministère de l'intérieur (direction nationale de la police aux frontières, direction du renseignement de la préfecture de police et direction générale de la sécurité intérieure), individuellement désignés et spécialement habilités par leur autorité hiérarchique ;

2° Les agents des services du ministère des armées (direction générale de la sécurité extérieure, direction du renseignement et de la sécurité de la défense, direction du renseignement militaire), individuellement désignés et spécialement habilités par leur autorité hiérarchique ;

3° Les agents des services centraux du ministère de l'intérieur, du ministère des affaires étrangères et du ministère chargé des douanes participant à la gestion des recours administratifs et contentieux dirigés contre les décisions prises en matière de visas, individuellement désignés et spécialement habilités par leur autorité hiérarchique ;

4° Les agents des organismes de sécurité sociale, dans le cadre de leur mission de lutte contre la fraude, individuellement désignés et spécialement habilités par leur autorité hiérarchique.

SOUS-SECTION 5 **Conservation des données**

Art. R. 142-64 I. – Sous réserves des dérogations prévues aux II à VII du présent article, les données à caractère personnel et informations mentionnées à l'annexe 11 sont conservées pendant une durée maximale de cinq ans à compter de :

1° La date de délivrance, de refus, de réduction, de prorogation ou d'abrogation du visa ;

2° La date de la création du dossier de demande de visa en cas de clôture ou d'interruption de la demande.

II. – Les empreintes digitales mentionnées au 3° du I de l'annexe 11 sont conservées :

1° Lorsqu'elles font l'objet d'un rattachement à une demande de visa, pendant une durée maximale d'un mois à compter de la date de délivrance ou de refus du visa ;

2° Lorsqu'elles ne font pas l'objet de ce rattachement, pendant une durée maximale d'un mois à compter de la date de leur collecte.

III. – Les données à caractère personnel et informations enregistrées dans les comptes utilisateur mentionnées au *a* du 1° du I et au II de l'annexe 11 sont effacées, après information du titulaire du compte, en cas d'inactivité du compte pendant une durée ininterrompue d'un an.

IV. – Les données à caractère personnel et informations issues du système d'information Schengen prévu par le règlement (UE) 2018/1861 du 28 novembre 2018 et du fichier des personnes recherchées prévu par le décret n° 2010-569 du 28 mai 2010, mentionnées au *c* du 1° du IV de l'annexe 11, sont conservées pendant une durée maximale de cinquante jours, à l'exclusion du numéro d'enregistrement de la personne ou du document de voyage issu du système d'information Schengen et du fichier des personnes recherchées précités.

V. – Les données à caractère personnel et informations issues du système d'entrée/de sortie "EES", mentionnées au *d* du 1° du IV de l'annexe 11 sont conservées pendant une durée maximale de cent jours à compter de :

1° La date de délivrance, de refus, de réduction, de prorogation ou d'abrogation du visa ;

2° La date de la création du dossier de demande de visa en cas de clôture ou d'interruption de la demande.

VI. – Les données à caractère personnel et informations mentionnées au V de l'annexe 11 sont conservées, lorsqu'elles ne font pas l'objet d'un rattachement à une demande de visa, pendant une durée maximale de cinq ans à compter de la date d'ouverture de la procédure ou, lorsqu'elles font l'objet de ce rattachement, pendant une durée maximale de cinq ans à compter de la date de délivrance, de refus, de réduction ou de prorogation du visa.

VII. – Les données à caractère personnel et informations enregistrées au titre des demandes en ligne incomplètes sont conservées pendant une durée de trois mois à compter de la dernière modification du dossier de demande.

Art. R. 142-65 Les opérations de collecte, de modification, de consultation, de communication, d'interconnexion et d'effacement des données à caractère personnel font l'objet d'un enregistrement comprenant l'identifiant de l'auteur, la date, l'heure, le motif de l'opération et, le cas échéant, les destinataires des données. Les informations relatives à ces opérations sont conservées pendant trois ans.

SOUS-SECTION 6 **Droits des personnes concernées**

Art. R. 142-66 Les droits d'accès, de rectification et à la limitation prévus respectivement aux articles 49, 50 et 53 de la loi du 6 janvier 1978 relative à l'informatique, aux fichiers et aux libertés et aux articles 15, 16 et 18 du règlement (UE) 2016/679 du 27 avril 2016 s'exercent auprès de l'autorité de délivrance du visa sollicité.

Art. R. 142-67 Conformément à l'article 23 du règlement (UE) 2016/679 du 27 avril 2016, les droits d'accès et de rectification mentionnés à l'article R. 142-66 peuvent faire l'objet de restrictions pour garantir la sécurité nationale, la protection contre les menaces pour la sécurité publique ainsi que la prévention de telles menaces.

La personne concernée par ces restrictions exerce ses droits auprès de la Commission nationale de l'informatique et des libertés dans les conditions prévues aux articles 52 et 118 de la loi du 6 janvier 1978 précitée.

Art. R. 142-68 Conformément à l'article 23 du règlement (UE) 2016/679 du 27 avril 2016 précité ainsi qu'à l'article 56 de la loi du 6 janvier 1978 précitée, afin de garantir l'intérêt public général attaché à la gestion des procédures de délivrance des visas et la sécurité publique, le droit d'opposition prévu par l'article 21 du règlement (UE) 2016/679 du 27 avril 2016 ne s'applique pas au présent traitement.

TITRE V **DISPOSITIONS RELATIVES À L'OUTRE-MER**

CHAPITRE I **DISPOSITIONS PARTICULIÈRES AUX COLLECTIVITÉS RÉGIES PAR L'ARTICLE 73 DE LA CONSTITUTION ET À SAINT-PIERRE-ET-MIQUELON**

Art. R. 151-1 Les dispositions du présent livre sont applicables de plein droit en Guadeloupe, en Guyane, en Martinique, à La Réunion à Mayotte et à Saint-Pierre-et-Miquelon, sous réserve des adaptations suivantes :

1° Les références aux frontières extérieures des États parties à la convention signée à Schengen le 19 juin 1990 sont supprimées ;

2° Les références au commandant du groupement de gendarmerie sont remplacées par la référence au commandant de la gendarmerie territorialement compétent ;

3° Les références aux commandants de groupement de gendarmerie départementale sont remplacées par la référence aux commandants de la formation territoriale de la gendarmerie nationale implantée dans la collectivité.

Art. R. 151-2 Pour l'application de l'article R. 142-16 en Guadeloupe, les références aux directions régionales des entreprises, de la concurrence, de la consommation, du travail et de l'emploi et au directeur régional sont remplacées par les références à la direction des entreprises, de la concurrence, de la consommation, du travail et de l'emploi et au directeur.

Art. R. 151-3 Pour l'application du présent livre en Guyane :

1° Les références au conseil départemental sont remplacées par la référence à l'assemblée de la Guyane ;

2° A l'article R. 142-15, le *a* du 5° est ainsi rédigé :

"*a)* par le directeur du service territorialement compétent en matière de police aux frontières" ;

3° A l'article R. 142-16, les références aux directions régionales des entreprises, de la concurrence, de la consommation, du travail et de l'emploi et au directeur régional sont remplacées par la référence à la direction générale des populations et au directeur général.

Art. R. 151-4 Pour l'application de l'article R. 142-16 à La Réunion, les références aux directions régionales des entreprises, de la concurrence, de la consommation, du travail et de l'emploi et au directeur régional sont remplacées par la référence à la direction des entreprises, de la concurrence, de la consommation, du travail et de l'emploi et au directeur.

Art. R. 151-5 Pour l'application du présent livre en Martinique :

1° A l'article R. 142-16, les références aux directions régionales des entreprises, de la concurrence, de la consommation, du travail et de l'emploi et au directeur régional sont remplacées par la référence à la direction des entreprises, de la concurrence, de la consommation, du travail et de l'emploi et au directeur ;

2° Les références au conseil départemental sont remplacées par la référence à l'assemblée de la Martinique.

Art. R. 151-6 Pour l'application du présent livre à Mayotte :

1° Les références à la cour d'appel sont remplacées par la référence à la chambre d'appel de la cour d'appel de Saint-Denis de La Réunion à Mamoudzou ;

2° A l'article R. 142-15, le *a* du 5° est ainsi rédigé : "*a)* par le directeur du service territorialement compétent en matière de police aux frontières" ;

3° A l'article R. 142-16 :

a) les références aux directions régionales des entreprises, de la concurrence, de la consommation, du travail et de l'emploi et au directeur régional sont remplacées par la référence à la direction des entreprises, de la concurrence, de la consommation, du travail et de l'emploi et au directeur ;

b) les références aux articles L. 115-6 et L. 161-25-1 du code de la sécurité sociale sont remplacées par la référence à l'article 19 de l'ordonnance n° 96-1122 du 20 décembre 1996 relative à l'amélioration de la santé publique à Mayotte ;

c) la référence à l'article L. 114-10-2 du code de la sécurité sociale est remplacée par la référence à l'article L. 114-10-1 du même code ;

d) la référence à l'article L. 512-2 du code de la sécurité sociale est remplacée par la référence à l'article 4 de l'ordonnance n° 2002-149 du 7 février 2002 relative à l'extension et la généralisation des prestations familiales et à la protection sociale dans la collectivité départementale de Mayotte ;

e) les références aux articles L. 161-16-1 et L. 161-18-1 du code de la sécurité sociale sont remplacées par les dispositions applicables localement ayant le même objet ;

4° La section 4 du chapitre II du titre IV n'est pas applicable. – *[Anc. art. R. 832-1.]*

Art. R. 151-7 Pour l'application du présent livre à Saint-Pierre-et-Miquelon :

1° Les références au conseil départemental sont remplacées par la référence au conseil territorial de Saint-Pierre-et-Miquelon ;

2° Les références au tribunal judiciaire sont remplacées par la référence au tribunal de première instance ;

3° Les références à la cour d'appel sont remplacées par la référence au tribunal supérieur d'appel ;

4° Les références au directeur régional des douanes sont remplacées par la référence au chef de service relevant de l'État et territorialement compétent en matière de douanes ;

5° L'article R. 141-1 est ainsi rédigé :

Art. R. 141-1 La liste des interprètes*[-]*traducteurs prévue au second alinéa de l'article L. 141-3 est dressée chaque année par le procureur de la République près le tribunal supérieur d'appel.

La liste est tenue à la disposition du public au greffe du tribunal judiciaire.

6° Les références au règlement (CE) n° 390-2009 du Parlement européen et du Conseil du 23 avril 2009 sont supprimées *(Décr. n° 2024-810 du 6 juill. 2024, art. 5, en vigueur le 17 juill. 2024)*« ou, à l'article R. 142-62, sont remplacées par la référence aux règles en vigueur en métropole en vertu de ce règlement » ;

7° A l'article R. 142-16 :

a) les références aux directions régionales des entreprises, de la concurrence, de la consommation, du travail et de l'emploi et au directeur régional sont remplacées par la référence à la direction de la cohésion sociale, du travail, de l'emploi et de la population et au directeur ;

b) au 7°, après les mots : "agents des douanes habilités" et les mots : "agents des services fiscaux habilités", sont ajoutés les mots : "relevant de l'État" ;

8° Les références au règlement (UE) 2016/679 du 27 avril 2016 relatif à la protection des personnes physiques à l'égard des traitements des données à caractère personnel et à la libre circulation de ces données, et abrogeant la directive 95/46/CE sont remplacées par la référence aux règles en vigueur en métropole en vertu du règlement (UE) 2016/679 du 27 avril 2016.

CHAPITRE II DISPOSITIONS APPLICABLES À SAINT-BARTHÉLEMY

Art. R. 152-1 Sous réserve des adaptations prévues par le présent chapitre, les dispositions suivantes sont applicables à Saint-Barthélemy dans leur rédaction résultant du décret n° 2020-1734 du 16 décembre 2020, sauf mention contraire ou mention de leur application de plein droit dans le tableau ci-dessous. – *Tableau mod. par Décr. n° 2021-313 du 24 mars 2021, art. 10 (JO 25 mars) ; Décr. n° 2021-481 du 21 avr. 2021, art. 4 (JO 22 avr. et Décr. n° 2022-1703 du 27 déc. 2022, art. 2 et 3, en vigueur le 1er janv. 2023 (JO 30 déc.) ; Décr. n° 2023-1013 du 2 nov. 2023, art. 20-VII et 21, en vigueur le 1er déc. 2023 (JO 3 nov.) ; Décr. n° 2024-374 du 23 avr. 2024, art. 3 ; Décr. n° 2024-810 du 6 juill. 2024, art. 5, en vigueur le 17 juill. 2024 (JO 16 juill.).*

Articles applicables	Dans leur rédaction résultant
Au titre II	
R. 121-1 à R. 121-39	
Au titre III	
R. 131-1 à R. 131-8	Application de plein droit
Au titre IV	
R. 140-1	
R. 141-1 à R. 141-13	
R. 142-11	du décret n° 2021-313 du 24 mars 2021
R. 142-12 à R. 142-14	
R. 142-15 à R. 142-16	du décret n° 2023-1013 du 2 novembre 2022
R. 142-17 à R. 142-23	

Articles applicables	Dans leur rédaction résultant
R. 142-24 et R. 142-25	du décret n° 2021-313 du 24 mars 2021
R. 142-26	du décret n° 2023-1013 du 2 novembre 2023
R. 142-27	
R. 142-28	du décret n° 2023-1013 du 2 novembre 2023
R. 142-29	
R. 122-30	du décret n° 2023-1013 du 2 novembre 2023
R. 142-31 et R. 142-32	
R. 142-41	du décret n° 2024-374 du 23 avril 2024
R. 142-42 à R. 142-58	
R. 142-59 à R. 142-68	du décret n° 2024-810 du 6 juillet 2024

Art. R. 152-2 Pour l'application du présent livre à Saint-Barthélemy :

1° Les références au conseil départemental sont remplacées par la référence au conseil territorial de Saint-Barthélemy ;

2° Les références au maire sont remplacées par la référence au président du conseil territorial de Saint-Barthélemy ;

3° Les références au préfet sont remplacées par la référence au représentant de l'État dans la collectivité et la référence aux sous-préfectures est supprimée ;

4° Les références au directeur régional des douanes sont remplacées par la référence au directeur régional des douanes de Guadeloupe ;

5° Les références aux frontières extérieures des États parties à la convention signée à Schengen le 19 juin 1990 sont supprimées ;

6° Les références au règlement (CE) n° 390-2009 du Parlement européen et du Conseil du 23 avril 2009 sont supprimées *(Décr. n° 2024-810 du 6 juill. 2024, art. 5, en vigueur le 17 juill. 2024)* « ou, à l'article R. 142-62, sont remplacées par la référence aux règles en vigueur en métropole en vertu de ce règlement » ;

7° Les références au commandant du groupement de gendarmerie sont remplacées par la référence au commandant de la gendarmerie de la Guadeloupe ;

8° Les références aux commandants de groupement de gendarmerie départementale sont remplacées par la référence aux commandants de la formation territoriale de la gendarmerie nationale implantée dans la collectivité ;

9° A l'article R. 140-1, les références aux articles R. 142-33 à R. 142-40 sont supprimées ;

10° A l'article R. 142-16 :

a) les références aux directions régionales des entreprises, de la concurrence, de la consommation, du travail et de l'emploi et au directeur régional sont remplacées par la référence à la direction des entreprises, de la concurrence, de la consommation, du travail et de l'emploi de Guadeloupe et au directeur ;

b) au 7°, après les mots : "agents des douanes habilités" et les mots : "agents des services fiscaux habilités", sont ajoutés les mots : "relevant de l'État" ;

11° Les références au règlement (UE) 2016/679 du 27 avril 2016 relatif à la protection à la protection des personnes physiques à l'égard des traitements des données à caractère personnel et à la libre circulation de ces données, et abrogeant la directive 95/46/CE sont remplacées par la référence aux règles en vigueur en métropole en vertu du règlement (UE) 2016/679 du 27 avril 2016.

Art. D. 152-3 Les dispositions suivantes sont applicables à Saint-Barthélemy dans leur rédaction résultant du décret n° 2020-1734 du 16 décembre 2020, sauf mention contraire ou mention de leur application de plein droit dans le tableau ci-dessous.

Articles applicables	Dans leur rédaction résultant de
Au titre I	
D. 110-1	Application de plein droit
Au titre II	
D. 122-2	Application de plein droit

CHAPITRE III DISPOSITIONS APPLICABLES À SAINT-MARTIN

Art. R. 153-1 Sous réserve des adaptations prévues par le présent chapitre, les dispositions suivantes sont applicables à Saint-Martin dans leur rédaction résultant du décret n° 2020-1734 du 16 décembre 2020, sauf mention contraire ou mention de leur application de plein droit dans le tableau ci-dessous. — *Tableau mod. par Décr. n° 2021-313 du 24 mars 2021, art. 10 (JO 25 mars) ; Décr. n° 2021-481 du 21 avr. 2021, art. 4 (JO 22 avr.) ; Décr. n° 2022-1703 du 27 déc. 2022, art. 2 et 3, en vigueur le 1er janv. 2023 (JO 30 déc.) ; Décr. n° 2023-1013 du 2 nov. 2023, art. 20-VII et 21, en vigueur le 1er déc. 2023 (JO 3 nov.) ; Décr. n° 2024-374 du 23 avr. 2024, art. 3 ; Décr. n° 2024-810 du 6 juill. 2024, art. 5, en vigueur le 17 juill. 2024 (JO 16 juill.).*

Articles applicables	Dans leur rédaction résultant
Au titre II	
R. 121-1 à R. 121-39	
Au titre III	
R. 131-1 à R. 131-8	Application de plein droit
Au titre IV	
R. 140-1	
R. 141-1 à R. 141-13	
R. 142-11	du décret n° 2021-313 du 24 mars 2021
R. 142-12 à R. 142-14	
R. 142-15 à R. 142-16	du décret n° 2023-1013 du 2 novembre 2023
R. 142-17 à R. 142-23	
R. 142-24 et R. 142-25	du décret n° 2021-313 du 24 mars 2021
R. 142-26	du décret n° 2023-1013 du 2 novembre 2023
R. 142-27	
R. 142-28	du décret n° 2023-1013 du 2 novembre 2023

Articles applicables	Dans leur rédaction résultant
R. 142-29	
R. 142-30	du décret n° 2023-1013 du 2 novembre 2023
R. 142-31 et R. 142-32	
R. 142-41	du décret n° 2024-374 du 23 avril 2024
R. 142-42 à R. 142-58	
R. 142-59 à R. 142-68	du décret n° 2024-810 du 6 juillet 2024

Art. R. 153-2 Pour l'application du présent livre à Saint-Martin :

1° Les références au conseil départemental sont remplacées par la référence au conseil territorial de Saint-Martin ;

2° Les références au maire sont remplacées par la référence au président du conseil territorial de Saint-Martin ;

3° Les références au préfet sont remplacées par la référence au représentant de l'État dans la collectivité et la référence aux sous-préfectures est supprimée ;

4° Les références au directeur régional des douanes sont remplacées par la référence au directeur régional des douanes de Guadeloupe ;

5° Les références aux frontières extérieures des États parties à la convention signée à Schengen le 19 juin 1990 sont supprimées ;

6° Les références au commandant du groupement de gendarmerie sont remplacées par la référence au commandant de la gendarmerie de la Guadeloupe ;

7° Les références aux commandants de groupement de gendarmerie départementale sont remplacées par la référence aux commandants de la formation territoriale de la gendarmerie nationale implantée dans la collectivité ;

8° A l'article R. 140-1, les références aux articles R. 142-33 à R. 142-40 sont supprimées ;

9° A l'article R. 142-16 ;

a) les références aux directions régionales des entreprises, de la concurrence, de la consommation, du travail et de l'emploi et au directeur régional sont remplacées par la référence à la direction des entreprises, de la concurrence, de la consommation, du travail et de l'emploi de Guadeloupe et au directeur ;

b) au 7°, après les mots : "agents des douanes habilités" et les mots : "agents des services fiscaux habilités", sont ajoutés les mots : "relevant de l'État".

Art. D. 153-3 Les dispositions suivantes sont applicables à Saint-Martin dans leur rédaction résultant du décret n° 2020-1734 du 16 décembre 2020, sauf mention contraire ou mention de leur application de plein droit dans le tableau ci-dessous.

Articles applicables	Dans leur rédaction résultant de
Au titre I	
D. 110-1	Application de plein droit
Au titre II	
D. 122-2	Application de plein droit

CHAPITRE IV DISPOSITIONS APPLICABLES DANS LES ÎLES WALLIS-ET-FUTUNA

Art. R. 154-1 Sous réserve des adaptations prévues par le présent chapitre, les dispositions suivantes sont applicables dans les îles Wallis-et-Futuna dans leur rédaction résultant du décret n° 2020-1734 du 16 décembre 2020, sauf mention contraire dans

le tableau ci-dessous. – *Tableau mod. par Décr. n° 2023-1013 du 2 nov. 2023, art. 20-VII et 21, en vigueur le 1er déc. 2023 (JO 3 nov.) ; Décr. n° 2024-374 du 23 avr. 2024, art. 3 ; Décr. n° 2024-810 du 6 juill. 2024, art. 5, en vigueur le 17 juill. 2024 (JO 16 juill.).*

Articles applicables	Dans leur rédaction résultant de
Au titre II	
R. 121-32 à R. 121-39	
Au titre III	
R. 131-1 à R. 131-8	
Au titre IV	
R. 140-1	
R. 141-1 à R. 141-13	
R. 142-26	du décret n° 2023-1013 du 2 novembre 2023
R. 142-27	
R. 142-28	du décret n° 2023-1013 du 2 novembre 2023
R. 142-29	
R. 142-30	du décret n° 2023-1013 du 2 novembre 2023
R. 142-31 et R. 142-32	
R. 142-41	du décret n° 2024-374 du 23 avril 2024
R. 142-42 à R. 142-50	
R. 142-59 à R. 142-68	du décret n° 2024-810 du 6 juillet 2024

Art. R. 154-2 Pour l'application du présent livre dans les îles Wallis-et-Futuna :

1° Les références au maire sont remplacées par la référence au chef de circonscription ;

2° Les références au tribunal judiciaire sont remplacées par la référence au tribunal de première instance ;

3° Les références au préfet sont remplacées par la référence à l'administrateur supérieur du territoire des îles Wallis-et-Futuna et la référence aux sous-préfectures est supprimée ;

4° Les références aux agents et services des préfectures et sous-préfectures sont remplacées par la référence aux agents et services de l'administration supérieure des îles Wallis-et-Futuna ;

5° Les références à l'article R. 221-11 du code de l'action sociale et des familles et aux articles R. 221-15-1 à R. 221-15-9 du même code sont remplacées par la référence aux dispositions, ayant le même objet, applicables localement ;

6° Les références au directeur régional des douanes sont remplacées par la référence au chef de service relevant de l'État et territorialement compétent en matière de douanes ;

7° Les références aux frontières extérieures des États parties à la convention signée à Schengen le 19 juin 1990 sont supprimées ;

8° Les références au règlement (CE) n° 390-2009 du Parlement européen et du Conseil du 23 avril 2009 sont supprimées *(Décr. n° 2024-810 du 6 juill. 2024, art. 5, en vigueur le 17 juill. 2024)* « ou, à l'article R. 142-62, sont remplacées par la référence aux règles en vigueur en métropole en vertu de ce règlement » ;

9° Les références au règlement (UE) 2016/679 du 27 avril 2016 relatif à la protection à la protection des personnes physiques à l'égard des traitements des données à caractère personnel et à la libre circulation de ces données, et abrogeant la directive 95/46/CE sont remplacées par la référence aux règles en vigueur en métropole en vertu du règlement (UE) 2016/679 du 27 avril 2016 ;

10° A l'article R. 140-1, les références aux articles R. 142-11 à R. 142-25, R. 142-33 à R. 142-40 et R. 142-51 à R. 142-58 sont supprimées ;

11° Le 9° de l'article R. 142-1 est supprimé ;

12° Le dernier alinéa de l'article R. 142-4 est supprimé ;

13° A l'article R. 142-6, les dispositions du 5° et du 6° ne sont pas applicables et les références au commandant du groupement de gendarmerie sont remplacées par la référence au commandant de la gendarmerie territorialement compétent ;

14° A l'annexe 7, citée par l'article R. 142-44, le J du II est ainsi rédigé :

"J. Avis des services de la circonscription chargée des affaires sociales ou du logement, relatif aux conditions d'hébergement, à la demande du chef de circonscription ;".

Art. R. 154-3 Le président de la Cour nationale du droit d'asile peut prendre les mesures nécessaires à la constitution et au fonctionnement de formations de jugement de la cour siégeant dans les îles Wallis-et-Futuna.

Art. D. 154-4 Les dispositions suivantes sont applicables dans les îles Wallis-et-Futuna dans leur rédaction résultant du décret n° 2020-1734 du 16 décembre 2020, sauf mention contraire ou mention de leur application de plein droit dans le tableau ci-dessous.

Articles applicables	Dans leur rédaction résultant de
Au titre I	
D. 110-1	Application de plein droit
Au titre II	
D. 122-2	Application de plein droit

CHAPITRE V DISPOSITIONS APPLICABLES EN POLYNÉSIE FRANÇAISE

Art. R. 155-1 Sous réserve des adaptations prévues par le présent chapitre, les dispositions suivantes sont applicables en Polynésie française dans leur rédaction résultant du décret n° 2020-1734 du 16 décembre 2020, sauf mention contraire ou mention de leur applicabilité de plein droit dans le tableau ci-dessous. — *Tableau mod. par Décr. n° 2023-1013 du 2 nov. 2023, art. 20-VII et 21, en vigueur le 1er déc. 2023 (JO 3 nov.) ; Décr. n° 2024-374 du 23 avr. 2024, art. 3 ; Décr. n° 2024-810 du 6 juill. 2024, art. 5, en vigueur le 17 juill. 2024 (JO 16 juill.).*

Articles applicables	Dans leur rédaction résultant de
Au titre II	
R. 121-32 à R. 121-39	
Au titre III	
R. 131-1 à R. 131-8	Application de plein droit

Articles applicables	Dans leur rédaction résultant de
Au titre IV	
R. 140-1	
R. 141-1 à R. 141-13	
R. 142-26	du décret n° 2023-1013 du 2 novembre 2023
R. 142-27	
R. 142-28	du décret n° 2023-1013 du 2 novembre 2023
R. 142-29	
R. 142-30	du décret n° 2023-1013 du 2 novembre 2023
R. 142-31 et R. 142-32	
R. 142-41	du décret n° 2024-374 du 23 avril 2024
R. 142-42 à R. 142-50	
R. 142-59 à R. 142-68	du décret n° 2024-810 du 6 juillet 2024

Art. R. 155-2 Pour l'application du présent livre en Polynésie française :

1° Les références au tribunal judiciaire sont remplacées par la référence au tribunal de première instance ;

2° Les références au préfet sont remplacées par la référence au haut-commissaire de la République en Polynésie française ;

3° Les références aux agents et aux services des préfectures et sous-préfectures sont remplacées par la référence aux agents et services du haut-commissariat de la République en Polynésie française ;

4° Les références à l'article R. 221-11 du code de l'action sociale et des familles et aux articles R. 221-15-1 à R. 221-15-9 du même code sont remplacées par les références aux dispositions, ayant le même objet, applicables localement ;

5° Les références aux frontières extérieures des États parties à la convention signée à Schengen le 19 juin 1990 sont supprimées ;

6° Les références au règlement (CE) n° 390-2009 du Parlement européen et du Conseil du 23 avril 2009 sont supprimées *(Décr. n° 2024-810 du 6 juill. 2024, art. 5, en vigueur le 17 juill. 2024)* « ou, à l'article R. 142-62, sont remplacées par la référence aux règles en vigueur en métropole en vertu de ce règlement » ;

7° Les références au règlement (UE) 2016/679 du 27 avril 2016 relatif à la protection à la protection des personnes physiques à l'égard des traitements des données à caractère personnel et à la libre circulation de ces données, et abrogeant la directive 95/46/CE sont remplacées par la référence aux règles en vigueur en métropole en vertu du règlement (UE) 2016/679 du 27 avril 2016 ;

8° A l'article R. 140-1, les références aux articles R. 142-11 à R. 142-25, R. 142-33 à R. 142-40 et R. 142-51 à R. 142-58 sont supprimées ;

9° Le 9° de l'article R. 142-1 est supprimé ;

10° Le dernier alinéa de l'article R. 142-4 est supprimé ;

11° A l'article R. 142-6, les dispositions du 5° et du 6° ne sont pas applicables et les références au commandant du groupement de gendarmerie sont remplacées par la référence au commandant de la gendarmerie territorialement compétent ;

12° L'article R. 142-43 est ainsi rédigé :

Art. R. 142-43 En application de l'article L. 313-5, le haut-commissaire de la République en Polynésie française peut mettre place un traitement automatisé de données à caractère personnel relatif aux demandes de validation des attestations d'accueil, mis à la disposition des maires, et dont la finalité est de lutter contre les détournements de procédure favorisant l'immigration irrégulière.

13° A l'annexe 7, citée par l'article R. 142-44, le J du II est ainsi rédigé :

"J. Avis des services de la commune chargée des affaires sociales ou du logement, relatif aux conditions d'hébergement, à la demande du haut-commissaire de la République en Polynésie française ;" ;

14° L'article R. 142-45 est ainsi rédigé :

Art. R. 142-45 Ont accès aux données à caractère personnel et informations enregistrées dans le traitement mentionné à l'article R. 142-43 :

1° Le haut-commissaire de la République en Polynésie française ;

2° Les personnels des services du haut-commissariat spécialement habilités ayant compétence pour instruire les demandes de validation des attestations d'accueil.

15° Aux articles R. 142-46 et R. 142-47, les mots : "le maire de la commune du lieu d'hébergement ou, à Paris, Lyon et Marseille, le maire d'arrondissement" et les mots : "le maire" sont remplacés par les mots : "le haut-commissaire de la République en Polynésie française" ;

16° A l'article R. 142-48, les mots : "de la mairie du lieu d'hébergement ou, à Paris, Lyon et Marseille, de la mairie d'arrondissement" sont remplacés par les mots : "du haut-commissariat de la République en Polynésie française", et les mots : "le maire" sont remplacés par les mots : "le haut-commissaire de la République en Polynésie française".

Art. R. 155-3 Le président de la Cour nationale du droit d'asile peut prendre les mesures nécessaires à la constitution et au fonctionnement de formations de jugement de la cour siégeant en Polynésie française.

Art. D. 155-4 Les dispositions suivantes sont applicables en Polynésie française dans leur rédaction résultant du décret n° 2020-1734 du 16 décembre 2020, sauf mention contraire ou mention de leur application de plein droit dans le tableau ci-dessous.

Articles applicables	Dans leur rédaction résultant de
Au titre I	
D. 110-1	Application de plein droit
Au titre II	
D. 122-2	Application de plein droit

CHAPITRE VI **DISPOSITIONS APPLICABLES EN NOUVELLE-CALÉDONIE**

Art. R. 156-1 Sous réserve des adaptations prévues par le présent chapitre, les dispositions suivantes sont applicables en Nouvelle-Calédonie dans leur rédaction résultant du décret n° 2020-1734 du 16 décembre 2020, sauf mention contraire ou mention de leur application de plein droit dans le tableau ci-dessous. — *Tableau mod. par Décr. n° 2023-1013 du 2 nov. 2023, art. 20-VII et 21, en vigueur le 1er déc. 2023 (JO 3 nov.) ; Décr. n° 2024-374 du 23 avr. 2024, art. 3 ; Décr. n° 2024-810 du 6 juill. 2024, art. 5, en vigueur le 17 juill. 2024 (JO 16 juill.).*

Articles applicables	Dans leur rédaction résultant de
Au titre II	
R. 121-32 à R. 121-39	

Articles applicables	Dans leur rédaction résultant de
Au titre III	
R. 131-1 à R. 131-8	Application de plein droit
Au titre IV	
R. 140-1	
R. 141-1 à R. 141-13	
R. 142-26	du décret n° 2023-1013 du 2 novembre 2023
R. 142-27	
R. 142-28	du décret n° 2023-1013 du 2 novembre 2023
R. 142-29	
R. 142-30	du décret n° 2023-1013 du 2 novembre 2023
R. 142-31 et R. 142-32	
R. 142-41	du décret n° 2024-374 du 23 avril 2024
R. 142-42 à R. 142-50	
R. 142-59 à R. 142-68	du décret n° 2024-810 du 6 juillet 2024

Art. R. 156-2 Pour l'application du présent livre en Nouvelle-Calédonie :

1° Les références au tribunal judiciaire sont remplacées par la référence au tribunal de première instance ;

2° Les références au préfet sont remplacées par la référence au haut-commissaire de la République en Nouvelle-Calédonie ;

3° Les références aux agents et services des préfectures et sous-préfectures sont remplacées par la référence aux agents et services du haut-commissariat de la République en Nouvelle-Calédonie ;

4° Les références à l'article R. 221-11 du code de l'action sociale et des familles et aux articles R. 221-15-1 à R. 221-15-9 du même code sont remplacées par les références aux dispositions, ayant le même objet, applicables localement ;

5° Les références aux frontières extérieures des États parties à la convention signée à Schengen le 19 juin 1990 sont supprimées ;

6° Les références au règlement (CE) n° 390-2009 du Parlement européen et du Conseil du 23 avril 2009 sont supprimées *(Décr. n° 2024-810 du 6 juill. 2024, art. 5, en vigueur le 17 juill. 2024)* « ou, à l'article R. 142-62, sont remplacées par la référence aux règles en vigueur en métropole en vertu de ce règlement » ;

7° Les références au règlement (UE) 2016/679 du 27 avril 2016 relatif à la protection des personnes physiques à l'égard des traitements des données à caractère personnel et à la libre circulation de ces données, et abrogeant la directive 95/46/CE sont remplacées par la référence aux règles en vigueur en métropole en vertu du règlement (UE) 2016/679 du 27 avril 2016 ;

8° A l'article R. 140-1, les références aux articles R. 142-11 à R. 142-25, R. 142-33 à R. 142-40 et R. 142-51 à R. 142-58 sont supprimées ;

9° *[Le 9°]* de l'article R. 142-1 est supprimé ;

10° Le dernier alinéa de l'article R. 142-4 est supprimé ;

11° A l'article R. 142-6, les dispositions du 5° et du 6° ne sont pas applicables et les références au commandant du groupement de gendarmerie sont remplacées par la référence au commandant de la gendarmerie territorialement compétent ;

12° L'article R. 142-43 est ainsi rédigé :

Art. R. 142-43 En application de l'article L. 313-5, le haut-commissaire de la République en Nouvelle-Calédonie peut mettre place un traitement automatisé de données à caractère personnel relatif aux demandes de validation des attestations d'accueil, mis à la disposition des maires, et dont la finalité est de lutter contre les détournements de procédure favorisant l'immigration irrégulière.

13° A l'annexe 7, citée par l'article R. 142-44, le J du II est ainsi rédigé :
"J. Avis des services de la commune chargée des affaires sociales ou du logement, relatif aux conditions d'hébergement, à la demande du haut-commissaire de la République en Nouvelle-Calédonie ;" ;
14° L'article R. 142-45 est ainsi rédigé :

Art. R. 142-45 Ont accès aux données à caractère personnel et informations enregistrées dans le traitement mentionné à l'article R. 142-43 :
1° Le haut-commissaire de la République en Nouvelle-Calédonie ;
2° Les personnels des services du haut-commissariat spécialement habilités ayant compétence pour instruire les demandes de validation des attestations d'accueil.

15° Aux articles R. 142-46 et R. 142-47, les mots : "le maire de la commune du lieu d'hébergement ou, à Paris, Lyon et Marseille, le maire d'arrondissement" et les mots : "le maire" sont remplacés par les mots : "le haut-commissaire de la République en Nouvelle-Calédonie" ;
16° A l'article R. 142-48, les mots : "de la mairie du lieu d'hébergement ou, à Paris, Lyon et Marseille, de la mairie d'arrondissement" sont remplacés par les mots : "du haut-commissariat de la République en Nouvelle-Calédonie", et les mots : "le maire" sont remplacés par les mots : "le haut-commissaire de la République en Nouvelle-Calédonie".

Art. R. 156-3 Le président de la Cour nationale du droit d'asile peut prendre les mesures nécessaires à la constitution et au fonctionnement de formations de jugement de la cour siégeant en Nouvelle-Calédonie.

Art. D. 156-4 Les dispositions suivantes sont applicables en Nouvelle-Calédonie dans leur rédaction résultant du décret n° 2020-1734 du 16 décembre 2020, sauf mention contraire ou mention de leur application de plein droit dans le tableau ci-dessous.

Articles applicables	Dans leur rédaction résultant de
Au titre I	
D. 110-1	Application de plein droit
Au titre II	
D. 122-2	Application de plein droit

CHAPITRE VII **TERRES AUSTRALES ET ANTARCTIQUES FRANÇAISES**

Art. R. 157-1 Sous réserve des adaptations prévues par le présent chapitre, les dispositions suivantes sont applicables dans les Terres australes et antarctiques françaises dans leur rédaction résultant du décret n° 2020-1734 du 16 décembre 2020, sauf mention contraire ou mention de leur application de plein droit dans le tableau ci-dessous.

Articles applicables	Dans leur rédaction résultant de
Au titre II	
R. 121-32 à R. 121-39	

Articles applicables	Dans leur rédaction résultant de
Au titre III	
R. 131-1 à R. 131-8	Application de plein droit
Au titre IV	
R. 140-1	
R. 141-1 à R. 141-13	

Art. R. 157-2 Pour l'application du présent livre dans les Terres australes et antarctiques françaises :

1° Les références au préfet sont remplacées par la référence à l'administrateur supérieur des Terres australes et antarctiques françaises ;

2° A l'article R. 140-1, les références aux articles R. 142-11 à R. 142-58 sont supprimées.

Art. D. 157-3 Les dispositions suivantes sont applicables dans les Terres australes et antarctiques françaises dans leur rédaction résultant du décret n° 2020-1734 du 16 décembre 2020, sauf mention contraire ou mention de leur application de plein droit dans le tableau ci-dessous.

Articles applicables	Dans leur rédaction résultant de
Au titre I	
D. 110-1	Application de plein droit
Au titre II	
D. 122-2	Application de plein droit

CHAPITRE VIII DISPOSITIONS ADMINISTRATIVES DIVERSES

Le présent chapitre ne comprend pas de dispositions réglementaires.

LIVRE II DISPOSITIONS APPLICABLES AUX CITOYENS DE L'UNION EUROPÉENNE ET AUX MEMBRES DE LEUR FAMILLE

TITRE I DISPOSITIONS GÉNÉRALES

Art. R. 210-1 Sont applicables aux étrangers dont la situation est régie par le présent livre les dispositions des articles R. 141-1 à R. 141-13, R. 142-26 à R. 142-42 et R. 142-51 à R. 142-58.

TITRE II ENTRÉE EN FRANCE

CHAPITRE I CONDITIONS D'ADMISSION SUR LE TERRITOIRE FRANÇAIS

Art. R. 221-1 Les citoyens de l'Union européenne munis d'une carte d'identité ou d'un passeport en cours de validité sont admis sur le territoire français. – *[Anc. art. R. 121-1, al. 1er.]*

Art. R. 221-2 Les documents permettant aux ressortissants de pays tiers mentionnés à l'article L. 200-4 d'être admis sur le territoire français sont leur passeport en cours de validité et un visa ou, s'ils en sont dispensés, un document établissant leur lien familial.

La possession du titre de séjour délivré par un État membre de l'Union européenne portant la mention "Carte de séjour de membre de la famille d'un citoyen de l'Union" en cours de validité dispense les membres de la famille concernés de l'obligation d'obtenir un visa.

L'autorité consulaire leur délivre gratuitement, dans les meilleurs délais et dans le cadre d'une procédure accélérée, le visa requis sur justification de leur lien familial. Toutes facilités leur sont accordées pour obtenir ce visa.

Les dispositions du présent article sont également applicables aux ressortissants de pays tiers mentionnées à l'article L. 200-5. – *[Anc. art. R. 121-1, al. 2 ; anc. art. R. 121-2-1, al. 1er.]*

CHAPITRE II INTERDICTION ADMINISTRATIVE DU TERRITOIRE

Le présent chapitre ne comprend pas de dispositions réglementaires.

CHAPITRE III AUTRES DISPOSITIONS APPLICABLES

Art. R. 223-1 Sont applicables aux étrangers dont la situation est régie par le présent livre les dispositions du présent titre ainsi que les dispositions des articles R.* 321-1, R. 332-1, R. 341-1 à R. 343-34, du premier alinéa de l'article R. 351-1 et des articles R. 351-2 à R.* 352-1.

TITRE III SÉJOUR EN FRANCE

CHAPITRE I DISPOSITIONS COMMUNES

Art. R. 231-1 Une attestation, conforme au modèle fixé par arrêté du ministre chargé de l'immigration, est remise immédiatement par le maire aux citoyens de l'Union européenne qui se soumettent à l'obligation d'enregistrement prévue à l'article L. 231-2. Cette attestation n'établit pas un droit au séjour. Sa possession ne peut en aucun cas constituer une condition préalable à l'exercice d'un droit ou à l'accomplissement d'une autre formalité administrative.

Le maire communique au préfet et, à Paris, au préfet de police, copie des attestations qu'il a délivrées. – *[Anc. art. R. 121-5.]*

Art. R. 231-2 Aux fins d'établir si le ressortissant mentionné au premier alinéa de l'article L. 233-1, et aux articles L. 233-2 et L. 233-3 représente un danger pour l'ordre public ou la sécurité publique, le préfet peut, s'il le juge indispensable et sans y procéder de façon systématique, lors de la délivrance de l'attestation d'enregistrement, demander aux autorités de l'État membre de l'Union européenne d'origine de l'étranger et, éventuellement, à d'autres États membres, des renseignements sur les antécédents judiciaires de l'intéressé. Les autorités ainsi consultées bénéficient d'un délai de deux mois pour faire parvenir leur réponse.

Lorsque le ministre de l'intérieur est saisi par les autorités d'un État membre de l'Union européenne d'une demande visant les antécédents judiciaires d'un ressortissant français, il transmet sa réponse dans un délai de deux mois. – *[Anc. art. R. 121-5-1.]*

Art. R. 231-3 Les citoyens de l'Union européenne et les ressortissants mentionnés à l'article L. 200-4 sont dispensés de la signature du contrat d'intégration républicaine prévu au second alinéa de l'article L. 413-2. – *[Anc. art. R. 311-20, II, 1°, ecqc les étrangers dont la situation est régie par le livre II.]*

CHAPITRE II SÉJOUR DE MOINS DE TROIS MOIS

Le présent chapitre ne comprend pas de dispositions réglementaires.

CHAPITRE III SÉJOUR DE PLUS DE TROIS MOIS

SECTION 1 Dispositions générales

Art. R. 233-1 Les ressortissants qui remplissent les conditions mentionnées à l'article L. 233-1 doivent être munis de leur carte d'identité ou de leur passeport en cours de validité.

L'assurance maladie mentionnée à l'article L. 233-1 doit couvrir les prestations prévues aux articles L. 160-8, L. 160-9 et L. 321-1 du code de la sécurité sociale.

Lorsqu'il est exigé, le caractère suffisant des ressources est apprécié en tenant compte de la situation personnelle de l'intéressé. En aucun cas, le montant exigé ne peut excéder le montant forfaitaire du revenu de solidarité active mentionné à l'article L. 262-2 du code de l'action sociale et des familles.

La charge pour le système d'assistance sociale que peut constituer le ressortissant mentionné à l'article L. 233-1 est évaluée en prenant notamment en compte le montant des prestations sociales non contributives qui lui ont été accordées, la durée de ses difficultés et de son séjour. – *[Anc. art. R. 121-4, al. 1er à 4.]*

Art. R. 233-2 En cas de doute, le préfet peut, sans y procéder de façon systématique, vérifier que les conditions mentionnées aux articles L. 233-1, R. 233-7 et R. 233-8 sont satisfaites. – *[Anc. art. R. 121-4, al. 5.]*

Art. R. 233-3 Les citoyens de l'Union européenne entrés en France pour y rechercher un emploi ne peuvent être éloignés pour un motif tiré de l'irrégularité de leur séjour tant qu'ils sont en mesure d'apporter la preuve qu'ils continuent à rechercher un emploi et qu'ils ont des chances réelles d'être engagés. – *[Anc. art. R. 21-4, al. 6.]*

Art. R. 233-4 Sans préjudice des dispositions du troisième alinéa de l'article L. 233-4, les citoyens de l'Union européenne soumis à des mesures transitoires par leur traité d'adhésion qui souhaitent exercer une activité professionnelle en France sont tenus de solliciter la délivrance d'une carte de séjour ainsi que l'autorisation de travail prévue à l'article L. 5221-2 du code du travail pour l'exercice d'une activité salariée.

La carte de séjour des ressortissants mentionnés au premier alinéa est délivrée dans les conditions et pour la durée prévues à l'article R. 233-11. Elle porte selon les cas la mention "Citoyen UE – Toutes activités professionnelles" ou "Citoyen UE – Toutes activités professionnelles, sauf salariées". – *[Anc. art. R. 121-16, I, al. 1er et 3.]*

Art. R. 233-5 Les membres de famille des étrangers mentionnés à l'article R. 233-4, citoyens de l'Union européenne soumis à des mesures transitoires ou ressortissants de pays tiers sont également tenus de solliciter la délivrance d'une carte de séjour ainsi que de l'autorisation de travail prévue à l'article L. 5221-2 du code du travail pour l'exercice d'une activité salariée.

Toutefois, le conjoint ou les descendants de moins de vingt et un ans ou à charge sont dispensés de l'autorisation de travail, si la personne qu'ils accompagnent ou rejoignent a été admise sur le marché du travail français pour une durée égale ou supérieure à douze mois à la date de l'adhésion de leur État à l'Union européenne ou postérieurement.

La carte de séjour des ressortissants mentionnés au premier alinéa est délivrée dans les conditions et pour la durée prévues par les articles R. 233-14 ou R. 233-15 selon leur nationalité. Elle porte selon les cas la mention "Carte de séjour de membre de la famille d'un citoyen de l'Union – Toutes activités professionnelles" ou "Carte de séjour de membre de la famille d'un citoyen de l'Union – Toutes activités professionnelles, sauf salariées". – *[Anc. art. R. 121-16, I, al. 2 et 4.]*

Art. R. 233-6 Les citoyens de l'Union européenne soumis à des mesures transitoires par leur traité d'adhésion qui ont été admis sur le marché du travail français à la date de l'adhésion de leur pays à l'Union européenne ou postérieurement, pour une période ininterrompue égale ou supérieure à douze mois, et qui souhaitent continuer à exercer une activité salariée à l'expiration de leur titre de séjour, sollicitent un nouveau titre de séjour sans que l'autorisation de travail ne soit requise.

Il en va de même des membres de leur famille, quelle que soit leur nationalité. – *[Anc. art. R. 121-16, II.]*

SECTION 2 Maintien du droit au séjour

Art. R. 233-7 Les citoyens de l'Union européenne mentionnés au 1° de l'article L. 233-1 conservent leur droit au séjour en qualité de travailleur salarié ou de non-salarié dans les situations suivantes :

1° Ils ont été frappés d'une incapacité de travail temporaire résultant d'une maladie ou d'un accident ;

2° Ils se trouvent en chômage involontaire dûment constaté après avoir exercé leur activité professionnelle pendant plus d'un an et sont inscrits sur la liste des demandeurs d'emploi ;

3° Ils entreprennent une formation professionnelle devant être en lien avec l'activité professionnelle antérieure à moins d'avoir été mis involontairement au chômage.

Ils conservent au même titre leur droit de séjour pendant six mois s'ils sont involontairement privés d'emploi dans les douze premiers mois qui suivent le début de leur activité professionnelle et sont inscrits sur la liste des demandeurs d'emploi. – *[Anc. art. R. 121-6.]*

Art. R. 233-8 Les citoyens de l'Union européenne mentionnés aux 4° ou 5° de l'article L. 233-1 admis au séjour en leur qualité de membre de famille, conservent leur droit au séjour dans les situations suivantes :

1° En cas de décès du ressortissant accompagné ou rejoint ou si celui-ci quitte la France ;

2° En cas de divorce ou d'annulation du mariage avec le ressortissant accompagné ou rejoint.

Avant l'acquisition du droit de séjour permanent prévu au premier alinéa de l'article L. 234-1, ils doivent remplir, à titre individuel, les conditions de l'article L. 233-1. – *[Anc. art. R. 121-7.]*

Art. R. 233-9 Les ressortissants de pays tiers mentionnés à l'article L. 233-2, admis au séjour en leur qualité de membre de famille, conservent leur droit au séjour dans les situations suivantes :

1° En cas de décès du ressortissant accompagné ou rejoint et à condition d'avoir établi leur résidence en France en tant que membre de sa famille depuis plus d'un an avant ce décès ;

2° En cas de divorce ou d'annulation du mariage avec le ressortissant accompagné ou rejoint :

a) lorsque le mariage a duré au moins trois ans avant le début de la procédure judiciaire de divorce ou d'annulation, dont un an au moins en France ;

b) lorsque la garde des enfants du ressortissant accompagné ou rejoint leur est confiée en qualité de conjoint, par accord entre les conjoints ou par décision de justice ;

c) lorsque des situations particulièrement difficiles l'exigent, notamment lorsque la communauté de vie a été rompue à l'initiative du membre de famille en raison de violences conjugales qu'il a subies ;

d) lorsque le conjoint bénéficie, par accord entre les époux ou par décision de justice, d'un droit de visite à l'enfant mineur, à condition que ce droit s'exerce en France et pour la durée nécessaire à son exercice.

Avant l'acquisition du droit de séjour permanent prévu au second alinéa de l'article L. 234-1, ils doivent remplir, à titre individuel, les conditions prévues aux 1°, 2°, 4° ou 5° de l'article L. 233-1. – *[Anc. art. R. 121-8.]*

Art. R. 233-10 En cas de décès du citoyen de l'Union européenne accompagné ou rejoint ou si celui-ci quitte la France, les enfants et le membre de la famille qui en a la garde conservent ce droit de séjour jusqu'à ce que ces enfants achèvent leur scolarité dans un établissement français d'enseignement secondaire. – *[Anc. art. R. 121-9.]*

SECTION 3 Délivrance du titre de séjour

Art. R. 233-11 Les citoyens de l'Union européenne mentionnés au 1° de l'article L. 233-1 qui ont établi leur résidence habituelle en France depuis moins de cinq ans bénéficient, à leur demande, d'un titre de séjour portant la mention "Citoyen UE/EEE/Suisse – Toutes activités professionnelles".

Ce titre est d'une durée de validité supérieure de six mois à celle du contrat de travail souscrit ou, pour les travailleurs non salariés, à celle de l'activité professionnelle prévue. Sa durée totale de validité ne peut excéder cinq ans.

Sa délivrance est subordonnée à la production par le demandeur des justificatifs suivants :

1° Un titre d'identité ou un passeport en cours de validité ;

2° Une déclaration d'engagement ou d'emploi établie par l'employeur, une attestation d'emploi ou une preuve attestant d'une activité non salariée. – *[Anc. art. R. 121-10.]*

Art. R. 233-12 Les citoyens de l'Union européenne mentionnés au 2° de l'article L. 233-1 qui ont établi leur résidence habituelle en France depuis moins de cinq ans bénéficient, à leur demande, d'un titre de séjour portant la mention "Citoyen UE/EEE/Suisse – Non actif".

Ce titre est d'une durée de validité maximale de cinq ans, déterminée en fonction de la pérennité des ressources dont il est justifié.

Sa délivrance est subordonnée à la production par le demandeur des justificatifs suivants :

1° Un titre d'identité ou un passeport en cours de validité ;

2° Une attestation de prise en charge par une assurance offrant les prestations mentionnées aux articles L. 160-8 et L. 160-9 du code de la sécurité sociale ;

3° Les documents justifiant de ressources suffisantes pour lui et, le cas échéant, pour les membres de sa famille. – *[Anc. art. R. 121-11.]*

Art. R. 233-13 Les citoyens de l'Union européenne mentionnés au 3° de l'article L. 233-1 qui ont établi leur résidence habituelle en France depuis moins de cinq ans bénéficient, à leur demande, d'un titre de séjour portant la mention "Citoyen UE/EEE/Suisse – Étudiant".

Ce titre est d'une durée de validité égale à celle restant à courir du cycle d'études dans lequel est inscrit l'étudiant.

Sa durée de validité ne peut excéder cinq ans.

Sa délivrance est subordonnée à la production par le demandeur des justificatifs suivants :

1° Un titre d'identité ou un passeport en cours de validité ;

2° Un justificatif de son inscription dans un établissement d'enseignement pour y suivre à titre principal des études ou, dans ce cadre, une formation professionnelle ;

3° Une attestation de prise en charge par une assurance offrant les prestations mentionnées aux articles L. 160-8 et L. 160-9 du code de la sécurité sociale ;

4° Une déclaration ou tout autre moyen équivalent garantissant qu'il dispose de ressources suffisantes pour lui et, le cas échéant, pour les membres de sa famille. – *[Anc. art. R. 121-12.]*

Art. R. 233-14 Les membres de famille mentionnés aux 4° et 5° de l'article L. 233-1 qui ont établi leur résidence habituelle en France depuis moins de cinq ans bénéficient, à leur demande, d'un titre de séjour portant la mention "Carte de séjour de membre de la famille d'un citoyen de l'Union/EEE/Suisse - Toutes activités professionnelles".

Ils présentent à l'appui de leur demande une carte d'identité ou un passeport en cours de validité, un justificatif de leur lien familial ainsi que du droit au séjour du citoyen de l'Union européenne qu'ils accompagnent ou rejoignent.

Lorsque le citoyen de l'Union européenne qu'ils accompagnent ou rejoignent n'exerce pas d'activité professionnelle, ils justifient en outre des moyens dont celui-ci dispose pour assurer leur prise en charge financière et d'une assurance offrant les prestations mentionnées aux articles L. 160-8 et L. 160-9 du code de la sécurité sociale.

Ils reçoivent un titre de séjour de même durée de validité que celui auquel le citoyen de l'Union européenne qu'ils accompagnent ou rejoignent peut prétendre dans la limite de cinq années. – *[Anc. art. R. 121-13.]*

Art. R. 233-15 Les membres de famille ressortissants de pays tiers mentionnés à l'article L. 233-2 présentent dans les trois mois de leur entrée en France leur demande de titre de séjour avec leur passeport en cours de validité ainsi que les justificatifs établissant leur lien familial et garantissant le droit au séjour du citoyen de l'Union européenne accompagné ou rejoint.

Lorsque le citoyen de l'Union européenne qu'ils accompagnent ou rejoignent n'exerce pas d'activité professionnelle, ils justifient en outre des moyens dont celui-ci dispose pour assurer leur prise en charge financière et d'une assurance offrant les prestations mentionnées aux articles L. 160-8 et L. 160-9 du code de la sécurité sociale.

Ils reçoivent une carte de séjour portant la mention "Carte de séjour de membre de la famille d'un citoyen de l'Union/EEE/Suisse - Toutes activités professionnelles". Sa durée de validité est fixée à cinq ans, sauf si le citoyen de l'Union européenne qu'ils accompagnent ou rejoignent déclare vouloir séjourner pendant une durée inférieure à cinq ans. Dans cette situation, la durée de validité de la carte de séjour correspond à la durée du séjour envisagée. Pendant la période de validité de la carte de séjour et en cas de doute, l'autorité administrative peut, sans y procéder de façon systématique, vérifier que les conditions mentionnées aux articles L. 233-2 et R. 233-9 sont satisfaites.

La validité de la carte de séjour n'est pas affectée par des absences temporaires ne dépassant pas six mois par an, ni par des absences d'une durée plus longue pour l'accomplissement des obligations militaires ou par une absence de douze mois consécutifs pour une raison importante, telle qu'une grossesse, un accouchement, une maladie grave, des études, une formation professionnelle ou un détachement pour raisons professionnelles dans un autre État membre ou un État tiers.

Le renouvellement du titre de séjour doit être sollicité dans le délai de deux mois précédant sa date d'expiration. – *[Anc. art. R. 121-14.]*

Art. R. 233-16 Les dispositions des articles R. 233-14 et R. 233-15 s'appliquent également aux étrangers mentionnés à l'article L. 200-5 lorsqu'ils séjournent en France au-delà de trois mois. – *[Anc. art. R. 121-15.]*

Art. R. 233-17 Il est remis une attestation de demande à tout étranger qui sollicite la délivrance ou le renouvellement d'une carte de séjour.

La délivrance de la carte de séjour aux ressortissants de pays tiers intervient au plus tard dans les six mois suivant le dépôt de la demande.

Art. R. 233-18 La reconnaissance du droit au séjour des étrangers mentionnés aux articles R. 233-11 à R. 233-16 n'est pas subordonnée à la détention du titre de séjour que ces articles prévoient, ni à celle de l'attestation de demande de titre de séjour.

CHAPITRE IV **DROIT AU SÉJOUR PERMANENT**

Art. R. 234-1 Les citoyens de l'Union européenne mentionnés au premier alinéa de l'article L. 234-1 peuvent solliciter la délivrance d'une carte de séjour d'une durée de validité de dix ans renouvelable de plein droit portant la mention "Citoyen UE/EEE/Suisse - Séjour permanent - Toutes activités professionnelles", qui est remise dans les meilleurs délais. La reconnaissance du droit de séjour n'est pas subordonnée à la détention de ce titre.

Par dérogation au premier alinéa, les citoyens de l'Union européenne soumis à un régime transitoire par leur traité d'adhésion qui ont acquis un droit de séjour permanent sont tenus de solliciter un titre de séjour s'ils souhaitent exercer une activité professionnelle. Leur carte de séjour porte la mention "Citoyen UE – Séjour permanent – Toutes activités professionnelles". – *[Anc. art. R. 122-1.]*

Art. R. 234-2 Les membres de famille ressortissants de pays tiers mentionnés au second alinéa de l'article L. 234-1 sollicitent la délivrance d'une carte de séjour portant la mention "Directive 2004/38/CE – Séjour permanent – Toutes activités professionnelles" dans le délai de deux mois qui précède l'échéance de la période ininterrompue de cinq ans de séjour régulier.

Cette carte, d'une durée de validité de dix ans, doit être délivrée dans un délai maximum de six mois à compter du dépôt de la demande. Son renouvellement doit être demandé dans un délai de deux mois avant sa date d'expiration.

Les membres de la famille d'un citoyen de l'Union européenne soumis à un régime transitoire par son traité d'adhésion, lorsqu'ils sont eux-mêmes citoyens de l'Union européenne soumis à un régime transitoire par leur traité d'adhésion, sont tenus de solliciter un titre de séjour s'ils souhaitent exercer une activité professionnelle. Leur carte de séjour porte la mention "Citoyen UE – Séjour permanent – Toutes activités professionnelles". – *[Anc. art. R. 122-2.]*

Art. R. 234-3 La continuité de séjour nécessaire à l'acquisition du droit au séjour permanent n'est pas affectée par des absences temporaires ne dépassant pas six mois par an, ni par des absences d'une durée plus longue pour l'accomplissement des obligations militaires ou par une absence de douze mois consécutifs au maximum pour une raison importante, telle qu'une grossesse, un accouchement, une maladie grave, des études, une formation professionnelle ou un détachement à l'étranger pour raisons professionnelles.

La continuité du séjour nécessaire à l'acquisition et au maintien du droit au séjour permanent peut être attestée par tout moyen de preuve. Elle est interrompue par l'exécution d'une décision d'éloignement. – *[Anc. art. R. 122-3.]*

Art. R. 234-4 Les citoyens de l'Union européenne mentionnés au 1° de l'article L. 233-1 qui cessent leur activité professionnelle sur le territoire français acquièrent un droit au séjour permanent avant l'écoulement de la période ininterrompue de cinq ans de séjour prévue à l'article L. 234-1 dans les cas suivants :

1° Ils atteignent l'âge prévu par les dispositions législatives ou réglementaires en vigueur pour faire valoir leurs droits à une pension de retraite à condition d'y avoir exercé leur activité professionnelle pendant les douze derniers mois et d'y résider régulièrement depuis plus de trois ans ;

2° A la suite d'une mise à la retraite anticipée et à condition d'y avoir exercé leur activité professionnelle pendant les douze derniers mois et d'y résider régulièrement depuis plus de trois ans ;

3° A la suite d'une incapacité permanente de travail et à condition d'y avoir séjourné régulièrement d'une façon continue depuis plus de deux ans ;

4° A la suite d'une incapacité permanente de travail et sans condition de durée de séjour si cette incapacité résulte d'un accident de travail ou d'une maladie professionnelle ouvrant droit pour la personne concernée à une rente à la charge d'un organisme de sécurité sociale ;

5° Après trois ans d'activité et de séjour réguliers et continus, pour exercer une activité professionnelle dans un autre État mentionné aux articles L. 200-2 et L. 200-3, à condition de garder leur résidence en France et d'y retourner au moins une fois par semaine.

Les périodes d'activité ainsi accomplies dans un autre État sont regardées comme exercées en France pour l'acquisition des droits prévus aux 1° à 4°.

Les conditions de durée de séjour et d'activité prévues aux 1°, 2° et 3° ne s'appliquent pas si le conjoint du travailleur est de nationalité française ou a perdu cette nationalité à la suite de son mariage avec ce travailleur. – *[Anc. art. R. 122-4, I.]*

Art. R. 234-5 Les périodes de chômage involontaire dûment constatées par le service de l'emploi compétent, les périodes d'arrêt d'activité indépendantes de la volonté de l'intéressé ainsi que l'absence de travail ou l'arrêt pour cause de maladie ou d'accident sont considérées comme des périodes d'emploi. – *[Anc. art. R. 122-4, II.]*

Art. R. 234-6 Quelle que soit leur nationalité, les membres de famille qui résident avec le citoyen de l'Union européenne mentionné au 1° de l'article L. 233-1 acquièrent un droit au séjour permanent sur le territoire français avant l'écoulement de la période ininterrompue de cinq ans de séjour régulier prévue à l'article L. 234-1 dans les cas suivants :

1° Le travailleur bénéficie lui-même du droit au séjour permanent en application des articles R. 234-4 et R. 234-5 ;

2° Le travailleur décède alors qu'il exerçait encore une activité professionnelle en France et qu'il y a séjourné de façon régulière et continue depuis plus de deux ans ;

3° Le travailleur décède alors qu'il exerçait encore une activité professionnelle en France à la suite d'un accident du travail ou d'une maladie professionnelle ;

4° Le conjoint du travailleur décédé a perdu la nationalité française à la suite de son mariage avec ce travailleur. – *[Anc. art. R. 122-5.]*

CHAPITRE V REFUS DE SÉJOUR

Le présent chapitre ne comprend pas de dispositions réglementaires.

CHAPITRE VI CONDITIONS DE CIRCULATION

Le présent chapitre ne comprend pas de dispositions réglementaires.

CHAPITRE VII AUTRES DISPOSITIONS APPLICABLES

Art. R. 237-1 Sont applicables aux étrangers dont la situation est régie par le présent livre les dispositions du présent titre ainsi que les dispositions des articles D. 414-1, R. 414-2, D. 414-3, de l'article D. 414-4 à l'exception du 1° et des articles R. 424-1, R. 424-4, R. 424-7, R. 424-11, R. 431-20, R. 431-22 et R. 432-15.

TITRE IV DROIT D'ASILE ET AUTRES PROTECTIONS INTERNATIONALES

Art. R. 240-1 Les dispositions du livre V sont applicables aux étrangers dont la situation est régie par le présent livre à l'exclusion des dispositions de l'article R. 521-7, des dispositions relatives au relevé des empreintes de l'article R. 521-9 ainsi que des dispositions du titre VII.

Les dispositions des articles D. 521-12, R. 522-1, R. 522-2, D. 531-1, R. 531-8 et R. 531-9 ainsi que celles des titres V et VIII ne sont pas non plus applicables aux citoyens de l'Union européenne.

Les dispositions du chapitre II du titre VIII ne sont pas non plus applicables aux étrangers ressortissants de pays tiers mentionnés aux articles L. 200-3, L. 200-4 et L. 200-5.

TITRE V DÉCISIONS D'ÉLOIGNEMENT

CHAPITRE I OBLIGATION DE QUITTER LE TERRITOIRE FRANÇAIS

SECTION 1 Procédure administrative

Art. R. 251-1 L'autorité administrative mentionnée aux articles L. 251-1, L. 251-3 et L. 251-4 est le préfet de département et, à Paris, le préfet de police. – *[Anc. art. R. 512-1, al. 1er (ecqc les cas prévus aux art. L. 511-3-1 et L. 511-3-2).]*

Art. R. 251-2 La notification de la décision portant obligation de quitter le territoire français prononcée en application de l'article L. 251-1 mentionne le délai imparti pour quitter le territoire. – *[Anc. art. R. 512-1, al. 2.]*

SECTION 2 Procédure contentieuse

Art. R. 251-3 La présentation, l'instruction et le jugement des recours mentionnés à l'article L. 251-7 obéissent aux règles mentionnées à l'article R. 614-1.

CHAPITRE II EXPULSION

Art. R. 252-1 La notification des décisions d'expulsion prises à l'encontre des étrangers dont la situation est régie par le présent livre comporte le délai imparti pour quitter le territoire. Sauf urgence, ce délai ne peut être inférieur à un mois. – *[Anc. art. R. 522-9.]*

CHAPITRE III AUTRES DISPOSITIONS APPLICABLES

Art. R. 253-1 Sont applicables aux étrangers dont la situation est régie par le présent livre les dispositions du présent titre ainsi que les dispositions des articles R. 611-1, R. 611-2, R. 614-1, R. 631-1 et R. 632-1 à R. 632-10.

TITRE VI EXÉCUTION DES DÉCISIONS D'ÉLOIGNEMENT

CHAPITRE I EXÉCUTION D'OFFICE DE LA DÉCISION PORTANT OBLIGATION DE QUITTER LE TERRITOIRE FRANÇAIS

Le présent chapitre ne comprend pas de dispositions réglementaires.

CHAPITRE II ASSIGNATION À RÉSIDENCE

Le présent chapitre ne comprend pas de dispositions réglementaires.

CHAPITRE III RÉTENTION ADMINISTRATIVE

Le présent chapitre ne comprend pas de dispositions réglementaires.

CHAPITRE IV AUTRES DISPOSITIONS APPLICABLES

Art. R. 264-1 Sont applicables aux étrangers dont la situation est régie par le présent livre les dispositions des articles R. 711-3 à R. 711-5, R. 721-1 à R.* 721-3, R. 731-1, R. 732-1 à R. 732-6, R. 733-1 à R. 733-21, R. 741-1 à R. 741-3, R. 742-1, R. 742-2, R. 743-1 à R. 743-22, R. 744-1 à R. 744-47, R. 752-1 à R. 752-5, R. 753-1 à R. 753-5 et R. 754-2 à R. 754-20.

TITRE VII CONTRÔLES ET SANCTIONS

Art. R. 270-1 Le fait pour les citoyens de l'Union européenne de ne pas se conformer à la formalité d'enregistrement prévue à l'article L. 236-1 est puni de la peine d'amende prévue pour les contraventions de quatrième classe. – *[Anc. art. R. 621-1.]*

Art. R. 270-2 Le fait pour les membres de famille ressortissants de pays tiers mentionnés à l'article L. 233-2 de ne pas solliciter la délivrance de la carte de séjour mentionnée à l'article R. 233-15 dans les délais prévus au même article est puni de la peine d'amende prévue pour les contraventions de cinquième classe. – *[Anc. art. R. 621-2.]*

Art. R. 270-3 Le fait pour les membres de famille ressortissants de pays tiers mentionnés au second alinéa de l'article L. 234-1 de ne pas solliciter la délivrance de la carte de séjour mentionnée à l'article R. 234-2 dans les délais prévus au même article est puni de la peine d'amende prévue pour les contraventions de cinquième classe.

Art. R. 270-4 Outre les dispositions du présent titre, sont également applicables aux étrangers dont la situation est régie par le présent livre les dispositions des articles R. 811-1 à R. 811-5, R. 812-1, R. 814-1 à R. 814-4 et R. 822-2 à R. 822-5. – *[Anc. art. R. 621-3.]*

TITRE VII *BIS* PROCÉDURE CONTENTIEUSE

(Décr. n° 2024-799 du 2 juill. 2024, art. 2 et 9, en vigueur le 15 juill. 2024)

Art. R. 271-1 Les dispositions du livre IX sont applicables aux étrangers dont la situation est régie par le présent livre.

TITRE VIII DISPOSITIONS RELATIVES À L'OUTRE-MER

CHAPITRE I DISPOSITIONS PARTICULIÈRES AUX COLLECTIVITÉS RÉGIES PAR L'ARTICLE 73 DE LA CONSTITUTION ET À SAINT-PIERRE-ET-MIQUELON

Art. R. 281-1 Les dispositions du présent livre sont applicables de plein droit en Guadeloupe, en Guyane, en Martinique, à La Réunion, à Mayotte et à Saint-Pierre-et-Miquelon, sous réserve des adaptations prévues au présent chapitre.

Art. R. 281-2 Pour l'application des dispositions du présent livre en Guadeloupe, en Guyane, en Martinique, à La Réunion, à Mayotte et à Saint-Pierre-et-Miquelon :

1° Les références au préfet sont remplacées par la référence au représentant de l'État dans la collectivité ;

2° A l'article R. 237-1, la référence à l'article R. 431-22 est supprimée ;

3° A l'article R. 270-4, la référence à l'article R. 812-1 est supprimée.

Art. R. 281-3 Pour l'application des dispositions du présent livre en Guadeloupe :

1° L'article R. 251-3 n'est pas applicable ;

2° A l'article R. 253-1, la référence à l'article R. 614-1 est supprimée.

Art. R. 281-4 Pour l'application des dispositions du présent livre en Guyane :

1° L'article R. 251-3 n'est pas applicable ;

2° A l'article R. 253-1, la référence à l'article R. 614-1 est supprimée.

Art. R. 281-5 Pour l'application du présent livre à Mayotte :

1° Les références aux prestations mentionnées aux articles L. 160-8 et L. 160-9 du code de la sécurité sociale sont remplacées par la référence aux prestations mentionnées à l'article 20-1 de l'ordonnance n° 96-1122 du 20 décembre 1996 relative à l'amélioration de la santé publique à Mayotte ;

2° L'article R. 210-1 est ainsi rédigé :

Art. R. 210-1 Sont applicables aux étrangers dont la situation est régie par le présent livre les dispositions des articles R. 141-1 à R. 141-13, R. 142-26 à R. 142-32, R. 142-41, R. 142-42 et R. 142-51 à R. 142-58.

3° L'article R. 251-3 n'est pas applicable ;

4° A l'article R. 253-1, la référence à l'article R. 614-1 est supprimée ;

5° A l'article R. 264-1, les références aux articles R. 711-3 à R. 711-5 sont supprimées ;

6° A l'article R. 270-4, les références aux articles R. 822-3 à R. 822-5 sont supprimées. — *[Anc. art. R. 832-1.]*

CHAPITRE II DISPOSITIONS APPLICABLES À SAINT-BARTHÉLEMY

Art. R. 282-1 Sous réserve des adaptations prévues par le présent chapitre, les dispositions suivantes sont applicables à Saint-Barthélemy dans leur rédaction résultant du décret n° 2020-1734 du 16 décembre 2020, sauf mention contraire ou mention de leur application de plein droit dans le tableau ci-dessous.

Articles applicables	Dans leur rédaction résultant de
Au titre I	
R. 210-1	

Articles applicables	Dans leur rédaction résultant de
Au titre II	
R. 221-1 à R. 223-1	
Au titre III	
R. 231-1 à R. 237-1	
Au titre IV	
R. 240-1	
Au titre V	
R. 251-1 et R. 251-2	
R. 252-1 et R. 253-1	
Au titre VI	
R. 264-1	
Au titre VII	
R. 270-1 à R. 270-4	

Art. R. 282-2 Pour l'application du présent livre à Saint-Barthélemy :

1° Les références au préfet sont remplacées par la référence au représentant de l'État dans la collectivité ;

2° L'article R. 210-1 est ainsi rédigé :

Art. R. 210-1 Sont applicables aux étrangers dont la situation est régie par le présent livre les dispositions des articles R. 141-1 à R. 141-13, R. 142-26 à R. 142-32, R. 142-41, R. 142-42 et R. 142-51 à R. 142-58.

3° A l'article R. 233-5, les mots : "l'autorisation de travail prévue à l'article L. 5221-2 du code du travail pour l'exercice d'une activité salariée" sont remplacés par les mots : "l'autorisation de travail pour l'exercice d'une activité salariée dans les conditions prévues par la législation et la réglementation applicables localement" ;

4° A l'article R. 233-6, les mots : "marché du travail français" sont remplacés par les mots : "marché du travail de Saint-Barthélemy" et les mots : "sans que l'autorisation de travail ne soit requise" sont supprimés ;

5° A l'article R. 237-1, la référence à l'article R. 431-22 est supprimée ;

6° A l'article R. 253-1, la référence à l'article R. 614-1 est supprimée ;

7° A l'article R. 264-1, les références aux articles R. 711-3 à R. 711-5 et R. 753-3 sont supprimées ;

8° A l'article R. 270-4, la référence à l'article R. 812-1 est supprimée.

CHAPITRE III DISPOSITIONS APPLICABLES A SAINT-MARTIN

Art. R. 283-1 Sous réserve des adaptations prévues par le présent chapitre, les dispositions suivantes sont applicables à Saint-Martin dans leur rédaction résultant du décret n° 2020-1734 du 16 décembre 2020, sauf mention contraire ou mention de leur application de plein droit dans le tableau ci-dessous.

Articles applicables	Dans leur rédaction résultant de
Au titre I	
R. 210-1	

Articles applicables	Dans leur rédaction résultant de
Au titre II	
R. 221-1 à R. 223-1	
Au titre III	
R. 231-1 à R. 237-1	
Au titre IV	
R. 240-1	
Au titre V	
R. 251-1 et R. 251-2	
R. 252-1 et R. 253-1	
Au titre VI	
R. 264-1	
Au titre VII	
R. 270-1 à R. 270-4	

Art. R. 283-2 Pour l'application du présent livre à Saint-Martin :

1° Les références au préfet sont remplacées par la référence au représentant de l'État dans la collectivité ;

2° L'article R. 210-1 est ainsi rédigé :

Art. R. 210-1 Sont applicables aux étrangers dont la situation est régie par le présent livre les dispositions des articles R. 141-1 à R. 141-13, R. 142-26 à R. 142-32, R. 142-41, R. 142-42 et R. 142-51 à R. 142-58.

3° A l'article R. 233-6, les mots : "marché du travail français" sont remplacés par les mots : "marché du travail de Saint-Martin" et les mots : "sans que l'autorisation de travail ne soit requise" sont supprimés ;

4° A l'article R. 233-5, les mots : "l'autorisation de travail prévue à l'article L. 5221-2 du code du travail pour l'exercice d'une activité salariée" sont remplacés par les mots : "l'autorisation de travail pour l'exercice d'une activité salariée dans les conditions prévues par la législation et la réglementation applicables localement" ;

5° A l'article R. 237-1, la référence à l'article R. 431-22 est supprimée ;

6° A l'article R. 253-1, la référence à l'article R. 614-1 est supprimée ;

7° A l'article R. 264-1, les références aux articles R. 711-3 à R. 711-5 et R. 753-3 sont supprimées ;

8° A l'article R. 270-4, la référence à l'article R. 812-1 est supprimée.

CHAPITRE IV DISPOSITIONS APPLICABLES DANS LES ÎLES WALLIS-ET-FUTUNA

Art. R. 284-1 Sous réserve des adaptations prévues par le présent chapitre, les dispositions suivantes sont applicables dans les îles Wallis-et-Futuna dans leur rédaction résultant du décret n° 2020-1734 du 16 décembre 2020, sauf mention contraire dans le tableau ci-dessous.

Articles applicables	Dans leur rédaction résultant de
Au titre I	
R. 210-1	
Au titre II	
R. 221-1 à R. 223-1	
Au titre III	
R. 231-1 à R. 237-1	
Au titre IV	
R. 240-1	
Au titre V	
R. 251-1 à R. 253-1	
Au titre VI	
R. 264-1	
Au titre VII	
R. 270-1 à R. 270-4	

Art. R. 284-2 Pour l'application du présent livre dans les îles Wallis-et-Futuna :

1° Les références au préfet sont remplacées par la référence à l'administrateur supérieur du territoire des îles Wallis-et-Futuna ;

2° Les références au maire sont remplacées par la référence au chef de circonscription ;

3° Les références aux prestations mentionnées aux articles L. 160-8 et L. 160-9 du code de la sécurité sociale sont remplacées par la référence aux prestations maladie et maternité ;

4° L'article R. 210-1 est ainsi rédigé :

Art. R. 210-1 Sont applicables aux étrangers dont la situation est régie par le présent livre les dispositions des articles R. 141-1 à R. 141-13, R. 142-26 à R. 142-32, R. 142-41 et R. 142-42.

5° A l'article R. 231-3, les mots : "et les ressortissants mentionnés à l'article L. 200-4" sont supprimés ;

6° Les deuxième, troisième et quatrième alinéas de l'article R. 233-1 sont ainsi rédigés :

"L'assurance maladie mentionnée à l'article L. 233-1 doit couvrir les prestations d'assurance maladie et maternité.

"Lorsqu'il est exigé, le caractère suffisant des ressources est apprécié en tenant compte de la situation personnelle de l'intéressé.

"La charge pour le régime d'assistance sociale applicable localement que peut constituer le ressortissant est évaluée en prenant notamment en compte le montant des prestations sociales non contributives qui lui ont été accordées, la durée de ses difficultés et de son séjour." ;

7° L'article R. 233-4 est ainsi rédigé :

Art. R. 233-4 Sans préjudice des dispositions du cinquième alinéa de l'article L. 233-4, les citoyens de l'Union européenne soumis à des mesures transitoires par leur traité d'adhésion qui souhaitent exercer une activité professionnelle à Wallis-et-Futuna sont tenus de solliciter, outre l'autorisation des autorités locales lorsqu'elle est requise, la délivrance d'une carte de séjour.

La carte de séjour des ressortissants mentionnés au premier alinéa est délivrée dans les conditions et pour la durée prévues à l'article R. 233-11. Elle porte selon les cas la mention : "Citoyen UE. – Toutes activités professionnelles" ou : "Citoyen UE. – Toutes activités professionnelles, sauf salariées".

8° L'article R. 233-5 est ainsi rédigé :

Art. R. 233-5 Les membres de famille des étrangers mentionnés à l'article R. 233-4, citoyens de l'Union européenne soumis à des mesures transitoires ou d'un pays tiers sont également tenus de solliciter, outre l'autorisation des autorités locales lorsqu'elle est requise, la délivrance d'une carte de séjour.

La carte de séjour des ressortissants mentionnés au deuxième alinéa est délivrée dans les conditions et pour la durée prévues par les articles R. 233-14 ou par l'article R. 233-15 selon leur nationalité. Elle porte selon les cas la mention : "Citoyen UE. – Membre de famille. – Toutes activités professionnelles" ou : "Citoyen UE. – Membre de famille. – Toutes activités professionnelles, sauf salariées".

9° A l'article R. 233-6, les mots : "marché du travail français" sont remplacés par les mots : "marché du travail des îles Wallis-et-Futuna" et les mots : "sans que l'autorisation de travail ne soit requise" sont supprimés ;

10° A l'article R. 233-7 :

a) le troisième alinéa est ainsi rédigé :

"2° Ils se trouvent en chômage involontaire dûment constaté après avoir été employés pendant plus d'un an et se sont fait enregistrer en qualité de demandeur d'emploi auprès du service de l'emploi compétent localement ;"

b) le dernier alinéa est remplacé par un alinéa ainsi rédigé :

"Ils conservent leur droit de séjour pendant six mois s'ils se trouvent en chômage involontaire dûment constaté à la fin de leur contrat de travail à durée déterminée inférieure à un an, ou s'ils sont involontairement privés d'emploi dans les douze premiers mois qui suivent la conclusion de leur contrat de travail et sont enregistrés en qualité de demandeur d'emploi auprès du service de l'emploi compétent localement." ;

11° A l'article R. 233-11 :

a) au premier alinéa, les mots : "Citoyen UE/EEE/Suisse – Toutes activités professionnelles" sont remplacés par les mots : "Citoyen UE – Toutes activités professionnelles" ;

b) au deuxième alinéa, les mots : "supérieure de six mois à celle du contrat de travail souscrit" sont remplacés par les mots : "équivalente à celle du contrat de travail souscrit en conformité avec la réglementation locale ;"

c) les quatrième et cinquième alinéas sont ainsi rédigés :

"1° Pour les travailleurs salariés, d'une autorisation de travail en cours de validité lorsqu'elle est exigée par la réglementation locale ou, dans les autres cas, d'une attestation d'emploi ;

"2° Pour les travailleurs non salariés, d'une preuve attestant de leur inscription au régime de protection sociale qui leur est applicable." ;

12° A l'article R. 233-12, les mots : "Citoyen UE/EEE/Suisse – Non actif" sont remplacés par les mots : "Citoyen UE – Non actif" ;

13° A l'article R. 233-13, les mots : "Citoyen UE/EEE/Suisse – Étudiant" sont remplacés par les mots : "Citoyen UE – Étudiant" ;

14° Aux articles R. 233-14 et R. 233-15, les mots : "Carte de séjour de membre de la famille d'un citoyen de l'Union/EEE/Suisse – Toutes activités professionnelles" sont remplacés par les mots : "Citoyen UE. – Membre de famille. – Toutes activités professionnelles" ;

15° A l'article R. 234-1, les mots : "dix ans" sont remplacés par les mots : "vingt ans" et le second alinéa est complété par les mots suivants : "ou : 'Citoyen UE. – Séjour permanent. – Toutes activités professionnelles, sauf salariées'." ;

16° A l'article R. 234-2, les mots : "Directive 2004/38/CE – Séjour permanent – Toutes activités professionnelles" sont remplacés par les mots : "Citoyen UE. – Séjour permanent. – Toutes activités professionnelles" et le troisième alinéa est ainsi rédigé : "Par dérogation au premier alinéa, la carte de séjour délivrée aux membres de famille d'un ressortissant d'un État membre de l'Union européenne soumis à un régime transitoire par son traité d'adhésion porte la mention : 'Citoyen UE. – Séjour permanent.

– Toutes activités professionnelles' ou : 'Citoyen UE. – Séjour permanent. – Toutes activités professionnelles, sauf salariées'." ;

17° A l'article R. 237-1, la référence à l'article R. 431-22 est supprimée ;

18° A l'article R. 264-1, les références aux articles R. 711-3 à R. 711-5, R. 744-13, R. 753-3 et R. 754-13 sont supprimées ;

19° A l'article R. 270-4, la référence à l'article R. 812-1 est supprimée.

CHAPITRE V DISPOSITIONS APPLICABLES EN POLYNÉSIE FRANÇAISE

Art. R. 285-1 Sous réserve des adaptations prévues par le présent chapitre, les dispositions suivantes sont applicables en Polynésie française dans leur rédaction résultant du décret n° 2020-1734 du 16 décembre 2020, sauf mention contraire ou mention de leur application de plein droit dans le tableau ci-dessous.

Articles applicables	Dans leur rédaction résultant de
Au titre I	
R. 210-1	
Au titre II	
R. 221-1 à R. 223-1	
Au titre III	
R. 231-1 à R. 237-1	
Au titre IV	
R. 240-1	
Au titre V	
R. 251-1 et R. 251-2	
R. 251-3	Application de plein droit
R. 252-1 et R. 253-1	
Au titre VI	
R. 264-1	
Au titre VII	
R. 270-1 à R. 270-4	

Art. R. 285-2 Pour l'application du présent livre en Polynésie française :

1° Les références au préfet sont remplacées par la référence au haut-commissaire de la République en Polynésie française ;

2° Les références aux prestations mentionnées aux articles L. 160-8 et L. 160-9 du code de la sécurité sociale sont remplacées par la référence aux prestations maladie et maternité ;

3° L'article R. 210-1 est ainsi rédigé :

Art. R. 210-1 Sont applicables aux étrangers dont la situation est régie par le présent livre les dispositions des articles R. 141-1 à R. 141-13, R. 142-26 à R. 142-32, R. 142-41 et R. 142-42.

4° A l'article R. 231-3, les mots : "et les ressortissants mentionnés à l'article L. 200-3" sont supprimés ;

5° Les deuxième, troisième et quatrième alinéas de l'article R. 233-1 sont ainsi rédigés :

"L'assurance maladie mentionnée à l'article L. 233-1 doit couvrir les prestations d'assurance maladie et maternité.

"Lorsqu'il est exigé, le caractère suffisant des ressources est apprécié en tenant compte de la situation personnelle de l'intéressé.

"La charge pour le régime d'assistance sociale applicable localement que peut constituer le ressortissant est évaluée en prenant notamment en compte le montant des prestations sociales non contributives qui lui ont été accordées, la durée de ses difficultés et de son séjour." ;

6° L'article R. 233-4 est ainsi rédigé :

Art. R. 233-4 La carte de séjour des citoyens de l'Union européenne soumis à des mesures transitoires par leur traité d'adhésion qui souhaitent exercer une activité professionnelle, mentionnées à l'article L. 233-4 susvisée, est délivrée dans les conditions et pour la durée prévues à l'article R. 233-11. Elle porte selon les cas la mention : "Citoyen UE. – Toutes activités professionnelles" ou : "Citoyen UE. – Toutes activités professionnelles, sauf salariées"

7° L'article R. 233-5 est ainsi rédigé :

Art. R. 233-5 La carte de séjour des membres de famille des étrangers mentionnés à l'article R. 233-4 citoyens de l'Union européenne soumis à des mesures transitoires ou d'un pays tiers est délivrée dans les conditions et pour la durée prévues par les articles R. 233-14 ou R. 233-15 selon leur nationalité. Elle porte selon les cas la mention : "Citoyen UE. – Membre de famille. – Toutes activités professionnelles" ou : "Citoyen UE. – Membre de famille. – Toutes activités professionnelles, sauf salariées"

8° A l'article R. 233-6, les mots : "marché du travail français" sont remplacés par les mots : "marché du travail de la Polynésie française" et les mots : "sans que l'autorisation de travail ne soit requise" sont supprimés ;

9° A l'article R. 233-7 :

a) Le troisième alinéa est ainsi rédigé :

"2° Ils se trouvent en chômage involontaire dûment constaté après avoir été employés pendant plus d'un an et se sont fait enregistrer en qualité de demandeur d'emploi auprès du service de l'emploi compétent localement" ;

b) Le dernier alinéa est remplacé par un alinéa ainsi rédigé :

"Ils conservent leur droit de séjour pendant six mois s'ils se trouvent en chômage involontaire dûment constaté à la fin de leur contrat de travail à durée déterminée inférieure à un an, ou s'ils sont involontairement privés d'emploi dans les douze premiers mois qui suivent la conclusion de leur contrat de travail et sont enregistrés en qualité de demandeur d'emploi auprès du service de l'emploi compétent localement." ;

10° A l'article R. 233-11 :

a) Au premier alinéa, les mots : "Citoyen UE/EEE/Suisse – Toutes activités professionnelles" sont remplacés par les mots : "Citoyen UE – Toutes activités professionnelles" ;

b) Au deuxième alinéa, les mots : "supérieure de six mois à celle du contrat de travail souscrit" sont remplacés par les mots : "équivalente à celle du contrat de travail souscrit en conformité avec la réglementation locale" ;

c) Les quatrième et cinquième alinéas sont ainsi rédigés :

"1° Pour les travailleurs salariés, d'une autorisation de travail en cours de validité lorsqu'elle est exigée par la réglementation locale ou, dans les autres cas, d'une attestation d'emploi ;

"2° Pour les travailleurs non salariés, d'une preuve attestant de leur inscription au régime de protection sociale qui leur est applicable." ;

11° A l'article R. 233-12, les mots : "Citoyen UE/EEE/Suisse – Non actif" sont remplacés par les mots : "Citoyen UE – Non actif" ;

12° A l'article R. 233-13, les mots : "Citoyen UE/EEE/Suisse – Étudiant" sont remplacés par les mots : "Citoyen UE – Étudiant" ;

13° Aux articles R. 233-14 et R. 233-15, les mots : "Carte de séjour de membre de la famille d'un citoyen de l'Union/EEE/Suisse-Toutes activités professionnelles" sont remplacés par les mots : "Citoyen UE. – Membre de famille. – Toutes activités professionnelles" ;

14° A l'article R. 234-1, les mots : "dix ans" sont remplacés par les mots : "vingt ans" et le dernier alinéa est complété par les mots suivants : "ou : 'Citoyen UE. – Séjour permanent. – Toutes activités professionnelles, sauf salariées'" ;

15° A l'article R. 234-2, les mots : "Directive 2004/38/CE – Séjour permanent – Toutes activités professionnelles" sont remplacés par les mots : "Citoyen UE. – Séjour permanent. – Toutes activités professionnelles" et le troisième alinéa est ainsi rédigé : "Par dérogation au premier alinéa, la carte de séjour délivrée aux membres de famille d'un ressortissant d'un État membre de l'Union européenne soumis à un régime transitoire par son traité d'adhésion porte la mention : 'Citoyen UE. – Séjour permanent. – Toutes activités professionnelles' ou : 'Citoyen UE. – Séjour permanent. – Toutes activités professionnelles, sauf salariées.'" ;

16° A l'article R. 237-1, la référence à l'article R. 431-22 est supprimée ;

17° A l'article R. 264-1, les références aux articles R. 711-3 à R. 711-5, R. 744-13, R. 753-3 et R. 754-13 sont supprimées ;

18° A l'article R. 270-4, la référence à l'article R. 812-1 est supprimée.

CHAPITRE VI DISPOSITIONS APPLICABLES EN NOUVELLE-CALÉDONIE

Art. R. 286-1 Sous réserve des adaptations prévues par le présent chapitre, les dispositions suivantes sont applicables en Nouvelle-Calédonie dans leur rédaction résultant du décret n° 2020-1734 du 16 décembre 2020, sauf mention contraire ou mention de leur application de plein droit dans le tableau ci-dessous.

Articles applicables	Dans leur rédaction résultant de
Au titre I	
R. 210-1	
Au titre II	
R. 221-1 à R. 223-1	
Au titre III	
R. 231-1 à R. 237-1	
Au titre IV	
R. 240-1	
Au titre V	
R. 251-1 et R. 251-2	
R. 251-3	Application de plein droit
R. 252-1 et R. 253-1	
Au titre VI	
R. 264-1	
Au titre VII	
R. 270-1 à R. 270-4	

Art. R. 286-2 Pour l'application du présent livre en Nouvelle-Calédonie :

1° Les références au préfet sont remplacées par la référence au haut-commissaire de la République en Nouvelle-Calédonie ;

2° Les références aux prestations mentionnées aux articles L. 160-8 et L. 160-9 du code de la sécurité sociale sont remplacées par la référence aux prestations maladie et maternité ;

3° L'article R. 210-1 est ainsi rédigé :

Art. R. 210-1 Sont applicables aux étrangers dont la situation est régie par le présent livre les dispositions des articles R. 141-1 à R. 141-13, R. 142-26 à R. 142-32, R. 142-41 et R. 142-42.

4° A l'article R. 231-3, les mots : "et les ressortissants mentionnés à l'article L. 200-3" sont supprimés ;

5° Les deuxième, troisième et quatrième alinéas de l'article R. 233-1 sont ainsi rédigés :

"L'assurance maladie mentionnée à l'article L. 233-1 doit couvrir les prestations d'assurance maladie et maternité.

"Lorsqu'il est exigé, le caractère suffisant des ressources est apprécié en tenant compte de la situation personnelle de l'intéressé.

"La charge pour le régime d'assistance sociale applicable localement que peut constituer le ressortissant est évaluée en prenant notamment en compte le montant des prestations sociales non contributives qui lui ont été accordées, la durée de ses difficultés et de son séjour." ;

6° L'article R. 233-4 est ainsi rédigé :

Art. R. 233-4 La carte de séjour des citoyens de l'Union européenne soumis à des mesures transitoires par leur traité d'adhésion qui souhaitent exercer une activité professionnelle, mentionnés à l'article L. 233-4, est délivrée dans les conditions et pour la durée prévues à l'article R. 233-11. Elle porte selon les cas la mention : "Citoyen UE. – Toutes activités professionnelles" ou : "Citoyen UE. – Toutes activités professionnelles, sauf salariées"

7° L'article R. 233-5 est ainsi rédigé :

Art. R. 233-5 La carte de séjour des membres de famille des étrangers mentionnés à l'article R. 223-4 citoyens de l'Union européenne soumis à des mesures transitoires ou d'un pays tiers est délivrée dans les conditions et pour la durée prévues par les articles R. 233-14 ou R. 233-15 selon leur nationalité. Elle porte selon les cas la mention : "Citoyen UE. – Membre de famille. – Toutes activités professionnelles" ou : "Citoyen UE. – Membre de famille. – Toutes activités professionnelles, sauf salariées"

8° A l'article R. 233-6, les mots : "marché du travail français" sont remplacés par les mots : "marché du travail de la Nouvelle-Calédonie" et les mots : "sans que l'autorisation de travail ne soit requise" sont supprimés ;

9° A l'article R. 233-7 :

a) Le troisième alinéa est ainsi rédigé :

"2° S'ils se trouvent en chômage involontaire dûment constaté après avoir été employés pendant plus d'un an et se sont fait enregistrer en qualité de demandeur d'emploi auprès du service de l'emploi compétent localement ;"

b) Le dernier alinéa est remplacé par un alinéa ainsi rédigé :

"Ils conservent leur droit de séjour pendant six mois s'ils se trouvent en chômage involontaire dûment constaté à la fin de leur contrat de travail à durée déterminée inférieure à un an, ou s'ils sont involontairement privés d'emploi dans les douze premiers mois qui suivent la conclusion de leur contrat de travail et sont enregistrés en qualité de demandeur d'emploi auprès du service de l'emploi compétent localement." ;

10° A l'article R. 233-11 :

a) Au premier alinéa, les mots : "Citoyen UE/EEE/Suisse – Toutes activités professionnelles" sont remplacés par les mots : "Citoyen UE – Toutes activités professionnelles" ;

b) Au deuxième alinéa, les mots : "supérieure de six mois à celle du contrat de travail souscrit" sont remplacés par les mots : "équivalente à celle du contrat de travail souscrit en conformité avec la réglementation locale" ;

c) Les quatrième et cinquième alinéas sont ainsi rédigés :

"1° Pour les travailleurs salariés, d'une autorisation de travail en cours de validité lorsqu'elle est exigée par la réglementation locale ou, dans les autres cas, d'une attestation d'emploi ;

"2° Pour les travailleurs non salariés, d'une preuve attestant de leur inscription au régime de protection sociale qui leur est applicable." ;

11° A l'article R. 233-12, les mots : "Citoyen UE/EEE/Suisse – Non actif" sont remplacés par les mots : "Citoyen UE – Non actif" ;

12° A l'article R. 233-13, les mots : "Citoyen UE/EEE/Suisse – Étudiant" sont remplacés par les mots : "Citoyen UE – Étudiant" ;

13° Aux articles R. 233-14 et R. 233-15, les mots : "Carte de séjour de membre de la famille d'un citoyen de l'Union/EEE/Suisse – Toutes activités professionnelles" sont remplacés par les mots : "Citoyen UE. – Membre de famille. – Toutes activités professionnelles" ;

14° A l'article R. 234-1, les mots : "dix ans" sont remplacés par les mots : "vingt ans" et le dernier alinéa est complété par les mots suivants : "ou : 'Citoyen UE. – Séjour permanent. – Toutes activités professionnelles, sauf salariées'" ;

15° A l'article R. 234-2, les mots : "Directive 2004/38/CE – Séjour permanent – Toutes activités professionnelles" sont remplacés par les mots : "Citoyen UE. – Séjour permanent. – Toutes activités professionnelles" et le troisième alinéa est ainsi rédigé : "Par dérogation au premier alinéa, la carte de séjour délivrée aux membres de famille d'un ressortissant d'un État membre de l'Union européenne soumis à un régime transitoire par son traité d'adhésion porte la mention : 'Citoyen UE. – Séjour permanent. – Toutes activités professionnelles' ou : 'Citoyen UE. – Séjour permanent. – Toutes activités professionnelles, sauf salariées'." ;

16° A l'article R. 237-1, la référence à l'article R. 431-22 est supprimée ;

17° A l'article R. 264-1, les références aux articles R. 711-3 à R. 711-5, R. 744-13, R. 753-3 et R. 754-13 sont supprimées ;

18° A l'article R. 270-4, la référence à l'article R. 812-1 est supprimée.

CHAPITRE VII DISPOSITIONS APPLICABLES AUX TERRES AUSTRALES ET ANTARCTIQUES FRANÇAISES

Le présent chapitre ne comprend pas de dispositions réglementaires.

LIVRE III ENTRÉE EN FRANCE

TITRE I CONDITIONS D'ADMISSION SUR LE TERRITOIRE FRANÇAIS

CHAPITRE I DISPOSITIONS COMMUNES

Art. R. 311-1 Un arrêté du ministre chargé de l'immigration fixe la liste des documents prévus à l'article L. 311-1 sous couvert desquels les étrangers peuvent être admis en France.

L'admission sur le territoire français d'un étranger porteur d'un visa peut être subordonnée à un examen de ses empreintes digitales, aux fins de comparaison avec les données enregistrées dans le traitement automatisé mentionné au 1° de l'article L. 142-1 lors de la présentation de la demande de visa. – *[Anc. art. R. 211-1.]*

Art. R. 311-2 Tout étranger qui déclare vouloir séjourner en France pour une durée n'excédant pas trois mois est tenu de présenter, pour être admis sur le territoire français, les visas et documents mentionnés aux 1° et 2° de l'article L. 311-1. – *[Anc. art. R. 211-2.]*

Art. R. 311-3 Lorsque l'entrée en France est motivée par un transit, l'étranger est tenu de justifier qu'il satisfait aux conditions d'entrée dans le pays de destination. – *[Anc. art. R. 211-3.]*

CHAPITRE II VISAS ET AUTORISATIONS DE VOYAGE *(Décr. n° 2022-962 du 29 juin 2022, art. 1er).*

SECTION 1 Dépôt et instruction des demandes de visa et d'autorisation de voyage *(Décr. n° 2022-962 du 29 juin 2022, art. 1er).*

Art. R. 312-1 La personne qui sollicite la délivrance d'un visa est tenue de produire une photographie d'identité et de se prêter au relevé de ses empreintes digitales, aux fins d'enregistrement dans le traitement automatisé mentionné au 1° l'article L. 142-1. – *[Anc. art. R. 211-4-1.]*

(Décr. n° 2022-962 du 29 juin 2022, art. 1er) « La personne qui sollicite la délivrance d'une autorisation de voyage forme sa demande dans les conditions prévues au règlement (UE) 2018/1240 du Parlement européen et du Conseil du 12 septembre 2018 portant création d'un système européen d'information et d'autorisation concernant les voyages (ETIAS). »

Les dispositions issues du Décr. n° 2022-962 du 29 juin 2022 relatives aux autorisations de voyage sont applicables à compter de la date de la mise en service du système européen d'information et d'autorisation concernant les voyages (ETIAS) prévue à l'art. 88 du Règl. (UE) 2018/1240 du Parlement européen et du Conseil du 12 sept. 2018.

Les dispositions issues du Décr. préc. relatives aux visas d'entrée en France s'appliquent aux demandes de visas ayant donné lieu à une décision diplomatique ou consulaire prise à compter du 1er janv. 2023. Elles sont applicables à cette même date à Saint-Barthélemy, Saint-Martin, dans les îles Wallis-et-Futuna, en Polynésie française et en Nouvelle-Calédonie (Décr. préc., art. 5).

Art. R. 312-2 La demande d'un visa pour un séjour d'une durée supérieure à trois mois donne lieu à la délivrance par les autorités diplomatiques et consulaires d'une attestation de demande indiquant la date du dépôt de la demande.

Les autorités diplomatiques et consulaires sont tenues de statuer sur les demandes de visa de long séjour formées par les conjoints de Français et les étudiants dans les meilleurs délais. – *[Anc. art. L. 211-2-1, al. 1er et 5.]*

SECTION 2 Procédure administrative et contentieuse

(Décr. n° 2022-963 du 29 juin 2022, art. 1er)

SOUS-SECTION 1 Recours contre les refus de visas

Art. D. 312-3 Une commission placée auprès du ministre des affaires étrangères et du ministre de l'intérieur est chargée d'examiner les recours administratifs contre les décisions de refus de visa de long séjour prises par les autorités diplomatiques ou consulaires.

Le sous-directeur des visas, au sein de la direction générale des étrangers en France du ministère de l'intérieur, est chargé d'examiner les recours administratifs contre les décisions de refus de visa de court séjour prises par les autorités diplomatiques ou consulaires.

La saisine de l'une ou l'autre de ces autorités, selon la nature du visa sollicité, est un préalable obligatoire à l'exercice d'un recours contentieux, à peine d'irrecevabilité de ce dernier.

Les dispositions issues du Décr. n° 2022-963 du 29 juin 2022 relatives aux autorisations de voyage sont applicables à compter de la date de la mise en service du système européen d'information et d'autorisation concernant les voyages (ETIAS) prévue à l'art. 88 du Règl. (UE) 2018/1240 du Parlement européen et du Conseil du 12 sept. 2018.

Les dispositions issues du Décr. préc. relatives aux visas d'entrée en France s'appliquent aux demandes de visas ayant donné lieu à une décision diplomatique ou consulaire prise à compter du 1er janv. 2023. Elles sont applicables à cette même date à Saint-Barthélemy, Saint-Martin, dans les îles Wallis-et-Futuna, en Polynésie française et en Nouvelle-Calédonie (Décr. préc., art. 5).

Art. D. 312-4 Les recours administratifs doivent être formés dans un délai de trente jours à compter de la notification de la décision de refus de visa.

Sur l'application de ces dispositions, V. ndlr ss. art. D. 312-3.

Art. D. 312-5 Le président de la commission mentionnée à l'article D. 312-3 est choisi parmi les personnes ayant exercé des fonctions de chef de poste diplomatique ou consulaire.

La commission comprend, en outre :

1° Un membre, en activité ou honoraire, de la juridiction administrative ;

2° Un représentant du ministre des affaires étrangères ;

3° Un représentant du ministre chargé de l'immigration ;

4° Un représentant du ministre de l'intérieur.

Les membres de la commission sont nommés par décret du Premier ministre pour une durée de trois ans. Un premier et un second vice-présidents ainsi que, pour chacun des membres de la commission mentionnés aux quatre alinéas précédents, un premier et un second suppléants, sont nommés dans les mêmes conditions.

L'un ou l'autre des vice-présidents peut siéger à la commission en lieu et place du président, sur désignation de celui-ci. En cas d'absence ou d'empêchement du président, ses fonctions sont assurées par le premier vice-président et, en cas d'indisponibilité de ce dernier, par le second vice-président.

Sur l'application de ces dispositions, V. ndlr ss. art. D. 312-3.

Art. D. 312-5-1 La commission peut soit rejeter le recours, soit recommander au ministre des affaires étrangères et au ministre de l'intérieur d'accorder le visa de long séjour sollicité.

Le président de la commission peut rejeter, sans réunir la commission, les recours manifestement irrecevables ou mal fondés.

Sur l'application de ces dispositions, V. ndlr ss. art. D. 312-3.

Art. D. 312-5-2 Le sous-directeur des visas peut soit rejeter le recours, soit donner instruction à l'autorité diplomatique ou consulaire saisie de la demande initiale de délivrer le visa de court séjour sollicité. Il peut déléguer sa signature aux agents placés sous son autorité.

Sur l'application de ces dispositions, V. ndlr ss. art. D. 312-3.

Art. D. 312-5-3 Les autorités diplomatiques ou consulaires, les services du ministère des affaires étrangères et les services du ministère de l'intérieur fournissent à la commission et au sous-directeur des visas les informations utiles à l'examen des recours dont ils sont saisis.

Sur l'application de ces dispositions, V. ndlr ss. art. D. 312-3.

Art. R. 312-5-4 *(Décr. n° 2022-962 du 29 juin 2022, art. 1er)* Les modalités de fonctionnement de la commission sont définies par arrêté conjoint du ministre des affaires étrangères et du ministre chargé de l'immigration.

Sur l'application de ces dispositions, V. ndlr ss. art. R. 312-1.

Art. R. 312-6 *(Décr. n° 2022-962 du 29 juin 2022, art. 1er)* La personne dont le recours a été rejeté par le sous-directeur des visas, la commission mentionnée à l'article D. 312-3 ou, lorsque celle-ci a émis une recommandation en application de l'article D. 312-5-1, par le ministre des affaires étrangères ou le ministre de l'intérieur, peut demander au tribunal administratif l'annulation de cette décision dans les délais prévus par les articles R. 421-1 et R. 421-2 du code de justice administrative.

Les dispositions du 1° de l'article R. 421-3 du code de justice administrative et de l'article R. 421-7 du même code ne sont pas applicables.

Sur l'application de ces dispositions, V. ndlr ss. art. R. 312-1.

SOUS-SECTION 2 Recours contre les refus d'autorisations de voyage

Art. D. 312-7 Au sein de la direction générale des étrangers en France du ministère de l'intérieur, le sous-directeur des visas est chargé d'examiner les recours contre les décisions de refus d'autorisation de voyage prises par l'unité nationale ETIAS.

La saisine de cette autorité est un préalable obligatoire à l'exercice d'un recours contentieux, à peine d'irrecevabilité de ce dernier. Les recours devant le sous-directeur des visas doivent être formés dans un délai de trente jours à compter de la notification de la décision de refus d'autorisation de voyage.

Sur l'application de ces dispositions, V. ndlr ss. art. D. 312-3.

Art. D. 312-7-1 Le service national des enquêtes d'autorisation de voyage fournit au sous-directeur des visas les informations utiles à l'examen des recours dont il est saisi.

Sur l'application de ces dispositions, V. ndlr ss. art. D. 312-3.

Art. D. 312-7-2 Le sous-directeur des visas peut soit rejeter le recours, soit donner instruction à l'unité nationale ETIAS de délivrer l'autorisation de voyage sollicitée. Il peut déléguer sa signature aux agents placés sous son autorité.

Sur l'application de ces dispositions, V. ndlr ss. art. D. 312-3.

Art. R. 312-7-3 *(Décr. n° 2022-962 du 29 juin 2022, art. 1er)* La personne dont le recours a été rejeté par le sous-directeur des visas peut demander au tribunal administratif l'annulation de cette décision dans les délais prévus par les articles R. 421-1 et R. 421-2 du code de justice administrative. Les dispositions de l'article R. 421-7 du code de justice administrative ne sont pas applicables.

Sur l'application de ces dispositions, V. ndlr ss. art. R. 312-1.

Art. R. 312-8 *(Décr. n° 2022-962 du 29 juin 2022, art. 1er)* Les recours administratifs doivent être motivés et rédigés en langue française. Ils sont seuls de nature à conserver le délai de recours contentieux jusqu'à l'intervention des décisions prévues aux articles D. 312-5-1, D. 312-5-2 et D. 312-7-2.

Le sous-directeur des visas ou la commission, selon le cas, ne peut être régulièrement saisi que par la personne qui fait l'objet de la décision de refus contestée ou par un mandataire dûment habilité ou une personne établissant avoir un intérêt direct et certain à la contester.

Sur l'application de ces dispositions, V. ndlr ss. art. R. 312-1.

SOUS-SECTION 3 Dispositions communes

Art. D. 312-8-1 En l'absence de décision explicite prise dans le délai de deux mois, le recours administratif exercé devant les autorités mentionnées aux articles D. 312-3 et D. 312-7 est réputé rejeté pour les mêmes motifs que ceux de la décision contestée. L'administration en informe le demandeur dans l'accusé de réception de son recours.

Sur l'application de ces dispositions, V. ndlr ss. art. D. 312-3.

SECTION 2 *[ANCIENNE]* Recours contre les refus de visa

Ancien art. D. 312-3 *Une commission placée auprès du ministre des affaires étrangères et du ministre chargé de l'immigration est chargée d'examiner les recours contre les décisions de refus de visa d'entrée en France prises par les autorités diplomatiques ou consulaires. La saisine de cette commission est un préalable obligatoire à l'exercice d'un recours contentieux, à peine d'irrecevabilité de ce dernier. – [Anc. art. R. 211-5.]*

Ancien art. D. 312-4 *Les recours devant la commission mentionnée à l'article D. 312-3 doivent être formés dans un délai de deux mois à compter de la notification de la décision de refus de visa. Ils doivent être motivés et rédigés en langue française. Ils sont seuls de nature à conserver le délai de recours contentieux jusqu'à l'intervention des décisions prévues à l'article D. 312-7.*

La commission ne peut être régulièrement saisie que par une personne justifiant d'un intérêt lui donnant qualité pour contester la décision de refus de visa ou par un mandataire dûment habilité. – [Anc. art. R. 211-6.]

Ancien art. D. 312-5 *Le président de la commission mentionnée à l'article D. 312-3 est choisi parmi les personnes ayant exercé des fonctions de chef de poste diplomatique ou consulaire.*

La commission comprend, en outre :

1° Un membre, en activité ou honoraire, de la juridiction administrative ;

2° Un représentant du ministre des affaires étrangères ;

3° Un représentant du ministre chargé de l'immigration ;

4° Un représentant du ministre de l'intérieur.

Le président et les membres de la commission sont nommés par décret du Premier ministre pour une durée de trois ans. Pour chacun d'eux, un premier et un second suppléants sont nommés dans les mêmes conditions. – [Anc. art. R. 211-7.]

Ancien art. D. 312-6 *Les autorités diplomatiques ou consulaires, les services du ministère des affaires étrangères et les services du ministère chargé de l'immigration fournissent à la commission mentionnée à l'article D. 312-3, sur sa demande, les informations utiles à l'examen des recours dont elle est saisie. – [Anc. art. R. 211-8.]*

Ancien art. D. 312-7 *La commission mentionnée à l'article D. 312-3 peut soit rejeter le recours, soit recommander au ministre des affaires étrangères et au ministre chargé de l'immigration d'accorder le visa demandé.*

Le président de la commission peut rejeter, sans réunir la commission, les recours manifestement irrecevables ou mal fondés. – [Anc. art. R. 211-9.]

Ancien art. R. 312-8 *Les modalités de fonctionnement de la commission mentionnée à l'article D. 312-3 sont définies par arrêté conjoint du ministre des affaires étrangères et du ministre chargé de l'immigration. – [Anc. art. R. 211-10.]*

SECTION 3 Abrogation du visa par l'autorité préfectorale

Art. R. 312-9 Lorsqu'un étranger est autorisé à séjourner en France sous couvert d'un titre de voyage revêtu d'un visa requis pour les séjours n'excédant pas trois mois, ce visa peut être abrogé par l'autorité préfectorale dans les cas suivants :

1° L'étranger qui en est titulaire exerce en France une activité lucrative sans y avoir été régulièrement autorisé ;

2° Il existe des indices concordants permettant de présumer que l'étranger a obtenu son visa frauduleusement ;

3° Il existe des indices concordants permettant de présumer que l'étranger est entré en France pour s'y établir ou à d'autres fins que celles qui ont justifié la délivrance du visa ;

4° Le comportement de l'étranger trouble l'ordre public. – *[Anc. art. R. 321-6.]*

Art. R. 312-10 Lorsqu'un étranger est autorisé à séjourner en France sous couvert d'un titre de voyage revêtu du visa requis pour un séjour d'une durée supérieure à trois mois et au plus égale à un an, ce visa peut être abrogé par l'autorité préfectorale dans les cas suivants :

1° Il existe des indices concordants permettant de présumer que l'étranger a obtenu son visa frauduleusement ;

2° Il existe des indices concordants permettant de présumer que l'étranger est entré en France pour s'y établir à d'autres fins que celles qui ont justifié la délivrance du visa ;

3° Le comportement de l'étranger trouble l'ordre public. – *[Anc. art. R. 311-3, al. 23.]*

Art. R. 312-11 L'abrogation du visa est décidée par le préfet du département où séjourne l'étranger qui en est titulaire, ou par le préfet du département où la situation de cet étranger est contrôlée. Le préfet qui a prononcé l'abrogation en avertit sans délai, dans le cas d'un visa de court séjour, le ministre des affaires étrangères, et, dans le cas d'un visa de long séjour, l'autorité qui a délivré ce visa. – *[Anc. art. R. 311-3, al. 23 ; anc. art. R. 321-7.]*

CHAPITRE III DOCUMENTS ET FORMALITÉS

SECTION 1 Documents justificatifs

SOUS-SECTION 1 Documents relatifs à l'objet et aux conditions du séjour

Art. R. 313-1 En fonction de ses déclarations sur les motifs de son voyage, l'étranger dont le séjour ne présente pas un caractère familial ou privé présente selon les cas :

1° Pour un séjour touristique, tout document de nature à établir l'objet et les conditions de ce séjour, notamment sa durée ;

2° Pour un voyage professionnel, tout document apportant des précisions sur sa profession ou sa qualité ainsi que sur les établissements ou organismes situés sur le territoire français par lesquels il est attendu ;

3° Pour un séjour motivé par une hospitalisation, tout document justifiant qu'il satisfait aux conditions requises à l'article R. 6145-4 du code de la santé publique pour l'admission dans les établissements publics de santé, sauf dans le cas de malades ou blessés graves venant recevoir des soins en urgence dans un établissement français ;

4° Pour un séjour motivé par des travaux de recherche au sens de l'article L. 421-15, le titre de séjour délivré par un État membre de l'Union européenne, ou par la Principauté du Liechtenstein, la République d'Islande, le Royaume de Norvège ou la Confédération suisse, la convention d'accueil signée dans le même État ainsi que l'un des justificatifs prévus à l'article R. 313-2. – *[Anc. art. R. 211-27.]*

SOUS-SECTION 2 Documents relatifs aux moyens d'existence de l'étranger

Art. R. 313-2 Afin de justifier qu'il possède les moyens d'existence lui permettant de faire face à ses frais de séjour, l'étranger qui sollicite son admission en France peut notamment présenter des espèces, des chèques de voyage, des chèques certifiés, des cartes de paiement à usage international ou des lettres de crédit.

La validité des justificatifs énumérés au premier alinéa est appréciée compte tenu des déclarations de l'intéressé relatives à la durée et à l'objet de son séjour ainsi que des pièces produites à l'appui de ces déclarations et, le cas échéant, de la durée de validité du visa. – *[Anc. art. R. 211-29.]*

SOUS-SECTION 3 Prise en charge des dépenses médicales et hospitalières

Art. R. 313-3 Les entreprises d'assurance, les mutuelles et les institutions de prévoyance habilitées à exercer en France une activité d'assurance ainsi que les organismes d'assurance ayant reçu les agréments des autorités de leur État d'origine pour l'exercice des opérations d'assurance concernées sont considérés comme agréés pour l'application des dispositions du 2° de l'article L. 311-1.

Le contrat d'assurance souscrit par l'étranger ou par l'hébergeant pour le compte de celui-ci doit couvrir, à hauteur d'un montant minimum fixé à 30 000 euros, l'ensemble des dépenses médicales et hospitalières, y compris d'aide sociale, susceptibles d'être engagées pendant toute la durée du séjour en France. – *[Anc. art. R. 211-29.]*

SOUS-SECTION 4 Garanties de rapatriement

Art. R. 313-4 Les garanties de rapatriement doivent permettre à l'étranger qui pénètre en France d'assumer les frais afférents à son retour du lieu, situé sur le territoire métropolitain ou en Guadeloupe, en Guyane, en Martinique, à Mayotte ou à La Réunion, où il a l'intention de se rendre, jusqu'au pays de sa résidence habituelle.

La validité des garanties de son rapatriement est appréciée par rapport à la durée et au lieu de séjour principal choisi par l'étranger. En cas de changement notable relatif au lieu de séjour principal et lorsque, de ce fait, les garanties initialement constituées s'avèrent manifestement insuffisantes pour couvrir les dépenses de rapatriement, l'intéressé se munit de nouveaux documents garantissant la prise en charge des frais de retour vers le pays de sa résidence habituelle.

L'étranger doit être en possession des documents relatifs aux garanties de son rapatriement pendant la durée de son séjour. Cette obligation est levée lorsque l'étranger obtient la délivrance d'un titre de séjour dont la durée de validité est au moins égale à un an. En outre, si l'intéressé justifie d'un motif légitime, le préfet du département où il séjourne peut mettre fin à cette obligation. – *[Anc. art. R. 211-30.]*

Art. R. 313-5 Sont notamment considérés comme des documents relatifs aux garanties de rapatriement :

1° Les titres de transport maritime, ferroviaire, routier ou aérien valables pour revenir dans le pays de résidence habituelle et dont le porteur veille à maintenir la validité jusqu'à la date de son départ ;

2° Les attestations d'établissements bancaires situés en France ou à l'étranger garantissant le rapatriement de l'intéressé au cas où celui-ci ne serait pas en mesure d'en assumer lui-même les frais, accompagnées le cas échéant d'une traduction en français. – *[Anc. art. R. 211-31.]*

SECTION 2 Attestations d'accueil

SOUS-SECTION 1 Souscription

Art. R. 313-6 L'attestation d'accueil prévue à l'article L. 313-2 pour les séjours à caractère familial ou privé est conforme à un modèle défini par arrêté du ministre chargé de l'immigration. Elle indique :

1° L'identité du signataire et, s'il agit comme représentant d'une personne morale, sa qualité ;

2° Le lieu d'accueil de l'étranger ;

3° L'identité et la nationalité de la personne accueillie ;

4° Les dates d'arrivée et de départ prévues ;

5° Le lien de parenté, s'il y a lieu, du signataire de l'attestation d'accueil avec la personne accueillie ;

6° Les attestations d'accueil antérieurement signées par l'hébergeant, s'il y a lieu ;

7° Les caractéristiques du lieu d'hébergement ;

8° L'engagement de l'hébergeant de subvenir aux frais de séjour de l'étranger.

L'attestation précise également si l'étranger envisage de satisfaire lui-même à l'obligation d'assurance prévue à l'article L. 311-1 ou si, conformément à l'article L. 313-8, l'obligation sera satisfaite par une assurance souscrite à son profit par la personne qui se propose de l'héberger. – *[Anc. art. R. 211-11.]*

Art. R. 313-7 Si l'attestation d'accueil est souscrite par un ressortissant français ou par un étranger dispensé de l'obligation de détenir un titre de séjour en application de l'article L. 221-1, elle comporte, outre les mentions prévues à l'article R. 313-6, l'indication du lieu et de la date de délivrance d'un document établissant l'identité et la nationalité de celui-ci. – *[Anc. art. R. 211-12.]*

Art. R. 313-8 Si l'attestation d'accueil est souscrite par un étranger qui n'est pas dispensé de l'obligation de détenir un titre de séjour, elle comporte, outre les mentions prévues à l'article R. 313-6, l'indication du lieu, de la date de délivrance et de la durée de validité du titre de séjour du signataire. Celui-ci doit être obligatoirement titulaire de l'un des documents de séjour suivants :

1° Une carte de séjour temporaire ;

2° Une carte de séjour pluriannuelle ;

3° Une carte de résident ;

4° Un certificat de résidence délivré à un ressortissant algérien sur le fondement de l'accord signé le 27 décembre 1968 ;

5° Un document provisoire délivré à l'occasion de la demande de renouvellement du document mentionné aux 1°, 2°, 3° ou 4° ;

6° Une carte diplomatique ;

7° Une carte spéciale délivrée par le ministère des affaires étrangères. – *[Anc. art. R. 211-13.]*

Art. R. 313-9 Le signataire de l'attestation d'accueil doit, pour en obtenir la validation par le maire, se présenter personnellement en mairie, muni d'un des documents mentionnés aux articles R. 313-7 et R. 313-8, d'un document attestant de sa qualité de propriétaire, de locataire ou d'occupant du logement dans lequel il se propose d'héberger le visiteur ainsi que de tout document permettant d'apprécier ses ressources et sa capacité d'héberger l'étranger accueilli dans un logement décent au sens des dispositions réglementaires en vigueur et dans des conditions normales d'occupation. – *[Anc. art. R. 211-14.]*

Art. R. 313-10 Le conjoint et les enfants mineurs de dix-huit ans de l'étranger accueilli peuvent figurer sur l'attestation d'accueil souscrite à son profit. – *[Anc. art. R. 211-15.]*

SOUS-SECTION 2 **Validation**

Art. R. 313-11 Par dérogation à l'article L. 231-1 du code des relations entre le public et l'administration, le silence gardé pendant plus d'un mois par le maire sur la demande de validation de l'attestation d'accueil ou par le préfet sur le recours administratif mentionné à l'article R. 313-12 vaut décision de rejet. – *[Anc. art. R. 211-16.]*

Art. R. 313-12 Tout recours contentieux dirigé contre un refus de validation d'une attestation d'accueil doit être précédé, à peine d'irrecevabilité, d'un recours administratif auprès du préfet territorialement compétent, dans un délai de deux mois à compter de ce refus. Avant de se prononcer le préfet peut faire procéder à une vérification par l'Office français de l'immigration et de l'intégration dans les conditions prévues à l'article L. 313-5. – *[Anc. art. R. 211-17.]*

Art. R. 313-13 Le maire est tenu informé par l'autorité consulaire des suites données à la demande de visa formulée sur la base de l'attestation d'accueil validée.

Il adresse au préfet un compte rendu annuel non nominatif relatif aux attestations d'accueil, comprenant notamment le décompte des attestations d'accueil validées et refusées et des vérifications sur place qui ont été prescrites. – *[Anc. art. R. 211-18.]*

SECTION 3 **Dispenses**

SOUS-SECTION 1 **Dispense de produire l'ensemble des documents mentionnés au 2° de l'article L. 311-1**

Art. R. 313-14 Sont dispensés de présenter les documents prévus aux articles R. 311-3, R. 313-1 à R. 313-4 et R. 313-6 à R. 313-8 :

1° Les ressortissants andorrans et monégasques ;

2° L'étranger titulaire d'un visa portant la mention "famille de Français", délivré aux conjoints de ressortissants français et aux membres de leur famille mentionnés aux articles L. 423-11 et L. 423-12 ;

3° L'étranger titulaire d'un visa de circulation défini par la convention d'application de l'accord de Schengen, valable pour plusieurs entrées et d'une durée de validité au moins égale à un an et délivré par une autorité consulaire française ou par celle d'un État mettant en vigueur cette convention et agissant en représentation de la France ;

4° L'étranger titulaire d'un visa portant la mention "carte de séjour à solliciter dès l'arrivée en France" ;

5° Les membres des missions diplomatiques et des postes consulaires et les membres de leur famille à charge, venant de l'étranger pour prendre leurs fonctions en France ;

6° Les personnes auxquelles une dispense a été accordée dans les conditions prévues par le 3° de l'article L. 312-6 ;

7° Les personnes auxquelles une dispense a été accordée par les autorités consulaires françaises dans leur pays de résidence ;

8° Les membres des assemblées parlementaires des États étrangers ;

9° Les fonctionnaires, officiers et agents des services publics étrangers lorsqu'ils sont porteurs d'un ordre de mission de leur gouvernement ou les fonctionnaires d'une organisation intergouvernementale dont la France est membre, munis d'un ordre de mission délivré par cette organisation ;

10° Les membres des équipages des navires et aéronefs effectuant des déplacements de service sous couvert des documents prévus par les conventions internationales ;

11° Les étrangers mentionnés aux 6° à 8°, 10°, 13° et 15° à 17° de l'article R. 431-16. – *[Anc. art. R. 212-1, sauf ecqc les étrangers dont la situation est régie par le livre II.]*

SOUS-SECTION 2 **Dispense de produire l'attestation d'accueil mentionnée à l'article L. 313-2**

Art. R. 313-15 Outre les étrangers appartenant à l'une des catégories visées à l'article R. 313-14, les étrangers entrant dans les cas définis à l'article L. 313-8 peuvent être dispensés de présenter l'attestation d'accueil prévue à l'article R. 313-6. – *[Anc. art. R. 212-2.]*

Art. R. 313-16 Lorsque le séjour revêt un caractère humanitaire ou s'inscrit dans le cadre d'un échange culturel, ce séjour doit être prévu dans le cadre de l'activité d'un organisme menant une action à caractère humanitaire ou culturel. L'étranger indique le nom de cet organisme, son objet social, l'adresse de son siège social et, selon les cas, la référence des statuts de l'association ou le numéro d'inscription de la société au registre du commerce et des sociétés ou au registre *(Décr. n° 2022-1014 du 19 juill. 2022, art. 13, en vigueur le 1er janv. 2023)* « national des entreprises en tant qu'entreprise du secteur des métiers et de l'artisanat *[ancienne rédaction : des métiers]* ». Il précise la nature et les dates du séjour humanitaire ou de l'échange culturel. Il produit enfin, d'une part, un document attestant qu'il est personnellement invité par l'organisme précité dans le cadre de ce séjour à caractère humanitaire ou de cet échange culturel et, d'autre part, s'il n'est pas hébergé par l'organisme lui-même, le nom et l'adresse de la personne physique ou morale assurant son hébergement.

Si l'organisme mentionné au premier alinéa est agréé, l'étranger peut être dispensé de présenter l'attestation d'accueil au vu de la seule invitation mentionnée à cet alinéa.

L'agrément est délivré, s'agissant des organismes à caractère humanitaire, par un arrêté du ministre chargé de l'immigration, du ministre de l'intérieur, du ministre chargé des affaires sociales, du ministre des affaires étrangères et du ministre chargé de la santé et, s'agissant des organismes à caractère culturel, par un arrêté du ministre chargé de l'immigration, du ministre de l'intérieur, du ministre des affaires étrangères et du ministre chargé de la culture. L'organisme agréé, s'il n'assure pas lui-même l'hébergement de l'étranger, est tenu de communiquer au préfet du département dans lequel l'étranger sera hébergé ou, à Paris, au préfet de police, le nom et l'adresse de la personne physique ou morale assurant son hébergement. – *[Anc. art. R. 212-3.]*

Art. R. 313-17 Peuvent être dispensés d'attestation d'accueil pour raison médicale les personnes dont le séjour est justifié par une cause médicale urgente ou la maladie grave d'un proche.

Dans ce cas un rapport médical attestant d'une cause médicale urgente concernant l'étranger qui souhaite se rendre en France ou attestant de la maladie grave d'un proche présent sur le sol français est adressé sous pli confidentiel par le médecin traitant au médecin responsable du centre médico-social auprès de l'ambassade de France dans le pays où réside l'étranger ou, à défaut, à un médecin de ce pays désigné à cet effet par les autorités diplomatiques ou consulaires françaises.

Le médecin destinataire du rapport médical communique sans délai son avis motivé aux autorités diplomatiques ou consulaires qui décident de la suite à donner à la demande de dispense d'attestation d'accueil pour raisons médicales.

La cause médicale urgente s'entend d'un état de santé nécessitant une prise en charge médicale rapide dont le défaut pourrait entraîner pour l'étranger des conséquences d'une exceptionnelle gravité, sous réserve qu'il ne puisse bénéficier d'un traitement approprié dans son pays de résidence.

La maladie grave d'un proche s'entend d'une ou plusieurs pathologies pour lesquelles le patient est hospitalisé en France et qui nécessitent la présence d'un proche à son chevet. – *[Anc. art. R. 212-4.]*

Art. R. 313-18 Lorsque le séjour est justifié par les obsèques d'un proche, une attestation signée du maire de la commune où doivent se dérouler ces obsèques est produite par l'étranger lors de sa demande de visa, si celui-ci est requis, et lors du contrôle à la frontière. – *[Anc. art. R. 212-5.]*

TITRE II INTERDICTION ADMINISTRATIVE DU TERRITOIRE

Art. R. 320-1 Conformément à l'article R. 223-1, les dispositions de l'article R.* 321-1 sont applicables à l'étranger dont la situation est régie par le livre II.

CHAPITRE I ÉDICTION

Art. R.* 321-1 L'autorité administrative compétente pour prendre une interdiction administrative du territoire est le ministre de l'intérieur.

CHAPITRE II EXÉCUTION

Le présent chapitre ne comprend pas de dispositions réglementaires.

CHAPITRE III ABROGATION

Le présent chapitre ne comprend pas de dispositions réglementaires.

TITRE III CONTRÔLES AUX FRONTIÈRES ET REFUS D'ENTRÉE SUR LE TERRITOIRE FRANÇAIS

Art. R. 330-1 Conformément à l'article R. 223-1, les dispositions de l'article R. 332-1 sont applicables à l'étranger dont la situation est régie par le livre II.

CHAPITRE I CONTRÔLES AUX FRONTIÈRES

Le présent chapitre ne comprend pas de dispositions réglementaires.

CHAPITRE II DÉCISION DE REFUS D'ENTRÉE À LA FRONTIÈRE

Art. R. 332-1 La décision refusant l'entrée en France à un étranger, prévue à l'article L. 332-2, est prise :

1° Par le chef du service de la police nationale chargé du contrôle aux frontières ou, par délégation, par un fonctionnaire désigné par lui, titulaire au moins du grade de brigadier ;

2° Ou par le chef du service des douanes chargé du contrôle aux frontières ou, par délégation, par un fonctionnaire désigné par lui, titulaire au moins du grade d'agent de constatation principal de deuxième classe.

Dans les aérodromes affectés à titre exclusif ou principal au ministère de la défense, cette décision peut être également prise par le commandant d'unité de la gendarmerie maritime ou de la gendarmerie de l'air ou, par délégation, par un militaire désigné par lui, titulaire au moins du grade de gendarme. – *[Anc. art. R. 213-1.]*

CHAPITRE III EXÉCUTION D'OFFICE DE LA DÉCISION DE REFUS D'ENTRÉE À LA FRONTIÈRE

Le présent chapitre ne comprend pas de dispositions réglementaires.

TITRE IV ZONE D'ATTENTE

Art. R. 340-1 Conformément à l'article R. 223-1, les dispositions du présent titre sont applicables à l'étranger dont la situation est régie par le livre II.

CHAPITRE I PLACEMENT EN ZONE D'ATTENTE

SECTION 1 Décision de placement en zone d'attente

Art. R. 341-1 L'autorité compétente pour prononcer le placement en zone d'attente d'un étranger, prévue à l'article L. 341-2, est, selon les cas :

1° Le chef du service de la police nationale chargé du contrôle aux frontières ou par délégation, un fonctionnaire désigné par lui, titulaire au moins du grade de brigadier ;

2° Le chef du service des douanes chargé du contrôle aux frontières ou par délégation, un fonctionnaire désigné par lui, titulaire au moins du grade d'agent de constatation principal de deuxième classe.

Dans les aérodromes affectés à titre exclusif ou principal au ministère de la défense, cette décision peut être également prise par le commandant d'unité de la gendarmerie maritime ou de la gendarmerie de l'air ou, par délégation, par un militaire désigné par lui, titulaire au moins du grade de gendarme.

Le préfet de département ou, à Paris, le préfet de police, est informé du placement en zone d'attente. – *[Anc. art. R. 221-1, al. 2 (ecqc l'autorité compétente) et 3.]*

SECTION 2 Délimitation de la zone d'attente

Art. R. 341-2 L'autorité administrative compétente pour délimiter la zone d'attente est le préfet du département et, à Paris, le préfet de police. – *[Anc. art. R. 221-1, al. 1er.]*

CHAPITRE II MAINTIEN EN ZONE D'ATTENTE

SECTION 1 Conditions dans lesquelles l'étranger peut être maintenu en zone d'attente

Art. R. 342-1 Pour l'application des articles L. 342-1 et L. 342-4, le juge *(Abrogé par Décr. n° 2024-570 du 20 juin 2024, art. 2 et 5, à compter du 1er sept. 2024)* « *des libertés et de la détention* » compétent est *(L. n° 2023-1059 du 20 nov. 2023, art. 44-I ; Décr. n° 2024-570 du 20 juin 2024, art. 2 et 5, en vigueur le 1er sept. 2024)* « le magistrat du siège » du tribunal judiciaire dans le ressort duquel l'étranger est maintenu en zone d'attente.

Le juge *(Abrogé par Décr. n° 2024-570 du 20 juin 2024, art. 5, à compter du 1er sept. 2024)* « *des libertés et de la détention* » est saisi par simple requête de l'autorité qui a prononcé le placement en zone d'attente. – *[Anc. art. R. 222-1 ; anc. art. R. 222-2, al. 1er.]*

Art. R. 342-1-1 *(Décr. n° 2024-799 du 2 juill. 2024, art. 6 et 9, en vigueur le 15 juill. 2024)* Lorsque le premier président est informé du placement en zone d'attente simultané d'un nombre important d'étrangers, il peut, conformément au deuxième alinéa de l'article L. 342-5, porter à quarante-huit heures le délai dans lequel le *(Décr. n° 2024-799 du 2 juill. 2024, art. 6, en vigueur le 1er sept. 2024)* « magistrat du siège du tribunal judiciaire » statue sur la requête aux fins de maintien en zone d'attente.

Il statue par ordonnance motivée, après avis du procureur général.

Cette ordonnance indique :

1° L'événement à l'origine du placement simultané en zone d'attente d'un nombre important d'étrangers ;

2° La date et l'heure auxquelles elle prend effet ;

3° Les tribunaux judiciaires du ressort dans lesquels le délai susmentionné est porté à quarante-huit heures au regard des contraintes du service juridictionnel.

Copie de cette ordonnance est transmise, immédiatement et par tous moyens, à l'autorité administrative compétente, au procureur général ainsi qu'aux présidents et procureurs de la République des tribunaux concernés.

Les chefs de juridiction de ces tribunaux en informent les magistrats et le bâtonnier du ressort.

Une copie de l'ordonnance du premier président est jointe au dossier de chaque étranger auquel elle est applicable.

SECTION 2 Jugement de la requête aux fins de maintien en zone d'attente

Art. R. 342-2 A peine d'irrecevabilité, la requête est motivée, datée, signée et accompagnée de toutes pièces justificatives utiles, notamment d'une copie du registre prévu au second alinéa de l'article L. 341-2. – *[Anc. art. R. 222-2, al. 2.]*

Art. R. 342-3 La requête est transmise par tout moyen au greffe du tribunal avant l'expiration des délais mentionnés aux articles L. 342-1 et L. 342-4.

Le greffier l'enregistre et y appose, ainsi que sur les pièces jointes, un timbre indiquant la date et l'heure de la réception. – *[Anc. art. R. 222-2, al. 3 et 4.]*

Art. R. 342-4 La requête et les pièces qui y sont jointes sont, dès leur arrivée au greffe du tribunal judiciaire, mises à la disposition de l'avocat de l'étranger. Elles peuvent y être également consultées, avant l'ouverture des débats, par l'étranger lui-même, assisté, le cas échéant, par un interprète s'il ne parle pas suffisamment la langue française. – *[Anc. art. R. 222-3.]*

Art. R. 342-5 Dès réception de la requête, le greffier avise aussitôt et par tout moyen l'autorité qui a sollicité le maintien en zone d'attente, le préfet de département ou, à Paris, le préfet de police, le procureur de la République, l'étranger et son avocat, s'il en a un, du jour et de l'heure de l'audience fixés par le juge. – *[Anc. art. R. 222-3.]*

Art. R. 342-6 *(Décr. n° 2024-799 du 2 juill. 2024, art. 6 et 9, en vigueur le 15 juill. 2024)* Les dispositions de l'article 435 du code de procédure civile sont applicables au jugement de la requête aux fins de maintien en zone d'attente défini à la présente section.

Ancien art. R. 342-6 *L'autorité administrative compétente pour proposer au juge que l'audience se déroule avec l'utilisation de moyens de télécommunication audiovisuelle, comme prévu à l'article L. 342-7, est le préfet de département et, à Paris, le préfet de police. – [Anc. art. R. 222-3.]*

Art. R. 342-7 A l'audience, l'autorité administrative qui a sollicité le maintien en zone d'attente ou son représentant, sur sa demande ou sur celle du juge, est entendue.

L'étranger, sauf s'il ne se présente pas, bien que dûment convoqué, et, s'il y a lieu, son avocat, sont entendus. Le juge désigne un interprète si l'étranger ne parle pas suffisamment la langue française.

Le ministère public peut faire connaître son avis. – *[Anc. art. R. 222-3.]*

Art. R. 342-8 *(Décr. n° 2024-799 du 2 juill. 2024, art. 6 et 9, en vigueur le 15 juill. 2024)* L'ordonnance du *(Décr. n° 2024-570 du 20 juin 2024, art. 2 et 5, en vigueur le 1er sept. 2024)* « magistrat du siège du tribunal judiciaire » est rendue dans les vingt-quatre heures de sa saisine. Toutefois, elle est rendue dans les quarante-huit heures de celle-ci lorsque les nécessités de l'instruction l'imposent ou lorsque le premier président le décide dans les conditions prévues à l'article R. 342-1-1.

Lorsque les parties sont présentes à l'audience, elle leur est notifiée sur place. Elles en accusent réception. Le magistrat leur fait connaître verbalement le délai d'appel et les modalités selon lesquelles cette voie de recours peut être exercée. Il les informe simultanément que seul l'appel formé par le ministère public peut être déclaré suspensif par le premier président de la cour d'appel ou son délégué.

Lorsque les parties ne sont pas comparantes ou ne sont pas présentes au moment du prononcé de la décision, l'ordonnance leur est notifiée dans les délais les plus brefs et par tous moyens leur permettant d'en accuser réception. Cette notification mentionne le délai d'appel et les modalités selon lesquelles cette voie de recours peut être exercée et indique que seul l'appel interjeté par le ministère public peut être déclaré suspensif par le premier président de la cour d'appel ou son délégué.

Cette notification, qui comprend les mentions prévues au troisième alinéa, est également faite au procureur de la République et au préfet de département ou, à Paris, au préfet de police, qui en accusent réception.

Ancien art. R. 342-8 *L'ordonnance du juge des libertés et de la détention est rendue dans les vingt-quatre heures de sa saisine ou, lorsque les nécessités de l'instruction l'imposent, dans les quarante-huit heures de celle-ci. Elle est notifiée sur place aux parties présentes à l'audience qui en accusent réception. Le magistrat fait connaître verbalement aux parties présentes le délai d'appel et les modalités selon lesquelles cette voie de recours peut être exercée. Il les informe simultané-*

ment que seul l'appel formé par le ministère public peut être déclaré suspensif par le premier président de la cour d'appel ou son délégué.

Les notifications prévues au premier alinéa sont faites par tout moyen et dans les meilleurs délais aux parties qui ne se sont pas présentées, bien que dûment convoquées, ainsi qu'au procureur de la République et au préfet de département ou, à Paris, au préfet de police, qui en accusent réception. – [Anc. art. R. 222-3.]

Art. R. 342-9 Lorsqu'une ordonnance met fin au maintien en zone d'attente et que le procureur de la République estime ne pas avoir à solliciter du premier président de la cour d'appel qu'il déclare l'appel suspensif, il retourne l'ordonnance au magistrat qui l'a rendue en mentionnant sur celle-ci qu'il ne s'oppose pas à sa mise à exécution. Il est alors immédiatement mis fin à la mesure de maintien à la disposition de la justice. – *[Anc. art. R. 222-9.]*

SECTION 3 Voies de recours

SOUS-SECTION 1 Appel

§ 1 Déclaration d'appel

Art. R. 342-10 L'ordonnance du *(Décr. n° 2024-570 du 20 juin 2024, art. 2 et 5, en vigueur le 1er sept. 2024)* « magistrat du siège du tribunal judiciaire » est susceptible d'appel devant le premier président de la cour d'appel ou son délégué, dans les vingt-quatre heures de son prononcé, par l'étranger, le préfet de département et, à Paris, le préfet de police. Lorsque l'étranger n'assiste pas à l'audience, le délai court pour ce dernier à compter de la notification qui lui est faite. Le délai ainsi prévu est calculé et prorogé conformément aux articles 640 et 642 du code de procédure civile.

Le ministère public peut interjeter appel de cette ordonnance selon les mêmes modalités lorsqu'il ne sollicite pas la suspension provisoire. – *[Anc. art. R. 222-4.]*

Art. R. 342-11 A peine d'irrecevabilité, la déclaration d'appel est motivée. Elle est transmise par tout moyen au greffe de la cour d'appel qui l'enregistre avec mention de la date et de l'heure.

Le greffier de la cour d'appel avise immédiatement le greffier du tribunal judiciaire qui lui transmet sans délai le dossier. – *[Anc. art. R. 222-4.]*

§ 2 Demande de déclaration du caractère suspensif de l'appel

Art. R. 342-12 Lorsque le ministère public entend solliciter du premier président de la cour d'appel qu'il déclare l'appel suspensif, il doit former appel dans le délai de dix heures à compter du prononcé de l'ordonnance. Il fait notifier la déclaration d'appel, immédiatement et par tout moyen, à l'autorité administrative, à l'étranger et, le cas échéant, à son avocat, qui en accusent réception.

La notification mentionne que des observations en réponse à la demande de déclaration d'appel suspensif peuvent être transmises par tout moyen au secrétariat du premier président ou de son délégué dans un délai de deux heures. – *[Anc. art. R. 222-4.]*

Art. R. 342-13 Le premier président de la cour d'appel ou son délégué statue sur la demande visant à déclarer l'appel suspensif, après que l'étranger ou son conseil a été mis à même de transmettre ses observations, suivant les modalités définies à l'article R. 342-10.

La décision du premier président ou de son délégué sur le caractère suspensif de l'appel est portée à la connaissance de l'étranger et de son conseil par le greffe de la cour d'appel et communiquée au procureur de la République, qui veille à son exécution et en informe l'autorité administrative. – *[Anc. art. R. 222-4.]*

§ 3 Rejet sans audience d'une déclaration d'appel

Art. R. 342-14 Lorsque le premier président de la cour d'appel ou son délégué envisage de rejeter la déclaration d'appel comme manifestement irrecevable, il recueille par tout moyen les observations des parties sur ce point.

Sont notamment manifestement irrecevables au sens de l'article L. 342-14 les déclarations d'appel formées tardivement et les déclarations d'appel non motivées. – *[Anc. art. R. 222-4.]*

Art. R. 342-15 La décision prononçant l'irrecevabilité de l'appel est rendue par le premier président ou son délégué dans un délai de quarante-huit heures à compter de sa saisine. Ce délai est calculé et prorogé conformément aux articles 640 et 642 du code de procédure civile.

Art. R. 342-16 L'ordonnance est communiquée au ministère public. Elle est notifiée par tout moyen et dans les meilleurs délais à l'étranger et à son conseil, s'il en a un, ainsi qu'à l'autorité administrative, qui en accusent réception. – *[Anc. art. R. 222-4.]*

§ 4 Tenue de l'audience en appel

Art. R. 342-17 Lorsque le premier président de la cour d'appel ou son délégué n'envisage pas de rejeter, en application de l'article L. 342-14, la déclaration d'appel sans audience, le greffier de la cour d'appel fait connaître aux parties et au ministère public la date et l'heure de l'audience au fond.

Le préfet de département ou, à Paris, le préfet de police, l'autorité qui a ordonné le placement en zone d'attente, l'avocat de l'étranger et l'étranger lui-même peuvent demander à être entendus à l'audience. Le ministère public peut faire connaître son avis. – *[Anc. art. R. 222-4.]*

Art. R. 342-18 Le premier président de la cour d'appel ou son délégué statue au fond dans un délai de quarante-huit heures à compter de sa saisine. Ce délai est calculé et prorogé conformément aux articles 640 et 642 du code de procédure civile.

L'ordonnance est communiquée au ministère public. Elle est notifiée sur place à l'étranger et à son conseil, s'il en a un, ainsi qu'à l'autorité administrative. Les parties présentes en accusent réception. Le greffier la notifie par tout moyen et dans les meilleurs délais aux autres parties qui en accusent réception. – *[Anc. art. R. 222-4.]*

SOUS-SECTION 2 **Pourvoi en cassation**

Art. R. 342-19 L'ordonnance du premier président de la cour d'appel ou de son délégué n'est pas susceptible d'opposition.

Le pourvoi en cassation est ouvert à l'étranger, au préfet du département ou, à Paris, au préfet de police et au ministère public. – *[Anc. art. R. 222-4.]*

SECTION 4 **Droits garantis à l'étranger au cours de la procédure juridictionnelle**

Art. R. 342-20 Dès réception de la requête aux fins de prolongation, le greffier avise l'étranger de son droit de choisir un avocat. Le juge lui en fait désigner un d'office si l'étranger le demande. – *[Anc. art. R. 222-3.]*

Art. R. 342-21 Lorsque l'étranger est maintenu à la disposition de la justice, le procureur de la République décide des conditions du maintien. Il en informe sans délai l'étranger et l'autorité administrative qui a prononcé le maintien en zone d'attente. – *[Anc. art. R. 222-3 ; anc. art. R. 222-4.]*

SECTION 5 **Fin du maintien en zone d'attente**

Art. R. 342-22 Lorsqu'une ordonnance met fin au maintien en zone d'attente et que le procureur de la République estime ne pas avoir à solliciter du premier président de la cour d'appel qu'il déclare l'appel suspensif, il retourne l'ordonnance au magistrat qui l'a rendue en mentionnant sur celle-ci qu'il ne s'oppose pas à sa mise à exécution. Il est alors immédiatement mis fin à la mesure de maintien à la disposition de la justice. – *[Anc. art. R. 222-3.]*

CHAPITRE III RÉGIME DE LA ZONE D'ATTENTE

SECTION 1 Droits des étrangers en zone d'attente

SOUS-SECTION 1 Interprètes

Art. R. 343-1 L'autorité administrative met un interprète à la disposition des étrangers maintenus en zone d'attente qui ne comprennent pas le français, dans le seul cadre des procédures de non-admission dont ils font l'objet. Dans les autres cas, la rétribution du prestataire est à la charge de l'étranger.

Lorsque l'assistance d'un interprète se fait par téléphone ou un autre moyen de télécommunication, son nom, ses coordonnées et la langue utilisée sont mentionnés dans le procès-verbal, dont une copie est remise à l'étranger. – *[Anc. art. R. 221-3.]*

SOUS-SECTION 2 Administrateurs *ad hoc* désignés pour la représentation des mineurs maintenus en zone d'attente

Art. R. 343-2 Il est dressé tous les quatre ans, dans le ressort de chaque cour d'appel, une liste des administrateurs *ad hoc* désignés pour la représentation des mineurs maintenus en zone d'attente, en application des dispositions de l'article L. 343-2.

La liste des administrateurs *ad hoc* est tenue à la disposition du public dans les locaux du secrétariat-greffe de la cour d'appel et des tribunaux judiciaires, et peut également y être affichée. – *[Anc. art. R. 111-13 ; anc. art. R. 221-2.]*

Art. R. 343-3 Une personne physique ne peut être inscrite sur la liste des administrateurs *ad hoc* prévue à l'article R. 343-2 que si elle remplit les conditions suivantes :

1° Être âgée de vingt-trois ans au moins et soixante-dix ans au plus ;

2° S'être signalée depuis un temps suffisant par l'intérêt qu'elle porte aux questions de l'enfance et par sa compétence ;

3° Avoir sa résidence dans le ressort de la cour d'appel ;

4° Ne pas avoir été l'auteur de faits ayant donné lieu à condamnation pénale ou à sanction disciplinaire ou administrative pour agissements contraires à l'honneur, à la probité ou aux bonnes mœurs ;

5° Ne pas avoir été frappée de faillite personnelle ou d'une autre sanction édictée en application du livre VI du code de commerce relatif aux difficultés des entreprises. – *[Anc. art. R. 111-14 ; anc. art. R. 221-2.]*

Art. R. 343-4 En vue de l'inscription d'une personne morale sur la sur la liste des administrateurs *ad hoc* prévue à l'article R. 343-2, il doit être justifié :

1° Que les dirigeants de la personne morale remplissent les conditions prévues aux 4° et 5° de l'article R. 343-3 ;

2° Que chacune des personnes susceptibles d'exercer pour le compte de la personne morale une mission d'administrateur *ad hoc* remplit les conditions prévues aux 1° à 5° du même article. – *[Anc. art. R. 111-15 ; anc. art. R. 221-2.]*

Art. R. 343-5 Les demandes d'inscription sur la liste des administrateurs *ad hoc* prévue à l'article R. 343-2 sont adressées au procureur de la République près le tribunal judiciaire dans le ressort duquel le candidat a sa résidence.

Le procureur de la République instruit les demandes. Il recueille l'avis du juge des tutelles, du juge des enfants, du *(Décr. n° 2024-570 du 20 juin 2024, art. 2 et 5, en vigueur le 1er sept. 2024)* « magistrat du siège du tribunal judiciaire désigné pour statuer sur le maintien en zone d'attente », du président du conseil départemental et du directeur interrégional de la protection judiciaire de la jeunesse et transmet le dossier au président du tribunal judiciaire pour avis de l'assemblée générale de la juridiction.

Il transmet ensuite le dossier avec l'avis de l'assemblée générale du tribunal au procureur général qui en saisit le premier président de la cour d'appel aux fins d'examen par l'assemblée générale de la cour.

L'assemblée générale dresse la liste des administrateurs *ad hoc*, après avoir entendu le magistrat chargé du rapport et le ministère public.

Les personnes figurant sur la liste prévue à l'article R. 53 du code de procédure pénale qui justifient d'une formation sur l'accompagnement de la demande d'asile des mineurs non accompagnés sont également inscrites sur la liste des administrateurs *ad hoc* prévue à l'article R. 343-2. – *[Anc. art. R. 111-16 ; anc. art. R. 221-2.]*

Art. R. 343-6 Tous les quatre ans, les administrateurs *ad hoc* figurant sur la liste prévue à l'article R. 343-2 formulent une nouvelle demande d'inscription qui est instruite conformément aux dispositions de l'article R. 343-5. Ils justifient à cette occasion qu'ils ont respecté les obligations résultant des missions qui leur ont été confiées, et notamment celles qui figurent à l'article R. 343-7. – *[Anc. art. R. 111-17 ; anc. art. R. 221-2.]*

Art. R. 343-7 Dans le mois de l'achèvement de chaque mission, l'administrateur *ad hoc* transmet au procureur de la République un rapport détaillant les démarches effectuées et, le cas échéant, aux fins d'assurer au mieux sa protection, les éléments d'information recueillis sur le mineur. – *[Anc. art. R. 111-19 ; anc. art. R. 221-2.]*

Art. R. 343-8 En sus du remboursement de ses frais de déplacement, calculés dans les conditions fixées pour les déplacements des personnels civils de l'État pour le ministère de la justice, il est alloué à chaque personne désignée en qualité d'administrateur *ad hoc* et qui figure sur la liste prévue à l'article R. 343-2 une indemnité au titre des frais exposés pour l'assistance du mineur durant son placement et son maintien en zone d'attente et sa représentation dans toutes les procédures administratives et juridictionnelles relatives à ce maintien ainsi que celles afférentes à son entrée sur le territoire national en vertu des dispositions du titre IV, des articles L. 821-3, L. 821-4, L. 821-5, L. 824-1, L. 824-3, L. 824-8, L. 824-9, L. 824-11 du présent code, et des articles L. 521-1, L. 521-2 et L. 521-3 du code de justice administrative.

Une indemnité de carence est allouée lorsque la mission n'a pu être réalisée pour une cause étrangère à l'administrateur *ad hoc*, sur la base d'un rapport indiquant les diligences accomplies, dans les conditions définies à l'article R. 53-8 du code de procédure pénale.

Le montant des indemnités est fixé par arrêté du garde des sceaux, ministre de la justice, et du ministre chargé du budget. – *[Anc. art. R. 111-20, sauf 2° et 3° ; anc. art. R. 221-2.]*

Art. R. 343-9 Les indemnités forfaitaires des administrateurs *ad hoc* sont à la charge de l'État. – *[Anc. art. R. 221-2.]*

Art. R. 343-10 La radiation d'un administrateur *ad hoc* peut être prononcée chaque année par l'assemblée générale de la cour d'appel, soit à la demande de l'intéressé, soit sur l'initiative du premier président ou du procureur général après que l'intéressé a été mis à même de présenter ses observations, dès lors que l'une des conditions prévues aux articles R. 343-3 et R. 343-4 cesse d'être remplie ou que l'administrateur *ad hoc* n'a pas respecté les obligations résultant de sa mission.

En cas d'urgence, et après avoir mis l'intéressé en mesure de présenter ses observations, le premier président peut prononcer, à titre provisoire, la suspension de l'administrateur *ad hoc*.

Les décisions prises en vertu du présent article ne peuvent donner lieu qu'à un recours devant la Cour de cassation dans un délai d'un mois suivant leur notification. – *[Anc. art. R. 111-18 ; anc. art. R. 221-2.]*

Art. R. 343-11 Lorsque, dans le ressort de la cour d'appel, il n'est pas possible de désigner l'une des personnes figurant sur la liste prévue à l'article R. 343-2 ou que cette liste n'a pas été encore constituée, la désignation d'un administrateur *ad hoc* en application des dispositions de l'article L. 343-2 est faite, à titre provisoire et jusqu'à l'établissement ou la mise à jour annuelle de la liste, parmi les personnes physiques ou morales remplissant les conditions définies aux articles R. 343-3 et R. 343-4 ou parmi les personnes figurant sur la liste prévue à l'article R. 53 du code de procédure pénale.

Il est alloué aux personnes ainsi désignées l'indemnité prévue à l'article R. 343-8. – *[Anc. art. R. 221-2.]*

SECTION 2 Accès à la zone d'attente

SOUS-SECTION 1 Conditions d'accès du délégué du Haut-Commissariat des Nations unies pour les réfugiés

Art. R. 343-12 Le délégué du Haut-Commissariat des Nations unies pour les réfugiés ou ses représentants ont accès à la zone d'attente dans des conditions permettant de garantir leur accès effectif aux demandeurs d'asile.

Cet accès ne doit pas entraver le fonctionnement de la zone d'attente et les activités qu'y exercent les services de l'État, les entreprises de transport et les exploitants d'infrastructures.

Il s'exerce dans le respect des opinions politiques, philosophiques ou religieuses des étrangers maintenus. – *[Anc. art. R. 223-1, ecqc le HCR ; anc. art. R. 223-2.]*

Art. R. 343-13 L'accès des représentants du Haut-Commissariat des Nations unies pour les réfugiés à la zone d'attente est subordonné à un agrément individuel.

Cet agrément est délivré pour une durée de trois ans par l'autorité administrative compétente. Il est renouvelable pour la même durée.

Il est matérialisé par la remise d'une carte nominative permettant d'obtenir lors de chaque visite une autorisation d'accès à la zone d'attente.

L'autorité administrative compétente peut, par une décision motivée, après consultation du délégué du haut-commissariat, retirer son agrément à un représentant agréé de ce délégué. Ce retrait est motivé.

L'agrément est également retiré sur demande du délégué du haut-commissariat. – *[Anc. art. R. 223-3.]*

Art. R.* 343-14 L'autorité administrative compétente pour délivrer ou retirer l'agrément mentionné à l'article R. 343-14 est le ministre chargé de l'asile. – *[Anc. art. R.* 223-4.]*

Art. R. 343-15 Le délégué du Haut-Commissariat des Nations unies pour les réfugiés ou ses représentants agréés ont accès à chaque zone d'attente sur présentation de leur carte nominative et sous réserve des nécessités de l'ordre public et de la sécurité des transports.

Les modalités pratiques de cet accès, notamment la périodicité des visites, sont arrêtées d'un commun accord entre le délégué du haut-commissariat et le ministre chargé de l'asile de manière à permettre l'exercice effectif de sa mission par le haut-commissariat. – *[Anc. art. R. 223-5.]*

Art. R. 343-16 Le délégué du Haut-Commissariat des Nations unies pour les réfugiés ou ses représentants agréés peuvent s'entretenir avec le chef des services de contrôle aux frontières et, lorsqu'ils sont présents, avec les agents de l'Office français de protection des réfugiés et apatrides et les agents de l'Office français de l'immigration et de l'intégration chargés de l'assistance humanitaire.

Ils peuvent également s'entretenir confidentiellement avec les personnes maintenues en zone d'attente qui ont présenté une demande d'asile ou de protection subsidiaire. – *[Anc. art. R. 223-6.]*

Art. R. 343-17 Une réunion est organisée annuellement sur le fonctionnement des zones d'attente, à l'initiative du ministre chargé de l'asile, avec le délégué du Haut-Commissariat des Nations unies pour les réfugiés, ses représentants agréés et les services de l'État concernés. – *[Anc. art. R. 223-7.]*

SOUS-SECTION 2 Conditions d'accès des associations

Art. R. 343-18 L'accès des associations à la zone d'attente ne doit pas entraver le fonctionnement de cette dernière et les activités qu'y exercent les services de l'État, les entreprises de transport et les exploitants d'infrastructures.

Il s'exerce dans le respect des opinions politiques, philosophiques ou religieuses des étrangers maintenus. – *[Anc. art. R. 223-1, ecqc les associations.]*

Art. R. 343-19 L'autorité administrative compétente fixe la liste des associations habilitées à proposer des représentants en vue d'accéder à la zone d'attente dans les conditions fixées par la présente section.

L'habilitation ne peut être sollicitée que par les associations régulièrement déclarées depuis au moins cinq années et proposant par leurs statuts l'aide et l'assistance aux étrangers, la défense des droits de l'homme ou l'assistance médicale ou sociale.

Tout refus d'habilitation doit être motivé au regard notamment du nombre d'associations déjà habilitées.

L'habilitation est accordée pour une durée de trois ans et peut faire l'objet d'une convention signée entre l'autorité administrative compétente et l'association. L'habilitation et la convention sont renouvelables pour la même durée.

L'accès à la zone d'attente des représentants des associations habilitées s'effectue conformément aux stipulations de la convention.

L'autorité administrative compétente peut, par une décision motivée, retirer l'habilitation d'une association. – *[Anc. art. R. 223-8 ; anc. art. R. 223-10, ecqc l'art. R. 223-8.]*

Art. R. 343-20 L'accès des représentants des associations habilitées à la zone d'attente est subordonné à un agrément individuel accordé pour une durée de trois ans par l'autorité administrative compétente.

Cet agrément, qui est renouvelable, peut être accordé à dix personnes par association. Il entraîne la délivrance d'une carte nominative permettant d'obtenir lors de chaque visite une autorisation d'accès à la zone d'attente.

Une même personne ne peut recevoir qu'un agrément.

L'autorité administrative compétente peut, par une décision motivée, retirer l'agrément délivré à un représentant d'une association.

L'agrément d'un représentant d'une association est retiré sur demande de celle-ci ou lorsque l'habilitation de l'association est retirée ou a expiré. – *[Anc. art. R. 223-9 ; anc. art. R. 223-10, ecqc l'art. R. 223-9.]*

Art. R. 343-21 L'autorité administrative compétente peut autoriser toute visite supplémentaire sur demande écrite et motivée du président d'une association habilitée ou de tout membre mandaté de l'association. – *[Anc. art. R. 223-11.]*

Art. R.* 343-22 L'autorité administrative mentionnée aux articles R. 343-19, R. 343-20 et R. 343-21 est le ministre chargé de l'immigration. – *[Anc. art. R.* 223-12.]*

Art. R. 343-23 Les représentants agréés d'une association peuvent s'entretenir avec le chef des services de contrôle aux frontières et, lorsqu'ils sont présents, avec les agents de l'Office français de protection des réfugiés et apatrides et les agents de l'Office français de l'immigration et de l'intégration chargés de l'assistance humanitaire.

Ils peuvent s'entretenir confidentiellement avec les personnes maintenues dans cette zone.

Pendant leur présence en zone d'attente, les représentants agréés d'une association habilitée sont accompagnés par un agent des services de contrôle aux frontières.

Les représentants de plusieurs associations habilitées ne peuvent accéder le même jour à la même zone d'attente. – *[Anc. art. R. 223-13.]*

Art. R. 343-24 Une réunion est organisée annuellement sur le fonctionnement des zones d'attente, à l'initiative du ministre chargé de l'immigration, avec les présidents des associations habilitées, leurs représentants agréés et les services de l'État concernés. Le compte rendu de cette réunion, établi conjointement, est rendu public. – *[Anc. art. R. 223-14.]*

SOUS-SECTION 3 **Conditions d'accès des journalistes**

§ 1 Dispositions générales

Art. R. 343-25 Tout journaliste titulaire de la carte d'identité professionnelle mentionnée à l'article L. 7111-6 du code du travail peut demander à l'autorité administrative compétente à être autorisé à accéder à une zone d'attente.

Toute demande mentionne l'objet, la date, la durée et les modalités du reportage. Elle est accompagnée de la copie de la carte de presse du demandeur et, le cas échéant, d'une copie d'un titre d'identité des personnes dont la présence est nécessaire à la réalisation du reportage et qui n'auraient pas la qualité de journaliste. – *[Anc. art. R. 221-7.]*

Art. R. 343-26 L'autorité administrative compétente pour autoriser ou refuser l'accès d'un journaliste à une zone d'attente en application de l'article L. 343-7 est le préfet de département dans lequel se situe la zone d'attente et, à Paris, le préfet de police. – *[Anc. art. R. 221-8.]*

Art. R. 343-27 Tout refus d'accès d'un journaliste à une zone d'attente est motivé. – *[Anc. art. R. 221-9.]*

Art. R. 343-28 L'accès d'un journaliste à la zone d'attente ne doit pas entraver son fonctionnement et les activités qu'y exercent les services de l'État, et les tiers qui y participent, notamment les entreprises de transport et les exploitants d'infrastructures. Le journaliste respecte les consignes de sécurité et les conditions de la visite établies par le responsable de la zone d'attente ou son représentant. – *[Anc. art. R. 221-10.]*

Art. R. 343-29 Le journaliste a accès, dans le respect des règles sanitaires et de sécurité et de la vie privée des personnes maintenues en zone d'attente, aux locaux accessibles à celles-ci ainsi qu'aux locaux mis à disposition des tiers exerçant une activité dans la zone avec l'accord de ces derniers. – *[Anc. art. R. 221-11.]*

Art. R. 343-30 Lorsque les productions du journaliste sont de nature à permettre l'identification des étrangers, des personnels et des intervenants dans les zones d'attente, ceux-ci doivent consentir par écrit à la diffusion ou à l'utilisation de leur image ou de leur voix.

Un mineur ne peut être filmé, enregistré ou photographié qu'avec l'autorisation conjointe des titulaires de l'autorité parentale ou représentants légaux. L'accord devra être donné selon les mêmes modalités qu'il s'agisse de l'utilisation de l'image ou de celle de la voix ainsi captée.

Dans tous les cas, le journaliste veille à ce qu'aucun élément concernant l'identité ou la personnalité qui permettrait d'identifier les mineurs ne soit, de quelque manière que ce soit, révélé.

Les obligations relatives à la diffusion des productions des journalistes mentionnées au présent article s'imposent aux directeurs de publication, éditeurs et distributeurs de ces productions. – *[Anc. art. R. 221-6.]*

§ 2 Journalistes accompagnant des parlementaires

Art. R. 343-31 Lorsqu'un journaliste titulaire de la carte d'identité professionnelle mentionnée à l'article L. 7111-6 du code du travail accompagne dans une zone d'attente un député, un sénateur ou un représentant au Parlement européen élu en France conformément à l'article L. 343-5, le responsable de la zone d'attente ou son représentant ne peut s'opposer à son entrée que pour des motifs impératifs liés à la sécurité, au bon ordre, à l'intérêt public dans la zone d'attente, et aux intérêts des personnes retenues, des personnels et des tiers qui y sont présents.

Le responsable de la zone d'attente peut, pour ces motifs, mettre fin à tout moment à la présence du journaliste dans ce lieu. – *[Anc. art. R. 221-4, al. 1er.]*

Art. R. 343-32 Le nombre de journalistes accompagnant une visite parlementaire peut, de manière permanente ou occasionnelle, être limité par le responsable de la zone en fonction de considérations tirées des mêmes motifs ou des particularités de la zone.

Leur entrée est concomitante à celle des parlementaires qu'ils accompagnent dans leur parcours. Leur sortie ne peut être postérieure à celle des parlementaires. – *[Anc. art. R. 221-4, al. 2.]*

Art. R. 343-33 Les écrits, photographies, croquis, prises de vue et de son que le journaliste effectue sont circonscrits au cadre de la visite du parlementaire qu'il accompagne. – *[Anc. art. R. 221-5.]*

Art. R. 343-34 Les dispositions de l'article R. 343-30 sont applicables aux visites de journalistes régies par le présent paragraphe. – *[Anc. art. R. 221-12.]*

TITRE V ASILE À LA FRONTIÈRE

Art. R. 350-1 Conformément à l'article R. 223-1, les dispositions du premier alinéa de l'article R. 351-1 et des articles R. 351-2 à R.* 352-1 sont applicables à l'étranger dont la situation est régie par le livre II.

CHAPITRE I EXAMEN DE LA DEMANDE D'ASILE À LA FRONTIÈRE

Art. R. 351-1 Lorsque l'étranger qui se présente à la frontière demande à bénéficier du droit d'asile, il est informé sans délai, dans une langue qu'il comprend ou dont il est raisonnable de penser qu'il la comprend, de la procédure de demande d'asile et de son déroulement, de ses droits et obligations au cours de cette procédure, des conséquences que pourrait avoir le non-respect de ses obligations ou le refus de coopérer avec les autorités et des moyens dont il dispose pour l'aider à présenter sa demande.

Lorsque l'examen de la demande d'asile est susceptible de relever de la responsabilité d'un autre État, l'étranger est informé, dans une langue qu'il comprend ou dont il est raisonnable de penser qu'il la comprend, de l'application du règlement (UE) n° 604/2013 du Parlement européen et du Conseil du 26 juin 2013 établissant les critères et mécanismes de détermination de l'État membre responsable de l'examen d'une demande de protection internationale introduite dans l'un des États membres par un ressortissant de pays tiers ou un apatride, dans les conditions fixées par son article 4. – *[Anc. art. R. 213-2.]*

Art. R. 351-2 Toute personne intervenant en zone d'attente peut signaler au responsable de la zone d'attente ou à son représentant la situation de vulnérabilité d'un demandeur d'asile qu'elle aurait constatée, ou dont le demandeur d'asile aurait fait état.

Le responsable de la zone d'attente ou son représentant détermine, le cas échéant, les modalités particulières de maintien en zone d'attente tenant compte de la situation de vulnérabilité du demandeur.

Les informations attestant d'une situation particulière de vulnérabilité portées à la connaissance du responsable de la zone d'attente en application du premier alinéa sont communiquées oralement ou par écrit, après accord du demandeur d'asile, à l'Office français de protection des réfugiés et apatrides. – *[Anc. art. R. 213-3.]*

Art. R. 351-3 Sauf dans le cas où l'examen de la demande d'asile relève de la compétence d'un autre État, l'étranger est entendu par l'Office français de protection des réfugiés et apatrides selon les modalités prévues par les articles R. 531-11 à R. 531-16.

Toutefois, en cas de besoin et par dérogation à l'article R. 531-15, l'entretien personnel peut ne pas faire l'objet d'un enregistrement. Dans ce cas, sa transcription fait l'objet d'un recueil de commentaires. Si l'étranger refuse de confirmer que le contenu de la transcription reflète correctement l'entretien personnel, les motifs de son refus sont consignés dans l'avis rendu par l'office. Un tel refus n'empêche pas l'office de rendre son avis sur la demande d'asile. – *[Anc. art. R. 213-4, al. 1er et 2.]*

Art. R. 351-4 L'Office français de protection des réfugiés et apatrides transmet l'avis mentionné à l'article R. 351-3 au ministre chargé de l'immigration dans le délai de deux jours ouvrés à compter de la demande à bénéficier de l'asile consignée par procès-verbal. – *[Anc. art. R. 213-5.]*

Art. R. 351-5 L'étranger est informé, dans une langue qu'il comprend ou dont il est raisonnable de penser qu'il la comprend, du caractère positif ou négatif de la décision prise par le ministre chargé de l'immigration en application de l'article L. 352-1.

Lorsque le ministre prend une décision de refus d'entrée au titre de l'asile, l'Office français de protection des réfugiés et apatrides transmet à l'étranger, sous pli fermé, une copie de la transcription mentionnée à l'article L. 531-19. Cette transmission est faite au plus tard en même temps que la notification de la décision du ministre. – *[Anc. art. R. 213-6.]*

Art. R. 351-6 Lorsque, à la suite de l'entretien personnel avec le demandeur, l'Office français de protection des réfugiés et apatrides considère, en application de l'article L. 351-3, que l'étranger nécessite des garanties procédurales particulières qui ne sont pas compatibles avec sa présence en zone d'attente, il transmet sans délai sa décision à l'autorité qui a procédé au placement en zone d'attente ainsi qu'au ministre chargé de l'immigration. Il est alors mis fin à la présence de l'étranger en zone d'attente. Le visa de régularisation prévu à l'article L. 342-19 est remis à l'étranger par le responsable de la zone d'attente ou son représentant. – *[Anc. art. R. 213-7.]*

CHAPITRE II REFUS D'ENTRÉE AU TITRE DE L'ASILE

Art. R.* 352-1 L'autorité administrative compétente pour refuser l'entrée à un étranger qui a demandé à bénéficier du droit d'asile est le ministre chargé de l'immigration. – *[Anc. art. L. 213-8-1, ecqc l'autorité compétente.]*

Art. R. 352-2 Dans le cas prévu au 1° de l'article L. 352-1, l'autorité administrative compétente pour procéder à la détermination de l'État responsable de l'examen d'une demande d'asile et prendre la décision de transfert vers cet État est le ministre chargé de l'immigration. La décision de refuser l'entrée en France au titre de l'asile n'a pas à faire l'objet d'une motivation distincte de celle de la décision de transfert. – *[Anc. art. R. 213-8.]*

TITRE VI DISPOSITIONS RELATIVES À L'OUTRE-MER

CHAPITRE I DISPOSITIONS PARTICULIÈRES AUX COLLECTIVITÉS RÉGIES PAR L'ARTICLE 73 DE LA CONSTITUTION ET À SAINT-PIERRE-ET-MIQUELON

Art. R. 361-1 Les dispositions du présent livre sont applicables de plein droit en Guadeloupe, en Guyane, en Martinique, à La Réunion, à Mayotte et à Saint-Pierre-et-Miquelon, sous réserve des adaptations prévues au présent chapitre.

Art. R. 361-2 Pour l'application du présent livre en Guadeloupe, en Guyane, en Martinique, à La Réunion, à Mayotte et à Saint-Pierre-et-Miquelon :

1° Les références au préfet sont remplacées par la référence au représentant de l'État dans la collectivité ;

(Décr. nº 2022-962 du 29 juin 2022, art. 2) « 1° *bis* Le second alinéa de l'article R. 312-1 n'est pas applicable ;

« 1° *ter* L'article R. 312-7-3 n'est pas applicable ;

« 1° *quater* A l'article R. 312-8, la référence aux articles D. 312-5-1, D. 312-5-2 et D. 312-7-2 est remplacée par la référence aux articles D. 312-5-1 et D. 312-5-2 ; »

2° Le deuxième alinéa de l'article R. 351-1 n'est pas applicable ;

3° A l'article R. 351-3, les mots : "Sauf dans le cas où l'examen de la demande d'asile relève de la compétence d'un autre État," sont supprimés ;

4° L'article R. 352-2 n'est pas applicable. – *[Anc. art. R. 213-9, I, II, III.]*

Les dispositions issues du Décr. nº 2022-962 du 29 juin 2022 relatives aux autorisations de voyage sont applicables à compter de la date de la mise en service du système européen d'information et d'autorisation concernant les voyages (ETIAS) prévue à l'art. 88 du Règl. (UE) 2018/1240 du Parlement européen et du Conseil du 12 sept. 2018.

Les dispositions issues du Décr. préc. relatives aux visas d'entrée en France s'appliquent aux demandes de visas ayant donné lieu à une décision diplomatique ou consulaire prise à compter du 1er janv. 2023. Elles sont applicables à cette même date à Saint-Barthélemy, Saint-Martin, dans les îles Wallis-et-Futuna, en Polynésie française et en Nouvelle-Calédonie (Décr. préc., art. 5).

Art. D. 361-2-1 *(Décr. nº 2022-963 du 29 juin 2022, art. 2)* En Guadeloupe, en Guyane, en Martinique, à La Réunion, à Mayotte et à Saint-Pierre-et-Miquelon :

1° Les dispositions des articles D. 312-7 à D. 312-7-2 ne sont pas applicables ;

2° A l'article D. 312-8-1, la référence aux articles D. 312-3 et D. 312-7 est remplacée par la référence à l'article D. 312-3.

Les dispositions issues du Décr. nº 2022-963 du 29 juin 2022 relatives aux autorisations de voyage sont applicables à compter de la date de la mise en service du système européen d'information et d'autorisation concernant les voyages (ETIAS) prévue à l'art. 88 du Règl. (UE) 2018/1240 du Parlement européen et du Conseil du 12 sept. 2018. Les dispositions issues du Décr. préc. relatives aux visas d'entrée en France s'appliquent aux demandes de visas ayant donné lieu à une décision diplomatique ou consulaire prise à compter du 1er janv. 2023. Elles sont applicables à cette même date à Saint-Barthélemy, Saint-Martin, dans les îles Wallis-et-Futuna, en Polynésie française et en Nouvelle-Calédonie (Décr. préc., art. 5).

Art. R. 361-3 Pour l'application du présent livre en Guyane, les références au président du conseil départemental sont remplacées par la référence au président de l'assemblée de la Guyane.

Art. R. 361-4 Pour l'application du présent livre en Martinique, les références au président du conseil départemental sont remplacées par la référence au président de l'assemblée de la Martinique.

Art. R. 361-5 Pour l'application du présent livre à Mayotte, les références à la cour d'appel sont remplacées par la référence à la chambre d'appel de la cour d'appel de Saint-Denis de La Réunion à Mamoudzou. – *[Anc. art. R. 832-1.]*

Art. R. 361-6 Pour l'application du présent livre à Saint-Pierre-et-Miquelon :

1° Les références au tribunal judiciaire sont remplacées par la référence au tribunal de première instance ;

2° Les références à la cour d'appel sont remplacées par la référence au tribunal supérieur d'appel ;

3° Les références au président du conseil départemental sont remplacées par la référence au président du conseil territorial de Saint-Pierre-et-Miquelon.

CHAPITRE II DISPOSITIONS APPLICABLES À SAINT-BARTHÉLEMY

Art. R.* 362-1 Les articles R.* 321-1, R.* 343-14, R.* 343-22 et R.* 352-1 sont applicables à Saint-Barthélemy.

Art. R. 362-2 Sous réserve des adaptations prévues par le présent chapitre, les dispositions suivantes sont applicables à Saint-Barthélemy dans leur rédaction résultant du décret n° 2020-1734 du 16 décembre 2020, sauf mention contraire dans le tableau ci-dessous. – *Tableau issu du Décr. n° 2020-1734 du 16 déc. 2020, Rect. JO du 24 avr. 2021 ; mod. par Décr. n° 2022-962 du 29 juin 2022 ; Décr. n° 2024-570 du 20 juin 2024, art. 2 et 5, en vigueur le 1er sept. 2024. – [Anc. art. R. 213-9, III.]*

Articles applicables	Dans leur rédaction résultant
Au titre I	
R. 311-1 à R. 312-2	
R. 312-5-4	du décret n° 2022-962 du 29 juin 2022
R. 312-6	application de plein droit
R. 312-8	du décret n° 2022-962 du 29 juin 2022
R. 312-9 a R. 312-11	
R. 313-1 à R. 313-18	
Au titre II	
R. 320-1	
Au titre III	
R. 330-1	
R. 332-1	

Articles applicables	Dans leur rédaction résultant
Au titre IV	
R. 340-1	
R. 341-1 et R. 341-2	
R. 342-1	décret n° 2024-570 du 20 juin 2024
R. 342-2 à R. 342-7	
R. 342-8	décret n° 2024-570 du 20 juin 2024
R. 342-9	
R. 342-10	décret n° 2024-570 du 20 juin 2024
R. 342-11 à R. 343-4	
R. 343-5	décret n° 2024-570 du 20 juin 2024
R. 343-6 à R. 343-13	
R. 343-15 à R. 343-21	
R. 343-23 à R. 343-34	
Au titre V	
R. 350-1	
R. 351-1 à R. 351-7	

Art. R. 362-3 Pour l'application du présent livre à Saint-Barthélemy :

1° Les références au conseil départemental sont remplacées par la référence au conseil territorial de Saint-Barthélemy ;

2° Les références au préfet sont remplacées par la référence au représentant de l'État dans la collectivité ;

3° A l'article R. 311-1, après les mots : "du ministre chargé de l'immigration", sont insérés les mots : "du ministre des affaires étrangères et du ministre chargé de l'outre-mer" et les mots : "en France" sont remplacés par les mots : "à Saint-Barthélemy" ;

(Décr. n° 2022-962 du 29 juin 2022, art. 2) « 3° *bis* A l'article R. 312-8, la référence aux articles D. 312-5-1, D. 312-5-2 et D. 312-7-2 est remplacée par la référence aux articles D. 312-5-1 et D. 312-5-2 ; »

4° Aux articles R. 332-1 et R. 341-1, après les mots : "un fonctionnaire désigné par lui, titulaire au moins du grade de brigadier" et les mots : "un fonctionnaire désigné par lui, titulaire au moins du grade d'agent de constatation principal de deuxième classe", sont ajoutés les mots : "ou par le commandant d'unité de la gendarmerie nationale ou un militaire, titulaire au moins du grade de gendarme" ;

5° Le deuxième alinéa de l'article R. 351-1 n'est pas applicable ;

6° A l'article R. 351-3, les mots : "Sauf dans le cas où l'examen de la demande d'asile relève de la compétence d'un autre État," sont supprimés. – *[Anc. art. R. 213-9, III.]*

Sur l'application des dispositions issues du Décr. n° 2022-962 du 29 juin 2022, V. ndlr ss. art. R. 361-2.

Art. D. 362-4 *(Décr. n° 2022-963 du 29 juin 2022, art. 2)* Les articles D. 312-3 à D. 312-5-3 et D. 312-8-1 sont applicables à Saint-Barthélemy dans leur rédaction résultant du décret n° 2022-963 du 29 juin 2022.

Sur l'application de ces dispositions, V. ndlr ss. art. D. 361-2-1.

Ancien art. D. 362-4 *Les articles D. 312-3 à D. 312-8 sont applicables à Saint-Barthélemy dans leur rédaction résultant du décret n° 2020-1734 du 16 décembre 2020.*

Art. D. 362-5 *(Décr. n° 2022-963 du 29 juin 2022, art. 2)* **Pour l'application du présent livre à Saint-Barthélemy, à l'article D. 312-8-1, la référence aux articles D. 312-3 et D. 312-7 est remplacée par la référence à l'article D. 312-3.**

Sur l'application de ces dispositions, V. ndlr ss. art. D. 361-2-1.

CHAPITRE III DISPOSITIONS APPLICABLES À SAINT-MARTIN

Art. R.* 363-1 Les articles R.* 321-1, R.* 343-14, R.* 343-22 et R.* 352-1 sont applicables à Saint-Martin.

Art. R. 363-2 Sous réserve des adaptations prévues par le présent chapitre, les dispositions suivantes sont applicables à Saint-Martin dans leur rédaction résultant du décret n° 2020-1734 du 16 décembre 2020, sauf mention contraire dans le tableau ci-dessous. — *Tableau issu du Décr. n° 2020-1734 du 16 déc. 2020, Rect. JO du 24 avr. 2021 ; mod. par Décr. n° 2022-962 du 29 juin 2022 ; Décr. n° 2024-570 du 20 juin 2024, art. 2 et 5, en vigueur le 1er sept. 2024. — [Anc. art. R. 213-9, III.]*

Articles applicables	Dans leur rédaction résultant
Au titre I	
R. 311-1 à R. 312-2	
R. 312-5-4	du décret n° 2022-962 du 29 juin 2022
R. 312-6	application de plein droit
R. 312-8	du décret n° 2022-962 du 29 juin 2022
R. 312-9 à R. 312-11	
R. 313-1 à R. 313-18	
Au titre II	
R. 320-1	
Au titre III	
R. 330-1	
R. 332-1	
Au titre IV	
R. 340-1	
R. 341-1 et R. 341-2	
R. 342-1	décret n° 2024-570 du 20 juin 2024
R. 342-2 à R. 342-7	
R. 342-8	décret n° 2024-570 du 20 juin 2024
R. 342-9	
R. 342-10	décret n° 2024-570 du 20 juin 2024

Articles applicables	Dans leur rédaction résultant
R. 342-11 à R. 343-4	
R. 343-5	décret n° 2024-570 du 20 juin 2024
R. 343-6 à R. 343-13	
R. 343-15 à R. 343-21	
R. 343-23 à R. 343-34	
Au titre V	
R. 350-1	
R. 351-1 à R. 351-7	

Art. R. 363-3 Pour l'application du présent livre à Saint-Martin :

1° Les références au conseil départemental sont remplacées par la référence au conseil territorial de Saint-Martin ;

2° Les références au préfet sont remplacées par la référence au représentant de l'État dans la collectivité ;

3° A l'article R. 311-1, après les mots : "du ministre chargé de l'immigration", sont insérés les mots : "le ministre des affaires étrangères et le ministre chargé de l'outre-mer" et les mots : "en France" sont remplacés par les mots : "à Saint-Martin" ;

(Décr. n° 2022-962 du 29 juin 2022, art. 2) « 3° *bis* A l'article R. 312-8, la référence aux articles D. 312-5-1, D. 312-5-2 et D. 312-7-2 est remplacée par la référence aux articles D. 312-5-1 et D. 312-5-2 ; »

4° Le deuxième alinéa de l'article R. 351-1 n'est pas applicable ;

5° A l'article R. 351-3, les mots : "Sauf dans le cas où l'examen de la demande d'asile relève de la compétence d'un autre État," sont supprimés. – *[Anc. art. R. 213-9, III.]*

Sur l'application des dispositions issues du Décr. n° 2022-962 du 29 juin 2022, V. ndlr ss. art. R. 361-2.

Art. D. 363-4 *(Décr. n° 2022-963 du 29 juin 2022, art. 2)* Les articles D. 312-3 à D. 312-5-3 et D. 312-8-1 sont applicables à Saint-Martin dans leur rédaction résultant du décret n° 2022-963 du 29 juin 2022.

Sur l'application de ces dispositions, V. ndlr ss. art. D. 361-2-1.

Ancien art. D. 363-4 *Les dispositions des articles D. 312-3 à D. 312-8 sont applicables à Saint-Martin dans leur rédaction résultant du décret n° 2020-1734 du 16 décembre 2020.*

Art. D. 363-5 *(Décr. n° 2022-963 du 29 juin 2022, art. 2)* Pour l'application du présent livre à Saint-Martin, à l'article D. 312-8-1, la référence aux articles D. 312-3 et D. 312-7 est remplacée par la référence à l'article D. 312-3.

Sur l'application de ces dispositions, V. ndlr ss. art. D. 361-2-1.

CHAPITRE IV DISPOSITIONS APPLICABLES DANS LES ÎLES WALLIS-ET-FUTUNA

Art. R.* 364-1 Les articles R.* 321-1, R.* 343-14, R.* 343-22 et R.* 352-1 sont applicables dans les îles Wallis-et-Futuna.

Art. R.* 364-2 Pour son application dans les îles Wallis-et-Futuna, l'article R.* 343-22 est ainsi rédigé :

Art. R.* 343-22 L'autorité administrative mentionnée aux articles R. 343-19 et R. 343-20 est le ministre chargé de l'immigration. L'autorité administrative mentionnée à l'article R. 343-21 est l'administrateur supérieur des îles Wallis-et-Futuna.

Art. R. 364-3 Sous réserve des adaptations prévues par le présent chapitre, les dispositions suivantes sont applicables dans les îles Wallis-et-Futuna dans leur rédaction résultant du décret n° 2020-1734 du 16 décembre 2020, sauf mention contraire dans le tableau ci-dessous. – *Tableau issu du Décr. n° 2020-1734 du 16 déc. 2020, Rect. JO du 24 avr. 2021 ; mod. par Décr. n° 2022-962 du 29 juin 2022 ; Décr. n° 2024-570 du 20 juin 2024, art. 2 et 5, en vigueur le 1er sept. 2024.*

Articles applicables	Dans leur rédaction résultant
Au titre I	
R. 311-1 à R. 312-2	
R. 312-5-4 et R. 312-6	du décret n° 2022-962 du 29 juin 2022
R. 312-8	du décret n° 2022-962 du 29 juin 2022
R. 312-9 à R. 312-11	
R. 313-1 à R. 313-18	
Au titre II	
R. 320-1	
Au titre III	
R. 330-1	
R. 332-1	
Au titre IV	
R. 340-1	
R. 341-1 et R. 341-2	
R. 342-1	décret n° 2024-570 du 20 juin 2024
R. 342-2 à R. 342-7	
R. 342-8	décret n° 2024-570 du 20 juin 2024
R. 342-9	
R. 342-10	décret n° 2024-570 du 20 juin 2024
R. 342-11 à R. 343-4	
R. 343-5	décret n° 2024-570 du 20 juin 2024
R. 343-6 à R. 343-13	
R. 341-1 et R. 341-2	
R. 343-15 à R. 343-21	
R. 343-23 à R. 343-34	
Au titre V	
R. 350-1	
R. 351-1 à R. 351-7	

Art. R. 364-4 Pour l'application du présent livre dans les îles Wallis-et-Futuna :

1° A l'exception du premier alinéa de l'article R. 313-3 et des articles D. 312-3 et R. 343-31, les mots "en France" sont remplacés par les mots : "sur le territoire des îles Wallis-et-Futuna" ;

2° Les références au refus d'entrée sur le territoire français sont remplacées par la référence au refus d'entrée sur le territoire des îles Wallis-et-Futuna ;

3° Les références au préfet sont remplacées par la référence à l'administrateur supérieur des îles Wallis-et-Futuna et les référence au maire et à la mairie sont respectivement remplacées par la référence au chef de circonscription et à la circonscription ;

4° Les références au tribunal judiciaire sont remplacées par la référence au tribunal de première instance ;

5° Les valeurs monétaires exprimées en euros sont remplacées par leur contre-valeur en francs CFP ;

6° A l'article R. 311-1, après les mots : "du ministre chargé de l'immigration", sont insérés les mots : "du ministre des affaires étrangères et du ministre chargé de l'outre-mer", les mots : "documents prévus à l'article L. 311-1" sont remplacés par les mots : "documents prévus au 1° de l'article L. 311-1" ;

(Décr. n° 2022-962 du 29 juin 2022, art. 2) « 6° *bis* A l'article R. 312-8, la référence aux articles D. 312-5-1, D. 312-5-2 et D. 312-7-2 est remplacée par la référence aux articles D. 312-5-1 et D. 312-5-2 ; »

7° L'article R. 313-1 est ainsi rédigé :

Art. R. 313-1 En fonction de ses déclarations sur les motifs de son voyage, l'étranger doit présenter selon les cas :

1° Pour un séjour touristique, tout document de nature à établir l'objet et les conditions de ce séjour, et notamment sa durée ;

2° Pour un voyage professionnel, tout document apportant des précisions sur la profession ou sur la qualité du voyageur ainsi que sur les établissements ou organismes situés dans les îles Wallis-et-Futuna par lesquels il est attendu ;

3° Pour une visite privée, une attestation d'accueil signée par la personne qui se propose d'assurer le logement de l'étranger ; cette attestation constitue le document prévu par les accords internationaux auxquels la France est partie pour justifier des conditions de séjour dans le cas d'une visite familiale ou privée ;

4° Pour un séjour motivé par une hospitalisation, tout document justifiant de la prise en charge de ses frais de séjour dans un établissement sanitaire des îles Wallis-et-Futuna soit par un service d'aide sociale, soit par un organisme d'assurance maladie, soit par un organisme public ou, à défaut, son engagement d'acquitter ces frais, ou celui de sa famille ou d'un tiers responsable, et de verser dès son entrée dans l'établissement une provision renouvelable calculée sur la base de la durée estimée du séjour ; en cas de sortie avant l'expiration du délai prévu, la fraction dépassant le nombre de jours de présence est restituée ; ces dispositions ne sont pas applicables dans le cas de malades ou blessés graves venant recevoir des soins en urgence dans un établissement sanitaire.

8° A l'article R. 313-4, les mots : "sur le territoire métropolitain ou en Guadeloupe, en Guyane, en Martinique, à Mayotte et à La Réunion" sont remplacés par les mots : "sur le territoire des îles Wallis-et-Futuna" ;

9° L'article R. 313-5 est ainsi rédigé :

Art. R. 313-5 Sont notamment considérés comme des documents relatifs aux garanties de rapatriement :

1° Un titre de transport valable pour revenir dans le pays de résidence habituelle et dont le porteur veille à maintenir la validité jusqu'à la date de son départ ;

2° Une attestation d'un établissement bancaire situé en France ou à l'étranger garantissant le rapatriement de l'intéressé au cas où celui-ci ne serait pas en mesure d'en assurer lui-même les frais, accompagnée le cas échéant d'une traduction en français.

10° A l'article R. 313-9 :

a) après les mots : "documents mentionnés aux articles R. 313-7 et R. 313-8,", sont insérés les mots : "d'un document justifiant de son domicile s'il diffère du lieu d'accueil de l'étranger," ;

b) les mots : "par le maire" et les mots "en mairie" sont respectivement remplacés par les mots : "par les services de la gendarmerie ou par le chef de circonscription" et par les mots : "devant l'une de ces autorités" ;

12° A l'article R. 313-12, la dernière phrase est supprimée ;

13° L'article R. 313-14 est ainsi rédigé :

Art. R. 313-14 Sont dispensés de présenter les documents prévus aux articles R. 313-1 à R. 313-4 et R. 313-6 à R. 313-8 :

1° Les ressortissants andorrans et monégasques ;

2° L'étranger titulaire d'un visa portant la mention : "famille de Français", délivré aux conjoints de ressortissants français et aux membres de leur famille mentionnés aux articles L. 423-11 et L. 423-12 ;

3° L'étranger titulaire d'un visa de circulation défini par la convention d'application de l'accord de Schengen, valable pour plusieurs entrées et d'une durée de validité au moins égale à un an et délivré par une autorité consulaire française ou par celle d'un État mettant en vigueur cette convention et agissant en représentation de la France, sous réserve de la validité dudit visa de circulation dans les îles Wallis-et-Futuna ;

4° L'étranger titulaire d'un visa portant la mention : "carte de séjour à solliciter dès l'arrivée dans les îles Wallis-et-Futuna" ;

5° Les membres des missions diplomatiques et des postes consulaires et les membres de leur famille à charge venant de l'étranger pour prendre leurs fonctions en France ;

6° Les personnes auxquelles une dispense a été accordée par le conseil territorial conformément au 3° de l'article L. 312-6 ;

7° Les personnes auxquelles une dispense a été accordée par les autorités consulaires françaises dans leur pays de résidence ;

8° Les membres des assemblées parlementaires des États étrangers ;

9° Les fonctionnaires, officiers et agents des services publics étrangers lorsqu'ils sont porteurs d'un ordre de mission de leur gouvernement ou fonctionnaires d'une organisation intergouvernementale dont la France est membre, munis d'un ordre de mission délivré par cette organisation ;

10° Les membres des équipages des navires et aéronefs effectuant des déplacements de service sous couvert des documents prévus par les conventions internationales" ;

11° Les étrangers mentionnés aux 6° à 8°, 10°, 13° et 15° à 17° de l'article R. 431-16.

14° A l'article R. 313-16, après les mots : "registre du commerce et des sociétés ou au registre des métiers", sont insérés les mots : "ou leur équivalent local" ;

15° L'article R. 332-1 est ainsi rédigé :

Art. R. 332-1 Lorsque le contrôle des personnes à la frontière est assuré par les fonctionnaires de la police nationale, la décision de refus d'entrée dans les îles Wallis-et-Futuna opposée à l'étranger est prise par le fonctionnaire investi des fonctions de chef de poste ou par le fonctionnaire désigné par lui titulaire du grade de lieutenant de police ou d'un grade supérieur.

Lorsque le contrôle des personnes à la frontière est assuré par les fonctionnaires des douanes, la décision de refus d'entrée dans les îles Wallis-et-Futuna opposée à l'étranger est prise par le fonctionnaire investi des fonctions de chef de poste ou par le fonctionnaire désigné par lui titulaire du grade de contrôleur ou d'un grade supérieur.

Dans les aérodromes affectés à titre exclusif ou principal au ministère de la défense, cette décision peut être également prise par le commandant d'unité de la gendarmerie maritime ou de la gendarmerie de l'air ou par un militaire désigné par lui, titulaire au moins du grade de gendarme.

16° L'article R. 342-5 est ainsi rédigé :

Art. R. 342-5 Dès réception de la requête, le juge compétent ou son délégué fixe le jour et l'heure de l'audience.

Avis en est donné par le greffier, aussitôt et par tout moyen, au chef du service de contrôle aux frontières ou au fonctionnaire désigné par lui, à l'administrateur supérieur des îles Wallis-et-Futuna, au procureur de la République, à l'étranger et à son avocat, s'il en a un.

17° A l'article R. 342-7, le premier alinéa est ainsi rédigé :
"A l'audience, le chef de service de contrôle aux frontières ou le fonctionnaire désigné par lui, sur sa demande ou sur celle du juge, est entendu. Un représentant de l'administrateur supérieur des îles Wallis-et-Futuna peut demander à être entendu." ;
18° A l'article R. 342-10, les mots : "vingt-quatre heures" sont remplacés par les mots : "quatre jours" et la troisième phrase est supprimée ;
19° L'article R. 342-11 est ainsi rédigé :

Art. R. 342-11 A peine d'irrecevabilité, le premier président ou son délégué est saisi par une déclaration motivée faite ou remise par tout moyen au greffe du tribunal de première instance ou de la cour d'appel. La déclaration est enregistrée avec mentions de la date et de l'heure.
Quand la déclaration d'appel est reçue par le greffier du tribunal de première instance, celui-ci fait parvenir sans délai une copie de la déclaration d'appel et le dossier de l'affaire au greffe de la cour d'appel.
Quand la déclaration d'appel est reçue par le greffier de la cour d'appel, celui-ci avise sur-le-champ le greffier du tribunal de première instance qui transmet sans délai le dossier au greffe de la cour d'appel.

20° La deuxième phrase de l'article R. 342-15 est supprimée ;
21° A l'article R. 342-17, le deuxième alinéa est ainsi rédigé :
"Le chef du service de contrôle aux frontières ou le fonctionnaire désigné par lui, un représentant de l'administrateur supérieur des îles Wallis-et-Futuna, l'avocat de l'étranger et l'étranger lui-même peuvent demander à être entendus à l'audience." ;
22° A l'article R. 342-18, la deuxième phrase est supprimée et le deuxième alinéa est ainsi rédigé :
"L'ordonnance est communiquée au ministère public. Elle est notifiée sur place à l'étranger et à son conseil, s'il en a un, à l'autorité qui a prononcé le maintien en zone d'attente, ainsi qu'à l'administrateur supérieur des îles Wallis-et-Futuna. Les parties présentes en accusent réception. Le greffier la notifie par tout moyen et dans les meilleurs délais aux autres parties qui en accusent réception." ;
23° A l'article R. 342-19, le deuxième alinéa est ainsi rédigé :
"Le pourvoi en cassation est ouvert à l'étranger, à l'administrateur supérieur des îles Wallis-et-Futuna et au ministère public." ;
24° A l'article R. 343-5, la référence au juge des enfants est remplacée par la référence au président du tribunal de première instance et la référence au président du conseil départemental est remplacée par la référence à l'administrateur supérieur des îles Wallis-et-Futuna ;
25° Aux articles R. 343-25 et R. 343-31, après les mots : "mentionnée à l'article L. 7111-6 du code du travail" sont insérés les mots : "ou reconnu comme journaliste en application des dispositions ayant le même objet applicables dans la collectivité" ;
26° Aux articles R. 343-16 et R. 343-23, les mots : "et les agents de l'Office français de l'immigration et de l'intégration chargés de l'assistance humanitaire" sont supprimés ;
27° A l'article R. 343-19, les mots : "cinq années" sont remplacés par les mots " une année" et après les mots : "l'assistance médicale ou sociale", sont insérés les mots : "et ayant leur siège dans les îles Wallis-et-Futuna" ;
28° A l'article R. 343-20, les mots : "dix personnes" sont remplacés par les mots : "cinq personnes" et ce même article est complété par un alinéa ainsi rédigé :
"Sous réserve des nécessités de l'ordre public et de la sécurité des transports, une association habilitée peut accéder, par l'intermédiaire d'un ou de deux représentants agréés, à chaque zone d'attente huit fois par an, entre 8 heures et 20 heures." ;
29° Le deuxième alinéa de l'article R. 351-1 n'est pas applicable ;
30° A l'article R. 351-3, les mots : "Sauf dans le cas où l'examen de la demande d'asile relève de la compétence d'un autre État," sont supprimés.

Sur l'application des dispositions issues du Décr. n° 2022-962 du 29 juin 2022, V. ndlr ss. art. R. 361-2.

Art. R. 364-5 L'assemblée territoriale des îles Wallis-et-Futuna rend l'avis prévu par l'article L. 312-2 dans un délai d'un mois à compter de sa saisine par l'administrateur supérieur des îles Wallis-et-Futuna. Cet avis est réputé émis s'il n'a pas été rendu dans ce délai.

Art. D. 364-6 *(Décr. n° 2022-963 du 29 juin 2022, art. 2)* Les articles D. 312-3 à D. 312-5-3 et D. 312-8-1 sont applicables dans les îles Wallis-et-Futuna dans leur rédaction résultant du décret n° 2022-963 du 29 juin 2022.

Sur l'application de ces dispositions, V. ndlr ss. art. D. 361-2-1.

Ancien art. D. 364-6 *Les articles D. 312-3 à D. 312-8 sont applicables dans les îles Wallis-et-Futuna dans leur rédaction résultant du décret n° 2020-1734 du 16 décembre 2020.*

Art. D. 364-7 *(Décr. n° 2022-963 du 29 juin 2022, art. 2)* Pour l'application du présent livre dans les îles Wallis-et-Futuna, à l'article D. 312-8-1, la référence aux articles D. 312-3 et D. 312-7 est remplacée par la référence à l'article D. 312-3.

Sur l'application de ces dispositions, V. ndlr ss. art. D. 361-2-1.

CHAPITRE V DISPOSITIONS APPLICABLES EN POLYNÉSIE FRANÇAISE

Art. R.* 365-1 Les articles R.* 321-1, R.* 343-14, R.* 343-22 et R.* 352-1 sont applicables en Polynésie française.

Art. R.* 365-2 Pour son application en Polynésie française, l'article R.* 343-22 est ainsi rédigé :

Art. R.* 343-22 L'autorité administrative mentionnée aux articles R. 343-19 et R. 343-20 est le ministre chargé de l'immigration. L'autorité administrative mentionnée à l'article R. 343-21 est le haut-commissaire de la République en Polynésie française.

Art. R. 365-3 Sous réserve des adaptations prévues par le présent chapitre, les dispositions suivantes sont applicables en Polynésie française dans leur rédaction résultant du décret n° 2020-1734 du 16 décembre 2020, sauf mention contraire dans le tableau ci-dessous. — *Tableau issu du Décr. n° 2020-1734 du 16 déc. 2020, Rect. JO du 24 avr. 2021 ; mod. par Décr. n° 2022-962 du 29 juin 2022 ; Décr. n° 2024-570 du 20 juin 2024, art. 2 et 5, en vigueur le 1er sept. 2024.*

Articles applicables	Dans leur rédaction résultant
Au titre I	
R. 311-1 à R. 312-2	
R. 312-5-4	du décret n° 2022-962 du 29 juin 2022
R. 312-6	application de plein droit
R. 312-8	du décret n° 2022-962 du 29 juin 2022
R. 312-9 à R. 312-11	
R. 313-1 à R. 313-18	
Au titre II	
R. 320-1	

Articles applicables	Dans leur rédaction résultant
Au titre III	
R. 330-1	
R. 332-1	
Au titre IV	
R. 340-1	
R. 341-1 et R. 341-2	
R. 342-1	décret n° 2024-570 du 20 juin 2024
R. 342-2 à R. 342-7	
R. 342-8	décret n° 2024-570 du 20 juin 2024
R. 342-9	
R. 342-10	décret n° 2024-570 du 20 juin 2024
R. 342-11 à R. 343-4	
R. 343-5	décret n° 2024-570 du 20 juin 2024
R. 343-6 à R. 343-13	
R. 343-15 à R. 343-21	
R. 343-23 à R. 343-34	
Au titre V	
R. 350-1	
R. 351-1 à R. 351-7	

Art. R. 365-4 Pour l'application du présent livre en Polynésie française :

1° A l'exception du premier alinéa de l'article R. 313-3 et des articles D. 312-3 et R. 343-31, les mots "en France" sont remplacés par les mots : "sur le territoire de la Polynésie française" ;

2° Les références au refus d'entrée sur le territoire français sont remplacées par la référence au refus d'entrée sur le territoire de la Polynésie française ;

3° Les références au préfet sont remplacées par la référence au haut-commissaire de la République en Polynésie française ;

4° Les références au tribunal judiciaire sont remplacées par la référence au tribunal de première instance ;

5° Les valeurs monétaires exprimées en euros sont remplacées par leur contre-valeur en francs CFP ;

6° A l'article R. 311-1, après les mots : "du ministre chargé de l'immigration", sont insérés les mots : "le ministre des affaires étrangères et le ministre chargé de l'outre-mer ", les mots : "documents prévus à l'article L. 311-1" sont remplacés par les mots : "documents prévus au 1° de l'article L. 311-1" ;

(Décr. n° 2022-962 du 29 juin 2022, art. 2) « 6° *bis* A l'article R. 312-8, la référence aux articles D. 312-5-1, D. 312-5-2 et D. 312-7-2 est remplacée par la référence aux articles D. 312-5-1 et D. 312-5-2 ; »

7° L'article R. 313-1 est ainsi rédigé :

Art. R. 313-1 En fonction de ses déclarations sur les motifs de son voyage, l'étranger doit présenter selon les cas :

1° Pour un séjour touristique, tout document de nature à établir l'objet et les conditions de ce séjour, et notamment sa durée ;

2° Pour un voyage professionnel, tout document apportant des précisions sur la profession ou sur la qualité du voyageur ainsi que sur les établissements ou organismes situés en Polynésie française par lesquels il est attendu ;

3° Pour une visite privée, une attestation d'accueil signée par la personne qui se propose d'assurer le logement de l'étranger. Cette attestation d'accueil constitue le document prévu par les accords internationaux auxquels la France est partie pour justifier des conditions de séjour dans le cas d'une visite familiale ou privée ;

4° Pour un séjour motivé par une hospitalisation, tout document justifiant qu'il satisfait aux conditions requises par la réglementation en vigueur localement pour l'admission dans les établissements publics d'hospitalisation, sauf dans le cas de malades ou blessés graves venant recevoir des soins en urgence dans un établissement sanitaire.

8° A l'article R. 313-4, les mots : "sur le territoire métropolitain ou en Guadeloupe, en Guyane, en Martinique, à Mayotte et à La Réunion" sont remplacés par les mots : "sur le territoire de la Polynésie française" ;

9° L'article R. 313-5 est ainsi rédigé :

Art. R. 313-5 Sont notamment considérés comme des documents relatifs aux garanties de rapatriement :

1° Un titre de transport valable pour revenir dans le pays de résidence habituelle et dont le porteur veille à maintenir la validité jusqu'à la date de son départ ;

2° Une attestation d'un établissement bancaire situé en France ou à l'étranger garantissant le rapatriement de l'intéressé au cas où celui-ci ne serait pas en mesure d'en assurer lui-même les frais, accompagnée le cas échéant d'une traduction en français.

10° A l'article R. 313-9 :

a) après les mots : "documents mentionnés aux articles R. 313-7 et R. 313-8, ", sont insérés les mots : "d'un document justifiant de son domicile s'il diffère du lieu d'accueil de l'étranger," ;

b) les mots : "par le maire" et les mots : "en mairie" sont respectivement remplacés par les mots : "par le maire de la commune ou par le chef de la subdivision administrative de résidence du signataire" et par les mots : "devant l'une de ces autorités" ;

11° A l'article R. 313-12, la dernière phrase est supprimée ;

12° A l'article R. 313-13, les mots : "le maire" et les mots : "le maire adresse au préfet" sont respectivement remplacés par les mots : "le maire de la commune et le chef de la subdivision administrative de résidence du signataire" et par les mots : "le maire de la commune ou, le cas échéant, le chef de la subdivision administrative de résidence du signataire adresse au haut-commissaire de la République en Polynésie française" ;

13° L'article R. 313-14 est ainsi rédigé :

Art. R. 313-14 Sont dispensés de présenter les documents prévus aux articles R. 313-1 à R. 313-4 et R. 313-6 à R. 313-8 :

1° Les ressortissants andorrans et monégasques ;

2° L'étranger titulaire d'un visa portant la mention : "famille de Français", délivré aux conjoints de ressortissants français et aux membres de leur famille mentionnés aux articles L. 423-11 et L. 423-12 ;

3° L'étranger titulaire d'un visa de circulation défini par la convention d'application de l'accord de Schengen, valable pour plusieurs entrées et d'une durée de validité au moins égale à un an et délivré par une autorité consulaire française ou par celle d'un État mettant en vigueur cette convention et agissant en représentation de la France, sous réserve de la validité dudit visa de circulation en Polynésie française ;

4° L'étranger titulaire d'un visa portant la mention : "carte de séjour à solliciter dès l'arrivée en Polynésie française" ;

5° Les membres des missions diplomatiques et des postes consulaires et les membres de leur famille à charge venant de l'étranger pour prendre leurs fonctions en France ;

6° Les personnes auxquelles une dispense a été accordée par le conseil des ministres de la Polynésie française conformément au 3° de l'article L. 312-6 ;

7° Les personnes auxquelles une dispense a été accordée par les autorités consulaires françaises dans leur pays de résidence ;

8° Les membres des assemblées parlementaires des États étrangers ;

9° Les fonctionnaires, officiers et agents des services publics étrangers lorsqu'ils sont porteurs d'un ordre de mission de leur gouvernement ou fonctionnaires d'une organisation intergouvernementale dont la France est membre, munis d'un ordre de mission délivré par cette organisation ;

10° Les membres des équipages des navires et aéronefs effectuant des déplacements de service sous couvert des documents prévus par les conventions internationales ;

11° Les étrangers mentionnés aux 6° à 8°,10°, 13°et 15° à 17° de l'article R. 431-16.

14° A l'article R. 313-16, après les mots : "registre du commerce et des sociétés ou au registre des métiers ", sont insérés les mots : "ou leur équivalent local" ;

15° L'article R. 332-1 est ainsi rédigé :

Art. R. 332-1 Lorsque le contrôle des personnes à la frontière est assuré par les fonctionnaires de la police nationale, la décision de refus d'entrée en Polynésie française opposée à l'étranger est prise par le fonctionnaire investi des fonctions de chef de poste ou par le fonctionnaire désigné par lui titulaire du grade de lieutenant de police ou d'un grade supérieur.

Lorsque le contrôle des personnes à la frontière est assuré par les fonctionnaires des douanes, la décision de refus d'entrée en Polynésie française opposée à l'étranger est prise par le fonctionnaire investi des fonctions de chef de poste ou par le fonctionnaire désigné par lui titulaire du grade de contrôleur ou d'un grade supérieur.

Dans les aérodromes affectés à titre exclusif ou principal au ministère de la défense, cette décision peut être également prise par le commandant d'unité de la gendarmerie maritime ou de la gendarmerie de l'air ou par un militaire désigné par lui, titulaire au moins du grade de gendarme.

16° L'article R. 342-5 est ainsi rédigé :

Art. R. 342-5 Dès réception de la requête, le président du tribunal de première instance*[,]* le juge compétent ou son délégué fixe le jour et l'heure de l'audience.

Avis en est donné par le greffier, aussitôt et par tout moyen, au chef du service de contrôle aux frontières ou au fonctionnaire désigné par lui, au haut-commissaire de la République en Polynésie française, au procureur de la République, à l'étranger et à son avocat, s'il en a un.

17° A l'article R. 342-7, le premier alinéa est ainsi rédigé :

"A l'audience, le chef de service de contrôle aux frontières ou le fonctionnaire désigné par lui, sur sa demande ou sur celle du juge, est entendu. Un représentant du haut-commissaire de la République en Polynésie française peut demander à être entendu." ;

18° A l'article R. 342-10, les mots : "vingt-quatre heures" sont remplacés par les mots : "quatre jours" et la troisième phrase est supprimée ;

19° L'article R. 342-11 est ainsi rédigé :

Art. R. 342-11 A peine d'irrecevabilité, le premier président ou son délégué est saisi par une déclaration motivée faite ou remise par tout moyen au greffe du tribunal de première instance ou de la cour d'appel. La déclaration est enregistrée avec mentions de la date et de l'heure.

Quand la déclaration d'appel est reçue par le greffier du tribunal de première instance, celui-ci fait parvenir sans délai une copie de la déclaration d'appel et le dossier de l'affaire au greffe de la cour d'appel.

Quand la déclaration d'appel est reçue par le greffier de la cour d'appel, celui-ci avise sur-le-champ le greffier du tribunal de première instance qui transmet sans délai le dossier au greffe de la cour d'appel.

20° La deuxième phrase de l'article R. 342-15 est supprimée ;

21° A l'article R. 342-17, le deuxième alinéa est ainsi rédigé :

"Le chef du service de contrôle aux frontières ou le fonctionnaire désigné par lui, un représentant du haut-commissaire de la République en Polynésie française, l'avocat de l'étranger et l'étranger lui-même peuvent demander à être entendus à l'audience." ;

22° A l'article R. 342-18, la deuxième phrase est supprimée et le deuxième alinéa est ainsi rédigé :

"L'ordonnance est communiquée au ministère public. Elle est notifiée sur place à l'étranger et à son conseil, s'il en a un, à l'autorité qui a prononcé le maintien en zone d'attente, ainsi qu'au haut-commissaire de la République en Polynésie française. Les parties présentes en accusent réception. Le greffier la notifie par tout moyen et dans les meilleurs délais aux autres parties qui en accusent réception." ;

23° A l'article R. 342-19, le deuxième alinéa est ainsi rédigé :

"Le pourvoi en cassation est ouvert à l'étranger, au haut-commissaire de la République en Polynésie française et au ministère public." ;

24° A l'article R. 343-5, les mots : "président du conseil départemental" sont remplacés par les mots : "le président de la Polynésie française" ;

25° Aux articles R. 343-25 et R. 343-31, après les mots : "mentionnée à l'article L. 7111-6 du code du travail" sont insérés les mots : "ou reconnu comme journaliste en application des dispositions ayant le même objet applicables dans la collectivité" ;

26° Aux articles R. 343-16 et R. 343-23, les mots : "et les agents de l'Office français de l'immigration et de l'intégration chargés de l'assistance humanitaire" sont supprimés ;

27° A l'article R. 343-19, les mots : "cinq années" sont remplacés par les mots "une année" et après les mots : "l'assistance médicale ou sociale", sont insérés les mots : "et ayant leur siège en Polynésie française" ;

28° A l'article R. 343-20, les mots : "dix personnes" sont remplacés par les mots : "cinq personnes" et ce même article est complété par un alinéa ainsi rédigé :

"Sous réserve des nécessités de l'ordre public et de la sécurité des transports, une association habilitée peut accéder, par l'intermédiaire d'un ou de deux représentants agréés, à chaque zone d'attente huit fois par an, entre 8 heures et 20 heures." ;

29° Le deuxième alinéa de l'article R. 351-1 n'est pas applicable ;

30° A l'article R. 351-3, les mots : "Sauf dans le cas où l'examen de la demande d'asile relève de la compétence d'un autre État," sont supprimés.

Sur l'application des dispositions issues du Décr. n° 2022-962 du 29 juin 2022, V. ndlr ss. art. R. 361-2.

Art. R. 365-5 Le conseil des ministres de la Polynésie française rend l'avis prévu par l'article L. 312-2 dans le délai d'un mois à compter de sa saisine par le haut-commissaire de la République. Ce délai est de quinze jours en cas d'urgence, à la demande du haut-commissaire. Cet avis est réputé émis s'il n'a pas été rendu dans ce délai.

Art. D. 365-6 *(Décr. n° 2022-963 du 29 juin 2022, art. 2)* Les articles D. 312-3 à D. 312-5-3 et D. 312-8-1 sont applicables en Polynésie française dans leur rédaction résultant du décret n° 2022-963 du 29 juin 2022.

Sur l'application de ces dispositions, V. ndlr ss. art. R. 361-2-1.

Ancien art. D. 365-6 *Les dispositions des articles D. 312-3 à D. 312-8 sont applicables en Polynésie française dans leur rédaction résultant du décret n° 2020-1734 du 16 décembre 2020.*

Art. D. 365-7 *(Décr. n° 2022-963 du 29 juin 2022, art. 2)* Pour l'application du présent livre en Polynésie française, à l'article D. 312-8-1, la référence aux articles D. 312-3 et D. 312-7 est remplacée par la référence à l'article D. 312-3.

Sur l'application de ces dispositions, V. ndlr ss. art. R. 361-2-1.

CHAPITRE VI DISPOSITIONS APPLICABLES EN NOUVELLE-CALÉDONIE

Art. R.* 366-1 Les articles R.* 321-1, R.* 343-14, R.* 343-22 et R.* 352-1 sont applicables en Nouvelle-Calédonie.

Art. R.* 366-2 Pour son application en Nouvelle-Calédonie, l'article R.* 343-22 est ainsi rédigé :

Art. R.* 343-22 L'autorité administrative mentionnée aux articles R. 343-19 et R. 343-20 est le ministre chargé de l'immigration. L'autorité administrative mentionnée à l'article R. 343-21 est le haut-commissaire de la République en Nouvelle-Calédonie.

Art. R. 366-3 Sous réserve des adaptations prévues par le présent chapitre, les dispositions suivantes sont applicables en Nouvelle-Calédonie dans leur rédaction résultant du décret n° 2020-1734 du 16 décembre 2020, sauf mention contraire dans le tableau ci-dessous. — *Tableau issu du Décr. n° 2020-1734 du 16 déc. 2020, Rect. JO du 24 avr. 2021 ; mod. par Décr. n° 2022-962 du 29 juin 2022 ; Décr. n° 2024-570 du 20 juin 2024, art. 2 et 5, en vigueur le 1er sept. 2024.*

Articles applicables	Dans leur rédaction résultant
Au titre I	
R. 311-1 à R. 312-2	
R. 312-5-4	du décret n° 2022-962 du 29 juin 2022
R. 312-6	application de plein droit
R. 312-8	du décret n° 2022-962 du 29 juin 2022
R. 312-9 à R. 312-11	
R. 313-1 à R. 313-18	
Au titre II	
R. 320-1	
Au titre III	
R. 330-1	
R. 332-1	
Au titre IV	
R. 340-1	
R. 341-1 et R. 341-2	
R. 342-1	décret n° 2024-570 du 20 juin 2024
R. 342-2 à R. 342-7	
R. 342-8	décret n° 2024-570 du 20 juin 2024
R. 342-9	
R. 342-10	décret n° 2024-570 du 20 juin 2024
R. 342-11 à R. 343-4	

Articles applicables	Dans leur rédaction résultant
R. 343-5	décret n° 2024-570 du 20 juin 2024
R. 343-6 à R. 343-13	
R. 343-15 à R. 343-21	
R. 343-23 à R. 343-34	
Au titre V	
R. 350-1	
R. 351-1 à R. 351-7	

Art. R. 366-4 Pour l'application du présent livre en Nouvelle-Calédonie :

1° A l'exception du premier alinéa de l'article R. 313-3 et des articles D. 312-3 et R. 343-31, les mots "en France" sont remplacés par les mots : "sur le territoire de la Nouvelle-Calédonie" ;

2° Les références au refus d'entrée sur le territoire français sont remplacées par la référence au refus d'entrée sur le territoire de la Nouvelle-Calédonie ;

3° Les références au préfet sont remplacées par la référence au haut-commissaire de la République en Nouvelle-Calédonie ;

4° Les références au tribunal judiciaire sont remplacées par la référence au tribunal de première instance ;

5° Les valeurs monétaires exprimées en euros sont remplacées par leur contre-valeur en francs CFP ;

6° A l'article R. 311-1, après les mots : "du ministre chargé de l'immigration", sont insérés les mots : "le ministre des affaires étrangères et le ministre chargé de l'outre-mer" ", les mots : "documents prévus à l'article L. 311-1" sont remplacés par les mots : "documents prévus au 1° de l'article L. 311-1" ;

(Décr. n° 2022-962 du 29 juin 2022, art. 2) « **6° *bis*** A l'article R. 312-8, la référence aux articles D. 312-5-1, D. 312-5-2 et D. 312-7-2 est remplacée par la référence aux articles D. 312-5-1 et D. 312-5-2 ; »

7° L'article R. 313-1 est ainsi rédigé :

Art. R. 313-1 En fonction de ses déclarations sur les motifs de son voyage, l'étranger doit présenter selon les cas :

1° Pour un séjour touristique, tout document de nature à établir l'objet et les conditions de ce séjour, et notamment sa durée ;

2° Pour un voyage professionnel, tout document apportant des précisions sur la profession ou sur la qualité du voyageur ainsi que sur les établissements ou organismes situés en Polynésie française par lesquels il est attendu ;

3° Pour une visite privée, une attestation d'accueil signée par la personne qui se propose d'assurer le logement de l'étranger. Cette attestation d'accueil constitue le document prévu par les accords internationaux auxquels la France est partie pour justifier des conditions de séjour dans le cas d'une visite familiale ou privée ;

4° Pour un séjour motivé par une hospitalisation, tout document justifiant qu'il satisfait aux conditions requises par la réglementation en vigueur localement pour l'admission dans les établissements publics d'hospitalisation, sauf dans le cas de malades ou blessés graves venant recevoir des soins en urgence dans un établissement sanitaire.

8° A l'article R. 313-4, les mots : "sur le territoire métropolitain ou en Guadeloupe, en Guyane, en Martinique, à Mayotte et à La Réunion" sont remplacés par les mots : "sur le territoire de la Nouvelle-Calédonie" ;

9° L'article R. 313-5 est ainsi rédigé :

Art. R. 313-5 Sont notamment considérés comme des documents relatifs aux garanties de rapatriement :

1° Un titre de transport valable pour revenir dans le pays de résidence habituelle et dont le porteur veille à maintenir la validité jusqu'à la date de son départ ;

2° Une attestation d'un établissement bancaire situé en France ou à l'étranger garantissant le rapatriement de l'intéressé au cas où celui-ci ne serait pas en mesure d'en assurer lui-même les frais, accompagnée le cas échéant d'une traduction en français.

10° A l'article R. 313-9 :

a) après les mots : "documents mentionnés aux articles R. 313-7 et R. 313-8, ", sont insérés les mots : "d'un document justifiant de son domicile s'il diffère du lieu d'accueil de l'étranger," ;

b) les mots : "par le maire" et les mots "en mairie" sont respectivement remplacés par les mots : "par le maire de la commune, soit par le commissaire délégué de la République dans la province où réside le signataire" et par les mots : "devant l'une de ces autorités" ;

11° A l'article R. 313-12, la dernière phrase est supprimée ;

12° A l'article R. 313-13, les mots : "le maire" et les mots : "le maire adresse au préfet" sont respectivement remplacés par les mots : "le maire de la commune et le délégué de la République dans la province où réside le signataire" et par les mots : "le maire de la commune ou, le cas échéant, le délégué de la République dans la province où réside le signataire adresse au haut-commissaire de la République en Nouvelle-Calédonie" ;

13° L'article R. 313-14 est ainsi rédigé :

Art. R. 313-14 Sont dispensés de présenter les documents prévus aux articles R. 313-1 à R. 313-4 et R. 313-6 à R. 313-8 :

1° Les ressortissants andorrans et monégasques ;

2° L'étranger titulaire d'un visa portant la mention : "famille de Français", délivré aux conjoints de ressortissants français et aux membres de leur famille mentionnés aux articles L. 423-11 et L. 423-12 ;

3° L'étranger titulaire d'un visa de circulation défini par la convention d'application de l'accord de Schengen, valable pour plusieurs entrées et d'une durée de validité au moins égale à un an et délivré par une autorité consulaire française ou par celle d'un État mettant en vigueur cette convention et agissant en représentation de la France, sous réserve de la validité dudit visa de circulation en Nouvelle-Calédonie ;

4° L'étranger titulaire d'un visa portant la mention : "carte de séjour à solliciter dès l'arrivée en Nouvelle-Calédonie" ;

5° Les membres des missions diplomatiques et des postes consulaires et les membres de leur famille à charge venant de l'étranger pour prendre leurs fonctions en France ;

6° Les personnes auxquelles une dispense a été accordée par le gouvernement de la Nouvelle-Calédonie conformément au 3° de l'article L. 312-6 ;

7° Les personnes auxquelles une dispense a été accordée par les autorités consulaires françaises dans leur pays de résidence ;

8° Les membres des assemblées parlementaires des États étrangers ;

9° Les fonctionnaires, officiers et agents des services publics étrangers lorsqu'ils sont porteurs d'un ordre de mission de leur gouvernement ou fonctionnaires d'une organisation intergouvernementale dont la France est membre, munis d'un ordre de mission délivré par cette organisation ;

10° Les membres des équipages des navires et aéronefs effectuant des déplacements de service sous couvert des documents prévus par les conventions internationales ;

11° Les étrangers mentionnés aux 6° à 8°,10°, 13°et 15° à 17 de l'article R. 431-18.

14° A l'article R. 313-16, après les mots : "registre du commerce et des sociétés ou au registre des métiers ", sont insérés les mots : "ou leur équivalent local" ;

15° L'article R. 332-1 est ainsi rédigé :

Art. R. 332-1 Lorsque le contrôle des personnes à la frontière est assuré par les fonctionnaires de la police nationale, la décision de refus d'entrée en Nouvelle-

Calédonie opposée à l'étranger est prise par le fonctionnaire investi des fonctions de chef de poste ou par le fonctionnaire désigné par lui titulaire du grade de lieutenant de police ou d'un grade supérieur.

Lorsque le contrôle des personnes à la frontière est assuré par les fonctionnaires des douanes, la décision de refus d'entrée en Nouvelle-Calédonie opposée à l'étranger est prise par le fonctionnaire investi des fonctions de chef de poste ou par le fonctionnaire désigné par lui titulaire du grade de contrôleur ou d'un grade supérieur.

Dans les aérodromes affectés à titre exclusif ou principal au ministère de la défense, cette décision peut être également prise par le commandant d'unité de la gendarmerie maritime ou de la gendarmerie de l'air ou par un militaire désigné par lui, titulaire au moins du grade de gendarme.

16° L'article R. 342-5 est ainsi rédigé :

Art. R. 342-5 Dès réception de la requête, le président du tribunal de première instance le juge compétent ou son délégué fixe le jour et l'heure de l'audience.

Avis en est donné par le greffier, aussitôt et par tout moyen, au chef du service de contrôle aux frontières ou au fonctionnaire désigné par lui, au haut-commissaire de la République en Nouvelle-Calédonie, au procureur de la République, à l'étranger et à son avocat, s'il en a un.

17° A l'article R. 342-7, le premier alinéa est ainsi rédigé :

"A l'audience, le chef de service de contrôle aux frontières ou le fonctionnaire désigné par lui, sur sa demande ou sur celle du juge, est entendu. Un représentant du haut-commissaire de la République en Nouvelle-Calédonie peut demander à être entendu." ;

18° A l'article R. 342-10, les mots : "vingt-quatre heures" sont remplacés par les mots : "quatre jours" et la troisième phrase est supprimée ;

19° L'article R. 342-11 est ainsi rédigé :

Art. R. 342-11 A peine d'irrecevabilité, le premier président ou son délégué est saisi par une déclaration motivée faite ou remise par tout moyen au greffe du tribunal de première instance ou de la cour d'appel. La déclaration est enregistrée avec mentions de la date et de l'heure.

Quand la déclaration d'appel est reçue par le greffier du tribunal de première instance, celui-ci fait parvenir sans délai une copie de la déclaration d'appel et le dossier de l'affaire au greffe de la cour d'appel.

Quand la déclaration d'appel est reçue par le greffier de la cour d'appel, celui-ci avise sur-le-champ le greffier du tribunal de première instance qui transmet sans délai le dossier au greffe de la cour d'appel.

20° A l'article R. 342-15, la deuxième phrase est supprimée ;

21° A l'article R. 342-17, le deuxième alinéa est ainsi rédigé :

"Le chef du service de contrôle aux frontières ou le fonctionnaire désigné par lui, un représentant du haut-commissaire de la République en Nouvelle-Calédonie, l'avocat de l'étranger et l'étranger lui-même peuvent demander à être entendus à l'audience." ;

22° A l'article R. 342-18, la deuxième phrase est supprimée et le deuxième alinéa est ainsi rédigé :

"L'ordonnance est communiquée au ministère public. Elle est notifiée sur place à l'étranger et à son conseil, s'il en a un, à l'autorité qui a prononcé le maintien en zone d'attente, ainsi qu'au haut-commissaire de la République en Nouvelle-Calédonie. Les parties présentes en accusent réception. Le greffier la notifie par tout moyen et dans les meilleurs délais aux autres parties qui en accusent réception." ;

23° A l'article R. 342-19, le deuxième alinéa est ainsi rédigé :

"Le pourvoi en cassation est ouvert à l'étranger, au haut-commissaire de la République en Nouvelle-Calédonie et au ministère public." ;

24° L'article R. 342-21 est complété par un alinéa ainsi rédigé :

"Le cas échéant, il l'informe de ses droits à bénéficier de l'aide juridictionnelle, conformément à la réglementation en vigueur localement." ;

25° A l'article R. 343-5, les mots : "président du conseil départemental" sont remplacés par les mots : "le président du gouvernement de la Nouvelle-Calédonie" ;

26° Aux articles R. 343-25 et R. 343-31, après les mots : "mentionnée à l'article L. 7111-6 du code du travail" sont insérés les mots : "ou reconnu comme journaliste en application des dispositions ayant le même objet applicables dans la collectivité" ;

27° Aux articles R. 343-16 et R. 343-23, les mots : "et les agents de l'Office français de l'immigration et de l'intégration chargés de l'assistance humanitaire" sont supprimés ;

28° A l'article R. 343-19, les mots : "cinq années" sont remplacés par les mots "une année" et après les mots : "l'assistance médicale ou sociale", sont ajoutés les mots : "et ayant leur siège en Nouvelle-Calédonie" ;

29° A l'article R. 343-20, les mots : "dix personnes" sont remplacés par les mots : "cinq personnes" et ce même article est complété par un alinéa ainsi rédigé :

"Sous réserve des nécessités de l'ordre public et de la sécurité des transports, une association habilitée peut accéder, par l'intermédiaire d'un ou de deux représentants agréés, à chaque zone d'attente huit fois par an, entre 8 heures et 20 heures." ;

30° Le deuxième alinéa de l'article R. 351-1 n'est pas applicable ;

31° A l'article R. 351-3, les mots : "Sauf dans le cas où l'examen de la demande d'asile relève de la compétence d'un autre État," sont supprimés.

Sur l'application des dispositions issues du Décr. n° 2022-962 du 29 juin 2022, V. ndlr ss. art. R. 361-2.

Art. R. 366-5 Le gouvernement de la Nouvelle-Calédonie rend l'avis prévu par l'article L. 312-2 dans un délai d'un mois à compter de sa saisine par le haut-commissaire de la République. Cet avis est réputé émis s'il n'a pas été rendu dans ce délai.

Art. D. 366-6 *(Décr. n° 2022-963 du 29 juin 2022, art. 2)* Les articles D. 312-3 à D. 312-5-3 et D. 312-8-1 sont applicables en Nouvelle-Calédonie dans leur rédaction résultant du décret n° 2022-963 du 29 juin 2022.

Sur l'application de ces dispositions, V. ndlr ss. art. D. 361-2-1.

Ancien art. D. 366-6 *Les dispositions des articles D. 312-3 à D. 312-8 sont applicables en Nouvelle-Calédonie dans leur rédaction résultant du décret n° 2020-1734 du 16 décembre 2020.*

Art. D. 366-7 *(Décr. n° 2022-963 du 29 juin 2022, art. 2)* Pour l'application du présent livre en Nouvelle-Calédonie, à l'article D. 312-8-1, la référence aux articles D. 312-3 et D. 312-7 est remplacée par la référence à l'article D. 312-3.

Sur l'application de ces dispositions, V. ndlr ss. art. D. 361-2-1.

CHAPITRE VII DISPOSITIONS APPLICABLES DANS LES TERRES AUSTRALES ET ANTARCTIQUES FRANÇAISES

Le présent chapitre ne comprend pas de dispositions réglementaires.

LIVRE IV SÉJOUR EN FRANCE

V. liste des pièces justificatives exigées pour la délivrance des titres de séjour prévus par le présent Liv. (Annexe 10 du CESEDA), infra, ss. fin du Liv. IV de la partie L.

TITRE I DISPOSITIONS GÉNÉRALES

Art. R. 410-1 Conformément à l'article R. 237-1, les dispositions des articles D. 414-1, R. 414-2, D. 414-3 et D. 414-4 à l'exception du 1° sont applicables à l'étranger dont la situation est régie par le livre II.

CHAPITRE I DOCUMENTS DE SÉJOUR

Le présent chapitre ne comprend pas de dispositions réglementaires.

CHAPITRE II CONDITIONS GÉNÉRALES DE SÉJOUR

SECTION 1 *[UNIQUE]* Contrat d'engagement à respecter les principes de la République

(Décr. n° 2024-811 du 8 juill. 2024, art. 1er, en vigueur le 17 juill. 2024)

Les dispositions de la présente section s'appliquent aux demandes présentées à compter de la date de l'entrée en vigueur du Décr. n° 2024-811 du 8 juill. 2024 (le 17 juill. 2024, JO 16 juill.). L'étranger qui n'a pas pu souscrire à ce dispositif parce que son document de séjour a été délivré avant cette date signe le contrat d'engagement à respecter les principes de la République dans le cadre de sa demande de renouvellement (Décr. préc., art. 3).

Art. R. 412-1 L'étranger qui sollicite la première délivrance d'un document de séjour ou un renouvellement d'un tel document présente, à l'appui de sa demande, le contrat d'engagement à respecter les principes de la République prévu à l'article L. 412-7, signé par lui. Il signe et présente un nouveau contrat à l'appui de chaque demande de renouvellement.

Art. R. 412-2 Le contrat d'engagement à respecter les principes de la République, avec sa traduction dans une langue que l'intéressé comprend, est mis à disposition par l'autorité administrative chargée d'instruire la demande de titre de séjour selon les modalités qu'elle détermine, et qui assurent l'accessibilité de ce contrat pour l'usager.

Ce contrat est conforme au contrat type figurant en annexe 12 du présent code.

ANNEXE 12 MENTIONNÉE À L'ARTICLE R. 412-2

CONTRAT D'ENGAGEMENT À RESPECTER LES PRINCIPES DE LA RÉPUBLIQUE

(Décr. n° 2024-811 du 8 juill. 2024, art. 4, en vigueur le 17 juill. 2024)

La France m'a accueilli sur son sol. Dans le cadre de ma demande de délivrance ou de renouvellement d'un document de séjour, je m'engage solennellement à respecter les principes de la République française définis ci-après.

Je m'engage à respecter la liberté personnelle, la liberté d'expression et de conscience, l'égalité entre les femmes et les hommes, la dignité de la personne humaine, la devise et les symboles de la République au sens de l'article 2 de la Constitution, l'intégrité territoriale, définie par les frontières nationales, et à ne pas me prévaloir de mes croyances ou de mes convictions pour m'affranchir des règles communes régissant les relations entre les services publics et les particuliers.

Je suis informé que si je ne souscris pas cet engagement, le préfet me refusera la délivrance du document de séjour.

Je suis également informé qu'en cas d'agissements délibérés portant une atteinte grave à un de ces principes, commis dans un cadre public ou privé, et constitutifs d'un trouble à l'ordre public, le préfet pourra refuser le renouvellement de mon document de séjour, voire le retirer et, en conséquence, prendre une décision d'éloignement.

Engagement n° 1 : le respect de la liberté personnelle.

Je m'engage à respecter la vie privée de chaque personne ainsi que le secret de son domicile et de sa correspondance.

Je m'engage à respecter sa liberté d'aller et venir et à n'entraver, en aucune manière, sa capacité de communiquer avec autrui.

Je m'engage à respecter la liberté de chaque personne dans le choix de son conjoint.

Engagement n° 2 : le respect de la liberté d'expression et de conscience.

Je m'engage à m'abstenir de tout acte de prosélytisme exercé sous la contrainte, la menace ou la pression, dans le but de faire adhérer une autre personne à mes valeurs, mes principes, mes opinions ou convictions, ma religion ou encore mes croyances.

Je m'engage à ne pas faire obstacle, par la contrainte, la menace ou la pression, à l'expression par toute personne de ses valeurs, de ses principes, de ses opinions ou convictions, de sa religion ou encore de ses croyances.

Engagement n° 3 : le respect de l'égalité entre les femmes et les hommes.

Je m'engage à n'adopter aucune attitude sexiste et *[,]* donc, à ne pas faire subir à une personne des discriminations qui seraient fondées sur le sexe.

Au sein des services publics, je m'engage à ne pas perturber le fonctionnement du service et à adopter le même comportement vis-à-vis de l'agent public, qu'il soit un homme ou une femme.

Engagement n° 4 : le respect de la dignité de la personne humaine.

Je m'engage à respecter les lois et règlements en vigueur destinés à protéger la santé et l'intégrité physique et psychique de chaque personne.

Je m'engage à respecter l'égale dignité de tous les êtres humains, sans discrimination d'aucune sorte, notamment celles fondées sur l'origine, les opinions ou la religion, et en respectant l'orientation sexuelle de chaque personne.

Je m'engage à ne pas créer, maintenir ou exploiter la vulnérabilité psychologique ou physique d'une autre personne, quel que soit mon lien de parenté avec celle-ci.

Je m'engage à n'entreprendre aucune action de nature à compromettre le développement physique, affectif, intellectuel et social des mineurs, ainsi que leur santé et leur sécurité.

Engagement n° 5 : le respect de la devise et des symboles de la République.

Je m'engage à respecter la devise de la République qui est "Liberté, Égalité, Fraternité".

Je m'engage à ne pas outrager en public l'hymne national, la "Marseillaise", ou l'emblème national, le drapeau tricolore.

Je m'engage à ne pas provoquer à la commission de ce type d'actes répréhensibles.

Engagement n° 6 : le respect de l'intégrité territoriale de la France.

Je m'engage à ne pas remettre en cause, par des actions de nature à troubler l'ordre public ou en incitant à de telles actions ou en participant à une ingérence étrangère, la délimitation des frontières de la France et la souveraineté qu'elle exerce sur son territoire, en métropole comme outre-mer.

Engagement n° 7 : le respect du principe de laïcité.

Au sein des services publics, je m'engage à ne pas contester la légitimité d'un agent public ni exiger une adaptation du fonctionnement du service public ou d'un équipement public, en me fondant sur mes propres croyances ou considérations religieuses.

Art. R. 412-3 **Sont considérés comme des documents de séjour au sens de l'article L. 412-7 les documents mentionnés aux 3° à 8° de l'article L. 411-1, ainsi que toute autorisation provisoire de séjour sauf celle prévue à l'article R. 581-4.**

Les étrangers visés aux 3° à 5° de l'article R. 431-16 sont dispensés de la signature du contrat d'engagement à respecter les principes de la République pendant la période de validité de leur visa de long séjour.

Les étrangers visés aux 6° à 18° de l'article R. 431-16 souscrivent le contrat dans le cadre de la demande de renouvellement de leur visa valant titre de séjour mentionné au 2° de l'article L. 411-1.

CHAPITRE III INTÉGRATION RÉPUBLICAINE

SECTION 1 Information sur la vie en France

Art. R. 413-1 **Le ministre chargé de l'accueil et de l'intégration conçoit l'information sur la vie en France et les droits et devoirs qui y sont liés mentionnée à l'article L. 413-1. Cette information est accessible par voie dématérialisée.** – *[Anc. art. R. 311-19.]*

SECTION 2 **Contrat d'intégration**

Art. R. 413-2 L'étranger mentionné au premier alinéa de l'article L. 413-2 s'engage dans un parcours personnalisé d'intégration républicaine. A cet effet, il signe le contrat d'intégration républicaine prévu au second alinéa du même article par lequel il s'engage *(Abrogé par Décr. nº 2024-811 du 8 juill. 2024, art. 2, à compter du 17 juill. 2024)* ***« à respecter les principes et valeurs de la société française et de la République et »*** et à suivre avec sérieux et assiduité les formations et les dispositifs d'accompagnement qui lui sont prescrits. – *[Anc. art. R. 311-20, I.]*

Les modifications issues du Décr. nº 2024-811 du 8 juill. 2024 s'appliquent aux demandes présentées à compter de la date de son entrée en vigueur (le 17 juill. 2024, JO 16 juill.). L'étranger qui n'a pas pu souscrire à ce dispositif parce que son document de séjour a été délivré avant cette date signe le contrat d'engagement à respecter les principes de la République dans le cadre de sa demande de renouvellement (Décr. préc., art. 3).

Art. R. 413-3 Le contrat d'intégration républicaine, avec sa traduction dans une langue que l'intéressé comprend, est présenté par l'Office français de l'immigration et de l'intégration à l'étranger au cours d'un entretien personnalisé. A l'issue de cet entretien, il est signé par l'étranger et, le cas échéant, par son représentant légal admis régulièrement au séjour en France. Il est également signé par le préfet qui a accordé le titre de séjour ou par le préfet du lieu de résidence pour l'étranger séjournant en France sous couvert d'un visa d'une durée supérieure à trois mois.

Le contrat d'intégration républicaine signé à l'issue de l'entretien prescrit la formation civique obligatoire et, le cas échéant, la formation linguistique visant à l'acquisition de la langue française prévues respectivement aux 1° et 2° de l'article L. 413-3. Dès lors que la formation linguistique est prescrite, celle-ci devient obligatoire pour l'étranger, sous réserve des dispositions du troisième alinéa de l'article R. 413-13.

Le contrat d'intégration républicaine est préparé par l'office suivant un modèle type approuvé par arrêté du ministre chargé de l'accueil et de l'intégration. – *[Anc. art. R. 311-21, al. 1er, 5 et 6.]*

Arrêté du 30 décembre 2021,

Relatif au modèle type de contrat d'intégration républicaine créé par la loi nº 2016-274 du 7 mars 2016 relative au droit des étrangers en France.

Art. 1er Est approuvé, tel qu'annexé au présent arrêté, le modèle type de contrat d'intégration républicaine prévu à l'article R. 413-3 du code de l'entrée et du séjour des étrangers et du droit d'asile.

Art. 2 Les dispositions du présent arrêté ne sont pas applicables à Mayotte.

Elles sont applicables à Saint-Barthélemy et à Saint-Martin.

Les dispositions du présent arrêté entrent en vigueur le 1er janvier 2022.

Art. 3 L'arrêté du 1er juillet 2016 relatif au modèle type de contrat d'intégration républicaine créé par la loi nº 2016-274 du 7 mars 2016 relative au droit des étrangers en France est abrogé (INTV1612240A).

ANNEXE

RÉPUBLIQUE
FRANÇAISE
Liberté
Égalité
Fraternité

Contrat d'intégration républicaine

Madame, Monsieur,

Vous êtes aujourd'hui à l'Office français de l'immigration et de l'intégration (OFII) pour signer votre contrat d'intégration républicaine (CIR). Vous exprimez ainsi le souhait de vous établir durablement en France, votre pays d'accueil, et de vous engager dans un parcours personnalisé d'intégration.

Ce contrat, défini par la loi, est conclu entre vous et l'Etat, représenté par le préfet. Dans ce cadre, vous bénéficierez de droits mais vous devez aussi respecter des règles et vous soumettre à des obligations.

I. Les engagements de l'Etat

L'Etat s'engage à :

→ évaluer votre niveau en langue française ;

→ évaluer vos besoins d'accompagnement et vous orienter vers les bons interlocuteurs, notamment si vous cherchez un emploi ;

→ vous permettre de comprendre les principes et valeurs de la République, ainsi que le fonctionnement de la société française dans ses aspects les plus pratiques : c'est la **formation civique obligatoire** ;

→ vous permettre de progresser en français : c'est la **formation linguistique, obligatoire si vous n'avez pas le niveau A1** du cadre européen commun de référence des langues (CECRL) ;

→ vous permettre de certifier votre niveau de français, sous certaines conditions ;

→ suivre la bonne réalisation du contrat d'intégration républicaine, avec un **entretien de bilan obligatoire**.

II. Vos obligations

Vous vous engagez à :

→ respecter les valeurs essentielles de la société française et les principes de la République ;

→ participer avec assiduité et sérieux aux formations obligatoires ;

→ vous rendre à l'entretien obligatoire de bilan de contrat ;

→ considérer sérieusement les démarches recommandées par l'OFII, notamment celles relatives à l'accompagnement professionnel ;

→ signaler par courrier à l'OFII tout changement de situation.

OFII

III. Votre orientation personnalisée

Votre niveau de langue en français :

☐ A1 non atteint ☐ A1 atteint

☐ A2 ☐ B1 ou supérieur

Les formations suivantes obligatoires vous sont prescrites :

☐ Formation civique de 4 jours

☐ Formation linguistique vers le niveau A1
de ...... heures
En cas d'atteinte du niveau A1 avant la fin du parcours prescrit, il sera mis un terme anticipé à la formation.

Vous êtes orienté(e) vers l'offre de services suivante :

☐ Certification du niveau A2 ou B1 de langue française

☐ Formation linguistique vers le niveau A2

☐ Formation linguistique vers le niveau B1

☐ Service public de l'emploi :
- Pôle emploi
- Mission locale
- Autre

☐ Programme d'accompagnement global et individualisé des réfugiés (AGIR)

☐ Autres orientations :
....
....
....
....

IV. La durée du contrat

Le CIR est conclu pour une durée d'un an. Il peut exceptionnellement être prolongé par le préfet, pour des motifs légitimes, dans la limite d'une année supplémentaire.

Le CIR peut également être résilié par le préfet sur proposition de l'OFII si vous ne respectez pas les conditions d'assiduité et de sérieux et que vous avez manifesté un rejet des valeurs essentielles de la société française et de la République.

Le contrat d'intégration républicaine est la première étape de votre parcours d'intégration en France. Il offre les conditions d'une intégration réussie dans votre pays d'accueil.

Contrat d'intégration républicaine n° :
conclu entre :

M. / Mme (pour les mineurs, le représentant légal) L'Etat, représenté par le préfet

N° AGDREF :

Signature :

Le respect du contrat d'intégration républicaine, condition de la délivrance de votre carte de séjour pluriannuelle

En signant ce contrat, vous vous engagez à suivre avec assiduité et sérieux les formations prescrites et à respecter les valeurs essentielles de la société française et les principes de la République. **Vous vous y engagerez également à l'issue de la formation civique.**
Si vous respectez ces conditions, une carte de séjour pluriannuelle pourra vous être délivrée à l'échéance de votre carte de séjour temporaire.

La poursuite du parcours et la délivrance de la carte de résident

Vous pourrez ensuite poursuivre votre parcours d'intégration républicaine.
Si vous souhaitez obtenir la carte de résident, vous devrez avoir atteint le niveau de langue A2 du CECRL et respecter de manière effective les principes qui régissent la République française. Si vous souhaitez obtenir la nationalité française, le niveau B1 du CECRL est requis.
Pour ces deux niveaux linguistiques, l'OFII propose des parcours de formation.

Certification du niveau de langue française : comment faire ?

Trois possibilités :

✓ **Mon niveau de français a été évalué au niveau A2 ou B1 du CECRL**
Je peux m'inscrire pour faire certifier mon niveau de langue gratuitement, dans un délai de 12 mois après la signature du CIR.

✓ **Une formation obligatoire pour atteindre le niveau A1 du CECRL m'a été prescrite**
Je pourrai m'inscrire pour faire certifier mon niveau de langue dans un délai de 12 mois à l'issue de la formation.

✓ **Je vais suivre une formation optionnelle pour atteindre le niveau A2 ou B1 du CERCL**
A la fin de ma formation, je pourrai m'inscrire pour faire certifier mon niveau de langue, dans un délai de 6 mois à l'issue de la formation, et dans la limite des 2 ans suivant la signature de mon contrat.

Constitution du 4 octobre 1958

« Le peuple français proclame solennellement son attachement aux Droits de l'homme et aux principes de la souveraineté nationale tels qu'ils ont été définis par la Déclaration de 1789, confirmée et complétée par le préambule de la Constitution de 1946, ainsi qu'aux droits et devoirs définis dans la Charte de l'environnement de 2004. » *(préambule)*

« La France est une République indivisible, laïque, démocratique et sociale. Elle assure l'égalité devant la loi de tous les citoyens sans distinction d'origine, de race ou de religion. Elle respecte toutes les croyances. Son organisation est décentralisée. » *(article 1)*

« La langue de la République est le français.
L'emblème national est le drapeau tricolore, bleu, blanc, rouge.
L'hymne national est « La Marseillaise ».
La devise de la République est « Liberté, Égalité, Fraternité ».
Son principe est : gouvernement du peuple, par le peuple et pour le peuple. » *(article 2)*

« En signant le contrat, j'accepte que les données recueillies dans le cadre de l'entretien personnalisé du contrat d'intégration républicaine (CIR) nécessaires pour le traitement de ma demande soient collectées, stockées, traitées, utilisées et transmises aux prestataires de l'Office français de l'immigration et de l'intégration (OFII), à ses partenaires (service public de l'emploi, programme AGIR) et aux services préfectoraux, afin de me permettre de suivre dans les meilleures conditions les formations du CIR et mon parcours d'intégration en France. Mes données personnelles seront conservées pendant une durée qui ne pourra excéder 5 ans à compter de la date de signature du contrat.
En application du Règlement européen 2016/679, je dispose d'un droit d'accès et de rectification aux données me concernant, que je peux exercer en m'adressant à : « OFII, à l'attention du Délégué à la protection des données, 44 rue Bargue, 75015 Paris ». Le responsable du traitement est le Directeur général, que je peux contacter en m'adressant à : « OFII, à l'attention du Responsable de traitement, 44 rue Bargue, 75015 Paris. »
La loi n° 78-17 du 6 janvier 1978 relative à l'informatique, aux fichiers et aux libertés s'applique à ce contrat. Elle garantit un droit d'accès et de rectification pour les données vous concernant auprès de l'OFII.

Contrat d'intégration républicaine (CIR) - Ministère de l'intérieur, décembre 2021

RÉPUBLIQUE FRANÇAISE
Liberté
Égalité
Fraternité

Bilan et orientation personnalisée à l'issue de l'entretien
de fin de contrat d'intégration républicaine

Nom :

Prénom :

N° CIR :

I. Bilan du contrat d'intégration républicaine

☐ Formation civique suivie
dont atelier :
☐ Emploi
☐ Socio-culturel

☐ Formation linguistique A1 suivie

Nombre d'heures suivies :

Niveau atteint : ☐ A1 acquis ☐ A1.1 acquis ☐ non acquis

☐ Certification A1 obtenue

II. Bilan des actions réalisées après le premier entretien

Formation linguistique complémentaire effectuée :
☐ A2 OFII
☐ A2 hors OFII
☐ B1 OFII
☐ B1 hors OFII
☐ Atelier « Ouvrir l'école aux parents pour la réussite des enfants »
☐ Autres (préciser) :

Actions d'accompagnement suivies :
☐ Pôle emploi
☐ Mission locale
☐ Programme d'accompagnement global et individualisé des réfugiés (AGIR)
☐ Autres (préciser) :

Certification linguistique obtenue :
☐ A2
☐ B1

III. Vous êtes orienté(e) vers l'offre de services suivante :

☐ Pôle emploi
☐ Mission locale
☐ Dispense d'accompagnement professionnel à la demande du signataire
☐ Programme d'accompagnement global et individualisé des réfugiés (AGIR)
☐ Autres orientations :

☐ A2 OFII
☐ A2 hors OFII
☐ B1 OFII
☐ B1 hors OFII
☐ Atelier « Ouvrir l'école aux parents pour la réussite des enfants »
☐ Certification linguistique
☐ Autres (préciser) :

Lieu, date :

Le bénéficiaire, signature :

La Loi n° 78-17 du 6 janvier 1978 relative à l'informatique, aux fichiers et aux libertés s'applique à ce contrat. Elle garantit un droit d'accès et de rectification pour les données vous concernant auprès de l'Office français de l'immigration et de l'intégration.

OFII

Contrat d'intégration républicaine (CIR) - Bilan - Ministère de l'Intérieur, décembre 2021

Art. R. 413-4 Le contrat d'intégration républicaine est conclu pour une durée d'un an.

Ce contrat est respecté dès lors que les formations qu'il prévoit ont été suivies avec assiduité et sérieux *(Abrogé par Décr. n° 2024-811 du 8 juill. 2024, art. 2, à compter du 17 juill. 2024)* ***« et que l'étranger n'a pas manifesté de rejet des valeurs essentielles de la société française et de la République »***. Lorsque la formation linguistique prescrite se déroule sur une durée supérieure à un an, le préfet apprécie le respect des conditions d'assiduité et de sérieux au terme de la première année, au vu de l'avis de l'Office français de l'immigration et de l'intégration. Sous réserve du deuxième alinéa, la clôture du contrat intervient dans le mois suivant le terme de la durée prescrite de formation.

Lorsque les formations civique et linguistique prescrites et dûment suivies sont en cours d'exécution à l'échéance du contrat, le préfet peut, pour un motif légitime et sur proposition de l'office et sous réserve de la régularité de séjour de l'étranger, prolonger le contrat d'intégration républicaine dans la limite d'une année supplémentaire.

Le contrat peut être résilié par le préfet sur proposition de l'office lorsque celui-ci constate que l'étranger, sans motif légitime, ne participe pas ou plus à une formation prescrite ou ne respecte pas les engagements souscrits dans le cadre du contrat d'intégration républicaine. Le préfet informe l'étranger de son intention de résilier le contrat et le met à même de présenter ses observations dans le délai d'un mois. Il indique les motifs de la résiliation envisagée et en précise les conséquences au regard des dispositions du 1° de l'article L. 433-4 relatives à la délivrance de la carte de séjour pluriannuelle. – *[Anc. art. R. 311-26.]*

Sur l'application des modifications issues du Décr. n° 2024-811 du 8 juill. 2024, V. note ss. art. R. 413-2, supra.

Art. R. 413-5 Pour l'application du dernier alinéa de l'article L. 413-5 si l'étranger a effectué sa scolarité dans un établissement d'enseignement secondaire français à l'étranger ce dernier doit figurer sur la liste prévue par l'article R. 451-2 du code de l'éducation et l'intéressé doit présenter une attestation établie par le chef d'établissement. – *[Anc. art. R. 311-20, II, 3°.]*

Art. R. 413-6 L'étranger qui n'a pas souscrit à ce dispositif lors de sa première admission au séjour peut signer le contrat d'intégration républicaine ultérieurement, comme prévu à l'article L. 413-4, à condition qu'il réside régulièrement en France et sous réserve des exceptions prévues à l'article R. 413-7. Le cas échéant, le contrat est en outre signé par le représentant légal de l'étranger. – *[Anc. art. R. 311-20, III (sauf exceptions).]*

Art. R. 413-7 L'article R. 413-6 ne s'applique pas lorsque l'étranger réside en France sous couvert des cartes de séjour suivantes :

1° La carte de séjour temporaire portant la mention "travailleur temporaire" prévue à l'article L. 421-3 ;

2° La carte de séjour temporaire portant la mention "étudiant" prévue aux articles L. 422-1 ou L. 422-2 ;

3° La carte de séjour temporaire portant la mention "étudiant – programme de mobilité" prévue à l'article L. 422-5 ;

4° La carte de séjour temporaire portant la mention "vie privée et familiale" prévue aux articles L. 423-13 ou L. 425-9 ;

5° La carte de séjour temporaire portant la mention "visiteur" prévue à l'article L. 426-20 ;

6° La carte de séjour temporaire portant la mention "stagiaire" prévue à l'article L. 426-23 ;

7° La carte de séjour pluriannuelle portant la mention "travailleur saisonnier" prévue à l'article L. 421-34. – *[Anc. art. R. 311-20, III (exceptions).]*

SECTION 3 Entretien personnalisé de début de parcours d'intégration républicaine

Art. R. 413-8 L'entretien personnalisé mentionné à l'article R. 413-3 vise à informer l'étranger, au regard de son projet d'installation, de l'offre territoriale de services de nature à faciliter, notamment, son insertion professionnelle et ses conditions d'accueil et d'intégration en application des 3° et 4° de l'article L. 413-3 et à évaluer ses compétences linguistiques en français dans les conditions prévues à l'article R. 413-9.

Au cours de cet entretien, l'étranger en recherche d'emploi est orienté par l'Office français de l'immigration et de l'intégration, en fonction de sa situation et de ses besoins, vers un organisme concourant au service public de l'emploi pour bénéficier d'un entretien approfondi en orientation professionnelle puis de l'accompagnement adapté mentionné au 3° de l'article L. 413-3.

L'étranger qui ne souhaite pas bénéficier d'un conseil en orientation professionnelle, ni de l'accompagnement destiné à favoriser son insertion professionnelle qui le complète, exprime sa demande de dispense lors de cet entretien. – *[Anc. art. R. 311-21, al. 2, 3 et 4.]*

Art. R. 413-9 Lors de l'entretien personnalisé mentionné à l'article R. 413-3, l'Office français de l'immigration et de l'intégration évalue les besoins en formation linguistique de l'étranger en utilisant un test de connaissances orales et écrites en langue française. Ce test est fixé par un arrêté du ministre chargé de l'accueil et de l'intégration sur la base du cadre européen commun de référence pour les langues du Conseil de l'Europe tel qu'adopté par le comité des ministres du Conseil de l'Europe dans sa recommandation CM/Rec (2008)7 du 2 juillet 2008. – *[Anc. art. R. 311-24, al. 1er.]*

SECTION 4 Formations

SOUS-SECTION 1 Dispositions communes

Art. R. 413-10 L'Office français de l'immigration et de l'intégration organise les formations dispensées dans le cadre du contrat d'intégration républicaine. A cet effet, il assure l'inscription de l'étranger aux formations et veille à l'assiduité et au sérieux de sa participation.

La formation civique et la formation linguistique mentionnées aux articles R. 413-12 et R. 413-13 sont dispensées gratuitement. – *[Anc. art. R. 311-22.]*

Art. R. 413-11 A l'issue des formations prescrites ou au terme de la première année de formation linguistique, lorsque celle-ci se déroule sur une durée supérieure à un an, l'Office français de l'immigration et de l'intégration se prononce, au vu des informations transmises par les organismes ayant assuré les formations et, le cas échéant, des éléments fournis par l'étranger, sur l'assiduité et le sérieux de celui-ci aux formations. L'avis de l'office est transmis au préfet qui a délivré le titre de séjour ou le récépissé. – *[Anc. art. R. 311-25, al. 1er.]*

SOUS-SECTION 2 Formation civique

Art. R. 413-12 La formation civique, mentionnée au 1° de l'article L. 413-3 présente :

1° Les institutions françaises, *(Décr. n° 2024-811 du 8 juill. 2024, art. 2, en vigueur le 17 juill. 2024)* « les principes de la République, notamment ceux que l'étranger s'engage à respecter dans le cadre du contrat d'engagement visé à l'article L. 412-7 », l'État de droit, les libertés fondamentales, la sûreté des personnes et des biens, l'exercice de la citoyenneté, des droits et devoirs liés à la vie en France, l'histoire et les principales caractéristiques géographiques de la France, ainsi que les grandes étapes de la construction européenne ;

2° La société française et la vie en France, notamment les démarches d'accès à l'emploi, à la formation et aux services publics, le logement, la santé, les responsabilités et les dispositifs de soutien liés à la parentalité, la petite enfance et ses modes de garde, l'école, l'orientation scolaire et la vie associative.

A l'issue de chaque journée de formation, l'organisme de formation remet à l'étranger, sur demande, une attestation nominative de présence.

Un arrêté du ministre chargé de l'accueil et de l'intégration précise les conditions dans lesquelles la formation civique est organisée, sa durée ainsi que son contenu. – *[Anc. art. R. 311-23.]*

Les modifications issues du Décr. n° 2024-811 du 8 juill. 2024 s'appliquent aux demandes présentées à compter de la date de son entrée en vigueur (le 17 juill. 2024, JO 16 juill.). L'étranger qui n'a pas pu souscrire à ce dispositif parce que son document de séjour a été délivré avant cette date signe le contrat d'engagement à respecter les principes de la République dans le cadre de sa demande de renouvellement (Décr. préc., art. 3).

Ancien art. R. 413-12 *La formation civique, mentionnée au 1° de l'article L. 413-3 présente :*

1° Les institutions françaises, les valeurs de la République, notamment la liberté, l'égalité, dont l'égalité entre les hommes et les femmes, la fraternité, la laïcité, l'État de droit, les libertés fondamentales, la sûreté des personnes et des biens, l'exercice de la citoyenneté, des droits et devoirs liés à la vie en France, l'histoire et les principales caractéristiques géographiques de la France, ainsi que les grandes étapes de la construction européenne ;

2° La société française et la vie en France, notamment les démarches d'accès à l'emploi, à la formation et aux services publics, le logement, la santé, les responsabilités et les dispositifs de soutien liés à la parentalité, la petite enfance et ses modes de garde, l'école, l'orientation scolaire et la vie associative.

A l'issue de chaque journée de formation, l'organisme de formation remet à l'étranger, sur demande, une attestation nominative de présence.

Un arrêté du ministre chargé de l'accueil et de l'intégration précise les conditions dans lesquelles la formation civique est organisée, sa durée ainsi que son contenu. – [*Anc. art. R. 311-23.*]

SOUS-SECTION 3 **Formation linguistique**

Art. R. 413-13 Lorsque l'étranger obtient au test mentionné à l'article R. 413-9 des résultats égaux ou supérieurs au niveau déterminé par l'arrêté mentionné au même article et attestant du niveau satisfaisant de maîtrise de la langue française prévu par l'article L. 413-6, ou s'il justifie de la maîtrise de ce niveau par la production de diplômes ou de tests prévus par le même arrêté, il est dispensé par l'Office français de l'immigration et de l'intégration de l'inscription à la formation linguistique. Il en est fait mention dans le contrat d'intégration républicaine.

Lorsque l'étranger obtient à ce test des résultats inférieurs au niveau déterminé par l'arrêté mentionné au premier alinéa, une formation linguistique lui est prescrite dont il est fait mention dans le contrat d'intégration républicaine.

Il est mis un terme anticipé à la formation lorsque l'étranger atteint le niveau linguistique ciblé lors d'un test d'évaluation intermédiaire et qu'il a suivi sa formation avec assiduité.

A l'issue de la formation, l'organisme de formation remet à l'étranger, sur demande, une attestation nominative de présence mentionnant le nombre d'heures réalisées et les résultats obtenus aux tests d'évaluation initial et final.

(*Décr. n° 2021-1790 du 23 déc. 2021, art. 1er, en vigueur le 1er janv. 2022*) « Lorsque l'étranger obtient au test mentionné à l'article R. 413-9 des résultats supérieurs au niveau déterminé par l'arrêté mentionné au même article, ou qu'il est constaté lors de l'évaluation intermédiaire ou au terme de sa formation qu'il a atteint le niveau linguistique visé, il lui est proposé de faire certifier son niveau de français. Les frais de cette certification sont à la charge de l'État.

« Un arrêté du ministre chargé de l'accueil et de l'intégration fixe la durée maximale de la formation linguistique prescrite et précise les conditions dans lesquelles elle est organisée et son contenu, ainsi que le délai dans lequel la certification de son niveau de langue peut être demandée par l'étranger et les modalités de la prise en charge par l'État de cette certification [*ancienne rédaction : Lorsque l'étranger atteint le niveau linguistique ciblé lors de l'évaluation intermédiaire ou au terme de la formation, il lui est proposé de s'inscrire, dans un délai de six mois, à un test d'évaluation afin d'obtenir une certification de son niveau en français. Les frais de cette inscription sont à la charge de l'État.*

L'arrêté du ministre chargé de l'accueil et de l'intégration mentionné au premier alinéa du présent article fixe la durée maximale de la formation linguistique prescrite et précise les conditions dans lesquelles elle est organisée ainsi que son contenu]. » – [*Anc. art. R. 311-24, al. 2 à 7.*]

SECTION 5 **Entretien de fin de parcours d'intégration républicaine**

Art. R. 413-14 Dans le délai de trois mois après la fin des formations prescrites, l'Office français de l'immigration et de l'intégration convoque l'étranger à un entretien de fin de contrat au cours duquel un bilan des formations est réalisé. Une nouvelle information lui est apportée sur l'offre de services territoriale pouvant faciliter ses conditions d'accueil et d'intégration, et notamment son insertion professionnelle.

Au cours de cet entretien, l'étranger en recherche d'emploi est orienté par l'office, en fonction de sa situation et de ses besoins, vers un organisme concourant au service public de l'emploi pour bénéficier d'un entretien approfondi en orientation professionnelle puis de l'accompagnement adapté mentionné au 3° de l'article L. 413-3.

Lors de cet entretien, l'étranger qui ne souhaite pas bénéficier d'un conseil en orientation professionnelle, ni de l'accompagnement destiné à favoriser son insertion professionnelle qui le complète, exprime sa demande de dispense. – [*Anc. art. R. 311-25, al. 2, 3 et 4.*]

SECTION 6 **Appréciation de la condition d'intégration pour la délivrance de la carte de résident**

Art. R. 413-15 Pour l'appréciation de la condition d'intégration prévue à l'article L. 413-7, l'étranger doit fournir :

(Abrogé par Décr. n° 2024-811 du 8 juill. 2024, art. 2, à compter du 17 juill. 2024) **« *1° Une déclaration sur l'honneur par laquelle il s'engage à respecter les principes qui régissent la République française ;***

« *2°* » Les diplômes ou certifications permettant d'attester de sa maîtrise du français à un niveau égal ou supérieur au niveau A2 du cadre européen commun de référence pour les langues du Conseil de l'Europe tel qu'adopté par le comité des ministres du Conseil de l'Europe dans sa recommandation CM Rec (2008) 7 du 2 juillet 2008, dont la liste est définie par un arrêté du ministre chargé de l'accueil et de l'intégration. — *V. Arr. du 25 avr. 2023, infra.*

Les personnes qui présentent un handicap ou un état de santé déficient chronique peuvent, sur présentation d'un certificat médical conforme au modèle fixé par arrêté conjoint du ministre chargé de l'accueil et de l'intégration et des ministres chargés de la santé et des personnes handicapées, bénéficier d'aménagements d'épreuves pour le passage d'un test linguistique si leur état le justifie ou, en cas d'impossibilité de passer un tel test, être dispensées de la production *(Décr. n° 2024-811 du 8 juill. 2024, art. 2, en vigueur le 17 juill. 2024)* « de ces diplômes ou certifications ». — *[Anc. art. R. 314-1, 5°.]*

Sur l'application des modifications issues du Décr. n° 2024-811 du 8 juill. 2024, V. note ss. art. R. 413-12, supra.

Ancien art. R. 413-15 *Pour l'appréciation de la condition d'intégration prévue à l'article L. 413-7, l'étranger doit fournir :*

1° Une déclaration sur l'honneur par laquelle il s'engage à respecter les principes qui régissent la République française ;

2° Les diplômes ou certifications permettant d'attester de sa maîtrise du français à un niveau égal ou supérieur au niveau A2 du cadre européen commun de référence pour les langues du Conseil de l'Europe tel qu'adopté par le comité des ministres du Conseil de l'Europe dans sa recommandation CM Rec (2008) 7 du 2 juillet 2008, dont la liste est définie par un arrêté du ministre chargé de l'accueil et de l'intégration. — V. Arr. du 25 avr. 2023, infra.

Les personnes qui présentent un handicap ou un état de santé déficient chronique peuvent, sur présentation d'un certificat médical conforme au modèle fixé par arrêté conjoint du ministre chargé de l'accueil et de l'intégration et des ministres chargés de la santé et des personnes handicapées, bénéficier d'aménagements d'épreuves pour le passage d'un test linguistique si leur état le justifie ou, en cas d'impossibilité de passer un tel test, être dispensées de la production des diplômes ou certifications mentionnés au 2°. — [Anc. art. R. 314-1, 5°.]

Arrêté du 25 avril 2023,

Fixant la liste des diplômes et certifications attestant du niveau de maîtrise du français requis pour l'obtention d'une carte de résident, d'une carte de résident permanent ou d'une carte de résident portant la mention "résident de longue durée-UE".

Art. 1er Les diplômes recevables pour l'obtention d'une carte de résident, d'une carte de résident permanent ou d'une carte de résident portant la mention "résident de longue durée-UE", mentionnés à l'article R. 413-15 du code de l'entrée et du séjour des étrangers et du droit d'asile, sont les suivants :

1° Tout diplôme délivré par une autorité française, en France ou à l'étranger, sanctionnant un niveau au moins égal au niveau 3 du cadre national des certifications professionnelles ;

2° Tout diplôme attestant un niveau de connaissance de la langue française au moins équivalent au niveau A2 du cadre européen de référence pour les langues.

Art. 2 Pour l'obtention de ces mêmes titres de séjour, les certifications linguistiques mentionnées à l'article R. 413-15 du code susmentionné doivent respecter les critères cumulatifs suivants :

— être délivrées par un organisme certificateur reconnu par le ministère de l'intérieur ;

— attester de la maîtrise globale de l'ensemble des compétences écrites et orales du niveau A2 du cadre européen de référence pour les langues (expression orale, expression écrite, compréhension orale et compréhension écrite), l'expression orale devant être validée lors d'un entretien en présentiel ;

— avoir été passées depuis moins de deux ans, dans un centre d'examen agréé.

Art. 3 L'arrêté du 21 février 2018 fixant la liste des diplômes et certifications attestant le niveau de maîtrise du français requis, pour l'obtention d'une carte de résident ou d'une carte de résident portant la mention "résident de longue durée-UE" est abrogé (NOR : INTV1805032A).

Art. 4 Les dispositions du présent arrêté sont applicables à Saint-Barthélemy et à Saint-Martin.

CHAPITRE IV **DROITS ATTACHÉS AUX TITRES DE SÉJOUR**

SECTION 1 **Circulation sur le territoire français**

SOUS-SECTION 1 **Documents de circulation délivrés aux étrangers mineurs**

Art. D. 414-1 Le document de circulation pour étranger mineur est délivré par le préfet du département où réside habituellement le mineur et, lorsque ce dernier réside à Paris, par le préfet de police, sur demande de la personne exerçant l'autorité parentale ou de son mandataire.

Le demandeur est tenu de se présenter, à la préfecture de département ou à la sous-préfecture, ou, à Paris, à la préfecture de police, pour y souscrire une demande de document de circulation pour étranger mineur. Toutefois, le préfet peut prescrire que les demandes de document de circulation pour étrangers mineurs lui sont *[soient]* adressées par voie postale ou par voie dématérialisée. – *[Anc. art. D. 321-9.]*

Art. R. 414-2 L'étranger qui sollicite le document de circulation pour étranger mineur prévu à l'article L. 414-4 présente à l'appui de sa demande les pièces justificatives dont la liste est fixée par arrêté annexé au présent code.

Art. D. 414-3 Le document de circulation pour étranger mineur est établi suivant un modèle défini par arrêté du ministre chargé de l'immigration. – *[Anc. art. D. 321-11.]*

Art. D. 414-4 Le document de circulation pour étranger mineur devient caduc dans les cas suivants :

1° Lorsque les délais prévus aux 1° et 2° de l'article R. 431-5 sont expirés ;

2° Lorsqu'un titre de séjour est délivré au titulaire ;

3° Lorsque le titulaire acquiert la nationalité française avant sa majorité.

Le document de circulation pour étranger mineur caduc ou dont la durée de validité est échue doit être restitué par son titulaire au préfet de département où réside le mineur ou, à Paris, au préfet de police. – *[Anc. art. D. 321-12.]*

SOUS-SECTION 2 **Titres de voyage**

Art. R. 414-5 Sous réserve des dispositions particulières prévues aux articles R. 561-5 à R. 561-11, tout titre de voyage délivré pour une durée supérieure à un an intègre les éléments de sécurité et les éléments biométriques prévus par le règlement (CE) n° 2252/2004 du Conseil du 13 décembre 2004 établissant des normes pour les éléments de sécurité et les éléments biométriques intégrés dans les passeports et les documents de voyage délivrés par les États membres et son annexe, modifié par le règlement (CE) n° 444/2009 du Parlement européen et du Conseil du 28 mai 2009.

Il comporte, outre les mentions énumérées au B du II de l'annexe 3 du présent code, un composant électronique contenant les données à caractère personnel énumérées au B du III de la même annexe. – *[Anc. art. R. 321-22.]*

SECTION 2 **Exercice d'une activité professionnelle**

Art. R. 414-6 L'exercice par un étranger d'une activité professionnelle salariée en France métropolitaine est autorisé dans les conditions définies par les articles R. 5221-1 à R. 5221-48 du code du travail. – *[Anc. art. R. 322-1, ecqc la métropole.]*

TITRE II **CATÉGORIES DE TITRES DE SÉJOUR**

Art. R. 420-1 Conformément à l'article R. 237-1, les dispositions des articles R. 424-1, R. 424-4, R. 424-7 et R. 424-11 sont applicables à l'étranger dont la situation est régie par le livre II.

CHAPITRE I TITRES DE SÉJOUR POUR MOTIF PROFESSIONNEL

SECTION 1 Étranger exerçant une activité salariée

SOUS-SECTION 1 Carte de séjour portant la mention "salarié"

Art. R. 421-1 La carte de séjour temporaire portant la mention "salarié" prévue à l'article L. 421-1 autorise l'exercice d'une activité professionnelle dans les conditions définies aux articles R. 5221-1 et suivants du code du travail. – *[Anc. art. R. 313-15, al. 5.]*

Art. R. 421-2 L'étranger titulaire de la carte de séjour temporaire portant la mention "salarié" qui se trouve involontairement privé d'emploi présente tout justificatif relatif à la cessation de son emploi et, le cas échéant, à ses droits au regard des régimes d'indemnisation des travailleurs privés d'emploi.

Le préfet statue sur sa demande de renouvellement conformément aux dispositions de l'article L. 421-1. – *[Anc. art. R. 313-38.]*

Art. R. 421-3 La carte de séjour temporaire ou pluriannuelle portant la mention "salarié" délivrée en application de l'article L. 421-1 ne peut être retirée au motif que l'étranger s'est trouvé, autrement que de son fait, privé d'emploi. – *[Anc. art. R. 311-14, 8° (seconde phr. ecqc la carte de séjour mention "salarié").]*

SOUS-SECTION 2 Carte de séjour temporaire portant la mention "travailleur temporaire"

Art. R. 421-4 La carte de séjour temporaire portant la mention "travailleur temporaire" prévue à l'article L. 421-3 autorise l'exercice d'une activité professionnelle dans les conditions définies aux articles R. 5221-1 et suivants du code du travail. – *[Anc. art. R. 313-15-1, al. 5.]*

Art. R. 421-5 L'étranger qui remplit les conditions de renouvellement de la carte de séjour temporaire portant la mention "travailleur temporaire" prévue à l'article L. 421-3 se voit délivrer un titre pour une durée égale soit à celle restante à courir du contrat de travail ou de détachement initial dont il est titulaire, soit à celle de son nouveau contrat de travail ou de prolongation de son détachement. – *[Anc. art. R. 313-37, al. 2.]*

SOUS-SECTION 3 Étudiant étranger exerçant un emploi salarié

Art. D. 421-6 La liste mentionnée au second alinéa de l'article L. 421-4 comprend :

1° Les diplômes de niveau I labellisés par la Conférence des grandes écoles ;

2° Le diplôme de licence professionnelle. – *[Anc. art. D. 313-16-5, ecqc l'art. L. 313-10.]*

SECTION 2 Étranger exerçant une activité non salariée

Art. R. 421-7 Les dispositions de l'article L. 421-5 sont applicables à l'étranger dont l'activité non salariée nécessite une immatriculation soit au *(Décr. n° 2022-1014 du 19 juill. 2022, art. 13, en vigueur le 1er janv. 2023)* « Registre national des entreprises en tant qu'entreprise du secteur des métiers et de l'artisanat *[ancienne rédaction : Répertoire des métiers]* » ou au Registre du commerce et des sociétés, soit à l'Union de recouvrement des cotisations de sécurité sociale et d'allocations familiales (URSSAF). – *[Anc. art. R. 313-16.]*

Art. R. 421-8 L'étranger résidant hors de France qui sollicite la délivrance de la carte de séjour prévue à l'article L. 421-5 présente sa demande auprès des autorités diplomatiques ou consulaires françaises territorialement compétentes dans son pays de résidence.

L'étranger titulaire d'une carte de séjour ne l'autorisant pas à exercer une activité commerciale, industrielle ou artisanale, qui sollicite la délivrance de la carte de séjour prévue à l'article L. 421-5, présente sa demande au préfet du département de son lieu de résidence. – *[Anc. art. R. 313-3-1.]*

Art. R. 421-9 *(Décr. nº 2021-1222 du 23 sept. 2021, art. 1er)* Lorsque l'étranger présente un projet tendant à la création d'une activité commerciale, industrielle ou artisanale, il sollicite, préalablement au dépôt de sa demande tendant à la délivrance de la carte de séjour prévue à l'article L. 421-5, un avis sur la viabilité économique du projet auprès du service en charge de la main*[-]*d'œuvre étrangère compétent pour le département dans lequel il souhaite réaliser son projet.

Ancien art. R. 421-9 *Lorsque l'étranger présente un projet tendant à la création d'une activité commerciale, industrielle ou artisanale, l'autorité diplomatique ou consulaire ou le préfet compétent saisit pour avis le directeur régional des entreprises, de la concurrence, de la consommation, du travail et de l'emploi compétent dans le département dans lequel l'étranger souhaite réaliser son projet. — [Anc. art. R. 313-16-2.]*

Art. R. 421-10 Lors de la demande de délivrance ou de renouvellement de la carte de séjour prévue à l'article L. 421-5, le préfet vérifie la compatibilité de l'activité en cause avec la sécurité, la salubrité et la tranquillité publiques ainsi que, le cas échéant, l'absence de condamnation ou de décision emportant l'interdiction d'exercer une activité commerciale en France. — *[Anc. art. R. 313-16-3.]*

SECTION 3 Étranger bénéficiaire du "passeport talent"

SOUS-SECTION 1 Dispositions communes

§ 1 Conditions de présentation des demandes

Art. R. 421-11 Lorsque l'étranger qui sollicite la délivrance de la carte de séjour pluriannuelle portant la mention "passeport talent", "passeport talent – carte bleue européenne", "passeport talent – chercheur", "passeport talent – chercheur – programme de mobilité" ou "passeport talent (famille)" prévue aux articles L. 421-9 à L. 421-11, L. 421-13 à L. 421-21, L. 421-22 et L. 421-23 réside hors de France, la décision de délivrance du titre de séjour sollicitée est prise par l'autorité diplomatique et consulaire.

La carte de séjour est remise à l'étranger par le préfet du département où l'étranger a établi sa résidence en France ou, à Paris, par le préfet de police, sur présentation de son passeport revêtu d'un visa de long séjour portant la mention "passeport talent".

Dans l'attente de la délivrance du titre, le préfet délivre une autorisation provisoire de séjour d'une durée maximale de six mois.

Lorsque l'étranger qui sollicite la délivrance de la carte de séjour pluriannuelle mentionnée au premier alinéa est déjà admis au séjour sur le territoire français, la décision de délivrance est prise par le préfet de son lieu de résidence ou, à Paris, par le préfet de police. — *[Anc. art. R. 313-41.]*

§ 2 Durée de validité

Art. R. 421-12 La carte de séjour pluriannuelle portant la mention "passeport talent" prévue aux articles L. 421-9, L. 421-10 ou L. 421-13, la carte de séjour pluriannuelle portant la mention "passeport talent – carte bleue européenne" prévue à l'article L. 421-11 et la carte de séjour pluriannuelle portant la mention "passeport talent – chercheur" ou "passeport talent – chercheur – programme de mobilité" prévue à l'article L. 421-14 ont une durée de validité identique à celle du contrat de travail ou de la convention d'accueil présentés à l'appui de la demande de titre de séjour, dans la limite d'une durée de quatre ans. — *[Anc. art. R. 313-42, I.]*

Art. R. 421-13 La durée de validité de la carte de séjour pluriannuelle portant la mention "passeport-talent" prévue aux articles L. 421-16, L. 421-17, L. 421-18, L. 421-19, L. 421-20 ou L. 421-21 est déterminée au regard des motifs du séjour et du projet de l'étranger, dans la limite d'une durée de quatre ans. — *[Anc. art. R. 313-42, II.]*

§ 3 Étranger involontairement privé d'emploi ou cessant définitivement son activité commerciale

Art. R. 421-14 L'étranger titulaire de la carte de séjour pluriannuelle portant la mention "passeport talent" prévue aux articles L. 421-16, L. 421-17 ou L. 421-19 qui cesse définitivement son activité commerciale, industrielle ou artisanale est tenu d'en informer la préfecture de son lieu de résidence. – *[Anc. art. R. 313-43.]*

§ 4 Retrait

Art. R. 421-15 La carte de séjour pluriannuelle portant la mention "passeport talent" prévue aux articles L. 421-9 ou L. 421-10, la carte de séjour pluriannuelle portant la mention "passeport talent – carte bleue européenne" prévue à l'article L. 421-11, et la carte de séjour pluriannuelle portant la mention "passeport talent – chercheur" ou "passeport talent – chercheur – programme de mobilité" prévue à l'article L. 421-14 ne peuvent être retirées au motif que l'étranger s'est trouvé, autrement que de son fait, privé d'emploi. – *[Anc. art. R. 311-14, 8° (2e phr.) ecqc le passeport talent.]*

SOUS-SECTION 2 **Salariés qualifiés**

§ 1 Étranger diplômé exerçant une activité professionnelle ou salarié d'une jeune entreprise innovante

Art. D. 421-16 Pour l'application des articles L. 421-9 et L. 421-10, l'organisme public compétent pour reconnaître le caractère innovant d'une entreprise est le ministère chargé de l'économie. – *[Anc. art. D. 313-45-1, I.]*

Art. D. 421-17 Présente le caractère d'une entreprise innovante, au sens des articles L. 421-9 et L. 421-10, l'entreprise qui répond à l'un des critères suivants :

1° L'entreprise est ou a été bénéficiaire au cours des cinq dernières années d'un soutien public à l'innovation figurant sur une liste fixée par arrêté du ministre chargé de l'économie ;

2° Le capital de l'entreprise est ou a été au cours des cinq dernières années en totalité ou en partie détenu par une entité d'investissement ayant pour objet principal de financer ou d'investir dans des entreprises innovantes ;

3° L'entreprise est ou a été accompagnée au cours des cinq dernières années par une structure d'accompagnement dédiée aux entreprises innovantes. – *[Anc. art. D. 313-45-1, II.]*

Art. D. 421-18 Lorsqu'elle satisfait à l'un des critères énoncés à l'article D. 421-17, le ministre chargé de l'économie délivre à l'entreprise une attestation reconnaissant son caractère innovant. – *[Anc. art. D. 313-45-1, III.]*

Art. D. 421-19 La mise en œuvre des critères mentionnés à l'article D. 421-17 fait l'objet d'une évaluation annuelle conjointe du ministère de l'intérieur et du ministère chargé de l'économie. – *[Anc. art. D. 313-45-1, IV.]*

Art. D. 421-20 La liste mentionnée aux articles L. 421-9 et L. 421-10 comprend les diplômes de niveau I labellisés par la Conférence des grandes écoles. – *[Anc. art. D. 313-46-1.]*

§ 2 Passeport talent "Carte bleue européenne"

Art. R. 421-21 Lorsqu'un étranger justifiant d'un séjour d'au moins dix-huit mois dans un autre État membre sous couvert d'une "carte bleue européenne" délivrée par cet État sollicite en France la carte de séjour pluriannuelle portant la mention "passeport talent – carte bleue européenne", la décision d'admission au séjour en France est communiquée à l'autorité compétente de l'État membre concerné. – *[Anc. art. R. 313-49.]*

Art. R. 421-22 Lorsque la carte de séjour pluriannuelle portant la mention "passeport talent – carte bleue européenne" prévue à l'article L. 421-11 est délivrée sur justification d'un séjour d'au moins dix-huit mois dans un autre État membre sous couvert d'une carte bleue européenne délivrée par cet État, elle est délivrée au plus tard dans les six mois suivant le dépôt de la demande. – *[Anc. art. R. 313-44, II, al. 2, seconde phr.]*

Art. R. 421-23 Par dérogation à l'article R. 432-2, le silence gardé par l'autorité administrative sur la demande de carte de séjour pluriannuelle portant la mention "passeport talent – carte bleue européenne" prévue à l'article L. 421-11 fait naître une décision implicite de rejet au terme d'un délai de quatre-vingt-dix jours. – *[Anc. art. R. 313-50.]*

Art. R. 421-24 La demande de délivrance de la carte de résident portant la mention "résident de longue durée – UE" prévue aux articles L. 421-12 ou L. 421-25 vaut demande de renouvellement du titre de séjour précédemment acquis. – *[Anc. art. R. 314-1-3, ecqc l'art. L. 314-8-1.]*

Art. R. 421-25 Lorsque l'étranger dispose déjà d'une carte de résident portant la mention "résident de longue durée – UE" délivrée par un autre État membre de l'Union européenne, mentionnant qu'une protection internationale lui a été accordée, la carte de résident portant la mention "résident de longue durée – UE", délivrée par la France sur le fondement des articles L. 421-12 ou L. 421-25, porte la mention suivante sous la rubrique "Remarques" : "Le [nom de l'État membre] a accordé la protection internationale le [date]", après vérification auprès de l'État membre de l'Union européenne qui lui a accordé cette protection qu'il demeure sous sa protection.

Dans le cas où l'étranger obtient le transfert de sa protection en France, la mention prévue au premier alinéa est modifiée en conséquence, dans un délai maximal de trois mois suivant le transfert.

Lorsqu'un État membre de l'Union européenne informe la France qu'il a accordé une protection internationale à un étranger déjà titulaire d'une carte de résident portant la mention "résident de longue durée – UE", délivrée par la France sur le fondement des articles L. 421-12 ou L. 421-25, ou que la responsabilité de la protection de cet étranger a été transférée à cet État membre, la France modifie la mention prévue au premier alinéa en conséquence, dans un délai maximal de trois mois suivant la date à laquelle l'information a été transmise. – *[Anc. art. R. 314-1-4, al. 2 et 3, ecqc l'art. L. 314-8-1.]*

SOUS-SECTION 3 **Chercheurs**

§ 1 Délivrance

Art. R. 421-26 La décision de l'autorité administrative sur la demande de délivrance de la carte de séjour pluriannuelle portant la mention "passeport talent – chercheur" ou "passeport talent – chercheur – programme de mobilité" prévue à l'article L. 421-14 est notifiée par écrit à l'étranger dans les meilleurs délais et au plus tard dans les soixante jours à compter de la date d'introduction de la demande complète.

Par dérogation à l'article R. 432-2, le silence gardé par l'autorité administrative sur la demande fait naître une décision implicite de rejet au terme d'un délai de soixante jours. – *[Anc. art. R. 313-53, II.]*

Art. R. 421-27 La liste et les modalités d'agrément des organismes délivrant la convention d'accueil mentionnée à l'article L. 421-14 ainsi que le modèle type de cette convention sont établis par arrêté conjoint des ministres chargés de l'immigration et de l'enseignement supérieur et de la recherche. – *[Anc. art. R. 313-56.]*

§ 2 Procédure de notification de la mobilité

Art. R. 421-28 Pour l'application de l'article L. 421-15, l'établissement d'accueil en France de l'étranger admis au séjour dans un autre État membre de l'Union européenne notifie au préalable le projet de mobilité de l'étranger au ministre chargé de l'immigration dans les conditions prévues par arrêté conjoint du ministre chargé de l'immigration et du ministre chargé de l'enseignement supérieur et de la recherche. Cet arrêté établit également le modèle type de formulaire de notification de mobilité et fixe la liste des pièces justificatives à joindre à cette notification. – *[Anc. art. R. 313-54, I.]*

Art. R. 421-29 La mobilité de l'étranger en France, mentionnée à l'article L. 421-15, peut être refusée par le ministre chargé de l'immigration pour l'un des motifs suivants :

1° L'étranger ne dispose pas de documents de voyage en cours de validité ;

2° L'étranger ne dispose pas d'un titre de séjour délivré par le premier État membre ou celui-ci ne couvre pas la période de mobilité envisagée ;

3° L'étranger ne justifie pas de ressources suffisantes ;

4° L'étranger ne dispose pas d'une convention d'accueil conclue dans le premier État membre ;

5° L'entité d'accueil de l'étranger a été créée dans le but principal de faciliter l'entrée des étrangers ;

6° Il existe des éléments suffisamment probants et des motifs sérieux pour établir que l'étranger séjournerait en France à d'autres fins que celles pour lesquelles il demande son admission ;

7° L'étranger constitue une menace pour l'ordre public, la sécurité publique ou la santé publique. – *[Anc. art. R. 313-54, II.]*

Art. D. 421-30 Le ministre chargé de l'immigration informe sans délai et par écrit le premier État membre et l'auteur de la notification du refus de la mobilité prévu à l'article R. 421-29. – *[Anc. art. D. 313-54-1, al. 1er.]*

Art. R. 421-31 Le ministre chargé de l'immigration peut retirer l'autorisation d'exercer une mobilité en France prévue à l'article L. 421-15 pour l'un des motifs suivants :

1° L'étranger ne dispose plus de documents de voyage en cours de validité ;

2° L'étranger ne dispose plus d'un titre de séjour délivré par le premier État membre ;

3° L'étranger ne justifie plus de ressources suffisantes ;

4° L'étranger ne dispose plus d'une convention d'accueil conclue dans le premier État membre ;

5° L'entité d'accueil de l'étranger a été créée dans le but principal de faciliter l'entrée des étrangers ;

6° L'étranger séjourne sur le territoire français à d'autres fins que celles pour lesquelles son séjour a été autorisé ;

7° L'étranger constitue une menace pour l'ordre public, la sécurité publique ou la santé publique. – *[Anc. art. R. 313-54, III.]*

§ 3 Retrait

Art. D. 421-32 En cas de retrait du titre de séjour délivré sur le fondement de l'article L. 421-14, détenu par un chercheur en cours de mobilité dans un autre État membre, le ministre chargé de l'immigration informe sans délai et par écrit cet autre État membre et l'auteur de la notification. – *[Anc. art. D. 313-54-1, al. 2.]*

SOUS-SECTION 4 **Création d'entreprise, projet économique innovant et investissement** *(Décr. n° 2021-1222 du 23 sept. 2021, art. 2).*

§ 1 Étranger ayant un projet de création d'entreprise

Art. R. 421-33 *(Décr. n° 2021-1222 du 23 sept. 2021, art. 2)* Préalablement au dépôt de sa demande tendant à la délivrance de la carte de séjour pluriannuelle prévue à l'article L. 421-16, l'étranger sollicite un avis du ministère chargé de l'économie sur le caractère réel et sérieux de son projet de création d'entreprise.

> **Ancien art. R. 421-33** *L'autorité diplomatique ou consulaire ou le préfet compétent saisit pour avis le directeur régional des entreprises, de la concurrence, de la consommation, du travail et de l'emploi compétent dans le département dans lequel l'étranger qui sollicite la délivrance de la carte de séjour pluriannuelle portant la mention "passeport talent" prévue à l'article L. 421-16 envisage de créer son entreprise.* – *[Anc. art. R. 313-59.]*

Art. R. 421-34 Pour la délivrance de la carte de séjour pluriannuelle portant la mention "passeport talent" prévue à l'article L. 421-16, l'autorité diplomatique ou consulaire ou le préfet compétent vérifie la compatibilité de l'activité en cause avec la sécurité, la salubrité et la tranquillité publiques ainsi que, le cas échéant, l'absence de condamnation ou de décision emportant en France l'interdiction d'exercer une activité commerciale. – *[Anc. art. R. 313-60.]*

§ 1 *BIS* Étranger ayant un projet économique innovant

(Décr. n° 2021-1222 du 23 sept. 2021, art. 2)

Art. R. 421-34-1 Préalablement au dépôt de sa demande tendant à la délivrance de la carte de séjour pluriannuelle prévue à l'article L. 421-17, l'étranger sollicite un avis du ministère chargé de l'économie sur le caractère innovant de son projet économique.

§ 2 Étranger procédant à un investissement économique direct en France

Art. R. 421-35 L'étranger qui sollicite la délivrance de la carte de séjour pluriannuelle portant la mention "passeport talent" prévue à l'article L. 421-18 peut être regardé comme procédant à un investissement économique direct au sens du même article lorsque, personnellement ou par l'intermédiaire d'une société qu'il dirige ou dont il détient au moins 30 % du capital, il remplit les conditions cumulatives suivantes :

1° Créer ou sauvegarder ou s'engager à créer ou sauvegarder de l'emploi dans les quatre années qui suivent l'investissement sur le territoire français ;

2° Effectuer ou s'engager à effectuer sur le territoire français un investissement en immobilisations corporelles ou incorporelles d'au moins 300 000 euros. – *[Anc. art. R. 313-64.]*

Art. R. 421-36 Le carte de séjour pluriannuelle portant la mention "passeport talent" prévue à l'article L. 421-18 est retirée dans les situations suivantes :

1° L'opération ou l'engagement mentionné à l'article R. 421-35 ayant motivé sa délivrance ne connaît aucun début d'exécution dans un délai d'un an suivant la date de délivrance de cette carte ;

2° Il est établi que les fonds nécessaires à l'opération mentionnée à l'article R. 421-35 proviennent d'activités illicites. – *[Anc. art. R. 311-14, 9° et 10°, ecqc l'art. L. 313-20, 7°.]*

SOUS-SECTION 5 Membres de famille des étrangers titulaires de la carte de séjour pluriannuelle portant la mention "passeport talent"

Art. R. 421-37 La carte de séjour pluriannuelle portant la mention "passeport talent (famille)" prévue aux articles L. 421-22 ou L. 421-23 est retirée au conjoint et aux enfants majeurs de l'étranger titulaire de la carte de séjour pluriannuelle portant la mention "passeport talent" prévue à l'article L. 421-18 qui se la voit retirer en application de l'article R. 421-36. – *[Anc. art. R. 311-14, 9° et 10°, ecqc l'art. L. 313-21.]*

SECTION 4 Étranger effectuant un détachement temporaire intragroupe

SOUS-SECTION 1 Étranger résidant hors de l'Union européenne ou ayant été admis au séjour dans un autre État membre et membres de famille

§ 1 Dispositions communes

Art. R. 421-38 Pour l'application des articles L. 421-26 à L. 421-29, la délivrance de la carte de séjour pluriannuelle portant la mention "salarié détaché ICT", "salarié détaché mobile ICT", "salarié détaché ICT (famille)" ou "salarié détaché mobile ICT (famille)" est refusée dans les situations suivantes :

1° L'étranger effectue une mission dans un établissement ou une entreprise qui a été créée dans le but principal de faciliter l'entrée d'étrangers entrant dans les prévisions de ces mêmes articles ;

2° L'employeur, ou l'entreprise d'accueil de l'étranger a été condamné en vertu de l'article L. 8256-1 du code du travail ;

3° La durée maximale de séjour de trois ans est atteinte, réduite le cas échéant de la durée de séjour effectuée dans un autre État membre de l'Union européenne dans le cadre d'une mission similaire. – *[Anc. art. R. 311-11, al. 2 et 3, ecqc l'art. L. 313-24.]*

Art. R. 421-39 La délivrance de la carte de séjour pluriannuelle portant la mention "salarié détaché ICT", "salarié détaché mobile ICT", "salarié détaché ICT (famille)" ou "salarié détaché mobile ICT (famille)" prévue aux articles L. 421-26 à L. 421-29 peut être refusée dans les situations suivantes :

1° L'employeur, l'établissement ou l'entreprise d'accueil de l'étranger a été sanctionné pour avoir méconnu les interdictions définies aux 1° à 4° de l'article L. 8211-1 du code du travail ;

2° L'employeur, l'établissement ou l'entreprise d'accueil de l'étranger a été condamné en vertu de l'article L. 8256-2 du même code ;

3° L'employeur, l'établissement ou l'entreprise d'accueil de l'étranger a manqué à ses obligations légales en matière de sécurité sociale, de fiscalité ou de droits en matière de travail ou de conditions de travail. – *[Anc. art. R. 311-11-1, al. 1er, ecqc l'art. L. 313-24.]*

Art. R. 421-40 La carte de séjour pluriannuelle portant la mention "salarié détaché ICT", "salarié détaché mobile ICT", "salarié détaché ICT (famille)" ou "salarié détaché mobile ICT (famille)" prévue aux articles L. 421-26 à L. 421-29 est retirée dans les situations suivantes :

1° L'établissement ou l'entreprise d'emploi de l'étranger qui en est titulaire a été créé en France dans le but principal de faciliter l'entrée et le séjour d'étrangers effectuant une mission sur le territoire français dans le cadre du 2° de l'article L. 1262-1 du code du travail ;

2° L'employeur ou l'entreprise d'accueil de l'étranger a été condamné en application de l'article L. 8256-1 du même code. – *[Anc. art. R. 311-14, 12°, ecqc l'art. L. 313-24.]*

Art. R. 421-41 La carte de séjour pluriannuelle portant la mention "salarié détaché ICT", "salarié détaché mobile ICT", "salarié détaché ICT (famille)" ou "salarié détaché mobile ICT (famille)" prévue aux articles L. 421-26 à L. 421-29 peut être retirée dans les situations suivantes :

1° L'employeur, l'établissement ou l'entreprise d'accueil de l'étranger a été sanctionné pour avoir méconnu les interdictions définies aux 1° à 4° de l'article L. 8211-1 du code du travail ;

2° L'employeur, l'établissement ou l'entreprise d'accueil de l'étranger a été condamné en vertu de l'article L. 8256-2 du même code ;

3° L'employeur, l'établissement ou l'entreprise d'accueil de l'étranger a manqué à ses obligations légales en matière de sécurité sociale, de fiscalité ou de droits en matière de travail ou de conditions de travail. – *[Anc. art. R. 311-15, I, 13°, ecqc l'art. L. 313-24.]*

§ 2 Étranger résidant hors de l'Union européenne

Art. R. 421-42 Lorsque l'étranger, qui sollicite la carte de séjour pluriannuelle portant la mention "salarié détaché ICT" prévue à l'article L. 421-26, réside hors de France, la décision de délivrance de cette carte est prise par l'autorité diplomatique et consulaire. La carte de séjour est remise à l'étranger par le préfet du département où l'étranger a établi sa résidence en France ou, à Paris, par le préfet de police, sur présentation de son passeport revêtu d'un visa de long séjour portant la mention "salarié détaché ICT".

Lorsque l'étranger est déjà admis au séjour sur le territoire français, la décision de délivrance de la carte de séjour mentionnée au premier alinéa est prise par le préfet de son lieu de résidence ou, à Paris, par le préfet de police. – *[Anc. art. R. 313-73-1, ecqc le I de l'art. L. 313-24.]*

Art. R. 421-43 La décision des autorités compétentes sur la demande de carte de séjour pluriannuelle portant la mention "salarié détaché ICT" prévue à l'article L. 421-26 est notifiée par écrit au demandeur dans les meilleurs délais et au plus tard dans les 90 jours à compter de la date d'introduction de la demande complète.

Par dérogation à l'article R. 432-2, le silence gardé par l'autorité administrative sur la demande fait naître une décision implicite de rejet au terme d'un délai de quatre-vingt-dix jours. – *[Anc. art. R. 313-72, al. 8 et 9.]*

Art. R. 421-44 Toute modification relative aux pièces justifiant la délivrance de la carte de séjour pluriannuelle portant la mention "salarié détaché ICT" prévue à l'article L. 421-26 doit être notifiée par l'étranger à l'autorité administrative compétente. – *[Anc. art. R. 313-72, al. 10.]*

Art. R. 421-45 En cas de retrait de la carte de séjour pluriannuelle portant la mention "salarié détaché ICT" prévue à l'article L. 421-26, le ministre chargé de l'immigration informe immédiatement les autorités du deuxième État membre.

§ 3 Étranger ayant été admis au séjour dans un autre État membre

Art. R. 421-46 Pour l'application des deux premiers alinéas de l'article L. 421-27, l'établissement ou l'entreprise d'emploi de l'étranger qui effectue une mission en France notifie au préalable le projet de mobilité de l'étranger, dès lors qu'il est connu, à l'autorité administrative compétente désignée par arrêté du ministre chargé de l'immigration, et selon la procédure prévue par celui-ci. – *[Anc. art. R. 313-74, I.]*

Art. R. 421-47 La décision du préfet sur la demande de délivrance de la carte de séjour pluriannuelle portant la mention "salarié détaché mobile ICT" prévue à l'article L. 421-27 est notifiée par écrit à l'étranger dans les meilleurs délais et au plus tard dans les 90 jours à compter de la date d'introduction de la demande complète.

Par dérogation à l'article R. 432-2, le silence gardé par l'autorité administrative sur la demande fait naître une décision implicite de rejet au terme d'un délai de quatre-vingt-dix jours. – *[Anc. art. R. 313-74, II, al. 7 et 8.]*

Art. R. 421-48 Lorsque la carte de séjour pluriannuelle portant la mention "salarié détaché mobile ICT" prévue à l'article L. 421-27 est délivrée le ministre chargé de l'immigration informe les autorités compétentes du premier État membre.

Toute modification ayant une incidence sur les conditions sur la base desquelles la mobilité a été autorisée au titre du même article doit être notifiée par l'entreprise ou l'établissement hôte aux autorités administratives compétentes en France.

Art. R. 421-49 Pour l'application du troisième alinéa de l'article L. 421-27 la délivrance de la carte de séjour pluriannuelle portant la mention "salarié détaché mobile ICT" peut également être refusée à l'étranger lorsque son titre de séjour portant la mention " ICT", délivré dans le premier État membre, expire durant la procédure d'instruction de sa demande. – *[Anc. art. R. 311-11-1, al. 2, ecqc le IV de l'art. L. 313-24.]*

Art. R. 421-50 Lorsque l'étranger, qui sollicite la délivrance de la carte de séjour pluriannuelle portant la mention "salarié détaché mobile ICT (famille)" prévue à l'article L. 421-28 réside hors de France, la décision de délivrance du titre de séjour sollicitée est prise par l'autorité diplomatique et consulaire. La carte de séjour est remise à l'étranger par le préfet du département où l'étranger a établi sa résidence en France ou, à Paris, par le préfet de police, sur présentation de son passeport revêtu d'un visa de long séjour portant la mention "salarié détaché ICT (famille)".

Lorsque l'étranger est déjà admis au séjour sur le territoire français, la décision de délivrance du titre de séjour sollicitée est prise par le préfet de son lieu de résidence ou, à Paris, par le préfet de police. – *[Anc. art. R. 313-73-1, ecqc le II de l'art. L. 313-24.]*

SOUS-SECTION 2 Étranger effectuant un stage dans un établissement ou une entreprise du groupe qui l'emploie

§ 1 Carte de séjour temporaire portant la mention "stagiaire ICT" ou "stagiaire mobile ICT"

Art. R. 421-51 La décision des autorités compétentes sur la demande de carte de séjour temporaire portant la mention "stagiaire ICT" prévue à l'article L. 421-30 est notifiée par écrit au demandeur dans les meilleurs délais et au plus tard dans les quatre-vingt-dix jours à compter de la date d'introduction de la demande complète.

Par dérogation à l'article R. 432-2, le silence gardé par l'autorité administrative sur la demande fait naître une décision implicite de rejet au terme d'un délai de quatre-vingt-dix jours. – *[Anc. art. R. 313-10-6, al. 8.]*

Art. R.* 421-52 Le silence gardé par le préfet sur une demande de visa d'une convention de stage en vue de l'obtention de la carte de séjour temporaire portant la mention "stagiaire ICT" prévue à l'article L. 421-30 vaut décision de rejet. Toutefois, le silence gardé sur une demande de visa d'un avenant de prolongation de la durée du stage d'une durée maximale d'un an incluant le stage initial vaut décision d'acceptation. – *[Anc. art. R. 313-10-7-1.]*

Art. R. 421-53 Pour l'application des deux premiers alinéas de l'article L. 421-31, l'établissement ou l'entreprise d'emploi de l'étranger qui effectue une mission en France notifie au préalable le projet de mobilité de l'étranger, dès lors qu'il est connu, à l'autorité administrative compétente désignée par arrêté du ministre chargé de l'immigration, et selon la procédure prévue par celui-ci. – *[Anc. art. R. 313-10-10, I.]*

Art. R. 421-54 La décision de l'autorité administrative sur la demande de carte de séjour temporaire portant la mention "stagiaire mobile ICT" prévue à l'article L. 421-31 est notifiée par écrit au demandeur dans les meilleurs délais et au plus tard dans les quatre-vingt-dix jours à compter de la date d'introduction de la demande complète.

Par dérogation à l'article R. 432-2, le silence gardé par l'autorité administrative sur la demande fait naître une décision implicite de rejet au terme d'un délai de quatre-vingt-dix jours. – *[Anc. art. R. 313-10-10, II, al. 6.]*

§ 2 Refus et retrait de la carte de séjour temporaire portant la mention "stagiaire ICT" ou "stagiaire mobile ICT"

Art. R. 421-55 La délivrance de la carte de séjour temporaire portant la mention "stagiaire ICT" prévue à l'article L. 421-30 ou celle de la carte de séjour temporaire portant la mention "stagiaire mobile ICT" prévue à l'article L. 421-31 est refusée dans les situations suivantes :

1° L'étranger effectue une mission dans un établissement ou une entreprise qui a été créée dans le but principal de faciliter l'entrée en France d'étrangers entrant dans les prévisions des articles L. 421-30 et L. 421-31 ;

2° L'employeur, ou l'entreprise d'accueil de l'étranger a été condamné en vertu de l'article L. 8256-1 du code du travail ;

3° La durée maximale de séjour d'un an est atteinte, réduite le cas échéant de la durée de séjour effectuée dans un autre État membre de l'Union européenne dans le cadre d'une mission similaire. – *[Anc. art. R. 311-11, al. 2 et 3, ecqc l'art. L. 313-7-2.]*

Art. R. 421-56 La délivrance de la carte de séjour temporaire portant la mention "stagiaire ICT" prévue à l'article L. 421-30 ou celle de la carte de séjour temporaire portant la mention "stagiaire mobile ICT" prévue à l'article L. 421-31 peut être refusée dans les situations suivantes :

1° L'employeur, l'établissement ou l'entreprise d'accueil a été sanctionné pour avoir méconnu les interdictions définies aux 1° à 4° de l'article L. 8211-1 du code du travail ;

2° L'employeur, l'établissement ou l'entreprise d'accueil a été condamné en vertu de l'article L. 8256-2 du même code ;

3° L'employeur, l'établissement ou l'entreprise d'accueil a manqué à ses obligations légales en matière de sécurité sociale, de fiscalité ou de droits en matière de travail ou de conditions de travail. – *[Anc. art. R. 311-11-1, al. 1er, ecqc l'art. L. 313-7-2.]*

Art. R. 421-57 La délivrance de la carte de séjour temporaire portant la mention "stagiaire mobile ICT" prévue à l'article L. 421-31 peut être refusée à l'étranger lorsque son titre de séjour portant la mention "ICT", délivré dans le premier État membre, expire durant la procédure d'instruction de sa demande. – *[Anc. art. R. 311-11-1, al. 2, ecqc l'art. L. 313-7-2.]*

Art. R. 421-58 La carte de séjour temporaire portant la mention "stagiaire ICT" prévue à l'article L. 421-30 ou la carte de séjour temporaire portant la mention "stagiaire mobile ICT" prévue à l'article L. 421-31 est retirée dans les situations suivantes :

1° L'établissement ou l'entreprise d'emploi de l'étranger qui en est titulaire a été créé en France dans le but principal de faciliter l'entrée et le séjour en France d'étrangers effectuant une mission sur le territoire français dans le cadre du 2° de l'article L. 1262-1 du code du travail ;

2° L'employeur ou l'entreprise d'accueil de l'étranger a été condamné en vertu de l'article L. 8256-1 du même code. – *[Anc. art. R. 311-14, 12°, ecqc l'art. L. 313-7-2.]*

SECTION 5 Étranger exerçant un emploi à caractère saisonnier

Art. R. 421-59 Les autorités compétentes fournissent au travailleur saisonnier des informations écrites relatives à ses droits et obligations au titre de la directive 2014/36/UE du Parlement européen et du Conseil du 26 février 2014 établissant les conditions d'entrée et de séjour des ressortissants de pays tiers aux fins d'un emploi en tant que travailleur saisonnier, y compris les procédures de recours.

Art. R. 421-60 Par dérogation à l'article R. 432-2, le silence gardé par l'autorité administrative sur la demande de carte de séjour pluriannuelle portant la mention "travailleur saisonnier" prévue à l'article L. 421-34 fait naître une décision implicite de rejet au terme d'un délai de quatre-vingt-dix jours.

CHAPITRE II TITRES DE SÉJOUR POUR MOTIF D'ÉTUDES

SECTION 1 Dispositions communes à la carte de séjour temporaire portant la mention "étudiant" et à la carte de séjour temporaire ou pluriannuelle portant la mention "étudiant – programme de mobilité"

Art. R. 422-1 Les dispositions de la présente section s'appliquent à la carte de séjour temporaire portant la mention "étudiant" et à la carte de séjour temporaire ou pluriannuelle portant la mention "étudiant – programme de mobilité".

Art. R. 422-2 *(Abrogé par Décr. n° 2021-313 du 24 mars 2021, art. 2-I) Le préfet peut prescrire que les demandes de cartes de séjour temporaire portant la mention "Étudiant" prévue aux articles L. 422-1 ou L. 422-2, ou de carte de séjour temporaire ou pluriannuelle portant la mention "étudiant – programme de mobilité" prévue aux articles L. 422-5 ou L. 422-6 soient déposées auprès des établissements d'enseignement ayant souscrit à cet effet une convention avec l'État. – [Anc. art. R. 311-1, al. 5.]*

Art. R. 422-3 *(Abrogé par Décr. n° 2021-313 du 24 mars 2021, art. 2-I) Par dérogation au premier alinéa de l'article R. 431-20, lorsque la demande de titre de séjour est déposée auprès d'un établissement d'enseignement supérieur conformément à l'article R. 422-2, le préfet compétent pour délivrer les cartes de séjour prévues aux articles L. 422-1, L. 422-2, L. 422-5 ou L. 422-6 est le préfet du département où se situe cet établissement. La demande de titre de séjour lui est transmise sans délai. Il est remis au demandeur un document attestant du dépôt de sa demande. Ce document ne vaut pas autorisation de séjour. – [Anc. art. R. 311-7.]*

Art. R. 422-4 L'établissement d'enseignement qui accueille l'étranger doit fonctionner dans des conditions conformes aux dispositions législatives et réglementaires en vigueur. Sa capacité à recevoir l'étudiant étranger dans de telles conditions peut faire l'objet d'une vérification par l'administration chargée du contrôle de l'établissement. – *[Anc. art. R. 313-9.]*

Art. R. 422-5 La décision du préfet sur la demande de délivrance de la carte de séjour temporaire portant la mention "étudiant" prévue aux articles L. 422-1 ou L. 422-2, ou de la carte de séjour temporaire ou pluriannuelle portant la mention "étudiant – programme de mobilité" prévue aux articles L. 422-5 ou L. 422-6 est notifiée par écrit à l'étranger dans les meilleurs délais et au plus tard dans les quatre-vingt-dix jours à compter de la date d'introduction de la demande complète.

Par dérogation à l'article R. 432-2, le silence gardé par l'autorité administrative sur la demande fait naître une décision implicite de rejet au terme d'un délai de quatre-vingt-dix jours. – *[Anc. art. R. 313-7, II ; anc. art. R. 313-75-3, II.]*

Art. D. 422-6 En cas de retrait du titre de séjour délivré sur le fondement des articles L. 422-5 ou L. 422-6, détenu par un étudiant en cours de mobilité dans un autre État membre, le ministre chargé de l'immigration informe sans délai et par écrit cet autre État membre et l'auteur de la notification. – *[Anc. art. D. 313-7-2, al. 2.]*

SECTION 2 Étranger étudiant en France

Art. R. 422-7 La carte de séjour temporaire portant la mention "étudiant" prévue aux articles L. 422-1 ou L. 422-2 peut être retirée si l'étranger qui en est titulaire ne respecte pas la limite de 60 % de la durée de travail annuelle mentionnée à l'article L. 422-1. – *[Anc. art. R. 311-15, I, 3°.]*

SECTION 3 **Étranger inscrit dans un programme de mobilité**

Art. R. 422-8 Pour l'application de l'article L. 422-4, l'établissement d'accueil en France de l'étranger admis au séjour dans un autre État membre de l'Union européenne notifie au préalable le projet de mobilité de l'étranger au ministre chargé de l'immigration dans les conditions prévues par arrêté conjoint du ministre chargé de l'immigration et du ministre chargé de l'enseignement supérieur et de la recherche. Cet arrêté établit également le modèle type de formulaire de notification de la mobilité et fixe la liste des pièces justificatives à joindre à cette notification.

Pour être autorisé à séjourner en France, l'étranger doit justifier qu'il dispose de moyens d'existence suffisants correspondant au moins au montant de l'allocation d'entretien mensuelle de base versée, au titre de l'année universitaire écoulée, aux boursiers du Gouvernement français. – *[Anc. art. R. 313-7-1, I.]*

Art. R. 422-9 La mobilité de l'étranger en France, mentionnée à l'article L. 422-4, peut être refusée par le ministre chargé de l'immigration pour l'un des motifs suivants :

1° L'étranger ne dispose pas de documents de voyage en cours de validité ;

2° L'étranger ne dispose pas d'un titre de séjour délivré par le premier État membre ou celui-ci ne couvre pas la période de mobilité envisagée ;

3° L'étranger ne justifie pas d'une assurance maladie ;

4° L'étranger ne justifie pas de ressources suffisantes ;

5° L'étranger ne justifie pas d'une inscription dans un établissement d'enseignement supérieur en France ;

6° L'établissement d'accueil de l'étranger a été créé dans le but principal de faciliter l'entrée des étrangers ;

7° Il existe des éléments suffisamment probants pour établir que l'étranger séjournerait en France à d'autres fins que celles pour lesquelles il demande son admission ;

8° L'étranger constitue une menace pour l'ordre public, la sécurité publique ou la santé publique. – *[Anc. art. R. 313-7-1, II.]*

Art. D. 422-10 Le ministre chargé de l'immigration informe sans délai et par écrit le premier État membre et l'auteur de la notification du refus de la mobilité prévu à l'article R. 422-9. – *[Anc. art. D. 313-7-2, al. 1er.]*

Art. R. 422-11 Le ministre chargé de l'immigration peut retirer l'autorisation d'exercer une mobilité en France prévue à l'article L. 422-4 pour l'un des motifs suivants :

1° L'étranger ne dispose plus de documents de voyage en cours de validité ;

2° L'étranger ne dispose plus d'un titre de séjour délivré par le premier État membre ;

3° L'étranger ne justifie plus d'une assurance maladie ;

4° L'étranger ne justifie plus de ressources suffisantes ;

5° L'étranger ne justifie plus d'une inscription dans un établissement d'enseignement supérieur en France ;

6° L'établissement d'accueil de l'étranger a été créé dans le but principal de faciliter l'entrée des étrangers ;

7° L'étranger ne respecte pas la limite de la durée de travail annuelle prévue à l'article L. 422-4 du code de l'entrée et du séjour des étrangers et du droit d'asile ;

8° L'étranger séjourne sur le territoire français à d'autres fins que celles pour lesquelles son séjour a été autorisé ;

9° L'étranger constitue une menace pour l'ordre public, la sécurité publique ou la santé publique. – *[Anc. art. R. 313-7-1, III.]*

SECTION 4 **Étudiant ou chercheur étranger prolongeant son séjour ou revenant sur le territoire**

Art. R. 422-12 La décision du préfet sur la demande de carte de séjour portant la mention "recherche d'emploi ou création d'entreprise" prévue aux articles L. 422-10 ou L. 422-14 est notifiée par écrit à l'étranger dans les meilleurs délais et au plus tard dans les quatre-vingt-dix jours à compter de la date d'introduction de la demande complète.

Par dérogation à l'article R. 432-2, le silence gardé par l'autorité administrative sur la demande fait naître une décision implicite de rejet au terme d'un délai de quatre-vingt-dix jours. – *[Anc. art. R. 313-11-4, al. 1er et 2.]*

Art. D. 422-13 La liste mentionnée aux articles L. 422-10 et L. 422-14 comprend :

1° Les diplômes de niveau I labellisés par la Conférence des grandes écoles ;

2° Le diplôme de licence professionnelle. – *[Anc. art. D. 313-16-5, ecqc l'art. L. 313-8.]*

CHAPITRE III TITRES DE SÉJOUR POUR MOTIF FAMILIAL

SECTION 1 Étranger conjoint de Français

Art. R. 423-1 La demande de délivrance de la carte de résident prévue à l'article L. 423-6 vaut demande de renouvellement du titre de séjour précédemment acquis lorsqu'elle est présentée par un étranger qui est marié depuis au moins trois ans avec un ressortissant français. – *[Anc. art. R. 314-1-3, ecqc le 3° de l'art. L. 314-9.]*

Art. R. 423-2 L'étranger titulaire de la carte de résident prévue à l'article L. 423-6 peut se la voir retirer s'il a mis fin à sa vie commune avec un ressortissant français dans les quatre années qui suivent la célébration du mariage, sauf dans les cas mentionnés au même article. – *[Anc. art. R. 311-15, I, 6°.]*

SECTION 2 Étranger parent d'un Français

Art. R. 423-3 La demande de délivrance de la carte de résident prévue à l'article L. 423-10 vaut demande de renouvellement du titre de séjour précédemment acquis lorsqu'elle est présentée par un étranger qui est titulaire depuis au moins trois ans de la carte de séjour temporaire prévue à l'article L. 423-7 ou d'une carte de séjour pluriannuelle délivrée à l'étranger mentionné aux articles L. 423-1, L. 423-7 ou L. 423-23. – *[Anc. art. R. 314-1-3, ecqc le 2° de l'art. L. 314-9.]*

SECTION 3 Étranger autorisé à séjourner en France au titre du regroupement familial

Art. R. 423-4 La demande de délivrance de la carte de résident prévue à l'article L. 423-16 vaut demande de renouvellement du titre de séjour précédemment acquis lorsqu'elle est présentée après trois années de résidence régulière ininterrompue. – *[Anc. art. R. 413-1-3, ecqc le 1° de l'art. L. 314-9.]*

SECTION 4 Étranger ayant des liens personnels et familiaux en France

Art. R. 423-5 Pour l'application de l'article L. 423-23, l'étranger qui invoque la protection due à son droit au respect de la vie privée et familiale en France doit apporter toute justification permettant d'apprécier :

1° La réalité et la stabilité de ses liens personnels et familiaux effectifs en France ;

2° La justification de ses attaches familiales dans son pays d'origine ;

3° La justification de ses conditions d'existence en France ;

4° La justification de son insertion dans la société française appréciée notamment au regard de sa connaissance des valeurs de la République *(Décr. n° 2024-811 du 8 juill. 2024, art. 2, en vigueur le 17 juill. 2024)* « et, dans les conditions prévues aux articles L. 412-7 et suivants, de son engagement à respecter ses principes ». – *[Anc. art. R. 313-21.]*

Les modifications issues du Décr. n° 2024-811 du 8 juill. 2024 s'appliquent aux demandes présentées à compter de la date de son entrée en vigueur (le 17 juill. 2024, JO 16 juill.). L'étranger qui n'a pas pu souscrire à ce dispositif parce que son document de séjour a été délivré avant cette date signe le contrat d'engagement à respecter les principes de la République dans le cadre de sa demande de renouvellement (Décr. préc., art. 3).

CHAPITRE IV TITRES DE SÉJOUR ACCORDÉS AUX BÉNÉFICIAIRES D'UNE PROTECTION INTERNATIONALE

SECTION 1 Réfugiés

Art. R. 424-1 Le préfet procède à la délivrance de la carte de résident prévue aux articles L. 424-1 ou L. 424-3 dans un délai de trois mois à compter de la décision de reconnaissance de la qualité de réfugié par l'Office français de protection des réfugiés et apatrides ou la Cour nationale du droit d'asile. Ce délai n'est pas applicable aux membres de famille visés à l'article L. 561-2. – *[Anc. art. R. 314-2, al. 12.]*

Art. R. 424-2 La carte de résident portant la mention "résident de longue durée – UE", prévue à l'article L. 424-5, délivrée à l'étranger qui a la qualité de réfugié, porte la mention suivante sous la rubrique "Remarques" : "La France a accordé la protection internationale le [date]". – *[Anc. art. R. 314-1-4, al. 1er, ecqc la qualité de réfugié.]*

Art. R. 424-3 Lorsqu'un autre État membre demande à la France si un étranger, déjà titulaire de la carte de résident portant la mention "résident de longue durée – UE" prévue à l'article L. 424-5, demeure sous la protection de l'Office français de protection des réfugiés et apatrides, la réponse est adressée par le préfet qui a délivré la carte, dans le délai maximal d'un mois suivant la réception de la demande. – *[Anc. art. R. 314-1-4, al. 4.]*

Art. R. 424-4 S'il est mis fin, dans les conditions prévues à l'article L. 424-6, au statut de réfugié par décision définitive de l'Office français de protection des réfugiés et apatrides ou par décision de justice ou lorsque l'étranger renonce à ce statut, le titre de séjour peut être retiré.

Lorsque le titre est retiré en application du premier alinéa, le préfet du département où réside habituellement l'étranger ou, lorsque ce dernier réside à Paris, le préfet de police statue dans un délai de quatre mois à compter de la notification de la décision de retrait du titre de séjour sur le droit au séjour de l'intéressé à un autre titre. – *[Anc. art. R. 311-14, 11°, ecqc le statut de réfugié.]*

Art. R. 424-5 L'étranger titulaire de la carte de résident portant la mention "résident de longue durée – UE" prévue à l'article L. 424-5 peut se la voir retirer s'il perd la qualité de réfugié dans les cas mentionnés à l'article L. 424-8. – *[Anc. art. R. 311-15, I, 11°, ecqc les réfugiés.]*

Art. R. 424-6 La demande de délivrance de la carte de résident portant la mention "résident de longue durée – UE" prévue à l'article L. 424-5 vaut demande de renouvellement du titre de séjour précédemment acquis. – *[Anc. art. R. 314-1-3, ecqc l'art. L. 314-8-2 (statut de réfugié).]*

SECTION 2 Bénéficiaires de la protection subsidiaire

Art. R. 424-7 Le préfet procède à la délivrance de la carte de séjour pluriannuelle prévue aux articles L. 424-9 ou L. 424-11 dans un délai de trois mois à compter de la décision d'octroi de la protection subsidiaire par l'Office français de protection des réfugiés et apatrides ou la Cour nationale du droit d'asile. Ce délai n'est pas applicable aux membres de famille visés à l'article L. 561-2. – *[Anc. art. R. 313-75-1, III, al. 2.]*

Art. R. 424-8 La carte de résident portant la mention "résident de longue durée – UE", prévue à l'article L. 424-14, délivrée à l'étranger qui bénéficie de la protection subsidiaire, porte la mention suivante sous la rubrique "Remarques" : "La France a accordé la protection internationale le [date]". – *[Anc. art. R. 314-1-4, al. 1er, ecqc la protection subsidiaire.]*

Art. R. 424-9 Lorsqu'un autre État membre demande à la France si un étranger, déjà titulaire de la carte de résident portant la mention "résident de longue durée – UE" prévue à l'article L. 424-14 demeure sous la protection de l'Office français de protection des réfugiés et apatrides, la réponse est adressée par le préfet qui a délivré la carte, dans le délai maximal d'un mois suivant la réception de la demande. – *[Anc. art. R. 314-1-4, al. 4, ecqc la protection subsidiaire.]*

Art. R. 424-10 La demande de délivrance de la carte de résident portant la mention "résident de longue durée – UE" prévue à l'article L. 424-14 vaut demande de renouvellement du titre de séjour précédemment acquis. – *[Anc. art. R. 314-1-3, ecqc l'art. L. 314-8-2 (protection subsidiaire).]*

Art. R. 424-11 S'il est mis fin, dans les conditions prévues à l'article L. 424-15, au bénéfice de la protection subsidiaire par décision définitive de l'Office français de protection des réfugiés et apatrides ou par décision de justice ou lorsque l'étranger renonce à ce statut, le titre de séjour peut être retiré.

Lorsque le titre est retiré en application du premier alinéa, le préfet du département où réside habituellement l'étranger ou, lorsque ce dernier réside à Paris, le préfet de police statue dans un délai de quatre mois à compter de la notification de la décision de retrait du titre de séjour sur le droit au séjour de l'intéressé à un autre titre. – *[Anc. art. R. 311-14, 11° ecqc la protection subsidiaire.]*

Art. R. 424-12 L'étranger titulaire de la carte de résident portant la mention "résident de longue durée – UE" prévue à l'article L. 424-14, délivrée par la France, peut se la voir retirer s'il perd le bénéfice de la protection subsidiaire dans les cas mentionnés à l'article L. 424-17. – *[Anc. art. R. 311-15, I, 11°, ecqc la protection subsidiaire.]*

CHAPITRE V TITRES DE SÉJOUR POUR MOTIF HUMANITAIRE

SECTION 1 Étranger victime de traite des êtres humains ou de proxénétisme ou engagé dans un parcours de sortie de la prostitution

Art. R. 425-1 Le service de police ou de gendarmerie qui dispose d'éléments permettant de considérer qu'un étranger, victime d'une des infractions constitutives de la traite des êtres humains ou du proxénétisme prévues et réprimées par les articles 225-4-1 à 225-4-6 et 225-5 à 225-10 du code pénal, est susceptible de porter plainte contre les auteurs de cette infraction ou de témoigner dans une procédure pénale contre une personne poursuivie pour une infraction identique, l'informe :

1° De la possibilité d'admission au séjour et du droit à l'exercice d'une activité professionnelle qui lui sont ouverts par l'article L. 425-1 ;

2° Des mesures d'accueil, d'hébergement et de protection prévues aux articles R. 425-4 et R. 425-7 à R. 425-10 ;

3° Des droits mentionnés à l'article 53-1 du code de procédure pénale, notamment de la possibilité d'obtenir une aide juridique pour faire valoir ses droits.

Le service de police ou de gendarmerie informe également l'étranger qu'il peut bénéficier d'un délai de réflexion de trente jours, dans les conditions prévues à l'article R. 425-2, pour choisir de bénéficier ou non de la possibilité d'admission au séjour mentionnée au 1°.

Ces informations sont données dans une langue que l'étranger comprend et dans des conditions de confidentialité permettant de le mettre en confiance et d'assurer sa protection.

Ces informations peuvent être fournies, complétées ou développées auprès des personnes intéressées par des organismes de droit privé à but non lucratif, spécialisés dans le soutien aux personnes prostituées ou victimes de la traite des êtres humains, dans l'aide aux migrants ou dans l'action sociale, désignés à cet effet par le ministre chargé de l'action sociale. – *[Anc. art. R. 316-1.]*

Art. R. 425-2 L'étranger à qui un service de police ou de gendarmerie fournit les informations mentionnées à l'article R. 425-1 et qui choisit de bénéficier du délai de réflexion de trente jours prévu au même article se voit délivrer un récépissé de même durée par le préfet ou, à Paris, par le préfet de police, conformément aux dispositions de l'article R. 425-3. Ce délai court à compter de la remise du récépissé. Pendant le délai de réflexion, aucune décision d'éloignement ne peut être prise à l'encontre de l'étranger en application de l'article L. 611-1, ni exécutée.

Le délai de réflexion peut, à tout moment, être interrompu et le récépissé mentionné au premier alinéa retiré par le préfet territorialement compétent, si l'étranger a, de sa propre initiative, renoué un lien avec les auteurs des infractions mentionnées à l'article R. 425-1, ou si sa présence constitue une menace grave pour l'ordre public. – *[Anc. art. R. 316-2.]*

Art. R. 425-3 Un récépissé délivré à l'occasion d'une demande de titre de séjour peut être remis à l'étranger qui demande à bénéficier du délai de réflexion prévu à l'article R. 425-1 et qui est signalé comme tel par un service de police ou de gendarmerie.

Ce document autorise son titulaire à travailler. – *[Anc. art. R. 311-4, al. 2 ; anc. art. R. 311-6, al. 1er (fin de la phr.).]*

Art. R. 425-4 Pendant le délai de réflexion prévu à l'article R. 425-2, l'étranger a droit à l'exercice d'une activité professionnelle et à la formation professionnelle. Il peut également bénéficier :

1° De l'allocation pour demandeur d'asile prévue au chapitre III du titre V du livre V ;

2° D'un accompagnement social destiné à l'aider à accéder aux droits et à retrouver son autonomie, assuré par un des organismes mentionnés au dernier alinéa de l'article R. 425-1 ;

3° En cas de danger, d'une protection policière pendant la durée de la procédure pénale.

Les soins qui sont délivrés à l'étranger sont pris en charge dans les conditions prévues au quatrième alinéa de l'article L. 251-1 du code de l'action sociale et des familles. – *[Anc. art. R. 316-6.]*

Art. R. 425-5 Une carte de séjour temporaire portant la mention "vie privée et familiale" est délivrée par le préfet territorialement compétent à l'étranger qui satisfait aux conditions définies à l'article L. 425-1.

La même carte de séjour temporaire peut également être délivrée à un mineur âgé d'au moins seize ans, remplissant les conditions mentionnées au présent article et qui déclare vouloir exercer une activité professionnelle salariée ou suivre une formation professionnelle.

La demande de carte de séjour temporaire est accompagnée du récépissé du dépôt de plainte de l'étranger ou fait référence à la procédure pénale comportant son témoignage. – *[Anc. art. R. 316-3, al. 1er (sauf ecqc la rupture du lien), 2 et 3.]*

Art. R. 425-6 La carte de séjour temporaire "vie privée et familiale" délivrée dans les conditions prévues à l'article R. 425-5 peut être retirée dans les cas suivants :

1° Son titulaire a, de sa propre initiative, renoué un lien avec les auteurs des infractions mentionnées au premier alinéa de l'article R. 425-1 ;

2° Le dépôt de plainte ou le témoignage de l'étranger est mensonger ou non fondé ;

3° La présence de son titulaire constitue une menace pour l'ordre public. – *[Anc. art. R. 316-4.]*

Art. R. 425-7 La carte de séjour temporaire portant la mention "vie privée et familiale" délivrée dans les conditions prévues à l'article R. 425-5 ouvre droit à l'exercice d'une activité professionnelle et à la formation professionnelle, en application des dispositions de l'article L. 425-1.

L'étranger détenteur de cette carte peut également bénéficier :

1° De l'ouverture des droits à une protection sociale, dans les conditions mentionnées à l'article L. 160-1 du code de la sécurité sociale ; si l'étranger ne remplit pas les conditions prévues par cet article, les soins qui lui sont délivrés sont pris en charge dans les conditions prévues au quatrième alinéa de l'article L. 251-1 du code de l'action sociale et des familles ;

2° De l'allocation pour demandeur d'asile prévue au chapitre III du titre V du livre V ;

3° D'un accompagnement social destiné à l'aider à accéder aux droits et à retrouver son autonomie, assuré par un des organismes mentionnés au dernier alinéa de l'article R. 425-1 ;

4° En cas de danger, d'une protection policière pendant la durée de la procédure pénale. – *[Anc. art. R. 316-7.]*

Art. R. 425-8 L'étranger titulaire d'une carte de séjour temporaire portant la mention "vie privée et familiale" délivrée dans les conditions prévues à l'article R. 425-5 bénéficie de l'accès aux dispositifs d'accueil, d'hébergement, de logement temporaire et de veille sociale pour les personnes défavorisées mentionnés au 8° du I de l'article L. 312-1 et à l'article L. 345-2 du code de l'action sociale et des familles, et notamment aux centres d'hébergement et de réinsertion sociale mentionnés au quatrième alinéa de l'article L. 345-1 du même code.

Lorsque sa sécurité nécessite un changement de lieu de résidence, l'étranger peut être orienté vers le dispositif national d'accueil des victimes de la traite des êtres humains et du proxénétisme, mis en œuvre par voie de convention entre le ministre chargé de l'action sociale et l'association qui assure la coordination de ce dispositif. – *[Anc. art. R. 425-8.]*

Art. R. 425-9 L'étranger titulaire d'une carte de séjour temporaire portant la mention "vie privée et familiale" délivrée dans les conditions prévues à l'article R. 425-5 qui souhaite retourner dans son pays d'origine ou se rendre dans un autre pays peut bénéficier du dispositif d'aide au retour financé par l'Office français de l'immigration et de l'intégration. – *[Anc. art. R. 316-9.]*

La composition de la commission médicale mentionnée à l'art. L. 425-9 CESEDA est fixée dans les conditions prévues au titre IV du livre IV de ce code (Arr. du 29 avr. 2021, art. 24).

Art. R. 425-10 Lorsque la victime des infractions mentionnées à l'article L. 425-1 est mineure, le service de police ou de gendarmerie informe le procureur de la République qui détermine les mesures de protection appropriées à sa situation. – *[Anc. art. R. 316-10.]*

SECTION 2 **Étranger dont l'état de santé nécessite une prise en charge médicale**

Art. R. 425-11 Pour l'application de l'article L. 425-9, le préfet délivre la carte de séjour temporaire portant la mention "vie privée et familiale" au vu d'un avis émis par un collège de médecins à compétence nationale de l'Office français de l'immigration et de l'intégration.

L'avis est émis dans les conditions fixées par arrêté du ministre chargé de l'immigration et du ministre chargé de la santé au vu, d'une part, d'un rapport médical établi par un médecin de l'office et, d'autre part, des informations disponibles sur les possibilités de bénéficier effectivement d'un traitement approprié dans le pays d'origine de l'intéressé.

Les orientations générales mentionnées au troisième alinéa de l'article L. 425-9 sont fixées par arrêté du ministre chargé de la santé. – *[Anc. art. R. 313-22.]*

Art. R. 425-12 Le rapport médical mentionné à l'article R. 425-11 est établi par un médecin de l'Office français de l'immigration et de l'intégration à partir d'un certificat médical établi par le médecin qui suit habituellement le demandeur ou par un médecin praticien hospitalier inscrits au tableau de l'ordre, dans les conditions prévues par l'arrêté mentionné au deuxième alinéa du même article. Le médecin de l'office peut solliciter, le cas échéant, le médecin qui suit habituellement le demandeur ou le médecin praticien hospitalier. Il en informe le demandeur. Il peut également convoquer le demandeur pour l'examiner et faire procéder aux examens estimés nécessaires. Le demandeur présente au service médical de l'office les documents justifiant de son identité. A défaut de réponse dans le délai de quinze jours, ou si le demandeur ne se présente pas à la convocation qui lui a été fixée, ou s'il n'a pas présenté les documents justifiant de son identité le médecin de l'office établit son rapport au vu des éléments dont il dispose et y indique que le demandeur n'a pas répondu à sa convocation ou n'a pas justifié de son identité. Il transmet son rapport médical au collège de médecins.

Sous couvert du directeur général de l'Office français de l'immigration et de l'intégration le service médical de l'office informe le préfet qu'il a transmis au collège de médecins le rapport médical. En cas de défaut de présentation de l'étranger lorsqu'il a été convoqué par le médecin de l'office ou de production des examens complémentaires demandés dans les conditions prévues au premier alinéa, il en informe également le préfet. Dans ce cas le récépissé de demande de première délivrance d'un titre de séjour prévu à l'article R. 431-12 n'est pas délivré. Lorsque l'étranger dépose une demande de renouvellement de titre de séjour, le récépissé est délivré dès la réception, par le service médical de l'office, du certificat médical mentionné au premier alinéa.

Le collège peut demander au médecin qui suit habituellement le demandeur, au médecin praticien hospitalier ou au médecin qui a rédigé le rapport de lui communiquer, dans un délai de quinze jours, tout complément d'information. Le demandeur en est simultanément informé. Le collège de médecins peut entendre et, le cas échéant, examiner le demandeur et faire procéder aux examens estimés nécessaires. Le demandeur présente au service médical de l'office les documents justifiant de son identité. Il peut être assisté d'un interprète et d'un médecin. Lorsque l'étranger est mineur, il est accompagné de son représentant légal.

Le demandeur dispose d'un délai d'un mois à compter de l'enregistrement de sa demande en préfecture pour transmettre à l'Office et de l'intégration le certificat médical mentionné au premier alinéa. Lorsque la demande est fondée sur l'article L. 431-2, le certificat médical est transmis dans le délai mentionné à ce même article. – *[Anc. art. R. 313-23, al. 1er, 2, 5 et 6.]*

Art. R. 425-13 Le collège à compétence nationale mentionné à l'article R. 425-12 est composé de trois médecins, il émet un avis dans les conditions de l'arrêté mentionné au premier alinéa du même article. La composition du collège et, le cas échéant, de ses formations est fixée par décision du directeur général de l'Office français de l'immigration et de l'intégration. Le médecin ayant établi le rapport médical ne siège pas au sein du collège.

Le collège peut délibérer au moyen d'une conférence téléphonique ou audiovisuelle.

L'avis est rendu par le collège dans un délai de trois mois à compter de la transmission du certificat médical. Lorsque le demandeur n'a pas présenté au médecin de l'office ou au collège les documents justifiant son identité, n'a pas produit les examens complémentaires qui lui ont été demandés ou n'a pas répondu à la convocation du médecin de l'office ou du collège qui lui a été adressée, l'avis le constate.

L'avis est transmis au préfet territorialement compétent, sous couvert du directeur général de l'office. – *[Anc. art. R. 313-23, al. 3, 4, 7 et 8.]*

Art. R. 425-14 L'étranger mentionné à l'article L. 425-9 qui ne remplit pas la condition de résidence habituelle peut recevoir une autorisation provisoire de séjour renouvelable pendant la durée de son traitement. – *[Anc. art. R. 313-24.]*

CHAPITRE VI **TITRES DE SÉJOUR DÉLIVRÉS POUR UN AUTRE MOTIF**

SECTION 1 **Étranger ayant des liens particuliers avec la France**

Art. R. 426-1 L'étranger qui sert ou a servi dans la Légion étrangère, titulaire de la carte de résident prévue à l'article L. 426-3 peut se la voir retirer s'il s'est vu retirer son certificat de bonne conduite. – *[Anc. art. R. 311-15, I, 14°.]*

SECTION 2 **Étranger retraité**

Art. R. 426-2 Par dérogation à l'article *(Décr. n° 2021-313 du 24 mars 2021, art. 2-II)* « R. 431-3 », l'étranger résidant hors de France qui sollicite la délivrance de la carte de séjour portant la mention "retraité" prévue à l'article L. 426-8 ou son renouvellement peut déposer sa demande auprès de la représentation consulaire française dans son pays de résidence, qui transmet sa demande au préfet territorialement compétent. – *[Anc. art. R. 311-1, al. 7.]*

Art. R. 426-3 Par dérogation à l'article R. 431-20, lorsque son titulaire a déjà quitté la France, la carte de séjour portant la mention "retraité" prévue à l'article L. 426-8 est délivrée par le préfet du département où l'étranger déclare vouloir séjourner, même temporairement, et, à Paris, par le préfet de police. – *[Anc. art. R. 311-10, al. 1er, 2de phr.]*

SECTION 3 Étranger titulaire du statut de résident longue durée – UE dans un autre État membre de l'Union européenne et membres de famille

SOUS-SECTION 1 Étranger titulaire du statut de résident longue durée – UE dans un autre État membre de l'Union européenne

Art. R. 426-4 *(Abrogé par Décr. n° 2021-313 du 24 mars 2021, art. 2-III)* « *Par dérogation à l'article R. 431-4,* » Lorsqu'il sollicite la délivrance d'une carte de séjour temporaire ou pluriannuelle dans les conditions mentionnées à l'article L. 426-11, l'étranger titulaire de la carte de résident portant la mention "résident de longue durée – UE" accordée dans un autre État membre de l'Union européenne doit présenter sa demande dans les trois mois qui suivent son entrée en France. – *[Anc. art. R. 311-2, al. 7.]*

Art. R. 426-5 Lorsqu'un étranger qui dispose déjà d'une carte de résident portant la mention "résident de longue durée – UE" délivrée par un autre État membre de l'Union européenne se voit reconnaître la qualité de réfugié ou accorder le bénéfice de la protection subsidiaire en France, le préfet ou, à Paris, le préfet de police, en informe les autorités de cet État membre afin de leur permettre de modifier en conséquence la rubrique "Remarques" de la carte de séjour de l'intéressé. Il en va de même lorsque l'étranger était déjà placé sous la protection de cet État et que cette protection a été transférée à la France. – *[Anc. art. R. 314-1-5.]*

SOUS-SECTION 2 Conjoint et enfants de l'étranger titulaire du statut de résident longue durée – UE dans un autre État membre de l'Union européenne

Art. R. 426-6 *(Abrogé par Décr. n° 2021-313 du 24 mars 2021, art. 2-IV)* « *Par dérogation à l'article R. 431-4* » Le conjoint ou l'enfant entré mineur sur le territoire français, *(Décr. n° 2021-313 du 24 mars 2021, art. 2-IV)* « mentionné aux articles » L. 426-12 ou L. 426-13, *(Décr. n° 2021-313 du 24 mars 2021, art. 2-IV)* « qui sollicite la délivrance » d'une carte de séjour temporaire portant la mention "vie privée et familiale" en application de ces articles ou d'une carte de séjour pluriannuelle sur le fondement de l'article L. 433-4 doit présenter sa demande dans les trois mois qui suivent son entrée en France. – *[Anc. art. R. 311-2, al. 8.]*

SECTION 4 Étranger justifiant d'une résidence régulière ininterrompue en France, d'un certain niveau de ressources et d'une assurance maladie

Art. R. 426-7 La demande de délivrance de la carte de résident portant la mention "résident de longue durée – UE" prévue à l'article L. 426-17 vaut demande de renouvellement du titre de séjour précédemment acquis. – *[Anc. art. R. 314-1-3, ecqc l'art. L. 314-8.]*

Art. R. 426-8 Lorsque l'étranger dispose déjà d'une carte de résident portant la mention "résident de longue durée – UE" délivrée par un autre État membre de l'Union européenne, mentionnant qu'une protection internationale lui a été accordée, la carte de résident portant la mention "résident de longue durée – UE", délivrée par la France prévue à l'article L. 426-17, porte la mention suivante sous la rubrique "Remarques" : "Le [nom de l'État membre] a accordé la protection internationale le [date]", après vérification auprès de l'État membre de l'Union européenne qui lui a accordé cette protection qu'il demeure sous sa protection. Dans le cas où l'étranger obtient le transfert de sa protection en France, la mention est modifiée en conséquence, dans un délai maximal de trois mois suivant le transfert.

Lorsqu'un État membre de l'Union européenne informe la France qu'il a accordé une protection internationale à un étranger déjà titulaire de la carte de résident portant la mention "résident de longue durée – UE" prévue à l'article L. 426-17, délivrée par la France, ou que la responsabilité de la protection de cet étranger a été transférée à cet État membre, la France modifie la mention visée au premier alinéa en conséquence, dans un délai maximal de trois mois suivant la date à laquelle l'information a été transmise. – *[Anc. art. R. 314-1-4, al. 2 et 3, ecqc l'art. L. 314-8.]*

SECTION 5 Étranger séjournant temporairement sur le territoire français

SOUS-SECTION 1 Étranger effectuant une mission de volontariat en France

Art. R. 426-9 L'autorisation provisoire de séjour prévue à l'article L. 426-21 est destinée à l'exercice d'une mission d'intérêt général visant soit à promouvoir l'autonomie et la protection des personnes, à renforcer la cohésion sociale, à prévenir les exclusions ou, le cas échéant, à en corriger les effets, soit à mener des actions de solidarité en faveur de personnes défavorisées ou sinistrées résidant sur le territoire français.

Le contrat de volontariat mentionné à l'article L. 426-21 comprend les indications prévues à l'article 12 du décret n° 2006-1205 du 29 septembre 2006 relatif au volontariat associatif. – *[Anc. art. R. 311-32.]*

Art. R. 426-10 La demande de délivrance de l'autorisation provisoire de séjour prévue à l'article L. 426-21 doit être déposée dans un délai d'un mois à compter de l'entrée en France de l'étranger. – *[Anc. art. R. 311-34, al. 1er, 1re phr.]*

Art. R. 426-11 La durée de l'autorisation provisoire de séjour prévue à l'article L. 426-21 ne peut excéder la durée du contrat de volontariat mentionné au même article. – *[Anc. art. R. 311-34, al. 6.]*

Art. D. 426-12 L'agrément mentionné à l'article L. 426-21 est délivré à l'association ou à la fondation qui justifie d'au moins trois années d'existence et qui est titulaire de l'agrément prévu à l'article 15 de la loi n° 2006-586 du 23 mai 2006 relative au volontariat associatif et à l'engagement éducatif. Sa validité prend fin en même temps que la validité de l'agrément prévu à l'article 15 de la loi du 23 mai 2006.

Il prévoit le nombre maximal d'étrangers titulaires de l'autorisation provisoire de séjour dont il est justifié qu'ils peuvent être accueillis au regard des capacités de prise en charge par la structure d'accueil et, le cas échéant, du nombre maximal de volontaires déjà autorisés pour la même année.

Il est délivré par le préfet du département d'implantation de la structure d'accueil du volontaire ou, à Paris, par le préfet de police.

Le cas échéant, l'association ou la fondation d'accueil informe le préfet qui a autorisé le séjour du volontaire de toute cessation anticipée de son contrat de volontariat. L'agrément peut être retiré en cas de non-respect de cette obligation ou si les missions confiées par la structure d'accueil n'entrent pas dans celles mentionnées à l'article R. 426-9 ou en cas de retrait de l'agrément prévu à l'article 15 de la loi du 23 mai 2006.

En cas de retrait de l'agrément mentionné à l'article L. 426-21, les dispositions de l'article 11 du décret du 29 septembre 2006 sont applicables. – *[Anc. art. D. 311-33.]*

SOUS-SECTION 2 Étranger effectuant un séjour de jeune au pair

Art. R. 426-13 Pour l'application du troisième alinéa de l'article L. 426-22, les modèles types de convention et d'annexe sont établis par arrêté du ministre chargé de l'immigration. La convention fixe les modalités de repos hebdomadaire qui garantissent au moins un jour de repos chaque semaine.

Un arrêté du ministre chargé de l'immigration fixe également la somme minimale versée chaque mois au jeune au pair à titre d'argent de poche. – *[Anc. art. R. 313-12, II.]*

Art. R. 426-14 La décision du préfet sur la demande de délivrance de la carte de séjour temporaire portant la mention "jeune au pair" prévue à l'article L. 426-22 est notifiée par écrit à l'étranger dans les meilleurs délais et au plus tard dans les quatre-vingt-dix jours à compter de la date d'introduction de la demande complète.

Par dérogation à l'article R. 432-2, le silence gardé par l'autorité administrative sur la demande fait naître une décision implicite de rejet au terme d'un délai de quatre-vingt-dix jours. – *[Anc. art. R. 313-12, III.]*

Art. R. 426-15 L'étranger qui remplit les conditions de renouvellement de la carte de séjour temporaire portant la mention "jeune au pair" prévue à l'article L. 426-22 se voit délivrer un titre pour une durée égale à celle de la nouvelle convention. La durée totale de séjour sous ce motif ne peut excéder deux années. – *[Anc. art. R. 313-37, al. 1er.]*

SOUS-SECTION 3 **Étranger stagiaire**

§ 1 Définition

Art. R. 426-16 Pour l'obtention de la carte de séjour temporaire portant la mention "stagiaire" prévue à l'article L. 426-23, est considéré comme stagiaire l'étranger qui vient en France pour l'une des raisons suivantes :

1° Effectuer un stage en entreprise, dans le cadre d'une formation organisée dans son pays de résidence qui conduit à la délivrance d'un diplôme ou d'un titre ou à la reconnaissance d'un niveau de qualification professionnelle et qui relève d'un cursus scolaire ou universitaire, d'une formation professionnelle ou d'un programme de coopération de l'Union européenne ou intergouvernemental dans les domaines de l'éducation, de la formation, de la jeunesse ou de la culture ;

2° En tant que salarié d'une entreprise établie à l'étranger, sous réserve des dispositions des articles L. 421-30 et L. 421-31, pour suivre une formation dispensée par un organisme mentionné à l'article L. 6351-1 du code du travail, et, le cas échéant, effectuer un stage dans une entreprise avec laquelle son employeur entretient des relations commerciales ;

3° Effectuer un stage dans un *(Décr. n° 2022-1740 du 30 déc. 2022, art. 1er)* « établissement de santé public ou privé à but non lucratif » en vue de bénéficier d'une formation complémentaire conduisant à la reconnaissance d'un niveau de qualification professionnelle, dans le cadre de la convention de coopération prévue à l'article R. 6134-2 du code de la santé publique. – *[Anc. art. R. 313-10-1.]*

§ 2 Délivrance

Art. R. 426-17 La décision du préfet sur la demande de délivrance de la carte de séjour temporaire portant la mention "stagiaire" prévue à l'article L. 426-23 est notifiée par écrit à l'étranger dans les meilleurs délais et au plus tard dans les quatre-vingt-dix jours à compter de la date d'introduction de la demande complète.

Par dérogation à l'article R. 432-2, le silence gardé par l'autorité administrative sur la demande fait naître une décision implicite de rejet au terme d'un délai de quatre-vingt-dix jours. – *[Anc. art. R. 313-10-2, II.]*

§ 3 Durées de stage

Art. R. 426-18 Dans le cas prévu au 1° de l'article R. 426-16, la durée du stage ne peut pas excéder six mois lorsqu'il relève d'une formation professionnelle.

Dans le cas prévu au 2° de l'article R. 426-16, la durée initiale du stage ne peut pas excéder douze mois. Le stage ne peut être prolongé qu'une seule fois, sans que la durée totale du stage puisse dépasser dix-huit mois.

Dans le cas prévu au 3° de l'article R. 426-16, la durée initiale du stage ne peut pas excéder six mois. Le stage peut être prolongé pour une durée maximale de six mois. Le ressortissant étranger peut prétendre au bénéfice de plusieurs conventions de stage dont la durée totale ne peut excéder vingt-quatre mois. – *[Anc. art. R. 313-10-3, II.]*

§ 4 Convention de stage

Art. R. 426-19 La convention de stage est conclue entre le stagiaire, l'établissement de formation ou l'employeur établi à l'étranger et l'entreprise d'accueil en France ou l'organisme de formation mentionné à l'article L. 6351-1 du code du travail.

La convention de stage comporte les clauses prévues par le décret pris pour l'application du deuxième alinéa de l'article L. 124-1 du code de l'éducation, sauf lorsque l'une de ces clauses est manifestement sans objet.

Dans le cas prévu au 1° de l'article R. 426-16, le stagiaire bénéficie d'une gratification dans les conditions prévues par l'article L. 124-6 du code de l'éducation.

Dans le cas prévu au 3° de l'article R. 426-16, la convention de stage est conclue entre le stagiaire, l'établissement d'accueil, l'organisme partie à la convention de coopération internationale mentionnée à l'article L. 6134-1 du code de la santé publique et, s'il est différent, l'organisme qui prend en charge le remboursement des éléments de rémunération.

La convention de stage ne peut pas conférer au stagiaire la qualité de salarié dans l'entreprise ou dans l'établissement de santé qui le reçoit. – *[Anc. art. R. 313-10-3, I.]*

Art. R. 426-20 La convention de stage est *(Décr. n° 2022-1740 du 30 déc. 2022, art. 1er)* « adressée au préfet au moyen d'un téléservice, au sens de l'article L. 112-9 du code des relations entre le public et l'administration, ou » par lettre recommandée avec demande d'avis de réception au moins deux mois avant la date de début du stage par l'entreprise, l'organisme de formation ou l'*(Décr. n° 2022-1740 du 30 déc. 2022, art. 1er)* « établissement de santé public ou privé à but non lucratif » qui souhaite accueillir un stagiaire.

Le préfet vise la convention de stage dans les trente jours suivant sa réception ; il la transmet à l'étranger et en informe la personne qui la lui a transmise. Il refuse de viser la convention si la réalité du projet de stage n'est pas établie, si la convention n'est pas conforme aux dispositions prévues par l'article R. 426-19 ou lorsque l'entreprise d'accueil ne respecte pas la législation relative au travail ou à la protection sociale ; dans ce cas, il notifie sa décision de refus à l'étranger et renvoie la convention à la personne qui la lui a transmise. Le silence gardé pendant trente jours par le préfet vaut décision de rejet.

Le délai mentionné au premier alinéa est ramené à un mois, et celui mentionné au deuxième alinéa à quinze jours lorsque le stage relève d'un programme de coopération de l'Union européenne ou intergouvernemental. – *[Anc. art. R. 313-10-4, I.]*

Art. R. 426-21 En cas de prolongation de la durée du stage prévu aux 2° ou 3° de l'article R. 426-16, un avenant à la convention de stage est *(Décr. n° 2022-1740 du 30 déc. 2022, art. 1er)* « adressé au préfet au moyen d'un téléservice, au sens de l'article L. 112-9 du code des relations entre le public et l'administration, ou » par lettre recommandée avec demande d'avis de réception au moins quinze jours avant la date de fin du stage initialement prévue par l'organisme de formation ou l'entreprise d'accueil. Le silence gardé pendant quinze jours par le préfet vaut décision d'acceptation. – *[Anc. art. R. 313-10-4, II.]*

Art. R. 426-22 La convention de stage, son avenant éventuel et les éléments de preuve du visa par le préfet sont présentés à toute demande des agents de contrôle mentionnés à l'article L. 8271-1-2 du code du travail ou dans le cadre d'une inspection visant l'organisation administrative ou sanitaire d'un *(Décr. n° 2022-1740 du 30 déc. 2022, art. 1er)* « établissement de santé public ou privé à but non lucratif ». – *[Anc. art. R. 313-10-4, III.]*

TITRE III PROCÉDURE ADMINISTRATIVE

Art. R. 430-1 Le présent titre s'applique sans préjudice des dispositions spécifiques prévues au titre II.

Art. R. 430-2 Conformément à l'article R. 237-1, les dispositions des articles R. 431-20, R. 431-22 et R. 432-15 sont applicables à l'étranger dont la situation est régie par le livre II.

CHAPITRE I DEMANDES DE TITRES DE SÉJOUR

SECTION 1 Caractéristiques des titres de séjour

Art. R. 431-1 Le titre de séjour est établi selon un modèle conforme au modèle prévu par le règlement (CE) n° 1030/2002 du Conseil du 13 juin 2002 établissant un modèle uniforme de titre de séjour pour les ressortissants de pays tiers et son annexe, modifié par le règlement (CE) n° 380/2008 du Conseil du 18 avril 2008.

Il comporte les mentions énumérées au A du II de l'annexe 3 au présent code, et un composant électronique contenant les données à caractère personnel énumérées au A du III de la même annexe. – *[Anc. art. R. 311-13-1.]*

Décret nº 2022-676 du 26 avril 2022,

Autorisant la création d'un moyen d'identification électronique dénommé « Service de garantie de l'identité numérique » (SGIN) et abrogeant le décret nº 2019-452 du 13 mai 2019 autorisant la création d'un moyen d'identification électronique dénommé "Authentification en ligne certifiée sur mobile".

CHAPITRE I. *DISPOSITIONS AUTORISANT LA CRÉATION D'UN TRAITEMENT DE DONNÉES À CARACTÈRE PERSONNEL DÉNOMMÉ "SERVICE DE GARANTIE DE L'IDENTITÉ NUMÉRIQUE"*

Art. 1er Le ministre de l'intérieur (secrétariat général) et l'Agence nationale des titres sécurisés (ANTS) sont conjointement autorisés à mettre en œuvre un traitement automatisé de données à caractère personnel dénommé "Service de garantie de l'identité numérique" (SGIN).

Ce traitement a pour finalité de mettre à disposition des titulaires d'une carte nationale d'identité comportant le composant électronique mentionné à l'article 1er-1 du décret du 22 octobre 1955 susvisé un moyen d'identification électronique leur permettant de s'identifier et de s'authentifier auprès d'organismes publics ou privés grâce à une application qu'ils installent sur leur équipement terminal de communications électroniques permettant la lecture sans contact de ce composant.

L'application permet à l'usager, notamment, de générer des attestations électroniques comportant les seuls attributs d'identité dont il estime la transmission nécessaire aux tiers de son choix.

Art. 2 Peuvent être traitées et enregistrées dans le traitement mentionné à l'article 1er les données à caractère personnel suivantes :

1° Données permettant l'identification de l'usager :

a) Le nom ;

b) Le nom d'usage ;

c) Le(s) prénom(s) ;

d) La date de naissance ;

e) Le lieu de naissance ;

f) La nationalité ;

g) Le sexe ;

h) L'adresse postale extraite du composant électronique du titre ;

i) Le cas échéant, l'adresse postale renseignée par l'usager ;

j) La photographie de l'usager extraite du composant électronique du titre ;

k) L'adresse de courrier électronique ;

l) Le cas échéant, le numéro d'appel de l'équipement terminal de communications électroniques renseigné par l'usager ;

2° Données permettant l'identification du titre détenu par l'usager :

a) Le numéro et le type de titre ;

b) La date de délivrance ;

c) La date d'expiration ;

d) Le statut de validité du titre (valide/invalide/inconnu) ;

3° Données relatives à l'historique des transactions réalisées par l'usager, dans la limite d'un nombre maximal de transactions déterminé par les responsables de traitement :

a) Le destinataire des données d'identification personnelle de l'usager ;

b) La catégorie de la transaction ;

c) Le statut de la transaction ;

d) Le cas échéant, la durée de validité des données d'identification personnelle de l'usager transmises ;

e) Le cas échéant, le motif de la transmission des données d'identification personnelle de l'usager ;

f) L'horodatage de la transaction ;

4° L'identifiant de l'équipement terminal de communications électroniques.

Art. 3 I. — Peuvent accéder, à raison de leurs attributions et dans la limite du besoin d'en connaître, aux données et informations conservées sur le serveur des responsables du traitement en application du I de l'article 4, les agents des services du secrétariat général du ministère de l'intérieur et de l'Agence nationale des titres sécurisés chargés de la maîtrise d'ouvrage et de la maîtrise d'œuvre du traitement mentionné à l'article 1er, individuellement désignés et spécialement habilités par leur directeur.

II. — Lorsque les usagers s'identifient et s'authentifient électroniquement pour accéder à des services en ligne, peuvent être destinataires, dans la limite du besoin d'en connaître :

1° Le téléservice FranceConnect pour les seules données mentionnées aux *a* à *e*, au *g* et au *k* du 1° de l'article 2 ;

2° Les fournisseurs de téléservices liés par convention à FranceConnect, auxquels FranceConnect transmet, sans les modifier, les données mentionnées aux *a* à *e*, au *g* et au *k* du 1° de l'article 2 ;

3° Les fournisseurs de téléservices liés par convention au ministère de l'intérieur et à l'Agence nationale des titres sécurisés pour les seules données mentionnées aux *a* à *h* et au *k* du 1° de l'article 2.

Les responsables du traitement rendent publique la liste actualisée des fournisseurs de téléservices mentionnés au*[x]* 2° et 3° du présent II.

Art. 4 I. — A l'exception de celles mentionnées au 3° de l'article 2, les données sont stockées sur le serveur géré par les responsables du traitement. Elles sont conservées pendant cinq ans à compter de la dernière vérification d'identité de l'usager du moyen d'identification électronique. Elles sont effacées de ce serveur dès lors que l'usager supprime son moyen d'identification électronique ou qu'il désinstalle l'application mobile de son équipement terminal de communications électroniques.

II. — Les données mentionnées à l'article 2 sont stockées sur l'équipement terminal de communications électroniques de l'usager.

A l'exception de celles mentionnées au 3° de l'article 2, ces données sont chiffrées par les responsables de traitement. Elles ne sont déchiffrées et accessibles que lorsque l'usager utilise l'application installée sur son équipement terminal.

Ces données stockées sur l'équipement terminal de l'usager sont conservées pendant un délai de cinq ans au plus, à compter de la dernière vérification d'identité de l'usager du moyen d'identification électronique.

III. — Les données stockées sur le serveur géré par les responsables du traitement et sur l'équipement terminal de l'usager sont automatiquement supprimées à l'issue d'un délai de deux mois si l'usager ne mène pas à son terme la création du moyen d'identification électronique.

Elles sont automatiquement supprimées à l'issue d'une période d'inactivité du moyen d'identification électronique de deux ans.

Art. 5 Les opérations de création, de consultation, d'utilisation, de révocation et de suppression du moyen d'identification électronique font l'objet d'un enregistrement comprenant l'identifiant de l'auteur, la date, l'heure et l'objet de l'opération. Les informations relatives à ces opérations sont conservées pendant trois ans dans le serveur géré par les responsables du traitement et ne peuvent être consultées, par les personnes mentionnées au I de l'article 3, qu'à la demande de l'usager ou, en cas de litige, après l'en avoir informé.

Art. 6 Les droits d'information, d'accès, de rectification et le droit à la limitation du traitement s'exercent auprès des responsables du traitement dans les conditions prévues aux articles 13, 15, 16, 18 et 26 du règlement (UE) 2016/679 du 27 avril 2016 susvisé.

SECTION 2 **Autorité compétente**

Art. R. 431-2 *(Décr. nº 2021-313 du 24 mars 2021, art. 2-V)* **La demande d'un titre de séjour figurant sur une liste fixée par arrêté du ministre chargé de l'immigration s'effectue au moyen d'un téléservice à compter de la date fixée par le même arrêté. Les catégories de titres de séjour désignées par arrêté figurent en annexe 9 du présent code.** — *V. infra.*

Les personnes qui ne sont pas en mesure d'effectuer elles-mêmes le dépôt en ligne de leur demande bénéficient d'un accueil et d'un accompagnement leur permettant d'accomplir cette formalité. *(Abrogé par Décr. nº 2023-191 du 22 mars 2023, art. 1er)* ***« Le ministre chargé de l'immigration fixe les modalités de cet accueil et de cet accompagnement. »***

(Décr. nº 2023-191 du 22 mars 2023, art. 1er) **« En outre, une solution de substitution, prenant la forme d'un accueil physique permettant l'enregistrement de la demande, est mise en place pour l'étranger qui, ayant accompli toutes les diligences**

qui lui incombent, notamment en ayant fait appel au dispositif d'accueil et d'accompagnement prévu à l'alinéa précédent, se trouve dans l'impossibilité constatée d'utiliser le téléservice pour des raisons tenant à la conception ou au mode de fonctionnement de celui-ci.

« Le ministre chargé de l'immigration fixe par arrêté les modalités de l'accueil et de l'accompagnement mentionnés au deuxième alinéa ainsi que les conditions de recours et modalités de mise en œuvre de la solution de substitution prévue au troisième alinéa. »

V. Arr. du 27 avr. 2021 et Arr. du 31 mars 2023 pris en application de l'art. R. 431-2 du CESEDA relatif aux titres de séjour dont la demande s'effectue au moyen d'un téléservice (JO 30 avr. 2021 et 4 avr. 2023), infra

ANNEXE 9 MENTIONNÉE À L'ARTICLE R. 431-2

Arrêté du 27 avril 2021 pris en application de l'article R. 431-2 du code de l'entrée et du séjour des étrangers et du droit d'asile relatif aux titres de séjour dont la demande s'effectue au moyen d'un téléservice.

Arrêté du 31 mars 2023 pris en application de l'article R. 431-2 du code de l'entrée et du séjour des étrangers et du droit d'asile relatif aux titres de séjour dont la demande s'effectue au moyen d'un téléservice.

Arrêté du 22 juin 2023 pris en application de l'article R. 431-2 du code de l'entrée et du séjour des étrangers et du droit d'asile relatif aux titres de séjour dont la demande s'effectue au moyen d'un téléservice.

Arrêté du 27 avril 2021,

Pris en application de l'article R. 431-2 du code de l'entrée et du séjour des étrangers et du droit d'asile relatif aux titres de séjour dont la demande s'effectue au moyen d'un téléservice.

NOTA : Par décision n° 452798 et autres du 3 juin 2022 du Conseil d'État statuant au contentieux ECLI :FR :CESEC :2022 :452798.20220603, le décret n° 2021-313 du 24 mars 2021, relatif à la mise en place d'un téléservice pour le dépôt des demandes de titres de séjour (NOR : INTV2019666D), est annulé en tant qu'il ne prévoit pas la solution de substitution mentionnée au point 11 de la décision d'annulation, solution destinée, par exception, à répondre au cas où, alors même que l'étranger aurait préalablement accompli toutes les diligences qui lui incombent et aurait notamment fait appel au dispositif d'accueil et d'accompagnement prévu, il se trouverait dans l'impossibilité d'utiliser le téléservice pour des raisons tenant à la conception de cet outil ou à son mode de fonctionnement.

L'arrêté interministériel du 27 avril 2021 pris en application de l'article R. 431-2 du code de l'entrée et du séjour des étrangers et du droit d'asile, relatif aux titres de séjour dont la demande s'effectue au moyen d'un téléservice (NOR : INTV2112448A), est annulé dans la même mesure.

Ces annulations comportent pour les autorités administratives les obligations énoncées au point 17 de cette décision, selon lequel : les annulations partielles motivées par l'absence de cette solution de substitution impliquent nécessairement que le décret attaqué soit complété par des dispositions prévoyant celle-ci, en renvoyant, le cas échéant, au ministre compétent le soin d'en préciser les modalités.

Dans l'attente que cette réglementation complémentaire soit édictée, ces mêmes annulations ont nécessairement pour conséquence que, si un étranger venait à se trouver, par l'effet des circonstances envisagées au point 11, confronté à l'impossibilité de déposer sa demande par la voie du téléservice, l'autorité administrative serait tenue, par exception, de permettre le dépôt de celle-ci selon une autre modalité.

Ce même arrêté du 27 avril 2021 est annulé en tant qu'il ne prévoyait pas les modalités d'accueil et d'accompagnement prévues au second alinéa de l'article R. 431-2 du code de l'entrée et du séjour des étrangers et du droit d'asile (CE, Décis. n°s 452798 et autres du 3 juin 2022).

Art. 1er *(Arr. du 19 mai 2021)* Sont effectuées au moyen du téléservice mentionné à l'article R. 431-2 du code de l'entrée et du séjour des étrangers et du droit d'asile :

1° A compter du 1er mai 2021, les demandes de cartes de séjour temporaires portant la mention "étudiant" ou "étudiant-programme de mobilité" mentionnées aux articles L. 422-1 et L. 422-5 du même code, de cartes de séjour pluriannuelles portant les mêmes mentions, délivrées en application des articles L. 422-6 et L. 433-4 du même code, ainsi que de certificats de résidence algériens portant la mention " étudiant " prévus au titre III du protocole annexé à l'accord franco-algérien du 27 décembre 1968 modifié ;

2° A compter du 25 mai 2021, les demandes de cartes de séjour pluriannuelles portant la mention "passeport talent", "passeport talent-carte bleue européenne", "passeport talent-chercheur" ou "passeport talent-chercheur programme mobilité" délivrées en application des articles L. 421-9 à L. 421-11, L. 421-13, L. 421-14, L. 421-16 à L. 421-19 et L. 421-21 du même code ainsi que les demandes de cartes de séjour pluriannuelles portant la mention " passeport talent (famille) " délivrées en application de l'article L. 421-22 du même code, à l'exclusion des premières demandes des membres de famille des étrangers mentionnés à l'article L. 421-20 du même code ;

3° A compter du 7 juin 2021, les demandes de cartes de séjour pluriannuelles portant la mention "passeport talent" délivrées en application de l'article L. 421-20 du même code et les premières demandes de cartes de séjour pluriannuelles portant la mention "passeport talent (famille)" délivrées aux membres de famille des étrangers mentionnés à l'article L. 421-20 du même code, en application de l'article L. 421-22 du même code. "

(Arr. du 9 sept. 2021) « 4° A compter du 13 septembre 2021, les demandes de duplicatas de titre de séjour, les demandes de changement d'adresse ainsi que les demandes de cartes de séjour temporaires portant la mention "visiteur" délivrées en application de l'article L. 426-20 du même code et de certificats de résidence algériens portant la mention "visiteur" délivrés en application de l'article 7 a de l'accord franco-algérien du 27 décembre 1968 modifié ;

5° A compter du 27 septembre 2021, les demandes de modification d'état civil et de changement de situation familiale ;

6° A compter du 11 octobre 2021, les demandes de documents de circulation pour étranger mineur délivrés en application des articles L. 236-1 et L. 414-4 du même code, de l'article 10 de l'accord franco-algérien du 27 décembre 1968 modifié, de l'article 7 *ter b* de l'accord franco-tunisien du 7 mars 1988 modifié, ainsi que les demandes de duplicatas de ces documents.

7° A compter du 21 mars 2022, les demandes de titres de voyage délivrés en application de l'article L. 561-9 du même code ;– *Les dispositions introduites par l'Arr. du 9 sept. 2021 sont applicables à Saint-Barthélemy et à Saint-Martin*

8° A compter du 21 mars 2022, les demandes de titres d'identité et de voyage délivrés en application des articles L. 561-10 et L. 561-11 du même code ;

9° A compter du 18 avril 2022, les demandes de cartes de résident délivrées aux étrangers auxquels la qualité de réfugié a été reconnue en application de l'article L. 424-1 du code de l'entrée et du séjour des étrangers et du droit d'asile ainsi que les demandes de cartes de résident délivrées aux membres de familles de ce dernier en application de l'article L. 424-3 du même code ;

10° A compter du 18 avril 2022, les demandes de cartes de séjour pluriannuelles délivrées aux étrangers auxquels le bénéfice de la protection subsidiaire a été accordée en application de l'article L. 424-9 du code de l'entrée et du séjour des étrangers et du droit d'asile, de cartes de séjour pluriannuelles délivrées aux membres de familles de ce dernier en application de l'article L. 424-11 du même code, ainsi que les demandes de cartes de résident délivrées en application de l'article L. 424-13 du même code. »

(Arr. du 16 sept. 2022) « 11° A compter du 28 septembre 2022, les demandes de cartes de séjour portant la mention "Citoyen UE/EEE/Suisse-Toutes activités professionnelles" ou "Citoyen UE/EEE/Suisse-Non actif " ou "Citoyen UE/EEE/Suisse-Etudiant" ou "Carte de séjour de membre de la famille d'un citoyen UE/EEE/Suisse-Toutes activités professionnelles" (uniquement pour les citoyens de l'UE, les ressortissants des autres États parties à l'Espace économique européen et les ressortissants de la Confédération suisse) ou "Citoyen UE/EEE/Suisse-Séjour permanent-Toutes activités professionnelles" mentionnées aux articles R. 233-11, R. 233-12, R. 233-13, R. 233-14 et R. 234-1 du même code. »

Arrêté du 31 mars 2023,

Pris en application de l'article R. 431-2 du code de l'entrée et du séjour des étrangers et du droit d'asile relatif aux titres de séjour dont la demande s'effectue au moyen d'un téléservice.

Art. 1er Sont effectuées au moyen du téléservice mentionné à l'article R. 431-2 du code de l'entrée et du séjour des étrangers et du droit d'asile :

1° A compter du 5 avril 2023, les demandes de cartes de séjour temporaires, de cartes de séjour pluriannuelles, de cartes de résident et de certificats de résidence algériens délivrés en application des articles L. 411-1, L. 411-4, L. 423-1, L. 423-2, L. 423-6 du même code ainsi que des stipulations combinées des articles 62 et 7 *bis a* de l'accord franco-algérien du

27 décembre 1968 modifié et des articles 7 *quater* et 10 1) *a* de l'accord franco-tunisien du 7 mars 1988 modifié ;

2° A compter du 5 avril 2023, les demandes de cartes de séjour temporaires, de cartes de séjour pluriannuelles, de cartes de résident et de certificats de résidence algériens délivrés en application des articles L. 411-1, L. 411-4, L. 423-7, L. 423-8 et L. 423-10 du même code ainsi que des stipulations combinées des articles 64 et 7 *bis g* de l'accord franco-algérien du 27 décembre 1968 modifié et de l'article 10 1) *c* de l'accord franco-tunisien du 7 mars 1988 modifié ;

3° A compter du 5 avril 2023, les demandes de cartes de résident et de certificats de résidence algériens délivrés en application des articles L. 411-1, et L. 423-11 du même code ainsi que des stipulations combinées des articles 7 *bis b* de l'accord franco-algérien du 27 décembre 1968 modifié et 10 1) *b* de l'accord franco-tunisien du 7 mars 1988 modifié ;

4° A compter du 5 avril 2023, les demandes de cartes de résident, de certificats de résidence algériens délivrés en application des articles L. 411-1 et L. 423-12 du même code ainsi que des stipulations combinées des articles 7 *bis b* de l'accord franco-algérien du 27 décembre 1968 modifié et 10 1) *b* de l'accord franco-tunisien du 7 mars 1988 modifié ;

5° A compter du 5 avril 2023, les demandes de cartes de séjour pluriannuelles portant la mention "travailleur saisonnier" délivrées en application des articles L. 411-1, L. 411-4 et L. 421-34 du même code ;

6° A compter du 5 avril 2023, les demandes de cartes de séjour portant la mention "Carte de séjour de membre de la famille d'un citoyen UE/EEE/Suisse-Toutes activités professionnelles" (uniquement pour les ressortissants de pays tiers) mentionnées à l'article R. 233-15 du même code.

Art. 2 Le présent arrêté figure en annexe 9 du code de l'entrée et du séjour des étrangers et du droit d'asile, qu'il vient compléter pour ce qui concerne les titres de séjour en cause.

Art. 3 Le présent arrêté est applicable à Saint-Barthélemy et à Saint-Martin.

Arrêté du 22 juin 2023,

Pris en application de l'article R. 431-2 du code de l'entrée et du séjour des étrangers et du droit d'asile relatif aux titres de séjour dont la demande s'effectue au moyen d'un téléservice.

Art. 1er Sont effectuées au moyen du téléservice mentionné à l'article R. 431-2 du code de l'entrée et du séjour des étrangers et du droit d'asile :

1° A compter du 26 juin 2023, les demandes de cartes de séjour temporaires, de cartes de séjour pluriannuelles et, en première demande, de cartes de résident sur le fondement de l'article L. 423-13 du même code, ainsi que des certificats de résidence algériens délivrés sur le fondement des stipulations de l'article 6 de l'accord franco-algérien du 27 décembre 1968 modifié ;

2° A compter du 26 juin 2023, les demandes de cartes de séjour temporaires, de cartes de séjour pluriannuelles et, en première demande, de cartes de résident sur le fondement des articles L. 423-14, L. 423-15, L. 423-16 du même code, ainsi que de certificats de résidence algériens délivrés sur le fondement des stipulations combinées des articles 4, 7 et 7 *bis* de l'accord franco-algérien du 27 décembre 1968 modifié.

Art. 2 Le présent arrêté figure en annexe 9 du code de l'entrée et du séjour des étrangers et du droit d'asile, qu'il vient compléter pour ce qui concerne les titres de séjour en cause.

Art. 3 Le présent arrêté est applicable à Saint-Barthélemy et à Saint-Martin.

Art. R. 431-3 *(Décr. n° 2021-313 du 24 mars 2021, art. 2-VI)* **La demande de titre de séjour ne figurant pas dans la liste mentionnée à l'article R. 431-2, est effectuée à Paris, à la préfecture de police et, dans les autres départements, à la préfecture ou à la sous-préfecture.**

Le préfet peut également prescrire que les demandes de titre de séjour appartenant aux catégories qu'il détermine soient adressées par voie postale.

SECTION 3 Délai pour présenter une demande de titre de séjour

Art. R. 431-4 *(Décr. n° 2021-313 du 24 mars 2021, art. 2-VII)* L'étranger qui ne se trouve pas dans une des situations visées aux articles R. 426-4, R. 426-6 et R. 431-5 présente sa demande de titre de séjour dans les deux mois suivant son entrée en France.

Art. R. 431-5 *(Décr. n° 2021-313 du 24 mars 2021, art. 2-VIII)* Si l'étranger séjourne déjà en France, sa demande est présentée dans les délais suivants :

1° L'étranger qui dispose d'un document de séjour mentionné aux 2° à 8° de l'article L. 411-1 présente sa demande de titre de séjour entre le cent-vingtième jour et le soixantième jour qui précède l'expiration de ce document de séjour lorsque sa demande porte sur un titre de séjour figurant dans la liste mentionnée à l'article R. 431-2. Lorsque sa demande porte sur un titre de séjour ne figurant pas dans cette liste, il présente sa demande dans le courant des deux mois précédant l'expiration du document dont il est titulaire ;

2° Au plus tard la veille de son dix-neuvième anniversaire, pour l'étranger mentionné aux articles L. 421-22, L. 421-23, L. 421-26 à L. 421-29, L. 421-30 à L. 421-33, L. 423-14, L. 423-15, L. 423-21, L. 423-22, L. 424-1, L. 424-3, L. 424-24 ou L. 426-1 ;

3° Au plus tard, deux mois après la date de son dix-huitième anniversaire, s'il ne remplit pas les conditions de délivrance de l'un des titres de séjour mentionnés au 2°.

La demande de titre de séjour faite par une personne ayant perdu la nationalité française est présentée au plus tard deux mois après la date à laquelle la perte de nationalité lui est devenue opposable.

Les dispositions du 1° ne sont pas applicables à l'étranger titulaire du statut de résident de longue durée-UE accordé par la France en application des articles L. 421-12, L. 421-25, L. 424-5, L. 424-14 ou L. 426-17.

Art. R. 431-6 Par dérogation au 4° de l'article R. 431-5, l'étranger, titulaire d'une carte de séjour pluriannuelle, à l'exception de la carte de séjour pluriannuelle portant la mention "passeport talent" prévue l'article L. 421-13, peut, dès qu'il en remplit les conditions d'ancienneté de séjour et sans attendre les deux mois précédant l'expiration de son titre, solliciter la carte de résident prévue aux articles L. 423-6, L. 423-10, L. 423-11, L. 423-12, L. 423-16, L. 424-1, L. 424-3, L. 424-5, L. 424-13, L. 424-21, L. 425-3, L. 426-6, L. 426-7, L. 426-2, L. 426-3, L. 426-10 ou L. 426-17. – *[Anc. art. R. 314-1-3, al. 2.]*

Art. D. 431-7 Pour l'application de l'article L. 431-2, les demandes de titres de séjour sont déposées par le demandeur d'asile dans un délai de deux mois. Toutefois, lorsqu'est sollicitée la délivrance du titre de séjour mentionné à l'article L. 425-9, ce délai est porté à trois mois. – *[Anc. art. D. 311-3-2.]*

Art. R. 431-8 *(Décr. n° 2021-313 du 24 mars 2021, art. 2-IX)* L'étranger titulaire d'un document de séjour doit, en l'absence de présentation de demande de délivrance d'un nouveau document de séjour six mois après sa date d'expiration, justifier à nouveau, pour l'obtention d'un document de séjour, des conditions requises pour l'entrée sur le territoire national lorsque la possession d'un visa est requise pour la première délivrance d'un document de séjour.

Les dispositions du présent article ne sont pas applicables à l'étranger titulaire du statut de résident de longue durée-UE accordé par la France en application des articles L. 421-12, L. 421-25, L. 424-5, L. 424-14 ou L. 426-17.

SECTION 4 Demande d'un titre de séjour

Art. R. 431-9 La délivrance ou le renouvellement du titre de séjour à un étranger est subordonné à la collecte, lors de la présentation de sa demande, des informations le concernant qui doivent être mentionnées sur le titre de séjour selon le modèle prévu à l'article R. 431-1, ainsi qu'au relevé d'images numérisées de sa photographie et, sauf impossibilité physique, des empreintes digitales de ses dix doigts aux fins d'enregistrement dans le traitement automatisé mentionné à l'article R. 142-11. – *[Anc. art. R. 311-2-1.]*

Art. R. 431-10 L'étranger qui demande la délivrance ou le renouvellement d'un titre de séjour présente à l'appui de sa demande :

1° Les documents justifiants de son état civil ;

2° Les documents justifiants de sa nationalité ;

3° Les documents justifiants de l'état civil et de la nationalité de son conjoint, de ses enfants et de ses parents lorsqu'il sollicite la délivrance ou le renouvellement d'un titre de séjour pour motif familial.

La délivrance du premier récépissé et l'intervention de la décision relative au titre de séjour sollicité sont subordonnées à la production de ces documents.

Lorsque la demande de titre de séjour est introduite en application de l'article L. 431-2, le demandeur peut être autorisé à déposer son dossier sans présentation de ces documents. – *[Anc. art. R. 311-2-2.]*

Art. R. 431-11 L'étranger qui sollicite la délivrance d'un titre de séjour présente à l'appui de sa demande les pièces justificatives dont la liste est fixée par arrêté annexé au présent code.

En ce qui concerne la délivrance, hors Nouvelle-Calédonie, de ces titres de séjour, cette liste est annexée à l'Arr. du 30 avr. 2021 (JO 2 mai), sous réserve des adaptations énoncées aux art. 3 à 5 dudit arrêté.

SECTION 5 Documents provisoires délivrés à l'occasion d'une demande de titre de séjour

SOUS-SECTION 1 Documents provisoires délivrés pendant l'examen d'une demande présentée sans recours au téléservice mentionné à l'article R. 431-2 *(Décr. nº 2021-313 du 24 mars 2021, art. 2-X).*

Art. R. 431-12 L'étranger admis à souscrire une demande de délivrance ou de renouvellement de titre de séjour se voit remettre un récépissé qui autorise sa présence sur le territoire pour la durée qu'il précise. Ce document est revêtu de la signature de l'agent compétent ainsi que du timbre du service chargé, en vertu de l'article R. 431-20, de l'instruction de la demande.

Le récépissé n'est pas remis au demandeur d'asile titulaire d'une attestation de demande d'asile. – *[Anc. art. R. 311-4, al. 1er et 3.]*

Art. R. 431-13 La durée de validité du récépissé mentionné à l'article R. 431-12 ne peut être inférieure à un mois. Il peut être renouvelé. – *[Anc. art. R. 311-5 ; anc. art. R. 311-5.]*

Art. R. 431-14 Est autorisé à exercer une activité professionnelle le titulaire du récépissé de demande de première délivrance des titres de séjour suivants :

1° La carte de séjour temporaire portant la mention "salarié" prévue à l'article L. 421-1 et la carte de séjour temporaire portant la mention "travailleur temporaire" prévue à l'article L. 421-3, dès lors que son titulaire satisfait aux conditions mentionnées à l'article L. 5221-1 du code du travail ;

2° La carte de séjour temporaire portant la mention "recherche d'emploi ou création d'entreprise" prévue à l'article L. 422-10 ou L. 422-14 ;

3° La carte de séjour temporaire portant la mention "vie privée et familiale" prévue à l'article L. 423-1, L. 423-7, L. 423-8, L. 423-13, L. 423-14, L. 423-15, *(Décr. nº 2020-1734 du 16 déc. 2020, rect. JO du 24 avr. 2021)* « L. 423-22, » L. 425-1 ou L. 426-5 ;

4° La carte de séjour temporaire portant la mention "vie privée et familiale" prévue à l'article L. 426-13, à condition que son titulaire séjourne en France depuis au moins un an ;

5° La carte de séjour pluriannuelle portant la mention "passeport talent", "passeport talent – carte bleue européenne", "passeport talent – chercheur" ou "passeport talent – chercheur – programme de mobilité" prévue aux articles L. 421-9 à L. 421-11 et L. 421-13 à L. 421-21, dès lors que son titulaire est bénéficiaire d'un visa de long séjour ou d'un visa de long séjour valant titre de séjour délivré sur le fondement du 2° de l'article L. 411-1 ;

6° La carte de séjour pluriannuelle portant la mention "passeport talent (famille)" prévue à l'article L. 421-22, L. 421-23 ou L. 422-12 ;

7° La carte de séjour pluriannuelle portant la mention "salarié détaché ICT" ou "salarié détaché mobile ICT" prévue aux articles L. 421-26 et L. 421-27 ;

8° La carte de séjour pluriannuelle portant la mention "salarié détaché ICT (famille)" ou "salarié détaché mobile ICT (famille)" prévue aux articles L. 421-28 et L. 421-29 ;

9° La carte de séjour pluriannuelle portant la mention "travailleur saisonnier" prévue à l'article L. 421-34, dès lors que son titulaire satisfait aux conditions mentionnées à l'article L. 5221-1 du code du travail ;

10° La carte de séjour pluriannuelle portant la mention "bénéficiaire de la protection subsidiaire" prévue à l'article L. 424-9 et la carte de séjour pluriannuelle portant la mention "membre de la famille d'un bénéficiaire de la protection subsidiaire" prévue à l'article L. 424-11 ;

11° La carte de séjour pluriannuelle portant la mention "bénéficiaire du statut d'apatride" prévue à l'article L. 424-18 et la carte de séjour pluriannuelle portant la mention "membre de famille d'un bénéficiaire du statut d'apatride" prévue à l'article L. 424-19 ;

12° La carte de résident prévue à l'article L. 423-6, L. 423-11, L. 423-12, L. 423-16, L. 424-1, L. 424-3, L. 424-13, L. 424-21, L. 425-3, L. 426-1, L. 426-2, L. 426-3, L. 426-6, L. 426-7 ou L. 426-10. – *[Anc. art. R. 311-6, al. 1er à 3.]*

Art. R. 431-15 Le récépissé de demande de renouvellement d'une carte de séjour permettant l'exercice d'une activité professionnelle autorise son titulaire à exercer une activité professionnelle. – *[Anc. art. R. 311-6, al. 4.]*

SOUS-SECTION 2 **Documents provisoires délivrés pendant l'examen d'une demande présentée au moyen du téléservice mentionné à l'article R. 431-2**

(Décr. no 2021-313 du 24 mars 2021, art. 2-X)

Art. R. 431-15-1 Le dépôt d'une demande présentée au moyen du téléservice mentionné à l'article R. 431-2 donne lieu à la délivrance immédiate d'une attestation dématérialisée de dépôt en ligne. Ce document ne justifie pas de la régularité du séjour de son titulaire.

Lorsque l'instruction d'une demande complète et déposée dans le respect des délais mentionnés à l'article R. 431-5 se poursuit au-delà de la date de validité du document de séjour détenu, le préfet est tenu de mettre à la disposition du demandeur via le téléservice mentionné au premier alinéa une attestation de prolongation de l'instruction de sa demande dont la durée de validité ne peut être supérieure à trois mois. Ce document, accompagné du document de séjour expiré, lui permet de justifier de la régularité de son séjour pendant la durée qu'il précise. Lorsque l'instruction se prolonge, en raison de circonstances particulières, au-delà de la date d'expiration de l'attestation, celle-ci est renouvelée aussi longtemps que le préfet n'a pas statué sur la demande.

Lorsque l'étranger mentionné aux 2°, 3° ou 4° de l'article R. 431-5 a déposé une demande complète dans le respect du délai auquel il est soumis, le préfet est tenu de mettre à sa disposition via le téléservice mentionné au premier alinéa une attestation de prolongation de l'instruction de sa demande dont la durée de validité ne peut être supérieure à trois mois. Ce document lui permet de justifier de la régularité de son séjour pendant la durée qu'il précise. Lorsque l'instruction se prolonge, en raison de circonstances particulières, au-delà de la date d'expiration de l'attestation, celle-ci est renouvelée aussi longtemps que le préfet n'a pas statué sur la demande.

Lorsque le préfet prend une décision favorable sur la demande présentée, une attestation dématérialisée est mise à la disposition du demandeur via le téléservice mentionné au premier alinéa qui lui permet de justifier de la régularité de son séjour, dans l'attente de la remise du titre.

Art. R. 431-15-2 L'attestation de prolongation de l'instruction d'une demande de première délivrance d'une carte de séjour prévue aux articles L. 421-22, L. 421-23, L. 421-26 à L. 421-29, L. 422-14, L. 423-1, L. 423-6, L. 423-7, L. 423-11 à L. 423-16, L. 423-22, L. 424-1, L. 424-3, L. 424-9, L. 424-11, L. 424-13, L. 424-18, L. 424-

19, L. 424-21, L. 425-1, L. 425-3, L. 426-1, L. 426-2, L. 426-3, L. 426-5, L. 426-6, L. 426-7 et L. 426-10 autorise son titulaire à exercer une activité professionnelle sur le territoire de la France métropolitaine dans le cadre de la réglementation en vigueur.

Il en est de même de l'attestation de prolongation de l'instruction de la demande de première délivrance d'une carte de séjour délivrée sur le fondement des articles L. 421-1 et L. 421-3 ou de l'article L. 421-34, dès lors que son titulaire satisfait aux conditions mentionnées à l'article L. 5221-2 du code du travail, ainsi que sur le fondement des articles L. 421-9 à L. 421-11 et L. 421-13 à L. 421-21, dès lors que son titulaire est en possession du visa de long séjour ou du visa de long séjour valant titre de séjour mentionné aux 1° et 2° de l'article L. 411-1.

L'attestation de prolongation de l'instruction d'une demande de première délivrance de la carte de séjour mentionnée à l'article L. 426-12 n'autorise pas son titulaire à exercer une activité professionnelle, sauf si elle est délivrée en application de l'article L. 426-13 et que son bénéficiaire séjourne en France depuis au moins un an.

L'attestation de prolongation de l'instruction d'une demande de renouvellement d'une carte de séjour permettant l'exercice d'une activité professionnelle autorise son titulaire à exercer une activité sur le territoire de la France métropolitaine dans le cadre de la réglementation en vigueur.

SOUS-SECTION 3 **Documents provisoires délivrés à l'étranger qui s'est vu reconnaître la qualité de réfugié, ou le bénéfice de *[la]* protection subsidiaire**

(Décr. n° 2021-313 du 24 mars 2021, art. 2-X)

Art. R. 431-15-3 Pour l'application de l'article L. 424-2, dès que la qualité de réfugié lui est reconnue, l'étranger est informé des modalités lui permettant d'accéder au téléservice mentionné à l'article R. 431-2 afin qu'il souscrive une demande de délivrance de la carte de résident prévue à l'article L. 424-1.

Dès la souscription de cette demande, une attestation de prolongation de l'instruction de sa demande mentionnée au deuxième alinéa *[de]* l'article R. 431-15-1, d'une durée de six mois renouvelable, est mise à sa disposition par le préfet au moyen de ce téléservice. Cette attestation porte la mention "reconnu réfugié".

Ce document lui permet de justifier de la régularité de son séjour pendant la durée qu'il précise et lui confère le droit d'exercer la profession de son choix dans les conditions prévues à l'article L. 414-10.

Art. R. 431-15-4 Pour l'application de l'article L. 424-10, dès que le bénéfice de la protection subsidiaire lui est reconnue, l'étranger est informé des modalités lui permettant d'accéder au téléservice mentionné à l'article R. 431-2 afin qu'il souscrive une demande de délivrance de la carte de séjour pluriannuelle mentionnée à l'article L. 424-9.

Dès la souscription de cette demande, une attestation de prolongation de l'instruction de sa demande mentionnée au deuxième alinéa de l'article R. 431-15-1, d'une durée de six mois renouvelable, est mise à sa disposition par le préfet au moyen de ce téléservice. Cette attestation porte la mention "a obtenu le bénéfice de la protection subsidiaire".

Ce document lui permet de justifier de la régularité de son séjour pendant la durée qu'il précise et lui confère le droit d'exercer la profession de son choix dans les conditions prévues à l'article L. 414-10.

SECTION 6 **Étrangers dispensés de souscrire une demande de carte de séjour**

Art. R. 431-16 Sont dispensés de souscrire une demande de carte de séjour :

1° Les membres des missions diplomatiques et consulaires accrédités en France, leur conjoint, leurs ascendants et leurs enfants mineurs ou non mariés de moins de vingt-et-un ans vivant sous leur toit ;

2° Les étrangers séjournant en France pendant une durée maximale de trois mois sous couvert de leur document de voyage revêtu, le cas échéant, d'un visa ;

3° Les étrangers séjournant en France sous couvert d'un visa d'une durée supérieure à trois mois et inférieure ou égale à douze mois comportant la mention "dispense temporaire de carte de séjour", pendant la durée de validité de ce visa ;

4° Les étrangers séjournant en France sous couvert d'un visa dispensant de titre de séjour, d'une durée maximale de douze mois et portant la mention "vacances-travail" ;

5° Les étrangers, âgés de 17 à 30 ans, séjournant en France à des fins de volontariat sous couvert d'un visa dispensant d'un titre de séjour d'une durée supérieure à trois mois et inférieure ou égale à douze mois et portant la mention "volontaire" ; le demandeur doit produire un contrat de volontariat dans le cadre du service volontaire européen mentionné au 2° du II de l'article L. 120-1 du code du service national et, s'il est âgé de moins de 18 ans, fournir une autorisation parentale pour le séjour envisagé ;

6° Les étrangers, conjoints de ressortissants français, séjournant en France sous couvert d'un visa pour un séjour d'une durée supérieure à trois mois et portant la mention "vie privée et familiale", délivré en application de l'article L. 312-3 pendant un an ;

7° Les étrangers mentionnés à l'article L. 421-1 séjournant en France pour l'exercice d'une activité salariée sous contrat de travail à durée indéterminée sous couvert d'un visa pour un séjour d'une durée supérieure à trois mois et au plus égale à un an et portant la mention "salarié", pendant la durée de validité de ce visa ;

8° Les étrangers mentionnés à l'article L. 421-3 séjournant en France pour l'exercice d'une activité salariée sous contrat de travail à durée déterminée ou dans les cas prévus aux articles L. 1262-1 et L. 1262-2 du code du travail sous couvert d'un visa pour un séjour d'une durée supérieure à trois mois et équivalente à la durée de l'emploi et portant la mention "travailleur temporaire", pendant la durée de validité de ce visa ;

9° Les étrangers mentionnés à l'article L. 421-5 séjournant en France sous couvert d'un visa pour un séjour d'une durée supérieure à trois mois et au plus égale à un an et portant la mention "entrepreneur/profession libérale" ;

10° Les étrangers mentionnés aux articles L. 421-9 à L. 421-11, L. 421-13 à L. 421-21, L. 421-22 et L. 421-23 séjournant en France sous couvert d'un visa pour un séjour d'une durée supérieure à trois mois et au plus égale à un an et portant la mention "passeport talent", pendant la durée de validité de ce visa ;

11° Les étrangers mentionnés aux articles L. 421-26 et L. 421-28 séjournant en France sous couvert d'un visa pour un séjour d'une durée supérieure à trois mois et au plus égale à un an et portant la mention "salarié détaché ICT" ou, le cas échéant, "salarié détaché ICT (famille)" ;

12° Les étrangers mentionnés aux articles L. 421-30 et L. 421-32 séjournant en France sous couvert d'un visa pour un séjour d'une durée supérieure à trois mois et au plus égale à un an et portant la mention "stagiaire ICT" ou, le cas échéant, "stagiaire ICT (famille)" ;

13° Les étrangers mentionnés aux articles L. 422-1, L. 422-2 et L. 422-5 séjournant en France sous couvert d'un visa pour un séjour d'une durée supérieure à trois mois et au plus égale à un an et portant la mention "Étudiant" ou "étudiant – programme de mobilité", pendant la durée de validité de ce visa ;

14° Les étrangers mentionnés à l'article L. 422-14 séjournant en France sous couvert d'un visa pour un séjour d'une durée supérieure à trois mois et au plus égale à un an et portant la mention "recherche d'emploi ou création d'entreprise", pendant la durée de validité de ce visa ;

15° Les étrangers, conjoints de ressortissants étrangers, séjournant en France sous couvert d'un visa pour un séjour d'une durée supérieure à trois mois et portant la mention "vie privée et familiale", délivré en application des articles L. 423-14 ou L. 423-15, pendant un an ;

16° Les étrangers mentionnés à l'article L. 426-20 séjournant en France sous couvert d'un visa pour un séjour d'une durée supérieure à trois mois et au plus égale à un an et portant la mention "visiteur", pendant la durée de validité de ce visa ;

17° Les étrangers mentionnés à l'article L. 426-23 séjournant en France sous couvert d'un visa pour un séjour d'une durée supérieure à trois mois et au plus égale à un an et portant la mention "stagiaire", pendant la durée de validité de ce visa ;

18° Les étrangers mentionnés à l'article L. 426-22 séjournant en France sous couvert d'un visa pour un séjour d'une durée supérieure à trois mois et au plus égale à un an et portant la mention "jeune au pair", pendant la durée de validité de ce visa. – *[Anc. art. R. 311-3, al. 1er à 19.]*

Art. R. 431-17 Les visas mentionnés aux 6° à 18° de l'article R. 431-16 permettent à leur titulaire de séjourner en France au-delà d'une période de trois mois et dans les limites de durée mentionnées au même article, à la condition que l'intéressé, dans un délai de trois mois à compter de la date de son entrée en France, déclare notamment la date de cette entrée et le domicile qui y est le sien, au moyen d'un téléservice, dans les conditions prévues par arrêté du ministre chargé de l'immigration.

Cet arrêté précise les modalités d'utilisation du téléservice accessible par internet. – *[Anc. art. R. 311-3, al. 20 et 21.]*

Art. R. 431-18 *(Décr. n° 2021-313 du 24 mars 2021, art. 2-XI)* « Les étrangers mentionnés aux 6° à 11° et 13° à 18° de l'article R. 431-16 qui souhaitent se maintenir en France au-delà des limites de durée mentionnées au même article sollicitent une carte de séjour temporaire ou une carte de séjour pluriannuelle dans les conditions fixées au 1° de l'article R. 431-5. »

Ils doivent en outre justifier avoir accompli les formalités prévues à l'article R. 431-17 et remplir les conditions sanitaires pour être admis à séjourner en France par la production d'un certificat médical délivré dans les conditions fixées par arrêté conjoint du ministère chargé de la santé et du ministre chargé de l'immigration.

La demande est instruite conformément à l'article R. 433-1 et, selon les cas, suivant les conditions spécifiques définies au titre II. A l'échéance de ce délai, il est fait application des dispositions prévues à l'article R. 431-8.

Ne sont pas soumis à l'obligation de présentation du certificat médical mentionné au deuxième alinéa les étrangers déjà admis à résider en France ainsi que les étrangers mentionnés aux articles L. 312-4, L. 421-9 à L. 421-11, L. 421-13 à L. 421-21, L. 421-22 à L. 421-24, L. 421-26 à L. 421-29, L. 421-30 à L. 421-33, L. 422-1, L. 422–2, L. 422-4, L. 422-5, L. 422-6, L. 422-10 à L. 422-14, L. 423-7, L. 423-8, L. 423-21, L. 423-22, L. 423-23, aux articles L. 424-9 et L. 424-11 à l'exception de ceux qui sont visés aux articles L. 561-2 à L. 561-5, aux articles L. 424-18 et L. 424-19 à l'exception de ceux visés à l'article L. 582-5, aux articles L. 425-1, L. 425-3, L. 425-4, L. 425-6, L. 425-7, L. 425-9, L. 426-3, L. 426-22, L. 426-23, L. 435-1, L. 435-2 et L. 435-3. – *[Anc. art. R. 311-3, al. 22 ; anc. art. R. 313-4.]*

Art. D. 431-19 La décision de l'autorité compétente sur la demande du visa prévu au 5° de l'article R. 431-16 est notifiée par écrit à l'étranger dans les meilleurs délais et au plus tard dans les quatre-vingt-dix jours à compter de la date d'introduction de la demande complète.

Par dérogation à l'article R. 432-2, le silence gardé par l'autorité administrative sur cette demande fait naître une décision implicite de rejet au terme d'un délai de quatre-vingt-dix jours. – *[Anc. art. D. 311-3-3.]*

SECTION 7 **Délivrance du titre de séjour**

Art. R. 431-20 Sous réserve *(Décr. n° 2021-313 du 24 mars 2021, art. 2-XII)* « de l'exception prévue à l'article R. 426-3 », le titre de séjour est délivré par le préfet du département dans lequel l'étranger a sa résidence et, à Paris, par le préfet de police.

(Abrogé par Décr. n° 2021-313 du 24 mars 2021, art. 2-XII) ***« Le préfet peut également prescrire que la remise du titre soit faite au commissariat de police de la résidence du requérant ou dans l'une des délégations régionales ou départementales de l'Office français de l'immigration et de l'intégration. »***

Pour l'application de l'article L. 433-1, l'étranger qui sollicite la délivrance d'un titre de séjour reçoit une information relative aux conditions auxquelles cette délivrance est subordonnée et à ses obligations de déférer aux contrôles et aux convocations. Ce document est signé par l'étranger lors de la remise du titre de séjour. – *[Anc. art. R. 311-10, al. 1er, 1re phr., et al. 3 et 4.]*

Sur la liste des pièces justificatives exigées pour la délivrance d'un titre de séjour, V. Arr. du 4 mai 2022, supra, à la fin du Liv. IV, partie L., 🏛.

Art. R. 431-21 Lorsque la demande de titre de séjour est introduite en application de l'article L. 431-2, le titre de séjour est délivré par le préfet du département dans lequel l'étranger est domicilié au sens de l'article L. 551-7 ou, à Paris, par le préfet de police. A défaut, le titre est délivré par le préfet du département dans lequel l'étranger réside ou, à Paris, par le préfet de police. – *[Anc. art. R. 311-10, al. 5.]*

Art. R. 431-22 Par dérogation à l'article R. 431-20, lorsque la demande de titre de séjour est déposée auprès de la préfecture du département des Bouches-du-Rhône, le préfet de ce département est compétent pour délivrer un titre de séjour aux étrangers, ainsi qu'aux membres de leur famille, travaillant dans le cadre de l'accord sur l'établissement de l'organisation internationale ITER pour l'énergie de fusion en vue de la mise en œuvre conjointe du projet ITER fait à Paris le 21 novembre 2006 ou pour le centre de recherche sis à Saint-Paul-lez-Durance du Commissariat à l'énergie atomique et aux énergies alternatives et employés par :

1° Un contractant ou un sous-traitant d'un contractant de l'organisation internationale mentionnée au premier alinéa ;

2° Les agences domestiques prévues à l'article 8 de l'accord mentionné au premier alinéa ou un contractant ou un sous-traitant d'un contractant de l'une de ces agences ;

3° Le commissariat mentionné au premier alinéa ou l'un de ses contractants ou sous-traitants d'un contractant. – *[Anc. art. R. 311-10-1.]*

Art. R. 431-23 Tout étranger, séjournant en France et titulaire d'un titre de séjour d'une durée supérieure à un an, est tenu, lorsqu'il transfère le lieu de sa résidence effective et permanente, d'en faire la déclaration, dans les trois mois de son arrivée, à l'autorité administrative territorialement compétente. – *[Anc. art. R. 321-8.]*

Art. R. 431-24 Au cas où la loi ne prévoit pas de l'en exonérer, le demandeur mentionné à l'article R. 431-12 acquitte la taxe spéciale afférente à la délivrance du titre de séjour. – *[Anc. art. R. 311-8.]*

CHAPITRE II REFUS ET RETRAIT DES TITRES DE SÉJOUR

SECTION 1 Refus de délivrance des titres de séjour

Art. R.* 432-1 Le silence gardé par l'autorité administrative sur les demandes de titres de séjour vaut décision implicite de rejet. – *[Anc. art. R*. 311-12.]*

Art. R. 432-2 La décision implicite de rejet mentionnée à l'article R.* 432-1 naît au terme d'un délai de quatre mois.

Par dérogation au premier alinéa, ce délai est de quatre-vingt-dix jours lorsque l'étranger sollicite la délivrance d'un titre de séjour mentionné aux articles R. 421-23, R. 421-43, R. 421-47, R. 421-54, R. 421-54, R. 421-60, R. 422-5, R. 422-12, R. 426-14 et R. 426-17.

Par dérogation au premier alinéa ce délai est de soixante jours lorsque l'étranger sollicite la délivrance du titre de séjour mentionné à l'article R. 421-26. – *[Anc. art. R. 311-12-1.]*

SECTION 2 Retrait des titres de séjour

Art. R. 432-3 Sans préjudice des dispositions des articles R. 421-36, R. 421-37, R. 421-40 et R. 424-4, le titre de séjour est retiré dans les cas suivants :

1° L'étranger titulaire du titre de séjour fait l'objet d'une décision d'expulsion ;

2° L'étranger titulaire du titre de séjour fait l'objet d'une décision judiciaire d'interdiction du territoire ;

3° L'étranger titulaire de la carte de séjour temporaire ou de la carte de séjour pluriannuelle cesse de remplir l'une des conditions exigées pour sa délivrance ;

4° L'étranger titulaire du titre de séjour, qui réside en France avec un premier conjoint, a fait venir dans le cadre du regroupement familial un autre conjoint ou des enfants autres que ceux mentionnés aux articles L. 434-1 à L. 434-6 ;

5° L'étranger titulaire d'une carte de résident vit en France en état de polygamie ; dans ce cas, la carte de résident est également retirée au conjoint ;

6° L'étranger titulaire d'une carte de résident s'est absenté du territoire français pendant une période de plus de trois ans consécutifs sans que cette période ait fait l'objet d'une autorisation de prolongation ;

7° L'étranger titulaire d'une carte de résident portant la mention "résident de longue durée – UE" accordée par la France a résidé en dehors du territoire des États membres de l'Union européenne pendant une période de plus de trois ans consécutifs sans que cette période ait fait l'objet d'une autorisation de prolongation, ou a résidé en dehors du territoire français pendant une période de plus de six ans consécutifs, ou a acquis le statut de résident de longue durée – UE dans un autre État membre de l'Union européenne ;

8° L'étranger titulaire d'une carte de résident est condamné pour avoir commis sur un mineur de quinze ans l'infraction définie à l'article 222-9 du code pénal ou s'être rendu complice de celle-ci. – *[Anc. art. R. 311-14, 1° à 7° et 8° (1re phr.).]*

Art. R. 432-4 Sans préjudice des dispositions des articles R. 421-41, R. 422-7, R. 423-2 et R. 426-1, le titre de séjour peut être retiré dans les cas suivants :

1° L'étranger, titulaire d'une carte de séjour temporaire ou d'une carte de séjour pluriannuelle, a commis des faits qui l'exposent à l'une des condamnations prévues aux articles 222-34 à 222-40, 224-1-A à 224-1-C, 225-4-1 à 225-4-4, 225-4-7, 225-5 à 225-11, 225-12-1 et 225-12-2, 225-12-5 à 225-12-7, 225-13 à 225-15, au 7° de l'article 311-4 et aux articles 312-12-1 et 321-6-1 du code pénal ;

2° L'étranger, titulaire d'une carte de séjour temporaire ou d'une carte de séjour pluriannuelle, a occupé un travailleur étranger en infraction avec les dispositions de l'article L. 5221-8 du code du travail ou a méconnu les dispositions de l'article L. 5221-5 du même code ou a exercé une activité professionnelle non salariée sans en avoir l'autorisation ;

3° L'étranger autorisé à séjourner en France au titre du regroupement familial n'est plus en situation de vie commune avec le conjoint qu'il est venu rejoindre dans les trois ans qui suivent la délivrance du visa d'entrée par l'autorité diplomatique ou consulaire, sauf dans les cas mentionnés aux troisième et quatrième alinéas de l'article L. 423-17 et à l'article L. 425-6 ;

4° Sous réserve des dispositions des articles L. 611-3, L. 631-2 et L. 631-3, si l'étranger a fait venir son conjoint ou ses enfants en dehors de la procédure de regroupement familial, sauf s'il est titulaire de la carte de résident portant la mention "résident de longue durée – UE" prévue aux articles L. 421-12, L. 421-25, L. 424-5, L. 424-14 ou L. 426-17 accordée par la France ;

5° L'étranger admis à séjourner en France pour y exercer une activité salariée se voit retirer son autorisation de travail au motif qu'il ne s'est pas conformé à l'obligation de produire le certificat médical prévu par l'article L. 5221-5 du code du travail ;

6° L'étranger titulaire d'une carte de séjour temporaire ou d'une carte de séjour pluriannuelle constitue une menace pour l'ordre public ;

7° L'étranger titulaire du titre de séjour fait obstacle aux contrôles nécessaires à la vérification du maintien des conditions de délivrance de son titre de séjour ou ne défère pas aux convocations ;

8° L'étranger, titulaire d'une carte de résident portant la mention "résident de longue durée – UE" dans un autre État membre, autorisé à séjourner en France en application de l'article L. 426-11, exerce dans les douze mois qui suivent la délivrance de la carte de séjour temporaire prévue aux articles L. 421-1, L. 421-3 ou L. 421-5 des activités salariées autres que celles pour lesquelles il s'est vu accorder son droit au séjour en France ;

9° L'étranger, titulaire d'une carte de résident, a occupé un travailleur étranger en infraction avec les dispositions de l'article L. 5221-8 du code du travail ;

10° L'étranger, titulaire de la carte de résident portant la mention "résident de longue durée – UE" prévue aux articles L. 424-5, L. 424-14 ou L. 426-17, délivrée par la France, perd la qualité de réfugié ou le bénéfice de la protection subsidiaire dans les cas mentionnés aux articles L. 424-8 et L. 424-17. – *[Anc. art. R. 311-15, I, 1°, 2°, 4°, 5°, et 7° à 12°.]*

Art. R. 432-5 Une carte de résident peut être retirée et remplacée de plein droit par une carte de séjour temporaire dans les cas suivants :

1° L'étranger, titulaire d'une carte de résident, ne peut faire l'objet d'une mesure d'expulsion en application des articles L. 631-2 ou L. 631-3 et a été condamné de manière définitive sur le fondement des articles 433-3, 433-4, des deuxième à quatrième alinéas de l'article 433-5, du deuxième alinéa de l'article 433-5-1 ou de l'article 433-6 du code pénal ;

2° L'étranger, titulaire de la carte de résident portant la mention "résident de longue durée – UE" prévue aux articles L. 421-12, L. 421-25, L. 424-5, L. 424-14 ou L. 426-17, accordée par la France, et dont la présence sur le territoire français constitue une menace grave pour l'ordre public, ne peut faire l'objet d'une mesure d'expulsion en application des articles L. 631-2 ou L. 631-3. – *[Anc. art. R. 311-15, II.]*

SECTION 3 Commission du titre de séjour

Art. R. 432-6 Le préfet ou, à Paris, le préfet de police met en place la commission du titre de séjour prévue à l'article L. 432-14 par un arrêté :

1° Constatant la désignation des élus locaux mentionnés au 1° du même article ;

2° Désignant les personnalités qualifiées mentionnées au 2° du même article ;

3° Désignant le président de la commission. – *[Anc. art. R. 312-1.]*

Art. R. 432-7 L'autorité administrative compétente pour saisir la commission du titre de séjour en application de l'article L. 432-13 est le préfet ou, à Paris, le préfet de police.

La demande d'avis est accompagnée des documents nécessaires à l'examen de l'affaire, comportant notamment les motifs qui conduisent le préfet à envisager une décision de refus de délivrance ou de renouvellement d'un titre de séjour ou une décision de retrait d'un titre de séjour dans les conditions définies à l'article L. 432-13, ainsi que les pièces justifiant que l'étranger qui sollicite une admission exceptionnelle au séjour sur le fondement de l'article L. 435-1 réside habituellement en France depuis plus de dix ans. – *[Anc. art. R. 312-2, al. 3.]*

Art. R. 432-8 Si la commission du titre de séjour régulièrement saisie n'a pas émis son avis à l'issue des trois mois qui suivent la date d'enregistrement de la saisine du préfet à son secrétariat, son avis est réputé rendu et le préfet peut statuer. – *[Anc. art. R. 312-9.]*

Art. R. 432-9 *(Décr. n° 2021-313 du 24 mars 2021, art. 3)* Lorsque le préfet, qui envisage de refuser la délivrance ou le renouvellement d'un titre de séjour, saisit la commission mentionnée à l'article L. 432-14 pour avis, il met à disposition de l'étranger, dès la saisine de la commission, l'attestation de prolongation de l'instruction de sa demande mentionnée au deuxième alinéa de l'article R. 431-15-1 si le titre de séjour sollicité figure dans la liste mentionnée à l'article R. 431-2 ou, s'il n'y figure pas, un récépissé de demande de titre de séjour.

Ces documents sont valables trois mois et sont renouvelés jusqu'à ce que le préfet ait statué. Ils portent la mention "Il autorise son titulaire à travailler" lorsque l'étranger était précédemment titulaire d'un titre de séjour l'autorisant à travailler.

Art. R. 432-10 Le président fixe la date des réunions de la commission du titre de séjour. Les membres de celle-ci sont avisés de cette date et de l'ordre du jour au moins quinze jours à l'avance par une lettre à laquelle sont annexés les documents mentionnés à l'article R. 432-7. – *[Anc. art. R. 312-4.]*

Art. R. 432-11 L'étranger est convoqué devant la commission du titre de séjour dans les délais prévus au premier alinéa de l'article L. 432-15 par une lettre qui précise la date, l'heure et le lieu de réunion de la commission et qui mentionne les droits résultant pour l'intéressé des dispositions du même alinéa.

A sa demande, le maire de la commune dans laquelle réside l'étranger concerné, ou son représentant, est entendu. – *[Anc. art. R. 312-5.]*

Art. R. 432-12 Le chef du service des étrangers de la préfecture, ou son représentant, assure les fonctions de rapporteur auprès de la commission du titre de séjour. Il ne prend pas part à sa délibération. Ledit service assure le secrétariat de la commission. – *[Anc. art. R. 312-6.]*

Art. R. 432-13 Les séances de la commission du titre de séjour ne sont pas publiques. – *[Anc. art. R. 312-8.]*

Art. R. 432-14 Devant la commission du titre de séjour, l'étranger fait valoir les motifs qu'il invoque à l'appui de sa demande d'octroi ou de renouvellement d'un titre de séjour. Un procès-verbal enregistrant ses explications est transmis au préfet avec l'avis motivé de la commission. L'avis de la commission est également communiqué à l'intéressé. – *[Anc. art. R. 312-8.]*

SECTION 4 **Restitution des titres de séjour**

Art. R. 432-15 Lorsque son titulaire acquiert la nationalité française par décret de naturalisation ou de réintégration, le titre de séjour est restitué à l'autorité qui lui a notifié la décision. Dans les autres cas d'acquisition, il est restitué au préfet du département de sa résidence. – *[Anc. art. R. 311-17.]*

CHAPITRE III **CONDITIONS DE RENOUVELLEMENT DES TITRES DE SÉJOUR**

SECTION 1 **Renouvellement du titre de séjour**

Art. R. 433-1 L'étranger qui sollicite le renouvellement d'une carte de séjour temporaire présente à l'appui de sa demande les pièces prévues pour une première délivrance et justifiant qu'il continue de satisfaire aux conditions requises pour celle-ci ainsi, le cas échéant, que les pièces particulières requises à l'occasion du renouvellement du titre conformément à la liste fixée par arrêté annexé au présent code. – *[Anc. art. R. 313-36, al. 1er.]*

Art. R. 433-2 L'étranger déjà admis à résider en France qui sollicite le renouvellement d'une carte de séjour pluriannuelle présente à l'appui de sa demande les pièces prévues pour une première délivrance de la carte de séjour temporaire correspondant au motif de séjour de la carte de séjour pluriannuelle dont il est détenteur et justifiant qu'il continue de satisfaire aux conditions requises pour celle-ci ainsi, le cas échéant, que les pièces particulières requises à l'occasion du renouvellement du titre conformément à la liste fixée par arrêté annexé au présent code.

Les dispositions du présent article s'appliquent sous réserve de celles des articles L. 421-2 et L. 421-6. – *[Anc. art. R. 313-76, al. 1er et 3.]*

Art. R. 433-3 Pour l'application du premier alinéa de l'article L. 433-3, l'étranger peut justifier de ses démarches en vue du renouvellement de la carte de résident dont il est titulaire par la présentation d'une attestation de dépôt de sa demande de renouvellement. Cette attestation est délivrée par les services qui ont reçu la demande. Elle vaut convocation pour la remise du titre de séjour sollicité. – *[Anc. art. R. 311-9.]*

SECTION 2 **Obtention d'une carte de séjour pluriannuelle sans changement de motif**

Art. R. 433-4 L'étranger qui sollicite la carte de séjour pluriannuelle sur le même fondement que celui au titre duquel lui a été délivrée la carte de séjour temporaire dont il est titulaire présente à l'appui de sa demande les pièces prévues pour une première délivrance de cette carte de séjour temporaire et justifiant qu'il continue de satisfaire aux conditions requises pour celle-ci ainsi, le cas échéant, que les pièces particulières requises conformément à la liste fixée par arrêté annexé au présent code. – *[Anc. art. R. 313-39, al. 1er et 2.]*

Art. R. 433-5 Pour l'application du 1° de l'article L. 433-4 le préfet apprécie si l'étranger a respecté les engagements souscrits dans le cadre du contrat d'intégration républicaine, lorsqu'il en a été conclu un conformément aux dispositions des articles L. 413-2 et R. 413-2. Il s'assure, au vu notamment des éléments transmis en application des articles R. 413-4, R. 413-11 et R. 413-14 par l'Office français de l'immigration et de l'intégration, de l'assiduité et du sérieux de la participation de l'étranger à la formation civique mentionnée à l'article R. 413-12 et, lorsqu'elle a été prescrite, à l'ensemble de la formation linguistique mentionnée à l'article R. 413-13 ainsi que, dans le cadre de la formation linguistique, de sa progression à l'issue de la formation par rapport au niveau initial évalué par l'office dans les conditions prévues aux articles R. 413-8 et R. 413-9.

(Abrogé par Décr. nº 2024-811 du 8 juill. 2024, art. 2, à compter du 17 juill. 2024) ***« Le préfet vérifie en outre que l'étranger n'a pas manifesté de rejet des valeurs essentielles de la société française et de la République au vu des informations dont il dispose ou qu'il est en mesure de solliciter auprès des services compétents. »*** – *[Anc. art. R. 313-40.]*

Les modifications issues du Décr. nº 2024-811 du 8 juill. 2024 s'appliquent aux demandes présentées à compter de la date de son entrée en vigueur (le 17 juill. 2024, JO 16 juill.). L'étranger qui n'a pas pu souscrire à ce dispositif parce que son document de séjour a été délivré avant cette date signe le contrat d'engagement à respecter les principes de la République dans le cadre de sa demande de renouvellement (Décr. préc., art. 3).

SECTION 3 Obtention d'un nouveau titre de séjour avec changement de motif

Art. R. 433-6 Sous réserve des articles L. 421-2 et L. 421-6, l'étranger qui sollicite la délivrance d'une carte de séjour temporaire ou pluriannuelle sur un autre fondement que celui au titre duquel lui a été délivré le document de séjour dont il est titulaire présente à l'appui de sa demande les pièces prévues pour la délivrance de la carte de séjour temporaire ou pluriannuelle correspondant au nouveau motif de séjour invoqué et justifiant qu'il satisfait aux conditions requises pour celles-ci ainsi, le cas échéant, que les pièces particulières requises conformément à la liste fixée par arrêté annexé au présent code. – *[Anc. art. R. 313-39, al. 1er et 3 ; anc. art. R. 313-76, al. 2 et 3.]*

CHAPITRE IV RÉGIME DU REGROUPEMENT FAMILIAL

SECTION 1 Conditions d'éligibilité au regroupement familial

Art. R. 434-1 L'étranger qui formule une demande de regroupement familial doit justifier de la possession d'un des documents de séjour suivants :

1° Une carte de séjour temporaire, d'une durée de validité d'au moins un an ;

2° Une carte de séjour pluriannuelle ;

3° Une carte de résident, d'une durée de dix ans ou à durée indéterminée ;

4° Le récépissé de demande de renouvellement du titre de séjour mentionné aux 1°, 2° ou 3°. – *[Anc. art. R. 411-1.]*

Art. R. 434-2 Le séjour régulier en France d'au moins dix-huit mois mentionné à l'article L. 434-2 doit avoir été accompli sous couvert des documents de séjour mentionnés à l'article R. 434-1 ou des documents suivants :

1° Un visa de long séjour, conférant à son titulaire les droits attachés à une carte de séjour temporaire ;

2° Une carte de séjour temporaire d'une durée inférieure à un an ;

3° Une autorisation provisoire de séjour ;

4° Un récépissé de demande de première délivrance ou de renouvellement d'un document de séjour ;

5° Une attestation de demande d'asile. – *[Anc. art. R. 411-2.]*

Art. R. 434-3 L'âge du conjoint et des enfants pouvant bénéficier du regroupement familial est apprécié à la date du dépôt de la demande. – *[Anc. art. R. 411-3.]*

Art. R. 434-4 Pour l'application du 1° de l'article L. 434-7, les ressources du demandeur et de son conjoint qui alimenteront de façon stable le budget de la famille sont appréciées sur une période de douze mois par référence à la moyenne mensuelle du salaire minimum de croissance au cours de cette période. Ces ressources sont considérées comme suffisantes lorsqu'elles atteignent un montant équivalent à :

1° Cette moyenne pour une famille de deux ou trois personnes ;

2° Cette moyenne majorée d'un dixième pour une famille de quatre ou cinq personnes ;

3° Cette moyenne majorée d'un cinquième pour une famille de six personnes ou plus. – *[Anc. art. R. 411-4.]*

Art. R. 434-5 Pour l'application du 2° de l'article L. 434-7, est considéré comme normal un logement qui :

1° Présente une superficie habitable totale au moins égale à :

a) en zones A *bis* et A : 22 m^2 pour un ménage sans enfant ou deux personnes, augmentée de 10 m^2 par personne jusqu'à huit personnes et de 5 m^2 par personne supplémentaire au-delà de huit personnes ;

b) en zones B1 et B2 : 24 m^2 pour un ménage sans enfant ou deux personnes, augmentée de 10 m^2 par personne jusqu'à huit personnes et de 5 m^2 par personne supplémentaire au-delà de huit personnes ;

c) en zone C : 28 m^2 pour un ménage sans enfant ou deux personnes, augmentée de 10 m^2 par personne jusqu'à huit personnes et de 5 m^2 par personne supplémentaire au-delà de huit personnes ;

2° Satisfait aux conditions de salubrité et d'équipement fixées aux articles 2 et 3 du décret n° 2002-120 du 30 janvier 2002 relatif aux caractéristiques du logement décent pris pour l'application de l'article 187 de la loi n° 2000-1208 du 13 décembre 2000 relative à la solidarité et au renouvellement urbain.

Les zones A *bis*, A, B1, B2 et C mentionnées au présent article sont celles définies pour l'application de l'article R. 304-1 du code de la construction et de l'habitation. – *[Anc. art. R. 411-5.]*

Art. R. 434-6 Sous réserve des dispositions de l'article L. 434-7, le bénéfice du regroupement familial peut être accordé au conjoint et, le cas échéant, aux enfants de moins de dix-huit ans de l'étranger, qui résident en France, sans recours à la procédure d'introduction.

Pour l'application du premier alinéa est entendu comme conjoint l'étranger résidant régulièrement en France sous couvert d'une carte de séjour temporaire d'une durée de validité d'au moins un an ou d'une carte de séjour pluriannuelle qui contracte mariage avec le demandeur résidant régulièrement en France dans les conditions prévues aux articles R. 434-1 et R. 434-2. – *[Anc. art. R. 411-6.]*

SECTION 2 **Dépôt de la demande**

Art. R. 434-7 L'étranger fait sa demande auprès des services de l'Office français de l'immigration et de l'intégration. Le préfet territorialement compétent ou, à Paris, le préfet de police en est immédiatement informé.

Un arrêté du ministre chargé de l'immigration fixe la compétence territoriale des services de l'office. – *[Anc. art. R. 421-7.]*

Art. R. 434-8 La demande de regroupement familial est formulée sur un imprimé dont le modèle est établi par arrêté du ministre chargé de l'immigration.

Elle comporte l'engagement du demandeur :

1° De permettre à des agents des services de la commune où doit résider la famille, chargés des affaires sociales ou du logement, spécialement habilités à cet effet, ainsi qu'aux agents de l'Office français de l'immigration et de l'intégration, l'entrée dans le logement prévu pour accueillir la famille aux fins de vérification des conditions de logement ou, si le logement n'est pas encore disponible, de mettre le maire de la commune en mesure de procéder à cette vérification sur pièces ;

2° De verser, s'il y a lieu, à l'office la redevance forfaitaire mentionnée à l'article R. 434-35. – *[Anc. art. R. 421-1.]*

Art. R. 434-9 La demande de regroupement familial comporte la liste de tous les membres de la famille désignés aux articles L. 434-2, L. 434-3 et L. 434-4. – *[Anc. art. R. 111-22 ; anc. art. R. 421-2.]*

Art. R. 434-10 Dans le cas où le regroupement sollicité n'est que partiel, la demande comporte, outre les éléments mentionnés aux articles R. 434-8 et R. 434-9 :

1° L'exposé des motifs, tenant notamment à la santé ou à la scolarité du ou des enfants ou aux conditions de logement de la famille, qui justifient, au regard de l'intérêt du ou des enfants, que le regroupement familial ne soit pas demandé pour l'ensemble de la famille ;

2° La liste de ceux des membres de la famille pour lesquels le regroupement familial est demandé. – *[Anc. art. R. 421-3.]*

Art. R. 434-11 L'étranger qui sollicite le regroupement familial présente à l'appui de sa demande les pièces justificatives dont la liste est fixée par arrêté annexé au présent code. – *[Anc. art. R. 111-23.]*

SECTION 3 Instruction de la demande

SOUS-SECTION 1 Enregistrement du dossier

Art. R. 434-12 Au vu du dossier complet de demande de regroupement familial, les services de l'Office français de l'immigration et de l'intégration délivrent sans délai une attestation de dépôt de dossier qui fait courir le délai de six mois dont bénéficie l'autorité administrative pour statuer. – *[Anc. art. R. 421-8.]*

Art. R. 434-13 Après vérification des pièces du dossier de demande de regroupement familial et délivrance à l'intéressé de l'attestation de dépôt de sa demande, les services de l'Office français de l'immigration et de l'intégration transmettent une copie du dossier au maire de la commune de résidence de l'étranger ou au maire de la commune où l'étranger envisage de s'établir. – *[Anc. art. R. 421-9.]*

Art. R. 434-14 L'autorité diplomatique ou consulaire dans la circonscription de laquelle habite la famille du demandeur est immédiatement informée du dépôt de la demande de demande de regroupement familial par les services de l'Office français de l'immigration et de l'intégration et procède sans délai, dès le dépôt de la demande de visa de long séjour, aux vérifications d'actes d'état civil étranger qui lui sont demandées. – *[Anc. art. R. 421-10.]*

SOUS-SECTION 2 Vérification des conditions de ressources

Art. R. 434-15 Le maire dispose d'un délai de deux mois à compter de la réception du dossier pour vérifier si les conditions de ressources et de logement prévues aux 1° et 2° de l'article L. 434-7 sont remplies. Il dispose d'un délai de durée égale, s'il a été saisi à cette fin par le préfet ou, à Paris, par le préfet de police, pour émettre un avis le respect des principes essentiels qui régissent la vie familiale en France, prévu au 3° du même article. – *[Anc. art. R. 421-11.]*

Art. R. 434-16 Pour procéder à la vérification des conditions de ressources mentionnées à l'article R. 434-4, le maire examine les pièces justificatives mentionnées à l'article R. 434-11. – *[Anc. art. R. 421-12.]*

Art. R. 434-17 Le maire et l'Office français de l'immigration et de l'intégration peuvent saisir, en tant que de besoin, la direction régionale des entreprises, de la concurrence, de la consommation, du travail et de l'emploi compétente d'une demande d'enquête sur l'emploi qui procure au demandeur du regroupement familial tout ou partie des ressources dont il fait état. – *[Anc. art. R. 421-13.]*

SOUS-SECTION 3 Vérification des conditions du logement

Art. R. 434-18 Pour procéder à la vérification des conditions de logement mentionnées à l'article R. 434-5, le maire examine les pièces justificatives mentionnées à l'article R. 434-11. – *[Anc. art. R. 421-14.]*

Art. R. 434-19 Des agents spécialement habilités des services de la commune chargés des affaires sociales ou du logement ou, à la demande du maire, des agents de l'Office français de l'immigration et de l'intégration peuvent procéder à la visite du logement, s'il est disponible, pour vérifier s'il réunit les conditions minimales de confort et d'habitabilité. Cette visite doit faire l'objet d'une autorisation écrite du demandeur lors du dépôt de la demande. En cas de refus de l'occupant, les conditions de logement sont réputées non remplies. – *[Anc. art. R. 421-15.]*

Art. R. 434-20 Le recours du maire aux services de l'Office français de l'immigration et de l'intégration, mentionné à l'article R. 434-19, peut faire l'objet d'une convention d'organisation conclue avec le directeur général de l'office. – *[Anc. art. R. 421-15-1.]*

Art. R. 434-21 La vérification sur place des conditions de logement du demandeur du regroupement familial donne lieu à l'établissement d'un compte rendu, dont le modèle est établi par arrêté du ministre chargé de l'immigration. – *[Anc. art. R. 421-16.]*

Art. R. 434-22 Lorsque le demandeur ne dispose pas encore du logement au moment de la demande de regroupement familial, la vérification est opérée au vu des documents établis et signés par le propriétaire ou le vendeur et le demandeur mentionnant la date de disponibilité, ainsi que la superficie et l'ensemble des caractéristiques permettant d'apprécier le confort et l'habitabilité du logement conformément aux conditions mentionnées à l'article R. 434-5. – *[Anc. art. R. 421-17.]*

SOUS-SECTION 4 **Avis du maire**

Art. R. 434-23 A l'issue des vérifications sur les ressources et le logement du demandeur du regroupement familial, le maire de la commune où doit résider la famille transmet à l'Office français de l'immigration et de l'intégration le dossier accompagné des résultats de ces vérifications et de son avis motivé. En l'absence de réponse du maire à l'expiration d'un délai de deux mois à compter de la communication du dossier, cet avis est réputé favorable. – *[Anc. art. R. 421-18.]*

Art. R. 434-24 Le maire, s'il a été saisi à cette fin par le préfet ou, à Paris, par le préfet de police, dispose d'un délai de deux mois pour transmettre à celui-ci son avis sur le respect par le demandeur du regroupement familial des principes fondamentaux reconnus par les lois de la République. En l'absence de réponse du maire à l'expiration de ce délai, cet avis est réputé rendu. – *[Anc. art. R. 421-19-1.]*

SOUS-SECTION 5 **Instruction par l'Office français de l'immigration et de l'intégration**

Art. R. 434-25 Dès réception du dossier de regroupement familial et de l'avis motivé du maire ou, à défaut d'avis, à l'expiration du délai mentionné à l'article R. 434-23, l'Office français de l'immigration et de l'intégration :

1° Vérifie, le cas échéant, le respect des conditions de ressources et de logement prescrites aux articles R. 434-4 et R. 434-5 ;

2° Procède, si nécessaire, à un complément d'instruction et, s'il n'a pas déjà été saisi par le maire, à des vérifications sur place ;

3° Transmet le dossier au préfet pour décision. – *[Anc. art. R. 421-19.]*

SECTION 4 **Décision du préfet**

Art. R. 434-26 L'autorité compétente pour délivrer l'autorisation d'entrer en France dans le cadre du regroupement familial est le préfet et, à Paris, le préfet de police. Cette autorité statue sur la demande de regroupement familial dans un délai de six mois à compter du dépôt par l'étranger du dossier complet de cette demande. L'absence de décision dans ce délai vaut rejet de la demande de regroupement familial. – *[Anc. art. R. 421-20.]*

Art. R. 434-27 Dans le cas où le demandeur du regroupement familial était, au moment de la demande, titulaire d'un récépissé de renouvellement d'un titre de séjour, le préfet vérifie que le titre de séjour a été délivré avant de prendre sa décision. – *[Anc. art. R. 421-21.]*

Art. R. 434-28 La décision portant sur la demande de regroupement familial est notifiée par le préfet au demandeur. – *[Anc. art. R. 421-22.]*

Art. R. 434-29 Lorsqu'une décision de refus à une demande de regroupement familial est motivée par la non-conformité du logement aux normes de superficie, ou de confort et d'habitabilité, ou par le caractère non probant des pièces attestant de la disponibilité du logement à l'arrivée de la famille, le demandeur qui présente, dans un délai de six mois suivant la notification du refus, une nouvelle demande est alors dispensé de la production de certaines des pièces dont la liste est fixée par arrêté annexé au présent code. – *[Anc. art. R. 421-23.]*

Art. R. 434-30 Le préfet informe les services de l'Office français de l'immigration et de l'intégration de sa décision et de la date à laquelle elle a été notifiée au demandeur.

Les services de l'office transmettent sans délai cette information au maire et à l'autorité diplomatique ou consulaire de la circonscription dans laquelle habite la famille du demandeur. – *[Anc. art. R. 421-24.]*

SECTION 5 Visite médicale

Art. R. 434-31 L'Office français de l'immigration et de l'intégration est chargée d'effectuer la visite médicale des membres de la famille pour lesquels est demandé le bénéfice du regroupement familial. – *[Anc. art. R. 421-25.]*

Art. R. 434-32 Les conditions dans lesquelles est passée la visite médicale mentionnée à l'article R. 434-31 sont fixées par arrêté conjoint du ministre chargé de l'intégration et du ministre chargé de la santé. – *[Anc. art. R. 421-26.]*

SECTION 6 Introduction en France

Art. R. 434-33 L'Office français de l'immigration et de l'intégration est chargé de la mise en œuvre de la procédure d'introduction en France ou, exceptionnellement, de la procédure d'admission au séjour à partir du territoire national des familles des étrangers dans les conditions prévues à l'article R. 434-6. Il est également chargé de leur accueil sous la responsabilité du préfet. – *[Anc. art. R. 421-27.]*

Art. R. 434-34 Pour être admis sur le territoire français, les membres de la famille de l'étranger doivent être munis du visa d'entrée délivré par l'autorité diplomatique et consulaire. L'autorisation du regroupement familial est réputée caduque si l'entrée de la famille sur le territoire français n'est pas intervenue dans un délai de trois mois à compter de la délivrance du visa. – *[Anc. art. R. 421-28.]*

Art. R. 434-35 La délivrance de l'autorisation de regroupement familial est soumise, s'il y a lieu, au versement à l'Office français de l'immigration et de l'intégration par le demandeur d'une redevance pour services rendus au titre de l'article R. 434-33, dont le montant est fixé forfaitairement par arrêté conjoint du ministre chargé de l'intégration et du ministre chargé du budget. – *[Anc. art. R. 421-29.]*

SECTION 7 Délivrance des titres de séjour

Art. R. 434-36 La délivrance des titres de séjour et, s'agissant des enfants mineurs, l'admission en France au titre du regroupement familial sont subordonnées à la production du certificat de visite médicale délivré par l'Office français de l'immigration et de l'intégration.

Le titre de séjour délivré aux membres de la famille autorisés à résider en France au titre du regroupement familial est, en application des articles L. 423-14 et L. 423-15, la carte de séjour temporaire portant la mention "vie privée et familiale" dès qu'ils sont astreints à la détention d'un titre de séjour. – *[Anc. art. R. 431-1.]*

CHAPITRE V Admission exceptionnelle au séjour

Art. R. 435-1 L'étranger qui sollicite l'admission exceptionnelle au séjour présente à l'appui de sa demande les pièces justificatives dont la liste est fixée par arrêté annexé au présent code.

Art. R. 435-2 Pour l'application de l'article L. 435-2, lorsqu'il envisage d'accorder un titre de séjour, le préfet apprécie, au vu des circonstances de l'espèce, s'il délivre une carte de séjour temporaire portant la mention "salarié ", "travailleur temporaire" ou "vie privée et familiale". – *[Anc. art. R. 313-26.]*

CHAPITRE VI DISPOSITIONS FISCALES

Art. D. 436-1 Tout employeur qui embauche un travailleur étranger pour un emploi temporaire d'une durée supérieure à trois mois et inférieure à douze mois acquitte la taxe mentionnée à l'article L. 436-10 selon les modalités suivantes :

1° 74 euros lorsque le salaire versé à ce travailleur étranger est inférieur ou égal au montant mensuel à temps plein du salaire minimum de croissance ;

2° 210 euros lorsque le salaire versé à ce travailleur étranger est supérieur au montant mensuel à temps plein du salaire minimum de croissance et inférieur ou égal à une fois et demie le montant mensuel à temps plein du salaire minimum de croissance ;

3° 300 euros lorsque le salaire versé à ce travailleur étranger est supérieur à une fois et demie le montant mensuel à temps plein du salaire minimum de croissance.

Lorsque l'embauche intervient pour un jeune professionnel recruté dans le cadre d'un accord bilatéral d'échanges de jeunes professionnels, le montant de la taxe prévue à l'article L. 436-10 est de 72 euros. – *[Anc. art. D. 311-18-2.]*

Art. D. 436-2 *(Décr. n° 2023-122 du 21 févr. 2023, art. 2)*La taxe annuelle acquittée par les employeurs de main d'œuvre étrangère prévue à l'article L. 436-10 du code de l'entrée et du séjour des étrangers et du droit d'asile est déclarée et liquidée par le redevable selon les modalités suivantes :

1° Pour les redevables de la taxe sur la valeur ajoutée soumis au régime normal d'imposition mentionné au 2 de l'article 287 du code général des impôts, la déclaration est souscrite sur l'annexe à la déclaration mentionnée au 1 du même article 287 et déposée au titre du mois de janvier ou du premier trimestre de l'année qui suit celle au cours de laquelle la taxe est devenue exigible ;

2° Pour les redevables de la taxe sur la valeur ajoutée soumis au régime réel simplifié d'imposition mentionné à l'article 302 septies A du code général des impôts ou à celui prévu à l'article 298 bis du même code, la déclaration est souscrite sur la déclaration annuelle mentionnée au 3 de l'article 287 du même code et déposée au titre de l'exercice au cours duquel la taxe est devenue exigible ;

3° Dans tous les autres cas, la déclaration est souscrite sur l'annexe à la déclaration prévue au 1 de l'article 287 du code général des impôts et déposée auprès du service de recouvrement dont relève le siège ou le principal établissement du redevable, au plus tard le 25 février de l'année qui suit celle au cours de laquelle la taxe est devenue exigible.

Les dates de déclaration, liquidation et paiement résultant du présent article peuvent être modifiées par arrêté du ministre chargé du budget.

Les dispositions introduites par l'art. 2 du Décr. n° 2023-122 du 21 févr. 2023 sont applicables à la taxe pour laquelle le fait générateur intervient à compter du 1er janv. 2023 (Décr. préc., art. 3).

Art. R. 436-3 Les taxes prévues aux articles L. 436-1 à L. 436-5 sont acquittées par la voie électronique au moyen d'un timbre dématérialisé, dans les conditions prévues au chapitre II du titre IV de la première partie du livre I du code général des impôts. – *[Anc. art. L. 311-13, E (ecqc la métropole).]*

TITRE IV DISPOSITIONS RELATIVES À L'OUTRE-MER

Ndlr. *La liste des pièces justificatives exigées pour la délivrance, en Nouvelle-Calédonie, des titres de séjour prévus par le Liv. IV du CESEDA est annexée à l'Arr. du 29 avr. 2021 (JO 30 avr.).*

En ce qui concerne la délivrance, hors Nouvelle-Calédonie, de ces titres de séjour, cette liste est annexée à l'Arr. du 30 avr. 2021 (JO 2 mai), sous réserve des adaptations énoncées aux art. 3 à 5 dudit arrêté.

CHAPITRE I DISPOSITIONS PARTICULIÈRES AUX COLLECTIVITÉS RÉGIES PAR L'ARTICLE 73 DE LA CONSTITUTION ET À SAINT-PIERRE-ET-MIQUELON

SECTION 1 Dispositions communes aux collectivités régies par l'article 73 de la Constitution et à Saint-Pierre-et-Miquelon

Art. R. 441-1 Les dispositions du présent livre sont applicables de plein droit en Guadeloupe, en Guyane, en Martinique, à La Réunion, à Mayotte et à Saint-Pierre-et-Miquelon sous réserve des adaptations prévues au présent chapitre.

Art. D. 441-2 Pour l'application du présent livre en Guadeloupe, en Guyane, en Martinique, à La Réunion, à Mayotte et à Saint-Pierre-et-Miquelon :

1° Les références au préfet sont remplacées par la référence au représentant de l'État dans la collectivité et les références à la préfecture et à la sous-préfecture sont remplacées par la référence aux services de l'État sur le territoire de la collectivité ;

2° A l'article R. 436-3, après les mots : "Les taxes prévues aux articles L. 436-1 à L. 436-5 sont acquittées" sont insérés les mots : "soit au moyen de timbres mobiles, soit ". – *[Anc. art. D. 834-1.]*

Art. R. 441-3 L'exercice par un étranger d'une activité professionnelle salariée est autorisé, en Guadeloupe, en Guyane, en Martinique, à La Réunion et à Mayotte, dans les conditions définies par les articles R. 5221-1 à R. 5221-48 du code du travail et, à Saint-Pierre-et-Miquelon, dans les conditions définies par les articles R. 5523-3 à R. 5523-15 du même code. – *[Anc. art. R. 322-1, ecqc les collectivités de l'art. 73 de la Constitution ; anc. art. R. 322-2, ecqc Saint-Pierre-et-Miquelon.]*

SECTION 2 Dispositions particulières à la Guyane

Art. R. 441-4 Les dispositions de la *(Décr. n° 2021-313 du 24 mars 2021, art. 10)* « section 3 » du chapitre II du titre III ne sont pas applicables.

SECTION 3 Dispositions particulières à Mayotte

Art. R. 441-5 Pour l'application du présent livre à Mayotte :

1° Les références au directeur régional des entreprises, de la concurrence, de la consommation, du travail et de l'emploi sont remplacées par la référence au directeur des entreprises, de la concurrence, de la consommation, du travail et de l'emploi ;

2° Le 1° de l'article R. 425-4 est supprimé ;

3° A l'article R. 425-7 :

a) La référence à l'article L. 160-1 du code de la sécurité sociale est remplacée par la référence à l'article 19 de l'ordonnance n° 96-1122 du 20 décembre 1996 relative à l'amélioration de la santé publique à Mayotte ;

b) Le 2° est supprimé ;

4° Les dispositions de la *(Décr. n° 2021-313 du 24 mars 2021, art. 10)* « section 3 » du chapitre II du titre III ne sont pas applicables ;

(Décr. n° 2021-1241 du 28 sept. 2021, art. 1er, en vigueur le 1er janv. 2022) « 5° Au troisième alinéa de l'article R. 413-3, après les mots : "modèle type" sont ajoutés les mots : "spécifique à Mayotte" ;

« 6° Les deuxième et troisième alinéas de l'article R. 413-8 ne sont pas applicables :

« 7° Au cinquième alinéa de l'article R. 413-12, après le mot : "précise" sont insérés les mots : ", pour Mayotte," ;

« 8° Le cinquième alinéa de l'article R. 413-13 n'est pas applicable ;

(Décr. n° 2021-1790 du 23 déc. 2021, art. 2, en vigueur le 1er janv. 2022) « 9° Le sixième alinéa de l'article R. 413-13 est remplacé par les dispositions suivantes :

"L'arrêté du ministre chargé de l'accueil et de l'intégration mentionné au premier alinéa du présent article fixe pour Mayotte la durée maximale de la formation linguistique prescrite et précise les conditions dans lesquelles elle est organisée ainsi que son contenu." *[ancienne rédaction : 9° Au sixième alinéa de l'article R. 413-13, après le mot : "fixe" sont insérés les mots : ", pour Mayotte,"]* » ;

« 10° Les dispositions de la section 5 du chapitre III du titre I du livre IV ne sont pas applicables. » – *[Anc. art. R. 832-1.]*

Art. R. 441-6 L'étranger qui sollicite le visa prévu à l'article *(Décr. n° 2020-1734 du 16 déc. 2020, rect. JO du 27 févr. 2021)* « L. 441-7 » présente son document de voyage, le titre sous couvert duquel il est autorisé à séjourner à Mayotte, les documents permettant d'établir les conditions de son séjour dans le département de destination, les moyens d'existence lui permettant de faire face à ses frais de séjour ainsi que les garanties de son retour à Mayotte.

Sauf circonstances exceptionnelles, ce visa ne peut lui être délivré pour une durée de séjour excédant trois mois.

Le représentant de l'État à Mayotte recueille l'avis du préfet du département de destination. Cet avis est réputé favorable si le préfet consulté n'a pas fait connaître d'opposition dans le délai de quinze jours. – *[Anc. art. R. 832-2.]*

SECTION 4 Dispositions particulières à Saint-Pierre-et-Miquelon

Art. R. 441-7 Pour l'application de l'article R. 421-59 à Saint-Pierre-et-Miquelon, les mots : "au titre de la directive 2014/36/UE du Parlement européen et du Conseil du 26 février 2014 établissant les conditions d'entrée et de séjour des ressortissants de pays tiers aux fins d'un emploi en tant que travailleur saisonnier" sont supprimés.

CHAPITRE II DISPOSITIONS APPLICABLES À SAINT-BARTHÉLEMY

Art. R.* 442-1 Les articles R.* 421-52 et R.* 432-1 sont applicables à Saint-Barthélemy.

Art. R. 442-2 Sous réserve des adaptations prévues par le présent chapitre, les dispositions suivantes sont applicables à Saint-Barthélemy dans leur rédaction résultant *(Décr. n° 2022-1740 du 30 déc. 2022, art. 1er)* « du décret n° 2020-1734 du 16 décembre 2020 », sauf mention contraire dans le tableau ci-dessous. – *Tableau mod. par Décr. n° 2021-313 du 24 mars 2021, art. 10 ; Décr. n° 2021-1222 du 23 sept. 2021, art. 3 ; Décr. n° 2021-1790 du 23 déc. 2021, art. 3 ; Décr. n° 2022-1740 du 30 déc. 2022, art. 1er et Décr. n° 2023-191 du 22 mars 2023, art. 2.*

Articles applicables	Dans leur rédaction résultant
Au titre I	
R. 410-1	
R. 413-1 à R. 413-12	
R. 413-13	du décret n° 2021-1790 du 23 décembre 2021
R. 413-14 et R. 413-15	
R. 414-2	
R. 414-5 et R. 414-6	
Au titre II	
R. 421-1 à R. 421-5	
R. 421-7 et R. 421-8	
R. 421-9	du décret n° 2021-1222 du 23 septembre 2021
R. 421-10 à R. 421-15	
R. 421-21 à R. 421-29	
R. 421-31	
R. 421-33	du décret n° 2021-1222 du 23 septembre 2021
R. 421-34	
R. 421-34-1	du décret n° 2021-1222 du 23 septembre 2021
R. 421-35 à R. 421-51	

Articles applicables	Dans leur rédaction résultant
R. 421-53 à R. 421-60	
R. 422-1	
R. 422-4 et R. 422-5	
R. 422-7 à R. 422-9	
R. 422-11 et R. 422-12	
R. 423-1 à R. 423-5	
R. 424-1 à R. 424-12	
R. 425-1 à R. 425-14	
R. 426-1	
R. 426-2	du décret n° 2021-313 du 24 mars 2021
R. 426-3	
R. 426-4	du décret n° 2021-313 du 24 mars 2021
R. 426-5	
R. 426-6	du décret n° 2021-313 du 24 mars 2021
R. 426-7 à R. 426-11	
R. 426-13 à R. 426-15	
R. 426-16	du décret n° 2022-1740 du 30 décembre 2022
R. 426-17 à R. 426-21	
R. 426-22	du décret n° 2022-1740 du 30 décembre 2022
Au titre III	
R. 430-1 et R. 430-2	
R. 431-1	
R. 431-2	du décret n° 2023-191 du 22 mars 2023
R. 431-3 à R. 431-5	du décret n° 2021-313 du 24 mars 2021
R. 431-6	
R. 431-8	du décret n° 2021-313 du 24 mars 2021
R. 431-9 à R. 431-15	
R. 431-15-1 à R. 431-15-4	du décret n° 2021-313 du 24 mars 2021
R. 431-16 et R. 431-17	
R. 431-18	du décret n° 2021-313 du 24 mars 2021

Articles applicables	Dans leur rédaction résultant
R. 431-20	du décret n° 2021-313 du 24 mars 2021
R. 431-21	
R. 431-23 et R. 431-24	
R. 432-2 à R. 432-8	
R. 432-9	du décret n° 2021-313 du 24 mars 2021
R. 432-10 à R. 432-15	
R. 433-1 à R. 433-6	
R. 434-1 à R. 434-36	
R. 435-1 et R. 435-2	
R. 436-43	

Art. R. 442-3 Pour l'application des dispositions du présent livre à Saint-Barthélemy :

1° L'accès au travail des étrangers s'exerce dans les conditions prévues par la législation et la réglementation applicables localement et dans le respect des compétences de la collectivité de Saint-Barthélemy ;

2° Les références au préfet sont remplacées par la référence au représentant de l'État dans la collectivité et les références à la préfecture ou à la sous-préfecture sont remplacés par la référence à la représentation de l'État ;

3° L'article R. 414-6 est ainsi rédigé :

Art. R. 414-6 L'exercice par un étranger d'une activité professionnelle salariée à Saint-Barthélemy est autorisé dans les conditions définies par les dispositions applicables localement.

4° A l'article R. 421-4, les mots : "dans les conditions définies aux articles R. 5221-1 et suivants du code du travail" sont remplacés par les mots : "dans les conditions fixées par les dispositions applicables localement en matière d'accès au travail des étrangers" ;

(Décr. n° 2021-1222 du 23 sept. 2021, art. 3) « 4° *bis* A l'article R. 421-9, la référence au service en charge de la main*[-]*d'œuvre étrangère compétent dans le département est remplacée par la référence au service compétent localement en matière d'accès au travail des étrangers ;

« 4° *ter* Aux articles R. 421-33 et R. 421-34-1, la référence au ministère chargé de l'économie est remplacée par la référence au service compétent localement en matière d'accès au travail des étrangers ; »

5° A l'article R. 421-59, les mots : "au titre de la directive 2014/36/UE du Parlement européen et du Conseil du 26 février 2014 établissant les conditions d'entrée et de séjour des ressortissants de pays tiers aux fins d'un emploi en tant que travailleur saisonnier" sont supprimés ;

Décr. n° 2022-1740 du 30 déc. 2022, art. 1er) « 5° *bis* A l'article R. 426-20, les mots : "établissement public de santé ou l'organisme de formation" sont remplacés par les mots : "établissement de santé public ou privé à but non lucratif" ; »

6° A l'article R. 430-2, la référence à l'article R. 431-22 est supprimée ;

(Décr. n° 2021-313 du 24 mars 2021, art. 10) « 6° *bis* A l'article R. 431-15-2, les mots : "autorise son titulaire à exercer une activité professionnelle sur le territoire de la France métropolitaine dans le cadre de la réglementation en vigueur" sont remplacés par les mots : "autorise son titulaire à exercer une activité professionnelle sur le territoire de la collectivité dans le respect des dispositions législatives et réglementaires applicables localement" ;

« 6° *ter* Aux articles R. 431-15-3 et R. 431-15-4, les mots : "droit d'exercer la profession de son choix dans les conditions prévues à l'article L. 414-10" sont remplacés par les mots : "droit d'exercer la profession de son choix dans le respect de la législation et de la réglementation applicables localement" ;

« 6° *quater* A l'article R. 432-9, la mention : "Il autorise son titulaire à travailler" est remplacée par la mention : "Il autorise son titulaire à travailler dans le respect de la législation et de la réglementation applicables localement" ; »

7° L'article R. 434-5 est ainsi rédigé :

Art. R. 434-5 Pour l'application du 2° de l'article L. 434-7, est considéré comme normal un logement qui présente une superficie habitable totale au moins égale à la norme déterminée par les dispositions applicables localement ayant le même objet.

8° A l'article R. 436-34, après les mots : "Les taxes prévues aux articles L. 436-1 à L. 436-5 sont acquittées" sont insérés les mots : "soit au moyen de timbres mobiles, soit".

Art. D. 442-4 Sous réserve des adaptations prévues par le présent chapitre, les dispositions suivantes sont applicables à Saint-Barthélemy dans leur rédaction résultant *(Décr. n° 2022-1740 du 30 déc. 2022, art. 1er)* « du décret n° 2020-1734 du 16 décembre 2020 », sauf mention contraire dans le tableau ci-dessous.

Articles applicables	Dans leur rédaction résultant de
Au titre I	
D. 414-1	
D. 414-3 et D. 414-4	
Au titre II	
D. 421-16 à D. 421-20	
D. 421-30	
D. 421-32	
D. 422-6	
D. 422-10	
D. 422-13	
D. 426-12	
Au titre III	
D. 431-7	
D. 431-19	

CHAPITRE III DISPOSITIONS APPLICABLES À SAINT-MARTIN

Art. R.* 443-1 Les articles R.* 421-52 et R.* 432-1 sont applicables à Saint-Martin.

Art. R. 443-2 Sous réserve des adaptations prévues par le présent chapitre, les dispositions suivantes sont applicables à Saint-Martin dans leur rédaction résultant *(Décr. n° 2022-1740 du 30 déc. 2022, art. 1er)* « du décret n° 2020-1734 du 16 décembre 2020 », sauf mention contraire dans le tableau ci-dessous. – *Tableau mod. par Décr. n° 2021-313 du 24 mars 2021, art. 10 ; Décr. n° 2021-1222 du 23 sept. 2021, art. 3, et Décr. n° 2021-1790 du 23 déc. 2021, art. 3 ; Décr. n° 2022-1740 du 30 déc. 2022, art. 1er et Décr. n° 2023-191 du 22 mars 2023, art. 2.*

Articles applicables	Dans leur rédaction résultant
Au titre I	
R. 410-1	
R. 413-1 à R. 413-12	
R. 413-13	du décret n° 2021-1790 du 23 décembre 2021
R. 413-14 et R. 413-15	
R. 414-2	
R. 414-5 et R. 414-6	
Au titre II	
R. 421-1 à R. 421-5	
R. 421-7 et R. 421-8	
R. 421-9	du décret n° 2021-1222 du 23 septembre 2021
R. 421-10 à R. 421-15	
R. 421-21 à R. 421-29	
R. 421-31	
R. 421-33	du décret n° 2021-1222 du 23 septembre 2021
R. 421-34	
R. 421-34-1	du décret n° 2021-1222 du 23 septembre 2021
R. 421-35 à R. 421-51	
R. 421-53 à R. 421-60	
R. 422-1	
R. 422-4 et R. 422-5	
R. 422-7 à R. 422-9	
R. 422-11 et R. 422-12	
R. 423-1 à R. 423-5	
R. 424-1 à R. 424-12	
R. 425-1 à R. 425-14	
R. 426-1	
R. 426-2	du décret n° 2021-313 du 24 mars 2021

Articles applicables	Dans leur rédaction résultant
R. 426-3	
R. 426-4	du décret n° 2021-313 du 24 mars 2021
R. 426-5	
R. 426-6	du décret n° 2021-313 du 24 mars 2021
R. 426-7 à R. 426-11	
R. 426-13 à R. 426-15	
R. 426-16	du décret n° 2022-1740 du 30 décembre 2022
R. 426-17 à R. 426-21	
R. 426-22	du décret n° 2022-1740 du 30 décembre 2022
Au titre III	
R. 430-1 et R. 430-2	
R. 431-1	
R. 431-2	du décret n° 2023-191 du 22 mars 2023
R. 431-3 à R. 431-5	du décret n° 2021-313 du 24 mars 2021
R. 431-6	
R. 431-8	du décret n° 2021-313 du 24 mars 2021
R. 431-9 à R. 431-15	
R. 431-15-1 à R. 431-15-4	du décret n° 2021-313 du 24 mars 2021
R. 431-16 et R. 431-17	
R. 431-18	du décret n° 2021-313 du 24 mars 2021
R. 431-20	du décret n° 2021-313 du 24 mars 2021
R. 431-21	
R. 431-23 et R. 431-24	
R. 432-2 à R. 432-5	
R. 432-15	
R. 433-1 à R. 433-6	
R. 434-1 à R. 434-36	
R. 435-1 à R. 435-2	
R. 431-3 à R. 431-5	
R. 436-3	

Art. R. 443-3 Pour l'application des dispositions du présent livre à Saint-Martin :

1° L'accès au travail des étrangers s'exerce dans les conditions prévues par la législation et la réglementation applicables localement et dans le respect des compétences de la collectivité de Saint-Martin ;

2° Les références au préfet sont remplacées par la référence au représentant de l'État dans la collectivité et les références à la préfecture et à la sous-préfecture sont remplacées par la référence à la représentation de l'État ;

3° L'article R. 414-6 est ainsi rédigé :

Art. R. 414-6 L'exercice par un étranger d'une activité professionnelle salariée à Saint-Martin est autorisé dans les conditions définies par les dispositions applicables localement.

4° A l'article R. 421-4, les mots : "dans les conditions définies aux articles R. 5221-1 et suivants du code du travail" sont remplacés par les mots : "dans les conditions fixées par les dispositions applicables localement en matière d'accès au travail des étrangers" ;

(Décr. n° 2021-1222 du 23 sept. 2021, art. 3) « 4° *bis* A l'article R. 421-9, la référence au service en charge de la main[-]d'œuvre étrangère compétent dans le département est remplacée par la référence au service compétent localement en matière d'accès au travail des étrangers ;

« 4° *ter* Aux articles R. 421-33 et R. 421-34-1, la référence au ministère chargé de l'économie est remplacée par la référence au service compétent localement en matière d'accès au travail des étrangers ; »

(Décr. n° 2022-1740 du 30 déc. 2022, art. 1er) « 4° *quater* A l'article R. 426-20, les mots : "établissement public de santé ou l'organisme de formation" sont remplacés par les mots : "établissement de santé public ou privé à but non lucratif" ; »

5° A l'article R. 430-2, la référence à l'article R. 431-22 est supprimée ;

(Décr. n° 2021-313 du 24 mars 2021, art. 10) « 5° *bis* A l'article R. 431-15-2, les mots : "autorise son titulaire à exercer une activité professionnelle sur le territoire de la France métropolitaine dans le cadre de la réglementation en vigueur" sont remplacés par les mots : "autorise son titulaire à exercer une activité professionnelle sur le territoire de la collectivité dans le respect des dispositions législatives et réglementaires applicables localement ;

« 5° *ter* Aux articles R. 431-15-3 et R. 431-15-4, les mots : "droit d'exercer la profession de son choix dans les conditions prévues à l'article L. 414-10" sont remplacés par les mots : "droit d'exercer la profession de son choix dans le respect de la législation et de la réglementation applicables localement" ; »

6° L'article R. 434-5 est ainsi rédigé :

Art. R. 434-5 Pour l'application du 2° de l'article L. 434-7, est considéré comme normal un logement qui présente une superficie habitable totale au moins égale à la norme déterminée par les dispositions applicables localement ayant le même objet.

7° A l'article R. 436-34, après les mots : "Les taxes prévues aux articles L. 436-1 à L. 436-5 sont acquittées" sont insérés les mots : "soit au moyen de timbres mobiles, soit".

Art. D. 443-4 Sous réserve des adaptations prévues par le présent chapitre, les dispositions suivantes sont applicables à Saint-Martin dans leur rédaction résultant *(Décr. n° 2022-1740 du 30 déc. 2022, art. 1er)* « du décret n° 2020-1734 du 16 décembre 2020 », sauf mention contraire dans le tableau ci-dessous.

Articles applicables	Dans leur rédaction résultant de
Au titre I	
D. 414-1	
D. 414-3 et D. 414-4	

Articles applicables	Dans leur rédaction résultant de
Au titre II	
D. 421-16 à D. 421-20	
D. 421-30	
D. 421-32	
D. 422-6	
D. 422-10	
D. 422-13	
D. 426-12	
Au titre III	
D. 431-7	
D. 431-19	

CHAPITRE IV DISPOSITIONS APPLICABLES DANS LES ÎLES WALLIS-ET-FUTUNA

Art. R.* 444-1 Les articles R.* 421-52 et R.* 432-1 sont applicables dans les îles Wallis-et-Futuna.

Art. R. 444-2 Sous réserve des adaptations prévues par le présent chapitre, les dispositions suivantes sont applicables dans les îles Wallis-et-Futuna dans leur rédaction résultant *(Décr. n° 2022-1740 du 30 déc. 2022, art. 1er)* « du décret n° 2020-1734 du 16 décembre 2020 », sauf mention contraire dans le tableau ci-dessous. – *Tableau mod. par Décr. n° 2021-1222 du 23 sept. 2021, art. 3.*

Articles applicables	Dans leur rédaction résultant
Au titre I	
R. 410-1	
R. 413-1	
R. 414-2	
R. 414-5 et R. 414-6	
Au titre II	
R. 421-1 à R. 421-5	
R. 421-7 et R. 421-8	
R. 421-9	du décret n° 2021-1222 du 23 septembre 2021
R. 421-10 à R. 421-15	
R. 421-26 à R. 421-28	

Articles applicables	Dans leur rédaction résultant
R. 421-34-1	du décret n° 2021-1222 du 23 septembre 2021
R. 421-35 à R. 421-37	
R. 421-51	
R. 421-55 et R. 421-56	
R. 421-58 à R. 421-60	
R. 422-1 à R. 422-5	
R. 422-7 à R. 422-9	
R. 422-11 et R. 422-12	
R. 423-1 à R. 423-5	
R. 424-1	
R. 424-4	
R. 424-7	
R. 424-11	
R. 425-1 à R. 425-8	
R. 425-10 à R. 425-12	
R. 425-14	
R. 426-1 à R. 426-3	
R. 426-9 à R. 426-11	
R. 426-16 à R. 426-22	
Au titre III	
R. 430-1 et R. 430-2	
R. 431-2 à R. 431-6	
R. 431-8 et R. 431-9	
R. 431-11 à R. 431-18	
R. 431-20 et R. 431-21	
R. 431-23 et R. 431-24	
R. 432-2 à R. 432-5	
R. 432-15	
R. 433-1 à R. 433-4	
R. 433-6	

Articles applicables	Dans leur rédaction résultant
R. 434-1 à R. 434-12	
R. 434-14 et R. 434-15	
R. 434-17 à R. 434-19	
R. 434-21 et R. 434-22	
R. 434-24	
R. 434-26 à R. 434-34	
R. 434-36	
R. 435-1 et R. 435-2	
R. 436-34	

Art. R. 444-3 Pour l'application du présent livre dans les îles Wallis-et-Futuna :

1° L'accès au travail des étrangers s'exerce dans les conditions prévues par la législation et la réglementation applicables localement et dans le respect des compétences de la collectivité des îles Wallis-et-Futuna ;

2° Les mots : "en France" sont remplacés par les mots : "sur le territoire des îles Wallis-et-Futuna", les mots : "hors de France" par les mots : "hors du territoire des îles Wallis-et-Futuna" et les mots : "territoire français" par les mots : "territoire des îles Wallis-et-Futuna", à l'exception de leur mention à l'article R. 413-1 et au 1° de l'article R. 431-16 ;

3° Les références au préfet sont remplacées par la référence à l'administrateur supérieur des îles Wallis-et-Futuna et les références à la préfecture ou à la sous-préfecture sont remplacées par la référence aux services de l'État dans les îles Wallis-et-Futuna ;

4° Les références au maire sont remplacées par la référence au chef de la circonscription territoriale, sauf mention contraire dans le présent livre ;

5° Les références au salaire minimum de croissance sont remplacées par la référence au salaire minimum ;

6° Aux articles R. 421-1, R. 421-4, R. 426-16, R. 426-19 et R. 431-14, les références aux dispositions du code du travail sont remplacées par les références aux dispositions applicables localement ayant le même objet ;

7° Aux articles R. 425-4, R. 425-7 et R. 426-19, les références à l'article 160-1 du code de la sécurité sociale, aux articles L. 124-4 et L. 124-6 du code de l'éducation et aux articles L. 251-1 et L. 265-1 du code de l'action sociale et des familles sont remplacées par la référence aux dispositions applicables localement ayant le même objet ;

8° L'article R. 414-6 est ainsi rédigé :

Art. R. 414-6 L'exercice par un étranger d'une activité professionnelle salariée dans les îles Wallis-et-Futuna est autorisé dans les conditions définies par les dispositions applicables localement.

9° A l'article R. 421-2, les mots : "et, le cas échéant, à ses droits au regard des régimes d'indemnisation des travailleur privés d'emploi" sont supprimés ;

10° A l'article R. 421-5, les mots : "ou de détachement initial" et les mots : "ou de prolongation de son détachement" sont supprimés ;

11° L'article R. 421-7 est ainsi rédigé :

Art. R. 421-7 Les dispositions de l'article L. 421-5 sont applicables à l'étranger dont l'activité non salariée nécessite une immatriculation à un registre applicable localement et la délivrance d'un numéro à ce titre.

(Décr. n° 2021-1222 du 23 sept. 2021, art. 3) « 12° A l'article R. 421-9, la référence au service en charge de la main*[-]*d'œuvre étrangère compétent dans le département est remplacée par la référence au service compétent localement en matière d'accès au

travail des étrangers *[ancienne rédaction : 12° A l'article R. 421-9, la référence au directeur régional des entreprises, de la concurrence, de la consommation, du travail et de l'emploi compétent dans le département est remplacée par la référence au service compétent localement]* ; »

13° A l'article R. 421-11, les références aux articles L. 421-9 à L. 421-11, L. 421-15, L. 421-16 et L. 421-23 ainsi qu'au passeport talent – carte bleue européenne et au passeport talent - chercheur - programme de mobilité sont supprimées ;

14° A l'article R. 421-12, les références aux articles L. 421-9, L. 421-10 et, L. 421-11 ainsi qu'au passeport talent-carte bleue européenne et au passeport talent – chercheur – programme de mobilité sont supprimées ;

15° A l'article R. 421-13, la référence à l'article L. 421-16 est supprimée ;

16° A l'article R. 421-14, la référence à l'article L. 421-16 est supprimée ;

17° A l'article R. 421-15, les références aux articles L. 421-9, L. 421-10, L. 421-11 ainsi qu'au passeport talent – carte bleue européenne et au passeport talent – chercheur – programme de mobilité sont supprimées ;

18° A l'article R. 421-26, la référence au passeport talent – chercheur – programme de mobilité est supprimée ;

(Décr. n° 2021-1222 du 23 sept. 2021, art. 3) « 18° *bis* A l'article R. 421-34-1, la référence au ministère chargé de l'économie est remplacée par la référence au service compétent localement en matière d'accès au travail des étrangers ; »

19° L'article R. 421-35 est ainsi rédigé :

Art. R. 421-35 L'étranger dont l'investissement se voit reconnaître par les autorités des îles Wallis-et-Futuna le caractère d'investissement économique direct peut obtenir la délivrance de la carte de séjour correspondante.

20° A l'article R. 421-37, la référence à l'article L. 421-23 est supprimée ;

21° Aux articles R. 421-55, R. 421-56 et R. 421-58, les références au stagiaire mobile ICT et à l'article L. 421-31 sont supprimées ;

22° A l'article R. 421-55 :

a) Les mots : "a été condamné en vertu de l'article L. 8256-1 du code du travail" sont remplacés par les mots : "a été condamné en vertu des dispositions applicables localement en matière de fraude ou de fausse déclaration pour obtenir, faire obtenir ou tenter de faire obtenir à un étranger le titre l'autorisant à exercer une activité salariée" ;

b) le 3° est supprimé ;

23° A l'article R. 421-56, les mots : "interdictions définies aux 1° à 4° de l'article L. 8211-1 du code du travail" sont remplacés par les mots : "interdictions définies par les dispositions applicables localement en matière d'infraction au travail illégal" et les mots : "a été condamné en vertu de l'article L. 8256-2 du même code" sont remplacés par les mots : "a été condamné en vertu des dispositions applicables localement en matière d'emploi illégal d'un étranger" ;

24° A l'article R. 421-58, les mots : "a été condamné en vertu de l'article L. 8256-2 du même code" sont remplacés par les mots : "a été condamné en vertu des dispositions applicables localement en matière d'emploi illégal d'un étranger" ;

25° A l'article R. 421-59, les mots : "au titre de la directive 2014/36/UE du Parlement européen et du Conseil du 26 février 2014 établissant les conditions d'entrée et de séjour des ressortissants de pays tiers aux fins d'un emploi en tant que travailleur saisonnier" sont supprimés :

26° A l'article R. 422-12, la référence à l'article L. 422-14 est supprimée ;

27° A l'article R. 425-4, le 1° est supprimé ;

28° A l'article R. 425-7, le 2° est supprimé ;

29° L'article R. 425-11 est ainsi rédigé :

Art. R. 425-11 Pour l'application de l'article L. 425-9, l'administrateur supérieur des îles Wallis-et-Futuna délivre la carte de séjour au vu d'un avis émis par l'autorité compétente en matière de santé.

Cet avis est émis au vu du rapport transmis sous pli confidentiel par un praticien hospitalier et des informations disponibles sur les possibilités de traitement dans le pays d'origine de l'intéressé. Il précise la nécessité d'une prise en charge médicale, la durée prévisible du traitement et si l'intéressé peut bénéficier d'un traitement approprié dans le pays dont il est originaire. Il indique également si l'état de santé de l'intéressé lui permet de voyager sans risque vers son pays de renvoi. L'avis est transmis à l'administrateur supérieur des îles Wallis-et-Futuna par l'autorité compétente en matière de santé.

30° L'article R. 425-12 est ainsi rédigé :

Art. R. 425-12 Le praticien hospitalier chargé d'établir le rapport mentionné à l'article R. 425-11 peut solliciter, le cas échéant, le médecin ou le médecin praticien hospitalier qui suit habituellement le demandeur. Il en informe le demandeur.

Il peut également convoquer le demandeur pour l'examiner et faire procéder aux examens estimés nécessaires. Le demandeur présente au service médical les documents justifiant de son identité. A défaut de réponse dans le délai de quinze jours, ou si le demandeur ne se présente pas à la convocation qui lui a été fixée, ou s'il n'a pas présenté les documents justifiant de son identité le praticien hospitalier établit son rapport au vu des éléments dont il dispose et y indique que le demandeur n'a pas répondu à sa convocation ou n'a pas justifié de son identité.

31° Au 3° de l'article R. 426-16, les mots : "dans le cadre de la convention de coopération prévue à l'article R. 6134-2 du code de la santé publique" sont supprimés ;

32° A l'article R. 426-19, les mots : "l'organisme partie à la convention de coopération internationale mentionnée à l'article L. 6134-1 du code de la santé publique" sont supprimés ;

33° A l'article R. 426-22, les mots : "agents de contrôle mentionnés à l'article L. 8271-1-2 du code du travail" sont remplacés par mots : "agents locaux de contrôle" ;

34° A l'article R. 430-2, la référence à l'article R. 431-22 est supprimée ;

35° A l'article R. 431-3, les mots : "au commissariat de police ou, à défaut de commissariat," sont supprimés ;

36° A l'article R. 431-5 :

a) Les références aux articles L. 421-23, L. 421-26 à L. 421-29, L. 421-31 et L. 421-33 sont supprimées ;

b) Au 4°, les mots : "sauf s'il est titulaire du statut de résident de longue durée – UE accordé par la France en application des articles L. 421-12, L. 421-25, L. 424-5, L. 424-14 ou L. 426-17" sont supprimés ;

37° A l'article R. 431-6, les références aux articles L. 424-5 et L. 426-17 sont supprimées ;

38° A l'article R. 431-14 :

a) Les références aux articles L. 422-14, L. 421-9 à L. 421-11, L. 421-15, L. 421-16, L. 421-23 et L. 426-5 à L. 426-7 ainsi que les références au passeport talent – carte bleue européenne et au passeport talent – chercheur – programme de mobilité sont supprimées ;

b) Les 4°, 7° et 8° sont supprimés ;

39° A l'article R. 431-16 :

a) Au 7°, les mots : "à durée indéterminée" sont remplacés par les mots : "d'une durée supérieure ou égale à douze mois" ;

b) Au 8°, les mots : "à durée déterminée" sont remplacés par les mots : "d'une durée inférieure à douze mois" et les mots : "ou dans les cas prévus aux articles L. 1262-1 et L. 1262-2 du code du travail" sont supprimés ;

c) Au 10°, les références aux articles L. 421-9 à L. 421-11, L. 421-15, L. 421-16 et L. 421-23 sont supprimées ;

d) Les 11°, 14° et 18° sont supprimés ;

40° A l'article R. 431-17, les mots : "les visas mentionnés aux 6° à 18° de l'article R. 431-16" sont remplacés par les mots : "les visas mentionnés aux 6° à 10°, 12° et 13°, 15° à 17° de l'article R. 431-16" ;

41° A l'article R. 431-18 :

a) Les mots : "Les étrangers mentionnés aux 6° à 11° et 13° à 18° de l'article R. 431-16" sont remplacés par les mots : "Les étrangers mentionnés aux 6° à 10°, 13°, 15° à 17° de l'article R. 431-16" ;

b) Les références aux articles L. 421-9 à L. 421-11, L. 421-15, L. 421-16, L. 421-23, L. 421-24, L. 421-26 à L. 421-29, L. 421-31, L. 421-33, L. 422-1, L. 422-2, L. 422-4, L. 422-14 et L. 426-22 sont supprimé*[e]*s ;

42° Au deuxième alinéa de l'article R. 431-20, les mots : "ou dans l'une des délégations régionales ou départementales de l'Office français de l'immigration et de l'intégration" sont supprimés ;

43° L'article R. 431-21 est ainsi rédigé :

Art. R. 431-21 Lorsque la demande de titre de séjour est introduite en application de l'article L. 431-2, le titre de séjour est délivré par l'administrateur supérieur des îles Wallis-et-Futuna ou, en cas de déménagement en dehors de la collectivité, par le représentant de l'État du nouveau lieu de résidence de l'étranger.

44° A l'article R. 431-23, les mots : "d'une durée supérieure à un an" sont supprimés et les mots : "à l'autorité administrative territorialement compétente" sont remplacés par les mots : "auprès du chef de la circonscription territoriale en indiquant le lieu de son ancienne résidence ainsi que sa profession" ;

45° A l'article R. 432-2, les références aux articles R. 421-23, R. 421-43, R. 421-46, R. 421-52 et R. 426-14 sont supprimées ;

46° A l'article R. 432-3, la référence à l'article R. 421-40 et le 7° sont supprimés ;

47° A l'article R. 432-4 :

a) La référence à l'article R. 421-41 est supprimée ;

b) Au 2°, les mots : "en infraction avec les dispositions de l'article L. 5221-8 du code du travail ou a méconnu les dispositions de l'article L. 5221-5 du même code" sont remplacés par les mots : "sans s'être assuré auprès des administrations territorialement compétentes de la validité du titre de séjour et de l'autorisation de travail de l'employé" ;

c) Au 4°, les mots : "sauf s'il est titulaire de la carte de résident portant la mention "résident de longue durée – UE" prévue aux articles L. 421-12, L. 421-25, L. 424-5, L. 424-14 ou L. 426-17 accordée par la France" sont supprimés ;

d) Au 5°, la référence à l'article L. 5221-5 du code du travail est remplacée par la référence aux dispositions applicables localement ayant le même objet ;

e) Le 8° est supprimé ;

f) Au 9°, les mots : "en infraction avec les dispositions de l'article L. 5221-8 du code du travail" sont remplacés par les mots : "sans s'être assuré auprès des administrations territorialement compétentes de la validité du titre de séjour et de l'autorisation de travail de l'employé" ;

g) Le 10° est supprimé ;

48° Le 2° de l'article R. 432-5 est supprimé ;

49° L'article R. 434-4 est ainsi rédigé :

Art. R. 434-4 Pour l'appréciation des ressources mentionnées au 1° de l'article L. 434-7 et à l'article L. 434-8 :

Les ressources du demandeur sont appréciées par référence à la moyenne du salaire minimum prévu par la réglementation applicable localement sur une durée de douze mois ; lorsque la moyenne n'est pas atteinte, une décision favorable peut être prise en tenant compte de l'évolution de la situation de l'intéressé quant à la stabilité de son emploi et à ses revenus, y compris après le dépôt de la demande.

Les ressources du conjoint sont également prises en compte dans l'appréciation des ressources mentionnées au précédent alinéa qui alimenteront de manière stable le budget de la famille.

Les revenus non salariaux sont établis par tous moyens.

50° L'article R. 434-5 est ainsi rédigé :

Art. R. 434-5 Pour l'application du 2° de l'article L. 434-7, est considéré comme normal un logement qui :

1° Présente une superficie habitable globale au moins égale à 14 mètres carrés pour un ménage sans enfant ou deux personnes, augmentée de 6,5 mètres carrés par personne jusqu'à huit personnes et de 5 mètres carrés par personne supplémentaire au-delà de huit personnes ;

2° Répond aux autres conditions minimales de confort et d'habitabilité prévues par la réglementation en vigueur localement en matière d'habitat social.

51° L'article R. 434-7 est ainsi rédigé :

Art. R. 434-7 L'étranger présente sa demande personnellement auprès des services de l'administrateur supérieur des îles Wallis-et-Futuna.

52° A l'article R. 434-8
a) Au premier alinéa, les mots : "du ministre chargé de l'immigration" sont remplacés par les mots : "de l'administrateur supérieur des îles Wallis-et-Futuna" ;
b) Au 1°, les mots : "à des agents des services de la commune où doit résider la famille, chargés des affaires sociales ou du logement, spécialement habilités à cet effet, ainsi qu'aux agents de l'Office français de l'immigration et de l'intégration" sont remplacés par les mots : "aux agents désignés par l'administrateur supérieur des îles Wallis-et-Futuna" ;
c) Le 2° est supprimé ;
53° A l'article R. 434-12, les mots : "les services de l'Office français de l'immigration et de l'intégration délivrent" sont remplacés par les mots : "il est délivré" ;
54° A l'article R. 434-14, les mots : "les services de l'Office français de l'immigration et de l'intégration" sont remplacés par les mots : "le service qui a reçu la demande" ;
55° L'article R. 434-15 est ainsi rédigé :

Art. R. 434-15 Les services de l'administrateur supérieur vérifient les conditions de ressources et de logement prévues aux 1° et 2° de l'article L. 434-7 et le respect des principes essentiels qui régissent la vie familiale en France prévu au 3° du même article.

56° L'article R. 434-17 est ainsi rédigé :

Art. R. 434-17 L'administrateur supérieur des îles Wallis-et-Futuna peut saisir, en tant que de besoin, les services compétents d'une demande d'enquête sur l'emploi qui procure au demandeur tout ou partie des ressources dont il fait état.

57° A l'article R. 434-18, les mots : "le maire" sont remplacés par les mots : "les services de l'administrateur supérieur" ;
58° A l'article R. 434-19, les mots : "agents spécialement habilités des services de la commune chargés des affaires sociales ou du logement ou, à la demande du maire, des agents de l'Office français de l'immigration et de l'intégration" sont remplacés par les mots : "agents désignés par l'administrateur supérieur" ;
59° A l'article R. 434-21, les mots : "du ministre chargé de l'immigration" sont remplacés par les mots : "de l'administrateur supérieur des îles Wallis-et-Futuna" ;
60° L'article R. 434-30 est ainsi rédigé :

Art. R. 434-30 L'administrateur supérieur des îles Wallis-et-Futuna informe l'autorité diplomatique ou consulaire de la circonscription dans laquelle habite la famille du demandeur de sa décision et de la date à laquelle elle a été notifiée au demandeur.

61° Les dispositions des articles R. 434-31 et R. 434-32 sont remplacées par un article R. 434-31 ainsi rédigé :

Art. R. 434-31 Le contrôle médical des membres de la famille pour lesquels est demandé le bénéfice du regroupement familial est effectué dans les conditions prévues par arrêté conjoint du ministre chargé de la santé, du ministre chargé de l'immigration et du ministre chargé de l'outre-mer.

62° L'article R. 434-33 est ainsi rédigé :

Art. R. 434-33 L'administrateur supérieur des îles Wallis-et-Futuna met en œuvre la procédure d'introduction des familles des étrangers dans les îles Wallis-et-Futuna ou, exceptionnellement, la procédure d'admission au séjour à partir du territoire.

63° A l'article R. 434-36, les mots : "par l'Office français de l'immigration et de l'intégration" sont remplacés par les mots : "dans les conditions prévues par l'arrêté mentionné à l'article R. 434-31" ;
64° A l'article R. 435-2, les mots : "'salarié', 'travailleur temporaire' ou" sont supprimés ;

65° A l'article R. 436-34, après les mots : "Les taxes prévues aux articles L. 436-1 à L. 436-5 sont acquittées" sont insérés les mots : "soit au moyen de timbres mobiles, soit".

Art. D. 444-4 Sous réserve des adaptations prévues par le présent chapitre, les dispositions suivantes sont applicables dans les îles Wallis-et-Futuna dans leur rédaction résultant *(Décr. n° 2022-1740 du 30 déc. 2022, art. 1er)* « du décret n° 2020-1734 du 16 décembre 2020 », sauf mention contraire dans le tableau ci-dessous.

Articles applicables	Dans leur rédaction résultant de
Au titre I	
D. 414-1	
D. 414-3 et D. 414-4	
Au titre II	
D. 422-6	
D. 422-10	
D. 422-13	
D. 426-12	
Au titre III	
D. 431-7	
D. 431-19	

Art. D. 444-5 Pour l'application des dispositions du présent livre dans les îles Wallis-et-Futuna, à l'article D. 422-13, la référence à l'article L. 422-14 est supprimée.

CHAPITRE V **DISPOSITIONS APPLICABLES EN POLYNÉSIE FRANÇAISE**

Art. R.* 445-1 Les articles R.* 421-52 et R.* 432-1 sont applicables en Polynésie française.

Art. R. 445-2 Sous réserve des adaptations prévues par le présent chapitre, les dispositions suivantes sont applicables en Polynésie française dans leur rédaction résultant *(Décr. n° 2022-1740 du 30 déc. 2022, art. 1er)* « du décret n° 2020-1734 du 16 décembre 2020 », sauf mention contraire dans le tableau ci-dessous. – *Tableau mod. par Décr. n° 2021-1222 du 23 sept. 2021, art. 3 et Décr. n° 2022-1740 du 30 déc. 2022, art. 1er.*

Articles applicables	Dans leur rédaction résultant
Au titre I	
R. 410-1	
R. 413-1	
R. 414-2	
R. 414-5 et R. 414-6	

Articles applicables	Dans leur rédaction résultant
Au titre II	
R. 421-1 à R. 421-5	
R. 421-7 et R. 421-8	
R. 421-9	du décret n° 2021-1222 du 23 septembre 2021
R. 421-10 à R. 421-15	
R. 421-26 à R. 421-28	
R. 421-34-1	du décret n° 2021-1222 du 23 septembre 2021
R. 421-35 à R. 421-37	
R. 421-51	
R. 421-55 et R. 421-56	
R. 421-58 à R. 421-60	
R. 422-1 à R. 422-5	
R. 422-7 à R. 422-9	
R. 422-11 et R. 422-12	
R. 423-1 à R. 423-5	
R. 424-1	
R. 424-4	
R. 424-7	
R. 424-11	
R. 425-1 à R. 425-8	
R. 425-10 à R. 425-12	
R. 425-14	
R. 426-1 à R. 426-3	
R. 426-9 à R. 426-11	
R. 426-16	du décret n° 2022-1740 du 30 décembre 2022
R. 426-17 à R. 426-21	
R. 426-22	du décret n° 2022-1740 du 30 décembre 2022

Articles applicables	Dans leur rédaction résultant
Au titre III	
R. 430-1 et R. 430-2	
R. 431-2 à R. 431-6	
R. 431-8 et R. 431-9	
R. 431-11 à R. 431-18	
R. 431-20 et R. 431-21	
R. 431-23 et R. 431-24	
R. 432-2 à R. 432-15	
R. 433-1 à R. 433-4	
R. 433-6	
R. 434-1 à R. 434-12	
R. 434-14 et R. 434-15	
R. 434-17 à R. 434-19	
R. 434-21 et R. 434-22	
R. 434-24	
R. 434-26 à R. 434-34	
R. 434-36	
R. 435-1 et R. 435-2	
R. 436-34	

Art. R. 445-3 Pour l'application du présent livre en Polynésie française :

1° L'accès au travail des étrangers s'exerce dans les conditions prévues par la législation et la réglementation applicables localement et dans le respect des compétences de la collectivité de Polynésie française ;

2° Les mots : "en France" sont remplacés par les mots : "sur le territoire de la Polynésie française", les mots : "hors de France" par les mots : "hors du territoire de la Polynésie française" et les mots : "territoire français" par les mots : "territoire de la Polynésie française", à l'exception de leur mention à l'article R. 413-1 et au 1° de l'article R. 431-16 ;

3° Les références au préfet sont remplacées par la référence au haut-commissaire de la République en Polynésie française et les références à la préfecture ou à la sous-préfecture sont remplacées par la référence aux services de l'État sur le territoire de la collectivité ;

4° Les références au salaire minimum de croissance sont remplacées par la référence au salaire minimum ;

5° Aux articles R. 421-3, R. 421-4, R. 426-16, R. 426-19 et R. 431-14, les références aux dispositions du code du travail sont remplacées par les références aux dispositions applicables localement ayant le même objet ;

6° Aux articles R. 425-4, R. 425-7 et R. 426-19, les références respectives à l'article 160-1 du code de la sécurité sociale, aux articles L. 124-4 et L. 124-6 du code de l'éducation et aux articles L. 251-1 et L. 265-1 du code de l'action sociale et des familles sont remplacées par les références aux dispositions applicables localement ayant le même objet ;

7° L'article R. 414-6 est ainsi rédigé :

Art. R. 414-6 L'exercice par un étranger d'une activité professionnelle salariée en Polynésie française est autorisé dans les conditions définies par les dispositions applicables localement.

8° A l'article R. 421-2, les mots : "et, le cas échéant, à ses droits au regard des régimes d'indemnisation des travailleurs privés d'emploi" sont supprimés ;

9° A l'article R. 421-5, les mots : "ou de détachement initial" et les mots : "ou de prolongation de son détachement" sont supprimés ;

10° L'article R. 421-7 est ainsi rédigé :

Art. R. 421-7 Les dispositions de l'article L. 421-5 sont applicables à l'étranger dont l'activité non salariée nécessite une immatriculation à un registre applicable localement et la délivrance d'un numéro TAHITI.

(Décr. n° 2021-1222 du 23 sept. 2021, art. 3) « 11° A l'article R. 421-9, la référence au service en charge de la main*[-]*d'œuvre étrangère compétent dans le département est remplacée par la référence au service compétent localement en matière d'accès au travail des étrangers *[ancienne rédaction : 11° A l'article R. 421-9, la référence au directeur régional des entreprises, de la concurrence, de la consommation, du travail et de l'emploi compétent dans le département est remplacée par la référence au service compétent localement]* ; »

12° A l'article R. 421-11, les références aux articles L. 421-9 à L. 421-11, L. 421-15, L. 421-16 et L. 421-23 ainsi qu'au passeport talent – carte bleue européenne et au passeport talent – chercheur – programme de mobilité sont supprimées ;

13° A l'article R. 421-12, les références aux articles L. 421-9, L. 421-10 et L. 421-11 ainsi qu'au passeport talent-carte bleue européenne et au passeport talent – chercheur – programme de mobilité sont supprimées ;

14° A l'article R. 421-13, la référence à l'article L. 421-16 est supprimée ;

15° A l'article R. 421-14, la référence à l'article L. 421-16 est supprimée ;

16° A l'article R. 421-15, les références aux articles L. 421-9, L. 421-10 et L. 421-11 ainsi qu'au passeport talent-carte bleue européenne et au passeport talent – chercheur – programme de mobilité sont supprimées ;

17° A l'article R. 421-26, la référence au passeport talent – chercheur – programme de mobilité est supprimée ;

(Décr. n° 2021-1222 du 23 sept. 2021, art. 3) « 17° *bis* A l'article R. 421-34-1, la référence au ministère chargé de l'économie est remplacée par la référence au service compétent localement en matière d'accès au travail des étrangers ; »

18° L'article R. 421-35 est ainsi rédigé :

Art. R. 421-35 L'étranger dont l'investissement se voit reconnaître par les autorités de Polynésie française le caractère d'investissement économique direct peut obtenir la délivrance de la carte de séjour correspondante.

19° A l'article R. 421-37, la référence à l'article L. 421-23 est supprimée ;

20° Aux articles R. 421-55, R. 421-56 et R. 426-58, la référence au stagiaire mobile ICT et la référence à l'article L. 421-31 sont supprimées ;

21° A l'article R. 421-55 :

a) Les mots : "a été condamné en vertu de l'article L. 8256-1 du code du travail" sont remplacés par les mots : "a été condamné en vertu des dispositions applicables localement en matière de fraude ou de fausse déclaration pour obtenir, faire obtenir ou tenter de faire obtenir à un étranger le titre l'autorisant à exercer une activité salariée" ;

b) le 3° est supprimé ;

22° A l'article R. 421-56, les mots : "interdictions définies aux 1° à 4° de l'article L. 8211-1 du code du travail" sont remplacés par les mots : "interdictions définies par les dispositions applicables localement en matière d'infraction au travail illégal" et les mots : "a été condamné en vertu de l'article L. 8256-2 du même code" sont remplacés par les mots : "a été condamné en vertu des dispositions applicables localement en matière d'emploi illégal d'un étranger" ;

23° A l'article R. 421-58, les mots : "a été condamné en vertu de l'article L. 8256-2 du même code" sont remplacés par les mots : "a été condamné en vertu des dispositions applicables localement en matière d'emploi illégal d'un étranger" ;

24° A l'article R. 421-59, les mots "au titre de la directive 2014/36/UE du Parlement européen et du Conseil du 26 février 2014 établissant les conditions d'entrée et de séjour des ressortissants de pays tiers aux fins d'un emploi en tant que travailleur saisonnier" sont supprimés ;

25° A l'article R. 422-12, la référence à l'article L. 422-14 est supprimée ;

26° A l'article R. 425-4, le 1° est supprimé ;

27° A l'article R. 425-7, le 2° est supprimé ;

28° L'article R. 425-11 est ainsi rédigé :

Art. R. 425-11 Pour l'application de l'article L. 425-9, le haut-commissaire de la République en Polynésie française délivre la carte de séjour au vu d'un avis émis par l'autorité compétente en matière de santé.

Cet avis est émis au vu du rapport transmis sous pli confidentiel par un praticien hospitalier et des informations disponibles sur les possibilités de traitement dans le pays d'origine de l'intéressé. Il précise la nécessité d'une prise en charge médicale, la durée prévisible du traitement et si l'intéressé peut bénéficier d'un traitement approprié dans le pays dont il est originaire. Il indique également si l'état de santé de l'intéressé lui permet de voyager sans risque vers son pays de renvoi. L'avis est transmis par l'autorité compétente en matière de santé.

29° L'article R. 425-12 est ainsi rédigé :

Art. R. 425-12 Le praticien hospitalier chargé d'établir le rapport mentionné à l'article R. 425-11 peut solliciter, le cas échéant, le médecin ou le médecin praticien hospitalier qui suit habituellement le demandeur. Il en informe le demandeur.

Il peut également convoquer le demandeur pour l'examiner et faire procéder aux examens estimés nécessaires. Le demandeur présente au service médical les documents justifiant de son identité. A défaut de réponse dans le délai de quinze jours, ou si le demandeur ne se présente pas à la convocation qui lui a été fixée, ou s'il n'a pas présenté les documents justifiant de son identité le praticien hospitalier établit son rapport au vu des éléments dont il dispose et y indique que le demandeur n'a pas répondu à sa convocation ou n'a pas justifié de son identité.

30° Au 3° de l'article R. 426-16, les mots : "dans le cadre de la convention de coopération prévue à l'article R. 6134-2 du code de la santé publique" sont supprimés ;

31° A l'article R. 426-19, les mots : "l'organisme partie à la convention de coopération internationale mentionnée à l'article L. 6134-1 du code de la santé publique" sont supprimés ;

(Décr. n° 2022-1740 du 30 déc. 2022, art. 1er) « **31°** ***bis*** A l'article R. 426-20, les mots : " établissement public de santé ou l'organisme de formation " sont remplacés par les mots : " établissement de santé public ou privé à but non lucratif " ; »

32° A l'article R. 426-22, les mots : "agents de contrôle mentionnés à l'article L. 8271-1-2 du code du travail" sont remplacés par mots : "agents locaux de contrôle" ;

33° A l'article R. 430-2, la référence à l'article R. 431-22 est supprimée ;

34° A l'article R. 431-3, les mots : "au commissariat de police ou, à défaut de commissariat," sont supprimés ;

35° A l'article R. 431-5 :

a) Les références aux articles L. 421-23, L. 421-26 à L. 421-29, 421-31 et L. 421-33 sont supprimées ;

b) Au 4°, les mots : "sauf s'il est titulaire du statut de résident de longue durée-UE accordé par la France en application des articles L. 421-12, L. 421-25, L. 424-5, L. 424-14 et L. 426-17" sont supprimés ;

36° A l'article R. 431-6, les références aux articles L. 424-5 et L. 426-17 sont supprimées ;

37° A l'article R. 431-14 :

a) Les références aux articles L. 422-14, L. 421-9 à L. 421-11, L. 421-15, L. 421-16 et L. 421-23 ainsi que les références au passeport talent – carte bleue européenne et au passeport talent – chercheur-programme de mobilité sont supprimées ;

b) Les 4°, 7° et 8° sont supprimés ;
38° A l'article R. 431-16 :
a) Au 7°, les mots : "à durée indéterminée" sont remplacés par les mots : "d'une durée supérieure ou égale à douze mois" ;
b) Au 8°, les mots : "à durée déterminée" sont remplacés par les mots : "d'une durée inférieure à douze mois" et les mots : "ou dans les cas prévus aux articles L. 1262-1 et L. 1262-2 du code du travail" sont supprimés ;
c) Au 10°, les références aux articles L. 421-9 à L. 421-11, L. 421-15, L. 421-16 et L. 421-23 sont supprimées ;
d) Les 11°, 14° et 18° sont supprimés ;
39° A l'article R. 431-17, les mots : "les visas mentionnés aux 6° à 18° de l'article R. 431-16" sont remplacés par les mots : "les visas mentionnés aux 6° à 10°, 12° et 13°, 15° à 17° de l'article R. 431-16" ;
40° A l'article R. 431-18 :
a) Les mots : "Les étrangers mentionnés aux 6° à 11° et 13° à 18° de l'article R. 431-16" sont remplacés par les mots : "Les étrangers mentionnés aux 6° à 10°, 13°, 15° à 17° de l'article R. 431-16" ;
b) Les références aux articles L. 421-9 à L. 421-11, L. 421-15, L. 421-16, L. 421-23, L. 421-24, L. 421-26 à L. 421-29, L. 421-31, L. 421-33, L. 422-1, L. 422-2, L. 422-4, L. 422-14 et L. 426-22 sont supprimé*[e]*s ;
41° Au deuxième alinéa de l'article R. 431-20, les mots "ou dans l'une des délégations régionales ou départementales de l'Office français de l'immigration et de l'intégration" sont supprimés ;
42° L'article R. 431-21 est ainsi rédigé :

Art. R. 431-21 Lorsque la demande de titre de séjour est introduite en application de l'article L. 431-2, le titre de séjour est délivré par le haut-commissaire de la République en Polynésie française ou, en cas de déménagement en dehors de la collectivité, par le préfet du nouveau lieu de résidence de l'étranger.

43° A l'article R. 434-23, les mots : "d'une durée supérieure à un an" sont supprimés, et les mots : "à l'autorité administrative territorialement compétente" sont remplacés par les mots : "à la mairie en indiquant le lieu de son ancienne résidence ainsi que sa profession" ;
44° A l'article R. 432-2, les références aux articles R. 421-23, R. 421-43, R. 421-46, R. 421-52 et R. 426-14 sont supprimées ;
45° A l'article R. 432-3, la référence à l'article R. 421-40 et le 7° sont supprimés ;
46° A l'article R. 432-4 :
a) La référence à l'article R. 421-41 est supprimée ;
b) Les mots : "en infraction avec les dispositions de l'article L. 5221-8 du code du travail ou a méconnu les dispositions de l'article L. 5221-5 du même code" sont remplacés par les mots : "sans s'être assuré auprès des administrations territorialement compétentes de la validité du titre de séjour et de l'autorisation de travail de l'employé" ;
c) Au 4°, les mots : "sauf s'il est titulaire de la carte de résident portant la mention "résident de longue durée – UE" prévue aux articles L. 421-12, L. 421-25, L. 424-5, L. 424-14 ou L. 426-17 accordée par la France" sont supprimés ;
d) Au 5°, la référence à l'article L. 5221-5 du code du travail est remplacée par la référence aux dispositions applicables localement ayant le même objet ;
e) Le 8° est supprimé ;
f) Au 9°, les mots : "en infraction avec les dispositions de l'article L. 5221-8 du code du travail" sont remplacés par les mots : "sans s'être assuré auprès des administrations territorialement compétentes de la validité du titre de séjour et de l'autorisation de travail de l'employé" ;
g) Le 10° est supprimé ;
47° A l'article R. 432-5, le 2° est supprimé ;
48° L'article R. 432-6 est ainsi rédigé :

Art. R. 432-6 Le haut-commissaire de la République en Polynésie française met en place la commission territoriale du titre de séjour prévue à l'article L. 432-14 par un arrêté :

1° Constatant la désignation par le président du tribunal administratif d'un conseiller délégué s'il y a lieu, et d'un suppléant ;

2° Constatant la désignation par l'assemblée générale du tribunal de première instance d'un magistrat et de son suppléant ;

3° Désignant une personnalité qualifiée et son suppléant.

49° A l'article R. 434-1, les mots : "à durée indéterminée" sont supprimés ;

50° L'article R. 434-4 est ainsi rédigé :

Art. R. 434-4 Pour l'appréciation des ressources mentionnées au 1° de l'article L. 434-7 et à l'article L. 434-8 :

Les ressources du demandeur sont appréciées par référence à la moyenne du salaire minimum prévu par la réglementation applicable localement sur une durée de douze mois ; lorsque la moyenne n'est pas atteinte, une décision favorable peut être prise en tenant compte de l'évolution de la situation de l'intéressé quant à la stabilité de son emploi et à ses revenus, y compris après le dépôt de la demande.

Les ressources du conjoint sont également prises en compte dans l'appréciation des ressources mentionnées au précédent alinéa qui alimenteront de manière stable le budget de la famille.

Les revenus non salariaux sont établis par tous moyens.

51° L'article R. 434-5 est ainsi rédigé :

Art. R. 434-5 Pour l'application du 2° de l'article L. 434-7, est considéré comme normal un logement qui :

1° Présente une superficie habitable globale au moins égale à 14 mètres carrés pour un ménage sans enfant ou deux personnes, augmentée de 6,5 mètres carrés par personne jusqu'à huit personnes et de 5 mètres carrés par personne supplémentaire au-delà de huit personnes ;

2° Répond aux autres conditions minimales de confort et d'habitabilité prévues par la réglementation applicable en Polynésie française en matière d'habitat social.

52° L'article R. 434-7 est ainsi rédigé :

Art. R. 434-7 L'étranger présente sa demande personnellement auprès des services du haut-commissaire de la République en Polynésie française.

53° A l'article R. 434-8 :

a) Au premier alinéa, les mots : "du ministre chargé de l'immigration" sont remplacés par les mots : "du haut-commissaire de la République en Polynésie française" ;

b) Au 1°, les mots : "à des agents des services de la commune où doit résider la famille, chargés des affaires sociales ou du logement, spécialement habilités à cet effet, ainsi qu'aux agents de l'Office français de l'immigration et de l'intégration" sont remplacés par les mots : "aux agents désignés par le haut-commissaire" ;

c) Le 2° est supprimé ;

54° A l'article R. 434-12, les mots : "les services de l'Office français de l'immigration et de l'intégration délivrent" sont remplacés par les mots : "il est délivré" ;

55° A l'article R. 434-14, les mots : "les services de l'Office français de l'immigration et de l'intégration" sont remplacés par les mots : "le service qui a reçu la demande" ;

56° L'article R. 434-15 est ainsi rédigé :

Art. R. 434-15 Les services du haut-commissaire vérifient les conditions de ressources et de logement prévues aux 1° et 2° de l'article L. 434-7 et le respect des principes essentiels qui régissent la vie familiale en France prévu au 3° du même article.

57° L'article R. 434-17 est ainsi rédigé :

Art. R. 434-17 Le haut-commissaire de la République en Polynésie française peut saisir, en tant que de besoin, les services compétents d'une demande d'enquête sur l'emploi qui procure au demandeur tout ou partie des ressources dont il fait état.

58° A l'article R. 434-18, les mots : "le maire" sont remplacés par les mots : "les services du haut-commissaire de la République en Polynésie française" ;

59° A l'article R. 434-19, les mots : "agents spécialement habilités des services de la commune chargés des affaires sociales ou du logement ou, à la demande du maire, des agents de l'Office français de l'immigration et de l'intégration" sont remplacés par les mots : "agents désignés par le haut-commissaire" ;

60° A l'article R. 434-21, les mots : "du ministre chargé de l'immigration" sont remplacés par les mots : "du haut-commissaire de la République en Polynésie française" ;

61° A l'article R. 434-26 :

a) Avant la seconde phrase de l'article qui devient un troisième alinéa, est inséré un deuxième alinéa ainsi rédigé :

"Avant de statuer, le haut-commissaire de la République en Polynésie française consulte le conseil des ministres de la Polynésie française qui rend l'avis prévu par l'article L. 445-4 dans un délai d'un mois à compter de sa saisine ou de quinze jours en cas d'urgence. Cet avis est réputé émis s'il n'a pas été rendu dans ce délai." ;

b) Les mots : "Cette autorité" sont remplacés par le mot : "il" ;

62° L'article R. 434-30 est ainsi rédigé :

Art. 434-30 Le haut-commissaire de la République en Polynésie française informe l'autorité diplomatique ou consulaire de la circonscription dans laquelle habite la famille du demandeur de sa décision et de la date à laquelle elle a été notifiée au demandeur.

63° Les dispositions des articles R. 434-31 et R. 434-32 sont remplacées par un article R. 434-31 ainsi rédigé :

Art. R. 434-31 Le contrôle médical des membres de la famille pour lesquels est demandé le bénéfice du regroupement familial est effectué dans les conditions prévues par arrêté conjoint du ministre chargé de la santé, du ministre chargé de l'immigration et du ministre chargé de l'outre-mer.

64° L'article R. 434-33 est ainsi rédigé :

Art. R. 434-33 Le haut-commissaire de la République en Polynésie française met en œuvre la procédure d'introduction des familles des étrangers en Polynésie française ou, exceptionnellement, la procédure d'admission au séjour à partir du territoire.

65° A l'article R. 434-36, les mots : "par l'Office français de l'immigration et de l'intégration" sont remplacés par les mots : "dans les conditions prévues par l'arrêté mentionné à l'article R. 434-31" ;

66° A l'article R. 435-2, les mots : "'salarié', 'travailleur temporaire' ou" sont supprimés ;

67° A l'article R. 436-34, après les mots : "Les taxes prévues aux articles L. 436-1 à L. 436-5 sont acquittées" sont insérés les mots : "soit au moyen de timbres mobiles, soit".

Art. R. 445-4 Le conseil des ministres de la Polynésie française rend l'avis prévu par l'article L. 445-4 dans un délai d'un mois à compter de sa saisine par le haut-commissaire de la République en Polynésie française. Ce délai est de quinze jours en cas d'urgence, à la demande du haut-commissaire. Cet avis est réputé émis s'il n'a pas été rendu dans ce délai.

Art. D. 445-5 Sous réserve des adaptations prévues par le présent chapitre, les dispositions suivantes sont applicables en Polynésie française dans leur rédaction résultant *(Décr. n° 2022-1740 du 30 déc. 2022, art. 1er)* « du décret n° 2020-1734 du 16 décembre 2020 », sauf mention contraire dans le tableau ci-dessous.

Articles applicables	Dans leur rédaction résultant de
Au titre I	
D. 414-1	
D. 414-3 et D. 414-4	

Articles applicables	Dans leur rédaction résultant de
Au titre II	
D. 422-6	
D. 422-10	
D. 422-13	
D. 426-12	
Au titre III	
D. 431-7	
D. 431-19	

Art. D. 445-6 Pour l'application des dispositions du présent livre en Polynésie française, à 1° A *[à]* l'article D. 422-13, la référence à l'article L. 422-14 est supprimée.

CHAPITRE VI DISPOSITIONS APPLICABLES EN NOUVELLE-CALÉDONIE

Art. R.* 446-1 Les articles R.* 421-52 et R.* 432-1 sont applicables en Nouvelle-Calédonie.

Art. R. 446-2 Sous réserve des adaptations prévues par le présent chapitre, les dispositions suivantes sont applicables en Nouvelle-Calédonie dans leur rédaction résultant *(Décr. n° 2022-1740 du 30 déc. 2022, art. 1er)* « du décret n° 2020-1734 du 16 décembre 2020 », sauf mention contraire dans le tableau ci-dessous. — *Tableau mod. par Décr. n° 2021-1222 du 23 sept. 2021, art. 3 et Décr. n° 2022-1740 du 30 déc. 2022, art. 1er.*

Articles applicables	Dans leur rédaction résultant
Au titre I	
R. 410-1	
R. 413-1	
R. 414-2	
R. 414-5 et R. 414-6	
Au titre II	
R. 421-1 à R. 421-5	
R. 421-7 et R. 421-8	
R. 421-9	du décret n° 2021-1222 du 23 septembre 2021
R. 421-10 à R. 421-15	
R. 421-26 à R. 421-28	
R. 421-34-1	du décret n° 2021-1222 du 23 septembre 2021
R. 421-35 à R. 421-37	

Articles applicables	Dans leur rédaction résultant
R. 421-51	
R. 421-55 et R. 421-56	
R. 421-58 à R. 421-60	
R. 422-1 à R. 422-5	
R. 422-7 à R. 422-9	
R. 422-11 et R. 422-12	
R. 423-1 à R. 423-5	
R. 424-1	
R. 424-4	
R. 424-7	
R. 424-11	
R. 425-1 à R. 425-8	
R. 425-10 à R. 425-12	
R. 425-14	
R. 426-1 à R. 426-3	
R. 426-9 à R. 426-11	
R. 426-16	du décret n° 2022-1740 du 30 décembre 2022
R. 426-17 à R. 426-21	
R. 426-22	du décret n° 2022-1740 du 30 décembre 2022
Au titre III	
R. 430-1 et R. 430-2	
R. 431-2 à R. 431-6	
R. 431-8 et R. 431-9	
R. 431-11 à R. 431-18	
R. 431-20 et R. 431-21	
R. 431-23 et R. 431-24	
R. 432-2 à R. 432-15	
R. 433-1 à R. 433-4	
R. 433-6	
R. 434-1 à R. 434-12	

Articles applicables	Dans leur rédaction résultant
R. 434-14 et R. 434-15	
R. 434-17 à R. 434-19	
R. 434-21 et R. 434-22	
R. 434-24	
R. 434-26 à R. 434-34	
R. 434-36	
R. 435-1 et R. 435-2	
R. 436-34	

Art. R. 446-3 Pour l'application du présent livre en Nouvelle-Calédonie :

1° L'accès au travail des étrangers s'exerce dans les conditions prévues par la législation et la réglementation applicables localement et dans le respect des compétences de la collectivité de Nouvelle-Calédonie ;

2° Les mots : "en France" sont remplacés par les mots : "sur le territoire de la Nouvelle-Calédonie", les mots : "hors de France" par les mots : "hors du territoire de la Nouvelle-Calédonie" et les mots : "territoire français" par les mots : "territoire de la Nouvelle-Calédonie", à l'exception de leur mention à l'article R. 413-1 et au 1° de l'article R. 431-16 ;

3° Les références au préfet sont remplacées par la référence au haut-commissaire de la République en Nouvelle-Calédonie et les références à la préfecture ou à la sous-préfecture sont remplacées par la référence à la représentation de l'État ;

4° Les références au salaire minimum de croissance sont remplacées par la référence au salaire minimum ;

5° Aux articles R. 421-3, R. 421-4, R. 426-16, R. 426-19 et R. 431-14, les références aux dispositions du code du travail sont remplacées par les références aux dispositions applicables localement ;

6° Aux articles R. 425-1, R. 425-7, R. 426-36, les références respectives à l'article 160-1 du code de la sécurité sociale, aux articles L. 124-4 et L. 124-6 du code de l'éducation et aux articles L. 251-1 et L. 265-1 du code de l'action sociale et des familles sont remplacées par les références aux dispositions applicables localement ;

7° L'article R. 414-6 est ainsi rédigé :

Art. R. 414-6 L'exercice par un étranger d'une activité professionnelle salariée en Nouvelle-Calédonie est autorisé dans les conditions définies par les dispositions applicables localement.

8° A l'article R. 421-2, les mots : "et, le cas échéant, à ses droits au regard des régimes d'indemnisation des travailleurs privés d'emploi" sont supprimés ;

9° A l'article R. 421-5, les mots : "ou de détachement initial" et les mots : "ou de prolongation de son détachement" sont supprimés ;

10° L'article R. 421-7 est ainsi rédigé :

Art. R. 421-7 Les dispositions de l'article L. 421-5 sont applicables à l'étranger dont l'activité non salariée nécessite une immatriculation à un registre applicable localement et la délivrance d'un numéro RIDET.

(Décr. n° 2021-1222 du 23 sept. 2021, art. 3) « A l'article R. 421-9, la référence au service en charge de la main*[-]*d'œuvre étrangère compétent dans le département est remplacée par la référence au service compétent localement en matière d'accès au travail des étrangers *[ancienne rédaction : 11° A l'article R. 421-9, la référence au directeur régional des entreprises, de la concurrence, de la consommation, du travail et de l'emploi compétent dans le département est remplacée par la référence au service compétent localement]* ; »

12° A l'article R. 421-11, les références aux articles L. 421-9 à L. 421-11, L. 421-15, L. 421-16 et L. 421-23 ainsi qu'au passeport talent – carte bleue européenne et au passeport talent – chercheur – programme de mobilité sont supprimées ;

13° A l'article R. 421-12, les références aux articles L. 421-9, L. 421-10 et L. 421-11 ainsi qu'au passeport talent-carte bleue européenne et au passeport talent – chercheur – programme de mobilité sont supprimées ;

14° A l'article R. 421-13, la référence à l'article L. 421-16 est supprimée ;

15° A l'article R. 421-14, la référence à l'article L. 421-16 est supprimée ;

16° A l'article R. 421-15, les références aux articles L. 421-9, L. 421-10 et L. 421-11 ainsi qu'au passeport talent – carte bleue européenne et au passeport talent – chercheur – programme de mobilité sont supprimées ;

17° A l'article R. 421-26, la référence au passeport talent – chercheur – programme de mobilité est supprimée ;

(Décr. n° 2021-1222 du 23 sept. 2021, art. 3) « 17° *bis* A l'article R. 421-34-1, la référence au ministère chargé de l'économie est remplacée par la référence au service compétent localement en matière d'accès au travail des étrangers ; »

18° L'article R. 421-35 est ainsi rédigé :

Art. R. 421-35 L'étranger dont l'investissement se voit reconnaître par les autorités de Nouvelle-Calédonie le caractère d'investissement économique direct peut obtenir la délivrance de la carte de séjour correspondante.

19° A l'article R. 421-37, la référence à l'article L. 421-23 est supprimée ;

20° Aux articles R. 421-55, R. 421-56 et R. 421-58, les références au stagiaire mobile ICT et à l'article L. 421-31 sont supprimées ;

21° A l'article R. 421-55 :

a) Les mots : "a été condamné en vertu de l'article L. 8256-1 du code du travail" sont remplacés par les mots : "a été condamné en vertu des dispositions applicables localement en matière de fraude ou de fausse déclaration pour obtenir, faire obtenir ou tenter de faire obtenir à un étranger le titre l'autorisant à exercer une activité salariée" ;

b) le 3° est supprimé ;

22° A l'article R. 421-56, les mots : "interdictions définies aux 1° à 4° de l'article L. 8211-1 du code du travail" sont remplacés par les mots : "interdictions définies par les dispositions applicables localement en matière d'infraction au travail illégal" et les mots : "a été condamné en vertu de l'article L. 8256-2 du même code" sont remplacés par les mots : "a été condamné en vertu des dispositions applicables localement en matière d'emploi illégal d'un étranger" ;

23° A l'article R. 421-58, les mots : "a été condamné en vertu de l'article L. 8256-2 du même code" sont remplacés par les mots : "a été condamné en vertu des dispositions applicables localement en matière d'emploi illégal d'un étranger" ;

24° A l'article R. 421-59, les mots : "au titre de la directive 2014/36/UE du Parlement européen et du Conseil du 26 février 2014 établissant les conditions d'entrée et de séjour des ressortissants de pays tiers aux fins d'un emploi en tant que travailleur saisonnier" sont supprimés ;

25° A l'article R. 422-12, la référence à l'article L. 422-14 est supprimée ;

26° A l'article R. 425-4 :

a) Le 1° est supprimé ;

b) Les mots : "dans les conditions prévues au deuxième alinéa de l'article L. 251-1 du code de l'action sociale et des familles" sont remplacés par les mots : "dans les conditions applicables localement" ;

27° A l'article R. 425-7, le 2° est supprimé ;

28° L'article R. 425-11 est ainsi rédigé :

Art. R. 425-11 Pour l'application de l'article L. 425-9, le haut-commissaire de la République en Nouvelle-Calédonie délivre la carte de séjour au vu d'un avis émis par l'autorité compétente en matière de santé.

Cet avis est émis au vu du rapport transmis sous pli confidentiel par un praticien hospitalier et des informations disponibles sur les possibilités de traitement dans le pays d'origine de l'intéressé. Il précise la nécessité d'une prise en charge médicale, la durée prévisible du traitement et si l'intéressé peut bénéficier d'un traitement approprié dans le pays dont il est originaire. Il indique également si l'état de santé de l'intéressé lui permet de voyager sans risque vers son pays de renvoi. L'avis est transmis au haut-commissaire par l'autorité compétente en matière de santé.

29° L'article R. 425-12 est ainsi rédigé :

Art. R. 425-12 Le praticien hospitalier chargé d'établir le rapport mentionné à l'article R. 425-11 peut solliciter, le cas échéant, le médecin ou le médecin praticien hospitalier qui suit habituellement le demandeur. Il en informe le demandeur.

Il peut également convoquer le demandeur pour l'examiner et faire procéder aux examens estimés nécessaires. Le demandeur présente au service médical les documents justifiant de son identité. A défaut de réponse dans le délai de quinze jours, ou si le demandeur ne se présente pas à la convocation qui lui a été fixée, ou s'il n'a pas présenté les documents justifiant de son identité le praticien hospitalier établit son rapport au vu des éléments dont il dispose et y indique que le demandeur n'a pas répondu à sa convocation ou n'a pas justifié de son identité.

30° Au 3° de l'article R. 426-16, les mots : "dans le cadre de la convention de coopération prévue à l'article R. 6134-2 du code de la santé publique" sont supprimés ;

31° A l'article R. 426-19, les mots : "l'organisme partie à la convention de coopération internationale mentionnée à l'article L. 6134-1 du code de la santé publique" sont supprimés ;

(Décr. n° 2022-1740 du 30 déc. 2022, art. 1er) « 31° *bis* A l'article R. 426-20, les mots : "établissement public de santé ou l'organisme de formation" sont remplacés par les mots : "établissement de santé public ou privé à but non lucratif" ; »

32° A l'article R. 426-22, les mots : "agents de contrôle mentionnés à l'article L. 8271-1-2 du code du travail" sont remplacés par mots : "agents locaux de contrôle" ;

33° A l'article R. 430-2, la référence à l'article R. 431-22 est supprimée ;

34° A l'article R. 431-3, les mots : "au commissariat de police ou, à défaut de commissariat," sont supprimés ;

35° A l'article R. 431-5 :

a) Les références aux articles L. 421-23, L. 421-26 à L. 421-29, L. 421-31 et L. 421-33 sont supprimées ;

b) Au 4°, les mots : "sauf s'il est titulaire du statut de résident de longue durée – UE accordé par la France en application des articles L. 421-12, L. 421-25, L. 424-5, L. 424-14 et L. 426-17" sont supprimés ;

36° A l'article R. 431-6, les références aux articles L. 424-5 et L. 426-17 sont supprimées ;

37° A l'article R. 431-14 :

a) Les références aux articles L. 422-14, L. 421-9 à L. 421-11, L. 421-15, L. 421-16 et L. 421-23 ainsi que les références au passeport talent – carte bleue européenne et au passeport talent – chercheur-programme de mobilité sont supprimées ;

b) Les 4°, 7° et 8° sont supprimés ;

38° A l'article R. 431-16 :

a) Au 7°, les mots : "à durée indéterminée" sont remplacés par les mots : "d'une durée supérieure ou égale à douze mois" ;

b) Au 8°, les mots : "à durée déterminée" sont remplacés par les mots : "d'une durée inférieure à douze mois" et les mots : "ou dans les cas prévus aux articles L. 1262-1 et L. 1262-2 du code du travail" sont supprimés ;

c) Au 10°, les références aux articles L. 421-9 à L. 421-11, L. 421-15, L. 421-16 et L. 421-23 sont supprimées ;

d) Les 11°, 14° et 18° sont supprimés ;

39° A l'article R. 431-17, les mots : "les visas mentionnés aux 6° à 18° de l'article R. 431-16" sont remplacés par les mots : "les visas mentionnés aux 6° à 10°, 12° et 13°, 15° à 17° de l'article R. 431-16" ;

40° A l'article R. 431-18 :

a) Les mots : "Les étrangers mentionnés aux 6° à 11° et 13° à 18° de l'article R. 431-16" sont remplacés par les mots : "Les étrangers mentionnés aux 6° à 10°, 13°, 15° à 17° de l'article R. 431-16" ;

b) Les références aux articles L. 421-9 à L. 421-11, L. 421-15, L. 421-16, L. 421-23, L. 421-24, L. 421-26 à L. 421-29, L. 421-31, L. 421-33, L. 422-1, L. 422-2, L. 422-4, L. 422-14 et L. 426-22 sont supprimé*[e]*s ;

41° Au deuxième alinéa de l'article R. 431-20, les mots "ou dans l'une des délégations régionales ou départementales de l'Office français de l'immigration et de l'intégration" sont supprimés ;

42° L'article R. 431-21 est ainsi rédigé :

Art. R. 431-21 Lorsque la demande de titre de séjour est introduite en application de l'article L. 431-2, le titre de séjour est délivré par le haut-commissaire de la République en Nouvelle-Calédonie ou, en cas de déménagement en dehors de la collectivité, par le représentant de l'État du nouveau lieu de résidence de l'étranger.

43° A l'article R. 431-23, les mots : "d'une durée supérieure à un an" sont supprimés et les mots : "à l'autorité administrative territorialement compétente" sont remplacés par les mots : "à la mairie en indiquant le lieu de son ancienne résidence ainsi que sa profession" ;

44° A l'article R. 432-2, les références aux articles R. 421-23, R. 421-43, R. 421-46, R. 421-52 et R. 426-14 sont supprimées ;

45° A l'article R. 432-3, la référence à l'article R. 421-40 et le 7° sont supprimés ;

46° A l'article R. 432-4 :

a) La référence à l'article R. 421-41 est supprimée ;

b) Les mots : "en infraction avec les dispositions de l'article L. 5221-8 du code du travail ou a méconnu les dispositions de l'article L. 5221-5 du même code" sont remplacés par les mots : "sans s'être assuré auprès des administrations territorialement compétentes de la validité du titre de séjour et de l'autorisation de travail de l'employé" ;

c) Au 4°, les mots : "sauf s'il est titulaire de la carte de résident portant la mention "résident de longue durée – UE" prévue aux articles L. 421-12, L. 421-25, L. 424-5, L. 424-14 ou L. 426-17 accordée par la France" sont supprimés ;

d) Au 5°, la référence à l'article L. 5221-5 du code du travail est remplacée par la référence aux dispositions applicables localement ayant le même objet ;

e) Le 8° est supprimé ;

f) Au 9°, les mots : "en infraction avec les dispositions de l'article L. 5221-8 du code du travail" sont remplacés par les mots "sans s'être assuré auprès des administrations territorialement compétentes de la validité du titre de séjour et de l'autorisation de travail de l'employé" ;

g) Le 10° est supprimé ;

47° A l'article R. 432-5, le 2° est supprimé ;

48° L'article R. 432-6 est ainsi rédigé :

Art. R. 432-6 Le haut-commissaire de la République en Nouvelle-Calédonie met en place la commission territoriale du titre de séjour prévue à l'article L. 432-14 par un arrêté :

1° Constatant la désignation par le président du tribunal administratif d'un conseiller délégué s'il y a lieu, et d'un suppléant ;

2° Constatant la désignation par l'assemblée générale du tribunal de première instance d'un magistrat et de son suppléant ;

3° Désignant une personnalité qualifiée et son suppléant.

49° L'article R. 434-4 est ainsi rédigé :

Art. R. 434-4 Pour l'appréciation des ressources mentionnées au 1° de l'article L. 434-7 et à l'article L. 434-8 :

Les ressources du demandeur sont appréciées par référence à la moyenne du salaire minimum prévu par la réglementation applicable localement sur une durée de douze mois ; lorsque la moyenne n'est pas atteinte, une décision favorable peut être prise en tenant compte de l'évolution de la situation de l'intéressé quant à la stabilité de son emploi et à ses revenus, y compris après le dépôt de la demande.

Les ressources du conjoint sont également prises en compte dans l'appréciation des ressources mentionnées au précédent alinéa qui alimenteront de manière stable le budget de la famille.

Les revenus non salariaux sont établis par tous moyens.

50° L'article R. 434-5 est ainsi rédigé :

Art. R. 434-5 Pour l'application du 2° de l'article L. 434-7, est considéré comme normal un logement qui :

1° Présente une superficie habitable globale au moins égale à 14 mètres carrés pour un ménage sans enfant ou deux personnes, augmentée de 6,5 mètres carrés par personne jusqu'à huit personnes et de 5 mètres carrés par personne supplémentaire au-delà de huit personnes ;

2° Répond aux autres conditions minimales de confort et d'habitabilité prévues par la réglementation applicable en Nouvelle-Calédonie en matière d'habitat social.

51° L'article R. 434-7 est ainsi rédigé :

Art. R. 434-7 L'étranger présente sa demande personnellement auprès des services du haut-commissaire de la République en Nouvelle-Calédonie.

52° A l'article R. 434-8 :

a) Au premier alinéa, les mots : "du ministre chargé de l'immigration" sont remplacés par les mots : "du haut-commissaire de la République en Nouvelle-Calédonie" ;

b) Au 1°, les mots : "à des agents des services de la commune où doit résider la famille, chargés des affaires sociales ou du logement, spécialement habilités à cet effet, ainsi qu'aux agents de l'Office français de l'immigration et de l'intégration" sont remplacés par les mots : "aux agents désignés par le haut-commissaire de la République en Nouvelle-Calédonie" ;

c) Le 2° est supprimé ;

53° A l'article R. 434-12, les mots : "les services de l'Office français de l'immigration et de l'intégration délivrent" sont remplacés par les mots : "il est délivré" ;

54° A l'article R. 434-14, les mots : "les services de l'Office français de l'immigration et de l'intégration" sont remplacés par les mots : "le service qui a reçu la demande" ;

55° L'article R. 434-15 est ainsi rédigé :

Art. R. 434-15 Les services du haut-commissaire vérifient les conditions de ressources et de logement prévues aux 1° et 2° de l'article L. 434-7 et le respect des principes essentiels qui régissent la vie familiale en France prévu au 3° du même article.

56° L'article R. 434-17 est ainsi rédigé :

Art. R. 434-17 Le haut-commissaire de la République en Nouvelle-Calédonie peut saisir, en tant que de besoin, les services compétents d'une demande d'enquête sur l'emploi qui procure au demandeur tout ou partie des ressources dont il fait état.

57° A l'article R. 434-18, les mots : "le maire" sont remplacés par les mots : "les services du haut-commissaire de la République" ;

58° A l'article R. 434-19, les mots : "agents spécialement habilités des services de la commune chargés des affaires sociales ou du logement ou, à la demande du maire, des agents de l'Office français de l'immigration et de l'intégration" sont remplacés par les mots : "agents désignés par le haut-commissaire de la République en Nouvelle-Calédonie" ;

59° A l'article R. 434-21, les mots : "ministre chargé de l'immigration" sont remplacés par les mots : "haut-commissaire de la République en Nouvelle-Calédonie" ;

60° A l'article R. 434-26 :

a) Avant la seconde phrase de l'article qui devient un troisième alinéa, est inséré un deuxième alinéa ainsi rédigé :

"Avant de statuer, le haut-commissaire de la République en Nouvelle-Calédonie consulte le gouvernement de Nouvelle-Calédonie qui rend l'avis prévu par l'article L 446-4 dans un délai de quinze jours à compter de sa saisine. Cet avis est réputé émis s'il n'a pas été rendu dans ce délai." ;

b) Les mots ; "Cette autorité" sont remplacés par le mot : "il" ;

61° L'article R. 434-30 est ainsi rédigé :

Art. R. 434-30 Le haut-commissaire de la République en Nouvelle-Calédonie informe l'autorité diplomatique ou consulaire de la circonscription dans laquelle habite la famille du demandeur de sa décision et de la date à laquelle elle a été notifiée au demandeur.

62° Les dispositions des articles R. 434-31 et R. 434-32 sont remplacées par un article 434-31 ainsi rédigé :

Art. R. 434-31 Le contrôle médical des membres de la famille pour lesquels est demandé le bénéfice du regroupement familial est effectué dans les conditions prévues par arrêté conjoint du ministre chargé de la santé, du ministre chargé de l'immigration et du ministre chargé de l'outre-mer.

63° L'article R. 434-33 est ainsi rédigé :

Art. R. 434-33 Le haut-commissaire de la République en Nouvelle-Calédonie met en œuvre la procédure d'introduction des familles des étrangers en Nouvelle-Calédonie ou, exceptionnellement, la procédure d'admission au séjour à partir du territoire.

64° A l'article R. 434-36, les mots : "par l'Office français de l'immigration et de l'intégration" sont remplacés par les mots : "dans les conditions prévues par l'arrêté mentionné à l'article R. 434-31" ;

65° A l'article R. 435-2, les mots : "'salarié', 'travailleur temporaire' ou" sont supprimés ;

66° A l'article R. 436-34, après les mots : "Les taxes prévues aux articles L. 436-1 à L. 436-5 sont acquittées" sont insérés les mots : "soit au moyen de timbres mobiles, soit".

Art. R. 446-4 Le gouvernement de la Nouvelle-Calédonie rend l'avis prévu par l'article L. 446-4 dans un délai de quinze jours à compter de sa saisine par le haut-commissaire de la République en Nouvelle-Calédonie. Cet avis est réputé émis s'il n'a pas été rendu dans ce délai.

Art. D. 446-5 Sous réserve des adaptations prévues par le présent chapitre, les dispositions suivantes sont applicables en Nouvelle-Calédonie dans leur rédaction résultant *(Décr. n° 2022-1740 du 30 déc. 2022, art. 1er)* « du décret n° 2020-1734 du 16 décembre 2020 », sauf mention contraire dans le tableau ci-dessous.

Articles applicables	Dans leur rédaction résultant de
Au titre I	
D. 414-1	
D. 414-3 et D. 414-4	
Au titre II	
D. 422-6	
D. 422-10	
D. 422-13	
D. 426-12	
Au titre III	
D. 431-7	
D. 431-19	

Art. D. 446-6 **Pour l'application des dispositions du présent livre en Nouvelle-Calédonie, à 1° A** *[à]* **l'article D. 422-13, la référence à l'article L. 422-14 est supprimée.**

Le rectificatif du Décr. n° 2020-1734 du 16 déc. 2021 au JO du 27 févr. 2021 corrige le doublon existant, le second art. D. 446-5 devenant ainsi l'art. D. 446-6.

CHAPITRE VII DISPOSITIONS APPLICABLES DANS LES TERRES AUSTRALES ET ANTARCTIQUES FRANÇAISES

Le présent chapitre ne comprend pas de dispositions réglementaires.

LIVRE V DROIT D'ASILE ET AUTRES PROTECTIONS INTERNATIONALES

TITRE I CONDITIONS D'OCTROI DE L'ASILE

Art. R. 510-1 Conformément à l'article R. 240-1, les dispositions du présent titre sont applicables à l'étranger dont la situation est régie par le livre II.

CHAPITRE I STATUT DE RÉFUGIÉ

Art. R. 511-1 La liste mentionnée au 2° de l'article L. 511-7 est composée des États suivants : Islande, Liechtenstein, Norvège et Suisse. – *[Anc. art. R. 711-2.]*

Art. R. 511-2 L'autorité administrative compétente pour demander à l'Office français de protection des réfugiés et apatrides de mettre fin au statut de réfugié, en application du premier ou du deuxième alinéa de l'article L. 511-8, est le ministre chargé de l'asile ou le préfet du département où réside habituellement l'étranger ou, lorsque ce dernier réside à Paris, le préfet de police. – *[Anc. art. R. 711-1.]*

CHAPITRE II PROTECTION SUBSIDIAIRE

Art. R. 512-1 L'autorité administrative compétente pour demander à l'Office français de protection des réfugiés et apatrides de mettre fin au bénéfice de la protection subsidiaire, en application de l'article L. 512-3, est le ministre chargé de l'asile ou le préfet du département où réside habituellement l'étranger ou, lorsque ce dernier réside à Paris, le préfet de police. – *[Anc. art. R. 712-1.]*

CHAPITRE III DISPOSITIONS COMMUNES

Le présent chapitre ne comprend pas de dispositions réglementaires.

TITRE II ACCÈS À LA PROCÉDURE D'ASILE

Art. R. 520-1 Conformément à l'article R. 240-1, les dispositions du présent titre sont applicables à l'étranger dont la situation est régie par le livre II, à l'exclusion des dispositions de l'article R. 521-7 et des dispositions relatives au relevé des empreintes de l'article R. 521-9, ainsi que des dispositions des articles D. 521-12, R. 522-1 et R. 522-2 qui ne sont pas applicables au citoyen de l'Union européenne.

Art. R. 520-2 *(Décr. n° 2024-828 du 16 juill. 2024, art. 1er, en vigueur le 18 juill. 2024)* Des arrêtés du ministre chargé de l'asile décident de la création des sites pilotes puis des sites dans lesquels sont créés les pôles territoriaux France asile mentionnés à l'article L. 121-17 et en fixent la date d'entrée en fonctionnement.

CHAPITRE I ENREGISTREMENT DE LA DEMANDE D'ASILE

SECTION 1 Autorité compétente

Art. R. 521-1 Sans préjudice du second alinéa de l'article 11-1 du décret n° 2004-374 du 29 avril 2004 relatif aux pouvoirs des préfets, à l'organisation et à l'action des services de l'État dans les régions et départements, lorsqu'un étranger, se trouvant à l'intérieur du territoire français, demande à bénéficier de l'asile, l'enregistrement de sa demande relève du préfet de département et, à Paris, du préfet de police. – *[Anc. art. R. 741-1.]*

Décret n° 2004-374 du 29 avril 2004,

Relatif aux pouvoirs des préfets, à l'organisation et à l'action des services de l'État dans les régions et départements (JO 30 avr., rect. JO du 8 juin).

Art. 11-1 *(Décr. n° 2010-146 du 16 févr. 2010, art. 6)* Le préfet de département est compétent en matière d'entrée et de séjour des étrangers ainsi qu'en matière de droit d'asile.

(Décr. n° 2019-38 du 23 janv. 2019, art. 1er) « En matière d'asile, un arrêté conjoint du ministre de l'intérieur et du ministre chargé de l'asile peut donner compétence à un préfet de département *(Décr. n° 2024-106 du 14 févr. 2024)* « ou » au préfet de police pour exercer ces missions dans plusieurs départements. »

Art. 11-2 *(Décr. n° 2024-106 du 14 févr. 2024)* Dans des conditions fixées par décret en Conseil d'État, le ministre chargé des naturalisations peut donner compétence à un préfet de département ou au préfet de police pour exercer dans plusieurs départements les attributions du préfet en matière d'acquisition de la nationalité française.

Art. R.* 521-2 Par dérogation aux dispositions de l'article R. 521-1, lorsqu'un étranger, placé en rétention administrative, demande à bénéficier de l'asile, l'enregistrement de sa demande relève du préfet qui a ordonné le placement en rétention administrative de l'intéressé. – *[Anc. art. R.* 741-1-1.]*

Art. R. 521-3 Pour l'application de l'article L. 521-3, l'autorité administrative compétente peut prévoir que la demande est présentée auprès de l'une des personnes morales mentionnées à l'article L. 550-2. – *[Anc. art. R. 741-2, al. 2.]*

Art. R. 521-4 Lorsque l'étranger se présente en personne auprès de l'Office français de l'immigration et de l'intégration, des services de police ou de gendarmerie ou de l'administration pénitentiaire, en vue de demander l'asile, il est orienté vers l'autorité compétente.

Il en est de même lorsque l'étranger a introduit directement sa demande auprès de l'Office français de protection des réfugiés et apatrides, sans que sa demande ait été préalablement enregistrée par le préfet compétent.

Ces autorités fournissent à l'étranger les informations utiles en vue de l'enregistrement de sa demande d'asile et dispensent pour cela la formation adéquate à leurs personnels. – *[Anc. art. R. 741-2, al. 1er.]*

SECTION 2 **Procédure**

Art. R. 521-5 L'étranger qui, n'étant pas déjà titulaire d'un titre de séjour, demande l'asile en application de l'article L. 521-1 doit présenter les pièces suivantes à l'appui de sa demande en vue de son enregistrement :

1° Les indications relatives à son état civil et, le cas échéant, à celui de son conjoint, de son partenaire avec lequel il est lié par une union civile ou de son concubin et de ses enfants à charge ;

2° Les documents mentionnés dans l'arrêté prévu par l'article R. 311-1 justifiant qu'il est entré régulièrement en France ou, à défaut, toutes indications portant sur les conditions de son entrée en France et les étapes de son voyage à partir de son pays d'origine ;

3° Deux photographies de face, tête nue, de format 3,5 cm × 4,5 cm, récentes et parfaitement ressemblantes ;

4° S'il dispose d'un domicile stable, l'indication de l'adresse où il est possible de lui faire parvenir toute correspondance pendant la durée de validité de l'attestation de demande d'asile. – *[Anc. art. R. 741-3, al. 1er à 5.]*

Art. R. 521-6 L'étranger titulaire d'un titre de séjour en cours de validité délivré par les autorités françaises qui demande l'asile en application de l'article L. 521-1 doit présenter à l'appui de sa demande un justificatif de domicile et les photographies nécessaires à l'édition de l'attestation de demande d'asile. – *[Anc. art. R. 741-3, al. 6.]*

Art. R. 521-7 Lorsque la demande d'asile est présentée par un étranger qui n'est pas déjà titulaire d'un titre de séjour et qui est âgé au moins de 14 ans, il est procédé au relevé de la totalité de ses empreintes digitales, conformément au règlement (UE) n° 603/2013 du 26 juin 2013. – *[Anc. art. R. 741-3, al. 6.]*

Art. R. 521-8 Après qu'il a satisfait aux obligations prévues aux articles R. 521-5 à R. 521-6, si l'examen de la demande relève de la compétence de la France et sans préjudice des dispositions de l'article R. 521-10, l'étranger est mis en possession de l'attestation de demande d'asile mentionnée à l'article L. 521-7.

Cette attestation ne permet pas de circuler librement dans les autres États membres de l'Union européenne. – *[Anc. art. R. 741-4, al. 1er.]*

Art. R. 521-9 Lorsque l'étranger n'a pas fourni l'ensemble des éléments mentionnés aux articles R. 521-5 ou R. 521-6, ou lorsque ses empreintes relevées en application de l'article R. 521-7 sont inexploitables, le préfet compétent enregistre la demande sur la base des éléments dont il dispose et convoque l'intéressé à une date ultérieure pour compléter l'enregistrement de sa demande ou pour procéder à un nouveau relevé de ses empreintes.

L'attestation de demande d'asile mentionnée à l'article L. 521-7 n'est remise qu'une fois que l'ensemble des conditions prévues aux articles R. 521-5 à R. 521-7 sont réunies. – *[Anc. art. R. 741-5.]*

Art. R. 521-10 Lorsque l'étranger se trouve dans le cas prévu aux *c* ou *d* du 2° de l'article L. 542-2, le préfet peut prendre à son encontre une décision de refus de délivrance de l'attestation de demande d'asile. – *[Anc. art. R. 741-6.]*

Art. R.* 521-11 En application de l'article L. 231-5 du code des relations entre le public et l'administration, le silence gardé par l'administration sur les demandes formées sur le fondement de l'article R. 521-8 vaut décision de rejet. – *[Anc. art. R.* 741-4-1.]*

Art. D. 521-12 Le préfet transmet sans délai à l'Office français de l'immigration et de l'intégration les informations relatives à la durée de validité des attestations de demande d'asile ainsi que l'état d'avancement des procédures de détermination de l'État responsable de l'examen de la demande d'asile et de transfert, en particulier les dates de fuite ou de transfert des intéressés. – *[Anc. art. D. 744-43.]*

Art. D. 521-12-1 *(Décr. nº 2024-815 du 12 juill. 2024, art. 1er, en vigueur le 17 juill. 2024)* Lorsque le préfet a connaissance de ce qu'un étranger, dont la demande a été enregistrée conformément à l'article L. 521-1, bénéfice *[bénéficie]* d'une protection au titre de l'asile dans un État membre de l'Union européenne, il transmet sans délai à l'Office français de l'immigration et de l'intégration et à l'Office français de protection des réfugiés et apatrides les informations dont il dispose, notamment celles ayant permis de connaître l'existence de cette protection.

Art. R. 521-13 Toute correspondance transmise par voie postale au demandeur d'asile est envoyée à l'adresse à laquelle il a élu domicile en application de l'article L. 551-7.

Le demandeur d'asile disposant d'un domicile stable au sens du 1° de l'article R. 551-7 est tenu, en cas de changement d'adresse, d'en informer sans délai l'Office français de l'immigration et de l'intégration. A défaut, toute correspondance est faite *[faite]* à la dernière adresse connue est réputée notifiée à son destinataire. – *[Anc. art. R. 744-4-1, I.]*

SECTION 3 Information et remise de documents

Art. R. 521-14 Il est remis au demandeur d'asile dont l'examen de la demande relève de la compétence de la France *(Décr. nº 2024-828 du 16 juill. 2024, art. 2, en vigueur le 18 juill. 2024)* « le formulaire *[ancienne rédaction : l'imprimé]* » l'imprimé mentionné à l'article R. 531-3 lui permettant d'introduire sa demande auprès de l'Office français de protection des réfugiés et apatrides selon la procédure prévue au *(Décr. nº 2024-828 du 16 juill. 2024, art. 2, en vigueur le 18 juill. 2024)* « premier alinéa du » même article. – *[Anc. art. R. 741-4, al. 3 (1re phr.).]*

Art. R. 521-15 Le demandeur est informé, conformément à l'article L. 521-6, de la liste des langues dans lesquelles il peut être entendu lors de l'entretien personnel mené par l'Office français de protection des réfugiés et apatrides, et indique *(Abrogé par Décr. nº 2024-828 du 16 juill. 2024, art. 2, à compter du 18 juill. 2024)* ***« à l'autorité administrative »*** celle dans laquelle il préfère être entendu lors de cet entretien.

(Décr. nº 2024-828 du 16 juill. 2024, art. 2, en vigueur le 18 juill. 2024) « Lorsque la demande est introduite dans un pôle prévu à l'article L. 121-17, cette information est délivrée par un agent de l'Office français de protection des réfugiés et apatrides affecté au pôle. »

La liste mentionnée au premier alinéa est fixée par décision du directeur général de l'office. – *[Anc. art. R. 741-4, al. 3 (2e phr.).]*

Art. R. 521-16 Il est remis au demandeur d'asile un document d'information sur la procédure de demande d'asile, sur ses droits et sur les obligations qu'il doit respecter au cours de la procédure, *(Décr. nº 2024-828 du 16 juill. 2024, art. 2, en vigueur le*

18 juill. 2024) « et » sur les conséquences que pourrait avoir le non-respect de ses obligations ou le refus de coopérer avec les autorités *(Décr. n° 2024-828 du 16 juill. 2024, art. 2, en vigueur le 18 juill. 2024)* « . Ce document précise en outre les moyens dont le demandeur d'asile » dispose pour l'aider à introduire sa demande auprès de l'Office français de protection des réfugiés et apatrides.

(Décr. n° 2024-828 du 16 juill. 2024, art. 2, en vigueur le 18 juill. 2024) « Lorsque la demande est introduite dans un pôle mentionné à l'article L. 121-17, le demandeur est informé du délai et des moyens dont il dispose pour compléter sa demande. »

Ce document l'informe également sur ses droits et sur les obligations au regard des conditions d'accueil, ainsi que sur les organisations qui assurent une assistance aux demandeurs d'asile.

(Décr. n° 2024-828 du 16 juill. 2024, art. 2, en vigueur le 18 juill. 2024) « Ce document l'informe qu'il a la possibilité, lors de l'entretien personnel prévu à l'article L. 531-12, d'être accompagné soit par un avocat, soit par un représentant d'une association de défense des droits de l'homme, d'une association de défense des droits des étrangers ou des demandeurs d'asile, d'une association de défense des droits des femmes ou des enfants ou d'une association de lutte contre les persécutions fondées sur l'identité de genre ou l'orientation sexuelle. »

Cette information se fait dans une langue que le demandeur d'asile comprend ou dont il est raisonnable de penser qu'il la comprend. – *[Anc. art. R. 741-4, al. 4.]*

Art. R. 521-17 Lorsque le préfet compétent pour enregistrer la demande constate qu'un demandeur d'asile se trouve dans l'un des cas de procédure accélérée prévus aux articles L. 531-24 et L. 531-27, il en informe le demandeur. – *[Anc. art. R. 741-4, al. 5.]*

SECTION 4 **Enregistrement d'une demande d'asile par un mineur non accompagné**

Art. R. 521-18 Lorsqu'un mineur non accompagné se présente sans représentant légal pour l'enregistrement d'une demande d'asile, le préfet compétent enregistre la demande sur la base des éléments dont il dispose et convoque l'intéressé à une date ultérieure pour compléter l'enregistrement de sa demande en présence de son représentant légal.

Lorsque l'ensemble des conditions prévues aux articles R. 521-5 à R. 521-7 sont réunies, l'attestation de demande d'asile mentionnée à l'article L. 521-7 est éditée au nom du mineur non accompagné et remise en présence de son représentant légal. – *[Anc. art. R. 741-4, al. 2 ; anc. art. R. 741-5.]*

Art. R. 521-19 Les administrateurs *ad hoc* chargés d'assister les mineurs non accompagnés qui demandent l'asile, mentionnés à l'article L. 521-9, sont désignés conformément aux dispositions des articles R. 343-2 à R. 343-7, R. 343-10 et R. 343-11.

Pour l'application des dispositions de l'article R. 343-2, les mots : "maintenus en zone d'attente, en application des dispositions de l'article L. 343-2" sont remplacés par les mots : "qui demandent l'asile, en application des dispositions de l'article L. 521-9".

Pour l'application des dispositions de l'article R. 343-11 la référence à l'article L. 343-2 est remplacée par la référence à l'article L. 521-9, et la référence à l'article R. 343-8 par la référence à l'article R. 521-20. – *[Anc. art. R. 741-7.]*

Art. R. 521-20 En plus du remboursement de ses frais de déplacement, calculés dans les conditions fixées pour les déplacements des personnels civils de l'État pour le ministère de la justice, il est alloué à chaque personne désignée en qualité d'administrateur *ad hoc* lorsqu'elle figure sur la liste prévue à l'article R. 343-2 :

1° Une indemnité au titre des frais exposés pour l'assistance du mineur et sa représentation dans la procédure relative à l'examen de sa demande d'asile par l'Office français de protection des réfugiés et des apatrides en application des dispositions du présent livre ;

2° Une indemnité au titre des frais exposés pour l'assistance du mineur et sa représentation dans les procédures relatives à l'examen de sa demande d'asile devant la Cour nationale du droit d'asile et devant le Conseil d'État, en application des dispositions du présent livre.

Une indemnité de carence est allouée lorsque la mission n'a pu être réalisée pour une cause étrangère à l'administrateur *ad hoc*, sur la base d'un rapport indiquant les diligences accomplies, dans les conditions définies à l'article R. 53-8 du code de procédure pénale.

Le montant des indemnités est fixé par arrêté du garde des sceaux, ministre de la justice, et du ministre chargé du budget. – *[Anc. art. R. 111-20, sauf 1°.]*

CHAPITRE II ÉVALUATION DE LA VULNÉRABILITÉ DU DEMANDE *[DEMANDEUR]* D'ASILE ET DE SES BESOINS PARTICULIERS

Art. R. 522-1 L'appréciation de la vulnérabilité des demandeurs d'asile est effectuée par les agents de l'Office français de l'immigration et de l'intégration, en application des articles L. 522-1 à L. 522-4, à l'aide d'un questionnaire dont le contenu est fixé par arrêté des ministres chargés de l'asile et de la santé. – *[Anc. art. R. 744-14, al. 1er.]*

Art. R. 522-2 Si, à l'occasion de l'appréciation de la vulnérabilité, le demandeur d'asile présente des documents à caractère médical, en vue de bénéficier de conditions matérielles d'accueil adaptées à sa situation, ils sont examinés par un médecin de l'Office français de l'immigration et de l'intégration, qui émet un avis. – *[Anc. art. R. 744-14, al. 2.]*

CHAPITRE III CAS D'ASSIGNATION À RÉSIDENCE OU DE PLACEMENT EN RÉTENTION DU DEMANDEUR D'ASILE

(Décr. n° 2024-813 du 8 juill. 2024, art. 1er, en vigueur le 17 juill. 2024)

SECTION 1 Assignation à résidence

Art. R. 523-1 Sans préjudice du dernier alinéa de l'article 11-1 du décret n° 2004-374 du 29 avril 2004 relatif aux pouvoirs des préfets, à l'organisation et à l'action des services de l'État dans les régions et départements, l'autorité compétente pour assigner à résidence un demandeur d'asile en application de l'article L. 523-1 est le préfet de département et, à Paris, le préfet de police.

Art. R. 523-2 La décision d'assignation à résidence prise en application du premier alinéa de l'article L. 523-1 à l'encontre d'un étranger en situation irrégulière qui présente une demande d'asile est édictée sur la base d'une évaluation individuelle au regard de la menace à l'ordre public qu'il représente. Elle prend en compte l'état de vulnérabilité du demandeur au sens de l'article L. 522-3.

La décision d'assignation à résidence prise en application du dernier alinéa de l'article L. 523-1 à l'encontre d'un étranger en situation irrégulière qui présente une demande d'asile est édictée sur la base d'une évaluation individuelle afin de déterminer les éléments sur lesquels se fonde sa demande. Elle prend en compte l'état de vulnérabilité du demandeur au sens de l'article L. 522-3.

Art. R. 523-3 Lorsqu'il est assigné à résidence en application de l'article L. 523-1, le demandeur d'asile est informé de ses droits et obligations par un formulaire joint à la notification de la décision de l'autorité compétente.

Ce formulaire, dont le modèle est fixé par arrêté du ministre chargé de l'asile et du ministre chargé de l'immigration, rappelle les droits et obligations des demandeurs assignés à résidence pour le traitement de leur demande d'asile. Il mentionne notamment leur droit d'informer l'autorité administrative de tout élément nouveau dans leur situation personnelle susceptible de modifier l'appréciation de leur situation. Il rappelle les obligations résultant de la demande d'asile et de l'assignation à résidence ainsi que les sanctions encourues en cas de manquement aux obligations découlant de l'assignation à résidence.

Ce formulaire est traduit dans les langues les plus couramment utilisées désignées par l'arrêté mentionné au deuxième alinéa.

Art. R. 523-4 Le demandeur assigné à résidence en application de l'article L. 523-1 avant l'enregistrement de sa demande d'asile se voit remettre une convocation en vue de cet enregistrement.

Art. R. 523-5 Lorsque le demandeur est assigné à résidence en application de l'article L. 523-1 après l'enregistrement de sa demande d'asile, l'autorité qui a ordonné la mesure en informe immédiatement le directeur général de l'Office français de protection des réfugiés et apatrides.

Art. R. 523-6 L'autorité qui a ordonné l'assignation à résidence du demandeur d'asile en application de l'article L. 523-1 définit les modalités d'application de la mesure dans les conditions prévues aux 1° et 2° de l'article R. 733-1.

Lorsque la présence du demandeur aux convocations de l'autorité administrative compétente et aux entretiens prévus aux titres II et III du présent livre nécessaires au traitement de sa demande est susceptible de méconnaître les obligations résultant de la mesure, l'autorité mentionnée au premier alinéa remet au demandeur un sauf-conduit sur demande de ce dernier, pour lui permettre de s'y rendre.

Art. R. 523-7 Lorsque l'Office français de protection des réfugiés et apatrides décide, dans les conditions prévues par l'article L. 531-28, de ne pas statuer en procédure accélérée ou s'il reconnaît au demandeur la qualité de réfugié ou lui accorde le bénéfice de la protection subsidiaire, son directeur général en informe l'autorité qui a ordonné l'assignation à résidence.

Cette autorité met fin immédiatement à l'assignation à résidence et en informe le directeur général de l'Office.

SECTION 2 **Rétention administrative**

Art. R. 523-8 L'autorité compétente pour ordonner le placement en rétention administrative d'un demandeur en application de l'article L. 523-1 est le préfet de département et, à Paris, le préfet de police.

Art. R. 523-9 La décision de placement en rétention prise en application du premier alinéa de l'article L. 523-1 à l'encontre d'un étranger en situation irrégulière qui présente une demande d'asile est édictée sur la base d'une évaluation individuelle au regard de la menace à l'ordre public qu'il représente et sous réserve qu'une mesure d'assignation à résidence ne suffise pas à faire face à une telle menace. Elle prend en compte l'état de vulnérabilité du demandeur au sens de l'article L. 522-3.

La décision de placement en rétention prise en application du dernier alinéa de l'article L. 523-1 à l'encontre d'un étranger en situation irrégulière qui présente une demande d'asile est édictée lorsqu'il y a un risque de fuite du demandeur sur la base d'une évaluation individuelle afin de déterminer les éléments sur lesquels se fonde sa demande. Elle prend en compte l'état de vulnérabilité du demandeur au sens de l'article L. 522-3.

Pour l'appréciation du risque de fuite dans les cas limitativement prévus par les 1° à 5° de l'article L. 523-2 :

1° Au titre du 2°, le demandeur d'asile est regardé avoir implicitement renoncé à sa demande d'asile dans un autre État membre lorsque l'autorité compétente de cet État a pris une décision de clôture ou de rejet de la demande dans les conditions prévues au paragraphe 1 de l'article 28 de la directive 2013/32/CE du Parlement européen et du Conseil du 26 juin 2013 relative à des procédures communes pour l'octroi et le retrait de la protection internationale ;

2° Au titre du 4°, le demandeur d'asile qui est entré ou s'est maintenu irrégulièrement sur le territoire d'un État relevant de l'espace Schengen est regardé comme n'ayant pas présenté sa demande d'asile dans les délais les plus brefs s'il n'a pas formulé une telle demande, sans motif légitime et compte tenu des circonstances de son entrée, dans le délai applicable dans cet État, s'il existe, au-delà duquel une procédure d'examen accélérée peut être engagée.

Art. R. 523-10 L'autorité qui a ordonné le placement en rétention du demandeur d'asile en application de l'article L. 523-1 en informe immédiatement le directeur général de l'Office français de protection des réfugiés et apatrides.

Art. R. 523-11 Par dérogation à l'article R. 521-1, lorsqu'un demandeur a été placé en rétention en application de l'article L. 523-1 avant l'enregistrement de sa demande d'asile, cet enregistrement relève de l'autorité qui a ordonné son placement en rétention.

Art. R. 523-12 Le titre IV du livre VII, à l'exception des articles R. 741-1 et R. 741-2, l'article R. 751-8 et le chapitre IV du titre V du livre VII, à l'exception des articles R. 754-1, R. 754-7, R. 754-8, R. 754-10 et R. 754-15, sont applicables au demandeur d'asile placé en rétention administrative en application de l'article L. 523-1.

Pour l'application des articles R. 741-3, R. 742-1 et R. 742-2 et du chapitre III du titre IV du livre VII, le juge compétent est le magistrat du siège du tribunal judiciaire et sa saisine par l'autorité compétente pour prolonger sa décision de placement initiale du demandeur d'asile doit intervenir avant l'expiration de la période de quarante-huit heures à compter de sa notification.

Pour l'application de l'article R. 754-13, les mots : "décision de rejet" sont remplacés par les mots : "décision de rejet, d'irrecevabilité ou de clôture de la demande d'asile".

Art. R. 523-13 En cas de décision de rejet, d'irrecevabilité ou de clôture de la demande d'asile, lorsque l'étranger fait l'objet d'une décision d'éloignement conformément au livre VI, les titres III et IV du livre VII sont applicables.

Le préfet ayant procédé au placement en rétention du demandeur en application de l'article R. 523-8 exerce les compétences relatives à la décision d'éloignement qu'il met à exécution en application de l'article L. 523-6 jusqu'au terme de la procédure engagée *[,]* quel que soit le lieu où l'étranger est maintenu en rétention.

Art. R. 523-14 Lorsque l'examen de la demande d'asile relève de la compétence d'un autre État en application du règlement (UE) n° 604/2013 du 26 juin 2013, le chapitre Ier du titre V du livre VII est applicable au demandeur qui fait l'objet d'une requête aux fins de prise en charge ou de reprise en charge.

TITRE III EXAMEN DES DEMANDES D'ASILE

Art. R. 530-1 Conformément à l'article R. 240-1, les dispositions du présent titre sont applicables à l'étranger dont la situation est régie par le livre II, à l'exclusion des dispositions des articles D. 531-1, R. 531-8 et R. 531-9 qui ne sont pas applicables au citoyen de l'Union européenne.

CHAPITRE I PROCÉDURE DEVANT L'OFFICE FRANÇAIS DE PROTECTION DES RÉFUGIÉS ET APATRIDES

SECTION 1 Dispositions générales

SOUS-SECTION 1 Compétence de l'Office français de protection des réfugiés et apatrides

Art. D. 531-1 L'Office français de protection des réfugiés et apatrides communique sans délai à l'Office français de l'immigration et de l'intégration les informations suivantes :

1° La date d'introduction de la demande d'asile ;

2° La procédure suivie ;

3° La date de la décision de clôture ou d'irrecevabilité ;

4° La date et le sens de la décision définitive prise par l'Office français de protection des réfugiés et apatrides ou la Cour nationale du droit d'asile sur la demande d'asile ainsi que la date de sa notification. – *[Anc. art. D. 744-42.]*

SOUS-SECTION 2 Introduction de la demande

Art. R. 531-2 A compter de la remise de l'attestation de demande d'asile selon la procédure prévue à l'article R. 521-8, l'étranger dispose d'un délai de vingt et un jours pour introduire sa demande d'asile complète auprès de l'Office français de protection des réfugiés et apatrides.

(Décr. n° 2024-828 du 16 juill. 2024, art. 3) « Par dérogation au premier alinéa, lorsque la demande est enregistrée dans un pôle mentionné à l'article L. 121-17, elle est introduite, dans ce pôle, auprès de l'Office français de protection des réfugiés et apatrides le même jour que l'enregistrement ou à une date ultérieure fixée par la convocation remise au demandeur lors du dépôt de sa demande. »

(Décr. nº 2024-813 du 8 juill. 2024, art. 2, en vigueur le 17 juill. 2024) « Par dérogation au premier alinéa, lorsque l'étranger est placé en rétention administrative en application de l'article L. 523-1, il dispose d'un délai de cinq jours à compter de la notification de la décision de placement en rétention pour introduire sa demande d'asile complète auprès de l'Office. Le calcul de ce délai est fondé sur la date et l'heure de la remise de la demande complète à l'autorité dépositaire. » – *[Anc. art. R. 723-1, al. 1er.]*

Art. R. 531-3 La demande d'asile est rédigée en français sur un *(Décr. nº 2024-828 du 16 juill. 2024, art. 3, en vigueur le 18 juill. 2024)* « formulaire » établi par l'Office français de protection des réfugiés et apatrides. *(Décr. nº 2024-828 du 16 juill. 2024, art. 3, en vigueur le 18 juill. 2024)* « Ce formulaire » doit être signé et accompagné *(Décr. nº 2024-828 du 16 juill. 2024, art. 3, en vigueur le 18 juill. 2024)* « d'une photographie d'identité récente », de la copie de l'attestation de demande d'asile et, le cas échéant, du document de voyage et de la copie du titre de séjour en cours de validité. Dans le cas où la demande d'asile a été placée en procédure accélérée au stade de son enregistrement, le demandeur joint la notice d'information qui lui a été remise lors de cet enregistrement. – *[Anc. art. R. 723-1, al. 2.]*

(Décr. nº 2024-828 du 16 juill. 2024, art. 3, en vigueur le 18 juill. 2024) « Par dérogation au premier alinéa, lorsque la demande est enregistrée dans un pôle mentionné à l'article L. 121-17, l'Office français de protection des réfugiés et apatrides recueille les pièces et les informations nécessaires à l'introduction de la demande en présence du demandeur. Le demandeur est entendu, si nécessaire, avec l'assistance d'un interprète mis à disposition par l'office, dans une langue que le demandeur comprend ou dont on peut raisonnablement supposer qu'il la comprend et dans laquelle il est capable de communiquer. Le formulaire complété des éléments recueillis est signé par le demandeur puis mis à sa disposition par voie électronique dans les conditions prévues à l'article R. 531-17. Dans les cas mentionnés au neuvième alinéa de l'article R. 531-17, une copie du formulaire complété est remise au demandeur. »

Ancien art. R. 531-3 *La demande d'asile est rédigée en français sur un imprimé établi par l'Office français de protection des réfugiés et apatrides. Cet imprimé doit être signé et accompagné de deux photographies d'identité récentes, de la copie de l'attestation de demande d'asile et, le cas échéant, du document de voyage et de la copie du titre de séjour en cours de validité. Dans le cas où la demande d'asile a été placée en procédure accélérée au stade de son enregistrement, le demandeur joint la notice d'information qui lui a été remise lors de cet enregistrement. – [Anc. art. R. 723-1, al. 2.]*

Art. R. 531-4 Lorsque la demande est incomplète l'Office français de protection des réfugiés et apatrides en informe le demandeur qui dispose d'un délai de huit jours pour la compléter. – *[Anc. art. R. 723-1, al. 4.]*

Art. R. 531-5 Lorsque la demande complète est introduite dans les délais, l'Office français de protection des réfugiés et apatrides en accuse réception.

L'Office français de protection des réfugiés et apatrides informe le préfet compétent et le directeur général de l'Office français de l'immigration et de l'intégration de l'introduction de la demande. – *[Anc. art. R. 723-1, al. 3.]*

SOUS-SECTION 3 Conditions d'examen de la demande

Art. R. 531-6 L'Office français de protection des réfugiés et apatrides statue sur la demande d'asile dans les délais prévus aux paragraphes 3 et 4 de l'article 31 de la directive 2013/32/UE du Parlement européen et du Conseil du 26 juin 2013 relative à des procédures communes pour l'octroi et le retrait de la protection internationale. – *[Anc. art. R. 723-2.]*

Art. R. 531-7 Lorsqu'une décision ne peut pas être prise dans le délai de six mois, l'Office français de protection des réfugiés et apatrides en informe l'intéressé au moins quinze jours avant l'expiration de ce délai. A la demande de l'intéressé, l'office l'informe également des motifs du retard et du délai prévisible dans lequel il sera statué sur sa demande. – *[Anc. art. R. 723-3.]*

Art. R. 531-8 Toute correspondance transmise par voie postale au demandeur d'asile est envoyée à l'adresse à laquelle il a élu domicile en application de l'article L. 551-7.

Le demandeur d'asile disposant d'un domicile stable est tenu, en cas de changement d'adresse, d'en informer sans délai l'Office français de l'immigration et de l'intégration. A défaut, toute correspondance faite à la dernière adresse connue est réputée notifiée à son destinataire. – *[Anc. art. R. 744-4-1, I.]*

Art. R. 531-9 Par dérogation à l'article R. 531-8, l'Office français de protection des réfugiés et apatrides peut adresser les correspondances relatives à la demande d'asile à une adresse différente communiquée à cette fin par le demandeur d'asile lors de l'introduction de sa demande auprès de l'office.

Le demandeur d'asile est tenu, en cas de changement de cette adressc, d'en informer sans délai l'office. A défaut, la correspondance envoyée à la dernière adresse connue de l'office est réputée notifiée à son destinataire. – *[Anc. art. R. 744-4-1, II.]*

SOUS-SECTION 4 **Examen médical**

Art. R. 531-10 Pour l'application de l'article L. 531-11, l'Office français de protection des réfugiés et apatrides s'assure que le demandeur comprenne que son refus de se soumettre à un examen médical ne fait pas obstacle à ce que l'office statue sur sa demande. – *[Anc. art. R. 723-10, al. 1er.]*

SOUS-SECTION 5 **Entretien personnel**

Art. R. 531-11 L'Office français de protection des réfugiés et apatrides convoque le demandeur d'asile à un entretien personnel en application de l'article L. 531-12, dans les conditions prévues à l'article R. 531-17. – *[Anc. art. R. 723-5, al. 1er.]*

Art. R. 531-12 Lorsque l'entretien personnel mené avec le demandeur d'asile nécessite l'assistance d'un interprète, sa rétribution est prise en charge par l'Office français de protection des réfugiés et apatrides. – *[Anc. art. R. 723-5, al. 3.]*

Art. R. 531-13 Le directeur général de l'Office français de protection des réfugiés et apatrides fixe par décision la liste des associations habilitées à proposer des représentants pouvant accompagner le demandeur à l'entretien personnel, en vertu de l'article L. 531-15.

L'habilitation ne peut être sollicitée que par des associations régulièrement déclarées depuis au moins cinq années. L'association doit joindre à sa demande d'habilitation une copie de ses statuts. Tout refus d'habilitation doit être motivé. L'habilitation est accordée pour une durée de trois ans et est renouvelable, sur demande, pour la même durée.

Le directeur général de l'office peut, à tout moment, par décision motivée, retirer l'habilitation d'une association.

L'association habilitée notifie au directeur général de l'office la liste de ses représentants accompagnant les demandeurs d'asile à l'entretien. Sauf décision de refus dans un délai de deux mois à compter de la notification, ces représentants sont réputés agréés pour une durée de trois ans. Le directeur général de l'office peut retirer, à tout moment, par décision motivée, l'agrément délivré à un représentant d'une association.

L'agrément d'un représentant d'une association est retiré sur demande de celle-ci ou lorsque l'habilitation de l'association est retirée ou a expiré. – *[Anc. art. R. 723-6.]*

Art. R. 531-14 A l'issue de l'entretien personnel, le demandeur et son avocat ou le représentant de l'association qui l'accompagne sont informés de leur droit d'obtenir communication de la transcription. S'ils en font la demande, elle est consignée dans le dossier du demandeur.

Lorsque la copie de la transcription peut, à l'issue de l'entretien, faire l'objet d'une remise sur place, cette remise est consignée dans le dossier du demandeur. Lorsque l'Office français de protection des réfugiés et apatrides ne peut pas procéder à cette remise sur place, la copie de la transcription est envoyée avant qu'une décision ne soit prise.

Le demandeur indique si la transcription doit lui être communiquée ou, le cas échéant, à son avocat ou au représentant de l'association conformément aux dispositions de l'article L. 531-19. – *[Anc. art. R. 723-7, sauf al. 3 (1re phr.).]*

Art. R. 531-15 L'entretien personnel fait l'objet d'un enregistrement sonore.

L'intéressé est informé dès le début de l'entretien du déroulement de l'opération d'enregistrement sonore, notamment des modalités permettant d'assurer le respect des règles de confidentialité.

A l'issue de l'entretien, le demandeur est informé de son droit d'accès à l'enregistrement sonore dans les conditions prévues à l'article L. 531-20.

Dans le cas où il n'a pu être procédé à un enregistrement sonore en raison d'une impossibilité technique, la transcription fait l'objet d'un recueil de commentaires.

Si le demandeur refuse de confirmer que le contenu de la transcription reflète correctement l'entretien, les motifs de son refus sont consignés dans son dossier. Un tel refus n'empêche pas l'Office français de protection des réfugiés et apatrides de statuer sur la demande d'asile. – *[Anc. art. R. 723-5, al. 2 ; anc. art. R. 723-8.]*

Art. R. 531-16 L'Office français de protection des réfugiés et apatrides peut décider de procéder à l'entretien personnel en ayant recours à un moyen de communication audiovisuelle dans les cas suivants :

1° Lorsque le demandeur est dans l'impossibilité de se déplacer, notamment pour des raisons de santé ou des raisons familiales ;

2° Lorsqu'il est retenu dans un lieu privatif de liberté ;

3° Lorsqu'il se trouve dans une collectivité d'outre-mer ou en Nouvelle-Calédonie *(Décr. n° 2024-828 du 16 juill. 2024, art. 3, en vigueur le 18 juill. 2024)* « ; »

(Décr. n° 2024-813 du 8 juill. 2024, art. 2, en vigueur le 17 juill. 2024) « 4° Lorsqu'il est assigné à résidence, si l'Office considère que la situation particulière du demandeur nécessite de recourir à un moyen de communication audiovisuelle » *(Décr. n° 2024-828 du 16 juill. 2024, art. 3 ; Rect. JO du 20 juill. 2024)* « ;

« 5° Dans les cas prévus aux 1° et 2° de l'article L. 531-32. »

Les modalités techniques garantissant la confidentialité de la transmission et l'exactitude de la transcription des propos tenus au cours de l'entretien sont définies par décision du directeur général de l'office.

(Décr. n° 2024-828 du 16 juill. 2024, art. 3, en vigueur le 18 juill. 2024) « Sauf s'il s'agit d'un local de l'Office français de protection des réfugiés et apatrides, le local » destiné à recevoir les demandeurs d'asile entendus par un moyen de communication audiovisuelle doit avoir été préalablement agréé par le directeur général de l'office. Cet agrément peut être retiré si les modalités énoncées au *(Décr. n° 2024-828 du 16 juill. 2024, art. 3 ; Rect. JO du 20 juill. 2024)* « septième » alinéa ne sont plus remplies.

L'officier de protection chargé de la conduite de l'entretien a la maîtrise des opérations. Il lui appartient de veiller au respect des droits de la personne. Il doit à tout instant pouvoir s'assurer du respect des bonnes conditions d'audition et de visionnage. Il peut mettre fin à l'entretien si ces conditions ne sont pas réunies ou si les circonstances de l'espèce l'exigent. Dans ce cas, l'entretien a lieu en présence de l'intéressé.

L'intéressé entendu par un moyen de communication audiovisuelle doit, si besoin avec l'aide d'un interprète, être informé par l'office avant le commencement de l'entretien du déroulement des opérations, notamment des modalités permettant d'assurer le respect des règles de confidentialité. – *[Anc. art. R. 723-9.]*

Ancien art. R. 531-16 *L'Office français de protection des réfugiés et apatrides peut décider de procéder à l'entretien personnel en ayant recours à un moyen de communication audiovisuelle dans les cas suivants :*

1° Lorsque le demandeur est dans l'impossibilité de se déplacer, notamment pour des raisons de santé ou des raisons familiales ;

2° Lorsqu'il est retenu dans un lieu privatif de liberté ;

3° Lorsqu'il se trouve dans une collectivité d'outre-mer ou en Nouvelle-Calédonie.

Les modalités techniques garantissant la confidentialité de la transmission et l'exactitude de la transcription des propos tenus au cours de l'entretien sont définies par décision du directeur général de l'office.

Le local destiné à recevoir les demandeurs d'asile entendus par un moyen de communication audiovisuelle doit avoir été préalablement agréé par le directeur général de l'office. Cet agrément peut être retiré si les modalités énoncées au cinquième alinéa ne sont plus remplies.

L'officier de protection chargé de la conduite de l'entretien a la maîtrise des opérations. Il lui appartient de veiller au respect des droits de la personne. Il doit à tout instant pouvoir s'assurer du respect des bonnes conditions d'audition et de visionnage. Il peut mettre fin à l'entretien si ces conditions ne sont pas réunies ou si les circonstances de l'espèce l'exigent. Dans ce cas, l'entretien a lieu en présence de l'intéressé.

L'intéressé entendu par un moyen de communication audiovisuelle doit, si besoin avec l'aide d'un interprète, être informé par l'office avant le commencement de l'entretien du déroulement des opérations, notamment des modalités permettant d'assurer le respect des règles de confidentialité. – [Anc. art. R. 723-9.]

SOUS-SECTION 6 Décision de l'Office français de protection des réfugiés et apatrides

Art. R. 531-17 *(Décr. nº 2021-520 du 29 avr. 2021, en vigueur le 1er mai 2021)* La décision du directeur général de l'Office français de protection des réfugiés et apatrides comporte la mention des nom, prénom, qualité et service d'appartenance de son auteur.

Elle est notifiée à l'intéressé par un procédé électronique dont les caractéristiques techniques garantissent une identification fiable de l'expéditeur et du destinataire ainsi que l'intégrité et la confidentialité des données transmises. Ces caractéristiques sont conformes aux règles fixées par le référentiel général de sécurité prévu à l'article 9 de l'ordonnance nº 2005-1516 du 8 décembre 2005 relative aux échanges électroniques entre les usagers et les autorités administratives et entre les autorités administratives. Ce procédé électronique permet également d'établir de manière certaine la date et l'heure de la mise à disposition d'un document ainsi que celles de sa première consultation par son destinataire. Un arrêté du ministre de l'intérieur définit ces caractéristiques et les exigences techniques qui doivent être respectées par les utilisateurs du procédé.

La décision est réputée notifiée à l'intéressé à la date de sa première consultation. Cette date est consignée dans un accusé de réception adressé au directeur général de l'office ainsi qu'à l'autorité administrative par ce même procédé. A défaut de consultation de la décision par l'intéressé, la décision est réputée avoir été notifiée à l'issue d'un délai de quinze jours à compter de sa mise à disposition.

Le demandeur est informé lors de l'enregistrement de sa demande que la décision du directeur général de l'office lui sera notifiée au moyen du procédé électronique prévu au deuxième alinéa. Il est également informé :

1° Des caractéristiques essentielles de ce procédé électronique ;

2° Des modalités de mise à disposition et de consultation de la décision notifiée ;

3° Des modalités selon lesquelles il s'identifie pour prendre connaissance de la décision ;

4° Du délai au terme duquel, faute de consultation de la décision, celle-ci est réputée lui avoir été notifiée.

Toutefois, la décision du directeur général de l'Office français de protection des réfugiés et apatrides est notifiée par lettre recommandée avec demande d'avis de réception lorsque le demandeur établit qu'il n'est pas en mesure d'accéder au procédé électronique ou lorsque la demande est déposée dans un département qui ne figure pas sur la liste des départements dans lesquels ce procédé est mis en place. Cette liste est établie par arrêté du ministre chargé de l'asile. L'office peut également ne pas recourir à ce procédé notamment pour des motifs liés à la situation personnelle du demandeur ou à sa vulnérabilité.

La décision de clôture prise à la suite du retrait d'une demande d'asile en application de l'article L. 531-36 peut également faire l'objet d'une remise contre émargement ou récépissé

V., en ce qui concerne les caractéristiques et exigences techniques du procédé électronique mentionné à l'art. R. 531-17 CESEDA, Arr. du 29 avr. 2021 (JO 30 avr.).

La liste des départements dans lesquels est mis en place le procédé technique mentionné à l'art. R. 531-17 CESEDA est fixée par l'Arr. du 29 avr. 2021 (JO 30 avr.).

Ancien art. R. 531-17 *La décision de l'Office français de protection des réfugiés et apatrides est notifiée à l'intéressé par lettre recommandée avec demande d'avis de réception.*

La décision de clôture prise à la suite du retrait d'une demande d'asile en application de l'article L. 531-36 peut également faire l'objet d'une remise contre émargement ou récépissé. – [Anc. art. R. 723-19, I ; anc. art. R. 723-20.]

Art. R. 531-18 La notification de la décision de l'Office français de protection des réfugiés et apatrides mentionne :

1° Les modalités d'accès à l'enregistrement sonore de l'entretien personnel prévues à l'article L. 531-20 ;

2° Le délai prévu à l'article 9-4 de la loi n° 91-647 du 10 juillet 1991 relative à l'aide juridique pour demander le bénéfice de l'aide juridictionnelle.

L'accès à l'enregistrement sonore mentionné au 1° est possible dans les locaux de l'office, ou par voie électronique sécurisée pour les personnes retenues en rétention ou en zone d'attente, avant le dépôt du recours ou, après ce dépôt, auprès de la juridiction administrative compétente ou de la Cour nationale du droit d'asile. – *[Anc. art. R. 723-19, II.]*

Art. R. 531-19 La date de notification de la décision de l'Office français de protection des réfugiés et apatrides qui figure dans le système d'information de l'office, et qui est communiquée au préfet compétent et au directeur général de l'Office français de l'immigration et de l'intégration au moyen de traitements informatiques, fait foi jusqu'à preuve du contraire. – *[Anc. art. R. 723-19, III (ecqc l'OFII).]*

Art. R. 531-20 La preuve de la notification de la décision de l'Office français de protection des réfugiés et apatrides peut être apportée par tout moyen. – *[Anc. art. R. 723-19, IV.]*

SOUS-SECTION 7 **Communication des décisions**

Art. R. 531-21 L'Office français de protection des réfugiés et apatrides fait connaître le sens de sa décision ou, en cas de recours, de celle de la Cour nationale du droit d'asile au préfet compétent, ainsi qu'au directeur général de l'Office français de l'immigration et de l'intégration. Il communique au préfet compétent, à sa demande, une copie de la décision et de l'avis de réception. – *[Anc. art. R. 723-21, al. 1er.]*

Art. R. 531-22 Lorsque la décision a été prise en application des articles L. 511-6 ou L. 512-2, l'Office français de protection des réfugiés et apatrides informe le préfet compétent ainsi que le ministre en charge de l'asile du fondement sur lequel cette dernière a été prise. – *[Anc. art. R. 723-21, al. 2.]*

SECTION 2 **Procédure accélérée**

Art. R. 531-23 Lorsque l'Office français de protection des réfugiés et apatrides examine une demande d'asile en procédure accélérée, il statue dans un délai de quinze jours à compter de l'introduction de la demande.

Lorsqu'un étranger placé ou maintenu en rétention présente une demande d'asile dans les conditions prévues aux articles L. 754-2 et L. 754-3 *(Décr. n° 2024-813 du 8 juill. 2024, art. 2, en vigueur le 17 juill. 2024)* « et lorsqu'un demandeur d'asile est assigné à résidence ou placé en rétention en application de l'article L. 523-1, la demande *[ancienne rédaction :, elle]* » est examinée par l'office dans un délai de quatre-vingt-seize heures à compter de sa réception. – *[Anc. art. R. 723-4, I.]*

Art. R. 531-24 Pour l'application des dispositions du 1° de l'article L. 531-24, les personnalités ou associations mentionnées à l'article L. 531-25 saisissent le président du conseil d'administration de l'office par lettre recommandée avec demande d'avis de réception. La demande mentionne toutes précisions utiles ainsi que les éléments de fait et de droit susceptibles de justifier l'inscription ou la radiation d'un État de la liste des pays considérés comme des pays d'origine sûrs. Toute association qui saisit le président du conseil d'administration de l'office sur ce fondement lui adresse copie de ses statuts.

Le président du conseil d'administration de l'office n'est pas tenu d'inscrire à l'ordre du jour les demandes abusives, notamment par leur nombre, leur caractère répétitif ou systématique. – *[Anc. art. R. 722-2-1.]*

Art. R. 531-25 Les délibérations en matière d'inscription, de radiation ou de suspension de l'inscription d'un État sur la liste des pays considérés comme des pays d'origine sûrs, sur le fondement de l'article L. 531-25, sont publiées au *Journal officiel* de la République française et notifiées par le ministre chargé de l'asile à la Commission de l'Union européenne. – *[Anc. art. R. 722-3, al. 6.]*

Art. R. 531-26 Lorsque la procédure accélérée est mise en œuvre en application de l'article L. 531-26, l'Office français de protection des réfugiés et apatrides en informe le demandeur au moment de sa convocation à l'entretien personnel.

Si l'office n'a pas fait application de la procédure accélérée dans les quinze jours suivant l'introduction de la demande d'asile, il conserve la possibilité de statuer selon cette procédure à l'issue de l'entretien personnel s'il constate que le demandeur d'asile se trouve dans l'un des cas prévus à l'article L. 531-26. L'office statue alors dans un délai de quinze jours à compter de l'entretien. La décision de l'office mentionne qu'il statue selon la procédure accélérée.

Le préfet compétent est informé par l'office des décisions mentionnées au présent article. – *[Anc. art. R. 723-4, II et IV (ecqc le II).]*

Art. R. 531-27 Lorsque l'Office français de protection des réfugiés et apatrides décide, en application du quatrième alinéa de l'article L. 531-10 ou de l'article L. 531-28, de ne pas statuer en procédure accélérée, il en informe le demandeur et le préfet compétent. – *[Anc. art. R. 723-4, III et IV (ecqc le III).]*

Art. R. 531-28 Lorsqu'il est fait application de la procédure accélérée la copie de la transcription, mentionnée à l'article R. 531-14, est communiquée au plus tard lors de la notification de la décision. – *[Anc. art. R. 723-7, al. 3 (1re phr.).]*

Art. R. 531-29 La décision de l'Office français de protection des réfugiés et apatrides mentionne qu'il a été statué en procédure accélérée et en indique les motifs de droit et de fait. – *[Anc. art. R. 723-18.]*

SECTION 3 Décisions d'irrecevabilité

Art. R. 531-30 Lorsque l'Office français de protection des réfugiés et apatrides prend une décision d'irrecevabilité dans le cas prévu aux 1° ou 2° de l'article L. 531-32, il statue dans un délai d'un mois suivant l'introduction de la demande ou, si les motifs d'irrecevabilité sont révélés au cours de l'entretien, dans un délai d'un mois suivant cet entretien. – *[Anc. art. R. 723-11.]*

Art. R. 531-31 Pour l'application du 2° de l'article L. 531-32, l'Office français de protection des réfugiés et apatrides saisit le préfet compétent, en lui communiquant tous les éléments nécessaires aux vérifications, afin de s'assurer que le demandeur est effectivement réadmissible dans le pays où il bénéficie du statut de réfugié.

Cette saisine suspend le délai prévu à l'article R. 531-30.

A défaut de réponse dans un délai de deux mois, l'office statue au fond. – *[Anc. art. R. 723-12.]*

SECTION 4 Clôture d'examen et demande de réouverture

Art. R. 531-32 Pour l'application de l'article L. 531-36, le demandeur qui souhaite retirer sa demande d'asile en informe l'Office français de protection des réfugiés et apatrides au cours de l'entretien ou par courrier. – *[Anc. art. R. 723-13.]*

Art. R. 531-33 Lorsqu'à la suite d'une décision de clôture, la personne intéressée entend solliciter la réouverture de son dossier ou présente une nouvelle demande, cette démarche doit être précédée d'un nouvel enregistrement auprès du préfet compétent. Ce dernier informe le demandeur de la procédure qui lui est applicable, en application de l'article L. 531-40. Il informe également l'Office français de protection des réfugiés et apatrides de la demande de l'intéressé. – *[Anc. art. R. 723-14, al. 1er et 2 (4e phr.).]*

Art. R. 531-34 Le délai d'introduction de la demande en réouverture auprès de l'Office français de protection des réfugiés et apatrides est de huit jours à compter de l'enregistrement.

Lorsque la demande de réouverture est incomplète l'office en informe le demandeur qui dispose d'un délai de quatre jours pour la compléter. – *[Anc. art. R. 723-14, al. 2 (sauf 4e phr.).]*

SECTION 5 Demande de réexamen

Art. R. 531-35 Lorsque dans les cas et conditions prévues à l'article L. 531-41, la personne intéressée entend présenter une demande de réexamen, elle doit procéder à une nouvelle demande d'enregistrement auprès du préfet compétent.

Les dispositions des articles R. 531-2 à R. 531-5 sont alors applicables. – *[Anc. art. R. 723-15, al. 1er et 2 (1re phr.).]*

Art. R. 531-36 La demande de réexamen doit être introduite auprès de l'Office français de protection des réfugiés et apatrides dans un délai de huit jours à compter de l'enregistrement.

(Décr. nº 2024-828 du 16 juill. 2024, art. 4, en vigueur le 18 juill. 2024) « Par dérogation au premier alinéa, lorsque la demande de réexamen est enregistrée dans un pôle mentionné à l'article L. 121-17, elle est introduite, dans ce pôle, auprès d'un agent de l'Office français de protection des réfugiés et apatrides affecté au pôle le même jour que l'enregistrement ou à une date ultérieure fixée par la convocation remise au demandeur lors du dépôt de sa demande. » – *[Anc. art. R. 723-15, al. 2 (2e phr.).]*

Art. R. 531-37 Lorsque la demande est incomplète l'Office français de protection des réfugiés et apatrides en informe le demandeur qui dispose d'un délai de quatre jours pour la compléter. – *[Anc. art. R. 723-15, al. 2 (3e phr.).]*

Art. R. 531-38 L'Office français de protection des réfugiés et apatrides procède à un examen préliminaire, en application de l'article L. 531-42, dans un délai de huit jours suivant l'introduction de la demande. – *[Anc. art. R. 723-16.]*

Art. R. 531-39 Lorsque, après l'examen préliminaire, l'Office français de protection des réfugiés et apatrides décide de poursuivre l'examen de la demande, il en informe sans délai le préfet compétent. – *[Anc. art. R. 723-17.]*

CHAPITRE II RECOURS DEVANT LA COUR NATIONALE DU DROIT D'ASILE

SECTION 1 Dispositions générales

Art. R. 532-1 La procédure devant la Cour nationale du droit d'asile est gratuite et sans frais. – *[Anc. art. R. 733-2.]*

Art. R. 532-2 A tout moment de la procédure, le président de la Cour nationale du droit d'asile ou de la formation de jugement à laquelle une affaire est attribuée peut renvoyer le jugement du recours à la formation prévue par l'article R. 131-7. – *[Anc. art. R. 733-3.]*

Art. R. 532-3 Le président de la Cour nationale du droit d'asile et les présidents qu'il désigne à cet effet peuvent, par ordonnance motivée :

1° Donner acte des désistements ;

2° Rejeter les recours ne relevant pas de la compétence de la cour ;

3° Constater qu'il n'y a pas lieu de statuer sur un recours ;

4° Rejeter les recours entachés d'une irrecevabilité manifeste non susceptible d'être couverte en cours d'instance ou qui n'ont pas été régularisés à l'expiration du délai imparti par une demande adressée en ce sens en application de l'article R. 532-12 ;

5° Rejeter les recours qui ne présentent aucun élément sérieux susceptible de remettre en cause la décision de l'Office français de protection des réfugiés et apatrides ; dans ce cas, l'ordonnance ne peut être prise qu'après que le requérant a été mis en mesure de prendre connaissance des pièces du dossier et après examen de l'affaire par un rapporteur ;

6° Statuer sur les recours qui ne présentent plus à juger de questions autres que la condamnation prévue aux articles 37 et 75 de la loi du 10 juillet 1991. – *[Anc. art. R. 733-4, al. 1er à 7.]*

Art. R. 532-4 L'ordonnance prévue à l'article R. 532-3 mentionne le nom des parties, l'analyse des conclusions ainsi que les visas des dispositions législatives ou réglementaires dont elle fait application.

Dans le cas prévu au 5° de l'article R. 532-3, l'ordonnance vise également les formalités accomplies par le requérant afin de prendre connaissance des pièces du dossier ainsi que l'examen de celui-ci par le rapporteur.

L'ordonnance indique la date à laquelle elle a été signée. La minute est signée du seul magistrat qui l'a rendue.

Les ordonnances ne sont pas prononcées en audience publique.

Les dispositions du deuxième alinéa de l'article R. 532-26 ne sont pas applicables lorsqu'il est fait application des dispositions du présent article. – *[Anc. art. R. 733-4, al. 8 à 11.]*

Art. R. 532-5 Les attributions dévolues par les dispositions du présent chapitre à la formation de jugement ou à son président sont exercées par *(Décr. nº 2024-800 du 8 juill. 2024, art. 4, en vigueur le 15 juill. 2024)* « le président de formation de jugement statuant seul, sauf si l'affaire est inscrite ou renvoyée devant une formation collégiale en application de l'article L. 131-7 ». – *[Anc. art. R. 733-4-1.]*

A titre dérogatoire, le présent art. demeure applicable de plein droit à Saint-Barthélemy, Saint-Martin, en Polynésie française et en Nouvelle-Calédonie dans sa rédaction résultant du Décr. nº 2020-1734 du 16 déc. 2020 portant partie réglementaire du CESEDA (Décr. nº 2024-800 du 8 juill. 2024, art. 17-II, en vigueur le 15 juill. 2024).

Ancien art. R. 532-5 ***Les attributions dévolues par les dispositions du présent chapitre à la formation de jugement ou à son président sont exercées par le magistrat compétent, en application de l'article L. 532-6, pour statuer sur les recours formés contre les décisions de l'Office français de protection des réfugiés et apatrides prises en application des articles L. 531-24 à L. 531-31 ou L. 531-32 à L. 531-35.*** – *[Anc. art. R. 733-4-1.]*

SECTION 2 **Présentation des recours**

Art. R. 532-6 Le recours formé par un demandeur d'asile doit mentionner les nom, prénoms, date et lieu de naissance, nationalité et domicile du requérant. Il mentionne l'objet de la demande et l'exposé des circonstances de fait et de droit invoquées à son appui. Il est établi en langue française. Il doit être signé par le requérant ou son avocat. – *[Anc. art. R. 733-5, al. 1er.]*

Art. R. 532-7 Le recours est accompagné de la décision de l'Office français de protection des réfugiés et apatrides. *(Abrogé par Décr. nº 2024-800 du 8 juill. 2024, art. 5, à compter du 15 juill. 2024)* ***« Dans le cas où la demande d'asile a été placée en procédure accélérée au stade de son enregistrement, ce recours est accompagné de la notice d'information remise à l'intéressé par l'autorité administrative lors de cet enregistrement. »***

Il peut lui être annexé toutes pièces de nature à établir le bien-fondé de la demande. Les pièces ainsi transmises font l'objet *(Décr. nº 2021-274 du 11 mars 2021, art. 4, en vigueur le 1er mai 2021)* « d'un inventaire détaillé qui les présente, de manière exhaustive, par un intitulé comprenant, pour chacune d'elles, un numéro dans un ordre continu et croissant ainsi qu'un libellé suffisamment explicite ». Les pièces en langue étrangère doivent être accompagnées d'une traduction en langue française. S'agissant des actes d'état civil ainsi que des actes judiciaires ou de police, cette traduction doit être certifiée conforme à l'original par un traducteur assermenté dans les conditions prévues par les articles R. 141-1 à R. 141-12. – *[Anc. art. R. 733-5, al. 4 et 5.]*

A titre dérogatoire, le présent art. demeure applicable de plein droit à Saint-Barthélemy, Saint-Martin, en Polynésie française et en Nouvelle-Calédonie dans sa rédaction résultant du Décr. nº 2020-1734 du 16 déc. 2020 portant partie réglementaire du CESEDA (Décr. nº 2024-800 du 8 juill. 2024, art. 17-II, en vigueur le 15 juill. 2024).

Art. R. 532-8 Un arrêté du ministre de la justice et du ministre chargé de l'asile définit les modes de dépôt ou de transmission des recours, des mémoires, des pièces et des actes de procédure admis par le secrétariat de la Cour nationale du droit d'asile.

S'agissant des transmissions par voie électronique, cet arrêté fixe les conditions garantissant la fiabilité, l'intégrité, la sécurité et la confidentialité des échanges.

Les recours sont enregistrés suivant leur date d'arrivée à la cour. – *[Anc. art. R. 733-6.]*

Art. R. 532-9 La Cour nationale du droit d'asile adresse au requérant un avis de réception de son recours. Cet avis l'informe des modalités de consultation de son dossier. – *[Anc. art. R. 733-8.]*

Art. R. 532-10 Le recours doit, à peine d'irrecevabilité, être exercé dans le délai d'un mois à compter de la notification de la décision de l'Office français de protection des réfugiés et apatrides. Le délai de recours ainsi que les voies de recours ne sont toutefois opposables qu'à la condition d'avoir été mentionnés dans la notification de la décision. – *[Anc. art. R. 733-7.]*

Art. R. 532-11 Lorsque le requérant conteste la langue dans laquelle il a été entendu par l'Office français de protection des réfugiés et apatrides il indique dans le délai de recours la langue dans laquelle il souhaite être entendu. Il est alors entendu dans cette langue.

Lorsque sa demande ne peut être satisfaite, il est entendu dans une langue dont il est raisonnable de penser qu'il la comprend. – *[Anc. art. R. 733-5, al. 3.]*

Art. R. 532-12 Lorsqu'un recours est entaché d'une irrecevabilité susceptible d'être couverte après l'expiration du délai de recours, la Cour nationale du droit d'asile ne peut le rejeter en relevant d'office cette irrecevabilité qu'après avoir invité son auteur à le régulariser.

La demande de régularisation mentionne qu'à défaut d'une telle régularisation les conclusions pourront être rejetées comme irrecevables dès l'expiration du délai imparti. Ce délai ne peut, sauf urgence, être inférieur à quinze jours. – *[Anc. art. R. 733-9.]*

SECTION 3 Instruction

SOUS-SECTION 1 Communication du recours et des mémoires

Art. R. 532-13 Le recours est communiqué à l'Office français de protection des réfugiés et apatrides.

L'office transmet sans délai le dossier du requérant à la Cour nationale du droit d'asile qui le tient à disposition de ce dernier.

Les autres mémoires et pièces produits par le requérant sont communiqués à l'office s'ils contiennent des éléments nouveaux. – *[Anc. art. R. 733-10, al. 1er.]*

Art. R. 532-14 Les mémoires et pièces produits par l'Office français de protection des réfugiés et apatrides dans le cadre de la procédure sont communiqués au requérant. – *[Anc. art. R. 733-10, al. 3.]*

Art. R. 532-15 Les communications avec les requérants sont effectuées au moyen de lettres simples, à l'exception de l'avis de réception prévu à l'article R. 532-9, de l'ordonnance de clôture de l'instruction prévue à l'article R. 532-21, de l'information prévue à l'article R. 532-26, de l'avis d'audience prévu à l'article R. 532-32 et de la décision elle-même, notifiés par lettre recommandée avec demande d'avis de réception.

(Abrogé par Décr. n° 2024-800 du 8 juill. 2024, art. 6, à compter du 15 juill. 2024) ***« Sans préjudice des dispositions du premier alinéa de l'article R. 532-16, l'information prévue à l'article R. 532-26 est adressée au requérant par lettre recommandée avec demande d'avis de réception. »*** – *[Anc. art. R. 733-12, al. 1er et 2.]*

A titre dérogatoire, le présent art. demeure applicable de plein droit à Saint-Barthélemy, Saint-Martin, en Polynésie française et en Nouvelle-Calédonie dans sa rédaction résultant du Décr. n° 2020-1734 du 16 déc. 2020 portant partie réglementaire du CESEDA (Décr. n° 2024-800 du 8 juill. 2024, art. 17-II, en vigueur le 15 juill. 2024).

Art. R. 532-16 Lorsque le requérant est représenté par un avocat, les actes de procédure sont accomplis à l'égard de ce mandataire, à l'exception de la notification de l'avis de réception prévu à l'article R. 532-9, de l'avis d'audience prévu à l'article R. 532-32 et de la décision elle-même, adressés personnellement au requérant.

L'information prévue à l'article R. 532-22 est également adressée personnellement au requérant. – *[Anc. art. R. 733-11.]*

Art. R. 532-17 *(Décr. n° 2024-800 du 8 juill. 2024, art. 7, en vigueur le 15 juill. 2024)* « Sans préjudice des dispositions de l'article R. 532-32, les communications avec les avocats sont effectuées au moyen de lettres simples, à l'exception de l'information prévue à l'article R. 532-26, » de l'ordonnance de clôture de l'instruction et de l'avis d'audience notifiés par lettre recommandée avec demande d'avis de réception.

Par dérogation au premier alinéa, les avocats inscrits dans un dispositif permettant la communication par voie électronique des actes de procédure dans les conditions définies par l'arrêté prévu à l'article R. 532-8 sont réputés avoir reçu la communication ou la notification à la date de première consultation du document qui leur a été ainsi adressé, certifiée par l'accusé de réception délivré par l'application informatique, ou, à défaut de consultation dans un délai de huit jours à compter de la date de mise à disposition du document dans l'application, à l'issue de ce délai. Sauf demande contraire de leur part, les avocats sont alertés de toute nouvelle communication ou notification par un message électronique envoyé à l'adresse qu'ils ont indiquée.

Lorsque *(Décr. n° 2024-800 du 8 juill. 2024, art. 7, en vigueur le 15 juill. 2024)* « le président de la formation de jugement statue seul », la communication ou la notification est réputée reçue dès sa mise à disposition dans l'application. – *[Anc. art. R. 733-12, al. 3 à 5.]*

A titre dérogatoire, le présent art. demeure applicable de plein droit à Saint-Barthélemy, Saint-Martin, en Polynésie française et en Nouvelle-Calédonie dans sa rédaction résultant du Décr. n° 2020-1734 du 16 déc. 2020 portant partie réglementaire du CESEDA (Décr. n° 2024-800 du 8 juill. 2024, art. 17-II, en vigueur le 15 juill. 2024).

Ancien art. R. 532-17 *Les communications avec les avocats sont effectuées au moyen de lettres simples, à l'exception de l'ordonnance de clôture de l'instruction et de l'avis d'audience notifiés par lettre recommandée avec demande d'avis de réception.*

Par dérogation au premier alinéa, les avocats inscrits dans un dispositif permettant la communication par voie électronique des actes de procédure dans les conditions définies par l'arrêté prévu à l'article R. 532-8 sont réputés avoir reçu la communication ou la notification à la date de première consultation du document qui leur a été ainsi adressé, certifiée par l'accusé de réception délivré par l'application informatique, ou, à défaut de consultation dans un délai de huit jours à compter de la date de mise à disposition du document dans l'application, à l'issue de ce délai. Sauf demande contraire de leur part, les avocats sont alertés de toute nouvelle communication ou notification par un message électronique envoyé à l'adresse qu'ils ont indiquée.

Lorsque le président de la Cour nationale du droit d'asile ou le président de formation de jugement désigné statue seul en application de l'article L. 532-6, la communication ou la notification est réputée reçue dès sa mise à disposition dans l'application. – *[Anc. art. R. 733-12, al. 3 à 5.]*

Art. R. 532-18 Les communications avec l'Office français de protection des réfugiés et apatrides sont faites par voie électronique, dans des conditions garantissant la fiabilité, l'intégrité, la sécurité et la confidentialité des échanges.

Si les pièces produites par le requérant ne peuvent, en raison de leur nombre, de leur volume ou de leurs caractéristiques, être communiquées à l'office dans les conditions prévues au premier alinéa, seul l'inventaire de ces pièces lui est transmis de manière à lui permettre d'en prendre connaissance au siège de la Cour nationale du droit d'asile.

L'office est réputé avoir reçu notification des documents qui lui ont été ainsi adressés à la date de leur transmission apparaissant dans les rapports de transmission générés par l'application informatique. – *[Anc. art. R. 733-10, al. 2 ; anc. art. R. 733-12, al. 6.]*

SOUS-SECTION 2 **Mesures d'instruction**

Art. R. 532-19 La Cour nationale du droit d'asile peut prescrire toute mesure d'instruction qu'elle juge utile. – *[Anc. art. R. 733-15, al. 1er.]*

Art. R. 532-20 En cas d'expertise ordonnée par la formation de jugement, le rapport déposé par l'expert désigné par le président de la Cour nationale du droit d'asile est communiqué aux parties.

Le président de la cour fixe également, par ordonnance, les honoraires dus à l'expert et arrête, sur présentation de justificatifs, le montant de ses frais et débours.

L'ensemble est mis à la charge de la partie perdante sauf si les circonstances particulières de l'affaire justifient qu'il soit mis à la charge de l'autre partie ou partagés entre les parties. – *[Anc. art. R. 733-15, al. 2.]*

SOUS-SECTION 3 **Clôture de l'instruction**

Art. R. 532-21 Le président de la formation de jugement ou, avant enrôlement du dossier, le président de la Cour nationale du droit d'asile, les présidents de section ou présidents de chambre peuvent fixer la date de clôture de l'instruction écrite par une ordonnance notifiée aux parties quinze jours au moins avant cette date.

L'ordonnance n'est pas motivée et ne peut faire l'objet d'aucun recours.

L'instruction écrite peut être rouverte dans les mêmes formes. – *[Anc. art. R. 733-13, al. 1er.]*

Art. R. 532-22 Dans le cas où les parties sont informées de la date d'audience deux mois au moins avant celle-ci, elles sont informées par le même courrier de la date de clôture de l'instruction. Cette information ne vaut pas avis d'audience au sens de l'article R. 532-32.

(Abrogé par Décr. n° 2024-800 du 8 juill. 2024, art. 8, à compter du 15 juill. 2024) ***« Toutefois, pour les affaires relevant de l'article L. 532-6 lorsque la décision de l'Office français de protection des réfugiés et apatrides a été prise en application des articles L. 531-24 à L. 531-31 ou L. 531-32 à L. 531-35, l'instruction écrite est close trois jours francs avant la date de l'audience. »*** – *[Anc. art. R. 733-13, al. 2 et 3.]*

A titre dérogatoire, le présent art. demeure applicable de plein droit à Saint-Barthélemy, Saint-Martin, en Polynésie française et en Nouvelle-Calédonie dans sa rédaction résultant du Décr. n° 2020-1734 du 16 déc. 2020 portant partie réglementaire du CESEDA (Décr. n° 2024-800 du 8 juill. 2024, art. 17-II, en vigueur le 15 juill. 2024).

Art. R. 532-23 S'il n'a pas été fait application des articles R. 532-21 ou R. 532-22, *(Décr. n° 2024-800 du 8 juill. 2024, art. 9, en vigueur le 15 juill. 2024)* « l'instruction écrite est close trois jours avant la date de l'audience ou cinq jours avant cette date si l'affaire est inscrite ou renvoyée devant une formation collégiale ». – *[Anc. art. R. 733-13, al. 4.]*

A titre dérogatoire, le présent art. demeure applicable de plein droit à Saint-Barthélemy, Saint-Martin, en Polynésie française et en Nouvelle-Calédonie dans sa rédaction résultant du Décr. n° 2020-1734 du 16 déc. 2020 portant partie réglementaire du CESEDA (Décr. n° 2024-800 du 8 juill. 2024, art. 17-II, en vigeur le 15 juill. 2023).

Ancien art. R. 532-23 ***S'il n'a pas été fait application des articles R. 532-21 ou R. 532-22, l'instruction écrite est close cinq jours francs avant la date de l'audience.*** – *[Anc. art. R. 733-13, al. 4.]*

Art. R. 532-24 Lorsque l'instruction écrite est close, seule la production des originaux des documents communiqués préalablement en copie demeure recevable jusqu'à la fin de l'audience. – *[Anc. art. R. 733-13, al. 5.]*

Art. R. 532-25 Les mémoires et pièces produits après la clôture de l'instruction ne donnent pas lieu à communication.

Toutefois, en cas de réouverture de l'instruction écrite, les mémoires et les pièces qui auraient été produits dans l'intervalle sont communiqués aux parties. – *[Anc. art. R. 733-14.]*

Art. R. 532-26 La formation de jugement ne peut se fonder sur des éléments d'information extérieurs au dossier relatifs à des circonstances de fait propres au demandeur d'asile ou spécifiques à son récit, sans en avoir préalablement informé les parties.

Lorsque la formation de jugement est susceptible de fonder sa décision sur un moyen soulevé d'office, les parties en sont préalablement informées, notamment lorsqu'il s'agit du moyen tiré de ce que le demandeur relèverait de l'une des clauses d'exclusion figurant aux sections D, E et F de l'article 1er de la convention de Genève du 28 juillet 1951 ou à l'article L. 512-2.

Un délai est fixé aux parties pour déposer leurs observations, sans qu'y fasse obstacle la clôture de l'instruction écrite. – *[Anc. art. R. 733-16.]*

SOUS-SECTION 4 **Renvoi à une formation collégiale**

Art. R. 532-27 Lorsque le président de la Cour nationale du droit d'asile ou le président désigné décide avant l'audience, de sa propre initiative ou sur demande, de renvoyer l'examen du recours à une formation collégiale en application de l'article *(Décr. n° 2024-800 du 8 juill. 2024, art. 10, en vigueur le 15 juill. 2024)* « L. 131-7 *[ancienne rédaction : L. 532-7]* », les parties en sont avisées par tout moyen. – *[Anc. art. R. 733-13-2, al. 1er.]*

A titre dérogatoire, le présent art. demeure applicable de plein droit à Saint-Barthélemy, Saint-Martin, en Polynésie française et en Nouvelle-Calédonie dans sa rédaction résultant du Décr. n° 2020-1734 du 16 déc. 2020 portant partie réglementaire du CESEDA (Décr. n° 2024-800 du 8 juill. 2024, art. 17-II, en vigueur le 15 juill. 2024).

Art. R. 532-28 Lorsqu'il est saisi par un requérant d'une demande de renvoi à une formation collégiale, le président de la Cour nationale du droit d'asile ou le président désigné peut statuer sur la demande dans sa décision. – *[Anc. art. R. 733-13-2, al. 2.]*

SECTION 3 *BIS* Dispositions relatives à la communication électronique au moyen de l'application mentionnée à l'article R. 414-1 du code de justice administrative

(Décr. n° 2021-274 du 11 mars 2021, art. 4, en vigueur le 1er mai 2021)

Art. R. 532-28-1 Lorsqu'il est présenté par un avocat ou un avocat au Conseil d'État et à la Cour de cassation, le recours peut être adressé à la cour par voie électronique au moyen de l'application informatique dédiée accessible par le réseau internet, mentionnée à l'article R. 414-1 du code de justice administrative.

Les mémoires et pièces ultérieurement produits doivent alors être adressés à la cour par le même moyen, sous peine d'être écartés des débats à défaut de régularisation dans un délai imparti par la cour.

Art. R. 532-28-2 L'identification de l'auteur d'un recours ou d'un mémoire, selon les modalités prévues par l'arrêté mentionné à l'article R. 414-3 du code de justice administrative, vaut signature pour l'application des dispositions du présent code.

Toutefois, lorsque le recours ou le mémoire n'a pas fait l'objet d'une signature électronique au sens du second alinéa de l'article 1367 du code civil, le mandataire peut, en cas de nécessité, être tenu de produire un exemplaire du recours ou du mémoire revêtu de sa signature manuscrite.

Art. R. 532-28-3 Chacune des pièces jointes à la requête et transmises par le mandataire dans l'application mentionnée à l'article R. 532-28-1 doit l'être par un fichier distinct, à peine d'irrecevabilité du recours.

Cette obligation est également applicable à la transmission des pièces jointes aux mémoires complémentaires.

Chaque fichier porte un intitulé commençant par le numéro d'ordre affecté à la pièce qu'il contient par l'inventaire détaillé prévu à l'article R. 532-7. Lorsque le mandataire recourt à la génération automatique de l'inventaire permise par l'application, l'intitulé du fichier décrit également le contenu de cette pièce de manière suffisamment explicite.

Les obligations fixées aux deux alinéas précédents sont prescrites au mandataire sous peine de voir la pièce écartée des débats après invitation à régulariser non suivie d'effet.

Si les caractéristiques de certains mémoires ou pièces font obstacle à leur communication par voie électronique, ils sont transmis à la cour sur support matériel. Leur production doit être annoncée par le mandataire dans la rubrique correspondante de l'application.

Art. R. 532-28-4 L'arrivée du recours et des différents mémoires est certifiée par l'accusé de réception délivré par voie électronique.

Art. R. 532-28-5 La cour peut, par le moyen de la même application, adresser aux mandataires qui y sont inscrits toutes les communications et notifications prévues par le présent chapitre.

Sauf demande contraire de sa part, le mandataire inscrit dans l'application est alerté de toute communication ou notification par un message électronique envoyé à l'adresse qu'il a indiquée.

Le mandataire est réputé avoir reçu la communication ou la notification à la date de première consultation du document, certifiée par l'accusé de réception délivré par l'application. A défaut de consultation dans un délai de deux jours ouvrés à compter de la date de mise à disposition du document dans l'application, il est réputé avoir reçu la communication ou la notification à l'issue de ce délai.

Lorsque la cour est tenue de statuer dans le délai de cinq semaines prévu à l'article L. 532-6, la communication ou la notification est réputée reçue dès sa mise à disposition dans l'application.

Art. R. 532-28-6 La cour peut, par le moyen de l'application mentionnée à l'article R. 532-28-1, adresser aux mandataires non encore inscrits dans cette application toutes les communications et notifications prévues par le présent chapitre, sous réserve de les en avertir à chaque fois par un courrier leur indiquant les modalités de connexion. Ce courrier est adressé par lettre remise contre signature ou par tout autre moyen permettant d'attester la date de sa réception lorsqu'il avertit son destinataire d'une communication pour laquelle le premier alinéa de l'article R. 532-17 prévoit une notification par lettre recommandée avec avis de réception.

Le mandataire est réputé avoir reçu la communication ou la notification à la date de première consultation du document, certifiée par l'accusé de réception délivré par l'application informatique, ou, à défaut de consultation dans un délai de quinze jours à compter de la date de réception du courrier, à l'issue de ce délai.

SECTION 4 Demande d'avis au Conseil d'État

Art. R. 532-29 La décision de renvoi d'une question en application de l'article L. 532-5 est prononcée par la formation visée à l'article R. 131-7.

Elle est adressée au secrétaire du contentieux du Conseil d'État, avec le dossier de l'affaire, dans les huit jours de son prononcé. Le requérant et l'Office français de protection des réfugiés et apatrides sont avisés de cette transmission par notification qui leur est faite de la décision, par lettre recommandée avec demande d'avis de réception ou par tout autre moyen permettant de faire la preuve de sa réception par les destinataires. – *[Anc. art. R. 733-34, al. 1er et 2.]*

Art. R. 532-30 Les dispositions des articles R. 113-2 à R. 113-4 du code de justice administrative sont applicables aux renvois prononcés en application de l'article L. 532-5. – *[Anc. art. R. 733-34, al. 3.]*

SECTION 5 Audience

SOUS-SECTION 1 Inscription au rôle

Art. R. 532-31 Le rôle de chaque audience est arrêté par le président de la Cour nationale du droit d'asile. Il est affiché à la porte de la salle d'audience. – *[Anc. art. R. 733-18.]*

Art. R. 532-32 *(Décr. nº 2024-800 du 8 juill. 2024, art. 11, en vigueur le 15 juill. 2024)* « L'avis d'audience est adressé aux parties quinze jours au moins avant le jour où l'affaire est appelée à l'audience ou trente jours au moins avant le jour où l'affaire est appelée à l'audience si l'affaire est inscrite ou renvoyée devant une formation collégiale. »

(Abrogé par Décr. nº 2024-800 du 8 juill. 2024, art. 11, à compter du 15 juill. 2024) ***« Pour les affaires relevant de l'article L. 532-7 lorsque la décision de l'Office français de protection des réfugiés et apatrides a été prise en application des articles L. 531-24 à L. 531-31 ou L. 531-32 à L. 531-35, l'avis est adressé aux parties par tout moyen quinze jours au moins avant le jour où l'affaire sera appelée à l'audience. »***

Le conseil du requérant est informé du jour de l'audience par tout moyen. Cette information a lieu sans délai lorsqu'il se constitue après la convocation adressée au requérant.

L'avis d'audience informe les parties de la clôture de l'instruction écrite prévue aux articles R. 532-21 à R. 532-24.

En cas d'urgence, y compris s'il a été fait application du premier alinéa de l'article R. 532-22, le délai de convocation prévu au premier alinéa peut être réduit, sans pouvoir être inférieur à sept jours. Dans ce cas l'instruction est close soit après que les parties ou leurs mandataires ont formulé leurs observations orales, soit, si ces parties sont absentes ou ne sont pas représentées, après appel de leur affaire à l'audience. – *[Anc. art. R. 733-19.]*

A titre dérogatoire, le présent art. demeure applicable de plein droit à Saint-Barthélemy, Saint-Martin, en Polynésie française et en Nouvelle-Calédonie dans sa rédaction résultant du Décr. n° 2020-1734 du 16 déc. 2020 portant partie réglementaire du CESEDA (Décr. n° 2024-800 du 8 juill. 2024, art. 17-II, en vigueur le 15 juill. 2024).

Ancien art. R. 532-32 *L'avis d'audience est adressé aux parties trente jours au moins avant le jour où l'affaire est appelée à l'audience.*

Pour les affaires relevant de l'article L. 532-7 lorsque la décision de l'Office français de protection des réfugiés et apatrides a été prise en application des articles L. 531-24 à L. 531-31 ou L. 531-32 à L. 531-35, l'avis est adressé aux parties par tout moyen quinze jours au moins avant le jour où l'affaire sera appelée à l'audience.

Le conseil du requérant est informé du jour de l'audience par tout moyen. Cette information a lieu sans délai lorsqu'il se constitue après la convocation adressée au requérant.

L'avis d'audience informe les parties de la clôture de l'instruction écrite prévue aux articles R. 532-21 à R. 532-24.

En cas d'urgence, y compris s'il a été fait application du premier alinéa de l'article R. 532-22, le délai de convocation prévu au premier alinéa peut être réduit, sans pouvoir être inférieur à sept jours. Dans ce cas l'instruction est close soit après que les parties ou leurs mandataires ont formulé leurs observations orales, soit, si ces parties sont absentes ou ne sont pas représentées, après appel de leur affaire à l'audience. – *[Anc. art. R. 733-19.]*

SOUS-SECTION 2 **Abstention et récusation**

Art. R. 532-33 Le membre de la formation de jugement qui suppose en sa personne une cause de récusation ou estime en conscience devoir s'abstenir se fait remplacer par un autre membre que désigne le président de la Cour nationale du droit d'asile. – *[Anc. art. R. 733-27, al. 1er.]*

Art. R. 532-34 La partie qui veut récuser un membre d'une formation de jugement doit, à peine d'irrecevabilité, le faire par un acte spécial remis à la Cour nationale du droit d'asile dès qu'elle a connaissance de la cause de la récusation. Cet acte indique avec précision les motifs de la récusation et est accompagné des pièces propres à la justifier. En aucun cas, la récusation ne peut être formée après la fin de l'audience. – *[Anc. art. R. 733-27, al. 2.]*

Art. R. 532-35 Le membre récusé fait connaître par écrit soit son acquiescement à la récusation, soit les motifs pour lesquels il s'y oppose. – *[Anc. art. R. 733-27, al. 3.]*

Art. R. 532-36 Si le membre de la Cour nationale du droit d'asile qui est récusé acquiesce à la demande, il est aussitôt remplacé. S'il ne peut être remplacé en temps utile, l'affaire est renvoyée à une audience ultérieure.

Dans le cas où le membre de la cour n'acquiesce pas à la demande de récusation, il est statué, le plus rapidement possible, sur cette demande par une autre formation de jugement.

La décision ne peut être contestée devant le Conseil d'État qu'à l'occasion du recours formé contre la décision définitive de la cour. – *[Anc. art. R. 733-27, al. 4 à 7.]*

SOUS-SECTION 3 **Tenue de l'audience et délibéré**

Art. R. 532-37 Sans préjudice des dispositions de l'article L. 532-11, les audiences de la Cour nationale du droit d'asile sont publiques. – *[Anc. art. R. 733-23, al. 1er.]*

Art. R. 532-38 Le président de la formation de jugement veille à l'ordre de l'audience et dirige les débats. Les personnes qui assistent à l'audience doivent observer une attitude digne et garder le respect dû à la justice. Il leur est interdit de parler sans y avoir été invitées, de donner des signes d'approbation ou de désapprobation, ou de causer quelque désordre que ce soit.

Le président de la formation de jugement peut faire expulser toute personne qui n'obtempère pas à ses injonctions, sans préjudice des poursuites pénales ou disciplinaires qui pourraient être exercées contre elle. – *[Anc. art. R. 733-24, al. 2 et 3.]*

Art. R. 532-39 Le président de la formation de jugement statue sur les demandes de renvoi à une audience ultérieure présentées par les parties.

L'absence d'une des parties ou de son avocat à l'audience n'emporte pas obligation pour le président de la formation de jugement de renvoyer l'affaire à une audience ultérieure.

Les décisions prises sur le fondement du premier alinéa ne sont pas motivées et ne sont pas susceptibles de recours. – *[Anc. art. R. 733-23, al. 4 à 6.]*

Art. R. 532-40 Le requérant est entendu à l'audience dans la langue qu'il a, en application de l'article *(Décr. nº 2024-800 du 8 juill. 2024, art. 12, en vigueur le 15 juill. 2024)* « **L. 521-6** *[ancienne rédaction : L. 521-8]* » indiquée à l'autorité administrative lors de l'enregistrement de sa demande d'asile. A défaut de choix de sa part lors de l'enregistrement ou dans le cas où sa demande ne peut être satisfaite, il est entendu dans une langue dont il a une connaissance suffisante. – *[Anc. art. R. 733-5, al. 2.]*

A titre dérogatoire, le présent art. demeure applicable de plein droit à Saint-Barthélemy, Saint-Martin, en Polynésie française et en Nouvelle-Calédonie dans sa rédaction résultant du Décr. nº 2020-1734 du 16 déc. 2020 portant partie réglementaire du CESEDA (Décr. nº 2024-800 du 8 juill. 2024, art. 17-II, en vigueur le 15 juill. 2024).

Art. R. 532-41 La Cour nationale du droit d'asile met gratuitement à disposition du requérant, pour l'assister à l'audience, un interprète qui a prêté serment d'apporter son concours à la justice en son honneur et en sa conscience, devant *(Décr. nº 2024-800 du 8 juill. 2024, art. 13, en vigueur le 15 juill. 2024)* « le président de la Cour, l'un des vice-présidents ou l'un des présidents de chambre *[ancienne rédaction : le président de la cour ou l'un des vice-présidents]* ».

L'interprète est désigné dans la langue définie dans les conditions prévues à l'article *(Décr. nº 2024-800 du 8 juill. 2024, art. 13, en vigueur le 15 juill. 2024)* « **L. 521-6** *[ancienne rédaction : L. 521-8]* ». – *[Anc. art. R. 733-17, al. 1er et 2.]*

A titre dérogatoire, le présent art. demeure applicable de plein droit à Saint-Barthélemy, Saint-Martin, en Polynésie française et en Nouvelle-Calédonie dans sa rédaction résultant du Décr. nº 2020-1734 du 16 déc. 2020 portant partie réglementaire du CESEDA (Décr. nº 2024-800 du 8 juill. 2024, art. 17-II, en vigueur le 15 juill. 2024).

Art. R. 532-42 Le rapporteur donne lecture du rapport, qui analyse, en toute indépendance, l'objet de la demande et les éléments de fait et de droit exposés par les parties, et fait mention des éléments propres à éclairer le débat, sans prendre parti sur le sens de la décision.

Les principaux éléments du rapport sont traduits au requérant, lorsqu'il a besoin de l'assistance d'un interprète.

Après la lecture du rapport, et sauf si le conseil du requérant demande à présenter ses observations, la formation de jugement peut poser aux parties toute question propre à l'éclairer.

Le président de la formation de jugement donne la parole au requérant et au représentant de l'Office français de protection des réfugiés et apatrides.

Les parties peuvent présenter oralement toute observation utile propre à éclairer leurs écritures. – *[Anc. art. R. 733-25, al. 1er à 5.]*

Art. R. 532-43 La partie qui, moins de sept jours francs avant la clôture de l'instruction écrite, a reçu communication soit d'un mémoire ou de pièces, soit de l'une des informations prévues par l'article R. 532-26, peut présenter à l'audience toute observation orale qu'elle estime utile pour répondre à ce mémoire ou à cette information. – *[Anc. art. R. 733-25, al. 6.]*

Art. R. 532-44 La formation de jugement délibère hors la présence des parties. Le rapporteur n'a pas voix délibérative.

La décision est rendue à la majorité des voix. Un exemplaire du rôle de l'audience mentionnant le sens des décisions ainsi arrêté est signé par les membres de la formation de jugement.

Les personnes qui participent ou assistent au délibéré sont soumises à l'obligation d'en respecter le secret sous peine des sanctions prévues par l'article 226-13 du code pénal. – *[Anc. art. R. 733-26.]*

SOUS-SECTION 4 **Dispositions spécifiques au moyen de communication audiovisuelle prévu à l'article L. 532-13**

Art. R. 532-45 Lorsque le président de la Cour nationale du droit d'asile décide de faire usage d'un moyen de communication audiovisuelle pour la tenue des audiences dans les conditions prévues à l'article L. 532-13, le requérant en est informé dans l'avis d'audience prévu à l'article R. 532-32. – *[Anc. art. R. 733-20.]*

Art. R. 532-46 Les intéressés sont régulièrement convoqués dans une salle d'audience distincte de celle de la Cour nationale du droit d'asile, dans les conditions prévues par les dispositions de l'article L. 532-13 et de la présente sous-section. – *[Anc. art. R. 733-21.]*

Art. R. 532-47 La communication audiovisuelle est mise en œuvre par des moyens dont les caractéristiques techniques assurent une retransmission fidèle, loyale et confidentielle à l'égard des tiers, selon des modalités définies par arrêté conjoint du ministre de la justice et du ministre chargé de l'asile. – *[Anc. art. R. 733-22.]*

Art. R. 532-48 L'interprète est mis à la disposition du requérant dans la salle d'audience où il se trouve.

En cas de difficulté pour obtenir le concours d'un interprète qualifié présent physiquement auprès du requérant, l'audience ne se tient qu'après que la Cour nationale du droit d'asile s'est assurée de la présence, dans la salle où elle siège, d'un tel interprète tout au long de son déroulement. – *[Anc. art. R. 733-17, al. 3 et 4.]*

Art. R. 532-49 Sauf dans le cas où il est procédé à un enregistrement de l'audience, un procès-verbal est rédigé par l'agent chargé du greffe dans chacune des deux salles d'audience.

Chacun de ces procès-verbaux mentionne :

1° Le nom et la qualité de l'agent chargé de sa rédaction ;

2° Le nom du requérant et le numéro du recours ;

3° Lorsqu'il est fait appel à des agents extérieurs pour assurer la prise de son et d'image, le nom de ces agents ;

4° La date et l'heure du début de la communication audiovisuelle ;

5° Les éventuels incidents techniques relevés lors de l'audience, susceptibles d'avoir perturbé la communication ;

6° L'heure de la fin de la communication audiovisuelle.

Le cas échéant, sont également mentionnés le nom de l'avocat et le nom de l'interprète sur le procès-verbal établi dans la salle d'audience où ils se trouvent.

Ces procès-verbaux attestent l'ouverture au public des deux salles d'audience, sous réserve du prononcé d'un huis-clos en application de l'article L. 532-11. – *[Anc. art. R. 733-23.]*

SECTION 6 **Jugement**

Art. R. 532-50 La formation de jugement se prononce sur le recours, en fonction des pièces du dossier et des observations présentées oralement par les parties, dans les conditions prévues par les articles R. 532-42 et R. 532-43.

Lorsqu'elle est saisie de recours formés contre les décisions de l'Office français de protection des réfugiés et apatrides accordant ou refusant le bénéfice de l'asile, elle statue en application de l'article L. 511-1 et, à titre subsidiaire, de l'article L. 512-1. – *[Anc. art. R. 733-28.]*

Art. R. 532-51 Lorsque le président de la formation de jugement décide d'ordonner un supplément d'instruction, les parties sont invitées à présenter un mémoire ou des pièces complémentaires pour les seuls besoins de ce supplément d'instruction. La même formation de jugement délibère, à l'expiration du délai imparti aux parties pour produire ces éléments ou, le cas échéant, y répliquer. Ce délai ne peut excéder une durée d'un mois à compter de la date de l'audience.

Les parties ne sont convoquées à une nouvelle audience que si le président de la formation de jugement estime nécessaire de les entendre présenter des observations orales sur les seuls éléments nouveaux qui auraient été produits. – *[Anc. art. R. 733-29.]*

Art. R. 532-52 Les décisions de la Cour nationale du droit d'asile sont motivées.

La décision mentionne que l'audience a été publique, sauf s'il a été fait application des dispositions de l'article L. 532-11. Dans ce dernier cas, il est mentionné que l'audience a eu lieu ou s'est poursuivie hors la présence du public.

Elle contient les nom et prénoms du requérant, l'exposé de l'objet de la demande et des circonstances de droit et de fait invoquées par écrit à son appui ainsi que, s'il y a lieu, la mention des observations écrites de l'Office français de protection des réfugiés et apatrides. Elle indique, le cas échéant, s'il a été fait application des dispositions des articles L. 532-12 à L. 532-14.

Mention y est faite que le rapporteur et, s'il y a lieu, le requérant, son avocat et le représentant de l'office ont été entendus.

Les observations orales des parties sont mentionnées dans la mesure où elles ont apporté des compléments par rapport à leurs écritures.

La décision indique la date de l'audience et la date à laquelle elle a été prononcée.

(Décr. nº 2024-800 du 8 juill. 2024, art. 14, en vigueur le 15 juill. 2024) « La décision ne mentionne que les notes en délibéré produites dans les deux jours francs suivant l'audience sauf lorsqu'il est fait application des dispositions de l'article R. 532-51. »

La minute de chaque décision est signée par le président de la formation de jugement qui a rendu cette décision et par le secrétaire général de la cour ou par un chef de service. — *[Anc. art. R. 733-30.]*

Les dispositions issues de l'art. 14 du Décr. nº 2024-800 du 8 juill. 2024 sont applicables aux audiences tenues à compter du 15 juill. 2024 (Décr. préc., art. 18).

A titre dérogatoire, le présent art. demeure applicable de plein droit à Saint-Barthélemy, Saint-Martin, en Polynésie française et en Nouvelle-Calédonie dans sa rédaction résultant du Décr. nº 2020-1734 du 16 déc. 2020 portant partie réglementaire du CESEDA (Décr. nº 2024-800 du 8 juill. 2024, art. 17-II, en vigueur le 15 juill. 2024)

Art. R. 532-53 Les décisions de la Cour nationale du droit d'asile sont lues en audience publique. Leur sens *(Décr. nº 2024-800 du 8 juill. 2024, art. 15, en vigueur le 15 juill. 2024)* « est publié pour une durée de quinze jours sur le site internet de la Cour nationale du droit d'asile ». — *[Anc. art. R. 733-31.]*

A titre dérogatoire, le présent art. demeure applicable de plein droit à Saint-Barthélemy, Saint-Martin, en Polynésie française et en Nouvelle-Calédonie dans sa rédaction résultant du Décr. nº 2020-1734 du 16 déc. 2020 portant partie réglementaire du CESEDA (Décr. nº 2024-800 du 8 juill. 2024, art. 17-II, en vigueur le 15 juill. 2024).

Ancien art. R. 532-53 *Les décisions de la Cour nationale du droit d'asile sont lues en audience publique. Leur sens est affiché au siège de la cour le jour de leur lecture. — [Anc. art. R. 733-31.]*

Art. R. 532-54 Le secrétaire général de la Cour nationale du droit d'asile notifie la décision de la cour au requérant par lettre recommandée avec demande d'avis de réception et l'informe dans une langue qu'il comprend ou dont il est raisonnable de penser qu'il la comprend du caractère positif ou négatif de la décision prise. Il la notifie également au directeur général de l'Office français de protection des réfugiés et des apatrides. — *[Anc. art. R. 733-32, al. 1er.]*

Art. R. 532-55 Lorsque le préfet compétent ou, à Paris, le préfet de police, en fait la demande, la Cour nationale du droit d'asile lui communique la copie de l'avis de réception mentionné à l'article R. 532-54. — *[Anc. art. R. 733-32, al. 2.]*

Art. R. 532-56 Lorsque le ministre chargé de l'immigration en fait la demande, la Cour nationale du droit d'asile lui transmet ses décisions de rejet. — *[Anc. art. R. 733-32, al. 3.]*

Art. R. 532-57 La date de notification de la décision de la Cour nationale du droit d'asile qui figure dans le système d'information de l'Office français de protection des réfugiés et apatrides, et qui est communiquée au préfet compétent et au directeur général de l'Office français de l'immigration et de l'intégration au moyen de traitements informatiques, fait foi jusqu'à preuve du contraire. — *[Anc. art. R. 723-19, III (ecqc la CNDA).]*

Art. R. 532-58 Lorsque le président de la Cour nationale du droit d'asile constate que la minute d'une décision est entachée d'une erreur ou d'une omission matérielle non susceptible d'avoir exercé une influence sur le jugement de l'affaire, il peut y apporter, par ordonnance rendue dans le délai d'un mois à compter de la notification aux parties, les corrections que la raison commande.

La notification de l'ordonnance rectificative rouvre, le cas échéant, le délai de recours en cassation contre la décision ainsi corrigée.

Lorsqu'une partie signale au président de la cour l'existence d'une erreur ou d'une omission matérielle entachant une décision et lui demande d'user des pouvoirs définis au premier alinéa, cette demande est, sauf dans le cas mentionné au deuxième alinéa, sans influence sur le cours du délai de recours en cassation ouvert contre cette décision. – *[Anc. art. R. 733-33.]*

SECTION 7 **Question prioritaire de constitutionnalité**

Art. R.* 532-59 Le moyen tiré de ce qu'une disposition législative porte atteinte aux droits et libertés garantis par la Constitution est soulevé, conformément aux dispositions de l'article 23-1 de l'ordonnance n° 58-1067 du 7 novembre 1958 portant loi organique sur le Conseil constitutionnel, à peine d'irrecevabilité, dans un mémoire distinct et motivé.

Ce mémoire, ainsi que, le cas échéant, l'enveloppe qui le contient, portent la mention "question prioritaire de constitutionnalité". – *[Anc. art. R.* 733-34-1.]*

Art. R.* 532-60 L'irrecevabilité tirée du défaut de présentation, dans un mémoire distinct et motivé, du moyen mentionné à l'article R.* 532-59, peut être opposée sans qu'il soit fait application de l'article R. 532-12 et du deuxième alinéa de l'article R. 532-26. – *[Anc. art. R.* 733-34-2.]*

Art. R.* 532-61 Sauf s'il apparaît de façon certaine, au vu du mémoire distinct, qu'il n'y a pas lieu de transmettre la question prioritaire de constitutionnalité, notification de ce mémoire est faite à l'autre partie. Il lui est imparti un bref délai pour présenter ses observations. Copie du mémoire est communiquée au ministre chargé de l'asile. – *[Anc. art. R.* 733-34-3.]*

Art. R.* 532-62 La Cour nationale du droit d'asile n'est pas tenue de transmettre une question prioritaire de constitutionnalité mettant en cause, par les mêmes motifs, une disposition législative dont le Conseil d'État, la Cour de cassation ou le Conseil constitutionnel est déjà saisi. En cas d'absence de transmission pour cette raison, elle diffère sa décision sur le fond, jusqu'à ce qu'elle soit informée de la décision du Conseil d'État, de la Cour de cassation ou, le cas échéant, du Conseil constitutionnel. – *[Anc. art. R.* 733-34-4.]*

Art. R.* 532-63 Le président de la Cour nationale du droit d'asile ou les présidents qu'il désigne à cet effet peuvent, par ordonnance, statuer sur la transmission d'une question prioritaire de constitutionnalité. – *[Anc. art. R.* 733-34-5.]*

Art. R.* 532-64 L'application des dispositions de la présente section ne fait pas obstacle à l'usage des pouvoirs que le président de la Cour nationale du droit d'asile et les présidents désignés à cet effet tiennent des dispositions de l'article R. 532-3. – *[Anc. art. R.* 733-34-6.]*

Art. R.* 532-65 La décision qui statue sur la transmission de la question prioritaire de constitutionnalité est notifiée aux parties et au ministre chargé de l'asile, dans les formes prévues par les articles R. 532-16 à R. 532-18.

La notification d'une décision de transmission mentionne que des observations peuvent être produites devant le Conseil d'État, dans le délai d'un mois. Elle indique les modalités selon lesquelles ces observations peuvent être présentées.

La notification d'une décision de refus de transmission mentionne que cette décision ne peut être contestée qu'à l'occasion d'un recours en cassation formé contre la décision de la Cour nationale du droit d'asile statuant sur le fond. Elle mentionne aussi que cette contestation devra faire l'objet d'un mémoire distinct et motivé, accompagné d'une copie de la décision de refus de transmission. – *[Anc. art. R.* 733-34-7.]*

Art. R.* 532-66 Le refus de transmission dessaisit la Cour nationale du droit d'asile du moyen d'inconstitutionnalité. La décision qui règle le litige vise le refus de transmission.

La formation de jugement peut, toutefois, déclarer non avenu le refus de transmission et procéder à la transmission, lorsque ce refus a été exclusivement motivé par le constat que la condition prévue par le 1° de l'article 23-2 de l'ordonnance n° 58-1067 du 7 novembre 1958 portant loi organique sur le Conseil constitutionnel n'était pas remplie, si elle entend fonder sa décision sur la disposition législative qui avait fait l'objet de la question qui n'a pas été transmise. – *[Anc. art. R.* 733-34-8.]*

SECTION 8 **Voies de recours**

Art. R. 532-67 Les décisions de la Cour nationale du droit d'asile peuvent faire l'objet d'un recours en cassation devant le Conseil d'État, dans les conditions prévues par les articles R. 821-1 et suivants du code de justice administrative. – *[Anc. art. R. 733-35.]*

Art. R. 532-68 Lorsqu'une décision de la Cour nationale du droit d'asile est entachée d'une erreur matérielle susceptible d'avoir exercé une influence sur le jugement de l'affaire, la partie intéressée peut saisir la cour d'un recours en rectification.

Ce recours est introduit dans un délai d'un mois à compter du jour de la notification de la décision dont la rectification est demandée. – *[Anc. art. R. 733-37, al. 1er et 2.]*

SECTION 9 **Procédure d'avis prévue à l'article L. 532-4**

Art. R. 532-69 Le réfugié auquel il est fait application de l'une des mesures prévues aux articles 31, 32 et 33 de la convention de Genève du 28 juillet 1951 peut saisir la Cour nationale du droit d'asile, dans le délai prévu par l'article L. 532-4 et selon l'une des modalités énumérées par l'arrêté du ministre de la justice et du ministre chargé de l'asile auquel renvoie l'article R. 532-8.

La demande de l'intéressé mentionne ses nom, prénoms, date et lieu de naissance, nationalité et domicile. Il y est joint une copie de la mesure contestée ainsi qu'une copie de la décision par laquelle l'Office français de protection des réfugiés et apatrides l'a placé sous sa protection.

L'intéressé expose, dans sa demande, les circonstances de fait et de droit qui s'opposent, selon lui, à l'exécution de la mesure dont il fait ainsi l'objet. – *[Anc. art. R. 733-38.]*

Art. R. 532-70 Le président de la Cour nationale du droit d'asile et les présidents qu'il désigne à cet effet peuvent rejeter une demande manifestement insusceptible d'être examinée en application de l'article L. 532-4. – *[Anc. art. R. 733-41.]*

Art. R. 532-71 Sous réserve de l'application de l'article R. 532-70, la demande est immédiatement communiquée au ministre de l'intérieur et au ministre chargé de l'asile, qui disposent d'un délai d'une semaine pour produire leurs observations.

Ces observations sont, dès leur réception, communiquées, par tout moyen, à l'intéressé. – *[Anc. art. R. 733-39.]*

Art. R. 532-72 Sous réserve de l'application de l'article R. 532-70, l'intéressé est convoqué devant une formation collégiale composée dans les conditions prévues *(Décr. n° 2024-800 du 8 juill. 2024, art. 16, en vigueur le 15 juill. 2024)* « aux articles L. 131-5 et L. 131-6 *[ancienne rédaction : par l'article L. 131-3]* », dans un délai maximal de vingt jours à compter de la réception de sa demande.

La formation collégiale formule un avis motivé sur le maintien ou l'annulation de la mesure dont l'intéressé fait l'objet. Cet avis est transmis sans délai au ministre de l'intérieur et au ministre chargé de l'asile. – *[Anc. art. R. 733-40.]*

A titre dérogatoire, le présent art. demeure applicable de plein droit à Saint-Barthélemy, Saint-Martin, en Polynésie française et en Nouvelle-Calédonie dans sa rédaction résultant du Décr. n° 2020-1734 du 16 déc. 2020 portant partie réglementaire du CESEDA (Décr. n° 2024-800 du 8 juill. 2024, art. 17-II, en vigueur le 15 juill. 2024).

TITRE IV **DROIT AU MAINTIEN SUR LE TERRITOIRE FRANÇAIS**

Art. R. 540-1 Conformément à l'article R. 240-1, les dispositions du présent titre sont applicables à l'étranger dont la situation est régie par le livre II.

CHAPITRE I BÉNÉFICE DU DROIT AU MAINTIEN

Art. R. 541-1 L'attestation de demande d'asile est renouvelée jusqu'à ce que le droit au maintien prenne fin en application des articles L. 542-1 ou L. 542-2.

Le renouvellement de l'attestation de demande d'asile relève du préfet du département dans lequel le demandeur d'asile est domicilié en application des articles R. 551-7 à R. 551-15, et à Paris, du préfet de police.

Le premier renouvellement est effectué sur présentation de l'accusé de réception de l'Office français de protection des réfugiés et apatrides mentionné à l'article R. 531-5.

Sous réserve des dispositions de l'article L. 542-2, en cas de recours contre une décision de l'office rejetant une demande d'asile, le renouvellement est effectué sur présentation de l'avis de réception d'un recours devant la Cour nationale du droit d'asile mentionné à l'article R. 532-9.

L'attestation n'est pas renouvelée lorsqu'il est manifeste que le délai prévu à l'article L. 532-1 n'a pas été respecté. – *[Anc. art. R. 743-1.]*

Art. R. 541-2 L'étranger qui sollicite le renouvellement de l'attestation de demande d'asile présente à l'appui de sa demande la déclaration de domiciliation prévue à l'article R. 551-8 ou le justificatif de domicile s'il dispose d'un domicile stable. – *[Anc. art. R. 743-2.]*

CHAPITRE II FIN DU DROIT AU MAINTIEN

Le présent chapitre ne comprend pas de dispositions réglementaires.

TITRE V CONDITIONS D'ACCUEIL DES DEMANDEURS D'ASILE

Art. R. 550-1 Conformément à l'article R. 240-1, les dispositions du présent titre sont applicables à l'étranger non citoyen de l'Union européenne dont la situation est régie par le livre II.

CHAPITRE I DISPOSITIONS GÉNÉRALES

SECTION 1 Orientation

Art. R. 551-1 Pour l'application de l'article L. 551-4, le schéma national d'accueil des demandeurs d'asile et des réfugiés fixe, tous les deux ans, la part des demandeurs d'asile devant résider dans chaque région, hors outre-mer. Cette répartition tient compte des caractéristiques démographiques, économiques et sociales ainsi que des capacités d'accueil de chaque région. Le schéma fixe également par région la répartition des places d'hébergement destinées aux demandeurs d'asile et aux réfugiés. – *[Anc. art. R. 744-13-1.]*

Art. R. 551-2 L'Office français de l'immigration et de l'intégration informe les demandeurs d'asile de la région de résidence, telle que prévue à l'article L. 551-3, du lieu d'hébergement, ou à défaut d'hébergement disponible, de l'organisme conventionné en application de l'article L. 550-2. – *[Anc. art. R. 744-13-2, al. 1er.]*

Art. R. 551-3 Dans le cas où le demandeur d'asile est orienté vers une région différente de la région d'enregistrement de la demande d'asile, l'Office français de l'immigration et de l'intégration lui remet un titre de transport afin qu'il se rende vers l'un des lieux mentionnés à l'article R. 551-2. Le demandeur doit s'y rendre dans un délai de cinq jours. – *[Anc. art. R. 744-13-2, al. 2.]*

Art. R. 551-4 Dès l'arrivée du demandeur d'asile, le gestionnaire du lieu d'hébergement ou, le cas échéant, de l'organisme conventionné en application de l'article L. 550-2, en informe, sans délai, l'Office français de l'immigration et de l'intégration. Le gestionnaire de ce lieu ou de cette structure domicilie le demandeur. – *[Anc. art. R. 744-13-3, al. 1er.]*

Art. R. 551-5 A défaut de présentation du demandeur dans le délai de cinq jours, mentionné à l'article R. 551-3, il peut être mis fin au bénéfice des conditions matérielles d'accueil, en application de l'article L. 551-16. – *[Anc. art. R. 744-13-3, al. 2.]*

Art. R. 551-6 Le demandeur d'asile est tenu de résider dans la région où il est domicilié, durant toute la durée de la procédure de l'examen de sa demande d'asile.

Pour l'application de l'article L. 551-5, si l'Office français de l'immigration et de l'intégration autorise le demandeur d'asile à quitter temporairement sa région de résidence, l'autorisation mentionne la région dans laquelle il est autorisé à se déplacer et la durée de ce déplacement. En cas de refus d'autorisation, une décision écrite et motivée est notifiée à l'intéressé.

Si le demandeur a quitté temporairement la région où il est domicilié sans autorisation de l'office il peut être mis fin au bénéfice des conditions matérielles d'accueil, en application de l'article L. 551-16. – *[Anc. art. R. 744-13-4.]*

SECTION 2 **Domiciliation**

Art. R. 551-7 Sont considérés comme des domiciles stables, au sens de l'article L. 551-7 :

1° Le lieu où la personne est hébergée en disposant d'un titre pour y fixer son domicile ;

2° Les lieux mentionnés à l'article L. 552-1, autres que les établissements hôteliers. – *[Anc. art. R. 744-1.]*

Art. R. 551-8 Les organismes conventionnés en application de l'article L. 550-2 ou hébergeant de manière stable des demandeurs d'asile remettent aux intéressés une déclaration de domiciliation dont le modèle est fixé par arrêté du ministre chargé de l'asile.

Cette déclaration est délivrée aux demandeurs d'asile en possession d'une attestation de demande d'asile. Elle précise le nom et l'adresse de la personne morale, la date de la déclaration, et, le cas échéant, l'énumération des droits ouverts pour lesquels cette déclaration peut être utilisée. – *[Anc. art. R. 744-2, al. 1er et 2.]*

Art. R. 551-9 La déclaration de domiciliation est accordée pour une durée d'un an. Elle est renouvelable. – *[Anc. art. R. 744-2, al. 3.]*

Art. R. 551-10 La déclaration de domiciliation vaut également justificatif de domicile pour l'ouverture d'un compte bancaire en application de l'article L. 312-1 du code monétaire et financier. – *[Anc. art. R. 744-2, al. 4.]*

Art. R. 551-11 Toute correspondance transmise par voie postale au demandeur d'asile est envoyée à l'adresse à laquelle il a élu domicile en application de l'article L. 551-7. – *[Anc. art. R. 744-4-1, I, al. 1er.]*

Art. R. 551-12 Le demandeur d'asile disposant d'un domicile stable est tenu, en cas de changement d'adresse, d'en informer sans délai l'Office français de l'immigration et de l'intégration. A défaut, toute correspondance est faite *[faite]* à la dernière adresse connue est réputée notifiée à son destinataire. – *[Anc. art. R. 744-4-1, al. 2.]*

Art. R. 551-13 L'absence d'une adresse effective ne peut être opposée à un demandeur d'asile pour lui refuser l'exercice d'un droit ou l'accès à un service essentiel garanti par la loi, notamment en matière bancaire et postale, dès lors qu'il dispose d'une déclaration de domiciliation en cours de validité. – *[Anc. art. R. 744-2, al. 5.]*

Art. R. 551-14 Les organismes conventionnés en application de l'article L. 550-2 procèdent à la domiciliation des demandeurs d'asile qui sont orientés vers eux par l'Office français de l'immigration et de l'intégration. Ils ne peuvent refuser l'élection de domicile que dans les cas prévus par leur convention.

L'organisme qui assure la domiciliation y met fin :

1° Lorsque le demandeur est orienté par l'office vers un hébergement pour demandeur d'asile au sens de l'article L. 552-1 autres que les établissements hôteliers ;

2° Lorsque le demandeur fait connaître à l'office l'adresse de son domicile stable.

L'organisme peut mettre fin à la domiciliation lorsque le demandeur a adopté un comportement violent envers le personnel de l'organisme ou un tiers. Le demandeur est alors orienté par l'office vers un autre organisme en vue de sa domiciliation.

L'organisme indiqué par la déclaration de domiciliation est tenu de communiquer pour l'exercice de leur mission, aux organismes de sécurité sociale tous éléments utiles permettant de vérifier qu'une personne est bien domiciliée auprès de lui. – *[Anc. art. R. 744-3, I.]*

Art. R. 551-15 Les organismes conventionnés en application de l'article L. 550-2 transmettent chaque année à l'Office français de l'immigration et de l'intégration ainsi qu'au préfet de département un bilan de leur activité indiquant :

1° Le nombre de demandeurs d'asile suivis à la fin de l'année ;

2° Le nombre de demandeurs d'asile reçus dans l'année et le nombre de demandeurs dont la domiciliation a pris fin en cours d'année ;

3° Les moyens matériels et humains dont dispose la personne morale pour assurer son activité de domiciliation ;

4° Les conditions de mise en œuvre du cahier des charges. – *[Anc. art. R. 744-3, II.]*

SECTION 3 Conditions matérielles d'accueil

SOUS-SECTION 1 Proposition

Art. D. 551-16 L'offre de prise en charge faite au demandeur d'asile en application de l'article L. 551-9 fait mention de la possibilité pour le demandeur d'asile de se voir refuser le bénéfice des conditions matérielles d'accueil ou qu'il y soit mis fin dans les conditions prévues par les articles L. 551-15, L. 551-16 et D. 551-17 à R. 551-23. – *[Anc. art. D. 744-39.]*

SOUS-SECTION 2 Refus et cessation

Art. D. 551-17 La décision de refus des conditions matérielles d'accueil prise en application de l'article L. 551-15 est écrite *(Décr. n° 2024-809 du 5 juill. 2024, art. 1er, en vigueur le 17 juill. 2024)* « et motivée. Elle prend en compte la situation particulière et la vulnérabilité de la personne concernée ». Elle prend effet à compter de sa signature.

(Abrogé par Décr. n° 2024-809 du 5 juill. 2024, art. 1er, à compter du 17 juill. 2024) *« Dans un délai de deux mois à compter de la notification de cette décision, le bénéficiaire peut introduire un recours devant le directeur général de l'Office français de l'immigration et de l'intégration, à peine d'irrecevabilité du recours contentieux. La décision comporte la mention des voies et délais dans lesquels ce recours peut être formé.*

« Le directeur général de l'office dispose d'un délai de deux mois pour statuer. A défaut, le recours est réputé rejeté. Toute décision de rejet doit être motivée. » – *[Anc. art. D. 744-37-1.]*

Ancien art. D. 551-17 *La décision de refus des conditions matérielles d'accueil prise en application de l'article L. 551-15 est écrite, motivée et prend en compte la vulnérabilité du demandeur. Elle prend effet à compter de sa signature.*

Dans un délai de deux mois à compter de la notification de cette décision, le bénéficiaire peut introduire un recours devant le directeur général de l'Office français de l'immigration et de l'intégration, à peine d'irrecevabilité du recours contentieux. La décision comporte la mention des voies et délais dans lesquels ce recours peut être formé.

Le directeur général de l'office dispose d'un délai de deux mois pour statuer. A défaut, le recours est réputé rejeté. Toute décision de rejet doit être motivée. – *[Anc. art. D. 744-37-1.]*

Art. D. 551-18 La décision mettant fin aux conditions matérielles d'accueil prise en application de l'article L. 551-16 est écrite, motivée et prise après que le demandeur a été mis en mesure de présenter à l'Office français de l'immigration et de l'intégration ses observations écrites dans un délai de quinze jours. *(Décr. n° 2024-809 du 5 juill. 2024, art. 1er, en vigueur le 17 juill. 2024)* « Elle prend en compte la situation particulière et la vulnérabilité de la personne concernée. Dans les cas prévus aux 1° à 3° de l'article L. 551-16, elle ne peut être prise que dans des cas exceptionnels. » Cette décision prend effet à compter de sa signature.

Lorsque la décision est motivée par la circonstance que le demandeur a dissimulé ses ressources financières, a fourni des informations mensongères sur sa situation familiale ou a présenté plusieurs demandes d'asile sous des identités différentes, elle entraîne la restitution des montants indûment versés au titulaire de l'allocation. – *[Anc. art. D. 744-38.]*

Ancien art. D. 551-18 *La décision mettant fin aux conditions matérielles d'accueil prise en application de l'article L. 551-16 est écrite, motivée et prise après que le demandeur a été mis en mesure de présenter à l'Office français de l'immigration et de l'intégration ses observations écrites dans un délai de quinze jours. Elle prend en compte la vulnérabilité du demandeur. Cette décision prend effet à compter de sa signature.*

Lorsque la décision est motivée par la circonstance que le demandeur a dissimulé ses ressources financières, a fourni des informations mensongères sur sa situation familiale ou a présenté plusieurs demandes d'asile sous des identités différentes, elle entraîne la restitution des montants indûment versés au titulaire de l'allocation. – [Anc. art. D. 744-38.]

Art. D. 551-19 Le bénéfice du montant additionnel versé aux personnes non hébergées prévu à l'article D. 553-8 *(Décr. n° 2024-809 du 5 juill. 2024, art. 1er, en vigueur le 17 juill. 2024)* « est » retiré par l'Office français de l'immigration et de l'intégration *(Décr. n° 2024-809 du 5 juill. 2024, art. 1er)* « , selon les modalités définies à l'article D. 551-18, » si le bénéficiaire a fourni des informations mensongères relatives à son domicile ou ses modalités d'hébergement. – *[Anc. art. D. 744-36, al. 2.]*

Ancien art. D. 551-19 *Le bénéfice du montant additionnel versé aux personnes non hébergées prévu à l'article D. 553-8 peut être retiré par l'Office français de l'immigration et de l'intégration si le bénéficiaire a fourni des informations mensongères relatives à son domicile ou ses modalités d'hébergement.* – [Anc. art. D. 744-36, al. 2.]

Art. D. 551-20 Le bénéfice de l'allocation pour demandeur d'asile *(Décr. n° 2024-809 du 5 juill. 2024, art. 1er, en vigueur le 17 juill. 2024)* « est » refusé par l'Office français de l'immigration et de l'intégration *(Décr. n° 2024-809 du 5 juill. 2024, art. 1er, en vigueur le 17 juill. 2024)* « , selon les modalités définies à l'article D. 551-17 » :

1° En cas de demande de réexamen de la demande d'asile ;

2° Si le demandeur, sans motif légitime, n'a pas présenté sa demande d'asile dans le délai prévu au 3° de l'article L. 531-27 ;

3° En cas de fraude. – *[Anc. art. D. 744-37.]*

Ancien art. D. 551-20 *Le bénéfice de l'allocation pour demandeur d'asile peut être refusé par l'Office français de l'immigration et de l'intégration :*

1° En cas de demande de réexamen de la demande d'asile ;

2° Si le demandeur, sans motif légitime, n'a pas présenté sa demande d'asile dans le délai prévu au 3° de l'article L. 531-27 ;

3° En cas de fraude. – [Anc. art. D. 744-37.]

Art. R. 551-21 Pour l'application du 2° de l'article L. 551-16, un demandeur d'asile est considéré comme ayant quitté son lieu d'hébergement s'il s'en absente plus d'une semaine sans justification valable.

Dans ce cas, le gestionnaire du lieu en informe sans délai, en application de l'article L. 552-5, l'Office français de l'immigration et de l'intégration. – *[Anc. art. R. 744-9, II.]*

Art. D. 551-22 Pour l'application du 4° de l'article L. 551-16, les ressources financières sont celles qui sont visées au second alinéa de l'article D. 553-3. – *[Anc. art. D. 744-36, al. 1er.]*

Art. R. 551-23 Les modalités de refus ou de réouverture des conditions matérielles d'accueil sont précisées par l'Office français de l'immigration et de l'intégration lors de l'offre de prise en charge dans une langue que le demandeur d'asile comprend ou dont il est raisonnable de penser qu'il la comprend. – *[Anc. art. R. 744-9, I.]*

CHAPITRE II **HÉBERGEMENT DES DEMANDEURS D'ASILE**

SECTION 1 **Lieux d'hébergement**

Art. R. 552-1 Les centres d'accueil pour demandeurs d'asile sont régis par les dispositions de la présente section ainsi que par les dispositions du code de l'action sociale et des familles. – *[Anc. art. R. 744-5.]*

Art. R. 552-2 Aux fins de la gestion des lieux d'hébergement pour demandeurs d'asile, mentionnés à l'article L. 552-1 autres que les établissements hôteliers, le ministre chargé de l'asile fixe par arrêté les documents types suivants :

1° Le cahier des charges des lieux d'hébergement pour demandeurs d'asile ;

2° Le contrat de séjour signé entre le gestionnaire de ces lieux d'hébergement et les demandeurs d'asile accueillis ;

3° Le règlement de fonctionnement des lieux d'hébergement pour demandeurs d'asile. – *[Anc. art. R. 744-6.] – V. Arr. du 17 avr. 2023.*

Arrêté du 17 avril 2023,

Relatif au contrat de séjour et au règlement de fonctionnement des centres d'accueil et d'évaluation de la situation administrative.

Art. 1er Le contrat de séjour et le règlement de fonctionnement prévus à l'article R. 552-2 du code de l'entrée et du séjour des étrangers et du droit d'asile sont annexés au présent arrêté.

Art. 2 L'arrêté du 6 janvier 2022 relatif au contrat de séjour et règlement de fonctionnement des centres d'accueil et d'évaluation de la situation administrative est abrogé (NOR INTV2200066A).

ANNEXE

CONTRAT DE SÉJOUR DES CENTRES D'ACCUEIL ET D'EXAMEN DE LA SITUATION ADMINISTRATIVE

Conclu entre :

Le Centre d'accueil et d'examen de la situation administrative (CAES) de ....

dont l'adresse est ....

géré par l'opérateur ....

et

M./Mme .... admis au sein du CAES le ....

Art. 1er *Nature du contrat et durée du séjour.* Le présent contrat est un contrat d'hébergement temporaire au sein d'un centre d'accueil et d'évaluation de la situation administrative (CAES) relevant des lieux d'hébergement pour demandeurs d'asile tels que définis par l'article L. 552-1 du code de l'entrée et du séjour des étrangers et du droits d'asile (CESEDA).

Le présent contrat débute le .../.../20... (jour de la signature).

Votre séjour au sein du CAES sera d'une durée cible de 30 jours. Si vous êtes éligible aux conditions matérielles d'accueil au titre de votre demande d'asile, la fin du séjour en CAES ne met pas fin à ce droit.

Art. 2 *Contenu et objectifs de la prise en charge.* Votre prise en charge temporaire est financée par le budget de l'État.

Outre l'hébergement, le gestionnaire du CAES est chargé de vous apporter un accompagnement social et administratif pendant la durée de votre séjour.

1. Les engagements du gestionnaire du CAES :

Le gestionnaire du CAES est chargé de vous fournir les prestations suivantes :

— assurer votre hébergement. Votre hébergement pourra être assuré en cohabitation avec d'autres personnes, ce qui implique le partage avec elles des pièces de vie. Un kit d'accueil couvrant les besoins liés à l'hygiène, à la cuisine et à la literie vous sera remis ;

— assurer votre domiciliation pendant votre séjour ;

— faciliter l'évaluation de votre situation administrative par les services compétents de l'État. A cette fin, les services de l'État peuvent être accueillis dans des locaux du CAES afin de procéder à l'évaluation de la situation administrative des personnes hébergées et, si cela se justifie par les démarches qu'elles engagent, relever leurs empreintes digitales dans le respect des finalités des traitements de données utilisés. Ce relevé d'empreintes ne constitue pas une condition d'accès ou de maintien dans l'hébergement. Le centre peut également être conduit à prendre les rendez-vous nécessaires auprès des administrations compétentes ;

— assurer plus généralement votre accompagnement dans les démarches juridiques et administratives que vous serez conduit à engager en fonction de votre situation, telles que :

— l'information sur la procédure de demande d'asile, le droit au séjour des étrangers en France et, en lien avec l'Office français de l'immigration et de l'intégration (OFII), les dispositifs d'aide au retour volontaire et à la réinsertion ;

— l'aide à la constitution du dossier de demande d'asile devant l'Office français de protection des réfugiés et apatrides (OFPRA) ou, le cas échéant, au recours devant la Cour nationale du droit d'asile (CNDA) ;

— l'information sur le déroulement de la procédure et les conditions de transfert vers l'État membre responsable de votre demande d'asile (assignation à résidence, modalités de transfert et conséquences en cas de non coopération avec les autorités), dans le cas où vous faites l'objet d'une procédure de transfert au titre du règlement "Dublin" *[Règl. n° 604/2013 du 26 juin 2013 établissant les critères et mécanismes de détermination de l'État membre responsable de l'examen d'une demande de protection internationale introduite dans l'un des États membres par un ressortissant de pays tiers ou un apatride.]* ;

— assurer votre accompagnement social et sanitaire, et notamment :

— votre diagnostic social et sanitaire, l'orientation vers les dispositifs de prise en charge et l'accompagnement dans l'ouverture des droits sociaux ;

— le signalement de vulnérabilités éventuelles à l'OFII et à l'OFPRA ;

— assurer votre subsistance pendant votre prise en charge par le versement d'un fonds de premier secours si vos droits à l'allocation pour demandeur d'asile (ADA) ne sont pas ouverts. Le gestionnaire du CAES pourra vous demander le remboursement de ce fonds dès que vous percevrez l'ADA. Les règles relatives à la participation financière des personnes hébergées sont fixées par l'article R. 552-4 du CESEDA ;

— préparer, en lien avec l'OFII et les acteurs territoriaux, votre sortie du centre, notamment dans le cadre d'une orientation vers un lieu d'hébergement pour demandeurs d'asile si vous y êtes éligible. Cela implique notamment :

— la remise de la notification d'orientation établie par l'OFII ;

— l'organisation de votre acheminement vers la nouvelle structure d'hébergement ;

— le transfert de votre dossier social vers votre nouvelle structure d'hébergement, en lien avec celle-ci.

2. Vos engagements :

Pendant la durée de votre séjour, vous devez :

Concernant le fonctionnement du centre :

— respecter le règlement de fonctionnement du CAES qui est affiché dans le centre et qui vous est remis lors de la signature du contrat de séjour.

Concernant votre accompagnement :

— participer aux activités d'information organisées par le centre ;

— vous présenter aux rendez-vous administratifs ;

— ne pas fournir d'information mensongère relative à votre situation familiale.

Concernant les absences et déplacements :

— signaler au préalable toute absence de plus de 24 heures au gestionnaire du CAES ;

— solliciter une autorisation auprès du gestionnaire du CAES pour toute absence supérieure à une semaine.

Concernant la sortie du centre :

— accepter la proposition d'orientation dans une structure dédiée à l'accueil des demandeurs d'asile ;

— rejoindre, dans les délais fixés par l'OFII, le lieu d'accueil où une place vous aura été réservée ;

— informer le gestionnaire du CAES de votre décision de quitter le centre définitivement ;

— quelle que soit votre situation, informer le gestionnaire du CAES de votre prochaine adresse, notamment pour permettre d'organiser le suivi de votre courrier.

Art. 3 *Fin de la prise en charge – résiliation du contrat.* Le présent contrat sera résilié et vous devrez quitter le centre :

— s'il ressort de l'examen de votre situation administrative que vous ne bénéficiez pas ou plus du droit aux conditions matérielles d'accueil au titre de la demande d'asile tel qu'il résulte des dispositions du titre V du livre V du CESEDA ; le droit à l'hébergement prend notamment fin au terme du mois au cours duquel votre droit à vous maintenir sur le territoire français a pris fin, dans les conditions prévues aux articles L. 542-1 et L. 542-2 ;

— si, alors que votre demande d'asile est pendante, vous faites l'objet, à titre exceptionnel, d'une décision de refus ou de retrait, total ou partiel, des conditions matérielles d'accueil en application des articles L. 551-15 et L. 551-16 du CESEDA ;

— si une décision de sortie d'hébergement vous a été notifiée en raison d'un comportement violent ou d'un manquement grave au règlement de fonctionnement du CAES ; une telle décision est sans préjudice de votre droit aux conditions matérielles d'accueil si vous y êtes éligible au titre de votre demande d'asile ;

— si vous faites l'objet, au titre du règlement "Dublin", d'un transfert vers l'État responsable de l'examen de votre demande d'asile ;

— si vous faites l'objet d'une orientation par l'OFII vers une place d'hébergement du dispositif national d'accueil des demandeurs d'asile.

En cas de non-respect de ces règles de fin de prise en charge, le gestionnaire du CAES informera les autorités administratives compétentes afin qu'il soit procédé à votre sortie de la structure, en application des articles L. 552-14 et L. 552-15 du CESEDA.

Art. 4 *Traitement de vos données à caractère personnel.* Les données à caractère personnel relatives à votre état civil, votre situation administrative et vos conditions d'accueil ainsi que les informations que vous communiquez aux professionnels du CAES sont enregistrées dans le système d'information prévu à cet effet. Une information spécifique doit vous être adressée sur le traitement, l'accès, la conservation et la rectification des données ainsi conservées, conformément à la loi du 6 janvier 1978 relative à l'informatique, aux fichiers et aux libertés et la loi du 20 juin 2019 relative à la protection des données personnelles. Cette information comprend l'adresse à laquelle vous pouvez exercer vos droits concernant les données à caractère personnel.

Fait en double exemplaire, le .../.../...

Le responsable du CAES

M./Mme

ANNEXE

Règlement de fonctionnement des centres d'accueil et d'examen de la situation administrative

Le règlement de fonctionnement a pour objet de préciser les conditions de vie collective des personnes hébergées au sein du centre d'accueil et d'examen de la situation administrative (CAES) de ..., géré par l'opérateur ...

Il est affiché au sein de l'établissement.

I — DISPOSITIONS GÉNÉRALES

Art. 1er *Admission.* Les admissions au sein du CAES se font sur décision de l'Office français d'immigration et d'intégration (OFII). Un contrat de séjour est conclu entre la personne hébergée et le gestionnaire du CAES.

II — PRISE EN CHARGE

Art. 2 *Hébergement.* La présence des personnes hébergées dans le centre est temporaire. Elle est définie dans le contrat de séjour signé à l'arrivée de la personne dans le CAES. La durée cible du séjour au sein du CAES est de 30 jours. La personne est hébergée en chambre individuelle ou partagée. Le partage du lieu d'hébergement en cohabitation avec d'autres personnes peut, si nécessaire, être décidé par le gestionnaire du centre. Un kit d'accueil couvrant les besoins liés à l'hygiène, à la cuisine et à la literie est remis à la personne hébergée à son arrivée dans le CAES. Le règlement de fonctionnement du CAES est remis à la personne hébergée lors de la signature du contrat de séjour. Il est affiché dans le centre.

Art. 3 *Repas.* Les locaux sont équipés en cuisines, collectives ou individuelles, aménagées et à disposition des personnes hébergées. A défaut de cuisine, le gestionnaire du CAES fournit une prestation de restauration (3 repas par jour).

Art. 4 *Démarches administratives.* Toutes les démarches administratives relatives à la demande de protection internationale et à la procédure de transfert vers l'État membre responsable de l'examen de la demande d'asile au titre du règlement "Dublin" *[Règlement n° 604/2013 du 26 juin 2013 établissant les critères et mécanismes de détermination de l'État membre responsable de l'examen d'une demande de protection internationale introduite dans l'un des États membres par un ressortissant de pays tiers ou un apatride]* sont traitées avec l'équipe du centre.

Les services de l'État peuvent être accueillis dans des locaux du CAES afin de procéder à l'évaluation de la situation administrative des personnes hébergées et, si cela se justifie par les démarches qu'elles engagent, relever leurs empreintes digitales dans le respect des finalités des traitements de données utilisés. Ce relevé d'empreintes ne constitue pas une condition d'accès ou de maintien dans l'hébergement.

Art. 5 *Santé/Examens médicaux obligatoires.* A l'arrivée dans le centre, conformément à la réglementation sanitaire, un dépistage pulmonaire pourra être proposé. Les vaccinations obligatoires pour les enfants sont réalisées par les services de la protection maternelle et infantile ou, à défaut, par le médecin traitant.

Art. 6 *Participation des personnes hébergées au fonctionnement du centre.* Les personnes hébergées participent au fonctionnement du centre par le biais de réunions sur tous les aspects de la procédure de demande d'asile et de la vie en France, et par le recueil continu de leurs besoins et de leurs demandes.

III — DISCIPLINE ET PROPRETÉ

Art. 7 *Locaux/Parties communes.* L'utilisation des espaces et équipements communs implique le respect des règles permettant de les maintenir en état de propreté satisfaisant. Les personnes hébergées doivent porter une attention particulière à l'entretien des parties communes. Des détériorations ou des négligences caractérisées pourront entraîner des demandes de remboursement.

Art. 8 *Locaux à usage personnel.* Le centre met à la disposition des personnes hébergées des chambres meublées et, selon les lieux d'hébergement, dotées d'appareils électroménagers. Un inventaire et un état des lieux sont établis à la remise des clés. Le matériel manquant ou détérioré est facturé à la sortie du centre.

Les personnes hébergées sont responsables de l'entretien régulier de l'espace qui leur est réservé. Le personnel du centre peut accéder aux unités de vie et aux chambres pour des raisons de sécurité et d'hygiène. La modification des installations existantes et l'usage d'appareils électriques ou autres ne sont pas permis dans le centre ou dans les chambres.

Les consommations normales de gaz, d'eau et d'électricité sont prises en charge par le centre. En cas de consommation abusive, des mesures restrictives seront mises en place et un remboursement partiel sera exigé des personnes hébergées.

Art. 9 *Vie collective.* Il est formellement interdit d'héberger dans sa chambre des personnes qui ne sont pas inscrites sur les registres de présence du centre. L'usage des locaux et l'utilisation des équipements collectifs sont réservés aux personnes hébergées. Les visites sont autorisées en journée dans le respect de la vie en collectivité. En cas de cohabitation de plusieurs personnes dans un même logis, ces visites ne doivent pas causer de gêne aux cohabitants. La tranquillité du voisinage doit être respectée en évitant les nuisances sonores entre 22 heures et 7 heures du matin. Le CAES est une collectivité où la cohabitation est fondée sur le respect de l'autre. Afin de préserver la qualité de vie de tous, chaque résident doit conserver en tout temps et en tout lieu une attitude correcte et respectueuse des autres.

Art. 10 *Absences.* Les absences de courte durée sont autorisées. Cependant toute personne qui souhaite s'absenter plus de 24 heures doit en informer au préalable le responsable du centre. Toute absence de plus d'une semaine doit être autorisée par le responsable du centre. A défaut, elle pourra être considérée comme un abandon du lieu d'hébergement. La fermeture de la chambre et la mise sous consigne des effets personnels pourra être réalisée. Le gestionnaire du CAES signalera systématiquement au service territorial compétent de l'OFII les abandons des lieux d'hébergement.

IV — SÉCURITÉ

Art. 11 *Accidents corporels et dommages.* Le CAES a pour obligation d'assurer toutes les personnes hébergées en responsabilité civile pour les dommages causés aux tiers.

Pendant leur séjour, les parents sont responsables civilement et pénalement de leurs enfants mineurs. La responsabilité du gestionnaire du CAES ou de son personnel ne saurait en aucun cas être engagée à raison des accidents que les enfants mineurs pourraient causer ou subir du fait de l'absence de surveillance de leurs parents.

Art. 12 *Sécurité.* Le risque d'incendie dans les chambres étant un danger majeur, il est strictement interdit d'utiliser tout appareil chauffant (électrique ou gaz) dans les chambres, de réaliser des branchements de fortune ou de modifier les installations électriques existantes. Les lumières doivent être éteintes lorsque vous quittez votre chambre.

Lorsque l'alarme incendie retentit, de jour comme de nuit, les personnes présentes doivent évacuer immédiatement et sans précipitation les locaux. Toute dégradation ou utilisation abusive de l'alarme incendie sera sanctionnée.

Les ascenseurs, dans le cas où l'hébergement en est équipé, ne doivent pas être utilisés par des enfants non accompagnés et ne doivent pas être surchargés.

Toute personne hébergée doit signaler au gestionnaire du centre tout incident, accident, cas de violence, etc. survenu pendant ou en dehors des heures d'ouverture des bureaux (nuit et week-end).

Numéros d'urgence : SAMU : 15 / POLICE : 17 / POMPIERS : 18

V — FIN DE PRISE EN CHARGE

Art. 13 *Fin de prise en charge.* La fin de la prise en charge de la personne hébergée au sein du CAES peut être prononcée :

— s'il ressort de l'examen de la situation administrative de la personne qu'elle ne relève pas ou plus du droit aux conditions matérielles d'accueil au titre de la demande d'asile tel qu'il résulte des dispositions du titre V du livre V du CESEDA ; le droit à l'hébergement prend notamment fin au terme du mois au cours duquel le droit au maintien sur le territoire français a pris fin, dans les conditions prévues aux articles L. 542-1 et L. 542-2 ;

— si la personne hébergée, alors que sa demande d'asile est pendante, fait l'objet, à titre exceptionnel, d'une décision de refus ou de de retrait, total ou partiel, des conditions matérielles d'accueil en application des articles L. 551-15 et L. 551-16 ;

— si la personne a reçu notification d'une décision de sortie d'hébergement en raison d'un comportement violent ou d'un manquement grave au règlement de fonctionnement du CAES ; une telle décision est sans préjudice du droit aux conditions matérielles d'accueil si la personne y est éligible au titre de sa demande d'asile ;

— si la personne fait l'objet, au titre du règlement "Dublin", d'un transfert dans l'État responsable de l'examen de sa demande d'asile ;

— si la personne fait l'objet d'une décision d'orientation par l'OFII vers une place d'hébergement du dispositif national d'accueil des demandeurs d'asile.

A titre exceptionnel, le gestionnaire du centre peut demander à l'OFII d'organiser le transfert d'une personne hébergée vers un autre lieu d'hébergement lorsque sa situation, notamment médicale, nécessite une prise en charge adaptée à ses besoins, ou lorsque des difficultés d'adaptation ou des incompatibilités liées à la vie du centre ont été constatées.

Art. 14 *Procédure d'exclusion du centre.* En cas de non-respect des règles de fin de prise en charge, le gestionnaire informera les autorités administratives compétentes afin qu'il soit procédé à la sortie de la personne hébergée du CAES en application des articles L. 552-14 et L. 552-15 du CESEDA.

Fait en deux exemplaires.

Date : .../.../...

La Direction

Art. R. 552-3 Les lieux d'hébergement mentionnés à l'article L. 552-1 reçoivent la correspondance destinée aux personnes domiciliées et la mettent à leur disposition. – *[Anc. art. R. 744-4.]*

Art. R. 552-4 Les personnes hébergées dans un lieu d'hébergement pour demandeurs d'asile mentionné à l'article L. 552-1 dont le niveau de ressources mensuelles est égal ou supérieur au montant du revenu de solidarité active défini à l'article L. 262-2 du code de l'action sociale et des familles s'acquittent d'une participation financière à leurs frais d'hébergement et d'entretien, dans des conditions définies par arrêté des ministres des affaires sociales, de l'asile et du budget. Le montant de la participation financière tient compte notamment : – *V. Arr. du 12 déc. 2023, infra.*

1° Des ressources de la personne ou de la famille accueillie ;

2° Des dépenses restant à sa charge pendant la période d'accueil.

La personne accueillie acquitte directement sa participation financière au gestionnaire du lieu d'hébergement qui lui en délivre récépissé. – *[Anc. art. R. 744-10, al. 1er à 5.]*

Arrêté du 12 décembre 2023,

Relatif à la participation financière des personnes hébergées dans un lieu d'hébergement pour demandeurs d'asile.

Art. 1er Le niveau de ressources pris en compte, après un mois échu de présence, pour déterminer la participation financière prévue à l'article R. 552-4 du code de l'entrée et du séjour des étrangers et du droit d'asile est égal à la moyenne mensuelle de l'ensemble des ressources de la personne hébergée au titre des trois mois précédant l'examen de sa situation.

Les ressources prises en considération comprennent celles de l'intéressé et, le cas échéant, de son conjoint, partenaire lié par un pacte civil de solidarité, concubin ou tout autre membre de famille, si ces personnes sont hébergées dans le même lieu d'hébergement pour demandeurs d'asile.

La situation familiale et le niveau de ressources sont appréciés le jour de l'entrée dans le lieu d'hébergement, puis le premier jour du mois suivant chaque changement de situation de la personne hébergée et, dans tous les cas, au moins une fois tous les six mois.

Art. 2 Ne sont pas prises en compte pour la détermination du montant de la participation financière mensuelle les ressources suivantes :

1° L'allocation pour demandeur d'asile, prévue à l'article L. 553-1 du code de l'entrée et du séjour des étrangers et du droit d'asile ;

2° Les aides sociales facultatives.

Art. 3 La participation financière est acquittée mensuellement. Son montant est fixé selon le barème suivant :

	Participation aux frais d'hébergement et d'entretien en pourcentage des revenus tels que définis par le présent arrêté	
	Hébergement avec restauration	Hébergement sans restauration
Personne isolée, couple	25 %	15 %
Personne isolée avec enfant et famille d'au moins trois personnes	20 %	10 %

Par dérogation à l'alinéa précédent, le préfet de département peut moduler, dans la limite de cinq points de pourcentage, le barème applicable pour chaque établissement pour tenir compte des conditions particulières offertes par ledit établissement, notamment la qualité des prestations d'hébergement, de restauration et d'entretien.

Art. 4 La participation financière des personnes hébergées est majorée de dix points en cas de présence indue. Par décision motivée, le directeur de l'établissement hébergeant une personne en présence indue peut l'exempter de cette majoration.

Art. 5 L'arrêté du 9 février 2022 portant application de l'article R. 552-4 du code de l'entrée et du séjour des étrangers et du droit d'asile est abrogé (NOR : INTV2119255A).

Art. R. 552-5 Le montant de la participation financière perçu par la structure d'hébergement vient en déduction pour le calcul de la dotation globale de financement prévue à l'article R. 314-150 du code de l'action sociale et des familles. – *[Anc. art. R. 744-10, al. 6.]*

Art. R. 552-6 Le gestionnaire du lieu d'hébergement signale, dans les meilleurs délais, toute absence injustifiée et prolongée, tout comportement violent et tout manquement grave au règlement du lieu d'hébergement à l'Office français de l'immigration et de l'intégration et au préfet du département dans lequel se situe ce lieu d'hébergement. – *[Anc. art. R. 744-11, al. 1er.]*

Art. R. 552-7 Le lieu d'hébergement conserve les dossiers des personnes accueillies deux années civiles après leur sortie. Les dossiers ainsi conservés peuvent à tout moment faire l'objet d'un contrôle sur place diligenté par le préfet de département ou, à Paris, le préfet de police. – *[Anc. art. R. 744-13.]*

SECTION 2 Admission

Art. R. 552-8 Si le demandeur d'asile accepte l'offre d'hébergement, l'Office français de l'immigration et de l'intégration l'informe du lieu qu'il doit rejoindre.

Ce lieu d'hébergement est situé dans la région où le demandeur d'asile s'est présenté pour l'enregistrement de sa demande d'asile ou dans une autre région, en application du schéma national d'accueil mentionné à l'article L. 551-1.

Le demandeur d'asile qui ne s'est pas présenté au gestionnaire du lieu d'hébergement dans les cinq jours suivant la décision de l'office est considéré comme ayant refusé l'offre d'hébergement. – *[Anc. art. R. 744-7.]*

Art. R. 552-9 L'opposition du préfet de département ou, à Paris, du préfet de police, prévue à l'article L. 552-10, doit intervenir dans un délai de quarante-huit heures à partir de la date de la décision d'admission.

A cet effet, il a accès au traitement automatisé des données géré par l'Office français de l'immigration et de l'intégration concernant les entrées et sorties dans les lieux d'hébergement pour demandeurs d'asile situés dans le département. – *[Anc. art. R. 744-8.]*

SECTION 3 Accompagnement

Art. R. 552-10 Les normes mentionnées à l'article L. 552-13 correspondent aux prestations d'accompagnement administratif, juridique, sanitaire et social fournies aux demandeurs d'asile pendant la durée de leur hébergement. Elles sont assurées par le gestionnaire du lieu d'hébergement ou sous sa responsabilité. Elles comportent :

1° La domiciliation du demandeur d'asile, pendant toute la durée de la procédure de demande d'asile ;

2° L'information sur les missions et le fonctionnement du lieu d'hébergement ainsi que l'information sur les droits et devoirs de la personne hébergée, matérialisée par la signature d'un contrat de séjour ;

3° L'information sur la procédure d'asile et l'accompagnement dans les démarches administratives relatives à la présentation de la demande devant l'Office français de protection des réfugiés et le cas échéant, à la présentation du recours devant la Cour nationale du droit d'asile ;

4° L'information sur les soins de santé et la facilitation d'accès aux services de santé afin d'assurer un suivi de santé adapté aux besoins ;

5° L'accompagnement dans les démarches d'ouverture des différents droits sociaux ;

6° L'accompagnement pour la scolarisation des enfants mineurs hébergés ;

7° La mise en place d'activités sociales, bénévoles et récréatives, en partenariat, le cas échéant, avec les collectivités locales et le tissu associatif de proximité ;

8° La préparation et l'organisation de la sortie du lieu d'hébergement, en lien avec l'Office français de l'immigration et de l'intégration.

L'ensemble de ces prestations sont précisées dans les cahiers des charges, publiés par arrêté du ministre chargé de l'asile, des centres d'accueil pour demandeurs d'asile et des structures bénéficiant de financements du ministère chargé de l'asile pour l'accueil de demandeurs d'asile. – *[Anc. art. R. 744-6-1.]*

SECTION 4 Sortie

Art. R. 552-11 Lorsqu'il est mis fin à l'hébergement en application des articles L. 551-11, L. 551-12, L. 551-14 ou L. 551-16, l'Office français de l'immigration et de l'intégration en informe sans délai le gestionnaire du lieu qui héberge la personne concernée, en précisant la date à laquelle elle doit sortir du lieu d'hébergement. – *[Anc. art. R. 744-12, I, al. 1er.]*

Art. R. 552-12 Dès que l'information prévue à l'article R. 552-11 lui est parvenue, le gestionnaire du lieu d'hébergement communique à la personne hébergée la date à laquelle elle doit en sortir. – *[Anc. art. R. 744-12, I, al. 2.]*

Art. R. 552-13 La personne hébergée peut solliciter son maintien dans le lieu d'hébergement au-delà de la date de décision de sortie du lieu d'hébergement prise par l'Office français de l'immigration et de l'intégration en application des articles L. 551-11 ou L. 551-13, dans les conditions suivantes :

1° Lorsqu'elle s'est vue reconnaitre la qualité de réfugié ou accorder le bénéfice de la protection subsidiaire, elle peut demander à être maintenue dans le lieu d'hébergement jusqu'à ce qu'une solution d'hébergement ou de logement soit trouvée, dans la limite d'une durée de trois mois à compter de la date de la fin de prise en charge ; durant cette période, elle prépare les modalités de sa sortie avec le gestionnaire du lieu qui prend toutes mesures utiles pour lui faciliter l'accès à ses droits, au service intégré d'accueil et d'orientation, ainsi qu'à une offre d'hébergement ou de logement adaptée ; cette période peut être prolongée pour une durée maximale de trois mois supplémentaires avec l'accord de l'office ;

2° Dans les autres cas, elle peut demander à être maintenue dans le lieu d'hébergement pour une durée maximale d'un mois à compter de la fin de prise en charge ; durant cette période, elle prépare les modalités de sa sortie avec le gestionnaire du lieu.

Cette personne est informée par le gestionnaire de ce qu'elle peut, dans le délai de quinze jours à compter de la fin de sa prise en charge, saisir l'Office français de l'immigration et de l'intégration en vue d'obtenir une aide au retour et éventuellement une aide à la réinsertion dans son pays d'origine. Si elle présente une telle demande, elle peut, à titre exceptionnel, être maintenue dans un lieu d'hébergement pour une durée maximale d'un mois à compter de la décision de l'office. – *[Anc. art. R. 744-12, I, al. 3 à 5.]*

Art. R. 552-14 Lorsque la personne n'a pas quitté le lieu d'hébergement à la date mentionnée à l'article R. 552-12 ou, le cas échéant, à l'expiration du délai prévu à l'article R. 552-13, le gestionnaire met en œuvre la décision de sortie prise par l'Office français de l'immigration et de l'intégration. Il en informe l'office et le préfet de département dans lequel se situe le lieu d'hébergement. – *[Anc. art. R. 744-12, II, al. 1er.]*

Art. R. 552-15 Pour l'application du premier alinéa de l'article L. 552-15, si une personne se maintient dans le lieu d'hébergement après la date mentionnée à l'article R. 552-12 ou, le cas échéant, après l'expiration du délai prévu à l'article R. 552-13, le préfet du département dans lequel se situe ce lieu d'hébergement ou le gestionnaire du lieu d'hébergement met en demeure cette personne de quitter les lieux dans les cas suivants :

1° La personne ne dispose pas d'un titre de séjour et n'a pas sollicité d'aide au retour volontaire ou a refusé l'offre d'aide au retour volontaire qui lui a été présentée par l'Office français de l'immigration et de l'intégration ;

2° La personne bénéficie d'un titre de séjour en France et a refusé une ou plusieurs offres de logement ou d'hébergement qui lui ont été faites en vue de libérer le lieu d'hébergement occupé.

Si la mise en demeure est infructueuse, le préfet ou le gestionnaire du lieu d'hébergement peut, après une décision de rejet définitive et dans les conditions prévues à l'article L. 552-15, saisir le président du tribunal administratif afin d'enjoindre à cet occupant de quitter les lieux. – *[Anc. art. R. 744-12, II, al. 2 à 5.]*

Art. R. 552-16 Pour l'application du deuxième alinéa de l'article L. 552-15, les actes contraires à l'ordre public sont constatés par le préfet du département dans lequel est domiciliée la personne hébergée, ou, à Paris, le préfet de police. – *[Anc. art. R. 744-11, al. 2.]*

CHAPITRE III **ALLOCATION POUR DEMANDEUR D'ASILE**

SECTION 1 **Conditions d'attribution**

Art. D. 553-1 Sont admis au bénéfice de l'allocation prévue au présent chapitre, les demandeurs d'asile qui ont accepté les conditions matérielles d'accueil proposées par l'Office français de l'immigration et de l'intégration en application de l'article L. 551-9 et qui sont titulaires de l'attestation de demande d'asile délivrée en application de l'article L. 521-7.

Lorsque le droit au maintien a pris fin en application des *b* ou *d* du 1° de l'article L. 542-2 et que l'attestation de demande d'asile a été retirée ou n'a pas été renouvelée par l'autorité administrative, en application de l'article L. 542-3, l'allocation pour demandeur d'asile est versée jusqu'aux termes prévus à l'article L. 551-14. – *[Anc. art. D. 744-17.]*

Art. D. 553-2 L'allocation pour demandeur d'asile, prévue à l'article L. 553-1, est due à compter de l'acceptation des conditions matérielles d'accueil. Elle est attribuée aux demandeurs d'asile pour la durée fixée à l'article L. 551-13. – *[Anc. art. R. 744-19, al. 1er.]*

Art. D. 553-3 Pour bénéficier de l'allocation pour demandeur d'asile prévue à l'article L. 553-1, le demandeur d'asile doit être âgé de dix-huit ans révolus et justifier de ressources mensuelles inférieures au montant du revenu de solidarité active.

Les ressources prises en considération pour l'application du premier alinéa comprennent celles de l'intéressé et, le cas échéant, de son conjoint, partenaire lié par un pacte civil de solidarité ou concubin. Le montant pris en compte est le douzième du total des ressources perçues pendant les douze mois précédant celui au cours duquel les ressources sont examinées. – *[Anc. art. D. 744-18 ; anc. art. D. 744-20.]*

Art. D. 553-4 Les ressources suivantes ne sont pas prises en compte pour la détermination du droit à l'allocation pour demandeur d'asile :

1° Les prestations familiales ;

2° Les allocations d'assurance ou de solidarité, les rémunérations de stage et les revenus d'activité perçus pendant la période de référence, lorsqu'il est justifié que la perception de ces allocations, rémunérations et revenus est interrompue de manière certaine à la date de la demande et que le bénéficiaire de ces ressources ne peut prétendre à un revenu de substitution. – *[Anc. art. D. 744-23, al. 1er à 3.]*

Art. D. 553-5 La pension alimentaire ou la prestation compensatoire fixée par une décision de justice devenue exécutoire, une convention de divorce ou de séparation de corps par consentement mutuel prévues à l'article 229-1 du code civil, par un acte reçu en la forme authentique par un notaire ou par convention judiciairement homologuée est déduite des ressources de celui qui la verse. – *[Anc. art. D. 744-23, al. 4.]*

Art. D. 553-6 La condition relative aux ressources prévue à l'article L. 553-1 peut faire l'objet d'un contrôle ultérieur par l'Office français de l'immigration et de l'intégration. – *[Anc. art. D. 744-22.]*

Art. D. 553-7 Dans le foyer, le bénéficiaire de l'allocation est celui qui a déposé la demande.

Par dérogation au premier alinéa le bénéficiaire de l'allocation peut être désigné d'un commun accord. Ce droit d'option peut être exercé à tout moment. L'option ne peut être remise en cause qu'au bout d'un an, sauf changement de situation, sur demande motivée.

Lorsqu'un même foyer compte plusieurs demandeurs d'asile, une seule allocation peut être versée au foyer, même si plusieurs demandes d'allocation sont déposées. – *[Anc. art. R. 744-25.]*

SECTION 2 Détermination du montant de l'allocation

Art. D. 553-8 L'allocation pour demandeur d'asile est composée d'un montant forfaitaire, dont le niveau varie en fonction du nombre de personnes composant le foyer, et, le cas échéant, d'un montant additionnel destiné à couvrir les frais d'hébergement ou de logement du demandeur. – *[Anc. art. D. 744-26, al. 1er (1re phr.).]*

Art. D. 553-9 Le montant additionnel n'est pas versé au demandeur qui n'a pas manifesté de besoin d'hébergement ou qui a accès gratuitement à un hébergement ou un logement à quelque titre que ce soit. – *[Anc. art. D. 744-26, al. 1er (2e phr.).]*

Art. D. 553-10 Le barème de l'allocation pour demandeur d'asile figure à l'annexe 8. – *[Anc. art. D. 744-26, al. 3.]*

ANNEXE 8 MENTIONNÉE À L'ARTICLE D. 553-10

Barème de l'allocation pour demandeur d'asile

I. — Barème applicable à l'exception de la Guyane et de Saint-Martin

Le montant journalier de l'allocation pour demandeur d'asile est défini en application du barème suivant :

COMPOSITION FAMILIALE	MONTANT JOURNALIER
1 personne	6,80 €
2 personnes	10,20 €
3 personnes	13,60 €

COMPOSITION FAMILIALE	MONTANT JOURNALIER
4 personnes	17,00 €
5 personnes	20,40 €
6 personnes	23,80 €
7 personnes	27,20 €
8 personnes	30,60 €
9 personnes	34,00 €
10 personnes	37,40 €

Un montant journalier additionnel de 7,40 euros est versé en application des dispositions des articles D. 553-8 et D. 553-9 à chaque demandeur d'asile adulte ayant accepté l'offre de prise en charge, qui a manifesté un besoin d'hébergement et n'a pas accès gratuitement à un hébergement ou un logement à quelque titre que ce soit.

II. — Barème applicable en Guyane et à Saint-Martin

Le montant journalier de l'allocation pour demandeur d'asile est défini en application du barème suivant :

COMPOSITION FAMILIALE	MONTANT JOURNALIER
1 personne	3,80 €
2 personnes	7,20 €
3 personnes	10,60 €
4 personnes	14,00 €
5 personnes	17,40 €
6 personnes	20,80 €
7 personnes	23,20 €
8 personnes	27,60 €
9 personnes	30,00 €
10 personnes	34,40 €

Un montant journalier additionnel de 4,70 euros est versé à chaque demandeur d'asile adulte ayant accepté l'offre de prise en charge, qui a manifesté un besoin d'hébergement et n'a pas accès gratuitement à un hébergement ou un logement à quelque titre que ce soit.

Art. D. 553-11 Le montant de l'allocation pour demandeur d'asile à verser mensuellement à chaque allocataire est arrêté par l'Office français de l'immigration et de l'intégration. — *[Anc. art. D. 744-31.]*

Art. D. 553-12 Pour la détermination du montant de l'allocation, les enfants non mariés sont pris en compte, à la date d'enregistrement de la demande, à la condition d'être à la charge de l'allocataire.

Les ressources perçues par le bénéficiaire viennent en déduction du montant résultant de l'application des articles D. 553-8 et D. 553-9. — *[Anc. art. D. 744-26, al. 2 ; anc. art. D. 744-27, al. 1er.]*

Art. D. 553-13 Le montant de l'allocation versée est révisé après instruction de la demande de modification par l'Office français de l'immigration et de l'intégration, à la date de la décision de l'office. – *[Anc. art. D. 744-30.]*

Art. D. 553-14 La naissance d'un enfant est prise en compte pour le calcul du montant de l'allocation à compter de la réception de l'original de l'extrait d'acte de naissance et, le cas échéant, de l'attestation signée par l'opérateur d'hébergement ou la structure chargée de l'accompagnement des demandeurs d'asile. – *[Anc. art. D. 744-27, al. 2.]*

Art. D. 553-15 En cas de divorce, de séparation de droit ou de fait des époux ou de cessation de la vie commune des concubins, l'allocataire qui bénéficie de la prise en compte de l'enfant dans le calcul du montant de l'allocation est celui qui en a la charge effective et permanente. – *[Anc. art. D. 744-27, al. 3.]*

Art. D. 553-16 Lorsque le demandeur d'asile est rejoint, postérieurement au dépôt de sa demande d'allocation, par un membre de famille qui est majeur, ce dernier est pris en compte dans le calcul de l'allocation s'il a été déclaré par le demandeur lors de l'enregistrement cette demande.

Lorsque le membre de famille qui le rejoint est mineur, cette prise en compte est de droit.

Le montant de l'allocation versé à la famille est révisé à compter de la date d'enregistrement par l'Office français de l'immigration et de l'intégration du membre de famille ayant rejoint le demandeur d'asile. – *[Anc. art. D. 744-28.]*

Art. D. 553-17 Le décès du bénéficiaire met fin aux droits à l'allocation pour demandeur d'asile. Le décès d'un membre de sa famille y met fin pour la part correspondant à cette personne.

L'incarcération du bénéficiaire ou son placement en rétention dans les cas prévus aux articles L. 752-2 et L. 753-1 entraîne la suspension des droits à l'allocation pour demandeur d'asile. L'incarcération ou le placement en rétention d'un membre de sa famille entraîne leur suspension pour la part correspondant à cette personne.

Ces éléments sont pris en compte à partir de leur signalement à l'Office français de l'immigration et de l'intégration, le cas échéant sous couvert de l'opérateur d'hébergement ou de la structure chargée de l'accompagnement du demandeur. – *[Anc. art. D. 744-29.]*

SECTION 3 Versement de l'allocation

Art. D. 553-18 L'allocation pour demandeur d'asile est versée mensuellement sur la base de la transmission prévue à l'article D. 553-21, à terme échu, par alimentation d'une carte de retrait ou de paiement.

De manière transitoire ou par dérogation, notamment dans les départements d'outre-mer, l'allocation peut être versée par virement sur un compte bancaire du bénéficiaire. – *[Anc. art. D. 744-33, al. 4.]*

Art. D. 553-19 L'agence de services et de paiement est chargée, pour le compte de l'Office français de l'immigration et de l'intégration, de verser l'allocation aux bénéficiaires dont l'éligibilité a été déterminée préalablement par l'office. – *[Anc. art. D. 744-32.]*

Art. D. 553-20 L'Office français de l'immigration et de l'intégration communique, mensuellement, à l'agence de services et de paiement :

1° La liste nominative des personnes bénéficiaires de l'allocation ;

2° Les éléments propres à identifier les allocataires : sexe, nom, prénom, date de naissance, adresse associée au dossier le cas échéant, ainsi que les numéros de dossier attribués aux allocataires dans le traitement automatisé de l'office ayant pour objet d'assurer la gestion et le pilotage du dispositif des centres d'accueil des demandeurs d'asile et dans l'application de gestion des dossiers des ressortissants étrangers en France ;

3° Le montant de l'allocation à verser et le numéro de carte de retrait ou de paiement ou, le cas échéant les coordonnées bancaires des allocataires. – *[Anc. art. D. 744-41, al. 1er à 4.]*

Art. D. 553-21 L'Office français de l'immigration et de l'intégration transmet à l'agence de services et de paiement, par voie dématérialisée, les données mentionnées à l'article D. 553-20, sans les éléments détaillés de la liquidation.

Cette transmission sécurisée et non signée électroniquement vaut décision d'attribution, ordre de payer, et constitue l'état liquidatif de l'allocation.

La sécurisation de la transmission de données au moyen d'une habilitation nominative et d'un mot de passe, avec piste d'audit, est garantie et vérifiée par l'agent comptable de l'Office français de l'immigration et de l'intégration qui transmet les résultats des contrôles à l'agent comptable de l'agence de services et de paiement. – *[Anc. art. D. 744-33, al. 1er à 3.]*

Art. D. 553-22 Chaque transmission d'informations de l'Office français de l'immigration et de l'intégration à l'agence de services et de paiement donne lieu à un flux de retour vers l'office, pour confirmer la bonne intégration des données. – *[Anc. art. D. 744-41, al. 5 (1re phr.).]*

Art. D. 553-23 Une fois les fonds et l'ordre d'alimentation reçus de l'Office français de l'immigration et de l'intégration, l'agence de services et de paiement réalise soit le virement des fonds sur les comptes bancaires des bénéficiaires, soit l'ordre d'alimentation des cartes de retrait ou de paiement délivrées aux allocataires par l'office. – *[Anc. art. D. 744-41, al. 5 (2e phr.).]*

Art. D. 553-24 Le versement de l'allocation prend fin dans les cas suivants :

1° Au terme des délais prévus à l'article L. 551-13, dans les conditions prévues au même article ;

2° Lorsque le droit au maintien de l'étranger a pris fin en application des *b* ou *d* du 1° de l'article L. 542-2, dans les conditions prévues à l'article L. 551-14 ;

3° A compter de la date à laquelle l'attestation de demande d'asile a été retirée par l'autorité administrative ou n'a pas été renouvelée en application de l'article R. 573-2. – *[Anc. art. D. 744-34, al. 1er à 4.]*

Art. D. 553-25 Sans préjudice des dispositions de l'article L. 551-14, le défaut de validité de l'attestation de demande d'asile entraîne la suspension des droits à l'allocation, sauf s'il est imputable à l'administration. – *[Anc. art. D. 744-35.]*

SECTION 4 Obligation d'information

Art. D. 553-26 Le demandeur d'asile fait connaître à l'Office français de l'immigration et de l'intégration toutes informations relatives à son domicile, ses modalités d'hébergement, sa situation de famille, ses activités professionnelles, ses ressources et ses biens ainsi qu'à ceux des membres de son foyer. Il fait connaître à l'office tout changement intervenu dans l'un ou l'autre de ces éléments, le cas échéant sous couvert de l'opérateur d'hébergement ou de la structure chargée de son accompagnement. – *[Anc. art. D. 744-24.]*

Art. D. 553-27 Lorsqu'il n'est pas hébergé dans un des lieux mentionnés à l'article L. 552-1, le demandeur d'asile informe l'Office français de l'immigration et de l'intégration de son lieu d'hébergement ou de logement ainsi que des modalités s'y rapportant.

Le demandeur d'asile communique ces informations à l'office dans les plus brefs délais suivant l'enregistrement de sa demande d'asile ou tout changement de situation. – *[Anc. art. D. 744-26, al. 1er (3e et 4e phr.).]*

SECTION 5 Remboursement des indues *[indus]*

Art. D. 553-28 La constatation des allocations indûment versées ainsi que leur recouvrement sont assurés par l'Office français de l'immigration et de l'intégration.

Le montant maximal des retenues pouvant être opérées sur les échéances à venir en cas de versement indu, en application de l'article L. 553-3, est fixé par arrêté du ministre chargé de l'asile. – *[Anc. art. D. 744-40.]*

CHAPITRE IV CONDITIONS D'ACCÈS AU MARCHÉ DU TRAVAIL

Art. D. 554-1 La direction régionale des entreprises, de la concurrence, de la consommation, du travail et de l'emploi indique mensuellement à l'Office français de l'immigration et de l'intégration les bénéficiaires de l'allocation disposant d'un contrat de travail. – *[Anc. art. D. 744-44.]*

TITRE VI CONTENU ET FIN DE LA PROTECTION

Art. R. 560-1 Conformément à l'article R. 240-1, les dispositions du présent titre sont applicables à l'étranger dont la situation est régie par le livre II.

CHAPITRE I CONTENU DE LA PROTECTION

SECTION 1 Réunification familiale

Art. R. 561-1 La demande de réunification familiale est initiée par la demande de visa des membres de la famille du réfugié ou du bénéficiaire de la protection subsidiaire mentionnée à l'article L. 561-5. Elle est déposée auprès de l'autorité diplomatique ou consulaire dans la circonscription de laquelle résident ces personnes. – *[Anc. art. R. 752-1.]*

Art. R. 561-2 Au vu des justificatifs d'identité et des preuves des liens familiaux des membres de la famille du réfugié ou du bénéficiaire de la protection subsidiaire, l'autorité diplomatique ou consulaire enregistre la demande de visa *(Abrogé par Décr. nº 2024-810 du 6 juill. 2024, art. 3, à compter du 17 juill. 2024)* ***« au réseau mondial des visas »*** et délivre sans délai une attestation de dépôt de la demande.

Lorsque l'autorité diplomatique ou consulaire estime nécessaire de procéder aux vérifications prévues à l'article L. 811-2, elle effectue ces vérifications dès le dépôt de la demande et en informe le demandeur. – *[Anc. art. R. 752-2.]*

Art. R. 561-3 Dès l'enregistrement de la demande par l'autorité diplomatique ou consulaire, le ministre chargé de l'asile demande à l'Office français de protection des réfugiés et apatrides la certification de la situation de famille du réfugié ou du bénéficiaire de la protection subsidiaire ainsi que de son état civil.

L'office transmet la certification de la situation de famille et de l'état civil dans les meilleurs délais au ministre chargé de l'asile qui en informe l'autorité diplomatique ou consulaire. – *[Anc. art. R. 752-3.]*

SECTION 2 Protection octroyée à un mineur

Art. R. 561-4 Pour l'application de l'article L. 561-8, l'Office français de protection des réfugiés et apatrides informe les parents ou tuteurs légaux de l'intéressée mineure que tout refus de se soumettre à l'examen médical ou tout constat de mutilation sera transmis au procureur de la République. – *[Anc. art. R. 723-10, al. 2.]*

SECTION 3 Documents de voyage

Art. R. 561-5 Les titres de voyage délivrés en application des articles L. 561-9, L. 561-10 ou L. 561-11 comportent les mentions énumérées au B du II de l'annexe 3. – *[Anc. art. R. 753-1.]*

Art. R. 561-6 Les titres de voyage mentionnés à l'article R. 561-5 sont délivrés par le préfet du département où réside habituellement l'étranger ou, lorsque ce dernier réside à Paris, le préfet de police. – *[Anc. art. R. 753-2.]*

Art. R. 561-7 La délivrance d'un titre de voyage implique la restitution du titre de voyage délivré antérieurement. – *[Anc. art. R. 753-3.]*

Art. R. 561-8 L'étranger qui sollicite un titre de voyage présente les pièces suivantes à l'appui de sa demande :

1° Le titre de séjour dont il est titulaire ;

2° Deux photographies de face, tête nue, de format 3,5 cm × 4,5 cm, récentes et parfaitement ressemblantes ;

3° Un justificatif de domicile ou une déclaration de domiciliation mentionnée à l'article R. 551-8. – *[Anc. art. R. 753-4.]*

Art. R. 561-9 Lorsque la demande est faite pour un mineur, le demandeur présente les pièces suivantes à l'appui de sa demande :

1° Un document attestant la filiation du mineur ;

2° Un document attestant sa qualité de représentant légal ;

3° Deux photographies de face du mineur, tête nue, de format 3,5 cm × 4,5 cm, récentes et parfaitement ressemblantes ;

4° Un justificatif de domicile ou une déclaration de domiciliation mentionnée à l'article R. 551-8 ;

5° Le cas échéant, tout document ou élément justifiant que le mineur est placé sous la protection de l'Office français de protection des réfugiés et apatrides. – *[Anc. art. R. 753-5.]*

Art. R. 561-10 En dehors des cas de retrait prévus par la loi, le titre de voyage peut être retiré et doit être restitué par l'étranger lorsque son titulaire n'en remplit plus les conditions de délivrance ou en cas d'acquisition de la nationalité française. – *[Anc. art. R. 753-6.]*

Art. R. 561-11 Le titulaire du titre de voyage est réadmis en France sur simple présentation de ce titre en cours de validité. – *[Anc. art. R. 753-7.]*

SECTION 4 Accès aux droits et obligations

Art. D. 561-12 Pour l'application de l'article L. 561-16, le réfugié ou le bénéficiaire de la protection subsidiaire peut solliciter auprès de l'Office français de l'immigration et de l'intégration ou du gestionnaire du lieu d'hébergement une attestation provisoire relative à la composition familiale.

L'attestation est délivrée à l'intéressé, par extraction du traitement automatisé régi par les articles R. 142-51 à R. 142-58, sur présentation de la décision lui reconnaissant la qualité de réfugié ou lui accordant le bénéfice de la protection subsidiaire.

L'attestation indique la composition de la famille du réfugié ou du bénéficiaire de la protection subsidiaire telle que prise en compte dans le cadre de la procédure d'asile prévue aux titres II, III et V. – *[Anc. art. D. 751-1, I.]*

Art. D. 561-13 La personne réinstallée peut également solliciter la délivrance de l'attestation mentionnée à l'article D. 561-12 auprès de l'opérateur chargé de son accompagnement, qui l'établit et la fait valider par l'Office français de l'immigration et de l'intégration. – *[Anc. art. R. 751-1, II.]*

Art. D. 561-14 L'attestation mentionnée à l'article D. 561-12 est valable à compter de sa date de délivrance et jusqu'à la délivrance par l'Office français de protection des réfugiés et apatrides des documents d'état civil attestant la composition familiale. – *[Anc. art. R. 751-1, III.]*

Art. R. 561-15 L'étranger qui a obtenu le statut de réfugié ou le bénéfice de la protection subsidiaire fait connaître à l'Office français de protection des réfugiés et apatrides son adresse et informe l'office de chaque changement d'adresse, dans un délai de trois mois suivant ce changement. S'il a changé d'adresse sans en informer l'office, toute notification faite par l'office à la dernière adresse connue est réputée régulière. – *[Anc. art. R. 754-1.]*

CHAPITRE II FIN DE LA PROTECTION

Art. R. 562-1 Lorsque l'Office français de protection des réfugiés et apatrides met fin au statut de réfugié en application des articles L. 511-7, L. 511-8 ou L. 511-9, ou au bénéfice de la protection subsidiaire en application de l'article L. 512-3, il informe le préfet compétent ainsi que le ministre en charge de l'asile du fondement sur lequel cette décision a été prise. – *[Anc. art. R. 723-21, al. 2.]*

Art. R. 562-2 La Cour nationale du droit d'asile peut être saisie d'un recours en révision dans les cas prévus aux articles L. 511-9 et L. 512-4.

Le recours est exercé dans le délai de deux mois après la constatation des faits de nature à justifier l'exclusion du statut de réfugié ou du bénéfice de la protection subsidiaire ou à caractériser une fraude. – *[Anc. art. R. 733-36, al. 1er et 2.]*

TITRE VII DISPOSITIONS APPLICABLES LORSQUE L'EXAMEN DE LA DEMANDE D'ASILE RELÈVE DE LA COMPÉTENCE D'UN AUTRE ÉTAT

CHAPITRE I ENREGISTREMENT DE LA DEMANDE ET ÉVALUATION DE LA VULNÉRABILITÉ DU DEMANDEUR D'ASILE ET DE SES BESOINS PARTICULIERS

Art. R. 571-1 Après qu'il a satisfait aux obligations prévues à l'article R. 521-7, le demandeur d'asile est mis en possession de l'attestation de demande d'asile mentionnée à l'article L. 571-1. Elle précise que l'étranger fait l'objet d'une procédure en application du règlement *[(UE)]* n° 604/2013 du 26 juin 2013.

Cette attestation ne permet pas de circuler librement dans les autres États membres de l'Union européenne. – *[Anc. art. R. 742-2.]*

CHAPITRE II PROCÉDURES DE PRISE EN CHARGE ET DE REPRISE EN CHARGE

Art. R. 572-1 Sans préjudice du second alinéa de l'article 11-1 du décret n° 2004-374 du 29 avril 2004, l'autorité compétente pour procéder à la détermination de l'État responsable de l'examen d'une demande d'asile et prendre une décision de transfert en application de l'article L. 572-1 est le préfet de département et, à Paris, le préfet de police. – *[Anc. art. R. 742-1, al. 1er (ecqc le transfert).]*

CHAPITRE III DROIT AU MAINTIEN SUR LE TERRITOIRE FRANÇAIS ET CONDITIONS D'ACCUEIL

Art. R. 573-1 Sans préjudice du second alinéa de l'article 11-1 du décret n° 2004-374 du 29 avril 2004, l'autorité compétente pour renouveler l'attestation de demande d'asile en application de l'article L. 571-1, est le préfet de département et, à Paris, le préfet de police. – *[Anc. art. R. 742-1, al. 1er (ecqc l'attestation).]*

Art. R. 573-2 L'attestation de demande d'asile peut être retirée ou ne pas être renouvelée lorsque l'étranger se soustrait de manière intentionnelle et répétée aux convocations ou contrôles de l'autorité administrative en vue de faire échec à l'exécution d'une décision de transfert. – *[Anc. art. R. 742-3.]*

TITRE VIII AUTRES PROTECTIONS INTERNATIONALES

Art. R. 580-1 Conformément à l'article R. 240-1, les dispositions du chapitre I du présent titre sont applicables à l'étranger ressortissant de pays tiers mentionné aux articles L. 200-3, L. 200-4 et L. 200-5.

CHAPITRE I PROTECTION TEMPORAIRE

SECTION 1 Séjour des bénéficiaires de la protection temporaire

Art. R. 581-1 Le bénéficiaire de la protection temporaire mentionné à l'article L. 581-1 se présente, s'il est âgé de plus de dix-huit ans, à la préfecture du département où il a sa résidence ou, à Paris, à la préfecture de police, pour solliciter la délivrance du document provisoire de séjour mentionné à l'article L. 581-3.

Il produit les pièces suivantes à l'appui de sa demande :

1° Les indications relatives à son état civil et, le cas échéant, à celui de son conjoint et de ses enfants à charge ;

2° Toutes indications portant sur les conditions de son entrée en France ;

3° Tout document ou élément d'information attestant qu'il appartient à l'un des groupes spécifiques de personnes visés par la décision du Conseil de l'Union européenne mentionnée à l'article L. 811-2 ;

4° Quatre photographies de face, tête nue, de format 3,5 cm x 4,5 cm, récentes et parfaitement ressemblantes ;

5° Un justificatif de domicile. – *[Anc. art. R. 811-1, al. 1er à 7.]*

Art. R. 581-2 L'enfant mentionné au 1° de l'article R. 581-1 et aux articles R. 581-8 et R. 581-9 s'entend de l'enfant ayant une filiation légalement établie à l'égard du bénéficiaire de la protection temporaire ou de son conjoint, ainsi que de l'enfant adopté en vertu d'une décision d'adoption, sous réserve de la vérification par le ministère public de la régularité de celle-ci lorsqu'elle a été prononcée à l'étranger. – *[Anc. art. R. 811-1, al. 8.]*

Art. R. 581-3 Lors de la demande d'admission au séjour au titre de la protection temporaire en application de l'article R. 581-1, il est remis au bénéficiaire de la protection temporaire un document, rédigé dans une langue qu'il comprend ou dont il est raisonnable de penser qu'il la comprend, dans lequel les dispositions relatives à la protection temporaire qui lui sont applicables sont clairement exposées. – *[Anc. art. R. 811-1, al. 9.]*

Art. R. 581-4 Lorsqu'il satisfait aux obligations prévues à l'article R. 581-1, le bénéficiaire de la protection temporaire est mis en possession d'une autorisation provisoire de séjour valable six mois portant la mention "bénéficiaire de la protection temporaire".

L'autorisation provisoire de séjour est renouvelée automatiquement pendant toute la durée de la protection temporaire définie au deuxième alinéa de l'article L. 581-3. Toutefois, la durée de validité de l'autorisation provisoire de séjour peut être limitée à la période restant à courir jusqu'au terme de la protection temporaire. – *[Anc. art. R. 811-2.]*

(Décr. n° 2022-468 du 1er avr. 2022, art. 1er) « Cette autorisation provisoire de séjour ouvre droit à l'exercice d'une activité professionnelle. »

Art. R. 581-4-1 *(Décr. n° 2022-726 du 28 avr. 2022, art. 1er)* Les ressortissants étrangers bénéficiaires de la protection temporaire peuvent bénéficier de la formation linguistique mentionnée au 2° de l'article L. 413-3 dans les conditions précisées par arrêté du ministre chargé de l'accueil et de l'intégration.

Art. R. 581-5 Sans préjudice des dispositions du troisième alinéa de l'article L. 581-3, l'autorisation provisoire de séjour est refusée ou retirée ou son renouvellement est refusé si l'étranger est exclu du bénéfice de la protection temporaire sur le fondement de l'article L. 581-5. – *[Anc. art. R. 81-3.]*

Art. R. 581-6 *(Abrogé par Décr. n° 2022-468 du 1er avr. 2022, art. 1er) La délivrance d'une autorisation provisoire de travail à un étranger ayant obtenu une autorisation provisoire de séjour au titre de l'article R. 581-4 est régie par les dispositions des articles L. 341-4, R. 341-1, R. 341-3, R. 341-4 et R. 341-7 du code du travail.*

Lorsque la durée de validité du contrat de travail présenté par le bénéficiaire de la protection temporaire à l'appui de sa demande est supérieure à la durée de validité de la protection temporaire, l'autorisation provisoire de travail est limitée à la période restant à courir jusqu'au terme de la protection temporaire. – *[Anc. art. R. 811-4.]*

Art. D. 581-7 Conformément à l'article L. 581-9, les ressortissants étrangers bénéficiaires de la protection temporaire bénéficient de l'allocation prévue à l'article L. 553-1 pendant la durée du bénéfice de la protection temporaire.

Les dispositions prévues au chapitre III du titre V sont applicables aux ressortissants étrangers bénéficiaires de la protection temporaire.

Le versement de l'allocation prend fin, sur demande de l'Office français de l'immigration et de l'intégration, à la date où s'achève cette protection ou à la date du transfert du bénéficiaire vers un autre État de l'Union européenne. – *[Anc. art. D. 744-19, al. 2.]*

SECTION 2 Transfert des bénéficiaires de la protection temporaire ou des membres de leur famille

SOUS-SECTION 1 Transfert en France

Art. R. 581-8 L'étranger admis au séjour en France au titre de la protection temporaire peut demander à être rejoint par un membre de sa famille qui bénéficie de la protection temporaire dans un autre État membre de l'Union européenne.

Lorsque la demande concerne le conjoint de l'étranger admis au séjour en France, ses enfants mineurs ou ceux de son conjoint, le préfet de département et, à Paris, le préfet de police l'accepte en fonction des capacités d'accueil respectives des États membres intéressés et sous réserve que cet étranger justifie du consentement de sa famille. Dans les autres cas, le préfet de département et, à Paris, le préfet de police statue en fonction des capacités d'accueil et en tenant compte des motifs de nécessité et d'urgence invoqués par les intéressés. – *[Anc. art. R. 811-5.]*

Art. R. 581-9 Lorsqu'un étranger bénéficie de la protection temporaire en France, son conjoint, ses enfants mineurs ou, le cas échéant, les enfants mineurs de son conjoint bénéficient, lorsqu'ils ne sont pas encore présents sur le territoire d'un État membre de l'Union européenne, d'une mesure de regroupement sur le territoire français à la condition qu'ils nécessitent une protection et sous réserve des capacités d'accueil. La décision est prise par le préfet de département et, à Paris, par le préfet de police. – *[Anc. art. R. 811-6.]*

Art. R. 581-10 Lorsqu'un bénéficiaire de la protection temporaire dans un autre État membre de l'Union européenne sollicite son transfert vers la France, le ministre chargé de l'immigration, saisi de cette demande par les autorités compétentes de l'État membre dans lequel l'intéressé a sa résidence, statue sur cette demande en tenant compte notamment des capacités d'accueil. – *[Anc. art. R. 811-7.]*

Art. R. 581-11 Lorsqu'un bénéficiaire de la protection temporaire en France cherche à entrer sans autorisation ou se trouve irrégulièrement sur le territoire d'un autre État membre de l'Union européenne pendant la période couverte par la décision mentionnée à l'article L. 581-2, la France le réadmet sur son territoire au titre de la protection temporaire, sauf si un accord bilatéral prévoit des dispositions contraires.

La demande de reprise en charge est adressée au ministre chargé de l'immigration par écrit et est accompagnée de tout document justifiant que l'intéressé bénéficie de la protection temporaire en France. – *[Anc. art. R. 811-8.]*

Art. R. 581-12 Les bénéficiaires de la protection temporaire et les membres de leur famille, admis en France en application des articles R. 581-8 à R. 581-11, sont admis au séjour dans les conditions prévues aux articles R. 581-4 et R. 581-5.

L'autorisation provisoire de séjour délivrée à un membre de famille admis en France en application de l'article R. 581-9 porte la mention "membre de famille d'un bénéficiaire de la protection temporaire". – *[Anc. art. R. 811-9.]*

SOUS-SECTION 2 Transfert vers un autre État de l'Union européenne

Art. R. 581-13 Un bénéficiaire de la protection temporaire en France peut demander à rejoindre un membre de sa famille qui bénéficie de la protection temporaire dans un autre État membre de l'Union européenne. Le préfet de département et, à Paris, le préfet de police saisit alors par écrit les autorités compétentes de cet État en vue du transfert de l'intéressé vers le territoire de cet État. – *[Anc. art. R. 811-10.]*

Art. R. 581-14 Le préfet de département et, à Paris, le préfet de police peut saisir un autre État membre de l'Union européenne aux fins de transfert d'un étranger bénéficiaire en France de la protection temporaire vers le territoire de cet État. Cette saisine peut intervenir, à tout moment, à la demande de l'étranger ou avec son consentement.

Le préfet de département et, à Paris, le préfet de police peut saisir un autre État membre de l'Union européenne aux fins de réadmission sur le territoire de cet État d'un étranger y ayant obtenu le bénéfice de la protection temporaire. – *[Anc. art. R. 811-11.]*

Art. R. 581-15 En cas de transfert d'un bénéficiaire de la protection temporaire vers un autre État membre de l'Union européenne en application de l'article R. 581-13 ou R. 581-14, l'autorisation provisoire de séjour délivrée sur le fondement de l'article R. 581-4 est retirée. Il est également mis fin aux obligations de la France en matière de protection temporaire à l'égard de l'intéressé.

Pour permettre la mise en œuvre du transfert, le préfet de département et, à Paris, le préfet de police délivre à l'intéressé le laissez-passer dont le modèle figure à l'annexe I de la directive 2001/55/CE du Conseil du 20 juillet 2001 relative à des normes minimales pour l'octroi d'une protection temporaire en cas d'afflux massif de personnes déplacées et à des mesures tendant à assurer un équilibre entre les efforts consentis par les États membres pour accueillir ces personnes et supporter les conséquences de cet accueil. – *[Anc. art. R. 811-12.]*

SOUS-SECTION 3 **Coopération en vue du transfert**

Art. R. 581-16 Les informations relatives à un bénéficiaire de la protection temporaire qui sont nécessaires pour instruire une demande de transfert autre que celles mentionnées aux articles R. 581-10 et R. 581-11 sont demandées ou fournies à l'État membre de l'Union européenne où réside l'intéressé ou dans lequel il souhaite résider par le représentant de l'État dans le département vers lequel ou à partir duquel doit s'opérer le transfert.

Les informations relatives à un bénéficiaire de la protection temporaire qui sont nécessaires pour instruire une demande de transfert en application de l'article R. 581-10 ou une demande de réadmission en application de l'article R. 581-11 sont demandées par le ministre chargé de l'immigration à l'État membre de l'Union européenne sur le territoire duquel se trouve l'intéressé.

Ces informations comprennent au moins l'une des données ou l'un des documents suivants :

1° Les nom, nationalité, date et lieu de naissance, situation familiale et lien de parenté de l'intéressé ;

2° Les documents d'identité et de voyage de l'intéressé ;

3° Les documents attestant l'existence de liens familiaux ;

4° D'autres données indispensables pour établir l'identité de l'intéressé ou ses liens de parenté ;

5° Les décisions de délivrer ou de refuser de délivrer un document de séjour ou un visa à l'intéressé, ainsi que les documents étayant ces décisions ;

6° Les demandes de document de séjour ou de visa introduites par l'intéressé et en cours d'examen, ainsi que l'état d'avancement de la procédure. – *[Anc. art. R. 811-13.]*

Art. R. 581-17 Le ministre chargé de l'asile informe la Commission de l'Union européenne et le Haut-Commissariat des Nations unies pour les réfugiés des demandes de transfert. – *[Anc. art. R. 811-14.]*

SECTION 3 **Dispositions diverses**

Art. R. 581-18 Les catégories de personnes déplacées qui peuvent bénéficier de la protection temporaire en France en application des dispositions de l'article L. 581-7 sont désignées par arrêté conjoint du ministre chargé de l'immigration, du ministre de l'intérieur et du ministre des affaires étrangères.

Ces personnes sont alors admises au séjour dans les conditions prévues aux articles R. 581-4 et R. 581-5.

Le ministre chargé de l'asile informe immédiatement le Conseil et la Commission de l'Union européenne de la mise en œuvre de ces dispositions. – *[Anc. art. R. 811-15.]*

Art. R. 581-19 Les dispositions du règlement (CE) n° 343/2003 du Conseil du 18 février 2003 établissant les critères et mécanismes de détermination de l'État membre responsable de l'examen d'une demande d'asile présentée dans l'un des États membres par un ressortissant d'un pays tiers ou d'engagements identiques à ceux prévus par ledit règlement conclu avec d'autres États sont applicables aux demandes d'asile présentées par un bénéficiaire de la protection temporaire.

L'État membre de l'Union européenne responsable de l'examen d'une demande d'asile présentée par une personne bénéficiant de la protection temporaire est l'État qui a accepté le transfert de ladite personne sur son territoire en application des dispositions des articles R. 581-10, R. 581-11, R. 581-13 ou R. 581-14.

Lorsqu'une demande d'asile a été enregistrée par l'Office français de protection des réfugiés et apatrides préalablement au transfert de l'étranger bénéficiaire de la protection temporaire vers un autre État membre de l'Union européenne, le transfert de l'intéressé vers le territoire de cet autre État membre conduit au dessaisissement de l'office. – *[Anc. art. R. 811-16.]*

CHAPITRE II APATRIDIE

SECTION 1 Procédure de reconnaissance de la qualité d'apatride

Art. R. 582-1 La demande de statut d'apatride est déposée à l'Office français de protection des réfugiés et apatrides. Elle est rédigée en français sur un imprimé établi par l'office. L'imprimé doit être signé et accompagné de deux photographies d'identité récentes et, le cas échéant, du document de voyage, des documents d'état civil et de la copie du document de séjour en cours de validité.

Lorsque la demande introduite est complète, l'office en accuse réception sans délai. – *[Anc. art. R. 812-1.]*

Art. R. 582-2 L'Office français de protection des réfugiés et apatrides peut convoquer le demandeur à un entretien personnel dans les conditions prévues à l'article R. 531-17.

Le demandeur est entendu dans la langue de son choix, ou, à défaut, dans une autre langue qu'il comprend et dans laquelle il est à même de communiquer clairement.

Lorsque l'entretien du demandeur nécessite l'assistance d'un interprète, sa rétribution est prise en charge par l'office.

L'office peut procéder à un entretien en ayant recours à un moyen de communication audiovisuelle, dans les conditions prévues par l'article R. 531-16.

L'office peut autoriser le demandeur à se présenter accompagné soit d'un avocat, soit d'un représentant d'une association, dans les conditions prévues à l'article L. 531-15. – *[Anc. art. R. 812-2.]*

Art. R. 582-3 La décision de l'Office français de protection des réfugiés et apatrides est notifiée à l'intéressé dans les conditions prévues à l'article R. 531-17.

En cas de décision reconnaissant la qualité d'apatride, le directeur général de l'office en informe le préfet compétent en vue de la délivrance de la carte de séjour pluriannuelle mentionnée à l'article L. 424-18. – *[Anc. art. R. 812-3.]*

SECTION 2 Contenu de la protection

Art. R. 582-4 En application de l'article L. 582-5, les dispositions des articles R. 561-1 à R. 561-3 relatives à la réunification familiale sont applicables aux étrangers reconnus apatrides. – *[Anc. art. R. 812-4, I.]*

Art. R. 582-5 Les dispositions des articles R. 561-5 à R. 561-11 sont applicables aux documents de voyage qui peuvent être délivrés en application de l'article L. 582-7 aux étrangers reconnus apatrides. – *[Anc. art. R. 812-4, II.]*

TITRE IX DISPOSITIONS RELATIVES À L'OUTRE-MER

CHAPITRE I DISPOSITIONS PARTICULIÈRES AUX COLLECTIVITÉS RÉGIES PAR L'ARTICLE 73 DE LA CONSTITUTION ET À SAINT-PIERRE-ET-MIQUELON

SECTION 1 Dispositions particulières aux collectivités régies par l'article 73 de la Constitution

SOUS-SECTION 1 Dispositions communes aux collectivités régies par l'article 73 de la Constitution

Art. R. 591-1 Pour l'application du présent livre dans les collectivités régies par l'article 73 de la Constitution :

1° Les références au préfet sont remplacées par la référence au représentant de l'État dans la collectivité et les références à la préfecture sont remplacées par la référence aux services de l'État dans la collectivité ;

(Décr. n° 2024-813 du 8 juill. 2024, art. 3, en vigueur le 17 juill. 2024) « 1° *bis* L'article R. 523-14 n'est pas applicable ; »

2° Les dispositions du titre VII ne sont pas applicables ;

3° L'article R. 581-19 n'est pas applicable. – *[Anc. art. R. 761-1 ; anc. art. R. 767-1.]*

Art. D. 591-2 Pour l'application du présent livre dans les collectivités régies par l'article 73 de la Constitution :

1° A l'article D. 521-12, les mots : "ainsi que l'état d'avancement des procédures de détermination de l'État responsable de l'examen de la demande d'asile et de transfert, en particulier les dates de fuite ou de transfert des intéressés" sont supprimés ;

2° A l'article D. 554-1, les mots : "direction régionale des entreprises, de la concurrence, de la consommation, du travail et de l'emploi" sont remplacés en Guadeloupe, à la Martinique, à La Réunion et à Mayotte par les mots : "direction des entreprises, de la concurrence, de la consommation, du travail et de l'emploi" et, en Guyane, par les mots : "direction générale des populations".

SOUS-SECTION 2 Dispositions particulières à la Guadeloupe

Art. R. 591-3 Lorsqu'en Guadeloupe, l'augmentation significative du niveau de la demande d'asile constatée sur une période de trois mois le justifie au regard des caractéristiques et des contraintes particulières *(Décr. n° 2022-211 du 18 févr. 2022, art. 2)* « de la collectivité *[ancienne rédaction : des collectivités concernées]* », le ministre chargé de l'asile peut prévoir par un arrêté motivé, après s'être assuré de la disponibilité des moyens humains et matériels nécessaires au traitement complet des demandes d'asile par l'Office français de protection des réfugiés et apatrides, l'application de l'adaptation des modalités de traitement des demandes d'asile dans les conditions prévues à l'article *(Décr. n° 2022-211 du 18 févr. 2022, art. 2)* « R. 591-4 *[ancienne rédaction : R. 581-1]* ».

L'arrêté est pris pour une période qui ne peut excéder dix-huit mois. Il est renouvelable. Il fixe la date à laquelle les dispositions de l'article *(Décr. n° 2022-211 du 18 févr. 2022, art. 2)* « R. 591-4 *[ancienne rédaction : R. 581-1]* » entrent en vigueur *(Décr. n° 2022-211 du 18 févr. 2022, art. 2)* « dans la collectivité *[ancienne rédaction : dans chacune des collectivités concernées]* ».

La mise en œuvre des dispositions prévues au premier alinéa fait l'objet d'un suivi semestriel effectué par le ministre chargé de l'asile en lien avec l'Office français de protection des réfugiés et apatrides et la Cour nationale du droit d'asile. Ce suivi comporte *(Décr. n° 2022-211 du 18 févr. 2022, art. 2)* « pour la collectivité *[ancienne rédaction : pour chaque collectivité concernée]* » des éléments quantitatifs et qualitatifs portant notamment sur l'évolution des délais d'examen des demandes d'asile et les effets des adaptations mentionnées à l'article *(Décr. n° 2022-211 du 18 févr. 2022, art. 2)* « R. 591-4 *[ancienne rédaction : R. 581-1]* » sur l'exercice par les demandeurs d'asile de l'ensemble des droits prévus par le présent décret.

Lorsque les motifs qui fondent l'arrêté mentionné au premier alinéa cessent, il est mis fin à l'application de ses dispositions par arrêté du ministre chargé de l'asile. – *[Anc. art. R. 768-1.]*

Art. R. 591-4 Dans le cas prévu à l'article R. 591-3, pour l'application des dispositions du chapitre I du titre III :

1° A l'article R. 531-2, les mots : "vingt-et-un jours" sont remplacés par les mots : "sept jours" et après les mots : "pour introduire", sont ajoutés les mots : "en personne" ;

2° A l'article R. 531-4, les mots : "huit jours" sont remplacés par les mots : "trois jours" ;

3° A l'article R. 531-5, les mots : "l'Office français de protection des réfugiés et apatrides en accuse réception" sont remplacés par les mots : "l'Office français de protection des réfugiés et apatrides informe le demandeur, par lettre remise en mains propres, du caractère complet du dossier" ;

4° L'article R. 531-6 est ainsi rédigé :

Art. R. 531-6 L'Office français de protection des réfugiés et apatrides statue dans un délai de vingt-et-un jours à compter de l'introduction de la demande.

5° L'article R. 531-7 est ainsi rédigé :

Art. R. 531-7 L'Office français de protection des réfugiés et apatrides peut décider de ne pas statuer dans le délai prévu à l'article *(Décr. n° 2022-211 du 18 févr. 2022, art. 2)* « R. 531-6 *[ancienne rédaction : R. 531-2]* » lorsque cela lui paraît nécessaire pour assurer un examen approprié de la demande.

6° A l'article R. 531-11, les mots : "dans les conditions prévues à l'article R. 531-17" sont remplacés par les mots : "par remise en mains propres de la convocation lors de l'introduction de la demande d'asile complète" ;

(Décr. n° 2022-211 du 18 févr. 2022, art. 2) « 7° L'article R. 531-17 est ainsi modifié :

« *a)* Les mots : "par lettre recommandée avec demande d'avis de réception" sont remplacés par les mots : "par remise en mains propres contre récépissé par un agent de l'office" ;

« *b)* Avant le dernier alinéa est inséré un alinéa ainsi rédigé : "Afin de permettre la notification par remise en mains propres mentionnée à l'alinéa précédent, le demandeur se voit remettre contre récépissé une convocation, lors de l'introduction de sa demande ou à l'issue de l'entretien prévu à l'article R. 531-11. La décision de l'office est réputée notifiée à la date à laquelle le demandeur a été convoqué si, sans motif légitime, il ne s'est pas présenté à cette convocation" *[ancienne rédaction : 7° A l'article R. 531-17, les mots : "par lettre recommandée avec demande d'avis de réception" sont remplacés par les mots : "par remise en mains propres contre récépissé par un agent de l'office. A cette fin, le demandeur se voit remettre contre récépissé une convocation, lors de l'introduction de sa demande ou à l'issue de l'entretien prévu au premier alinéa de l'article L. 531-12. La décision est réputée notifiée à la date à laquelle le demandeur a été convoqué si, sans motif légitime, il ne s'est pas présenté à cette convocation"].* » — *[Anc. art. R. 768-2.]*

Art. R. 591-5 Les adaptations des articles R. 531-2, R. 531-4, R. 531-5, R. 531-6, R. 531-7, R. 531-11 et R. 531-17, prévues aux 1° à 7° de l'article R. 591-4, s'appliquent aux demandes d'asile enregistrées en Guadeloupe à compter de la date fixée par l'arrêté mentionné à l'article R. 591-3. — *[Anc. art. R. 768-3.]*

SOUS-SECTION 3 **Dispositions particulières à la Guyane**

Art. R. 591-6 Lorsqu'en Guyane, l'augmentation significative du niveau de la demande d'asile constatée sur une période de trois mois le justifie au regard des caractéristiques et des contraintes particulières *(Décr. n° 2022-211 du 18 févr. 2022, art. 2)* « de la collectivité *[ancienne rédaction : des collectivités concernées]* », le ministre chargé de l'asile peut prévoir par un arrêté motivé, après s'être assuré de la disponibilité des moyens humains et matériels nécessaires au traitement complet des demandes d'asile par l'Office français de protection des réfugiés et apatrides, l'application de l'adaptation des modalités de traitement des demandes d'asile dans les conditions prévues à l'article *(Décr. n° 2022-211 du 18 févr. 2022, art. 2)* « R. 591-7 *[ancienne rédaction : R. 581-1]* ».

L'arrêté est pris pour une période qui ne peut excéder dix-huit mois. Il est renouvelable. Il fixe la date à laquelle les dispositions de l'article *(Décr. n° 2022-211 du 18 févr. 2022, art. 2)* « R. 591-7 *[ancienne rédaction : R. 581-1]* » entrent en vigueur *(Décr. n° 2022-211 du 18 févr. 2022, art. 2)* « dans la collectivité *[ancienne rédaction : dans chacune des collectivités concernées]* ».

La mise en œuvre des dispositions prévues au premier alinéa fait l'objet d'un suivi semestriel effectué par le ministre chargé de l'asile en lien avec l'Office français de protection des réfugiés et apatrides et la Cour nationale du droit d'asile. Ce suivi comporte *(Décr. n° 2022-211 du 18 févr. 2022, art. 2)* « pour la collectivité *[ancienne rédaction : pour chaque collectivité concernée]* » des éléments quantitatifs et qualitatifs portant notamment sur l'évolution des délais d'examen des demandes d'asile et les effets des adaptations mentionnées à l'article *(Décr. n° 2022-211 du 18 févr. 2022, art. 2)* « R. 591-7 *[ancienne rédaction : R. 581-1]* » sur l'exercice par les demandeurs d'asile de l'ensemble des droits prévus par le présent décret.

Lorsque les motifs qui fondent l'arrêté mentionné au premier alinéa cessent, il est mis fin à l'application de ses dispositions par arrêté du ministre chargé de l'asile. – *[Anc. art. R. 768-1.]*

Art. R. 591-7 Dans le cas prévu à l'article R. 591-6, pour l'application des dispositions du chapitre I du titre III :

1° A l'article R. 531-2, les mots : "vingt-et-un jours" sont remplacés par les mots : "sept jours" et après les mots : "pour introduire ", sont ajoutés les mots : "en personne" ;

2° A l'article R. 531-4, les mots : "huit jours" sont remplacés par les mots : "trois jours" ;

3° A l'article R. 531-5, les mots : "l'Office français de protection des réfugiés et apatrides en accuse réception" sont remplacés par les mots : "l'Office français de protection des réfugiés et apatrides informe le demandeur, par lettre remise en mains propres, du caractère complet du dossier" ;

4° L'article R. 531-6 est ainsi rédigé :

Art. R. 531-6 L'Office français de protection des réfugiés et apatrides statue dans un délai de vingt-et-un jours à compter de l'introduction de la demande.

5° L'article R. 531-7 est ainsi rédigé :

Art. R. 531-7 L'Office français de protection des réfugiés et apatrides peut décider de ne pas statuer dans le délai prévu à l'article *(Décr. n° 2022-211 du 18 févr. 2022, art. 2)* « R. 531-6 *[ancienne rédaction : R. 531-2]* » lorsque cela lui paraît nécessaire pour assurer un examen approprié de la demande.

(Décr. n° 2022-211 du 18 févr. 2022, art. 2) « 6° A l'article R. 531-11, les mots : "dans les conditions prévues à l'article R. 531-17" sont remplacés par les mots : "par remise en mains propres de la convocation lors de l'introduction de la demande d'asile complète" *[ancienne rédaction : 6° A l'article R. 531-11, les mots : "à l'article R. 531-17" sont remplacés par les mots : "par remise en mains propres de la convocation lors de l'introduction de la demande d'asile complète"]* ;

« 7° L'article R. 531-17 est ainsi modifié :

« *a)* Les mots : "par lettre recommandée avec demande d'avis de réception" sont remplacés par les mots : "par remise en mains propres contre récépissé par un agent de l'office" ;

« *b)* Avant le dernier alinéa est inséré un alinéa ainsi rédigé : "Afin de permettre la notification par remise en mains propres mentionnée à l'alinéa précédent, le demandeur se voit remettre contre récépissé une convocation, lors de l'introduction de sa demande ou à l'issue de l'entretien prévu à l'article R. 531-11. La décision de l'office est réputée notifiée à la date à laquelle le demandeur a été convoqué si, sans motif légitime, il ne s'est pas présenté à cette convocation" *[ancienne rédaction : 7° A l'article R. 531-17, les mots : "par lettre recommandée avec demande d'avis de réception" sont remplacés par les mots : "par remise en mains propres contre récépissé par un agent de l'office. A cette fin, le demandeur se voit remettre contre récépissé une convocation, lors de l'introduction de sa demande ou à l'issue de l'entretien prévu au premier alinéa de l'article L. 531-12. La décision est réputée notifiée à la date à laquelle le demandeur a été convoqué si, sans motif légitime, il ne s'est pas présenté à cette convocation"]*. » – *[Anc. art. R. 767-3 ; anc. art. R. 768-2.]*

Art. R. 591-8 Les adaptations des articles R. 531-2, R. 531-4, R. 531-5, R. 531-6, R. 531-7, R. 531-11 et R. 531-17, prévues aux 1° à 7° de l'article R. 591-7, s'appliquent aux demandes d'asile enregistrées en Guyane à compter de la date fixée par l'arrêté mentionné à l'article R. 591-7. – *[Anc. art. R. 768-3.]*

Art. D. 591-9 Pour l'application des dispositions de l'article D. 553-10, les mots : "à l'annexe 7" sont remplacés par les mots : "au II de l'annexe 7 ".

SOUS-SECTION 4 Dispositions particulières à la Martinique

Art. R. 591-10 Lorsqu'en Martinique, l'augmentation significative du niveau de la demande d'asile constatée sur une période de trois mois le justifie au regard des caractéristiques et des contraintes particulières *(Décr. n° 2022-211 du 18 févr. 2022, art. 2)*

« de la collectivité *[ancienne rédaction : des collectivités concernées]* », le ministre chargé de l'asile peut prévoir par un arrêté motivé, après s'être assuré de la disponibilité des moyens humains et matériels nécessaires au traitement complet des demandes d'asile par l'Office français de protection des réfugiés et apatrides, l'application de l'adaptation des modalités de traitement des demandes d'asile dans les conditions prévues à l'article *(Décr. n° 2022-211 du 18 févr. 2022, art. 2)* « R. 591-11 *[ancienne rédaction : R. 581-1]* ».

L'arrêté est pris pour une période qui ne peut excéder dix-huit mois. Il est renouvelable. Il fixe la date à laquelle les dispositions de l'article *(Décr. n° 2022-211 du 18 févr. 2022, art. 2)* « R. 591-11 *[ancienne rédaction : R. 581-1]* » entrent en vigueur *(Décr. n° 2022-211 du 18 févr. 2022, art. 2)* « dans la collectivité *[ancienne rédaction : dans chacune des collectivités concernées]* ».

La mise en œuvre des dispositions prévues au premier alinéa fait l'objet d'un suivi semestriel effectué par le ministre chargé de l'asile en lien avec l'Office français de protection des réfugiés et apatrides et la Cour nationale du droit d'asile. Ce suivi comporte *(Décr. n° 2022-211 du 18 févr. 2022, art. 2)* « pour la collectivité *[ancienne rédaction : pour chaque collectivité concernée]* » des éléments quantitatifs et qualitatifs portant notamment sur l'évolution des délais d'examen des demandes d'asile et les effets des adaptations mentionnées à l'article *(Décr. n° 2022-211 du 18 févr. 2022, art. 2)* « R. 591-11 *[ancienne rédaction : R. 581-1]* » sur l'exercice par les demandeurs d'asile de l'ensemble des droits prévus par le présent décret.

Lorsque les motifs qui fondent l'arrêté mentionné au premier alinéa cessent, il est mis fin à l'application de ses dispositions par arrêté du ministre chargé de l'asile. – *[Anc. art. R. 768-1.]*

Art. R. 591-11 Dans le cas prévu à l'article R. 591-10, pour l'application des dispositions du chapitre I du titre III du présent livre :

1° A l'article R. 531-2, les mots : "vingt-et-un jours" sont remplacés par les mots : "sept jours" et après les mots : "pour introduire", sont ajoutés les mots : "en personne" ;

2° A l'article R. 531-4, les mots : "huit jours" sont remplacés par les mots : "trois jours" ;

3° A l'article R. 531-5, les mots : "l'Office français de protection des réfugiés et apatrides en accuse réception" sont remplacés par les mots : "l'Office français de protection des réfugiés et apatrides informe le demandeur, par lettre remise en mains propres, du caractère complet du dossier" ;

4° L'article R. 531-6 est ainsi rédigé :

Art. R. 531-6 L'Office français de protection des réfugiés et apatrides statue dans un délai de vingt-et-un jours à compter de l'introduction de la demande

5° L'article R. 531-7 est ainsi rédigé :

Art. R. 531-7 L'Office français de protection des réfugiés et apatrides peut décider de ne pas statuer dans le délai prévu à l'article *(Décr. n° 2022-211 du 18 févr. 2022, art. 2)* « R. 531-6 *[ancienne rédaction : R. 531-2]* » lorsque cela lui paraît nécessaire pour assurer un examen approprié de la demande.

(Décr. n° 2022-211 du 18 févr. 2022, art. 2) « 6° A l'article R. 531-11, les mots : "dans les conditions prévues à l'article R. 531-17" sont remplacés par les mots : "par remise en mains propres de la convocation lors de l'introduction de la demande d'asile complète" *[ancienne rédaction : 6° A l'article R. 531-11, les mots : "à l'article R. 531-17" sont remplacés par les mots : "par remise en mains propres de la convocation lors de l'introduction de la demande d'asile complète"]* ;

« 7° L'article R. 531-17 est ainsi modifié :

« *a)* Les mots : "par lettre recommandée avec demande d'avis de réception" sont remplacés par les mots : "par remise en mains propres contre récépissé par un agent de l'office" ;

« *b)* Avant le dernier alinéa est inséré un alinéa ainsi rédigé : "Afin de permettre la notification par remise en mains propres mentionnée à l'alinéa précédent, le demandeur se voit remettre contre récépissé une convocation, lors de l'introduction de sa demande ou à l'issue de l'entretien prévu à l'article R. 531-11. La décision de l'office

est réputée notifiée à la date à laquelle le demandeur a été convoqué si, sans motif légitime, il ne s'est pas présenté à cette convocation" *[ancienne rédaction : 7° A l'article R. 531-17, les mots : "par lettre recommandée avec demande d'avis de réception" sont remplacés par les mots : "par remise en mains propres contre récépissé par un agent de l'office. A cette fin, le demandeur se voit remettre contre récépissé une convocation, lors de l'introduction de sa demande ou à l'issue de l'entretien prévu au premier alinéa de l'article L. 531-12. La décision est réputée notifiée à la date à laquelle le demandeur a été convoqué si, sans motif légitime, il ne s'est pas présenté à cette convocation"].* » – *[Anc. art. R. 768-2.]*

Art. R. 591-12 Les adaptations des articles R. 531-2, R. 531-4, R. 531-5, R. 531-6, R. 531-7, R. 531-11 et R. 531-17, prévues aux 1° à 7° de l'article R. 591-11, s'appliquent aux demandes d'asile enregistrées en Martinique à compter de la date fixée par l'arrêté mentionné à l'article R. 591-10. – *[Anc. art. R. 768-3.]*

SOUS-SECTION 5 Dispositions particulières à Mayotte

Art. D. 591-13 Les articles D. 521-12, D. 531-1, D. 551-16 à D. 551-20, D. 551-22, D. 553-1 à D. 553-28, D. 554-1 et D. 581-7 ne sont pas applicables à Mayotte. – *[Anc. art. D. 761-3.]*

§ 1 *[UNIQUE]* Traitement de la demande d'asile

(Décr. n° 2022-211 du 18 févr. 2022, art. 1er, en vigueur le 1er mai 2022)

Art. R. 591-12-1 *[R. 591-13-1]* Pour l'application du chapitre I du titre III du présent livre à Mayotte :

1° A l'article R. 531-2 : les mots : "vingt et un jours" sont remplacés par les mots : "sept jours" et après les mots : "pour introduire", sont insérés les mots : "en personne" ;

2° A l'article R. 531-4 : les mots : "huit jours" sont remplacés par les mots : "trois jours" ;

3° A l'article R. 531-5 : les mots : "l'Office français de protection des réfugiés et apatrides en accuse réception" sont remplacés par les mots : "l'Office français de protection des réfugiés et apatrides en informe le demandeur, par lettre remise en mains propres" ;

4° L'article R. 531-6 est remplacé par les dispositions suivantes :

Art. R. 531-6 L'Office français de protection des réfugiés et apatrides statue dans un délai de vingt et un jours à compter de l'introduction de la demande.

5° L'article R. 531-7 est remplacé par les dispositions suivantes :

Art. R. 531-7 L'Office français de protection des réfugiés et apatrides peut décider de ne pas statuer dans le délai prévu à l'article R. 531-6 lorsque l'examen de la demande le nécessite.

6° A l'article R. 531-11, les mots : "dans les conditions prévues à l'article R. 531-17" sont remplacés par les mots : "par remise en mains propres et contre récépissé d'une convocation, lors de l'introduction de la demande d'asile complète. La convocation mentionne la date à laquelle la décision de l'office sera notifiée au demandeur." ;

7° L'article R. 531-17 est ainsi modifié :

a) Les mots : "par lettre recommandée avec demande d'avis de réception" sont remplacés par les mots : "par remise en mains propres contre récépissé par un agent de l'office" ;

b) Avant le dernier alinéa est inséré un alinéa ainsi rédigé : "La décision de l'office est réputée notifiée à la date à laquelle le demandeur a été convoqué si, sans motif légitime, il ne s'est pas présenté à cette convocation."

SECTION 2 Dispositions particulières à Saint-Pierre-et-Miquelon

Art. R. 591-14 Pour l'application du présent livre à Saint-Pierre-et-Miquelon :

1° Les références au préfet sont remplacées par la référence au représentant de l'État dans la collectivité et les références à la préfecture sont remplacées par la référence aux services de l'État dans la collectivité ;

2° L'article R. 521-7 n'est pas applicable ;
3° Au second alinéa de l'article R. 521-8, le mot : "autres" est supprimé ;
4° A l'article R. 521-9, les mots : ", ou lorsque ses empreintes relevées en application de l'article R. 521-7 sont inexploitables," sont supprimés ;
5° A l'article R. 521-18, la référence à l'article R. 521-7 est supprimée ;
6° Les articles R. 522-1 et R. 522-2 ne sont pas applicables ;
(Décr. nº 2024-813 du 8 juill. 2024, art. 3, en vigueur le 17 juill. 2024) « 6° *bis* L'article R. 523-14 n'est pas applicable ; »
7° Les articles R. 531-8 et R. 531-9 ne sont pas applicables ;
8° Les dispositions du titre V ne sont pas applicables ;
9° L'article R. 571-1 n'est pas applicable ;
10° Au premier alinéa de l'article R. 581-8, le mot : "autre" est supprimé ;
11° L'article R. 581-19 n'est pas applicable. – *[Anc. art. R. 766-4.]*

Art. D. 591-15 Les articles D. 521-12, D. 531-1, D. 551-16 à D. 551-20, D. 551-22, D. 553-1 à D. 553-28, D. 554-1, D. 561-12 à D 561-14 et D. 581-7 ne sont pas applicables à Saint-Pierre-et-Miquelon. – *[Anc. art. R. 766-6.]*

CHAPITRE II **DISPOSITIONS APPLICABLES À SAINT-BARTHÉLEMY**

Art. R.* 592-1 Les dispositions suivantes sont applicables à Saint-Barthélemy dans leur rédaction résultant du décret nº 2020-1734 du 16 décembre 2020, sauf mention contraire ou mention de leur application de plein droit dans le tableau ci-dessous. – *[Anc. art. R. 766-1.]*

Articles applicables	Dans leur rédaction résultant de
Au titre II	
R.* 521-11	
Au titre III	
R.* 532-59 à R.* 532-66	Application de plein droit

Art. R. 592-2 Sous réserve des adaptations prévues par le présent chapitre, les dispositions suivantes sont applicables à Saint-Barthélemy dans leur rédaction résultant du décret nº 2020-1734 du 16 décembre 2020, sauf mention contraire ou mention de leur application de plein droit dans le tableau ci-dessous. – *Tableau mod. par Décr. nº 2022-726 du 28 avr. 2022, art. 2 ; Décr. nº 2024-810 du 6 juill. 2024, art. 5, en vigueur le 15 juill. 2024 (JO 16 juill.).– [Anc. art. R. 766-1.]*

Articles applicables	Dans leur rédaction résultant
Au titre I	
R. 510-1	
R. 511-1 à R. 512-1	
Au titre II	
R. 520-1	
R. 521-1	
R. 521-3 à R. 521-6	
R. 521-8 à R. 521-10	

Articles applicables	Dans leur rédaction résultant
R. 521-13 à R. 522-2	
Au titre III	
R. 530-1	
R. 531-2 à R. 531-39	
R. 532-1 à R. 532-58	Application de plein droit
R. 532-67 à R. 532-72	Application de plein droit
Au titre IV	
R. 540-1	
R. 541-1 et R. 541-2	
Au titre V	
R. 550-1	
R. 551-7 à R. 551-15	
R. 551-21	
R. 551-23	
R. 552-1 à R. 552-16	
Au titre VI	
R. 560-1	
R. 561-1	
R. 561-2	du décret n° 2024-810 du 6 juillet 2024
R. 561-3 à R. 561-11	
R. 561-15 à R. 562-2	
Au titre VIII	
R. 580-1	
R. 581-1 et R. 581-4	
R. 581-4-1	du décret n° 2022-726 du 28 avril 2022
R. 581-5 à R. 581-6	
R. 581-8 à R. 581-18	
R. 582-1 à R. 582-5	

Art. R. 592-3 Pour l'application du présent livre à Saint-Barthélemy :

1° Les références au préfet sont remplacées par la référence au représentant de l'État à Saint-Barthélemy et la référence à la préfecture est remplacée par la référence aux services de l'État à Saint-Barthélemy ;

2° A l'article R. 521-1, les mots : "à l'intérieur du territoire français" sont remplacés par les mots : "sur le territoire de Saint-Barthélemy" ;

3° Au second alinéa de l'article R. 521-8, le mot : "autres" est supprimé ;

4° A l'article R. 521-9, les mots : ", ou lorsque ses empreintes relevées en application de l'article R. 521-7 sont inexploitables," sont supprimés ;

5° A l'article R. 521-18, la référence à l'article R. 521-7 est supprimée ;

6° Le deuxième alinéa de l'article R. 552-8 n'est pas applicable.

7° A l'article R. 581-6, les mots : "régie par les dispositions des articles L. 341-4, R. 341-1, R. 341-3, R. 341-4 et R. 341-7 du code du travail" sont remplacés par les mots : "régie par les dispositions de la législation et de la réglementation applicables localement" ;

8° Au premier alinéa de l'article R. 581-8, le mot : "autre" est supprimé. – *[Anc. art. R. 766-1.]*

Art. D. 592-4 Sous réserve des adaptations prévues par le présent chapitre, les dispositions suivantes sont applicables à Saint-Barthélemy dans leur rédaction résultant du décret n° 2020-1734 du 16 décembre 2020, sauf mention contraire dans le tableau ci-dessous. – *[Anc. art. D. 766-1-1.]*

Articles applicables	Dans leur rédaction résultant de
Au titre II	
D. 521-12	
Au titre III	
D. 531-1	
Au titre V	
D. 551-16 à D. 551-20	
D. 551-22	
D. 553-1 à D. 553-28	
D. 554-1	
Au titre VI	
D. 561-12 à D. 561-14	
Au titre VIII	
D. 581-7	

Art. D. 592-5 Pour l'application du présent livre à Saint-Barthélemy :

1° A l'article D. 521-12, les mots : "ainsi que l'état d'avancement des procédures de détermination de l'État responsable de l'examen de la demande d'asile et de transfert, en particulier les dates de fuite ou de transfert des intéressés" sont supprimés ;

2° A l'article D. 554-1, les mots : "direction régionale des entreprises, de la concurrence, de la consommation, du travail et de l'emploi" sont remplacés, par les mots : "direction des entreprises, de la concurrence, de la consommation, du travail et de l'emploi de Guadeloupe".

CHAPITRE III DISPOSITIONS APPLICABLES A SAINT-MARTIN

Art. R.* 593-1 Les dispositions suivantes sont applicables à Saint-Martin dans leur rédaction résultant du décret n° 2020-1734 du 16 décembre 2020, sauf mention contraire ou mention de leur application de plein droit dans le tableau ci-dessous. – *[Anc. art. R.* 766-3.]*

Articles applicables	Dans leur rédaction résultant de
Au titre II	
R.* 521-11	
Au titre III	
R.* 532-59 à R.* 532-66	Application de plein droit

Art. R. 593-2 Sous réserve des adaptations prévues par le présent chapitre, les dispositions suivantes sont applicables à Saint-Martin dans leur rédaction résultant du décret n° 2020-1734 du 16 décembre 2020, sauf mention contraire ou mention de leur application de plein droit dans le tableau ci-dessous. — *Tableau mod. par Décr. n° 2022-726 du 28 avr. 2022, art. 2 ; Décr. n° 2024-810 du 6 juill. 2024, art. 5, en vigueur le 15 juill. 2024 (JO 16 juill.).— [Anc. art. R. 766-2.]*

Articles applicables	Dans leur rédaction résultant
Au titre I	
R. 510-1	
R. 511-1 à R. 512-1	
Au titre II	
R. 520-1	
R. 521-1	
R. 521-3 à R. 521-10	
R. 521-13 à R. 522-2	
Au titre III	
R. 530-1	
R. 531-2 à R. 531-39	
R. 532-1 à R. 532-58	Application de plein droit
R. 532-67 à R. 532-72	Application de plein droit
Au titre IV	
R. 540-1	
R. 541-1 et R. 541-2	
Au titre V	
R. 550-1	
R. 551-7 à R. 551-15	
R. 551-21	
R. 551-23	

Articles applicables	Dans leur rédaction résultant
R. 552-1 à R. 552-16	
Au titre VI	
R. 560-1	
R. 561-1	
R. 561-2	du décret n° 2024-810 du 6 juillet 2024
R. 561-3 à R. 561-11	
R. 561-15 à R. 562-2	
Au titre VIII	
R. 580-1	
R. 581-1 à R. 581-4	
R. 581-4-1	du décret n° 2022-726 du 28 avril 2022
R. 581-5 à R. 581-6	
R. 581-8 à R. 581-18	
R. 582-1 à R. 582-5	

Art. R. 593-3 Pour l'application du présent livre à Saint-Martin :

1° Les références au préfet sont remplacées par la référence au représentant de l'État à Saint-Martin et la référence à la préfecture est remplacée par la référence aux services de l'État à Saint-Martin ;

2° A l'article R. 521-1, les mots : "à l'intérieur du territoire français" sont remplacés par les mots : "sur le territoire de Saint-Martin" ;

3° Le deuxième alinéa de l'article R. 552-8 n'est pas applicable ;

4° A l'article R. 581-6, les mots : "régie par les dispositions des articles L. 341-4, R. 341-1, R. 341-3, R. 341-4 et R. 341-7 du code du travail" sont remplacés par les mots : "régie par les dispositions de la législation et de la réglementation applicables localement". — *[Anc. art. R. 766-2.]*

Art. D. 593-4 Sous réserve des adaptations prévues par le présent chapitre, les dispositions suivantes sont applicables à Saint-Martin dans leur rédaction résultant du décret n° 2020-1734 du 16 décembre 2020, sauf mention contraire dans le tableau ci-dessous. — *[Anc. art. R. 766-2-1.]*

Articles applicables	Dans leur rédaction résultant de
Au titre II	
D. 521-12	
Au titre V	
D. 551-16 à D. 551-20	
D. 551-22	
D. 553-1 à D. 553-28	

Articles applicables	Dans leur rédaction résultant de
Au titre VI	
D. 561-12 à D. 561-14	
Au titre VIII	
D. 581-7	

Art. D. 593-5 Pour l'application du présent livre à Saint-Martin :

1° A l'article D. 521-12, les mots : "ainsi que l'état d'avancement des procédures de détermination de l'État responsable de l'examen de la demande d'asile et de transfert, en particulier les dates de fuite ou de transfert des intéressés" sont supprimés ;

2° A l'article D. 553-10, les mots : "à l'annexe 8" sont remplacés par les mots : "au II de l'annexe 8" ;

3° A l'article D. 554-1, les mots : "direction régionale des entreprises, de la concurrence, de la consommation, du travail et de l'emploi" sont remplacés par les mots : "direction des entreprises, de la concurrence, de la consommation, du travail et de l'emploi de Guadeloupe".

CHAPITRE IV **DISPOSITIONS APPLICABLES DANS LES ÎLES WALLIS-ET-FUTUNA**

Art. R.* 594-1 Les dispositions suivantes sont applicables dans les îles Wallis-et-Futuna dans leur rédaction résultant du décret n° 2020-1734 du 16 décembre 2020, sauf mention contraire dans le tableau ci-dessous.

Articles applicables	Dans leur rédaction résultant de
Au titre II	
R.* 521-11	
Au titre VI	
R.* 532-59 à R.* 532-66	

Art. R. 594-2 Sous réserve des adaptations prévues par le présent chapitre, les dispositions suivantes sont applicables dans les îles Wallis-et-Futuna dans leur rédaction résultant du décret n° 2020-1734 du 16 décembre 2020, sauf mention contraire dans le tableau ci-dessous. — *Tableau mod. par Décr. n° 2021-274 du 11 mars 2021, art. 4 ; Décr. n° 2024-810 du 6 juill. 2024, art. 5, en vigueur le 15 juill. 2024 (JO 16 juill.). — [Anc. art. R. 812-5.]*

Articles applicables	Dans leur rédaction résultant de *[du]*
Au titre I	
R. 510-1	
R. 511-1 et R. 512-1	
Au titre II	
R. 520-1	
R. 521-1 à R. 521-6	

Articles applicables	Dans leur rédaction résultant de *[du]*
R. 521-8 à R. 521-10	
R. 521-14 à R. 521-20	
Au titre III	
R. 530-1	
R. 531-2 à R. 531-7	
R. 531-10 à R. 532-6	
R. 532-7	décret n° 2021-274 du 11 mars 2021
R. 532-8 à R. 532-16	
R. 532-17	décret n° 2021-274 du 11 mars 2021
R. 532-18 à R. 532-28	
R. 532-28-1 à R. 532-28-6	décret n° 2021-274 du 11 mars 2021
R. 532-29 à R. 532-58	
R. 532-67 à R. 532-72	
Au titre IV	
R. 540-1	
R. 541-1 et R. 541-2	
Au titre VI	
R. 560-1	
R. 561-1	
R. 561-2	du décret n° 2024-810 du 6 juillet 2024
R. 561-3 à R. 561-11	
R. 561-15 à R. 562-2	
Au titre VIII	
R. 582-1 à R. 582-5	

Art. R. 594-3 Pour l'application du présent livre dans les îles Wallis-et-Futuna :

1° A l'exception de l'article R. 561-11, les mots : "en France" sont remplacés par les mots : "dans les îles Wallis-et-Futuna" et les mots : "de la France" par les mots : "des îles Wallis-et-Futuna" ;

2° A l'article R. 520-1, après la référence à l'article R. 521-9, est insérée la référence à l'article R. 521-13 ;

3° A l'article R. 521-1, les mots : "à l'intérieur du territoire français" sont remplacés par les mots : "dans les îles Wallis-et-Futuna" ;

4° Les références au préfet sont remplacées par la référence à l'administrateur supérieur des îles Wallis-et-Futuna ;

5° L'article R. 521-8 est ainsi modifié :

a) au premier alinéa, après les mots : "mis en possession", sont ajoutés les mots : ", par l'administrateur supérieur des îles Wallis-et-Futuna," ;

b) au second alinéa, le mot : "autres" est supprimé ;

6° A l'article R. 521-9, les mots : "ou lorsque ses empreintes relevées en application de l'article R. 521-7 sont inexploitables," sont supprimés ;

7° A l'article R. 521-18, la référence à l'article R. 521-7 est supprimée ;

8° Aux articles R. 531-5, R. 531-19 et R. 531-21, la référence au directeur général de l'Office français de l'immigration et de l'intégration est supprimée ;

9° A l'article R. 531-18, les dispositions du 2° ne sont pas applicables ;

10° A l'article R. 532-57, les mots : "au préfet compétent et au directeur de l'Office français de l'immigration et de l'intégration" sont remplacés par les mots : "à l'administrateur supérieur des îles Wallis-et-Futuna" ;

11° A l'article R. 532-71, les mots : "au ministre de l'intérieur et au ministre chargé de l'asile, qui disposent d'une semaine pour produire leurs observations" sont remplacés par les mots : "à l'administrateur supérieur des îles Wallis-et-Futuna qui dispose d'une semaine pour produire ses observations" ;

12° A l'article R. 532-72, les mots : "au ministre de l'intérieur et au ministre chargé de l'asile" sont remplacés par les mots : "à l'administrateur supérieur des îles Wallis-et-Futuna" ;

13° A l'article R. 561-3, les mots : "le ministre chargé de l'asile" sont remplacés par les mots : "l'administrateur supérieur des îles Wallis-et-Futuna". – *[Anc. art. R. 762-1 ; anc. art. R. 812-5.]*

CHAPITRE V DISPOSITIONS APPLICABLES EN POLYNÉSIE FRANÇAISE

Art. R.* 595-1 Les dispositions suivantes sont applicables en Polynésie française dans leur rédaction résultant du décret n° 2020-1734 du 16 décembre 2020, sauf mention contraire ou mention de leur application de plein droit dans le tableau ci-dessous.

Articles applicables	Dans leur rédaction résultant de
Au titre II	
R.* 521-11	
Au titre III	
R.* 532-59 à R.* 532-66	Application de plein droit

Art. R. 595-2 Sous réserve des adaptations prévues par le présent chapitre, les dispositions suivantes sont applicables en Polynésie française dans leur rédaction résultant du décret n° 2020-1734 du 16 décembre 2020, sauf mention contraire ou mention de leur application de plein droit dans le tableau ci-dessous. – *Tableau mod. par Décr. n° 2024-810 du 6 juill. 2024, art. 5, en vigueur le 15 juill. 2024 (JO 16 juill.). – [Anc. art. R. 763-1 ; anc. art. R. 812-6.]*

Articles applicables	Dans leur rédaction résultant de
Au titre I	
R. 510-1	
R. 511-1 et R. 512-1	
Au titre II	
R. 520-1	
R. 521-1 à R. 521-6	
R. 521-8 à R. 521-10	

Articles applicables	Dans leur rédaction résultant de
R. 521-14 à R. 521-20	
Au titre III	
R. 530-1	
R. 531-2 à R. 531-7	
R. 531-10 à R. 531-39	
R. 532-1 à R. 532-58	Application de plein droit
R. 532-67 à R. 532-72	Application de plein droit
Au titre IV	
R. 540-1	
R. 541-1 et R. 541-2	
Au titre VI	
R. 560-1	
R. 561-1	
R. 561-2	du décret n° 2024-810 du 6 juillet 2024
R. 561-3 à R. 561-11	
R. 561-15 à R. 562-2	
Au titre VIII	
R. 582-1 à R. 582-5	

Art. R. 595-3 Pour l'application du présent livre à la Polynésie française :

1° A l'exception de l'article R. 561-11, les mots : "en France" sont remplacés par les mots : "en Polynésie française" et les mots : "de la France" par les mots : "de la Polynésie française" ;

2° A l'article R. 520-1, après la référence à l'article R. 521-9, est insérée la référence à l'article R. 521-13 ;

3° A l'article R. 521-1, les mots : "à l'intérieur du territoire français" sont remplacés par les mots : "en Polynésie française" ;

4° Les références au préfet sont remplacées par la référence au haut-commissaire de la République en Polynésie française ;

5° L'article R. 521-8 est ainsi modifié :

a) au premier alinéa, après les mots : "mis en possession", sont ajoutés les mots : ", par le haut-commissaire de la République en Polynésie française," ;

b) au second alinéa, le mot : "autres" est supprimé ;

6° A l'article R. 521-9, les mots : "ou lorsque ses empreintes relevées en application de l'article R. 521-7 sont inexploitables," sont supprimés ;

7° A l'article R. 521-18, la référence à l'article R. 521-7 est supprimée ;

8° Aux articles R. 531-5, R. 531-19 et R. 531-21, la référence au directeur général de l'Office français de l'immigration et de l'intégration est supprimée ;

(Décr. n° 2021-274 du 11 mars 2021, art. 4, en vigueur le 1er mai 2021) « 8° *bis* A l'article R. 532-28-2, la référence au second alinéa de l'article 1367 du code civil est remplacée par une référence à la disposition ayant le même objet applicable localement ; »

9° A l'article R. 532-55, les mots : "le préfet compétent ou, à Paris, le préfet de police," sont remplacés par les mots : "le haut-commissaire de la République en Polynésie française" ;

10° A l'article R. 532-57, les mots : "au préfet compétent et au directeur de l'Office français de l'immigration et de l'intégration" sont remplacés par les mots : "au haut-commissaire de la République en Polynésie française" ;

11° A l'article R. 532-71, les mots : "ministre de l'intérieur et au ministre chargé de l'asile, qui disposent d'une semaine pour produire leurs observations" sont remplacés par les mots : "haut-commissaire de la République en Polynésie française, qui dispose d'une semaine pour produire ses observations" ;

12° A l'article R. 532-72, les mots : "ministre de l'intérieur et au ministre chargé de l'asile" sont remplacés par les mots : "haut-commissaire de la République en Polynésie française" ;

13° A l'article R. 561-3, les mots : "ministre chargé de l'asile" sont remplacés par les mots : "haut-commissaire de la République en Polynésie française". — *[Anc. art. R. 812-6.]*

CHAPITRE VI DISPOSITIONS APPLICABLES EN NOUVELLE-CALÉDONIE

Art. R.* 596-1 Les dispositions suivantes sont applicables en Nouvelle-Calédonie dans leur rédaction résultant du décret n° 2020-1734 du 16 décembre 2020, sauf mention contraire ou mention de leur application de plein droit dans le tableau ci-dessous.

Articles applicables	Dans leur rédaction résultant de
Au titre II	
R.* 521-11	
Au titre III	
R.* 532-59 à R.* 532-66	Application de plein droit

Art. R. 596-2 Sous réserve des adaptations prévues par le présent chapitre, les dispositions suivantes sont applicables en Nouvelle-Calédonie dans leur rédaction résultant du décret n° 2020-1734 du 16 décembre 2020, sauf mention contraire ou mention de leur application de plein droit dans le tableau ci-dessous. — *Tableau mod. par Décr. n° 2024-810 du 6 juill. 2024, art. 5, en vigueur le 15 juill. 2024 (JO 16 juill.). — [Anc. art. R. 764-1 ; anc. art. R. 812-7.]*

Articles applicables	Dans leur rédaction résultant de
Au titre I	
R. 510-1	
R. 511-1 et R. 512-1	
Au titre II	
R. 520-1	
R. 521-1 à R. 521-6	
R. 521-8 à R. 521-10	
R. 521-14 à R. 521-20	

Articles applicables	Dans leur rédaction résultant de
Au titre III	
R. 530-1	
R. 531-2 à R. 531-7	
R. 531-10 à R. 531-39	
R. 532-1 à R. 532-58	Application de plein droit
R. 532-67 à R. 532-72	Application de plein droit
Au titre IV	
R. 540-1	
R. 541-1 et R. 541-2	
Au titre VI	
R. 560-1	
R. 561-1	
R. 561-2	du décret n° 2024-810 du 6 juillet 2024
R. 561-3 à R. 561-11	
R. 561-15 à R. 562-2	
Au titre VIII	
R. 582-1 à R. 582-5	

Art. R. 596-3 Pour l'application du présent livre en Nouvelle-Calédonie :

1° A l'exception de l'article R. 561-11, les mots : "en France" sont remplacés par les mots : "en Nouvelle-Calédonie" et les mots : "de la France" par les mots : "de la Nouvelle-Calédonie" ;

2° A l'article R. 520-1, après la référence à l'article R. 521-9, est insérée la référence à l'article R. 521-13 ;

3° A l'article R. 521-1, les mots : "à l'intérieur du territoire français" sont remplacés par les mots : "en Nouvelle-Calédonie" ;

4° Les références au préfet sont remplacées par la référence au haut-commissaire de la République en Nouvelle-Calédonie ;

5° L'article R. 521-8 est ainsi modifié :

a) au premier alinéa, après les mots : "mis en possession", sont ajoutés les mots : ", par le haut-commissaire de la République en Nouvelle-Calédonie," ;

b) au second alinéa, le mot : "autres" est supprimé ;

6° A l'article R. 521-9, les mots : "ou lorsque ses empreintes relevées en application de l'article R. 521-7 sont inexploitables" sont supprimés ;

7° A l'article R. 521-18, la référence à l'article R. 521-7 est supprimée ;

8° Aux articles R. 531-5, R. 531-19 et R. 531-21, la référence au directeur général de l'Office français de l'immigration et de l'intégration est supprimée ;

9° A l'article R. 531-18, les dispositions du 2° ne sont pas applicables ;

(Décr. n° 2021-274 du 11 mars 2021, art. 4, en vigueur le 1er mai 2021) « 9° *bis* A l'article R. 532-28-2, la référence au second alinéa de l'article 1367 du code civil est remplacée par une référence à la disposition ayant le même objet applicable localement ; »

10° A l'article R. 532-55, les mots : "le préfet compétent ou, à Paris, le préfet de police," sont remplacés par les mots : "le haut-commissaire de la République en Nouvelle-Calédonie" ;

11° A l'article R. 532-57, les mots : "au préfet compétent et au directeur de l'Office français de l'immigration et de l'intégration" sont remplacés par les mots : "au haut-commissaire de la République en Nouvelle-Calédonie" ;

12° Aux articles R. 532-71, les mots : "ministre de l'intérieur et au ministre chargé de l'asile, qui disposent d'une semaine pour produire leurs observations" sont remplacés par les mots : "haut-commissaire de la République en Nouvelle-Calédonie, qui dispose d'une semaine pour produire ses observations" ;

13° A l'article R. 532-72, les mots : "ministre de l'intérieur et au ministre chargé de l'asile" sont remplacés par les mots : "haut-commissaire de la République en Nouvelle-Calédonie" ;

14° A l'article R. 561-3, les mots : "ministre chargé de l'asile" sont remplacés par les mots : "haut-commissaire de la République en Nouvelle-Calédonie". – *[Anc. art. R. 812-7.]*

CHAPITRE VII **DISPOSITIONS APPLICABLES AUX TERRES AUSTRALES ET ANTARCTIQUES FRANÇAISES**

Art. R. 597-1 L'étranger qui arrive ou séjourne dans les Terres australes et antarctiques françaises et demande l'asile en application de l'article L. 597-1 présente à l'appui de sa demande :

1° Les indications relatives à son état civil et, le cas échéant, à celui de son conjoint et de ses enfants à charge ;

2° Les documents mentionnés à l'article L. 367-1, justifiant qu'il est entré régulièrement dans les Terres australes et antarctiques françaises ou, à défaut, toutes indications portant sur les conditions de son entrée et ses itinéraires de voyage depuis son pays d'origine. – *[Anc. art. R. 765-1, I.]*

Art. R. 597-2 Le récépissé délivré, en application de l'article L. 597-1, à l'étranger qui sollicite dans les Terres australes et antarctiques françaises l'asile porte la mention "Demande d'asile formulée dans les Terres australes et antarctiques françaises, en vue de démarches auprès des autorités compétentes de La Réunion".

Le rapport d'audition de l'étranger est transmis à l'administrateur supérieur des Terres australes et antarctiques françaises. Celui-ci l'adresse au préfet de La Réunion et à l'Office français de protection des réfugiés et apatrides. – *[Anc. art. R. 765-1, II.]*

Art. R. 597-3 L'autorité administrative mentionnée au premier alinéa de l'article L. 597-1 est l'administrateur supérieur des Terres australes et antarctiques françaises. – *[Anc. art. R. 765-1, III.]*

LIVRE VI DÉCISIONS D'ÉLOIGNEMENT

TITRE I OBLIGATION DE QUITTER LE TERRITOIRE FRANÇAIS

Art. R. 610-1 Conformément à l'article R. 253-1, les dispositions des articles R. 611-1, R. 611-2 et R. 614-1 sont applicables à l'étranger dont la situation est régie par le livre II.

CHAPITRE I DÉCISION PORTANT OBLIGATION DE QUITTER LE TERRITOIRE FRANÇAIS

Art. R. 611-1 Pour constater l'état de santé de l'étranger mentionné au 9° de l'article L. 611-3, l'autorité administrative tient compte d'un avis émis par un collège de médecins à compétence nationale de l'Office français de l'immigration et de l'intégration.

Toutefois, lorsque l'étranger est assigné à résidence aux fins d'exécution de la décision portant obligation de quitter le territoire français ou placé ou maintenu en rétention administrative en application du titre IV du livre VII, l'avis est émis par un médecin de l'office et transmis sans délai au préfet territorialement compétent. – *[Anc. art. R. 511-1, al. 1er et 4.]*

Art. R. 611-2 L'avis mentionné à l'article R. 611-1 est émis dans les conditions fixées par arrêté du ministre chargé de l'immigration et du ministre chargé de la santé au vu :

1° D'un certificat médical établi par le médecin qui suit habituellement l'étranger ou un médecin praticien hospitalier ;

2° Des informations disponibles sur les possibilités de bénéficier effectivement d'un traitement approprié dans le pays d'origine de l'intéressé.

Toutefois, lorsque l'étranger est placé ou maintenu en rétention administrative, le certificat prévu au 1° est établi par un médecin intervenant dans le lieu de rétention conformément à l'article R. 744-14. – *[Anc. art. R. 511-1, al. 2 et 3.]*

Art. R. 611-3 *(Décr. no 2024-812 du 8 juill. 2024, art. 1er, en vigueur le 17 juill. 2024)* Le délai prévu à l'article L. 542-4 est de quinze jours à compter de la date à laquelle l'autorité administrative compétente a connaissance de l'expiration du droit au maintien de l'étranger. Lorsque l'expiration du droit au maintien de l'étranger résulte d'une décision de l'Office français de protection des réfugiés et apatrides ou de la Cour nationale du droit d'asile, l'autorité administrative en a connaissance dans les conditions prévues aux articles R. 531-19, R. 531-21 et R. 532-57.

CHAPITRE II DÉCISIONS POUVANT ASSORTIR LA DÉCISION PORTANT OBLIGATION DE QUITTER LE TERRITOIRE FRANÇAIS

Le présent chapitre ne comprend pas de dispositions réglementaires.

CHAPITRE III PROCÉDURE ADMINISTRATIVE

SECTION 1 Édiction et notification des décisions

SOUS-SECTION 1 Autorité administrative compétente

Art. R. 613-1 L'autorité administrative compétente pour édicter la décision portant obligation de quitter le territoire français, la décision fixant le délai de départ volontaire et l'interdiction de retour sur le territoire français est le préfet de département et, à Paris, le préfet de police. – *[Anc. art. R. 512-1, al. 1er (ecqc le cas prévu à l'art. L. 511-1).]*

SOUS-SECTION 2 Modalités particulières de notification

Art. R. 613-2 *(Décr. no 2024-799 du 2 juill. 2024, art. 2 et 9, en vigueur le 15 juill. 2024)* La décision portant obligation de quitter le territoire français qui n'est pas assortie d'un délai de départ volontaire, ainsi que les décisions relatives au séjour, à la suppression du délai de départ volontaire, au pays de renvoi et à l'interdiction de retour ou à l'interdiction de circulation qui l'assortissent le cas échéant, sont notifiées par la voie administrative.

Il en est de même de la décision d'interruption du délai de départ volontaire prévue à l'article L. 612-5.

Ancien art. R. 613-2 *La décision d'interruption du délai de départ volontaire prévue à l'article L. 612-5 est notifiée par la voie administrative. – [Anc. art. R. 511-2, al. 2 (1re phr.).]*

Art. R. 613-3 L'interdiction de retour sur le territoire français prononcée en application de l'article L. 612-7 est notifiée par la voie administrative.

Il en est de même de la décision de prolongation d'une interdiction de retour, prévue à l'article L. 612-11. – *[Anc. art. R. 511-3, al. 1er.]*

SECTION 2 Information de l'étranger

SOUS-SECTION 1 Étranger auquel est accordé un délai de départ volontaire

Art. R. 613-4 L'étranger auquel est accordé un délai de départ volontaire peut demander que les principaux éléments des décisions qui lui sont notifiées en application du chapitre I lui soient communiqués dans une langue qu'il comprend ou dont il est raisonnable de supposer qu'il la comprend. – *[Anc. art. R. 512-1-1.]*

Art. R. 613-5 L'étranger auquel est accordé un délai de départ volontaire est informé que l'autorité administrative peut y mettre fin si un motif de refus de ce délai apparaît postérieurement à sa notification, en application de l'article L. 612-5. – *[Anc. art. R. 511-2, al. 1er.]*

SOUS-SECTION 2 Étranger auquel est notifiée une interdiction de retour sur le territoire français

Art. R. 613-6 L'étranger auquel est notifiée une interdiction de retour sur le territoire français est informé du caractère exécutoire de cette décision et de ce que la durée pendant laquelle il lui est interdit de revenir sur le territoire commence à courir à la date à laquelle il satisfait à son obligation de quitter le territoire français.

Il est également informé des conditions d'exécution de la décision portant obligation de quitter le territoire français mentionnées à l'article R. 711-1, ainsi que des conditions dans lesquelles il peut justifier de sa sortie du territoire français conformément aux dispositions de l'article R. 711-2.

Art. R. 613-7 Les modalités de suppression du signalement d'un étranger effectué au titre d'une décision d'interdiction de retour sont celles qui s'appliquent, en vertu de l'article 7 du décret n° 2010-569 du 28 mai 2010 relatif au fichier des personnes recherchées, aux cas d'extinction du motif d'inscription dans ce traitement. – *[Anc. art. R. 511-3, al. 2.]*

CHAPITRE IV PROCÉDURE CONTENTIEUSE

(Décr. n° 2024-799 du 2 juill. 2024, art. 2 et 9, en vigueur le 15 juill. 2024)

Art. R. 614-1 La décision de mettre fin au délai de départ volontaire en application de l'article L. 612-5 peut être contestée devant le tribunal administratif selon la procédure prévue à l'article L. 911-1. Toutefois, lorsque l'étranger est assigné à résidence en application de l'article L. 731-1 ou détenu, la procédure prévue à l'article L. 921-1 est applicable. Lorsque l'étranger est placé en rétention administrative, la procédure prévue à l'article L. 921-2 est applicable.

L'annulation de la décision de mettre fin au délai de départ volontaire en application de l'article L. 612-5 peut, le cas échéant, être demandée dans la requête dirigée contre la décision portant obligation de quitter le territoire français ou par un mémoire produit dans le cadre de l'instance relative à cette requête.

A titre dérogatoire, l'art. R. 614-1 est applicable à Saint-Barthélemy, Saint-Martin, en Polynésie française et en Nouvelle-Calédonie dans sa rédaction résultant du Décr. n° 2020-1734 du 16 déc.

2020 portant partie réglementaire du CESEDA (Décr. n° 2024-799 du 2 juill. 2024, art. 8-II, en vigueur le 15 juill. 2024). — V. art. R. 614-1 anc.

Art. R. 614-2 **La décision de prolongation d'une interdiction de retour en application de l'article L. 612-11 peut être contestée devant le tribunal administratif selon la procédure prévue à l'article L. 921-1 ou, lorsque l'étranger est placé en rétention administrative, selon la procédure prévue à l'article L. 921-2.**

Lorsque le tribunal administratif est saisi de requêtes distinctes tendant l'une à l'annulation d'une décision portant obligation de quitter le territoire français et l'autre à l'annulation d'une décision de prolongation d'une interdiction de retour édictée en application de l'article L. 612-11, il statue par une seule décision, dans le délai prévu pour statuer sur l'obligation de quitter le territoire français.

CHAPITRE IV *[ANCIEN]* PROCÉDURE CONTENTIEUSE

Ancien art. R. 614-1 ***La présentation, l'instruction et le jugement par les juridictions administratives des recours en annulation mentionnés à l'article L. 614-1 obéissent aux règles définies au chapitre VI du titre VII du livre VII du code de justice administrative.*** — *[Anc. art. R. 512-2 (ecqc les recours mentionnés à l'art. L. 512-1).]*

Code de justice administrative

CHAPITRE VI. *LE CONTENTIEUX DES DÉCISIONS RELATIVES À L'ENTRÉE, AU SÉJOUR ET À L'ÉLOIGNEMENT DES ÉTRANGERS*
(Décr. n° 2024-799 du 2 juill. 2024, art. 3 et 9, en vigueur le 15 juill. 2024)

Les dispositions du présent chap. dans sa rédaction issue de l'art. 3 du Décr. n° 2024-799 du 2 juill. 2024 ne sont pas applicables à Saint-Barthélemy, à Saint-Martin, en Polynésie française, en Nouvelle-Calédonie et à Wallis-et-Futuna. Le chap. VI, dans sa rédaction antérieure au Décr. préc., et les chap. VII à VII quater du titre VII du livre VII du CJA demeurent applicables dans ces territoires (Décr. préc., art. 3-II).

Art. R. 776-1 Conformément à l'article L. 776-1 du présent code, les modalités selon lesquelles sont présentés et jugés les recours formés devant la juridiction administrative contre les décisions relatives à l'entrée, au séjour et à l'éloignement des étrangers obéissent, lorsque les dispositions du code de l'entrée et du séjour des étrangers et du droit d'asile le prévoient, aux règles spéciales définies au livre IX du même code.

CHAPITRE VI *[ANCIEN]*. *LE CONTENTIEUX DES OBLIGATIONS DE QUITTER LE TERRITOIRE FRANÇAIS (Décr. n° 2016-1458 du 28 oct. 2016, art. 2 et 16, en vigueur le 1er nov. 2016).*
(Abrogé par Décr. n° 2024-799 du 2 juill. 2024, art. 3 et 9, à compter du 15 juill. 2024) (Décr. n° 2011-819 du 8 juill. 2011, art. 1er-I et 4, en vigueur le 18 juill. 2011)

Les dispositions du nouv. chap. dans sa rédaction issue de l'art. 3 du Décr. n° 2024-799 du 2 juill. 2024 ne sont pas applicables à Saint-Barthélemy, à Saint-Martin, en Polynésie française, en Nouvelle-Calédonie et à Wallis-et-Futuna. Le présent chap. VI, dans sa rédaction antérieure au Décr. préc., et les chap. VII à VII quater du titre VII du livre VII du CJA demeurent applicables dans ces territoires (Décr. préc., art. 3-II).

Les dispositions du Décr. n° 2011-819 du 8 juill. 2011 s'appliquent à la contestation des décisions mentionnées à l'art. R. 776-1 CJA prises à compter du 18 juill. 2011. Les dispositions du CJA abrogées par ce décret demeurent applicables à la contestation des décisions qu'elle visent, prises antérieurement à la même date (Décr. préc., art. 4).

Les dispositions du Décr. n° 2011-819 du 8 juill. 2011 ne sont pas applicables en Nouvelle-Calédonie, en Polynésie française, dans les Terres australes et antarctiques françaises, à Mayotte, à Saint-Martin ni en Guyane. Jusqu'à l'expiration d'un délai de cinq ans à compter de la publication de la L. n° 2011-672 du 16 juin 2011 (JO 18 juin), elles ne sont pas applicables à Saint-Barthélemy ni en Guadeloupe (Décr. préc., art. 5).

SECTION 1 *[ABROGÉE]*. *Dispositions communes*

Ancien art. R. 776-1 *(Décr. n° 2020-1734 du 16 déc. 2020, art. 7-4°, en vigueur le 1er mai 2021) Sont présentées, instruites et jugées selon les dispositions du chapitre IV du titre I du livre VI du code de l'entrée et du séjour des étrangers et du droit d'asile et de l'article L. 732-8 du* *même code, ainsi que celles du présent code, sous réserve des dispositions du présent chapitre, les requêtes dirigées contre :*

1° Les décisions portant obligation de quitter le territoire français, prévues aux articles L. 241-1 et L. 611-1 du code de l'entrée et du séjour des étrangers et du droit d'asile, ainsi que les décisions relatives au séjour notifiées avec les décisions portant obligation de quitter le territoire français ;

2° Les décisions relatives au délai de départ volontaire prévues aux articles L. 251-3 et L. 612-1 du même code ;

3° Les interdictions de retour sur le territoire français prévues aux articles L. 612-6 à L. 612-8 du même code et les interdictions de circulation sur le territoire français prévues à l'article L. 241-4 dudit code ;

4° Les décisions fixant le pays de renvoi prévues à l'article L. 721-4 du même code ;

5° Les décisions d'assignation à résidence prévues aux articles L. 731-1, L. 751-2, L. 752-1 et L. 753-1 du même code.

Sont instruites et jugées dans les mêmes conditions les conclusions tendant à l'annulation d'une autre décision d'éloignement prévue au livre VI du code de l'entrée et du séjour des étrangers et du droit d'asile, à l'exception des décisions d'expulsions, présentées en cas de placement en rétention administration, en cas de détention ou dans le cadre d'une requête dirigée contre la décision d'assignation à résidence prise au titre de cette mesure.

Sont instruites et jugées dans les mêmes conditions les conclusions présentées dans le cadre des requêtes dirigées contre les décisions portant obligation de quitter le territoire français mentionnées au 1° du présent article, sur le fondement de l'article L. 752-5 du code de l'entrée et du séjour des étrangers et du droit d'asile, tendant à la suspension de l'exécution de ces décisions d'éloignement.

Art. R. 776-2 (Décr. n° 2020-1734 du 16 déc. 2020, art. 7-5°, en vigueur le 1er mai 2021) *I. — Conformément aux dispositions de l'article L. 614-4 du code de l'entrée et du séjour des étrangers et du droit d'asile, la notification d'une obligation de quitter le territoire français avec délai de départ volontaire, prise en application de l'article L. 251-1 ou des 3°, 5° ou 6° de l'article L. 611-1 du même code, fait courir un délai de trente jours pour contester cette obligation ainsi que les décisions relatives au séjour, au délai de départ volontaire, au pays de renvoi et à l'interdiction de retour ou à l'interdiction de circulation notifiées simultanément.*

Conformément aux dispositions de l'article L. 614-5 du même code, la notification d'une obligation de quitter le territoire français avec délai de départ volontaire, prise en application des 1°, 2° ou 4° de l'article L. 611-1 du même code, fait courir un délai de quinze jours pour contester cette obligation ainsi que les décisions relatives au séjour, au délai de départ volontaire, au pays de renvoi et à l'interdiction de retour notifiées simultanément. Cette notification fait courir ce même délai pour demander la suspension de l'exécution de la décision d'éloignement dans les conditions prévues à l'article L. 752-5 du même code.

Lorsque le délai de recours mentionné aux alinéas précédents n'est pas expiré à la date à laquelle l'autorité compétente notifie à l'intéressé la décision de supprimer le délai de départ volontaire en application de l'article L. 612-5 du code de l'entrée et du séjour des étrangers et du droit d'asile, ce délai de recours expire quarante-huit heures après cette notification. La décision de supprimer le délai de départ volontaire peut être contestée dans le même délai.

II. — Conformément aux dispositions de l'article L. 614-6 du code de l'entrée et du séjour des étrangers et du droit d'asile, la notification par voie administrative d'une obligation de quitter sans délai le territoire français fait courir un délai de quarante-huit heures pour contester cette obligation et les décisions relatives au séjour, à la suppression du délai de départ volontaire, au pays de renvoi et à l'interdiction de retour ou à l'interdiction de circulation notifiées simultanément. Cette notification fait courir ce même délai pour demander la suspension de l'exécution de la décision d'éloignement dans les conditions prévues à l'article L. 752-5 du même code.

Art. R. 776-3 (Décr. n° 2020-1734 du 16 déc. 2020, art. 7-6°, en vigueur le 1er mai 2021) *Conformément aux dispositions de l'article L. 614-5 du code de l'entrée et du séjour des étrangers et du droit d'asile, les interdictions de retour sur le territoire français prises en application de l'article L. 612-7 de ce code à l'encontre d'étrangers s'étant maintenus sur le territoire français au-delà du délai de départ volontaire peuvent faire l'objet d'un recours contentieux dans les quinze jours de leur notification.*

Le même délai s'applique pour la contestation des décisions prolongeant les interdictions de retour, prises en application de l'article L. 612-11 du même code.

Art. R. 776-4 (*Décr. n° 2020-1734 du 16 déc. 2020, art. 7-7°, en vigueur le 1er mai 2021*) *Conformément aux dispositions de l'article L. 614-8 du code de l'entrée et du séjour des étrangers et du droit d'asile, le délai de recours contentieux contre les décisions mentionnées à l'article R. 776-1 en cas de placement en rétention administrative ou d'assignation à résidence en application des articles L. 731-1 ou L. 751-2 du code de l'entrée et du séjour des étrangers et du droit d'asile est de quarante-huit heures. Ce délai court à compter de la notification de la décision par voie administrative.*

Art. R. 776-5 *I. — Le délai de recours contentieux de trente jours mentionné* (*Décr. n° 2016-1458 du 28 oct. 2016, art. 7-1° et 16, en vigueur le 1er nov. 2016*) *« à l'article R. 776-2 » n'est pas prorogé par l'exercice d'un recours administratif.*

(*Décr. n° 2016-1458 du 28 oct. 2016, art. 7-2° et 16, en vigueur le 1er nov. 2016*) *« II. — Les délais de quarante-huit heures mentionnés aux articles R. 776-2 et R. 776-4 et les délais de quinze jours mentionnés aux articles R. 776-2 et R. 776-3 ne sont susceptibles d'aucune prorogation. »*

Lorsque le délai est de quarante-huit heures (*Décr. n° 2016-1458 du 28 oct. 2016, art. 7-3° et 16, en vigueur le 1er nov. 2016*) *« ou de quinze jours », le second alinéa de l'article R. 411-1 n'est pas applicable et l'expiration du délai n'interdit pas au requérant de soulever des moyens nouveaux, quelle que soit la cause juridique à laquelle ils se rattachent.*

Le requérant qui, dans le délai de quarante-huit heures (*Décr. n° 2016-1458 du 28 oct. 2016, art. 7-4° et 16, en vigueur le 1er nov. 2016*) *« ou de quinze jours selon les cas », a demandé l'annulation de l'une des décisions qui lui ont été notifiées simultanément peut, jusqu'à la clôture de l'instruction, former des conclusions dirigées contre toute autre de ces décisions.*

Art. R. 776-6 *Les conclusions dirigées contre des décisions mentionnées à l'article R. 776-1 notifiées simultanément peuvent être présentées dans la même requête.*

Art. R. 776-7 *Les mesures prises pour l'instruction des affaires, l'avis d'audience et le jugement sont notifiés aux parties par tous moyens.*

Art. R. 776-8 *Dès le dépôt de la requête, le président du tribunal administratif transmet au préfet compétent pour représenter l'État en défense copie du recours et des pièces qui y sont jointes.*

Art. R. 776-9 *Le délai d'appel est d'un mois. Il court à compter du jour où le jugement a été notifié à la partie intéressée. Cette notification mentionne la possibilité de faire appel et le délai dans lequel cette voie de recours peut être exercée.*

(*Abrogé par Décr. n° 2016-1480 du 2 nov. 2016, art. 28 et 35-I, à compter du 1er janv. 2017*) *« Le président de la cour administrative d'appel ou le magistrat qu'il désigne à cet effet peut statuer par ordonnance dans les cas prévus à l'article R. 222-1. Il peut, dans les mêmes conditions, rejeter les requêtes qui ne sont manifestement pas susceptibles d'entraîner l'infirmation de la décision attaquée. »*

Art. R. 776-9-1 (*Décr. n° 2016-1458 du 28 oct. 2016, art. 8 et 16, en vigueur le 1er nov. 2016*) *Les dispositions du présent chapitre ne sont pas applicables en Guyane, en Guadeloupe, à Mayotte, à Saint-Barthélemy* (*Décr. n° 2020-1734 du 16 déc. 2020, art. 7-8°, en vigueur le 1er mai 2021*) *« et à Saint-Martin ».*

SECTION 2 [*ABROGÉE*]. *Dispositions applicables en l'absence de placement en rétention ou d'assignation à résidence (Décr. n° 2016-1458 du 28 oct. 2016, art. 9-1° et 16, en vigueur le 1er nov. 2016 ; Décr. n° 2018-1142 du 12 déc. 2018, art. 3 et 9, en vigueur le 1er janv. 2019).*

SOUS-SECTION 1 [*ABROGÉE*]. *Dispositions applicables en cas d'obligation de quitter le territoire français prise sur le fondement de l'article L. 251-1 ou des 3°, 5° ou 6° de l'article L. 611-1 du code de l'entrée et du séjour des étrangers et du droit d'asile (Décr. n° 2020-1734 du 16 déc. 2020, art. 7-9° et 18, en vigueur le 1er mai 2021).*

Art. R. 776-10 (*Décr. n° 2020-1734 du 16 déc. 2020, art. 7-10°, en vigueur le 1er mai 2021*) *Les dispositions de la présente sous-section sont applicables aux recours formés, en application des articles L. 614-4 ou L. 614-6 du code de l'entrée et du séjour des étrangers et du droit d'asile, contre les décisions d'obligation de quitter le territoire français prise sur le fondement de l'article L. 251-1 ou des 3°, 5° ou 6° de l'article L. 611-1 du même code et les autres décisions mentionnées à l'article R. 776-1 du présent code, lorsque l'étranger n'est pas placé en rétention, ni assigné à résidence.*

Art. R. 776-11 *Le président de la formation de jugement ou le rapporteur qui a reçu délégation à cet effet peut, dès l'enregistrement de la requête, faire usage du pouvoir prévu au premier alinéa de l'article R. 613-1 de fixer la date à laquelle l'instruction sera close. Il peut, par la même ordonnance, fixer la date et l'heure de l'audience au cours de laquelle* *l'affaire sera appelée. Dans ce cas, l'ordonnance tient lieu de l'avertissement prévu à l'article R. 711-2.*

Art. R. 776-12 *Lorsqu'une requête sommaire mentionne l'intention du requérant de présenter un mémoire complémentaire, la production annoncée doit parvenir au greffe du tribunal administratif dans un délai de quinze jours à compter de la date à laquelle la requête a été enregistrée.*

Si ce délai n'est pas respecté, le requérant est réputé s'être désisté à la date d'expiration de ce délai, même si le mémoire complémentaire a été ultérieurement produit. Il est donné acte de ce désistement.

Art. R. 776-13 *L'État est représenté en défense par le préfet qui a pris la ou les décisions attaquées.*

Les délais donnés aux parties pour fournir leurs observations doivent être observés, faute de quoi il peut être passé outre sans mise en demeure.

(Décr. n° 2011-1950 du 23 déc. 2011, art. 10 et 17, en vigueur le 1er janv. 2012) « *Le président de la formation de jugement peut dispenser le rapporteur public, sur sa proposition, de prononcer des conclusions à l'audience.* »

Le tribunal administratif statue dans le délai de trois mois à compter de l'enregistrement de la requête prévu (Décr. n° 2020-1734 du 16 déc. 2020, art. 7-11°, en vigueur le 1er mai 2021) « *à l'article L. 614-4* » *du code de l'entrée et du séjour des étrangers et du droit d'asile.*

SOUS-SECTION 2 [ABROGÉE]. *Dispositions applicables en cas d'obligation de quitter le territoire français prise sur le fondement de l'article L. 251-1 ou des 3°, 5° ou 6° de l'article L. 611-1 du code de l'entrée et du séjour des étrangers et du droit d'asile (Décr. n° 2020-1734 du 16 déc. 2020, art. 7-12° et 18).*

Art. R. 776-13-1 *(Décr. n° 2020-1734 du 16 déc. 2020, art. 7-13°, en vigueur le 1er mai 2021) Les dispositions de la présente sous-section sont applicables aux recours formés, en application des articles L. 614-5 ou L. 614-6 du code de l'entrée et du séjour des étrangers et du droit d'asile, contre les décisions d'obligation de quitter le territoire français prises sur le fondement des 1°, 2° ou 4° de l'article L. 611-1 du même code et les décisions mentionnées à l'article R. 776-1 du présent code notifiées simultanément, lorsque l'étranger n'est pas placé en rétention, ni assigné à résidence. Elles sont également applicables, dans ce cas, aux demandes de suspension de l'exécution de la décision d'éloignement mentionnées à l'article R. 776-1, lorsque cette dernière est prise sur ces mêmes fondements.*

Art. R. 776-13-2 *(Décr. n° 2016-1458 du 28 oct. 2016, art. 9 et 16, en vigueur le 1er nov. 2016) La présentation, l'instruction et le jugement des recours obéissent, sans préjudice de la section 1, aux règles définies au premier alinéa de l'article R. 776-13, aux articles R. 776-15, R. 776-18, R. 776-20-1, R. 776-22 à R. 776-26, aux deuxième et quatrième alinéas de l'article R. 776-27 et à l'article R. 776-28.*

Art. R. 776-13-3 *(Décr. n° 2016-1458 du 28 oct. 2016, art. 9 et 16, en vigueur le 1er nov. 2016) Le président du tribunal administratif ou le magistrat désigné statue dans le délai de six semaines prévu au (Décr. n° 2020-1734 du 16 déc. 2020, art. 7-14°, en vigueur le 1er mai 2021)* « *à l'article L. 614-5* » *du code de l'entrée et du séjour des étrangers et du droit d'asile.*

SECTION 3 [ABROGÉE]. *Dispositions applicables en cas de placement en rétention ou d'assignation à résidence*

Art. R. 776-14 *La présente section est applicable aux recours dirigés contre les décisions mentionnées à l'article R. 776-1, lorsque l'étranger est placé en rétention ou assigné à résidence.*

(Décr. n° 2018-1142 du 12 déc. 2018, art. 3 et 9, en vigueur le 1er janv. 2019) « *La présente section est également applicable aux demandes de suspension de l'exécution de la mesure d'éloignement mentionnées à l'article R. 776-1 du présent code, lorsque l'étranger est placé en rétention ou assigné à résidence.* »

Sur l'aide juridique, V. L. n° 91-647 du 10 juill. 1991 et Décr. n° 2020-1717 du 28 déc. 2020, in C. pr. civ., App., v° Aide juridique. — ***C. pr. civ.***

Sont exonérées du droit de plaidoirie les missions d'assistance et de représentation accomplies par les avocats au titre de l'aide juridictionnelle totale dans le cadre des recours contre certaines mesures d'éloignement lorsque l'étranger est placé en rétention administrative ou assigné à résidence. — V. Arr. du 23 nov. 2011, art. 3 (JO 25 nov.), mod. par Arr. du 5 déc. 2011 (JO 2 déc.), Arr. du 29 mars 2012 (JO 12 avr.).

Art. R. 776-15 *Les jugements sont rendus, sans conclusions du rapporteur public, par le président du tribunal administratif ou le magistrat qu'il désigne à cet effet.*

Les attributions dévolues par les dispositions réglementaires du présent code à la formation de jugement ou à son président sont exercées par ce magistrat.

Il peut, par ordonnance :

1° Donner acte des désistements ;

(Décr. n° 2019-82 du 7 févr. 2019, art. 46) « *2° Transmettre sans délai le dossier à la juridiction qu'il estime compétente* »

3° Constater qu'il n'y a pas lieu de statuer sur un recours ;

4° Rejeter les recours entachés d'une irrecevabilité manifeste non susceptible d'être couverte en cours d'instance. — Les 2° et 3° sont devenus les 3° et 4° (Décr. n° 2019-82 du 7 févr. 2019, art. 46).

Art. R. 776-16 *Le tribunal administratif territorialement compétent est celui dans le ressort duquel se trouve le lieu où le requérant est placé en rétention ou assigné à résidence au moment de l'introduction de la requête ou, si elle a été introduite avant le placement en rétention ou l'assignation à résidence, au moment où cette mesure est décidée.*

Toutefois, lorsque, avant la tenue de l'audience, l'étranger est transféré dans un autre lieu de rétention, le président du tribunal administratif peut décider, dans l'intérêt d'une bonne administration de la justice, par une décision insusceptible de recours, de transmettre le dossier au tribunal administratif dans le ressort duquel est situé le nouveau lieu de rétention.

Lorsque le président d'un tribunal administratif est saisi de conclusions qu'il estime relever de la compétence d'un autre tribunal administratif, il lui transmet le dossier sans délai et par tous moyens, dans les formes prévues au premier alinéa de l'article R. 351-6.

(Décr. n° 2011-1950 du 23 déc. 2011, art. 16 et 17, en vigueur le 1er mars 2012) « *Par exception aux dispositions du premier alinéa et de l'article R. 221-3, le tribunal administratif territorialement compétent est celui de Nancy lorsque le requérant est placé au centre de rétention de Metz* » (Décr. n° 2016-1480 du 2 nov. 2016, art. 27 et 35-I, en vigueur le 1er janv. 2017) « *et le tribunal administratif de Montreuil lorsque le requérant est placé au centre de rétention n° 3 du Mesnil-Amelot* ».

Les dispositions introduites par l'art. 27 du Décr. n° 2016-1480 du 2 nov. 2016 sont applicables aux requêtes enregistrées à compter du 1er janv. 2017 (Décr. préc., art. 35-II).

Art. R. 776-17 *Lorsque l'étranger est placé en rétention ou assigné à résidence après avoir introduit un recours contre la décision portant obligation de quitter le territoire ou après avoir déposé une demande d'aide juridictionnelle en vue de l'introduction d'un tel recours, la procédure se poursuit selon les règles prévues par la présente section. Les actes de procédure précédemment accomplis demeurent valables. L'avis d'audience se substitue, le cas échéant, à celui qui avait été adressé aux parties en application de l'article R. 776-11.*

Toutefois, lorsque le requérant a formé des conclusions contre la décision relative au séjour notifiée avec une obligation de quitter le territoire, (Décr. n° 2018-1142 du 12 déc. 2018, art. 4 et 9, en vigueur le 1er janv. 2019) « *il est statué sur cette décision dans les conditions prévues à la sous-section 1 ou à la sous-section 2 de la section 2, selon le fondement de l'obligation de quitter le territoire.* »

Lorsque le requérant est placé en rétention ou assigné à résidence en dehors du ressort du tribunal administratif qu'il a saisi en application des dispositions de la section 2, le dossier est transmis au tribunal administratif dans le ressort duquel se trouve le lieu de rétention ou d'assignation à résidence. Toutefois, le tribunal initialement saisi demeure compétent pour connaître des conclusions dirigées contre la décision relative au séjour.

Art. R. 776-18 *La requête est présentée en un seul exemplaire.*

(Décr. n° 2012-1437 du 21 déc. 2012, art. 4-4°, en vigueur le 31 déc. 2013 pour les juridictions de métropole) « *Lorsqu'elle est adressée par le moyen de l'application informatique mentionnée à l'article R. 414-1* (Décr. n° 2018-251 du 6 avr. 2018, art. 7-5° et 10, en vigueur aux dates fixées selon les juridictions, par arrêté ministériel, au plus tard le 8 avr. 2019) « *ou par le téléservice mentionné à l'article* (Décr. n° 2020-1245 du 9 oct. 2020, art. 9-4°, en vigueur le 1er janv. 2021) « *R. 414-2* », *son auteur signale son urgence en sélectionnant le type de procédure dans la rubrique correspondante.* »

Les décisions attaquées sont produites par l'administration.

Les dispositions introduites par le Décr. n° 2012-1437 du 21 déc. 2012 sont entrées en vigueur aux dates fixées, selon les juridictions, par arrêté du garde des sceaux, ministre de la justice, et, au plus tard, le 31 déc. 2013 pour les juridictions de métropole et le 31 déc. 2015 pour les juridictions d'outre-mer, y compris le tribunal administratif de Mata-Utu.

Dans les limites du champ défini par les arrêtés pris pour son application en vigueur à la date de publication de ce même décret, l'expérimentation prévue par le Décr. n° 2005-222 du 10 mars 2005 est *prorogée jusqu'à la date à laquelle les dispositions du Décr. n° 2012-1437 du 21 déc. 2012 seront applicables aux juridictions concernées (Décr. préc., art. 6).*

Art. R. 776-19 *Si, au moment de la notification d'une décision mentionnée à l'article R. 776-1, l'étranger est retenu par l'autorité administrative, sa requête peut valablement être déposée, dans le délai de recours* (Abrogé par Décr. n° 2018-1142 du 12 déc. 2018, art. 4 et 9, à compter du 1er janv. 2019) *« de » contentieux, auprès de ladite autorité administrative.*

Dans le cas prévu à l'alinéa précédent, mention du dépôt est faite sur un registre ouvert à cet effet. Un récépissé indiquant la date et l'heure du dépôt est délivré au requérant.

L'autorité qui a reçu la requête la transmet sans délai et par tous moyens au président du tribunal administratif.

Art. R. 776-20 (Décr. n° 2012-89 du 25 janv. 2012, art. 2-I) *L'État est représenté en défense par le préfet du département qui a pris la décision de placement en rétention administrative ou d'assignation à résidence.*

Toutefois, des observations orales peuvent être présentées au nom de l'État par le préfet du département dans lequel est situé le centre de rétention administrative où se trouve l'étranger et, si le centre de rétention administrative est situé à Paris, par le préfet de police.

Les dispositions du présent art. ne sont pas applicables en Nouvelle-Calédonie, en Polynésie française, dans les Terres australes et antarctiques françaises, à Mayotte, à Saint-Martin et en Guyane. Jusqu'à l'expiration d'un délai de cinq ans à compter de la publication de la L. n° 2011-672 du 16 juin 2011, elles ne sont pas applicables à Saint-Barthélemy ni en Guadeloupe (Décr. n° 2012-89 du 25 janv. 2012, art. 2-II).

Art. R. 776-20-1 (Décr. n° 2020-1245 du 9 oct. 2020, art. 9-5°, en vigueur le 1er janv. 2021) Conformément au second alinéa de l'article R. 611-8-6, lorsqu'elles sont faites par voie électronique sur le fondement des articles R. 611-8-2, R. 611-8-3 et R. 711-2-1, les communications et convocations sont réputées reçues dès leur mise à disposition dans l'application ou le téléservice.

Art. R. 776-21 (Décr. n° 2018-1142 du 12 déc. 2018, art. 5 et 9, en vigueur le 1er janv. 2019) *Le président du tribunal administratif ou le magistrat désigné statue au plus tard quatre-vingt-seize heures à compter de l'expiration du délai de recours, conformément* (Décr. n° 2020-1734 du 16 déc. 2020, art. 7-15°, en vigueur le 1er mai 2021) *« au premier alinéa de l'article L. 614-9 » du code de l'entrée et du séjour des étrangers et du droit d'asile.*

Lorsque l'étranger est placé en rétention ou assigné à résidence après avoir introduit un recours contre la décision portant obligation de quitter le territoire, le président du tribunal administratif ou le magistrat désigné statue dans le délai de cent quarante-quatre heures prévu (Décr. n° 2020-1734 du 16 déc. 2020, art. 7-15°, en vigueur le 1er mai 2021) *« au second alinéa du même article L. 614-9 ». Ce délai court à compter de la transmission par le préfet au tribunal de la décision de placement en rétention ou d'assignation à résidence.*

Ces délais ne sont pas interrompus lorsque l'étranger est assigné à résidence par le juge des libertés et de la détention en application de l'article (Décr. n° 2020-1734 du 16 déc. 2020, art. 7-15°, en vigueur le 1er mai 2021) *« L. 743-13 » du même code.*

Art. R. 776-22 *L'étranger peut, au plus tard avant le début de l'audience, demander qu'un avocat soit désigné d'office. Il en est informé par le greffe du tribunal au moment de l'introduction de sa requête.*

Quand l'étranger a demandé qu'un avocat soit désigné d'office, le président du tribunal administratif ou le magistrat désigné en informe aussitôt le bâtonnier de l'ordre des avocats près le tribunal judiciaire dans le ressort duquel se tiendra l'audience. Le bâtonnier effectue la désignation sans délai.

Art. R. 776-23 *Dans le cas où l'étranger, qui ne parle pas suffisamment la langue française, le demande, le président nomme un interprète qui doit prêter serment d'apporter son concours à la justice en son honneur et en sa conscience. Cette demande peut être formulée dès le dépôt de la requête introductive d'instance. Lors de l'enregistrement de la requête, le greffe informe au besoin l'intéressé de la possibilité de présenter une telle demande.*

Les frais d'interprète sont liquidés dans les conditions prévues à l'article R. 122 du code de procédure pénale.

Art. R. 776-24 *Après le rapport fait par le président du tribunal administratif ou par le magistrat désigné, les parties peuvent présenter en personne ou par un avocat des observations orales. Elles peuvent également produire des documents à l'appui de leurs conclusions. Si ces documents apportent des éléments nouveaux, le magistrat demande à l'autre partie de* *les examiner et de lui faire part à l'audience de ses observations.*

Art. R. 776-25 *L'information des parties prévue aux articles R. 611-7 et R. 612-1 peut être accomplie au cours de l'audience.*

Art. R. 776-26 *L'instruction est close soit après que les parties ont formulé leurs observations orales, soit, si ces parties sont absentes ou ne sont pas représentées, après appel de leur affaire à l'audience.*

Art. R. 776-27 *Le jugement est prononcé à l'audience si l'étranger est retenu, au jour de celle-ci, par l'autorité administrative.*

A moins qu'un procès-verbal d'audience signé par le juge et par l'agent chargé du greffe de l'audience ait été établi, le jugement mentionne les moyens nouveaux soulevés par les parties lors de l'audience.

Le dispositif du jugement assorti de la formule exécutoire prévue à l'article R. 751-1 est communiqué sur place aux parties présentes à l'audience, qui en accusent aussitôt réception.

En cas d'annulation de la seule décision refusant à l'intéressé le délai de départ volontaire, la notification du jugement lui rappelle son obligation de quitter le territoire français dans le délai qui lui sera fixé par l'autorité administrative.

Art. R. 776-28 *Devant la cour administrative d'appel, le président de la formation de jugement peut dispenser le rapporteur public, sur sa proposition, de prononcer des conclusions à l'audience.*

SECTION 4 *[ABROGÉE]. Dispositions applicables en cas de détention*

Art. R. 776-29 *(Décr. n° 2018-1142 du 12 déc. 2018, art. 6 et 9, en vigueur le 1er janv. 2019) Conformément aux dispositions (Décr. n° 2020-1734 du 16 déc. 2020, art. 7-16°, en vigueur le 1er mai 2021) « de l'article L. 614-15 » du code de l'entrée et du séjour des étrangers et du droit d'asile, lorsqu'il apparaît, en cours d'instance, que l'étranger détenu est susceptible d'être libéré avant l'expiration du délai de jugement prévu, selon le cas, au dernier alinéa de l'article R. 776-13 ou à l'article R. 776-13-3, l'administration en informe le président du tribunal administratif ou le magistrat désigné.*

Sous réserve des adaptations prévues à la présente section, il est alors statué selon la procédure prévue à la section 3 du présent chapitre, dans un délai qui ne peut excéder huit jours à compter de l'information prévue au premier alinéa.

Art. R. 776-30 *Au dernier alinéa de l'article R. 776-16, les mots : "centre de rétention" sont remplacés par les mots : "centre pénitentiaire".*

Art. R. 776-31 *Au premier alinéa de l'article R. 776-19, les mots : "de ladite autorité administrative" sont remplacés par les mots : "du chef de l'établissement pénitentiaire".*

Art. R. 776-32 *A l'article R. 776-20 :*

1° Au premier alinéa, les mots : "la décision de placement en rétention administrative ou d'assignation à résidence" sont remplacés par les mots : "la décision attaquée" ;

2° Au second alinéa, les mots : "le centre de rétention administrative" sont remplacés par les mots : "l'établissement pénitentiaire".

Art. R. 776-33 *(Décr. n° 2018-1142 du 12 déc. 2018, art. 7 et 9, en vigueur le 1er janv. 2019) Au premier alinéa de l'article R. 776-22, la seconde phrase est remplacée par la phrase suivante :*

"L'étranger, qui en a déjà été informé par l'autorité administrative compétente dès la notification de l'obligation de quitter le territoire français conformément (Décr. n° 2020-1734 du 16 déc. 2020, art. 7-17°, en vigueur le 1er mai 2021) « à l'article L. 614-14 » du code de l'entrée et du séjour des étrangers et du droit d'asile, se voit rappeler cette information par le greffe du tribunal au moment de l'introduction de sa requête."

Art. R. 776-34 *(Décr. n° 2018-1142 du 12 déc. 2018, art. 7 et 9, en vigueur le 1er janv. 2019) Au premier alinéa de l'article R. 776-23, les deuxième et troisième phrases sont remplacées par les phrases suivantes :*

"Cette demande peut être formulée dès la notification de l'obligation de quitter le territoire français. Lors de l'enregistrement de la requête, le greffe rappelle au besoin à l'intéressé la possibilité de présenter une telle demande."

CHAPITRE VII [ABROGÉ]. *LE CONTENTIEUX DES REFUS D'ENTRÉE SUR LE TERRITOIRE FRANÇAIS AU TITRE DE L'ASILE ET DES DÉCISIONS DE TRANSFERT PRONONCÉES À LA FRONTIÈRE*

(Abrogé par Décr. nº 2024-799 du 2 juill. 2024, art. 3 et 9, à compter du 15 juill. 2024) (Décr. nº 2015-1364 du 28 oct. 2015, art. 1er, en vigueur le 1er nov. 2015)

Les dispositions du nouv. chap. dans sa rédaction issue de l'art. 3 du Décr. nº 2024-799 du 2 juill. 2024 ne sont pas applicables à Saint-Barthélemy, à Saint-Martin, en Polynésie française, en Nouvelle-Calédonie et à Wallis-et-Futuna. Le présent chap. VI, dans sa rédaction antérieure au Décr. préc., et les chap. VII à VII quater du titre VII du livre VII du CJA demeurent applicables dans ces territoires (Décr. préc., art. 3-II).

Les dispositions du présent chap. sont applicables aux demandes d'asile présentées à compter du 1er nov. 2015 (Décr. nº 2015-1364 du 28 oct. 2015, art. 4-I).

Art. R. 777-1 *Sont présentés, instruits et jugés selon les dispositions (Décr. nº 2020-1734 du 16 déc. 2020, art. 7-18º, en vigueur le 1er mai 2021) « des articles L. 352-4 à L. 352-6 » du code de l'entrée et du séjour des étrangers et du droit d'asile et celles du présent code, sous réserve des dispositions du présent chapitre, les recours en annulation formés contre les décisions de refus d'entrée sur le territoire français au titre de l'asile et, le cas échéant, contre les décisions de transfert prononcées à la frontière.*

Sur l'application de ces dispositions, V. note ss. chap. VII.

Art. R. 777-1-1 *Conformément aux dispositions du (Décr. nº 2020-1734 du 16 déc. 2020, art. 7-19º, en vigueur le 1er mai 2021) « premier alinéa de l'article L. 352-4 » du code de l'entrée et du séjour des étrangers et du droit d'asile, le délai de recours est de quarante-huit heures. Ce délai court à compter de la notification à l'étranger de la décision. Il n'est susceptible d'aucune prorogation.*

Le second alinéa de l'article R. 411-1 n'est pas applicable et l'expiration du délai de recours contentieux n'interdit pas au requérant de soulever des moyens nouveaux, quelle que soit la cause juridique à laquelle ils se rattachent.

Sur l'application de ces dispositions, V. note ss. chap. VII.

Art. R. 777-1-2 *Lorsque l'étranger qui a fait l'objet d'un refus d'entrée sur le territoire français au titre de l'asile est maintenu dans une zone d'attente située en dehors de la région d'Île-de-France, le tribunal administratif territorialement compétent est, par dérogation au premier alinéa de l'article R. 312-1, celui dans le ressort duquel se trouve cette zone d'attente.*

Sur l'application de ces dispositions, V. note ss. chap. VII.

Art. R. 777-1-3 *Dès le dépôt de la requête, le président du tribunal administratif transmet à l'autorité compétente pour représenter l'État en défense copie du recours et des pièces qui y sont jointes.*

Sur l'application de ces dispositions, V. note ss. chap. VII.

Art. R. 777-1-4 *La présentation, l'instruction et le jugement des recours obéissent aux règles définies aux articles R. 776-7, R. 776-18, R. 776-19, R. 776-20-1, R. 776-22 à R. 776-26 et aux trois premiers alinéas de l'article R. 776-27.*

Sur l'application de ces dispositions, V. note ss. chap. VII.

Art. R. 777-1-5 *Conformément aux dispositions (Décr. nº 2020-1734 du 16 déc. 2020, art. 7-20º, en vigueur le 1er mai 2021) « du deuxième alinéa de l'article L. 352-4 » du code de l'entrée et du séjour des étrangers et du droit d'asile, le président du tribunal administratif ou le magistrat désigné statue dans un délai de soixante-douze heures à compter de sa saisine.*

Sur l'application de ces dispositions, V. note ss. chap. VII.

Art. R. 777-1-6 *Le délai d'appel de quinze jours mentionné à l'article (Décr. nº 2020-1734 du 16 déc. 2020, art. 7-21º, en vigueur le 1er mai 2021) « L. 352-9 » du code de l'entrée et du séjour des étrangers et du droit d'asile court à compter de la notification du jugement attaqué. La notification mentionne la possibilité de faire appel et le délai dans lequel cette voie de recours peut être exercée.*

(Abrogé par Décr. nº 2016-1480 du 2 nov. 2016, art. 28 et 35-I, à compter du 1er janv. 2017) « Le président de la cour administrative d'appel ou le magistrat qu'il désigne à cet effet peut statuer par ordonnance dans les cas prévus à l'article R. 222-1. Il peut, dans les mêmes conditions, rejeter les requêtes qui ne sont manifestement pas susceptibles d'entraîner l'infirmation de la décision attaquée. »

Le président de la formation de jugement peut dispenser le rapporteur public, sur sa proposition, de prononcer des conclusions à l'audience.

Sur l'application de ces dispositions, V. note ss. chap. VII.

Art. R. 777-1-7 *I. — Les dispositions du présent chapitre, en tant qu'elles concernent le contentieux des décisions de transfert, ne sont pas applicables dans les collectivités régies par les articles 73 et 74 de la Constitution ainsi qu'en Nouvelle-Calédonie.*
II. — L'article R. 777-1-2 n'est pas applicable à Mayotte, en Nouvelle-Calédonie, en Polynésie française et [ni] dans les îles Wallis-et-Futuna.

Sur l'application de ces dispositions, V. note ss. chap. VII.

CHAPITRE VII *BIS [ABROGÉ]. LE CONTENTIEUX DES DÉCISIONS DE MAINTIEN EN RÉTENTION EN CAS DE DEMANDE D'ASILE*

(Abrogé par Décr. n° 2024-799 du 2 juill. 2024, art. 3 et 9, à compter du 15 juill. 2024) (Décr. n° 2015-1364 du 28 oct. 2015, art. 2, en vigueur le 1er nov. 2015)

Le chapitre VII bis du titre VII du livre VII du CJA demeurent applicables à Saint-Barthélemy, à Saint-Martin, en Polynésie française, en Nouvelle-Calédonie et à Wallis-et-Futuna (Décr. préc., art. 3-II).

Les dispositions du présent chap. sont applicables aux demandes d'asile présentées à compter du 1er nov. 2015 (Décr. n° 2015-1364 du 28 oct. 2015, art. 4-I).

Art. R. 777-2 *Sont présentés, instruits et jugés selon les dispositions (Décr. n° 2020-1734 du 16 déc. 2020, art. 7-22°, en vigueur le 1er mai 2021) « des articles L. 614-7 à L. 614-13 et L. 754-4 » du code de l'entrée et du séjour des étrangers et du droit d'asile et celles du présent code, sous réserve des dispositions du présent chapitre, les recours en annulation formés contre les décisions de maintien en rétention mentionnées (Décr. n° 2020-1734 du 16 déc. 2020, art. 7-22°, en vigueur le 1er mai 2021) « à l'article L. 754-3 » du code de l'entrée et du séjour des étrangers et du droit d'asile.*

Sur l'application de ces dispositions, V. note ss. chap. VII bis.

Art. R. 777-2-1 *Conformément aux dispositions (Décr. n° 2020-1734 du 16 déc. 2020, art. 7-23°, en vigueur le 1er mai 2021) « du premier alinéa de l'article L. 754-4 » du même code, le délai de recours est de quarante-huit heures. Ce délai court à compter de la notification à l'étranger de cette décision. Il n'est susceptible d'aucune prorogation.*
Le second alinéa de l'article R. 411-1 n'est pas applicable et l'expiration du délai de recours contentieux n'interdit pas au requérant de soulever des moyens nouveaux, quelle que soit la cause juridique à laquelle ils se rattachent.

Sur l'application de ces dispositions, V. note ss. chap. VII bis.

Art. R. 777-2-2 *La décision de maintien en rétention mentionnée (Décr. n° 2020-1734 du 16 déc. 2020, art. 7-24°, en vigueur le 1er mai 2021) « à l'article L. 754-3 » du code de l'entrée et du séjour des étrangers et du droit d'asile ainsi que la décision de l'Office français de protection des réfugiés et apatrides mentionnée au deuxième alinéa (Décr. n° 2020-1734 du 16 déc. 2020, art. 7-24°, en vigueur le 1er mai 2021) « de l'article L. 754-4 du même code » sont produites par l'administration. L'autorité administrative informe le président du tribunal administratif de la date et de l'heure auxquelles ces décisions ont été notifiées par procès-verbal à l'intéressé.*
Le président du tribunal est également informé sans délai par l'administration lorsque l'office décide, en application (Décr. n° 2020-1734 du 16 déc. 2020, art. 7-24°, en vigueur le 1er mai 2021) « de l'article L. 754-7 » du code de l'entrée et du séjour des étrangers et du droit d'asile, de ne pas statuer selon la procédure accélérée prévue à l'article (Décr. n° 2020-1734 du 16 déc. 2020, art. 7-24°, en vigueur le 1er mai 2021) « L. 521-23 » du même code.

Sur l'application de ces dispositions, V. note ss. chap. VII bis.

Art. R. 777-2-3 *La présentation, l'instruction et le jugement des recours obéissent aux règles définies aux articles R. 776-7, R. 776-8, R. 776-15, R. 776-16, R. 776-18 à R. 776-20-1, R. 776-22 à R. 773-26 et aux trois premiers alinéas de l'article R. 776-27.*

Sur l'application de ces dispositions, V. note ss. chap. VII bis.

Art. R. 777-2-4 *(Décr. n° 2020-1734 du 16 déc. 2020, art. 7-25°, en vigueur le 1er mai 2021) Conformément aux dispositions du deuxième alinéa de l'article L. 754-4 du code de l'entrée et du séjour des étrangers et du droit d'asile, le président du tribunal administratif ou le magistrat désigné statue après la notification au demandeur de la décision par laquelle l'Office français de protection des réfugiés et apatrides a statué sur sa demande d'asile, dans un délai qui ne peut excéder quatre-vingt-seize heures à compter de l'expiration du délai de recours.*

Art. R. 777-2-5 *Le délai d'appel est d'un mois. Il court à compter du jour où le jugement a été notifié à la partie intéressée. Cette notification mentionne la possibilité de faire appel et le délai dans lequel cette voie de recours peut être exercée.*

(Abrogé par Décr. n° 2016-1480 du 2 nov. 2016, art. 28 et 35-I, à compter du 1er janv. 2017) « *Le président de la cour administrative d'appel ou le magistrat qu'il désigne à cet effet peut statuer par ordonnance dans les cas prévus à l'article R. 222-1. Il peut, dans les mêmes conditions, rejeter les requêtes qui ne sont manifestement pas susceptibles d'entraîner l'infirmation de la décision attaquée.* »

Le président de la formation de jugement peut dispenser le rapporteur public, sur sa proposition, de prononcer des conclusions à l'audience.

Sur l'application de ces dispositions, V. note ss. chap. VII bis.

Art. R. 777-2-6 *Les dispositions du présent chapitre ne sont pas applicables en Guyane, en Guadeloupe, à Mayotte, à Saint-Barthélemy, à Saint-Martin, en Nouvelle-Calédonie, en Polynésie française et dans les îles Wallis-et-Futuna.*

Sur l'application de ces dispositions, V. note ss. chap. VII bis.

CHAPITRE VII TER [ABROGÉ]. LE CONTENTIEUX DES DÉCISIONS DE TRANSFERT VERS L'ÉTAT RESPONSABLE DE L'EXAMEN DE LA DEMANDE D'ASILE

(Abrogé par Décr. n° 2024-799 du 2 juill. 2024, art. 3 et 9, à compter du 15 juill. 2024) (Décr. n° 2015-1364 du 28 oct. 2015, art. 3, en vigueur le 1er nov. 2015)

Le chapitre VII ter du titre VII du livre VII du CJA demeurent applicables à Saint-Barthélemy, à Saint-Martin, en Polynésie française, en Nouvelle-Calédonie et à Wallis-et-Futuna (Décr. préc., art. 3-II).

Les dispositions du présent chap. sont applicables aux demandes d'asile ayant fait l'objet d'une décision de transfert prise à compter du 1er nov. 2015 (Décr. n° 2015-1364 du 28 oct. 2015, art. 4-II).

SECTION 1 [ABROGÉE]. *Dispositions communes*

Art. R. 777-3 *(Décr. n° 2020-1734 du 16 déc. 2020, art. 7-26°, en vigueur le 1er mai 2021)* *Sont présentés, instruits et jugés selon les dispositions des articles L. 572-5 à L. 572-7 du code de l'entrée et du séjour des étrangers et du droit d'asile et celles du présent code, sous réserve des dispositions du présent chapitre, les recours en annulation formés contre les décisions de transfert mentionnées à l'article L. 572-2 du code de l'entrée et du séjour des étrangers et du droit d'asile et, le cas échéant, contre les décisions d'assignation à résidence prises en application de l'article L. 751-2 de ce code.*

Art. R. 777-3-1 *I. — Conformément aux dispositions* *(Décr. n° 2020-1734 du 16 déc. 2020, art. 7-27°, en vigueur le 1er mai 2021)* « *de l'article L. 572-5* » *du code de l'entrée et du séjour des étrangers et du droit d'asile, la notification d'une décision de transfert fait courir un délai de quinze jours pour contester cette décision.*

II. — Conformément aux dispositions *(Décr. n° 2020-1734 du 16 déc. 2020, art. 7-27°, en vigueur le 1er mai 2021)* « *de l'article L. 572-6* » *du code de l'entrée et du séjour des étrangers et du droit d'asile, la notification simultanée d'une décision de placement en rétention ou d'assignation à résidence et d'une décision de transfert fait courir un délai de quarante-huit heures pour contester* *(Décr. n° 2016-1458 du 28 oct. 2016, art. 14 et 16, en vigueur le 1er nov. 2016)* « *la décision de transfert et, le cas échéant, celle d'assignation à résidence* ».

Sur l'application de ces dispositions, V. note ss. chap. VII ter.

Art. R. 777-3-2 *Les délais de recours contentieux mentionnés à l'article R. 777-3-1 ne sont susceptibles d'aucune prorogation.*

Le second alinéa de l'article R. 411-1 n'est pas applicable et l'expiration du délai de recours contentieux n'interdit pas au requérant de soulever des moyens nouveaux, quelle que soit la cause juridique à laquelle ils se rattachent.

Sur l'application de ces dispositions, V. note ss. chap. VII ter.

Art. R. 777-3-3 *Le délai d'appel est d'un mois. Il court à compter du jour où le jugement a été notifié à la partie intéressée. Cette notification mentionne la possibilité de faire appel et le délai dans lequel cette voie de recours peut être exercée.*

(Abrogé par Décr. n° 2016-1480 du 2 nov. 2016, art. 28 et 35-I, à compter du 1er janv. 2017) « *Le président de la cour administrative d'appel ou le magistrat qu'il désigne à cet effet peut statuer par ordonnance dans les cas prévus à l'article R. 222-1. Il peut, dans les mêmes conditions, rejeter les requêtes qui ne sont manifestement pas susceptibles d'entraîner l'infirmation de la décision attaquée.* »

Le président de la formation de jugement peut dispenser le rapporteur public, sur sa proposition, de prononcer des conclusions à l'audience.

Sur l'application de ces dispositions, V. note ss. chap. VII ter.

Art. R. 777-3-4 *Les dispositions du présent chapitre ne sont pas applicables dans les collectivités régies par les articles 73 et 74 de la Constitution ainsi qu'en Nouvelle-Calédonie.*

Sur l'application de ces dispositions, V. note ss. chap. VII ter.

SECTION 2 [ABROGÉE]. *Dispositions applicables en l'absence de placement en rétention ou d'assignation à résidence*

Art. R. 777-3-5 *Les dispositions de la présente section sont applicables aux recours en annulation contre les décisions de transfert mentionnées à l'article* (Décr. n° 2020-1734 du 16 déc. 2020, art. 7-28°, en vigueur le 1er mai 2021) *« de l'article L. 572-5 » du code de l'entrée et du séjour des étrangers et du droit d'asile, lorsque l'étranger n'est pas placé en rétention ou assigné à résidence.*

Sur l'application de ces dispositions, V. note ss. chap. VII ter.

Art. R. 777-3-6 *La présentation, l'instruction et le jugement des recours obéissent aux règles définies aux articles R. 776-7, R. 776-8, R. 776-15, R. 776-18, R. 776-20-1, R. 776-22 à 26 et aux trois premiers alinéas de l'article R. 776-27.*

Sur l'application de ces dispositions, V. note ss. chap. VII ter.

Art. R. 777-3-7 *Le président du tribunal administratif ou le magistrat désigné statue dans le délai de quinze jours à compter de l'enregistrement de la requête, prévu* (Décr. n° 2020-1734 du 16 déc. 2020, art. 7-29°, en vigueur le 1er mai 2021) *« au troisième alinéa de l'article L. 572-5 » du code de l'entrée et du séjour des étrangers et du droit d'asile.*

Sur l'application de ces dispositions, V. note ss. chap. VII ter.

SECTION 3 [ABROGÉE]. *Dispositions applicables en cas de placement en rétention ou d'assignation à résidence*

Sur l'application de ces dispositions, V. note ss. chap. VII ter.

Art. R. 777-3-8 *Les dispositions de la présente section sont applicables aux recours en annulation contre les décisions de transfert mentionnées à l'article* (Décr. n° 2020-1734 du 16 déc. 2020, art. 7-30°, en vigueur le 1er mai 2021) *« L. 572-1 » du code de l'entrée et du séjour des étrangers et du droit d'asile, lorsque l'étranger est placé en rétention ou assigné à résidence.*

Il est statué sur ces recours dans les conditions prévues (Décr. n° 2020-1734 du 16 déc. 2020, art. 7-30°, en vigueur le 1er mai 2021) *« aux articles L. 572-6 et L. 614-7 à L. 614-13 » du même code.*

Sur l'application de ces dispositions, V. note ss. chap. VII ter.

Art. R. 777-3-9 *La présentation, l'instruction et le jugement des recours obéissent aux règles définies aux articles R. 776-4, R. 776-5-II, R. 776-6 à R. 776-9 et à la section 3 du chapitre VI du titre VII du livre VII du présent code.*

Sur l'application de ces dispositions, V. note ss. chap. VII ter.

CHAPITRE VII QUATER [ABROGÉ]. LE SURSIS À EXÉCUTION DES MESURES D'ÉLOIGNEMENT VISANT LES DEMANDEURS D'ASILE

(Abrogé par Décr. n° 2024-799 du 2 juill. 2024, art. 3 et 9, à compter du 15 juill. 2024) (Décr. n° 2018-1142 du 12 déc. 2018, art. 8 et 9, en vigueur le 1er janv. 2019)

Les dispositions du nouv. chap. dans sa rédaction issue de l'art. 3 du Décr. n° 2024-799 du 2 juill. 2024 ne sont pas applicables à Saint-Barthélemy, à Saint-Martin, en Polynésie française, en Nouvelle-Calédonie et à Wallis-et-Futuna. Le présent chap. VI, dans sa rédaction antérieure au Décr. préc., et les chap. VII à VII quater du titre VII du livre VII du CJA demeurent applicables à Saint-Barthélemy, à Saint-Martin, en Polynésie française, en Nouvelle-Calédonie et à Wallis-et-Futuna (Décr. préc., art. 3-II).

Les dispositions du Décr. n° 2018-1142 du 12 déc. 2018 ne sont pas applicables en Guadeloupe, en Guyane, à Mayotte, à Saint-Barthélemy, à Saint-Martin, dans les îles Wallis-et-Futuna, en Polynésie française et en Nouvelle-Calédonie (Décr. préc., art. 10).

Art. R. 777-4 (Décr. n° 2020-1734 du 16 déc. 2020, art. 7-31°, en vigueur le 1er mai 2021) *Sont instruites et jugées selon les dispositions des articles L. 614-7 à L. 614-13 du code de l'entrée et du séjour des étrangers et du droit d'asile et celles de la section 3 du chapitre VI du présent titre, sous réserve des dispositions du présent chapitre, les demandes de suspension pré-*

sentées en application des articles L. 752-5, L. 752-7 ou L. 753-7 du code de l'entrée et du séjour des étrangers et du droit d'asile.

Art. R. 777-4-1 *Conformément aux dispositions de l'article* (Décr. n° 2020-1734 du 16 déc. 2020, art. 7-32°, en vigueur le 1er mai 2021) *« L. 753-7 » du code de l'entrée et du séjour des étrangers et du droit d'asile, la notification par voie administrative de la décision de rejet ou d'irrecevabilité de l'Office français de protection des réfugiés et apatrides fait courir un délai de quarante-huit heures pour demander la suspension de l'exécution de la mesure d'éloignement.*

Conformément aux dispositions de l'article (Décr. n° 2020-1734 du 16 déc. 2020, art. 7-30°, en vigueur le 1er mai 2021) *« L. 752-7 » du code de l'entrée et du séjour des étrangers et du droit d'asile, la notification par voie administrative d'une décision d'assignation à résidence ou de placement en rétention en application* (Décr. n° 2020-1734 du 16 déc. 2020, art. 7-32°, en vigueur le 1er mai 2021) *« des articles L. 752-1 ou L. 752-2 » du même code fait courir un délai de quarante-huit heures pour demander la suspension de l'exécution de la décision portant obligation de quitter le territoire français.*

Ces délais ne sont susceptibles d'aucune prorogation.

Art. R. 777-4-2 *L'instruction et le jugement des recours obéissent aux règles définies au deuxième alinéa du II de l'article R. 776-5 et aux articles R. 776-7, R. 776-8 et R. 776-9.*

Art. R. 777-4-3 *Les dispositions du présent chapitre ne sont pas applicables en Guadeloupe, en Guyane, à Mayotte, à Saint-Barthélemy, à Saint-Martin, dans les îles Wallis-et-Futuna, en Polynésie française et* [ni] *en Nouvelle-Calédonie.*

CHAPITRE VII QUINQUIES. LE CONTENTIEUX DES REFUS DE VISA ET D'AUTORISATION DE VOYAGE

(Décr. n° 2022-962 du 29 juin 2022, art. 3)

Art. R. 777-5 *Conformément aux dispositions de l'article R. 312-6 du code de l'entrée et du séjour des étrangers et du droit d'asile, les dispositions du 1° de l'article R. 421-3 et de l'article R. 421-7 du présent code ne sont pas applicables aux recours contentieux formés à l'encontre des décisions de refus de visa.*

Conformément aux dispositions de l'article R. 312-7-3 du code de l'entrée et du séjour des étrangers et du droit d'asile, les dispositions de l'article R. 421-7 du présent code ne sont pas applicables aux recours contentieux formés à l'encontre des décisions de refus d'autorisation de voyage.

Circulaire n° S.G./2011-32 du 11 juillet 2011,

Entrée en vigueur des dispositions relatives aux procédures et au contentieux de l'éloignement contenues dans la loi n° 2011-672 du 16 juin 2011 relative à l'immigration, à l'intégration et à la nationalité.

Les dispositions concernant les procédures et le contentieux de l'éloignement contenues dans la loi n° 2011-672 du 16 juin 2011 relative à l'immigration, à l'intégration et à la nationalité entrent en vigueur, conformément au dispositif prévu par son article 111 et par l'article 4 du décret n° 2011-819 du 8 juillet 2011, le "deuxième lundi suivant le jour de la publication" dudit décret, soit le 18 juillet prochain.

Vous trouverez ci-joint une présentation générale de ces dispositions.

Je vous rappelle que l'un des effets principaux de la loi du 16 juin 2011 est de reporter l'intervention du juge des libertés et de la détention d'un délai de quarante-huit heures après le début de la rétention à un délai de cinq jours (article L. 552-1 du code de l'entrée et du séjour des étrangers et du droit d'asile *in* article 51). En pratique, l'intervention du juge des libertés et de la détention et celle du juge administratif se trouvent donc inversées. Lorsqu'un étranger en situation irrégulière est placé en rétention (ou assigné à résidence avec surveillance électronique) aux fins d'exécution d'une mesure d'éloignement, le dispositif est désormais conçu pour que le juge administratif statue, dans les 72 heures, sur la légalité de la mesure d'éloignement et, le cas échéant, des mesures qui en sont l'accessoire, avant que le juge des libertés et de la détention ne soit saisi de la prorogation de la rétention (ou de l'assignation à résidence avec surveillance électronique). Dans toute la mesure du possible, il appartient donc au juge administratif de lire sa décision et de la notifier, au moins sous la forme abrégée prévue par l'article R. 776-27 du code de justice administrative, avant la saisine du juge des libertés et de la détention ou, au plus tard, avant son audience, étant rappelé que celui-ci dispose désormais d'un délai de 24 heures pour statuer (article L. 552-1 du code de l'entrée et du séjour des étrangers et du droit d'asile *in* article 51).

J'attire néanmoins votre attention sur la réserve d'interprétation formulée par le Conseil constitutionnel dans sa décision statuant sur la constitutionnalité de la loi du 16 juin 2011 (déc. n° 2011-631 DC du 9 juin 2011). Celui-ci a en effet estimé que les dispositions de la loi sur les procédures contentieuses "ne sauraient, sans méconnaître l'article 66 de la Constitution, permettre que l'étranger privé de sa liberté soit effectivement présenté à un magistrat du siège après l'expiration d'un délai de sept jours à compter du début de la garde à vue" (cf. n° 73). Dans le cas où le placement en rétention de l'intéressé a été précédé d'une garde à vue d'une durée de 48 heures, il est donc indispensable que le juge des libertés et de la détention non seulement soit saisi mais tienne effectivement audience au plus tard le cinquième jour de la rétention administrative. Dans toute la mesure du possible, il serait souhaitable, conformément à l'esprit de la loi du 16 juin 2011, que le juge administratif se soit alors prononcé. En tout état de cause, il convient de veiller à ce que l'organisation de l'audience au tribunal administratif ne compromette pas le respect par le juge des libertés et de la détention de ce délai.

Si le décret du 8 juillet 2011 redessine le champ d'application des régimes procéduraux applicables aux mesures d'éloignement des étrangers en situation irrégulière, il n'emporte, en réalité, que peu de novations par rapport aux procédures contentieuses appliquées jusqu'à présent, d'une part, aux décisions de refus de titre séjour assorties d'une obligation de quitter le territoire et, d'autre part, aux arrêtés de reconduite à la frontière. Parmi ces rares novations qui sont détaillées dans le document ci-joint, je vous signale simplement les modifications apportées aux règles de compétence territoriale.

Comme c'était le cas jusqu'à présent, le tribunal administratif compétent, lorsque l'étranger est placé en rétention ou assigné à résidence, est celui dans le ressort duquel est situé le lieu de rétention ou d'assignation.

Mais dorénavant :

— d'une part, dans le cas où l'étranger est placé en rétention ou assigné à résidence, en cours d'instance, dans un département relevant du ressort d'un autre tribunal administratif que celui initialement saisi, le transfert du dossier ne portera que sur la décision d'obligation de quitter le territoire français et les éventuelles mesures y afférentes, le tribunal initialement saisi demeurant compétent pour statuer, en formation collégiale et selon la procédure prévue par la nouvelle section 2 du chapitre VI du titre VII du livre VII du code de justice administrative, sur la décision relative au séjour (cf. III de l'article L. 511-1 et l'article R. 776-17 du code de justice administrative) ;

— d'autre part, si l'étranger fait l'objet d'un transfert d'un centre de rétention à un autre, entre le moment où il a déposé son recours et le moment où le tribunal administratif doit statuer, il devient possible de transmettre le dossier au tribunal dans le ressort duquel est situé son nouveau lieu de rétention (cf. article R. 776-16 du code de justice administrative). Compte tenu de la brièveté des délais, une telle transmission requiert évidemment une concertation étroite entre les deux tribunaux administratifs concernés et les services de la préfecture.

L'application Skipper fait l'objet des mises à jour nécessaires pour que vous disposiez, en temps utile, des courriers adaptés aux dispositions issues de la loi du 16 juin 2011 et du décret du 8 juillet 2011. Les mises à jour adéquates seront, en principe, déployées sur l'ensemble des tribunaux administratifs dès le 19 juillet, accompagnées des instructions propres à en faciliter la mise en œuvre par les agents des greffes.

Enfin, je précise que les nouvelles dispositions de la dernière phrase du 2e alinéa du III de l'article L. 512-1 du code de l'entrée et du séjour des étrangers et du droit d'asile qui prévoient que : "Si une salle d'audience attribuée au ministère de la justice a été spécialement aménagée à proximité immédiate de ce lieu de rétention, il peut statuer dans cette salle" ne sont pas susceptibles, à ce jour, d'être appliquées, n'ayant fait l'objet d'aucune mesure réglementaire d'application.

Christophe DEVYS

Présentation générale des dispositions concernant les procédures et le contentieux de l'éloignement issues de la loi n° 2011-672 du 16 juin 2011 relative à l'immigration, à l'intégration et à la nationalité

NB : toutes les références aux articles R. 776-1 à R. 776-28 du code de justice administrative sont issues du décret n° 2011-819 du 8 juillet 2011.

1. Les nouvelles procédures administratives d'éloignement

La loi du 16 juin 2011 assure, sur ce point, la transposition de la directive 2008/115/CE du Parlement européen et du Conseil du 16 décembre 2008 relative aux normes et procédures communes applicables dans les États membres au retour des ressortissants de pays tiers en séjour irrégulier, dite directive "retour".

Le mécanisme général des obligations de quitter le territoire français moyennant un délai de retour volontaire laissé à l'étranger, d'une durée en principe de trente jours, ne connaît pas de modifications substantielles (cf. I de l'article L. 511-1 *in* article 37).

En revanche, le mécanisme des mesures d'éloignement susceptibles de faire l'objet d'une exécution immédiate a été plus significativement modifié. La loi a abandonné la notion de reconduite à la frontière ou plus exactement l'a réduite à une hypothèse marginale : celle de l'étranger qui pendant la durée de validité de son visa constitue une menace pour l'ordre public ou a exercé une activité salariée sans être titulaire d'une autorisation de travail (article L. 533-1 *in* article 65).

La notion de reconduite à la frontière est ainsi remplacée par celle d'obligation de quitter le territoire français sans délai de retour volontaire et la loi définit une série de cas dans lesquels l'administration peut obliger l'intéressé a quitté *[à quitter]* le territoire français, sans lui laisser un tel délai (cf. II de l'article L. 511-1 *in* article 37). L'économie générale de ces nouvelles mesures est, néanmoins, très proche de celle des anciennes reconduites à la frontière.

La novation majeure réside dans la transposition du principe de l'interdiction de retour posé par la directive. La loi prévoit donc que l'obligation de quitter le territoire français, avec ou sans délai de retour volontaire, peut être assortie d'une interdiction de retour sur le territoire français d'une durée maximale, selon les cas, de deux ou trois ans (cf. III de l'article L. 511-1 *in* article 37).

Enfin, les conditions dans lesquelles, en l'attente de l'exécution de la mesure d'éloignement, l'intéressé peut être placé en rétention (cf. article L. 551-1 *in* article 44) ou assigné à résidence (cf. article L. 561-2 *in* article 47) ont été redéfinies. En particulier, une nouvelle procédure d'assignation à résidence sous surveillance électronique a été prévue (cf. articles L. 562-1 s. *in* article 47). A l'expiration d'un délai de cinq jours, cette assignation est susceptible d'être prorogée par le juge des libertés et de la détention dans les mêmes conditions que le placement en rétention.

Hormis pour les conditions de placement en rétention ou d'assignation à résidence de l'intéressé, la loi ne modifie pas les autres procédures administratives d'éloignement et notamment les mesures :

— de réadmission vers un État de l'Union européenne qui a admis un étranger à entrer ou à séjourner sur son territoire ou dont il provient directement (article L. 531-1 du code de l'entrée et du séjour des étrangers et du droit d'asile) ;

— de transfert d'un demandeur d'asile vers un État de l'Union européenne (article L. 531-2 du code de l'entrée et du séjour des étrangers et du droit d'asile) sur le fondement du règlement (CE) n° 343/2003 du Conseil du 18 février 2003 dit règlement « Dublin II » et du règlement (CE) n° 1560/2003 de la Commission du 2 septembre 2003 pris pour son application ;

— d'expulsion ;

— d'exécution d'une interdiction judiciaire du territoire ;

— de non*[-]*admission dans l'espace Schengen résultant d'un signalement à cet effet (article L. 531-3 *[devenu art. L. 615-1]* du code de l'entrée et du séjour des étrangers et du droit d'asile).

2. Le nouveau régime contentieux

• le maintien d'une double procédure

Comme c'était le cas jusqu'à présent, la loi distingue deux procédures contentieuses :

— une procédure de semi-urgence aux termes de laquelle le délai de recours est de trente jours et le délai pour statuer en formation collégiale est de trois mois (cf. I de l'article L. 512-1 *in* article 48 et articles R. 776-10 s. du code de justice administrative)

— et une procédure d'urgence aux termes de laquelle le délai de recours est de 48 heures et le délai pour statuer en formation de juge statuant seul est de 72 heures (cf. III de l'article L. 512-1 *in* article 48 et articles R. 776-14 s. du code de justice administrative).

Les conditions de mise en œuvre de ces deux procédures ont, toutefois, été légèrement redessinées :

— la première est applicable tant que l'intéressé n'est ni placé en rétention ni assigné à résidence ;

— et la seconde est applicable dès lors que l'intéressé est placé en rétention ou assigné à résidence.

Toutefois, l'étranger qui fait l'objet d'une obligation de quitter le territoire sans délai reste soumis à un délai de recours de 48 heures (cf. II de l'article L. 512-1 *in* article 48) alors que le délai de 72 heures ne s'impose au juge de l'éloignement que si l'intéressé fait l'objet d'une mesure de placement en rétention ou d'assignation à résidence (cf. III de l'article L. 512-1 *in* article 48).

Ces deux procédures sont applicables à la contestation de l'obligation de quitter le territoire français (ou de la reconduite à la frontière) ainsi que de l'ensemble des mesures accessoires dont elles sont assorties : décision de refus de séjour, décision relative au délai de retour volontaire, décision fixant le pays de destination, interdiction de retour, placement en rétention ou assignation à résidence.

La procédure d'urgence est également applicable aux cas dans lesquels l'étranger fait l'objet d'un placement en rétention ou d'une assignation à résidence pour assurer l'exécution d'une mesure d'éloignement autre qu'une obligation de quitter le territoire ou une reconduite à la frontière (cf. III de l'article L. 512-1 *in* article 48 et dernier alinéa de l'article R. 776-1 du code de justice administrative).

Lorsque l'étranger fait initialement l'objet d'une procédure d'obligation de quitter le territoire avec délai et qu'il est placé en rétention ou assigné à résidence, à l'issue du délai qui lui a été laissé pour quitter volontairement le territoire français, la procédure contentieuse se transforme partiellement, comme c'était déjà le cas, en une procédure d'urgence (cf. dernier alinéa du III de l'article L. 512-1 *in* article 48 et article R. 776-17 du code de justice administrative). Et, de la même façon que précédemment, la formation collégiale demeure compétente pour connaître de la décision de refus de séjour, dans les conditions de la première procédure (cf. deuxième alinéa de l'article R. 776-17 du code de justice administrative).

Toutefois, dans le cas où l'étranger est placé en rétention ou assigné à résidence, en cours d'instance, dans un département relevant du ressort d'un autre tribunal administratif que celui initialement saisi, le transfert du dossier ne portera désormais que sur la décision d'obligation de quitter le territoire français et les éventuelles mesures y afférentes, le tribunal initialement saisi demeurant compétent pour statuer sur la décision relative au séjour (cf. troisième alinéa de l'article R. 776-17 du code de justice administrative).

L'article R. 776-17 règle également le cas dans lequel l'étranger fait l'objet d'un placement en rétention ou est assigné à résidence alors qu'il avait déposé une demande d'aide juridictionnelle en vue d'introduire un recours à l'encontre de l'obligation de quitter le territoire dont il fait l'objet. La procédure prévue par la section 3 s'appliquera désormais immédiatement et il pourra ainsi se voir désigner un avocat d'office, dans les conditions prévues par l'article R. 776-22, sans qu'il y ait lieu d'attendre la décision du bureau d'aide juridictionnelle.

Le chapitre VI du titre VII du livre VII du code de justice administrative regroupe l'ensemble des dispositions applicables au contentieux des obligations de quitter le territoire français, des arrêtés de reconduite à la frontière et des décisions de placement en rétention ou d'assignation à résidence. Ce chapitre désormais unique est divisée en trois sections portant respectivement sur les dispositions communes aux deux procédures, les dispositions applicables en l'absence de placement en rétention ou d'assignation à résidence du requérant et les dispositions applicables en cas de placement en rétention ou d'assignation à résidence du requérant. L'ensemble du chapitre est désormais conçu comme supplétif, c'est-à-dire que les dispositions de droit commun du code de justice administrative sont applicables à ces procédures, sous réserve des seules dispositions spéciales prévues par ce chapitre.

S'agissant de la procédure applicable en appel, il convient de noter que les dispositions spéciales des articles R. 222-33 et R. 222-34 ont été rapatriées au sein du chapitre VI et figurent désormais aux articles R. 776-9 (dispositions communes) et R. 776-28 (dispositions propres à la procédure d'urgence).

• **la procédure applicable lorsque l'intéressé n'est pas placé en rétention ou assigné à résidence :**

Les dispositions de la section 1 et de la section 2 du nouveau chapitre VI reprennent les dispositions particulières jusque-là applicables au contentieux des refus de séjour assortis d'une obligation de quitter le territoire, à savoir :

— l'absence de prorogation du délai de recours par l'exercice d'un recours administratif (I de l'article R. 776-5, ex art. R. 775-2) ;

— la possibilité d'une convocation à l'audience dès l'enregistrement de la requête (article R. 776-11, ex art. R. 775-4) ;

— l'obligation pour le requérant qui produit une requête sommaire de présenter un mémoire complémentaire dans le délai de quinze jours (article R. 776-12, ex art. R. 775-5) ;

— le caractère strict des délais d'instruction (article R. 776-13, ex art. R. 775-6) ;

— la notification des mesures d'instruction et du jugement "par tous moyens" (article R. 776-7, ex art. R. 775-7 et 9) ;

— le délai d'appel d'un mois (article R. 776-9, ex art. R. 775-10).

Aucune novation n'est apportée à ce régime procédural. Il faut, toutefois, noter que le principe posé par le II de l'article R. 776-5 selon lequel lorsque le délai de recours dont a disposé le requérant est de 48 heures, il peut former, le cas échéant, des conclusions nouvelles et soulever des moyens nouveaux, quelle que soit la cause à laquelle ils se rattachent, jusqu'à la clôture de l'instruction, pourrait trouver à s'appliquer dans le cadre de cette procédure, si un étranger qui s'est vu enjoindre de quitter le territoire sans délai n'a pas corrélativement été placé en rétention ou assigné à résidence. Compte tenu de la logique même des procédures d'éloignement induite par la loi du 16 juin 2011, une telle hypothèse devrait, toutefois, demeurer marginale.

• **la procédure applicable lorsque l'intéressé est placé en rétention ou assigné à résidence**

Les dispositions de la section 1 et de la section 3 du nouveau chapitre VI reprennent, pour l'essentiel, les dispositions particulières jusque-là applicables au contentieux des arrêtés de reconduite à la frontière, soit :

— la compétence du magistrat statuant seul (article R. 776-15, ex art. R. 776-2) ;

— les conditions dans lesquelles il peut être statué par voie d'ordonnance (article R. 776-15, ex art. R. 776-2-1) ;

— la compétence territoriale du tribunal administratif (article R. 776-16, ex art. R. 776-3) ;

— les conditions de présentation de la requête (article R. 776-18, ex art. R. 776-4) ;

— la désignation d'office d'un avocat (article R. 776-22, ex art. R. 776-5) ;

— la possibilité de déposer la requête auprès *[de]* l'autorité administrative qui retient l'intéressé (article R. 776-19, ex art. 776-6) ;

— la communication immédiate de la requête au préfet (article R. 776-8, ex art. R. 776-8) ;

— la computation du délai de 72 heures (article R. 776-21, ex art. R. 776-9) ;

— la convocation des parties à l'audience " par tous moyens" (article R. 776-3, ex art. R. 776-10) ;

— l'assistance par un interprète (article R. 776-23, ex art. R. 776-11 et R. 776-18) ;

— la clôture de l'instruction (II de l'article R. 776-5 et articles R. 776-24 et 26, ex art. R. 776-12 et 13) ;

— le déroulement de l'audience (article R. 776-24, ex art. R. 776-13) ;

— le prononcé du jugement à l'audience et sa notification sur place (article R. 776-27, ex art. R. 776-14 et 17) ;

— l'appel devant le président de la cour administrative d'appel (articles R. 776-5 et R. 776-28, ex art. R. 776-20).

Ces dispositions particulières ne reprennent plus les prescriptions qui relèvent du droit commun procédural, telles que notamment celles sur les mentions de la requête, la dispense du ministère d'avocat ou les mentions du jugement. En revanche, des dispositions dérogatoires ont été ajoutées notamment sur la possibilité d'informer les parties à l'audience d'un moyen d'ordre public ou de la nécessaire régularisation d'une irrecevabilité (article R. 776-25).

Sous réserve des modifications mentionnées précédemment, les novations les plus significatives qui ont été apportées aux dispositions existantes sont les suivantes :

— l'article R. 776-12 prévoit la possibilité pour le tribunal administratif initialement saisi de transférer un dossier vers un autre tribunal, lorsque le requérant est lui-même transféré dans un autre centre de rétention postérieurement à l'introduction de son recours et avant la tenue de l'audience ;

— le principe est désormais celui de la représentation de l'État par le préfet du département où est situé le lieu de rétention ou d'assignation à résidence (article R. 776-20) ;

— s'agissant de la clôture de l'instruction, il est désormais prévu, à l'instar de la formule prévalant pour les procédures de référé, que l'instruction est close à l'issue de l'audience (article R. 776-26). En outre, il est explicitement précisé que le requérant peut former, le cas échéant, des conclusions nouvelles et soulever des moyens nouveaux, quelle que soit la cause à laquelle ils se rattachent, jusqu'à la clôture de l'instruction (II de l'article R. 776-5) ;

— l'article R. 776-27 reprend une formule analogue à celle de la procédure de référé, pour prévoir la mention par le jugement, ou le cas échéant par un procès-verbal d'audience, des moyens nouveaux soulevés par les parties lors de l'audience ;

— enfin, pour assurer l'application du deuxième alinéa de l'article L. 512-4 du code de l'entrée et du séjour des étrangers et du droit d'asile, le dernier alinéa de l'article R. 776-27 prévoit qu'en cas d'annulation de la seule décision refusant à l'intéressé le délai de départ volontaire, la notification du jugement lui rappelle son obligation de quitter le territoire français dans le délai qui lui sera fixé par l'autorité administrative. Les formulaires de notification de l'application Skipper ont ainsi été modifiés pour permettre d'intégrer cette mention.

CHAPITRE V CAS DE L'ÉTRANGER OBLIGÉ DE QUITTER LE TERRITOIRE D'UN AUTRE ÉTAT MEMBRE DE L'UNION EUROPÉENNE OU D'UN ÉTAT AVEC LEQUEL S'APPLIQUE L'ACQUIS DE SCHENGEN

SECTION 1 Autorité administrative compétente

Art. R. 615-1 L'autorité administrative compétente pour décider, en application de l'article L. 615-1, de mettre en œuvre une décision prise par un autre État est le préfet de département et, à Paris, le préfet de police. – *[Anc. art. R. 531-4.]*

SECTION 2 Mise en œuvre d'une décision d'éloignement prise par un autre État membre de l'Union européenne ou un État avec lequel s'applique l'acquis de Schengen en application du 2° de l'article L. 615-1

SOUS-SECTION 1 Conditions dans lesquelles l'autorité administrative peut mettre en œuvre une décision prise par un autre État membre de l'Union européenne ou un État avec lequel s'applique l'acquis de Schengen

Art. R. 615-2 L'autorité administrative peut, en application du 2° de l'article L. 615-1, décider de mettre en œuvre une décision d'éloignement exécutoire prise par l'un des autres États membres de l'Union européenne, la République d'Islande, la Principauté du Liechtenstein, le Royaume de Norvège ou la Confédération suisse, lorsque cette décision est fondée :

1° Sur une menace grave et actuelle pour l'ordre public ou la sécurité nationale et prise par l'un de ces États dans l'un des cas suivants :

a) lorsque l'étranger a fait l'objet d'une condamnation par l'État qui lui a délivré un titre de séjour, pour une infraction passible d'une peine privative de liberté d'au moins un an ;

b) lorsqu'il existe des raisons sérieuses de croire que l'étranger a commis des faits punissables graves ou des indices réels qu'il envisage de commettre de tels faits sur le territoire d'un des États mentionnés au premier alinéa ;

2° Sur le non-respect de la réglementation nationale, relative à l'entrée ou au séjour des étrangers, de l'État qui a édicté cette décision d'éloignement.

La décision mentionnée au présent article est applicable sans préjudice de la décision de remise prévue à l'article L. 621-4 et de la décision de transfert prévue à l'article L. 572-1. – *[Anc. art. R. 531-5.]*

SOUS-SECTION 2 Procédure administrative

Art. R. 615-3 Avant de décider de mettre en œuvre la décision d'éloignement prise à l'encontre d'un étranger par un État mentionné à l'article R. 615-2, l'autorité administrative s'assure, dans tous les cas, de son caractère exécutoire et de ses motifs en consultant à cette fin l'État qui l'a édictée. – *[Anc. art. R. 531-7, al. 1er (ecqc la consultation de l'État auteur) ; anc. art. R. 531-8.]*

Art. R. 615-4 Sans préjudice des dispositions de l'article R. 615-3, lorsqu'il apparaît qu'un étranger titulaire d'un titre de séjour délivré par les autorités françaises fait l'objet d'une décision d'éloignement exécutoire prise dans les cas mentionnés au 1° de l'article R. 615-2, l'autorité administrative engage sans délai l'examen du retrait du titre de séjour. L'existence d'une telle décision d'éloignement permet le retrait du titre de séjour dans les limites fixées par le présent code.

L'autorité administrative ne peut décider de mettre en œuvre la décision d'éloignement prise par un autre État qu'après notification à l'intéressé du retrait de son titre de séjour. – *[Anc. art. R. 531-6 (ecqc le retrait du titre de séjour délivré par la France) ; anc. art. R. 531-8.]*

Art. R. 615-5 Sans préjudice des dispositions de l'article R. 615-3, lorsqu'il apparaît qu'un étranger titulaire d'un titre de séjour délivré par un État mentionné à l'article R. 615-2 fait l'objet d'une décision d'éloignement prise dans les cas prévus au 1° du même article, l'autorité administrative consulte cet État aux fins de l'examen du maintien de ce droit au séjour.

Sans attendre le retrait du titre de séjour, l'autorité administrative peut ordonner l'assignation à résidence sur le fondement du 3° de l'article L. 731-1 ou le placement en rétention administrative sur le fondement de l'article L. 741-1 en vue de l'exécution de la décision d'éloignement. Toutefois, l'autorité administrative ne peut procéder à la mise en œuvre effective de cette décision d'éloignement qu'après notification à l'intéressé du retrait de son titre de séjour.

Lorsqu'au terme de la consultation prévue au premier alinéa, l'État saisi maintient le droit au séjour de l'étranger sur son territoire, la décision de remise prévue au titre II est applicable. Il en est de même lorsque la décision d'éloignement a été prise dans un autre cas que ceux mentionnés au 1° de l'article R. 615-2. – *[Anc. art. R. 531-5 (ecqc l'application sans préjudice de l'art. L. 531-2) ; anc. art. R. 531-6 (ecqc le retrait du titre de séjour délivré par un autre État) ; anc. art. R. 531-7, al. 1er (ecqc la consultation de l'État qui a délivré le titre) ; anc. art. R. 531-7, al. 2 et 3.]*

SECTION 3 Procédure contentieuse

(Décr. n° 2024-799 du 2 juill. 2024, art. 2 et 9, en vigueur le 15 juill. 2024)

Art. R. 615-6 Lorsque l'étranger est détenu, la décision prévue à l'article L. 615-1 peut être contestée selon la procédure prévue à l'article L. 921-1.

TITRE II REMISE AUX AUTORITÉS D'UN AUTRE ÉTAT MEMBRE DE L'UNION EUROPÉENNE

CHAPITRE I CAS DANS LESQUELS UN ÉTRANGER PEUT FAIRE L'OBJET D'UNE DÉCISION DE REMISE

SECTION 1 Autorité administrative compétente

Art. R. 621-1 L'autorité administrative compétente pour prendre la décision de remise en application des articles L. 621-1 à L. 621-7 est le préfet de département et, à Paris, le préfet de police.

Toutefois, dans les cas prévus aux articles L. 621-2 et L. 621-3, le préfet peut déléguer sa signature à un fonctionnaire de police dans les départements ayant une frontière commune avec un ou plusieurs États membres de l'Union européenne ou la Confédération suisse pour les décisions de remise aux autorités d'un de ces États. Le fonctionnaire a au moins le grade de lieutenant de police. – *[Anc. art. R. 531-1, I ; anc. art. R. 531-3-1.]*

SECTION 2 Respect de l'obligation de déclaration d'entrée sur le territoire français mentionnée à l'article L. 621-3

Art. R. 621-2 Sous réserve des dispositions de l'article R. 621-4, l'étranger souscrit la déclaration d'entrée sur le territoire français mentionnée à l'article L. 621-3 auprès des services de la police nationale ou, en l'absence de tels services, des services des douanes ou des unités de la gendarmerie nationale. A cette occasion, il lui est remis un récépissé qui peut être délivré par apposition d'une mention sur le document de voyage.

Les modalités d'application du présent article, et notamment les mentions de la déclaration et son lieu de souscription, sont fixées par arrêté conjoint du ministre de l'intérieur et du ministre chargé de l'immigration. – *[Anc. art. R. 211-33, al. 1er, 2 et 4.]*

Art. R. 621-3 La production du récépissé mentionné au premier alinéa de l'article R. 621-2 permet à l'étranger soumis à l'obligation de déclaration de justifier, à toute réquisition d'une autorité compétente, qu'il a satisfait à cette obligation. – *[Anc. art. R. 211-33, al. 3.]*

Art. R. 621-4 N'est pas astreint à la déclaration d'entrée sur le territoire français l'étranger qui se trouve dans l'une des situations suivantes :

1° N'est pas soumis à l'obligation du visa pour entrer en France en vue d'un séjour d'une durée inférieure ou égale à trois mois ;

2° Est titulaire d'un titre de séjour en cours de validité, d'une durée supérieure ou égale à un an, délivré par un État partie à la convention signée à Schengen le 19 juin 1990 ; toutefois un arrêté du ministre chargé de l'immigration peut désigner les étrangers titulaires d'un tel titre qui demeurent astreints à la déclaration d'entrée. – *[Anc. art. R. 211-32 ; anc. art. R. 212-6.]*

SECTION 3 Remise de l'étranger titulaire du statut de résident de longue durée – UE

SOUS-SECTION 1 Remise de l'étranger titulaire du statut de résident de longue durée – UE accordé par un autre État membre de l'Union européenne

§ 1 Remise en cas de séjour irrégulier

Art. R. 621-5 L'autorité administrative désignée à l'article R. 621-1 peut, en application des dispositions de l'article L. 621-4, prendre une décision de remise à l'encontre de l'étranger titulaire du statut de résident de longue durée – UE accordé par un autre État, dans les cas suivants :

1° L'étranger a séjourné sur le territoire français plus de trois mois consécutifs sans se conformer aux dispositions de l'article L. 426-11 ;

2° L'étranger fait l'objet d'un refus de délivrance ou de renouvellement d'une carte de séjour temporaire ou pluriannuelle en application de l'article L. 426-11 ou du retrait d'une carte de séjour temporaire ou pluriannuelle délivrée en application du même article. – *[Anc. art. R. 531-10, I.]*

Art. R. 621-6 L'autorité administrative peut, en application des dispositions de l'article L. 621-4, prendre une décision de remise à l'encontre d'un membre de la famille d'un étranger titulaire du statut de résident de longue durée – UE accordé par un autre État, mentionné aux articles L. 426-12 et L. 426-13, lorsque ce membre de famille :

1° A séjourné plus de trois mois consécutifs sur le territoire français sans se conformer aux dispositions des articles L. 426-12 ou L. 426-13 ;

2° A fait l'objet d'un refus de délivrance ou de renouvellement de la carte de séjour temporaire portant la mention "vie privée et familiale" mentionnée aux articles L. 426-12 et L. 426-13 ou de la carte de séjour pluriannuelle mentionnée à l'article L. 433-4 ou du retrait de l'une de ces cartes de séjour. – *[Anc. art. R. 531-10, II.]*

§ 2 Remise et éloignement en cas de menace grave pour l'ordre public

Art. R. 621-7 Lorsque l'autorité administrative désignée à l'article R. 621-1 constate qu'un étranger titulaire du statut de résident longue durée – UE accordé par un autre État fait l'objet d'une décision d'éloignement exécutoire édictée en raison de l'existence d'une menace grave pour l'ordre public, elle consulte cet État aux fins de l'examen du droit au séjour sur son territoire.

Sans attendre le terme de cette consultation, l'autorité administrative peut ordonner l'assignation à résidence sur le fondement du 4° de l'article L. 731-1 ou le placement en rétention administrative sur le fondement de l'article L. 741-1. – *[Anc. art. R. 531-11, al. 1er.]*

Art. R. 621-8 Lorsqu'au terme des consultations prévues à l'article R. 621-7, l'État qui a accordé le statut de résident de longue durée – UE maintient le droit au séjour sur son territoire ou suspend le retrait de ce droit, l'autorité administrative édicte une décision de remise de l'intéressé aux autorités compétentes de cet État en application de l'article L. 621-4. – *[Anc. art. R. 531-11, al. 3.]*

Art. R. 621-9 Lorsqu'au terme des consultations prévues à l'article R. 621-7, l'État qui a accordé le statut de résident de longue durée – UE retire le droit au séjour sur son territoire, l'autorité administrative, après notification à l'intéressé de cette décision de retrait du droit au séjour, procède à l'exécution de la décision d'éloignement. Dans ce cas, si l'étranger a été assigné à résidence ou placé en rétention conformément aux dispositions du second alinéa de l'article R. 621-7, cette mesure peut se poursuivre, dans les mêmes conditions et selon les mêmes modalités, aux fins d'exécution de la décision d'éloignement.

Toutefois, si l'étranger auquel est retiré le statut de résident de longue durée – UE s'est vu antérieurement reconnaître la qualité de réfugié ou accorder le bénéfice de la protection subsidiaire par l'un des États membres de l'Union européenne, la République d'Islande, la Principauté du Liechtenstein, le Royaume de Norvège ou la Confédération suisse, il est remis aux autorités de cet État en application de l'article L. 621-4, après vérification auprès de cet État que l'étranger demeure sous sa protection. – *[Anc. art. R. 531-11, al. 2.]*

SOUS-SECTION 2 **Réadmission de l'étranger titulaire du statut de résident de longue durée – UE accordé par la France**

Art. R. 621-10 Lorsque l'autorité administrative est consultée par les autorités compétentes d'un État membre de l'Union européenne, de la République d'Islande, de la Principauté du Liechtenstein, du Royaume de Norvège ou de la Confédération suisse qui constatent l'existence d'une décision d'éloignement édictée pour des motifs graves d'ordre ou de sécurité publique à l'encontre d'un étranger auquel la France a accordé le statut de résident de longue durée – UE en application des dispositions des articles L. 421-12, L. 421-25, L. 424-5, L. 424-14 et L. 426-17, elle s'assure du caractère exécutoire et des motifs de cette décision. – *[Anc. art. R. 531-12, II, al. 1er (1re phr.) (ecqc la vérification de la mesure d'éloignement).]*

Art. R. 621-11 Lorsque l'autorité administrative est consultée dans les conditions prévues à l'article R. 621-10, elle procède sans délai à l'examen du retrait du statut de résident de longue durée – UE en France et du retrait du droit au séjour en France de l'intéressé au regard des dispositions législatives et réglementaires en vigueur.

L'existence d'une telle décision d'éloignement exécutoire permet à l'autorité administrative française qui a accordé le statut de résident de longue durée – UE de le retirer.

Ce retrait implique le retrait du droit au séjour, sauf si son titulaire ne peut faire l'objet d'une décision d'expulsion en application des engagements internationaux de la France. – *[Anc. art. R. 531-12, I et II, al. 1er (1re phr.) (ecqc l'examen et le retrait du séjour).]*

Art. R. 621-12 Lorsque le statut de résident de longue durée – UE est retiré, l'autorité administrative informe de sa décision l'État mentionné à l'article R. 621-10 qui l'a consultée, afin qu'il notifie cette décision à l'intéressé. – *[Anc. art. R. 531-12, II, al. 1er (2e phr.).]*

Art. R. 621-13 Lorsque le statut de résident de longue durée – UE est maintenu, l'autorité administrative informe de sa décision l'État mentionné à l'article R. 621-10 qui l'a consultée. L'étranger et, le cas échéant, les membres de sa famille sont réadmis sans formalités sur le territoire français à la demande de l'État auteur de la décision d'éloignement. – *[Anc. art. R. 531-13.]*

Art. R. 621-14 Dans le cas où l'étranger s'est vu reconnaître la qualité de réfugié ou d'apatride, ou s'est vu accorder le bénéfice de la protection subsidiaire en France et qu'il demeure sous la protection de la France, l'autorité administrative française qui lui a accordé le statut de résident de longue durée – UE en informe l'État auteur de la décision d'éloignement, dans un délai maximal d'un mois suivant la date à laquelle elle a été consultée. L'étranger ainsi que, le cas échéant, son conjoint et ses enfants mineurs sont alors réadmis en France. – *[Anc. art. R. 531-12, II, al. 2.]*

CHAPITRE II **INTERDICTION DE CIRCULATION SUR LE TERRITOIRE FRANÇAIS ASSORTISSANT UNE DÉCISION DE REMISE**

Art. R. 622-1 L'autorité administrative compétente pour assortir, en application de l'article L. 622-1, une décision de remise d'une interdiction de circulation sur le territoire français est le préfet de département et, à Paris, le préfet de police. – *[Anc. art. R. 531-1, II.]*

CHAPITRE III **PROCÉDURE CONTENTIEUSE**

Art. R. 623-1 *(Décr. n° 2024-799 du 2 juill. 2024, art. 2 et 9, en vigueur le 15 juill. 2024)* Lorsque l'étranger est détenu, la décision de remise et l'interdiction de circulation sur le territoire français qui l'accompagne, le cas échéant, peuvent être contestées selon la procédure prévue à l'article L. 921-1.

TITRE III **EXPULSION**

Art. R. 630-1 Conformément à l'article R. 253-1, les dispositions des articles R. 631-1 et R. 632-1 à R. 632-10 sont applicables à l'étranger dont la situation est régie par le livre II.

CHAPITRE I **CAS DANS LESQUELS UN ÉTRANGER PEUT FAIRE L'OBJET D'UNE DÉCISION D'EXPULSION**

Art. R. 631-1 L'autorité administrative constate l'état de santé de l'étranger défini au 5° de l'article L. 631-3 dans les conditions prévues aux articles R. 611-1 et R. 611-2. – *[Anc. art. R. 521-1.]*

CHAPITRE II **PROCÉDURE ADMINISTRATIVE**

SECTION 1 **Autorité administrative compétente**

Art. R. 632-1 *(Décr. n° 2024-808 du 5 juill. 2024, art. 1er, en vigueur le 17 juill. 2024)* « Sous réserve des dispositions du second alinéa de l'article R.* 632-2 », l'autorité administrative compétente pour prononcer l'expulsion d'un étranger en application de l'article L. 631-1 est le préfet de département et, à Paris, le préfet de police. – *[Anc. art. R. 522-2.]*

Ancien art. R. 632-1 *Sauf en cas d'urgence absolue, l'autorité administrative compétente pour prononcer l'expulsion d'un étranger en application de l'article L. 631-1 est le préfet de département et, à Paris, le préfet de police. – [Anc. art. R. 522-2.]*

Art. R.* 632-2 L'autorité administrative compétente pour prononcer l'expulsion d'un étranger en application des articles L. 631-2 ou L. 631-3 *(Abrogé par Décr. n° 2024-808 du 5 juill. 2024, art. 1er, à compter du 17 juill. 2024)* ***« ainsi qu'en cas d'urgence absolue »*** est le ministre de l'intérieur. – *[Anc. art. R.* 522-2.]*

(Décr. n° 2024-808 du 5 juill. 2024, art. 1er, en vigueur le 17 juill. 2024) « L'autorité administrative compétente pour prononcer l'expulsion d'un étranger en application de l'article L. 631-1 est le ministre de l'intérieur en cas d'urgence absolue ou lorsque la décision est édictée en raison d'un comportement visé au premier alinéa de l'article L. 631-3. »

SECTION 2 **Commission d'expulsion**

Art. R. 632-3 Sauf en cas d'urgence absolue, l'étranger à l'encontre duquel une procédure d'expulsion est engagée en est avisé au moyen d'un bulletin de notification.

Le bulletin de notification vaut convocation devant la commission d'expulsion mentionnée au 2° de l'article *(Décr. n° 2024-808 du 5 juill. 2024, art. 2, en vigueur le 17 juill. 2024)* « L. 632-1 *[ancienne rédaction : L. 632-2]* ». – *[Anc. art. R. 522-4, al. 1er.]*

Art. R. 632-4 Le bulletin de notification mentionné à l'article R. 632-3 :

1° Avise l'étranger qu'une procédure d'expulsion est engagée à son encontre et énonce les faits motivant cette procédure ;

2° Indique la date, l'heure et le lieu de la réunion de la commission d'expulsion à laquelle il est convoqué ;

3° Précise à l'étranger que les débats de la commission sont publics et porte à sa connaissance les dispositions du quatrième alinéa de l'article L. 632-2 et celles de l'article R. 632-5 ;

4° Informe l'étranger qu'il peut se présenter devant la commission seul ou assisté d'un conseil et demander à être entendu avec un interprète ;

5° Informe l'étranger qu'il peut demander l'aide juridictionnelle dans les conditions prévues par la loi n° 91-647 du 10 juillet 1991 et *(Décr. n° 2024-799 du 2 juill. 2024, art. 5 et 9, en vigueur le 15 juill. 2024)* « le décret n° 2020-1717 du 28 décembre 2020 » ; le bulletin de notification précise que l'aide juridictionnelle provisoire peut lui être accordée par le président de la commission d'expulsion et que le bureau d'aide juridictionnelle territorialement compétent pour connaître de sa demande d'aide juridictionnelle est celui qui est établi près le tribunal judiciaire du chef-lieu du département dans lequel siège la commission ;

6° Précise que l'étranger et son conseil peuvent demander la communication de son dossier au service dont il mentionne la dénomination et l'adresse et présenter un mémoire en défense ;

7° Indique les voies de recours ouvertes à l'étranger contre la décision d'expulsion qui pourrait être prise à son encontre. – *[Anc. art. R. 522-5.]*

Art. R. 632-5 La notification du bulletin mentionné à l'article R. 632-3 est effectuée par le préfet du département où est située la résidence de l'étranger ou, si ce dernier est détenu dans un établissement pénitentiaire, du préfet du département où est situé cet établissement. A Paris, le préfet compétent est le préfet de police.

Le bulletin de notification est remis à l'étranger, quinze jours au moins avant la date prévue pour la réunion de la commission d'expulsion soit par un fonctionnaire de police, soit par le greffier de l'établissement pénitentiaire. L'étranger donne décharge de cette remise.

Si la remise à l'étranger lui-même n'a pu être effectuée, la convocation est envoyée à sa résidence par lettre recommandée avec demande d'avis de réception confirmée, le même jour, par lettre simple.

Si l'étranger a changé de résidence sans en informer l'administration comme l'article R. 431-23 lui en fait obligation, la notification est faite à la dernière résidence connue par lettre recommandée dans les conditions indiquées au troisième alinéa. – *[Anc. art. R. 522-4, al. 2 ; anc. art. R. 522-6.]*

Art. R. 632-6 Si l'étranger convoqué dans les conditions prévues aux articles R. 632-3, R. 632-4 et R. 632-5 ne se présente pas personnellement devant la commission d'expulsion à la date prévue, celle-ci émet son avis.

Toutefois, elle renvoie l'examen de l'affaire à une date ultérieure, conformément aux dispositions du quatrième alinéa de l'article L. 632-2, lorsque l'étranger ou son conseil ont présenté, pendant la période comprise entre la notification du bulletin prévu à l'article R. 632-3 et le début de la séance de la commission, une demande de renvoi fondée sur un motif légitime. Cette demande de renvoi peut également être formulée au cours de la séance de la commission par l'intermédiaire du conseil de l'étranger. – *[Anc. art. R. 522-7.]*

Art. R. 632-7 Dans tous les cas, la commission d'expulsion émet son avis dans le délai d'un mois.

Le préfet ou son représentant assure les fonctions de rapporteur. Le directeur départemental chargé de la cohésion sociale ou son représentant est entendu par la commission. Ces personnes n'assistent pas à la délibération de la commission. – *[Anc. art. R. 522-8.]*

Art. R. 632-8 Si, à l'issue du délai fixé au quatrième alinéa de l'article L. 632-2, éventuellement prolongé dans les conditions prévues à cet article, la commission d'expulsion n'a pas émis son avis, le préfet informe l'étranger que les formalités de consultation de la commission sont réputées remplies. – *[Anc. art. R. 522-8-1.]*

Art. R. 632-8-1 *(Décr. n° 2024-808 du 5 juill. 2024, art. 3, en vigueur le 17 juill. 2024)* La commission se réunit au moins une fois par mois selon un calendrier prévisionnel établi par le président de la commission qui le communique à l'autorité administrative compétente avant le 1er septembre de chaque année.

Les membres de la commission mentionnés au 2° de l'article L. 632-1 disposent chacun d'un ou de plusieurs suppléants désignés dans les conditions prévues par cet article.

SECTION 3 Abrogation des décisions d'expulsion

Art. R. 632-9 La décision d'expulsion peut à tout moment être abrogée par l'autorité qui l'a prise.

L'abrogation d'une décision d'expulsion prise, avant l'entrée en vigueur du décret n° 97-24 du 13 janvier 1997, par le ministre de l'intérieur, sur le fondement des dispositions de l'article 23 de l'ordonnance n° 45-2658 du 2 novembre 1945, désormais codifiées à l'article L. 631-1, et après accomplissement des formalités prévues par les dispositions de l'article 24 de la même ordonnance, désormais codifiées à l'article L. 632-1, relève de la compétence du préfet du département dans le ressort duquel l'étranger avait sa résidence à la date de l'arrêté d'expulsion. A Paris, le préfet compétent est le préfet de police. – *[Anc. art. R. 524-1.]*

Art. R. 632-9-1 *(Décr. n° 2024-808 du 5 juill. 2024, art. 4, en vigueur le 17 juill. 2024)* Lorsqu'une demande d'abrogation est présentée sur le fondement de l'article L. 632-4, l'étranger est rendu destinataire, le cas échéant via son conseil, d'un bulletin de notification quinze jours au moins avant la date prévue pour la réunion de la commission d'expulsion mentionnée au 2° de l'article L. 632-1.

Le bulletin de notification mentionné à l'alinéa précédent comprend les mentions prévues aux 2°, 3°, 4°, 6° et 7° de l'article R. 632-4. Lorsque l'étranger réside hors de France, celui-ci est informé qu'il peut se faire représenter par un conseil ou par toute autre personne de son choix devant la commission.

L'étranger ou son conseil peut solliciter le renvoi de l'examen de l'affaire à une date ultérieure dans les conditions prévues au 2e alinéa de l'article R. 632-6.

Les dispositions des articles R. 632-7 et R. 632-8 sont applicables aux demandes d'abrogation présentées sur le fondement de l'article L. 632-4.

Art. R. 632-10 Le silence gardé pendant plus de quatre mois sur une demande d'abrogation d'une décision d'expulsion vaut décision de rejet. – *[Anc. art. R. 524-2.]*

TITRE IV PEINE D'INTERDICTION DU TERRITOIRE FRANÇAIS

Le présent titre ne comprend pas de dispositions réglementaires.

TITRE V DISPOSITIONS RELATIVES À L'OUTRE-MER

CHAPITRE I DISPOSITIONS PARTICULIÈRES AUX COLLECTIVITÉS RÉGIES PAR L'ARTICLE 73 DE LA CONSTITUTION ET À SAINT-PIERRE-ET-MIQUELON

SECTION 1 Dispositions particulières à la Guadeloupe

Art. R. 651-1 Les dispositions du présent livre sont applicables de plein droit en Guadeloupe, sous réserve des adaptations prévues au présent titre :

1° A l'article R. 610-1, la référence à l'article R. 614-1 est supprimée ;

2° *(Décr. n° 2024-799 du 2 juill. 2024, art. 8 et 9, en vigueur le 15 juill. 2024)* « 2° Les articles R. 613-5-1, R. 614-1 et R. 614-2 ne sont pas applicables *[ancienne rédaction : L'article R. 614-1 n'est pas applicable]* » ;

3° A l'article R. 615-2, les mots : "et de la décision de transfert prévue à l'article L. 572-1" sont supprimés ;

4° A l'article R. 621-2, les mots : "Sous réserve des dispositions de l'article R. 621-4," sont supprimés ;

5° L'article R. 621-4 n'est pas applicable.

Art. R.* 651-2 L'autorité compétente dans les cas prévus à l'article R.* 632-2 est le représentant de l'État. – *[Anc. art. R. 522-3.]*

SECTION 2 Dispositions particulières à la Guyane

Art. R. 651-3 Les dispositions du présent livre sont applicables de plein droit en Guyane, sous réserve des adaptations prévues au présent titre :

1° A l'article R. 610-1, la référence à l'article R. 614-1 est supprimée ;

2° *(Décr. n° 2024-799 du 2 juill. 2024, art. 8 et 9, en vigueur le 15 juill. 2024)* « 2° Les articles R. 613-5-1, R. 614-1 et R. 614-2 ne sont pas applicables *[ancienne rédaction : L'article R. 614-1 n'est pas applicable]* » ;

3° A l'article R. 615-2, les mots : "et de la décision de transfert prévue à l'article L. 572-1" sont supprimés ;

4° A l'article R. 621-2, les mots : "Sous réserve des dispositions de l'article R. 621-4," sont supprimés ;

5° L'article R. 621-4 n'est pas applicable.

Art. R.* 651-4 L'autorité compétente dans les cas prévus à l'article R.* 632-2 est le représentant de l'État. – *[Anc. art. R. 522-3.]*

SECTION 3 Dispositions particulières à la Martinique

Art. R. 651-5 Les dispositions du présent livre sont applicables de plein droit en Martinique, sous réserve des adaptations prévues au présent titre :

1° A l'article R. 615-2, les mots : "et de la décision de transfert prévue à l'article L. 572-1" sont supprimés ;

2° A l'article R. 621-2, les mots : "Sous réserve des dispositions de l'article R. 621-4," sont supprimés ;

3° L'article R. 621-4 n'est pas applicable.

Art. R.* 651-6 L'autorité compétente dans les cas prévus à l'article R.* 632-2 est le représentant de l'État. – *[Anc. art. R. 522-3.]*

SECTION 4 Dispositions particulières à La Réunion

Art. R. 651-7 Les dispositions du présent livre sont applicables de plein droit à La Réunion, sous réserve des adaptations prévues au présent titre :

1° A l'article R. 615-2, les mots : "et de la décision de transfert prévue à l'article L. 572-1" sont supprimés ;

2° A l'article R. 621-2, les mots : "Sous réserve des dispositions de l'article R. 621-4," sont supprimés ;

3° L'article R. 621-4 n'est pas applicable.

Art. R.* 651-8 L'autorité compétente dans les cas prévus à l'article R.* 632-2 est le représentant de l'État. – *[Anc. art. R. 522-3.]*

SECTION 5 Dispositions particulières à Mayotte

Art. R. 651-9 Les dispositions du présent livre sont applicables de plein droit à Mayotte, sous réserve des adaptations prévues au présent titre :

1° A l'article R. 610-1, la référence à l'article R. 614-1 est supprimée ;

2° *(Décr. n° 2024-799 du 2 juill. 2024, art. 8 et 9, en vigueur le 15 juill. 2024)* « 2° Les articles R. 613-5-1, R. 614-1 et R. 614-2 ne sont pas applicables *[ancienne rédaction : L'article R. 614-1 n'est pas applicable]* » ;

3° A l'article R. 615-2, les mots : "et de la décision de transfert prévue à l'article L. 572-1" sont supprimés ;

4° A l'article R. 621-2, les mots : "Sous réserve des dispositions de l'article R. 621-4," sont supprimés ;

5° L'article R. 621-4 n'est pas applicable.

Art. R.* 651-10 L'autorité compétente dans les cas prévus à l'article R.* 632-2 est le représentant de l'État. – *[Anc. art. R. 522-3.]*

SECTION 6 Dispositions particulières à Saint-Pierre-et-Miquelon

Art. R. 651-11 Les dispositions du présent livre sont applicables de plein droit à Saint-Pierre-et-Miquelon, sous réserve des adaptations prévues au présent titre :

1° A l'article R. 615-2, les mots : "et de la décision de transfert prévue à l'article L. 572-1" sont supprimés ;

2° A l'article R. 621-2, les mots : "Sous réserve des dispositions de l'article R. 621-4," sont supprimés ;

3° L'article R. 621-4 n'est pas applicable ;

4° A l'article R. 632-4, les mots : "tribunal judiciaire du chef-lieu du département" sont remplacés par les mots : "tribunal de première instance".

CHAPITRE II DISPOSITIONS APPLICABLES À SAINT-BARTHÉLEMY

Art. R.* 652-1 L'article R.* 632-2 *(Décr. n° 2024-808 du 5 juill. 2024, art. 6, en vigueur le 17 juill. 2024)* « , dans sa rédaction résultant du décret n° 2024-808 du 5 juillet 2024, » est applicable à Saint-Barthélemy.

Art. R. 652-2 Sous réserve des adaptations prévues par le présent chapitre, les dispositions suivantes sont applicables à Saint-Barthélemy dans leur rédaction résultant du décret n° 2020-1734 du 16 décembre 2020, sauf mention contraire ou mention de leur application de plein droit dans le tableau ci-dessous.

(Mod. par Décr. n° 2024-808 du 5 juill. 2024, art. 6, en vigueur le 17 juill. 2024)

Articles applicables	Dans leur rédaction résultant de
Au titre I	
R. 610-1	
R. 611-1 à R. 613-7	
R. 614-1	Application de plein droit
R. 615-1 à R. 615-5	
Au titre II	
R. 621-1 à R. 621-3	
R. 621-5 à R. 622-1	
Au titre III	
R. 630-1	
R. 631-1	
R. 632-1	Décret n° 2024-808 du 5 juillet 2024
R. 632-3	
R. 632-4 à R. 632-8	
R. 632-8-1	Décret n° 2024-808 du 5 juillet 2024
R. 632-9	
R. 632-9-1	Décret n° 2024-808 du 5 juillet 2024
R. 632-10	

Art. R. 652-3 Pour l'application du présent livre à Saint-Barthélemy :

1° Les références au préfet sont remplacées par la référence au représentant de l'État à Saint-Barthélemy ;

2° A l'article R. 615-2, les mots : "et de la décision de transfert prévue à l'article L. 572-1" sont supprimés ;

3° A l'article R. 621-2, les mots : "Sous réserve des dispositions de l'article R. 621-4," sont supprimés.

CHAPITRE III DISPOSITIONS APPLICABLES À SAINT-MARTIN

Art. R.* 653-1 L'article R.* 632-2 *(Décr. n° 2024-808 du 5 juill. 2024, art. 6, en vigueur le 17 juill. 2024)* « , dans sa rédaction résultant du décret n° 2024-808 du 5 juillet 2024, » est applicable à Saint-Martin.

Art. R. 653-2 Sous réserve des adaptations prévues par le présent chapitre, les dispositions suivantes sont applicables à Saint-Martin dans leur rédaction résultant du décret n° 2020-1734 du 16 décembre 2020, sauf mention contraire ou mention de leur application de plein droit dans le tableau ci-dessous.

(Mod. par Décr. n° 2024-808 du 5 juill. 2024, art. 6, en vigueur le 17 juill. 2024)

Articles applicables	Dans leur rédaction résultant de
Au titre I	
R. 610-1	
R. 611-1 à R. 613-7	
R. 614-1	Application de plein droit
R. 615-1 à R. 615-5	
Au titre II	
R. 621-1 à R. 621-3	
R. 621-5 à R. 622-1	
Au titre III	
R. 630-1	
R. 631-1	
R. 632-1	Décret n° 2024-808 du 5 juillet 2024
R. 632-3	Décret n° 2024-808 du 5 juillet 2024
R. 632-4 à R. 632-8	
R. 632-8-1	Décret n° 2024-808 du 5 juillet 2024
R. 632-9	
R. 632-9-1	Décret n° 2024-808 du 5 juillet 2024
R. 632-10	

Art. R. 653-3 Pour l'application du présent livre à Saint-Martin :

1° Les références au préfet sont remplacées par la référence au représentant de l'État à Saint-Martin ;

2° A l'article R. 615-2, les mots : "et de la décision de transfert prévue à l'article L. 572-1" sont supprimés ;

3° A l'article R. 621-2, les mots : "Sous réserve des dispositions de l'article R. 621-4," sont supprimés.

CHAPITRE IV DISPOSITIONS APPLICABLES DANS LES ÎLES WALLIS-ET-FUTUNA

Art. R.* 654-1 L'article R.* 632-2 *(Décr. n° 2024-808 du 5 juill. 2024, art. 6, en vigueur le 17 juill. 2024)* « , dans sa rédaction résultant du décret n° 2024-808 du 5 juillet 2024, » est applicable dans les îles Wallis-et-Futuna.

Art. R. 654-2 Sous réserve des adaptations prévues par le présent chapitre, les dispositions suivantes sont applicables dans les îles Wallis-et-Futuna dans leur rédaction résultant du décret n° 2020-1734 du 16 décembre 2020, sauf mention contraire dans le tableau ci-dessous.

(Mod. par Décr. n° 2024-808 du 5 juill. 2024, art. 6, en vigueur le 17 juill. 2024)

Articles applicables	Dans leur rédaction résultant de
Au titre I	
R. 610-1	
R. 611-1 à R. 615-5	
Au titre II	
R. 621-1 à R. 621-3	
R. 621-5 à R. 622-1	
Au titre III	
R. 630-1	
R. 631-1	
R. 632-1	Décret n° 2024-808 du 5 juillet 2024
R. 632-3	Décret n° 2024-808 du 5 juillet 2024
R. 632-4 à R. 632-8	
R. 632-8-1	Décret n° 2024-808 du 5 juillet 2024
R. 632-9	
R. 632-9-1	Décret n° 2024-808 du 5 juillet 2024
R. 632-10	

Art. R. 654-3 Pour l'application du présent livre dans les îles Wallis-et-Futuna :

1° Les références au préfet sont remplacées par la référence à l'administrateur supérieur des îles Wallis-et-Futuna ;

2° Les références au tribunal du chef-lieu du département sont remplacées par les références au tribunal de première instance ;

3° Les références à la République d'Islande, à la Principauté du Liechtenstein, au Royaume de Norvège ou à la Confédération suisse sont supprimées ;

4° A l'article R. 615-2, les mots : "et de la décision de transfert prévue à l'article L. 572-1" sont supprimés ;

5° A l'article R. 621-1, les mots : "L. 621-1 à L. 621-7" sont remplacés par les mots : "L. 621-1 à L. 621-3" ;

6° A l'article R. 621-2, les mots : "Sous réserve des dispositions de l'article R. 621-4," sont supprimés ;

7° A l'article R. 632-4, les mots : "la loi n° 91-647 du 10 juillet 1991 et *(Décr. n° 2024-799 du 2 juill. 2024, art. 5 et 9, en vigueur le 15 juill. 2024)* « le décret n° 2020-1717 du 28 décembre 2020 »" sont remplacés par les mots : "l'ordonnance n° 92-1147 du 12 octobre 1992 relative à l'aide juridictionnelle en matière pénale en Nouvelle-Calédonie et dans les îles Wallis-et-Futuna et le décret n° 93-1425 du 31 décembre 1993" ;

8° A l'article R. 632-7, le second alinéa est ainsi rédigé :

"Le responsable du service chargé des étrangers au sein des services de l'administrateur supérieur ou son représentant assure les fonctions de rapporteur. Le responsable du service local chargé de l'action sociale ou son représentant est entendu par la commission. Ces personnes n'assistent pas à la délibération de la commission." ;

9° Le second alinéa de l'article R. 632-9 est supprimé.

CHAPITRE V DISPOSITIONS APPLICABLES EN POLYNÉSIE FRANÇAISE

Art. R.* 655-1 L'article R.* 632-2 *(Décr. n° 2024-808 du 5 juill. 2024, art. 6, en vigueur le 17 juill. 2024)* « , dans sa rédaction résultant du décret n° 2024-808 du 5 juillet 2024, » est applicable en Polynésie française.

Art. R. 655-2 Sous réserve des adaptations prévues par le présent chapitre, les dispositions suivantes sont applicables en Polynésie française dans leur rédaction résultant du décret n° 2020-1734 du 16 décembre 2020, sauf mention contraire ou mention de leur application de plein droit dans le tableau ci-dessous.

(Mod. par Décr. n° 2024-808 du 5 juill. 2024, art. 6, en vigueur le 17 juill. 2024)

Articles applicables	Dans leur rédaction résultant de
Au titre I	
R. 610-1	
R. 611-1 à R. 613-7	
R. 614-1	Application de plein droit
R. 615-1 à R. 615-5	
Au titre II	
R. 621-1 à R. 621-3	
R. 621-5 à R. 622-1	
Au titre III	
R. 630-1	
R. 631-1	
R. 631-2	Décret n° 2024-808 du 5 juillet 2024
R. 632-3	Décret n° 2024-808 du 5 juillet 2024
R. 632-4 à R. 632-8	
R. 632-8-1	Décret n° 2024-808 du 5 juillet 2024
R. 632-9	
R. 632-9-1	Décret n° 2024-808 du 5 juillet 2024
R. 632-10	

Art. R. 655-3 Pour l'application du présent livre à la Polynésie française :

1° Les références au préfet sont remplacées par la référence au haut-commissaire de la République en Polynésie française ;

2° Les références au tribunal du chef-lieu du département sont remplacées par les références au tribunal de première instance ;

3° Les références à la République d'Islande, à la Principauté du Liechtenstein, au Royaume de Norvège ou à la Confédération suisse sont supprimées ;

4° A l'article R. 615-2, les mots : "et de la décision de transfert prévue à l'article L. 572-1" sont supprimés ;

5° A l'article R. 621-1, les mots : "L. 621-1 à L. 621-7" sont remplacés par les mots : "L. 621-1 à L. 621-3" ;

6° A l'article R. 621-2, les mots : "Sous réserve des dispositions de l'article R. 621-4," sont supprimés ;

7° A l'article R. 632-7, le second alinéa est ainsi rédigé :

"Le responsable du service chargé des étrangers au sein des services du haut-commissaire de la République ou son représentant assure les fonctions de rapporteur. Le responsable du service local chargé de l'action sociale ou son représentant est entendu par la commission. Ces personnes n'assistent pas à la délibération de la commission." ;

8° Le second alinéa de l'article R. 632-9 est supprimé.

CHAPITRE VI **DISPOSITIONS APPLICABLES EN NOUVELLE-CALÉDONIE**

Art. R.* 656-1 L'article R.* 632-2 *(Décr. n° 2024-808 du 5 juill. 2024, art. 6, en vigueur le 17 juill. 2024)* « , dans sa rédaction résultant du décret n° 2024-808 du 5 juillet 2024, » est applicable en Nouvelle-Calédonie.

Art. R. 656-2 Sous réserve des adaptations prévues par le présent chapitre, les dispositions suivantes sont applicables en Nouvelle-Calédonie dans leur rédaction résultant du décret n° 2020-1734 du 16 décembre 2020, sauf mention contraire ou mention de leur application de plein droit dans le tableau ci-dessous.

(Mod. par Décr. n° 2024-808 du 5 juill. 2024, art. 6, en vigueur le 17 juill. 2024)

Articles applicables	Dans leur rédaction résultant de
Au titre I	
R. 610-1	
R. 611-1 à R. 613-7	
R. 614-1	Application de plein droit
R. 615-1 à R. 615-5	
Au titre II	
R. 621-1 à R. 621-3	
R. 621-5 à R. 622-1	
Au titre III	
R. 630-1	
R. 631-1	
R. 632-1	Décret n° 2024-808 du 5 juillet 2024
R. 632-3	Décret n° 2024-808 du 5 juillet 2024

Articles applicables	Dans leur rédaction résultant de
R. 632-4 à R. 632-8	
R. 632-8-1	Décret n° 2024-808 du 5 juillet 2024
R. 632-9	
R. 632-9-1	Décret n° 2024-808 du 5 juillet 2024
R. 632-10	

Art. R. 656-3 Pour l'application du présent livre en Nouvelle-Calédonie :

1° Les références au préfet sont remplacées par la référence au haut-commissaire de la République en Nouvelle-Calédonie ;

2° Les références au tribunal du chef-lieu du département sont remplacées par les références au tribunal de première instance ;

3° Les références à la République d'Islande, à la Principauté du Liechtenstein, au Royaume de Norvège ou à la Confédération suisse sont supprimées ;

4° A l'article R. 615-2, les mots : "et de la décision de transfert prévue à l'article L. 572-1" sont supprimés ;

5° A l'article R. 621-1, les mots : "L. 621-1 à L. 621-7" sont remplacés par les mots : "L. 621-1 à L. 621-3" ;

6° A l'article R. 621-2, les mots : "Sous réserve des dispositions de l'article R. 621-4," sont supprimés ;

7° A l'article R. 632-4, les mots : "la loi n° 91-647 du 10 uillet 1991 et *(Décr. n° 2024-799 du 2 juill. 2024, art. 5 et 9, en vigueur le 15 juill. 2024)* « le décret n° 2020-1717 du 28 décembre 2020 »" sont remplacés par les mots : "l'ordonnance n° 92-1147 du 12 octobre 1992 relative à l'aide juridictionnelle en matière pénale en Nouvelle-Calédonie et dans les îles Wallis-et-Futuna et le décret n° 93-1425 du 31 décembre 1993" ;

8° A l'article R. 632-7, le second alinéa est ainsi rédigé :

"Le responsable du service chargé des étrangers au sein des services du haut-commissaire de la République ou son représentant assure les fonctions de rapporteur ; le responsable du service local chargé de l'action sociale ou son représentant est entendu par la commission ; ils n'assistent pas à la délibération de la commission." ;

9° Le second alinéa de l'article R. 632-9 est supprimé.

CHAPITRE VII **DISPOSITIONS APPLICABLES AUX TERRES AUSTRALES ET ANTARCTIQUES FRANÇAISES**

Le présent chapitre ne comprend pas de dispositions réglementaires.

LIVRE VII EXÉCUTION DES DÉCISIONS D'ÉLOIGNEMENT

TITRE I EXÉCUTION PAR L'ÉTRANGER

Art. R. 710-1 Conformément à l'article R. 264-1, les dispositions des articles R. 711-3 à R. 711-5 sont applicables à l'étranger dont la situation est régie par le livre II.

SECTION 1 Constat de l'exécution de la décision portant obligation de quitter le territoire français par l'étranger

Art. R. 711-1 La décision portant obligation de quitter le territoire français est réputée exécutée à la date à laquelle a été apposé, sur les documents de voyage de l'étranger qui en fait l'objet, l'un des cachets suivants :

1° Le cachet mentionné à l'article 11 du règlement (UE) 2016/399 du Parlement européen et du Conseil du 9 mars 2016 concernant un code de l'Union relatif au régime de franchissement des frontières par les personnes (code frontières Schengen) lors de son passage aux frontières extérieures des États parties à la convention signée à Schengen le 19 juin 1990 ;

2° Le cachet de l'administration lors de sa sortie des territoires de la Guadeloupe, de la Guyane, de la Martinique, de La Réunion, de Mayotte, de Saint-Pierre-et-Miquelon ou des collectivités de Saint-Barthélemy et Saint-Martin à destination de tout pays, autre qu'un État membre de l'Union européenne, la République d'Islande, la Principauté du Liechtenstein, le Royaume de Norvège ou la Confédération suisse. – *[Anc. art. R. 511-4, al. 1er.]*

Art. R. 711-2 L'étranger ayant fait l'objet d'une décision portant obligation de quitter le territoire français peut également justifier de sa sortie du territoire en établissant par tout moyen sa présence effective dans le pays de destination, notamment en s'y présentant personnellement aux représentations consulaires françaises ou à la représentation de l'Office français de l'immigration et de l'intégration.

Sauf preuve contraire, l'étranger est réputé avoir exécuté la décision portant obligation de quitter le territoire français à la date à laquelle il s'est ainsi présenté à l'une de ces autorités. – *[Anc. art. R. 511-4, al. 2.]*

SECTION 2 Aide au retour

Art. R. 711-3 Les conditions d'octroi et le montant de l'aide au retour mentionnée au troisième alinéa de l'article L. 711-2 sont déterminés par le ministre chargé de l'immigration, après avis du conseil d'administration de l'Office français de l'immigration et de l'intégration. – *[Anc. art. R. 512-1-2, al. 1er.]*

Art. R. 711-4 L'aide au retour peut comprendre :

1° La prise en charge des frais de réacheminement ;

2° Une allocation destinée à faciliter la réinsertion dans le pays de retour ;

3° Le cas échéant, une aide technique et un suivi de projet. – *[Anc. art. R. 512-1-2, al. 3 à 6.]*

Art. R. 711-5 La mise en œuvre de l'aide est assurée par l'Office français de l'immigration et de l'intégration. – *[Anc. art. R. 512-1-2, al. 2.]*

TITRE II EXÉCUTION PAR L'AUTORITÉ ADMINISTRATIVE

Art. R. 720-1 Conformément à l'article R. 264-1, les dispositions des articles R. 721-1 à R.* 721-3 sont applicables à l'étranger dont la situation est régie par le livre II.

CHAPITRE I **PRÉPARATION DE L'EXÉCUTION D'OFFICE**

SECTION 1 **Décisions pouvant être prises à tout moment de la procédure**

SOUS-SECTION 1 **Transmission d'informations en vue de la mise en œuvre d'une décision d'éloignement**

Art. R. 721-1 En cas de rejet de la demande d'asile, le directeur général de l'Office français de protection des réfugiés et apatrides informe le préfet compétent des documents mentionnés à l'article L. 721-2 dont il dispose en original ou en copie.

A la demande du préfet, le directeur général de l'office communique ces documents aux agents personnellement et spécialement habilités par arrêté préfectoral en raison de leur mission et de leurs responsabilités dans le domaine de l'application de la réglementation des étrangers ou de son contentieux. – *[Anc. art. R. 723-21-1 ; anc. art. R. 723-22.]*

SOUS-SECTION 2 **Désignation du pays de renvoi**

Art. R. 721-2 Le préfet de département et, à Paris, le préfet de police sont compétents pour fixer le pays de renvoi d'un étranger en cas d'exécution d'office des décisions suivantes :

1° La décision portant obligation de quitter le territoire français ;

2° L'interdiction de retour sur le territoire français ;

3° La mise en œuvre d'une décision prise par un autre État ;

4° L'interdiction de circulation sur le territoire français ;

5° L'expulsion, sauf dans les cas prévus à l'article *(Décr. n° 2020-1734 du 16 déc. 2020, rect. JO du 27 févr. 2021)* « R.* 721-3 » ;

6° La peine d'interdiction du territoire français. – *[Anc. art. R. 513-1 ; anc. art. R. 523-1.]*

Art. R.* 721-3 Le ministre de l'intérieur est compétent pour fixer le pays de renvoi en cas d'exécution d'office dans les cas suivants :

1° Lorsque l'étranger, présent sur le territoire français, fait l'objet d'une interdiction administrative du territoire ;

2° Lorsqu'il a lui-même édicté la décision d'expulsion dont l'étranger fait l'objet ; toutefois, le préfet de département et, à Paris, le préfet de police sont compétents lorsque la décision d'expulsion a été édictée par le ministre de l'intérieur avant l'entrée en vigueur du décret n° 97-24 du 13 janvier 1997 sur le fondement des dispositions de l'article 23 de l'ordonnance n° 45-2658 du 2 novembre 1945, désormais codifiées à l'article L. 631-1, et après accomplissement des formalités prévues par les dispositions de l'article 24 de la même ordonnance, désormais codifiées à l'article L. 632-1. – *[Anc. art. R. 513-1-1 ; anc. art. R.* 523-2 ; anc. art. R. 523-3.]*

Art. R. 721-3-1 *(Décr. n° 2024-799 du 2 juill. 2024, art. 2 et 9, en vigueur le 15 juill. 2024)* Lorsque l'étranger est détenu, la décision fixant le pays de renvoi visant à exécuter une peine d'interdiction du territoire français peut être contestée selon la procédure prévue à l'article L. 921-1.

SECTION 2 **Décisions pouvant être prises pendant le délai de départ volontaire**

Art. R. 721-4 L'autorité administrative compétente pour désigner, en application de l'article L. 721-6, le lieu de résidence d'un étranger est le préfet de département et, à Paris, le préfet de police. – *[Anc. art. R. 513-2 (ecqc la désignation du lieu de résidence).]*

Art. R. 721-5 L'autorité administrative compétente pour astreindre un étranger aux obligations de présentation prévues à l'article L. 721-7 est le préfet de département et, à Paris, le préfet de police. – *[Anc. art. R. 513-2 (ecqc l'obligation de présentation).]*

Art. R. 721-6 Pour l'application de l'article L. 721-7, l'autorité administrative désigne le service auprès duquel l'étranger effectue les présentations prescrites et fixe leur fréquence qui ne peut excéder trois présentations par semaine. – *[Anc. art. R. 513-3.]*

Art. R. 721-7 Lorsque l'autorité administrative prescrit à l'étranger la remise de son passeport ou de tout document d'identité ou de voyage en sa possession, en application de l'article L. 721-8, elle lui remet en échange un récépissé valant justification d'identité.

La mention du délai accordé à l'étranger pour son départ est, le cas échéant, portée sur ce récépissé. – *[Anc. art. R. 513-4.]*

CHAPITRE II EXÉCUTION D'OFFICE

SECTION 1 Engagement de la procédure d'exécution d'office

Art. R. 722-1 La compensation financière des frais exposés à l'occasion de la mise en œuvre, en application du 2° de l'article L. 615-1, d'une décision d'éloignement prise par un autre État, se fait dans les conditions fixées par la décision du Conseil n° 2004/191/CE du 23 février 2004 définissant les critères et modalités pratiques de la compensation des déséquilibres financiers résultant de l'application de la directive 2001/40/CE relative à la reconnaissance mutuelle des décisions d'éloignement des ressortissants de pays tiers. – *[Anc. art. R. 531-9.]*

SECTION 2 Conditions dans lesquelles il peut être procédé à l'éloignement effectif

SOUS-SECTION UNIQUE Mise en œuvre d'une décision prise par un État membre de l'Union européenne

Art. R. 722-2 Dans les cas prévus aux articles R. 615-4 et R. 615-5, l'autorité administrative ne peut exécuter d'office la décision de mettre en œuvre la décision d'éloignement prise par un autre État membre de l'Union européenne, la République d'Islande, la Principauté du Liechtenstein, le Royaume de Norvège ou la Confédération suisse qu'après notification, à l'étranger qui en fait l'objet, du retrait du titre de séjour qui lui avait été délivré, selon le cas, par les autorités françaises ou celles d'un des États précités.

Toutefois, l'autorité administrative peut, sans attendre le retrait du titre de séjour, ordonner l'assignation à résidence en application du 3° de l'article L. 731-1 ou le placer en rétention en application de l'article L. 741-1. – *[Anc. art. R. 531-7, al. 2 et 3.]*

TITRE III ASSIGNATION À RÉSIDENCE

Art. R. 730-1 Conformément à l'article R. 264-1, les dispositions des articles R. 731-1, R. 732-1 à R. 732-6 et R. 733-1 à R. 733-21 sont applicables à l'étranger dont la situation est régie par le livre II.

CHAPITRE I CAS DANS LESQUELS L'ÉTRANGER PEUT ÊTRE ASSIGNÉ À RÉSIDENCE

Art. R. 731-1 L'autorité administrative constate l'état de santé de l'étranger défini à l'article L. 731-4 dans les conditions prévues aux articles R. 611-1 et R. 611-2.

CHAPITRE II RÉGIME DES ASSIGNATIONS À RÉSIDENCE

SECTION 1 AUTORITÉS ADMINISTRATIVES COMPÉTENTES

SOUS-SECTION 1 Assignation à résidence aux fins d'exécution de la décision d'éloignement

Art. R. 732-1 L'autorité administrative compétente pour assigner un étranger à résidence en application de l'article L. 731-1 est le préfet de département où se situe le lieu d'assignation à résidence et, à Paris, le préfet de police. – *[Anc. art. R. 561-1 (ecqc l'assignation à résidence de L. 561-2).]*

SOUS-SECTION 2 Assignation à résidence en cas de report de l'éloignement

Art. R. 732-2 L'autorité administrative compétente pour assigner un étranger à résidence en application des 1°, 2°, 3°, 4°, 5° ou 6° de l'article L. 731-3 ou de l'article L. 731-4 est le préfet de département où se situe le lieu d'assignation à résidence et, à Paris, le préfet de police. – *[Anc. art. R. 523-4 ; anc. art. R. 561-1 (ecqc l'assignation à résidence des 1° à 4° de l'art. L. 561-1, sauf le cas du transfert).]*

Art. R.* 732-3 Par dérogation à l'article R. 732-2, le ministre de l'intérieur est compétent pour assigner à résidence un étranger, en application du 6° de l'article L. 731-3 ou de l'article L. 731-4, dans les cas suivants :

1° Lorsqu'il a lui-même édicté la décision d'expulsion ; toutefois, le préfet de département et, à Paris, le préfet de police sont compétents lorsque la décision d'expulsion a été édictée par le ministre de l'intérieur avant l'entrée en vigueur du décret n° 97-24 du 13 janvier 1997 sur le fondement des dispositions de l'article 23 de l'ordonnance n° 45-2658 du 2 novembre 1945, désormais codifiées à l'article L. 631-1, et après accomplissement des formalités prévues par les dispositions de l'article 24 de la même ordonnance, désormais codifiées à l'article L. 632-1 ;

2° Lorsque l'étranger se trouve dans les îles Wallis-et-Futuna, en Polynésie française ou en Nouvelle-Calédonie au moment du prononcé de l'assignation à résidence. – *[Anc. art. R.* 523-5 ; anc. art. R. 523-7 ; anc. art. R. 523-8.]*

Art. R.* 732-4 L'autorité administrative compétente pour assigner un étranger à résidence, en application des 7° ou 8° de l'article L. 731-3 ou de l'article L. 731-5 est le ministre de l'intérieur. – *[Anc. art. R.* 541-1 ; anc. art. R. 561-1-1.]*

SECTION 2 Dispositions particulières à l'assignation à résidence aux fins d'exécution de la décision d'éloignement

SOUS-SECTION UNIQUE Information de l'étranger

Art. R. 732-5 L'étranger auquel est notifiée une assignation à résidence en application de l'article L. 731-1, est informé de ses droits et obligations par la remise d'un formulaire à l'occasion de la notification de la décision par l'autorité administrative ou, au plus tard, lors de sa première présentation aux services de police ou aux unités de gendarmerie.

Ce formulaire, dont le modèle est fixé par arrêté du ministre chargé de l'immigration et du ministre de l'intérieur, rappelle les droits et obligations des étrangers assignés à résidence pour la préparation de leur départ. Il mentionne notamment les coordonnées des services territorialement compétents de l'Office français de l'immigration et de l'intégration, le droit de l'étranger de communiquer avec son consulat et les coordonnées de ce dernier, ainsi que le droit de l'étranger d'informer l'autorité administrative de tout élément nouveau dans sa situation personnelle susceptible de modifier l'appréciation de sa situation administrative. Il rappelle les obligations résultant de l'obligation de quitter le territoire français et de l'assignation à résidence ainsi que les sanctions encourues par l'étranger en cas de manquement aux obligations de cette dernière.

Ce formulaire est traduit dans les langues les plus couramment utilisées désignées par l'arrêté mentionné au deuxième alinéa. – *[Anc. art. R. 561-5 (ecqc l'assignation à résidence de l'art. L. 561-2).]*

(Décr. n° 2024-799 du 2 juill. 2024, art. 2 et 9, en vigueur le 15 juill. 2024) « La notification s'effectue par la voie administrative. »

SECTION 3 Dispositions particulières à l'assignation à résidence en cas de report de l'éloignement

Art. R. 732-6 L'assignation à résidence prononcée en application de l'article L. 731-3 peut être assortie d'une autorisation de travail. – *[Anc. art. R. 561-4.]*

CHAPITRE III MESURES APPLICABLES AUX ÉTRANGERS ASSIGNÉS À RÉSIDENCE

SECTION 1 Dispositions générales

Art. R. 733-1 L'autorité administrative qui a ordonné l'assignation à résidence de l'étranger en application des articles L. 731-1, L. 731-3, L. 731-4 ou L. 731-5 définit les modalités d'application de la mesure :

1° Elle détermine le périmètre dans lequel il est autorisé à circuler muni des documents justifiant de son identité et de sa situation administrative et au sein duquel est fixée sa résidence ;

2° Elle lui désigne le service auquel il doit se présenter, selon une fréquence qu'elle fixe dans la limite d'une présentation par jour, en précisant si l'obligation de présentation s'applique les dimanches et les jours fériés ou chômés ;

3° Elle peut lui désigner une plage horaire pendant laquelle il doit demeurer dans les locaux où il réside. – *[Anc. art. R. 561-2, al. 1er et 2 (2e phr.).]*

Art. R. 733-2 Lorsque l'étranger est assigné à résidence en application *(Décr. n° 2024-808 du 5 juill. 2024, art. 5, en vigueur le 17 juill. 2024)* « des 6°, 7° ou 8° de l'article L. 731-1 ou des 6°, 7° ou 8° de l'article L. 731-3 *[ancienne rédaction : des 6° ou 7° de l'article L. 731-3]* » ou des articles L. 731-4 ou L. 731-5, le nombre de présentations aux services de police ou aux unités de gendarmerie prévu à l'article R. 733-1 peut être porté à quatre par jour. – *[Anc. art. R. 561-2, al. 2 (1re phr.).]*

Art. R. 733-3 Lorsque l'autorité administrative prescrit à l'étranger la remise de son passeport ou de tout document d'identité ou de voyage en sa possession, en application de l'article L. 733-4, elle lui remet en échange un récépissé valant justification d'identité.

La mention du délai accordé à l'étranger pour son départ est, le cas échéant, portée sur ce récépissé. – *[Anc. art. R. 561-3.]*

SECTION 2 Dispositions applicables en cas d'obstruction de l'étranger

SOUS-SECTION 1 En vue de la présentation de l'étranger aux autorités consulaires

Art. R. 733-4 L'autorité administrative compétente pour faire conduire l'étranger devant les autorités consulaires en application de l'article L. 733-6 ainsi que pour saisir le *(Décr. n° 2024-570 du 20 juin 2024, art. 2 et 5, en vigueur le 1er sept. 2024)* « magistrat du siège du tribunal judiciaire » aux fins de requérir les services de police ou les unités de gendarmerie en application de l'article L. 733-7 est le préfet de département et, à Paris, le préfet de police. – *[Anc. art. R. 513-5 ; anc. art. R. 513-6, al. 1er.]*

SOUS-SECTION 2 En vue de l'exécution de la décision d'éloignement

Art. R. 733-5 L'autorité administrative compétente pour saisir le *(Décr. n° 2024-570 du 20 juin 2024, art. 2 et 5, en vigueur le 1er sept. 2024)* « magistrat du siège du tribunal judiciaire » aux fins de requérir les services de police ou les unités de gendarmerie en application de l'article L. 733-8 est le préfet de département ou, à Paris, le préfet de police. – *[Anc. art. R. 214-1 ; anc. art. R. 523-9 ; anc. art. R. 541-2 ; anc. art. R. 561-6, al. 1er.]*

SOUS-SECTION 3 Procédure relative à la visite du domicile de l'étranger

§ 1 Saisine du magistrat du siège du tribunal judiciaire *(Décr. n° 2024-570 du 20 juin 2024, art. 2 et 5, en vigueur le 1er sept. 2024)*.

Art. R. 733-6 Pour l'application des articles L. 733-7 et L. 733-8, le *(Décr. n° 2024-570 du 20 juin 2024, art. 2 et 5, en vigueur le 1er sept. 2024)* « magistrat du siège du tribunal judiciaire » compétent est celui du tribunal judiciaire dans le ressort duquel l'étranger est assigné à résidence. – *[Anc. art. R. 214-1 ; anc. art. R. 513-6, al. 2 ; anc. art. R. 561-6, al. 2.]*

Art. R. 733-7 A peine d'irrecevabilité, la requête est motivée, datée, signée et accompagnée de toutes pièces justificatives utiles. – *[Anc. art. R. 214-1 ; anc. art. R. 513-6, al. 3 ; anc. Art. R. 561-6, al. 3.]*

Art. R. 733-8 La requête est transmise par tout moyen au greffe du tribunal.

Le greffier l'enregistre et y appose, ainsi que sur les pièces jointes, un timbre indiquant la date et l'heure de la réception. – *[Anc. art. R. 214-1 ; anc. art. R. 513-6, al. 4 et 5 ; anc. art. R. 561-6, al. 4 et 5.]*

§ 2 Appel

Art. R. 733-9 L'ordonnance du *(Décr. n° 2024-570 du 20 juin 2024, art. 2 et 5, en vigueur le 1er sept. 2024)* « magistrat du siège du tribunal judiciaire » autorisant la visite du domicile de l'étranger est susceptible d'appel devant le premier président de la cour d'appel, dans les vingt-quatre heures de sa notification, par l'étranger ou par l'autorité administrative. – *[Anc. art. R. 214-1 ; anc. art. R. 513-6, al. 6 ; anc. art. R. 561-6, al. 1er (1re phr.).]*

Art. R. 733-10 A peine d'irrecevabilité, la déclaration d'appel est motivée. Elle est transmise par tout moyen au greffe de la cour d'appel qui l'enregistre avec mention de la date et de l'heure.

Le greffier de la cour d'appel avise immédiatement le greffier du tribunal judiciaire qui lui transmet sans délai le dossier. – *[Anc. art. R. 214-1 ; anc. art. R. 513-6, al. 6 ; anc. art. R. 561-7, al. 1er (2e et 3e phr.) et 2.]*

Art. R. 733-11 Lorsque le premier président de la cour d'appel ou son délégué envisage de rejeter la déclaration d'appel comme manifestement irrecevable, il recueille par tout moyen les observations des parties sur cette irrecevabilité.

Sont notamment manifestement irrecevables au sens de l'article L. 733-12, les déclarations d'appel formées tardivement et les déclarations d'appel non motivées. – *[Anc. art. R. 214-1 ; anc. art. R. 513-6, al. 6 ; anc. art. R. 561-7, al. 3 et 4.]*

Art. R. 733-12 Lorsque le premier président de la cour d'appel ou son délégué n'envisage pas de rejeter la déclaration d'appel comme manifestement irrecevable, le greffier de la cour d'appel fait connaître aux parties et au ministère public la date et l'heure de l'audience au fond.

L'autorité administrative, l'avocat de l'étranger et l'étranger lui-même peuvent demander à être entendus à l'audience. Le ministère public peut, quant à lui, faire connaître son avis. – *[Anc. art. R. 214-1 ; anc. art. R. 513-6, al. 6 ; anc. Art. R. 561-7, al. 5 à 7.]*

Art. R. 733-13 L'ordonnance est communiquée au ministère public. Elle est notifiée par tout moyen et dans les meilleurs délais à l'étranger et à son conseil, s'il en a un, ainsi qu'à l'autorité administrative, qui en accusent réception. – *[Anc. art. R. 214-1 ; anc. art. R. 561-7, al. 8.]*

SECTION 3 Dispositions spécifiques à l'étranger dont le comportement est lié à des activités à caractère terroriste

Art. R. 733-14 L'autorité compétente pour prononcer par arrêté, sur le fondement de l'article L. 733-14, le placement sous surveillance électronique mobile d'un étranger est celle qui est compétente pour prononcer son assignation à résidence en vertu des articles R. 732-2 à R.* 732-4. – *[Anc. art. R. 571-1.]*

Art. R. 733-15 Avant que l'autorité compétente prononce une mesure de placement sous surveillance électronique mobile, l'administration pénitentiaire s'assure, à la demande de celle-ci, de la disponibilité d'un dispositif technique permettant le contrôle à distance et de la faisabilité technique de la surveillance électronique mobile.

L'autorité compétente s'assure que l'étranger a reçu une information sur le fonctionnement de ce dispositif. Elle recueille par écrit l'accord préalable de l'étranger à son placement, ou à la prolongation de ce placement, prévu à l'article L. 733-14. – *[Anc. art. R. 571-2.]*

Art. R. 733-16 L'autorité compétente peut, lors du placement d'un étranger sous surveillance électronique mobile, adapter la périodicité de ses obligations de présentation aux services de police ou aux unités de gendarmerie qui ont été fixées, en application de l'article R. 733-1, lors de son assignation à résidence. L'étranger est informé de cette adaptation avant que soit recueilli son accord en application de l'article R. 733-15.

L'accord écrit du propriétaire ou du titulaire du contrat de location des lieux où l'étranger placé sous surveillance électronique mobile peut être hébergé, est recueilli par l'autorité administrative.

La décision de placement sous surveillance électronique mobile est motivée. Elle rappelle les lieux de résidence de l'étranger qui ont été fixés par la décision d'assignation à résidence. Elle rappelle également les peines dont sont passibles, en vertu des articles L. 824-4 à L. 824-7, les étrangers qui ne respectent pas les prescriptions liées à leur assignation à résidence ou à leur placement sous surveillance électronique mobile.

La décision de placement sous surveillance électronique mobile est notifiée à l'étranger. – *[Anc. art. R. 571-3.]*

Art. R. 733-17 Le dispositif de localisation à distance dont le port est imposé à l'étranger placé sous surveillance électronique mobile en application de l'article L. 733-14 est homologué par le ministre de la justice, qui s'assure qu'il ne peut être enlevé par l'étranger sans que soit émis un signal d'alarme et qu'il permet une communication, pouvant être enregistrée, entre l'étranger et un centre de surveillance.

Lors de la pose ou de la dépose du dispositif ou de toute autre intervention auprès de l'étranger, les agents de l'administration pénitentiaire sont accompagnés par les services de police ou les unités *[de]* gendarmerie.

Les agents de l'administration pénitentiaire procèdent aux tests de mise en service, à l'information et à la formation de l'étranger sur les modalités pratiques de fonctionnement du dispositif.

Les services de police ou les unités de gendarmerie rappellent à l'étranger qu'il est tenu de respecter ces consignes, et notamment de procéder à la mise en charge régulière de la batterie selon les modalités indispensables au bon fonctionnement du dispositif, et que tout manquement à ces obligations peut être sanctionné dans les conditions prévues à l'article L. 824-6. – *[Anc. art. R. 571-4.]*

Art. R. 733-18 L'autorité compétente peut à tout moment mettre fin au placement sous surveillance électronique mobile, notamment en cas de manquement de l'étranger aux prescriptions liées à son assignation à résidence ou à son placement, en cas de dysfonctionnement technique du dispositif de localisation à distance ou si la mise en œuvre de ce dispositif présente pour la santé de l'étranger des inconvénients attestés par un médecin agréé désigné par l'autorité compétente. A la demande de l'étranger, cette désignation est de droit. – *[Anc. art. R. 571-5.]*

Art. R. 733-19 Les agents de l'administration pénitentiaire chargés de la surveillance avisent sans délai les services de police et les unités de gendarmerie compétents lorsqu'ils sont alertés de la présence d'un étranger placé sous surveillance électronique mobile se trouve en dehors de la zone d'inclusion ou de la détérioration du dispositif de localisation à distance. – *[Anc. art. R. 571-6.]*

Art. R. 733-20 L'habilitation pour la mise en œuvre du dispositif de localisation à distance, prévue à l'article L. 733-14, est régie par *(Décr. n° 2022-479 du 30 mars 2022, art. 4 et 20, en vigueur le 1er mai 2022)* « les articles R. 544-11 à R. 544-17 du code pénitentiaire *[ancienne rédaction : les articles R. 61-36 à R. 61-42 du code de procédure pénale]* ».– *[Anc. art. R. 571-7.]*

SECTION 4 **Dispositions spécifiques à l'étranger faisant l'objet d'une peine d'interdiction du territoire français lorsqu'il n'est plus assigné à résidence**

Art. R. 733-21 L'autorité administrative compétente pour astreindre un étranger aux obligations de déclaration et de présentation prévues à l'article L. 733-16 est le préfet de département et, à Paris, le préfet de police. – *[Anc. art. R. 541-3.]*

TITRE IV **RÉTENTION ADMINISTRATIVE**

Art. R. 740-1 Conformément à l'article R. 264-1, les dispositions des articles R. 741-1 à R. 741-3, R. 742-1, R. 742-2, R. 743-1 à R. 743-22 et R. 744-1 à R. 744-47 sont applicables à l'étranger dont la situation est régie par le livre II.

CHAPITRE I PLACEMENT EN RÉTENTION PAR L'AUTORITÉ ADMINISTRATIVE

SECTION 1 Procédure administrative

Art. R. 741-1 L'autorité compétente pour ordonner le placement en rétention administrative d'un étranger est le préfet de département et, à Paris, le préfet de police. – *[Anc. art. R. 551-1 (1re phr.).]*

Art. R. 741-2 Le préfet ayant procédé au placement en rétention de l'étranger exerce les compétences relatives à la décision d'éloignement qu'il met à exécution jusqu'au terme de la procédure engagée quel que soit le lieu où l'étranger en cause est maintenu en rétention. – *[Anc. art. R. 551-2, al. 2 (2e phr.).]*

SECTION 2 Contestation de la décision de placement en rétention

Art. R. 741-3 Le *(Décr. no 2024-570 du 20 juin 2024, art. 2 et 5, en vigueur le 1er sept. 2024)* « magistrat du siège du tribunal judiciaire » est saisi par l'étranger qui conteste la régularité de la décision de placement en rétention administrative par simple requête, dans les conditions prévues au chapitre III, avant l'expiration du délai mentionné à l'article L. 741-10.

La requête est adressée par tout moyen au greffe du tribunal compétent en application de l'article R. 743-1. – *[Anc. art. R. 552-10-1, al. 1er (1re phr.).]*

CHAPITRE II MAINTIEN EN RÉTENTION PAR LE MAGISTRAT DU SIÈGE DU TRIBUNAL JUDICIAIRE *(Décr. no 2024-570 du 20 juin 2024, art. 2 et 5, en vigueur le 1er sept. 2024)*

Art. R. 742-1 Le *(Décr. no 2024-570 du 20 juin 2024, art. 2 et 5, en vigueur le 1er sept. 2024)* « magistrat du siège du tribunal judiciaire » est saisi aux fins de prolongation de la rétention par simple requête de l'autorité administrative, dans les conditions prévues au chapitre III, avant l'expiration, selon le cas, de la période de *(Décr. no 2024-799 du 2 juill. 2024, art. 7 et 9, en vigueur le 15 juill. 2024)* « quatre jours *[ancienne rédaction : quarante-huit heures]* » mentionnée à l'article L. 742-1 ou de la période de prolongation ordonnée en application des articles L. 742-4, L. 742-5, L. 742-6 ou L. 742-7.

La requête est adressée par tout moyen au greffe du tribunal compétent conformément aux dispositions de l'article R. 743-1. – *[Anc. art. R. 552-4, al. 1er.]*

Art. R. 742-2 Le *(Décr. no 2024-570 du 20 juin 2024, art. 2 et 5, en vigueur le 1er sept. 2024)* « magistrat du siège du tribunal judiciaire » est saisi par l'étranger qui demande qu'il soit mis fin à sa rétention en application de l'article L. 742-8 par simple requête, dans les conditions prévues au chapitre III.

La requête est adressée par tout moyen au greffe du tribunal compétent en application de l'article R. 743-1. – *[Anc. art. R. 552-16, al. 1er (1re phr.) (ecqc la procédure).]*

CHAPITRE III CONTRÔLE DE LA RÉTENTION PAR L'AUTORITÉ JUDICIAIRE

SECTION 1 Jugement des requêtes de l'étranger et de l'autorité administrative

SOUS-SECTION 1 Procédure

Art. R. 743-1 Pour l'application des articles L. 743-3 à L. 743-18, le juge *(Abrogé par Décr. no 2024-570 du 20 juin 2024, art. 2 et 5, à compter du 1er sept. 2024)* « ***des libertés et de la détention*** » compétent est *(Décr. no 2024-570 du 20 juin 2024, art. 2 et 5, en vigueur le 1er sept. 2024)* « le magistrat du siège » du tribunal judiciaire dans le ressort duquel l'étranger est maintenu en rétention ou assigné à résidence.

Toutefois, le *(Abrogé par Décr. no 2024-570 du 20 juin 2024, art. 2 et 5, à compter du 1er sept. 2024)* « ***des libertés et de la détention*** » compétent pour statuer sur le maintien en rétention d'un étranger dans le cas prévu à l'article L. 742-6 est *(Décr. n° 2024-570 du 20 juin 2024, art. 2 et 5, en vigueur le 1er sept. 2024)* « le magistrat du siège » du tribunal judiciaire de Paris. Ce juge reste compétent jusqu'au terme de la procédure. – *[Anc. art. L. 552-7, al. 4 (ecqc la compétence du JLD de Paris) ; anc. art. R. 552-1 ; anc. art. R. 552-10-1, al. 3 (ecqc l'art. R. 552-1) ; anc. art. R. 552-11.]*

Art. R. 743-2 A peine d'irrecevabilité, la requête est motivée, datée et signée, selon le cas, par l'étranger ou son représentant ou par l'autorité administrative qui a ordonné le placement en rétention.

Lorsque la requête est formée par l'autorité administrative, elle est accompagnée de toutes pièces justificatives utiles, notamment une copie du registre prévu à l'article L. 744-2.

Lorsque la requête est formée par l'étranger ou son représentant, la décision attaquée est produite par l'administration. Il en est de même, sur la demande du *(Décr. n° 2024-570 du 20 juin 2024, art. 2 et 5, en vigueur le 1er sept. 2024)* « magistrat du siège du tribunal judiciaire », de la copie du registre. – *[Anc. art. R. 552-10-1, al. 1er (3e et 4e phr.) ; anc. art. R. 552-16, al. 2 (2e phr.).]*

Art. R. 743-3 Dès réception de la requête, le greffier l'enregistre et y appose, ainsi que sur les pièces jointes, un timbre indiquant la date et l'heure de la réception.

Il avise aussitôt et par tout moyen l'autorité administrative qui a ordonné le placement en rétention, le procureur de la République, l'étranger et son avocat, s'il en a un, du jour et de l'heure de l'audience fixés par le *(Décr. n° 2024-570 du 20 juin 2024, art. 2 et 5, en vigueur le 1er sept. 2024)* « magistrat du siège du tribunal judiciaire ». – *[Anc. art. R. 552-4, al. 2 ; anc. art. R. 552-5 ; anc. art. R. 552-10-1, al. 1er (2e phr.) ; anc. art. R. 552-10-1, al. 3 (ecqc l'art. R. 552-5).]*

Art. R. 743-4 La requête et les pièces qui y sont jointes sont, dès leur arrivée au greffe du tribunal judiciaire, mises à la disposition de l'avocat de l'étranger et de l'autorité administrative. Elles peuvent également y être consultées, avant l'ouverture des débats, par l'étranger lui-même, assisté, le cas échéant, par un interprète s'il ne parle pas suffisamment la langue française. – *[Anc. art. R. 552-7 ; anc. art. R. 552-10-1, al. 2.]*

Art. R. 743-5 *(Décr. n° 2024-799 du 2 juill. 2024, art. 7 et 9, en vigueur le 15 juill. 2024)* Les dispositions de l'article 435 du code de procédure civile sont applicables au jugement des requêtes de l'étranger et de l'autorité administrative défini à la présente section.

Ancien art. R. 743-5 *L'autorité administrative compétente pour proposer au (Décr. n° 2024-570 du 20 juin 2024, art. 2 et 5, en vigueur le 1er sept. 2024) « magistrat du siège du tribunal judiciaire » que l'audience se déroule avec l'utilisation de moyens de télécommunication audiovisuelle, comme prévu à l'article L. 743-8, est le préfet de département et, à Paris, le préfet de police. – [Anc. art. R. 552-8 ; anc. art. R. 552-10-1, al. 3 (ecqc l'art. R. 552-8).]*

Art. R. 743-6 A l'audience, l'autorité administrative qui a ordonné le placement en rétention ou son représentant, est entendue sur sa demande ou sur celle du *(Décr. n° 2024-570 du 20 juin 2024, art. 2 et 5, en vigueur le 1er sept. 2024)* « magistrat du siège du tribunal judiciaire ».

L'étranger, sauf s'il ne se présente pas, bien que dûment convoqué, et, s'il y a lieu, son avocat, sont entendus. Le juge nomme un interprète si l'étranger ne parle pas suffisamment la langue française.

Le ministère public peut faire connaître son avis. – *[Anc. art. R. 552-9 ; anc. art. R. 552-10-1, al. 3 (ecqc l'art. R. 552-8).]*

Art. R. 743-7 *(Décr. n° 2024-799 du 2 juill. 2024, art. 7 et 9, en vigueur le 15 juill. 2024)* L'ordonnance du *(Décr. n° 2024-570 du 20 juin 2024, art. 2 et 5, en vigueur le 1er sept. 2024)* « magistrat du siège du tribunal judiciaire » est rendue dans les quarante-huit heures suivant l'expiration du délai fixé au premier alinéa de l'article L. 741-10 ou, lorsqu'il est saisi en application des articles L. 742-1 et L. 742-4 à L. 742-7, suivant sa saisine.

Lorsque les parties sont présentes à l'audience, elle leur est notifiée sur place. Elles en accusent réception. Le magistrat leur fait connaître verbalement le délai d'appel et les modalités selon lesquelles cette voie de recours peut être exercée. Il les informe simultanément que seul l'appel formé par le ministère public peut être déclaré suspensif par le premier président de la cour d'appel ou son délégué.

Lorsque les parties ne sont pas comparantes ou ne sont pas présentes au moment du prononcé de la décision, l'ordonnance leur est notifiée dans les délais les plus brefs et par tous moyens leur permettant d'en accuser réception. Cette notification mentionne le délai d'appel et les modalités selon lesquelles cette voie de recours peut être exercée et indique que seul l'appel interjeté par le ministère public peut être déclaré suspensif par le premier président de la cour d'appel ou son délégué.

Cette notification, qui comprend les mentions prévues au troisième alinéa, est également faite au procureur de la République qui en accuse réception.

Ancien art. R. 743-7 *L'ordonnance du juge des libertés et de la détention est rendue dans les quarante-huit heures de sa saisine. Elle est notifiée sur place aux parties présentes à l'audience qui en accusent réception. Le magistrat fait connaître verbalement aux parties présentes le délai d'appel et les modalités selon lesquelles cette voie de recours peut être exercée et les informe simultanément que seul l'appel formé par le ministère public peut être déclaré suspensif par le premier président de la cour d'appel ou son délégué.*

Les notifications prévues au premier alinéa sont effectuées par tout moyen et dans les meilleurs délais aux parties qui ne se sont pas présentées, bien que dûment convoquées, ainsi qu'au procureur de la République, qui en accusent réception. – *[Anc. art. R. 552-10, al. 1er et 2 ; anc. art. R. 552-10-1, al. 3 (ecqc al. 1er et 2 de l'art. R. 552-10) ; anc. art. R. 552-19.]*

Art. R. 743-8 Lorsqu'une ordonnance met fin à la rétention de l'étranger et que le procureur de la République estime ne pas avoir à solliciter du premier président qu'il déclare l'appel suspensif, il retourne l'ordonnance au magistrat qui l'a rendue en mentionnant sur celle-ci qu'il ne s'oppose pas à sa mise à exécution. Il est alors immédiatement mis fin à la mesure de maintien de l'étranger à la disposition de la justice. – *[Anc. art. R. 552-10, al. 3 ; anc. art. R. 552-10-1, al. 3 (ecqc l'al. 3 de l'art. R. 552-10).]*

SOUS-SECTION 2 Assignation à résidence alternative à la rétention

Art. R. 743-9 Les dispositions des articles R. 732-5 et R. 733-4 à R. 733-13 sont applicables à l'étranger assigné à résidence en application de l'article L. 743-13. – *[Anc. art. R. 561-5 (ecqc l'assignation à résidence de l'art. L. 552-4).]*

SECTION 2 Voies de recours

SOUS-SECTION 1 Appel

§ 1 Déclaration d'appel

Art. R. 743-10 L'ordonnance du *(Décr. n° 2024-570 du 20 juin 2024, art. 2 et 5, en vigueur le 1er sept. 2024)* « magistrat du siège du tribunal judiciaire » est susceptible d'appel devant le premier président de la cour d'appel, dans les vingt-quatre heures de son prononcé, par l'étranger, le préfet de département et, à Paris, le préfet de police. Lorsque l'étranger n'assiste pas à l'audience, le délai court pour ce dernier à compter de la notification qui lui est faite. Le délai ainsi prévu est calculé et prorogé conformément aux articles 640 et 642 du code de procédure civile.

Le ministère public peut interjeter appel de cette ordonnance selon les mêmes modalités lorsqu'il ne sollicite pas la suspension provisoire *(Décr. n° 2024-799 du 2 juill. 2024, art. 7 et 9, en vigueur le 15 juill. 2024)* « , ou lorsque son appel est de plein droit suspensif en vertu du dernier alinéa de l'article L. 743-22 ». – *[Anc. art. R. 552-12, al. 1er et 2 ; anc. art. R. 552-20, al. 1er.]*

Art. R. 743-11 A peine d'irrecevabilité, la déclaration d'appel est motivée. Elle est transmise par tout moyen au greffe de la cour d'appel qui l'enregistre avec mention de la date et de l'heure.

Le greffier de la cour d'appel avise immédiatement le greffier du tribunal judiciaire qui lui transmet sans délai le dossier. – *[Anc. art. R. 552-13 ; anc. art. R. 552-21.]*

§ 2 Caractère suspensif de l'appel *(Décr. n° 2024-799 du 2 juill. 2024, art. 7 et 9, en vigueur le 15 juill. 2024).*

Art. R. 743-12 *(Décr. n° 2024-799 du 2 juill. 2024, art. 7 et 9, en vigueur le 15 juill. 2024)* « Lorsque le ministère public entend solliciter du premier président de la cour d'appel qu'il déclare son recours suspensif, il interjette appel dans un délai de vingt-quatre heures à compter de la notification qu'il a reçue de l'ordonnance. Il fait notifier la déclaration d'appel, immédiatement et par tous moyens, à l'autorité administrative, à l'étranger et, le cas échéant, à son avocat, qui en accusent réception. »

La notification mentionne que des observations en réponse à la demande de déclaration d'appel suspensif peuvent être transmises par tout moyen au premier président ou à son délégué dans un délai de deux heures. – *[Anc. art. R. 552-12, al. 3 et 4 ; anc. art. R. 552-20, al. 4 et 5.]*

Ancien art. R. 743-12 *Lorsque le ministère public entend solliciter du premier président de la cour d'appel qu'il déclare son recours suspensif, il forme appel dans le délai de dix heures prévu à l'article L. 743-22. Il fait notifier la déclaration d'appel, immédiatement et par tout moyen, à l'autorité administrative, à l'étranger et, le cas échéant, à son avocat, qui en accusent réception.*

La notification mentionne que des observations en réponse à la demande de déclaration d'appel suspensif peuvent être transmises par tout moyen au premier président ou à son délégué dans un délai de deux heures. – *[Anc. art. R. 552-12, al. 3 et 4 ; anc. art. R. 552-20, al. 4 et 5.]*

Art. R. 743-13 Le premier président de la cour d'appel ou son délégué statue sur la demande visant à déclarer l'appel suspensif, après que l'étranger ou son conseil a été mis à même de transmettre ses observations, suivant les modalités définies à l'article R. 743-12.

La décision du premier président ou de son délégué sur le caractère suspensif de l'appel est portée à la connaissance de l'étranger et de son conseil par le greffe de la cour d'appel et communiquée au procureur de la République, qui veille à son exécution et en informe l'autorité administrative. – *[Anc. art. R. 552-14, al. 1er et 2 ; anc. art. R. 552-22, al. 1er et 3.]*

Art. R. 743-13-1 *(Décr. n° 2024-799 du 2 juill. 2024, art. 7 et 9, en vigueur le 15 juill. 2024)* Dans le cas prévu au dernier alinéa de l'article L. 743-22, l'appelant fait notifier la déclaration d'appel, immédiatement et par tous moyens, à l'étranger et, le cas échéant, à son avocat, ainsi que, selon le cas, au ministère public ou à l'autorité administrative. Ils en accusent réception.

§ 3 Rejet sans audience d'une déclaration d'appel

Art. R. 743-14 Lorsque le premier président de la cour d'appel ou son délégué envisage de rejeter une déclaration d'appel comme manifestement irrecevable il recueille par tout moyen les observations des parties sur cette irrecevabilité.

Sont notamment manifestement irrecevables au sens du premier alinéa de l'article L. 743-23 les déclarations d'appel formées tardivement et les déclarations d'appel non motivées. – *[Anc. art. R. 552-14-1, al. 1er et 2 ; anc. art. R. 552-23 (ecqc l'art. R. 552-14-1).]*

Art. R. 743-15 Lorsque le premier président de la cour d'appel ou son délégué envisage de rejeter une déclaration d'appel en application du second alinéa de l'article L. 743-23, il recueille par tout moyen les observations des parties sur l'absence de circonstance nouvelle de fait ou de droit depuis le placement en rétention administrative ou son renouvellement, ou sur le caractère inopérant des éléments fournis par l'étranger. – *[Anc. art. R. 552-20-1, al. 2 ; anc. art. R. 552-23 (ecqc l'art. R. 552-15).]*

Art. R. 743-16 La décision prononçant l'irrecevabilité de l'appel dans le cas prévu à l'article R. 743-14 ou rejetant la déclaration d'appel dans le cas prévu à l'article R. 743-15 est rendue par le premier président de la cour d'appel ou son délégué dans un délai de quarante-huit heures à compter de sa saisine. Ce délai est calculé et prorogé conformément aux articles 640 et 642 du code de procédure civile. – *[Anc. art. R. 552-14-1, al. 3 ; anc. art. R. 552-20-1, al. 3.]*

Art. R. 743-17 L'ordonnance est communiquée au ministère public. Elle est notifiée par tout moyen et dans les meilleurs délais à l'étranger et à son conseil, s'il en a un, ainsi qu'à l'autorité qui a prononcé le placement en rétention, qui en accusent réception. – *[Anc. art. R. 552-14-1, al. 4 ; anc. art. R. 552-20-1, al. 4.]*

§ 4 Tenue de l'audience en appel

Art. R. 743-18 Lorsque le premier président de la cour d'appel ou son délégué n'envisage pas de rejeter comme manifestement irrecevable, en application de l'article L. 743-23, la déclaration d'appel sans audience, le greffier de la cour d'appel fait connaître aux parties et au ministère public la date et l'heure de l'audience au fond.

L'autorité qui a placé en rétention, l'avocat de l'étranger et l'étranger lui-même peuvent demander à être entendus à l'audience. Le ministère public peut faire connaître son avis. – *[Anc. art. R. 552-15, al. 1er à 3.]*

Art. R. 743-19 Le premier président de la cour d'appel ou son délégué statue au fond dans un délai de quarante-huit heures à compter de sa saisine. Ce délai est calculé et prorogé conformément aux articles 640 et 642 du code de procédure civile.

L'ordonnance est communiquée au ministère public. Elle est notifiée sur place à l'étranger et à son conseil, s'il en a un, ainsi qu'à l'autorité qui a prononcé le placement en rétention. Les parties présentes en accusent réception. Le greffier la notifie par tout moyen et dans les meilleurs délais aux autres parties qui en accusent réception. – *[Anc. art. R. 552-15, al. 4 et 5.]*

SOUS-SECTION 2 Pourvoi en cassation

Art. R. 743-20 L'ordonnance du premier président de la cour d'appel ou de son délégué n'est pas susceptible d'opposition.

Le pourvoi en cassation est ouvert à l'étranger, à l'autorité administrative qui l'a placé en rétention et au ministère public. – *[Anc. art. R. 552-16 ; anc. art. R. 552-24.]*

SECTION 3 Droits garantis à l'étranger au cours de la procédure juridictionnelle

Art. R. 743-21 Dès réception de la requête aux fins de prolongation, le greffier avise l'étranger de son droit de choisir un avocat. Le *(Décr. n° 2024-570 du 20 juin 2024, art. 2 et 5, en vigueur le 1er sept. 2024)* « magistrat du siège du tribunal judiciaire » lui en fait désigner un d'office si l'étranger le demande. – *[Anc. art. R. 552-6 ; anc. art. R. 552-10-1, al. 3 (ecqc l'art. R. 552-6).]*

Art. R. 743-22 Lorsque l'étranger est maintenu à la disposition de la justice, le procureur de la République décide des conditions du maintien. Il en informe sans délai l'étranger et l'autorité administrative qui a prononcé le placement en rétention. – *[Anc. art. R. 552-14, al. 3 ; anc. art. R. 552-22, al. 4.]*

CHAPITRE IV RÉGIME DE LA RÉTENTION

SECTION 1 Organisation des lieux de rétention

SOUS-SECTION 1 Centres de rétention administrative

Art. R. 744-1 Sous réserve des dispositions de l'article R. 744-8, les étrangers retenus en application du présent titre sont placés ou maintenus dans des établissements dénommés "centres de rétention administrative", régis par la présente sous-section. – *[Anc. art. R. 551-2, al. 1er.]*

Art. R. 744-2 Les centres de rétention administrative ont une vocation nationale.

Ils reçoivent, dans la limite de leur capacité d'accueil et sans considération de la compétence géographique du préfet ayant pris la décision de placement en rétention, les étrangers placés ou maintenus en rétention administrative quel que soit le lieu de leur résidence ou de leur interpellation. – *[Anc. art. R. 551-2, al. 2 (1re phr.).]*

Art. R. 744-3 Les centres de rétention administrative sont créés, sur proposition du ministre chargé de l'immigration, par arrêté conjoint du ministre chargé des affaires sociales, du ministre chargé de l'immigration, du ministre de l'intérieur et du ministre de la justice.

Cet arrêté mentionne l'adresse du centre et précise, d'une part, si sa surveillance en est confiée à la police nationale ou à la gendarmerie nationale et, d'autre part, si ce centre est susceptible d'accueillir des familles.

Il précise, en outre, si le centre peut accueillir un étranger dont la rétention est prolongée en application des dispositions des articles L. 742-5, L. 742-6 ou L. 742-7. – *[Anc. art. R. 553-1.]*

Arrêté du 30 mars 2011,

Pris en application de l'article R. 744-3 du code de l'entrée et du séjour des étrangers et du droit d'asile.

Art. 1er Les centres de rétention administrative mentionnés à l'article R. 553-1 du code susvisé sont les suivants :

a) Centres placés sous la surveillance de la police nationale ; — *Mod. par Arr. du 1er sept. 2011, art. 1er (JO 3 sept.) ; Arr. du 30 janv. 2012 (JO 7 févr.), Arr. du 7 juin 2013 (JO 15 juin), Arr. du 2 mars 2016 (JO 9 mars), Arr. du 1er mars 2018 (JO 8 mars), Arr. du 15 sept. 2021 (JO 22 sept.) ; Arr. du 5 déc. 2023 (JO 7 déc.).*

DÉPARTEMENT	ADRESSE
Alpes-Maritimes	Caserne d'Auvare, 28, rue de Roquebillière, 06300 Nice
Bouches-du-Rhône	26, boulevard Danielle-Casanova, 13014 Marseille
Gard	Rue Clément-Ader, 30000 Nîmes
Haute-Garonne	Avenue Pierre-Georges-Latécoère, 31700 Cornebarrieu
Gironde	Commissariat central, 23, rue François-de-Sourdis, 33000 Bordeaux
Hérault	15, quai François-Maillol, 34200 Sète
Ille-et-Vilaine	Lieu-dit Le Reynel, 35136 Saint-Jacques-de-la-Lande
Mayotte	Lotissement Chanfi Sabili, Petit Moya, 97615 Pamandzi
Moselle	Rue du Chemin-Vert, 57070 Metz-Queuleu
Nord	Site 2 : route de la Drève, 59810 Lesquin
Pas-de-Calais	Hôtel de police, boulevard du Kent, 62903 Coquelles
Pyrénées-Atlantiques	Rue Joliot-Curie, 64700 Hendaye
Rhône	Centre de rétention administrative de Lyon 1, poste de police aux frontières, espace Lyon-Saint-Exupéry-CRA, BP 106, 69125 Lyon Aéroport Centre de rétention administrative de Lyon 2, 240, rue de Chypre, 69125 Lyon-Saint Exupéry Aéroport
Paris	Centre de rétention administrative de Paris 1, 1, avenue de l'École-de-Joinville, 75012 Paris Centre de rétention administrative de Paris 2, 3, avenue de l'École-de-Joinville, 75012 Paris
Seine-Maritime	École nationale de police, route des Essarts, 76350 Oissel
Yvelines	889, avenue François-Mitterrand, 78370 Plaisir
Seine-et-Marne	Centre de rétention administrative Le Mesnil-Amelot 2, 6, rue de Paris, départementale 401, 77990 Le Mesnil-Amelot Centre de rétention administrative Le Mesnil-Amelot 3, 2, rue de Paris, départementale 401, 77990 Le Mesnil-Amelot
Essonne	Hôtel de police, rue Émile-Zola, 91120 Palaiseau
Guadeloupe	Site du Morne-Vergain, 97139 Les Abymes
Guyane	Route de Rochambeau, 97351 Matoury
La Réunion	2, avenue Georges-Brassens, Sainte-Clotilde, 97490 Le Chaudron
Pyrénées-Orientales	Rue des Frères-Voisin, lotissement Torremilla, 66000 Perpignan
Bas-Rhin	Rue du Fort, 67118 Geispolsheim
Loiret	Rue de Châteauroux, 45160 Olivet

b) Abrogé par Arr. du 1er sept. 2011, art. 1er (JO 3 sept.).

Art. 2 *(Arr. du 15 sept. 2021, art. 2)* « Les centres de Lyon 1, Lyon 2, Oissel, Metz-Queuleu, Cornebarrieu, Nîmes, Saint-Jacques-de-la-Lande, Hendaye, Le Mesnil-Amelot 2 ainsi que Mayotte sont autorisés à accueillir des familles. »

(Arr. du 28 mars 2012) « Le site 2 de Lesquin est autorisé à accueillir les étrangers maintenus en rétention au titre des dispositions du quatrième alinéa de *(Arr. du 15 sept. 2021, art. 1er)* « l'article L. 742-6 *[ancienne rédaction : l'article L. 552-7]* » du code de l'entrée et du séjour des étrangers et du droit d'asile. »

Art. 3 L'arrêté du 28 janvier 2011 pris en application de l'article R. 553-1 du code de l'entrée et du séjour des étrangers et du droit d'asile est abrogé.

Art. 4 Les dispositions du présent arrêté entrent en vigueur au 1er avril 2011.

Art. R. 744-4 Les centres de rétention administrative sont placés sous la responsabilité du préfet territorialement compétent et, à Paris, du préfet de police, qui désigne par arrêté le chef du centre, après accord du directeur général de la police nationale ou du directeur général de la gendarmerie nationale.

Cet arrêté désigne aussi, le cas échéant, dans des conditions définies par arrêté conjoint du ministre chargé de l'immigration et du ministre de l'intérieur, le responsable de la gestion hôtelière et le responsable de la gestion des dossiers administratifs des étrangers admis au centre.

Le chef de centre est responsable de l'ordre et de la sécurité du centre et de la tenue du registre mentionné à l'article L. 744-2. Il a autorité sur l'ensemble des personnes qui concourent au fonctionnement du centre. – *[Anc. art. R. 553-2.]*

Art. R. 744-5 Les centres de rétention administrative offrent aux étrangers retenus des équipements de type hôtelier et des prestations de restauration collective. Leur capacité d'accueil ne peut pas dépasser cent quarante places. – *[Anc. art. R. 553-3, al. 1er (1re phr.).]*

Art. R. 744-6 Les centres de rétention administrative répondent aux normes suivantes :

1° Une surface utile minimum de dix mètres carrés par retenu comprenant les chambres et les espaces librement accessibles aux heures ouvrables ;

2° Des chambres collectives non mixtes, contenant au maximum six personnes ;

3° Des équipements sanitaires, comprenant des lavabos, douches et cabinets d'aisance, en libre accès et en nombre suffisant, soit un bloc sanitaire pour dix retenus ;

4° Un téléphone en libre accès pour cinquante retenus ;

5° Des locaux et matériels nécessaires à la restauration conformes aux normes prévues par un arrêté conjoint du ministre de l'agriculture, du ministre chargé de la santé et du ministre chargé de la consommation ;

6° Au-delà de quarante personnes retenues, une salle de loisirs et de détente distincte du réfectoire, dont la superficie est d'au moins cinquante mètres carrés, majorée de dix mètres carrés pour quinze retenus supplémentaires ;

7° Une ou plusieurs salles dotées d'équipement médical, réservées au service médical ;

8° Un local permettant de recevoir les visites des familles et des autorités consulaires ;

9° Le local mentionné à l'article L. 744-5, réservé aux avocats ;

10° Un local affecté à l'organisme mentionné aux articles R. 744-19 et R. 751-8 ;

11° Un local, meublé et équipé d'un téléphone, affecté à la personne morale mentionnée à l'article R. 744-20 ;

12° Un espace de promenade à l'air libre ;

13° Un local à bagages.

Les centres de rétention administrative susceptibles d'accueillir des familles disposent en outre de chambres spécialement équipées, et notamment de matériels de puériculture adaptés. – *[Anc. art. R. 553-3, al. 2 à 15.]*

Art. R. 744-7 Les étrangers dont la rétention est prolongée en application des dispositions des articles L. 742-5, L. 742-6 ou L. 742-7, sont maintenus en rétention dans un local qui leur est réservé, jusqu'au terme de la procédure. – *[Anc. art. R. 553-4-1.]*

SOUS-SECTION 2 Locaux de rétention administrative

Art. R. 744-8 Lorsqu'en raison de circonstances particulières, notamment de temps ou de lieu, des étrangers retenus en application du présent titre ne peuvent être placés immédiatement dans un centre de rétention administrative, le préfet peut les placer dans des locaux adaptés à cette fin, dénommés "locaux de rétention administrative" régis par la présente sous-section. – *[Anc. art. R. 551-3, al. 1er.]*

Art. R. 744-9 L'étranger ne peut être maintenu dans un local de rétention administrative après que le *(Décr. n° 2024-570 du 20 juin 2024, art. 2 et 5, en vigueur le 1er sept. 2024)* « magistrat du siège du tribunal judiciaire » a prolongé sa rétention en application de l'article L. 742-3.

Toutefois, en cas d'appel de l'ordonnance de prolongation, l'étranger peut y être maintenu jusqu'à ce que le président de la cour d'appel ait statué s'il n'y a pas de centre de rétention administrative dans le ressort de la cour d'appel.

De même, en cas de recours contre la décision d'éloignement sur lequel il est statué dans les délais prévus à l'article L. 614-9, l'étranger peut être maintenu dans le local jusqu'à ce qu'il ait été statué sur le recours s'il n'y a pas de centre de rétention dans le ressort du tribunal administratif. – *[Anc. art. R. 551-3, al. 2.]*

Art. R. 744-10 Les locaux de rétention mentionnés à l'article R. 744-8 sont créés, à titre permanent ou pour une durée déterminée, par arrêté préfectoral précisant si le local est susceptible d'accueillir des familles.

Une copie de cet arrêté est transmise sans délai au procureur de la République et au Contrôleur général des lieux de privation de liberté. – *[Anc. art. R. 553-5.]*

Art. R. 744-11 Les locaux de rétention administrative doivent disposer des équipements suivants :

1° Des chambres collectives non mixtes, accueillant au maximum six personnes ;

2° Des équipements sanitaires en libre accès comprenant des lavabos, douches et cabinets d'aisance ;

3° Un téléphone en libre accès ;

4° Un local permettant de recevoir les visites : autorités consulaires, familles, médecins, membres d'associations ;

5° Le local mentionné à l'article L. 744-5, réservé aux avocats ;

6° Une pharmacie de secours.

Les locaux de rétention administrative susceptibles d'accueillir des familles disposent en outre de lieux d'hébergement séparés, spécialement équipés, comportant une pièce de détente et dotés notamment de matériels de puériculture adaptés, ainsi que d'un espace de promenade à l'air libre. – *[Anc. art. R. 553-6, al. 1er à 8.]*

SOUS-SECTION 3 Dispositions communes aux centres et aux locaux de rétention administrative

Art. R. 744-12 Dans chaque lieu de rétention, un règlement intérieur, dont les modèles sont fixés, pour les centres et les locaux de rétention, par arrêté conjoint du ministre chargé de l'immigration et du ministre de l'intérieur, organise la vie quotidienne, dans des conditions conformes à la dignité et à la sécurité de ses occupants. Il rappelle notamment les droits et devoirs des étrangers retenus, ainsi que les modalités pratiques d'exercice par ces derniers de leurs droits. Il mentionne notamment les conditions dans lesquelles s'exerce la circulation des étrangers dans le lieu de rétention, notamment, le cas échéant, l'accès aux espaces à l'air libre.

Le règlement intérieur est établi par le responsable du lieu de rétention et approuvé par le préfet territorialement compétent.

Il est traduit dans les langues les plus couramment utilisées désignées par un arrêté du ministre chargé de l'immigration. Un exemplaire en langue française et traduit dans ces langues est affiché dans les parties communes du lieu de rétention. – *[Anc. art. R. 553-9, al. 1er à 4.]*

Art. R. 744-13 Les informations mentionnées à l'article R. 8252-2 du code du travail sont affichées dans les parties communes du lieu de rétention administrative. Elles

sont disponibles en langue française et traduites dans les langues étrangères désignées par le ministre chargé de l'immigration. – *[Anc. art. R. 553-9, al. 5.]*

Code du travail

Art. R. 8252-2 *(Décr. nº 2011-1693 du 30 nov. 2011, art. 1er)* Le document remis au salarié étranger *(Décr. nº 2016-1456 du 28 oct. 2016, art. 26-2º)* « non autorisé à travailler » comporte les informations suivantes :

1° Dans tous les cas :

a) Le droit aux salaires et indemnités mentionnés aux 1° et 2° de l'article L. 8252-2 ;

b) L'obligation qui incombe à l'employeur de remettre les bulletins de paie, le certificat de travail et le solde de tout compte correspondant à la période d'emploi dans l'entreprise ;

c) La possibilité, lorsqu'il est placé dans l'une des situations mentionnées à la dernière phrase du premier alinéa de l'article L. 8252-4, d'obtenir le recouvrement des salaires et des indemnités auprès de l'Office français de l'immigration et de l'intégration ;

d) La possibilité, le cas échéant, de saisir la juridiction compétente en matière prud'homale aux fins d'obtenir le paiement des salaires et des indemnités, pour la partie non recouvrée par l'Office français de l'immigration et de l'intégration, notamment par l'intermédiaire d'une organisation syndicale représentative, conformément aux dispositions de l'article L. 8255-1 ;

e) La possibilité de saisir également la juridiction compétente en matière prud'homale afin de réclamer des dommages et intérêts s'il est en mesure d'établir l'existence d'un préjudice non réparé au titre des dispositions de l'article L. 8252-2 ;

f) La possibilité de porter plainte contre une personne qu'il accuse d'avoir commis à son encontre les infractions visées aux articles 225-4-1 à 225-4-6 et 225-5 à 225-10 du code pénal et de pouvoir bénéficier à cet effet d'une carte de séjour temporaire durant la procédure, au titre de l'article *(Décr. nº 2020-1734 du 16 déc. 2020, art. 14-11º, en vigueur le 1er mai 2021)* « L. 425-1 *[ancienne rédaction : L. 316-1]* » du code de l'entrée et du séjour des étrangers et du droit d'asile ;

2° En outre, l'indication de l'indemnité forfaitaire mentionnée au 2° de l'article L. 8252-2 ou celle prévue par l'article L. 8223-1, en cas d'emploi dans les conditions définies aux articles L. 8221-3 et L. 8221-5.

Le document est traduit dans les langues les plus couramment utilisées désignées par le ministre chargé de l'immigration.

Art. R. 744-14 Dans les conditions prévues aux articles R. 744-6 et R. 744-11, des locaux et des moyens matériels adaptés permettent au personnel de santé de donner des consultations et de dispenser des soins dans les centres et locaux de rétention.

Les conditions dans lesquelles les établissements de santé interviennent au bénéfice des personnes retenues, en application de l'article L. 6111-1-2 du code de la santé publique, sont précisées par voie de convention passée entre le préfet territorialement compétent et un de ces établissements selon des modalités définies par arrêté conjoint du ministre chargé de l'immigration, du ministre chargé des affaires sociales et du ministre chargé de la santé. Pour les centres de rétention administrative, cet arrêté précise notamment les conditions de présence et de qualification des personnels de santé ainsi que les dispositions sanitaires applicables en dehors de leurs heures de présence au centre. – *[Anc. art. R. 553-8.]*

Art. R. 744-15 Le local réservé aux avocats, mentionné à l'article L. 744-5, est accessible, dans les conditions prévues au même article, sur simple requête de l'avocat auprès du service chargé de l'accueil des étrangers retenus et avec l'accord de la personne intéressée. – *[Anc. art. R. 553-7.]*

SECTION 2 Droits des étrangers en rétention

SOUS-SECTION 1 Droit de communiquer

Art. R. 744-16 Dès son arrivée au lieu de rétention, chaque étranger est mis en mesure de communiquer avec toute personne de son choix, avec les autorités consulaires du pays dont il déclare avoir la nationalité et avec son avocat s'il en a un, ou, s'il n'en a pas, avec la permanence du barreau du tribunal judiciaire dans le ressort duquel se trouve le lieu de rétention.

Quel que soit le lieu de rétention dans lequel l'étranger est placé, un procès-verbal de la procédure de notification des droits en rétention est établi. Il est signé par l'intéressé, qui en reçoit un exemplaire, le fonctionnaire qui en est l'auteur et, le cas échéant, l'interprète. Ces références sont portées sur le registre mentionné à l'article L. 744-2. – *[Anc. art. R. 551-4.]*

Art. R. 744-17 L'administration met un interprète à la disposition des étrangers maintenus en centre ou en local de rétention administrative qui ne comprennent pas le français, dans le seul cadre des procédures d'éloignement dont ils font l'objet et des demandes d'asile. Dans les autres cas, la rétribution du prestataire est à la charge de l'étranger.

Lorsque l'assistance d'un interprète se fait par téléphone ou un autre moyen de télécommunication, le nom et les coordonnées de l'interprète, ainsi que la langue utilisée, sont mentionnés par procès-verbal, dont une copie est remise à l'étranger. – *[Anc. art. R. 553-11.]*

SOUS-SECTION 2 Conditions de la rétention

Art. R. 744-18 Pendant la durée de leur séjour en rétention, les étrangers sont hébergés et nourris à titre gratuit.

Ils sont soignés gratuitement. S'ils en font la demande, ils sont examinés par un médecin de l'unité médicale du centre de rétention administrative, qui assure, le cas échéant, la prise en charge médicale durant la rétention administrative. – *[Anc. art. R. 553-12.]*

SOUS-SECTION 3 Accueil, information et soutien de l'étranger

§ 1 Aide à la préparation du départ

Art. R. 744-19 Les étrangers placés ou maintenus dans un centre de rétention administrative bénéficient d'actions d'accueil, d'information, de soutien moral et psychologique et d'aide pour préparer les conditions matérielles de leur départ, qui portent notamment sur la récupération des bagages des personnes retenues, la réalisation de formalités administratives, l'achat de produits de vie courante et, le cas échéant, les liens avec le pays d'origine, notamment la famille.

Pour la conduite de ces actions, l'État a recours à l'Office français de l'immigration et de l'intégration. Une convention détermine les conditions d'affectation et d'intervention des agents de cet établissement public. – *[Anc. art. R. 553-13, I.]*

§ 2 Aide à l'exercice des droits

Art. R. 744-20 Pour permettre l'exercice effectif de leurs droits par les étrangers maintenus dans un centre de rétention administrative, le ministre chargé de l'immigration conclut une convention avec une ou plusieurs personnes morales ayant pour mission d'informer les étrangers et de les aider à exercer leurs droits. A cette fin, la personne morale assure, dans chaque centre dans lequel elle est chargée d'intervenir, des prestations d'information, par l'organisation de permanences et la mise à disposition de documentation.

Ces prestations sont assurées par une seule personne morale par centre.

Les étrangers retenus en bénéficient sans formalité dans les conditions prévues par le règlement intérieur. – *[Anc. art. R. 553-14.]*

Art. R. 744-21 Pour permettre l'exercice effectif de leurs droits, les étrangers maintenus dans un local de rétention peuvent bénéficier du concours d'une personne morale, à leur demande ou à l'initiative de celle-ci, dans des conditions définies par convention conclue par le préfet ou, à Paris, par le préfet de police.

Dans chaque local de rétention, ce concours est assuré par une seule personne morale. – *[Anc. art. R. 553-14-2.]*

SECTION 3 Accès aux lieux de rétention

SOUS-SECTION 1 Conditions d'accès du délégué du Haut-Commissariat des Nations unies pour les réfugiés

Art. R. 744-22 Le délégué du Haut-Commissariat des Nations unies pour les réfugiés ou ses représentants ont accès aux lieux de rétention dans des conditions permettant de garantir leur accès effectif aux demandeurs d'asile.

Cet accès ne doit pas entraver le fonctionnement du lieu de rétention et les activités qu'y exercent les services de l'État et les personnes morales mentionnées aux articles R. 744-20 et R. 744-21.

Il s'exerce dans le respect des opinions politiques, philosophiques ou religieuses des étrangers retenus. – *[Anc. art. R. 556-11 (ecqc les art. R. 223-1 et R. 223-2).]*

Art. R. 744-23 L'accès des représentants du délégué du Haut-Commissariat des Nations unies pour les réfugiés à un lieu de rétention est subordonné à un agrément individuel.

Cet agrément est délivré pour une durée de trois ans par l'autorité administrative compétente. Il est renouvelable pour la même durée.

Il est matérialisé par la remise d'une carte nominative permettant d'obtenir lors de chaque visite une autorisation d'accès au lieu de rétention.

L'autorité administrative compétente peut, par une décision motivée, après consultation du délégué du haut-commissariat, retirer son agrément à un représentant agréé de ce délégué.

L'agrément est également retiré sur demande du délégué du haut-commissariat. – *[Anc. art. R. 556-11 (ecqc l'art. R. 223-3).]*

Art. R.* 744-24 L'autorité administrative compétente pour délivrer ou retirer l'agrément mentionné à l'article R. 744-23 est le ministre chargé de l'asile. – *[Anc. art. R. 556-11 (ecqc l'art. R.* 223-4).]*

Art. R. 744-25 Le délégué du Haut-Commissariat des Nations unies pour les réfugiés ou ses représentants agréés ont accès à chaque lieu de rétention sur présentation de leur carte nominative et sous réserve des nécessités de l'ordre public et de la sécurité des transports.

Les modalités pratiques de cet accès, notamment la périodicité des visites, sont arrêtées d'un commun accord entre le ministre chargé de l'asile et le délégué du haut-commissariat de manière à permettre à celui-ci l'exercice effectif de sa mission. – *[Anc. art. R. 556-11 (ecqc l'art. R. 223-5).]*

Art. R. 744-26 Le délégué du Haut-Commissariat des Nations unies pour les réfugiés ou ses représentants agréés peuvent s'entretenir avec le responsable du lieu de rétention et, lorsqu'ils sont présents, avec les agents de l'Office français de l'immigration et de l'intégration chargés de l'assistance humanitaire.

Ils peuvent également s'entretenir confidentiellement avec les personnes maintenues en rétention qui ont présenté une demande d'asile. – *[Anc. art. R. 556-11 (ecqc l'art. R. 223-6).]*

SOUS-SECTION 2 Conditions d'accès des associations humanitaires

Art. R. 744-27 Les associations humanitaires ont accès, dans les conditions fixées par la présente sous-section, aux lieux de rétention.

Cet accès ne doit pas entraver le fonctionnement du lieu de rétention ni les activités qu'y exercent les services de l'État et les personnes morales mentionnés aux articles R. 744-20 et R. 744-21. – *[Anc. art. R. 553-14-4.]*

Art. R. 744-28 Toute association régulièrement déclarée depuis au moins cinq années, ayant pour objet la défense des étrangers, la défense des droits de l'homme, l'assistance médicale et sociale ou l'assistance aux personnes privées de liberté, peut demander à être habilitée à proposer des représentants en vue d'accéder aux lieux de rétention.

Le ministre chargé de l'immigration fixe la liste des associations habilitées à proposer des représentants en vue d'accéder aux lieux de rétention.

Tout refus d'habilitation est motivé. Il ne peut être fondé que sur la méconnaissance des critères énoncés au premier alinéa ou sur des motifs d'ordre public.

L'habilitation est accordée pour une durée de cinq ans. Elle est renouvelable pour la même durée.

Le ministre chargé de l'immigration peut, par décision motivée, retirer l'habilitation d'une association lorsqu'elle ne remplit plus les critères énoncés au premier alinéa ou pour des motifs d'ordre public. – *[Anc. art. R. 553-14-5.]*

Art. R. 744-29 Chaque association habilitée peut transmettre au ministre chargé de l'immigration une liste de cinq personnes au plus ayant vocation à accéder à l'ensemble des lieux de rétention.

Chaque association habilitée peut transmettre au préfet territorialement compétent ou, à Paris, au préfet de police, pour chaque lieu de rétention, une liste de cinq personnes au plus ayant vocation à y accéder.

L'autorité compétente peut, par décision motivée, s'opposer à l'accès d'une ou plusieurs personnes figurant sur une liste pour des motifs d'ordre public. En l'absence d'opposition de l'autorité compétente dans un délai d'un mois après réception de la liste, ces personnes sont autorisées à accéder aux lieux de rétention concernés. L'autorité compétente en informe les responsables de ces lieux de rétention.

Il est mis fin au droit d'accès d'un représentant d'une association à la demande de la personne ou de l'association concernée ou lorsque l'habilitation de cette association est retirée. L'autorité compétente peut également, par décision motivée, mettre fin au droit d'accès pour des motifs d'ordre public. – *[Anc. art. R. 553-14-6.]*

Art. R. 744-30 Les représentants des associations ont accès, dans le respect des règles sanitaires et de sécurité, aux locaux susceptibles d'accueillir les personnes retenues. Toutefois, ils n'ont accès aux locaux mis à disposition des intervenants et à l'espace réservé aux avocats qu'avec l'accord des intéressés.

Les représentants des associations peuvent s'entretenir avec le responsable du lieu de rétention et, lorsqu'ils sont présents, avec les agents de l'Office français de protection des réfugiés et apatrides et de l'Office français de l'immigration et de l'intégration ainsi qu'avec les représentants agréés des associations ayant conclu la convention prévue aux articles R. 744-20 et R. 744-21 pour permettre l'exercice effectif des droits des étrangers. Ils peuvent s'entretenir avec l'équipe médicale du lieu de rétention, dans le respect du secret médical.

Les représentants des associations peuvent s'entretenir confidentiellement avec les personnes retenues dans ces lieux. Cette possibilité ne peut être refusée que pour des motifs tirés des exigences mentionnées au second alinéa de l'article R. 744-27. – *[Anc. art. R. 553-14-7.]*

Art. R. 744-31 Un même lieu de rétention peut recevoir, au plus, la visite de cinq représentants d'associations habilitées par période de vingt-quatre heures.

Lorsque les représentants d'une association entendent exercer leur droit d'accès dans un centre de rétention, ils en informent au moins vingt-quatre heures à l'avance le chef de centre.

Lorsque les représentants d'une association entendent exercer leur droit d'accès dans un local de rétention, ils en informent au moins douze heures à l'avance le responsable du local.

Le responsable du lieu de rétention peut, par une décision motivée, ajourner les visites de représentants d'association pour une durée limitée mentionnée dans la décision. – *[Anc. art. R. 553-14-7-1.]*

Art. R. 744-32 Une réunion est organisée annuellement sur le fonctionnement des lieux de rétention à l'initiative du ministre chargé de l'immigration, avec les associations habilitées et les services de l'État concernés. Le compte rendu de cette réunion, établi conjointement, est rendu public.

Le préfet territorialement compétent ou, à Paris, le préfet de police organise à intervalles réguliers des réunions sur le fonctionnement des lieux de rétention avec les associations ayant des représentants habilités à accéder aux lieux de rétention du département et les services concernés. – *[Anc. art. R. 553-14-8.]*

SOUS-SECTION 3 Conditions d'accès des journalistes

§ 1 Dispositions générales

Art. R. 744-33 Tout journaliste titulaire de la carte d'identité professionnelle mentionnée à l'article L. 7111-6 du code du travail peut demander à l'autorité administrative compétente à être autorisé à accéder à un lieu de rétention.

Cette demande mentionne l'objet, la date, la durée et les modalités du reportage. Elle est accompagnée de la copie de la carte de presse du demandeur et, le cas échéant, d'une copie d'un titre d'identité des personnes dont la présence est nécessaire à la réalisation du reportage et qui n'auraient pas la qualité de journaliste. – *[Anc. art. R. 553-18.]*

Art. R. 744-34 L'autorité administrative compétente pour autoriser ou refuser l'accès d'un journaliste à un lieu de rétention en application de l'article L. 744-15 est le préfet de département dans lequel se situe ce lieu de rétention et, à Paris, le préfet de police. – *[Anc. art. R. 553-19.]*

Art. R. 744-35 Tout refus d'accès d'un journaliste à un lieu de rétention est motivé. – *[Anc. art. R. 553-20.]*

Art. R. 744-36 L'accès d'un journaliste au lieu de rétention ne doit pas entraver son fonctionnement ni les activités qu'y exercent les services de l'État et les tiers qui y participent. Le journaliste respecte les consignes de sécurité et les conditions de la visite établies par le chef du centre de rétention, son adjoint ou le responsable de la gestion des dossiers administratifs, ou, dans un local de rétention, par le responsable du local ou son adjoint. – *[Anc. art. R. 553-21.]*

Art. R. 744-37 Le journaliste a accès, dans le respect des règles sanitaires et de sécurité et de la vie privée des personnes retenues, aux locaux accessibles aux retenus ainsi qu'aux locaux mis à disposition des intervenants, avec l'accord de ces derniers. – *[Anc. art. R. 553-22.]*

Art. R. 744-38 Lorsque les productions du journaliste sont de nature à permettre l'identification des étrangers, des personnels et des intervenants dans les lieux de rétention, ceux-ci doivent consentir par écrit à la diffusion ou à l'utilisation de leur image ou de leur voix.

Un mineur ne peut être filmé, enregistré ou photographié qu'avec l'autorisation conjointe des titulaires de l'autorité parentale ou représentants légaux. L'accord est donné selon les mêmes modalités qu'il s'agisse de l'utilisation de l'image ou de celle de la voix ainsi captée.

Dans tous les cas, le journaliste veille à ce qu'aucun élément concernant l'identité ou la personnalité qui permettrait d'identifier les mineurs ne soit, de quelque manière que ce soit, révélé.

Les obligations relatives à la diffusion des productions des journalistes mentionnées au présent article s'imposent aux directeurs de publication, éditeurs et distributeurs de ces productions. – *[Anc. art. R. 553-17 ; anc. art. R. 553-23.]*

§ 2 Journalistes accompagnant des parlementaires

Art. R. 744-39 Lorsqu'un journaliste titulaire de la carte d'identité professionnelle mentionnée à l'article L. 7111-6 du code du travail accompagne dans un lieu de rétention un député, un sénateur ou un représentant au Parlement européen élu en France conformément au second alinéa de l'article L. 744-12, le chef du centre de rétention, son adjoint ou le responsable de la gestion des dossiers administratifs, ou, dans un local de rétention, le responsable du local ou son adjoint ne peut s'opposer à son entrée que pour des motifs impératifs liés à la sécurité, au bon ordre, à l'intérêt public dans le lieu de rétention, et aux intérêts des personnes retenues, des personnels et des tiers qui y sont présents.

Le responsable du lieu de rétention peut, pour ces motifs, mettre fin, à tout moment, à la présence du journaliste dans ce lieu. – *[Anc. art. R. 553-15, al. 1er.]*

Art. R. 744-40 Le nombre de journalistes accompagnant une visite parlementaire peut, de manière permanente ou occasionnelle, être limité par le responsable du lieu de rétention en fonction de considérations tirées des motifs mentionnés à l'article R. 744-39 ou des particularités du lieu de rétention.

Leur entrée est concomitante à celle des parlementaires qu'ils accompagnent dans leur parcours. Leur sortie ne peut être postérieure à celle des parlementaires. – *[Anc. art. R. 553-15, al. 2.]*

Art. R. 744-41 Les écrits, photographies, croquis, prises de vue et de son que le journaliste effectue sont circonscrits au cadre de la visite du parlementaire qu'il accompagne. – *[Anc. art. R. 553-16.]*

Art. R. 744-42 Les dispositions de l'article R. 744-38 sont applicables aux visites de journalistes régies par le présent paragraphe.

SOUS-SECTION 4 **Conditions d'accès des personnes morales**

Art. R. 744-43 L'accès aux centres de rétention administrative des représentants des personnes morales ayant conclu une convention en application de l'article R. 744-20 est subordonné à un agrément individuel accordé pour une durée de trois ans renouvelable, sur proposition de chacune des personnes morales avec lesquelles a été passée une convention.

Les conventions mentionnées à l'article R. 744-20 déterminent le nombre d'agréments individuels :

1° Propres à chaque centre pour lequel la personne morale est chargée d'intervenir ;

2° Permettant l'accès à tous les centres dans lesquels la personne morale est chargée d'intervenir.

Une personne physique ne peut représenter plus d'une personne morale. – *[Anc. art. R. 553-14-1 (sauf ecqc les autorités compétentes).]*

Art. R. 744-44 L'accès à un local de rétention administrative des représentants des personnes morales ayant conclu une convention en application de l'article R. 744-21 est subordonné à un agrément individuel accordé pour une durée de trois ans renouvelable, sur proposition de chacune des personnes morales avec lesquelles a été passée une convention.

Les conventions mentionnées à l'article R. 744-21 déterminent le nombre des agréments individuels propres à chaque local dans lequel la personne morale est chargée d'intervenir.

Une personne physique ne peut représenter plus d'une personne morale. – *[Anc. art. R. 553-14-3 (sauf ecqc l'autorité compétente).]*

Art. R. 744-45 Les agréments individuels mentionnés au 1° de l'article R. 744-43 et à l'article R. 744-44 sont délivrés par le préfet ou, à Paris, par le préfet de police. – *[Anc. art. R. 553-14-1 (ecqc l'autorité compétente mentionnée à l'al. 1er) ; anc. art. R. 553-14-3 (ecqc l'autorité compétente).]*

Art. R. 744-46 Les agréments individuels mentionnés au 2° de l'article R. 744-43 sont délivrés par le ministre chargé de l'immigration. – *[Anc. art. R. 553-14-1 (ecqc l'autorité compétente mentionnée à l'al. 4).]*

SECTION 4 **Transfert de l'étranger vers un autre lieu de rétention**

Art. R. 744-47 L'autorité compétente pour décider de déplacer un étranger d'un lieu de rétention vers un autre, dans les conditions prévues à l'article L. 744-17, est le préfet de département et, à Paris, le préfet de police. – *[Anc. art. R. 551-1 (2e phr.).]*

TITRE V **MESURES APPLICABLES EN CAS DE DEMANDE D'ASILE**

Art. R. 750-1 Conformément à l'article R. 264-1, les dispositions des articles R. 752-1 à R. 752-5, R. 753-1 à R. 753-5 et R. 754-2 à R. 754-20 sont applicables à l'étranger dont la situation est régie par le livre II.

CHAPITRE I **MESURES APPLICABLES EN VUE DE L'EXÉCUTION D'UNE DÉCISION DE TRANSFERT**

SECTION 1 **Assignation à résidence**

SOUS-SECTION 1 **Pendant la détermination de l'État responsable de l'examen de la demande d'asile et aux fins d'exécution de la décision de transfert**

Art. R. 751-1 Sans préjudice du second alinéa de l'article 11-1 du décret n° 2004-374 du 29 avril 2004, l'autorité compétente pour assigner à résidence un demandeur d'asile en application de l'article L. 751-2 est le préfet de département et, à Paris, le préfet de police.

La même autorité est compétente pour faire conduire l'étranger assigné à résidence en vue d'assurer sa présentation aux convocations de l'autorité administrative et aux entretiens prévus dans le cadre de la procédure de détermination de l'État responsable de la demande d'asile et pour saisir le *(Décr. n° 2024-570 du 20 juin 2024, art. 2 et 5, en vigueur le 1er sept. 2024)* « magistrat du siège du tribunal judiciaire » aux fins de requérir les services de police ou les unités de gendarmerie en application de l'article L. 751-5. – *[Anc. art. R. 561-3 (ecqc l'assignation à résidence en cas de transfert) ; anc. art. R. 742-1, al. 1er et 2 (ecqc l'assignation à résidence).]*

Art. R. 751-2 L'étranger assigné à résidence en application de l'article L. 751-2 peut être astreint à résider dans l'hébergement prévu au 2° de l'article L. 552-1. – *[Anc. art. R. 742-4.]*

Art. R. 751-3 Pour l'application du troisième alinéa de l'article L. 751-5, il est procédé comme il est dit aux articles R. 733-6 à R. 733-13. – *[Anc. art. R. 742-5.]*

Art. R. 751-4 Les dispositions des articles R. 732-5, R. 733-1, R. 733-3 et R. 733-5 à R. 733-13 sont applicables à l'étranger assigné à résidence en application de l'article L. 751-2.

SOUS-SECTION 2 **En cas de report du transfert**

Art. R. 751-5 L'autorité administrative compétente pour assigner un étranger à résidence en application de l'article L. 751-6 est le préfet de département et, à Paris, le préfet de police. – *[Anc. art. R. 561-1 (ecqc l'assignation à résidence en cas de transfert du 2° de L. 561-1).]*

Art. R. 751-6 Les dispositions des articles R. 732-6, R. 733-1, R. 733-3 et R. 733-5 à R. 733-13 sont applicables à l'étranger assigné à résidence en application de l'article L. 751-6. – *[Anc. art. R. 561-3 (ecqc l'assignation à résidence en cas de transfert) ; anc. art. R. 561-4 (ecqc l'assignation à résidence en cas de transfert).]*

SECTION 2 **Rétention administrative**

Art. R. 751-7 L'autorité compétente pour ordonner le placement en rétention administrative d'un étranger en application de l'article L. 751-9 est le préfet de département et, à Paris, le préfet de police.

Art. R. 751-8 L'étranger placé en rétention administrative en application de l'article L. 751-9 peut, indépendamment de l'examen de son état de vulnérabilité par l'autorité administrative lors de son placement en rétention, faire l'objet, à sa demande, d'une évaluation de son état de vulnérabilité par l'Office français de l'immigration et de l'intégration dans le cadre de la convention prévue à l'article R. 744-19 et, en tant que de besoin, par un médecin de l'unité médicale du centre de rétention administrative.

A l'issue de cette évaluation, l'agent de l'office et le médecin qui en ont été chargés peuvent formuler des avis sur les éventuels besoins d'adaptation des conditions de rétention de l'étranger mentionné au premier alinéa ou sur son maintien en rétention lorsque ce dernier est incompatible avec son état de vulnérabilité.

Le responsable du centre de rétention ou son représentant détermine, le cas échant, les modalités particulières de maintien en rétention tenant compte de la situation de vulnérabilité de la personne et, en cas d'incompatibilité du maintien en rétention avec cet état, en avise l'autorité administrative compétente.

Le cas échéant, le médecin peut également formuler un avis sur la nécessité d'une prise en charge médicale durant le transfert vers l'État membre responsable de l'examen de la demande d'asile. – *[Anc. art. R. 553-13, II (ecqc le placement en rétention administrative en application du II de l'art. L. 551-1).]*

Art. R. 751-9 Le titre IV est applicable à l'étranger placé en rétention administrative en application de l'article L. 751-9.

CHAPITRE II MESURES APPLICABLES EN VUE DE L'EXÉCUTION DE LA DÉCISION PORTANT OBLIGATION DE QUITTER LE TERRITOIRE FRANÇAIS DU DEMANDEUR D'ASILE DONT LE DROIT AU MAINTIEN A PRIS FIN

SECTION 1 Assignation à résidence

Art. R. 752-1 L'autorité administrative compétente pour assigner à résidence un étranger demandeur d'asile en application de l'article L. 752-1 est le préfet de département et, à Paris, le préfet de police. – *[Anc. art. R. 561-1 (ecqc l'assignation à résidence de L. 744-9-1).]*

Art. R. 752-2 Les dispositions des articles R. 732-5, R. 733-1 *(Décr. n° 2020-1734 du 16 déc. 2020, rect. JO du 27 févr. 2021)* « à R. 733-3 » sont applicables à l'étranger demandeur d'asile assigné à résidence en application de l'article L. 752-1. – *[Anc. art. R. 561-2 (ecqc l'assignation à résidence de l'art. L. 744-9-1) ; anc. art. R. 561-5 (ecqc l'assignation à résidence de l'art. L. 744-9-1).]*

SECTION 2 Rétention administrative

Art. R. 752-3 L'autorité administrative compétente pour ordonner le placement en rétention d'un étranger demandeur d'asile en application de l'article L. 752-2 est le préfet de département et, à Paris, le préfet de police.

Art. R. 752-4 Les dispositions du titre IV sont applicables à l'étranger demandeur d'asile placé en rétention administrative en application de l'article L. 752-2.

Art. R. 752-5 L'étranger placé en rétention administrative en application de l'article L. 752-2 peut, indépendamment de l'examen de son état de vulnérabilité par l'autorité administrative lors de son placement en rétention, faire l'objet, à sa demande, d'une évaluation de son état de vulnérabilité par l'Office français de l'immigration et de l'intégration dans le cadre de la convention prévue à l'article R. 744-19 et, en tant que de besoin, par un médecin de l'unité médicale du centre de rétention administrative.

A l'issue de cette évaluation, l'agent de l'office et le médecin qui en ont été chargés peuvent formuler des avis sur les éventuels besoins d'adaptation des conditions de rétention de l'étranger mentionné au premier alinéa ou sur son maintien en rétention lorsque ce dernier est incompatible avec son état de vulnérabilité.

Le responsable du centre de rétention ou son représentant détermine, le cas échant, les modalités particulières de maintien en rétention tenant compte de la situation de vulnérabilité de la personne et, en cas d'incompatibilité du maintien en rétention avec cet état, en avise l'autorité administrative compétente.

Le cas échéant, le médecin peut également formuler un avis sur la nécessité d'une prise en charge médicale durant le transfert vers l'État membre responsable de l'examen de la demande d'asile. – *[Anc. art. R. 553-13, II (ecqc le placement en rétention administrative en application du I de l'art. L. 744-9-1).]*

CHAPITRE III MESURES APPLICABLES EN VUE DE L'EXÉCUTION D'UNE DÉCISION D'EXPULSION, D'UNE PEINE D'INTERDICTION DU TERRITOIRE FRANÇAIS OU D'UNE INTERDICTION ADMINISTRATIVE DU TERRITOIRE FRANÇAIS EN CAS DE DEMANDE D'ASILE

SECTION 1 Assignation à résidence ou rétention administrative

Art. R. 753-1 L'autorité administrative compétente pour assigner à résidence un étranger demandeur d'asile ou le placer en rétention administrative en application de l'article L. 753-1 est le préfet de département et, à Paris, le préfet de police. – *[Anc. art. R. 561-1 (ecqc l'assignation à résidence de l'art. L. 571-4).]*

Art. R. 753-2 Les dispositions des articles R. 732-5, R. 733-1 *(Décr. n° 2020-1734 du 16 déc. 2020, rect. JO du 27 févr. 2021)* « à R. 733-3 » sont applicables à l'étranger demandeur d'asile assigné à résidence en application de l'article L. 753-1. – *[Anc. art. R. 561-2 (ecqc l'assignation à résidence de l'art. L. 571-4) ; anc. art. R. 561-5 (ecqc l'assignation à résidence de l'art. L. 571-4).]*

Art. R. 753-3 Les dispositions du titre IV sont applicables à l'étranger demandeur d'asile placé en rétention administrative en application de l'article L. 753-1.

Art. R. 753-4 L'étranger placé en rétention administrative en application de l'article L. 753-1 peut, indépendamment de l'examen de son état de vulnérabilité par l'autorité administrative lors de son placement en rétention, faire l'objet, à sa demande, d'une évaluation de son état de vulnérabilité par l'Office français de l'immigration et de l'intégration dans le cadre de la convention prévue à l'article R. 744-19 et, en tant que de besoin, par un médecin de l'unité médicale du centre de rétention administrative.

A l'issue de cette évaluation, l'agent de l'office et le médecin qui en ont été chargés peuvent formuler des avis sur les éventuels besoins d'adaptation des conditions de rétention de l'étranger mentionné au premier alinéa ou sur son maintien en rétention lorsque ce dernier est incompatible avec son état de vulnérabilité.

Le responsable du centre de rétention ou son représentant détermine, le cas échéant, les modalités particulières de maintien en rétention tenant compte de la situation de vulnérabilité de la personne et, en cas d'incompatibilité du maintien en rétention avec cet état, en avise l'autorité administrative compétente.

Le cas échéant, le médecin peut également formuler un avis sur la nécessité d'une prise en charge médicale durant le transfert vers l'État membre responsable de l'examen de la demande d'asile. – *[Anc. art. R. 553-13, II (ecqc le placement en rétention administrative en application du I de l'art. L. 571-4).]*

SECTION 2 Demande de suspension de l'exécution d'une décision d'éloignement jusqu'à l'expiration du délai de recours ou en cas de recours devant la Cour nationale du droit d'asile

Art. R. 753-5 La présentation, l'instruction et le jugement par les juridictions administratives des demandes de suspension de l'exécution d'une décision d'éloignement présentée en application de l'article L. 753-7 obéissent aux règles définies *(Décr. n° 2024-799 du 2 juill. 2024, art. 2 et 9, en vigueur le 15 juill. 2024)* « au titre II du livre IX ». – *[Anc. art. R. 512-2 (ecqc les décisions mentionnées à l'art. L. 571-4).]*

CHAPITRE IV DEMANDES D'ASILE PRÉSENTÉES EN RÉTENTION

Art. R. 754-1 Les dispositions du présent chapitre ne sont pas applicables à l'étranger dont la demande d'asile relève de l'article L. 571-1 et qui est placé en rétention en vue de l'exécution d'une décision de transfert en application de l'article L. 572-1.

L'étranger en est informé dans une langue qu'il comprend ou dont il est raisonnable de penser qu'il la comprend. – *[Anc. art. R. 556-7.]*

SECTION 1 Présentation de la demande d'asile

Art. R. 754-2 L'étranger placé ou maintenu en rétention administrative qui souhaite demander l'asile est informé, sans délai, de la procédure de demande d'asile, de ses droits et de ses obligations au cours de cette procédure, des conséquences que pourrait avoir le non-respect de ces obligations ou le refus de coopérer avec les autorités et des moyens dont il dispose pour l'aider à présenter sa demande.

Cette information lui est communiquée dans une langue qu'il comprend ou dont il est raisonnable de penser qu'il la comprend. – *[Anc. art. R. 556-1.]*

Art. R. 754-3 L'étranger placé ou maintenu en rétention administrative qui souhaite demander l'asile remet sa demande sous pli fermé à l'autorité dépositaire.

Au sens du présent chapitre, les autorités dépositaires des demandes d'asile dans les lieux de rétention sont, dans un centre de rétention, le chef du centre, son adjoint ou le cas échéant le responsable de la gestion des dossiers administratifs et, dans un local de rétention, le responsable du local et son adjoint. – *[Anc. art. R. 556-2, I.]*

Art. R. 754-4 La demande d'asile formulée en rétention est rédigée en français sur un imprimé établi par l'Office français de protection des réfugiés et apatrides. L'imprimé est signé et accompagné de deux photographies d'identité récentes et, le cas échéant, du document de voyage. – *[Anc. art. R. 556-2, II.]*

Art. R. 754-5 L'étranger placé ou maintenu en rétention administrative qui souhaite demander l'asile peut bénéficier, pour présenter sa demande, de l'assistance juridique apportée par les personnes morales mentionnées aux articles R. 744-20 et R. 744-21, en application des conventions prévues à ces mêmes articles.

Il peut bénéficier également d'une assistance linguistique pour présenter sa demande, dans les conditions prévues à l'article R. 744-17. – *[Anc. art. R. 556-4.]*

Art. R. 754-6 Lorsque l'étranger remet sa demande d'asile à l'autorité dépositaire, celle-ci enregistre la date et l'heure de la remise sur le registre mentionné à l'article L. 744-2. – *[Anc. art. R. 556-5, al. 1er.]*

SECTION 2 Maintien en rétention du demandeur d'asile et transmission de sa demande à l'Office français de protection des réfugiés et apatrides

Art. R. 754-7 Lorsque l'étranger remet sa demande d'asile à l'autorité dépositaire, conformément à l'article R. 754-6, celle-ci en informe sans délai le préfet qui a ordonné le placement en rétention afin qu'il se prononce sur le maintien en rétention conformément au premier alinéa de l'article L. 754-3. – *[Anc. art. R. 556-5, al. 2.]*

Art. R. 754-8 La présentation, l'instruction et le jugement par les juridictions administratives des recours en annulation formés contre les décisions de maintien en rétention mentionnées au premier alinéa de l'article L. 754-3 obéissent aux règles définies *(Décr. no 2024-799 du 2 juill. 2024, art. 2 et 9, en vigueur le 15 juill. 2024)* « au titre II du livre IX ». – *[Anc. art. R. 556-5, al. 3.]*

Art. R. 754-9 Si le préfet décide du maintien en rétention de l'étranger mentionné à l'article R. 754-7, l'autorité dépositaire de la demande, dès qu'elle en est informée, transmet sans délai le dossier de demande d'asile, tel qu'il lui a été remis sous pli fermé par l'étranger, au directeur général de l'Office français de protection des réfugiés et apatrides, en vue de son examen selon les modalités prévues aux articles R. 531-23, R. 531-26 et R. 531-27. Cette transmission est effectuée par lettre recommandée avec demande d'avis de réception, ou par tout autre moyen permettant de garantir la confidentialité de la demande d'asile et d'en accuser réception.

L'autorité dépositaire de la demande informe simultanément le directeur général de l'office de la transmission de la demande ainsi que de l'identité du demandeur et, le cas échéant, du besoin d'interprète. – *[Anc. art. R. 556-6.]*

Art. R. 754-10 Lorsqu'un étranger ayant déposé sa demande d'asile en local de rétention administrative est transféré en centre de rétention avant que l'Office français de protection des réfugiés et apatrides ait statué, le préfet responsable de la procédure d'éloignement en informe l'office sans délai. – *[Anc. art. R. 556-3.]*

SECTION 3 Examen de la demande d'asile par l'Office français de protection des réfugiés et apatrides

Art. R. 754-11 Le demandeur est entendu par l'Office français de protection des réfugiés et apatrides selon les modalités prévues par les articles R. 531-11 à R. 531-16 et R. 531-28.

Toutefois, en cas de besoin et par dérogation à l'article R. 531-15, l'entretien personnel peut ne pas faire l'objet d'un enregistrement. Dans ce cas, sa transcription fait l'objet d'un recueil de commentaires. Si le demandeur refuse de confirmer que le contenu de la transcription reflète correctement l'entretien personnel, les motifs de son refus sont consignés dans son dossier. Un tel refus n'empêche pas l'office de statuer sur la demande d'asile. – *[Anc. art. R. 556-8.]*

Art. R. 754-12 Lorsque l'Office français de protection des réfugiés et apatrides décide, en application de l'article L. 754-7, de ne pas statuer en procédure accélérée, il transmet sa décision à l'autorité dépositaire des demandes d'asile dans le lieu de rétention, ainsi qu'au préfet qui a ordonné le maintien en rétention.

Le préfet met fin immédiatement à la rétention et communique sa décision à l'autorité dépositaire des demandes d'asile dans le lieu de rétention. Il en informe également le directeur général de l'office. – *[Anc. art. R. 556-9.]*

Art. R. 754-13 Lorsque l'étranger a été maintenu en rétention et que l'Office français de protection des réfugiés et apatrides statue en procédure accélérée, il prend sa décision dans le délai prévu par le second alinéa de l'article R. 531-23.

Il transmet sans délai au responsable du lieu de rétention dans lequel l'étranger est maintenu sa décision de rejet sous pli fermé par lettre recommandée avec demande d'avis de réception. Le pli fermé est remis à l'étranger par le responsable du lieu de rétention. La décision de rejet peut également être transmise par tout autre moyen assurant la confidentialité de la demande d'asile et permettant d'en accuser réception avant remise au demandeur.

Simultanément, l'office communique le sens de sa décision à l'autorité dépositaire des demandes d'asile dans le lieu de rétention. – *[Anc. art. R. 556-10, I.]*

Art. R. 754-14 La décision d'admission au bénéfice d'une protection au titre de l'asile est transmise au lieu de rétention par voie électronique sécurisée.

Elle est notifiée à l'intéressé par la voie administrative par l'autorité dépositaire des demandes d'asile dans le lieu de rétention.

Au vu de cette décision, il est immédiatement mis fin à la rétention. – *[Anc. art. R. 556-10, II, al. 1er.]*

Art. R. 754-15 La décision d'irrecevabilité prise en application de l'article L. 754-1 est transmise et notifiée à l'intéressé par la voie administrative par l'autorité dépositaire des demandes d'asile dans le lieu de rétention. – *[Anc. art. R. 556-10, II, al. 2.]*

Art. R. 754-16 Les documents fournis par le demandeur lui sont restitués avec la décision. – *[Anc. art. R. 556-10, III.]*

Art. R. 754-17 L'autorité dépositaire des demandes d'asile dans le lieu de rétention informe le préfet ayant décidé du maintien en rétention du sens de la décision de l'Office français de protection des réfugiés et apatrides. – *[Anc. art. R. 556-10, IV.]*

SECTION 4 Droits des demandeurs d'asile

Art. R. 754-18 Le délégué du Haut-Commissariat des Nations unies pour les réfugiés et ses représentants accèdent aux lieux de rétention dans les conditions prévues aux articles R. 744-22 à R. 744-26.

Art. R. 754-19 Toute personne intervenant dans un lieu de rétention peut signaler au chef du centre de rétention ou à son représentant, ou au responsable du local de rétention, la situation de vulnérabilité d'un demandeur d'asile qu'elle aurait constatée, ou dont le demandeur d'asile aurait fait état.

Le chef du centre ou son représentant, ou le responsable du local de rétention, détermine, le cas échéant, les modalités particulières de maintien en rétention tenant compte de la situation de vulnérabilité du demandeur.

Les informations attestant d'une situation particulière de vulnérabilité sont transmises oralement ou par écrit, après accord du demandeur d'asile, à l'Office français de protection des réfugiés et apatrides. – *[Anc. art. R. 556-12.]*

Art. R. 754-20 L'avocat ou le représentant d'une des associations mentionnées à l'article L. 531-15, désigné par le demandeur d'asile, est autorisé à pénétrer dans le lieu de rétention pour assister à son entretien dans les conditions prévues au même article. – *[Anc. art. R. 556-13.]*

TITRE VI DISPOSITIONS RELATIVES À L'OUTRE-MER

Art. R. 760-1 Par dérogation à l'article R. 732-2, l'autorité administrative compétente pour assigner un étranger à résidence est le ministre de l'intérieur lorsqu'au moment du prononcé de la décision :

1° L'étranger se trouve dans un département de la France métropolitaine et que le lieu d'assignation choisi est situé en Guadeloupe, en Guyane, en Martinique, à La Réunion, à Mayotte, à Saint-Barthélemy, à Saint-Martin ou à Saint-Pierre-et-Miquelon ;

2° L'étranger se trouve en Guadeloupe, en Guyane, en Martinique, à La Réunion, à Mayotte, à Saint-Barthélemy, à Saint-Martin ou à Saint-Pierre-et-Miquelon et que le lieu d'assignation choisi est situé dans un département de la France métropolitaine ;

3° L'étranger se trouve en Guadeloupe, en Guyane, en Martinique, à La Réunion, à Mayotte et que le lieu d'assignation choisi est situé à Saint-Barthélemy, à Saint-Martin ou à Saint-Pierre-et-Miquelon ;

4° L'étranger se trouve à Saint-Barthélemy, à Saint-Martin ou à Saint-Pierre-et-Miquelon et que le lieu d'assignation choisi est situé en Guadeloupe, en Guyane, en Martinique, à La Réunion ou à Mayotte. – *[Anc. art. R. 523-6, III.]*

CHAPITRE I DISPOSITIONS PARTICULIÈRES AUX COLLECTIVITÉS RÉGIES PAR L'ARTICLE 73 DE LA CONSTITUTION ET À SAINT-PIERRE-ET-MIQUELON

SECTION 1 Dispositions particulières à la Guadeloupe, la Guyane, la Martinique et La Réunion

Art. R. 761-1 Les dispositions du présent livre sont applicables de plein droit en Guadeloupe, en Guyane, en Martinique et à La Réunion, sous réserve des adaptations prévues au présent chapitre.

Art. R. 761-2 Pour l'application du présent livre *(Décr. nº 2024-799 du 2 juill. 2024, art. 8 et 9, en vigueur le 15 juill. 2024)* « en Guadeloupe et en Guyane *[ancienne rédaction : en Guadeloupe, en Guyane, en Martinique et à La Réunion]* » :

1° Les références au préfet de département sont remplacées par la référence au représentant de l'État ;

2° L'article R. 711-1 est ainsi rédigé :

Art. R. 711-1 La décision portant obligation de quitter le territoire français est réputée exécutée à la date à laquelle le cachet de l'administration a été apposé sur les documents de voyage de l'étranger qui en fait l'objet, lors de sa sortie du territoire national à destination de tout pays, autre qu'un État membre de l'Union européenne, la République d'Islande, la Principauté du Liechtenstein, le Royaume de Norvège ou la Confédération suisse.

3° Les articles R. 751-1 à R. 751-9 ne sont pas applicables ;

4° Le dernier alinéa de l'article R. 752-5 et le dernier alinéa de l'article R. 753-4 ne sont pas applicables ;

(Décr. nº 2024-799 du 2 juill. 2024, art. 8 et 9, en vigueur le 15 juill. 2024) « 5° L'article R. 753-5 n'est pas applicable ; »

6° L'article R. 754-1 n'est pas applicable ;

(Décr. nº 2024-799 du 2 juill. 2024, art. 8 et 9, en vigueur le 15 juill. 2024) « 7° L'article R. 754-8 n'est pas applicable. » – *[Anc. art. R. 556-14.]*

Ancien art. R. 761-2 *Pour l'application du présent livre en Guadeloupe, en Guyane, en Martinique et à La Réunion :*

1° Les références au préfet de département sont remplacées par la référence au représentant de l'État ;

2° L'article R. 711-1 est ainsi rédigé :

Art. R. 711-1 La décision portant obligation de quitter le territoire français est réputée exécutée à la date à laquelle le cachet de l'administration a été apposé sur les documents de voyage de l'étranger qui en fait l'objet, lors de sa sortie du territoire national à destination de tout pays, autre qu'un État membre de l'Union européenne, la République d'Islande, la Principauté du Liechtenstein, le Royaume de Norvège ou la Confédération suisse.

3° Les articles R. 751-1 à R. 751-9 ne sont pas applicables ;

4° Le dernier alinéa de l'article R. 752-5 et le dernier alinéa de l'article R. 753-4 ne sont pas applicables ;

5° A l'article R. 753-5, après les mots : "aux règles définies au chapitre VII *quater* du titre VII du livre VII du code de justice administrative", sont ajoutés les mots : "et sous réserve des adaptations prévues au titre VIII du livre VII du même code" ;

6° L'article R. 754-1 n'est pas applicable ;

7° A l'article R. 754-8, après les mots : "aux règles définies au chapitre VII bis du titre VII du livre VII du code de justice administrative", sont ajoutés les mots : "et sous réserve des adaptations prévues au titre VIII du livre VII du même code". – *[Anc. art. R. 556-14.]*

Art. R. 761-2-1 *(Décr. n° 2024-799 du 2 juill. 2024, art. 8 et 9, en vigueur le 15 juill. 2024)* **Pour l'application du présent livre en Martinique et à La Réunion :**

1° Les références au préfet de département sont remplacées par la référence au représentant de l'État ;

2° L'article R. 711-1 est remplacé par les dispositions suivantes :

Art. R. 711-1 La décision portant obligation de quitter le territoire français est réputée exécutée à la date à laquelle le cachet de l'administration a été apposé sur les documents de voyage de l'étranger qui en fait l'objet, lors de sa sortie du territoire national à destination de tout pays, autre qu'un État membre de l'Union européenne, la République d'Islande, la Principauté du Liechtenstein, le Royaume de Norvège ou la Confédération suisse." ;

3° Les articles R. 751-1 à R. 751-9 ne sont pas applicables ;

4° Le dernier alinéa de l'article R. 752-5 et le dernier alinéa de l'article R. 753-4 ne sont pas applicables ;

5° A l'article R. 753-5, après les mots : "aux règles définies au titre II du livre IX", sont ajoutés les mots : "et sous réserve des adaptations prévues au titre VIII du livre VII du code de justice administrative" ;

6° L'article R. 754-1 n'est pas applicable ;

7° A l'article R. 754-8, après les mots : "aux règles définies au titre II du livre IX", sont ajoutés les mots : "et sous réserve des adaptations prévues au titre VIII du livre VII du code de justice administrative".

Art. R.* 761-3 **L'autorité administrative compétente dans les cas prévus au 1° de l'article R.* 732-3 est le représentant de l'État.**

Toutefois, l'autorité administrative compétente dans ces cas est le ministre de l'intérieur lorsqu'au moment du prononcé de l'assignation à résidence, l'étranger se trouve dans un département de la France métropolitaine, à Saint-Barthélemy, à Saint-Martin ou à Saint-Pierre-et-Miquelon. – *[Anc. art. R. 523-6, I.]*

SECTION 2 Dispositions particulières à Mayotte

Art. R. 761-4 **Les dispositions du présent livre sont applicables de plein droit à Mayotte, sous réserve des adaptations prévues au présent chapitre.** – *[Anc. art. R. 553-6, al. 9.]*

Art. R. 761-5 **Pour l'application du présent livre à Mayotte :**

1° Les références au préfet de département sont remplacées par la référence au représentant de l'État ;

2° Les références à la cour d'appel sont remplacées par la référence à la chambre d'appel de la cour d'appel de Saint-Denis de La Réunion à Mamoudzou ;

3° L'article R. 710-1 n'est pas applicable ;

4° Les articles R. 711-3 à R. 711-5 et R. 751-1 à R. 751-9 ne sont pas applicables ;

5° L'article R. 711-1 est ainsi rédigé :

Art. R. 711-1 La décision portant obligation de quitter le territoire français est réputée exécutée à la date à laquelle le cachet de l'administration a été apposé sur les documents de voyage de l'étranger qui en fait l'objet, lors de sa sortie du territoire national à destination de tout pays, autre qu'un État membre de l'Union européenne, la République d'Islande, la Principauté du Liechtenstein, le Royaume de Norvège ou la Confédération suisse.

6° A l'article R. 732-5, les mots : "des services territorialement compétents de l'Office français de l'immigration et de l'intégration" sont remplacés par les mots : "des associations conventionnées" ;

7° A l'article R. 742-1, les mots : "de la période de *(Décr. n° 2024-799 du 2 juill. 2024, art. 8 et 9, en vigueur le 15 juill. 2024)* « quatre jours *[ancienne rédaction : quarante-huit heures]* »" sont remplacés par les mots : "de la période de cinq jours" ;

8° L'article R. 744-9 est complété par un alinéa ainsi rédigé :

(Décr. n° 2022-818 du 16 mai 2022, art. 1er) « "A Mayotte, les étrangers peuvent être maintenus dans ces locaux pendant une durée n'excédant pas quarante-huit heures, sauf lorsqu'ils sont accompagnés de mineurs. Dans ce cas, cette durée ne peut excéder vingt-quatre heures" *[ancienne rédaction : "A Mayotte, les étrangers peuvent être maintenus dans ces locaux pendant une durée n'excédant pas vingt-quatre heures"]* » ;

9° Les dispositions de l'article R. 744-11 ne sont pas applicables à Mayotte pour une durée de cinq ans à compter de la publication du décret n° 2018-1159 du 14 décembre 2018 pris pour l'application de la loi n° 2018-778 du 10 septembre 2018 pour une immigration maîtrisée, un droit d'asile effectif et une intégration réussie et portant diverses dispositions relatives à la lutte contre l'immigration irrégulière. Durant cette période, les locaux de rétention administrative situés dans le département de Mayotte doivent disposer de lieux d'hébergement ou de repos, d'équipements sanitaires en libre accès, de matériels nécessaires à la restauration ainsi que d'équipements permettant l'exercice effectif de leurs droits par les intéressés, notamment un téléphone en libre accès. Ceux-ci ont accès, si nécessaire, à l'antenne médicale la plus proche aux fins d'une évaluation médicale ;

10° L'article R. 744-19 est ainsi rédigé :

Art. R. 744-19 Les étrangers placés ou maintenus dans un centre de rétention administrative bénéficient d'actions d'accueil, d'information, d'aide à l'exercice de leurs droits, de soutien moral et psychologique et, le cas échéant, d'aide pour préparer les conditions matérielles de leur départ.

11° L'article R. 744-20 est ainsi rédigé :

Art. R. 744-20 Pour concourir aux actions et à l'aide définies à l'article R. 744-19, le représentant de l'État à Mayotte conclut une convention avec une ou plusieurs associations.

12° A l'article R. 752-5, les mots : "par l'Office français de l'immigration et de l'intégration" sont remplacés par les mots : "par les associations" et les mots : "l'agent de l'office" sont remplacés par les mots : "le représentant de l'association" et le dernier alinéa est supprimé ;

13° A l'article R. 753-4, les mots : "par l'Office français de l'immigration et de l'intégration" sont remplacés par les mots : "par les associations" et les mots : "l'agent de l'office" sont remplacés par les mots : "le représentant de l'association" et le dernier alinéa est supprimé ;

(Décr. n° 2024-799 du 2 juill. 2024, art. 8 et 9, en vigueur le 15 juill. 2024) « 14° L'article R. 753-5 n'est pas applicable ; »

15° L'article R. 754-1 n'est pas applicable ;

(Décr. n° 2024-799 du 2 juill. 2024, art. 8 et 9, en vigueur le 15 juill. 2024) « 16° L'article R. 754-8 n'est pas applicable. »— *[Anc. art. R. 551-3, al. 3 ; anc. art. R. 553-14 bis ; anc. art. R. 556-14 ; anc. art. R. 832-1.]*

Les dispositions issues de l'art. 1er du Décr. nº 2022-818 du 16 mai 2022 ne sont pas applicables aux personnes déjà placées en rétention à la date de son entrée en vigueur, soit le 18 mai (Décr. préc., art. 2).

Ancien art. R. 761-5 *Pour l'application du présent livre à Mayotte :*

1º Les références au préfet de département sont remplacées par la référence au représentant de l'État ;

2º Les références à la cour d'appel sont remplacées par la référence à la chambre d'appel de la cour d'appel de Saint-Denis de La Réunion à Mamoudzou ;

3º L'article R. 710-1 n'est pas applicable ;

4º Les articles R. 711-3 à R. 711-5 et R. 751-1 à R. 751-9 ne sont pas applicables ;

5º L'article R. 711-1 est ainsi rédigé :

Art. R. 711-1 La décision portant obligation de quitter le territoire français est réputée exécutée à la date à laquelle le cachet de l'administration a été apposé sur les documents de voyage de l'étranger qui en fait l'objet, lors de sa sortie du territoire national à destination de tout pays, autre qu'un État membre de l'Union européenne, la République d'Islande, la Principauté du Liechtenstein, le Royaume de Norvège ou la Confédération suisse.

6º A l'article R. 732-5, les mots : "des services territorialement compétents de l'Office français de l'immigration et de l'intégration" sont remplacés par les mots : "des associations conventionnées" ;

7º A l'article R. 742-1, les mots : "de la période de quarante-huit heures" sont remplacés par les mots : "de la période de cinq jours" ;

8º L'article R. 744-9 est complété par un alinéa ainsi rédigé :

(Décr. nº 2022-818 du 16 mai 2022, art. 1er) « *"A Mayotte, les étrangers peuvent être maintenus dans ces locaux pendant une durée n'excédant pas quarante-huit heures, sauf lorsqu'ils sont accompagnés de mineurs. Dans ce cas, cette durée ne peut excéder vingt-quatre heures"* [ancienne rédaction : "A Mayotte, les étrangers peuvent être maintenus dans ces locaux pendant une durée n'excédant pas vingt-quatre heures"] » ;

9º Les dispositions de l'article R. 744-11 ne sont pas applicables à Mayotte pour une durée de cinq ans à compter de la publication du décret nº 2018-1159 du 14 décembre 2018 pris pour l'application de la loi nº 2018-778 du 10 septembre 2018 pour une immigration maîtrisée, un droit d'asile effectif et une intégration réussie et portant diverses dispositions relatives à la lutte contre l'immigration irrégulière. Durant cette période, les locaux de rétention administrative situés dans le département de Mayotte doivent disposer de lieux d'hébergement ou de repos, d'équipements sanitaires en libre accès, de matériels nécessaires à la restauration ainsi que d'équipements permettant l'exercice effectif de leurs droits par les intéressés, notamment un téléphone en libre accès. Ceux-ci ont accès, si nécessaire, à l'antenne médicale la plus proche aux fins d'une évaluation médicale ;

10º L'article R. 744-19 est ainsi rédigé :

Art. R. 744-19 Les étrangers placés ou maintenus dans un centre de rétention administrative bénéficient d'actions d'accueil, d'information, d'aide à l'exercice de leurs droits, de soutien moral et psychologique et, le cas échéant, d'aide pour préparer les conditions matérielles de leur départ.

11º L'article R. 744-20 est ainsi rédigé :

Art. R. 744-20 Pour concourir aux actions et à l'aide définies à l'article R. 744-19, le représentant de l'État à Mayotte conclut une convention avec une ou plusieurs associations.

12º A l'article R. 752-5, les mots : "par l'Office français de l'immigration et de l'intégration" sont remplacés par les mots : "par les associations" et les mots : "l'agent de l'office" sont remplacés par les mots : "le représentant de l'association" et le dernier alinéa est supprimé ;

13º A l'article R. 753-4, les mots : "par l'Office français de l'immigration et de l'intégration" sont remplacés par les mots : "par les associations" et les mots : "l'agent de l'office" sont remplacés par les mots : "le représentant de l'association" et le dernier alinéa est supprimé ;

14º A l'article R. 753-5, après les mots : "aux règles définies au chapitre VII quater du titre VII du livre VII du code de justice administrative", sont ajoutés les mots : "et sous réserve des adaptations prévues au titre VIII du livre VII du même code" ;

15º L'article R. 754-1 n'est pas applicable ;

16° A l'article R. 754-8, après les mots : "aux règles définies au chapitre VII bis du titre VII du livre VII du code de justice administrative", sont ajoutés les mots : "et sous réserve des adaptations prévues au titre VIII du livre VII du même code". – [Anc. art. R. 551-3, al. 3 ; anc. art. R. 553-14 bis ; anc. art. R. 556-14 ; anc. art. R. 832-1.]

Les dispositions issues de l'art. 1er du Décr. n° 2022-818 du 16 mai 2022 ne sont pas applicables aux personnes déjà placées en rétention à la date de son entrée en vigueur, soit le 18 mai (Décr. préc., art. 2).

Art. R.* 761-6 L'autorité administrative compétente dans les cas prévus au 1° de l'article R.* 732-3 est le représentant de l'État.

Toutefois, l'autorité administrative compétente dans ces cas est le ministre de l'intérieur lorsqu'au moment du prononcé de l'assignation à résidence, l'étranger se trouve dans un département de la France métropolitaine, à Saint-Barthélemy, à Saint-Martin ou à Saint-Pierre-et-Miquelon. – *[Anc. art. R. 523-6, I.]*

SECTION 3 Dispositions particulières à Saint-Pierre-et-Miquelon

Art. R. 761-7 Les dispositions du présent livre sont applicables de plein droit à Saint-Pierre-et-Miquelon, sous réserve des adaptations prévues au présent chapitre :

1° Les références au préfet de département sont remplacées par la référence au représentant de l'État ;

2° Les références au tribunal judiciaire et à la cour d'appel sont remplacées respectivement par la référence au tribunal de première instance et au tribunal supérieur d'appel ;

3° L'article R. 711-1 est ainsi rédigé :

Art. R. 711-1 La décision portant obligation de quitter le territoire français est réputée exécutée à la date à laquelle le cachet de l'administration a été apposé sur les documents de voyage de l'étranger qui en fait l'objet, lors de sa sortie du territoire national à destination de tout pays, autre qu'un État membre de l'Union européenne, la République d'Islande, la Principauté du Liechtenstein, le Royaume de Norvège ou la Confédération suisse.

4° A l'article R. 722-1, les mots : "par la décision du Conseil n° 2004/191/CE du 23 février 2004 définissant les critères et modalités pratiques de la compensation des déséquilibres financiers résultant de l'application de la directive 2001/40/CE relative à la reconnaissance mutuelle des décisions d'éloignement des ressortissants de pays tiers" sont remplacés par les mots : "par les conventions internationales et les règlements en vigueur" ;

5° Les articles R. 751-1 à R. 751-9 ne sont pas applicables ;

6° Le dernier alinéa de l'article R. 752-5 et le dernier alinéa de l'article R. 753-4 ne sont pas applicables ;

7° A l'article R. 753-5, après les mots : "aux règles définies *(Décr. n° 2024-799 du 2 juill. 2024, art. 8 et 9, en vigueur le 15 juill. 2024)* « au titre II du livre IX »", sont ajoutés les mots : "et sous réserve des adaptations prévues au titre VIII du livre VII *(Décr. n° 2024-799 du 2 juill. 2024, art. 8 et 9, en vigueur le 15 juill. 2024)* « du code de justice administrative »" ;

8° L'article R. 754-1 n'est pas applicable ;

9° A l'article R. 754-8, après les mots : "aux règles définies *(Décr. n° 2024-799 du 2 juill. 2024, art. 8 et 9, en vigueur le 15 juill. 2024)* « au titre II du livre IX »", sont ajoutés les mots : "et sous réserve des adaptations prévues au titre VIII du livre VII *(Décr. n° 2024-799 du 2 juill. 2024, art. 8 et 9, en vigueur le 15 juill. 2024)* « du code de justice administrative »". – *[Anc. art. R. 523-6, II.]*

Ancien art. R. 761-7 *Les dispositions du présent livre sont applicables de plein droit à Saint-Pierre-et-Miquelon, sous réserve des adaptations prévues au présent chapitre :*

1° Les références au préfet de département sont remplacées par la référence au représentant de l'État ;

2° Les références au tribunal judiciaire et à la cour d'appel sont remplacées respectivement par la référence au tribunal de première instance et au tribunal supérieur d'appel ;

3° L'article R. 711-1 est ainsi rédigé :

Art. R. 711-1 La décision portant obligation de quitter le territoire français est réputée exécutée à la date à laquelle le cachet de l'administration a été apposé sur les documents de voyage de l'étranger qui en fait l'objet, lors de sa sortie du territoire national à destination de tout pays, autre qu'un État membre de l'Union européenne, la République d'Islande, la Principauté du Liechtenstein, le Royaume de Norvège ou la Confédération suisse.

4° A l'article R. 722-1, les mots : "par la décision du Conseil n° 2004/191/CE du 23 février 2004 définissant les critères et modalités pratiques de la compensation des déséquilibres financiers résultant de l'application de la directive 2001/40/CE relative à la reconnaissance mutuelle des décisions d'éloignement des ressortissants de pays tiers" sont remplacés par les mots : "par les conventions internationales et les règlements en vigueur" ;

5° Les articles R. 751-1 à R. 751-9 ne sont pas applicables ;

6° Le dernier alinéa de l'article R. 752-5 et le dernier alinéa de l'article R. 753-4 ne sont pas applicables ;

7° A l'article R. 753-5, après les mots : "aux règles définies au chapitre VII quater du titre VII du livre VII du code de justice administrative", sont ajoutés les mots : "et sous réserve des adaptations prévues au titre VIII du livre VII du même code" ;

8° L'article R. 754-1 n'est pas applicable ;

9° A l'article R. 754-8, après les mots : "aux règles définies au chapitre VII bis du titre VII du livre VII du code de justice administrative", sont ajoutés les mots : "et sous réserve des adaptations prévues au titre VIII du livre VII du même code". — [Anc. art. R. 523-6, II.]

CHAPITRE II DISPOSITIONS APPLICABLES À SAINT-BARTHÉLEMY

Art. R.* 762-1 Les articles R.* 721-3, R.* 732-3, R.* 732-4 et R.* 744-24 sont applicables à Saint-Barthélemy.

Art. R. 762-2 Sous réserve des adaptations prévues par le présent chapitre, les dispositions suivantes sont applicables à Saint-Barthélemy dans leur rédaction résultant du décret n° 2020-1734 du 16 décembre 2020, sauf mention contraire dans le tableau ci-dessous. — *[Anc. art. R. 556-14.] — Tableau modifié par Décr. n° 2024-570 du 20 juin 2024, art. 2 et 5, en vigueur le 1er sept. 2024 et Décr. n° 2024-808 du 5 juill. 2024, art. 6, en vigueur le 1er sept. 2024, JO rect. du 20 juill.*

Articles applicables	Dans leur rédaction résultant de
Au titre I	
R. 711-1 et R. 711-2	
Au titre II	
R. 720-1	
R. 721-1 et R. 721-2	
R. 721-4 à R. 722-2	
Au titre III	
R. 730-1	
R. 731-1 à R. 732-2	
R. 732-5 à R. 733-1	
R. 733-2	Décret n° 2024-808 du 5 juillet 2024
R. 733-3	
R. 733-4 à R. 733-6	Décret n° 2024-570 du 20 juin 2024
R. 733-7 et R. 733-8	

Articles applicables	Dans leur rédaction résultant de
R. 733-9	Décret n° 2024-570 du 20 juin 2024
R. 733-10 à R. 733-21	
Au titre IV	
R. 740-1	
R. 741-1 et R. 741-2	
R. 741-3 à R. 743-3	Décret n° 2024-570 du 20 juin 2024
R. 743-4	
R. 743-5 à R. 743-7	Décret n° 2024-570 du 20 juin 2024
R. 743-8 et R. 743-9	
R. 743-10	Décret n° 2024-570 du 20 juin 2024
R. 743-11 à R. 743-20	
R. 743-21	Décret n° 2024-570 du 20 juin 2024
R. 743-22 à R. 744-8	
R. 744-9	Décret n° 2024-570 du 20 juin 2024
R. 744-10 à R. 744-23	
R. 744-25 à R. 744-47	
Au titre V	
R. 750-1	
R. 752-1 à R. 753-5	
R. 754-2 à R. 754-20	

Art. R. 762-3 Pour l'application du présent livre à Saint-Barthélemy :

1° Les références au préfet sont remplacées par la référence au représentant de l'État à Saint-Barthélemy ;

2° L'article R. 711-1 est ainsi rédigé :

Art. R. 711-1 La décision portant obligation de quitter le territoire français est réputée exécutée à la date à laquelle le cachet de l'administration a été apposé sur les documents de voyage de l'étranger qui en fait l'objet, lors de sa sortie du territoire national à destination de tout pays, autre qu'un État membre de l'Union européenne, la République d'Islande, la Principauté du Liechtenstein, le Royaume de Norvège ou la Confédération suisse.

3° A l'article R. 722-1, les mots : "par la décision du Conseil n° 2004/191/CE du 23 février 2004 définissant les critères et modalités pratiques de la compensation des déséquilibres financiers résultant de l'application de la directive 2001/40/CE relative à la reconnaissance mutuelle des décisions d'éloignement des ressortissants de pays tiers" sont remplacés par les mots : "par les conventions internationales et les règlements en vigueur" ;

4° A l'article R. 732-6, après les mots : "autorisation de travail", sont ajoutés les mots : "selon la législation et la réglementation applicables localement" ;

5° Le dernier alinéa de l'article R. 752-5 et le dernier alinéa de l'article R. 753-4 ne sont pas applicables ;

6° A l'article R. 753-5, après les mots : "aux règles définies au chapitre VII *quater* du titre VII du livre VII du code de justice administrative", sont ajoutés les mots : "et sous réserve des adaptations prévues au titre VIII du livre VII du même code" ;

7° A l'article R. 754-8, après les mots : "aux règles définies au chapitre VII *bis* du titre VII du livre VII du code de justice administrative", sont ajoutés les mots : "et sous réserve des adaptations prévues au titre VIII du livre VII du même code". — *[Anc. art. R. 523-6, II.]*

CHAPITRE III DISPOSITIONS APPLICABLES À SAINT-MARTIN

Art. R.* 763-1 Les articles R.* 721-3, R.* 732-3, R.* 732-4 et R.* 744-24 sont applicables à Saint-Martin.

Art. R. 763-2 Sous réserve des adaptations prévues par le présent chapitre, les dispositions suivantes sont applicables à Saint-Martin dans leur rédaction résultant du décret n° 2020-1734 du 16 décembre 2020, sauf mention contraire dans le tableau ci-dessous. — *[Anc. art. R. 556-14.] — Tableau modifié par Décr. n° 2024-570 du 20 juin 2024, art. 2 et 5, en vigueur le 1er sept. 2024 et Décr. n° 2024-808 du 5 juill. 2024, art. 6, en vigueur le 1er sept. 2024, JO rect. du 20 juill.*

Articles applicables	Dans leur rédaction résultant de
Au titre I	
R. 711-1 et R. 711-2	
Au titre II	
R. 720-1	
R. 721-1 et R. 721-2	
R. 721-4 à R. 722-2	
Au titre III	
R. 730-1	
R. 731-1 à R. 732-2	
R. 732-5 à R. 733-1	
R. 733-2	Décret n° 2024-808 du 5 juillet 2024
R. 733-3	
R. 733-4 à R. 733-6	Décret n° 2024-570 du 20 juin 2024
R. 733-7 et R. 733-8	
R. 733-9	Décret n° 2024-570 du 20 juin 2024
R. 733-10 à R. 733-21	
Au titre IV	
R. 740-1	
R. 741-1 et R. 741-2	

Articles applicables	Dans leur rédaction résultant de
R. 741-3 à R. 743-3	Décret n° 2024-570 du 20 juin 2024
R. 743-4	
R. 743-5 à R. 743-7	Décret n° 2024-570 du 20 juin 2024
R. 743-8 et R. 743-9	
R. 743-10	Décret n° 2024-570 du 20 juin 2024
R. 743-11 à R. 743-20	
R. 743-21	Décret n° 2024-570 du 20 juin 2024
R. 743-22 à R. 744-8	
R. 744-9	Décret n° 2024-570 du 20 juin 2024
R. 744-10 à R. 744-23	
R. 744-25 à R. 744-47	
Au titre V	
R. 750-1	
R. 752-1 à R. 753-5	
R. 754-2 à R. 754-20	

Art. R. 763-3 Pour l'application du présent livre à Saint-Martin :

1° Les références au préfet sont remplacées par la référence au représentant de l'État à Saint-Martin ;

2° L'article R. 711-1 est ainsi rédigé :

Art. R. 711-1 La décision portant obligation de quitter le territoire français est réputée exécutée à la date à laquelle le cachet de l'administration a été apposé sur les documents de voyage de l'étranger qui en fait l'objet, lors de sa sortie du territoire national à destination de tout pays, autre qu'un État membre de l'Union européenne, la République d'Islande, la Principauté du Liechtenstein, le Royaume de Norvège ou la Confédération suisse.

3° A l'article R. 732-6, après les mots : "autorisation de travail ", sont ajoutés les mots : "selon la législation et la réglementation applicables localement" ;

4° Le dernier alinéa de l'article R. 752-5 et le dernier alinéa de l'article R. 753-4 ne sont pas applicables ;

5° A l'article R. 753-5, après les mots : "aux règles définies au chapitre VII *quater* du titre VII du livre VII du code de justice administrative", sont ajoutés les mots : "et sous réserve des adaptations prévues au titre VIII du livre VII du même code" ;

6° A l'article R. 754-8, après les mots : "aux règles définies au chapitre VII *bis* du titre VII du livre VII du code de justice administrative", sont ajoutés les mots : "et sous réserve des adaptations prévues au titre VIII du livre VII du même code". – *[Anc. art. R. 523-6, II.]*

CHAPITRE IV **DISPOSITIONS APPLICABLES DANS LES ÎLES WALLIS-ET-FUTUNA**

Art. R.* 764-1 Pour l'application du présent livre dans les îles Wallis-et-Futuna :

1° Les articles R.* 721-3, R.* 732-3, R.* 732-4 et R.* 744-24 sont applicables dans les îles Wallis-et-Futuna ;

2° L'article *(Rect. JO du 27 févr. 2021)* **« R.* 721-3 » est ainsi rédigé :**

Art. R.* 721-3 Le ministre de l'intérieur est compétent pour fixer le pays de renvoi en cas d'exécution d'office lorsque l'étranger, présent sur le territoire français, fait l'objet d'une interdiction administrative du territoire.

3° L'article R.* 732-3 est ainsi rédigé :

Art. R.* 732-3 Par dérogation à l'article R. 732-2, le ministre de l'intérieur est compétent lorsque l'étranger se trouve dans les îles Wallis-et-Futuna au moment du prononcé de l'assignation à résidence.

Art. R. 764-2 **Sous réserve des adaptations prévues par le présent chapitre, les dispositions suivantes sont applicables dans les îles Wallis-et-Futuna dans leur rédaction résultant du décret n° 2020-1734 du 16 décembre 2020, sauf mention contraire dans le tableau ci-dessous.** – *Tableau mod. par Décr. n° 2021-481 du 21 avr. 2021, art. 4, Décr. n° 2022-479 du 30 mars 2022, art. 18 et 20, en vigueur le 1er mai 2022 ; Décr. n° 2024-570 du 20 juin 2024, art. 2 et 5, en vigueur le 1er sept. 2024 ; Décr. n° 2024-808 du 5 juill. 2024, art. 6, en vigueur le 1er sept. 2024, JO rect. du 20 juill.*

Articles applicables	Dans leur rédaction résultant de *[du]*
Au titre I	
R. 711-1 et R. 711-2	
Au titre II	
R. 720-1	
R. 721-1 et R. 721-2	
R. 721-4 à R. 722-2	
Au titre III	
R. 730-1	
R. 731-1 à R. 732-2	
R. 732-5 à R. 733-1	
R. 733-2	Décret n° 2024-808 du 5 juillet 2024
R. 733-3	
R. 733-4 à R. 733-6	Décret n° 2024-570 du 20 juin 2024
R. 733-7 et R. 733-8	
R. 733-9	Décret n° 2024-570 du 20 juin 2024
R. 733-10 à R. 733-19	
R. 733-20	Décret n° 2022-479 du 30 mars 2022
R. 733-21	
Au titre IV	
R. 740-1	
R. 741-1 et R. 741-2	

Articles applicables	Dans leur rédaction résultant de *[du]*
R. 741-3 à R. 743-3	Décret n° 2024-570 du 20 juin 2024
R. 743-4	
R. 743-5 à R. 743-7	Décret n° 2024-570 du 20 juin 2024
R. 743-8 et R. 743-9	
R. 743-10	Décret n° 2024-570 du 20 juin 2024
R. 743-11 à R. 743-20	
R. 743-21	Décret n° 2024-570 du 20 juin 2024
R. 743-22 à R. 744-8	
R. 744-9	Décret n° 2024-570 du 20 juin 2024
R. 744-10 à R. 744-12	
R. 744-14 à R. 744-23	
R. 744-25 à R. 744-47	
Au titre V	
R. 750-1	
R. 752-1 à R. 753-5	
R. 754-2 à 754-20	

Art. R. 764-3 Pour l'application du présent livre dans les îles Wallis-et-Futuna :

1° Les références au préfet sont remplacées par la référence à l'administrateur supérieur des îles Wallis-et-Futuna ;

2° Les références au tribunal judiciaire sont remplacées par la référence au tribunal de première instance ;

3° Les références à la République d'Islande, à la Principauté du Liechtenstein, au Royaume de Norvège et à la Confédération suisse sont supprimées ;

4° A l'article R. 711-1, les dispositions du 1° ne sont pas applicables ;

5° A l'article R. 711-2, les mots : "ou à la représentation de l'Office français de l'immigration et de l'intégration" sont supprimés ;

6° A l'article R. 722-1, les mots : "par la décision du Conseil n° 2004/191/CE du 23 février 2004 définissant les critères et modalités pratiques de la compensation des déséquilibres financiers résultant de l'application de la directive 2001/40/CE relative à la reconnaissance mutuelle des décisions d'éloignement des ressortissants de pays tiers" sont remplacés par les mots : "par les conventions internationales et les règlements en vigueur" ;

7° A l'article R. 732-5, les mots : "des services territorialement compétents de l'Office français de l'immigration et de l'intégration" sont remplacés par les mots : "des associations conventionnées" ;

8° A l'article R. 732-6, après les mots : "autorisation de travail ", sont ajoutés les mots : "selon la législation et la réglementation applicables localement" ;

9° A l'article R. 742-1, les mots : "de la période de quarante-huit heures" sont remplacés par les mots : "de la période de cinq jours" ;

10° L'article R. 743-11 est ainsi rédigé :

Art. R. 743-11 Le premier président est saisi par une déclaration motivée transmise par tous moyens au greffe du tribunal de première instance ou de la cour d'appel. La déclaration est enregistrée avec mentions de la date et de l'heure.

Quand la déclaration d'appel est reçue par le greffier du tribunal de première instance, celui-ci fait parvenir sans délai une copie de la déclaration d'appel et le dossier de l'affaire au greffe de la cour d'appel.

Quand la déclaration d'appel est reçue par le greffier de la cour d'appel, celui-ci avise sur-le-champ le greffier du tribunal de première instance, qui transmet sans délai le dossier au greffe de la cour d'appel.

11° A l'article R. 743-19, le second alinéa est ainsi rédigé :

"L'ordonnance est notifiée dans les trois jours par le greffier à l'étranger et à son conseil, s'il en a un, ainsi qu'à l'administrateur supérieur des îles Wallis-et-Futuna, par lettre recommandée avec demande d'avis de réception. Elle est communiquée dans le même délai au ministère public." ;

12° Le second alinéa de l'article R. 743-20 est ainsi rédigé :

"Le pourvoi en cassation est formé dans les dix jours suivant la notification de l'ordonnance du premier président. Il est ouvert à l'étranger, à l'administrateur supérieur des îles Wallis-et-Futuna et au ministère public." ;

13° A l'article R. 744-10, les mots : "par arrêté préfectoral" sont remplacés par les mots : "par arrêté de l'administrateur supérieur des îles Wallis-et-Futuna" ;

14° A l'article R. 744-14, les mots : "dans lesquelles les établissements de santé interviennent au bénéfice des personnes retenues, en application de l'article L. 6111-1-2 du code de la santé publique" sont remplacés par les mots : "d'intervention de l'agence de santé du territoire au bénéfice des personnes retenues" ;

15° A l'article R. 744-19, le second alinéa est ainsi rédigé :

"Les associations à caractère national, pour lesquelles une convention a été passée avec l'administrateur supérieur des îles Wallis-et-Futuna, peuvent concourir aux actions et à l'aide définies au premier alinéa." ;

16° A l'article R. 744-26, les mots : "et lorsqu'ils sont présents, avec les agents de l'Office français de l'immigration et de l'intégration chargés de l'assistance humanitaire" sont supprimés ;

17° Le premier alinéa de l'article R. 744-28 est ainsi modifié :

a) les mots : "cinq années" sont remplacés par les mots "une année" ;

b) les mots : "ou l'assistance aux personnes privées de liberté" sont supprimés et après les mots : "l'assistance médicale ou sociale", sont ajoutés les mots : "et ayant leur siège dans les îles Wallis-et-Futuna" ;

18° A l'article R. 744-30, les mots : "et de l'Office français de l'immigration et de l'intégration" sont supprimés ;

19° Aux articles R. 744-33 et R. 744-39, les mots : "mentionnée à l'article L. 7111-6 du code du travail" sont remplacés par les mots : "définie par le code du travail, ou reconnu comme journaliste en application des dispositions, ayant le même objet, applicables dans les îles Wallis-et-Futuna," ;

20° Aux articles R. 752-5 et R. 753-4, les mots : "par l'Office français de l'immigration et de l'intégration" sont remplacés par les mots : "par les associations" et les mots : "l'agent de l'office" sont remplacés par les mots : "le représentant de l'association" et le dernier alinéa est supprimé ;

21° A l'article R. 753-5, après les mots : "aux règles définies au chapitre VII *quater* du titre VII du livre VII du code de justice administrative", sont ajoutés les mots : "et sous réserve des adaptations prévues au titre VIII du livre VII du même code" ;

22° A l'article R. 754-8, après les mots : "aux règles définies au chapitre VII *bis* du titre VII du livre VII du code de justice administrative", sont ajoutés les mots : "et sous réserve des adaptations prévues au titre VIII du livre VII du même code".

CHAPITRE V DISPOSITIONS APPLICABLES EN POLYNÉSIE FRANÇAISE

Art. R.* 765-1 Pour l'application du présent livre en Polynésie française :

1° Les articles R.* 721-3, R.* 732-3, R.* 732-4 et R.* 744-24 sont applicables en Polynésie française ;

2° L'article *(Décr. n° 2020-1734 du 16 déc. 2020, rect. JO du 27 févr. 2021)* « R.* 721-3 » est ainsi rédigé :

Art. R. 721-3* Le ministre de l'intérieur est compétent pour fixer le pays de renvoi en cas d'exécution d'office lorsque l'étranger, présent sur le territoire français, fait l'objet d'une interdiction administrative du territoire.

3° L'article R.* 732-3 est ainsi rédigé :

Art. R. 732-3* Par dérogation à l'article R. 732-2, le ministre de l'intérieur est compétent lorsque l'étranger se trouve dans les îles Wallis-et-Futuna au moment du prononcé de l'assignation à résidence.

Art. R. 765-2 Sous réserve des adaptations prévues par le présent chapitre, les dispositions suivantes sont applicables en Polynésie française dans leur rédaction résultant du décret n° 2020-1734 du 16 décembre 2020, sauf mention contraire dans le tableau ci-dessous. — *Tableau mod. par Décr. n° 2021-481 du 21 avr. 2021, art. 4, Décr. n° 2022-479 du 30 mars 2022, art. 18 et 20, en vigueur le 1er mai 2022 ; Décr. n° 2024-570 du 20 juin 2024, art. 2 et 5, en vigueur le 1er sept. 2024 ; Décr. n° 2024-808 du 5 juill. 2024, art. 6, en vigueur le 1er sept. 2024, JO rect. du 20 juill.*

Articles applicables	Dans leur rédaction résultant de *[du]*
Au titre I	
R. 711-1 et R. 711-2	
Au titre II	
R. 720-1	
R. 721-1 et R. 721-2	
R. 721-4 à R. 722-2	
Au titre III	
R. 730-1	
R. 731-1 à R. 732-2	
R. 732-5 à R. 733-1	
R. 733-2	Décret n° 2024-808 du 5 juillet 2024
R. 733-3	
R. 733-4 à R. 733-6	Décret n° 2024-570 du 20 juin 2024
R. 733-7 et R. 733-8	
R. 733-9	Décret n° 2024-570 du 20 juin 2024
R. 733-10 à R. 733-19	
R. 733-20	Décret n° 2022-479 du 30 mars 2022
R. 733-21	
Au titre IV	
R. 740-1	

Articles applicables	Dans leur rédaction résultant de *[du]*
R. 741-1 et R. 741-2	
R. 741-3 à R. 743-3	Décret n° 2024-570 du 20 juin 2024
R. 743-4	
R. 743-5 à R. 743-7	Décret n° 2024-570 du 20 juin 2024
R. 743-8 et R. 743-9	
R. 743-10	Décret n° 2024-570 du 20 juin 2024
R. 743-11 à R. 743-20	
R. 743-21	Décret n° 2024-570 du 20 juin 2024
R. 743-22 à R. 744-8	
R. 744-9	Décret n° 2024-570 du 20 juin 2024
R. 744-10 à R. 744-12	
R. 744-14 à R. 744-23	
R. 744-25 à R. 744-47	
Au titre V	
R. 750-1	
R. 752-1 à R. 753-5	
R. 754-2 à 754-20	

Art. R. 765-3 Pour l'application du présent livre à la Polynésie française :

1° Les références au préfet sont remplacées par la référence au haut-commissaire de la République en Polynésie française ;

2° Les références au tribunal judiciaire sont remplacées par la référence au tribunal de première instance ;

3° Les références à la République d'Islande, à la Principauté du Liechtenstein, au Royaume de Norvège et à la Confédération suisse sont supprimées ;

4° A l'article R. 711-1, les dispositions du 1° ne sont pas applicables ;

5° A l'article R. 722-1, les mots : "par la décision du Conseil n° 2004/191/CE du 23 février 2004 définissant les critères et modalités pratiques de la compensation des déséquilibres financiers résultant de l'application de la directive 2001/40/CE relative à la reconnaissance mutuelle des décisions d'éloignement des ressortissants de pays tiers" sont remplacés par les mots : "par les conventions internationales et les règlements en vigueur" ;

6° A l'article R. 732-5, les mots : "des services territorialement compétents de l'Office français de l'immigration et de l'intégration" sont remplacés par les mots : "des associations conventionnées" ;

7° A l'article R. 732-6, après les mots : "autorisation de travail ", sont ajoutés les mots : "selon la législation et la réglementation applicables localement" ;

8° A l'article R. 742-1, les mots : "de la période de quarante-huit heures" sont remplacés par les mots : "de trois jours ou de cinq jours" ;

9° L'article R. 743-11 est ainsi rédigé :

Art. R. 743-11 Le premier président est saisi par une déclaration motivée transmise par tous moyens au greffe du tribunal de première instance ou de la cour d'appel. La déclaration est enregistrée avec mentions de la date et de l'heure.

Quand la déclaration d'appel est reçue par le greffier du tribunal de première instance, celui-ci fait parvenir sans délai une copie de la déclaration d'appel et le dossier de l'affaire au greffe de la cour d'appel.

Quand la déclaration d'appel est reçue par le greffier de la cour d'appel, celui-ci avise sur-le-champ le greffier du tribunal de première instance, qui transmet sans délai le dossier au greffe de la cour d'appel.

10° A l'article R. 743-19, le second alinéa est ainsi rédigé :

"L'ordonnance est notifiée dans les trois jours par le greffier à l'étranger et à son conseil, s'il en a un, ainsi qu'au haut-commissaire de la République en Polynésie française, par lettre recommandée avec demande d'avis de réception. Elle est communiquée dans le même délai au ministère public." ;

11° Le second alinéa de l'article R. 743-20 est ainsi rédigé :

"Le pourvoi en cassation est formé dans les dix jours suivant la notification de l'ordonnance du premier président. Il est ouvert à l'étranger, au haut-commissaire de la République en Polynésie française et au ministère public." ;

12° A l'article R. 744-10, les mots : "par arrêté préfectoral" sont remplacés par les mots : "par arrêté du haut-commissaire de la République en Polynésie française" ;

13° A l'article R. 744-14, les mots : ", en application de l'article L. 6111-1-2 du code de la santé publique" sont supprimés ;

14° A l'article R. 744-19, le second alinéa est ainsi rédigé :

"Les associations à caractère national, pour lesquelles une convention a été passée avec le haut-commissaire de la République en Polynésie française, peuvent concourir aux actions et à l'aide définies au premier alinéa." ;

15° A l'article R. 744-26, les mots : "et, lorsqu'ils sont présents, avec les agents de l'Office français de l'immigration et de l'intégration chargés de l'assistance humanitaire" sont supprimés ;

16° Le premier alinéa de l'article R. 744-28 est ainsi modifié :

a) les mots : "cinq années" sont remplacés par les mots "une année" ;

b) les mots : "ou l'assistance aux personnes privées de liberté" sont supprimés et après les mots : "l'assistance médicale ou sociale ", sont ajoutés les mots : "et ayant leur siège en Polynésie française" ;

17° A l'article R. 744-30, les mots : "et de l'Office français de l'immigration et de l'intégration" sont supprimés ;

18° Aux articles R. 744-33 et R. 744-39, les mots : "mentionnée à l'article L. 7111-6 du code du travail" sont remplacés par les mots : "définie par le code du travail, ou reconnu comme journaliste en application des dispositions ayant le même objet, applicables en Polynésie française," ;

19° Aux articles R. 752-5 et R. 753-4, les mots : "par l'Office français de l'immigration et de l'intégration" sont remplacés par les mots : "par les associations" et les mots : "l'agent de l'office" sont remplacés par les mots : "le représentant de l'association" et le dernier alinéa est supprimé ;

20° A l'article R. 753-5, après les mots : "aux règles définies au chapitre VII *quater* du titre VII du livre VII du code de justice administrative", sont ajoutés les mots : "et sous réserve des adaptations prévues au titre VIII du livre VII du même code" ;

21° A l'article R. 754-8, après les mots : "aux règles définies au chapitre VII *bis* du titre VII du livre VII du code de justice administrative", sont ajoutés les mots : "et sous réserve des adaptations prévues au titre VIII du livre VII du même code".

CHAPITRE VI **DISPOSITIONS APPLICABLES EN NOUVELLE-CALÉDONIE**

Art. R.* 766-1 Pour l'application du présent livre en Nouvelle-Calédonie :

1° Les articles R.* 721-3, R.* 732-3, R.* 732-4 et R.* 744-24 sont applicables en Nouvelle-Calédonie.

2° L'article *(Décr. n° 2020-1734 du 16 déc. 2020, rect. JO du 27 févr. 2021)* « R.* 721-3 » est ainsi rédigé :

Art. R.* 721-3 Le ministre de l'intérieur est compétent pour fixer le pays de renvoi en cas d'exécution d'office lorsque l'étranger, présent sur le territoire français, fait l'objet d'une interdiction administrative du territoire." ;

3° L'article R.* 732-3 est ainsi rédigé :

Art. R.* 732-3 Par dérogation à l'article R. 732-2, le ministre de l'intérieur est compétent lorsque l'étranger se trouve dans les îles Wallis-et-Futuna au moment du prononcé de l'assignation à résidence.

Art. R. 766-2 Sous réserve des adaptations prévues par le présent chapitre, les dispositions suivantes sont applicables en Nouvelle-Calédonie dans leur rédaction résultant du décret n° 2020-1734 du 16 décembre 2020, sauf mention contraire dans le tableau ci-dessous. — *Tableau mod. par Décr. n° 2021-481 du 21 avr. 2021, art. 4, Décr. n° 2022-479 du 30 mars 2022, art. 18 et 20, en vigueur le 1er mai 2022 ; Décr. n° 2024-570 du 20 juin 2024, art. 2 et 5, en vigueur le 1er sept. 2024 ; Décr. n° 2024-808 du 5 juill. 2024, art. 6, en vigueur le 1er sept. 2024, JO rect. du 20 juill.*

Articles applicables	Dans leur rédaction résultant de *[du]*
Au titre I	
R. 711-1 et R. 711-2	
Au titre II	
R. 720-1	
R. 721-1 et R. 721-2	
R. 721-4 à R. 722-2	
Au titre III	
R. 730-1	
R. 731-1 à R. 732-2	
R. 732-5 à R. 733-1	
R. 733-2	Décret n° 2024-808 du 5 juillet 2024
R. 733-3	
R. 733-4 à R. 733-6	Décret n° 2024-570 du 20 juin 2024
R. 733-7 et R. 733-8	
R. 733-9	Décret n° 2024-570 du 20 juin 2024
R. 733-10 à R. 733-19	
R. 733-20	Décret n° 2022-479 du 30 mars 2022
R. 733-21	
Au titre IV	
R. 740-1	
R. 741-1 et R. 741-2	
R. 741-3 à R. 743-3	Décret n° 2024-570 du 20 juin 2024
R. 743-4	
R. 743-5 à R. 743-7	Décret n° 2024-570 du 20 juin 2024

Articles applicables	Dans leur rédaction résultant de [du]
R. 743-8 et R. 743-9	
R. 743-10	Décret n° 2024-570 du 20 juin 2024
R. 743-11 à R. 743-20	
R. 743-21	Décret n° 2024-570 du 20 juin 2024
R. 743-22 à R. 744-8	
R. 744-9	Décret n° 2024-570 du 20 juin 2024
R. 744-10 à R. 744-12	
R. 744-14 à R. 744-23	
R. 744-25 à R. 744-47	
Au titre V	
R. 750-1	
R. 752-1 à R. 753-5	
R. 754-2 à R. 754-20	

Art. R. 766-3 Pour l'application du présent livre en Nouvelle-Calédonie :

1° Les références au préfet sont remplacées par la référence au haut-commissaire de la République en Nouvelle-Calédonie ;

2° Les références au tribunal judiciaire sont remplacées par la référence au tribunal de première instance ;

3° Les références à la République d'Islande, à la Principauté du Liechtenstein, au Royaume de Norvège et à la Confédération suisse sont supprimées ;

4° A l'article R. 711-1, les dispositions du 1° ne sont pas applicables ;

5° A l'article R. 722-1, les mots : "par la décision du Conseil n° 2004/191/CE du 23 février 2004 définissant les critères et modalités pratiques de la compensation des déséquilibres financiers résultant de l'application de la directive 2001/40/CE relative à la reconnaissance mutuelle des décisions d'éloignement des ressortissants de pays tiers" sont remplacés par les mots : "par les conventions internationales et les règlements en vigueur" ;

6° A l'article R. 732-5, les mots : "des services territorialement compétents de l'Office français de l'immigration et de l'intégration" sont remplacés par les mots : "des associations conventionnées" ;

7° A l'article R. 732-6, après les mots : "autorisation de travail ", sont ajoutés les mots : "selon la législation et la réglementation applicables localement" ;

8° A l'article R. 742-1, après les mots : "de la période de quarante-huit heures ", sont ajoutés les mots : "ou de trois jours" ;

9° L'article R. 743-11 est ainsi rédigé :

Art. R. 743-11 Le premier président est saisi par une déclaration motivée transmise par tous moyens au greffe du tribunal de première instance ou de la cour d'appel. La déclaration est enregistrée avec mentions de la date et de l'heure.

Quand la déclaration d'appel est reçue par le greffier du tribunal de première instance, celui-ci fait parvenir sans délai une copie de la déclaration d'appel et le dossier de l'affaire au greffe de la cour d'appel.

Quand la déclaration d'appel est reçue par le greffier de la cour d'appel, celui-ci avise sur-le-champ le greffier du tribunal de première instance, qui transmet sans délai le dossier au greffe de la cour d'appel.

10° A l'article R. 743-19, le second alinéa est ainsi rédigé :

"L'ordonnance est notifiée dans les trois jours par le greffier à l'étranger et à son conseil, s'il en a un, ainsi qu'au haut-commissaire de la République en Nouvelle-Calédonie, par lettre recommandée avec demande d'avis de réception. Elle est communiquée dans le même délai au ministère public." ;

11° Le second alinéa de l'article R. 743-20 est ainsi rédigé :

"Le pourvoi en cassation est formé dans les dix jours suivant la notification de l'ordonnance du premier président. Il est ouvert à l'étranger, au haut-commissaire de la République en Nouvelle-Calédonie et au ministère public." ;

12° A l'article R. 744-10, les mots : "par arrêté préfectoral" sont remplacés par les mots : "par arrêté du haut-commissaire de la République en Nouvelle-Calédonie" ;

13° A l'article R. 744-14, les mots : ", en application de l'article L. 6111-1-2 du code de la santé publique" sont supprimés ;

14° A l'article R. 744-19, le second alinéa est ainsi rédigé :

"Les associations à caractère national, pour lesquelles une convention a été passée avec le haut-commissaire de la République en Nouvelle-Calédonie, peuvent concourir aux actions et à l'aide définies au premier alinéa." ;

15° A l'article R. 744-26, les mots : "et, lorsqu'ils sont présents, avec les agents de l'Office français de l'immigration et de l'intégration chargés de l'assistance humanitaire" sont supprimés ;

16° Le premier alinéa de l'article R. 744-28 est ainsi modifié :

a) les mots : "cinq années" sont remplacés par les mots "une année" ;

b) les mots : "ou l'assistance aux personnes privées de liberté" sont supprimés et après les mots : "l'assistance médicale ou sociale ", sont ajoutés les mots : "et ayant leur siège en Nouvelle-Calédonie" ;

17° A l'article R. 744-30, les mots : "et de l'Office français de l'immigration et de l'intégration" sont supprimés ;

18° Aux articles R. 744-33 et R. 744-39, les mots : "mentionnée à l'article L. 7111-6 du code du travail" sont remplacés par les mots : "définie par le code du travail, ou reconnu comme journaliste en application des dispositions ayant le même objet, applicables en Nouvelle-Calédonie" ;

19° Aux articles R. 752-5 et R. 753-4, les mots : "par l'Office français de l'immigration et de l'intégration" sont remplacés par les mots : "par les associations" et les mots : "l'agent de l'office" sont remplacés par les mots : "le représentant de l'association" et le dernier alinéa est supprimé ;

20° A l'article R. 753-5, après les mots : "aux règles définies au chapitre VII *quater* du titre VII du livre VII du code de justice administrative", sont ajoutés les mots : "et sous réserve des adaptations prévues au titre VIII du livre VII du même code" ;

21° A l'article R. 754-8, après les mots : "aux règles définies au chapitre VII *bis* du titre VII du livre VII du code de justice administrative", sont ajoutés les mots : "et sous réserve des adaptations prévues au titre VIII du livre VII du même code".

CHAPITRE VII **DISPOSITIONS APPLICABLES AUX TERRES AUSTRALES ET ANTARCTIQUES FRANÇAISES**

Le présent chapitre ne comprend pas de dispositions réglementaires.

LIVRE VIII CONTRÔLES ET SANCTIONS

TITRE I CONTRÔLES

Art. R. 810-1 Conformément à l'article R. 270-4, les dispositions des articles R. 811-1 à R. 811-5, R. 812-1 et R. 814-1 à R. 814-4 sont applicables à l'étranger dont la situation est régie par le livre II.

CHAPITRE I VÉRIFICATIONS PRÉALABLES À LA DÉLIVRANCE OU AU RETRAIT DES TITRES DE SÉJOUR

SECTION 1 Enquêtes administratives

Art. R. 811-1 Les enquêtes administratives mentionnées à l'article L. 811-1, conduites pour la délivrance, le renouvellement ou le retrait du titre de séjour ou de l'autorisation de séjour, sont réalisées dans les conditions prévues aux articles R. 114-1 à R. 114-6 du code de la sécurité intérieure.

SECTION 2 Vérification d'acte d'état civil étranger

Art. R. 811-2 Lorsqu'un étranger présente une demande de visa pour un séjour d'une durée supérieure à trois mois en se prévalant d'un acte d'état civil pour lequel il existe un doute sérieux sur son authenticité, les autorités diplomatiques et consulaires sursoient à statuer sur cette demande pendant une période maximale de quatre mois, qui suspend le délai d'instruction de la demande.

Lorsque, malgré les diligences accomplies, les vérifications n'ont pas abouti, la suspension du délai d'instruction peut être prorogée pour une durée strictement nécessaire et qui ne peut excéder quatre mois.

Ces dispositions s'appliquent par dérogation aux dispositions de l'article L. 231-1 du code des relations entre le public et l'administration. – *[Anc. art. R. 211-4.]*

SECTION 3 Droit de communication

Art. R. 811-3 L'autorité administrative compétente mentionnée à l'article L. 811-3 est le préfet de département. – *[Anc. art. R. 611-41-1, al. 1er.]*

Art. R. 811-4 Les demandes d'informations et de documents auprès des autorités et personnes privées mentionnées aux 1° à 8° de l'article L. 811-4 s'exercent par tout moyen, notamment dématérialisé, permettant l'identification du représentant de l'autorité administrative demandeuse. – *[Anc. art. R. 611-41-1, al. 2.]*

Art. R. 811-5 Les autorités et personnes privées mentionnées aux 1° à 8° de l'article L. 811-4 transmettent les documents et informations suivantes :

1° Pour les autorités dépositaires des actes d'état civil : l'authentification des actes d'état civil français qu'elles ont délivrées ;

2° Pour les administrations chargées du travail et de l'emploi : les documents établissant l'existence et la nature de l'activité professionnelle déclarée par le demandeur ;

3° Pour les organismes de sécurité sociale et l'institution mentionnée à l'article L. 5312-1 du code du travail : l'adresse déclarée par le demandeur, la composition de son foyer, les prestations familiales et sociales perçues par le demandeur et ses ayants droit, l'existence et la nature d'une activité professionnelle et l'affiliation à un régime de sécurité sociale ;

4° Pour les établissements scolaires et les établissements d'enseignement supérieur :

a) pour les établissements d'enseignement primaire et secondaire : l'attestation de l'inscription dans l'établissement des enfants à charge du demandeur et leur assiduité ;

b) pour les établissements d'enseignement supérieur : l'attestation d'inscription du demandeur dans leur établissement, l'assiduité dans le suivi des enseignements et l'authentification des relevés de notes produits par le demandeur ;

5° Pour les fournisseurs d'énergie et des services de communications électroniques : l'adresse déclarée par le demandeur, l'authentification des contrats et factures émises par ces entreprises et l'historique sur cinq années des contrats et abonnements ouverts au nom du demandeur ;

6° Pour les établissements de santé publics et privés : l'authentification des attestations et convocations produites par le demandeur, l'attestation de la fréquentation de l'établissement par le demandeur ;

7° Pour les établissements bancaires et les organismes financiers : l'adresse déclarée par le demandeur, l'existence du compte du demandeur ouvert dans leurs livres ainsi que les noms du ou des titulaires du compte et les relevés de ces comptes sur les deux dernières années ;

8° Pour les greffes des tribunaux de commerce : l'authentification des documents et informations relatifs à l'existence d'une société dirigée par le demandeur ou l'employant. – *[Anc. art. R. 611-41-2.]*

CHAPITRE II CONTRÔLE DE LA DÉTENTION DES TITRES

SECTION UNIQUE Visite sommaire des véhicules dans les zones frontalières

Art. R. 812-1 Le ministre de l'intérieur établit par arrêté la liste des péages mentionnés au 2° de l'article L. 812-3. – *[Anc. art. R. 611-43.]*

CHAPITRE III VÉRIFICATION DU DROIT DE CIRCULATION ET DE SÉJOUR

Le présent chapitre ne comprend pas de dispositions réglementaires.

CHAPITRE IV MESURES DE SUIVI DES ÉTRANGERS

SECTION 1 Fiche individuelle de police

Art. R. 814-1 Aux fins de prévention des troubles à l'ordre public, d'enquêtes judiciaires et de recherche dans l'intérêt des personnes, les hôteliers, les exploitants de villages et maisons familiales de vacances, de résidences et villages résidentiels de tourisme, les loueurs de meublés de tourisme et de chambres d'hôtes, les exploitants de terrains de camping, caravanage et autres terrains aménagés sont tenus de remplir, ou faire remplir, et signer par l'étranger, dès son arrivée, une fiche individuelle de police, dont le modèle est fixé par arrêté conjoint du ministre de l'intérieur, du ministre chargé de l'immigration et du ministre chargé du tourisme.

Les personnes physiques ou morales louant des locaux nus ne sont pas astreintes aux obligations prévues au présent article. – *[Anc. art. R. 611-42, al. 1er et 11.]*

Art. R. 814-2 Les données personnelles collectées en application de l'article R. 814-1 sont notamment :

1° Le nom et les prénoms ;
2° La date et le lieu de naissance ;
3° La nationalité ;
4° Le domicile habituel de l'étranger ;
5° Le numéro de téléphone mobile et l'adresse électronique de l'étranger ;
6° La date d'arrivée au sein de l'établissement et la date de départ prévue.

Les données relatives aux enfants âgés de moins de 15 ans peuvent figurer sur la fiche d'un adulte qui les accompagne. – *[Anc. art. R. 611-42, al. 2 à 9.]*

Art. R. 814-3 Les fiches établies en application de l'article R. 814-1 doivent être conservées pendant une durée de six mois et remises, sur leur demande, aux services de police et unités de gendarmerie.

Cette transmission peut s'effectuer sous forme dématérialisée. – *[Anc. art. R. 611-42, al. 10.]*

SECTION 2 Retenue du passeport ou du document de voyage de l'étranger en situation irrégulière

Art. R. 814-4 L'autorité administrative habilitée à retenir le passeport ou le document de voyage d'un étranger en situation irrégulière en application de l'article L. 814-1 est le préfet de département et, à Paris, le préfet de police. – *[Anc. art. R. 611-41-3.]*

TITRE II SANCTIONS

Art. R. 820-1 Conformément à l'article R. 270-4, les dispositions des articles R. 822-2 à R. 822-5 sont applicables à l'étranger dont la situation est régie par le livre II.

CHAPITRE I MÉCONNAISSANCE DES OBLIGATIONS RELATIVES À L'ENTRÉE EN FRANCE

SECTION UNIQUE Amendes aux entreprises de transport ayant méconnu la réglementation sur l'entrée

SOUS-SECTION 1 Autorités administratives compétentes

Art. R.* 821-1 L'autorité administrative compétente pour prononcer l'amende pour débarquement d'un étranger dépourvu des documents requis, prévue à l'article L. 821-6, est le ministre chargé de l'immigration.

La même autorité est compétente pour prononcer l'amende pour manquement aux obligations de réacheminement et de prise en charge d'un étranger, prévue à l'article L. 821-10. – *[Anc. art. R.* 625-2 ; anc. art. R. 625-18.]*

Art. R. 821-2 Les services compétents pour procéder aux contrôles mentionnés au second alinéa de l'article L. 821-7 sont les services de la police nationale ou, en l'absence de tels services, les services des douanes ou les unités de la gendarmerie nationale situés à l'entrée du territoire français. – *[Anc. art. R. 625-4, al. 2.]*

Art. R. 821-3 Les décisions de l'autorité administrative prononçant les amendes prévues aux articles L. 821-6 et L. 821-10 sont motivées et susceptibles d'un recours de pleine juridiction. – *[Anc. art. L. 625-2, al. 2, 2e phr. ; anc. art. R. 625-19, al. 4.]*

SOUS-SECTION 2 Constat du manquement de l'entreprise de transport

Art. R. 821-4 Le procès-verbal constatant le manquement de l'entreprise de transport, mentionné à l'article L. 821-12, comporte :

1° Le nom de l'entreprise de transport ;

2° Les références du vol ou du voyage concerné ;

3° En cas de débarquement d'un étranger dépourvu des documents requis : l'identité du passager au titre duquel la responsabilité de l'entreprise de transport est susceptible d'être engagée, en précisant le motif du refus d'entrée ;

4° En cas de défaut de réacheminement ou de prise en charge d'un étranger : l'identité du passager.

Il comporte également, le cas échéant, les observations de l'entreprise de transport. – *[Anc. art. R. 623-17, al. 5 (2e et 3e phr.) ; anc. art. R. 625-1, al. 5 (2e et 3e phr.) ; anc. art. R. 625-4, al. 1er.]*

Art. R. 821-5 Le procès-verbal constatant le manquement de l'entreprise de transport, mentionné à l'article L. 821-12, est signé :

1° Par le chef du service de la police nationale chargé du contrôle aux frontières ou territorialement compétent, ou un fonctionnaire désigné par lui, titulaire au moins du grade de brigadier ;

2° Par le chef du service des douanes chargé du contrôle aux frontières ou un fonctionnaire désigné par lui, titulaire au moins du grade d'agent de constatation principal de deuxième classe ;

3° Ou par le commandant de l'unité de gendarmerie territorialement compétente ou un militaire désigné par lui, titulaire au moins du grade de gendarme. – *[Anc. art. R. 623-1, al. 1er à 4 ; anc. art. R. 625-4, al. 1er ; anc. art. R. 625-17, al. 1er à 4.]*

Art. R. 821-6 Le procès-verbal constatant le manquement de l'entreprise de transport, mentionné à l'article L. 821-12, est transmis à l'autorité administrative mentionnée à l'article R.* 821-1. Copie du procès-verbal est remise au représentant de l'entreprise de transport, qui en accuse réception. – *[Anc. art. R. 623-1, al. 5 (1re et 4e phr.) ; anc. art. R. 625-17, al. 5 (1re et 4e phr.).]*

Art. R. 821-7 L'autorité administrative mentionnée à l'article R.* 821-1 notifie à l'entreprise de transport, par lettre recommandée avec accusé de réception, le projet de sanction prévu à l'article L. 821-12.

L'entreprise de transport est invitée à faire valoir ses observations éventuelles dans le délai d'un mois à compter de cette notification.

Le dossier est mis à sa disposition pendant ce délai. L'entreprise peut se faire délivrer, à ses frais, copie de tout ou partie de la procédure.

L'autorité administrative mentionnée à l'article R.* 821-1 arrête sa décision après l'expiration du délai d'un mois, au vu des observations qui ont pu être produites. La décision écrite et motivée est notifiée à l'entreprise de transport par lettre recommandée avec accusé de réception. – *[Anc. art. R. 623-3, al. 1er à 3 ; anc. art. R. 623-19, al. 1er à 3.]*

SOUS-SECTION 3 **Consignation d'une somme par l'entreprise de transport ayant débarqué un étranger dépourvu des documents requis**

Art. R. 821-8 Le montant de la somme consignée par une entreprise de transport en application de l'article L. 821-9 est mentionné sur le procès-verbal constatant le manquement prévu à l'article L. 821-12. L'absence de consignation est mentionnée dans les mêmes conditions.

La somme consignée est remise sans délai entre les mains d'un comptable de la direction générale des finances publiques. – *[Anc. art. R. 625-13.]*

Art. R. 821-9 La somme consignée s'impute sur le montant de l'amende administrative prononcée en application de l'article L. 821-6. – *[Anc. art. R. 625-14.]*

Art. R. 821-10 Dès qu'elle décide de ne pas prononcer d'amende, l'autorité administrative compétente mentionnée à l'article R.* 821-1 émet un ordre de restitution du montant de la somme consignée. – *[Anc. art. R. 625-15.]*

Art. R. 821-11 Lorsque le montant de l'amende prononcée est inférieur au montant de la somme consignée, le comptable de la direction générale des finances publiques mentionné à l'article R. 821-8, au vu du titre exécutoire, restitue à l'entreprise de transport la somme correspondant à la différence entre le second montant et le premier. – *[Anc. art. R. 625-16, al. 1er.]*

Art. R. 821-12 Le comptable de la direction générale des finances publiques mentionné à l'article R. 821-8 procède à la restitution de tout ou partie de la somme consignée dans un délai d'un mois à compter de la date de réception par ses services du titre exécutoire ou de l'ordre de restitution mentionné à l'article R. 821-10. – *[Anc. art. R. 625-16, al. 2.]*

SOUS-SECTION 4 **Recouvrement de l'amende**

Art. R. 821-13 L'amende est recouvrée dans les conditions prévues pour les créances de l'État mentionnées aux articles 112 à 124 du décret n° 2012-1246 du 7 novembre 2012 relatif à la gestion budgétaire et comptable publique. – *[Anc. art. R. 623-3, al. 4 ; anc. art. R. 625-20.]*

CHAPITRE II **MÉCONNAISSANCE DES OBLIGATIONS RELATIVES AU SÉJOUR EN FRANCE**

SECTION 1 **Garanties de rapatriement**

Art. R. 822-1 Est puni des peines prévues pour les contraventions de cinquième classe le fait, pour un étranger soumis à l'obligation de garantir son rapatriement, de ne plus être en mesure de produire le titre de transport ou l'attestation bancaire mentionnés à l'article R. 313-5. – *[Anc. art. R. 626-3.]*

SECTION 2 *[ABROGÉE]* Contribution forfaitaire de l'employeur ayant occupé un étranger en situation irrégulière

(Abrogée par Décr. nº 2024-814 du 9 juill. 2024, art. 3, à compter du 17 juill. 2024)

Les dispositions résultant de l'art. 3 du Décr. nº 2024-814 du 9 juill. 2024 ne sont pas applicables à Saint-Barthélemy et à Saint-Martin (Décr. préc., art. 5-II, en vigueur le 17 juill. 2024).

Art. R. 822-2 *La contribution forfaitaire représentative des frais d'éloignement de l'étranger du territoire français prévue à l'article L. 822-2 est due pour chaque employé en situation irrégulière au regard du droit au séjour.*

Cette contribution est à la charge de l'employeur qui, en violation de l'article L. 8251-1 du code du travail, a embauché ou employé un travailleur étranger dépourvu de titre de séjour. — [Anc. art. R. 626-1, I.]

Art. R. 822-3 *Le montant de la contribution forfaitaire représentative des frais d'éloignement de l'étranger du territoire français prévue à l'article L. 822-2 est fixé par arrêté du ministre chargé de l'immigration et du ministre chargé du budget, en fonction du coût moyen des opérations d'éloignement vers la zone géographique à destination de laquelle est éloigné le salarié, dans la limite prescrite à l'article L. 822-3.* — [Anc. art. R. 626-1, II.]

Art. R. 822-4 *Au vu des procès-verbaux qui lui sont transmis en application de l'article L. 8271-17 du code du travail, le directeur général de l'Office français de l'immigration et de l'intégration indique à l'employeur, par lettre recommandée avec avis de réception ou par tout autre moyen permettant de faire la preuve de sa date de réception par le destinataire, que les dispositions de l'article L. 822-2 sont susceptibles de lui être appliquées et qu'il peut présenter ses observations dans un délai de quinze jours.* — [Anc. art. R. 626-2, I.]

Art. R. 822-5 *A l'expiration du délai de quinze jours fixé à l'article R. 822-4, le directeur général de l'Office français de l'immigration et de l'intégration décide, au vu des observations éventuelles de l'employeur, de l'application de la contribution forfaitaire prévue à l'article L. 822-2. Le ministre chargé de l'immigration est l'autorité compétente pour la liquider et émettre le titre de perception correspondant.*

La créance est recouvrée par le comptable public compétent comme en matière de créances étrangères à l'impôt et au domaine. — [Anc. art. R. 626-2, II.]

CHAPITRE III FACILITATION DE L'ENTRÉE, DE LA CIRCULATION ET DU SÉJOUR IRRÉGULIERS

Le présent chapitre ne comprend pas de dispositions réglementaires.

CHAPITRE IV MANQUEMENT À L'EXÉCUTION D'UNE DÉCISION D'ÉLOIGNEMENT

Le présent chapitre ne comprend pas de dispositions réglementaires.

TITRE III DISPOSITIONS APPLICABLES À L'OUTRE-MER

CHAPITRE I DISPOSITIONS PARTICULIÈRES AUX COLLECTIVITÉS RÉGIES PAR L'ARTICLE 73 DE LA CONSTITUTION ET À SAINT-PIERRE-ET-MIQUELON

Art. R. 831-1 Les dispositions du présent livre sont applicables de plein droit en Guadeloupe, en Guyane, en Martinique, à La Réunion, à Mayotte et à Saint-Pierre-et-Miquelon, sous réserve des adaptations prévues au présent chapitre.

Art. R. 831-2 Pour l'application du présent livre en Guadeloupe, en Guyane, en Martinique, à La Réunion, à Mayotte et à Saint-Pierre-et-Miquelon :

1° A l'article R. 810-1, la référence à l'article R. 812-1 est supprimée ;

2° L'article R. 812-1 n'est pas applicable ;

3° L'article R. 821-2 est ainsi rédigé :

Art. R. 821-2 Les services compétents pour procéder aux contrôles mentionnés au second alinéa de l'article L. 821-7 sont la formation territoriale de la gendarmerie nationale implantée dans la collectivité ou, en l'absence de tels services, les services des douanes relevant de l'État.

Art. R. 831-3 Pour l'application du présent livre à Mayotte :

1° A l'article R. 820-1, les références aux articles R. 822-3 à R. 822-5 sont supprimées ;

2° Les dispositions des articles R. 822-3 à R. 822-5 ne sont pas applicables.

CHAPITRE II DISPOSITIONS APPLICABLES À SAINT-BARTHÉLEMY

Art. R.* 832-1 L'article R.* 821-1 est applicable à Saint-Barthélemy.

Art. R. 832-2 Sous réserve des adaptations prévues par le présent chapitre, les dispositions suivantes sont applicables à Saint-Barthélemy dans leur rédaction résultant du décret n° 2020-1734 du 16 décembre 2020, sauf mention contraire dans le tableau ci-dessous.

Articles applicables	Dans leur rédaction résultant de
Au titre I	
R. 810-1 à R. 811-5	
R. 814-1 à R. 814-4	
Au titre II	
R. 820-1	
R. 821-2 à R. 822-5	

Art. R. 832-3 Pour l'application du présent livre à Saint-Barthélemy :

1° Les références au préfet sont remplacées par la référence au représentant de l'État à Saint-Barthélemy ;

2° A l'article R. 810-1, la référence à l'article R. 812-1 est supprimée ;

3° L'article R. 821-2 est ainsi rédigé :

Art. R. 821-2 Les services compétents pour procéder aux contrôles mentionnés au second alinéa de l'article L. 821-7 sont la formation territoriale de la gendarmerie nationale implantée dans la collectivité ou, en l'absence de tels services, les services des douanes relevant de l'État.

CHAPITRE III DISPOSITIONS APPLICABLES À SAINT-MARTIN

Art. R.* 833-1 L'article R.* 821-1 est applicable à Saint-Martin.

Art. R. 833-2 Sous réserve des adaptations prévues par le présent chapitre, les dispositions suivantes sont applicables à Saint-Martin dans leur rédaction résultant du décret n° 2020-1734 du 16 décembre 2020, sauf mention contraire dans le tableau ci-dessous.

Articles applicables	Dans leur rédaction résultant de
Au titre I	
R. 810-1 à R. 811-5	
R. 814-1 à R. 814-4	
Au titre II	
R. 820-1	
R. 821-2 à R. 822-5	

Art. R. 833-3 Pour l'application du présent livre à Saint-Martin :

1° Les références au préfet sont remplacées par la référence au représentant de l'État à Saint-Martin ;

2° A l'article R. 810-1, la référence à l'article R. 812-1 est supprimée ;

3° L'article R. 821-2 est ainsi rédigé :

Art. R. 821-2 Les services compétents pour procéder aux contrôles mentionnés au second alinéa de l'article L. 821-7 sont la formation territoriale de la gendarmerie nationale implantée dans la collectivité ou, en l'absence de tels services, les services des douanes relevant de l'État.

CHAPITRE IV DISPOSITIONS APPLICABLES DANS LES ÎLES WALLIS-ET-FUTUNA

Art. R.* 834-1 L'article R.* 821-1 est applicable dans les îles Wallis-et-Futuna.

Art. R. 834-2 Sous réserve des adaptations prévues par le présent chapitre, les dispositions suivantes sont applicables dans les îles Wallis-et-Futuna dans leur rédaction résultant du décret n° 2020-1734 du 16 décembre 2020, sauf mention contraire dans le tableau ci-dessous.

Articles applicables	Dans leur rédaction résultant de
Au titre I	
R. 810-1 à R. 811-5	
R. 814-1 à R. 814-4	
Au titre II	
R. 820-1	
R. 821-2 à R. 822-5	

Art. R. 834-3 Pour l'application du présent livre dans les îles Wallis-et-Futuna :

1° Les références au préfet sont remplacées par la référence à l'administrateur supérieur des îles Wallis-et-Futuna ;

2° A l'article R. 810-1, la référence à l'article R. 812-1 est supprimée ;

3° L'article R. 821-2 est ainsi rédigé :

Art. R. 821-2 Les services compétents pour procéder aux contrôles mentionnés au second alinéa de l'article L. 821-7 sont la formation territoriale de la gendarmerie nationale implantée dans la collectivité ou, en l'absence de tels services, les services des douanes relevant de l'État.

4° L'article R. 821-5 est ainsi rédigé :

Art. R. 821-5 Le procès-verbal constatant le manquement de l'entreprise de transport est signé :

1° Par le fonctionnaire investi des fonctions de chef de poste ou par le fonctionnaire désigné par lui, titulaire du grade de lieutenant ou d'un grade supérieur, si le contrôle est assuré par les fonctionnaires de la police nationale ;

2° Par le fonctionnaire investi des fonctions de chef de poste ou par le fonctionnaire désigné par lui, titulaire du grade de contrôleur ou d'un grade supérieur, si le contrôle est assuré par les fonctionnaires des douanes ;

3° Ou par le militaire de la gendarmerie investi des fonctions de commandant de brigade ou son adjoint si le contrôle est assuré par les militaires de la gendarmerie nationale.

5° A l'article R. 822-2, les mots : "en violation de l'article L. 8251-1 du code du travail" sont remplacés par les mots : "en violation des dispositions applicables localement relatives à l'emploi de la main[-]d'œuvre étrangère" ;

6° A l'article R. 822-4, les mots : "en application de l'article L. 8271-17 du code du travail, le directeur général de l'Office français de l'immigration et de l'intégration" sont remplacés par les mots : "en application des dispositions applicables localement relatives à l'emploi de la main[-]d'œuvre étrangère, l'administrateur supérieur des îles Wallis-et-Futuna" ;

7° A l'article R. 822-5 :

a) Les mots : "le directeur général de l'Office français de l'immigration et de l'intégration" et les mots : "le ministre" sont remplacés par les mots : "l'administrateur supérieur des îles Wallis-et-Futuna" ;

b) Après les mots : "La créance est recouvrée par le", sont insérés les mots : "directeur des finances publiques dans les îles Wallis-et-Futuna,".

CHAPITRE V DISPOSITIONS APPLICABLES EN POLYNÉSIE FRANÇAISE

Art. R.* 835-1 L'article R.* 821-1 est applicable en Polynésie française.

Art. R. 835-2 Sous réserve des adaptations prévues par le présent chapitre, les dispositions suivantes sont applicables en Polynésie française dans leur rédaction résultant du décret n° 2020-1734 du 16 décembre 2020, sauf mention contraire dans le tableau ci-dessous.

Articles applicables	Dans leur rédaction résultant de
Au titre I	
R. 810-1 à R. 811-5	
R. 814-1 à R. 814-4	
Au titre II	
R. 820-1	
R. 821-2 à R. 822-5	

Art. R. 835-3 Pour l'application du présent livre à la Polynésie française :

1° Les références au préfet sont remplacées par la référence au haut-commissaire de la République en Polynésie française ;

2° A l'article R. 810-1, la référence à l'article R. 812-1 est supprimée ;

3° L'article R. 821-2 est ainsi rédigé :

Art. R. 821-2 Les services compétents pour procéder aux contrôles mentionnés au second alinéa de l'article L. 821-7 sont la formation territoriale de la gendarmerie nationale implantée dans la collectivité ou, en l'absence de tels services, les services des douanes relevant de l'État.

4° L'article R. 821-5 est ainsi rédigé :

Art. R. 821-5 Le procès-verbal constatant le manquement de l'entreprise de transport est signé :

1° Par le fonctionnaire investi des fonctions de chef de poste ou par le fonctionnaire désigné par lui, titulaire du grade de lieutenant ou d'un grade supérieur, si le contrôle est assuré par les fonctionnaires de la police nationale ;

2° Par le fonctionnaire investi des fonctions de chef de poste ou par le fonctionnaire désigné par lui, titulaire du grade de contrôleur ou d'un grade supérieur, si le contrôle est assuré par les fonctionnaires des douanes ;

3° Ou par le militaire de la gendarmerie investi des fonctions de commandant de brigade ou son adjoint si le contrôle est assuré par les militaires de la gendarmerie nationale.

5° A l'article R. 822-2, les mots : "en violation de l'article L. 8251-1 du code du travail" sont remplacés par les mots : "en violation des dispositions applicables localement relatives à l'emploi de la main[-]d'œuvre étrangère" ;

6° A l'article R. 822-4, les mots : "en application de l'article L. 8271-17 du code du travail, le directeur général de l'Office français de l'immigration et de l'intégration" sont remplacés par les mots : "en application des dispositions applicables localement relatives à l'emploi de la main[-]d'œuvre étrangère, le haut-commissaire de la République en Polynésie française" ;

7° A l'article R. 822-5 :

a) Les mots : "le directeur général de l'Office français de l'immigration et de l'intégration" et les mots : "le ministre" sont remplacés par les mots : "le haut-commissaire de la République en Polynésie française" ;

b) Après les mots : "La créance est recouvrée par le", sont insérés les mots : "directeur des finances publiques en Polynésie française,".

CHAPITRE VI DISPOSITIONS APPLICABLES EN NOUVELLE-CALÉDONIE

Art. R.* 836-1 L'article R.* 821-1 est applicable en Nouvelle-Calédonie.

Art. R. 836-2 Sous réserve des adaptations prévues par le présent chapitre, les dispositions suivantes sont applicables en Nouvelle-Calédonie dans leur rédaction résultant du décret n° 2020-1734 du 16 décembre 2020, sauf mention contraire dans le tableau ci-dessous.

Articles applicables	Dans leur rédaction résultant de
Au titre I	
R. 810-1 à R. 811-5	
R. 814-1 à R. 814-4	
Au titre II	
R. 820-1	
R. 821-2 à R. 822-5	

Art. R. 836-3 Pour l'application du présent livre en Nouvelle-Calédonie :

1° Les références au préfet sont remplacées par la référence au haut-commissaire de la République en Nouvelle-Calédonie ;

2° A l'article R. 810-1, la référence à l'article R. 812-1 est supprimée ;

3° L'article R. 821-2 est ainsi rédigé :

Art. R. 821-2 Les services compétents pour procéder aux contrôles mentionnés au second alinéa de l'article L. 821-7 sont la formation territoriale de la gendarmerie nationale implantée dans la collectivité ou, en l'absence de tels services, les services des douanes relevant de l'État.

4° L'article R. 821-5 est ainsi rédigé :

Art. R. 821-5 Le procès-verbal constatant le manquement de l'entreprise de transport est signé :

1° Par le fonctionnaire investi des fonctions de chef de poste ou par le fonctionnaire désigné par lui, titulaire du grade de lieutenant ou d'un grade supérieur, si le contrôle est assuré par les fonctionnaires de la police nationale ;

2° Par le fonctionnaire investi des fonctions de chef de poste ou par le fonctionnaire désigné par lui, titulaire du grade de contrôleur ou d'un grade supérieur, si le contrôle est assuré par les fonctionnaires des douanes ;

3° Ou par le militaire de la gendarmerie investi des fonctions de commandant de brigade ou son adjoint si le contrôle est assuré par les militaires de la gendarmerie nationale.

5° A l'article R. 822-2, les mots : "en violation de l'article L. 8251-1 du code du travail" sont remplacés par les mots : "en violation des dispositions applicables localement relatives à l'emploi de la main[-]d'œuvre étrangère" ;

6° A l'article R. 822-4, les mots : "en application de l'article L. 8271-17 du code du travail, le directeur général de l'Office français de l'immigration et de l'intégration" sont remplacés par les mots : "en application des dispositions applicables localement relatives à l'emploi de la main[-]d'œuvre étrangère, le haut-commissaire de la République en Nouvelle-Calédonie" ;

7° A l'article R. 822-5 :

a) Les mots : "le directeur général de l'Office français de l'immigration et de l'intégration" et les mots : "le ministre" sont remplacés par les mots : "le haut-commissaire de la République en Nouvelle-Calédonie" ;

b) Après les mots : "La créance est recouvrée par le", sont insérés les mots : "directeur des finances publiques en Nouvelle-Calédonie,".

CHAPITRE VII DISPOSITIONS APPLICABLES AUX TERRES AUSTRALES ET ANTARCTIQUES FRANÇAISES

Le présent chapitre ne comprend pas de dispositions réglementaires.

Annexes au CESEDA (Annexes 1 à 10) :

Annexe 1, V. ss. art. D. 110-1

Annexe 2, V. ss. art. R. 142-2

Annexe 3, V. ss. art. R. 142-13

Annexe 4, V. ss. art. R. 142-27

Annexe 5, V. ss. art. R. 142-35

Annexe 6, V. ss. art. R. 142-44

Annexe 7, V. ss. art. R. 142-52

Annexe 8, V. ss. art. D. 553-10

Annexe 9, V. ss. art. R. 431-2

Annexe 10, V. à la suite de l'art. L. 446-5,

LIVRE IX **PROCÉDURES CONTENTIEUSES DEVANT LE JUGE ADMINISTRATIF**

(Décr. nº 2024-799 du 2 juill. 2024, art. 1er et 9, en vigueur le 15 juill. 2024)

Art. R. 900-1 Conformément à l'article L. 900-1, les requêtes dirigées contre les décisions prévues au présent code sont présentées, instruites et jugées selon les dispositions du code de justice administrative, sous réserve des dispositions du présent livre.

Art. R. 900-2 Conformément à l'article R. 271-1, le présent livre est applicable à l'étranger dont la situation est régie par le livre II.

TITRE I **PROCÉDURE COLLÉGIALE SPÉCIALE**

CHAPITRE UNIQUE

Art. R. 911-1 Le délai de recours contentieux d'un mois prévu à l'article L. 911-1 n'est pas prorogé par l'exercice d'un recours administratif.

Art. R. 911-2 Les conclusions dirigées contre des décisions notifiées simultanément peuvent être présentées dans la même requête.

Art. R. 911-3 Les mesures prises pour l'instruction des affaires, l'avis d'audience et le jugement sont notifiés *[notifiées]* aux parties par tous moyens.

Art. R. 911-4 L'État est représenté en défense par le préfet qui a pris la ou les décisions attaquées.

Dès le dépôt de la requête, le président du tribunal administratif transmet à ce préfet copie du recours et des pièces qui y sont jointes.

Art. R. 911-5 Le président de la formation de jugement ou le rapporteur qui a reçu délégation à cet effet peut, dès l'enregistrement de la requête, faire usage du pouvoir prévu au premier alinéa de l'article R. 613-1 du code de justice administrative de fixer la date à laquelle l'instruction sera close. Il peut, par la même ordonnance, fixer la date et l'heure de l'audience au cours de laquelle l'affaire sera appelée. Dans ce cas, l'ordonnance tient lieu de l'avertissement prévu à l'article R. 711-2 du même code.

Art. R. 911-6 Lorsqu'une requête sommaire mentionne l'intention du requérant de présenter un mémoire complémentaire, la production annoncée doit parvenir au greffe du tribunal administratif dans un délai de quinze jours à compter de la date à laquelle la requête a été enregistrée.

Si ce délai n'est pas respecté, le requérant est réputé s'être désisté à la date d'expiration de ce délai, même si le mémoire complémentaire a été ultérieurement produit. Il est donné acte de ce désistement.

Art. R. 911-7 Les délais donnés aux parties pour fournir leurs observations doivent être observés, faute de quoi il peut être passé outre sans mise en demeure.

Le président de la formation de jugement peut dispenser le rapporteur public, sur sa proposition, de prononcer des conclusions à l'audience.

Art. R. 911-8 Le délai d'appel est d'un mois. Il court contre chaque partie à compter du jour où le jugement lui a été notifié. Cette notification mentionne la possibilité de faire appel et le délai dans lequel cette voie de recours peut être exercée.

Art. R. 911-9 Lorsque l'étranger est assigné à résidence en application de l'article L. 731-1 ou placé en rétention ou en détention après avoir introduit un recours conformément au présent titre ou après avoir déposé une demande d'aide juridictionnelle en vue de l'introduction d'un tel recours, la procédure se poursuit selon les règles prévues au titre II. Les actes de procédure précédemment accomplis demeurent valables. L'avis d'audience se substitue, le cas échéant, à celui qui avait été adressé aux parties en application de l'article R. 911-5.

TITRE II PROCÉDURES À JUGE UNIQUE

CHAPITRE I DÉLAIS DE RECOURS ET DE JUGEMENT

SECTION 1 Délais de recours

Art. R. 921-1 Lorsque le délai de recours prévu à l'article L. 911-1 n'est pas expiré à la date à laquelle l'autorité compétente notifie à l'intéressé une décision d'assignation à résidence en application de l'article L. 731-1, l'autorité administrative l'informe que ce délai est interrompu et qu'il dispose désormais, à compter de cette information, du délai de sept jours prévu à l'article L. 921-1 pour introduire son recours s'il ne l'a pas déjà fait.

Lorsque le délai de recours mentionné à l'article L. 911-1 ou à l'article L. 921-1 n'est pas expiré à la date à laquelle l'autorité compétente notifie à l'intéressé une décision de placement en rétention administrative, l'autorité administrative l'informe que ce délai est interrompu et qu'il dispose désormais, à compter de cette information, du délai de quarante-huit heures prévu à l'article L. 921-2 pour introduire son recours s'il ne l'a pas déjà fait.

Art. R. 921-2 En cas de placement en détention avant l'expiration du délai de recours prévu à l'article L. 911-1, l'intéressé est informé par le greffe de l'établissement pénitentiaire que ce délai est interrompu et qu'il dispose désormais, à compter de cette information, du délai de sept jours prévu à l'article L. 921-2 pour introduire son recours s'il ne l'a pas déjà fait.

Art. R. 921-3 Les délais de recours de sept jours et quarante-huit heures respectivement prévus aux articles L. 921-1 et L. 921-2 ne sont susceptibles d'aucune prorogation.

SECTION 2 Délais de jugement

Art. R. 921-4 Conformément aux articles L. 921-3 et L. 921-4, si, en cours d'instance, l'étranger est assigné à résidence en application de l'article L. 731-1 ou placé en rétention administrative, le délai de jugement, ramené, respectivement, à quinze jours et à cent quarante-quatre heures, court à compter de la notification de cette décision au tribunal par l'autorité administrative.

Si, en cours d'instance, l'étranger ayant formé un recours relevant de l'article L. 911-1 est placé en détention, le tribunal statue dans le délai de jugement prévu à l'article L. 921-1. Ce délai court à compter de l'information du tribunal par l'autorité administrative.

CHAPITRE II RÈGLES DE PROCÉDURE

SECTION 1 Tribunal administratif territorialement compétent

SOUS-SECTION 1 Dispositions générales

Art. R. 922-1 En application de l'article R. 312-1 du code de justice administrative et sous réserve des exceptions prévues par la présente section, le tribunal administratif territorialement compétent est celui dans le ressort duquel l'autorité qui a pris la ou les décisions attaquées a son siège.

Art. R. 922-2 Lorsque le président d'un tribunal administratif ou le magistrat désigné par lui est saisi de conclusions qu'il estime relever de la compétence d'un autre tribunal administratif, il lui transmet le dossier sans délai et par tous moyens, dans les formes prévues au premier alinéa de l'article R. 351-6 du code de justice administrative.

SOUS-SECTION 2 Étranger placé ou maintenu en zone d'attente en dehors de la région Île-de-France

Art. R. 922-3 Lorsque l'étranger qui a fait l'objet d'un refus d'entrée sur le territoire français au titre de l'asile est placé ou maintenu dans une zone d'attente située en dehors de la région d'Île-de-France, le tribunal administratif territorialement compétent est celui dans le ressort duquel se trouve cette zone d'attente.

SOUS-SECTION 3 Étranger assigné à résidence, placé ou maintenu en rétention administrative ou détenu

Art. R. 922-4 Lorsque l'étranger est assigné à résidence en application de l'article L. 731-1, placé ou maintenu en rétention administrative ou détenu au moment de l'introduction de sa requête, le tribunal administratif territorialement compétent est celui dans le ressort duquel est situé le lieu d'assignation, de rétention ou de détention.

Lorsque, en cours d'instance, l'étranger est assigné à résidence en application de l'article L. 731-1, placé ou maintenu en rétention administrative ou placé en détention, le tribunal administratif compétent est celui dans le ressort duquel est situé le lieu d'assignation, de rétention ou de détention. Le dossier est transmis à ce tribunal s'il diffère de celui devant lequel la requête a été présentée.

Art. R. 922-5 Lorsque, avant la tenue de l'audience, l'étranger est transféré dans un autre lieu de rétention ou de détention, le président du tribunal administratif ou le magistrat désigné par lui peut décider, dans l'intérêt d'une bonne administration de la justice, par une décision insusceptible de recours, de transmettre le dossier au tribunal administratif dans le ressort duquel est situé le nouveau lieu de rétention ou de détention.

Art. R. 922-6 Par exception aux dispositions de l'article R. 922-4 du présent code et de l'article R. 221-3 du code de justice administrative, le tribunal administratif territorialement compétent est celui de Nancy lorsque le requérant est placé au centre de rétention ou détenu au centre pénitentiaire de Metz et celui de Montreuil lorsque le requérant est placé au centre de rétention n° 3 du Mesnil-Amelot.

SECTION 2 Introduction de l'instance et représentation des parties

SOUS-SECTION 1 Présentation de la requête

Art. R. 922-7 Les conclusions dirigées contre des décisions notifiées simultanément peuvent être présentées dans la même requête.

Art. R. 922-8 Le second alinéa de l'article R. 411-1 du code de justice administrative n'est pas applicable et l'expiration du délai de recours n'interdit pas au requérant de soulever des moyens nouveaux, quelle que soit la cause juridique à laquelle ils se rattachent.

Le requérant qui a demandé l'annulation de l'une des décisions qui lui ont été notifiées simultanément peut, jusqu'à la clôture de l'instruction, former des conclusions dirigées contre toute autre de ces décisions.

Art. R. 922-9 La requête est présentée en un seul exemplaire.

Lorsqu'elle est adressée par le moyen de l'application informatique mentionnée à l'article R. 414-1 du code de justice administrative ou par le téléservice mentionné à l'article R. 414-2 du même code, son auteur signale son urgence en sélectionnant le type de procédure dans la rubrique correspondante.

Si, au moment de la notification d'une décision relevant du présent titre, l'étranger est retenu ou détenu, sa requête en annulation de cette décision peut valablement être déposée, dans le délai de recours contentieux, auprès du responsable du lieu de rétention administrative ou du chef de l'établissement pénitentiaire. Dans ce cas, mention du dépôt de la requête est faite sur un registre ouvert à cet effet. Un récépissé indiquant la date et l'heure du dépôt est délivré au requérant. L'autorité qui a reçu la requête la transmet sans délai et par tous moyens au président du tribunal administratif.

Art. R. 922-10 Les décisions attaquées sont produites par l'administration.

Lorsque l'étranger conteste la décision de maintien en rétention prévue à l'article L. 754-3, la décision de l'Office français de protection des réfugiés et apatrides mentionnée au deuxième alinéa de l'article L. 754-4 est également produite par l'administration. Dans ce cas, l'autorité administrative informe le président du tribunal administratif de la date et de l'heure auxquelles ces décisions ont été notifiées par procès-verbal à l'intéressé. Le président du tribunal est également informé sans délai par l'administration lorsque l'office décide, en application de l'article L. 754-7, de ne pas statuer selon la procédure accélérée prévue à l'article L. 531-23 du même code.

SOUS-SECTION 2 **Représentation des parties**

Art. R. 922-11 L'étranger peut, au plus tard avant le début de l'audience, demander qu'un avocat soit désigné d'office.

Il en est informé par le greffe du tribunal au moment de l'introduction de sa requête. L'étranger détenu, qui en a déjà été informé par l'autorité administrative compétente dès la notification de l'obligation de quitter le territoire français conformément à l'article L. 613-5-1, se voit rappeler cette information par le greffe du tribunal au moment de l'introduction de sa requête.

Quand l'étranger a demandé qu'un avocat soit désigné d'office, le président du tribunal administratif ou le magistrat désigné en informe aussitôt le bâtonnier de l'ordre des avocats près le tribunal judiciaire dans le ressort duquel se situe la salle d'audience où il est prévu qu'il siège à la date de la demande. Le bâtonnier effectue la désignation sans délai.

Art. R. 922-12 L'État est représenté en défense par l'autorité administrative qui a pris la ou les décisions attaquées.

Toutefois, lorsque l'étranger est assigné à résidence en application de l'article L. 731-1 ou retenu, l'État est représenté en défense par l'autorité administrative qui a pris la décision d'assignation à résidence ou de placement en rétention administrative.

Lorsque l'étranger est retenu ou détenu, des observations orales peuvent également être présentées au nom de l'État par le préfet du département dans lequel est situé le lieu de rétention administrative ou l'établissement pénitentiaire où se trouve l'étranger et, si ce lieu est situé à Paris, par le préfet de police.

SECTION 3 **Instruction**

Art. R. 922-13 Les mesures prises pour l'instruction des affaires sont notifiées aux parties par tous moyens.

Art. R. 922-14 Dès le dépôt de la requête, le président du tribunal administratif ou le magistrat désigné par lui transmet à l'autorité compétente pour représenter l'État en défense copie du recours et des pièces qui y sont jointes.

Art. R. 922-15 Conformément au second alinéa de l'article R. 611-8-6 du code de justice administrative, lorsqu'elles sont faites par voie électronique sur le fondement des articles R. 611-8-2, R. 611-8-3 et R. 711-2-1 du même code, les communications et convocations sont réputées reçues dès leur mise à disposition dans l'application ou le téléservice.

Art. R. 922-16 L'instruction est close soit après que les parties ont formulé leurs observations orales, soit, si ces parties sont absentes ou ne sont pas représentées, après appel de leur affaire à l'audience.

SECTION 4 **Jugement**

SOUS-SECTION 1 **Dispositions générales**

Art. R. 922-17 Le jugement est rendu, sans conclusions du rapporteur public, par le président du tribunal administratif ou le magistrat qu'il désigne à cet effet.

Les attributions dévolues par les dispositions réglementaires du code de justice administrative à la formation de jugement ou à son président sont exercées par ce magistrat.

Il peut, par ordonnance :

1° Donner acte des désistements ;

2° Transmettre sans délai le dossier à la juridiction qu'il estime compétente ;

3° Constater qu'il n'y a pas lieu de statuer sur un recours ;

4° Rejeter les recours entachés d'une irrecevabilité manifeste non susceptible d'être couverte en cours d'instance.

Art. R. 922-18 L'avis d'audience et le jugement sont notifiés aux parties par tous moyens.

SOUS-SECTION 2 Audience

Art. R. 922-19 Après le rapport fait par le président du tribunal administratif ou par le magistrat désigné, les parties peuvent présenter en personne ou par un avocat des observations orales. Elles peuvent également produire des documents à l'appui de leurs conclusions. Si ces documents apportent des éléments nouveaux, le magistrat demande à l'autre partie de les examiner et de lui faire part à l'audience de ses observations.

Art. R. 922-20 Dans le cas où l'étranger, qui ne parle pas suffisamment la langue française, le demande, le président nomme un interprète qui doit prêter serment d'apporter son concours à la justice en son honneur et en sa conscience.

Cette demande peut être formulée dès le dépôt de la requête introductive d'instance. Lors de l'enregistrement de la requête, le greffe informe au besoin l'intéressé de la possibilité de présenter une telle demande.

Toutefois, lorsque l'étranger est détenu, cette demande peut être formulée dès la notification de l'obligation de quitter le territoire français. Dans ce cas, lors de l'enregistrement de la requête, le greffe rappelle au besoin à l'intéressé la possibilité de présenter une telle demande.

Les frais d'interprète sont liquidés dans les conditions prévues à l'article R. 122 du code de procédure pénale.

Art. R. 922-21 L'information des parties prévue aux articles R. 611-7 et R. 612-1 du code de justice administrative peut être accomplie au cours de l'audience.

Art. R. 922-22 Lorsque l'audience se tient dans les conditions prévues au deuxième alinéa de l'article L. 922-3, les missions du greffe qui ne peuvent être assurées par l'agent de greffe présent dans la salle d'audience du tribunal administratif peuvent l'être, sous sa supervision, par un agent du lieu de rétention administrative ou de la zone d'attente, placé pour les besoins de l'audience sous l'autorité du président du tribunal administratif ou du magistrat désigné par lui. Cet agent établit, pour cette salle d'audience, le procès-verbal mentionné au troisième alinéa du même article.

SOUS-SECTION 3 Décision

Art. R. 922-23 A moins qu'un procès-verbal d'audience signé par le juge et par l'agent chargé du greffe de l'audience ait été établi, le jugement mentionne les moyens nouveaux soulevés par les parties lors de l'audience.

Art. R. 922-24 En cas d'annulation de la seule décision refusant à l'intéressé le délai de départ volontaire, la notification du jugement lui rappelle son obligation de quitter le territoire français dans le délai qui lui sera fixé par l'autorité administrative.

Art. R. 922-25 Lorsque l'étranger est placé ou maintenu en rétention administrative ou en zone d'attente, le dispositif du jugement assorti de la formule exécutoire prévue à l'article R. 751-1 du code de justice administrative est communiqué aux parties par tous moyens et dans les délais les plus brefs suivant la levée de l'audience. Les parties en accusent aussitôt réception. Le jugement est prononcé à la date de cette communication.

SECTION 5 Appel

Art. R. 922-26 Le tribunal administratif statue en premier et dernier ressort sur les recours contre les décisions de transfert mentionnées à l'article L. 572-1 et contre les décisions d'assignation à résidence prises en application de l'article L. 751-2.

L'art. R. 922-26 et les dispositions du 2° du I de l'art. 3 du Décr. n° 2024-799 du 2 juill. 2024 (V. CJA, art. R. 776-1) s'appliquent aux décisions des tribunaux administratifs rendues à compter du 15 juill. 2024 (Décr. préc., art. 9-III).

Art. R. 922-27 Le délai d'appel est d'un mois. Toutefois, conformément à l'article L. 352-9, il est de quinze jours pour contester le jugement relatif à la décision de refus d'entrée au titre de l'asile et, le cas échéant, à la décision de transfert notifiée à la frontière.

Le délai d'appel court contre chaque partie à compter du jour où le jugement lui a été notifié. Cette notification mentionne la possibilité de faire appel et le délai dans lequel cette voie de recours peut être exercée.

Art. R. 922-28 Devant la cour administrative d'appel, le président de la formation de jugement peut dispenser le rapporteur public, sur sa proposition, de prononcer des conclusions à l'audience.

TITRE III **DISPOSITIONS RELATIVES À L'OUTRE-MER**

(Décr. n° 2024-799 du 2 juill. 2024, art. 8 et 9, en vigueur le 15 juill. 2024)

CHAPITRE UNIQUE **DISPOSITIONS PARTICULIÈRES AUX COLLECTIVITÉS RÉGIES PAR L'ARTICLE 73 DE LA CONSTITUTION ET À SAINT-PIERRE-ET-MIQUELON**

Art. R. 931-1 Le présent livre est applicable de plein droit en Guadeloupe, en Guyane, en Martinique, à La Réunion, à Mayotte, à Saint-Pierre-et-Miquelon, sous réserve des adaptations prévues au présent chapitre.

Art. R. 931-2 Les titres Ier et II du présent livre, à l'exception de l'article R. 922-22, ne sont pas applicables en Guadeloupe.

Art. R. 931-3 Les titres Ier et II du présent livre, à l'exception de l'article R. 922-22, ne sont pas applicables en Guyane.

Art. R. 931-4 Les titres Ier et II du présent livre, à l'exception de l'article R. 922-22, ne sont pas applicables à Mayotte.

Art. R. 931-5 En Martinique, à La Réunion et à Saint-Pierre-et-Miquelon :

1° Pour l'application de l'article R. 922-27, les mots : "et, le cas échéant, à la décision de transfert notifiée à la frontière" sont supprimés ;

2° L'article R. 922-26 n'est pas applicable.

Code de l'entrée et du séjour des étrangers et du droit d'asile *[ANCIEN]*

V. ce code en ligne .

APPENDICE

ACCORDS BILATÉRAUX

Accords sur le séjour et le travail

Accord franco-algérien du 27 décembre 1968,

Relatif à la circulation, à l'emploi et au séjour des ressortissants algériens et de leurs familles.

Accord franco-marocain du 9 octobre 1987,

En matière de séjour et d'emploi. — Publié par Décr. n° 94-203 du 4 mars 1994 et entré en vigueur le 1er janv. 1994.

Accord franco-tunisien du 17 mars 1988,

En matière de séjour et de travail.

Convention franco-béninoise du 21 décembre 1992,

Relative à la circulation et au séjour des personnes entre la République française et la République du Bénin. — Publiée par le Décr. n° 94-971 du 3 nov. 1994.

Convention franco-centrafricaine du 26 septembre 1994,

Entre le gouvernement de la République française et le gouvernement de la République centrafricaine relative à la circulation et au séjour des personnes. — Publiée par le décret n° 96-1071 du 9 déc. 1996, et entrée en vigueur le 1er mai 1996.

Convention franco-malienne du 26 septembre 1994,

Entre le gouvernement de la République française et le gouvernement de la République du Mali sur la circulation et le séjour des personnes.

Gestion concertée des flux migratoires

I. Accords de la France

V. notamment sur www.gisti.org/spip.php ?rubrique135 :

— Accord entre la France et le Cameroun du 21 mai 2009 relatif à la gestion concertée des flux migratoires et au développement solidaire, signé à Yaoundé le 21 mai 2009 ;

— Accord entre la France et le Cap-Vert relatif à la gestion concertée des flux migratoires et au développement solidaire, signé à Paris, le 24 novembre 2008 ;

— Accord entre la France et l'Île Maurice relatif au séjour et à la migration circulaire de professionnels, signé à Paris, le 23 septembre 2008 et l'Accord relatif à la coopération en matière de sécurité intérieure signé à Paris le 13 juin 2008 ;

— Accord entre la France et le Congo relatif à la gestion concertée des flux migratoires et au codéveloppement, signé à Brazzaville le 25 octobre 2007 et entré en vigueur le 1er août 2009 ;

— Accord entre la France et le Sénégal relatif à la gestion concertée des flux migratoires, signé à Dakar le 23 septembre 2006 et Avenant du 25 février 2008, entrés en vigueur le 1er août 2009 ; Circ. du 15 janv. 2010 (NOR : IMI/M/09/00083/C) relative à la mise en œuvre des dispositions de l'accord franco-sénégalais relatives au séjour et au travail ;

– Accord entre la France et le Bénin relatif à la gestion concertée des flux migratoires et au codéveloppement, signé à Cotonou le 28 novembre 2007, entré en vigueur le 1er mars 2010 ; Circ. du 7 avr. 2010 (NOR : IMI/M/10/00107/C) relative à la mise en œuvre des dispositions relatives à l'admission au séjour et au travail de l'Accord franco-béninois relatif à la gestion concertée du 28 nov. 2007 ;

– Accord entre la France et la Tunisie relatif à la gestion concertée des migrations et au développement solidaire, du protocole relatif à la gestion concertée des migrations du 28 avr. 2008 (V. L. nº 2009-586 du 25 mai 2009 autorisant l'approbation de l'accord-cadre et du protocole, JO 26 mai, Décr. nº 2009-905 du 24 juill. 2009, JO 26 juill.).

– Accord franco-gabonais du 5 juill. 2007 relatif à la gestion concertée des flux migratoires et au codéveloppement (V. L. nº 2008-569 du 19 juin 2008, Décr. nº 2008-900 du 3 sept. 2008, JO 6 sept., en vigueur le 1er sept. 2009).

II. Accords de l'Union européenne

Accord d'association

Accord créant une association entre la Communauté économique européenne et la Turquie du 12 sept. 1963, JOCE nº L 217 du 29 déc. 1964.

Accord de partenariat

Accord de partenariat entre la Communauté européenne et les soixante-dix-sept pays de l'Afrique, des Caraïbes et du Pacifique du 23 juin 2000, JOCE nº L 317 du 15 déc. 2000.

Accords euro-méditerranéens

– Accord euro-méditerranéen CE/Tunisie du 17 juin 1995 établissant une association entre la Communauté européenne et ses États membres, d'une part, et la République tunisienne, d'autre part, entré en vigueur le 1er mars 1998, JOCE nº L 97 du 30 mars 1998 ;

– Accord euro-méditerranéen CE/Israël du 20 nov. 1995, établissant une association entre les Communautés européennes et leurs États membres, d'une part, et l'État d'Israël, d'autre part, entré en vigueur le 1er juin 2000, JOCE nº L 147 du 21 juin 2000 ;

– Accord euro-méditerranéen CE/Maroc du 26 févr. 1996 établissant une association entre les Communautés européennes et leurs États membres, d'une part, et le Royaume du Maroc, d'autre part, entré en vigueur le 1er juin 2000, JOCE nº L 70 du 18 mars 2000 ;

– Accord euro-méditerranéen CE/Jordanie du 24 nov. 1997 établissant une association entre les Communautés européennes et leurs États membres, d'une part, et le Royaume hachémite de Jordanie, d'autre part, entré en vigueur le 1er juin 2000, JOCE nº L 129 du 15 mai 2002 ;

– Accord euro-méditerranéen CE/Égypte du 25 juin 2001 établissant une association entre les Communautés européennes et leurs États membres, d'une part, et la République arabe d'Égypte, d'autre part, entré en vigueur le 1er juin 2000, JOCE nº L 129 du 15 mai 2002 ;

– Accord euro-méditerranéen CE/Liban du 17 juin 2002 instituant une association entre la Communauté européenne et ses États membres, d'une part, et la République libanaise, d'autre part, entré en vigueur le 1er juin 2000, JOCE nº L 143 du 30 mai 2006 ;

– Accord euro-méditerranéen CE/Algérie du 22 avr. 2002 établissant une association entre la Communauté européenne et ses États membres, d'une part, et la République algérienne démocratique et populaire, d'autre part, entré en vigueur le 1er sept. 2005, JOUE nº L 265 du 10 oct. 2005.

Accords de partenariat et de coopération

– Accord de partenariat et de coopération CE/Ukraine du 14 juin 1994 établissant un partenariat et une coopération entre la Communauté européenne et ses États membres et l'Ukraine, entré en vigueur le 1er mars 1998, JOCE nº L 49 du 19 févr. 1998 ;

– Accord de partenariat et de coopération CE/Russie du 24 juin 1994 établissant un partenariat et une coopération entre la Communauté européenne et ses États membres et la Fédération de Russie, entré en vigueur le 1er déc. 1997, JOCE n° L 327 du 28 nov. 1997 ;

– Accord de partenariat et de coopération CE/Moldavie du 28 nov. 1994 établissant un partenariat et une coopération entre la Communauté européenne et ses États membres et la République de Moldavie, entré en vigueur le 1er juill. 1998, JOCE n° L 181 du 24 juin 1998 ;

– Accord de partenariat et de coopération CE/Kazakhstan du 23 janv. 1995 établissant un partenariat et une coopération entre la Communauté européenne et ses États membres et la République du Kazakhstan, entré en vigueur le 1er juill. 1999, JOCE n° L 196 du 28 juill. 1999 ;

– Accord de partenariat et de coopération CE/Kirghizistan du 9 févr. 1995 établissant un partenariat et une coopération entre la Communauté européenne et ses États membres et la République Kirghize, entré en vigueur le 1er juill. 1999, JOCE n° L 196 du 28 juill. 1999 ;

– Accord de partenariat et de coopération CE/Géorgie du 22 avr. 1996 établissant un partenariat et une coopération entre la Communauté européenne et ses États membres et la Géorgie, entré en vigueur le 1er juill. 1999, JOCE n° L 205 du 4 août 1999 ;

– Accord de partenariat et de coopération CE/Azerbaïdjan du 22 avr. 1996 établissant un partenariat et une coopération entre la Communauté européenne et ses États membres et la République d'Azerbaïdjan, entré en vigueur le 1er juill. 1999, JOCE n° L 246 du 17 sept. 1999 ;

– Accord de partenariat et de coopération CE/Arménie du 22 avr. 1996 établissant un partenariat et une coopération entre la Communauté européenne et ses États membres et la République d'Arménie, entré en vigueur le 1er juill. 1999, JOCE n° L 239 du 9 sept. 1999 ;

– Accord de partenariat et de coopération CE/Ouzbékistan du 21 juin 1996 établissant un partenariat et une coopération entre la Communauté européenne et ses États membres et la République d'Ouzbékistan, entré en vigueur le 1er juill. 1999, JOCE n° L 229 du 31 août 1999 ;

– Accord de partenariat et de coopération CE/Tadjikistan du 11 oct. 2004 établissant un partenariat entre les Communautés européennes et leurs États membres, d'une part, et le Tadjikistan, d'autre part, entré en vigueur le 1er janv. 2010, JOUE 19 août 2010.

Accords de réadmission

– Accord entre la Communauté européenne et la région administrative spéciale de Macao de la république populaire de Chine concernant la réadmission des personnes en séjour irrégulier du 13 oct. 2003, JOUE n° L 143 du 30 avr. 2004 ;

– Accord entre la Communauté européenne et le gouvernement de la région administrative spéciale de Hong Kong de la République populaire de Chine concernant la réadmission des personnes en séjour irrégulier du 27 nov. 2002, JOUE n° L 17 du 24 janv. 2004 ;

– Accord entre la Communauté européenne et la République d'Albanie concernant la réadmission des personnes en séjour irrégulier du 14 avr. 2005, JOUE n° L 124 du 17 mai 2005 ;

– Accord entre la Communauté européenne et la République socialiste démocratique de Sri Lanka concernant la réadmission des personnes en séjour irrégulier du 4 juin 2004, JOUE n° L 124 du 17 mai 2005 ;

– Accord entre la Communauté européenne et l'Ukraine sur la réadmission des personnes du 27 oct. 2006, JOUE n° 332 du 18 déc. 2007 ;

– Accord de réadmission entre la Communauté européenne et la Fédération de Russie du 25 mai 2006, JOUE n° L 129/40 du 17 mai 2007 ;

– Accord entre la Communauté européenne et la République de Serbie concernant la réadmission des personnes en séjour irrégulier du 8 nov. 2007, JOUE n° L 334 du 19 déc. 2007 ;

– Accord entre la Communauté européenne et la République de Moldova concernant la réadmission des personnes en séjour irrégulier du 22 nov. 2007, JOUE n° L 334 du 19 déc. 2007 ;

– Accord entre la Communauté européenne et la Bosnie-et-Herzégovine concernant la réadmission des personnes en séjour irrégulier du 8 nov. 2007, JOUE n° L 334 du 19 déc. 2007 ;

– Accord entre la Communauté européenne et la République du Monténégro concernant la réadmission des personnes en séjour irrégulier du 8 nov. 2007, JOUE n° L 334 du 19 déc. 2007 ;

– Accord entre la Communauté européenne et l'ancienne République yougoslave de Macédoine concernant la réadmission des personnes en séjour irrégulier du 8 nov. 2007, JOUE n° L 334 du 19 déc. 2007 ;

– Accord entre la Communauté européenne et la République islamique du Pakistan concernant la réadmission des personnes en séjour irrégulier du 26 oct. 2009, JOUE n° L 287 du 24 nov. 2010 ;

– Accord entre l'Union européenne et la Géorgie concernant la réadmission des personnes en séjour irrégulier du 18 janv. 2011, JOUE n° L 52 du 25 févr. 2011 ;

– Accord entre l'Union européenne et la République d'Arménie concernant la réadmission des personnes en séjour irrégulier du 19 avr. 2013, JOUE n° L 289/13 du 31 oct. 2013 ;

– Accord entre l'Union européenne et la République du Cap-Vert concernant la réadmission des personnes en séjour irrégulier du 7 oct. 2013, JOUE n° L 282/15 du 24 oct. 2013 ;

– Accord entre l'Union européenne et la République de Turquie concernant la réadmission des personnes en séjour irrégulier du 16 déc. 2013, JOUE n° L 134 du 7 mai 2014 ;

– Accord entre l'Union européenne et la République d'Azerbaïdjan concernant la réadmission des personnes en séjour irrégulier du 28 févr. 2014, JOUE n° L 128 du 30 avr. 2014 ;

– Accord entre l'UE et la République de Biélorussie concernant la réadmission des personnes en séjour irrégulier du 13 mai 2020, JOUE n° L 181 du 9 juin 2020.

Accords de stabilisation et d'association

– Accord de stabilisation et d'association CE/Macédoine du 9 avr. 2001 entre la Communauté européenne et ses États membres et l'ancienne République yougoslave de Macédoine, entré en vigueur le 1er avr. 2004, JOUE n° L 84 du 20 mars 2004 ;

– Accord de stabilisation et d'association UE/Albanie du 12 juin 2006, entré en vigueur le 1er avr. 2009, JOUE n° L 107 du 28 avr. 2009 ;

– Accord de stabilisation et d'association UE/Monténégro du 15 oct. 2007, entré en vigueur le 1er mai 2010, JOUE n° L 108 du 29 avr. 2010 ;

– Accord de stabilisation et d'association entre les Communautés européennes et leurs États membres, d'une part, et la République de Serbie, d'autre part, du 29 avr. 2008, entré en vigueur le 1er sept. 2013, JOUE n° L 278 du 18 oct. 2013 ;

– Accord de stabilisation et d'association CE/Bosnie-Herzégovine du 16 juin 2008, entré en vigueur le 1er juin 2015, JOUE n° L 164 du 30 juin 2015.

Accord de facilitation de la délivrance de visas

Accord entre l'UE et la République de Biélorussie visant à faciliter la délivrance de visas du 13 mai 2020, JOUE n° L 180 du 9 juin 2020.

Ordonnance n° 2019-76 du 6 février 2019,

Portant diverses mesures relatives à l'entrée, au séjour, aux droits sociaux et à l'activité professionnelle, applicables en cas d'absence d'accord sur le retrait du Royaume-Uni de l'Union européenne.

TITRE I DROIT DE SÉJOUR ET DROITS SOCIAUX DES RESSORTISSANTS BRITANNIQUES RÉSIDANT LÉGALEMENT EN FRANCE À LA DATE DU RETRAIT DU ROYAUME-UNI DE L'UNION EUROPÉENNE

CHAPITRE I *DROIT DE SÉJOUR*

Art. 1er Pour une période d'au moins trois mois à compter de la date du retrait du Royaume-Uni de l'Union européenne sur le fondement de l'article 50 du traité sur le fonctionnement de l'Union européenne (TFUE) et jusqu'à une date fixée par décret et qui ne peut être postérieure à un an après cette date, le ressortissant britannique qui, à la date de ce retrait, résidait régulièrement en France dans les conditions prévues par les articles L. 121-1 et L. 122-1 du code de l'entrée et du séjour des étrangers et du droit d'asile et continue à y résider, n'est pas tenu de détenir un titre de séjour. Pendant cette période, il conserve son droit de séjour, y compris au titre du droit d'exercice d'une activité professionnelle ainsi que les droits sociaux qui en résultent et dont il bénéficie à la date du retrait du Royaume-Uni de l'Union européenne. Le décret fixe également la date avant laquelle les demandes de titres de séjour des ressortissants britanniques qui résidaient régulièrement en France à la date du retrait du Royaume-Uni de l'Union européenne doivent être déposées dans les conditions fixées par les articles 2 et 3.

Art. 2 I. – Le ressortissant britannique relevant de l'article 1er, lorsqu'il séjourne régulièrement en France depuis moins de cinq ans, obtient, sous réserve qu'il en fasse la demande dans la période visée à l'article 1er et sans que la présentation d'un visa de long séjour ne soit exigée, un titre de séjour dans les conditions suivantes :

1° La carte de séjour pluriannuelle prévue à l'article L. 313-17 du code de l'entrée et du séjour des étrangers et du droit d'asile portant la mention "étudiant", ou la carte de séjour pluriannuelle prévue à l'article L. 313-27 du même code portant la mention "étudiant-programme de mobilité", est accordée au ressortissant de nationalité britannique qui suit en France un enseignement ou y fait des études. La nature et la durée du titre accordé sont apprécié*[e]*s au regard de la durée restant à courir du cycle d'études dans lequel est inscrit l'étudiant, et du caractère réel et sérieux des études, apprécié au regard des éléments produits par les établissements de formation et par l'intéressé. Un redoublement par cycle d'études ne remet pas en cause, par lui-même, le caractère sérieux des études ;

2° La carte de séjour pluriannuelle prévue à l'article L. 313-17 du même code portant la mention "salarié" est délivrée à titre dérogatoire en première délivrance pour une durée de quatre années au ressortissant de nationalité britannique qui exerce une activité salariée sous contrat de travail à durée indéterminée ;

3° La carte de séjour temporaire prévue au 2° de l'article L. 313-10 du même code portant la mention "travailleur temporaire" est délivrée au ressortissant de nationalité britannique qui exerce une activité salariée sous contrat de travail à durée déterminée ou dans les cas de détachement temporaire prévus aux articles L. 1262-1 et L. 1262-2 du code du travail. Cette carte est délivrée pour une durée d'un an ;

4° La carte de séjour pluriannuelle prévue à l'article L. 313-17 du code de l'entrée et du séjour des étrangers et du droit d'asile, portant la mention "entrepreneur/profession libérale" est accordée à titre dérogatoire en première délivrance pour une durée de quatre années au ressortissant de nationalité britannique qui exerce une activité non salariée et apporte la preuve qu'il peut vivre de ses seules ressources, indépendamment des prestations familiales et des allocations prévues à l'article L. 262-1 du code de l'action sociale et des familles ainsi qu'aux articles L. 5423-1, L. 5423-2 et L. 5423-3 du code du travail ;

5° La carte de séjour temporaire mentionnée à l'article L. 313-8 du code de l'entrée et du séjour des étrangers et du droit d'asile portant la mention "recherche d'emploi ou création d'entreprise" est délivrée au ressortissant de nationalité britannique qui a achevé ses études en France dans l'année précédant sa demande, après y avoir obtenu un diplôme dans un établissement d'enseignement supérieur habilité au niveau national au sens de cet article. Elle est également accordée au ressortissant de nationalité britannique qui se trouve au chômage après avoir été en situation d'emploi en France durant au moins trois mois dans l'année précédant sa demande, s'il s'est fait enregistrer en qualité de demandeur d'emploi auprès du service public de l'emploi et s'il justifie d'une assurance-maladie ;

6° La carte de séjour pluriannuelle prévue à l'article L. 313-17 du même code portant la mention "vie privée et familiale" mentionnée à l'article L. 313-11 est accordée à titre dérogatoire en première délivrance au ressortissant de nationalité britannique lié avec un autre ressortissant de nationalité britannique satisfaisant aux conditions énoncées aux 1°, 2°, 3°, 4° ou 5° ci-dessus ou au présent alinéa en qualité de descendant direct âgé de moins de vingt et un ans ou à charge, ascendant direct à charge, conjoint, ascendant ou descendant direct à charge du conjoint, dès lors qu'il était lié à ce dernier avant la date du retrait du Royaume-Uni de l'Union européenne. La carte de séjour délivrée est d'une durée égale à la période de validité restant à courir de la carte de séjour du ressortissant accompagné ou rejoint ;

7° La carte de séjour temporaire prévue à l'article L. 313-6 du même code portant la mention "visiteur" est délivrée au ressortissant britannique qui ne remplit pas les conditions de délivrance des titres mentionnés aux 1° à 6° ci-dessus. Il doit justifier de la possession d'une assurance maladie. Les conditions de ressources dont il doit justifier sont précisées par décret.

II. — Le ressortissant d'un État tiers, quelle que soit sa nationalité, ayant les mêmes liens familiaux que ceux visés au 6° du I du présent article avec un ressortissant britannique, qui, à la date du retrait du Royaume-Uni de l'Union européenne, résidait légalement en France sous couvert de la carte de séjour portant la mention "carte de séjour de membre de la famille d'un citoyen de l'Union" prévue à l'article L. 121-3 du code de l'entrée et du séjour des étrangers et du droit d'asile depuis moins de cinq années et continue à y résider, obtient une carte de séjour pluriannuelle portant la mention "vie privée et familiale" mentionnée à l'article L. 313-11 du même code d'une durée égale à la période de validité restant à courir de la carte de séjour du ressortissant britannique.

III. — La poursuite de l'activité professionnelle salariée ayant justifié la délivrance de l'une des cartes prévues aux 2° et 3° du I du présent article n'est pas subordonnée à la délivrance de l'autorisation de travail prévue à l'article L. 5221-2 du code du travail. Ces cartes permettent l'exercice de toute activité professionnelle salariée sans solliciter d'autorisation de travail, sous réserve du respect des autres conditions législatives et réglementaires applicables, le cas échéant, à l'activité en cause.

IV. — Les cartes de séjour délivrées en application des I et II du présent article sont renouvelées dans des conditions identiques à celles qui ont prévalu pour leur première délivrance à l'exception de la carte portant la mention "recherche d'emploi ou création d'entreprise" qui n'est pas renouvelable au-delà de l'expiration des droits à l'indemnisation prévue à l'article L. 5422-1 du code du travail. En cas de changement de situation, le ressortissant de nationalité britannique visé au I peut obtenir la délivrance de l'un des autres titres de séjour prévus au I dans les mêmes conditions, à l'exception de la carte portant la mention "visiteur" qui ne peut être obtenue que dans les conditions de droit commun prévues par l'article L. 313-6 du code de l'entrée et du séjour des étrangers et du droit d'asile.

V. — La satisfaction des conditions d'application du présent article est appréciée à la date de la demande.

Un décret précise les conditions d'application du présent article.

Art. 3 I. — Le ressortissant britannique relevant de l'article 1er obtient de plein droit, sans que la présentation d'un visa de long séjour ne soit exigée et sous réserve qu'il en fasse la demande dans la période visée au même article, la carte de résident mentionnée à l'article L. 314-8 du code de l'entrée et du séjour des étrangers et du droit d'asile, lorsqu'il satisfait à l'une des conditions suivantes :

1° Être en possession du titre de séjour mentionné à l'article L. 122-1 du même code ;

2° Avoir résidé en France depuis au moins cinq années. Les conditions de ressources dont il doit justifier sont précisées par décret. Il doit en outre justifier de la possession d'une assurance maladie.

II. — Le ressortissant britannique titulaire d'une carte délivrée dans les conditions fixées par le I de l'article 2 obtient de plein droit, lorsqu'il a résidé en France depuis au moins cinq années, la carte de résident mentionnée au I du présent article. Les conditions de ressources dont il doit justifier sont précisées par décret.

III. — Le ressortissant d'un État tiers, quelle que soit sa nationalité, ayant avec un ressortissant britannique relevant de l'article 1er les mêmes liens familiaux que ceux visés au 6° du I de l'article 2, qui, à la date du retrait du Royaume-Uni de l'Union européenne, résidait légalement en France et continue à y résider obtient de plein droit la carte de résident mentionnée au I du présent article lorsqu'il satisfait à l'une des conditions suivantes :

1° Être en possession du titre de séjour mentionné au deuxième alinéa de l'article L. 122-1 du code de l'entrée et du séjour des étrangers et du droit d'asile ;

2° Avoir résidé en France depuis au moins cinq années avec le ressortissant britannique visé au I du présent article.

IV. – Le ressortissant d'un État tiers, ayant avec un ressortissant britannique relevant de l'article 1er les mêmes liens familiaux que ceux visés au 6° du I de l'article 2, titulaire de la carte délivrée au titre du II de l'article 2 et ayant résidé en France depuis au moins cinq années avec le ressortissant britannique visé au I du présent article obtient de plein droit, sous réserve qu'il remplisse encore les conditions prévues pour l'obtention de cette carte de séjour, la carte de résident mentionnée à l'article L. 314-8 du code de l'entrée et du séjour des étrangers et du droit d'asile.

V. – Un décret précise les conditions d'application du présent article.

Art. 4 Le ressortissant britannique titulaire d'un titre de séjour obtenu dans les conditions fixées par le présent chapitre est dispensé de la signature du contrat d'intégration républicaine prévu à l'article L. 311-9 du code de l'entrée et du séjour des étrangers et du droit d'asile.

Art. 5 La première délivrance des titres de séjour délivrés aux ressortissants britanniques et aux membres de leur famille dans les conditions fixées par le présent chapitre donne lieu à la perception de la taxe prévue à l'article L. 311-13 du code de l'entrée et du séjour des étrangers et du droit d'asile, dont le montant est fixé par décret entre les montants figurant dans la dernière phrase du premier alinéa du A du même article.

Leur renouvellement et la fourniture de duplicatas donnent lieu à la perception de la taxe dans les conditions de droit commun fixées au B du même article, y compris pour l'accès à la carte de résident dans les conditions prévues aux II et IV de l'article 3.

CHAPITRE II *DROITS SOCIAUX*

Art. 6 I. – Par dérogation au 2° de l'article L. 262-4 du code de l'action sociale et des familles, le ressortissant britannique bénéficiant du revenu de solidarité active à la date du retrait du Royaume-Uni de l'Union européenne, et qui répond aux conditions prévues à l'article 2, continue à le percevoir pendant une durée d'un an à compter *[de]* l'entrée en vigueur de la présente ordonnance, incluant le délai mentionné à l'article 1er, sous réserve de remplir les autres conditions pour en justifier.

II. – Par dérogation à l'article 1er, le ressortissant britannique bénéficiant du revenu de solidarité active à la date du retrait du Royaume-Uni de l'Union européenne qui répond aux conditions prévues à l'article 3 continue à le percevoir pendant la durée d'un an mentionnée au I du présent article, sous réserve de remplir les autres conditions pour en justifier.

III. – Par dérogation à l'article L. 262-5 du code précité, continue d'être pris en compte pour les droits au revenu de solidarité active du ressortissant britannique répondant aux conditions prévues à l'article 2 ou à l'article 3, ou du ressortissant relevant du premier alinéa de l'article L. 262-6, le conjoint, concubin ou partenaire d'un pacte civil de solidarité lié à ce bénéficiaire à la date du retrait du Royaume-Uni de l'Union européenne.

IV. – Pour la détermination de la durée prise en compte au titre du 2° de l'article L. 262-4 du code de l'action sociale et des familles :

1° Le ressortissant britannique résidant en France à la date du retrait du Royaume-Uni de l'Union européenne qui sollicite le droit au revenu de solidarité active peut demander la prise en compte, pour déterminer son éligibilité, de la durée ininterrompue de résidence régulière sur le territoire français dont il justifiait à cette date ;

2° Il est tenu compte de la période de conservation des droits au revenu de solidarité active mentionnée au I du présent article lors de l'examen du renouvellement des droits pour le ressortissant britannique concerné.

Art. 7 I. – La personne couverte par l'assurance maladie britannique en vertu du règlement (CE) n° 883/2004 du Parlement européen et du Conseil du 29 avril 2004 et du règlement (CE) n° 987/2009 du Parlement européen et du Conseil du 16 septembre 2009 et qui réside légalement en France à la date du retrait du Royaume-Uni de l'Union européenne continue à bénéficier de la prise en charge des soins de santé pour elle-même et ses ayant-droits *[ayants droit]*, dans les mêmes conditions qu'un assuré d'un régime français obligatoire, jusqu'à l'expiration du délai mentionné au II du présent article.

II. – Par dérogation à l'article 1er, le bénéfice de la continuité de prise en charge des soins de santé mentionnés au I du présent article est garanti pendant une période de deux ans à compter de l'entrée en vigueur de la présente ordonnance aux conditions prévalant jusqu'à cette date, sauf si un accord avec le Royaume-Uni est conclu avant cette échéance afin de régir pour l'avenir les modalités de compensation financière de la dépense résultant, pour chaque État, des conditions de prise en charge des soins de santé de leurs assurés respectifs.

III. – A l'expiration du délai mentionné au II du présent article et à défaut d'intervention d'un accord, les conditions de prise en charge des soins de santé des personnes couvertes par l'assurance maladie britannique mentionnées au I du même article seront réexaminées.

TITRE II CONDITIONS D'EXERCICE D'UNE ACTIVITÉ PROFESSIONNELLE

CHAPITRE I *ACTIVITÉ PROFESSIONNELLE SALARIÉE*

Art. 8 L'employeur d'un ressortissant britannique entrant dans le champ du chapitre I du titre I est exempté de l'obligation prévue à l'article L. 5221-8 du code du travail. Le ressortissant britannique informe sans délai son employeur lorsqu'il obtient son premier titre de séjour délivré après le retrait du Royaume-Uni de l'Union européenne. Ce titre doit l'autoriser à exercer l'activité salariée qui est la sienne.

CHAPITRE II *EXERCICE D'UNE PROFESSION SOUMISE AU RESPECT DE CONDITIONS*

Art. 9 I. – Les ressortissants britanniques exerçant légalement en France, à la date du retrait du Royaume-Uni de l'Union européenne, une activité professionnelle ou une profession soumise à la condition de détention de la nationalité d'un État membre de l'Union européenne conservent la possibilité d'exercer leur profession en France, sous réserve du respect des autres conditions auxquelles l'exercice de cette profession est soumis.

II. – Par dérogation au I du présent article, les ressortissants britanniques titulaires, à la date du retrait du Royaume-Uni de l'Union européenne, d'une autorisation administrative les autorisant à exercer une activité professionnelle ou une profession soumise à la condition de détention de la nationalité d'un État membre de l'Union européenne pendant une durée déterminée conservent le bénéfice de cette autorisation administrative jusqu'à son terme, sous réserve du respect des autres conditions auxquelles cette autorisation administrative est soumis*[e]*.

Art. 10 Les ressortissants britanniques exerçant légalement leur activité professionnelle ou leur profession en France à la date du retrait du Royaume-Uni de l'Union européenne conservent le bénéfice, pour l'exercice de cette activité ou profession en France, de la reconnaissance des qualifications professionnelles, le cas échéant dans le cadre d'une autorisation d'accès partiel à la profession, obtenue avant cette date conformément au droit de l'Union et, notamment, sur le fondement des dispositions législatives et réglementaires prises pour l'application :

1° Des titres I à IV de la directive 2005/36/CE du Parlement européen et du Conseil du 7 septembre 2005 modifiée ;

2° De l'article 10 (1) et (3) de la directive 98/5/CE du Parlement européen et du Conseil du 16 février 1998 ;

3° De l'article 14 de la directive 2006/43/CE du Parlement européen et du Conseil du 17 mai 2006 ;

4° De la directive 74/556/CEE du Conseil du 4 juin 1974.

Ces dispositions sont également applicables aux ressortissants britanniques ayant déposé une demande de reconnaissance de leur qualification professionnelle devant l'autorité nationale compétente avant la date du retrait du Royaume-Uni de l'Union européenne. Cette demande est appréciée conformément aux dispositions en vigueur à la date de son dépôt.

Art. 11 I. – Les ressortissants d'un État membre de l'Union européenne ou d'un État partie à l'Espace économique européen, ainsi que, le cas échéant, les ressortissants de pays tiers auxquels le droit de l'Union ou le droit national impose de réserver un traitement équivalent à celui des ressortissants nationaux, exerçant légalement leur profession ou leur activité professionnelle en France à la date du retrait du Royaume-Uni de l'Union européenne, conservent le bénéfice, pour l'exercice de leur activité ou profession en France, de la reconnaissance des qualifications professionnelles acquises au Royaume-Uni avant son retrait de l'Union européenne, le cas échéant dans le cadre d'une autorisation d'accès partiel à la profession, obtenue conformément au droit de l'Union et, notamment, sur le fondement des dispositions législatives et réglementaires prises pour l'application :

1° Des titres I à IV de la directive 2005/36/CE du Parlement européen et du Conseil du 7 septembre 2005 modifiée ;

2° De l'article 10 (1) et (3) de la directive 98/5/CE du Parlement européen et du Conseil du 16 février 1998 ;

3° De l'article 14 de la directive 2006/43/CE du Parlement européen et du Conseil du 17 mai 2006 ;

4° De la directive 74/556/CEE du Conseil du 4 juin 1974.

Ces dispositions sont également applicables aux ressortissants ayant déposé une demande de reconnaissance de leur qualification professionnelle acquise au Royaume-Uni devant l'autorité nationale compétente avant la date du retrait du Royaume-Uni de l'Union européenne. Cette demande est appréciée conformément aux dispositions en vigueur à la date de son dépôt.

II. – Les demandes de reconnaissance de qualifications professionnelles acquises au Royaume-Uni jusqu'à cinq ans après la date de son retrait de l'Union européenne et déposées par les ressortissants visés au premier alinéa auprès des autorités nationales compétentes postérieurement à cette date sont instruites conformément aux dispositions du droit de l'Union européenne applicables avant cette date pour l'exercice en France des professions concernées, à l'exclusion de la directive 98/5/CE du Parlement européen et du Conseil du 16 février 1998.

Lorsque la reconnaissance d'une qualification professionnelle tient compte de l'expérience professionnelle acquise par le demandeur, il est tenu compte de l'expérience professionnelle acquise par celui-ci au Royaume-Uni avant la date de son retrait de l'Union européenne.

Art. 12 Aux fins de l'application de l'article 10, les demandes en cours de traitement par les autorités françaises à la date du retrait du Royaume-Uni de l'Union européenne continuent, le cas échéant, d'être traitées par voie électronique, dans les conditions prévues par l'article 9 de l'ordonnance du 22 décembre 2016 susvisée.

Art. 13 I. – Pendant une période d'un an à compter de la date du retrait du Royaume-Uni de l'Union européenne, les ressortissants du Royaume-Uni exerçant la profession d'avocat en France à la date du retrait du Royaume-Uni de l'Union européenne, sous un titre professionnel du Royaume-Uni ou d'un État membre de l'Union européenne ou d'un État partie à l'Espace économique européen autre que la France en application du chapitre I du titre IV de la loi du 31 décembre 1971 susvisée, continuent à pouvoir exercer en France sous leur titre d'origine. Il en va de même des ressortissants d'un État membre de l'Union européenne ou d'un État partie à l'accord sur l'Espace économique européen exerçant la profession d'avocat en France à la date du retrait du Royaume-Uni de l'Union européenne sous un titre professionnel du Royaume-Uni.

II. – Les personnes mentionnées au premier alinéa du I du présent article peuvent bénéficier des dispositions de l'article 89 de la loi du 31 décembre 1971 susvisée au-delà de la date du retrait du Royaume-Uni de l'Union européenne sous réserve d'avoir déposé leur demande au plus tard un an après la date du retrait du Royaume-Uni de l'Union européenne. L'expérience professionnelle exigée doit avoir été acquise à cette date. La décision du conseil de l'ordre peut intervenir postérieurement.

Si la décision est favorable, les articles 10 et 11 sont applicables.

III. – A défaut, les ressortissants du Royaume-Uni mentionnés au I du présent article exerçant en France la profession d'avocat sous un titre professionnel du Royaume-Uni, d'un État membre de l'Union européenne ou d'un État partie à l'accord sur l'Espace économique européen autre que la France cessent d'exercer à l'expiration d'un délai d'un an à compter de la date du retrait du Royaume-Uni de l'Union européenne et sont omis du tableau par décision du conseil de l'ordre auprès duquel ils sont inscrits. Il en va de même des ressortissants d'un État membre de l'Union européenne ou d'un autre État partie à l'accord sur l'Espace économique européen exerçant la profession d'avocat en France sous un titre professionnel du Royaume-Uni.

Art. 14 Les ressortissants britanniques exerçant à titre permanent leur activité au Royaume-Uni ou dans un État membre de l'Union européenne ou un État partie à l'Espace économique européen, ainsi que les personnes physiques et morales exerçant à titre permanent leur activité ou leur profession au Royaume-Uni conservent la possibilité d'exercer en France leur activité ou profession de manière temporaire et occasionnelle dans les conditions prévues par les dispositions législatives et réglementaires prises pour l'application de la directive 2005/36/CE du Parlement européen et du Conseil du 7 septembre 2005 modifiée et de la directive 77/249/CEE du Conseil du 22 mars 1977, à la stricte fin d'honorer les contrats en cours à la date du retrait du Royaume-Uni de l'Union européenne.

Les personnes visées au premier alinéa du présent article ayant effectué une déclaration préalable en France en vue d'y exercer leur activité professionnelle ou leur profession de manière temporaire et occasionnelle peuvent continuer à l'exercer dans les conditions prévues par les textes visés au premier alinéa pour la durée de validité de la déclaration, sous réserve du respect des autres conditions applicables.

Art. 15 Conservent la possibilité de détenir, directement ou indirectement, et sous réserve du respect des autres conditions prévues par la règlementation applicable, les parts de capital social et droits de vote qu'ils détiennent à la date du retrait du Royaume-Uni de l'Union européenne, les ressortissants britanniques, les personnes physiques et morales légalement établies au Royaume-Uni qui détiennent une partie du capital social ou des droits de vote d'une société, d'un groupement ou d'une association entrant dans le champ des dispositions :

1° Des titres I, IV et IV *bis* de la loi n° 90-1258 du 31 décembre 1990 ;

2° De l'article L. 422-7 du code de la propriété intellectuelle ;

3° De l'article L. 241-17 du code rural et de la pêche maritime ;

4° De l'article 8 de la loi n° 71-1130 du 31 décembre 1971 ;

5° De l'article 7 de l'ordonnance n° 45-2138 du 19 septembre 1945 ;

6° Du 2° de l'article 13 de la loi n° 77-2 du 3 janvier 1977.

Aux fins de l'application du présent article, les droits et *[de]* vote et les parts de capital social détenus par les personnes mentionnées au premier alinéa du présent article sont assimilés à des droits ou parts détenus par des ressortissants de l'Union européenne ou d'un État partie à l'Espace économique européen dans les cas où il est exigé que de tels ressortissants détiennent la majorité du capital social ou des droits de vote de la société. Dans les cas où il est exigé que ces personnes soient des professionnels qualifiés, les droits de vote et les parts de capital social qu'elles détiennent sont assimilés à des parts ou droits détenus par des ressortissants de l'Union européenne ou d'un État partie à l'Espace économique européen à condition qu'elles soient des professionnels qualifiés et exerçant légalement la profession.

Le présent article s'applique dans la limite des parts du capital social ou des droits de vote détenus à la date du retrait du Royaume-Uni de l'Union européenne et jusqu'à leur cession.

Art. 16 I. – Les succursales de groupements d'exercice régis par le droit du Royaume-Uni, inscrites sur la liste spéciale d'un barreau français à la date du retrait du Royaume-Uni de l'Union européenne peuvent poursuivre leur exercice en France y compris si aucun avocat inscrit sous un titre professionnel d'origine du Royaume-Uni n'exerce plus en son sein.

II. – Les succursales d'expertise comptable de personnes physiques ou morales régies par le droit du Royaume Uni et ayant leur siège statutaire, leur administration centrale ou leur principal établissement au Royaume-Uni, inscrites au tableau de l'ordre des experts-comptables en France sur le fondement de l'article 7 *quinquies* de l'ordonnance du 19 septembre 1945, peuvent poursuivre leur exercice en France dans les conditions prévues par ces dispositions.

III. – Aucune nouvelle succursale de personnes physiques ou morales régies par le droit du Royaume-Uni ne peut être créée en France après la date de retrait du Royaume-Uni de l'Union européenne.

CHAPITRE III *MEMBRES DE LA FONCTION PUBLIQUE*

Art. 17 Les ressortissants britanniques qui, à la date d'entrée en vigueur de l'ordonnance, sont fonctionnaires titulaires ou stagiaires conservent, quelle que soit leur position statutaire, cette qualité. Les droits et obligations énoncées par les titres I, II, III et IV du statut général des fonctionnaires de l'État et des collectivités territoriales continuent à leur être applicables dans les mêmes conditions, définies à l'article 5 *bis* de la loi du 13 juillet 1983 susvisée, que celles qui prévalent pour les ressortissant des États membres de l'Union européenne.

TITRE III DÉTERMINATION EN FRANCE DES DROITS SOCIAUX DES PERSONNES AYANT RÉALISÉ DES PÉRIODES D'ASSURANCE OU DES PÉRIODES D'EMPLOI AU ROYAUME-UNI

Art. 18 I. – Dans le cadre de l'examen du droit à une prestation de sécurité sociale ou à une allocation d'assurance chômage d'une personne ayant réalisé des périodes d'assurance ou des périodes d'emploi au Royaume-Uni, les organismes français assurant la gestion d'un régime obligatoire de sécurité sociale ou d'assurance chômage servant les prestations mentionnées à l'article 3 paragraphe 1 du règlement (CE) n° 883/2004 du Parlement européen et du Conseil du 29 avril 2004 prennent en compte s'il y a lieu, à la date du retrait de cet État de l'Union européenne et jusqu'à six mois après cette date, soit ses périodes d'assurance accomplies auprès d'un régime obligatoire britannique de sécurité sociale soit ses périodes d'emploi effectuées au Royaume-Uni auprès d'un ou plusieurs employeurs établis au Royaume-Uni non affiliés au régime d'assurance chômage mentionné à l'article L. 5422-13 du code du travail.

II. – Les périodes prises en compte au titre du I du présent article sont celles communiquées par les organismes compétents du Royaume-Uni. Les règles de totalisation de ces périodes demeurent fixées dans les conditions du règlement (CE) n° 883/2004 précité et du règlement (CE) n° 987/2009 du Parlement européen et du Conseil du 16 septembre 2009, sous réserve des dispositions du III du même article. Les modalités d'échanges d'informations entre organismes assurant la gestion d'un régime obligatoire mentionnés au I du même article s'effectuent sur la base des formulaires européens en vigueur à la date de publication de la présente ordonnance ou par voie électronique.

III. – L'allocation d'assurance chômage du travailleur privé d'emploi mentionnée au I du présent article est accordée dans les conditions prévues par les accords mentionnés aux articles L. 5422-20 et L. 5524-3 du code précité s'il a accompli une période minimale d'emploi en dernier lieu en France. Les rémunérations prises en compte pour le calcul de l'allocation sont celles perçues en dernier lieu sur le territoire national. Ces rémunérations sont prises en compte le cas échéant dans la limite d'un plafond.

IV. – Un décret en Conseil d'État précise les modalités d'application du présent article, notamment :

1° En cas de défaut d'échanges d'informations entre organismes assurant la gestion d'un régime obligatoire mentionnées au II du présent article, les informations requises auprès du demandeur, pour la totalisation des périodes et les documents qui pourraient servir à cet effet ;

2° La durée de la période minimale d'emploi prévue au III du même article, sans pouvoir être fixée à plus de trois mois ;

3° Le cas échéant, le plafond des rémunérations prises en compte pour le calcul de l'allocation d'assurance chômage mentionné au III du même article.

TITRE IV DISPOSITIONS TRANSVERSALES

Art. 19 Les modalités dérogatoires au droit commun en faveur des ressortissants britanniques et de personnes qui leur sont liées, d'octroi d'un titre de séjour ainsi que celles leur accordant un droit social non contributif et pour lesquelles aucun droit acquis n'a été constitué prévues aux articles 2 à 7 du titre I, peuvent être suspendues par décret en Conseil d'État, qui ne peut intervenir qu'au plus tôt deux mois après l'entrée en vigueur de la présente ordonnance, si le Gouvernement constate que le Royaume-Uni n'accorde pas un traitement équivalent à celui prévu par chacune des mesures prises sur le fondement de l'article 1er de la loi du 19 janvier 2019 habilitant le Gouvernement à prendre par ordonnances les mesures de préparation au retrait du Royaume-Uni de l'Union européenne.

Le décret en Conseil d'État mentionné au premier alinéa précise les modalités de détermination de la date d'effet de la suspension, qui ne peut s'appliquer aux demandes en cours d'examen.

Un décret en Conseil d'État précise les conditions dans lesquelles les personnes, bénéficiant des mesures des articles 6 et 7 susceptibles d'être suspendues, sont informées, dans les deux mois suivant la sortie du Royaume-Uni de l'Union Européenne, de la possibilité de suspension de ces mesures avant le terme légal fixé par ces articles.

Art. 20 I. – Les dispositions du chapitre I du titre I, des chapitres I et II du titre II, et de l'article 19 sont applicables aux collectivités de Saint-Barthélemy et Saint-Martin sous réserve des compétences dévolues à chacune de ces deux collectivités en matière d'accès au travail des étrangers.

II. – Les dispositions du chapitre I du titre I, ainsi que celles de l'article 15 en tant qu'elles intéressent l'article 8 de la loi n° 71-1130 du 31 décembre 1971, de l'article 19 et de l'article 21 sont applicables dans les îles Wallis-et-Futuna, en Polynésie française et en Nouvelle-Calédonie.

Pour leur application dans les îles Wallis-et-Futuna, en Polynésie française et en Nouvelle-Calédonie :

1° Les références à la France sont remplacées par la référence à chaque collectivité ;

2° Les références faites aux dispositions du code de l'entrée et du séjour des étrangers et du droit d'asile sont remplacées par les dispositions ayant le même objet applicables localement ;

3° Le mot : "pluriannuelle" est remplacé par le mot : "temporaire" ;

4° Au 1° du I de l'article 2, les mots : ", ou la carte de séjour pluriannuelle prévue à l'article L. 313-27 du même code portant la mention "étudiant-programme de mobilité"" sont supprimés ;

5° Au 2° du I du même article, les mots : "sous contrat de travail à durée indéterminée" sont remplacés par les mots : "lorsque cette activité est exercée pour une durée supérieure ou égale à douze mois" ;

6° Au 3° du I du même article, les mots : "sous contrat de travail à durée déterminée ou dans les cas de détachement temporaire prévus aux articles L. 1262-1 et L. 1262-2 du code du travail" sont remplacés par les mots : "lorsque l'activité est exercée pour une durée déterminée inférieure à douze mois, ou au ressortissant de nationalité britannique détaché par un employeur établi hors de la collectivité lorsque ce détachement s'effectue entre établissements d'une même entreprise ou entre entreprises d'un même groupe à la condition que la rémunération brute du salarié soit au moins égale à 1,5 fois le salaire minimum applicable localement" ;

7° Les 4° et 5° du I du même article sont remplacés par les dispositions suivantes :

"4° La carte de séjour temporaire autorisant l'exercice d'une activité professionnelle dans le respect de la législation et de la réglementation applicables localement est délivrée :

"— au ressortissant de nationalité britannique qui vient exercer une profession commerciale, industrielle ou artisanale, à condition notamment qu'il justifie d'une activité économiquement viable et compatible avec la sécurité, la salubrité et la tranquillité publiques et qu'il respecte les obligations imposées aux nationaux pour l'exercice de la profession envisagée ;

"— au ressortissant de nationalité britannique qui vient exercer une activité professionnelle non soumise à autorisation et qui justifie pouvoir vivre de ses seules ressources.

"La carte délivrée en application des trois alinéas précédents porte la mention de l'activité ou de la profession que le titulaire entend exercer." ;

8° Au 7° du même article, après les mots : "mentionnés du *[aux]* 1° à 6°", sont ajoutés les mots : "et qui prend l'engagement de n'exercer dans la collectivité aucune activité professionnelle" ;

9° Le III du même article est remplacé par les dispositions suivantes :

"III. — La poursuite de l'activité professionnelle salariés *[salariée]* ayant justifié la délivrance de l'une des cartes prévues aux 2°, 3° et 4° du I du présent article est subordonnée au respect de la législation et de la réglementation applicables localement en matière d'accès au travail des étrangers." ;

10° Le IV du même article est remplacé par les dispositions suivantes :

"IV. — La satisfaction des conditions d'application du présent article est appréciée à la date de la demande. Les cartes de séjour délivrées en application des I et II sont renouvelées dans des conditions identiques à celles qui ont prévalu pour leur première délivrance. En cas de changement de situation, le ressortissant de nationalité britannique visé au I peut obtenir la délivrance de l'un des autres titres de séjour prévus au I dans les mêmes conditions, à l'exception de la carte portant la mention 'visiteur' qui ne peut être obtenue que s'il apporte la preuve qu'il peut vivre de ses seules ressources et qu'il prend l'engagement de n'exercer dans la collectivité aucune activité professionnelle." ;

11° L'article 3 est remplacé par les dispositions suivantes :

Art. 3 I. — Sauf si sa présence constitue une menace pour l'ordre public, le ressortissant de nationalité britannique qui a résidé de manière légale et ininterrompue dans la collectivité pendant les cinq années précédentes y acquiert un droit au séjour permanent.

Sauf si sa présence constitue une menace pour l'ordre public, le membre de sa famille acquiert également un droit au séjour permanent dans la collectivité à condition qu'il y ait résidé de manière légale et ininterrompue avec le ressortissant visé à l'alinéa précédent pendant les cinq années précédentes. Une carte de séjour d'une durée de validité de dix ans renouvelable de plein droit lui est délivrée.

II. — Une absence du territoire de la collectivité pendant une période de plus de deux années consécutives fait perdre à son titulaire le bénéfice du droit au séjour permanent.

III. — Un décret fixe les conditions d'application des dispositions du présent article, en particulier celles dans lesquelles le droit au séjour permanent est acquis par les travailleurs ayant cessé leur activité dans la collectivité et les membres de leur famille dans des conditions dérogatoires au délai de cinq années mentionné au I du présent article et celles relatives à la continuité du séjour.

12° L'article 5 est remplacé par les dispositions suivantes :

Art. 5 La première délivrance des titres de séjour délivrés dans les conditions prévues par la présente ordonnance, leur renouvellement et la fourniture de duplicatas donnent lieu, le cas échéant, à la perception de taxes dans les conditions prévues par les dispositions applicables localement."

Art. 21 La présente ordonnance entre en vigueur à la date du retrait du Royaume-Uni de l'Union européenne sans accord fondé sur l'article 50 du traité sur le fonctionnement de l'Union européenne.

Décret n° 2020-1417 du 19 novembre 2020,

Concernant l'entrée, le séjour, l'activité professionnelle et les droits sociaux des ressortissants étrangers bénéficiaires de l'accord sur le retrait du Royaume-Uni de Grande-Bretagne et d'Irlande du Nord de l'Union européenne et de la Communauté européenne de l'énergie atomique.

CHAPITRE I *DROITS D'ENTRÉE ET DE SÉJOUR DES RESSORTISSANTS BRITANNIQUES ET DES MEMBRES DE LEUR FAMILLE PENDANT LA PÉRIODE DE TRANSITION PRÉVUE À L'ARTICLE 126 DE L'ACCORD SUR LE RETRAIT DU ROYAUME-UNI DE GRANDE-BRETAGNE ET D'IRLANDE DU NORD DE L'UNION EUROPÉENNE ET DE LA COMMUNAUTÉ EUROPÉENNE DE L'ÉNERGIE ATOMIQUE*

Art. 1er Jusqu'au 31 décembre 2020, le ressortissant britannique muni d'un passeport en cours de validité est assimilé, pour son admission sur le territoire français, au ressortissant mentionné au premier alinéa de l'article R. 121-1 du code de l'entrée et du séjour des étrangers et du droit d'asile. Jusqu'à la même date, le membre de sa famille mentionné au titre II du livre I du même code, qui n'est ni britannique ni ressortissant de l'Union européenne, d'un autre État partie à l'accord sur l'Espace économique européen ou de la Confédération suisse, est admis sur le territoire français dans les conditions prévues aux articles R. 121-1 à R. 121-2-1 de ce code.

Art. 2 Jusqu'à la date mentionnée à l'article 1er, le ressortissant britannique et les membres de sa famille continuent à bénéficier des dispositions relatives au droit au séjour figurant au titre II du livre I du même code. Jusqu'à cette même date, ils conservent l'intégralité de leurs droits sociaux ainsi que leur droit d'exercer une activité professionnelle, tels qu'ils résultent de l'article 24 de la directive 2004/38/CE relative au droit des citoyens de l'Union et des membres de leur famille de circuler et de séjourner librement sur le territoire des États membres.

CHAPITRE II *BÉNÉFICIAIRES D'UN DROIT D'ENTRÉE ET DE SÉJOUR AU TITRE DE L'ACCORD SUR LE RETRAIT DU ROYAUME-UNI DE GRANDE-BRETAGNE ET D'IRLANDE DU NORD DE L'UNION EUROPÉENNE ET DE LA COMMUNAUTÉ EUROPÉENNE DE L'ÉNERGIE ATOMIQUE À COMPTER DU 1ER JANVIER 2021*

Art. 3 Les articles 5 à 33 du présent décret s'appliquent aux ressortissants étrangers relevant des situations suivantes :

1° Le ressortissant britannique qui a exercé le droit de résider en France dans les conditions prévues par les dispositions du titre II du livre I du code de l'entrée et du séjour des étrangers et du droit d'asile avant le 1er janvier 2021 et continue à y résider par la suite ;

2° Le ressortissant britannique résidant en France avant le 1er janvier 2021 et continuant à y résider par la suite, qui est conjoint ou partenaire d'un ressortissant français. Le conjoint doit justifier d'un lien matrimonial existant avant le 1er janvier 2021. Le partenaire doit justifier d'une relation de couple existante avant le 1er janvier 2021, durable et dûment attestée ;

3° Le membre de la famille d'un ressortissant britannique, qui a exercé le droit de résider en France avant le 1er janvier 2021 et continue à y résider par la suite, ou qui a engagé avant cette date les démarches pour le rejoindre, en sollicitant la délivrance d'un visa auprès des autorités consulaires, dans le cas où il y est soumis, s'il satisfaisait avant cette date et satisfait toujours au moment de sa demande à l'une des conditions suivantes :

a) Il est descendant direct âgé de moins de vingt-et-un ans ou à charge du ressortissant britannique mentionné au 1° ou au 5°, ou son ascendant direct à charge, son conjoint, son partenaire engagé dans une relation durable et dûment attestée, ou l'ascendant ou descendant direct à charge de son conjoint ;

b) Il est, dans le pays de provenance, à charge du ressortissant britannique mentionné au 1° ou au 5°, ou fait partie de son ménage, ou requiert impérativement une prise en charge personnelle par le ressortissant britannique mentionné au 1° ou au 5°, pour des raisons médicales graves ;

4° Le membre de famille relevant d'une des situations mentionnées au *a* du 3° et rejoignant en France le ressortissant britannique mentionné au 1° à partir du 1er janvier 2021, si :

a) Son lien familial existait déjà avant cette date et se poursuit au moment de la demande de titre de séjour ;

b) Ou s'il est né d'une personne mentionnée au 1° ou s'il a été adopté légalement par cette même personne à partir du 1er janvier 2021 ;

c) Ou si le ressortissant britannique résidant en France a sa garde exclusive ou conjointe ;

5° Le ressortissant britannique exerçant une activité économique en France en tant que travailleur frontalier avant le 1er janvier 2021 et poursuivant cette activité par la suite, tout en résidant dans un autre État membre de l'Union européenne, dans un autre État partie à l'accord sur l'Espace économique européen, sur le territoire de la Confédération suisse ou au Royaume-Uni.

Art. 4 Les ressortissants britanniques et les membres de leur famille qui ne relèvent pas de l'article 3 sont soumis, à compter du 1er janvier 2021, aux dispositions des titres II et III du livre I ou à celles du livre III du code de l'entrée et du séjour des étrangers et du droit d'asile.

CHAPITRE III *DROITS D'ENTRÉE ET DE SÉJOUR D'UNE DURÉE MAXIMALE DE 90 JOURS APRÈS LE 1ER JANVIER 2021*

Art. 5 A compter du 1er janvier 2021 et jusqu'au *(Décr. n° 2021-1236 du 27 sept. 2021, art. 1er)* « 31 décembre 2021 », les ressortissants britanniques mentionnés à l'article 3 ont, sous réserve de l'article 28, le droit d'entrer en France s'ils sont munis d'un passeport en cours de validité et des documents justifiant qu'ils bénéficient de l'accord de retrait, s'ils ne sont pas encore en possession du titre de séjour ou du document de circulation délivré dans les conditions fixées par le présent décret. A compter du *(Décr. n° 2021-1236 du 27 sept. 2021, art. 1er)* « 1er janvier 2022 », ces ressortissants devront être munis d'un passeport en cours de validité et, selon le cas, d'un titre de séjour ou d'un document de circulation pour entrer en France.

A compter du 1er janvier 2021, les membres de la famille d'un ressortissant britannique mentionnés aux 3° et 4° de l'article 3, qui ne sont ni de nationalité britannique, ni citoyens de l'Union européenne ou ressortissant d'un État partie à l'accord sur l'Espace économique européen ou de la Confédération suisse, sont, sous réserve de l'article 28, admis sur le territoire français s'ils sont munis d'un passeport en cours de validité, d'un titre de séjour délivré par la France portant la mention "Article 50 TUE/Article 18(1) Accord de retrait du Royaume-Uni de l'UE" ou d'un visa d'entrée sauf s'ils en sont dispensés en raison de leur nationalité.

Lorsqu'il est requis, le visa d'entrée est délivré gratuitement par l'autorité consulaire dans les meilleurs délais et dans le cadre d'une procédure accélérée, sur justification du lien familial. Toutes facilités sont accordées pour l'obtention de ce visa.

Art. 6 A compter du 1er janvier 2021, tant qu'ils ne deviennent pas une charge déraisonnable pour le système d'assistance sociale, les membres de la famille d'un ressortissant britannique mentionnés au 4° de l'article 3 ont le droit de séjourner en France pour une durée maximale de trois mois, sans autre condition ou formalité que celles prévues à l'article 5 du présent décret pour l'entrée sur le territoire français.

CHAPITRE IV *DISPOSITIONS GÉNÉRALES RELATIVES AUX DEMANDES DE TITRE DE SÉJOUR*

Art. 7 Les ressortissants britanniques et les membres de leur famille mentionnés aux 1° à 4° de l'article 3, dès lors qu'ils sont âgés de plus de dix-huit ans et résident en France, se voient délivrer un titre de séjour dans les conditions prévues aux articles 8 à 25, 27 et 28 du présent décret.

Ils sont tenus d'être en possession d'un tel titre de séjour à partir du *(Décr. n° 2021-1236 du 27 sept. 2021, art. 1er)* « 1er janvier 2022 ». Avant cette date et dès lors qu'ils résident en France, les ressortissants britanniques mentionnés aux 1° à 4° de l'article 3 bénéficient du droit de séjourner sans être munis d'un titre de séjour, ainsi que du droit d'exercer une activité professionnelle et des droits sociaux en résultant.

Art. 8 Les ressortissants britanniques et les membres de leur famille mentionnés aux 1°, 2° et 3° de l'article 3, dès lors qu'ils résidaient en France avant le 1er janvier 2021 et qu'ils étaient majeurs à cette date, doivent présenter leur demande de titre de séjour avant le 1er juillet 2021. Les membres de famille mentionnés au 4° de l'article 3 doivent présenter leur demande dans les trois mois suivant leur entrée en France ou avant le 1er juillet 2021, la date la plus tardive étant retenue.

Le ressortissant étranger mentionné à l'article 3 qui atteint l'âge de dix-huit ans après le 31 décembre 2020, dès lors qu'il réside en France, est tenu de présenter sa demande de titre de séjour au cours de l'année qui suit son dix-huitième anniversaire. Toutefois, il peut présenter sa demande entre son seizième et son dix-huitième anniversaire lorsqu'il déclare vouloir exercer une activité professionnelle.

Lorsque le délai de présentation de la demande de titre de séjour fixé aux alinéas précédents n'est pas respecté, le ressortissant étranger peut être autorisé à présenter sa demande dans un délai supplémentaire raisonnable, s'il existe des motifs légitimes justifiant le non-respect du délai initial.

Art. 9 Une attestation de dépôt de la demande est délivrée immédiatement à la personne qui demande un titre de séjour sur le fondement du présent décret.

Art. 10 Le titre de séjour délivré ou renouvelé dans les conditions fixées par le présent décret confère à son titulaire, dès sa délivrance, le droit d'exercer toute activité professionnelle de son choix dans le cadre de la législation en vigueur.

Art. 11 La première délivrance d'un titre de séjour sur le fondement du présent décret n'est pas subordonnée à la production du visa de long séjour mentionné aux 1° et 2° de l'article L. 311-1 du code de l'entrée et du séjour des étrangers et du droit d'asile, ni à celle du certificat médical prévu au 3° de l'article R. 313-1 du même code.

Le titre de séjour délivré ou renouvelé dans les conditions fixées par le présent décret est délivré gratuitement.

CHAPITRE V *DROIT AU SÉJOUR DES RESSORTISSANTS BRITANNIQUES ET DES MEMBRES DE LEUR FAMILLE SÉJOURNANT RÉGULIÈREMENT EN FRANCE DEPUIS MOINS DE CINQ ANS*

Art. 12 Lorsqu'ils satisfont aux conditions prévues par le présent décret et sous réserve des dispositions de l'article 28, les ressortissants étrangers mentionnés à l'article 3 et séjournant en France depuis moins de cinq ans bénéficient d'un titre de séjour portant la mention "Article 50 TUE/Article 18(1) Accord de retrait du Royaume-Uni de l'UE". Ce titre a une durée de validité de cinq ans à dater de sa délivrance.

Un arrêté du ministre chargé de l'immigration fixe la liste des pièces justificatives que ces ressortissants étrangers doivent produire.

Art. 13 Le ressortissant britannique résidant en France depuis moins de cinq ans et y exerçant une activité professionnelle salariée ou non salariée au sens du 1° de l'article L. 121-1 du code de l'entrée et du séjour des étrangers et du droit d'asile bénéficie de plein droit du titre de séjour mentionné à l'article 12.

Il conserve son titre de séjour :

1° S'il a été frappé d'une incapacité de travail temporaire résultant d'une maladie ou d'un accident ;

2° S'il se trouve en chômage involontaire dûment constaté après avoir exercé son activité professionnelle et est inscrit sur la liste des demandeurs d'emploi ;

3° S'il entreprend une formation professionnelle.

Art. 14 Bénéficie de plein droit du titre de séjour mentionné à l'article 12 tout ressortissant britannique qui réside en France depuis moins de cinq ans et dispose pour lui et pour les membres de sa famille, mentionnés aux 3° et 4° de l'article 3, de ressources suffisantes afin de ne pas devenir une charge pour le système d'assistance sociale ainsi que d'une assurance maladie répondant aux conditions des deuxième, troisième et quatrième alinéas de l'article R. 121-4 du code de l'entrée et du séjour des étrangers et du droit d'asile.

Art. 15 Le ressortissant britannique qui réside en France depuis moins de cinq ans et est inscrit dans un établissement fonctionnant conformément aux dispositions législatives et réglementaires en vigueur pour y suivre à titre principal des études, y compris une formation professionnelle, bénéficie de plein droit du titre de séjour mentionné à l'article 12.

Art. 16 Le membre de famille, mentionné aux 3° et 4° de l'article 3, qui réside en France depuis moins de cinq ans, bénéficie de plein droit du titre de séjour mentionné à l'article 12.

Lorsqu'il est à la charge d'un ressortissant britannique avant le 1er janvier 2021, son droit de séjour n'est pas remis en cause si cette prise en charge cesse après cette date.

Le ressortissant britannique mentionné au 2° de l'article 3, partenaire d'un ressortissant français et résidant en France depuis moins de cinq ans, bénéficie également de plein droit du même titre de séjour.

Art. 17 Le titre de séjour du ressortissant britannique admis au séjour en sa qualité de membre de famille, tel que défini aux 3° et 4° de l'article 3, est maintenu ou délivré :

1° En cas de décès du ressortissant britannique accompagné ou rejoint ou si celui-ci quitte la France ;

2° En cas de divorce ou d'annulation du mariage avec le ressortissant britannique accompagné ou rejoint.

Art. 18 Le titre de séjour du ressortissant étranger qui, n'étant pas ressortissant britannique, a été admis au séjour en sa qualité de membre de famille, tel que défini aux 3° et 4° de l'article 3, est maintenu ou délivré :

1° En cas de décès du ressortissant britannique accompagné ou rejoint et à la condition d'avoir établi sa résidence en France en tant que membre de sa famille depuis plus d'un an avant ce décès ;

2° En cas de divorce ou d'annulation du mariage avec le ressortissant britannique accompagné ou rejoint :

a) Lorsque le mariage a duré au moins trois ans avant le début de la procédure judiciaire de divorce ou d'annulation, dont un an au moins en France ;

b) Ou lorsque la garde ou le droit de visite des enfants du ressortissant britannique accompagné ou rejoint lui est confiée en qualité de conjoint, par accord entre les conjoints ou par décision de justice ;

c) Ou lorsque des situations particulièrement difficiles l'exigent, notamment en cas de violences conjugales subies.

Pour bénéficier du renouvellement de son titre de séjour ou pour l'acquisition du droit de séjour permanent prévu à l'article 21, le ressortissant étranger mentionné au premier alinéa doit relever à titre individuel de l'une des situations prévues au premier alinéa de l'article 13, à l'article 14 ou à l'article 15.

Art. 19 En cas de décès du ressortissant britannique accompagné ou rejoint ou si celui-ci quitte la France, les enfants et le membre de la famille qui en a la garde conservent leur droit de séjour jusqu'à ce que ces enfants achèvent leur scolarité dans un établissement français d'enseignement secondaire.

Art. 20 Sous réserve des dispositions de l'article 28, le ressortissant étranger ayant obtenu un titre de séjour en application des articles 13 à 16 en obtient de plein droit le renouvellement en justifiant qu'il continue de satisfaire aux conditions requises pour la première délivrance de celui-ci, ou qu'il remplit les conditions de maintien du titre de séjour prévues aux articles 13, 17, 18 ou 19.

CHAPITRE VI *DROIT AU SÉJOUR PERMANENT DES RESSORTISSANTS BRITANNIQUES ET DES MEMBRES DE LEUR FAMILLE*

Art. 21 Sous réserve des dispositions de l'article 28, un titre de séjour d'une durée de validité de dix ans portant la mention "Séjour permanent – Article 50 TUE/Article 18(1) Accord de retrait du Royaume-Uni de l'UE" est délivré de plein droit au ressortissant étranger mentionné aux 1° à 4° de l'article 3 s'il satisfait à l'une des conditions suivantes :

1° Il lui a été délivré, avant le 1er janvier 2021, un titre de séjour permanent en application de l'article L. 122-1 du code de l'entrée et du séjour des étrangers et du droit d'asile ;

2° Il a résidé en France pendant cinq années et y séjourne régulièrement conformément aux dispositions des articles 13 à 19.

En cas d'absence du territoire français pendant une période ne dépassant pas cinq années consécutives avant la fin de la période mentionnée à l'article 1er, le ressortissant étranger mentionné au présent article ne perd pas le bénéfice du droit au séjour permanent.

Art. 22 I. – Le ressortissant britannique mentionné au 2° de l'article 3, qui est marié avec un ressortissant de nationalité française, obtient de plein droit le titre de séjour prévu à l'article 21 à condition que la communauté de vie entre les époux n'ait pas cessé depuis le mariage, que le conjoint ait conservé la nationalité française et, lorsque le mariage a été célébré à l'étranger, qu'il ait été transcrit préalablement sur les registres de l'état civil français.

II. – Le ressortissant britannique, travailleur salarié ou non salarié mentionné à l'article 13 qui cesse son activité professionnelle sur le territoire français obtient de plein droit le titre de séjour prévu à l'article 21 avant l'écoulement de la période de cinq ans de séjour :

1° Quand il a atteint l'âge prévu par les dispositions législatives ou réglementaires en vigueur pour faire valoir ses droits à une pension de retraite à condition d'avoir exercé son activité professionnelle pendant les douze derniers mois en France et d'y résider depuis plus de trois ans ;

2° A la suite d'une mise à la retraite anticipée et à condition d'avoir exercé son activité professionnelle pendant les douze derniers mois en France et d'y résider depuis plus de trois ans ;

3° A la suite d'une incapacité permanente de travail et à la condition d'avoir séjourné depuis plus de deux ans en France ;

4° A la suite d'une incapacité permanente de travail et sans condition de durée de séjour si cette incapacité résulte d'un accident de travail ou d'une maladie professionnelle ouvrant droit pour la personne concernée à une rente à la charge d'un organisme de sécurité sociale ;

5° Après trois ans d'activité et de séjour en France, pour exercer une activité professionnelle salariée ou non salariée sur le territoire d'un autre État membre de l'Union européenne, d'un autre État partie à l'accord sur l'Espace économique européen, de la Confédération suisse ou du Royaume-Uni, à condition de garder sa résidence sur le territoire français et d'y retourner au moins une fois par semaine.

Les périodes d'activité ainsi accomplies sur le territoire d'un autre État membre de l'Union européenne, d'un autre État partie à l'accord sur l'Espace économique européen, de la Confédération suisse ou du Royaume-Uni, sont regardées comme exercées en France pour l'acquisition des droits prévus aux 1° à 4°.

Sont également considérés comme périodes d'emploi les périodes de chômage involontaire dûment constatées par le service d'emploi compétent, les périodes d'arrêt d'activité indépendantes de la volonté de l'intéressé ainsi que l'absence de travail ou l'arrêt pour cause de maladie ou d'accident.

III. – Les membres de famille mentionnés aux 3° et 4° de l'article 3 qui résident avec le ressortissant britannique exerçant une activité professionnelle mentionné à l'article 13 obtiennent de plein droit le titre de séjour prévu à l'article 21 avant l'écoulement de la période de cinq ans de séjour :

1° Si le travailleur bénéficie lui-même du droit au séjour permanent en application du II ;

2° Si le travailleur décède soit à la suite d'un accident du travail, soit à la suite d'une maladie professionnelle, soit après avoir séjourné en France de façon régulière et continue depuis au moins deux ans.

Art. 23 En cas d'absence du territoire français pendant une période de plus de cinq années consécutives, le titre de séjour délivré en application des articles 21 et 22 n'est plus valide.

Art. 24 Le ressortissant étranger titulaire du titre de séjour délivré en application des articles 21 et 22 en obtient le renouvellement de plein droit, sous réserve des dispositions de l'article 28.

CHAPITRE VII *SÉJOUR POUR RECHERCHE D'EMPLOI*

Art. 25 Sous réserve des dispositions de l'article 28, le ressortissant britannique entré en France avant le 1er janvier 2021 pour y rechercher un emploi ne peut être éloigné pour un motif tiré de l'irrégularité de son séjour tant qu'il est en mesure de faire la preuve qu'il continue à rechercher un emploi et qu'il a des chances réelles d'être engagé.

Il bénéficie d'une autorisation provisoire de séjour portant la mention "Accord sur le retrait du Royaume-Uni de l'UE" d'une durée de validité de six mois et donnant à son titulaire le droit d'exercer toute activité professionnelle.

La délivrance de cette autorisation provisoire de séjour doit être demandée avant le 1er juillet 2021. Si ce délai n'est pas respecté, le ressortissant britannique peut toutefois être autorisé à présenter sa demande dans un délai supplémentaire raisonnable s'il existe des motifs raisonnables justifiant le non-respect du délai initial.

Cette autorisation provisoire de séjour est renouvelable si le ressortissant britannique continue à rechercher un emploi et justifie avoir des chances réelles d'être recruté.

Les dispositions du premier alinéa de l'article 5 et des articles 7, 9 et 11 sont applicables à ce ressortissant britannique.

CHAPITRE VIII *TRAVAILLEURS FRONTALIERS SALARIÉS OU NON SALARIÉS*

Art. 26 I. – Le ressortissant britannique continue à bénéficier, en tant que travailleur salarié ou non salarié, du droit d'exercer une activité économique en France tout en résidant dans un autre État membre de l'Union européenne, dans un autre État partie à l'accord sur l'Espace économique européen, sur le territoire de la Confédération suisse ou au Royaume-Uni jusqu'au 31 décembre 2020.

II. – Le ressortissant britannique mentionné au 5° de l'article 3 bénéficie d'un document de circulation portant la mention "Article 50 TUE – Travailleur frontalier/Accord de retrait du Royaume-Uni de l'UE – Non-résident".

Ce document, accompagné d'un passeport en cours de validité, l'autorise à entrer en France et à en sortir. Il donne à son titulaire le droit d'exercer toute activité professionnelle. Il a une durée de validité de cinq ans à dater de sa délivrance.

Il doit être demandé avant le 1er juillet 2021. Si ce délai n'est pas respecté, le ressortissant britannique peut toutefois être autorisé à présenter sa demande de titre de séjour dans un délai supplémentaire raisonnable s'il existe des motifs légitimes justifiant le non-respect du délai initial.

Le ressortissant britannique mentionné au 5° de l'article 3 est tenu d'être en possession de ce document de circulation à partir du *(Décr. n° 2021-1236 du 27 sept. 2021, art. 1er)* « 1er janvier 2022 ». Avant cette date, il bénéficie du droit d'entrer en France et d'en sortir sans être muni de ce document, ainsi que du droit d'exercer une activité professionnelle et des droits sociaux en résultant.

Les dispositions du 1er alinéa de l'article 5, des articles 9 et 11 ainsi que celles des quatre derniers alinéas de l'article 13 relatives aux titres de séjour sont applicables au bénéficiaire de ce document de circulation.

CHAPITRE IX *GARANTIES ET LIMITATIONS DU DROIT D'ENTRÉE ET DE SÉJOUR*

Art. 27 Dans l'attente de la décision de l'autorité administrative compétente ou d'un jugement définitif en cas de recours juridictionnel contre le rejet par l'autorité administrative d'une demande de titre de séjour, les ressortissants étrangers mentionnés à l'article 3 continuent à bénéficier du droit de séjourner, du droit d'exercer une activité professionnelle et des droits sociaux en résultant, sauf en cas de demande frauduleuse ou abusive.

Art. 28 L'entrée sur le territoire français et la délivrance des titres de séjour et documents de circulation prévus par le présent décret peuvent être refusées si la présence du demandeur constitue une menace pour l'ordre public.

Si le comportement à l'origine de cette menace s'est produit avant le 1er janvier 2021, l'entrée et la délivrance du titre de séjour ou du document de circulation peuvent être refusées à la condition que ce comportement représente une menace réelle, actuelle et suffisamment grave pour un intérêt fondamental de la société.

CHAPITRE X *ÉGALITÉ DE TRAITEMENT*

Art. 29 L'autorisation de travail mentionnée au 2° de l'article L. 5221-2 du code du travail est constituée par le titre de séjour portant la mention "Article 50 TUE/Article 18(1) Accord sur le retrait du Royaume-Uni de l'UE " ou "Séjour permanent – Article 50 TUE/Article 18(1) Accord sur le retrait du Royaume-Uni de l'UE" ou le document de circulation portant la mention "Article 50 TUE – Travailleur frontalier/Accord sur le retrait du Royaume-Uni de l'UE – Non-résident" délivré en application respectivement des articles 12, 21 et 26 du présent décret.

Art. 30 Le titre de séjour portant la mention "Article 50 TUE/Article 18(1) Accord sur le retrait du Royaume-Uni de l'UE" ou "Séjour permanent – Article 50 TUE/Article 18(1) Accord sur le retrait du Royaume-Uni de l'UE" ou le document de circulation portant la mention "Article 50 TUE – Travailleur frontalier/Accord sur le retrait du Royaume-Uni de l'UE – Non-résident" délivrés en application respectivement des articles 12, 21 et 26 du présent décret ouvrent droit à son titulaire à l'affiliation et au bénéfice des prestations ou allocations sociales instituées aux livres III, IV, V et VIII du code de la sécurité sociale ainsi qu'aux membres de sa famille au sens de l'article L. 161-1 du même code sous réserve de remplir les conditions des 3° et 4° de l'article 3 du présent décret et propres à chaque prestation ou allocation concernée.

Art. 31 En application du *a* du 2° de l'article L. 262-4 du code de l'action sociale et des familles, le bénéfice du revenu de solidarité active est ouvert, sous réserve de remplir les autres conditions prévues pour cette prestation, au titulaire du titre de séjour portant la mention "Article 50 TUE/Article 18(1) Accord sur le retrait du Royaume-Uni de l'UE" ou "Séjour permanent – Article 50 TUE/Article 18(1) Accord sur le retrait du Royaume-Uni de l'UE" ou du document de circulation portant la mention "Article 50 TUE – Travailleur frontalier/Accord sur le retrait du Royaume-Uni de l'UE – Non-résident" délivré en application respectivement des articles 12, 21 et 26 du présent décret.

Art. 32 Pour l'application des dispositions de l'article R. 300-1 du code de la construction et de l'habitation et pour l'application du 1° de l'article R. 441-1 du même code, remplit les conditions de permanence de la résidence en France le titulaire du titre de séjour portant la mention "Article 50 TUE/Article 18(1) Accord sur le retrait du Royaume-Uni de l'UE" ou "Séjour permanent – Article 50 TUE/Article 18(1) Accord sur le retrait du Royaume-Uni de l'UE" ou du document de circulation portant la mention "Article 50 TUE – Travailleur frontalier/Accord sur le retrait du Royaume-Uni de l'UE – Non-résident" délivré en application du présent décret.

CHAPITRE XI *DISPOSITIONS FINALES*

Art. 33 I. – Pour l'application à Mayotte du présent décret :

1° Pour l'application de l'article 30, il est fait application des dispositions équivalentes à Mayotte à celles du code de la sécurité sociale prévues selon le cas à l'ordonnance du 20 décembre 1996 susvisée, à l'ordonnance du 7 février 2002 susvisée et à l'ordonnance du 27 mars 2002 susvisée ;

2° L'article 32 n'est pas applicable en ce qui concerne l'article R. 300-1 du code de la construction et de l'habitation.

II. – Les dispositions du présent décret sont applicables à Saint-Martin et à Saint-Barthélemy *(Décr. n° 2021-1236 du 27 sept. 2021, art. 2)* « dans leur rédaction résultant du décret n° 2021-1236 du 27 septembre 2021, » sous réserve des adaptations suivantes :

1° A l'article 2, la référence à l'article 24 de la directive 2004/38/CE relative au droit des citoyens de l'Union et des membres de leur famille de circuler et de séjourner librement sur le territoire des États membres est remplacée à Saint-Barthélemy par la référence à la législation et à la réglementation applicables localement ;

2° Aux articles 7, 26 et 27, après les mots : "droit d'exercer toute activité professionnelle" ou "droit d'exercer une activité professionnelle et des droits sociaux en résultant", sont insérés les mots : ", dans le respect de la législation et de la réglementation applicables localement," ;

3° A l'article 10, les mots : "dans le cadre de la législation en vigueur" sont remplacés par les mots : "dans le respect de la législation et de la réglementation applicables localement" ;

4° Au premier alinéa de l'article 13, après les mots : "et du droit d'asile", sont insérés les mots : ", dans le respect de la législation et de la réglementation applicables localement," ;

5° A l'article 29, les mots : "L'autorisation de travail mentionnée au 2° de l'article L. 5221-2 du code du travail est constituée par le" sont remplacés par les mots : "Permet l'exercice d'une activité professionnelle, dans le respect de la législation et de la réglementation applicables localement, la détention du".

III. – Pour l'application de l'article 30 à Saint-Pierre-et-Miquelon, il est fait application des dispositions équivalentes à Saint-Pierre-et-Miquelon à celles du code de la sécurité sociale prévues selon le cas à l'ordonnance du 26 septembre 1977 susvisée et à la loi du 17 juillet 1987 susvisée.

IV. – Les dispositions du présent décret sont applicables dans les îles Wallis-et-Futuna, *(Décr. n° 2021-1236 du 27 sept. 2021, art. 2)* « dans leur rédaction résultant du décret n° 2021-1236 du 27 septembre 2021 », sous réserve des adaptations suivantes :

1° Les références à la France ou au territoire français sont respectivement remplacées par les références à la collectivité ou au territoire de la collectivité ;

2° Au deuxième alinéa de l'article 1er, aux articles 2 et 3, les références aux dispositions du titre II du livre I du code de l'entrée et du séjour des étrangers et du droit d'asile sont remplacées par les références aux articles 4, 13 et 13-1 de l'ordonnance n° 2000-371 du 26 avril 2000 et au décret n° 2010-1433 du 19 novembre 2010 susvisés ;

3° Au deuxième alinéa de l'article 1er, aux articles 3, 5 et 22, les mots : "d'un autre État partie à l'accord sur l'Espace économique européen ou de la Confédération suisse,", "ou ressortissant d'un État partie à l'accord sur l'Espace économique européen ou de la Confédération suisse" ou ", d'un autre État partie à l'accord sur l'Espace économique européen, de la Confédération suisse" sont supprimés ;

4° Au deuxième alinéa de l'article 1er, les références aux articles R. 121-1 à R. 121-2-1 du code de l'entrée et du séjour des étrangers et du droit d'asile sont remplacées par les références aux articles 1er et 2 du décret n° 2010-1433 du 19 novembre 2010 susvisé.

La notion de membre de la famille est entendue au sens de l'article 3 du présent décret ;

5° A l'article 2, la référence à l'article 24 de la directive 2004/38/CE relative au droit des citoyens de l'Union et des membres de leur famille de circuler et de séjourner librement sur le territoire des États membres est remplacée par la référence à la législation et à la réglementation applicables localement ;

6° A l'article 4, la référence aux dispositions des titres II et III du livre I ou à celles du livre III du code de l'entrée et du séjour des étrangers et du droit d'asile est remplacée par la référence aux articles 4, 13 et 13-1 de l'ordonnance n° 2000-371 du 26 avril 2000 et au décret n° 2010-1433 du 19 novembre 2010 susvisés ou par la référence aux dispositions relatives au séjour des ressortissants de pays tiers prévues dans l'ordonnance n° 2000-371 du 26 avril 2000 et le décret n° 2001-634 du 17 juillet 2001 ;

7° Aux articles 7, 26 et 27, après les mots : "du droit d'exercer une activité professionnelle et des droits sociaux en résultant", sont insérés les mots : ", dans le respect de la législation et de la réglementation applicables localement," ;

8° A l'article 10, après les mots : "dans le cadre de la législation en vigueur" sont remplacés par les mots : "dans le respect de la législation et de la réglementation applicables localement" ;

9° L'article 11 est ainsi rédigé :

Art. 11 La première délivrance du titre de séjour en application du présent décret n'est pas subordonnée à la production du visa de long séjour et le demandeur est dispensé de la présentation d'un certificat médical. ;

10° A l'article 13, les mots : "au sens du 1° de l'article L. 121-1 du code de l'entrée et du séjour des étrangers et du droit d'asile" sont remplacés par les mots : "au sens des dispositions applicables localement" ;

11° A l'article 14, les références aux deuxième, troisième et quatrième alinéas de l'article R. 121-4 du code de l'entrée et du séjour des étrangers et du droit d'asile sont remplacées par la référence à l'article 13 de l'ordonnance n° 2000-371 du 26 avril 2000 susvisée ;

12° A l'article 21 :

a) La référence à l'article L. 122-1 du code de l'entrée et du séjour des étrangers et du droit d'asile est remplacée par la référence au I de l'article 13-1 de l'ordonnance n° 2000-371 du 26 avril 2000 susvisée ;

b) L'article 21 est complété par un alinéa ainsi rédigé :

"Par dérogation à la durée de validité prévue au premier alinéa, le ressortissant du Royaume-Uni qui bénéficie d'un droit au séjour permanent se voit délivrer un titre de séjour d'une durée de validité de vingt ans." ;

13° A l'article 29, les mots : "L'autorisation de travail mentionnée au 2° de l'article L. 5221-2 du code du travail est constituée par le " sont remplacés par les mots : " Permet l'exercice d'une activité professionnelle, dans le respect de la législation et de la réglementation applicables localement, la détention du" ;

14° A l'article 30, les mots : "instituées aux livres III, IV, V et VIII du code de la sécurité sociale" sont remplacés par les mots : "par la législation et la réglementation applicables localement en matière de prestations familiales, assurances sociales ou aides sociales" et les mots : "au sens de l'article L. 161-1 du même code" sont supprimés ;

15° Les articles 31 et 32 ne sont pas applicables.

V. — Les dispositions du présent décret sont applicables en Polynésie française *(Décr. n° 2021-1236 du 27 sept. 2021, art. 2)* « dans leur rédaction résultant du décret n° 2021-1236 du 27 septembre 2021 », sous réserve des adaptations suivantes :

1° Les références à la France ou au territoire français sont respectivement remplacées par les références à la collectivité ou au territoire de la collectivité ;

2° Au deuxième alinéa de l'article 1er, aux articles 2 et 3, les références aux dispositions du titre II du livre I du code de l'entrée et du séjour des étrangers et du droit d'asile sont remplacées par les références aux articles 4, 14 et 14-1 de l'ordonnance n° 2000-372 du 26 avril 2000 et au décret n° 2010-1434 du 19 novembre 2010 susvisés ;

3° Au deuxième alinéa de l'article 1er, aux articles 3, 5 et 22, les mots : "d'un autre État partie à l'accord sur l'Espace économique européen ou de la Confédération suisse,", "ou ressortissant d'un État partie à l'accord sur l'Espace économique européen ou de la Confédération suisse" ou ", d'un autre État partie à l'accord sur l'Espace économique européen, de la Confédération suisse" sont supprimés ;

4° Au deuxième alinéa de l'article 1er, les références aux articles R. 121-1 à R. 121-2-1 du code de l'entrée et du séjour des étrangers et du droit d'asile sont remplacées par les références aux articles 1er et 2 du décret n° 2010-1434 du 19 novembre 2010 susvisé.

La notion de membre de la famille est entendue au sens de l'article 3 du présent décret ;

5° A l'article 2, la référence à l'article 24 de la directive 2004/38/CE relative au droit des citoyens de l'Union et des membres de leur famille de circuler et de séjourner librement sur le territoire des États membres est remplacée par la référence à la législation et à la réglementation applicables localement ;

6° A l'article 4, la référence aux dispositions des titres II et III du livre I ou à celles du livre III du code de l'entrée et du séjour des étrangers et du droit d'asile est remplacée par la référence aux articles 4, 14 et 14-1 de l'ordonnance n° 2000-372 du 26 avril 2000 et au décret n° 2010-1434 du 19 novembre 2010 susvisés ou par la référence aux dispositions relatives au séjour des ressortissants de pays tiers prévues dans l'ordonnance n° 2000-372 du 26 avril 2000 et le décret n° 2001-633 du 17 juillet 2001 ;

7° Aux articles 7, 26 et 27, après les mots : "du droit d'exercer une activité professionnelle et des droits sociaux en résultant", sont insérés les mots : ", dans le respect de la législation et de la réglementation applicables localement," ;

8° A l'article 10, les mots : "dans le cadre de la législation en vigueur" sont remplacés par les mots : "dans le respect de la législation et de la réglementation applicables localement" ;

9° L'article 11 est ainsi rédigé :

Art. 11 La première délivrance du titre de séjour en application du présent décret n'est pas subordonnée à la production du visa de long séjour et le demandeur est dispensé de la présentation d'un certificat médical. ;

10° A l'article 13, les mots : "au sens du 1° de l'article L. 121-1 du code de l'entrée et du séjour des étrangers et du droit d'asile" sont remplacés par les mots : "au sens des dispositions applicables localement" ;

11° A l'article 14, les références aux deuxième, troisième et quatrième alinéas de l'article R. 121-4 du code de l'entrée et du séjour des étrangers et du droit d'asile sont remplacées par la référence à l'article 14 de l'ordonnance n° 2000-372 du 26 avril 2000 susvisée ;

12° A l'article 21 :

a) La référence à l'article L. 122-1 du code de l'entrée et du séjour des étrangers et du droit d'asile est remplacée par la référence au I de l'article 14-1 de l'ordonnance n° 2000-372 du 26 avril 2000 susvisée ;

b) L'article 21 est complété par un alinéa ainsi rédigé :

"Par dérogation à la durée de validité prévue au premier alinéa, le ressortissant du Royaume-Uni qui bénéficie d'un droit au séjour permanent se voit délivrer un titre de séjour d'une durée de validité de vingt ans." ;

13° A l'article 29, les mots : "L'autorisation de travail mentionnée au 2° de l'article L. 5221-2 du code du travail est constituée par le" sont remplacés par les mots : "Permet l'exercice d'une activité professionnelle, dans le respect de la législation et de la réglementation applicables localement, la détention du" ;

14° A l'article 30, les mots : "instituées aux livres III, IV, V et VIII du code de la sécurité sociale" sont remplacés par les mots : "par la législation et la réglementation applicables localement en matière de prestations familiales, assurances sociales ou aides sociales" et les mots : "au sens de l'article L. 161-1 du même code" sont supprimés ;

15° Les articles 31 et 32 ne sont pas applicables.

VI. — Les dispositions du présent décret sont applicables en Nouvelle-Calédonie *(Décr. n° 2021-1236 du 27 sept. 2021, art. 2)* « dans leur rédaction résultant du décret n° 2021-1236 du 27 septembre 2021 », sous réserve des adaptations suivantes :

1° Les références à la France ou au territoire français sont respectivement remplacées par les références à la collectivité ou au territoire de la collectivité ;

2° Au deuxième alinéa de l'article 1er, aux articles 2 et 3, les références aux dispositions du titre II du livre I du code de l'entrée et du séjour des étrangers et du droit d'asile sont remplacées par les références aux articles 4, 14 et 14-1 de l'ordonnance n° 2002-388 du 20 mars 2002 et au décret n° 2010-1436 du 19 novembre 2010 susvisés ;

3° Au deuxième alinéa de l'article 1er, aux articles 3, 5 et 22, les mots : "d'un autre État partie à l'accord sur l'Espace économique européen ou de la Confédération suisse,", "ou ressortissant d'un État partie à l'accord sur l'Espace économique européen ou de la Confédération suisse" ou ", d'un autre État partie à l'accord sur l'Espace économique européen, de la Confédération suisse" sont supprimés ;

4° Au deuxième alinéa de l'article 1er, les références aux articles R. 121-1 à R. 121-2-1 du code de l'entrée et du séjour des étrangers et du droit d'asile sont remplacées par les références aux articles 1er et 2 du décret n° 2010-1436 susvisé.

La notion de membre de la famille est entendue au sens de l'article 3 du présent décret ;

5° A l'article 2, la référence à l'article 24 de la directive 2004/38/CE relative au droit des citoyens de l'Union et des membres de leur famille de circuler et de séjourner librement sur le territoire des États membres est remplacée par la référence à la législation et à la réglementation applicables localement ;

6° A l'article 4, la référence aux dispositions des titres II et III du livre I ou à celles du livre III du code de l'entrée et du séjour des étrangers et du droit d'asile est remplacée par la référence aux articles 4, 14 et 14-1 de l'ordonnance n° 2002-388 du 20 mars 2002 et au décret n° 2010-1436 du 19 novembre 2010 susvisés ou par la référence aux dispositions relatives au séjour des ressortissants de pays tiers prévues dans l'ordonnance n° 2002-388 du 20 mars 2002 et le décret n° 2002-1219 du 27 septembre 2002 ;

7° Aux articles 7, 26 et 27, après les mots : "du droit d'exercer une activité professionnelle et des droits sociaux en résultant", sont insérés les mots : ", dans le respect de la législation et de la réglementation applicables localement," ;

8° A l'article 10, les mots : "dans le cadre de la législation en vigueur" sont remplacés par les mots : "dans le respect de la législation et de la réglementation applicables localement" ;

9° L'article 11 est ainsi rédigé :

Art. 11 La première délivrance du titre de séjour en application du présent décret n'est pas subordonnée à la production du visa de long séjour et le demandeur est dispensé de la présentation d'un certificat médical. ;

10° A l'article 13, les mots : "au sens du 1° de l'article L. 121-1 du code de l'entrée et du séjour des étrangers et du droit d'asile" sont remplacés par les mots : "au sens des dispositions applicables localement" ;

11° A l'article 14, les références aux deuxième, troisième et quatrième alinéas de l'article R. 121-4 du code de l'entrée et du séjour des étrangers et du droit d'asile sont remplacées par la référence à l'article 14 de l'ordonnance n° 2002-388 du 20 mars 2002 susvisée ;

12° A l'article 21 :

a) La référence à l'article L. 122-1 du code de l'entrée et du séjour des étrangers et du droit d'asile est remplacée, en Nouvelle-Calédonie, par la référence au I de l'article 14-1 de l'ordonnance n° 2002-388 du 20 mars 2002 susvisée ;

b) L'article 21 est complété par un alinéa ainsi rédigé :

"Par dérogation à la durée de validité prévue au premier alinéa, le ressortissant du Royaume-Uni qui bénéficie d'un droit au séjour permanent se voit délivrer un titre de séjour d'une durée de validité de vingt ans." ;

13° A l'article 29, les mots : "L'autorisation de travail mentionnée au 2° de l'article L. 5221-2 du code du travail est constituée par le" sont remplacés par les mots : "Permet l'exercice d'une activité professionnelle, dans le respect de la législation et de la réglementation applicables localement, la détention du" ;

14° A l'article 30, les mots : "instituées aux livres III, IV, V et VIII du code de la sécurité sociale" sont remplacés par les mots : "par la législation et la réglementation applicables localement en matière de prestations familiales, assurances sociales ou aides sociales" et les mots : "au sens de l'article L. 161-1 du même code" sont supprimés ;

15° Les articles 31 et 32 ne sont pas applicables.

DROITS DE L'HOMME

Convention européenne de sauvegarde des droits de l'homme et des libertés fondamentales

Le Décr. n° 74-360 du 3 mai 1974 (D. et BLD 1974. 181 ; JO 4 mai) a porté publication de cette convention, signée le 4 nov. 1950, de ses protocoles additionnels nos 1, 3, 4 et 5, signés les 20 mars 1952, 6 mai 1963, 16 sept. 1963 et 20 janv. 1966, ainsi que des déclarations et réserves qui ont été formulées par le Gouvernement de la République française lors de la ratification. — V. aussi Décr. n° 81-917 du 9 oct. 1981 (D. et BLD 1981. 349) portant publication de la déclaration d'acceptation du droit de recours individuel, renouvelée par Décr. n° 86-1314 du 23 déc. 1986 (D. et ALD 1987. 45), Décr. n° 90-415 du 14 mai 1990. — Décr. n° 84-315 du 19 avr. 1984 (D. et ALD 1984. 317) portant publication de l'accord européen concernant les personnes participant aux procédures devant la Commission et la Cour européennes des droits de l'homme, fait à Londres le 6 mai 1969. — Décr. n° 86-282 du 28 févr. 1986 (D. et ALD 1986. 271) portant publication du protocole n° 6 à cette convention, concernant l'abolition de la peine de mort, fait à Strasbourg le 28 avr. 1983. — Décr. n° 88-783 du 22 juin 1988 (D. et ALD 1988. 369) portant publication de la lettre française du 24 mars 1988 relative au retrait d'une déclaration interprétative formulée par le Gouvernement de la République française lors de la ratification de cette convention. — Décr. n° 89-37 du 24 janv. 1989 (D. et ALD 1989. 103) portant publication du protocole n° 7 à cette convention, ainsi que des déclarations et réserves accompagnant l'instrument français de ratification et de la déclaration française du 1er nov. 1988 (V. les art. 2 à 4 et 7 de ce protocole). — Décr. n° 90-245 du 14 mars 1990 (D. et ALD 1990. 181) portant publication du protocole n° 8 à cette convention, fait à Vienne le 19 mars 1985. — Décr. n° 98-1055 du 18 nov. 1998 (JO 25 nov.) portant publication du protocole n° 11 à cette convention, portant restructuration du mécanisme de contrôle établi par la convention, fait à Strasbourg le 11 mai 1994. — Décr. n° 2010-711 du 28 juin 2010 (JO 30 juin) portant publication du protocole n° 14 à cette convention, signé à Strasbourg le 13 mai 2004 et entré en vigueur le 1er juin 2010.

V. Circ. n° 87-16-F 2 du 27 juill. 1987 (BOMJ n° 27, p. 204) relative à l'application de cette convention.

RÉP. PÉN. v° *Convention européenne des droits de l'homme : jurisprudence de la Cour européenne des droits de l'homme en matière pénale,* par Dourneau-Josette.

RÉP. EUR. v° *Convention européenne des droits de l'homme : aperçu général,* par Szymczak ; *Conv. EDH, art. 8 : vie privée,* par Marguénaud.

BIBL. ▸ **Ouvrages :** Berger, Jurisprudence de la CEDH, *Sirey 2004, 9e éd.* - Cliquennois (dir.), La CEDH et le juge français. Vade-mecum de pratique professionnelle, *L'Harmattan 1997.* - Cohen-Jonathan, La CEDH, *Economica 1989.* - Fulchiron (dir.), Les étrangers et la Convention européenne de sauvegarde des droits de l'homme et des libertés fondamentales, *LGDJ 1999.* - Marguénaud, La CEDH, Dalloz, *Connaissance du droit 2e éd. 2002.* - Pettiti, Decaux et Imbert (dir.), La Conv. EDH. Commentaire article par article, *2e éd. Économica 1999.* - Sudre (dir.), Le droit français et la CEDH, *Engel 1994* ; Droit international et droit européen des droits de l'homme, *PUF, coll. Droit fondamental 8e éd. 2007.* - Sudre, Marguénaud, Andriantsimbazovina, Gouttenoire et Levinet, Les grands arrêts de la CEDH, *5e éd., PUF Thémis 2009.* - Wachsmann, Les droits de l'homme, *Dalloz, Connaissance du droit 2002, 4e éd.*

Chroniques : Andriantsimbazovina et Sermet, Jurisprudence administrative et Conv. EDH, *RFDA 2000. 1059* ; *ibid. 2001. 1256* ; *ibid. 2002. 1110* ; *ibid. 2003. 945* ; *ibid. 2004. 991* ; *ibid. 2005. 994* ; *ibid. 2006. 587* ; *ibid. 2007. 1049* ; *ibid. 2008. 743* ; *ibid. 2009. 715* ; *ibid. 2010. 587.* - Burgorgue-Larsen, Actualité de la Convention européenne des droits de l'homme, *AJDA 2011. 1993* ; *ibid. 2012. 143* ; *ibid. 1726* ; *ibid. 2013. 165* ; *ibid. 1794* ; *ibid. 2014. 147* ; *ibid. 1763* ; *ibid. 2015. 150* ; *ibid. 1732* ; *ibid. 2016. 143* ; *ibid. 2016. 1738* ; *ibid. 2017. 157* ; *ibid. 2017. 1768* ; *ibid. 2018. 150* ; *ibid. 2018. 1770* ; *ibid. 2019. 169* ; *ibid. 2020. 160* ; *ibid. 2020. 1844* ; *ibid. 2020. 1907* ; *ibid. 2022. 1892* ; *ibid. 2023. 118.* - Dupré de Boulois et Milano, Jurisprudence administrative et Conv. EDH, *RFDA 2012. 461* ; *ibid. 2013. 585* ; *ibid. 2014. 544* ; *ibid. 2015. 519* ; *ibid. 2016. 769* ; *ibid. 2018. 706* ; *ibid. 2020. 742* ; *ibid. 2021. 739* ; *ibid. 202. 707.* - Flauss, Actualité de la Conv. EDH, *AJDA 2000. 526* ; *ibid. 2000. 1006* ; *ibid. 2001. 1060* ; *ibid. 2002. 500* ; *ibid. 2002. 1277* ; *ibid. 2003. 603* ; *ibid. 2004. 534* ; *ibid. 2004. 1809* ; *ibid. 2005. 541* ; *ibid. 2005. 1886* ; *ibid. 2006. 1709* ; *ibid. 2007. 904* ; *ibid. 2007. 1918* ; *ibid. 2008. 978* ; *ibid. 2008. 1929* ; *ibid. 2009. 872* ; *ibid. 2009. 1936* ; *ibid. 2010. 997* ; *ibid. 2010. 2362.* - Labayle et Schahmaneche, Jurisprudence de la CEDH et droit administratif, *RFDA 2021. 730* ; *ibid. 2022. 699* . – Labayle et Sudre, Jurisprudence de la CEDH et droit administratif, *RFDA 2000. 1051* ; *ibid. 2001. 1250* ; *ibid. 2002. 1103* ; *ibid. 2003. 937* ; *ibid. 2004. 981* ; *ibid. 2005. 985* ; *ibid. 2006. 321* ; *ibid. 2007. 1039* ; *ibid. 2008. 737* ; *ibid. 2009. 705* ; *ibid. 2010. 587* : *ibid. 753* ; *ibid. 2011. 763* ; *ibid. 987* ; *ibid. 2012. 455* ; *ibid. 2013. 576* ; *ibid. 2014. 538* ; *ibid. 2015. 512* ; *ibid. 2016. 761* ; *ibid. 2017. 753* ; *ibid. 2018. 697* *ibid. 2019. 731* ; *ibid. 2020. 732* . – Sudre (Institut de droit européen des droits de l'homme), Chronique de jurisprudence de la CEDH, *RD publ. 2001. 657 ; ibid. 2002. 675 ; ibid. 2003. 689 ; ibid. 2004. 797 ; ibid. 2005. 755 ; ibid. 2006. 785 ; ibid. 2007. 865 ; ibid. 2008. 937 ; ibid. 2009. 893 ; ibid. 2010. 853 ; ibid. 2011. 763 ; ibid. 2012. 785 ; ibid. 2013. 725 ; ibid. 2014. 785 ; ibid. 2015. 829 ; ibid. 2016. 1013 ; ibid. 2017. 795 ; ibid. 2018. 895 ; ibid. 2019. 859 ; ibid. 2020. 833 ; ibid. 2021. 857 ; ibid. 2022. 889.* – Droit de la convention européenne des droits de l'homme (chronique), *JCP*.

Articles : Abraham, Le juge administratif français et la Cour de Strasbourg, *in* P. Tavernier (édit.) ; Quelle Europe pour les droits de l'homme ?, *Bruylant 1996, p. 242.* – Benoît-Rohmer, L'UE et les droits fondamentaux depuis l'entrée en vigueur du traité de Lisbonne, *RTD eur. 2011. 145* . – Brems, Droits humains, étrangers et multiculturalisme : pour une approche maximaliste et inclusive des droits fondamentaux, *RTDH 2010. 237.* – Cançado Trindade, Le déracinement et la protection des migrants dans le droit international des droits de l'homme, *RTDH 2008. 289.* – Cassa et Saulnier, Le Conseil d'État et la Conv. EDH, *AJDA 1997. 411* . – Coussirat-Coustère, La notion de famille dans la jurisprudence de la Commission et de la CEDH, *in* Internationalisation des droits de l'homme et évolution du droit de la famille, Colloque du LERADP, *LGDJ 1996.* – N. Droin, Les mesures provisoires de la Cour européenne des droits de l'homme, *AJDA 2010. 2089* . – Flauss, L'étranger entre souveraineté nationale et droits de l'homme, *in* J.Y. Carlier (dir.), L'étranger face au droit, XXe journées d'études juridiques Jean Dabin, *Larcier 2009.* – D'Haëm, Violation de l'article 8 de la Conv. EDH et refus de titre de séjour. Moyen opérant ou inopérant, *AJDA 2011. 542* . – Gouttenoire, La famille dans la jurisprudence de la CEDH, *Dr. fam. avr. 2011. Étude 10.* – Jacqué, L'adhésion de l'UE à la Conv. EDH, *RTD eur. 2011. 7* . – Guillaumé, L'art. 8 de la Conv. EDH et l'ordre public international français, *D. 2020. 699* . – Labayle, Le droit de l'étranger à mener une vie familiale normale, lecture nationale et exigences européennes, *RFDA 1993. 511* . – Labayle, Sudre, Andriantsimbazovina et Sermet, Droit administratif et Convention européenne des droits de l'homme, *RFDA 2005. 985* . – Larralde, L'article 8 de la Conv. EDH et la protection de l'identité sexuelle, *RTDH 2006. 35.* – Levinet, L'éloignement des étrangers délinquants et l'art. 8 Conv. EDH, *RTDH 1999. 89.* – Marguénaud, Reflux du droit au respect de la vie familiale des étrangers, *RTD civ. 1996. 1025* ; Les 70 ans de la Convention européenne des droits de l'homme : le passé d'un avenir, *D. 2020. 2129* . – Marguénaud et Raynard, Vie familiale des étrangers : barre à bâbord, *RTD civ. avr. juin 2002.* – Millard, La protection du droit à la vie familiale. Dialectiques jurisprudentielles autour de l'art. 8 de la CEDH, *LPA 7 août 1996.* – Peny, Le juge et l'art. 3 Conv. EDH : un contrôle effectif mais affaibli, *AJDA 2015. 1312* . – Saillant, Conseil constitutionnel, CEDH et protection des droits et libertés : sur la prétendue rivalité de systèmes complémentaires, *RD publ. 2004. 1497.* – Van Muylder, Le droit au respect de la vie privée des étrangers, *RFDA 2001. 797* .

Art. 1er ***Obligation de respecter les droits de l'homme.*** **Les Hautes Parties contractantes reconnaissent à toute personne relevant de leur juridiction les droits et libertés définis au titre I de la présente Convention.**

COMMENTAIRE

I. APPLICABILITÉ

Ce n'est qu'assez récemment que les dispositions de la Convention européenne de sauvegarde des droits de l'homme ont fait leur entrée véritable en droit interne français ; on se souvient qu'il a fallu attendre 1981 pour que la France ratifie le droit de recours individuel devant les organes de la Convention Convention européenne de sauvegarde des droits de l'homme et ce n'est qu'en 1989, avec le célèbre arrêt *Nicolo*, que le Conseil d'État accepte de faire prévaloir le traité sur une loi postérieure contraire. Quoi qu'il en soit, le mécanisme instauré par la Convention européenne des droits de l'homme revêt un caractère subsidiaire par rapport aux systèmes nationaux de garantie des droits de l'homme. Cette particularité est notamment illustrée par la règle de l'épuisement des voies de recours internes, condition de recevabilité de la saisine de la Cour européenne des droits de l'homme.

Il convient également de signaler que la Cour ne dispose d'aucun pouvoir sur le droit des États parties ; lorsqu'elle estime une requête recevable et qu'elle conclut à la violation d'un droit protégé par la Convention, elle ne prononce qu'une sanction pécuniaire, c'est-à-dire une réparation au profit de la personne lésée se traduisant par le mécanisme de « satisfaction équitable ». Reste qu'en pratique, les arrêts de condamnation ont une portée bien plus importante, conduisant les États parties à modifier leurs règles internes afin de les mettre en conformité avec la jurisprudence de la Cour. De même, s'il n'existe en principe aucune hiérarchie entre la jurisprudence de la Cour et celle des juridictions nationales, ces dernières sont nécessairement conduites à traduire en droit interne la jurisprudence européenne afin d'éviter des condamnations répétées par la Cour de Strasbourg.

La Conv. EDH (Convention du 4 nov. 1950, publiée par le Décr. n° 74-360 du 3 mai 1974, *JO 4 mai*) déborde le cadre de la simple réciprocité et crée des obligations objectives, ce qui impose de lui accorder priorité sur des accords internationaux classiques. Elle reste par ailleurs invocable même en présence d'une convention bilatérale régissant les ressortissants d'un État en particulier.

II. DROITS PROTÉGÉS

Les droits proclamés et protégés par la Convention s'adressent aux nationaux des États parties comme aux étrangers. Seules quelques dispositions sont spécifiques aux étrangers, à commencer par le dernier alinéa de l'article 5 qui prévoit par principe que la privation de liberté est légale s'il s'agit de l'arrestation ou de la détention régulières d'une personne pour l'empêcher de pénétrer irrégulièrement dans le territoire ou contre laquelle une procédure d'expulsion (c'est-à-dire une mesure d'éloignement) est en cours. Il s'agit ensuite de l'article 16 qui permet expressément aux États parties d'imposer des restrictions à l'activité politique des étrangers sans qu'il en résulte une violation du droit à la liberté d'expression, de réunion et d'association, ou une discrimination prohibée par l'article 14.

On doit y ajouter l'**article 4 du Protocole n° 4** qui interdit les expulsions collectives d'étrangers et l'**article 1er du Protocole n° 7** qui fixe les garanties procédurales minimales en cas d'expulsion d'étrangers. Cette stipulation garantit aux étrangers en situation régulière sous le coup d'une mesure d'expulsion le droit de faire valoir les raisons qui militent contre leur éloignement, de faire examiner son cas et de se faire représenter devant l'autorité compétente. Précisons que, selon la jurisprudence de la Cour, il convient d'assimiler le terme « expulsion » à l'expression plus large de « mesures d'éloignement », à l'exception des mesures d'extradition.

C'est donc essentiellement « par ricochet » que les dispositions de la Convention s'appliquent aux étrangers dès lors que celle-ci ne garantit ni le droit d'entrer et de résider dans un pays particulier, ni le droit d'asile.

Deux dispositions de la Convention ont un impact particulier en droit des étrangers : il s'agit tout d'abord de l'article 8 protégeant le droit de chacun à mener une vie familiale et personnelle normale. On imagine aisément que toutes les décisions administratives négatives prises en droit des étrangers peuvent affecter ce droit, qui est désormais systématiquement invoqué au contentieux. C'est la raison pour laquelle cette disposition fait l'objet d'une analyse spécifique (V. *infra*). Ensuite, l'article 3, qui prohibe les traitements inhumains et dégradants, interdisant en particulier la mise à exécution de mesures d'éloignement vers des pays où l'étranger pourrait être mis gravement en danger (V. notes ss art. L. 572-3 [défaillances systémiques, État de renvoi] ; art. L. 611-3 [état de santé] ; art. L. 721-4 [pays de renvoi] ; art. L. 740-1 et L. 741-5 [rétention administrative]).

Mais le champ d'application de la Convention ne s'arrête pas à ces dispositions et la jurisprudence a progressivement clarifié les conditions dans lesquelles les stipulations de la Convention pouvaient avoir un effet direct et être par conséquent invoquées au contentieux. On distinguera ainsi les garanties procédurales, les droits dits indérogeables et les droits susceptibles de restrictions nécessaires dans une société démocratique. ❑

1. Si la jurisprudence européenne considère que les États parties ne sont pas soumis à l'obligation de vérifier que les pays de destination vers lesquels sont renvoyés les étranges respectent l'ensemble des stipulations de la Convention, cette formule a pu être interprétée comme une régression de la protection par ricochet (J. Flauss, *AJDA 2005. 548*).

2. La Conv. EDH prime sur les accords internationaux classiques. • CEDH 30 oct. 1991, *Vilvarajah et a. c/ Royaume-Uni,* n° 215 • 27 août 1992, *Vijayanathan et Pusparajah c/ France,* n° 241 B. ♦ Dès lors, même en présence d'une convention internationale spéciale, les étrangers peuvent en principe toujours se prévaloir de la Conv. EDH. • CE 25 mai 1988, *Min. Intérieur c/ Ziani : Lebon 205* • 22 mai 1992, *Mme Larachi : Lebon 203 ; RD publ. 1992. 1793, concl. Abraham.*

3. La violation présumée de la Conv. EDH ne constitue pas un moyen d'office. • CE 17 févr. 1999, *Préfet de police c/ M. Sow,* n° 200092.

4. La CEDH a précisé que l'on ne peut exiger qu'un État qui procède à une mesure d'éloignement ne renvoie un étranger que vers un pays qui respecte pleinement et effectivement l'ensemble des droits et libertés énoncés dans la Convention. • CEDH 22 juin 2004, *Fashkami c/ Royaume-Uni,* n° 17341/03.

5. La CEDH ne peut être en saisie qu'après épuisement des voies de recours interne ; reste que cette règle peut être appréciée souplement, notamment dans le contentieux des réfugiés ; en effet, la Cour doit tenir compte de manière réaliste non seulement des recours prévus en théorie dans le système juridique de la partie contractante concernée, mais également du contexte juridique et politique dans lequel ils se situent ainsi que de la situation personnelle du requérant ; le simple fait de nourrir des doutes quant aux perspectives de succès des recours offerts par le droit interne ne constitue pas une raison valable pour justifier la non-utilisation de ces recours ; toutefois, en l'espèce, la Cour est d'avis que l'on ne saurait attendre des intéressés qu'ils aient introduit un recours devant le tribunal administratif pour contester l'arrêté de reconduite à la frontière dans la mesure où leur demande antérieure devant l'OFPRA et la CRR, saisis pour statuer sur le bien-fondé du grief tiré de l'art. 3 Conv. EDH, n'avait pas abouti et que la situation au Belarus n'avait pas changé depuis la décision précitée de la CRR. • CEDH 2 sept. 2010, *Y.P. et L.P. c/ France,* n° 32476/06.

6. Une procédure en référé-suspension n'a pas pour nature de redresser un grief et ne peut être utilisée indépendamment d'un recours au fond. Or, le requérant n'a pas épuisé les voies de recours devant le juge du fond, un appel restant pendant, ce qui entraîne l'irrecevabilité de la requête. • CEDH 28 juin 2018, *Le Guyader c/ France,* n° 47022/16.

Art. 2 ***Droit à la vie.*** **1. Le droit de toute personne à la vie est protégé par la loi. La mort ne peut être infligée à quiconque intentionnellement, sauf en exécution d'une sentence capitale prononcée par un tribunal au cas où le délit est puni de cette peine par la loi.**

2. La mort n'est pas considérée comme infligée en violation de cet article dans les cas où elle résulterait d'un recours à la force rendu absolument nécessaire :

a) pour assurer la défense de toute personne contre la violence illégale ;

b) pour effectuer une arrestation régulière ou pour empêcher l'évasion d'une personne régulièrement détenue ;

c) pour réprimer, conformément à la loi, une émeute ou une insurrection.

BIBL. ▸ Afroukh, L'art. 2 de la Conv. EDH dans la jurisprudence administrative, *RFDA 2011. 1153.* – Brach-Thiel, La peine de mort : un obstacle à l'extradition ?, *Gaz. Pal. 2-3 sept. 2011, p. 16.* – Geouffre de la Pradelle, A la recherche du "droit à la vie", Mél. en l'honneur de J.-M. Verdier, Droit syndical et droits de l'homme à l'aube du XXIe siècle, *Dalloz 2001, p. 326.* – Marguénaud, Peine de mort : le droit du Conseil de l'Europe, *Gaz. Pal. 2-3 sept. 2011, p. 5.* – Sudre, Le droit à la protection de la vie ou la version light du droit à la vie, *in* Lévinet (dir.), Le droit au respect de la vie au sens de la Convention européenne des droits de l'homme : *Némésis-Bruylant, coll. « Droit et justice », n° 93, 2010, p. 278.* – Tulkens, « Le droit à le vie et le champ des obligations des États dans la jurisprudence récente de la Cour européenne des droits de l'homme », *in* Libertés, justice et tolérance, Mél. en hommage au doyen Gérard Cohen-Jonathan, *Bruylant, 2004, p. 1617.*

COMMENTAIRE

L'article 2 de la Convention protège le droit à la vie et peut trouver à s'appliquer notamment dans le cas d'une mesure d'éloignement vers un pays où l'intéressé pourrait faire l'objet de la peine de mort. Cela explique que l'article 2 soit appliqué à la lumière de l'article 3 et du Protocole n° 6 interdisant d'infliger la peine de mort en temps de paix. ❑

1. Le Conseil constitutionnel a refusé de faire droit au moyen tiré de la violation de l'art. 2 Conv. EDH par la loi « Veil » relative à l'interruption de grossesse, en constatant l'absence de disposition équivalente dans le bloc de constitutionnalité, tout en insistant sur le droit de tout être humain dès le commencement de la vie. • Cons. const. 17 janv. 1975, *Loi relative à l'IVG,* n° 74-54 DC : *Rec. Cons. const. 19.* ♦ Le droit à la vie est considéré comme nécessaire à la sauvegarde du principe constitutionnel de dignité. • Cons. const. 27 juill. 1994, *Loi relative au respect du corps humain*, n° 94-343/344 DC : *Rec. Cons. const. 100*.

2. Le Conseil d'État a reconnu l'applicabilité de l'art. 2 Conv. EDH, tout en considérant que les lois relatives à l'interruption volontaire de grossesse ne sont pas incompatibles avec le droit à la vie. • CE 21 déc. 1990, *Confédération nationale des assoc. familiales catholiques et a. : Lebon 369, concl. Stirn ; RFDA 1990. 1065 ; AJDA 1991. 91.* ♦ Ce n'est qu'en 1995 que la CEDH applique pour la première fois les stipulations de l'art. 2. • CEDH 27 sept. 1995, *Mc Cann, Farell et Savage c/ Royaume-Uni*, n° A/324 : *GACEDH, n° 10 ; RSC 1996. 184, obs. Pettiti ; ibid. 461, obs. Koering-Joulin.* ♦ Le droit au respect de la vie constitue une « liberté fondamentale » au sens de l'art. L. 521-2 CJA. • CE 16 nov. 2011, *Ville de Paris*, n° 353173.

3. Liens avec l'art. 3 Conv. EDH. La protection du droit à la vie tirée de l'art. 2 se réalise conformément à la jurisprudence dégagée s'agissant de la prohibition des traitements inhumains et dégradants. • CEDH 11 mai 1999, *Jeyakumar Sinnarajah c/ Suisse*, n° 45187/99. ♦ C'est ainsi, sur le fondement de l'art. 3, que la Cour a examiné les conditions de l'expulsion d'un étranger atteint du sida vers un pays dans lequel il ne pourrait recevoir de soins adéquats. • CEDH 2 mai 1997, *D. c/ Royaume-Uni*, n° 30240/96 : *JCP 1998. I. 107, chron. Sudre.* ♦ Même solution s'agissant de l'extradition vers la Russie de personnes d'origine tchétchène. • CEDH 12 avr. 2005, *Chamaïev et a. c/ Russie et Géorgie*, n° 36378/02.

4. Condamnation de la Grèce suite au naufrage d'une embarcation chargée de migrants, pour violation du droit à la vie, les autorités nationales n'ayant pas fait tout ce que l'on pouvait raisonnablement attendre d'elles pour offrir le niveau de protection requis ; la Cour rejette l'argument selon lequel les personnes secourues en mer étaient responsables de leur propre mise en danger. • CEDH 7 juill. 2022, n° 5418/15.

5. Éloignement des étrangers et peine de mort. Dans le cadre du contentieux de la fixation du pays de destination, l'art. 2 Conv. EDH est en général écarté au profit de l'art. 3 (V. notes ss. art. L. 513-2). C'est tout particulièrement le cas du contentieux de l'extradition. • CE 28 déc. 2007, *Fladung*, n° 304414. ♦ Le juge administratif se fonde sur le Protocole 6 pour considérer que « l'application de la peine de mort à une personne ayant fait l'objet d'une extradition accordée par le gouvernement français serait contraire à l'ordre public français ». • CE 27 févr. 1987, *Fidan : Lebon 81, concl. Bonichot ; D. 1987. 305.*

6. Si l'intéressé est exposé à un risque sérieux d'application de la peine de mort, la mesure viole l'art. 3 Conv. EDH. • CEDH 8 nov. 2005, *Bader et a. c/ Suède*, n° 13284/04. ♦ V. pour le renvoi en Iran d'une famille convertie au christianisme et risquant la peine de mort. • CEDH 15 juin 2010, *M. B. et a. c/ Turquie*, n° 36009/08. ♦ Dès lors que la peine de mort est désormais abolie dans le cadre du Conseil de l'Europe, la CEDH considère que les États membres doivent s'abstenir de remettre des personnes aux mains d'autorités susceptibles de les condamner à mort. • CEDH 2 mars 2010, *Al Saadoon et Mufdhi c/ Royaume-Uni*, n° 61498/08 : *LPA 26 mars 2010, n° 61, p. 5, note Lesaffre.* ♦ La Cour considère ainsi que le degré de souffrance psychologique liée au risque de subir la peine de mort constitue à lui seul un traitement inhumain.

7. Le moyen tiré d'une violation de l'art. 3 sera écarté si l'État responsable de la mesure d'éloignement a obtenu des assurances réelles de la part de l'État d'accueil. Par ex. : engagement des autorités judiciaires américaines de ne pas requérir la peine de mort. • Comm. EDH 20 janv. 1994, *Joy Aylor Davis c/ France*, n° 22742/93 : *DR 76-A p. 164* • CEDH 16 oct. 2001, *Einhorn c/ France*, n° 71555/01 • CEDH 10 août 2006, *Olaechea Cahuas c/ Espagne*, n° 24668/03. ♦ La CEDH a pu ainsi se contenter du fait qu'aucune exécution n'avait eu lieu au Kazakhstan en 2007-2008 et des assurances du gouvernement selon lequel l'étranger serait poursuivi pour une infraction n'entraînant pas la peine de mort (alors même que le mandat d'extradition prévoyait l'inverse). • CEDH 19 nov. 2009, *Kaboulov c/ Ukraine*, n° 41015/04.

8. La Cour a récemment affirmé la prohibition, en toutes circonstances, de la peine de mort, considérée comme l'anéantissement délibéré et prémédité d'un être humain par les autorités de l'État ; elle provoque des douleurs physiques et d'immenses souffrances psychologiques chez les personnes concernées et ce, quel que soit le mode d'exécution ; en ce sens, elle peut être considérée comme un traitement inhumain et dégradant. • CEDH 2 mars 2010, *Al-Saadoon et Mufdhi c/ Royaume-Uni*, n° 61498/08.

9. Art. 66-1 Const. (issu de la L. const. du 23 févr. 2007). Le moyen tiré de ce que les dispositions de l'art. L. 712-1 CESEDA, en tant qu'elles excluent les personnes qu'elles désignent du bénéfice de la protection subsidiaire, les exposent dès lors à des risques de condamnation à la peine de mort à l'étranger et méconnaissent, de ce fait, le principe selon lequel nul ne peut être condamné à la peine de mort énoncé par l'art. 66-1 Const., dont le Conseil constitutionnel n'a pas fait application à ce jour, soulève une question non dénuée de rapport avec les termes du litige, qui présente un caractère nouveau au sens et pour l'application de la procédure QPC, justifiant la transmission au Conseil constitutionnel. • CE 8 oct. 2010, *M. Daoudi*, n° 338505 : *AJDA 2010. 1911 ; RFDA 2010. 1287.*

10. Art. 2 Conv. EDH et privation de liberté des étrangers. La CEDH a admis l'applicabilité de l'art. 2 aux hypothèses de rétention administrative des étrangers. • CEDH 27 juill. 2004, *Slimani c/*

France : Rec. CEDH p. 2004-IX, chron. Sudre ; D. 2004. 2763 ; JCP 2005. I. 103, n° 2 ; RD publ. 2005. 769, note Lévinet ; CDE 2006. 253, Andriantsimbazovina ; Amegadjie, Décès au cours d'une rétention administrative et responsabilité de l'État (arrêt Slimani du 27 juill. 2004), in Tavernier, La France et la Cour européenne des droits de l'homme. La jurisprudence en 2004, Cahiers du CREDHO n° 11, Bruylant, 2005, p. 85. ♦ En cas de décès d'une personne placée en centre de rétention administrative, la responsabilité de l'État est engagée sur le fondement d'une faute présumée, en raison des obligations positives pesant sur l'État en application de l'art. 2 Conv. EDH. • TA Marseille 9 févr. 2006, *Mme Dalila Slimani,* n° 0303042 : *Lebon T. 869 ; AJDA 2006. 1454, note Lazaud et Romnicianu*. ♦ La CAA de Marseille est toutefois revenue à une interprétation plus classique, fondant la responsabilité de l'État sur la faute tenant aux conditions de détention particulièrement médiocres. • CAA Marseille, 10 déc. 2007, *Mme Dalila Slimani*, n° 06MA00572 : *AJDA 2008. 37, note Marcovici*. ♦ Sur les obligations de l'État en matière de protection de la vie des détenus eu égard à leur vulnérabilité et leur situation d'entière dépendance, V. • CE 11 juill. 2007, *Section fr. de l'Observatoire international des prisons*, n° 30559 : *D. 2008. 1015, obs. Céré, Herzog-Evans et Péchillon* • 17 déc. 2008, *Section française de l'Observatoire international des prisons : Lebon 463, concl. Guyomar ; AJDA 2008. 2364, obs. Montecler ; AJ pénal 2009. 86, obs. Péchillon ; Merenne, JCP Adm. 2009. II. 100049 ; Cah. fonct. publ. 2010, n° 2, p. 38, note Lenica* (Le Conseil d'État étend le contrôle du juge administratif sur l'administration pénitentiaire).

11. Le risque de condamnation à la peine de mort ne constitue pas une persécution. • CE 6 janv. 1995, *Fome Pedro Mateus,* n° 143526 : *RFDA 1995. 396, chron. Ruzié*.

Art. 3 ***Interdiction de la torture.*** **Nul ne peut être soumis à la torture ni à des peines ou traitements inhumains ou dégradants.**

V. notes ss. art. L. 721-4, supra.

COMMENTAIRE

L'interdiction des traitements inhumains et dégradants est évidemment applicable dans le contentieux des mesures d'éloignement, spécifiquement s'agissant de la fixation du pays de destination (V. notes ss. art. L. 721-4). L'autorité administrative et les juridictions éventuellement saisies tentent ainsi d'évaluer s'il existe des raisons sérieuses de croire que l'intéressé sera soumis, dans l'État vers lequel il doit être dirigé, à des traitements inhumains ou dégradants.

L'article 3 peut encore recevoir application s'agissant de mesures applicables sur le territoire national, en particulier lorsqu'un étranger fait l'objet d'une mesure de maintien en zone d'attente (V. notes ss. art. L. 341-1 et L. 351-1) ou de placement en centre de rétention administrative (V. notes ss. art. L. 741-5, L. 744-6, L. 744-1 et L. 751-9). Il a reçu une application récente, le juge ayant considéré que l'abstention de l'État dans la prise en compte des besoins élémentaires des migrants vivant sur le site de la « jungle » de Calais en ce qui concerne leur hygiène et leur alimentation en eau potable révèle une carence de nature à exposer les personnes en cause, de manière caractérisée, à des traitements inhumains ou dégradants (CE, ord., 23 nov. 2015, n° 394540 : *AJDA 2015. 2238* ; *ibid. 2016. 556, note Schmitz*. V. aussi CE 31 juill. 2017, *Commune de Calais c/ ministre d'État, ministre de l'Intérieur*, n° 412125 : *AJDA 2017. 1594*). Même solution s'agissant de l'absence de prise en charge par les services sociaux de mineurs isolés bénéficiant d'ordonnances de protection ; ces mineurs étaient ainsi dans une situation de précarité et d'extrême vulnérabilité, vivant dans des tentes, dans des conditions d'insalubrité, sans assurer la couverture des besoins élémentaires tels que la nourriture, l'accès à l'eau potable et à l'hygiène (CE 27 juill. 2016, nos 400055, 400056, 400057 et 400058). C'est aussi cette même référence qui légitime l'intervention de l'État, aux lieu et place du département, pour prendre en charge un grand nombre de mineurs étrangers isolés (CE 8 nov. 2017, *GISTI*, n° 406256 : *AJDA 2017. 2224* ; *ibid. 2408, note Roussel et Nicolas*). La France a d'ailleurs été condamnée par la CEDH pour défaut de prise en charge d'un mineur non accompagné à Calais (CEDH 28 févr. 2019, *Khan c/ France*, n° 12267/16 : *AJDA 2019. 489* ; *D. 2019. 1096, obs. Parrot*).

Plus largement, c'est le principe même de la dignité humaine que la Convention européenne de sauvegarde des droits de l'homme protège par le biais de l'article 3. ❑

1. Le traitement inhumain est celui qui provoque volontairement des souffrances mentales ou physiques d'une particulière intensité. • CEDH 12 oct. 2006, *Mubilanzila Mayeka et Kaniki Mitunga c/ Belgique,* n° 13178/03 : *RTDH 2007. 823, note Masson ; RFDA 2007. 1041, chron. Sudre et Labayle*. ♦ Un traitement est dégradant quand il est de nature à inspirer à ses victimes des sentiments de peur, d'angoisse et d'infériorité propres à les humilier et à les avilir. • CEDH 26 oct. 2000, *Kudla c/ Pologne,* n° 30210/96.

2. Éloignement. Si la Convention ne garantit aucun droit au séjour ou à l'asile dans un État dont l'intéressé n'est pas un ressortissant, des mesures d'éloignement peuvent, le cas échéant, violer l'art. 3 dès lors qu'il y a des raisons sérieuses de croire que l'intéressé sera soumis, dans l'État vers lequel il doit être dirigé, à des traitements inhumains ou dégradants. • Comm. EDH 30 sept. 1974, *X. c/ RFA,* n° 6315/73.

3. Toutes les mesures d'éloignement sont concernées, notamment l'extradition. • CEDH 7 juill. 1989, *Soering :* série A, n° 161. ♦ ... L'expulsion. • CEDH 20 mars 1991, *Cruz Varas c/ Suède : série A,* n° 201 • 15 nov. 1996, *Chahal c/ Royaume-Uni : Rec. 1996-V.* ♦ ... Le refoulement de demandeurs d'asile déboutés. • CEDH 30 oct. 1991, *Vilvarajah c/ Royaume-Uni :* série A n° 215.

4. Le risque de mauvais traitements en cas d'éloignement doit résulter d'une situation générale de violence, de l'appartenance de l'étranger à un groupe de personnes systématiquement exposé à de mauvais traitements et/ou de circonstances propres à l'intéressé, risque qui doit être réel et fondé sur des motifs sérieux et avérés, même lorsque la personne est considérée comme présentant une menace pour la sécurité nationale de l'État contractant. • CEDH 29 avr. 2022, n°s 28492/15 et 49975/15. ♦ Pour une application. • CEDH 6 oct. 2022, n° 18207/21.

5. Privation ou restriction de liberté. L'art. 3 s'applique également aux mesures privatives de liberté prises à l'encontre des étrangers sur le territoire de l'État. • CEDH 8 déc. 2005, *Mahdid et Haddar c/ Autriche,* n° 74762/01. ♦ Rétention illégale d'un demandeur d'asile et de sa famille composée de quatre enfants, dans un camp de transit durant quatre mois au cours desquels leurs déplacements ont été interdits. • CEDH 2 juin 2022, *H.M. et a. c/ Hongrie,* n° 38967/17. ♦ Rétention de naufragés dans un centre d'accueil et d'hébergement dans des conditions déplorables, les intéressés ayant été empêchés d'entrer sur le territoire de l'État et finalement refoulés. • CEDH 30 mars 2023, *JA et a. c/ Italie,* n° 21329/18.

6. Il a reçu une application particulière, le juge ayant considéré que l'abstention de l'État dans la prise en compte des besoins élémentaires des migrants vivant sur le site de la « jungle » de Calais en ce qui concerne leur hygiène et leur alimentation en eau potable révèle une carence de nature à exposer les personnes en cause, de manière caractérisée, à des traitements inhumains ou dégradants (• CE, ord., 23 nov. 2015, n° 394540 : *AJDA 2015. 2238 ; ibid. 2016. 556, note Schmitz*. ♦ V. aussi • CE 31 juill. 2017, *Cne de Calais c/ Min. d'État, Min. Intérieur,* n° 412125 : *AJDA 2017. 1594*). ♦ Même solution s'agissant de l'absence de prise en charge par les services sociaux de mineurs isolés bénéficiant d'ordonnances de protection ; ces mineurs étaient ainsi dans une situation de précarité et d'extrême vulnérabilité, vivant dans des tentes, dans des conditions d'insalubrité, sans assurer la couverture des besoins élémentaires tels que la nourriture, l'accès à l'eau potable et à l'hygiène. • CE 27 juill. 2016, n°s 400055, 400056, 400057 et 400058. ♦ C'est aussi cette même référence qui légitime l'intervention de l'État, aux lieu et place du département, pour prendre en charge un grand nombre de mineurs étrangers isolés. • CE 8 nov. 2017, *GISTI,* n° 406256 : *AJDA 2017. 2224 ; ibid. 2408, note Roussel et Nicolas*. ♦ La France a d'ailleurs été condamnée par la CEDH pour défaut de prise en charge d'un mineur non accompagné à Calais. • CEDH 28 févr. 2019, *Khan c/ France,* n° 12267/16 : *AJDA 2019. 489 ; D. 2019. 1096, obs. Parrot*.

Art. 4 *Interdiction de l'esclavage et du travail forcé.* 1. Nul ne peut être tenu en esclavage ni en servitude.

2. Nul ne peut être astreint à accomplir un travail forcé ou obligatoire.

3. N'est pas considéré comme « travail forcé ou obligatoire » au sens du présent article :

a) tout travail requis normalement d'une personne soumise à la détention dans les conditions prévues par l'article 5 de la présente Convention, ou durant sa mise en liberté conditionnelle ;

b) tout service de caractère militaire ou, dans le cas d'objecteurs de conscience dans les pays où l'objection de conscience est reconnue comme légitime, à un autre service à la place du service militaire obligatoire ;

c) tout service requis dans le cas de crises ou de calamités qui menacent la vie ou le bien-être de la communauté ;

d) tout travail ou service formant partie des obligations civiques normales.

BIBL. ▶ Le Coz, Identification des victimes d'esclavage moderne et poursuite des trafiquants devant les juridictions pénales, *in* Marchadier (dir.), La prohibition de l'esclavage et de la traite des êtres humains, *Pédone 2022, p. 161* ; La loi pénale face aux exigences de la Convention du Conseil de l'Europe sur la lutte contre la traite des êtres humains, *AJ pénal 2012. 210*.

Art. 5 *Droit à la liberté et à la sûreté.* 1. Toute personne a droit à la liberté et à la sûreté. Nul ne peut être privé de sa liberté, sauf dans les cas suivants et selon les voies légales :

a) s'il est détenu régulièrement après condamnation par un tribunal compétent ;

b) s'il a fait l'objet d'une arrestation ou d'une détention régulières pour insoumission à une ordonnance rendue, conformément à la loi, par un tribunal ou en vue de garantir l'exécution d'une obligation prescrite par la loi ;

c) s'il a été arrêté et détenu en vue d'être conduit devant l'autorité judiciaire compétente, lorsqu'il y a des raisons plausibles de soupçonner qu'il a commis une infraction ou qu'il y a des motifs raisonnables de croire à la nécessité de l'empêcher de commettre une infraction ou de s'enfuir après l'accomplissement de celle-ci ;

d) s'il s'agit de la détention régulière d'un mineur, décidée pour son éducation surveillée ou de sa détention régulière, afin de le traduire devant l'autorité compétente ;

e) s'il s'agit de la détention régulière d'une personne susceptible de propager une maladie contagieuse, d'un aliéné, d'un alcoolique, d'un toxicomane ou d'un vagabond ;

f) s'il s'agit de l'arrestation ou de la détention régulières d'une personne pour l'empêcher de pénétrer irrégulièrement dans le territoire, ou contre laquelle une procédure d'expulsion ou d'extradition est en cours.

2. Toute personne arrêtée doit être informée, dans le plus court délai et dans une langue qu'elle comprend, des raisons de son arrestation et de toute accusation portée contre elle.

3. Toute personne arrêtée ou détenue, dans les conditions prévues au paragraphe 1 *c* du présent article, doit être aussitôt traduite devant un juge ou un autre magistrat habilité par la loi à exercer des fonctions judiciaires et a le droit d'être jugée dans un délai raisonnable, ou libérée pendant la procédure. La mise en liberté peut être subordonnée à une garantie assurant la comparution de l'intéressé à l'audience.

4. Toute personne privée de sa liberté par arrestation ou détention a le droit d'introduire un recours devant un tribunal, afin qu'il statue à bref délai sur la légalité de sa détention et ordonne sa libération si la détention est illégale.

5. Toute personne victime d'une arrestation ou d'une détention dans des conditions contraires aux dispositions de cet article a droit à réparation.

COMMENTAIRE

Le droit à la liberté et à la sûreté n'est protégé que sous réserve d'arrestations ou de détentions selon les voies légales, qui ne doivent pas être appliquées de manière arbitraire. Constitue une telle voie légale la privation de liberté d'une personne pour l'empêcher de pénétrer irrégulièrement sur le territoire (maintien en zone d'attente, V. notes ss. art. L. 341-1 et L. 351-1) ou contre laquelle une mesure d'éloignement est en cours (placement en rétention administrative, V. notes ss. art. L. 741-5, L. 744-6, L. 744-1 et L. 751-9).

L'article 5 stipule, par ailleurs, que toute personne arrêtée doit être informée dans le plus court délai et dans une langue qu'elle comprend des raisons de son arrestation et de toute accusation portée contre elle. Les juges seront ainsi amenés à s'assurer du respect de ces stipulations en vérifiant que l'intéressé a été effectivement mis en mesure de faire valoir ses droits.

Le législateur a pris en compte ces considérations, notamment dans l'article L. 141-2 (lorsqu'un étranger fait l'objet d'une mesure de non-admission en France, de maintien en zone d'attente ou de placement en rétention et qu'il ne parle pas le français, il indique au début de la procédure une langue qu'il comprend ; il indique également s'il sait lire) et L. 141-3 (interprète, V. notes ss. cet art.). ❑

1. Mesures restrictives ou privatives de liberté. La jurisprudence de la CEDH a opéré une distinction entre restriction et privation de liberté au sens de l'art. 5 en posant 4 critères : la situation personnelle des requérants et les choix opérés par eux ; le régime juridique applicable dans le pays concerné et son objectif ; la durée du maintien, considérée notamment à la lumière du but qui était poursuivi et de la protection procédurale des requérants ; la nature et le degré des restrictions concrètement imposées aux requérants ou subies effectivement par eux. Appliquant ces critères, la Cour a considéré que le maintien, pendant une durée extrêmement longue, dans la zone internationale de l'aéroport de Moscou, constituait une privation de liberté. • CEDH 21 nov. 2019, *Z.A. et a. c/ Russie,* n°s 61411/15, 61420/15 et 3028/16 : *AJDA 2020. 163, chron. Burgorgue-Larsen* ✐. ♦ Elle a retenu la solution inverse s'agissant du maintien de demandeurs d'asile dans une zone de transit transfrontalière, motif pris qu'il était loisible aux intéressés de la quitter, notamment à pied. • CEDH 21 nov. 2019, *Ilias et Ahmed c/ Hongrie,* n° 47287/15 : *préc.*

2. Selon la CEDH, une assignation à résidence (V. notes ss. art. L. 730-1 s.), prise comme alternative à une mesure d'éloignement, ne comporte pas de restrictions d'une telle gravité qu'elle puisse être qualifiée de « privation de liberté » au sens de l'art. 5 Conv. EDH. • CEDH 9 oct. 1989, *Nezmi Aygiin c/ Suède : DR 63, p. 195.*

3. L'assignation à résidence est considérée, au vu de son degré d'intensité, comme une privation de liberté au sens de l'art. 5 de la Convention. • CEDH 2 août 2001, *Mancini c/ Italie,* n° 44955/98, § 17 (assignation à domicile). • 1er juill. 1997, *Manzoni c/ Italie,* n° 19218/91 § 22 (détention à domicile). ♦ Cette position est contraire à celle retenue par le Conseil constitutionnel, qui considère que si une mesure d'assignation a résidence « apporte des restrictions à l'exercice de certaines libertés, en particulier à la liberté d'aller et venir, elle ne présente pas, compte tenu de sa durée et de ses modalités d'exécution, le caractère d'une mesure privative de liberté au sens de l'art. 5 Conv. EDH ». • Cons. const., 22 déc. 2015, *M. Cédric D.,* n° 2015-527 (assignation à résidence dans le cadre de l'état d'urgence) : *RFDA 2016, p. 123, obs. Roblot-Troizier.* ♦ Durée maximale de l'assignation à résidence dans le cadre de l'état d'urgence : • Cons. const., 16 mars 2017, *M. Sofiyan I.* n° 2017-624 QPC cons. 12. ♦ Depuis, la CEDH a mis en œuvre une distinction entre les « assignations à résidence » relevant, sauf exception justifiée par un degré particulier de contrainte des restrictions à la liberté de circulation et les « assignations à domicile » assimilables à une détention provisoire et s'analysant en privations de liberté régies par l'art. 5 de la Conv. • CEDH 6 nov. 1980, *Guzzardi c/ Italie,* n° 7367/76.

4. Par exemple, l'enfermement d'un étranger dans une salle de transit de l'aéroport la nuit durant 9 heures constitue une privation de liberté au sens de l'art. 5, et non une simple restriction, comme l'avait considéré le juge interne. • CEDH 12 févr. 2009, *Nolan et K. c/ Russie,* n° 2512/04.

5. La mesure de détention doit reposer sur l'existence de bases légales qui ne doivent pas être appliquées de manière arbitraire. • CEDH 22 mars 1995, *Quinn c/ France,* n° 18580/91. ♦ En effet, les voies légales doivent être suffisamment accessibles et précises pour éviter tout danger d'arbitraire. • CEDH 25 juin 1996, *Amuur c/ France : Rec. 1996-III* • 12 févr. 2009, *Nolan et K. c/ Russie : préc. note 4.* ♦ La décision est considérée comme arbitraire lorsque les autorités ont fait preuve de mauvaise foi ou de tromperie. • CEDH 18 déc. 1986, *Bozan c/ France,* n° 9990/82 • 5 févr. 2002, *Conka c/ Belgique,* n° 51564/99. ♦ Tel est le cas par exemple du transfert en zone de transit de demandeurs d'asile malgré deux décisions judiciaires les libérant. • CEDH 24 janv. 2008, *Riad et Idiab c/ Belgique,* n° 29787/03.

6. La mesure privative de liberté doit en outre être conforme au but de la législation interne, en l'occurrence éviter l'entrée irrégulière sur le territoire (régime des zones d'attente) ou permettre la mise en œuvre d'une mesure d'éloignement. • CEDH 24 oct. 1979, *Winterwerp c/ Pays-Bas,* n° 6301/73 : *série A n° 33, p. 17.*

7. Par ailleurs, la détention ne doit pas être d'une durée excessive au regard du but de la mesure. • CEDH 25 janv. 2005, *Singh c/ République tchèque,* n° 60538/00. ♦ Jugé que la détention administrative durant 31 mois d'un algérien condamné pour terrorisme, en vue de son éloignement, était régulière et non excessive au motif notamment que les autorités belges ont diligenté une succession de procédures complexes en évaluant les risques effectivement encourus par le requérant en Algérie en raison de la situation générale dans ce pays mais aussi de sa situation personnelle. • CEDH 18 avr. 2023, n° 43966/19.

8. Enfin, la mesure de détention doit pouvoir faire l'objet d'un contrôle de sa légalité par un tribunal • CEDH 27 nov. 2008, *Rashed c/ République tchèque,* n° 298/07. ♦ En cas de violation de l'art. 5, le requérant doit pouvoir obtenir réparation du préjudice subi. • CEDH 12 févr. 2009, *Nolan et K. c/ Russie : préc. note 4.*

9. La CEDH peut être amenée à vérifier que ces conditions ont été correctement remplies. • CEDH 5 févr. 2002, *Conka c/ Belgique : préc. note 5.* ♦ Ces stipulations ont par exemple été reconnues applicables à un demandeur d'asile transféré dans un centre de détention ; en l'espèce, un délai de 76 heures pour indiquer les motifs de la détention a été considéré comme excessif. • CEDH 11 juill. 2006, *Saadi c/ Royaume-Uni,* n° 13229/03 : *JCP 2008. I. 167, chron. Sudre.* ♦ Toute personne arrêtée doit être informée dans une langue simple, non technique, qu'elle est en mesure de comprendre, des motifs de droit et de fait justifiant son arrestation, en vue notamment d'être en capacité de faire valoir ses droits devant une juridiction au sens du § 4 de l'art. 5 ; l'intéressé doit pouvoir bénéficier de cette information dans le plus court délai, les diligences étant appréciées selon chaque cas d'espèce. • CEDH 2 oct. 2008, *Rusu c/ Autriche,* n° 34082/02.

10. La CEDH a conclu à une violation du présent art. dans le contexte de vagues d'arrivées de ressortissants tunisiens irréguliers sur les côtes italiennes en 2011 à la suite des soulèvements en Tunisie, puis du conflit en Libye ; elle ne méconnaît pas les difficultés auxquelles sont confrontés les États lors de vagues d'immigration exceptionnelles, contraints notamment de prendre des mesures pour garantir, à la fois, le sauvetage en mer, la santé et l'accueil des migrants et le maintien de l'ordre. Elle considère toutefois que l'État doit respecter son obligation de garantir que toute personne qui vient à être privée de sa liberté puisse jouir de conditions compatibles avec le respect de sa dignité humaine. Or, s'agissant de la situation dans les centres d'accueil sur l'île de Lampedusa, la CEDH constate que les requérants ne pouvaient s'éloigner de ces structures, placées sous la surveillance constante des forces de l'ordre, et étaient dans l'impossibilité de communiquer vers l'extérieur ; elle en conclut qu'ils ont donc bien été privés de liberté ; si les États membres peuvent restreindre la liberté des étrangers dans le cadre du contrôle de l'immigration (art. 5, § 1 f), cela ne peut se justifier que par le fait qu'une procédure d'expulsion est en cours et menée avec la diligence requise ; or, les requérants ont été placés dans un centre d'accueil pour migrants, puis à bord de navires, sans qu'aucune décision formelle de placement en rétention n'ait été prise à leur encontre, de sorte que la privation de liberté litigieuse ne reposait sur aucune base légale. • CEDH 1er sept. 2015, n° 16483/12.

11. Mesures d'éloignement. Le Conseil d'État a considéré que les stipulations de l'art. 5 ne sont pas applicables au contentieux de la reconduite à la frontière. • CE 8 mars 2004, *M. Blel*, n° 259623. ♦ Même solution s'agissant de la décision distincte de la mesure d'éloignement fixant le pays de destination. • CAA Lyon, 12 mai 2009, *Korku*, n° 08LY02808.

12. Travail forcé. Le travail requis de personnes dont la privation de liberté a été régulièrement prononcée par un tribunal ne constitue pas un travail forcé ou obligatoire prohibé lorsque la condamnation à une peine de travail obligatoire est prononcée en application d'un texte de portée générale, que le travail à accomplir n'excède pas ce qui est normalement requis d'une personne condamnée et qu'il procède de la préparation à la réinsertion du condamné. • CE 7 avr. 2015, n° 385866 : *AJDA 2015. 1673*.

Art. 6 *Droit à un procès équitable.* **1. Toute personne a droit à ce que sa cause soit entendue équitablement, publiquement et dans un délai raisonnable, par un tribunal indépendant et impartial, établi par la loi, qui décidera, soit des contestations sur ses droits et obligations de caractère civil, soit du bien-fondé de toute accusation en matière pénale dirigée contre elle. Le jugement doit être rendu publiquement, mais l'accès de la salle d'audience peut être interdit à la presse et au public pendant la totalité ou une partie du procès dans l'intérêt de la moralité, de l'ordre public ou de la sécurité nationale dans une société démocratique, lorsque les intérêts des mineurs ou la protection de la vie privée des parties au procès l'exigent, ou dans la mesure jugée strictement nécessaire par le tribunal, lorsque dans des circonstances spéciales la publicité serait de nature à porter atteinte aux intérêts de la justice.**

§ 2 et 3 non reproduits.

COMMENTAIRE

Le droit à un procès équitable reste largement inapplicable en droit des étrangers. En effet, la jurisprudence européenne, la Cour de cassation (Civ. 1re, 17 oct. 2019, n° 18-24.043) et le Conseil d'État considèrent que les décisions intervenant en matière de contrôle de l'immigration (entrée, séjour, mesures d'éloignement et mesures connexes) ne concernent ni le domaine civil, ni le domaine pénal.

Dans le même esprit, les mesures d'éloignement des étrangers n'impliquent aucune décision sur le « bien-fondé d'une accusation pénale ». La jurisprudence considère, de manière assurément contestable, que les répercussions qu'une décision d'éloignement peut avoir sur les droits d'un requérant (par ex. contrat de travail) sont trop indirectes pour admettre la mise en œuvre de l'article 6, alors même que les mesures de police affectant les étrangers ont à l'évidence des répercussions essentielles sur leurs droits personnels, et notamment patrimoniaux.

Il semble toutefois légitime de s'interroger sur la validité du maintien d'une telle position, commune, des juges nationaux et européens. En effet, l'extension du volet civil de l'article 6, § 1, pourrait justifier que le droit au « procès équitable » puisse concerner, par exemple, le refus de renouvellement d'un titre de séjour, surtout lorsque celui-ci n'est pas motivé par des considérations touchant à l'ordre public. Rien ne semble pouvoir justifier que les étrangers ne puissent pas bénéficier des garanties tirées du droit à un procès équitable, d'autant que les conséquences procédurales en droit français d'une applicabilité de l'article 6 au contentieux des étrangers seraient probablement particulièrement limitées.

Quoi qu'il en soit, l'article 6 ne peut trouver à s'appliquer en l'état actuel du droit que « par ricochet », c'est-à-dire par exemple lorsqu'une mesure d'éloignement a pour effet d'empêcher l'intéressé de comparaître personnellement dans une instance civile ou pénale le concernant. La même solution s'appliquera lorsque l'intéressé apporte la preuve qu'il ne pourra bénéficier d'un procès équitable une fois rentré dans son pays d'origine. ❑

1. Le droit des étrangers est considéré comme hors du champ de l'art. 6, § 1, Conv. EDH. • CEDH 12 janv. 1999, *Maaouia c/ France*, n° 349652/98 • 31 mai 2001, *Fatgan Katani c/ Allemagne*, n° 67679/01 • CE 5 déc. 2001, *Préfet des Pyrénées-Atlantiques c/ Tarnagda*, n° 228578. ♦ Ainsi par exemple, la CNDA ne statue pas sur des contestations de caractère civil. • CE 7 nov. 1990, *Mme Serwaah : Lebon 311 ; AJDA 1990. 916* • 30 déc. 1998, *Tulga : Lebon T. 967* • 10 janv. 2003, *M. Cherif Ensaad*, n° 228947 B. ♦ Même solution s'agissant de la Commission de recours contre les décisions de refus de visa. • CE 5 déc. 2005, *M. Boufermes*, n° 267514.

2. L'applicabilité de l'art. 6 par ricochet a été reconnue s'agissant par exemple d'un étranger faisant l'objet d'une mesure d'éloignement et devant comparaître devant le juge pénal. • CE 7 déc. 2005, *M. Bouattou*, n° 275128. ♦ Le Tribunal des conflits a admis une applicabilité « indirecte » de l'art. 6 s'agissant d'un refus de visa opposé à un étranger qui le sollicitait en vue d'être autorisé à comparaître en personne à l'audience au cours de laquelle une cour d'appel devait statuer sur l'opposition formée par lui à l'encontre d'un arrêt rendu par défaut par la même juridiction. • T. confl. 23 oct. 2000, *Boussadar : Lebon 775.* ♦ Même solution, la possibilité d'assurer de manière effective sa défense devant un juge ayant été qualifiée de liberté fondamentale au sens de l'art. L. 521-2 CJA, s'agissant d'une convocation à une audience de conciliation dans le cadre d'une procédure de divorce. • TA Marseille, 17 avr. 2010, *M. Boumaiza*, n° 1002614 : *AJDA 2011. 107, note Charpy*. ♦ En revanche, l'absence de visa privant l'intéressé de la possibilité de participer physiquement à l'audience n'a pas été considérée comme contraire au droit à un procès équitable dès lors que le requérant a pu participer à distance. • CEDH 2 déc. 2021, n° 36516/19 : *AJ fam. 2022. 89, obs. Saulier*.

3. Par ailleurs, l'art. 6 a été valablement invoqué dans l'hypothèse d'un refus d'accès à l'aide juridictionnelle pour une action en contestation de paternité introduite par une étrangère en situation irrégulière, les irréguliers ne pouvant, en droit belge, bénéficier de l'aide juridictionnelle que pour une procédure d'accès au territoire, séjour, établissement et éloignement. • CEDH 10 mars 2009, *Anakomba Yula c/ Belgique*, n° 45143/07.

4. De même, la jurisprudence de la CEDH n'exclut pas que l'on puisse invoquer l'art. 6 à l'encontre d'une décision d'éloignement dans l'hypothèse où une personne concernée aurait été privée ou risquerait d'être privée de manière évidente d'un procès équitable dans le pays d'accueil, notamment s'il existe un risque d'exécution. • CEDH 22 juin 2004, *Fashkami c/ Royaume-Uni*, n° 17341/03. ♦ Le Conseil d'État a, pour sa part, accueilli un moyen fondé sur le risque invoqué par le requérant, en cas d'extradition, de ne pas bénéficier du droit à un procès équitable. • CE 27 juill. 2005, *M. Braslasiu*, n° 269768 • 18 mars 2005, *Battisti : Lebon 115* • 19 janv. 2009, *M. Cornea*, n° 317125.

5. La CEDH a admis l'applicabilité de l'art. 6 § 1 Conv. EDH au contentieux relatif à l'exercice de la police des publications étrangères. • CEDH 18 janv. 2000, *Assoc. Ekin c/ France : AJDA 2002. 52, note Julien-Laferrière.* ♦ Le Conseil d'État a d'ailleurs constaté l'illégalité du décret-loi du 6 mai 1939 (abrogé par Décr. 2004-1044 du 4 oct. 2004) sur le contrôle de la presse étrangère au motif de sa contrariété à l'art. 10 Conv. EDH. • CE 7 févr. 2003, *GISTI : AJDA 2003. 996, note Julien-Laferrière ; RD publ. 2003. 900, note Mouzet ; RFDA 2003. 972, note Fitte-Duval* et *Rabiller*. ♦ On signalera enfin que, dans une espèce particulière, la CEDH a considéré qu'une mesure d'expulsion puisse être considérée comme une « peine » ; reste qu'en l'occurrence, l'expulsion intervenait en guise de substitution à une peine d'emprisonnement. • CEDH 15 déc. 2009, *Gurguchiani c/ Espagne*, n° 16012/06.

6. La France a été condamnée pour violation de l'art. 6, § 1 du fait de l'inexécution d'ordonnances du juge administratif des référés enjoignant l'hébergement d'urgence de personnes sans abri et particulièrement vulnérables ; l'octroi ou le refus d'une place en hébergement d'urgence constituait, en l'espèce, un droit civil qui ne saurait être regardé comme une décision relative à l'immigration, à l'entrée, au séjour ou à l'éloignement des étrangers. • CEDH 8 déc. 2022, n° 34349/18 : *AJDA 2022. 2440*.

Art. 8 *Droit au respect de la vie privée et familiale.* 1. Toute personne a droit au respect de sa vie privée et familiale, de son domicile et de sa correspondance.

2. Il ne peut y avoir ingérence d'une autorité publique dans l'exercice de ce droit que pour autant que cette ingérence est prévue par la loi et qu'elle constitue une mesure qui, dans une société démocratique, est nécessaire à la sécurité nationale, à la sûreté publique, au bien-être économique du pays, à la défense de l'ordre et à la prévention des infractions pénales, à la protection de la santé ou de la morale, ou à la protection des droits et libertés d'autrui.

COMMENTAIRE

La disposition emblématique de l'article 8 de la Convention européenne de sauvegarde des droits de l'homme (Conv. EDH) est aussi celle qui suscite la plus large, et donc la plus complexe, application dans le cadre du droit des étrangers. En effet, les notions de vie privée et vie familiale ont connu, sous l'impulsion de la jurisprudence européenne, une extension considérable. Reste que l'article 8 ne constitue pas un droit « indérogeable » dès lors que son alinéa 2 prévoit les conditions de l'ingérence légitime et proportionnée de l'autorité publique. Bien plus, le droit de mener une vie familiale et personnelle normale ne s'applique que dans le cadre de la règle générale selon laquelle les États disposent d'une large marge d'appréciation en matière d'immigration. Ce n'est donc, *a priori*, que de manière exceptionnelle que ce droit sera susceptible de limiter l'exercice des compétences administratives en matière de droit des étrangers.

Reste que cette stipulation est systématiquement invoquée dans le contentieux des étrangers, que ce soit en droit interne ou devant la Cour de Strasbourg. Il en résulte une jurisprudence particulièrement abondante et factuelle de laquelle il est relativement difficile de dégager des principes directeurs.

Si le Conseil d'État avait pu consacrer dès 1978 l'existence d'un principe général du droit pour toute personne vivant sur le territoire français de mener une vie familiale normale (CE 8 déc. 1978, *GISTI et autres : Lebon 493 ; Dr. soc. 1979. 57, concl. Dondoux*), c'est bien par le dialogue des juges entre le juge administratif français et la Cour européenne des droits de l'homme que va se structurer, en droit des étrangers, la place prééminente du droit à mener une vie personnelle et familiale normale. Pour résumer cette évolution, il semble possible d'affirmer que la Cour européenne a, dans un premier temps, largement incité le Conseil d'État à améliorer la protection des étrangers sur ce fondement ; progressivement, la juridiction nationale a rattrapé, voire dépassé, la Cour de Strasbourg sur de nombreux points. Il semble ainsi possible d'affirmer qu'aujourd'hui la juridiction administrative française est plus protectrice que le juge européen.

Quant à la notion de vie privée, elle est principalement destinée à assurer le développement, sans ingérences extérieures, de la personnalité de chaque individu dans les relations avec ses semblables ; cela renvoie notamment aux relations sociales, professionnelles ou sexuelles ainsi qu'aux considérations liées à la santé de l'intéressé. On constate toutefois qu'il n'existe pas de frontière étanche entre les notions de vie « privée » et de vie « familiale », les juridictions saisies s'adaptant en fonction de chaque cas d'espèce. En l'absence de « famille » dans le pays de résidence, une violation du droit à la vie privée par une mesure d'éloignement pourra néanmoins être constatée en raison de l'intensité des relations personnelles, sociales et économiques de l'intéressé.

On analysera successivement le champ d'application de l'article 8 en droit des étrangers (I) puis les conditions de mise en œuvre de cette stipulation (II).

I. CHAMP D'APPLICATION

C'est dans le domaine des mesures d'éloignement que ces stipulations vont produire leurs premiers effets avant d'être étendues à l'ensemble du contentieux des étrangers.

A. MESURES D'ÉLOIGNEMENT

Qu'une mesure d'éloignement du territoire français prise à l'encontre d'un étranger porte atteinte à la vie personnelle ou familiale de celui-ci semble relever de l'évidence. Il faudra toutefois attendre le début des années 1990 pour que le juge administratif et, par suite, l'administration, tirent toutes les conséquences des stipulations de l'article 8 par la mise en œuvre d'un véritable contrôle de proportionnalité.

Le juge a progressivement élargi le champ d'application de l'article 8 en l'étendant à l'ensemble des mesures d'éloignement prévues par le CESEDA. Il résulte de ce qui précède que le moyen tiré de la violation de l'article 8 de la Conv. EDH est presque toujours soulevé dans le contentieux de l'éloignement des étrangers : obligation de quitter le territoire français (V. notes ss. art. L. 511-1 s.), reconduite à la frontière (V. notes ss. ancien art. L. 512-1), en combinaison avec le contrôle de l'erreur manifeste d'appréciation, expulsion (V. notes ss. art. L. 631-1) et refus d'abrogation des arrêtés d'expulsion, reconduite dite « Schengen » (V. notes ss. art. L. 615-1) et interdiction du territoire français (V. notes ss. art. L. 641-1 s.). Seule l'extradition reste aujourd'hui hors du champ d'application de l'article 8. En effet, si une décision d'extradition est susceptible de porter atteinte au droit au respect de la vie privée et familiale, cette atteinte trouve, en principe, sa justification dans la nature même de la procédure d'extradition qui est de permettre, dans l'intérêt de l'ordre public, tant le jugement hors de France que l'exécution, par les mêmes personnes, des condamnations pénales prononcées contre elles à l'étranger pour de tels crimes ou délits.

Par ailleurs, les décisions connexes aux mesures d'éloignement devront également prendre en considération le droit à une vie personnelle et familiale, à l'exception toutefois des décisions de placement en rétention administrative (V. notes ss. art. L. 741-5, L. 744-6, L. 744-1 et L. 751-9), qui sont considérées comme ne portant pas, par elles-mêmes, atteinte au droit de l'intéressé à mener une vie familiale normale.

B. AUTRES DÉCISIONS CONCERNANT LES ÉTRANGERS

Si c'est dans le domaine des mesures d'éloignement que le moyen tiré d'une prétendue violation de l'article 8 de la Convention européenne de sauvegarde des droits de l'homme a d'abord prospéré, le juge administratif en a progressivement élargi le champ d'application à l'ensemble des mesures susceptibles de concerner les étrangers.

1° ENTRÉE EN FRANCE

Alors même que la délivrance du visa constitue un acte de souveraineté (V. notes ss. art. L. 312-2), exprimant ainsi directement la volonté de l'État d'accueillir ou non un étranger sur son sol, une décision de refus doit être proportionnée avec le droit de l'intéressé à mener une vie personnelle et familiale normale.

La même jurisprudence s'applique aux diverses décisions de refus d'admission au séjour, notamment opposées aux demandeurs d'asile, en particulier lorsque la demande est considérée comme relevant de la compétence d'un autre État.

Enfin, le maintien éventuel de l'étranger en zone d'attente (V. notes ss. art. L. 341-1 s.) est soumis aux mêmes prescriptions.

Si l'article 8 est bien applicable à ces différentes décisions relatives à l'entrée en France, ce moyen n'est pas de nature à prospérer facilement. En effet, sauf circonstances particulières, l'intéressé aura beaucoup de difficultés à apporter la preuve qu'une telle décision est susceptible de porter atteinte à son droit de mener une vie personnelle ou familiale en France alors que, par définition, il n'y réside pas. En revanche, ce moyen sera susceptible d'être accueilli favorablement notamment lorsque l'entrée en France est sollicitée au titre du regroupement familial ou concerne un étranger qui dispose de liens familiaux réels sur le territoire national, particulièrement parce qu'il est né en France, y a résidé de nombreuses années ou y dispose de l'essentiel de ses liens personnels et familiaux.

La Cour européenne des droits de l'homme considère que plusieurs arguments tirés de la Convention et de la jurisprudence existante militent en faveur de la reconnaissance d'une ample marge d'appréciation à l'État. Premièrement, selon elle, l'article 8 ne confère aucun droit absolu. Notamment, en matière d'immigration, il ne saurait s'interpréter comme comportant pour un État l'obligation générale de respecter le choix, par les couples mariés, de leur pays de résidence et de permettre le regroupement familial sur le territoire de ce pays. A de nombreuses reprises, la Cour a reconnu que le contrôle de l'immigration était pour l'État un but légitime justifiant des ingérences dans l'exercice du droit au respect de la vie familiale au sens de l'article 8 de la Convention. Il en va de même pour ce qui est des obligations positives (V. par ex., CEDH 20 oct. 2005, *Haydarie*, n° 8876/04 ; CEDH 26 avr. 2007, *Konstatinov*, n° 16351/03 ; CEDH 11 juin 2013, *Hasanbasic*, n° 52166/09). Deuxièmement, la Cour a admis que le contrôle de l'immigration sert l'intérêt général du bien-être économique du pays et que l'État dispose habituellement en la matière d'une marge d'appréciation étendue (V. par ex., CEDH 24 mai 2016, *Biao c/ Danemark [GC]*, n° 38590/10, § 117).

2° SÉJOUR

Le refus de titre de séjour (qu'il s'agisse d'une carte de séjour temporaire ou d'une carte de résident) est, par nature, susceptible de porter atteinte à la vie personnelle et familiale de l'intéressé puisqu'il s'accompagne nécessairement d'une obligation de quitter le territoire français. En clair, le refus de titre de séjour a pour effet de rendre impossible le maintien de la vie privée et familiale en France, ce qui explique que le juge ait rapidement admis d'accueillir le moyen tiré d'une violation de l'article 8 en ce domaine. Il en va de même, à l'évidence, s'agissant des mesures prises en lien avec le regroupement familial (V. notes ss. art. L. 434-1 s.).

La jurisprudence en ce domaine est toutefois assez restrictive, notamment s'agissant du refus de la carte de séjour temporaire. Le code (V. Titre II du Livre IV) prévoit en effet l'existence de différentes catégories de cartes de séjour temporaire : visiteur, étudiant et stagiaire, scientifique, profession artistique et culturelle, exercice d'une activité professionnelle (salariée ou non), vie privée ou familiale. Or le Conseil d'État considère que le moyen tiré de la violation de l'article 8 était inopérant pour ce qui concerne l'attribution d'un titre de séjour relevant d'une catégorie précise. Autrement dit, dans l'appréciation des conditions posées par les textes pour prétendre à l'attribution de telle ou telle catégorie de titre de séjour temporaire, l'administration n'a pas à tenir compte des stipulations de l'article 8.

La jurisprudence a en outre mis en œuvre une sorte d'exception de recours parallèle : le moyen tiré d'une violation de l'article 8 à l'encontre d'un refus de séjour sera considéré comme inopérant dès lors que l'étranger dispose d'une autre voie de droit (par exemple le regroupement familial) pour faire valoir son droit à mener une vie personnelle et familiale normale.

Enfin, à l'instar de ce que l'on constate s'agissant des mesures d'éloignement, l'article 8 a également été reconnu aux diverses mesures de police administrative intervenant éventuellement en lien avec le séjour en France, en particulier les mesures d'assignation à résidence (V. notes ss. art. L. 730-1 s.).

3° NATIONALITÉ

L'article 8 reste largement en dehors du champ du droit de la nationalité dès lors que les mesures qui peuvent être prises à cet égard n'ont pas d'influence directe sur les conditions d'exercice de la vie familiale ou personnelle de l'intéressé. Cette position ferme de la jurisprudence est toutefois contestable dès lors qu'une décision négative en matière de nationalité (par exemple un refus de naturalisation) pourra avoir pour effet de placer l'intéressé en situation de se voir opposer une mesure d'éloignement. Reste que, dans pareille hypothèse, l'article 8 retrouvera vocation à s'appliquer à l'occasion du contentieux relatif à la mesure d'éloignement. La Cour européenne des droits de l'homme (CEDH) n'exclut pas qu'un refus arbitraire de nationalité pose, dans certaines conditions, un problème sous l'angle de l'article 8 en raison de l'impact d'un tel refus sur la vie privée de l'intéressé (CEDH 12 janv. 1999, *Karassev c/ Finlande*, n° 31414/96 ; CEDH 21 juin 2016, *Ramadan*, n° 76136/12 : *Rev. crit. DIP 2017. 221, note Marchadier*). La Cour de cassation a reconnu l'applicabilité de l'article 8 à l'occasion d'un recours dirigé contre un refus d'enregistrement d'une déclaration de nationalité française sur le fondement de l'article 21-12 C. civ. (Civ. 1re, 7 juin 2023, n° 22-14.709).

II. CONDITIONS D'EXERCICE DU DROIT À UNE VIE PERSONNELLE OU FAMILIALE NORMALE

L'abondance du contentieux des juridictions nationales et européenne en la matière rend extrêmement difficile toute tentative de systématisation, d'autant que les conceptions ont pu évoluer dans le temps et qu'elles dépendent parfois d'éléments purement factuels (ex. : recrudescence d'activités terroristes).

Il convient de rappeler en premier lieu que la Convention européenne de sauvegarde des droits de l'homme ne garantit aucun droit à l'entrée ou au séjour au profit des étrangers ; par suite, les étrangers ne peuvent tirer de la Convention européenne de sauvegarde des droits de l'homme aucune protection particulière contre des mesures de refus d'entrée ou d'éloignement du territoire. Si de telles mesures peuvent éventuellement porter atteinte au droit de l'intéressé au respect de sa vie familiale, toute atteinte à ce droit n'est pas nécessairement contraire à l'article 8 ; en effet, cette disposition prévoit la possibilité « d'ingérence d'une autorité publique dans l'exercice de ce droit dès lors qu'elle constitue une mesure qui, dans une société démocratique, est nécessaire à la sécurité nationale, à la sûreté publique, au bien-être économique du pays, à la défense de l'ordre et à la prévention des infractions pénales, à la protection de la santé ou de la morale, ou à la protection des droits et libertés d'autrui ». Il en résulte une jurisprudence abondante et complexe qui tente, au cas par cas, d'opérer la conciliation entre ce droit « fondamental » et la non moins nécessaire protection des prérogatives de l'État. Si l'on voulait résumer cette jurisprudence d'une manière lapidaire, il serait possible d'affirmer que l'article 8 sera écarté sauf si le maintien sur le territoire est le seul moyen de maintenir la vie familiale.

A. BÉNÉFICIAIRES

Il n'est pas possible de considérer les bénéficiaires du droit à une vie personnelle et familiale de façon homogène car le juge raisonne en fonction de l'appartenance des étrangers à telle ou telle catégorie.

La première distinction repose sur la nature juridique de la situation de l'étranger, selon qu'il est en **situation régulière** ou non. Dans ce dernier cas, si l'article 8 reste applicable, il ne sera accueilli favorablement que de manière beaucoup plus rare dès lors que l'irrégularité de la situation de l'intéressé entraîne nécessairement la précarité de sa résidence en France. La jurisprudence refuse en effet de se voir imposer le « fait accompli » par l'étranger qui a tissé des liens familiaux réels mais reposant sur une situation juridique incertaine.

En deuxième lieu, la **nationalité** de l'étranger doit également être prise en considération. Ainsi, la présence de nationaux français (conjoint ou enfants) au sein de la famille justifiera une application plus aisée des stipulations de l'article 8. De même, les ressortissants communautaires et assimilés et les membres de leur famille bénéficient, à l'évidence, d'une protection particulière et, par suite, d'une meilleure prise en compte de leur vie privée et familiale. Si l'on constate que la CEDH ne fait pas nécessairement prévaloir les considérations liées à la vie familiale, la CJUE est beaucoup plus protectrice, n'admettant que rarement la mesure d'éloignement en raison d'une conception particulièrement stricte de l'ordre public.

En troisième lieu, le juge tiendra également le plus grand compte des **conditions de la résidence en France** de l'intéressé, en particulier la durée de son séjour. Il existe ainsi une jurisprudence propre aux immigrés dits « de la seconde génération », c'est-à-dire qui sont nés en France ou y sont arrivés dès leur plus jeune âge. Sans aller jusqu'à les considérer comme des quasi-nationaux, les juridictions sont nécessairement plus attentives au respect de leur droit à une vie privée et familiale.

Enfin, le **comportement personnel de l'étranger** constitue une variable déterminante, s'agissant en particulier des individus qui se sont rendus coupables d'infractions pénales, vis-à-vis desquels les considérations tenant à la préservation de l'ordre public justifieront beaucoup plus largement l'ingérence dans l'exercice du droit à mener une vie personnelle et familiale normale.

Reste que si la jurisprudence a fixé ainsi certains principes directeurs, « cette litanie de paramètres est frappée au coin du bon sens. Elle ne parvient pourtant pas à une évaluation objective de la situation individuelle des étrangers concernés et elle conduit inévitablement à hiérarchiser ou à privilégier tel ou tel de ces critères au gré des cas d'espèce se présentant devant le juge ou de la sensibilité dominante de l'opinion du moment » (H. Labayle, *RFDA 2007. 114*).

B. NATURE DES LIENS FAMILIAUX

La jurisprudence tant nationale qu'européenne retient une conception autonome de la notion de famille, y compris en dehors de tout lien de parenté. Les liens familiaux ont ainsi connu une extension sensible sous la seule réserve d'une éventuelle contrariété à l'ordre public, expliquant par exemple l'exclusion de la polygamie.

Ainsi, la famille sera constituée non seulement en cas de mariage et de filiation juridiquement établie, mais également dans des hypothèses où les liens humains ne bénéficient pas nécessairement du même encadrement par le droit.

L'existence d'un couple au sens de l'article 8 peut ainsi résulter du concubinage mais également de pratiques coutumières ou traditionnelles ainsi que de relations homosexuelles. Cette évolution a parfois été relayée par le législateur comme en témoigne par exemple l'article 12 de la loi du 15 novembre 1999 qui a indiqué que la conclusion d'un PACS constitue l'un des éléments d'appréciation des liens personnels en France au sens de l'article L. 423-23 ; l'autorité administrative doit en tenir compte pour apprécier si un refus de délivrance du titre de séjour, compte tenu de l'ancienneté de vie commune, n'est pas de nature à entraîner une atteinte excessive au droit au respect de la vie privée de l'intéressé.

De même, le lien entre parents et enfants est conçu d'une manière autonome. Par exemple, l'adoption, même simple, produira ici les mêmes effets que la filiation naturelle ou légitime ; la même solution pourra être retenue en raison de la prise en considération d'actes dits de *kafala* laquelle est définie par l'article 116 du code de la famille algérienne, comme « l'engagement de celui qui recueille un enfant mineur de prendre bénévolement en charge l'entretien, l'éducation et la protection d'un enfant mineur, au même titre que le ferait un père pour son fils ». La jurisprudence s'est par ailleurs attachée à suivre les évolutions sociales, par exemple en appliquant positivement l'article 8 aux relations nées au sein de familles recomposées, donc éventuellement en dehors de tout lien de sang.

Dans certains cas, le juge a même pris en considération l'existence d'une vie familiale simplement future en présence d'un enfant à naître. La jurisprudence en ce domaine souffre toutefois d'une assez grande indétermination et ne paraît pas encore véritablement fixée.

La vie familiale au sens de l'article 8 ne se limite pas aux relations entre parents (même au sens large) et enfants. Suivant en cela la jurisprudence de la CEDH, le juge français a ainsi admis, même si les hypothèses restent rares, que des personnes célibataires puissent exciper d'un véritable droit à l'exercice d'une vie familiale, vis-à-vis de ses ascendants ou de ses collatéraux. Une circulaire du 12 mai 1998 indique d'ailleurs que l'étranger sera présumé posséder l'essentiel de ses liens familiaux en France dès lors qu'il cumule en France des liens matrimoniaux et filiaux ou des liens parentaux et collatéraux. Reste que, dans ce cas de figure, le juge est extrêmement réticent pour admettre l'existence d'une vie familiale tissée avec des collatéraux et prendra en considération les circonstances propres à l'espèce (difficultés psychologiques, état de santé, intégration) pour admettre une violation de l'article 8.

C. RÉALITÉ DE LA VIE FAMILIALE

L'existence d'une famille ne suffit pas à caractériser une vie familiale notamment lorsque l'étranger n'a pas, avec les membres de sa famille, des liens réels justifiant l'application de l'article 8. Le juge se fonde en particulier sur l'ancienneté des liens familiaux en France refusant de faire droit à un moyen tiré de la violation de l'article 8 lorsque celui-ci n'est invoqué en réalité que pour faire obstacle à une décision négative comme une mesure d'éloignement.

La question reste posée s'agissant de l'exigence de vie commune. Si la CEDH n'en fait manifestement pas une condition d'existence et de réalité de la vie familiale, le juge administratif français considère que l'absence de vie commune constitue un indice sérieux de défaut de réalité de la vie familiale.

La même solution sera retenue lorsque la vie familiale n'apparaît en définitive que comme une façade, celle-ci étant alléguée davantage comme un « prétexte » que comme un motif sérieux de nature à invalider la mesure d'éloignement.

En fait, l'examen de la réalité de la vie familiale n'exclut pas, d'une certaine manière, une évaluation de l'honnêteté de la demande présentée, compte tenu des circonstances de fait. Ainsi, l'étranger qui n'entretient pas de relations suivies avec les membres de sa famille ou ne subvient pas aux besoins de son (ses) enfant(s) ne pourra se prétendre victime d'une violation de son droit à mener une vie familiale normale en France.

Enfin, la preuve de la réalité de la vie familiale sera particulièrement difficile à apporter lorsque le demandeur dispose encore d'attaches familiales réelles dans son pays d'origine, le juge semblant indiquer que la mesure d'éloignement constitue parfois précisément le moyen de permettre l'exercice de la vie familiale dans l'État de destination. Reste que, sur ce point également, la jurisprudence est éminemment factuelle, le maintien de liens familiaux dans le pays d'origine ne pouvant, *de plano*, rendre inopérant le moyen tiré d'une violation de l'article 8.

D. NÉCESSITÉ DU MAINTIEN EN FRANCE

Lorsqu'il est confronté à un recours fondé sur la violation présumée du droit de l'intéressé à mener une vie personnelle ou familiale, le juge s'interroge, de manière très concrète, sur la nécessité pour l'intéressé de rester en France tirée du constat de l'impossibilité de mener une vie personnelle ou familiale normale en cas de retour dans le pays d'origine ou de transfert dans un autre pays dans lequel le demandeur est légalement admissible.

En clair, dès lors qu'aucune circonstance ne fait obstacle à ce que le requérant emmène sa famille avec lui et exerce ainsi une vie familiale normale ailleurs qu'en France, le moyen tiré de la violation de l'article 8 sera écarté. Il existe sur ce point une grande convergence entre le juge administratif français et la Cour européenne des droits de l'homme.

En revanche, si l'étranger démontre tout à la fois l'existence et la réalité d'une vie familiale en France ainsi que l'impossibilité de reconstituer la cellule familiale dans le pays de destination, la mesure fera l'objet d'une annulation pour violation de l'article 8. Diverses considérations peuvent ici entrer en ligne de compte, à commencer par une impossibilité à caractère juridique (procédure judiciaire en cours ; mesures de protection à l'égard des enfants ; conflit de nationalité au sein du couple). La même solution pourra être retenue lorsque des circonstances propres au pays de destination y rendent illusoire toute vie familiale normale (étranger « indésirable » dans son propre pays ; situation politique particulièrement troublée ; difficultés particulières d'insertion du conjoint).

La nécessité du maintien en France peut encore résulter du soutien que l'étranger y apporte aux membres de sa famille. Il peut s'agir d'un soutien d'ordre matériel dès lors que l'éloignement de l'intéressé serait de nature à gravement perturber les conditions de vie des membres de la famille restant en France. Le juge est allé plus loin encore, en considérant qu'un soutien d'ordre moral pouvait justifier la même position.

Enfin, et cela donne lieu à une jurisprudence abondante, la nécessité du maintien en France peut résulter de l'état de santé de l'étranger lui-même ou des membres de sa famille, et en particulier de ses enfants. S'agissant de l'état de santé de l'étranger lui-même, le juge fait une application combinée des stipulations de l'article 8 et de l'article 3 : en présence d'une vie familiale réelle sur le territoire national, il vérifiera que l'éloignement de l'étranger vers son pays d'origine n'est pas de nature à entraîner des conséquences graves pour son état de santé. S'agissant de l'état de santé des membres de la famille, le juge conclura à une violation de l'article 8 dès lors qu'il considérera que la présence en France de l'étranger est indispensable, au risque de nuire à la santé des membres de sa famille.

Pour conclure, il faut rappeler que le juge se livre, au cas par cas, à une pondération de ces différents indices en tentant de déterminer l'élément qui apparaîtra comme déterminant. Par exemple, la force des liens familiaux maintenus à l'étranger pourra l'emporter sur l'existence réelle d'un soutien matériel apporté par le requérant aux membres de sa famille résidant en France. Chaque cas constitue donc un cas d'espèce. ❑

PLAN DES ANNOTATIONS

1. L'art. 8 Conv. EDH s'applique même en présence d'un autre instrument international. C'est le cas par exemple de la mise en œuvre de la convention de Schengen qui ne fait pas obstacle à l'application de l'art. 8 Conv. EDH. • CE 25 oct. 2000, *Mme Cucicea-Lamblot*, n° 212315 : *Lebon 460* ; *AJDA 2001. 284, concl. Maugüé* ; *LPA 23 oct. 2001, obs. Cournil.*

2. Le juge exerce désormais un contrôle de proportionnalité entre l'intérêt public qui fonde la mesure (refus d'entrée, de séjour ou décision d'éloignement) et le droit au respect de la vie familiale garanti par l'art. 8 Conv. EDH. • CE 18 janv. 1991, *Beldjoudi,* n° 99201 : *Lebon 18, concl. Abraham* • 19 avr. 1991, *Belgacem et Babas,* n° 107470 : *AJDA 1991. 551, note Julien-Laferrière*. ♦ Le juge judiciaire retient la même appréciation : par exemple, saisi d'une requête en relèvement de la peine d'interdiction du territoire, il appartient au juge judiciaire de rechercher si le maintien d'une interdiction du territoire respecte un juste équilibre entre les impératifs d'ordre public et le droit au respect de la vie privée et familiale. • Crim. 25 mai 2005, n° 04-85.180.

3. Vie privée. Le droit à une « vie privée » a été ainsi reconnu aux étrangers plus tardivement que le droit à mener une vie familiale normale. • CEDH 18 oct. 2006, *Üner c/ Pays-Bas,* n° 46410/99 : *RFDA 2007. 119 ; RTDH 2007. 837, note Raux ; GACEDH n° 53.* ♦ La violation du droit à mener une vie privée pourra être reconnue en raison de l'intensité des relations personnelles, sociales et économiques de l'intéressé. • CEDH 9 oct. 2003, *Slivenko c/ Lettonie,* n° 48321/99. ♦ Elle pourra notamment concerner des personnes célibataires, c'est-à-dire ne pouvant revendiquer une vie « familiale » au sens strict du terme, pour peu qu'elles aient créé des attaches en France suffisamment fortes, compte tenu notamment de la durée de leur séjour. • TA Montpellier, 15 déc. 2006, *Mbo Abondo,* n° 0606731.

4. Ceci concerne en particulier les immigrés dits de la seconde génération. Selon la CEDH, la notion de « vie privée » s'étend au droit d'établir et d'entretenir des relations avec d'autres êtres humains, notamment dans le domaine affectif, pour le développement et l'épanouissement de sa propre personnalité. • CEDH 8 déc. 1981, *X. c/ RFA : DR 27, p. 243.* ♦ C'est tout particulièrement le cas s'agissant des immigrés dits de la seconde génération, la totalité des liens sociaux entre eux et la communauté dans laquelle ils vivent faisant partie intégrante de la notion de « vie privée ». • CEDH 18 oct. 2006, *Üner c/ Pays-Bas,* n° 46410/99 : *RFDA 2007. 119 ; RTDH 2007. 837, note Raux ; GACEDH, n° 53.*

I. CHAMP D'APPLICATION

5. Mesures d'éloignement. Depuis des décisions du 15 déc. 1967, la Commission européenne des droits de l'homme avait établi le lien entre l'expulsion et le droit à une vie familiale normale. • Comm. EDH, 15 déc. 1967, *X., Y. et Z. c/ Royaume Uni,* n° 3324/67 : *Annuaire de la Convention 1967, p. 529* • 26 mai 1970, *X. c/ RFA : ibid. 1970, p. 1029* • 30 sept. 1974, *X. c/ RFA : ibid. 1974, p. 581.* ♦ C'est en 1988 que la Cour européenne a estimé que l'expulsion des Pays-Bas d'un ressortissant marocain divorcé d'une Néerlandaise et père d'un enfant dont la garde avait été confiée à la mère, « constituait bien une ingérence, au sens de l'art. 8, dans la vie familiale du requérant, en rendant très difficile, voire impossible, le maintien de ses liens avec son enfant ». • CEDH 21 juin 1988, *Berrehab c/ Pays-Bas : Série A, n° 138.*

6. Les stipulations de l'art. 8 sont applicables : à la reconduite à la frontière. • CE 18 janv. 1991, *Beldjoudi,* n° 99201 : *préc. note 2* • 19 avr. 1991, *Belgacem et Babas,* n° 107470 : *préc. note 2.* ♦ ... A l'expulsion en urgence absolue. • CE 13 mars 1992, *Kishore,* n° 124255 : *Lebon T. 975*. ♦ ... Aux mesures d'interdiction judiciaire du territoire. • Crim. 19 juin 1997, n° 96-84.226 • CEDH 26 sept. 1997, *El Boujaïdi c/ France,* n° 25613/94 • 15 juill. 2003, *Mokrani c/ France,* n° 52206/99. ♦ ... Aux décisions portant OQTF, y compris s'agissant de l'atteinte à la « vie privée ». • CAA Paris, 23 sept. 2013, *M. A.,* n° 13PA01119 : *AJDA 2014. 540*. ♦ ... Aux arrêtés préfectoraux de transfert aux autorités étrangères dans le cadre de la procédure « Dublin ». • CAA Douai, 14 avr. 2022, n° DA02386.

7. Elles restent en revanche inapplicables à la procédure d'extradition. • CE 15 juin 2001, *Di Bella,* n° 222654 • CE 18 déc. 2009, *M. Pokora,* n° 327617 et 328869.

8. La préservation du droit à une vie familiale normale s'étend également aux mesures connexes aux décisions d'éloignement, comme le refus d'abrogation d'un arrêté d'expulsion. • CE 10 avr. 1992, *Minin,* n° 76945 : *Lebon T. 975 ; AJDA 1992. 372* • 30 sept. 1998, *Min. Intérieur c/ M. Mansouri,* n° 172396 : *Lebon 346 ; RFDA 1998. 1276.*

9. Refus d'entrée en France. Un refus de visa opposé par les autorités consulaires françaises à l'étranger et aujourd'hui confirmé par la Commission des recours doit tenir compte du droit de l'intéressé à mener une vie familiale normale. • CE 10 avr. 1992, *Aykan,* n° 75006 : *Lebon 152 ; AJDA 1992. 372 ; RFDA 1993. 540, concl. Denis-Linton*. ♦ Ainsi, le juge administratif vérifie, au titre du contrôle de proportionnalité, que la décision de refus ne porte pas une atteinte disproportionnée au droit de l'intéressé à mener une vie familiale normale. • CE 11 juin 1997, *Épx Talipoglu,* n° 163633 : *Lebon T. 819* • 4 juill. 1997, *Épx Bourezak,* n° 156298 : *Lebon 278* • 18 févr. 1998, *Épx Mersin,* n° 184182 : *Lebon T. 946*. ♦ C'est en 1996 que le Conseil d'État a, pour la première fois, annulé un refus de visa pour atteinte excessive au droit de mener une vie familiale normale concernant un ressortissant tunisien marié à une Française, un enfant étant né de cette union. • CE 31 juill. 1996, *M. Ajili et Mme Wieczorek épouse Ajili,* n° 137815.

10. Sur la jurisprudence en matière de refus de visa, V. notes ss. Chap. 2, Titre I, Livre III.

11. Au-delà même du refus de visa, l'administration doit prendre en considération ce droit notamment pour les décisions de refus d'admission au séjour, au motif en l'espèce que la demande d'asile relevait de la compétence d'un autre État. • CE 15 juill. 2004, *M. Khamzalatov*, n° 263501.

12. Séjour. Le juge administratif a admis l'applicabilité de l'art. 8 Conv. EDH au refus de titre de séjour. • CE 10 avr. 1992, *M. Marzini*, n° 120573 : *AJDA 1992. 374*. ♦ Il a toutefois considéré que les stipulations de l'art. 8 sont sans incidence sur l'appréciation qui doit être portée par exemple sur le sérieux des études. • CE 15 avr. 1996, *Rakotomavo*, n° 136079 : *Lebon T. 879* • 8 juin 2007, *Min. Intérieur c/ Zhang*, n° 298802 : *Lebon T. 888*. ♦ ... Sur l'appréciation qui doit être portée par l'administration des justifications de la qualité de commerçant du requérant. Les titres de séjour « spécialisés », tels que les titres « étudiant » ou « commerçant », sont délivrés au regard de conditions légales autres que celles liées aux attaches privées et familiales. • CE 20 juin 1997, *M. Rezli*, n° 151493 : *AJDA 1997. 621, concl. (contraires) Piveteau* • CAA Paris, 22 janv. 1998, *M. Ouyed*, n° 96PA00954 : *Lebon T. 953*. ♦ *A contrario*, s'agissant d'un titre de séjour en qualité de salarié. • CAA Paris, 3 juin 1997, *Mlle Keita*, n° 96PA01073. ♦ La méconnaissance des stipulations de l'art. 8 de la Conv. EDH ne peut utilement être invoquée à l'encontre d'une décision rejetant une demande de carte de séjour temporaire « spécialisée » (en l'espèce mention « salarié »). Il appartient soit à l'étranger de présenter également une demande de carte de séjour « vie privée et familiale », soit à son conseil de formuler le moyen à l'encontre de la décision d'OQTF contre laquelle ses conclusions en annulation étaient également dirigées. • CAA Versailles, 10 déc. 2009, *Mlle Majdi*, n° 08VE00425 : *AJDA 2010. 781, note Jenny Grand d'Esnon*. ♦ Le moyen tiré de la méconnaissance de l'art. 8 est inopérant à l'appui d'un recours formé contre un refus de séjour motivé uniquement par le rejet de la demande d'asile ou de la protection subsidiaire, l'invocation des stipulations de l'art. 8 étant sans incidence sur l'appréciation que doit porter le préfet pour la délivrance des autorisations de séjour demandées au titre de l'asile ou de la protection subsidiaire ; il en va toutefois différemment lorsque le préfet examine d'office si l'étranger est susceptible de se voir délivrer un titre sur un autre fondement que l'asile ; dans ce cas, tous les motifs de rejet de la demande, y compris donc les motifs se prononçant sur les fondements examinés d'office par le préfet, peuvent être utilement contestés devant le juge de l'excès de pouvoir. • CE 15 mars 2017, *Préfet de la Loire-Atlantique*, n° 405586 : *AJDA 2017. 599 ; ibid. 1070, concl. Domino*. ♦ Le moyen tiré de la violation de l'art. 8 n'est opérant à l'encontre d'un refus de séjour que lorsque l'étranger s'est fondé sur la qualité de membre de famille pour réclamer une autorisation de séjour. • CE avis, 30 nov. 1998, *Berrad : Lebon 451 ; RFDA 1999. 511, concl. F. Lamy ; ibid. 520, note C. Guettier*.

13. Lorsque l'autorité compétente envisage de prendre une mesure de retrait d'un titre de séjour assortie d'une OQTF, qui prive un étranger du droit au séjour en France, il lui incombe notamment de s'assurer, en prenant en compte l'ensemble des circonstances relatives à la vie privée et familiale de l'intéressé, que cette mesure n'est pas de nature à porter à celle-ci une atteinte disproportionnée ; s'il appartient à l'autorité administrative de tenir compte de manœuvres frauduleuses avérées qui, en raison notamment de leur nature, de leur durée et des circonstances dans lesquelles la fraude a été commise, sont susceptibles d'influer sur son appréciation, elle ne saurait se dispenser de prendre en compte les circonstances propres à la vie privée et familiale de l'intéressé postérieures à ces manœuvres au motif qu'elles se rapporteraient à une période entachée par la fraude. • CE 17 oct. 2014, *Min. Intérieur*, n° 358767 : *AJDA 2014. 2033*.

14. « Exception de procédure parallèle ». Ne peut valablement invoquer la violation de son droit à mener une vie familiale normale l'étranger en situation irrégulière faisant l'objet d'un refus de titre de séjour et d'une mesure de reconduite à la frontière, dès lors qu'il peut prétendre au regroupement familial. • CE 21 nov. 2001, *Préfet du Val-d'Oise c/ Fazlul Hoque*, n° 223535 : *Lebon 561*. ♦ L'autorité administrative n'est toutefois pas en situation de compétence liée pour opposer un refus dans une telle hypothèse et le juge pourra sanctionner une décision négative sur le fondement de l'art. 8 alors même que l'intéressé pouvait bénéficier de la procédure de regroupement familial. • CE 6 déc. 2002, *Préfet de police c/ Marzouk*, n° 243497. ♦ C'est par exemple le cas s'agissant d'un étranger marié avec une étrangère présente régulièrement en France depuis l'âge de 17 mois, celle-ci ayant déposé une demande de naturalisation et le couple ayant donné naissance à deux enfants qui ont toujours vécu en France. • CE 9 avr. 2004, *Préfet de police c/ M. Jhider*, n° 252535. ♦ Le Conseil d'État a précisé sa position en considérant qu'il appartient à l'autorité administrative qui envisage de procéder à l'éloignement d'un étranger en situation irrégulière d'apprécier si, eu égard notamment à la durée et aux conditions de son séjour en France, ainsi qu'à la nature et à l'ancienneté de ses liens familiaux sur le territoire français, l'atteinte que cette mesure porterait à sa vie familiale serait disproportionnée au regard des buts en vue desquels cette décision serait prise ; la circonstance que l'étranger relèverait des catégories ouvrant droit au regroupement familial ne saurait, par elle-même, intervenir dans l'appréciation portée par l'administration sur la gravité de l'atteinte à la situation de l'intéressé. • CE 28 déc. 2009, *Mme Boudaa ép. Azzi*, n° 308231 : *Lebon 530 ; RFDA 2010. 235 ; AJDA 2010. 5 ; Dr. adm. n° 3 mars 2010, comm. 40 ; JCP, n° 8, note Ferran et Slama ; JCP Ad. et Coll. terr. 8 mars 2010, 2092, note Urbain Ngampio-Obélé-Bélé*.

15. L'art. 8 s'applique également aux décisions administratives connexes, telles que, par exemple, les mesures de surveillance spéciale appliquées à certains étrangers en application des art. R. 321-1 s. (V. ces art.). • CE 27 oct. 1993, *M. Stangret,* n° 126320. ♦ Même solution s'agissant des mesures d'assignation à résidence. • CE 30 déc. 1996, *M. Massiinbo,* n° 153019.

16. Nationalité. L'art. 8 n'est pas invocable utilement à l'encontre d'un décret d'opposition à l'acquisition de la nationalité française. • CE 8 janv. 1997, *Mme Hamada,* n° 163104. ♦ ... D'une décision par laquelle est rejetée une demande de naturalisation, celle-ci n'étant pas, par nature, susceptible de porter atteinte au respect de la vie familiale. • CE 14 févr. 2001, *Moussaoui,* n° 211116 • 9 mai 2005, *Mme Yucel,* n° 272119.

17. Par extension, on signalera que la même solution est retenue s'agissant de la décision refusant de reconnaître la qualité d'apatride. • CE 30 déc. 1996, *Préfet du Loiret c/ Thammi,* n° 154534 : *Lebon T. 946* ; *D. 1998. 20, obs Julien-Laferrière*.

II. CONDITIONS D'EXERCICE DU DROIT À UNE VIE PERSONNELLE OU FAMILIALE NORMALE

18. La CEDH rappelle que les États conservent le droit de contrôler l'entrée des non-nationaux sur leur sol et l'art. 8 ne saurait s'interpréter comme comportant pour un État l'obligation générale de respecter le choix, par des couples mariés, de leur résidence commune et de permettre le regroupement familial sur leur territoire. • CEDH 21 déc. 2001, *Sen c/ Pays-Bas,* n° 31465/96 : *RFDA 2002. 1103* ; *AJDA 2002. 505.* ♦ Par ailleurs, l'art. 8 Conv. EDH ne peut être interprété comme garantissant, en tant que tel, le droit à un type particulier de titre de séjour ; si le titre de séjour permet à l'intéressé de résider sur le territoire de l'État d'accueil et d'y exercer librement ses droits au respect de la vie privée et familiale, l'octroi d'un tel titre constitue en principe une mesure suffisante pour que les exigences de l'art. 8 soient remplies ; l'opportunité d'accorder à l'étranger concerné tel statut légal plutôt que tel autre relève de l'appréciation souveraine des autorités nationales. • CEDH 15 janv. 2007, *Syssoyeva et a. c/ Lettonie,* n° 60654/00. ♦ La CEDH a récemment étendu la protection tirée de l'art. 8 en raison de l'imprévisibilité d'un changement de législation en matière de regroupement familial (abaissement de l'âge maximal des enfants bénéficiaires de 17 à 15 ans durant l'absence du territoire de la requérante) et a ainsi conclu à une violation de l'art. 8. • CEDH 14 juin 2011, *Osman c/ Danemark,* n° 38058/09. ♦ La CEDH considère qu'un délai de 3 ans imposé au bénéficiaire d'une protection subsidiaire pour demander le regroupement familial ne ménage pas un juste équilibre entre l'intérêt du requérant à une vie familiale normale et l'intérêt pour la société dans son ensemble de contrôler l'immigration. • CEDH 9 juill. 2021, *A. M. c/ Danemark,* n° 6697/18 : *AJDA 2021. 1911, chron. Burgorgue-Larrsen*.

19. Liberté fondamentale. Le droit de mener une vie familiale normale constitue une « liberté fondamentale » au sens de l'art. L. 521-2 CJA. • CE 30 oct. 2001, *Min. Intérieur c/ Tliba,* n° 238211 : *Lebon 523* ; *RFDA 2002. 324, concl. de Silva* ; *AJDA 2001. 1054, chron. Guyomar et Colin* • 5 mars 2002, *Fikry,* n° 243725. ♦ Il en va de même désormais du droit au respect de la vie privée. • CE 25 oct. 2007, *Mme Y.,* n° 310125.

20. Aux côtés de la défense de l'ordre public et de la prévention des infractions pénales, l'art. 8 évoque également le « bien-être économique du pays » pour légitimer une atteinte au droit à une vie personnelle ou familiale ; la CEDH a considéré que l'endettement et la dépendance à l'assistance publique des requérants pouvaient être pris en compte, même si elle conclut à un constat de violation compte tenu de la durée considérable du séjour des intéressés et de leur intégration sociale incontestée. • CEDH 11 juin 2013, *Hasanbasic c/ Suisse,* n° 52166/09.

A. BÉNÉFICIAIRES

21. Étrangers en situation irrégulière. S'agissant des étrangers en situation irrégulière, la Cour note qu'il est clair d'emblée que le maintien de la vie familiale au sein de l'État hôte revêt un caractère précaire. Les personnes qui, sans se conformer aux règlements en vigueur, mettent, par leur présence sur le territoire d'un État, les autorités de ce pays devant un fait accompli, ne peuvent, d'une manière générale, faire valoir une espérance légitime qu'un droit de séjour leur sera accordé. • CEDH 13 mai 2003, *Chandra c/ Pays-Bas,* n° 53102/99. ♦ Pour un exemple, V. • CEDH 31 juill. 2008, *Darren Omoregie c/ Norvège,* n° 265/07.

22. Ainsi, le TA de Paris a considéré qu'un requérant ne pouvait se prévaloir d'aucun droit juridiquement protégé dès lors que sa vie familiale ne s'était constituée qu'après sa soustraction à l'exécution d'un arrêté d'expulsion ; l'art. 8 a ainsi été considéré comme inopposable à une demande d'abrogation de l'arrêté d'expulsion. • TA Paris, 17 févr. 2003, *M. B. : AJDA 2003. 1825, note Lecucq*.

23. Procédure de transfert dans l'État responsable de la demande d'asile. Jugé que l'arrêté préfectoral de transfert aux autorités espagnoles d'un étranger dont le recours de l'épouse est examiné en procédure normale devant la CNDA et père d'un enfant mineur né en France méconnaît le droit à la vie privée et familiale. • CAA Douai, 14 avr. 2022, n° DA02386.

24. Délinquants. La jurisprudence de la CEDH s'est progressivement durcie s'agissant des étrangers délinquants ; elle considère en effet que les États contractants ont le droit de prendre à l'égard des personnes ayant été condamnées pour des infractions pénales des mesures de nature à protéger la société. • CEDH 5 oct. 2000, *Maaouia c/ France*, n° 9652/98.

25. La CEDH a fixé des principes directeurs devant guider son appréciation en cas de mesure d'éloignement visant un étranger délinquant : nature et gravité de l'infraction commise, durée du séjour, période écoulée entre l'infraction et la mesure d'éloignement et conduite de l'intéressé durant cette période, nationalité des diverses personnes concernées, situation familiale du requérant appréciée au regard de la durée du mariage, d'éléments dénotant le caractère effectif de la vie familiale, de la naissance d'enfants et de leur âge ou encore de la gravité des difficultés que risque de connaître le conjoint dans le pays d'origine de l'intéressé. • CEDH 2 août 2001, *Boultif c/ Suisse*, n° 54273/00. ♦ La Cour a ajouté deux nouveaux critères : l'intérêt et le bien-être des enfants, en raison de la gravité des difficultés qu'ils pourraient rencontrer dans le pays de destination ; la solidité des liens sociaux, culturels et familiaux dans le pays hôte et le pays de destination. • CEDH 18 oct. 2006, *Üner c/ Pays-Bas*, n° 46410/99 : *RFDA 2007. 119 ; RTDH 2007. 837, note Raux ; GACEDH n° 53.* ♦ V. aussi • CEDH 17 avr. 2014, *Paposhvili c/ Belgique*, n° 41738/10. ♦ La Cour est moins sévère lorsque les faits délictueux ont été accomplis durant la minorité de l'étranger. • CEDH 22 mars 2007, *Maslov c/ Autriche*, n° 1638/03 : *RTDH 2009, p. 1091, note de Beco.* ♦ Elle reste en revanche « intraitable » s'agissant d'étrangers condamnés pour trafic de stupéfiants. • CEDH 8 janv. 2009, *Grant c/ Royaume-Uni*, n° 10606/07. ♦ Le juge administratif peut prendre en compte la gravité du comportement pénalement répréhensible d'un étranger pour apprécier l'atteinte portée par un refus de titre de séjour à son droit au respect de la vie privée et familiale, s'agissant en l'espèce d'un ressortissant chinois qui bénéficiait d'un titre de séjour temporaire mention « vie privée et familiale » qui avait été renouvelé à plusieurs reprises ; en 2007, il avait été condamné pénalement, notamment pour soumission de personnes vulnérables à des conditions de travail indignes. • CE 15 mai 2013, *M. A.*, n° 344716 : *Lebon T. 599, 634 ; AJDA 2013. 1027.*

26. Étranger né en France. L'étranger né en France ou y résidant depuis longtemps verra protégé son droit à mener une vie familiale normale en France. ♦ ... Algérien né en France, dont huit des frères et sœurs ont la nationalité française, père de deux enfants français alors même qu'il a fait l'objet d'une peine d'emprisonnement de cinq ans pour tentative de vol avec port d'armes. • CE 2 avr. 1997, *Min. Intérieur c/ M. Bensaoud Gaham*, n° 158910. ♦ ... Étrangère née en France, y ayant toujours vécu jusqu'à l'âge de 16 ans, ne s'étant rendue en Tunisie que pour prendre soin de sa grand-mère grabataire et ayant formulé une demande de visa pour rentrer en France après la mort de celle-ci. • CE 18 févr. 1998, *Mlle Allaoui*, n° 182695. ♦ ... Immigré de la seconde génération, né en France, y ayant résidé de manière habituelle, marié avec une ressortissante française dont il a un enfant ; sa mère, ses frères et sœurs, la plupart de nationalité française, résident régulièrement en France de longue date. Alors même que le requérant s'est rendu coupable de graves agissements délictueux pour lesquels il a été condamné au total à plus de dix ans de prison, l'arrêté d'expulsion porte une atteinte disproportionnée à son droit à mener une vie familiale normale. • CE 26 mars 2004, *M. Tabet*, n° 242238 : *Lebon T. 696.*

27. Il ne s'agit toutefois pas d'une protection absolue, le retour prolongé dans le pays d'origine pouvant révéler l'absence de violation du droit à une vie familiale normale. • CE 9 janv. 2004, *Préfet de police c/ M. Ben Ahmed*, n° 231884. ♦ Il en ira de même s'agissant des immigrés de la seconde génération, en raison d'un comportement pénal particulièrement aggravé. • CE 3 mars 2004, *Min. Intérieur c/ M. Guergar*, n° 245574 • CEDH 18 oct. 2006, *Üner c/ Pays-Bas*, n° 46410/99 : *RFDA 2007. 119 ; RTDH 2007. 837, note Raux ; GACEDH n° 53.* ♦ La CEDH considère que les autorités étatiques doivent porter une attention particulière au cas des immigrés de la seconde génération ou des étrangers arrivés dans leur prime jeunesse lorsque ceux-ci ont fondé une famille dans le pays d'accueil. • CEDH 21 oct. 1997, *Boujhfa c/ France : Rec. 1997-VI, p. 2264* • 10 juill. 2003, *Benhebba c/ France*, n° 53441/99. ♦ Toutefois, dans un grand nombre des affaires, la Cour n'a constaté aucune violation de l'art. 8, même lorsque le requérant avait toujours ou presque toujours vécu dans le pays et y avait des liens familiaux relativement étroits. • CEDH 7 août 1996, *C. c/ Belgique : Rec. 1996-III* • 29 janv. 1997, *Bouchelkia c/ France : Rec. 1997-1* • 26 sept. 1997, *El Boujaïdi c/ France : Rec. 1997-VI* • 21 oct. 1997, *Boujlifa c/ France : Rec. 1997-VI.* ♦ C'est le cas en particulier pour les trafiquants de drogue. • CEDH 19 févr. 1998, *Dalia c/ France : Rec. 1998-J.* ♦ Requérant né et ayant grandi en Allemagne (avec sa mère, naturalisée) où il a effectué toute sa scolarité ; mais il a été condamné à plusieurs reprises pour coups et blessures dangereux, délits ayant revêtu une gravité et une violence considérables. • CEDH 25 mars 2010, *Mutlag c/ Allemagne*, n° 40601/05.

28. En revanche, la Cour a constaté une violation de l'art. 8 dans les affaires suivantes. • CEDH 18 févr. 1991, *Moustaquim c/ Belgique : série A n° 193* • 26 mars 1992, *Beldjoudi c/ France : série A n° 234-A* • 13 juill. 1995, *Nasri c/ France : série A n° 320-B.* ♦ Étranger né en 1962 à Lyon et résidant à Villeurbanne ; il a vécu en France de sa naissance au 28 février 1995 avec tous les membres de sa famille. Il est marié et père de 3 enfants français. Il a été condamné à six ans d'emprisonnement et interdiction définitive du territoire pour trafic de stupéfiants. • CEDH 26 sept. 1997, *Mehemi c/ France : Rec. 1997-VJ.* ♦ V. aussi • CEDH 13 févr. 2001, *Ezzouhdi c/ France,* n° 47160/99. ♦ Étranger ayant passé 26 ans au Royaume-Uni, marié avec une compatriote dont il a eu trois enfants de nationalité britannique, dont l'épouse et les enfants auraient en outre des difficultés particulières en cas de retour dans le pays d'origine. • CEDH 24 nov. 2009, *Omojudi c/ Royaume-Uni,* n° 1820/08. ♦ Pakistanais qui vivait au Royaume-Uni depuis l'âge de 3 ans avec l'ensemble de sa famille, qui fait état de liens personnels et familiaux forts avec le pays d'accueil, la Cour prenant en outre en considération son comportement depuis son incarcération. • CEDH 12 janv. 2010, *AW Khan c/ Royaume-Uni n° 47486/06.*

29. Dans sa jurisprudence la plus récente, la Cour semble toutefois avoir durci sa position en favorisant les considérations touchant à l'ordre public, notamment s'agissant de trafic de stupéfiants. • CEDH 10 juill. 2003, *Benhebba c/ France,* n° 53441/99 : *préc. note 27.* ♦ Validation de la mesure d'éloignement concernant un Jordanien, père de 6 enfants, condamné pour infraction à la législation sur les stupéfiants. • CEDH 23 oct. 2018, n° 25593/14. ♦ Cette sévérité ne s'applique toutefois pas aux toxicomanes, « simples » consommateurs de stupéfiants. • CEDH 22 mars 2007, *Maslov c/ Autriche,* n° 1638/03 : *RTDH 2009. 1091, note de Beco.* ♦ La CEDH a relevé qu'il n'était pas possible de considérer la situation d'une ressortissante du Surinam née néerlandaise comme équivalente à celle d'autres candidats à l'immigration qui n'ont jamais eu la nationalité néerlandaise. Comme l'indique Burgorgue-Larsen, cette incise est lourde de potentialités, car on peut alors estimer que tous les ressortissants d'anciennes colonies des États européens (nés européens avant le mouvement des indépendances) ne sont pas des candidats à l'immigration comme les autres. • CEDH 3 oct. 2014, *Jeunesse c/ Pays-Bas,* n° 12738/10 : *AJDA 2015. 154, chron. Burgorgue-Larsen.*

30. Les étrangers nés en France et parents d'enfants français verront ainsi leur droit à une vie familiale mieux protégé, même en présence d'arrêtés d'expulsion justifiés par des infractions pénales graves. • CE 25 mars 1996, *Min. Intérieur c/ M. Adda,* n° 156811 • 16 juin 1997, *Benhamed,* n° 151221.

31. Résidence prolongée en France. Très logiquement, une telle résidence prolongée autorisera à reconnaître plus aisément l'existence d'un droit à une vie familiale normale en France. • CE 16 juin 1997, *Mme Saouchi,* n° 145930. ♦ ... Étranger entré en France en 1982 à l'âge de 11 ans et qui y a séjourné de façon continue depuis cette date ; il a épousé une compatriote titulaire d'une carte de résident, dont il a eu un enfant et qui en attendait un second à la date de la décision attaquée. • CE 15 avr. 1992, *Préfet de la Haute-Loire c/ Cifci,* n° 128610 : *Lebon T. 980.* ♦ Algérienne qui séjourne de façon continue en France depuis dix ans avec son époux et ses six enfants, dont le père vit en France depuis 1940 et dont l'ensemble des attaches familiales se trouve en France. • CE 15 juin 1994, *Préfet du Val-d'Oise c/ Mme Terbah Chelouah,* n° 143462 : *Lebon T. 947.* ♦ Étrangère entrée en France à l'âge de 13 ans et y résidant depuis de manière continue, nonobstant le maintien de liens avec le pays d'origine. • CE 21 oct. 1998, *Préfet des Hauts-de-Seine c/ Mlle Ngo Mpeck,* n° 187236. ♦ Ressortissant marocain entré en France à l'âge de 2 ans où il réside depuis lors avec ses parents et ses frères qui sont de nationalité française. • CE 30 juill. 2003, *Min. intérieur c/ M. Brahim Benhamou,* n° 245346 : *Lebon T. 810.*

32. Ces principes s'appliquent quelle que soit la cause de la durée de la présence en France, même lorsque celle-ci ne s'explique que par l'inertie administrative (par exemple, pour une durée de neuf ans entre le refus de reconnaissance du statut de réfugié et l'arrêté de reconduite). • CE 31 juill. 1992, *Loko,* n° 133289.

33. Un séjour prolongé à l'étranger (en l'occurrence, dix ans), mais involontaire (l'intéressé ayant été retenu contre son gré au Maroc), ne remet pas en cause la résidence prolongée en France. • CE 1er avr. 1998, *M. Laaouane,* n° 178961. ♦ Même solution s'agissant d'un étranger né en France, mais dont le père a été dans l'obligation de le faire prendre en charge par sa seconde épouse vivant en Turquie ; l'intéressé n'a plus qu'une belle-mère et une demi-sœur dans son pays d'origine. • CE 12 févr. 2003, *Préfet de la Haute-Saône c/ M. Guzen,* n° 248111 : *Lebon T. 813.*

34. Dans le même esprit, l'âge du destinataire de la mesure peut constituer un élément d'appréciation retenu par le juge. • CE 14 févr. 2001, *Préfet du Val-d'Oise c/ M. Barka Najah,* n° 213192 • 30 déc. 2002, *Préfet des Hauts-de-Seine c/ Mme Makhlouq,* n° 243113 : *Lebon 506 ; AJDA 2003. 743, note Lecucq ; RFDA 2003. 189.*

35. Conjoint ou parent de Français. La violation de l'art. 8 semble plus facilement admise dans ces hypothèses : étranger marié à une ressortissante française qui attendait un enfant. • CE 13 mai 1992, *Ndombe Eboa,* n° 90038 : *Lebon T. 972.* ♦ ... Personne vivant depuis cinq ans en France sous le couvert d'une autorisation provisoire de séjour avec sa fille de nationalité française et dont les parents résident en France. • CE 22 mai 1992, *Min. Intérieur c/ Mme Zine El Khalma,* n° 106985 : *Lebon T. 970 ; RD publ. 1992. 1793, concl. Abraham.* ♦ ... Ressortissante colombienne dont deux enfants, dont un mineur, étaient restés en Colombie, mais qui résidait en France depuis plus de 4 ans, était mère d'un enfant français âgé de quatre ans et dont le père résidait également en France. • CE 8 juill. 1998, *Mlle Gomez Marin*, n° 169416.

B. NATURE DES LIENS FAMILIAUX

36. Mariage et filiation. La vie familiale s'entend à titre principal de l'exercice des liens conjugaux et de filiation, y compris en cas d'adoption, même simple. • CE 16 nov. 1994, *Préfet des Alpes-Maritimes, n° 147181 : D. 1995. Somm. 172*.

37. Concubinage. La jurisprudence a tout d'abord semblé assez réticente pour considérer qu'une situation de concubinage pouvait s'assimiler au mariage tel qu'il est protégé par l'art. 8. Ainsi, un mariage datant de dix jours ne peut servir de fondement à une annulation motivée par l'art. 8, même s'il avait été précédé par une période de concubinage. • CE 10 nov. 1995, *Ignjatovic*, n° 158721 : *D. 1996. Somm. 106, obs. Julien-Laferrière*. ♦ Même solution s'agissant d'une étrangère qui vivait maritalement avec un Français depuis un an et qui était sur le point de l'épouser ; le Conseil d'État relève que la reconduite à la frontière n'empêche pas que le mariage soit célébré. • CE 10 nov. 1995, *Préfet des Yvelines c/ Mlle El Azzouzi*, n° 143275 : *Lebon T. 837* ; *D. 1996. Somm. 106* • 10 juill. 1995, *Préfet des Bouches-du-Rhône c/ Mme Menassa : D. 1996. Somm. 101*.

38. Si la jurisprudence n'assimile pas pleinement le concubinage au mariage, le juge prendra en compte une période antérieure de concubinage pour conclure à une violation de l'art. 8 Conv. EDH. – V. par exemple s'agissant d'un étranger qui s'est marié avec une Française quelques jours avant l'arrêté de reconduite alors qu'ils vivaient en concubinage depuis six ans. • CE 22 févr. 1995, *Weng*, n° 154891 : *Lebon T. 793*. ♦ Étranger marié depuis onze mois avec une étrangère avec laquelle il vivait maritalement depuis deux ans. • CE 2 avr. 1997, *Boucherifi*, n° 161867. ♦ Ressortissant congolais vivant en concubinage depuis plus de six ans avec une étrangère en situation régulière avec laquelle il s'est marié et a eu deux enfants, et justifiant d'un emploi stable. • CE 6 juin 2003, *Préfet de police c/ Katamba*, n° 249178. ♦ Durée de deux ans et demi de vie commune du couple. • CE 27 juin 2005, *Préfet du Val-d'Oise c/ M. Alaoui*, n° 272707.

39. Plus récemment, le juge a admis que le concubinage pouvait faire naître, en tant que tel, une véritable vie familiale ; c'est le cas de l'exemple du ressortissant congolais. • CE 6 juin 2003, *Préfet de police c/ Katamba : préc. note 38.* ♦ La CEDH considère également que les rapports entre un homme et une femme non mariés peuvent ressortir au champ d'application de l'art. 8. • CEDH 7 déc. 1987, *Benny Jonsson c/ Suède : DR 54 p. 187.* ♦ C'est tout particulièrement le cas en présence d'enfants. • CE 30 mars 1998, *Mme Ahamada*, n° 163138. ♦ V. par exemple pour la concubine d'un réfugié titulaire d'une carte de résident, qui vit avec lui en France et est mère d'un enfant qu'il a reconnu. • CE 28 déc. 2001, *Préfet de police c/ Velayuthapillai*, n° 230410. ♦ ... Étranger vivant en concubinage avec une compatriote dont il a eu un enfant et avec laquelle il a souscrit un PACS. • CE 14 nov. 2001, *Mobie Eboulondzi*, n° 231216. ♦ ... Ressortissante marocaine vivant en concubinage et qui suit un traitement contre la stérilité. • CE 24 oct. 2001, *Préfet de police c/ Harma*, n° 230392. ♦ Concubinage avec un compatriote en situation irrégulière ; enfant né en France sur lequel le requérant exerce l'autorité parentale. Injonction au préfet de se prononcer sur la situation de l'intéressé dans le délai de trois mois. • CE 11 févr. 2004, *M. Hu*, n° 257228.

40. Cette jurisprudence s'applique également dès lors que le couple de concubins peut attester d'un vrai désir d'avoir des enfants. • CE 24 oct. 2001, *Préfet de police c/ Harma*, n° 230392.

41. Le juge cherchera à déterminer la stabilité de la relation et prendra notamment en compte la durée du concubinage. Ainsi, même en présence d'un enfant à naître, le juge écartera la violation de l'art. 8 face à une situation de concubinage très récente et compte tenu des effets d'une mesure de reconduite à la frontière. • CE 28 janv. 2004, *M. Troh*, n° 256086.

42. Par analogie, le juge tiendra compte également des « mariages » non reconnus par le droit français : mariage musulman. • CE 29 déc. 1997, *Préfet des Hauts-de-Seine c/ Mlle Ziyouti*, n° 187423. ♦ ... Mariage « coutumier par procuration ». • CE 30 juill. 1997, *Mme Makala Ngiangidi ép. Nsimba*, n° 182158.

43. Adoption. Dans l'hypothèse d'une adoption, le juge tient compte des circonstances particulières, et notamment de l'âge de la personne adoptée. • CE 18 févr. 1998, *M. M'Bock-Peytavin*, n° 182249 : *Lebon T. 946*. ♦ Il s'assure également que l'adoption n'a pas été réalisée dans un but autre que ceux protégés par l'art. 8. • CE 31 juill. 1996, *Min. Intérieur c/ Mlle Biaou*, n° 150504 : *Lebon 330, concl. Delarue*.

44. Polygamie. La polygamie reste un obstacle à la prise en compte du droit à une vie familiale normale. • CE 2 oct. 1996, *Préfet du Calvados c/ Lakhal*, n° 156257 : *Lebon T. 879 et 942.* ♦ Une ressortissante marocaine, mariée avec un compatriote avec lequel elle a un enfant, ne peut exciper une violation de ce droit dès lors que son mari est resté marié avec sa première épouse et alors même qu'il en est séparé. • CAA Bordeaux, 4 juin 2007, *Asrar*, n° 05BX02403. ♦ De même, la seconde épouse d'un étranger polygame dont la première épouse réside en France ne peut, en raison de sa situation de polygamie en France, se prévaloir utilement des dispositions de l'art. L. 313-7°. • CE 29 déc. 2000, *Sacko*, n° 210895 : *Lebon T. 998* • TA Dijon, 9 févr. 2006, *M. et Mme Naciri*, n° 0500624 : *Lebon T. 899.*

45. Familles recomposées. Le juge semble de

plus en plus prendre en considération l'attitude du requérant étranger vis-à-vis des enfants de son conjoint, soulignant par exemple que l'intéressé apporte un soutien matériel et affectif à la cellule familiale composée, outre d'enfants communs, également d'enfants propres à l'épouse. • CAA Versailles, 27 mars 2008, *Drame*, n° 07VE01294. ♦ V. aussi pour un étranger qui s'occupe, outre de son fils, de l'autre enfant de sa compagne. • CAA Paris, 1er avr. 2008, *Préfet de police c/ Ly*, n° 07PA02584. ♦ V. aussi s'agissant d'un Malien venu, après la mort de sa mère, rejoindre son père, sa belle-mère et ses quatre demi-frères et sœurs, vivant en France en bonne intelligence avec sa famille recomposée depuis six ans, son intégration dans cette nouvelle cellule familiale ne posant pas de difficulté. • CAA Lyon, 8 juill. 2008, *Bathily*, n° 07LY01919. ♦ Mère de quatre enfants exerçant sur eux l'autorité parentale en commun avec leur père avec lequel elle vit en France depuis plus de dix ans, nonobstant la présence au domicile du père de ses enfants de l'épouse. • CE 8 juill. 2005, *Préfet de la Seine-Saint-Denis c/ Mlle Bojang*, n° 265987 : *Lebon T. 915*. ♦ Étranger vivant en concubinage avec une compatriote jouant auprès du fils de celle-ci le rôle d'un « substitut paternel », allégation dont la réalité est établie par diverses attestations dont celles des services de l'aide sociale à l'enfance. • CE 9 déc. 2005, *Préfet du Val-d'Oise c/ M. Noël Katu Nanituma*, n° 275835.

46. Relations homosexuelles. C'est essentiellement sur le fondement du droit au respect de la vie privée que le juge sanctionne, le cas échéant, des mesures d'éloignement ou de refus de titre de séjour concernant des étrangers ayant des relations homosexuelles. • CEDH 3 mai 1983, *X. et Y. c/ Royaume-Uni*, n° 9369/81. ♦ La Cour recherche notamment si les personnes vivent effectivement ensemble et s'il existe entre elles un rapport de dépendance, notamment pécuniaire. • CEDH 22 avr. 1997, *X., Y. et Z. c/ Royaume-Uni : Rec. 1997-11.* ♦ Reste que la référence à la vie familiale n'est pas exclue de la jurisprudence administrative. • TA Lyon, 6 avr. 2000, *M. X : JCP 2000. II. 10349, note Fulchiron* • CE 3 mars 2003, *Préfet de police c/ Tamberou*, n° 248763 • 7 juill. 2003, *Préfet de police c/ N'Diaye*, n° 249725. ♦ Dans le contentieux de la reconduite à la frontière, le juge fait appel à l'erreur manifeste d'appréciation pour annuler un arrêté frappant un algérien ayant quitté son pays en raison des menaces dont il y fait l'objet du fait de son homosexualité, qui justifie d'une vie de couple en France depuis plusieurs années et qui suit un traitement lourd dont l'interruption entraînerait des risques sérieux pour sa santé et son équilibre personnel. • CE 21 sept. 2005, *M. Souames*, n° 258133. ♦ Comme l'indique F. Sudre, il est désormais acquis qu'un couple homosexuel entretenant une relation stable et effective peut se prévaloir du droit au respect de la « vie familiale » au sens de l'art. 8. • CEDH 22 juill. 2010, *P.B. et J.S. c/ Autriche : JCP 2010, n° 4 ; ibid. 2011. 94.* ♦ V. déjà • CEDH 24 juin 2010, *Schalk et Kopf c/ Autriche : JCP 2010. 839, obs. Sudre* • CEDH 13 déc. 2007, *CEDH Emonet c/ Suisse*, n° 39051/03 : *Dr. fam. 2008. Étude 14, note Gouttenoire.*

47. PACS. S'agissant des étrangers ayant conclu un PACS, le juge tient compte en particulier de l'ancienneté et de la stabilité des relations. • CE 28 avr. 2000, *Maroussitch*, n° 208925 : *Lebon T. 1000* • 27 févr. 2004, *Préfet de police c/ Mlle Sahnoun*, n° 241609. ♦ Il estime ainsi qu'une relation stable depuis plus de deux ans ouvre droit à l'attribution d'une carte de séjour mention « vie privée et familiale ». • CE 27 juill. 2005, *M. Aloui*, n° 257290 : *Lebon T. 915*. ♦ V. aussi pour un refus de visa. • CE 23 déc. 2008, *M. Kai Zhong*, n° 322354. ♦ V. pour un ressortissant algérien entretenant une relation ancienne avec une Française avec laquelle il a souscrit un PACS. • CE 22 févr. 2002, *Préfet de police c/ Sabrachou*, n° 230267. ♦ Annulation de l'arrêté de reconduite à la frontière en raison d'une vie commune d'une durée de quatre ans au titre d'un PACS. • CE 9 févr. 2004, *Préfet de police c/ Seydou Dante*, n° 243514 : *AJDA 2004. 1046*. ♦ Ressortissante turque ayant conclu un PACS avec une personne de nationalité française à la suite d'une relation ancienne. • CE 30 avr. 2004, *Préfet d'Ille-et-Vilaine c/ Mme Telci*, n° 251827. ♦ V. aussi • TA Nantes, 30 nov. 2004, *M. B. c/ Préfet de Maine-et-Loire : AJDA 2005. 327, concl. Hougron*.

48. Autres liens familiaux. Ainsi, au-delà des liens conjugaux et de filiation, la vie familiale a encore été jugée réelle dans les hypothèses suivantes : rapports entre un neveu et son oncle, ce dernier ayant reçu délégation de l'autorité paternelle en raison de la mauvaise santé du père et du décès de la mère. • CE 8 déc. 1997, *M. Yao*, n° 160973. ♦ ... Rapports entre la requérante et sa marraine, titulaire de la garde et ayant engagé une procédure d'adoption simple avant les décisions de refus de séjour. • CE 12 nov. 1997, *Préfet du Val-d'Oise c/ Mme Fifamé Geneviève Kpoton*, n° 185996. ♦ ... Algérienne venue en France à l'âge de 15 ans à la suite du décès de sa mère et confiée à l'une de ses sœurs désignée comme tutrice par le juge des tutelles. • CAA Lyon, 23 avr. 1998, *Mlle Chahrazed Adjili*, n° 96LY02008. ♦ ... Requérant ayant quitté l'Algérie en raison des mauvais traitements infligés par son père et vivant en France chez son oncle qui pourvoit à son éducation et à son entretien. • CE 3 oct. 2001, *Préfet des Hauts-de-Seine c/ Meksem*, n° 228341. ♦ Requérant venu rejoindre ses parents et sa sœur (qui résident régulièrement en France) après le décès de ses grands-parents. Le père du requérant travaille en France depuis de nombreuses années et son frère, marié à une Française, est père de deux enfants français. • CE 27 févr. 2004, *M. Ben Dhaou*, n° 259241.

♦ ... Requérant vivant en France depuis l'âge de 12 ans chez sa tante à laquelle il a été confié par son père, qui assume sa subsistance et constitue sa véritable famille. • CE 2 juin 2004, *M. Ren,* n° 261975.

49. La CEDH rappelle que les rapports entre des parents et enfants adultes ou entre frères et sœurs adultes ne bénéficient pas de la protection de l'art. 8 sous le volet de la « vie familiale » à moins que ne soit démontrée l'existence d'éléments particuliers de dépendance, allant au-delà des liens affectifs normaux. En revanche, ces mêmes liens entre adultes et parents ou autres proches peuvent être pris en considération sous le volet de la vie privée. • CEDH 25 nov. 2021, n° 42011/19.

50. Vie familiale future. En principe, selon la Cour, l'art. 8 garantit l'exercice du droit au respect d'une vie familiale existante ; il n'oblige pas un État à laisser un ressortissant étranger pénétrer sur son territoire pour y créer des liens familiaux nouveaux. • CEDH 15 déc. 1977, *X. et Y. c/ Royaume-Uni : DR 12 p. 32.* ♦ Cette solution s'applique alors même que l'intéressé, célibataire, avait un projet de mariage. • CE 28 janv. 2004, *M. Ouchimou,* n° 258154.

51. Enfant à naître. Le Conseil d'État a conclu à l'absence de violation de l'art. 8 dans les hypothèses suivantes : étranger marié depuis sept mois avec une Française dont il attend un enfant. • CE 13 mai 1996, *Amhouti,* n° 159025. ♦ ... Étranger marié depuis cinq mois avec une Française avec laquelle il vivait en concubinage depuis deux ans, dont il attendait un enfant. • CE 30 avr. 1997, *Préfet de la Marne c/ Akarid,* n° 182556. ♦ La naissance d'un enfant postérieurement à l'APRF ne peut être valablement invoquée à l'appui du recours. • CE 16 janv. 2004, *M. Ben Sabbaa,* n° 257837.

52. Dans des hypothèses similaires, le juge a pourtant retenu la solution inverse : étranger marié depuis deux mois avec une Française avec laquelle il vivait en concubinage depuis trois ans et qui attendait un enfant. • CE 29 déc. 1997, *Préfet du Calvados c/ Dasmi,* n° 181704. ♦ ... Étranger marié depuis quatre mois avec une Française dont il attendait un enfant qu'il avait reconnu de manière anticipée et dont la sœur résidait en France. • CE 24 nov. 1999, *Préfet du Haut-Rhin c/ Amari,* n° 202080. ♦ ... Algérien résidant depuis quatorze mois en France qui avait épousé, près de sept mois avant la mesure d'éloignement, une ressortissante française dont il attendait un enfant. • CE 28 sept. 2001, *Préfet du Cher c/ M. Chelli : AJDA 2002. 522, concl. Seban.* ♦ ... Épouse du requérant ayant subi de nombreux examens médicaux en vue d'une fécondation *in vitro*, enceinte de quelques semaines ; cette technique particulière nécessitait, du fait des risques qu'elle pouvait entraîner pour la santé de l'enfant et compte tenu des répercussions sur la mère en cas d'échec, un suivi médical approprié. • CE 7 juill. 2004, *Préfet des Hauts-de-Seine c/ M. Badja,* n° 260387. ♦ ... Étranger vivant maritalement avec une ressortissante française qui attendait un enfant qu'il avait déjà reconnu, alors même que l'intéressé n'avait pas encore mené à son terme la procédure de divorce avec une autre ressortissante française. • CE 28 juin 2006, *Préfet de Seine-et-Marne c/ M. Belhaj Amor,* n° 274323.

53. Le tribunal administratif de Lyon a tiré du principe général du droit civil selon lequel l'enfant conçu est réputé né chaque fois qu'il y va de son intérêt, une violation de l'art. 8 Conv. EDH dès lors que l'exécution de l'arrêté de reconduite à la frontière pourrait mettre en péril la vie de l'enfant, l'accouchement étant imminent. • TA Lyon, 4 nov. 2003, *M. Arayik Nikohosyan : AJDA 2004. 1198, note Glogowski* • CE 25 nov. 2003, *Min. Intérieur c/ M. Arayik Nikohosyan,* n° 304787 : *AJDA 2004. 1198, note Glogowski.*

54. Célibataire. Même un célibataire peut exciper d'une véritable vie familiale à l'égard de ses parents, frères et sœurs. • CE 10 juin 1994, *Benamar,* n° 127961 : *Lebon T. 1083* • 23 juin 1995, *Sylla,* n° 163498 : *Lebon T. 837.* ♦ Encore convient-il que l'étranger célibataire soit placé dans une situation particulière exigeant son maintien en France ; c'est le cas par exemple d'une célibataire sans charge de famille mais entrée en France en 1990 et qui apporte des soins à sa mère française de santé déficiente ; elle a dix frères et sœurs vivant en France régulièrement (dont six Français). • CE 27 févr. 2004, *Préfet de police c/ Mme Snani,* n° 253204. ♦ Étranger âgé de 73 ans, qui vit en France depuis neuf ans en étant hébergé par sa sœur et dont le frère est français, la mère étant enterrée en France. • CE 19 mai 1999, *Dias Semedo,* n° 201733. ♦ Ressortissante cambodgienne qui a perdu toute sa famille en raison des massacres des Khmers rouges, dont un seul frère vit encore et réside en France. • CE 28 juill. 1999, *Mlle Ouk,* n° 204140. ♦ Jeune de 20 ans dont les attaches familiales se réduisent à sa mère et deux demi-sœurs françaises alors qu'il est à la recherche de son véritable état civil dont les conditions de sa conception l'ont privé. • TA Clermont-Ferrand, 9 janv. 1999, *M. Ferew Mekonnen Getahun c/ Préfet de la Haute-Loire,* n° 9935. ♦ Étranger célibataire entré en France cinq ans avant la mesure d'éloignement pour rejoindre ses parents qui résident régulièrement sur le territoire français, dont la sœur cadette bénéficie d'une carte de séjour temporaire, qui est bien intégré en France, où il suit des cours de français notamment, au sein d'une association. • CE 14 déc. 2007, *M. Jin,* n° 293557.

55. Toutefois, dans le cas de célibataires, le juge constatera le plus souvent l'absence de vie familiale en France. • CE 15 mai 1991, *Badri,* n° 111409 • 8 oct. 1997, *M. Chellai,* n° 186368. ♦ Ainsi, le célibataire sans enfants ne pourra en principe pas bénéficier de la protection tirée de l'art. 8. • CE 2 oct. 2002, *Souissi,* n° 242221 • CE

23 oct. 2002, *Préfet des Alpes-Maritimes c/ Ben Saad Moez*, n° 237427. ♦ V. pour un étranger célibataire et majeur qui n'est venu rejoindre ses parents résidant en France qu'à l'âge de 24 ans. • CE 17 mai 1993, *M. Sabri*, n° 118082. ♦ Jugé ainsi que la seule circonstance que l'intéressé vit chez ses parents avec ses frères et sœurs n'établit pas que la décision de reconduite à la frontière qu'il attaque méconnaîtrait les stipulations de l'art. 8. • CE 17 févr. 1999, *M. Lahouassa*, n° 179163. ♦ La circonstance que l'intéressé vit avec son frère, maîtrise le français et est intégré dans la ville où il réside n'entache pas l'arrêté de reconduite à la frontière d'illégalité. • CE 10 févr. 1999, *M. Sebbar*, n° 199140. ♦ V. aussi pour un simple cousin. • CE 22 mars 1999, *M. Belghiti*, n° 199526.

56. La CEDH admet l'existence d'un lien familial entre le requérant adulte et ses parents et frères et sœurs résidant dans le pays d'accueil, dès lors que rien ne prouve que leurs relations aient été rompues : marocain arrivé en Belgique à l'âge de deux ans et condamné à vingt-six mois de prison au total ; ses parents et ses sept frères et sœurs résident en Belgique. • CEDH 18 févr. 1991, *Moustaquim c/ Belgique : Série A n° 193.* ♦ ... Algérien né en France, y ayant toujours vécu avec ses parents et ses cinq frères et sœurs, ayant épousé une Française mais ayant été condamné à huit ans de réclusion criminelle. • CEDH 26 mars 1992, *Beldjoudi c/ France : Série A n° 234-A.* ♦ V. aussi • CEDH 24 avr 1996, *Boughanemi c/ France : Rec 1996-H 607* • 13 mai 2001, *Ezzoudhi c/ France*, n° 47160/99.

C. RÉALITÉ DE LA VIE FAMILIALE

1° CARACTÈRE RÉCENT DES LIENS FAMILIAUX

57. Pour être constituée, la vie familiale nécessite une certaine durée à défaut de laquelle le moyen tiré de la violation de l'art. 8 sera écarté. • CE 10 nov. 1997, *Mme Kagni*, n° 172400. ♦ Ainsi, l'existence de liens familiaux en France ne pourra suffire à caractériser une violation de l'art. 8 dès lors que l'intéressé n'est arrivé que tardivement en France. • CE 29 juill. 1998, *M. Reghdi*, n° 168906. ♦ V. pour un mariage contracté quelques jours avant l'intervention de la mesure de reconduite. • CE 10 nov. 1995, *Mme Moscato, n° 155190 : Lebon T. 837.* ♦ Résidence en France depuis deux ans seulement et conservation d'attaches familiales dans le pays d'origine. • CE 3 mars 1997, *Mlle Haimer*, n° 158518. ♦ Caractère récent du mariage, absence d'enfants et maintien d'attaches familiales avec le pays d'origine. • CE 9 juill. 2003, *Préfet de police c/ Aparre*, n° 267678. ♦ Le juge se livre toutefois à un contrôle de proportionnalité, mettant en balance l'entrée récente en France avec l'intensité des liens familiaux, démontrant que le centre de la vie privée et familiale de l'intéressé se trouve désormais en France (en l'espèce, cinq des six enfants de la requérante résident en France, l'un d'entre eux étant ressortissant français et l'une de ses filles conjointe de Français, tous étant en situation régulière, pour certains d'entre eux depuis de nombreuses années, à l'exception de son dernier enfant, mineur, qui est cependant scolarisé en France). • CAA Douai, 22 avr. 2010, *Mme Aminata Binate née Bakayoko*, n° 09DA00662.

58. En revanche, la réalité et l'intensité des liens familiaux tissés en France sont de nature à révéler une atteinte disproportionnée au droit de l'intéressé à mener une vie familiale normale ; c'est le cas par exemple d'une étrangère, présente en France depuis trois ans, mariée avec un compatriote titulaire d'une carte de résident avec lequel elle a eu deux enfants nés en France. • CE 3 avr. 2002, *Mme Owusu*, n° 231033 : *Lebon T. 776*. ♦ V. aussi • CE 10 avr. 2002, *Min. Intérieur c/ Berhail*, n° 223461. ♦ Requérante enceinte, entrée en France depuis dix ans, vivant en concubinage et ayant déjà deux enfants. • CE 25 févr. 2004, *M. Haman*, n° 259926.

59. La courte durée de la vie familiale peut néanmoins ne pas faire obstacle à l'existence d'une violation de l'art. 8 Conv. EDH en présence de circonstances particulières (en l'occurrence la nécessité de la présence de l'étranger auprès de sa compagne et de ses deux jumeaux pour leur apporter son aide matérielle et psychologique). • CE 30 nov. 2005, *Préfet de Seine-et-Marne c/ M. M'Barek*, n° 271848.

60. La CEDH distingue, dans sa jurisprudence, la situation de « l'immigré établi » (personne à laquelle il a déjà été accordé un droit au séjour dans le pays d'accueil et qui y réside régulièrement) pour lequel le non-renouvellement ou le retrait du droit au séjour constitue une ingérence dans l'exercice par celui-ci de son droit au respect de sa vie privée et familiale au sens de l'art. 8, § 2, Conv. EDH et dont la justification est appréciée par la Cour, de la situation de « l'étranger sollicitant le droit au séjour sur le territoire national », qui doit être analysée sous l'angle d'un non-respect d'une obligation positive incombant à l'État en vertu de l'art. 8 Conv. EDH. • CEDH 25 nov. 2021, *Farouk Melouli c/ France* , n° 42011/19 : *D. actu. 13 déc. 2021, obs. Diaz.*

2° VIE COMMUNE

61. La CEDH ne voit pas dans la vie commune une condition sans laquelle on ne saurait parler de vie familiale entre parents et enfants mineurs. • CEDH 21 juin 1998, *Berrehab c/ Pays-Bas : série A n° 138.* ♦ Refus de renouvellement d'un permis de séjour au père divorcé d'une petite fille : l'enfant, vu son jeune âge, avait besoin de rester en contact avec son père. Cela vaut également s'agissant d'enfants naturels. • CEDH 24 avr. 1996, *Boughanemi c/ France : Rec. 1996-11. 607.* ♦ Reste que les mesures prises par l'État ne doivent pas aboutir à remettre en cause la vie commune, s'agissant par exemple d'un couple de demandeurs d'asile éthiopiens affecté par les autorités suisses dans des cantons différents : la CEDH a conclu à une ingérence injustifiée dans la vie privée et familiale, les effets bénéfiques pour l'État partie de la répartition équitable par canton des demandeurs d'asile ont bien moins de poids, dans la pesée des intérêts, que les intérêts privés de la requérante. • CEDH 29 juill. 2010, *Mengesha Kimfe c/ Suisse*, n° 24404/05 : *AJ fam. 2010. 399 ; JCP 2010. 904, note Sudre*. ♦ Un enfant issu d'une union maritale s'insère de plein droit dans cette relation ; dés l'instant et du seul fait de sa naissance, il existe entre lui et ses parents un lien constitutif de vie familiale que des événements ultérieurs ne peuvent briser que dans des conditions exceptionnelles. • CEDH 21 déc. 2001, *Sen c/ Pays-Bas*, n° 31465/96 : *RFDA 2002. 1103 ; AJDA 2002. 505*.

62. En revanche, le juge administratif n'hésite pas à écarter le moyen tiré de la violation de l'art. 8 en cas d'absence de vie commune avec l'épouse et l'enfant résidant en France. • CE 23 sept. 1992, *Tarbane*, n° 132388.

3° VIE FAMILIALE « FACTICE »

63. Ne peut se prétendre victime d'une violation de son droit à mener une vie familiale normale l'étranger ayant un enfant français mais ne subvenant pas à son entretien. • CE 31 juill. 1992, *Sehibi*, n° 134941. ♦ ... L'étranger entretenant les enfants d'une autre union. • CE 19 juin 1991, *El Ammouri*, n° 121998. ♦ ... L'étranger qui, ayant épousé une ressortissante française peu après son entrée en France, était alors en instance de divorce, alors même qu'il allègue qu'il vivait en concubinage avec une ressortissante française dont il attendrait un enfant. • CE 14 févr. 1992, *Préfet du Territoire de Belfort c/ M. Sais*, n° 127931 : *Lebon T. 980*. ♦ Solution logiquement inverse s'agissant d'un étranger, séparé de sa femme et ne s'étant pas vu confier la garde de ses enfants, mais qui continuait à assurer leur éducation, y compris matériellement. • CE 28 juill. 2004, *Préfet de Seine-Saint-Denis c/ M. Baniala*, n° 260002.

64. La même solution sera retenue dans l'hypothèse où l'intéressé a, par le passé, démontré que la vie familiale n'était pas son souci primordial, comme l'étrangère ayant volontairement quitté son pays d'origine en y laissant sa famille, interrompant de ce fait sa vie familiale, alors même qu'elle est devenue ensuite tutrice légale de ses frères et sœurs. • CE 1er avr. 1998, *Mme Auble*, n° 155096 : *Lebon T. 668*.

65. La violation de l'art. 8 sera encore écartée lorsque les relations familiales n'ont en réalité qu'un caractère épisodique. • CE 7 déc. 1992, *Souag*, n° 121831.

4° LIENS FAMILIAUX À L'ÉTRANGER

66. Présence. L'art. 8 Conv. EDH ne peut être utilement invoqué dès lors que l'intéressé dispose encore de liens familiaux avec son pays d'origine. • CE 11 oct. 1991, *Préfet de la Côte-d'Or c/ Mme Lachori*, n° 125101 : *Lebon 329*. ♦ Il sera ainsi écarté par exemple pour la mère d'un enfant français mais qui avait cinq autres enfants restés dans son pays d'origine. • CE 30 déc. 1996, *Mme Mohamed Ali*, n° 154030. ♦ Même solution s'agissant d'un requérant né et ayant résidé 21 ans en France ; ses parents sont installés en France depuis 1948 et neuf de ses frères et sœurs ont la nationalité française et résident en France. Mais il est retourné en Algérie en 1972 où il s'est marié et a eu deux enfants ; si l'un d'eux poursuit des études universitaires en France, ce titre de séjour « étudiant » ne lui donne pas vocation à s'installer de manière durable sur le territoire français. • CE 27 févr. 2004, *Préfet de police c/ M. et Mme Belkhiter*, n° 249659.

67. Le juge exerce toutefois un contrôle extrêmement précis et considère que la circonstance que le requérant dispose encore de membres de sa famille dans son pays d'origine n'exclut toutefois pas nécessairement l'application de l'art. 8. • CE 21 oct. 1998, *Préfet des Hauts-de-Seine c/ Mlle Ngo Mpeck*, n° 187438. ♦ Étranger dont la mère réside encore en Algérie, mais dont le père réside en France depuis 1956 et avec les trois sœurs du requérant. • CE 8 oct. 1997, *Préfet de police c/ M. Boultouak*, n° 187181. ♦ Requérant entré en France à l'âge de 16 ans pour y rejoindre sa mère et ses frères et sœurs qui sont français ou disposent d'une carte de résident, alors même que la grand-mère vit encore en Algérie. • CE 22 janv. 1997, *Préfet de police*, n° 165448. ♦ Ressortissante algérienne répudiée par son mari resté dans son pays d'origine. • CE 4 mars 1996, *Mme Belal*, n° 162497. ♦ Camerounais, orphelin de père, ayant conservé des attaches dans son pays d'origine, mais totalement intégré, depuis son entrée en France, dans la famille de ses tuteurs légaux, de nationalité française. • CE 2 juin 2003, *Préfet de police c/ Mbakam Nya*, n° 249057. ♦ ... Ressortissante algérienne née en France, y ayant résidé jusqu'à l'âge de 22 ans et y étant revenue après le décès de sa mère ; six de ses frères et sœurs, dont certains ont la nationalité française, résident régulièrement en France. • CE 8 mars 2004, *Mlle Ferhi*, n° 257155. ♦ Si cinq des sept enfants de la requérante résident au Maroc, l'état de santé de son époux, qui nécessite une surveillance médicale constante et des soins réguliers en France ne lui permet pas de se rendre au Maroc : le refus de visa porte une atteinte disproportionnée au droit de l'intéressée à mener une vie familiale normale. • CE 5 avr. 2004, *Mme El Mountacir épouse Sbai*, n° 252285 : *Lebon T. 720*. ♦ ... Ressortissant algérien dont le père a combattu dans l'armée française et ayant fait l'objet d'une adoption en tant que pupille de la Nation. • CE 15 juin 2005, *Préfet du Rhône c/ M. Gherabi*, n° 269119. ♦ Père d'une enfant qui présente une grave maladie héréditaire congénitale nécessitant des soins et un suivi régulier, alors même que deux de ses autres enfants résident dans le pays d'origine. • CAA Paris, 17 janv. 2006, *Alpha X.*, n° 05PA02685. ♦ Ressortissant marocain vivant avec une compatriote atteinte de cécité à 90 % et mère de deux enfants : l'intéressé dispose de liens avec son pays d'origine mais apporte à sa compagne l'aide dont elle a besoin et s'occupe particulièrement des enfants. • CAA Bordeaux, 14 juin 2007, *Préfet de Haute-Garonne c/ Anaknaf*, n° 06BX02273. ♦ Requérante non dépourvue d'attaches familiales au Maroc mais qui n'a pu bénéficier du regroupement familial comme tous les autres membres de sa famille en raison de son âge, alors qu'elle était à peine majeure à la date du regroupement. • CE 15 déc. 2010, *Mlle El Kabli*, n° 332968.

68. *Absence.* En revanche, dès lors qu'est constatée la perte de toute attache avec le pays d'origine et en présence d'une vie familiale en France, le juge conclut à la violation de l'art. 8. • CE 19 mars 1997, *M. Soudani*, n° 139786 : *Lebon T. 820* • 14 nov. 1997, *Mme Baccouchi*, n° 183337.

69. Cette solution a par exemple été retenue dans les hypothèses suivantes : Algérienne entrée en France avec sa famille à l'âge de cinq ans en 1962 et y ayant résidé jusqu'en 1986 ; après avoir effectué deux séjours en Algérie, elle a rejoint sa famille en France en 1989, ses parents et frères et sœurs résident régulièrement sur le territoire ou sont de nationalité française. • CE 29 déc. 1993, *Préfet des Yvelines*, n° 142388 : *Lebon 382*. ♦ Étranger venu en France pour y rejoindre ses parents, frères et sœurs régulièrement installés. • CE 23 juin 1995, *Sylla*, n° 163498 : *Lebon T. 837* ; *D. 1996. Somm. 106*. ♦ ... Étranger arrivé en France à l'âge de 4 ans, y ayant résidé 31 ans, dont toute la famille y réside régulièrement. • CE 21 mai 1997, *Préfet des Yvelines c/ Taibi*, n° 157629. ♦ ... Mère de 4 enfants âgés de trois à dix ans et séparée de son mari. • CE 8 déc. 1997, *Min. Intérieur c/ Mme Saoudi*, n° 158527. ♦ ... Algérien entré en France à l'âge de quatorze ans pour y rejoindre ses parents, sa mère et cinq de ses frères et sœurs résidant en France. • CE 1er avr. 1998, *Min. Intérieur c/ M. Tobbi*, n° 164974. ♦ ... Tunisienne arrivée en France quelques semaines après sa naissance, y ayant vécu jusqu'à l'âge de douze ans puis étant repartie vivre en Tunisie avec son père ; elle n'a plus aucune attache dans son pays d'origine depuis le décès de celui-ci et de ses grands-parents. • CE 28 oct. 2002, *Préfet de la région Rhône-Alpes c/ Dimassi*, n° 224936.

70. Le juge pourra assimiler à l'absence d'attaches familiales à l'étranger l'impossibilité dans laquelle se trouve l'étranger de se rapprocher des membres de sa famille sans risque sérieux pour sa sécurité. • CE 2 déc. 1998, *Préfet de police*, n° 186961.

71. Toutefois, il ne suffit pas d'invoquer le fait de ne plus entretenir de relations étroites avec sa famille demeurant à l'étranger. • CE 3 févr. 1999, *Préfet des Alpes-Maritimes c/ M. Ben Hadda*, n° 196996. ♦ Ainsi, ne constitue pas une violation de l'art. 8 l'éloignement d'un étranger entré en France en 1994 pour suivre ses parents adoptifs, qui fait valoir qu'il n'a plus d'attaches familiales au Maroc depuis que sa mère restée au Maroc l'a placé sous l'entière responsabilité de ses parents adoptifs et que, depuis le divorce de ses parents, il n'a plus de nouvelles de son père et qu'il n'a ni frère ni sœur. • CE 3 févr. 1999, *M. Lamzarraf*, n° 199764.

D. NÉCESSITÉ DU MAINTIEN EN FRANCE

1° VIE FAMILIALE POSSIBLE À L'ÉTRANGER

72. Si la vie personnelle et/ou familiale est possible à l'étranger, le moyen tiré de la violation de l'art. 8 sera écarté. • CE 22 mai 1992, *Mme Larachi, n° 99475 : Lebon 203* • 29 déc. 1997, *M. et Mme Soba, n° 170098 : Lebon T. 626* • 16 juin 2003, *Préfet de police c/ Nyadanu*, n° 251114. ♦ C'est tout particulièrement le cas lorsque la mesure contestée s'applique aux deux époux ; en présence d'enfants, le juge vérifiera simplement s'il est possible aux parents de les emmener avec eux. • CE 10 mai 1996, *Préfet de la Drôme c/ Cts Sellami : D. 1997. Somm. 39, comm. Julien-Laferrière*. ♦ Toutefois, l'annulation de l'arrêté de reconduite frappant l'un des époux entraînera logiquement l'annulation de la mesure d'éloignement concernant l'autre conjoint. • CE 10 déc. 2001, *Préfet de police c/ Mkaouar*, n° 227013. ♦ Si les deux époux sont de nationalités différentes et qu'une vie familiale n'est possible dans aucun des deux États concernés, la mesure d'éloignement fera l'objet d'une annulation. • CAA Versailles, 30 déc. 2005, *Préfet de la Seine-Saint-Denis c/ Zekovic*, n° 05VE01000. ♦ En effet, alors qu'une décision d'éloignement ne porte pas, par elle-même, une atteinte disproportionnée au droit au respect à une vie familiale normale, le moyen tiré de la violation de l'art. 8 Conv. EDH reste opérant dès lors que la mesure d'éloignement frappe les deux époux qui sont éloignés, en raison de leur nationalité, à destination de pays différents. • CAA Nantes, 30 déc. 2009, *Manoukian*, n° 09NT01367.

73. Cette jurisprudence reste logiquement applicable même en présence d'enfants mineurs. • CE 26 juill. 1991, *Ciftci*, n° 123711 • 28 juill. 2004, *Préfet de Seine-Saint-Denis c/ Mme Sylla*, n° 260244. ♦ V. aussi, s'agissant d'une famille comportant cinq enfants régulièrement scolarisés en France et risquant de se heurter à de graves difficultés de réinsertion en cas de retour dans leur pays d'origine. • CE 2 févr. 1998, *Faouzi*, n° 182769. ♦ Ressortissante comorienne vivant à

Mayotte sous couvert d'un titre de séjour « parent d'enfant français » ; elle pourrait suivre son mari, sous le coup d'une OQTF, dans son pays d'origine. • CE, ord., 8 févr. 2018, n° 417576.

74. La CEDH a la même position : il n'y a pas ingérence dès lors qu'aucun obstacle juridique ou d'une autre nature n'empêche la reconstitution de la cellule familiale dans le pays de destination. • CEDH 23 mars 1999, *Chabane Rahmouni c/ France*, n° 27663/95.

2° VIE FAMILIALE IMPOSSIBLE À L'ÉTRANGER

75. Il incombe au requérant d'apporter la preuve qu'il est dans l'impossibilité de mener une vie familiale normale dans son pays d'origine. • CE 13 mars 1998, *Mme Lai née Leung*, n° 160337.

76. *Impossibilité juridique.* Des considérations juridiques peuvent faire obstacle à l'exercice d'une vie familiale à l'étranger, notamment en cas de placement des enfants au service de l'aide sociale à l'enfance par ordonnance du juge des enfants, la mesure de placement ne pouvant être levée que par décision du juge compétent. • CE 3 nov. 1997, *Préfet de police c/ Mme Ben Guertouh épouse Zairag*, n° 175768 : *Lebon T. 865*. ♦ Ressortissante marocaine dont l'ex-époux, titulaire de l'autorité parentale conjointe, s'oppose à ce que l'enfant sorte du territoire national. • TA Toulouse, 24 mai 2006, *Belhaj-Haddou*, n° 0400824. ♦ V. aussi • TA Rennes, 5 mars 2007, *Diouf*, n° 0700761. ♦ Étranger divorcé ayant obtenu l'autorité parentale conjointe ainsi qu'un droit de visite et d'hébergement ; le refus de renouvellement de son titre de séjour le priverait des droits découlant du jugement de divorce. • CAA Versailles, 6 mai 2008, *Ennasraoui*, n° 07VE01634. ♦ Mesure d'éloignement qui aurait pour effet de priver l'enfant de l'un de ses parents, bénéficiaire d'un droit de visite et d'hébergement ne pouvant s'exercer qu'en France. • CAA Lyon, 8 juill. 2008, *Préfet du Rhône c/ Benkada*, n° 07LY01657. ♦ La CEDH a considéré que le refus de prorogation d'un titre de séjour et la décision d'expulsion prononcée à l'encontre de l'intéressé, alors que les autorités nationales étaient en train d'examiner la question de l'exercice de son droit de visite à l'égard de son fils, portaient une atteinte excessive à son droit au respect de sa vie familiale. • CEDH 11 juill. 2000, *Ciliz c/ Pays-Bas*, n° 29192/95.

77. *Conflits de nationalité.* La nationalité des conjoints peut, dans certains cas, faire obstacle à l'exercice de la vie familiale à l'étranger, s'agissant par exemple du conjoint d'un réfugié, ayant la même nationalité que celui-ci et ne pouvant par conséquent être renvoyé que vers le pays d'origine des deux époux. • CE 23 mai 1997, *Préfet de Gironde c/ Mme Mudiki Bakaya*, n° 182911 • 28 juill. 2004, *Préfet de police c/ M. Fula Nsangu*, n° 250680. ♦ Même solution pour un couple dans lequel le requérant est yougoslave et la femme macédonienne ; il n'est pas établi que l'un des parents aurait la possibilité de séjourner durablement sur le territoire de l'État dont l'autre a la nationalité. • TA Lyon, 14 janv. 2003, *Nikolic*, n° 0300104.

78. *Circonstances propres au pays de destination.* Le juge n'hésite pas à analyser *in concreto* les conditions dans lesquelles la vie familiale pourrait se reconstituer dans le pays d'origine de l'étranger pour conclure à la violation de l'art. 8, par exemple en raison des conditions générales de sécurité dans le pays d'origine. • CE 2 févr. 1998, *M. Cherchour : D. 1998. 343, obs. Artus*. ♦ Même solution pour un ressortissant algérien marié à une fille de harki ne pouvant rentrer en Algérie. • CE 7 oct. 1996, *Préfet du Gers*, n° 167750.

79. La jurisprudence de la CEDH tient compte également des difficultés d'insertion dans le pays de renvoi que risquerait de rencontrer le conjoint de la personne éloignée. • CEDH 2 août 2001, *Boultif c/ Suisse*, n° 54273/00. ♦ ... Difficultés qu'éprouverait la conjointe danoise de l'intéressé de s'installer en Iran dès lors qu'elle n'y est jamais allée, qu'elle n'en parle pas la langue et qu'elle n'est pas musulmane. • CEDH 11 juill. 2002, *Amrollahi c/ Danemark*, n° 56811/00.

80. *Soutien matériel aux membres de la famille.* La nécessité du maintien en France peut tout d'abord résulter d'un soutien matériel aux membres de la famille : requérant vivant maritalement avec la veuve de son frère, laquelle bénéficie du statut de réfugié. Ils ont eu ensemble deux enfants nés en France et ils élèvent en outre ensemble deux autres enfants nés du premier mariage. Le requérant est seul à subvenir aux besoins matériels de sa famille. • TA Versailles, 2 juill. 1991, *M. Hanilce c/ Préfet du Val-d'Oise : AJDA 1991. 741, obs. Prétot*. ♦ Requérante ayant épousé un ressortissant français père de quatre enfants dont elle était amenée à s'occuper en raison de l'activité professionnelle de son mari qui obligeait celui-ci à de nombreux déplacements. • TA Marseille, 6 août 1996, *Mme Litschgi*, n° 942075. ♦ Intérêt notamment économique de la présence en France du requérant pour les membres de sa famille. • CE 8 juill. 1998, *Taskiran*, n° 187484. ♦ Étranger vivant en France depuis 1990 avec sa sœur française avec enfants à charge, qui participe à l'éducation de ses neveux et qui n'a plus d'attaches dans son pays d'origine. • CE 5 mai 1999, *Préfet de l'Essonne c/ Kuta Meka*, n° 200095. ♦ Tunisien père d'un enfant né en France, vivant en France depuis de nombreuses années, dont l'épouse est handicapée, seul le requérant pouvant s'occuper de l'enfant. • CE 4 juin 2003, *Khadi*, n° 244969. ♦ Étranger qui apporte un soutien important à l'une de ses sœurs, abandonnée par son mari, et aux cinq enfants de celle-ci. • CE 30 juill. 2003, *Préfet de police c/ Ghobane*, n° 253778.

81. En revanche, il va de soi que l'art. 8 ne peut

valablement être invoqué s'agissant d'un soutien matériel apporté à la famille restée à l'étranger. • CE 3 févr. 1999, *M. Adrrab*, n° 198370.

82. Par ailleurs, le soutien ne doit pas être trop indirect. Ainsi, ne peut valablement invoquer l'art. 8 une personne célibataire et sans enfant dont la mère et plusieurs frères et sœurs résident au Maroc qui s'est bornée à soutenir qu'elle assiste son père dans son activité professionnelle de commerçant et qu'elle apporte un soutien éducatif à deux sœurs majeures scolarisées et à un frère mineur orienté en établissement médico-éducatif. • CE 5 mars 1999, *Préfet de la Seine-Saint-Denis c/ Mlle Benelhaj*, n° 199811.

83. Soutien d'ordre moral. Ces principes s'appliquent également à des hypothèses de soutien moral. • CE 26 juill. 1991, *Préfet de la Moselle c/ Mlle Hadad*, n° 123507 : *RFDA 1991. 878*. ♦ Requérant vivant avec une Française attendant un enfant de lui au moment de l'arrêté de reconduite et mariage prononcé peu après. • CE 28 juill. 1995, *Préfet de la Seine-et-Marne c/ Mampouya*, n° 147901. ♦ Refus de visa opposé à une enfant mineure adoptée par un ressortissant français. • CE 8 juin 1998, *M. Chea*, n° 183053 : *Lebon T. 946*.

84. État de santé des enfants. Il appartient au médecin de l'agence régionale de santé, lorsqu'il est consulté par le préfet sur une demande présentée par un étranger qui souhaite obtenir un titre de séjour « vie privée et familiale » afin d'assister un proche au regard de son état de santé, d'indiquer dans son avis, sans porter atteinte au secret médical, si l'état de santé de cette personne nécessite ou non la présence d'un tiers et de préciser, si besoin, la nature de cette aide ; dans l'hypothèse où l'état de santé requiert la présence d'un tiers, il appartient, ensuite, au préfet d'apprécier si l'étranger qui demande le bénéfice du titre de séjour est le mieux à même d'assurer cette assistance compte tenu de l'ensemble des éléments en sa possession. • CAA Douai, 27 sept. 2012, *Préfet du Nord c/ M. Mboukpemade*, n° 12DA00599 : *AJDA 2013. 268*. ♦ Requérant dont l'un des enfants est atteint de troubles congénitaux d'une gravité telle qu'ils justifient un suivi médical constant et excluent qu'il puisse voyager sans courir de graves risques. • CE 7 juin 1995, *Préfet du Val-de-Marne c/ Nkunga*, n° 148446. ♦ Fils de la requérante, âgé de 7 ans, présentant une affection chronique nécessitant un suivi en milieu médical et souffrant de problèmes psychologiques graves. • CE 10 nov. 1995, *Préfet de la Gironde c/ Mme Adoui : D. 1996. Somm. 105*. ♦ Enfant âgé de 2 ans nécessitant un suivi médical régulier et la présence de sa mère en raison des activités professionnelles du père. • CE 15 juin 1998, *Préfet de police c/ Mme Kelechukuwu Anoruo*, n° 187950.

85. Toutefois, alors même que le requérant est père d'un enfant dont l'état de santé nécessite des soins ne pouvant être dispensés qu'en France, il n'est pas établi que l'enfant est atteint d'une affection suffisamment grave pour rendre nécessaire la présence de son père, alors même que la mère réside régulièrement en France et que la possibilité d'une procédure de regroupement familial ne rend que temporaire l'éloignement du requérant. • CE 29 juill. 2002, *Fofana*, n° 241286.

86. État de santé des autres membres de la famille. Étrangère qui s'occupe de façon constante de l'un de ses frères, handicapé cérébral à 100 %. • CE 23 juill. 1993, *Mlle Et Touil*, n° 143779. ♦ Étranger vivant avec une personne hors d'état d'assurer par elle-même sa subsistance, alors même que sa demande de COTOREP a été rejetée. • CE 19 févr. 1997, *Raja*, n° 171040. ♦ Algérienne dont l'époux perçoit une pension d'invalidité et est atteint d'affections graves exigeant l'assistance d'une tierce personne. • CE 11 mars 1998, *M. Boulkrachef*, n° 168920. ♦ Algérienne arrivée en France en 1992 qui apporte à sa sœur française, mère de famille atteinte d'une grave affection, une assistance indispensable pour sa vie quotidienne et ce malgré le maintien d'attaches familiales à l'étranger. • CE 15 oct. 1999, *Mlle Benameur*, n° 199573. ♦ Algérien vivant en concubinage avec une ressortissante française bénéficiaire de l'allocation adulte handicapé. • CE 29 oct. 2001, *Préfet de Seine-et-Marne c/ Elahiar*, n° 220826. ♦ ... Ressortissante algérienne divorcée, mère de deux enfants français pris en charge par leur père, résidant au domicile de ce dernier, nonobstant la présence au domicile du père de la seconde épouse de celui-ci à laquelle la requérante prodigue les soins que nécessite son infirmité. • CE 9 févr. 2000, *Mme Diaba*, n° 189373 : *Lebon T. 999*. ♦ ... Requérante dont la présence en France constitue un intérêt pour sa fille aînée dont l'enfant est atteint d'une grave maladie. • CE 26 oct. 2001, *Benamra*, n° 223583. ♦ ... Étranger dont l'épouse est titulaire d'un titre de séjour lui ayant été délivré sur le fondement de l'art. L. 313-11-11°. • CE 12 janv. 2005, *Préfet de police c/ M. Lin*, n° 264039.

87. État de santé du requérant. La CEDH a, depuis longtemps, admis l'application de l'art. 8 à un étranger sous le coup d'une mesure d'éloignement, atteint d'un grave handicap auquel le pays de destination n'était pas en mesure d'offrir un traitement médical équivalent à celui dont il bénéficiait dans le pays de résidence. • CEDH 13 juin 1995, *Nasri : série A, n° 324*. ♦ Le juge administratif français a adopté la même position dans les hypothèses suivantes : requérant souffrant d'un handicap physique, n'ayant plus de famille proche dans son pays d'origine et dont la mère et la plupart des frères et sœurs vivent en France et possèdent la nationalité française. • CE 31 janv. 1996, *M. Armel*, n° 139322. ♦ Algérienne âgée de 30 ans atteinte d'un handicap grave, vivant en France depuis l'âge de 15 ans avec sa tante et son oncle, ni son frère ni son père, domiciliés en Algérie, n'entendant assurer sa prise en charge.

• CAA Nancy, 20 févr. 1997, *Min. Intérieur c/ Mlle Mouffok*, n° 96NC01045. ♦ Jeune fille souffrant des séquelles d'une affection méningée et qui dépend des soins et de l'aide de sa famille. • CE 26 mars 1997, *Préfet des Yvelines c/ Mlle Makedika Mbumba*, n° 172677. ♦ Jeune étudiante suivant des études sous surveillance médicale en raison d'une intervention chirurgicale à la suite de la paralysie accidentelle de son bras droit. • CE 30 avr. 1997, *Mlle Nfono Eyi*, n° 184515. ♦ Censure s'agissant d'un ressortissant marocain condamné pour viol, les autorités nationales n'ayant pas suffisamment pris en compte la maladie mentale de l'intéressé et les possibilités de traitement dans son pays d'origine. • CEDH 30 mai 2023, *A. c/ Pays-Bas*, n° 8757/20.

Art. 9 ***Liberté de pensée, de conscience et de religion.*** **1. Toute personne a droit à la liberté de pensée, de conscience et de religion ; ce droit implique la liberté de changer de religion ou de conviction, ainsi que la liberté de manifester sa religion ou sa conviction individuellement ou collectivement, en public ou en privé, par le culte, l'enseignement, les pratiques et l'accomplissement des rites.**

2. La liberté de manifester sa religion ou ses convictions ne peut faire l'objet d'autres restrictions que celles qui, prévues par la loi, constituent des mesures nécessaires, dans une société démocratique, à la sécurité publique, à la protection de l'ordre, de la santé ou de la morale publiques, ou à la protection des droits et libertés d'autrui.

1. Les organes de la Convention admettent la recevabilité de requêtes fondées sur la violation des art. 9 ou 10 dès lors que la mesure contestée au fond avait pour objet réel de limiter les libertés de religion ou d'expression. • Comm. EDH 17 déc. 1976, *Agee c/ Royaume-Uni : DR 7, p. 176.* ♦ Même solution pour les libertés de réunion ou d'association. • CEDH 4 mai 1999, *Alidjah-Anyame c/ Royaume-Uni*, n° 39633/98. ♦ La Cour a ainsi été conduite à examiner l'éventualité d'une violation de la liberté d'association et de réunion d'une étrangère en situation irrégulière à l'occasion de l'occupation de l'église Saint-Bernard et de son évacuation par les forces de police. • CEDH 9 avr. 2002, *Cissé*, n° 51346/99. ♦ La Cour considère que les droits reconnus par l'art. 10 valent sans considération de frontières et sans distinction entre la protection de la liberté d'expression des nationaux et des étrangers. • CEDH 20 mai 2010, *Cox c/ Turquie*, n° 2933/03.

2. Il a pu ainsi être considéré que l'interdiction d'entrée en Nouvelle-Calédonie et l'expulsion d'une ressortissante allemande, députée européenne écologiste, motivées par des risques de trouble à l'ordre public, a constitué une ingérence excessive dans le droit de l'intéressée à la liberté d'expression. • CEDH 27 avr. 1995, *Piermont c/ France*, n° 15773/89 : *Série A, n° 314.*

3. Jugé que l'art. 9 ne garantit aucun droit pour un ressortissant étranger d'être employé dans un État contractant, même si l'employeur est une organisation religieuse. • CEDH 8 nov. 2007, *Perry c/ Lettonie*, n° 30273/03.

4. S'agissant du port de signes religieux, la Cour admet des restrictions fondées sur des considérations d'ordre public ; ainsi, par exemple, ne révèle aucune violation de l'art. 9 l'obligation faite à un sikh pratiquant d'ôter son turban dans le cadre d'un contrôle de sécurité dans un aéroport. • CEDH 11 janv. 2005, *Phull c/ France*, n° 35753/03. ♦ Même solution s'agissant d'une ressortissante marocaine qui avait refusé d'ôter son voile pour un contrôle de sécurité préalable à l'accès à des locaux consulaires. • CEDH 4 mars 2008, *El Morsli c/ France*, n° 15585/06.

Art. 10 ***Liberté d'expression.*** **1. Toute personne a droit à la liberté d'expression. Ce droit comprend la liberté d'opinion et la liberté de recevoir ou de communiquer des informations ou des idées sans qu'il puisse y avoir ingérence d'autorités publiques et sans considération de frontière. Le présent article n'empêche pas les États de soumettre les entreprises de radiodiffusion, de cinéma ou de télévision à un régime d'autorisations.**

2. L'exercice de ces libertés comportant des devoirs et des responsabilités peut être soumis à certaines formalités, conditions, restrictions ou sanctions, prévues par la loi, qui constituent des mesures nécessaires, dans une société démocratique, à la sécurité nationale, à l'intégrité territoriale ou à la sûreté publique, à la défense de l'ordre et à la prévention du crime, à la protection de la santé ou de la morale, à la protection de la réputation ou des droits d'autrui, pour empêcher la divulgation d'informations confidentielles ou pour garantir l'autorité et l'impartialité du pouvoir judiciaire.

COMMENTAIRE

La protection des libertés de religion et d'expression (art. 9 et 10) ne peut concerner le droit des étrangers que dans la mesure où la décision contestée (par exemple une mesure d'éloignement) ne serait dictée que par la volonté de réduire l'exercice de ce droit, voire d'étouffer la propagation de ladite religion. On sait par ailleurs le juge administratif vigilant pour éviter les détournements de pouvoir ou de procédure. ❑

A noter que le Conseil d'État a considéré que les stipulations de l'art. 10 ne sont pas applicables au contentieux de la reconduite à la frontière. • CE 8 mars 2004, *M. Blel*, n° 259623 : *préc. note 11 ss. art. 5.*

Art. 12 *Droit au mariage.* **A partir de l'âge nubile, l'homme et la femme ont le droit de se marier et de fonder une famille selon les lois nationales régissant l'exercice de ce droit.**

COMMENTAIRE

Le droit au mariage peut être opposé à une mesure d'éloignement lorsque celle-ci peut être regardée comme ayant pour motif déterminant la prévention du mariage de l'intéressé. Cette applicabilité de l'article 12 doit toutefois se combiner avec la volonté de lutter contre les mariages de complaisance, c'est-à-dire dont l'objet ne vise qu'à obtenir la nationalité française ou un titre de séjour ou à faire obstacle à une mesure d'éloignement. Par suite, si le droit au mariage est également constitutionnellement protégé (V. comm. ss. art. L. 110-1), il n'exclut pas l'intervention de l'autorité judiciaire pour en éviter les détournements. Il reviendra enfin au juge de déterminer la réalité des intentions, tout à la fois de l'étranger concerné et de l'administration auteur de la mesure contestée. ❑

1. Liberté du mariage. La CEDH a condamné l'interdiction faite à un détenu de se marier en prison au motif que la législation nationale ne saurait priver une catégorie de personnes du droit de se marier. • CEDH 5 janv. 2010, *Frasik c/ Pologne*, n° 22933/02 : *JCP 2010. 31, Belda.* ♦ Peuvent constituer des motifs pertinents venant limiter cette liberté, notamment, la capacité, le consentement, les degrés d'affinités interdits, la prévention de la bigamie, ou encore la nécessité d'empêcher les mariages de complaisance. • Même arrêt.

2. La lutte contre les mariages de complaisance ne doit pas aboutir à priver les étrangers du droit au mariage ; en l'espèce, la loi nationale privait de ce droit les étrangers qui n'avaient pas été autorisés à entrer sur le territoire de l'État. • CEDH 14 déc. 2010, *O'Donoghue et a. c/ Royaume-Uni*, n° 34848/07 : *JCP 2010. 1321, obs. Picheral.*

3. Mariage homosexuel. En l'absence de consensus entre les États membres du Conseil de l'Europe, la CEDH laisse aux États la décision d'ouvrir ou non le mariage aux couples homosexuels. • CEDH 24 juin 2010, *Schalk et Kopf c/ Autriche*, n° 30141/04 : *JCP 2010. 1013, obs. Fulchiron ; RTD civ. 2010, p. 738, obs. Marguénaud.* ♦ Pour le Conseil constitutionnel, la définition du mariage comme étant l'union d'un homme et d'une femme issue de l'interprétation par la jurisprudence des textes du code civil, est conforme à la constitution. • Cons. const., 28 janv. 2010, n° 2010-92 QPC : *JO 29 janv. 2011.*

Art. 13 *Droit à un recours effectif.* **Toute personne dont les droits et libertés reconnus dans la présente Convention ont été violés a droit à l'octroi d'un recours effectif devant une instance nationale, alors même que la violation aurait été commise par des personnes agissant dans l'exercice de leurs fonctions officielles.**

COMMENTAIRE

Dès lors que la Convention ne garantit pas au requérant un droit à la nationalité, le défaut de grief défendable en application de l'article 13 entraîne le rejet des prétentions du requérant comme incompatibles *ratione materiae* (CEDH 14 juin 2011, *Borisov c/ Lituanie*, n° 9958/04, § 116). En revanche, le droit à un recours effectif s'applique à l'évidence à l'ensemble du contentieux des mesures administratives applicables aux étrangers en France, depuis le refus de visa d'entrée jusqu'aux mesures d'éloignement ou aux mesures connexes telles que la rétention administrative.

Cette applicabilité est toutefois largement inutile dès lors que ce droit à un recours effectif est considéré comme pleinement garanti par la mise en œuvre du recours pour excès de pouvoir, notamment parce que le juge administratif dispose de très larges pouvoirs de contrôle s'étendant non seulement au droit, mais encore à la qualification des faits et à l'établissement de leur matérialité.

Le développement des procédures d'urgence devant le juge administratif a encore contribué à améliorer l'effectivité des recours. Enfin, les procédures contentieuses prévoient en général le caractère suspensif des recours, condition souvent déterminante pour éviter que les effets d'une annulation éventuelle de la mesure ne soient que purement « platoniques ».

Par exemple, c'est dans le but de satisfaire à l'exigence d'effectivité du recours que la loi du 20 novembre 2007 a introduit un nouvel article L. 213-9 (devenu art. L. 352-4 à

L. 352-6, L. 352-8 et L. 352-9) mettant en place un recours suspensif au bénéfice de l'étranger qui fait l'objet d'un refus d'entrée sur le territoire français au titre de l'asile. Il peut, en effet, dans les 48 heures suivant la notification de cette décision, en demander l'annulation, par requête motivée, au président du tribunal administratif. Le président, ou le magistrat qu'il désigne à cette fin, statue dans un délai de soixante-douze heures à compter de sa saisine. Aucun autre recours ne peut être introduit contre la décision de refus d'entrée au titre de l'asile, laquelle ne peut être exécutée avant l'expiration d'un délai de quarante-huit heures suivant sa notification ou, en cas de saisine du président du tribunal administratif, avant que ce dernier ou le magistrat désigné à cette fin n'ait statué. En effet, la CEDH (CEDH 26 avr. 2007, *Gebremedhin [Gaberamadhien] c/ France*, n° 25389/05 : *AJDA 2007. 940* ; *D. 2007, AJ. 1339* ; *ibid. 2780, note Marguénaud*) avait constaté que la saisine du juge des référés par un demandeur d'asile auquel l'entrée en France a été refusée n'a pas d'effet suspensif de plein droit, de sorte que l'intéressé peut, en toute légalité, être réacheminé avant que le juge ait statué. Compte tenu de l'importance que la Cour attache à l'article 3 de la Convention et de la nature irréversible du dommage susceptible d'être causé en cas de réalisation du risque de torture ou de mauvais traitements, cela vaut évidemment aussi dans le cas où un État partie décide de renvoyer un étranger vers un pays où il y a des motifs sérieux de croire qu'il courrait un risque de cette nature : l'article 13 exige que l'intéressé ait accès à un recours de plein droit suspensif. ❑

1. Art. 13. Le Conseil d'État a précisé que le droit d'exercer un recours effectif devant une juridiction, protégé par la Constitution et par les stipulations des art. 6 et 13 Conv. EDH, constitue une liberté fondamentale. • CE 17 déc. 2003, *Meyet*, n° 258253 • Cons. const. 27 juill. 2000, n° 2000-433 DC : *Rec. Cons. const. 121*.

2. Le Conseil constitutionnel a fait une application du droit à un recours effectif en considérant que les stipulations de l'accord contesté instituaient une procédure de raccompagnement d'un mineur isolé à la demande des autorités roumaines, l'autorisation de raccompagner le mineur étant donnée en France par le parquet des mineurs ou par le juge des enfants s'il a été saisi ; en effet, le Conseil constate que lorsque la décision est prise par le ministère public, ni les stipulations contestées, ni aucune disposition de droit interne n'ouvrent, au bénéfice de ce mineur ou de toute personne intéressée, un recours contre cette mesure destinée à ce que le mineur quitte le territoire français pour regagner la Roumanie. • Cons. const. 4 nov. 2010, n° 2010-614 DC.

3. Viole l'art. 13 Conv. EDH la procédure au terme de laquelle la demande d'asile d'un journaliste bangladais a été refusée par les autorités maltaises dès lors que celles-ci n'ont pas apprécié les risques auxquels le demandeur serait exposé à la suite de sa dénonciation des fraudes électorales de 2018 ; le requérant n'avait bénéficié d'aucune assistance juridique, il avait été placé en détention dès son arrivée sur le territoire et il avait été entendu dans le cadre d'une procédure accélérée, Malte considérant le Bangladesh comme un pays d'origine sûr. • CEDH 20 déc. 2022, *SH c/ Malte*, n° 37241/21.

Art. 14 ***Interdiction de discrimination.*** **La jouissance des droits et libertés reconnus dans la présente Convention doit être assurée, sans distinction aucune, fondée notamment sur le sexe, la race, la couleur, la langue, la religion, les opinions politiques ou toutes autres opinions, l'origine nationale ou sociale, l'appartenance à une minorité nationale, la fortune, la naissance ou toute autre situation.**

COMMENTAIRE

Le droit à la non-discrimination est mis en œuvre dans des conditions similaires au principe d'égalité en droit français (V. comm. et notes ss. art. L. 110-1), à ceci près que la discrimination contestée doit porter atteinte à l'exercice des droits protégés par la Convention. Le champ matériel du principe de non-discrimination garanti à l'article 14 est restreint à « la jouissance des droits et libertés reconnus dans la présente Convention ». La Cour européenne des droits de l'Homme (CEDH 11 oct. 2011, *Genovese c/ Malte*, n° 53124/09) a incorporé la nationalité au domaine de l'article 8 de la Convention européenne des droits de l'homme en considérant que la nationalité était une composante de l' « identité sociale » de chaque individu, et à ce titre protégée par le droit au respect de la vie privée.

On précisera enfin que l'article 1er du Protocole n° 12 a prévu une interdiction générale de la discrimination ; il est en effet indiqué que la jouissance de tout droit prévu par la loi doit être assurée, sans discrimination aucune, fondée notamment sur le sexe, la race, la couleur, la langue, la religion, les opinions politiques ou toutes autres opinions, l'origine nationale ou sociale, l'appartenance à une minorité nationale, la fortune, la naissance ou toute autre situation. ❑

1. Le droit à la non-discrimination ne peut être invoqué qu'à propos de la jouissance des droits et libertés reconnus par ailleurs dans la Convention et ses protocoles additionnels. • CEDH 28 mai 1985, *Abdulaziz c/ Royaume-Uni*, n° 9214/80. ♦ Cette stipulation n'interdit pas les différences de traitement sauf si elles manquent de justifications objectives et raisonnables ou s'il n'existe pas un rapport raisonnable de proportionnalité entre les moyens utilisés et le but visé. • CEDH 23 juill. 1968, *Aspects du régime linguistique de l'enseignement en Belgique*, n° 1474/62 : *Série A, n° 6, p. 34.* ♦ Par exemple, la Cour a estimé que violait l'art. 14 la disposition selon laquelle seules les femmes ressortissantes britanniques, nées au Royaume-Uni ou dont l'un des parents y était né, avaient la possibilité d'être rejointes par leur mari étranger ; cette condition de nationalité et de lieu de naissance n'était en revanche pas imposée aux hommes. • CEDH 28 mai 1985, *Abdulaziz, Cabales et Balkandali*, n° 9214/80 : *Série A, n° 94.* ♦ Censure de la législation grecque prévoyant de réserver l'allocation pour famille nombreuse aux personnes de nationalité ou d'origine grecque. • CEDH 28 oct. 2010, *Fawsie c/ Grèce*, n° 40080/07. ♦ En revanche, une réglementation nationale sur les étrangers qui accorde un meilleur traitement aux couples hétérosexuels par rapport à d'autres relations durables ne tombe pas sous le coup de l'art. 14 dès lors qu'elle poursuit le but légitime de protection de la famille. • Comm. EDH 10 févr. 1990, *B. c/ Royaume-Uni*, n° 16106/90 : *DR 64, p. 278.* ♦ Même solution s'agissant de la distinction entre nationaux et étrangers pour l'accès à la profession d'avocat qui repose sur une justification objective et raisonnable. • CEDH 28 mai 2009, *Bigaeva c/ Grèce*, n° 26713/05.

2. L'inégalité de traitement fondée sur la nationalité ne doit pas constituer une discrimination au sens de l'art. 14 Conv. EDH. Par exemple, l'attribution d'aides à l'agriculture ne peut dépendre de la nationalité du demandeur. • CE 24 janv. 2007, *GISTI*, n° 243976 : *AJDA 2007. 653.* ♦ V. aussi s'agissant de la réglementation nationale limitant le nombre d'inscriptions d'étudiants provenant des autres États membres. • CJUE 13 avr. 2010, *Bressol et a. et Chaverot et a.*, n° C-73/08.

3. Ainsi, dans l'affaire dite « de la cristallisation des pensions des étrangers », le Conseil d'État a annulé le dispositif prévoyant un traitement différent selon la nationalité de personnes titulaires de la pension militaire de retraite. • CE 30 nov. 2001, *Min. Défense c/ Diop*, n° 212179 : *Lebon 605, concl. Courtial ; AJDA 2001. 1039, chron. Guyomar et Collin ; GAJA, 15e éd., Dalloz 2005, n° 114.* ♦ Il l'a en revanche validé dès lors que la différence de traitement est fondée sur le critère de résidence. • CE, avis, 18 juill. 2006 : *Ka : Lebon 349 ; RFDA 2006. 1201, concl. Vallée* • 18 juill. 2006, *GISTI : Lebon 353 ; RFDA 2006. 1201, concl. Vallée.* ♦ Jugé de même qu'il n'existe pas de différence de situation entre les artisans résultant de leur nationalité qui justifierait une différence de traitement pour l'attribution du droit de vote aux élections des membres des chambres des métiers et de l'artisanat ; les artisans étrangers y sont donc électeurs et éligibles. • CE 31 mai 2006, *GISTI*, n° 273638 : *Lebon 268 ; AJDA 2006. 1830, chron. Landais et Lénic a ; RFDA 2006. 1194, concl. Casas.* ♦ V. déjà, pour l'électorat et l'éligibilité d'enseignants étrangers aux conseils d'administration des établissements d'enseignement du second degré. • CE 20 janv. 1975, *Él. des représentants du personnel au conseil d'administration du CES François-Mauriac : Lebon 40.* ♦ Même solution pour l'électorat et l'éligibilité des étudiants étrangers aux conseils d'administration des CROUS. • CE 12 mai 1978, *Él. des membres du conseil d'administration du CROUS de Nancy-Metz : Lebon 205, concl. Denoix de Saint-Marc.*

4. Ces principes ont également été appliqués s'agissant de l'allocation aux adultes handicapés. • CEDH 30 sept. 2003, *Koua Poirrez c/ France*, n° 40892/98 • CE 12 déc. 2003, *Ammouche et Mme Bangue Nambea*, n° 235234. ♦ ... Des prestations familiales. • Cass. ass. plén., 16 avr. 2004, n° 02-30.157. ♦ ... De la jouissance d'une prestation sociale non contributive. • Soc. 31 janv. 2002, n° 00-18.365. ♦ ... Au bénéfice de la pension de mère de famille nombreuse. • CEDH 9 juill. 2009, *Zeïbek c/ Grèce*, n° 46368/06.

Art. 16 *Restrictions à l'activité politique des étrangers.* Aucune des dispositions des articles 10, 11 et 14 ne peut être considérée comme interdisant aux hautes parties contractantes d'imposer des restrictions à l'activité politique des étrangers.

Art. 34 *Requêtes individuelles.* La Cour peut être saisie d'une requête par toute personne physique, toute organisation non gouvernementale ou tout groupe de particuliers qui se prétend victime d'une violation par l'une des Hautes Parties contractantes des droits reconnus dans la Convention ou ses protocoles. Les Hautes Parties contractantes s'engagent à n'entraver par aucune mesure l'exercice efficace de ce droit.

COMMENTAIRE

L'article 34, qui prévoit le droit de requête individuel devant la Cour, stipule en particulier que les États parties s'engagent à n'entraver par aucune mesure l'exercice efficace de ce droit. En pratique, cette stipulation fait l'objet d'une application combinée avec l'article 39 du règlement de la Cour selon lequel la chambre ou, le cas échéant, son président peuvent, soit à la demande d'une partie ou de toute autre personne intéressée, soit d'office, indiquer aux parties toute mesure provisoire qu'ils estiment devoir être adoptée dans l'intérêt des parties ou du bon déroulement de la procédure. De la combinaison de ces deux dispositions résulte l'obligation pour les États de respecter les mesures provisoires qui peuvent être ordonnées par les Présidents de Chambre. En effet, ces mesures provisoires ont pour objet de garantir l'effectivité du droit au recours individuel et leur inobservation constitue un manquement à l'article 34. On ne peut que se féliciter de cette conception protectrice tout en constatant que son fondement juridique (le règlement de la Cour) est pour le moins incertain.

Ces principes seront appliqués en particulier lorsque la Cour est saisie de la compatibilité d'une mesure d'éloignement avec la Convention. Reste que, si l'État fait « la sourde oreille » en mettant néanmoins à exécution la mesure d'éloignement, aucune sanction directe ne pourra intervenir pour non-respect de la mesure provisoire. En effet, celle-ci ne préjuge pas de la compatibilité au fond de la mesure par rapport à la Convention. ❑

1. Combiné avec l'art. 39 du règlement de la CEDH, l'art. 34 impose aux États de respecter les mesures provisoires ordonnées par les présidents de chambre ; la demande doit présenter un caractère sérieux reposant sur la violation probable de la Convention et reposer sur l'urgence manifestée par l'existence d'un risque imminent de créer une situation irréversible ou un préjudice irréparable. • CEDH 4 févr. 2005, *Mamatkoulov et Askarov c/ Turquie,* n° 46827/99 : *Rec. CEDH 2005-1 § 104 ; AJDA 2005. 1886* ✎. ♦ Le Conseil d'État a ainsi précisé que l'inobservation des mesures prescrites sur le fondement de l'art. 39 du règlement de la CEDH constitue un manquement au droit au recours. • CE, ord., 30 juin 2009, ⚖ *Min. Intérieur, Outre-mer et Collectivités territoriales c/ Djamel Beghal,* n° 328879 A : *JCP Adm. 2009. 865.* ♦ Une mesure de suspension décidée sur ce fondement a pour objet de garantir l'effectivité du droit au recours individuel prévu à l'art. 34 Conv. EDH et s'impose aux autorités françaises. • CE 1er mars 2010, ⚖ *Min. Immigration c/ Tahir,* n° 336857 • 27 avr. 2011, *M. Guy Yoro,* n° 34867. ♦ Reste que les mesures provisoires demeurent sans incidence sur l'appréciation de la légalité de la mesure d'éloignement. • CAA Nantes, 2 nov. 2009, ⚖ *M. Ernest X. c/ Préfet du Maine-et-Loire,* nos 09NT02247 et 09NT02246.

2. Par suite, la Cour peut ainsi demander à un État, par mesure provisoire, de ne pas procéder à l'expulsion d'un étranger vers son pays d'origine en cas de risque de violation de l'art. 3. • CEDH 28 févr. 2008, ⚖ *Saadi c/ Italie,* n° 37201/06 • 24 févr. 2009, ⚖ *Ben Khemais c/ Italie,* n° 246/07. ♦ L'État qui ne respecte pas une mesure provisoire prescrite ainsi par la Cour s'expose à une condamnation. • CEDH 13 avr. 2010, ⚖ *Trabelsi c/ Italie,* n° 50163/08. • 1er févr. 2018, ⚖ n° 9373/15 : *AJDA 2018. 250* ✎. ♦ Un tribunal administratif a ainsi annulé une mesure d'éloignement au motif qu'elle n'avait pas été retirée par l'autorité administrative (ou convertie en assignation à résidence) suite à l'envoi d'une lettre d'un président de chambre de la CEDH qui avait demandé au Gouvernement français de ne pas éloigner le requérant jusqu'à nouvel ordre. • TA Paris, 17 avr. 2008, ⚖ *M. Subramanian Rajathurai c/ Préfet de police,* n° 0800755 : *AJDA 2008. 1445, note Letourneur* ✎. ♦ La CEDH a, en revanche, pris acte de l'affirmation du Gouvernement selon laquelle l'intéressé ne serait pas éloigné à destination du Maroc, en raison des risques de traitements inhumains ou dégradants auxquels il pourrait être exposé ; elle réserve toutefois la possibilité donnée au requérant de la saisir à nouveau au titre de l'art. 39 de son règlement si la mesure devait être mise à exécution. • CEDH 18 nov. 2010, ⚖ *Boutagni c/ France,* n° 42360/08. ♦ Dans l'hypothèse où la CEDH, statuant sur le fondement de l'art. 39 de son règlement, a demandé au Gouvernement de ne pas renvoyer le requérant vers le pays dont il a la nationalité pendant la durée de la procédure devant la Cour, une telle circonstance est sans incidence sur l'office du juge national statuant sur l'admission au bénéfice de la qualité de réfugié ; en revanche, l'étranger auquel la reconnaissance de cette qualité a été définitivement refusée ne pourra alors pas faire l'objet d'une mesure d'éloignement tant que la CEDH n'aura pas statué au fond sur le fondement de l'art. 34 de la Conv. EDH ou mis fin aux mesures provisoires. C'est aux seules autorités préfectorales qu'il incombe de s'abstenir de mettre à exécution les mesures décidées à ce titre, sous le contrôle des juridictions nationales compétentes, auxquelles il appartient, dans tous les cas de statuer, sans surseoir, sur les recours présentés devant elles. Le requérant a d'ailleurs l'obligation d'exercer les recours internes avant que la CEDH ne puisse se prononcer sur sa requête introduite sur le fondement de l'art. 34. • CE 9 nov. 2016, ⚖ n° 392593 : *AJDA 2016. 2191* ✎.

3. Effectivité des arrêts de la Cour. La CEDH

avait sanctionné la Suisse par un arrêt du 22 mai 2008 au motif d'une violation de l'art. 8 Conv. EDH consécutive à l'éloignement du requérant et son interdiction du territoire suisse ; le Tribunal fédéral helvétique avait réduit à 10 ans l'interdiction du territoire ; si le juge national dispose d'une certaine marge d'appréciation dans l'interprétation de l'arrêt de 2008, la Cour constate la violation de l'art. 46, § 1, Conv. EDH relatif au caractère obligatoire de ses arrêts ; elle estime que la juridiction suisse aurait dû annuler, avec effet immédiat, l'interdiction du territoire prononcée contre le requérant. • CEDH 11 oct. 2011, *Emre c/ Suisse (n° 2)*, n° 5056/10 : *JCP 2011. 1219, zoom Surrel.*

Protocole additionnel n° 1 du 20 mars 1952

Tel qu'amendé par le protocole n° 11 (STE n° 155), à compter de la date de son entrée en vigueur le 1er novembre 1998.

Art. 1er *Protection de la propriété.* **Toute personne physique ou morale a droit au respect de ses biens. Nul ne peut être privé de sa propriété que pour cause d'utilité publique et dans les conditions prévues par la loi et les principes généraux du droit international.**

Les dispositions précédentes ne portent pas atteinte au droit que possèdent les États de mettre en vigueur les lois qu'ils jugent nécessaires pour réglementer l'usage des biens conformément à l'intérêt général ou pour assurer le paiement des impôts ou d'autres contributions ou des amendes.

COMMENTAIRE

Le droit au respect des biens (Prot. add. n° 1, art. 1er,) ne signifie pas qu'un étranger, qui possède des biens dans un autre pays que le sien, ait un droit à y résider de façon permanente pour jouir de sa propriété. Cette stipulation a toutefois trouvé à s'appliquer, en lien avec la prohibition des discriminations (art. 14), en matière de prestations sociales. ❑

Art. 2 *Droit à l'instruction.* **Nul ne peut se voir refuser le droit à l'instruction. L'État, dans l'exercice des fonctions qu'il assumera dans le domaine de l'éducation et de l'enseignement, respectera le droit des parents d'assurer cette éducation et cet enseignement conformément à leurs convictions religieuses et philosophiques.**

1. Le droit d'entrer et de demeurer dans un État dont on n'est pas le ressortissant n'est pas garanti, en tant que tel, par ces stipulations qui consacrent uniquement le droit à l'instruction ; refuser à un étranger l'autorisation de demeurer dans le pays n'est pas une atteinte au droit à l'instruction mais une mesure de contrôle de l'immigration. • CEDH 25 mars 2004, *Vikulov c/ Lettonie,* n° 16870/03. ♦ La Cour a en revanche constaté la violation du droit à l'instruction des enfants du requérant auxquels l'admission à l'école avait été refusée au motif que leur père n'était pas en mesure de présenter sa carte de migrant. • CEDH 13 déc. 2005, *Timichev c/ Russie,* n° 55762/00.

2. Le droit à l'instruction est considéré comme distinct du droit que l'intéressé peut avoir à résider dans un pays ; dès lors, même si une mesure d'éloignement est de nature à empêcher l'intéressé de poursuivre ses études, elle ne constitue pas, en elle-même, une violation de ce droit. • Comm. EDH 23 oct. 1995, *Sorabjee c/ Royaume-Uni,* n° 23938/94.

Protocole additionnel n° 4 du 16 septembre 1963

Art. 2 *Droit de circulation.* **1. Quiconque se trouve régulièrement sur le territoire d'un État a le droit d'y circuler librement et d'y choisir librement sa résidence.**

2. Toute personne est libre de quitter n'importe quel pays, y compris le sien.

3. L'exercice de ces droits ne peut faire l'objet d'autres restrictions que celles qui, prévues par la loi, constituent des mesures nécessaires, dans une société démocratique, à la sécurité nationale, à la sûreté publique, au maintien de l'ordre public, à la prévention des infractions pénales, à la protection de la santé ou de la morale, ou à la protection des droits et libertés d'autrui.

4. Les droits reconnus au paragraphe 1 peuvent également, dans certaines zones déterminées, faire l'objet de restrictions qui, prévues par la loi, sont justifiées par l'intérêt public dans une société démocratique.

1. Cette stipulation ne concerne que les personnes en situation régulière. • CEDH 25 mars 2004, *Vikulov c/ Lettonie,* n° 16870/03. ♦ Par suite, ce droit ne peut pas, par exemple, être invoqué en cas de refus de visa d'entrée en France. • CE 29 mai 2006, *M. Mellal,* n° 277767.

2. Les « simples » restrictions à la liberté de circuler « obéissent à l'article 2 du Protocole n° 4 de la Convention ». • CEDH 26 nov. 2009, *Gochev c/ Bulgarie,* n° 34383/03 : *JCP 2009. Actu. 546, obs. Sudre.* • 16 juill. 2015, *Kerimli c/ Azerbaïdjan,* n° 3967/09.

3. Applicabilité pour des assignations à résidence : • CEDH 2 août 2001, *Mancini c/ Italie,* n° 44955/98 § 17 (assignation à domicile) • 1er juill. 1997, *Manzoni c/ Italie,* n° 19218/91 § 22 (détention à domicile).

4. La rétention du passeport constitue une ingérence dans l'exercice de la liberté de circulation. • CEDH 22 mai 2001, *Baumann c/ France.* ♦ La restriction à la liberté de circulation ne doit pas être discriminatoire. • CEDH 5 oct. 2006, *Bolat c/ Russie,* n° 14139/03.

5. Quant au droit de quitter n'importe quel pays, y compris le sien, il implique seulement la possibilité de se rendre dans un État dans lequel l'intéressé sera autorisé à résider. • CEDH 22 mai 2001, *Baumann c/ France,* n° 33592/96 • 25 janv. 2007, *Sissanis c/ Roumanie,* n° 23468/02.

6. A noter que le Conseil d'État a considéré que les stipulations de l'art. 2 du Prot. n° 4 ne sont pas applicables au contentieux de la reconduite à la frontière. • CE 8 mars 2004, *M. Blel,* n° 259623 : *préc. note 11 ss. Conv. EDH, art. 5.*

Art. 3 ***Interdiction de l'expulsion des nationaux.*** **1. Nul ne peut être expulsé, par voie de mesure individuelle ou collective, du territoire de l'État dont il est le ressortissant.**

2. Nul ne peut être privé du droit d'entrer sur le territoire de l'État dont il est le ressortissant.

1. S'il n'existe « aucune obligation de droit international conventionnel ou coutumier [contraignant] les États à rapatrier leurs ressortissants (...) », le fait que les requérants – parents et grands-parents – se sont adressés vainement à plusieurs reprises aux plus hautes instances étatiques pour demander le rapatriement de leurs proches, aucune décision expresse n'ayant été formalisée, était constitutif d'une violation de l'art. 3 § 2 du Protocole n° 4 de la convention dont les dispositions interdisent l'expulsion d'un individu du territoire de l'État dont il est ressortissant et reconnaissent le droit d'entrer sur le territoire de ce dernier. Les juridictions nationales se sont déclarées incompétentes eu égard à la nature du litige qu'elles considèrent comme relevant du champ d'intervention de l'exécutif ; or, sans méconnaître l'organisation des pouvoirs de l'État français, la Cour souligne que les requérants disposent d'un droit d' « accès à un contrôle indépendant des décisions implicites de refus de rapatriement prises à leur égard permettant d'examiner s'il existait des raisons légitimes et raisonnables dépourvues d'arbitraire justifiant ces décisions ». • CEDH 14 sept. 2022, *H.F. et autres c/ France,* n° 24384/19 et 44234/20 : *AJDA 2022. 1711.*

2. Les mesures visant à renvoyer systématiquement des ressortissants étrangers se présentant aux frontières territoriales d'un État alors qu'ils ont manifesté leur intention de solliciter l'asile, et le fait de ne pas leur permettre de contester ces renvois devant un juge, constituent des violations des art. 3, 4 du protocole n° 4 et 13 de la Convention. • CEDH 13 oct. 2022, *T.Z. et a. c/ Pologne,* n° 41764/17. – V. déjà • CEDH 23 juill. 2020, *K. et a. c/ Pologne,* n° 40503/17.

Art. 4 ***Interdiction des expulsions collectives d'étrangers.*** **Les expulsions collectives d'étrangers sont interdites.**

BIBL. ▶ Renucci, L'interdiction des expulsions collectives des étrangers, *D. 2021. 154.*

1. Notion d'expulsion collective. Sont ici visées toutes les mesures d'éloignement, sachant que le caractère collectif peut être justifié par la preuve d'un examen raisonnable et objectif de la situation de chacun des étrangers concernés. • CEDH 23 févr. 1999, *Andric c/ Suède,* n° 45917/99. ♦ Le caractère collectif de l'expulsion résulte des conditions dans lesquelles la décision est prise et non de ses modalités d'exécution, comme par exemple des vols groupés. • CEDH 20 sept. 2007, *Sultani c/ France,* n° 45223/05. ♦ Ainsi, par exemple, ne constitue pas une expulsion collective le placement en rétention de 22 ressortissants d'un même pays dès lors que la situation particulière de chacun a été examinée. • CAA Bordeaux, 28 sept. 2007, *Coulibaly,* n° 07BX00748. ♦ Condamnation des refoulements par l'Italie de migrants vers la Libye. • CEDH 23 févr. 2012, *Hirsi Jamaa et a. c/ Italie,* n° 27765/09 : *JCP 2012, n° 380.* ♦ La CEDH a qualifié d'explusions collectives la pratique de la police aux frontières italiennes consistant à refouler de manière systématique les migrants en provenance du territoire grec, quelle que soit leur situation. • CEDH 21 oct. 2014, *Sharifi et a. c/ Italie et Grèce,* n° 16643/09. ♦ Une expulsion collective d'étrangers s'entend, au sens de l'art. 4 du Prot. n° 4, comme « toute mesure contraignant des étrangers, en tant que groupe, à quitter un pays, sauf dans les cas où une telle mesure est prise à l'issue et sur la base d'un examen raisonnable et objectif de la situation particulière de chacun des étrangers qui forment le groupe ». • CEDH 5 févr. 2002, *Conka et a. c/ Belgique,* n° 51564/99. • CEDH 15 déc. 2016, *Khlaifia et a. c/ Italie,* n° 16483/12.

2. Un étranger résidant régulièrement dans l'État d'accueil peut se prévaloir des stipulations de l'art. 1er du Prot. n° 7 même après son expulsion en urgence pour des motifs de sécurité nationale ; la décision doit avoir été prise conformément à la loi nationale dont la qualité (accessibilite et prévisibilité) doit être garantie, et la mesure doit pouvoir être contrôlée par un juge. • CEDH 8 juin 2006, *Lupsa c/ Roumanie*, n° 10337/04.

3. Le fait que plusieurs étrangers fassent l'objet de décisions semblables ne permet pas en soi de conclure à l'existence d'une expulsion collective lorsque chaque intéressé a pu individuellement faire valoir devant les autorités compétentes les arguments qui s'opposaient à son expulsion. • CEDH 7 avr. 2009, *Sultani c/ France*, n° 45223/05. ♦ Il suffit que les intéressés aient « eu la possibilité d'attirer l'attention des autorités nationales sur toute circonstance pouvant affecter leur statut ». • CEDH 15 déc. 2016, *Khlaifia et a. c/ Italie*, n° 16483/12.

4. Si l'interdiction des expulsions collectives d'étrangers formulée à l'art. 4 du Prot. n° 4 doit être tenue pour applicable aux actes d'un État ayant pour effet d'empêcher les migrants de rejoindre ses frontières, alors cette interdiction s'applique à plus forte raison à une situation dans laquelle les étrangers se présentent à une frontière terrestre et, de là, sont renvoyés dans l'État voisin. • CEDH 23 juill. 2020, *M.K. et a. c/ Pologne*, n° 40503/17.

5. Dès lors que des raisons touchant à l'intérêt de l'ordre public ou à la sécurité nationale ne s'y opposent pas, l'intéressé est fondé à se prévaloir des garanties prévues à l'art. 1er du Protocole n° 4. • CEDH 12 févr. 2009, *Nolan c/ Russie*, n° 2512/04.

6. Conditions de mise en œuvre. L'art. 4 du Prot. n° 4 « vise à préserver la possibilité, pour chacun des étrangers en cause d'invoquer des risques de traitements incompatibles avec la Convention et notamment avec son art. 3 en cas de renvoi et, pour les autorités, de ne pas exposer à un tel risque quiconque peut faire valoir un grief défendable en ce sens. Dès lors, cette disposition exige des autorités de l'État qu'elles permettent à chacun des étrangers en cause, de façon réelle et effective, d'exposer ses arguments s'opposant à son expulsion [...] et que ceux-ci sont examinés d'une manière adéquate. Mais il n'y a pas violation de l'art. 4 du prot. n° 4 « si l'absence de décision individuelle d'éloignement est la conséquence du propre comportement du requérant ; tel est le cas s'agissant de personnes qui franchissent irrégulièrement une frontière terrestre en tirant délibérément parti de l'effet de masse et de force, au risque d'« engendrer des désordres manifestement difficiles à maîtriser et à menacer la sécurité publique. » • CEDH 13 févr. 2020, *ND et NT c/ Espagne*, nos 8675/15 et 8697/15 : *AJDA 2020. 1846, chron. Burgorgue-Larsen*.

7. Aucune violation de la Conv. EDH ne peut être constatée dès lors que les requérants n'ont pas été privés de la possibilité d'attirer l'attention des autorités nationales sur toute circonstance susceptible d'affecter leur statut et de leur permettre de rester dans l'État de demande, ni que leur renvoi a été effectué sans aucune forme d'examen de leur situation individuelle. • CEDH 24 mars 2020, *Asady et a. c/ Slovaquie*, n° 24917/15. ♦ Solution identique s'agissant du comportement de personnes qui franchissent une frontière terrestre de façon irrégulière, tirent délibérément parti de l'effet de masse et recourent à la force. • CEDH 13 févr. 2020, *N.D. et N.T. c/ Espagne*, nos 8675/15 et 8697/15 : *préc. note 6.*

8. La CEDH a fait application de ces stipulations concernant les conditions dans lesquelles deux enfants comoriens de 3 et 5 ans, appréhendés lors de leur entrée irrégulière sur le territoire français à Mayotte, ont été placés en rétention administrative en compagnie d'adultes, rattachés arbitrairement à l'un d'eux et renvoyés de manière expéditive vers les Comores sans examen attentif et individualisé de leur situation. • CEDH 25 juin 2020, *M. Moustahi c/ France*, n° 9347/14 : *AJDA 2020. 1318 ; Rev. crit. DIP 2021. 828, note Parrot*.

9. Cette stipulation a été accueillie positivement dans le cas d'une mesure d'éloignement fondée sur un rapport secret que les tribunaux de l'État n'ont examiné que de manière purement formelle. • CEDH 24 avr. 2008, *C.G. c/ Bulgarie*, n° 1365/07.

10. Procédure. Jugé que le recours pour excès de pouvoir formé contre l'arrêté d'expulsion respecte ces stipulations. • Comm. EDH 6 avr. 1994, *Nehas c/ France*, n° 23020/93 • 17 nov. 2002, *Mokrani c/ France*, n° 52206/99.

Protocole additionnel n° 7 du 22 novembre 1984

Art. 1er *Garanties procédurales en cas d'expulsion d'étrangers.* 1. Un étranger résidant régulièrement sur le territoire d'un État ne peut en être expulsé qu'en exécution d'une décision prise conformément à la loi et doit pouvoir :

a) faire valoir les raisons qui militent contre son expulsion,

b) faire examiner son cas, et

c) se faire représenter à ces fins devant l'autorité compétente ou une ou plusieurs personnes désignées par cette autorité.

2. Un étranger peut être expulsé avant l'exercice des droits énumérés au paragraphe 1.a, b et c de cet article lorsque cette expulsion est nécessaire dans l'intérêt de l'ordre public ou est basée sur des motifs de sécurité nationale.

COMMENTAIRE

Si la Convention protège le droit de circuler librement et de choisir sa résidence, cette stipulation n'est susceptible d'être invoquée que par les étrangers en situation régulière, dans les conditions déterminées par le droit interne. Quoi qu'il en soit, un étranger ne peut se fonder sur cette stipulation pour revendiquer un droit à l'entrée sur le territoire de l'un des États parties ou un droit de résidence.

L'étranger en situation régulière pourra ainsi bénéficier de ces droits au même titre que les nationaux, sous réserve toutefois de mesures de surveillance spéciale ou de l'intervention d'une mesure d'assignation à résidence. ❑

Pour une application, V. • CEDH 24 avr. 2008, *C.G. et a. c/ Bulgarie,* n° 1365/07. ♦ Le mot « loi » visé au présent art. concerne non seulement l'existence d'une base en droit interne, mais aussi la qualité de la loi : il exige l'accessibilité et la prévisibilité de celle-ci, ainsi qu'une certaine protection contre les atteintes arbitraires de la puissance publique aux droits garantis par la Convention. • CEDH 8 juin 2002, *Lupsa c/ Roumanie,* n° 10337/04. ♦ Si la référence à la « sécurité nationale » exclut que les États ne soient contraints à énumérer tous les comportements susceptibles d'entraîner une expulsion, celle-ci doit néanmoins faire l'objet d'une procédure contradictoire devant une juridiction indépendante, qui examine les raisons et les preuves pertinentes, le cas échéant avec des limitations procédurales appropriées en matière d'utilisation d'informations classifiées. • CEDH 17 mai 2018, *Ljatifi c/ Macédoine,* n° 19017/16.

Pacte international relatif aux droits civils et politiques,

Ouvert à la signature à New York le 19 décembre 1966 ; entré en vigueur à l'égard de la France le 4 févr. 1981. — Publié par Décr. n° 81-76 du 29 janv. 1981 (D. et BLD 1981. 79 ; JO 1er févr.).

Art. 1er 1. Tous les peuples ont le droit de disposer d'eux-mêmes. En vertu de ce droit, ils déterminent librement leur statut politique et assurent librement leur développement économique, social et culturel.

2. Pour atteindre leurs fins, tous les peuples peuvent disposer librement de leurs richesses et de leurs ressources naturelles, sans préjudice des obligations qui découlent de la coopération économique internationale, fondée sur le principe de l'intérêt mutuel, et du droit international. En aucun cas, un peuple ne pourra être privé de ses propres moyens de subsistance.

3. Les États parties au présent Pacte, y compris ceux qui ont la responsabilité d'administrer des territoires non autonomes et des territoires sous tutelle, sont tenus de faciliter la réalisation du droit des peuples à disposer d'eux-mêmes, et de respecter ce droit, conformément aux dispositions de la Charte des Nations unies.

Art. 2 1. Les États parties au présent Pacte s'engagent à respecter et à garantir à tous les individus se trouvant sur leur territoire et relevant de leur compétence les droits reconnus dans le présent Pacte, sans distinction aucune, notamment de race, de couleur, de sexe, de langue, de religion, d'opinion politique ou de toute autre opinion, d'origine nationale ou sociale, de fortune, de naissance ou de toute autre situation.

2. Les États parties au présent Pacte s'engagent à prendre, en accord avec leurs procédures constitutionnelles et avec les dispositions du présent Pacte, les arrangements devant permettre l'adoption de telles mesures d'ordre législatif ou autre, propres à donner effet aux droits reconnus dans le présent Pacte qui ne seraient pas déjà en vigueur.

3. Les États parties au présent Pacte s'engagent à :

a) Garantir que toute personne dont les droits et libertés reconnus dans le présent Pacte auront été violés disposera d'un recours utile, alors même que la violation aurait été commise par des personnes agissant dans l'exercice de leurs fonctions officielles ;

b) Garantir que l'autorité compétente, judiciaire, administrative ou législative, ou toute autre autorité compétente selon la législation de l'État, statuera sur les droits de la personne qui forme le recours et développer les possibilités de recours juridictionnel ;

c) Garantir la bonne suite donnée par les autorités compétentes à tout recours qui aura été reconnu justifié.

Art. 3 Les États parties au présent Pacte s'engagent à assurer le droit égal des hommes et des femmes de jouir de tous les droits civils et politiques énoncés dans le présent Pacte.

Art. 4 1. Dans le cas où un danger public exceptionnel menace l'existence de la nation et est proclamé par un acte officiel, les États parties au présent Pacte peuvent prendre, dans la stricte mesure où la situation l'exige, des mesures dérogeant aux obligations prévues dans le présent Pacte, sous réserve que ces mesures ne soient pas incompatibles avec les autres obligations que leur impose le droit international et qu'elles n'entraînent pas une discrimination fondée uniquement sur la race, la couleur, le sexe, la langue, la religion ou l'origine sociale.

2. La disposition précédente n'autorise aucune dérogation aux articles 6, 7, 8 *(par. 1 et 2)*, 11, 15, 16 et 18.

3. Les États parties au présent Pacte qui usent du droit de dérogation doivent, par l'entremise du Secrétaire général de l'Organisation des Nations unies, signaler aussitôt aux autres États parties les dispositions auxquelles ils ont dérogé ainsi que les motifs qui ont provoqué cette dérogation. Une nouvelle communication sera faite par la même entremise, à la date à laquelle ils ont mis fin à ces dérogations.

....

Art. 7 Nul ne sera soumis à la torture ni à des peines ou traitements cruels, inhumains ou dégradants. En particulier, il est interdit de soumettre une personne sans son libre consentement à une expérience médicale ou scientifique.

Art. 8 1. Nul ne sera tenu en esclavage ; l'esclavage et la traite des esclaves, sous toutes leurs formes, sont interdits.

2. Nul ne sera tenu en servitude.

3. a) Nul ne sera astreint à accomplir un travail forcé ou obligatoire ;

b) L'alinéa a du présent paragraphe ne saurait être interprété comme interdisant, dans les pays où certains crimes peuvent être punis de détention accompagnée de travaux forcés, l'accomplissement d'une peine de travaux forcés, infligée par un tribunal compétent ;

c) N'est pas considéré comme "travail forcé ou obligatoire" au sens du présent paragraphe :

i) Tout travaux *[travail]* ou service, non visé à l'alinéa b, normalement requis d'un individu qui est détenu en vertu d'une décision de justice régulière ou qui, ayant fait l'objet d'une telle décision, est libéré conditionnellement ;

ii) Tout service de caractère militaire et, dans les pays où l'objection de conscience est admise, tout service national exigé des objecteurs de conscience en vertu de la loi ;

iii) Tout service exigé dans les cas de force majeur *[majeure]* ou de sinistres qui menacent la vie ou le bien-être de la communauté ;

iv) Tout travail ou tout service formant partie des obligations civiques normales.

....

Art. 13 Un étranger qui se trouve légalement sur le territoire d'un État partie au présent Pacte ne peut en être expulsé qu'en exécution d'une décision prise conformément à la loi et, à moins que des raisons impérieuses de sécurité nationale ne s'y opposent, il doit avoir la possibilité de faire valoir les raisons qui militent contre son expulsion et de faire examiner son cas par l'autorité compétente, ou par une ou plusieurs personnes spécialement désignées par ladite autorité, en se faisant représenter à cette fin.

....

Art. 26 Toutes les personnes sont égales devant la loi et ont droit sans discrimination à une égale protection de la loi. A cet égard, la loi doit interdire toute discrimination et garantir à toutes les personnes une protection égale et efficace contre toute discrimination, notamment de race, de couleur, de sexe, de langue, de religion, d'opinion politique et de toute autre opinion, d'origine nationale ou sociale, de fortune, de naissance ou de toute autre situation.

Pacte international relatif aux droits économiques, sociaux et culturels,

Adopté et ouvert à la signature, à la ratification et à l'adhésion par l'Assemblée générale dans sa résolution 2200 A (XXI) du 16 déc. 1966 (entré en vigueur le 3 janv. 1976) ; entré en vigueur à l'égard de la France le 1er févr. 1981. — Publié par Décr. n° 81-77 du 29 janv. 1981 (JO 1er févr., p. 396).

Art. 6 1. Les États parties au présent Pacte reconnaissent le droit au travail, qui comprend le droit qu'a toute personne d'obtenir la possibilité de gagner sa vie par un travail librement choisi ou accepté, et prendront des mesures appropriées pour sauvegarder ce droit.

2. Les mesures que chacun des États parties au présent Pacte prendra en vue d'assurer le plein exercice de ce droit doivent inclure l'orientation et la formation techniques et professionnelles, l'élaboration de programmes, de politiques et de techniques propres à assurer un développement économique, social et culturel constant et un plein emploi productif dans des

conditions qui sauvegardent aux individus la jouissance des libertés politiques et économiques fondamentales.

Art. 7 Les États parties au présent Pacte reconnaissent le droit qu'a toute personne de jouir de conditions de travail justes et favorables, qui assurent notamment :

a) La rémunération qui procure, au minimum, à tous les travailleurs :

i) Un salaire équitable et une rémunération égale pour un travail de valeur égale sans distinction aucune ; en particulier, les femmes doivent avoir la garantie que les conditions de travail qui leur sont accordées ne sont pas inférieures à celles dont bénéficient les hommes et recevoir la même rémunération qu'eux pour un même travail ;

ii) Une existence décente pour eux et leur famille conformément aux dispositions du présent Pacte ;

b) La sécurité et l'hygiène du travail ;

c) La même possibilité pour tous d'être promus, dans leur travail, à la catégorie supérieure appropriée, sans autre considération que la durée des services accomplis et les aptitudes ;

d) Le repos, les loisirs, la limitation raisonnable de la durée du travail et les congés payés périodiques, ainsi que la rémunération des jours fériés.

Art. 8 1. Les États parties au présent Pacte s'engagent à assurer :

a) Le droit qu'a toute personne de former avec d'autres des syndicats et de s'affilier au syndicat de son choix, sous la seule réserve des règles fixées par l'organisation intéressée, en vue de favoriser et de protéger ses intérêts économiques et sociaux. L'exercice de ce droit ne peut faire l'objet que des seules restrictions prévues par la loi et qui constituent des mesures nécessaires, dans une société démocratique, dans l'intérêt de la sécurité nationale ou de l'ordre public, ou pour protéger les droits et les libertés d'autrui.

b) Le droit qu'ont les syndicats de former des fédérations ou des confédérations nationales et le droit qu'ont celles-ci de former des organisations syndicales internationales ou de s'y affilier.

c) Le droit qu'ont les syndicats d'exercer librement leur activité, sans limitations autres que celles qui sont prévues par la loi et qui constituent des mesures nécessaires, dans une société démocratique, dans l'intérêt de la sécurité nationale ou de l'ordre public, ou pour protéger les droits et les libertés d'autrui.

d) Le droit de grève, exercé conformément aux lois de chaque pays.

2. Le présent article n'empêche pas de soumettre à des restrictions légales l'exercice de ces droits par les membres des forces armées, de la police ou de la fonction publique.

3. Aucune disposition du présent article ne permet aux États parties à la Convention de 1948 de l'Organisation internationale du Travail concernant la liberté syndicale et la protection du droit syndical de prendre des mesures législatives portant atteinte – ou d'appliquer la loi de façon à porter atteinte – aux garanties prévues dans ladite convention.

Art. 9 Les États parties au présent Pacte reconnaissent le droit de toute personne à la sécurité sociale, y compris les assurances sociales.

Art. 10 Les États parties au présent Pacte reconnaissent que :

1. Une protection et une assistance aussi larges que possible doivent être accordées à la famille, qui est l'élément naturel et fondamental de la société, en particulier pour sa formation et aussi longtemps qu'elle a la responsabilité de l'entretien et de l'éducation d'enfants à charge. Le mariage doit être librement consenti par les futurs époux.

2. Une protection spéciale doit être accordée aux mères pendant une période de temps raisonnable avant et après la naissance des enfants. Les mères salariées doivent bénéficier, pendant cette même période, d'un congé payé ou d'un congé accompagné de prestations de sécurité sociale adéquates.

3. Des mesures spéciales de protection et d'assistance doivent être prises en faveur de tous les enfants et adolescents, sans discrimination aucune pour des raisons de filiation ou autres. Les enfants et adolescents doivent être protégés contre l'exploitation économique et sociale. Le fait de les employer à des travaux de nature à compromettre leur moralité ou leur santé, à mettre leur vie en danger ou à nuire à leur développement normal doit être sanctionné par la loi. Les États doivent aussi fixer des limites d'âge au-dessous desquelles l'emploi salarié de la main-d'œuvre enfantine sera interdit et sanctionné par la loi.

Art. 11 1. Les États parties au présent Pacte reconnaissent le droit de toute personne à un niveau de vie suffisant pour elle-même et sa famille, y compris une nourriture, un vêtement et un logement suffisants, ainsi qu'à une amélioration constante de ses conditions d'existence. Les États parties prendront des mesures appropriées pour assurer la réalisation de ce droit et ils reconnaissent à cet effet l'importance essentielle d'une coopération internationale librement consentie.

2. Les États parties au présent Pacte, reconnaissant le droit fondamental qu'a toute personne d'être à l'abri de la faim, adopteront, individuellement et au moyen de la coopération internationale, les mesures nécessaires, y compris des programmes concrets :

a) Pour améliorer les méthodes de production, de conservation et de distribution des denrées alimentaires par la pleine utilisation des connaissances techniques et scientifiques, par la diffusion de principes d'éducation nutritionnelle et par le développement ou la réforme des régimes agraires, de manière à assurer au mieux la mise en valeur et l'utilisation des ressources naturelles ;

b) Pour assurer une répartition équitable des ressources alimentaires mondiales par rapport aux besoins, compte tenu des problèmes qui se posent tant aux pays importateurs qu'aux pays exportateurs de denrées alimentaires.

Art. 12 1. Les États parties au présent Pacte reconnaissent le droit qu'a toute personne de jouir du meilleur état de santé physique et mentale qu'elle soit capable d'atteindre.

2. Les mesures que les États parties au présent Pacte prendront en vue d'assurer le plein exercice de ce droit devront comprendre les mesures nécessaires pour assurer :

a) La diminution de la mortinatalité et de la mortalité infantile, ainsi que le développement sain de l'enfant ;

b) L'amélioration de tous les aspects de l'hygiène du milieu et de l'hygiène industrielle ;

c) La prophylaxie et le traitement des maladies épidémiques, endémiques, professionnelles et autres, ainsi que la lutte contre ces maladies ;

d) La création de conditions propres à assurer à tous des services médicaux et une aide médicale en cas de maladie.

Art. 13 1. Les États parties au présent Pacte reconnaissent le droit de toute personne à l'éducation. Ils conviennent que l'éducation doit viser au plein épanouissement de la personnalité humaine et du sens de sa dignité et renforcer le respect des droits de l'homme et des libertés fondamentales. Ils conviennent en outre que l'éducation doit mettre toute personne en mesure de jouer un rôle utile dans une société libre, favoriser la compréhension, la tolérance et l'amitié entre toutes les nations et tous les groupes raciaux, ethniques ou religieux et encourager le développement des activités des Nations unies pour le maintien de la paix.

2. Les États parties au présent Pacte reconnaissent qu'en vue d'assurer le plein exercice de ce droit :

a) L'enseignement primaire doit être obligatoire et accessible gratuitement à tous ;

b) L'enseignement secondaire, sous ses différentes formes, y compris l'enseignement secondaire technique et professionnel, doit être généralisé et rendu accessible à tous par tous les moyens appropriés et notamment par l'instauration progressive de la gratuité ;

c) L'enseignement supérieur doit être rendu accessible à tous en pleine égalité, en fonction des capacités de chacun, par tous les moyens appropriés et notamment par l'instauration progressive de la gratuité ;

d) L'éducation de base doit être encouragée ou intensifiée, dans toute la mesure possible, pour les personnes qui n'ont pas reçu d'instruction primaire ou qui ne l'ont pas reçue jusqu'à son terme ;

e) Il faut poursuivre activement le développement d'un réseau scolaire à tous les échelons, établir un système adéquat de bourses et améliorer de façon continue les conditions matérielles du personnel enseignant.

3. Les États parties au présent Pacte s'engagent à respecter la liberté des parents et, le cas échéant, des tuteurs légaux, de choisir pour leurs enfants des établissements autres que ceux des pouvoirs publics, mais conformes aux normes minimales qui peuvent être prescrites ou approuvées par l'État en matière d'éducation, et de faire assurer l'éducation religieuse et morale de leurs enfants, conformément à leurs propres convictions.

4. Aucune disposition du présent article ne doit être interprétée comme portant atteinte à la liberté des individus et des personnes morales de créer et de diriger des établissements d'enseignement, sous réserve que les principes énoncés au paragraphe 1 du présent article soient observés et que l'éducation donnée dans ces établissements soit conforme aux normes minimales qui peuvent être prescrites par l'État.

Art. 14 Tout État partie au présent Pacte qui, au moment où il devient partie, n'a pas encore pu assurer dans sa métropole ou dans les territoires placés sous sa juridiction le caractère obligatoire et la gratuité de l'enseignement primaire s'engage à établir et à adopter, dans un délai de deux ans, un plan détaillé des mesures nécessaires pour réaliser progressivement, dans un nombre raisonnable d'années fixé par ce plan, la pleine application du principe de l'enseignement primaire obligatoire et gratuit pour tous.

Convention internationale relative aux droits de l'enfant,

Ouverte à la signature à New York le 26 janv. 1990 ; entrée en vigueur à l'égard de la France le 12 oct. 1990. – Publiée par Décr. n° 90-917 du 8 oct. 1990 (JO n° 0237, 12 oct. 1990, p. 12363).

Art. 2 1. Les États parties s'engagent à respecter les droits qui sont énoncés dans la présente Convention et à les garantir à tout enfant relevant de leur juridiction, sans distinction aucune, indépendamment de toute considération de race, de couleur, de sexe, de langue, de religion, d'opinion politique ou autre de l'enfant ou de ses parents ou représentants légaux, de leur origine nationale, ethnique ou sociale, de leur situation de fortune, de leur incapacité, de leur naissance ou de toute autre situation.

2. Les États parties prennent toutes les mesures appropriées pour que l'enfant soit effectivement protégé contre toutes formes de discrimination ou de sanction motivées par la situation juridique, les activités, les opinions déclarées ou les convictions de ses parents, de ses représentants légaux ou des membres de sa famille.

Art. 3 1. Dans toutes les décisions qui concernent les enfants, qu'elles soient le fait des institutions publiques ou privées de protection sociale, des tribunaux, des autorités administratives ou des organes législatifs, l'intérêt supérieur de l'enfant doit être une considération primordiale.

2. Les États parties s'engagent à assurer à l'enfant la protection et les soins nécessaires à son bien-être, compte tenu des droits et des devoirs de ses parents, de ses tuteurs ou des autres personnes légalement responsables de lui, et ils prennent à cette fin toutes les mesures législatives et administratives appropriées.

3. Les États parties veillent à ce que le fonctionnement des institutions, services et établissements qui ont la charge des enfants et assurent leur protection soit conforme aux normes fixées par les autorités compétentes, particulièrement dans le domaine de la sécurité et de la santé et en ce qui concerne le nombre et la compétence de leur personnel ainsi que l'existence d'un contrôle approprié.

Art. 4 Les États parties s'engagent à prendre toutes les mesures législatives, administratives et autres qui sont nécessaires pour mettre en œuvre les droits reconnus dans la présente Convention. Dans le cas des droits économiques, sociaux et culturels, ils prennent ces mesures dans toutes les limites des ressources dont ils disposent et, s'il y a lieu, dans le cadre de la coopération internationale.

Art. 5 Les États parties respectent la responsabilité, le droit et le devoir qu'ont les parents ou, le cas échéant, les membres de la famille élargie ou de la communauté, comme prévu par la coutume locale, les tuteurs ou autres personnes légalement responsables de l'enfant, de donner à celui-ci, d'une manière qui corresponde au développement de ses capacités, l'orientation et les conseils appropriés à l'exercice des droits que lui reconnaît la présente Convention.

Art. 6 1. Les États parties reconnaissent que tout enfant a un droit inhérent à la vie.

2. Les États parties assurent dans toute la mesure possible la survie et le développement de l'enfant.

Art. 7 1. L'enfant est enregistré aussitôt sa naissance et a dès celle-ci le droit à un nom, le droit d'acquérir une nationalité et, dans la mesure du possible, le droit de connaître ses parents et d'être élevé par eux.

2. Les États parties veillent à mettre ces droits en œuvre conformément à leur législation nationale et aux obligations que leur imposent les instruments internationaux applicables en la matière, en particulier dans les cas où faute de cela l'enfant se trouverait apatride.

Art. 8 1. Les États parties s'engagent à respecter le droit de l'enfant de préserver son identité, y compris sa nationalité, son nom et ses relations familiales, tels qu'ils sont reconnus par la loi, sans ingérence illégale.

2. Si un enfant est illégalement privé des éléments constitutifs de son identité ou de certains d'entre eux, les États parties doivent lui accorder une assistance et une protection appropriées, pour que son identité soit rétablie aussi rapidement que possible.

Art. 9 1. Les États parties veillent à ce que l'enfant ne soit pas séparé de ses parents contre leur gré, à moins que les autorités compétentes ne décident, sous réserve de révision judiciaire et conformément aux lois et procédures applicables, que cette séparation est nécessaire dans l'intérêt supérieur de l'enfant. Une décision en ce sens peut être nécessaire dans certains cas particuliers, par exemple lorsque les parents maltraitent ou négligent l'enfant, ou lorsqu'ils vivent séparément et qu'une décision doit être prise au sujet du lieu de résidence de l'enfant.

2. Dans tous les cas prévus au paragraphe 1 du présent article, toutes les parties intéressées doivent avoir la possibilité de participer aux délibérations et de faire connaître leurs vues.

3. Les États parties respectent le droit de l'enfant séparé de ses deux parents ou de l'un d'eux d'entretenir régulièrement des relations personnelles et des contacts directs avec ses deux parents, sauf si cela est contraire à l'intérêt supérieur de l'enfant.

4. Lorsque la séparation résulte de mesures prises par un État partie, telles que la détention, l'emprisonnement, l'exil, l'expulsion ou la mort (y compris la mort, quelle qu'en soit la cause, survenue en cours de détention) des deux parents ou de l'un d'eux, ou de l'enfant, l'État partie donne sur demande aux parents, à l'enfant ou, s'il y a lieu, à un autre membre de la famille les renseignements essentiels sur le lieu où se trouvent le membre ou les membres de la famille, à moins que la divulgation de ces renseignements ne soit préjudiciable au bien-être de l'enfant. Les États parties veillent en outre à ce que la présentation d'une telle demande n'entraîne pas en elle-même de conséquences fâcheuses pour la personne ou les personnes intéressées.

Art. 10 1. Conformément à l'obligation incombant aux États parties en vertu du paragraphe 1 de l'article 9, toute demande faite par un enfant ou ses parents en vue d'entrer dans un État partie ou de le quitter aux fins de réunification familiale est considérée par les États parties dans un esprit positif, avec humanité et diligence. Les États parties veillent en outre à ce que la présentation d'une telle demande n'entraîne pas de conséquences fâcheuses pour les auteurs de la demande et les membres de leur famille.

2. Un enfant dont les parents résident dans des États différents a le droit d'entretenir, sauf circonstances exceptionnelles, des relations personnelles et des contacts directs réguliers avec ses deux parents. A cette fin, et conformément à l'obligation incombant aux États parties en vertu du paragraphe 1 de l'article 9, les États parties respectent le droit qu'ont l'enfant et ses parents de quitter tout pays, y compris le leur, et de revenir dans leur propre pays. Le droit de quitter tout pays ne peut faire l'objet que des restrictions prescrites par la loi qui sont nécessaires pour protéger la sécurité nationale, l'ordre public, la santé ou la moralité publiques, ou les droits et libertés d'autrui, et qui sont compatibles avec les autres droits reconnus dans la présente Convention.

Art. 11 1. Les États parties prennent des mesures pour lutter contre les déplacements et les non-retours illicites d'enfants à l'étranger.

2. A cette fin, les États parties favorisent la conclusion d'accords bilatéraux ou multilatéraux ou l'adhésion aux accords existants.

Art. 12 1. Les États parties garantissent à l'enfant qui est capable de discernement le droit d'exprimer librement son opinion sur toute question l'intéressant, les opinions de l'enfant étant dûment prises en considération eu égard à son âge et à son degré de maturité.

2. A cette fin, on donnera notamment à l'enfant la possibilité d'être entendu dans toute procédure judiciaire ou administrative l'intéressant, soit directement, soit par l'intermédiaire d'un représentant ou d'une organisation approprié, de façon compatible avec les règles de procédure de la législation nationale.

Art. 13 1. L'enfant a droit à la liberté d'expression. Ce droit comprend la liberté de rechercher, de recevoir et de répandre des informations et des idées de toute espèce, sans considération de frontières, sous une forme orale, écrite, imprimée ou artistique, ou par tout autre moyen du choix de l'enfant.

2. L'exercice de ce droit ne peut faire l'objet que des seules restrictions qui sont prescrites par la loi et qui sont nécessaires :

a) Au respect des droits ou de la réputation d'autrui ; ou

b) A la sauvegarde de la sécurité nationale, de l'ordre public, de la santé ou de la moralité publiques.

Art. 14 1. Les États parties respectent le droit de l'enfant à la liberté de pensée, de conscience et de religion.

2. Les États parties respectent le droit et le devoir des parents ou, le cas échéant, des représentants légaux de l'enfant, de guider celui-ci dans l'exercice du droit susmentionné d'une manière qui corresponde au développement de ses capacités.

3. La liberté de manifester sa religion ou ses convictions ne peut être soumise qu'aux seules restrictions qui sont prescrites par la loi et qui sont nécessaires pour préserver la sûreté publique, l'ordre public, la santé et la moralité publiques, ou les libertés et droits fondamentaux d'autrui.

Art. 15 1. Les États parties reconnaissent les droits de l'enfant à la liberté d'association et à la liberté de réunion pacifique.

2. L'exercice de ces droits ne peut faire l'objet que des seules restrictions qui sont prescrites par la loi et qui sont nécessaires dans une société démocratique, dans l'intérêt de la sécurité nationale, de la sûreté publique ou de l'ordre public, ou pour protéger la santé ou la moralité publiques, ou les droits et libertés d'autrui.

Art. 16 1. Nul enfant ne fera l'objet d'immixtions arbitraires ou illégales dans sa vie privée, sa famille, son domicile ou sa correspondance, ni d'atteintes illégales à son honneur et à sa réputation.

2. L'enfant a droit à la protection de la loi contre de telles immixtions ou de telles atteintes.

Art. 17 Les États parties reconnaissent l'importance de la fonction remplie par les médias et veillent à ce que l'enfant ait accès à une information et à des matériels provenant de sources nationales et internationales diverses, notamment ceux qui visent à promouvoir son bien-être social, spirituel et moral ainsi que sa santé physique et mentale. A cette fin, les États parties :

a) Encouragent les médias à diffuser une information et des matériels qui présentent une utilité sociale et culturelle pour l'enfant et répondent à l'esprit de l'article 29 ;

b) Encouragent la coopération internationale en vue de produire, d'échanger et de diffuser une information et des matériels de ce type provenant de différentes sources culturelles, nationales et internationales ;

c) Encouragent la production et la diffusion de livres pour enfants ;

d) Encouragent les médias à tenir particulièrement compte des besoins linguistiques des enfants autochtones ou appartenant à un groupe minoritaire ;

e) Favorisent l'élaboration de principes directeurs appropriés destinés à protéger l'enfant contre l'information et les matériels qui nuisent à son bien-être, compte tenu des dispositions des articles 13 et 18.

Art. 18 1. Les États parties s'emploient de leur mieux à assurer la reconnaissance du principe selon lequel les deux parents ont une responsabilité commune pour ce qui est d'élever l'enfant et d'assurer son développement. La responsabilité d'élever l'enfant et d'assurer son développement incombe au premier chef aux parents ou, le cas échéant, à ses représentants légaux. Ceux-ci doivent être guidés avant tout par l'intérêt supérieur de l'enfant.

2. Pour garantir et promouvoir les droits énoncés dans la présente Convention, les États parties accordent l'aide appropriée aux parents et aux représentants légaux de l'enfant dans l'exercice de la responsabilité qui leur incombe d'élever l'enfant et assurent la mise en place d'institutions, d'établissements et de services chargés de veiller au bien-être des enfants.

3. Les États parties prennent toutes les mesures appropriées pour assurer aux enfants dont les parents travaillent le droit de bénéficier des services et établissements de garde d'enfants pour lesquels ils remplissent les conditions requises.

Art. 19 1. Les États parties prennent toutes les mesures législatives, administratives, sociales et éducatives appropriées pour protéger l'enfant contre toute forme de violence, d'atteinte ou de brutalités physiques ou mentales, d'abandon ou de négligence, de mauvais traitements ou d'exploitation, y compris la violence sexuelle, pendant qu'il est sous la garde de ses parents ou de l'un d'eux, de son ou ses représentants légaux ou de toute autre personne à qui il est confié.

2. Ces mesures de protection doivent comprendre, selon qu'il conviendra, des procédures efficaces pour l'établissement de programmes sociaux visant à fournir l'appui nécessaire à l'enfant et à ceux à qui il est confié, ainsi que pour d'autres formes de prévention, et aux fins d'identification, de rapport, de renvoi, d'enquête, de traitement et de suivi pour les cas de mauvais traitements de l'enfant décrits ci-dessus, et comprendre également, selon qu'il conviendra, des procédures d'intervention judiciaire.

Art. 20 1. Tout enfant qui est temporairement ou définitivement privé de son milieu familial, ou qui dans son propre intérêt ne peut être laissé dans ce milieu, a droit à une protection et une aide spéciales de l'État.

2. Les États parties prévoient pour cet enfant une protection de remplacement conforme à leur législation nationale.

3. Cette protection de remplacement peut notamment avoir la forme du placement dans une famille, de la kafalah de droit islamique, de l'adoption ou, en cas de nécessité, du placement dans un établissement pour enfants approprié. Dans le choix entre ces solutions, il est dûment tenu compte de la nécessité d'une certaine continuité dans l'éducation de l'enfant, ainsi que de son origine ethnique, religieuse, culturelle et linguistique.

Art. 21 Les États parties qui admettent et/ou autorisent l'adoption s'assurent que l'intérêt supérieur de l'enfant est la considération primordiale en la matière, et :

a) Veillent à ce que l'adoption d'un enfant ne soit autorisée que par les autorités compétentes, qui vérifient, conformément à la loi et aux procédures applicables et sur la base de tous les renseignements fiables relatifs au cas considéré, que l'adoption peut avoir lieu eu égard à la situation de l'enfant par rapport à ses père et mère, parents et représentants légaux et que, le cas échéant, les personnes intéressées ont donné leur consentement à l'adoption en connaissance de cause, après s'être entourées des avis nécessaires ;

b) Reconnaissent que l'adoption à l'étranger peut être envisagée comme un autre moyen d'assurer les soins nécessaires à l'enfant, si celui-ci ne peut, dans son pays d'origine, être placé dans une famille nourricière ou adoptive ou être convenablement élevé ;

c) Veillent, en cas d'adoption à l'étranger, à ce que l'enfant ait le bénéfice de garanties et de normes équivalant à celles existant en cas d'adoption nationale ;

d) Prennent toutes les mesures appropriées pour veiller à ce que, en cas d'adoption à l'étranger, le placement de l'enfant ne se traduise pas par un profit matériel indu pour les personnes qui en sont responsables ;

e) Poursuivent les objectifs du présent article en concluant des arrangements ou des accords bilatéraux ou multilatéraux, selon les cas, et s'efforcent dans ce cadre de veiller à ce que les placements d'enfants à l'étranger soient effectués par des autorités ou des organes compétents.

Art. 22 1. Les États parties prennent les mesures appropriées pour qu'un enfant qui cherche à obtenir le statut de réfugié ou qui est considéré comme réfugié en vertu des règles et procédures du droit international ou national applicable, qu'il soit seul ou accompagné de ses père et mère ou de toute autre personne, bénéficie de la protection et de l'assistance humanitaire voulues pour lui permettre de jouir des droits que lui reconnaissent la présente Convention et les autres instruments internationaux relatifs aux droits de l'homme ou de caractère humanitaire auxquels lesdits États sont parties.

2. A cette fin, les États parties collaborent, selon qu'ils le jugent nécessaire, à tous les efforts faits par l'Organisation des Nations unies et les autres organisations intergouvernementales ou non gouvernementales compétentes collaborant avec l'Organisation des Nations unies pour protéger et aider les enfants qui se trouvent en pareille situation et pour rechercher les père et mère ou autres membres de la famille de tout enfant réfugié en vue d'obtenir les renseignements nécessaires pour le réunir à sa famille. Lorsque ni le père, ni la mère, ni aucun autre membre de la famille ne peut être retrouvé, l'enfant se voit accorder, selon les principes énoncés dans la présente Convention, la même protection que tout autre enfant définitivement ou temporairement privé de son milieu familial pour quelque raison que ce soit.

Art. 23 1. Les États parties reconnaissent que les enfants mentalement ou physiquement handicapés doivent mener une vie pleine et décente, dans des conditions qui garantissent leur dignité, favorisent leur autonomie et facilitent leur participation active à la vie de la collectivité.

2. Les États parties reconnaissent le droit à des enfants handicapés de bénéficier de soins spéciaux et encouragent et assurent, dans la mesure des ressources disponibles, l'octroi, sur demande, aux enfants handicapés remplissant les conditions requises et à ceux qui en ont la charge, d'une aide adaptée à l'état de l'enfant et à la situation de ses parents ou de ceux à qui il est confié.

3. Eu égard aux besoins particuliers des enfants handicapés, l'aide fournie conformément au paragraphe 2 du présent article est gratuite chaque fois qu'il est possible, compte tenu des ressources financières de leurs parents ou de ceux à qui l'enfant est confié, et elle est conçue de telle sorte que les enfants handicapés aient effectivement accès à l'éducation, à la formation, aux soins de santé, à la rééducation, à la préparation à l'emploi et aux activités récréatives, et bénéficient de ces services de façon propre à assurer une intégration sociale aussi complète que possible et leur épanouissement personnel, y compris dans le domaine culturel et spirituel.

4. Dans un esprit de coopération internationale, les États parties favorisent l'échange d'informations pertinentes dans le domaine des soins de santé préventifs et du traitement médical, psychologique et fonctionnel des enfants handicapés, y compris par la diffusion d'informations concernant les méthodes de rééducation et les services de formation professionnelle, ainsi que l'accès à ces données, en vue de permettre aux États parties d'améliorer leurs capacités et leurs compétences et d'élargir leur expérience dans ces domaines. A cet égard, il est tenu particulièrement compte des besoins des pays en développement.

Art. 24 1. Les États parties reconnaissent le droit de l'enfant de jouir du meilleur état de santé possible et de bénéficier de services médicaux et de rééducation. Ils s'efforcent de garantir qu'aucun enfant ne soit privé du droit d'avoir accès à ces services.

2. Les États parties s'efforcent d'assurer la réalisation intégrale du droit susmentionné et, en particulier, prennent les mesures appropriées pour :

a) Réduire la mortalité parmi les nourrissons et les enfants ;

b) Assurer à tous les enfants l'assistance médicale et les soins de santé nécessaires, l'accent étant mis sur le développement des soins de santé primaires ;

c) Lutter contre la maladie et la malnutrition, y compris dans le cadre de soins de santé primaires, grâce notamment à l'utilisation de techniques aisément disponibles et à la fourniture d'aliments nutritifs et d'eau potable, compte tenu des dangers et des risques de pollution du milieu naturel ;

d) Assurer aux mères des soins prénatals et postnatals appropriés ;

e) Faire en sorte que tous les groupes de la société, en particulier les parents et les enfants, reçoivent une information sur la santé et la nutrition de l'enfant, les avantages de l'allaitement au sein, l'hygiène et la salubrité de l'environnement et la prévention des accidents, et bénéficient d'une aide leur permettant de mettre à profit cette information ;

f) Développer les soins de santé préventifs, les conseils aux parents et l'éducation et les services en matière de planification familiale.

3. Les États parties prennent toutes les mesures efficaces appropriées en vue d'abolir les pratiques traditionnelles préjudiciables à la santé des enfants.

4. Les États parties s'engagent à favoriser et à encourager la coopération internationale en vue d'assurer progressivement la pleine réalisation du droit reconnu dans le présent article. A cet égard, il est tenu particulièrement compte des besoins des pays en développement.

Art. 25 Les États parties reconnaissent à l'enfant qui a été placé par les autorités compétentes pour recevoir des soins, une protection ou un traitement physique ou mental, le droit à un examen périodique dudit traitement et de toute autre circonstance relative à son placement.

Art. 26 1. Les États parties reconnaissent à tout enfant le droit de bénéficier de la sécurité sociale, y compris les assurances sociales, et prennent les mesures nécessaires pour assurer la pleine réalisation de ce droit en conformité avec leur législation nationale.

2. Les prestations doivent, lorsqu'il y a lieu, être accordées compte tenu des ressources et de la situation de l'enfant et des personnes responsables de son entretien, ainsi que de toute autre considération applicable à la demande de prestation faite par l'enfant ou en son nom.

Art. 27 1. Les États parties reconnaissent le droit de tout enfant à un niveau de vie suffisant pour permettre son développement physique, mental, spirituel, moral et social.

2. C'est aux parents ou autres personnes ayant la charge de l'enfant qu'incombe au premier chef la responsabilité d'assurer, dans les limites de leurs possibilités et de leurs moyens financiers, les conditions de vie nécessaires au développement de l'enfant.

3. Les États parties adoptent les mesures appropriées, compte tenu des conditions nationales et dans la mesure de leurs moyens, pour aider les parents et autres personnes ayant la charge de l'enfant à mettre en œuvre ce droit et offrent, en cas de besoin, une assistance matérielle et des programmes d'appui, notamment en ce qui concerne l'alimentation, le vêtement et le logement.

4. Les États parties prennent toutes les mesures appropriées en vue d'assurer le recouvrement de la pension alimentaire de l'enfant auprès de ses parents ou des autres personnes ayant une responsabilité financière à son égard, que ce soit sur leur territoire ou à l'étranger. En particulier, pour tenir compte des cas où la personne qui a une responsabilité financière à l'égard de l'enfant vit dans un État autre que celui de l'enfant, les États parties favorisent l'adhésion à des accords internationaux ou la conclusion de tels accords ainsi que l'adoption de tous autres arrangements appropriés.

....

Art. 31 1. Les États parties reconnaissent à l'enfant le droit au repos et aux loisirs, de se livrer au jeu et à des activités récréatives propres à son âge et de participer librement à la vie culturelle et artistique.

2. Les États parties respectent et favorisent le droit de l'enfant de participer pleinement à la vie culturelle et artistique et encouragent l'organisation à son intention de moyens appropriés de loisirs et d'activités récréatives, artistiques et culturelles, dans des conditions d'égalité.

Art. 32 1. Les États parties reconnaissent le droit de l'enfant d'être protégé contre l'exploitation économique et de n'être astreint à aucun travail comportant des risques ou susceptible de compromettre son éducation ou de nuire à sa santé ou à son développement physique, mental, spirituel, moral ou social.

2. Les États parties prennent des mesures législatives, administratives, sociales et éducatives pour assurer l'application du présent article. A cette fin, et compte tenu des dispositions pertinentes des autres instruments internationaux, les États parties, en particulier :

a) Fixent un âge minimum ou des âges minimums d'admission à l'emploi ;

b) Prévoient une réglementation appropriée des horaires de travail et des conditions d'emploi ;

c) Prévoient des peines ou autres sanctions appropriées pour assurer l'application effective du présent article.

....

Art. 34 Les États parties s'engagent à protéger l'enfant contre toutes les formes d'exploitation sexuelle et de violence sexuelle. A cette fin, les États prennent en particulier toutes les mesures appropriées sur les plans national, bilatéral et multilatéral pour empêcher :

a) Que des enfants ne soient incités ou contraints à se livrer à une activité sexuelle illégale ;

b) Que des enfants ne soient exploités à des fins de prostitution ou autres pratiques sexuelles illégales ;

c) Que des enfants ne soient exploités aux fins de la production de spectacles ou de matériel de caractère pornographique.

....

Art. 36 Les États parties protègent l'enfant contre toutes autres formes d'exploitation préjudiciables à tout aspect de son bien-être.

Charte des droits fondamentaux de l'Union européenne du 7 décembre 2000

Art. 19 *Protection en cas d'éloignement, d'expulsion ou d'extradition.* 1. Les expulsions collectives sont interdites.

2. Nul ne peut être éloigné, expulsé ou extradé vers un État où il existe un risque sérieux qu'il soit soumis à la peine de mort, à la torture ou à d'autres peines ou traitements inhumains ou dégradants.

NATIONALITÉ

Code civil

LIVRE I **DES PERSONNES**

TITRE I *BIS* **DE LA NATIONALITÉ FRANÇAISE**

V. L. n° 93-933 du 22 juill. 1993, art. 50, infra. — Pour le texte de ce code, antérieur à la réforme opérée par la L. du 22 juill. 1993 préc., V. **C. civ.** *Dalloz, éd. 1992-1993 ou antérieures.*

RÉP. CIV. v° *Nationalité,* par LAGARDE.

V. Circ. du 18 sept. 2015 relative au contentieux de la nationalité (NOR : JUSC1522457C ; BOMJ n° 2015-09 du 30 sept. 2015).

BIBL. ▶ D'AVOUT et LEGENDRE, Mobilité européenne et filiation : l'état civil à la carte ?, *D. 2022. 331.* - BATIFFOL et LAGARDE, Traité de droit international privé, *LGDJ 1993.* - BOSKOVIC, CORNELOUP, JAULT-SESEKE, JOUBERT et PARROT, Droit des étrangers et de la nationalité, *D. 2010. 2868* ; *ibid. 2012. 390* ; *ibid. 2013. 324* ; *ibid. 2014. 445* ; *ibid. 2015. 450* ; *ibid. 2016. 336* ; *ibid. 2017. 261* ; *ibid. 2018. 313* ; *ibid. 2019. 347* ; *ibid. 2020. 298*. - CHIURULLI, La protection des apatrides, *Anthémis 2014.* - DIONISI-PEYRUSSE, JAULT-SESEKE, MARCHADIER et PARISOT (dir.), La nationalité : enjeux et perspectives, *Institut universitaire Varenne, 2019.* - ENEL et GAZAVE, L'acquisition de la nationalité française dans le parcours d'intégration, Rapport pour la direction de la population et des migrations, *https://www.immigration.interieur.gouv.fr/Archives/Les-archives-du-site/Archives-Statistiques-etudes-et-publications/L-acquisition-de-la-nationalite-francaise-dans-le-parcours-d-integration.* - DIONISI-PEYRUSSE, JAULT-SESEKE, MARCHADIER et PARISOT (dir.), La nationalité : enjeux et perspectives, *Institut universitaire Varenne, Coll. « Colloques et Essais », 2019.* - FORNEROD, Religion et acquisition de la nationalité française, *RD publ. 2009. 715.* - FULCHIRON, *J.-Cl. Droit international, Fasc. 502.* - La nationalité française entre identité et appartenance (réflexions sur la loi n° 2011-672 du 16 juin 2011 relative à l'immigration, à l'intégration et à la nationalité, *D. 2011. 1915*. - GISTI, Le nouveau guide de la nationalité française, *La Découverte, 2e éd. 2010.* - LAGARDE, La nationalité française, *Dalloz, 3e éd., 1997.* - LECUCQ, La loi du 20 nov. 2007 relative à la maîtrise de l'immigration, à l'intégration, à l'asile et sa constitutionnalité, *AJDA 2008. 141*. - LEPOUTRE, La réforme du droit de la nationalité à Mayotte, *AJDA 2019. 285* ; Citoyenneté européenne : clôture des ventes, *D. 2020. 2337*. - Nationalité et souveraineté : *Dalloz, Bibl. des thèses 2020.* - LESIGNE, Le droit de la nationalité face aux évolutions du droit au séjour des étrangers. Le parcours d'intégration, *AJDA 2007. 1566*. - LONG, Être français aujourd'hui et demain, *Rapport de la Commission de la nationalité, 2 tomes.* - MARCHADIER, L'attribution de la nationalité à l'épreuve de la Conv. EDH, *Rev. crit. DIP 2012. 61*. - PATAUT, Contrôle de l'État ou protection de l'individu ? Remarques sur l'effectivité de la nationalité, *Rev. crit. DIP 2021. 747.* - RALSER, De quelques règles de preuve en matière de nationalité, *Rev. crit. DIP 2018. 801.* - WEIL, Des conditions d'application des principes du droit du sol pour l'attribution de la nationalité française, *Rapport au Premier ministre, Doc. fr. 1997.* - THIELLAY, Les clefs de la nationalité française, *Berger-Levrault, 3e éd. 2011* ; Le volet « nationalité » de la loi du 26 novembre 2003, un durcissement en catimini, *AJDA 2005. 67*.

COMMENTAIRE

Le droit de la nationalité, aujourd'hui principalement régi par les articles 17 et suivants du code civil, constitue tout d'abord une discipline particulièrement complexe en raison des multiples imbrications qu'elle comporte : si elle relève principalement du droit privé (et donc de la compétence du juge judiciaire) en tant qu'elle touche à l'état des personnes, le droit public n'en est pas absent dès lors que le lien de nationalité exprime le rattachement juridique (et également symbolique) d'un individu à un État et intéresse ainsi nécessairement la « puissance de l'État ». En outre, ce droit n'est à l'évidence pas uniquement « national » et impose très fréquemment d'interroger les droits étrangers pour déterminer la règle applicable et le statut de l'intéressé. Enfin, ce droit est intimement lié aux évolutions concernant l'étendue géographique de l'autorité et de la souveraineté de l'État : les processus d'accession à l'indépendance de nombreux territoires anciennement sous « influence » française ont entraîné l'édiction de régimes juridiques particuliers (sur le champ d'application territorial, V. art. 17-4 et 17-6).

Au-delà de sa complexité, ce droit est également « sensible », tant pour l'individu que pour l'État. Pour l'étranger tout d'abord, il constitue souvent l'aboutissement du parcours d'intégration en lui faisant quitter la sphère du droit des étrangers. La nationalité française présente ainsi une dimension de sécurité pour celui qui en bénéficie, en regard de la précarité qui s'attache au statut des non-nationaux. Pour l'État ensuite, ce droit apparaît comme l'expression d'une prérogative régalienne et, de plus en plus, comme un instrument de sa politique en matière d'immigration. Les réformes récentes du droit de la nationalité (L. n° 93-933 du 22 juill. 1993 *[JO 23 juill.]*, L. n° 98-170 du 16 mars 1998 *[JO 17 mars]*, L. n° 2003-1119 du 26 nov. 2003 *[JO 27 nov.]*, L. n° 2006-911 du 24 juill. 2006 *[JO 25 juill.]*, L. n° 2007-1631 du 20 nov. 2007 *[JO 21 nov.]*) font ainsi écho à l'incessant processus de modification qu'a connu le droit des étrangers.

Schématiquement, la nationalité peut être la conséquence du droit du sang (filiation), du droit du sol (naissance en France) ou d'une combinaison des deux. Le droit du sang a connu, en France, son apogée au cours de la première moitié du XIXe siècle (survivance actuelle : V. art. 18) ; le droit du sol est apparu plus tardivement en France (1851) avec le principe de la double naissance en France de l'intéressé et de son ascendant (sur le double droit du sol, V. art. 19-3). Depuis la loi du 16 mars 1998 (V. art. 21-7), la naissance en France jointe à une certaine durée de résidence fait naître un véritable droit à la nationalité française. Si le droit français a été tenté par la conception élective de la nationalité avec la mise en œuvre de la manifestation de volonté pour les jeunes nés en France de parents étrangers, ce dispositif a été supprimé par la loi du 16 mars 1998.

Il convient par ailleurs d'opérer un certain nombre de distinctions, en premier lieu entre l'attribution et l'acquisition de la nationalité française : l'attribution ne concerne que les personnes réputées françaises dès leur naissance ; en revanche, l'acquisition ne vise que les personnes, étrangères à leur naissance, qui peuvent devenir françaises.

S'agissant de l'**attribution**, la nationalité est conçue comme automatiquement dévolue, soit par la filiation, soit par la naissance en France :
• par filiation (art. 18) si l'un des parents au moins est français ;
• par la naissance en France :
– de parents inconnus (art. 19),
– de parents apatrides (art. 19-1-1°),
– de parents étrangers mais ne pouvant transmettre leur nationalité (art. 19-1-2°),
– de parents étrangers dont l'un au moins est né en France (art. 19-3).

Dans le cas de l'**acquisition**, l'intéressé n'est pas né Français mais va le devenir :
• par mariage (art. 21-2) ;
• par la naissance et la résidence en France (art. 21-7) ;
• en raison de l'adoption simple par un Français (art. 21-12) ;
• en raison du recueil de l'enfant par un citoyen français ou confié à l'aide sociale à l'enfance (art. 21-12) ;
• par la possession d'état de Français (art. 21-13) ;
• par la réclamation de la nationalité française par des personnes l'ayant perdue en application des art. 23-6 ou 30-3 (art. 21-14) ;
• pour l'étranger engagé dans les armées françaises et blessé en mission (art. 21-14-1) ;
• par naturalisation (art. 21-15).

Cette distinction est importante notamment au regard des règles relatives à l'entrée en vigueur des lois nouvelles ; celles-ci s'appliquent en effet aux personnes mineures en cas d'attribution (art. 17-1) alors que l'acquisition est régie par la loi en vigueur au temps de l'acte ou du fait auquel la loi attache ses effets (art. 17-2). Ainsi, dans ce dernier cas, la loi applicable est celle en vigueur à la date, par exemple de la déclaration de nationalité. En cas de pluralité de faits ou d'actes en cause, c'est le dernier en date qui sera retenu.

En revanche, une fois la nationalité attribuée ou acquise, les règles applicables sont évidemment les mêmes.

L'acquisition de la nationalité française repose en principe sur le système de la déclaration, c'est-à-dire une démarche volontaire d'une personne à laquelle les textes reconnaissent :
• un droit à acquérir la nationalité française :
– par mariage (art. 21-2),
– par la naissance en France (art. 21-11),
– à la suite d'une adoption simple ou d'un recueil en France (art. 21-12),

– en raison de la possession d'état de Français (art. 21-13),

– s'agissant de personnes ayant perdu la nationalité française mais la réclamant car ayant soit conservé ou acquis avec la France des liens manifestes d'ordre culturel, professionnel, économique ou familial, soit effectivement accompli des services militaires dans une unité de l'armée française ou combattu dans les armées françaises ou alliées en temps de guerre (art. 21-14)

• un droit à réintégration dans celle-ci pour les personnes ayant perdu la nationalité française à la suite d'un mariage avec un étranger ou de l'acquisition volontaire d'une nationalité étrangère (art. 24-2) ;

• la possibilité de répudier la nationalité française (art. 22-3) ;

• la possibilité de perdre la nationalité française (art. 23-1).

Les **décisions de l'autorité publique** s'expriment tout d'abord par la naturalisation (V. art. 21-15 s.) que l'on peut définir comme « l'octroi discrétionnaire par un État de la nationalité de cet État à l'étranger qui la demande » (P. Lagarde). Elles concernent également la réintégration dans la nationalité française par décret (V. art. 24 s.) qui peut intervenir, sur déclaration de l'intéressé qui a perdu la nationalité française en raison de son mariage avec une personne étrangère ou de l'acquisition volontaire d'une nationalité étrangère (art. 54-2). Il convient encore d'ajouter certaines procédures de perte ou de déchéance de la nationalité (art. 25 et 25-1). Enfin, le gouvernement peut s'opposer, par décret, à l'acquisition de la nationalité française par mariage (V. art. 21-4).

La **répudiation** résulte d'une déclaration de l'intéressé et entraîne la prise d'un décret de perte de la nationalité française ; elle peut intervenir dans quatre hypothèses :

• enfant né à l'étranger dont l'un des parents est Français (art. 18-1) ;

• enfant né en France dont l'un des parents est né en France (art. 19-4) ;

• enfant né à l'étranger dont l'un des parents acquiert la nationalité française (art. 22-3) ;

• mariage avec un ressortissant étranger (art. 23-5).

La **renonciation** consiste pour une personne à décliner la possibilité d'acquérir la nationalité française. Mais cette procédure n'existe plus depuis la suppression de l'article 44 du code de la nationalité qui permettait aux personnes acquérant automatiquement la nationalité française à leur majorité d'y renoncer.

Enfin, la **perte de la nationalité française** peut intervenir dans quatre hypothèses :

• acquisition d'une nationalité étrangère (art. 23) ;

• à la suite d'une répudiation :

– enfant né à l'étranger dont l'un des parents est Français (art. 18-1),

– enfant né en France dont l'un des parents est né en France (art. 19-4),

– enfant né à l'étranger dont l'un des parents acquiert la nationalité française (art. 22-3),

– mariage avec un ressortissant étranger (art. 23-5) ;

• sur autorisation du gouvernement :

– Français qui se comporte comme le national d'un autre pays (art. 23-7),

– Français employé par un État étranger ou assimilé (art. 23-8) ;

• par jugement pour le Français d'origine par filiation mais n'en ayant pas la possession d'état et n'ayant jamais résidé en France (art. 23-6).

Le décret n° 2019-1507 du 30 décembre 2019 (*JO 31 déc.*) restructure et harmonise la rédaction du décret n° 93-1362 du 30 décembre 1993, notamment en rétablissant un titre I consacré à la souscription des déclarations de nationalité. Il modifie les articles 14 et 37 dudit décret, afin de rehausser, au niveau B1 tant oral qu'écrit, le niveau de langue exigé des personnes souhaitant acquérir la nationalité française par naturalisation, réintégration ou par déclaration de nationalité à raison de leur mariage avec un conjoint français. Il supprime par ailleurs les dispenses autres que celles prévues par la loi (absence de test de langue pour les réfugiés de plus de 70 ans résidant en France depuis plus de quinze ans, ascendants de Français de plus de 65 ans bénéficiant d'une procédure de déclaration spécifique) pour ne laisser subsister qu'une seule dispense pour les personnes dont l'état de santé déficient chronique ou le handicap rend toute évaluation linguistique impossible. Cette incompatibilité sera constatée par un certificat médical. Il anticipe la dématérialisation du dépôt en ligne des demandes de naturalisation et de réintégration en supprimant le délai octroyé au demandeur pour produire ses justificatifs, le contrôle de complétude étant intégré au futur applicatif. Il met en cohérence l'article 16 du décret de 1993 avec l'article 21-12 du code civil, dans sa rédaction issue de l'article 42 de la loi n° 2016-297 du 14 mars 2016 relative à la protection de l'enfant, qui a modifié les conditions d'acquisition de la nationalité française par l'enfant recueilli par une personne de nationalité française. Il généralise l'exigence de la production d'un extrait de casier judiciaire étranger pour les déclarations acquisitives de nationalité française souscrites par les personnes majeures.

Le décret est entré en vigueur au 1er janvier 2020, à l'exception des dispositions relatives au rehaussement du niveau de langue, entrées en vigueur au 1er avril 2020. ❑

CHAPITRE I *DISPOSITIONS GÉNÉRALES*

Art. 17 *(L. n° 73-42 du 9 janv. 1973)* **La nationalité française est attribuée, s'acquiert ou se perd selon les dispositions fixées par le présent titre, sous la réserve de l'application des traités et autres engagements internationaux de la France.** – *[C. nat., art. 1er.]*

COMMENTAIRE

L'article 17 constitue la traduction, en droit de la nationalité, du principe de supériorité des engagements internationaux sur les lois affirmé par l'article 55 de la Constitution (sur cette question, V. notes 90 s. ss. art. L. 110-1 CESEDA). La nationalité conférée par un État ne peut être opposée dans l'ordre international des autres États si elle n'est pas effective au sens de la jurisprudence Nottebohm, notion pourtant remise en cause par la Cour de justice de l'Union européenne.

S'applique en particulier la convention du Conseil de l'Europe sur la réduction des cas de pluriannualité du 6 mai 1963 (L. n° 64-1328 du 26 déc. 1964, *JO 29 déc.*). Il y est notamment prévu la perte automatique de sa nationalité par le ressortissant d'un État partie qui acquiert volontairement la nationalité d'un autre État partie. Cette convention règle également la question des obligations militaires en prévoyant qu'il peut y être satisfait dans un seul des États parties. Le Protocole n° 2 prévoit ainsi que les législations nationales peuvent autoriser les personnes qui acquièrent une nouvelle nationalité à conserver leur nationalité d'origine dans certaines hypothèses (personnes nées ou résidant sur le territoire de l'État de leur nouvelle nationalité ; résidence habituelle pendant la minorité ; acquisition de la nationalité à la suite d'un mariage ; mineurs dont les parents sont de nationalité différente et qui acquièrent la nationalité de l'un de leurs parents). Ce protocole a toutefois été dénoncé par la France le 4 mars 2008.

La Convention européenne sur la nationalité du 6 novembre 1997 (http://conventions.coe.int/Treaty/fr/Reports/Html/166.htm) se fixe des objectifs plus ambitieux en partant du constat de l'apparition de nombreux instruments internationaux concernant la nationalité, la pluralité de nationalités et l'apatridie ; elle considère ainsi qu'en matière de nationalité, tant les intérêts légitimes des États que ceux des individus doivent être pris en compte et souhaite éviter, dans la mesure du possible, les cas d'apatridie ainsi que la discrimination dans les matières relatives à la nationalité. Cette convention cherche en outre à prendre en compte le droit au respect de la vie familiale tel qu'il est contenu à l'article 8 de la Convention européenne des droits de l'homme et vise à trouver des solutions appropriées aux conséquences de la pluralité de nationalités, notamment en ce qui concerne les droits et devoirs des ressortissants possédant plusieurs nationalités. Signée par la France en juillet 2000, elle n'est toujours pas ratifiée.

Reste que la Convention européenne des droits de l'homme (not. l'art. 8 et le Prot. n° 4 qui interdit l'expulsion des nationaux) peut trouver une applicabilité indirecte en droit de la nationalité, en particulier lorsqu'est prononcée une mesure d'éloignement à l'encontre d'un ressortissant français. Il existe par ailleurs de nombreuses conventions bilatérales qui règlent en particulier les hypothèses de double nationalité, notamment au regard des obligations militaires. La base PACTE du ministère des Affaires étrangères (http://www.doc.diplomatie.gouv.fr/BASIS/pacte/webext/bilat/SDF) recense ainsi les traités bilatéraux suivants :

- 11 octobre 1983 : Algérie obligations du service national ;
- 26 janvier 1927 : Argentine service militaire des doubles nationaux ;
- 12 octobre 1962 : Belgique service militaire ;

• 13 mars 1975 : Danemark abrogation de la convention du 6 juin 1963 relative au service militaire des doubles nationaux ;
• 9 avril 1969 : Espagne service militaire des doubles nationaux ;
• 22 décembre 1948 : États-Unis service national (et accord du 18 nov. 1952) ;
• 30 juin 1959 : Israël service militaire des doubles nationaux ;
• 10 septembre 1974 : Italie service militaire des doubles nationaux (et accord du 9 juin 1982) ;
• 25 mars 1954 : Monaco acquisition de la nationalité monégasque ;
• 16 juin 1947 : Monaco naturalisation et réintégration ;
• 21 décembre 1949 : Royaume-Uni service militaire des doubles nationaux ;
• 16 novembre 1995 : Suisse service militaire des doubles nationaux ;
• 8 février 1989 : Suisse abrogation de la convention du 23 juill. 1879 pour régulariser la situation des enfants des Français naturalisés suisses ;
• 28 décembre 1999 : Suisse service militaire des doubles nationaux ;
• 18 mars 1982 : Tunisie service militaire des doubles nationaux (et avenant du 4 déc. 2003).

Si la Déclaration universelle des droits de l'homme prévoit que « tout individu a droit à une nationalité. Nul ne peut être arbitrairement privé de sa nationalité ni du droit de changer de nationalité », ces stipulations n'ont aucune portée normative. ❑

1. La nationalité est un lien juridique ayant à sa base un fait social de rattachement, une solidarité effective d'existence, d'intérêts, de sentiments joints à une réciprocité de droits et de devoirs. Elle est, peut-on dire, l'expression juridique du fait que l'individu auquel elle est conférée, soit directement par la loi, soit par un acte de l'autorité, est, en fait, plus étroitement attaché à la population de l'État qui la lui confère qu'à celle de tout autre État. • CIJ 6 avr. 1955, *Nottebohm : Rec. CIJ 1955. 4 ; RGDI publ. 1956. 257 note de Vischer.*

2. Il revient à l'État de déterminer souverainement les conditions d'attribution ou d'acquisition de sa nationalité. • Civ. 1re, 17 févr. 1982 : *Gaz. Pal. 1982. 2. Pan. 224 ; Rev. crit. DIP 1983. 249, note Batifol.* ♦ La détermination, par un État, de ses nationaux, par application de la loi sur la nationalité, ne peut constituer une discrimination au sens du Pacte de New York du 19 déc. 1966 sur les droits civils et politiques. • Civ. 1re, 22 févr. 2000, n° 97-22.459 P : *JCP 2000. IV. 1625 ; Gaz. Pal. 2000. 2. 1471, concl. Rœrich ; Rev. crit. DIP 2000. 681, note Fulchiron* • 8 janv. 2002, n° 99-18.552 P : *Rev. crit. DIP 2003. 77, note Lagarde*. ♦ Même solution au regard de l'art. 14 Conv. EDH dès lors qu'est garanti le droit à une nationalité. • Civ. 1re, 25 avr. 2007, n° 04-17.632 P : *D. 2007. AJ 134 ; RJPF 2007-9/11, note Putman* • Civ. 1re, 4 nov. 2020, n° 19-17.559 P : *D. 2020. 2240*.

3. En cas de conflit de nationalités, celui-ci se règle en fonction de la nationalité à laquelle l'intéressé se rattache le plus en fait. • Civ. 1re, 15 mai 1974, n° 72-12.196 P : *Rev. crit. DIP 1975. 620, note Nisard ; JDI 1976. 298, note Alexandre.* ♦ Cette solution est également appliquée en droit international public. • CIJ 6 avr. 1955, *Nottebohm : préc. note 1.* ♦ En cas de cumul de nationalités, seule la nationalité française est prise en considération. • Civ. 1re, 17 juin 1968 : *GADIP, 5e éd., n° 46 ; Rev. crit. DIP 1969. 59, note Battifol* • 3 juin 1998, n° 96-11.206 P • 16 mars 1999, n° 97-12.401 P.

4. A noter que la CJUE fait prévaloir le droit communautaire sur les compétences que les États pourraient tirer du droit international public, notamment en matière de conflits de nationalités. • CJCE 7 juill. 1992, *Micheletti et a. c/ Delegacion del Gobiern° en Cantabria : RGDI publ. 1993. 107, note Ruzié.*

5. Conv. EDH. Le droit pour un étranger d'acquérir la nationalité d'un État signataire de la CEDH et de la conserver n'est pas au nombre des droits et libertés reconnus par celle-ci. • CE 18 juin 2003, *Saiki*, n° 251299 : *Lebon T. 777*. ♦ Le droit au respect de la vie privée ne peut englober le droit d'acquérir une nationalité donnée. • CEDH 11 oct. 2011, *Genovese c/ Malte*, n° 53124/09 ; *AJ fam. 2011. 551, obs. Rouillard*. ♦ Selon la CEDH, il appartient aux autorités de s'assurer avant de prendre une mesure constitutive d'ingérence dans l'exercice d'un droit garanti par l'art. 8 notamment, que cette ingérence « est prévue par la loi ». En l'espèce, vu la date et le lieu de naissance du requérant, il leur incombait de se prononcer sur la nationalité de l'intéressé avant de prononcer une mesure d'interdiction du territoire. • CEDH 26 juill. 2007, *Sayoud c/ France*, n° 70456/01. ♦ Le refus d'octroi de la nationalité peut toutefois avoir des conséquences sur la vie privée, qui est une notion suffisamment large pour englober les aspects de l'identité sociale d'un individu. • CEDH 20 juill. 2010, *Dadouch c/ Malte*, n° 38816/07 : *AJ fam. 2010. 398, obs. V. A.-R*. ♦ Un État peut toutefois être condamné, sur le fondement de l'art. 14 Conv. EDH (interdiction de discrimination) combiné avec l'art. 8 (vie privée et familiale), en l'espèce pour ne pas avoir accordé sa nationalité à un enfant né hors mariage. • CEDH 11 oct. 2011, *Genovese c/ Malte*, n° 53124/09 ; *préc.*

6. Une convention internationale relative à la

nationalité peut avoir un certain effet rétroactif. V., par ex., application de la convention franco-vietnamienne du 16 avr. 1955 (art. 22) dès sa signature et non au jour de sa publication. • Civ. 1re, 15 mai 1984 : *Gaz. Pal. 1984. 2. Pan. 315 ; JDI 1985. 103, note Chappez ; Rev. crit. DIP 1984. 623, note Batiffol.*

Art. 17-1 *(L. nº 73-42 du 9 janv. 1973)* **Les lois nouvelles relatives à l'attribution de la nationalité d'origine s'appliquent aux personnes encore mineures à la date de leur entrée en vigueur, sans préjudicier aux droits acquis par des tiers et sans que la validité des actes passés antérieurement puisse être contestée pour cause de nationalité.**

Les dispositions de l'alinéa précédent s'appliquent, à titre interprétatif, aux lois sur la nationalité d'origine qui ont été mises en vigueur après la promulgation du titre I du présent code. – *[C. nat., art. 3.]*

1. Sur l'application du principe du présent art. • Cass., ass. plén., 20 nov. 1992, nº 90-15.348 P : *R., p. 237 ; JCP 1993. II. 22054, note Monéger ; D. 1993. 265, note Guiho ; Rev. crit. DIP 1993. Somm. 710* • Civ. 1re, 28 juin 1989 : *Rev. crit. DIP 1990. 79, note P. L.*

2. Sur le caractère interprétatif conféré aux règles de droit transitoire de l'al. 1er du présent art. • Civ. 1re, 16 mai 1955 : *JCP 1955. II. 8960, note Aymond ; Rev. crit. DIP 1956. Somm. 704.*

3. Ces dispositions ne s'appliquent pas en revanche lorsqu'il s'agit non d'une question relative à l'attribution de la nationalité mais à sa contestation. • Civ. 1re, 11 juin 1996, nº 94-12.926 P : *JCP 1996. IV. 1783.*

4. Pour un exemple d'applicabilité immédiate d'une loi nouvelle aux mineurs. • Paris, 16 déc. 2004, nº 2004/9200.

Art. 17-2 *(L. nº 73-42 du 9 janv. 1973)* **L'acquisition et la perte de la nationalité française sont régies par la loi en vigueur au temps de l'acte ou du fait auquel la loi attache ces effets.**

Les dispositions de l'alinéa qui précède règlent, à titre interprétatif, l'application dans le temps des lois sur la nationalité qui ont été en vigueur avant le 19 octobre 1945. – *[C. nat., art. 4.]*

1. Pour des applications du présent art. en cas d'acquisition de la nationalité française. • Civ. 1re, 24 oct. 1949 : *JCP 1950. II. 5437, note Aymond* • 26 janv. 1953 : *JCP 1954. II. 8087, note Aymond.*

2. La loi applicable à un décret d'opposition d'acquisition de la nationalité française par mariage est celle en vigueur à la date à laquelle le demandeur souscrit sa déclaration de nationalité. • CE 12 oct. 2005, *Mme Ponniah : AJDA 2006. 661, note Thiellay* • 14 févr. 2007, *Mme El Harchaoui*, nº 292747 : *AJDA 2007. 1083, note Julien-Laferrière* • 30 déc. 2009, *M. Moussa Ali*, nº 324736. ♦ De même, l'effet collectif de l'acquisition de la nationalité à l'égard des enfants mineurs s'apprécie en fonction de la loi en vigueur, en l'espèce à la date du mariage de l'intéressée. • Paris, 6 mars 1997 : *D. 1997. 430, note Guiho*. ♦ V. aussi en cas de perte de la nationalité française. • Civ. 1re, 17 févr. 1987, nº 85-12.404 P • 5 janv. 1982 : *Rev. crit. DIP 1982. 678, note Lagarde.*

3. Pour des applications du caractère interprétatif du droit antérieur résultant des dispositions du présent art. • Civ. 1re, 16 mai 1955 : *JCP 1955. II. 8960, note Aymond ; Rev. crit. DIP 1956. Somm. 704* • 28 juin 1989 : *Rev. crit. DIP 1990. 79, note P. L.*

Art. 17-3 *(L. nº 93-933 du 22 juill. 1993)* **Les demandes en vue d'acquérir, de perdre la nationalité française ou d'être réintégré dans cette nationalité, ainsi que les déclarations de nationalité, peuvent, dans les conditions prévues par la loi, être faites, sans autorisation, dès l'âge de seize ans.**

Le mineur âgé de moins de seize ans doit être représenté par celui ou ceux qui exercent à son égard l'autorité parentale.

(L. nº 95-125 du 8 févr. 1995, art. 34) **« Doit être pareillement représenté »** *(L. nº 2007-1631 du 20 nov. 2007, art. 39)* **« tout mineur » dont l'altération des facultés mentales ou corporelles empêche l'expression de la volonté.** *(Ord. nº 2015-1288 du 15 oct. 2015, art. 8, en vigueur le 1er janv. 2016)* **« L'empêchement est constaté par un certificat délivré par un médecin spécialiste choisi sur une liste établie par le procureur de la République. Ce certificat est joint à la demande. »**

(L. nº 95-125 du 8 févr. 1995, art. 34) **« Lorsque le mineur mentionné à l'alinéa précédent est placé sous tutelle, sa représentation est assurée par le tuteur autorisé à cet effet par le conseil de famille. »**

COMMENTAIRE

Le premier alinéa de l'article 17-3 constitue une dérogation aux règles en matière de capacité : à partir de l'âge de 16 ans, le mineur peut exprimer ses choix en matière de nationalité sans avoir à obtenir l'autorisation du (des) titulaire(s) de l'autorité parentale. Il s'agit là d'une application de la Convention internationale des droits de l'enfant (sur ce texte, V. notes 99 s. ss. art. L. 110-1). A noter que l'article 21-11 prévoit que le consentement du mineur de 13 ans est requis s'agissant de la réclamation de nationalité pour l'enfant né en France de parents étrangers.

S'agissant de l'acquisition de la nationalité française par mariage (V. art. 21-1 s.), il faut préciser que la loi n° 2006-399 du 4 avril 2008 a porté, dans son article 1er, à 18 ans, l'âge pour pouvoir contracter mariage sans obligation d'obtenir le consentement des parents. Le conjoint français devra donc dorénavant être majeur au moment de la célébration, sauf dérogation prévue aux articles 148 et suivants du code civil. ❑

1. La détermination du représentant légal du mineur étranger optant pour la nationalité française est soumise aux règles de conflit de lois. • TGI Dunkerque, 30 mai 1990 : *Rev. crit. DIP 1990. 481 (4e esp.), note Lagarde.*

2. Les conditions d'âge concernant l'acquisition ou la perte de la nationalité s'apprécient à la date de signature des décrets (en l'espèce au sujet d'une demande de libération des liens d'allégeance avec la France). • CE 13 oct. 2006, *M. Cheurfi*, n° 289105 : *AJDA 2006. 1925*.

Art. 17-4 *(L. n° 2003-1119 du 26 nov. 2003)* **Au sens du présent titre, l'expression "en France" s'entend du territoire métropolitain, des départements et des collectivités d'outre-mer ainsi que de la Nouvelle-Calédonie et des Terres australes et antarctiques françaises.**

Art. 17-5 *(L. n° 93-933 du 22 juill. 1993)* **Dans le présent titre, majorité et minorité s'entendent au sens de la loi française.**

L'âge de la majorité est établi par application de la loi française et non de la loi nationale de l'intéressé. • Civ. 1re, 8 oct. 1996, n° 94-15.025 P : *D. 1996. IR 230*.

Art. 17-6 *(L. n° 73-42 du 9 janv. 1973)* **Il est tenu compte pour la détermination, à toute époque, du territoire français, des modifications résultant des actes de l'autorité publique française pris en application de la Constitution et des lois, ainsi que des traités internationaux survenus antérieurement.** – *[C. nat., art. 8.]*

Art. 17-7 *(L. n° 73-42 du 9 janv. 1973)* **Les effets sur la nationalité française des annexions et cessions de territoires sont réglés par les dispositions qui suivent, à défaut de stipulations conventionnelles.** – *[C. nat., art. 11.]*

BIBL. ► Cornut, Citoyenneté, nationalité et accès de la Nouvelle-Calédonie à la pleine souveraineté, *RD publ. 2019. 1485.*

Art. 17-8 *(L. n° 73-42 du 9 janv. 1973)* **Les nationaux de l'État cédant, domiciliés dans les territoires annexés au jour du transfert de la souveraineté acquièrent la nationalité française, à moins qu'ils n'établissent effectivement leur domicile hors de ces territoires. Sous la même réserve, les nationaux français, domiciliés dans les territoires cédés au jour du transfert de la souveraineté perdent cette nationalité.** – *[C. nat., art. 12.]*

1. Pour une application aux anciens sujets français originaires du Viêt-Nam : • Civ. 1re, 7 févr. 1995, n° 93-12.668 P : *D. 1995. IR 64 ; Gaz. Pal. 1995. 2. Pan. 183.*

2. Les dispositions de l'art. 17-8 s'appliquent à titre interprétatif, selon l'art. 17-10, al. 1er, au changement de nationalité résultant des annexions et cessions de territoire à la suite de traités antérieurs à la promulgation du code de la nationalité. • Civ. 1re, 4 nov. 1947 : *Rev. crit. DIP 1948. 473, note H. B. ; D. 1948. 95, note P. L.*

Art. 17-9 *(L. n° 73-42 du 9 janv. 1973)* **Les effets sur la nationalité française de l'accession à l'indépendance d'anciens départements ou territoires d'outre-mer de la République sont déterminés au chapitre VII du présent titre.** – *[C. nat., art. 13.] – Pour l'entrée en vigueur de ces dispositions, V. L. n° 73-42 du 9 janv. 1973, art. 24.*

COMMENTAIRE

Au-delà des principes généraux énoncés à l'article 17-8, divers textes spécifiques sont intervenus pour régler les conséquences, sur la nationalité des intéressés, de l'accession à l'indépendance de divers territoires :

• La loi n° 60-752 du 28 juillet 1960 concerne les anciens **territoires d'Afrique noire et de Madagascar** ; elle a prévu le maintien de la nationalité française pour toutes les personnes (ainsi que les conjoints, veufs, veuves et descendants) originaires du territoire de la République française tel qu'il était constitué le 28 juillet 1960 ; cette solution a été étendue aux personnes auxquelles aucune autre nationalité n'était conférée à la suite de l'indépendance de ces territoires. Quoi qu'il en soit, les bénéficiaires de ces dispositions devaient souscrire une déclaration de nationalité subordonnée notamment au transfert de leur domicile en France. Les personnes ayant perdu la nationalité française peuvent demander leur réintégration (V. art. 24-1).

• L'ordonnance n° 62-825 du 21 juillet 1962 et la loi n° 66-945 du 20 décembre 1966 s'appliquent à l'indépendance de **l'Algérie** et se fondent sur le statut personnel des intéressés (V. art. 32-1). Les Français de statut civil de droit commun domiciliés en Algérie à la date des résultats du scrutin d'autodétermination ont ainsi conservé leur nationalité française ; s'agissant des personnes originaires d'Algérie de statut civil de droit local, elles ont été soumises à l'obligation de souscrire une déclaration de reconnaissance de la nationalité française (sauf si la nationalité algérienne ne leur avait pas été conférée), faculté qui a disparu avec la loi de 1966. Par ailleurs, comme dans le cas précédent, la procédure de réintégration reste ouverte.

• Ce sont les lois n° 75-560 du 3 juillet 1975 et n° 75-1337 du 31 décembre 1975 qui ont réglé les questions de nationalité consécutives à l'indépendance des **Comores** en se fondant, ici encore, sur le statut personnel. L'article 9 de la loi du 3 juillet 1975 prévoit ainsi que les Français de statut civil de droit commun domiciliés dans le territoire à la date de l'indépendance conserveront la nationalité française quelle que soit leur situation au regard de la loi comorienne. Les Français de statut civil de droit local pouvaient souscrire une déclaration de reconnaissance de la qualité de Français, faculté ayant pris fin le 11 avril 1978. Pour les personnes ayant perdu la nationalité française, une possibilité de demander la réintégration était en outre prévue.

• Les conséquences sur la nationalité de l'indépendance du **Territoire français des Afars et des Issas** (Djibouti) ont été réglées par la loi n° 77-625 du 20 juin 1977. Ont ainsi conservé la nationalité française bien qu'ils soient domiciliés dans le territoire des Afars et des Issas à la date du 27 juin 1977 : 1° les Français originaires du territoire de la République française tel qu'il sera constitué le 28 juin 1977 ; 2° les personnes ayant acquis la nationalité française avant cette date hors du territoire français des Afars et des Issas ; 3° les personnes ayant acquis la nationalité française par décret alors qu'elles étaient domiciliées sur le territoire français des Afars et des Issas. Il en sera de même des conjoints et descendants, ainsi que des veufs ou veuves de ces personnes. Les personnes originaires du territoire français des Afars et des Issas, celles qui y ont acquis la nationalité française de plein droit ou par déclaration ainsi que leurs descendants pouvaient faire reconnaître leur nationalité française ou être réintégrés dans cette nationalité par déclaration à la condition d'avoir établi leur domicile à la date du 8 mai 1977 dans le territoire de la République française à l'exception du territoire français des Afars et des Issas et de l'y avoir conservé. Cette faculté a pris fin le 27 juin 1978. La Cour de cassation a refusé de transmettre une QPC au Conseil constitutionnel en considérant que le fait, pour la loi du 20 juin 1977, d'avoir subordonné la faculté de souscrire une déclaration de nationalité à l'existence d'un domicile fixé sur le territoire de la République française au 8 mai 1977 ne caractérisait pas une application rétroactive de la loi ; en outre, la différence de traitement selon le lieu de domicile repose sur un critère objectif caractérisant une différence de situation entre les personnes ayant entendu fixer leur résidence effective coïncidant avec le centre de leurs attaches familiales et de leurs occupations professionnelles sur le territoire de la République française et les autres ; enfin, la distinction fondée sur l'origine ethnique découle nécessairement de l'indépendance du territoire conduisant à distinguer la population restant de plein droit celle de la République française de celle du nouvel État indépendant (Civ. 1re, 15 mars 2023, nos 22-18.221, 22-18.219, 22-18.215, 22-18.212, 22-18.211 : *AJ Fam. 2023. 292*).

• S'agissant des **Nouvelles-Hébrides**, l'ordonnance n° 80-703 du 5 septembre 1980 a prévu (art. 1er) que les Français domiciliés sur le territoire du Vanuatu à la date du 30 juillet 1980 conservent leur nationalité quelle que soit leur situation au regard de la nationalité du Vanuatu. Les étrangers qui étaient soumis au régime juridique applicable aux ressortissants français pourront par décret, même s'ils continuent à résider sur le territoire du Vanuatu, être naturalisés Français ou réintégrés dans la nationalité française lorsqu'ils auront présenté une demande à cet effet avant le 1er octobre 1980 (art. 2). Les étrangers qui étaient soumis au régime juridique applicable aux ressortissants français ainsi que les ressortissants du Vanuatu pourront être naturalisés Français sans la condition de stage prévue aux articles 21-17 et 21-18 s'ils établissent leur résidence sur le territoire de la République française (art. 3). Enfin, dans un délai de trois ans à compter du 30 juillet 1980, les personnes françaises par acquisition qui auront perdu leur nationalité en acquérant par mesure individuelle la nationalité néo-hébridaise pourront être réintégrées par déclaration, dans les conditions prévues à l'article 24-2. ❑

1. Les dispositions spécifiques prévues au présent art. excluent l'application du droit commun de la nationalité. • Civ. 1re, 20 nov. 1973, n° 73-10.052 P : *Rev. crit. DIP 1974. 481, note P.L.*

2. Les personnes originaires du territoire de la République mais qui ne résidaient pas dans l'un de ces territoires à l'accession à l'indépendance ne sont pas concernées par ces dispositions. * Rép. min. : *JO Sénat 3 sept. 1992, p. 2022.*

3. Territoires d'Afrique noire et de Madagascar. Un ressortissant congolais, non originaire du territoire français, ne conserve la nationalité française après l'indépendance du Congo qu'en fixant son domicile hors de ce territoire. • Civ. 1re, 23 juin 1992, n° 90-18.908 P : *D. 1992. IR 211.*

4. En ayant retenu que l'accession de l'intéressé, par jugement du 18 avr. 1959, à la citoyenneté française de statut de droit commun n'avait eu aucune incidence sur sa qualité d'« originaire » au sens de la loi du 28 juill. 1960, l'arrêt relève qu'il s'est marié en 1972 au Niger où il réside et exerce les fonctions de chargé de mission du premier ministre et en déduit que l'intéressé n'avait pas fixé en France le centre de ses occupations et de ses attaches familiales de sorte qu'il n'avait pas conservé de plein droit la nationalité française. • Civ. 1re, 30 oct. 2006, n° 04-11.658 P.

5. Algérie. La distinction opérée par l'ord. du 21 juill. 1962 entre personnes de statut civil de droit commun et de droit local n'est pas discriminatoire au sens de l'art. 14 Conv. EDH. • Paris, 30 nov. 1990 : *Rev. crit. DIP 1992. 681, note Lagarde.* ♦ La Cour de cassation a par ailleurs considéré que ces dispositions ne sont pas contraires aux stipulations de la convention sur l'élimination de toutes les formes de discrimination du 7 mars 1966. • Civ. 1re, 25 avr. 2007, n° 04-17.632 P.

6. A défaut d'avoir souscrit la déclaration prévue par l'art. 2 de l'ord. du 21 juill. 1962, le père du demandeur a perdu la nationalité française ; il en va de même pour son fils, alors mineur. • Civ. 1re, 9 janv. 1996, n° 94-13.227 P : *JCP 1996. IV. 488.* ♦ L'effet collectif ainsi prévu ne concernait que les enfants mineurs au moment de la déclaration. • Civ. 1re, 25 avr. 2007 : *préc. note 5.*

7. Pour bénéficier de la reconnaissance de nationalité par filiation, le demandeur doit apporter la preuve de celle-ci ; à défaut de mention du mariage des parents ou de reconnaissance de l'enfant, la filiation n'est pas établie. • Civ. 1re, 17 déc. 1996, n° 94-21.404 P • 14 févr. 2006, n° 05-10.960.

8. Djibouti. Si l'art. 3 de la L. du 20 juin 1977 ne concerne que les personnes domiciliées dans le territoire des Afars et des Issas à la date du 27 juin 1977, il résulte des art. 4 et 5 de la même loi que les personnes originaires du territoire mais n'y étant pas domiciliées ne peuvent se faire reconnaître la nationalité française que moyennant une déclaration faite par elles. • Civ. 1re, 4 nov. 1987, n° 85-11.197 P. ♦ L'art. 3-2 de la L. du 20 juin 1977 ne concerne que les personnes ayant, avant le 27 juin 1977, acquis la nationalité française hors du territoire des Afars et des Issas, c'est-à-dire les personnes qui ont acquis cette nationalité au cours de leur existence, à leur majorité, par mariage ou par naturalisation, et non pas celles auxquelles la nationalité française a été attribuée de plein droit par filiation. • Civ. 1re, 6 déc. 1989, n° 87-15.888 P. ♦ La naissance sur le territoire de la République française ne suffit pas à conférer la qualité d'originaire de ce territoire au sens de l'art. 3.1 de la L. du 20 juin 1977. • Civ. 1re, 13 févr. 1996, n° 94-11.851 P.

9. Comores. Les Français de statut civil de droit local originaires du territoire des Comores qui ont souscrit une déclaration leur permettant de se faire reconnaître la nationalité française ont acquis, et non conservé, la nationalité française ; leurs descendants ne peuvent donc être français que par effet collectif. • Civ. 1re, 13 avr. 2016, n° 15-50.016 : *AJ fam. 2016. 341, note Dionisi-Peyrusse.*

Art. 17-10 *(L. n° 73-42 du 9 janv. 1973)* **Les dispositions de l'article 17-8 s'appliquent, à titre interprétatif, aux changements de nationalité consécutifs aux annexions et cessions de territoires résultant de traités antérieurs au 19 octobre 1945.**

Toutefois, les personnes étrangères qui étaient domiciliées dans les territoires rétrocédés par la France, conformément au Traité de Paris du 30 mai 1814 et qui, à la suite de ce traité, ont transféré en France leur domicile, n'ont pu acquérir, de ce chef, la nationalité française que si elles se sont conformées aux dispositions de la loi du 14 octobre 1814. Les Français qui étaient nés hors des territoires rétrocédés et qui ont conservé leur domicile sur ces territoires n'ont pas perdu la nationalité française, par application du traité susvisé. – *[C. nat., art. 14.]*

Art. 17-11 *(Ord. n° 45-2441 du 19 oct. 1945)* **Sans qu'il soit porté atteinte à l'interprétation donnée aux accords antérieurs, un changement de nationalité ne peut, en aucun cas, résulter d'une convention internationale si celle-ci ne le prévoit expressément.** – *[C. nat., art. 15.]*

Art. 17-12 *(L. n° 73-42 du 9 janv. 1973)* **Lorsqu'un changement de nationalité est subordonné, dans les termes d'une convention internationale, à l'accomplissement d'un acte d'option, cet acte est déterminé dans sa forme par la loi de celui des pays contractants dans lequel il est institué.** – *[C. nat., art. 16.]*

CHAPITRE II *DE LA NATIONALITÉ FRANÇAISE D'ORIGINE*

COMMENTAIRE

Ce chapitre regroupe les dispositions relatives à l'attribution de la nationalité française, mettant ainsi en œuvre le droit du sang (V. art. 18 et 18-1 s'agissant de la filiation) et le droit du sol (naissance et résidence en France, V. art. 19 à 19-4). Des dispositions communes (V. art. 20 à 20-5) régissent en particulier les hypothèses de répudiation de la nationalité française. ❑

SECTION 1 *Des Français par filiation*

Art. 18 *(L. n° 73-42 du 9 janv. 1973)* **Est français l'enfant dont l'un des parents au moins est français.** – *[C. nat., art. 17.]*

COMMENTAIRE

Depuis la loi n° 73-42 du 9 janvier 1973 complétant et modifiant le code de la nationalité française et relative à certaines dispositions concernant la nationalité française, la filiation peut être transmise indifféremment par la mère ou le père. Dans l'état antérieur du droit, le 1° de l'article 1er de la loi du 10 août 1927 mentionnée ci-dessus prévoyait qu'était Français : « Tout enfant légitime né d'un Français en France ou à l'étranger ; » tandis que le 3° du même article prévoyait qu'était Français : « Tout enfant légitime né en France d'une mère française » ; il en résultait une rupture d'égalité puisque ces dispositions avaient pour effet de réserver au père français la transmission de la nationalité française à son enfant légitime né à l'étranger et, corrélativement, de priver l'enfant légitime né à l'étranger d'une mère française du bénéfice d'une telle transmission (Cons. const. 5 oct. 2018, n° 2018-737 QPC : *D. 2018. 1911* ; *AJ fam. 2018. 612* ; *Constitutions 2018. 459*). En outre, selon l'ordonnance n° 2005-759 du 4 juillet 2005, il n'y a plus lieu de distinguer selon qu'il s'agit d'un enfant légitime ou naturel (mais ce sont les textes en vigueur au moment de la naissance de l'enfant qui continuent de s'appliquer). Ces règles s'appliquent également à l'enfant ayant fait l'objet d'une adoption plénière (sur les modes d'établissement de la filiation, V. C. civ., art. 311-14 s.).

Depuis les lois n° 2003-1119 du 26 novembre 2003 et n° 2006-1376 du 14 novembre 2006, l'article 47 du code civil prévoit que « tout acte de l'état civil des Français et des étrangers fait en pays étranger et rédigé dans les formes usitées dans ce pays fait foi, sauf si d'autres actes ou pièces détenus, des données extérieures ou des éléments tirés de l'acte lui-même établissent, le cas échéant après toutes vérifications utiles, que cet acte est irrégulier, falsifié ou que les faits qui y sont déclarés ne correspondent pas à la réalité » (V. notes ss. cet art.).

La preuve de la nationalité du parent concerné s'apprécie à la date de naissance de l'enfant. ❑

1. Pour des applications du présent art. • Civ. 1re, 25 mars 1997, n° 95-12.937 P • 15 févr. 1956 : *Rev. crit. DIP 1957. 273* • 5 mars 1957 : *Rev. crit. 1958. Somm. 761.* ♦ La Cour de cassation a eu l'occasion de rappeler que le lien de filiation visé par le présent art. doit être établi en vertu de la loi désignée par les règles de conflit en matière de filiation et notamment par l'art. 311-14 C. civ. • Civ. 1re, 27 mai 2010 : *D. 2010. 1417 ; AJ fam. 2010. 330, obs. Boiché* • Civ. 1re, 7 nov. 2012, n° 11-20.764 : *D. 2013. 324, chron. Boskovic, Corneloup, Jault-Seseke, Joubert, Parrot.*

2. La Cour de cassation admet l'applicabilité de l'art. 8 Conv. EDH à un contentieux relatif à une action déclaratoire de nationalité française par filiation. • Civ. 1re, 25 avr. 2006, n° 05-16.841 • 12 déc. 2006, n° 05-14.049. ♦ Elle a toutefois écarté les art. 8 (vie privée et familiale) et 14 (non-discrimination dans les droits protégés par la Convention) de la Conv. EDH, l'art. 5 du protocole 7 (égalité des droits des époux) à la Conv. EDH ainsi que l'art. 9 (égalité entre les femmes et les hommes en matière de nationalité) de la Convention des Nations unies pour l'élimination de toutes les formes de discrimination à l'égard des femmes (CEDEF) s'agissant d'un demandeur à l'action déclaratoire de nationalité, né à Pondichéry d'un père français né à Pondichéry et d'une mère née en Inde anglaise et devenue française par mariage. Elle a considéré qu'il résulte des art. 4 et 5 du traité de cession franco-indien du 28 mai 1956, entré en vigueur le 16 août 1962, que la mère a conservé la nationalité française puisqu'elle est née hors des territoires français de l'Inde. En revanche, le père étant né à Pondichéry, il est devenu indien (art. 4) faute d'avoir opté pour la conservation de la nationalité française (art. 5, al. 1er). Le demandeur étant alors mineur, il a perdu la nationalité française puisque, selon l'art. 5, al. 2, du traité, « la déclaration du père ou, si le père est décédé, celle de la mère déterminera la nationalité des enfants non mariés, âgés de moins de 18 ans ». • Civ. 1re, 4 nov. 2020, n° 19-17.559 P : *AJ fam. 2021. 52, note Dionisi-Peyrusse* ; *D. actu. 3 mai 2019, Mélin.*

3. Au regard des art. 8 et 14 Conv. EDH, la seule désignation dans l'acte de naissance du nom d'une femme en tant que mère suffit à établir la filiation maternelle du requérant à l'égard de sa mère française. • Civ. 1re, 20 févr. 2008, n° 07-13.642.

4. Dans le cadre d'une action déclaratoire de nationalité fondée sur les art. 18 et 29-3 C. civ., ni les actes de mariage et de décès de l'ascendant présenté comme français, ni les actes de naissance de ses enfants, ni son livret catholique ne sont de nature à suppléer l'absence de tout acte de naissance probant au sens de l'art. 47 C. civ. • Civ. 1re, 4 nov. 2020, n° 19-18.280 : *AJ fam. 2021. 57*.

5. Dans le cadre d'une action déclaratoire de nationalité fondée sur les art. 18 et 29-3 C. civ., ni les actes de mariage et de décès de l'ascendant présenté comme français, ni les actes de naissance de ses enfants, ni son livret catholique ne sont de nature à suppléer l'absence de tout acte de naissance probant au sens de l'art. 47 C. civ. • Civ. 1re, 4 nov. 2020, n° 19-18.280 P : *AJ fam. 2021. 57*.

6. La nationalité des parents s'apprécie au jour de la naissance de l'enfant. • Civ. 1re, 16 mai 1955 : *JCP 1955. II. 8960* • 19 févr. 1975, n° 73-11.042 P : *JCP 1975. IV. 119.* Le présent art. consacrant un cas d'attribution et non d'acquisition de la nationalité française, c'est la nationalité du parent au jour de naissance de l'enfant et non la nationalité du parent au jour de l'établissement de la filiation qu'il convient de prendre en considération pour déterminer si l'enfant est bien français par filiation. ♦ • Civ. 1re, 17 nov. 2021, n° 20-50.026 : *D. 2021. 2088* ; *ibid. 2022. 244, chron. Boskovic, Corneloup, Jault-Seseke, Joubert et Parrot* ; *AJDA 2022. 724* ; *AJ fam. 2022. 92*

7. La notion de domicile de nationalité s'entend d'une résidence présentant un caractère stable et effectif coïncidant avec le centre des attaches familiales et des occupations de l'intéressé ; le fait d'avoir en 1960 navigué sur des bâtiments battant pavillon français est insuffisant à rapporter la preuve que l'intéressé avait établi en France son domicile au sens du droit de la nationalité au moment de l'accession du Sénégal à l'indépendance. • Civ. 1re, 15 nov. 2017, nos 16-24.855, 16-24.877 et 16-24.878 : *D. 2018. 313, chron. Boskovic, Corneloup, Jault-Seseke, Joubert et Parrot*.

8. Les jugements supplétifs d'actes d'état civil prononcés après la majorité du demandeur sont admis, en raison de leur caractère déclaratif, comme établissant la filiation depuis la naissance. • Civ. 1re, 28 mars 2012, n° 10-31.012 : *D. 2013. 324, chron. Boskovic, Corneloup, Jault-Seseke, Joubert, Parrot* • 8 oct. 2014, n° 13-22.673 : *AJ fam. 2014. 632*.

9. Gestation pour autrui. V. aussi notes 117 s. ss. art. L. 110-1 CESEDA.

10. Une circulaire de la garde des Sceaux a toutefois indiqué que, face à un acte d'état civil établi à l'étranger d'un enfant né d'une mère porteuse et d'un père français, les services compétents accordent des certificats de nationalité française, sous réserve toutefois que l'acte soit probant (art. 47 C. civ.) : Circ. du 25 janv. 2013, NOR : JUSC13011528C ; *AJ fam. 2013. 74.* ♦ La seule circonstance que la naissance d'un enfant à l'étranger ait pour origine un contrat qui est entaché de nullité au regard de l'ordre public français ne peut, sans porter une atteinte disproportionnée à ce qu'implique, en termes de nationalité, le droit de l'enfant au respect de sa vie privée, garanti par l'art. 8 de la Conv. EDH, conduire à priver cet enfant de la nationalité française à laquelle il a droit, en vertu de l'art. 18 C. civ. et sous le contrôle de l'autorité judiciaire, lorsque sa filiation avec un Français est établie ; par suite, en ce qu'elle expose que le seul soupçon de recours à une convention portant sur la procréation ou la gestation pour autrui conclue à l'étranger ne peut suffire à opposer un refus aux demandes de certificats de nationalité française dès lors que les actes d'état civil local attestant du lien de filiation avec un Français, légalisés ou apostillés, sauf dispositions conventionnelles contraires, peuvent être, sous le contrôle de l'autorité judiciaire, regardés comme probants, au sens de l'art. 47, la circulaire attaquée n'est entachée d'aucun excès de pouvoir. • CE 12 déc. 2014, *Assoc. Juristes pour l'enfance et a.*, n° 367324 : *Lebon 382* ; *AJDA 2014. 2451* ; *ibid. 357, note Lepoutre* ; *AJ fam. 2015. 53* • 12 déc. 2014, *M. Larrivé et a.*, n° 365779 : *RFDA 2015. 163, concl. Domino*. ♦ De même, une naissance à l'issue d'une GPA ne peut priver les enfants concernés de l'effet collectif de la naturalisation du parent, dès lors que la filiation a été déclarée légalement dans le pays où a eu lieu la GPA. • CE 31 juill. 2019, n° 411984 A : *AJDA 2019. 1672* ; *ibid. 2246, concl. Odinet* ; *ibid. 2485, chron. Malverti et Beaufils* ; *Rev. crit. DIP 2020. 83, note Jault-Seseke*.

11. La circonstance que la naissance d'un enfant à l'étranger ait pour origine une convention de gestation pour autrui, prohibée par les art. 16-7 et 16-9 C. civ., ne peut, à elle seule, sans porter une atteinte disproportionnée au droit au respect de la vie privée de l'enfant, faire obstacle à la transcription de l'acte de naissance établi par les autorités de l'État étranger, en ce qui concerne le père biologique de l'enfant, ni à la reconnaissance du lien de filiation à l'égard de la mère d'intention mentionnée dans l'acte étranger, laquelle doit intervenir au plus tard lorsque ce lien entre l'enfant et la mère d'intention s'est concrétisé. • Cass., ass. plén., 4 oct. 2019, n° 10-19.053. ♦ Le raisonnement n'a pas lieu d'être différent lorsque c'est un homme qui est désigné dans l'acte de naissance étranger comme « parent d'intention ». • Civ. 1re, 18 déc. 2019, n° 18-12.327 : *D. 2020. 426, note Paricard*.

12. Il se déduit de l'art. 3, § 1, de la Conv. de New York du 20 nov. 1989, de l'art. 8 de la Conv. EDH et de l'art. 47 C. civ., qu'en présence d'une action aux fins de transcription de l'acte de naissance étranger d'un enfant, qui n'est pas une action en reconnaissance ou en établissement de la filiation, ni la circonstance que l'enfant soit né d'une assistance médicale à la procréation ni celle que cet acte désigne la mère ayant accouché et une autre femme en qualité de mère ou de parent ne constituent un obstacle à sa transcription sur les registres français de l'état civil, lorsque l'acte est probant au sens de l'art. 47 C. civ. • Civ. 1re, 18 déc. 2019, n° 18-14.751 : *D. 2020. 426*.

13. Justifie son refus de reconnaître la nationalité française par filiation la cour d'appel qui a retenu que le jugement étranger invoqué supplétif d'acte de naissance ne portait aucune indication ni d'un mariage des parents de l'intéressé ni d'actes de reconnaissance de celui-ci, de sorte que sa filiation n'était pas légalement établie. • Civ. 1re, 17 déc. 1996, n° 94-21.404 P.

14. Gestation pour autrui. V. aussi notes 137 s. ss. art. L. 111-2.

15. Une circulaire de la garde des Sceaux a toutefois indiqué que, face à un acte d'état civil établi à l'étranger d'un enfant né d'une mère porteuse et d'un père français, les services compétents accordent des certificats de nationalité française, sous réserve toutefois que l'acte soit probant (art. 47 C. civ.) : Circ. du 25 janv. 2013, *NOR : JUSC13011528C ; AJ fam. 2013. 74*. ♦ La seule circonstance que la naissance d'un enfant à l'étranger ait pour origine un contrat qui est entaché de nullité au regard de l'ordre public français ne peut, sans porter une atteinte disproportionnée à ce qu'implique, en termes de nationalité, le droit de l'enfant au respect de sa vie privée, garanti par l'art. 8 de la Conv. EDH, conduire à priver cet enfant de la nationalité française à laquelle il a droit, en vertu de l'art. 18 C. civ. et sous le contrôle de l'autorité judiciaire, lorsque sa filiation avec un Français est établie ; par suite, en ce qu'elle expose que le seul soupçon de recours à une convention portant sur la procréation ou la gestation pour autrui conclue à l'étranger ne peut suffire à opposer un refus aux demandes de certificats de nationalité française dès lors que les actes d'état civil local attestant du lien de filiation avec un Français, légalisés ou apostillés sauf dispositions conventionnelles contraires, peuvent être, sous le contrôle de l'autorité judiciaire, regardés comme probants, au sens de l'art. 47, la circulaire attaquée n'est entachée d'aucun excès de pouvoir. • CE 12 déc. 2014, *Assoc. Juristes pour l'enfance et a.*, n° 367324 : *Lebon 382 ; AJDA 2014. 2451 ; AJDA 2015. 357, note Lepoutre ; AJ fam. 2015. 53* • 12 déc. 2014, *M. Larrivé et a.*, n° 365779 : *RFDA 2015. 163, concl. Domino*. ♦ De même, une naissance à l'issue de GPA ne peut priver les enfants concernés de l'effet collectif de la naturalisation du parent, dès lors que la filiation a été déclarée légalement dans le pays où a eu lieu la GPA. • CE 31 juill. 2019, n° 411984 : *Lebon 348, concl. Odinet ; AJDA 2019. 1672 ; ibid. 2246, concl. Odinet ; ibid. 2485, chron. Malverti et Beaufils ; Rev. crit. DIP 2020. 83, note Jault-Seseke*.

16. La circonstance que la naissance d'un enfant à l'étranger ait pour origine une convention de gestation pour autrui, prohibée par les art. 16-7 et 16-9 C. civ., ne peut, à elle seule, sans porter une atteinte disproportionnée au droit au respect de la vie privée de l'enfant, faire obstacle à la transcription de l'acte de naissance établi par les autorités de l'État étranger, en ce qui concerne le père biologique de l'enfant, ni à la reconnaissance du lien de filiation à l'égard de la mère d'intention mentionnée dans l'acte étranger, laquelle doit intervenir au plus tard lorsque ce lien entre l'enfant et la mère d'intention s'est concrétisé. • Cass., ass. plén., 4 oct. 2019, n° 10-19.053. ♦ Le raisonnement n'a pas lieu d'être différent lorsque c'est un homme qui est désigné dans l'acte de naissance étranger comme « parent d'intention ». • Civ. 1re, 18 déc. 2019, n° 18-12.327 : *D. 2020. 426, note Paricard*.

17. Il se déduit de l'art. 3, § 1, de la Convention de New York du 20 nov. 1989, de l'art. 8 de la Conv. EDH et de l'art. 47 C. civ. qu'en présence d'une action aux fins de transcription de l'acte de naissance étranger d'un enfant, qui n'est pas une action en reconnaissance ou en établissement de la filiation, ni la circonstance que l'enfant soit né d'une assistance médicale à la procréation ni celle que cet acte désigne la mère ayant accouché et une autre femme en qualité de mère ou de parent ne constituent un obstacle à sa transcription sur les registres français de l'état civil, lorsque l'acte est probant au sens de l'art. 47 C. civ. • Civ. 1re, 18 déc. 2019, n° 18-14.751 : *D. 2020. 426*.

Art. 18-1 *(L. n° 93-933 du 22 juill. 1993)* **« Toutefois, si un seul des parents est français, l'enfant qui n'est pas né en France a la faculté de répudier la qualité de Français dans les six mois précédant sa majorité et dans les douze mois la suivant. »**

(L. n° 73-42 du 9 janv. 1973) **Cette faculté se perd si le parent étranger ou apatride acquiert la nationalité française durant la minorité de l'enfant.** – *[C. nat., art. 19.] – V. infra, Décr. n° 93-1362 du 30 déc. 1993, art. 22.*

COMMENTAIRE

Il convient de noter à titre liminaire que la répudiation de nationalité est impossible lorsque les deux parents sont de nationalité française. Il en va de même, en présence d'un seul parent français, si l'enfant est né en France. Par ailleurs, en application de l'article 20-2, l'intéressé peut renoncer explicitement à sa faculté de répudiation à partir de l'âge de 16 ans ; il en va de même, mais de façon cette fois implicite, lorsque l'intéressé s'est soumis aux obligations tirées du code du service national dont l'article L. 113-3, alinéa 2, prévoit que l'obligation du recensement, pour les personnes qui bénéficient de la faculté de répudier ou de décliner la nationalité française en vertu des articles 18-1, 19-4, 21-8 et 22-3 et qui n'y ont pas renoncé, est reportée jusqu'à l'expiration du délai ouvert pour exercer cette faculté.

Pour exercer la faculté de répudiation de la qualité de français qui lui est ouverte au présent article, l'enfant français, qui n'est pas né en France et dont un seul des parents est français, doit souscrire, entre 17 ans et demi et 19 ans, la déclaration prévue à l'article 20-2 accompagnée des pièces suivantes : un extrait de son acte de naissance ; un certificat délivré par les autorités du pays dont il se réclame, établissant qu'il a, par filiation, la nationalité de ce pays ; tous documents émanant des bureaux du service national établissant qu'il n'a pas contracté d'engagement dans les armées françaises ; le certificat de nationalité française, les actes de l'état civil ou tous documents émanant des autorités françaises de nature à établir qu'il est français par filiation et toutes pièces permettant d'apprécier que le parent étranger ou apatride n'a pas acquis la nationalité française (V. *infra*, Décr. n° 93-1362 du 30 déc. 1993, art. 22). ❑

L'art. 19-3 est applicable à un enfant dont les deux parents sont étrangers, mais dont l'un est né en France. L'enfant né en France d'un père britannique et d'une mère française, elle-même née en France, qui est français par sa mère en application de l'art. 18 et auquel la faculté de répudiation est refusée par l'art. 18-1, ne peut donc se prévaloir de l'art. 19-4 pour répudier la nationalité française. • TGI Albertville, 5 mars 1991 : *D. 1991. 518, note Guiho*.

SECTION 2 *Des Français par la naissance en France*

Art. 19 *(L. n° 73-42 du 9 janv. 1973)* **Est français l'enfant né en France de parents inconnus.**

Toutefois, il sera réputé n'avoir jamais été français si, au cours de sa minorité, sa filiation est établie à l'égard d'un étranger et s'il a, conformément à la loi nationale de son auteur, la nationalité de celui-ci. – *[C. nat., art. 21.]*

COMMENTAIRE

Conformément au droit international, il convient de limiter le plus possible les cas d'apatridie ; c'est dans cet esprit que les articles 19 et 19-1 prévoient, par dérogation aux règles normales d'attribution de la nationalité, que la naissance en France suffit pour reconnaître la nationalité française de l'enfant né de parents inconnus, apatrides ou de parents étrangers auxquels les lois étrangères de nationalité ne permettent en aucune façon de se voir transmettre la nationalité de l'un ou l'autre de ses parents. C'est ainsi tout à fait logiquement que ces mêmes dispositions indiquent que l'enfant concerné sera réputé n'avoir jamais été français s'il a acquis une autre nationalité au cours de sa minorité. ❑

Art. 19-1 *(L. n° 73-42 du 9 janv. 1973)* **Est français :**

1° L'enfant né en France de parents apatrides ;

2° L'enfant né en France de parents étrangers *(L. n° 2003-1119 du 26 nov. 2003)* **« pour lequel les lois étrangères de nationalité ne permettent en aucune façon qu'il se voie transmettre la nationalité de l'un ou l'autre de ses parents ».** – *[C. nat., art. 21-1.]*

(L. n° 98-170 du 16 mars 1998) **« Toutefois, il sera réputé n'avoir jamais été français si, au cours de sa minorité, la nationalité étrangère acquise ou possédée par l'un de ses parents vient à lui être transmise. »** – *Entrée en vigueur le 1er sept. 1998.*

Ancien art. 19-1, 2° ***L'enfant né en France de parents étrangers et à qui n'est attribuée par les lois étrangères la nationalité d'aucun des deux parents.***

COMMENTAIRE

L'hypothèse visée au 2° de l'article 19-1 résulte de l'application des lois étrangères qui n'attribuent pas la nationalité du ou des parents à certains enfants. Cette disposition vise à éviter que les parents ne choisissent délibérément de ne pas transmettre leur nationalité à leur enfant. Il revient aux parents concernés de produire une attestation au juge d'instance de leur résidence établissant cette impossibilité. En cas de doute, le juge peut saisir pour avis le bureau de la nationalité auprès du ministère de la Justice.

Ceci concerne en particulier les pays de droit musulman qui n'attribuent pas de nationalité aux enfants nés hors mariage, la filiation naturelle et la reconnaissance par le père n'étant pas reconnues. C'est le cas également s'agissant des pays ne pratiquant que le droit du sol (par exemple, pays d'Amérique latine).

Cet article pose des difficultés particulières de mise en œuvre dès lors qu'il suppose notamment l'interprétation des lois étrangères relatives aux conditions d'attribution de la nationalité, en particulier aux enfants nés hors mariage. Si la loi étrangère attribue formellement la nationalité mais que cette possibilité est en réalité inapplicable en pratique, la position des juridictions françaises n'est pas univoque. ❑

1. Pour la notion d'enfant né de parents apatrides. • Paris, 13 avr. 1972 : *JDI 1972. 817, note Aymond ; Rev. crit. DIP 1972. 605, note Lagarde* • Civ. 1re, 8 janv. 1974 : *JDI 1974. 577.*

2. Enfant n'ayant la nationalité d'aucun de ses deux parents : V. • Civ. 1re, 18 juill. 2000, n° 98-15.265 P • 14 nov. 2000 : *RJPF 2001-2/13, obs. Putman* • Paris, 4 avr. 2002 : *BICC 1er févr. 2003, n° 119.* ♦ Par exemple, un enfant naturel né en France d'une mère algérienne et d'un père marocain, lequel le reconnaît au moment de la naissance, n'a pas la nationalité algérienne en application de l'art. 6 du code algérien de la nationalité tant de son père que de sa mère et n'a pas non plus la nationalité marocaine de son père puisque la loi marocaine applicable au cas particulier ignorait la filiation naturelle. • TGI Avesnes-sur-Helpe, 21 mars 1975 : *JDI 1976. 659, note Aymond ; Rev. crit. DIP 1975. 623, note Lagarde.* ♦ Rappr. • Paris, 27 oct. 1989 : *JCP 1991. IV. 428.*

3. La nationalité de l'enfant s'apprécie à la date de naissance de celui-ci. • Civ. 1re, 30 sept. 2003, n° 01-17.092.

4. Les dispositions du présent art. ne trouvent pas à s'appliquer lorsque les parents, par pure convenance personnelle, n'effectuent pas les démarches nécessaires pour que leur enfant puisse se voir conférer leur nationalité. • Poitiers, 3 déc. 2001, n° 00/1485.

5. Le présent art. donne lieu à une jurisprudence hétérogène reposant sur les conditions d'interprétation des lois étrangères ; certaines juridictions s'attachent à la possibilité effective de l'enfant de bénéficier de la nationalité de l'un de ses parents pour estimer le présent art. applicable. • Versailles, 22 juin 2000, n° 97/4742. ♦ Jugé ainsi par exemple que bénéficiait des dispositions de l'art. 19-1, 2 l'enfant née en France, hors mariage d'un père égyptien et d'une mère tunisienne, dès lors que la loi tunisienne n'attribue cette nationalité qu'à l'enfant né d'une mère tunisienne et d'un père « inconnu », condition qui n'était pas satisfaite en l'espèce. • Civ. 1re, 18 avr. 2000, n° 97-15.695. ♦ Dès lors que les deux lois étrangères en présence n'accordaient à l'enfant la nationalité d'aucun de ses parents, la Cour de cassation ne contrôle pas, sous réserve de dénaturation, l'application de la loi étrangère. • Civ. 1re, 18 juill. 2000 : *préc. note 2.*

6. D'autres juridictions font une lecture plus stricte des lois étrangères ; par exemple, l'enfant né d'une mère marocaine qui disposait d'une action en justice permettant l'inscription de l'enfant sur les registres de l'état civil marocain, n'est « en aucune façon » dans l'impossibilité de se voir transmettre la nationalité de sa mère. • Paris, 16 déc. 2004, n° 2004/9200 • Grenoble, 19 avr. 2000, n° 98/4603. ♦ Si la législation étrangère prévoit un droit du sol exclusif tout en aménageant la possibilité d'inscription d'un enfant né à l'étranger sur les registres de l'état civil, le 2° du présent art. ne peut recevoir application. • Paris, 16 déc. 2004, n° 2003/22396.

7. La Cour de cassation a jugé que ne pouvaient bénéficier des dispositions du présent art. les demandeurs, chrétiens égyptiens bénéficiant du statut de réfugiés politiques, qui produisent un certificat du consulat général d'Égypte à Paris selon lequel la nationalité égyptienne ne peut être transmise à l'enfant par son père que si ce dernier s'est officiellement marié devant les autorités égyptiennes compétentes ; en effet, la loi égyptienne répute égyptien tout enfant né d'un père égyptien, sans condition quant au mariage des parents. • Civ. 1re, 17 déc. 2008, n° 08-11.864.

8. La légitimation adoptive par des Français de statut civil de droit local ne peut faire perdre à l'enfant mineur le statut de droit commun qui lui a été attribué à sa naissance, en même temps que la nationalité française, étant né de parents inconnus. • Civ. 1re, 26 oct. 2011 : D. 2001. 2278 ; Dr. fam. 2011. n° 177, Neirinck ; AJ fam. 2012. 52, obs. Viganotti.

Art. 19-2 *(L. n° 73-42 du 9 janv. 1973)* **Est présumé né en France l'enfant dont l'acte de naissance a été dressé conformément à l'article 58 du présent code.** – *[C. nat., art. 22.]*

Art. 19-3 *(L. n° 73-42 du 9 janv. 1973)* **Est français l'enfant né en France lorsque l'un de ses parents au moins y est lui-même né.** – *[C. nat., art. 23.] – V. L. n° 73-42 du 9 janv. 1973, art. 23.*

COMMENTAIRE

Il s'agit de l'application du régime dit « du double droit du sol », qui remonte à la loi du 7 février 1851 et qui présume l'intégration de l'enfant, ceci expliquant l'attribution de la nationalité française dès la naissance pour les enfants légitimes, naturels ou ayant fait l'objet d'une adoption plénière. On observera que l'article 20-5 exclut logiquement de cette attribution les enfants de diplomates. La faculté de répudiation (art. 19-4) n'existe que lorsqu'un seul des deux parents est né en France.

L'article 23 de la loi n° 73-42 du 9 janvier 1973 dans sa rédaction issue de la loi du 22 juillet 1993 prévoit en outre que les articles 19-3 et 19-4 sont applicables à l'enfant né en France avant le 1er janvier 1994 d'un parent né sur le territoire qui avait, au moment de la naissance de ce parent, le statut de colonie ou de territoire d'outre-mer de la République française. La même solution s'applique à l'enfant né en France d'un parent né sur le territoire des anciens départements français d'Algérie avant le 3 juillet 1962 ainsi qu'à l'enfant né à Mayotte ou dans les îles Wallis-et-Futuna d'un parent né sur un territoire qui avait, au moment de la naissance de ce parent, le statut de colonie ou de territoire d'outre-mer de la République française et qui est demeuré depuis cette date un territoire de la République française :

Pays anciennement sous souveraineté française	Date de l'indépendance
Algérie	3 juill. 1962 *(Algérie, date d'effet de l'indépendance sur la nationalité : 1er janv. 1963)*
Bénin (ex-Dahomey)	1er août 1960
Burkina Faso (ex-Haute-Volta)	5 août 1960
Centrafrique (ex-Oubangui-Chari)	13 août 1960
Cochinchine (ex-Sud-Viêt Nam) et villes de Hanoï, Haïphong et Tourane	16 août 1955
Comores	31 déc. 1976 *(Comores, date d'effet de l'indépendance sur la nationalité : 11 avr. 1976)*
Congo (Congo-Brazzaville)	15 août 1960
Côte d'Ivoire	7 août 1960
Djibouti (ex-Côte française des Somalis, puis Territoire français des Afars et des Issas)	27 juin 1977
Gabon	17 août 1960
Guinée	1er oct. 1958
Madagascar	26 juin 1960
Mali (ex-Soudan)	20 juin 1960

Pays anciennement sous souveraineté française	Date de l'indépendance
Mauritanie	28 nov. 1960
Niger	3 août 1960
Sénégal	20 juin 1960
Tchad	11 août 1960
Chandernagor	2 févr. 1951 *(Chandernagor, date d'effet de l'indépendance sur la nationalité : 9 juin 1952)*
Karikal, Mahé, Pondichéry et Yanaon	28 mai 1956 *(Karikal, Mahé, Pondichéry et Yanaon, date d'effet de l'indépendance sur la nationalité : 16 août 1962)*

Ces règles ne s'appliquent pas aux territoires anciennement sous tutelle ou protectorat (Cambodge, Cameroun, Laos, Maroc, Togo et Tunisie). ❑

Art. 19-4 *(L. nº 93-933 du 22 juill. 1993)* **« Toutefois, si un seul des parents est né en France, l'enfant français, en vertu de l'article 19-3, a la faculté de répudier cette qualité dans les six mois précédant sa majorité et dans les douze mois la suivant. »**

(L. nº 73-42 du 9 janv. 1973) **Cette faculté se perd si** *(L. nº 93-933 du 22 juill. 1993)* **« l'un des parents » acquiert la nationalité française durant la minorité de l'enfant.** – *[C. nat., art. 24.] – V. L. nº 73-42 du 9 janv. 1973, art. 23, et Décr. nº 93-1362 du 30 déc. 1993, art. 23.*

COMMENTAIRE

Pour exercer la faculté de répudiation de la qualité de Français qui lui est ouverte par l'article 19-4, l'enfant français, né en France, lorsqu'un seul de ses parents y est lui-même né, doit souscrire, dans les six mois précédant sa majorité ou dans les douze mois la suivant, la déclaration accompagnée des pièces suivantes : un extrait de son acte de naissance ; un certificat délivré par les autorités du pays dont il se réclame, établissant qu'il a, par filiation, la nationalité de ce pays ; tous documents émanant des bureaux du service national établissant qu'il n'a pas contracté d'engagement dans les armées françaises ; le certificat de nationalité française, les actes de l'état civil ou tous documents émanant des autorités françaises de nature à établir qu'il est français en vertu de l'article 19-3 et qu'il remplit la condition posée par l'article 19-4 ; toute pièce permettant d'apprécier que le parent étranger ou apatride n'a pas acquis la nationalité française (Décr. nº 93-1362 du 30 déc. 1993, art. 23).

La procédure est identique à celle régie par l'article 18-1 ci-dessus. ❑

SECTION 3 *Dispositions communes*

Art. 20 *(L. nº 73-42 du 9 janv. 1973)* **L'enfant qui est français en vertu des dispositions du présent chapitre est réputé avoir été français dès sa naissance, même si l'existence des conditions requises par la loi pour l'attribution de la nationalité française n'est établie que postérieurement.**

(L. nº 76-1179 du 22 déc. 1976) **« La nationalité de l'enfant qui a fait l'objet d'une adoption plénière est déterminée selon les distinctions établies aux articles 18 et 18-1, 19-1, 19-3 et 19-4 ci-dessus. »**

Toutefois, l'établissement de la qualité de Français postérieurement à la naissance ne porte pas atteinte à la validité des actes antérieurement passés par l'intéressé ni aux droits antérieurement acquis à des tiers sur le fondement de la nationalité apparente de l'enfant. – *[C. nat., art. 26.]*

COMMENTAIRE

L'article 20 constitue la mise en œuvre des dispositions de l'article 17-1 fixant l'effet rétroactif de l'attribution de la nationalité française à la date de naissance de l'enfant.

En application de l'alinéa 2 du présent article, une distinction est opérée selon la nature de l'adoption : en cas d'adoption plénière, ce sont les règles de droit commun (V. *supra*, art. 18 s.) qui s'appliquent ; en revanche, en cas d'adoption simple, ce sont les dispositions spéciales de l'article 21-12 qui s'appliquent. S'agissant de l'adoption prononcée à l'étranger, elle produit en principe les mêmes effets que ceux prévus par la loi française, sous la seule réserve d'un contrôle de sa régularité à l'initiative du procureur de la République. L'adoption prononcée à l'étranger ne pourra être assimilée à une adoption plénière qu'à la double condition de la rupture complète des liens avec la famille d'origine et de l'irrévocabilité de la filiation (V. C. civ., art. 370-3 à 370-5). On rappellera en particulier que les juridictions françaises considèrent que l'acte dit de *kafala* ne produit pas les mêmes effets que l'adoption plénière. ❑

1. Seule l'adoption plénière produit effet de plein droit sur la nationalité de l'adopté. La loi étrangère qui maintient les droits de l'adopté dans la succession de ses parents d'origine, autorise l'adoption de majeurs et prévoit une possibilité de révocation ne constitue pas une adoption plénière au sens du droit français mais correspond à une adoption simple. La possession d'état de français ne produit aucun effet de plein droit en matière de nationalité et peut seulement fonder la souscription d'une déclaration acquisitive de nationalité (application de l'art. 37-1 C. nat.). • Paris, 31 mai 1990 : *D. 1991. 248, note Lagarde*.

2. L'enfant né en France et faisant l'objet d'une adoption plénière par un étranger né en France se voit attribuer la nationalité française d'origine. Est impérative la règle selon laquelle la décision qui prononce une adoption plénière doit mentionner le lieu de naissance réel de l'adopté. Doit donc être écartée la loi roumaine qui attribue comme lieu de naissance fictif celui du domicile des adoptants. • Civ. 1re, 12 nov. 1986 : *Rev. crit. DIP 1987. 557, note Poisson-Drocourt ; JDI 1987. 322, note Gaudemet-Tallon ; D. 1987. 157, note Massip* • 20 nov. 1990 : *Gaz. Pal. 1991. 1. Somm. 153, obs. Massip* • 19 nov. 1991 : *JCP 1992. IV. 280 ; Gaz. Pal. 1992. 1. Pan. 66.*

3. Dans l'hypothèse où la loi personnelle de l'enfant mineur interdit l'adoption (comme c'est le cas des pays musulmans), l'adoption ne peut être prononcée (même en présence d'un acte de *kafala*) sauf si le mineur est né et réside habituellement en France. • Civ. 1re, 10 oct. 2006, n° 06-15.264 P. ♦ En effet, selon une jurisprudence constante, la *kafala* ne crée aucun lien de filiation entre l'enfant et les personnes qui le prennent en charge. • Civ. 1re, 10 oct. 2006, n° 06-15.265 P.

4. Si les al. 2 et 3 du présent art. limitent les effets de l'adoption plénière en matière de nationalité, « ces textes ne visent que les cas de répudiation de la nationalité française et d'attribution de la nationalité du fait de la naissance en France ». En l'espèce, ces limitations n'étaient donc pas applicables, l'enfant adopté étant né à l'étranger et sa mère adoptive n'ayant pas usé de sa faculté de répudiation. La nationalité de l'adoptant doit s'apprécier au jour du dépôt de la requête en adoption plénière, même si l'existence des conditions requises par la loi pour l'attribution de la nationalité française n'a été établie que postérieurement. • Civ. 1re, 13 févr. 2019, n° 18-50.012 : *AJ fam. 2019. 153 ; RTD civ. 2019. 01, obs. Leroyer*.

Art. 20-1 *(L. n° 73-42 du 9 janv. 1973)* **La filiation de l'enfant n'a d'effet sur la nationalité de celui-ci que si elle est établie durant sa minorité.** – *[C. nat., art. 29.]*

BIBL. ▸ Égalité des filiations et nationalité. Note sous Cons. const. 21 oct. 2011, n° 2011-186/187/188/189 QPC : *Rev. crit. DIP 2012. 285, note Lagarde ; AJ fam. 2011. 608, obs. Viganotti ; RTD. civ. 2012. 107, obs. Hauser.*

COMMENTAIRE

L'article 20-1 constitue une application du principe de sécurité juridique et vise à permettre l'établissement de la nationalité le plus tôt possible tout en fixant l'irrévocabilité de celle-ci une fois la majorité atteinte. A cet égard, la réforme de la filiation issue de l'ordonnance n° 2005-759 du 4 juillet 2005 (art. 20-II-6°) est sans effet sur la nationalité des personnes majeures à la date de son entrée en vigueur. Ceci a été confirmé par le Conseil constitutionnel (Décis. du 21 oct. 2011, nos 2011-186/187/188/189 QPC).

La majorité s'entend au sens de la loi française, soit 18 ans. En cas de reconnaissance de nationalité française, celle-ci est rétroactive à la naissance de l'enfant. L'établissement de la filiation postérieurement à la majorité est sans influence sur la nationalité. ❑

1. Loi applicable à l'établissement de la filiation. La filiation est établie selon la loi désignée par les art. 311-14 s. C. civ. (ou par le droit conventionnel applicable, le cas échéant). • Civ. 1re, 11 juin 1996, n° 94-12.926 P : *D. 1997. 3, note Monéger ; Rev. crit. DIP 1997. 291, note Lequette*. ♦ Une personne est française comme née d'une mère française de statut civil de droit commun, la désignation de cette dernière, dont la nationalité française n'est pas contestée, dans son acte de naissance suffisant à établir sa filiation à son égard par application de sa loi personnelle et l'art. 20-1 C. civ. étant sans application dès lors qu'un jugement algérien supplétif, faisant état du mariage non transcrit de ses parents, bien que prononcé après sa majorité, constate, en raison de son caractère déclaratif, un mariage célébré avant sa naissance. • Civ. 1re, 17 déc. 2010 : *D. 2011. 381* ; *Dr. fam. avr. 2011, no 55, note Neirinck ; Rev. crit. DIP 2011. 49*.

2. La Cour de cassation a considéré que ces dispositions étaient applicables à l'établissement de la filiation par la possession d'état de français. • Civ. 1re, 2 mai 2001 : *D. 2002. Somm. 1876, obs. Le Doujet-Thomas*. – V. aussi • Civ. 1re, 9 janv. 2007, no 06-11.507 P.

3. *Nationalité acquise.* L'art. 20-1 n'est applicable qu'en matière d'attribution, et non d'acquisition, de la nationalité française. • Civ. 1re, 17 juin 1980 : *Rev. crit. DIP 1981. 73, note Lagarde* • Paris, 10 mai 1985 : *JDI 1985. 915, note Gaudemet-Tallon.*

4. *Enfant majeur.* L'acte de reconnaissance établi par un père postérieurement à la majorité de son fils, s'il établit sa filiation, ne peut avoir, eu égard à l'art. 20-1, aucune incidence sur la nationalité. • Civ. 1re, 9 janv. 2007 : *préc. note 2.* ♦ En revanche, la Cour de cassation a confirmé le caractère déclaratif d'un jugement supplétif qui fait foi de la filiation de l'enfant dès sa naissance et produit des effets quant à la nationalité alors même qu'il a été rendu après la majorité de l'enfant. • Civ. 1re, 17 déc. 2010, no 09-13.957. ♦ Une cour d'appel justifie légalement sa décision de rejet d'une demande en reconnaissance de nationalité française par filiation en relevant que la filiation maternelle de l'intéressé, établie par la mention du nom de sa mère dans l'acte de naissance, était sans effet sur sa nationalité du fait de sa majorité à la date d'entrée en vigueur de l'ordonnance no 2005-759 du 4 juill. 2005, conformément aux dispositions de l'art. 20 II, 6°, de ce texte. • Civ. 1re, 17 déc. 2010 : *AJ fam. 2011. 105, obs. M. Douris* ; *AJCT 2011. 139, obs. Gallmeister* ; *Rev. crit. DIP 2011. 107, note Lagarde* • Civ. 1re, 30 sept. 2020, no 19-17.796 P : *D. 2020. 1953* • Civ. 1re, 30 sept. 2020, no 19-17.796 : *D. 2020. 1953*.

5. « Si la filiation a été légalement établie avec un parent français durant la minorité de l'enfant, l'enfant est français. Que l'acte de naissance soit transcrit ou non sur les registres de l'état civil français est sans incidence sur la filiation. Si l'enfant est français, il peut solliciter la délivrance d'un certificat de nationalité française (CNF) qui prouvera sa nationalité française. En tant que Français, il peut venir et s'installer en France sans formalités particulières. Si la filiation avec le parent français a été établie une fois la majorité acquise, l'enfant ne peut en revanche pas prétendre à la nationalité française en application de l'art. 20-1 C. civ. Dans ce cas, la venue et le séjour en France sont subordonnés à la délivrance d'un visa et soumis aux règles de droit commun de l'entrée et du séjour des étrangers en France, qui relèvent de la compétence du ministère de l'Intérieur ». * Rép. min. no 14345 : *JOAN 26 févr. 2019 ; AJ fam. 2019. 110.*

6. La reconnaissance de la mère, intervenant après la majorité de l'enfant, est un aveu de maternité qui corrobore rétroactivement l'indication du nom de la mère figurant dans la reconnaissance du père, faite pendant la minorité de l'enfant. Doit donc être attribuée la nationalité française à l'enfant naturel d'un père étranger et d'une mère française. • TGI Créteil, 21 mai 1981 : *JCP 1982. IV. 354.* ♦ Jugé, toutefois, que l'acte de notoriété constatant la possession d'état d'enfant naturel d'une mère française est sans effet sur la nationalité de l'enfant dès lors que l'acte est dressé après la majorité de l'enfant alors même que la possession d'état était déjà constituée durant sa minorité. • Cass., ass. plén., 20 nov. 1992, no 90-15.348 P : *JCP 1993. II. 22054, note Monéger ; D. 1993. 265, note Guiho* ; *Rev. crit. DIP 1993. Somm. 710.* ♦ Selon l'art. 20-II-6° de l'Ord. du 4 juill. 2005, les dispositions de ce texte, entré en vigueur le 1er juill. 2006, n'ont pas d'effet sur la nationalité des personnes majeures à cette date ; en conséquence, la filiation maternelle de l'intéressée, en ce qu'elle est établie par la mention du nom de la mère dans l'acte de naissance, est sans effet du fait de sa majorité à la date d'entrée en vigueur de l'ordonnance ; cependant sa possession d'état d'enfant établit sa filiation maternelle depuis sa minorité et sa nationalité française. • Paris, 17 mars 2011, no 10/11549 : *Dr. fam. 2011, no 169, note Neirinck.*

7. *Analyse génétique.* Si une analyse génétique ne peut en elle-même servir à établir la nationalité française d'une personne ayant agi aux fins de se voir reconnaître, ainsi qu'à ses enfants mineurs, la nationalité française sur le fondement de l'art. 18 du code civil pour être née d'un père français, elle permet à tout le moins de s'assurer de la sincérité d'un jugement supplétif qui, en raison de son caractère déclaratif, établit, même s'il est prononcé postérieurement à sa majorité, la filiation de la demanderesse depuis sa naissance à l'égard d'un père dont la nationalité française n'est pas contestée. • Civ. 1re, 17 déc. 2010 : *D. 2011. 160* ; *AJ fam. 2011. 105* ; *AJCT 2011. 139, obs. Gallmeister* ; *Rev. crit. DIP 2011. 107, note Lagarde*.

8. *Irrégularité de l'extrait d'acte de naissance.* Dès lors que l'extrait d'acte de naissance établi à l'étranger était irrégulier, l'état civil de l'enfant, entaché d'irrégularité, ne permettait pas de l'identifier avec certitude, en sorte que la reconnaissance souscrite auprès de la mairie de

Saint-Pierre de La Réunion ne pouvait produire aucun effet acquisitif de nationalité. • Civ. 1re, 15 mai 2013, n° 12-15.616 : *AJ fam. 2013. 380, obs. Le Gac-Pech ; D. 2013. 1209*.

Art. 20-2 *(L. n° 93-933 du 22 juill. 1993)* **Le Français qui possède la faculté de répudier la nationalité française dans les cas visés au présent titre peut exercer cette faculté par déclaration souscrite conformément aux articles 26 et suivants.**

Il peut renoncer à cette faculté à partir de l'âge de seize ans dans les mêmes conditions. – *V. infra, Décr. n° 93-1362 du 30 déc. 1993, art. 22 à 24.*

COMMENTAIRE

Pour souscrire la déclaration de renonciation prévue au dernier alinéa de l'article 20-2, le déclarant doit produire les documents suivants : un extrait de son acte de naissance ; un certificat délivré par les autorités du pays dont il se réclame, établissant qu'il a, par filiation, la nationalité de ce pays ; tous documents émanant des bureaux du service national établissant qu'il n'a pas contracté d'engagement dans les armées françaises ; le certificat de nationalité française, les actes de l'état civil ou tous documents émanant des autorités françaises de nature à établir qu'il est français en vertu de l'article 19-3 et qu'il remplit la condition posée par l'article 19-4 (Décr. n° 93-1362 du 30 déc. 1993, art. 24).

A noter que depuis le 1er janvier 2010 (L. n° 2009-526 du 12 mai 2009), la déclaration est reçue par le greffier en chef du tribunal d'instance si elle est souscrite en France (sur le régime juridique de la déclaration, V. art. 26 s.). ❑

Art. 20-3 *(L. n° 73-42 du 9 janv. 1973)* **Dans les cas visés à l'article précédent, nul ne peut répudier la nationalité française s'il ne prouve qu'il a par filiation la nationalité d'un pays étranger.** – *[C. nat., art. 31.]*

COMMENTAIRE

Comme dans le cas des articles 19 et suivants, l'article 20-3 vise à éviter l'apparition de cas d'apatridie puisqu'il subordonne la répudiation à la preuve rapportée par l'étranger de sa nationalité étrangère. ❑

Art. 20-4 *(L. n° 98-170 du 16 mars 1998)* **Le Français qui contracte un engagement dans les armées françaises perd la faculté de répudiation.**

Ancien art. 20-4 *(L. n° 93-933 du 22 juill. 1993)* ***« Le Français »*** *(L. n° 73-42 du 9 janv. 1973)* ***qui contracte un engagement dans les armées françaises ou celui qui participe volontairement aux opérations de recensement en vue de l'accomplissement du service national perd la faculté de répudiation.***

Une personne âgée de 16 ans qui se présente seule, volontairement, sur convocation administrative aux opérations de recensement sans opposer son extranéité, en l'absence de consentement éclairé sur les conséquences de sa signature au regard de sa nationalité, ne perd pas, au regard de l'ancien art. 20-4, la faculté de décliner la qualité de français. • Civ. 1re, 16 juin 1992 : *D. 1993. 309, note Guiho ; JCP 1992. IV. 2384 ; Rev. crit. DIP 1993. Somm. 707.*

Art. 20-5 *(L. n° 73-42 du 9 janv. 1973)* **Les dispositions contenues dans les articles 19-3 et 19-4 ne sont pas applicables aux enfants nés en France des agents diplomatiques ou des consuls de carrière de nationalité étrangère.** – *[C. nat., art. 33, al. 1er.]*

(L. n° 93-933 du 22 juill. 1993) **« Ces enfants ont toutefois la faculté d'acquérir volontairement la qualité de Français conformément aux dispositions »** *(L. n° 98-170 du 16 mars 1998)* **« de l'article 21-11 ci-après ».** – *Entrée en vigueur le 1er janv. 1994.*

COMMENTAIRE

On sait que les agents diplomatiques et consulaires ne sont pas soumis au droit commun des étrangers dans l'État dans lequel ils assurent leur mission (V. CESEDA, ndlr ss. art. L. 110-6). Il en va de même s'agissant de l'attribution de la nationalité française par filiation et par naissance en France (art. 19-3), qui ne s'applique pas à eux. Ce principe n'exclut toutefois pas la possibilité d'acquisition de la nationalité française (art. 21-11). ❑

Un vice-consul figure au nombre des personnes visées au présent art., de sorte que son enfant ne peut bénéficier de l'art. 19-3. • Civ. 1re, 29 mai 2013, n° 12-18.513 : *D. 2014. 445*.

CHAPITRE III *DE L'ACQUISITION DE LA NATIONALITÉ FRANÇAISE*

V. Instr. du 30 mars 2015 relative à l'acquisition de la nationalité française (NOR : INTK1504908J).

BIBL. GÉN. ▸ OLEKHNOVITCH, *Rev. crit. DIP 1992. 363* .

SECTION 1 *Des modes d'acquisition de la nationalité française*

COMMENTAIRE

L'acquisition de la nationalité française ne concerne que les personnes qui n'ont pas cette nationalité dès leur naissance. L'étranger concerné doit toujours remplir un certain nombre de conditions prévues par les textes mais son droit à l'acquisition de la nationalité dépend de la catégorie à laquelle il appartient :

– l'acquisition de la nationalité peut être automatique, consacrant un véritable droit. C'est le cas des étrangers nés en France et y ayant résidé au moins cinq ans (V. art. 21-7 s.),

– dans un deuxième cas, l'étranger dispose toujours d'un droit à l'acquisition de la nationalité française mais celle-ci nécessite une déclaration de l'intéressé. C'est l'hypothèse de l'acquisition par mariage avec un conjoint Français, le gouvernement conservant toutefois une faculté d'opposition par décret (V. art. 21-4) ; c'est le cas également notamment en cas de possession d'état de français (V. art. 21-13),

– dans un troisième cas enfin, il n'existe plus de droit à l'acquisition qui est subordonnée à une décision de l'autorité publique (naturalisation – V. art. 21-15 s. – et réintégration – V. art. 24 s.).

Depuis deux décrets (n° 2023-64 et n° 2023-65) et trois arrêtés du 3 février 2023 (NOR : IOMV2303594A, NOR : IOMV2303595A, NOR : IOMV2303609A, *JO du 5 févr.*) les demandeurs doivent se connecter sur le téléservice NATALI pour les demandes d'acquisition de la nationalité française à raison du mariage (C. civ., art. 21-2), de la qualité d'ascendant de Français (C. civ., art. 21-13-1) ou de la qualité de frère ou de sœur de Français (C. civ., art. 21-13-2) ; il en va de même des demandes d'acquisition de la nationalité française par décision de l'autorité publique (naturalisation) et de réintégration dans cette nationalité (C. civ., 21-14-1, 21-15, 21-21, 22-1 et 24), de francisation du nom et des prénoms ou de l'un d'eux (L. n° 72-964 du 25 oct. 1972), d'autorisation de perte de la nationalité française (C. civ., art. 23-4). Le téléservice permet également aux services administratifs compétents d'assurer de manière dématérialisée l'instruction de ces demandes et des recours administratifs ou contentieux dont ils peuvent être saisis contre les décisions défavorables édictées ainsi que le traitement des procédures d'opposition (C. civ., art. 21-4), de déchéance (C. civ., art. 25 et 25-1), de retrait des décrets portant naturalisation ou réintégration (C. civ., art. 27-2) et de celles prévues aux art. 23-7 et 23-8 C. civ., initiées par le gouvernement (V. Avena-Robardet, Nationalité : généralisation de la dématérialisation des demandes, *AJ Famille 2023.132*).

Les effets de la nationalité, d'origine ou acquise, sont en principe identiques. Le Conseil constitutionnel (Cons. const. 7 nov. 2014, n° 2014-424 QPC) a toutefois admis, en matière d'extradition, qu'en « prévoyant que la nationalité de la personne dont l'extradition est demandée s'apprécie à l'époque de l'infraction, les dispositions contestées ne méconnaissent pas le principe d'égalité devant la loi » ; en interdisant l'extradition des nationaux français, le législateur a reconnu à ces derniers le droit de n'être pas remis à une autorité étrangère pour les besoins de poursuites ou d'une condamnation pour une infraction pénale ; la différence de traitement dans l'application de cette protection, selon que la personne avait ou non la nationalité française à l'époque de l'infraction pour laquelle l'extradition est requise, est fondée sur une différence de situation en rapport direct avec l'objet de la loi ; le législateur a également entendu faire obstacle à l'utilisation des règles relatives à l'acquisition de la nationalité pour échapper à l'extradition. ❑

§ 1 *Acquisition de la nationalité française à raison de la filiation*

Art. 21 *(L. n° 73-42 du 9 janv. 1973)* **L'adoption simple n'exerce de plein droit aucun effet sur la nationalité de l'adopté.** – *[C. nat., art. 36.]*

COMMENTAIRE

Dès lors que l'adoption simple n'implique pas une rupture totale des liens avec la famille d'origine, elle ne produit aucun effet sur la nationalité de l'enfant adopté qui conserve toutefois la possibilité de réclamer la nationalité française par déclaration (V. art. 21-12). ❑

1. Pour une application : • Paris, 31 mai 1990 : *D. 1991. 248, note Lagarde.*

2. La procédure d'adoption doit être utilisée pour créer des liens familiaux et non pour faciliter le maintien de l'adopté étranger en France et son accession à la nationalité française. • Civ. 1re, 12 nov. 1986 : *Rev. crit. DIP 1987. 557, note Poisson-Drocourt ; JDI 1987. 322, note Gaudemet-Tallon ; D. 1987. 157, note Massip.*

§ 2 *Acquisition de la nationalité française à raison du mariage*

BIBL. ▶ Pécaut-Rivolier, *AJ fam. 2007. 259*.

V., infra, Décr. n° 93-1362 du 30 déc. 1993 modifié relatif aux déclarations de nationalité, aux décisions de naturalisation, de réintégration, de perte, de déchéance et de retrait de la nationalité française.

V., Circ. n° DPM/N2/2005/358 du 27 juill. 2005 ; Circ. NOR : IMIC0900088C du 29 déc. 2009 relative à la procédure d'acquisition de la nationalité française en raison du mariage : http://www.gisti.org/IMG/pdf/norimic0900097c-3.pdf.

V. Circ. n° IMIC0900097C du 29 déc. 2009 relative à la procédure d'acquisition de la nationalité française à raison du mariage : https://www.gisti.org/spip.php ?article 1805.

V. Circ. n° IOCN1114306C du 24 août 2011 relative au contrôle de la condition d'assimilation dans les procédures d'acquisition de la nationalité française : http://www.gisti.org/spip.php ?article 2397.

V. Décr. n° 2013-795 du 30 août 2013 et Arr. du 30 août 2013, mise en place, à titre expérimental de plates-formes interdépartementales d'instruction des demandes de naturalisation dans les départements de l'Aisne, du Doubs, du Jura, de la Meurthe-et-Moselle, de la Meuse, de la Moselle, de l'Oise, de la Haute-Saône, de la Somme, des Vosges et du Territoire de Belfort (JO 31 août).

Sur l'expérimentation de nouvelles modalités d'instruction de la demande de nationalité, V. Décr. n° 2013-795 du 30 août 2013 et Arr. du 30 août 2013, infra.

COMMENTAIRE

L'acquisition de la nationalité française à raison du mariage constitue un droit qui s'exerce librement sous réserve que soient remplies, à la date de souscription, les conditions de recevabilité prévues aux articles 21-2 et 21-27. Ce sont plus de 16 000 personnes qui ont ainsi acquis la nationalité française à ce titre en 2008.

Le demandeur doit produire une déclaration marquant sa volonté d'acquérir la nationalité française à raison du mariage. Les conditions de recevabilité de la déclaration s'apprécient à la date de souscription de celle-ci qui constituera également la date d'acquisition de la nationalité française. La date de délivrance du récépissé correspond quant à elle au jour où l'ensemble des pièces nécessaires à l'appréciation de la recevabilité sont produites, et marque le point de départ du délai d'un an ouvert à l'administration pour que soit enregistrée la déclaration ou notifié le refus d'enregistrement et du délai de deux ans pour que soit signé le décret d'opposition. Si le dossier du demandeur est complet, ces deux dates doivent normalement coïncider.

Le ministre chargé des naturalisations enregistre la déclaration qui satisfait à ces conditions. Il est tenu dans le cas contraire d'en refuser l'enregistrement.

Ce sont les préfets ou les autorités consulaires qui reçoivent les déclarations, effectuent les enquêtes réglementaires, remettent les déclarations enregistrées, le cas échéant, notifient les refus d'enregistrement pris par le ministre chargé des naturalisations et les décrets d'opposition à l'acquisition de la nationalité française. Le ministre chargé des naturalisations instruit les demandes et prend les décisions de refus ou d'acceptation de l'enregistrement des déclarations ; il notifie directement les refus d'enregistrement et les engagements d'opposition au déclarant lorsque celui-ci réside en France.

I. PIÈCES NÉCESSAIRES À LA SOUSCRIPTION

Le demandeur et son conjoint devront tout d'abord justifier de leur identité (titre de séjour, passeport ou toute autre pièce d'identité délivrée par les autorités de son pays d'origine pour le demandeur ; document officiel délivré par une administration française, en cours de validité ou périmé depuis moins de deux ans pour le conjoint français) et de leur domicile. En cas de doute sur l'identité ou sur l'authenticité des informations ou des pièces fournies, l'autorité qui reçoit la déclaration peut effectuer une vérification en interrogeant les autorités administratives ou en mettant en œuvre les moyens qu'elle estime les plus appropriés.

Les autres pièces à remettre sont énumérées par l'article 14 du décret n° 93-1362 du 30 décembre 1993 modifié :

• Copie intégrale de l'acte de naissance du déclarant ou document en tenant lieu (acte de notoriété, jugement supplétif). La circulaire du 29 décembre 2009 précise que les attestations de naissance délivrées par des agents diplomatiques ou consulaires étrangers ne seront pas prises en compte même si elles sont intitulées copie ou extrait de naissance.

• Copie intégrale récente (de préférence de moins de trois mois) de l'acte de mariage (copie de la transcription en cas de mariage célébré à l'étranger).

• Le cas échéant, pour chaque enfant mineur susceptible de bénéficier des dispositions de l'article 22-1, copie intégrale de l'acte de naissance ; tous documents justifiant de la résidence habituelle ou alternée de l'enfant ; le cas échéant, copie de la transcription de la décision d'adoption plénière de l'enfant.

• Documents établissant la réalité de la communauté de vie affective et matérielle entre les conjoints (ex. : avis d'imposition fiscale conjoint ; acte d'achat d'un bien immobilier en commun ; contrat de bail conjoint ; quittance de loyer imprimée portant le nom des deux conjoints ainsi que l'identification du bailleur ou du loueur ; attestation bancaire d'un compte joint en activité). La circulaire précise que s'il résulte de l'article 108 du code civil qu'un domicile distinct des époux ne porte pas nécessairement atteinte aux règles relatives à la communauté de vie, encore faut-il que le déclarant apporte la preuve de façon circonstanciée de la communauté de vie affective des époux et justifie des contraintes notamment professionnelles (documents professionnels, titres de transport...) donnant lieu à domicile distinct. A l'étranger, lorsqu'il s'avère que le déclarant est dans l'incapacité de produire les documents susvisés, la preuve de la communauté de vie entre les conjoints pourra être apportée par des dépositions ou des témoignages certifiés sur l'honneur. Les conjoints, dont l'identité aura été vérifiée, doivent certifier ensemble sur l'honneur, le jour de la souscription, et en présence de l'autorité qui reçoit la déclaration, que la communauté de vie tant affective que matérielle n'a pas cessé.

• Documents pouvant justifier une résidence régulière et ininterrompue en France pendant au moins trois ans (contrats de travail, attestation d'inscription aux ASSEDIC, avis d'imposition fiscale, quittances de loyer, factures d'électricité et bulletins de salaire) ou la durée de l'inscription du conjoint au registre des Français établis hors de France, lorsque la durée du mariage est inférieure à cinq ans.

• Preuves ou documents attestant de la nationalité française du conjoint (certificat de nationalité française ; actes d'état civil) ou tous autres documents émanant des autorités françaises lorsqu'il résulte très clairement de ces actes ou des mentions qui y sont portés que son conjoint avait la nationalité française au jour du mariage et l'a conservée sans interruption. En aucun cas, la production d'une carte nationale d'identité ou d'une carte consulaire ne peut tenir lieu de preuve de nationalité française.

• Extrait de casier judiciaire étranger ; si le déclarant ne peut pas se procurer ce document (par exemple parce qu'il est réfugié statutaire), il rédigera une déclaration sur l'honneur expliquant les motifs pour lesquels il ne peut se procurer cette pièce, exposant sa situation judiciaire et, le cas échéant, mentionnant les condamnations dont il a fait l'objet. La production du casier judiciaire étranger ou du document de remplacement n'est pas exigée quand la preuve d'une résidence en France depuis plus de dix ans est rapportée par l'intéressé.

Tous les documents judiciaires ou les actes d'état civil étrangers doivent être accompagnés de leur traduction produite en original, effectuée soit par des traducteurs figurant sur les listes d'experts judiciaires établies par les cours d'appel et la Cour de cassation, soit par les consuls étrangers en France dès lors que leur validité ne peut être mise en doute.

Les actes d'état civil devront être produits en original sauf à ce que la preuve de l'impossibilité d'une telle production soit spécialement rapportée. Ils devront avoir fait l'objet, sauf dispense conventionnelle, d'une légalisation. Ils pourront le cas échéant être restitués par le service central d'état civil après enregistrement de la déclaration et établissement des actes.

Dès la délivrance au déclarant du récépissé constatant que la totalité des pièces nécessaires à la preuve de la recevabilité de la déclaration ont été produites, le dossier doit être adressé sans délai à la sous-direction de l'accès à la nationalité française.

Il faut rappeler qu'à la différence des naturalisations par décret, l'enregistrement de la déclaration par mariage est soumis à un délai impératif d'un an dont le dépassement a pour effet d'attribuer automatiquement la nationalité française sans examen du dossier du déclarant.

II. L'ENQUÊTE PRÉFECTORALE OU CONSULAIRE

Celle-ci doit permettre à l'autorité compétente de s'assurer de la persistance d'une communauté de vie affective et matérielle entre les conjoints. La non-effectivité de la communauté de vie peut résulter de l'éloignement durable des conjoints, de la preuve d'un mariage de complaisance, d'une séparation définitive, d'une rupture passée, récente ou de ruptures répétées. Doivent être signalées les situations de violences conjugales, d'abandon du domicile conjugal, de non-contribution financière aux principales charges de la vie courante, de contraintes physiques ou morales exercées sur le conjoint français, de naissances extra-conjugales.

L'enquête permet également de vérifier l'assimilation linguistique du demandeur par un entretien individuel ainsi que le respect des dispositions de l'article 21-27 (existence de condamnations pénales, d'un arrêté d'expulsion non expressément rapporté ou abrogé ou d'une interdiction judiciaire du territoire non entièrement exécutée ; demandeur dont le séjour en France est irrégulier).

L'enquête doit également permettre de vérifier s'il y a lieu de s'opposer à l'acquisition de la nationalité française pour indignité (en raison de faits graves ou répétés pouvant être retenus à l'encontre du déclarant) ou défaut d'assimilation autre que linguistique (sur la base d'éléments de preuve suffisamment précis et circonstanciés, portant sur des faits directement imputables au déclarant). Lorsque le défaut d'assimilation résulte d'un mode de vie ou d'un comportement familial incompatible avec les valeurs républicaines, les époux doivent être entendus séparément puis en commun afin de mesurer le niveau de pression exercée sur le conjoint français et le degré d'implication de chacun des époux dans le mode de vie familial (sur le décret d'opposition, V. notes ss. art. 21-4).

En application de l'article 15, alinéa 3, du décret n° 93-1362 du 30 décembre 1993 modifié, le préfet doit transmettre, accompagné de son avis motivé, le résultat de l'enquête à la sous-direction de l'accès à la nationalité française, au plus tard six mois après la souscription de la déclaration.

Le ministre chargé des naturalisations dispose d'un délai d'un an à compter de la date du récépissé remis par le représentant de l'État ou par l'autorité consulaire pour enregistrer la déclaration ou notifier le refus d'enregistrement ou faire signer le décret d'opposition.

III. LA DÉCISION ET SA CONTESTATION

L'enregistrement constitue la décision du ministre qui constate que la déclaration est recevable et donne à celle-ci la force opposable d'un titre. La notification de l'enregistrement revient à l'autorité qui a reçu la déclaration. Le refus d'enregistrement doit exprimer les motifs d'irrecevabilité de la déclaration. Cette décision est notifiée au déclarant dans le délai d'un an prévu à l'article 26-3 par lettre recommandée avec demande d'avis de réception ou en la forme administrative.

Si l'intéressé dispose d'éléments nouveaux qui n'ont pu être pris en compte dans le délai d'enregistrement de sa déclaration et les produit dans un délai de deux mois à compter de la notification du refus d'enregistrement, la sous-direction de l'accès à la nationalité française peut procéder à un réexamen de la décision. En tout état de cause, le délai de recours contentieux (art. 26-3) n'est pas prolongé d'autant et son point de départ reste la notification de la décision initiale.

Le recours contentieux (art. 26-3 al. 2) doit être porté devant le tribunal de grande instance territorialement compétent, durant un délai de six mois à compter de la notification de la décision du ministre. A noter que celui-ci conserve la faculté d'engager une procédure d'opposition dans le délai de deux ans à compter du jour où la décision judiciaire est devenue définitive.

Le ministère public dispose quant à lui d'un délai de deux ans pour solliciter l'annulation judiciaire de la déclaration enregistrée (art. 26-4, al. 2 et 3) lorsque les conditions légales ne sont pas satisfaites. Si la demande du ministère public est fondée sur un mensonge ou une fraude, le délai de deux ans court à compter de leur découverte. ❑

Art. 21-1 *(L. n° 73-42 du 9 janv. 1973)* **Le mariage n'exerce de plein droit aucun effet sur la nationalité.** – *[C. nat., art. 37.]*

COMMENTAIRE

L'article 21-1, issu de la loi du 9 janvier 1973, est aujourd'hui repris par la Convention de l'ONU du 1er mars 1980 (art. 9) qui se prononce contre tout effet automatique du mariage sur la nationalité de la femme et proclame en faveur de cette dernière des droits égaux à ceux des hommes en matière d'acquisition, de changement et de conservation de la nationalité. – V. également convention du Conseil de l'Europe du 6 mai 1963 (réduction des cas de pluralité de nationalité et obligations militaires en cas de pluralité de nationalités), dont l'approbation est autorisée par la loi n° 64-1238 du 26 décembre 1964. ❑

Art. 21-2 *(L. n° 2006-911 du 24 juill. 2006, art. 79)* **L'étranger ou apatride qui contracte mariage avec un conjoint de nationalité française peut, après un délai de quatre ans à compter du mariage, acquérir la nationalité française par déclaration à condition qu'à la date de cette déclaration la communauté de vie tant affective que matérielle n'ait pas cessé entre les époux depuis le mariage et que le conjoint français ait conservé sa nationalité.**

Le délai de communauté de vie est porté à cinq ans lorsque l'étranger, au moment de la déclaration, soit ne justifie pas avoir résidé de manière ininterrompue et régulière pendant au moins trois ans en France à compter du mariage, soit n'est pas en mesure d'apporter la preuve que son conjoint français a été inscrit pendant la durée de leur communauté de vie à l'étranger au registre des Français établis hors de France. En outre, le mariage célébré à l'étranger doit avoir fait l'objet d'une transcription préalable sur les registres de l'état civil français.

Le conjoint étranger doit *(L. n° 2011-672 du 16 juin 2011, art. 3)* **« également justifier d'une connaissance suffisante, selon sa condition, de la langue française, dont le niveau et les modalités d'évaluation sont fixés par décret en Conseil d'État. »**

(Abrogé par L. n° 2009-526 du 12 mai 2009, art. 12, à compter du 1er janv. 2010) (L. n° 2003-1119 du 26 nov. 2003) ***« La déclaration est faite dans les conditions prévues aux articles 26 et suivants. Par dérogation aux dispositions de l'article 26-1, elle est enregistrée par le ministre chargé des naturalisations. »***

Sur les pièces à fournir par le déclarant et le déroulement de la procédure, V. infra, Décr. n° 93-1362 du 30 déc. 1993, art. 14 et 15.

V. Décr. n° 2011-1265 du 11 oct. 2011 relatif au niveau de connaissance de la langue française requis des postulants à la nationalité française au titre des art. 21-2 et 21-24 C. civ. et à ses modalités d'évaluation (JO 12 oct.).

V. Circ. n° IOCN1132114C du 30 nov. 2011 relative au niveau de connaissance de la langue française requis des postulants à la nationalité française : https://www.legifrance.gouv.fr/circulaire/id/34304.

V. égal. Décr. n° 93-1362 du 30 déc. 1993, art. 10, 14-1, 15, 17-1 s. et 29, infra, dans sa rédaction issue du Décr. n° 2016-872 du 29 juin 2016.

Sur le modèle du formulaire de souscription de la déclaration de nationalité française prévue au présent art., V. Arr. du 29 juin 2016, infra.

BIBL. ► Loi du 24 juill. 2006 : D. Boulanger, *Dr. fam. 2007, n° 25 ; Rect. n° 52* (droit transitoire).

Arrêté du 29 juin 2016,

Fixant le modèle du formulaire de souscription de la déclaration de nationalité française prévue à l'article 21-2 du code civil.

Art. 1er Le modèle du formulaire de souscription de la déclaration de nationalité française prévue à l'article 21-2 du code civil est fixé conformément au modèle annexé au présent arrêté.

ANNEXE

Liberté • Égalité • Fraternité
RÉPUBLIQUE FRANÇAISE
MINISTÈRE DE L'INTÉRIEUR

cerfa
N° 15277*02

Formulaire en vue de souscrire une déclaration de nationalité au titre du mariage avec un conjoint français (article 21-2 du code civil)

<u>**A REMPLIR LISIBLEMENT EN LETTRES CAPITALES**</u>

DEMANDEUR	CONJOINT FRANÇAIS
Nom :	Nom : ....
Prénom(s) :	Prénom(s) : ....
Date de naissance :	Date de naissance : ....
Sexe : Masculin □ Féminin □	Sexe : Masculin □ Féminin □
Lieu de naissance (ville, pays) :	Lieu de naissance (ville, pays) : ....
....	....
Nom du père :	Nom du père : ....
Prénom(s) du père :	Prénom(s) du père : ....
Date de naissance :	Date de naissance : ....
Lieu de naissance (ville, pays) :	Lieu de naissance (ville, pays) : ....
....	....
Nom de la mère :	Nom de la mère : ....
Prénom(s) de la mère :	Prénom(s) de la mère : ....
Date de naissance :	Date de naissance : ....
Lieu de naissance (ville, pays) :	Lieu de naissance (ville, pays) : ....
....	....

Adresse : ....
....
Téléphone : .... Courriel : ....@....................

Date du mariage : .... **Lieu du mariage (ville, pays) :** ....

Fait à ...., le ....

Signature du demandeur Signature du conjoint français

Ancien art. 21-2 (*L. n° 2003-1119 du 26 nov. 2003*) ***L'étranger ou apatride qui contracte mariage avec un conjoint de nationalité française peut, après un délai de deux ans à compter du mariage, acquérir la nationalité française par déclaration à condition qu'à la date de cette déclaration la communauté de vie tant affective que matérielle n'ait pas cessé entre les époux et que le conjoint français ait conservé sa nationalité. Le conjoint étranger doit en outre justifier d'une connaissance suffisante, selon sa condition, de la langue française.***

Le délai de communauté de vie est porté à trois ans lorsque l'étranger, au moment de sa déclaration, ne justifie pas avoir résidé de manière ininterrompue pendant au moins un an en France à compter du mariage.

La déclaration est faite dans les conditions prévues aux articles 26 et suivants. Par dérogation aux dispositions de l'article 26-1, elle est enregistrée par le ministre chargé des naturalisations.

COMMENTAIRE

L'article 21-2 fixe six conditions pour l'acquisition de la nationalité française par déclaration suite à un mariage avec un conjoint français. La première, évidente, est relative à l'**existence d'un mariage**. Seul un mariage valide au regard du droit français, qu'il soit célébré en France ou à l'étranger, permet l'acquisition de la nationalité française ; ceci exclut en particulier la polygamie. La circulaire de 2009 précise qu'en métropole, comme dans les départements et collectivités d'outre-mer et en Nouvelle-Calédonie, seul le mariage célébré par l'officier d'état civil offre la possibilité au conjoint étranger de souscrire la déclaration prévue au présent article. Sont exclus les mariages célébrés en la forme locale ou devant une autorité consulaire étrangère. A l'étranger (art. 14-2° du Décr. n° 93-1362 du 30 déc. 1993 modifié), l'acte de mariage célébré en la forme locale devra avoir fait l'objet d'une transcription par l'autorité consulaire préalablement à la souscription. Cette première condition n'est évidemment pas remplie en cas de dissolution du mariage, par divorce ou par décès, ou en cas d'annulation judiciaire de ce mariage.

La deuxième condition est relative à l'**antériorité du mariage**, le délai de communauté de vie exigée du demandeur étant fixé par principe à quatre ans si le demandeur a résidé pendant au moins trois ans de manière ininterrompue et régulière en France à compter du mariage ou s'il apporte la preuve que le conjoint français a été inscrit au registre des Français établis hors de France pendant la durée de vie requise pour souscrire la déclaration de nationalité, soit quatre ans. Le point de départ de l'inscription au registre des Français établis hors de France pris en compte pour la déclaration est la date du mariage. Lorsque l'inscription est postérieure au mariage, le calcul des quatre ans d'inscription s'effectue à compter de la date de cette inscription. L'autorité administrative est par ailleurs invitée à s'assurer de la continuité de l'inscription ; une interruption momentanée de l'inscription, liée à des impératifs familiaux, professionnels ou autres, peut toutefois être considérée, à titre exceptionnel, comme ne remettant pas en cause sa continuité.

En troisième condition, la **communauté de vie affective et matérielle** entre les conjoints ne doit pas avoir cessé et « ne doit pas être réduite à une simple cohabitation » (Circ. de 2009), sans d'ailleurs que celle-ci soit nécessairement exigée. En effet, les conjoints peuvent avoir (C. civ., art. 108), le plus souvent pour des raisons professionnelles, un domicile juridique distinct sans qu'il soit pour autant porté atteinte aux règles relatives à la communauté de vie : celle-ci doit alors s'exécuter au lieu dit « résidence de la famille » que les époux choisissent d'un commun accord (C. civ., art. 215). La circulaire de 2009 évoque également un élément « intentionnel caractérisé par la volonté réciproque des époux de vivre ensemble durablement en union matérielle et psychologique, d'assurer ensemble la direction morale et matérielle de la famille selon des principes communs ». L'article 14-1 du décret du 30 déc. 1993 (dans sa rédaction issue du Décr. n° 2016-872 du 29 juin 2016) indique que le déclarant fournira, à l'appui de sa demande, tous documents corroborant que la communauté de vie tant affective que matérielle n'a pas cessé entre les deux époux depuis leur mariage, dont notamment la copie intégrale de l'acte de naissance des enfants nés avant ou après le mariage et établissant la filiation à l'égard des deux conjoints. Il convient de signaler que l'article 26-4 prévoit que l'enregistrement peut être contesté par le ministère public en cas de mensonge ou de fraude dans le délai de deux ans à compter de leur découverte. La cessation de la communauté de vie entre les époux dans les douze mois suivant l'enregistrement de la déclaration constitue une présomption de fraude.

En quatrième condition, le déclarant doit justifier d'une connaissance suffisante, selon sa condition, de la **langue française**. Aux termes de l'article 14 du décret du 30 décembre 1993 (dans sa rédaction issue du Décr. n° 2015-108 du 2 févr. 2015), tout déclarant doit justifier d'une connaissance de la langue française caractérisée par la compréhension des points essentiels du langage nécessaire à la gestion de la vie quotidienne et aux situations de la vie courante ainsi que par la capacité à émettre un discours simple et cohérent sur des sujets familiers dans ses domaines d'intérêt. Son niveau est celui défini par le niveau B1, rubriques « écouter », « prendre part à une conversation » et « s'exprimer oralement en continu » du Cadre européen commun de référence pour les langues, tel qu'adopté par le comité des ministres du Conseil de l'Europe dans sa recommandation CM/ Rec (2008) 7 du 2 juillet 2008. Un arrêté du ministre chargé des naturalisations définit les diplômes permettant de justifier d'un niveau égal ou supérieur au niveau requis. A défaut d'un tel diplôme, le déclarant peut justifier de la possession du niveau requis par la production d'une attestation délivrée soit par un organisme reconnu par l'État comme apte à assurer une formation « français langue d'intégration », soit à l'issue d'un test linguistique certifié ou reconnu au niveau international, comportant des épreuves distinctes permettant une évaluation du niveau de compréhension du déclarant et, par un entretien, celle de son niveau d'expression orale, et figurant sur une liste fixée par un arrêté du ministre chargé des naturalisations. L'inscription d'un test linguistique sur la liste mentionnée à l'alinéa précédent est valable pour une période de trois ans renouvelable. Les conditions d'inscription sont fixées par un arrêté du ministre chargé des naturalisations.

Enfin, même si cela peut paraître une évidence, les conditions de nationalité doivent être respectées : le déclarant doit être étranger ou apatride au moment du mariage et au jour de la souscription de la déclaration et le conjoint du déclarant doit être français à la date du mariage et avoir conservé cette nationalité sans interruption. Ceci exclut en particulier l'acquisition par mariage avec un ressortissant français qui n'avait pas cette qualité au moment du mariage.

L'article 15 du décret du 30 déc. 1993 (dans sa rédaction issue du Décr. n° 2015-108 du 2 févr. 2015) prévoit que la déclaration de nationalité est reçue par le préfet désigné, selon le département de résidence du déclarant, par arrêté du ministre chargé des naturalisations ou, à Paris, par le préfet de police. Les services placés sous l'autorité du préfet qui a reçu la déclaration procèdent à son instruction. A l'étranger, elle est reçue par les autorités consulaires françaises désignées selon la résidence de l'intéressé par arrêté du ministre des Affaires étrangères.

Dès la souscription de la déclaration, l'autorité administrative qui a reçu la déclaration procède à une enquête et convoque le déclarant et son conjoint à un entretien destiné à vérifier la continuité de la communauté de vie tant affective que matérielle entre les époux depuis le mariage, et à permettre d'apprécier s'il y a lieu de s'opposer à l'acquisition de la nationalité française pour indignité ou défaut d'assimilation autre que linguistique. Lors de l'entretien, les conjoints signent, devant l'autorité administrative, une attestation sur l'honneur certifiant que la communauté de vie tant affective que matérielle n'a pas cessé entre eux depuis le mariage. Un entretien individuel sera éventuellement organisé, destiné à vérifier la maîtrise du niveau de langue.

Dans les six mois suivant la souscription de la déclaration, l'autorité qui a procédé à l'enquête et à l'entretien en transmet directement les résultats ainsi que le dossier de souscription, assortis, si le déclarant réside à l'étranger, de son avis motivé ou, si le déclarant réside en France, de l'avis motivé du préfet du département de résidence du déclarant ou, à Paris, du préfet de police, au ministre chargé des naturalisations. Celui-ci peut faire procéder à toute enquête complémentaire qu'il estime utile quant à la situation du déclarant au regard des motifs permettant de s'opposer à ce qu'il acquière la nationalité française. ❑

1. Saisi par la Cour de cassation d'une QPC (• Civ. 1re, 23 mai 2012, n° 11-26.535), le Cons. const. a indiqué que ni le respect de la vie privée ni aucune autre exigence constitutionnelle n'impose que le conjoint d'une personne de nationalité française puisse acquérir la nationalité française à ce titre ; en subordonnant l'acquisition de la nationalité par le conjoint d'un ressortissant français à une durée d'une année de mariage sans cessation de la communauté de vie, le présent art. n'a pas porté atteinte au droit au respect de la vie privée. • Cons. const. 30 mars 2012, n° 2012-227 QPC : *AJ fam. 2012. 350* ; *Rev. crit. DIP 2012. 560*. ♦ La présomption prévue par la 2e phrase du 3e al. du présent art. ne saurait s'appliquer que dans les instances engagées dans les deux années de la date de l'enregistrement de la déclaration et que dans les instances engagées postérieurement ; il appartient au ministère public de rapporter la preuve du mensonge ou de la fraude invoqués. • Même décision. ♦ Dès lors que l'instance a été engagée plus de deux ans après l'enregistrement de la déclaration, le juge ne peut se fonder sur la seule existence d'une présomption de fraude pour constater l'extranéité du déclarant. • Civ. 1re, 7 nov. 2012, nos 11-17.237 et 12-13.713.

2. *Validité du mariage.* La déclaration de l'art. 21-2 doit être souscrite pendant le mariage et non après sa dissolution par divorce. • Dijon, 3 juill. 1991 : *D. 1992. 231, note Guiho ; Gaz. Pal. 1994. 1. Somm. 214 ; Rev. crit. DIP 1993. Somm. 708* • Civ. 1re, 5 avr. 2005, n° 03-13.766 P. ♦ Le mariage célébré à l'étranger doit être tenu pour valable et produire ses effets, même en ce qui concerne la nationalité, tant que sa nullité pour défaut de célébration devant l'officier d'état civil n'est pas prononcée. • Civ. 1re, 9 oct. 1991 : *Rev. crit. DIP 1992. 61, note Lagarde*. ♦ Doit être annulée la déclaration acquisitive de nationalité française par mariage faite par un étranger dont le mariage est annulé pour bigamie et qui se voit refuser le bénéfice du mariage putatif. • Paris, 26 juin 1992 : *Rev. crit. DIP 1993. Somm. 709 ; JCP 1992. IV. 2588.* ♦ Il y a en revanche nécessité pour le juge qui se fonde sur le jugement déboutant l'épouse de sa demande d'annulation de son mariage pour rejeter la contestation par le ministère public de déclaration de nationalité française, d'apprécier la persistance de communauté de vie entre époux et l'existence d'un mensonge ou d'une fraude. • Civ. 1re, 11 juin 2008, n° 07-13.512 P : *AJ fam. 2008. 348, obs. Chénedé*.

3. *Fraude au mariage.* Il n'appartient pas à l'officier d'état civil, requis de célébrer le mariage, de s'assurer de la légalité ou de la sincérité des déclarations des comparants. Son refus de célébrer un mariage mixte soupçonné de fraude est donc illégal. • Poitiers, 26 févr. 1992 : *JDI 1993. 922, note Julien-Laferrière.* ♦ Pour un exemple de fraude au mariage. • Civ. 1re, 17 nov. 1981 : *Gaz. Pal. 1982. 2. 567, note Massip ; D. 1982. 573, note Guiho ; ibid. 1983. IR 105, obs. Groslière ; JCP 1982. II. 19842, note Gobert ; JDI 1982. 448, note Audit ; Rev. crit. DIP 1982. 669, note Foyer.* – V. aussi • Civ. 1re, 28 févr. 2006, n° 05-11.330 P.

4. *Communauté de vie.* La communauté de vie doit s'entendre, au sens de l'art. 215 C. civ., comme d'un élément de la conception monogamique française du mariage et ne peut s'accompagner de la conclusion d'une seconde union avant dissolution de la première. • Paris, 24 mars 1998 : *D. 1998. 517, note Guiho*. ♦ La preuve de la cessation de la vie commune peut se faire par tous moyens et non uniquement à partir des éléments fournis par l'enquête prévue au décret. • Civ. 1re, 5 mars 1991 : *D. 1991. 537, note Guiho ; JCP 1992. II. 21789, note Laroche-Gisserot ; RTD civ. 1992. 52, obs. Hauser*. ♦ Une interruption de la vie commune suivie de sa reprise ne fait pas perdre à l'étranger le droit d'acquérir la nationalité française de son conjoint. • Civ. 1re, 18 sept. 2002, n° 00-17.863 P. ♦ Aux termes de l'art. 108 C. civ., pour des motifs d'ordre professionnel, les époux peuvent avoir un domicile distinct, sans qu'il soit pour autant porté atteinte à la communauté de vie ; par suite, doit être cassé l'arrêt de la cour d'appel de Bordeaux qui avait confirmé le refus d'enregistrement de la déclaration de nationalité, estimant que cette pratique ne correspond[ait] pas à la communauté de vie « tant affective que matérielle » et ininterrompue exigée par la loi, distincte de la seule obligation mutuelle du mariage. • Civ. 1re, 12 févr. 2014 : *D. 2014. 482 ; AJ fam. 2014. 192, obs. Hilt ; RTD civ. 2014. 340, obs. Hauser*.

5. Le seul dépôt d'une requête en divorce lors de la souscription de la déclaration n'implique pas la rupture de la vie commune. • Civ. 1re, 10 mars 1998, n° 96-13.557 P : *Dr. fam. 1998, n° 111, note Fulchiron.* ♦ En revanche, le divorce d'une personne de statut coranique enregistré par un cadi à Mayotte justifie l'annulation de la déclaration. • Civ. 1re, 5 avr. 2005, n° 03-13.066 P.

6. Il ne peut exister de communauté de vie réelle et affective quand l'époux a eu, au cours de son mariage, trois enfants nés de ses relations adultérines. • Civ. 1re, 14 janv. 2015, n° 13-27.138 • 10 févr. 2021, n° 20-11.694 : *AJ fam. 2021. 242 ; D. 2022. 244, chron. Boskovic, Corneloup, Jault-Seseke, Joubert et Parrot*.

7. L'époux de nationalité étrangère, dont le conjoint a contracté une seconde union à l'étranger sans que la première ne soit dissoute ou annulée, ne peut souscrire une déclaration acquisitive de nationalité fondée sur la première union. En effet, la situation de bigamie d'un des époux à la date de souscription de la déclaration, qui est exclusive de toute communauté de vie affective, fait obstacle à l'acquisition de la nationalité française par le conjoint étranger. • Civ. 1re, 4 nov. 2020, n° 19-50.027 : *AJ fam. 2021. 59 ; D. 2021. 344 ; ibid. 2022. 244, chron. Boskovic, Corneloup, Jault-Seseke, Joubert et Parrot*. • Civ. 1re, 12 janv. 2022, n° 20-50.036 : *RTD civ. 2022. 367, obs. Leroyer ; Rev. crit. DIP 2022. 726, note Ralser*. ♦ Même solution s'agissant d'une relation durable dont est né un enfant avec une tierce personne. • Civ. 1re, 9 mars 2022, n° 20-22.12.

8. *Nationalité des époux.* La nationalité française du conjoint est requise à la date du mariage, condition non remplie au cas de l'étranger qui se marie avec un mineur n'ayant acquis la nationalité française qu'à la date de sa majorité. • Paris, 6 nov. 1992 : *JCP 1993. IV. 1185 ; Rev. crit. DIP 1994. Somm. 714.* ♦ L'art. 21-2 n'est pas applicable à un Français d'origine, né aux Comores, qui a perdu la nationalité française par suite de l'indépendance de ce territoire. • Paris, 19 déc. 1995 : *D. 1996. 338, note Guiho*. ♦ L'enregistrement de la déclaration doit être annulé lorsque le conjoint n'a acquis la nationalité française qu'après le mariage. • Paris, 13 déc. 1994 : *D. 1996. 254, note Guiho* ✎. ♦ A l'inverse, la perte de la nationalité française après le mariage fait perdre le droit à déclaration. • Paris, 19 déc. 1995 : *D. 1996. 338, note Guiho* ✎.

9. Déclaration. Les faits acquisitifs de la déclaration de l'art. 21-2 supposent que les délais d'opposition et d'enregistrement des art. 21-4 et 26-3 soient expirés. Le déclarant peut donc être condamné, pendant cette période intermédiaire, à une peine d'interdiction définitive du territoire français. • Crim. 19 déc. 1983 : *Rev. crit. DIP 1984. 617, note Lagarde.* ♦ Lorsque la déclaration de nationalité par mariage souscrite par un étranger n'a pas été refusée et qu'aucune opposition n'est formée, l'intéressé ayant acquis la nationalité française ne peut se voir opposer un refus de séjour par le ministre de l'Intérieur. • CE 29 déc. 1989 : *Gaz. Pal. 1990. 2. Somm. 314.*

Art. 21-3 *(L. n° 73-42 du 9 janv. 1973)* **Sous réserve des dispositions prévues aux articles 21-4 et 26-3, l'intéressé acquiert la nationalité française à la date à laquelle la déclaration a été souscrite.** – *[C. nat., art. 38.]*

Art. 21-4 *(L. n° 93-933 du 22 juill. 1993)* **« Le Gouvernement peut s'opposer par décret en Conseil d'État, pour indignité ou défaut d'assimilation** *(L. n° 2003-1119 du 26 nov. 2003)* **« autre que linguistique », à l'acquisition de la nationalité française par le conjoint étranger dans un délai** *(L. n° 2006-911 du 24 juill. 2006, art. 80)* **« de deux ans » à compter de la date du récépissé prévu au deuxième alinéa de l'article 26 ou, si l'enregistrement a été refusé, à compter du jour où la décision judiciaire admettant la régularité de la déclaration est passée en force de chose jugée. »** – *Entrée en vigueur le 1er janv. 1994.*

(L. n° 2006-911 du 24 juill. 2006, art. 80) **« La situation effective de polygamie du conjoint étranger ou la condamnation prononcée à son encontre au titre de l'infraction définie à l'article 222-9 du code pénal, lorsque celle-ci a été commise sur un mineur de quinze ans, sont constitutives du défaut d'assimilation. »**

(L. n° 73-42 du 9 janv. 1973) **En cas d'opposition du Gouvernement, l'intéressé est réputé n'avoir jamais acquis la nationalité française.**

Toutefois, la validité des actes passés entre la déclaration et le décret d'opposition ne pourra être contestée pour le motif que l'auteur n'a pu acquérir la nationalité française. – *[C. nat., art. 39.]*

V. Circ. n° NOR10CN1114306C relative au contrôle de la condition d'assimilation dans les procédures d'acquisition de la nationalité française.

COMMENTAIRE

Il s'agit, depuis la loi de 1993, de la seule hypothèse d'opposition du gouvernement à l'acquisition de la nationalité française pour indignité ou défaut d'assimilation. Ces motifs sont exclusifs ; ainsi, par exemple, l'absence de communauté de vie ne constitue pas un motif d'opposition mais une cause d'irrecevabilité de la déclaration. Encourt ainsi l'annulation toute opposition fondée sur un autre motif ou sur l'absence de bonnes vie et mœurs du demandeur.

L'appréciation de la notion d'indignité est fondée sur des faits répréhensibles commis en France ou dans un pays étranger. Même si une condamnation n'est pas susceptible d'entraîner une irrecevabilité au titre de l'article 21-27 ou a été amnistiée ou effacée par réhabilitation, les faits qui en sont à l'origine peuvent être pris en considération. Ils sont alors examinés en fonction notamment de leur ancienneté, de leur répétition, de leur gravité et relativisés au regard du comportement actuel du déclarant. Il est également tenu compte du loyalisme du déclarant à l'égard des institutions publiques de l'administration fiscale et des organismes sociaux. La circulaire du 29 août 2011 en fournit divers exemples : circulation à l'aide de la photocopie d'un permis de conduire retiré ; perception frauduleuse, pendant plusieurs années, de prestations familiales ; exercice d'un travail clandestin et perception indue du revenu minimum d'insertion ; exercice d'un travail dissimulé, emploi d'un étranger non muni d'une autorisation de travail et aide à l'entrée et à la circulation ou au séjour irrégulier en France ; actes de violence puis actes d'intimidation.

L'appréciation de l'assimilation du déclarant à la communauté française se fonde sur un ensemble d'éléments tangibles et convergents. La circulaire de 2011 précise que l'assimilation suppose une adhésion aux règles de fonctionnement et aux valeurs de tolérance, de laïcité, de liberté et d'égalité de la société française et en fournit certaines illustrations : déclarant qui se trouve formellement dans les liens de plusieurs unions matrimoniales ou dans une situation de fait assimilable à la polygamie déterminée par la présence, dans le même espace de proximité, de l'épouse et de la concubine ; adoption, au quotidien, d'attitudes discriminatoires vis-à-vis des femmes, même fondées sur des principes religieux ; autorité abusive du déclarant vis-à-vis de son épouse, de ses filles ou de ses sœurs (interdiction de participer à toute vie sociale, confinement au domicile, mariage forcé, interdiction de poursuivre des études ou interdiction de signer un contrat d'accueil et d'intégration). La même circulaire précise toutefois que « la stricte observance d'une religion et la manifestation d'un attachement aux principes de cette religion par le port d'un insigne ou d'un vêtement traditionnel ne sont pas suffisantes pour constituer le défaut d'assimilation » ; déclarant qui milite de manière active au sein d'associations ou de mouvements lorsque ceux-ci soutiennent ou encouragent la propagation de thèses contraires ou hostiles aux valeurs républicaines de tolérance et de laïcité, se signalant par exemple par un prosélytisme hostile à l'intégration ; comportement du déclarant qui, sur le plan personnel ou familial, est incompatible avec les valeurs de la société française, notamment en ce qui concerne les principes de liberté individuelle et d'égalité des sexes (choix d'un mode de vie qui impose à la femme un statut social subalterne et discriminatoire ou revendication par la femme déclarante, voire par l'épouse du déclarant, de ce mode de vie) ; situation effective de polygamie du conjoint étranger ou sa condamnation au titre de violences ayant entraîné une mutilation ou une infirmité permanente sur un mineur de 15 ans ; déclarant qui recourt lui-même ou favorise le recours à des pratiques coutumières ne respectant pas l'intégrité physique de la personne (mutilations telles que l'excision). Ce deuxième motif s'apprécie dans les mêmes conditions que la notion d'assimilation à la communauté française visée à l'article 21-24, alinéa 2, du code civil. A noter que la *méconnaissance de la langue française* est, depuis la loi du 26 novembre 2003, appréciée au stade du dépôt de la demande et ne constitue plus un critère du défaut d'assimilation.

Cette procédure peut s'appliquer, alors même que la déclaration de nationalité est recevable, que l'enregistrement soit intervenu ou non. Le délai de deux ans court à compter de la date du récépissé ou, si l'enregistrement a été refusé dans le délai légal, à compter du jour où la décision judiciaire admettant la régularité de la déclaration est devenue définitive.

La procédure d'opposition ne peut être déclenchée que pour deux motifs : le défaut d'assimilation autre que linguistique et l'indignité. Dans ce cas, le Gouvernement doit notifier au déclarant les motifs de fait et de droit qui justifient son intention de faire opposition à l'enregistrement de la déclaration. La notification du projet d'opposition est réalisée par lettre recommandée avec demande d'avis de réception ou par l'autorité qui a reçu la déclaration, l'intéressé devant être convoqué. L'intéressé a le droit, dans un délai qui ne peut être inférieur à un mois à compter de la notification du projet d'opposition, de présenter un mémoire ou toute autre pièce qu'il juge utile (Décr. n° 93-1362 du 30 déc. 1993, art. 32).

Le préfet fera procéder, à la demande du ministre chargé des naturalisations, à une enquête complémentaire (Décr. n° 93-1362 du 30 déc. 1993, art. 15, 3e al.) ayant notamment pour but de recueillir des éléments précis et concrets sur la situation sociale et familiale de l'intéressé et d'en présenter les facteurs d'évolution à court terme. Le préfet s'appuiera en particulier sur les services sociaux compétents.

Le décret d'opposition, pris après avis du Conseil d'État, prend effet à la date de sa signature par le Premier ministre. Dans le cas où la déclaration a déjà été enregistrée, l'intéressé est réputé n'avoir jamais acquis la nationalité française.

Le déclarant peut contester le décret d'opposition devant le Conseil d'État dans un délai de deux mois à compter de sa notification. Ce délai est porté à trois mois dans les départements et collectivités d'outre-mer, en Nouvelle-Calédonie et à quatre mois si le déclarant réside à l'étranger. En cas d'annulation de cet acte, le juge ou l'autorité consulaire remettra la déclaration enregistrée. ❑

1. Longtemps, le Conseil d'État n'exigeait pas que l'intéressé soit informé des faits qui étaient relevés à sa charge. • CE 5 mai 1922, *Vandendriessche*, nos 72323 et 73320 : *Lebon 402* • CE 23 févr. 1923, *Strauss*, n° 73974 : *Lebon 192*. ♦ Cette jurisprudence a été abandonnée, le requérant devant pouvoir discuter de ces faits dans ses écritures en défense. • CE 2 déc. 1960, *Sieur Rubin*, n° 46516 : *Lebon 668*.

2. Procédure. Ce n'est que par décret en Conseil d'État que le gouvernement peut s'opposer à l'acquisition de la nationalité française pour défaut d'assimilation autre que linguistique ; le juge judiciaire n'est compétent que pour vérifier la communauté de vie et la condition linguistique ; annulation, par suite pour incompétence, du jugement qui avait rejeté la déclaration de nationalité par mariage d'une Marocaine au motif qu'elle vit voilée et n'a aucune activité extérieure. • Angers, 28 oct. 2009, *Smida*, n° 08/01400.

3. Si le refus d'enregistrement est intervenu hors délai, le délai d'opposition part de la date de remise du récépissé et non de la date à laquelle la décision judiciaire constatant la tardiveté du refus a acquis force de chose jugée. • CE 7 oct. 1991 : *Gaz. Pal. 1992. 2. Pan. 81 ; Rev. crit. DIP 1992. 283, note Lagarde ; D. 1991. IR 280*. ♦ Sur le point de départ du délai d'opposition. • CE 22 juill. 1992 : *Gaz. Pal. 1993. 1. Pan. dr. adm. 50.* ♦ Le décret d'opposition doit être signé et non nécessairement notifié à l'intéressé dans le délai visé par l'art. 21-4. • CE 29 nov. 1993 : *Rev. crit. DIP 1994. 625, note P. L.* • Civ. 1re, 27 sept. 2017, n° 16-50.044 : *D. 2017. 1911 ; ibid. 2018. 313, chron. Boskovic, Corneloup, Jault-Seseke, Joubert et Parrot*.

4. Le Conseil d'État avait considéré que la faculté d'opposition n'est pas subordonnée à la condition que le décret soit notifié à l'intéressé avant l'expiration du délai. • CE 19 nov. 1993, *Béréciartua Echarri*, n° 111212 : *Lebon 321 ; Rev. crit. DIP 1994. 625, concl. contraires Abraham*. ♦ Cette jurisprudence a été abandonnée : eu égard au délai anormalement long et non imputable au requérant, écoulé depuis la signature du décret, celui-ci n'était plus susceptible d'être notifié ; ainsi la lettre doit être regardée comme ayant notifié une nouvelle décision d'opposition qui fait par elle-même grief ; cette nouvelle décision est illégale dès lors qu'elle ne satisfait pas aux conditions, notamment de délai, auxquelles la loi subordonne la faculté d'opposition à l'acquisition de la nationalité française par le conjoint étranger. • CE 26 mars 1999, *M. Villegas*, n° 174113 : *Lebon 94 ; RFDA 1999. 544, concl. Hubert*.

5. En tout état de cause, le délai pour contester le décret d'opposition court à compter de sa notification. • CE 5 nov. 1999, *Mme Ngo*, n° 199316.

6. En cas d'opposition du Gouvernement, l'intéressé est réputé n'avoir jamais acquis la nationalité française. En revanche, à défaut d'opposition par décret ou de refus d'enregistrement, la nationalité française est acquise à la date de la déclaration. • CE 3 mai 1995, *Ganga*, n° 154014 : *Lebon T. 786*.

7. Lorsqu'une requête est assortie d'allégations sérieuses, le Conseil d'État doit être en mesure d'apprécier, à partir d'éléments précis, le bien-fondé du motif qui fonde le décret d'opposition attaqué. Il appartient en conséquence à l'administration de verser au dossier, dans le respect des secrets garantis par la loi et des exigences liées à la sécurité nationale, les éléments nécessaires pour permettre au juge de l'excès de pouvoir de statuer en pleine connaissance de cause. • CE 13 févr. 2019, n° 419662.

8. On notera enfin que le moyen tiré de la violation de l'art. 8 Conv. EDH est inopérant à l'encontre d'un décret d'opposition. • CE 8 janv. 1997, *Mme Hamada*, n° 163104.

I. INDIGNITÉ

9. Le juge administratif exerce un contrôle normal sur la qualification des faits retenus par l'administration constitutifs d'un défaut d'assimilation ou d'indignité. • CE 28 avr. 1978, *Dame Weisgal épouse Losay*, n° 05659 : *Lebon 196*. ♦ La charge de la preuve incombe au ministre ; lorsque celui-ci se borne à faire état de documents qu'il refusait de communiquer dans le cadre de l'instruction contradictoire au motif que cette communication serait susceptible de porter atteinte à la sûreté de l'État et à la sécurité publique, il ne ressort pas des éléments du dossier que le requérant participerait activement et adhérerait, comme l'indique le décret attaqué, aux idées d'un courant qui promeut des principes contraires aux valeurs essentielles de la société française. • CE 13 févr. 2019, n° 419662.

10. Condamnations pénales. Le motif d'indignité le plus souvent retenu repose sur l'existence de condamnations pénales. V. par ex. pour une condamnation à deux ans d'emprisonnement pour escroquerie, falsification et contrefaçon. • CE 17 juin 1996, *Nanti Bi Zamble*, n° 150273. ♦ Comportement général de l'intéressé, répétition et diversité des délits commis. • CE 13 mai 1996, *Shafiq*, n° 156194. ♦ Vols, coups et blessures volontaires, usage et trafic de stupéfiants. • CE 8 juill. 1996, *Zidane*, n° 148577. ♦ Attentat à la pudeur sur une patiente hospitalisée par un médecin. • CE 21 mai 1997, *M. Randria*, n° 157195. ♦ Individu condamné à 5 ans de prison pour attentat à la pudeur commis avec violence sur un mineur de moins de 15 ans. • TA Nantes, 6 févr. 1996, *M. Kassi*, n° 92.645. ♦ Condamnation à une peine de six mois de prison avec sursis pour faits de violence volontaires sur l'épouse du requérant, ayant entraîné une incapacité de neuf jours. • CE 14 févr. 2001, *Moussaoui*, n° 211116. ♦ Condamnation à 10 mois de prison avec sursis et amende de 8 000 F pour délit d'entrée et séjour irréguliers, obtention frauduleuse de titre de séjour et corruption active de fonctionnaire. • CE 10 mai 1999, *M. Khan*, n° 196565. ♦ Requérant s'étant rendu coupable de deux vols avec effraction de nuit ayant entraîné une condamnation de 18 mois de prison avec sursis. • CE 10 mai 1999, *M. Maroudi*, n° 184919. ♦ Requérant ayant été condamné à 1 an de prison (dont 11 mois et 15 jours avec sursis) pour attentat à la pudeur avec contrainte et violence sur une étudiante. • CE 9 juin 1999, *M. Baali*, n° 178406. ♦ Condamnation à plus de 6 mois (avec sursis) pour coups et violences ayant entraîné une incapacité de plus de 8 jours, menaces de mort réitérées et injures publiques. • CE 6 oct. 1999, *M. Derouiche*, n° 191189. ♦ Condamnation de la requérante à deux mois d'emprisonnement avec sursis pour violences habituelles sur ses deux filles mineures de moins de quinze ans ayant entraîné des incapacités de plus de huit jours. • CE 12 oct. 2011, *Mme Falconnat*, n° 346329. ♦ Condamnation à 4 mois d'emprisonnement avec sursis pour emploi irrégulier d'étrangers. • CE 24 sept. 2018, n° 412872 : *AJDA 2019. 210*. ♦ Condamnation à une peine de quatre mois d'emprisonnement avec sursis pour avoir pris la fuite après avoir causé un accident de la circulation et conduit, deux mois plus tard, sous l'empire d'un état alcoolique ; l'intéressé a fait l'objet, 4 mois plus tard, d'un nouveau contrôle établissant qu'il conduisait un véhicule sous l'empire d'un état alcoolique, fait pour lequel il a été condamné pour récidive de conduite en état d'ivresse, à une peine d'amende et à l'annulation de son permis de conduire. • CE 30 janv. 2019, n° 417548 B : *AJDA 2019. 259*. ♦ Requérant reconnu coupable de violences habituelles n'ayant pas entraîné d'incapacité supérieure à 8 jours sur la personne de son épouse et condamné à une peine d'emprisonnement de 2 ans et 6 mois, dont 6 mois avec sursis, assortis d'une mise à l'épreuve de 2 ans. • CE 2 mars 2021, n° 442337. ♦ Condamnation pour délit de fuite après un accident en tant que conducteur de véhicule, rébellion, violence dans un accès à un moyen de transport collectif de voyageurs. • CE 11 févr. 2021, n° 441395. ♦ Trafic de stupéfiants. • CE 18 déc. 2020, n° 440365. ♦ Condamnations pour mise en danger de la vie d'autrui avec risque immédiat de mort ou d'infirmité par violation manifestement délibérée d'obligation réglementaire de sécurité ou de prudence lors de la conduite d'un véhicule terrestre à moteur, de rébellion, d'outrage à personne dépositaire de l'autorité publique et de blessures involontaires avec incapacité n'excédant pas 3 mois par conducteur d'un véhicule terrestre à moteur commises avec au moins 2 circonstances aggravantes. • CE 14 déc. 2020, n° 443466. ♦ Recel de biens provenant d'un vol commis par ruse, effraction ou escalade, dans un lieu destiné à l'entrepôt de marchandises, avec circonstance aggravante, ainsi que de participation à une association de malfaiteurs en vue de la préparation d'un délit. • CE 27 nov. 2020, n° 436767. ♦ Violences sur conjoint. • CE 9 nov. 2020, n° 436178. ♦ Violences avec arme. • CE 2 oct. 2020, n° 434985. ♦ Travail dissimulé. • CE 22 juill. 2020, n° 438367. ♦ Recel, escroquerie. • CE 9 juill. 2020, n° 436592. ♦ Recel, détention frauduleuse de faux documents administratifs, contrefaçon et d'usage de chèques contrefaits ou falsifiés, délit d'entrée et de séjour irrégulier. • CE 25 mars 2020, n° 435542. ♦ Manœuvres frauduleuses pour percevoir des prestations sociales. • CE 25 mars 2020, n° 434172.

11. Ancienneté et gravité des faits. Pour s'opposer à l'acquisition de la nationalité française par le demandeur, apatride, pour indignité, le gouvernement s'est fondé sur les liens entretenus par celui-ci avec les autorités nazies durant la Seconde Guerre mondiale et les activités, notamment d'espionnage, auxquelles il s'était livré, durant la même période, tant à l'encontre de la Suisse, pays dont il avait la nationalité, qu'à l'encontre de la France, où il s'était rendu coupable d'actes nuisibles aux intérêts de la défense nationale entre 1941 et 1944 ; malgré leur ancienneté, les activités susmentionnées sont, dans les circonstances de l'espèce et compte tenu de leur nature, constitutives d'indignité au sens de l'art. 21-4 C. civ. • CE 2 oct. 2002, n° 227480.

12. Nature et date des condamnations. Le juge vérifie néanmoins que les condamnations ne sont pas trop anciennes, le délai étant d'autant plus court que les infractions sont d'une gravité relative. Le juge a ainsi prononcé l'annulation dans les cas suivants : condamnation à six mois avec sursis pour infraction à la législation sur les stupéfiants commise 4 ans auparavant. • CE 1er févr. 1993, *Ghourbi,* n° 112807. ♦ Recours illicite à des travailleurs clandestins entre 1986 et 1989. • CE 30 déc. 1996, *Zinzou,* n° 148858. ♦ Faits commis dix ans auparavant et n'ayant donné lieu à aucune poursuite judiciaire. • CE 10 juin 1992, *Meguitif,* n° 113608. ♦ Requérant ayant fait l'objet d'une expulsion du territoire britannique en 1984, rien ne permettant d'attester qu'il s'est livré à des activités terroristes. • CE 29 oct. 1997, *M. Diaffar,* n° 169709. ♦ Condamnation à une peine de 15 jours d'emprisonnement avec sursis pour vol simple, commis 5 ans avant l'intervention du décret. • CE 29 oct. 1997, *M. Tsouka Dozi,* n° 167877. ♦ V. pour des condamnations pénales répétées et/ou récentes : • CE 11 oct. 2017, n° 409466 • 8 nov. 2017, n° 407133 • 4 oct. 2017, n° 407284 : *D. 2018. 313, chron. Boskovic, Corneloup, Jault-Seseke, Joubert et Parrot*. ♦ Condamnations pour diverses infractions au C. route commises entre neuf et six ans avant l'intervention du décret. • CE 24 sept. 2018, n° 412047 : *AJDA 2019. 210*. ♦ Même solution en présence de deux condamnations anciennes pour détention et usage illicite de produits stupéfiants. • CE 12 oct. 2018, n° 411744. ♦ Coup de poing donné à un policier lors d'un contrôle routier, fait demeuré isolé et commis plus de cinq ans avant l'intervention du décret. • CE 4 juill. 2018, n° 412840.

13. Toutefois, la gravité particulière des infractions commises permettra de les prendre en compte, même si elles sont anciennes. • CE 2 mars 1994, *Bouachria,* n° 119779. ♦ Des condamnations amnistiées pourront également être retenues. • CE 12 déc. 1973, *Mme Semmoudi,* n° 74560 • 9 juin 1999, *M. Lo,* n° 188388. ♦ De même, si l'étranger a fait l'objet d'un non-lieu en raison de la prescription des faits (attentats à la pudeur), cela n'empêche pas le gouvernement de pouvoir prendre en compte ces faits. • CE 28 juill. 1999, *M. Diedhiou,* n° 186883.

14. Infractions bénignes. De telles infraction ne constituent en principe pas une cause d'indignité : altercation avec des agents de police dans un lieu public. • CE 1er mars 1985, *Min. des Aff. sociales et de la Solidarité nationale c/ Barry,* n° 45969 : *Lebon T. 629*. ♦ Conduite en état d'ivresse. • CE 10 juin 1992, *Meguitif,* n° 113608 : *Lebon T. 963*. ♦ Condamnation à 8 mois de prison avec sursis pour falsification de chèque. • TA Nantes, 5 nov. 1996, *Goyi : RFDA 1997.330, concl. Millet*. ♦ ... Condamnation pour vol simple à 6 mois de prison dont 4 avec sursis. • CE 21 mai 1997, *M. Touré*, n° 162335. ♦ La seule conduite d'un véhicule à deux reprises en état d'ivresse ne rend pas un étranger indigne d'acquérir la nationalité française par mariage. • CE 28 avr. 2014, n° 372679 : *Lebon 122 ; AJDA 2014. 954 ; AJ fam. 2014. 380*. ♦ Requérant qui avait conduit en état d'ivresse en 2013 puis à nouveau en 2015, faits pour lesquels il a été condamné à une peine de quinze jours d'emprisonnement avec sursis et une amende de 150 €, un an avant le décret d'opposition. • CE 24 juill. 2019, n° 427358.

15. Faits n'ayant pas encore donné lieu à des sanctions pénales. De tels faits peuvent être constitutifs d'indignité s'ils sont particulièrement graves : personne s'étant livrée habituellement à la prostitution dans la période précédant son mariage. • CE 28 janv. 1966, *Dame Caironi*, n° 64029 : *Lebon 67* • 31 oct. 1979, *Mme Pollion*, n° 02934 : *Lebon T. 738*. ♦ Usage d'une arme à feu au cours d'une querelle ayant provoqué la mort d'une personne et les blessures d'une autre, alors même qu'aucune condamnation pénale n'était encore intervenue. • CE 16 juin 1995, *M. Merturi*, n° 133838 : *Lebon T. 786*. ♦ Complicité d'empoisonnement de mineur en cours d'instruction. • CE 25 sept. 1996, *Kazkaz*, n° 160374. ♦ Participation à un groupe terroriste. • CE 19 nov. 1993, *Béréciartua Echarri*, n° 111212 : *préc. note 4*. ♦ *A contrario*, ne justifie pas d'un refus de naturalisation par mariage pour indignité le fait pour la demanderesse, lors d'un entretien d'assimilation, d'avoir déchiré la charte des droits et devoirs du citoyen ; le juge relève en effet que ce geste isolé qui s'était produit plus de trois ans avant l'intervention du décret attaqué, pour regrettable qu'il soit, traduit une simple réaction d'humeur de l'intéressée lors de l'entretien, alors qu'elle venait d'y être convoquée après des démarches antérieures demeurées infructueuses. • CE 20 oct. 2016, n° 397731. ♦ En tout état de cause, il convient que les faits allégués soient avérés. • CE 4 déc. 2017, n° 407851 : *D. 2018. 313, chron. Boskovic, Corneloup, Jault-Seseke, Joubert et Parrot*.

16. Le juge considère que le principe de la présomption d'innocence ne fait pas obstacle à la prise en compte, pour mesurer l'indignité de l'individu, de faits n'ayant pas encore fait l'objet d'une décision d'une juridiction de jugement. • CE 13 mai 1996, *M. Shafiq*, n° 156194. ♦ La seule circonstance que l'intéressé fasse l'objet d'une citation directe devant le tribunal correctionnel n'est pas, par elle-même, de nature à le faire regarder comme indigne d'acquérir la nationalité française. • CE 1er avr. 2019, n° 417822 : *AJDA 2019. 1787*. ♦ Il importe en tout état de cause qu'il ne s'agisse pas de simples allégations (par exemple s'agissant de simples présomptions d'appartenance à un groupe terroriste. • CE 15 juin 1979, *Viglietti*, n° 08390 : *Lebon T. 737*. ♦ La même solution a été adoptée au regard de l'art. 6, al. 2 Conv. EDH. • CE 21 mai 1997, *M. Randria*, n° 157195.

17. A défaut de produire des éléments propres à établir la réalité des faits reprochés, la seule circonstance que l'intéressé fasse l'objet d'une citation directe devant le tribunal correctionnel n'est pas, par elle-même, de nature à le faire regarder comme indigne d'acquérir la nationalité française. • CE 1er avr. 2019, n° 417822.

18. Fraude. La fraude constitue elle aussi un motif d'indignité : étranger ayant donné de faux renseignements à l'appui de sa demande. • CE 19 sept. 1994, *Malonga*, n° 133365. ♦ C'est le cas par exemple s'agissant d'un étranger ayant dissimulé de très importants revenus dans le but de percevoir le RMI. • CE 11 juin 2004, *Van Ommeren*, n° 233074 : *Lebon T. 689*. ♦ Même solution en raison de la participation active de l'intéressé à un trafic de fausses attestations d'accueil destinées à des ressortissants algériens. • CE 27 févr. 2006, *Amiour*, n° 267657.

19. Activités légales. L'indignité ne peut toutefois résulter d'activités légales même si elles sont de nature à « déplaire » au gouvernement : appartenance au Parti communiste français et violente campagne contre le président de la République et le Premier ministre. • CE 13 juill. 1979, *Rutili*, n° 05828 : *Lebon T. 738*. ♦ Publication dans un journal français d'un appel contre l'intervention militaire dans le Golfe. • CE 8 déc. 1995, *El Ghabbach*, n° 138948. ♦ Une activité politique licite ne saurait être regardée comme constitutive d'indignité. • CE 28 avr. 1978, *Dame Weisgal épouse Losay*, n° 05659 : *préc. note 9*.

20. En revanche, le gouvernement peut légitimement s'opposer à l'acquisition de la nationalité française par mariage s'agissant d'un militant actif d'un mouvement extrémiste manifestant un rejet des valeurs essentielles de la société française. • CE 14 oct. 1998, *M. Amiour*, n° 175186. ♦ Même solution s'agissant de l'un des principaux dirigeants d'une fédération à laquelle étaient affiliés plusieurs mouvements extrémistes prônant le rejet des valeurs essentielles de la société française. • CE 7 juin 1999, *M. Ben Mansour*, n° 178449 • 9 juin 1999, *M. Bendjama*, n° 187713. ♦ Appartenance à une organisation terroriste espagnole alors même que certains des faits sur lesquels se fonde la décision n'ont pas fait l'objet de condamnations pénales. • CE 9 juin 1999, *M. Aguirrebarrena Ruiz de la Cuesta*, n° 192680. ♦ Activités politiques constituant un risque pour la sécurité intérieure ou les relations extérieures de la France. • CE 19 nov. 1993, *Béréciartua Echarri*, n° 111212 : *préc. note 4*. ♦ Liens entretenus par le requérant avec les services de renseignement de la Tunisie, ainsi qu'en attestaient ses nombreux contacts avec des autorités françaises et tunisiennes, en particulier l'hébergement, dans les locaux de l'association qu'il préside, d'un diplomate détaché du consulat de Tunisie à Paris, présenté comme le principal agent du renseignement tunisien dans le nord de la France par une note blanche. • CE 26 avr. 2022, n° 449785 B : *AJDA 2022. 846*.

21. La simple activité militante de l'intéressé ne constituerait pas l'indignité. • CE 13 juill. 1979, *Rutili*, n° 05828 : *Lebon T. 738*. ♦ ... Non plus que la mauvaise gestion financière s'il n'y a pas organisation délibérée de l'insolvabilité ou manœuvres frauduleuses. • CE 20 mars 2000 : *RJPF 2000-9/12, obs. Putman.*

22. Conditions requises. Les faits d'indignité doivent être particulièrement graves. • CE 10 juin 1992, *Meguitif*, n° 133608 : *Lebon T. 963 ; Rev. crit. DIP 1994. Somm. 713 ; Gaz. Pal. 1993. 1. Pan. dr. adm. 28.* ♦ Les faits reprochés doivent être appréciés au jour de la déclaration. • CE 11 févr. 1993, *X*, n° 112807. ♦ L'ancienneté des faits et la conduite de l'intéressé, depuis les faits, peuvent exclure l'indignité. • CE 29 oct. 1997, *Laïd*, n° 169709. ♦ Les faits doivent être matériellement exacts. • CE 24 janv. 1994 : *D. 1994. Somm. 257, obs. Julien-Laferrière*.

II. DÉFAUT D'ASSIMILATION

23. Le défaut d'assimilation peut consister dans le fait de vivre en marge de la communauté d'accueil et notamment de mener un mode de vie inconciliable avec l'appartenance à la communauté française. • CE 28 juill. 1989, *Min. des affaires sociales et de l'emploi c/ Kouame*, n° 81650 : *Lebon T. 680 ; Gaz. Pal. 1990. 1. Pan. dr. adm. 283* • 15 janv. 1990, *Cissoko*, n° 91404 • 22 févr. 1993, *Amadou ali*, n° 118013. ♦ ... Dans le fait de répandre des thèses extrémistes, manifestant un rejet des valeurs essentielles de la société française. • CE 14 oct. 1998, *M. Amiour*, n° 175186 : *D. 1998. IR 258 ; RJPF 1999-1/22, obs. Putman.* ♦ ... Dans le fait d'adopter une pratique religieuse radicale, incompatible avec les valeurs essentielles de la communauté française, et notamment avec le principe d'égalité des sexes. • CE 27 juin 2008, *Mme Mabchour*, n° 286798 : *Lebon 738 ; D. 2009. 345, note Vallar ; AJDA 2008. 1997, note Zeghbib ; ibid. 2013, note Chrestia ; JCP 2008. II. 10151, note Malaurie ; LPA 18 févr. 2009, note Pacteau.* ♦ Demandeur ayant des liens étroits avec des dirigeants d'un mouvement extrémiste prônant le rejet des principes républicains. • CE 31 janv. 2001, *Bettayeb*, n° 290577.

24. Le simple fait que la femme du déclarant porte un foulard islamique ne saurait constituer un défaut d'assimilation du mari. • CE 23 mars 1994, *Majid*, n° 116144. ♦ En revanche, le gouvernement peut légalement se fonder sur le fait que l'intéressée a adopté une pratique radicale de sa religion, incompatible avec les valeurs essentielles de la communauté française et notamment avec le principe d'égalité des sexes, pour s'opposer à l'acquisition de la nationalité française par mariage. • CE 27 juin 2008, *Mme Mabchour*, n° 286798 : *Lebon T. 737*. ♦ Même solution s'agissant du refus de l'intéressée de serrer la main d'une personne de sexe opposé lors de la cérémonie d'accueil au motif de ses convictions religieuses. • CE 11 avr. 2018, n° 412462 : *Lebon T. 683.*

25. Même solution s'agissant d'un requérant ayant adopté un mode de vie caractérisé par une soumission de sa femme qui ne correspond pas aux valeurs de la société française, notamment l'égalité entre les sexes. • CE 9 nov. 2020, n° 436548 : *AJDA 2021. 406, note Galliffet* • 27 nov. 2020, n° 436763.

26. La cessation de la communauté de vie n'est pas un motif d'opposition mais une cause d'irrecevabilité de la déclaration. • Civ. 1re, 5 mars 1991 : *D. 1991. 537, note Guiho ; JCP 1992. II. 21789, note Laroche-Gisserot ; RTD civ. 1992. 52, obs. Hauser*.

27. Polygamie. Elle révèle l'absence d'assimilation dès lors qu'elle est effective. • CE 24 janv. 1994, *Cissoko : D. 1995. 108, note Guiho ; D. 1994. Somm. 257, obs. Julien-Laferrière*. ♦ ... Et non simplement virtuelle : la polygamie permise par le statut personnel de l'intéressé mais non mise en œuvre n'est pas constitutive d'un défaut d'assimilation. • CE 11 févr. 1994 : *D. 1995. 108, note Guiho ; D. 1994. Somm. 258, obs. Julien-Laferrière ; Rev. crit. DIP 1994. 317, note Lagarde ; RFDA 1994. 405.* ♦ ... Ou encore lorsque la requérante n'avait pas la possibilité de s'opposer à la polygamie de son conjoint. • CAA Nantes, 30 déc. 1997, *Timera*, n° 96NT01582 : *AJDA 1998. 230, obs. C. J.*.

28. Valeurs essentielles de la société française. Il ressort notamment des propos tenus et du comportement adopté par M. A. au cours des entretiens menés par les fonctionnaires chargés de l'instruction de son dossier que l'intéressé refuse d'accepter les valeurs essentielles de la société française et notamment l'égalité entre les hommes et les femmes ; par suite, le décret d'opposition à l'acquisition de la nationalité française n'a pas fait une inexacte application des dispositions du présent art. • CE 27 nov. 2013, *Aberkane*, n° 365587 : *Lebon 304 ; AJDA 2013. 2405*.

29. La condition d'assimilation n'est pas satisfaite en cas de refus des valeurs essentielles de la société française et, en particulier, au principe d'égalité entre les hommes et les femmes. • CE 20 déc. 2017, n° 411735 • 7 déc. 2017, n° 410276 • 4 déc. 2017, n° 409527 • 17 mai 2017, n° 403452 : *D. 2018. 313, chron. Boskovic, Corneloup, Jault-Seseke, Joubert et Parrot*. ♦ Demandeur qui dispensait des cours dans des lieux de culte salafistes, où il tenait un discours de haine à l'encontre de personnes de confession juive ou chrétienne et formait son public à des thèses incompatibles avec les valeurs essentielles de la société française. • CE 20 déc. 2017, n° 411499 : *D. 2018. 313, chron. Boskovic, Corneloup, Jault-Seseke, Joubert et Parrot*.

Art. 21-5 *(L. nº 73-42 du 9 janv. 1973)* **Le mariage déclaré nul par une décision émanant d'une juridiction française ou d'une juridiction étrangère dont l'autorité est reconnue en France ne rend pas caduque la déclaration prévue à l'article 21-2 au profit du conjoint qui l'a contracté de bonne foi.** – *[C. nat., art. 42.]*

1. Déclaration de mauvaise foi. Doit être annulée la déclaration acquisitive de nationalité française faite de mauvaise foi par un étranger dont le mariage avait été annulé pour bigamie. • Civ. 1re, 29 nov. 1989, nº 88-11.993 P : *Rev. crit. DIP 1990. 481 (1re esp.), note Lagarde.* ♦ Rappr. • Nancy, 15 nov. 1990 : *JCP 1991. II. 21766, note Eschylle ; RTD civ. 1992. 52, obs. Hauser ; Rev. crit. DIP 1992. Somm. 743.* ♦ Inversement, validité de la déclaration faite de bonne foi (première union non dissoute mentionnée dans l'acte de naissance remis par l'intéressé et second mariage non annulé par décision judiciaire). • Civ. 1re, 19 oct. 2004, nº 02-18.154 P : *Dr. fam. 2005, nº 281, note Farge ; Rev. crit. DIP 2005. 607, note Lagarde.*

2. Divorce. Est entachée de fraude et annulable la déclaration faite par le mari étranger qui avait accepté le divorce demandé par l'épouse et les modalités de la non-conciliation. • Dijon, 3 juill. 1991 : *D. 1992. 231, note Guiho ; Gaz. Pal. 1994. 1. Somm. 214 ; Rev. crit. DIP 1993. Somm. 708.*

3. La déclaration de nationalité souscrite en raison du mariage doit être déclarée caduque lorsque ce mariage a été annulé, le délai prévu à l'art. 26-4 C. civ., propre à l'action en contestation de l'enregistrement de la déclaration, n'ayant pas vocation à s'appliquer à l'action en constatation de la caducité de celle-ci. • Civ. 1re, 7 nov. 2012, nº 11-25.662 : *AJ fam. 2012. 620.*

Art. 21-6 *(L. nº 73-42 du 9 janv. 1973)* **L'annulation du mariage n'a point d'effet sur la nationalité des enfants qui en sont issus.** – *[C. nat., art. 43.]*

Il résulte des art. 20-1, 21-6 et 23-9 que l'annulation d'une déclaration de nationalité ne produit aucun effet sur la nationalité de l'enfant du déclarant devenu majeur. • Civ. 1re, 17 févr. 2004, nº 01-10.060 P : *D. 2004. IR 609 ; RJPF 2004-5/13, obs. Putman ; Rev. crit. DIP 2004. 745, note Lagarde.*

§ 3 *Acquisition de la nationalité française à raison de la naissance et de la résidence en France*

Art. 21-7 *(L. nº 98-170 du 16 mars 1998)* **Tout enfant né en France de parents étrangers acquiert la nationalité française à sa majorité si, à cette date, il a en France sa résidence et s'il a eu sa résidence habituelle en France pendant une période continue ou discontinue d'au moins cinq ans, depuis l'âge de onze ans.**

Les tribunaux judiciaires, les collectivités territoriales, les organismes et services publics, et notamment les établissements d'enseignement sont tenus d'informer le public, et en particulier les personnes auxquelles s'applique le premier alinéa, des dispositions en vigueur en matière de nationalité. Les conditions de cette information sont fixées par décret en Conseil d'État. – *Entrée en vigueur le 1er sept. 1998. – Pour les dispositions transitoires, V. L. nº 98-170 du 16 mars 1998, art. 33 et 34, infra.*

V. Décr. nº 98-719 du 20 août 1998 relatif à l'information du public en matière de droit de la nationalité modifié.

V. Circ. du 12 avr. 2019, NOR : JUSC1904134C.

BIBL. ▸ Commentaires sur l'ancien art. 21-7 : FULCHIRON, *JCP 1997. I. 4042.* - GUIHO, *D. 1994. Chron. 1.* - GUIMEZANES, *JDI 1994. 59.* - OLEKHNOVITCH, *Gaz. Pal. 1993. 2. Doctr. 1224.* - SCHRAMECK, *AJDA 1993. 755.*

▸ Décr. 20 août 1998 sur l'information du public : JAMIN, *chron. lég. RTD civ. 1999. 712.*

COMMENTAIRE

L'hypothèse visée à l'article 21-7 constitue le seul cas d'acquisition automatique de la nationalité française ; seul l'intéressé lui-même peut s'y opposer. Il convient toutefois de rappeler les règles antérieures au dispositif actuel dans la mesure où elles sont encore susceptibles de recevoir application dans certains cas. L'ancien article 44 du code de la nationalité, qui reste applicable aux étrangers nés avant le 1er janvier 1976 (L. du 22 juill. 1993) prévoyait l'acquisition automatique de la nationalité française à la majorité de l'étranger né en France de parents étrangers à la double condition d'avoir sa résidence en France à la date de sa majorité et d'avoir eu, pendant les cinq années qui précèdent, sa résidence habituelle en France.

On rappellera que la loi du 22 juillet 1993 prévoyait que « tout étranger né en France de parents étrangers peut, à partir de l'âge de seize ans et jusqu'à l'âge de vingt et un ans, acquérir la nationalité française à condition qu'il en manifeste la volonté, qu'il réside en France à la date de sa manifestation de volonté et qu'il justifie d'une résidence habituelle en France pendant les cinq années qui la précèdent ». Ce mécanisme de manifestation de volonté a été supprimé par la loi n° 98-170 du 16 mars 1998 qui a ainsi rétabli l'acquisition de plein droit dès lors que l'intéressé remplit les conditions fixées par le texte (sur les modalités d'application transitoire, V. art. 33 de ladite loi). Au surplus, les causes d'empêchement prévues à l'article 21-27 ne sont pas ici applicables.

La notion de résidence habituelle est indépendante de celle de « domicile » au sens de l'article 102 du code civil et peut être prouvée par tout moyen (certificats de scolarité, attestations de stage, certificats de travail, etc.).

1. Naissance en France. Application du principe à un enfant né en territoire d'outre-mer et résidant en métropole à sa majorité (ancien art. 44 C. nat.). • Paris, 8 juin 1972 : *JCP 1973. II. 12788, note Aymond ; Rev. crit. DIP 1973. 43, note Lagarde.*

2. Parents étrangers. L'extranéité des parents doit être appréciée à la date de naissance de l'enfant (enfants nés en France avant l'indépendance de Djibouti de parents originaires de ce territoire n'ayant pas souscrit la déclaration de reconnaissance prévue par la loi du 20 juin 1977). • Civ. 1re, 13 févr. 1996, n° 94-11.851 P : *JCP 1996. IV. 812.* ♦ Le texte ne peut être invoqué par des enfants nés en France avant le 1er janv. 1963 de parents musulmans originaires d'Algérie et qui ont perdu à cette date la nationalité française. • Civ. 1re, 20 nov. 1973 : *Rev. crit. DIP 1974. 481, note P. L.* ♦ Les dispositions du présent art. sont inapplicables s'agissant d'une personne dont les parents n'avaient pas, à la date de sa naissance, perdu la nationalité française. • CE 4 mars 1998 : *D. 1998. IR 101 ; Gaz. Pal. 1998. 2. Pan. adm. 178 ; RFDA 1998, 647.*

3. Résidence en France. La résidence est, en droit de la nationalité, effective, présente un caractère stable et permanent et coïncide avec le centre des attaches familiales et des occupations professionnelles. • Civ. 1re, 29 juin 1983 : *Rev. crit. DIP 1984. 77, note Lagarde* • 6 déc. 1989, n° 87-15.888 P : *Rev. crit. DIP 1990. 481 (2e esp.), note Lagarde ; Gaz. Pal. 1990. 1. Pan. 75* • 28 janv. 1992, n° 89-17.928 P • 6 avr. 1994, n° 92-17.685 P : *Rev. crit. DIP 1995. 41 (2e arrêt), note David* • 22 févr. 2000, n° 97-22.459 P : *JCP 2000 IV, n° 1625.* ♦ Le juge fait parfois référence uniquement aux seules attaches familiales et non aux occupations professionnelles. • Civ. 1re, 10 févr. 1993, n° 91-17.601 P : *D. 1993. IR 62.* ♦ Ne remplit pas la condition de résidence habituelle la personne interdite de séjour et de paraître qui vit d'expédients et se loge d'hôtel en hôtel. • Civ. 1re, 25 juin 1974, n° 73-11.051 P : *Rev. crit. DIP 1975. 231, note Lagarde ; JDI 1975. 60, note Aymond* (application de l'ancien art. 21-7). ♦ Même solution dès lors que l'intéressé était scolarisé dans un pays étranger quels qu'aient été les liens qu'il a pu conserver pendant ce temps avec la France où résidait sa famille et où il revenait plusieurs fois par an. • Civ. 1re, 26 sept. 2012, n° 11-22.351 : *D. 2013. 324, chron. Boskovic, Corneloup, Jault-Seseke, Joubert, Parrot.* ♦ Le Conseil d'État retient également cette définition de la résidence. • CE 28 mars 1990, *Madani : Gaz. Pal. 1991. 1. Somm. 40 ; D. 1991. 44, note Guiho* • 25 avr. 1990 : *D. 1991. 44, note Guiho ; Gaz. Pal. 1991. 1. Somm. 40 ; Rev. crit. DIP 1992. 744* • 10 déc. 1993, *Mme Brache*, n° 118611 : *Lebon 359 ; Rev. crit. DIP 1994. Somm. 716 ; Gaz. Pal. 1994. 2. Pan. dr. adm. 112.*

4. Résidence habituelle. V., par ex., le cas d'une femme ayant une activité au service de la mission diplomatique de son pays d'origine mais justifiant d'une résidence habituelle au motif que la qualité de l'employeur n'était pas de nature à exclure par elle seule l'existence en France du centre des occupations de l'intéressée. • Civ. 1re, 10 avr. 1996 : *D. 1997. 105, note Guiho.*

5. Résidence personnelle. La résidence à prendre en considération est la résidence personnelle de celui dont la nationalité est en cause. • Civ. 1re, 9 janv. 1957 : *Rev. crit. DIP 1957. 447, note H.B. ; JCP 1958. II. 10494, note Aymond.*

6. Résidence continue. Des interruptions de la résidence ne remettent pas nécessairement en cause l'applicabilité du présent art. • Civ. 1re, 29 mai 1974 : *JDI 1975. 327, obs. Aymond ; Rev. crit. DIP 1975. 46.*

7. Délai de 5 ans. Est intégré à la communauté française l'étranger qui souscrit une déclaration de nationalité pour sa fille de moins de 16 ans et, pendant la période des études de cette dernière en France, a toujours subvenu à ses besoins et à ceux de sa famille, qui habite en France depuis plus de 5 ans et y exerce divers emplois. • Versailles, 12 nov. 1992 : *D. 1993. IR 76.*

8. Application dans le temps. L'art. 21-7 ancien s'est substitué à l'art. 44 C. nat. et s'applique aux litiges en cours lors de l'entrée en vigueur de la loi du 22 juill. 1993. • Paris, 4 mars 1994 : *D. 1994. 337, note Guiho.*

Art. 21-8 *(L. n° 98-170 du 16 mars 1998)* **L'intéressé a la faculté de déclarer, dans les conditions prévues aux articles 26 et suivants et sous réserve qu'il prouve qu'il a la nationalité d'un État étranger, qu'il décline la qualité de Français dans les six mois qui précèdent sa majorité ou dans les douze mois qui la suivent.**

Dans ce dernier cas, il est réputé n'avoir jamais été français. — *Entrée en vigueur le 1er sept. 1998.*

Sur l'exercice de cette faculté de décliner la qualité de Français, V. infra, Décr. n° 93-1362 du 30 déc. 1993, art. 24-1.

COMMENTAIRE

Pour exercer la faculté de décliner la qualité de Français qui lui est ouverte par l'article 21-8, l'enfant susceptible d'acquérir la nationalité française ou qui a acquis la nationalité française à l'âge de 18 ans à raison de sa naissance et de sa résidence en France doit souscrire, dans les six mois précédant sa majorité ou dans les douze mois qui la suivent, une déclaration accompagnée des pièces suivantes : l'extrait de son acte de naissance ; un certificat délivré par les autorités du pays dont il se réclame établissant qu'il a la nationalité de ce pays ; tous documents émanant des bureaux du service national établissant qu'il n'a pas contracté d'engagement dans les armées françaises (Décr. n° 93-1362 du 30 déc. 1993, art. 24-1). ❑

La faculté de décliner la nationalité française offerte par l'art. 21-8 n'a pas pour effet de donner un caractère provisoire à l'acquisition de cette nationalité. • Civ. 2e, 19 juin 2002 : *Bull. civ. II, n° 134* (cassation du jugement ayant refusé pour ce motif l'inscription sur la liste électorale).

Art. 21-9 *(L. n° 98-170 du 16 mars 1998)* **Toute personne qui remplit les conditions prévues à l'article 21-7 pour acquérir la qualité de Français perd la faculté de décliner celle-ci si elle contracte un engagement dans les armées françaises.**

Tout mineur né en France de parents étrangers, qui est régulièrement incorporé en qualité d'engagé, acquiert la nationalité française à la date de son incorporation. – *Entrée en vigueur le 1er sept. 1998.*

L'intéressé, âgé de 16 ans, s'est présenté, seul, sur convocation administrative, aux opérations de recensement et il a signé une notice individuelle ne comportant aucune indication de nature à appeler son attention sur les conséquences pouvant en résulter au regard de sa nationalité ; c'est à juste titre qu'il en déduit qu'en l'absence de consentement éclairé sur cette conséquence, l'intéressé n'avait pas perdu la faculté de décliner la qualité de Français par le seul fait d'avoir participé volontairement aux opérations de recensement sans opposer son extranéité. • Civ. 1re, 16 juin 1992, n° 90-21.758 P : *D. 1993. 309, note Guilho ; JCP 1992. IV. 2384 ; Rev. crit. DIP 1993. Somm. 707.*

Art. 21-10 *(L. n° 98-170 du 16 mars 1998)* **Les dispositions des articles 21-7 à 21-9 ne sont pas applicables aux enfants nés en France des agents diplomatiques et des consuls de carrière de nationalité étrangère. Ces enfants ont toutefois la faculté d'acquérir volontairement la nationalité française conformément aux dispositions de l'article 21-11 ci-après.** – *Entrée en vigueur le 1er sept. 1998.*

Art. 21-11 *(L. n° 98-170 du 16 mars 1998, en vigueur le 1er sept. 1998)* **L'enfant mineur né en France de parents étrangers peut à partir de l'âge de seize ans réclamer la nationalité française par déclaration, dans les conditions prévues aux articles 26 et suivants si, au moment de sa déclaration, il a en France sa résidence et s'il a eu sa résidence habituelle en France pendant une période continue ou discontinue d'au moins cinq ans, depuis l'âge de onze ans.** – *V. Décr. n° 93-1362 du 30 déc. 1993, art. 15-1, infra.*

(L. n° 2007-1631 du 20 nov. 2007, art. 39) **« Dans les mêmes conditions, la nationalité française peut être réclamée, au nom de l'enfant mineur né en France de parents étrangers, à partir de l'âge de treize ans, la condition de résidence habituelle en France devant alors être remplie à partir de l'âge de huit ans. Le consentement du mineur est requis, sauf s'il est empêché d'exprimer sa volonté par une altération de ses facultés mentales ou corporelles constatée selon les modalités prévues au troisième alinéa de l'article 17-3. »** – *V. Décr. n° 93-1362 du 30 déc. 1993, art. 15-2, infra.*

Ancien art. 21-11, al. 2 ***Dans les mêmes conditions, la nationalité française peut être réclamée, au nom de l'enfant mineur né en France de parents étrangers, à partir de l'âge de treize ans et avec son consentement personnel, la condition de résidence habituelle en France devant alors être remplie à partir de l'âge de huit ans.***

COMMENTAIRE

L'article 21-11 (al. 1er) permet à un mineur de seize ans d'anticiper l'acquisition de la nationalité française sans être représenté ni assisté (V. art. 17-3). Pour souscrire la déclaration prévue au premier alinéa du présent article, le déclarant doit fournir les pièces suivantes : l'extrait de son acte de naissance ; tous documents prouvant qu'il réside en France à la date de sa déclaration et qu'il a eu sa résidence habituelle en France pendant une période continue ou discontinue d'au moins cinq ans, depuis l'âge de onze ans ; le cas échéant, la copie intégrale des actes de naissance de ses enfants mineurs étrangers qui résident avec lui de manière habituelle ou alternativement dans le cas de séparation ou de divorce ainsi que les pièces de nature à établir cette résidence (Décr. n° 93-1362 du 30 déc. 1993, art. 15-1).

S'agissant du mineur de treize ans, la représentation est requise, ainsi que le consentement de l'intéressé ; le greffier en chef du tribunal d'instance doit s'assurer, au cours d'un entretien avec le mineur de ce consentement. Pour souscrire la déclaration prévue au deuxième alinéa du présent article, le déclarant doit fournir les pièces suivantes : l'extrait de l'acte de naissance du mineur ; tous documents prouvant que le mineur réside en France à la date de la déclaration et qu'il a eu sa résidence habituelle en France pendant une période continue ou discontinue d'au moins cinq ans, depuis l'âge de huit ans ; les documents prouvant que le déclarant exerce à l'égard du mineur l'autorité parentale ; le cas échéant, la copie intégrale des actes de naissance des enfants étrangers du mineur qui résident avec lui de manière habituelle, ou alternativement dans le cas de séparation ou de divorce, ainsi que les pièces de nature à établir cette résidence. Le juge d'instance recueille au cours d'un entretien dont il est dressé procès-verbal le consentement personnel du mineur (Décr. n° 93-1362 du 30 déc. 1993, art. 15-2). ❑

1. Satisfait à la condition de résidence en France au jour de la déclaration une mineure scolarisée en internat à l'étranger, mais dont le domicile était fixé, par une ordonnance, en alternance au domicile de ses parents en France et qui s'était inscrite sur le compte de sécurité sociale de son père, avait effectué des démarches pour obtenir une carte vitale et était titulaire de 2 comptes bancaires, ainsi que d'une carte bancaire en France. • Civ. 1re, 1er déc. 2021, n° 20-50.031 : *D. 2022. 244, chron. Boskovic, Corneloup, Jault-Seseke, Joubert et Parrot*.

2. La loi n° 2018-778 du 10 sept. 2018 pour une immigration maîtrisée, un droit d'asile effectif et une intégration réussie a modifié l'art. 2493 C. civ. en prévoyant que, pour un enfant né à Mayotte, le premier al. de l'art. 21-7 et l'art. 21-11 ne sont applicables que si, à la date de sa naissance, l'un de ses parents au moins résidait en France de manière régulière, sous couvert d'un titre de séjour, et de manière ininterrompue depuis plus de trois mois. Le Conseil constitutionnel a estimé que la situation propre à Mayotte (forte proportion de personnes de nationalité étrangère, dont beaucoup en situation irrégulière ; nombre élevé et croissant d'enfants nés de parents étrangers) était de nature à justifier une telle distinction par rapport au reste du territoire français. • Cons. const. 6 sept. 2018, n° 2018-770 DC : *AJDA 2018. 2401, note Mouzet ; Constitutions 2018. 379, chron. Derosier*.

§ 4 *Acquisition de la nationalité française par déclaration de nationalité*

Art. 21-12 *(L. n° 73-42 du 9 janv. 1973)* **L'enfant qui a fait l'objet d'une adoption simple par une personne de nationalité française peut, jusqu'à sa majorité, déclarer, dans les conditions prévues aux articles 26 et suivants, qu'il réclame la qualité de Français, pourvu qu'à l'époque de sa déclaration il réside en France.**

(L. n° 98-170 du 16 mars 1998, en vigueur le 1er sept. 1998) **« Toutefois, l'obligation de résidence est supprimée lorsque l'enfant a été adopté par une personne de nationalité française n'ayant pas sa résidence habituelle en France. »**

Peut, dans les mêmes conditions, réclamer la nationalité française :

1° *(L. n° 2016-297 du 14 mars 2016)* **« L'enfant qui, depuis au moins trois années, est recueilli sur décision de justice et élevé par une personne de nationalité française ou est confié au service de l'aide sociale à l'enfance ; »**

2° L'enfant recueilli en France et élevé dans des conditions lui ayant permis de recevoir, pendant cinq années au moins, une formation française, *(L. n° 93-933 du 22 juill. 1993)* **« soit par un organisme public, soit par un organisme privé présentant les caractères déterminés par un décret en Conseil d'État ».**

Dernier al. *abrogé par L. n° 93-933 du 22 juill. 1993. — [C. nat., art. 55.]*

Sur les pièces à fournir par le déclarant, V., infra, Décr. n° 93-1362 du 30 déc. 1993, art. 16.

COMMENTAIRE

Ce sont ici les conditions de l'éducation de l'intéressé qui laissent présumer son intégration et justifient ce dispositif d'acquisition de la nationalité française. Quatre hypothèses sont ici visées selon que l'enfant a fait l'objet d'une adoption simple par un Français, qu'il a été recueilli en France et élevé par un Français, qu'il a été confié au service de l'aide sociale à l'enfance ou qu'il a été recueilli en France et élevé dans des conditions lui ayant permis de recevoir une formation française.

Si l'adoption simple ne crée aucun droit vis-à-vis de l'acquisition de la nationalité française, l'article 21-12 ouvre néanmoins cette possibilité à l'enfant jusqu'à sa majorité (par déclaration). L'obligation de résidence en France n'existe que si l'adoptant de nationalité française réside lui-même sur le territoire national. Le même dispositif s'applique à l'enfant recueilli et élevé en France (notamment par *kafala* : Rép. min. justice n° 03811 : *JO Sénat, 21 août 2008, p. 1968*), à la condition toutefois de mettre en lumière une carence de la famille d'origine (sans que la jurisprudence exige une rupture totale) et au bénéfice d'une durée de résidence d'au moins cinq ans en France. Ces dispositions peuvent également s'appliquer aux enfants confiés à l'Aide sociale à l'enfance depuis au moins trois ans. « C'est seulement dans le cas où l'État français supplée à la carence du milieu d'origine que l'enfant étranger pourra acquérir la nationalité française (...). Il doit être établi que les conditions, la durée et les modalités du placement à l'aide sociale à l'enfance ont permis à ce service d'exercer un rôle effectif dans l'éducation du mineur qui lui est confié » (Rép. min. just. : *JOAN Q, 22 mai 2000 p. 3149*). A noter enfin que le décret prévu au 2° du présent article n'a jamais été pris.

La modification du 1° du présent article par la loi du 14 mars 2016 relative à la protection de l'enfant permet de lever une ambiguïté quant à la notion de « recueil en France » qui risquait, selon une interprétation, d'exclure tous les enfants en kafala, par hypothèse « recueillis » à l'étranger avant de se trouver – ou non – en « état de recueil » en France ; est aussi précisée la portée du texte : seuls sont concernés, parmi les enfants de statut prohibitif, ceux recueillis en kafala judiciaire, c'est-à-dire sans filiation établie, abandonnés ou orphelins, que le kafil réside ou non en France, à l'exclusion de ceux confiés volontairement à un membre de leur famille par acte notarié (Salvage-Gerest, *AJ fam. 2016. 456*).

Pour souscrire la déclaration prévue au présent article, le déclarant doit fournir les pièces suivantes :

• l'extrait de son acte de naissance ; tous documents de nature à établir qu'il réside en France ou, à défaut, que l'adoptant de nationalité française a sa résidence habituelle à l'étranger ;

• lorsque le déclarant a fait l'objet d'une adoption simple par un Français, le certificat de nationalité française, les actes de l'état civil ou tous documents émanant des autorités françaises de nature à établir que l'adoptant possédait la nationalité française à la date de l'adoption ainsi qu'une expédition du jugement ou de l'arrêt prononçant l'adoption ;

• si l'adoption a été prononcée à l'étranger, l'acte qui la constate doit faire l'objet au préalable d'une décision d'exequatur rendue en France ;

• lorsque le déclarant est un enfant recueilli en France et élevé par une personne de nationalité française, le certificat de nationalité française, les actes de l'état civil ou tous documents émanant des autorités françaises de nature à établir que cette personne possède la nationalité française ainsi que tout document justifiant que l'enfant a été recueilli en France et élevé par cette personne depuis au moins cinq années ;

• lorsque le déclarant est un enfant confié au service de l'Aide sociale à l'enfance, tout document administratif, ou l'expédition des décisions de justice, indiquant qu'il a été confié à ce service depuis au moins trois années ;

• lorsque le déclarant est un enfant recueilli en France et élevé dans des conditions lui ayant permis de recevoir une formation française, tout document attestant qu'il a été recueilli et élevé en France et qu'il a reçu une formation française pendant cinq ans au moins ;

• lorsque l'enfant est âgé de moins de 16 ans, les documents prouvant que son ou ses représentants exercent à son égard l'autorité parentale ;

• le cas échéant, la copie intégrale des actes de naissance de ses enfants mineurs étrangers qui résident avec lui de manière habituelle ou alternativement dans le cas de séparation ou de divorce ainsi que les pièces de nature à établir cette résidence (Décr. n° 93-1362 du 30 déc. 1993, art. 16). ❑

1. La souscription d'une déclaration de nationalité française sur le fondement du présent art. suppose que les actes d'état civil étrangers aient fait l'objet d'une procédure de légalisation, exigence qui découle d'une coutume internationale. • Civ. 1re, 4 juin 2009, n° 08-13.541 [désormais art. 16-II de la loi du 23 mars 2019]. ♦ La légalisation peut s'effectuer en France par le consul du pays où l'acte a été établi. • Civ. 1re, 4 juin 2009, n° 08-10.962. ♦ Les seules autorités habilitées à effectuer la légalisation d'actes publics étrangers sont le consul de France dans le pays concerné ou le consul du pays où l'acte a été établi en France. Faute de légalisation régulière, l'acte de l'état civil litigieux ne peut produire effet en France. • Civ. 1re, 11 oct. 2017, n° 16-23.865 : *D. 2018. 313, chron. Boskovic, Corneloup, Jault-Seseke, Joubert et Parrot*.

2. L'absence de voie de recours contre une décision de refus de légalisation d'un acte de l'état civil porte une atteinte excessive au droit à un recours juridictionnel effectif et au droit à un procès équitable garantis par l'art. 6 Conv. EDH ; le Conseil d'État procède ainsi à l'annulation du Décr. n° 2020-1370 du 10 nov. 2020 relatif à la légalisation des actes publics établis par une autorité étrangère tout en différant les effets de cette annulation au 31 déc. 2022. • CE 7 avr. 2022, *GISTI*, n° 448296 : *AJDA 2022. 1763*.

3. Aux termes du II de l'article 16 de la L. du 23 mars 2019 de programmation 2018-2022 et de réforme pour la justice : « Sauf engagement international contraire, tout acte public établi par une autorité étrangère et destiné à être produit en France doit être légalisé pour y produire effet. La légalisation est la formalité par laquelle est attestée la véracité de la signature, la qualité en laquelle le signataire de l'acte a agi et, le cas échéant, l'identité du sceau ou timbre dont cet acte est revêtu. Un décret en Conseil d'État précise les actes publics concernés par le présent II et fixe les modalités de la légalisation. " Aux termes de l'art. 1er du Décr. du 10 nov. 2020 relatif à la légalisation des actes publics établis par une autorité étrangère, applicable aux légalisations intervenues à compter du 1er janv. 2021 : " Sauf engagement international contraire, tout acte public établi par une autorité étrangère et destiné à être produit en France ou devant un ambassadeur ou chef de poste consulaire français doit être légalisé pour y produire effet. La légalisation est la formalité par laquelle est attestée la véracité de la signature, la qualité en laquelle le signataire de l'acte a agi et, le cas échéant, l'identité du sceau ou timbre dont cet acte est revêtu. Elle donne lieu à l'apposition d'un cachet dont les caractéristiques sont définies par arrêté conjoint des ministres chargés de la justice et des affaires étrangères. "Lorsque est produit devant l'administration un acte d'état civil émanant d'une autorité étrangère qui a fait l'objet d'une légalisation, sont en principe attestées la véracité de la signature apposée sur cet acte, la qualité de celui qui l'a dressé et l'identité du sceau ou timbre dont cet acte est revêtu. En cas de doute sur la véracité de la signature, sur l'identité du timbre ou sur la qualité du signataire de la légalisation, il appartient à l'autorité administrative de procéder, sous le contrôle du juge, à toutes vérifications utiles pour s'assurer de la réalité et de l'authenticité de la légalisation. La légalisation se bornant à attester de la régularité formelle d'un acte, la force probante de celui-ci peut être combattue par tout moyen susceptible d'établir que l'acte en cause est irrégulier, falsifié ou inexact. Par suite, en cas de contestation de la valeur probante d'un acte d'état civil légalisé établi à l'étranger, il revient au juge administratif de former sa conviction en se fondant sur tous les éléments versés au dossier dans le cadre de l'instruction du litige qui lui est soumis. • CE, avis, 21 juin 2022, n° 457494 : *AJDA 2022. 1503, chron. Pradines et Janicot*.

4. Nul ne peut se voir reconnaître la nationalité française, sur quelque fondement que ce soit, s'il ne justifie pas d'un état civil certain ; les juges du fond sont ainsi censurés au motif qu'ils avaient considéré que l'individu qui réclamait la nationalité française sur le fondement du présent art. pouvait le faire, alors même qu'il n'avait produit qu'un acte de naissance sans le jugement supplétif dont il est la transcription. • Civ. 1re, 10 févr. 2021, n° 19-50.066 : *D. 2021. 923, obs. Clavel ; ibid. 2022. 244, chron. Boskovic, Corneloup, Jault-Seseke, Joubert et Parrot*.

5. *Adoptions.* Sur l'assimilation d'une adoption étrangère à une adoption simple (adoption vietnamienne). • Paris, 31 mai 1990 : *D. 1991. 248, note Guiho*. ♦ Pour un cas d'adoption de complaisance. • Civ. 1re, 12 nov. 1986 : *Rev. crit. DIP 1987. 557, note Poisson-Drocourt ; JDI 1987. 322, note Gaudemet-Tallon ; D. 1987. 157, note Massip.*

6. Le refus d'enregistrement de la déclaration de nationalité française d'une enfant adoptée en Inde ne viole pas l'intérêt supérieur de l'enfant, lequel ne peut faire échec aux dispositions de l'art. 47 C. civ. dès lors que les actes de l'état civil produits ne sont pas probants ; le juge constate également l'absence d'atteinte à la vie privée et familiale dès lors que la personne peut continuer à vivre avec ses parents. • Civ. 1re, 19 sept. 2019, n° 18-20.782 : *AJ fam. 2019. 651 ; RTD civ. 2019. 835, obs. Leroyer ; D. 2019. 1833 ; DP étrangers, Bull. n° 292, oct. 2019 p. 1, note Ferré.*

7. Le refus d'enregistrement de la déclaration de nationalité française d'une enfant adoptée en Inde ne viole pas l'intérêt supérieur de l'enfant, lequel ne peut faire échec aux dispositions de l'art. 47 C. civ. dès lors que les actes de l'état civil produits ne sont pas probants ; le juge constate également l'absence d'atteinte à la vie privée et familiale dès lors que la personne peut continuer à vivre avec ses parents. • Civ. 1re, 19 sept. 2019, n° 18-20.782 : *D. 2019. 1833 ; DP étrangers, Bull. n° 292, oct. 2019 p. 1, note Ferré ; AJ fam. 2019. 651 ; RTD civ. 2019. 835, obs. Leroyer*.

8. Dès lors que le mineur est effectivement recueilli et élevé de façon continue par une personne de nationalité française et que sa présence en France a duré au moins 5 années, celle-ci peut être discontinue. • Civ. 1re, 5 déc. 2018, n° 17-50.062 : *AJ fam. 2019. 91 ; D. 2018. 2363*.

9. *Enfant recueilli.* Peut, jusqu'à sa majorité, réclamer la nationalité française l'enfant recueilli en France depuis au moins cinq ans au jour de la déclaration et élevé par une personne de nationalité française depuis au moins cinq ans au jour de la déclaration, pourvu qu'à l'époque de celle-ci il réside en France. • Cass., avis, 4 juin 2012, n° 12-00004 : *D. 2012. 1545* ; *AJ fam. 2012. 400*. ♦ Le terme « recueilli » signifie seulement que l'enfant étranger a été matériellement et moralement recueilli et élevé par une personne de nationalité française, sans que cette condition impose une rupture totale des liens légaux avec sa famille d'origine. • Civ. 1re, 8 janv. 1968 : *Rev. crit. DIP 1968. 276, note P. L.* ; *JDI 1968. 700, note Aymond.* ♦ V. sur renvoi. • Limoges, 11 mai 1970 : *Rev. crit. DIP 1970. 665, note P. L.* ; *JDI 1970. 810, note Aymond.* ♦ Si le recueil suppose en principe un abandon par la famille d'origine, ces dispositions peuvent recevoir application pour une personne ayant été matériellement et moralement accueillie en France et élevée par son tuteur français, alors même qu'une rupture totale avec la famille d'origine n'est pas avérée. • Paris, 22 janv. 2009, *Min. publ. c/ Vroua*, n° 07/10688. ♦ Reste que si la notion de recueil n'implique pas que l'enfant ait rompu tous liens avec sa famille d'origine, il faut que l'enfant soit effectivement recueilli et élevé en France, ce que n'établissait pas, en l'espèce, à lui seul l'acte de *kafala* ; il ne doit pas s'agir d'un recueil épisodique avec une résidence alternative en France et dans le pays d'origine. • Civ. 1re, 14 avr. 2010, *Mourah*, n° 08-21.312 : *D. 2010. 1075, obs. Gallmeister*, *et 1904, obs. Gouttenoire et Bonfils* ; *JDI 2010. 803, obs. Corneloup.* ♦ Reste que la possibilité d'acquisition de la nationalité française pour l'enfant recueilli par voie de kafala a bien été reconnue. • CEDH 4 oct. 2012, n° 43631/0 : *D. 2012. 2947, note Hammje* ; *AJ fam. 2012. 546, obs. Boiché* ; *Rev. crit. DIP 2013. 146, note Corneloup* ; *RTD civ. 2012. 705, obs. Marguénaud* ; *ibid. 2013. 105, obs. Hauser* ; *Dr. fam. 2012, comm. 187, obs. Farge* ; *RJPF 2012. 11/34, obs. Garé* ; *JCP 2012. 1145, obs. Gonzalez.* ♦ La Cour de cassation persiste pourtant dans une position très restrictive. • Civ. 1re, 4 déc. 2013, n° 12-26.161 : *AJ fam. 2014. 180, note Boiché*. Dès lors que le mineur est effectivement recueilli et élevé de façon continue par une personne de nationalité française et que sa présence en France a duré au moins cinq années, celle-ci peut être discontinue. • Civ. 1re, 5 déc. 2018, n° 17-50.062 : *AJ fam. 2019. 91* ; *D. 2018. 2363*.

10. Ne justifie pas de l'application du 2° du présent art. l'enfant recueilli par un couple de Français ayant été scolarisé pendant au moins 5 années ; cette disposition exige en effet que l'enfant ait été recueilli en France et élevé par un organisme public ou un organisme privé présentant les caractères déterminés par un décret en Conseil d'État. • Civ. 1re, 7 juin 2023, n° 22-50.004.

11. Enfant confié au service de l'aide sociale à l'enfance. Le présent art. ne prévoit pas de délai minimum de prise en charge par l'ASE mais suppose nécessairement un placement dont les modalités, les conditions et la durée permettent au service d'assurer un rôle effectif dans l'éducation du mineur. • Versailles, 1er juill. 1999 : *D. 1999. IR 228*. ♦ Il n'est pas requis que le service de l'aide sociale à l'enfance ait eu l'enfant en charge assez longtemps pour exercer une influence notable sur son éducation. • Civ. 1re, 18 mai 2005, n° 03-16.617 P • 26 sept. 2007 : *D. 2008. Pan. 1856, obs. Gouttenoire.*

Art. 21-13 *(L. n° 73-42 du 9 janv. 1973)* **Peuvent réclamer la nationalité française** *(L. n° 93-933 du 22 juill. 1993)* **« par déclaration souscrite conformément aux articles 26 et suivants », les personnes qui ont joui, d'une façon constante, de la possession d'état de Français, pendant les dix années précédant leur déclaration.**

Lorsque la validité des actes passés antérieurement à la déclaration était subordonnée à la possession de la nationalité française, cette validité ne peut être contestée pour le seul motif que le déclarant n'avait pas cette nationalité. – *[C. nat., art. 57-1.]*

(Ord. n° 98-732 du 20 août 1998, art. 1er, JO 22 août, ratifiée par L. n° 99-1121 du 28 déc. 1999, art. 1er, JO 29 déc.).

Sur les pièces à fournir par le déclarant, V., infra, Décr. n° 93-1362 du 30 déc. 1993, art. 17.

COMMENTAIRE

L'article 21-13 vise l'hypothèse de personnes qui ne possèdent pas, juridiquement, la nationalité française mais qui en présentent, depuis plus de dix ans, toutes les apparences, notamment en raison de la délivrance de documents d'identité français. Il s'agit par conséquent de permettre aux personnes qui ont été considérées, à tort, comme de nationalité française, de régulariser leur situation. En clair, il faut que le déclarant ait été considéré comme français par les pouvoirs publics et que son comportement ait correspondu, objectivement, à celui d'un Français ; serait ainsi par exemple incompatible avec cette qualité le fait de voyager en France avec des documents d'identité étrangers ou de solliciter un titre de séjour. Comme l'indique Lagarde (La nationalité française, n° 167), *« la déclaration de l'article 21-13 consacre moins une croyance subjective de l'intéressé en sa nationalité française que sa volonté couronnée de succès d'être considéré et traité comme français par les autorités françaises et son comportement objectif comme tel ».* Certains faits révèlent ainsi la possession d'état : accomplissement des obligations militaires, inscription sur les listes électorales, délivrance de documents d'identité français.

Pour souscrire la déclaration prévue au présent article, le déclarant doit fournir les pièces suivantes : la copie intégrale de son acte de naissance ; tous documents émanant des autorités françaises justifiant qu'il jouit de façon constante de la possession d'état de Français depuis dix ans, tels que carte nationale d'identité, passeport français, carte d'électeur, pièces militaires, immatriculation dans les consulats de France ; le cas échéant, le jugement ou la décision administrative lui opposant son extranéité ; le cas échéant, la copie intégrale des actes de naissance de ses enfants mineurs étrangers qui résident avec lui de manière habituelle ou alternativement dans le cas de séparation ou de divorce ainsi que les pièces de nature à établir cette résidence (Décr. n° 93-1362 du 30 déc. 1993, art. 17).

1. Possession d'état : éléments. La possession d'état de Français est le fait pour l'intéressé de s'être considéré comme tel et d'avoir été traité et regardé comme tel par les autorités publiques. • Paris, 4 nov. 1997 : *D. 1998. 279, note Guiho*. ♦ Comp. : • Paris, 13 mai 1993 : *D. 1993. 483, note Guiho* (décision qui requiert que la possession d'état soit de bonne foi). ♦ La possession d'état ne se limite pas au port du nom qui se rattache à cette qualité mais suppose que l'intéressé soit considéré par le public comme ayant cette qualité, exercée effectivement, et qu'il assume les obligations qui y sont attachées. • Civ. 1re, 11 juin 1991, n° 89-16.107 P : *Rev. crit. DIP 1992. Somm. 745* • 24 nov. 1993, n° 91-16.662 P : *Rev. crit. DIP 1994. 63, note Lagarde*.

2. L'acquisition de la nationalité française par possession d'état est subordonnée à la souscription préalable d'une déclaration devant le juge d'instance. • Civ. 1re, 26 sept. 2012, n° 10-27.451 : *D. 2012. 2307 ; AJ fam. 2012. 555, obs. Le Gac-Pech*.

3. Absence de lien nécessaire entre l'acquisition d'une nationalité étrangère et la jouissance de la possession d'état de Français. • Paris, 8 nov. 1977 : *Rev. crit. DIP 1978. 329, note P. L.*

4. Possession équivoque. La possession requise ne doit pas être équivoque. • Civ. 1re, 24 nov. 1993 : *préc. note 1.* ♦ Lorsque l'intéressé apprend son extranéité alors que dans un premier temps sa qualité de Français ne lui est pas déniée, sa possession d'état de Français n'est pas entachée d'équivoque. • Civ. 1re, 11 juin 1991 : *préc. note 1.* ♦ Les contestations élevées à propos de la nationalité d'une personne n'ont pas pour effet de rendre équivoque sa possession d'état de Français. • Civ. 1re, 28 juin 2005, n° 04-16.800 P.

5. Tout document officiel qui mentionne la nationalité française doit être pris en compte pour apprécier l'existence de la possession d'état ; ne peut constituer une telle justification une carte d'invalidité établie en octobre 1994, compte tenu de sa nature et de son ancienneté • Civ. 1re, 5 sept. 2018, n° 17-23.255.

6. Bonne foi. La possession d'état ne paraît pas exiger la bonne foi de l'intéressé. • Paris, 4 nov. 1997 : *préc. note 1.* ♦ Comp. : ne remplit pas la condition de bonne foi, élément nécessaire de la possession d'état, la personne qui a conscience de son extranéité depuis son arrivée en France. • Paris, 13 mai 1993 : *préc. note 1.* ♦ La possession d'état de Français implique que l'intéressé ait la conviction d'avoir cette qualité. • Paris, 8 nov. 1977 : *préc. note 3.*

7. Absence de fraude. La fraude qui pourrait priver d'effet la possession d'état justifiant la déclaration d'acquisition de la nationalité française ne saurait cependant résulter du fait pour l'intéressé de profiter d'une confusion entre le décret d'admission au droit du citoyen français de son grand-père paternel et un décret de naturalisation. • Paris, 13 mai 1993 : *préc. note 1.* ♦ La nationalité française ne peut être obtenue lorsque la possession d'état a été constituée par fraude. • Paris, 8 oct. 2009, *Cissé*, n° 08/07098. Peu importe à cet égard que la fraude ne soit pas le fait de la personne en cause. • Civ. 1re, 4 juill. 2018, n° 17-20.588 : *D. 2018. 1491 ; AJ fam. 2018. 549, obs. Dionisi-Peyrusse*. ♦ Pour être efficace et ouvrir la possibilité de souscrire la déclaration d'acquisition de la nationalité française prévue au présent art., la possession d'état doit être continue et non équivoque et ne pas avoir été constituée ou maintenue par fraude ; en l'espèce, c'est sur la présentation d'un acte de naissance falsifié, le déclarant né à La Réunion, que le père de la requérante, né en réalité au Cameroun, a obtenu au nom de celle-ci, alors mineure, la délivrance d'un passeport ; ainsi, la possession d'état dont elle se prévalait ayant été constituée par fraude, peu important qu'elle n'en ait pas été à l'origine. • Civ. 1re, 4 juill. 2018, n° 17-20.588 : *D. 2018. 1491*.

8. Délai. Lorsque sa nationalité est contestée, l'intéressé dispose d'un délai raisonnable pour souscrire la déclaration de l'art. 21-13. • Civ. 1re, 11 janv. 2005, n° 03-11.115 P • 28 juin 2005 : *préc. note 4* (caractère non raisonnable d'un délai de cinq ans). ♦ Jugé ainsi qu'un délai de dix-huit mois n'est pas raisonnable. • Civ. 1re, 23 nov. 2022, nos 21-20.760, 21-20.754, 21-20.759. ♦ Si la constatation judiciaire de l'extranéité de l'intéressé n'a pas, à elle seule, pour effet de rendre équivoque sa possession d'état, il n'explique pas pour quelles raisons, après s'être vu dénier la qualité de Français en septembre 1996, il a attendu plus de dix-sept ans avant de souscrire une déclaration de nationalité française sur le fondement de la possession d'état. • Civ. 1re, 30 sept. 2020, n° 19-19.028 : *D. 2020. 1953*. ♦ Ce délai court à compter de la date à laquelle il a connaissance de son extranéité. • Civ. 1re, 15 mai 2008, n° 07-14.076 P : *D. 2008. AJ 1553* (date de confirmation en appel d'un jugement annulant un certificat de nationalité). ♦ Ce délai est suspendu pendant la durée des démarches par lesquelles il conteste les décisions de refus de sa nationalité française. • Paris, 4 nov. 1997 : *préc. note 1.* ♦ Sur le calcul du *dies a quem* du délai de dix ans. • Civ. 1re, 24 nov. 1993 : *préc. note 4.* ♦ Obligation pour le juge du fond saisi d'une contestation de refus d'enregistrement de la déclaration, de vérifier si les documents produits n'établissent pas une possession d'état et si la déclaration a été souscrite dans le délai raisonnable. • Civ. 1re, 15 mai 2008 : *préc.*

9. Effets de la déclaration. Bien que la déclaration de l'art. 21-13 ne produise effet qu'à la date de sa souscription, ne peuvent être remis en cause les droits de l'intéressé résultant d'une nationalité française antérieure apparente, tels que les droits à pension. • CE 27 juill. 1979, *Min. du budget c/ Mme Benarous*, n° 12295 : *Lebon 348*.

Art. 21-13-1 *(L. n° 2015-1776 du 28 déc. 2015, art. 38-1°)* **Peuvent réclamer la nationalité française, par déclaration souscrite en application des articles 26 à 26-5, les personnes qui, âgées de soixante-cinq ans au moins, résident régulièrement et habituellement en France depuis au moins vingt-cinq ans et sont les ascendants directs d'un ressortissant français.**

Les conditions fixées au premier alinéa du présent article s'apprécient à la date de la souscription de la déclaration mentionnée au même premier alinéa.

Le Gouvernement peut s'opposer, dans les conditions définies à l'article 21-4, à l'acquisition de la nationalité française par le déclarant qui se prévaut des dispositions du présent article.

V. égal. Décr. n° 93-1362 du 30 déc. 1993, art. 10, 14-1, 15, 17-1 s. et 29, infra, dans sa rédaction issue du Décr. n° 2016-872 du 29 juin 2016.

Sur le modèle du formulaire de souscription de la déclaration de nationalité française prévue au présent art., V. Arr. du 29 juin 2016, infra.

Sur l'autorité compétente pour recevoir les déclarations de nationalité souscrites en application des articles 21-13-1 ou 21-13-2, V. infra.

Sur l'acquisition de la nationalité française par les personnes nées en France métropolitaine avant le 1er janv. 1963 de parents algériens de statut civil de droit local, V. note du ministre de l'Intérieur du 25 oct. 2016 (NOR : INTV1629538N).

COMMENTAIRE

L'article 17-1 du décret du 30 décembre 1993 (dans sa rédaction issue du décret n° 2015-108 du 2 février 2015) fixe la liste des pièces devant être fournies par le déclarant :

1° Un formulaire de souscription dont le modèle est fixé par arrêté du ministre chargé des naturalisations, dûment renseigné et signé ;

2° La copie intégrale de son acte de naissance ;

3° La justification par tous moyens de sa résidence habituelle en France pendant les vingt-cinq ans qui ont précédé la souscription de sa déclaration ;

4° Tous documents justifiant de ce qu'il a sa résidence en France à la date de souscription de sa déclaration ;

5° La copie intégrale de l'acte de naissance de son descendant de nationalité française et, le cas échéant, tout acte d'état civil ou jugement d'adoption justifiant de la chaîne de filiation avec ce descendant ;

6° Un certificat de nationalité française, les actes de l'état civil ou tous autres documents émanant des autorités françaises de nature à établir que son descendant a la nationalité française au jour de la souscription de la déclaration ;

7° Le cas échéant, la copie intégrale de son ou de ses actes de mariage ainsi que les pièces de nature à justifier la dissolution des unions antérieures ;

8° Le cas échéant, la copie intégrale de l'acte de naissance de chacun de ses enfants mineurs étrangers qui résident avec lui de manière habituelle ou alternativement dans le cas de séparation ou de divorce ainsi que les pièces de nature à établir cette résidence.

Dès la souscription de la déclaration, l'autorité administrative qui a reçu la déclaration procède à une enquête et convoque le déclarant à un entretien destiné à permettre d'apprécier s'il y a lieu de s'opposer à l'acquisition de la nationalité française pour indignité ou défaut d'assimilation autre que linguistique. Dans les six mois suivant la souscription de la déclaration, l'autorité qui a procédé à l'enquête et à l'entretien en transmet directement les résultats ainsi que le dossier de souscription, assortis de l'avis motivé du préfet du département de résidence du déclarant ou, à Paris, du préfet de police, au ministre chargé des naturalisations pour qu'il procède, le cas échéant, à son enregistrement. Celui-ci peut faire procéder à toute enquête complémentaire qu'il estime utile quant à la situation du déclarant au regard des motifs permettant de s'opposer à ce qu'il acquière la nationalité française (art. 17-2, Décr. n° 93-1362 du 30 déc. 1993). ❑

Arrêté du 29 juin 2016,

Fixant le modèle du formulaire de souscription de la déclaration de nationalité française prévue à l'article 21-13-1 du code civil.

Art. 1er Le modèle du formulaire de souscription de la déclaration de nationalité française prévue à l'article 21-13-1 du code civil est fixé conformément au modèle annexé au présent arrêté.

ANNEXE

Liberté • Égalité • Fraternité
RÉPUBLIQUE FRANÇAISE
MINISTÈRE DE L'INTÉRIEUR

Formulaire en vue de souscrire une déclaration de nationalité à raison de la qualité de descendant de Français (article 21-13-1 du code civil)

A REMPLIR LISIBLEMENT EN LETTRES CAPITALES

DEMANDEUR	DESCENDANT FRANÇAIS
Nom :	Nom : ....
Prénom(s) :	Prénom(s) : ....
Date de naissance :	Date de naissance : ....
Sexe : Masculin □ Féminin □	Sexe : Masculin □ Féminin □
Lieu de naissance (ville, pays) :	Lieu de naissance (ville, pays) : ....
....	....
Nom du père :	Nom du père : ....
Prénom(s) du père :	Prénom(s) du père : ....
Date de naissance :	Date de naissance : ....
Lieu de naissance (ville, pays) :	Lieu de naissance (ville, pays) : ....
....	....
Nom de la mère :	Nom de la mère : ....
Prénom(s) de la mère :	Prénom(s) de la mère : ....
Date de naissance :	Date de naissance : ....
Lieu de naissance (ville, pays) :	Lieu de naissance (ville, pays) : ....
....	....

Adresse du demandeur : ....

....

Téléphone : .... Courriel : ....@..............

Fait à ...., le ....

Signature du demandeur

Arrêté du 2 août 2016,

Désignant l'autorité compétente pour recevoir les déclarations de nationalité souscrites en application des articles 21-13-1 ou 21-13-2 du code civil.

Art. 1er L'autorité administrative compétente, en application des articles 17-2 et 17-4 du décret du 30 décembre 1993 susvisé, pour recevoir les déclarations de nationalité française à raison de la qualité d'ascendant de Français ou de la qualité de frère ou sœur de Français, souscrites en vertu respectivement de l'article 21-13-1 ou 21-13-2 du code civil, est désignée, selon le lieu de résidence du déclarant, conformément au tableau annexé à l'arrêté du 19 mars 2015 susvisé.

Art. 21-13-2 *(L. n° 2016-274 du 7 mars 2016, art. 59 et 67-I, en vigueur le 1er juill. 2016)* **Peuvent réclamer la nationalité française à leur majorité, par déclaration souscrite auprès de l'autorité administrative en application des articles 26 à 26-5, les personnes qui résident habituellement sur le territoire français depuis l'âge de six ans, si elles ont suivi leur scolarité obligatoire en France dans des établissements d'enseignement soumis au contrôle de l'État, lorsqu'elles ont un frère ou une sœur ayant acquis la nationalité française en application des articles 21-7 ou 21-11.**

L'article 21-4 est applicable aux déclarations souscrites en application du premier alinéa du présent article.

Les dispositions introduites par l'art. 59 de la L. n° 2016-274 du 7 mars 2016 entrent en vigueur à compter d'une date fixée par décret en Conseil d'État, et au plus tard le 1er juill. 2016. La L. préc. s'applique aux demandes pour lesquelles aucune décision n'est intervenue à sa date d'entrée en vigueur (L. préc., art. 67-I et VI).

V. égal. Décr. n° 93-1362 du 30 déc. 1993, art. 10, 14-1, 15, 17-1 s., 29, infra, dans sa rédaction issue du Décr. n° 2016-872 du 29 juin 2016.

Sur le modèle du formulaire de souscription de la déclaration de nationalité française prévue au présent art., V. Arr. du 29 juin 2016, infra.

Sur l'autorité compétente pour recevoir les déclarations de nationalité souscrites en application des art. 21-13-1 ou 21-13-2, V. supra ss. art. 21-13-1.

COMMENTAIRE

Introduit par la loi du 7 mars 2016, l'article 21-13-2 fixe un nouveau cas d'acquisition de la nationalité française par déclaration visant les enfants nés à l'étranger mais dont un frère ou une sœur est français par naissance. Le demandeur doit résider habituellement en France depuis au moins l'âge de six ans (donc une résidence habituelle minimale de douze ans dès lors que la déclaration est souscrite à la majorité du demandeur). Le texte fixe également une condition relative à la scolarité qui devra s'être déroulée dans un établissement public ou privé sous contrat justifiant de cinq ans d'exercice et faisant l'objet d'un contrôle par l'État. L'ensemble de ces conditions est de nature à faire apparaître une présomption d'assimilation.

Les règles applicables à cette nouvelle procédure sont identiques à celles qui s'appliquent en cas de mariage avec un conjoint français, s'agissant notamment de la possibilité pour le Gouvernement de s'opposer à l'acquisition de la nationalité française pour « indignité ou défaut d'assimilation » dans un délai de deux ans après le dépôt de la déclaration (C. civ., art. 21-4). L'article 17-3 du décret du 30 décembre 1993 (dans sa rédaction issue du décret du 29 juin 2016) fixe la liste des pièces à fournir pour souscrire la déclaration prévue au présent art. :

1° Un formulaire de souscription dont le modèle est fixé par arrêté du ministre chargé des naturalisations, dûment renseigné et signé ;

2° La copie intégrale de son acte de naissance ;

3° Tous documents de nature à établir qu'il a fixé sa résidence habituelle en France depuis son âge de six ans ;

4° Tous documents justifiant de ce qu'il a sa résidence en France à la date de souscription de sa déclaration ;

5° Tous documents de nature à rapporter la preuve de ce qu'il a suivi sa scolarité obligatoire en France dans des établissements d'enseignement soumis au contrôle de l'État, notamment des certificats de scolarité ;

6° Les actes d'état civil établissant le lien de parenté qui le relie au frère ou à la sœur de nationalité française dont il entend se prévaloir ;

7° Un certificat de nationalité française, les actes de l'état civil ou tous autres documents émanant des autorités françaises établissant que ce frère ou cette sœur a acquis la nationalité française en application des articles 21-7 ou 21-11 du code civil ;

8° Le cas échéant, la copie intégrale de son ou de ses actes de mariage ainsi que les pièces de nature à justifier la dissolution des unions antérieures ;

9° Le cas échéant, la copie intégrale de l'acte de naissance de chacun de ses enfants mineurs étrangers qui résident avec lui de manière habituelle ou alternativement dans le cas de séparation ou de divorce ainsi que les pièces de nature à établir cette résidence.

L'article 17-4 précise que, dès la souscription de la déclaration, l'autorité administrative qui a reçu la déclaration procède à une enquête et convoque le déclarant à un entretien destiné à permettre d'apprécier s'il y a lieu de s'opposer à l'acquisition de la nationalité française pour indignité ou défaut d'assimilation autre que linguistique. Dans les six mois suivant la souscription de la déclaration, l'autorité qui a procédé à l'enquête et à l'entretien en transmet directement les résultats ainsi que le dossier de souscription, assortis de l'avis motivé du préfet du département de résidence du déclarant ou, à Paris, du préfet de police, au ministre chargé des naturalisations pour qu'il procède, le cas échéant, à son enregistrement. Celui-ci peut faire procéder à toute enquête complémentaire qu'il estime utile quant à la situation du déclarant au regard des motifs permettant de s'opposer à ce qu'il acquière la nationalité française. ❑

Bénéficient des dispositions du présent art. les personnes qui ont suivi leur scolarité en France, dans les établissements désignés par ce texte, à compter de l'année scolaire suivant leur sixième anniversaire. • Civ. 1re, 9 nov. 2022, n° 21-50.034 : *D. 2022. 1966*.

Arrêté du 29 juin 2016,

Fixant le modèle du formulaire de souscription de la déclaration de nationalité française prévue à l'article 21-13-2 du code civil.

Art. 1er Le modèle du formulaire de souscription de la déclaration de nationalité française prévue à l'article 21-13-2 du code civil est fixé conformément au modèle annexé au présent arrêté.

ANNEXE

Liberté • Égalité • Fraternité
RÉPUBLIQUE FRANÇAISE

MINISTÈRE DE L'INTÉRIEUR

Formulaire en vue de souscrire une déclaration de nationalité à raison de la qualité de frère ou sœur de Français (article 21-13-2 du code civil)

A REMPLIR LISIBLEMENT EN LETTRES CAPITALES

DEMANDEUR	FRERE OU SOEUR FRANÇAIS
Nom :	Nom : ....
Prénom(s) :	Prénom(s) : ....
Date de naissance :	Date de naissance : ....
Sexe : Masculin □ Féminin □	Sexe : Masculin □ Féminin □
Lieu de naissance (ville, pays) :	Lieu de naissance (ville, pays) : ....
....	....
Nom du père :	Nom du père : ....
Prénom(s) du père :	Prénom(s) du père : ....
Date de naissance :	Date de naissance : ....
Lieu de naissance (ville, pays) :	Lieu de naissance (ville, pays) : ....
....	....
Nom de la mère :	Nom de la mère : ....
Prénom(s) de la mère :	Prénom(s) de la mère : ....
Date de naissance :	Date de naissance : ....
Lieu de naissance (ville, pays) :	Lieu de naissance (ville, pays) : ....
....	....

Adresse du demandeur : ....

....

Téléphone : .... Courriel : ....@....................

Fait à ...., le ....

Signature du demandeur

Art. 21-14 *(L. n° 93-933 du 22 juill. 1993)* Les personnes qui ont perdu la nationalité française en application de l'article 23-6 ou à qui a été opposée la fin de non-recevoir prévue par l'article 30-3 peuvent réclamer la nationalité française par déclaration souscrite conformément aux articles 26 et suivants.

Elles doivent avoir soit conservé ou acquis avec la France des liens manifestes d'ordre culturel, professionnel, économique ou familial, soit effectivement accompli des services militaires dans une unité de l'armée française ou combattu dans les armées françaises ou alliées en temps de guerre.

Les conjoints survivants des personnes qui ont effectivement accompli des services militaires dans une unité de l'armée française ou combattu dans les armées françaises ou alliées

en temps de guerre peuvent également bénéficier des dispositions du premier alinéa du présent article.

Sur la réintégration dans la nationalité française des personnes ayant perdu la nationalité française pendant leur minorité, V. Convention du Conseil de l'Europe du 6 mai 1963, art. 1er, § 3, et L. n° 64-1328 du 26 déc. 1964, art. 2, et les art. 26 s. C. civ., applicables à cette procédure.

Sur les pièces à fournir par le déclarant, V. Décr. n° 93-1362 du 30 déc. 1993, art. 18, infra.

COMMENTAIRE

L'article 21-14 permet aux personnes qui ont perdu la nationalité française de former une déclaration pour la réclamer dans deux hypothèses : c'est le cas en premier lieu lorsqu'un jugement constate qu'un Français d'origine par filiation n'en a pas la possession d'état et n'a jamais eu sa résidence habituelle en France, si ses ascendants, dont il tenait la nationalité française, remplissent les mêmes caractéristiques depuis plus de cinquante ans (art. 23-6). C'est le cas en second lieu lorsqu'un individu réside ou a résidé habituellement à l'étranger, où les ascendants dont il tient par filiation la nationalité sont demeurés fixés pendant plus d'un demi-siècle, cet individu et ses ascendants n'ayant pas eu la possession d'état de Français (art. 30-3).

Conformément à l'alinéa 2 du présent article, la réclamation doit se fonder sur la constatation de liens conservés ou acquis avec la France dont une circulaire du 27 juin 1994 (n° 94-16, BO justice n° 54 ; http://www.gisti.org/IMG/pdf/norjusc9420582c.pdf) donne certains indices : fait d'appartenir à une association qui a pour objet de répandre la culture française, d'envoyer ses enfants dans des établissements scolaires français, d'exercer son activité professionnelle dans une entreprise française ou collaborant étroitement avec des organismes français, d'avoir conservé en France des biens ou de maintenir des relations avec sa famille résidant en France.

Le dernier alinéa du présent article, ajouté par la loi du 22 juillet 1993, vise à favoriser l'acquisition de la nationalité française par les conjoints d'anciens combattants après la mort de ces derniers.

Pour souscrire la déclaration prévue au présent article, le déclarant doit fournir les pièces suivantes : la copie intégrale de son acte de naissance ; les actes de l'état civil prouvant qu'il a un ascendant français susceptible de lui avoir transmis sa nationalité par filiation ; soit tous documents publics ou privés de nature à rapporter la preuve qu'il a conservé ou acquis avec la France des liens manifestes, notamment d'ordre culturel, professionnel, économique ou familial, soit tous documents de nature à établir qu'il a effectivement accompli des services militaires dans une unité de l'armée française ou combattu dans les armées françaises ou alliées en temps de guerre ; le cas échéant, la copie intégrale des actes de naissance de ses enfants mineurs étrangers qui résident avec lui de manière habituelle ou alternativement dans le cas de séparation ou de divorce ainsi que les pièces de nature à établir cette résidence. Le conjoint survivant visé au dernier alinéa du présent article doit fournir en outre son acte de mariage et l'acte de décès du conjoint (Décr. n° 93-1362 du 30 déc. 1993, art. 18). ❑

§ 5 *Acquisition de la nationalité française par décision de l'autorité publique*

V., infra, Décr. n° 93-1362 du 30 déc. 1993, art. 35 à 37, 41 et 45, et Circ. DPM/SDN/N3 n° 2007-325 du 22 août 2007 relative à la mise en œuvre des dispositions des art. 35, 41 et 45 du Décr. n° 93-1362 du 30 déc. 1993 relatif aux déclarations de nationalité, aux décrets de naturalisation, de réintégration, de perte, de déchéance et de retrait de la nationalité française, et à l'application PRENAT : BO Santé n° 2007-9, p. 237.

V. Circ. DPM n° 2000-254 du 12 mai 2000 relative aux naturalisations, réintégrations dans la nationalité française et perte de la nationalité française, BO n° 2000-27.

Sur l'expérimentation de la déconcentration des décisions individuelles relatives aux demandes d'acquisition de la nationalité française, V., infra, Décr. n° 2009-1671 du 28 déc. 2009 et Arr. du 28 déc. 2009 ; Circ. IMIC1000101C du 9 févr. 2010 relative à la déconcentration à titre expérimental de la procédure d'acquisition de la nationalité française par décision de l'autorité publique : https://www.legifrance.gouv.fr/circulaire/id/31517.

V. Circ. IMIC1000113C du 27 juill. 2010 relative à la déconcentration de la procédure d'acquisition de la nationalité française par décision de l'autorité publique (Décr. n° 2010-725 du 29 juin 2010 relatif aux décisions de naturalisation et de réintégration dans la nationalité française).

Sur l'expérimentation de nouvelles modalités d'instruction des demandes de nationalité, V. Décr. n° 2013-795 du 30 août 2013 et Arr. du 30 août 2013, infra.

COMMENTAIRE

Dès lors que la nationalité constitue un lien spécifique révélateur de la souveraineté de l'État, il existe des modalités particulières d'acquisition de la nationalité française qui traduisent ce prisme de la volonté étatique. Dans deux cas, la nationalité peut être conférée en « remerciements de services rendus » : pour l'étranger engagé dans les armées françaises qui a été blessé en mission ou à l'occasion d'un engagement opérationnel, d'une part (art. 21-14-1), et pour l'étranger francophone qui contribue par son action émérite au rayonnement de la France et à la prospérité de ses relations économiques internationales, d'autre part (art. 21-21). En dehors de ces hypothèses, c'est la naturalisation qui constitue la procédure normale d'acquisition de la nationalité française sur décision de l'autorité publique. La naturalisation peut se définir comme l'octroi discrétionnaire par un État de la nationalité de cet État à un étranger qui la demande. Traditionnellement, la marge de manœuvre au profit du gouvernement est ici particulièrement étendue, l'étranger n'ayant aucun droit à devenir français. Ce pouvoir discrétionnaire du gouvernement s'explique par deux ordres de considération : en premier lieu, le demandeur ne dispose de liens avec la France que s'ils sont fondés sur un certain temps de résidence et n'est pas en situation de se voir attribuer la nationalité française à la suite de la revendication d'un droit ; par suite, et en second lieu, il appartient au pouvoir régalien de l'État d'apprécier si l'octroi de la nationalité française est susceptible de servir les intérêts nationaux ou, à tout le moins, de ne pas leur nuire.

Comme l'indique la circulaire du 12 mai 2000, « l'octroi ou le refus de la nationalité est une prérogative souveraine de l'État qui s'exerce conformément à la tradition républicaine dans un esprit d'ouverture permettant à de nombreux étrangers de devenir des citoyens français, à la condition que leur démarche s'inscrive dans un processus d'intégration réelle. La naturalisation constitue en effet l'étape juridique décisive du processus d'intégration dans la communauté française d'un étranger qui a fixé durablement sa résidence sur notre territoire. A la différence de l'acquisition de la nationalité française par déclaration, principalement à raison du mariage, qui est de droit quand les conditions sont remplies, la naturalisation et la réintégration par décret relèvent d'une décision de l'autorité publique qualifiée, par la jurisprudence, de faveur. En effet, si cette décision ne peut intervenir lorsque les conditions légales, dites de recevabilité, figurant dans le code civil, ne sont pas remplies, rien n'oblige, en opportunité, le gouvernement à accorder la nationalité française à ceux qui remplissent ces conditions ».

La naturalisation obéit à certaines conditions de recevabilité (V. notes ss. art. 21-15). Il convient de préciser tout d'abord que la demande de naturalisation ou de réintégration n'est pas subordonnée à l'obligation pour l'intéressé d'avoir perdu (ou tenté de perdre) sa nationalité antérieure. En deuxième lieu, si la demande de naturalisation ne peut être formulée que par un demandeur majeur (V. notes ss. art. 21-22) sauf pour l'enfant mineur resté étranger bien que l'un de ses parents ait acquis la nationalité française (art. 21-19-1°), on sait que la réintégration peut être obtenue à tout âge. Au-delà de ces conditions relatives à l'âge et à la capacité du demandeur, la demande est subordonnée à la condition dite « de résidence instantanée » (V. notes ss. art. 21-16) et à la condition dite « de stage » (V. notes ss. art. 21-17 à 21-20). A cela s'ajoutent d'autres conditions destinées, pour l'essentiel, à s'assurer de la bonne insertion du demandeur au sein de la communauté française : assimilation à la communauté française (V. notes ss. art. 21-24) et garantie de bonnes vie et mœurs (V. notes ss. art. 21-23). Enfin, la naturalisation ne doit pas être empêchée, notamment par la constatation de condamnations pénales (V. notes ss. art. 21-27).

Il convient enfin de préciser que le décret n° 2009-1671 du 28 décembre 2009 a mis en œuvre une expérimentation de la déconcentration des décisions individuelles relatives aux demandes d'acquisition de la nationalité française. Cette expérimentation concerne 21 départements et aura une durée de six mois renouvelable une fois :

• l'ensemble de l'examen des demandes de naturalisation et de réintégration par décret est confié au préfet qui examine si les conditions requises sont remplies et qui peut déclarer un dossier irrecevable sans procéder à l'entretien d'assimilation ;

• si le préfet estime la demande recevable et considère qu'il y a lieu d'y faire droit, il transmet le dossier au ministre dans les six mois de délivrance du récépissé avec le bulletin n° 2 du casier judiciaire et le résultat de l'enquête sur le loyalisme du postulant (Décr. n° 93-1362 du 30 déc. 1993, art. 36) ; si l'avis du préfet est négatif, il prononce le rejet ou l'ajournement de la demande en imposant un délai ou des conditions. L'intéressé pourra présenter une nouvelle demande. Le ministre qui reçoit ces décisions conserve le pouvoir de vérifier si les conditions requises par la loi sont remplies ;

• un recours hiérarchique contre les décisions du préfet peut être introduit devant le ministre dans les deux mois de la notification. Le ministre statue, par décision motivée, dans les délais fixés par l'art. 21-25-1. Ce recours administratif est un préalable obligatoire au recours contentieux ; c'est le tribunal administratif de Nantes qui est compétent pour statuer sur ces recours. ❑

Art. 21-14-1 *(L. n° 99-1141 du 29 déc. 1999)* **La nationalité française est conférée par décret, sur proposition du ministre de la défense, à tout étranger engagé dans les armées françaises qui a été blessé en mission au cours ou à l'occasion d'un engagement opérationnel et qui en fait la demande.**

En cas de décès de l'intéressé, dans les conditions prévues au premier alinéa, la même procédure est ouverte à ses enfants mineurs qui, au jour du décès, remplissaient la condition de résidence prévue à l'article 22-1.

V., infra, Décr. n° 93-1362 du 30 déc. 1993, art. 35 à 37 et 41.

BIBL. ▸ Cabannes, L'acquisition de la nationalité française par les étrangers servant ou ayant servi dans l'armée française, *Rev. Droit et défense 2000. 11.*

COMMENTAIRE

Issue de la loi n° 99-1141 du 29 décembre 1999, cette disposition, de portée essentiellement symbolique, ne concerne en fait que les personnes engagées dans la Légion étrangère et dispense l'intéressé (ou ses enfants mineurs en cas de décès) d'avoir à prouver son assimilation à la communauté française et une résidence en France. La blessure ou le décès doit être survenu en mission ou à l'occasion d'un engagement opérationnel, ce qui exclut les accidents sans lien avec la mission ; sont en revanche concernées les opérations entrant dans le cadre du plan Vigipirate, de la sécurité civile ou du déminage. ❑

Art. 21-14-2 *Abrogé par L. n° 2006-911 du 24 juill. 2006, art. 81.*

Art. 21-15 *(L. n° 99-1141 du 29 déc. 1999)* **Hors le cas prévu à l'article 21-14-1, l'acquisition de la nationalité française par décision de l'autorité publique résulte d'une naturalisation accordée par décret à la demande de l'étranger.**

BIBL. ▸ Défenseur des droits, Rapport - Devenir français par naturalisation, recommandations visant à faire respecter les droits des usagers, févr. 2022, *https://www.defenseurdesdroits.fr/fr/rapports/2022/02/rapport-devenir-francais-par-naturalisation-recommandations-visant-a-faire.*

COMMENTAIRE

LA PROCÉDURE DE NATURALISATION

La procédure de naturalisation suppose une succession de différentes phases et le respect de plusieurs délais (V. art. 21-25-1) :

– le dépôt de la demande par l'étranger,

– l'obtention du récépissé qui conditionne l'ouverture du délai de six mois ouvert à l'administration pour instruire le dossier et le transmettre au ministre chargé des naturalisations,

– la décision du ministre, qui doit intervenir au plus tard dix-huit mois à compter de la remise du récépissé ; ce délai est réduit à douze mois lorsque l'étranger en instance de naturalisation justifie avoir en France sa résidence habituelle depuis une période d'au moins dix ans au jour de cette remise. Ces délais peuvent être prolongés une fois, par décision motivée, pour une période de trois mois.

1. LA DEMANDE ET LE RÉCÉPISSÉ

L'acquisition de la nationalité française n'est réalisée ici que sur demande de l'intéressé (art. 21-15), adressée au ministre chargé des naturalisations. Toutefois si le postulant à des enfants mineurs résidant habituellement avec lui, il importe de faire apparaître leurs noms dans la demande afin de les faire bénéficier de l'effet collectif.

Selon l'article 35 du décret n° 93-1362 du 30 décembre 1993, toute demande en vue d'obtenir la naturalisation ou la réintégration est déposée à la préfecture du département où le postulant a établi sa résidence effective, à Paris à la préfecture de police. Si le postulant réside à l'étranger, il dépose la demande auprès d'une autorité consulaire française du pays de résidence. Lors du dépôt de la demande, le postulant est informé que, si au terme d'un délai de six mois, il n'a pas fourni la totalité des pièces nécessaires à son examen, sa demande sera classée sans suite.

La demande est accompagnée des pièces suivantes : une copie intégrale de l'acte de naissance ; la justification par tous moyens de la résidence habituelle en France du demandeur pendant les cinq années qui précèdent le dépôt de la demande sous réserve des réductions ou dispenses de stage prévues aux articles 21-18 à 21-20 et, lorsque la demande est présentée au nom d'un mineur, la justification de la résidence habituelle de ce dernier pendant les cinq années qui précèdent le dépôt de la demande avec le parent qui a acquis la nationalité française ; tous documents justifiant qu'il a sa résidence en France à la date de la demande ; s'il entend bénéficier de l'assimilation de résidence prévue à l'article 21-26, toutes justifications permettant de constater qu'il remplit les conditions posées à cet article ; le cas échéant, la copie intégrale des actes de naissance de ses enfants mineurs étrangers qui résident avec lui de manière habituelle ou alternativement dans le cas de séparation ou de divorce ainsi que les pièces de nature à établir cette résidence ; le cas échéant, la copie intégrale du ou des actes de mariage ainsi que les pièces de nature à justifier la dissolution des unions antérieures ; un extrait de casier judiciaire ou un document équivalent délivré par une autorité judiciaire ou administrative compétente du ou des pays où il a résidé au cours des dix dernières années, ou, lorsqu'il est dans l'impossibilité de produire ces documents, du pays dont il a la nationalité. Tous les documents rédigés en langue étrangère doivent être accompagnés de leur traduction par un traducteur agréé, produite en original.

L'autorité qui a reçu la demande peut mettre en demeure le postulant de produire les pièces complémentaires ou d'accomplir les formalités administratives qui sont nécessaires à l'examen de sa demande. Si le postulant ne défère pas à cette mise en demeure dans le délai qu'elle fixe, la demande peut être classée sans suite. Le postulant est informé par écrit de ce classement (art. 40).

Dès la production des pièces, l'autorité auprès de laquelle la demande a été déposée délivre le récépissé prévu à l'article 21-25-1 constatant cette production. Le demandeur doit signaler à l'autorité qui a reçu sa demande tout changement de résidence et toute modification intervenue dans sa situation familiale en transmettant auprès de cette autorité le document prévu à cet effet joint au formulaire de demande d'acquisition de la nationalité française. Il sera délivré récépissé du dépôt de ce document (Décr. n° 93-1362 du 30 déc. 1993, art. 37).

2. L'ENQUÊTE ET L'ENTRETIEN INDIVIDUEL

Toute demande de naturalisation ou de réintégration fait l'objet d'une enquête à laquelle procède l'autorité auprès de laquelle elle a été déposée. Cette enquête, qui porte sur la conduite et le loyalisme du postulant, est effectuée par les services de police ou de gendarmerie territorialement compétents. Elle peut être complétée par une consultation des organismes consulaires et sociaux.

L'autorité qui a reçu la demande désigne les médecins des hôpitaux et dispensaires publics chargés, le cas échéant, d'examiner l'état de santé des postulants et de fournir le certificat qu'elle peut juger nécessaire pour l'instruction de la demande (art. 36).

Le postulant se présente en personne devant un agent désigné nominativement par le préfet ou l'autorité consulaire. Après un entretien individuel, cet agent établit un compte rendu constatant le degré d'assimilation du postulant à la communauté française ainsi que, selon sa condition, son niveau de connaissance des droits et devoirs conférés par la nationalité française et, sous réserve des dispositions de l'article 21-24-1, sa connaissance de la langue française (art. 41).

3. *LA DÉCISION ADMINISTRATIVE*

La procédure a été réformée par le décret n° 2010-725 du 29 juin 2010, qui a notamment eu pour effet de renforcer les pouvoirs du préfet, en distinguant selon que la demande relève de ce dernier ou de l'autorité consulaire.

a. Demande relevant de l'autorité préfectorale

Le préfet peut désormais directement déclarer une demande irrecevable au vu des conditions requises par la loi. Si, dès la procédure de constitution du dossier, une pièce fait apparaître que la demande est manifestement irrecevable, une décision constatant l'irrecevabilité de la demande peut intervenir sans qu'il soit besoin de procéder à l'entretien évoqué ci-dessus.

Si les motifs de l'irrecevabilité disparaissent, l'intéressé peut déposer une nouvelle demande.

Mais le préfet (ou, à Paris, le préfet de police), même si la demande est recevable, peut prononcer le rejet de la demande s'il estime qu'il n'y a pas lieu d'accorder la naturalisation ou la réintégration sollicitée. Il peut également en prononcer l'ajournement en imposant un délai ou des conditions. Ce délai une fois expiré ou ces conditions réalisées, il appartient au postulant, s'il le juge opportun, de formuler une nouvelle demande.

Les décisions préfectorales d'irrecevabilité, de rejet ou d'ajournement sont transmises sans délai au ministre chargé des naturalisations. Elles peuvent faire l'objet d'un recours auprès du ministre chargé des naturalisations, à l'exclusion de tout autre recours administratif, dans les deux mois suivant leur notification. Ce recours, pour lequel le demandeur peut se faire assister ou être représenté par toute personne de son choix, doit exposer les raisons pour lesquelles le réexamen de la demande est sollicité. Il constitue un préalable obligatoire à l'exercice d'un recours contentieux, à peine d'irrecevabilité de ce dernier. Le silence gardé par le ministre chargé des naturalisations sur ce recours pendant plus de quatre mois vaut décision de rejet du recours.

Lorsqu'il estime que la demande est recevable et qu'il y a lieu d'accorder la naturalisation ou la réintégration dans la nationalité française, le préfet ou, à Paris, le préfet de police transmet au ministre chargé des naturalisations le dossier assorti de sa proposition dans les six mois suivant la délivrance du récépissé.

b. Demande déposée auprès d'une autorité consulaire

Lorsque la demande a été déposée auprès d'une autorité consulaire, celle-ci transmet au ministre chargé des naturalisations, dans les six mois suivant la délivrance du récépissé, le dossier assorti de son avis motivé tant sur la recevabilité de la demande que sur la suite qu'elle lui paraît devoir comporter. Cette transmission est faite par l'intermédiaire du ministre des affaires étrangères, qui joint son propre avis.

Si au cours de la procédure de constitution du dossier une pièce fait apparaître que la demande est manifestement irrecevable, l'autorité consulaire transmet le dossier en l'état, assorti de son avis motivé, au ministre chargé des naturalisations, qui statue sur la demande.

Dès réception du dossier, le ministre chargé des naturalisations procède à tout complément d'enquête qu'il juge utile, portant sur la conduite et le loyalisme de l'intéressé.

Lorsque les conditions requises par la loi sont remplies, le ministre chargé des naturalisations propose, s'il y a lieu, la naturalisation ou la réintégration dans la nationalité française. Lorsque ces conditions ne sont pas remplies, il déclare la demande irrecevable.

Si le ministre chargé des naturalisations estime qu'il n'y a pas lieu d'accorder la naturalisation ou la réintégration sollicitée, il prononce le rejet de la demande. Il peut également en prononcer l'ajournement en imposant un délai ou des conditions. Ce délai une fois expiré ou ces conditions réalisées, il appartient à l'intéressé, s'il le juge opportun, de déposer une nouvelle demande.

4. *LES PROCÉDURES ACCÉLÉRÉES*

Le décret n° 93-1362 du 30 décembre 1993 permet un traitement accéléré de certaines demandes en autorisant soit le classement sans suite d'un dossier incomplet, soit la transmission sans délai d'une « demande manifestement irrecevable ».

S'agissant du classement sans suite, l'article 35 du décret n° 93-1362 du 30 décembre 1993 prévoit que « lors du dépôt de la demande, le postulant est informé que si, au terme d'un délai de six mois, il n'a pas fourni la totalité des pièces nécessaires à son examen, sa demande sera classée sans suite ». La décision de classement sans suite est conditionnée par l'information délivrée au postulant sur les conséquences de son inaction pendant les six mois suivant le dépôt de sa demande.

L'article 41 du même texte prévoit une possibilité de classement sans suite dans le cas où le postulant, ayant reçu délivrance du récépissé (art. 21-25-1), n'a pas accompli les formalités nécessaires à l'examen de sa demande, à savoir : se présenter à l'entretien individuel prévu par l'article 43 ; répondre aux convocations délivrées par les services de police ou de gendarmerie en application de l'article 36 ; produire les pièces complémentaires qui lui sont demandées en raison d'éléments nouveaux survenus et portés à la connaissance de l'administration. Dans ces hypothèses, « l'autorité qui a reçu la demande peut mettre en demeure le postulant de produire les pièces complémentaires ou d'accomplir les formalités administratives qui sont nécessaires à l'examen de sa demande ». La circulaire invite à tenir compte de la situation du demandeur et à ne pas lui opposer sa carence lorsque celle-ci est liée à des éléments indépendants de sa volonté. La mise en demeure doit mentionner un délai raisonnable au terme duquel le postulant devra avoir accompli les formalités demandées. L'autorité administrative n'est toutefois pas tenue de classer la demande sans suite au terme du délai fixé.

L'article 45 du décret de 1993 prévoit que « si au cours de la procédure de constitution du dossier une pièce fait apparaître que la demande est manifestement irrecevable, l'autorité auprès de laquelle la demande a été déposée transmet le dossier en l'état, assorti de son avis motivé, au ministre chargé des naturalisations, qui statue sur la demande ». Cette procédure est dénommée « procédure allégée » (Circ. du 12 mai 2000).

Les cas dans lesquels une demande est « manifestement irrecevable » concernent les postulants qui, au vu du dossier de demande d'acquisition de la nationalité française, ne remplissent pas, de manière évidente, l'une ou l'autre des conditions suivantes : séjour régulier (art. 21-27, alinéa 3), stage (art. 21-17), notamment si le séjour en France s'est en partie effectué sans titre de séjour ou sans récépissé de demande de titre, existence de condamnation pénale (art. 21-27) et assimilation linguistique (la communication orale avec le postulant est impossible).

Dans ces hypothèses, le dossier doit être transmis « en l'état », c'est-à-dire constitué de la demande d'acquisition de nationalité française et des documents joints par le postulant, même si ces derniers sont incomplets. Il n'y a pas lieu de procéder à la délivrance du récépissé ni de procéder à l'entretien individuel.

5. LA DÉCISION

Dès réception du dossier, le ministre chargé des naturalisations procède à tout complément d'enquête qu'il juge utile, portant sur la conduite et le loyalisme de l'intéressé. Sous réserve des compétences dévolues au préfet (V. *supra*), le ministre procède tout d'abord à l'examen de la recevabilité de la demande au regard des conditions fixées par les textes. Ce n'est qu'ensuite qu'il procédera à l'examen en opportunité. Lorsque la demande est considérée comme irrecevable, la décision est notifiée à l'intéressé par l'intermédiaire de l'autorité auprès de laquelle elle a été déposée. Elle est motivée et doit comporter le motif d'irrecevabilité.

A l'issue de la phase d'instruction, le ministre peut prendre quatre décisions :

- accorder la naturalisation ou la réintégration en proposant un décret en ce sens ;
- prendre une décision d'irrecevabilité ;
- décider du refus de la demande ;
- décider de l'ajournement de la demande.

Une enquête complémentaire peut également être menée en ce qui concerne l'état de santé du demandeur. Si le ministre chargé des naturalisations estime que les conditions requises par la loi ne sont pas remplies, il déclare la demande irrecevable. Cette décision motivée conformément à l'article 27 de la loi n° 98-170 du 16 mars 1998 relative à la nationalité est notifiée à l'intéressé dans les délais fixés par l'article 21-25-1, par l'intermédiaire de l'autorité auprès de laquelle a été déposée la demande. Si les motifs de l'irrecevabilité disparaissent, l'intéressé peut déposer une nouvelle demande (Décr. n° 93-1362 du 30 déc. 1993, art. 47).

Lorsque la demande est recevable, le ministre chargé des naturalisations propose, s'il y a lieu, la naturalisation ou la réintégration dans la nationalité française (Décr. n° 93-1362 du 30 déc. 1993, art. 48).

Si le ministre chargé des naturalisations estime qu'il n'y a pas lieu d'accorder la naturalisation ou la réintégration sollicitée, il prononce le rejet de la demande. Cette décision exprime un véritable pouvoir discrétionnaire, même si l'on peut identifier cinq familles de critère (concl. Delarue sur CE 20 mai 1996, n° 144384 : *AJDA 1996. 452*) : tout d'abord, « le droit de naturaliser ou non s'exerce dans le cadre des contraintes relevant des obligations internationales consenties par la France » (notamment l'art. 34 de la Conv. de Genève de 1951) ; le deuxième critère « tient aux intérêts de la politique internationale de la France » ; il s'agit ensuite du critère de bonnes vie et mœurs qui constitue tout à la fois un critère de recevabilité de la demande et un motif de rejet au fond, notamment s'agissant de faits qui avaient été à l'origine de condamnations amnistiées ; un quatrième critère réside dans la santé de l'intéressé ; enfin, J.-M. Delarue mentionnait encore le critère relatif aux obligations du service national.

Il peut également en prononcer l'ajournement en imposant un délai ou des conditions. Ce délai une fois expiré ou ces conditions réalisées, il appartient au postulant, s'il le juge opportun, de formuler une nouvelle demande. Ces décisions motivées conformément à l'article 27 de la loi n° 98-170 du 16 mars 1998 relative à la nationalité sont notifiées à l'intéressé dans les délais fixés par l'article 21-25-1 (Décr. n° 93-1362 du 30 déc. 1993, art. 49).

Le décret portant naturalisation ou réintégration dans la nationalité française comporte les nom, prénoms, date et lieu de naissance de l'intéressé et, éventuellement, de celui ou de ceux de ses enfants susceptibles d'acquérir de plein droit la nationalité française en vertu de l'article 22-1 du code civil (Décr. n° 93-1362 du 30 déc. 1993, art. 50).

Les décrets portant naturalisation ou réintégration dans la nationalité française sont publiés au *Journal officiel* de la République française. Ils prennent effet à la date de leur signature sans toutefois qu'il soit porté atteinte à la validité des actes passés par l'intéressé ni aux droits acquis par des tiers antérieurement à la publication du décret sur le fondement de l'extranéité de l'intéressé. Dès la publication, un extrait de ces décisions et une copie des actes de l'état civil auxquelles elles ont donné lieu sont adressés à leur bénéficiaire ou, pour l'enfant mineur, à son représentant légal, par le préfet du département où ils ont établi leur résidence, ou, à Paris, par le préfet de police, ou, si la résidence se trouve à l'étranger, par l'autorité consulaire (Décr. n° 93-1362 du 30 déc. 1993, art. 51).

La preuve d'un décret de naturalisation ou de réintégration résulte de la production soit de l'ampliation de ce décret, soit d'un exemplaire du *Journal officiel* où le décret a été publié. Lorsque ces pièces ne peuvent être produites, il peut y être suppléé par une attestation constatant l'existence du décret, délivrée par le ministre chargé des naturalisations, à la demande de l'intéressé, de son représentant légal, de ses parents et alliés ou des administrations publiques françaises ou, à défaut, par la production de la copie intégrale de l'acte de naissance de l'intéressé, l'extrait de cet acte ou le livret de famille sur lequel figure la mention du décret de naturalisation ou de réintégration dans la nationalité française en application de l'article 28 du code civil (Décr. n° 93-1362 du 30 déc. 1993, art. 52).

En 2008, plus de 84 000 personnes ont fait l'objet d'une naturalisation pour une durée moyenne de résidence en France de seize ans (Rép. min. n° 65405 : *JOAN Q, 9 févr. 2010, p. 1435*). ❑

I. NATURE DE LA MESURE

1. Le droit français ne garantit pas aux étrangers un droit inconditionnel à l'obtention de la nationalité française ; il subordonne celle-ci au loyalisme des postulants tel qu'évalué par les autorités, tout en offrant à ceux-ci des garanties contre l'arbitraire en obligeant les autorités à motiver leurs décisions de refus et en donnant aux personnes déboutées la possibilité d'exercer un recours devant les juridictions administratives. • CEDH 6 juill. 2017, *Boudelal c/ France,* n° 14894/14. ♦ Le juge rappelle systématiquement que l'acquisition de la nationalité française par naturalisation ne constitue pas un droit pour l'intéressé, même s'il en remplit les conditions légales. Dans un premier temps, le juge a considéré que l'opportunité d'une mesure de réintégration ou de naturalisation ne pouvait êtrediscutée au contentieux : s'agissant d'une décision d'ajournement. • CE 6 avr. 1935, *D'Acunto : Lebon 461.* ♦ Pour une décision de refus. • CE 31 oct. 1952, *Fischer : Lebon 481* • 2 févr. 1955, *Rieger : Lebon T. 705.*

2. C'est par conséquent très logiquement au vu de cette jurisprudence qu'il a été jugé que les art. 6 et 8 Conv. EDH sont inapplicables aux procédures de naturalisation. • CE 7 juill. 1995, *M. M'Baye,* n° 138041 : *Rev. crit. DIP 1996 p. 83, note Lagarde.* ♦ En effet, les litiges relatifs à l'acquisition de la nationalité française n'ont pas trait à des contestations sur des droits et dispositions de caractère civil ou au bien-fondé d'une accusation en matière pénale ; par ailleurs, la décision par laquelle le gouvernement français s'oppose à l'acquisition par un étranger de la nationalité française n'est pas, par nature, susceptible de porter atteinte au respect de la vie familiale. • CE 16 juin 1995, *Merturi,* n° 133838 : *Lebon T. 786.*

3. La décision de naturalisation est purement personnelle. • CE 11 mai 1987, *Min. des Affaires sociales et de l'Emploi c/ Mme Tran Quang,* n° 70459 : *Lebon 165.*

II. CONTRÔLE JURIDICTIONNEL

4. Un décret de naturalisation est un acte de la souveraineté qui échappe au contrôle des tribunaux. • Paris, 7 avr. 1903 : *Raffaële, Journal de droit international privé, 1903, p. 865.* ♦ Les décrets de naturalisation et de réintégration sont des actes de souveraineté qui échappent au contrôle des tribunaux. • T. civ. Seine, 7 juill. 1914 : *Volpe, Revue de droit international privé, 1918, p. 95.* ♦ En matière de nationalité, qu'il s'agisse de demande de naturalisation ou de réintégration dans sa nationalité d'origine, c'est à l'autorité gouvernementale qu'il appartient de les apprécier. • Amiens, 16 févr. 1921 : *Villars, Revue du droit international privé, 1921, p. 534.* ♦ Il n'appartient pas aux tribunaux judiciaires d'apprécier la légalité du décret qui procède à la réintégration dans la nationalité française. • Civ., 6 juill. 1922, *De Ferrari c/ dame de Ferrari : Revue de droit international privé, 1922-1923, vol. 18, p. 461.*

5. Le juge administratif a, en revanche, progressivement accepté sa propre compétence. • CE 7 juill. 1916, *Dreifuss,* n° 60.033 : *Lebon p. 278 ; S., 1917, III., p. 41, note Hauriou* • CE 7 juill. 1916, *Lévi dit Max,* n° 60.039 : *Lebon p. 279.*

6. Depuis 1977 le juge administratif n'exerce qu'un contrôle minimal sur les décisions de rejet ou d'ajournement de demande d'acquisition de la nationalité française par voie de naturalisation ou de réintégration, celle-ci ne constituant toujours qu'une « faveur ». • CE 16 févr. 1977, *Sipos,* n° 01244 B. ♦ Ainsi, le fait de remplir les conditions de recevabilité ne donne aucun droit à la naturalisation ou à la réintégration. • CE 30 mars 1984, *Min. de la Solidarité nationale c/ Abecassis,* n° 40735 B • 4 déc. 1987, *Zoudja : D. 1988. IR 5* • 1er févr. 1989, *Jakobsen : Gaz. Pal. 1989.1.274* • 12 oct. 1994, *Mme Bektaoui,* n° 133131 • 16 janv. 1995, *Mme Nussbaum,* n° 156801 • 21 févr. 1996, *Mme Benchouk,* n° 145231 • 8 janv. 1997, *M. Lassouani,* n° 167461. ♦ Le ministre dispose ici d'un pouvoir largement discrétionnaire. • CE 28 févr. 1986, *Min. des Affaires sociales c/ Bouhanna,* n° 57464 : *Lebon 53.* ♦ Dans l'exercice de son pouvoir discrétionnaire, il peut refuser d'accorder la naturalisation au motif qu'aucune qualité particulière du dossier ou du parcours du demandeur ne justifie à ses yeux qu'il accorde cette mesure de faveur. En d'autres termes, s'il est tenu de motiver son refus (en vertu de l'art. 27 du C. civ.), et si une référence trop générale à l'absence de justification du point de vue de l'intérêt national n'est pas suffisante à cet égard, le gouvernement peut s'en tenir à exposer qu'aucun accomplissement particulier, dans le parcours et les activités du demandeur, ne justifie à ses yeux qu'il lui accorde la nationalité française. • CE 29 nov. 2019, n° 421050 B : *AJDA 2019. 2463, concl. Odinet.*

7. ***Droit au respect de la vie privée.*** Si la nationalité que possède une personne est un élément constitutif de son identité, il n'en va pas de même de son sentiment d'appartenir à une communauté nationale l'amenant à présenter une demande de naturalisation. Eu égard à la nature des décisions ainsi prises pour la mise en œuvre de ce mode d'acquisition de la nationalité française qui ne constitue pas un droit pour le postulant, un refus opposé à une telle demande n'est pas susceptible d'affecter un élément constitutif de l'identité de la personne concernée et ainsi de porter atteinte au droit au respect de sa vie privée. Une telle décision étant, en outre, dépourvue d'effet sur la présence sur le territoire français du demandeur, comme sur ses liens avec les membres de sa famille, elle n'affecte pas, davantage, le droit au respect de sa vie familiale. • TA Nantes, 12 mars 2020, *Mme N. c/ Min. de l'Intérieur,* n° 170643 : *AJDA 2020. 1628, concl. Labouysse.*

8. ***Recours.*** Contrairement à la décision de naturalisation qui fait l'objet d'un décret relevant de la compétence contentieuse du Conseil d'État, les décisions d'irrecevabilité, d'ajournement ou de rejet relèvent, en cas de recours contentieux, du tribunal dans le ressort duquel a son siège l'autorité qui a pris la décision attaquée. • CE 26 avr. 1985, *Min. des affaires sociales et de la solidarité nationale c/ Manouk,* n° 57311 : *Lebon T. 629.*

9. Le décret peut faire l'objet d'un recours de droit commun, même si l'hypothèse en est extrêmement rare : le bénéficiaire n'a évidemment aucun intérêt à intenter un tel recours, sauf hypothèse exceptionnelle dans laquelle l'intéressé soutient qu'il a renoncé à sa demande. • CE 1er déc. 1993, *Ventura,* n° 120781. ♦ Pour les tiers, c'est l'intérêt à agir qui fera ici défaut. • CE 10 mars 1995, *Assoc. « L'éthique du dimanche »,* n° 152266 : *Lebon T. 786* • 25 mars 1995, *Mouton,* n° 148485 • 25 nov. 1996, *Roujansky,* n° 148251. ♦ Le Conseil d'État a précisé qu'il était également exclusivement compétent pour statuer sur un recours formé contre le refus de modifier un décret de naturalisation. • CE 26 nov. 2012, *Gaye,* n° 356105.

III. PROCÉDURE

10. L'autorité consulaire est incompétente pour se prononcer sur une demande de réintégration (et par extension d'acquisition) de la nationalité française. • CE 14 févr. 2001, *Sadoun,* n° 213495.

11. Quand la demande de naturalisation ou de réintégration est directement reçue par le ministre, celui-ci est tenu de la transmettre aux services préfectoraux pour instruction ; quand la date de transmission au ministre du dossier mis en état par les services préfectoraux n'est pas connue, le délai susceptible de faire naître une décision implicite de rejet doit être regardé comme ayant commencé à courir à l'expiration du délai de 6 mois à compter de la saisine du ministre. • CAA, Nantes, 15 oct. 1998, *Min. aménagement du territoire c/ M. Mouloud Bouraib,* n° 96NT02359.

12. Si le demandeur ne défère pas à la convocation émanant du service chargé d'instruire le dossier l'administration est placée dans l'impossibilité de faire procéder à l'enquête : légalité de la décision de refus. • CE 12 mars 1999, *M. Diakhite,* n° 169864.

13. L'examen porté par le préfet puis, le cas échéant, le ministre de l'Intérieur, sur l'opportunité d'accorder la nationalité française à l'étranger qui la sollicite, nécessite que le postulant dont la demande est estimée recevable, comme en l'espèce, soit en mesure de pouvoir justifier qu'il remplit l'ensemble des conditions requises par les textes à cet effet ; ainsi, l'absence de convocation du demandeur à l'entretien prévu par l'art. 41 du Décr. n° 93-1362 du 30 déc. 1993 a constitué une irrégularité qui a privé ce dernier d'une garantie, ce vice étant, dès lors, de nature à entacher d'illégalité la décision de refus opposée à la demande de l'intéressé. • CAA Nantes, 3 oct. 2016, *Min. Intérieur,* n° 15NT03678 : *AJDA 2016. 2418*.

14. Le refus d'instruire un dossier, de demande de naturalisation pour un motif erroné (en l'occurrence la qualité de français du demandeur) est de nature à engager la responsabilité de l'État pour faute. • CE 22 févr. 1980, *Min. de l'Intérieur c/ Mohy,* n° 10743 : *Lebon T. 726*.

A. DÉCISION SUR LA RECEVABILITÉ DE LA DEMANDE

15. La décision ministérielle qui déclare la demande irrecevable doit être motivée, sans que le ministre puisse se limiter à émettre un simple doute sur sa recevabilité. • CE 13 févr. 1987, *Min. des affaires sociales et de la solidarité nationale c/ Mme Camarda,* n° 68806 : *Lebon T. 730* ; *D. 1987. IR 48.* ♦ Le Conseil d'État contrôle l'exactitude des faits invoqués par l'administration, s'ils sont précis, • CE 30 avr. 1993, *Min. de la solidarité, de la santé et de la protection sociale,* n° 116146. ♦ Le recours pour excès de pouvoir contre l'exactitude du motif sur lequel s'appuie la décision d'irrecevabilité doit être formé devant le tribunal dans le ressort duquel l'autorité qui a pris la décision attaquée, par un pouvoir propre ou par délégation, a son siège. • CE 26 avr. 1985 : *Rev. crit. DIP 1986. Somm. 732.* ♦ Les décisions par lesquelles l'autorité administrative se prononce sur la recevabilité des demandes sont soumises au contrôle normal du juge administratif. • CE 16 oct. 1985, *Akoman,* n° 62331 : *Lebon T. 629* • 5 févr. 1986, *Min. des affaires sociales c/ Mme Khoualdia,* n° 62278 : *Lebon T. 529*.

B. AJOURNEMENT

16. La décision d'ajournement fixe un délai ou des conditions au demandeur pour présenter une nouvelle demande qui nécessitera de reprendre l'ensemble de la procédure. • CE 22 juin 1994, *Tozzini,* n° 128758. ♦ Comme la décision de rejet, l'ajournement exprime le pouvoir discrétionnaire de l'administration qui peut se fonder par exemple sur des incertitudes relatives à l'insertion professionnelle du demandeur et à son état de santé. • CE 25 juill. 1986, *Mlle Benyoucef,* n° 64741 : *Lebon T. 529* • 6 mai 1988, *Dung Tran dit Dung di Caprio,* n° 78371 : *Lebon T. 783*. ♦ Le ministre peut légalement prendre en compte le degré d'autonomie matérielle du postulant, apprécié au regard du caractère suffisant et stable de ses ressources propres. • CAA Nantes, 13 févr. 2017, n° 16NT00622. ♦ Ainsi, les ressources propres du postulant doivent lui permettre de subvenir à ses besoins avec, pour référence, le montant du SMIC ; il convient également d'apprécier la pérennité de ces mêmes ressources, la référence étant ici l'existence d'un contrat de travail à durée indéterminée. • CAA Nantes, 17 janv. 2014, n° 13NT02364. ♦ Le juge peut néanmoins, de façon exceptionnelle, écarter la production d'un tel CDI en raison du caractère récent de l'embauche succédant à une longue période d'inactivité. • CAA Nantes, 14 juin 2013, n° 13NT00110. ♦ Jugé ainsi (sur conclusions contraires) qu'une décision d'ajournement à deux ans était justifiée par le fait que l'embauche de la postulante remontait à 6 mois « seulement » et succédait à 6 mois de chômage. • TA Nantes, 27 sept. 2017, n° 1603793 : *AJDA 2018. 120, concl. Frank*.

17. Le ministre n'est pas fondé à prendre une autre décision, notamment un refus de donner suite à une demande de naturalisation. • TA Nantes, 28 janv. 1997, *Mme Mory-Mogyorossy,* n° 95-629 : *LPA 25 juill. 1997, n° 89, p. 23, concl. Jacquier.*

18. Le ministre peut légalement prendre en compte les renseignements défavorables recueillis sur le comportement du postulant ; en l'espèce, la décision d'ajournement à deux ans est légalement fondée sur la circonstance que la requérante a apporté une aide au séjour irrégulier de son époux, méconnaissant, ce faisant, la législation relative au séjour des étrangers en France. • CAA Nantes, 27 oct. 2009, *Boue*, n° 09NT00631. ♦ Jugé qu'une décision d'ajournement à trois ans fondée sur la situation fiscale du demandeur qui restait redevable de diverses sommes à l'administration fiscale n'est pas entachée d'erreur de droit. • CE 3 oct. 1997, *Mme Mouselli*, n° 159992. ♦ Alors même que le requérant disposait de revenus suffisants, une décision d'ajournement est justifiée dès lors que l'intéressé s'est systématiquement acquitté avec retard du paiement de l'impôt sur le revenu. • CAA Nantes, 30 déc. 1997, *M. Niambi*, n° 96NT02334. ♦ Doit être ajournée une demande de naturalisation formée par un étranger parfaitement intégré en France mais qui a hébergé son conjoint ou son compagnon en situation irrégulière. • CAA Nantes, 10 nov. 2009, n° 08NT00507 : *Rev. crit. DIP 2010. 103, note P. Lagarde*. ♦ Le juge refuse ainsi de tenir compte des circonstances particulières, et notamment de l'ancienneté des faits reprochés. • CAA Nantes, 29 juill. 2008, n° 07NT01831. ♦ Toutefois, si le ministre peut toujours, « sans erreur de droit », ajourner ou rejeter une demande de naturalisation en raison de l'irrégularité du séjour du demandeur, il ne peut plus, en l'absence de toute autre circonstance, retenir ce seul motif lorsque l'ancienneté des faits est telle qu'elle est de nature à entacher sa décision d'une erreur manifeste d'appréciation. • CAA Nantes, 25 févr. 2014, n° 13NT02262. ♦ ... Du fait que l'étranger vit et travaille régulièrement depuis dix ans en France, qu'il contribue à l'entretien de ses trois enfants, qu'il est propriétaire de sa résidence principale et qu'il n'a jamais fait l'objet de condamnation pénale. • CAA Nantes, 29 juill. 2008, n° 07NT03661. ♦ La circonstance qu'une première décision d'ajournement a été opposée à une demande de naturalisation ne fait pas, par principe, obstacle à ce qu'une nouvelle décision d'ajournement puisse être prise, pour le même motif, dès lors, qu'eu égard à la gravité des faits et à la date à laquelle ils ont été commis, une telle décision n'est pas entachée d'erreur manifeste d'appréciation. • CAA Nantes, 22 déc. 2011, *Chau*, n° 11NT01125.

IV. MOTIFS DE REJET DE LA DEMANDE DE NATURALISATION

19. L'autorité administrative dispose, en matière de naturalisation ou de réintégration dans la nationalité française, d'un large pouvoir d'appréciation. Elle peut, dans l'exercice de ce pouvoir, prendre en considération notamment, pour apprécier l'intérêt que présenterait l'octroi de la nationalité française, l'intégration de l'intéressé dans la société française, son insertion sociale et professionnelle et le fait qu'il dispose de ressources lui permettant de subvenir durablement à ses besoins en France ; tel est le cas de ressources insuffisantes qui n'étaient tirées que de prestations sociales. • CE 29 nov. 2019, n° 421050 B : *AJDA 2019. 2463*. ♦ Peuvent ainsi par exemple être visés des motifs tirés des intérêts de la politique internationale de la France (expliquant par ex. le traitement préférentiel d'un ressortissant libanais dont la famille était restée au Liban). • CE 3 avr. 1987, *Min. des affaires sociales c/ Ayzavian*, n° 67766. ♦ Il appartient en tout état de cause à l'autorité administrative de se fonder sur l'un des motifs en rapport avec la naturalisation ou la réintégration ; ne constitue pas un tel motif le fait qu'une naturalisation priverait le pays d'origine du requérant d'un cadre de haut niveau. • CE 25 nov. 1996, *Min. des Affaires sociales, de la Santé et de la Ville c/ M. Cruz*, n° 159571.

20. Caractère personnel du motif de rejet. Le ministre ne peut mieux prendre en compte un comportement qui ne serait pas imputable au postulant, mais à un tiers. • CE 26 sept. 1986, n° 54518 : *concl. Vigouroux* • CE 3 oct. 1997, n° 159993 : *Lebon*. ♦ Par exception, le juge a pu admettre, au titre du défaut de loyalisme, la prise en considération des activités du conjoint en se fondant sur la notion de communauté de vie. • CE 4 oct. 2000, n° 204298 : *AJDA 2005. 340 ; D. 2005. 244*. ♦ V. aussi • CAA Nantes, 26 sept. 2019, n° 19NT00485. ♦ Rejet de la demande de naturalisation de l'épouse d'un ancien ministre rwandais, condamné par le Tribunal pénal international pour avoir directement et publiquement incité à commettre le génocide de 1994. • CE 8 avr. 2021, n° 436264 B : *AJDA 2021. 768 ; ibid. 2050, note J. Lepoutre ; D. 2022. 244, chron. Boskovic, Corneloup, Jault-Seseke, Joubert et Parrot*.

21. Si le fils de la requérante a été interpellé par les services de sécurité français à son retour de Syrie, pour des faits de participation à une entreprise terroriste, les liens que la requérante maintient avec son fils ne sont pas, par eux-mêmes, de nature à remettre en cause son loyalisme à l'égard de la France. Par suite, c'est à tort que le ministre de l'Intérieur s'est fondé sur l'environnement familial de la requérante pour refuser de lui accorder la nationalité française. • TA Nantes, 29 janv. 2020, n° 180694 : *AJDA 2020. 1252, concl. Frank*.

22. La jurisprudence a toutefois connu une inflexion dès lors que le Conseil d'État a rejeté le recours formé contre le refus de naturalisation opposé à une femme au motif que son mari avait, en qualité de ministre du Plan du Rwanda, directement et publiquement incité à commettre le génocide de 1994, faits pour lesquels il a été reconnu coupable et pour lesquels il a été condamné à une peine de trente ans d'emprisonnement par le Tribunal pénal international pour le Rwanda. • CE 8 avr. 2021, n° 436624 B : *préc. note 20*.

23. Bonnes vie et mœurs. S'agissant du critère relatif aux bonnes vie et mœurs, il faut rappeler que le juge estime que les conditions de recevabilité, même si elles satisfont forMllement aux exigences légales, peuvent servir à l'appréciation de fond. • CE 25 juin 1986, *Min. des affaires sociales c/ Mlle Benyoucef*, n° 64741 : *préc. note 16.*

24. Indignité. Le Conseil d'État a ainsi admis un refus pour indignité fondé sur la seule inculpation de l'intéressé. • CE 25 sept. 1996, *M. Kazkaz*, n° 160374. ♦ L'amnistie n'interdit pas au gouvernement de s'opposer, pour indignité, à l'acquisition de la nationalité. • CE 28 juill. 1989, *Min. des Affaires sociales et de l'Emploi c/ Kouame*, n° 81650 : *Lebon T. 680*.

25. Comportement pénal. Des faits, alors même qu'ils n'ont pas entraîné de condamnation pénale, peuvent être retenus pour fonder un refus ou un ajournement de la demande de naturalisation, alors même que les faits ne présentent pas un caractère de gravité caractérisé. • CAA Nantes, 17 juin 2011, n° 10NT02462. ♦ Eu égard au caractère récent, au nombre et à la gravité des faits commis par les enfants majeurs, dont la réalité n'est pas contestée et qui sont survenus alors que les enfants résidaient au domicile de leurs parents et bénéficiaient de l'aide de ceux-ci, le ministre n'a pas entaché ses décisions d'erreur manifeste d'appréciation, alors même que les requérants n'ont pas été poursuivis pour complicité. • CAA Nantes, 29 déc. 2014, n° 14NT01060 : *DP étrangers, Bull. n° 241, févr. 2015, note Preuss-Laussinotte.* ♦ Jugé qu'un refus de naturalisation peut légalement intervenir s'agissant d'un demandeur auteur d'une tentative de meurtre et de violences avec usage d'une arme alors même qu'il n'a fait l'objet d'aucune condamnation en raison de son irresponsabilité pénale tiré du trouble psychologique ou neuropsychique ayant aboli son discernement ou le contrôle de ses actes. • TA Nantes, 13 juin 2019, n° 177524 : *AJDA 2019. 2007, concl. Chabernaud*.

26. Si le ministre peut s'appuyer sur le motif tiré de ce que la requérante avait séjourné irrégulièrement en France pendant dix ans, il ne saurait, en l'absence de toute autre circonstance, retenir ce seul motif lorsque l'ancienneté des faits est telle qu'elle est de nature à entacher sa décision d'une erreur manifeste d'appréciation. • CAA Nantes, 25 févr. 2014, *Mme E.*, n° 13NT02262 : *AJDA 2014. 1864*.

27. Consultation du fichier « traitement des antécédents judiciaires ». Une demande de naturalisation ne peut faire l'objet d'une décision de rejet ou d'ajournement dès lors que la consultation du traitement des antécédents judiciaires a été réalisée alors que les mentions ne peuvent être consultées lorsqu'elles ont fait l'objet d'une mention, notamment à la suite d'une décision de non-lieu ou de classement sans suite. • CE, avis, 17 avr. 2023, n° 468859 : *AJDA 2023. 750* ; *DP étrangers, Bull. n° 332, mai 2023, note Pouly.*

A. ÉTAT DE SANTÉ

28. Le Conseil d'État a considéré que le ministre compétent pouvait toujours se fonder sur l'état de santé du demandeur (en l'occurrence atteint de cécité) pour rejeter la demande. • CE 6 mai 1988, *Dung Tran*, n° 78371 : *préc. note 16* • 18 janv. 1993, *Min. de la Solidarité, de la Santé et de la Protection sociale c/ Mlle Arab*, n° 110311 : *Lebon 14, concl. Abraham* ; *AJDA 1993. 314, obs. Julien-Laferrière*. ♦ Refus légalement opposé au motif que la requérante était invalide à 100 %. • CE 27 juin 1997, *Mlle Lannabi*, n° 165468. ♦ Même solution pour un demandeur atteint d'hémiplégie. • CAA Nantes, 5 mars 1997, *M. Saddik*, n° 95NT01496.

29. Toutefois, si le ministre peut légalement prendre en compte l'état de santé de l'intéressé, une décision de rejet fondée exclusivement sur le motif que le handicap physique de l'intéressé est de nature à créer une charge pour la collectivité est entachée d'erreur de droit. • CAA Nantes, 23 juill. 1998, *Min. Aménagement du territoire, de la Ville et de l'Intégration*, n° 97NT00655 : *RFDA 1999. 539, concl. Coënt-Bochard*. ♦ Même solution s'agissant d'un étranger qui se déplace peu et ne parle pratiquement pas. • CAA Nantes, 23 juill. 1998, *Mlle Afdili*, n° 96NT01602 : *RFDA 1999. 539, concl. Coënt-Bochard*. ♦ L'autorité administrative ne peut se fonder exclusivement sur l'existence d'une maladie ou d'un handicap sans rechercher si l'état de santé de l'étranger constitue un obstacle à son intégration dans la société française, notamment par l'exercice d'une activité professionnelle. • CE 26 sept. 2001, *Min. de l'Emploi et de la Solidarité c/ Richard*, n° 206486. – V. aussi • CAA Nantes, 10 mars 2017, n° 15NT03796 : *AJDA 2017. 975*. ♦ Révèle ainsi une erreur manifeste d'appréciation le refus de naturalisation fondé sur l'état de santé du requérant, né en France et français à la naissance, n'ayant perdu la nationalité française que parce que ses parents n'avaient pas effectué la déclaration de nationalité française réservée aux algériens. L'intéressé a toujours vécu en France, comme son père qui avait servi dans l'armée française et dont les trois sœurs sont françaises. • CE 8 déc. 1999, *M. Cheraiet*, n° 169419. ♦ Si elle dispose d'un large pouvoir d'appréciation dans le traitement des demandes de naturalisation ou de réintégration, l'autorité administrative ne peut se fonder exclusivement ni sur l'existence d'une maladie ou d'un handicap ni sur le fait que les ressources dont dispose l'intéressé ont le caractère d'allocations accordées en compensation d'un handicap, pour rejeter une demande de naturalisation ou de réintégration. • CE 11 mai 2016, n° 389399 : *Lebon T. 754 ; ibid. 762 ; AJDA 2016. 981*.

B. PROFESSION DE L'INTÉRESSÉ

30. Il appartient au ministre chargé des naturalisations de porter une appréciation sur l'intérêt d'accorder la naturalisation ou la réintégration dans la nationalité française à l'étranger qui la sollicite ; dans le cadre de cet examen d'opportunité, il peut également prendre en compte le degré d'insertion professionnelle du postulant ainsi que le niveau et la stabilité de ses ressources. • CAA Nantes, 9 juin 2009, *Mme Coulibaly*, n° 08NT03457. ♦ Un refus n'est pas entaché d'erreur manifeste s'il est motivé par le fait que le secteur d'activité de l'intéressé était saturé. • CE 7 mai 1997, *Min. des Affaires sociales, de la Santé et de la Ville c/ M. Firas El Khatib*, n° 161162. ♦ Ne révèle pas une erreur de droit un ajournement à deux ans fondé sur la nécessité pour l'intéressé d'améliorer son insertion professionnelle alors même qu'il était invalide à 90 %. • CAA Nantes, 30 déc. 1997, *M. Ouychchi*, n° 96NT01761. ♦ Le ministre est ainsi fondé à opposer la démographie médicale. • CE 20 mai 1996, *Min. des Affaires sociales c/ Machnouk : AJDA 1996. 452, concl. Delarue*. ♦ Le refus peut être justifié par la saturation du secteur de la médecine libérale. • CE 9 sept. 1996, *Min. des Affaires sociales c/ M. Buton*, n° 164811. ♦ L'administration ne peut toutefois se borner à opposer la situation de la médecine libérale en France. • CE 8 déc. 1997, *Min. des Affaires sociales c/ M. Haikal*, n° 158776. ♦ Le ministre ne peut pas se fonder sur les nombreuses missions professionnelles réalisées par un fonctionnaire international pour motiver un refus de naturalisation fondé sur le défaut de pérennité de l'installation en France du demandeur. • CAA Nantes, 21 oct. 2015, n° 15NT00730 : *AJDA 2016. 294*. ♦ Si le ministre doit porter une appréciation sur l'intérêt d'accorder la nationalité française à l'étranger qui la sollicite, il ne peut estimer que la qualité de fonctionnaire international était incompatible avec l'allégeance française s'agissant d'une requérante installée sur le territoire français depuis plus de 25 ans, que ses enfants sont de nationalité française et qu'elle est propriétaire de son logement en France. • CAA Nantes, 21 oct. 2015, n° 15NT01470 : *AJDA 2016. 350*.

31. La suppression, par le Décr. n° 2009-1671 du 28 déc. 2009, de la possibilité de produire, en tant que mode de preuve du décret de naturalisation, un exemplaire du *Journal officiel*, répond à l'objectif d'intérêt général de lutte contre la fraude et n'est pas entachée d'erreur manifeste d'appréciation. • CE 3 déc. 2010, *Lowe*, n° 337058 : *Lebon T. 766*.

Art. 21-16 *(Ord. n° 45-2441 du 19 oct. 1945)* **Nul ne peut être naturalisé s'il n'a en France sa résidence au moment de la signature du décret de naturalisation.** – *[C. nat., art. 61.]*

COMMENTAIRE

L'appréciation de la condition de résidence est sensiblement plus complexe que ne le laisse croire la rédaction du présent article et s'assimile à la notion de « domicile de nationalité ». En effet, il incombe à l'autorité administrative de déterminer si le demandeur a fixé en France le centre de ses attaches familiales et de ses occupations professionnelles. Dans la pratique, l'autorité administrative et le juge utilisent un faisceau d'indices pour mesurer la stabilité et la permanence de la résidence en France du demandeur.

S'agissant du **critère de stabilité de la résidence**, l'acquisition de la nationalité française n'est pas possible si le demandeur est en situation irrégulière sur le territoire français. Pour le demandeur en situation régulière, l'autorité administrative va rechercher si la demande révèle l'intention affirmée de s'installer en France ; la nature du titre de séjour détenu en France par le demandeur est ici sans influence, même si la détention d'un titre de long séjour laisse présumer que la condition est satisfaite. Le fait que l'intéressé n'était autorisé à séjourner en France que de manière temporaire, en qualité d'étudiant, ne justifie pas une décision d'irrecevabilité. Si la nature du titre de séjour ne détermine pas à elle seule la fixation de la résidence en France de son titulaire, « la précarité du titre de séjour portant la mention « étudiant », l'absence d'insertion professionnelle ou d'attaches familiales substantielles conduisent en général à considérer que la condition légale de résidence » n'est pas remplie (Rép. min. n° 11306 : *JOAN Q, 4 févr. 2010, p. 258*). Au surplus, c'est le critère tiré de l'insuffisance et de la précarité des ressources qui permettra d'écarter la demande de naturalisation. La détention d'un titre précaire (autorisation provisoire de séjour, visa touristique) exclura en principe la naturalisation.

La détermination de la fixation en France du centre des activités professionnelles a également donné lieu à une jurisprudence abondante et complexe qui analyse l'origine des revenus (notamment émanant de l'étranger), leur montant et leur stabilité.

La circulaire du 12 mai 2000 invite l'autorité administrative à vérifier **l'origine et la nature des revenus du demandeur**, qu'il s'agisse de revenus provenant d'une activité professionnelle, d'une pension de retraite ou d'un patrimoine. L'activité professionnelle constituant un élément d'appréciation important de l'intégration du postulant à notre société, il est nécessaire que l'instruction en révèle la nature exacte, la régularité, la stabilité et les ressources qui en découlent. Le demandeur n'étant considéré comme ayant sa résidence en France que si la plus grande part de ses revenus a son origine dans notre pays, cette localisation des intérêts matériels sera notamment attestée par la production de justificatifs de ressources sur notre territoire pour les trois années précédant sa demande. S'il s'agit d'une pension de retraite perçue à l'étranger, de revenus tirés d'une activité en tant que travailleur frontalier ou d'une mission temporaire à l'étranger, on considérera que la fixation en France du centre des intérêts matériels n'est pas remise en cause. En revanche, les revenus provenant d'un patrimoine localisé à l'étranger ne sont généralement pas admis, s'ils constituent l'essentiel des ressources du postulant dans notre pays. A le centre de ses intérêts matériels dans notre pays le postulant qui est pris en charge par son conjoint ou un tiers ayant des liens juridiques avec lui (PACS, tutelle...) et qui réside habituellement en France. Pour certaines catégories (personnes âgées, étudiants...), on peut également admettre que la prise en charge par un enfant ou un ascendant résidant en France se substitue à la possession de ressources en France. Pour déterminer le montant des ressources déclarées en France, les avis d'imposition ou de non-imposition des trois années précédant la demande doivent être produits par le demandeur ou la personne qui en assure la charge.

Une circulaire du 16 octobre 2012 (NOR INTK1207286C : *https://www.immigration.interieur.gouv.fr/fr/Media/Immigration/Files/Circulaire-INTK1207286C-du-16-octobre-2012-relative-aux-procedures-d-acces-a-la-nationalite-francaise*) rappelle que si l'insertion professionnelle constitue une condition essentielle de l'assimilation, elle ne saurait, dans un contexte de crise économique et sociale, écarter systématiquement de la naturalisation des personnes victimes d'une situation de l'emploi difficile : l'appréciation doit ainsi porter sur l'ensemble de la carrière professionnelle du demandeur et pas seulement sur sa situation précise au moment de la demande. La nature du contrat de travail (CDD, intérim) ne doit pas constituer un obstacle en soi, dès lors que l'activité permet de disposer de ressources stables et suffisantes. *A contrario*, si les difficultés rencontrées par certaines personnes pour conserver une activité, le recours récurrent aux systèmes d'assistance ou de longues ou fréquentes périodes d'inactivité révèlent un réel défaut d'intégration, le postulant ne pourra être regardé comme satisfaisant à la condition d'assimilation visée à l'article 21-24. Une circulaire du 21 juin 2013 (INTK1300198C) a encore assoupli le dispositif : la cohérence et la persévérance manifestées par le postulant pour s'insérer professionnellement doivent être vérifiées, même en présence de périodes de chômage ou d'une succession de contrats précaires jusque-là sources de rejets systématiques ou d'ajournement des dossiers.

La même circulaire indique que la nature du titre de séjour « étudiant » ne doit pas conduire automatiquement à une décision défavorable. La circulaire invite à traiter avec bienveillance les demandes émanant de jeunes diplômés qui obtiennent, immédiatement après la fin de leurs études, un CDI de nature à leur assurer l'autonomie financière ; plus largement, il convient d'apprécier avec discernement la situation de tous les candidats qui présentent un potentiel élevé pour la France (élèves des grandes écoles, doctorants et ATER qui disposent d'un CDD), sans leur opposer systématiquement la précarité de leur situation. Quoi qu'il en soit, la nature du titre de séjour ne doit pas constituer un obstacle à la naturalisation.

Les jeunes de moins de 25 ans résidant en France depuis au moins dix ans et y ayant suivi une scolarité continue d'au moins cinq ans bénéficient d'une forte présomption d'assimilation ; néanmoins, une attention particulière doit être portée à d'éventuels faits constituant de graves écarts de conduite.

La régularité du séjour au moment de la demande reste une condition de recevabilité ; mais, les périodes passées en séjour irrégulier ne doivent désormais plus figurer au nombre des critères conduisant à refuser systématiquement la naturalisation.

La fixation en France du **centre des attaches familiales** repose sur un examen des conditions de la vie familiale du demandeur qui s'expose à une décision d'irrecevabilité si tout ou partie de sa famille (conjoint et enfants mineurs) vit à l'étranger. L'étranger marié sollicitant sa naturalisation est fréquemment invité par les préfectures à fournir une lettre de son conjoint précisant les raisons pour lesquelles celui-ci ne s'associe pas à cette demande. Le refus du conjoint peut en effet avoir pour signification son intention de revenir dans son pays d'origine et conduit ainsi à s'interroger sur la stabilité de la résidence en France du demandeur (Rép. min. n° 41394 : *JOAN Q, 9 sept. 1996, p. 4787*). Cette vérification permet ainsi de s'assurer de la fixation en France du centre des attaches familiales du requérant. Si les époux sont séparés, la jurisprudence et la pratique exigent une séparation de fait relativement longue, de l'ordre de dix ans (Rép. min. n° 17227 : *JO Sénat Q, 12 sept. 1991, p. 665*). A noter que l'existence d'un PACS avec une personne de nationalité française constitue un indice d'installation durable en France (Rép. min. : *JOAN Q, 22 mai 2000, p. 3134*).

S'agissant de l'aide au séjour irrégulier, la circulaire du 21 juin 2013 indique que seuls les cas constituant une infraction au sens des articles L. 622-1 et suivants du CESEDA doivent être dûment pris en compte. Ne doivent plus être sanctionnées par une décision défavorable les aides au séjour irrégulier entrant dans les cas d'exonérations prévus par l'article L. 622-4 telles que les aides apportées aux conjoints ou aux enfants entrés hors regroupement familial. ❑

1. Notion de domicile. Le présent art. exige que le demandeur ait sa résidence en France au moment de la signature du décret de naturalisation. Le domicile en France s'entend, au sens du droit de la nationalité, d'une résidence effective présentant un caractère stable et permanent et coïncidant avec le centre des attaches familiales et des occupations professionnelles. • Civ. 1re, 20 déc. 1955 : *JCP 1956. II. 9173, note Aymond* • 25 juin 1974 : *Rev. crit. DIP 1975.231, note Lagarde* • 29 juin 1983 : *Rev. crit. DIP 1984. 77, note Lagarde.* ♦ Le juge administratif retient une conception similaire, estimant qu'une demande de naturalisation au sens de l'art. 21-16 n'est pas recevable « lorsque l'intéressé n'a pas fixé en France de manière stable le centre de ses intérêts ». • CE 27 juill. 1985, *Min. des Affaires sociales et de la Solidarité nationale c/ Benedetti,* n° 54865 : *Lebon 229* • 28 févr. 1986, *Min. des Affaires sociales c/ Bouhanna,* n° 57464 : *Lebon 53* • 28 févr. 1986, *Akhras,* n° 50277 : *Lebon 54 ; AJDA 1986. 320, Concl. Denoix de Saint Marc ; D. 1987. 226, note Waquet et Julien-Laferrière.* ♦ Lorsque l'intéressé n'a pas fixé en France, de manière stable, le centre de ses intérêts, sa demande de naturalisation ne peut qu'être rejetée ; pour apprécier si cette condition se trouve remplie, l'administration peut notamment prendre en compte, sous le contrôle du juge de l'excès de pouvoir, la durée de la présence du demandeur en France, sa situation familiale et le caractère suffisant et durable des ressources lui permettant de demeurer en France ; la circonstance que, lorsque la condition de résidence posée à l'art. 21-16 précité n'est pas remplie, l'administration doit rejeter la demande de l'intéressé ne fait pas obstacle à ce que ce dernier puisse se prévaloir utilement devant le juge de l'excès de pouvoir de tout moyen de légalité externe et interne à l'encontre de la décision attaquée. • CE 19 juill. 2010, *M. Dinkel,* n° 331013 : *AJDA 2010. 1512*.

2. Stabilité de la résidence. Il va de soi que cette première condition de recevabilité n'impose pas au demandeur une résidence ininterrompue en France ; des absences momentanées (vacances, raisons médicales ou personnelles, etc.) n'ôtent pas à la résidence son caractère de stabilité ; en revanche, des allers et retours fréquents entre la France et le pays d'origine et des séjours prolongés dans celui-ci permettront de rejeter la demande. • CE 6 janv. 1971, *Di Mambro,* n° 77447 : *Lebon 7* • 27 juill. 1985, *Min. des Affaires sociales et de la Solidarité nationale c/ Benedetti,* n° 54865 : *préc. note 1.*

3. La précarité du titre de séjour (en l'espèce « étudiant ») n'est pas au nombre des conditions prévues par l'art. 21-16. • TA Nantes, 20 févr. 1996, *M. Kioua,* n° 92.1234. ♦ De même, la précarité du séjour ne peut justifier à elle seule une décision d'irrecevabilité dès lors que le demandeur dispose de liens familiaux en France et y a fixé le centre de ses activités professionnelles. • TA Nantes, 17 juin 1991, *M. et Mme Al Ahmad,* n° 90386 et 90451 • 17 juin 1991, *Mlle Anna Maria Trecuarruti,* n° 90515.

4. Dans le même esprit, en estimant que l'intéressé n'avait pas en France le centre de ses intérêts au seul motif que son épouse séjournait en France sans titre de séjour, le ministre s'est livré à une appréciation erronée des circonstances de l'espèce, s'agissant d'un demandeur né en France, y vivant avec son épouse et ses trois enfants mineurs et y exerçant son activité professionnelle. • CAA Nantes, 30 avr. 1998, *Min. aménagement du territoire, de la ville et de l'intégration c/ M. Maurice Mbetiyanga,* n° 96NT01979 • 30 avr. 1998, *Min. aménagement du territoire, de la ville et de l'intégration c/ Mme Fatma Allouche,* n° 96NT00401 : *RFDA 1999. 531, concl. Coënt-Bochard*.

5. En revanche, n'a pas fixé en France de manière stable le centre de ses intérêts le demandeur d'asile qui n'est titulaire que d'une autorisation provisoire de séjour. • CE 30 déc. 1998, *Min. chargé de l'intégration et de la lutte contre l'exclusion c/ Djejhbalou,* n° 173038. ♦ La détention d'une carte de résident ne permet pas à elle seule de considérer comme remplie la condition de domicile. • CE 17 déc. 1993, *Ajavon,* n° 119353 • 2 mars 1994, *Lekila,* n° 122358. ♦ Rejet du recours formulé par un requérant, arrivé en France à l'âge de 12 ans et y résidant depuis sans interruption avec sa famille, mais dont l'épouse ne disposait pas de titre de séjour, la demande de regroupement familial ayant été rejetée et aucun enfant n'étant né de cette union. • CAA Nantes, 25 juin 1998, *M. Laïb,* n° 96NT01714. ♦ Le juge a également considéré que n'avait pas fixé en

France le centre de ses intérêts une requérante arrivée en France à l'âge de deux mois et y ayant résidé depuis lors sans interruption, au motif que son époux vivait en Turquie à la date de la décision attaquée et alors même que l'époux avait fait l'objet d'un refus de titre de séjour. Le juge a ainsi refusé de suivre son commissaire du gouvernement qui proposait de considérer que la circonstance que le conjoint d'un postulant à la nationalité française a déposé une demande de titre de séjour qui a été rejetée fait obstacle à ce que l'administration oppose au demandeur la présence à l'étranger de ce conjoint pour soutenir qu'il n'aurait pas transféré, de ce seul fait, son centre d'intérêts dans notre pays. Il semble bien que la présence d'enfants soit ici déterminante. • CAA Nantes, 30 avr. 1998, *Mme Djouher Celik,* n° 96NT01210 : *RFDA 1999. 531, concl. Coënt-Bochard*.

6. ***Famille résidant à l'étranger.*** La prise en compte des liens familiaux s'entend de la famine nucléaire ; au conjoint, est assimilé le concubin français. • CE 13 juin 1986, *M. Gresczak,* n° 57869 • 9 nov. 1987, *M. Hamdaoui,* n° 60338. ♦ Lorsque le demandeur n'a pas de famille installée en France, le juge tiendra compte du maintien à l'étranger d'ascendants ou de collatéraux pour considérer que le demandeur n'a pas fixé en France le centre de ses intérêts. • CE 29 mai 1987, *Lou Kim Hai,* n° 73542 • 8 juill. 1998, *M. Safaoui,* n° 169199.

7. Lorsque la famille du demandeur ne réside pas en France, la demande sera en principe irrecevable. • CE 15 juin 1987, *Min. des Affaires sociales et de la Solidarité nationale c/ Mme Karim,* n° 71485 • 13 mai 1988, *Mohamed Soudani,* n° 79614. ♦ V. aussi • CE 25 mars 1994, *Pham Quang Tuyen,* n° 131654 • 24 juin 1994, *D'Ghoughi,* n° 127346 • 12 avr. 1995, *Mme Olympio,* n° 146736 • 9 sept. 1996, *Charef,* n° 158504. ♦ Pour l'ensemble de la famille. • CE 18 juin 1997, *M. Loufir,* n° 152321. ♦ Pour l'épouse du demandeur. • CE 12 avr. 1995, *M. Tek,* n° 148255 • 13 mai 1996, *Mme Kissi,* n° 153207. ♦ Pour les enfants mineurs. • CE 26 févr. 1988, *Martins : Lebon T. 783 ; JCP 1988. IV. 157 ; RFDA 1989. 178, concl. Vigouroux* • 8 janv. 1997, *M. Loukil,* n° 163953 • CAA Nantes, 7 mai 1997, *M. Safsaf,* n° 96NT00466. ♦ Même solution lorsque seulement l'un des enfants réside à l'étranger. • CE 2 mars 1994, *Prince Agbodjan,* n° 122428 • 8 avr. 1994, *Yahyaoui,* n° 123461 • 16 déc. 1994, *Egger,* n° 140825 • CAA Nantes, 7 mai 1997, *Min. de l'aménagement du territoire, de la ville et de l'intégration c/ Mme Houari,* n° 96NT00452. ♦ Ne remplit pas la condition de résidence l'étranger dont deux des enfants mineurs résident à l'étranger à la date du refus de naturalisation ; peu importe qu'ils soient revenus en France par la suite. • CE 17 mars 1999, *M. Badis,* n° 171900.

8. Ces règles ne sont toutefois pas absolues, et le juge tient compte des circonstances de chaque espèce ; ainsi, une demande présentée alors que l'un des enfants réside encore à l'étranger ne sera pas nécessairement irrecevable si, par exemple, deux des trois enfants sont en France. • CE 26 avr. 1994, *Salib,* n° 125655. ♦ Même solution s'agissant d'une veuve ayant le statut de réfugié politique vivant avec trois de ses quatre enfants. • CE 12 avr. 1995, *Mme Kalombo-Mosanga,* n° 144933. ♦ Le maintien d'un enfant ou du conjoint à l'étranger peut encore s'expliquer pour des raisons de santé. • CE 8 janv. 1997, *M. Rahoua,* n° 168468.

9. De même, le fait que le conjoint du demandeur réside à l'étranger ne révèle pas nécessairement que le demandeur n'a pas fixé en France le centre de ses intérêts. • CE 10 déc. 1993, *Mme Brache,* n° 118611 : *Lebon 359*. ♦ V. par exemple s'agissant d'une jeune femme née en France, y ayant effectué toute sa scolarité, y ayant travaillé et mère d'un enfant français. • TA Nantes, 20 juin 1996, *Mme Staali : RFDA 1997. 326, concl. Millet*. ♦ Même solution pour une requérante, résidant en France depuis sa naissance, y élevant son fils mineur de nationalité française et qui avait engagé des démarches pour faire venir son époux au titre du regroupement familial. • CE 27 avr. 1998, *Mme Lamine,* n° 173232. ♦ Recevabilité d'une demande alors que le conjoint vit toujours à l'étranger dès lors qu'une demande de regroupement familial a été formée. • CE 12 oct. 1994, *Labdi,* n° 142522. ♦ *A contrario,* en l'absence d'une telle demande. • CE 24 nov. 1997, *Mme Missaoui,* n° 168557 • 14 janv. 1998, *M. Lachgar,* n° 176658.

10. Il en va *a fortiori* de même dans l'hypothèse où les époux sont séparés de fait. • CE 22 oct. 1993, *Min. de la solidarité, de la santé et de la protection sociale c/ Hasni,* n° 117637 : *Lebon T. 768*. ♦ La même solution prévaut en cas de procédure de divorce. • CE 13 juin 1986, *Grzeszczak,* n° 57689 • 11 févr. 1987, *Mme Tadros,* n° 63816 • CAA Nantes, 14 nov. 1997, *Min. de l'Intégration et de la lutte contre l'exclusion c/ M. Wasfi,* n° 96NT00581. ♦ ... Même si des enfants sont nés de cette union et qu'ils résident à l'étranger. • CAA Nantes, 19 déc. 1997, *Min. de l'Intégration et de la lutte contre l'exclusion c/ M. Blehoua,* n° 96NT00404.

11. Enfin, l'absence en France des ascendants ou collatéraux est, à elle seule, sans influence sur une demande de naturalisation ; elle ne peut fonder une décision d'irrecevabilité de la demande. • CE 12 avr. 1995, *Mme Kalombo-Mosanga,* n° 144933.

12. Dès lors que la demande de naturalisation est strictement personnelle, le ministre ne peut se fonder sur le fait que le conjoint du demandeur a un enfant à l'étranger dès lors qu'il est établi que cet enfant n'est pas du demandeur lui-même. • CE 16 juin 1995, *Min. des Affaires sociales et de l'Intégration,* n° 140634.

13. Centre des occupations professionnelles. Il convient que le demandeur ait en France le centre de ses activités professionnelles. • CE 29 févr. 1988, *Sedlo*, n° 79261. ♦ V. aussi pour le bien dont l'étranger tire ses revenus. • CE 13 juin 1986, *Perahia*, n° 61108 • 27 avr. 1987, *Le Helou*, n° 63736.

14. S'agissant d'individus employés par des entreprises étrangères, le juge vérifie que le lieu effectif du travail est bien en France et que l'individu y perçoit son salaire. • CE 1er avr. 1998, *Min. des Affaires sociales, de la Santé et de la Ville c/ M. Jabrane*, n° 161216. ♦ Demandeur travaillant en France mais pour le compte d'une compagnie ayant son siège aux États-Unis. • TA Nantes, 16 juill. 1996, *Hadadine*, n° 926348 • CAA Nantes, 30 déc. 1997, *M. Hadadine*, n° 96NT01761.

15. L'accomplissement d'une activité professionnelle en France ne saurait toutefois suffire, cet indice se combinant avec celui tiré du lieu de résidence de la famille du demandeur. Par conséquent, même si le demandeur a bien transféré en France le centre de ses occupations professionnelles, sa demande sera irrecevable s'il maintient ses enfants mineurs à l'étranger. • CE 26 févr. 1988, *Min. des Affaires sociales et de la Solidarité nationale c/ Martins*, n° 70584 : *préc. note 7.* ♦ Même solution s'agissant du conjoint. • CE 3 nov. 1995, *Mme Rahhal*, n° 137773 : *Lebon 407*.

16. Le caractère imposable ou non des revenus touchés en France constituera un indice complémentaire ; a ainsi été jugée irrecevable la demande formulée par un ressortissant irakien vivant depuis 1985 en France avec son épouse, père de deux enfants nés en France mais qui était employé au commandement général des forces armées des Émirats arabes unis et percevait une rémunération non imposable en France ; la démission de son emploi étant postérieure à la décision est sans influence sur sa légalité. • TA Nantes, 12 déc. 1995, *M. Babi*, n° 94.1208. ♦ Toutefois, la circonstance que l'intéressé n'est pas imposable en France, en raison de l'application de conventions fiscales internationales, ne permet pas, à elle seule, de considérer que la condition n'est pas remplie. • TA Nantes, 5 nov. 1996, *M. Quenum : RFDA 1997. 328, concl. Jacquier*.

17. Pour ceux des étrangers employés par des ambassades, des consulats ou des organisations internationales, le juge distingue selon qu'ils disposent ou non du statut diplomatique ; dans la négative, la demande n'est pas irrecevable. • CE 17 déc. 1993, *Min. de la Solidarité c/ Harir*, n° 119575 • 16 déc. 1994, *Min. des Affaires sociales et de l'Intégration c/ Khodari*, n° 140589 • 3 nov. 1995, *M. et Mme Zerrouki*, n° 145638 • CAA Nantes, 14 nov. 1997, *Min. de l'Aménagement du territoire, de la Ville et de l'Intégration c/ Mlle Bulos*, n° 96NT00576. ♦ Le ministre commet ainsi une erreur de droit en rejetant une demande sur le seul fondement de l'emploi du demandeur par une ambassade. • CE 6 mai 1996, *Mme Ibrahim*, n° 145513. ♦ Même solution pour l'emploi par une organisation internationale. • CAA Nantes, 14 nov. 1997, *Min. de l'Intégration et de la lutte contre l'exclusion c/ M. Bulos*, n° 96NT00576. ♦ En tout état de cause, la nationalité étrangère de l'employeur n'est pas de nature à exclure, à elle seule, l'existence en France du centre des occupations professionnelles. • Civ. 1re, 10 avr. 1996, n° 94-15.664. ♦ Jugé que n'avait pas en France le centre de ses intérêts le ressortissant algérien exerçant la profession de surveillant général au sein de l'école internationale algérienne à Paris dépendant de l'ambassade d'Algérie en France, les bulletins de salaire de l'intéressé mentionnent qu'il est rémunéré par cette ambassade, son contrat de travail stipule que le règlement des litiges nés de l'exécution dudit contrat est du ressort exclusif des juridictions algériennes. • CAA Nantes, 18 nov. 2011, *M. Mohammed Cherif Illoul*, n° 11NT00369.

18. Activité professionnelle ou revenus provenant de l'étranger. La condition de résidence a été jugée non remplie au motif que le demandeur n'a pas transféré en France le centre de ses intérêts dans les hypothèses suivantes : ressources du demandeur provenant exclusivement de l'étranger. • CE 26 févr. 1988, *Kattan*, n° 70153 • 13 juin 1988, *Perahia*, n° 61608 • 22 juin 1994, *Mlle Dayer*, n° 128948 • 15 mars 1996, *Amir Ahmadi*, n° 156517 • 26 juin 1996, *M. et Mme Barsamian*, n° 156215 • 25 sept. 1996, *Darwiche*, n° 135085 • CAA Nantes, 14 nov. 1997, *M. et Mme Gonzalez Perez*, n° 96NT00017. ♦ Étranger tirant ses revenus en tant que fonctionnaire d'une organisation internationale située en Suisse. • CE 23 févr. 1984, *M. et Mme Raswork*, n° 120262. ♦ Ne peut être regardée comme résident en France une personne qui exerçait, à titre principal, les fonctions de magistrat au sein du Conseil d'État libanais. En effet, rien ne permettait de la regarder comme exerçant une activité professionnelle pour le compte d'un organisme dont l'activité présente un intérêt particulier pour l'économie ou la culture française. • CE 12 juin 2006, *M. et Mme Sleiman*, n° 284710 : *Lebon T. 865*.

19. Cette jurisprudence s'applique alors même que le demandeur fait preuve d'une bonne intégration, par exemple s'il réside en France avec sa famille où il a fait construire sa maison. • CAA Nantes, 14 nov. 1997, *Min. de l'Intégration et de la lutte contre l'exclusion c/ M. et Mme Gonzalez Perez*, n° 96NT00017.

20. Même si l'intéressé réside en France, dès lors qu'il n'y exerce aucune activité professionnelle et tire toutes ses ressources de capitaux placés à l'étranger, il ne peut être considéré comme satisfaisant à la condition de résidence ; le ministre est ainsi en situation de compétence liée pour rejeter la demande. • CE 15 mars 1996, *Min. des Affai-*

res sociales et de l'Intégration c/ M. Amir Ahmadi, n° 156517 : *préc. note 18.*

21. Mais les différents critères se combinent : ainsi, même si les ressources du foyer proviennent d'honoraires à raison de travaux effectués dans divers pays étrangers, cette circonstance ne justifie pas une décision d'irrecevabilité s'agissant d'un couple ayant le centre de ses intérêts matériels et familiaux en France. • CE 28 févr. 1986, *Min. des Affaires sociales et de la Solidarité nationale c/ Bouhanna,* n° 57464 : *préc. note 1.* ♦ De même, le fait que les revenus du demandeur proviennent d'une activité professionnelle salariée exercée sur des chantiers itinérants en Afrique pour le compte d'une société américaine ne constitue pas un motif d'irrecevabilité dès lors que l'intéressé a transféré tous ses biens en France où il vit avec son conjoint et ses enfants. • CAA Nantes, 30 déc. 1997, *M. Hadadine,* n° 96NT00576 : *AJDA 1998. 284 ; ibid. Chron. 229.*

22. Si un seul membre du couple demande la naturalisation, la demande n'est pas nécessairement déclarée irrecevable lorsque l'autre exerce son activité professionnelle à l'étranger. • CE 10 déc. 1993, *Mme Brache,* n° 118611 : *préc. note 7.*

23. Absence d'activité professionnelle. Si la circonstance que la personne qui demande à être naturalisée ne peut justifier d'une occupation professionnelle en France peut constituer un élément conduisant à estimer qu'elle n'y a pas fixé sa résidence de manière stable, en particulier lorsqu'il n'est fait état d'aucune ressource provenant de France, l'absence d'activité professionnelle en France ne fait pas obstacle par principe à ce que la condition de résidence puisse être jugée remplie, compte tenu des autres circonstances de l'espèce. • CE 25 mai 2010, *Min. de l'Immigration, de l'Intégration, de l'Identité nationale et du Développement solidaire c/ Mme Methari,* n° 327922 : *AJDA 2010. 1725.*

24. Ressources suffisantes. Les revenus de source française doivent être suffisants pour assurer l'existence de l'étranger concerné. • CE 11 sept. 1996, *Min. des Affaires sociales,* n° 159126. ♦ Ces revenus ne doivent pas être intermittents. • CE 5 nov. 1993, *Soliman,* n° 118946. ♦ ... Ni précaires. • CE 21 juin 1989, *Tchassem,* n° 86052 • CE 20 nov. 1995, *Stiti,* n° 147254.

25. Les liens juridiques qui unissent des personnes ayant conclu un pacte civil de solidarité ont été organisés par le législateur de manière différente, notamment du point de vue de leur intensité et de leur stabilité, de ceux qui existent entre deux conjoints unis par le mariage ; ces deux catégories de personnes étant ainsi placées dans des situations juridiques différentes, le principe d'égalité n'impose pas qu'elles soient traitées, dans tous les cas, de manière identique ; dans ces conditions, et eu égard au large pouvoir d'appréciation dont il dispose pour accorder la naturalisation, le moyen tiré de ce que le ministre, en ne prenant pas en compte les revenus du ressortissant français avec lequel elle vit au motif qu'ils sont liés par un pacte civil de solidarité et non par le mariage, aurait procédé à une discrimination prohibée, ne peut qu'être écarté ; c'est à tort que le tribunal administratif s'est fondé sur la circonstance que les besoins de la requérante étaient susceptibles d'être couverts par lesdits revenus, pour annuler la mesure d'ajournement opposée à sa demande de naturalisation. • CAA Nantes, 8 juin 2012, *Min. Intérieur c/ Mme Karanakova,* n° 11NT02695 : *AJDA 2012. 1887.*

26. La stabilité de la résidence s'apprécie tant par la durée de présence en France que par l'importance des attaches de l'intéressé avec le pays d'accueil. Doit être considéré comme justifiant d'une résidence stable et recevable dans sa demande de naturalisation française un étranger titulaire d'un contrat de travail et d'une autorisation provisoire de séjour portant mention « séjour et travail » renouvelée régulièrement. • TA Nantes, 17 juin 1993 : *Gaz. Pal. 1992. 1. Pan. 69 ; Rev. crit. DIP 1993. Somm. 711.*

27. La condition de ressources a été jugée non remplie dans les hypothèses suivantes : requérant n'exerçant aucune activité professionnelle, bénéficiant de l'aide financière de ses trois enfants auprès desquels il s'est installé, son épouse et ses deux autres enfants résidant encore en Algérie. • CE 27 juin 1997, *M. Haffaf,* n° 159983. ♦ Requérante ne disposant pas de ressources suffisantes et dont l'époux, attaché à l'ambassade du Maroc à Paris, contribue à l'entretien de la famille. • CE 27 juin 1997, *Min. chargé de l'intégration et de la lutte contre l'exclusion c/ Mme Mechkor,* n° 162511. ♦ Requérants au chômage ou touchant le RMI. • CE 29 déc. 1997, *M. Mendy,* n° 162603. ♦ Requérant n'exerçant aucune activité professionnelle et ne faisant état d'aucune ressource autre que le RMI et l'APL. • CE 8 janv. 1997, *Min. des Affaires sociales, de la Santé et de la Ville c/ M. Ajimi,* n° 167866. ♦ Étudiant ne disposant que d'une bourse versée par le gouvernement algérien. • CE 8 janv. 1997, *M. Rouabhi,* n° 153659.

28. Si la circonstance que la requérante ne disposait pas de ressources personnelles autres que des prestations sociales peut suffire au ministre pour considérer un étranger demandant la naturalisation comme dépourvu de ressources stables et suffisantes, il ne peut déclarer irrecevable, rejeter ou ajourner la demande qu'après avoir pris en considération l'ensemble des circonstances de l'espèce et prendre en compte notamment les autres éléments touchant à la situation personnelle et familiale de l'intéressée. • CAA Nantes, 26 mars 2004, *Hua,* n° 02NT01344 : *AJDA 2004. 2412.* ♦ Alors même que le demandeur justifie de revenus suffisants à son propre entretien, la demande sera considérée comme irrecevable dès lors que les éléments du dossier révèlent l'absence d'une intention nette de se fixer définitivement en France. • CE 3 nov. 1995, *Mme Rahhal*, n° 137773 : *Lebon 407*.

29. Il est tenu compte de l'ensemble des revenus du demandeur, y compris de ses revenus fonciers à la condition qu'ils proviennent d'immeubles situés en France. • CE 13 juin 1986, *Mlle Perahia*, n° 61108.

30. Cas des étudiants. S'agissant du cas particulier des étudiants, la détention d'un titre de séjour provisoire ne constitue pas à elle seule un motif d'irrecevabilité. Le juge considère en général que le statut d'étudiant est insuffisant pour conclure à l'existence de ressources suffisantes, même en présence d'activités accessoires. • CE 20 nov. 1995, *Hermi*, n° 149379. ♦ Même solution lorsque les revenus du demandeur proviennent de son père installé en France. • CAA Nantes, 19 déc. 1997, *Min. de l'Intégration et de la lutte contre l'exclusion c/ M. El Boustani*, n° 96NT01575. ♦ Ainsi, la circonstance que le demandeur réside en France depuis plusieurs années pour y poursuivre des études supérieures ne permet pas, à elle seule, de le regarder comme satisfaisant à la condition de résidence dès lors qu'il ne dispose pas de ressources suffisantes. • CE 28 févr. 1986, *Akhras*, n° 50277 • 28 mars 1990, *Madani : D. 1991. 44, note Guiho* • 17 déc. 1993, *Mlle Akhavi*, n° 120500. ♦ La demande est également considérée comme irrecevable s'agissant d'étudiants vivant en France avec leurs parents dont les ressources proviennent d'une entreprise située à l'étranger. • CE 23 févr. 1994, *Cts Balboul*, n° 120304 • 4 janv. 1995, *Kamkar-Parsi*, n° 140338.

31. Toutefois, dès lors que l'étudiant exerce une activité professionnelle lui procurant des ressources stables et suffisantes, il n'y a pas irrecevabilité de la demande sur ce fondement. • CE 11 juill. 1986, *Gamska*, n° 61765 : *Lebon 204* • 17 juin 1988, *Auer*, n° 84387. ♦ Par suite, n'est pas irrecevable la demande formulée par un étudiant dès lors qu'il exerce une activité professionnelle et, au surplus, est propriétaire de son logement. • CE 10 déc. 1993, *Min. de la solidarité, de la santé et de la protection sociale c/ Kanni*, n° 118947 : *Lebon T. 768*. ♦ Il convient toutefois que les ressources permettent à l'intéressé de subvenir à ses besoins. • CE 25 mars 1998, *Min. des Affaires sociales, de la Santé et de la Ville c/ M. Jalal Al Jaff*, n° 168813. ♦ La notion d'« occupations » peut s'entendre d'études réussies et de travaux occasionnels rémunérés, pourvu que l'intéressé ait rompu tout lien avec le pays d'origine. • Civ. 1re, 28 mai 1991, *Sife*, n° 89-20.473.

32. La jurisprudence a fait application de ces principes au cas particulier des étudiants en médecine qui sont amenés à exercer une activité professionnelle durant leurs études. A ainsi été jugée irrecevable la demande d'un couple marié d'étudiants en médecine résidant en France avec leurs enfants mais ne tirant que des ressources précaires des remplacements qu'ils effectuaient. • CE 14 oct. 1987, *Min. des Affaires sociales et de la Solidarité nationale c/ Épx Shabander*, n° 74288 : *Lebon T. 730* • 8 janv. 1997, *Min. des Affaires sociales, de la Santé et de la Ville c/ M. Huyen Linh Vi*, n° 162395. ♦ *A contrario*, dès lors que les revenus tirés de l'activité médicale sont suffisamment stables et permettent au demandeur de se procurer des ressources suffisantes, la demande de naturalisation doit être considérée comme recevable. • CE 11 juill. 1986, *Épx Prayag*, n° 61720 : *Lebon T. 530* • CAA Nantes, 19 déc. 1997, *Min. de l'Intégration et de la Lutte contre l'exclusion c/ M. Aimouch*, n° 97NT00534.

33. Une décision d'ajournement peut légalement intervenir afin de permettre au demandeur, en stage de formation, de parfaire son insertion professionnelle. • CAA Nantes, 25 juin 1998, *M. Barahoglu*, n° 97NT00244.

Art. 21-17 *(L. n° 93-933 du 22 juill. 1993)* **Sous réserve des exceptions prévues aux articles 21-18, 21-19 et 21-20, la naturalisation ne peut être accordée qu'à l'étranger justifiant d'une résidence habituelle en France pendant les cinq années qui précèdent le dépôt de la demande.**

V. infra, Décr. n° 93-1362 du 30 déc. 1993, art. 38.

COMMENTAIRE

Au-delà même de la condition relative au domicile de nationalité (V. notes ss. art. 21-16), le demandeur doit satisfaire à ce qu'il est coutume de dénommer la « condition de stage », c'est-à-dire justifier d'une résidence habituelle en France pendant les cinq années qui précèdent le dépôt de la demande. Cette durée de stage apparaît, dans l'esprit du législateur, comme le signe même de l'assimilation justifiant l'acquisition de la nationalité française.

La circulaire du 12 mai 2000 indique que des absences temporaires, d'une durée inférieure à un an et motivées, n'interrompent pas la durée du stage ; elle ajoute toutefois que le fait qu'une personne effectue des allers-retours fréquents entre la France et son pays d'origine doit conduire à s'interroger sur la stabilité de son établissement en France.

Ce stage est réduit à deux ans, d'une part, pour l'étranger qui a accompli avec succès deux années d'études supérieures en vue d'acquérir un diplôme délivré par une université ou un établissement d'enseignement supérieur français et, d'autre part, pour celui qui a rendu ou peut rendre par ses capacités et ses talents des services importants à la France. La loi n° 2011-672 du 16 juin 2011 relative à l'immigration, à l'intégration et à la nationalité (*JO 17 juin*) a ajouté une troisième hypothèse, visant l'étranger qui présente un parcours exceptionnel d'intégration, apprécié au regard des activités menées ou des actions accomplies dans les domaines civique, scientifique, économique, culturel ou sportif.

Les articles 21-19 et 21-20 prévoient quatre hypothèses de dispense de stage :
– l'étranger qui a effectivement accompli des services militaires dans une unité de l'armée française ou qui, en temps de guerre, a contracté un engagement volontaire dans les armées françaises ou alliées,
– l'étranger qui a rendu des services exceptionnels à la France ou celui dont la naturalisation présente pour la France un intérêt exceptionnel ; sont pris en compte à ce titre notamment la possession de titres universitaires élevés, tant étrangers que français, des travaux scientifiques et une activité d'enseignement universitaire suscitant maints éloges,
– le réfugié : cette hypothèse constitue la traduction de l'article 34 de la convention de Genève du 28 juillet 1951 et la circualire du 12 mai 2000 invite les autorités administratives à traiter ces cas avec bienveillance, même lorsque la stabilité de l'établissement ou l'assimilation ne sont pas totalement réalisées ; à cet égard, l'article 21-24-1 dispense les réfugiés de la condition relative à la maîtrise de la langue française,
– la personne qui appartient à l'entité culturelle et linguistique française, lorsqu'elle est ressortissante des territoires ou États dont la langue officielle ou l'une des langues officielles est le français, soit lorsque le français est sa langue maternelle, soit lorsqu'elle justifie d'une scolarisation minimale de cinq années dans un établissement enseignant en langue française.

Il convient encore de prendre en considération les hypothèses d'assimilation à la résidence en France prévues par l'article 21-26.

Les différentes durées de stage exigées par le droit en vigueur, selon la situation des étrangers candidats à la naturalisation.

Droit commun.	5 ans (art. 21-7 et 21-17 du code civil)
Mariage avec un conjoint français.	4 ans – durée portée à 5 ans si résidence interrompue ou conjoint non inscrit au registre des Français de l'étranger – (art. 21-2 du code civil)
Deux années d'études supérieures en vue d'acquérir un diplôme délivré par une université ou un établissement d'enseignement supérieur français.	2 ans (art. 21-18 du code civil)
Services importants rendus ou pouvant être rendus à la France.	
Services militaires dans une unité de l'armée française ou engagement volontaire dans les armées françaises ou alliées en temps de guerre.	Dispense (art. 21-19 et 21-20 du code civil)
Services exceptionnels rendus à la France ou intérêt exceptionnel pour la France.	
Statut de réfugié reconnu par l'OFPRA.	
Appartenance à l'entité culturelle et linguistique française.	

Rapport Mariani au nom de la commission des lois constitutionnelles, de la législation et de l'administration générale de la République sur le projet de loi (n° 2400) relatif à l'immigration, à l'intégration et à la nationalité, JOAN n° 2814, 16 sept. 2010. ❑

1. La condition prévue au présent art. est interprétée strictement par le juge. • CE 25 juill. 1985, *Benedetti*, n° 54865 : *Lebon T. 630* ; *Gaz. Pal. 1986. 1. Somm. 157.*

2. Irrecevabilité de la demande présentée par un étranger ayant résidé plus de 12 ans en France et ayant interrompu cette résidence pendant 3 ans pour poursuivre des études dans son pays d'origine. • CE 25 juill. 1985 : *Gaz. Pal. 1986. 1. Somm. 157.*

Art. 21-18 *(L. n° 73-42 du 9 janv. 1973)* **Le stage mentionné à l'article 21-17 est réduit à deux ans :**

1° Pour l'étranger qui a accompli avec succès deux années d'études supérieures en vue d'acquérir un diplôme délivré par une université ou un établissement d'enseignement supérieur français ;

2° Pour celui qui a rendu ou qui peut rendre par ses capacités et ses talents des services importants à la France ; – *[C. nat., art. 63.]*

(L. n° 2011-672 du 16 juin 2011, art. 1er) **« 3° Pour l'étranger qui présente un parcours exceptionnel d'intégration, apprécié au regard des activités menées ou des actions accomplies dans les domaines civique, scientifique, économique, culturel ou sportif. »**

V. Circ. IOCN1207269C du 19 avr. 2012 relative à l'application de certaines dispositions de la L. du 16 juin 2011 relative à l'immigration, à l'intégration et à la nationalité - Application des art. 1er (C. civ., art. 21-18, 3°), 4 (C. civ., art. 21-27-1), 6 (C. civ., art. 27-2) et 7 (C. civ., art. 26-3).

V. infra, Décr. n° 93-1362 du 30 déc. 1993, art. 38.

1. La Circ. du 19 avr. 2012 (NOR : IOCN1207269C) énonce que pourrait être regardé comme présentant un parcours exceptionnel d'intégration des postulants ayant été récompensés par une distinction du plus haut niveau dans leur domaine, titulaires d'un prix littéraire ou ayant accompli un exploit sportif de niveau international.

2. Pour une application (négative) du 1° du présent art. • TA Nantes, 28 nov. 1995, *Mlle Farmanfarmaian*, n° 912836. ♦ A noter qu'une équivalence pour admission directe en second cycle n'est pas recevable. * Rép. min. : *JOAN Q, 26 avr. 1982, p. 1754.*

Art. 21-19 *(L. n° 93-933 du 22 juill. 1993)* **« Peut être naturalisé sans condition de stage : »**

1° et 2° Abrogés par L. n° 2006-911 du 24 juill. 2006, art. 82.

3° Abrogé par L. n° 93-933 du 22 juill. 1993.

(L. n° 73-42 du 9 janv. 1973) **« 4° L'étranger qui a effectivement accompli des services militaires dans une unité de l'armée française ou qui, en temps de guerre, a contracté un engagement volontaire dans les armées françaises ou alliées ;**

5° Abrogé par L. n° 2006-911 du 24 juill. 2006, art. 82.

« 6° L'étranger qui a rendu des services exceptionnels à la France ou celui dont la naturalisation présente pour la France un intérêt exceptionnel. Dans ce cas, le décret de naturalisation ne peut être accordé qu'après avis du Conseil d'État sur le rapport motivé du ministre compétent ; » – *[C. nat., art. 64.]*

7° *(L. n° 98-170 du 16 mars 1998)* **« L'étranger qui a obtenu le statut de réfugié en application de la loi n° 52-893 du 25 juillet 1952 portant création d'un Office français de protection des réfugiés et apatrides. »** – *Entrée en vigueur le 1er sept. 1998.*

Ancien art. 21-19, 7° *(L. n° 93-933 du 22 juill. 1993)* ***« 7° L'étranger qui n'a pas procédé à la manifestation de volonté d'être Français prévue à l'article 21-7 avant l'âge de vingt et un ans. »***

V. infra, Décr. n° 93-1362 du 30 déc. 1993, art. 38.

1. Étranger qui a effectivement accompli des services militaires dans une unité de l'armée française ou qui, en temps de guerre, a contracté un engagement volontaire dans les armées françaises ou alliées. Le demandeur doit toutefois avoir fixé en France le centre de ses intérêts. • CE 25 mars 1994, *Maanan*, n° 131654. ♦ Jugé que le séjour de quelques jours dans un centre de sélection de l'armée suivi d'exemption vaut service militaire actif. • TA Marseille, 16 juin 1971 : *D. 1971. 559.*

2. Pour une application de l'art. 21-19 (4° et 6°) tenant aux mérites personnels de l'intéressé. • TA Marseille, 16 juin 1971 : *D. 1971. 559.*

Art. 21-20 *(L. n° 93-933 du 22 juill. 1993)* **Peut être naturalisée sans condition de stage la personne qui appartient à l'entité culturelle et linguistique française, lorsqu'elle est ressortissante des territoires ou États dont la langue officielle ou l'une des langues officielles est le**

français, soit lorsque le français est sa langue maternelle, soit lorsqu'elle justifie d'une scolarisation minimale de cinq années dans un établissement enseignant en langue française.

V. infra, Décr. n° 93-1362 du 30 déc. 1993, art. 38.

V. Circ. DPM/N3/DPLA/DAPAF n° 2006-446 du 10 oct. 2006 sur la mise en œuvre des dispositions de la L. n° 2006-911 du 24 juill. 2006 dont l'annexe I fournit la liste des territoires ou États dont le français est la ou l'une des langues officielles.

La dispense de stage prévue au texte est soumise à deux conditions qui doivent être réunies cumulativement, seule la seconde comportant une alternative ; la langue française n'ayant pas le statut de langue officielle au Maroc, la circonstance que l'intéressé maîtrise parfaitement le français après avoir suivi sa scolarité dans un lycée français au Maroc ne peut suffire à le dispenser de la condition de stage. • Civ. 1re, 28 janv. 2003, n° 01-02.469 P : *RJPF 2003-5/12, obs. Putman.*

Art. 21-21 *(L. n° 93-933 du 22 juill. 1993)* **La nationalité française peut être conférée par naturalisation sur proposition du ministre des affaires étrangères à tout étranger francophone qui en fait la demande et qui contribue par son action émérite au rayonnement de la France et à la prospérité de ses relations économiques internationales.**

V. infra, Décr. n° 93-1362 du 30 déc. 1993, art. 39.

Art. 21-22 *(L. n° 2006-911 du 24 juill. 2006, art. 83)* **Nul ne peut être naturalisé s'il n'a atteint l'âge de dix-huit ans.**

Toutefois, la naturalisation peut être accordée à l'enfant mineur resté étranger bien que l'un de ses parents ait acquis la nationalité française s'il justifie avoir résidé en France avec ce parent durant les cinq années précédant le dépôt de la demande.

Art. 21-23 *(L. n° 73-42 du 9 janv. 1973)* **« Nul ne peut être naturalisé s'il n'est pas de bonnes vie et mœurs ou s'il a fait l'objet de l'une des condamnations visées à l'article 21-27 du présent code. »**

Les condamnations prononcées à l'étranger pourront, toutefois, ne pas être prises en considération ; en ce cas, le décret prononçant la naturalisation ne pourra être pris qu'après avis conforme du Conseil d'État. – *[C. nat., art. 68.]*

V. infra, Décr. n° 93-1362 du 30 déc. 1993, art. 36.

COMMENTAIRE

La circulaire du 12 mai 2000 (DPM n° 2000-254) indique que le dossier doit permettre d'apprécier si le comportement du demandeur à l'égard des institutions françaises est loyal. Pour vérifier cette condition, une enquête est effectuée par les services de police ou de gendarmerie, portant sur « la conduite et le loyalisme du disposant » (Décr. n° 93-1362 du 30 déc. 1993, art. 36). L'appréciation de la notion de bonnes vie et mœurs peut être fondée sur les faits indépendamment de la condamnation qu'ils ont pu entraîner. Dès lors, même si une condamnation a été amnistiée ou effacée par la réhabilitation, les faits qui en sont à l'origine ou des faits moins graves n'ayant pas entraîné une condamnation doivent être signalés.

L'article 21-23 prévoit expressément que, dans l'appréciation de la condition tenant aux bonnes vie et mœurs, il doit être tenu compte des condamnations éventuellement prononcées à l'étranger ; toutefois, l'autorité administrative peut décider, sur avis conforme du Conseil d'État, de n'en pas tenir compte (cf. Fournier, *Le Conseil d'État et la nationalité française*). Ne sont retenues que les condamnations étrangères fondées sur des actes pénalement répréhensibles en droit français ; le Conseil d'État s'assure que les actes en cause n'auraient pas fait l'objet d'une prescription ou d'une réhabilitation de droit en droit français ; enfin, l'obstacle à la naturalisation résultant de condamnations étrangères disparaît lorsqu'elles sont peu graves ou d'une ancienneté « qui se mesure en années » (Fournier, p. 84). Le Conseil d'État tient compte également des services rendus à la France, notamment sous les drapeaux et particulièrement à la Légion ; enfin, l'appréciation en opportunité tient compte de l'insertion sociale et notamment de la stabilité professionnelle et familiale.

D'une manière générale, il convient d'apprécier le comportement social, familial et professionnel du demandeur et de vérifier s'il n'a pas troublé l'ordre public (ex. : appartenance à des mouvements recourant à la violence contre les institutions du pays d'origine). Les mesures particulières (avertissement, proposition d'expulsion, surveillance spéciale, retrait de carte de résident, etc.) doivent être signalées à tout moment de la procédure de naturalisation.

Un comportement civique est également exigé du postulant. Il convient de vérifier qu'il ne s'est pas, par exemple, soustrait systématiquement ou gravement à ses obligations fiscales. Le fait de servir ou d'avoir servi sous le drapeau français est une preuve de l'intérêt porté à la France.

L'intérêt porté à son pays d'origine par le demandeur ne remet pas par lui-même en cause la loyauté à l'égard des institutions de la République, à la condition qu'il ne porte pas atteinte aux intérêts fondamentaux de la nation. ❑

1. L'exigence de moralité a un caractère personnel ; les faits reprochés au mari ne peuvent être invoqués contre l'épouse, sauf circonstances particulières. • CE 13 févr. 1974, *Gosson,* n° 85091 : *Lebon 94* • 4 oct. 2000, *Mme Pham,* n° 204298 : *Lebon 387*. ♦ Dès lors que la communauté de vie est effective entre les époux, des faits justifiant un refus de naturalisation imputables à l'un peuvent légalement fonder une décision de refus opposée à l'autre. • CE 10 déc. 2004, *Mme Kerech épx El Hadj Amor,* n° 257590 : *Lebon T. 689*. ♦ V. déjà pour un refus de réintégration dans la nationalité. • CE 4 oct. 2000, *Pham,* n° 204298 : *préc.*

2. Le juge administratif contrôle les motifs de refus et considère que l'appréciation à laquelle doit se livrer l'administration pour vérifier si les intéressés satisfont à la condition de bonnes vie et mœurs ne saurait se limiter à rechercher si la personne en cause a fait l'objet d'une condamnation pénale. Par suite, révèle une erreur de droit le refus fondé uniquement sur l'existence de condamnations pénales. • CE 3 févr. 1995, *Kone,* n° 119365 : *Lebon T. 787* • 9 sept. 1996, *Diakho,* n° 161082. ♦ *A fortiori*, la production d'un simple rapport de police mentionnant des faits délictueux, expressément contestés par l'intéressé et n'ayant fait l'objet d'aucune condamnation pénale, ne peut suffire à révéler l'absence de bonne vie et mœurs. • CAA Nantes, 25 juin 1998, *Min. Intégration c/ M. Ounis,* n° 97NT00385.

3. A l'inverse, il n'est pas nécessaire que l'individu ait fait l'objet de condamnations pénales ; par ex. pour un requérant chez lequel des armes avaient été trouvées dans le cadre d'une procédure judiciaire alors même qu'aucune condamnation n'avait encore été prononcée. • CE 10 janv. 1992, *Hammi : D. 1993. 159, note Guiho* ; *RFDA 1992. 357, note Terneyre.* ♦ Ne satisfait pas à la condition de bonne vie et mœurs, la personne qui participe, comme témoin, à un mariage blanc entre un étranger en situation irrégulière et une Française. • CE 8 janv. 1997 : *Gaz. Pal. 1997. 2. Pan. dr. adm. 144.*

4. Pour refuser au demandeur l'acquisition de la nationalité française, le ministre chargé des naturalisations a pu, dans son large pouvoir d'appréciation et compte tenu des dispositions du code civil et du code pénal prohibant le recours à la gestation pour autrui, prendre en compte, sans commettre d'erreur de droit, ni d'erreur manifeste d'appréciation, le fait que le postulant avait eu recours dans son pays d'origine à la gestation pour le compte d'autrui ; que la circonstance que cette procédure serait autorisée dans le pays d'origine du postulant est sans incidence à cet égard. • CAA Nantes, 21 déc. 2017, n° 16NT01141.

5. En tout état de cause, l'autorité administrative se livre à une appréciation du comportement de l'intéressé afin de mesurer son loyalisme et sa moralité ; dès lors, ce n'est pas tant le type d'infraction qui est en cause que l'attitude qu'elle est de nature à révéler. C'est le cas par exemple dans l'hypothèse de fraude : production de diplômes universitaires acquis par un homonyme. • CE 9 oct. 1989, *M. Oloumi Yazdi,* n° 88681. ♦ De lourdes condamnations pénales justifient l'irrecevabilité de la demande, par ex. condamnation à 5 ans de réclusion criminelle. • CE 22 févr. 1999, *M. Torche,* n° 169860.

6. On constate toutefois que l'existence de condamnations pénales, même légères, entraînera fréquemment un rejet de la demande : condamnation à une peine de deux mois avec sursis, même commuée en peine d'amende en appel, • TA Nantes, 20 févr. 1996, *M. Mulumba,* n° 93-1257. ♦ Condamnation à un mois de prison pour coups et blessures volontaires, nonobstant la réhabilitation de plein droit dont le demandeur a bénéficié. • TA Nantes, 20 févr. 1996, *M. Benziane,* n° 92.452. ♦ Trois condamnations pour conduite en état d'ivresse. • CE 25 mars 1998, *M. Saadi,* n° 159537. ♦ N'ayant pas fait l'objet d'autres condamnations, au jour de sa déclaration, le demandeur était réhabilité de plein droit du chef de ses deux dernières condamnations, ce qui interdisait d'en tenir compte lors de l'appréciation de la demande de réhabilitation du chef de la première condamnation. • Civ. 1re, 29 févr. 2012, n° 11-10.970 : *D. 2012. 681*.

7. En revanche, le caractère bénin de l'infraction commise exclura en principe l'irrecevabilité pour absence de bonne vie et mœurs : altercation avec des agents de police dans un lieu public et achat d'un faux permis de conduire. • CE 16 oct. 1985, *Akoman,* n° 62331 : *Lebon T. 629*. ♦ Achat et utilisation d'une fausse carte de séjour, faits commis dix ans avant la demande. • CE 30 janv. 1991, *Min. de la Solidarité, de la Santé et de la Protection sociale c/ M. Sissoko,* n° 99983.

8. Dans ce type d'hypothèses, le ministre sera amené à prendre une décision d'ajournement, par exemple s'agissant d'un requérant qui s'était rendu coupable de violences légères attestées par un rapport de police. • CAA Nantes, 25 juin 1998, *Min. Intégration c/ M. Bentiti*, n° 97NT00182. ♦ Requérante ayant, au cours d'une procédure judiciaire engagée contre son mari, exercé des pressions sur des personnes susceptibles d'être entendues par les enquêteurs. • CAA Nantes, 25 juin 1998, *Mme Khaldi*, n° 97NT00294. ♦ Intéressé condamné à 4 mois d'emprisonnement avec sursis pour aide à l'entrée à la circulation et au séjour irréguliers. • CE 1er févr. 1999, *M. Bokoni*, n° 171913.

9. Le Conseil d'État a admis que des condamnations prononcées à l'étranger soient prises en compte au titre du présent art. • CE 5 déc. 1986, *Berkopec*, n° 58363 : *Lebon T. 530*.

10. Les relations éventuellement entretenues par l'intéressée avec des membres de l'ambassade de la République de Mongolie en France, notamment dans le cadre de ses fonctions d'interprète de langue mongole, ne sont pas, par elles-mêmes, de nature à créer un doute sur son loyalisme envers la France. • CE 5 mars 2014, n° 367252 : *AJDA 2014. 1528*.

11. Lorsque la décision de refus se fonde sur le comportement pénal du demandeur, le ministre ne saurait, en l'absence de toute autre circonstance, retenir ce seul motif lorsque l'ancienneté des faits est telle qu'elle est de nature à entacher sa décision d'une erreur manifeste d'appréciation. • TA Nantes, 16 mars 2016, n° 1308517. ♦ Faits graves (possession illicite de deux cartes d'identité et d'un permis de conduire n'appartenant pas au postulant, et dont l'origine s'est révélée être frauduleuse), remontant à 18 ans. • CAA Nantes, 21 oct. 2015, n° 15NT01230. ♦ Faits remontant à : 12 ans. • CAA Nantes, 5 juill. 2016, n° 15NT02830. ♦ ... 13 ans. • TA Nantes, 19 juill. 2019, n° 1702328.

Art. 21-24 *(Ord. n° 45-2441 du 19 oct. 1945)* **Nul ne peut être naturalisé s'il ne justifie de son assimilation à la communauté française, notamment par une connaissance suffisante, selon sa condition, de la langue** *(L. n° 2011-672 du 16 juin 2011, art. 2)* **« , de l'histoire, de la culture et de la société françaises, dont le niveau et les modalités d'évaluation sont fixés par décret en Conseil d'État, »** *(L. n° 2003-1119 du 26 nov. 2003)* **« et des droits et devoirs conférés par la nationalité française »** *(L. n° 2011-672 du 16 juin 2011, art. 2)* **« ainsi que par l'adhésion aux principes et aux valeurs essentiels de la République ».** *(L. n° 2024-42 du 26 janv. 2024, art. 20-II)* **« L'intéressé justifie d'un niveau de langue lui permettant au moins de comprendre le contenu essentiel de sujets concrets ou abstraits dans un texte complexe, de communiquer avec spontanéité, de s'exprimer de façon claire et détaillée sur une grande variété de sujets. »**

(L. n° 2011-672 du 16 juin 2011, art. 2) **« A l'issue du contrôle de son assimilation, l'intéressé signe la charte des droits et devoirs du citoyen français. Cette charte, approuvée par décret en Conseil d'État, rappelle les principes, valeurs et symboles essentiels de la République française. »** – *La charte des droits et devoirs du citoyen français figure en annexe du Décr. n° 2012-127 du 30 janv. 2012, V. ci-dessous.*

V. Décr. n° 93-1362 du 30 déc. 1993, art. 14, 14-1, 15, 37, 37-1 et 41, infra.

V. Circ. n° IOCN1132114C du 30 nov. 2011 relative au niveau de connaissance de la langue française requis des postulants à la nationalité française (https://www.legifrance.gouv.fr/circulaire/id/34304) et Circ. n° INTK1207286C du 16 oct. 2012 (https://www.immigration.interieur.gouv.fr/fr/Media/Immigration/Files/Circulaire-INTK1207286C-du-16-octobre-2012-relative-aux-procedures-d-acces-a-la-nationalite-francaise).

V. Décr. n° 2012-127 du 30 janv. 2012 approuvant la charte des droits et devoirs du citoyen français prévue à l'art. 21-24 C. civ., infra.

Sur la signature et la remise de la Charte des droits et devoirs du citoyen français, V. Circ. n° INTV1234497C du 16 oct. 2012 (https://www.interieur.gouv.fr/Media/Immigration/Files/Circulaire-INTV1234497C-du-16-octobre-2012-relative-a-la-signature-et-a-la-remise-de-la-charte-des-droits-et-devoirs-du-citoyen-francais).

Sur l'accès à la nationalité française, V. Circ. n° INTK1300198C du 21 juin 2013.

BIBL. ▶ OLEKHNOVITCH, La notion d'assimilation au sens des dispositions du code civil relatives à la nationalité française, *Rev. crit. DIP 1995. 885.*

COMMENTAIRE

La circulaire du 12 mai 2000 indique que l'assimilation à la communauté française est appréciée à partir d'un faisceau d'indices tangibles et convergents.

L'article 37 du décret du 30 décembre 1993 (dans sa rédaction issue du décret n° 2015-108 du 2 févr. 2015) prévoit que tout demandeur doit justifier d'une connaissance de la langue française caractérisée par la compréhension des points essentiels du langage nécessaire à la gestion de la vie quotidienne et aux situations de la vie courante ainsi que par la capacité à émettre un discours simple et cohérent sur des sujets familiers dans ses domaines d'intérêt. Son niveau est celui défini par le niveau B1, rubriques « écouter », « prendre part à une conversation » et « s'exprimer oralement en continu » du Cadre européen commun de référence pour les langues, tel qu'adopté par le comité des ministres du Conseil de l'Europe dans sa recommandation CM/Rec (2008) du 2 juillet 2008. Le demandeur doit encore justifier d'un niveau de connaissance de l'histoire, de la culture et de la société françaises correspondant aux éléments fondamentaux relatifs aux grands repères de l'histoire de France (connaissance élémentaire de la construction historique de la France permettant de connaître et de situer les principaux événements ou personnages auxquels il est fait référence dans la vie sociale) ; aux principes, symboles et institutions de la République (règles de vie en société, notamment en ce qui concerne le respect des lois, des libertés fondamentales, de l'égalité, notamment entre les hommes et les femmes, de la laïcité, ainsi que les principaux éléments de l'organisation politique et administrative de la France au niveau national et territorial) ; à l'exercice de la citoyenneté française (principaux droits et devoirs qui incomberaient au demandeur en cas d'acquisition de la nationalité, tels qu'ils sont mentionnés dans la Charte des droits et devoirs du citoyen français) ; à la place de la France dans l'Europe et dans le monde (connaissance élémentaire des caractéristiques de la France, la situant dans un environnement mondial, et des principes fondamentaux de l'Union européenne).

Une circulaire du 16 octobre 2012 (n° INTV1234497C : http://circulaire.legifrance.gouv.fr/pdf/2012/10/cir_35947.pdf) précise que l'obligation de signature de la Charte des droits et devoirs du citoyen français ne s'applique qu'aux postulants à la nationalité française par décision de l'autorité publique (naturalisation ou réintégration). Elle précise que le postulant qui refuserait de signer la Charte (approuvée par décret du 30 janvier 2012) verrait sa demande de naturalisation déclarée irrecevable pour défaut d'assimilation à la communauté française.

D'après la circulaire du 16 octobre 2012, la vérification de la connaissance suffisante de l'histoire, de la culture et de la société françaises ne peut conduire à exiger un savoir approfondi ou encyclopédique mais vise à s'assurer que le demandeur maîtrise les références de base qui fondent l'exercice de la citoyenneté (héritage commun, institutions de la Nation, valeurs du peuple). Cette condition sera vérifiée par l'agent de préfecture chargé de l'entretien d'assimilation dans le cours naturel de la conversation ; en aucun cas la décision de rejet ou d'ajournement ne pourra être motivée par le constat que le postulant n'aura pas répondu de façon exacte à une ou plusieurs questions ; enfin, cette appréciation doit tenir compte du niveau du postulant.

Cette appréciation doit être complétée par des éléments sur l'intégration sociale et culturelle et sur le mode de vie du demandeur. D'une façon plus générale, la participation à l'activité économique, à la vie sociale (associative, sportive), les études suivies dans les établissements français constituent autant d'éléments positifs. Une réponse ministérielle a par ailleurs indiqué que « l'appréciation des efforts d'insertion est un critère souple qui permet de tenir le plus grand compte des efforts faits par la grande majorité des candidats à la naturalisation pour acquérir leur autonomie financière ». Il a ainsi été souhaité que soit mieux prise en compte la situation économique de notre pays et, désormais « une bonne intégration dans la vie sociale, révélée par le dynamisme personnel du demandeur ou des engagements associatifs, ses efforts d'insertion, notamment par l'acquisition d'une qualification ou le suivi de stages, peuvent compenser une insertion professionnelle incomplète » (Rép. min. n° 29294 : *JOAN Q, 30 août 1999, p. 5167*).

La circulaire du 29 août 2011 considère comme constitutifs d'un défaut d'assimilation les éléments révélateurs d'une attitude intolérante ou discriminatoire, fondée notamment sur des critères de sexe, de race, de religion ou de nationalité tels que le dénigrement de certaines communautés ou l'appartenance à des mouvements radicaux prônant l'action violente ; il en ira de même d'une pratique radicale de la religion ou d'un mode de vie non conforme aux us et coutumes, tels que le confinement au foyer, la limitation des relations sociales avec des personnes de l'autre sexe et, *a fortiori*, de comportements contraires à l'ordre public (polygamie, pratique de mutilations sexuelles).

Lorsque l'établissement du procès-verbal d'assimilation paraît insuffisant pour évaluer l'assimilation sociale du demandeur ou lorsque la manière de vivre de l'intéressé paraît devoir être examinée sous un angle complémentaire, une enquête sociale peut être demandée, permettant de recueillir des informations sur la situation sociale de la famille du postulant. Les situations de polygamie traduisent un grave défaut d'intégration motivant une décision d'irrecevabilité. Entre également en ligne de compte le comportement du postulant à l'égard de son épouse et de ses enfants, s'il manifeste l'observance d'us et coutumes en contradiction avec les valeurs de la société française et, notamment, le principe d'égalité.

S'agissant des tenues vestimentaires des postulantes, la circulaire invite à ne pas se contenter de mentionner « le port du foulard » ; il convient de préciser s'il s'agit du foulard traditionnel en usage notamment dans les pays du Maghreb ou en Turquie, du hidjab qui couvre entièrement la tête et le cou et qui, à l'instar du tchador, est un signe d'appartenance à un islam fondamentaliste. Dans ces deux derniers cas, il y a lieu de faire préciser aux postulantes la signification du port de ces signes vestimentaires.

La loi n° 2003-1119 du 26 novembre 2003 avait ajouté la condition supplémentaire relative à la connaissance des droits et devoirs conférés par la nationalité française, le but du législateur étant ici de « privilégier l'insertion dans la société française et renforcer la conscience d'une identité française ». L'article 2 de la loi n° 2011-672 du 16 juin 2011 relative à l'immigration, à l'intégration et à la nationalité (*JO 17 juin*) a fait de l'adhésion aux droits et devoirs du citoyen français, et non plus de leur seule connaissance, un élément d'appréciation de l'assimilation du postulant à l'acquisition de la nationalité française. Cette adhésion sera formalisée, au cours d'un entretien visant à vérifier l'assimilation du candidat à la naturalisation conduit par un agent de l'État, par la signature du postulant de la « charte des droits et devoirs du citoyen ». Le Conseil constitutionnel a validé le principe du renvoi de la rédaction et de l'approbation de cette charte au pouvoir réglementaire, refusant ainsi de considérer une éventuelle incompétence négative du législateur. Il a ainsi estimé que l'adoption de cette « charte des droits et devoir du citoyen » ne relevait pas directement de la catégorie des règles concernant « les droits civiques et les garanties fondamentales » qui sont accordées aux citoyens. C'est un décret du 30 janvier 2012 qui a adopté la charte (V. Décr. n° 2012-126 du 30 janv. 2012, *infra*).

L'article 41 du décret du 30 décembre 1993 (dans sa rédaction issue du décret n° 2015-316 du 19 mars 2015) prévoit que lors d'un entretien individuel, il est vérifié que le demandeur possède les connaissances attendues de lui, selon sa condition, sur l'histoire, la culture et la société françaises. A l'issue de cet entretien, il est établi un compte rendu constatant le degré d'assimilation du postulant à la communauté française ainsi que, selon sa condition, son niveau de connaissance des droits et devoirs conférés par la nationalité française. Cet entretien permet également de vérifier le niveau de maîtrise de la langue française. ❑

1. C'est la jurisprudence qui a précisé en quoi consistait l'assimilation. • CE 23 déc. 1949, *Albonico : Lebon 572 ; Rev. crit. DIP 1951. 619.*

I. MAÎTRISE DE LA LANGUE FRANÇAISE

2. Le juge administratif n'exerce qu'un contrôle minimum sur l'appréciation par l'administration de cette condition. • CE 25 mars 1994, *Jaador,* n° 135004. ♦ Il est ainsi conduit à valider des décisions d'ajournement ou d'irrecevabilité s'agissant d'étrangers ne parlant, ne comprenant et n'écrivant pas ou peu le français. • CE 12 avr. 1995, *Tran Van,* n° 145723 • 8 janv. 1997, *Souvandy,* n° 168494.

3. Le juge a ainsi rejeté la requête formulée par une personne qui avait un degré de compréhension « seulement moyen ». • CE 17 juin 1996, *Mme Abdallah,* n° 153866. ♦ ... « Seulement passable ». • CE 17 juin 1996, *Mme Gomis,* n° 154131. ♦ ... Ou « médiocre » • CE 5 févr. 1986, *Min. des Affaires sociales c/ Mme Khoualdia,* n° 62278 : *Lebon T. 529*.

4. Le lieu de résidence effective du demandeur est ici sans influence, même si le français n'y est pas la langue unique : irrecevabilité d'une demande formulée par une ressortissante britannique vivant à Saint-Martin où l'usage de l'anglais est fréquent. • CE 23 sept. 1988, *Mme Fleming,* n° 73554 : *Lebon 313 ; JCP 1988. IV. 360.* ♦ La même jurisprudence a été appliquée s'agissant d'un demandeur vivant à Mayotte et parlant le mahorais. • CE 26 juin 1996, *Said,* n° 159740.

5. Les circonstances de fait qui peuvent expliquer cette méconnaissance de la langue, telle que l'impossibilité dans laquelle s'était trouvé le requérant de suivre des études, sont écartées. • CE 25 mars 1994, *Sidibe,* n° 129544. ♦ Par exemple, la circonstance qu'en raison de sa condition sociale, la requérante n'ait jamais reçu d'instruction est inopérante. • CE 1er févr. 1999, *Mme Hadji,* n° 169865. ♦ De même, peu importe que les intéressés aient été hospitalisés pour des soins de longue durée. • CE 10 mai 1999, *Mme Jourjos,* n° 191899. ♦ De même encore, une inscription, postérieure au refus, dans un centre de formation ou un établissement d'enseignement pour améliorer la connaissance du français est sans influence sur la légalité de la décision. • CE 20 nov. 1995, *Mme Mimoun*, n° 145463.

6. Si l'administration peut raisonnablement considérer que l'intéressé va améliorer sa connaissance du français, elle prendra une décision d'ajournement et non d'irrecevabilité. * Rép. min. : *Ass. nat., 19 déc. 1994 p. 6301.* ♦ Mais une inscription, postérieure au refus, dans un centre de formation ou un établissement d'enseignement pour améliorer la connaissance du français est sans influence sur la légalité de la décision. • CE 20 nov. 1995, *Mme Mimoun*, n° 145463.

7. L'autorité administrative ne peut évidemment se fonder sur un motif erroné, telle la connaissance insuffisante de la langue française par l'épouse du demandeur. • CE 26 sept. 1986, *Épx Vo Ngoc Que*, n° 54518 : *Lebon T. 529*.

II. DÉFAUT D'ASSIMILATION EN RAISON DE LA POLYGAMIE

8. La pratique de la polygamie, en ce qu'elle révèle nécessairement un défaut d'assimilation, constitue une cause d'irrecevabilité de la demande. • CE 11 mars 1988, *Min. des Affaires sociales et de l'Emploi c/ Diagne*, n° 79712 : *Lebon T. 783* • 3 févr. 1995, *Cisse*, n° 91482 : *Lebon T. 787*. ♦ La même solution a été adoptée s'agissant d'une bigamie « de fait », le requérant vivant sous le même toit avec sa concubine notoire et son épouse légitime, sœur de la concubine. • CAA Nantes, 25 juin 1998, *Min. Intégration c/ M. Iafa*, n° 97NT00184.

9. Le Conseil d'État a toutefois jugé que le fait pour un demandeur de s'être marié sous le régime polygamique de droit commun dans son pays d'origine sans avoir ultérieurement opté pour le régime monogamique n'établit pas le défaut d'assimilation du requérant dès lors qu'il n'est pas contesté qu'il est monogame. • CE 11 févr. 1994, *Kanoute*, n° 117969 : *Lebon 69*.

10. Dans le même esprit, la circonstance que la requérante n'a pas, dans son pays d'origine, souscrit d'engagement de monogamie, option à laquelle elle n'avait d'ailleurs pas accès, n'établit pas par elle-même le défaut d'assimilation. • CE 11 févr. 1994, *Mme Webina Orombia*, n° 120903 : *Lebon 68* ; *D. 1995. 108, note Guiho*. ♦ Par suite, en se fondant sur la seule circonstance que la requérante s'était mariée sous un régime polygamique et que son mari était bigame sans rechercher si le comportement personnel de la requérante témoignait d'un défaut d'assimilation, le ministre commet une erreur de droit. • CE 18 juin 1997, *Mme Konate*, n° 154377.

11. Si l'intéressé ne vit plus en état de polygamie, en raison par exemple d'un divorce, la décision d'irrecevabilité prise sur ce fondement est illégale. • CE 11 sept. 1996, *Diakhaby*, n° 137785. ♦ Révèle une erreur de droit le refus de naturalisation tiré de la bigamie du conjoint au motif que le divorce ne s'imposerait pas aux autorités françaises pour défaut d'exequatur ; cette circonstance ne saurait remettre en cause la rupture de la vie conjugale de la requérante et de son époux. • TA Nantes, 28 janv. 1997, *Mme Alloug : Lebon T. 812.* ♦ Toutefois, le fait d'avoir vécu en état de polygamie jusqu'au décès de la première épouse, même si celui-ci est antérieur à la décision de refus, révèle une assimilation insuffisante. • CE 25 févr. 1998, *Min. des Affaires sociales, de la Santé et de la Ville*, n° 161489.

12. Le défaut d'assimilation s'applique à l'étranger polygame ainsi qu'à chacune de ses épouses. • CE 11 mars 1988, *Min. des Affaires sociales c/ Diagne*, n° 79172 : *Lebon T. 783*.

13. Lorsque se pose le problème de la validité de la première union et qu'il y a difficulté sérieuse, le juge administratif doit renvoyer à l'autorité judiciaire pour question préjudicielle. • CE 25 sept. 1995, *Min. des Affaires sociales*, n° 123326.

III. ADHÉSION AUX PRINCIPES ET AUX VALEURS ESSENTIELS DE LA RÉPUBLIQUE

14. Le Conseil constitutionnel a considéré que le renvoi, opéré par la loi, au pouvoir réglementaire pour approuver la charte des droits et devoirs du citoyen n'aboutissait pas à attribuer aux autorités administratives le pouvoir de fixer des règles concernant les droits fondamentaux et la nationalité ; il a en effet estimé que les dispositions contestées ne sont ni obscures ni ambiguës et qu'elles se bornent à confier à un décret en Conseil d'État le soin d'approuver une charte dont le seul objet est de « rappeler les principes, valeurs et symboles essentiels de la République française » ; elles ne délèguent donc pas le pouvoir de définir les règles énoncées par la Constitution ou qu'elle a placées dans le domaine de la loi. • Cons. const. 9 juin 2011, n° 2011-631 DC, § 14.

IV. AUTRES MOTIFS

15. Le défaut d'assimilation « autre que linguistique » n'est pas précisément défini, même si l'art. 21-4 C. civ. prévoit expressément, s'agissant du régime déclaratif, que la situation effective de polygamie et la condamnation pour commission sur mineur de quinze ans de l'infraction prévue à l'art. 222-9 C. pén. en sont constitutives. La jurisprudence a donc été conduite à préciser le contenu de cette notion. Ainsi, il a été jugé que ne remplit pas la condition légale d'assimilation, celui qui adhère au mode de vie polygamique ou, plus généralement, celui dont le comportement, par son activisme ou la teneur discriminatoire de son propos notamment, traduit le rejet des valeurs essentielles de la société française, au nombre desquelles figurent les valeurs d'égalité, de tolérance et de laïcité. Il a également été jugé que le rejet d'une demande de naturalisation pouvait trouver ses motifs dans une connaissance insuffisante de la langue française et le fait que le postulant et son épouse n'avaient que très peu de contacts avec la communauté française, ou dans l'exercice de fonctions de direction d'un mouvement apocalyptique engageant ses adeptes au repli sur la communauté des fidèles, en vertu d'une doctrine conduisant au rejet de nos valeurs et se trouvant notamment en contradiction avec l'idéal de fraternité proclamé par la devise de la République. La jurisprudence indique toutefois que c'est le comportement de l'intéressé qui doit être pris en considération : ainsi, de même que la stricte observance d'une religion et l'adoption de certains de ses codes vestimentaires ne suffisent pas à caractériser le défaut d'assimilation d'une postulante, qui n'a pas adopté une pratique radicale de sa religion incompatible avec les valeurs essentielles de la communauté française, le seul fait d'être marié sous le régime polygamique propre à certains ressortissants étrangers ne suffit pas à caractériser le défaut d'assimilation d'un postulant qui est effectivement monogame. * Rép. min. : *JOAN Q, 12 janv. 2010, p. 344.*

16. Sont déclarées irrecevables des demandes des étrangers qui vivent repliés sur leurs familles ou sur leur communauté d'origine. • CE 20 nov. 1991, *Mme Arici,* n° 110377. ♦ Toutefois, la conservation par le demandeur de liens avec le pays étranger où la communauté d'origine en France ne constitue pas la marque d'un défaut d'assimilation. • CE 13 mars 1953, *Épx Baszo : Lebon 676.*

17. Des motifs tirés de la religion, des opinions politiques ou de l'environnement culturel du demandeur ne sont en principe pas considérés comme révélant un défaut d'assimilation : ainsi, le fait pour l'épouse du candidat à la naturalisation de porter le foulard islamique. • CE 23 mars 1994, *Karshenas Najaf Abadi : Gaz. Pal. 1994.2.539.* ♦ ... Le fait pour un demandeur de s'affirmer comme un musulman croyant et pratiquant de stricte observance, ayant épousé une Française elle-même de religion musulmane et porteuse du foulard islamique. • CE 19 nov. 1997, *M. Ben Halima,* n° 169368 : *Lebon 437 ; RFDA 1998. 209.* ♦ ... Le fait pour un chargé de recherches au CNRS, Docteur en biochimie, d'appartenir à l'Association des étudiants islamiques de France et de participer à des émissions de radio et de télévision et à des colloques pour mieux faire connaître la religion musulmane. • CE 24 nov. 1997, *Min. des Affaires sociales, de la Santé et de la Ville c/ M. Daffe,* n° 158917.

18. La même solution a été retenue concernant un requérant ayant appartenu à un mouvement italien d'extrême gauche soupçonné de sympathie pour les « Brigades rouges », mais ayant été relaxé en Italie des poursuites pour complicité de participation à bande armée. • CE 21 mai 1997, *M. Sereno,* n° 149738.

19. En revanche, si l'appartenance à une secte n'est pas, en elle-même de nature à justifier un refus de naturalisation, il en va différemment lorsque la secte en cause prône une doctrine en contradiction avec les valeurs essentielles de la société française. • CAA Nantes, 6 mai 2005, *M. Donat P.,* n° 04NT01247.

20. De même, est justifié le rejet d'une demande de naturalisation formulée par une étrangère qui a déclaré l'enfant de sa sœur aux administrations fiscale et sociale alors que l'enfant résidait avec sa mère a été confirmé ; peu importe que l'intéressée ait remboursé les sommes irrégulièrement touchées. • CAA Nantes, 10 nov. 2009, *Mboli,* n° 08NT03393.

21. La déclaration ne peut être enregistrée si l'étranger marié avec un conjoint de nationalité française est sous le coup d'un arrêté d'expulsion à la date de souscription de cette déclaration. • Paris, 23 mars 1993 : *JCP 1993. IV. 1826 ; Rev. crit. DIP 1994. Somm. 713.*

Décret n° 2012-127 du 30 janvier 2012,

Approuvant la charte des droits et devoirs du citoyen français prévue à l'article 21-24 du code civil.

....

ANNEXE

CHARTE DES DROITS ET DEVOIRS DU CITOYEN FRANÇAIS

En application de l'article 21-24 du code civil, la présente charte rappelle les principes et valeurs essentiels de la République et énonce les droits et devoirs du citoyen, résultant de la Constitution ou de la loi.

Principes, valeurs et symboles de la République française

Le peuple français se reconnaît dans la Déclaration des droits de l'homme et du citoyen du 26 août 1789 et dans les principes démocratiques hérités de son histoire.

Il respecte les symboles républicains.

L'emblème national est le drapeau tricolore, bleu, blanc, rouge.

L'hymne national est *La Marseillaise*.

La devise de la République est "Liberté, Égalité, Fraternité".

La fête nationale est le 14 juillet.

"Marianne" est la représentation symbolique de la République.

La langue de la République est le français.

La France est une République indivisible, laïque, démocratique et sociale dont les principes sont fixés par la Constitution du 4 octobre 1958.

Indivisible : la souveraineté nationale appartient au peuple qui l'exerce par ses représentants élus et par la voie du référendum. Aucune partie du peuple, ni aucun individu, ne peut s'en attribuer l'exercice.

Laïque : la République assure la liberté de conscience. Elle respecte toutes les croyances. Chacun est libre de croire, de ne pas croire, de changer de religion. La République garantit le libre exercice des cultes mais n'en reconnaît, n'en salarie ni n'en subventionne aucun. L'État et les religions sont séparés.

Démocratique : le principe de la République est : gouvernement du peuple, par le peuple et pour le peuple. Direct ou indirect, le suffrage est toujours universel, égal et secret. La loi étant l'expression de la volonté générale, tout citoyen doit la respecter. Nul ne peut être contraint à faire ce que la loi n'ordonne pas. Rendue au nom du peuple français, la justice est indépendante. La force publique garantit le respect de la loi et des décisions de justice.

Sociale : la Nation assure à l'individu et à la famille les conditions nécessaires à leur développement.

La République garantit à tous la sécurité des personnes et des biens.

La République participe à l'Union européenne constituée d'États qui ont choisi librement d'exercer en commun certaines de leurs compétences.

Les droits et les devoirs du citoyen français

Tout être humain, sans distinction de race, de religion ni de croyance, possède des droits inaliénables. Sur le territoire de la République, ces droits sont garantis à chacun et chacun a le devoir de les respecter. A la qualité de citoyen français s'attachent en outre des droits et devoirs particuliers, tels que le droit de participer à l'élection des représentants du peuple et le devoir de concourir à la défense nationale ou de participer aux jurys d'assises.

Liberté

Les êtres humains naissent et demeurent libres et égaux en droits.

La liberté consiste à pouvoir faire tout ce qui ne nuit pas à autrui.

Le respect dû à la personne interdit toute atteinte à sa dignité. Le corps humain est inviolable.

Nul ne peut être inquiété pour ses opinions pourvu que leur manifestation ne trouble pas l'ordre public. Tout citoyen peut parler, écrire, imprimer librement, sauf à répondre de l'abus de cette liberté dans les cas prévus par la loi.

Chacun a droit au respect de sa vie privée.

Nul ne peut être accusé, arrêté ni détenu que dans les cas et dans les formes déterminés par la loi. Chacun est présumé innocent tant qu'il n'a pas été jugé coupable.

Chacun a la liberté de créer une association ou de participer à celles de son choix. Il peut adhérer librement aux partis ou groupements politiques et défendre ses droits et ses intérêts par l'action syndicale.

Tout citoyen français âgé de dix-huit ans et jouissant de ses droits civiques est électeur. Chaque citoyen ayant la qualité d'électeur peut faire acte de candidature dans les conditions prévues par la loi. Voter est un droit, c'est aussi un devoir civique.

Chacun a droit au respect des biens dont il a la propriété.

Égalité

Tous les citoyens sont égaux devant la loi, sans distinction de sexe, d'origine, de race ou de religion. La loi est la même pour tous, soit qu'elle protège, soit qu'elle punisse.

L'homme et la femme ont dans tous les domaines les mêmes droits.

La République favorise l'égal accès des femmes et des hommes aux mandats électoraux et fonctions électives, ainsi qu'aux responsabilités professionnelles et sociales.

Chacun des conjoints peut librement exercer une profession, percevoir ses revenus et en disposer comme il l'entend après avoir contribué aux charges communes.

Les parents exercent en commun l'autorité parentale. Ils pourvoient à l'éducation des enfants et préparent leur avenir.

L'instruction est obligatoire pour les enfants des deux sexes jusqu'à seize ans. L'organisation de l'enseignement public gratuit et laïque à tous les degrés est un devoir de l'État.

Les citoyens français étant égaux, ils peuvent accéder à tout emploi public selon leurs capacités.

Fraternité

Tout citoyen français concourt à la défense et à la cohésion de la Nation.

Une personne qui a acquis la qualité de Français peut être déchue de la nationalité française si elle s'est soustraite à ses obligations de défense, ou si elle s'est livrée à des actes contraires aux intérêts fondamentaux de la France.

Chacun a le devoir de contribuer, selon ses capacités financières, aux dépenses de la Nation par le paiement d'impôts et de cotisations sociales.

La Nation garantit à tous la protection de la santé, la sécurité matérielle et le droit à des congés. Toute personne qui, en raison de son âge, de son état physique ou mental, de la situation économique, se trouve dans l'incapacité de travailler a le droit d'obtenir de la collectivité des moyens convenables d'existence.

Art. 21-24-1 *(L. nº 2003-1119 du 26 nov. 2003)* **La condition de connaissance de la langue française ne s'applique pas aux réfugiés politiques et apatrides résidant régulièrement et habituellement en France depuis quinze années au moins et âgés de plus de soixante-dix ans.**

V. infra, Décr. nº 93-1362 du 30 déc. 1993, art. 38.

Art. 21-25 *(Ord. nº 45-2441 du 19 oct. 1945)* **Les conditions dans lesquelles s'effectuera le contrôle de l'assimilation et de l'état de santé de l'étranger en instance de naturalisation seront fixées par décret.** – *[C. nat., art. 71.]*

V. Décr. nº 93-1362 du 30 déc. 1993, art. 35 s.

Sur la prise en considération de l'état de santé du demandeur, V. notes 14 s. ss. art. 21-15.

Art. 21-25-1 *(L. nº 2006-911 du 24 juill. 2006, art. 84)* **La réponse de l'autorité publique à une demande d'acquisition de la nationalité française par naturalisation doit intervenir au plus tard dix-huit mois à compter de la remise de toutes les pièces nécessaires à la constitution d'un dossier complet contre laquelle un récépissé est délivré immédiatement.**

Le délai visé au premier alinéa est réduit à douze mois lorsque l'étranger en instance de naturalisation justifie avoir en France sa résidence habituelle depuis une période d'au moins dix ans au jour de cette remise.

Les délais précités peuvent être prolongés une fois, par décision motivée, pour une période de trois mois.

COMMENTAIRE

La circulaire du 22 août 2007 (V. réf. p. 959) considère que les délais prévus au présent article ont un caractère impératif au motif que la section sociale du Conseil d'État, saisie pour avis conforme sur les projets de décret rapportant un décret de naturalisation pour fraude en application de l'article 27-2, considère désormais qu'un délai d'instruction anormalement long rend le retrait inopportun. ❑

§ 6 *Dispositions communes à certains modes d'acquisition de la nationalité française*

Art. 21-26 *(L. nº 73-42 du 9 janv. 1973)* **Est assimilé à la résidence en France lorsque cette résidence constitue une condition de l'acquisition de la nationalité française :**

1º Le séjour hors de France d'un étranger qui exerce une activité professionnelle publique ou privée pour le compte de l'État français ou d'un organisme dont l'activité présente un intérêt particulier pour l'économie ou la culture française ;

2º Le séjour dans les pays en union douanière avec la France qui sont désignés par décret ; – *V. Décr. nº 93-1362 du 30 déc. 1993, art. 65.*

3º *(L. nº 98-170 du 16 mars 1998)* **« La présence hors de France, en temps de paix comme en temps de guerre, dans une formation régulière de l'armée française ou au titre des obligations prévues par le livre II du code du service national ;**

« 4º Le séjour hors de France en qualité de volontaire du service national. » – *Entrée en vigueur le 1er sept. 1998.*

L'assimilation de résidence qui profite à l'un des époux s'étend à l'autre s'ils habitent effectivement ensemble. – *[C. nat., art. 78.]*

COMMENTAIRE

L'assimilation prévue à l'article 21-26 vaut tant pour la condition de résidence en France (art. 21-16) que pour le stage (art. 21-17 à 21-19) et pour le jeune étranger qui demande l'acquisition de la nationalité française en raison de sa naissance et sa résidence en France (art. 21-16).

Est assimilé à la résidence en France le séjour dans la Principauté de Monaco (Décr. n° 93-1362 du 30 déc. 1993, art. 65). ❑

1. Ne peut être considéré comme un organisme dont l'activité présente un intérêt particulier pour l'économie ou la culture française une banque saoudienne, alors même qu'une partie de son capital est détenue par une banque française et qu'elle jouerait un rôle important dans les relations économiques entre la France et l'Arabie saoudite. • CAA Nantes, 14 nov. 1997, *M. Kassim Abdoul Kalik*, n° 96NT00157. ♦ Même solution s'agissant d'un fonctionnaire du siège de l'Union internationale des télécommunications à Genève. • CE 23 févr. 1994, *M. et Mme Ras Work*, n° 120262.

2. Jugé en revanche que l'activité de la Banque des États de l'Afrique centrale (BEAC), qui régit la coopération monétaire entre la France et cinq États d'Afrique centrale, présente un intérêt particulier pour l'économie française ; en d'autres termes, l'intérêt que peut présenter un organisme pour l'économie française ne peut être présumé absent en raison du champ d'intervention géographique dudit organisme. • CE 26 déc. 2012, *Maliko*, n° 350198 : *Lebon T. 751.*

3. Aucune condition tenant au niveau de responsabilité exercée n'est exigée. • CE 17 oct. 1986, *Mme de Fleuriot-Mitchell*, n° 62279 : *Lebon T. 530* • 24 juin 1988, *Zouzani*, n° 68062 : *Lebon T. 783 ; Gaz. Pal. Somm. 4 mars 1989.* ♦ De même, peu importe qu'il s'agisse d'entreprises françaises ou étrangères. • CE 25 avr. 1990, *Takla : D. 1991. 44, note Guiho*.

4. L'autorité administrative faisait preuve d'une assez grande sévérité dans l'appréciation de l'assimilation : « Le séjour, par hypothèse temporaire, est distingué de la résidence, par hypothèse permanente. » * Rép. min. : *JO Sénat Q, 15 déc. 1988, p. 1437.* ♦ Le demandeur doit donc établir que « sa présence à l'étranger ne s'analyse pas comme une résidence effective à l'étranger, stable et permanente ». * Rép. min. : *JO Sénat Q, 5 déc. 1985, p. 2231.* ♦ Cette interprétation a été contredite par le Conseil d'État qui a considéré que le fait pour le demandeur d'avoir sa résidence à l'étranger ne constitue pas une cause d'irrecevabilité de la demande. • CE 29 nov. 1989, *Mme Lamusse*, n° 73723 : *AJDA 1990. 198, concl. Abraham, note Prétot*.

5. L'assimilation concerne également le séjour dans les pays en union douanière avec la France qui sont désignés par décret (ce qui ne concerne plus que Monaco et non l'Italie). • CE 25 juill. 1985, *Benedetti*, n° 54865 : *Lebon T. 630*.

6. Appliquant l'ancien art. 78 C. nationalité (que le présent art. reprend largement), la Cour de cassation considère que contrairement à son conjoint, les enfants de l'étranger exerçant une activité qui présente un intérêt particulier pour la France ne peuvent pas bénéficier de l'assimilation de résidence. • Civ. 1re, 10 juill. 2013 : *D. 2014. 445, obs. Boskovic, Corneloup, Jault-Seseke, Joubert et Parrot*.

Art. 21-27 *(L. n° 93-933 du 22 juill. 1993 ; L. n° 98-170 du 16 mars 1998)* **Nul ne peut acquérir la nationalité française ou être réintégré dans cette nationalité s'il a été l'objet soit d'une condamnation pour crimes ou délits constituant une atteinte aux intérêts fondamentaux de la Nation ou un acte de terrorisme, soit, quelle que soit l'infraction considérée, s'il a été condamné à une peine égale ou supérieure à six mois d'emprisonnement, non assortie d'une mesure de sursis.**

(L. n° 93-1417 du 30 déc. 1993) **« Il en est de même de celui qui a fait l'objet soit d'un arrêté d'expulsion non expressément rapporté ou abrogé, soit d'une interdiction du territoire français non entièrement exécutée. »**

(L. n° 93-1027 du 24 août 1993, art. 32) **« Il en est de même de celui dont le séjour en France est irrégulier au regard des lois et conventions relatives au séjour des étrangers en France. »**

(L. n° 98-170 du 16 mars 1998) **« Les dispositions du présent article ne sont pas applicables à l'enfant mineur susceptible d'acquérir la nationalité française en application des articles 21-7, 21-11, 21-12 et 22-1 »** *(L. n° 2003-1119 du 26 nov. 2003)* **« , ni au condamné ayant bénéficié d'une réhabilitation de plein droit ou d'une réhabilitation judiciaire conformément aux dispositions de l'article 133-12 du code pénal, ou dont la mention de la condamnation a été exclue du bulletin n° 2 du casier judiciaire, conformément aux dispositions des articles 775-1 et 775-2 du code de procédure pénale ».**

COMMENTAIRE

L'article 21-27 fixe les hypothèses d'empêchement à l'acquisition de la nationalité française (ou à la réintégration dans cette nationalité), soit en raison de condamnations pénales (al. 1er et 4), soit parce que l'intéressé est sous le coup d'une mesure d'éloignement (al. 2) ou en situation irrégulière en France (al. 3). Les condamnations pénales ici visées doivent être définitives, c'est-à-dire n'avoir été effacées ni par la réhabilitation ni par l'amnistie. Reste que dans ces hypothèses, les condamnations pourront être prises en compte au titre du critère des bonnes vie et mœurs (V. notes ss. art. 21-23).

1. Condamnations pénales. Le ministre chargé des naturalisations est tenu de déclarer irrecevable toute demande de naturalisation dès lors que le demandeur a été condamné à une peine égale ou supérieure à 6 mois d'emprisonnement, non assortie d'une mesure de sursis. • CAA Nantes, 26 juin 2009, *Dylan X.*, n° 08NT03260.

2. L'empêchement disparaît en cas de réhabilitation. • CE 23 oct. 1989, *Mayo Makasi*, n° 84794 • 23 juin 1995, *Mhaidra*, n° 139897.

3. A supposer même que le demandeur ait été bénéficiaire de la réhabilitation de plein droit prévue à l'art. 133-13 C. pén. et que les condamnations prononcées à son encontre aient ainsi été effacées de son casier judiciaire, le ministre a pu, sans commettre d'erreur de droit et en se fondant sur le seul motif tiré de ce que l'intéressé n'était pas de bonnes vie et mœurs au sens de l'art. 21-23, déclarer irrecevable la demande de naturalisation. • CAA Nantes, 30 juin 2006, *M. Fitim X.*, n° 05NT01701. ♦ La Cour de cassation a retenu la solution inverse, constatant qu'au jour de se demande acquisitive de nationalité, l'intéressé avait été réhabilité de plein droit du chef de 2 condamnations correctionnelles à des peines d'amende. • Civ. 1re, 29 févr. 2012, *M. Mohammed Meriem : D. 2012. 681*.

4. L'amnistie a pour effet d'effacer la condamnation et donc de faire disparaître l'incapacité. Ainsi, la motivation d'une décision de refus d'acquisition fondée sur des activités hostiles à la France sous l'Occupation n'est pas légale en raison de l'ancienneté des faits et du décret d'amnistie qui est intervenu par la suite. • CE 25 sept. 1996, *M. Cherifi*, n° 160463 : *D. 1996. IR 240*.

5. Mesures d'éloignement. Ne peut davantage être naturalisé celui qui a fait l'objet soit d'un arrêté d'expulsion non expressément rapporté ou abrogé, soit d'une interdiction du territoire français non entièrement exécutée. Il convient que la mesure soit en vigueur au moment de la décision. • CE 13 juill. 1979, *Rutili*, n° 05282 : *Lebon T. 738*.

6. S'agissant de l'interdiction du territoire, le juge constitutionnel a estimé que l'incapacité ainsi prévue était conforme à la Constitution dans la mesure où cette sanction est prononcée par l'autorité judiciaire. • Cons. const. 20 juill. 1993, n° 93-321 DC. ♦ En revanche, le Conseil constitutionnel a considéré dans la même décision que constituait une sanction disproportionnée au regard de l'art. 8 de la Déclaration de 1789 le fait de priver du droit à l'acquisition de la nationalité française du fait de la naissance l'étranger frappé par un arrêté de reconduite à la frontière ou sous le coup d'un arrêté d'assignation à résidence. • Même décision.

7. Séjour irrégulier. L'empêchement s'applique également à celui dont le séjour en France est irrégulier au regard des lois et conventions relatives au séjour des étrangers en France. Le Conseil d'État a ainsi considéré que la régularité du séjour constituait une condition de recevabilité de la demande. • CE 15 juin 1987, *Épx Kermadi*, n° 74289 : *Lebon 216 ; RFDA 1987. 627, obs. Schrameck ; Rev. crit. DIP 1988. 683, note Lagarde.* ♦ V. par ex. pour une personne qui avait été dotée à tort de documents d'identité français, ce dont elle avait été informée par le greffier en chef du tribunal d'instance de Tulle ; ainsi, à compter de cette date, elle ne possédait plus la nationalité française et se trouvait en situation irrégulière au regard du séjour. • CAA Nantes, 21 déc. 2007, *Mme Fiza X.*, n° 07NT00762.

8. En revanche, l'administration commet une erreur de droit en opposant au postulant la situation irrégulière de son conjoint. • TA Nantes, 27 mars 1991, *M. Ziani*, n° 89.1990. ♦ L'irrégularité de la situation du conjoint du demandeur doit être assimilée à la résidence du conjoint à l'étranger ; elle n'entraînera une décision d'irrecevabilité que dans la mesure où le demandeur n'a pas fixé en France le centre de ses intérêts. • TA Nantes, 11 juill. 1996, *Mme Mouftakir, M. Djaid, M. Laib : RFDA 1998. 276, concl. Millet*.

9. Si les dispositions du présent art. font obstacle à ce que des personnes ayant fait l'objet de certaines condamnations puissent acquérir la nationalité française, elles ne trouvent pas à s'appliquer à l'étranger condamné qui a bénéficié d'une réhabilitation de plein droit dans les conditions énoncées par l'art. 133-13 C. pén. La circonstance que la condamnation n'aurait pas été effacée du bulletin n° 2, comme le prévoit le 5° de l'art. 775 C. pr. pén., est sans incidence à cet égard. • CE 21 déc. 2021, n° 447231 B : *AJDA 2021. 2554 ; D. 2022. 244, chron. Boskovic, Corneloup, Jault-Seseke, Joubert et Parrot*.

Art. 21-27-1 *(L. n° 2011-672 du 16 juin 2011, art. 4)* **Lors de son acquisition de la nationalité française par décision de l'autorité publique ou par déclaration, l'intéressé indique à l'autorité compétente la ou les nationalités qu'il possède déjà, la ou les nationalités qu'il conserve en plus de la nationalité française ainsi que la ou les nationalités auxquelles il entend renoncer.**

V. Circ. IOCN1207269C du 19 avr. 2012 relative à l'application de certaines dispositions de la L. 16 juin 2011 relative à l'immigration, à l'intégration et à la nationalité - Application des art. 1er (C. civ., art. 21-18, 3°), 4 (C. civ., art. 21-27-1°), 6 (C. civ., art. 27-2) et 7 (C. civ., art. 26-3).

COMMENTAIRE

L'article 21-27-1, issu d'une initiative du rapporteur de la commission des lois à l'Assemblée nationale, a été ajouté par l'article 4 de la loi n° 2011-672 du 16 juin 2011 relative à l'immigration, à l'intégration et à la nationalité (*JO 17 juin*). Les travaux préparatoires permettent d'affirmer que cette indication ne constitue pas une nouvelle condition légale d'acquisition de la nationalité. Pour sa part, le Conseil constitutionnel (2011-631 DC, § 18) a considéré que ces dispositions n'instituaient pas de différence de traitement entre les personnes ayant la nationalité française et ne méconnaissent aucune autre exigence constitutionnelle. Les saisissants avaient pourtant considéré, avec raison, que ce dispositif opérait une distinction entre les Français selon qu'ils ont acquis leur nationalité par naissance ou par une autre voie en violation du principe selon lequel « au regard du droit de la nationalité, les personnes ayant acquis la nationalité française et celles auxquelles la nationalité française a été attribuée à leur naissance sont dans la même situation » (96-377 DC du 16 juill. 1996, consid. 23).

La circulaire du 19 avril 2012 indique que les informations recueillies ont un caractère déclaratif et que l'administration n'a pas à en vérifier la véracité ; ces informations doivent être recueillies lors de l'acquisition de la nationalité française (et non lors de la déclaration). ❑

§ 7 *De la cérémonie d'accueil dans la citoyenneté française*

V. Circ. interminist. DPM/N3/2007/63 du 9 févr. 2007 relative aux cérémonies d'accueil dans la citoyenneté française (https://solidarites-sante.gouv.fr/fichiers/bo/2007/07-03/a0030079.htm).

Art. 21-28 *(L. n° 2006-911 du 24 juill. 2006, art. 86)* **Le représentant de l'État dans le département ou, à Paris, le préfet de police organise, dans un délai de six mois à compter de l'acquisition de la nationalité française, une cérémonie d'accueil dans la citoyenneté française à l'intention des personnes résidant dans le département visées aux articles 21-2, 21-11, 21-12,** *(L. n° 2015-1776 du 28 déc. 2015, art. 38-2°)* **« 21-13-1,** *(L. n° 2016-274 du 7 mars 2016, art. 60 et 67-I, en vigueur le 1er juill. 2016)* **« 21-13-2, » 21-14, 21-14-1, 21-15, 24-1, 24-2 et 32-4 du présent code ainsi qu'à l'article 2 de la loi n° 64-1328 du 26 décembre 1964 autorisant l'approbation de la convention du Conseil de l'Europe sur la réduction des cas de pluralité de nationalités et sur les obligations militaires en cas de pluralité de nationalités, signée à Strasbourg le 6 mai 1963.** – *V. cette loi infra.*

Les députés et les sénateurs élus dans le département sont invités à la cérémonie d'accueil.

Les personnes ayant acquis de plein droit la nationalité française en application de l'article 21-7 sont invitées à cette cérémonie dans un délai de six mois à compter de la délivrance du certificat de nationalité française mentionné à l'article 31.

(L. n° 2011-672 du 16 juin 2011, art. 5) **« Au cours de la cérémonie d'accueil, la charte des droits et devoirs du citoyen français mentionnée à l'article 21-24 est remise aux personnes ayant acquis la nationalité française visées aux premier et troisième alinéas. »**

Les dispositions introduites par l'art. 60 de la L. n° 2016-274 du 7 mars 2016 entrent en vigueur à compter d'une date fixée par décret, et au plus tard le 1er juill. 2016. La loi préc. s'applique aux demandes pour lesquelles aucune décision n'est intervenue à sa date d'entrée en vigueur (L. préc., art. 67-I et VI).

COMMENTAIRE

La remise de la Charte des droits et devoirs du citoyen aux nouveaux français vise à rendre plus solennelle la cérémonie d'accueil dans la citoyenneté française.

Une circulaire du 16 octobre 2012 (NOR INTV1234497C : http://circulaire.legifrance.gouv.fr/pdf/2012/10/cir_35947.pdf) précise que la version de la Charte des droits et devoirs du citoyen français remise au postulant lors de la cérémonie d'accueil est un document non nominatif en forme solennelle. ❑

Art. 21-29 *(L. nº 2006-911 du 24 juill. 2006, art. 87)* **Le représentant de l'État dans le département ou, à Paris, le préfet de police communique au maire, en sa qualité d'officier d'état civil, l'identité et l'adresse des personnes résidant dans la commune susceptibles de bénéficier de la cérémonie d'accueil dans la citoyenneté française.**

Lorsque le maire en fait la demande, il peut l'autoriser à organiser, en sa qualité d'officier d'état civil, la cérémonie d'accueil dans la citoyenneté française.

Code du travail

Art. L. 3142-75 Le salarié a le droit de bénéficier, sur justification, d'un congé pour assister à sa cérémonie d'accueil dans la citoyenneté française.

Bénéficie de ce droit, dans les mêmes conditions, le conjoint de la personne mentionnée au premier alinéa.

La durée de ce congé ne peut être imputée sur celle du congé payé annuel. – *Comp. anc. art. L. 3142-116.*

SECTION 2 *Des effets de l'acquisition de la nationalité française*

Art. 22 *(L. nº 83-1046 du 8 déc. 1983)* **La personne qui a acquis la nationalité française jouit de tous les droits et est tenue à toutes les obligations attachés à la qualité de Français, à dater du jour de cette acquisition.** – *[C. nat., art. 80.]*

COMMENTAIRE

Depuis la loi du 8 décembre 1983, c'est le principe d'égalité qui régit la situation des personnes ayant acquis la nationalité française qui jouissent ainsi, à la date de cette acquisition, de l'ensemble de droits attachés à la nationalité française, au même titre que les Français d'origine.

L'acquisition de la nationalité peut s'accompagner de la francisation du nom. Les décrets de francisation de nom et de prénoms peuvent intervenir dans toutes les hypothèses d'acquisition de la nationalité française et de réintégration dans celle-ci. Cette procédure est régie par une loi du 25 octobre 1972 modifiée qui prévoit que toute personne qui acquiert ou recouvre la nationalité française peut demander la francisation de son nom seul, de son nom et de ses prénoms ou de l'un d'eux, lorsque leur apparence, leur consonance ou leur caractère étranger peut gêner son intégration dans la communauté française.

La francisation du nom consiste dans sa traduction française, dans sa modification pour lui faire perdre son caractère étranger ou dans la reprise du nom perdu sur décision d'un État étranger par des personnes réintégrées dans la nationalité française ou encore dans la reprise du nom porté par un ascendant français.

La demande de francisation peut être présentée, soit lors de la demande de naturalisation ou de réintégration ou lors de la déclaration d'acquisition ou de réintégration, soit dans le délai d'un an qui suit l'acquisition ou la réintégration.

La francisation résulte en tout état de cause d'un décret (qui peut être le décret de naturalisation ou de réintégration) pris sur le rapport du ministre chargé des naturalisations. ❑

1. Le naturalisé peut s'inscrire sur les listes électorales, même en dehors des périodes de révision. • Civ. 2e, 20 juill. 1987 : *Gaz. Pal. 1987. 2. Somm. 236.* ♦ Il ne peut plus se prévaloir des conventions internationales passées avec l'État dont il avait la nationalité. • Paris, 21 juin 1955 : *JCP 1955. IV. 172.*

2. Est entaché d'irrégularité le règlement sportif limitant le nombre par équipe de joueurs récemment naturalisés. • CE 23 juin 1989 : *Gaz. Pal. 1989. 2. 878, note Houver ; D. 1990. Somm. 276, obs. Bonichot ; Rev. crit. DIP 1991. Somm. 769.*

3. Prise en compte de la nationalité française d'une personne binationale pour apprécier son droit aux prestations sociales lors d'un séjour à l'étranger. • Soc. 5 nov. 1999, nº 98-10.184 P : *D. 1999. IR 261.*

4. Francisation. Tout intéressé peut faire opposition au décret de francisation dans le délai de deux mois à compter de la publication au *JO* ; ceci concerne notamment le demandeur lui-même ou son conjoint à condition qu'ils établissent que la francisation leur cause un préjudice suffisamment grave pour justifier l'annulation ou la réformation du décret de francisation. • CE 25 févr. 1998, *M. et Mme Blancardi*, n° 167270. ♦ V. aussi, irrecevabilité de l'opposition introduite par le bénéficiaire d'un décret de francisation, celui-ci lui ayant donné satisfaction. • CE 23 juin 1999, *M. Lestang*, n° 185616.

5. Bien que la loi ne le prévoie pas, le refus opposé à une demande de francisation est susceptible de recours pour excès de pouvoir dans les conditions de droit commun. Le juge administratif n'exerce qu'un contrôle minimum sur de telles décisions de refus (V. par ex. s'agissant du refus du ministre de franciser en « Sylvia » le prénom « Silvia » porté par la requérante. • TA Nantes, 25 juill. 1996, *Mlle Silvia Santo*, n° 95.2203.

Art. 22-1 *(L. n° 98-170 du 16 mars 1998)* **L'enfant mineur, dont l'un des deux parents acquiert la nationalité française, devient français de plein droit s'il a la même résidence habituelle que ce parent ou s'il réside alternativement avec ce parent dans le cas de séparation ou divorce.**

Les dispositions du présent article ne sont applicables à l'enfant d'une personne qui acquiert la nationalité française par décision de l'autorité publique ou par déclaration de nationalité que si son nom est mentionné dans le décret ou dans la déclaration. – *Entrée en vigueur le 1er sept. 1998.*

Ancien art. 22-1 *(L. n° 93-933 du 22 juill. 1993)* ***Sous réserve que son nom soit mentionné dans le décret de naturalisation ou dans la déclaration de nationalité, l'enfant âgé de moins de dix-huit ans, légitime ou naturel, dont l'un des parents acquiert la nationalité française, devient français de plein droit s'il a la même résidence habituelle que ce parent.***

COMMENTAIRE

L'article 22-1 met en œuvre ce qu'il est coutume d'appeler l'effet collectif de l'acquisition de la nationalité, le législateur ayant eu le souci de faire prévaloir l'unité de nationalité au sein de la famille afin d'en favoriser l'intégration au sein de la société française. Il s'agit d'une règle de portée générale qui concerne tous les modes d'acquisition de la nationalité et n'est soumise qu'à une condition de résidence du ou des enfants et à leur minorité. La loi du 22 juillet 1983 a ainsi supprimé les empêchements (art. 21-27) à l'acquisition par effet collectif.

L'article 22-2 exclut toutefois logiquement les enfants mariés.

La résidence habituelle constitue une notion de fait qui peut être prouvée par tous moyens : certificats de scolarité, attestations de services sociaux, versement d'allocations familiales. En cas de séparation et de divorce, il y a lieu de se rapporter aux conditions fixées par le juge aux affaires familiales, sachant qu'un simple droit de visite et d'hébergement ne saurait suffire à caractériser une résidence habituelle. ❑

1. Le Conseil d'État a considéré que le présent art. ne méconnaissait ni le principe d'égalité ni le droit de mener une vie familiale normale : la différence établie par le législateur entre, d'une part, les enfants reconnus par leur parent qui devient français avant l'intervention du décret accordant à ce dernier la nationalité française ou de la déclaration de nationalité et, d'autre part, les enfants reconnus postérieurement à ce décret ou à cette déclaration, est en rapport avec l'objet de la disposition qui tient à circonscrire l'acquisition de plein droit de la nationalité française aux seuls enfants qui sont identifiés, à la date d'acquisition de la nationalité par leur parent, comme étant effectivement ses enfants résidant en France avec lui. Les dispositions du présent art. n'ont nullement pour effet de faire obstacle à ce que l'enfant mineur qui n'est pas devenu Français de plein droit par l'effet de la décision de l'autorité publique ou de la déclaration de nationalité qui a conduit à ce que l'un de ses parents acquière la nationalité française puisse vivre en France avec ce dernier. Il n'y a donc pas lieu de transmettre au Conseil constitutionnel la QPC sur le mécanisme de l'effet collectif de l'acquisition de la nationalité française. • CE 24 janv. 2014, n° 366733 : *AJDA 2014. 1188*.

2. Un enfant mineur ne peut devenir français de plein droit par l'effet du décret qui confère la nationalité française à l'un de ses parents qu'à condition, d'une part, que ce parent ait porté son existence, sauf impossibilité ou force majeure, à la connaissance de l'administration chargée d'instruire la demande préalablement à la signature du décret et, d'autre part, qu'il ait, à la date du décret, résidé avec ce parent de manière stable et durable sous réserve, le cas échéant, d'une résidence en alternance avec l'autre parent en cas de séparation ou de divorce. • CE 12 nov. 2012, *M. M.*, n° 358760 : *Lebon 411 ; AJDA 2013. 806, concl. Botteghi*. ♦ Pour bénéficier de l'effet collectif de la décision de naturalisation, l'enfant d'une personne en bénéficiant doit, à la date de signature du décret, résider avec elle en France. • CE 27 juill. 2005, *Épx Mrad-Fricquegnon*, n° 252544 : *AJDA 2005. 2404, note Thiellay* • 12 oct. 2011, n° 334479 : *AJ fam. 2011. 608, obs. Viganotti*. ♦ L'effet collectif est refusé à un enfant né en cours de procédure, résidant avec sa mère, mais dont la naissance n'a pas été portée à la connaissance de l'Administration. • CE 11 déc. 2009, n° 329582. ♦ Le lien de filiation fondant l'effet collectif de la naturalisation doit être établi conformément aux règles de conflit en matière de filiation, notamment selon l'art. 311-17 C. civ. • Civ. 1re, 14 avr. 2010 : *D. 2010. 1076, obs. Gallmeister ; AJ fam. 2010. 281, obs. Boiché*. ♦ L'effet collectif ne peut concerner que l'enfant mineur à la date du décret ; le délai mis par l'administration pour statuer sur la demande est sans influence. • CE 13 déc. 2010, *Mme Vouidibio*, n° 338208. ♦ Les lenteurs de la procédure, notamment de regroupement familial, sont sans incidence sur la légalité du décret. • CE 13 déc. 2010, *Mme Fatime A.*, n° 337657. ♦ Un enfant mineur ne peut devenir français de plein droit par l'effet du décret qui confère la nationalité française à l'un de ses parents qu'à condition, d'une part, que ce parent ait porté son existence, sauf impossibilité ou force majeure, à la connaissance de l'administration chargée d'instruire la demande préalablement à la signature du décret et, d'autre part, qu'il ait, à la date du décret, résidé avec ce parent de manière stable et durable sous réserve, le cas échéant, d'une résidence en alternance avec l'autre parent en cas de séparation ou de divorce. • CE 12 déc. 2012, *M. Mmadi*, n° 358760 : *Lebon 411 ; AJDA 2012. 2412 ; JCP 2012. 1415*. ♦ La filiation de l'enfant doit avoir été établie avant la réintégration dans la nationalité française. • Civ. 1re, 18 janv. 2012, n° 10-25.084 : *D. 2013. 324, chron. Boskovic, Corneloup, Jault-Seseke, Joubert, Parrot*. ♦ En revanche, la transcription dans un acte d'état civil peut être postérieure. • Civ. 1re, 18 janv. 2012, n° 10-30.910 : *D. 2012. 283 ; ibid. 2013. 324, chron. Boskovic, Corneloup, Jault-Seseke, Joubert, Parrot*.

3. Un jugement d'adoption étranger qui ne rompt pas de manière irrévocable le lien de filiation préexistant ne permet pas à l'enfant de bénéficier de l'effet collectif de la naturalisation. • CE 6 juin 2018, n° 413631.

4. Si la naissance est intervenue trop tardivement dans la procédure de naturalisation, de sorte qu'il n'est plus possible d'ajouter le nom de l'enfant dans le décret portant naturalisation de son parent, celui-ci peut demander que le décret soit modifié afin que l'enfant, dès lors qu'il satisfait aux conditions prévues par l'art. 22-1, bénéficie de l'effet collectif attaché à sa naturalisation déjà intervenue. Si une telle procédure n'est pas expressément prévue par le code civil, elle pourrait recevoir une suite favorable, sous réserve qu'elle soit formulée dans un délai raisonnable après la publication du décret. * Rép. min. n° 00098 : *JO Sénat Q, 4 oct. 2012, p. 2166*. ♦ Pour une application à une requérante ayant été dans l'impossibilité de porter à la connaissance de l'administration la naissance de sa fille intervenue vingt-six jours avant la signature du décret. • CE 7 déc. 2018, n° 418377.

5. Méconnaît le présent art. le ministre qui n'étend pas le bénéfice de la nationalité française à un enfant alors qu'il avait été informé de la naissance de celui-ci par sa mère. • CE 11 déc. 2008, *Kapoor*, n° 316922.

6. Effet non collectif. L'acquisition de la nationalité française par la mère, avant le décès de son mari étranger, ne produit pas l'effet collectif. • Civ. 1re, 19 févr. 1975 : *D. 1975. IR 101 ; JDI 1975. 840, chron. Aymond ; Rev. crit. DIP 1976. Somm. 734* • 28 juin 1989 : *Rev. crit. DIP 1990. 79, note P. L.* ♦ Refus d'effet collectif à celui qui n'établit pas sa possession d'état d'enfant du bénéficiaire d'une déclaration de réintégration dans la nationalité française. • Civ. 1re, 25 avr. 2007, n° 06-13.284 P : *LPA 10 déc. 2007, obs. Bottiau*. ♦ ... Enfant ayant fait l'objet d'une adoption simple et n'ayant pas rompu de manière complète et irrévocable le lien de filiation préexistant avec ses parents. • CE 13 déc. 2010, *Mme Tchouanhou et Mlle Megne Fankam*, n° 333221. ♦ ... Enfant placé sous la tutelle de la personne naturalisée, conformément aux art. 398 s. C. civ. • CE 25 févr. 2011, *Mlle Maiala Victor*, n° 341245. ♦ ... Enfant mineur, résidant avec le parent, mais dont la naissance n'a pas été portée à la connaissance de l'Administration. • CE 12 oct. 2011, *M. Mohamed A*, n° 346196. ♦ ... Enfant ayant fait l'objet d'une adoption non assimilable à une adoption plénière. • CE 13 déc. 2010, *Mlle Marissa Lydie A*, n° 333221.

7. Preuve. La charge de la preuve de la filiation, au sens de l'art. 22-1, incombe à celui qui entend bénéficier de l'effet collectif. • Paris, 5 déc. 1991 : *D. 1992. 393, note Guiho*.

8. Date d'établissement de la filiation. La filiation doit avoir été établie durant la minorité de l'enfant. • Aix-en-Provence, 30 juin 1998, *Moegne : inédit*. ♦ La filiation doit avoir été établie avant l'acquisition de la nationalité par le parent concerné. • Civ. 1re, 5 févr. 2002, n° 00-14.052. ♦ La transcription tardive de l'acte de naissance est sans incidence sur l'effet collectif, l'enfant en cause ayant bien acquis la nationalité française ; en effet, le lien de filiation existait déjà et peu importe que l'acte d'état civil ait été dressé postérieurement. • Civ. 1re, 18 janv. 2012, n° 10-30.910 : *JCP 2012. 91 ; D. 2012. 283*.

9. Résidence. Il résulte de la combinaison des art. 22-1 et 21-16 C. civ. que l'enfant dont les parents acquièrent la nationalité française par décision de l'autorité publique doit résider habituellement en France avec ses parents à la date de signature du décret de naturalisation pour devenir français de plein droit en application de l'art. 22-1. • CE 27 juill. 2005, *Épx Mrad-Fricquegnon*, n° 252544 : *préc. note 1.* ♦ L'effet collectif de la déclaration de nationalité française du père est exclu faute de résidence des enfants avec celui-ci. • Civ. 1re, 11 juin 2008, n° 07-14.959 P : *RLDC 2008/52, n° 3117, obs. Marraud des Grottes.*

10. Aux termes du présent art., l'enfant mineur dont l'un des parents acquiert la nationalité française devient français de plein droit (...) s'il réside alternativement avec ce parent dans le cas de séparation ou de divorce ; tel n'est pas le cas d'un enfant dont la résidence a été fixée chez la mère, le père bénéficiant d'un droit de visite et d'hébergement tous les 15 jours (du vendredi au dimanche) et la moitié des vacances scolaires. • CE 19 janv. 2009, *M. Doumbouya*, n° 314896 : *Lebon T. 741*. ♦ Même solution dès lors que le requérant ne partageait la garde de ses enfants qu'en vertu d'un accord informel passé avec son ex-épouse. • CE 30 déc. 2009, *M. Khorsi*, n° 333223.

11. Le principe d'égalité ne s'oppose pas à ce que le législateur établisse une différence entre, d'une part, les enfants ayant leur résidence habituelle ou alternée, avec le parent qui acquiert la nationalité française et, d'autre part, les enfants ne disposant pas d'une telle résidence ; autrement dit, l'exercice d'un droit de visite et d'hébergement ne peut être objectivement mis sur le même plan qu'une résidence en alternance ; enfin, cette différence de traitement est en rapport avec l'objectif de la loi visant à circonscrire l'acquisition de plein droit de la nationalité française aux seuls enfants qui sont identifiés, à la date d'acquisition de la nationalité par leur parent, comme résidant en France avec lui. • CE 21 févr. 2023, n° 465473 : *DP étrangers, Bull. n° 330, mars 2023, note Pouly.*

12. La circonstance que le requérant ait reconnu son fils postérieurement au décret de naturalisation fait obstacle à l'effet collectif de celle-ci dès lors que la filiation n'était pas établie à la date du décret. • CE 30 déc. 2009, *M. Chadhouli*, n° 333271.

13. Ne peut bénéficier de l'effet collectif l'enfant d'une personne naturalisée qui n'a pas sa résidence en France, alors même qu'il y réside pendant les vacances. • CE 5 nov. 2009, *Esmel*, n° 322611.

14. Sur la notion de résidence en France, V. notes ss. art. 21-7 et notes ss. art. 21-16.

15. Retrait du décret. Le retrait par décret, pour un enfant, de l'effet collectif attaché à l'acquisition de la nationalité française de l'un de ses deux parents en vertu de l'art. 22-1 C. civ. est soumis à une obligation de notification. Cette notification doit avoir lieu en la forme administrative ou par lettre recommandée avec demande d'avis de réception, les motifs de droit et de fait justifiant qu'il ait perdu la qualité de Français. A défaut de domicile connu, un avis informatif est publié au *Journal officiel* de la République française. L'intéressé dispose d'un délai d'un mois à dater de la notification ou de la publication de l'avis au *Journal officiel* pour faire parvenir au ministre chargé des naturalisations ses observations en défense. • CE 1er déc. 2010, *Foutik*, n° 332663 : *Lebon 467 ; RFDA 2011. 209.*

16. Décès du demandeur. En l'absence de dispositions législatives contraires, le décès de l'étranger qui a demandé à devenir français fait obstacle à sa naturalisation et, en conséquence, à ce que son enfant mineur puisse devenir français par l'effet collectif. Un décret qui procède à la naturalisation d'un étranger décédé ne saurait conférer aucun droit et peut être rapporté à toute époque, sous le contrôle du juge de l'excès de pouvoir, indépendamment des conditions de délai, de forme et de procédure prévues, pour le retrait de décrets de naturalisation lorsque le demandeur ne satisfait pas aux conditions légales, par l'art. 27-2 du C. civ. et l'art. 62 Décr. 30 déc. 1993 relatif aux déclarations de nationalité, aux décisions de naturalisation, de réintégration, de perte, de déchéance et de retrait de la nationalité française. • CE 22 mai 2012, *M. Sinare*, n° 349480 : *Lebon T. 751 ; AJDA 2012. 1038*.

Art. 22-2 *(L. n° 73-42 du 9 janv. 1973)* **Les dispositions de l'article précédent ne sont pas applicables à l'enfant marié.** – *[C. nat., art. 85.]*

Art. 22-3 *(L. n° 93-933 du 22 juill. 1993)* **Toutefois, l'enfant français en vertu de l'article 22-1 et qui n'est pas né en France a la faculté de répudier cette qualité pendant les six mois précédant sa majorité et dans les douze mois la suivant.**

Il exerce cette faculté par déclaration souscrite conformément aux articles 26 et suivants.

Il peut renoncer à cette faculté à partir de l'âge de seize ans dans les mêmes conditions.

V. infra, Décr. n° 93-1362 du 30 déc. 1993, art. 25 et 26.

COMMENTAIRE

Pour exercer la faculté de répudiation de la qualité de Français qui lui est ouverte par l'article 22-3, l'enfant qui a acquis de plein droit la nationalité française du fait de l'acquisition de cette nationalité par l'un de ses parents doit souscrire, dans les six mois précédant sa majorité ou dans les douze mois qui la suivent, une déclaration accompagnée des pièces suivantes : l'extrait de son acte de naissance ; un certificat délivré par les autorités du pays dont il se réclame établissant qu'il a la nationalité de ce pays ; une ampliation du décret de naturalisation ou de réintégration dans la nationalité française ou une copie de la manifestation de volonté d'acquérir la nationalité française ou de la déclaration d'acquisition de la nationalité française ou de réintégration dans cette nationalité, souscrite par un de ses parents et enregistrée par l'autorité compétente, ou le certificat de nationalité française, les actes de l'état civil ou tous documents émanant des autorités françaises de nature à établir que l'un de ses parents a acquis la nationalité française (Décr. n° 93-1362 du 30 déc. 1993, art. 25).

Pour souscrire la déclaration de renonciation prévue au dernier alinéa du présent article, le déclarant doit produire les mêmes documents (Décr. 93-1362 du 30 déc. 1993, art. 26). ❑

CHAPITRE IV *DE LA PERTE, DE LA DÉCHÉANCE ET DE LA RÉINTÉGRATION DANS LA NATIONALITÉ*

SECTION 1 *De la perte de la nationalité française*

COMMENTAIRE

La perte de la nationalité française s'explique par deux ordres de considération : soit parce que la nationalité française a cessé d'être effective (attachement plus grand à une autre nationalité, éloignement géographique prolongé), soit parce que l'intéressé a eu un comportement considéré comme indigne ou déloyal.

La perte de la nationalité française peut d'abord intervenir sur déclaration de l'intéressé dans trois cas : répudiation, mariage d'un Français avec un étranger (art. 23-5) et acquisition volontaire d'une nationalité étrangère (art. 23).

En deuxième lieu, la perte de la nationalité résultant de l'établissement prolongé de l'intéressé et de ses ascendants à l'étranger (art. 23-6) doit résulter d'un jugement.

Enfin, dans une troisième série d'hypothèses, c'est un décret qui prend acte de la perte de la nationalité : libération d'allégeance à la demande de l'intéressé (art. 23-4), exercice actif par un Français d'une nationalité étrangère (art. 23-7), emploi dans un service public étranger malgré l'injonction contraire du gouvernement (art. 23-8), déchéance de la nationalité française (art. 25). Dans ces différentes hypothèses, le pouvoir régalien de l'État vise à sanctionner le comportement déloyal d'un individu. Comme l'indiquait le commissaire du gouvernement Fournier (*Rev. crit. DIP 1967. 683*), « la mesure présente aussi un autre caractère, répressif celui-là. Le plus souvent, en effet, elle est appliquée à des individus qui continuent à se prévaloir de la nationalité française mais qui, dans le même temps, maintiennent avec un autre pays des relations que le gouvernement français juge inadmissibles de la part de l'un de ses nationaux. Le décret qui constate la perte de la qualité de Français ne se borne plus alors à élaguer une branche morte. Il taille dans le vif. Il se présente comme une véritable sanction, fondée sur un manque de loyalisme à l'égard de la France ».

A noter que la loi du 16 mars 1998 a prévu que toute décision refusant une autorisation de perdre la nationalité française doit être motivée. ❑

Art. 23 *(L. n° 73-42 du 9 janv. 1973)* **Toute personne majeure de nationalité française, résidant habituellement à l'étranger, qui acquiert volontairement une nationalité étrangère ne perd la nationalité française que si elle le déclare expressément, dans les conditions prévues aux articles 26 et suivants du présent titre.** – *[C. nat., art. 87.] – V. L. n° 73-42 du 9 janv. 1973, art. 22.*

V. infra, Décr. n° 93-1362 du 30 déc. 1993, art. 28.

COMMENTAIRE

Pour exercer la faculté qui lui est ouverte par l'article 23 de perdre la nationalité française, le Français majeur qui acquiert volontairement une nationalité étrangère doit souscrire une déclaration accompagnée des pièces suivantes : un extrait de son acte de naissance ; un certificat de nationalité française, les actes de l'état civil ou tous documents émanant des autorités françaises de nature à établir qu'il est français ; un certificat délivré par les autorités du pays dont il a acquis la nationalité précisant la date d'acquisition et les dispositions de la loi étrangère applicables ou tous documents émanant des autorités étrangères compétentes attestant du dépôt de sa demande d'acquisition de la nationalité de ce pays ; les documents justifiant qu'il réside habituellement à l'étranger ; lorsque le déclarant est un Français de moins de trente-cinq ans soumis aux obligations du livre II du code du service national, un document émanant des bureaux du service national justifiant qu'il a satisfait à ces obligations ou qu'il en a été dispensé ou exempté (Décr. n° 93-1362 du 30 déc. 1993, art. 28). ❑

1. Acquisition volontaire. L'acquisition de la nationalité étrangère doit avoir été volontaire, comme par exemple, dans le cas de l'acquiescement de la femme. • Colmar, 19 juill. 1950 : *S. 1953. 2. 105, note Boulbès.* ♦ ... Ou encore par la naturalisation et l'exercice d'une faculté de réclamation de la nationalité étrangère. • Civ. 1re, 17 févr. 1987, n° 85-12.404 P : *JCP 1987. IV. 142.*

2. Acquisition de plein droit. L'acquisition d'une nationalité de plein droit ne constitue pas une acquisition volontaire au sens de l'art. 23. • Civ. 1re, 3 déc. 1996, n° 95-10.608 P : *JCP 1997. IV. 213.*

3. Ancien art. 9 C. nat. Dans le but de faire obstacle à l'utilisation des règles relatives à la nationalité pour échapper aux obligations du service militaire, le législateur pouvait, sans méconnaître le principe d'égalité, prévoir que le Gouvernement peut s'opposer à la perte de la nationalité française en cas d'acquisition volontaire d'une nationalité étrangère pour les seuls Français de sexe masculin soumis aux obligations du service militaire ; toutefois, en réservant aux Français de sexe masculin, quelle que soit leur situation au regard des obligations militaires, le droit de choisir de conserver la nationalité française lors de l'acquisition volontaire d'une nationalité étrangère, les dispositions contestées instituent entre les femmes et les hommes une différence de traitement sans rapport avec l'objectif poursuivi et qui ne peut être regardée comme justifiée ; cette différence méconnaît les exigences résultant de l'art. 6 DDH et du 3e al. du Préamb. 1946 selon lequel « La loi garantit à la femme, dans tous les domaines, des droits égaux à ceux de l'homme » ; par suite, aux premier et troisième al. de l'art. 9 de l'Ord. du 19 oct. 1945, dans sa rédaction résultant de la loi du 9 avr. 1954, les mots « du sexe masculin » doivent être déclarés contraires à la Constitution. • Cons. Const. 9 janv. 2014, n° 2013-360 QPC. ♦ Selon la Cour de cassation, cette déclaration d'inconstitutionnalité ne peut être invoquée que par les descendants qui se prévalent de décisions reconnaissant aux femmes dont ils sont issus, compte tenu de cette inconstitutionnalité, qu'elles ont conservé la nationalité française ; elle censure ainsi une cour d'appel qui n'avait pas caractérisé l'existence d'une décision de justice dont le requérant pouvait se prévaloir reconnaissant, compte tenu de l'inconstitutionnalité des mots « du sexe masculin » figurant aux 1er et 3e al. de l'art. 9 de l'Ord. n° 45-2441 du 19 oct. 1945, que sa mère avait conservé la nationalité française malgré son acquisition volontaire de la nationalité tunisienne. • Civ. 1re, 13 avr. 2016, n° 14-50.071 : *AJ fam. 2016. 341, note Dionisi-Peyrusse.*

Art. 23-1 *(L. n° 73-42 du 9 janv. 1973)* **La déclaration en vue de perdre la nationalité française peut être souscrite à partir du dépôt de la demande d'acquisition de la nationalité étrangère et, au plus tard, dans le délai d'un an à compter de la date de cette acquisition.** – *[C. nat., art. 88.]*

Art. 23-2 *(L. n° 98-170 du 16 mars 1998)* **Les Français de moins de trente-cinq ans ne peuvent souscrire la déclaration prévue aux articles 23 et 23-1 ci-dessus que s'ils sont en règle avec les obligations du livre II du code du service national.** – *Entrée en vigueur le 1er sept. 1998.*

Art. 23-3 *(L. n° 73-42 du 9 janv. 1973)* **Perd la nationalité française le Français qui exerce la faculté de répudier cette qualité dans les cas prévus aux articles** *(L. n° 98-170 du 16 mars 1998)* **« 18-1, 19-4 et 22-3 ».** – *[C. nat., art. 90.]*

Une déclaration de répudiation régulièrement souscrite et accompagnée des pièces justificatives, alors même que celles-ci sont des documents de complaisance, ne peut être remise en cause par le déclarant trente-deux ans plus tard. • Civ. 1re, 7 nov. 1962 : *JCP 1963. II. 14058, note Aymond ; Rev. crit. DIP 1963. Somm. 826.*

Art. 23-4 *(L. n° 73-42 du 9 janv. 1973)* **Perd la nationalité française, le Français même mineur, qui, ayant une nationalité étrangère, est autorisé, sur sa demande, par le Gouvernement français, à perdre la qualité de Français.**

Cette autorisation est accordée par décret.

Al. 3 abrogé par L. n° 93-933 du 22 juill. 1993. – [C. nat., art. 91.]

V. infra, Décr. n° 93-1362 du 30 déc. 1993, art. 53 à 57.

COMMENTAIRE

L'article 23-4 prévoit que perd la nationalité française le Français même mineur (les conditions de capacité étant fixées par l'art. 17-3), qui, ayant une nationalité étrangère, est autorisé, sur sa demande, par le gouvernement français, par décret, à perdre la qualité de Français. Cette procédure, dénommée « libération des liens d'allégeance », suppose une demande formulée par l'intéressé et reste subordonnée à la condition que le demandeur justifie de la possession d'une nationalité étrangère (afin d'éviter les cas d'apatridie) ; en tout état de cause, le gouvernement dispose d'un pouvoir discrétionnaire pour l'accorder ou non.

Le problème s'est posé à propos de l'application de cette procédure à des enfants mineurs dont les parents ont sollicité la libération du lien d'allégeance ; si ces mineurs ont continué par la suite à bénéficier de la possession d'état de Français sur une période d'au moins dix ans (délivrance d'une carte nationale d'identité, passeport, carte d'électeur ou carte du service national), les intéressés doivent être admis à souscrire auprès du juge d'instance une déclaration d'acquisition de la nationalité française sur le fondement de l'article 21-13 du code civil (Rép. min. n° 4498 : *JOAN Q, 12 janv. 1998, p. 208*).

La décision de rejet doit être motivée et notifiée au demandeur ; le refus interviendra « lorsque l'intéressé ne manifeste pas une volonté évidente d'expatriation, en conservant notamment ses attaches familiales et professionnelles en France » (Rép. min. : *JOAN Q, 8 juin 1987, p. 3280*).

Aux termes de l'article 53 du décret n° 93-1362 du 30 décembre 1993, toute demande en vue d'obtenir l'autorisation de perdre la qualité de Français est adressée au ministre chargé des naturalisations. A l'étranger, elle est déposée auprès de l'autorité consulaire compétente. Lorsque le postulant réside en France, le préfet du département où il a établi sa résidence, ou à Paris le préfet de police ont qualité pour recevoir sa demande.

La demande, les actes de l'état civil et les documents de nature à justifier que l'intéressé possède une nationalité étrangère sont déposés auprès de l'autorité compétente et adressés par elle, accompagnés d'un rapport et d'un avis motivé, au ministre chargé des naturalisations par l'intermédiaire, le cas échéant, du ministre des Affaires étrangères ou du ministre chargé des départements et territoires d'outre-mer (Décr. 93-1362 du 30 déc. 1993, art. 54).

Le ministre chargé des naturalisations propose, s'il y a lieu, d'autoriser le demandeur à perdre la qualité de Français. Si le ministre chargé des naturalisations estime qu'il n'y a pas lieu d'accorder l'autorisation de perdre la qualité de Français, il prononce le rejet de la demande par décision motivée, notifiée à l'intéressé, conformément à l'article 27 de la loi n° 98-170 du 16 mars 1998 relative à la nationalité (Décr. n° 93-1362 du 30 déc. 1993, art. 55).

La personne qui sollicite l'autorisation de perdre la nationalité française en application des dispositions de l'article 2 de la convention du Conseil de l'Europe du 6 mai 1963 doit produire tous documents permettant de justifier d'une résidence habituelle dans un pays partie à cette convention (Décr. n° 93-1362 du 30 déc. 1993, art. 56).

Les décrets portant autorisation de perdre la nationalité française sont publiés au *Journal officiel* de la République française. Ils prennent effet à la date de leur signature sans toutefois qu'il soit porté atteinte à la validité des actes passés par l'intéressé ni aux droits acquis par des tiers antérieurement à la publication du décret sur le fondement de la nationalité française de l'intéressé (Décr. n° 93-1362 du 30 déc. 1993, art. 57).

Comme l'indiquait le Rapporteur public G. Odinet (*AJDA 2020. 406*), « l'adoption de tels décrets n'a semble-t-il jamais été un procédé massif ; on en comptait un peu plus de 300 par an dans les années 1980 (A. Lebon, Attribution, acquisition et perte de la nationalité française : un bilan [1973-1986], *Revue européenne des migrations internationales 1987, n° 1-2, vol. 3, p. 7-34*), une trentaine à la fin des années 1990 (La politique de la nationalité en 1999, rapport de la direction de la population et des migrations, *Doc. fr.*), quelques dizaines plus récemment (selon les informations mises en ligne par le ministère de l'Intérieur en 2016), à l'exception d'une période, au cours des années 1970, où presque mille par an étaient adoptés. Pour différentes raisons dont le contexte politique local, nombre de ces décrets ont concerné des Algériens qui avaient conservé ou s'était fait reconnaître la nationalité française dans les conditions prévues par l'ordonnance n° 62-825 du 21 juillet 1962 relative à certaines dispositions concernant la nationalité française, prises en application de la loi n° 62-421 du 13 avril 1962 ». ❑

1. La libération d'allégeance doit être demandée par l'intéressé ; il ne peut s'agir que d'une demande expresse et sans équivoque du requérant. • CE 8 déc. 1997, *M. Gali et a.,* n° 165243. ♦ Par suite, l'effet collectif ne peut concerner que les enfants mineurs. • CE 28 janv. 1998, *M. Amriou,* n° 174862.

2. Un recours pour excès de pouvoir ne peut être exercé par un citoyen français à l'encontre d'un décret le libérant de ses liens d'allégeance avec la France. • CE 26 avr. 2006, *Marschalik,* n° 278730 : *Lebon 205*. ♦ Le juge prononcera l'irrecevabilité de la demande après avoir vérifié sa réalité et l'absence de vice de consentement. • CE 30 déc. 2009, n° 325592 • 15 sept. 2011, n° 344325 • 17 juill. 2013, *M. Gramdi,* n° 363498 • 30 janv. 2015, n° 380938 • 4 mars 2016, n° 395661. ♦ La demande de retrait d'un décret de libération des liens d'allégeance avec la France peut être présentée à tout moment si la décision n'a pas été prise à la demande de l'intéressé ou si elle est entachée d'un vice du consentement. • CE 28 janv. 2021, n° 435279 B : *AJDA 2021. 240 ; D. 2022. 244, chron. Boskovic, Corneloup, Jault-Seseke, Joubert et Parrot*. ♦ L'erreur commise de bonne foi concernant les effets d'une demande de libération des liens d'allégeance ne constitue pas un vice de consentement entachant d'illégalité le décret décidant de la perte de la nationalité française. • CE 26 avr. 2022, n° 454218 A : *AJDA 2022. 1876 ; DP étrangers, Bull. n° 322, juin 2022, p. 11, note Pouly.*

3. Le garde des Sceaux a indiqué que « l'expression de la volonté n'a plus la même force lorsque la demande de libération des liens d'allégeance a été formée par les parents au nom de leurs enfants mineurs, parfois très jeunes, qui n'ont pas personnellement demandé à perdre la nationalité française ». * Rép. min. n° 4498, 11e législ : *JO 12 janv. 1998, p. 208.*

4. Mineurs. Si l'enfant pour lequel la demande est faite a plus de 18 ans au jour de la demande, le décret autorisant la perte de la nationalité française est illégal. • CE 28 janv. 1998, *M. Amriou,* n° 174862 : *préc. note 1.* ♦ Si la demande, présentée par un mineur de 16 ans autorisé par l'un de ses parents, a été confirmée par l'intéressé après sa majorité, l'administration ne commet aucune erreur manifeste d'appréciation en faisant droit à la demande. • CE 9 nov. 1998, *M. Merah,* n° 176098. ♦ Dans le cadre de la libération des liens d'allégeance avec la France, la demande présentée par un mineur de 16 ans doit être accompagnée de l'autorisation parentale sauf disposition contraire sous peine d'irrecevabilité de la demande. • CE 13 oct. 2006, *Cheurfi,* n° 289105 : *Lebon 866*. ♦ En revanche, la demande de libération des liens d'allégeance n'est pas valablement formulée, pour un mineur, par des tiers. • CE 5 nov. 1999, *M. Bala,* n° 186298.

5. Le gouvernement ne peut libérer une personne de moins de 18 ans de ses liens d'allégeance avec la France sans disposer d'une demande ou d'une autorisation émanant de ses deux parents (s'ils sont mariés) ; une telle demande ou une telle autorisation ne peut être regardée comme un acte usuel de l'autorité parentale. • CE 26 juill. 2006, n° 281398.

6. L'âge dont il faut tenir compte est l'âge de l'intéressé à la date du décret. • CE 13 oct. 2006, n° 289105 : *Lebon T. 865 ; AJDA 2006. 1925*.

7. Application de la jurisprudence Czabaj. Si des parents peuvent formuler au nom d'un enfant mineur une demande tendant à ce que celui-ci soit libéré de ses liens d'allégeance avec la France, le décret prononçant une telle libération ne peut toutefois être signé si l'intéressé a atteint l'âge de 16 ans, sans qu'il ait lui-même exprimé, avec l'accord de ceux qui exercent sur lui l'autorité parentale, une demande en ce sens et, s'il a atteint l'âge de 18 ans, sans qu'il ait personnellement déposé une demande à cette fin. • CE 29 nov. 2019, n° 411145 A : *AJDA 2020. 406, concl. Odinet*.

8. Le principe de sécurité juridique, qui implique que ne puissent être remises en cause sans condition de délai des situations consolidées par l'effet du temps, fait obstacle à ce que puisse être contestée indéfiniment une décision administrative individuelle qui a été notifiée à son destinataire, ou dont il est établi, à défaut d'une telle notification, que celui-ci a eu connaissance. En une telle hypothèse, si le non-respect de l'obligation d'informer l'intéressé sur les voies et les délais de recours, ou l'absence de preuve qu'une telle information a bien été fournie, ne permet pas que lui soient opposés les délais de recours fixés par le code de justice administrative, le destinataire de la décision ne peut exercer de recours juridictionnel au-delà d'un délai raisonnable. S'agissant d'un décret de libération des liens d'allégeance, ce délai ne saurait, eu égard aux effets de cette décision, excéder, sauf circonstances particulières dont se prévaudrait le requérant, trois ans à compter de la date de publication du décret ou, si elle est plus tardive, de la date de la majorité de l'intéressé. • CE 29 nov. 2019, n° 411145 A : *préc. note 7*. ♦ Constituent de telles circonstances particulières, le fait que le décret portant libération des liens d'allégeance avec la France n'a pas été notifié à l'intéressée, qui vit en France, exerce des fonctions d'agent administratif dans la fonction publique territoriale depuis 1978, le fait que lui ont été délivrées, à plusieurs reprises, des pièces d'identité françaises ainsi qu'un certificat de nationalité française et le fait qu'elle n'a jamais cessé d'être regardée comme Française, en particulier dans ses relations avec les administrations de l'État et des collectivités territoriales. • CE 29 nov. 2019, n° 426372 A : *préc. note 7*. ♦ Même solution, l'intéressée n'ayant eu connaissance du décret que quarante-six ans après son édiction, s'était vue délivrer à plusieurs reprises des pièces d'identité française et n'avait jamais cessé d'être considérée comme française, notamment dans ses relations avec les administrations. • CE 22 mars 2023, n° 467580.

9. Décision de rejet. Une décision de rejet interviendra notamment quand le requérant n'envisageait pas de quitter le territoire français. • CE 25 juill. 1986, *Djebbar*, n° 55135 : *Lebon 214 ; JCP 1987. II. 20777, note Pacteau ; AJDA 1986. 556, Chron. Azibert et de Boisdeffre ; RFDA 1987. 616, concl. Bonichot* • 30 avr. 1990 : *D. 1991. 280, note Guiho* • 24 juin 1994, *Idir*, n° 129324 • 26 févr. 1996, *Bouzaroura*, n° 136527.

10. Les décisions de refus peuvent faire l'objet d'un recours pour excès de pouvoir. • CE 12 avr. 1972, *M. Henri X.*, n° 85068. ♦ Le juge n'exerce ici qu'un contrôle restreint. • CE 20 mars 1987, *Dalbel : Gaz. Pal. 1988. I. Somm. 70* • 30 avr. 1990, *M. Djilali Benlenguer*, n° 77685 : *D. 1991. 280, note Guiho* • 5 juill. 1993, *Omella*, n° 119140.

11. Une personne ayant exprimé sa volonté d'être libérée de ses liens d'allégeance avec la France n'est pas recevable à demander l'annulation du décret qui est intervenu à sa demande. • CE 30 déc. 2009, *M. Djerroumi*, n° 325592.

12. Le refus fera l'objet d'une annulation lorsqu'il apparaît clairement que l'intéressé souhaite rompre véritablement ses liens avec la France ; a ainsi été annulé le refus opposé à un algérien, invalide et ne travaillant plus qui souhaitait rentrer en Algérie avec sa famille. • CE 15 juin 1987, *Layachi*, n° 55136 : *Lebon T. 730 ; D. 1988 Somm. 136, obs. Waquet et Julien-Laferrière ; RFDA 1987. 623, concl. Schrameck* • 26 févr. 1988, *Min. des Affaires sociales et de l'emploi c/ Shaukat*, n° 71716 : *Lebon T. 784*. ♦ La circonstance selon laquelle la date du retour n'a pas été précisée ne permet pas, à elle seule, de mettre en doute la réalité de cette intention. • CE 27 juill. 1988, *M. et Mlle M'Barek Soussi*, n° 75944.

13. Dès lors que sa légalité n'a pas été contestée devant la juridiction administrative, seule compétente pour en connaître, le décret de libération d'allégeance fait preuve de la perte de la nationalité française de l'enfant, alors mineur, de l'intéressé. • Civ. 1re, 19 oct. 2004 : *Rev. crit. DIP 2005. 287, note Lagarde*.

Art. 23-5 *(L. n° 73-42 du 9 janv. 1973)* **En cas de mariage avec un étranger, le conjoint français peut répudier la nationalité française selon les dispositions des articles 26 et suivants à la condition qu'il ait acquis la nationalité étrangère de son conjoint et que la résidence habituelle du ménage ait été fixée à l'étranger.**

(L. n° 98-170 du 16 mars 1998) **« Toutefois, les Français âgés de moins de trente-cinq ans ne pourront exercer cette faculté de répudiation que s'ils sont en règle avec les obligations prévues au livre II du code du service national. »** — *Entrée en vigueur le 1er sept. 1998.*

V. infra, Décr. n° 93-1362 du 30 déc. 1993, art. 27.

COMMENTAIRE

Pour exercer la faculté de répudiation de la nationalité française qui lui est ouverte par l'article 23-5, le Français qui se marie avec un étranger et qui a acquis la nationalité étrangère de son conjoint doit souscrire la déclaration prévue à l'article 26 accompagnée des pièces suivantes : un extrait de son acte de naissance ; un certificat de nationalité française, les actes de l'état civil ou tous documents émanant des autorités françaises de nature à établir qu'il est français ; un certificat délivré par les autorités du pays dont son conjoint est le ressortissant, établissant qu'il a acquis la nationalité de ce pays, précisant la date d'acquisition et les dispositions de la loi étrangère applicables ; les documents justifiant que la résidence habituelle des époux est fixée à l'étranger ; lorsque le déclarant est un Français de moins de trente-cinq ans soumis aux obligations du livre II du code du service national, un document émanant des bureaux du service national justifiant qu'il a satisfait à ces obligations ou qu'il en a été dispensé ou exempté (Décr. n° 93-1362 du 30 déc. 1993, art. 27). ❑

La renonciation à la nationalité française effectuée devant l'autorité d'un État étranger lors de l'acquisition de la nationalité de cet État est sans valeur en France. • Civ. 1re, 22 oct. 1996, n° 94-18.965 P : *JCP 1996. IV. 2442.*

Art. 23-6 *(L. n° 73-42 du 9 janv. 1973)* **La perte de la nationalité française peut être constatée par jugement lorsque l'intéressé, français d'origine par filiation, n'en a point la possession d'état et n'a jamais eu sa résidence habituelle en France, si les ascendants, dont il tenait la nationalité française, n'ont eux-mêmes ni possession d'état de Français, ni résidence en France depuis un demi-siècle.**

Le jugement détermine la date à laquelle la nationalité française a été perdue. Il peut décider que cette nationalité avait été perdue par les auteurs de l'intéressé et que ce dernier n'a jamais été français. – *[C. nat., art. 95.]*

1. Le délai de 50 ans de résidence habituelle à l'étranger ne peut être accompli en additionnant la durée de résidence habituelle à l'étranger de l'ascendant avec celle de l'intéressé. • TGI Paris, 18 oct. 1985 : *Rev. crit. DIP 1987. 93, note Lagarde.*

2. Il n'est pas exigé que le délai de 50 ans soit accompli avant la naissance de l'intéressé. • Civ. 1re, 7 mai 1963 : *Rev. crit. DIP 1964. 253, note Batiffol ; JCP 1964. II. 13165, note Aymond.*

3. La présomption de perte de la nationalité présente un caractère irréfragable. Par conséquent la preuve de la nationalité ne peut être rapportée lorsque le parent de la personne intéressée, né à l'étranger où il est demeuré fixé, ne justifie d'aucune possession d'état de Français dans les 50 ans qui ont suivi sa naissance et que l'intéressée elle-même ne produit aucun élément de possession d'état de Français. • Civ. 1re, 14 oct. 2020, n° 19-50.038.

4. V. aussi art. 30-3, *infra.*

Art. 23-7 *(L. n° 73-42 du 9 janv. 1973)* **Le Français qui se comporte en fait comme le national d'un pays étranger peut, s'il a la nationalité de ce pays, être déclaré, par décret après avis conforme du Conseil d'État, avoir perdu la qualité de Français.**

Al. 2 abrogé par L. n° 84-341 du 7 mai 1984. – *[C. nat., art. 96.]*

COMMENTAIRE

La perte de la nationalité française se fonde ici sur l'exercice actif d'une nationalité étrangère. La perte résulte ici d'une décision discrétionnaire du gouvernement et non d'une demande de l'intéressé. Afin d'éviter des cas d'apatridie, cette procédure ne peut concerner que des personnes possédant effectivement une nationalité étrangère.

On s'accorde à considérer qu'il existe trois hypothèses où le comportement de national étranger apparaît comme étant caractérisé (V. concl. Combarnous sur l'arrêt *Konarkowski* du 20 mars 1964) : l'intéressé a conservé avec un pays étranger des liens personnels ou professionnels qui permettent de considérer que la France n'est pour lui qu'un pays d'accueil provisoire auquel il n'est nullement intégré ; l'intéressé entretient avec des organismes publics ou parapublics étrangers des relations incompatibles avec sa qualité de citoyen français ; enfin l'intéressé mène auprès des ressortissants français de fraîche date une action destinée à empêcher leur assimilation ou à maintenir parmi eux l'influence du gouvernement dont ils sont originaires. Le juge tente ainsi de déterminer si le requérant s'est volontairement mis au service d'une autorité étrangère et s'il a mené au profit de cette autorité une action contraire à la politique du gouvernement français. L'attitude de l'étranger doit avoir revêtu un certain degré de permanence et pouvoir être considérée à la date à laquelle le décret intervient comme destinée à persister.

Lorsque le gouvernement décide de faire application de l'article 23-7, il notifie à l'intéressé, en la forme administrative ou par lettre recommandée avec demande d'avis de réception, les motifs de droit et de fait justifiant qu'il a perdu la qualité de Français. A défaut de domicile connu, un avis informatif est publié au *Journal officiel* de la République française. L'intéressé dispose d'un délai d'un mois à dater de la notification ou de la publication de l'avis au *Journal officiel* pour faire parvenir au ministre chargé des naturalisations ses observations en défense. Après l'expiration de ce délai, le gouvernement peut déclarer, par décret motivé pris sur avis conforme du Conseil d'État, que l'intéressé a perdu la qualité de Français (Décr. n° 93-1362 du 30 déc. 1993, art. 59).

Dans une réponse à une question d'un parlementaire, le ministre de l'Intérieur (Rép. min. n° 4097 : *JO Sénat Q, 11 avr. 2013, p. 1191*) a indiqué qu'il n'a pas connaissance que le présent article ait été appliqué depuis son entrée en vigueur et que l'article 96 du code de la nationalité française auquel il succède n'a été utilisé que très rarement. ❑

1. Le juge interprète le comportement de l'intéressé comme un défaut de loyalisme à l'égard de la France : V. pour une annulation. • CE 20 mars 1964 : *JCP 1964. II. 13755, note Aymond.* ♦ Il n'exerce qu'un contrôle minimum sur cette mesure. • CE 8 déc. 1965, *Wehrlin*, n° 63276 : *Lebon 673*. ♦ Il fait porter son contrôle sur l'exactitude matérielle des faits et la qualification juridique qui leur est donnée par le gouvernement. • CE 20 mars 1964, *Épx Konarkowski : Lebon 197.*

2. Cette mesure interviendra notamment lorsque l'intéressé entretient avec des organismes publics ou parapublics étrangers des relations incompatibles avec sa qualité de citoyen français. • CE 10 déc. 1952, *Épx Vuiton : Lebon 565* • 2 déc. 1959, *Mlle Rudzinski*, n° 47016.

3. Du point de vue formel, l'intéressé doit avoir été entendu ou appelé à produire ses observations. • CE 4 févr. 1966, *Horko : Lebon 77 ; JCP 1966. II. 14789, note Aymond.*

4. Si le décret de 1993 ne prévoit pas de notification du décret à l'intéressé, il reste que le délai de recours ne commence à courir que du jour de cette notification. • CE 28 janv. 1966, *Braeckman,* n° 61281 : *Lebon 67*.

Art. 23-8 *(L. n° 73-42 du 9 janv. 1973)* **Perd la nationalité française le Français qui, occupant un emploi dans une armée ou un service public étranger ou dans une organisation internationale dont la France ne fait pas partie ou plus généralement leur apportant son concours, n'a pas résigné son emploi ou cessé son concours nonobstant l'injonction qui lui en aura été faite par le Gouvernement.**

L'intéressé sera, par décret en Conseil d'État, déclaré avoir perdu la nationalité française si, dans le délai fixé par l'injonction, délai qui ne peut être inférieur à quinze jours et supérieur à deux mois, il n'a pas mis fin à son activité.

Lorsque l'avis du Conseil d'État est défavorable, la mesure prévue à l'alinéa précédent ne peut être prise que par décret en conseil des ministres. – *[C. nat., art. 97.]*

COMMENTAIRE

L'article 23-8 prévoit la faculté pour le gouvernement de retirer la nationalité française à l'individu qui, occupant un emploi dans une armée ou un service public étranger ou dans une organisation internationale dont la France ne fait pas partie ou plus généralement leur apportant son concours, n'a pas résigné son emploi ou cessé son concours nonobstant l'injonction qui lui en aura été faite par le gouvernement. Cette disposition est utilisée notamment pour limiter les cas de double nationalité (Rép. min. n° 32068 : *JOAN, 8 avr. 1996, p. 1931*). Le texte est rédigé en termes particulièrement généraux, évoquant non seulement l'emploi au sens strict, mais également le simple concours ; par ailleurs, il n'est pas nécessaire que cette participation ait lieu à l'étranger.

La condition de l'existence d'une injonction par le gouvernement est indispensable ; elle est notifiée dans les mêmes conditions qu'en cas d'exercice actif d'une nationalité étrangère. L'intéressé sera, par décret en Conseil d'État, déclaré avoir perdu la nationalité française si, dans le délai fixé par l'injonction, délai qui ne peut être inférieur à quinze jours et supérieur à deux mois, il n'a pas mis fin à son activité. Lorsque l'avis du Conseil d'État est défavorable, la mesure ne peut être prise que par décret en Conseil des ministres.

Le décret est pris après que l'intéressé a été entendu ou appelé à produire ses observations ; le décret est motivé et publié au *Journal officiel* ; le délai de recours ne commence toutefois qu'à compter de la notification du décret.

Il convient de préciser que l'application du présent article peut avoir pour effet de rendre une personne apatride ; comme le note Lagarde, « L'intéressé perd la qualité de Français et risque, s'il ne possède pas une autre nationalité, de devenir apatride » (*La nationalité française, n° 233, p. 162*). ❑

Le Premier ministre peut légalement retirer la nationalité française à un ressortissant français servant dans une armée étrangère, sous réserve que cela ne porte pas d'atteinte disproportionnée au droit au respect de sa vie privée garanti par l'art. 8 Conv. EDH. • CE 25 janv. 2023, n° 466223 : *DP étrangers, Bull. n° 329, note Pouly.*

Art. 23-9 *(L. n° 73-42 du 9 janv. 1973)* **La perte de la nationalité française prend effet :**

1° Dans le cas prévu à l'article 23 à la date de l'acquisition de la nationalité étrangère ;

2° Dans le cas prévu aux articles 23-3 et 23-5 à la date de la déclaration ;

3° Dans le cas prévu aux articles 23-4, 23-7 et 23-8 à la date du décret ;

4° Dans les cas prévus à l'article 23-6 au jour fixé par le jugement. – *[C. nat., art. 97-1.]*

V. Décr. n° 93-1362 du 30 déc. 1993, art. 59 s.

Caractère personnel. La perte de la nationalité est strictement personnelle et ne comporte pas d'effet collectif ; elle entraîne la perte de tous les droits attachés à la qualité de Français : emploi public. • CE 3 nov. 1972, *Min. Intérieur c/ Djenouhat,* n° 81568 : *Lebon 706* • 16 nov. 1983, *Cne de Gemenos c/ Chabanne,* n° 24484 : *Lebon T. 722*. ♦ ... Droits à pension. • CE 9 oct. 1974, *Mahamet N'Gabdja,* n° 87646. ♦ *A contrario,* • CE 27 juill. 1979, *Min. du budget c/ Mme Benarous,* n° 12295 : *Lebon 348*.

SECTION 2 *De la réintégration dans la nationalité française*

COMMENTAIRE

La réintégration dans la nationalité française permet à une personne qui a perdu sa nationalité de la recouvrer, mais sans rétroactivité. En dehors de la réintégration par déclaration réservée aux anciens Français d'origine (art. 24-2), aux anciens parlementaires des ex-territoires d'outre-mer (art. 32-4 s.) et aux descendants de Français établis à l'étranger (art. 23-6), il existe également une procédure de réintégration par décret (art. 24-1). Celle-ci est soumise aux mêmes conditions de forme et de fond que la naturalisation sous deux réserves : elle peut tout d'abord être obtenue à tout âge (pour les conditions d'âge et de capacité, V. art. 17-31) et surtout aucune condition de stage n'est exigée.

S'agissant des changements de statut juridique d'une partie du territoire en raison d'une cession ou d'une sécession, l'article 17-7 prévoit que les effets des changements de souveraineté sur la nationalité des personnes nées ou domiciliées sur ces territoires sont en principe fixés par les traités qui opèrent ces changements de souveraineté. Les traités de cession prévoient souvent que les ressortissants français domiciliés dans le territoire cédé acquièrent la nationalité du nouvel État, sauf option en faveur de la nationalité française (par exemple, traité du 2 févr. 1951 relatif à la cession de Chandernagor ; traité du 28 mai 1956 relatif à la cession des établissements de Pondichéry, Karikal, Mahé et Yanaon). Les dispositions du code sont donc supplétives ; l'article 17-8 prévoit que les nationaux français domiciliés dans les territoires cédés au jour du transfert de souveraineté perdent cette nationalité. Le législateur a ainsi, dans le silence des traités, fait prévaloir le critère du domicile sur celui de la naissance.

Voir également les articles 30-3 et 32.

Il résulte des dispositions combinées des articles 4 et 5 du Traité de cession des établissements français de Pondichéry, Karikal, Mahé et Yanaon à l'Union indienne du 28 mai 1956 que seuls les nationaux français nés sur le territoire de ces établissements et qui y étaient domiciliés le 16 août 1962, date d'entrée en vigueur du traité, ont été invités à opter pour la conservation de leur nationalité, dans les six mois suivant cette date, par une déclaration écrite déterminant la nationalité des enfants non mariés, âgés de moins de dix-huit ans. Il s'en déduit que les enfants remplissant ces deux dernières conditions mais nés hors du territoire d'un établissement français cédé ont conservé un statut autonome de celui de leur représentant légal (Civ. 1re, 17 avr. 2019, n° 18-50.039 : *D. 2019. 888*).

1. Il résulte des dispositions combinées des art. 4 et 5 du Traité de cession des établissements français de Pondichéry, Karikal, Mahé et Yanaon à l'Union indienne du 28 mai 1956 que, seuls les nationaux français nés sur le territoire de ces établissements et qui y étaient domiciliés le 16 août 1962, date d'entrée en vigueur du traité, ont été invités à opter pour la conservation de leur nationalité, dans les 6 mois suivant cette date, par une déclaration écrite déterminant la nationalité des enfants non mariés, âgés de moins de 18 ans. Il s'en déduit que les enfants remplissant ces deux dernières conditions mais nés hors du territoire d'un établissement français cédé ont conservé un statut autonome de celui de leur représentant légal. • Civ. 1re, 17 avr. 2019, n° 18-50.039 : *D. 2019. 888*.

2. L'enfant né en Inde après l'expiration du délai d'option offert à son père pour la conservation de la nationalité française, en application du Traité de cession par la France à l'Inde des établissements français de Pondichéry, Karikal, Mahe et Yanaon du 28 mai 1956, ne suit pas sa condition ; les enfants, nés sur le territoire de l'établissement cédé postérieurement à l'expiration du délai d'option offert à leur auteur, ont conservé un statut autonome de celui de leur représentant légal, qui les autorise à revendiquer la nationalité française sur le fondement du droit interne. N'étant pas concerné par le Traité, il peut revendiquer la nationalité française par filiation maternelle en application de l'art. 18 C. civ. • Civ. 1re, 13 janv. 2021, n° 19-18.447 : *AJ fam. 2021. 186*.

Art. 24 *(L. n° 73-42 du 9 janv. 1973)* **La réintégration dans la nationalité française des personnes qui établissent avoir possédé la qualité de Français résulte d'un décret ou d'une déclaration suivant les distinctions fixées aux articles ci-après.** – *[C. nat., art. 97-2.]*

1. La réintégration n'a de sens que dans la mesure où le demandeur apporte la preuve qu'il a détenu la nationalité française par le passé et qu'il entend ainsi la recouvrer ; pour un exemple de preuve non rapportée. • CE 8 janv. 1997, *M. Boukli Hacene Tani,* n° 162091 • Civ. 1re, 27 avr. 2004, *Elazhari,* n° 01-10.018.

2. Il résulte de l'art. 35 du décret de 1993 que le postulant résidant à l'étranger doit déposer sa demande de réintégration auprès de l'autorité consulaire, laquelle, alors même que cette demande apparaîtrait manifestement irrecevable, transmet le dossier au ministre compétent ; l'autorité consulaire est ainsi tenue de délivrer un formulaire de demande afin d'en permettre l'instruction. • CE 15 oct. 2003, *M. Mansouri,* n° 250593 : *Lebon T. 777 ; AJDA 2004. 164.*

Art. 24-1 *(L. n° 73-42 du 9 janv. 1973)* **La réintégration par décret peut être obtenue à tout âge et sans condition de stage. Elle est soumise, pour le surplus, aux conditions et aux règles de la naturalisation.** – *[C. nat., art. 97-3.]*

1. Compétence. Le recours pour excès de pouvoir formé par l'intéressé devant les juridictions administratives sur l'exactitude du motif sur lequel se fonde la décision est de la compétence du tribunal dans le ressort duquel l'autorité qui a pris la décision attaquée a son siège, soit en vertu de son pouvoir propre, soit en vertu d'une délégation. • CE 26 avr. 1985 : *Rev. crit. DIP 1986. Somm. 732.*

2. Procédure. Sur la procédure applicable à la demande de réintégration par décret, V. Décr. 30 déc. 1993, art. 35, al. 2. – Sur l'existence d'une procédure allégée (Décr. n° 93-1362 du 30 déc. 1993, art. 45), V. Circ. 27 avr. 1995.

3. Dès lors que, aux termes de l'art. 21-16 C. civ. : « Nul ne peut être naturalisé s'il n'a en France sa résidence au moment de la signature du décret de naturalisation » et qu'aux termes de l'art. 24-1 du même code : « La réintégration par décret peut être obtenue à tout âge et sans condition de stage. Elle est soumise, pour le surplus, aux conditions et aux règles de la naturalisation », la demande de naturalisation ou de réintégration dans la nationalité française n'est pas recevable lorsque l'intéressé n'a pas fixé en France, de manière stable, le centre de ses intérêts. • CAA Nantes, 18 nov. 2011, *M. Mohammed Cherif Illoul,* n° 11NT00369.

Art. 24-2 *(L. n° 73-42 du 9 janv. 1973)* **Les personnes qui** *(L. n° 98-170 du 16 mars 1998)* **« ont perdu la nationalité française » à raison du mariage avec un étranger ou de l'acquisition par mesure individuelle d'une nationalité étrangère peuvent, sous réserve des dispositions** *(L. n° 93-933 du 22 juill. 1993)* **« de l'article 21-27 », être réintégrées par déclaration souscrite, en France ou à l'étranger, conformément aux articles 26 et suivants.**

Elles doivent avoir conservé ou acquis avec la France des liens manifestes, notamment d'ordre culturel, professionnel, économique ou familial. – *[C. nat., art. 97-4.]*

V. infra, Décr. n° 93-1362 du 30 déc. 1993, art. 19 et 21.

Ancien art. 24-2 *(L. n° 73-42 du 9 janv. 1973)* ***Les personnes qui, alors qu'elles étaient françaises d'origine, ont perdu leur nationalité...*** *(suite sans changement).*

COMMENTAIRE

Depuis la loi du 16 mars 1998, cette possibilité de réintégration n'est plus limitée aux personnes qui étaient françaises d'origine. Sont écartées du bénéfice de l'article 24-2 les personnes qui ont perdu la nationalité française par voie de disposition générale (loi étrangère ou convention internationale).

S'agissant des enfants mineurs qui ont perdu automatiquement leur nationalité d'origine par acquisition de plein droit de la nationalité d'un autre État en raison de la naturalisation, de l'option ou de la réintégration de leurs père et mère (Conv. du Conseil de l'Europe du 6 mai 1963, art. 1er, § 3), la loi n° 64-1328 du 26 décembre 1964 (*JO 29 déc.*) a prévu une faculté particulière de réintégration par déclaration souscrite après la majorité pour les personnes résidant en France.

Pour souscrire la déclaration prévue au présent article, le déclarant doit fournir les pièces suivantes : la copie intégrale de son acte de naissance ; les actes de l'état civil ou tous documents émanant des autorités françaises de nature à établir qu'il possédait la nationalité française ; un certificat établi par les autorités du pays dont il a acquis la nationalité précisant la date d'acquisition et les dispositions de la loi étrangère en vertu desquelles cette nationalité a été acquise ; tous documents publics ou privés de nature à rapporter la preuve qu'il a conservé ou acquis avec la France des liens manifestes, notamment d'ordre culturel, professionnel, économique ou familial ; le cas échéant, la copie intégrale des actes de naissance de ses enfants mineurs étrangers qui résident avec lui de manière habituelle ou alternativement dans le cas de séparation ou de divorce ainsi que les pièces de nature à établir cette résidence (Décr. n° 93-1362 du 30 déc. 1993, art. 19). ❑

Liens manifestes avec la France. La déclaration de réintégration dans la nationalité française doit être rejetée en l'absence de circonstances autres que la poursuite en France d'études. • Civ. 1re, 10 févr. 1993, n° 91-17.601 P : *JCP 1993. IV. 947.*

Art. 24-3 *(L. n° 93-933 du 22 juill. 1993)* **La réintégration par décret ou par déclaration produit effet à l'égard des enfants âgés de moins de dix-huit ans dans les conditions des articles 22-1 et 22-2 du présent titre.**

V. Décr. n° 93-1362 du 30 déc. 1993, art. 35 s.

SECTION 3 *De la déchéance de la nationalité française*

BIBL. ▶ P. Lagarde, La déchéance de nationalité : *D. 2010. 1992*. – Dieu, Le contentieux de la déchéance de nationalité devant le Conseil d'État, *Constitutions 2016. 404*.

COMMENTAIRE

Lorsque le gouvernement décide de faire application des articles 25 et 25-1 ci-dessous, il notifie les motifs de droit et de fait justifiant la déchéance de la nationalité française, en la forme administrative ou par lettre recommandée avec demande d'avis de réception. A défaut de domicile connu, un avis informatif est publié au *Journal officiel* de la République française. L'intéressé dispose d'un délai d'un mois à dater de la notification ou de la publication de l'avis au *Journal officiel* pour faire parvenir au ministre chargé des naturalisations ses observations en défense. A l'expiration de ce délai, le gouvernement peut déclarer, par décret motivé pris sur avis conforme du Conseil d'État, que l'intéressé est déchu de la nationalité française (Décr. n° 93-1362 du 30 déc. 1993, art. 61). ❑

Art. 25 *(L. n° 73-42 du 9 janv. 1973)* **L'individu qui a acquis la qualité de Français peut, par décret pris après avis conforme du Conseil d'État, être déchu de la nationalité française** *(L. n° 98-170 du 16 mars 1998, en vigueur le 1er sept. 1998)* **« , sauf si la déchéance a pour résultat de le rendre apatride » :**

1° S'il est condamné pour un acte qualifié *(L. n° 93-933 du 22 juill. 1993)* **« de crime ou délit constituant une atteinte aux intérêts fondamentaux de la Nation »** *(L. n° 96-647 du 22 juill. 1996, art. 12)* **« ou pour un crime ou un délit constituant un acte de terrorisme ». ;**

2° S'il est condamné pour un acte qualifié *(L. n° 93-933 du 22 juill. 1993)* **« de crime ou délit prévu et réprimé par le chapitre II du titre III du livre IV du code pénal » ;**

3° S'il est condamné pour s'être soustrait aux obligations résultant pour lui du code du service national ;

4° S'il s'est livré au profit d'un État étranger à des actes incompatibles avec la qualité de Français et préjudiciables aux intérêts de la France ; *[.] – [C. nat., art. 98.]*

5° Abrogé par L. n° 98-170 du 16 mars 1998.

V. infra, Décr. n° 93-1362 du 30 déc. 1993, art. 61.

COMMENTAIRE

La procédure de déchéance visée à l'article 25 est conçue comme une mesure de sanction, pour indignité ou défaut de loyalisme, consistant à retirer la nationalité française à un individu qui l'avait acquise ; cette mesure ne peut donc frapper les Français d'origine. On notera par ailleurs que la loi du 16 mars 1998 a rendu cette procédure inutilisable lorsque la déchéance a pour résultat de rendre l'intéressé apatride. Depuis la loi du 26 novembre 2003, cette procédure n'est plus limitée dans le temps puisque le texte antérieur n'envisageait que les infractions commises dans les dix ans de l'acquisition de la nationalité française.

I. MOTIFS

L'article 25 n'envisage plus aujourd'hui que quatre séries de motifs pouvant justifier la procédure de déchéance, depuis que la loi du 16 mars 1998 a supprimé le cinquième cas, à savoir la condamnation en France ou à l'étranger à une peine d'au moins cinq années d'emprisonnement pour un acte qualifié de crime par la loi française.

Le premier motif réside dans une condamnation pour un acte qualifié de crime ou délit constituant une atteinte aux intérêts fondamentaux de la nation ou pour un crime ou un délit constituant un acte de terrorisme ; c'est la loi du 22 juillet 1996 (n° 96-647) tendant à renforcer la répression du terrorisme qui a complété ce dispositif en visant les actes de terrorisme. Le Conseil constitutionnel (Décis. n° 96-377 DC du 16 juill. 1996) a précisé que les personnes ayant acquis la nationalité française et celles auxquelles la nationalité française a été attribuée à leur naissance sont dans la même situation. Le Conseil a toutefois validé la disposition susvisée en estimant que la différence de traitement en résultant ne violait pas le principe d'égalité, et ce en raison de la gravité des actes de terrorisme. Cette décision a été critiquée au motif notamment que le Conseil admet une différence de traitement pour des personnes placées dans la même situation et en raison de l'absence de garanties procédurales présidant à cette procédure (Teitgen-Colly et Julien-Laferrière, *AJDA 1997. 95* ; Schramek, *AJDA 1996. 694*).

La déchéance interviendra en deuxième lieu en cas de condamnation pour un acte qualifié de crime ou délit prévu et réprimé par le chapitre II du titre III du livre IV du code pénal, c'est-à-dire les atteintes à l'administration publique commises par des personnes exerçant une fonction publique (abus d'autorité, manquement au devoir de probité tels que concussion, corruption, trafic d'influence, détournement de fonds, etc.).

Le troisième cas de figure résulte d'une condamnation de l'intéressé pour s'être soustrait aux obligations résultant pour lui du code du service national.

Enfin, sera encore frappé de déchéance celui qui s'est livré au profit d'un État étranger à des actes incompatibles avec la qualité de Français et préjudiciables aux intérêts de la France. On s'accorde à considérer que sont notamment visées les hypothèses de collaboration avec des forces d'occupation étrangère ou de commerce avec l'ennemi durant l'occupation du territoire (Fourré, *EDCE 1978-1979, p. 103*). A la différence des autres cas, cette « incrimination » repose sur un large pouvoir d'appréciation de l'administration dès lors qu'elle n'est pas fondée sur l'existence de condamnations ; toutefois, la réalité des faits doit être établie, ce qui résulte le plus généralement d'une condamnation définitive (Rép. min. : *JOAN Q, 3 août 1987, p. 4448*).

Il convient de préciser que les condamnations assorties de sursis ne sont pas exclues du champ d'application de l'article 25. Par ailleurs, en dehors de l'hypothèse visée à l'article 25-4°, l'amnistie s'oppose à l'intervention éventuelle de la déchéance. Quant à la réhabilitation, elle exclut toute mesure de déchéance.

II. PROCÉDURE

La procédure de déchéance est régie par l'article 61 du décret du 30 décembre 1993 : le gouvernement doit notifier les motifs de droit et de fait justifiant la déchéance ; à défaut de domicile connu, un avis informatif est publié au *Journal officiel* ; l'intéressé dispose d'un délai d'un mois pour faire parvenir au ministre chargé des naturalisations ses observations en défense. Le décret motivé prononçant la déchéance ne peut être pris que sur avis conforme du Conseil d'État. Comme dans le cas précédent, le délai de recours ne commence à courir que du jour de la notification du décret. ❑

1. L'art. 121 C. nat. impose à l'administration de mettre l'intéressé à même de discuter les griefs invoqués contre lui ; toutefois une telle obligation n'emporte pas l'exigence faite à l'administration de communiquer le dossier. • CE 20 oct. 1954, *Léoncini*, n° 15282 : *Lebon p. 793.* ♦ La procédure est ainsi irrégulière dès lors qu'elle n'a pas conduit à informer les intéressés des faits qui étaient relevés à leur charge • CE 7 mars 1958 : *Époux Speter, Lebon p. 152.*

2. La déchéance de nationalité française constitue une sanction administrative susceptible, par exception, de recours pour excès de pouvoir. Elle fait l'objet d'un contrôle entier par le juge administratif et l'art. 8 Conv. EDH est désormais invocable sur son volet « vie privée ». • CE 8 juin 2016, n°s 394348, 394350, 394352, 394354 et 394356 : *Lebon 232 ; AJDA 2016. 1758, concl. Domino ; RFDA 2016. 1188, note Lepoutre*. ♦ La CEDH a considéré que, bien que le droit à la nationalité ne soit pas en tant que tel garanti par la Convention ou par ses protocoles, une déchéance arbitraire de nationalité peut dans certaines circonstances poser un problème au regard de l'art. 8 Conv. EDH du fait de son impact sur la vie privée de l'intéressé ; elle souligne que la procédure française est prévue par la loi (C. civ., art. 25-1), que les requérants ont bénéficié de garanties procédurales substantielles, que les actions ayant entraîné les condamnations pénales des intéressés révèlent des allégeances qui montrent le peu d'importance qu'a eu leur attachement à la France et à ses valeurs dans la construction de leur identité personnelle ; elle relève, pour conclure à l'absence de violation, que les requérants ont tous une autre nationalité et que la perte de la nationalité française n'emporte pas automatiquement éloignement du territoire ; elle déclare enfin irrecevable le grief tiré du principe *non bis in idem*, dès lors que la déchéance de nationalité n'est pas une punition pénale, au sens de l'art. 4 du protocole n° 7. • CEDH 25 juin 2020, *M. Ghoumid et a.*, n° 52273/16 : *AJDA 2020. 1323* ; *RFDA 2020. 1107, note Andriantsimbazovina*.

3. Les art. 8 et 14 Conv. EDH sont invocables à l'occasion d'un recours formé contre une décision de déchéance de nationalité ; la Cour précise que la mesure de déchéance ne doit pas être arbitraire, avoir été prévue par la loi, les autorités devant avoir agi avec célérité et diligence, et l'intéressé devant avoir bénéficié de garanties procédurales suffisantes. • CEDH 7 févr. 2017, n° 42387/13 : *Rev. crit. DIP 2017. 381, note Lepoutre* ; *D. 2018. 313, chron. Boskovic, Corneloup, Jault-Seseke, Joubert et Parrot*. ♦ Le Conseil d'État estime que la sanction de déchéance de la nationalité, pour le cas prévu au 1° du présent art., a pour objectif de renforcer la lutte contre le terrorisme. Un décret portant déchéance de la nationalité française est par lui-même dépourvu d'effet sur la présence sur le territoire français de celui qu'il vise comme sur ses liens avec les membres de sa famille et n'affecte pas, dès lors, le droit au respect de sa vie familiale. En revanche, un tel décret affecte un élément constitutif de l'identité de la personne concernée et porte une atteinte au droit au respect de sa vie privée, dont l'intensité dépend en particulier du mode et de la date d'acquisition de la nationalité. • CE 6 oct. 2021, n° 446945 : *AJDA 2022. 262*.

4. Le droit de l'UE, notamment l'art. 17 CE, ne s'oppose pas à ce qu'un État membre retire à un citoyen de l'Union la nationalité de cet État membre acquise par naturalisation lorsque celle-ci a été obtenue par fraude, à condition que cette décision respecte le principe de proportionnalité. Dans la mesure où la perte de la nationalité d'un État membre a pour conséquence la perte du statut de citoyen de l'Union, la perte de la nationalité d'un État membre doit, pour être conforme au droit de l'Union, répondre à des motifs d'intérêt général et proportionnés à la gravité des faits qui la fondent, au délai écoulé depuis l'acquisition de la nationalité et à la possibilité pour l'intéressé de recouvrer une autre nationalité. • CJUE 2 mars 2010, *Rottmann c/ Freistaat Bayern*, n° C-135/08 : *AJDA 2010. 937, chron. M. Aubert, Broussy et Donnat*. ♦ Cette interprétation, fondée sur l'absence de pouvoir discrétionnaire de l'État en matière de déchéance de nationalité, a été confirmée par le Conseil d'État : l'art. 25 C. civ. permet de déchoir de la nationalité française les personnes qui ont acquis cette nationalité, pour des motifs limitativement énumérés et dans un délai limité fixé à l'art. 25-1. • CE 11 mai 2015, *M. A. B.*, n° 383664 : *Lebon 232* ; *AJDA 2016. 1758, concl. Domino* ; *RFDA 2016. 1188, note Lepoutre* ; *D. 2015. 1099, obs. Lepoutre*.

5. S'agissant de la perte automatique de nationalité néerlandaise consécutive à une résidence de 10 ans en dehors de l'UE (à condition de posséder une seconde nationalité), la CJUE rappelle que si le droit de la nationalité reste de la compétence des États membres, c'est sous réserve que son exercice respecte le principe de proportionnalité ; dès lors que l'objectif poursuivi par la réglementation nationale relative au retrait reste légitime et la mesure proportionnée, rien ne s'oppose, en lui-même, au retrait de la nationalité et, par conséquent, à la perte de la citoyenneté européenne et des droits qui lui sont attachés ; le critère de résidence habituelle, pendant une période de 10 ans ininterrompue en dehors de son territoire, peut être considéré comme pertinent d'autant qu'en l'occurrence le risque d'apatridie est écarté. La Cour ajoute que la perte de plein droit de la nationalité d'un État membre serait incompatible avec le principe de proportionnalité si les règles nationales pertinentes ne permettaient, à aucun moment, un examen individuel des conséquences que comporte cette perte pour les personnes concernées et les membres de leur famille au regard du droit de l'Union. Doivent être pris en considération l'affectation du « développement normal de sa vie familiale et professionnelle » et des droits fondamentaux tels que garantis par la Charte, notamment le droit au respect d'une vie familiale, mais encore l'intérêt supérieur de l'enfant. • CJUE 12 mars 2019, n° C-221/17 : *RFDA 2019. 921* ; *RTD eur. 2019. 709, note Pataut* ; *D. 2019. 875, note Lepoutre*.

6. Principe d'égalité. Au regard du droit de la nationalité, les personnes ayant acquis la nationalité française et celles auxquelles la nationalité française a été attribuée à leur naissance sont dans la même situation ; toutefois, le législateur a pu, compte tenu de l'objectif tendant à renforcer la lutte contre le terrorisme, prévoir la possibilité, pendant une durée limitée, pour l'autorité administrative de déchoir de la nationalité française ceux qui l'ont acquise, sans que la différence de traitement qui en résulte viole le principe d'égalité. • Cons. const. 16 juill. 1996, n° 96-377 DC • Cons. const. 23 janv. 2015, n° 2014-439 QPC.

7. Déchéance de la nationalité française pour un individu condamné à 12 ans de réclusion pour homicide volontaire. • CE 15 mars 1999, *M. Mualabo*, n° 171879. ♦ Individu condamné à une peine de cinq années d'emprisonnement avec sursis pour complicité de coups et violences volontaires ayant entraîné, par excision, la mutilation de sa fille naturelle, âgée de moins de 15 ans. • CE 22 févr. 2008, *Saloum*, n° 303709 : *AJDA 2008. 950*.

8. Sur le 4° du présent art., dès lors qu'aucune condamnation n'est exigée, l'amnistie est sans influence sur la déchéance, les faits incriminés pouvant toujours être préjudiciables aux intérêts de la France. • CE 9 mars 1955, *Zoraïde Pebacini* : *Rev. crit. DIP 1956, p. 635*.

9. Le présent art. laisse une grande marge d'appréciation à l'autorité administrative ; en effet, si la déchéance ne peut intervenir que dans l'une des 4 hypothèses, elle n'est cependant pas automatique et l'administration doit procéder à un examen des circonstances de fait. • CE 23 mai 1986, *Warzecka,* n° 58806 : *Lebon 148 ; D. 1987. Somm. 225, obs. Waquet et Julien-Laferrière.*

10. Le Conseil d'État a transmis une QPC au Conseil constitutionnel portant sur le présent art. et l'art. 25-1 : M. B... a été déchu de la nationalité française par un Décr. du 28 mai 2014 pris sur le fondement des art. 25 et 25-1 C. civ., au motif qu'il a été condamné par un jugement devenu définitif du tribunal de grande instance de Paris pour avoir participé à une association de malfaiteurs en vue de la préparation d'un acte de terrorisme ; M. B... fait valoir que les dispositions des art. 25 et 25-1 C. civ. méconnaissent le principe d'égalité ; la question ainsi soulevée présente un caractère sérieux. • CE 31 oct. 2014, *M. B., n° 383664 : AJDA 2014. 2160 .* ♦ Le Conseil constitutionnel a considéré que ces dispositions étaient conformes à la Constitution : le délai de 15 ans prévu au premier al. de l'art. 25-1, qui ne saurait être allongé sans porter une atteinte disproportionnée à l'égalité entre les personnes ayant acquis la nationalité française et celles auxquelles la nationalité française a été attribuée à leur naissance, ne concerne que des faits d'une gravité toute particulière ; le délai prévu au deuxième al. de l'art. 25-1 est également limité à quinze ans pour les faits visés au 1° de l'art. 25 ; il n'existe donc aucune violation du principe d'égalité. Le Conseil ajoute que les dispositions contestées subordonnent la déchéance de nationalité à la condition que la personne a été condamnée pour des actes de terrorisme ; elles ne peuvent conduire à ce que la personne soit rendue apatride ; eu égard à la gravité toute particulière que revêtent par nature les actes de terrorisme, les dispositions contestées instituent une sanction ayant le caractère d'une punition qui n'est pas manifestement disproportionnée ; dès lors, le grief tiré de la méconnaissance des exigences de l'art. 8 DDH doit être écarté. • Cons. const. 23 janv. 2015, n° 2014-439 QPC : *AJDA 2015. 134 ; ibid. 1000, note Pauvert .* ♦ Les règles de délai issues de la loi du 23 janv. 2006 sont, eu égard à leur objet, d'application immédiate ; par conséquent, le moyen tiré de ce qu'en faisant application du délai prévu par la loi du 20 janv. 2006, le décret de déchéance de nationalité dont la suspension est demandée se serait fondé sur des dispositions législatives qui n'auraient pas été applicables ou aurait méconnu le principe de non-rétroactivité de la loi pénale n'est pas, en l'état de l'instruction, de nature à faire naître un doute sérieux sur la légalité de ce décret. • CE 20 nov. 2015, n°s 394349, 394351, 394353, 394355 et 394357 : *AJDA 2015. 2240 .*

Art. 25-1 *(L. n° 2003-1119 du 26 nov. 2003)* **« La déchéance n'est encourue que si les faits reprochés à l'intéressé et visés à l'article 25 se sont produits antérieurement à l'acquisition de la nationalité française ou dans le délai de dix ans à compter de la date de cette acquisition. »**

(L. n° 73-42 du 9 janv. 1973) **Elle ne peut être prononcée que dans le délai de dix ans à compter de la perpétration desdits faits.** – *[C. nat., art. 99.]*

(L. n° 2006-64 du 23 janv. 2006, art. 21) **« Si les faits reprochés à l'intéressé sont visés au 1° de l'article 25, les délais mentionnés aux deux alinéas précédents sont portés à quinze ans. »**

V. Décr. n° 93-1362 du 30 déc. 1993, art. 61 s.

Ancien art. 25-1, al. 1er *(L. n° 73-42 du 9 janv. 1973)* ***La déchéance n'est encourue que si les faits reprochés à l'intéressé et visés à l'article 25 se sont produits dans le délai de dix ans à compter de la date de l'acquisition de la nationalité française.***

1. L'administration doit prendre en compte les circonstances propres à l'intéressé. • CE 23 mai 1986, *Warzecka,* n° 58806 : *Lebon 148 ; Rev. crit. DIP 1987. Somm. 806 ; D. 1987. Somm. 225, obs. Vaquet et Julien-Laferrière.*

2. Expiration du délai. Sur l'expiration du délai de dix ans permettant le prononcé de la déchéance. • CE 23 mai 1986, *Warzecka,* n° 58806 : *préc. note 1.*

CHAPITRE V *DES ACTES RELATIFS À L'ACQUISITION OU À LA PERTE DE LA NATIONALITÉ FRANÇAISE*

SECTION 1 *Des déclarations de nationalité*

Art. 26 *(L. n° 2015-1776 du 28 déc. 2015, art. 38)* **« Les déclarations de nationalité souscrites en raison soit du mariage avec un conjoint français, en application de l'article 21-2, soit de la qualité d'ascendant de Français, en application de l'article 21-13-1,** *(L. n° 2016-274 du 7 mars 2016, art. 60)* **« soit de la qualité de frère ou sœur de Français, en application de l'article 21-13-2, » sont reçues par l'autorité administrative. »** *(L. n° 2009-526 du 12 mai 2009, art. 12, en vigueur le 1er janv. 2010)* **« Les autres déclarations de nationalité sont reçues**

par le *(L. n° 2016-1547 du 18 nov. 2016, art. 16-I)* **« directeur des services de greffe judiciaires » du tribunal judiciaire ou par le consul. Les formes suivant lesquelles ces déclarations sont reçues sont déterminées par décret en Conseil d'État. »**

(L. n° 93-933 du 22 juill. 1993, en vigueur le 1er janv. 1994) **Il en est délivré récépissé après remise des pièces nécessaires à la preuve de leur recevabilité.**

Les dispositions issues de l'art. 60 de la L. n° 2016-274 du 7 mars 2016 entrent en vigueur à compter d'une date fixée par décret, et au plus tard le 1er juill. 2016 (L. préc., art. 67).

COMMENTAIRE

L'autorité compétente pour recevoir la déclaration de nationalité est :

– le consul pour les déclarations souscrites à l'étranger,

– l'autorité administrative pour les déclarations en vue de l'acquisition par mariage (les préfectures étant déjà compétentes pour réaliser les enquêtes destinées à vérifier les conditions de recevabilité des demandes ; toutefois, le décret n° 2013-795 du 30 août 2013 modifiant l'article 26 du code civil prévoit, à titre expérimental, dans plusieurs départements désignés par arrêté du ministre de l'Intérieur (V. Arr. du 30 août 2013, *infra*), d'une part, l'instruction à un niveau interdépartemental des demandes de naturalisation ou de réintégration et des déclarations de nationalité souscrites à raison du mariage et, d'autre part, une nouvelle procédure de contrôle de l'assimilation des postulants en confiant à une commission et non plus à un seul agent de préfecture la mission de conduire avec chaque postulant ou déclarant un entretien). – V. Décr. n° 2013-795 du 30 août 2013, art. 2 s., *infra*,

– le président du tribunal de première instance ou le juge chargé de la section détachée dans les collectivités d'outre-mer régies par l'article 74 de la Constitution et en Nouvelle-Calédonie (V. art. 33-1),

– le greffier en chef du tribunal d'instance (déjà chargé de délivrer les certificats de nationalité) dans les autres cas.

Le tribunal d'instance compétent est celui de la résidence du déclarant. A l'étranger, la déclaration est reçue par les autorités consulaires françaises désignées selon la résidence de l'intéressé par arrêté du ministre des Affaires étrangères. La liste des pièces nécessaires à la preuve de la recevabilité de la déclaration est transmise au déclarant par l'autorité qui est chargée de recevoir la déclaration.

La déclaration de nationalité mentionne notamment l'état civil et la résidence du déclarant et, le cas échéant, ceux du bénéficiaire de la déclaration s'il est représenté ; l'objet de la déclaration et le motif sur lequel s'appuie le déclarant ; le cas échéant, l'état civil des enfants mineurs étrangers du déclarant résidant avec lui de manière habituelle ou alternativement dans le cas de séparation ou de divorce ; les pièces produites par le déclarant pour justifier que les conditions de recevabilité de la déclaration sont remplies.

Tous les documents rédigés en langue étrangère doivent être accompagnés de leur traduction par un traducteur agréé, produite en original.

La preuve de la résidence en France lorsque celle-ci constitue une condition de la recevabilité de la déclaration est rapportée par écrit ou commencement de preuve par écrit. Il en est de même pour la preuve de la résidence habituelle à l'étranger lorsque celle-ci constitue une condition de la répudiation ou de la perte de la nationalité française. ❑

1. Figure au nombre des pièces nécessaires à la preuve de la recevabilité, l'extrait de casier judiciaire ou le document équivalent (Décr. n° 93-1362 du 30 déc. 1993, art. 14, pièce n° 5) mais qui ne compte que pour une éventuelle opposition du gouvernement pour indignité. • Civ. 1re, 10 déc. 1991 : *JCP 1992. IV. 559 ; D. 1992. IR 16 ; Rev. crit. DIP 1992. 283, note Lagarde.*

2. Les formalités de la déclaration ne peuvent être faites sous la forme d'une demande de certificat de nationalité. • Civ. 1re, 12 déc. 1995, n° 93-19.244 P : *Gaz. Pal. 1996. 2. Pan. 216 ; Rev. crit. DIP 1996. Somm. 754.*

Art. 26-1 *(L. n° 93-933 du 22 juill. 1993 en vigueur le 1er janv. 1994)* **Toute déclaration de nationalité doit, à peine de nullité, être enregistrée soit par le** *(L. n° 2016-1547 du 18 nov. 2016, art. 16-I)* **« directeur des services de greffe judiciaires »** *(L. n° 2009-526 du 12 mai 2009, art. 12, en vigueur le 1er janv. 2010)* **« du tribunal judiciaire », pour les déclarations souscrites en France, soit par le ministre de la justice, pour les déclarations souscrites à**

l'étranger *(L. n° 2009-526 du 12 mai 2009, art. 12, en vigueur le 1er janv. 2010)* **« , à l'exception des déclarations** *(L. n° 2016-274 du 7 mars 2016, art. 60)* **« suivantes, qui sont enregistrées par** *(Décr. n° 2023-65 du 3 févr. 2023, art. 1er et 32, en vigueur le 6 févr. 2023)* **« l'autorité administrative désignée par décret en Conseil d'État » :**

« 1° Celles souscrites en raison du mariage avec un conjoint français ;

« 2° Celles souscrites en application de l'article 21-13-1 à raison de la qualité d'ascendant de Français ;

« 3° Celles souscrites en application de l'article 21-13-2 à raison de la qualité de frère ou sœur de Français ».

Les dispositions issues de l'art. 60 de la L. n° 2016-274 du 7 mars 2016 entrent en vigueur à compter d'une date fixée par décret, et au plus tard le 1er juill. 2016 (L. préc., art. 67).

COMMENTAIRE

Les dispositions de l'article 26-1 concernent les déclarations aux fins d'acquérir, de perdre, de répudier la nationalité française ainsi que les demandes de réintégration dans cette nationalité. Seules les déclarations acquisitives souscrites en vertu de l'article 21-2 (à raison du mariage avec un Français) sont, par dérogation, enregistrées par le ministre chargé des naturalisations.

L'enregistrement, à défaut duquel la demande est nulle et de nul effet, vise à vérifier la régularité de la déclaration. Cela concerne :

• les déclarations acquisitives de la nationalité française, à raison de l'adoption ou du recueil en France (art. 21-12), à raison de la possession d'état de Français (art. 21-13) ou pour les personnes d'origine française par filiation qui ont perdu la nationalité française par désuétude (art. 23-6 et 30-3) ;

• les déclarations en vue de réintégrer la nationalité française (art. 24-2 et 32-4) ;

• les déclarations en vue de répudier la nationalité française ou de perdre celle-ci (art. 18-1 et 19-4).

L'autorité compétente est tenue de remettre un récépissé daté au déclarant dès qu'il a reçu la totalité des pièces nécessaires à la preuve de la recevabilité de la déclaration. Mention de la délivrance de ce récépissé est portée sur chaque exemplaire de la déclaration. Lorsque la déclaration est souscrite en vue de l'acquisition de la nationalité française par un étranger ou apatride qui contracte mariage avec un conjoint de nationalité française, le dossier contenant les deux exemplaires de celle-ci et la totalité des pièces produites par le déclarant est adressé au ministre chargé des naturalisations pour qu'il procède, le cas échéant, à l'enregistrement de la déclaration.

Lorsque la déclaration est souscrite à l'étranger, l'autorité consulaire française ou le ministre de la justice remet le récépissé (art. 30). Le dossier contenant les deux exemplaires de la déclaration et les pièces justificatives produites par le déclarant est adressé pour enregistrement au ministre de la justice, sauf dans le cas prévu au dernier alinéa de l'article précédent où le dossier est transmis au ministre chargé des naturalisations.

L'autorité compétente pour enregistrer la déclaration examine si les conditions sont remplies. Dans la négative, elle refuse l'enregistrement de la déclaration par une décision motivée qui est notifiée au déclarant en la forme administrative ou par lettre recommandée avec demande d'avis de réception avant l'expiration du délai fixé par l'un des deux derniers alinéas de l'article 26-3 (Décr. n° 93-1362 du 30 déc. 1993, art. 31).

La preuve de la déclaration de nationalité résulte de la production d'un exemplaire enregistré de celle-ci ou de la copie intégrale de l'acte de naissance, de l'extrait de celui-ci ou du livret de famille, sur lesquels a été portée la mention prévue par l'article 28. A défaut, elle peut résulter de la production d'une attestation constatant que la déclaration a été souscrite et enregistrée, qui est délivrée, à la demande de l'intéressé, de son représentant légal, de ses parents et alliés ou des administrations publiques françaises, par l'autorité qui a procédé à l'enregistrement ou par une autorité centrale désignée par arrêté interministériel. ❑

Art. 26-2 *(L. n° 93-933 du 22 juill. 1993, en vigueur le 1er janv. 1994)* **Le siège et le ressort des** *(Ord. n° 2019-964 du 18 sept. 2019, art. 2 et 36, en vigueur le 1er janv. 2020)* **« tribunaux judiciaires ou des chambres de proximité » compétents pour recevoir et enregistrer les déclarations de nationalité française sont fixés par décret.** – *V. COJ, art. D. 221-1 et Annexe, Tableau IX, ss. art. R. 563-4.* – ***C. pr. civ.***

COMMENTAIRE

L'article 10 du décret n° 93-1362 du 30 décembre 1993, dans sa rédaction issue du décret n° 2016-872 du 29 juin 2016, prévoit que le greffier en chef du tribunal d'instance de la résidence du déclarant est compétent pour recevoir une déclaration de nationalité, à l'exception de celles souscrites au titre des articles 21-2, 21-13-1 et 21-13-2.

A l'étranger, la déclaration est reçue par les autorités consulaires françaises désignées selon la résidence de l'intéressé par arrêté du ministre des Affaires étrangères.

La liste des pièces nécessaires à la preuve de la recevabilité de la déclaration est transmise au déclarant par l'autorité qui est chargée de recevoir la déclaration. ❑

Art. 26-3 *(L. n° 93-933 du 22 juill. 1993)* **Le ministre ou le** *(L. n° 2016-1547 du 18 nov. 2016, art. 16-I)* **« directeur des services de greffe judiciaires »** *(L. n° 2009-526 du 12 mai 2009, art. 12, en vigueur le 1er janv. 2010)* **« du tribunal judiciaire » refuse d'enregistrer les déclarations qui ne satisfont pas aux conditions légales.**

Sa décision motivée est notifiée au déclarant qui peut la contester devant le tribunal judiciaire durant un délai de six mois. L'action peut être exercée personnellement par le mineur dès l'âge de seize ans.

La décision de refus d'enregistrement doit intervenir six mois au plus après la date à laquelle a été délivré au déclarant le récépissé constatant la remise de toutes les pièces nécessaires à la preuve de recevabilité de la déclaration.

Le délai est porté à un an pour les déclarations souscrites en vertu *(L. n° 2015-1776 du 28 déc. 2015, art. 38)* **« des articles 21-2 »** *(L. n° 2016-274 du 7 mars 2016, art. 60)* **« , 21-13-1 et 21-13-2 ».** *(L. n° 2011-672 du 16 juin 2011, art. 7)* **« Dans le cas où une procédure d'opposition est engagée par le Gouvernement en application** *(L. n° 2015-1776 du 28 déc. 2015, art. 38)* **« des articles 21-4 »** *(L. n° 2016-274 du 7 mars 2016, art. 60)* **« , 21-13-1 ou 21-13-2 », ce délai est porté à deux ans. »**

Les dispositions issues de l'art. 60 de la L. n° 2016-274 du 7 mars 2016 entrent en vigueur à compter d'une date fixée par décret, et au plus tard le 1er juill. 2016 (L. préc., art. 67).

COMMENTAIRE

L'article 6 de la loi n° 2011-672 du 16 juin 2011 relative à l'immigration, à l'intégration et à la nationalité (*JO 17 juin*) a porté à deux ans le délai d'enregistrement des déclarations de nationalité souscrites en raison du mariage avec un conjoint français dans le cas où la procédure d'opposition par décret en Conseil d'État prévue par l'article 21-4 du code civil (indignité ou défaut d'assimilation autre que linguistique) est engagée. ❑

1. Délai préfix. Le délai de l'art. 26-3 étant préfix, un refus d'enregistrement notifié après l'expiration du délai légal est non avenu. • CE 7 oct. 1991 : *Gaz. Pal. 1992. 2. Pan. 81 ; Rev. crit. DIP 1992. 283, note Lagarde ; D. 1991. IR 280.*

2. Compétence. Sur l'incompétence des juridictions administratives. • CE 27 mai 1994, n° 146356 • 6 févr. 1995, *Jacques X.*, n° 149915 • TA Nantes, 6 oct. 1994 : *Gaz. Pal. 1995. 1 ; Pan. dr. adm. 62.*

3. Procédure. Obligation d'introduire le recours par voie d'assignation du ministère public. • Civ. 1re, 16 juin 1992, n° 90-21.758 P : *D. 1993. 309, note Guilho ; JCP 1992. IV. 2384 ; Rev. crit. DIP 1993. Somm. 707.* ♦ Le délai d'appel du ministère public contre le jugement admettant la déclaration part de la date de sa signification au parquet (C. pr. civ., art. 653 et 675) et non de la date de sa transmission au ministère de la justice. • CE 22 juill. 1992 : *Gaz. Pal. 1993. 1 ; Pan. dr. adm. 50.*

Art. 26-4 *(L. n° 93-933 du 22 juill. 1993, L. n° 98-170 du 16 mars 1998)* **A défaut de refus d'enregistrement dans les délais légaux, copie de la déclaration est remise au déclarant revêtue de la mention de l'enregistrement.** – *L'al. 1er est entré en vigueur le 1er janv. 1994.*

(L. n° 2003-1119 du 26 nov. 2003) **« Dans le délai** *(L. n° 2006-911 du 24 juill. 2006, art. 88)* **« de deux ans » suivant la date à laquelle il a été effectué, l'enregistrement peut être contesté par le ministère public si les conditions légales ne sont pas satisfaites. »**

L'enregistrement peut encore être contesté par le ministère public en cas de mensonge ou de fraude dans le délai de deux ans à compter de leur découverte. La cessation de la communauté de vie entre les époux dans les douze mois suivant l'enregistrement de la déclaration prévue à l'article 21-2 constitue une présomption de fraude.

COMMENTAIRE

L'article 26-4 met en œuvre un enregistrement de plein droit dès lors que l'autorité compétente n'a pas respecté les délais légaux. L'action en contestation du ministère public est enfermée dans le délai de deux ans de l'enregistrement ou de la découverte du mensonge ou de la fraude. La possibilité de contestation de l'enregistrement par le ministère public prévue à l'alinéa 2 recouvre des hypothèses où il n'y a ni fraude ni mensonge du déclarant (ex. : déclaration souscrite au titre de l'art. 21-2 C. civ. alors que le conjoint supposé Français se révèle ne pas l'être).

La Cour de cassation semble considérer le mensonge comme une notion totalement objective, sans égard pour l'intention de son auteur. Surtout, il peut porter sur des éléments du dossier autres que la réalité du mariage. On le comprend d'autant moins que ces éléments n'ont aucune incidence sur la possibilité pour le déclarant d'acquérir la nationalité française, laquelle est fondée uniquement sur la réalité du mariage (Boskovic, S. Corneloup, F. Jault-Seseke, N. Joubert, K. Parrot, Droit des étrangers et de la nationalité, (sept. 2009 – août 2010 : *D. 2010. 2868*). ❑

1. En permettant que la déclaration aux fins d'acquisition de la nationalité française puisse être contestée par le ministère public si les conditions légales ne sont pas satisfaites ou en cas de mensonge ou de fraude, les dispositions du présent art. n'ont pas porté atteinte au droit au respect de la vie privée. • Cons. const. 30 mars 2012, nº 2012-227 QPC. ♦ La présomption instituée par le présent art., en cas de cessation de la communauté de vie entre les époux dans les douze mois suivant l'enregistrement de la déclaration, est destinée à faire obstacle à l'acquisition de la nationalité par des moyens frauduleux tout en protégeant le mariage contre un détournement des fins de l'union matrimoniale ; compte tenu des objectifs d'intérêt général qu'il s'est assignés, le législateur, en instituant cette présomption, n'a pas opéré une conciliation qui soit désiquilibrée entre les exigences de la sauvegarde de l'ordre public et le droit au respect de la vie privée. • Même décision. ♦ Toutefois, l'application combinée de la première et de la seconde phrase du 3e al. du présent art. conduirait, du seul fait que la communauté de vie a cessé dans l'année suivant l'enregistrement de la déclaration de nationalité, à établir des règles de preuve ayant pour effet d'imposer à une personne qui a acquis la nationalité française à raison de son mariage d'être en mesure de prouver, sa vie durant, qu'à la date de la déclaration la communauté de vie entre les époux, tant matérielle qu'affective, n'avait pas cessé ; l'avantage ainsi conféré sans limite de temps au ministère public dans l'administration de la preuve porterait une atteinte excessive aux droits de la défense ; par suite, la présomption prévue par la seconde phrase du 3e al. du présent art. ne saurait s'appliquer que dans les instances engagées dans les 2 années de la date d'enregistrement de la déclaration ; dans les instances engagées postérieurement, il appartient au ministère public de rapporter la preuve du mensonge ou de la fraude invoqué. • Même décision.

2. Fraude : notion. Les juges ont un pouvoir souverain d'appréciation des éléments de preuve fournis, comme l'apparence de la vie commune. La fraude peut consister en une manœuvre visant à bénéficier d'une dispense de vie commune telle qu'une reconnaissance mensongère de l'enfant du conjoint ou du futur conjoint. • Civ. 1re, 5 mars 1991 : *D. 1991. 537, note Guiho* ; *JCP 1992. II. 21789, note Laroche-Gisserot ; RTD civ. 1992. 52, obs. Hauser* . ♦ Sur l'existence d'un mensonge ou d'une fraude et de la persistance d'une communauté de vie. • Civ. 1re, 11 juin 2008, nº 07-14.959 P : *RLDC 2008/52, nº 3117, obs. Marraud des Grottes.* ♦ Jugé que la production d'un acte de naissance apocryphe constitue un mensonge. • Civ. 1re, 23 juin 2010 : *D. 2010. 1708* ; *Rev. crit. DIP 2010. 689, note Corneloup et Jault-Seseke* .

3. L'annulation pour fraude d'un mariage contracté entre un étranger et un Français rend caduque la déclaration acquisitive de nationalité française ; dès lors, le délai prévu au présent art., propre à l'action en contestation de l'enregistrement de la déclaration, n'a pas vocation à s'appliquer à l'action en constatation de la caducité de celle-ci. • Civ. 1re, 7 nov. 2012, nº 11-25.662 : *D. 2012. 2661* ; *ibid. 2013. 324, obs. Boskovic, Corneloup, Jault-Seseke, Joubert et Parrot* ; *AJ fam. 2012. 620, obs. Nord* ; *RTD. civ. 2013. 93, obs. Hauser* ; *Rev. crit. DIP 2013. 113, obs. Lagarde* .

4. Sur l'application de l'al. 3, V. • Civ. 1re, 7 mai 1963 : *Rev. crit. DIP 1964. 73, note M. Ancel ; JDI 1964. 551, obs. P. A.* ♦ Mensonge par réticence de l'intéressé, qui a tu sa situation de bigamie. • Paris, 24 mars 1998 : *D. 1998. 517, note Guiho* . ♦ Fraude consistant en l'existence d'un mariage coutumier non dissous. • Civ. 1re, 14 nov. 2006, nº 04-15.936 P.

5. Viole ces dispositions l'arrêt qui annule l'enregistrement d'une déclaration de nationalité pour bigamie alors que l'acte de naissance remis par l'intéressé mentionnait la première union non dissoute et que le second mariage n'avait pas été annulé par décision judiciaire. • Civ. 1re, 19 oct. 2004, nº 02-18.154 P : *Dr. fam. 2005, nº 281, note Farge ; Rev. crit. DIP 2005. 607, note Lagarde* .

6. Présomption de fraude. Présomption de

fraude constituée par la cessation de la communauté de vie dans le délai d'un an non renversée par les allégations contraires. • Paris, 13 janv. 2005 : *JCP 2005. II. 10068, note Boulanger (2e esp.).* ♦ Inverse la charge de la preuve l'arrêt qui écarte le jeu de la présomption de fraude au motif que la communauté de vie des époux n'avait pas cessé dans les 12 mois suivant l'enregistrement de la déclaration, alors qu'elle avait cessé avant cet enregistrement. • Civ. 1re, 19 sept. 2007, n° 06-17.572 P : *D. 2007. AJ 2541 ; Dr. fam. 2007, n° 198, note Larribau-Terneyre ; RJPF 2007-12/12, obs. Putman.*

7. La présomption de fraude prévue à l'al. 3 du présent art. en cas de cessation de la communauté de vie entre les époux dans les 12 mois suivant l'enregistrement de la déclaration de nationalité ne saurait s'appliquer que dans les instances engagées dans les 2 années de la date de cet enregistrement ; dans les instances engagées postérieurement, le ministère public doit rapporter la preuve du mensonge ou de la fraude invoqués. • Civ. 1re, 7 nov. 2012, n° 11-17.237 : *AJ fam. 2012. 621*.

8. Prescription. Dès lors que le ministère public a eu connaissance de la cessation de la communauté de vie plus de 2 ans avant l'assignation, son action est prescrite. • Civ. 1re, 18 mai 2005, n° 03-19.402 P : *Rev. crit. DIP 2005. 607, note Lagarde*. ♦ V. par ex. s'agissant de la connaissance de la cessation de communauté de vie par la mention du divorce en marge de l'acte de naissance. • Civ. 1re, 28 févr. 2006, n° 05-11.330 P.

9. Point de départ du délai. Le délai de 2 ans ouvert au ministère public pour contester l'enregistrement en cas de fraude ou de mensonge court à compter de la saisine du ministère de la Justice aux fins d'engagement de la procédure d'annulation. • Civ. 1re, 20 nov. 2001, n° 99-18.898. ♦ Seul le ministère public pouvant agir en annulation de l'enregistrement pour fraude, c'est à compter de la date à laquelle celui-ci l'a découverte que court le délai biennal d'exercice de cette action ; en considérant que l'action était prescrite au motif que plus de 2 ans s'étaient écoulés entre la découverte de la fraude par le ministère de la Justice et la saisine du juge, sans constater la date à laquelle le ministère public avait découvert la fraude, la cour d'appel n'a pas donné de base légale à sa décision. • Civ. 1re, 28 mars 2012, *Procureur général près la cour d'appel de Chambéry : AJDA 2012. 1471 ; D. 2012. 945 ; AJ fam. 2012. 411* • Civ. 1re, 26 sept. 2012 : *AJ fam. 2012. 561*. ♦ Il s'agit de la date à laquelle le ministère public territorialement compétent a eu une connaissance effective du mensonge ou de la fraude commis par le déclarant. • Civ. 1re, 27 sept. 2017, n° 16-50.044 : *AJ fam. 2017. 654* • Civ. 1re, 30 janv. 2019, n° 17-30.967 : *D. 2019. 255*. ♦ La transcription en marge de l'acte de mariage d'un époux étranger ayant souscrit une déclaration en vue d'acquérir la nationalité française en application de l'art. 21-2 C. civ., de la mention du jugement de divorce, ayant dissous son mariage avec son épouse française, n'est pas, en soi, de nature à mettre le ministère public territorialement compétent en mesure de connaître la fraude ou le mensonge qui l'autorise à exercer, conformément à l'art. 26-4 du même code, l'action en annulation de l'enregistrement de cette déclaration. • Civ. 1re, 18 nov. 2020, n° 19-19.003 P : *D. 2020. 2288*.

10. Effet de l'annulation. L'annulation de l'enregistrement d'une déclaration de nationalité, en cas de mensonge ou de fraude, prive cette déclaration de toute efficacité et fait perdre rétroactivement la nationalité française au déclarant, qui est censé n'avoir jamais été Français. • Civ. 1re, 10 mai 2007, n° 04-17.022 P : *D. 2007. AJ 1602*.

11. Application dans le temps. Sur l'application immédiate de l'art. 26-4 issu de la loi du 22 juill. 1993 à une déclaration antérieure à la loi du 22 juill. 1993 (application de l'ancien art. 21-7). • Paris, 14 déc. 1993 : *D. 1994. 224, note crit. Guiho*. ♦ *Contra* : • Paris, 13 déc. 1994 : *D. 1996. 254, note Guiho*. ♦ Mais, une contestation par le ministère public antérieurement à cette loi reste soumise à l'ancien art. 107 du C. nat. • Paris, 23 mai 1995 : *D. 1995. 610, note Guiho*. ♦ L'art. 26-4, qui concerne les conditions de fond de l'exercice de l'action et non la procédure, ne s'applique pas aux instances en cours (action du ministère public antérieure à l'entrée en vigueur de la loi). • Civ. 1re, 13 janv. 1998, n° 95-20.260 P : *D. 1998. IR 59.*

12. La Cour de cassation a transmis au Conseil constitutionnel une QPC estimant sérieuse la question de savoir si la présomption de fraude édictée par le présent art. porte au respect dû à la vie privée que garantit la Constitution une atteinte excessive. • Civ. 1re, 18 janv. 2012, n° 11-40.091.

Art. 26-5 *(L. n° 93-933 du 22 juill. 1993)* **Sous réserve des dispositions du deuxième alinéa (1°) de l'article 23-9, les déclarations de nationalité, dès lors qu'elles ont été enregistrées, prennent effet à la date à laquelle elles ont été souscrites.**

2e al. *abrogé par L. n° 98-170 du 16 mars 1998 – L'art. 26-5 est entré en vigueur le 1er janv. 1994.*

V. Décr. n° 93-1362 du 30 déc. 1993, art. 34.

En application de l'art. 26-5, la nationalité française est acquise dès la date de souscription de la déclaration de nationalité dès lors qu'elle a été, par la suite, enregistrée. • Civ. 1re, 30 sept. 2003, n° 01-02.630 P : *Defrénois 2004. 155, obs. Massip ; RJPF 2004-2/36, note Le Boursicot* (application, en conséquence, de la loi française à l'adoption de l'enfant de nationalité française).

SECTION 2 *Des décisions administratives*

Art. 27 *(L. n° 93-933 du 22 juill. 1993, en vigueur le 1er janv. 1994)* **Toute décision déclarant irrecevable, ajournant ou rejetant une demande** *(L. n° 99-1141 du 29 déc. 1999)* **« d'acquisition, » de naturalisation ou de réintégration par décret ainsi qu'une autorisation de perdre la nationalité française doit être motivée.**

V. L. n° 98-170 du 16 mars 1998, art. 27.

BIBL. ▸ LAGARDE, *Rev. crit. DIP 1993. 356.* – FULCHIRON, *JCP 1993. I. 3708.*

1. Motivation. Avant la loi de 1993, les décisions de rejet n'avaient pas à être motivées. • CE 28 oct. 1987, *Dalle-Molle,* n° 58364 • 15 févr. 1989, *Djelti,* n° 83882 • 6 févr. 1995, *Pjetrovic,* n° 144467. ♦ Le juge avait toutefois logiquement considéré que la juridiction administrative pouvait demander au ministre les motifs de sa décision. • TA Paris, 22 juin 1982, *M. et Mme Cajarville : Lebon 484* • CE 27 mai 1983, *Min. des Affaires sociales c/ M. et Mme Cajarville,* n° 45690 : *Lebon 219, concl. Denoix de Saint-Marc* • 25 nov. 1983, *Min. des Affaires sociales c/ M. Ghariani,* n° 45689 • 9 oct. 1985, *Bayatti,* n° 56871 : *Lebon T. 629* • 30 déc. 1996, *M. et Mme Mouselli,* n° 159992.

2. Désormais, l'art. 27 C. civ. impose la motivation de toute décision déclarant irrecevable, ajournant ou rejetant une demande de naturalisation. Il en va de même s'agissant de la réintégration par décret. • CE 19 mars 1993, *Dembo,* n° 94710 : *Lebon T. 769* . ♦ Le Conseil d'État a eu l'occasion de préciser que la motivation doit être écrite et comporter l'énoncé des considérations de droit et de fait qui constituent le fondement de la décision. • CE 28 janv. 1998 : *Rev. crit. DIP 1998. 269, concl. Abraham* . ♦ Ainsi, la motivation tirée de l'art. 27 C. civ. ne se différencie-t-elle pas de celle qui est exigée par la loi du 11 juill. 1979, ce qui a été confirmé par la loi du 16 mars 1998. • CE 28 janv. 1998, *Min. de l'Intégration et de la Lutte contre l'exclusion c/ M. M'Rah,* n° 171535 : *Lebon T. 693* . ♦ La motivation doit être claire et précise. • TA Nantes, 12 mai 1995 : *RFDA 1996. 126, concl. Jacquier* .

3. La motivation n'est pas suffisante si le ministre se contente d'émettre un doute sur la recevabilité. • CE 13 févr. 1987, *Mme Camarda,* n° 68806 : *Lebon T. 730* . ♦ De même, en se bornant à indiquer à l'intéressée qu'elle est défavorablement connue des services de police, l'autorité administrative ne satisfait pas à l'obligation de motivation, alors même que, dans son mémoire en défense, le ministre a fait connaître des faits précis. • TA Nantes, 12 mai 1995, *Mme Oniemba Mboyafonu épouse Omatete : RFDA 1996.127, concl. Jacquier.* ♦ Un rejet de demande de naturalisation motivé par la circonstance « qu'elle n'est pas justifiée du point de vue de l'intérêt national » ne satisfait pas à ces dispositions. • CE 28 janv. 1998, *Min. de l'Intégration et de la Lutte contre l'exclusion c/ M. M'Rah,* n° 171535 : *préc. note 2.* ♦ Pour tenir compte de cette décision, il a été précisé que la motivation devait s'appuyer sur les résultats des enquêtes effectuées par les services du ministère de l'Intérieur ou du ministère de la Défense. * Rép. min. n° 10981 : *JOAN Q, 12 oct. 1998, p. 5567.*

4. Est insuffisamment motivée la décision ministérielle rejetant une demande de naturalisation en raison de l'absence de visa des art. 48 et 49, Décr. n° 93-1362 du 30 déc. 1993. • CAA Nantes, 5 nov. 1998, *Min. Aménagement du territoire c/ M. Hassen,* n° 96NT02336 : *Lebon T. 693* .

5. La décision peut ne pas être motivée lorsque l'administration se fonde sur des éléments couverts par un secret garanti par la loi. • CE 27 mai 1983 : *Gaz. Pal. 1984. 1. Somm. 140.*

6. L'exigence de motivation ne fait pas obstacle à ce que le silence gardé par l'administration fasse naître une décision implicite de rejet ; le délai de 4 mois doit être apprécié à compter de la transmission au ministre du dossier par les services préfectoraux (Décr. n° 93-1362 du 30 déc. 1993, art. 35 et 52) ou, à défaut de précision sur cette date, à compter de l'expiration du délai de transmission de 6 mois prévu à l'art. 44 du décret. • CAA Nantes, 15 oct. 1998, *Min. de l'Aménagement du territoire, de la Ville et de l'Intégration c/ Bourraïb,* n° 96NT02359 : *Lebon T. 678* • CE 14 févr. 2001, *Min. de l'Emploi et de la Solidarité c/ Bourraïb,* n° 202830.

7. La demande qui émane d'un couple est traitée comme deux demandes indépendantes. Est donc entachée d'erreur de droit la décision ministérielle motivant exclusivement la décision d'ajournement par le fait que l'épouse du postulant n'avait qu'une connaissance insuffisante de la langue française. • CE 26 sept. 1986 : *Gaz. Pal. 1987. 2. 324.*

8. Faute d'être motivée, la décision doit être regardée comme illégale. • CE 14 déc. 2001, *Min. de l'Emploi et de la Solidarité c/ Mme Delli,* n° 204761 : *Lebon 643* .

Art. 27-1 *(L. n° 73-42 du 9 janv. 1973)* **Les décrets portant** *(L. n° 99-1141 du 29 déc. 1999)* **« acquisition, » naturalisation ou réintégration, autorisation de perdre la nationalité fran-**

çaise, perte ou déchéance de cette nationalité, sont pris et publiés dans des formes fixées par décret. Ils n'ont point d'effet rétroactif. – *[C. nat., art. 111.]*

V. Décr. n° 93-1362 du 30 déc. 1993, art. 50 et 51.

COMMENTAIRE

Au-delà de l'obligation de motivation (V. art. 27), les décisions doivent comporter l'indication des voies de recours (recours gracieux auprès du ministre chargé des naturalisations et recours contentieux devant le tribunal administratif de Nantes) et des délais.

Les dossiers administratifs en matière de nationalité sont communicables au sens de la loi n° 78-753 du 17 juillet 1978. ❑

Décret non publié. La non-publication du décret rend celui-ci inopposable (Décr. 30 sept. 1993, art. 51). • Grenoble, 28 avr. 1953 : *Gaz. Pal. 1953. 2. 46* (cas d'une étrangère mariée en France avec un compatriote devant son consul alors qu'elle avait obtenu sa naturalisation mais que le décret signé avant le mariage n'avait été publié qu'après celui-ci).

Art. 27-2 *(L. n° 73-42 du 9 janv. 1973)* **Les décrets portant** *(L. n° 99-1141 du 29 déc. 1999)* **« acquisition, » naturalisation ou réintégration peuvent être rapportés sur avis conforme du Conseil d'État dans le délai** *(L. n° 2011-672 du 16 juin 2011, art. 6)* **« de deux ans » à compter de leur publication au *Journal officiel* si le requérant ne satisfait pas aux conditions légales ; si la décision a été obtenue par mensonge ou fraude, ces décrets peuvent être rapportés dans le délai de deux ans à partir de la découverte de la fraude.** – *[C. nat., art. 112.] – V. Décr. n° 93-1362 du 30 déc. 1993, art. 62 s.*

V. Circ. IOCN1207269C du 19 avr. 2012 relative à l'application de certaines dispositions de la L. 16 juin 2011 relative à l'immigration, à l'intégration et à la nationalité - Application des art. 1er (C. civ., art. 21-18, 3°), 4 (C. civ., art. 21-27-1), 6 (C. civ., art. 27-2) et 7 (C. civ., art. 26-3).

COMMENTAIRE

Le « premier » délai de deux ans prévu à l'article 27-2 (l'intéressé ne satisfait pas aux conditions légales) est issu de la loi n° 2011-672 du 16 juin 2011 relative à l'immigration, à l'intégration et à la nationalité (*JO 17 juin*). Cet allongement (auparavant, le délai était d'un an) vise à donner à l'administration toute la latitude nécessaire pour activer la procédure dans les éventualités, graves, couvertes par la procédure de retrait de nationalité. Il n'existe donc plus de différence de délai avec la seconde hypothèse visée au présent article, à savoir l'obtention de la décision par mensonge ou fraude. Mais, dans ce dernier cas, le point de départ du délai de deux ans remonte à la date de découverte de la fraude et non de publication au *Journal officiel* du décret d'acquisition, naturalisation ou réintégration.

Lorsque le gouvernement a l'intention de retirer un décret de naturalisation ou de réintégration dans la nationalité française, il notifie à l'intéressé, en la forme administrative ou par lettre recommandée avec demande d'avis de réception, les motifs de droit et de fait justifiant son intention. A défaut de domicile connu, un avis informatif est publié au *Journal officiel* de la République française. L'intéressé dispose d'un délai d'un mois à dater de la notification ou de la publication de l'avis au *Journal officiel* pour faire parvenir au ministre chargé des naturalisations ses observations en défense. Après l'expiration de ce délai, le gouvernement peut retirer le décret (Décr. n° 93-1362 du 30 déc. 1993, art. 62).

Le retrait est rétroactif, l'intéressé étant censé n'avoir jamais été français ; cette règle concerne également l'effet collectif.

En dehors des deux cas prévus par l'article 21-27 (par exemple un vice de forme), c'est le droit commun du retrait des actes administratifs qui s'applique. ❑

1. La condition d'assimilation n'est pas satisfaite en cas de refus des valeurs essentielles de la société française et, en particulier, au principe d'égalité entre les hommes et les femmes. • CE 20 déc. 2017, n° 411735 • 7 déc. 2017, n° 410276 • 4 déc. 2017, n° 409527 • 17 mai 2017, n° 403452 : *D. 2018. 313, chron. Boskovic, Corneloup, Jault-Seseke, Joubert et Parrot*. ♦ Demandeur qui dispensait des cours dans des lieux de culte salafistes, où il tenait un discours de haine à l'encontre de personnes de confession juive ou chrétienne et formait son public à des thèses incompatibles avec les valeurs essentielles de la société française. • CE 20 déc. 2017, n° 411499 :

D. 2018. 313, chron. Boskovic, Corneloup, Jault-Seseke, Joubert et Parrot.

2. Droit de l'UE. La définition des conditions d'acquisition et de perte de la nationalité relève de la compétence de chaque État membre de l'Union européenne. Toutefois, « dans la mesure où la perte de la nationalité d'un État membre a pour conséquence la perte du statut de citoyen de l'Union, la perte de la nationalité d'un État membre doit, pour être conforme au droit de l'Union, répondre à des motifs d'intérêt général et être proportionnée à la gravité des faits qui la fondent, au délai écoulé depuis l'acquisition de la nationalité et à la possibilité pour l'intéressé de recouvrer une autre nationalité ». • CE 19 juill. 2017, n° 405897 : *AJDA 2017. 2172* ; *D. 2018. 313, chron. Boskovic, Corneloup, Jault-Seseke, Joubert et Parrot* ; *RFDA 2018. 375, obs. Mayeur-Carpentier* • 13 mars 2020, n° 429022 A : *AJDA 2020. 1641*. ♦ Les dispositions du présent art., qui permettent de rapporter, dans un délai de 2 ans à compter de la découverte de la fraude, un décret qui a conféré la nationalité française au motif que l'intéressé a obtenu la nationalité française par mensonge ou par fraude, ne sont pas incompatibles avec les exigences résultant du droit de l'Union et permettaient en l'espèce, eu égard au délai écoulé, de rapporter légalement le décret attaqué. • CE 9 nov. 2017, n° 409782 : *AJDA 2018. 255* ; *D. 2018. 313, chron. Boskovic, Corneloup, Jault-Seseke, Joubert et Parrot*.

3. Art. 8 Conv. EDH. Un décret qui rapporte un décret ayant conféré la nationalité française est, par lui-même, dépourvu d'effet sur la présence sur le territoire français de celui qu'il vise, comme sur ses liens avec les membres de sa famille, et n'affecte pas, dès lors, le droit au respect de sa vie familiale ; en revanche, un tel décret affecte un élément constitutif de l'identité de la personne concernée et est ainsi susceptible de porter atteinte au droit au respect de sa vie privée. • CE 19 juill. 2017, n° 405897 : *AJDA 2017. 2172* ; *D. 2018. 313, chron. Boskovic, Corneloup, Jault-Seseke, Joubert et Parrot*.

4. Non-satisfaction des conditions légales par le requérant dans le délai. Il peut s'agir d'une situation objective comme la découverte d'un des cas d'empêchement prévus à l'art. 21-27 telles que des condamnations pénales intervenues après le décret mais prononcées pour des faits commis avant. • CE 7 mai 1952, *Épx Wajnryb : Lebon 226*. ♦ Découverte d'une expulsion ou absence de respect de la condition tenant au domicile de nationalité. • CE 21 févr. 1996, *Mme Boudiabi*, n° 147632.

5. Défaut d'assimilation. Le retrait s'opère sous le contrôle du juge qui a considéré par exemple que se marier avec un étranger devant un consul étranger aussitôt après sa naturalisation n'est pas en soi un défaut d'assimilation. • CE 27 janv. 1954, *Dame Martarelli : Lebon 44*.

6. Le bénéficiaire d'un décret de naturalisation est toutefois dans une situation de relative insécurité juridique pendant ce délai dès lors que c'est l'administration qui apprécie, lorsque cela est nécessaire, le respect des conditions posées par la loi. Elle peut ainsi considérer que le requérant n'a pas fixé en France le centre de ses intérêts en raison du maintien du conjoint à l'étranger. • CE 13 mai 1996, *Mme Kissi*, n° 153207 • 26 juin 1996, *M. Hakkou*, n° 155660 • 9 févr. 1998, *Mme Ben Gara*, n° 170270 • 2 mars 1998, *M. Cahngaiz*, n° 157060. ♦ Même solution, l'intéressé a épousé une ressortissante étrangère résidant à l'étranger après le dépôt de sa demande de naturalisation sans l'avoir signalé. • CE 21 mai 1997, *M. Hiri*, n° 157516. ♦ L'administration peut encore constater la perte ou l'absence de résidence en France au moment du décret de naturalisation. • CE 10 mars 1995, *Khalfi*, n° 139866 • 13 mai 1996, *Mme Ala*, n° 158830.

7. S'agissant d'un mariage intervenu à l'étranger avant l'intervention du décret de naturalisation, le retrait pourra intervenir dès lors qu'il ne ressort pas des éléments du dossier que la requérante ait entrepris des démarches en vue de la venue en France de son mari. • CE 26 oct. 1998, *Mme Oubouya*, n° 180844. ♦ Requérante célibataire au moment du dépôt de sa demande mais qui s'est ensuite mariée avec un étranger résidant en Turquie ; elle n'a pas entrepris de démarches pour faire venir son époux en France. • CE 9 juin 1999, *Mme Genc*, n° 179592. ♦ Maintien du conjoint à l'étranger. • CE 30 déc. 1998, *Mme Zhou*, n° 179108. ♦ Naturalisée ayant fait le choix de poursuivre des études en Turquie (pays d'origine) et de ne revenir en France que pendant les vacances : elle n'a pas fixé de manière stable le centre de ses intérêts en France. • CE 17 mars 1999, *Mlle Gokkaya*, n° 189803.

8. Bonnes vie et mœurs. Dans le même esprit, il a été jugé qu'une mauvaise gestion professionnelle, même si elle a pu causer un préjudice à des Français en difficulté et que la responsabilité personnelle de l'intéressé n'est pas exclue, n'autorise pas le retrait sur le fondement de l'absence de bonne vie et mœurs. • CE 3 févr. 1965, *Soffan*, n° 62217. ♦ De même, l'inexactitude de certaines déclarations n'est pas en soi une preuve de mauvaise moralité. • CE 15 févr. 1957, *Sieur Rabus : Lebon 107*. ♦ La condamnation par un tribunal correctionnel pour les infractions d'emploi d'un étranger non muni d'une autorisation de travail, d'aide au séjour irrégulier en France et d'abus de bien social peut à ce titre fonder un retrait dans la mesure où le requérant ne peut être considéré comme satisfaisant à l'exigence de l'art. 21-23 C. civ. aux termes duquel nul ne peut être naturalisé s'il n'est pas de bonne vie et mœurs. • CE 24 sept. 2010, n° 334291.

9. Le retrait peut encore se fonder sur la découverte de faits délictueux n'ayant fait l'objet d'aucune condamnation. • CE 10 janv. 1992,

Hammi, n° 95099 : *Lebon 11* ; *D. 1993. 159, note Guiho* ; *Rev. crit. DIP 1992. 357, obs. Terneyre* • 4 mars 1998, *M. Kamara*, n° 183263. ♦ Requérant naturalisé en déc. 1995 mais faisant l'objet d'une mise en examen en juin 1996 pour trafic de stupéfiants, faits commis depuis 1994 : alors même qu'aucune juridiction pénale ne s'est prononcée, l'intéressé ne satisfait pas à la condition de bonne vie et mœurs. • CE 28 juill. 1999, *M. Yayla*, n° 186110. ♦ Requérant qui a été en relation en France avec un recruteur de volontaires aspirant à partir combattre en Syrie, qui a tenté de se rendre en Syrie en compagnie de ce recruteur et de deux autres personnes qui ont gagné la Turquie, puis la Syrie ou l'Irak, qui est ensuite resté en contact avec des personnes appartenant à la mouvance djihadiste ; au vu de ces éléments, qui n'étaient pas connus des services en charge de l'instruction de la demande de naturalisation avant l'intervention du décret de naturalisation, le Premier ministre, qui a pris en considération l'ensemble des circonstances de l'espèce et a procédé à un examen particulier de la situation de l'intéressé, a pu légalement estimer que son comportement ne permettait pas de le regarder comme remplissant, à la date du décret de naturalisation, les conditions posées par les art. 21-23 et 21-24 C. civ. • CE 19 juill. 2017, n° 405897 : *Lebon T. 502* ; *AJDA 2017. 2172*.

10. Mensonge ou fraude. Est susceptible de retrait la naturalisation obtenue par des manœuvres frauduleuses ou des mensonges. • CE 15 févr. 1963 : *JDI 1964. 581, obs. Aymond* (mensonge sur le lieu de naissance). • CE 28 oct. 1994, *Suleman Patel*, n° 123825 : *Lebon 470* ; *D. 1994. IR 262* ; *Gaz. Pal. 1995. 2. Pan. dr. adm. 86* ; *RFDA 1994. 1248* (absence de mention par l'intéressé de son mariage antérieur dans un pays étranger où réside son épouse). – V. aussi • CE 28 juill. 2000 : *D. 2000. IR 274*. ♦ Ressortissante russe naturalisée ayant indiqué avoir sa résidence en France et s'étant engagée sur l'honneur à signaler tout changement dans sa situation personnelle et familiale ; le décret de naturalisation a été pris au vu d'informations mensongères délivrées par l'intéressée quant à sa situation personnelle dès lors qu'elle a quitté la France et s'est réinstallée en Russie. • CE 9 nov. 2017, n° 409782 : *Lebon T. 503, 602* ; *AJDA 2018. 255* ; *D. 2018. 313, chron. Boskovic, Corneloup, Jault-Seseke, Joubert et Parrot*.

11. Demandeur qui n'avait pas expressément informé le ministre chargé des naturalisations de son mariage avec une ressortissante étrangère, alors même qu'une demande de regroupement familial avait été formée auprès du représentant de l'État. • CE 8 févr. 2019, n° 419939. ♦ Même solution s'agissant d'un requérant qui avait demandé un certificat de naissance à l'OFPRA et un certificat de capacité à mariage aux autorités consulaires françaises, ceci n'étant pas de nature à établir que son mariage aurait été porté à la connaissance des services du ministre chargé des naturalisations à une date antérieure. • CE 30 avr. 2019, n° 424752.

12. Gravité. Les faits retenus doivent être suffisamment graves. • CE 13 févr. 1974, *Gosson*, n° 85091 : *Lebon 94* (fausse déclaration relative à l'état civil).

13. Le retrait interviendra tout d'abord de manière « objective », c'est-à-dire lorsque l'administration découvre un fait justifiant le retrait : requérant ayant dissimulé sa polygamie. • CE 21 févr. 1996, *M. Dahabi*, n° 146388. ♦ Requérant ayant dissimulé son mariage. • CE 13 mai 1996, *M. Ilahi*, n° 163467 • 30 déc. 1998, *Mme Tassa*, n° 188837. ♦ Est annulé le retrait du décret de naturalisation fondé sur le mensonge de la requérante qui aurait faussement déclaré être célibataire, dès lors qu'elle a déposé son dossier le 3 oct. et ne s'est mariée que le 9 nov. • CE 6 oct. 1999, *Mme Abbi*, n° 193019.

14. La dissimulation peut encore concerner l'existence d'enfants : requérante ayant dissimulé qu'en plus des trois enfants résidant en France, elle avait deux autres enfants résidant en Algérie. • CE 18 oct. 1996, *Mme Amara*, n° 159216.

15. Le mensonge peut encore concerner des infractions pénales ou des comportements répréhensibles : manœuvres frauduleuses commises avec la complicité d'employés du service des naturalisations. • CE 24 avr. 1953, *Épx Bern : Lebon 186*. ♦ Fausses déclarations tendant à dissimuler des condamnations pénales. • CE 7 mai 1954, *Lipschutz : Lebon 794* • 20 janv. 1956, *Piette : Lebon 26* ; *JCP 1956. II. 9203, note Langavant* • 18 déc. 1957, *Sieur Shamash : lebon 683* • 15 févr. 1963, *Turnsek : JDI 1964. 581, obs. Aymond*. ♦ Requérant ayant assisté comme témoin à un mariage blanc. • CE 8 janv. 1997, *M. Mohammadine*, n° 149382.

16. Toutefois, le mensonge doit avoir eu une influence sur la naturalisation pour justifier le retrait. Tel n'est pas le cas d'une fausse déclaration fiscale. • CE 4 janv. 1957, *Sieur Lévy : Lebon 8*.

17. Caractère personnel. Les faits sur lesquels s'appuit le retrait doivent être propres à l'intéressé : le retrait du décret de naturalisation du mari ne peut à lui seul entraîner celui de la naturalisation de sa femme. • CE 20 oct. 1950, n° 3392 : *Lebon 507* ; *Rev. crit. DIP 1951. 473* • 1er févr. 1952, *Épx Gromb : Lebon 79* • 13 févr. 1974, *Gosson*, n° 85091 : *préc. note 12*.

18. Les circonstances retenues à l'appui du retrait n'ont pas nécessairement à être inconnues de l'administration à la date du décret de naturalisation ou de réintégration. • CE 10 janv. 1992, *Hammi*, n° 95099 : *préc. note 9*.

19. Il va de soi que l'administration n'a pas la possibilité d'opérer une substitution de ces fondements ; ainsi, de fausses déclarations à l'enquêteur de l'administration ne justifient pas un retrait pour défaut des conditions légales mais doit entraîner la mise en jeu de la procédure de retrait pour fraude. • CE 27 janv. 1954, *Dame Martarelli : Lebon 44.* ♦ V. par exemple retrait, en 1996, d'un décret de naturalisation datant de 1989 en raison de la dissimulation de l'existence d'un enfant. • CE 28 juill. 1999, *M. Muhammad,* n° 185619.

20. Avant la loi du 9 janv. 1973, le retrait ne pouvait intervenir que dans la mesure où le non-respect des conditions légales était apparu postérieurement au décret de naturalisation, ce que le Conseil d'État avait d'ailleurs confirmé, considérant que des faits postérieurs au décret de naturalisation ne pouvaient justifier un retrait. • CE 23 déc. 1949, *Sieur Albonico : Lebon 572* • 21 janv. 1959, *Épx Rivetto : Lebon 53.* ♦ Le juge avait même précisé que ne peuvent justifier le retrait que des faits antérieurs au décret dont l'administration n'a eu connaissance qu'après le décret. • CE 13 févr. 1974, *Épx de Gosson,* n° 85091 : *préc. note 12.*

21. Point de départ du délai de deux ans en cas de fraude ou mensonge. Le délai de deux ans commence à courir à la date à laquelle le mensonge ou la fraude est porté à la connaissance du ministre des Affaires sociales. • CE 28 oct. 1994, *Suleman Patel,* n° 123825 : *préc. note 10.*

22. Prescription. L'exception d'illégalité n'est pas perpétuelle à l'encontre des actes non réglementaires, en l'espèce un décret par lequel le gouvernement s'oppose à la conservation par le demandeur de la nationalité française. • Civ. 1re, 25 janv. 1983 : *Rev. crit. DIP 1983. 435, note Lagarde ; D. 1983. IR 519, obs. Lagarde.*

23. Procédure. Le présent art. s'applique également au décret retirant l'effet collectif attaché à l'acquisition de la nationalité française ; par suite, le retrait, pour un enfant mineur, de l'effet collectif attaché à l'acquisition de la nationalité française par l'un des deux parents doit être notifié à l'intéressé qui dispose d'un délai d'un mois pour émettre ses observations. • CE 1er déc. 2010, *Mme Foutik,* n° 332663.

24. L'allongement du délai de retrait d'un an à deux ans par la loi du 16 juin 2011 ne peut s'appliquer aux décrets de naturalisation ou de réintégration publiés plus d'un an avant son entrée en vigueur. • CE 21 oct. 2013, n° 361173 : *Lebon 258.*

Art. 27-3 *(L. n° 73-42 du 9 janv. 1973)* **Les décrets qui portent perte pour l'une des causes prévues aux articles 23-7 et 23-8 ou déchéance de la nationalité française sont pris, l'intéressé entendu ou appelé à produire ses observations.** – *[C. nat., art. 112-1.]*

V. Décr. n° 93-1362 du 30 déc. 1993, art. 59, 60, 63 et 64.

1. Principe du contradictoire. Cette procédure suppose le respect du principe du contradictoire, qui est satisfait lorsqu'un délai de 15 jours est laissé à l'intéressé pour présenter ses observations. • CE 10 janv. 1992, *Hammi,* n° 95099 : *Lebon 11 ; D. 1993. 159, note Guiho* (le décret du 30 déc. 1993 a néanmoins porté cette durée à un mois). ♦ En tout état de cause, les observations présentées par l'intéressé doivent être communiquées au Conseil d'État ; à défaut, il y a violation des droits de la défense. • CE 8 avr. 1998, *M. Habti,* n° 179314. ♦ Le gouvernement doit notifier les motifs de droit ou de fait qui fondent le retrait et le décret doit être motivé. Un décret rapportant une naturalisation doit faire l'objet d'une notification individuelle pour faire courir le délai de recours. • CE 28 janv. 1966, *Sieur Brackman,* n° 61281 : *Lebon 67.*

2. Notification à l'intéressé. Le retrait doit être précédé d'une notification de la procédure et des motifs et il doit être laissé à l'intéressé un délai suffisant pour présenter ses observations (délai d'un mois à compter de la notification du retrait : décr. n° 93-1362 du 30 déc. 1993, art. 62). • CE 10 janv. 1992, *Hammi,* n° 95099 : *préc. note 1.*

SECTION 3 *Des mentions sur les registres de l'état civil*

Art. 28 *(L. n° 78-731 du 12 juill. 1978)* **Mention sera portée, en marge de l'acte de naissance, des actes administratifs et des déclarations ayant pour effet l'acquisition, la perte de la nationalité française ou la réintégration dans cette nationalité.** – *[C. nat., art. 115, al. 1er.]*

(L. n° 98-170 du 16 mars 1998, en vigueur le 1er sept. 1998) **« Il sera fait de même mention de toute première délivrance de certificat de nationalité française et des décisions juridictionnelles ayant trait à cette nationalité. »** – *V. Décr. n° 80-308 du 25 avr. 1980, art. 6, ss. C. civ., art. 98-4.* – **C. civ.**

COMMENTAIRE

Il convient d'interpréter l'expression « des décisions juridictionnelles ayant trait à cette nationalité » comme concernant exclusivement celles dont le dispositif contient expressément l'indication que la personne est de nationalité française ou constate son extranéité. Tel n'est pas le cas des décisions qui déboutent définitivement le ministère public d'une action en contestation de nationalité fondée sur l'article 26-4 et de celles qui, fondées sur cet article, ont déclaré une telle action irrecevable car prescrite en raison du délai écoulé (Circ. 10 oct. 2012, NOR : JUSC1235465C).

Art. 28-1 *(L. n° 98-170 du 16 mars 1998)* **Les mentions relatives à la nationalité prévues à l'article précédent sont portées** *(L. n° 2007-1787 du 20 déc. 2007, art. 11)* **« d'office sur les copies et les extraits avec indication de la filiation » des actes de naissance ou des actes dressés pour en tenir lieu.**

Ces mentions sont également portées sur les extraits *(L. n° 2007-1787 du 20 déc. 2007, art. 11)* **« sans indication de la filiation » des actes de naissance ou sur le livret de famille à la demande des intéressés. Toutefois, la mention de la perte, de la déclination, de la déchéance, de l'opposition à l'acquisition de la nationalité française, du retrait du décret** *(L. n° 99-1141 du 29 déc. 1999)* **« d'acquisition, » de naturalisation ou de réintégration ou de la décision judiciaire ayant constaté l'extranéité est portée d'office sur** *(L. n° 2007-1787 du 20 déc. 2007, art. 11)* **« tous » les extraits des actes de naissance et sur le livret de famille lorsqu'une personne ayant antérieurement acquis cette nationalité, ou s'étant vu reconnaître judiciairement celle-ci, ou délivrer un certificat de nationalité française a demandé qu'il en soit fait mention sur lesdits documents.**

Responsabilité administrative. Mise en cause de la responsabilité de l'État lorsque l'administration égare l'exemplaire de la déclaration destinée aux archives, mettant l'intéressé dans l'impossibilité de prouver sa nationalité française. • CE 30 nov. 1973, *Dame Elie*, n° 84052 : *Lebon 679*.

CHAPITRE VI *DU CONTENTIEUX DE LA NATIONALITÉ*

COMMENTAIRE

Une circulaire du 18 septembre 2015 relative au contentieux de la nationalité (NOR : JUSC1522457C) en rappelle les spécificités dès lors que la nationalité s'analyse comme un élément de l'état des personnes et comme l'expression de l'un des aspects de la souveraineté de l'État expliquant, d'une part, l'implication particulière du ministère public dans le traitement de ce contentieux et, d'autre part, le rôle de la Chancellerie à laquelle il incombe de s'assurer du respect des principes juridiques en cause et de favoriser l'harmonisation de la jurisprudence.

SECTION 1 *De la compétence des tribunaux judiciaires et de la procédure devant ces tribunaux*

Art. 29 *(L. n° 73-42 du 9 janv. 1973)* **La juridiction civile de droit commun est seule compétente pour connaître des contestations sur la nationalité française ou étrangère des personnes physiques.**

Les questions de nationalité sont préjudicielles devant toute autre juridiction de l'ordre administratif ou judiciaire à l'exception des juridictions répressives comportant un jury criminel. – *[C. nat., art. 124.]*

V. C. pr. civ., art. 1038 et 1042, infra.

I. PRINCIPE DE LA COMPÉTENCE JUDICIAIRE

1. Comme l'indique l'art. 29 C. civ., les contestations relatives à la nationalité relèvent de la compétence exclusive du juge civil ; celle-ci est largement entendue puisqu'elle s'étend par exemple aux recours formés contre les décisions de refus d'enregistrement des déclarations de nationalité au titre de l'art. 26-3 C. civ. • CE 13 oct. 1965, *Taborski*, n° 61433 : *Lebon 510* • Crim. 28 mai 1997, n° 96-84.750. ♦ Ces principes s'appliquent également lorsque la personne en cause est de nationalité étrangère. • Civ. 1re, 17 févr. 1982, n° 80-13.377 P : *Rev. crit. DIP 1983. 249, note Batifol.* ♦ Ils ne concernent toutefois que la nationalité des personnes physiques. • T. confl. 23 nov. 1959 : *D. 1960. 224, note Savatier ; JCP 1960. II. 11430, note Aymond.* ♦ Jugé toutefois qu'une action recherchant la responsabilité de l'État pour avoir toujours regardé le requérant comme un ressortissant étranger en prenant, notamment, à son encontre deux mesures d'expulsion du territoire français, ne porte pas sur la question de la nationalité de l'intéressé, mais sur celle de fautes qui pourraient avoir été commises par la puissance publique que la juridiction administrative est seule compétente pour connaître. • CAA Nancy, 5 avr. 2012, *Min. Intérieur*, n° 11NC01010 : *AJDA 2012. 2396, concl. Dulmet*.

2. Certificats de nationalité. La même solution a été retenue s'agissant de la délivrance des certificats de nationalité : alors même que le greffier en chef du tribunal d'instance agit en tant qu'autorité administrative, le Conseil d'État a considéré que ces litiges soulèvent des contestations relatives à la nationalité dont le juge administratif n'est pas compétent pour connaître. • CE 17 mars 1995, *M. Soilihi : RFDA 1995. 846.* ♦ Ainsi, les recours formés contre les décisions de refus d'enregistrement des déclarations de nationalité relèvent de la compétence judiciaire. • CAA Paris, 22 oct. 1998, *M. Ayou*, n° 97PA00973. ♦ Le préfet ne peut se fonder sur un « doute » sur la validité d'un certificat de nationalité pour retirer un passeport, en l'absence de toute décision juridictionnelle contredisant le certificat. • CE 31 janv. 1992, *Min. Intérieur c/ M. Karim : RFDA 1992. 358.* ♦ En présence d'un certificat de nationalité, et à défaut de contestation de celui-ci devant l'autorité judiciaire, le juge administratif procédera à l'annulation de la mesure d'expulsion. • TA Orléans, 30 oct. 1980, *M. Sissoko : Lebon 726.* ♦ Dès lors qu'une personne est en possession d'un certificat de nationalité qu'aucune décision juridictionnelle n'avait infirmé, l'administration commet une voie de fait en lui refusant l'accès sur le territoire français ; une telle mesure porte en effet une atteinte grave à la liberté fondamentale d'aller et venir et est manifestement insusceptible d'être rattachée à un pouvoir appartenant à l'administration ; le fait que le certificat avait été obtenu par l'intéressé en présentant de faux documents aurait dû conduire l'administration à saisir le tribunal de grande instance au titre d'une action négatoire de nationalité française. • TA Nice, 9 nov. 2007, *M. Ben Hamouda c/ Préfet des Alpes-Maritimes,* n° 0301850 : *AJDA 2008. 354, concl. Dieu.* ♦ Un consul de France est incompétent pour statuer sur une demande tendant à la délivrance d'un certificat de nationalité française ; en application de l'art. 20 de la loi du 12 avr. 2000, le consul est réputé avoir transmis cette demande à l'autorité compétente, en l'occurrence le greffier en chef du tribunal d'instance territorialement compétent ; à l'issue du délai de 2 mois courant à compter de la date de sa réception par le Consul, la demande est réputée avoir été implicitement rejetée par l'autorité compétente ; cette dernière décision soulève une contestation relative à la nationalité française qui ne relève pas de la compétence du juge administratif. • CE 27 juill. 2005, *Mme Ghenim,* n° 267084 : *Lebon T. 803 ; AJDA 2005. 2355, note Thiellay.*

3. A noter que lorsqu'elle délivre un passeport ou une carte nationale d'identité, l'administration se borne à constater, au vu des documents produits, l'état civil et la nationalité de l'intéressé ; le caractère purement recognitif d'une telle décision a pour conséquence que l'administration peut rapporter sa décision pour illégalité, sans condition de délai et même en l'absence de fraude. • CAA Lyon, 16 avr. 2009, *Mme Zian,* n° 08LY01613.

4. Il résulte de ce qui précède que la juridiction civile de droit commun est également seule compétente pour annuler un certificat de nationalité. • Civ. 1re, 22 juin 1999, n° 97-15.535. ♦ Compétence de la juridiction judiciaire pour connaître des demandes d'indemnisation susceptibles d'être formées contre l'État en raison de fautes commises à l'occasion de la délivrance des certificats de nationalité française. • CE 2 juill. 2008, *Mouze-Amady,* n° 300446 : *Lebon 259.*

II. QUESTIONS D'ÉTAT AYANT TRAIT À LA NATIONALITÉ

5. Même lorsque le juge administratif est compétent (ce qui est essentiellement le cas en matière d'acquisition ou de perte de la nationalité française par décret), les questions d'état ayant trait à la nationalité du requérant ressortissent à la seule compétence de l'autorité judiciaire. • CE 4 févr. 1966, *Godek : Rev. crit. DIP 1967. 683, concl. Fournier, note Lagarde.*

6. Le juge administratif, s'il est toujours lié par l'appréciation formulée par le juge judiciaire en matière de nationalité, considère qu'il est tenu par les constatations de fait que la juridiction répressive a retenues et qui sont le support nécessaire de sa décision. Le Conseil d'État a ainsi considéré qu'il n'était pas lié par une décision pénale ayant relaxé un individu du délit prévu à l'anc. art. L. 624-1 du présent code au motif que l'intéressé était de nationalité française ; il a en effet estimé que ce jugement n'était pas opposable dans un litige relatif à un arrêté d'expulsion en urgence absolue. • CE 4 mars 1998, *M. Bounechada,* n° 157346 : *Lebon 70 ; RFDA 1998. 647.* ♦ Même solution s'agissant d'un jugement ayant relaxé l'intéressé des poursuites engagées pour faux au motif que les faits n'étaient pas établis. • CAA Nantes, 14 nov. 1997, *M. Bolengu Mbelema,* n° 95NT01668.

III. DIFFICULTÉ SÉRIEUSE

7. Lorsque dans un litige relevant de la compétence de la juridiction administrative se pose une question relative à la nationalité, le renvoi à titre préjudiciel devant le juge civil s'impose lorsqu'une difficulté sérieuse se présente. • CE 18 févr. 1976, *Mohamed Ibrahim,* n° 99236 : *Lebon 920* • CAA Paris, 17 oct. 2006, *Bathily,* n° 06PA01366. ♦ Dans une telle hypothèse, il incombe au juge administratif de surseoir à statuer jusqu'à ce que l'autorité judiciaire se soit définitivement prononcée, compte tenu d'un éventuel pourvoi en cassation contre la décision du juge d'appel. • CE 28 juill. 2000, *Dilekh,* n° 212866 : *Lebon 339.* ♦ Dans le même esprit, la CNDA ne peut décider elle-même de la nationalité étrangère d'un individu, celle-ci présentant une difficulté sérieuse. • CE 27 mars 1981, *Chin Wei : Lebon 749 ; Rev. crit. DIP 1982. 735* • CE 26 mai 2014, n° 344265 : *AJDA 2014. 1128.*

8. L'appréciation du caractère sérieux de la difficulté relève de la seule compétence du juge administratif. Le Conseil d'État a par exemple considéré que ne présentait pas de difficulté sérieuse la détermination de la nationalité d'un individu qui avait fait l'objet de condamnations pénales pour entrée et séjour irréguliers en France. • CE 10 nov. 1995, *Préfet des Yvelines c/ Lamali : D. 1996. Somm. 108, note Julien-Laferrière.* ♦ Même solution s'agissant d'un ressortissant vietnamien qui ne peut prétendre qu'il devait être considéré comme un apatride au seul motif que son pays aurait refusé de lui délivrer un visa. • CE 4 sept. 2000, *M. Vo,* n° 213289. ♦ Il existe en revanche une difficulté sérieuse dès lors que l'intéressé fait valoir qu'il doit être regardé comme étant en possession de la nationalité française en dépit du refus d'enregistrement qui lui a été opposé par le tribunal d'instance, dès lors que ladite nationalité a été reconnue à l'un de ses frères issu du même père, à raison de la nationalité française de ce dernier. • CE 30 déc. 1998, *M. Merouani*, n° 197447.

9. Mesures d'éloignement. Dès lors que ces mesures ne peuvent concerner que les étrangers, il incombe au juge administratif de s'assurer de la nationalité étrangère de l'intéressé. Il ne peut le faire directement qu'en l'absence de difficulté sérieuse ; sinon, il doit renvoyer au juge civil sous forme de question préjudicielle. • CE 21 mai 1980, *Smara*, n° 22083 : *Lebon 234*.

10. Une telle question préjudicielle entraînera ainsi, le cas échéant, un sursis à statuer sur la mesure d'éloignement. • CE 14 avr. 1995, *Préfet du Val-d'Oise c/ Mlle Adjei-Boutet*, n° 146720 : *Lebon 786*. ♦ *A contrario*, la question de nationalité ne présentant pas en l'espèce une difficulté sérieuse. • CE 6 juill. 1994, *Préfet du Pas-de-Calais*, n° 159288 : *Lebon 350*. ♦ V. aussi s'agissant d'un renvoi préjudiciel à l'occasion du contentieux d'un arrêté de reconduite à la frontière • CE 21 mai 1997, *Soumare*, n° 180372 : *Lebon T. 812*.

Art. 29-1 *(L. n° 93-933 du 22 juill. 1993, en vigueur le 1er janv. 1994)* **Le siège et le ressort des tribunaux judiciaires compétents pour connaître des contestations sur la nationalité française ou étrangère des personnes physiques sont fixés par décret.** – *V. COJ, art. D. 211-10 et Annexe, Tableau VIII, ss. R. 563-4.* – ***C. pr. civ.***

V. C. pr. civ., art. 1039, infra.

Art. 29-2 *(L. n° 73-42 du 9 janv. 1973)* **La procédure suivie en matière de nationalité, et notamment la communication au ministère de la justice des assignations, conclusions et voies de recours, est déterminée par le code de procédure civile.** – *[C. nat., art. 128.]*

V. C. pr. civ., art. 1043, infra.

COMMENTAIRE

L'article 1043 du code de procédure civile prévoit à cet égard que « dans toutes les instances où s'élève à titre principal ou incident une contestation sur la nationalité, une copie de l'assignation ou, le cas échéant, une copie des conclusions soulevant la contestation sont déposées au ministère de la justice qui en délivre récépissé. Le dépôt des pièces peut être remplacé par l'envoi de ces pièces par lettre recommandée avec demande d'avis de réception. La juridiction civile ne peut statuer sur la nationalité avant l'expiration d'un délai d'un mois à compter de la délivrance du récépissé ou de l'avis de réception. Toutefois, ce délai est de dix jours lorsque la contestation sur la nationalité a fait l'objet d'une question préjudicielle devant une juridiction statuant en matière électorale. L'assignation est caduque, les conclusions soulevant une question de nationalité irrecevables, s'il n'est pas justifié des diligences prévues aux alinéas qui précèdent ».

Ces dispositions, qui concernent également les voies de recours, s'expliquent par la spécificité des questions de nationalité qui n'intéressent pas seulement l'état des personnes mais également la souveraineté de l'État qui peut ainsi disposer, par l'intermédiaire du ministère de la justice, d'un moyen d'assurer une certaine unité de ce droit. ❑

Dès lors qu'il n'est pas justifié des diligences prévues par l'art. 1043 C. pr. civ., l'assignation est caduque et les conclusions soulevant une question de nationalité irrecevables. Toutefois, la formalité prévue à l'art. 1043 C. pr. civ. ayant été accomplie au cours de l'instance, elle n'avait pas à être réitérée devant la juridiction de renvoi. • Civ. 1re, 13 janv. 2016, n° 15-12.205.

Art. 29-3 *(L. n° 73-42 du 9 janv. 1973)* **Toute personne a le droit d'agir pour faire décider qu'elle a ou qu'elle n'a point la qualité de Français.**

Le procureur de la République a le même droit à l'égard de toute personne. Il est défendeur nécessaire à toute action déclaratoire de nationalité. Il doit être mis en cause toutes les fois qu'une question de nationalité est posée à titre incident devant un tribunal habile à en connaître. – *[C. nat., art. 129.]*

COMMENTAIRE

La circulaire du 30 septembre 2015 rappelle que les tribunaux peuvent être saisis de deux types d'actions :

– l'action déclaratoire de nationalité française à l'initiative d'une personne qui n'est pas titulaire d'un certificat de nationalité française et qui demande judiciairement que sa nationalité française soit reconnue ;

– l'action négatoire de nationalité française à l'initiative du ministère public qui conteste la nationalité française d'une personne qui s'est vu délivrer à tort un certificat de nationalité française.

A cela s'ajoute le cas particulier de l'action relative à l'enregistrement d'une déclaration de nationalité française : l'enregistrement de la déclaration de nationalité française intervenu à tort peut être contesté par le ministère public (art. 26-4) tandis que le refus d'enregistrement peut être contesté par le déclarant (art. 26-3).

La circulaire rappelle en outre que ce droit d'agir pour se faire reconnaître la qualité de Français ou le droit pour le ministère public de faire constater qu'une personne n'a pas cette qualité n'est encadré par aucun délai. Il résulte de la jurisprudence constante de la Cour de cassation que l'action en contestation de nationalité française engagée par le ministère public n'est soumise à aucune prescription.

La charge de la preuve, en matière de nationalité française, incombe à celui dont la nationalité est en cause (C. civ., art. 30, al. 1er) ; toutefois, cette charge incombe à celui qui conteste la qualité de Français à un individu titulaire d'un certificat de nationalité française délivré conformément aux articles 31 et suivants. ❑

1. La Cour de cassation a transmis au Conseil constitutionnel une QPC portant sur la possibilité pour le procureur de la République de contester la nationalité de toute personne sans aucun délai de prescription, fondée sur la violation présumée du principe d'égalité, du droit au procès équitable et du principe du respect de la vie privée. • Civ. 1re, 25 sept. 2013, n° 13-40.004. ♦ Le Conseil constitutionnel a considéré que l'imprescriptibilité de l'action négatoire en matière de nationalité n'est contraire ni au principe d'égalité, ni au principe de respect des droits de la défense. • Cons. const. 22 nov. 2013, n° 2013-354 QPC : *Constitutions 2014. 99, note Abassade*.

2. Le législateur a ouvert à toute personne la faculté d'engager l'action prévue au présent art. afin d'obtenir, pour elle-même et ses descendants mineurs, une décision revêtue de l'autorité de la chose jugée la déclarant Française, ce qui est de nature à la prémunir contre le risque d'une contestation ultérieure et d'une déperdition d'éléments de preuve. • Civ. 1re, 4 avr. 2019, n° 19-40.001 : *D. 2019. 760*.

3. L'action de l'art. 29-3 n'est soumise à aucune prescription. • Paris, 28 sept. 1990 : *D. 1990. IR 266 ; Rev. crit. DIP 1991. Somm. 781* • Civ. 1re, 13 mai 2020, n° 19-50.025 : *D. 2020. 1107 ; ibid. 1780, note Lassalle-Byhet ; Rev. crit. DIP 2020. 743, note Lagarde*. ♦ Elle peut être poursuivie par les héritiers du demandeur qui décède en cours d'instance. • Versailles, 3 avr. 1995 : *D. 1997. 26, note Guiho*.

Art. 29-4 *(L. n° 73-42 du 9 janv. 1973)* **Le procureur est tenu d'agir s'il en est requis par une administration publique ou par une tierce personne ayant soulevé l'exception de nationalité devant une juridiction qui a sursis à statuer en application de l'article 29. Le tiers requérant devra être mis en cause.** – *[C. nat., art. 131.]*

V. C. pr. civ., art. 1040, 1041, 1044 et 1045, infra.

Art. 29-5 *(L. n° 73-42 du 9 janv. 1973)* **Les jugements et arrêts rendus en matière de nationalité française par le juge de droit commun ont effet même à l'égard de ceux qui n'y ont été ni parties, ni représentés.**

Tout intéressé est recevable cependant à les attaquer par la tierce opposition à la condition de mettre en cause le procureur de la République. – *[C. nat., art. 136.]*

1. Autorité à l'égard de tous. Application à un jugement déclaratif de naissance. • Civ. 7 déc. 1961 : *Bull. civ. I, n° 586 ; Rev. crit. DIP 1962. Somm. 124.* ♦ ... A un jugement admettant l'éligibilité d'un naturalisé depuis moins de 10 ans : • Soc. 7 juill. 1971, n° 70-60.126 P.

2. Motifs de la décision. L'autorité absolue de la chose jugée qui s'attache au dispositif du jugement d'un tribunal administratif annulant une mesure d'expulsion s'attache aussi au motif qui en est le support nécessaire, tiré de ce que l'intéressé est fondé à se prévaloir de la nationalité française. • CE 19 nov. 1997 : *Rev. crit. DIP 1998. 51, note Lagarde*.

SECTION 2 *De la preuve de la nationalité devant les tribunaux judiciaires*

Art. 30 *(L. n° 73-42 du 9 janv. 1973)* **La charge de la preuve, en matière de nationalité française, incombe à celui dont la nationalité est en cause.**

Toutefois, cette charge incombe à celui qui conteste la qualité de Français à un individu titulaire d'un certificat de nationalité française délivré conformément aux articles 31 et suivants. – *[C. nat., art. 138.]*

1. Si, dans l'interprétation constante qu'en donne la Cour de cassation, le présent art. autorise le seul titulaire du certificat de nationalité à s'en prévaloir, cette limitation procède de la nature même du certificat, lequel ne constitue pas un titre de nationalité mais un document destiné à faciliter la preuve de la nationalité française, dont la délivrance dépend des éléments produits par le requérant à l'appui de sa demande et de l'examen par un agent administratif de sa situation individuelle au regard du droit de la nationalité. • Civ. 1re, 4 avr. 2019, n° 19-40.001 : *D. 2019. 760*.

2. Selon le présent art., la charge de la preuve, en matière de nationalité française, incombe à celui dont la nationalité est en cause. Toutefois, cette charge incombe à celui qui conteste la qualité de Français à un individu titulaire d'un certificat de nationalité française délivré conformément aux art. 31 s. Il résulte de la combinaison de ces textes que lorsqu'un jugement a constaté l'extranéité d'une personne, un certificat de nationalité française ne peut être délivré ultérieurement à cette même personne sur le même fondement juridique, fût-ce en vertu de pièces nouvelles, sans violer l'autorité de chose jugée. • Civ. 1re, 2 sept. 2020, n° 19-13.483 : *D. 2020. 1720*.

3. Portée : al. 1er. Viole l'art. 30, al. 1er, l'arrêt qui, pour juger qu'un individu né en Algérie, de statut civil local, a conservé sa nationalité française d'origine, retient que la nationalité algérienne – dont l'attribution dépendait de la nationalité du père – ne lui a pas été conférée après l'indépendance de l'Algérie, alors qu'aucun acte d'état civil concernant le père n'est produit. • Civ. 1re, 12 oct. 1999, n° 97-20.273 P : *D. 1999. IR 247*. – V. aussi • Civ. 1re, 23 janv. 2007, n° 06-13.009 P.

4. Al. 2. Si le certificat de nationalité a été délivré de manière erronée et qu'il a ainsi perdu toute force probante, la charge de la preuve incombe à celui dont la nationalité est en cause. • Civ. 1re, 28 janv. 2009, n° 07-20.545.

5. Seul le titulaire d'un certificat de nationalité française est autorisé à s'en prévaloir. • Civ. 1re, 17 sept. 2003, n° 01-02.831. ♦ Le juge ne peut déduire d'un certificat de nationalité française délivré à la mère d'un demandeur la preuve de la nationalité des grands-parents, lorsque celle-ci est déterminante, dès lors que le présent art. n'opère une inversion de la charge de la preuve de sa nationalité qu'au bénéfice de son titulaire. • Civ. 1re, 9 nov. 2022, n° 21-50.037 : *DP étrangers, Bull. n° 328, note Pouly.*

6. Il appartient au ministère public de démontrer qu'un certificat de nationalité régulièrement délivré est erroné ; cassation de l'arrêt ayant attribué la charge de la preuve à l'intéressé au regard de l'art. 32-1. • Civ. 1re, 3 déc. 2008, n° 08-10.718 P : *Rev. crit. DIP 2009. 41, obs. Lagarde*. ♦ L'intéressé ayant produit un certificat de nationalité délivré en cours de procédure, c'est au ministère public qu'incombe la charge de la preuve de son extranéité. • Civ. 1re, 23 janv. 2007 : *préc. note 3.* ♦ Un individu dont la nationalité est en cause et dont le père, né au Sénégal, est titulaire d'un certificat de nationalité française, et qui n'est pas lui-même titulaire d'un tel certificat, a la charge de la preuve de ce que son père a conservé la qualité de Français. • Civ. 1re, 17 sept. 2003, n° 01-02.831 P. ♦ Preuve rapportée par le ministère public, à qui la charge de cette preuve incombait, que la filiation d'un individu détenteur d'un certificat de nationalité française comme né d'un père français n'était pas établie. • Civ. 1re, 29 sept. 2004 : *AJ fam. 2005. 66, obs. Chénedé*.

7. Afin de se voir reconnaître la qualité de Français, le descendant d'une personne domiciliée en Algérie à la date de l'indépendance doit prouver que son ascendant avait été admis au statut civil de droit commun ou qu'il avait souscrit une déclaration recognitive de nationalité. L'existence d'un certificat de nationalité française de l'ascendant ne permet pas d'inverser la charge de la preuve. Seule la détention d'un certificat de nationalité française du demandeur lui-même le permettrait. • Civ. 1re, 13 mai 2015, n° 14-15.821 : *AJ fam. 2015. 405*.

8. Application de l'art. 30 pour la délivrance d'un passeport. • CE 17 janv. 1990 : *Gaz. Pal. 1990. 2. Somm. 557.* ♦ Application, en revanche, du droit commun pour la charge de la preuve d'une nationalité étrangère : • Civ. 1re, 17 févr. 1982, n° 80-13.377 P : *Rev. crit. DIP 1983. 249, note Batifol.*

Art. 30-1 *(Ord. n° 45-2441 du 19 oct. 1945)* **Lorsque la nationalité française est attribuée ou acquise autrement que par déclaration,** *(L. n° 99-1141 du 29 déc. 1999)* **« décret d'acquisition ou de » naturalisation, réintégration ou annexion de territoires, la preuve ne peut être faite qu'en établissant l'existence de toutes les conditions requises par la loi.** – *[C. nat., art. 142.]*

V. Décr. n° 93-1362 du 30 déc. 1993, art. 34 et 52, infra.

L'art. 30-1 requiert l'application des modes de preuve du droit commun applicables à la situation en cause. • Paris, 23 févr. 1978 : *Gaz. Pal. 1978. 2. Somm. 384.*

Art. 30-2 *(L. n° 61-1408 du 22 déc. 1961)* **Néanmoins, lorsque la nationalité française ne peut avoir sa source que dans la filiation, elle est tenue pour établie, sauf la preuve contraire, si l'intéressé et celui de ses père et mère qui a été susceptible de la lui transmettre ont joui d'une façon constante de la possession d'état de Français.** – *[C. nat., art. 143.] – V. L. du 22 déc. 1961, art. 7.*

(L. nº 93-933 du 22 juill. 1993) **« La nationalité française des personnes nées à Mayotte, majeures au 1er janvier 1994, sera subsidiairement tenue pour établie si ces personnes ont joui de façon constante de la possession d'état de Français. »**

(L. nº 2006-911 du 24 juill. 2006, art. 110) **« Pendant une période de trois ans à compter de la publication de la loi nº 2006-911 du 24 juillet 2006 relative à l'immigration et à l'intégration, pour l'application du deuxième alinéa du présent article, les personnes majeures au 1er janvier 1994 qui établissent qu'elles sont nées à Mayotte sont réputées avoir joui de façon constante de la possession d'état de Français si elles prouvent, en outre, qu'elles ont été inscrites sur une liste électorale à Mayotte au moins dix ans avant la publication de la loi nº 2006-911 du 24 juillet 2006 précitée et qu'elles font la preuve d'une résidence habituelle à Mayotte. »**

1. Application de l'art. 30-2 au cas où la preuve n'est rapportée que pour l'intéressé et non pour son ascendant. • Lyon, 28 mai 1986 : *Gaz. Pal. 1987. 1. Somm.125.*

2. Pouvoir souverain du juge du fond de considérer que l'acte de naissance produit par une personne pour établir sa filiation de laquelle elle établissait sa nationalité était un faux. • Civ. 1re, 16 juill. 1998, nº 95-16.417 P.

Art. 30-3 *(L. nº 61-1408 du 22 déc. 1961)* **Lorsqu'un individu réside ou a résidé habituellement à l'étranger, où les ascendants dont il tient par filiation la nationalité sont demeurés fixés pendant plus d'un demi-siècle, cet individu ne sera pas admis à faire la preuve qu'il a, par filiation, la nationalité française si lui-même et celui de ses père et mère qui a été susceptible de la lui transmettre n'ont pas eu la possession d'état de Français.**

Le tribunal devra dans ce cas constater la perte de la nationalité française dans les termes de l'article 23-6. – *[C. nat., art. 144.]*

1. L'art. 30-3 édicte une fin de non-recevoir à la preuve de la nationalité française et peut être appliqué immédiatement à une instance engagée après l'entrée en vigueur du code de la nationalité. • Civ. 1re, 23 févr. 1977 : *Rev. crit. DIP 1978. 483, note Lagarde ; JDI 1978. 319, chron. Aymond* (application de l'art. 144 C. nat.).

2. La notion d'ascendants au sens du présent art. ne se limite pas aux parents mais inclut également les grands-parents. • Civ. 1re, 17 mai 2023, nº 21-50.068 : *D. 2023. 1009*.

3. Le délai d'un demi-siècle devait s'apprécier au jour de l'introduction de l'action déclaratoire de nationalité. • Civ. 1re, 28 févr. 2018, nos 17-10.034 et 17-10.033 : *Rev. crit. DIP 2018. 801, note Raiser ; ibid. 2019. 949, note Lagarde*.

4. La règle posée par l'art. 30-3 C. civ., qui interdit de rapporter la preuve de la transmission de la nationalité française par filiation, en rendant irréfragable la présomption de perte de celle-ci par désuétude, est une règle de preuve qui ne constitue pas une fin de non-recevoir au sens de l'art. 122 C. pr. civ., de sorte qu'aucune régularisation sur le fondement de l'art. 126 du même code ne peut intervenir. • Civ. 1re, 13 juin 2019, nos 18-16.838 à 18-16.842 : *D. 2019. 1283*.

5. Dès lors que les conditions posées par l'art. 30-3 sont réunies, le juge constate une présomption irréfragable de perte de la nationalité, rendant toute régularisation impossible. Un requérant ne peut pas se prévaloir de la décision, postérieure à cette date, reconnaissant la possession d'état de Français de son père. • Civ. 1re, 13 juin 2019, nº 18-16.843 : *AJ fam. 2019. 471, obs. Carayon*.

6. La Cour de cassation a refusé de transmettre au Conseil constitutionnel une QPC sur le présent art. considérant que la question n'est ni nouvelle ni sérieuse. « Le texte repose sur des critères objectifs, applicables à toute personne durablement établie à l'étranger. » De plus, la présomption de perte est soumise à l'absence de possession d'état de Français. « A travers le comportement des intéressés et l'attachement qu'ils ont manifesté ou non à la France, peuvent ainsi être prises en compte les circonstances qui les ont éventuellement contraints de demeurer fixés à l'étranger. » • Civ. 1re, 14 oct. 2021, nº 21-10.810 : *D. 2022. 244, chron. Boskovic, Corneloup, Jault-Seseke, Joubert et Parrot*.

7. La désuétude de l'art. 30-3 C. civ. ne peut être opposée à des enfants mineurs si elle ne l'est à leur auteur. • Civ. 1re, 29 juin 2022, nº 21-50.032 : *D. 2022. 1310*.

Art. 30-4 *(L. nº 73-42 du 9 janv. 1973)* **En dehors des cas de perte ou de déchéance de la nationalité française, la preuve de l'extranéité d'un individu peut seulement être établie en démontrant que l'intéressé ne remplit aucune des conditions exigées par la loi pour avoir la qualité de Français.** – *[C. nat., art. 148.]*

SECTION 3 *Des certificats de nationalité française*

Art. 31 *(Ord. nº 45-2441 du 19 oct. 1945)* **Le** *(L. nº 2016-1547 du 18 nov. 2016, art. 16-I)* **« directeur des services de greffe judiciaires »** *(L. nº 95-125 du 8 févr. 1995, art. 15)* **« du tribunal judiciaire » a seul qualité pour délivrer un certificat de nationalité française à toute personne justifiant qu'elle a cette nationalité.** – *[C. nat., art. 149.]* – *La modification issue de la loi du 8 févr. 1995 est entrée en application trois mois après l'entrée en vigueur de ladite loi [JO 9 févr.].*

V. Circ. NOR : JUSC9520374C du 5 mai 1995 relative à la délivrance des certificats de nationalité française ; Circ. CIV 98/17 NOR : JUSC9820845C du 24 déc. 1998 ; Note-Circ. CIV 2004-12 C2/01-10-2004 NOR : JUSC0420766C du 1er oct. 2004.

COMMENTAIRE

L'attention du ministère de la Justice a été appelée sur les difficultés rencontrées par des personnes françaises nées à l'étranger ou leurs descendants, pour la délivrance d'un certificat de nationalité française, notamment lorsque les préfectures exigent un tel document en vue d'établir une carte nationale d'identité. Des cas sont souvent signalés de personnes qui, alors que la preuve contraire de leur nationalité française n'est nullement rapportée, ne parviennent à produire qu'un nombre restreint d'éléments de possession d'état de Français. Certains éléments traduisent un lien particulièrement fort avec la France, de sorte que « pour caractériser la possession d'état de l'ascendant, on peut se contenter par exemple, de la preuve de l'appartenance à la fonction publique ou de l'accomplissement des obligations militaires » (Circ. du 24 déc. 1998). Il apparaît que, dans certains cas, cet assouplissement qui reste valable pour l'ascendant doit être appliqué également à la personne même du demandeur de certificat. Ainsi l'on pourra admettre comme suffisante la preuve de l'appartenance de l'intéressé à la fonction publique ou celle de l'accomplissement des obligations militaires, ou encore de l'existence d'un mandat électif réservé aux seuls Français. Dans des cas exceptionnels, pourra être également prise en compte la seule production d'une carte nationale d'identité en cours de validité ou récemment périmée, dès lors que n'existe aucun doute sur l'identité de son détenteur et la qualité de Français de celui-ci. Dans tous les cas, l'authenticité du document produit ne doit pas poser de difficulté ; il doit en principe être produit en original (Note-circ. CIV 2004-12 C2/01-10-2004 NOR : JUSC0420766C). ❑

Le contentieux des demandes de certificat de nationalité ressortit à la compétence judiciaire. • CE 27 juill. 2005, *Mme Ghenim*, n° 267084 : *AJDA 2005. 2355, note Thiellay* • Civ. 1re, 28 févr. 2006, n° 05-12.455 P : *Rev. crit. DIP 2006. 577, note Lagarde* (sol. impl.).

Art. 31-1 *(L. n° 93-933 du 22 juill. 1993)* **Le siège et le ressort des** *(Ord. n° 2019-964 du 18 sept. 2019, art. 2 et 36, en vigueur le 1er janv. 2020)* **« tribunaux judiciaires ou des chambres de proximité » compétents pour délivrer les certificats de nationalité sont fixés par décret.** — *L'art. 31-1 est entré en vigueur le 1er janv. 1994. — V. COJ, art. D. 221-1 et Annexe, Tableau IX, ss. art. R. 563-4.* — **C. pr. civ.**

Sur la compétence territoriale, V. COJ, art. R. 221-52. — **C. pr. civ.**

Art. 31-2 *(L. n° 73-42 du 9 janv. 1973)* **Le certificat de nationalité indique en se référant aux chapitres II, III, IV et VII du présent titre, la disposition légale en vertu de laquelle l'intéressé a la qualité de Français, ainsi que les documents qui ont permis de l'établir. Il fait foi jusqu'à preuve du contraire.**

(L. n° 95-125 du 8 févr. 1995, art. 16) **« Pour l'établissement d'un certificat de nationalité, le** *(L. n° 2016-1547 du 18 nov. 2016, art. 16-I)* **« directeur des services de greffe judiciaires » du tribunal judiciaire » pourra présumer, à défaut d'autres éléments, que les actes d'état civil dressés à l'étranger et qui sont produits devant lui emportent les effets que la loi française y aurait attachés.** — *[C. nat., art. 150.] — V. note ss. art. 31.*

1. Présomption : principe. Sur le principe selon lequel la possession du certificat fait présumer la nationalité française. • Paris, 20 déc. 1991 : *D. 1993. 141, note Guiho* (application de la loi du 10 août 1927). ♦ Toutefois, la nationalité française attestée par un certificat de nationalité peut être contestée lorsque le certificat a été délivré de façon erronée. • Angers, 25 nov. 1992 : *JCP 1993. IV. 2278.* ♦ Une photocopie même certifiée conforme du certificat de nationalité n'a pas la force probante de celui-ci. • CE 17 janv. 1990 : *Gaz. Pal. 1990. 2. Somm. 557.*

2. Preuve contraire. Sur les moyens de combattre la force probante du certificat. • Paris, 20 févr. 1981 : *Rev. crit. DIP 1981. 263 (2e esp.), note Lagarde.* ♦ Peut être rapportée la preuveque la nationalité française résultant du certificat a été perdue pour une cause non mentionnée dans le certificat. • Civ. 1re, 5 avr. 1993, n° 91-13.711 P : *Rev. crit. DIP 1994. Somm. 715.*

3. Compétence. L'appréciation de la validité du certificat de nationalité relève de la compétence du tribunal de grande instance. • CE 12 mars 1996, *M. Ibrahim*, n° 140863.

4. Ministère public. Obligation pour le ministère public, partie principale à l'action relative à la nationalité, d'assister à l'audience des débats (en l'espèce, jugement ayant annulé un certificat de nationalité française). • Civ. 1re, 3 déc. 1996, n° 95-10.638 P : *Gaz. Pal. 1997. 2. Pan. 200.*

Art. 31-3 *(Ord. n° 45-2441 du 19 oct. 1945)* **Lorsque le** *(L. n° 2016-1547 du 18 nov. 2016, art. 16-I)* **« directeur des services de greffe judiciaires »** *(L. n° 95-125 du 8 févr. 1995, art. 17)* **« du tribunal judiciaire » refuse de délivrer un certificat de nationalité, l'intéressé peut saisir** *(Décr. n° 2022-899 du 17 juin 2022, art. 1er)* **« le tribunal judiciaire** *[ancienne rédaction : le ministre de la justice,]* **» qui décide s'il y a lieu de procéder à cette délivrance.** – *[C. nat., art. 151.] – V. note ss. art. 31.*

Les dispositions issues du Décr. n° 2022-899 du 17 juin 2022 entrent en vigueur le 1er sept. 2022. Elles sont applicables aux demandes de certificat de nationalité et aux recours contre un refus de délivrance formés à compter de cette date.

Par dérogation à l'al. précédent, lorsqu'un refus de délivrance est opposé après le 1er sept. 2022 à une demande de certificat de nationalité formée avant cette date, le refus est notifié, soit par la remise de la décision au destinataire ou à son représentant légal contre émargement, soit par lettre recommandée avec demande d'avis de réception, le cas échéant par l'autorité diplomatique ou consulaire. Le délai de contestation prévu à l'art. 1045-2 C. pr. civ. court à compter de cette notification.

Lorsqu'un refus de délivrance a été opposé avant l'entrée en vigueur du décret (soit le 1er sept. 2022), le délai de contestation prévu à l'art. 1045-2 C. pr. civ. court à compter du 1er sept. 2022 (Décr. préc., art. 3).

1. La personne qui se heurte à un refus de délivrance opposée par le ministre de la justice doit exercer un recours devant le TGI et non devant le tribunal administratif. • CE 17 mars 1995, *M. Soilihi : RFDA 1995. 846* • 11 mars 1996, *Ali*, n° 159256.

2. Ne sauraient être imputées à faute au service public de la justice les précautions prises pour s'assurer de la réalité de la nationalité de la personne demandant un certificat de nationalité. • Civ. 1re, 28 févr. 2006, n° 05-12.455 P : *Rev. crit. DIP 2006. 577, note Lagarde*.

CHAPITRE VII *DES EFFETS SUR LA NATIONALITÉ FRANÇAISE DES TRANSFERTS DE SOUVERAINETÉ RELATIFS À CERTAINS TERRITOIRES*

V. L. n° 73-42 du 9 janv. 1973, art. 24.

Art. 32 *(L. n° 73-42 du 9 janv. 1973)* **Les Français originaires du territoire de la République française, tel qu'il était constitué à la date du 28 juillet 1960, et qui étaient domiciliés au jour de son accession à l'indépendance sur le territoire d'un État qui avait eu antérieurement le statut de territoire d'outre-mer de la République française, ont conservé la nationalité française.**

Il en est de même des conjoints, des veufs ou veuves et des descendants desdites personnes. – *[C. nat., art. 152.]*

V. Rép. min. n° 8361 : JOAN du 21 févr. 1994, p. 871, qui dresse la liste des territoires compris dans la République française depuis 1946.

COMMENTAIRE

L'article 32 aménage un dispositif spécifique au profit de bénéficiaires qui sont dispensés de la procédure de reconnaissance par déclaration et, par voie de conséquence, de la condition du transfert en France du domicile. Compte tenu de son libellé, cet article a néanmoins nécessité des précisions. S'agissant tout d'abord de la qualité de Français « originaires », la jurisprudence a souligné qu'il ne fallait pas s'en tenir à la naissance mais que cette condition se rattachait au milieu humain auquel se rattache un individu. La notion de « territoire de la République française » ensuite, tenant compte des bouleversements engendrés par la Constitution du 4 octobre 1958 ; ainsi, à la date du 28 juillet 1960, cette notion concernait les départements métropolitains et d'outre-mer et ceux des territoires d'outre-mer qui avaient opté en 1958 pour le maintien de ce statut ; ceci excluait par conséquent les territoires africains et Madagascar. ❑

1. A ce moment, les États non encore indépendants au sens du droit international mais non compris dans le territoire au sens de l'art. 32 étaient les pays membres de l'ancienne communauté française. • Civ. 1re, 8 janv. 2002, n° 99-18.552 : *Rev. crit. DIP 2003. 77 s.*, *note Lagarde.*

2. Le présent art. prévoit que les Français originaires du territoire de la République française, tel qu'il était constitué à la date du 28 juill. 1960, et qui étaient domiciliés au jour de son accession à l'indépendance sur le territoire d'un État qui avait eu antérieurement le statut de territoire d'outre-mer de la République française, ont conservé la nationalité française. Il en est de même des conjoints, des veufs ou veuves et des descendants desdites personnes. Tel n'est pas le cas par exemple s'agissant d'une personne née au Cameroun en 1959, sur lequel la France exerçait un mandat au nom de l'ONU, cet État ne constituant pas une colonie ou un territoire d'outre-mer de la République française. • CE 5 févr. 1997, *Koum*, n° 172781 : *Lebon T. 812*.

3. C'est au moment de l'accession à l'indépendance d'un territoire d'outre-mer que l'intéressé doit prouver avoir possédé la nationalité française pour prétendre l'avoir conservée de plein droit. • Civ. 1re, 12 oct. 1999, n° 97-19.633 P : *D. 1999. IR 247*. ♦ Une personne originaire du Sénégal n'a pu conserver de plein droit la nationalité française lors de l'accession de ce territoire à l'indépendance le 20 juin 1960 qu'en ayant eu à cette date fixé son domicile hors de ce territoire ; le domicile, au sens du droit de la nationalité, s'entend de la résidence effective présentant un caractère stable, permanent et coïncidant avec le centre des attaches familiales et des occupations de l'intéressé. • Civ. 1re, 9 févr. 2022, n° 21-50.008 : *AJ fam. 2022. 159*.

4. L'acquisition de la nationalité française n'ayant des effets que pour l'avenir, le conjoint d'un étranger naturalisé français par décret en 1939, qui n'avait pas la qualité d'originaire du territoire de la République française tel qu'il était constitué le 28 juill. 1960, ne peut bénéficier des dispositions de l'art. 32. • Civ. 1re, 12 déc. 2007, n° 07-17.180 P : *D. 2008. AJ 87*.

5. Le mot « originaire » n'est pas la simple référence au lieu de naissance mais concerne le milieu humain auquel se rattache l'individu. • Paris, 8 mars 1996 : *D. 1996. IR 109*. ♦ Assimilation des métis et de leurs descendants aux originaires et descendants d'origine au sens de l'art. 32 sous réserve, pour l'Afrique occidentale française, de reconnaissance judiciaire de la qualité de citoyen français. • Civ. 1re, 20 sept. 2006, n° 04-13.394 P.

6. L'intéressé doit démontrer qu'il dispose sur ce territoire du centre de ses occupations et de ses attaches familiales. • Civ. 1re, 30 oct. 2006, n° 04-11.658.

7. La seule admission à la qualité de citoyen français de statut de droit commun en vertu du décret du 23 juill. 1937 (relatif aux conditions dans lesquelles les indigènes de l'Afrique occidentale française peuvent être admis à la qualité de citoyen français), ne confère pas la qualité d'originaire et descendant d'originaire du territoire de la République française et ne constitue pas un critère de conservation de plein droit de la nationalité française à l'indépendance de la Côte d'Ivoire. • Civ. 1re, 9 sept. 2015, n° 14-50.052.

8. L'accession à la citoyenneté française de statut de droit commun est sans incidence sur la qualité d'originaire permettant la conservation de plein droit de la nationalité française après l'indépendance d'un ancien territoire d'outre-mer. • Civ. 1re, 9 sept. 2015, n° 14-50.052 : *AJ fam. 2015. 615*.

9. L'al. 2 de l'art. 32 assimilant aux originaires leurs conjoints, veufs ou veuves et descendants desdites personnes, ces derniers conservent leur nationalité française dès lors qu'un lien de filiation ou conjugal avec un originaire est démontré. Le lien de filiation doit cependant, « pour produire les effets sur la nationalité (...) avoir été établi durant la minorité de chacun des intéressés ». • Civ. 1re, 13 nov. 2003, n° 01-11.468 • Civ. 1re, 28 mai 2015, n° 14-20.313.

Art. 32-1 *(L. n° 73-42 du 9 janv. 1973)* **Les Français de statut civil de droit commun domiciliés en Algérie à la date de l'annonce officielle des résultats du scrutin d'autodétermination conservent la nationalité française quelle que soit leur situation au regard de la nationalité algérienne.** – *[C. nat., art. 154.]*

BIBL. ▶ Légier, Nationalité française des musulmans d'Algérie : portée du sénatus-consulte de 1865, *D. 2011. 2575*.

COMMENTAIRE

L'ordonnance du 7 mars 1944 avait prévu que les Français musulmans d'Algérie jouissent de tous les droits et sont soumis à tous les devoirs des Français non musulmans, conférant ainsi la citoyenneté française aux intéressés mais sans remettre en cause leur statut civil ; en effet, les personnes concernées étaient toujours soumises aux règles du droit musulman et aux coutumes berbères en matière de statut personnel sauf manifestation expresse de volonté d'être soumises à la loi française. Ces règles ont été confirmées par l'article 80 de la Constitution de 1946 et l'article 75 de la Constitution de 1958. Une circulaire du 7 décembre 1962 a énuméré les personnes qui étaient soumises au statut civil de droit commun : Français d'ascendance métropolitaine, étrangers naturalisés ou ayant acquis la nationalité française en Algérie par le double droit du sol ou par naissance et résidence avant la loi du 17 février 1942 ; les musulmans ayant accédé à la citoyenneté française en application de dispositions spéciales ou ayant renoncé au statut civil de droit local ; les femmes ayant acquis la nationalité française par mariage avec un Français ; les enfants issus de mariage entre un conjoint de statut de droit commun et l'autre de droit local ; les enfants nés en France métropolitaine ou en Algérie de parents légalement inconnus ou reconnus par un seul parent musulman.

L'ordonnance du 21 juillet 1962 avait réglé la question de la nationalité en reprenant la distinction entre les Français de statut civil de droit commun (conservant de plein droit leur nationalité française) et ceux qui relevaient du statut civil de droit local, qui devaient souscrire une déclaration, possibilité ayant disparu au 1er janvier 1967 (loi du 20 déc. 1966).

1. Saisi d'une QPC par la Cour de cassation relative à l'art. 3 de l'Ord. du 7 mars 1944 ayant conféré, en raison de leurs mérites, à certains Français musulmans d'Algérie relevant du statut personnel des droits politiques identiques à ceux qui étaient exercés par les Français de statut civil de droit commun domiciliés en Algérie, le Conseil constitutionnel a indiqué que ce texte n'avait ni pour objet ni pour effet de traiter de la nationalité française ; le principe d'égalité n'imposait ni que des personnes bénéficiant de droits politiques identiques soient soumises au même statut civil ni qu'elles soient soumises aux mêmes règles concernant la conservation de la nationalité française. • Cons. const. 29 juin 2012, n° 2012-259 QPC : *D. 2012. 1675*.

2. S'agissant des personnes relevant du statut civil de droit local dans le contexte de l'indépendance de l'Algérie, la distinction, concernant les modalités d'accès à la nationalité française, entre les enfants mineurs de ces personnes selon la date de leur naissance, avant ou après l'accession de l'Algérie à l'indépendance, repose sur une justification objective et raisonnable et n'emporte pas violation des art. 8 et 14 de la Conv. EDH. • CEDH 13 oct. 2022, n° 13-10.2022 : *AJ Fam. 2022. 559*.

3. Ne peut se prévaloir de la nationalité française l'intéressé né d'un père originaire d'Algérie, présumé de statut de droit local à défaut de toute trace de renonciation à ce statut. • Civ. 1re, 6 févr. 2001, n° 99-14.334. ♦ Une conversion au catholicisme ne peut valoir renonciation au statut local. • Paris, 31 mai 1994 : *D. 1995. 508, note Guiho*. ♦ La Cour de cassation rappelle qu'en vertu de l'ord. du 7 mars 1944 conférant la citoyenneté française à certaines catégories de Français musulmans particulièrement méritants, ces derniers restaient soumis au statut civil de droit local et que, par conséquent, l'intéressé ne pouvait conserver la nationalité française après l'indépendance de l'Algérie sauf manifestation expresse, par décret ou par jugement, de sa volonté de renoncer à ce statut. Faute d'une telle manifestation de volonté, l'intéressé n'était pas de nationalité française et ne pouvait pas la transmettre à ses descendants. • Civ. 1re, 3 févr. 2010 : *D. 2010. 441, obs. de Gaudemont ; AJ fam. 2010. 137 ; Rev. crit. DIP 2011. 39*.

4. Conserve de plein droit la nationalité française la personne qui établit la chaîne de filiation à un Français et au statut civil de droit commun, en application du sénatus-consulte du 14 juill. 1865 ; le statut de droit commun n'étant pas susceptible de renonciation, la célébration des mariages concernés devant un « cadi » et non devant un officier d'état civil, est sans incidence sur la transmission de la nationalité française. • Civ. 1re, 6 juill. 2011 : *D. 2011. 1969 ; ibid. 2575* • Civ. 1re, 6 juill. 2011, n° 10-30.760 : *D. 2011. 2575, note Légier ; ibid. 2140, chron. Vassallo ; AJ fam. 2011. 497* • Civ. 1re, 14 mars 2012, *Procureur général c/ Oubani*, n° 11-30.133. • Civ. 1re, 14 mars 2012, n° 11-30.133 *D. 2012. 945 ; ibid. 2013. 324, chron. Boskovic, Corneloup, Jault-Seseke, Joubert, Parrot ; AJ fam. 2012. 345, obs. Viganotti*.

5. Si le requérant avait conservé de plein droit la nationalité française lors de l'accession à l'indépendance de l'Algérie en vertu des dispositions du présent art., il n'a, alors qu'il n'a pas quitté le territoire français après son retour d'Algérie au cours de l'année 1966, été en mesure de justifier sa nationalité française que le 28 mars 2007 par la production d'un certificat de nationalité française délivré par le juge d'instance ; si l'État a commis une faute de nature à engager sa responsabilité en persistant, jusqu'à cette date, à le regarder comme un ressortissant étranger, l'intéressé, en s'abstenant de justifier de sa nationalité française, a commis une faute de nature à exonérer entièrement celle de l'État. • CAA Nancy, 5 avr. 2012, *Min. Intérieur*, n° 11NC01010 : *AJDA 2012. 2396, concl. Dulmet*.

Art. 32-2 *(L. n° 73-42 du 9 janv. 1973)* **La nationalité française des personnes de statut civil de droit commun, nées en Algérie avant le 22 juillet 1962, sera tenue pour établie, dans les conditions de l'article 30-2, si ces personnes ont joui de façon constante de la possession d'état de Français.** – *[C. nat., art. 155.]*

1. Preuve, droit commun. L'art. 32-2 n'exclut pas la preuve de la nationalité française par le droit commun. • Civ. 1re, 23 févr. 1977 : *Rev. crit. DIP 1978. 483, note Lagarde.*

2. Mariage. La renonciation au statut civil de droit local ne peut simplement résulter du mariage avec une Française devant l'officier d'état civil. • Civ. 1re, 17 juin 1980, n° 79-12.327 P : *Rev. crit. DIP 1981. Somm. 742* • Civ. 1re, 8 mars 1983, n° 82-11.247 P : *JCP 1983. IV. 163.* ♦ ... Ou du mariage par une femme musulmane avec un Français métropolitain. • Paris, 13 oct. 1972 : *Rev. crit. DIP 1973. 489, note Lampué ; JDI 1973. 405, obs. Aynaud.* ♦ ... Ou encore du fait de se soumettre à un régime matrimonial français. • Civ. 1re, 8 mars 1983 : *préc.*

3. Incidence d'une déclaration de nationalité française. Non-application de l'art. 32-2 à une personne née en Algérie en 1945 et dont les parents ont souscrit une déclaration recognitive de nationalité française. • Civ. 1re, 25 avr. 2007, n° 04-17.632 P • 25 avr. 2007, n° 06-15.506 P :

Rev. crit. DIP 2007. 749, note Lagarde (1re esp.).

4. *Poursuite de possession d'état.* La poursuite de la possession d'état de Français après l'indépendance et après expiration des délais de souscription des déclarations de reconnaissance fait présumer la qualité de Français de statut civil de droit commun. • Civ. 1re, 13 oct. 1992, n° 90-18.947 P : *D. 1992. IR 254 ; Rev. crit. DIP 1992. 688.* ♦ Dans le même sens : • Civ. 1re, 1er juill. 2003, n° 10-10.677 P. ♦ V. aussi • Civ. 1re, 25 avr. 2007, n° 06-17.668 P : *D. 2007. AJ 1342 ; Rev. crit. DIP 2007. 749, note Lagarde* (2e esp.).

Art. 32-3 *(L. n° 73-42 du 9 janv. 1973)* **Tout Français domicilié à la date de son indépendance sur le territoire d'un État qui avait eu antérieurement le statut de département ou de territoire d'outre-mer de la République, conserve de plein droit sa nationalité dès lors qu'aucune autre nationalité ne lui a été conférée par la loi de cet État.**

Conservent également de plein droit la nationalité française les enfants des personnes bénéficiaires des dispositions de l'alinéa précédent, mineurs de dix-huit ans à la date de l'accession à l'indépendance du territoire où leurs parents étaient domiciliés. – *[C. nat., art. 155-1.]*

1. Texte applicable à la personne à qui aucune autre nationalité n'a été conférée de plein droit par une disposition générale. • Civ. 1re, 5 janv. 1982 : *Rev. crit. DIP 1982. 678, note Lagarde* • 8 janv. 2002, n° 99-18.552 P.

2. L'intéressé a la charge de la preuve de la loi algérienne lui conférant ou non la nationalité algérienne. • Civ. 1re, 25 avr. 1988 : *Rev. crit. DIP 1990. Somm. 768.* ♦ La loi algérienne doit être appréciée souverainement par les juges du fond. • Civ. 1re, 20 avr. 1982 : *JCP 1982. II. 19803, concl. Gulphe ; Rev. crit. DIP 1983. Somm. 681.*

Art. 32-4 *(L. n° 73-42 du 9 janv. 1973)* **Les anciens membres du Parlement de la République, de l'Assemblée de l'Union française et du Conseil économique qui ont perdu la nationalité française et acquis une nationalité étrangère par l'effet d'une disposition générale peuvent être réintégrés dans la nationalité française par simple déclaration, lorsqu'ils ont établi leur domicile en France.**

La même faculté est ouverte à leur conjoint, veuf ou veuve et à leurs enfants. – *[C. nat., art. 156.]* – *V. Décr. n° 93-1362 du 30 déc. 1993, infra.*

COMMENTAIRE

Pour souscrire la déclaration prévue à l'article 32-4, le déclarant doit fournir les pièces suivantes : la copie intégrale de son acte de naissance ; le certificat de nationalité française, les actes de l'état civil ou tous les documents émanant des autorités françaises de nature à établir qu'il possédait la nationalité française ; le cas échéant, la copie intégrale des actes de naissance de ses enfants mineurs étrangers qui résident avec lui de manière habituelle ou alternativement dans le cas de séparation ou de divorce ainsi que les pièces de nature à établir cette résidence ; tous documents de nature à établir qu'il a acquis, par l'effet d'une disposition générale, une nationalité étrangère, qu'il a établi son domicile en France ou qu'il a été membre du Parlement de la République française, de l'assemblée de l'Union française ou du Conseil économique (Décr. n° 93-1362 du 30 déc. 1993, art. 20).

Sur l'application de l'ancien art. 153 C. nat., V. parmi de nombreuses décisions : • Versailles, 21 oct. 1999 : *BICC, 1er août 2000, n° 1001* (résidence effective de l'intéressé exerçant une profession en France, malgré l'absence d'attaches familiales) • Civ. 1re, 10 févr. 1993, n° 91-17.601 P : *D. 1993. IR 62* • CE 3 févr. 1995 : *Gaz. Pal. 1995. 2. Pan. dr. adm. 146* (annulation d'un refus de réintégration pour indignité).

Art. 32-5 *(L. n° 93-933 du 22 juill. 1993)* **La déclaration de réintégration prévue à l'article précédent peut être souscrite par les intéressés, conformément aux dispositions des articles 26 et suivants, dès qu'ils ont atteint l'âge de dix-huit ans ; elle ne peut l'être par représentation. Elle produit effet à l'égard des enfants mineurs dans les conditions des articles 22-1 et 22-2.**

L. n° 75-560 du 3 juill. 1975, art. 8 à 11 (D. et BLD 1975. 230) ; L. n° 75-1337 du 31 déc. 1975, art. 9 (JO 3 janv. 1976), concernant Mayotte ; – ... les effets de l'indépendance du territoire français des Afars et des Issas sur la nationalité, V. L. n° 77-625 du 20 juin 1977 (D. et BLD 1977. 238), mod. par L. n° 93-933 du 22 juill. 1993, art. 47 (JO 23 juill.) ; – ... les effets de l'indépendance des Nouvelles-Hébrides sur la nationalité, V. Ord. n° 80-703 du 5 sept. 1980, art. 1er à 4 (JO 11 sept.), mod. par L. n° 93-933 du 22 juill. 1993, art. 50 (JO 23 juill.).

CHAPITRE VIII ***DISPOSITIONS PARTICULIÈRES AUX COLLECTIVITÉS D'OUTRE-MER RÉGIES PAR L'ARTICLE 74 DE LA CONSTITUTION ET À LA NOUVELLE-CALÉDONIE*** *(Ord. n° 2007-98 du 25 janv. 2007, art. 130).*

Art. 33 *(Ord. n° 2007-98 du 25 janv. 2007, art. 130)* **Pour l'application du présent titre :**

1° Les mots : "tribunal judiciaire" sont remplacés par les mots : "tribunal de première instance" ;

2° Aux articles 21-28 et 21-29, les mots : "dans le département" sont remplacés par les mots : "dans la collectivité" ou "en Nouvelle-Calédonie".

Les sanctions pécuniaires encourues en vertu de l'article 68 dans les îles Wallis-et-Futuna, en Polynésie française et en Nouvelle-Calédonie sont prononcées en monnaie locale, compte tenu de la contre-valeur dans cette monnaie de l'euro.

Art. 33-1 *(L. n° 93-933 du 22 juill. 1993)* **Par dérogation à l'article 26, la déclaration** *(L. n° 2009-526 du 12 mai 2009, art. 12, en vigueur le 1er janv. 2010)* **« qui doit être reçue par le** *(L. n° 2016-1547 du 18 nov. 2016, art. 16-I)* **« directeur des services de greffe judiciaires » du tribunal judiciaire » est reçue par le président du tribunal de première instance ou par le juge chargé de la section détachée.**

Art. 33-2 *(L. n° 93-933 du 22 juill. 1993)* **Par dérogation à l'article 31, le président du tribunal de première instance ou le juge chargé de la section détachée a seul qualité pour délivrer un certificat de nationalité française à toute personne justifiant qu'elle a cette nationalité.**

V. C. civ., art. 98 s. — **C. civ.**

Code de procédure civile

CHAPITRE I ***LA NATIONALITÉ DES PERSONNES PHYSIQUES***

SECTION 1 ***Dispositions communes*** *(Décr. n° 2022-899 du 17 juin 2022, art. 2).*

Art. 1038 *(Décr. n° 81-500 du 12 mai 1981, art. 5, en vigueur le 1er janv. 1982)* **Le tribunal judiciaire est seul compétent pour connaître en premier ressort des contestations sur la nationalité française ou étrangère des personnes physiques, sous réserve des dispositions figurant au** *(Décr. n° 2022-899 du 17 juin 2022, art. 2)* **« code civil** *[ancienne rédaction : code de la nationalité]* **» pour les juridictions répressives comportant un jury criminel.** *(Décr. n° 2022-899 du 17 juin 2022, art. 2)* **« Il est également compétent pour connaître des contestations relatives au refus de délivrance d'un certificat de nationalité française prévu à l'article 31-3 du code civil** *[V. App., v° Nationalité, C. civ., art. 31-3]*. **»** — *V. C. civ., art. 29, reproduit ci-dessus.*

Les exceptions de nationalité et d'extranéité ainsi que celle d'incompétence pour en connaître sont d'ordre public. Elles peuvent être soulevées en tout état de cause et doivent être relevées d'office par le juge. — *V. art. 1042.*

Les siège et ressort des TJ compétents pour connaître des contestations sur la nationalité française ou étrangère sont fixés par décret (C. civ., art. 29-1). — V. COJ, art. D. 211-10 et annexe, tableau VIII.

Les dispositions des art. 1038 à 1045 sont applicables à Mayotte où les délais d'un mois et de dix jours prévus à l'art. 1043 sont respectivement portés à deux mois et vingt jours (Décr. n° 81-500 du 12 mai 1981, art. 53).

Les dispositions issues du Décr. n° 2022-899 du 17 juin 2022 entrent en vigueur le 1er sept. 2022. Elles sont applicables aux demandes de certificat de nationalité et aux recours contre un refus de délivrance formés à compter de cette date.

Par dérogation à l'al. précédent, lorsqu'un refus de délivrance est opposé après le 1er sept. 2022 à une demande de certificat de nationalité formée avant cette date, le refus est notifié, soit par la remise de la décision au destinataire ou à son représentant légal contre émargement, soit par lettre recommandée avec demande d'avis de réception, le cas échéant par l'autorité diplomatique ou consulaire. Le délai de contestation prévu à l'art. 1045-2 C. pr. civ. court à compter de cette notification.

Lorsqu'un refus de délivrance a été opposé avant l'entrée en vigueur du décret (soit le 1er sept. 2022), le délai de contestation prévu à l'art. 1045-2 C. pr. civ. court à compter du 1er sept. 2022 (Décr. préc., art. 3).

Art. 1039 *(Décr. n° 81-500 du 12 mai 1981, art. 5, en vigueur le 1er janv. 1982)* **Le tribunal judiciaire territorialement compétent est celui du lieu où demeure la personne dont la nationalité est en cause ou, si cette personne ne demeure pas en France, le tribunal judiciaire de Paris.**

Sur l'application de ces dispositions à Mayotte, V. note ss. art. 1038.

Art. 1040 *(Décr. n° 81-500 du 12 mai 1981, art. 5, en vigueur le 1er janv. 1982)* **Dans toutes les instances où s'élève à titre principal ou incident une contestation sur la nationalité** *(Décr. n° 2022-899 du 17 juin 2022, art. 2)* **« ou sur le refus de délivrance d'un certificat de nationalité française », une copie de l'assignation** *(Décr. n° 2022-899 du 17 juin 2022, art. 2)* **« ou de la requête » ou, le cas échéant, une copie des conclusions soulevant la contestation sont déposées au ministère de la justice qui en délivre récépissé. Le dépôt des pièces peut être remplacé par l'envoi de ces pièces par lettre recommandée avec demande d'avis de réception.**

La juridiction civile ne peut statuer sur la nationalité *(Décr. n° 2022-899 du 17 juin 2022, art. 2)* **« ou sur le refus de délivrance d'un certificat de nationalité française » avant l'expiration d'un délai d'un mois à compter de la délivrance du récépissé ou de l'avis de réception. Toutefois, ce délai est de dix jours lorsque la contestation sur la nationalité a fait l'objet d'une question préjudicielle devant une juridiction statuant en matière électorale.**

(Décr. n° 2022-899 du 17 juin 2022, art. 2) **« L'acte introductif d'instance est caduc et** *[ancienne rédaction : L'assignation est caduque,]* **» les conclusions soulevant une question de nationalité irrecevables, s'il n'est pas justifié des diligences prévues aux alinéas qui précèdent.**

Les dispositions du présent article sont applicables aux voies de recours. — *V., s'agissant du traitement automatisé d'informations nominatives relatif à la gestion des dossiers individuels de nationalité soumis au ministère de la Justice, Arr. du 25 mai 1994 (JO 9 juin).*

Sur l'application de ces dispositions à Mayotte, V. note ss. art. 1038.

L'art. 1043 devient l'art. 1040 (Décr. n° 2022-899 du 17 juin 2022, art. 2).

Sur l'entrée en vigueur des dispositions issues du Décr. n° 2022-899 du 17 juin 2022, V. ndlr ss. art. 1038.

Art. 1041 *(Décr. n° 81-500 du 12 mai 1981, art. 5, en vigueur le 1er janv. 1982) (Décr. n° 2019-1333 du 11 déc. 2019, art. 3)* **« Le jugement** *(Abrogé par Décr. n° 2022-899 du 17 juin 2022, art. 2)* ***« qui statue sur la nationalité »*** *(Décr. n° 2020-1452 du 27 nov. 2020, art. 1er-25° et 12, en vigueur le 1er janv. 2021)* **« ne peut être assorti de l'exécution provisoire** *[ancienne rédaction : n'est pas de droit exécutoire à titre provisoire]* **». »**

Le délai de pourvoi en cassation suspend l'exécution de l'arrêt *(Abrogé par Décr. n° 2022-899 du 17 juin 2022, art. 2)* ***« qui statue sur la nationalité »*** **; le pourvoi en cassation exercé dans ce délai est également suspensif.**

Sur l'application de ces dispositions à Mayotte, V. note ss. art. 1038.

L'art. 1er-25° du Décr. n° 2020-1452 du 27 nov. 2020 s'applique aux instances introduites à compter du 1er janv. 2021 (Décr. préc., art. 12).

L'art. 1045 devient l'art. 1041 (Décr. n° 2022-899 du 17 juin 2022, art. 2).

Sur l'entrée en vigueur des dispositions issues du Décr. n° 2022-899 du 17 juin 2022, V. ndlr ss. art. 1038.

SECTION 2 ***Dispositions propres aux contestations sur la nationalité*** *(Décr. n° 2022-899 du 17 juin 2022, art. 2).*

Art. 1042 *(Décr. n° 93-1362 du 30 déc. 1993, art. 66)* **Toute action qui a pour objet principal de faire déclarer qu'une personne a ou n'a pas la qualité de Français, est exercée par le ministère public ou contre lui sans préjudice du droit qui appartient à tout intéressé d'intervenir à l'instance.**

L'art. 66 du Décr. n° 93-1362 du 30 déc. 1993 est applicable à la collectivité de Mayotte (Décr. préc., art. 71). Pour l'application des dispositions dudit décret dans les collectivités territoriales de Mayotte et de Saint-Pierre-et-Miquelon et dans les territoires d'outre-mer, les mots « juges d'instance » sont remplacés par « président du tribunal de première instance ou juge chargé de la section détachée ». Sont substitués au mot « préfet » les mots « représentant du Gouvernement » dans la collectivité territoriale de Mayotte, « haut-commissaire de la République » en Nouvelle-Calédonie et en Polynésie française et « administrateur supérieur » à Wallis-et-Futuna (Décr. préc., art. 70).

L'art. 1040 devient l'art. 1042 (Décr. n° 2022-899 du 17 juin 2022, art. 2).

Sur l'entrée en vigueur des dispositions issues du Décr. n° 2022-899 du 17 juin 2022, V. ndlr ss. art. 1038.

Art. 1043 **Lorsqu'une juridiction de l'ordre judiciaire est saisie à titre incident d'une question de nationalité dont elle n'est pas habile à connaître et qui est nécessaire à la solution du litige, la cause est communiquée au ministère public.**

Le ministère public fait connaître, par conclusions écrites et motivées, s'il estime qu'il y a lieu ou non d'admettre l'existence d'une question préjudicielle.

Sur l'application de ces dispositions à Mayotte, V. note ss. art. 1038.

L'art. 1041 devient l'art. 1043 (Décr. n° 2022-899 du 17 juin 2022, art. 2).

Art. 1044 Si une question de nationalité est soulevée par une partie devant une juridiction qui estime qu'il y a question préjudicielle, la juridiction renvoie cette partie à se pourvoir devant le tribunal judiciaire compétent dans le délai d'un mois ou, dans le même délai, à présenter requête au procureur de la République. Lorsque la personne dont la nationalité est contestée se prévaut d'un certificat de nationalité française, ou lorsque la question de nationalité a été relevée d'office, la juridiction saisie au fond impartit le même délai d'un mois au procureur de la République pour saisir le tribunal judiciaire compétent.

Si le délai d'un mois n'est pas respecté, l'instance poursuit son cours. Dans le cas contraire, la juridiction saisie au fond surseoit à statuer jusqu'à ce que la question de nationalité ait été jugée.

Sur l'application de ces dispositions à Mayotte, V. note ss. art. 1038.

L'art. 1042 devient l'art. 1044 (Décr. n° 2022-899 du 17 juin 2022, art. 2).

Art. 1045 Le procureur de la République est tenu d'agir dans les conditions de l'article *(Décr. n° 2022-899 du 17 juin 2022, art. 2)* « **1042** *[ancienne rédaction : 1040]* » s'il en est requis par une administration publique ou par une tierce personne qui a soulevé l'exception de nationalité devant une juridiction qui a sursis à statuer dans les conditions de l'article *(Décr. n° 2022-899 du 17 juin 2022, art. 2)* « **1044** *[ancienne rédaction : 1042]* ».

Le tiers requérant est mis en cause.

Sur l'application de ces dispositions à Mayotte, V. note ss. art. 1038.

L'art. 1044 devient l'art. 1045 (Décr. n° 2022-899 du 17 juin 2022, art. 2).

Sur l'entrée en vigueur des dispositions issues du Décr. n° 2022-899 du 17 juin 2022, V. ndlr ss. art. 1038.

SECTION 3 *Dispositions propres au certificat de nationalité française*
(Décr. n° 2022-899 du 17 juin 2022, art. 2)

Art. 1045-1 La demande de certificat de nationalité française est remise ou adressée au greffe du tribunal judiciaire ou de la chambre de proximité au moyen d'un formulaire. Elle est accompagnée de pièces répondant aux exigences de l'article 9 du décret n° **93-1362** du **30 décembre 1993** *[V. App., v° Nationalité, Décr. n° 93-1362 du 30 déc. 1993, art. 9]*. Le contenu du formulaire et la liste des pièces à produire sont déterminés par arrêté du ministre de la justice. Le demandeur indique, dans la demande, une adresse électronique à laquelle lui sont valablement adressées les communications du greffe et le récépissé mentionné à l'alinéa suivant. — *V. Arr. du 12 août 2022, infra.*

Le directeur des services de greffe judiciaires du tribunal judiciaire ou de la chambre de proximité procède à toutes vérifications utiles et peut solliciter la production de tous documents complémentaires dans un délai qu'il prescrit. Il délivre au demandeur un récépissé constatant la réception de toutes les pièces nécessaires à l'instruction de la demande.

Le récépissé mentionne qu'une décision sera rendue dans un délai de six mois. Pour les besoins de l'instruction, le directeur des services de greffe judiciaires peut proroger ce délai au maximum deux fois pour la même durée. L'absence de décision à l'issue de ces délais vaut rejet de la demande.

Le certificat de nationalité française est remis au titulaire ou à son représentant légal contre émargement.

Le refus de délivrance est notifié par courrier électronique à l'adresse déclarée dans la demande.

Arrêté du 12 août 2022,

Relatif au modèle de formulaire de demande de certificat de nationalité française et aux pièces à joindre à une demande de certificat.

Art. 1er La liste des pièces à produire au soutien de la demande de certificat de nationalité française, mentionnée à l'article 1045-1 du code de procédure civile, est fixée à l'annexe I du présent arrêté.

Art. 2 Le formulaire mentionné à l'article 1045-1 du code de procédure civile, enregistré sous le numéro CERFA 16237, est conforme au modèle figurant en annexe II.

Art. 3 Le formulaire CERFA mentionné à l'article 2 et sa notice de présentation peuvent être obtenus auprès du service de la nationalité des tribunaux judiciaires ou des chambres de proximité compétents en matière de nationalité, ou être téléchargés aux adresses suivantes : https://www.justice.fr/ et https://www.service-public.fr.

Art. 4 A l'article 1er de l'arrêté du 25 mai 1994 portant création d'un traitement automatisé d'informations nominatives relatif à la gestion des dossiers individuels de nationalité soumis au ministère de la justice, la référence : "1043" est remplacée par la référence : "1040".

Art. 5 Le présent arrêté entre en vigueur le 1er septembre 2022.

ANNEXES

ANNEXE I

LISTE DES PIÈCES À JOINDRE À UNE DEMANDE DE CERTIFICAT DE NATIONALITÉ FRANÇAISE

Conformément aux dispositions de l'article 1045-1 du code de procédure civile, les pièces énumérées ci-dessous doivent répondre aux exigences de l'article 9 du décret n° 93-1362 du 30 décembre 1993.

Pièces à joindre à toute demande de certificat, quel qu'en soit le fondement juridique
A. Pièces à joindre dans tous les cas
- l'**acte de naissance** du demandeur (personne pour laquelle le certificat est demandé) - un **document officiel d'identité** du demandeur, y compris pour l'enfant mineur s'il en possède un - une **photographie d'identité** du demandeur, récente et en couleur - un **justificatif de domicile** du demandeur, tel que le dernier avis d'imposition ou de non-imposition, une facture d'électricité ou de gaz, de téléphone fixe ou d'accès internet de moins de trois mois, une quittance de loyer de moins de trois mois Pour un **enfant mineur** : s'il ne réside pas avec le ou les représentants légaux qui forment la demande en son nom, joindre un justificatif concernant le mineur (exemples : attestation d'inscription scolaire, attestation de sécurité sociale) En cas d'**hébergement** : - une attestation d'hébergement datée et signée, selon le modèle proposé sur le site http://service-public.fr - un document officiel d'identité de l'hébergeant - un justificatif de domicile de l'hébergeant - un courrier d'un organisme privé ou public adressé au demandeur (ou au(x) représentant(s) légal(aux) qui forment la demande en son nom) à l'adresse de l'hébergeant Si le certificat est demandé au nom d'une personne décédée, l'acte de naissance est le seul document à produire au titre du A
B. Autres pièces à joindre lorsque la demande est formée au nom d'une autre personne
- En cas de demande formée au nom d'un enfant mineur : - un document officiel d'identité, ainsi qu'une photographie d'identité, récente et en couleur, du ou des représentants légaux qui forment la demande en son nom - un justificatif de domicile du ou des représentants légaux qui forment la demande en son nom - à moins que l'acte de naissance de l'enfant suffise à lui seul, tous documents justifiant de l'exercice de l'autorité parentale, tels qu'un acte de mariage, un acte de reconnaissance, une décision statuant sur l'autorité parentale **- En cas de demande formée au nom d'une personne majeure protégée :** - un document officiel d'identité ainsi qu'une photographie d'identité, récente et en couleur, du ou des représentants légaux qui forment la demande en son nom - un justificatif de domicile du ou des représentants légaux qui forment la demande en son nom - selon le cas, la décision de protection ou le mandat de protection future

- En cas de demande formée au nom d'une personne décédée (dans le cadre d'une succession, de la liquidation d'une pension de retraite) :

- l'acte de décès
- le courrier de l'organisme ou du service à l'origine de la demande
- un document officiel d'identité ainsi qu'une photographie d'identité, récente et en couleur, de l'ayant droit qui forme la demande
- un justificatif de domicile de l'ayant droit qui forme la demande
- tous documents justifiant de la qualité d'ayant droit

I. Pièces à joindre à une demande de certificat fondée sur l'attribution de la nationalité française à la naissance

Si le demandeur a bénéficié d'une décision de justice le disant français :
- la décision de justice

I.A. Attribution de la nationalité française par double droit du sol

- l'acte de naissance du ou des parents nés en France
- à moins que l'acte de naissance suffise à lui seul, le ou les actes établissant la filiation du demandeur à l'égard du ou des parents nés en France, tels qu'un acte de mariage ou un acte de reconnaissance

I.B. Attribution de la nationalité française par filiation

Pour toutes les demandes sur le fondement de la filiation :
- l'acte de naissance du ou des parents français
- à moins que l'acte de naissance suffise à lui seul, le ou les actes établissant la filiation du demandeur à l'égard du ou des parents français, tels qu'un acte de mariage ou un acte de reconnaissance

Autres pièces à joindre selon le cas :

I.B.1 Si le parent a bénéficié d'un jugement le disant français

- la décision de justice

I.B.2 Si le parent est né français par double droit du sol

- l'acte de naissance de son ou ses propres parents nés en France
- à moins que l'acte de naissance suffise à lui seul, le ou les actes établissant la filiation du parent à l'égard de son ou de ses propres parents nés en France, tels qu'un acte de mariage ou un acte de reconnaissance

I.B.3 Si le parent est né français par filiation

- **Pour la chaîne de filiation :**
  - les actes de naissance de tous les ascendants, en remontant jusqu'au premier ascendant français, dont la nationalité française ne résulte pas de la seule filiation
  - à moins que l'acte de naissance suffise à lui seul, le ou les actes établissant la filiation de chaque membre de la chaîne à l'égard de son propre ascendant direct, tels qu'un acte de mariage ou un acte de reconnaissance

- **Pour le premier ascendant français :**

Si cet ascendant a bénéficié d'un jugement le disant français :

- la décision de justice

Si cet ascendant* est né français par double droit du sol :

- l'acte de naissance de son ou de ses parents nés en France
- à moins que l'acte de naissance suffise à lui seul, le ou les actes établissant la filiation de l'ascendant à l'égard de son ou de ses propres parents nés en France, tels qu'un acte de mariage ou un acte de reconnaissance

**S'il est né en France avant 1851, son acte de naissance suffit*

Si cet ascendant a acquis la nationalité française, selon le cas :

- le décret ou la déclaration démontrant que l'ascendant a acquis volontairement la nationalité française, y compris par réintégration
- tous documents démontrant que l'ascendant a acquis de plein droit la nationalité française, tels que les pièces établissant une acquisition à majorité par naissance et résidence en France

Si cet ascendant a conservé la nationalité française lors d'une indépendance :

- tous documents démontrant que l'ascendant était de nationalité française avant l'accession à l'indépendance de l'État concerné
- et tous documents démontrant, conformément à la loi ou au traité régissant les conséquences sur la nationalité de l'accession à l'indépendance de l'État concerné, que l'ascendant a :
  - soit conservé de plein droit la nationalité française
  - soit opté pour la conservation de la nationalité française
  - soit bénéficié de l'effet attaché à une déclaration permettant de conserver la nationalité française

- **Le cas échéant, tous documents de nature à démontrer la possession d'état de Français, pour le demandeur et pour son parent**, tels que carte nationale d'identité ou passeport, carte d'électeur, carte consulaire ou inscription au registre des Français de l'étranger, en cours de validité ou périmés, pièces militaires, certificat de nationalité française

I.B.4 Si le parent a acquis la nationalité française avant la naissance du demandeur (ou de la requête en adoption plénière)

Selon le cas :

- Le décret ou la déclaration démontrant que le parent a acquis volontairement la nationalité française, y compris par réintégration

- tous documents démontrant que le parent a acquis de plein droit la nationalité française, tels que les pièces établissant une acquisition à majorité par naissance et résidence en France

I.B.5 Si le parent a conservé la nationalité française lors d'une indépendance survenue avant la naissance du demandeur

- tous documents démontrant que le parent était de nationalité française avant l'accession à l'indépendance de l'État concerné
- et tous documents démontrant, conformément à la loi ou au traité régissant les conséquences sur la nationalité de l'accession à l'indépendance de l'État concerné, que le parent a :
  - soit conservé de plein droit la nationalité française
  - soit opté pour la conservation de la nationalité française

- soit bénéficié de l'effet attaché à une déclaration permettant de conserver la nationalité française

I.C. Attribution de la nationalité française par la naissance en France

Si le demandeur est né en France de parents qui sont, soit apatrides, soit d'une nationalité étrangère qui ne peut en aucune façon lui être transmise

- l'acte de naissance des parents
- tous documents établissant :
  - soit qu'ils sont apatrides (décision de l'OFPRA)
  - soit qu'ils sont d'une nationalité étrangère qui ne peut en aucune façon lui être transmise, tels qu'un certificat de coutume délivré par le consulat, la loi ou les lois étrangères de nationalité
- à moins que l'acte de naissance suffise à lui seul, le ou les actes établissant la filiation du demandeur à l'égard de ses parents

Si le demandeur est né en France de parents inconnus

Aucun document autre que ceux fournis au titre des « pièces à joindre pour toute demande de certificat », n'est nécessaire.

I.D. Attribution de la nationalité française avant une indépendance et conservation de cette nationalité lors de l'indépendance de l'Etat concerné

- tous documents démontrant que le demandeur est né français avant l'accession à l'indépendance de l'État concerné
- et tous documents démontrant, conformément à la loi ou au traité régissant les conséquences sur la nationalité de l'accession à l'indépendance de l'État concerné, que le demandeur a :
  - soit conservé de plein droit la nationalité française
  - soit opté pour la conservation de la nationalité française
  - soit bénéficié de l'effet attaché à une déclaration permettant de conserver la nationalité française

II. Pièces à joindre à une demande de certificat fondée sur l'acquisition de la nationalité française

Si le demandeur a bénéficié d'une décision de justice le disant français :
- la décision de justice

II.A. Acquisition de plein droit de la nationalité française

Acquisition de la nationalité française par naissance et résidence en France

- l'acte de naissance des parents et tous documents concernant leur nationalité étrangère au jour de la naissance du demandeur

- tous documents établissant que le demandeur a résidé habituellement en France pendant la période exigée et qu'il y résidait au moment où il est devenu majeur, tels que certificats de scolarité, bulletins de note, attestation de stage, contrat d'apprentissage ou de travail

- Si le demandeur est né à Mayotte et est devenu majeur à compter du 1er mars 2019, les pièces complémentaires suivantes :
  - soit tous documents démontrant qu'au moins l'un de ses parents résidait en France de manière régulière, sous couvert d'un titre de séjour, et de manière ininterrompue depuis plus de trois mois, au moment de sa naissance

- soit tous documents démontrant qu'au moins l'un de ses parents a résidé en France de manière régulière, pendant la période continue ou discontinue de cinq ans exigée pour la résidence habituelle en France du demandeur depuis l'âge de 11 ans.

Acquisition de la nationalité française par effet collectif

Si le parent est devenu français, y compris par réintégration, à compter du 25 juillet 1993 :
- l'acte de naissance du parent qui a acquis la nationalité française
- la déclaration de nationalité ou le décret du parent, portant mention du nom du demandeur au titre de l'effet collectif

Si le parent est devenu français, y compris par réintégration, avant le 25 juillet 1993 :
- l'acte de naissance du parent qui a acquis la nationalité française
- la déclaration de nationalité ou le décret de ce parent
- à moins que l'acte de naissance suffise à lui seul, le ou les actes établissant la filiation du demandeur à l'égard de ce parent, tels qu'un acte de mariage ou un acte de reconnaissance

Acquisition de la nationalité française par mariage avec un Français avant le 12 janvier 1973

- l'acte de naissance de l'époux français
- l'acte de mariage avec celui-ci
- tous documents établissant la nationalité française de l'époux au jour du mariage

II.B. Acquisition volontaire de la nationalité française

- la déclaration de nationalité au nom du demandeur (acquisition ou réintégration)
- la manifestation de volonté du demandeur (déclaration d'acquisition par naissance et résidence en France souscrite entre le 1er janvier 1994 et le 31 août 1998)
- le décret du demandeur (acquisition, naturalisation ou réintégration)

II.C. Acquisition de la nationalité française avant une indépendance et conservation de cette nationalité lors de l'indépendance de l'Etat concerné

- tous documents démontrant que le demandeur acquis la nationalité française avant l'accession à l'indépendance de l'État concerné
- et tous documents démontrant, conformément à la loi ou au traité régissant les conséquences sur la nationalité de l'accession à l'indépendance de l'État concerné, que le demandeur a : demandeur a :
  - soit conservé de plein droit la nationalité française
  - soit opté pour la conservation de la nationalité française
  - soit bénéficié de l'effet attaché à une déclaration permettant de conserver la nationalité française

ANNEXE II

FORMULAIRE DE DEMANDE DE CERTIFICAT DE NATIONALITÉ FRANÇAISE

MINISTÈRE DE LA JUSTICE
Liberté
Égalité
Fraternité

Nous sommes là pour vous aider

N° 16237*01

cerfa

Demande de certificat de nationalité française

(Articles 31 à 31-2 du code civil et article 1045-1 du code de procédure civile)

Vous souhaitez effectuer une demande de certificat de nationalité française pour vous-même ou en qualité de représentant légal.
Vous devez cocher les cases correspondant à votre situation, renseigner les rubriques qui s'y rapportent, joindre les pièces listées, dater et signer ce formulaire. Merci de remplir celui-ci en noir, lisiblement et avec les accents. Le nom de famille doit être écrit en majuscules, et le ou les prénoms en minuscules.

Nous vous invitons à lire attentivement la notice n°52373 avant de remplir la présente demande.

Identité de la personne pour laquelle le certificat de nationalité française est demandé

☐ Madame ☐ Monsieur

Nom de naissance : ____________________

Nom d'usage (exemple : nom d'époux / d'épouse) : ____________________

Prénoms : ____________________

Date de naissance : I__I__I__I__I__I__I__I__I

Lieu de naissance : ____________________ Code postal I__I__I__I__I__I

Pays de naissance ____________________

Adresse* : ____________________

Complément d'adresse : ____________________

Code postal I__I__I__I__I__I Commune : ____________________

Pays : ____________________

Numéro de téléphone** : I__I__I__I__I__I__I__I__I__I__I

**Dernier domicile du défunt lorsque la demande est formée au nom d'une personne décédée*
***Ne pas l'indiquer pour une personne représentée*

Si vous remplissez cette demande pour vous-même, passez directement à la rubrique « *Informations que vous souhaitez porter à la connaissance du service* » (facultatif) ou « *Pièces à joindre pour toute demande de certificat*

Identité du (ou des) signataire(s) du formulaire lorsque la demande est formée au nom d'une autre personne

☐ Madame ☐ Monsieur

Nom de naissance : ____________________

Nom d'usage (exemple : nom d'époux / d'épouse) : ____________________

Prénoms : ____________________

Date de naissance : I__I__I__I__I__I__I__I__I

Lieu de naissance : ____________ Code postal I__I__I__I__I__I

Pays de naissance ____________________

Adresse : ____________________
______Complément d'adresse : ____________________

Code postal I__I__I__I__I__I

Commune : ____________________

Pays : ____________________

Numéro de téléphone : I__I__I__I__I__I__I__I__I__I__I

Agissant :

☐ En qualité de représentant légal ☐ En qualité d'ayant droit

de la personne pour laquelle le certificat de nationalité française est demandé

En cas de démarche conjointe, identité de l'autre représentant légal :

☐ Madame ☐ Monsieur

Nom de naissance : ______________________________

Nom d'usage (exemple : nom d'époux / d'épouse) : ______________________________

Prénoms : ______________________________

Date de naissance : I__I__I__I__I__I__I__I__I

Lieu de naissance : ____________________ Code postal I__I__I__I__I__I

Pays de naissance ______________________________

Adresse : ______________________________

Complément d'adresse : ______________________________

Code postal I__I__I__I__I__I

Commune : ______________________________

Pays : ______________________________

Numéro de téléphone : I__I__I__I__I__I__I__I__I__I__I

En cas de démarche en qualité d'ayant droit, coordonnées de l'organisme ou du service qui sollicite un certificat de nationalité française au nom de la personne décédée :

Organisme ou service à l'origine de la demande : ______________________________

Adresse : ______________________________

Complément d'adresse : ______________________________

Code postal I__I__I__I__I__I

Commune : ______________________________

Numéro de téléphone : I__I__I__I__I__I__I__I__I__I__I

La présente demande est réalisée dans le cadre d'un mandat :

Maître : ____

Avocat au barreau de : ____

Adresse : ____

Complément d'adresse : ____

Code postal I__I__I__I__I__I

Commune : ____

Numéro de téléphone : I__I__I__I__I__I__I__I__I__I__I

Informations que vous souhaitez porter à la connaissance du service (facultatif)

Je souhaite apporter les précisions suivantes concernant ma demande : ____

IMPORTANT :

Les pièces et informations sollicitées concernent la personne pour laquelle le certificat de nationalité française est demandé : vous-même ou la personne que vous représentez. Dans ce dernier cas, suivez le formulaire comme s'il s'adressait directement à la personne représentée (exemple : « votre acte de naissance » = celui de votre enfant mineur).

Les pièces à produire doivent :

- **Remplir certaines conditions, précisées dans la notice n°52373 et qui peuvent impliquer la production de pièces annexes (exemple : traduction d'un acte en langue étrangère) ;**
- **Etre jointes à la présente demande de certificat.**

Pièces à joindre pour toute demande de certificat

1. Vous devez fournir :

- votre **acte de naissance***

- un **document officiel d'identité****

- une **photographie d'identité**, récente et en couleur

- un **justificatif de domicile***** (exemples : dernier avis d'imposition ou de non-imposition, facture d'électricité ou de gaz, de téléphone fixe ou d'accès internet de moins de 3 mois, quittance de loyer de moins de 3 mois)

En cas d'**hébergement** :

- une attestation d'hébergement datée et signée, selon le modèle proposé sur le site Service.Public.fr
- un document officiel d'identité de l'hébergeant
- un justificatif de domicile de l'hébergeant
- un courrier d'un organisme privé ou public qui vous a été envoyé à l'adresse de votre hébergeant

Seul document à produire dans ce point 1 lorsque le certificat est demandé au nom d'une* ***personne décédée*

*** Y compris pour l'**enfant mineur**, s'il en possède un*

**** Pour un **enfant mineur :** s'il ne réside pas avec le ou les représentants légaux qui forment la demande en son nom, joindre un justificatif le concernant (exemples : attestation d'inscription scolaire, attestation de sécurité sociale)*

2. Si la demande est formée au nom d'une autre personne, il faut fournir en plus :

- Pour un **enfant mineur** :
  - un document officiel d'identité ainsi qu'une photographie d'identité, récente et en couleur, du ou des représentants légaux qui forment la demande en son nom
  - un justificatif de domicile du ou des représentants légaux qui forment la demande en son nom
  - et, selon la situation, le ou les documents justifiant de l'exercice de l'autorité parentale (exemples : acte de mariage, acte de reconnaissance, décision statuant sur l'autorité parentale)

- Pour une **personne majeure protégée** :
  - un document officiel d'identité ainsi qu'une photographie d'identité, récente et en couleur, du ou des représentants légaux qui forment la demande en son nom
  - un justificatif de domicile du ou des représentants légaux qui forment la demande en son nom
  - selon le cas, la décision de protection ou le mandat de protection future

- Pour une **personne décédée** :
  - l'acte de décès
  - le courrier de l'organisme ou du service à l'origine de la demande
  - un document officiel d'identité ainsi qu'une photographie d'identité, récente et en couleur, de l'ayant droit qui forme la demande
  - un justificatif de domicile de l'ayant droit qui forme la demande
  - tous documents justifiant de la qualité d'ayant droit

Autres pièces à joindre à la demande selon votre cas

IMPORTANT :
Les autres pièces à produire dépendent de votre situation (rappel : « vous » = la personne pour laquelle le certificat est demandé) :
- **Vous êtes né(e) français(e) : reportez-vous au I**
- **Vous avez acquis la nationalité française : reportez-vous au II**

Le greffe du tribunal examinera votre demande au regard des textes applicables à votre situation ; dans ce cadre, des pièces complémentaires pourront vous être demandées.

☐ **Vous bénéficiez d'une décision de justice vous disant français,** vous devez produire :
- la décision de justice

☐ **Dans les autres cas,** vous devez produire les pièces listées ci-dessous pour la situation qui vous concerne.

I. Vous êtes né(e) français(e)

Cette rubrique vous concerne si vous êtes français(e) depuis votre naissance :

- par double droit du sol (vous êtes né(e) en France et l'un au moins de vos parents est né en France) : _reportez-vous au I-A_
- par filiation (l'un au moins de vos parents était français au jour de votre naissance) : _reportez-vous au I-B_
- du fait de votre naissance en France (situations spécifiques) : _reportez-vous au I-C_

Vous êtes né(e) français(e) avant une indépendance et vous avez conservé la nationalité française lors de l'indépendance de l'Etat concerné, _reportez-vous au I-D_

☐ I-A. Vous êtes né(e) français(e) par double droit du sol

Vous devez fournir :

- l'acte de naissance du ou des parents nés en France
Et, selon la situation :
- l'acte de mariage des parents
- l'acte de reconnaissance par le(s) parent(s) né(s) en France
- autre : ______________________________

☐ I-B. Vous êtes né(e) français(e) par filiation

Nous vous proposons de remplir l'arbre généalogique ci-après en annexe pour faciliter la compréhension de votre situation familiale, ou d'en établir un similaire.

Vous devez fournir :

- l'acte de naissance du ou des parents français
Et, selon la situation :
- l'acte de mariage des parents
- l'acte de reconnaissance par votre (vos) parent(s) français
- autre : ______________________________

Vous devez également fournir, selon le cas :

☐ **Si votre parent a bénéficié d'une décision de justice le disant français** :
- la décision de justice

☐ **Si votre parent est né français :**

☐ **par double droit du sol**

- l'acte de naissance de son ou ses propres parents nés en France
Et, selon la situation :
- l'acte de mariage de ses parents
- un acte de reconnaissance
- autre : ______________________________

☐ **par filiation**

Indiquez l'ascendant dont votre parent tient la nationalité française par une chaîne de filiation (= le premier ascendant français) (exemple : la nationalité française de votre parent vient de son grand-père paternel, qui a été naturalisé français) :

Nom de famille : ______________________________

Prénoms : ______________________________

Date de naissance : I__I__I__I__I__I__I__I__I

Lieu de naissance : ______________________________

Pays de naissance : ______________________________

➢ **Pour la chaîne de filiation :**

- les actes de naissance de tous vos ascendants, en remontant jusqu'au premier ascendant français (inclus)

Et, pour chaque génération, selon la situation :
- un acte de mariage
- un acte de reconnaissance
- autre : ______________________

➢ **Pour le premier ascendant français** :

☐ **Si cet ascendant a bénéficié d'une décision de justice le disant français** :
- la décision de justice

☐ **Si cet ascendant* est né français par double droit du sol :**
- l'acte de naissance de son ou de ses parents nés en France
Et, selon la situation :
- l'acte de mariage de ses parents
- un acte de reconnaissance
- autre :

* *S'il est né en France avant 1851, son acte de naissance suffit*

☐ **Si cet ascendant a acquis la nationalité française**, selon le cas :
- le décret ou la déclaration démontrant que l'ascendant a acquis volontairement la nationalité française (y compris par réintégration)
- tous documents démontrant que l'ascendant a acquis de plein droit la nationalité française (exemple : pièces établissant une acquisition à majorité par naissance et résidence en France)

☐ **Si cet ascendant a conservé la nationalité française lors d'une indépendance :**
- tous documents démontrant que l'ascendant était de nationalité française avant l'accession à l'indépendance de l'État concerné

- et tous documents démontrant, conformément à la loi ou au traité régissant les conséquences sur la nationalité de l'accession à l'indépendance de l'État concerné, que l'ascendant a :
  • soit conservé de plein droit la nationalité française
  • soit opté pour la conservation de la nationalité française
  • soit bénéficié de l'effet attaché à une déclaration permettant de conserver la nationalité française

➢ **Le cas échéant, tous documents de nature à démontrer la possession d'état de Français, pour vous <u>et</u> pour votre parent** (exemples : carte nationale d'identité et/ou passeport, carte d'électeur, carte consulaire/inscription au registre des Français de l'étranger, périmés ou en cours de validité ; pièces militaires ; certificat de nationalité française)

☐ **Si votre parent a acquis la nationalité française avant votre naissance***, selon le cas :
- le décret ou la déclaration démontrant que votre parent a acquis volontairement la nationalité **française (y compris par réintégration),**
- tous documents démontrant que votre parent a acquis de plein droit la nationalité française (exemple : pièces établissant une acquisition à majorité par naissance et résidence en France)

**ou avant la requête en adoption plénière*

☐ **Si votre parent a conservé la nationalité française lors d'une indépendance survenue <u>avant</u> votre naissance** :
- tous documents démontrant que votre parent était de nationalité française avant l'accession à l'indépendance de l'État concerné,
- et tous documents démontrant, conformément à la loi ou au traité régissant les conséquences sur la nationalité de l'accession à l'indépendance de l'État concerné, que votre parent a :
  • soit conservé de plein droit la nationalité française
  • soit opté pour la conservation de la nationalité française
  • soit bénéficié de l'effet attaché à une déclaration permettant de conserver la nationalité française

☐ I-C. Vous êtes né(e) français(e) du fait de votre naissance en France

☐ **Vous êtes né(e) en France de parents qui sont, soit apatrides, soit d'une nationalité étrangère qui ne peut en aucune façon vous être transmise**

Vous devez fournir :

- l'acte de naissance de vos parents
- tous documents établissant :
  • soit qu'ils sont apatrides (décision de l'OFPRA)

• soit qu'ils sont d'une nationalité étrangère qui ne peut en aucune façon vous être transmise (certificat de coutume délivré par le consulat ou loi(s) étrangère(s) de nationalité)

Et, selon la situation :
- l'acte de mariage des parents
- l'acte de reconnaissance par votre (vos) parent(s)
- autre : ______________________________

☐ **Vous êtes né(e) en France de parents inconnus**

Aucun document autre que ceux fournis au titre des « pièces à joindre pour toute demande de certificat » n'est nécessaire.

☐ **I-D. Vous êtes né(e) français(e) avant une indépendance et vous avez conservé la nationalité française lors de l'indépendance de l'Etat concerné**

Nous vous proposons de remplir l'arbre généalogique ci-après en annexe pour faciliter la compréhension de votre situation familiale, ou d'en établir un similaire.

Vous devez fournir :

- tous documents démontrant que vous êtes né(e) français(e) avant l'accession à l'indépendance de l'État concerné,
- et tous documents démontrant, conformément à la loi ou au traité régissant les conséquences sur la nationalité de l'accession à l'indépendance de l'État concerné, que vous avez :
  • soit conservé de plein droit la nationalité française
  • soit opté pour la conservation de la nationalité française
  • soit bénéficié de l'effet attaché à une déclaration permettant de conserver la nationalité française

II. Vous avez acquis la nationalité française

Cette rubrique vous concerne si :
- vous n'êtes pas né(e) français(e), mais vous l'êtes devenu(e) après votre naissance
- vous avez été réintégré(e) dans la nationalité française après avoir perdu cette nationalité

Si vous avez acquis la nationalité française :
- de plein droit (par l'effet de la loi) : ***reportez-vous au II-A***
- de manière volontaire (après une demande expresse) : ***reportez-vous au II-B***

Si vous avez acquis la nationalité française avant une indépendance et vous l'avez conservée lors de l'indépendance de l'Etat concerné, ***reportez-vous au II-C***

☐ **II-A. Vous avez acquis la nationalité française de plein droit**

☐ **Vous êtes né(e) en France de parents étrangers et vous êtes devenu(e) français(e) à votre majorité par naissance et résidence en France**

Vous devez fournir :

- l'acte de naissance des parents et tous documents concernant leur nationalité étrangère au jour de votre naissance
- tous documents établissant que vous avez résidé habituellement en France pendant la période exigée et que vous y résidiez au moment où vous êtes devenu(e) majeur(e) (exemples : certificats de scolarité, bulletins de note, attestation de stage, contrat d'apprentissage ou de travail)

☐ **Si vous êtes né(e) à Mayotte et vous êtes devenu(e) majeur(e) à compter du 1er mars 2019,** vous produirez en plus :

- soit tous documents démontrant qu'au moins l'un de vos parents résidait en France de manière régulière, sous couvert d'un titre de séjour, et de manière ininterrompue depuis plus de 3 mois, au moment de votre naissance
- soit tous documents démontrant qu'au moins l'un de vos parents a résidé en France de manière régulière, pendant la période continue ou discontinue de cinq ans exigée pour votre résidence habituelle en France depuis l'âge de 11 ans.

☐ **Votre parent a acquis la nationalité française alors que vous étiez mineur(e) et non marié(e), et vous êtes devenu(e) français(e) par cette acquisition**

Vous devez fournir :

☐ **Si votre parent est devenu français (y compris par réintégration), à compter du 25 juillet 1993 :**
- l'acte de naissance du parent qui a acquis la nationalité française
- la déclaration de nationalité ou le décret de votre parent, portant mention de votre nom au titre de l'effet collectif

☐ **Si votre parent est devenu français (y compris par réintégration), avant le 25 juillet 1993 :**
- l'acte de naissance du parent qui a acquis la nationalité française
- la déclaration de nationalité ou le décret de votre parent

Et, selon la situation :
- l'acte de mariage des parents
- l'acte de reconnaissance par votre parent devenu français
- autre :

☐ **Vous vous êtes mariée avec un Français avant le 12 janvier 1973**

Vous devez fournir :

- l'acte de naissance de votre époux français
- votre acte de mariage avec celui-ci

- tous documents établissant la nationalité française de votre époux au jour de votre mariage

☐ II-B. Vous avez acquis la nationalité française de manière volontaire

Vous devez fournir, selon le cas :

- la déclaration de nationalité à votre nom (acquisition ou réintégration)
- votre manifestation de volonté (déclaration d'acquisition par naissance et résidence en France souscrite entre le 1er janvier 1994 et le 31 août 1998)
- votre décret (acquisition, naturalisation ou réintégration)

☐ II-C. Vous avez acquis la nationalité française avant une indépendance et vous l'avez conservée lors de l'indépendance de l'Etat concerné

Nous vous proposons de remplir l'arbre généalogique ci-après en annexe pour faciliter la compréhension de votre situation familiale, ou d'en établir un similaire.

Vous devez fournir :

- tous documents démontrant que vous avez acquis la nationalité française avant l'accession à l'indépendance de l'État concerné,
- et tous documents démontrant, conformément à la loi ou au traité régissant les conséquences sur la nationalité de l'accession à l'indépendance de l'État concerné, que vous avez :
  • soit conservé de plein droit la nationalité française
  • soit opté pour la conservation de la nationalité française
  • soit bénéficié de l'effet attaché à une déclaration permettant de conserver la nationalité française

Déclaration d'adresse électronique de messagerie

Le certificat de nationalité française est remis en mains propres et contre signature, sur convocation, au tribunal judiciaire ou de proximité de votre domicile en France, ou au consulat de France à l'étranger si vous résidez à l'étranger.

En application de l'article 1045-1 du code de procédure civile, **vous devez déclarer une adresse électronique de messagerie*** sur laquelle vous seront valablement adressés toutes les communications du service (accusé de réception de la demande de certificat, demandes de pièces complémentaires...) ainsi que le récépissé constatant que le dossier est complet, et sur laquelle sera valablement notifiée, le cas échéant, la décision de refus**.

Je déclare (nous déclarons) l'adresse électronique de messagerie suivante *** :

______________________________@______________________________

______________________________@______________________________

Cette adresse sera utilisée tout au long de la procédure. Vous pouvez déclarer l'adresse d'une personne de confiance.

*** La notification à l'adresse électronique de messagerie déclarée fait courir le délai de contestation de 6 mois prévu à l'article 1045-2 du code de procédure civile.*
**** Si la personne pour laquelle le certificat est demandé est représentée par deux personnes, chaque représentant doit déclarer une adresse électronique. Chaque intéressé ne peut déclarer qu'une seule adresse électronique pour lui-même.*

Déclaration sur l'honneur

Je (nous) soussigné(e)(s) (NOM prénom) : ____________________________________
____
____

Suis (sommes) informé(e)(s) :
- que les pièces fournies doivent remplir certaines conditions, qui sont précisées dans la notice n°52373 ;
- que des pièces complémentaires pourront m'être (nous être) demandées.

M'engage (nous engageons) à signaler au service tout changement d'adresse postale ou de messagerie électronique.

Certifie (certifions) sur l'honneur que tous les renseignements portés sur ce formulaire sont exacts et complets.

Fait à : **Le**
I__I__I__I__I__I__I__I__I

Signature(s)

NOM Prénom **NOM Prénom**

La loi n°78-17 du 6 janvier 1978 relative aux fichiers nominatifs garantit un droit d'accès et de rectification des données auprès des organismes destinataires de ce formulaire.

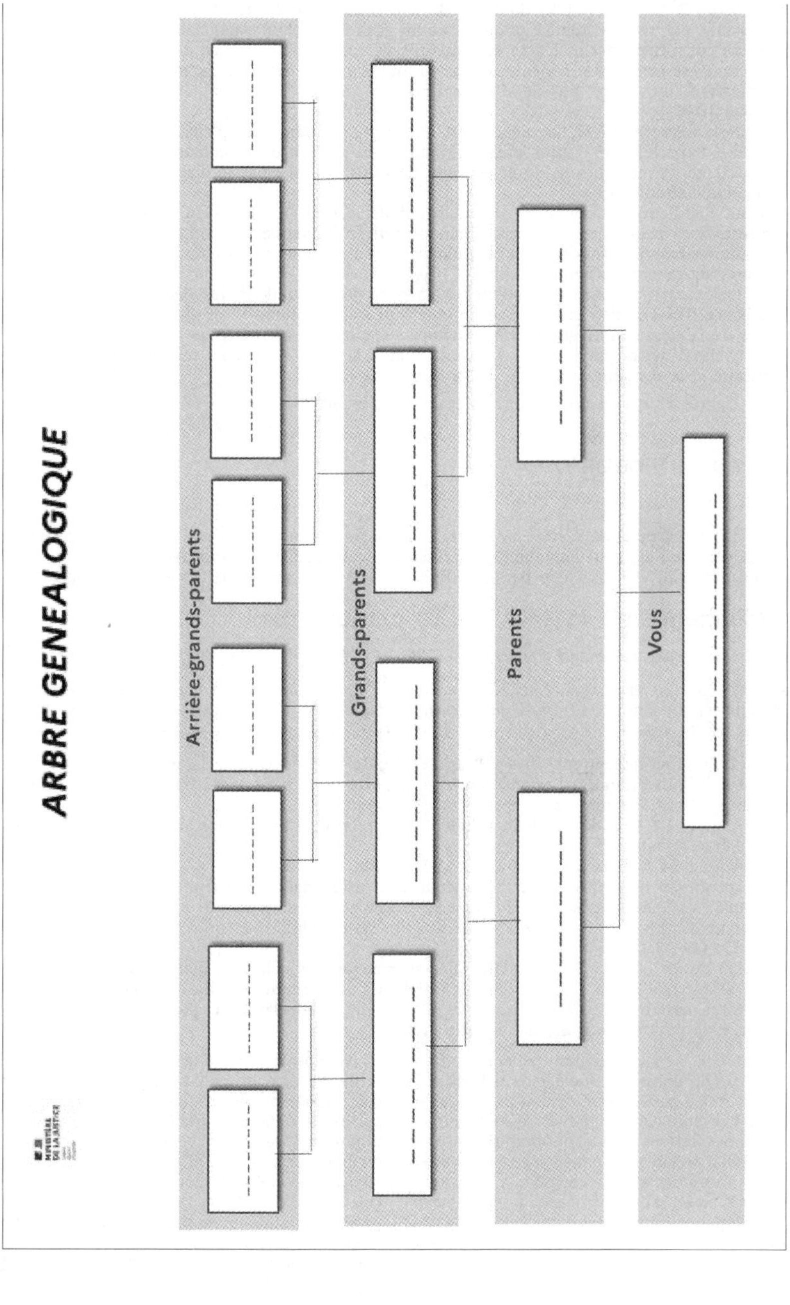
ARBRE GENEALOGIQUE
Arrière-grands-parents
Grands-parents
Parents
Vous

Art. 1045-2 La contestation du refus de délivrance d'un certificat de nationalité française est formée par requête remise ou adressée au greffe du tribunal judiciaire. Le demandeur est tenu de constituer avocat. L'acte de constitution emporte élection de domicile.

L'action est introduite, à peine de forclusion, dans un délai de six mois à compter de la notification du refus ou de l'expiration des délais prévus au troisième alinéa de l'article 1045-1.

A peine d'irrecevabilité, la requête est accompagnée d'un exemplaire du formulaire mentionné à l'article 1045-1, des pièces produites au soutien de la demande de délivrance du certificat et, le cas échéant, de la décision de refus opposée par le directeur des services de greffe judiciaires.

Avant l'audience d'orientation, le président de la chambre saisie ou à laquelle l'affaire a été distribuée peut rejeter par ordonnance motivée les requêtes manifestement irrecevables ou manifestement infondées. L'ordonnance est susceptible d'appel dans les quinze jours à compter de sa notification.

Le greffe avise le ministère public et l'avocat du demandeur des lieu, jour et heure de l'audience d'orientation et invite ce dernier à procéder comme il est dit à l'article 1040. Les règles de la procédure civile écrite ordinaire s'appliquent à la suite de la procédure.

Le tribunal décide qu'il y a lieu de procéder à la délivrance d'un certificat de nationalité française si le demandeur justifie de sa qualité de Français.

Sur l'entrée en vigueur des dispositions issues du Décr. nº 2022-899 du 17 juin 2022, V. ndlr ss. art. 1038.

Loi du 10 août 1927,

Sur la nationalité (DP 1928. 4. 1).

Art. 14, *b* La prise de service militaire à l'étranger, même antérieure à la promulgation de la présente loi, ne peut entraîner la déchéance de la qualité de Français, à moins que cette déchéance n'ait été constatée par une décision de justice passée en force de chose jugée.

Ordonnance nº 45-2441 du 19 octobre 1945,

Portant code de la nationalité française (D. 1946. L. 17, comm. R. Savatier).

Art. 1er Seront exécutées, sous le titre de code de la nationalité française, les dispositions dont la teneur suit : – *Le code de la nationalité française issu de l'Ord. du 19 oct. 1945 est remplacé par les art. 17 à 33-2 C. civ., et abrogé : V. L. nº 93-933 du 22 juill. 1993, art. 50.*

Art. 2 Sont et demeurent abrogées toutes les lois antérieures à la présente ordonnance relatives à l'attribution, à l'acquisition et à la perte de la nationalité française, à l'exception des dispositions suivantes qui demeurent en vigueur :

1° Articles 1er et 2 de la loi du 5 août 1914, relative à l'admission des Alsaciens Lorrains dans l'armée française ;

2° Article 14 *b* de la loi du 10 août 1927 sur la nationalité ;

3° Loi du 20 décembre 1923 sur l'acquisition de la nationalité française dans la régence de Tunis ; – *V. aussi les dispositions concernant la nationalité insérées dans les art. 7 à 14 de la convention franco-tunisienne du 3 juin 1955 sur la situation des personnes (Décr. nº 55-1179 du 3 sept. 1955, D. 1955. 414 ; BLD 1955. 913).*

4° Loi du 28 octobre 1940 relative à la suspension des délais en matière de nationalité ;

5° *(Ord. nº 59-65 du 7 janv. 1959)* « Article 1er de l'ordonnance du 6 janvier 1945 » permettant à certaines femmes étrangères d'acquérir par déclaration, postérieurement à leur mariage, la nationalité française de leur mari.

L'art. 8, c, de la Convention générale entre la France et la Tunisie, conclue à Paris le 3 juin 1955 stipule : « Le gouvernement français s'engage à ne pas revendiquer comme ses ressortissants les nationaux français résidant en Tunisie qui acquerront la nationalité tunisienne par voie de naturalisation individuelle. Si le candidat à la naturalisation tunisienne est un Français du sexe masculin qui n'a pas accompli son service militaire actif, il devra avoir été autorisé dans les formes prévues par la loi française du 9 avr. 1954 ». Pour dire que [L] [G] a perdu la nationalité française du fait de son acquisition de la nationalité tunisienne par déclaration, la cour d'appel avait retenu que la perte de sa nationalité française résulte des seules dispositions de la Convention franco-tunisienne du 3 juin 1955, les art. 87 de l'ord. nº 45-2441 du 19 oct. 1945 et 9 de la même ordonnance, issu de la L. nº 54-395 du 9 avr. 1954, étant inapplicables au litige. En statuant ainsi, alors que l'art. 8, c, de la Convention franco-tunisienne régit exclusivement les relations entre les États parties et n'est pas d'effet direct à l'égard des particuliers, lesquels ne peuvent ni en revendiquer l'application ni se le voir opposer, la cour d'appel a violé le texte précité, par fausse application. • Civ. 1re,30 mars 2022, n° 20-22.050 : *D. 2022. 654* ; *AJ fam. 2022. 292, obs. Didot-Seïd Algadi*.

Art. 3 Est abrogé l'article 106 du décret du 29 juillet 1939, relatif à la famille et à la natalité françaises.

Art. 4 Sont abrogés :

1° Le décret du 25 janvier 1934, relatif à la condition des fils d'étrangers nés en France et résidant au Maroc ;

2° Le décret du 17 juin 1938, relatif à la condition des fils d'étrangers nés en France et résidant en Tunisie.

Art. 5 *(Modification de C. civ., art. 345, remplacé à nouveau).*

Art. 6 à 10 *Abrogés par L. n° 73-42 du 9 janv. 1973, art. 28.*

Art. 11 Les dispositions de la présente ordonnance sont applicables à l'Algérie, à la Guadeloupe, à la Martinique et à La Réunion. – *Ces dispositions sont également applicables à la Guyane française (Décr. n° 46-2094 du 27 sept. 1946, D. 1946. 381 ; BLD 1946. 616).*

(L. n° 55-337 du 31 mars 1955) « Les personnes nées à la Guyane française et encore mineures à l'époque de la mise en vigueur du code de la nationalité française dans ce département d'outre-mer, en vertu du décret n° 46-2094 du 27 septembre 1946, bénéficieront, comme si elles étaient nées en France, des dispositions dudit code fondées sur la naissance en France.

« Pendant un délai de trois ans à compter de l'entrée en vigueur de la présente loi, pourront acquérir la nationalité française par déclaration souscrite conformément à l'article 101 du code de la nationalité française et dans les conditions prévues aux articles 57 et 58 dudit code, les personnes qui résident depuis plus de dix ans dans ce département, lorsque, bien que n'y étant pas nées, elles ont toujours été considérées comme Françaises. Si, au surplus, elles ont un ou plusieurs enfants reconnus ou légitimes qui sont eux-mêmes de nationalité française, il ne pourra leur être opposé le défaut d'assimilation.

« Les dispositions des articles 81 et 82 du code de la nationalité française leur sont applicables. »

Art. 12 *Abrogé par L. n° 73-42 du 9 janv. 1973, art. 28.*

Art. 13 Seront publiés à la suite du code de la nationalité française, dans une édition spéciale, par les soins du garde des sceaux, ministre de la justice, les textes déterminés ci-après :

1° Lois antérieures relatives à l'attribution, à l'acquisition et à la perte de la nationalité française ;

2° Dispositions contenues dans les traités et les accords internationaux et dans les actes de l'autorité portant modification du territoire de la France et des colonies ;

3° Dispositions contenues dans les traités et les accords internationaux emportant expressément un changement de nationalité ;

4° Textes relatifs à l'attribution, à l'acquisition et à la perte de la nationalité française aux colonies et dans les pays placés sous protectorat ou sous mandat français.

Loi n° 61-1408 du 22 décembre 1961,

Complétant et modifiant le code de la nationalité française et relative à certaines dispositions concernant la nationalité française.

Art. 1er *V. C. nat., art. 143 et 144 [C. civ., art. 30-2 et 30-3].*

Art. 2 à 6 *Abrogés par L. n° 73-42 du 9 janv. 1973, art. 28.*

Art. 7 *(L. n° 71-499 du 29 juin 1971)* La nationalité française des personnes nées sur le territoire des départements du Haut-Rhin, du Bas-Rhin et de la Moselle antérieurement au 11 novembre 1918 sera *(Abrogé par L. n° 98-170 du 16 mars 1998) « subsidiairement »* tenue pour établie si elles ont joui d'une façon constante, depuis cette dernière date, de la possession d'état de Français.

Sera tenue pour établie la nationalité française des descendants légitimes ou naturels des personnes visées à l'alinéa précédent et qui, nées postérieurement au 11 novembre 1918, ont joui de la possession d'état de Français.

L'alinéa premier du présent article est applicable aux personnes nées hors des départements du Haut-Rhin, du Bas-Rhin et de la Moselle, avant le 11 novembre 1918, qui auraient pu bénéficier, à cette dernière date, des dispositions du paragraphe premier de l'annexe à la section 5 de la partie III du Traité de Versailles et qui ont joui depuis de façon constante de la possession d'état de Français.

Loi n° 64-1328 du 26 décembre 1964,

Autorisant l'approbation de la convention du Conseil de l'Europe sur la réduction des cas de pluralité de nationalités et sur les obligations militaires en cas de pluralité de nationalités, signée à Strasbourg le 6 mai 1963.

Art. 1er Est autorisée l'approbation de la convention sur la réduction des cas de pluralité de nationalités et sur les obligations militaires en cas de pluralité de nationalités, signée à Strasbourg le 6 mai 1963. – *V. Décr. n° 68-459 du 21 mai 1968 (D. 1968. 199 ; BLD 1968. 349) portant publication de la convention ; Décr. n° 95-796 du 14 juin 1995 (JO 21 juin) (2e protocole).*

Art. 2 La personne qui a perdu la nationalité française pendant sa minorité, en acquérant de plein droit la nationalité d'une partie contractante à la convention visée à l'article précédent au moment et par le fait de la naturalisation, de l'option ou de la réintégration de ses père et mère, pourra, après sa majorité, si elle réside en France, être réintégrée dans la nationalité française par déclaration souscrite conformément aux articles 101 et suivants du code de la nationalité française *[C. civ., art. 26 s.]* et dans les conditions prévues par les articles 57 *[abrogé]* et 58 *[C. civ., art. 21-14]* dudit code.

Loi n° 66-945 du 20 décembre 1966,

Modifiant l'ordonnance n° 62-825 du 21 juillet 1962 relative à certaines dispositions concernant la nationalité française.

Art. 1er L'article 2 de l'ordonnance n° 62-825 du 21 juillet 1962 relative à certaines dispositions concernant la nationalité française cesse d'être applicable à l'expiration d'un délai de trois mois suivant la publication de la présente loi.

Les personnes de statut civil de droit local originaires d'Algérie qui n'ont pas souscrit à cette date la déclaration prévue à l'article 152 *[ancien]* du code de la nationalité sont réputées avoir perdu la nationalité française au 1er janvier 1963.

Toutefois, les personnes de statut civil de droit local, originaires d'Algérie, conservent de plein droit la nationalité française si une autre nationalité ne leur a pas été conférée postérieurement au 3 juillet 1962.

Art. 2 à 5 *Abrogés par L. n° 73-42 du 9 janv. 1973, art. 28.*

Loi n° 73-42 du 9 janvier 1973,

Complétant et modifiant le code de la nationalité française et relative à certaines dispositions concernant la nationalité française.

Art. 1er à 21 *V. C. nat. (devenus C. civ., art. 17 à 33-2).*

Art. 22 Au sens de l'article 87 du code de la nationalité française, tel qu'il résulte du texte en vigueur avant la promulgation de la présente loi, et sous réserve des décisions de justice passées en force de chose jugée, l'acquisition d'une nationalité étrangère doit s'entendre d'un acte positif ayant pour but principal l'acquisition de cette nationalité. La perte de la nationalité française ne peut résulter du non-usage d'une faculté de répudiation offerte par la loi du pays dont la nationalité est conférée à l'intéressé.

(L. n° 93-933 du 22 juill. 1993, art. 43) « Au sens de l'article 78 du code de la nationalité tel qu'il résulte de l'ordonnance n° 45-2441 du 19 octobre 1945, de l'ordonnance n° 59-64 du 7 janvier 1959 et de la loi n° 73-42 du 9 janvier 1973, et sous réserve des décisions de justice passées en force de chose jugée, l'assimilation de résidence prévue par ces dispositions n'est applicable qu'aux cas d'acquisition de la nationalité française ou de réintégration dans cette nationalité. »

Art. 23 *(L. n° 93-933 du 22 juill. 1993, art. 44)* Les articles 23 et 24 du code de la nationalité *[C. civ., art. 19-3 et 19-4]* sont applicables à l'enfant né en France avant le 1er janvier 1994 d'un parent né sur le territoire qui avait, au moment de la naissance de ce parent, le statut de colonie ou de territoire d'outre-mer de la République française.

Toutefois, les articles 23 et 24 du code de la nationalité française sont applicables à l'enfant né en France *(Abrogé par L. n° 98-170 du 16 mars 1998)* *« après le 31 décembre*

1993 » d'un parent né sur le territoire des anciens départements français d'Algérie avant le 3 juillet 1962 *(Abrogé par L. n° 98-170 du 16 mars 1998)* *« , dès lors que ce parent justifie d'une résidence régulière en France depuis cinq ans ».*

Les articles 23 et 24 du code de la nationalité sont applicables à l'enfant né à Mayotte *[Dispositions déclarées non conformes à la Constitution par décision du Conseil constitutionnel n° 93-321 DC du 20 juillet 1993]* *(L. n° 96-609 du 5 juill. 1996, art. 43)* « ou dans les îles Wallis-et-Futuna » d'un parent né sur un territoire qui avait, au moment de la naissance de ce parent, le statut de colonie ou de territoire d'outre-mer de la République française et qui est demeuré depuis cette date un territoire de la République française.

Art. 24 L'entrée en vigueur des dispositions de l'article 13 nouveau du code de la nationalité *[C. civ., art. 17-9]* ainsi que des dispositions de l'article 20 de la présente loi (titre VII du code de la nationalité française *[C. civ., art. 32 s.]*) est reportée à l'expiration du sixième mois suivant la publication de la loi au *Journal officiel*. Pendant ce délai, les personnes concernées pourront se faire reconnaître la nationalité française par déclaration souscrite dans les conditions prévues par la loi n° 60-752 du 28 juillet 1960.

Les droits acquis, antérieurement à l'entrée en vigueur de la présente loi, par les personnes visées à l'article 153 nouveau *[abrogé]* du code de la nationalité française, ne sont pas modifiés quelle que soit la situation de ces personnes après l'expiration du délai de six mois prévu à l'alinéa 1er du présent article.

Art. 25 Acquièrent la nationalité française à l'entrée en vigueur de la présente loi, sauf si elles se trouvent dans l'une des situations prévues aux articles 50 *[abrogé]* et 79 *[C. civ., art. 21-27]* du code de la nationalité :

1° Les personnes majeures nées sur un territoire d'outre-mer autre que ceux visés à l'article 161 du code de la nationalité, d'un parent qui lui-même y est né ;

2° Les personnes majeures nées sur un territoire d'outre-mer autre que ceux visés à l'article 161 du code de la nationalité, et ayant leur résidence habituelle sur ce territoire depuis dix ans au moins. – *L'art. 161 C. nat., abrogé par L. n° 93-933 du 22 juill. 1993, art. 47, visait les territoires suivants : archipel des Comores, territoire français des Afars et des Issas, îles Wallis-et-Futuna. – En ce qui concerne les îles Wallis-et-Futuna, V. note ss. L. n° 93-933 du 22 juill. 1993, art. 47, al. 1er.*

Ces personnes peuvent décliner la nationalité française dans un délai d'un an à compter de l'entrée en vigueur de la présente loi, par déclaration souscrite conformément aux articles 101 à 107 et 159 du code de la nationalité *[C. civ., art. 26 s. et 33-1]. – V. Décr. n° 73-1235 du 28 déc. 1973 (D. et BLD 1974. 64) relatif aux formalités qui doivent être observées dans la souscription des déclarations.*

Art. 26 *Abrogé par L. n° 93-933 du 22 juill. 1993, art. 47.*

Art. 27 Seront considérées comme Français d'origine, pour l'application des dispositions du code de la nationalité française qui exigent la possession de la nationalité française à titre de nationalité d'origine :

Les personnes qui avaient acquis la nationalité française par réintégration de plein droit conformément au paragraphe I de l'annexe à la section 5 de la partie III du Traité de Versailles ;

Les personnes qui, ayant déjà acquis la nationalité française à une date antérieure au 11 novembre 1918, n'ont pas eu à se prévaloir de la réintégration de plein droit par application du texte précité.

Art. 28 *(Abrogations).*

Art. 29 *V. L. n° 72-964 du 25 oct. 1972, ss. art. 61-4. –* ***C. civ.***

Loi n° 93-933 du 22 juillet 1993,

Réformant le droit de la nationalité (D. et ALD 1993. 400 ; Rect. 493 ; JO 23 juill. ; Rect., JO 25 août).

CHAPITRE I *DISPOSITIONS MODIFIANT LE DROIT DE LA NATIONALITÉ*

Art. 1er à 42 *(Modification d'art. du C. nat., repris aux art. 17 à 33-2 C. civ.).*

Art. 43 et 44 *V. L. n° 73-42 du 9 janv. 1973, art. 22 et 23.*

Art. 45 et 46 *Abrogés par L. n° 93-1027 du 24 août 1993, art. 50.*

Art. 47 Sont abrogés les articles 40, 50, 51, 52, 53, 54, 55 (dernier alinéa), 56, 57, 65, 91 (3e alinéa), 97-5, 106, 113, 114, 153, 158 (2°) et 161 du code de la nationalité. *[L'article 47 est déclaré non conforme à la Constitution par décision n° 93-321 DC du 20 juillet 1993 en tant qu'il abroge l'article 161 du code de la nationalité en ce qui concerne les îles Wallis-et-Futuna.] – L'abrogation des art. 56 et 106 ne prend effet qu'au 1er janv. 1994 (art. 51-5° de la loi). – L'art. 161 du code de la nationalité est abrogé en ce qu'il concerne le territoire des îles Wallis-et-Futuna (L. n° 96-609 du 5 juill. 1996, art. 42).*

Sont également abrogés l'article 26 de la loi n° 73-42 du 9 janvier 1973 complétant et modifiant le code de la nationalité française et relative à certaines dispositions concernant la nationalité française et l'article 6 de la loi n° 77-625 du 20 juin 1977 relative à l'indépendance du territoire français des Afars et des Issas, ainsi que l'article 200 de la loi n° 92-1336 du 16 décembre 1992 relative à l'entrée en vigueur du nouveau code pénal et à la modification de certaines dispositions de droit pénal et de procédure pénale, rendue nécessaire par cette entrée en vigueur.

Art. 48 *V. C. serv. nat., art. L. 3 bis. –* ***C. serv. nat.*** 🏛

Art. 49 *V. C. élect., art. L. 30. –* ***C. élect.***

CHAPITRE II *DISPOSITIONS INTÉGRANT LE DROIT DE LA NATIONALITÉ DANS LE CODE CIVIL*

Art. 50 I. – Il est inséré, dans le livre I du code civil, un titre I *bis* intitulé : "De la nationalité française" et comportant les articles 17 à 33-2.

II. – Les articles du code de la nationalité française, le cas échéant dans leur rédaction résultant du chapitre I de la présente loi et sous les réserves énoncées au III du présent article, sont intégrés dans le code civil sous les divisions et selon la numérotation résultant du tableau de concordance ci-après.

[...]

V. – Dans tous les textes législatifs et réglementaires, les références aux articles 1er à 160 du code de la nationalité française sont remplacées par celles aux articles du code civil conformément au tableau de concordance du II ci-dessus.

VI. – Le code de la nationalité française est abrogé.

CHAPITRE III *ENTRÉE EN VIGUEUR ET DISPOSITIONS TRANSITOIRES*

....

Art. 52 Les déclarations de nationalité souscrites avant la date de publication de la présente loi demeurent régies par les dispositions du code de la nationalité applicables à la date de leur souscription.

Art. 53 Les personnes qui ont sollicité l'autorisation de souscrire la déclaration de réintégration dans la nationalité française prévue à l'article 153 du code de la nationalité avant la date de publication de la présente loi peuvent, dans un délai de six mois à compter de la date de notification de cette autorisation, souscrire la déclaration précitée.

Art. 54 A compter de la date de publication de la présente loi, les dispositions de l'article 46 du code de la nationalité dans sa rédaction issue de la loi n° 73-42 du 9 janvier 1973 précitée ne sont plus applicables.

Décret n° 93-1362 du 30 décembre 1993,

Relatif aux déclarations de nationalité, aux décisions de naturalisation, de réintégration, de perte, de déchéance et de retrait de la nationalité française (Décr. n° 98-720 du 20 août 1998).

Sur l'expérimentation de nouvelles modalités d'instruction des demandes d'acquisition de la nationalité, V. Décr. n° 2013-795 du 30 août 2013 et Arr. du 30 août 2013, infra.

Règle du « silence vaut acceptation » (SVA). *Sur les exceptions à l'application du principe « silence vaut acceptation » ainsi qu'aux exceptions au délai de deux mois de naissance des décisions implicites sur le fondement du II de l'art. 21 de la L. n° 2000-321 du 12 avr. 2000 relative aux droits des citoyens dans leurs relations avec les administrations (ministère de l'Intérieur), V. Décr. n° 2014-1292 du 23 oct. 2014, ss. CESEDA, livre I anc. relatif aux dispositions générales applicables aux étrangers et aux ressortissants de certains États,* 🏛 *(Décr. préc., art. 63).*

TITRE I DE LA SOUSCRIPTION DES DÉCLARATIONS DE NATIONALITÉ

(Décr. n° 2019-1507 du 30 déc. 2019, art. 2)

Les dispositions issues du Décr. n° 2019-1507 du 30 déc. 2019 s'appliquent aux déclarations de nationalité souscrites et aux demandes relatives à la nationalité française formées à compter du 1er janv. 2020.

Art. 1er Au sens du présent décret, le déclarant s'entend de la personne qui souscrit une déclaration en vue d'acquérir, réintégrer, décliner, répudier, renoncer à la faculté de répudier, ou perdre la nationalité française. *(Abrogé par Décr. n° 2024-108 du 14 févr. 2024, art. 1er et 6, à compter du 1er mars 2024) (Décr. n° 2023-65 du 3 févr. 2023, art. 3 et 32, en vigueur le 6 févr. 2023)* ***« Le préfet compétent à raison de la résidence du déclarant ou du demandeur s'entend du préfet du département dans lequel celui-ci réside. »***

Les dispositions issues des art. 3 et 4 du Décr. n° 2024-108 du 14 févr. 2024 sont applicables aux déclarations de nationalité n'ayant pas encore donné lieu à l'enregistrement ou à la transmission au ministre chargé des naturalisations prévus à l'art. 30, infra (Décr. préc., art. 6, en vigueur le 1er mars 2024).

Art. 2 S'il est âgé de moins de seize ans ou est empêché d'exprimer sa volonté au sens des dispositions de l'article 17-3 du code civil, le déclarant mineur est représenté par celui ou, en cas d'exercice en commun, ceux qui exercent à son égard l'autorité parentale.

Art. 3 Le directeur des services de greffe judiciaires du tribunal judiciaire ou de la chambre de proximité de la résidence du déclarant, désigné par le décret prévu à l'article 26-2 du code civil, est compétent pour recevoir les déclarations de nationalité, à l'exception de celles souscrites au titre des articles 21-2, 21-13-1 et 21-13-2 du code civil, qui sont reçues par le préfet désigné, selon le département de résidence du déclarant, par arrêté du ministre chargé des naturalisations ou, à Paris, par le préfet de police.

A défaut de directeur des services de greffe judiciaires dans la chambre de proximité, ou en cas de vacance ou d'empêchement, le directeur des services de greffe judiciaires du siège du tribunal judiciaire peut recevoir les déclarations au siège de la chambre de proximité.

Ancien art. 10 *(Décr. n° 2010-527 du 20 mai 2010)* ***« Le greffier en chef du tribunal judiciaire*** *[nouvelle rédaction issue du Décr. n° 2019-913 du 30 août 2019, art. 33, en vigueur le 1er janv. 2020 : « directeur des services de greffe judiciaire du tribunal judiciaire »]* ***de la résidence du déclarant, désigné par le décret prévu à l'article 26-2 du code civil, est compétent pour recevoir une déclaration de nationalité,*** *(Décr. n° 2016-872 du 29 juin 2016, art. 2)* ***« à l'exception de celles souscrites au titre des articles 21-2, 21-13-1 et 21-13-2 » du code civil*** *(Abrogé par Décr. n° 2015-316 du 19 mars 2015, art. 2 et 11, à compter au plus tard du 31 mars 2016)* ***« qui est reçue par le préfet du département de résidence du déclarant ou, à Paris, par le préfet de police ». »***

(Décr. n° 2005-25 du 14 janv. 2005) ***« A l'étranger, la déclaration est reçue par les autorités consulaires françaises désignées selon la résidence de l'intéressé par arrêté du ministre des affaires étrangères.***

« La liste des pièces nécessaires à la preuve de la recevabilité de la déclaration est transmise au déclarant par l'autorité qui est chargée de recevoir la déclaration. »

Les dispositions issues du Décr. n° 2016-872 du 29 juin 2016 s'appliquent aux déclarations souscrites à compter du 1er juillet 2016 (Décr. préc., art. 9).

Sur les dispositions transitoires applicables jusqu'à l'entrée en vigueur des modifications introduites par le Décr. n° 2015-316 du 19 mars 2015, V. Décr. préc., art. 12 s., infra.

Sur les dates d'entrée en vigueur des modifications introduites par le Décr. n° 2015-316 du 19 mars 2015, V. Arr. du 19 mars 2015, infra.

Décret n° 2015-316 du 19 mars 2015,

Modifiant les modalités d'instruction des demandes de naturalisation et de réintégration dans la nationalité française ainsi que des déclarations de nationalité souscrites à raison du mariage.

Art. 11 La date d'entrée en vigueur du présent décret est arrêtée, dans chaque département, dans chaque collectivité d'outre-mer et en Nouvelle-Calédonie, par le ministre chargé des naturalisations, de telle sorte que ce décret soit partout applicable au plus tard le 31 mars 2016. — *Sur les dates d'entrée en vigueur, V. Arr. du 19 mars 2015, infra.*

Art. 12 I. — Les demandes de naturalisation ou de réintégration dans la nationalité française reçues par un préfet de département antérieurement à la date d'entrée en vigueur du présent décret dans ce département et qui n'ont pas fait l'objet à cette date de l'une des mesures suivantes :

a) Classement sans suite en application du quatrième alinéa de l'article 35 du décret du 30 décembre 1993 susvisé ou du second alinéa de l'article 40 du même décret ;

b) Déclaration d'irrecevabilité en application du premier alinéa de l'article 44 du même décret ;

c) Rejet en application du premier alinéa de l'article 44 du même décret ;

d) Ajournement en application du deuxième alinéa de l'article 44 du même décret ;

e) Transmission au ministre chargé des naturalisations en application de l'article 46 du même décret,

sont transmises par ce préfet, s'il n'est plus chargé, à compter de cette même date, de la réception et de l'instruction de ces demandes, au préfet désigné par arrêté du ministre chargé des naturalisations. Ce dernier préfet poursuit jusqu'à son terme l'instruction de ces demandes.

II. — Les déclarations de nationalité française à raison du mariage reçues par un préfet de département antérieurement à la date d'entrée en vigueur du présent décret dans ce département et qui n'ont pas fait l'objet à cette date d'une transmission au ministre chargé des naturalisations en application du dernier alinéa de l'article 15 du décret du 30 décembre 1993 susvisé sont transmises par ce préfet, s'il n'est plus chargé, à compter de cette même date, de la réception et de l'instruction de ces déclarations, au préfet compétent pour les recevoir, désigné par arrêté du ministre chargé des naturalisations. Ce dernier préfet poursuit jusqu'à son terme l'instruction de ces déclarations.

Art. 13 Peuvent être modifiées par décret en Conseil d'État :

Les dispositions du décret du 30 décembre 1993 susvisé modifiées par le chapitre I du présent décret ;

Les dispositions du chapitre II du présent décret.

Arrêté du 19 mars 2015,

Pris en application du décret nº 2015-316 du 19 mars 2015 modifiant les modalités d'instruction des demandes de naturalisation et de réintégration dans la nationalité française ainsi que des déclarations de nationalité souscrites à raison du mariage.

Art. 1er L'autorité administrative compétente, en application des articles 15, 35 et 53 du décret du 30 décembre 1993 *[nº 93-1362]* susvisé, pour recevoir les demandes de naturalisation, de réintégration dans la nationalité française ou d'autorisation de perdre la nationalité française ainsi que les déclarations de nationalité française à raison du mariage, est désignée, selon le lieu de résidence du demandeur ou du déclarant, conformément au tableau annexé au présent arrêté. Ce tableau fixe également, pour chaque département, chaque collectivité d'outre-mer et la Nouvelle-Calédonie, la date d'entrée en vigueur mentionnée à l'article 11 du décret nº 2015-316 du 19 mars 2015 susvisé.

ANNEXE

Date d'entrée en vigueur du décret nº 2015-316 du 19 mars 2015 et désignation de l'autorité compétente pour recevoir les demandes de naturalisation, de réintégration dans la nationalité française, d'autorisation de perdre la nationalité française et les déclarations de nationalité française à raison du mariage

LIEU DE RÉSIDENCE du demandeur ou du déclarant	AUTORITÉ COMPÉTENTE pour recevoir les demandes et déclarations	DATE D'ENTRÉE EN VIGUEUR du décret nº 2015-316 du 19 mars 2015
Doubs	Préfet du Doubs	1er avril 2015
Jura	Préfet du Doubs	1er avril 2015
Haute-Saône	Préfet du Doubs	1er avril 2015
Territoire de Belfort	Préfet du Doubs	1er avril 2015

LIEU DE RÉSIDENCE du demandeur ou du déclarant	AUTORITÉ COMPÉTENTE pour recevoir les demandes et déclarations	DATE D'ENTRÉE EN VIGUEUR du décret n° 2015-316 du 19 mars 2015
Meurthe-et-Moselle	Préfet de Meurthe-et-Moselle	1er avril 2015
Meuse	Préfet de Meurthe-et-Moselle	1er avril 2015
Moselle	Préfet de Meurthe-et-Moselle	1er avril 2015
Vosges	Préfet de Meurthe-et-Moselle	1er avril 2015
Aisne	Préfet de l'Oise	1er avril 2015
Oise	Préfet de l'Oise	1er avril 2015
Somme	Préfet de l'Oise	1er avril 2015
Corse-du-Sud	Préfet de la Haute-Corse	1er avril 2015
Haute-Corse	Préfet de la Haute-Corse	1er avril 2015
Dordogne	Préfet de la Gironde	1er avril 2015
Gironde	Préfet de la Gironde	1er avril 2015
Landes	Préfet de la Gironde	1er avril 2015
Lot-et-Garonne	Préfet de la Gironde	1er avril 2015
Pyrénées-Atlantiques	Préfet de la Gironde	1er avril 2015
Paris	Préfet de police	1er avril 2015
Seine-et-Marne	Préfet de Seine-et-Marne	1er avril 2015
Yvelines	Préfet des Yvelines	1er avril 2015
Charente	Préfet des Deux-Sèvres	1er avril 2015
Charente-Maritime	Préfet des Deux-Sèvres	1er avril 2015
Deux-Sèvres	Préfet des Deux-Sèvres	1er avril 2015
Vienne	Préfet des Deux-Sèvres	1er avril 2015
Essonne	Préfet de l'Essonne	1er avril 2015
Seine-Saint-Denis	Préfet de la Seine-Saint-Denis	1er avril 2015
Val-d'Oise	Préfet du Val-d'Oise	1er avril 2015
Guadeloupe	Préfet de la Guadeloupe	1er avril 2015
Saint-Barthélemy	Préfet de la Guadeloupe, représentant de l'État dans la collectivité de Saint-Barthélemy	1er avril 2015
Saint-Martin	Préfet de la Guadeloupe, représentant de l'État dans la collectivité de Saint-Martin	1er avril 2015
Martinique	Préfet de la Martinique	1er avril 2015

LIEU DE RÉSIDENCE du demandeur ou du déclarant	AUTORITÉ COMPÉTENTE pour recevoir les demandes et déclarations	DATE D'ENTRÉE EN VIGUEUR du décret n° 2015-316 du 19 mars 2015
Guyane	Préfet de la Guyane	1er avril 2015
La Réunion	Préfet de La Réunion	1er avril 2015
Saint-Pierre-et-Miquelon	Préfet de Saint-Pierre-et-Miquelon	1er avril 2015
Mayotte	Préfet de Mayotte	1er avril 2015
Polynésie française	Haut-commissaire de la République en Polynésie française	1er avril 2015
Îles Wallis-et-Futuna	Administrateur supérieur des îles Wallis-et-Futuna	1er avril 2015
Nouvelle-Calédonie	Haut-commissaire de la République en Nouvelle-Calédonie	1er avril 2015
Nord	Préfet du Nord	15 avril 2015
Pas-de-Calais	Préfet du Nord	15 avril 2015
Ariège	Préfet de Haute-Garonne	1er mai 2015
Aveyron	Préfet de la Haute-Garonne	1er mai 2015
Haute-Garonne	Préfet de la Haute-Garonne	1er mai 2015
Gers	Préfet de la Haute-Garonne	1er mai 2015
Lot	Préfet de la Haute-Garonne	1er mai 2015
Hautes-Pyrénées	Préfet de la Haute-Garonne	1er mai 2015
Tarn	Préfet de la Haute-Garonne	1er mai 2015
Tarn-et-Garonne	Préfet de la Haute-Garonne	1er mai 2015
Eure	Préfet de la Seine-Maritime	1er mai 2015
Seine-Maritime	Préfet de la Seine-Maritime	1er mai 2015
Hauts-de-Seine	Préfet des Hauts-de-Seine	1er septembre 2015
Aude	Préfet de l'Hérault	15 septembre 2015
Gard	Préfet de l'Hérault	15 septembre 2015
Hérault	Préfet de l'Hérault	15 septembre 2015
Lozère	Préfet de l'Hérault	15 septembre 2015
Pyrénées-Orientales	Préfet de l'Hérault	15 septembre 2015
Ardennes	Préfet de la Marne	15 septembre 2015
Aube	Préfet de la Marne	15 septembre 2015
Marne	Préfet de la Marne	15 septembre 2015
Haute-Marne	Préfet de la Marne	15 septembre 2015

LIEU DE RÉSIDENCE du demandeur ou du déclarant	AUTORITÉ COMPÉTENTE pour recevoir les demandes et déclarations	DATE D'ENTRÉE EN VIGUEUR du décret n° 2015-316 du 19 mars 2015
Côte-d'Or	Préfet de la Côte-d'Or	1er octobre 2015
Nièvre	Préfet de la Côte-d'Or	1er octobre 2015
Saône-et-Loire	Préfet de la Côte-d'Or	1er octobre 2015
Yonne	Préfet de la Côte-d'Or	1er octobre 2015
Côtes-d'Armor	Préfet d'Ille-et-Vilaine	1er octobre 2015
Finistère	Préfet d'Ille-et-Vilaine	1er octobre 2015
Ille-et-Vilaine	Préfet d'Ille-et-Vilaine	1er octobre 2015
Morbihan	Préfet d'Ille-et-Vilaine	1er octobre 2015
Cher	Préfet d'Indre-et-Loire	1er octobre 2015
Eure-et-Loir	Préfet d'Indre-et-Loire	1er octobre 2015
Indre	Préfet d'Indre-et-Loire	1er octobre 2015
Indre-et-Loire	Préfet d'Indre-et-Loire	1er octobre 2015
Loir-et-Cher	Préfet d'Indre-et-Loire	1er octobre 2015
Loiret	Préfet d'Indre-et-Loire	1er octobre 2015
Ain	Préfet du Rhône	1er octobre 2015
Ardèche	Préfet du Rhône	1er octobre 2015
Loire	Préfet du Rhône	1er octobre 2015
Rhône	Préfet du Rhône	1er octobre 2015
Alpes-Maritimes	Préfet des Alpes-Maritimes	15 octobre 2015
Var	Préfet des Alpes-Maritimes	15 octobre 2015
Alpes-de-Haute-Provence	Préfet des Bouches-du-Rhône	15 octobre 2015
Hautes-Alpes	Préfet des Bouches-du-Rhône	15 octobre 2015
Bouches-du-Rhône	Préfet des Bouches-du-Rhône	15 octobre 2015
Vaucluse	Préfet des Bouches-du-Rhône	15 octobre 2015
Calvados	Préfet du Calvados	15 octobre 2015
Manche	Préfet du Calvados	15 octobre 2015
Orne	Préfet du Calvados	15 octobre 2015
Loire-Atlantique	Préfet de la Loire-Atlantique	1er novembre 2015
Maine-et-Loire	Préfet de la Loire-Atlantique	1er novembre 2015
Mayenne	Préfet de la Loire-Atlantique	1er novembre 2015
Sarthe	Préfet de la Loire-Atlantique	1er novembre 2015

LIEU DE RÉSIDENCE du demandeur ou du déclarant	AUTORITÉ COMPÉTENTE pour recevoir les demandes et déclarations	DATE D'ENTRÉE EN VIGUEUR du décret n° 2015-316 du 19 mars 2015
Vendée	Préfet de la Loire-Atlantique	1er novembre 2015
Allier	Préfet du Puy-de-Dôme	1er novembre 2015
Cantal	Préfet du Puy-de-Dôme	1er novembre 2015
Haute-Loire	Préfet du Puy-de-Dôme	1er novembre 2015
Puy-de-Dôme	Préfet du Puy-de-Dôme	1er novembre 2015
Corrèze	Préfet de la Haute-Vienne	1er novembre 2015
Creuse	Préfet de la Haute-Vienne	1er novembre 2015
Haute-Vienne	Préfet de la Haute-Vienne	1er novembre 2015
Val-de-Marne	Préfet du Val-de-Marne	1er novembre 2015
Bas-Rhin	Préfet du Bas-Rhin	1er décembre 2015
Haut-Rhin	Préfet du Bas-Rhin	1er décembre 2015
Drôme	Préfet de l'Isère	15 décembre 2015
Isère	Préfet de l'Isère	15 décembre 2015
Savoie	Préfet de l'Isère	15 décembre 2015
Haute-Savoie	Préfet de l'Isère	15 décembre 2015

Art. 4 A l'étranger, les déclarations de nationalité sont reçues par l'autorité diplomatique ou consulaire française compétente à raison de la résidence du déclarant, désignée par arrêté du ministre des affaires étrangères.

Art. 5 *(Décr. n° 2023-65 du 3 févr. 2023, art. 4 et 32, en vigueur le 6 févr. 2023)* I. — Les déclarations de nationalité française prévues aux articles 21-2, 21-13-1 et 21-13-2 du code civil et les pièces qui les accompagnent sont déposées par le moyen d'un téléservice régi par l'article L. 112-9 du code des relations entre le public et l'administration lorsque le déclarant réside dans un département, une collectivité ou un pays figurant sur une liste fixée par arrêté du ministre chargé des naturalisations. — *V. le traitement de données à caractère personnel dénommé « NATALI », infra, Décr. n° 2023-64 du 3 févr. 2023.*

Ce ministre précise par arrêté :

1° Les modalités du dépôt en ligne ; — *V. infra, Arr. du 3 févr. 2023 [1].*

2° Les modalités de l'accueil et de l'accompagnement dont bénéficient les personnes qui ne sont pas en mesure d'effectuer elles-mêmes le dépôt en ligne ; — *V. infra, Arr. du 3 févr. 2023 [2].*

3° Les solutions de substitution autorisées en cas d'impossibilité, dûment justifiée, d'avoir recours au téléservice pour des raisons tenant à sa conception et à son mode de fonctionnement, ainsi que les conditions de recours à ces solutions.

II. — Pour l'application des articles 21-3 et 26-5 du code civil, la date de souscription de la déclaration est la date à laquelle la déclaration et l'ensemble des pièces justificatives mentionnées aux articles 14-1, 17-1 et 17-3 ont été déposées au moyen du téléservice mentionné au I ou, en cas de dépôt au format papier, celle à laquelle le formulaire de souscription et les pièces justificatives ont été reçus par l'administration.

En cas d'enregistrement, la déclaration est établie et datée par le préfet *(Décr. n° 2024-108 du 14 févr. 2024, art. 4 et 6, en vigueur le 1er mars 2024)* « désigné, selon le département de résidence du déclarant, par arrêté du ministre chargé des naturalisations en application de l'article 3 » ou, à Paris, par le préfet de police, ou, si le dossier lui a été transmis dans les conditions prévues à l'article 30, par le ministre chargé des naturalisations.

Sur l'application des dispositions issues du Décr. n° 2024-108 du 14 févr. 2024, V. ndlr ss art. 1er, supra.

III. — Les règles de notification applicables aux déclarations déposées au moyen du téléservice mentionné au I sont précisées par un arrêté du ministre chargé des naturalisations. Les intéressés sont alertés de toute nouvelle communication par un message envoyé à l'adresse électronique qu'ils ont indiquée dans leur compte usager. Ce message précise l'objet de la communication et, le cas échéant, le délai qu'elle impartit à l'intéressé.

Les dispositions du présent art. qui confèrent au préfet du département où réside le déclarant ou, à Paris, au préfet de police, la compétence pour enregistrer les déclarations souscrites sur le fondement des dispositions des art. 21-2, 21-13-1 et 21-13-2 du C. civ., ou pour émettre un avis motivé joint à la transmission du dossier au ministre chargé des naturalisations, sont applicables aux déclarations de nationalité française, qui, au 6 févr. 2023, n'ont pas fait l'objet de l'avis motivé prévu à l'ancien art. 30 (Décr. n° 2023-65 du 3 févr. 2023, art. 32, en vigueur le 6 févr. 2023).

Décret n° 2023-64 du 3 février 2023,

Portant création d'un traitement de données à caractère personnel dénommé "NATALI".

CHAPITRE I. *DISPOSITIONS AUTORISANT LA CRÉATION D'UN TRAITEMENT AUTOMATISÉ DE DONNÉES À CARACTÈRE PERSONNEL DÉNOMMÉ "NATALI"*

Art. 1er Le ministre chargé des naturalisations (direction générale des étrangers en France) est autorisé à mettre en œuvre un traitement automatisé de données à caractère personnel dénommé "NATALI" ayant pour finalités :

1° De permettre aux usagers ou à leur mandataire de procéder par voie électronique aux formalités prévues pour les demandes :

a) D'acquisition de la nationalité française à raison du mariage, de la qualité d'ascendant de Français ou de la qualité de frère ou de sœur de Français, en application respectivement des articles 21-2, 21-13-1 et 21-13-2 du code civil ;

b) D'acquisition de la nationalité française par décision de l'autorité publique et de réintégration dans cette nationalité, en application respectivement des articles 21-14-1, 21-15, 21-21, 22-1 et 24 du code civil ;

c) De francisation du nom et des prénoms ou de l'un d'eux en application de la loi n° 72-964 du 25 octobre 1972 ;

d) D'autorisation de perte de la nationalité française en application de l'article 23-4 du code civil ;

2° De permettre aux services centraux et locaux du ministère dont relève le traitement et aux autorités diplomatiques ou consulaires d'assurer l'instruction et le traitement des demandes mentionnées au 1°, des recours administratifs mentionnés au 4°, des recours contentieux, des demandes de délivrance des attestations mentionnées aux articles 34, 52, 58 et 64 du décret du 30 décembre 1993 susvisé ;

3° De permettre aux services centraux du ministère dont relève le traitement d'instruire les procédures initiées par le Gouvernement sur le fondement des articles 21-4, 23-7, 23-8, 25 et 27-2 du code civil ;

4° De permettre aux usagers ou à leur mandataire de procéder par voie électronique à l'exercice de recours administratifs contre les décisions défavorables prises à leur encontre dans le cadre des formalités mentionnées au 1° ainsi qu'à la transmission de leurs observations dans le cadre des procédures initiées par le Gouvernement mentionnées au 3°.

Art. 2 I. — Les catégories de données à caractère personnel enregistrées dans le traitement mentionné à l'article 1er sont définies en annexe au présent décret.

II. — L'interdiction prévue au I de l'article 6 de la loi du 6 janvier 1978 susvisée s'applique au traitement mentionné à l'article 1er.

Par dérogation à l'interdiction prévue au I de l'article 6 de la loi du 6 janvier 1978 susvisée, le présent traitement peut enregistrer des données à caractère personnel de la nature de celles mentionnées au I de l'article 6 de la loi du 6 janvier 1978 susvisée, à l'exception des données génétiques et biométriques, dans la mesure où ces données sont nécessaires à la poursuite des finalités mentionnées à l'article 1er.

Il est interdit de sélectionner dans le traitement une catégorie particulière de personnes à partir de ces seules données.

Art. 3 Peuvent accéder, à raison de leurs attributions et dans la limite du besoin d'en connaître, à tout ou partie des données à caractère personnel et informations enregistrées dans le traitement mentionné à l'article 1er :

1° Les agents chargés de l'application de la réglementation relative à l'acquisition, au retrait, à la déchéance et à la perte de la nationalité française et relevant des services centraux du ministère de l'intérieur (direction générale des étrangers en France), individuellement désignés et spécialement habilités par le directeur dont ils relèvent ;

2° Les agents chargés de l'application de la réglementation relative à l'acquisition de la nationalité française et relevant des services centraux du ministère des affaires étrangères (direction des Français à l'étranger et de l'administration consulaire) individuellement désignés et spécialement habilités par le directeur dont ils relèvent ;

3° Les agents chargés de l'application de la réglementation relative à l'acquisition de la nationalité française, dans les préfectures et sous-préfectures, individuellement désignés et spécialement habilités par le préfet et, à Paris, par le préfet de police ;

4° Les agents chargés de l'application de la réglementation relative à l'acquisition de la nationalité française dans les services diplomatiques ou consulaires, individuellement désignés et spécialement habilités par l'autorité diplomatique ou consulaire dont ils relèvent.

Art. 4 Peuvent être destinataires des données à caractère personnel et informations enregistrées dans le traitement automatisé mentionné à l'article 1er, à raison de leurs attributions et dans la limite du besoin d'en connaître :

1° Pour les seules données relatives à l'identification de l'usager mentionnées aux *e* à *i* du 1° du I de l'annexe :

a) Les agents des services de la police nationale et de la gendarmerie nationale, individuellement désignés et spécialement habilités par l'autorité hiérarchique dont ils relèvent, chargés de procéder aux enquêtes prévues aux articles 15, 17-2, 17-4, 36 et 48 du décret du 30 décembre 1993 susvisé ;

b) Les agents de l'administration fiscale, les organismes consulaires et sociaux, les employeurs des personnes concernées, les ordres professionnels pour les besoins des enquêtes visées au *a* ;

c) Les agents du service central d'état civil, individuellement désignés et spécialement habilités par leur chef de service, aux seules fins d'établissement des actes d'état civil des personnes nées à l'étranger ayant acquis la nationalité française, à la demande et à la proposition de francisation des noms et prénoms, à sa situation familiale et aux modalités de l'acquisition de la nationalité française ;

d) Les agents de la mairie du lieu de naissance ou de résidence des personnes concernées, individuellement désignés et spécialement habilités par le maire de la commune, aux seules fins de report de la mention d'acquisition ou de perte de la nationalité française sur les actes d'état civil de la personne concernée, à la date et aux modalités de cette acquisition ou de cette perte ;

e) Les agents des administrations publiques françaises mentionnées aux articles 34, 52, 58 et 64 du décret du 30 décembre 1993 susvisé, individuellement désignés et spécialement habilités par le chef de service dont ils relèvent, aux seules fins d'établissement de la preuve de la nationalité française, à la date et aux modalités de l'acquisition de la nationalité française ou de sa perte ;

2° Pour les seules données relatives à l'identification de l'usager et à la décision de l'administration mentionnées aux *e* à *i* du 1° et au *a* du 6° du I de l'annexe :

a) Les agents relevant de l'Institut national de la statistique et des études économiques individuellement désignés et spécialement habilités par le directeur général, aux seules fins de mise à jour du répertoire électoral unique ;

b) Aux seules fins de mise à jour des systèmes d'information :

i) L'unité nationale ETIAS chargée de l'effacement des données du "système européen d'information et d'autorisation concernant les voyages" (ETIAS), en application de l'article 55 du règlement (UE) n° 2018/1240 du 12 septembre 2018 ;

ii) L'autorité nationale chargée de l'immigration désignée en application des articles 9 et 35 du règlement (UE) n° 2017/2226 du 30 novembre 2017 ;

iii) Les agents du ministère de l'intérieur (direction de l'asile) chargés de mettre à jour les données du système Eurodac en application des articles 13 et 27 du règlement (UE) n° 603/2013 du 26 juin 2013 ;

3° Pour les données nécessaires :

a) Aux seules fins d'accompagnement des usagers dans leurs démarches en ligne, les agents de l'Agence nationale des titres sécurisés chargés de cette mission d'accompagnement, individuellement désignés et spécialement habilités par le directeur général ;

b) Aux seules fins d'invalidation et de retrait des cartes nationales d'identité et des passeports, les agents des services centraux et déconcentrés du ministère de l'intérieur, les agents des services centraux du ministère des affaires étrangères et les agents diplomatiques et consulaires chargés de l'application de la réglementation relative au passeport et à la carte nationale d'identité ou chargés de leur délivrance, individuellement désignés et spécialement habilités par le directeur, le préfet, l'ambassadeur ou le consul dont ils relèvent ;

c) Au titre du traitement des procédures contentieuses liées aux contestations d'enregistrement des déclarations et des annulations judiciaires, les agents du ministère de la justice (direction des affaires civiles et du sceau) individuellement désignés et spécialement habilités par le directeur dont ils relèvent.

Art. 5 I. — Les données relatives à l'espace usager de l'application "NATALI", mentionnées aux *a* et *b* du 1° et au 3° du I et au *d* du II de l'annexe sont conservées trois ans à compter de la décision définitive de l'administration.

II. — Les données mentionnées dans l'annexe, à l'exception de celles mentionnées au I, sont conservées trois ans à compter de la date de publication au Journal officiel de la République française du décret de naturalisation, de réintégration dans la nationalité française ou de libération des liens d'allégeance, ou à compter de la date d'enregistrement de la déclaration ou du décret de francisation.

En cas de refus d'enregistrement, de décision d'irrecevabilité, d'ajournement ou de rejet, les données mentionnées à l'alinéa précédent sont conservées cinq ans à compter de la notification de la décision.

Par dérogation à l'alinéa précédent, en cas de décisions d'irrecevabilité, d'ajournement ou de rejet fondées sur un motif tenant aux renseignements défavorables recueillis sur le comportement du demandeur, les données mentionnées au 1°, au *i* du 4° et au 6° du I de l'annexe sont conservées huit ans.

En cas de refus de francisation, les mêmes données sont conservées trois ans à compter de la décision.

En cas de décret d'opposition, de décret rapportant le décret de naturalisation ou de réintégration ou de décret prononçant la perte ou la déchéance de la nationalité française, ces mêmes données sont supprimées à l'expiration d'un délai de cinq ans à compter de la publication du décret du *Journal officiel* de la République française.

En cas de décision de classement sans suite, les données sont supprimées au terme d'un délai d'un an à compter de la date de notification de la décision.

III. – Les données sont supprimées à l'issue d'un délai de deux mois à compter de la création d'un espace usager en cas d'inachèvement de la démarche initiée sur l'application "NATALI".

IV. — En cas de demande d'annulation de sa demande par la personne concernée, ces données sont supprimées dans un délai de deux mois à compter de l'accusé d'enregistrement de sa demande d'annulation.

Art. 6 Les opérations de collecte, de modification, de consultation, de communication et d'effacement des données à caractère personnel font l'objet d'un enregistrement comprenant l'identifiant de l'auteur, la date, l'heure, le motif de l'opération et, le cas échéant, les destinataires des données. Les informations relatives à ces opérations sont conservées pendant trois ans.

Art. 7 I. — Afin de garantir l'intérêt public général attaché à la gestion des procédures d'acquisition et de perte de la nationalité, la sécurité nationale ainsi que la protection contre les menaces pour la sécurité publique et la prévention de telles menaces, le droit d'opposition prévu à l'article 21 du règlement (UE) 2016/679 du 27 avril 2016 précité et à l'article 117 *[de]* la loi n° 78-17 du 6 janvier 1978 relative à l'informatique, aux fichiers et aux libertés ne s'applique pas au présent traitement.

II. — Les droits d'accès, de rectification et d'effacement concernant les données intéressant la sûreté de l'État s'exercent auprès de la Commission nationale de l'informatique et des libertés dans les conditions prévues à l'article 118 de la loi du 6 janvier 1978 précitée.

III. — Les droits d'accès, de rectification et à la limitation des données s'exercent dans les conditions prévues respectivement aux articles 15, 16 et 18 du règlement (UE) 2016/679 du 27 avril 2016 susvisé et aux articles 49, 50 et 53 de la loi du 6 janvier 1978 relative à l'informatique, aux fichiers et aux libertés, auprès du responsable du traitement.

Conformément à l'article 23 du règlement (UE) 2016/679 du 27 avril 2016 précité, le droit d'accès mentionné à l'alinéa précédent peut faire l'objet de restrictions pour garantir la sécurité nationale, la protection contre les menaces pour la sécurité publique ainsi que la prévention de telles menaces.

La personne concernée par ces restrictions exerce ses droits auprès de la Commission nationale de l'informatique et des libertés dans les conditions prévues à l'article 52 de la loi du 6 janvier 1978 précitée.

....

Art. 10 Le présent décret est applicable sur l'ensemble du territoire de la République.

Art. 11 Le présent décret entre en vigueur le 6 février 2023.

ANNEXE

DONNÉES À CARACTÈRE PERSONNEL ET INFORMATIONS ENREGISTRÉES DANS LE TRAITEMENT

I. — Données à caractère personnel et informations relatives à l'usager :

1° Données d'identification de l'usager :

a) Identifiant ;

b) Mot de passe choisi par l'usager ;

c) Numéro de dossier ;

d) Numéro étranger ;

e) Nom(s) ;

f) Prénom(s) ;

g) Date et lieu de naissance (commune et pays) ;

h) Nationalité(s) ;

i) Coordonnées postales, téléphoniques et électroniques ;

j) Photographie ;

k) Le cas échéant, code e-photo ;

l) Image numérisée de la signature ;

2° Données à caractère personnel et informations relatives à l'instruction des procédures :

a) Type et référence de procédure ;

b) Mention particulière (signalé) ;

c) Élément déclencheur de la procédure (demande de l'usager, signalement, proposition de déchéance) ;

d) Demande de francisation de l'usager de son nom seul, de son nom et prénoms ou de l'un d'eux ;

e) Avis du service central d'état civil sur la demande de francisation de l'usager ;

f) Proposition de francisation du nom seul, du nom et prénoms ou l'un d'eux émanant de l'administration ;

g) Le cas échéant, avis du ministre chargé des affaires étrangères ;

h) État d'avancement de la procédure ;

i) Données relatives aux agents chargés de l'instruction (nom, prénom, fonction, identifiant, service d'appartenance) ;

j) Observations en défense de l'usager dans le cadre des procédures prévues par les articles 32, 59, 60, 61 et 62 du décret n° 93-1362 du 30 décembre 1993 ;

3° Données issues des communications entre l'administration et la personne concernée bénéficiant d'un espace usager :

a) Type de communication ;

b) Contenu des communications ;

c) Auteur des communication (nom, prénom, fonction, service d'appartenance) ;

d) Date et heure d'émission ;

e) Date et heure de lecture ;

4° Données relatives aux conditions d'acquisition, de perte volontaire de la nationalité française ou de réintégration dans celle-ci :

a) Situation familiale (noms, prénoms, date et lieu de naissance, adresse de résidence des frères et sœurs du demandeur, de ses descendants et ascendants) ;

b) Situation matrimoniale (union actuelle et union antérieures : noms, prénoms, date et lieu de naissance du conjoint ou concubin, état civil complet du conjoint ou concubin, nationalité(s) du conjoint ou concubin, date et lieu des unions et pacte civil de solidarité ou de dissolution de ceux-ci, le cas échéant, date et lieu de décès du conjoint ou concubin) ;

c) Situation domiciliaire et historique ;

d) Situations financière et fiscale ;

e) Situation professionnelle ;

f) Statut particulier (réfugié, militaire, en situation de handicap ou atteint de maladie chronique) ;

g) Attestation de maitrise de la langue française ;

h) Condition de résidence habituelle en France et à l'étranger ;

i) Éléments issus de l'entretien d'assimilation mené avec l'usager et, le cas échéant, son conjoint ;

j) Le cas échéant, pour les personnes ressortissantes d'un État ne faisant pas partie de l'Espace Schengen et s'étant rendues dans cet Espace pour une durée inférieure à trois mois au cours des cinq dernières années précédant la demande, la copie des documents de voyage afférents à ce ou ces séjours ;

k) Résultats de l'interrogation du bulletin n° 2 du casier judiciaire (néant, non néant) ;

l) Dans les conditions prévues aux articles 21-4, 21-23, 21-27 et 25 du code civil, extrait du bulletin n° 2 du casier judiciaire lorsqu'il comporte une ou plusieurs condamnations pour les infractions mentionnées aux articles précités ;

m) En cas de condamnation pour les infractions mentionnées aux articles 21-4, 21-23, 21-27 et 25 du code civil, copie du jugement ou de l'arrêt ;

n) Motifs fondant la demande de perte volontaire de la nationalité française (procédure de libération des liens d'allégeance – article 23-4 du code civil) ;

o) Mode d'acquisition ou de perte de la nationalité française ;

p) Date et numéro du décret d'acquisition ou de perte de la nationalité française et de l'enregistrement de la déclaration de nationalité ;

5° Données et informations relatives aux résultats des enquêtes prévues par le décret de n° 93-1362 du 30 décembre 1993 :

a) Indication de l'enregistrement ou non de l'usager dans le traitement des antécédents judiciaires mentionné aux articles R. 40-23 et suivants du code de procédure pénale (néant, non néant) ;

b) Éléments issus des enquêtes complémentaires portant sur la situation familiale ou les obligations fiscales de l'usager ;

c) Sens et date de l'avis du service de police ou de sécurité chargé de diligenter l'enquête ;

6° Information relative à la proposition de décision et à la décision de l'administration :

a) Date et nature ;

b) Motifs ;

7° Le cas échéant, informations relatives aux recours administratifs et contentieux :

a) Date de notification du recours administratif et circonstances de droit et de fait à l'origine du recours ;

b) Copie de l'accusé réception postale ou électronique du recours ;

c) Requête et mémoires contentieux (circonstances de droit et de fait) ;

d) Date, nature et sens de la décision de la juridiction ou de l'autorité compétente ;

e) Le cas échéant, coordonnées bancaires de l'usager ou de l'avocat.

II. — Le cas échéant, données à caractère personnel et informations relatives à l'identification du mandataire, du représentant légal ou de l'avocat :

a) Nom(s) ;

b) Prénom(s) ;

c) Coordonnées postales, téléphoniques et électroniques ;

d) Identifiant du mandataire, du représentant légal, de l'avocat ou du conjoint ;

e) Mot de passe choisi par le mandataire, le représentant légal, l'avocat ou le conjoint ;

f) S'il s'agit d'une personne morale, numéro SIRET ;

g) Justificatif d'identité et, le cas échéant, du mandat ;

h) Image numérisée de la signature.

III. — Image numérisée des pièces des dossiers de demande d'acquisition ou de perte de la nationalité française ou de réintégration dans celle-ci, ainsi que des demandes de francisation, prévues par le décret n° 93-1362 du 30 décembre 1993.

Arrêté du 3 février 2023,

Pris pour l'application du décret n° 93-1362 du 30 décembre 1993, relatif aux modalités de dépôt et aux conditions de notification des communications de l'administration dans le cadre des différentes procédures dématérialisées d'acquisition ou de perte de la nationalité française.

Art. 1er Le présent arrêté a pour objet de préciser les modalités de dépôt en ligne et les règles de notification des communications entre l'administration et les usagers, applicables aux déclarations et demandes déposées au moyen de l'application informatique mentionnée à l'article 5 du décret n° 93-1362 du 30 décembre 1993 susvisé, dans sa rédaction issue du décret n° 2023-65 du 3 février 2023.

Art. 2 L'application mentionnée à l'article 1er est une application fondée sur une procédure électronique de transmission utilisant le réseau internet, dénommée "Natali".

Elle permet à tout personne d'accomplir par voie électronique les démarches nécessaires liées aux procédures relevant du ministère chargé des naturalisations et prévues par le décret n° 93-1362 du 30 décembre 1993 précité, dès sa mise sa disposition selon un calendrier fixé par l'arrêté susvisé du 30 juillet 2021.

La liaison s'effectue au moyen d'un protocole sécurisé, depuis le site : https://administration-etrangers-en-france.interieur.gouv.fr.

L'usager peut accéder au télé-service en s'identifiant au moyen, soit de son numéro de visa d'entrée sur le territoire français ou de titre de séjour, soit de ses données d'identification utilisées dans le cadre du télé-service mentionné à l'article R. 431-2 du code de l'entrée et du séjour des étrangers en France, soit de ses identifiants France Connect.

Art. 3 En cas de dépôt d'une demande au moyen de l'application informatique mentionnée à l'article 1er, toute communication de l'administration à l'égard de l'usager donne lieu à l'envoi d'un message sur l'espace personnel de ce dernier créé dans l'application, accompagné, le cas échéant, d'un ou plusieurs fichiers.

La date et l'heure de l'envoi et de la mise à disposition de ce message et, le cas échéant, du fichier associé, sont établies par un accusé de mise à disposition et celles de la première consultation de ce message, par un accusé de lecture.

Tout envoi d'un message sur l'espace personnel de l'usager donne lieu à l'envoi automatique d'un message sur l'adresse électronique qu'il a communiquée lors de la souscription de sa déclaration ou du dépôt de sa demande. Ce message précise l'objet de la communication et, le cas échéant, le délai qu'elle impartit à l'intéressé.

Tout message sur l'espace personnel de l'usager est réputé lui être notifié à la date de sa première consultation, certifiée par l'accusé de lecture délivré par l'application. A défaut d'une telle consultation dans le délai de quinze jours calendaire suivant sa date de mise à disposition sur l'espace personnel, ce message ainsi que, le cas échéant, le fichier joint, sont réputés notifiés à cette dernière date, à l'issue de ce délai.

Art. 4 Pour l'application des dispositions de l'article 45 du décret n° 93-1362 du 30 décembre 1993 précité, la date d'envoi du recours administratif préalable obligatoire au moyen de l'application informatique mentionnée ci-avant et depuis l'espace personnel de l'usager est établie par l'attestation délivrée à cette occasion par ladite application. Un message est alors automatiquement envoyé à l'adresse électronique de ce dernier et auquel est jointe ladite attestation.

Arrêté du 3 février 2023,

Pris pour l'application de l'article 5 du décret n° 93-1362 du 30 décembre 1993 fixant les modalités d'accueil et d'accompagnement des usagers pour l'accomplissement, par voie électronique, des formalités nécessaires aux demandes relatives à la nationalité française.

Art. 1er Lorsque les ressortissants étrangers rencontrent des difficultés dans le cadre du dépôt en ligne de leur dossier d'acquisition de la nationalité française ou pour l'accomplissement de toute autre formalité nécessaire à une demande relative à la nationalité, ils peuvent bénéficier d'un accueil et d'un accompagnement mentionnés à l'article 5 du décret n° 93-1362 du 30 décembre 1993 susvisé, dans sa rédaction issue du décret n° 2023-65 du 3 février 2023, et fixés par le présent arrêté.

Art. 2 L'accompagnement des personnes rencontrant des difficultés dans le cadre du dépôt en ligne de leur dossier d'acquisition de la nationalité française ou pour l'accomplissement de toute autre formalité nécessaire à une demande relative à la nationalité repose :

— sur une assistance téléphonique et un formulaire de contact ;

— et sur un accueil physique.

L'assistance téléphonique ou via un formulaire de contact est mise en œuvre par le centre de contact citoyens de l'agence nationale des titres sécurisés. Le centre de contact citoyens est joignable via un numéro téléphonique dédié et gratuit. Ses téléconseillers assistent l'usager dans le dépôt de sa demande, le renseignent sur le suivi de son dossier, identifient les anomalies et les transmettent à la direction générale des étrangers en France. Ils assurent également un rôle de relai vers les usagers bloqués pour lesquels une solution a été trouvée à la suite du signalement. L'accueil physique est pris en charge par les points d'accueil numérique installés dans les préfectures et les sous-préfectures disposant d'un service chargé des étrangers. Ces points d'accueil numérique assurent l'accompagnement numérique au dépôt des dossiers d'acquisition de la nationalité française ou pour l'accomplissement de toute autre formalité nécessaire à une demande relative à la nationalité.

Art. 3 Les usagers étrangers peuvent bénéficier dans les points d'accueil numérique d'une aide à l'utilisation de l'outil informatique, d'informations générales sur les démarches les concernant, d'une aide à la qualification de la demande et d'un accompagnement à la constitution du dossier dématérialisé. Les agents des points d'accueil numérique ne vérifient pas la complétude des dossiers. Dans le cas où la saisine du centre de contact citoyens n'aurait pas abouti au dépôt de leur dossier en ligne, les usagers sont orientés vers un point d'accueil numérique de leur département de résidence. Les modalités de prise de rendez-vous au point d'accueil numérique, qui comprennent au moins deux vecteurs, sont déterminées par le préfet.

Art. 4 Lorsque, malgré l'accompagnement proposé, l'usager étranger ne parvient pas à déposer sa demande, il peut avoir recours à un mode de dépôt par voie postale.

Cette solution de substitution est réservée aux usagers en mesure de prouver que cet accompagnement ne leur a pas permis de faire aboutir le dépôt en ligne de leur demande, pour des raisons tenant à la conception du téléservice ou à son mode de fonctionnement. Ils doivent produire à cette fin, à l'appui de leur dossier, un courriel du centre de contact citoyens attestant de l'impossibilité de déposer la demande en ligne ou un document de la préfecture ou de la sous-préfecture attestant de l'impossibilité pour l'usager de faire aboutir sa démarche en ligne.

Ancien art. 5 *Lorsque la nationalité française est réclamée au titre des articles 21-2,21-13-1 ou 21-13-2 du code civil, le déclarant produit, en deux exemplaires, un formulaire de souscription.*

Pour l'application des articles 21-3 et 26-5 du code civil, la date de réception par l'autorité compétente de ce formulaire, accompagné des pièces justificatives mentionnées aux articles 14-1, 17-1 et 17-3, correspond à la date de souscription de la déclaration.

En cas d'enregistrement, la déclaration est établie et datée par le ministre chargé des naturalisations.

Pour les demandes relatives à la nationalité française formées avant le 1er janv. 2020, V. ancien art. 11 ss. art. 7, infra.

Art. 6 Dans les autres cas, la déclaration de nationalité est établie en deux exemplaires datés et signés par le déclarant ou, s'il est représenté, par son ou ses représentants légaux, qui précisent leurs noms, prénoms et qualité. Elle est également signée par l'autorité qui la reçoit et qui indique ses nom, prénom et qualité.

Chaque page de la déclaration est paraphée par le déclarant, ou son ou ses représentants légaux, et par l'autorité qui la reçoit.

Art. 7 La déclaration mentionne :

1° Les nom, prénoms, date et lieu de naissance du déclarant, le lieu de sa résidence, ainsi que les noms, prénoms, dates et lieux de naissance de ses parents ; le cas échéant, les noms, prénoms, dates et lieux de naissance de son ou ses représentants légaux ainsi que le lieu de leur résidence ;

2° L'objet et le fondement légal de la déclaration ;

3° Le cas échéant, les noms, prénoms, dates et lieux de naissance des enfants mineurs mentionnés au titre de l'article 22-1 du code civil.

Lorsqu'elle est établie par le ministre chargé des naturalisations, la déclaration mentionne également, selon le cas, les nom, prénoms, date et lieu de naissance du conjoint, descendant, frère ou sœur de nationalité française, ainsi que les noms, prénoms, dates et lieux de naissance de ses parents.

Ancien art. 11 *La déclaration de nationalité est établie pour chaque déclarant en deux exemplaires datés et signés du déclarant et de l'autorité qui la reçoit et qui précise son nom et sa qualité.*

Elle mentionne en outre :

1° L'état civil et la résidence du déclarant et, le cas échéant, ceux du bénéficiaire de la déclaration s'il est représenté ;

2° L'objet de la déclaration et le motif sur lequel s'appuie le déclarant ;

3° (Décr. n° 98-720 du 20 août 1998) « Le cas échéant, l'état civil des enfants mineurs étrangers du déclarant résidant avec lui de manière habituelle ou alternativement dans le cas de séparation ou de divorce » ;

4° Les pièces produites par le déclarant pour justifier que les conditions de recevabilité de la déclaration sont remplies.

(*Décr. n° 2005-25 du 14 janv. 2005*) *« Tous les documents rédigés en langue étrangère doivent être accompagnés de leur traduction par un traducteur agréé* (*Décr. n° 2009-1671 du 28 déc. 2009*) *« ou habilité à intervenir auprès des autorités judiciaires ou administratives d'un autre État membre de l'Union européenne ou d'un État partie à l'accord sur l'Espace économique européen ou de la Suisse », produite en original. »*

Art. 8 Les conditions de recevabilité d'une déclaration de nationalité et de l'acquisition de plein droit de la nationalité française au titre de l'article 22-1 du code civil s'apprécient à la date de souscription de la déclaration.

(*Décr. n° 2023-65 du 3 févr. 2023, art. 5 et 32, en vigueur le 6 févr. 2023*) « L'autorité compétente peut solliciter la production, dans un délai qu'elle prescrit, de tout document complémentaire utile à l'appréciation de ces conditions et procède à toute vérification. »

Art. 9 Les pièces nécessaires à la preuve de la recevabilité de la déclaration répondent aux exigences suivantes :

1° Elles sont produites en original ;

(*Décr. n° 2023-65 du 3 févr. 2023, art. 6 et 32, en vigueur le 6 févr. 2023*) « 2° Les actes de l'état civil sont produits en copie intégrale ; les copies des actes établis par les autorités françaises datent de moins de trois mois ; les copies des actes étrangers sont accompagnées, le cas échéant, d'une copie de la décision en exécution de laquelle ils ont été dressés, rectifiés ou modifiés ; »

3° Les décisions des autorités judiciaires ou administratives et les actes émanant de ces autorités sont produits sous forme d'expédition et accompagnés, s'il y a lieu, d'un certificat de non recours ;

4° Les actes publics étrangers sont légalisés sauf apostille, dispense conventionnelle ou prévue par le droit de l'Union européenne ;

5° Les documents rédigés en langue étrangère sont accompagnés de leur traduction par un traducteur agréé ou habilité à intervenir auprès des autorités judiciaires ou administratives d'un autre État membre de l'Union européenne ou d'un État partie à l'accord sur l'Espace économique européen ou de la Suisse ;

6° Le document officiel exigé pour justifier de l'identité d'une personne s'entend de tout document délivré par une administration publique comportant les nom, prénoms, date et lieu de naissance de cette personne, sa photographie et sa signature, ainsi que l'identification de l'autorité qui a délivré le document, la date et le lieu de délivrance.

Art. 10 La preuve de la résidence en France ou à l'étranger est rapportée par tous documents écrits.

Ancien art. 12 *La preuve de la résidence en France lorsque celle-ci constitue une condition de la recevabilité de la déclaration est rapportée par écrit ou commencement de preuve par écrit.*

Il en est de même pour la preuve de la résidence habituelle à l'étranger lorsque celle-ci constitue une condition de la répudiation ou de la perte de la nationalité française.

Art. 11 Lorsque la nationalité française constitue une condition de la recevabilité de la déclaration, elle se démontre, selon le cas, par la production d'un certificat de nationalité française, de la décision de justice reconnaissant à la personne la qualité de Français, d'une ampliation du décret de naturalisation ou de réintégration dans la nationalité française, ou d'une déclaration de nationalité française. Elle se démontre également par la production d'actes de l'état civil, lorsque ces derniers établissent l'existence de toutes les conditions requises par la loi.

Art. 12 Pour l'acquisition de plein droit de la nationalité française prévue par les dispositions de l'article 22-1 du code civil, sont produits les actes de naissance des enfants mineurs du déclarant qui résident avec lui, de manière habituelle ou alternée dans les cas de séparation ou de divorce, tous documents justifiant cette résidence, ainsi que, s'il y a lieu, les actes de l'état civil ou les décisions de justice établissant la filiation des enfants à son égard.

Art. 13 Lorsque la déclaration est souscrite en vue d'acquérir la nationalité française ou d'être réintégré dans cette nationalité, le déclarant peut demander à l'autorité compétente la francisation, soit de son seul nom, soit de ses prénoms ou de l'un d'eux, soit de son nom et de ses prénoms ou de l'un d'eux. Il peut, selon les mêmes modalités, solliciter la francisation des prénoms ou de l'un des prénoms des enfants mineurs mentionnés dans la déclaration au titre de l'article 22-1 du code civil.

Dans les mêmes conditions est remise, le cas échéant, la déclaration conjointe de choix de nom prévue par les articles 311-21 et 311-22 du code civil.

(Décr. nº 2023-65 du 3 févr. 2023, art. 7 et 32, en vigueur le 6 févr. 2023) « La demande de francisation est déposée au moyen du téléservice mentionné à l'article 5 lorsque la procédure a été engagée au moyen de ce téléservice. »

Art. 13-1 *(Décr. nº 2023-65 du 3 févr. 2023, art. 8 et 32, en vigueur le 6 févr. 2023)* En vue de l'application de l'article 35 § 6 du Règlement (UE) 2017/2226 du 30 novembre 2017 et de l'article 55 § 5 du Règlement (UE) 2018/1240 du 12 septembre 2018, le déclarant qui souscrit une déclaration acquisitive de nationalité française ou de réintégration dans cette nationalité produit la copie de son document de voyage et de ceux de ses enfants mineurs susceptibles d'accéder à la nationalité française au titre de l'article 22-1 du code civil, dès lors qu'il est ressortissant d'un État ne faisant pas partie de l'Union européenne et qu'il s'est rendu dans l'espace Schengen à partir d'un État ne faisant pas partie de cet espace pour une durée inférieure à trois mois au cours des cinq années précédant le dépôt de sa déclaration.

Ancien art. 13 *Lorsque la déclaration est souscrite en vue d'acquérir la nationalité française ou d'être réintégré dans cette nationalité, (Décr. nº 2010-527 du 20 mai 2010) « l'autorité qui a reçu la déclaration » reçoit la demande éventuelle de francisation soit du nom seul du déclarant ou du bénéficiaire de la déclaration, de son nom et de ses prénoms ou de l'un d'eux, soit des prénoms ou de l'un des prénoms des enfants mineurs bénéficiaires de l'acquisition de plein droit prévue à l'article 22-1 du code civil.*

(Décr. nº 2005-25 du 14 janv. 2005) « Dans les mêmes conditions est remise, le cas échéant, la déclaration conjointe de choix de nom prévue par les articles 311-21 et 311-22 du code civil. »

TITRE II DES DÉCLARATIONS DE NATIONALITÉ TENDANT À L'ACQUISITION DE LA NATIONALITÉ FRANÇAISE OU À LA RÉINTÉGRATION DANS CETTE NATIONALITÉ

SECTION 1 *Des déclarations de nationalité à raison du mariage* *(Décr. nº 2019-1507 du 30 déc. 2019, art. 3).*

Les dispositions issues du Décr. nº 2019-1507 du 30 déc. 2019 s'appliquent aux déclarations de nationalité souscrites et aux demandes relatives à la nationalité française formées à compter du 1er janv. 2020 (Décr. préc., art. 63).

Art. 14 *(Décr. nº 2011-1265 du 11 oct. 2011, art. 2 et 7, en vigueur le 1er janv. 2012) (Décr. nº 2019-1507 du 30 déc. 2019, art. 4-1º et 63, en vigueur le 1er avr. 2020)* « Pour l'application de l'article 21-2 du code civil, tout déclarant doit justifier d'une connaissance de la langue française à l'oral et à l'écrit au moins égale au niveau B1 du Cadre européen commun de référence pour les langues, tel qu'adopté par le comité des ministres du Conseil de l'Europe dans sa recommandation CM/ Rec (2008) 7 du 2 juillet 2008 ».

(Décr. nº 2013-794 du 30 août 2013, art. 1er) « Un arrêté du ministre chargé des naturalisations définit les diplômes permettant de justifier d'un niveau égal ou supérieur au niveau requis. »

(Décr. nº 2019-1507 du 30 déc. 2019, art. 4-1º et 63, en vigueur le 1er avr. 2020) « A défaut d'un tel diplôme, le déclarant peut justifier de la possession du niveau requis par la production d'une attestation délivrée depuis moins de deux ans à l'issue d'un test linguistique certifié ou reconnu au niveau international, comportant des épreuves distinctes évaluant son niveau de compréhension et d'expression orales et écrites. Le niveau d'expression orale du déclarant est évalué par l'organisme délivrant l'attestation dans le cadre d'un entretien. »

(Décr. nº 2015-108 du 2 févr. 2015, art. 1er) « *(Décr. nº 2019-1507 du 30 déc. 2019, art. 4-1º et 63, en vigueur le 1er avr. 2020)* « Les modalités de passation du test linguistique mentionné à l'alinéa précédent sont définies par un arrêté du ministre chargé des naturalisations. » Les conditions d'inscription sont fixées par un arrêté du ministre chargé des naturalisations. »

Les déclarations souscrites sur le fondement de l'art. 21-2 C. civ. avant la date d'entrée en vigueur du Décr. nº 2011-1265 du 11 oct. 2011 restent régies par les dispositions du Décr. du 30 déc. 1993 dans leur rédaction antérieure au Décr. préc. Les demandes de naturalisation ou de réintégration dans la nationalité française déposées avant la date d'entrée en vigueur du présent décret restent régies par les dispositions du Décr. du 30 déc. 1993 susvisé dans leur rédaction antérieure au Décr. nº 2011-1265 du 11 oct. 2011 (Décr. préc., art. 7, en vigueur le 1er janv. 2012).

L'inscription des tests linguistiques sur la liste fixée en application des dispositions des art. 14 et 37 du Décr. du 30 déc. 1993 dans leur rédaction antérieure à l'entrée en vigueur du Décr. nº 2015-

108 du 2 févr. 2015, est valable jusqu'au dernier jour du quatrième mois qui suit celui de la publication de l'arrêté fixant les nouvelles conditions d'inscription sur cette liste et, au plus tard, jusqu'au 31 juill. 2015 (Décr. préc., art. 3).

Les dispositions introduites par l'art. 4 du Décr. n° 2019-1507 du 30 déc. 2019 s'appliquent aux déclarations acquisitives de nationalité française par mariage souscrites à compter du 1er avr. 2020 (Décr. préc., art. 63).

Ancien art. 14 *(Décr. n° 2011-1265 du 11 oct. 2011, art. 2 et 7, en vigueur le 1er janv. 2012)* ***Pour l'application de l'article 21-2 du code civil, tout déclarant doit justifier d'une connaissance de la langue française caractérisée par la compréhension des points essentiels du langage nécessaire à la gestion de la vie quotidienne et aux situations de la vie courante ainsi que par la capacité à émettre un discours simple et cohérent sur des sujets familiers dans ses domaines d'intérêt. Son niveau est celui défini par le niveau B1, rubriques "écouter", "prendre part à une conversation" et "s'exprimer oralement en continu" du Cadre européen commun de référence pour les langues, tel qu'adopté par le comité des ministres du Conseil de l'Europe dans sa recommandation CM/Rec(2008)7 du 2 juillet 2008.***

(Décr. n° 2013-794 du 30 août 2013, art. 1er) ***« Un arrêté du ministre chargé des naturalisations définit les diplômes permettant de justifier d'un niveau égal ou supérieur au niveau requis.***

« A défaut d'un tel diplôme, le déclarant peut justifier de la possession du niveau requis par la production d'une attestation délivrée soit par un organisme reconnu par l'État comme apte à assurer une formation "français langue d'intégration", soit à l'issue d'un test linguistique certifié ou reconnu au niveau international *(Décr. n° 2015-108 du 2 févr. 2015, art. 1er)* ***« , comportant des épreuves distinctes permettant une évaluation du niveau de compréhension du déclarant et, par un entretien, celle de son niveau d'expression orale, » et figurant sur une liste fixée par un arrêté du ministre chargé des naturalisations. »***

(Décr. n° 2015-108 du 2 févr. 2015, art. 1er) ***« L'inscription d'un test linguistique sur la liste mentionnée à l'alinéa précédent est valable pour une période de trois ans renouvelable. Les conditions d'inscription sont fixées par un arrêté du ministre chargé des naturalisations. »***

Art. 14-1 *(Décr. n° 2011-1265 du 11 oct. 2011, art. 2 et 7, en vigueur le 1er janv. 2012)* Pour souscrire la déclaration prévue à l'article 21-2 du code civil, le *(Décr. n° 2019-1507 du 30 déc. 2019, art. 5-1°)* « déclarant fournit : »

(Décr. n° 2016-872 du 29 juin 2016, art. 3-2°) « 1° Un formulaire de souscription *(Décr. n° 2019-1507 du 30 déc. 2019, art. 5-2°)* « en deux exemplaires dûment renseignés, datés et signés ; » *(Décr. n° 2023-65 du 3 févr. 2023, art. 9 et 32, en vigueur le 6 févr. 2023)* « toutefois, si la déclaration est déposée au moyen du téléservice mentionné à l'article 5, le formulaire est rempli en ligne ; »

2° *(Abrogé par Décr. n° 2019-1507 du 30 déc. 2019, art. 5-3°)* ***« Une copie intégrale de »*** Son acte de naissance ;

(Décr. n° 2019-1507 du 30 déc. 2019, art. 5-4°) « 2° *bis* La copie d'un document officiel d'identité, ainsi qu'une photocopie d'identité récente ; »

3° *(Décr. n° 2019-1507 du 30 déc. 2019, art. 5-5°)* « Son acte de mariage ou sa transcription sur les registres consulaires français quand le mariage a été célébré à l'étranger, dont la copie a été délivrée depuis moins de trois mois *(Décr. n° 2023-65 du 3 févr. 2023, art. 9 et 32, en vigueur le 6 févr. 2023)* « et justifiant d'un mariage contracté depuis au moins quatre ans » ; »

4° *(Décr. n° 2016-872 du 29 juin 2016, art. 3-4°)* « Tous documents corroborant que la communauté de vie tant affective que matérielle n'a pas cessé entre les deux époux depuis leur mariage », *(Abrogé par Décr. n° 2019-1507 du 30 déc. 2019, art. 5-6°)* ***« dont notamment la copie intégrale de l'acte de naissance des enfants nés avant ou après le mariage et établissant la filiation à l'égard des deux conjoints »*** ;

(Décr. n° 2019-1507 du 30 déc. 2019, art. 5-7°) « 4° *bis* Les actes de naissance de tous ses enfants nés avant ou après le mariage ; »

5° *(Décr. n° 2019-1507 du 30 déc. 2019, art. 5-8°)* « Tous documents mentionnés à l'article 11 établissant que son conjoint avait la nationalité française au jour du mariage et l'a conservée ; »

6° Un extrait de casier judiciaire ou un document équivalent délivré par une autorité judiciaire ou administrative compétente du ou des pays où il a résidé au cours des dix dernières années, ou, lorsqu'il est dans l'impossibilité de produire ces documents, du pays dont il a la nationalité ;

7° Le cas échéant, *(Décr. n° 2019-1507 du 30 déc. 2019, art. 5-9°)* « tous documents » justifiant de sa résidence régulière et ininterrompue en France pendant au moins trois ans à compter du mariage ou un certificat d'inscription du conjoint français au registre des Français établis hors de France pendant la durée de leur communauté de vie à l'étranger ;

8° *(Décr. n° 2019-1507 du 30 déc. 2019, art. 5-10°)* « Le cas échéant, au titre de l'acquisition de plein droit de la nationalité française prévue à l'article 22-1 du code civil, les pièces mentionnées à l'article 12 ; »

9° Le cas échéant, en cas d'unions antérieures, les *(Abrogé par Décr. n° 2019-1507 du 30 déc. 2019, art. 5-11°)* « ***copies intégrales des*** » actes de mariage et tous documents justifiant leur dissolution ;

(Décr. n° 2019-1507 du 30 déc. 2019, art. 5-12°, en vigueur le 1er avr. 2020) « 10° Un diplôme ou une attestation, délivrée depuis moins de deux ans, justifiant d'un niveau de langue égal ou supérieur à celui exigé en application de l'article 14 et délivré dans les conditions définies par cet article. Sont toutefois dispensées de la production de ce diplôme ou de cette attestation :

« *a)* Les personnes titulaires d'un diplôme délivré dans un État dont la liste est fixée par un arrêté du ministre chargé des naturalisations à l'issue d'études suivies en français qui peuvent justifier de la reconnaissance de leur diplôme par rapport à la nomenclature française des niveaux de formation et au cadre européen des certifications (CEC) par la production d'une attestation de comparabilité délivrée dans des conditions fixées par un arrêté du ministre chargé des naturalisations ;

« *b)* Les personnes dont le handicap ou l'état de santé déficient chronique rend impossible leur évaluation linguistique. La nécessité de bénéficier d'aménagements d'épreuves ou, à défaut*[,]* l'impossibilité de se soumettre à une évaluation linguistique est justifiée par la production d'un certificat médical dont le modèle est fixé par arrêté conjoint du ministre des affaires étrangères, du ministre chargé des naturalisations et du ministre de la santé *[ancienne rédaction : 10° Un diplôme ou une attestation justifiant d'un niveau de langue égal ou supérieur à celui exigé en application de l'article 14 et délivré dans les conditions définies par cet article ou, à défaut, une attestation délivrée dans les mêmes conditions justifiant d'un niveau inférieur. Sont toutefois dispensées de la production de ce diplôme ou de cette attestation les personnes titulaires d'un diplôme délivré dans un pays francophone à l'issue d'études suivies en français. Bénéficient également de cette dispense les personnes souffrant d'un handicap ou d'un état de santé déficient chronique ou âgées d'au moins soixante ans]*. »

(Décr. n° 2023-65 du 3 févr. 2023, art. 9 et 32, en vigueur le 6 févr. 2023) « L'autorité compétente peut solliciter un nouveau certificat médical pour faire vérifier le handicap ou l'état de santé du déclarant par un médecin figurant sur la liste mentionnée à l'article 17-3 du code civil, ou, à l'étranger, par un médecin choisi par l'autorité diplomatique ou consulaire. »

(Abrogé par Décr. n° 2019-1507 du 30 déc. 2019, art. 5-13°) (Décr. n° 2016-872 du 29 juin 2016, art. 3-5°) « ***Pour l'application de l'article 21-3 du code civil, la date de réception, par l'autorité administrative chargée de recevoir la déclaration, du formulaire de souscription mentionné au 1°, complet et accompagné des pièces justificatives mentionnées aux alinéas précédents, correspond à la date de souscription de la déclaration.*** »

Les 1°, 2°, 3°, 4°, 5°, 6°, 7°, 8° et 9° sont respectivement devenus les 2°, 3°, 4°, 5°, 6°, 7°, 8°, 9° et 10° (Décr. n° 2016-872 du 29 juin 2016, art. 3-1°).

Sur l'application des dispositions issues du Décr. n° 2016-872 du 29 juin 2016, V. note ss. ancien art. 10.

Sur l'application des dispositions du Décr. n° 2011-1265 du 11 oct. 2011, V. note ss. art. 14.

Les dispositions introduites par l'art. 5-12° du Décr. n° 2019-1507 du 30 déc. 2019 s'appliquent aux déclarations acquisitives de nationalité française par mariage souscrites à compter du 1er avr. 2020. Les autres dispositions introduites par le Décr. n° 2019-1507 du 30 déc. 2019 s'appliquent aux déclarations de nationalité souscrites et aux demandes relatives à la nationalité française formées à compter du 1er janv. 2020 (Décr. préc., art. 63).

Arrêté du 12 mars 2020,

Fixant la liste des diplômes et certifications attestant le niveau de maîtrise du français requis des candidats à la nationalité française en application du décret n° 93-1362 du 30 décembre 1993 modifié relatif aux déclarations de nationalité, aux décisions de naturalisation, de réintégration, de perte, de déchéance et de retrait de la nationalité française.

Art. 1er Les diplômes nécessaires à l'acquisition de la nationalité française mentionnés aux articles 14 et 37 du décret *[n° 93-1362]* du 30 décembre 1993 susvisé sont les suivants :

1° Le diplôme national du brevet ;

2° Ou tout diplôme délivré par une autorité française, en France ou à l'étranger, sanctionnant un niveau au moins égal au niveau 3 de la nomenclature nationale des niveaux de formation ;

3° Ou tout diplôme attestant un niveau de connaissance de la langue française au moins équivalent au niveau B1 du cadre européen de référence pour les langues.

Art. 2 Les attestations mentionnées aux articles 14 et 37 du décret susmentionné sont délivrées à l'issue d'un des tests suivants :

1° Le test de connaissance du français (TCF) de France Education International ;

2° Ou le test d'évaluation du français (TEF) de la chambre du commerce et de l'industrie de Paris.

Art. 3 L'arrêté du ministre de l'intérieur, de l'outre-mer, des collectivités territoriales et de l'immigration du 11 octobre 2011 (NOR : IOCN1126048A) est abrogé.

Les arrêtés du ministre de l'intérieur du 2 février 2015, du 17 juin et du 1er juillet 2018 (respectivement NOR : INTV1501893A, INTV1514608A et INTV1817955A) sont abrogés.

Art. 4 Le présent arrêté entre en vigueur le 1er avril 2020.

Art. 5 Le directeur général des étrangers en France est chargé de l'exécution du présent arrêté, qui sera publié au *Journal officiel* de la République française.

Ancien art. 14-1, 10° *(Décr. n° 2013-794 du 30 août 2013, art. 2)* ***« 10° Un diplôme ou une attestation justifiant d'un niveau de langue égal ou supérieur à celui exigé en application de l'article 14 et délivré dans les conditions définies par cet article ou, à défaut, une attestation délivrée dans les mêmes conditions justifiant d'un niveau inférieur. Sont toutefois dispensées de la production de ce diplôme ou de cette attestation les personnes titulaires d'un diplôme délivré dans un pays francophone à l'issue d'études suivies en français. Bénéficient également de cette dispense les personnes souffrant d'un handicap ou d'un état de santé déficient chronique ou âgées d'au moins soixante ans. »***

Art. 15 *(Décr. n° 2023-65 du 3 févr. 2023, art. 10 et 32, en vigueur le 6 févr. 2023)* I. — Si la déclaration n'est pas assortie de l'ensemble des pièces dont la production est requise en vertu de l'article 14-1, l'autorité compétente pour la recevoir en vertu de l'article 3 ou de l'article 4 met l'intéressé en demeure de produire les pièces manquantes dans le délai qu'elle fixe. Elle l'informe qu'à défaut de production des pièces réclamées son dossier pourra faire l'objet d'une décision de classement sans suite.

La notification d'une décision de classement sans suite mentionne que cette décision ne fait pas obstacle à la souscription d'une nouvelle déclaration et qu'elle peut faire l'objet d'un recours devant le tribunal judiciaire dans le délai de six mois.

II. — Les services qui procèdent à l'instruction du dossier après remise du récépissé prévu à l'article 26 du code civil sont placés sous l'autorité du préfet, de l'ambassadeur ou du consul qui a reçu la déclaration.

En France, dès le dépôt du formulaire de souscription et des pièces justificatives prévues à l'article 14-1 en préfecture sous format papier ou au moyen du téléservice mentionné à l'article 5, le préfet qui a reçu la déclaration fait procéder à une enquête, effectuée par les services de police ou de gendarmerie territorialement compétents, et, après réception des conclusions de celle-ci, à un entretien avec le déclarant et son conjoint, destinés à vérifier la continuité de la communauté de vie tant affective que matérielle entre les époux depuis le mariage et à permettre d'apprécier s'il y a lieu de s'opposer à l'acquisition de la nationalité française pour indignité ou défaut d'assimilation autre que linguistique.

A l'étranger, les services diplomatiques ou consulaires procèdent à des vérifications puis à l'entretien selon les modalités prévues à l'alinéa précédent.

Un agent est désigné par l'autorité compétente pour procéder à l'entretien prévu aux deux précédents alinéas.

Lorsque le dossier a été déposé sous format papier, les conjoints justifient lors de l'entretien de leur identité par la production de l'original de leurs documents officiels d'identité et signent, devant l'autorité administrative, une attestation sur l'honneur certifiant que la communauté de vie tant affective que matérielle n'a pas cessé entre eux depuis le mariage.

Lorsque le dossier a été déposé au moyen du téléservice mentionné à l'article 5, les conjoints sont invités au moyen de celui-ci, avant l'entretien, à attester sur l'honneur que la communauté de vie tant affective que matérielle n'a pas cessé entre eux depuis le mariage. Ils justifient, lors de l'entretien, de leur identité par la présentation de l'original de leurs documents officiels d'identité. Le déclarant présente en outre les originaux des documents d'état civil mentionnés à l'article 14-1 et des autres pièces nécessaires à la preuve de la recevabilité de la déclaration.

Ancien art. 15 *(Décr. n° 2019-1507 du 30 déc. 2019, art. 6)* ***Les services qui procèdent à l'instruction de la déclaration sont placés sous l'autorité du préfet, de l'ambassadeur ou du consul territorialement compétent.***

En France, dès la production du formulaire de souscription et des pièces justificatives prévues à l'article 14-1, l'autorité compétente procède à une enquête, effectuée par les services de police ou de gendarmerie territorialement compétents, et, après réception des conclusions de celle-ci, à un entretien avec le déclarant et son conjoint, destinés à vérifier la continuité de la communauté de vie tant affective que matérielle entre les époux depuis le mariage, et à permettre d'apprécier s'il y a lieu de s'opposer à l'acquisition de la nationalité française pour indignité ou défaut d'assimilation autre que linguistique.

A l'étranger, les services diplomatiques ou consulaires procèdent à des vérifications puis à l'entretien selon les modalités prévues à l'alinéa précédent.

Dans les deux cas, lors de l'entretien, les conjoints justifient de leur identité par la production de l'original de leur document officiel d'identité mentionné à l'article 14-1 et signent, devant l'autorité administrative, une attestation sur l'honneur certifiant que la communauté de vie tant affective que matérielle n'a pas cessé entre eux depuis le mariage.

Un agent est désigné par l'autorité compétente pour procéder à l'entretien mentionné à l'alinéa précédent.

Dans les six mois suivant la souscription de la déclaration, l'autorité compétente transmet l'entier dossier, assorti de son avis motivé, au ministre chargé des naturalisations. Celui-ci peut faire procéder à toute enquête complémentaire, notamment sociale, qu'il estime utile quant à la situation du déclarant au regard des motifs permettant de s'opposer à ce qu'il acquière la nationalité française.

Les dispositions introduites par le Décr. n° 2019-1507 du 30 déc. 2019 s'appliquent aux déclarations de nationalité souscrites et aux demandes relatives à la nationalité française formées à compter du 1er janv. 2020 (Décr. préc., art. 63).

Ancien art. 15 *(Décr. n° 2015-316 du 19 mars 2015, art. 3-1° et 11, en vigueur au plus tard le 31 mars 2016)* ***« La déclaration de nationalité souscrite au titre de l'article 21-2 du code civil est reçue par le préfet désigné, selon le département de résidence du déclarant, par arrêté du ministre chargé des naturalisations ou, à Paris, par le préfet de police. Les services placés sous l'autorité du préfet qui a reçu la déclaration procèdent à son instruction. »*** *(Décr. n° 2016-872 du 29 juin 2016, art. 4-1°)* ***« A l'étranger, elle est reçue par les autorités consulaires françaises désignées selon la résidence de l'intéressé par arrêté du ministre des affaires étrangères. »***

Dès la souscription de la déclaration, *(Décr. n° 2015-316 du 19 mars 2015, art. 3-2° et 11, en vigueur au plus tard le 31 mars 2016)* ***« l'autorité administrative qui a reçu la déclaration*** *[ancienne rédaction : le préfet du département de résidence du déclarant ou, à Paris, le préfet de police]* ***» procède à une enquête*** *(Décr. n° 2016-872 du 29 juin 2016, art. 4-2°)* ***« et convoque le déclarant et son conjoint à un entretien destinés » à vérifier la continuité de la communauté de vie*** *(Décr. n° 2005-25 du 14 janv. 2005)* ***« tant affective que matérielle entre les époux*** *(Décr. n° 2007-610 du 25 avr. 2007)* ***« depuis le mariage », »*** *(Abrogé par Décr. n° 2011-1265 du 11 oct. 2011, art. 3 et 7, à compter du 1er janv. 2012)* ***« à évaluer, selon sa condition, le degré de connaissance de la langue française du déclarant, lors d'un entretien individuel donnant lieu à un compte rendu »*** *(Décr. n° 2007-610 du 25 avr. 2007)* ***« et à permettre d'apprécier s'il y a lieu de s'opposer à l'acquisition de la nationalité française pour indignité ou défaut d'assimilation autre que linguistique. »*** *(Décr. n° 2016-872 du 29 juin 2016, art. 4-2°)* ***« Lors de l'entretien, les conjoints signent, devant l'autorité administrative, une attestation sur l'honneur certifiant que la communauté de vie tant affective que matérielle n'a pas cessé entre eux depuis le mariage. »***

(*Abrogé par Décr. nº 2011-1265 du 11 oct. 2011, art. 3 et 7, à compter du 1er janv. 2012*) ***« Un arrêté du ministre chargé des naturalisations définit les modalités de déroulement de l'entretien, les conditions d'établissement du compte rendu auquel il donne lieu ainsi que les critères d'appréciation qui fondent des conclusions motivées. »***

(*Abrogé par Décr. nº 2015-316 du 19 mars 2015, art. 3-3º et 11, à compter au plus tard du 31 mars 2016*) (*Décr. nº 2011-1265 du 11 oct. 2011, art. 3 et 7, en vigueur le 1er janv. 2012*) ***« Les personnes qui, en raison de leur âge, d'un état de santé déficient chronique ou d'un handicap, ne sont pas en mesure d'accomplir les démarches nécessaires à la production du diplôme ou de l'attestation mentionné au 9º de l'article 14-1 font l'objet d'un entretien individuel destiné à s'assurer qu'elles maîtrisent un niveau de langue correspondant au niveau exigé en vertu de l'article 14. »***

(*Décr. nº 2013-794 du 30 août 2013, art. 3*) ***« Font l'objet d'un entretien individuel destiné à vérifier qu'ils maîtrisent un niveau de langue correspondant à celui exigé en vertu de l'article 14 :***

« a) Les déclarants titulaires d'un diplôme délivré dans un pays francophone à l'issue d'études suivies en français ;

« b) Les déclarants souffrant d'un handicap ou d'un état de santé déficient chronique ou âgés d'au moins soixante ans.

« Font également l'objet d'un entretien individuel destiné à connaître leur niveau linguistique les déclarants qui produisent une attestation justifiant d'un niveau inférieur à celui défini à l'article 14. L'autorité administrative peut se fonder sur le déroulement de cet entretien pour conclure que le déclarant possède le niveau linguistique requis.

« Un agent est désigné par (*Décr. nº 2015-316 du 19 mars 2015, art. 3-4º et 11, en vigueur au plus tard le 31 mars 2016*) ***« l'autorité administrative qui a reçu la déclaration*** [*ancienne rédaction : le préfet ou l'autorité consulaire*] ***» pour procéder aux entretiens mentionnés aux*** (*Décr. nº 2015-316 du 19 mars 2015, art. 3-4º et 11, en vigueur au plus tard le 31 mars 2016*) ***« deuxième*** [*ancienne rédaction : premier*] ***», troisième et sixième alinéas. »***

(*Décr. nº 2005-25 du 14 janv. 2005*) ***« Dans les six mois suivant*** (*Décr. nº 2010-527 du 20 mai 2010*) ***« la souscription de la déclaration », l'autorité qui a procédé à l'enquête*** (*Décr. nº 2016-872 du 29 juin 2016, art. 4-3º*) ***« et à l'entretien en transmet directement les résultats ainsi que le dossier de souscription, assortis »*** (*Décr. nº 2015-316 du 19 mars 2015, art. 3-5º et 11, en vigueur au plus tard le 31 mars 2016*) ***« , si le déclarant réside à l'étranger, de son avis motivé ou, si le déclarant réside en France, de l'avis motivé du préfet du département de résidence du déclarant ou, à Paris, du préfet de police*** [*ancienne rédaction : de son avis motivé*] ***», au ministre chargé des naturalisations. Celui-ci peut faire procéder à toute enquête complémentaire qu'il estime utile quant à la situation du déclarant au regard des motifs permettant de s'opposer à ce qu'il acquière la nationalité française. »***

Sur l'application des dispositions issues du Décr. nº 2016-872 du 29 juin 2016, V. note ss. art. 10.

Sur les dispositions transitoires applicables jusqu'à l'entrée en vigueur des modifications introduites par le Décr. nº 2015-316 du 19 mars 2015, V. ss. Décr. préc., art. 12 s., supra.

Sur les dates d'entrée en vigueur des modifications introduites par le Décr. nº 2015-316 du 19 mars 2015, V. art. 1er, ss. Arr. du 19 mars 2015, supra.

SECTION 2 *Des déclarations de nationalité à raison de la naissance et de la résidence en France* (*Décr. nº 2019-1507 du 30 déc. 2019, art. 7*).

(*Décr. nº 98-720 du 20 août 1998*)

Art. 15-1 (*Décr. nº 2019-1507 du 30 déc. 2019, art. 8-1º*) « I. — Pour souscrire la déclaration prévue au premier alinéa de l'article 21-11 du code civil, le déclarant fournit :

« 1º Son acte de naissance ;

« 2º Un document officiel d'identité, ainsi qu'une photographie d'identité récente ;

« 3º Le titre de séjour des parents étrangers ou, à défaut, un document officiel d'identité étranger ;

« 4º Tous documents prouvant qu'il réside en France à la date de la déclaration et qu'il a eu sa résidence habituelle en France pendant une période continue ou discontinue d'au moins cinq ans, depuis l'âge de onze ans ;

« 5º Le cas échéant, au titre de l'acquisition de plein droit de la nationalité française prévue à l'article 22-1 du code civil, les pièces mentionnées à l'article 12 ;

« 6º Le cas échéant, le certificat médical mentionné à l'article 17-3 du code civil attestant qu'il est empêché d'exprimer sa volonté, tous documents prouvant que son ou ses représentants légaux exercent à son égard l'autorité parentale et leur document officiel d'identité.

(*Décr. n° 2019-136 du 27 févr. 2019, art. 2 et 3, en vigueur le 1er mars 2019*) « II. – S'il est né à Mayotte, le (*Décr. n° 2019-1507 du 30 déc. 2019, art. 8-2°-a*) « déclarant produit en outre » :

« 1° Une des pièces mentionnées par arrêté du garde des sceaux, ministre de la justice, justifiant que depuis plus de trois mois à la date de sa naissance, l'un de ses parents au moins résidait en France de manière régulière, sous couvert d'un titre de séjour ;

« 2° Tous documents permettant de justifier que ce parent résidait en France de manière ininterrompue depuis plus de trois mois à la date de sa naissance.

« Le déclarant est dispensé de produire ces pièces lorsque figure sur (*Abrogé par Décr. n° 2019-1507 du 30 déc. 2019, art. 8-2°-b*) *« l'extrait de »* son acte de naissance la mention portée en application des dispositions de l'article 2495 du code civil.

« III. – S'il est né à Mayotte avant l'entrée en vigueur de la loi n° 2018-778 du 10 septembre 2018 pour une immigration maîtrisée, un droit d'asile effectif et une intégration réussie, le déclarant produit soit les pièces mentionnées aux 1° et 2° du II du présent article, soit (*Abrogé par Décr. n° 2019-1507 du 30 déc. 2019, art. 8-3*) *« l'extrait de »* son acte de naissance portant la mention prévue à l'article 2495 du code civil, soit une des pièces mentionnées par arrêté du garde des sceaux, ministre de la justice, justifiant que l'un de ses parents a résidé en France de manière régulière pendant la période de cinq ans mentionnée au premier alinéa de l'article 21-11 du même code. »

Ancien art. 15-1, I (*Décr. n° 2019-136 du 27 févr. 2019, art. 2 et 3, en vigueur le 1er mars 2019*) *« I. – » Pour souscrire la déclaration prévue au premier alinéa de l'article 21-11 du code civil, le déclarant doit fournir les pièces suivantes :*

1° L'extrait de son acte de naissance ;

2° Tous documents prouvant qu'il réside en France à la date de sa déclaration et qu'il a eu sa résidence habituelle en France pendant une période continue ou discontinue d'au moins cinq ans, depuis l'âge de onze ans ;

3° Le cas échéant, la copie intégrale des actes de naissance de ses enfants mineurs étrangers qui résident avec lui de manière habituelle ou alternativement dans le cas de séparation ou de divorce ainsi que les pièces de nature à établir cette résidence.

Les dispositions introduites par le Décr. n° 2019-136 du 27 févr. 2019 sont applicables dans les îles Wallis-et-Futuna (Décr. préc., art. 4).

Sur l'application des dispositions du Décr. n° 2019-1507 du 30 déc. 2019, V. note ss. art. 15.

Art. 15-2 (*Décr. n° 2019-1507 du 30 déc. 2019, art. 9-1°*) « I. – Pour souscrire la déclaration prévue au second alinéa de l'article 21-11 du code civil, le déclarant fournit :

« 1° Son acte de naissance ;

« 2° Un document officiel d'identité, ainsi qu'une photographie d'identité récente ;

« 3° Le titre de séjour des parents étrangers ou, à défaut, un document officiel d'identité étranger ;

« 4° Tous documents prouvant qu'il réside en France à la date de la déclaration et qu'il a eu sa résidence habituelle en France pendant une période continue ou discontinue d'au moins cinq ans, depuis l'âge de huit ans ;

« 5° Tous documents prouvant que son ou ses représentants légaux exercent à son égard l'autorité parentale et leur document officiel d'identité ;

« 6° Le cas échéant, au titre de l'acquisition de plein droit de la nationalité française prévue à l'article 22-1 du code civil, les pièces mentionnées à l'article 12 ;

« 7° Le cas échéant, le certificat médical mentionné à l'article 17-3 du code civil, attestant qu'il est empêché d'exprimer sa volonté.

(*Décr. n° 2019-136 du 27 févr. 2019, art. 2 et 3, en vigueur le 1er mars 2019*) « II. – (*Décr. n° 2019-1507 du 30 déc. 2019, art. 9-2°-a*) « S'il est né à Mayotte, le déclarant produit en outre : »

« 1° Une des pièces mentionnées par arrêté du garde des sceaux, ministre de la justice, justifiant que depuis plus de trois mois à la date de (*Décr. n° 2019-1507 du 30 déc. 2019, art. 9-2°-b*) « sa naissance », l'un de ses parents au moins résidait en France de manière régulière, sous couvert d'un titre de séjour ;

« 2° Tous documents permettant de justifier que ce parent résidait en France de manière ininterrompue depuis plus de trois mois à la date de la naissance.

« Le déclarant est dispensé de produire ces pièces lorsque figure sur (*Décr. n° 2019-1507 du 30 déc. 2019, art. 9-2°-c*) « son acte de naissance » la mention portée en application des dispositions de l'article 2495 du code civil.

« III. – (*Décr. n° 2019-1507 du 30 déc. 2019, art. 9-3°-a*) « S'il est » né à Mayotte avant l'entrée en vigueur de la loi n° 2018-778 du 10 septembre 2018 pour une immigration maîtrisée, un droit d'asile effectif et une intégration réussie, le déclarant produit soit les pièces mentionnées aux 1° et 2° du II du présent article, soit *(Décr. n° 2019-1507 du 30 déc. 2019, art. 9-3°-a)* « son acte de naissance » comportant la mention prévue à l'article 2495 du code civil, soit une des pièces mentionnées par arrêté du garde des sceaux, ministre de la justice, justifiant que l'un *(Décr. n° 2019-1507 du 30 déc. 2019, art. 9-3°-a)* « de ses parents » a résidé en France de manière régulière pendant la période de cinq ans mentionnée au second alinéa de l'article 21-11 du même code. »

(Décr. n° 2010-527 du 20 mai 2010) « Le *(Décr. n° 2019-913 du 30 août 2019, art. 33)* « directeur des services de greffe » *(Décr. n° 2019-1507 du 30 déc. 2019, art. 9-3°-b)* « judiciaires » recueille au cours d'un entretien dont il est dressé procès-verbal le consentement personnel du *(Décr. n° 2019-1507 du 30 déc. 2019, art. 9-3°-b)* « déclarant ».

Aux termes du Décr. n° 98-720 du 20 août 1998 ayant introduit dans le titre II du décret n° 93-1362 du 30 déc. 1993 la nouvelle section 3 ci-dessus, les anciennes sections 3, 4, 5, 6, 7 et 8 du titre II du décret précité sont devenues respectivement les sections 4, 5, 6, 7, 8 et 9 de ce titre.

Sur l'application des dispositions du Décr. n° 2019-136 du 27 févr. 2019, V. note ss. ancien art. 15-1.

Sur l'application des dispositions du Décr. n° 2019-1507 du 30 déc. 2019, V. note ss. art. 15.

Ancien art. 15-2, I *(Décr. n° 2019-136 du 27 févr. 2019, art. 2 et 3, en vigueur le 1er mars 2019)* « I. — » *Pour souscrire la déclaration prévue au deuxième alinéa de l'article 21-11 du code civil, le déclarant doit fournir les pièces suivantes :*

1° L'extrait de l'acte de naissance du mineur ;

2° Tous documents prouvant que le mineur réside en France à la date de la déclaration et qu'il a eu sa résidence habituelle en France pendant une période continue ou discontinue d'au moins cinq ans, depuis l'âge de huit ans ;

3° Les documents prouvant que le déclarant exerce à l'égard du mineur l'autorité parentale ;

4° Le cas échéant, la copie intégrale des actes de naissance des enfants étrangers du mineur qui résident avec lui de manière habituelle, ou alternativement dans le cas de séparation ou de divorce, ainsi que les pièces de nature à établir cette résidence.

SECTION 3 *Des déclarations de nationalité en raison de l'adoption simple, du recueil ou d'une mesure d'enfant confié* *(Décr. n° 2019-1507 du 30 déc. 2019, art. 10).*

Art. 16 *(Décr. n° 2019-1507 du 30 déc. 2019, art. 11)* Pour souscrire la déclaration prévue à l'article 21-12 du code civil, le déclarant fournit :

1° Son acte de naissance ;

2° Un document officiel d'identité, ainsi qu'une photographie d'identité récente ;

3° Lorsqu'il a fait l'objet d'une adoption simple par une personne de nationalité française :

– tous documents justifiant qu'il réside en France ou, à défaut, que l'adoptant de nationalité française a sa résidence habituelle à l'étranger ;

– un document officiel d'identité de l'adoptant ;

– tous documents mentionnés à l'article 11 établissant que l'adoptant avait la qualité de Français à la date de l'adoption ;

– la décision prononçant l'adoption ;

4° Lorsqu'il est un enfant recueilli sur décision de justice et élevé par une personne de nationalité française :

– tous documents justifiant qu'il réside en France ou, à défaut, que le recueillant de nationalité française a sa résidence habituelle à l'étranger ;

– un document officiel d'identité du recueillant ;

– tous documents mentionnés à l'article 11 établissant la qualité de Français du recueillant depuis au moins trois années à la date de la souscription de la déclaration ;

– la décision de justice ordonnant le recueil ;

– tous documents justifiant que le déclarant est élevé par le recueillant depuis au moins trois années ;

5° Lorsqu'il est un enfant confié au service de l'aide sociale à l'enfance :

– tous documents justifiant qu'il réside en France ;

– les décisions de justice, en cas de mesure judiciaire, ou tous documents administratifs, en cas de mesure extra-judiciaire, indiquant qu'il est confié à ce service depuis au moins trois années ;

6° Lorsqu'il est un enfant recueilli en France et élevé dans des conditions lui ayant permis de recevoir une formation française :

– tous documents justifiant qu'il réside en France ;
– tous documents attestant qu'il est recueilli et élevé en France par un organisme public ou un organisme privé présentant les caractères déterminés par un décret en Conseil d'État et qu'il reçoit une formation française depuis cinq ans au moins ;

7° S'il est représenté conformément à l'article 2, tous documents prouvant que son ou ses représentants légaux exercent à son égard l'autorité parentale, ainsi que leur document officiel d'identité ;

8° Le cas échéant, au titre de l'acquisition de plein droit de la nationalité française prévue à l'article 22-1 du code civil, les pièces mentionnées à l'article 12 ;

9° Le cas échéant, le certificat médical mentionné à l'article 17-3 du code civil, attestant qu'il est empêché d'exprimer sa volonté.

Sur l'application des dispositions du Décr. n° 2019-1507 du 30 déc. 2019, V. note ss. art. 15.

Ancien art. 16 *Pour souscrire la déclaration prévue à l'article 21-12 du code civil, le déclarant doit fournir les pièces suivantes :*

1° L'extrait de son acte de naissance ;

2° (Décr. n° 98-720 du 20 août 1998) « Tous documents de nature à établir qu'il réside en France ou, à défaut, que l'adoptant de nationalité française a sa résidence habituelle à l'étranger » ;

3° Lorsque le déclarant a fait l'objet d'une adoption simple par un Français, le certificat de nationalité française, les actes de l'état civil ou tous documents émanant des autorités françaises de nature à établir que l'adoptant possédait la nationalité française à la date de l'adoption ainsi qu'une expédition du jugement ou de l'arrêt prononçant l'adoption. Si l'adoption a été prononcée à l'étranger, l'acte qui la constate doit faire l'objet au préalable d'une décision d'exequatur rendue en France ;

4° Lorsque le déclarant est un enfant recueilli en France et élevé par une personne de nationalité française, le certificat de nationalité française, les actes de l'état civil ou tous documents émanant des autorités françaises de nature à établir que cette personne possède la nationalité française (Décr. n° 2005-25 du 14 janv. 2005) « ainsi que tout document justifiant que l'enfant a été recueilli en France et élevé par cette personne depuis au moins cinq années » ;

5° Lorsque le déclarant est un enfant confié au service de l'aide sociale à l'enfance, tout document administratif, ou l'expédition des décisions de justice, indiquant qu'il a été confié à ce service (Décr. n° 2005-25 du 14 janv. 2005) « depuis au moins trois années » ;

6° Lorsque le déclarant est un enfant recueilli en France et élevé dans des conditions lui ayant permis de recevoir une formation française, tout document attestant qu'il a été recueilli et élevé en France et qu'il a reçu une formation française pendant cinq ans au moins ;

7° Lorsque l'enfant est âgé de moins de seize ans, les documents prouvant que son ou ses représentants exercent à son égard l'autorité parentale ;

8° (Décr. n° 98-720 du 20 août 1998) « Le cas échéant, la copie intégrale des actes de naissance de ses enfants mineurs étrangers qui résident avec lui de manière habituelle ou alternativement dans le cas de séparation ou de divorce ainsi que les pièces de nature à établir cette résidence. »

SECTION 4 *Des déclarations de nationalité à raison de la possession d'état de Français* (Décr. n° 2019-1507 du 30 déc. 2019, art. 12).

Art. 17 Pour souscrire la déclaration prévue à l'article 21-13 du code civil, *(Décr. n° 2019-1507 du 30 déc. 2019, art. 13-1°)* « le déclarant fournit : »

1° *(Abrogé par Décr. n° 2019-1507 du 30 déc. 2019, art. 13-2°) « La copie intégrale de »* Son acte de naissance ;

(Décr. n° 2019-1507 du 30 déc. 2019, art. 13-3°) « 1° *bis* Un document officiel d'identité, ainsi qu'une photographie d'identité récente ; »

2° Tous documents émanant des autorités françaises justifiant qu'il jouit de façon constante de la possession d'état de Français depuis dix ans, tels que carte nationale d'identité *(Décr. n° 2019-1507 du 30 déc. 2019, art. 13-4°-a)* « française », passeport français, carte d'électeur, pièces militaires, *(Décr. n° 2019-1507 du 30 déc. 2019, art. 13-4°-b)* « inscription au registre des Français de l'étranger » ;

3° Le cas échéant, *(Abrogé par Décr. n° 2019-1507 du 30 déc. 2019, art. 13-5°-a) « le jugement ou »* la décision *(Décr. n° 2019-1507 du 30 déc. 2019, art. 13-5°-b)* « judiciaire ou » administrative lui opposant son extranéité ;

(Décr. n° 2019-1507 du 30 déc. 2019, art. 13-6°, 7° et 8°) « 3° *bis* Sauf s'il est mineur, un extrait de casier judiciaire ou un document équivalent délivré par une autorité judiciaire ou

administrative compétente du ou des pays où il a résidé au cours des dix dernières années, ou, lorsqu'il est dans l'impossibilité de produire ces documents, du pays dont il a la nationalité ;

« 4° Le cas échéant, au titre de l'acquisition de plein droit de la nationalité française prévue à l'article 22-1 du code civil, les pièces mentionnées à l'article 12 ;

« 5° S'il est représenté conformément à l'article 2, tous documents prouvant que son ou ses représentants légaux exercent à son égard l'autorité parentale, ainsi que leur document officiel d'identité ;

« 6° Le cas échéant, le certificat médical visé à l'article 17-3 du code civil, attestant qu'il est empêché d'exprimer sa volonté. »

Sur l'application des dispositions du Décr. n° 2019-1507 du 30 déc. 2019, V. note ss. art. 15.

SECTION 5 *Des déclarations de nationalité à raison de la qualité d'ascendant de Français* (*Décr. n° 2019-1507 du 30 déc. 2019, art. 14*).

Art. 17-1 Pour souscrire la déclaration prévue à l'article 21-13-1 du code civil, *(Décr. n° 2019-1507 du 30 déc. 2019, art. 15-1°)* « le déclarant fournit : »

1° Un formulaire de souscription *(Décr. n° 2019-1507 du 30 déc. 2019, art. 15-2°)* « en deux exemplaires dûment renseignés, datés et signés ; » *(Décr. n° 2023-65 du 3 févr. 2023, art. 11 et 32, en vigueur le 6 févr. 2023)* « toutefois, si la déclaration est déposée au moyen du téléservice mentionné à l'article 5, le formulaire est rempli en ligne ; »

2° *(Abrogé par Décr. n° 2019-1507 du 30 déc. 2019, art. 15-3°)* « *La copie intégrale de* » Son acte de naissance ;

(Décr. n° 2019-1507 du 30 déc. 2019, art. 15-4°) « 2° *bis* La copie d'un document officiel d'identité, ainsi qu'une photographie d'identité récente ; »

3° La justification par tous moyens de sa résidence habituelle en France pendant les vingt-cinq ans qui ont précédé la souscription de *(Décr. n° 2019-1507 du 30 déc. 2019, art. 15-5°)* « la déclaration » ;

4° Tous documents justifiant de *(Abrogé par Décr. n° 2019-1507 du 30 déc. 2019, art. 15-6°)* « *ce qu'il a* » sa résidence en France à la date de souscription de *(Décr. n° 2019-1507 du 30 déc. 2019, art. 15-6°)* « la déclaration » ;

(Décr. n° 2019-1507 du 30 déc. 2019, art. 15-7°) « 5° L'acte de naissance de son descendant de nationalité française, dont la copie a été délivrée depuis moins de trois mois et, le cas échéant, tous actes de l'état civil ou décisions de justice justifiant de la chaîne de filiation avec ce descendant ;

« 6° Tous documents mentionnés à l'article 11 établissant que son descendant a la nationalité française au jour de la souscription de la déclaration ; »

7° Le cas échéant, *(Décr. n° 2019-1507 du 30 déc. 2019, art. 15-8°)* « son ou » ses actes de mariage ainsi que les pièces de nature à justifier la dissolution des unions antérieures ;

(Décr. n° 2019-1507 du 30 déc. 2019, art. 15-9° et 10°) « 7° *bis* Le cas échéant, les actes de naissance de tous ses enfants mineurs ainsi que les pièces de nature à établir leur résidence ;

« 8° Le cas échéant, au titre de l'acquisition de plein droit de la nationalité française prévue à l'article 22-1 du code civil, les pièces mentionnées à l'article 12. »

(Abrogé par Décr. n° 2019-1507 du 30 déc. 2019, art. 15-11°) « ***Pour l'application de l'article 26-5 du code civil, la date de réception, par l'autorité administrative chargée de recevoir la déclaration, du formulaire de souscription mentionné au 1°, complet et accompagné des pièces justificatives mentionnées aux alinéas précédents, correspond à la date de souscription de la déclaration.*** »

Sur l'application des dispositions issues du Décr. n° 2016-872 du 29 juin 2016, V. note ss. ancien art. 10.

Sur l'application des dispositions du Décr. n° 2019-1507 du 30 déc. 2019, V. note ss. art. 15.

Art. 17-2 *(Décr. n° 2023-65 du 3 févr. 2023, art. 12 et 32, en vigueur le 6 févr. 2023)* I. — Si la déclaration n'est pas assortie de l'ensemble des pièces dont la production est requise en vertu de l'article 17-1, le préfet compétent pour la recevoir en vertu de l'article 3 met l'intéressé en demeure de produire les pièces manquantes dans le délai qu'il fixe. Il l'informe qu'à défaut de production des pièces réclamées son dossier pourra faire l'objet d'une décision de classement sans suite.

La notification d'une décision de classement sans suite mentionne que cette décision ne fait pas obstacle à la souscription d'une nouvelle déclaration et qu'elle peut faire l'objet d'un recours devant le tribunal judiciaire dans le délai de six mois.

II. — Les services qui procèdent à l'instruction du dossier après remise du récépissé prévu à l'article 26 du code civil sont placés sous l'autorité du préfet qui a reçu la déclaration.

Dès le dépôt du formulaire de souscription et des pièces justificatives prévues à l'article 14-1 en préfecture sous format papier ou au moyen du téléservice mentionné à l'article 5, le préfet qui a reçu la déclaration fait procéder à une enquête, effectuée par les services de police ou de gendarmerie territorialement compétents, et, après réception des conclusions de celle-ci, à un entretien avec le déclarant et son conjoint, destinés à permettre d'apprécier s'il y a lieu de s'opposer à l'acquisition de la nationalité française pour indignité ou défaut d'assimilation autre que linguistique. Un agent est désigné par le préfet pour procéder à l'entretien.

Lors de l'entretien, le déclarant justifie de son identité par la présentation de l'original de son documents officiel d'identité. Si le dossier a été déposé au moyen du téléservice mentionné à l'article 5, il présente en outre les originaux des documents d'état civil mentionnés à l'article 14-1 et des autres pièces nécessaires à la preuve de la recevabilité de la déclaration.

Ancien art. 17-2 *(Décr. n° 2019-1507 du 30 déc. 2019, art. 16) Les services placés sous l'autorité du préfet procèdent à l'instruction de la déclaration.*

Dès la production du formulaire de souscription et des pièces justificatives prévues à l'article 17-1, l'autorité compétente procède à une enquête, effectuée par les services de police ou de gendarmerie territorialement compétents, et, après réception des conclusions de celle-ci, à un entretien avec le déclarant, destinés à permettre d'apprécier s'il y a lieu de s'opposer à l'acquisition de la nationalité française pour indignité ou défaut d'assimilation autre que linguistique. Lors de l'entretien, le déclarant justifie de son identité par la production de l'original de son document officiel d'identité mentionné au 2° bis de l'article 17-1.

Un agent est désigné par l'autorité compétente pour procéder à l'entretien mentionné au précédent alinéa.

Dans les six mois suivant la souscription de la déclaration, l'autorité compétente transmet l'entier dossier, assorti de son avis motivé, au ministre chargé des naturalisations. Celui-ci peut faire procéder à toute enquête complémentaire, notamment sociale, qu'il estime utile quant à la situation du déclarant au regard des motifs permettant de s'opposer à ce qu'il acquière la nationalité française.

Sur l'application des dispositions du Décr. n° 2019-1507 du 30 déc. 2019, V. note ss. art. 15.

Ancien art. 17-2 *La déclaration de nationalité souscrite au titre de l'article 21-13-1 du code civil est reçue par le préfet désigné, selon le département de résidence du déclarant, par arrêté du ministre chargé des naturalisations ou, à Paris, par le préfet de police. Les services placés sous l'autorité du préfet qui a reçu la déclaration procèdent à son instruction.*

Dès la souscription de la déclaration, l'autorité administrative qui a reçu la déclaration procède à une enquête et convoque le déclarant à un entretien destinés à permettre d'apprécier s'il y a lieu de s'opposer à l'acquisition de la nationalité française pour indignité ou défaut d'assimilation autre que linguistique.

Un agent est désigné par l'autorité administrative qui a reçu la déclaration pour procéder à l'entretien mentionné au précédent alinéa.

Dans les six mois suivant la souscription de la déclaration, l'autorité qui a procédé à l'enquête et à l'entretien en transmet directement les résultats ainsi que le dossier de souscription, assortis de l'avis motivé du préfet du département de résidence du déclarant ou, à Paris, du préfet de police, au ministre chargé des naturalisations pour qu'il procède, le cas échéant, à son enregistrement. Celui-ci peut faire procéder à toute enquête complémentaire qu'il estime utile quant à la situation du déclarant au regard des motifs permettant de s'opposer à ce qu'il acquière la nationalité française.

Sur l'application des dispositions issues du Décr. n° 2016-872 du 29 juin 2016, V. note ss. ancien art. 10.

SECTION 6 *Des déclarations de nationalité à raison de la qualité de frère ou sœur de Français* (*Décr. n° 2016-872 du 29 juin 2016, art. 6 ; Décr. n° 2019-1507 du 30 déc. 2019, art. 17*).

Sur l'application des dispositions issues du Décr. n° 2016-872 du 29 juin 2016, V. note ss. ancien art. 10.

Art. 17-3 Pour souscrire la déclaration prévue à l'article 21-13-2 du code civil, *(Décr. n° 2019-1507 du 30 déc. 2019, art. 18-1°)* « le déclarant fournit » :

1° Un formulaire de souscription *(Décr. n° 2019-1507 du 30 déc. 2019, art. 18-2°)* « en deux exemplaires dûment renseignés, datés et signés » ; *(Décr. n° 2023-65 du 3 févr. 2023, art. 13 et 32, en vigueur le 6 févr. 2023)* « toutefois, si la déclaration est déposée au moyen du téléservice mentionné à l'article 5, le formulaire est rempli en ligne ; »

2° *(Abrogé par Décr. n° 2019-1507 du 30 déc. 2019, art. 18-3°)* « ***La copie intégrale de*** » Son acte de naissance ;

(Décr. n° 2019-1507 du 30 déc. 2019, art. 18-4°) « 2° *bis* La copie d'un document officiel d'identité, ainsi qu'une photographie d'identité récente ; »

3° Tous documents de nature à établir qu'il a fixé sa résidence habituelle en France depuis *(Décr. n° 2019-1507 du 30 déc. 2019, art. 18-5°)* « l'âge » de six ans ;

4° Tous documents justifiant de *(Abrogé par Décr. n° 2019-1507 du 30 déc. 2019, art. 18-6°)* « ***ce qu'il a*** » sa résidence en France à la date de souscription de *(Décr. n° 2019-1507 du 30 déc. 2019, art. 18-6°)* « la déclaration » ;

5° Tous documents de nature à rapporter la *(Décr. n° 2019-1507 du 30 déc. 2019, art. 18-7°)* « preuve » qu'il a suivi sa scolarité obligatoire en France dans des établissements d'enseignement soumis au contrôle de l'État, notamment des certificats de scolarité ;

6° Les actes *(Décr. n° 2019-1507 du 30 déc. 2019, art. 18-8°)* « de l'état civil » établissant le lien de parenté qui le relie au frère ou à la sœur de nationalité française dont il entend se prévaloir ;

(Décr. n° 2019-1507 du 30 déc. 2019, art. 18-9°) « 7° Tous documents mentionnés à l'article 11 établissant que son frère ou sa sœur a acquis la nationalité française en application des articles 21-7 ou 21-11 du code civil ; »

8° Le cas échéant, *(Décr. n° 2019-1507 du 30 déc. 2019, art. 18-10°)* « son ou » ses actes de mariage ainsi que les pièces de nature à justifier la dissolution des unions antérieures ;

(Décr. n° 2019-1507 du 30 déc. 2019, art. 18-11° et 12°) « 8° *bis* Un extrait de casier judiciaire ou un document équivalent délivré par une autorité judiciaire ou administrative compétente du ou des pays dans lesquels il a séjourné durant plus de six mois ;

« 8° *ter* Le cas échéant, les actes de naissance de tous ses enfants mineurs ainsi que les pièces de nature à établir leur résidence ;

« 9° Le cas échéant, au titre de l'acquisition de plein droit de la nationalité française prévue à l'article 22-1 du code civil, les pièces mentionnées à l'article 12. »

(Abrogé par Décr. n° 2019-1507 du 30 déc. 2019, art. 18-13°) « ***Pour l'application de l'article 26-5 du code civil, la date de réception, par l'autorité administrative chargée de recevoir la déclaration, du formulaire de souscription mentionné au 1°, complet et accompagné des pièces justificatives mentionnées aux alinéas précédents, correspond à la date de souscription de la déclaration.*** »

Sur l'application des dispositions issues du Décr. n° 2016-872 du 29 juin 2016, V. note ss. ancien art. 10.

Sur l'application des dispositions du Décr. n° 2019-1507 du 30 déc. 2019, V. note ss. art. 15.

Art. 17-4 *(Décr. n° 2023-65 du 3 févr. 2023, art. 14 et 32, en vigueur le 6 févr. 2023)* Les dispositions de l'article 17-2 sont applicables. Pour leur application, les références à l'article 17-1 sont remplacées par des références à l'article 17-3.

Ancien art. 17-4 *(Décr. n° 2019-1507 du 30 déc. 2019, art. 19) Les services placés sous l'autorité du préfet procèdent à l'instruction de la déclaration.*

Dès la production du formulaire de souscription et des pièces justificatives prévues à l'article 17-3, l'autorité compétente procède à une enquête, effectuée par les services de police ou de gendarmerie territorialement compétents, et, après réception des conclusions de celle-ci, à un entretien avec le déclarant, destinés à permettre d'apprécier s'il y a lieu de s'opposer à l'acquisition de la nationalité française pour indignité ou défaut d'assimilation autre que linguistique. Lors de l'entretien, le déclarant justifie de son identité par la production de l'original de son document officiel d'identité mentionné au 2° bis de l'article 17-3.

Un agent est désigné par l'autorité compétente pour procéder à l'entretien mentionné au précédent alinéa.

Dans les six mois suivant la souscription de la déclaration, l'autorité compétente transmet l'entier dossier, assorti de son avis motivé, au ministre chargé des naturalisations. Celui-ci peut faire procéder à toute enquête complémentaire, notamment sociale, qu'il estime utile quant à la situation du déclarant au regard des motifs permettant de s'opposer à ce qu'il acquière la nationalité française.

Sur l'application des dispositions du Décr. n° 2019-1507 du 30 déc. 2019, V. note ss. art. 15.

Ancien art. 17-4 *La déclaration de nationalité souscrite au titre de l'article 21-13-2 du code civil est reçue par le préfet désigné, selon le département de résidence du déclarant, par arrêté du* *ministre chargé des naturalisations ou, à Paris, par le préfet de police. Les services placés sous l'autorité du préfet qui a reçu la déclaration procèdent à son instruction.*

Dès la souscription de la déclaration, l'autorité administrative qui a reçu la déclaration procède à une enquête et convoque le déclarant à un entretien destinés à permettre d'apprécier s'il y a lieu de s'opposer à l'acquisition de la nationalité française pour indignité ou défaut d'assimilation autre que linguistique.

Un agent est désigné par l'autorité administrative qui a reçu la déclaration pour procéder à l'entretien mentionné au précédent alinéa.

Dans les six mois suivant la souscription de la déclaration, l'autorité qui a procédé à l'enquête et à l'entretien en transmet directement les résultats ainsi que le dossier de souscription, assortis de l'avis motivé du préfet du département de résidence du déclarant ou, à Paris, du préfet de police, au ministre chargé des naturalisations pour qu'il procède, le cas échéant, à son enregistrement. Celui-ci peut faire procéder à toute enquête complémentaire qu'il estime utile quant à la situation du déclarant au regard des motifs permettant de s'opposer à ce qu'il acquière la nationalité française.

Sur l'application des dispositions issues du Décr. n° 2016-872 du 29 juin 2016, V. note ss. ancien art. 10.

SECTION 7 ***Des déclarations de nationalité souscrites par des personnes qui se sont vu opposer les dispositions des articles 23-6 ou 30-3 du code civil*** *(Décr. n° 2019-1507 du 30 déc. 2019, art. 20).*

Art. 18 Pour souscrire la déclaration prévue par l'article 21-14 du code civil, *(Décr. n° 2019-1507 du 30 déc. 2019, art. 21-1°)* « le déclarant fournit : »

1° *(Abrogé par Décr. n° 2019-1507 du 30 déc. 2019, art. 21-2°) « La copie intégrale de »* Son acte de naissance ;

(Décr. n° 2019-1507 du 30 déc. 2019, art. 21-3°) « 1° *bis* Un document officiel d'identité, ainsi qu'une photographie d'identité récente ; »

2° Les actes de l'état civil prouvant qu'il a un *(Décr. n° 2019-1507 du 30 déc. 2019, art. 21-4°)* « parent » français susceptible de lui avoir transmis sa nationalité par filiation ;

(Décr. n° 2019-1507 du 30 déc. 2019, art. 21-5°) « 2° *bis* Le jugement constatant qu'il a perdu la nationalité française en application de l'article 23-6 du code civil ou la décision judiciaire ou administrative lui opposant les dispositions de l'article 30-3 du code civil ; »

3° – Soit tous documents publics ou privés de nature à rapporter la preuve qu'il a conservé ou acquis avec la France des liens manifestes, notamment d'ordre culturel, professionnel, économique ou familial,

– soit tous documents de nature à établir qu'il a effectivement accompli *(Décr. n° 2019-1507 du 30 déc. 2019, art. 21-6°-a)* « , ou que son conjoint décédé avait accompli, » des services militaires dans une unité de l'armée française ou combattu dans les armées françaises ou alliées en temps de guerre ;

(Décr. n° 2019-1507 du 30 déc. 2019, art. 21-6°-b, 7° et 8°) « Le conjoint survivant visé au dernier alinéa de l'article 21-14 du code civil fournit également l'acte de décès de son conjoint et leur acte de mariage ;

« 3° *bis* Sauf s'il est mineur, un extrait de casier judiciaire ou un document équivalent délivré par une autorité judiciaire ou administrative compétente du ou des pays où il a résidé au cours des dix dernières années, ou, lorsqu'il est dans l'impossibilité de produire ces documents, du pays dont il a la nationalité ;

« 4° Le cas échéant, au titre de l'acquisition de plein droit de la nationalité française prévue à l'article 22-1 du code civil, les pièces mentionnées à l'article 12 ;

« 5° S'il est représenté conformément à l'article 2, tous documents pouvant que son ou ses représentants légaux exercent à son égard l'autorité parentale, ainsi que leur document officiel d'identité ;

« 6° Le cas échéant, le certificat médical mentionné à l'article 17-3 du code civil, attestant qu'il est empêché d'exprimer sa volonté. »

Sur l'application des dispositions du Décr. n° 2019-1507 du 30 déc. 2019, V. note ss. art. 15.

SECTION 8 ***Des déclarations de nationalité souscrites en vue de la réintégration dans la nationalité française par des personnes qui ont perdu la nationalité française par mariage avec un étranger ou en raison de l'acquisition par mesure individuelle d'une nationalité étrangère*** *(Décr. n° 2019-1507 du 30 déc. 2013, art. 22).*

Art. 19 Pour souscrire la déclaration prévue à l'article 24-2 du code civil, *(Décr. n° 2019-1507 du 30 déc. 2019, art. 23-1°)* « le déclarant fournit : »

1° *(Abrogé par Décr. n° 2019-1507 du 30 déc. 2019, art. 23-2°)* « *La copie intégrale de* » Son acte de naissance ;

(Décr. n° 2019-1507 du 30 déc. 2019, art. 23-3° et 4°) « 1° *bis* Un document officiel d'identité, ainsi qu'une photographie d'identité récente ;

« 2° Tous documents mentionnés à l'article 11 établissant qu'il possédait la qualité de Français avant de la perdre à raison du mariage avec un étranger ou de l'acquisition par mesure individuelle d'une nationalité étrangère ; »

3° Un certificat établi par les autorités du pays dont il a acquis la nationalité précisant la date d'acquisition et les dispositions de la loi étrangère en vertu desquelles cette nationalité a été acquise ;

4° Tous documents publics ou privés de nature à rapporter la preuve qu'il a conservé ou acquis avec la France des liens manifestes, notamment d'ordre culturel, professionnel, économique ou familial ;

(Décr. n° 2019-1507 du 30 déc. 2019, art. 23-5° et 6°) « 4° *bis* Un extrait de casier judiciaire ou un document équivalent délivré par une autorité judiciaire ou administrative compétente du ou des pays où il a résidé au cours des dix dernières années, ou, lorsqu'il est dans l'impossibilité de produire ces documents, du pays dont il a la nationalité ;

« 5° Le cas échéant, au titre de l'acquisition de plein droit de la nationalité française prévue à l'article 22-1 du code civil, les pièces mentionnées à l'article 12. »

Sur l'application des dispositions du Décr. n° 2019-1507 du 30 déc. 2019, V. note ss. art. 15.

SECTION 9 *Des déclarations de nationalité souscrites en vue de la réintégration dans la nationalité française par des personnes qui ont exercé certains mandats publics* (Décr. n° 2019-1507 du 30 déc. 2019, art. 24).

Art. 20 *(Décr. n° 2019-1507 du 30 déc. 2019, art. 24)* Pour souscrire la déclaration prévue à l'article 32-4 du code civil, le déclarant fournit :

1° Son acte de naissance ;

2° Un document officiel d'identité, ainsi qu'une photographie d'identité récente ;

3° Tous documents mentionnés à l'article 11 établissant qu'il possédait la qualité de Français avant de la perdre ;

4° Et tous documents de nature à établir :

a) Qu'il a acquis, par l'effet d'une disposition générale, une nationalité étrangère ;

b) Qu'il a établi son domicile en France ;

c) Qu'il a été membre du Parlement de la République française, de l'Assemblée de l'Union française ou du Conseil économique ;

5° Un extrait de casier judiciaire ou un document équivalent délivré par une autorité judiciaire ou administrative compétente du ou des pays où il a résidé au cours des dix dernières années, ou, lorsqu'il est dans l'impossibilité de produire ces documents, du pays dont il a la nationalité ;

6° Le cas échéant, au titre de l'acquisition de plein droit de la nationalité française prévue à l'article 22-1 du code civil, les pièces mentionnées à l'article 12 ;

Pour souscrire la déclaration, le conjoint, veuf ou veuve, et les enfants produisent les documents mentionnés aux 1° à 4° *b*, 5° et 6°, et justifient du mandat public qui a été détenu par leur conjoint ou parent.

Sur l'application des dispositions du Décr. n° 2019-1507 du 30 déc. 2019, V. note ss. art. 15.

Ancien art. 20 *Pour souscrire la déclaration prévue à l'article 32-4 du code civil, le déclarant doit fournir les pièces suivantes :*

1° La copie intégrale de son acte de naissance ;

2° Le certificat de nationalité française, les actes de l'état civil ou tous les documents émanant des autorités françaises de nature à établir qu'il possédait la nationalité française ;

3° (Décr. n° 98-720 du 20 août 1998) *« Le cas échéant, la copie intégrale des actes de naissance de ses enfants mineurs étrangers qui résident avec lui de manière habituelle ou alternativement dans le cas de séparation ou de divorce ainsi que les pièces de nature à établir cette résidence »,*

Et tous documents de nature à établir :

4° Qu'il a acquis, par l'effet d'une disposition générale, une nationalité étrangère ;

5° Qu'il a établi son domicile en France ;

6° Qu'il a été membre du Parlement de la République française, de l'assemblée de l'Union française ou du Conseil économique.

Le conjoint, veuf ou veuve, et les enfants majeurs doivent, pour souscrire la déclaration, produire les documents visés aux 1°, 2°, 3°, 4° et 5° et justifier du mandat public qui a été détenu par leur conjoint ou ascendant.

SECTION 10 *Des déclarations de nationalité souscrites en vue de la réintégration dans la nationalité française par des personnes qui l'ont perdue pendant leur minorité en application du paragraphe 3 de l'article 1er de la convention du Conseil de l'Europe du 6 mai 1963* (Décr. n° 2019-1507 du 30 déc. 2019, art. 26).

Art. 21 Pour souscrire la déclaration prévue à l'article 2 de la loi du 26 décembre 1964 susvisée *[n° 64-1328 ; V. cette loi]*, *(Décr. n° 2019-1507 du 30 déc. 2019, art. 27-1°)* « le déclarant fournit : »

1° *(Abrogé par Décr. n° 2019-1507 du 30 déc. 2019, art. 27-2°) « La copie intégrale de »* Son acte de naissance ;

(Décr. n° 2019-1507 du 30 déc. 2019, art. 27-3°) « 1° *bis* Un document officiel d'identité, ainsi qu'une photographie d'identité récente ; »

2° Tous documents *(Décr. n° 2019-1507 du 30 déc. 2019, art. 27-4°)* « justifiant de » sa résidence en France ;

(Décr. n° 2019-1507 du 30 déc. 2019, art. 27-5°) « 3° Tous documents mentionnés à l'article 11 établissant qu'il possédait la qualité de Français avant de la perdre pendant sa minorité en application de la convention précitée ; »

« 4° Un certificat établi par les autorités du pays dont il a acquis la nationalité précisant la date d'acquisition et les dispositions de la loi étrangère en vertu desquelles cette nationalité a été acquise ;

(Décr. n° 2019-1507 du 30 déc. 2019, art. 27-6° et 7°) « 4° *bis* Un extrait de casier judiciaire ou un document équivalent délivré par une autorité judiciaire ou administrative compétente du ou des pays où il a résidé au cours des dix dernières années, ou, lorsqu'il est dans l'impossibilité de produire ces documents, du pays dont il a la nationalité ;

« 5° Le cas échéant, au titre de l'acquisition de plein droit de la nationalité française prévue à l'article 22-1 du code civil, les pièces mentionnées à l'article 12. »

Sur l'application des dispositions du Décr. n° 2019-1507 du 30 déc. 2019, V. note ss. art. 15.

TITRE III DES DÉCLARATIONS TENDANT À RÉPUDIER OU À RENONCER À RÉPUDIER LA NATIONALITÉ FRANÇAISE, À DÉCLINER CETTE NATIONALITÉ OU À LA PERDRE EN CAS D'ACQUISITION VOLONTAIRE D'UNE NATIONALITÉ ÉTRANGÈRE *(Décr. n° 98-720 du 20 août 1998).*

Art. 22 *(Décr. n° 2019-1507 du 30 déc. 2019, art. 28-1°)* « Pour exercer la faculté de répudier la qualité de Français prévue par l'article 18-1 du code civil, le déclarant fournit : »

1° *(Abrogé par Décr. n° 2019-1507 du 30 déc. 2019, art. 28-2°) « Un extrait de »* Son acte de naissance ;

(Décr. n° 2019-1507 du 30 déc. 2019, art. 28-3°) « 1° *bis* Un document officiel d'identité, ainsi qu'une photographie d'identité récente ; »

2° *(Décr. n° 98-720 du 20 août 1998)* « Un certificat délivré par les autorités du pays dont il se réclame, établissant qu'il a, par filiation, la nationalité de ce pays ;

« 3° Tous documents émanant des bureaux du service national établissant qu'il n'a pas contracté d'engagement dans les armées françaises » ;

(Décr. n° 2019-1507 du 30 déc. 2019, art. 28-4°) « 4° Tous documents mentionnés à l'article 11 établissant qu'il est français en vertu de l'article 18 du code civil et qu'il remplit les conditions posées par l'article 18-1 du même code ;

« 5° Toutes pièces justifiant que le parent étranger ou apatride n'a pas acquis la nationalité française durant la minorité du déclarant ;

« 6° Le cas échéant, le certificat médical mentionné à l'article 17-3 du code civil attestant qu'il est empêché d'exprimer sa volonté, tous documents prouvant que son ou ses représentants légaux exercent à son égard l'autorité parentale et leur document officiel d'identité. »

Sur l'application des dispositions du Décr. n° 2019-1507 du 30 déc. 2019, V. note ss. art. 15.

Art. 23 *(Décr. n° 2019-1507 du 30 déc. 2019, art. 29-1°)* « Pour exercer la faculté de répudier la qualité de Français prévue par l'article 19-4 du code civil, le déclarant fournit : »

1° *(Abrogé par Décr. n° 2019-1507 du 30 déc. 2019, art. 29-2°) « Un extrait de »* Son acte de naissance ;

(Décr. n° 2019-1507 du 30 déc. 2019, art. 29-3°) « 1° *bis* Un document officiel d'identité, ainsi qu'une photographie d'identité récente ; »

2° *(Décr. n° 98-720 du 20 août 1998)* « Un certificat délivré par les autorités du pays dont il se réclame, établissant qu'il a, par filiation, la nationalité de ce pays ;

« 3° Tous documents émanant des bureaux du service national établissant qu'il n'a pas contracté d'engagement dans les armées françaises » ;

(Décr. n° 2019-1507 du 30 déc. 2019, art. 29-4°) « 4° Tous documents mentionnés à l'article 11 établissant qu'il est français en vertu de l'article 19-3 du code civil et qu'il remplit les conditions posées par l'article 19-4 du même code ;

« 5° Toutes pièces justifiant que l'un des parents n'a pas acquis la nationalité française durant la minorité du déclarant ;

« 6° Le cas échéant, le certificat médical mentionné à l'article 17-3 du code civil attestant qu'il est empêché d'exprimer sa volonté, tous documents prouvant que son ou ses représentants légaux exercent à son égard l'autorité parentale et leur document officiel d'identité. »

Sur l'application des dispositions du Décr. n° 2019-1507 du 30 déc. 2019, V. note ss. art. 15.

Art. 24 *(Décr. n° 2019-1507 du 30 déc. 2019, art. 30)* Pour souscrire la déclaration de renonciation prévue au second alinéa de l'article 20-2 du code civil, le déclarant fournit :

1° Son acte de naissance ;

2° Un document officiel d'identité, ainsi qu'une photographie d'identité récente ;

3° Tous documents mentionnés à l'article 11 établissant qu'il est français en vertu de l'article 18 ou 19-3 du code civil, qu'il remplit les conditions de l'article 18-1 ou 19-4 du même code et qu'il n'a pas perdu la faculté de répudier en application du dernier alinéa de ces articles ;

4° Le cas échéant, le certificat médical mentionné à l'article 17-3 du code civil attestant qu'il est empêché d'exprimer sa volonté, tous documents prouvant que son ou ses représentants légaux exercent à son égard l'autorité parentale et leur document officiel d'identité.

Sur l'application des dispositions du Décr. n° 2019-1507 du 30 déc. 2019, V. note ss. art. 15.

Ancien art. 24 *Pour souscrire la déclaration de renonciation prévue au dernier alinéa de l'article 20-2 du code civil, le déclarant doit produire les documents visés aux 1° et 4° de l'article précédent.*

Art. 24-1 *(Décr. n° 98-720 du 20 août 1998) (Décr. n° 2019-1507 du 30 déc. 2019, art. 31-1°)* « Pour exercer la faculté de décliner la qualité de Français prévue par l'article 21-8 du code civil, le déclarant fournit : »

1° *(Abrogé par Décr. n° 2019-1507 du 30 déc. 2019, art. 31-2°) « L'extrait de »* Son acte de naissance ;

(Décr. n° 2019-1507 du 30 déc. 2019, art. 31-3°) « 1° *bis* Un document officiel d'identité, ainsi qu'une photographie d'identité récente ; »

2° Un certificat délivré par les autorités du pays dont il se réclame établissant qu'il a la nationalité de ce pays ;

(Décr. n° 2019-1507 du 30 déc. 2019, art. 31-4°) « 2° *bis* Tous documents établissant qu'il est susceptible d'acquérir ou a acquis la nationalité française en application de l'article 21-7 du code civil ; »

3° Tous documents émanant des bureaux du service national établissant qu'il n'a pas contracté d'engagement dans les armées françaises ;

(Décr. n° 2019-1507 du 30 déc. 2019, art. 31-5°) « 4° Le cas échéant, le certificat médical mentionné à l'article 17-3 du code civil attestant qu'il est empêché d'exprimer sa volonté, tous documents prouvant que son ou ses représentants légaux exercent à son égard l'autorité parentale et leur document officiel d'identité. »

Sur l'application des dispositions du Décr. n° 2019-1507 du 30 déc. 2019, V. note ss. art. 15.

Art. 25 *(Décr. n° 98-720 du 20 août 1998) (Décr. n° 2019-1507 du 30 déc. 2019, art. 32-1°)* « Pour exercer la faculté de répudier la qualité de Français prévue par l'article 22-3 du code civil, le déclarant fournit : »

1° *(Abrogé par Décr. n° 2019-1507 du 30 déc. 2019, art. 32-2°) « L'extrait de »* Son acte de naissance ;

(Décr. n° 2019-1507 du 30 déc. 2019, art. 32-3°) « 1° *bis* Un document officiel d'identité, ainsi qu'une photographie d'identité récente ; »

2° Un certificat délivré par les autorités du pays dont il se réclame établissant qu'il a la nationalité de ce pays ;

(Décr. n° 2019-1507 du 30 déc. 2019, art. 32-4°) « 3° Tous documents mentionnés à l'article 11 établissant qu'il est français en vertu de l'article 22-1 du code civil ;

« 4° Le cas échéant, le certificat médical mentionné à l'article 17-3 du code civil attestant qu'il est empêché d'exprimer sa volonté, tous documents prouvant que son ou ses représentants légaux exercent à son égard l'autorité parentale et leur document officiel d'identité. »

Sur l'application des dispositions du Décr. n° 2019-1507 du 30 déc. 2019, V. note ss. art. 15.

Art. 26 *(Décr. n° 2019-1507 du 30 déc. 2019, art. 33)* Pour souscrire la déclaration de renonciation prévue au dernier alinéa de l'article 22-3 du code civil, le déclarant fournit :

1° Son acte de naissance ;

2° Un document officiel d'identité, ainsi qu'une photographie d'identité récente ;

3° Tous documents mentionnés à l'article 11 établissant qu'il est français en vertu de l'article 22-1 du code civil ;

4° Le cas échéant, le certificat médical mentionné à l'article 17-3 du code civil attestant qu'il est empêché d'exprimer sa volonté, tous documents prouvant que son ou ses représentants légaux exercent à son égard l'autorité parentale et leur document officiel d'identité.

Sur l'application des dispositions du Décr. n° 2019-1507 du 30 déc. 2019, V. note ss. art. 15.

Ancien art. 26 *Pour souscrire la déclaration de renonciation prévue au dernier alinéa de l'article 22-3 du code civil le déclarant doit produire les documents visés aux 1° et 3° de l'article précédent.*

Art. 27 *(Décr. n° 2019-1507 du 30 déc. 2019, art. 34-1°)* « Pour exercer la faculté de répudier la nationalité française prévue par l'article 23-5 du code civil, le déclarant fournit : »

1° *(Abrogé par Décr. n° 2019-1507 du 30 déc. 2019, art. 34-2°) « Un extrait de »* Son acte de naissance ;

(Décr. n° 2019-1507 du 30 déc. 2019, art. 34-3°) « 1° *bis* Un document officiel d'identité, ainsi qu'une photographie d'identité récente ; »

(Décr. n° 2019-1507 du 30 déc. 2019, art. 34-4°) « 2° Tous documents mentionnés à l'article 11 établissant qu'il est de nationalité française, ainsi que l'acte de mariage avec le conjoint étranger ; »

3° Un certificat délivré par les autorités du pays dont son conjoint est le ressortissant, établissant qu'il a acquis la nationalité de ce pays, précisant la date d'acquisition et les dispositions de la loi étrangère applicables ;

4° *(Décr. n° 2019-1507 du 30 déc. 2019, art. 34-5°)* « Tous » documents justifiant que la résidence habituelle des époux est fixée à l'étranger ;

5° *(Décr. n° 98-720 du 20 août 1998)* « Lorsque le déclarant est un Français de moins de trente-cinq ans soumis aux obligations du livre II du code du service national, un document émanant des bureaux du service national justifiant qu'il a satisfait à ces obligations ou qu'il en a été dispensé ou exempté. »

Sur l'application des dispositions du Décr. n° 2019-1507 du 30 déc. 2019, V. note ss. art. 15.

Art. 28 *(Décr. n° 2019-1507 du 30 déc. 2019, art. 35-1°)* « Pour exercer la faculté de perdre la nationalité française prévue par l'article 23 du code civil, le déclarant fournit : »

1° *(Abrogé par Décr. n° 2019-1507 du 30 déc. 2019, art. 35-2°) « Un extrait de »* Son acte de naissance ;

(Décr. n° 2019-1507 du 30 déc. 2019, art. 35-3° et 4°) « 1° *bis* Un document officiel d'identité, ainsi qu'une photographie d'identité récente ;

« 2° Tous documents mentionnés à l'article 11 établissant qu'il est de nationalité française ; »

3° Un certificat délivré par les autorités du pays dont il a acquis la nationalité précisant la date d'acquisition et les dispositions de la loi étrangère applicables ou tous documents émanant des autorités étrangères compétentes attestant du dépôt de sa demande d'acquisition de la nationalité de ce pays ;

4° *(Décr. n° 2019-1507 du 30 déc. 2019, art. 35-5°)* « Tous » documents justifiant qu'il réside habituellement à l'étranger ;

5° *(Décr. n° 98-720 du 20 août 1998)* « Lorsque le déclarant est un Français de moins de trente-cinq ans soumis aux obligations du livre II du code du service national, un document émanant des bureaux du service national justifiant qu'il a satisfait à ces obligations ou qu'il en a été dispensé ou exempté. »

Sur l'application des dispositions du Décr. n° 2019-1507 du 30 déc. 2019, V. note ss. art. 15.

TITRE IV **DE L'ENREGISTREMENT ET DE LA PREUVE DES DÉCLARATIONS DE NATIONALITÉ**

Art. 29 *(Décr. n° 2019-1507 du 30 déc. 2019, art. 36)* Lorsque la déclaration est souscrite en France ou lorsqu'elle l'est à l'étranger au titre de l'article 21-2 du code civil, l'autorité compétente remet au déclarant le récépissé prévu à l'article 26 du code civil dès qu'elle a reçu la totalité des pièces nécessaires à la preuve de la recevabilité de la déclaration.

Lorsque la déclaration est souscrite à l'étranger sur un fondement légal autre que l'article 21-2 du code civil, le dossier contenant les deux exemplaires de la déclaration et les pièces justificatives produites par le déclarant est transmis par l'autorité diplomatique ou consulaire au ministre de la justice. Le ministre de la justice délivre le récépissé dès qu'il a reçu la totalité des pièces nécessaires à la preuve de la recevabilité de la déclaration et l'adresse au déclarant.

Sur l'application des dispositions du Décr. n° 2019-1507 du 30 déc. 2019, V. note ss. art. 15.

Ancien art. 29 *(Décr. n° 2010-527 du 20 mai 2010)* ***« L'autorité qui a reçu la déclaration est tenue » de remettre un récépissé daté au déclarant dès qu'****(Décr. n° 2010-527 du 20 mai 2010)* ***« elle » a reçu la totalité des pièces nécessaires à la preuve de la recevabilité de la déclaration.***

Mention de la délivrance de ce récépissé est portée sur chaque exemplaire de la déclaration.

(Décr. n° 2010-527 du 20 mai 2010) ***« Lorsque la déclaration est souscrite en vue de l'acquisition de la nationalité française par un étranger ou apatride*** *(Décr. n° 2016-872 du 29 juin 2016, art. 7)* ***« au titre de l'article 21-2, 21-13-1 ou 21-13-2 du code civil », dès remise du récépissé mentionné au premier alinéa, le dossier contenant les deux exemplaires de celle-ci et la totalité des pièces produites par le déclarant est adressé par l'autorité qui a reçu la déclaration au ministre chargé des naturalisations pour qu'il procède, le cas échéant, à son enregistrement. »***

Sur l'application des dispositions issues du Décr. n° 2016-872 du 29 juin 2016, V. note ss. ancien art. 10.

Art. 30 *(Décr. n° 2023-65 du 3 févr. 2023, art. 15 et 32, en vigueur le 6 févr. 2023)* Lorsque la nationalité française est réclamée en France au titre de l'article 21-2, 21-13-1 ou 21-13-2 du code civil, le préfet *(Décr. n° 2024-108 du 14 févr. 2024, art. 4 et 6, en vigueur le 1er mars 2024)* « qui a reçu la déclaration » enregistre la déclaration si toutes les conditions légales sont réunies. Si elles ne sont pas remplies ou s'il y a lieu de s'opposer à l'acquisition de la nationalité française pour indignité ou défaut d'assimilation autre que linguistique, le dossier, assorti de son avis motivé, est transmis au ministre chargé des naturalisations dans les six mois suivant la souscription de la déclaration.

Lorsque la nationalité française est réclamée à l'étranger au titre de l'article 21-2 du code civil, l'autorité compétente transmet l'entier dossier, assorti de son avis motivé, au ministre chargé des naturalisations, dans les six mois suivant la souscription de la déclaration.

Les dispositions du present art. qui confèrent au préfet du département où réside le déclarant ou, à Paris, au préfet de police, la compétence pour enregistrer les déclarations souscrites sur le fondement des dispositions des art. 21-2, 21-13-1 et 21-13-2 du C. civ., ou pour émettre un avis motivé joint à la transmission du dossier au ministre chargé des naturalisations, sont applicables aux déclarations de nationalité française, qui, au 6 févr. 2023, n'ont pas fait l'objet de l'avis motivé prévu à l'ancien art. 30 (ci-dessous reproduit) (Décr. n° 2023-65 du 3 févr. 2023, art. 32, en vigueur le 6 févr. 2023).

Ancien art. 30 *(Décr. n° 2019-1507 du 30 déc. 2019, art. 36)* ***Lorsque la nationalité française est réclamée au titre de l'article 21-2, 21-13-1 ou 21-13-2 du code civil, dès remise du récépissé mentionné à l'article 29, l'autorité qui a reçu la déclaration transmet l'entier dossier, assorti de son avis motivé, au ministre chargé des naturalisations pour qu'il procède, le cas échéant, à son enregistrement.***

Sur l'application des dispositions du Décr. n° 2019-1507 du 30 déc. 2019, V. note ss. art. 15.

Ancien art. 30 ***Lorsque la déclaration est souscrite à l'étranger, l'autorité consulaire française ou le ministre de la justice remet le récépissé prévu à l'article précédent.***

Le dossier contenant les deux exemplaires de la déclaration et les pièces justificatives produites par le déclarant est adressé pour enregistrement au ministre de la justice, sauf dans le cas prévu au dernier alinéa de l'article précédent où le dossier est transmis au ministre chargé des naturalisations.

Art. 31 *(Décr. n° 2019-1507 du 30 déc. 2019, art. 36)* L'autorité compétente pour enregistrer la déclaration examine si les conditions sont remplies. Dans l'affirmative, la déclaration porte la date, le numéro d'enregistrement et la signature de l'autorité compétente.

Dans la négative, l'autorité compétente refuse l'enregistrement de la déclaration par une décision motivée qui intervient avant l'expiration des délais fixés par les deux derniers alinéas de l'article 26-3 du code civil. La décision est notifiée sans délai au déclarant en la forme administrative ou par lettre recommandée avec demande d'avis de réception.

(Décr. n° 2023-65 du 3 févr. 2023, art. 16 et 32, en vigueur le 6 févr. 2023) « Pour l'application du troisième alinéa de l'article 26-4 du code civil, l'autorité compétente peut diligenter une enquête de communauté de vie après l'enregistrement.

« Pour l'application de l'article 21-4 du code civil, l'autorité compétente peut, après annulation judiciaire d'un refus d'enregistrement, diligenter une enquête complémentaire et renouveler l'entretien prévu aux articles 15, 17-2 et 17-4. »

« Lorsque la demande a été déposée au moyen du téléservice mentionné à l'article 5, la notification s'effectue selon des modalités fixées par l'arrêté du ministre chargé des naturalisations prévu par le même article. »

Sur l'application des dispositions du Décr. n° 2019-1507 du 30 déc. 2019, V. note ss. art. 15.

Ancien art. 31 *L'autorité compétente pour enregistrer la déclaration examine si les conditions sont remplies. Dans la négative, elle refuse l'enregistrement de la déclaration par une décision motivée qui est notifiée au déclarant en la forme administrative ou par lettre recommandée avec demande d'avis de réception avant l'expiration du délai fixé par l'un des deux derniers alinéas de l'article 26-3 du code civil.*

Art. 32 Lorsque le Gouvernement veut s'opposer par décret en Conseil d'État, pour indignité ou défaut d'assimilation *(Décr. n° 2005-25 du 14 janv. 2005)* « autre que linguistique », à l'acquisition de la nationalité française par *(Décr. n° 2016-872 du 29 juin 2016, art. 8)* « une personne *(Décr. n° 2019-1507 du 30 déc. 2019, art. 37)* « l'ayant réclamée » au titre de l'article 21-2, 21-13-1 ou 21-13-2 du code civil », le ministre chargé des naturalisations notifie les motifs de fait et de droit qui justifient l'intention de faire opposition à l'intéressé qui dispose d'un délai qui ne peut être inférieur à *(Décr. n° 2007-610 du 25 avr. 2007)* « un mois » pour produire un mémoire en défense.

(Décr. n° 2005-25 du 14 janv. 2005) « La notification est faite par lettre recommandée avec demande d'avis de réception. Elle peut également l'être en la forme administrative par l'autorité qui a reçu la déclaration. »

(Décr. n° 2023-65 du 3 févr. 2023, art. 17 et 32, en vigueur le 6 févr. 2023) « A l'occasion de la notification prévue au précédent alinéa, l'autorité administrative peut solliciter l'accord de l'intéressé pour que la procédure se poursuive au moyen du téléservice mentionné à l'article 5, selon les modalités prévues par cet article et précisées par arrêté du ministre chargé des naturalisations. Si cet accord est donné, les communications entre l'administration et l'intéressé sont effectuées par voie électronique au moyen du téléservice. Toutefois, le décret pris, le cas échéant, au terme de la procédure lui est notifié en la forme administrative ou par lettre recommandée avec demande d'avis de réception. »

Le décret d'opposition prend effet à la date de sa signature.

Sur l'application des dispositions issues du Décr. n° 2016-872 du 29 juin 2016, V. note ss. ancien art. 10.

Sur l'application des dispositions du Décr. n° 2019-1507 du 30 déc. 2019, V. note ss. art. 15.

Art. 33 S'il y a eu demande de francisation de nom ou de prénom reçue dans les conditions prévues par l'article 13 du présent décret, celle-ci est transmise par l'autorité qui a enregistré la déclaration au ministre chargé des naturalisations accompagnée de la preuve de cet enregistrement.

Le ministre chargé des naturalisations notifie directement la décision au déclarant et, en cas d'acceptation de la demande, il avise le procureur de la République compétent.

Art. 34 *(Décr. n° 98-720 du 20 août 1998)* « La preuve *(Décr. n° 2019-1507 du 30 déc. 2019, art. 38-1°)* « de l'enregistrement » de la déclaration de nationalité résulte de la production d'un exemplaire enregistré de celle-ci ou de la copie intégrale de l'acte de naissance, de l'extrait de celui-ci *(Décr. n° 2019-1507 du 30 déc. 2019, art. 38-1°)* « avec indication de la filiation », sur lesquels a été portée la mention prévue par l'article 28 du code civil. »

A défaut, elle peut résulter de la production d'une attestation constatant *(Décr. n° 2019-1507 du 30 déc. 2019, art. 38-2°)* « la souscription et l'enregistrement de la déclaration » qui est délivrée, à la demande de l'intéressé, *(Décr. n° 2019-1507 du 30 déc. 2019, art. 38-2°)* « de son ou ses représentants légaux », *(Abrogé par Décr. n° 2009-1671 du 28 déc. 2009) « de*

***ses parents et alliés* » ou des administrations publiques françaises, par l'autorité qui a procédé à l'enregistrement ou par une autorité centrale désignée par arrêté interministériel.**

Sur l'application des dispositions du Décr. n° 2019-1507 du 30 déc. 2019, V. note ss. art. 15.

TITRE V DES DEMANDES DE NATURALISATION ET DE RÉINTÉGRATION DANS LA NATIONALITÉ FRANÇAISE *(Décr. n° 2019-1507 du 30 déc. 2019, art. 39).*

Art. 35 *(Décr. n° 2023-65 du 3 févr. 2023, art. 18 et 32, en vigueur le 6 févr. 2023)* **« La demande en vue d'obtenir la naturalisation ou la réintégration est présentée au moyen du téléservice mentionné à l'article 5 si le demandeur réside dans un département ou une collectivité figurant sur une liste fixée par arrêté du ministre chargé des naturalisations. Dans le cas contraire, cette demande est établie en deux exemplaires dûment renseignés, datés et signés par le demandeur ou par son ou ses représentants légaux qui précisent leurs noms, prénoms et qualité, et déposée auprès du préfet désigné, selon le département de résidence du demandeur, par arrêté du ministre chargé des naturalisations ou, à Paris, à la préfecture de police.**

« Les services placés auprès du préfet mentionné au précédent alinéa procèdent à l'instruction de la demande. »

(Décr. n° 2019-1507 du 30 déc. 2019, art. 40-2°) **« Si le demandeur réside à l'étranger, il dépose la demande auprès de l'autorité diplomatique ou consulaire française compétente à raison de sa résidence, désignée par arrêté du ministre des affaires étrangères. »**

(Décr. n° 2010-725 du 29 juin 2010, art. 2, en vigueur le 1er juill. 2010) **« Lorsque le** *(Décr. n° 2019-1507 du 30 déc. 2019, art. 40-3°)* **« demandeur » est sous les drapeaux, la demande est remise à l'autorité militaire, qui la dépose dans les huit jours, accompagnée de son avis, auprès de l'autorité administrative** *(Décr. n° 2015-316 du 19 mars 2015, art. 4-3° et 11, en vigueur au plus tard le 31 mars 2016)* **« chargée de la recevoir en application du premier alinéa** *[ancienne rédaction : de la résidence habituelle]* **», laquelle procède à la constitution du dossier. »**

(Abrogé par Décr. n° 2019-1507 du 30 déc. 2019, art. 40-4°) ***« Lors du dépôt de la demande, le postulant est informé que si au terme d'un délai de six mois il n'a pas fourni la totalité des pièces nécessaires à son examen sa demande sera classée sans suite. »***

(Décr. n° 2023-65 du 3 févr. 2023, art. 18 et 32, en vigueur le 6 févr. 2023) **« Lorsque la demande a été déposée au moyen du téléservice mentionné au premier alinéa, les notifications adressées au demandeur se font au moyen de celui-ci dans des conditions précisées par un arrêté du ministre chargé des naturalisations. Le demandeur est alerté de toute nouvelle communication par un message envoyé à l'adresse électronique qu'il a indiquée dans son compte usager. Ce message précise l'objet de la communication et, le cas échéant, le délai qu'elle impartit à l'intéressé. »**

Sur les dispositions transitoires applicables jusqu'à l'entrée en vigueur des modifications introduites par le Décr. n° 2015-316 du 19 mars 2015 et sur ces dates d'entrée en vigueur, et sur l'application des dispositions du Décr. n° 2019-1507 du 30 déc. 2019, V. note ss. art. 15.

Ancien art. 35 *(Décr. n° 2021-992 du 26 juill. 2021, art. 2)* ***« Hormis le cas où elle est déposée à l'aide de l'application informatique dédiée accessible par le réseau Internet, »*** *(Décr. n° 2019-1507 du 30 déc. 2019, art. 40-1°)* ***« la demande en vue d'obtenir la naturalisation ou la réintégration est établie en deux exemplaires dûment renseignés, datés et signés par le demandeur ou par son ou ses représentants légaux qui précisent leurs noms, prénoms et qualité. Elle est déposée auprès du préfet désigné, selon le département de résidence du demandeur, par arrêté du ministre chargé des naturalisations ou, à Paris, à la préfecture de police. »***

(Décr. n° 2015-316 du 19 mars 2015, art. 4-2° et 11, en vigueur au plus tard le 31 mars 2016) ***« Les services placés sous l'autorité du préfet chargé de recevoir la demande en application du premier alinéa procèdent à son instruction. »***

(Décr. n° 2019-1507 du 30 déc. 2019, art. 40-2°) ***« Si le demandeur réside à l'étranger, il dépose la demande auprès de l'autorité diplomatique ou consulaire française compétente à raison de sa résidence, désignée par arrêté du ministre des affaires étrangères. »***

(Décr. n° 2010-725 du 29 juin 2010, art. 2, en vigueur le 1er juill. 2010) ***« Lorsque le*** *(Décr. n° 2019-1507 du 30 déc. 2019, art. 40-3°)* ***« demandeur » est sous les drapeaux, la demande est remise à l'autorité militaire, qui la dépose dans les huit jours, accompagnée de son avis, auprès de l'autorité administrative*** *(Décr. n° 2015-316 du 19 mars 2015, art. 4-3° et 11, en vigueur au plus tard le 31 mars 2016)* ***« chargée de la recevoir en application du premier alinéa*** *[ancienne rédaction : de la résidence habituelle]* ***», laquelle procède à la constitution du dossier. »***

(*Abrogé par Décr. n° 2019-1507 du 30 déc. 2019, art. 40-4°*) ***« Lors du dépôt de la demande, le postulant est informé que si au terme d'un délai de six mois il n'a pas fourni la totalité des pièces nécessaires à son examen sa demande sera classée sans suite. »***

(*Décr. n° 2021-992 du 26 juill. 2021, art. 2*) ***« Lorsque la demande a été déposée au moyen de l'application informatique mentionnée au premier alinéa, la notification à l'intéressé se fait au moyen de cette application. »***

Sur les dispositions transitoires applicables jusqu'à l'entrée en vigueur des modifications introduites par le Décr. n° 2015-316 du 19 mars 2015 et sur ces dates d'entrée en vigueur, et sur l'application des dispositions du Décr. n° 2019-1507 du 30 déc. 2019, V. note ss. art. 15.

Art. 35-1 (*Décr. n° 2023-65 du 3 févr. 2023, art. 19*) L'article 13-1 est applicable aux demandes d'acquisition de la nationalité française par décision de l'autorité publique.

Art. 36 Toute demande de naturalisation ou de réintégration fait l'objet d'une enquête (*Abrogé par Décr. n° 2019-1507 du 30 déc. 2019, art. 41-1°*) ***« à laquelle procède l'autorité auprès de laquelle elle a été déposée par application des dispositions de l'article précédent ».***

(*Décr. n° 2019-1507 du 30 déc. 2019, art. 41-2°*) « Dès la délivrance du récépissé prévu à l'article 21-25-1 du code civil constatant la remise de toutes les pièces nécessaires à la constitution d'un dossier complet, l'autorité publique auprès de laquelle la demande a été déposée sollicite la réalisation d'une enquête. »

Cette enquête, qui porte sur la conduite et le loyalisme du (*Décr. n° 2019-1507 du 30 déc. 2019, art. 41-3°*) « demandeur », est effectuée par les services de police ou de gendarmerie territorialement compétents. (*Décr. n° 2005-25 du 14 janv. 2005*) « Elle peut être complétée par une consultation des organismes consulaires et sociaux. »

(*Décr. n° 2019-1507 du 30 déc. 2019, art. 41-4°*) « A l'étranger, il est procédé à des vérifications et à des entretiens par les autorités diplomatiques ou consulaires. »

(*Décr. n° 2010-725 du 29 juin 2010, art. 3, en vigueur le 1er juill. 2010*) « L'autorité mentionnée au premier alinéa désigne les médecins des hôpitaux et dispensaires publics chargés, le cas échéant, d'examiner l'état de santé des (*Décr. n° 2019-1507 du 30 déc. 2019, art. 41-5°*) « demandeurs » et de fournir le certificat qu'elle peut juger nécessaire pour l'instruction de la demande. »

(*Abrogé par Décr. n° 2023-65 du 3 févr. 2023, art. 20 et 32, à compter du 6 févr. 2023*) (*Décr. n° 2010-725 du 29 juin 2010, art. 3, en vigueur le 1er juill. 2010*) ***« L'autorité mentionnée au premier alinéa désigne les médecins des hôpitaux et dispensaires publics chargés, le cas échéant, d'examiner l'état de santé des*** (*Décr. n° 2019-1507 du 30 déc. 2019, art. 41-5°*) ***« demandeurs » et de fournir le certificat qu'elle peut juger nécessaire pour l'instruction de la demande. »***

Sur l'application des dispositions du Décr. n° 2019-1507 du 30 déc. 2019, V. note ss. art. 15.

Art. 37 (*Décr. n° 2012-126 du 30 janv. 2012, art. 1er et 3, en vigueur le 1er juill. 2012*) Pour l'application de l'article 21-24 du code civil :

1° (*Décr. n° 2019-1507 du 30 déc. 2019, art. 42-1°, en vigueur le 1er avr. 2020*) « Tout demandeur doit justifier d'une connaissance de la langue française à l'oral et à l'écrit au moins égale au niveau B1 du Cadre européen commun de référence pour les langues, tel qu'adopté par le comité des ministres du Conseil de l'Europe dans sa recommandation CM/Rec (2008) du 2 juillet 2008 ».

(*Décr. n° 2013-794 du 30 août 2013, art. 4*) « Un arrêté du ministre chargé des naturalisations définit les diplômes permettant de justifier d'un niveau égal ou supérieur au niveau requis. »

(*Décr. n° 2019-1507 du 30 déc. 2019, art. 42-2°*) « A défaut d'un tel diplôme, le demandeur peut justifier de la possession du niveau requis par la production d'une attestation délivrée depuis moins de deux ans à l'issue d'un test linguistique certifié ou reconnu au niveau international, comportant des épreuves distinctes évaluant son niveau de compréhension et d'expression orales et écrites. Le niveau d'expression orale du demandeur est évalué par l'organisme délivrant l'attestation dans le cadre d'un entretien. »

(*Décr. n° 2019-1507 du 30 déc. 2019, art. 42-3°*) « Les modalités de passation du test linguistique mentionné à l'alinéa précédent sont définies par un arrêté du ministre chargé des naturalisations. » (*Décr. n° 2015-108 du 2 févr. 2015, art. 2*) « Les conditions d'inscription sont fixées par un arrêté du ministre chargé des naturalisations. »

(*Décr. n° 2013-794 du 30 août 2013, art. 4*) « 2° Le demandeur doit justifier d'un niveau de connaissance de l'histoire, de la culture et de la société françaises correspondant aux éléments fondamentaux relatifs :

« *a)* Aux grands repères de l'histoire de France : il est attendu que le (*Décr. n° 2019-1507 du 30 déc. 2019, art. 42-4°*) « demandeur » ait une connaissance élémentaire de la construction historique de la France qui lui permette de connaître et de situer les principaux événements ou personnages auxquels il est fait référence dans la vie sociale ;

« *b)* Aux principes, symboles et institutions de la République : il est attendu du *(Décr. n° 2019-1507 du 30 déc. 2019, art. 42-4°)* « demandeur » qu'il connaisse les règles de vie en société, notamment en ce qui concerne le respect des lois, des libertés fondamentales, de l'égalité, notamment entre les hommes et les femmes, de la laïcité, ainsi que les principaux éléments de l'organisation politique et administrative de la France au niveau national et territorial ;

« *c)* A l'exercice de la citoyenneté française : il est attendu du *(Décr. n° 2019-1507 du 30 déc. 2019, art. 42-4°)* « demandeur » qu'il connaisse les principaux droits et devoirs qui lui incomberaient en cas d'acquisition de la nationalité, tels qu'ils sont mentionnés dans la charte des droits et devoirs du citoyen français ;

« *d)* A la place de la France dans l'Europe et dans le monde : il est attendu du *(Décr. n° 2019-1507 du 30 déc. 2019, art. 42-4°)* « demandeur » une connaissance élémentaire des caractéristiques de la France, la situant dans un environnement mondial, et des principes fondamentaux de l'Union européenne.

« Les domaines et le niveau des connaissances attendues sont illustrés dans un livret du citoyen *(Décr. n° 2019-1507 du 30 déc. 2019, art. 42-5°)* « , disponible en ligne, » dont le contenu est approuvé par arrêté du ministre chargé des naturalisations. Il est élaboré par référence aux compétences correspondantes du socle commun de connaissances, de compétences et de culture mentionné au premier alinéa de *(Décr. n° 2019-1507 du 30 déc. 2019, art. 42-5°)* « l'article L. 122-1-1 » du code de l'éducation. *(Abrogé par Décr. n° 2019-1507 du 30 déc. 2019, art. 42-5°)* ***« Le livret du citoyen est remis à toute personne ayant déposé une demande et disponible en ligne. »*** »

Les demandes de naturalisation ou de réintégration dans la nationalité française déposées avant la date d'entrée en vigueur du Décr. n° 2012-126 du 30 janv. 2012 restent régies par les dispositions du Décr. n° 93-1362 du 30 déc. 1993 dans leur rédaction antérieure au Décr. n° 2012-126 du 30 janv. 2012 (Décr. préc., art. 3).

L'inscription des tests linguistiques sur la liste fixée en application des dispositions des art. 14 et 37 du Décr. du 30 déc. 1993, dans leur rédaction antérieure à l'entrée en vigueur du Décr. n° 2015-108 du 2 févr. 2015, est valable jusqu'au dernier jour du quatrième mois qui suit celui de la publication de l'arrêté fixant les nouvelles conditions d'inscription sur cette liste et, au plus tard, jusqu'au 31 juill. 2015 (Décr. préc., art. 3).

Les dispositions introduites par l'art. 42-1° du Décr. n° 2019-1507 du 30 déc. 2019 s'appliquent aux déclarations acquisitives de nationalité française par mariage souscrites à compter du 1er avr. 2020. Les autres dispositions introduites par le Décr. n° 2019-1507 du 30 déc. 2019 s'appliquent aux déclarations de nationalité souscrites et aux demandes relatives à la nationalité française formées à compter du 1er janv. 2020 (Décr. préc., art. 63).

Ancien art. 37, 1° *(Décr. n° 2019-1507 du 30 déc. 2019, art. 42-1°)* ***1° Tout demandeur doit justifier d'une connaissance de la langue française caractérisée par la compréhension des points essentiels du langage nécessaire à la gestion de la vie quotidienne et aux situations de la vie courante ainsi que par la capacité à émettre un discours simple et cohérent sur des sujets familiers dans ses domaines d'intérêt. Son niveau est celui défini par le niveau B1, rubriques "écouter", "prendre part à une conversation" et "s'exprimer oralement en continu" du Cadre européen commun de référence pour les langues, tel qu'adopté par le comité des ministres du Conseil de l'Europe dans sa recommandation CM/Rec (2008) du 2 juillet 2008".***

Art. 37-1 *(Décr. n° 2011-1265 du 11 oct. 2011, art. 5 et 7, en vigueur le 1er janv. 2012) (Décr. n° 2019-1507 du 30 déc. 2019, art. 43-1°)* « Le demandeur fournit, selon les mêmes conditions de recevabilité que celles prévues par l'article 9 : »

1° *(Décr. n° 2019-1507 du 30 déc. 2019, art. 43-2°)* « Son » acte de naissance ;

(Décr. n° 2019-1507 du 30 déc. 2019, art. 43-3°) « 1° *bis* La copie d'un document officiel d'identité, ainsi qu'une photographie d'identité récente ; »

2° La justification par tous moyens *(Décr. n° 2019-1507 du 30 déc. 2019, art. 43-4°)* « de sa résidence » habituelle en France *(Abrogé par Décr. n° 2019-1507 du 30 déc. 2019, art. 43-4°)* ***« du demandeur »*** pendant les cinq années qui précèdent le dépôt de la demande, sous réserve des réductions ou dispenses de stage prévues aux articles 21-18 à 21-20 du code civil et, lorsque la demande est présentée au nom d'un mineur, la justification de la résidence habituelle de ce dernier pendant les cinq années qui précèdent le dépôt de la demande avec le parent qui a acquis la nationalité française ;

3° Tous documents justifiant qu'il a sa résidence en France à la date de la demande *(Décr. n° 2019-1507 du 30 déc. 2019, art. 43-5°)* « , notamment des justificatifs de domicile, de ressources et de situation fiscale » ;

4° S'il entend bénéficier de l'assimilation de résidence prévue à l'article **21-26** du code civil, *(Décr. n° 2019-1507 du 30 déc. 2019, art. 43-6°)* « tous documents justifiant » qu'il remplit les conditions *(Décr. n° 2019-1507 du 30 déc. 2019, art. 43-6°)* « posées par » cet article ;

(Décr. n° 2019-1507 du 30 déc. 2019, art. 43-7°) « 5° Le cas échéant, les actes de naissance de tous ses enfants mineurs, ainsi que les pièces de nature à établir leur résidence » ;

6° Le cas échéant, *(Décr. n° 2019-1507 du 30 déc. 2019, art. 43-8°)* « son ou ses » actes de mariage ainsi que les pièces de nature à justifier la dissolution *(Décr. n° 2019-1507 du 30 déc. 2019, art. 43-8°)* « de ses unions » antérieures ;

7° Un extrait de casier judiciaire ou un document équivalent délivré par une autorité judiciaire ou administrative compétente du ou des pays où il a résidé au cours des dix dernières années, ou, lorsqu'il est dans l'impossibilité de produire ces documents, du pays dont il a la nationalité ;

(Décr. n° 2019-1507 du 30 déc. 2019, art. 43-9°) « 8° Le cas échéant, au titre de l'acquisition de plein droit de la nationalité française prévue à l'article **22-1** du code civil, les pièces mentionnées à l'article **12** ;

« 8° *bis* Le cas échéant, un état des services, pour les anciens combattants et les légionnaires, et les décorations et citations obtenues ;

« 9° Un diplôme ou une attestation, délivrée depuis moins de deux ans, justifiant d'un niveau de langue égal ou supérieur à celui exigé en application de l'article **37** et délivré dans les conditions définies par cet article. Sont toutefois dispensées de la production de ce diplôme ou de cette attestation :

« *a)* Les personnes titulaires d'un diplôme délivré dans un État dont la liste est fixée par un arrêté du ministre chargé des naturalisations à l'issue d'études suivies en français qui peuvent justifier de la reconnaissance de leur diplôme par rapport à la nomenclature française des niveaux de formation et au cadre européen des certifications (CEC) par la production d'une attestation de comparabilité délivrée dans des conditions fixées par un arrêté du ministre chargé des naturalisations ;

« *b)* Les personnes dont le handicap ou l'état de santé déficient chronique rend impossible leur évaluation linguistique. La nécessité de bénéficier d'aménagements d'épreuves ou, à défaut, l'impossibilité de se soumettre à une évaluation linguistique est justifiée par la production d'un certificat médical dont le modèle est fixé par arrêté conjoint du ministre des affaires étrangères, du ministre chargé des naturalisations et du ministre de la santé ».

(Abrogé par Décr. n° 2019-1507 du 30 déc. 2019, art. 43-10°) ***« Tous les documents rédigés en langue étrangère doivent être accompagnés de leur traduction par un traducteur agréé ou habilité à intervenir auprès des autorités judiciaires ou administratives d'un autre État membre de l'Union européenne ou d'un État partie à l'accord sur l'Espace économique européen ou de la Suisse, produite en original. »***

(Décr. n° 2023-65 du 3 févr. 2023, art. 21 et 32, en vigueur le 6 févr. 2023) « L'autorité compétente peut solliciter un nouveau certificat médical pour faire vérifier le handicap ou l'état de santé du déclarant par un médecin figurant sur la liste mentionnée à l'article **17-3** du code civil, ou, à l'étranger, par un médecin choisi par l'autorité diplomatique ou consulaire. »

Dès la *(Décr. n° 2019-1507 du 30 déc. 2019, art. 43-11°)* « remise » des pièces prévues ci-dessus, l'autorité auprès de laquelle la demande a été déposée délivre le récépissé prévu à l'article **21-25-1** du code civil *(Abrogé par Décr. n° 2019-1507 du 30 déc. 2019, art. 43-11°)* ***« constatant cette production ».***

(Décr. n° 2019-1507 du 30 déc. 2019, art. 43-12°) « Après la délivrance du récépissé et jusqu'à la décision du ministre chargé des naturalisations, le demandeur doit signaler à l'autorité qui a reçu sa demande tout changement de résidence et toute modification intervenue dans sa situation, notamment familiale et professionnelle, *(Décr. n° 2023-65 du 3 févr. 2023, art. 21 et 32, en vigueur le 6 févr. 2023)* « soit en transmettant à cette autorité le document prévu à cet effet joint au formulaire d'acquisition de la nationalité française, soit en utilisant le téléservice mentionné à l'article 5 ». Il sera délivré récépissé du dépôt de ce document ».

Sur l'application des dispositions du Décr. n° 2019-1507 du 30 déc. 2019, V. note ss. art. 15.

Les dispositions du 9e al. telles qu'issues du Décr. n° 2019-1507 du 30 déc. 2019 s'appliquent aux demandes de naturalisation déposées à compter du 1er avr. 2020 (Décr. préc., art. 63).

Ancien art. 37-1 *(Décr. n° 2011-1265 du 11 oct. 2011, art. 5 et 7, en vigueur le 1er janv. 2012)*
[...]

5° Le cas échéant, la copie intégrale des actes de naissance de ses enfants mineurs étrangers qui résident avec lui de manière habituelle ou alternativement dans le cas de séparation ou de divorce ainsi que les pièces de nature à établir cette résidence ;

[...]

8° Le cas échéant, tout document justifiant de la nationalité française du ou des enfants mineurs qui résident avec lui de manière habituelle ou alternativement dans le cas de séparation ou de divorce ;

[...]

9° Un diplôme ou une attestation justifiant d'un niveau de langue égal ou supérieur à celui exigé en application de l'article 37 et délivré dans les conditions définies par cet article ou, à défaut, une attestation délivrée dans les mêmes conditions justifiant d'un niveau inférieur. Sont toutefois dispensées de la production de ce diplôme ou de cette attestation les personnes titulaires d'un diplôme délivré dans un pays francophone à l'issue d'études suivies en français. Bénéficient également de cette dispense les personnes souffrant d'un handicap ou d'un état de santé déficient chronique ou âgées d'au moins soixante ans.

[...]

Le demandeur doit signaler à l'autorité qui a reçu sa demande tout changement de résidence et toute modification intervenue dans sa situation familiale en transmettant auprès de cette autorité le document prévu à cet effet joint au formulaire de demande d'acquisition de la nationalité française. Il sera délivré récépissé du dépôt de ce document.

Art. 38 Le demandeur de naturalisation, qui entend bénéficier pour la durée du stage prévue à l'article 21-17 du code civil de la réduction prévue à l'article 21-18 de ce code ou de la dispense de stage prévue aux articles 21-19 et 21-20 de ce même code, joint à sa demande toute justification établissant qu'il remplit *(Décr. n° 2019-1507 du 30 déc. 2019, art. 44)* « les conditions » énoncées par l'un de ces articles.

(Décr. n° 2005-25 du 14 janv. 2005) « Le demandeur qui entend bénéficier des dispositions de l'article 21-24-1 du code civil joint à sa demande tout justificatif établissant qu'il remplit les conditions énoncées par cet article. »

Sur l'application des dispositions du Décr. n° 2019-1507 du 30 déc. 2019, V. note ss. art. 15.

Art. 39 Lorsqu'un étranger francophone souhaite bénéficier des dispositions de l'article 21-21 du code civil, sa demande est adressée par l'autorité qui l'a reçue au ministre des affaires étrangères qui la transmet, revêtue de son avis, au ministre chargé des naturalisations.

Art. 40 *(Décr. n° 2019-1507 du 30 déc. 2019, art. 45)* L'autorité qui a reçu la demande ou le ministre chargé des naturalisations peut, à tout moment de l'instruction de la demande de naturalisation ou de réintégration, mettre en demeure le demandeur de produire les pièces complémentaires ou d'accomplir les formalités administratives qui sont nécessaires à l'examen de sa demande.

Si le demandeur ne défère pas à cette mise en demeure dans le délai qu'elle fixe, la demande peut être classée sans suite. Le demandeur est informé par écrit de ce classement.

Sur l'application des dispositions du Décr. n° 2019-1507 du 30 déc. 2019, V. note ss. art. 15.

Ancien art. 40 *Sans préjudice de l'application des dispositions du dernier alinéa de l'article 35, l'autorité qui a reçu la demande peut mettre en demeure le postulant de produire les pièces complémentaires ou d'accomplir les formalités administratives qui sont nécessaires à l'examen de sa demande.*

Si le postulant ne défère pas à cette mise en demeure dans le délai qu'elle fixe, la demande peut être classée sans suite. Le postulant est informé par écrit de ce classement.

Art. 41 *(Décr. n° 2019-1507 du 30 déc. 2019, art. 45)* Le demandeur se présente en personne devant un agent désigné nominativement par l'autorité administrative chargée de recevoir la demande et justifie de son identité par la production de l'original de son document officiel d'identité mentionné au 1° *bis* de l'article 37-1. *(Décr. n° 2023-65 du 3 févr. 2023, art. 22 et 32, en vigueur le 6 févr. 2023)* « Il produit également lors de cet entretien les originaux des pièces nécessaires à l'examen de sa demande. En l'absence de comparution personnelle à l'entretien sans motif légitime, l'autorité compétente peut classer sans suite sa demande sans qu'il soit besoin de fixer une nouvelle date d'entretien. »

Lors d'un entretien individuel et après réception des enquêtes prévues à l'article 36, l'agent vérifie l'assimilation du demandeur à la communauté française, selon les critères prévus par l'article 21-24 du code civil et établit un compte rendu de l'entretien.

Sur l'application des dispositions du Décr. n° 2019-1507 du 30 déc. 2019, V. note ss. art. 15.

Ancien art. 41 *Le postulant se présente en personne devant un agent désigné nominativement par (Décr. n° 2015-316 du 19 mars 2015, art. 5 et 11, en vigueur au plus tard le 31 mars 2016) « l'autorité administrative chargée de recevoir la demande [ancienne rédaction : le préfet ou l'autorité consulaire] ».*

(Décr. n° 2013-794 du 30 août 2013, art. 6) « Lors d'un entretien individuel, l'agent vérifie que le demandeur possède les connaissances attendues de lui, selon sa condition, sur l'histoire, la culture et la société françaises, telles qu'elles sont définies au 2° de l'article 37. »

(Décr. n° 2012-126 du 30 janv. 2012, art. 2 et 3, en vigueur le 1er juill. 2012) « A l'issue de cet entretien, cet agent établit un compte rendu constatant le degré d'assimilation du postulant à la communauté française ainsi que, selon sa condition, son niveau de connaissance des droits et devoirs conférés par la nationalité française » (Abrogé par Décr. n° 2011-1265 du 11 oct. 2011, art. 6 et 7, à compter du 1er janv. 2012) « et, sous réserve des dispositions de l'article 21-24-1 du code civil, sa connaissance de la langue française. Un arrêté du ministre chargé des naturalisations définit les modalités de déroulement de l'entretien, les conditions d'établissement du compte rendu auquel il donne lieu ainsi que les critères d'appréciation qui fondent des conclusions motivées ».

(Décr. n° 2013-794 du 30 août 2013, art. 6) « L'entretien individuel prévu au deuxième alinéa permet de vérifier que maîtrisent un niveau de langue correspondant au niveau exigé en vertu de l'article 37 :

« a) Les demandeurs titulaires d'un diplôme délivré dans un pays francophone à l'issue d'études suivies en français ;

« b) Les demandeurs souffrant d'un handicap ou d'un état de santé déficient chronique ou âgés d'au moins soixante ans.

« Font également l'objet d'un entretien individuel destiné à connaître leur niveau linguistique les postulants qui produisent une attestation justifiant d'un niveau inférieur à celui défini à l'article 37. L'autorité administrative peut se fonder sur le déroulement de cet entretien pour conclure que le postulant possède le niveau linguistique requis. »

Ancien art. 43 dans sa rédaction antérieure au Décr. n° 2010-725 du 29 juin 2010, en vigueur le 1er juill. 2010.

Les demandes de naturalisation ou de réintégration dans la nationalité française déposées avant la date d'entrée en vigueur du Décr. n° 2012-126 du 30 janv. 2012 restent régies par les dispositions du Décr. n° 93-1362 du 30 déc. 1993 dans leur rédaction antérieure au Décr. n° 2012-126 du 30 janv. 2012 (Décr. préc., art. 3).

Sur les dispositions transitoires applicables jusqu'à l'entrée en vigueur des modifications introduites par le Décr. n° 2015-316 du 19 mars 2015 et sur ces dates d'entrée en vigueur, V. note ss. art. 15, supra.

Art. 42 *(Décr. n° 2019-1507 du 30 déc. 2019, art. 45)* Le demandeur peut solliciter du ministre chargé des naturalisations, par l'intermédiaire de l'autorité auprès de laquelle il a déposé sa demande de naturalisation, la francisation, soit de son seul nom, soit de ses prénoms ou de l'un d'eux, soit de son nom et de ses prénoms ou de l'un d'eux. Il peut, selon les mêmes modalités, solliciter la francisation des prénoms ou de l'un des prénoms de ses enfants mineurs susceptibles de bénéficier de l'acquisition de plein droit prévue à l'article 22-1 du code civil.

Le cas échéant, le demandeur remet, dans les mêmes conditions, la déclaration conjointe de choix de nom prévue par les articles 311-21 et 311-22 du code civil.

(Décr. n° 2023-65 du 3 févr. 2023, art. 5 et 32, en vigueur le 6 févr. 2023) « La demande de francisation est déposée au moyen du téléservice mentionné à l'article 5 lorsque la procédure a été engagée au moyen de ce téléservice. »

Sur l'application des dispositions du Décr. n° 2019-1507 du 30 déc. 2019, V. note ss. art. 15.

Ancien art. 42 *Le postulant peut demander au ministre chargé des naturalisations, par l'intermédiaire de l'autorité auprès de laquelle il a déposé sa demande de naturalisation, la francisation soit de son nom et de ses prénoms ou de l'un d'eux, soit des prénoms ou de l'un des prénoms des enfants mineurs bénéficiaires de l'acquisition de plein droit prévue à l'article 22-1 du code civil.*

(Décr. n° 2005-25 du 14 janv. 2005) « Le postulant remet, le cas échéant, à l'autorité mentionnée au premier alinéa la déclaration conjointe de choix de nom prévue par les articles 311-21 et 311-22 du code civil. »

Art. 43 *(Décr. n° 2015-316 du 19 mars 2015, art. 6 et 11, en vigueur au plus tard le 31 mars 2016) (Décr. n° 2019-1507 du 30 déc. 2019, art. 46-1°)* **« Le préfet** *(Décr. n° 2024-108 du 14 févr. 2024, art. 5 et 6, en vigueur le 1er mars 2024)* **« désigné par arrêté du minitre chargé des naturalisations en application l'article 35 » ou, à Paris, le préfet de police déclare la demande irrecevable dès lors qu'il constate que les conditions requises par les articles 21-15, 21-16, 21-17, 21-22, 21-23, 21-24 ou 21-27 du code civil ne sont pas remplies** *[ancienne rédaction : Le préfet du département de résidence du postulant ou, à Paris, le préfet de police déclare la demande irrecevable si les conditions requises par les articles 21-15, 21-16, 21-17, 21-22, 21-23, 21-24 et 21-27 du code civil ne sont pas remplies]*. **»**

Si, dès la procédure de constitution du dossier, une pièce fait apparaître que la demande est manifestement irrecevable, une décision constatant l'irrecevabilité de la demande peut intervenir sans qu'il soit besoin de procéder à l'entretien mentionné à l'article 41.

La décision *(Décr. n° 2019-1507 du 30 déc. 2019, art. 46-2°)* **« de l'autorité mentionnée au premier alinéa » est transmise sans délai au ministre chargé des naturalisations.**

Si les motifs de l'irrecevabilité disparaissent, l'intéressé peut déposer une nouvelle demande.

Les dispositions issues de l'art. 5 du Décr. n° 2024-108 du 14 févr. 2024 sont applicables aux demandes de naturalisation ou de réintégration dans la nationalité française n'ayant pas encore donné lieu à l'une des décisions prévues par les art. 43 et 44 du Décr. n° 93-1362 du 30 déc. 1993 susvisé ou n'ayant pas fait l'objet de la proposition prévue à l'article 46 du même décr. (Décr. préc., art. 6, en vigueur le 1er mars 2024).

Sur les dispositions transitoires applicables jusqu'à l'entrée en vigueur des modifications introduites par le Décr. n° 2015-316 du 19 mars 2015 et sur ces dates d'entrée en vigueur, et sur l'application des dispositions du Décr. n° 2019-1507 du 30 déc. 2019, V. note ss. art. 15.

Art. 44 *(Décr. n° 2010-725 du 29 juin 2010, en vigueur le 1er juill. 2010)* **Si le préfet** *(Décr. n° 2024-108 du 14 févr. 2024, art. 5 et 6, en vigueur le 1er mars 2024)* **« désigné par arrêté du ministre chargé des naturalisations en application de l'article 35 » ou, à Paris, le préfet de police** *(Abrogé par Décr. n° 2015-316 du 19 mars 2015, art. 7 et 11, à compter au plus tard du 31 mars 2016)* ***« auprès duquel la demande a été déposée »*** **estime, même si la demande est recevable, qu'il n'y a pas lieu d'accorder la naturalisation ou la réintégration sollicitée, il prononce le rejet de la demande.**

Sur l'application des dispositions issues du Décr. n° 2024-108 du 14 févr. 2024, V. ndlr ss art. 43, supra.

Il peut également en prononcer l'ajournement en imposant un délai ou des conditions. Ce délai une fois expiré ou ces conditions réalisées, il appartient au *(Décr. n° 2019-1507 du 30 déc. 2019, art. 47-2°)* **« demandeur », s'il le juge opportun, de formuler une nouvelle demande.**

(Décr. n° 2019-1507 du 30 déc. 2019, art. 47-3°) **« L'autorité mentionnée au premier alinéa transmet sans délai l'entier dossier accompagné de sa décision au ministre chargé des naturalisations** *[ancienne rédaction : La décision du préfet ou, à Paris, du préfet de police est transmise sans délai au ministre chargé des naturalisations]*. **»**

(Décr. n° 2023-65 du 3 févr. 2023, art. 23 et 32, en vigueur le 6 févr. 2023) **« Une demande de naturalisation présentée avant l'expiration de la période d'ajournement peut être classée sans suite sans mise en œuvre de la procédure d'instruction. Une demande de naturalisation présentée moins de cinq ans après la notification d'une décision rejetant une précédente demande peut, après examen, le cas échéant, des circonstances nouvelles invoquées par l'intéressé, être classée sans suite sans mise en œuvre de la procédure d'instruction. »**

Sur les dispositions transitoires applicables jusqu'à l'entrée en vigueur des modifications introduites par le Décr. n° 2015-316 du 19 mars 2015 et sur ces dates d'entrée en vigueur, et sur l'application des dispositions du Décr. n° 2019-1507 du 30 déc. 2019, V. note ss. art. 15.

Art. 45 *(Décr. n° 2010-725 du 29 juin 2010, en vigueur le 1er juill. 2010)* **Dans les deux mois suivant leur notification, les décisions prises en application des articles 43 et 44 peuvent faire l'objet d'un recours auprès du ministre chargé des naturalisations, à l'exclusion de tout autre recours administratif.**

Ce recours, pour lequel le demandeur peut se faire assister ou être représenté par toute personne de son choix, doit exposer les raisons pour lesquelles le réexamen de la demande est sollicité. Il constitue un préalable obligatoire à l'exercice d'un recours contentieux, à peine d'irrecevabilité de ce dernier.

Le silence gardé par le ministre chargé des naturalisations sur ce recours pendant plus de quatre mois vaut décision de rejet du recours.

Art. 46 *(Décr. n° 2010-725 du 29 juin 2010, en vigueur le 1er juill. 2010)* **Lorsqu'il estime que la demande est recevable et qu'il y a lieu d'accorder la naturalisation ou la réintégration**

dans la nationalité française, *(Décr. n° 2015-316 du 19 mars 2015, art. 8 et 11, en vigueur au plus tard le 31 mars 2016)* **« le préfet** *(Décr. n° 2023-65 du 3 févr. 2023, art. 24 et 32, en vigueur le 6 févr. 2023)* **« désigné par arrêté du ministre chargé des naturalisations en application de l'article 35** *[ancienne rédaction issue du Décr. n° 2019-1507 du 30 déc. 2019, art. 48-1° : compétent à raison de la résidence du demandeur » ou, à Paris, le préfet de police]* **» émet une proposition en ce sens. Le dossier assorti de cette proposition est transmis au ministre chargé des naturalisations dans les six mois** *[ancienne rédaction : le préfet ou, à Paris, le préfet de police transmet au ministre chargé des naturalisations le dossier assorti de sa proposition dans les six mois]* **» suivant la délivrance du récépissé prévu** *(Décr. n° 2019-1507 du 30 déc. 2019, art. 48-2°)* **« par l'article 21-25-1 du code civil** *[ancienne rédaction issue des Décr. n° 2010-725 du 29 juin 2010 et n° 2013-794 du 31 août 2013, art. 7 : à l'avant-dernier alinéa de l'article 37-1]* **». Le dossier comprend les pièces mentionnées à** *(Décr. n° 2013-794 du 30 août 2013, art. 7)* **« l'article 37-1 », le bulletin n° 2 du casier judiciaire de l'intéressé et le résultat de l'enquête mentionnée à l'article 36.**

Sur les dispositions transitoires applicables jusqu'à l'entrée en vigueur des modifications introduites par le Décr. n° 2015-316 du 19 mars 2015 et sur ces dates d'entrée en vigueur, et sur l'application des dispositions du Décr. n° 2019-1507 du 30 déc. 2019, V. note ss. art. 15.

Les dispositions introduites par l'art. 24 du Décr. n° 2023-65 du 3 févr. 2023, qui confèrent au préfet désigné par arrêté du ministre la compétence pour émettre une proposition de naturalisation ou de réintégration dans la nationalité française, sont applicables aux demandes de naturalisation ou de réintégration, qui, au 6 févr. 2023, n'ont pas fait l'objet de la proposition prévue à l'art. 46 dans sa rédaction antérieure (Décr. préc., art. 32).

Art. 47 *(Décr. n° 2010-725 du 29 juin 2010, en vigueur le 1er juill. 2010)* **Lorsque la demande a été déposée auprès d'une** *(Décr. n° 2019-1507 du 30 déc. 2019, art. 49-1°)* **« autorité diplomatique ou consulaire** *[ancienne rédaction : autorité consulaire]* **», cette autorité transmet au ministre chargé des naturalisations, dans les six mois suivant la délivrance du récépissé prévu** *(Décr. n° 2019-1507 du 30 déc. 2019, art. 49-1°)* **« par l'article 21-25-1 du code civil », le dossier assorti de son avis motivé tant sur la recevabilité de la demande que sur la suite qu'elle lui paraît devoir comporter. Cette transmission est faite par l'intermédiaire du ministre des affaires étrangères, qui joint son propre avis.**

Le dossier contient tous les documents exigés à *(Décr. n° 2013-794 du 30 août 2013, art. 7)* **« l'article 37-1 », le bulletin n° 2 du casier judiciaire de l'intéressé et le résultat de l'enquête** *(Décr. n° 2019-1507 du 30 déc. 2019, art. 49-2°)* **« et des vérifications prévues » à l'article 36.**

(Décr. n° 2019-1507 du 30 déc. 2019, art. 49-3°) **« Si au cours de l'examen du dossier une pièce fait apparaître que la demande est manifestement irrecevable, l'autorité diplomatique ou consulaire transmet le dossier en l'état, assorti de son avis motivé, au ministre chargé des naturalisations, qui statue sur la demande. »**

Sur l'application des dispositions du Décr. n° 2019-1507 du 30 déc. 2019, V. note ss. art. 15.

Ancien art. 47 (Décr. n° 2010-725 du 29 juin 2010, en vigueur le 1er juill. 2010) ***Lorsque la demande a été déposée auprès d'une autorité consulaire, cette autorité transmet au ministre chargé des naturalisations, dans les six mois suivant la délivrance du récépissé prévu à l'avant-dernier alinéa de*** (Décr. n° 2013-794 du 30 août 2013, art. 7) ***« l'article 37-1 », le dossier assorti de son avis motivé tant sur la recevabilité de la demande que sur la suite qu'elle lui paraît devoir comporter. Cette transmission est faite par l'intermédiaire du ministre des affaires étrangères, qui joint son propre avis.***

Le dossier contient tous les documents exigés à (Décr. n° 2013-794 du 30 août 2013, art. 7) ***« l'article 37-1 », le bulletin n° 2 du casier judiciaire de l'intéressé et le résultat de l'enquête prévue à l'article 36.***

Si au cours de la procédure de constitution du dossier une pièce fait apparaître que la demande est manifestement irrecevable, l'autorité consulaire transmet le dossier en l'état, assorti de son avis motivé, au ministre chargé des naturalisations, qui statue sur la demande.

Art. 48 *(Décr. n° 2010-725 du 29 juin 2010, en vigueur le 1er juill. 2010)* **Dès réception du dossier, le ministre chargé des naturalisations procède à tout complément d'enquête qu'il juge utile, portant sur la conduite et le loyalisme de l'intéressé.**

Lorsque les conditions requises par la loi sont remplies, le ministre chargé des naturalisations propose, s'il y a lieu, la naturalisation ou la réintégration dans la nationalité française. Lorsque ces conditions ne sont pas remplies, il déclare la demande irrecevable.

Si le ministre chargé des naturalisations estime qu'il n'y a pas lieu d'accorder la naturalisation ou la réintégration sollicitée, il prononce le rejet de la demande. Il peut également en prononcer l'ajournement en imposant un délai ou des conditions. Ce délai une fois expiré ou ces conditions réalisées, il appartient à l'intéressé, s'il le juge opportun, de déposer une nouvelle demande.

Art. 49 *(Décr. n° 2010-725 du 29 juin 2010, en vigueur le 1er juill. 2010)* Toute décision déclarant irrecevable, ajournant ou rejetant une demande de naturalisation ou de réintégration dans la nationalité française prise en application du présent décret est motivée conformément à l'article 27 de la loi n° 98-170 du 16 mars 1998 relative à la nationalité.

Art. 50 Le décret portant naturalisation ou réintégration dans la nationalité française comporte les nom, prénoms, date et lieu de naissance de l'intéressé et, éventuellement, de celui ou de ceux de ses enfants susceptibles *(Décr. n° 2019-1507 du 30 déc. 2019, art. 50)* « de bénéficier de l'acquisition de plein droit de la nationalité française prévue à *[ancienne rédaction : d'acquérir de plein droit la nationalité française en vertu de]* » l'article 22-1 du code civil.

Sur l'application des dispositions du Décr. n° 2019-1507 du 30 déc. 2019, V. note ss. art. 15.

Art. 51 Les décrets portant naturalisation ou réintégration dans la nationalité française sont publiés au Journal officiel de la République française. Ils prennent effet à la date de leur signature sans toutefois qu'il soit porté atteinte à la validité des actes passés par l'intéressé ni aux droits acquis par des tiers antérieurement à la publication du décret sur le fondement de l'extranéité de l'intéressé.

(Décr. n° 2023-65 du 3 févr. 2023, art. 25 et 32, en vigueur le 6 févr. 2023) « Dès la publication prévue au premier alinéa, la mesure de naturalisation est notifiée au demandeur ou, pour l'enfant mineur, à son représentant légal par le préfet du département où ils ont établi leur résidence, ou, à Paris, par le préfet de police, ou, si la résidence se trouve à l'étranger, par l'autorité diplomatique ou consulaire. La notification est effectuée au moyen du téléservice s'il a été utilisé pour présenter la demande. »

Ancien art. 51 ***Les décrets portant naturalisation ou réintégration dans la nationalité française sont publiés au Journal officiel de la République française. Ils prennent effet à la date de leur signature sans toutefois qu'il soit porté atteinte à la validité des actes passés par l'intéressé ni aux droits acquis par des tiers antérieurement à la publication du décret sur le fondement de l'extranéité de l'intéressé.***

(Décr. n° 2005-25 du 14 janv. 2005) ***« Dès la publication prévue au premier alinéa, un extrait de ces décisions et une copie des actes de l'état civil auxquelles elles ont donné lieu sont adressés à leur bénéficiaire ou, pour l'enfant mineur, à son représentant légal, par le préfet du département où ils ont établi leur résidence, ou, à Paris, par le préfet de police, ou, si la résidence se trouve à l'étranger, par*** *(Décr. n° 2019-1507 du 30 déc. 2019, art. 51)* ***« l'autorité diplomatique ou consulaire*** *[ancienne rédaction : l'autorité consulaire]* ***». »***

Sur l'application des dispositions du Décr. n° 2019-1507 du 30 déc. 2019, V. note ss. art. 15.

Art. 52 *(Décr. n° 2009-1671 du 28 déc. 2009)* La preuve d'un décret de naturalisation ou de réintégration dans la nationalité française résulte de la production de l'ampliation de ce décret *(Décr. n° 2019-1507 du 30 déc. 2019, art. 52)* « ou de la production de la copie intégrale de l'acte de naissance de l'intéressé ou de l'extrait de celui-ci avec indication de la filiation, *[ancienne rédaction :. Lorsque cette pièce ne peut être produite, il peut y être suppléé par la production de la copie intégrale de l'acte de naissance de l'intéressé, de l'extrait de cet acte ou du livret de famille]* » délivrés par les autorités françaises, sur lesquels figure la mention du décret de naturalisation ou de réintégration dans la nationalité française en application de l'article 28 du code civil ou, à défaut, par la production d'une attestation constatant l'existence du décret, délivrée par le ministre chargé des naturalisations à la demande de l'intéressé, de son représentant légal ou des administrations publiques françaises.

Sur l'application des dispositions du Décr. n° 2019-1507 du 30 déc. 2019, V. note ss. art. 15.

TITRE VI DES DEMANDES TENDANT À OBTENIR L'AUTORISATION DE PERDRE LA QUALITÉ DE FRANÇAIS PAR DÉCRET

Art. 53 Toute demande en vue d'obtenir l'autorisation de perdre la qualité de Français en vertu de l'article 23-4 du code civil est adressée au ministre chargé des naturalisations.

(Décr. n° 2019-1507 du 30 déc. 2019, art. 53-1°) « A l'étranger, elle est déposée auprès de l'autorité diplomatique ou consulaire compétente en vertu de l'arrêté du ministre des affaires étrangères mentionné à l'article 4. »

Lorsque le *(Décr. n° 2019-1507 du 30 déc. 2019, art. 53-2°)* « demandeur » réside en France, le préfet *(Décr. n° 2015-316 du 19 mars 2015, art. 9 et 11, en vigueur au plus tard le 31 mars 2016)* « désigné selon le département de résidence de l'intéressé par arrêté du ministre chargé des naturalisations », à Paris, *[et]* le préfet de police ont qualité pour recevoir sa demande.

(Décr. n° 2023-65 du 3 févr. 2023, art. 26 et 32, en vigueur le 6 févr. 2023) « Lorsque l'intéressé réside dans un département, une collectivité ou un pays figurant sur une liste fixée par arrêté du

ministre chargé des naturalisations, les demandes tendant à obtenir l'autorisation de perdre la qualité de Français par décret sont présentées au moyen du téléservice mentionné à l'article 5. »

Sur les dispositions transitoires applicables jusqu'à l'entrée en vigueur des modifications introduites par le Décr. n° 2015-316 du 19 mars 2015 et sur ces dates d'entrée en vigueur, et sur l'application des dispositions du Décr. n° 2019-1507 du 30 déc. 2019, V. note ss. art. 15.

Ancien art. 53 ***Toute demande en vue d'obtenir l'autorisation de perdre la qualité de Français en vertu de l'article 23-4 du code civil est adressée au ministre chargé des naturalisations.***

(Décr. n° 2005-25 du 14 janv. 2005) ***« A l'étranger, elle est déposée auprès de l'autorité consulaire compétente en vertu de l'arrêté du ministre des affaires étrangères mentionné au deuxième alinéa de l'article 10 du présent décret. »***

Lorsque le postulant réside en France, le préfet *(Décr. n° 2015-316 du 19 mars 2015, art. 9 et 11, en vigueur au plus tard le 31 mars 2016)* ***« du département où il a établi sa résidence », à Paris,*** *[et]* ***le préfet de police ont qualité pour recevoir sa demande.***

Art. 54 *(Décr. n° 2023-65 du 3 févr. 2023, art. 27 et 32, en vigueur le 6 févr. 2023)* La demande, les actes de l'état civil et les documents de nature à justifier dans les conditions prévues par l'article 11 que l'intéressé possède la nationalité française et une nationalité étrangère sont déposés, selon les mêmes conditions de recevabilité que celles prévues par l'article 9, auprès de l'autorité désignée à l'article précédent et adressés par elle, accompagnés d'un rapport et d'un avis motivé, au ministre chargé des naturalisations par l'intermédiaire, le cas échéant, du ministre des affaires étrangères ou du ministre chargé de l'outre-mer. Lorsque le demandeur réside en France, l'avis motivé est émis par le préfet désigné par arrêté du ministre chargé des naturalisations en application de l'article 35.

Ancien art. 54 ***La demande, les actes de l'état civil et les documents de nature à justifier que l'intéressé possède*** *(Décr. n° 2019-1507 du 30 déc. 2019, art. 54-1°)* ***« la nationalité française et » une nationalité étrangère sont déposés auprès de l'autorité désignée à l'article précédent et adressés par elle, accompagnés d'un rapport et d'un avis motivé, au ministre chargé des naturalisations par l'intermédiaire, le cas échéant, du ministre des affaires étrangères ou du ministre chargé des départements et territoires d'outre-mer.*** *(Décr. n° 2015-316 du 19 mars 2015, art. 10 et 11, en vigueur au plus tard le 31 mars 2016)* ***« Lorsque le*** *(Décr. n° 2019-1507 du 30 déc. 2019, art. 54-2°)* ***« demandeur » réside en France, l'avis motivé est émis par le préfet du département de résidence ou, à Paris, par le préfet de police. »***

Sur les dispositions transitoires applicables jusqu'à l'entrée en vigueur des modifications introduites par le Décr. n° 2015-316 du 19 mars 2015 et sur ces dates d'entrée en vigueur, et sur l'application des dispositions du Décr. n° 2019-1507 du 30 déc. 2019, V. note ss. art. 15.

Art. 55 Le ministre chargé des naturalisations propose, s'il y a lieu, d'autoriser le demandeur à perdre la qualité de Français.

(Décr. n° 98-720 du 20 août 1998) « Si le ministre chargé des naturalisations estime qu'il n'y a pas lieu d'accorder l'autorisation de perdre la qualité de Français, il prononce le rejet de la demande par décision motivée, notifiée à l'intéressé, conformément à l'article 27 de la loi n° 98-170 du 16 mars 1998 relative à la nationalité. »

Art. 56 *(Abrogé par Décr. n° 2019-1507 du 30 déc. 2019, art. 55)* ***La personne qui sollicite l'autorisation de perdre la nationalité française en application des dispositions de l'article 2 de la convention du Conseil de l'Europe du 6 mai 1963 doit produire tous documents permettant de justifier d'une résidence habituelle dans un pays partie à cette convention ainsi que les documents visés à l'article 54 du présent décret.***

Sur l'application des dispositions du Décr. n° 2019-1507 du 30 déc. 2019, V. note ss. art. 15.

Art. 57 Les décrets portant autorisation de perdre la nationalité française sont publiés au *Journal officiel* de la République française. Ils prennent effet à la date de leur signature sans toutefois qu'il soit porté atteinte à la validité des actes passés par l'intéressé ni aux droits acquis par des tiers antérieurement à la publication du décret sur le fondement de la nationalité française de l'intéressé.

Art. 58 La preuve de la perte de la nationalité française est rapportée dans les mêmes conditions que celles prévues à l'article 52.

TITRE VII **DE LA PERTE, DE LA DÉCHÉANCE DE LA NATIONALITÉ FRANÇAISE ET DU RETRAIT DES DÉCRETS DE NATURALISATION OU DE RÉINTÉGRATION DANS LA NATIONALITÉ FRANÇAISE PAR DÉCISION DE L'AUTORITÉ PUBLIQUE**

(Décr. n° 2019-1507 du 30 déc. 2019, art. 56).

Art. 59 Lorsque le Gouvernement décide de faire application de l'article 23-7 du code civil, il notifie à l'intéressé, en la forme administrative ou par lettre recommandée avec demande d'avis de réception, les motifs de droit et de fait justifiant qu'il *(Décr. n° 2019-1507 du 30 déc. 2019, art. 57-1°)* « pourra être déclaré avoir perdu la qualité de Français *[ancienne rédaction : ait perdu la qualité de Français]* ».

A défaut de domicile connu, un avis informatif est publié au *Journal officiel* de la République française.

L'intéressé dispose d'un délai d'un mois à dater de la notification ou de la publication de l'avis au *Journal officiel* pour faire parvenir au ministre chargé des naturalisations ses observations en défense.

Après l'expiration de ce délai, le Gouvernement peut déclarer, par décret motivé pris sur avis conforme du Conseil d'État, que l'intéressé a perdu la qualité de *(Décr. n° 2019-1507 du 30 déc. 2019, art. 57-2°)* « Français ».

(Décr. n° 2023-65 du 3 févr. 2023, art. 28 et 32, en vigueur le 6 févr. 2023) « A l'occasion de la notification prévue au premier alinéa, l'autorité administrative peut solliciter l'accord de l'intéressé pour que la procédure se poursuive au moyen du téléservice mentionné à l'article 5, selon les modalités prévues par cet article et précisées par arrêté du ministre chargé des naturalisations. Si cet accord est donné, les communications entre l'administration et l'intéressé sont effectuées par voie électronique au moyen du téléservice. Toutefois, le décret pris, le cas échéant, au terme de la procédure lui est notifié en la forme administrative ou par lettre recommandée avec demande d'avis de réception. »

Sur l'application des dispositions du Décr. n° 2019-1507 du 30 déc. 2019, V. note ss. art. 15.

Art. 60 Lorsque le Gouvernement décide de faire application de l'article 23-8 du code civil, il adresse à l'intéressé l'injonction prévue par cet article, en précisant les motifs de droit et de fait qui la justifient.

L'injonction est notifiée en la forme administrative ou par lettre recommandée avec demande d'avis de réception.

A défaut de domicile connu, un avis informatif est publié au *Journal officiel* de la République française.

A l'expiration du délai prévu par l'injonction, la perte de la nationalité française peut être déclarée, par décret motivé, dans les conditions prévues par l'article 23-8 précité.

(Décr. n° 2023-65 du 3 févr. 2023, art. 29 et 32, en vigueur le 6 févr. 2023) « A l'occasion de la notification prévue au deuxième alinéa, l'autorité administrative peut solliciter l'accord de l'intéressé pour que la procédure se poursuive au moyen du téléservice mentionné à l'article 5, selon les modalités prévues par cet article et précisées par arrêté du ministre chargé des naturalisations. Si cet accord est donné, les communications entre l'administration et l'intéressé sont effectuées par voie électronique au moyen du téléservice. Toutefois, le décret pris, le cas échéant, au terme de la procédure lui est notifié en la forme administrative ou par lettre recommandée avec demande d'avis de réception. »

Art. 61 Lorsque le Gouvernement décide de faire application des articles 25 et 25-1 du code civil, il notifie les motifs de droit et de fait justifiant *(Décr. n° 2019-1507 du 30 déc. 2019, art. 58)* « que la déchéance de la nationalité française pourra être prononcée », en la forme administrative ou par lettre recommandée avec demande d'avis de réception.

A défaut de domicile connu, un avis informatif est publié au *Journal officiel* de la République française.

L'intéressé dispose d'un délai d'un mois à dater de la notification ou de la publication de l'avis au *Journal officiel* pour faire parvenir au ministre chargé des naturalisations ses observations en défense.

A l'expiration de ce délai, le Gouvernement peut déclarer, par décret motivé pris sur avis conforme du Conseil d'État, que l'intéressé est déchu de la nationalité française.

(Décr. n° 2023-65 du 3 févr. 2023, art. 30 et 32, en vigueur le 6 févr. 2023) « A l'occasion de la notification prévue au premier alinéa, l'autorité administrative peut solliciter l'accord de l'intéressé pour que la procédure se poursuive au moyen du téléservice mentionné à l'article 5, selon les modalités prévues par cet article et précisées par arrêté du ministre chargé des naturalisations. Si cet accord est donné, les communications entre l'administration et l'intéressé sont effectuées par voie électronique au moyen du téléservice. Toutefois, le décret

pris, le cas échéant, au terme de la procédure lui est notifié en la forme administrative ou par lettre recommandée avec demande d'avis de réception. »

Sur l'application des dispositions du Décr. n° 2019-1507 du 30 déc. 2019, V. note ss. art. 15.

Art. 62 Lorsque le Gouvernement a l'intention de retirer, en application de l'article 27-2 du code civil, un décret de naturalisation ou de réintégration dans la nationalité française, la procédure fixée à l'article 59 du présent décret est applicable.

Art. 63 Les décrets portant perte ou déchéance de la nationalité française et les décrets rapportant un décret de naturalisation ou de réintégration dans la nationalité française sont publiés au *Journal officiel* de la République française.

Ils prennent effet à la date de leur signature, sans toutefois qu'il soit porté atteinte à la validité des actes passés par l'intéressé ni aux droits acquis par des tiers antérieurement à la publication du décret sur le fondement de la nationalité française de l'intéressé.

Art. 64 *(Décr. n° 2019-1507 du 30 déc. 2019, art. 59)* La preuve de l'existence d'un décret de perte ou de déchéance de la nationalité française ou d'un décret rapportant un décret de naturalisation ou de réintégration dans la nationalité française résulte de la production soit de l'ampliation de ce décret, soit de la production de la copie intégrale de l'acte de naissance de l'intéressé ou de l'extrait de celui-ci avec indication de la filiation, sur lesquels figure la mention du décret de perte ou de déchéance de la nationalité française ou du décret rapportant le décret de naturalisation ou de réintégration dans la nationalité française.

A défaut, elle peut résulter de la production d'une attestation constatant l'existence du décret, délivrée par le ministre chargé des naturalisations, à la demande de l'intéressé, de son représentant légal, ou des administrations publiques françaises.

Sur l'application des dispositions du Décr. n° 2019-1507 du 30 déc. 2019, V. note ss. art. 15.

Ancien art. 64 ***La preuve de l'existence d'un décret de perte ou de déchéance de la nationalité française ou d'un décret rapportant un décret de naturalisation ou de réintégration dans la nationalité française résulte de la production soit de l'ampliation de ce décret, soit d'un exemplaire du Journal officiel où le décret a été publié. Lorsque ces pièces ne peuvent être produites, il peut y être suppléé par une attestation constatant l'existence du décret, délivrée par le ministre chargé des naturalisations, à la demande de l'intéressé, de son représentant légal, de ses parents ou alliés ou des administrations publiques françaises ou, à défaut, par la production de*** *(Décr. n° 98-720 du 20 août 1998)* ***« la copie intégrale de l'acte de naissance de l'intéressé, l'extrait de cet acte ou le livret de famille sur lesquels » figure la mention du décret de perte ou de déchéance de la nationalité française ou du décret rapportant le décret de naturalisation ou de réintégration dans la nationalité française.***

TITRE VIII **DISPOSITIONS DIVERSES ET TRANSITOIRES** *(Décr. n° 2019-1507 du 30 déc. 2019, art. 60).*

Art. 65 Est assimilé à la résidence en France pour l'application de l'article 21-26 du code civil le séjour dans la Principauté de Monaco.

Art. 66 *(Modifie C. pr. civ., art. 1040).* — **C. pr. civ.**

Art. 67 à 69 *V. Décr. n° 80-308 du 25 avr. 1980, art. 4 et 6, ss. art. 98-4.*

Art. 70 *(Décr. n° 2005-25 du 14 janv. 2005, art. 17)* « Pour l'application des dispositions du présent décret dans les collectivités d'outre-mer ainsi qu'en Nouvelle-Calédonie, les mots : *(Décr. n° 2019-913 du 30 août 2019, art. 33, en vigueur le 1er janv. 2020)* « directeur des *(Décr. n° 2019-1507 du 30 déc. 2019, art. 61-10°)* « services de greffe judiciaires » du tribunal judiciaire » sont remplacés par : "président du tribunal de première instance ou juge chargé de la section détachée". »

Sont substitués au mot "préfet" les mots *(Abrogé par Décr. n° 2011-338 du 29 mars 2011, art. 13-II)* ***« "représentant du Gouvernement" à Mayotte »***, "haut-commissaire de la République" en Nouvelle-Calédonie et en Polynésie française et "administrateur supérieur" à Wallis-et-Futuna *(Décr. n° 2005-25 du 14 janv. 2005)* « et dans les Terres australes et *(Décr. n° 2019-1507 du 30 déc. 2019, art. 61-2°)* « antarctiques » françaises ». — *V. aussi Décr. n° 98-720 du 20 août 1998, portant application de la loi n° 98-170 du 16 mars 1998, art. 32.*

Art. 70-1 *(Décr. n° 2023-65 du 3 févr. 2023, art. 31 et 32, en vigueur le 6 févr. 2023)* Pour l'application de l'article 13-1 dans les collectivités régies par les articles 73 et 74 de la Constitution ainsi qu'en Nouvelle-Calédonie, les références aux règlements (UE) n° 2017/2226 du 30 novembre 2017 et (UE) n° 2018/1240 du 12 septembre 2018 du Parlement et du Conseil sont remplacées par des références aux règles applicables en métropole en vertu des règlements (UE) n° 2017/2226 du 30 novembre 2017 et (UE) n° 2018/1240 du 12 septembre 2018 du Parlement et du Conseil.

Art. 71 *(Abrogé par Décr. n° 2019-1507 du 30 déc. 2019, art. 62)* ***L'article 66 du présent décret est applicable à Mayotte.***

V. note ss. art. 15.

Art. 72 Les personnes visées à l'article 53 de la loi du 22 juillet 1993 susvisée et autorisées par le ministre chargé des naturalisations à souscrire, dans le délai de six mois suivant cette autorisation, la déclaration de réintégration dans la nationalité française prévue à l'article 153 du code de la nationalité française doivent produire à l'appui de cette déclaration les mêmes documents que ceux visés aux 1°, 2°, 3°, 4° et 5° de l'article 20 du présent décret.

Art. 73 Les tribunaux judiciaires primitivement saisis de contestations sur la nationalité française ou étrangère des personnes physiques demeurent compétents pour connaître des procédures introduites antérieurement au 1er janvier 1994.

Art. 74 Les tribunaux judiciaires primitivement saisis de demandes d'acquisition ou de perte de la nationalité française par déclaration et de demandes de délivrance de certificats de nationalité française demeurent compétents pour connaître de ces procédures lorsqu'elles ont été introduites antérieurement au 1er janvier 1994.

Art. 75 Sont abrogés :

1° L'article 3 du décret n° 59-682 du 5 mai 1959 portant application de l'ordonnance n° 59-64 du 7 janvier 1959 modifiant certaines dispositions du code de la nationalité française ;

2° Le décret n° 73-643 du 10 juillet 1973 relatif aux formalités qui doivent être observées dans l'instruction des déclarations de nationalité, des demandes de naturalisation ou de réintégration, des demandes tendant à obtenir l'autorisation de perdre la qualité de Français, ainsi qu'aux décisions de perte et de déchéance de la nationalité française ;

3° Le décret n° 73-1235 du 28 décembre 1973 relatif aux formalités qui doivent être observées dans la souscription des déclarations tendant à décliner la nationalité française prévues à l'article 25 de la loi n° 73-42 du 9 janvier 1973 ;

4° Le décret n° 84-785 du 16 août 1984 relatif aux formalités qui doivent être observées dans l'instruction des déclarations de nationalité, des demandes de naturalisation ou de réintégration, des demandes tendant à obtenir l'autorisation de perdre la qualité de français ainsi qu'aux décisions de perte et de déchéance de la nationalité française.

Loi n° 98-170 du 16 mars 1998,

Relative à la nationalité.

CHAPITRE I *DISPOSITIONS MODIFIANT LE CODE CIVIL*

Art. 1er à 23 *V. C. civ., art. 19-1, 20-4, 20-5, 21-2, 21-7 à 21-12, 21-19, 21-25-1, 21-26, 21-27, 22-1, 23-2, 23-5, 24-2, 25, 26, 26-3 à 26-5, 28, 28-1.*

CHAPITRE II *DISPOSITIONS TRANSITOIRES ET DIVERSES*

Art. 24 *V. L. n° 61-1408 du 22 déc. 1961, art. 7.*

Art. 25 *V. L. n° 73-42 du 9 janv. 1973, art. 23.*

Art. 26 Les dossiers administratifs de nationalité sont communicables selon les modalités prévues à l'article 6 *bis* de la loi n° 78-753 du 17 juillet 1978 portant diverses mesures d'amélioration des relations entre l'administration et le public et diverses dispositions d'ordre administratif, social et fiscal. – *V. désormais CRPA, art. L. 311-1 s.* – ***CRPA.***

Art. 27 Toute décision déclarant irrecevable, ajournant ou rejetant une demande de naturalisation ou de réintégration par décret ainsi qu'une autorisation de perdre la nationalité française doit être motivée selon les modalités prévues à l'article 3 de la loi n° 79-587 du 11 juillet 1979 relative à la motivation des actes administratifs et à l'amélioration des relations entre l'administration et le public. – *V. désormais CRPA, art. L. 211-5.* – ***CRPA.***

Art. 28 *V. C. serv. nat., art. L. 15 et L. 16.* – ***C. serv. nat.***

Art. 29 *Disposition abrogée et codifiée par Ord. n° 2004-1248 du 24 nov. 2004, art. 4-4°, au CESEDA, art. L. 321-3.*

Art. 30 et 31 *V. C. serv. nat., art. L. 40-1 et L. 113-3.* – ***C. serv. nat.***

Art. 32 Les manifestations de volonté souscrites en application de l'article 21-7 du code civil, dans sa rédaction issue de la loi n° 93-933 du 22 juillet 1993 réformant le droit de la nationalité avant la date d'entrée en vigueur de la présente loi, demeurent régies par les dispositions du code civil applicables à la date de leur souscription.

Art. 33 Les personnes nées en France de parents étrangers qui, à la date d'entrée en vigueur de la présente loi, sont âgées de plus de dix-huit ans et de moins de vingt et un ans et ont leur résidence en France acquièrent à cette date la nationalité française si elles ont eu leur résidence habituelle en France pendant une période continue ou discontinue d'au moins cinq ans, depuis l'âge de onze ans, à moins qu'elles ne déclinent cette qualité dans le délai d'un an à compter de l'entrée en vigueur de la présente loi, par déclaration souscrite conformément aux articles 26 et suivants du code civil. – *V. Décr. n° 98-720 du 20 août 1998, art. 30, ci-dessous.*

Les personnes nées en France de parents étrangers qui, à la date de l'entrée en vigueur de la présente loi, sont âgées de plus de dix-huit ans et de moins de vingt et un ans et ont leur résidence en France, mais qui ne remplissent pas la condition de résidence habituelle en France de cinq années prévues à l'article 21-7 du code civil, pourront, lorsqu'elles rempliront cette condition et au plus tard à l'âge de vingt et un ans, réclamer la nationalité française par déclaration souscrite conformément aux articles 26 et suivants du code civil. – *V. Décr. n° 98-720 du 20 août 1998, art. 31, ci-dessous.*

Les personnes nées en France de parents étrangers qui, à la date de l'entrée en vigueur de la présente loi, sont âgées de plus de seize ans et de moins de dix-huit ans et ont leur résidence en France, mais qui ne rempliront pas à leur majorité la condition de résidence habituelle en France de cinq années prévues à l'article 21-7 du code civil, pourront, lorsqu'elles rempliront cette condition et au plus tard à l'âge de vingt et un ans, réclamer la nationalité française par déclaration souscrite conformément aux articles 26 et suivants du code civil. – *V. Décr. n° 98-720 du 20 août 1998, art. 31, ci-dessous.*

Les dispositions du présent article ne sont pas applicables à l'étranger majeur qui a fait l'objet, pour des faits commis entre l'âge de dix-huit ans et celui de vingt et un ans, de l'une des condamnations pénales prévues à l'article 21-8 du code civil dans sa rédaction issue de la loi n° 93-933 du 22 juillet 1993 précitée.

Art. 34 Les personnes nées en France de parents étrangers qui, à la date de l'entrée en vigueur de la présente loi, sont âgées de plus de vingt et un ans et qui n'ont pas souscrit la manifestation de volonté prévue à l'article 21-7 du code civil dans sa rédaction issue de la loi n° 93-933 du 22 juillet 1993 précitée conservent le bénéfice de la dispense de stage prévue au 7° de l'article 21-19 du code civil dans sa rédaction issue de la même loi.

Art. 35 La présente loi est applicable dans les territoires d'outre-mer et à Mayotte dans les conditions prévues au chapitre VIII du titre I *bis* du livre I du code civil.

Art. 36 Les dispositions de la présente loi entreront en vigueur le premier jour du sixième mois suivant sa publication au *Journal officiel* de la République française. – *Publication : JO 17 mars 1998 ; entrée en vigueur : 1er sept. 1998.*

Pour l'application de cette loi, V. Décr. n° 98-720 du 20 août 1998, ci-dessous.

Décret n° 98-720 du 20 août 1998,

Portant application de la loi n° 98-170 du 16 mars 1998 relative à la nationalité et relatif aux déclarations, demandes, décisions et mentions en matière de nationalité française.

Art. 1er à 23 *(Modifications du Décr. n° 93-1362 du 30 déc. 1993.)*

Art. 24 à 29 *(Modifications des Décr. nos 53-914 du 26 sept. 1953 [abrogé], 62-921 du 3 août 1962, 74-449 du 15 mai 1974, ss. art. 54 C. civ., et du Décr. n° 80-308 du 25 avr. 1980, ss. art. 98-4 C. civ.)*

TITRE III *DISPOSITIONS TRANSITOIRES ET DIVERSES*

Art. 30 La faculté de décliner la qualité de Français ouverte par le premier alinéa de l'article 33 de la loi du 16 mars 1998 susvisée *[n° 98-170, ci-dessus]* s'exerce par une déclaration souscrite par la personne intéressée et accompagnée des pièces suivantes :

1° L'extrait de son acte de naissance ;

2° Un certificat délivré par les autorités du pays dont elle se réclame établissant qu'elle a la nationalité de ce pays ;

3° Tous documents émanant des bureaux du service national établissant qu'elle n'a pas contracté d'engagement dans les armées françaises ou, lorsqu'elle est soumise aux obligations du livre II du code du service national, qu'elle n'a pas participé volontairement aux opérations de recensement en vue de l'accomplissement du service national.

Art. 31 Pour souscrire les déclarations prévues aux deuxième et troisième alinéas de l'article 33 de la loi du 16 mars 1998 précitée, le déclarant doit fournir les pièces suivantes :

1° L'extrait de son acte de naissance ;

2° Tous documents prouvant qu'il réside en France à la date de sa déclaration et qu'il a eu sa résidence habituelle en France pendant une période continue ou discontinue d'au moins cinq ans, depuis l'âge de onze ans ;

3° Le cas échéant, la copie intégrale des actes de naissance de ses enfants mineurs étrangers qui résident avec lui de manière habituelle ou alternativement dans le cas de séparation ou de divorce ainsi que les pièces de nature à établir cette résidence.

Art. 32 Les dispositions du présent décret sont applicables dans les conditions prévues au chapitre VIII du titre I *bis* du livre I du code civil en Nouvelle-Calédonie et, à l'exception de l'article 26, dans les autres territoires d'outre-mer et dans le département de Mayotte.

Décret n° 2009-1671 du 28 décembre 2009,

Sur l'expérimentation de la déconcentration des décisions individuelles relatives aux demandes d'acquisition de la nationalité française.

V. Arr. du 28 déc. 2009, infra ; Circ. IMIC1000101C du 9 févr. 2010 relative à la déconcentration à titre expérimental de la procédure d'acquisition de la nationalité française par décision de l'autorité publique. — V. sur https://www.interieur.gouv.fr/.

SECTION 1 *Dispositions relatives à la déconcentration, à titre expérimental, de certaines décisions en matière de naturalisation et de réintégration dans la nationalité française*

Art. 1er Afin d'expérimenter la déconcentration de certaines décisions en matière de naturalisation et de réintégration dans la nationalité française, il est dérogé aux dispositions du décret du 30 décembre 1993 susvisé dans les conditions fixées à l'article 2.

Les dispositions de la présente section s'appliquent dans les départements désignés par arrêté conjoint du ministre chargé des naturalisations et du ministre de l'intérieur, pour une période de six mois, prorogeable dans la limite d'une nouvelle durée de six mois. La date d'entrée en vigueur de l'expérimentation est fixée par le même arrêté et ne peut intervenir après l'expiration du deuxième mois suivant celui de la publication du présent décret. — *V. Arr. du 28 déc. 2009 (JO 30 déc.).*

Sont soumises aux dispositions de la présente section les demandes de naturalisation ou de réintégration n'ayant pas fait l'objet, à la date d'entrée en vigueur de l'expérimentation, de la transmission mentionnée aux articles 44 et 45 du décret du 30 décembre 1993 susvisé.

Au plus tard un mois avant l'expiration de la période d'expérimentation, le ministre chargé des naturalisations adresse au Premier ministre un rapport en dressant le bilan.

Art. 2 I. — Le préfet ou, à Paris, le préfet de police auprès duquel le dépôt de la demande a été effectué examine si les conditions requises par la loi sont remplies.

Si les conditions requises par la loi ne sont pas remplies, le préfet ou, à Paris, le préfet de police déclare la demande irrecevable.

Si, dès la procédure de constitution du dossier, une pièce fait apparaître que la demande est manifestement irrecevable, une décision constatant l'irrecevabilité de la demande peut intervenir sans qu'il soit besoin de procéder à l'entretien mentionné à l'article 43 du décret du 30 décembre 1993 susvisé. Si les motifs de l'irrecevabilité disparaissent, l'intéressé peut déposer une nouvelle demande.

II. — Lorsqu'il estime que la demande est recevable et qu'il y a lieu d'accorder la naturalisation ou la réintégration dans la nationalité française, le préfet ou, à Paris, le préfet de police transmet au ministre chargé des naturalisations le dossier assorti de sa proposition dans les six mois suivant la délivrance du récépissé prévu à l'avant-dernier alinéa de l'article 37 du décret du 30 décembre 1993 susvisé. Le dossier comprend les pièces mentionnées à l'article 37, le bulletin n° 2 du casier judiciaire de l'intéressé et le résultat de l'enquête mentionnée à l'article 36 du même décret.

III. – Lorsque le préfet ou, à Paris, le préfet de police estime, même si la demande est recevable, qu'il n'y a pas lieu d'accorder la naturalisation ou la réintégration sollicitée, il prononce le rejet de la demande.

Il peut également en prononcer l'ajournement en imposant un délai ou des conditions. Ce délai une fois expiré ou ces conditions réalisées, il appartient à l'intéressé, s'il le souhaite, de déposer une nouvelle demande.

IV. – Les décisions du préfet ou, à Paris, du préfet de police sont transmises sans délai au ministre chargé des naturalisations.

V. – Les décisions du préfet ou, à Paris, du préfet de police peuvent faire l'objet, dans les deux mois suivant leur notification, d'un recours auprès du ministre chargé des naturalisations, qui statue par décision motivée dans les délais fixés par l'article 21-25-1 du code civil, à l'exclusion de tout autre recours administratif.

Ce recours, pour lequel le demandeur peut se faire assister ou être représenté par toute personne de son choix, doit exposer les raisons pour lesquelles le réexamen de la demande est sollicité et constitue un préalable obligatoire à l'exercice d'un recours contentieux, à peine d'irrecevabilité de ce dernier.

VI. – Saisi d'une proposition de naturalisation ou de réintégration dans la nationalité française dans les conditions mentionnées au II, le ministre chargé des naturalisations examine si les conditions requises par la loi sont remplies.

Dans la négative, il déclare la demande irrecevable.

Dans l'affirmative et s'il estime qu'il y a lieu de suivre la proposition, le ministre soumet au Premier ministre le décret de naturalisation ou de réintégration dans la nationalité française. S'il estime qu'il n'y a pas lieu de suivre la proposition, il rejette la demande ou en prononce l'ajournement.

VII. – Les décisions prises en application du présent article sont motivées conformément aux dispositions de l'article 27 de la loi du 16 mars 1998 susvisée.

Art. 3 Dans le cadre de l'expérimentation conduite en application de l'article 1er, il est dérogé aux dispositions du code de justice administrative dans les conditions suivantes :

1° Par dérogation aux dispositions de l'article R. 312-1, le tribunal administratif de Nantes est compétent pour connaître des recours dirigés contre les décisions mentionnées à l'article 2 du présent décret ;

2° Par dérogation aux dispositions de l'article R. 431-10, l'État est représenté en défense par le ministre chargé des naturalisations dans toutes les instances relatives aux décisions mentionnées à l'article 2 du présent décret.

....

Arrêté du 28 décembre 2009,

Fixant la date d'application des dispositions expérimentales du décret n° 2009-1671 du 28 décembre 2009 et désignant les départements relevant de cette expérimentation.

Art. 1er Les départements mentionnés au deuxième alinéa de l'article 1er du décret du 28 décembre 2009 susvisé sont les suivants :

– Bouches-du-Rhône ;
– Hérault ;
– Isère ;
– Loire-Atlantique ;
– Loiret ;
– Moselle ;
– Nord ;
– Oise ;
– Orne ;
– Pas-de-Calais ;
– Puy-de-Dôme ;
– Hautes-Pyrénées ;
– Pyrénées-Orientales ;
– Rhône ;
– Paris ;
– Seine-Maritime ;
– Seine-et-Marne ;
– Yvelines ;
– Seine-Saint-Denis ;
– Val-de-Marne ;

– Val-d'Oise.

La date mentionnée au deuxième alinéa de l'article 1er du décret du 28 décembre 2009 précité est fixée au 1er janvier 2010.

Décret n° 2013-795 du 30 août 2013,

Modifiant l'article 26 du code civil et tendant à expérimenter de nouvelles modalités d'instruction des demandes de naturalisation et de réintégration ainsi que des déclarations de nationalité souscrites à raison du mariage.

CHAPITRE II *EXPÉRIMENTATION DE NOUVELLES MODALITÉS D'INSTRUCTION DES DEMANDES DE NATURALISATION ET DE RÉINTÉGRATION AINSI QUE DES DÉCLARATIONS DE NATIONALITÉ À RAISON DU MARIAGE*

SECTION 1 *Dispositions communes*

Art. 2 A titre expérimental, il est dérogé aux articles 10, 15, 36, 37-1 et 40 à 44 du décret du 30 décembre 1993 susvisé afin de permettre :

1° Dans les conditions fixées par la section 2, une instruction interdépartementale des déclarations de nationalité par mariage et des demandes de naturalisation et réintégration ;

2° Dans les conditions fixées par la section 3, le déroulement des entretiens prévus aux articles 15 et 41 du même décret devant une commission.

Art. 3 Ces expérimentations sont menées dans les départements désignés par arrêté du ministre chargé des naturalisations. – *V. Arr. du 30 août 2013, infra.*

Elles s'achèvent le 31 *(Décr. n° 2014-994 du 1er sept. 2014, art. 1er)* « mars 2015 ».

Chacune d'entre elles commence à une date fixée par l'arrêté prévu au premier alinéa et qui ne pourra être postérieure au 1er janvier 2014.

Le ou les départements faisant l'objet des dispositions de la section 3 sont choisis parmi ceux qui, en application de la section 2, assurent, pour le compte d'autres départements, la réception et l'instruction des déclarations de nationalité par mariage et des demandes de naturalisation et de réintégration.

Art. 4 Relèvent des expérimentations prévues à l'article 2 les procédures de réception et d'instruction afférentes :

1° A toute déclaration de nationalité souscrite, au titre de l'article 21-2 du code civil, par un déclarant résidant dans l'un des départements désignés par l'arrêté prévu à l'article 3, lorsque cette déclaration n'a pas fait l'objet, à la date d'entrée en vigueur de l'expérimentation, de l'avis motivé mentionné au dernier alinéa de l'article 15 du décret du 30 décembre 1993 susvisé ;

2° A toute demande de naturalisation ou de réintégration déposée par un postulant résidant dans l'un des départements désignés par l'arrêté prévu à l'article 3, lorsque cette demande n'a fait l'objet, à la date d'entrée en vigueur de l'expérimentation, d'aucune des mesures suivantes :

a) Classement sans suite en application du quatrième alinéa de l'article 35 du décret du 30 décembre 1993 susvisé ou du second alinéa de l'article 40 du même décret ;

b) Déclaration d'irrecevabilité en application du deuxième alinéa de l'article 43 du même décret ;

c) Rejet en application du premier alinéa de l'article 44 du même décret ;

d) Ajournement en application du deuxième alinéa de l'article 44 du même décret ;

e) Transmission au ministre chargé des naturalisations en application de l'article 46 du même décret.

SECTION 2 *Instruction interdépartementale des déclarations de nationalité et demandes de naturalisation et réintégration*

Art. 5 Pour chaque groupe de départements déterminé par l'arrêté prévu à l'article 3, cet arrêté désigne la préfecture dont les services compétents en matière de nationalité seront chargés, pour le compte des autres préfectures de ce groupe de départements, de la réception et de l'instruction :

1° Des déclarations satisfaisant aux conditions énoncées au 1° de l'article 4, en particulier de l'enquête mentionnée au premier alinéa de l'article 15 du décret du 30 décembre 1993 susvisé ;

2° Des demandes satisfaisant aux conditions énoncées au 2° de l'article 4, en particulier de la délivrance des récépissés mentionnés à l'article 37-1 du décret du 30 décembre 1993 susvisé, de l'enquête prévue à l'article 36 du même décret et de l'entretien prévu à son article 41.

Art. 6 Sont avisées, en tant que de besoin, de ce qu'elles doivent accomplir leurs démarches auprès de la préfecture compétente au titre de l'expérimentation, pour la réception et l'instruction de leurs déclarations ou demandes, les personnes qui, avant l'expérimentation ou au cours de celle-ci :

1° Ont souscrit ou souscrivent, auprès du préfet de leur département de résidence, une déclaration de nationalité à raison du mariage ;

2° Ont déposé ou déposent, auprès du préfet de leur département de résidence, une demande de naturalisation ou de réintégration.

Art. 7 Le préfet du département de résidence du déclarant ou postulant demeure compétent :

1° Pour émettre l'avis motivé mentionné au dernier alinéa de l'article 15 du décret du 30 décembre 1993 susvisé ;

2° Pour prendre les mesures mentionnées aux *a*, *b*, *c*, *d* et *e* de l'article 4.

Art. 8 Au cours du mois de *(Décr. n° 2014-994 du 1er sept. 2014, art. 2)* « novembre » 2014, le préfet du département, dont les services ont diligenté les procédures afférentes à la réception et à l'instruction des demandes et des déclarations mentionnées à l'article 4, dresse un bilan de l'expérimentation. Il adresse ce bilan, accompagné des avis des préfets pour le compte desquels sont intervenus ses services, au ministre chargé des naturalisations.

Au cours du mois de *(Décr. n° 2014-994 du 1er sept. 2014, art. 2)* « décembre » 2014, le ministre chargé des naturalisations établit un rapport d'évaluation de l'expérimentation, qu'il adresse au Premier ministre.

SECTION 3 *Déroulement, devant une commission, des entretiens prévus aux articles 15 et 41 du décret du 30 décembre 1993*

Art. 9 Dans le ou les départements désignés par l'arrêté prévu à l'article 3, une commission, présidée par le préfet ou son représentant et comprenant en outre deux personnalités désignées par lui en raison de leurs connaissances dans le domaine de l'histoire, de la culture et de la société françaises, procède aux entretiens mentionnés aux articles 15 et 41 du décret du 30 décembre 1993 susvisé.

La commission établit le compte rendu de l'entretien, qui est versé au dossier du déclarant ou du postulant.

Les personnalités mentionnées au premier alinéa sont soumises à une obligation de confidentialité à l'égard des informations auxquelles elles ont accès dans le cadre de ces travaux.

Art. 10 Au cours du mois de septembre 2014, le préfet du département dresse un bilan de l'expérimentation. Il adresse ce bilan au ministre chargé des naturalisations.

Au cours du mois d'octobre 2014, ce dernier établit un rapport d'évaluation de l'expérimentation, qu'il adresse au Premier ministre.

CHAPITRE III *DISPOSITIONS FINALES*

Art. 11 Les dispositions des articles 2 à 10 du présent décret peuvent être modifiées par décret en Conseil d'État.

Arrêté du 30 août 2013,

Relatif à l'application des dispositions expérimentales du décret n° 2013-795 du 30 août 2013.

Art. 1er I. – Les départements mentionnés au premier alinéa de l'article 3 du décret du 30 août 2013 susvisé sont les suivants :

Aisne ;
Doubs ;
Jura ;
Meurthe-et-Moselle ;
Meuse ;
Moselle ;

Oise ;
Haute-Saône ;
Somme ;
Vosges ;
Territoire de Belfort.

II. – La date d'entrée en vigueur de l'expérimentation mentionnée au troisième alinéa de l'article 3 du même décret est fixée au 1er septembre 2013 pour les départements du Doubs, du Jura, de Meurthe-et-Moselle, de la Meuse, de la Moselle, de la Haute-Saône, des Vosges et du Territoire de Belfort et au 1er janvier 2014 pour les départements de l'Aisne, de l'Oise et de la Somme.

Art. 2 Les missions mentionnées à l'article 5 du même décret sont effectuées par la préfecture du Doubs pour le compte des préfectures du Jura, de la Haute-Saône et du Territoire de Belfort, par la préfecture de Meurthe-et-Moselle pour le compte des préfectures de la Meuse, de la Moselle et des Vosges et par la préfecture de l'Oise pour le compte des préfectures de l'Aisne et de la Somme.

Art. 3 Les départements mentionnés au premier alinéa de l'article 9 du même décret sont Meurthe-et-Moselle, la Meuse, la Moselle et les Vosges.

La commission prévue au même article est présidée par le préfet de Meurthe-et-Moselle ou son représentant.

Décret n° 2017-890 du 6 mai 2017,

Relatif à l'état civil.

*V. ce texte au **C. état civ.***

PACTE ASILE ET MIGRATION

Directive (UE) 2024/1346 du Parlement européen et du Conseil du 14 mai 2024,

Établissant des normes pour l'accueil des personnes demandant une protection internationale.

Règlement (UE) 2024/1347 du Parlement européen et du Conseil du 14 mai 2024,

Concernant les normes relatives aux conditions que doivent remplir les ressortissants des pays tiers ou les apatrides pour pouvoir bénéficier d'une protection internationale, à un statut uniforme pour les réfugiés ou les personnes pouvant bénéficier de la protection subsidiaire et au contenu de cette protection, modifiant la directive 2003/109/CE du Conseil et abrogeant la directive 2011/95/UE du Parlement européen et du Conseil.

Règlement (UE) 2024/1348 du Parlement européen et du Conseil du 14 mai 2024,

Instituant une procédure commune en matière de protection internationale dans l'Union et abrogeant la directive 2013/32/UE.

Règlement (UE) 2024/1349 du Parlement européen et du Conseil du 14 mai 2024,

Instituant une procédure de retour à la frontière et modifiant le règlement (UE) 2021/1148.

Règlement (UE) 2024/1350 du Parlement européen et du Conseil du 14 mai 2024,

Établissant un cadre de l'Union pour la réinstallation et l'admission humanitaire et modifiant le règlement (UE) 2021/1147.

Règlement (UE) 2024/1351 du Parlement européen et du Conseil du 14 mai 2024,

Relatif à la gestion de l'asile et de la migration, modifiant les règlements (UE) 2021/1147 et (UE) 2021/1060 et abrogeant le règlement (UE) n° 604/2013.

Règlement (UE) 2024/1356 du Parlement européen et du Conseil du 14 mai 2024,

Établissant le filtrage des ressortissants de pays tiers aux frontières extérieures et modifiant les règlements (CE) nos 767/2008, (UE) 2017/2226, (UE) 2018/1240 et (UE) 2019/817.

Règlement (UE) 2024/1358 du Parlement européen et du Conseil du 14 mai 2024,

Relatif à la création d'"Eurodac" pour la comparaison des données biométriques aux fins de l'application efficace des règlements (UE) 2024/1351 et (UE) 2024/1350 du Parlement européen et du Conseil et de la directive 2001/55/CE du Conseil et aux fins de l'identification des ressortissants de pays tiers et apatrides en séjour irrégulier, et relatif aux demandes de comparaison avec les données d'Eurodac présentées par les autorités répressives des États membres et par Europol à des fins répressives, modifiant les règlements (UE) 2018/1240 et (UE) 2019/818 du Parlement européen et du Conseil et abrogeant le règlement (UE) n° 603/2013 du Parlement européen et du Conseil.

Règlement (UE) 2024/1359 du Parlement européen et du Conseil du 14 mai 2024,

Visant à faire face aux situations de crise et aux cas de force majeure dans le domaine de la migration et de l'asile, et modifiant le règlement (UE) 2021/1147.

PROTECTION SOCIALE

Assurance maladie et financement des soins

Directive 2011/95/UE du Parlement européen et du Conseil du 13 décembre 2011,

Concernant les normes relatives aux conditions que doivent remplir les ressortissants des pays tiers ou les apatrides pour pouvoir bénéficier d'une protection internationale, à un statut uniforme pour les réfugiés ou les personnes pouvant bénéficier de la protection subsidiaire, et au contenu de cette protection.

Assurance maladie – Protection universelle maladie (PUMa)

Code de la sécurité sociale

V. art. L. 160-1 s., L. 161-1 s., R. 160-1 s., R. 161-1 s. et D. 160-1 s. – ***CSS.***

Complémentaire santé solidaire (CSS)

Code de la sécurité sociale

V. art. L. 861-1 s. et D. 861-1 s. – ***CSS.***

Condition de régularité

Code de la sécurité sociale

V. art. L. 115-6, D. 115-1 et D. 115-2. – ***CSS.***

Condition de résidence

Code de la sécurité sociale

V. art. L. 111-2-3, L. 160-1 et R. 111-2. – ***CSS.***

Transfert de la résidence hors du territoire français

V. art. R. 115-7. – ***CSS.***

Le maintien des droits

Code de la sécurité sociale

V. L. 161-8, L. 161-25-1 à L. 161-25-3 et D. 161-14. – ***CSS.***

Aide médicale de l'État – AME

Code de l'action sociale et des familles

Fondements

Art. L. 111-1 et L. 111-2 *V. CASF.*

Aide médicale de l'État

Art. L. 251-1 s. et R. 251-1 s. *V.* CASF.

Prise en charge de soins urgents

Art. L. 254-1 et L. 254-2 *V.* CASF.

Décret n° 54-883 du 2 septembre 1954,

Portant règlement d'administration publique pour l'application de l'ensemble des dispositions du décret n° 53-1186 du 29 novembre 1953 relatif à la réforme des lois d'assistance 🏛.

Arrêté du 19 juillet 1961,

Fixant la liste des documents probants qui doivent figurer dans tout dossier de demande d'aide sociale (JO 27 juill.) 🏛.

Circulaire n° DHOS/DSS/DGAS/2005/141 du 16 mars 2005,

Relative à la prise en charge des soins urgents délivrés à des étrangers résidant en France de manière irrégulière et non bénéficiaires de l'Aide médicale de l'État (Article L. 254-1 du code de l'action sociale et des familles, issu de l'article 97 de la loi de finances rectificative pour 2003 du 30 décembre 2003). – Mod. par Circ. DSS/2A/DGAS/DHOS n° 2008-04 du 7 janv. 2008 (NOR : SJSS0830002C) 🏛.

Décret n° 2005-860 du 28 juillet 2005,

Relatif aux modalités d'admission des demandes d'aide médicale de l'État (JO 29 juill.) 🏛.

Circulaire DGAS/DSS/DHOS n° 2005-407 du 27 septembre 2005,

Relative à l'aide médicale de l'État 🏛.

Circulaire n° DHOS/F4/2008/150 du 2 mai 2008,

Relative à la facturation et au paiement des soins urgents délivrés en 2007 et 2008 à des étrangers résidant en France de manière irrégulière et non bénéficiaires de l'aide médicale de l'État (article L. 254-1 du code de l'action sociale et des familles) 🏛.

Prestations familiales

Code de la sécurité sociale

V. art. L. 511-1, L. 512-1, L. 512-2, L. 521-2, L. 553-1, R. 512-1, D. 512-2 et R. 513-2. – **CSS**.

Délibération de la HALDE n° 2008-179 du 1er septembre 2008 🏛

Logement

Code de la sécurité sociale

Allocation de logement familiale

V. art. L. 542-2, D. 452-1 et D. 542-2. – **CSS**.

Autres prestations et aides sociales

Assurances maternité, décès, invalidité, vieillesse ; allocation de parent isolé (API) ; allocation d'éducation de l'enfant handicapé (AEEH) ; allocation de solidarité des personnes agées (ASPA) ; allocation supplémentaire d'invalidité (ASI) ; allocation adultes handicapés (AAH). – V. **CSS**.

Allocation personnalisée d'autonomie (APA) ; aide sociale à l'enfance (ASE). — V. **CASF**.

Aides aux personnes immigrées ou issues de l'immigration (programme d'intégration des populations immigrées, aide à la réinsertion familiale et sociale des anciens migrants dans leur pays d'origine), CASF, art. L. 117-1 s., R. 117-1 s. — V. **CASF**.

RÉFUGIÉS ET APATRIDES

Convention de Genève relative au statut des réfugiés,

Adoptée par la Conférence de plénipotentiaires des Nations unies sur le statut des réfugiés et des apatrides, qui s'est tenue à Genève du 2 au 25 juill. 1951, conformément à la résolution 429 (V)1 adoptée par l'Assemblée générale des Nations unies le 14 déc. 1950 : signée par la France le 11 sept. 1952 ; entrée en vigueur à l'égard de la France le 23 juin 1954. – Publiée par L. n° 54-290 du 17 mars 1954 (JO n° 0064, 18 mars 1954, p. 2571).

CHAPITRE I *DISPOSITIONS GÉNÉRALES*

Art. 1er *Définition du terme « réfugié ».* A. Aux fins de la présente Convention, le terme "réfugié" s'appliquera à toute personne :

(1) Qui a été considérée comme réfugiée en application des Arrangements du 12 mai 1926 et du 30 juin 1928, ou en application des Conventions du 28 octobre 1933 et du 10 février 1938 et du Protocole du 14 septembre 1939, ou encore en application de la Constitution de l'Organisation internationale pour les réfugiés ;

Les décisions de non-éligibilité prises par l'Organisation internationale pour les réfugiés pendant la durée de son mandat ne font pas obstacle à ce que la qualité de réfugié soit accordée à des personnes qui remplissent les conditions prévues au paragraphe 2 de la présente section ;

(2) Qui, par suite d'événements survenus avant le 1er janvier 1951 et craignant avec raison d'être persécutée du fait de sa race, de sa religion, de sa nationalité, de son appartenance à un certain groupe social ou de ses opinions politiques, se trouve hors du pays dont elle a la nationalité et qui ne peut ou, du fait de cette crainte, ne veut se réclamer de la protection de ce pays ; ou qui, si elle n'a pas de nationalité et se trouve hors du pays dans lequel elle avait sa résidence habituelle à la suite de tels événements, ne peut ou, en raison de ladite crainte, ne veut y retourner.

Dans le cas d'une personne qui a plus d'une nationalité, l'expression "du pays dont elle a la nationalité" vise chacun des pays dont cette personne a la nationalité. Ne sera pas considérée comme privée de la protection du pays dont elle a la nationalité, toute personne qui, sans raison valable fondée sur une crainte justifiée, ne s'est pas réclamée de la protection de l'un des pays dont elle a la nationalité.

B. (1) Aux fins de la présente Convention les mots "événements survenus avant le 1er janvier 1951" figurant à l'article 1, section A, pourront être compris dans le sens de soit

a) "événements survenus avant le 1er janvier 1951 en Europe" ; soit

b) "événements survenus avant le 1er janvier 1951 en Europe ou ailleurs" ; et chaque État Contractant fera, au moment de la signature, de la ratification ou de l'adhésion, une déclaration précisant la portée qu'il entend donner à cette expression au point de vue des obligations assumées par lui en vertu de la présente Convention.

(2) Tout État Contractant qui a adopté la formule a) pourra à tout moment étendre ses obligations en adoptant la formule b) par notification adressée au Secrétaire général des Nations unies.

C. Cette Convention cessera, dans les cas ci-après, d'être applicable à toute personne visée par les dispositions de la section A ci-dessus :

1) Si elle s'est volontairement réclamée à nouveau de la protection du pays dont elle a la nationalité ; ou

2) Si, ayant perdu sa nationalité, elle l'a volontairement recouvrée ; ou

3) Si elle a acquis une nouvelle nationalité et jouit de la protection du pays dont elle a acquis la nationalité ; ou

4) Si elle est retournée volontairement s'établir dans le pays qu'elle a quitté ou hors duquel elle est demeurée de crainte d'être persécutée ; ou

5) Si, les circonstances à la suite desquelles elle a été reconnue comme réfugiée ayant cessé d'exister, elle ne peut plus continuer à refuser de se réclamer de la protection du pays dont elle a la nationalité ;

Étant entendu, toutefois, que les dispositions du présent paragraphe ne s'appliqueront pas à tout réfugié visé au paragraphe 1 de la section A du présent article qui peut invoquer, pour refuser de se réclamer de la protection du pays dont il a la nationalité, des raisons impérieuses tenant à des persécutions antérieures.

6) S'agissant d'une personne qui n'a pas de nationalité, si, les circonstances à la suite desquelles elle a été reconnue comme réfugiée ayant cessé d'exister, elle est en mesure de retourner dans le pays dans lequel elle avait sa résidence habituelle ;

Étant entendu, toutefois, que les dispositions du présent paragraphe ne s'appliqueront pas à tout réfugié visé au paragraphe 1 de la section A du présent article qui peut invoquer, pour refuser de retourner dans le pays dans lequel il avait sa résidence habituelle, des raisons impérieuses tenant à des persécutions antérieures.

D. Cette Convention ne sera pas applicable aux personnes qui bénéficient actuellement d'une protection ou d'une assistance de la part d'un organisme ou d'une institution des Nations unies autre que le Haut Commissaire des Nations unies pour les réfugiés.

Lorsque cette protection ou cette assistance aura cessé pour une raison quelconque, sans que le sort de ces personnes ait été définitivement réglé, conformément aux résolutions y relatives adoptées par l'Assemblée générale des Nations unies, ces personnes bénéficieront de plein droit du régime de cette Convention.

E. Cette Convention ne sera pas applicable à une personne considérée par les autorités compétentes du pays dans lequel cette personne a établi sa résidence comme ayant les droits et les obligations attachés à la possession de la nationalité de ce pays.

F. Les dispositions de cette Convention ne seront pas applicables aux personnes dont on aura des raisons sérieuses de penser :

a) qu'elles ont commis un crime contre la paix, un crime de guerre ou un crime contre l'humanité, au sens des instruments internationaux élaborés pour prévoir des dispositions relatives à ces crimes ;

b) qu'elles ont commis un crime grave de droit commun en dehors du pays d'accueil avant d'y être admises comme réfugiées ;

c) qu'elles se sont rendues coupables d'agissements contraires aux buts et aux principes des Nations unies.

Art. 2 *Obligations générales.* Tout réfugié a, à l'égard du pays où il se trouve, des devoirs qui comportent notamment l'obligation de se conformer aux lois et règlements ainsi qu'aux mesures prises pour le maintien de l'ordre public.

Art. 3 *Non-discrimination.* Les États Contractants appliqueront les dispositions de cette Convention aux réfugiés sans discrimination quant à la race, la religion ou le pays d'origine.

Art. 4 *Religion.* Les États Contractants accorderont aux réfugiés sur leur territoire un traitement au moins aussi favorable que celui accordé aux nationaux en ce qui concerne la liberté de pratiquer leur religion et en ce qui concerne la liberté d'instruction religieuse de leurs enfants.

Art. 5 *Droit accordés indépendamment de cette convention.* Aucune disposition de cette Convention ne porte atteinte aux autres droits et avantages accordés, indépendamment de cette Convention, aux réfugiés.

Art. 6 *L'expression « dans les mêmes circonstances ».* Aux fins de cette Convention, les termes "dans les mêmes circonstances" impliquent que toutes les conditions (et notamment celles qui ont trait à la durée et aux conditions de séjour ou de résidence) que l'intéressé devrait remplir, pour pouvoir exercer le droit en question, s'il n'était pas un réfugié, doivent être remplies par lui à l'exception des conditions qui, en raison de leur nature, ne peuvent être remplies par un réfugié.

Art. 7 *Dispense de réciprocité.* 1. Sous réserve des dispositions plus favorables prévues par cette Convention, tout État Contractant accordera aux réfugiés le régime qu'il accorde aux étrangers en général.

2. Après un délai de résidence de trois ans, tous les réfugiés bénéficieront, sur le territoire des États Contractants, de la dispense de réciprocité législative.

3. Tout État Contractant continuera à accorder aux réfugiés les droits et avantages auxquels ils pouvaient déjà prétendre, en l'absence de réciprocité, à la date d'entrée en vigueur de cette Convention pour ledit État.

4. Les États Contractants envisageront avec bienveillance la possibilité d'accorder aux réfugiés, en l'absence de réciprocité, des droits et des avantages outre ceux auxquels ils peuvent prétendre en vertu des paragraphes 2 et 3 ainsi que la possibilité de faire bénéficier de la dispense de réciprocité des réfugiés qui ne remplissent pas les conditions visées aux paragraphes 2 et 3.

5. Les dispositions des paragraphes 2 et 3 ci-dessus s'appliquent aussi bien aux droits et avantages visés aux articles 13, 18, 19, 21 et 22 de cette Convention qu'aux droits et avantages qui ne sont pas prévus par elle.

Art. 8 *Dispense de mesures exceptionnelles.* En ce qui concerne les mesures exceptionnelles qui peuvent être prises contre la personne, les biens ou les intérêts des ressortissants d'un État déterminé, les États Contractants n'appliqueront pas ces mesures à un réfugié ressortissant formellement dudit État uniquement en raison de sa nationalité. Les États Contractants qui, de par leur législation, ne peuvent appliquer le principe général consacré dans cet article accorderont dans des cas appropriés des dispenses en faveur de tels réfugiés.

Art. 9 *Mesures provisoires.* Aucune des dispositions de la présente Convention n'a pour effet d'empêcher un État Contractant, en temps de guerre ou dans d'autres circonstances graves et exceptionnelles, de prendre provisoirement, à l'égard d'une personne déterminée, les mesures que cet État estime indispensables à la sécurité nationale, en attendant qu'il soit établi par ledit État Contractant que cette personne est effectivement un réfugié et que le maintien desdites mesures est nécessaire à son égard dans l'intérêt de sa sécurité nationale.

Art. 10 *Continuité de résidence.* 1. Lorsqu'un réfugié a été déporté au cours de la deuxième guerre mondiale et transporté sur le territoire de l'un des États Contractants et y réside, la durée de ce séjour forcé comptera comme résidence régulière sur ce territoire.

2. Lorsqu'un réfugié a été déporté du territoire d'un État Contractant au cours de la deuxième guerre mondiale et y est retourné avant l'entrée en vigueur de cette Convention pour y établir sa résidence, la période qui précède et celle qui suit cette déportation seront considérées, à toutes les fins pour lesquelles une résidence ininterrompue est nécessaire, comme ne constituant qu'une seule période ininterrompue.

Art. 11 *Gens de mer réfugiés.* Dans le cas de réfugiés régulièrement employés comme membres de l'équipage à bord d'un navire battant pavillon d'un État Contractant, cet État examinera avec bienveillance la possibilité d'autoriser lesdits réfugiés à s'établir sur son territoire et de leur délivrer des titres de voyage ou de les admettre à titre temporaire sur son territoire, afin, notamment, de faciliter leur établissement dans un autre pays.

CHAPITRE II *CONDITION JURIDIQUE*

Art. 12 *Statut personnel.* 1. Le statut personnel de tout réfugié sera régi par la loi du pays de son domicile ou, à défaut de domicile, par la loi du pays de sa résidence.

2. Les droits, précédemment acquis par le réfugié et découlant du statut personnel, et notamment ceux qui résultent du mariage, seront respectés par tout État Contractant, sous réserve, le cas échéant, de l'accomplissement des formalités prévues par la législation dudit État, étant entendu, toutefois, que le droit en cause doit être de ceux qui auraient été reconnus par la législation dudit État si l'intéressé n'était devenu un réfugié.

Art. 13 *Propriété mobilière et immobilière.* Les États Contractants accorderont à tout réfugié un traitement aussi favorable que possible et de toute façon un traitement qui ne soit pas moins favorable que celui qui est accordé, dans les mêmes circonstances, aux étrangers en général en ce qui concerne l'acquisition de la propriété mobilière et immobilière et autres droits s'y rapportant, le louage et les autres contrats relatifs à la propriété mobilière et immobilière.

Art. 14 *Propriété intellectuelle et industrielle.* En matière de protection de la propriété industrielle, notamment d'inventions, dessins, modèles, marques de fabrique, nom commercial, et en matière de protection de la propriété littéraire, artistique et scientifique, tout réfugié bénéficiera dans le pays où il a sa résidence habituelle de la protection qui est accordée aux nationaux dudit pays. Dans le territoire de l'un quelconque des autres États Contractants, il bénéficiera de la protection qui est accordée dans ledit territoire aux nationaux du pays dans lequel il a sa résidence habituelle.

Art. 15 *Droits d'association.* Les États Contractants accorderont aux réfugiés qui résident régulièrement sur leur territoire, en ce qui concerne les associations à but non politique et non lucratif et les syndicats professionnels, le traitement le plus favorable accordé aux ressortissants d'un pays étranger, dans les mêmes circonstances.

Art. 16 *Droits d'ester en justice.* 1. Tout réfugié aura, sur le territoire des États Contractants, libre et facile accès devant les tribunaux.

2. Dans l'État Contractant où il a sa résidence habituelle, tout réfugié jouira du même traitement qu'un ressortissant en ce qui concerne l'accès aux tribunaux, y compris l'assistance judiciaire et l'exemption de la caution *judicatum solvi*.

3. Dans les États Contractants autres que celui où il a sa résidence habituelle, et en ce qui concerne les questions visées au paragraphe 2, tout réfugié jouira du même traitement qu'un national du pays dans lequel il a sa résidence habituelle.

CHAPITRE III *EMPLOIS LUCRATIFS*

Art. 17 *Professions salariées.* 1. Les États Contractants accorderont à tout réfugié résidant régulièrement sur leur territoire le traitement le plus favorable accordé, dans les mêmes circonstances, aux ressortissants d'un pays étranger en ce qui concerne l'exercice d'une activité professionnelle salariée.

2. En tout cas, les mesures restrictives imposées aux étrangers ou à l'emploi d'étrangers pour la protection du marché national du travail ne seront pas applicables aux réfugiés qui en étaient déjà dispensés à la date de l'entrée en vigueur de cette Convention par l'État Contractant intéressé, ou qui remplissent l'une des conditions suivantes :

a) compter trois ans de résidence dans le pays ;

b) avoir pour conjoint une personne possédant la nationalité du pays de résidence. Un réfugié ne pourrait invoquer le bénéfice de cette disposition au cas où il aurait abandonné son conjoint ;

c) avoir un ou plusieurs enfants possédant la nationalité du pays de résidence.

3. Les États Contractants envisageront avec bienveillance l'adoption de mesures tendant à assimiler les droits de tous les réfugiés en ce qui concerne l'exercice des professions salariées à ceux de leurs nationaux et ce, notamment pour les réfugiés qui sont entrés sur leur territoire en application d'un programme de recrutement de la main-d'œuvre ou d'un plan d'immigration.

Art. 18 *Professions non salariées.* Les États Contractants accorderont aux réfugiés se trouvant régulièrement sur leur territoire le traitement aussi favorable que possible et en tout cas un traitement non moins favorable que celui accordé dans les mêmes circonstances aux étrangers en général, en ce qui concerne l'exercice d'une profession non salariée dans l'agriculture, l'industrie, l'artisanat et le commerce, ainsi que la création de sociétés commerciales et industrielles.

Art. 19 *Professions libérales.* 1. Tout État Contractant accordera aux réfugiés résidant régulièrement sur leur territoire, qui sont titulaires de diplômes reconnus par les autorités compétentes dudit État et qui sont désireux d'exercer une profession libérale, un traitement aussi favorable que possible et en tout cas un traitement non moins favorable que celui accordé, dans les mêmes circonstances, aux étrangers en général.

2. Les États Contractants feront tout ce qui est en leur pouvoir, conformément à leurs lois et constitutions, pour assurer l'installation de tels réfugiés dans les territoires, autres que le territoire métropolitain, dont ils assument la responsabilité des relations internationales.

Art. 20 *Rationnement.* Dans le cas où il existe un système de rationnement auquel est soumise la population dans son ensemble et qui réglemente la répartition générale de produits dont il y a pénurie, les réfugiés seront traités comme les nationaux.

Art. 21 *Logement.* En ce qui concerne le logement, les États Contractants accorderont, dans la mesure où cette question tombe sous le coup des lois et règlements ou est soumise au contrôle des autorités publiques, aux réfugiés résidant régulièrement sur leur territoire un traitement aussi favorable que possible ; ce traitement ne saurait être, en tout cas, moins favorable que celui qui est accordé, dans les mêmes circonstances, aux étrangers en général.

CHAPITRE IV *BIEN-ÊTRE*

Art. 22 *Éducation publique.* 1. Les États Contractants accorderont aux réfugiés le même traitement qu'aux nationaux en ce qui concerne l'enseignement primaire.

2. Les États Contractants accorderont aux réfugiés un traitement aussi favorable que possible, et en tout cas non moins favorable que celui qui est accordé aux étrangers en général dans les mêmes circonstances quant aux catégories d'enseignement autre que l'enseignement primaire et notamment en ce qui concerne l'accès aux études, la reconnaissance de certificats d'études, de diplômes et de titres universitaires délivrés à l'étranger, la remise des droits et taxes et l'attribution de bourses d'études.

Art. 23 *Assistance publique.* Les États Contractants accorderont aux réfugiés résidant régulièrement sur leur territoire le même traitement en matière d'assistance et de secours publics qu'à leurs nationaux.

Art. 24 *Législation du travail et sécurité sociale.* 1. Les États Contractants accorderont aux réfugiés résidant régulièrement sur leur territoire le même traitement qu'aux nationaux en ce qui concerne les matières suivantes :

a) Dans la mesure où ces questions sont réglementées par la législation ou dépendent des autorités administratives, la rémunération, y compris les allocations familiales lorsque ces allocations font partie de la rémunération, la durée du travail, les heures supplémentaires, les congés payés, les restrictions au travail à domicile, l'âge d'admission à l'emploi, l'apprentissage et la formation professionnelle, le travail des femmes et des adolescents et la jouissance des avantages offerts par les conventions collectives ;

b) La sécurité sociale (les dispositions légales relatives aux accidents du travail, aux maladies professionnelles, à la maternité, à la maladie, à l'invalidité, à la vieillesse et au décès, au chômage, aux charges de famille, ainsi qu'à tout autre risque qui, conformément à la législation nationale, est couvert par un système de sécurité sociale), sous réserve :

i) Des arrangements appropriés visant le maintien des droits acquis et des droits en cours d'acquisition ;

ii) Des dispositions particulières prescrites par la législation nationale du pays de résidence et visant les prestations ou fractions de prestations payables exclusivement sur les fonds publics, ainsi que les allocations versées aux personnes qui ne réunissent pas les conditions de cotisation exigées pour l'attribution d'une pension normale.

2. Les droits à prestation ouverts par le décès d'un réfugié survenu du fait d'un accident du travail ou d'une maladie professionnelle ne seront pas affectés par le fait que l'ayant droit réside en dehors du territoire de l'État Contractant.

3. Les États Contractants étendront aux réfugiés le bénéfice des accords qu'ils ont conclus ou viendront à conclure entre eux, concernant le maintien des droits acquis ou en cours d'acquisition en matière de sécurité sociale, pour autant que les réfugiés réunissent les conditions prévues pour les nationaux des Pays signataires des accords en question.

4. Les États Contractants examineront avec bienveillance la possibilité d'étendre, dans toute la mesure du possible, aux réfugiés, le bénéfice d'accords similaires qui sont ou seront en vigueur entre ces États Contractants et des États non contractants.

CHAPITRE V *MESURES ADMINISTRATIVES*

Art. 25 *Aide administrative.* 1. Lorsque l'exercice d'un droit par un réfugié nécessiterait normalement le concours d'autorités étrangères auxquelles il ne peut recourir, les États Contractants sur le territoire desquels il réside veilleront à ce que ce concours lui soit fourni soit par leurs propres autorités, soit par une autorité internationale.

2. La où les autorités visées au paragraphe 1 délivreront ou feront délivrer, sous leur contrôle, aux réfugiés, les documents ou certificats qui normalement seraient délivrés à un étranger par ses autorités nationales ou par leur intermédiaire.

3. Les documents ou certificats ainsi délivrés remplaceront les actes officiels délivrés à des étrangers par leurs autorités nationales ou par leur intermédiaire, et feront foi jusqu'à preuve du contraire.

4. Sous réserve des exceptions qui pourraient être admises en faveur des indigents, les services mentionnés dans le présent article pourront être rétribués ; mais ces rétributions seront modérées et en rapport avec les perceptions opérées sur les nationaux à l'occasion de services analogues.

5. Les dispositions de cet article n'affectent en rien les articles 27 et 28.

Art. 26 *Liberté de circulation.* Tout État Contractant accordera aux réfugiés se trouvant régulièrement sur son territoire le droit d'y choisir leur lieu de résidence et d'y circuler librement sous les réserves instituées par la réglementation applicable aux étrangers en général dans les mêmes circonstances.

Art. 27 *Pièces d'identité.* Les États Contractants délivreront des pièces d'identité à tout réfugié se trouvant sur leur territoire et qui ne possède pas un titre de voyage valable.

Art. 28 *Titres de voyage.* 1. Les États Contractants délivreront aux réfugiés résidant régulièrement sur leur territoire, des titres de voyage destinés à leur permettre de voyager hors de ce territoire à moins que des raisons impérieuses de sécurité nationale ou d'ordre public ne s'y opposent ; les dispositions de l'Annexe à cette Convention s'appliqueront à ces documents. Les États Contractants pourront délivrer un tel titre de voyage à tout autre réfugié se trouvant sur leur territoire ; ils accorderont une attention particulière aux cas de réfugiés se trouvant sur leur territoire et qui ne sont pas en mesure d'obtenir un titre de voyage du pays de leur résidence régulière.

2. Les documents de voyage délivrés aux termes d'accords internationaux antérieurs par les Parties à ces accords seront reconnus par les États Contractants, et traités comme s'ils avaient été délivrés aux réfugiés en vertu du présent article.

Art. 29 *Charges fiscales.* 1. Les États Contractants n'assujettiront pas les réfugiés à des droits, taxes, impôts, sous quelque dénomination que ce soit, autres ou plus élevés que ceux qui sont ou qui seront perçus sur leurs nationaux dans des situations analogues.

2. Les dispositions du paragraphe précédent ne s'opposent pas à l'application aux réfugiés des dispositions des lois et règlements concernant les taxes afférentes à la délivrance aux étrangers de documents administratifs, pièces d'identité y comprises.

Art. 30 *Transfert des avoirs.* 1. Tout État Contractant permettra aux réfugiés, conformément aux lois et règlements de leur pays, de transférer les avoirs qu'ils ont fait entrer sur son territoire, dans le territoire d'un autre pays où ils ont été admis afin de s'y réinstaller.

2. Tout État Contractant accordera sa bienveillante attention aux demandes présentées par des réfugiés qui désirent obtenir l'autorisation de transférer tous autres avoirs nécessaires à leur réinstallation dans un autre pays où ils ont été admis afin de s'y réinstaller.

Art. 31 *Réfugiés en situation particulière dans le pays d'accueil.* 1. Les États Contractants n'appliqueront pas de sanctions pénales, du fait de leur entrée ou de leur séjour irréguliers, aux réfugiés qui, arrivant directement du territoire où leur vie ou leur liberté était menacée au sens prévu par l'article premier, entrent ou se trouvent sur leur territoire sans autorisation, sous la réserve qu'ils se présentent sans délai aux autorités et leur exposent des raisons reconnues valables de leur entrée ou présence irrégulières.

2. Les États Contractants n'appliqueront aux déplacements de ces réfugiés d'autres restrictions que celles qui sont nécessaires ; ces restrictions seront appliquées seulement en attendant que le statut de ces réfugiés dans le pays d'accueil ait été régularisé ou qu'ils aient réussi à se faire admettre dans un autre pays. En vue de cette dernière admission les États Contractants accorderont à ces réfugiés un délai raisonnable ainsi que toutes facilités nécessaires.

Art. 32 *Expulsion.* 1. Les États Contractants n'expulseront un réfugié se trouvant régulièrement sur leur territoire que pour des raisons de sécurité nationale ou d'ordre public.

2. L'expulsion de ce réfugié n'aura lieu qu'en exécution d'une décision rendue conformément à la procédure prévue par la loi. Le réfugié devra, sauf si des raisons impérieuses de sécurité nationale s'y opposent, être admis à fournir des preuves tendant à le disculper, à présenter un recours et à se faire représenter à cet effet devant une autorité compétente ou devant une ou plusieurs personnes spécialement désignées par l'autorité compétente.

3. Les États Contractants accorderont à un tel réfugié un délai raisonnable pour lui permettre de chercher à se faire admettre régulièrement dans un autre pays. Les États Contractants peuvent appliquer, pendant ce délai, telle mesure d'ordre interne qu'ils jugeront opportune.

Art. 33 *Défense d'expulsion et refoulement.* 1. Aucun des États Contractants n'expulsera ou ne refoulera, de quelque manière que ce soit, un réfugié sur les frontières des territoires où sa vie ou sa liberté serait menacée en raison de sa race, de sa religion, de sa nationalité, de son appartenance à un certain groupe social ou de ses opinions politiques

2. Le bénéfice de la présente disposition ne pourra toutefois être invoqué par un réfugié qu'il y aura des raisons sérieuses de considérer comme un danger pour la sécurité du pays où il se trouve ou qui, ayant été l'objet d'une condamnation définitive pour un crime ou délit particulièrement grave, constitue une menace pour la communauté dudit pays.

Art. 34 *Naturalisation.* Les États Contractants faciliteront, dans toute la mesure du possible, l'assimilation et la naturalisation des réfugiés. Ils s'efforceront notamment d'accélérer la procédure de naturalisation et de réduire, dans toute la mesure du possible, les taxes et les frais de cette procédure.

Art. 35 *Coopération des autorités nationales avec les Nations unies.* 1. Les États Contractants s'engagent à coopérer avec le Haut Commissariat des Nations unies pour les réfugiés, ou toute autre institution des Nations unies qui lui succéderait, dans l'exercice de ses fonctions et en particulier à faciliter sa tâche de surveillance de l'application des dispositions de cette Convention.

2. Afin de permettre au Haut Commissariat ou à toute autre institution des Nations unies qui lui succéderait de présenter des rapports aux organes compétents des Nations unies, les États Contractants s'engagent à leur fournir dans la forme appropriée les informations et les données statistiques demandées relatives :

a) au statut des réfugiés,

b) à la mise en œuvre de cette Convention, et

c) aux lois, règlements et décrets, qui sont ou entreront en vigueur en ce qui concerne les réfugiés.

Art. 36 *Renseignements portant sur les lois et règlements nationaux.* Les États Contractants communiqueront au Secrétaire général des Nations unies le texte des lois et des règlements qu'ils pourront promulguer pour assurer l'application de cette Convention.

Protocole relatif au statut des réfugiés,

Signé à New York le 31 janv. 1967 ; entré en vigueur à l'égard de la France le 26 nov. 1970. – Publié par la L. n° 70-1076 du 25 nov. 1970 (JO n° 0274, 26 nov. 1970, p. 10851).

Art. 1er *Dispositions générales.* 1. Les États parties au présent Protocole s'engagent à appliquer aux réfugiés, tels qu'ils sont définis ci-après, les articles 2 à 34 inclus de la Convention.

2. Aux fins du présent Protocole, le terme "réfugié", sauf en ce qui concerne l'application du paragraphe 3 du présent article, s'entend de toute personne répondant à la définition donnée à l'article premier de la Convention comme si les mots "par suite d'événements survenus avant le 1er janvier 1951 et..." et les mots "...à la suite de tels événements" ne figuraient pas au paragraphe 2 de la section A de l'article premier.

3. Le présent Protocole sera appliqué par les États qui y sont parties sans aucune limitation géographique ; toutefois, les déclarations déjà faites, en vertu de l'alinéa a du paragraphe 1 de la section B de l'article premier de la Convention par des États déjà parties à celle-ci, s'appliqueront aussi sous le régime du présent Protocole, à moins que les obligations de l'État déclarant n'aient été étendues conformément au paragraphe 2 de la section B de l'article premier de la Convention.

Art. 2 *Coopération des autorités nationales avec les Nations unies.* 1. Les États parties au présent Protocole s'engagent à coopérer avec le Haut Commissariat des Nations unies pour les réfugiés ou toute autre institution des Nations unies qui lui succéderait, dans l'exercice de ses fonctions et, en particulier, à faciliter sa tâche de surveillance de l'application des dispositions du présent Protocole.

2. Afin de permettre au Haut Commissariat ou à toute autre institution des Nations unies qui lui succéderait de présenter des rapports aux organes compétents des Nations unies, les États parties au présent Protocole s'engagent à leur fournir, dans la forme appropriée, les informations et les données statistiques demandées relatives :

a) Au statut des réfugiés ;

b) A la mise en œuvre du présent Protocole ;

c) Aux lois, règlements et décrets qui sont ou entreront en vigueur en ce qui concerne les réfugiés.

Art. 3 *Renseignements portant sur les lois et règlements nationaux.* Les États parties au présent Protocole communiqueront au Secrétaire général de l'Organisation des Nations unies le texte des lois et des règlements qu'ils pourront promulguer pour assurer l'application du présent Protocole.

V. égal. Convention de l'Union africaine sur la protection et l'assistance aux personnes déplacées en Afrique (Convention de Kampala), adoptée par le Sommet spécial de l'Union africaine, tenu le 22 oct. 2009 à Kampala (Ouganda) et entrée en vigueur en 1974.

Convention de New York relative au statut des apatrides,

Signée à New York le 28 sept. 1954 (et par la France le 12 janv. 1955) ; entrée en vigueur à l'égard de la France le 26 déc. 1958. – Publiée par l'Ord. n° 58-1321, 23 déc. 1958 (JO 26 déc., p. 11839).

CHAPITRE I *DISPOSITIONS GÉNÉRALES*

Art. 1er *Définition du terme « apatride ».* 1. Aux fins de la présente Convention, le terme "apatride" désigne une personne qu'aucun État ne considère comme son ressortissant par application de sa législation.

2. Cette Convention ne sera pas applicable :

(i) Aux personnes qui bénéficient actuellement d'une protection ou d'une assistance de la part d'un organisme ou d'une institution des Nations unies autre que le Haut Commissaire des Nations unies pour les réfugiés, tant qu'elles bénéficieront de ladite protection ou de ladite assistance ;

(ii) Aux personnes considérées par les autorités compétentes du pays dans lequel ces personnes ont établi leur résidence comme ayant les droits et les obligations attachés à la possession de la nationalité de ce pays ;

(iii) Aux personnes dont on aura des raisons sérieuses de penser :

(a) Qu'elles ont commis un crime contre la paix, un crime de guerre ou un crime contre l'humanité, au sens des instruments internationaux élaborés pour prévoir des dispositions relatives à ces crimes ;

(b) Qu'elles ont commis un crime grave de droit commun en dehors du pays de leur résidence avant d'y être admises ;

(c) Qu'elles se sont rendues coupables d'agissements contraires aux buts et aux principes des Nations unies.

Art. 2 *Obligations générales.* Tout apatride a, à l'égard du pays où il se trouve, des devoirs qui comportent notamment l'obligation de se conformer aux lois et règlements ainsi qu'aux mesures prises pour le maintien de l'ordre public.

Art. 3 *Non-discrimination.* Les États contractants appliqueront les dispositions de cette Convention aux apatrides sans discrimination quant à la race, la religion ou le pays d'origine.

Art. 4 *Religion.* Les États contractants accorderont aux apatrides sur leur territoire un traitement au moins aussi favorable que celui accordé aux nationaux en ce qui concerne la liberté de pratiquer leur religion et en ce qui concerne la liberté d'instruction religieuse de leurs enfants.

Art. 5 *Droits accordés indépendamment de cette convention.* Aucune disposition de cette Convention ne porte atteinte aux autres droits et avantages accordés, indépendamment de cette Convention, aux apatrides.

Art. 6 *L'expression « dans les mêmes circonstances ».* Aux fins de cette Convention, les termes "dans les mêmes circonstances" impliquent que toutes les conditions (et notamment celles qui ont trait à la durée et aux conditions de séjour ou de résidence) que l'intéressé devrait remplir pour pouvoir exercer le droit en question, s'il n'était pas un apatride, doivent être remplies par lui, à l'exception des conditions qui, en raison de leur nature, ne peuvent pas être remplies par un apatride.

Art. 7 *Dispense de réciprocité.* 1. Sous réserve des dispositions plus favorables prévues par cette Convention, tout État contractant accordera aux apatrides le régime qu'il accorde aux étrangers en général.

2. Après un délai de résidence de trois ans, tous les apatrides bénéficieront, sur le territoire des États contractants, de la dispense de réciprocité législative.

3. Tout État contractant continuera à accorder aux apatrides les droits et avantages auxquels ils pouvaient déjà prétendre, en l'absence de réciprocité, à la date d'entrée en vigueur de cette Convention pour ledit État.

4. Les États contractants envisageront avec bienveillance la possibilité d'accorder aux apatrides, en l'absence de réciprocité, des droits et des avantages outre ceux auxquels ils peuvent prétendre en vertu des paragraphes 2 et 3, ainsi que la possibilité de faire bénéficier de la dispense de réciprocité des apatrides qui ne remplissent pas les conditions visées aux paragraphes 2 et 3.

5. Les dispositions des paragraphes 2 et 3 ci-dessus s'appliquent aussi bien aux droits et avantages visés aux articles 13, 18, 19, 21 et 22 de cette Convention qu'aux droits et avantages qui ne sont pas prévus par elle.

Art. 8 *Dispense de mesures exceptionnelles.* En ce qui concerne les mesures exceptionnelles qui peuvent être prises contre la personne, les biens ou les intérêts des ressortissants ou des anciens ressortissants d'un État déterminé, les États contractants n'appliqueront pas ces mesures à un apatride uniquement parce qu'il a possédé la nationalité de l'État en question. Les États contractants qui, de par leur législation, ne peuvent appliquer le principe général consacré dans cet article, accorderont dans des cas appropriés des dispenses en faveur de tels apatrides.

Art. 9 *Mesures provisoires.* Aucune des dispositions de la présente Convention n'a pour effet d'empêcher un État contractant, en temps de guerre ou dans d'autres circonstances graves et exceptionnelles, de prendre provisoirement à l'égard d'une personne déterminée les mesures que cet État estime indispensables à la sécurité nationale, en attendant qu'il soit établi par ledit État contractant que cette personne est effectivement un apatride et que le maintien desdites mesures est nécessaire à son égard dans l'intérêt de la sécurité nationale.

Art. 10 *Continuité de résidence.* 1. Lorsqu'un apatride a été déporté au cours de la deuxième guerre mondiale et transporté sur le territoire de l'un des États contractants et y réside, la durée de ce séjour forcé comptera comme résidence régulière sur ce territoire.

2. Lorsqu'un apatride a été déporté du territoire d'un État contractant au cours de la deuxième guerre mondiale et y est retourné avant l'entrée en vigueur de cette Convention pour y établir sa résidence, la période qui précède et celle qui suit cette déportation seront considérées, à toutes les fins pour lesquelles une résidence ininterrompue est nécessaire, comme ne constituant qu'une seule période ininterrompue.

Art. 11 *Gens de mer et apatrides.* Dans le cas d'apatrides régulièrement employés comme membres de l'équipage à bord d'un navire battant pavillon d'un État contractant, cet État examinera avec bienveillance la possibilité d'autoriser lesdits apatrides à s'établir sur son territoire et de leur délivrer des titres de voyage ou de les admettre à titre temporaire sur son territoire, afin notamment de faciliter leur établissement dans un autre pays.

CHAPITRE II *CONDITIONS JURIDIQUES*

Art. 12 *Statut personnel.* 1. Le statut personnel de tout apatride sera régi par la loi du pays de son domicile ou, à défaut de domicile, par la loi du pays de sa résidence.

2. Les droits précédemment acquis par l'apatride et découlant du statut personnel, et notamment ceux qui résultent du mariage, seront respectés par tout État contractant, sous réserve, le cas échéant, de l'accomplissement des formalités prévues par la législation dudit État, étant entendu, toutefois, que le droit en cause doit être de ceux qui auraient été reconnus par la législation dudit État si l'intéressé n'était devenu apatride.

Art. 13 *Propriété mobilière et immobilière.* Les États contractants accorderont à tout apatride un traitement aussi favorable que possible et, de toute façon, un traitement qui ne soit pas moins favorable que celui qui est accordé, dans les mêmes circonstances, aux étrangers en général en ce qui concerne l'acquisition de la propriété mobilière et immobilière et autres droits s'y rapportant, le louage et les autres contrats relatifs à la propriété mobilière et immobilière.

Art. 14 *Propriété intellectuelle et industrielle.* En matière de protection de la propriété industrielle, notamment d'inventions, dessins, modèles, marques de fabrique, nom commercial, et en matière de protection de la propriété littéraire, artistique et scientifique, tout apatride bénéficiera dans le pays où il a sa résidence habituelle de la protection qui est accordée aux nationaux dudit pays. Dans le territoire de l'un quelconque des autres États contractants, il bénéficiera de la protection qui est accordée dans ledit territoire aux nationaux du pays dans lequel il a sa résidence habituelle.

Art. 15 *Droit d'association.* Les États contractants accorderont aux apatrides qui résident régulièrement sur leur territoire, en ce qui concerne les associations à but non politique et non lucratif et les syndicats professionnels, un traitement aussi favorable que possible et, de toute façon un traitement qui ne soit pas moins favorable que celui qui est accordé, dans les mêmes circonstances, aux étrangers en général.

Art. 16 *Droit d'ester en justice.* 1. Tout apatride aura, sur le territoire des États contractants, libre et facile accès devant les tribunaux.

2. Dans l'État contractant où il a sa résidence habituelle, tout apatride jouira du même traitement qu'un ressortissant en ce qui concerne l'accès aux tribunaux, y compris l'assistance judiciaire et l'exemption de la caution *judicatum solvi*.

3. Dans les États contractants autres que celui où il a sa résidence habituelle et en ce qui concerne les questions visées au paragraphe 2, tout apatride jouira du même traitement qu'un ressortissant du pays dans lequel il a sa résidence habituelle.

CHAPITRE III *EMPLOIS LUCRATIFS*

Art. 17 *Professions salariées.* 1. Les États contractants accorderont à tout apatride résidant régulièrement sur leur territoire un traitement aussi favorable que possible et, de toute façon, un traitement qui ne soit pas moins favorable que celui qui est accordé, dans les mêmes circonstances, aux étrangers en général en ce qui concerne l'exercice d'une activité professionnelle salariée.

2. Les États contractants envisageront avec bienveillance l'adoption de mesures tendant à assimiler les droits de tous les apatrides en ce qui concerne l'exercice des professions salariées à ceux de leurs nationaux, et ce notamment pour les apatrides qui sont entrés sur leur

territoire en application d'un programme de recrutement de la main-d'œuvre ou d'un plan d'immigration.

Art. 18 *Professions non salariées.* Les États contractants accorderont aux apatrides se trouvant régulièrement sur leur territoire un traitement aussi favorable que possible et, de toute façon, un traitement qui ne soit pas moins favorable que celui qui est accordé, dans les mêmes circonstances, aux étrangers en général, en ce qui concerne l'exercice d'une profession non salariée dans l'agriculture, l'industrie, l'artisanat et le commerce, ainsi que la création de sociétés commerciales et industrielles.

Art. 19 *Professions libérales.* Tout État contractant accordera aux apatrides résidant régulièrement sur son territoire, qui sont titulaires de diplômes reconnus par les autorités compétentes dudit État et qui sont désireux d'exercer une profession libérale, un traitement aussi favorable que possible et, de toute façon, un traitement qui ne soit pas moins favorable que celui qui est accordé, dans les mêmes circonstances, aux étrangers en général.

CHAPITRE IV *AVANTAGES SOCIAUX*

Art. 20 *Rationnement.* Dans le cas où il existe un système de rationnement auquel est soumise la population dans son ensemble et qui réglemente la répartition générale de produits dont il y a pénurie, les apatrides seront traités comme les nationaux.

Art. 21 *Logement.* En ce qui concerne le logement, les États contractants accorderont, dans la mesure où cette question tombe sous le coup des lois et règlements ou est soumise au contrôle des autorités publiques, aux apatrides résidant régulièrement sur leur territoire un traitement aussi favorable que possible et, de toute façon, un traitement qui ne soit pas moins favorable que celui qui est accordé, dans les mêmes circonstances, aux étrangers en général.

Art. 22 *Éducation publique.* 1. Les États contractants accorderont aux apatrides le même traitement qu'aux nationaux en ce qui concerne l'enseignement primaire.

2. Les États contractants accorderont aux apatrides un traitement aussi favorable que possible et, de toute façon, un traitement qui ne soit pas moins favorable que celui qui est accordé aux étrangers en général, dans les mêmes circonstances, quant aux catégories d'enseignement autres que l'enseignement primaire et, notamment, en ce qui concerne l'accès aux études, la reconnaissance de certificats d'études, de diplômes et de titres universitaires délivrés à l'étranger, la remise des droits et taxes et l'attribution de bourses d'études.

Art. 23 *Assistance publique.* Les États contractants accorderont aux apatrides résidant régulièrement sur leur territoire le même traitement en matière d'assistance et de secours publics qu'à leurs nationaux.

Art. 24 *Législation du travail et sécurité sociale.* 1. Les États contractants accorderont aux apatrides résidant régulièrement sur leur territoire le même traitement qu'aux nationaux en ce qui concerne les matières suivantes :

(a) Dans la mesure où ces questions sont réglementées par la législation ou dépendent des autorités administratives : la rémunération, y compris les allocations familiales lorsque ces allocations font partie de la rémunération, la durée du travail, les heures supplémentaires, les congés payés, les restrictions au travail à domicile, l'âge d'admission à l'emploi, l'apprentissage et la formation professionnelle, le travail des femmes et des adolescents et la jouissance des avantages offerts par les conventions collectives ;

(b) La sécurité sociale (les dispositions légales relatives aux accidents du travail, aux maladies professionnelles, à la maternité, à la maladie, à l'invalidité, à la vieillesse et au décès, au chômage, aux charges de famille, ainsi qu'à tout autre risque qui, conformément à la législation nationale, est couvert par un système de sécurité sociale), sous réserve :

(i) Des arrangements appropriés visant le maintien des droits acquis et des droits en cours d'acquisition ;

(ii) Des dispositions particulières prescrites par la législation nationale du pays de résidence et visant les prestations ou fractions de prestations payables exclusivement sur les fonds publics, ainsi que les allocations versées aux personnes qui ne réunissent pas les conditions de cotisation exigées pour l'attribution d'une pension normale.

2. Les droits à prestation ouverts par le décès d'un apatride survenu du fait d'un accident du travail ou d'une maladie professionnelle ne seront pas affectés par le fait que l'ayant droit réside en dehors du territoire de l'État contractant.

3. Les États contractants étendront aux apatrides le bénéfice des accords qu'ils ont conclus ou viendront à conclure entre eux concernant le maintien des droits acquis ou en cours

d'acquisition en matière de sécurité sociale, pour autant que les apatrides réunissent les conditions prévues pour les nationaux des pays signataires des accords en question.

4. Les États contractants examineront avec bienveillance la possibilité d'étendre, dans toute la mesure du possible, aux apatrides le bénéfice d'accords similaires qui sont ou seront en vigueur entre ces États contractants et des États non contractants.

CHAPITRE V *MESURES ADMINISTRATIVES*

Art. 25 *Aide administrative.* 1. Lorsque l'exercice d'un droit par un apatride nécessiterait normalement le concours d'autorités étrangères auxquelles il ne peut recourir, les États contractants sur le territoire desquels il réside veilleront à ce que ce concours lui soit fourni par leurs propres autorités.

2. La ou les autorités visées au paragraphe 1 délivreront ou feront délivrer, sous leur contrôle, aux apatrides les documents ou certificats qui, normalement, seraient délivrés à un étranger par ses autorités nationales ou par leur intermédiaire.

3. Les documents ou certificats ainsi délivrés remplaceront les actes officiels délivrés à des étrangers par leurs autorités nationales ou par leur intermédiaire et feront foi jusqu'à preuve du contraire.

4. Sous réserve des exceptions qui pourraient être admises en faveur des indigents, les services mentionnés dans le présent article pourront être rétribués, mais ces rétributions seront modérées et en rapport avec les perceptions opérées sur les nationaux à l'occasion de services analogues.

5. Les dispositions de cet article n'affectent en rien les articles 27 et 28.

Art. 26 *Liberté de circulation.* Tout État contractant accordera aux apatrides se trouvant régulièrement sur son territoire le droit d'y choisir leur lieu de résidence et d'y circuler librement, sous les réserves instituées par la réglementation applicable aux étrangers en général, dans les mêmes circonstances.

Art. 27 *Pièces d'identité.* Les États contractants délivreront des pièces d'identité à tout apatride se trouvant sur leur territoire et qui ne possède pas un titre de voyage valable.

Art. 28 *Titres de voyage.* 1. Les États contractants délivreront aux apatrides résidant régulièrement sur leur territoire des titres de voyage destinés à leur permettre de voyager hors de ce territoire, à moins que des raisons impérieuses de sécurité nationale ou d'ordre public ne s'y opposent. Les dispositions de l'annexe 1 à cette Convention s'appliqueront à ces documents. Les États contractants pourront délivrer un tel titre de voyage à tout autre apatride se trouvant sur leur territoire ; ils accorderont une attention particulière aux cas d'apatrides se trouvant sur leur territoire et qui ne sont pas en mesure d'obtenir un titre de voyage du pays de leur résidence régulière.

Art. 29 *Charges fiscales.* 1. Les États contractants n'assujettiront pas les apatrides à des droits, taxes, impôts, sous quelque dénomination que ce soit, autres ou plus élevés que ceux qui sont ou qui seront perçus sur leurs nationaux dans des situations analogues.

2. Les dispositions du paragraphe précédent ne s'opposent pas à l'application aux apatrides des dispositions des lois et règlements concernant les taxes afférentes à la délivrance aux étrangers de documents administratifs, pièces d'identité y comprises.

Art. 30 *Transfert des avoirs.* 1. Tout État contractant permettra aux apatrides, conformément aux lois et règlements de leur pays, de transférer les avoirs qu'ils ont fait entrer sur son territoire dans le territoire d'un autre pays où ils ont été admis afin de s'y réinstaller.

2. Tout État contractant accordera sa bienveillante attention aux demandes présentées par des apatrides qui désirent obtenir l'autorisation de transférer tous autres avoirs nécessaires à leur réinstallation dans un autre pays où ils ont été admis afin de s'y réinstaller.

Art. 31 *Expulsion.* 1. Les États contractants n'expulseront un apatride se trouvant régulièrement sur leur territoire que pour des raisons de sécurité nationale ou d'ordre public.

2. L'expulsion de cet apatride n'aura lieu qu'en exécution d'une décision rendue conformément à la procédure prévue par la loi. L'apatride devra, sauf si des raisons impérieuses de sécurité nationale s'y opposent, être admis à fournir des preuves tendant à le disculper, à présenter un recours et à se faire représenter à cet effet devant une autorité compétente ou devant une ou plusieurs personnes spécialement désignées par l'autorité compétente.

3. Les États contractants accorderont à un tel apatride un délai raisonnable pour lui permettre de chercher à se faire admettre régulièrement dans un autre pays. Les États contractants peuvent appliquer, pendant ce délai, telle mesure d'ordre interne qu'ils jugeront opportune.

Art. 32 *Naturalisation.* Les États contractants faciliteront, dans toute la mesure du possible, l'assimilation et la naturalisation des apatrides. Ils s'efforceront notamment d'accélérer la procédure de naturalisation et de réduire, dans toute la mesure du possible, les taxes et les frais de cette procédure.

CHAPITRE VI *CLAUSES FINALES*

Art. 33 *Renseignements portant sur les lois et règlements nationaux.* Les États contractants communiqueront au Secrétaire général des Nations unies le texte des lois et des règlements qu'ils pourront promulguer pour assurer l'application de cette Convention.

TABLE DE CONCORDANCE

ENTRE LES ANCIENS ET LES NOUVEAUX ARTICLES DE LA PARTIE LÉGISLATIVE DU CESEDA

Références du CESEDA en vigueur avant le 1er mai 2021	Références du CESEDA en vigueur à compter du 1er mai 2021
LIVRE Ier	
Art. L. 111-1	L. 110-3
Art. L. 111-2, al. 1er, ecqc le champ d'application du code	L. 110-1
Art. L. 111-2, al. 1er, ecqc le champ d'application géographique	L. 110-2
Art. L. 111-2, al. 3	L. 110-1
Art. L. 111-3	*Abrogé*
Art. L. 111-4	L. 110-5
Art. L. 111-5	L. 110-6
Art. L. 111-6, al. 1er	L. 811-2
Art. L. 111-6, al. 2 à 10	*Abrogé*
Art. L. 111-7	L. 141-2
Art. L. 111-8	L. 141-3
Art. L. 111-9	L. 141-4
Art. L. 111-10	L. 123-1
Art. L. 111-11, I	L. 158-1
Art. L. 111-11, II	L. 158-2
Art. L. 121-1, ecqc la définition des membres de famille	L. 200-4
Art. L. 121-1	L. 233-1
Art. L. 121-2, al. 1er	L. 231-2
Art. L. 121-2, al. 2	L. 231-1
Art. L. 121-2, al. 3 à 5	L. 233-4
Art. L. 121-3, al. 1er	L. 233-2
Art. L. 121-3, al. 2	L. 233-5
Art. L. 121-4	L. 235-1
Art. L. 121-4-1	L. 232-1
Art. L. 121-5	L. 231-1, L. 231-2, L. 231-3, L. 232-1, L. 233-6, L. 235-1
Art. L. 122-1	L. 234-1
Art. L. 122-2	L. 234-2
Art. L. 122-3	L. 234-3
LIVRE II	
Art. L. 211-1	L. 311-1

Références du CESEDA en vigueur avant le 1er mai 2021	Références du CESEDA en vigueur à compter du 1er mai 2021
Art. L. 211-2-1, al. 1er et 5	R. 312-2
Art. L. 211-2-1, al. 2 et 3	L. 312-2
Art. L. 211-2-1, al. 4	L. 312-3
Art. L. 211-2-1, al. 6	L. 423-2
Art. L. 211-2-2	L. 312-4
Art. L. 211-3	L. 313-1
Art. L. 211-4	L. 313-2
Art. L. 211-5	L. 313-3
Art. L. 211-6	L. 313-4
Art. L. 211-7	L. 313-5
Art. L. 211-8	L. 313-6
Art. L. 211-9	L. 313-7
Art. L. 211-10	L. 313-8
Art. L. 212-1	L. 312-5
Art. L. 212-2	L. 312-6
Art. L. 213-1	L. 311-2
Art. L. 213-2, al. 1er, 2 (sauf 2e phrase) et 6	L. 332-2
Art. L. 213-2, al. 2 (2e phrase)	L. 352-3
Art. L. 213-2, al. 3 (sauf ecqc Mayotte)	L. 333-2
Art. L. 213-2, al. 3 (ecqc Mayotte)	L. 361-4
Art. L. 213-2, al. 4	L. 141-2
Art. L. 213-2, al. 5	L. 333-1
Art. L. 213-3	L. 332-3
Art. L. 213-3-1	
Art. L. 213-4	L. 333-3
Art. L. 213-5	L. 333-4
Art. L. 213-6	L. 333-5
Art. L. 213-7	L. 333-3
Art. L. 213-8	L. 333-3
Art. L. 213-8-1, ecqc l'autorité compétente	R.* 352-1
Art. L. 213-8-1, al. 1er à 5	L. 352-1
Art. L. 213-8-1, al. 1er et 5	R. 314-2

Références du CESEDA en vigueur avant le 1er mai 2021	Références du CESEDA en vigueur à compter du 1er mai 2021
Art. L. 213-8-1, al. 6 et 7	L. 352-2
Art. L. 213-8-1, al. 8	L. 351-4
Art. L. 213-8-2	L. 361-2, L. 362-2, L. 363-2
Art. L. 213-9, al. 1er à 3 et al. 4 (sauf la dernière phrase)	L. 352-4
Art. L. 213-9, al. 4 (dernière phrase) et 6	L. 352-5
Art. L. 213-9, al. 5	L. 352-6
Art. L. 213-9, al. 7 et 8	L. 352-8
Art. L. 213-9, al. 9 à 11	L. 352-9
Art. L. 214-1	L. 222-1
Art. L. 214-2	L. 321-1
Art. L. 214-3, al. 1er et 2	L. 321-2
Art. L. 214-3, al. 3	L. 222-2
Art. L. 214-4, al. 1er	L. 322-1
Art. L. 214-4, al. 2	L. 322-2
Art. L. 214-4, al. 2, 1re phrase	L. 222-2
Art. L. 214-4, al. 2, 2e phrase	L. 721-3, L. 721-4
Art. L. 214-4, al. 3	L. 722-2, L. 733-8
Art. L. 214-5	L. 323-1
Art. L. 214-6	L. 323-2
Art. L. 214-7	L. 322-2, L. 722-5
Art. L. 221-1, al-. 1er et 5	L. 341-1
Art. L. 221-1, al. 2	L. 351-1
Art. L. 221-1, al. 3	L. 351-3
Art. L. 221-1, al. 4	L. 351-2
Art. L. 221-1, al. 6	L. 361-3
Art. L. 221-1, al. 7	L. 351-5
Art. L. 221-1, al. 7, 1re phrase	L. 341-4
Art. L. 221-1, al. 7, 1re et 2e phrases	L. 351-5
Art. L. 221-2, al. 1er	L. 341-6
Art. L. 221-2, al. 2	L. 341-1, L. 341-6
Art. L. 221-2, al. 3	L. 341-7
Art. L. 221-2, al. 4	L. 341-5
Art. L. 221-2-1	L. 361-4
Art. L. 221-3	L. 341-2
Art. L. 221-4 (ecqc l'information)	L. 343-1
Art. L. 221-4 (ecqc le droit d'être informé)	L. 341-3
Art. L. 221-5	L. 343-2
Art. L. 221-6	L. 343-7
Art. L. 222-1	L. 342-1
Art. L. 222-2, al. 1er et 2	L. 342-4

Références du CESEDA en vigueur avant le 1er mai 2021	Références du CESEDA en vigueur à compter du 1er mai 2021
Art. L. 222-2, al. 3	L. 352-7
Art. L. 222-3, al. 1er	L. 342-2
Art. L. 222-3, al. 2	L. 342-5
Art. L. 222-3, al. 3	L. 342-10
Art. L. 222-3, al. 4, 1re et 2e phrases	L. 342-16
Art. L. 222-3, al. 4, 3e phrase	L. 342-17
Art. L. 222-3, al. 5	L. 342-8
Art. L. 222-4, al. 1er, 2 et 4	L. 342-6
Art. L. 222-4, al. 3	L. 342-7
Art. L. 222-4, al. 5	L. 342-3
Art. L. 222-5, 1re et 2e phrases	L. 342-11
Art. L. 222-5, 3e phrase	L. 342-18
Art. L. 222-6, al. 1er, 1re, 2e et 4e phrases	L. 342-12
Art. L. 222-6, al. 1er, 3e phrase	L. 342-7
Art. L. 222-6, al. 1er, 5e phrase	L. 342-14
Art. L. 222-6, al. 1er (6e phrase) et 2	L. 342-13
Art. L. 222-7	L. 342-17
Art. L. 222-8	L. 342-9
Art. L. 223-1, al. 1er (sauf dernière phrase)	L. 343-3
Art. L. 223-1, al. 1er (dernière phrase)	L. 343-4
Art. L. 223-1, al. 2	L. 343-6
Art. L. 224-1	L. 342-19
Art. L. 224-2	L. 343-9
Art. L. 224-3	L. 343-10
Art. L. 224-4	L. 343-11
LIVRE III	
Art. L. 311-1, al. 1er à 7	L. 411-1
Art. L. 311-1, ecqc la durée des visas long séjour	L. 411-3
Art. L. 311-1, al. 8 (ecqc la carte de résident)	L. 433-7
Art. L. 311-3	L. 421-35
Art. L. 311-4, al. 1er	L. 431-3
Art. L. 311-4, al. 2 et 3	L. 433-3
Art. L. 311-5	L. 431-5
Art. L. 311-5-1	L. 424-2
Art. L. 311-5-2	L. 424-10
Art. L. 311-6	L. 431-2

Références du CESEDA en vigueur avant le 1er mai 2021	Références du CESEDA en vigueur à compter du 1er mai 2021
Art. L. 311-8-1, ecqc les réfugiés	L. 424-6
Art. L. 311-8-1, ecqc la protection subsidiaire	L. 424-15
Art. L. 311-9, al. 1er	L. 413-1
Art. L. 311-9, al. 2 et 11	L. 413-2
Art. L. 311-9, al. 3 à 7, 9 et 10	L. 413-3
Art. L. 311-9, al. 8	L. 441-2
Art. L. 311-9, al. 12 et 13	L. 413-5
Art. L. 311-9, al. 14	L. 413-4
Art. L. 311-9, al. 15	L. 413-6
Art. L. 311-10	L. 426-21
Art. L. 311-12	L. 425-10
Art. L. 311-13, ecqc les collectivités de l'article 73 de la Constitution	L. 441-2
Art. L. 311-13, A	L. 436-1
Art. L. 311-13, B	L. 436-2
Art. L. 311-13, C	L. 436-3
Art. L. 311-13, D, 1	L. 436-4
Art. L. 311-13, D, 2	L. 436-5
Art. L. 311-13, E (ecqc la métropole)	R. 436-3
Art. L. 311-13, F	L. 436-9
Art. L. 311-14	L. 436-6
Art. L. 311-15	L. 436-10
Art. L. 311-16	L. 436-7
Art. L. 311-18	L. 436-8
Art. L. 312-1	L. 432-14
Art. L. 312-2	L. 432-13, L. 432-15
Art. L. 312-3	L. 441-4
Art. L. 313-1, al. 1er et 2	L. 411-3
Art. L. 313-1, al. 3	L. 411-2
Art. L. 313-2	L. 412-1
Art. L. 313-2, al. 2	L. 412-4
Art. L. 313-3, ecqc le refus	L. 432-1
Art. L. 313-3, ecqc le retrait	L. 432-4
Art. L. 313-4-1	L. 426-11
Art. L. 313-5, al. 1er	L. 432-6
Art. L. 313-5, al. 2	L. 432-7
Art. L. 313-5, al. 3	L. 432-8
Art. L. 313-5, al. 4	L. 432-9
Art. L. 313-5-1, al. 1er	L. 433-1
Art. L. 313-5-1, al. 2 et 3 (ecqc le refus)	L. 432-2
Art. L. 313-5-1, al. 2 et 3 (ecqc le retrait)	L. 432-5
Art. L. 313-6	L. 426-20
Art. L. 313-7, I, al. 1er (sauf dernière phrase) et 3 (1re phrase)	L. 422-1
Art. L. 313-7, I, al. 1er (dernière phrase) et 3 (1re phrase)	L. 422-5
Art. L. 313-7, I, al. 2 et 3 (dernière phrase)	L. 422-4
Art. L. 313-7, II, al. 1er et 3	L. 422-2
Art. L. 313-7, II, al. 2, 4, 5 et 6	*Abrogé*
Art. L. 313-7, II, al. 10 et 11, ecqc l'étudiant en France	L. 422-3
Art. L. 313-7, II, al. 10 et 11, ecqc la mobilité	L. 422-7
Art. L. 313-7-1	L. 426-23
Art. L. 313-7-2, I, al. 1er	L. 421-30
Art. L. 313-7-2, I, al. 2 et 3	L. 421-32
Art. L. 313-7-2, I (al. 4), et II (al. 1er)	L. 421-31
Art. L. 313-7-2, II, al. 2 et 3	L. 421-33
Art. L. 313-8, I (ecqc le caractère non renouvelable), et III	L. 422-9
Art. L. 313-8, I, II (1re phrase du 1° et 1er al. du 2°)	L. 422-10
Art. L. 313-8, II, 1° (sauf 1re phrase)	L. 422-11
Art. L. 313-8, II, 2° (al. 2)	L. 422-12
Art. L. 313-8, IV	L. 422-14
Art. L. 313-9	L. 426-22
Art. L. 313-10, al. 1er à 3	L. 421-1
Art. L. 313-10, al. 1er et 4	L. 421-3
Art. L. 313-10, al. 1er et 5	L. 421-5
Art. L. 313-10, al. 6 et 7	L. 421-4
Art. L. 313-11, 1° (ecqc le conjoint)	L. 423-14
Art. L. 313-11, 1° (ecqc les parents)	L. 423-15

Références du CESEDA en vigueur avant le 1er mai 2021	Références du CESEDA en vigueur à compter du 1er mai 2021	Références du CESEDA en vigueur avant le 1er mai 2021	Références du CESEDA en vigueur à compter du 1er mai 2021
Art. L. 313-11, 2°	L. 423-21	Art. L. 313-20, al. 16 (ecqc les conditions d'application)	L. 421-8
Art. L. 313-11, 2°	L. 441-7	Art. L. 313-20, 1° (première partie), al. 15 et 16	L. 421-9
Art. L. 313-11, 2° bis	L. 423-22	Art. L. 313-20,1° (seconde partie), al. 15 et 16	L. 421-10
Art. L. 313-11, 4°	L. 423-1	Art. L. 313-20, 2° et al. 15 et 16	L. 421-11
Art. L. 313-11, 6°, al. 1er	L. 423-7	Art. L. 313-20, 3° et al. 16	L. 421-13
Art. L. 313-11, 6°, al. 2	L. 423-8	Art. L. 313-20, 4° (première partie) et al. 15	L. 421-14
Art. L. 313-11, 7°	L. 423-23	Art. L. 313-20, 4° (seconde partie, sauf la dernière phrase)	L. 421-15
Art. L. 313-11, 8°	L. 423-13	Art. L. 313-20, 4° (dernière phrase de la seconde partie)	L. 421-24
Art. L. 313-11, 9°	L. 426-5	Art. L. 313-20, 5°	L. 421-16
Art. L. 313-11, 11°	L. 425-9	Art. L. 313-20, 6°	L. 421-17
Art. L. 313-11-1, I	L. 426-12	Art. L. 313-20, 7°	L. 421-18
Art. L. 313-11-1, II	L. 426-13	Art. L. 313-20, 8° et al. 16	L. 421-19
Art. L. 313-11-1, III	L. 426-14	Art. L. 313-20, 9° et al. 16	L. 421-20
Art. L. 313-11-1, IV	L. 426-15	Art. L. 313-20, 10°	L. 421-21
Art. L. 313-11-1, V	L. 426-16	Art. L. 313-21, al. 1er (1re et 2e phrases), et 2 (3e phrase)	L. 421-22
Art. L. 313-12, al. 2v (1re phrase)	L. 423-3	Art. L. 313-21, al. 1er, 3e phrase	L. 422-13
Art. L. 313-12, al. 2 (2e phrase)	L. 423-4	Art. L. 313-21, al. 2	L. 421-23
Art. L. 313-12, al. 2 (2e et 3e phrases)	L. 423-5	Art. L. 313-23	L. 421-34
Art. L. 313-12, al. 3	L. 423-9	Art. L. 313-24, I	L. 421-26
Art. L. 313-12, al. 4 (ecqc l'activité professionnelle pour la carte de séjour délivrée sur le fondement du I de l'article L. 313-11-1)	L. 426-12	Art. L. 313-24, III et 1er al. du IV	L. 421-27
Art. L. 313-12, al. 4 (ecqc l'activité professionnelle pour la carte de séjour délivrée sur le fondement du II de l'article L. 313-11-1)	L. 426-13	Art. L. 313-24, II	L. 421-28
Art. L. 313-14	L. 435-1	Art. L. 313-24, IV, 2e al.	L. 421-29
Art. L. 313-14-1	L. 435-2	Art. L. 313-24, IV, 3e al.	*Abrogé*
Art. L. 313-15	L. 435-3	Art. L. 313-25, 1° et al. 7 (1re phrase)	L. 424-9
Art. L. 313-16	L. 441-7	Art. L. 313-25, 2° à 5°, et al. 7 (2e phrase)	L. 424-11
Art. L. 313-17, I, sauf al. 5	L. 433-4	Art. L. 313-25, al. 7 (3e phrase)	L. 424-16
Art. L. 313-17, I, al. 5	L. 433-5	Art. L. 313-25, al. 8	L. 424-12
Art. L. 313-18	L. 411-4		
Art. L. 313-19, II et III	L. 421-2		
Art. L. 313-19, II (ecqc la "mention entrepreneur/profession libérale") et III	L. 421-6		
Art. L. 313-19, I et III	L. 433-6		
Art. L. 313-20, al. 1er (ecqc la première délivrance)	L. 421-7		

Références du CESEDA en vigueur avant le 1er mai 2021	Références du CESEDA en vigueur à compter du 1er mai 2021	Références du CESEDA en vigueur avant le 1er mai 2021	Références du CESEDA en vigueur à compter du 1er mai 2021
Art. L. 313-26, 1° et al. 7 (1re phrase)	L. 424-18	Art. L. 314-10 (ecqc l'article L. 314-8-2)	L. 424-5
Art. L. 313-26, 2° à 5°, et al. 7 (2e phrase)	L. 424-19	Art. L. 314-10 (ecqc l'article L. 314-8-2)	L. 424-14
Art. L. 313-26, al. 7 (3e phrase)	L. 424-20	Art. L. 314-10 (ecqc le 1° de l'article L. 314-9)	L. 423-16
Art. L. 313-27	L. 422-6	Art. L. 314-10, (ecqc le 2° de l'article L. 314-9)	L. 423-10
Art. L. 314-1, 1re phrase	L. 411-3	Art. L. 314-10 (ecqc le 3° de l'article L. 314-9)	L. 423-6
Art. L. 314-1, ecqc le renouvellement	L. 433-2	Art. L. 314-11, 2° (ecqc les ascendants)	L. 423-11
Art. L. 314-1-1	*Abrogé*	Art. L. 314-11, 2° (ecqc l'enfant), et al. 19 (ecqc le 2°)	L. 423-12
Art. L. 314-2	L. 413-7	Art. L. 314-11, 3° (ecqc l'étranger titulaire de la rente)	L. 426-6
Art. L. 314-3	L. 432-1	Art. L. 314-11, 3° (ecqc les ayants droit)	L. 426-7
Art. L. 314-5 (sauf dernière phrase)	L. 432-3	Art. L. 314-11, 4°, 5° et 6°	L. 426-2
Art. L. 314-5, dernière phrase	L. 432-10	Art. L. 314-11, 7°	L. 426-3
Art. L. 314-5-1	L. 423-6	Art. L. 314-11, 8°, 1er al.	L. 424-1
Art. L. 314-6, al. 1er	L. 432-11	Art. L. 314-11, 8°, al. 2 à 5 et 7 (ecqc la filiation)	L. 424-3
Art. L. 314-6, al. 2	L. 414-14	Art. L. 314-11, 8°, al. 6	L. 424-4
Art. L. 314-6-1	L. 432-12	Art. L. 314-11, 9°, et al. 19 (ecqc le 9°)	L. 424-21
Art. L. 314-6-2	L. 426-3	Art. L. 314-11, 10°	L. 425-3
Art. L. 314-7	L. 411-5	Art. L. 314-11, 11°	L. 426-10
Art. L. 314-7-1 (ecqc les réfugiés)	L. 424-8	Art. L. 314-11, 12°	L. 424-13
Art. L. 314-7-1 (ecqc la protection subsidiaire)	L. 424-17	Art. L. 314-11, al. 20	L. 424-7
Art. L. 314-8 (sauf exceptions du 1°)	L. 426-17	Art. L. 314-12	L. 426-1
Art. L. 314-8 (exceptions du 1°)	L. 426-18	Art. L. 314-13	L. 446-5
Art. L. 314-8-1, al. 1er à 3	L. 421-12	Art. L. 314-14	L. 426-4
Art. L. 314-8-1, al. 4	L. 421-25	Art. L. 316-1, al. 1er	L. 425-1
Art. L. 314-8-2 (ecqc les réfugiés)	L. 424-5	Art. L. 316-1, al. 2	L. 425-3
Art. L. 314-8-2 (ecqc la protection subsidiaire)	L. 424-14	Art. L. 316-1-1	L. 425-4
Art. L. 314-9, 1°	L. 423-16	Art. L. 316-2	L. 425-5
Art. L. 314-9, 2°	L. 423-10	Art. L. 316-3, al. 1er, 2 et 4	L. 425-6
Art. L. 314-9, 3°	L. 423-6	Art. L. 316-3, al. 3	L. 425-7
Art. L. 314-9, al. 6	L. 441-7	Art. L. 316-4	L. 425-8
Art. L. 314-10 (ecqc l'article L. 314-8)	L. 426-19	Art. L. 317-1, al. 1er	L. 426-8
Art. L. 314-10 (ecqc l'article L. 314-8-1)	L. 421-12	Art. L. 317-1, al. 2	L. 426-9
Art. L. 314-10 (ecqc les membres de familles de l'article L. 314-8-1)	L. 421-25	Art. L. 321-1	L. 414-2
		Art. L. 321-2	L. 414-3
		Art. L. 321-3	L. 414-5
		Art. L. 321-3, al. 2	L. 441-7

Références du CESEDA en vigueur avant le 1er mai 2021	Références du CESEDA en vigueur à compter du 1er mai 2021
Art. L. 321-4	L. 414-4
Art. L. 321-4, al. 1er, 3, 4 et 11	L. 236-1
Art. L. 321-4, al. 2 et 10	L. 441-7
Art. L. 321-5, I	L. 414-6
Art. L. 321-5, II, ecqc le principe	L. 414-7
Art. L. 321-5, II, ecqc les titres	L. 414-8
Art. L. 321-6	L. 414-9
Art. L. 322-2	L. 414-15
Art. L. 331-1	*Abrogé*
Art. L. 331-2	*Abrogé*
LIVRE IV	
Art. L. 411-1	L. 434-2
Art. L. 411-2	L. 434-3
Art. L. 411-3	L. 434-4
Art. L. 411-4, al. 1er	L. 434-5
Art. L. 411-4, al. 2	L. 434-1
Art. L. 411-5, 1° (1re phrase), 2° et 3°	L. 434-7
Art. L. 411-5, 1° (sauf première phrase)	L. 434-8
Art. L. 411-6	L. 434-6
Art. L. 411-7	L. 434-9
Art. L. 421-1	L. 434-10
Art. L. 421-2, 1re, 2e, 3e et 4e phrases	*Abrogé*
Art. L. 421-2, 5e phrase	L. 434-11
Art. L. 421-3	*Abrogé*
Art. L. 421-4	*Abrogé*
Art. L. 431-2, al. 1er à 3	L. 423-17
Art. L. 431-2, al. 4	L. 423-18
Art. L. 431-3	L. 423-19
Art. L. 441-1 (ecqc les articles L. 431-2 et L. 431-3)	L. 423-20
Art. L. 441-1	L. 434-12
LIVRE V	
Art. L. 511-1, I, al. 1er à 9	L. 611-1
Art. L. 511-1, I, al. 10	L. 613-1
Art. L. 511-1, I, al. 11 (1re et 2e phrases)	L. 711-2
Art. L. 511-1, I, al. 11 (3e phrase)	L. 612-12
Art. L. 511-1, II, al. 1er et 2	L. 612-1
Art. L. 511-1, II, al. 3 (ecqc l'obligation de motivation)	L. 613-2
Art. L. 511-1, II, al. 3 (sauf ecqc l'obligation de motivation), al. 4, 5 et 6 (1re phrase)	L. 612-2
Art. L. 511-1, II, al. 6 (sauf la 1re phrase) à 14	L. 612-3
Art. L. 511-1, II, al. 15	L. 612-5
Art. L. 511-1, III, al. 1er (sauf ecqc l'obligation de motivation) et 2	L. 612-6
Art. L. 511-1, III, al. 1er et 4 (ecqc l'obligation de motivation)	L. 613-2
Art. L. 511-1, III, al. 3	L. 612-9
Art. L. 511-1, III, al. 4 (sauf ecqc l'obligation de motivation)	L. 612-8
Art. L. 511-1, III, al. 5	L. 613-5
Art. L. 511-1, III, al. 6	L. 612-7
Art. L. 511-1, III, al. 7 et 9	L. 612-11
Art. L. 511-1, III, al. 8	L. 612-10
Art. L. 511-1, III, al. 10 à 12	L. 613-7
Art. L. 511-1, III, al. 13 et 14	L. 613-8
Art. L. 511-2, 2° (ecqc l'application du 1° du I de l'article L. 511-1)	L. 611-2
Art. L. 511-2, 2° (ecqc l'application du *a)* du 3° du II de l'article L. 511-1)	L. 612-4
Art. L. 511-3 (ecqc le renvoi au 2° du I de l'article L. 511-1)	L. 611-2
Art. L. 511-3 (ecqc le renvoi au *b)* du 3° du II de l'article L. 511-1)	L. 612-4
Art. L. 511-3-1, al. 1er à 5	L. 251-1
Art. L. 511-3-1, al. 6	L. 251-3
Art. L. 511-3-1, al. 7	L. 261-1
Art. L. 511-3-1, al. 8	L. 251-7
Art. L. 511-3-2, al. 1er	L. 251-4
Art. L. 511-3-2, al. 2 à 5	L. 251-5
Art. L. 511-3-2, al. 6	L. 251-6

Références du CESEDA en vigueur avant le 1er mai 2021	Références du CESEDA en vigueur à compter du 1er mai 2021
Art. L. 511-4, al. 1er à 11	L. 611-3
Art. L. 511-4, al. 1er et 12	L. 251-2
Art. L. 511-5	L. 613-6
Art. L. 512-1, al. 1er (ecqc le droit de recours) des I, I *bis*, II et III	L. 614-1
Art. L. 512-1, I, al. 1er et 2	L. 614-4
Art. L. 512-1, dernier al. des I, I *bis* et II	L. 614-3
Art. L. 512-1, I *bis*, al. 1er à 6	L. 614-5
Art. L. 512-1, II, al. 1er et 2	L. 614-6
Art. L. 512-1, III, al. 1er (1re phrase) et 2	L. 614-8
Art. L. 512-1, III, al. 1er, 2e phrase (ecqc le droit de recours)	L. 741-10
Art. L. 512-1, III, al. 1er, 2e phrase (ecqc l'audience commune)	L. 743-5
Art. L. 512-1, III, al. 1er, 2e phrase (sauf ecqc l'audience commune), 3e et 4e phrases	L. 614-13
Art. L. 512-1, III, al. 1er, 3e et 4e phrases	L. 743-20
Art. L. 512-1, III, al. 2 (ecqc le cas de notification d'une assignation à résidence postérieure à l'obligation de quitter le territoire français)	L. 614-12
Art. L. 512-1, III, al. 2 (ecqc l'assignation à résidence postérieure à l'obligation de quitter le territoire français)	L. 732-8
Art. L. 512-1, III, al. 2 (ecqc le recours contre l'assignation à résidence)	L. 614-1
Art. L. 512-1, III, al. 3 (1re phrase) et 6 (2e phrase)	L. 614-9
Art. L. 512-1, III, al. 3 (2e à 5e phrases) et 5	L. 614-11
Art. L. 512-1, III, al. 4	L. 614-10
Art. L. 512-1, III, al. 6, 1re phrase	L. 614-7
Art. L. 512-1, IV, al. 1er	L. 614-14
Art. L. 512-1, IV, al. 2	L. 614-15
Art. L. 512-2, 1re phrase	L. 613-3
Art. L. 512-2, 2e et 3e phrases	L. 613-4
Art. L. 512-3, al. 1er	L. 722-3
Art. L. 512-3, al. 2, 1re phrase	L. 722-7
Art. L. 512-3, al. 2, 2e phrase	L. 613-3
Art. L. 512-4, al. 1er	L. 614-16
Art. L. 512-4, al. 2 (ecqc le délai de départ volontaire)	L. 614-17
Art. L. 512-4, al. 2 (ecqc l'assignation à résidence)	L. 614-18
Art. L. 512-5, 1re phrase	L. 711-2
Art. L. 512-5, 2e phrase	L. 743-10
Art. L. 512-5, 3e phrase	L. 761-8
Art. L. 512-6	L. 614-19
Art. L. 513-1, I	L. 722-3, L. 722-7
Art. L. 513-1, II	L. 722-8
Art. L. 513-2	L. 721-4
Art. L. 513-3, al. 1er	L. 721-3
Art. L. 513-3, al. 2	L. 721-5, L. 722-7
Art. L. 513-4, al. 1er	L. 721-7
Art. L. 513-4, al. 2 (1re à 3e phrases)	L. 721-6
Art. L. 513-4, al. 2 (4e phrase) (ecqc l'étranger faisant l'objet d'une obligation de quitter le territoire français)	L. 721-8
Art. L. 513-4, al. 3	L. 721-9
Art. L. 513-5, al. 1er (ecqc les étrangers assignés à résidence pour un autre motif que celui évoqué à l'article L. 552-4)	L. 733-6
Art. L. 513-5, al. 1er (ecqc l'étranger assigné à résidence en application de l'article L. 552-4)	L. 743-16
Art. L. 513-5, al. 2, 3 (3e et 5e phrases)	L. 733-7
Art. L. 513-5, al. 3 (1re, 2e et 4e phrases)	L. 733-9

Références du CESEDA en vigueur avant le 1er mai 2021	Références du CESEDA en vigueur à compter du 1er mai 2021
Art. L. 513-5, al. 3, 5e phrase (ecqc le renvoi à l'al. 3 du II de l'article L. 561-2)	L. 733-10
Art. L. 513-5, al. 3, 5e phrase (ecqc le renvoi aux al. 4 et 5 du II de l'article L. 561-2)	L. 733-11
Art. L. 513-5, al. 3, 5e phrase (ecqc le renvoi à l'al. 6 du II de l'article L. 561-2)	L. 733-12
Art. L. 513-5, al. 4	L. 733-16
Art. L. 514-1, al. 1er, 2 et 4	L. 761-3, L. 761-5, L. 761-9, L. 762-3, L. 763-3
Art. L. 514-1, al. 1er, 3 et 5	L. 651-3, L. 651-4, L. 651-6, L. 652-3, L. 653-3
Art. L. 521-1	L. 631-1
Art. L. 521-2, al. 1er à 6 et 8	L. 631-2
Art. L. 521-2, al. 1er et 7	L. 252-2
Art. L. 521-3	L. 631-3
Art. L. 521-4	L. 631-4
Art. L. 521-5	L. 252-1
Art. L. 522-1	L. 632-1
Art. L. 522-2	L. 632-2
Art. L. 522-3	L. 651-7
Art. L. 523-1, al. 1er	L. 722-4
Art. L. 523-1, al. 2	L. 722-2, L. 733-8
Art. L. 523-2	L. 721-3, L. 721-4
Art. L. 523-3, al. 1er, 1re phrase	L. 731-3
Art. L. 523-3, al. 1er, 2e phrase	L. 733-17
Art. L. 523-3, al. 2	*Abrogé*
Art. L. 523-4, 1re phrase	L. 731-4
Art. L. 523-4, 2e phrase	L. 732-9
Art. L. 523-4, 3e phrase	L. 733-1, L. 733-17
Art. L. 523-5, 1re et 4e phrases	L. 731-5
Art. L. 523-5, 2e phrase	L. 732-9
Art. L. 523-5, 3e phrase	L. 733-1, L. 733-17
Art. L. 524-1, 1re phrase	L. 632-3
Art. L. 524-1, 2e phrase	L. 632-4
Art. L. 524-2	L. 632-6
Art. L. 524-3	L. 632-5
Art. L. 524-4	L. 632-7
Art. L. 531-1, I, al. 1er (ecqc le principe de la remise), 2 et 3 (ecqc les droits de la personne)	L. 621-1
Art. L. 531-1, I, al. 1er (ecqc les conditions de la remise)	L. 621-2
Art. L. 531-1, I, al. 3	L. 722-4, L. 722-10
Art. L. 531-1, II, al. 1er	L. 622-1
Art. L. 531-1, II, al. 2	L. 622-2
Art. L. 531-1, II, al. 3	L. 622-3
Art. L. 531-1, II, al. 4 à 7	L. 622-4
Art. L. 531-2, al. 1er	L. 621-3
Art. L. 531-2, al. 2	L. 621-4
Art. L. 531-2, al. 3	L. 621-5
Art. L. 531-2, al. 4 à 10	L. 621-6
Art. L. 531-2, al. 11 à 15	L. 621-7
Art. L. 531-2-1	L. 700-1
Art. L. 531-3, al. 1er à 3	L. 615-1
Art. L. 531-3, al. 4	L. 700-1
Art. L. 531-4	L. 722-12
Art. L. 532-1	L. 651-5
Art. L. 541-1, al. 1er	L. 641-1
Art. L. 541-2	L. 641-2
Art. L. 541-3, al. 1er	L. 700-1
Art. L. 541-3, al. 2	L. 733-16
Art. L. 541-4	L. 641-3
Art. L. 551-1, I (sauf ecqc le caractère non pénitentiaire des lieux de rétention et ecqc la vulnérabilité)	L. 741-1
Art. L. 551-1, I (ecqc le caractère non pénitentiaire des lieux de rétention)	L. 744-1
Art. L. 551-1, I (ecqc la vulnérabilité)	L. 741-4
Art. L. 551-1, II, al. 1er (1re phrase)	L. 751-9
Art. L. 551-1, II, al. 1er (2e phrase) et al. 2 à 13	L. 751-10
Art. L. 551-1, III	L. 741-7
Art. L. 551-1, III *bis*	L. 741-5
Art. L. 551-1, IV	L. 741-4

Références du CESEDA en vigueur avant le 1er mai 2021	Références du CESEDA en vigueur à compter du 1er mai 2021
Art. L. 551-2, al. 1er (1re, 2e et 3e phrases)	L. 741-6
Art. L. 551-2, al. 1er (4e phrase)	L. 741-8
Art. L. 551-2, al. 2 (ecqc le principe de l'information)	L. 741-9
Art. L. 551-2, al. 2 (ecqc l'information donnée), 3 et 4	L. 744-4
Art. L. 551-3 (ecqc le principe de l'information)	L. 744-6
Art. L. 551-3, 3e à 5e phrases (ecqc l'information sur la recevabilité d'une demande d'asile)	L. 754-1
Art. L. 552-1, al. 1er, 1re phrase	L. 742-1
Art. L. 552-1, al. 1er, 2e phrase (ecqc le délai de jugement)	L. 743-4
Art. L. 552-1, al. 1er, 2e phrase (sauf ecqc le lieu de l'audience)	L. 743-6
Art. L. 552-1, al. 1er, 2e (ecqc le lieu de l'audience) et 4e phrases	L. 743-7
Art. L. 552-1, al. 1er, 3e phrase	L. 743-24
Art. L. 552-1, al. 2	L. 743-20
Art. L. 552-2, 1re et 2e phrases	L. 743-9
Art. L. 552-2, 3e phrase	L. 743-24
Art. L. 552-2, 4e phrase	L. 742-2
Art. L. 552-3	L. 742-3
Art. L. 552-4	L. 743-13
Art. L. 552-5, 1re et 2e phrases	L. 743-14
Art. L. 552-5, 3e phrase	L. 743-15
Art. L. 552-5, 4e et 5e phrases	L. 743-17
Art. L. 552-6, 1re et 2e phrases	L. 743-19
Art. L. 552-6, 3e phrase	L. 743-25
Art. L. 552-7, al. 1er, 2 et 3 (2e phrase)	L. 742-4

Références du CESEDA en vigueur avant le 1er mai 2021	Références du CESEDA en vigueur à compter du 1er mai 2021
Art. L. 552-7, al. 3 (1re phrase)	L. 743-4, L. 743-6, L. 743-7, L. 743-9
Art. L. 552-7, al. 4 (sauf ecqc la compétence du juge des libertés et de la détention de Paris)	L. 742-6
Art. L. 552-7, al. 4 (ecqc la compétence du juge des libertés et de la détention de Paris)	R. 743-1
Art. L. 552-7, al. 5	L. 742-5
Art. L. 552-7, al. 5, 6e phrase (ecqc le cas prévu à l'al. 4)	L. 742-7
Art. L. 552-7, al. 6	L. 743-19, L. 743-25
Art. L. 552-8	L. 743-11
Art. L. 552-9, al. 1er	L. 743-21
Art. L. 552-9, al. 2	L. 743-23
Art. L. 552-10, 1re à 5e phrases	L. 743-22
Art. L. 552-10, 6e phrase	L. 743-25
Art. L. 552-11	L. 743-24
Art. L. 552-12	L. 743-8
Art. L. 552-13	L. 743-12
Art. L. 553-1	L. 744-2
Art. L. 553-2	L. 744-17
Art. L. 553-3, al. 1er	L. 743-1
Art. L. 553-3, al. 2 (ecqc le délégué du haut--commissariat des Nations unies pour les réfugiés)	L. 744-13
Art. L. 553-3, al. 2 (ecqc les associations humanitaires)	L. 744-14
Art. L. 553-4	L. 744-5
Art. L. 553-5, al. 1er et 3	L. 744-7
Art. L. 553-5, al. 2 et 3	L. 744-8
Art. L. 553-6, al. 1er, 1re phrase	L. 744-9
Art. L. 553-6, al. 1er, 2e phrase	L. 751-12
Art. L. 553-6, al. 2	L. 744-3
Art. L. 553-7	L. 744-15
Art. L. 554-1, al. 1er	L. 741-3
Art. L. 554-1, al. 2	L. 751-9
Art. L. 554-2	L. 742-9
Art. L. 554-3	L. 742-10

Références du CESEDA en vigueur avant le 1er mai 2021	Références du CESEDA en vigueur à compter du 1er mai 2021
Art. L. 555-1 (sauf la 1re phrase de l'al. 1er ecqc les conditions et la durée de maintien en rétention)	L. 741-2
Art. L. 555-1, al. 1er, 1re phrase (ecqc les conditions et la durée de maintien en rétention)	L. 741-3
Art. L. 555-1, al. 1er, 3e phrase	L. 742-1
Art. L. 555-2	L. 744-10
Art. L. 555-3	L. 744-11
Art. L. 556-1, al. 1er (1re phrase)	L. 754-2
Art. L. 556-1, al. 1er (2e à 5e phrases)	L. 754-3
Art. L. 556-1, al. 2 à 4	L. 754-4
Art. L. 556-1, al. 5	L. 754-5
Art. L. 556-1, al. 6	L. 531-24
Art. L. 556-1, al. 6, ecqc le délai et les conditions	L. 531-29
Art. L. 556-1, al. 6 (1re phrase)	L. 754-6
Art. L. 556-1, al. 7	L. 754-7
Art. L. 556-1, al. 8	L. 754-8
Art. L. 556-2	L. 761-2, L. 761-4, L. 761-8
Art. L. 561-1, al. 1er, 2, 3 (ecqc la remise) et 4 à 7	L. 731-3
Art. L. 561-1, al. 3 (ecqc la décision de transfert)	L. 751-6
Art. L. 561-1, al. 8, 1re phrase et 2e phrase (ecqc l'obligation de motivation du renouvellement de l'assignation à résidence)	L. 732-1
Art. L. 561-1, al. 8, 2e phrase (ecqc la durée maximale et le renouvellement) et al. 9 et 10	L. 732-4
Art. L. 561-1, al. 8, 11 et 12	L. 732-5
Art. L. 561-1, al. 13 (1re et 2e phrases)	L. 733-1
Art. L. 561-1, al. 13 (3e phrase)	L. 732-2
Art. L. 561-1, al. 13 (4e phrase)	L. 733-4
Art. L. 561-1, al. 13 (5e phrase)	L. 733-3
Art. L. 561-1, al. 14	L. 733-2
Art. L. 561-1, al. 15	L. 733-17
Art. L. 561-2, I, al. 1er, 2 et 4 à 9	L. 731-1
Art. L. 561-2, I, al. 3 et 9 (ecqc l'étranger mentionné à l'al. 3)	L. 751-2
Art. L. 561-2, I, al. 10 (ecqc la durée maximale de l'assignation à résidence et les possibilités de renouvellement)	L. 732-3
Art. L. 561-2, I, al. 10 (ecqc la décision de transfert)	L. 751-4
Art. L. 561-2, I, al. 11 et 12	L. 731-2
Art. L. 561-2, I, al. 11 et 13	L. 751-3
Art. L. 561-2, II, al. 1er, 3e phrase de l'al. 2	L. 733-8
Art. L. 561-2, II, al. 2, 1re, 2e et 4e phrases	L. 733-9
Art. L. 561-2, II, al. 3	L. 733-10
Art. L. 561-2, II, al. 4 et 5	L. 733-11
Art. L. 561-2, II, al. 6	L. 733-12
Art. L. 561-2, II, al. 7	L. 722-2
Art. L. 561-2, II, al. 8	L. 733-8, L. 743-16
Art. L. 561-2-1 (ecqc le cas prévu à l'article L. 561-2)	L. 732-7
Art. L. 561-2-1 (ecqc le cas prévu à l'article L. 552-4)	L. 743-16
Art. L. 561-3	L. 732-6, L. 733-5, L. 733-13, L. 751-8
Art. L. 563-1, al. 1er	L. 733-15
Art. L. 563-1, al. 2	L. 733-17
Art. L. 571-1	L. 722-11
Art. L. 571-2, ecqc Wallis-et-Futuna	L. 764-3
Art. L. 571-2, ecqc la Polynésie française	L. 765-3
Art. L. 571-2, ecqc la Nouvelle-Calédonie	L. 766-3

Références du CESEDA en vigueur avant le 1er mai 2021	Références du CESEDA en vigueur à compter du 1er mai 2021
Art. L. 571-3, al. 1er à 5	L. 733-14
Art. L. 571-3, al. 6	L. 733-17
Art. L. 571-4, I, al. 1er	L. 753-1
Art. L. 571-4, I, al. 2	L. 753-3
Art. L. 571-4, I, al. 3, 2e et 3e phrases	L. 753-2
Art. L. 571-4, I, al. 3, 1re phrase	L. 753-4
Art. L. 571-4, II, 1re phrase	L. 531-27, L. 753-5
Art. L. 571-4, II, 2e phrase	L. 753-6
Art. L. 571-4, III, 1re phrase	L. 753-7
Art. L. 571-4, III, 2e phrase	L. 753-8
Art. L. 571-4, III, 3e phrase	L. 753-9
Art. L. 571-4, III, 4e phrase	L. 753-10
Art. L. 571-4, III, 5e phrase	L. 753-11
Art. L. 571-4, IV	L. 753-12
LIVRE VI	
Art. L. 611-1	L. 812-1, L. 812-2
Art. L. 611-1-1, I, al. 1er, 1re phrase (ecqc le code des douanes)	L. 812-2
Art. L. 611-1-1, I, al. 1er, 1re phrase	L. 813-1
Art. L. 611-1-1, I, al. 1er, 2e à 4e phrases	L. 813-8
Art. L. 611-1-1, I, al. 1er (5e phrase), et 9 (3e phrase)	L. 813-4
Art. L. 611-1-1, I, al. 2, 3, 4 (1re phrase), 5, 6 (1re phrase), 7 et 8	L. 813-5
Art. L. 611-1-1, I, al. 4 (2e à 7e phrases)	L. 813-6
Art. L. 611-1-1, I, al. 6 (2e et 3e phrases)	L. 813-7
Art. L. 611-1-1, I, al. 9 (1re et 2e phrases), et II	L. 813-3
Art. L. 611-1-1, I, al. 10	L. 813-9
Art. L. 611-1-1, I, al. 11	L. 813-12
Art. L. 611-1-1, I, al. 12	L. 813-11
Art. L. 611-1-1, I, al. 13	L. 813-10

Références du CESEDA en vigueur avant le 1er mai 2021	Références du CESEDA en vigueur à compter du 1er mai 2021
Art. L. 611-1-1, I, al. 14 à 16	L. 813-13
Art. L. 611-1-1, I, al. 17	L. 813-14
Art. L. 611-1-1, I, al. 18	L. 813-16
Art. L. 611-1-1, II (ecqc l'application de la retenue)	L. 813-2
Art. L. 611-1-1, III	L. 813-15
Art. L. 611-2	L. 814-1
Art. L. 611-3 (sauf al. 2, 2e phrase)	L. 142-1
Art. L. 611-3, al. 2, 2e phrase (ecqc l'étranger contrôlé à la frontière)	L. 821-2
Art. L. 611-3, al. 2, 2e phrase (ecqc l'étranger en situation irrégulière)	L. 822-1
Art. L. 611-3, al. 2, 2e phrase (ecqc l'étranger faisant l'objet d'une décision d'éloignement)	L. 824-2
Art. L. 611-4	L. 142-2
Art. L. 611-5	L. 142-5
Art. L. 611-6	L. 142-1
Art. L. 611-6-1, al. 1er à 3	L. 142-3
Art. L. 611-6-1, al. 4	L. 142-5
Art. L. 611-7	L. 142-5
Art. L. 611-8	L. 812-3, L. 812-4
Art. L. 611-9, al. 1er	L. 812-3
Art. L. 611-9, al. 2 et 3	L. 812-4
Art. L. 611-10	L. 831-5
Art. L. 611-11, al. 1er	L. 831-3, L. 831-7, L. 831-9
Art. L. 611-11, al. 2	L. 832-3, L. 833-3
Art. L. 611-12, al. 1er	L. 811-3
Art. L. 611-12, al. 2 à 11	L. 811-4
Art. L. 611-12, al. 12 à 14	L. 811-5
Art. L. 611-12, al. 15	L. 811-6
Art. L. 621-2, al. 1er, 2, 5 (1re phrase) et 6	L. 821-1
Art. L. 621-2, al. 4	L. 831-2, L. 832-2, L. 833-2
Art. L. 621-2, al. 5 (2e phrase)	L. 722-6
Art. L. 622-1, al. 1er et 2	L. 823-1
Art. L. 622-1, al. 3 à 5	L. 823-2
Art. L. 622-2	L. 823-10
Art. L. 622-3, al. 1er à 6	L. 823-4

Références du CESEDA en vigueur avant le 1er mai 2021	Références du CESEDA en vigueur à compter du 1er mai 2021
Art. L. 622-3, al. 7, 1re phrase	L. 823-6
Art. L. 622-3, al. 7, 2e phrase	L. 722-6
Art. L. 622-4	L. 823-9
Art. L. 622-5	L. 823-3
Art. L. 622-6	L. 823-5
Art. L. 622-7	L. 823-6
Art. L. 622-8	L. 823-7
Art. L. 622-9	L. 823-8
Art. L. 622-10	L. 831-4, L. 831-6, L. 831-8, L. 831-10, L. 832-4, L. 833-4
Art. L. 623-1, al. 1er et 2	L. 823-11
Art. L. 623-1, al. 3	L. 823-12
Art. L. 623-2, al. 1er, 2 et 4	L. 823-13
Art. L. 623-2, al. 3	L. 823-15
Art. L. 623-2, al. 5	L. 823-14
Art. L. 623-3, al. 1er et 2	L. 823-16
Art. L. 623-3, al. 3	L. 823-17
Art. L. 624-1	L. 824-3
Art. L. 624-1-1, al. 1er (sauf ecqc le refus d'entrée)	L. 824-9
Art. L. 624-1-1, al. 1er (ecqc le refus d'entrée)	L. 821-5
Art. L. 624-1-1, al. 2	L. 824-11
Art. L. 624-1-1, al. 3 (ecqc la zone d'attente)	L. 821-4
Art. L. 624-1-1, al. 3 (ecqc la rétention administrative)	L. 824-8
Art. L. 624-1-1, al. 4 (sauf ecqc le refus d'entrée)	L. 824-1
Art. L. 624-1-1, al. 4 (ecqc le refus d'entrée)	L. 821-3
Art. L. 624-2, al. 1er	L. 821-3, L. 821-4, L. 821-5, L. 824-1, L. 824-3, L. 824-8, L. 824-9, L. 824-11
Art. L. 624-2, al. 2	L. 722-6
Art. L. 624-3, al. 1er et 2 (ecqc la soustraction)	L. 824-10

Références du CESEDA en vigueur avant le 1er mai 2021	Références du CESEDA en vigueur à compter du 1er mai 2021
Art. L. 624-3, al. 1er et 2 (ecqc le retour non autorisé)	L. 824-12
Art. L. 624-3, al. 3	L. 722-6
Art. L. 624-4, al. 1er	L. 824-4
Art. L. 624-4, al. 2	L. 824-6
Art. L. 624-4, al. 3	L. 824-5
Art. L. 624-4, al. 4	L. 824-7
Art. L. 625-1	L. 821-6
Art. L. 625-2, al. 1er (1re et 2e phrases), 2 (1re phrase)	L. 821-12
Art. L. 625-2, al. 1er, 3e phrase	L. 821-6
Art. L. 625-2, al. 1er (4e phrase) et 3	L. 821-8
Art. L. 625-2, al. 1er, 5e phrase	L. 821-13
Art. L. 625-2, al. 2, 2e phrase	R. 821-3
Art. L. 625-4	L. 821-9
Art. L. 625-5	L. 821-8
Art. L. 625-6, ecqc l'amende pour les entreprises de transport routier	L. 821-6
Art. L. 625-6, ecqc la définition des entreprises de transport routier	L. 821-7
Art. L. 625-7	L. 821-10
Art. L. 626-1, al. 1er	L. 822-2
Art. L. 626-1, al. 2	L. 822-3
Art. L. 626-1, al. 3	L. 822-4
Art. L. 626-1, al. 4 et 5	L. 822-5
Art. L. 626-1, al. 6	L. 822-6
LIVRE VII	
Art. L. 711-1	L. 511-1
Art. L. 711-2, al. 1er	L. 511-2
Art. L. 711-2, al. 2	L. 511-3
Art. L. 711-2, al. 3	L. 511-4
Art. L. 711-2, al. 4	L. 511-5
Art. L. 711-3	L. 511-6
Art. L. 711-4	L. 511-8
Art. L. 711-5	L. 511-9
Art. L. 711-6	L. 511-7
Art. L. 712-1	L. 512-1
Art. L. 712-2	L. 512-2
Art. L. 712-3	L. 512-3
Art. L. 712-4	L. 512-4

Références du CESEDA en vigueur avant le 1er mai 2021	Références du CESEDA en vigueur à compter du 1er mai 2021
Art. L. 713-1	L. 513-1
Art. L. 713-2, al. 1er	L. 513-2
Art. L. 713-2, al. 2 et 3	L. 513-3
Art. L. 713-3	L. 513-5
Art. L. 713-4	L. 513-4
Art. L. 713-5	L. 513-6
Art. L. 713-5, ecqc l'apatridie	L. 582-8
Art. L. 713-6, ecqc la demande d'asile	L. 513-7
Art. L. 713-6, ecqc l'apatridie	L. 582-9
Art. L. 714-1	L. 520-1
Art. L. 721-1	L. 121-7
Art. L. 721-2, al. 1er à 3	L. 121-7
Art. L. 721-2, al. 5 et 6	L. 121-8
Art. L. 721-2, al. 4	L. 121-10
Art. L. 721-3	L. 121-9
Art. L. 721-4	L. 121-12
Art. L. 722-1, al. 1er à 7, 13 et 14	L. 121-13
Art. L. 722-1, al. 8 à 12	L. 531-25
Art. L. 722-2	L. 121-14
Art. L. 722-3	L. 121-10
Art. L. 722-4	L. 121-15
Art. L. 722-5	L. 121-16
Art. L. 723-1	L. 531-1
Art. L. 723-2, I	L. 531-24
Art. L. 723-2, II	L. 531-26
Art. L. 723-2, III	L. 531-27
Art. L. 723-2, IV	L. 531-30
Art. L. 723-2, V, 1re phrase	L. 531-29
Art. L. 723-2, V, 2e phrase	L. 531-28
Art. L. 723-2, VI	L. 531-31
Art. L. 723-3	L. 531-10
Art. L. 723-4, al. 1er	L. 531-3
Art. L. 723-4, al. 2 et 3	L. 531-5
Art. L. 723-4, al. 4	L. 121-11
Art. L. 723-4, al. 5	L. 531-6
Art. L. 723-4, al. 6 et 7	L. 531-7
Art. L. 723-5	L. 531-11
Art. L. 723-6, al. 1er à 3	L. 531-12
Art. L. 723-6, al. 4 et 5	L. 531-14
Art. L. 723-6, al. 6	L. 531-13
Art. L. 723-6, al. 7	L. 531-17
Art. L. 723-6, al. 8	L. 531-15
Art. L. 723-6, al. 9	L. 531-18
Art. L. 723-6, al. 10 à 12	L. 531-16
Art. L. 723-6, al. 13 et 14	L. 531-21
Art. L. 723-7, I	L. 531-19
Art. L. 723-7, II	L. 531-20
Art. L. 723-7, III	L. 531-21
Art. L. 723-8	L. 531-22
Art. L. 723-9	L. 721-2
Art. L. 723-10	L. 531-8
Art. L. 723-11, al. 1er à 4	L. 531-32
Art. L. 723-11, al. 5	L. 531-35
Art. L. 723-11, al. 6	L. 531-33
Art. L. 723-11, al. 7	L. 531-34
Art. L. 723-12	L. 531-36
Art. L. 723-13, al. 5	L. 531-37
Art. L. 723-13, al. 1er à 4	L. 531-38
Art. L. 723-13, al. 6 et 7	L. 531-39
Art. L. 723-14	L. 531-40
Art. L. 723-15, al. 1er	L. 531-41
Art. L. 723-15, al. 2	L. 531-9
Art. L. 723-16	L. 531-42
Art. L. 723-17	L. 531-4
Art. L. 724-1	L. 562-1
Art. L. 724-2	L. 562-2
Art. L. 724-3	L. 562-3
Art. L. 731-1	L. 131-1
Art. L. 731-2, al. 1er	L. 532-1
Art. L. 731-2, al. 2, 1re, 2e et 3e phrases	L. 532-6
Art. L. 731-2, al. 2, 4e et 5e phrases	L. 532-7
Art. L. 731-3	L. 532-4
Art. L. 731-4	L. 131-4
Art. L. 732-1	L. 131-3
Art. L. 733-1, al. 1er	L. 532-12
Art. L. 733-1, al. 2	L. 532-13
Art. L. 733-1, al. 3	L. 532-14
Art. L. 733-1, al. 4	L. 532-15
Art. L. 733-1-1	L. 532-11
Art. L. 733-2	L. 532-8
Art. L. 733-3	L. 532-5
Art. L. 733-4	L. 532-9
Art. L. 733-5, al. 1er	L. 532-2
Art. L. 733-5, al. 2 et 3	L. 532-3
Art. L. 733-5, al. 4	L. 532-10
Art. L. 741-1, al. 1er, 1re phrase	L. 521-1
Art. L. 741-1, al. 1er, 2e phrase	L. 521-2
Art. L. 741-1, al. 2, 1re phrase	L. 521-3

Références du CESEDA en vigueur avant le 1er mai 2021	Références du CESEDA en vigueur à compter du 1er mai 2021
Art. L. 741-1, al. 2, 2e et 3e phrases	L. 531-23
Art. L. 741-1, al. 3	L. 521-4
Art. L. 741-1, al. 6, 7 et 8	L. 521-7
Art. L. 741-1, al. 4	L. 521-13
Art. L. 741-1, al. 5	L. 521-14
Art. L. 741-2	L. 531-2
Art. L. 741-2-1	L. 521-6
Art. L. 741-3, al. 1er	L. 521-9
Art. L. 741-3, al. 2 et 3	L. 521-10
Art. L. 741-3, al. 4	L. 521-11
Art. L. 741-4	L. 521-12
Art. L. 742-1, al. 1er (sauf 1re phrase)	L. 571-1
Art. L. 742-1, al. 1er (1re phrase)	L. 573-1
Art. L. 742-2	L. 751-5
Art. L. 742-3	L. 572-1
Art. L. 742-4, I	L. 572-5
Art. L. 742-4, II	L. 572-6
Art. L. 742-5, al. 2	L. 572-2
Art. L. 742-5, al. 2	L. 751-13
Art. L. 742-6	L. 572-7
Art. L. 742-7	L. 572-3
Art. L. 743-1, 1re phrase, ecqc le principe du droit au maintien	L. 541-1
Art. L. 743-1, 1re phrase, ecqc la fin du droit au maintien	L. 542-1
Art. L. 743-1, 2e phrase	L. 541-2
Art. L. 743-2, sauf ecqc l'attestation de demande d'asile	L. 542-2
Art. L. 743-2, ecqc l'attestation de demande d'asile	L. 542-3
Art. L. 743-3, al. 1er	L. 542-4
Art. L. 743-3, al. 2, 1re phrase (ecqc le droit de demander la suspension de l'obligation de quitter le territoire français et la durée de la suspension)	L. 752-5
Art. L. 743-3, al. 2, 1re phrase (ecqc l'introduction et le jugement de la demande de suspension de l'obligation de quitter le territoire français)	L. 752-6
Art. L. 743-3, al. 2, 2e phrase	L. 752-11
Art. L. 743-4, al. 1er	L. 541-3
Art. L. 743-4, al. 2, 1re phrase (ecqc le droit de demander la suspension de l'obligation de quitter le territoire français et la durée de la suspension)	L. 752-5
Art. L. 743-4, al. 2, 1re phrase (ecqc l'introduction et le jugement de la demande de suspension de l'obligation de quitter le territoire français)	L. 752-7
Art. L. 743-4, al. 2, 2e phrase	L. 752-8
Art. L. 743-4, al. 2, 3e phrase	L. 752-9
Art. L. 743-4, al. 2, 4e phrase	L. 752-11
Art. L. 743-4, al. 3	L. 752-12
Art. L. 743-4, al. 4	L. 752-10
Art. L. 744-1, al. 1er	L. 551-9
Art. L. 744-1, al. 2	L. 550-2
Art. L. 744-1, al. 3	L. 551-7
Art. L. 744-2, I, al. 1er	L. 551-1
Art. L. 744-2, I, al. 2	L. 551-2
Art. L. 744-2, I, al. 3	L. 552-3
Art. L. 744-2, II, al. 1er	L. 551-4
Art. L. 744-2, II, al. 2	L. 551-3
Art. L. 744-2, II, al. 3	L. 551-5
Art. L. 744-2, II, al. 4	L. 551-6
Art. L. 744-3, al. 1er, ecqc l'admission	L. 552-9
Art. L. 744-3, al. 1er, ecqc la sortie	L. 552-14
Art. L. 744-3, al. 2 à 4	L. 552-1
Art. L. 744-3, al. 5 et 7	L. 552-13
Art. L. 744-3, al. 6	L. 552-10
Art. L. 744-3, al. 8	L. 552-12
Art. L. 744-4	L. 142-4
Art. L. 744-4, al. 1er	L. 121-1
Art. L. 744-4, al. 1er et 2	L. 552-6
Art. L. 744-4, al. 3	L. 552-5

Références du CESEDA en vigueur avant le 1er mai 2021	Références du CESEDA en vigueur à compter du 1er mai 2021
Art. L. 744-5, al. 1er	L. 551-11
Art. L. 744-5, al. 1er, 1re phrase	L. 552-2
Art. L. 744-5, al. 1er, ecqc le transfert	L. 573-4
Art. L. 744-5, al. 2	L. 552-4
Art. L. 744-5, al. 3	L. 551-12
Art. L. 744-5, al. 4 à 6	L. 552-15
Art. L. 744-6, al. 1er	L. 522-1
Art. L. 744-6, al. 4	L. 522-1
Art. L. 744-6, al. 2	L. 522-3
Art. L. 744-6, al. 3	L. 522-2
Art. L. 744-6, al. 5 et 7	L. 522-4
Art. L. 744-6, al. 6 et 7	L. 552-7
Art. L. 744-6, al. 8	L. 522-5
Art. L. 744-7, ecqc le refus	L. 551-15
Art. L. 744-7, ecqc le retrait	L. 551-16
Art. L. 744-7, al. 2	L. 552-8
Art. L. 744-7, al. 5	L. 552-11
Art. L. 744-8, ecqc le refus	L. 551-15
Art. L. 744-8, ecqc le retrait	L. 551-16
Art. L. 744-8, al. 4	L. 553-3
Art. L. 744-9, al. 1er	L. 553-1
Art. L. 744-9, al. 2, ecqc la fin du droit au maintien	L. 551-13
Art. L. 744-9, al. 2, ecqc le transfert	L. 573-5
Art. L. 744-9, al. 3 et 4	L. 553-3
Art. L. 744-9, al. 5 à 7	L. 553-2
Art. L. 744-9-1, I, al. 1er	L. 542-5
Art. L. 744-9-1, I, al. 1er, 1re phrase	L. 752-1
Art. L. 744-9-1, I, al. 1er, 2e phrase	L. 752-2
Art. L. 744-9-1, I, al. 2	L. 752-12
Art. L. 744-9-1, I, al. 3 (ecqc l'assignation à résidence)	L. 752-3
Art. L. 744-9-1, I, al. 3 (ecqc le placement en rétention administrative)	L. 752-4
Art. L. 744-9-1, II, sauf ecqc la décision de transfert	L. 551-14

Références du CESEDA en vigueur avant le 1er mai 2021	Références du CESEDA en vigueur à compter du 1er mai 2021
Art. L. 744-9-1, II, al. 2 (ecqc le transfert)	L. 573-6
Art. L. 744-10, al. 1er et 2	L. 581-9
Art. L. 744-10, al. 1er et 3	L. 425-2
Art. L. 744-11, al. 1er, 1re phrase	L. 554-1
Art. L. 744-11, al. 1er, 2e phrase	L. 554-2
Art. L. 744-11, al. 1er, 3e, 4e et 5e phrases	L. 554-3
Art. L. 744-11, al. 2	L. 554-4
Art. L. 751-1	L. 561-14
Art. L. 751-2	L. 561-15
Art. L. 751-3	L. 561-16
Art. L. 752-1, I	L. 561-2
Art. L. 752-1, II, al. 1er et 2	L. 561-4
Art. L. 752-1, II, al. 3 et 4	L. 561-5
Art. L. 752-1, II, al. 5 et 6	L. 561-3
Art. L. 752-2, al. 1er	L. 561-6
Art. L. 752-2, al. 2	L. 561-7
Art. L. 752-3	L. 561-8
Art. L. 753-1	L. 561-9
Art. L. 753-2	L. 561-10
Art. L. 753-3	L. 561-11
Art. L. 753-4	L. 561-12
Art. L. 753-5	L. 561-13
Art. L. 765-1	L. 597-1
LIVRE VIII	
Art. L. 811-1	L. 581-1
Art. L. 811-2	L. 581-2
Art. L. 811-3	L. 581-3
Art. L. 811-4	L. 581-4
Art. L. 811-5	L. 581-5
Art. L. 811-6	L. 581-6
Art. L. 811-7	L. 581-7
Art. L. 811-8	L. 581-8
Art. L. 811-9	L. 581-10
Art. L. 812-1	L. 582-1
Art. L. 812-2	L. 582-2
Art. L. 812-3	L. 582-3
Art. L. 812-4	L. 582-4
Art. L. 812-5	L. 582-5
Art. L. 812-6	L. 582-6

Références du CESEDA en vigueur avant le 1er mai 2021	Références du CESEDA en vigueur à compter du 1er mai 2021	Références du CESEDA en vigueur avant le 1er mai 2021	Références du CESEDA en vigueur à compter du 1er mai 2021
Art. L. 812-7	L. 582-7	Art. 10, al. 1er	L. 367-4
Art. L. 821-1	L. 141-5	Art. 11	L. 367-5
Art. L. 821-2	L. 141-6	Art. 12, I, al. 7	L. 837-3
Art. L. 821-3	L. 141-7	Art. 16	L. 837-4
Art. L. 821-4	L. 141-8	Art. 16 (applicable pour les dispositions de ses articles 7 à 15)	L. 367-6
Art. L. 821-5	L. 141-9		
Art. L. 831-1	L. 441-6	**Ordonnance nº 2000-371 du 26 avril 2000 relative aux conditions d'entrée et de séjour des étrangers dans les îles Wallis-et-Futuna**	
Art. L. 832-1, 12°, 13° et 15°	L. 441-7	Art. 7	L. 444-3
Art. L. 832-2	L. 441-8	Art. 12	L. 444-4
LIVRE IX		Art. 15, V, al. 1er, 2 et 4	L. 444-3
Art. L. 900-1	*Abrogé*	Art. 24	L. 444-3
Code de procédure pénale		**Ordonnance nº 2000-372 du 26 avril 2000 relative aux conditions d'entrée et de séjour des étrangers en Polynésie française**	
art. 719 (ecqc les zones d'attente)	L. 343-5	Art. 7	L. 445-4
art. 719 (ecqc les lieux de rétention administrative)	L. 744-12	Art. 8	L. 445-3
Code du travail		Art. 13	L. 445-5
Art. L. 5223-1, al. 1er à 9	L. 121-1	Art. 16, V, al. 1er et 4	L. 445-3
Art. L. 5223-1, al. 10	L. 121-4	Art. 26	L. 445-3
Art. L. 5223-1, al. 11	L. 121-3	**Ordonnance nº 2002-388 du 20 mars 2002 relative aux conditions d'entrée et de séjour des étrangers en Nouvelle-Calédonie**	
Art. L. 5223-2	L. 121-1	Art. 7	L. 446-4
Art. L. 5223-3	L. 121-2	Art. 8	L. 446-3
Art. L. 5223-5	L. 121-5	Art. 13	L. 446-5
Art. L. 5223-6	L. 121-6	Art. 16, V, al. 1er et 4	L. 446-3
Loi nº 71-569 du 15 juillet 1971 relative au territoire des Terres australes et antarctiques françaises		Art. 26	L. 446-3
Art. 7	L. 367-1		
Art. 8	L. 367-2		
Art. 9	L. 367-3		
Art. 10	L. 767-1		

ENTRE LES ANCIENS ET LES NOUVEAUX ARTICLES DE LA PARTIE RÉGLEMENTAIRE DU CESEDA

Références du CESEDA en vigueur avant le 1er mai 2021	Références du CESEDA en vigueur à compter du 1er mai 2021
LIVRE Ier	
Art. R. 111-1	R. 141-1
Art. R. 111-2	R. 141-2
Art. R. 111-3	R. 141-3
Art. R. 111-4	R. 141-4
Art. R. 111-5	R. 141-5
Art. R. 111-6	R. 141-6
Art. R. 111-7	R. 141-7
Art. R. 111-8	R. 141-8
Art. R. 111-9	R. 141-9
Art. R. 111-10	R. 141-7
Art. R. 111-11	R. 141-10
Art. R. 111-12	R. 141-11
Art. R. 111-12-1	R. 141-12
Art. R. 111-13	R. 343-2
Art. R. 111-14	R. 343-3
Art. R. 111-15	R. 343-4
Art. R. 111-16	R. 343-5
Art. R. 111-17	R. 343-6
Art. R. 111-18	R. 343-10
Art. R. 111-19	R. 343-7
Art. R. 111-20, sauf 2° et 3°	R. 343-8
Art. R. 111-20, sauf 1°	R. 521-20
Art. R. 111-22	R. 343-9
Art. R. 111-23	R. 343-11
Art. R. 121-1, ecqc le principe de l'obligation des documents	L. 221-1
Art. R. 121-1, al. 1er	R. 221-1
Art. R. 121-1, al. 2	R. 221-2
Art. R. 121-2	L. 221-2
Art. R. 121-2-1, ecqc la définition des étrangers ayant un autre lien avec un citoyen de l'Union européenne	L. 200-5
Art. R. 121-2-1, al. 1er	R. 221-2
Art. R. 121-4, al. 1er à 4	R. 233-1
Art. R. 121-4, al. 5	R. 233-2
Art. R. 121-4, al. 6	R. 233-3
Art. R. 121-4-1	L. 233-3
Art. R. 121-5	R. 231-1
Art. R. 121-5-1	R. 231-2

Références du CESEDA en vigueur avant le 1er mai 2021	Références du CESEDA en vigueur à compter du 1er mai 2021
Art. R. 121-6	R. 233-7
Art. R. 121-7	R. 233-8
Art. R. 121-8	R. 233-9
Art. R. 121-9	R. 233-10
Art. R. 121-10	R. 233-11
Art. R. 121-11	R. 233-12
Art. R. 121-12	R. 233-13
Art. R. 121-13	R. 233-14
Art. R. 121-14	R. 233-15
Art. R. 121-14-1	R. 233-16
Art. R. 121-15	R. 233-17
Art. R. 121-16, I, al. 1er et 3	R. 233-4
Art. R. 121-16, I, al. 2 et 4	R. 233-5
Art. R. 121-16, II	R. 233-6
Art. R. 122-1	R. 234-1
Art. R. 122-2	R. 234-2
Art. R. 122-3	R. 234-3
Art. R. 122-4, I	R. 234-4
Art. R. 122-4, II	R. 234-5
Art. R. 122-5	R. 234-6
Art. D. 131-1	D. 110-1
LIVRE II	
Art. R. 211-1	R. 311-1
Art. R. 211-2	R. 311-2
Art. R. 211-3	R. 311-3
Art. R. 211-4	R. 811-2
Art. R. 211-4-1	R. 312-1
Art. D. 211-5	D. 312-3
Art. D. 211-6	D. 312-4
Art. D. 211-7	D. 312-5
Art. D. 211-8	D. 312-6
Art. D. 211-9	D. 312-7
Art. R. 211-10	R. 312-8
Art. R. 211-11	R. 313-6
Art. R. 211-12	R. 313-7
Art. R. 211-13	R. 313-8
Art. R. 211-14	R. 313-9
Art. R. 211-15	R. 313-10
Art. R. 211-16	R. 313-11
Art. R. 211-17	R. 313-12
Art. R. 211-18	R. 313-13

Références du CESEDA en vigueur avant le 1er mai 2021	Références du CESEDA en vigueur à compter du 1er mai 2021
Art. R. 211-19	R. 142-43
Art. R. 211-20	R. 142-44
Art. R. 211-21	R. 142-47
Art. R. 211-22	R. 142-45
Art. R. 211-23	R. 142-48
Art. R. 211-24	R. 142-49
Art. R. 211-25	R. 142-50
Art. R. 211-26	R. 142-46
Art. R. 211-27	R. 313-1
Art. R. 211-28	R. 313-2
Art. R. 211-29	R. 313-3
Art. R. 211-30	R. 313-4
Art. R. 211-31	R. 313-5
Art. R. 211-32	R. 621-4
Art. R. 211-33, al. 1er, 2 et 4	R. 621-2
Art. R. 211-33, al. 3	R. 621-3
Art. R. 212-1, sauf ecqc les étrangers dont la situation est régie par le livre II	R. 313-14
Art. R. 212-1, ecqc les étrangers dont la situation est régie par le livre II	*Abrogé*
Art. R. 212-2	R. 313-15
Art. R. 212-3	R. 313-16
Art. R. 212-4	R. 313-17
Art. R. 212-5	R. 313-18
Art. R. 212-6	R. 621-4
Art. R. 212-7	*Abrogé*
Art. R. 212-8	*Abrogé*
Art. R. 212-9	*Abrogé*
Art. R. 212-10	*Abrogé*
Art. R. 212-11	*Abrogé*
Art. R. 213-1	R. 332-1
Art. R. 213-1-1	annulé par décision du Conseil d'État n° 428178 du 27 novembre 2020
Art. R. 213-2	R. 351-1
Art. R. 213-3	R. 351-2
Art. R. 213-4, al. 1er et 2	R. 351-3
Art. R. 213-4, al. 3	annulé par décision du Conseil d'État n° 428178 du 27 novembre 2020
Art. R. 213-5	R. 351-4
Art. R. 213-6	R. 351-5
Art. R. 213-7	R. 351-6
Art. R. 213-8	R. 352-2
Art. R. 213-9, I	R. 361-2, 2° et 4°
Art. R. 213-9, II	R. 361-2, 3°
Art. R. 213-9, III	R. 362-2 et R. 362-3, 5° et 6°, R. 363-2 et R. 363-3, 5° et 6°
Art. R. 214-1	R. 733-5 à R. 733-13
Art. R. 221-1, al. 1er	R. 341-2
Art. R. 221-1, al. 2 (ecqc la décision écrite et motivée)	
Art. R. 221-1, al. 2 (ecqc l'autorité compétente) et 3	R. 341-1
Art. R. 221-2	R. 343-2 à R. 434-11
Art. R. 221-3	R. 343-1
Art. R. 221-4, al. 1er	R. 343-31
Art. R. 221-4, al. 2	R. 343-32
Art. R. 221-5	R. 343-33
Art. R. 221-6	R. 343-30
Art. R. 221-7	R. 343-25
Art. R. 221-8	R. 343-26
Art. R. 221-9	R. 343-27
Art. R. 221-10	R. 343-28
Art. R. 221-11	R. 343-29
Art. R. 221-12	R. 343-34
Art. R. 222-1	R. 342-1
Art. R. 222-2, al. 1er	R. 342-1
Art. R. 222-2, al. 2	R. 342-2
Art. R. 222-2, al. 3 et 4	R. 342-3
Art. R. 222-3	R. 342-4 à R. 342-9, R. 342-20 et R. 342-22
Art. R. 222-4	R. 342-10 à R. 342-19 et R. 342-21
Art. R. 223-1, ecqc le HCR	R. 343-12
Art. R. 223-1, ecqc les associations	R. 343-18
Art. R. 223-2	R. 343-12
Art. R. 223-3	R. 343-13

Références du CESEDA en vigueur avant le 1er mai 2021	Références du CESEDA en vigueur à compter du 1er mai 2021
Art. R.* 223-4	R.* 343-14
Art. R. 223-5	R. 343-15
Art. R. 223-6	R. 343-16
Art. R. 223-7	R. 343-17
Art. R. 223-8	R. 343-19
Art. R. 223-9	R. 343-20
Art. R. 223-10, ecqc l'article R. 223-8	R. 343-19
Art. R. 223-10, ecqc l'article R. 223-9	R. 343-20
Art. R. 223-11	R. 343-21
Art. R.* 223-12	R.* 343-22
Art. R. 223-13	R. 343-23
Art. R. 223-14	R. 343-24
LIVRE III	
Art. R. 311-1, al. 1er	R. 431-2
Art. R. 311-1, al. 2, 3 et 4	R. 431-3
Art. R. 311-1, al. 5	R. 422-2
Art. R. 311-1, al. 6	*Abrogé*
Art. R. 311-1, al. 7	R. 426-2
Art. R. 311-2, al. 1er, phrase 1	R. 431-4
Art. R. 311-2, al. 1er, seconde phrase, et al. 2 à 5	R. 431-5
Art. R. 311-2, al. 6	R. 431-8
Art. R. 311-2, al. 7	R. 426-4
Art. R. 311-2, al. 8	R. 426-6
Art. R. 311-2-1	R. 431-9
Art. R. 311-2-2	R. 431-10
Art. R. 311-3, al. 1er à 19.	R. 431-16
Art. R. 311-3, al. 20 et 21	R. 431-17
Art. R. 311-3, al. 22	R. 431-18
Art. R. 311-3, al. 23	R. 312-10, R. 312-11
Art. D. 311-3-2	D. 431-7
Art. D. 311-3-3	D. 431-19
Art. R. 311-4, al. 1er et 3 .	R. 431-12
Art. R. 311-4, al. 2	R. 425-3
Art. R. 311-5	R. 431-13
Art. R. 311-6, al. 1er à 3 ..	R. 431-14
Art. R. 311-6, al. 1er (fin de la phrase)	R. 425-3
Art. R. 311-6, al. 4	R. 431-15
Art. R. 311-7	R. 422-3
Art. R. 311-8	R. 431-24
Art. R. 311-9	R. 433-3

Références du CESEDA en vigueur avant le 1er mai 2021	Références du CESEDA en vigueur à compter du 1er mai 2021
Art. R. 311-10, al. 1er, première phrase, et al. 3 et 4	R. 431-20
Art. R. 311-10, al. 1er, seconde phrase	R. 426-3
Art. R. 311-10, al. 2	*Abrogé*
Art. R. 311-10, al. 5	R. 431-21
Art. R. 311-10-1	R. 431-22
Art. R. 311-11, al. 1er.....	*Abrogé*
Art. R. 311-11, al. 2 et 3, ecqc l'article L. 313-7-2 ..	R. 421-55
Art. R. 311-11, al. 2 et 3, ecqc l'article L. 313-24 ...	R. 421-38
Art. R. 311-11-1, al. 1er, ecqc l'article L. 313-7-2 ..	R. 421-56
Art. R. 311-11-1, al. 1er, ecqc l'article L. 313-24 ...	R. 421-39
Art. R. 311-11-1, al. 2, ecqc l'article L. 313-7-2 ..	R. 421-57
Art. R. 311-11-1, al. 2, ecqc le IV de l'article L. 313-24	R. 421-49–
Art. R.* 311-12	R.* 432-1
Art. R. 311-12-1	R. 432-2
Art. R. 311-13	L. 411-2
Art. R. 311-13-1	R. 431-1
Art. R. 311-14, 1° à 7° et 8° (première phrase)	R. 432-3
Art. R. 311-14, 8° (seconde phrase ecqc la carte de séjour mention "salarié")	R. 421-3
Art. R. 311-14, 8° 2e phrase ecqc le passeport talent	R. 421-15
Art. R. 311-14, 9° et 10°, ecqc l'article L. 313-20, 7°	R. 421-36
Art. R. 311-14, 9° et 10°, ecqc l'article L. 313-21 ...	R. 421-37
Art. R. 311-14, 11°, ecqc le statut de réfugié	R. 424-4
Art. R. 311-14, 11°, ecqc la protection subsidiaire ..	R. 424-11
Art. R. 311-14, 12°, ecqc l'article L. 313-7-2	R. 421-58
Art. R. 311-14, 12°, ecqc l'article L. 313-24	R. 421-40
Art. R. 311-15, I, 1°, 2°, 4, 5°, et 7° à 12°	R. 432-4

Références du CESEDA en vigueur avant le 1er mai 2021	Références du CESEDA en vigueur à compter du 1er mai 2021
Art. R. 311-15, I, 3°	R. 422-7
Art. R. 311-15, I, 6°	R. 423-2
Art. R. 311-15, I, 11°, ecqc les réfugiés	R. 424-5
Art. R. 311-15, I, 11°, ecqc la protection subsidiaire	R. 424-12
Art. R. 311-15, I, 13°, ecqc l'article L. 313-24	R. 421-41
Art. R. 311-15, I, 14°	R. 426-1
Art. R. 311-15, II	R. 432-5
Art. R. 311-16	L. 411-2
Art. R. 311-17	R. 432-15
Art. R. 311-18	*Abrogé*
Art. D. 311-18-1	*Abrogé*
Art. D. 311-18-2	D. 436-1
Art. D. 311-18-3	D. 436-2
Art. R. 311-19	R. 413-1
Art. R. 311-20, I	R. 413-2
Art. R. 311-20, II, 1°, ecqc les étrangers dont la situation est régie par le livre II	R. 231-3
Art. R. 311-20, II, 1° (ecqc les ressortissants de pays tiers), 2° et 4°	*Abrogé*
Art. R. 311-20, II, 3°	R. 413-5
Art. R. 311-20, III (sauf exceptions)	R. 413-6
Art. R. 311-20, III (exceptions)	R. 413-7
Art. R. 311-21, al. 1er, 5 et 6	R. 413-3
Art. R. 311-21, al. 2, 3 et 4	R. 413-8
Art. R. 311-22	R. 413-10
Art. R. 311-23	R. 413-12
Art. R. 311-24, al. 1er	R. 413-9
Art. R. 311-24, al. 2 à 7	R. 413-13
Art. R. 311-25, al. 1er	R. 413-11
Art. R. 311-25, al. 2, 3 et 4	R. 413-14
Art. R. 311-26	R. 413-4
Art. R. 311-31	*Abrogé*
Art. R. 311-32	R. 426-9
Art. D. 311-33	D. 426-12
Art. R. 311-34, al. 1er, première phrase	R. 426-10

Références du CESEDA en vigueur avant le 1er mai 2021	Références du CESEDA en vigueur à compter du 1er mai 2021
Art. R. 311-34, sauf première phrase de l'al. 1er et al. 6	*Abrogé*
Art. R. 311-34, al. 6	R. 426-11
Art. R. 311-36	*Abrogé*
Art. R. 312-1	R. 432-6
Art. R. 312-2, al. 1er et 2	L. 432-13
Art. R. 312-2, al. 3	R. 432-7
Art. R. 312-3	R. 432-9
Art. R. 312-4	R. 432-10
Art. R. 312-5	R. 432-11
Art. R. 312-6	R. 432-12
Art. R. 312-7	R. 432-13
Art. R. 312-8	R. 432-14
Art. R. 312-9	R. 432-8
Art. R. 312-10	*Abrogé*
Art. R. 313-1	*Abrogé*
Art. R. 313-2	*Abrogé*
Art. R. 313-3	*Abrogé*
Art. R. 313-3-1	R. 421-8
Art. R. 313-4	R. 431-18
Art. R. 313-4-1	*Abrogé*
Art. R. 313-4-2	*Abrogé*
Art. R. 313-5	*Abrogé*
Art. R. 313-6	*Abrogé*
Art. R. 313-7, I	*Abrogé*
Art. R. 313-7, II	R. 422-5
Art. R. 313-7-1, I	R. 422-8
Art. R. 313-7-1, II	R. 422-9
Art. R. 313-7-1, III	R. 422-11
Art. D. 313-7-2, al. 1er	D. 422-10
Art. D. 313-7-2, al. 2	D. 422-6
Art. R. 313-8	*Abrogé*
Art. R. 313-9	R. 422-4
Art. R. 313-10	*Abrogé*
Art. R. 313-10-1	R. 426-16
Art. R. 313-10-2, I	*Abrogé*
Art. R. 313-10-2, II	R. 426-17
Art. R. 313-10-3, I	R. 426-19
Art. R. 313-10-3, II	R. 426-18
Art. R. 313-10-4, I	R. 426-20
Art. R. 313-10-4, II	R. 426-21
Art. R. 313-10-4, III	R. 426-22
Art. R. 313-10-6, al. 1er à 7 et 9	*Abrogé*
Art. R. 313-10-6, al. 8	R. 421-51
Art. R.* 313-10-7-1	R.* 421-52
Art. R. 313-10-9	*Abrogé*
Art. R. 313-10-10, I	R. 421-53

Références du CESEDA en vigueur avant le 1er mai 2021	Références du CESEDA en vigueur à compter du 1er mai 2021
Art. R. 313-10-10, II, al. 1er à 5	*Abrogé*
Art. R. 313-10-10, II, al. 6	R. 421-54
Art. R. 313-11-1	*Abrogé*
Art. R. 313-11-2	*Abrogé*
Art. R. 313-11-3	*Abrogé*
Art. R. 313-11-4, al. 1er et 2	R. 422-12
Art. R. 313-11-4, al. 3	L. 422-8
Art. R. 313-12, I	*Abrogé*
Art. R. 313-12, II	R. 426-13
Art. R. 313-12, III	R. 426-14
Art. R. 313-15, al. 1er à 4	*Abrogé*
Art. R. 313-15, al. 5	R. 421-1
Art. R. 313-15-1, al. 1er à 4	*Abrogé*
Art. R. 313-15-1, al. 5	R. 421-4
Art. R. 313-16	R. 421-7
Art. R. 313-16-1	*Abrogé*
Art. R. 313-16-2	R. 421-9
Art. R. 313-16-3	R. 421-10
Art. R. 313-16-4	*Abrogé*
Art. D. 313-16-5, ecqc l'article L. 313-8	D. 422-13
Art. D. 313-16-5, ecqc l'article L. 313-10	D. 421-6
Art. R. 313-20	*Abrogé*
Art. R. 313-21	R. 423-5
Art. R. 313-22	R. 425-11
Art. R. 313-23, al. 1er, 2, 5 et 6	R. 425-12
Art. R. 313-23, al. 3, 4, 7 et 8	R. 425-13
Art. R. 313-24	R. 425-14
Art. R. 313-25	*Abrogé*
Art. R. 313-26	R. 435-2
Art. R. 313-34-1	*Abrogé*
Art. R. 313-34-1-1	*Abrogé*
Art. R. 313-36, al. 1er	R. 433-1
Art. R. 313-36, al. 2 et 3	*Abrogé*
Art. R. 313-36-1	*Abrogé*
Art. R. 313-37, al. 1er	R. 426-15
Art. R. 313-37, al. 2	R. 421-5
Art. R. 313-38	R. 421-2
Art. R. 313-39, al. 1er et 2	R. 433-4
Art. R. 313-39, al. 1er et 3	R. 433-6
Art. R. 313-40	R. 433-5

Références du CESEDA en vigueur avant le 1er mai 2021	Références du CESEDA en vigueur à compter du 1er mai 2021
Art. R. 313-41	R. 421-11
Art. R. 313-42, I	R. 421-12
Art. R. 313-42, II	R. 421-13
Art. R. 313-43	R. 421-14
Art. R. 313-44 (sauf II, al. 2, seconde phrase)	*Abrogé*
Art. R. 313-44, II, al. 2, seconde phrase	R. 421-22
Art. R. 313-45	*Abrogé*
Art. D. 313-45-1, I	D. 421-16
Art. D. 313-45-1, II	D. 421-17
Art. D. 313-45-1, III	D. 421-18
Art. D. 313-45-1, IV	D. 421-19
Art. R. 313-46 (ecqc la première partie du 1° de l'article L. 313-20)	L. 421-9
Art. R. 313-46 (ecqc la seconde partie du 1° de l'article L. 313-20)	L. 421-10
Art. D. 313-46-1	D. 421-20
Art. R. 313-47	*Abrogé*
Art. R. 313-48	L. 421-11
Art. R. 313-49	R. 421-21
Art. R. 313-50	R. 421-23
Art. R. 313-51	*Abrogé*
Art. R. 313-52	L. 421-13
Art. R. 313-53, I, al. 1er à 3	*Abrogé*
Art. R. 313-53, I, al. 4	L. 421-14
Art. R. 313-53, II	R. 421-26
Art. R. 313-54, I	R. 421-28
Art. R. 313-54, II	R. 421-29
Art. R. 313-54, III	R. 421-31
Art. D. 313-54-1, al. 1er	D. 421-30
Art. D. 313-54-1, al. 2	D. 421-32
Art. R. 313-55	L. 421-14
Art. R. 313-56	R. 421-27
Art. R. 313-57	*Abrogé*
Art. R. 313-58	L. 421-16
Art. R. 313-59	R. 421-33
Art. R. 313-60	R. 421-34
Art. R. 313-61	*Abrogé*
Art. R. 313-62	L. 421-17
Art. R. 313-63	*Abrogé*
Art. R. 313-64	R. 421-35
Art. R. 313-64-1	L. 421-18
Art. R. 313-65	*Abrogé*
Art. R. 313-66	L. 421-19
Art. R. 313-67	*Abrogé*
Art. R. 313-68	*Abrogé*

Références du CESEDA en vigueur avant le 1er mai 2021	Références du CESEDA en vigueur à compter du 1er mai 2021	Références du CESEDA en vigueur avant le 1er mai 2021	Références du CESEDA en vigueur à compter du 1er mai 2021
Art. R. 313-69	L. 421-20	Art. R. 314-1-3, ecqc le 1° de l'article L. 314-9	R. 423-4
Art. R. 313-70	*Abrogé*	Art. R. 314-1-3, ecqc le 2° de l'article L. 314-9	R. 423-3
Art. R. 313-71	L. 421-21	Art. R. 314-1-3, ecqc le 3° de l'article L. 314-9	R. 423-1
Art. R. 313-72, al. 1er à 7.	*Abrogé*	Art. R. 314-1-3, al. 2	R. 431-6
Art. R. 313-72, al. 8 et 9	R. 421-43	Art. R. 314-1-4, al. 1er, ecqc la qualité de réfugié	R. 424-2
Art. R. 313-72, al. 10	R. 421-44	Art. R. 314-1-4, al. 1er, ecqc la protection subsidiaire	R. 424-8
Art. R. 313-73	*Abrogé*	Art. R. 314-1-4, al. 2 et 3, ecqc l'article L. 314-8	R. 426-8
Art. R. 313-73-1, ecqc le I de l'article L. 313-24	R. 421-42	Art. R. 314-1-4, al. 2 et 3, ecqc l'article L. 314-8-1	R. 421-25
Art. R. 313-73-1, ecqc le II de l'article L. 313-24	R. 421-50	Art. R. 314-1-4, al. 4	R. 424-3
Art. R. 313-74, I	R. 421-46	Art. R. 314-1-4, al. 4, ecqc la protection subsidiaire	R. 424-9
Art. R. 313-74, II, al. 1er à 6	*Abrogé*	Art. R. 314-1-5	R. 426-5
Art. R. 313-74, II, al. 7 et 8	R. 421-47	Art. R. 314-2 (sauf al. 12)	*Abrogé*
Art. R. 313-75	*Abrogé*	Art. R. 314-2, al. 12	R. 424-1
Art. R. 313-75-1, I et II	*Abrogé*	Art. R. 314-3	*Abrogé*
Art. R. 313-75-1, III, al. 1er	L. 424-10	Art. R. 314-4	*Abrogé*
Art. R. 313-75-1, III, al. 2	R. 424-7	Art. R. 316-1	R. 425-1
Art. R. 313-75-2	*Abrogé*	Art. R. 316-2	R. 425-2
Art. R. 313-75-3, I	*Abrogé*	Art. R. 316-3, al. 1er (ecqc la rupture du lien)	L. 425-1
Art. R. 313-75-3, II	R. 422-5	Art. R. 316-3, al. 1er (sauf ecqc la rupture du lien), 2 et 3	R. 425-5
Art. R. 313-76, al. 1er et 3	R. 433-2	Art. R. 316-3, al. 4	*Abrogé*
Art. R. 313-76, al. 2 et 3	R. 433-6	Art. R. 316-4	R. 425-6
Art. R. 313-77	*Abrogé*	Art. R. 316-5	*Abrogé*
Art. R. 313-78	*Abrogé*	Art. R. 316-5-1	*Abrogé*
Art. R. 313-79	*Abrogé*	Art. R. 316-6	R. 425-4
Art. R. 313-80	*Abrogé*	Art. R. 316-7	R. 425-7
Art. R. 313-81	*Abrogé*	Art. R. 316-8	R. 425-8
Art. R. 313-82	*Abrogé*	Art. R. 316-9	R. 425-9
Art. R. 313-83	*Abrogé*	Art. R. 316-10	R. 425-10
Art. R. 313-84	*Abrogé*	Art. R. 317-1	*Abrogé*
Art. R. 313-85	*Abrogé*	Art. R. 317-2	*Abrogé*
Art. R. 314-1 (sauf 5°)	*Abrogé*	Art. R. 317-3	*Abrogé*
Art. R. 314-1, 5°	R. 413-15	Art. R. 321-1, al. 1er	L. 414-3
Art. R. 314-1-1	*Abrogé*	Art. R. 321-1, al. 2 à 4	*Abrogé*
Art. R. 314-1-3, ecqc l'article L. 314-8	R. 426-7	Art. R. 321-2	*Abrogé*
Art. R. 314-1-3, ecqc l'article L. 314-8-1	R. 421-24	Art. R.* 321-3	*Abrogé*
Art. R. 314-1-3, ecqc l'article L. 314-8-2 (statut de réfugié)	R. 424-6		
Art. R. 314-1-3, ecqc l'article L. 314-8-2 (protection subsidiaire)	R. 424-10		

Références du CESEDA en vigueur avant le 1er mai 2021	Références du CESEDA en vigueur à compter du 1er mai 2021
Art. R. 321-4	*Abrogé*
Art. R. 321-5	*Abrogé*
Art. R. 321-6	R. 312-9
Art. R. 321-7	R. 312-11
Art. R. 321-8	R. 431-23
Art. D. 321-9	D. 414-1
Art. D. 321-10	*Abrogé*
Art. D. 321-11	D. 414-3
Art. D. 321-12	D. 414-4
Art. R. 321-22	R. 414-5
Art. R. 322-1, ecqc la métropole	R. 414-6
Art. R. 322-1, ecqc les collectivités de l'article 73 de la Constitution	R. 441-3
Art. R. 322-2, ecqc Saint-Pierre-et-Miquelon	R. 441-3
Art. D. 331-1	*Abrogé*
Art. D. 331-2	*Abrogé*
Art. D. 331-3	*Abrogé*
Art. D. 331-4	*Abrogé*
Art. D. 331-5	*Abrogé*
Art. D. 331-6	*Abrogé*
Art. D. 331-7	*Abrogé*
Art. D. 331-8	*Abrogé*
Art. D. 331-9	*Abrogé*
Art. D. 331-10	*Abrogé*
Art. D. 331-11	*Abrogé*
Art. D. 331-12	*Abrogé*
Art. D. 331-13	*Abrogé*
Art. D. 331-14	*Abrogé*
LIVRE IV	
Art. R. 411-1	R. 434-1
Art. R. 411-2	R. 434-2
Art. R. 411-3	R. 434-3
Art. R. 411-4	R. 434-4
Art. R. 411-5	R. 434-5
Art. R. 411-6	R. 434-6
Art. R. 421-1	R. 434-8
Art. R. 421-2	R. 434-9
Art. R. 421-3	R. 434-10
Art. R. 421-4	*Abrogé*
Art. R. 421-5	*Abrogé*
Art. R. 421-6	*Abrogé*
Art. R. 421-7	R. 434-7
Art. R. 421-8	R. 434-12
Art. R. 421-9	R. 434-13
Art. R. 421-10	R. 434-14
Art. R. 421-11	R. 434-15
Art. R. 421-12	R. 434-16
Art. R. 421-13	R. 434-17
Art. R. 421-14	R. 434-18
Art. R. 421-15	R. 434-19
Art. R. 421-15-1	R. 434-20
Art. R. 421-16	R. 434-21
Art. R. 421-17	R. 434-22
Art. R. 421-18	R. 434-23
Art. R. 421-19	R. 434-25
Art. R. 421-19-1	R. 434-24
Art. R. 421-20	R. 434-26
Art. R. 421-21	R. 434-27
Art. R. 421-22	R. 434-28
Art. R. 421-23	R. 434-29
Art. R. 421-24	R. 434-30
Art. R. 421-25	R. 434-31
Art. R. 421-26	R. 434-32
Art. R. 421-27	R. 434-33
Art. R. 421-28	R. 434-34
Art. R. 421-29	R. 434-35
Art. R. 431-1	R. 434-36
LIVRE V	
Art. R. 511-1, al. 1er et 4	R. 611-1
Art. R. 511-1, al. 2 et 3	R. 611-2
Art. R. 511-2, al. 1er	R. 613-5
Art. R. 511-2, al. 2 (1re phrase)	R. 613-2
Art. R. 511-2, al. 2 (2e phrase)	L. 722-3
Art. R. 511-3, al. 1er	R. 613-3
Art. R. 511-3, al. 2	R. 613-7
Art. R. 511-4, al. 1er	R. 711-1
Art. R. 511-4, al. 2	R. 711-2
Art. R. 511-5	R. 613-6
Art. R. 512-1, al. 1er (ecqc le cas prévu à l'article L. 511-1)	R. 613-1
Art. R. 512-1, al. 1er (ecqc les cas prévus à l'article L. 511-3-1 et L. 511-3-2)	R. 251-1
Art. R. 512-1, al. 2	R. 251-2
Art. R. 512-1-1	R. 613-4
Art. R. 512-1-2, al. 1er	R. 711-3
Art. R. 512-1-2, al. 2	R. 711-5
Art. R. 512-1-2, al. 3 à 6	R. 711-4
Art. R. 512-2 (ecqc les recours mentionnés à l'article L. 512-1)	R. 614-1

Références du CESEDA en vigueur avant le 1er mai 2021	Références du CESEDA en vigueur à compter du 1er mai 2021
Art. R. 512-2 (ecqc les décisions mentionnées à l'article L. 571-4)	R. 753-5
Art. R. 513-1	R. 721-2
Art. R. 513-1-1	R.* 721-3
Art. R. 513-2 (ecqc la désignation du lieu de résidence)	R. 721-4
Art. R. 513-2, ecqc l'obligation de présentation	R. 721-5
Art. R. 513-3	R. 721-6
Art. R. 513-4	R. 721-7
Art. R. 513-5	R. 733-4
Art. R. 513-6, al. 1er	R. 733-4
Art. R. 513-6, al. 2	R. 733-6
Art. R. 513-6, al. 3	R. 733-7
Art. R. 513-6, al. 4 et 5	R. 733-8
Art. R. 513-6, al. 6	R. 733-9 à R. 733-12
Art. R. 521-1	R. 631-1
Art. R. 522-1	R. 632-1
Art. R.* 522-2	R.* 632-2
Art. R. 522-3	R.* 651-2, R.* 651-4, R.* 651-6, R.* 651-8, R.* 651-10
Art. R. 522-4, al. 1er	R. 632-3
Art. R. 522-4, al. 2	R. 632-5
Art. R. 522-5	R. 632-4
Art. R. 522-6	R. 632-5
Art. R. 522-7	R. 632-6
Art. R. 522-8	R. 632-7
Art. R. 522-8-1	R. 632-8
Art. R. 522-9	R. 252-1
Art. R. 523-1	R. 721-2
Art. R.* 523-2	R.* 721-3
Art. R. 523-3	R.* 721-3
Art. R. 523-4	R. 732-2
Art. R.* 523-5	R.* 732-3
Art. R. 523-6, I	R.* 761-3, R.* 761-6
Art. R. 523-6, II	R. 761-7, R. 762-3, R. 763-3
Art. R. 523-6, III	R. 760-1
Art. R. 523-7	R.* 732-3
Art. R. 523-8	R. 731-1
Art. R. 523-9	R. 733-5

Références du CESEDA en vigueur avant le 1er mai 2021	Références du CESEDA en vigueur à compter du 1er mai 2021
Art. R. 524-1	R. 632-9
Art. R. 524-2	R. 632-10
Art. R. 531-1, I	R. 621-1
Art. R. 531-1, II	R. 622-1
Art. R. 531-3-1	R. 621-1
Art. R. 531-3-2	
Art. R. 531-3-3	
Art. R. 531-3-4	
Art. R. 531-3-5	
Art. R. 531-4	R. 615-1
Art. R. 531-5	R. 615-2
Art. R. 531-5 (ecqc l'application sans préjudice de l'article L. 531-2)	R. 615-5
Art. R. 531-6 (ecqc le retrait du titre de séjour délivré par la France)	R. 615-4
Art. R. 531-6 (ecqc le retrait du titre de séjour délivré par un autre État)	R. 615-5
Art. R. 531-7, al. 1er (ecqc la consultation de l'État auteur)	R. 615-3
Art. R. 531-7, al. 1er (ecqc la consultation de l'État qui a délivré le titre)	R. 615-5
Art. R. 531-7, al. 2 et 3	R. 615-5, R. 722-2
Art. R. 531-8	R. 615-4, R. 615-3
Art. R. 531-9	R. 722-1
Art. R. 531-10, I	R. 621-5
Art. R. 531-10, II	R. 621-6
Art. R. 531-11, al. 1er	R. 621-7
Art. R. 531-11, al. 2	R. 621-9
Art. R. 531-11, al. 3	R. 621-8
Art. R. 531-12, I et II, al. 1er (1re phrase) (ecqc l'examen et le retrait du séjour)	R. 621-11
Art. R. 531-12, II, al. 1er (1re phrase) (ecqc la vérification de la mesure d'éloignement)	R. 621-10
Art. R. 531-12, II, al. 1er (2e phrase)	R. 621-12
Art. R. 531-12, II, al. 2	R. 621-14
Art. R. 531-13	R. 621-13
Art. R.* 541-1	R.* 732-4
Art. R. 541-2	R. 733-5
Art. R. 541-3	R. 733-21

Références du CESEDA en vigueur avant le 1er mai 2021	Références du CESEDA en vigueur à compter du 1er mai 2021
Art. R. 551-1 (1re phrase)	R. 741-1
Art. R. 551-1 (2e phrase)	R. 744-47
Art. R. 551-2, al. 1er	R. 744-1
Art. R. 551-2, al. 2 (1re phrase)	R. 744-2
Art. R. 551-2, al. 2 (2e phrase)	R. 741-2
Art. R. 551-3, al. 1er	R. 744-8
Art. R. 551-3, al. 2	R. 744-9
Art. R. 551-3, al. 3	R. 761-5
Art. R. 551-4	R. 744-16
Art. R. 552-1	R. 743-1
Art. R. 552-2	R. 742-1
Art. R. 552-3	R. 743-2
Art. R. 552-4, al. 1er	R. 742-1
Art. R. 552-4, al. 2	R. 743-3
Art. R. 552-5	R. 743-3
Art. R. 552-6	R. 743-21
Art. R. 552-7	R. 743-4
Art. R. 552-8	R. 743-5
Art. R. 552-9	R. 743-6
Art. R. 552-10, al. 1er et 2	R. 743-7
Art. R. 552-10, al. 3	R. 743-8
Art. R. 552-10-1, al. 1er (1re phrase)	R. 741-3
Art. R. 552-10-1, al. 1er (2e phrase)	R. 743-3
Art. R. 552-10-1, al. 1er (3e et 4e phrases)	R. 743-2
Art. R. 552-10-1, al. 2	R. 743-4
Art. R. 552-10-1, al. 3 (ecqc l'article R. 552-1)	R. 743-1
Art. R. 552-10-1, al. 3 (ecqc l'article R. 552-5)	R. 743-3
Art. R. 552-10-1, al. 3 (ecqc l'article R. 552-6)	R. 743-21
Art. R. 552-10-1, al. 3 (ecqc l'article R. 552-8)	R. 743-5
Art. R. 552-10-1, al. 3 (ecqc l'article R. 552-9)	R. 743-6
Art. R. 552-10-1, al. 3 (ecqc les al. 1er et 2 de l'article R. 552-10)	R. 743-7
Art. R. 552-10-1, al. 3 (ecqc l'al. 3 de l'article R. 552-10)	R. 743-8
Art. R. 552-11	R. 743-1
Art. R. 552-12, al. 1er et 2	R. 743-10
Art. R. 552-12, al. 3 et 4	R. 743-12
Art. R. 552-13	R. 743-11
Art. R. 552-14, al. 1er et 2	R. 743-13
Art. R. 552-14, al. 3	R. 743-22
Art. R. 552-14-1, al. 1er et 2	R. 743-14
Art. R. 552-14-1, al. 3	R. 743-16
Art. R. 552-14-1, al. 4	R. 743-17
Art. R. 552-15, al. 1er à 3	R. 743-18
Art. R. 552-15, al. 4 et 5	R. 743-19
Art. R. 552-16	R. 743-20
Art. R. 552-17, al. 1er (1re phrase ecqc le droit de saisir le juge et 3e phrase) et 2 (1re phrase)	L. 742-8
Art. R. 552-17, al. 1er (1re phrase) (ecqc la procédure)	R. 742-2
Art. R. 552-17, al. 1er (2e phrase)	R. 743-2
Art. R. 552-17, al. 2 (2e phrase)	L. 743-18
Art. R. 552-18	L. 743-2
Art. R. 552-19	R. 743-7
Art. R. 552-20, al. 1er	L. 743-21, R. 743-10
Art. R. 552-20, al. 2 et 3	L. 743-22
Art. R. 552-20, al. 4 et 5	R. 743-12
Art. R. 552-20-1, al. 1er	L. 743-23
Art. R. 552-20-1, al. 2	R. 743-15
Art. R. 552-20-1, al. 3	R. 743-16
Art. R. 552-20-1, al. 4	R. 743-17
Art. R. 552-21	R. 743-11
Art. R. 552-22, al. 1er et 3	R. 743-13
Art. R. 552-22, al. 2	L. 743-22
Art. R. 552-22, al. 4	R. 743-22
Art. R. 552-23 (ecqc l'article R. 552-14-1)	R. 743-14
Art. R. 552-23 (ecqc l'article R. 552-15)	R. 743-15
Art. R. 552-24	R. 743-20
Art. R. 553-1	R. 744-3
Art. R. 553-2	R. 744-4
Art. R. 553-3, al. 1er (1re phrase)	R. 744-5

Références du CESEDA en vigueur avant le 1er mai 2021	Références du CESEDA en vigueur à compter du 1er mai 2021
Art. R. 553-3, al. 2 à 15	R. 744-6
Art. R. 553-4-1	R. 744-7
Art. R. 553-5	R. 744-10
Art. R. 553-6, al. 1er à 8	R. 744-11
Art. R. 553-6, al. 9	R. 761-4
Art. R. 553-7	R. 744-15
Art. R. 553-8	R. 744-14
Art. R. 553-9, al. 1er à 4	R. 744-12
Art. R. 553-9, al. 5	R. 744-13
Art. R. 553-11	R. 744-17
Art. R. 553-12	R. 744-18
Art. R. 553-13, I	R. 744-19
Art. R. 553-13, II (ecqc le placement en rétention administrative en application du I de l'article L. 744-9-1)	R. 752-5
Art. R. 553-13, II (ecqc le placement en rétention administrative en application du II de l'article L. 551-1)	R. 751-8
Art. R. 553-13, II (ecqc le placement en rétention administrative en application du I de l'article L. 571-4)	R. 753-4
Art. R. 553-14	R. 744-20
Art. R. 553-14 *bis*	R. 761-5
Art. R. 553-14-1 (sauf ecqc les autorités compétentes)	R. 744-43
Art. R. 553-14-1 (ecqc l'autorité compétente mentionnée à l'al. 1er)	R. 744-45
Art. R. 553-14-1 (ecqc l'autorité compétente mentionnée à l'al. 4)	R. 744-46
Art. R. 553-14-2	R. 744-21
Art. R. 553-14-3 (sauf ecqc l'autorité compétente)	R. 744-44
Art. R. 553-14-3 (ecqc l'autorité compétente)	R. 744-45
Art. R. 553-14-4	R. 744-27
Art. R. 553-14-5	R. 744-28
Art. R. 553-14-6	R. 744-29
Art. R. 553-14-7	R. 744-30
Art. R. 553-14-7-1	R. 744-31
Art. R. 553-14-8	R. 744-32
Art. R. 553-15, al. 1er	R. 744-39
Art. R. 553-15, al. 2	R. 744-40
Art. R. 553-16	R. 744-41
Art. R. 553-17	R. 744-38
Art. R. 553-18	R. 744-33
Art. R. 553-19	R. 744-34
Art. R. 553-20	R. 744-35
Art. R. 553-21	R. 744-36
Art. R. 553-22	R. 744-37
Art. R. 553-23	R. 744-38
Art. R. 556-1	R. 754-2
Art. R. 556-2, I	R. 754-3
Art. R. 556-2, II	R. 754-4
Art. R. 556-3	R. 754-10
Art. R. 556-4	R. 754-5
Art. R. 556-5, al. 1er	R. 754-6
Art. R. 556-5, al. 2	R. 754-7
Art. R. 556-5, al. 3	R. 754-8
Art. R. 556-6	R. 754-9
Art. R. 556-7	R. 754-1
Art. R. 556-8	R. 754-11
Art. R. 556-9	R. 754-12
Art. R. 556-10, I	R. 754-13
Art. R. 556-10, II, al. 1er	R. 754-14
Art. R. 556-10, II, al. 2	R. 754-15
Art. R. 556-10, III	R. 754-16
Art. R. 556-10, IV	R. 754-17
Art. R. 556-11 (ecqc les articles R. 223-1 et R. 223-2)	R. 744-22
Art. R. 556-11 (ecqc l'article R. 223-3)	R. 744-23
Art. R. 556-11 (ecqc l'article R.* 223-4)	R.* 744-24
Art. R. 556-11 (ecqc l'article R. 223-5)	R. 744-25
Art. R. 556-11 (ecqc l'article R. 223-6)	R. 744-26
Art. R. 556-12	R. 754-19
Art. R. 556-13	R. 754-20
Art. R. 556-14	R. 761-2, R. 761-5, R. 762-2, R. 763-2
Art. R. 561-1 (ecqc l'assignation à résidence des 1° à 4° de l'article L. 561-1, sauf le cas du transfert)	R. 732-2
Art. R. 561-1 (ecqc l'assignation à résidence	

Références du CESEDA en vigueur avant le 1er mai 2021	Références du CESEDA en vigueur à compter du 1er mai 2021
en cas de transfert du 2° de l'article L. 561-1)	R. 751-5
Art. R. 561-1 (ecqc l'assignation à résidence de l'article L. 561-2)	R. 732-1
Art. R. 561-1 (ecqc l'assignation à résidence de l'article L. 744-9-1)	R. 752-1
Art. R. 561-1 (ecqc l'assignation à résidence de l'article L. 571-4	R. 753-1
Art. R. 561-1-1	R.* 732-4
Art. R. 561-2, al. 1er et 2 (2e phrase)	R. 733-1
Art. R. 561-2, al. 2 (1re phrase)	R. 733-2
Art. R. 561-2 (ecqc l'assignation à résidence de l'article L. 744-9-1)	R. 752-2
Art. R. 561-2 (ecqc l'assignation à résidence de l'article L. 571-4)	R. 753-2
Art. R. 561-3	R. 733-3
Art. R. 561-3 (ecqc l'assignation à résidence en cas de transfert)	R. 751-1, R. 751-6
Art. R. 561-4	R. 732-6
Art. R. 561-4 (ecqc l'assignation à résidence en cas de transfert)	R. 751-6
Art. R. 561-5 (ecqc l'assignation à résidence de l'article L. 561-2)	R. 732-5
Art. R. 561-5 (ecqc l'assignation à résidence de l'article L. 552-4)	R. 743-9
Art. R. 561-5 (ecqc l'assignation à résidence de l'article L. 744-9-1)	R. 752-2
Art. R. 561-5 (ecqc l'assignation à résidence de l'article L. 571-4)	R. 753-2
Art. R. 561-6, al. 1er	R. 733-5
Art. R. 561-6, al. 2	R. 733-6
Art. R. 561-6, al. 3	R. 733-7
Art. R. 561-6, al. 4 et 5	R. 733-8
Art. R. 561-7, al. 1er (1re phrase)	R. 733-9
Art. R. 561-7, al. 1er (2e et 3e phrases) et 2	R. 733-10

Références du CESEDA en vigueur avant le 1er mai 2021	Références du CESEDA en vigueur à compter du 1er mai 2021
Art. R. 561-7, al. 3 et 4	R. 733-11
Art. R. 561-7, al. 5 à 7	R. 733-12
Art. R. 561-7, al. 8	R. 733-13
Art. R. 571-1	R. 733-14
Art. R. 571-2	R. 733-15
Art. R. 571-3	R. 733-16
Art. R. 571-4	R. 733-17
Art. R. 571-5	R. 733-18
Art. R. 571-6	R. 733-19
Art. R. 571-7	R. 733-20
LIVRE VI	
Art. R. 611-1, I	R. 142-11
Art. R. 611-1, II	R. 142-12
Art. R. 611-2	R. 142-13
Art. R. 611-3	R. 142-14
Art. R. 611-4	R. 142-15
Art. R. 611-5, I	R. 142-16
Art. R. 611-5, II	R. 142-17
Art. R. 611-6	R. 142-18
Art. R. 611-7	R. 142-19
Art. R. 611-7-1, al. 1er	R. 142-20
Art. R. 611-7-1, al. 2 à 12	R. 142-21
Art. R. 611-7-1, al. 13	R. 142-22
Art. R. 611-7-2	R. 142-23
Art. R. 611-7-3	R. 142-24
Art. R. 611-7-4	R. 142-25
Art. R. 611-8	R. 142-1
Art. R. 611-9	R. 142-2
Art. R. 611-10	R. 142-3
Art. R. 611-11	R. 142-7
Art. R. 611-12, I, al. 1er à 3	R. 142-4
Art. R. 611-12, I, al. 4 à 9, et II	R. 142-6
Art. R. 611-12, III	R. 142-5
Art. R. 611-12, IV	R. 142-4
Art. R. 611-13	R. 142-8
Art. R. 611-14	R. 142-9
Art. R. 611-15	R. 142-10
Art. R. 611-16	R. 142-41
Art. R. 611-17	R. 142-26
Art. R. 611-18	R. 142-27
Art. R. 611-19, I	R. 142-28
Art. R. 611-19, II	R. 142-29
Art. R. 611-20	R. 142-30
Art. R. 611-21	R. 142-31
Art. R. 611-22	R. 142-32
Art. R. 611-35	R. 142-33

Références du CESEDA en vigueur avant le 1er mai 2021	Références du CESEDA en vigueur à compter du 1er mai 2021
Art. R. 611-36	R. 142-35
Art. R. 611-37	R. 142-38
Art. R. 611-38, al. 1er	R. 142-36
Art. R. 611-38, al. 2 à 5	R. 142-37
Art. R. 611-39	R. 142-34
Art. R. 611-40	R. 142-39
Art. R. 611-41	R. 142-40
Art. R. 611-41-1, al. 1er	R. 811-3
Art. R. 611-41-1, al. 2	R. 811-4
Art. R. 611-41-2	R. 811-5
Art. R. 611-41-3	R. 814-4
Art. R. 611-42, al. 1er et 11	R. 814-1
Art. R. 611-42, al. 2 à 9	R. 814-2
Art. R. 611-42, al. 10	R. 814-3
Art. R. 611-43	R. 812-1
Art. R. 621-1	R. 270-1
Art. R. 621-2	R. 270-2
Art. R. 621-3	R. 270-3
Art. R. 625-1, al. 1er à 4	R. 821-5
Art. R. 625-1, al. 5 (1re et 4e phrases)	R. 821-6
Art. R. 625-1, al. 5 (2e et 3e phrases)	R. 821-4
Art. R.* 625-2	R.* 821-1
Art. R. 625-3, al. 1er à 3	R. 821-7
Art. R. 625-3, al. 4	R. 821-13
Art. R. 625-4, al. 1er	R. 821-4, R. 821-5
Art. R. 625-4, al. 2	R. 821-2
Art. R. 625-13	R. 821-8
Art. R. 625-14	R. 821-9
Art. R. 625-15	R. 821-10
Art. R. 625-16, al. 1er	R. 821-11
Art. R. 625-16, al. 2	R. 821-12
Art. R. 625-17, al. 1er à 4	R. 821-5
Art. R. 625-17, al. 5 (1re et 4e phrases)	R. 821-6
Art. R. 625-17, al. 5 (2e et 3e phrases)	R. 821-4
Art. R. 625-18	R.* 821-1
Art. R. 625-19, al. 1er à 3	R. 821-7
Art. R. 625-19, al. 4	R. 821-3
Art. R. 625-19, al. 5	L. 821-11
Art. R. 625-20	R. 821-13
Art. R. 626-1, I	R. 822-2
Art. R. 626-1, II	R. 822-3
Art. R. 626-2, I	R. 822-4
Art. R. 626-2, II	R. 822-5
Art. R. 626-3	R. 822-1
Art. R. 626-4	*Abrogé*

Références du CESEDA en vigueur avant le 1er mai 2021	Références du CESEDA en vigueur à compter du 1er mai 2021
LIVRE VII	
Art. R. 711-1	R. 511-2
Art. R. 711-2	R. 511-1
Art. R. 712-1	R. 512-1
Art. R. 721-1	R. 122-32
Art. R. 722-1	R. 121-32
Art. R. 722-2	R. 121-33
Art. R. 722-2-1	R. 531-24
Art. R. 722-3, al. 1er à 5	R. 121-34
Art. R. 722-3, al. 6	R. 531-25
Art. R. 722-4	R. 121-35
Art. R. 722-5	R. 121-36
Art. R. 722-6	R. 121-37
Art. R. 722-8	R. 121-38
Art. R. 722-9	R. 121-39
Art. R. 723-1, al. 1er	R. 531-2
Art. R. 723-1, al. 2	R. 531-3
Art. R. 723-1, al. 3	R. 531-5
Art. R. 723-1, al. 4	R. 531-4
Art. R. 723-2	R. 531-6
Art. R. 723-3	R. 531-7
Art. R. 723-4, I	R. 531-23
Art. R. 723-4, II et IV (ecqc le II)	R. 531-26
Art. R. 723-4, III et IV (ecqc le III)	R. 531-27
Art. R. 723-5, al. 1er	R. 531-11
Art. R. 723-5, al. 2	R. 521-15
Art. R. 723-5, al. 3	R. 531-12
Art. R. 723-6	R. 531-13
Art. R. 723-7, sauf al. 3 (1re phrase)	R. 531-14
Art. R. 723-7, al. 3 (1re phrase)	R. 531-28
Art. R. 723-8	R. 531-15
Art. R. 723-9	R. 531-16
Art. R. 723-10, al. 1er	R. 531-10
Art. R. 723-10, al. 2	R. 561-4
Art. R. 723-11	R. 531-30
Art. R. 723-12	R. 531-31
Art. R. 723-13	R. 531-32
Art. R. 723-14, al. 1er et 2 (4e phrase)	R. 531-33
Art. R. 723-14, al. 2 (sauf 4e phrase)	R. 531-34
Art. R. 723-15, al. 1er et 2 (1re phrase)	R. 531-35
Art. R. 723-15, al. 2 (2e phrase)	R. 531-36

Références du CESEDA en vigueur avant le 1er mai 2021	Références du CESEDA en vigueur à compter du 1er mai 2021
Art. R. 723-15, al. 2 (3e phrase)	R. 531-37
Art. R. 723-16	R. 531-38
Art. R. 723-17	R. 531-39
Art. R. 723-18	R. 531-29
Art. R. 723-19, I	R. 531-17
Art. R. 723-19, II	R. 531-18
Art. R. 723-19, III (ecqc l'OFII)	R. 531-19
Art. R. 723-19, III (ecqc la CNDA)	R. 532-57
Art. R. 723-19, IV	R. 531-20
Art. R. 723-20	R. 531-17
Art. R. 723-21, al. 1er	R. 531-21
Art. R. 723-21, al. 2	R. 531-22, R. 562-1
Art. R. 723-21-1	R. 721-1
Art. R. 723-22	R. 721-1
Art. R. 732-1	R. 131-1
Art. R. 732-2	R. 131-2
Art. R. 732-3	R. 131-3
Art. R. 732-4	R. 131-4
Art. R. 732-5	R. 131-7
Art. R. 732-6	R. 131-6
Art. R. 732-7	R. 131-8
Art. R. 732-8	R. 131-5
Art. R. 733-2	R. 532-1
Art. R. 733-3	R. 532-2
Art. R. 733-4, al. 1er à 7	R. 532-3
Art. R. 733-4, al. 8 à 11	R. 532-4
Art. R. 733-4-1	R. 532-5
Art. R. 733-5, al. 1er	R. 532-6
Art. R. 733-5, al. 2	R. 532-40
Art. R. 733-5, al. 3	R. 532-11
Art. R. 733-5, al. 4 et 5	R. 532-7
Art. R. 733-6	R. 532-8
Art. R. 733-7	R. 532-10
Art. R. 733-8	R. 532-9
Art. R. 733-9	R. 532-12
Art. R. 733-10, al. 1er	R. 532-13
Art. R. 733-10, al. 2	R. 532-18
Art. R. 733-10, al. 3	R. 532-14
Art. R. 733-11	R. 532-16
Art. R. 733-12, al. 1er et 2	R. 532-15
Art. R. 733-12, al. 3 à 5	R. 532-17
Art. R. 733-12, al. 6	R. 532-18
Art. R. 733-13, al. 1er	R. 532-21
Art. R. 733-13, al. 2 et 3	R. 532-22
Art. R. 733-13, al. 4	R. 532-23

Références du CESEDA en vigueur avant le 1er mai 2021	Références du CESEDA en vigueur à compter du 1er mai 2021
Art. R. 733-13, al. 5	R. 532-24
Art. R. 733-13-2, al. 1er	R. 532-27
Art. R. 733-13-2, al. 2	R. 532-28
Art. R. 733-14	R. 532-25
Art. R. 733-15, al. 1er	R. 532-19
Art. R. 733-15, al. 2	R. 532-20
Art. R. 733-16	R. 532-26
Art. R. 733-17, al. 1er et 2	R. 532-41
Art. R. 733-17, al. 3 et 4	R. 532-48
Art. R. 733-18	R. 532-31
Art. R. 733-19	R. 532-32
Art. R. 733-20	R. 532-45
Art. R. 733-21	R. 532-46
Art. R. 733-22	R. 532-47
Art. R. 733-23	R. 532-49
Art. R. 733-24, al. 1er	R. 532-37
Art. R. 733-24, al. 2 et 3	R. 532-38
Art. R. 733-24, al. 4 à 6	R. 532-39
Art. R. 733-25, al. 1er à 5	R. 532-42
Art. R. 733-25, al. 6	R. 532-43
Art. R. 733-26	R. 532-44
Art. R. 733-27, al. 1er	R. 532-33
Art. R. 733-27, al. 2	R. 532-34
Art. R. 733-27, al. 3	R. 532-35
Art. R. 733-27, al. 4 à 6	R. 532-36
Art. R. 733-28	R. 532-50
Art. R. 733-29	R. 532-51
Art. R. 733-30	R. 532-52
Art. R. 733-31	R. 532-53
Art. R. 733-32, al. 1er	R. 532-54
Art. R. 733-32, al. 2	R. 532-55
Art. R. 733-32, al. 3	R. 532-56
Art. R. 733-33	R. 532-58
Art. R. 733-34, al. 1er et 2	R. 532-29
Art. R. 733-34, al. 3	R. 532-30
Art. R.* 733-34-1	R.* 532-59
Art. R.* 733-34-2	R.* 532-60
Art. R.* 733-34-3	R.* 532-61
Art. R.* 733-34-4	R.* 532-62
Art. R.* 733-34-5	R.* 532-63
Art. R.* 733-34-6	R.* 532-64
Art. R.* 733-34-7	R.* 532-65
Art. R.* 733-34-8	R.* 532-66
Art. R. 733-35	R. 532-67
Art. R. 733-36, al. 1er et 2	R. 562-2
Art. R. 733-36, al. 3	*Abrogé*

Références du CESEDA en vigueur avant le 1er mai 2021	Références du CESEDA en vigueur à compter du 1er mai 2021
Art. R. 733-37, al. 1er et 2	R. 532-68
Art. R. 733-37, al. 3	*Abrogé*
Art. R. 733-38	R. 532-69
Art. R. 733-39	R. 532-71
Art. R. 733-40	R. 532-72
Art. R. 733-41	R. 532-70
Art. R. 741-1	R. 521-1
Art. R.* 741-1-1	R.* 521-2
Art. R. 741-2, al. 1er	R. 521-4
Art. R. 741-2, al. 2	R. 521-3
Art. R. 741-3, al. 1er à 5	R. 521-5
Art. R. 741-3, al. 6	R. 521-7
Art. R. 741-3, al. 7	R. 521-6
Art. R. 741-4, al. 1er	R. 521-8
Art. R. 741-4, al. 2	R. 521-18
Art. R. 741-4, al. 3 (1re phrase)	R. 521-14
Art. R. 741-4, al. 3 (2e phrase)	R. 521-15
Art. R. 741-4, al. 4	R. 521-16
Art. R. 741-4, al. 5	R. 521-17
Art. R.* 741-4-1	R.* 521-11
Art. R. 741-5	R. 521-9, R. 521-18
Art. R. 741-6	R. 521-10
Art. R. 741-7	R. 521-19
Art. R. 742-1, al. 1er (ecqc l'attestation)	R. 573-1
Art. R. 742-1, al. 1er et 2 (ecqc l'assignation à résidence)	R. 751-1
Art. R. 742-1, al. 1er (ecqc le transfert)	R. 572-1
Art. R. 742-2	R. 571-1
Art. R. 742-3	R. 573-2
Art. R. 742-4	R. 751-2
Art. R. 742-5	R. 751-3
Art. R. 743-1	R. 541-1
Art. R. 743-2	R. 541-2
Art. R. 744-1	R. 551-7
Art. R. 744-2, al. 1er et 2	R. 551-8
Art. R. 744-2, al. 3	R. 551-9
Art. R. 744-2, al. 4	R. 551-10
Art. R. 744-2, al. 5	R. 551-13
Art. R. 744-3, I	R. 551-14
Art. R. 744-3, II	R. 551-15
Art. R. 744-4	R. 552-3
Art. R. 744-4-1, I	R. 521-13, R. 531-8
Art. R. 744-4-1, I, al. 1er	R. 551-11
Art. R. 744-4-1, I, al. 2	R. 551-12
Art. R. 744-4-1, II	R. 531-9
Art. R. 744-5	R. 552-1
Art. R. 744-6	R. 552-2
Art. R. 744-6-1	R. 552-10
Art. R. 744-7	R. 552-8
Art. R. 744-8	R. 552-9
Art. R. 744-9, I	R. 551-23
Art. R. 744-9, II	R. 551-21
Art. R. 744-10, al. 1er à 5	R. 552-4
Art. R. 744-10, al. 6	R. 552-5
Art. R. 744-11, al. 1er	R. 552-6
Art. R. 744-11, al. 2	R. 552-16
Art. R. 744-12, I, al. 1er	R. 552-11
Art. R. 744-12, I, al. 2	R. 552-12
Art. R. 744-12, I, al. 3 à 5	R. 552-13
Art. R. 744-12, II, al. 1er	R. 552-14
Art. R. 744-12, II, al. 2 à 5	R. 552-15
Art. R. 744-13	R. 552-7
Art. R. 744-13-1	R. 551-1
Art. R. 744-13-2, al. 1er	R. 551-2
Art. R. 744-13-2, al. 2	R. 551-3
Art. R. 744-13-3, al. 1er	R. 551-4
Art. R. 744-13-3, al. 2	R. 551-5
Art. R. 744-13-4	R. 551-6
Art. R. 744-14, al. 1er	R. 522-1
Art. R. 744-14, al. 2	R. 522-2
Art. D. 744-17	D. 553-1
Art. D. 744-18	D. 553-3
Art. D. 744-19, al. 1er	D. 553-2
Art. D. 744-19, al. 2	D. 581-7
Art. D. 744-20	D. 553-3
Art. D. 744-21	
Art. D. 744-22	D. 553-6
Art. D. 744-23, al. 1er à 3	D. 553-4
Art. D. 744-23, al. 4	D. 553-5
Art. D. 744-24	D. 553-26
Art. D. 744-25	D. 553-7
Art. D. 744-26, al. 1er (1re phrase)	D. 553-8
Art. D. 744-26, al. 1er (2e phrase)	D. 553-9
Art. D. 744-26, al. 1er (3e et 4e phrases)	D. 553-27
Art. D. 744-26, al. 2	D. 553-12
Art. D. 744-26, al. 3	D. 553-10

Références du CESEDA en vigueur avant le 1er mai 2021	Références du CESEDA en vigueur à compter du 1er mai 2021
Art. D. 744-27, al. 1er	D. 553-12
Art. D. 744-27, al. 2	D. 553-14
Art. D. 744-27, al. 3	D. 553-15
Art. D. 744-28	D. 553-16
Art. D. 744-29	D. 553-17
Art. D. 744-30	D. 553-13
Art. D. 744-31	D. 553-11
Art. D. 744-32	D. 553-19
Art. D. 744-33, al. 1er à 3	D. 553-21
Art. D. 744-33, al. 4	D. 553-18
Art. D. 744-34, al. 1er à 4	D. 553-24
Art. D. 744-34, al. 5	*Abrogé*
Art. D. 744-35	D. 553-25
Art. D. 744-36, al. 1er	D. 551-22
Art. D. 744-36, al. 2	D. 551-19
Art. D. 744-36, al. 3	*Abrogé*
Art. D. 744-37	D. 551-20
Art. D. 744-37-1	D. 551-17
Art. D. 744-38	D. 551-18
Art. D. 744-39	D. 551-16
Art. D. 744-40	D. 553-28
Art. D. 744-41, al. 1er à 4	D. 553-20
Art. D. 744-41, al. 5 (1re phrase)	D. 553-22
Art. D. 744-41, al. 5 (2e phrase)	D. 553-23
Art. D. 744-42	D. 531-1
Art. D. 744-43	D. 521-12
Art. D. 744-44	D. 554-1
Art. R. 744-45	R. 142-51
Art. R. 744-46	R. 142-52
Art. R. 744-47	R. 142-53
Art. R. 744-48	R. 142-54
Art. R. 744-49	R. 142-55
Art. R. 744-50	R. 142-56
Art. R. 744-51	R. 142-57
Art. R. 744-52	R. 142-58
Art. D. 751-1, I	D. 561-12
Art. D. 751-1, II	D. 561-13
Art. D. 751-1, III	D. 561-14
Art. R. 752-1	R. 561-1
Art. R. 752-2	R. 561-2
Art. R. 752-3	R. 561-3
Art. R. 753-1	R. 561-5
Art. R. 753-2	R. 561-6
Art. R. 753-3	R. 561-7
Art. R. 753-4	R. 561-8

Références du CESEDA en vigueur avant le 1er mai 2021	Références du CESEDA en vigueur à compter du 1er mai 2021
Art. R. 753-5	R. 561-9
Art. R. 753-6	R. 561-10
Art. R. 753-7	R. 561-11
Art. R. 754-1	R. 561-15
Art. R. 761-1	R. 591-1
Art. D. 761-3	D. 591-13
Art. R. 762-1	R. 594-3
Art. R. 762-2	
Art. R. 763-1	R. 595-2
Art. R. 763-2	
Art. R. 764-1	R. 596-2
Art. R. 764-2	
Art. R. 765-1, I	R. 597-1
Art. R. 765-1, II	R. 597-2
Art. R. 765-1, III	R. 597-3
Art. R. 765-1, IV	*Abrogé*
Art. R. 766-1	R.* 592-1, R. 592-2, R. 592-3
Art. D. 766-1-1	D. 592-4
Art. R. 766-2	R. 593-2, R. 593-3
Art. D. 766-2-1	D. 593-4
Art. R.* 766-3	R.* 593-1
Art. R. 766-4	R. 591-14
Art. R. 766-5	
Art. D. 766-6	D. 591-15
Art. R. 767-1	R. 591-1
Art. D. 767-3	R. 591-7
Art. R. 768-1	R. 591-3, R. 591-6, R. 591-10
Art. R. 768-2	R. 591-4, R. 591-7, R. 591-11
Art. R. 768-3	R. 591-5, R. 591-8, R. 591-12
LIVRE VIII	
Art. R. 811-1, al. 1er à 7	R. 581-1
Art. R. 811-1, al. 8	R. 581-2
Art. R. 811-1, al. 9	R. 581-3
Art. R. 811-2	R. 581-4
Art. R. 811-3	R. 581-5
Art. R. 811-4	R. 581-6
Art. R. 811-5	R. 581-8
Art. R. 811-6	R. 581-9
Art. R. 811-7	R. 581-10
Art. R. 811-8	R. 581-11
Art. R. 811-9	R. 581-12
Art. R. 811-10	R. 581-13
Art. R. 811-11	R. 581-14
Art. R. 811-12	R. 581-15
Art. R. 811-13	R. 581-16

Références du CESEDA en vigueur avant le 1er mai 2021	Références du CESEDA en vigueur à compter du 1er mai 2021
Art. R. 811-14	R. 581-17
Art. R. 811-15	R. 581-18
Art. R. 811-16	R. 581-19
Art. R. 812-1	R. 582-1
Art. R. 812-2	R. 582-2
Art. R. 812-3	R. 582-3
Art. R. 812-4, I	R. 582-4
Art. R. 812-4, II	R. 582-5
Art. R. 812-5	R. 594-2, R. 594-3
Art. R. 812-6	R. 595-2, R. 595-3
Art. R. 812-7	R. 596-2, R. 596-3
Art. R. 821-1	R. 141-13
Art. R. 831-1	*Abrogé*
Art. R. 832-1	R. 151-6, R. 281-5, R. 361-5, R. 441-5, R. 761-5
Art. R. 832-2	R. 441-6
Art. D. 834-1	D. 441-2
Code du travail	
Art. R. 5223-1	R. 121-2
Art. R. 5223-2	R. 121-3
Art. R. 5223-3	R. 121-4
Art. R. 5223-4	R. 121-1
Art. R. 5223-5	R. 121-5
Art. R. 5223-6	R. 121-6
Art. R. 5223-7	R. 121-7
Art. R. 5223-8	R. 121-8
Art. R. 5223-9, I	R. 121-9
Art. R. 5223-9, II	R. 121-10
Art. R. 5223-9, III	R. 121-11
Art. R. 5223-9, IV	R. 121-12
Art. R. 5223-10	R. 121-13
Art. R. 5223-11	R. 121-14
Art. R. 5223-12	R. 121-15
Art. R. 5223-13	R. 121-16
Art. R. 5223-14	R. 121-17
Art. R. 5223-15	R. 121-18
Art. R. 5223-16	R. 121-19
Art. R. 5223-17	R. 121-20
Art. R. 5223-18	R. 121-21
Art. R. 5223-20	R. 121-22
Art. R. 5223-21	R. 121-23
Art. R. 5223-22	R. 121-24
Art. R. 5223-23	R. 121-25
Art. R. 5223-33	R. 121-26
Art. R. 5223-34	R. 121-27
Art. R. 5223-35	R. 121-28
Art. R. 5223-37	R. 121-29
Art. R. 5223-38	R. 121-30
Art. R. 5223-39	R. 121-31

TABLE CHRONOLOGIQUE

NOTA. *Avant la table chronologique proprement dite, on retrouvera ci-dessous la liste des différents codes reproduits intégralement ou en extraits dans le présent ouvrage.*

Code de l'action sociale et des familles

– Art. R. 221-11, R. 221-15-1 à R. 221-15-9 *(évaluation de la situation des mineurs privés temporairement ou définitivement de la protection de leur famille - appui à l'évaluation de la minorité)*, ss. CESEDA, art. L. 142-3.

Code civil

– Art. 17 à 33-2 *(nationalité)*, App., v° *Nationalité*, **p. 1552.**
– Art. 47 *(état civil)*, ss. CESEDA, art. L. 811-2.

Code des douanes

– Art. 67-1, ss. CESEDA, art. L. 812-2.

Code de justice administrative

– Art. L. 776-1, L. 777-5, ss. CESEDA, art. L. 614-1 ; art. R. 776-1 à R. 776-32, ss. CESEDA, art. R. 614-1 *(contentieux des obligations de quitter le territoire français et des arrêtés de reconduite à la frontière)*.
– Art. L. 777-1 à L. 777-4, ss. CESEDA, art. L. 614-1 ; art. R. 777-1 à R. 777-2-6, ss. CESEDA, art. R. 614-1 *(contentieux des refus d'entrée sur le territoire français au titre de l'asile et des décisions de transfert prises à la frontière)*, R. 777-3 à R. 777-3-9 *(contentieux des décisions de transfert vers l'État responsable de l'examen de la demande d'asile)*, **p. 842.**
– Art. R. 312-8, ss. CESEDA, art. L. 631-1 (compétence territoriale des TA - étrangers).

Code de procédure civile

– Art. 1038 à 1045-2 *(nationalité)*, App., v° *Nationalité*, **p. 1666.**

Code du travail

– Art. L. 3142-75 *(demi-journée de congé non rémunéré - cérémonie d'accueil dans la citoyenneté française)*, App., v° *Nationalité*, **p. 1628.**
– Art. R. 8252-2 *(information des étrangers sans titre au regard de leurs droits)*, ss. CESEDA, art. R. 744-13.

Annexes au CESEDA

Annexe 1 mentionnée à l'article D. 110-1 *(accords et conventions bilatéraux - entrée)*, **p. 1121.**
Annexe 2 mentionnée à l'article R. 142-2 *(traitement automatisé FRANCE-VISAS - traitement automatisé VISABIO prévu à l'article R. 142-1)*, **p. 1137.**
Annexe 3 mentionnée aux articles R. 142-13, R. 142-14, R. 142-18, R. 142-21, R. 414-5 et R. 431-1 *(traitement automatisé AGDREF2 prévu à l'article R. 142-11)*, **p. 1141.**
Annexe 4 mentionnée aux articles R. 142-27, R. 142-28, R. 142-29 et R. 142-30 *(traitement automatisé GESTEL prévu à l'article R. 142-26)*, **p. 1151.**
Annexe 5 mentionnée à l'article R. 142-35 *(traitement outil de statistique et de contrôle de l'aide au retour prévu à l'article R. 142-33)*, **p. 1154.**
Annexe 6 mentionnée à l'article R. 142-44 *(traitements automatisés de données à caractère personnel relatifs aux demandes de validation des attestations d'accueil prévus à l'article R. 142-43)*, **p. 1156.**

1945	2 nov.	Ordonnance n° 45-2658. Étrangers : – Art. 35 *septies*, ss. CESEDA, art. L. 341-1. – Art. 37, ss. CESEDA, art. L. 432-10.
1945	19 oct.	Ordonnance n° 45-2441. Code de la nationalité française, App., v° *Nationalité*, **p. 1688.**
1950	4 nov.	Convention de sauvegarde des droits de l'homme et des libertés fondamentales, App., v° *Droits de l'homme*, **p. 1501.**
1951	25 juill.	Convention de Genève relative au statut des réfugiés, App., v° *Réfugiés et apatrides*, **p. 1751.**
1952	20 mars	Protocole additionnel n° 1 à la Conv. EDH. – Art. 1er, App., v° *Droits de l'homme*, **p. 1536.**
1954	2 sept.	Décret n° 54-883. Règlement d'administration publique pour l'application de l'ensemble des dispositions du décret n° 53-1186 du 29 nov. 1953 relatif à la réforme des lois d'assistance, App., v° *Protection sociale*.
1954	28 sept.	Convention de New York relative au statut des apatrides, App., v° *Réfugiés et apatrides*, **p. 1757.**
1961	22 déc.	Loi n° 61-1408. Nationalité française : – Art. 1er. – V. C. nat., art. 143, 144, devenus C. civ., art. 30-2, 30-3, App., v° *Nationalité*, **p. 1659.** – Art. 7. – V. App., v° *Nationalité*, **p. 1689.**
1963	16 sept.	Protocole additionnel n° 4 à la Conv. EDH. – Art. 4, App., v° *Droits de l'homme*, **p. 1536.**
1964	26 déc.	Loi n° 64-1328. Convention du Conseil de l'Europe sur la réduction des cas de pluralité de nationalités, App., v° *Nationalité*, **p. 1690.**
1966	16 déc.	Pacte international relatif aux droits économiques, sociaux et culturels, App., v° *Droits de l'homme*, **p. 1540.**
1966	19 déc.	Pacte international relatif aux droits civils et politiques, App., v° *Droits de l'homme*, **p. 1539.**
1966	20 déc.	Loi n° 66-945. Nationalité française, App., v° *Nationalité*, **p. 1690.**
1967	31 janv.	Protocole relatif au statut des réfugiés, App., v° *Réfugiés et apatrides*, **p. 1757.**
1968	27 déc.	Accord franco-algérien. Circulation, emploi et séjour des ressortissants algériens et de leurs familles, App., v° *Accords bilatéraux*.
1973	9 janv.	Loi n° 73-42. Nationalité : – Art. 1er à 21. – V. C. civ., art. 17 à 32-4, App., v° *Nationalité*, **p. 1715.** – Art. 22 à 28, V. App., v° *Nationalité*, **p. 1690.**
1984	22 nov.	Protocole additionnel n° 7 à la Conv. EDH. – Art. 1er, App., v° *Droits de l'homme*, **p. 1538.**
1987	9 oct.	Accord franco-marocain. Séjour et emploi, App., v° *Accords bilatéraux*.

1990	26 janv.	Convention relative aux droits de l'enfant, App., v° *Droits de l'homme,* **p. 1543.**
1992	21 déc.	Convention franco-béninoise. Circulation et séjour des personnes entre la République française et la République du Bénin, App., v° *Accords bilatéraux*.
1993	22 juill.	Loi n° 93-933. Réforme du droit de la nationalité : – V. C. civ., art. 17 à 33-2, App., v° *Nationalité,* **p. 1552.** – Art. 47 à 54, App., v° *Nationalité,* **p. 1692.**
1993	30 déc.	Décret n° 93-1362. Nationalité française, App., v° *Nationalité,* **p. 1692.**
1994	29 janv.	Accord franco-tunisien. Séjour et Travail, App., v° *Accords bilatéraux*.
1994	26 sept.	Convention franco-malienne. Circulation et séjour des personnes, App., v° *Accords bilatéraux*.
1994	26 sept.	Convention franco-centrafricaine. Circulation et séjour des personnes, App., v° *Accords bilatéraux*.
1998	16 mars	Loi n° 98-170. Nationalité, App., v° *Nationalité,* **p. 1738.**
1998	20 août	Décret n° 98-720. Déclarations, demandes et décisions en matière de nationalité, App., v° *Nationalité,* **p. 1739.**
2000	7 déc.	Charte n° 2000/C-364/01. Droits fondamentaux de l'Union européenne. – Art. 19, App., v° *Droits de l'homme,* **p. 1548.**
2003	26 nov.	Loi n° 2003-1119. Maîtrise de l'immigration, séjour des étrangers en France et nationalité. – Art. 86. – V. ss. CESEDA, art. L. 641-2.
2004	29 avr.	Directive 2004/83 CE. Normes minimales relatives aux conditions que doivent remplir les ressortissants des pays tiers ou les apatrides pour pouvoir prétendre au statut de réfugié ou les personnes qui, pour d'autres raisons, ont besoin d'une protection internationale, et relatives au contenu de ces statuts. – Art. 28 et 29, App., v° *Protection sociale*.
2005	16 mars	Circulaire n° DHOS/DSS/DGAS/2005/141. Prise en charge des soins urgents délivrés à des étrangers résidant en France de manière irrégulière et non bénéficiaires de l'aide médicale de l'État, App., v° *Protection sociale*.
2005	30 mai	Décret n° 2005-617. Rétention administrative et zones d'attente pris en application des articles L. 111-9, L. 551-2, L. 553-6 et L. 821-5 du CESEDA. – Art. 16, 23, 24. – V. ss. CESEDA, art. L. 741-1.
2005	4 juill.	Ordonnance n° 2005-759. Réforme de la filiation. – Art. 19-V. – V. CESEDA, art. L. 314-9, L. 314-11.
2005	28 juill.	Décret n° 2005-860. Modalités d'admission des demandes d'aide médicale de l'État, App., v° *Protection sociale,* .
2005	27 sept.	Circulaire n° 2005-407. Aide médicale d'État, App., v° *Protection sociale* .

2006	14 nov.	Loi n° 2006-1376. Contrôle de la validité des mariages. – Art. 7-I. – V. C. civ., art. 47, ss. CESEDA, art. L. 811-2.
2006	23 nov.	Décret n° 2006-1433. Assistance au transit dans le cadre de mesures d'éloignement par voie aérienne. – V. ss. CESEDA, art. L. 722-12.
2007	19 janv.	Arrêté. Formations prescrites aux étrangers signataires du contrat d'accueil et d'intégration et à l'appréciation du niveau de connaissances en français prévues aux art. R. 311-22 à R. 311-25 du CESEDA. – V. ss. CESEDA, art. R. 311-23.
2008	2 mai	Circulaire n° DHOS/F4/2008/150. Facturation et paiement des soins urgents délivrés en 2007 et 2008 à des étrangers résidant en France de manière irrégulière et non bénéficiaires de l'aide médicale de l'État, App., v° *Protection sociale* 🏛.
2008	1er sept.	Délibération de la HALDE n° 2008-179. Revenu de solidarité active, App., v° *Protection sociale* 🏛.
2009	25 juin	Arrêté. Composition du dossier de demande d'agrément des associations ayant pour objet le placement d'étrangers désireux de venir en France en vue d'y accomplir un stage en entreprise ou d'y suivre une formation professionnelle pris en application de l'art. R. 313-10-5 du CESEDA. – V. ss. CESEDA, art. R. 313-10-5.
2009	4 déc.	Arrêté. Modalités de fonctionnement de la commission de recours contre les décisions de refus de visa d'entrée en France. – V. ss. CESEDA, art. D. 312-3.
2009	28 déc.	Décret n° 2009-1671. Expérimentation de la déconcentration des décisions individuelles relatives aux demandes d'acquisition de la nationalité française. – Art. 1er à 3, App., v° *Nationalité*, **p. 1740.**
2010	25 oct.	Arrêté. Traitement automatisé de données à caractère personnel dénommé PARAFE. – V. ss. CESEDA, art. L. 311-1.
2011	29 mars	Décret n° 2011-338. Modification de l'organisation judiciaire dans le département de Mayotte. – Art. 13-II. – V. Décr. n° 93-1362 du 30 déc. 1993, art. 70, App., v° *Nationalité*, **p. 1737.**
2011	30 mars	Arrêté. Application de l'art. R. 553-1 du CESEDA. – V. ss. CESEDA, art. R. 553-1.
2011	31 mars	Arrêté. Documents et visas exigés pour l'entrée des étrangers sur le territoire européen de la France. – V. Arr. du 10 mai 2010, annexe B, tableau 1 et annexe D, tableau 2, ss. CESEDA, art. R. 311-1.
2011	12 mai	Arrêté. Fixant la liste des diplômes au moins équivalents au master pris en application du 2° de l'art. R. 311-35 et du 2° de l'art. R. 313-37 du CESEDA. – V. ss. CESEDA, art. R. 311-35.
2011	17 mai	Loi n° 2011-525. De simplification et d'amélioration de la qualité du droit. – Art. 18. – V. C. civ., art. 26, App., v° *Nationalité*, **p. 1644.**
2011	8 juin	Décret n° 2011-638. Application de gestion des dossiers des ressortissants étrangers en France, titres de séjour et titres de voyage des étrangers. – Art. 8. – V. note ss CESEDA, art. R. 311-2-1.

2011	16 juin	Loi n° 2011-672. Immigration, intégration et nationalité : – Art. 1er à 7. – C. civ., art. 21-2, 21-18, 21-24, 21-27-1, 21-28, 26-3, 27-2, App., v° *Nationalité*, **p. 1572.** – Art. 50-II et 111. – V. CJA, art. L. 776-1, L. 776-2, ss. CESEDA, art. L. 614-1.
2011	8 juill.	Décret n° 2011-819. Application de la loi n° 2011-672 du 16 juin 2011 relative à l'immigration, à l'intégration et à la nationalité. – Art. 1er et 4 (note). – V. CJA, art. R. 776-1 à R. 776-28, R. 777-1, ss. CESEDA, art. R. 614-1.
2011	1er sept.	Arrêté. Application de l'art. R. 553-1 du CESEDA. – V. Arr. du 30 mars 2011, ss. CESEDA, art. R. 553-1.
2011	11 oct.	Décret n° 2011-1265. Niveau de connaissance de la langue française requis des postulants à la nationalité française au titre des articles 21-2 et 21-24 du code civil et modalités de son évaluation. – V. Décr. n° 93-1362 du 30 déc. 1993, art. 14, 14-1, 15, 37, 37-1, 41, App., v° *Nationalité*, **p. 1708.**
2011	9 nov.	Décret n° 2011-1490. Traitement automatisé de données à caractère personnel relatives aux étrangers sollicitant la délivrance d'un visa. – V. CESEDA, art. R. 611-10.
2011	9 nov.	Arrêté. Dépôt des demandes de regroupement familial dans les services de l'Office français de l'immigration et de l'intégration. – V. ss. CESEDA, art. R. 421-7.
2011	9 nov.	Arrêté. Conditions d'établissement et de transmission des avis rendus par les agences régionales de santé en application de l'article R. 313-22 du code de l'entrée et du séjour des étrangers et du droit d'asile en vue de la délivrance d'un titre de séjour pour raison de santé. – V. ss. CESEDA, art. R. 313-22.
2011	12 nov.	Arrêté. Expérimentation de la collecte par des prestataires agréés des données à caractère personnel relatives aux étrangers sollicitant la délivrance d'un visa. – V. ss. CESEDA, art. R. 611-10.
2011	30 nov.	Décret n° 2011-1693. Protection des droits sociaux et pécuniaires des étrangers sans titre et répression du travail illégal. – Art. 1er. – V. C. trav., art. R. 8252-2, ss. CESEDA, art. R. 744-13, **p. 1433.**
2011	13 déc.	Directive (UE) n° 2011/95. Normes relatives aux conditions que doivent remplir les ressortissants des pays tiers ou les apatrides pour pouvoir bénéficier d'une protection internationale, à un statut uniforme pour les réfugiés ou les personnes pouvant bénéficier de la protection subsidiaire, et au contenu de cette protection, App., v° *Protection sociale*, **p. 1747.**
2011	23 déc.	Décret n° 2011-1950. Modification du code de justice administrative. – V. CJA, art. R. 776-13, R. 776-16, R. 776-28, ss. CESEDA, art. R. 614-1.
2012	25 janv.	Décret n° 2012-89. Jugement des recours devant la Cour nationale du droit d'asile et contentieux des mesures d'éloignement et des refus d'entrée sur le territoire français au titre de l'asile. – Art. 2 et 3. – V. CJA, art. R. 777-1, ss. CESEDA, art. R. 614-1.

2012	30 janv.	Décret n° 2012-126. Niveau et évaluation de la connaissance de l'histoire, de la culture et de la société françaises requis des postulants à la nationalité française au titre de l'article 21-24 du code civil. – V. Décr. n° 93-1362 du 30 déc. 1993, art. 37, 41, App., v° *Nationalité*, **p. 1727.**
2012	30 janv.	Décret n° 2012-127. Charte des droits et devoirs du citoyen français prévue à l'article 21-24 du code civil. – V. ss. C. civ., art. 21-24, App., v° *Nationalité*, **p. 1618.**
2012	21 déc.	Décret n° 2012-1437. Communication électronique devant le Conseil d'État, les cours administratives d'appel et les tribunaux administratifs. – Art. 4. – V. CJA, art. R. 777-1, R. 777-2, R. 776-18, ss. CESEDA, art. R. 614-1.
2013	18 mars	Arrêté. Modification de l'arrêté du 10 mai 2010 relatif aux documents et visas exigés pour l'entrée des étrangers sur le territoire européen de la France. – V. Arr. du 10 mai 2010, art. 9, annexe D, ss. CESEDA, art. R. 311-1.
2013	7 juin	Arrêté. Modification de l'arrêté du 30 mars 2011 pris en application de l'article R. 553-1 du CESEDA. – V. Arr. du 30 mars 2011, art. 1er, ss. CESEDA, art. R. 553-1.
2013	13 août	Décret n° 2013-730. Modification du code de justice administrative. – Art. 12. – V. CJA, art. R. 777-2, ss. CESEDA, art. R. 614-1.
2013	30 août	Décret n° 2013-794. Modification du décret n° 93-1362 du 30 décembre 1993 relatif aux déclarations de nationalité, aux décisions de naturalisation, de réintégration, de perte, de déchéance et de retrait de la nationalité française. – V. Décr. n° 93-1362 du 30 déc. 1993, art. 14, 14-1, 15, 37, 37-1, 41, 46, 47, App., v° *Nationalité*, **p. 1708.**
2013	30 août	Décret n° 2013-795. Modification de l'article 26 du code civil et expérimentation de nouvelles modalités d'instruction des demandes de naturalisation et de réintégration ainsi que des déclarations de nationalité souscrites à raison du mariage : – Art. 1er. – V. C. civ., art. 26, App., v° *Nationalité*, **p. 1644.** – Art. 2 à 11, App., v° *Nationalité*, **p. 1742.**
2013	30 août	Arrêté. Application des dispositions expérimentales du décret n° 2013-795 du 30 août 2013. – V. App., v° *Nationalité*, **p. 1743.**
2014	23 oct.	Décret n° 2014-1292. Exceptions à l'application du principe « silence vaut acceptation » et exceptions au délai de deux mois de naissance des décisions implicites sur le fondement du II de l'article 21 de la loi n° 2000-321 du 12 avril 2000 relative aux droits des citoyens dans leurs relations avec les administrations (ministère de l'Intérieur). – V. ss. CESEDA, Partie Législative, livre Ier relatif aux dispositions générales applicables aux étrangers et aux ressortissants de certains États.
2014	26 déc.	Décret n° 2014-1641. Application des articles 15, 18 et 19 de la loi n° 2013-1168 du 18 décembre 2013 relative à la programmation militaire pour les années 2014 à 2019 et diverses dispositions concernant la défense et la sécurité nationale. – Art. 7. – V. CESEDA, art. R. 611-5, R. 611-12.

2015	2 févr.	Décret n° 2015-108. Tests linguistiques mentionnés aux articles 14 et 37 du décret n° 93-1362 du 30 décembre 1993 relatif aux déclarations de nationalité, aux décisions de naturalisation, de réintégration, de perte, de déchéance et de retrait de la nationalité française : – Art. 1er et 2. – V. Décr. n° 93-1362 du 30 déc. 1993, art. 14, 37, App., v° *Nationalité*, **p. 1708.** – Art. 3 (note). – V. ss. Décr. n° 93-1362 du 30 déc. 1993, art. 37, App., v° *Nationalité*, **p. 1727.**
2015	14 févr.	Décret n° 2015-169. Compétence territoriale des tribunaux administratifs pour connaître des décisions ministérielles en matière de police administrative et de prévention du terrorisme. – V. CJA, art. R. 312-8, ss. CESEDA, art. L. 614-1.
2015	19 mars	Décret n° 2015-316. Modification des modalités d'instruction des demandes de naturalisation et de réintégration dans la nationalité française ainsi que des déclarations de nationalité souscrites à raison du mariage : – Art. 1er à 10. – V. Décr. n° 93-1362 du 30 déc. 1993, art. 10, 15, 35, 41, 43, 44, 46, 53, 54, App., v° *Nationalité*, **p. 1692.** – Art. 11 à 13. – V. ss. Décr. n° 93-1362 du 30 déc. 1993, art. 10, App., v° *Nationalité*, **p. 1693.**
2015	19 mars	Arrêté. Application du décret n° 2015-316 du 19 mars 2015 modifiant les modalités d'instruction des demandes de naturalisation et de réintégration dans la nationalité française ainsi que des déclarations de nationalité souscrites à raison du mariage [tableau des dates d'entrée en vigueur des nouvelles dispositions]. – V. ss. Décr. n° 93-1362 du 30 déc. 1993, art. 10, App., v° *Nationalité*, **p. 1693.**
2015	29 mai	Arrêté. Montant du salaire brut moyen annuel de référence pour la délivrance de la carte de séjour temporaire portant la mention « carte bleue européenne ». – V. ss. CESEDA, art. L. 313-10.
2015	4 juin	Décret n° 2015-614. Compétence du préfet pour statuer sur les demandes d'admission au séjour, au titre de l'asile, présentées par des étrangers placés en rétention administrative. – Art. 1er et 2. – V. CESEDA, art. R.* 741-1, R.* 762-2, R.* 763-2, R.* 764-2, R.* 766-3.
2015	29 juill.	Loi n° 2015-925. Réforme du droit d'asile. – Art. 13-II, 16-I, 20-III. – V. CJA, art. L. 777-1 à L. 777-3, ss. CESEDA, art. R. 614-1.
2015	28 oct.	Décret n° 2015-1364. Application des articles 13, 16 et 20 de la loi n° 2015-925 du 29 juillet 2015 relative à la réforme du droit d'asile et modification du code de justice administrative (partie réglementaire) : – Art. 1er à 4. – V. CJA, art. R. 777-1 à R. 777-9, ss. CESEDA, art. R. 614-1. – Art. 4. – V. CJA, art. R. 777-1 (note) ; CESEDA, art. L. 213-8-1 à L. 213-9 (note), L. 221-1 (note), L. 224-1 (note), L. 556-1 (note), L. 556-2 (note), L. 742-1 à L. 742-6 (note).
2015	28 déc.	Loi n° 2015-1776. Adaptation de la société au vieillissement. – Art. 38. – V. C. civ., art. 21-13-1, 21-28, 26, 26-1, 26-3, App., v° *Nationalité*, **p. 1589.**

2015	30 déc.	Décret n° 2015-1898. Conventions conclues entre les centres d'accueil pour demandeurs d'asile et l'État et relations avec les usagers. Modification du code de l'action sociale et des familles. – V. ss. CESEDA, art. L. 744-3.
2016	18 févr.	Arrêté. Modes de dépôt ou de transmission des recours, des mémoires, des pièces et des actes de procédure devant la Cour nationale du droit d'asile. – V. ss. CESEDA, art. R. 733-6.
2016	2 mars	Arrêté. Modification de l'arrêté du 30 mars 2011 modifié pris en application de l'article R. 553-1 du CESEDA. – V. Arr. du 30 mars 2011, ss. CESEDA, art. L. 552-1.
2016	7 mars	Loi n° 2016-274. Droit des étrangers en France : – Art. 33-VI, 57-II et 67-II. – V. CJA, art. L. 776-1, L. 776-2, L. 777-2, ss. CESEDA, art. L. 614-1. – Art. 60 et 67-I. – V. C. civ., art. 21-13-2, 21-28, 26, 26-1, 26-3, App., v° *Nationalité*, **p. 1593.**
2016	29 juin	Décret n° 2016-872. Modalités de réception et d'instruction des déclarations de nationalité souscrites en application des articles 21-2, 21-13-1 ou 21-13-1 du code civil. – V. Décr. n° 93-1362 du 30 déc. 1993, art. 10, 14-1, 15, 17-1 à 17-4, 29, 32, App., v° *Nationalité*, **p. 1692.**
2016	29 juin	Arrêté. Modèle du formulaire de souscription de la déclaration de nationalité française prévue à l'article 21-2 du code civil. – V. ss. C. civ., art. 21-2, App., v° *Nationalité*, **p. 1573.**
2016	29 juin	Arrêté. Modèle du formulaire de souscription de la déclaration de nationalité française prévue à l'article 21-13-1 du code civil. – V. ss. C. civ., art. 21-13-1, App., v° *Nationalité*, **p. 1592.**
2016	29 juin	Arrêté. Modèle du formulaire de souscription de la déclaration de nationalité française prévue à l'article 21-13-2 du code civil. – V. ss. C. civ., art. 21-13-2, App., v° *Nationalité*, **p. 1594.**
2016	2 août	Arrêté. Désignation de l'autorité compétente pour recevoir les déclarations de nationalité souscrites en application des articles 21-13-1 et 21-13-2 du code civil. – V. ss. C. civ., art. 21-13-1, App., v° *Nationalité*, **p. 1593.**
2016	8 août	Loi n° 2016-1088. Travail, modernisation du dialogue social et sécurisation des parcours professionnels. – V. C. trav., art. L. 3142-75, App., v° *Nationalité*, **p. 1628.**
2016	28 oct.	Arrêté. Modification de l'arrêté du 10 mai 2010 relatif aux documents et visas exigés pour l'entrée des étrangers sur le territoire européen de la France. – V. Arr. du 10 mai 2010, art. 1er, 5, Annexe A, B, D, ss. CESEDA, art. R. 311-1.
2016	2 nov.	Décret n° 2016-1480. Modification du code de justice administrative (partie réglementaire). – Art. 27, 28 et 35-I. – V. CJA, art. R. 776-9, R. 776-16, R. 777-1-6, R. 777-2-5, R. 777-3-3, ss. CESEDA, art. R. 614-1.

2016	18 nov.	Loi n° 2016-1547. Modernisation de la justice du XXIe siècle. – Art. 16. – V. C. civ., art. 26, 26-1, 26-3, 31, 31-2, 31-3, 33-1, App., v° *Nationalité*, **p. 1644.**
2016	1er déc.	Décret n° 2016-1645. Permanence des soins. – Art. 4-II. – V. Décr. n° 54-883 du 2 sept. 1954, art. 41, App., v° *Protection sociale*.
2017	25 juill.	Arrêté. Modification de l'arrêté du 1er juillet 2016 relatif aux formations civique et linguistique prescrites aux étrangers signataires du contrat d'intégration républicaine créé par la loi n° 2016-274 du 7 mars 2016 relative au droit des étrangers en France. – V. Arr. du 1er juill. 2016, art. 2, 3, ss. CESEDA, art. R. 311-23.
2017	26 sept.	Arrêté. Création d'un traitement automatisé de données à caractère personnel relatif aux étrangers sollicitant la délivrance d'un visa, dénommé France-Visas. – V. ss. CESEDA, art. L. 311-1.
2018	8 avr.	Décret n° 2018-251. Utilisation d'un téléservice devant le Conseil d'Etat, les cours administratives d'appel et les tribunaux administratifs et portant autres dispositions. – V. CJA, art. R. 776-18, ss. CESEDA, art. R. 614-1.
2019	23 janv.	Décret n° 2019-38. Compétences des préfets en matière d'enregistrement de la demande d'asile et de mise en œuvre des procédures relevant du règlement du 26 juin 2013 dit « Dublin III ». – Art. 1er. – V. Décr. n° 2004-374 du 29 avr. 2004, art. 11-1, ss. CESEDA, art. R. 521-1.
2019	6 févr.	Ordonnance n° 2019-76. Diverses mesures relatives à l'entrée, au séjour, aux droits sociaux et à l'activité professionnelle, applicables en cas d'absence d'accord sur le retrait du Royaume-Uni de l'Union européenne. – V. App., v° *Brexit*, **p. 1483.**
2019	13 févr.	Arrêté. Validation du visa de long séjour valant titre de séjour. – V. ss. CESEDA, art. R. 311-3.
2019	27 févr.	Décret n° 2019-136. Conditions d'acquisition de la nationalité française à raison de la naissance et de la résidence en France des enfants nés à Mayotte de parents étrangers. – Art. 2. – V. Décr. n° 93-1362 du 30 déc. 1993, art. 15-1 et 15-2, App., v° *Nationalité*, **p. 1712.**
2019	30 août	Décret n° 2019-913. Application de l'article 95 de la loi n° 2019-222 du 23 mars 2019 de programmation 2018-2022 et de réforme pour la justice. – V. Décr. n° 93-1362 du 30 déc. 1993, art. 10, 15-2, 70, App., v° *Nationalité*, **p. 1693.**
2019	18 sept.	Ordonnance n° 2019-964. Application de la loi n° 2019-222 du 23 mars 2019 de programmation 2018-2022 et de réforme pour la justice. – Art. 2. – V. C. civ., art. 26-2, 31-1, App., v° *Nationalité*, **p. 1661.**
2019	11 déc.	Décret n° 2019-1333. Réforme de la procédure civile. – Art. 3. – V. C. pr. civ., art. 1045, App., v° *Nationalité*, **p. 1667.**
2019	31 déc.	Décret n° 2019-1507. Modification du décret n° 93-1362 du 30 décembre 1993 relatif aux déclarations de nationalité, aux décisions

		de naturalisation, de réintégration, de perte, de déchéance et de retrait de la nationalité. – Art. 1er à 64. – V. Décr. n° 93-1362 du 30 déc. 1993, art. 1er à 24-1, 25 à 32, 34 à 38, 40 à 44, 46, 47, 50 à 54, 56, 59, 61, 64, 70, 71, App., v° *Nationalité*, **p. 1693.**
2020	20 mars	Arrêté. Liste des diplômes et certifications attestant le niveau de maîtrise du français requis des candidats à la nationalité française en application du décret n° 93-1362 du 30 décembre 1993 modifié relatif aux déclarations de nationalité, aux décisions de naturalisation, de réintégration, de perte, de déchéance et de retrait de la nationalité française. – V. ss. Décr. n° 93-1362 du 30 déc. 1993, art. 14-1, App., v° *Nationalité*, **p. 1708.**
2020	5 mai	Arrêté. Application de l'article L. 741-1 du code de l'entrée et du séjour des étrangers et du droit d'asile. – Art. 1er à 3. – V. ss. CESEDA, art. L. 741-1.
2020	9 oct.	Décret n° 2020-1245. Utilisation des téléprocédures devant le Conseil d'État, les cours administratives d'appel et les tribunaux administratifs. – Art. 9. – V. CJA, art. R. 776-18, R. 776-20-1, ss. CESEDA, art. R. 512-2.
2020	16 oct.	Arrêté. Convention-type prévue à l'article R. 221-12 du code de l'action sociale et des familles. – Art. 1er. – V. CASF, art. R. 221-12, ss. CESEDA, art. L. 611-6-1.
2020	30 oct.	Décret n° 2020-1325. Aide médicale d'État et conditions permettant de bénéficier du droit à la prise en charge des frais de santé pour les assurés qui cessent d'avoir une résidence régulière en France. – Art. 2, 4. - V. Décr. n° 54-883 du 2 sept. 1954, art. 44-1, App., v° *Protection sociale*, .
2020	19 nov.	Décret n° 2020-1417. Entrée, séjour, activité professionnelle et droits sociaux des ressortissants étrangers bénéficiaires de l'accord sur le retrait du Royaume-Uni de Grande-Bretagne et d'Irlande du Nord de l'Union européenne et de la Communauté européenne de l'énergie atomique. – Art. 1er à 34. – V. App., v° *Brexit*, **p. 1491.**
2020	27 nov.	Décret n° 2020-1452. Dispositions relatives notamment à la procédure civile et à la procédure d'indemnisation des victimes d'actes de terrorisme et d'autres infractions. – Art. 1er-25 et 12. – V. C. pr. civ., art. 1045, App., v° *Nationalité*, **p. 1667.**
2020	16 déc.	Ordonnance n° 2020-1733. Partie législative du code de l'entrée et du séjour des étrangers et du droit d'asile : – V. CESEDA, art. L. 110-1 à L. 837-4. – V. CJA, art. L. 776-1, L. 776-2, L. 777-1 à L. 777-4, ss. CESEDA, art. L. 512-1. – V. L. n° 99-944 du 15 nov. 1999, ss. CESEDA, art. L. 423-23.
2020	16 déc.	Décret n° 2020-1734. Partie réglementaire du code de l'entrée et du séjour des étrangers et du droit d'asile : – V. CESEDA, art. D. 110-1 à R. 821-5. – Art. 4, 12, 14. – V. CASF, art. R. 221-15-5, R. 221-15-8, ss. CESEDA, art. L. 611-6-1.

		– Art. 7. – V. CJA, art. R. 312-8 ss. CESEDA, art. L. 521-1 ; art. R. 776-1 à R. 776-3, R. 776-9-1 à R. 776-10, R. 776-13, R. 776-13-1, R. 776-13-3, R. 776-21, R. 776-29, R. 776-33, R. 777-1, R. 777-1-1, R. 777-1-5, R. 777-1-6, R. 777-2 à R. 777-2-2, R. 777-2-4, R. 777-3, R. 777-3-1, R. 777-3-5, R. 777-3-7, R. 777-3-8, R. 777-4, R. 777-4-1, ss. CESEDA, art. R. 512-2.
2020	24 déc.	Loi n° 2020-1674. Programmation de la recherche pour les années 2021 à 2030 et diverses dispositions relatives à la recherche et à l'enseignement supérieur. – Art. 12. – V. CESEDA, art. L. 313-7, L. 313-20.
2020	28 déc.	Décret n° 2020-1717. Application de la loi n° 91-647 du 10 juillet 1991 relative à l'aide juridique, aide juridictionnelle et aide à l'intervention de l'avocat dans les procédures non juridictionnelles. – Art. 179. – V. CESEDA, art. R. 522-5.
2020	29 déc.	Loi n° 2020-1721. De finances pour 2021. – V. CESEDA, art. L. 311-15, L. 713-6.
2020	30 déc.	Décret n° 2020-1777. Mise en œuvre de la création du service national de police scientifique. – Art. 2. – V. CESEDA, art. R. 611-5.
2021	11 mars	Décret n° 2021-274. Utilisation des téléprocédures devant la Cour nationale du droit d'asile. – Art. 1er à 4. – V. CESEDA, art. R. 532-7, R. 532-28-1 à R. 532-28-6, R. 594-2, R. 595-3, R. 596-3, R. 733-5, R. 733-16-1 à R. 733-16-6, R. 762-1, R. 763-1, R. 764-1, R. 766-1, R. 766-2.
2021	24 mars	Décret n° 2021-313. Mise en place d'un téléservice pour le dépôt des demandes de titres de séjour. – Art. 2 à 7, 10. – V. CESEDA, art. R. 142-11, R. 142-16, R. 142-24, R. 142-25, R. 152-1, R. 153-1, R. 422-2, R. 422-3, R. 426-2, R. 426-4, R. 426-6, R. 431-2 à R. 431-5, R. 431-8, R. 431-12 à R. 431-15-4, R. 431-18, R. 431-20, R. 432-9, R. 441-4, R. 441-5, R. 442-2, R. 442-3, R. 443-2, R. 443-3.
2021	21 avr.	Décret n° 2021-480. Organisation de l'entrée et du séjour des étrangers et de l'asile dans les départements de l'Essonne, des Hauts-de-Seine, de Paris, de la Seine-et-Marne, de la Seine-Saint-Denis, du Val-de-Marne, du Val-d'Oise et des Yvelines. – Art. 3. – V. CESEDA, art. R.* 122-1 à R.* 122-4.
2021	21 avr.	Décret n° 2021-481. Préfet délégué à l'immigration auprès du préfet de police et à l'organisation de la police aux frontières dans les départements de l'Essonne, de la Seine-et-Marne, du Val-d'Oise et des Yvelines ainsi que sur les emprises des aéroports de Paris-Charles-de-Gaulle, du Bourget et de Paris-Orly. – Art. 4. – V. CESEDA, art. R. 142-16, R. 152-1, R. 153-1, R. 764-2, R. 765-2, R. 766-2.
2021	29 avr.	Décret n° 2021-520. Modification du code de l'entrée et du séjour des étrangers et du droit d'asile dans sa rédaction résultant du décret n° 2020-1734 du 16 décembre 2020. – Art. 1er. – V. CESEDA, art. R. 531-17.

2021	19 juill.	Loi n° 2021-953. Finances rectificative pour 2021. – Art. 24. – V. CESEDA, art. L. 513-7.
2021	26 juill.	Décret n° 2021-992. Saisine de l'administration par voie électronique en matière d'acquisition de la nationalité française. – Art. 2. – V. Décr. n° 93-1362, art. 35, App., v° *Nationalité*, **p. 1726.**
2021	2 août	Loi n° 2021-1017. Loi relative à la bioéthique. – Art. 7. – V. C. civ., art. 47, ss. CESEDA, art. L. 811-2.
2021	5 août	Loi n° 2021-1040. Gestion de la crise sanitaire. – Art. 2. – V. CESEDA, art. L. 824-9.
2021	24 août	Loi n° 2021-1109. Respect des principes de la République. – Art. 25, 27, 28, 93 et 94. – V. CESEDA, art. L. 412-6, L. 423-1, L. 423-2, L. 423-5, L. 423-7, L. 423-10, L. 423-23, L. 432-3, L. 435-1, L. 435-2, L. 511-7, L. 611-3, L. 631-2, L. 631-3, L. 442-1, L. 443-1, L. 444-1, L. 445-1, L. 446-1, L. 592-1, L. 593-1, L. 594-1, L. 596-1, L. 652-1, L. 653-1, L. 654-1, L. 655-1, L. 656-1.
2021	15 sept.	Arrêté. Modification de l'arrêté du 30 mars 2011 pris en application de l'article R. 744-3 du code de l'entrée et du séjour des étrangers et du droit d'asile. – Art. 1er, 2. – V. Arr. du 30 mars 2011, art. 1er, 2, ss. CESEDA, art. R. 744-3.
2021	23 sept.	Décret n° 2021-1222. Demandes de titres de séjour des étrangers portant un projet de création d'activité ou un projet économique innovant. – Art. 1er à 3. – V. CESEDA, art. R. 421-9, R. 421-33, R. 421-34-1, R. 442-2, R. 442-3, R. 443-2, R. 443-3, R. 444-2, R. 444-3, R. 445-2, R. 445-3, R. 446-2, R. 446-3.
2021	27 sept.	Décret n° 2021-1236. Modification du décret n° 2020-1417 du 19 novembre 2020 concernant l'entrée, le séjour, l'activité professionnelle et les droits sociaux des ressortissants étrangers bénéficiaires de l'accord sur le retrait du Royaume-Uni de Grande-Bretagne et d'Irlande du Nord de l'Union européenne et de la Communauté européenne de l'énergie atomique. – Art. 1et et 2. – V. Décr. n° 2020-1417 du 19 nov. 2021, art. 5, 7, 26 et 33, App., v° *Brexit*, **p. 1492.**
2021	28 sept.	Décret n° 2021-1241. Modification de la partie réglementaire du code de l'entrée et du séjour des étrangers et du droit d'asile pour la mise en œuvre du contrat d'intégration républicaine dans le département de Mayotte. – Art. 1er. – V. CESEDA, art. R. 441-5.
2021	1er sept.	Loi n° 2021-1549. De finances rectificative pour 2021. – Art. 11. – V. CESEDA, art. L. 436-1.
2022	7 févr.	Loi n° 2022-140. Protection des enfants. – Art. 41. – V. CESEDA, art. L. 423-22, L. 435-3.
2022	18 févr.	Décret n° 2022-211. Adaptation de certaines dispositions relatives aux modalités de traitement des demandes d'asile à Mayotte et rectifiant les dispositions applicables en Guadeloupe, en Guyane et à la Martinique. – Art. 1er et 2. – V. CESEDA, art. R. 591-3, R. 591-4, R. 591-6, R. 591-7, R. 591-10, R. 591-11, R. 591-12-1.

2022	21 févr.	Loi n° 2022-217. Adaptation de certaines dispositions relatives aux modalités de traitement des demandes d'asile à Mayotte et rectifiant les dispositions applicables en Guadeloupe, en Guyane et à la Martinique. – Art. 252. – V. CESEDA, art. L. 445-1, L. 446-1.
2022	30 mars	Décret n° 2022-479. Partie réglementaire du code pénitentiaire. – Art. 4, 18, 20. – V. CESEDA, art. R. 733-20, R. 764-2, R. 765-2, R. 766-2.
2022	1er avr.	Décret n° 2022-468. Droit au travail des bénéficiaires d'une protection temporaire. – Art. 1er. – V. CESEDA, art. R. 581-4, R. 581-6.
2022	26 avr.	Décret n° 2022-676. Autorisation de la création d'un moyen d'identification électronique dénommé « Service de garantie de l'identité numérique » (SGIN) et abrogation du décret n° 2019-452 du 13 mai 2019 autorisant la création d'un moyen d'identification électronique dénommé « Authentification en ligne certifiée sur mobile ». – V. ss. CESEDA, art. R. 431-1.
2022	29 avr.	Décret n° 2022-726. Formation linguistique des bénéficiaires d'une protection temporaire. – V. CESEDA, art. R. 581-4-1, R. 592-2, R. 593-2.
2022	4 mai	Arrêté. Liste des pièces justificatives exigées pour la délivrance des titres de séjour prévus par le livre IV du code de l'entrée et du séjour des étrangers et du droit d'asile, **p. 472.**
2022	16 mai	Décret n° 2022-818. Adaptation de la durée de maintien en local de rétention administrative à Mayotte. – Art. 1er, 2. – V. CESEDA, art. R. 761-5.
2022	17 juin	Décret n° 2022-899. Certificat de nationalité française : – Art. 1er. – V. C. civ., art. 31-3, App., v° *Nationalité*, **p. 1549.** – Art. 2. – V. C. pr. civ., art. 1038, 1040 à 1045-2, App., v° *Nationalité*, **p. 1549.**
2022	29 juin	Décret n° 2022-962. Modalités de contestation des refus d'autorisations de voyage et des refus de visas d'entrée et de séjour en France : – Art. 1er, 2. – V. CESEDA, art. R. 312-1, R. 312-5-4, R. 312-6, R. 312-7-3, R. 312-8, R. 361-2, R. 362-2, R. 362-3, R. 363-2, R. 363-3, R. 364-3, R. 364-4, R. 365-3, R. 365-4, R. 366-3, R. 366-4. – Art. 3. – V. CJA, art. 312-18 ss. CESEDA, art. L. 631-1 ; art. R. 777-5, ss. CESEDA, art. R. 614-1.
2022	29 juin	Décret n° 2022-963. Modalités de contestation des refus d'autorisations de voyage et des refus de visas d'entrée et de séjour en France. – Art. 1er, 2. – V. CESEDA, art. D. 312-3 à D. 312-5-3, D. 312-7 à D. 312-7-2, D. 312-8-1, D. 361-2-1, D. 362-4, D. 362-5, D. 363-4, D. 363-5, D. 364-6, D. 364-7, D. 365-6, D. 365-7, D. 366-6, D. 366-7.
2022	19 juill.	Décret n° 2022-1014. Registre national des entreprises et adaptation d'autres registres d'entreprises. – Art 13. – V. CESEDA, art. R. 313-16 et R. 421-7.

2022	12 août	Arrêté. Modèle de formulaire de demande de certificat de nationalité française et pièces à joindre à une demande de certificat. – V. C. pr. civ., art. 1045-1, App., v° *Nationalité*, **p. 1668.**
2022	27 déc.	Décret n° 2022-1703. Modification de diverses dispositions réglementaires pour tenir compte de la création de l'office de lutte contre le trafic illicite de migrants. – Art. 2. – V. CESEDA, art. R. 142-16, R. 152-1 et R. 153-1.
2022	30 déc.	Loi n° 2022-1726. De finances pour 2023. – Art. 80. – V. CESEDA, art. L. 436-10, L. 436-11 à L. 436-13, L. 441-6-1.
2022	30 déc.	Décret n° 2022-1740. Extension du bénéfice de la carte de séjour temporaire portant la mention "stagiaire" à certains professionnels accueillis dans les établissements privés de santé à but non lucratif. – V. CESEDA, art. R. 426-16, R. 426-20 à R. 426-22, R. 442-2, R. 442-3, D. 442-4, R. 443-2, D. 443-4, R. 444-2, D. 444-4, R. 445-2, D. 445-5, D. 446-5, R. 443-2, R. 443-3, R. 445-2, R. 445-3, R.446-2, R. 446-3.
2023	24 janv.	Loi n° 2023-22. Orientation et programmation du ministère de l'intérieur. – Art. 24 et 28. – V. CESEDA, art. L. 813-5, L. 832-1, L. 833-1, L. 834-1, L. 835-1, L. 836-1.
2023	3 févr.	Décret n° 2023-64. Création d'un traitement de données à caractère personnel dénommé « NATALI ». – V. ss. Décr. n° 93-1362 du 30 déc. 1993, art. 5, App., v° *Nationalité*, **p. 1699.**
2023	3 févr.	Arrêté. Application du décret n° 93-1362 du 30 décembre 1993 relatif aux modalités de dépôt et aux conditions de notification des communications de l'administration dans le cadre des différentes procédures dématérialisées d'acquisition ou de perte de la nationalité française. – V. ss. Décr. n° 93-1362 du 30 déc. 1993, art. 5, App., v° *Nationalité*, **p. 1704.**
2023	3 févr.	Arrêté. Application de l'art. 5 du décret n° 93-1362 du 30 décembre 1993 fixant les modalités d'accueil et d'accompagnement des usagers pour l'accomplissement, par voie électronique, des formalités nécessaires aux demandes relatives à la nationalité française. – V. ss. Décr. n° 93-1362 du 30 déc. 1993, art. 5, App., v° *Nationalité*, **p. 1704.**
2023	3 févr.	Décret n° 2023-65. Modification de l'article 26-1 du code civil et du décret n° 93-1362 du 30 décembre 1993 relatif aux déclarations de nationalité, aux décisions de naturalisation, de réintégration, de perte, de déchéance et de retrait de la nationalité française. – V. Décr. n° 93-1362 du 30 déc. 1993, art. 1er, 5, 8, 9, 13, 14-1, 15, 17-2, 17-3, 17-4, 30, 31, 32, 35, 36, 37-1, 41, 42, 44, 46, 51, 53, 54, 59, 60, 61, 70, App., v° *Nationalité*, **p. 1693.**
2023	31 mars	Arrêté. Application de l'article R. 431-2 du CESEDA relatif aux titres de séjour dont la demande s'effectue au moyen d'un téléservice. – V. ss. CESEDA, art. R. 431-2.
2023	17 avr.	Arrêté. Contrat de séjour et règlement de fonctionnement des centres d'accueil et d'évaluation de la situation administrative. – V. ss. CESEDA, art. R. 552-2.

2023	25 avr.	Arrêté. Liste des diplômes et certifications attestant du niveau de maîtrise du français requis pour l'obtention d'une carte de résident, d'une carte de résident permanent ou d'une carte de résident portant la mention « résident de longue durée-UE ». – V. ss. CESEDA, art. R. 413-15.
2023	22 juin	Arrêté. Application de l'article R. 431-2 du code de l'entrée et du séjour des étrangers et du droit d'asile relatif aux titres de séjour dont la demande s'effectue au moyen d'un téléservice. – V. ss. CESEDA, art. R. 431-2.
2023	2 nov.	Décret n° 2023-1013. Services déconcentrés et organisation de la police nationale. – Art. 16, 20. – V. CESEDA, art. R. 142-6, R. 142-15, R. 142-16, R. 142-26, R. 142-28, R. 142-30, R. 152-1, R. 153-1, R. 154-1, R. 155-1 et R. 156-1.
2023	16 nov.	Décret n° 2023-1047. Modification du décret n° 2022-1441 du 17 novembre 2022 instituant une mesure exceptionnelle de soutien aux personnes physiques ayant mis à l'abri dans un hébergement ou dans un logement, une ou plusieurs personnes physiques bénéficiaires de la protection temporaire au titre des articles L. 581-1 et suivants du CESEDA. – V. Décr. n° 2022-1441 du 17 nov. 2022, art. 2, ss. CESEDA, art. L. 581-1.
2023	20 nov.	Loi n° 2023-1059. Orientation et Programmation du ministère de la justice 2023-2027. – Art. 44. – V. CESEDA, art. L. 342-1, L. 342-11, L. 342-12, L. 342-16, L. 342-17, L. 342-4, L. 342-5, L. 342-6, L. 342-7, L. 342-7-1, L. 342-9, L. 342-15, L. 343-3, L. 343-10, L. 343-11, L. 343-3, L. 352-7, L. 362-1, L. 363-1, L. 364-1, L. 365-1, L. 366-1, L. 364-2, L. 365-2, L. 366-2, L. 614-13, L. 654-1, L. 656-1, L. 733-7 à L. 733-11, L. 741-10, L. 742-1, L. 742-4 à L. 742-8, L. 742-10, L. 743-1, L. 743-2, L. 743-4 à L. 743-8, L. 743-9, L. 743-11 à L. 743-19, L. 743-20 à L. 743-24, L. 744-17, L. 751-5, L. 754-3, L. 761-8, L. 762-1, L. 763-1, L. 764-1, L. 765-1, L. 766-1.
2023	5 déc.	Arrêté. Modification de l'arrêté du 30 mars 2011 pris en application de l'article R. 744-3 du CESEDA. – V. Arr. du 30 mars 2011, ss. CESEDA, art. R. 744-3.
2023	12 déc.	Arrêté. Participation financière des personnes hébergées dans un lieu d'hébergement pour demandeurs d'asile. – Art. 5. – V. CESEDA, art. R. 552-4.
2023	22 déc.	Décret n° 2023-1240. Modification des modalités de mise à l'abri et d'évaluation des personnes se déclarant mineures et privées de la protection de leur famille et modalités de versement de la contribution forfaitaire de l'État aux dépenses engagées par les départements pour l'évaluation de ces personnes. – V. CASF, art. R. 221-11, R. 221-12, ss. CESEDA, art. L. 142-3.
2024	26 janv.	Loi n° 2024-42. Contrôle de l'immigration, amélioration de l'intégration : – Art. 1er à 82. – V. CESEDA, art. L. 121-17, L. 123-1, L. 131-3 à L.131-9, L. 142-3, L. 151-3, L. 251-7, L. 252-2, L. 253-1, L. 271-1, L. 281-4, L. 281-5, L. 281-7, L. 312-1-1, L. 312-2, L. 312-3, L. 333-3,

		L. 342-5 à L. 342-7, L. 342-15, L. 352-4 à L. 352-6, L. 361-2, L. 364-2, L. 365-2, L. 365-2, L. 366-2, L. 411-1, L. 411-4, L. 411-5, L. 412-4, L. 412-7 à L. 412-13, L. 413-2, L. 413-3, L. 413-5, L. 413-7, L. 414-13, L. 421-2, L. 421-6 à L. 421-9, L. 421-10, L. 421-13, L. 421-13-1, L. 421-16, L. 421-17, L. 421-18, L. 421-22, L. 422-11, L. 424-6, L. 425-9, L. 425-11, L. 424-15, L. 426-18, L. 432-1-1 à L. 432-6-1, L. 432-12, L. 432-13, L. 433-1-1, L. 433-2, L. 433-3-1, L. 433-4, L. 433-6, L. 435-4, L. 441-1, L. 441-4, L. 441-6, L. 441-7, L. 441-9, L. 442-2, L. 443-2, L. 444-1, L. 444-2, L. 445-1, L. 445-2, L. 446-1, L. 446-2, L. 521-6, L. 521-14, L. 523-1 à L. 523-7, L. 531-21, L. 531-24, L. 531-32, L. 531-36, L. 531-38, L. 531-39, L. 532-6, L. 532-7, L. 532-8, L. 532-13, L. 542-1, L. 542-4, L. 551-15, L. 551-16, L. 555-1, L. 572-4, L. 572-5, L. 572-6, L. 591-4, L. 591-5, L. 610-1, L. 611-3, L. 612-6, L. 612-7, L. 612-8, L. 613-1, L. 613-5-1, L. 613-9, L. 614-1 à L. 614-4, L. 614-19, L. 615-2, L. 623-1, L. 631-2, L. 631-3, L. 641-1, L. 641-2, L. 651-3, L. 651-4, L. 651-6, L. 651-7-1, L. 721-5, L. 730-1, L. 731-1, L. 732-2 à L. 732-5, 732-8, L. 733-7, L. 733-8, L. 733-10, L. 733-11, L. 741-1, 741-2, L. 741-5, L. 741-7, L. 741-10, L. 742-1, L. 742-3, L. 742-4, L. 742-5, L. 743-4, L. 743-7, L. 743-8, L. 743-12, L. 743-19, L. 743-22, L. 751-9, L. 751-10, L. 752-6 à L. 752-10, L. 753-7 à L. 753-9, L. 754-4, L. 812-3, L. 812-5, L. 812-6, L. 821-6, L. 821-7, L. 823-3, L. 823-3-1, L. 823-9, L. 824-4, L. 824-5, L. 824-6, L. 824-7, L. 831-2, L. 900-1, L 900-2, L. 911-1, L. 921-1 à L. 921-4, L. 922-1 à L. 922-3, L. 931-1 à L. 931-4. – Art. 14. – V. ss. CESEDA, art. L. 420-1. – Art. 34. – V. C. civ., art. 20, 21-24, App. v° *Nationalité*, **p. 1618.** – Art. 35. – V. L. n° 2003-1119 du 26 nov. 2003, art. 86, ss. CESEDA, art. L. 641-2.
2024	1er févr.	Arrêté. Convention-type prévue à l'article R. 221-11 du code de l'action sociale et des familles, V. ss. CASF, art. R. 221-11, ss. CESEDA, art. L. 142-3.
2024	5 févr.	Circulaire. Expulsion et éloignement des étrangers délinquants. – V. ss. CESEDA, art. L. 631-2.
2024	14 févr.	Décret n° 2024-106. Compétences des préfets en matière d'acquisition de la nationalité française. – V. Décr. n° 2004-374 du 29 avr. 2004, art. 11-2, ss. CESEDA, art. R. 521-1.
2024	14 févr.	Décret n° 2024-108. Compétences des préfets en matière d'acquisition de la nationalité française. – V. Décr. n° 93-1362 du 30 déc. 1993, art. 1er, 5, 30, 43 et 44, App. v° *Nationalité*, p **p. 1693.**
2024	4 avr.	Décret n° 2024-311. Formation aux activités privées de sécurité. – Art. 4. – V. CESEDA, art. R. 142-16.
2024	23 avr.	Décret n° 2024-374. Fichier automatisé des empreintes digitales. – Art. 3. – V. CESEDA, art. R. 142-41, R. 152-1, R. 153-1, R. 154-1, R. 155-1, R. 156-1.
2024	14 mai	Directive (UE) 2024/1346 du Parlement européen et du Conseil. Normes pour l'accueil des personnes demandant une protection internationale, App., v° *Pacte asile et migration*, .

2024	14 mai	Règlement (UE) 2024/1347 du Parlement européen et du Conseil. Normes relatives aux conditions que doivent remplir les ressortissants des pays tiers ou les apatrides pour pouvoir bénéficier d'une protection internationale, à un statut uniforme pour les réfugiés ou les personnes pouvant bénéficier de la protection subsidiaire et au contenu de cette protection, App., v° *Pacte asile et migration*, .
2024	14 mai	Règlement (UE) 2024/1348 du Parlement européen et du Conseil. Procédure commune en matière de protection internationale dans l'Union, App., v° *Pacte asile et migration*, .
2024	14 mai	Règlement (UE) 2024/1349 du Parlement européen et du Conseil. Procédure de retour à la frontière, App., v° *Pacte asile et migration*, .
2024	14 mai	Règlement (UE) 2024/1350 du Parlement européen et du Conseil. Cadre de l'Union pour la réinstallation et l'admission humanitaire, App., v° *Pacte asile et migration*, .
2024	14 mai	Règlement (UE) 2024/1351 du Parlement européen et du Conseil. Gestion de l'asile et de la migration, App., v° *Pacte asile et migration*, .
2024	14 mai	Règlement (UE) 2024/1356 du Parlement européen et du Conseil. Filtrage des ressortissants de pays tiers aux frontières extérieures, App., v *Pacte asile et migration*, .
2024	14 mai	Règlement (UE) 2024/1358 du Parlement européen et du Conseil. Création d'"Eurodac" pour la comparaison des données biométriques aux fins de l'application efficace des règlements (UE) 2024/1351 et (UE) 2024/1350 du Parlement européen et du Conseil et de la directive 2001/55/CE du Conseil et aux fins de l'identification des ressortissants de pays tiers et apatrides en séjour irrégulier, et relatif aux demandes de comparaison avec les données d'Eurodac présentées par les autorités répressives des États membres et par Europol à des fins répressives, App., v *Pacte asile et migration*, .
2024	14 mai	Règlement (UE) 2024/1359 du Parlement européen et du Conseil. Visant à faire face aux situations de crise et aux cas de force majeure dans le domaine de la migration et de l'asile, App., v° *Pacte asile et migration*, .
2024	20 juin	Décret n° 2024-570. Application des articles 38, 44 et 60 de la loi n° 2023-1059 du 20 novembre 2023 d'orientation et de programmation du ministère de la justice 2023-2027. – Art. 2. – V. CESEDA, art. R. 342-1, R. 343-5, R. 342-8, R. 342-10, R. 362-2, R. 363-2, R. 364-3, R. 365-3, R. 366-3, R. 733-4, R. 733-5, R. 733-6, R. 733-9, R. 741-3, R. 742-1, R. 742-2, R. 743-1 à R. 743-3, R. 743-5, R. 743-6, R. 743-7, R. 743-10, R. 743-21, R. 744-9, R. 751-1, R. 762-2, R. 763-2, R. 764-2, R. 765-2, R. 766-2.
2024	2 juill.	Décret n° 2024-799. Application du titre VII de la loi n° 2024-42 du 26 janvier 2024 pour contrôler l'immigration, améliorer l'intégration et relatif à la simplification des règles du contentieux : – Art. 1er, 2, 6 à 9. – V. CESEDA, art. R. 271-1, R. 342-6, R. 342-8, R. 342-1-1, R. 613-2, R. 614-1, R. 614-2, R. 615-6, R. 623-1, R. 632-4,

		R. 651-1, R. 651-3, R. 651-9, R. 654-3, R. 656-3, R. 721-3-1, R. 732-5, R. 742-1, R. 743-5, R. 743-7, R. 743-10, R. 743-12, R. 753-5, R. 754-8, R. 761-2, R. 761-5, R. 761-7, R. 900-1 à R. 900-2, R. 911-1 à R. 911-9, R. 921-1 à R. 921-4, R. 922-1 à R. 922-28. – Art. 3. – V. CJA, art. R. 776-1, R. 776-2 à R. 776-34, ss. CESEDA, art. R. 614-1 anc.
2024	5 juill.	Décret n° 2024-808. Dispositions relatives à la procédure d'expulsion et aux mesures d'assignation à résidence prévues par le CESEDA. – V. CESEDA, art. R. 632-1, R.* 632-2, R. 632-3, R. 632-8-1, R. 632-9-1, R.* 652-1, R. 652-2, R.* 653-1, R. 653-2, R.* 654-1, R. 654-2, R.* 655-1, R. 655-2, R.* 656-1, R. 656-2, R. 733-2, R. 762-2, R. 763-2, R. 764-2, R. 765-2, R. 766-2.
2024	5 juill.	Décret n° 2024-809. Modification du dispositif de refus ou de cessation des conditions matérielles d'accueil. – V. CESEDA, art. D. 551-17, D. 551-18, D. 551-19, D. 551-20.
2024	6 juill.	Décret n° 2024-810. Traitement de données à caractère personnel relatif aux étrangers sollicitant la délivrance d'un visa dénommé France-Visas. – V. CESEDA, art. R. 142-2, R. 142-59 à R. 142-68, Annexe 11 ss. art. R. 142-60, R. 151-7, R. 152-1, R. 152-2, R. 153-1, R. 154-1, R. 154-2, R. 155-1, R. 156-1, R. 155-2, R. 156-2, R. 561-2, R. 592-2, R. 593-2, R. 594-2, R. 595-2, R. 596-2.
2024	8 juill.	Décret n° 2024-800. Application de l'article 70 de la loi n° 2024-42 du 26 janvier 2024 pour contrôler l'immigration, améliorer l'intégration et relatif à l'organisation et procédure applicable devant la Cour nationale du droit d'asile. – V. CESEDA, art. R. 131-5-1, R. 131-5-2, R. 131-6-1, R. 131-6-2, R. 131-7, R. 532-5, R. 532-7, R. 532-15, R. 532-17, R. 532-22, R. 532-23, R. 532-27, R. 532-32, R. 532-40, R. 532-41, R. 532-52, R. 532-53, R. 532-72.
2024	8 juill.	Décret n° 2024-811. Contrat d'engagement au respect des principes de la République prévu par l'article L. 412-7 du CESEDA. – V. CESEDA, art. R. 412-1 à R. 412-3, Annexe 12 ss. art. R. 412-2, R. 413-2, R. 413-4, R. 413-12, R. 413-15, R. 423-5, R. 433-5.
2024	8 juill.	Décret n° 2024-812. Application de l'article 64 de la loi n° 2024-42 du 26 janvier 2024 pour contrôler l'immigration, améliorer l'intégration. – V. CESEDA, art. R. 611-3.
2024	8 juill.	Décret n° 2024-813. Cas d'assignation à résidence ou de placement en rétention des demandeurs d'asile prévus par l'article 41 de la loi n° 2024-42 du 26 janvier 2024 pour contrôler l'immigration, améliorer l'intégration. – V. CESEDA, art. R. 523-1 à R. 523-14, R. 531-2, R. 531-16, R. 531-23, R. 591-1, R. 591-14.
2024	9 juill.	Décret n° 2024-814. Amende administrative sanctionnant l'emploi de ressortissants étrangers non autorisés à travailler et modification des conditions de délivrance des autorisations de travail. – Art. 3. – V. CESEDA, art. R. 121-28, R. 142-16.
2024	12 juill.	Décret n° 2024-815. Transmission d'informations relatives à la protection au titre de l'asile dont bénéficie un demandeur d'asile dans un Etat membre de l'Union européenne. - V. CESEDA, art. D. 521-12-1.

2024	14 juill.	Circulaire. Simplification des règles du contentieux relatif à l'entrée, au séjour et à l'éloignement des étrangers. – V. ss. CESEDA, art. L. 900-1.
2024	16 juill.	Décret n° 2024-828. Pôles territoriaux « France asile » et modification de la procédure de demande d'asile. – V. CESEDA, art. R. 520-2, R. 521-14 à R. 521-16, R. 531-2, R. 531-3, R. 531-16, R. 531-36.

TABLE ALPHABÉTIQUE

NOTA. Les caractères italiques indiquent un mot de renvoi. Ceux de ces mots qui sont en caractères gras et précédés d'une flèche rouge renvoient à un autre mot en caractères gras de la table ; les autres, en caractères maigres et sans flèche rouge, renvoient à une autre subdivision du même mot en caractères gras.
Sauf indication contraire, les nombres renvoient aux articles du CESEDA.
L'abréviation "Comm." indique que l'on renvoie aux commentaires de l'auteur. L'abréviation "J" indique que l'on renvoie aux annotations de jurisprudence. Lorsque la lettre J est suivie d'un numéro, ce dernier correspond au numéro de la note de jurisprudence.

A

E

N

O

S

U

V

Z

Photocomposé, traité sur ordinateur par :
LUMINESS SAS, 561 rue Saint Léonard - 53100 MAYENNE

Achevé d'imprimer en octobre 2024 sur les presses de
Druckerei C.H.Beck
Dépôt légal : octobre 2024
723010 (I) – OSB – P 50 – JOU – (JB)
Imprimé en Allemagne